Dr. Heid & Partner
RECHTSANWÄLTE · VEREID. BUCHPRÜFER
36043 FULDA, FRANZOSENWÄLDCHEN 2
TEL. (0661) 2 50 61-0, FAX 2 50 61-11

Münchener Handbuch des Gesellschaftsrechts

Band 6
Internationales Gesellschaftsrecht
Grenzüberschreitende Umwandlungen

Münchener Handbuch des Gesellschaftsrechts

Band 6
Internationales Gesellschaftsrecht
Grenzüberschreitende Umwandlungen

Herausgegeben von

Prof. Dr. Stefan Leible
Universität Bayreuth

und

Prof. Dr. Jochem Reichert
Rechtsanwalt in Mannheim

Bearbeitet von

Dr. Stephan Brandes, Rechtsanwalt in Frankfurt a. M.; *Dr. Florian Drinhausen,* Rechtsanwalt in Frankfurt a. M.; *Prof. Dr. Jochen Hoffmann,* Universität Erlangen-Nürnberg; *Prof. Dr. Eva-Maria Kieninger,* Universität Würzburg; *Dr. Florian Kienle,* LL.M., Regierungsdirektor, Justizministerium Baden-Württemberg, Stuttgart; *Prof. Dr. Matthias Lehmann,* D.E.A., LL.M., J.S.D., Universität Halle-Wittenberg; *Prof. Dr. Stefan Leible,* Universität Bayreuth; *Dipl.-Kfm. Dr. Dr. Norbert Mückl,* Rechtsanwalt und Steuerberater in München; *Prof. Dr. Jochem Reichert,* Rechtsanwalt in Mannheim; *Prof. Dr. Thomas Reith,* M.A., Rechtsanwalt und Notar in Stuttgart; *Prof. Dr. Wolfgang Servatius,* Universität Regensburg; *Dr. Detlef Spranger,* Rechtsanwalt in Berlin; *Dr. Felix Steffek,* LL.M., Max-Planck-Institut für ausl. und int. Privatrecht, Hamburg; Rechtsanwalt *Dr. Rembert Süß,* Deutsches Notarinstitut, Würzburg; *Prof. Dr. Christoph Teichmann,* Universität Würzburg; *Dr. Ulrich Thölke,* Rechtsanwalt in Berlin; *Prof. Dr. Marc-Philippe Weller,* Licencié en Droit, Universität Freiburg

Verlag C. H. Beck München 2013

Zitiervorschlag:
Münch. Hdb. GesR VI/*Bearbeiter* § ... Rdn. ...
oder
Münch. Hdb. GesR VI/*Bearbeiter* § ... Rdn. ...

www.beck.de

ISBN 978 3 406 59046 7

© 2013 Verlag C. H. Beck oHG
Wilhelmstraße 9, 80801 München
Druck und Bindung: Grafica Veneta S.p.A.
Via Malcanton, 35010 Trebaseleyke (PD)
Satz: Druckerei C. H. Beck Nördlingen
(Adresse wie Verlag)

Gedruckt auf säurefreiem, alterungsbeständigem Papier
(hergestellt aus chlorfrei gebleichtem Zellstoff)

Vorwort

Die Bedeutung des Internationalen Gesellschaftsrechts hat in den vergangenen Jahrzehnten aufgrund der immer stärker werdenden Vernetzung der nationalen Volkswirtschaften rapide zugenommen. Beschleunigt wurde diese Entwicklung durch die Rechtsprechung des Europäischen Gerichtshofs zur Niederlassungsfreiheit von Gesellschaften. Sie eröffnet in der EU ansässigen Gesellschaften bis dahin ungeahnte Gestaltungsformen und Möglichkeiten der Mobilität. Dies hat den Verlag dazu bewogen, das Münchener Handbuch des Gesellschaftsrechts im Rahmen der 3. Auflage um den vorliegenden Band 6 zu erweitern, der sich des Internationalen Gesellschaftsrechts einschließlich internationaler Umwandlungen annimmt.

Der vorliegende Band versucht, das Internationale Gesellschaftsrecht in all seinen Facetten abzubilden, bezieht aber auch – soweit notwendig – ausländisches Gesellschaftsrecht und supranationale Gesellschaftsformen mit ein. Ebenso in den Blick genommen werden aber auch spezifische Fragen des Steuer-, Umwandlungs- und Insolvenzrechts.

Dem Autorenteam gehören Anwälte, Notare und Steuerberater ebenso an wie Hochschullehrer. Ziel war, Erfahrungen aus erster Hand fruchtbar zu machen und zugleich eine problembezogene Erläuterung dogmatischer Strukturen und Zusammenhänge zu gewährleisten. Die Entstehung des Bandes hat sich aufgrund verschiedener Umstände ungebührlich in die Länge gezogen. Wir danken allen Autoren für ihre Geduld und hoffen, dass das nunmehr vorliegende Ergebnis ihre Mühen rechtfertigt und unsere Leser überzeugt.

Bayreuth/Mannheim, im Sommer 2012

Stefan Leible   Jochem Reichert

Inhaltsübersicht

Vorwort V
Inhaltsverzeichnis XI
Abkürzungsverzeichnis XXXIX

Teil 1. Internationales Gesellschaftsrecht

1. Kapitel. Grundlagen

§ 1. Internationalprivatrechtliche Grundlagen *(Thölke)* 1
§ 2. Rechtsformwahl und Standortwahl im internationalen Kontext *(Thölke/Spranger)* 41

2. Kapitel. Gründung der Gesellschaft

§ 3. Vorgründungsphase *(Lehmann)* 73
§ 4. Phase zwischen Gründung und Entstehung *(Lehmann)* 80
§ 5. Entstehung der juristischen Person *(Lehmann)* 94

3. Kapitel. Auslandsbeurkundungen

Vor §§ 6–9 Überblick *(Weller)* 141
§ 6. Die Regelung des Art. 11 EGBGB *(Weller)* 142
§ 7. Beurkundung des Gesellschaftsvertrags und von Satzungsänderungen *(Weller)* 154
§ 8. Übertragung von GmbH-Geschäftsanteilen im Ausland *(Weller)* 155
§ 9. Übertragung von Anteilen ausländischer Gesellschaften in Deutschland *(Weller)* 169

4. Kapitel. Die Gesellschaft im internationalen Rechtsverkehr

§ 10. Einführung *(Servatius)* 173
§ 11. Firma *(Servatius)* 181
§ 12. Geschäftsführung *(Servatius)* 197
§ 13. Vertretung *(Servatius)* 230
§ 14. Haftung *(Servatius)* 255
§ 15. Gesellschafterrechte und Gesellschafterversammlung *(Servatius)* 295
§ 16. Mitbestimmung *(Servatius)* 322
§ 17. Rechnungslegung *(Servatius)* 331
§ 18. Gerichtliche Zuständigkeit und Schiedsvereinbarungen *(Servatius)* 347

5. Kapitel. Ausländische Gesellschaften mit deutschem Verwaltungssitz

§ 19. Rechts- und Geschäftsfähigkeit *(Kienle)* 375
§ 20. Kaufmannseigenschaft *(Kienle)* 396
§ 21. Registrierung *(Kienle)* 397
§ 22. Firmenrecht *(Kienle)* 404
§ 23. Gläubigerschutz *(Kienle)* 408
§ 24. Rechnungslegung *(Kienle)* 435
§ 25. Gewerberecht, Sozialversicherungsrecht *(Kienle)* 438
§ 26. Strafrecht *(Kienle)* 443
§ 27. Steuerrecht *(Kienle)* 455
§ 28. Zivilverfahrensrecht *(Kienle)* 460

6. Kapitel. Liquidation ausländischer Gesellschaften

§ 29. Tatbestand *(Leible)* 479
§ 30. Auswirkungen im Inland *(Leible)* 484

7. Kapitel. Internationales Steuerrecht

§ 31. Einführung *(Reith)* 491
§ 32. Doppelbesteuerungsrecht *(Reith)* 504
§ 33. Aufwendungen, Verluste, Überführung von Wirtschaftsgütern bei grenzüberschreitenden Sachverhalten *(Reith)* 578
§ 34. Außensteuerrecht *(Reith)* 598

Teil 2. Internationales Insolvenzrecht

1. Kapitel. Insolvenz mit Auslandsbezug

§ 35. Insolvenz innerhalb der EU *(Leible)* 679
§ 36. Insolvenz in Drittstaaten *(Leible)* 733

2. Kapitel. Insolvenz und Sanierung deutscher Unternehmen in England

§ 37. Sanierungsmigration *(Steffek)* 755
§ 38. Insolvenzverfahren *(Steffek)* 782
§ 39. Sanierungsverfahren *(Steffek)* 818
§ 40. Debt/Equity-Swap *(Steffek)* 844
§ 41. Haftung und Insolvenzanfechtung *(Steffek)* 855
§ 42. Fallstudien: Schefenacker, Deutsche Nickel, Brochier und Rodenstock *(Steffek)* 869

Teil 3. Internationale Unternehmensmobilität

1. Kapitel. Grenzüberschreitende Verflechtungen von Gesellschaften

§ 43. Joint Venture *(Drinhausen)* 889
§ 44. Internationales Konzernrecht *(Drinhausen)* 911
§§ 45, 46 *(unbelegt)*

2. Kapitel. Ausländische Gesellschaftsformen

§ 47. Gesellschaftsformen ausgewählter Staaten (A. Belgien; B. China; C. Dänemark; D. Frankreich; E. Großbritannien; F. Italien; G. Japan; H. Liechtenstein; J. Luxemburg; K. Niederlande; L. Österreich; M. Schweiz; N. Spanien; O. USA) *(Süß)* 935

3. Kapitel. Supranationale Gesellschaftsformen

§ 48. Die Europäische Wirtschaftliche Interessenvereinigung (EWIV) *(Teichmann)* 1063
§ 49. Die Societas Europaea (SE) *(Teichmann)* 1086
§ 50. Die Europäische Privatgesellschaft (Societas Privata Europaea – SPE) *(Teichmann)* 1127
§ 51. Die Europäische Genossenschaft (SCE) *(Teichmann)* 1145

4. Kapitel. Grenzüberschreitende Umstrukturierungen

§ 52. Verwaltungssitzverlegung *(Kieninger)* 1159
§ 53. Grenzüberschreitende Verschmelzung *(Hoffmann)* 1178
§ 54. Grenzüberschreitender Formwechsel *(Hoffmann)* 1230
§ 55. Alternative Gestaltungsmöglichkeiten des Grenzübertritts *(Hoffmann)* 1243
§ 56. Grenzüberschreitende Spaltung *(Hoffmann)* 1248

5. Kapitel. Mitbestimmung bei grenzüberschreitenden Umstrukturierungen

§ 57. Gestaltungsfreiheit und Bestandsschutz *(Brandes)* 1273
§ 58. Verfahren bei grenzüberschreitender Mitbestimmung *(Brandes)* 1299

6. Kapitel. Steuerliche Implikationen grenzüberschreitender Umstrukturierungen

§ 59. Umstrukturierungen im Geltungsbereich des UmwStG *(Mückl)* 1313
§ 60. Umstrukturierungen außerhalb des Geltungsbereichs des UmwStG *(Mückl)* 1347

7. Kapitel. Praktische Vorgehensweisen bei grenzüberschreitenden Umstrukturierungen

§ 61. Die konkurrierenden Gestaltungsmöglichkeiten in der Praxis *(Reichert)* 1351
§ 62. Ausgewählte Problemfelder der tatsächlichen Gestaltung *(Reichert)* 1371

8. Kapitel. Grenzüberschreitende Übernahmen

§ 63. Kapitalmarktrecht *(Hoffmann)* 1401
§ 64. Vertragsrecht *(Hoffmann)* 1432

Sachverzeichnis 1453

Inhaltsverzeichnis

	Seite
Abkürzungsverzeichnis	XXXIX

§ 1 Internationalprivatrechtliche Grundlagen 1
   I. Einführung 4
      1. Stand des Internationalen Gesellschaftsrechts in Deutschland 4
      2. Das einheitliche Gesellschaftsstatut 6
      3. Das Internationale Gesellschaftsrecht anderer Staaten und hinkende Rechtsverhältnisse 7
      4. Standort der Frage nach dem Gesellschaftsstatut 8
   II. Aufbau und Anwendung einer gesellschaftsrechtlichen Kollisionsnorm 9
      1. Aufbau einer gesellschaftsrechtlichen Kollisionsnorm 9
      2. Qualifikation 9
      3. Die Ermittlung des Gesellschaftsstatuts 10
      4. Verweisung 11
   III. Persönlicher Anwendungsbereich: Erfasste Formen rechtlicher Verselbständigung 12
      1. Entwicklung einer abstrakten Definition 12
      2. Einzelne Verselbständigungstypen 14
   IV. Umfang des Gesellschaftsstatuts 21
   V. Sitztheorie: Geltungsbereich und Bestimmung des anwendbaren Rechts 22
      1. Geltungsbereich 22
      2. Kritik und abweichende Anknüpfungsvorschläge 23
      3. Verweisung unter der Sitztheorie 25
   VI. Inhalt und Anwendungsbereich der Gründungstheorie 29
      1. Vielzahl von Spielarten 29
      2. Art. 10 Abs. 1 Referentenentwurf 2008 30
      3. Bewegliche Anknüpfung 31
      4. Geltungsbereich 31
   VII. Weitere Fragen des allgemeinen Teils des IPR 35
      1. Eingriffsnormen und Sonderanknüpfung 35
      2. Ordre public und Anpassung 37
      3. Substitution 37
      4. Wechsel des anwendbaren Rechts, insbesondere Statutenwechsel 38
      5. Rest- und Spaltgesellschaften 40

§ 2 Rechtsform- und Standortwahl im internationalen Kontext 41
   I. Grundlagen 43
      1. Einleitung 43
      2. Entscheidungsproblem und Struktur der Entscheidung 44
      3. Verschränkung von Rechtsformwahl und Standortentscheidung 45
      4. Standortentscheidung 46
      5. Rechtsformwahl 48
   II. Bedeutung des IPR/IZPR für die Entscheidung über Rechtsform und Standort 50
      1. Bedeutung für die Rechtsformwahl 50
      2. Bedeutung für die Standortwahl 50
   III. Bedeutung höherrangigen Rechts für die Entscheidung über Rechtsform und Standort ... 51
      1. Einleitung 51
      2. Verfassungsrecht 52
      3. Europarecht 53
      4. Völkerrecht 56
   IV. Einzelne Standortfaktoren und Rechtsformwahlkriterien 58
      1. Gesellschaftsrecht 58

Inhaltsverzeichnis

Seite

2. Steuerrecht	60
3. Arbeits- und Sozialrecht	64
4. Regulierung der unternehmerischen Tätigkeit	66
5. Sonderrecht für ausländische Investoren, Außenwirtschaftsrecht	67
6. Weitere Bereiche des öffentlichen Rechts	68
7. Fördermittel	68
8. Immobilienrecht	69
9. Gewerblicher Rechtsschutz	70
10. Insolvenzrecht	70

§ 3 Vorgründungsphase ... 73
  I. Sachliche Eingrenzung ... 74
    1. Beschränkung auf juristische Personen ... 74
    2. Beschränkung auf Kapitalgesellschaften ... 74
  II. Zeitliche Erstreckung ... 74
  III. Rechtsvergleich ... 74
    1. Überblick ... 74
    2. Verpflichtungen der Gesellschafter untereinander ... 75
    3. Verpflichtungen gegenüber Dritten ... 75
  IV. Anzuwendendes Recht ... 75
    1. Verpflichtungen der Gesellschafter untereinander ... 75
    2. Verpflichtungen gegenüber Dritten ... 78
  V. Gerichtliche Zuständigkeit ... 79
    1. Gerichtsstandsvereinbarung ... 79
    2. Streitigkeiten aus Vertrag ... 79
    3. Streitigkeiten wegen Abbruchs von Vertragsverhandlungen ... 80

§ 4 Phase zwischen Gründung und Entstehung ... 80
  I. Zeitliche Erstreckung ... 81
  II. Gesellschaftsvertrag ... 81
    1. Rechtsvergleich ... 81
    2. Anzuwendendes Recht ... 82
    3. Gerichtliche Zuständigkeit ... 84
  III. Formalien der Gründung ... 85
    1. Rechtsvergleich ... 85
    2. Anzuwendendes Recht ... 85
    3. Substitution ... 86
    4. Gerichtliche Zuständigkeit ... 87
  IV. Entstehung eines Rechtsträgers? ... 87
    1. Rechtsvergleich ... 87
    2. Anzuwendendes Recht ... 88
    3. Gerichtliche Zuständigkeit ... 88
  V. Haftung ... 88
    1. Haftung der Vorgesellschaft ... 88
    2. Haftung der Gründer ... 89
    3. Handelndenhaftung ... 89
    4. Anzuwendendes Recht ... 90
    5. Gerichtliche Zuständigkeit ... 91
  VI. Übergang der Rechte und Pflichten auf Gesellschaft ... 92
    1. Rechtsvergleich ... 92
    2. Anzuwendendes Recht ... 93
    3. Gerichtliche Zuständigkeit ... 93
  VII. Rechtslage im Fall des Scheiterns der Entstehung ... 93
    1. Rechtsvergleich ... 93
    2. Anzuwendendes Recht ... 93
    3. Gerichtliche Zuständigkeit ... 94

Inhaltsverzeichnis

	Seite
§ 5 Entstehung der juristischen Person	94
I. Zeitpunkt der Entstehung	98
II. Überblick über die Entstehung	98
1. Freie Verbandsbildung	98
2. Bedingungen für die Entstehung	98
3. Eintragungsvoraussetzungen	99
4. Eintragungsfolgen	99
III. Beschränkungen der Gründung	99
1. Generelle Beschränkungen	99
2. Beschränkungen in bestimmten Sektoren	100
3. Vereinbarkeit mit Völker- und Europarecht	100
4. Rechtsschutz und anzuwendendes Recht	101
IV. Anzuwendendes Recht	101
1. Gesellschaftsstatut	101
2. Sitz- oder Gründungstheorie	103
3. Auswirkungen auf die Entstehung des Rechtsträgers	104
4. Unionsrechtliche Vorgaben	105
5. Völkerrecht	108
6. Behandlung von Gesellschaften aus Drittstaaten	110
V. Verfahren der Eintragung	113
1. Gesellschaftsvertrag	113
2. Übernahme der Gesellschaftsanteile	114
3. Erbringung der Einlagen	114
4. (Sach-)Gründungsbericht	115
5. Besondere Anforderungen	115
6. Anmeldung zum Register	115
7. Registereintrag	116
8. Veröffentlichung	116
9. Weitere Schritte	116
VI. Kapital	117
1. Eigenkapital	117
2. Mindestkapital	118
3. Grundsatz der realen Kapitalaufbringung?	118
4. Bar- und Sacheinlagen	119
5. Folgen der Nicht- oder nicht ordnungsgemäßen Kapitalaufbringung	120
6. Haftung für eingebrachte Handelsgeschäfte	121
7. Anzuwendendes Recht	121
8. Gerichtliche Zuständigkeit	125
VII. Rechtsfähigkeit	126
1. Allgemeine Rechtsfähigkeit	126
2. Besondere Rechtsfähigkeiten?	127
3. Anzuwendendes Recht (Grundsatz)	127
4. Verkehrsschutz	128
5. „Beteiligungsfähigkeit"	130
6. „Organfähigkeit"	132
7. Gerichtliche Zuständigkeit	132
VIII. Partei- und Prozessfähigkeit	132
1. Rechtsvergleichende Behandlung	132
2. Anzuwendendes Recht	133
IX. Erwerb der Mitgliedschaft	135
1. Rechtsvergleich	135
2. Anzuwendendes Recht	136
3. Gerichtliche Zuständigkeit	137
X. Dauer	137
1. Rechtsvergleich	137
2. Anzuwendendes Recht	138
3. Gerichtliche Zuständigkeit	138

Inhaltsverzeichnis

	Seite
XI. Gründungsmängel	138
1. Rechtsvergleich	138
2. Anzuwendendes Recht	139
3. Gerichtliche Zuständigkeit	139

§ 6 Die Regelung des Art. 11 EGBGB 142
    I. Formstatut – Geschäftsform und Ortsform 143
        1. Geschäftsform 143
        2. Ortsform 145
    II. Streitstand zur Anwendbarkeit der Ortsform auf gesellschaftsrechtliche Akte 146
    III. Reichweite des Formstatuts 148
    IV. Reformvorschlag zum Internationalen Privatrecht der Gesellschaften, Vereine und juristischen Personen 149
        1. Änderung der maßgeblichen Grundsätze zur Bestimmung des Gesellschaftsstatuts 149
        2. Art. 11 Abs. 6 – Ausschließlichkeit des Wirkungsstatuts für Verfassungsakte 150
    V. Ausblick auf Änderungen im Rahmen der Rom-I-Verordnung 151
        1. Art. 11 der Rom-I-Verordnung 152
        2. Erweiterung der Formanknüpfung um gewöhnlichen Aufenthalt 152
        3. Erweiterung der Regelungen zur Teilrechtswahl 153
        4. Konsequenzen für die Übertragung von Geschäftsanteilen einer GmbH 153

§ 7 Beurkundung des Gesellschaftvertrages und von Satzungsänderungen 154
    I. Anwendbarkeit des Art. 11 Abs. 1 EGBGB? 154
    II. Substituierbarkeit bei Verfassungsakten? 154

§ 8 Übertragung von GmbH-Geschäftsanteilen im Ausland 155
    I. Kollisionsrechtlich zu unterscheidende Sachverhaltselemente 156
    II. Verfügungsgeschäft: Anwendbares Recht 156
        1. Maßgeblichkeit des Gesellschaftsstatuts für das Verfügungsgeschäft 156
        2. Reichweite des Gesellschaftsstatuts bei Anteilsabtretung im Ausland 157
    III. Form des Abtretungsvertrages: Anwendbares Recht 158
        1. Gesellschafts- oder Formstatut? 158
        2. Alternative Sonderanknüpfung der Form 159
        3. Anknüpfung der Form an das Gesellschaftsstatut 160
        4. Anknüpfung der Form an das Ortsrecht 166
    IV. Verpflichtungsgeschäft: Anwendbares Recht 167
    V. Form des Verpflichtungsgeschäfts: Anwendbares Recht 168
        1. Maßgeblichkeit des Wirkungsstatuts oder des Ortsrechts 168
        2. Zulässigkeit einer Teilrechtswahl bezüglich der Form? 169

§ 9 Übertragung von Anteilen einer ausländischen GmbH in Deutschland 169
    I. Dinglicher Übertragungsakt: Anwendbares Recht 169
        1. Gesellschaftsstatut der ausländischen Gesellschaft maßgeblich 169
        2. Zusätzliche Übertragungserfordernisse: Anwendbares Recht 170
    II. Form des dinglichen Übertragungsaktes 170
    III. Verpflichtungsgeschäft: Anwendbares Recht 171
    IV. Form des Verpflichtungsgeschäfts 171

§ 10 Einführung 173
    I. Mobilität von Gesellschaften 176
    II. Kollisionsrechtliche Grundlagen 176
    III. Wegzug einer nach deutschem Recht gegründeten Gesellschaft 177
        1. Verlegung des Satzungssitzes 177
        2. Verlegung des Verwaltungssitzes 178
    IV. Zuzug ausländischer Gesellschaften nach Deutschland 180

Inhaltsverzeichnis

	Seite
V. Die Anerkennung ausländischer Gesellschaften	181
1. Registerpflicht der Zweigniederlassung	181
2. Fremdenrecht	181

§ 11 Firma … 181

- I. Begriff, Bedeutung, Abgrenzung … 182
- II. Europäische Harmonisierung des Firmenrechts … 182
- III. Kollisionsrechteliche Anknüpfung der Firma … 184
  1. Überblick über den Meinungsstand … 184
  2. Stellungnahme … 184
- IV. Konsequenzen bei der Sitzverlegung … 185
  1. Zuzugsfälle … 185
  2. Wegzugsfälle … 188
  3. Besonderheiten auf Grund internationaler Verträge … 190
- V. Einzelfragen … 192
  1. Wahl der Firma … 192
  2. Rechtsformzusätze … 193
  3. Nationalitätshinweise … 194
  4. Namenfunktion der Firma … 194
  5. Geschäftsbriefe, Bestellscheine … 195
  6. Rechtswidriger Firmengebrauch … 196
  7. Haftung bei Unternehmensnachfolge … 197

§ 12 Geschäftsführung … 197

- I. Begriff, Bedeutung, Abgrenzung … 199
- II. Europäische Harmonisierung … 199
- III. Kollisionsrechtliche Anknüpfung … 200
- IV. Konsequenzen bei der Sitzverlegung … 201
  1. Zuzugsfälle … 201
  2. Wegzugsfälle … 204
  3. Besonderheiten auf Grund internationaler Verträge … 206
- V. Einzelfragen … 208
  1. Eignung, Bestellung und Abberufung von Geschäftsleitern … 208
  2. Organpflichten … 213
  3. Anstellungsverhältnis … 230

§ 13 Vertretung … 230

- I. Begriff, Bedeutung, Abgrenzung … 231
- II. Europäische Harmonisierung der Vertretungsmacht … 232
  1. Publizitätsrichtlinien … 233
  2. Registerpublizität … 235
  3. Unbeschränkte und beschränkbare organschaftliche Vertretungsmacht … 236
- III. Kollisisionsrechtliche Anknüpfung … 236
  1. Organschaftliche Vertretung … 237
  2. Rechtsgeschäftliche Vertretung … 237
  3. Sonderanknüpfung bei kaufmännischen Spezialvollmachten? … 240
  4. Sonderanknüpfung bei Vertretern mit einer eigenen geschäftlichen Niederlassung? … 241
- IV. Konsequenzen bei der Sitzverlegung … 242
  1. Zuzugsfälle … 242
  2. Wegzugsfälle … 244
  3. Besonderheiten auf Grund internationaler Verträge … 247
- V. Einzelfragen … 249
  1. Nachweis der Vertretungsmacht … 249
  2. Vertretungsmacht leitender Angestellter … 250
  3. Beschränkungen der Vertretungsmacht … 250
  4. Rechtsscheinsvollmacht … 251
  5. Insichgeschäfte … 251

Inhaltsverzeichnis

	Seite
6. Folgen der Vertretung ohne Vertretungsmacht	252
7. Form der Bevollmächtigung	253
8. Zurechnungsfragen	253
9. Ständige Vertreter	254
10. Empfangsbevollmächtigte	254
11. Company Secretary	255

§ 14 Haftung ... 255
    I. Begriff, Bedeutung, Abgrenzung ... 257
    II. Europäische Harmonisierung der Gesellschafterhaftung ... 258
    III. Kollisionsrechtliche Anknüpfung von Gesellschaftsverbindlichkeiten ... 258
        1. Anknüpfung bei der Rechtsfähigkeit ... 259
        2. Besondere Anknüpfungen ... 260
        3. Anknüpfung bei vertraglichen Ansprüchen ... 262
        4. Anknüpfung bei bereicherungsrechtlichen Ansprüchen ... 262
        5. Anknüpfung von deliktischen Ansprüchen ... 263
    IV. Kollisionsrechtliche Anknüpfung der Gesellschafterhaftung ... 264
        1. Die prinzipielle Anerkennung ausländischer Haftungsverfassungen ... 264
        2. Die Sitztheorie als Einfallstor für Durchbrechungen ... 265
        3. Sonderanknüpfungen als echte Druchbrechungen ... 266
    V. Konsequenzen bei der Sitzverlegung ... 266
        1. Zuzugsfälle ... 266
        2. Wegzugsfälle ... 269
        3. Besonderheiten auf Grund internationaler Verträge ... 271
    VI. Einzelfragen ... 273
        1. Haftungsdurchgriff ... 273
        2. Umgekehrter Durchgriff ... 276
        3. Insolvenzrechtliche Haftung der Gesellschafter ... 276
        4. Haftung als faktische Geschäftsleiter ... 277
    VII. Existenzvernichtungshaftung ... 277
        1. Grundlagen ... 278
        2. Kollisionsrechtliche Anknüpfung ... 278
        3. Haftungsvoraussetzungen ... 279
        4. Rechtsfolgen ... 284
        5. Geltendmachung des Anspruchs ... 285
        6. Konkurrenzen ... 285
    VIII. Konzernhaftung ... 286
        1. Grundlagen ... 286
        2. Unternehmensvertragliche Beherrschung einer deutschen Gesellschaft ... 288
        3. Gewinnabführungsvertrag ... 290
        4. Unternehmensvertragliche Beherrschung einer ausländischen Gesellschaft ... 290
        5. Faktische Beherrschung einer deutschen Gesellschaft ... 291
        6. Faktische Beherrschung eines ausländischen Unternehmens ... 292
        7. Die anderen Unternehmensverträge ... 292
        8. Rechtsdurchsetzung ... 293

§ 15 Gesellschafterrechte und Gesellschafterversammlung ... 295
    I. Grundlagen, Bedeutung, Abgrenzung ... 297
    II. Europäische Harmonisierung ... 297
    III. Kollisionsrechtliche Anknüpfung ... 298
    IV. Konsequenzen für die Sitzverlegung ... 298
        1. Zuzugsfälle ... 298
        2. Wegzugsfälle ... 301
        3. Besonderheiten auf Grund internationaler Verträge ... 303
    V. Einzelfragen ... 305
        1. Recht auf Einberufung der Gesellschafterversammlung ... 305
        2. Teilnahmerecht an der Gesellschafterversammlung ... 308

Inhaltsverzeichnis

	Seite
3. Stimmrecht	308
4. Stimmrechtsbindungsverträge	309
5. Stimmverbote	310
6. Satzungsänderungen	310
7. Beschlussmängel	312
8. Gewinn	312
9. Bezugsrecht	313
10. Actio pro socio	313
11. Einsichts- und Auskunftsrechte	316
12. Sonderrechte gemäß § 35 BGB analog	317
13. Recht auf Veräußerung und Vererbung des Geschäftsanteils	317
14. Auflösungsklage	320
15. Kündigung der Mitgliedschaft aus wichtigem Grund	320
16. Anspruch auf Beteiligung am Liquidationserlös	321
17. Gleichbehandlung	321

§ 16 Mitbestimmung ... 322
  I. Grundlagen, Bedeutung, Abgrenzung ... 322
  II. Europäische Harmonisierung ... 323
  III. Kollisionsrechtliche Anknüpfung ... 323
    1. Unternehmensmitbestimmung ... 323
    2. Betriebliche Mitbestimmung ... 324
  IV. Konsequenzen bei der Sitzverlegung ... 324
    1. Zuzugsfälle ... 324
    2. Wegzugsfälle ... 327
    3. Besonderheiten auf Grund internationaler Verträge ... 329

§ 17 Rechnungslegung ... 331
  I. Begriff, Bedeutung, Abgrenzung ... 332
  II. Europäische Harmonisierung der Rechnungslegung ... 333
    1. Jahresabschlussrichtlinie ... 333
    2. Richtlinie über den konsolidierenden Abschluss ... 334
    3. IAS-Verordnung ... 335
    4. Die Abschlussprüferrichtlinie ... 335
    5. Publizitäts- und Zweigniederlassungsrichtlinien ... 336
  III. Kollisionsrechtliche Anknüpfung der Rechnungslegung ... 337
    1. Traditionelle Auffassung ... 337
    2. Heute wohl hM ... 338
    3. Stellungnahme ... 338
  IV. Konsequenzen bei der Sitzverlegung ... 339
    1. Zuzugsfälle ... 339
    2. Wegzugsfälle ... 341
    3. Besonderheiten auf Grund internationaler Verträge ... 343
  V. Einzelfragen ... 346
    1. Rechnungslegung der Zweigniederlassung ... 346
    2. Rechnungslegungspublizität ... 346
    3. Prüfung des Jahresabschlusses ... 347

§ 18 Gerichtliche Zuständigkeit und Schiedsverfahren ... 347
  I. Einführung ... 348
  II. Internationale Gerichtszuständigkeit gemäß EuGVVO ... 349
    1. Begriff und Bedeutung der internationalen Zuständigkeit ... 349
    2. Rechtsquellen ... 349
    3. Überblick über die verschiedenen Gerichtsstände der EuGVVO ... 350
    4. Ausschließlicher Gerichtsstand für gesellschaftsorganisatorische Klagen ... 355
    5. Besonderer Gerichtsstand der Mitgliedschaft ... 360
    6. Besonderer Gerichtsstand des vertraglichen Erfüllungsortes ... 360

Inhaltsverzeichnis

	Seite
7. Besonderer Gerichtsstand der unerlaubten Handlung	362
8. Besonderer Gerichtsstand der Niederlassung	362
III. Schiedsverfahren	363
1. Einführung	363
2. Rechtsquellen	364
3. Die Schiedsvereinbarung	366
4. Das Schiedsverfahren	369
5. Anerkennung und Vollstreckbarerklärung ausländischer Schiedssprüche	371

§ 19 Rechts- und Geschäftsfähigkeit ... 375

- I. Überblick ... 377
- II. Grundsätze des internationalen Gesellschaftsrechts ... 377
  - 1. Sitz- und Gründungsanknüpfung ... 377
  - 2. Die Rechtssprechungssequenz des EuGH ... 378
  - 3. Gesellschaften aus Drittstaaten ... 381
  - 4. Rechtsformwahlfreiheit ... 381
- III. Gesellschaftsstatut und Teilfragen ... 382
- IV. Anknüpfungsregeln im Einzelnen ... 382
  - 1. Allgemeine Rechtsfähigkeit ... 382
  - 2. Besondere Rechtsfähigkeiten ... 385
  - 3. Geschäftsfähigkeit ... 395

§ 20 Kaufmannseigenschaft ... 396

- (keine Übersicht vorhanden) ... 396

§ 21 Registrierung ... 397

- I. Einführung ... 397
- II. Zuständiges Registergericht ... 398
- III. Anmeldung der Zweigniederlassung ... 398
  - 1. Vertretung im Anmeldeverfahren ... 398
  - 2. Anzumeldende Tatsachen ... 399
  - 3. Beizufügende Nachweise ... 401
  - 4. Kosten; Vorschuss ... 402
  - 5. Form der Anmeldung ... 403
- IV. Anmeldung von Änderungen, Aufhebung der Zweigniederlassung ... 403
- V. Registerpublizität ... 403

§ 22 Firmenrecht ... 404

- I. Überblick ... 404
- II. Firmenordnungsrecht ... 404
- III. Besondere Firma der Zweigniederlassung ... 406
- IV. Auftreten im Rechtsverkehr ... 406
  - 1. Verwendung des Rechtsformzusatzes ... 406
  - 2. Angaben auf Geschäftsbriefen ... 407
- V. Haftung bei Firmenfortführung ... 407

§ 23 Gläubigerschutz ... 408

- I. Grundsatz der Haftung nach Gründungsrecht ... 409
- II. Schutzdefizite bei Auslandsgesellschaften ... 410
- III. Schutzverlagerung in das Insolvenzrecht ... 412
- IV. Generelle Geltung des Allgemeinen Verkehrsrechts ... 414
- V. Anwendung gesellschaftsrechtlicher Regelungen ... 415
  - 1. Rechtfertigung durch zwingende Gründe des Allgemeininteresses ... 416
  - 2. Missbrauchseinwand ... 418
- VI. Ausgewählte Haftungstatbestände ... 420
  - 1. Handelndenhaftung ... 420

Inhaltsverzeichnis

	Seite
2. Persönliche Haftung der Gesellschafter nach §§ 128 ff. HGB	420
3. Innenhaftung von Organmitgliedern	421
4. Rechtsscheinhaftung	421
5. Verschulden bei Vertragsverhandlungen	421
6. Vertragshaftung	422
7. Haftung wegen Firmenfortführung	423
8. Kapitalaufbringungs- und -erhaltungsvorschriften	423
9. Das Eigenkapitalersatzrecht	424
10. Insolvenzverschleppungshaftung	426
11. Haftung wegen existenzvernichtenden Eingriffs	430
12. Haftung der Geschäftsführer wegen Zahlungen an Gesellschafter (Insolvenzverursachungshaftung)	432
13. Haftungsdurchgriff	433
14. Außenhaftung für nicht abgeführte Sozialversicherungsbeiträge	433
15. Konzernrechtliche Haftung	433
16. Kapitalmarktrecht	434
17. Sonderfall: Haftung der Mitglieder einer ausländischen Rechtsanwaltsgesellschaft	434

§ 24 Rechnungslegung 435
    I. Überblick 436
    II. Kollisionsrechtliche Behandlung 436
    III. Pflichten der Zweigniederlassung 437
    IV. Buchführung für steuerliche Zwecke 438
    V. Praxis 438

§ 25 Gewerberecht, Sozialversicherungsrecht 438
    I. Territoriale Geltung der Gewerbeordnung 439
    II. Durchsetzung inländischer Gewerbeverbote gegenüber Auslandsgesellschaften 439
    III. Durchsetzung ausländischer Gewerbeverbote im Inland 440
    IV. Exkurs I.: Zwangsmitgliedschaft in der IHK/Berufsgenossenschaft 441
    V. Exkurs II.: Ausländische Meistertitel 441
    VI. Sozialversicherungsrecht 442

§ 26 Strafrecht 443
    I. Grundsätze des Internationalen Strafrechts 445
    II. Vereinbarkeit der Anwendung deutschen Strafrechts mit der Niederlassungsfreiheit 447
    III. Schutzgut; Fremdrechtsanwendung 448
    IV. Strafrechtliche Organ- und Vertreterhaftung 449
    V. Ausgewählte Straftatbestände 450
        1. Bankrott 450
        2. Insolvenzverschleppung 452
        3. Untreue 452
        4. Vorenthalten und Veruntreuen von Arbeitsentgelt 453
        5. Betrug 454
        6. Korruptionsdelikte; UWG 454
        7. Steuerhinterziehung 455
    VI. Ordnungswidrigkeitsrecht 455

§ 27 Steuerrecht 455
    I. Körperschaftsteuer 456
    II. Besteuerung auf Ebene der Gesellschafter 458
    III. Gewerbesteuer 459
    IV. Umsatzsteuer 460

§ 28 Zivilverfahrensrecht 460
    I. Bedeutung der Internationalen Zuständigkeit 460
    II. Rechtsquellen und deren Rangverhältnis 461

Inhaltsverzeichnis

	Seite
III. Verordnungen und Staatsverträge	461
1. Europäische Gerichtsstands- und Vollsteckungsverordnung	462
2. Europäische Insolvenzverordnung	463
IV. Autonomes nationales Prozessrecht	463
V. Das lex fori Prinzip und das forum shopping	464
VI. Einzelne Internationale Gerichtsstände	464
1. Gerichtsstandsvereinbarungen; rügelose Einlassung	465
2. Allgemeiner Gerichtsstand des Beklagtenwohnsitzes	466
3. Ausschließlicher Gerichtsstand für gesellschaftsinterne Streitigkeiten	468
4. Besonderer Gerichtsstand der Niederlassung	470
5. Besonderer Gerichtsstand für Klagen aus Vertrag	471
6. Besonderer Gerichtsstand für Klagen aus Delikt	473
7. Ausschließlicher Gerichtsstand für Zwangsvollstreckungssachen	475
8. Klagen gegen Gesellschafter	475
9. Vermögensgerichtsstand	475
VII. Ausgewählte Verfahrensfragen	476
1. Partei-, Prozess- und Postulationsfähigkeit, Parteibezeichnung	476
2. Zustellung	476
3. Prozesskostensicherheit	477
4. Prozesskostenhilfe	478
5. Berufungszuständigkeit	478

§ 29 Tatbestand ... 479
  I. Einführung ... 479
  II. Liquidation von Gesellschaften in Deutschland ... 480
  III. Liquidation and dissolution einer Private Company limited by Shares ... 480
     1. Winding up (liquidation) ... 481
     2. Dissolution ... 482
     3. Alternativen zur liquidation and dissolution ... 484

§ 30 Auswirkung im Inland ... 484
  I. Maßgeblichkeit des Gesellschaftsstatuts ... 484
  II. Besonderheiten bei der Löschung einer englischen Limited ... 485
     1. Kein Restvermögen im Inland ... 485
     2. Existenz inländischen Restvermögens ... 486

§ 31 Einführung ... 491
  I. Gegenstand und Ziel der Abhandlung ... 491
  II. Das Internationale Steuerrecht – Zuordnungs- und Abgrenzungsfragen ... 492
  III. Typische Fragestellungen und Fallgestaltungen in der Praxis ... 494
     1. Grundsätzliches ... 494
     2. Rechtsform der Zieleinheit/Beteiligungskombination mit der Ausgangseinheit ... 494
     3. Finanzierung der Zieleinheit und/oder der Ausgangseinheit ... 496
     4. Gestaltungen über Drittländer/Steuerflucht ... 498
  IV. Rechtsgrundlagen des Internationalen Steuerrechts ... 499
  V. Grundbegriffe, Grundlagen ... 500
     1. Allgemeines ... 500
     2. Ausgangspunkt: das Welteinkommensprinzip ... 501
     3. Doppelbesteuerung ... 502

§ 32 Das Doppelbesteuerungsrecht ... 504
  I. Vermeidung der Doppelbesteuerung nach dem Recht der Doppelbesteuerungsabkommen ... 505
     1. Einleitung ... 505
     2. Verhältnis der Doppelbesteuerungsabkommen zum innerstaatlichen Recht und zu EU-Recht ... 508
     3. Das OECD-Musterabkommen ... 511

Inhaltsverzeichnis

	Seite
4. Geltungsbereich des OECDMusterabkommens, Abschnitt I OECD-MA	512
5. Begriffsbestimmungen, Abschnitt II OECD-MA	514
6. Besteuerung des Einkommens, Abschnitt III OECD-MA	520
7. Besteuerung des Vermögens, Abschnitt IV OECD-MA	553
8. Die Vermeidung der Doppelbesteuerung nach dem Methodenartikel, Abschnitt V OECD-MA	553
9. Besondere Bestimmungen, Abschnitt VI OECD-MA	564
10. Schlussbestimmungen, Abschnitt VII OECD-MA	567
II. Vermeidung der Doppelbesteuerung nach innerstaatlichem Recht	567
1. Vermeidung der Doppelbesteuerung für natürliche Personen, § 34c EStG	567
2. Vermeidung der Doppelbesteuerung für Körperschaften, § 26 KStG	577

§ 33 Aufwendungen, Verluste, Überführung von Wirtschaftsgütern bei grenzüberschreitenden Sachverhalten ... 578

I. Aufwendungen im Zusammenhang mit Geschäftätigkeiten im Ausland	579
1. Einleitung	579
2. Grundsituation	580
3. § 3c EStG	583
4. Die Regelung des § 8b Abs. 5 KStG	584
II. Ausländische Verluste im Zusammenhang mit inländischen Einkünften	585
1. Einleitung	585
2. Nicht-DBA-Sachverhalt oder DBA-Sachverhalt mit Anrechnungsmethode – Anwendungsbereich von § 2a Abs. 1 und Abs. 2 EStG mit Bezug zu Drittstaaten	587
3. DBA-Sachverhalt mit Freistellungsmethode – Anwendungsbereich des früheren § 2a Abs. 3 und Abs. 4 EStG	590
4. Exkurs: Verluste von ausländischen Tochter-(Kapital-)Gesellschaften	592
III. Überführung von Wirtschaftsgütern in ausländischen Produktionsstandort	593
1. Einleitung	593
2. Überführung von Wirtschaftsgütern in eine ausländische Betriebsstätte	594
3. Überführung von Wirtschaftsgütern in eine ausländische Tochter- (Kapital-)gesellschaft	597
4. Exkurs: Sitzverlegung von Kapitalgesellschaften	598

§ 34 Das Außensteuergesetz ... 598

I. Zielsetzung des Außensteuergesetzes	600
1. Einleitung	600
2. Vermeidung der Verlagerung von Einkünften und Vermögen in Niedrigsteuerländer Zielsetzung des Außensteuergesetzes	601
3. Regelungsbereiche des Außensteuergesetzes	601
II. Beteiligung an ausländischen Gesellschaften, §§ 7–14 AStG/die Hinzurechnungsbesteuerung	603
1. Grundsätze der Hinzurechnungsbesteuerung	603
2. Verhältnis der Hinzurechnungsbesteuerung zu anderen Vorschriften	607
3. Tatbestandsvoraussetzungen der Hinzurechnungsbesteuerung	607
4. Gesellschaften mit gemischten Tätigkeiten/§ 9 AStG/Gesellschaften mit passiven betrieblichen Nebenerträgen	619
5. Berechnung des Hinzurechnungsbetrags, § 10 AStG	622
6. Tatsächliche Ausschüttung von Gewinnanteilen, § 11 AStG	623
7. Basisgesellschaften mit Einkünften mit Kapitalanlagecharakter, § 7 Abs. 6 und Abs. 6a AStG	623
8. Sonderfall des § 20 Abs. 2 AStG	625
9. Steueranrechnung anstelle Steuerabzug, § 12 AStG	625
10. Nachgeschaltete Zwischengesellschaften, § 14 AStG	626
11. Vorrang des Auslandsinvestment-Gesetzes, § 7 Abs. 7 AStG	628
III. Internationale Verflechtungen, § 1 AStG	629
1. Einleitung	629
2. Verhältnis von § 1 AStG zu anderen Regelungen zur Einkunftsabgrenzung	631

Inhaltsverzeichnis

	Seite
3. Anwendungsbereich von § 1 AStG	634
4. Tatbestandsvoraussetzungen für die Berichtigung von Einkünften nach § 1 AStG	638
5. Nahestehende Personen	638
6. Allgemeine Grundsätze zur Einkunftsabgrenzung	640
7. Arten von Geschäftsbeziehungen	649
8. Einkunftsabgrenzung durch Umlageverträge	653
9. Einkunftsabgrenzung bei der Arbeitnehmerentsendung	654
10. Durchführung der Einkunftsabgrenzung	655
11. Vorwegauskünfte oder Harmonisierung der Bestimmung von Verrechnungspreisen zwischen zwei Staaten/Advanced Pricing Agreements (APA)	655
IV. Die erweiterte beschränkte Einkommensteuerpflicht/§§ 2–5 AStG/die Wegzugsbesteuerung – § 6 AStG	657
1. Einleitung	657
2. Die erweiterte beschränkte Einkommensteuerpflicht, §§ 2–5 AStG	658
3. Behandlung von Beteiligungen im Sinne von § 17 EStG bei Wohnsitzwechsel ins Ausland/ die Wegzugsbesteuerung, § 6 AStG	665
V. Sonstige Vorschriften des Außensteuergesetzes	674
1. Familienstiftungen, § 15 AStG	674
2. Sonstige Vorschriften	676

§ 35 Insolvenz innerhalb der EU

§ 35 Insolvenz innerhalb der EU	679
I. Einführung	682
II. Grundlagen	683
1. Entstehungsgeschichte	683
2. Europarechtliche Aspekte	684
3. Prinzipien der EuInsVO	686
4. Verhältnis zu anderen Regelungen	687
III. Anwendungsbereich	687
1. Intertemporaler Anwendungsbereich	687
2. Territorialer Anwendungsbereich	688
3. Sachlicher Anwendungsbereich	690
4. Persönlicher Anwendungsbereich	692
IV. Internationale Zuständigkeit	693
1. Hauptinsolvenzverfahren	693
2. Territorialverfahren	703
3. Örtliche Zuständigkeit nach deutschem Recht	705
4. Annexverfahren	706
V. Anwendbares Recht	708
1. Grundsatz der lex fori concursus	708
2. Umfang des Insolvenzstatuts	710
3. Ausnahmen von der lex fori concursus	714
VI. Gegenseitige Anerkennung von Insolvenzverfahren	720
1. Anerkennung der Eröffnungsentscheidung	720
2. Gleichmäßige Gläubigerbefriedigung	724
3. Öffentliche Bekanntmachung und Registereintragung	725
4. Anerkennung und Vollstreckbarkeit sonstiger Entscheidungen	727
5. Ordre public	728
VII. Sekundärinsolvenzverfahren	729
1. Verfahrenseröffnung	730
2. Verfahrenskoordination	730
3. Sicherungsmaßnahmen	732
VIII. Gläubigerbenachrichtigung und Forderungsanmeldung	733
1. Forderungsanmeldung	733
2. Gläubigerbenachrichtigung	733

§ 36 Insolvenz in Drittstaaten

§ 36 Insolvenz in Drittstaaten	733
I. Einführung	735

Inhaltsverzeichnis

	Seite
II. Grundlagen	735
1. Prinzip der modifizierten Universalität	735
2. Anwendungsbereich	736
III. Internationale Zuständigkeit	737
IV. Anwendbares Recht	738
1. Grundsatz der lex fori concursus	738
2. Umfang des Insolvenzstatuts	738
3. Ausnahmen von der lex fori concursus	739
V. Wirkungen des ausländischen Insolvenzverfahrens im Inland	742
1. Anerkennung des ausländischen Insolvenzverfahrens	742
2. Durchsetzung des ausländischen Insolvenzverfahrens	745
3. Schutzbestimmungen	746
VI. Territorialverfahren	749
1. Zweck territorial begrenzter Verfahren	749
2. Allgemeine Zulässigkeitsvoraussetzungen	749
3. Rechtsfolgen	751
4. Restschuldbefreiung und Insolvenzplan	751
5. Sekundärinsolvenzverfahren	751
VII. Forderungsanmeldung und Erlösverteilung	753
1. Ausübung von Gläubigerrechten	753
2. Verteilung der Erlöse	753

§ 37 Sanierungsmigration — 755

I. Begriff und Hintergründe	758
II. Vor- und Nachteile einer Sanierungsmigration	759
1. Differenzierung und Abwägung	759
2. Mögliche Vorteile	760
3. Mögliche Nachteile	763
III. Migrationsmodelle und -strukturen im Überblick	765
1. Insolvenz- und Gesellschaftsstatut	765
2. Migrationsmodelle	766
IV. Insolvenzrechtliche Aspekte	767
1. Grundlagen	767
2. Bestimmung und Auswirkung des Insolvenzstatuts	767
3. Sekundärinsolvenzverfahren und Einschränkungen der lex fori concursus	775
V. Gesellschaftsrechtliche Aspekte	779
1. Grundentscheidung	779
2. Universalsukzession	780
VI. Vertrags- und Verkehrsrecht	781
1. Change-of-COMI-Klauseln	781
2. Verkehrsrecht	781

§ 38 Insolvenzverfahren — 782

I. Rechtsquellen	784
II. Institutionen	785
III. Insolvenzgründe	786
1. Insolvency und inability to pay debts	786
2. Cash flow insolvency gem. s. 123(1)(e) IA 1986 (Zahlungsunfähigkeit)	788
3. Balance sheet insolvency gem. s. 123(2) IA 1986 und s. 214(6) IA 1986 (Überschuldung)	791
4. Statutory demand gem. s. 123(1)(a) IA 1986	794
5. Erfolglose Vollstreckung gem. s. 123(1)(b) IA 1986	794
6. Zukünftige Insolvenz gem. p. 11(a) Sch B1 IA 1986	794
IV. Insolvenzverfahren	795
1. Überblick	795
2. Company voluntary arrangement (CVA) und scheme of arrangement	797

Inhaltsverzeichnis

	Seite
3. Administrative receivership und floating charge	797
4. Administration	801
5. Creditors' voluntary winding up	805
6. Compulsory winding up	808
7. Löschung aus dem Gesellschaftsregister	811
8. Pre-packaged Sale (sog. pre-pack)	813
§ 39 Sanierungsverfahren	**818**
I. Company voluntary arrangement (CVA)	819
1. Einführung	819
2. Internationale Aspekte	820
3. Überblick über die Verfahrensschritte	820
4. Verfahren	823
5. Abstimmung und Bindungswirkung	824
6. Inhalt eines CVA	826
7. Umsetzung	827
8. Gerichtliche Anfechtung	828
9. Abschluss	828
II. Scheme of arrangement	829
1. Überblick	829
2. Internationale Aspekte	831
3. Einleitung des Verfahrens	837
4. Klassenbildung	839
5. Einberufung der Versammlungen	840
6. Abstimmung	841
7. Gerichtliche Bestätigung	842
8. Bindungswirkung	843
9. Anfechtung	843
§ 40 Debt/Equity-Swap	**844**
I. Einführung	845
1. Begriffe und Grundlagen	845
2. Verhandlungsthemen	846
3. Vor- und Nachteile	847
II. Rechtstechnische Umsetzung	848
1. Grundlagen	848
2. Sachkapitalerhöhung	848
3. Übernahme von Anteilen der Altgesellschafter	849
4. Debt/Asset-Swap	850
5. Übernahme von Anteilen einer neu gegründeten Gesellschaft	850
6. Hybride Gestaltungen	850
III. Einzelheiten zum Debt/Equity-Swap nach englischem Recht	850
1. Beteiligung der Altgesellschafter	850
2. Zustimmung der Altgläubiger	853
3. Haftung und Eigenkapitalersatz	853
4. Sonstiges	855
§ 41 Haftung und Insolvenzanfechtung	**855**
I. Haftung in der Insolvenz	856
1. Geschäftsleiter	856
2. Gesellschafter	864
II. Insolvenzanfechtung	865
1. Überblick	865
2. Transactions at an undervalue	866
3. Preferences	867
4. Avoidance of certain floating charges	869

Inhaltsverzeichnis

	Seite
§ 42 Fallstudien: Schefenacker, Deutsche Nickel, Brochier und Rodenstock	869
I. Schefenacker	870
1. Veröffentlichung der Verfahrensakte	870
2. Ausgangssituation	871
3. Sanierungsmigration	871
4. Sanierung nach englischem Recht	872
5. Chapter 15-Verfahren nach US-amerikanischem Recht	874
II. Deutsche Nickel	875
1. Ausgangssituation	875
2. Fehlschlag des Restrukturierungsversuchs nach deutschem Recht	875
3. Migration und gesellschaftsrechtliche Umstrukturierung	876
4. Restrukturierung nach englischem Recht	878
III. Brochier	879
1. Bedeutung für künftige Sanierungsmigrationen	879
2. Gescheiterte Verlegung des COMI	879
3. Race to the court	881
4. Reaktion auf die zwei eröffneten Hauptinsolvenzverfahren	882
5. Gefahr durch Sekundärinsolvenzverfahren	882
IV. Rodenstock	883
1. Einführung	883
2. Ausgangssituation	883
3. Vorbereitung des Verfahrens	885
4. Inhalt des scheme of arrangement	885
5. Einleitung des Verfahrens und Gläubigerversammlung	886
6. Bestätigung des scheme of arrangement	886
§ 43 Joint Venture	889
I. Überblick	889
1. Einleitung	889
2. Joint Venture Strukturen	890
3. Besonderheiten bei einem internationalen Joint Venture	891
II. Das Joint Venture Vertragssystem	891
1. Joint Venture-Vertrag	891
2. Gesellschaftsvertrag	895
3. Leistungsverträge	898
4. Verhältnis der Verträge zueinander	899
III. Typische Vertragsregelungen	900
1. Joint Venture-Vertrag	900
2. Gesellschaftsvertrag	907
IV. Kartellrecht	908
1. Fusionskontrolle	908
2. Kartellverbot	909
V. Das Gemeinschaftsunternehmen im Konzern	911
§ 44 Internationales Konzernrecht	911
I. Einführung	912
1. Grundlagen	912
2. Deutsche Regelungen zum internationalen Konzernrecht	913
3. Regelungen zum Konzernrecht auf EU-Ebene	913
II. Grenzüberschreitender Unterordnungskonzern	914
1. Kollisionsrechtliche Grundregeln	914
2. Bestimmung des Gesellschaftsstatuts der beteiligten Unternehmen	915
3. Grenzüberschreitende Beherrschungs- und Gewinnabführungsverträge	917
4. Andere grenzüberschreitende Unternehmensverträge	922
5. Grenzüberschreitender faktischer Unterordnungskonzern	924
III. Grenzüberschreitender Gleichordnungskonzern	924
IV. Wechselseitig beteiligte Unternehmen	925

Inhaltsverzeichnis

	Seite
V. Eingegliederte Gesellschaften	925
VI. Sonstige Regelungen zu verbundenen Unternehmen	926
1. Mitteilungspflichten	926
2. Aufsichtsratbestellung	926
3. Mitbestimmung der Arbeitnehmer in Gesellschaftsorganen	927
4. Nichtigkeit bestimmter Stimmbindungsverträge	928
5. Zeichnungs-, Erwerbs- und Besitzverbote	928
VII. Internationale Gerichtszuständigkeit	929
1. Allgemeines	929
2. Konzerninnenhaftung	930
3. Konzernaußenhaftung	932
4. Organhaftung	933

§§ 45, 46 *(einstweilen unbelegt)* ... 933

§ 47. Gesellschaftsformen ausgewählter Staaten ... 935

	Seite
A. Belgien	939
I. Überblick	939
1. Grundlagen	939
2. Handelsregister	940
3. Verschmelzung und Spaltung von Gesellschaften	940
4. Internationales Gesellschaftsrecht	940
II. Personengesellschaften	940
III. Die Aktiengesellschaft	941
1. Gründung	941
2. Stammkapital	941
3. Aktien	941
4. Die Hauptversammlung	942
5. Der Verwaltungsrat	942
6. Persönliche Haftung der Gesellschafter	943
7. Die Liquidation	943
IV. Die GmbH	943
1. Gründung	943
2. Grundkapital	943
3. Geschäftsanteile und Gesellschafter	944
4. Die Gesellschafterversammlung	944
5. Die Geschäftsführung	944
6. Die Starter-Gesellschaft	945
B. Volksrepublik China	945
I. Allgemeines	946
1. Überblick	946
2. Das Handelsregister	946
3. Umwandlung von Gesellschaften	947
4. Internationales Gesellschaftsrecht	947
II. Personengesellschaften	947
1. Die Offene Handelsgesellschaft	947
2. Die Kommanditgesellschaft	947
3. Die Partnerschaftsgesellschaft	948
III. Die GmbH	948
1. Gründung	948
2. Stammkapital	948
3. Anteile	949
4. Die Gesellschafterversammlung	949
5. Der Vorstand	950
6. Die Geschäftsführung	950
7. Der Aufsichtsrat	950
IV. Die Aktiengesellschaft	950

Inhaltsverzeichnis

	Seite
1. Gründung	950
2. Organisation	951
3. Aktien	951
V. Sonderrecht der ausländisch investierten Unternehmen	951
C. Dänemark	952
I. Überblick	952
II. Personengesellschaften	953
III. Die GmbH	954
1. Gründung	954
2. Stammkapital	954
3. Anteile und Gesellschafter	955
4. Die Gesellschafterversammlung	955
5. Die Geschäftsführung der ApS	955
IV. Die Aktiengesellschaft	956
1. Allgemeines	956
2. Gründung	956
3. Stammkapital	956
4. Aktien	956
5. Leitung der A/S	956
D. Frankreich	956
I. Allgemeines	957
1. Überblick	957
2. Handelsregister	958
3. Arbeitnehmermitbestimmung	958
4. Umwandlung von Gesellschaften	958
5. Internationales Gesellschaftsrecht	958
II. Personengesellschaften	959
1. Die bürgerliche Gesellschaft	959
2. Die handelsrechtlichen Personengesellschaften	959
III. Die GmbH	960
1. Gründung	960
2. Stammkapital	961
3. Anteile	961
4. Die Gesellschafterversammlung	962
5. Persönliche Haftung der Gesellschafter	962
6. Die Geschäftsführung	962
7. Die Liquidation	963
IV. Die Aktiengesellschaft	963
1. Gründung	963
2. Stammkapital	963
3. Aktien	964
4. Die Hauptversammlung	964
5. Die Geschäftsführung	965
6. Die Liquidation	966
V. Die „Vereinfachte Aktiengesellschaft"	966
E. Großbritannien	967
I. Überblick	967
1. Die Gesellschaftsformen des englischen Rechts	967
2. Internationale Bedeutung des englischen Rechts	968
3. Der Registrar of Companies	968
4. Umwandlung und Verschmelzung von Gesellschaften	968
5. Internationales Gesellschaftsrecht	969
II. Personengesellschaften	969
1. Die Partnership	969
2. Die Limited Partnership	970
3. Die Limited Liability Partnership	971
III. Die Private Company Limited by Shares	974

Inhaltsverzeichnis

	Seite
1. Rechtsgrundlagen	975
2. Gründung	977
3. Die Vorgesellschaft	978
4. Firma	978
5. Stammkapital	979
6. Aktien	980
7. Die Hauptversammlung	981
8. Persönliche Haftung der Gesellschafter	982
9. Das Board of Directors	983
10. Geschäftsführung und Vertretung der Gesellschaft	986
11. Rechnungslegung und Publizität	988
12. Die Liquidation einer company	989
13. Die Löschung einer Company	990
IV. Besonderheiten bei der Public Limited Company	990
F. Italien	991
I. Allgemeines	992
1. Überblick	992
2. Das Handelsregister	992
3. Umwandlung von Gesellschaften	992
4. Internationales Gesellschaftsrecht	992
II. Personengesellschaften	993
1. Die bürgerliche Gesellschaft	993
2. Die Offene Handelsgesellschaft	993
3. Die Kommanditgesellschaft	994
III. Die GmbH	994
1. Gründung	994
2. Stammkapital	994
3. Geschäftsanteile	995
4. Die Gesellschafterversammlung	996
5. Persönliche Haftung der Gesellschafter	997
6. Die Geschäftsführung	997
7. Kontrollorgan	998
IV. Die Aktiengesellschaft	998
1. Gründung	998
2. Stammkapital	998
3. Aktien	998
4. Die Hauptversammlung	999
5. Geschäftsführung und Aufsicht	999
G. Japan	1000
I. Überblick	1001
1. Allgemeines	1001
2. Das Handelsregister	1001
3. Umwandlungsrecht	1001
4. Internationales Gesellschaftsrecht	1001
II. Personengesellschaften	1002
1. Die Zivilrechtliche Gesellschaft	1002
2. Die Offene Handelsgesellschaft	1002
3. Die Kommanditgesellschaft	1002
4. Die Limited Liability Company – LLC	1003
5. Die Limited Liability Partnership – LLP	1003
III. Die Aktiengesellschaft	1003
1. Gründung	1003
2. Stammkapital	1003
3. Aktien	1004
4. Die Hauptversammlung	1004
5. Die Leitung der Aktiengesellschaft	1004
IV. Die GmbH	1006

Inhaltsverzeichnis

	Seite
H. Liechtenstein	1006
I. Allgemeines	1007
II. Die Personengesellschaften	1007
III. Die Aktiengesellschaft	1007
IV. Die GmbH	1008
V. Treuunternehmen und Anstalt	1008
J. Luxemburg	1009
I. Einführung	1009
1. Überblick	1009
2. Handelsregister	1010
3. Internationales Gesellschaftsrecht	1010
II. Personengesellschaften	1010
III. Die Aktiengesellschaft	1011
1. Gründung	1011
2. Stammkapital	1011
3. Aktien	1011
4. Die Hauptversammlung	1012
5. Der Verwaltungsrat	1012
IV. Die GmbH	1012
1. Gründung	1012
2. Stammkapital	1012
3. Geschäftsanteile	1012
4. Die Geschäftsführung	1013
K. Niederlande	1013
I. Überblick	1014
1. Rechtsquellen	1014
2. Das Handelsregister	1014
3. Die Umwandlung von Gesellschaften	1014
4. Arbeitnehmermitbestimmung	1015
5. Entquêterecht	1015
6. Internationales Gesellschaftsrecht	1015
II. Die Personengesellschaften	1016
1. Geltende Regelung	1016
2. Inhalt der gescheiterten Reform	1016
III. Die GmbH	1017
1. Einleitung	1017
2. Gründung	1017
3. Stammkapital	1018
4. Anteile	1018
5. Die Gesellschafterversammlung	1019
6. Persönliche Haftung der Gesellschafter	1020
7. Die Geschäftsführung	1020
8. Der Aufsichtsrat	1021
IV. Die Aktiengesellschaft	1022
1. Gründung	1022
2. Stammkapital	1022
3. Aktien	1022
4. Die Leitung der N. V.	1023
L. Österreich	1023
I. Überblick	1023
1. Überblick	1023
2. Handelsregister	1024
3. Mitbestimmung	1024
4. Umwandlung von Gesellschaften	1024
5. Internationales Gesellschaftsrecht	1025
II. Die Personengesellschaften	1025
1. Die bürgerliche Gesellschaft	1025

Inhaltsverzeichnis

	Seite
2. Die im Firmenbuch eingetragenen Personengesellschaften	1025
III. Die GmbH	1026
1. Gründung	1026
2. Stammkapital	1026
3. Anteile	1027
4. Die Gesellschafterversammlung	1028
5. Persönliche Haftung der Gesellschafter	1028
6. Die Geschäftsführung	1029
7. Der Aufsichtsrat	1029
IV. Die Aktiengesellschaft	1030
1. Gründung	1030
2. Stammkapital	1030
3. Aktien	1030
4. Die Hauptversammlung	1030
5. Der Vorstand	1031
6. Der Aufsichtsrat	1031
M. Schweiz	1031
I. Allgemeines	1032
1. Überblick	1032
2. Handelsregister	1032
3. Umwandlung von Gesellschaften	1033
4. Arbeitnehmermitbestimmung	1033
5. Internationales Gesellschaftsrecht	1033
II. Personengesellschaften	1034
1. Die Einfache Gesellschaft	1034
2. Die Kollektivgesellschaft	1034
3. Die Kommanditgesellschaft	1034
III. Die Aktiengesellschaft	1034
1. Gründung	1034
2. Stammkapital	1035
3. Aktien	1036
4. Die Hauptversammlung	1036
5. Die Geschäftsführung	1036
6. Die Revision	1038
IV. Die GmbH	1038
1. Allgemeines	1038
2. Gründung	1038
3. Stammkapital	1039
4. Gesellschaftsanteile	1039
5. Die Gesellschafterversammlung	1040
6. Die Geschäftsführung	1040
N. Spanien	1041
I. Allgemeines	1041
1. Überblick	1041
2. Handelsregister	1042
3. Umwandlung von Gesellschaften	1042
4. Mitbestimmung und Arbeitnehmergesellschaften	1043
5. Internationales Gesellschaftsrecht	1043
6. Sonderregeln für Freiberufler-Gesellschaften	1043
II. Personengesellschaften	1043
1. Die bürgerliche Gesellschaft	1043
2. Die handelsrechtlichen Personengesellschaften	1044
III. Die GmbH	1044
1. Gründung	1044
2. Stammkapital	1045
3. Anteile	1045
4. Die Gesellschafterversammlung	1046

Inhaltsverzeichnis

Seite

    5. Persönliche Haftung der Gesellschafter 1047
    6. Die Geschäftsführung 1047
  IV. Die Blitzgesellschaft (Sociedad Limitada Nueva Empresa) 1048
  V. Die Aktiengesellschaft 1048
    1. Gründung 1048
    2. Stammkapital 1049
    3. Aktien 1049
    4. Die Hauptversammlung 1049
    5. Die Geschäftsführung 1050
O. USA 1050
  I. Überblick 1051
    1. Gesetzgebung 1051
    2. Handelsregister 1052
    3. Formwechsel und Verschmelzung 1052
    4. Internationales Gesellschaftsrecht 1052
  II. Personengesellschaften 1053
    1. Die General Partnership 1053
    2. Die Limited Partnership 1053
    3. Die Limited Liability Partnership (LLP) 1054
  III. Die Limited Liability Company (LLC) 1055
  IV. Die business corporation 1056
    1. Arten der corporation 1056
    2. Rechtliche Grundlagen der corporation 1057
    3. Gründung einer corporation 1058
    4. Das Kapital der corporation 1058
    5. Aktien 1059
    6. Die Geschäftsführung 1060
    7. Die Hauptversammlung 1061
    8. Haftungsdurchgriff 1061
  V. Der business-trust 1062

§ 48. Die Europäische wirtschaftliche Interessenvereinigung (EWIV) 1063
  I. Grundlagen 1064
    1. Geschichte und Bedeutung 1064
    2. Rechtsgrundlagen: EWIV-VO und nationales Recht 1065
    3. Rechtsnatur der EWIV 1066
  II. Gründung 1066
    1. Gründer 1066
    2. Grenzüberschreitender Bezug 1068
    3. Gründungsvertrag 1068
    4. Rechtslage vor und nach der Eintragung 1071
    5. Publizitätsregeln 1072
    6. Gründungsprüfung 1073
    7. Eintragung von Niederlassungen 1073
  III. Organisationverfassung (Art. 16 EWIV-VO) 1074
    1. Die Mitglieder und ihre Willensbildung 1074
    2. Geschäftsführer 1075
    3. Geschäftsführung und Vertretung 1076
  IV. Mitgliedschaft 1077
    1. Mitgliederwechsel 1077
    2. Die Rechtsstellung der Mitglieder 1080
  V. Sitzverlegung 1083
    1. Identitätswahrende Sitzverlegung 1083
    2. Sitzverlegung ohne Wandel des anwendbaren Rechts ... 1083
    3. Sitzverlegung mit Wandel des anwendbaren Rechts 1083
  VI. Beendigung der EWIV 1083
    1. Auflösung 1084

Inhaltsverzeichnis

	Seite
2. Abwicklung	1084
3. Nichtigkeit	1085
4. Insolvenz	1085
VII. Besteuerung der EWIV	1085

§ 49. Die Societas Europaea (SE) 1086
    I. Grundlagen 1089
        1. Entstehungsgeschichte und praktische Bedeutung 1089
        2. Rechtsgrundlagen 1090
    II. Gründung der SE 1091
        1. Allgemeine Fragen 1091
        2. SE-Gründung durch Verschmelzung 1094
        3. Gründung einer Holding-SE 1100
        4. Formwechselnde Umwandlung 1103
        5. Gründung einer Tochter-SE 1105
    III. Leitungssystem der SE 1107
        1. Systematik: Dualismus, Monismus, Gemeinsame Vorschriften 1107
        2. Das dualistische Leitungsmodell 1107
        3. Das monistische Leitungsmodell 1112
        4. Die Hauptversammlung 1119
    IV. Konzernrecht 1121
    V. Grenzüberschreitende Sitzverlegung 1123
        1. Kontinuität des Rechtsträgers 1123
        2. Verlegungsverfahren 1123
        3. Einzelfragen der Sitzverlegung 1124
    VI. Umwandlung der SE 1125
    VII. Weitere in der SE-VO ungeregelte Bereiche 1126

§ 50 Die Europäische Privatgesellschaft (Societas Privata Europaea – SPE) 1127
    I. Stand der Gesetzgebung 1129
    II. Anwendbares Recht 1131
        1. Vollstatut für Gesellschaftsrecht 1131
        2. Regelung des anwendbaren Rechts (Art. 4 SPE-VOE-II) 1132
        3. Satzungsautonomie und Regelungsaufträge 1133
    III. Gründung der SPE 1135
        1. Grenzüberschreitender Bezug 1135
        2. Gründungsformen 1136
        3. Gründungsverfahren bis zur Eintragung 1138
        4. Sitz der Gesellschaft 1139
    IV. Kapital und Finanzverfassung 1139
        1. Das Kapital der SPE 1139
        2. Ausschüttungen an die Gesellschafter 1140
    V. Organisationsverfassung 1141
    VI. Die Rechtsstellung der SPE-Gesellschafter 1142
    VII. Mitbestimmung der Arbeitnehmer 1143
    VIII. Grenzüberschreitende Sitzverlegung 1144
    IX. Auflösung der SPE 1144

§ 51. Die Europäische Genossenschaft (SCE) 1145
    I. Grundlagen 1145
        1. Entstehungsgeschichte und praktische Bedeutung 1145
        2. Rechtsgrundlagen 1147
    II. Gründung 1148
        1. Handelndenhaftung und Vorgesellschaft 1148
        2. Allgemeine Gründungsvoraussetzungen 1149
        3. Neugründung 1150
        4. Umwandlungsgründung 1150

Inhaltsverzeichnis

	Seite
III. Organisationsverfassung	1151
1. Die Generalversammlung	1151
2. Leitungssystem der SCE	1152
3. Arbeitnehmerbeteiligung	1154
4. Sonstige Organe	1154
IV. Kapitalverfassung	1154
V. Mitgliedschaft	1155
VI. Sitzverlegung	1158
VII. Beendigung	1158
VIII. Jahresabschluss, Lagebericht, Besteuerung	1158

§ 52. Verwaltungssitzverlegung ... 1159

- I. Begriff und Erscheinungsformen ... 1161
- II. Zuzugsfälle ... 1162
  - 1. Zuzug aus einem EG-Mitgliedstaat ... 1162
  - 2. Zuzug aus EWR/EFTA-Staaten ... 1165
  - 3. Zuzug aus Drittstaaten ... 1165
- III. Wegzugsfälle ... 1168
  - 1. Der Einfluss der Niederlassungsfreiheit ... 1168
  - 2. Autonomes deutsches Recht ... 1171
- IV. Verlegung des Verwaltungssitzes von einem ausländischen Staat in einen anderen ... 1175
- V. Reform des deutschen und europäischen internationalen Gesellschaftsrechts ... 1176
- VI. Verwaltungssitzverlegung und internationale Zuständigkeit ... 1177
  - 1. EuGVVO ... 1177
  - 2. LugÜ ... 1177
  - 3. ZPO ... 1178

§ 53 Grenzüberschreitende Verschmelzung ... 1178

- I. Kollisionsrechtliche Grundlagen und grundsätzliche Zulässigkeit der grenzüberschreitenden Verschmelzung ... 1182
  - 1. Begriff der grenzüberschreitenden Verschmelzung ... 1182
  - 2. Kollisionsrechtliche Grundlagen ... 1183
  - 3. Grenzüberschreitende Verschmelzung und der Wortlaut des § 1 UmwG ... 1184
  - 4. Grenzüberschreitende Verschmelzung und Niederlassungsfreiheit ... 1186
  - 5. Die Richtlinie 2005/56/EG über die Verschmelzung von Kapitalgesellschaften aus verschiedenen Mitgliedstaaten ... 1190
- II. Grenzüberschreitende Verschmelzungen von Kapitalgesellschaften nach §§ 122a ff. UmwG ... 1191
  - 1. Überblick ... 1191
  - 2. Sachlicher Anwendungsbereich (§ 122a UmwG) ... 1191
  - 3. International verschmelzungsfähige Gesellschaften (§ 122b UmwG) ... 1193
  - 4. Verschmelzungsplan (§ 122c UmwG) ... 1196
  - 5. Einreichung und Bekanntmachung des Verschmelzungsplans (§ 122d UmwG) ... 1204
  - 6. Verschmelzungsbericht (§ 122e UmwG) ... 1206
  - 7. Verschmelzungsprüfung (§ 122f UmwG) ... 1209
  - 8. Zustimmung der Anteilsinhaber (§ 122g UmwG) ... 1212
  - 9. Verbesserung des Umtauschverhältnisses (§ 122h UmwG) ... 1214
  - 10. Abfindungsangebot im Verschmelzungsplan (§ 122i UmwG) ... 1217
  - 11. Schutz der Gläubiger der übertragenden Gesellschaft § 122j UmwG ... 1218
  - 12. Verschmelzungsbescheinigung (§ 122k UmwG) ... 1222
  - 13. Eintragung der grenzüberschreitenden Verschmelzung § 122l UmwG ... 1225
  - 14. Zeitpunkt der Wirksamkeit der Verschmelzung ... 1227
- III. Grenzüberschreitende Verschmelzung von Personengesellschaften und mit Drittstaatenbezug ... 1227
  - 1. Personengesellschaften ... 1227
  - 2. Grenzüberschreitende Verschmelzung mit Drittstaatenbezug ... 1228

Inhaltsverzeichnis

	Seite
§ 54. Grenzüberschreitender Formwechsel	1230
I. Begriff des grenzüberschreitenden oder internationalen Formwechsels	1232
II. Zulässigkeit des grenzüberschreitenden Formwechsels innerhalb der EU	1233
1. Frühere Sichtweise des deutschen Rechts	1233
2. Die EuGH-Entscheidung „Cartesio"	1233
3. Zulässigkeit des grenzüberschreitenden Formwechsels einer deutschen Gesellschaft	1235
4. Zulässigkeit des grenzüberschreitenden Formwechsels in eine deutsche Gesellschaftsform	1236
III. Durchführung des grenzüberschreitenden Formwechsels aus Sicht des deutschen Rechts	1238
1. Kollisionsrechtliche Grundlagen und analog anzuwendende Normen	1238
2. Voraussetzungen, Verfahren und Schutz der Anteilseigner	1239
3. Anfechtung des Umwandlungsbeschlusses und Spruchverfahren	1240
4. Gläubigerschutz	1240
5. Eintragung und Zeitpunkt des Wirksamwerdens	1241
6. Firma	1242
§ 55. Alternative Gestaltungsmöglichkeiten des Grenzübertritts	1243
I. Anwachsungsmodelle: Grundgedanke und Anwendungsbereich	1244
II. International-gesellschaftsrechtliche Voraussetzungen der Anwachsungsmodelle	1244
III. Einfaches Anwachsungsmodell	1246
IV. Erweitertes Anwachsungsmodell	1247
§ 56. Grenzüberschreitende Spaltung	1248
I. Begriff der grenzüberschreitenden oder internationalen Spaltung	1250
1. Begriff der Spaltung	1250
2. Grenzüberschreitende oder internationale Spaltung	1251
3. Das internationale Privatrecht der grenzüberschreitenden Spaltung	1253
II. Zulässigkeit der internationalen Spaltung innerhalb der EU	1253
1. Grenzüberschreitende Spaltung und der Wortlaut des § 1 Abs. 1 UmwG	1253
2. Grenzüberschreitende Spaltung und Niederlassungsfreiheit	1255
III. Zulässigkeit der grenzüberschreitenden Spaltung unter Beteiligung drittstaatlicher Gesellschaften	1260
1. Zulässigkeit aufgrund europa- oder völkerrechtlicher Normen	1260
2. Zulässigkeit nach deutschem Sachrecht	1262
IV. Die Durchführung der grenzüberschreitenden Spaltung innerhalb der EU	1263
1. Kollisionsrechtliche Grundlagen und europarechtskonforme Rechtsanwendung	1263
2. Voraussetzungen, Verfahren und Schutz der Anteilseigner	1266
3. Anfechtung des Spaltungsbeschlusses und Spruchverfahren	1267
4. Gläubigerschutz	1268
5. Eintragung und Zeitpunkt des Wirksamwerdens	1269
6. Rechtsfolgen	1270
§ 57. Gestaltungsfreiheit und Bestandsschutz	1273
I. Grundzüge	1274
1. Verhandlungslösung statt gesetzgeberischer Anordnung	1275
2. Schutz erworbener Rechte	1275
II. Europäisches Mitbestimmungsregime	1278
1. Verdrängung des nationalen Mitbestimmungsrechts bei der SE	1279
2. Verdrängung des nationalen Mitbestimmungsrechts bei grenzüberschreitenden Verschmelzungen gemäß §§ 122a ff. UmwG	1279
3. Anwendbarkeit der Teilkonzernregelung des § 5 Abs. 3 MitbestG	1281
III. Verhandelte Mitbestimmung	1282
1. Rechtsnatur der Mitbestimmungsvereinbarung	1282
2. Abschlusskompetenz	1283
3. Reichweite der Mitbestimmungsautonomie	1284
IV. Mitbestimmung kraft Gesetzes	1287

Inhaltsverzeichnis

	Seite
1. Voraussetzungen	1287
2. Vorher-/Nachher-Prinzip	1288
V. Gestaltungsmöglichkeiten und -grenzen	1289
1. Verkleinerung des Aufsichtsrats	1290
2. „Einfrieren" des Mitbestimmungsniveaus	1290
3. Verlagerungen des Unternehmenssitzes ins Ausland	1291
4. Nutzung von Vorratsgesellschaften	1291
5. Pflicht zur Nachverhandlung bei strukturellen Änderungen	1294
6. Gestaltungsmissbrauch	1296

§ 58. Verfahren bei grenzüberschreitender Mitbestimmung ... 1299

I. Information der Arbeitnehmer	1299
1. Adressaten	1299
2. Inhalt	1300
3. Durchführung der Information	1301
4. Weitere Informationen	1301
II. Bildung des besonderen Verhandlungsgremiums	1302
1. Sitzverteilung	1302
2. Bestellung der Mitglieder	1303
3. Konstitution des besonderen Verhandlungsgremiums	1303
III. Durchführung der Verhandlungen	1304
1. Dauer der Verhandlungen	1304
2. Häufigkeit und Organisation der Sitzungen	1304
3. Entscheidungsfindung	1305
IV. Verzicht auf Verhandlungen	1305
1. Einseitiger Verzicht der Leitungsorgane	1306
2. Einseitiger Verzicht des besonderen Verhandlungsgremiums	1307
V. Wahl der Mitglieder des mitbestimmten Aufsichtsrats	1308
1. Sitzverteilung im Aufsichtsrat und Bestellung der Arbeitnehmervertreter	1308
2. Rechtsstellung der Aufsichtsratsmitglieder	1311

§ 59. Umstrukturierungen im Geltungsbereich des UmwStG ... 1313

I. Umstrukturierungsvorgänge und UmwStG	1314
1. UmwStG als lex specialis	1314
2. Europäisierung des UwStG	1315
3. Fallgruppen grenzüberschreitender Umstrukturierungen	1315
II. Anwendungsbereich des UmwStG	1316
1. Umwandlung von Körperschaften (Zweiter bis Fünfter Teil des UmwStG)	1317
2. Einbringungsvorgänge (Sechster bis Achter Teil des UmwStG)	1320
III. Verschmelzung von Kapitalgesellschaften auf Personengesellschaften	1323
IV. Formwechsel von Kapitalgesellschaften in Personengesellschaften	1328
V. Verschmelzung von Kapitalgesellschaften auf Kapitalgesellschaften	1329
VI. Auf- und Abspaltung von Kapitalgesellschaften auf Kapitalgesellschaften	1334
1. Entsprechende Anwendung der §§ 11–13 UmwStG	1334
2. (Doppeltes) Teilbetriebserfordernis	1335
3. Missbrauchsvermeidungsvorschriften	1335
4. Minderung von Verlustpositionen	1336
VII. Auf- und Abspaltung von Kapitalgesellschaften auf Personengesellschaften	1336
VIII. Einbringung von Unternehmensteilen in Kapitalgesellschaften und Anteilstausch	1336
1. Einbringung von Betrieben, Teilbetrieben und Mitunternehmeranteilen	1337
2. Anteilstausch	1340
3. Rückwirkende Besteuerung der Einbringung	1341
IX. Einbringung von Betriebsvermögen in Personengesellschaften	1343
1. Ansatz und Bewertung des eingebrachten Betriebsvermögens durch den übernehmenden Rechtsträger	1343
2. Rechtsfolgen für den Einbringenden	1343
3. Rückwirkende Besteuerung bei Einbringung von Anteilen an Kapitalgesellschaften	1344

Inhaltsverzeichnis

	Seite
X. Formwechsel von Personengesellschaften in Kapitalgesellschaften	1344
XI. Steuerliche Rückwirkung bei grenzüberschreitenden bzw. ausländischen Umwandlungen	1345

§ 60. Grenzüberschreitende Umstrukturierungen außerhalb des Geltungsbereichs des UmwStG 1347

- I. Vorbemerkung 1347
- II. Sonderregelungen für Auslandsverschmelzungen von Körperschaften in Drittstaaten (§ 12 Abs. 2 KStG) 1347
  - 1. Auslandsverschmelzungen in Drittstaaten (§ 12 Abs. 2 Satz 1 KStG) 1347
  - 2. Besteuerung der Anteilseigner bei Auslandsverschmelzungen in Drittstaaten (§ 12 Abs. 2 Satz 2 KStG) 1348
- III. Sonstige Umwandlungen von Kapitalgesellschaften 1349
- IV. Einbringungen in Kapitalgesellschaften 1350

§ 61. Die konkurrierenden Gestaltungsmöglichkeiten in der Praxis 1351

- I. SE-basierte Modelle 1354
  - 1. Rechtliche Grundlagen 1354
  - 2. Rechtstatsächliche Bestandsaufnahme 1356
  - 3. Fallbeispiele 1358
- II. Umstrukturierungen auf der Grundlage der Verschmelzungsrichtlinie 1361
- III. Modelle der grenzüberschreitenden Übernahme 1363
  - 1. Einseitige Übernahmeangebote 1364
  - 2. Parallele Übernahmeangebote (NewCo-Modell) 1366
- IV. Synthetische Unternehmenszusammenschlüsse 1369

§ 62. Ausgewählte Problemfelder der tatsächlichen Gestaltung 1371

- I. Die Vor- und Nachteile der konkurrierenden Verfahren 1371
  - 1. Transaktionsaufwand 1371
  - 2. Transaktionsdauer 1378
  - 3. Transaktionssicherheit 1384
- II. Die Vor- und Nachteile der konkurrierenden Endstrukturen 1387
  - 1. Allgemeine Merkmale 1387
  - 2. Mitbestimmung 1389
  - 3. Corporate Governance 1398

§ 63. Kapitalmarktrecht 1401

- I. Der internationale Anwendungsbereich des WpÜG 1402
  - 1. Überblick 1402
  - 2. Die Übernahmerichtlinie 2004/25/EG, insbesondere der Begriff des „Sitzes" in Artikel 4 und Fragen des Anwendungsbereichs 1403
  - 3. Die Definitionen der Zielgesellschaft und des organisierten Marktes (§ 2 Abs. 3 und Abs. 7 WpÜG) 1409
  - 4. Der Anwendungsbereich des WpÜG (§ 1 Abs. 1 WpÜG) 1412
  - 5. Beschränkte Anwendung des WpÜG (§ 1 Abs. 2 und Abs. 3 WpÜG) 1414
- II. Grenzüberschreitende Übernahmen innerhalb von EU/EWR 1418
  - 1. Grenzüberschreitende Übernahmen von inländischen Zielgesellschaften 1418
  - 2. Grenzüberschreitende Übernahmen europäischer Zielgesellschaften 1420
- III. Übernahmen mit Drittstaatenbezug 1421
  - 1. Fälle des Drittstaatenbezugs 1421
  - 2. Übernahmen bei Börsenzulassung in Drittstaaten 1422
  - 3. Übernahmen bei drittstaatlichem Gesellschaftsstatut 1431

§ 64. Vertragsrecht 1432

- I. Die Anknüpfung des Erwerbsvertrags bei öffentlichen Übernahmen 1433
- II. Die Reichweite des Vertragsstatuts 1435
- III. Die Anwendung vertragsrechtlicher Normen des WpÜG bei ausländischem Vertragsstatut (Art. 9 Rom I-VO) 1437

Inhaltsverzeichnis

	Seite
1. Grundsätzlicher Charakter der WpÜG-Vorschriften als Eingriffsnormen	1437
2. Anwendung des § 15 Abs. 3 Satz 2 WpÜG als Eingriffsnorm	1440
3. Anwendung des § 31 WpÜG als Eingriffsnorm	1441
IV. Die Anknüpfung aus dem Übernahmeangebot entstehender außervertraglicher Schuldverhältnisse	1443
1. Überblick	1443
2. Ansprüche aus § 12 WpÜG	1446
3. Ansprüche aus § 13 WpÜG	1449
4. Ansprüche aufgrund einer Verletzung der Angebotspflicht (§§ 35, 38 WpÜG)	1451

Sachverzeichnis 1453

Abkürzungsverzeichnis

Verzeichnis der Abkürzungen und der abgekürzt zitierten Literatur

aA	andere(r) Ansicht(Auffassung)
aaO	am angegebenen Ort
Abb.	Abbildung
ABGB	Allgemeines Bürgerliches Gesetzbuch (Österreich)
abgedr.	abgedruckt
Abh.	Abhandlungen
ABI Journal	American Bankruptcy Institute Journal
Abk.	Abkommen
abl.	ablehnend
ABl. EG	Amtsblatt der Europäischen Gemeinschaften (jetzt ABl. EU)
ABl. EU	Amtsblatt der Europäischen Union
ABR	Accounting and Business Research
Abs.	Absatz
abschl.	abschließend
Abschn.	Abschnitt
Abt.	Abteilung
abw.	abweichend(e)(es)(er)
abzgl.	abzüglich
AC	Law Reports: Appeal Cases
AcP	Archiv für die civilistische Praxis
Adler/Düring/Schmaltz Rechnungslegung	Adler/Düring/Schmaltz Rechnungslegung und Prüfung der Unternehmen, Kommentar zum HGB, AktG, GmbHG, PublG, hrsg. v. Forster/Goerdeler/Lanfermann/Müller/Siepe/Stolberg, 6. Aufl. 1995 ff.
AdR	Ausschuss der Regionen
aE	am Ende
aE	am Ende
AEUV	Vertrag über die Arbeitsweise der Europäischen Union (ehemals … zur Gründung der Europäischen Gemeinschaft, EG-Vertrag)
aF	alte Fassung
AfA	Absetzung für Abnutzung
AG	Aktiengesellschaft; Die Aktiengesellschaft (Zeitschrift); Amtsgericht
AGB	Allgemeine Geschäftsbedingungen
AktB	Aktualisierungsband
AktG	Aktiengesetz
AktR	Aktienrecht
All ER	All England Reports
allg.	allgemein
allgM	allgemeine Meinung
Alt.	Alternative
aM	andere Meinung
Am.Bankr.Inst.L.Rev.	American Bankruptcy Institute Law Review
amtl.	amtlich
Änd.	Änderung
ÄndG	Änderungsgesetz
Andrick/Suerbaum	Stiftung und Aufsicht, 2001
AnfG	Gesetz über die Anfechtung von Rechtshandlungen des Schuldners außerhalb des Insolvenzverfahrens (Anfechtungsgesetz)
Anh.	Anhang
Anl.	Anlage
Anm.	Anmerkung
AnwBl.	Anwaltsblatt

Abkürzungsverzeichnis

AO	Abgabenordnung
AP	Arbeitsrechtliche Praxis, Nachschlagewerk des Bundesarbeitsgerichts
App Cas	Appeal Cases
ArbG	Arbeitsgericht
ArbGG	Arbeitsgerichtsgesetz
ArbR	Arbeitsrecht
ArbVG	Arbeitsverfassungsgesetz (Österreich)
Arg.	Argumentation
Art.	Artikel
AStG	Außensteuergesetz
AsylR	Asylrecht
AT	Allgemeiner Teil
Auff.	Auffassung
aufgeh.	aufgehoben
Aufl.	Auflage
ausdr.	ausdrücklich
ausf.	ausführlich
AusfG	Ausführungsgesetz
ausl.	ausländisch
AuslInvestmG	Auslandsinvestmentgesetz
AuslR	Ausländerrecht
ausschl.	ausschließlich
AVO	Ausführungsverordnung
AWG	Außenwirtschaftsgesetz
Az.	Aktenzeichen
B. V.	Besloten Vennootschap (haftungsbeschränkte Gesellschaft, Niederlande)
BadWürtt., badwürtt.	Baden-Württemberg, baden-württembergisch
BaFin	Bundesanstalt für Finanzdienstleistungsaufsicht
BAG	Bundesarbeitsgericht
Bamberger/Roth/Bearbeiter	Kommentar zum BGB in 3 Bänden, 3. Auflage 2012
BankR	Bankrecht
BAnz	Bundesanzeiger
Baumbach/Hopt HGB/Bearbeiter	Handelsgesetzbuch mit GmbH & Co., Handelsklauseln, Bank- und Börsenrecht, Transportrecht (ohne Seerecht), Kommentar, bearb. von Hopt, Merkt und Roth, 35. Aufl. 2012
Baumbach/Hueck GmbHG/Bearbeiter	GmbH-Gesetz, Kommentar, bearb. von Fastrich, G. Hueck, Noack, Servatius, Schulze-Osterloh, Zöllner, 19. Aufl. 2010
Baumbach/Lauterbach/Albers/Hartmann	Zivilprozessordnung, Kommentar, 69. Aufl. 2011
BauR	Baurecht
Bay., bay.	Bayern, bayerisch
BayObLG	Bayerisches Oberstes Landesgericht (ehem.)
BB	Betriebs-Berater
BBG	Bundesbeamtengesetz
BCC	British Company Law Cases
BCLC	Butterworth's Company Law Cases
Bd.	Band
bearb./Bearb.	bearbeitet/Bearbeiter
Bechtold GWB	Kartellgesetz, Kommentar, bearb. von Bechtold und Otting, 6. Aufl. 2010
Bechtold/Bosch/Brinker/Hirsbrunner EG-KartR	EG-Kartellrecht, Kommentar, bearb. von Bechtold, Bosch, Brinker und Hirsbrunner, 2. Auflage 2009

Abkürzungsverzeichnis

Beck'scher BilKomm./ Bearbeiter	Berger/Ellrott/Förschle/Hense/Hoyos/Winkeljohann (Hrsg.), Beck'scher Bilanzkommentar, 7. Aufl. 2010
Beck'sches AG-Hdb./ Bearbeiter	W. Müller/Rödder (Hrsg.), Beck'sches Handbuch der AG mit KGaA, 2. Auflage 2009
Beck'sches Formularbuch/ Bearbeiter	Hoffmann-Becking/Rawert (Hrsg.), Beck'sches Formularbuch zum Bürgerlichen, Handels- und Wirtschaftsrecht, 10. Aufl. 2010
Beck'sches GmbH-Hdb./ Bearbeiter	W. Müller/Hense (Hrsg.), Beck'sches Handbuch der GmbH, 4. Aufl. 2009
Beck'sches Hdb. d. Rechnungslegung/ Bearbeiter	Castan/Heymann/Müller/Ordelheide/Scheffler (Hrsg.), Beck'sches Handbuch der Rechnungslegung (Loseblatt)
Beck'sches Hdb. Personenges./Bearbeiter	W. Müller/Hoffmann (Hrsg.), Beck'sches Handbuch der Personengesellschaften, 3. Aufl. 2009
Beck'sches Notar-Handbuch/Bearbeiter	Brambring/Jerschke (Hrsg.), Beck'sches Notar-Handbuch, 5. Aufl. 2009
BeckOK	Beck'scher Online-Kommentar (+ Gesetzesbezeichnung)
BeckRS	Beck'sche Rechtsprechungs-Sammlung (Jahr + Nr.)
Begr.	Begründung
begr.	begründet
Beil.	Beilage
Beitr.	Beitrag
bek	bekanntgemacht
Bek.	Bekanntmachung
Bem.	Bemerkung
ber./Ber.	berichtigt/Berichtigung
BERR	Business, Enterprise and Regulatory Reform
BerufsR	Berufsrecht
bes.	besondere, besonderer, besonderes
Beschl.	Beschluss
beschr.	beschränkt
bespr./Bespr.	besprochen/Besprechung
bestr.	bestritten
Betr., betr.	Betreff, betrifft, betreffend
BetrAVG	Gesetz zur Verbesserung der betrieblichen Altersversorgung (Betriebsrentengesetz)
BetrVG	Betriebsverfassungsgesetz
BeurkG	Beurkundungsgesetz
Beuthien/Bearbeiter GenG	Beuthien, Genossenschaftsgesetz, 15. Aufl. 2011, bearb. von Beuthien, Schöpflin, Wolff
BewG	Bewertungsgesetz
BFH	Bundesfinanzhof
BFHE	Entscheidungen des Bundesfinanzhofes
BG	Bundesgericht (Schweiz)
BGB	Bürgerliches Gesetzbuch
BGBl.	Bundesgesetzblatt
BGH	Bundesgerichtshof
BGHSt	Entscheidungen des Bundesgerichtshofs in Strafsachen, Amtliche Sammlung
BGHZ	Entscheidungen des Bundesgerichtshof in Zivilsachen, Amtliche Sammlung
BilanzR	Bilanzrecht

Abkürzungsverzeichnis

BIS	Department for Business, Innovation and Skills (UK)
BKR	Zeitschrift für Bank- und Kapitalmarktrecht
Bln., bln.	Berlin, berlinerisch
Blümich/Bearbeiter EStG, KStG u. GewStG	Blümich, Kommentar zum EStG, KStG, GewStG und Nebengesetzen (Loseblatt)
BMF	Bundesministerium der Finanzen
BMJ	Bundesministerium der Justiz
BO	Berufsordnung; Börsenordnung
BORA	Berufsordnung für Rechtsanwälte
BörsG	Börsengesetz
BörsZulV	Börsenzulassungsverordnung
Boruttau/Egly/Sigloch GrEStG	Boruttau/Egly/Sigloch, Grunderwerbsteuergesetz, 17. Aufl. 2011
BPIR	Bankruptcy and Personal Insolvency Reports
BR	Bundesrat
BRAK-Mitt.	Mitteilungen der Bundesrechtsanwaltskammer
Brandenbg., brandenbg.	Brandenburg, brandenburgisch
BRAO	Bundesrechtsanwaltsordnung
Braun InsO/Bearbeiter	Braun (Hrsg.), Insolvenzordnung, Kommentar, 4. Aufl. 2010
BRD	Bundesrepublik Deutschland
BR-Drs.	Bundesrats-Drucksache
Brem., brem.	Bremen, bremisch
Brönner	Die Besteuerung der Gesellschaften, 18. Aufl. 2007
BSG	Bundessozialgericht
Bsp.	Beispiel
bspw.	beispielsweise
BStBl.	Bundessteuerblatt
BT	Bundestag; Besonderer Teil
BT-Drs.	Bundestags-Drucksache
Buchst.	Buchstabe
Bumiller/Harders FG	Bumiller/Harders, Freiwillige Gerichtsbarkeit, Kommentar, 10. Aufl. 2011
Bunjes/Geist UStG	Bunjes/Geist, Umsatzsteuergesetz, 10. Aufl. 2011
BürgerlR	Bürgerliches Recht
BusLR	Business Law Review
Buth/Hermanns/ Bearbeiter	Buth/Hermanns (Hrsg.), Restrukturierung, Sanierung, Insolvenz, Handbuch, 3. Aufl. 2009
BVerfG	Bundesverfassungsgericht
BVerfGE	Entscheidungen des Bundesverfassungsgerichts
BVerwG	Bundesverwaltungsgericht
BWNotZ	Zeitschrift für das Notariat im Baden-Württemberg
BWVPr	Baden-Württembergische Verwaltungspraxis
bzgl.	bezüglich
bzw.	beziehungsweise
c.	Chapter
c. i. c.	culpa in contrahendo
c. c.	codice civile (Italien)
CA	Court of Appeal(s); Companies Act
CA 1985	Companies Act 1985 (Großbritannien)
CA 2006	Companies Act 2006 (Großbritannien)
ca.	circa
CalCC	California Corporations Code
Carlé/Korn/Stahl/Strahl	Personengesellschaften, 2006
CC	code civil (Frankreich), Codice Civile (Italien); Código Civil (Spanien)
CCom	code de commerce (Frankreich)

Abkürzungsverzeichnis

CDDA 1986	Company Directors Disqualification Act
CEO	Chief Executive Officer
Ch	Chancery (Law Reports)
Ch App	Court of Appeal in Chancery
CL	Company Lawyer
CLN	Company Law Newsletter
CLP	Current Legal Problems
COMI	Center of main interests
CRI	Corporate Rescue and Insolvency
CVA	Company Voluntary Arrangement (UK)
d.	der, des, durch
Darst.	Darstellung
DAV	Deutscher Anwaltverein
DAX	Deutscher Aktienindex
DB	Der Betrieb
DBA	Doppelbesteuerungsabkommen
DCGK	Deutscher Corporate Governance Kodex
DDR	Deutsche Demokratische Republik
Debatin/Wassermeyer/Bearbeiter	Doppelbesteuerung, Kommentar, Loseblatt
DepotG	Depotgesetz
ders.	derselbe
ders.	derselbe
DGCL	Delaware General Corporation Law
dgl.	dergleichen, desgleichen
dh	das heißt
dies.	dieselbe(n)
diesbzgl.	diesbezüglich
DIHK	Deutscher Industrie- und Handelskammertag
Diss.	Dissertation
div.	diverse
DNotZ	Deutsche Notarzeitschrift
Dötsch/Eversberg/Jost/Witt	Die Körperschaftsteuer, Kommentar, Loseblatt
DÖV	Die Öffentliche Verwaltung
DrittelbG	Gesetz über die Drittelbeteiligung der Arbeitnehmer im Aufsichtsrat (Drittelbeteiligungsgesetz)
Drs.	Drucksache
DRZ	Deutsche Rechtszeitschrift
DStR	Deutsches Steuerrecht
DStrE	DStR-Entscheidungsdienst
DStZ	Deutsche Steuerzeitung
dt.	deutsch
DZWir	Deutsche Zeitschrift für Wirtschaftsrecht
E	Entwurf
EA 2002	Enterprise Act 2002
eBAnz	elektronischer Bundesanzeiger
EBOR	European Business Organization Law Review
ECFR	European Company and Financial Review
ed(s)	editor(s)
Ed.,	Edition
EEG	Eingetragene Erwerbsgesellschaft (Österreich)
EFG	Entscheidungen der Finanzgerichte
EG	Einführungsgesetz; Europäische Gemeinschaft
EGBGB	Einführungsgesetz zum Bürgerlichen Gesetzbuch
EGr.	Erwägungsgrund (bei EU-Richtlinien und -Verordnungen)

Abkürzungsverzeichnis

ehem.	ehemalig(e, en, er)
EHUG	Gesetz über elektronische Handelsregister und Genossenschaftsregister sowie das Unternehmensregister
EigBetrV	Eigenbetriebsverordnung
Einf./einf.	Einführung/einführend
eing.	eingehend
Einl.	Einleitung
einschl.	einschließlich
Eisenhardt	Gesellschaftsrecht, 13. Aufl. 2007
EK	Eigenkapital
EK HV	Ek, Praxisleitfaden für die Hauptversammlung, 2. Aufl. 2011
EL	Ergänzungslieferung
Empf.	Empfehlung
endg.	endgültig
Entsch.	Entscheidung
Entschl.	Entschluss
entspr.	entsprechend/e(n)
EP	Europäisches Parlament
EPG	Europäische Privatgesellschaft (auch SPE)
eq.	equivalent (engl.)
ER	Europäischer Rat; English Reports
ErbR	Erbrecht
ErfK/Bearbeiter	Erfurter Kommentar zum Arbeitsrecht, hrsg. von Dieterich, Müller-Glöge, Preis, Schaub, 11. Aufl. 2011
Erg.	Ergebnis
erg.	ergänzend
Ergbd.	Ergänzungsband
Erkl.	Erklärung
Erl.	Erlass; Erläuterungen
Erman/Bearbeiter BGB	Handkommentar zum Bürgerlichen Gesetzbuch, hrsg. von H. P. Westermann, 13. Aufl. 2011
ErwGr.	Erwägungsgrund (bei EU-Richtlinien und –Verordnungen)
EStDV	Einkommensteuer-Durchführungsverordnung
EStG	Einkommensteuergesetz
EStR	Einkommensteuer-Richtlinien
etc	et cetera (und so weiter)
EuG	Gericht der Europäischen Union (ehem.: Gericht Erster Instanz der EG)
EuGH	Gerichtshof der Europäischen Union
EuInsVO	Verordnung (EG) Nr. 1346/2000 über Insolvenzverfahren
EURL	entreprise unipersonelle à responsabilité limitée (Frankreich)
EuroEG	Gesetz zur Einführung des Euro
europ.	europäisch
EuropaR	Europarecht
EuZW	Europäische Zeitschrift für Wirtschaftsrecht
ev.	evangelisch
evtl.	eventuell
EWCA Civ	England and Wales Court of Appeal (Civil Division) Decisions
EWG	Europäische Wirtschaftsgemeinschaft (jetzt EG, EU)
EWHC	High Court of England and Wales
EWiR	Entscheidungen zum Wirtschaftsrecht
EWIV	Europäische wirtschaftliche Interessenvereinigung
f., ff.	folgende Seite bzw. Seiten
F. A. Z.	Frankfurter Allgemeine Zeitung
FamFG	Gesetz über das Verfahren in Familiensachen und in den Angelegenheiten der freiwilligen Gerichtsbarkeit
FamR	Familienrecht
FAO	Fachanwaltsordnung

Abkürzungsverzeichnis

FBG	Firmenbuchgesetz (Österreich)
FD	Fachdienst
Ferid/Firsching/Dörner/ Hausmann/Bearbeiter	Internationales Erbrecht, Loseblatt-Handbuch
FG	Finanzgericht
FGO	Finanzgerichtsordnung
FGPrax	Praxis der Freiwilligen Gerichtsbarkeit
FIE	Foreign Invested Enterprise (China)
Fitting BetrVG	Betriebsverfassungsgesetz, Kommentar, bearb. von Engels, Schmidt, Trebinger, Linsenmaier, 25. Aufl. 2010
FLR	Federal Law Reports
Fn.	Fußnote
Form.	Formular
FR	Finanz-Rundschau
FS	Festschrift
G	Gesetz
GBO	Grundbuchordnung
GbR	Gesellschaft bürgerlichen Rechts
GE	Gesetzesentwurf
geänd.	geändert
geb.	geboren
gem.	gemäß
GenG	Genossenschaftsgesetz
GesAusG	Gesetz über den Ausschluss von Minderheitsgesellschaftern (Österreich)
GesG	Gesetz über die Gesellschaften (Belgien, Japan)
GesR	Gesellschaftsrecht
GesundhR	Gesundheitsrecht
GewO	Gewerbeordnung
gewöhnl.	gewöhnlich
GewR	Gewerberecht
GewRS	Gewerblicher Rechtsschutz
GewStG	Gewerbesteuergesetz
GewStR	Gewerbesteuer-Richtlinien
GG	Grundgesetz
ggf.	gegebenenfalls
gGmbH	gemeinnützige Gesellschaft mit beschränkter Haftung
ggü.	gegenüber
GIE	groupement d'interêt économique (Frankreich)
GKG	Gerichtskostengesetz
Glanegger/Güroff GewStG	Gewerbesteuergesetz, Kommentar, bearb. von Glanegger, Güroff, Selder, 7. Aufl. 2009
GmbH	Gesellschaft mit beschränkter Haftung
GmbHG	GmbH-Gesetz
GmbHR	GmbH-Rundschau
Gottwald InsolvenzR/ Bearbeiter	Gottwald (Hrsg.), Insolvenzrechts-Handbuch, 4. Aufl. 2010
GPR	Zeitschrift für Gemeinschaftsprivatrecht
grdl./Grdl.	grundlegend/Grundlage
grds.	grundsätzlich
GrESt	Grunderwerbsteuer
GrEStG	Grunderwerbsteuergesetz
GroßkommHGB/ Bearbeiter	Canaris/Schilling/Ulmer (Hrsg.), Handelsgesetzbuch, Großkommentar, 4. Aufl. 1983 ff.; 3. Aufl. 1967–1982
Grunewald	Gesellschaftsrecht, 8. Aufl. 2011
GRUR	Gewerblicher Rechtsschutz und Urheberrecht (Zeitschrift)

Abkürzungsverzeichnis

GRUR Int.	Gewerblicher Rechtsschutz und Urheberrecht international
GRUR-RR	GRUR-Rechtsprechungsreport
GuV	Gewinn- und Verlustrechnung
GWB	Gesetz gegen Wettbewerbsbeschränkungen (Kartellgesetz)
GWR	Zeitschrift für Gesellschafts- und Wirtschaftsrecht
hA	herrschende Ansicht, herrschende Auffassung
Habersack/Verse Europ. GesR	Habersack/Verse, Europäisches Gesellschaftsrecht, 4. Aufl. 2011
HandelsR	Handelsrecht
Hartmann/Böttcher/ Nissen/Bordewin EStG	Hartmann/Böttcher/Nissen/Bordewin, Kommentar zum Einkommensteuergesetz (Loseblatt)
Hbg.	Hamburg
HdB	Handbuch
Hdb. InsolvenzR/ Bearbeiter	Gottwald (Hrsg.), Insolvenzrechts-Handbuch, 4. Aufl. 2010
Henssler/Strohn/ Bearbeiter	Gesellschaftsrecht: BGB, HGB, PartGG, GmbHG, AktG, UmwG, GenG, IntGesR, Kommentar, 2011
Herrmann/Heuer/ Raupach EStG u. KStG	Herrmann/Heuer/Raupach, Einkommensteuer- und Körperschaftsteuergesetz mit Nebengesetzen (Loseblatt)
Hess., hess.	Hessen, hessisch
Heymann/Bearbeiter HGB	Heymann, Handelsgesetzbuch (ohne Seerecht), Kommentar, 2. Aufl. 1995 ff.
HFR	Höchstrichterliche Finanzrechtsprechung
HGB	Handelsgesetzbuch
Hk	Handkommentar (Marke)
HK-HGB/Bearbeiter	Heidelberger Kommentar zum HGB, bearb. von Glanegger, Kirnberger, Kusterer, Ruß, Selder, Stuhlfelner, 7. Aufl. 2007
hL	herrschende Lehre
HLC	House of Lords Cases
hM	herrschende Meinung
HMSO	Her Majesty's Stationery Office (bis 2005; s. jetzt OPSI)
Hofbauer/Kupsch Handb. Rechnungslegung	Hofbauer/Kupsch/Scherrer/Greve (Hrsg.), Bonner Handbuch Rechnungslegung (Loseblatt)
HRR	Die Rechtsprechung (= Bd. 2 der Juristischen Rundschau), dann: Höchstrichterliche Rechtsprechung (Bd. 4, 1928, bis Bd. 18, 1942)
Hrsg.	Herausgeber
hrsg.	herausgegeben
HRV	Handelsregisterverordnung
Hs.	Halbsatz
Huber AnfG	Anfechtungsgesetz, Kommentar, bearb. von Huber, 10. Aufl. 2006
Hueck/Windbichler	Gesellschaftsrecht, 22. Aufl. 2010
Hüffer AktG	Hüffer, Kommentar zum AktG, 10. Aufl. 2012
Hüffer GesR	Hüffer, Gesellschaftsrecht, 7. Aufl. 2007
HV	Hauptversammlung
i. e. S.	im engeren Sinne
IA 1986	Insolvency Act 1986 (Großbritannien)
IA 2000	Insolvency Act 2000 (Großbritannien)
ICCLR	International Company and Commercial Law Review
ICR	International Corporate Rescue
idF	in der Fassung
idR	in der Regel
idS	in diesem Sinne

Abkürzungsverzeichnis

IDW	Institut der Wirtschaftsprüfer
IDW-FAMA	Stellungnahmen des Fachausschusses für moderne Abrechnungssysteme des IDW
IDW-FAR	Stellungnahmen des Fachausschusses Recht des IDW
IDW-HFA	Stellungnahmen des Hauptfachausschusses des IDW
iE	im Einzelnen
iErg	im Ergebnis
ieS	im engeren Sinne
IFLR	International Financial Law Review
iHd (v)	in Höhe des/der (von)
IILR	International Insolvency Law Review
iJ	im Jahre
IL&P	Insolvency Law and Practice
Immenga/Mestmäcker/Bearbeiter	Immenga/Mestmäcker (Hrsg.), Wettbewerbsrecht, Bde. 1/1 und 1/2: EG, Bd. 2: GWB, 5. Aufl. 2011
Inc., inc.	Incorporated (als Firmenzusatz)
Inf.	Information; Die Information über Steuer und Wirtschaft
insbes.	insbesondere
Ins Int	Insolvency Intelligence
InsO	Insolvenzordnung
InsR	Insolvenzrecht
int.	international
Int. Fin. LR	International Financial Law Review
IntGesR	Internationales Gesellschaftsrecht
Int. Insolv. Rev.	International Insolvency Review
IPR	Internationales Privatrecht
IPRax	Praxis des Internationalen Privat- und Verfahrensrechts
IPRG	Gesetz über das Internationale Privatrecht
IPRspr.	Die deutsche Rechtsprechung auf dem Gebiet des internationalen Privatrechts
IR	Internal Revenue
IRC	Internal Revenue Code
iRd	im Rahmen des; im Rahmen der
IRZ	Zeitschrift für internationale Rechnungslegung
iS	im Sinne
iSd	im Sinne der, des
IStR	Internationales Steuerrecht
iSv	im Sinne von
iÜ	im Übrigen
iVm	in Verbindung mit
iW	im Wesentlichen
IWB	Internationale Wirtschaftsbriefe
IWF	Internationaler Währungsfonds
iwS	im weiteren Sinne
J.	Journal
Jacobs/Bearbeiter	O. H. Jacobs (Hrsg.), Internationale Unternehmensbesteuerung, 7. Aufl. 2011
Jäger AG	Jäger, Aktiengesellschaft, 2004
Jauernig ZivProzR	Zivilprozessrecht, 30. Aufl. 2011
Jauernig ZwVR	Zwangsvollstreckungs- und Insolvenzrecht, bearb. von Jauernig und Berger, 23. Aufl. 2010
Jauernig/Bearbeiter BGB	Jauernig (Hg.), Bürgerliches Gesetzbuch, Kommentar, 14. Aufl. 2011
JbFfSt	Jahrbuch der Fachanwälte für Steuerrecht
JBL	Journal of Business Law
JCLS	Journal of Corporate Law Studies
Jg.(e.)	Jahrgang (Jahrgänge)

Abkürzungsverzeichnis

Jh.	Jahrhundert
JIBFL	Journal of International Banking and Financial Law; Journal of International Banking Law Regulation
JIBL	Journal of International Business and Law
JPY	Japanische Yen
JR	Juristische Rundschau
jur.	juristisch, juristische, juristischer
Jura	Juristische Ausbildung
JurBüro	Das Juristische Büro
JuS	Juristische Schulung
JW	Juristische Wochenschrift
JZ	Juristenzeitung
Kallmeyer/Bearbeiter UmwG	Kallmeyer (Hrsg.), Umwandlungsgesetz, Kommentar, 4. Aufl. 2009
Kap.	Kapitel
KapGG	Gesetz über die Kapitalgesellschaften (China)
KapMarktR	Kapitalmarktrecht
KapMarktStrafR	Kapitalmarktstrafrecht
Kapp/Ebeling ErbStG	Kapp/Ebeling, Erbschaftsteuer- und Schenkungsteuergesetz, Kommentar (Loseblatt)
KartellR	Kartellrecht
kath.	katholisch
KB	King's Bench (1901–1952)
KEG	Kommanditerwerbsgesellschaft (Österreich)
Kfz	Kraftfahrzeug
KG	Kommanditgesellschaft; Kammergericht; *Schweiz:* Kantonalgericht
KGaA	Kommanditgesellschaft auf Aktien
KHG	Krankenhausfinanzierungsgesetz
Kirchhof/Söhn/Mellinghof EStG	Kirchhof/Söhn/Mellinghof (Hrsg.), Einkommensteuergesetz, Kommentar (Loseblatt)
Kj.	Kalenderjahr
KK	Kabushiki Kaisha (Japan)
KOM	Komitee
Komm.	Kommentar
KommunalR	Kommunalrecht
KonzernR	Konzernrecht
Korintenberg/Bearbeiter KostO	Kostenordnung, bearb. von Lappe, Bengel, Reimann, Hellstab, Schwarz, Tiedtke, 18. Aufl. 2010
KÖSDI	Kölner Steuerdialog
KostO	Gesetz über die Kosten in Angelegenheiten der freiwilligen Gerichtsbarkeit (Kostenordnung)
Krafka/Willer	Registerrecht, Handbuch der Rechtspraxis, bearb. von Krafka und Willer, 8. Aufl. 2010
krit.	kritisch
KSchG	Kündigungsschutzgesetz
KSt	Körperschaftsteuer
KStDV	Körperschaftsteuer-Durchführungsverordnung
KStG	Körperschaftsteuergesetz
KTS	Zeitschrift für Insolvenzrecht
Kübler/Assmann GesR	Gesellschaftsrecht, 6. Aufl. 2006
Küting/Weber/Bearbeiter	Küting/Weber (Hrsg.), Handbuch der Rechnungslegung – Einzelabschluss, 5. Aufl. 2011
KVStDV	Durchführungsverordnung zur Kapitalverkehrssteuer
KVStG	Kapitalverkehrssteuergesetz
KWG	Gesetz über das Kreditwesen

Abkürzungsverzeichnis

L. J.	Law Journal
L. Rev.	Law Review
LAG	Landesarbeitsgericht
Landmann/Rohmer/Bearbeiter GewO	Gewerbeordnung und ergänzende Vorschriften, Bd. 1 GewO, Bd. 2 Ergänzende Vorschriften, Kommentar, bearb. von Marcks, Neumann, Bleutge, Fuchs, Kahl, Salewski, Schönleiter (Loseblatt)
Lang/Weidmüller	Genossenschaftsgesetz, Kommentar, bearb. v. Schaffland, Cario, Schulte, Korte, Hannig, 37. Aufl. 2011
Lange	Personengesellschaften im Steuerrecht, 8. Aufl. 2011
Ld.	Land(es)
LebensmittelR	Lebensmittelrecht
lfd.	laufend(e)
Lfg.	Lieferung
LG	Landgericht; *Österreich:* Landesgericht
Lit.	Literatur
lit.	litera
Littmann/Bearbeiter EStG	Littmann/Bitz/Hellwig, Das Einkommensteuerrecht (Loseblatt)
Lkw	Lastkraftwagen
LLC	Limited Liability Company
LLP	Limited Liability Partnership
LM	Nachschlagewerk des Bundesgerichtshofs, hrsg. von Lindenmaier und Möhring
LP	Limited Partnership
LR	Law Review
Ls.	Leitsatz
LSG	Landessozialgericht
LStR	Lohnsteuerrecht
lt.	laut
Ltd.	Private Company Limited by Shares (Limited)
Lutter/Bearbeiter UmwG	Lutter/Winter (Hrsg.), Umwandlungsgesetz, Kommentar, 4. Aufl. 2009
Lutter/Hommelhoff GmbHG	GmbH-Gesetz, bearb. von Bayer, Hommelhoff, Kleindiek, Lutter, 17. Aufl. 2009
Lutter/Krieger Rechte und Pflichten	Lutter/Krieger, Rechte und Pflichten des Aufsichtsrats, 5. Aufl. 2009
LZ	Leipziger Zeitschrift
m. zust. Anm.	mit zustimmender Anmerkung
m. abl. Anm.	mit ablehnender Anmerkung
mÄnd	mit Änderungen
mAnm	mit Anmerkung
MarkenR	Markenrecht
Mat.	Materialien
max.	maximal
MBCA	Model Business Corporations Act; s. a. RMBCA
MDR	Monatsschrift für Deutsches Recht
mE	meines Erachtens
MecklV	Mecklenburg-Vorpommern
MedienR	Medienrecht
MedR	Medizinrecht
Meilicke/Graf v. Westphalen/Hoffmann/Lenz/Wolff/Bearbeiter	Partnerschaftsgesellschaftsgesetz, 2. Aufl. 2006
Mich. L. Rev.	Michigan Law Review
Michalski/Bearbeiter GmbHG	Michalski (Hrsg.), Kommentar zum GmbHG, 2 Bde., 2. Auflage 2010
MietR	Mietrecht

Abkürzungsverzeichnis

mind.	mindestens
Mio.	Million(en)
MitbestErgG	Gesetz zur Ergänzung des Gesetzes über die Mitbestimmung der Arbeitnehmer in den Aufsichtsräten und Vorständen der Unternehmen des Bergbaus und der Eisen und Stahl erzeugenden Industrie
MitbestG	Mitbestimmungsgesetz
Mitt.	Mitteilung
MittBayNot	Mitteilungen des Bayerischen Notarvereins, der Notarkasse und der Landesnotarkammer Bayern
MittRhNotK	Mitteilungen der Rheinischen Notarkammer
MLR	Modern Law Review
mN	mit Nachweisen
MoMiG	Gesetz zur Modernisierung des GmbH-Rechts und zur Bekämpfung von Missbräuchen
MontanMitbestG	Gesetz über die Mitbestimmung der Arbeitnehmer in den Aufsichtsräten und Vorständen der Unternehmen des Bergbaus und der Eisen und Stahl erzeugenden Industrie
Mrd.	Milliarde(n)
mspätÄnd	mit späteren Änderungen
mtl.	monatlich
MultimediaR	Multimediarecht
Münch. Vertragshandbuch Bd./Bearbeiter	Münchener Vertragshandbuch Bd. 1 Gesellschaftsrecht 7. Aufl. 2011; Bd. 2 Wirtschaftsrecht I, 6. Aufl. 2008; Bd. 3 Wirtschaftsrecht II, 6. Aufl. 2008; Bd. 4 Wirtschaftsrecht III, 7. Aufl. 2012; Bd. 5 Bürgerliches Recht I, 6. Aufl. 2008; Bd. 6 Bürgerliches Recht II, 6. Aufl. 2010
MünchAnwHdb. AktR/ Bearbeiter	Schüppen/Schaub (Hrsg.), Münchener Anwaltshandbuch Aktienrecht, 2. Aufl. 2010
MünchHdb. ArbR Bd./ Bearbeiter	Richardi (Hrsg.), Münchener Handbuch zum Arbeitsrecht, 3 Bde., 3. Aufl. 2009
MünchHdb. GesR I/ Bearbeiter	Gummert/Riegger/Weipert (Hrsg.), Münchener Handbuch des Gesellschaftsrechts Bd. 1: BGB-Gesellschaft, OHG, Partnerschaftsgesellschaft, Partenreederei, EWIV, 3. Aufl. 2009
MünchHdb. GesR II/ Bearbeiter	Riegger/Weipert (Hrsg.), Münchener Handbuch des Gesellschaftsrechts Bd. 2: Kommanditgesellschaft (KG), Stille Gesellschaft (StG), 3. Aufl. 2009
MünchHdb. GesR III/ Bearbeiter	Priester/Mayer (Hrsg.), Münchener Handbuch des Gesellschaftsrechts Bd. 3: Gesellschaft mit beschränkter Haftung, 3. Aufl. 2009
MünchHdb. GesR IV/ Bearbeiter	Hoffmann-Becking (Hrsg.), Münchener Handbuch des Gesellschaftsrechts Bd. 4: Aktiengesellschaft, 3. Aufl. 2007
MünchHdb. GesR V/ Bearbeiter	Beuthien/Gummert (Hrsg.), Münchener Handbuch des Gesellschaftsrechts Bd. 5: Verein, Stiftung bürgerlichen Rechts, [3. Aufl.] 2009
MünchKommAktG/ Bearbeiter	Kropff/J. Semler (Hrsg.) Münchener Kommentar zum Aktiengesetz, 3. Aufl. 2008 ff.
MünchKommBGB/ Bearbeiter	Rebmann/Säcker (Hrsg.), Münchener Kommentar zum BGB, 5. Aufl. 2007 ff.
MünchKommHGB/ Bearbeiter	K. Schmidt (Hrsg.), Münchener Kommentar zum HGB, 2. Aufl. 2005 ff.

Abkürzungsverzeichnis

MünchKommInsO/Bearbeiter	H.-P. Kirchhof (Hrsg.), Münchener Kommentar zur InsO, Bde. 1 und 2: 2. Aufl. 2007, Bd. 3: 2. Aufl. 2008
mwH	mit weiteren Hinweisen
mwN	mit weiteren Nachweisen
mWv	mit Wirkung vom
nachf.	nachfolgend
Nachw.	Nachweise
NASDAQ	National Administration of Securities Dealers Automated Quotations System
Nds., nds.	Niedersachsen, niedersächsisch
nF	neue Fassung
Niehues	Die Besteuerung der Personengesellschaften, 4. Aufl. 2008
NJOZ	Neue Juristische Online-Zeitschrift
NJW	Neue Juristische Wochenschrift
NJW-RR	NJW-Rechtsprechungs-Report Zivilrecht
Nr.	Nummer
Nr.	Nummer
nrkr	nicht rechtskräftig
Nrn.	Nummern
NRW, nrw.	Nordrhein-Westfalen, nordrhein-westfälisch
nv	nicht veröffentlicht
NWB	Neue Wirtschafts-Briefe für Steuer- und Wirtschaftsrecht (Loseblatt)
NYBCL	New York Business Corporation Law
NYSE	New York Stock Exchange
NZA	Neue Zeitschrift für Arbeits- und Sozialrecht
NZG	Neue Zeitschrift für Gesellschaftsrecht
NZI	Neue Zeitschrift für Insolvenzrecht
o.	oben, oder
o. J.	ohne Jahr
oÄ	oder Ähnliche/s
öAktG	österreichisches Gesetz über die Aktiengesellschaft
öBGBl.	österreichisches Bundesgesetzblatt
OECD-MA	Organisation für wirtschaftliche Zusammenarbeit – Musterabkommen (zur Doppelbesteuerung)
OEG	Offene Erwerbsgesellschaft (Österreich)
OeuR	Osteuroparecht
OFD	Oberfinanzdirektion
ÖffBauR	Öffentliches Baurecht
öffentl.	öffentlich
ÖffR	Öffentliches Recht
ÖffTarifR	Öffentliches Tarifrecht
OG	Offene Gesellschaft (Österreich)
og	oben genannte(r, s)
OGH	Oberster Gerichtshof (Österreich)
öGmbHG	österreichisches Gesetz über die Gesellschaft mit beschränkter Haftung
OHG	Offene Handelsgesellschaft
OJLS	Oxford Journal of Legal Studies
OLG	Oberlandesgericht
OLGE	Rechtsprechung der Oberlandesgerichte
OLGZ	Entscheidungen der Oberlandesgerichte in Zivilsachen einschließlich der freiwilligen Gerichtsbarkeit (seit 1995: FGPrax)
OPSI	Office of Public Sector Information (UK, jetzt integriert in The National Archives)
OR	Obligationenrecht (Schweiz)
ÖstZ	Österreichische Steuer-Zeitung

Abkürzungsverzeichnis

öUmwG	Österreichisches Bundesgesetz über die Umwandlung von Handelsgesellschaften
oV	ohne Verfasser
p.	paragraph
pp.	paragraphs
Palandt/Bearbeiter	Palandt, Bürgerliches Gesetzbuch, bearb. von Bassenge, Brudermüller, Diederichsen, Ellenberger, Grüneberg, Sprau, Thorn, Weidenkaff, Weidlich, 71. Aufl. 2012
PartGG	Gesetz über Partnerschaftsgesellschaften Angehöriger Freier Berufe
PatentR	Patentrecht
PDG	président directeur général (Frankreich)
PersGesR	Personengesellschaftsrecht
PersGG	Gesetz über die Personengesellschaften (China)
PharmaR	Pharmarecht
Pkw	Personenkraftwagen
Plc.	Public Limited Company (UK)
POR	Polizei- und Ordnungsrecht
PrivBauR	Privates Baurecht
PrivVersR	Privatversicherungsrecht
Prot.	Protokoll
Pues	Praxishandbuch Stiftungsrecht, 5. Aufl. 2007
Pues/Scheerbarth	Gemeinnützige Stiftungen im Zivil- und Steuerrecht, 3. Aufl. 2008
QB	Queen's Bench
QC	Queen's Counsel
r.	rule
RabelsZ	Zeitschrift für ausländisches und internationales Privatrecht
Raiser/Veil	Recht der Kapitalgesellschaften, 5. Aufl. 2010
RCS	registre de commerce et des sociétés
rd.	rund
RdA	Recht der Arbeit
RefE	Referentenentwurf
RegE	Regierungsentwurf
Reichert	Handbuch Vereins- und Verbandsrecht, 11. Aufl. 2007
Reith IntStR	Reith, Internationales Steuerrecht, Handbuch, 2004
Reithmann/Martiny/Bearbeiter	Internationales Vertragsrecht, 7. Aufl. 2010
RFH	Reichsfinanzhof
RG	Reichsgericht
RGSt	Amtliche Sammlung der Entscheidungen des Reichsgerichts für Strafsachen
RGZ	Entscheidungen des Reichsgerichts in Zivilsachen
RhNotZ	Rheinische Notar-Zeitschrift
RhPf., rhpf.	Rheinland-Pfalz, rheinland-pfälzisch
Richardi/Bearbeiter, BetrVG	Richardi (Hrsg.), Kommentar zum Betriebsverfassungsgesetz, 11. Aufl. 2008
Richter/Wachter	Handbuch des internationalen Stiftungsrechts, 2007
Richtl.	Richtlinie
RIW	Recht der Internationalen Wirtschaft
rkr.	rechtskräftig
RL	Richtlinie
RMB	Renminbi (China)
RMBCA	Revised Model Business Corporations Act
Rn.	Randnummer
ROHGE	Amtliche Sammlung der Entscheidungen des Reichsoberhandelsgerichts

Abkürzungsverzeichnis

Rosenberg/Schwab/Gottwald	Zivilprozessrecht, 17. Aufl. 2010
Roth/Altmeppen GmbHG	GmbH-Gesetz, Kommentar, bearb. von Altmeppen und Roth, 6. Aufl. 2009
Rowedder/Schmidt-Leithoff/Bearbeiter	Schmidt-Leithoff (Hrsg.), GmbHG, Kommentar, 4. Aufl. 2002
Rpfleger	Der Deutsche Rechtspfleger
RPflG	Rechtspflegergesetz
rr.	rules
Rs.	Rechtssache
Rspr.	Rechtsprechung
RStBl.	Reichssteuerblatt
RULLCA	Revised Uniform Limited Liability Company Act
RULPA	Revised Uniform Limited Partnerships Act
RVG	Rechtsanwaltsvergütungsgesetz
RVO	Rechtsverordnung
RWP	Rechts- und Wirtschaftspraxis (Loseblatt-Sammlung)
S.	Seite(n), Satz
s.	siehe; section
s. a. p. a.	società in accomandita per azioni (Italien)
s. a. s.	società in accomandita semplice (Italien)
s. n. c.	società in nome collettivo (Italien)
s. p. a.	società per azioni (Italien)
s. r. l.	società a responsabilità limitata (Italien)
s. s.	società semplice (Italien)
SA	société anonyme (Frankreich)
Saarl., saarl.	Saarland, saarländisch
SachenR	Sachenrecht
Sachs., sächs.	Sachsen, sächsisch
SachsAnh.	Sachsen-Anhalt
SARL	société à responsabilité limitée (Frankreich)
SAS	société anonyme simplifiée (Frankreich)
SASU	société anonyme simplifiée unipersonelle (Frankreich)
Sauter/Schweyer/Waldner	Der eingetragene Verein, 19. Aufl. 2010
SC	Court of Sessions
SCA	société en commandite par actions (Frankreich)
SCE	Societas Cooperativa Europaea (Europäische Genossenschaft)
Sch	Schedule
SchlH, schlh.	Schleswig-Holstein, schleswig-holsteinisch
Schlüter/Stolte	Stiftungsrecht, 2007
Schmidt, K. GesR	K. Schmidt, Gesellschaftsrecht, 4. Aufl. 2002
Schmidt, K. HandelsR	K. Schmidt, Handelsrecht, 5. Aufl. 1999
Schmidt, L./Bearbeiter EstG	L. Schmidt (Hrsg.), Einkommensteuergesetz, Kommentar, 31. Aufl. 2012
Schmitt/Hörtnagl/Stratz UmwG/UmwStG	Umwandlungsgesetz, Umwandlungssteuergesetz, bearb. von Hörtnagl, Schmitt, Stratz, 5. Aufl. 2009
Scholz/Bearbeiter GmbHG	Kommentar zum GmbH-Gesetz, bearb. von Crezelius, Emmerich, Priester, K. Schmidt, U. H. Schneider, Seibt, Tiedemann, Veil, H. P. Westermann, Winter, 9. Aufl. (2 Bde.) 2002; Bd. 1 (von 3) 10. Aufl. 2006
Schr.	Schrifttum
SchuldR	Schuldrecht
SchVG	Schuldverschreibungsgesetz
SCI	société civile immobilière (Frankreich)
SCP	société civile professionelle
SCS	société en commandite simple (Frankreich)

Abkürzungsverzeichnis

SE	Societas Europaea (Europäische Aktiengesellschaft)
Seifart/v.Campenhausen	Stiftungsrechts-Handbuch, 3. Aufl. 2008
Semler/Stengel/Bearbeiter	J. Semler/Stengel (Hrsg.), Umwandlungsgesetz mit SpruchG, Kommentar, 3. Aufl. 2011
Semler/Volhard HV	J. Semler/Volhard (Hrsg.), Arbeitshandbuch für die Hauptversammlung, 3. Aufl. 2009
Semler/Volhard ÜbernahmeHdb.	J. Semler/Volhard (Hrsg.), Arbeitshandbuch für Unternehmensübernahmen, Bd. 1 Unternehmensübernahme, Vorbereitung, Durchführung, Folgen, Ausgewählte Drittländer, 2001; Bd. 2 Das neue Übernahmerecht, 2003
SEP	société en participation
SeuffA	Seufferts Archiv
SG	Sozialgericht
SGB	Sozialgesetzbuch
SGB III	Sozialgesetzbuch Drittes Buch – Arbeitsförderung
SGB V	Sozialgesetzbuch Fünftes Buch – Gesetzliche Krankenversicherung
SGB VI	Sozialgesetzbuch Sechstes Buch – Gesetzliche Rentenversicherung
SGB VII	Siebtes Buch Sozialgesetzbuch – Gesetzliche Unfallversicherung
SGB X	Zehntes Buch Sozialgesetzbuch – Sozialverwaltungsverfahren und Sozialdatenschutz
SJ	Solicitors' Journal
Slg.	Sammlung
SLT	Scots Law Times
SNC	société en nom collectif (Frankreich)
Soergel/Bearbeiter BGB	Kommentar zum BGB, 12. Aufl. 1987 ff.; 13. Aufl. 2000 ff.
sog	so genannt
sog.	sogenannte(r)
Sölch/Ringleb/	
SolZG	Solidaritätszuschlagsgesetz
SozR	Sozialrecht
Sp.	Spalte
SPE	Societas Privata Europaea (Europäische Privatgesellschaft, EPG)
SpruchG	Gesetz über das gesellschaftsrechtliche Spruchverfahren (Spruchverfahrensgesetz)
SpTrUG	Gesetz über die Spaltung der von der Treuhandanstalt verwalteten Unternehmen (Spaltungsgesetz)
SpuRt	Zeitschrift für Sport und Recht
ss.	sections
st.	ständig
st. Rspr.	ständige Rechtsprechung
StaatsR	Staatsrecht
Staub/Bearbeiter HGB	Canaris/Schilling/Ulmer (Hrsg.), Handelsgesetzbuch, Großkommentar, 4. Aufl. 1995 ff.
Staudinger/Bearbeiter BGB	J. v. Staudinger, Kommentar zum BGB, 13.–15. Aufl. 1993 ff.
StBerG	Steuerberatungsgesetz
Stbg.	Die Steuerberatung
StbJb.	Steuerberater-Jahrbuch
StBp	Die steuerliche Betriebsprüfung
Stein/Jonas/Bearbeiter ZPO	Kommentar zur Zivilprozessordnung, 22. Aufl. 2002 ff.
Stellungn.	Stellungnahme
SteuerR	Steuerrecht
StG	Stille Gesellschaft
StGB	Strafgesetzbuch
Stichw.	Stichwort

Abkürzungsverzeichnis

StiftG	Stiftungsgesetz
Stöber ZVG	Zwangsversteigerungsgesetz, Kommentar, 18. Aufl. 2006
str.	streitig, strittig
StrafProzR	Strafprozessrecht
StrafR	Strafrecht
StrafVerfR	Strafverfahrensrecht
Streck/Bearbeiter KStG	Streck (Hrsg.), Kommentar zum Körperschaftsteuergesetz, 6. Aufl. 2003 mit Nachtrag 2004
stRspr.	ständige Rechtsprechung
StuW	Steuer und Wirtschaft
StVR	Straßenverkehrsrecht
Sudhoff/Bearbeiter Familienunternehmen	Familienunternehmen, 2. Aufl. 2005
Sudhoff/Bearbeiter GmbH & Co.	GmbH & Co. KG, 6. Aufl. 2005
Sudhoff/Bearbeiter Personengesellschaften	Personengesellschaften, 8. Aufl. 2005
Sudhoff/Bearbeiter Unternehmensnach-folge	Unternehmensnachfolge, 5. Aufl. 2005
Süß/Wachter	Handbuch des internationalen GmbH-Rechts, 2. Aufl. 2011
SZIER	Schweizerische Zeitschrift für internationales und europäisches Recht
Tax J.	Tax Journal
teilw.	teilweise
Term Rep	Term Reports, English King's Bench (Durnford and East's Reports)
Thomas/Putzo ZPO	Kommentar zur Zivilprozessordnung, bearb. von Reichold, Hüßtege, Seiler, 32. Aufl. 2011
Thür., thür.	Thüringen, thüringisch
Tipke/Kruse AO u. FGO	Tipke/Kruse, Kommentar zur Abgabenordnung, Finanzgerichtsordnung (Loseblatt)
Tipke/Lang	Steuerrecht, bearb. von Lang, Seer, Reiss, Montag, Hey, 18. Aufl. 2005
Troll ErbStG	Troll, Erbschaftsteuer- und Schenkungsteuergesetz (Loseblatt)
TUG	Transparenzrichtlinie-Umsetzungsgesetz
Tz.	Textziffer
u.	und
ua	und andere, unter anderem
uÄ	und Ähnliches
UAbs.	Unterabsatz
uam	und anderes mehr
überarb.	überarbeitet
Überbl.	Überblick
überw.	überwiegend
UCC	Uniform Commercial Code
udT.	unter dem Titel
uE	unseres Erachtens
UG	Unternehmergesellschaft (haftungsbeschränkt)
UGB	Unternehmensgesetzbuch (Österreich)
Uhlenbruck/Bearbeiter InsO	Insolvenzordnung, Kommentar, bearb. von Kuhn und Uhlenbruck, 13. Aufl. 2010
ULLCA	Uniform Limited Liability Company Act
Ulmer GmbHG/Bearbeiter	GmbHG-Großkommentar, hrsg. von Ulmer/Habersack/Winter Bd. I 2005, Bd. II 2006
Ulmer/Habersack/Henssler MitbestR/Bearbeiter	Mitbestimmungsrecht, hrsg. von Ulmer, Habersack, Henssler, 2. Aufl. 2006

Abkürzungsverzeichnis

ULPA	Uniform Limited Partnership Act
UMAG	Gesetz zur Unternehmensintegrität und Modernisierung des Anfechtungsrechts
Umf.	Umfang
umfangr.	umfangreich
umstr.	umstritten
UmwBerG	Gesetz zur Bereinigung des Umwandlungsrechts
UmwG	Umwandlungsgesetz
UmwR	Umweltrecht
UmwStG	Umwandlungssteuergesetz
unstr.	unstreitig
UNÜ	UN-Übereinkommen über die Anerkennung und Vollstreckung ausländischer Schiedssprüche
unveröff.	unveröffentlicht
unzutr.	unzutreffend
UPA	Uniform Partnerships Act
UR	Umsatzsteuer-Rundschau; Unternehmensregister; Urkundenrolle
URG	Gesetz über die Unternehmensreorganisation (Österreich)
UrhR	Urheberrecht
Urt.	Urteil
UStG	Umsatzsteuergesetz
UStR	Umsatzsteuer-Richtlinien
usw	und so weiter
uU	unter Umständen
uvam	und viele(s) andere(s) mehr
uvm	und viele(s) mehr
v.	vom, von
va	vor allem
VAG	Gesetz über die Beaufsichtigung der privaten Versicherungsunternehmungen und Bausparkassen
Var.	Variante
VereinsG	Vereinsgesetz
Verf.	Verfasser, Verfassung
VerfassungsR	Verfassungsrecht
Verh.	Verhandlung(en)
VerkehrsR	Verkehrsrecht
Veröff.	Veröffentlichung(en)
VersR	Versicherungsrecht
VertrR	Vertragsrecht
VerwArch	Verwaltungsarchiv
VerwProzR	Verwaltungsprozessrecht
VerwR	Verwaltungsrecht
VerwVerfR	Verwaltungsverfahrensrecht
Vfg.	Verfügung
VGH	Verwaltungsgerichtshof
vgl.	vergleiche
vH	von Hundert
VO	Verordnung
Vogel/Bearbeiter DBA	Vogel/Lehner (Hrsg.), Doppelbesteuerungsabkommen, Kommentar, 5. Aufl. 2008
VölkerR	Völkerrecht
Voraufl.	Vorauflage
Vorb.	Vorbemerkung
vorl.	vorläufig
Vorschr.	Vorschrift
VorstandsR	Vorstandsrecht
vs.	versus

Abkürzungsverzeichnis

VSt	Vermögensteuer
VVaG	Versicherungsverein auf Gegenseitigkeit
VW	Versicherungswirtschaft
WettbR	Wettbewerbsrecht
WG	Wechselgesetz
WiB	Wirtschaftsrechtliche Beratung (Zeitschrift; seit 1998: NZG)
Widmann/Mayer	Widmann/Mayer, Umwandlungsrecht (Loseblatt)
Wiedemann/Frey GesR	H. Wiedemann/Frey, Gesellschaftsrecht, 8. Aufl. 2012
WirtschaftsR	Wirtschaftsrecht
Wiss.	wissenschaftlich
wistra	Zeitschrift für Wirtschaft, Steuer und Strafrecht
Wj.	Wirtschaftsjahr
WLR	Weekly Law Reports (Großbritannien)
WM	Wertpapier-Mitteilungen
WN	Weekly Notes
WPg	Die Wirtschaftsprüfung
WP-Hdb.	Wirtschaftsprüfer-Handbuch
WpHG	Wertpapierhandelsgesetz
WPO	Wirtschaftsprüferordnung
WpÜG	Wertpapiererwerbs- und Übernahmegesetz
WRP	Wettbewerb in Recht und Praxis
Yale L. J.	Yale Law Journal
z. B.	zum Beispiel
z. T.	zum Teil
zahlr.	zahlreich
zB	zum Beispiel
ZChinR	Zeitschrift für Chinesisches Recht
ZEuP	Zeitschrift für Europäisches Privatrecht
ZfA	Zeitschrift für Arbeitsrecht
ZfB	Zeitschrift für Betriebswirtschaft
ZfgK	Zeitschrift für das gesamte Kreditwesen
ZGB	Zivilgesetzbuch (Schweiz)
ZGR	Zeitschrift für Unternehmens- und Gesellschaftsrecht
ZHR	Zeitschrift für das gesamte Handelsrecht
ZInsO	Zeitschrift für das gesamte Insolvenzrecht
ZIP	Zeitschrift für Wirtschaftsrecht und Insolvenzpraxis
zit.	zitiert
ZivilProzR	Zivilprozessrecht
ZivilR	Zivilrecht
ZJapanR	Zeitschrift für Japanisches Recht
Zöller/Bearbeiter ZPO	Kommentar zur Zivilprozessordnung, bearb. von Geimer, Greger, Gummer, 29. Aufl. 2011
ZPO	Zivilprozessordnung
ZRP	Zeitschrift für Recht und Praxis
zT	zum Teil
zusf.	zusammenfassend
zust.	zustimmend
zutr.	zutreffend
ZVR	Zwangsvollstreckungsrecht
zw.	zweifelhaft
ZwVR	Zwangsvollstreckungsrecht
zzgl.	zuzüglich
ZZP	Zeitschrift für Zivilprozess
zZt	zur Zeit

1. Kapitel. Grundlagen

§ 1 Internationalprivatrechtliche Grundlagen

Übersicht

	Rdnr.
I. Einführung	1–13
1. Stand des Internationalen Gesellschaftsrechts in Deutschland	1–5
2. Das einheitliche Gesellschaftsstatut	6–7
3. Das Internationale Gesellschaftsrecht anderer Staaten und hinkende Rechtsverhältnisse	8–9
4. Standort der Frage nach dem Gesellschaftsstatut	10–13
a) Privatrecht	10
b) Gesellschaftsrechtliche Vorfragen aus anderen Rechtsgebieten	11–12
c) Vorsorgende Rechtsberatung	13
II. Aufbau und Anwendung einer gesellschaftsrechtlichen Kollisionsnorm	14–27
1. Aufbau einer gesellschaftsrechtlichen Kollisionsnorm	14–15
2. Qualifikation	16–19
3. Die Ermittlung des Gesellschaftsstatuts	20–24
4. Verweisung	25–27
III. Persönlicher Anwendungsbereich: Erfasste Formen rechtlicher Verselbständigung	28–58
1. Entwicklung einer abstrakten Definition	28–33
2. Einzelne Verselbständigungstypen	34–59
a) Kapitalgesellschaften	34
b) Genossenschaften	35
c) Vereine	36–37
d) Stiftungen	38
e) Personengesellschaften und Abgrenzung zum Internationalen Schuldvertragsrecht	39
f) Gründungsgesellschaften	46
g) Europäische Gesellschaftsformen	47
h) Einmanngesellschaften	48
i) Treuhand und trust	49–55

	Rdnr.
j) Fremde Typen rechtlicher Verselbständigung	56
k) Erbrechtliche Zusammenschlüsse	57
l) Gemeinschaft	58
m) Juristische Personen des öffentlichen Rechts	59
IV. Umfang des Gesellschaftsstatuts	60
V. Sitztheorie: Geltungsbereich und Bestimmung des anwendbaren Rechts	61–87
1. Geltungsbereich	61–63
a) Gewohnheitsrechtliche Geltung	61
b) Ausnahmen	62
c) Keine Geltung für deutsche Gesellschaften	63
2. Kritik und abweichende Anknüpfungsvorschläge	64–71
a) Kritik	64–68
b) Abweichende Anknüpfungsvorschläge	69–71
3. Verweisung unter der Sitztheorie	72–87
a) Begriff der Hauptverwaltung	72–79
b) Sonderfragen (Konzerne, Doppelsitz, beweglicher Sitz)	80–83
c) Rück- und Weiterverweisung	84–86
d) Bewegliche Anknüpfung	87
VI. Inhalt und Anwendungsbereich der Gründungstheorie	88–105
1. Vielzahl von Spielarten	88
2. Art. 10 Abs. 1 Referentenentwurf 2008	89–91
3. Bewegliche Anknüpfung	92
4. Geltungsbereich	93–105
a) Europarechtliche Niederlassungsfreiheit (EU)	94–99
b) Europäischer Wirtschaftsraum	100
c) Europarechtliche Abkommen	101
d) Schweiz	103
e) Staatsverträge, insbesondere USA	104–105

	Rdnr.		Rdnr.
VII. Weitere Fragen des allgemeinen Teils des IPR	106–134	4. Wechsel des anwendbaren Rechts, insbesondere Statutenwechsel	122–131
1. Eingriffsnormen und Sonderanknüpfung	107–114	a) Änderung der Kollisionsnorm	123–126
2. Ordre public und Anpassung	115–118	b) Grenzverschiebungen	127
3. Substitution	119–121	c) Statutenwechsel	128–131
		5. Rest- und Spaltgesellschaften	132–134

Schrifttum: *Altenhain/Wietz*, Die Ausstrahlungswirkung des Referentenentwurfs zum Internationalen Gesellschaftsrecht auf das Wirtschaftsstrafrecht, NZG 2008, 569 ff.; *Altmeppen*, Schutz vor europäischen Kapitalgesellschaften, NJW 2004, 97 ff.; *Barth*, Voraussetzungen und Grenzen des legislativen Wettbewerbs in der Europäischen Gemeinschaft auf dem Gebiet des Gesellschaftsrechts, 2008; *Baum*, Alternativanknüpfungen, 1985; *Becker*, Die fiducie von Quebec und der trust, 2007; *Behrens*, Das Internationale Gesellschaftsrecht nach dem Centros-Urteil des EuGH, IPRax 1999, 323 ff.; *ders.*, Gemeinschaftsrechtliche Grenzen der Anwendung inländischen Gesellschaftsrechts auf Auslandsgesellschaften nach Inspire Art, IPRax 2004, 20 ff.; *ders.*, Die Gesellschaft mit beschränkter Haftung im nationalen und europäischen Recht, 2. Aufl. 1997; *ders.*, Erneuerung des Stiftungskollisionsrechts, in: Zwischen Markt und Staat – Gedächtnisschrift für Rainer Walz, 2007, S. 13 ff.; *Beitzke*, Juristische Personen im Internationalprivatrecht und Fremdenrecht, 1938; *ders.*, Kollisionsrecht von Gesellschaften und juristischen Personen, in: Lauterbach, Vorschläge und Gutachten zur Reform des deutschen internationalen Personen- und Sachenrechts, 1972, 94 ff.; *Beretta*, Niederlassungsfreiheit von Gesellschaften im Verhältnis zwischen EG- und EFTA-Staaten: Anmerkung zu BGH, Urt. v. 19. September 2005, II ZR 372/03, GPR 2006, 95 f.; *Binge/Thölke*, „Everything goes!"? – Das deutsche Internationale Gesellschaftsrecht nach „Inspire Art", DNotZ 2004, 21 ff.; *Bollacher*, Referentenentwurf zur Regelung des Internationalen Gesellschaftsrechts, RIW 2008, 200 ff.; *Borges*, Die Sitztheorie in der Centros-Ära: Vermeintliche Probleme und unvermeidliche Änderungen, RIW 2000, 167 ff.; *Brakalova/Barth*, Nationale Beschränkungen des Wegzugs von Gesellschaften innerhalb der EU bleiben zulässig, DB 2009, 213 ff.; *Brombach*, Das Internationale Gesellschaftsrecht im Spannungsfeld von Sitztheorie und Niederlassungsfreiheit, 2006; *Brödermann/Iversen*, Europäisches Gemeinschaftsrecht und Internationales Privatrecht, 1994; *Bungert*, Internationales Gesellschaftsrecht und Europäische Menschenrechtskonvention, EWS 1993, 17; *ders.*, Besprechung zu Zimmer, Internationales Gesellschaftsrecht, WM 1997, 2233 ff.; *Clausnitzer*, Die Novelle des Internationalen Gesellschaftsrechts, NZG 2008, 321 ff.; *ders.*, Deutsches Firmenrecht versus Europäisches Gemeinschaftsrecht – Der Entwurf eines Gesetzes zum Internationalen Gesellschaftsrecht und aktuelle Rechtsprechung zur europakonformen Auslegung des Firmenrechts, DNotZ 2008, 484 ff.; *Czermak*, Der express trust im internationalen Privatrecht, 1986; *Ebenroth*, Die verdeckten Vermögenszuwendungen im transnationalen Unternehmen, 1979; *ders.*, Das Verhältnis zwischen Joint Venture-Vertrag, Gesellschaftsvertrag und Investitionsvertrag, JZ 1987, 265 ff.; *Ebenroth/Auer*, Zur Möglichkeit einer identitätswahrenden Verlagerung des Verwaltungssitzes und des Satzungssitzes einer GmbH mit deutschem Personalstatut in einen anderen EG-Staat, JZ 1993, 374 ff.; *Ebenroth/Eyles*, Der Renvoi nach der Novellierung des deutschen Internationalen Privatrechts, IPRax 1989, 1 ff.; *Ebke*, Das Internationale Gesellschaftsrecht und der Bundesgerichtshof, in: 50 Jahre BGH – Festgabe aus der Wissenschaft, Bd. 2, 2000, S. 799 ff.; *Eidenmüller*, Ausländische Kapitalgesellschaften im deutschen Recht, 2004; *Eidenmüller/Rehm*, Niederlassungsfreiheit versus Schutz des inländischen Rechtsverkehrs: Konturen des Europäischen Internationalen Gesellschaftsrechts: zugleich eine Besprechung der Entscheidung Inspire Art (EuGH NJW 2003, 3331), ZGR 2004, 159 ff.; *Engel*, Versetzt die Europäische Menschenrechtskonvention der Sitztheorie des deutschen internationalen gesellschaftsrechts den Todesstoß?, ZEuP 1993, 150 ff.; *Ensthaler*, Gemeinschaftskommentar HGB, 7. Aufl. 2006; *Fingerhuth/Rumpf*, MoMiG und die grenzüberschreitende Sitzverlegung – Die Sitztheorie ein (lebendes) Fossil?, IPRax 2008, 90 ff.; *Forsthoff*, EuGH fördert Vielfalt im Gesellschaftsrecht – Traditionelle deutsche Sitztheorie verstößt gegen Niederlassungsfreiheit, DB 2002, 2471 ff.; *Franz/Laeger*, Die Mobilität deutscher Kapitalgesellschaften nach Umsetzung des MoMiG unter Einbeziehung des Referentenentwurfs zum internationalen gesellschaftsrecht, BB 2008, 678 ff.; *Freitag*, Zur Ermittlung des Gesellschaftsstatus bei Nichtexistenz eines effektiven Verwaltungssitzes – Kommentar zu OLG Frankfurt a. M., Urteil vom 23. 6. 1999 – 22 U 219/97, NZG 2000, 357 ff.; *Göthel*, Internationales Privatrecht der Joint Ventures, RIW 1999, 566 ff.; *Grabitz/Hief/Nettesheim*, Recht der Europäischen Union, Band 1 Stand Oktober 2011; *Grasmann*, System des Internationalen Gesellschaftsrechts, 1994; *Großerichter/Bauer*, Unwandelbarkeit und Staatenzerfall, RabelsZ 65 (2001), 201 ff.; *Großfeld*, Die Entwicklung der Anerkennungstheorien im internationalen Gesellschaftsrecht, in: Festschrift für Westermann, 1974, S. 199 ff.; *ders.*, Europäisches Gesellschaftsrecht, WM 1992, 2121 ff.; *Großfeld/Boin*, Zur Parteifähigkeit ausländischer juristischer Personen vor französischen Gerichten, JZ 1993, 370 ff.; *Grundmann*, Europäisches Gesellschaftsrecht, 2. Aufl. 2011; *Hadding*, Zur Rechtsfähigkeit und Parteifähigkeit der (Außen-)Gesellschaft bürgerlichen Rechts sowie zur Haftung ihrer Gesellschafter für Gesellschaftsverbindlichkeiten, ZGR 2001, 712 ff.; *Hamel*, Die Verlegung des Sitzes juristischer Personen ins Ausland, RabelsZ Bd. 2, 1928, 1002 ff.; *Henssler*, Partnerschaftsgesellschaftsgesetz, 2008; *Heß*, Intertemporales Privatrecht, 1998; *Hirte/Bücker*, Grenzüberschreitende Gesellschaften, 2. Aufl. 2006; *Hirte/v. Bülow*, Kölner Kommentar zum WpÜG, 2. Aufl. 2010; *Hoffmann*, Das Anknüpfungsmoment der Gründungstheorie, ZVglRWiss Bd. 101, 2002, 283 ff.; *ders.*, Die stille Bestattung der Sitztheorie durch den Gesetzgeber, ZIP 2007, 1581; *Horn*, Rechtsfragen internationaler Unternehmenszusammenschlüsse, in: Festschrift für Buxbaum, 2000, S. 315 ff.; *Hübner*, Kollisionsrechtliche Behandlung von Gesellschaften aus „nicht-privilegierten" Drittstaaten, 2011; *John*, Die organisierte Rechtsperson, 1977; *Karl*, Zur Sitzverlegung deutscher juristischer Personen des privaten Rechts nach dem 8. Mai 1945, AcP Bd. 159, 1960, 293 ff.; *Kaulen*, Zur Bestimmung des Anknüpfmoments unter der Gründungstheorie – Unter besonderer Berücksichtigung des deutsch-US-amerikanischen Freundschaftsvertrages, IPRax 2008, 389 ff.; *dies.*, Die Anerkennung von Gesellschaften unter Artikel XXV Abs. 5 S. 2 des deutsch-US-amerikanischen Freundschafts-, Handels- und Schifffahrtsvertrages, 2008; *Kegel/Schurig*, Internationales Privatrecht, 9. Aufl. 2004; *Kieninger*, Niederlassungsfreiheit als Rechtswahlfreiheit – Die Entscheidung des EuGH in der Sache Centros Ltd., ZGR 1999, 724 ff.; *dies.*, in: Sonnenberger, Vorschläge und Berichte zur Reform des europäischen und deutschen internationalen Gesellschaftsrechts, 2007, S. 279 ff.; *Kindler*, Sitzanknüpfung im internationalen Gesellschaftsrecht – Anmerkung zu OLG Frankfurt/M, Urt. v. 23. Juni 1999, Az.: 22 U 219/97, EWiR 1999, 1081 f.; *ders.*, Grundzüge des neuen Kapitalgesellschaftsrechts – Das Gesetz zur Modernisierung des GmbH-Rechts und zur Bekämpfung von Missbräuchen (MoMiG), NJW 2008, 3249 ff.; *ders.*, Internationales Gesellschaftsrecht – Licht und Schatten im Referentenentwurf des Bundesjustizministerium vom 7. 1. 2008, Status:Recht 2008, 68 f.; *Knobbe-Keuk*, Umzug von Gesellschaften in Europa, ZHR Bd. 154, 1990, 325 ff.; *Knof/Mock*, Der Referentenentwurf zur Neuregelung des Internationalen Gesellschaftsrechts – die „halbe Wahrheit", GmbHR 2008, Report 65 f.; *Knöfel*, Internationales Sozietätsrecht, RIW 2006, 87 ff.; *Knop*, Gesellschaftsstatut und Niederlassungsfreiheit, 2008; *Koppensteiner*, Internationale Unternehmen im deutschen Gesellschaftsrecht, 1971; *Köster*, Die Kodifizierung des Internationalen Gesellschaftsrechts – Bedeutung für die Unternehmensmitbestimmung, ZRP 2008, 214 ff.; *Kronke/Melis/Schnyder*, Handbuch des Internationalen Wirtschaftsrechts, 2005; *Krömker/Otte*, Die gelöschte Limited mit Restvermögen in Deutschland: Stehen Gläubiger und Gesellschafter im Regen?, BB 2008, 694 ff.; *Kronke*, Die Stiftung im internationalen Privat- und Zivilverfahrensrecht, in: von Campenhausen/Kronke/Werner, Stiftungen in Deutschland und Europa, 1998, S. 361 ff.; *Kropholler*, Internationales Privatrecht, 6. Aufl. 2006; *Kußmaul/Richter/Ruiner*, Die Sitztheorie hat endgültig ausgedient, DB 2008, 451 ff.; *Laeger*, Deutsch-amerikanisches Internationales Gesellschaftsrecht, 2008; *Lamsa*, Die Firma der Auslandsgesellschaft, 2011; *Lehmann*, Fällt die Sitztheorie jetzt auch international?, RIW 2004, 816 ff.; *Leible/Hoffmann*, „Überseering" und das (vermeintliche) Ende der Sitztheorie, RIW 2002, 925 ff.; *Leuering*, Von Scheinauslandsgesellschaften hin zu „Gesellschaften mit Migrationshintergrund", ZRP 2008, 73 ff.; *Looschelders*, Internationales Privatrecht – Art. 3–43 EGBGB, 2003; *Lorenz*, Die Rechtswahlfreiheit im internationalen Schuldvertragsrecht, RIW 1987, 569 ff.; *Mankowski*, Buchbesprechung Zimmer: Internationales Gesellschaftsrecht, DZWiR 1997, 216 ff.; *Mansel/Noack/Heidel*, Anwaltkommentar BGB, Band 1, Aufl. 2005; *Meilicke*, Unvereinbarkeit der Sitztheorie mit der Europäischen Menschenrechtskonvention, RIW 1992, 578 ff.; *ders.*, Zur Vereinbarkeit der Sitztheorie mit der Europäischen Menschenrechtskonvention und anderem höherrangigem Recht, BB-Beilage 9/1995, 6 f.; *ders.*, Die Niederlassungsfreiheit nach „Überseering", Rückblick und Ausblick nach Handelsrecht und Steuerrecht, GmbHR 2003, 793 ff.; *Mock/Assmann/Brändel/Windbichler/Röhricht/Schmidt/Ehricke/Priester*, Aktiengesetz, 4. Aufl. 2003; *Müller*, Genossenschaftsgesetz, 2. Aufl. 1998; *Mülsch/Nohlen*, Die ausländische Kapitalgesellschaft und Co. KG mit Verwaltungssitz im EG-Ausland, ZIP 2008, 1358 ff.; *Nachtwey*, Das anwendbare Bilanzrecht für die doppelansässige Europäische Privatgesellschaft zwischen Unions- und Internationalem Privatrecht, 2011; *Neumayer*, Betrachtungen zum internationalen Konzernrecht, ZVglRWiss Bd. 83, 1984, 129 ff.; *Neumeyer*, Internationales Privatrecht, 1923; *Oetker*, Kommentar zum HGB, 2. Aufl. 2011; *Peterhoff*, Die tatsächliche Verlegung des Gesellschaftssitzes während der Liquidation – auch ein Problem „post" MoMiG?, DZWiR 2008, 359 ff.; *Prütting/Wegen/Weinreich*, BGB Kommentar, 7. Aufl. 2012; *Rabe*,

Seehandelsrecht, 4. Aufl. 2000; *Raiser*, Der Begriff der juristischen Person – Eine Neubesinnung, AcP Bd. 199, 1999, 104 ff.; *Richter/Wachter,* Händler des internationalen Stiftungsrechts, 2007; *Riering,* Ehegüterstatut und Gesellschaftsstatut, IPRax 1998, 322 ff.; *Rotheimer,* Referentenentwurf zum Internationalen Gesellschaftsrecht, NZG 2008, 181 ff.; *Sandrock,* Die Konkretisierung der Überlagerungstheorie in einigen zentralen Einzelfragen. Ein Beitrag zum internationalen Gesellschaftsrecht, in: Festschrift für Beitzke, 1979, S. 669 ff.; *ders.*, Sitztheorie, Überlagerungstheorie und der EWG-Vertrag: Wasser, Öl und Feuer, RIW 1989, 505 ff.; *ders.*, Sitzrecht contra Savigny?, BB 2004, 897 ff.; *Schauer,* Vom Verwaltungssitz zum Registrierungsort: die österreichische Perspektive, Status: Recht 2008, 70 f.; *Schmidt,* Grenzüberschreitende Sitzverlegung innerhalb der EG, DWiR 1992, 448 ff.; *Schneider,* Internationales Gesellschaftsrecht vor der Kodifizierung, BB 2008, 566 ff.; *Schnittker/Bank,* Die LLP in der Praxis, 2008; *Schwarz,* Zur Neuregelung des Stiftungsprivatrechts, Teil II, DStR 2002, 1767 ff.; *Sester/Cárdenas,* The Extra-Communitarian Effects of Centros, Überseering and Inspire Art with Regard to Fourth Generation Association Agreements, ECFR 2005, 398 ff.; *Seyboth,* Die Mitbestimmung im Lichte der beabsichtigten Neuregelung des internationalen Gesellschaftsrechts, AuR 2008, 132 ff.; *Sonnenberger,* Eingriffsrecht – Das trojanische Pferd im IPR oder notwendige Ergänzung? IPRax 2003, 104 ff.; *Spahlinger/Wegen,* Internationales Gesellschaftsrecht in der Praxis, 2005; *Stieb,* Die Zulassung der Einpersonen-GmbH in Portugal, GmbHR 1997, Report 95; *Stork,* Die geplante Kodifizierung des Internationalen Gesellschaftsrechts, GewA 2008, 240 ff.; *Streinz,* Vertrag über die Europäische Union und Vertrag über die Arbeitsweise der Europäischen Union, 2. Aufl. 2012; *Terlau,* Das Internationale Privatrecht der Gesellschaft bürgerlichen Rechts, 1999; *Thomale,* Die Gründungstheorie als versteckte Kollisionsnorm, NZG 2011, 1290 ff.; *Thölke,* Die Entstehungssitztheorie: Die Rechtsfolgen der Verwaltungssitzverlegung in das Inland und in das Ausland – zugleich ein Beitrag zur Lehre vom Statutenwechsel, 2003; *ders.*, Anmerkung zu BGH, Urt. v. 13. 10. 2004 – I ZR 245/01, DNotZ 2005, 142 ff.; *ders.*, Anmerkung zu BGH Urt. v. 19. 9. 2005 – II ZR/372/03, DNotZ 2006, 145 ff.; *ders.*, Anmerkung zu BGH, Urt. v. 27. 10. 2008 – II ZR 158/06, DNotZ 2009, 389 ff.; *Ulmer,* Gläubigerschutz bei Scheinauslandsgesellschaften, NJW 2004, 1201 ff.; *Veestraeten,* Die Sitztheorie nach belgischem Internationalen Privatrecht, Status:Recht 2008, 69 f.; *Wagner/Timm,* Der Referentenentwurf eines Gesetzes zum Internationalen Privatrecht der Gesellschaften, Vereine und juristischen Personen, IPRax 2008, 81 ff.; *Walden,* Das Kollisionsrecht der Personengesellschaften im deutschen, euro-päischen und US-amerikanischen Recht, 2001; *Weller,* Niederlassungsfreiheit und Assoziierungsabkommen, ZGR 2006, 748 ff.; *ders.*, Inländische Gläubigerschutzinteressen bei internationalen Konzerninsolvenzen, ZHR, Bd. 169, 2005, 570 ff.; *Wenckstern,* Inländische Briefkastenfirmen im deutschen Internationalen Gesellschaftsrecht, in: Festschrift für Drobnig, 1998, S. 456 ff.; *Werner,* Zur Internationalen Mobilität der Stiftung, ZSt 2008, 17 ff.; *Wiedemann,* Gesellschaftsrecht Bd. I, 1980; *ders.,* Gesellschaftsrecht Bd. II, 2004; Internationales Gesellschaftsrecht, in: Festschrift für Kegel, 1977, S. 187 ff.; *Wittuhn,* Das internationale Privatrecht des trust, 1987; *Wolff,* Das Internationale Privatrecht Deutschlands, 3. Aufl. 1954; *Zimmer,* Internationales Gesellschaftsrecht, 1996; *ders.*, Grenz-überschreitende Rechtspersönlichkeit, ZHR Bd. 168, 2004, 355 ff.; *ders.*, Von Debraco bis DaimlerChrysler: Alte und neue Schwierigkeiten bei der internationalgesellschaftsrechtlichen Sitzbestimmung, in: Festschrift für Buxbaum, 2000, S. 655 ff.

I. Einführung

1. Stand des Internationalen Gesellschaftsrechts in Deutschland

1 Um einen gesellschaftsrechtlichen Fall zu lösen, muss zunächst geklärt werden, unter welches materielle Gesellschaftsrecht (Sachrecht) der Sachverhalt zu subsumieren ist. Die Antwort auf die Frage nach dem anwendbaren Sachrecht entnimmt der Rechtsanwender den Kollisionsnormen des IPR.[1] Kollisionsnormen lösen die betreffende Rechtsfrage nicht selbst. Sie bestimmen lediglich, welcher Rechtsordnung die Normen entnommen werden müssen, die die materielle Antwort auf die sich stellenden Rechtsfragen geben (Sachnormen). Das EGBGB enthält indes bisher[2] **keine kodifizierte Kollisionsnorm** für die wesentlichen gesellschaftsrechtlichen Rechtsfragen.

---

[1] Vor deutschen Gerichten ist dies das deutsche IPR, dazu unten Rn. 13.

[2] Siehe dazu *Thölke,* Anmerkung zu BGH, Urt. v. 27. 10. 2008 – II ZR 158/06, DNotZ 2009, 389 ff. – Trabrennbahn. ROM I-VO und ROM II-VO finden keine Anwendung (Art. 1 Abs. 2 lit. f ROM I-VO, Art. 1 Abs. 2 lit. d ROM II-VO.

§ 1. Internationalprivatrechtliche Grundlagen

Basierend auf Vorschlägen und Gutachten des Deutschen Rates für IPR[3] wurde 2008 ein Referentenentwurf zu diesem Thema vorgelegt **(Referentenentwurf 2008),**[4] der die Einführung der Gründungstheorie vorsieht. Der Entwurf hat in der Literatur unverzüglich ein breites Echo gefunden,[5] ist aber bisher nicht Gesetz geworden. Seine Zukunft ist ungewiss.[6]

Als **derzeit geltendes Recht** in Deutschland muss daher die von der höchstrichterlichen Rechtsprechung[7] vertretene **Sitztheorie** gelten. Sitztheorie ist dabei die Bezeichnung für eine gesellschaftsrechtliche Kollisionsnorm,[8] die auf das Recht des Staates verweist, in dem sich der tatsächliche Sitz der Hauptverwaltung der betreffenden Gesellschaft befindet. Faktisch wird heute aber die Anwendung der Sitztheorie **für zahlreiche ausländische Gesellschaften,** insbesondere solche aus der EU, dem EWR und den USA, **aufgrund europarechtlicher und völkerrechtlicher Normen verdrängt.** Hinsichtlich dieser Gesellschaften gilt dann die Gründungstheorie, d. h. es wird auf das Recht verwiesen, nach dem die Gesellschaft gegründet wurde.[9] Für **deutsche Gesellschaften** ist die Situation derzeit unklar. Während § 4a GmbHG und § 5 AktG durch das MoMiG ausdrücklich mit dem Ziel geändert wurden, eine Verlegung des Verwaltungssitzes in das Ausland zuzulassen,[10]

---

[3] Sonnenberger (Hrsg.), Vorschläge und Berichte zur Reform des deutschen internationalen Gesellschaftsrechts, 2007, S. 3 ff., 199 ff., 349 ff.

[4] Referentenentwurf, Gesetz zum Internationalen Privatrecht der Gesellschaften, Vereine und juristischen Personen, http://www.rsw.beck.de/rsw/upload/Beck_Aktuell/Referentenentwurf-IGR.pdf.

[5] Altenhain/Wietz, Die Ausstrahlungswirkung des Referentenentwurfs zum Internationalen Gesellschaftsrecht auf das Wirtschaftsstrafrecht, NZG 2008, 569 ff.; Bollacher, Referentenentwurf zur Regelung des Internationalen Gesellschaftsrechts, RIW 2008, 200 ff.; Clausnitzer, Die Novelle des Internationalen Gesellschaftsrechts, NZG 2008, 321 ff.; ders., Deutsches Firmenrecht versus Europäisches Gemeinschaftsrecht – Der Entwurf eines Gesetzes zum Internationalen Gesellschaftsrecht und aktuelle Rechtsprechung zur europakonformen Auslegung des Firmenrechts, DNotZ 2008, 484; Franz/Laeger, Die Mobilität deutscher Kapitalgesellschaften nach Umsetzung des MoMiG unter Einbeziehung des Referentenentwurfs zum internationalen Gesellschaftsrecht, BB 2008, 678 ff.; Hübner, Kollisionsrechtliche Behandlung von Gesellschaften aus „nicht-privilegierten" Drittstaaten, 2011, S. 151 ff.; Kindler, Internationales Gesellschaftsrecht – Licht und Schatten im Referentenentwurf des Bundesjustizministeriums vom 7. 1. 2008, Status:Recht 2008, 68 f.; Knof/Mock, Der Referentenentwurf zur Neuregelung des Internationalen Gesellschaftsrechts – die „halbe Wahrheit", GmbHR 2008, Report 65 f.; Köster, Die Kodifizierung des Internationalen Gesellschaftsrechts – Bedeutung für die Unternehmensmitbestimmung, ZRP 2008, 214 ff.; Kußmaul/Richter/Ruiner, Die Sitztheorie hat endgültig ausgedient, DB 2008, 451 ff.; Leuering, Von Scheinauslandsgesellschaften hin zu „Gesellschaften mit Migrationshintergrund", ZRP 2008, 73 ff.; Rotheimer, Referentenentwurf zum Internationalen Gesellschaftsrecht, NZG 2008, 181 ff.; Schauer, Vom Verwaltungssitz zum Registrierungsort: die österreichische Perspektive, Status: Recht 2008, 70 f.; Schneider, Internationales Gesellschaftsrecht vor der Kodifizierung, BB 2008, 566 ff.; Seyboth, Die Mitbestimmung im Lichte der beabsichtigten Neuregelung des internationalen Gesellschaftsrechts, AuR 2008, 132 ff.; Stork, Die geplante Kodifizierung des Internationalen Gesellschaftsrechts, GewA 2008, 240 ff.; Veestraeten, Die Sitztheorie nach belgischem Internationalen Privatrecht, Status:Recht 2008, 69 f.; Wagner/Timm, Der Referentenentwurf eines Gesetzes zum Internationalen Privatrecht der Gesellschaften, Vereine und juristischen Personen, IPRax 2008, 81 ff.

[6] Vgl. BGH NJW 2009, 289, 291 – Trabrennbahn, mit Anmerkung Kieninger. Zu den Hintergründen siehe auch Thölke, DNotZ 2009, 389 ff.

[7] BGH NZG 2011, 1114; BGH NJW 2009, 289; BGH NJW 2005, 1648; BGH NJW 2003, 2609; BGH NJW 2003, 1607; BGH NJW 2002, 3539; BGH DStR 2000, 1064; BGH NJW 1990, 3092; BGHZ 97, 269 = BGH NJW 1986, 2194. Näher zur Sitztheorie unten Rn. 61 ff.

[8] In der deutschsprachigen Rechtswissenschaft werden die verschiedenen gesellschaftsrechtlichen Kollisionsnormen ganz überwiegend als „-theorie" („Gründungstheorie", „Sitztheorie", „Überlagerungstheorie" etc.) oder „-lehre" („Differenzierungslehre", „Kombinationslehre") bezeichnet.

[9] Im Einzelnen unten Rn. 88 ff.

[10] Siehe BT-Drs. 16/6140, S. 29, 52; Fingerhuth/Rumpf, MoMiG und die grenzüberschreitende Sitzverlegung – Die Sitztheorie ein (lebendes) Fossil?, IPRax 2008, 90, 92; Hoffmann, Die stille Bestattung der Sitztheorie durch den Gesetzgeber, ZIP 2007, 1581; Franz/Laeger, BB 2008, 678, 680; Bra-

müsste nach der bis dato h. M. jedenfalls für alle anderen Gesellschaften wohl auch weiterhin die Sitztheorie gelten.[11]

4   Für die Praxis ist diese **Rechtszersplitterung** unerfreulich, weil sie zu Rechtsunsicherheit führt und eine systematische Fortentwicklung des Internationalen Gesellschaftsrechts durch Gesetzgebung, Rechtsprechung und Lehre erschwert.

5   Darstellungen des Internationalen Gesellschaftsrechts in der **Literatur** finden sich außerhalb von entsprechenden Spezialwerken[12] in den meisten Kommentaren zum BGB,[13] den Lehrbüchern zum IPR, den Kommentaren zu den gesellschaftsrechtlichen Spezialgesetzen[14] und zum HGB[15] sowie in Darstellungen und Handbüchern zum Gesellschaftsrecht.[16] Hinzuweisen ist weiterhin auf die Darstellungen zum Europäischen Gesellschaftsrecht[17] und zur Niederlassungsfreiheit.[18]

2. Das einheitliche Gesellschaftsstatut

6   Das Sachrecht, auf das das Kollisionsrecht für die wesentlichen gesellschaftsrechtlichen Fragen – u.U. nach Rück- und/oder Weiterverweisung[19] – verweist, wird **„Gesellschaftsstatut"** genannt. Das Gesellschaftsstatut ist also das Sachrecht, nach dem der wesentliche Teil der gesellschaftsrechtlichen Rechtsverhältnisse einer Gesellschaft beurteilt wird. Dabei setzt dieser Begriff gedanklich voraus, dass für die wesentlichen Rechtsverhältnisse einer Gesellschaft auf ein einziges materielles Gesellschaftsrecht durch eine einzige gesellschaftsrechtliche Kollisionsnorm verwiesen wird. Dies entspricht dem **Grundsatz der Einheitlichkeit des Gesellschaftsstatuts,**[20] dem es widerspräche, verschiedene zusammenhängende Regelungsbereiche des Gesellschaftsrechts in Bezug auf eine einzelne Gesellschaft unterschiedlich anzuknüpfen – z.B. das Innenrecht nach dem Willen der Gesellschafter und

---

kalova/*Barth,* Nationale Beschränkungen des Wegzugs von Gesellschaften innerhalb der EU bleiben zulässig, DB 2009, 213, 216; aA z.B. *Kindler,* Grundzüge des neuen Kapitalgesellschaftsrechts – Das Gesetz zur Modernisierung des GmbH-Rechts und zur Bekämpfung von Missbräuchen (MoMiG), NJW 2008, 3249, 3251; *Peterhoff,* Die tatsächliche Verlegung des Gesellschaftssitzes während der Liquidation – auch ein Problem „post" MoMiG?, DZWiR 2008, 359, 363.

[11] Dazu unten Rn. 63.

[12] Z.B. *Eidenmüller,* Ausländische Kapitalgesellschaften im deutschen Recht, 2004; *Hirte/Bücker,* Grenzüberschreitende Gesellschaften, 2. Aufl. 2006; *Spahlinger/Wegen,* Internationales Gesellschaftsrecht in der Praxis, 2005; *Süß/Wachter,* Hdb. des internationalen GmbH-Rechts, 2. Aufl. 2011.

[13] Z.B. MünchKommBGB/*Kindler* IntGesR Rn. 1 ff.; Staudinger/*Großfeld* IntGesR Rn. 1 ff.; Soergel/*Lüderitz* EGBGB Anh. Art. 10 Rn. 1 ff.; AnwKommBGB/*Hoffmann* Anh. zu Art. 12 EGBGB Rn. 1 ff., Prütting/Wegen/Weinreich/*Brödermann/Wegen* BGB IntGesR Bamberger/Roth/*Mäsch* BGB Art. 12 EGBGB Anh. II Rn. 43 ff.

[14] Michalski/*Leible* GmbHG Systemat. Darst. 2 Rn. 1 ff.; Ulmer GmbHG/*Behrens* Einl. B Rn. B 1 ff.; MünchKommAktG/*Altmeppen* Europäische Niederlassungsfreiheit 2. Kapitel Rn. 169 ff.; Großkomm. AktG/*Assmann* Einl. Rn. 528 ff.; Scholz/*Westermann* GmbHG Einl. Rn. 87 ff.

[15] Ensthaler/*Ensthaler* HGB vor §§ 105 ff. Rn. 16 ff.; Oetker/*Preuß* HGB § 13 d Rn. 14 ff., Oetker/*Weitmeyer* HGB § 105 Rn. 89 ff.

[16] Münch Hdb. GesR Bd. 1/*Salger/Neyer* §§ 94 ff. (zur EWIV); Münch Hdb. GesR Bd. 3/*Jasper* § 75; Münch Hdb. GesR Bd. 4/*Austmann* §§ 82 ff. (zur SE); Anwaltkommentar Aktienrecht/*Ammon* Aktiengesetz § 5 Rn. 2 ff.

[17] Z.B. Dauses/*Behrens,* Hdb. des EU-Wirtschaftsrechts, Stand Juni 2011 E III; *Grundmann,* Europäisches Gesellschaftsrecht, 2. Aufl. 2011; *Schwarz,* Europäisches Gesellschaftsrecht, 2000; *Habersack/Verse,* Europäisches Gesellschaftsrecht, 4. Aufl. 2011.

[18] Z.B. Grabitz/Hilf/Nettesheim/*Forsthoff* Art. 49 ff. AEUV; Streinz/*Müller-Graff* Art. 54 f.

[19] Dazu unten Rn. 84 ff.

[20] Siehe MünchKommBGB/*Kindler* IntGesR Rn. 6, 405, 420 mwN sowie eingehend *Thölke,* Die Entstehungssitztheorie: Die Rechtsfolgen der Verwaltungssitzverlegung in das Inland und in das Ausland – zugleich ein Beitrag zur Lehre vom Statutenwechsel, 2003, S. 160 ff. Kritisch demgegenüber *Grasmann,* System des Internationalen Gesellschaftsrechts, 1994, Rn. 615 ff., und neuerdings auch MünchKommAktG/*Altmeppen* Europäische Niederlassungsfreiheit 2. Kapitel Rn. 174 ff. Zu der Diskussion in Bezug auf Personengesellschaften unten Rn. 40.

die Haftung nach dem Ort der Geschäftstätigkeit. Tragender Gedanke dieses Grundsatzes ist, dass im gesellschaftsrechtlichen Sachrecht die verschiedenen Regelungsbereiche in vielfältiger Weise miteinander verzahnt sind. Werden diese Regelungsbereiche auseinandergerissen, ist nicht mehr gewährleistet, dass die isoliert angewendeten Regelungen noch zu einem gerechten Interessenausgleich führen. So setzt die Anordnung der persönlichen gesamtschuldnerischen Außenhaftung eines OHG-Gesellschafters in § 128 HGB gedanklich voraus, dass der Gesellschafter im Innenverhältnis den Gesamtschuldnerausgleich nach § 426 BGB verlangen kann. Würde man auf die Zahlungsverpflichtungen der Gesellschafter untereinander ein Recht anwenden, das keine gesamtschuldnerische Außenhaftung kennt und daher auch keinen Innenausgleich vorsieht, entstünden Wertungswidersprüche. Der Grundsatz der Einheitlichkeit des Gesellschaftsstatuts ist **jedoch keine eigene Norm,** aus der man unmittelbar Rechtsfolgen ableiten könnte. Er beschreibt vielmehr das bei der Normbildung und Normanwendung zu beachtende Interesse daran, zusammenhängende Regelungen des Gesellschaftsrechts möglichst nicht auseinanderzureißen. Dieses Interesse, das im IPR als Interesse am inneren Entscheidungseinklang bezeichnet wird, muss im Rahmen der Normbildung und Normanwendung gewichtet und gegen andere Interessen abgewogen werden. Im Rahmen dieses Prozesses kann es dann für einzelne Fragen auch zurücktreten mit der Folge, dass bestimmte gesellschaftsrechtliche Rechtsfragen kollisionsrechtlich gesondert behandelt werden.

Der Grundsatz der **Einheitlichkeit des Gesellschaftsstatuts besagt** dagegen **nicht, dass für alle Gesellschaften** die **gleiche Kollisionsnorm** gelten muss. Auch die derzeitige Rechtszersplitterung in Deutschland, die bestimmte Gesellschaften nach der Sitztheorie und andere nach der Gründungstheorie beurteilt, wahrt die Einheitlichkeit des Gesellschaftsstatuts, denn es werden verschiedene Rechte auf verschiedene Gesellschaften, nicht aber auf die verschiedenen Regelungsbereiche einer einzigen Gesellschaft angewendet.

3. Das Internationale Gesellschaftsrecht anderer Staaten und hinkende Rechtsverhältnisse

Anders als in vielen anderen Bereichen des IPR hat sich im Internationalen Gesellschaftsrecht noch **kein allgemeiner internationaler Standard** für die Anknüpfung durchgesetzt. Im Gegenteil: In kaum einem anderen Gebiet des IPR wäre eine international gleichförmige Anknüpfung so notwendig wie im Internationalen Gesellschaftsrecht und auf wohl keinem anderen Gebiet sind die entsprechenden Bestrebungen[21] bisher so kläglich gescheitert. Während der wohl größere Teil der Staaten der Gründungstheorie folgt, bestimmt ein nicht unerheblicher Teil der nationalen Rechtsordnungen das Gesellschaftsstatut nach der Sitztheorie. Für eigene Gesellschaften und solche, die von europarechtlichen oder völkerrechtlichen Abkommen erfasst werden, gelten zudem in den Staaten, die grundsätzlich der Sitztheorie folgen, häufig Sonderregeln. Entsprechende Aufzählungen[22] geben allerdings nur eine grobe Orientierung. Ist das ausländische Kollisionsrecht entscheidungserheblich, muss es für die konkrete Gesellschaft ermittelt werden. Denn der Inhalt der ausländischen Kollisionsnormen zum Gesellschaftsrecht ist mit den Stichworten „Sitztheorie" oder „Gründungstheorie" häufig nicht ausreichend scharf erfasst.

Als Folge der Verschiedenheit der nationalen Kollisionsnormen drohen sog. **„hinkende Rechtsverhältnisse".** Ein hinkendes Rechtsverhältnis ist ein Rechtsverhältnis, das vor den Gerichten des einen Staates existiert, während es in einem anderen Staat nicht existiert. Im Gesellschaftsrecht entsteht ein hinkendes Rechtsverhältnis z.B., wenn eine Gesellschaft nach dem Recht eines Staates A gegründet wird, der der Gründungstheorie folgt und dessen Gerichte daher die Gesellschaft unabhängig vom tatsächlichen Sitz ihrer Hauptverwaltung als heimische Gesellschaft anerkennen, während ihr Verwaltungssitz in einem Staat B

---

[21] Überblick bei *Wagner/Timm*, IPRax 2008, 81 f.
[22] Z.B. Spahlinger/Wegen/*Spahlinger/Wegen*, Rn. 1464 f.

liegt, in dem die Sitztheorie gilt, mit der Folge, dass dieser Staat sie nach seinem eigenen Recht beurteilt, und die Gesellschaft daher vor den dortigen Gerichten jedenfalls nicht als Gesellschaft des Staates A gilt.[23]

4. Standort der Frage nach dem Gesellschaftsstatut

10 **a) Privatrecht.** Die Frage nach dem anwendbaren Gesellschaftsrecht stellt sich in erster Linie im Privatrecht. Ist das Gesellschaftsrecht Ausgangspunkt der Prüfung, also Gegenstand der **Hauptfrage** (z.B.: „Hat die Gesellschaft einen Zahlungsanspruch gegen das Vorstandsmitglied wegen Verletzung seiner Organpflichten?"), so stellt sich die Frage nach dem maßgeblichen Gesellschaftsrecht bereits am Beginn der Prüfung. Denkbar ist aber auch, dass die Hauptfrage einem anderen Teil des Privatrechts, beispielsweise dem Erbrecht, entstammt („Erbt A den Gesellschaftsanteil?") und das Gesellschaftsrecht nur als **Vorfrage** eine Rolle spielt („War der Erblasser Gesellschafter?"). In einem solchen Fall wird die gesellschaftsrechtliche Vorfrage regelmäßig **selbständig angeknüpft,**[24] d.h. das für die gesellschaftsrechtliche Vorfrage maßgebliche Recht wird mithilfe der gesellschaftsrechtlichen Kollisionsnormen ermittelt. Dass die Hauptfrage in den Anwendungsbereich einer anderen Kollisionsnorm fällt, ist unerheblich.

11 **b) Gesellschaftsrechtliche Vorfragen aus anderen Rechtsgebieten.** Gesellschaftsrechtliche Vorfragen stellen sich **häufig auch außerhalb des Privatrechts.** So nimmt Artikel 19 Abs. 3 GG auf „inländische juristische Personen" Bezug, § 75 StGB enthält Sondervorschriften für Organe und Vertreter von „juristischen Personen, nicht rechtsfähigen Vereinen oder rechtsfähigen Personengesellschaften" und auch das Verwaltungsrecht kennt derartige Bezugnahmen.[25] **Ob damit in das Privatrecht verwiesen wird** oder ob die betreffende Norm einen eigenständigen Begriff enthält, **muss der jeweiligen Norm zunächst im Wege der Auslegung entnommen werden.** Wenn es sich um einen uneingeschränkten **Verweis in das Privatrecht** handelt, wird damit auch auf das Kollisionsrecht verwiesen. Verwiesen wird dabei – jedenfalls **vor deutschen Gerichten und Behörden** – auf das **deutsche IPR**.[26] Aber auch dort, wo der gesellschaftsrechtliche Bezug sich nicht schon aus dem Tatbestand einer Norm ergibt, können sich gesellschaftsrechtliche Vorfragen stellen.[27] Bei Vorfragen von außerhalb des Privatrechts sind **dann aber stets noch die Besonderheiten des jeweiligen Rechtsgebietes** zu berücksichtigen.[28] So erfährt die Sitztheorie z.B. im Steuerrecht eine bemerkenswerte Korrektur, wenn eine ausländische Körperschaft mit Verwaltungssitz im Inland trotz der Maßgeblichkeit des Zivilrechts für das Steuerrecht und der zivilrechtlichen Einordnung als Personengesellschaft gleichwohl der Körperschaftsteuer unterfällt.[29]

12 **Soweit die Frage unabhängig vom Zivilrecht** beantwortet wird, **spielt** naturgemäß auch das **Kollisionsrecht keine Rolle.** Eine solche eigenständige Bezugnahme findet sich z.B. in § 1 GWB, wo auf „Vereinbarungen zwischen Unternehmen" Bezug genommen wird, ohne dass damit erforderlich wäre, dass das Unternehmen, auch wenn es als Gesellschaft auftritt, als solche privatrechtlich anerkannt wird.[30] Auch in § 15 Abs. 2 Satz 2 GewO („Das gleiche gilt, wenn ein Gewerbe von einer ausländischen juristischen Person

---

[23] So z.B. in dem Fall BGH NJW 2009, 289 – Trabrennbahn, in dem eine schweizerische AG in Deutschland als deutsche Personengesellschaft angesehen wurde. Dazu auch unten § 19 Rn. 9.

[24] Palandt/*Thorn* Einl. v. EGBGB 3 Rn. 29 mwN

[25] Z.B. „juristische Person oder eine Personengesellschaft" in § 7 Abs. 1 HandwerksO.

[26] Vgl. nur *Siehr*, Internationales Privatrecht, 2001, S. 377 f.

[27] Siehe zum Strafrecht z.B. BGH ZIP 2010, 1233, Beschl. v. 14. 12. 1998, 2 BGs 306/98, 2 BJs 82/98 – 3 – 2 BGs 306/98, zitiert nach Juris, zur Maßgeblichkeit der Sitztheorie im Rahmen der Anwendung strafprozessualer Normen (insoweit nicht in NJW-CoR 1999, 310 und CR 1999, 292).

[28] Für das Strafrecht anschaulich *Altenhain/Wietz*, NZG 2008, 569 ff.

[29] Grundlegend BFH BStBl. 1992 II, 972 sowie jüngst wieder BFH BFHE 231, 75. Eingehende Darstellung bei Blümich/*Rengers* KStG § 1 Rn. 141 ff.

[30] Immenga/Mestmäcker/*Zimmer* GWB § 1 Rn. 41.

begonnen wird, deren Rechtsfähigkeit im Inland nicht anerkannt wird.") muss z. B. der Begriff „juristische Person" eigenständig interpretiert werden, da die Norm ausdrücklich nur für das Handeln im Namen solcher (vermeintlicher) juristischer Personen gilt, die privatrechtlich keine Anerkennung erfahren.

c) Vorsorgende Rechtsberatung. Die vorsorgende Rechtsberatung kann sich häufig nicht auf die Beachtung des deutschen IPR beschränken. Denn das deutsche IPR wird nur vor deutschen Gerichten und Behörden angewandt. Soll aber die **Gesellschaft auch in anderen Staaten aktiv werden**, muss sichergestellt sein, dass eine solche **Gesellschaft auch in diesen Staaten anerkannt wird**. Andernfalls kann sie dort mit schweren Nachteilen konfrontiert werden, z. B. ihre Forderungen nicht gerichtlich durchsetzen oder sich nicht auf eine Haftungsbeschränkung berufen. Eine besondere Prüfung der relevanten Kollisionsrechte ist meistens dann veranlasst, wenn die Hauptverwaltung der Gesellschaft nicht im Gründungsstaat liegt. Denn in diesem Fall besteht ein erhöhtes Risiko abweichender kollisionsrechtlicher Beurteilungen durch verschiedene Staaten und damit das Risiko hinkender Rechtsverhältnisse.

II. Aufbau und Anwendung einer gesellschaftsrechtlichen Kollisionsnorm

1. Aufbau einer gesellschaftsrechtlichen Kollisionsnorm

Die Sitztheorie, anhand derer Aufbau[31] und Funktionsweise einer gesellschaftsrechtlichen Kollisionsnorm dargestellt werden können, könnte als Rechtssatz z. B. so formuliert werden:

„Eine Gesellschaft untersteht dem Recht des Staates, in dem sich der tatsächliche Sitz ihrer Hauptverwaltung befindet."[32]

Zu beachten ist dabei, dass der Begriff **„Gesellschaft"** eine doppelte Funktion hat: Er bezeichnet zunächst den **Anknüpfungsgegenstand,** also den sachlichen Anwendungsbereich der Kollisionsnorm. Die Funktion des Begriffes entspricht insoweit dem Term „Die Rechtsnachfolge von Todes wegen" in Art. 25 Abs. 1 EGBGB.[33] Der Begriff **„Gesellschaft"** wird aber im Rahmen der Fallbearbeitung anschließend auch noch herangezogen, um das Ergebnis der Verweisung zu ermitteln. Denn dazu müssen die „Gesellschaft" und ihre Hauptverwaltung bestimmt werden. In dieser Funktion bezeichnet der Begriff „Gesellschaft" das **Anknüpfungsobjekt** und entspricht damit in seiner Funktion dem Begriff „Erblasser" in Art. 25 Abs. 1 EGBGB.

2. Qualifikation

Gegenstand der Fallbearbeitung[34] ist die Beantwortung konkreter Rechtsfragen, die auf die Anordnung von Rechtsfolgen wie das Entstehen eines Anspruches zielen, z. B. „Ist der A-GmbH gegen B wegen der Zerstörung eines Gegenstandes ein Anspruch auf Zahlung von 10.000 Euro entstanden?". In einem Fall mit Auslandsbezug[35] muss der Rechtsanwender **die konkrete Rechtsfrage** zunächst **qualifizieren,** d. h. einer oder mehreren Kollisionsnorm(en) zuordnen, um zu ermitteln, welches Sachrecht anwendbar ist. Er muss also

---

[31] Dazu *Thölke* S. 19 ff., S. 328 ff.
[32] Vgl. auch die Formulierung in Art. 154 Abs. 2 des schweizerischen IPRG. Die Formulierung „Eine Gesellschaft" ist dabei klarer als die im Referentenentwurf 2008 gebrauchte Formulierung „Gesellschaften ... unterliegen ...", denn das anwendbare Recht wird bei der Anwendung der Norm jeweils nur für eine Gesellschaft ermittelt.
[33] Art. 25 Abs. 1 EGBGB: „Die Rechtsnachfolge von Todes wegen unterliegt dem Recht des Staates, dem der Erblasser im Zeitpunkt seines Todes angehörte".
[34] Zum Folgenden eingehend *Thölke* S. 18 ff. und S. 100 ff.
[35] Theoretisch stellt sich die Frage nach dem anwendbaren Recht auch in Fällen ohne Auslandsbezug. Dort wird man sie aber nicht problematisieren, vgl. MünchKommBGB/*Sonnenberger* Art. 3 EGBGB Rn. 8.

17 Im Gesellschaftsrecht stellt sich die **Qualifikationsfrage** in zwei Richtungen: Zunächst **muss eine „Gesellschaft" involviert sein.** Die Rechtsfrage muss sich also im Zusammenhang mit der Existenz oder Nichtexistenz eines gesellschaftsrechtlich zu qualifizierenden Rechtsgebildes[36] stellen. Sodann muss untersucht werden, ob entsprechende Rechtsfragen im Zusammenhang mit Gesellschaften (z. B. Vertretung, Organhaftung, Gründung) überhaupt gesellschaftsrechtlich zu qualifizieren sind. Diese Frage ist Gegenstand der Diskussion über den **Umfang des Gesellschaftsstatuts.**[37]

18 Im Rahmen der **Subsumtion** muss der Rechtsanwender dann **anhand des gesamten Sachverhaltes** entscheiden, ob seine Rechtsfrage von der gesellschaftsrechtlichen Kollisionsnorm erfasst wird. War B Geschäftsführer der A-GmbH,[38] ist eine Geschäftsführerhaftung, die gesellschaftsrechtlich zu qualifizieren ist,[39] nicht ausgeschlossen, so dass man anhand der gesellschaftsrechtlichen Kollisionsnorm ermitteln muss, nach welchem Sachrecht solche Ansprüche zu prüfen sind.

19 Denkbar ist, dass eine bestimmte Rechtsfrage von mehreren Kollisionsnormen erfasst wird (sog. **Mehrfachqualifikation**).[40] Bei der hier in Frage stehenden Zerstörung eines Gegenstandes sind z. B. auch sachenrechtliche, deliktsrechtliche oder vertragliche Ansprüche – z.B. aus dem Dienstvertrag – denkbar, die dann ausgehend von der jeweiligen Kollisionsnorm neben den gesellschaftsrechtlichen Ansprüchen geprüft werden müssen.[41]

3. Die Ermittlung des Gesellschaftsstatuts

20 Hat der Rechtsanwender die konkrete Rechtsfrage (auch) der gesellschaftsrechtlichen Kollisionsnorm zugeordnet, muss das **Gesellschaftsstatut**, also das anwendbare Gesellschaftsrecht, **ermittelt werden**. Bei Geltung der Sitztheorie muss dazu zunächst die „Gesellschaft" gefunden werden, deren Hauptverwaltung maßgeblich ist. Dies ist stets diejenige Gesellschaft, die die gesellschaftsrechtliche Qualifikation der Rechtsfrage auslöst, im genannten Beispiel also die A-GmbH, deren Organ B (vielleicht) war und die daher Ausgangspunkt einer Geschäftsführerhaftung sein könnte. Insbesondere in Fällen mit mehreren Gesellschaften ist es wichtig, die Gesellschaft zu identifizieren, die der Rechtsfrage ihr gesellschaftsrechtliches Gepräge gibt. Streitet sich z. B. die C-GmbH als Gesellschafterin der D-GmbH mit ihren Mitgesellschaftern um die Wirksamkeit von Gesellschafterbeschlüssen, so ist diese Frage kollisionsrechtlich nach dem Gesellschaftsstatut der D-GmbH zu beantworten, weil das Gesellschafterverhältnis in der D-GmbH der Rechtsfrage ihr gesellschaftsrechtliches Gepräge gibt. Dass die C-GmbH ihrerseits eine Gesellschaft ist, ist dagegen ein „zufälliger" Umstand; der Konflikt könnte in gleicher Weise mit einer natürlichen Person als Gesellschafterin auftreten.

21 „Gesellschaft" ist dabei das **Produkt der Anwendung rechtlicher Regeln** und nicht etwa ein irgendwie geartetes rein tatsächliches Phänomen.[42] Damit wird der gerade in der Diskussion über die Behandlung von Sitzverlegungen bisweilen anzutreffenden Ansicht entgegen getreten, dass auf ein tatsächliches Substrat als Anknüpfungsobjekt Bezug genommen werden kann, das – gleich einer Sache – rein tatsächlich Grenzen überqueren kann, und auf das dann zunächst das eine und dann das andere Gesellschaftsrecht angewendet wird.[43]

---

[36] Dazu unten Rn. 28 ff.

[37] Dazu unten Rn. 60.

[38] Streng genommen müsste man formulieren „Könnte B Geschäftsführer der A-GmbH gewesen sein …", denn auch die Frage nach der Geschäftsführerstellung ist Teil der sich erst anschließenden materiellen Prüfung.

[39] Unten § 12 Rn. 6 f.

[40] MünchKommBGB/*Sonnenberger* IPR Einl. Rn. 519 ff.

[41] Zu den Abgrenzungsfragen unten Rn. 60.

[42] Zum Folgenden eingehend mit weiteren Nachweisen *Thölke* S. 100 ff.

[43] Siehe nur *v. Bar*, Internationales Privatrecht – Bd. 2, 1991, Rn. 623: *„corpus societatis"*; *Ebenroth*, Die verdeckten Vermögenszuwendungen im transnationalen Unternehmen, 1979, S. 372 f. (*„soziales Fak-*

Auch die h. M., die von einer Gesellschaft dann ausgeht, wenn ein **Zweckzusammen-** 22
schluss mit nach außen hervortretender Organisation vorliegt,[44] macht nicht immer
deutlich, dass damit ein Rechtsanwendungsprodukt bezeichnet wird. Ohne die Anwendung rechtlicher Regeln kann aber aus dem tatsächlichen Geschehen weder eine nach außen hervortretende Organisation abgegrenzt noch der tatsächliche Sitz der Hauptverwaltung bestimmt werden, weil dies Kenntnis über die Person der Organe voraussetzt.[45] Die
Entstehung einer „Gesellschaft" ist mithin kein tatsächliches Ereignis, sondern eine von
Normen angeordnete Rechtsfolge.

Damit entsteht aber bei der Anwendung der Kollisionsnorm ein **strukturelles Prob-** 23
lem: Die Existenz der maßgeblichen Gesellschaft, ihre Organe und der tatsächliche Sitz
ihrer Hauptverwaltung können nur nach Anwendung des berufenen Sachrechts bejaht
werden. Denn die betreffenden Rechtsfragen, Gründung und Organbestellung, sind unstreitig ebenfalls gesellschaftsrechtlich zu qualifizieren.[46] In der Kollisionsnorm selbst finden
sich also Vorfragen, die nur mit Hilfe dieser Kollisionsnorm beantwortet werden können.

Ein Zirkelschluss liegt dennoch nicht vor. Mit **„Gesellschaft"** wird **nicht ein Rechts-** 24
gebilde einer **bestimmten Rechtsordnung** bezeichnet. Eine „Gesellschaft" liegt bei
Geltung der Sitztheorie immer dann vor, wenn **(irgend)eine Rechtsordnung** auf Grund
der tatsächlichen Umstände eine **„Gesellschaft" entstehen ließe** und **diese Rechtsordnung auch anwendbar** ist, weil die „Gesellschaft" ihren Verwaltungssitz in dem Staat
hätte, nach dessen Recht sie entstehen würde.[47] „Gesellschaft" im Sinne der Kollisionsnorm ist daher eine **funktionale, d. h. rechtsordnungsunabhängige, Beschreibung**
von Rechtsgebilden (dazu unten Rdnr. 29 ff.). Stellt sich bei der Anwendung der Kollisionsnorm die Frage, ob eine „Gesellschaft" existiert, muss der Rechtsanwender also
theoretisch alle Rechtsordnungen daraufhin untersuchen, ob eine von ihnen die Entstehung einer „Gesellschaft" anordnen würde. Ist dies der Fall, muss er prüfen, ob diese
Rechtsordnung berufen ist.[48] Praktisch kommen aber meist nur wenige Rechtsordnungen
in Betracht, so dass eine solche Kollisionsnorm trotz des theoretisch komplizierten Anwendungsablaufs praktikabel bleibt. Es handelt sich dabei um eine **besondere Form der Alternativanknüpfung.**[49]

4. Verweisung

Als Rechtsfolge verknüpft die Kollisionsnorm die Rechtsfrage mit der Rechtsordnung 25
des bezeichneten Staates. **Verwiesen** wird aber **nicht auf die gesamte Rechtsordnung,**
sondern nur auf solche Normen, die entsprechend zu qualifizieren sind.[50] **Entscheidend**
ist dabei nicht, ob das Kollisionsrecht des berufenen Staates die betreffende Norm gesell-

---

tum"); Beitzke, Juristische Personen im Internationalprivatrecht und Fremdenrecht, 1938, S. 44 f. und
passim („*soziale Realität*"). Auf einer ähnlichen Vorstellung gründet wohl auch BGHZ 97, 269, 271 f.
[44] Siehe nur MünchKommBGB/*Kindler* IntGesR Rn. 285; Palandt/*Thorn* Anh. zu EGBGB 12
Rn. 22 aE jeweils mwN. Zur Abgrenzung zum Internationalen Schuldvertragsrecht im Einzelnen
unten Rn. 41.
[45] Eingehend *Thölke* S. 104 ff. mwN. Zur Bedeutung der Leitungsorgane für die Bestimmung des
Sitzes in *Terlau*, Das Internationale Privatrecht der Gesellschaft bürgerlichen Rechts, 1999, S. 214 f.
[46] Dazu § 12 Rn. 6 und unten Rn. 60.
[47] Vgl. *Ebenroth* S. 369 (wirksame Gründung und Verwaltungssitz im Gründungsstaat).
[48] So schon *Neumeyer*, Internationales Privatrecht, 1923, S. 16: „Die Rechtsfähigkeit (richtet) sich
nach dem Rechte, welches – die Rechtsfähigkeit vorausgesetzt – Personalstatut wäre."; ähnlich *Wolff*,
Das Internationale Privatrecht Deutschlands, 3. Aufl. 1954, S. 114.
[49] So auch Brödermann/Iversen/*Brödermann*, Europäisches Gemeinschaftsrecht und Internationales
Privatrecht, 1994, Rn. 120, und in Anschluss an ihn *Behrens*, Das Internationale Gesellschaftsrecht
nach dem Centros-Urteil des EuGH, IPRax 1999, 323, 325, in Bezug auf ein entsprechendes Verständnis von Art. 48 AEUV (ex-Art. 58 EGV). *Baum*, Alternativanknüpfungen, 1985, S. 59 ff., bezeichnet diese Form der Alternativanknüpfung als „geschlossene", weil die Kollisionsnorm auf die
bezeichneten Rechtsordnungen nur verweist, wenn sie eine bestimmte Rechtsfolge aussprechen.
[50] Palandt/*Thorn* EGBGB 3 Rn. 4. Vgl. auch BGH NJW 2011, 3784, 3785.

schaftsrechtlich qualifizieren würde oder wie die Norm systematisch im materiellen Recht des betreffenden Staates eingeordnet ist, sondern allein, **ob aus der Sicht des deutschen Kollisionsrechts eine gesellschaftsrechtlich zu qualifizierende ausländische Norm vorliegt.** Maßgeblich ist, ob die betreffende ausländische Norm den vom deutschen IPR gesellschaftsrechtlich qualifizierten privatrechtlichen Interessenkonflikt einer Lösung zuführt. Ob die betreffende Norm im Recht des ausländischen Staates im Gesellschaftsrecht, im allgemeinen Privatrecht oder gar im Verfahrensrecht oder öffentlichen Recht eingeordnet ist, ist unerheblich.

26 Angewendet werden ausländische Normen des Kollisions- und Sachrechts **so, wie sie tatsächlich gelten.**[51] Weicht die Rechtspraxis vom geschriebenen Recht ab, ist erstere maßgeblich.

27 Nach Art. 4 EGBGB wird grundsätzlich[52] auch auf das ausländische Kollisionsrecht verwiesen **(Gesamtverweisung).** Soweit nach dem Kollisionsrecht des betreffenden Staates das deutsche Recht **(Rückverweisung)** oder das Recht eines dritten Staates **(Weiterverweisung)** anwendbar ist, so wird diese erneute Verweisung mitvollzogen. Wird auf deutsches Recht zurück verwiesen, wird deutsches Sachrecht angewendet. Verweist der Drittstaat ebenfalls weiter, verlängert sich die Verweisungskette entsprechend. Ordnet das ausländische Kollisionsrecht eine Rechtsfrage, die das deutsche IPR gesellschaftsrechtlich qualifiziert, einer anderen Kollisionsnorm zu, muss diese andere Kollisionsnorm und nicht die gesellschaftsrechtliche Kollisionsnorm des ausländischen Rechts angewendet werden.[53] Wird sodann wieder weiter- oder zurückverwiesen, muss bei einer Gesamtverweisung wieder qualifiziert werden.

III. Persönlicher Anwendungsbereich: Erfasste Formen rechtlicher Verselbständigung

1. Entwicklung einer abstrakten Definition

28 Die gesellschaftsrechtliche Kollisionsnorm erweckt die Gesellschaften gleichsam „zum Leben". Denn eine Gesellschaft kann als Produkt der Anwendung von Rechtsnormen nur entstehen, wenn auf die betreffenden gesellschaftsrechtlichen Normen auch verwiesen wird. Das deutsche IPR macht dabei **keine Einschränkungen** in Bezug darauf, welche Arten von Gesellschaften, oder allgemeiner, welche Formen von rechtlicher Verselbständigung es zulassen will. Denn das deutsche IPR kennt **kein Typenproblem.**[54] Sollten rechtliche Verselbständigungen auftauchen, die bereits ihrer Art nach gänzlich unerwünscht sind, könnte ihnen mit dem Vorbehalt des *ordre public* nach Art. 6 EGBGB begegnet werden.[55] Dementsprechend muss die gesellschaftsrechtliche Kollisionsnorm auf **jede Form der rechtlichen Verselbständigung** verweisen, sofern diese nicht von einer anderen Kollisionsnorm erfasst wird, wie dies z. B. bei den erbrechtlich zu qualifizierenden Erbengemeinschaften der Fall ist.

29 Der **Begriff der „Gesellschaft"** im Internationalen Gesellschaftsrecht ist **denkbar weit** gefasst. So sollte sich die Neuregelung in Art. 10 EGBGB Referentenentwurf 2008 auf „Gesellschaften, Vereine und juristische Personen des Privatrechts" beziehen. In der Begründung[56] heißt es dazu:

> „Der Begriff der ‚Gesellschaften, Vereine und juristischen Personen' ist untechnisch zu verstehen und wird in dieser Weise auch in anderen Vorschriften verwendet (vgl. Artikel 28 Abs. 2 und Artikel 34 Nr. 2 und 3 EGBGB sowie Artikel 23 der Verordnung (EG) Nr. 864/2007 des Europäischen Par-

---

[51] Palandt/*Thorn* Einl. v. EGBGB 3 Rn. 27; MünchKommBGB/*Sonnenberger* IPR Einl. Rn. 505 ff.
[52] Zu dieser Frage im Rahmen der Anwendung der Sitztheorie siehe aber unten Rn. 84, Fn. 229.
[53] MünchKommBGB/*Sonnenberger* Art. 4 EGBGB Rn. 37 ff.; Staudinger/*Hausmann* Art. 4 EGBGB Rn. 63; Bamberger/Roth/*Lorenz* BGB Art. 4 EGBGB Rn. 12.
[54] Staudinger/*Großfeld* IntGesR Rn. 195 ff.
[55] Staudinger/*Großfeld* IntGesR Rn. 195 ff., *Thölke*, S. 116 mwN.
[56] Begründung Referentenentwurf (Fn. 4), S. 8 ff.

laments und des Rates vom 11. Juli 2007 über das auf außervertragliche Schuldverhältnisse anzuwendende Recht (Rom II), ABl. EU Nr. L 199 S. 40). Der Begriff umfasst in Einklang mit Artikel 48 Abs. 2 EG-Vertrag sämtliche Gesellschaften des bürgerlichen Rechts und des Handelsrechts, Vereine und juristische Personen des Privatrechts. Gesellschaften sind insbesondere auch Genossenschaften und BGB-Gesellschaften. Zu den juristischen Personen des Privatrechts zählen rechtsfähige Vereine und Stiftungen. Darüber hinaus gilt die Regelung auch für den nichtrechtsfähigen Verein. Alle diese Rechtsformen sind auch dann erfasst, wenn sie keinen Erwerbszweck verfolgen. Damit geht die Regelung über den Geltungsbereich der Niederlassungsfreiheit hinaus, um einen einheitlichen Rechtszustand für alle Gesellschaften, Vereine und juristischen Personen des Privatrechts zu schaffen."

Dieses Bemühen um eine **möglichst weite Fassung des Tatbestandes** der Kollisionsnorm kommt auch in vergleichbaren Regelungen anderer Staaten zum Ausdruck. So bezieht sich der entsprechende Art. 10 des österreichischen IPRG auf *„das Personalstatut einer juristischen Person oder einer sonstigen Personen- oder Vermögensverbindung, die Träger von Rechten und Pflichten sein kann"* und in Art. 150 des schweizerischen IPRG heißt es: *„Als Gesellschaften im Sinne dieses Gesetzes gelten organisierte Personenzusammenschlüsse und organisierte Vermögenseinheiten."* Hintergrund solcher Formulierungen ist die Vielgestaltigkeit der rechtlichen Gebilde, die nach den verschiedenen nationalen Rechtsordnungen geschaffen werden können.[57] 30

Für die Zwecke einer **abstrakten Definition** kann auf die von *John* entwickelten Elemente der Personifikation[58] zurückgegriffen werden. Danach benötigt eine rechtliche Verselbständigung mindestens drei Elemente: eine **Handlungsorganisation,** einen **Haftungsverband,** d. h. Regelungen dazu, auf was zugegriffen werden kann, wenn die Handlungsorganisation Rechtswirkungen gegen die Personifikation erzeugt, und eine **Identitätsausstattung,** die es erst ermöglicht auf die Personifikation Bezug zu nehmen. 31

Damit kann als Antwort auf die unter dem Stichwort des **persönlichen Anwendungsbereiches** behandelte Frage, welche „Gesellschaften" von der gesellschaftsrechtlichen Kollisionsnorm erfasst werden, folgende **funktionale, d.h. rechtsordnungsunabhängige, Beschreibung rechtlicher Verselbständigungen** vorgeschlagen werden: Eine „Gesellschaft" liegt vor, wenn eine Rechtsordnung eine Identität bereitstellt, die nicht eine einzelne natürliche Person als solche bezeichnet, und die auf diese Identität bezogenen Personifizierungshandlungen auf Grund besonderer Normen über externe[59] Handlungsorganisation und Haftungsverband beurteilt. Eine Einschränkung besteht dahingehend, dass auf die Normen, die eine solche Verselbständigung hervorbringen, **nicht** bereits aufgrund **anderer Kollisionsnormen** verwiesen sein darf. Die gesellschaftsrechtliche Kollisionsnorm greift bezogen auf diesen Gesichtspunkt somit immer nur subsidiär ein. 32

Deutlich wird dabei, dass die Frage der **Rechtspersönlichkeit keine Rolle** spielt. Die Entwicklung des Internationalen Gesellschaftsrechts ging zwar historisch von der Frage der Behandlung juristischer Personen aus,[60] und auch heute wird häufig noch gefragt, ob Personengesellschaften den juristischen Personen im Internationalen Gesellschaftsrecht „gleichgestellt" werden können.[61] Da indes international keine Einigkeit darüber herrscht, was die „Rechtspersönlichkeit" einer Gesellschaft ausmacht[62] und ihr nicht einmal für das deutsche Recht exklusive Eigenschaften zukommen,[63] ist die „Rechtspersönlichkeit" als 33

---

[57] Beispiele unten Rn. 34 ff.
[58] *John,* Die organisierte Rechtsperson, 1977, S. 72 ff. und 230 ff.
[59] Die Notwendigkeit dieses Merkmals speist sich aus der Abgrenzung zum Internationalen Schuldvertragsrecht. Dazu unten Rn. 41.
[60] *Großfeld* FS Westermann (1974), S. 199, 201 ff.
[61] Siehe z. B. MünchKommBGB/*Kindler* IntGesR Rn. 282, 286.
[62] MünchKommBGB/*Kindler* IntGesR Rn. 284, 323 f., 540 mit Verweis auf die französischen Personenhandelsgesellschaften, die nach französischem Recht *personnes morales* (juristische Personen) sind.
[63] *Hadding,* Zur Rechtsfähigkeit und Parteifähigkeit der (Außen-)Gesellschaft bürgerlichen Rechts sowie zur Haftung ihrer Gesellschafter für Gesellschaftsverbindlichkeiten, ZGR 2001, 712, 718 ff.; *Thölke* S. 111 ff. mwN.

funktionale Beschreibung der erfassten Rechtsgebilde untauglich. Wie sich aus dem Nachstehenden ergibt, spielt sie im Internationalen Gesellschaftsrecht für die Abgrenzung des persönlichen Anwendungsbereiches im Ergebnis auch nach der h. M. keine Rolle.

2. Einzelne Verselbständigungstypen

34 **a) Kapitalgesellschaften.** Kapitalistisch organisierte Gesellschaften haben stets eine eigene Identität, eine häufig komplexe Handlungsorganisation und einen Haftungsverband. Sie werden **unstreitig** von der gesellschaftsrechtlichen Kollisionsnorm **erfasst**.[64]

35 **b) Genossenschaften.** Entsprechendes gilt für genossenschaftlich strukturierte Rechtsgebilde, die dem Internationalen Gesellschaftsrecht ebenfalls unstreitig unterfallen.[65]

36 **c) Vereine.** Auch für **Vereine** ist das **Gesellschaftsstatut** maßgeblich.[66] **Unbeachtlich** ist dabei, ob der Verein im Sinne des deutschen Rechts **rechtsfähig** oder nicht rechtsfähig ist[67] oder ob das ausländische Recht eine entsprechende Unterscheidung überhaupt kennt. Allein entscheidend ist, dass die Rechtsordnung eine Identität nebst Handlungsorganisation und Haftungsverband bereitstellt. Ebenso unbeachtlich ist, ob es sich um Idealvereine oder wirtschaftliche Vereine handelt. Diskutiert wird allerdings, für Idealvereine eine andere gesellschaftsrechtliche Kollisionsnorm als die Sitztheorie anzuwenden.[68] Die gesellschaftsrechtliche Qualifikation wird aber auch dadurch nicht in Frage gestellt.

37 Eine Besonderheit des Vereinsrechts war **§ 23 BGB,** der die auf das Inland beschränkte Verleihung der Rechtsfähigkeit an ausländische Idealvereine oder wirtschaftliche Vereine ermöglichte, die von ihrer Heimatrechtsordnung nicht anerkannt werden. Die Vorschrift, die den Bedürfnissen des Kolonialzeitalters Rechnung trug, hatte **keine praktische Bedeutung**[69] und ist mittlerweile aufgehoben worden.[70] Die Vorschrift konnte dagegen nicht herangezogen werden, wenn ein ausländischer Verein nach seinem Gründungsrecht wirk-

---

[64] BGH NJW 2009, 289 (Schweizerische AG); BGH NJW 2005, 1648, 1649 („public limited company" englischen Rechts); BGH NJW-RR 2006, 28, 29 („Sociedad Anonima" panamaischen Rechts); BGH NJW 2003, 1461, 1462 („besloten vennotschap" niederländischen Rechts); BGH NJW 2003, 1607, 1608 „Incorporation" nach dem Recht des US-Bundesstaates Florida); BayObLG, DB 2003, 819, 820 („public limited company by shares" sambischen Rechts); OLG Hamburg NZG 2007, 597, 598 („private company limited by shares" nach dem Recht der Isle of Man); OLG Oldenburg BeckRS 2008, 02 689 („Sociedade por Acoes de Economia Mista" brasilianischen Rechts); OLG Düsseldorf DB 2004, 128, 129 („sociedat limitada" spanischen Rechts); OLG Frankfurt/Main IPRspr. 2003, 50, 51 (Liechtensteinische AG); OLG München ZIP 2002, 2132, 2133 („Incorporated" nach amerikanischem Recht); OLG Zweibrücken, Beschluss vom 10. 7. 2002, 1 U 38/02, zitiert nach Juris (Luxemburgische AG); OLG Saarbrücken NJW-RR 1989, 828, 829 („Societé Anonyme" französischen Rechts); KG IPRspr. 1966/67, Nr. 190, 618, 623 („Corporation Limited" indonesischen Rechts); Landessozialgericht Nordrhein-Westfalen BeckRS 2005, 40 724 („Korlátolt felelősségű társaság" Kapitalgesellschaft ungarischen Rechts); AG Ludwigsburg ZIP 2006, 1507, 1508 („D.O.O." Kapitalgesellschaft serbischen Rechts).

[65] *Müller* GenG § 17 Rn. 204; vgl. auch die Begründung zum Referentenentwurf 2008 (Fn. 4), S. 9 f. sowie Art. 10 Abs. 1 des Vorschlags der Spezialkommission des deutschen Rates für IPR in: Sonnenberger (Fn. 3), S. 3 ff.

[66] OLG Brandenburg OLGR 2004, 407; Kronke/Melis/Schnyder/*Kronke*/*Mazza* Hdb. Internationales Wirtschaftsrecht Teil K Rn. 169; *Reichert*, Vereins- und Verbandsrecht, Rn. 6809 ff.; Staudinger/ *Großfeld* IntGesR Rn. 110; MünchKommBGB/*Kindler* IntGesR Rn. 315, 743; MünchKommBGB/ *Reuter* 5. Aufl. 2006 § 23 Rn. 1; Begründung zum Referentenentwurf 2008, (Fn. 4) S. 9 f. AA offenbar OLG Zweibrücken NZG 2005, 1019, das wohl von einer eigenständigen vereinsrechtlichen Verweisung auf das Gründungsrecht ausgeht.

[67] Palandt/*Thorn* Anh. zu EGBGB 12 Rn. 22; Staudinger/*Großfeld* IntGesR Rn. 746; *Reichert*, Vereins- und Verbandsrecht, Rn. 6347; Begründung zum Referentenentwurf 2008 (Fn. 4), S. 9 f.

[68] Z. B. Staudinger/*Großfeld* IntGesR Rn. 726.

[69] MünchKommBGB/*Reuter* 5. Aufl. 2006 § 23 Rn. 1; MünchKommBGB/*Kindler* IntGesR Rn. 745; Bisweilen wird dabei auf einen einzelnen Anwendungsfall aus den 60er Jahren hingewiesen.

[70] Siehe BT-Drs. 16/12813, S. 5. Altfälle werden durch die Aufhebung nicht berührt, siehe Art. 229 § 24 EGBGB des Gesetzentwurfes, BT-Ds. 16/12813, S. 5.

§ 1. Internationalprivatrechtliche Grundlagen

sam gegründet wurde und lediglich in Deutschland nicht als solcher betrachtet wird, weil das deutsche IPR in Ermangelung eines entsprechenden Verwaltungssitzes nicht auf das Gründungsrecht verweist.[71]

d) Stiftungen. Auch privatrechtliche Stiftungen werden in Deutschland kollisionsrechtlich im Internationalen Gesellschaftsrecht verortet, wobei terminologisch häufig von einem „Stiftungsstatut" gesprochen wird.[72] Zu § 23 BGB, der über § 86 BGB ebenfalls anwendbar war,[73] gilt das zuvor Gesagte.[74] **38**

e) Personengesellschaften und Abgrenzung zum Internationalen Schuldvertragsrecht. Der Streit um die richtige Anknüpfung, der im Wesentlichen zwischen den Vertretern der Sitztheorie und der Gründungstheorie geführt wird,[75] bezieht sich auch auf den Bereich der Personengesellschaften. Anders als bei den Kapitalgesellschaften wird hier aber auch noch **auf mehreren** anderen **Ebenen diskutiert,** wobei die Meinungsverschiedenheiten nicht so deutlich präsentiert werden, wie es bei der Anknüpfungsdiskussion der Fall ist. Im Streit ist dabei zunächst, ob der Grundsatz der Einheitlichkeit des Gesellschaftsstatuts auch im Personengesellschaftsrecht gilt oder ob dort Innen- und Außenrecht unterschiedlich anzuknüpfen sind.[76] Sodann ist die Grenze zwischen Internationalem Schuldvertragsrecht und Internationalem Gesellschaftsrecht zu ziehen.[77] Schließlich gibt es eine Reihe von Stimmen, die diejenigen Personengesellschaften, die in den Anwendungsbereich des Internationalen Gesellschaftsrechts fallen, zwar einem einheitlichen Gesellschaftsstatut unterstellen, dieses aber nach anderen Regeln bestimmen als bei Kapitalgesellschaften.[78] **39**

aa) Einheitlichkeit des Gesellschaftsstatuts. Einzelne Stimmen wollen im Personengesellschaftsrecht für das **Innenrecht,** d.h. die Rechtsbeziehungen zwischen den Gesellschaftern untereinander und zur Gesellschaft die **Rechtswahl** zulassen.[79] Für die Außenbeziehungen soll dagegen ein anderes Recht, z.B. die Sitztheorie gelten. Die **h. M. lehnt** eine solche Differenzierung **zu Recht ab:**[80] Soweit der Anwendungsbereich des Internationalen Gesellschaftsrechts eröffnet ist, weil eine rechtliche Verselbständigung entsteht, muss immer damit gerechnet werden, dass das Auseinanderreißen von Innen- und Außenrecht zu Ergebnissen führt, die von keiner der beteiligten Rechtsordnungen so gewollt sind und die den berechtigten Interessen der Parteien unter keinem denkbaren Gesichtspunkt gerecht werden.[81] Auch von der **h. M. zugelassen** sind dagegen **materiellrechtliche Verweisungen,** d.h. die im Rahmen des anwendbaren Rechts zulässige Aus- **40**

---

[71] Vgl. Soergel/*Hadding* BGB § 23 Rn. 1.
[72] OLG Düsseldorf IPRax 1996, 423 (iranische Stiftung in Deutschland); *Behrens* GS Walz (2007), S. 13, 14 ff.; *Werner,* Zur Internationalen Mobilität der Stiftung, ZSt 2008, 17 ff.; Kronke/Melis/Schnyder/*Kronke/Mazza* Hdb. Internationales Wirtschaftsrecht Teil K Rn. 171; Staudinger/*Großfeld* IntGesR Rn. 110; *Schwarz,* Zur Neuregelung des Stiftungsprivatrechts, Teil II, DStR 2002, 1767, 1770; MünchKommBGB/*Kindler* IntGesR Rn. 315, 751; Richter/Wachter/*Hoffmann,* Hdb. des internationalen Stiftungsrechts, § 10 Rn. 1 ff.; *Kronke,* Die Stiftung im internationalen Privat- und Zivilverfahrensrecht, in: von Campenhausen/Kronke/Werner, Stiftungen in Deutschland und Europa, S. 361, 369 ff.
[73] Staudinger/*Großfeld* IntGesR Rn. 118 zu § 80 Satz 2 BGB aF, der inhaltlich in § 86 überführt wurde, vgl. BT-Drs. 14/8277, S. 8 f.
[74] Siehe BT-Drs. 16/12 813, S. 6.
[75] Dazu unten Rn. 72 ff. und Rn. 88 ff.
[76] Dazu sogleich Rn. 40.
[77] Dazu unten Rn. 41.
[78] Dazu unten Rn. 42.
[79] Münch Hdb. GesR Bd. 1 *Schücking* § 1 Rn. 31 ff.; *Göthel,* Internationales Privatrecht der Joint Ventures, RIW 1999, 566, 567; siehe aber auch Rn. 41.
[80] BGH NJW 1967, 36; OLG Frankfurt/Main IPRax 1986, 373, 374; OLG München IPRspr. 1966/67, Nr. 15; Staudinger/*Großfeld* IntGesR Rn. 746; *Terlau* S. 118 ff. mwN.
[81] Siehe nur das Beispiel in Rn. 6.

gestaltung der Innenverhältnisse entsprechend einem anderen Gesellschaftsrecht.[82] Zweckmäßig dürfte dies indes selten sein.

41   **bb) Abgrenzung zum Internationalen Schuldvertragsrecht.** Nahezu unumstritten ist, dass es Gesellschaften gibt, die dem Internationalen Schuldvertragsrecht unterfallen.[83] Es sind dies jedenfalls solche Gesellschaften, die sich in den Rechtsbeziehungen zwischen den Gesellschaftern erschöpfen. Die **h. M.** grenzt danach ab, ob eine **nach außen hervortretende Organisation** vorhanden ist.[84] Entsprechend dem oben Gesagten[85] muss auch bei der Subsumtion unter dieses Merkmal geprüft werden, wie die Gesellschaft beschaffen wäre, die entstehen würde, wenn die geprüfte Rechtsordnung anwendbar wäre. In Grenzfällen wird man zur Abgrenzung auch hier darauf abstellen können, ob die Rechtsordnung eine eigene **Identität** nebst **Handlungsorganisation** und **Haftungsverband** zur Verfügung stellt.[86] Tritt z. B. jemand lediglich für sich und seinen Partner unter Vorlage einer entsprechenden Vollmacht auf, um von einem Dritten einen Gegenstand zu Miteigentum zu erwerben, so löst das deutsche Zivilrecht diesen Fall rein vertragsrechtlich. Ein über die Vertragsbeziehung der beiden Gesellschafter zu dem Dritten hinausgehender Haftungsverband wird nicht begründet. Obwohl also die Vereinbarung der beiden Partner, den Gegenstand zu erwerben, im deutschen Sachrecht gegebenenfalls als (Innen-)Gesellschaft bürgerlichen Rechts angesehen wird, führt die Art und Weise des Außenauftritts nicht zu Rechtsfolgen, die im IPR eine gesellschaftsrechtliche Qualifikation rechtfertigen würden. Wenn die beiden jedoch vereinbaren, dass der vertragsschließende Partner den Gegenstand für die beiden in „GbR" erwirbt, so führt die entsprechende Übertragung des Gegenstandes zur Bildung von Gesamthandsvermögen, mithin zu einem Haftungsverband, der über eine rein vertragsrechtliche Beziehung zu einem Dritten hinausgeht. Solche Normen können nur durch die gesellschaftsrechtliche Kollisionsnorm berufen werden.[87] In diesem Fall ist dann gesellschaftsrechtlich zu qualifizieren.

42   **cc) Personenhandelsgesellschaften.** Personenhandelsgesellschaften weisen die notwendigen Merkmale einer rechtlichen Verselbständigung auf. Sie werden nach nahezu einhelliger Auffassung in Rechtsprechung[88] und Lehre[89] vom **Gesellschaftsstatut** regiert. Innen- und Außenverhältnis unterstehen damit einer einheitlichen Kollisionsnorm, die allerdings

---

[82] Staudinger/*Großfeld* IntGesR Rn. 758 mwN.

[83] BGH WM 1975, 387 (Vorgründungsgesellschaft); BGH WM 1967, 419 BGH NJW 2009, 1482 (Gelegenheitsgesellschaft); OLG Frankfurt/Main RIW 1998, 807 (Kooperationsgesellschaft); Staudinger/*Großfeld* IntGesR Rn. 250 f., 722, 746; MünchKommBGB/*Martiny* ROM I-VO Art. 1 Rn. 60, 66 f.; aA soweit ersichtlich nur *v. Bar* Rn. 617, 645, der jeden Zusammenschluss mehrerer zu einem gemeinsamen Zweck nach dem Gesellschaftsstatut beurteilen will.

[84] Staudinger/*Großfeld* IntGesR Rn. 746; MünchKommBGB/*Martiny* ROM I-VO Art. 1 Rn. 60; Soergel/*Lüderitz* EGBGB Anh. Art. 10 Rn. 4; MünchKommBGB/*Kindler* IntGesR Rn. 287 ff.; Erman/*Hohloch* Art. 37 EGBGB Rn. 5; Staudinger/*Magnus* Art. 28 EGBGB Rn. 626; Reithmann/Martiny/*Hausmann*, Internationales Vertragsrecht, Rn. 5184 ff.; *Ebke* FG 50 Jahre BGH, S. 799, 813 ff.; *Kegel/Schurig* S. 517; *Zimmer*, Internationales Gesellschaftsrecht, 1996, S. 381 ff.; Spahlinger/Wegen/*Spahlinger* Rn. 123; *Terlau* S. 118 ff.

[85] Oben Rn. 20 ff.

[86] Oben Rn. 31 ff.

[87] Siehe auch *Thölke* S. 114 ff.

[88] BGH LM HGB, § 105 Nr. 7 = IPRspr. 1952/53 Nr. 20 (deutsche OHG); BGH WM 1959, 1110 (deutsche OHG); BGH NJW 1967, 36 (deutsche KG); RGZ 36, 392, 393 (englische Partnership); OLG Frankfurt/Main IPRax 1986, 373 (deutsche KG); OLG Düsseldorf DB 1994, 2492 (deutsche OHG) sowie die Urteile, die für ausländische Gesellschaften mit Verwaltungssitz in Deutschland das Entstehen einer – dem Gesellschaftsstatut unterstehenden – Personengesellschaft annehmen, wie insbesondere BGH NJW 2009, 289; BGH DStR 2002, 1678; OLG Hamburg NZG 2007, 597.

[89] *Wiedemann*, Gesellschaftsrecht I, 1980, § 14 I 1; Palandt/*Thorn* Anh. zu EGBGB 12 Rn. 22; Staudinger/*Großfeld* IntGesR Rn. 746; MünchKommBGB/*Kindler* IntGesR Rn. 283; aA offenbar AnwKommBGB/*Hoffmann* Anh. Art. 12 Rn. 150 ff. (Anknüpfung nach vertragsrechtlichen Grundsätzen).

nach einer Minderansicht nicht mit derjenigen für Kapitalgesellschaften identisch sein muss.[90] Zu beachten ist, dass sich bei Gesellschaften, deren Geschäftsführung von einer anderen Gesellschaft wahrgenommen wird, z. B. bei einer GmbH & Co. KG, die Frage nach dem Gesellschaftsstatut zweimal stellt.[91]

dd) Besondere Personengesellschaftsformen. Das zu den **Personenhandelsgesellschaften** Gesagte gilt **für andere spezielle Personengesellschaftsformen** – in Deutschland z. B. die Partnerschaftsgesellschaft und die Partenreederei – **entsprechend:**[92] Auch hier schafft die Rechtsordnung eine eigene Identität, auf die mit Hilfe einer Handlungsorganisation Bezug genommen werden kann und für die ein bestimmter Haftungsverband besteht.

ee) Einfache Gesellschaft/GbR. Die oben[93] entwickelte Abgrenzung spielt in erster Linie bei Gesellschaftsformen eine Rolle, die der deutschen GbR in einer ihrer Ausprägungen entsprechen. Insbesondere für **Emissions-**[94] und **Kreditkonsortien,**[95] **Joint Ventures**[96] und **Kartelle**[97] wird die Frage der Anknüpfung intensiv diskutiert. **Maßgebend** ist dabei immer die **rechtliche Struktur** im **Einzelfall**. Das Interesse der Beteiligten wird regelmäßig dahin gehen, die Anwendung des gewählten Rechts sicherzustellen. Aus Sicht der vorsorgenden Rechtsberatung ist in Bezug auf das Kollisionsrecht zu empfehlen, eine Struktur zu wählen, die nach allen in Betracht kommenden Rechtsordnungen auch rein vertragsrechtlich darstellbar ist, also insbesondere keine eigene Identität im Rechtsverkehr zu schaffen, sondern möglichst im Wege offener Stellvertretung nach außen zu treten. Zudem erhöht sich die Rechtssicherheit, wenn ein möglicher Verwaltungssitz im Staat des gewählten Rechts liegt.

ff) Stille Gesellschaft. Die **stille Gesellschaft** wird dem **Internationalen Schuldvertragsrecht** unterstellt, also nicht gesellschaftsrechtlich qualifiziert.[98]

f) Gründungsgesellschaften. Gründungsgesellschaften werden regelmäßig gesellschaftsrechtlich qualifiziert.[99] Vorgründungsgesellschaften werden dagegen regelmäßig vertragsrechtlich qualifiziert,[100] soweit sie nicht im Einzelfall ihrerseits eine gesellschaftsrechtlich zu qualifizierende Verselbständigung darstellen.[101]

g) Europäische Gesellschaftsformen. Auch die Europäischen Gesellschaftsformen werden gesellschaftsrechtlich qualifiziert.[102]

---

[90] *Walden*, Das Kollisionsrecht der Personengesellschaften im deutschen, europäischen und US-amerikanischen Recht, 2001, S. 206 ff.; Münch Hdb. GesR, 1. Aufl. Bd. 1/*Eyles* § 25 Rn. 75, die ausdrücklich zwischen Kapitalgesellschaften und Personengesellschaften unterscheiden und für letztere die Gründungstheorie bzw. die Rechtswahlfreiheit vorschlagen.

[91] Vgl. *Mülsch/Nohlen*, Die ausländische Kapitalgesellschaft und Co. KG mit Verwaltungssitz im EG-Ausland, ZIP 2008, 1358 ff.

[92] *Henssler* PartGG Einl. Rn. 48 ff.; *Rabe*, Seehandelsrecht, 2000, § 489 Rn. 25; zur Behandlung der LLP z. B.: *Schnittker/Bank*, Die LLP in der Praxis, 2008, Rn. 38, 121; *Knöfel*, Internationales Sozietätsrecht, RIW 2006, 87, 89 ff.

[93] Dazu unten Rn. 41.

[94] Siehe BGHZ 118, 83, 99 = NJW 1992, 2222; MünchKommBGB/*Kindler* IntGesR Rn. 290; Spahlinger/Wegen/*Spahlinger* Rn. 120.

[95] Siehe Staudinger/*Großfeld* IntGesR Rn. 777; Spahlinger/Wegen/*Spahlinger* Rn. 119.

[96] Siehe Staudinger/*Großfeld* IntGesR Rn. 774; MünchKommBGB/*Martiny* ROM I-VO Art. 4 Rn. 306 ff.; Spahlinger/Wegen/*Spahlinger* Rn. 117; *Göthel*, RIW 1999, 566, 568 f.; *Ebenroth*, Das Verhältnis zwischen Joint Venture-Vertrag, Gesellschaftsvertrag und Investitionsvertrag, JZ 1987, 265, 267.

[97] Siehe Staudinger/*Großfeld* IntGesR Rn. 778; Kronke/Melis/Schnyder/*Grolimund*, M Rn. 166 ff.

[98] BGH NJW 2004, 3706, 3708; MünchKommBGB/*Kindler* IntGesR Rn. 287; MünchKommBGB/*Martiny* ROM I-VO Art. 1 Rn. 60.

[99] Palandt/*Thorn* Anh. zu EGBGB 12 Rn. 10; Süß/Wachter/*Süß*, Hdb. des internationalen GmbH-Rechts, § 1 Rn. 64.

[100] Palandt/*Thorn* Anh. zu EGBGB 12 Rn. 10; MünchKommBGB/*Kindler* IntGesR Rn. 547.

[101] Dazu oben Rn. 41. Ähnlich auch Michalski/*Leible* GmbHG Syst. Darst. 2 Rn. 88.

[102] Diese Frage stellt sich indes vor einem deutschen Forum nur selten, da das anwendbare Recht nicht über die allgemeinen Kollisionsnormen ermittelt wird. Zur EWIV siehe unter § 48; Zur SE siehe unter § 49.

48 h) **Einmanngesellschaften.** Für Gesellschaften mit nur einem Gesellschafter gelten keine Besonderheiten. Sie sind, wenn das anwendbare Recht sie zur Entstehung bringt, gesellschaftsrechtlich zu qualifizieren.[103]

49 i) **Treuhand und trust. Treuhandverhältnisse** sind in der Regel keine Gesellschaftsverhältnisse und **unterfallen** damit grundsätzlich auch **nicht dem Gesellschaftsstatut**.[104] Für die Treuhand existiert keine einheitliche kollisionsrechtliche Anknüpfung; es können verschiedene Kollisionsnormen zur Anwendung kommen. Zu unterscheiden ist zwischen der schuldrechtlichen Treuhandvereinbarung (Sicherungsabrede, Geschäftsbesorgungsvertrag) und der Übertragung von Vermögen vom Treugeber auf den Treuhänder;[105] Die Treuhandvereinbarung unterfällt als schuldrechtlicher Vertrag dem Vertragsstatut (Art. 3 ff. ROM I-VO), während die Übertragung von Treuhandvermögen kollisionsrechtlich entsprechend dem übertragenen Gegenstand angeknüpft wird. Für die Übertragung von Sachen gilt dann das Sachstatut (Art. 43 EGBGB), für die Forderungsabtretung das Abtretungsstatut (Art. 14 ROM I-VO) und für die Übertragung von Gesellschaftsanteilen das Gesellschaftsstatut.[106]

50 Die **kollisionsrechtliche Einordnung** von Rechtsinstituten, die als „**trust**" bezeichnet werden, kann **nicht schematisch** erfolgen. Vielmehr müssen die Regeln der betreffenden Rechtsordnung und die Funktion des trust jeweils untersucht werden. Denn das mit einem trust verfolgte Regelungsziel kann rechtstechnisch auf unterschiedliche Weise erreicht werden.[107] Eine **ausdrückliche Kollisionsnorm fehlt im deutschen Recht.**[108] Dem Haager „Übereinkommen über das auf trusts anzuwendende Recht und über ihre Anerkennung" vom 1. 7. 1985[109] ist Deutschland nicht beigetreten.[110] Wird auf das Recht eines Vertragsstaates verwiesen, findet es aber dann im nächsten Schritt Anwendung.[111]

51 Der **trust anglo-amerikanischer Prägung** ist ein dem deutschen Sachrecht in dieser Form unbekanntes Rechtsinstitut.[112] Der Errichter, der settlor, bestimmt im Errichtungsakt die Person des trustee und legt dessen Pflichten fest. Zudem benennt er den beneficiary, der mit dem settlor auch übereinstimmen kann.[113] Schließlich überträgt der settlor das trust-Vermögen an den trustee.[114] Als Rechtsfolge erwirbt der beneficiary persönliche Ansprüche gegen den trustee. Die besonderen Schwierigkeiten bei der Einordnung des trust ergeben sich dann daraus, dass die Beschränkungen, denen der trustee in Bezug auf das trust-Vermögen gegenüber dem beneficiary unterliegt, auch Dritten gegenüber wirken und damit einer Art Verdinglichung erfahren, die dem deutschen sachenrechtlichen Verständnis fremd ist.[115]

52 Für die kollisionsrechtliche Einordnung ist danach zu unterscheiden, ob ein trust durch Rechtsgeschäft unter Lebenden errichtet wird („**living trust**", „inter vivos trust"), oder von Todes wegen („**testamentary trust**").[116]

---

[103] BGHZ 97, 269 ff. = NJW 1986, 2194 f.

[104] Kronke/Melis/Schnyder/*Kronke*/*Mazza* K Rn. 174; MünchKommBGB/*Kindler* IntGesR Rn. 309.

[105] *MünchKommBGB*/*Kindler* IntGesR Rn. 310.

[106] MünchKommBGB/*Kindler* IntGesR Rn. 310 f.

[107] Siehe die Regelungsmodelle bei *Becker*, Die fiducie von Quebec und der trust, 2007, S. 5 sowie S. 110 ff. zum trust in Südafrika und Louisiana.

[108] MünchKommBGB/*Sonnenberger* IPR Einl. Rn. 516.

[109] Deutsche Übersetzung in IPRax 1987, 52, 55 ff. sowie in Staudinger/*Dörner* Vorb. zu Art. 25 f EGBGB Rn. 135.

[110] Staudinger/*Dörner* Vorb. zu Art. 25 f. EGBGB Rn. 129.

[111] Vgl. Richter/Wachter/*Dörner* § 11 Rn. 18; *Wittuhn*, Das internationale Privatrecht des trust, 1987, S. 99, sowie oben Rn. 27.

[112] Dazu *Becker* S. 19 ff.; Überblick bei Staudinger/*Dörner* EGBGB Art. 25 Rn. 424 ff.

[113] *Czermak*, Der express trust im internationalen Privatrecht, 1986, S. 33.

[114] *Czermak* S. 25 ff.; Richter/Wachter/*Dörner*, § 11 Rn. 5.

[115] *Wittuhn* S. 8 ff.

[116] Vgl. Richter/Wachter/*Dörner* § 11 Rn. 5.

Der **testamentary trust** ist funktional eine Verfügung von Todes wegen, da mit ihm **53**
nach dem Ableben des Errichters Rechtsfolgen herbeigeführt werden sollen, die in erbrechtlichen Normen geregelt sind.[117] Seine **Errichtung** unterfällt daher dem **Erbstatut** (Art. 25 EGBGB),[118] wobei Abgrenzungsprobleme zum Schuldstatut entstehen können, wenn ein trust mit dieser Funktion schon zu Lebzeiten entrichtet wird.[119]

Das Rechtsgeschäft zur **Errichtung und Verwaltung** von **living trusts** und seiner **54**
Wirkungen werden von der wohl **herrschenden Ansicht schuldrechtlich qualifiziert**.[120] Zur Anwendung kommt dann in erster Linie das gewählte Recht und in Ermangelung einer Rechtswahl das Recht des gewöhnlichen Aufenthaltes bzw. der Niederlassung des trustee.[121] Die **Gegenansicht, die gesellschaftsrechtlich qualifiziert**,[122] hat auf der Grundlage der oben dargelegten Definition des Anknüpfungsbegriffes „Gesellschaft"[123] für sich, dass die Drittwirkung der Verfügungsbeschränkungen des trustee und die Trennung der Vermögenssphären im Konkurs des trustee allein mit der Anwendung schuldrechtlicher und sachenrechtlicher Normen nicht befriedigend zu erklären sind. Die gesellschaftsrechtliche Qualifikation ermöglicht es, die betreffenden Regelungen als Teil eines insgesamt und unabhängig von der Lage des Treugutes anzuwenden Regelungsgefüges zu betrachten. Soweit die gesellschaftsrechtliche Kollisionsnorm auf das Gründungsrecht verweist, erreicht man damit im Ergebnis den Zustand, der bei einer eigenen Kollisionsnorm für trusts bestehen würde. Entscheidend für die gesellschaftsrechtliche Qualifikation bleibt aber immer, ob der trust im Einzelfall so aufgebaut ist, dass er sich nicht in schuldrechtlichen Beziehungen erschöpft.[124] Das auf die **Übertragung von Vermögensgegenständen** an den trustee anzuwendende Recht bestimmt sich – unabhängig von der Qualifikation des trust – nach dem **Einzelstatut** des zu übertragenden Vermögensgegenstandes.[125]

Kommt nach der kollisionsrechtlichen Verweisung **deutsches Sachrecht** für die Errich- **55**
tung eines trust zur Anwendung, geht die **Errichtung** zunächst insofern **ins Leere,** als es die Rechtsform des trusts im deutschen Recht nicht gibt. Solche Fälle sind beim erbrechtlich zu qualifizierenden testamentary trust denkbar, wenn der settlor deutscher Staatsbürger war (Art. 25 Abs. 1 EGBGB). Beim living trust kann es bei der hier favorisierten gesellschaftsrechtlichen Qualifikation zur Anwendung deutschen Rechts z. B. dann kommen, wenn bei Geltung der Sitztheorie der trustee in Deutschland tätig ist. Unter Berücksichtigung der mit der Errichtung verfolgten Interessen kommt dann eine **Umdeutung** in ein funktionsäquivalentes Rechtsinstitut des deutschen Rechts **in Betracht.**[126] Beim testamentary trust sind dies dann entsprechende erbrechtliche Gestaltungen.[127] Für den living trust führt das deutsche Gesellschaftsrecht nicht zur Entstehung einer Gesellschaft, da dem Rechtsgeschäft zur Errichtung des trust regelmäßig kein Zusammenschluss mehrerer zu einem gemeinsamen Zweck zu entnehmen sein wird.[128] Die Folge ist, dass die Beziehun-

---

[117] Richter/Wachter/*Dörner* § 11 Rn. 16.
[118] OLG Frankfurt DNotZ 1972, 543 ff.; LG München I IPRax 2001, 459, 461; Staudinger/*Dörner* EGBGB Art. 25 Rn. 427; Richter/Wachter/*Dörner* § 11 Rn. 16 f.; MünchKommBGB/*Wendehorst* Art. 43 EGBGB Rn. 49.
[119] Eingehend Richter/Wachter/*Dörner* § 11 Rn. 21 ff.
[120] Kronke/Melis/Schnyder/*Kronke*/*Mazza* K Rn. 174; MünchKommBGB/*Kindler* IntGesR Rn. 311; Reithmann/Martiny/*Martiny* Internationales Vertragsrecht, Rn. 62; MünchKommBGB/*Wendehorst* Art. 43 EGBGB Rn. 49.
[121] Reithmann/Martiny/*Martiny* Rn. 62.
[122] Z. B. Staudinger/*Großfeld* IntGesR Rn. 779; Kegel/*Schurig* S. 517.
[123] Oben Rn. 28 ff.
[124] Richter/Wachter/*Dörner* § 11 Rn. 8 ff. Vgl. auch Art. 1 Abs. 1 S. 1 lit. g und h ROM I-VO.
[125] Vgl. oben Rn. 49.
[126] Richter/Wachter/*Dörner* § 11 Rn. 32 ff.; Staudinger/*Dörner* EGBGB Art. 25 Rn. 51, 431.
[127] Siehe z. B. LG München I IPRax 2001, 459, 461.
[128] Anders offenbar Staudinger/*Großfeld* IntGesR Rn. 779, allerdings ohne Darlegung der Subsumtion im deutschen Sachrecht.

gen auf der Grundlage der allgemeinen Regeln für rechtsgeschäftliche Handlungen beurteilt werden müssen.[129] Das Errichtungsgeschäft kann auf dieser Grundlage zumeist zwanglos als Verwaltungstreuhand in das deutsche Schuldrecht integriert werden.[130] Ob die angestrebte und zumindest konkludent mit vereinbarte Verdinglichung der Rechte des beneficiary rechtlich durchsetzbar sind, richtet sich dann nach internationalem Sachenrecht.[131]

56 **j) Fremde Typen rechtlicher Verselbständigung.** Das deutsche IPR verweist **auch auf solche Formen rechtlicher Verselbstständigung,** die unserer Rechtsordnung **ihrer Art nach völlig unbekannt** sind. Einen Typenvorbehalt kennt das deutsche Internationale Gesellschaftsrecht nicht.[132] Entscheidend ist wiederum nur, dass das ausländische Recht eine von einer natürlichen Person als solche verschiedene Identität schafft und dafür eine Handlungsorganisation und einen Haftungsverband bereitstellt und dass diese rechtliche Verselbständigung nicht einer anderen Kollisionsnorm unterfällt.[133] Wie fremdartig solche Rechtsgebilde sein können, zeigt ein Fall des englischen Court of Appeal, in dem die Rechtsfähigkeit eines nach indischem Recht mit Rechtspersönlichkeit ausgestatteten Tempels in Frage stand, der geraubte Kunstwerke zurückerhalten wollte.[134] Auch das deutsche IPR würde hier gesellschaftsrechtlich qualifizieren. Weitere Beispiele sind die **liechtensteinische Anstalt**[135] oder der 1986 in **Portugal** eingeführte **Kaufmann mit beschränkter Haftung** (estabelecimento mercantil individual de responsabilidade limitada, kurz EIRL), der in Portugal funktional der Einmann-GmbH entspricht.[136]

57 **k) Erbrechtliche Zusammenschlüsse.** Über die **Erbengemeinschaft** und damit auch über die Frage des Entstehens einer Gesamthandsgemeinschaft herrscht grundsätzlich das **Erbstatut** nach Art. 25 EGBGB.[137] Die Erbengemeinschaft wird also auch dann **nicht gesellschaftsrechtlich qualifiziert,** wenn sie im Sachrecht mit eigener Identität und Handlungsorganisation ausgestattet ist, weil die gesellschaftsrechtliche Kollisionsnorm wegen des besonderen Zwecks des Zusammenschlusses aufgrund des Eingreifens einer spezielleren Kollisionsnorm zurücktritt.[138]

58 **l) Gemeinschaft.** Hier gilt die **für das gemeinschaftliche Recht maßgebliche Kollisionsnorm.**[139] Nach Internationalem Gesellschaftsrecht wird also nur eine Gemeinschaft an einem Gesellschaftsanteil angeknüpft. Die prägende Gesellschaft[140] ist dann aber nicht die Gemeinschaft, sondern die Gesellschaft, an der der Gesellschaftsanteil besteht, so dass diese für die Anknüpfung maßgeblich ist.

59 **m) Juristische Personen des öffentlichen Rechts.** Juristische Personen des – ausländischen oder inländischen – öffentlichen Rechts unterfallen nicht dem Internationalen Gesellschaftsrecht.[141]

---

[129] Zu dieser Eigenart der gesellschaftsrechtlichen Verweisung oben Rn. 25.
[130] Richter/Wachter/*Dörner* § 11 Rn. 35.
[131] Richter/Wachter/*Dörner* § 11 Rn. 37 f.
[132] Oben Rn. 28.
[133] Oben Rn. 31 f.
[134] *Bumper Developement Corp. v. Commissioner of Police of the Metropolis*, [1991] 4 All ER 638, 646 ff. (Indischer Tempel); siehe auch *Raiser*, Der Begriff der juristischen Person – Eine Neubestimmung, AcP Bd. 199, 1999, 104, 109.
[135] BGHZ 53, 181 = NJW 1970, 998; BGH NJW 1980, 1567; BGHZ 78, 318 = NJW 1981, 522; BGHZ 97, 269 ff. = NJW 1986, 2194 f.
[136] Siehe dazu Süß/Wachter/*Stieb*, Länderbericht Portugal, Rn. 5 mwN; *ders*., Die Zulassung der Einpersonen-GmbH in Portugal, GmbHR 1997, Report 95.
[137] BGH FamRZ 1997, 547, 548; BGHZ 9, 151, 154; BGH NJW 1959, 131 f.; Staudinger/*Dörner* EGBGB Art. 25 Rn. 227; Soergel/*Schurig* EGBGB Art. 25 Rn. 34; MünchKommBGB/*Birk* EGBGB Art. 25 Rn. 247; Erman/*Hohloch* EGBGB Art. 25 Rn. 27.
[138] Oben Rn. 32.
[139] BGH NJW 1998, 1321 – Miteigentum.
[140] Oben Rn. 20 ff.
[141] Vgl. Begründung Referentenentwurf 2008 (Fn. 4), S. 9; aA *Kegel*/*Schurig* S. 577.

IV. Umfang des Gesellschaftsstatuts

Nicht jede Rechtsfrage, die sich im Zusammenhang mit einer Gesellschaft stellt, ist gesellschaftsrechtlich zu qualifizieren. So wird ein Vertrag auch dann nach dem Internationalen Schuldvertragsrecht beurteilt, wenn eine Gesellschaft daran beteiligt ist, und die Rechte an einer Sache werden auch dann nach den Regeln des Internationalen Sachenrechts angeknüpft, wenn sie einer Gesellschaft zustehen. Andererseits indiziert der Grundsatz der Einheitlichkeit des Gesellschaftsstatuts, dass die Gesamtregelung einer Gesellschaftsform durch das nationale Recht nicht durch die Kollisionsnorm zerrissen wird. **Vom Gesellschaftsstatut erfasst** werden daher **Fragen der inneren Verfassung.** Dazu zählen die Geschäftsführung,[142] die Mitgliedschaft und Gesellschafterrechte, unter Einbeziehung der Binnenhaftung und des Minderheitenschutzes,[143] die unternehmerische Mitbestimmung,[144] die Finanzverfassung einschließlich Kapitalausstattung[145] und Kapitalmaßnahmen[146] sowie die Regelungen zu den Organen der Gesellschaft.[147] Gleiches gilt für die teilweise komplementären **Fragen des Außenverhältnisses.** Hierunter fallen neben der Rechtsfähigkeit der Gesellschaft[148] die Vertretung,[149] die Haftung,[150] die Firma,[151] und die Rechnungslegung.[152] **Abgrenzungsfragen**[153] stellen sich dabei insbesondere gegenüber dem Internationalen Schuldvertragsrecht[154] (Innengesellschaften, Anstellungsverträge von Organmitgliedern und Verträge mit Dritten), dem Erbstatut[155] (gesellschaftsrechtliche Nachfolge im Todesfall), dem Ehegüterstatut[156] (güterrechtliche Folgen des Erwerbs von Gesellschaftsanteilen), dem Insolvenzstatut[157] (Fragen der Haftung von Organmitgliedern sowie Rückzahlungs- und Haftungsfragen bei Gesellschaftern), dem Wertpapierstatut[158] (Übertragung verbriefter Gesellschaftsanteile) und dem Internationalen Kapitalmarktrecht.[159] Soweit Rechtsfragen vom Gesellschaftsstatut erfasst werden, zieht sich diese Qualifikation durch

---

[142] Dazu unten § 12 Rn. 6 f.
[143] Dazu unten § 15 Rn. 4.
[144] Dazu unten § 16 Rn. 4.
[145] Dazu unten § 5 Rn. 47 ff. § 23 Rn. 30 ff.
[146] Dazu unten § 5 Rn. 47 ff; § 15 Rn. 50 und § 23 Rn. 30 ff.
[147] Dazu unten § 12 Rn. 6.
[148] Oben Rn. 28 ff. und § 5 Rn. 59. Für ausländische Gesellschaften mit deutschem Verwaltungssitz siehe auch unten § 19 Rn. 14 ff.
[149] Dazu unten § 13 Rn. 15 ff.
[150] Dazu unten § 14 Rn. 6 ff. und § 23 Rn. 30 ff.
[151] Dazu unten § 11 Rn. 6. Für ausländische Gesellschaften mit deutschem Verwaltungssitz siehe unten § 22. Eingehend jüngst *Lamsa,* Die Firma der Auslandsgesellschaft, 2011.
[152] Dazu unten § 17 Rn. 19 ff. Für ausländische Gesellschaften mit deutschem Verwaltungssitz siehe unten § 24 Rn. 2.
[153] Dazu eingehend MünchKommBGB/*Kindler* IntGesR Rn. 687 ff.
[154] Dazu oben Rn. 41 (Abgrenzung zu Innengesellschaften); MünchKommBGB/*Kindler* IntGesR Rn. 687 f.; Staudinger/*Großfeld* IntGesR Rn. 335, 356; Spahlinger/Wegen/*Spahlinger,* Rn. 297, 318 (Verträge).
[155] MünchKommBGB/*Kindler* IntGesR Rn. 708; Staudinger/*Großfeld* IntGesR Rn. 407 ff.; Staudinger/*Eder* Art. 25 EGBGB Rn. 82, 87 f.; Palandt/*Thorn,* EGBGB 25 Rn. 15 ff.; Bamberger/Roth/*Lorenz* Art. 25 EGBGB Rn. 24.
[156] MünchKommBGB/*Kindler* IntGesR Rn. 705 ff.; Bamberger/Roth/*Otte* Art. 15 EGBGB Rn. 57; *Riering,* Ehegüterstatut und Gesellschaftsstatut, IPRax 1998, 322 ff.; *Kropholler,* Internationales Privatrecht, 6. Aufl. 2006, S. 353.
[157] BGH NJW, 2011, 3784; MünchKommBGB/*Kindler* IntGesR Rn. 709 ff.; MünchKommBGB/*Kindler* IntInsR § 335 Rn. 6.
[158] MünchKommBGB/*Kindler* IntGesR Rn. 611 ff.; Staudinger/*Großfeld* IntGesR Rn. 341 f.; *Kegel/Schurig* S. 769 f.; Hirte/v. Bülow/*Versteegen* Kölner Kommentar zum WpÜG § 1 Rn. 72; *Wiedemann,* Gesellschaftsrecht I, S. 816.
[159] MünchKommBGB/*Kindler* IntGesR Rn. 22 ff.; Staudinger/*Großfeld* IntGesR Rn. 412 ff.; MünchKommBGB/*Schnyder* IntKapMarktR Rn. 38 ff.

alle Lebensabschnitte einer Gesellschaft, also die Gründung,[160] die werbende Tätigkeit, die Umstrukturierung[161] und die Liquidation.[162]

V. Sitztheorie: Geltungsbereich und Bestimmung des anwendbaren Rechts

1. Geltungsbereich

61 **a) Gewohnheitsrechtliche Geltung.** Die Sitztheorie erhebt das Recht desjenigen Staates zum Gesellschaftsstatut, in dem der tatsächliche Sitz ihrer Hauptverwaltung liegt.[163] Nach der **Rechtsprechung**[164] und der **h. M. in der Literatur**[165] gilt in Deutschland die **Sitztheorie als Gewohnheitsrecht**. Bereits seit langem gibt es Stimmen, die für eine allgemeine Anknüpfung nach der **Gründungstheorie** plädieren.[166] Diese Stimmen haben sich aber jenseits der dem höherrangigen Recht geschuldeten Ausnahmen von der Sitzanknüpfung **bisher nicht durchgesetzt**. Hinzuweisen ist allerdings auf den Referentenentwurf 2008, der die Einführung der Gründungstheorie vorsah, dessen Zukunft aber ungewiss ist.[167]

62 **b) Ausnahmen.** Unbestritten ist aber mittlerweile, dass es **Ausnahmen** von der Verwaltungssitzanknüpfung gibt. So müssen **Gesellschaften aus bestimmten Staaten** aufgrund **europarechtlicher und völkerrechtlicher Vorgaben** unabhängig vom Ort ihres Verwaltungssitzes in Deutschland als Gesellschaften des Gründungsstaates anerkannt werden. Diese Gesellschaften werden daher auch in Deutschland nach der Gründungstheorie beurteilt. Im Einzelnen dazu unten Rdnr. 93 ff.

63 **c) Keine Geltung für deutsche Gesellschaften.** Die Geltung der **Sitztheorie** wird – **zu Unrecht** – häufig auch **für deutsche Gesellschaften behauptet**.[168] Die Regelungsziele der Sitztheorie stützen eine solche Anknüpfung ebensowenig[169] wie die Rechtspraxis: So finden sich in der Rechtsprechung Fälle, in denen die isolierte Verlegung des Verwaltungssitzes in das Ausland ausdrücklich nicht zur Unanwendbarkeit deutschen Rechts führte.[170] Für die GmbH und die AG geht nunmehr auch der Gesetzgeber in § 4a GmbHG

---

[160] Siehe § 3 Rn. 13 ff. für die Vorgründungsgesellschaft, § 4 Rn. 7 für die Vorgesellschaft und § 4 Rn. 17 ff. für das Gründungsverfahren.

[161] Siehe insbesondere §§ 54 ff. sowie §§ 63 ff.

[162] Siehe §§ 29 und 30 zur Liquidation ausländischer Gesellschaften sowie §§ 35 und 36 zur Insolvenz mit Auslandsbezug.

[163] Zum Sitzbegriff unten Rn. 72 ff.

[164] BGH NJW 2009, 289; BGH NJW 2005, 1648; BGH NJW 2003, 2609; BGH NJW 2003, 1607; BGH NJW 2002, 3539; BGH DStR 2000, 1064; BayObLG IPRax 1999, 364; BGHZ 134, 116, 118 = NJW 1997, 657; BGH NJW 1996, 54, 55; BGH NJW 1995, 1032; BGH NJW 1994, 939, 940; BGH NJW 1993, 2744, 2745; BGHZ 118, 151, 167 = NJW 1992, 2026; BGH NJW 1992, 618; BayObLGZ 1992, 113, 115; BGH NJW 1990, 3092; BGHZ 97, 269, 272 = NJW 1986, 2194; BayObLGZ 1985, 272; BGHZ 78, 318, 334 = NJW 1981, 522; BGHZ 53, 181, 183 = NJW 1970, 998; BGHZ 51, 27, 28 = NJW 1969, 188; BGHZ 25, 134, 144 = NJW 1957, 1433. Weitere Nachweise zur instanzgerichtlichen Rechtsprechung bei Reithmann/Martiny/*Hausmann* Rn. 5035. Vgl. aber auch BGH NJW 2011, 3372; dazu Thormale, die Gründungstheorie als versteckte Kollisionsnorm, NZG 2011, 1290.

[165] Staudinger/*Großfeld* IntGesR Rn. 28; Behrens/*Behrens*, Rn. IPR 6; GroßKomm AktG/*Assmann*, Einl. Rn. 533 f.; Kegel/Schurig S. 575 f.; *Ebke* FG 50 Jahre BGH, S. 799, 806; Michalski/*Leible*, GmbHG, Syst. Darst. 2 Rn. 4; Scholz/*Westermann* GmbHG Einl. Rn. 94 ff. jeweils mwN.

[166] Z. B. *Knobbe-Keuk,* Umzug von Gesellschaften in Europa, ZHR Bd. 154, 1990, 325, 355. Zur Gründungstheorie im Einzelnen noch unten Rn. 88 ff.

[167] Oben Rn. 2.

[168] Vgl. Staudinger/*Großfeld* IntGesR Rn. 86 ff.; Palandt/*Thorn* Anh. zu EGBGB 12 Rn. 10; MünchKommBGB/*Kindler* IntGesR Rn. 420 ff.

[169] *Wiedemann* FS Kegel (1977), S. 187, 198 f.; *ders.*, Gesellschaftsrecht I, 789 ff.

[170] OLG Hamburg IPRspr. 1970, Nr. 9; RG JW 1934, 2969. Ausdrücklich offen lässt diese Frage BayObLG DNotZ 2004, 725. OLG München DNotZ 2008, 397 und OLG Brandenburg FGPrax 2005, 78, halten nur einen Beschluss über die Verlegung des Verwaltungssitzes ins Ausland für unzu-

und § 5 AktG implizit von der Geltung deutschen Rechts trotz Verwaltungssitzes im Ausland aus.[171] Soweit behauptet wird, die Verlegung des Verwaltungssitzes in das Ausland führe zur Auflösung der Gesellschaft,[172] setzt auch dies an sich gedanklich die Weitergeltung deutschen Rechts während der Liquidationsphase voraus. Eine andere Frage ist allerdings, wie das Sachrecht, also das deutsche Gesellschaftsrecht, auf einen ausländischen Verwaltungssitz reagiert. Diese Frage ist bisher nur für die GmbH und die AG geklärt.[173]

2. Kritik und abweichende Anknüpfungsvorschläge

a) **Kritik.** Die Kritik an der Sitztheorie ist ihrer Struktur nach **Normkritik,** da die **Sitztheorie** selbst **eine Rechtsnorm** ist. Kritisiert werden die mit ihr verfolgten Regelungsziele, die Verfehlung dieser Ziele, ihre rechtstatsächlichen Auswirkungen sowie ihre Unvereinbarkeit mit höherrangigem Recht.

Die Sitztheorie gilt als **Schutztheorie.**[174] Sie schränkt die Möglichkeit der Gesellschafter ein, das anwendbare Recht selbst zu wählen und soll damit die Interessen der übrigen Betroffenen schützen. Angeführt wird hier insbesondere der **Gläubigerschutz.**[175] Zudem wird die Sicherung der deutschen **Unternehmensmitbestimmung** immer wieder als Ziel genannt.[176] Teilweise wird aber auch der Schutz der **Minderheitsgesellschafter** als Ziel bezeichnet.[177] Die Sitztheorie beruht dabei auf dem Gedanken, dass der **Staat, in dem die Hauptverwaltung liegt,** von der Gesellschaft am stärksten betroffen ist, und daher zu erwarten ist, dass das Recht dieses Staates für die genannten Bereiche einen **angemessenen Interessenausgleich** vorsieht.[178] Der intendierte Wirkungsmechanismus der Sitztheorie geht also nicht dahin, einen gerechten Ausgleich im Einzelfall zu schaffen, sondern **Gesellschaften mit Verwaltungssitz außerhalb des Gründungsstaates präventiv** so **unattraktiv zu machen,** dass sie in der Praxis vermieden werden.

Eine **erste Ebene der Kritik** setzt an diesen Zielen selbst an. Sie besagt, dass sich die betreffenden Gruppen selbst schützen können bzw. andere Interessen höher zu bewerten sind.[179] Zudem **behindere** die Sitztheorie **den Wettbewerb der Rechtsordnungen** und stehe so der Weiterentwicklung des Gesellschaftsrechts im Wege.[180] Auch falle den Zielen der Sitztheorie die Rechtssicherheit zum Opfer,[181] die gerade im Gesellschaftsrecht von herausragender Bedeutung ist. Konsequenz dieser Kritik ist dann zumeist die Befürwortung der Gründungstheorie.

Die **zweite Ebene der Kritik** gilt der **mangelhaften Verwirklichung der eigenen Regelungsziele.** Insbesondere die undifferenzierten Rechtsfolgen der Sitztheorie tragen den

---

lässig, hatten sich aber nicht mit der tatsächlichen Verlegung des Verwaltungssitzes zu beschäftigen. Die übrige Rechtsprechung lässt sich jedenfalls nicht gegen diese Ansicht anführen, siehe *Knobbe-Keuk* ZHR Bd. 154, 1990, 325, 327; *Wenckstern* FS Drobnig (1998), S. 456, 466; *Thölke* S. 172 mwN.

[171] Zu dem diesbezüglich bestehenden Meinungsstreit oben Rn. 3.

[172] Z.B. MünchKommBGB/*Kindler* IntGesR Rn. 521f.; Staudinger/*Großfeld* IntGesR Rn. 608 ff., 630 ff.

[173] Im Einzelnen unten § 52 Rn. 18 ff.

[174] BayObLG DB 1992, 1400; MünchKommBGB/*Kindler* IntGesR Rn. 421; *Barth*, Voraussetzungen und Grenzen des legislativen Wettbewerbs in der Europäischen Gemeinschaft auf dem Gebiet des Gesellschaftsrechts, 2008, S. 15; *Knop*, Gesellschaftsstatut und Niederlassungsfreiheit, 2008, S. 25.

[175] BGH NZG 2000, 926, 927.

[176] Staudinger/*Großfeld* IntGesR Rn. 25, 133; *Meilicke*, Die Niederlassungsfreiheit nach „Überseering", Rückblick und Ausblick nach Handelsrecht und Steuerrecht, GmbHR 2003, 793, 798.

[177] BGH NZG 2000, 926, 927.

[178] BayObLG DB 1992, 1400.

[179] *Knobbe-Keuk,* ZHR Bd. 154, 1990, 325 ff.; *Kaulen*, Die Anerkennung von Gesellschaften unter Artikel XXV Abs. 5 S. 2 des deutsch-US-amerikanischen Freundschafts-, Handels- und Schifffahrtsvertrages, 2008, S. 351 ff.

[180] *Barth* S. 16 f.

[181] *Koppensteiner*, Internationale Unternehmen, 1971, S. 122 f.; *Knobbe-Keuk,* ZHR Bd. 154, 1990, 325, 327.

Anliegen der Betroffenen nicht oder nicht zielgenau Rechnung.[182] Zudem ist die Richtigkeit der Prämisse, dass der Sitz der Hauptverwaltung stets in dem Staat liegt, der von der Gesellschaft wirtschaftlich am stärksten betroffen ist, sehr fraglich. Denn durch die zunehmenden Möglichkeiten moderner Kommunikation steht es dem Unternehmer unabhängig von den Produktions- oder Absatzgegebenheiten seines Unternehmens mehr und mehr frei, wo er die Hauptverwaltung ansiedelt.[183] Da diese Kritik die Schutzanliegen der Sitztheorie grundsätzlich als legitim ansieht, führt sie regelmäßig nicht zur Gründungstheorie, sondern ist häufig Ausgangspunkt von Überlegungen zu alternativen Anknüpfungsmodellen.

68 Die **dritte Ebene der Kritik** gilt der **Unvereinbarkeit mit höherrangigem Recht**. Für Gesellschaften, die nach dem Recht eines **EU- oder EWR**-Mitgliedstaates gegründet sind, sowie für **US-Gesellschaften** ist die Unanwendbarkeit der Sitztheorie aufgrund europarechtlicher bzw. völkervertragsrechtlicher Vorgaben im Grundsatz bereits geklärt.[184] Soweit ein **Verstoß** der Sitztheorie **gegen Verfassungsrecht**[185] oder gegen die **EMRK**[186] behauptet worden ist, wird diese Ansicht **zu Recht abgelehnt.**[187]

69 **b) Abweichende Anknüpfungsvorschläge.** Das der Sitztheorie entgegengesetzte rechtspolitische Konzept ist die **Gründungstheorie,** die zur Ermittlung des Gesellschaftsstatuts auf das **Recht des Gründungsstaates** und damit im Ergebnis auf ein **vom Willen der Gründer abhängiges Merkmal** verweist.[188] Als Vorteil der Gründungstheorie wird in erster Linie ein **Mehr an Rechtssicherheit**[189] sowie die **Flexibilität für die Gründer** angesehen. Gegen die Gründungstheorie wird vor allem vorgebracht, dass sie die von der Sitztheorie verfolgten Interessen – Schutz der Gläubiger, Arbeitnehmer und ggf. der Minderheitsgesellschafter – vernachlässige. Der durch sie ermöglichte Wettbewerb der Rechtsordnungen sei nicht positiv zu bewerten, sondern führe zum sog. *race to the bottom*. Verwiesen wird dabei auf den sog. Delaware-Effekt der US-amerikanischen Rechtswirklichkeit: Unter Geltung der Gründungstheorie gestaltete der Bundesstaat Delaware sein Gesellschaftsrecht zunehmend liberaler. Folge war, dass sich viele US-Unternehmen dort statuarisch niederließen, während sie ihre wirtschaftliche Betätigung weiterhin von einem abweichenden effektiven Verwaltungssitz aus steuerten (sog. *pseudo-foreign-corporations*).[190]

---

[182] *Wiedemann*, Gesellschaftsrecht II, 2004, S. 48f., S. 52f. Zur Verfehlung der Regelungsziele eingehend *Thölke* S. 178ff.

[183] Siehe nur OLG Frankfurt ZIP 1999, 1710 und dazu *Freitag*, Zur Ermittlung des Gesellschaftsstatuts bei Nichtexistenz eines effektiven Verwaltungssitzes, NZG 2000, 357, 360. *Wiedemann*, Gesellschaftsrecht II, S. 51f., hält die praktischen Probleme dagegen für lösbar.

[184] Dazu unten Rn. 93ff.

[185] In diese Richtung *Meilicke*, BB-Beilage 9/1995, Zur Vereinbarkeit der Sitztheorie mit der Europäischen Menschenrechtskonvention und anderem höherrangigem Recht, 6f.

[186] *Meilicke*, BB-Beilage 9/1995, 8ff.; *ders.*, RIW 1992, 578f. Dagegen ausdrücklich BGH NJW 2009, 289, 290.

[187] BayObLGZ 1986, 61, 67; MünchKommBGB/*Kindler* IntGesR Rn. 501f.; *Bungert*, Internationales Gesellschaftsrecht und Europäische Menschenrechtskonvention, EWS 1993, 17; *Großfeld/Boin*, Zur Parteifähigkeit ausländischer juristischer Personen vor französischen Gerichten, JZ 1993, 370; *Schmidt*, Grenzüberschreitende Sitzverlegung innerhalb der EG, DWiR 1992, 448, 451; *Ebenroth/Auer*, Zur Möglichkeit einer identitätswahrenden Verlagerung des Verwaltungssitzes und des Satzungssitzes einer GmbH mit deutschem Personalstatut in einen anderen EG-Staat, JZ 1993, 374, 376; *Großfeld*, Europäisches Gesellschaftsrecht, WM 1992, 2121, 2124; *Engel*, Versetzt die Europäische Menschenrechtskonvention der Sitztheorie des deutschen internationalen Gesellschaftsrechts den Todesstoß?, ZEuP 1993, 150.

[188] Siehe zur Verweisung unter der Gründungstheorie unten Rn. 88ff.

[189] *Grassmann*, Rn. 472; *Koppensteiner* S. 121; *Meier* S. 36f.; *Lauterbach/Beitzke*, Vorschläge und Gutachten zur Reform des deutschen internationalen Personen- und Sachenrechts, 1972, S. 114f.

[190] Eingehend zum legislativen Wettbewerb im Gesellschaftsrecht *Barth*, mwN.

Verschiedene Autoren behaupten, dass die aus ihrer Sicht wesentlichen Schutzanliegen der Sitztheorie mit den Vorteilen der Gründungstheorie verknüpft werden könnten, und haben dazu **alternative Anknüpfungsmodelle** entworfen: So will die von *Sandrock* entworfene **Überlagerungstheorie** zwischen Gründung und Anerkennung unterscheiden. Nur die Wirksamkeit der Gründung und die Rechtsfähigkeit unterlägen dem Gründungsrecht. Alles andere bestimme sich nach den zwingenden Vorschriften des Sitzstaates und werde mithin von diesem jedenfalls insoweit überlagert,[191] als es den unmittelbaren privatrechtlichen Gesellschaftsinteressen besser Rechnung trage als das Gründungsstatut und sich die Begünstigten darauf berufen.[192] Noch weiter geht *Grasmann* mit seiner **Differenzierungslehre.** Er unterscheidet zwischen den Innen- und Außenverhältnissen der Gesellschaft und will für erstere die Möglichkeit der Rechtswahl zugestehen. Das Außenverhältnis werde demgegenüber von Schutzinteressen Dritter determiniert und müsse dem Belieben der Gesellschafter daher entzogen sein. Hier soll je nach Lage des Einzelfalles das Vornahme-, Wirkungs- oder Organisationsstatut zur Anwendung gelangen.[193] *Zimmer* schließlich vertritt im Rahmen der von ihm entwickelten **Kombinationslehre,** dass bei Verschiedenheit von Gründungs- und Sitzstaat die Heranziehung des Gründungsrechts als Gesellschaftsstatut nur bei einer substantiellen Auslandsbeziehung erforderlich sei. Andernfalls bestehe kein schützenswertes Interesse der Gesellschafter, den intern zwingenden Normen des Sitzrechts auszuweichen.[194] Eine abweichende „Rechtswahl" sei dann als materiellrechtliche Gestaltung innerhalb der vom anwendbaren Recht zugelassenen Dispositionsspielräume zu behandeln.[195]

Diese **Ansätze** haben sich **bisher nicht durchgesetzt.** Soweit sie zur Anwendung mehrerer Gesellschaftsrechte auf eine Gesellschaft führen, stehen ihnen die den Grundsatz der **Einheitlichkeit des Gesellschaftsstatuts**[196] tragenden Erwägungen **entgegen.**

3. Verweisung unter der Sitztheorie

a) Begriff der Hauptverwaltung. Maßgeblich für die Anknüpfung nach der Sitztheorie ist der **tatsächliche Sitz der Hauptverwaltung** des Unternehmens, kurz **Verwaltungssitz.** Der BGH[197] hat im Anschluss an *Sandrock*[198] den Verwaltungssitz definiert als „**Tätigkeitsort der Geschäftsführung und der dazu berufenen Vertretungsorgane, also der Ort, wo die grundlegenden Entscheidungen der Unternehmensleitung effektiv in laufende Geschäftsführungsakte umgesetzt werden.**"

Maßgeblich ist demnach der **effektive Verwaltungssitz,** an dem die Verwaltung tatsächlich stattfindet. Ist die Verwaltung auf mehrere Orte verteilt, ist auf den Sitz der **Hauptverwaltung** abzustellen. Der **satzungsmäßige Sitz** ist hierfür **unerheblich.**[199] Wenn die Definition des BGH von den „*grundlegenden* Entscheidungen der Unternehmensleitung" spricht, sind damit **nicht nur die unternehmerischen Grundlagenentscheidungen** gemeint. Kennzeichnend für den effektiven Verwaltungssitz sind vielmehr die Entscheidungen über die Geschäftsleitung. Zur Geschäftsleitung in diesem Sinne gehört vor allem die Leitung des „Tagesgeschäfts", also die gewöhnliche Geschäftstätigkeit, die

---

[191] *Sandrock* FS Beitzke (1979), S. 669 ff.; *ders.,* Sitztheorie, Überlagerungstheorie und der EWG-Vertrag: Wasser, Öl und Feuer, RIW 1989, 505 ff.
[192] *Sandrock* FS Beitzke (1979), S. 669 ff.
[193] *Grasmann* Rn. 745 ff.
[194] *Zimmer* S. 220 ff.; vgl. dazu die Kritik von *Bungert,* Besprechung zu Zimmer, Internationales Gesellschaftsrecht, WM 1997, 2233 ff.; *Mankowski,* Buchbesprechung zu Zimmer: Internationales Gesellschaftsrecht, DZWiR 1997, 216.
[195] *Zimmer* S. 222.
[196] Dazu oben Rn. 6 ff.
[197] BGHZ 97, 269, 272 = NJW 1986, 2194.
[198] *Sandrock* FS Beitzke (1979), S. 669, 683.
[199] Reithmann/Martiny/*Hausmann* Internationales Vertragsrecht, Rn. 5033, 5081 ff. mwN.

sowohl die Steuerung der internen Abläufe als auch den geschäftlichen Verkehr nach außen erfasst.[200]

74 Die Bestimmung des effektiven Verwaltungssitzes erfolgt objektiv nach dem Kriterium der **Erkennbarkeit:** Die Hauptverwaltung hat ihren Sitz an dem Ort, an dem die getroffenen Verwaltungsentscheidungen nach außen hin für Dritte (für den Rechtsverkehr) erkennbar werden. Erkennbar werden **Verwaltungsentscheidungen** regelmäßig dort, wo sie in laufende Geschäftsführungsakte **umgesetzt** werden.[201] Vom Verwaltungssitz aus wird das Handeln nachgeordneter Abteilungen kontrolliert und koordiniert.[202] An diesem Ort werden die für alle nachgeordneten Stellen bindenden Weisungen erteilt.[203] Diese Umsetzung wird **regelmäßig am Tätigkeitsort** der für die laufende Verwaltung **zuständigen Organe** zu verorten sein. Der private Wohnsitz der Verwaltungsorgane spielt darüber hinaus keine Rolle. Auch kommt es nicht auf den Ort der bloß internen Willensbildung an, also den Ort, wo die Entscheidung getroffen wird.[204] Unerheblich ist es demnach, wenn die Geschäftsführer eines Unternehmens einzelne Verwaltungsentscheidungen nicht am Ort des Sitzes treffen, sondern etwa unterwegs auf einer Dienstreise. Denn erkennbar wird eine Entscheidung nicht dadurch, dass sie getroffen wird, sondern erst dadurch, dass sie durch konkrete Verwaltungshandlungen in den unternehmensinternen Geschäftsablauf Eingang findet.[205]

75 Mit der Anknüpfung an den Verwaltungssitz wird zugleich klar, dass der **Sitz von Betriebs- oder Produktionsstätten** des Unternehmens für das Gesellschaftsstatut **nicht ausschlaggebend** ist. Auch wenn eine Betriebsstätte den Betriebsmittelpunkt bildet, muss an diesem Ort nicht zugleich die Hauptverwaltung liegen.[206] Der Annahme des effektiven Verwaltungssitzes steht es auch nicht prinzipiell entgegen, wenn sich dort kein vollstreckbares Vermögen befindet.[207] Sie scheidet aber in aller Regel dann aus, wenn mit der als Verwaltungssitz angegebenen Unternehmensadresse nicht kommuniziert werden kann.[208]

76 Die Umsetzung einer Geschäftsleitungsentscheidung in unternehmensinterne Geschäftsführungsakte ist andererseits **nicht gleichbedeutend mit deren faktischem Vollzug** durch nachgeordnete Verwaltungsabteilungen. Der Annahme des effektiven Verwaltungssitzes steht es daher nicht entgegen, wenn die dort vorgegebenen Leitungsentscheidungen an anderen Standorten ausgeführt werden. Insbesondere müssen nicht alle Verwaltungstätigkeiten notwendig am Sitz der Hauptverwaltung ausgeführt werden.[209] Das gilt auch dann, wenn die ausführenden Verwaltungsabteilungen von der Geschäftsführung in gewissem Maße mit eigener Entscheidungskompetenz ausgestattet sind.

77 Die **Kriterien** zur Bestimmung des tatsächlichen Sitzes der Hauptverwaltung **sind unscharf.** Sie lassen sich angesichts der schwammigen Zielsetzung der Sitztheorie auch

---

[200] *Borges*, Die Sitztheorie in der Centros-Ära: Vermeintliche Probleme und unvermeidliche Änderungen, RIW 2000, 167, 170; MünchKommBGB/*Kindler* IntGesR Rn. 456.
[201] *Sandrock* FS Beitzke (1979), S. 669, 684: „... wo diese Entscheidungen laufend in tägliches Verwaltungshandeln umgesetzt werden".
[202] OLG Köln ZIP 2007, 935.
[203] MünchKommBGB/*Kindler* IntGesR Rn. 456; Staudinger/*Großfeld* IntGesR Rn. 228; *Sandrock* FS Beitzke (1979), S. 669, 671; Bamberger/Roth/*Mäsch* Art. 12 EGBGB Anh. II Rn. 59; Reithmann/Martiny/*Hausmann* Rn. 5084; *Kegel/Schurig* S. 576.
[204] Vgl. Staudinger/*Großfeld* IntGesR Rn. 227; MünchKommBGB/*Kindler* IntGesR Rn. 456; Bamberger/Roth/*Mäsch* Art. 12 EGBGB Anh. II Rn. 59; Reithmann/Martiny/*Hausmann* Rn. 5084; *Borges*, RIW 2000, 167, 170 f.
[205] *Borges*, RIW 2000, 167, 170 f.
[206] Vgl. MünchKommBGB/*Kindler* IntGesR Rn. 457; *Kegel/Schurig* S. 576; *Sandrock* FS Beitzke (1979), S. 669, 671 ff.; Reithmann/Martiny/*Hausmann* Rn. 5084.
[207] Vgl. BayObLG NZG 2002, 828, 829.
[208] OLG Celle IPRax 2003, 252, 258; vgl. auch BayObLG NZG 2002, 828, 829.
[209] Vgl. LG Essen NJW 1995, 1500, 1501; MünchKommBGB/*Kindler* IntGesR Rn. 457; Reithmann/Martiny/*Hausmann*, Rn. 5084.

kaum sinnvoll teleologisch konkretisieren. In Grenzfällen verbleiben teilweise erhebliche **Rechtsunsicherheiten**, die **nur durch Gestaltung des Sachverhalts**, d. h. durch die Konzentration möglichst vieler sitzindizierender Sachverhalte im Gründungsstaat, gemildert werden können.

Umstritten ist, ob zur präziseren Bestimmung des Begriffs „tatsächlicher Sitz der Hauptverwaltung" auf die **steuerrechtlichen Grundsätze** zurückgegriffen werden kann, anhand derer die Begriffe „geschäftliche Oberleitung" und „Geschäftsleitung" in § 10 AO bzw. § 1 Abs. 1 KStG ausgelegt werden. Dies ist zu **verneinen**,[210] denn die Normen verfolgen unterschiedliche Zielsetzungen. Eine Anlehnung der Definition des „tatsächlichen Sitzes der Hauptverwaltung" an steuerliche Begriffe würde indes eine steuerliche Zweckbestimmung des Internationalen Gesellschaftsrechts implizieren. Das Internationale Gesellschaftsrecht dient aber nicht steuerlichen Zwecken.[211]

Da das Tatbestandsmerkmal „tatsächlicher Sitz der Hauptverwaltung" der Sitztheorie des deutschen IPR entnommen ist, ist die obige Definition stets maßgeblich, wenn aufgrund der Anwendung des deutschen IPR nach der Sitztheorie angeknüpft wird. Wird dagegen im Rahmen der Weiterverweisung auf ein fremdes IPR verwiesen, das der Sitztheorie folgt, ist für die Frage der Verweisung nach der fremden Norm der Sitzbegriff des fremden Rechts maßgeblich. Die Sitzdefinition entspricht also der der jeweils angewendeten Kollisionsnorm. Zumindest unklar ist es daher, für die Definition des Verwaltungssitzes stets auf die *lex fori* abzustellen, wie dies teilweise getan wird.[212] Für die in diesem Rahmen ebenfalls erhebliche Frage nach den Organen der Gesellschaft ist hingegen das aufgrund der Verweisung gefundene Gesellschaftsstatut maßgeblich.[213]

b) Sonderfragen (Konzerne, Doppelsitz, beweglicher Sitz). Die Sitztheorie basiert auf der **Prämisse**, dass ein Sitz der Hauptverwaltung stets festgestellt werden kann und dass **stets** auch **nur ein** solcher **Sitz festgestellt werden kann**.[214] Vertreten wird allerdings, dass dort, wo ein Verwaltungssitz nicht festgestellt werden kann, das Gründungsrecht gelten soll.[215]

Die Anknüpfung von **Konzerngesellschaften** folgt den vorstehenden Regeln. Der effektive Verwaltungssitz ist für jede Konzerngesellschaft isoliert zu bestimmen. Der Verwaltungssitz einer jeden Konzerngesellschaft bestimmt sich nach dem Ort, an dem ihre zur Geschäftsleitung berufenen Organe tätig sind. Die Bestimmung des effektiven Verwaltungssitzes findet ohne Rücksicht darauf statt, ob bzw. wieweit zwischen den Konzerngesellschaften konzernrechtliche Beherrschungsverhältnisse bestehen. Der Verwaltungssitz der Konzernuntergesellschaft kann also **nicht** aufgrund eines Beherrschungsverhältnisses **am Sitz der Konzernobergesellschaft** verortet werden.[216] Auf die in der Konzernobergesellschaft stattfindende Willensbildung kommt es für die Bestimmung des Verwaltungssitzes der Untergesellschaft schon deswegen nicht an, weil die Willensbildung als solche ein bloßes

---

[210] BayObLG IPRspr. 1985, 572, 578; *Neumayer*, Betrachtungen zum internationalen Konzernrecht, ZVglRWiss Bd. 83, 1984, 129, 145; vgl. auch Reithmann/Martiny/*Hausmann* Internationales Vertragsrecht, Rn. 5084; *Knobbe-Keuk,* ZHR Bd. 154, 1990, 325, 355; zurückhaltend Staudinger/ *Großfeld* IntGesR Rn. 229; aA MünchKommBGB/*Kindler* IntGesR Rn. 461.
[211] *Thölke* S. 193 f.
[212] MünchKomm/*Kindler* IntGesR Rn. 458; Staudinger/*Großfeld* IntGesR Rn. 226; Reithmann/ Martiny/*Hausmann* Rn. 5081.
[213] Siehe dazu auch oben Rn. 23 ff.
[214] MünchKommBGB/*Kindler* IntGesR Rn. 462; *Kindler*, Sitzanknüpfung im Internationalen Gesellschaftsrecht – Anmerkung zu OLG Frankfurt/Main, Urt. v. 23. 6. 1999 – 22 U 219/97, EWiR 1999, 1081, 1082; Reithmann/Martiny/*Hausmann* Rn. 5087; *Borges*, RIW 2000, 167, 170 ff.
[215] OLG Brandenburg OLGR 2004, 407; OLG Frankfurt a. M. ZIP 1999, 1710; *Kegel/Schurig* S. 576.
[216] BGH WM 1979, 692, 693; OLG Frankfurt a. M. AG 1988, 267; MünchKommBGB/*Kindler* IntGesR Rn. 460; Staudinger/*Großfeld* IntGesR Rn. 230; Bamberger/Roth/*Mäsch* Art. 12 EGBGB Anh. Rn. 59; Reithmann/Martiny/*Hausmann*, Rn. 5089; *Kegel/Schurig* S. 576.

Internum darstellt. Maßgeblich ist demgegenüber vielmehr der Verwaltungssitz des beherrschten Unternehmens, da (erst) dort die Ausübung der Herrschaftsmacht in einer nach außen hin erkennbaren Weise wirksam wird.[217] Weist eine Konzernobergesellschaft eine Konzernuntergesellschaft im Rahmen eines zwischen beiden Gesellschaften bestehenden Beherrschungsverhältnisses zur Vornahme bestimmter Geschäftsführungshandlungen an, so erfolgt der Vollzug dieser Anweisung durch Organe der Untergesellschaft. Allein deren Tätigkeitsort ist für die Bestimmung des effektiven **Verwaltungssitzes der Untergesellschaft entscheidend.**[218] Dabei kann sich aber erweisen, dass die Organe der Tochtergesellschaft am Sitz der Mutter tätig sind.[219]

82 Die Annahme eines **Doppelsitzes** bzw. mehrerer nebeneinander bestehender Verwaltungssitze ist bei Geltung der Sitztheorie in Bezug auf den kollisionsrechtlich relevanten Sitz ausgeschlossen.[220] Sie würde zu unterschiedlichen Anknüpfungen und damit zur Anwendung unterschiedlicher Gesellschaftsrechte auf ein und dieselbe Gesellschaft führen. Folge wäre ein Normenkonflikt. Tatsächlich kann es jedoch vorkommen, dass ein Unternehmen seine Verwaltung auf mehrere Sitze in verschiedenen Ländern aufteilt.[221] In diesem Fall muss anhand der oben entwickelten Kriterien der für die Geschäftsleitung wichtigste Sitz bestimmt werden. Dieser ist dann der Sitz der Hauptverwaltung und damit Anknüpfungspunkt. Maßgeblich ist, an welchem Ort der Hauptteil der Verwaltung stattfindet. Bei mehreren hierarchisch strukturierten Verwaltungssitzen findet die Hauptverwaltung regelmäßig auf der höchsten Hierarchieebene statt. Lässt sich keine Hierarchie feststellen, weil verschiedene Geschäftsbereiche eines transnational tätigen Unternehmens vollkommen unabhängig voneinander in unterschiedlichen Staaten geführt werden,[222] soll entscheidend sein, welcher Bereich für das Unternehmen der wichtigere ist.[223] Die dann erforderliche einzelfallbezogene Abgrenzung[224] ist aber gerade in solchen Fällen mit der oben geschilderten Rechtsunsicherheit belastet.

83 Eine strukturelle Schwierigkeit für die Sitztheorie stellen Unternehmen mit **beweglichem Verwaltungssitz** dar. Damit sind die Fälle gemeint, in denen die Ausübung der Geschäftsführungstätigkeit nicht ortsgebunden, sondern mobil ist, d.h. mehrfach von einem Staat in einen anderen Staat verlegt werden kann. Dazu kann es insbesondere bei kleinen Unternehmen mit niedrigem Organisationsgrad und nur geringer Sach- und Personalausstattung sowie wenig rechtsgeschäftlicher Aktivität kommen.[225] Problematisch ist die Feststellung des jeweiligen effektiven Verwaltungssitzes nicht nur deshalb, weil der Sitzort für Außenstehende (den Rechtsverkehr) aus tatsächlichen Gründen schwer erkennbar sein

---

[217] OLG Hamburg MDR 1976, 402; oben Rn. 73 ff.
[218] OLG Hamburg MDR 1976, 402; MünchKommBGB/*Kindler* IntGesR Rn. 460.
[219] *Weller*, Inländische Gläubigerschutzinteressen bei internationalen Konzerninsolvenzen, ZHR Bd. 169 2005, 570, 580 ff. Siehe z.B. die von AG Offenburg NZI 2004, 673, und AG Siegen NZI 2004, 673 f., entschiedenen Fälle.
[220] Reithmann/Martiny/*Hausmann* Rn. 5088; *Borges*, RIW 2000, 167, 170.
[221] Mit Beispielen *Grasmann*, Rn. 368 ff.; *Sandrock* FS Beitzke (1979), S. 669, 685 ff. sowie in den Fundstellen in Fn. 219.
[222] Zu einer derart aufgespaltenen Geschäftsführung kann es insbesondere infolge internationaler Unternehmenszusammenschlüsse kommen (Bsp.: Fusion zur DaimlerChrysler AG); dazu *Borges*, RIW 2000, 167, 171 ff.; *Zimmer* FS Buxbaum (2000), S. 655, 665 f.; *Horn* FS Buxbaum (2000), S. 315, 319.
[223] Bamberger/Roth/*Mäsch* Art. 12 EGBGB Anh. II. Rn. 59 will in diesem Fall stattdessen dem mit dem Satzungssitz übereinstimmenden Verwaltungssitz das höhere Gewicht beimessen. Nach *Sandrock* FS Beitzke (1979), S. 669, 687, soll bei Aufteilung der Geschäftsführung auf mehrere Staaten das Recht des Gründungsstaats gelten.
[224] *Borges*, RIW 2000, 167, 170 ff.; Reithmann/Martiny/*Hausmann* Internationales Vertragsrecht Rn. 5088; Staudinger/*Großfeld* IntGesR Rn. 235; Bamberger/Roth/*Mäsch* Art. 12 EGBGB Anh. II. Rn. 59.
[225] So im Fall OLG Frankfurt a.M. ZIP 1999, 1710 f., in dem Piloten eine englische private limited company verwalteten und diese Aufgabe mit Hilfe moderner Kommunikationstechnik von ihren jeweiligen Aufenthaltsorten aus wahrnahmen.

wird, sondern auch deshalb, weil die Bestimmung des Sitzortes in derartigen Fällen geradezu „zufällig" oder „beliebig" sein kann.[226] Die Sitztheorie stößt hier an Grenzen.[227] Zur Lösung wird dann auf Hilfsanknüpfungen zurückgegriffen.[228]

c) Rück- und Weiterverweisung. Nach **Art. 4 Abs. 1 S. 1 EGBGB** ist bei einem Verweis auf das Recht eines anderen Staates als Gesamtverweisung auch das Internationale Privatrecht dieses Staates mit umfasst, sofern das nicht dem Sinn der Verweisung widerspricht. Bei der Bestimmung des Gesellschaftsstatuts sind nach ganz h.M.[229] **Rück- und Weiterverweisungen** zu beachten.

Für eine nach **deutschem Recht gegründete Gesellschaft mit Verwaltungssitz im Ausland** kommt so im Wege der Rückverweisung das deutsche Gesellschaftsrecht zur Anwendung, wenn der ausländische Staat die deutsche Verweisung nach der Sitztheorie nicht annimmt, sondern seinerseits auf das Recht des Gründungsstaates – also deutsches Recht – verweist. Das ergibt sich aus Art. 4 Abs. 1 S. 2 EGBGB, wonach die deutschen Sachvorschriften anzuwenden sind, wenn das Recht des anderen Staates auf das deutsche Recht zurückverweist.[230]

Verweist das aus deutscher Sicht anwendbare Recht am Sitzstaat **weiter** auf die Rechtsordnung eines **dritten Staates**, weil es der Gründungstheorie folgt, so ist danach zu fragen, ob die Verweisung angenommen wird oder nicht. Wird sie angenommen, so gilt das Gründungsrecht als Gesellschaftsstatut auch im Verfahren vor deutschen Gerichten.[231]

d) Bewegliche Anknüpfung. Nach ganz **h.M.**[232] ist die Sitztheorie eine **bewegliche Anknüpfung,** d.h. bei jeder Veränderung des tatsächlichen Sitzes der Hauptverwaltung ändert sich auch das anwendbare Recht, ggf. gegen den Willen der Beteiligten.[233] Möglich ist damit grundsätzlich auch eine zielgerichtete Änderung des anwendbaren Rechts, die unter der Sitztheorie aber stets auch die Verlegung des Verwaltungssitzes voraussetzt.[234] Darauf, dass eine bewegliche Anknüpfung teleologisch inkonsequent ist, ist hingewiesen worden: Wenn die Sitztheorie angewendet wird, sollte unbeweglich an den ersten Verwaltungssitz angeknüpft werden **(Entstehungssitztheorie).**[235]

VI. Inhalt und Anwendungsbereich der Gründungstheorie

1. Vielzahl von Spielarten

Nach der Gründungstheorie untersteht eine Gesellschaft dem Recht des Staates, nach dem sie gegründet wurde. Dabei wird unter dem Begriff „Gründungstheorie" eine ganze Reihe von verschiedenen Kollisionsnormen zusammengefasst, deren wesentliche Gemeinsamkeit ist, dass die Gründer das anwendbare Recht im Rahmen der Gründung unmittel-

---

[226] *Borges,* RIW 2000, 167, 171f., der insofern von Gesellschaften mit „beliebigem" Verwaltungsort spricht.
[227] *Thölke* S. 10f.
[228] So wendete das OLG Frankfurt a.M. ZIP 1999, 1710, 1711, die Gründungstheorie an. AA *Kindler,* EWiR 1999, 1081, 1082, der auch hier nach dem Schwerpunkt gehen will.
[229] BGH NJW 2004, 3706, 3707; MünchKommBGB/*Kindler* IntGesR Rn. 506; AnwKomm-BGB/*Hoffmann* Anh. zu Art. 12 EGBGB Rn. 47. Die herrschende Meinung verkennt, dass eine Gesamtverweisung dem Sinn der Verweisung nach der Sitztheorie widerspricht. Dazu eingehend *Thölke* S. 202ff.
[230] MünchKommBGB/*Kindler* IntGesR Rn. 506, 516; *Ebenroth/Eyles,* Der Renvoi nach der Novellierung des deutschen Internationalen Privatrechts, IPRax 1989, 1, 9; Reithmann/Martiny/*Hausmann* Rn. 5090.
[231] Reithmann/Martiny/*Hausmann,* Rn. 5092 mwN.
[232] MünchKommBGB/*Kindler* IntGesR Rn. 465 mwN. AA *Thölke* S. 295ff.
[233] Dazu im Einzelnen unten § 52 Rn. 1ff. und 9.
[234] Dazu im Einzelnen unten Rn. 128 sowie § 52 Rn. 1ff.
[235] *Thölke* S. 295ff.

bar und unabhängig vom Verwaltungssitz der Gesellschaft beeinflussen können.[236] Die **Gründungstheorie** tritt also in **verschiedenen Spielarten** auf:[237] Als maßgebliches Anknüpfungsmoment werden u. a.[238] der Satzungssitz,[239] der Inkorporationsort,[240] der Ort der Registereintragung[241], der Ort, durch dessen Recht der Gesellschaft die Rechtsfähigkeit verliehen wurde,[242] oder auch die Rechtswahl der Gründer[243] genannt. Welche Spielart **maßgeblich** ist, ist der **jeweils maßgeblichen Norm** des in- oder ausländischen Kollisionsrechts oder des höherrangigen Rechts zu entnehmen.

2. Art. 10 Abs. 1 Referentenentwurf 2008

89 Als **Beispiel** der Bestimmung des anwendbaren Rechts nach der Gründungstheorie kann hier Art. 10 des Referentenentwurfs 2008 dienen. Er lautet:

„Gesellschaften, Vereine und juristische Personen des Privatrechts unterliegen dem Recht des Staates, in dem sie in ein öffentliches Register eingetragen sind. Sind sie nicht oder noch nicht in ein öffentliches Register eingetragen, unterliegen sie dem Recht des Staates, nach dem sie organisiert sind."

90 Anzuwenden ist das am **Registerort** geltende Recht. Gemeint sind hiermit die Registereintragungen von Gesellschaften im Sinne von Artikel 3 der Richtlinie 68/151/EWG sowie vergleichbare (Erst-) Eintragungen als Hauptniederlassung.[244] Die Anknüpfung an den Registerort schafft ein für den Rechtsanwender leicht nachvollziehbares Anknüpfungskriterium und dient somit der Rechtssicherheit und der Rechtsklarheit. Sachrechtlich wird die Registrierung regelmäßig von einem inländischen Satzungssitz abhängig gemacht,[245] weswegen jedenfalls für die Frage der Gesellschaftsgründung der Satzungssitz mit dem Gründungsort in einem Staat zusammenfallen wird.[246]

91 Gesellschaften können aber **auch ohne Registereintragung wirksam entstehen.** Im deutschen Gesellschaftsrecht gilt dies z. B. für die Personengesellschaften, die Vorgesellschaften und den nicht eingetragenen Verein. Für diesen Fall gilt nach Satz 2 das **Recht, nach dem die Gesellschaft organisiert ist.** Nach der Entwurfsbegründung soll vom Auftreten der Gesellschaft nach außen in der Regel auf ihre Organisation geschlossen werden können, wobei sie – etwa durch Vorlage der Gründungsdokumente – auch beweisen kann, tatsächlich nach einem anderen Recht organisiert zu sein.[247] Nicht zu bewältigen sind mit dieser Anknüpfung Zusammenschlüsse, die zwar als solche am Rechtsverkehr teilnehmen und daher gesellschaftsrechtlich zu qualifizieren sind,[248] deren Gesellschafter sich aber nicht nach einem bestimmten Recht organisiert haben, sondern schlicht die Tätigkeit aufgenommen haben, ohne sich über die Rechtsfolgen Gedanken zu machen. In solchen Fällen wird man als zusätzliche Hilfsanknüpfung entsprechend Art. 4 Abs. 3 ROM I-VO

---

[236] OLG Hamburg NZG 2007, 597; Spahlinger/Wegen/*Spahlinger* Rn. 59; Staudinger/*Großfeld* IntGesR Rn. 18; *Grasmann* Rn. 512 ff.; kritisch zum Vergleich mit einer Rechtswahl *Kaulen*, Zur Bestimmung des Anknüpfmoments unter der Gründungstheorie – Unter besonderer Berücksichtigung des deutsch-US-amerikanischen Freundschaftsvertrages, IPRax 2008, 389, 393.

[237] Eingehend *Hoffmann*, Das Anknüpfungsmoment der Gründungstheorie, ZVglRWiss Bd. 101, 2002, 283.

[238] Weitere Beispiele bei *Kaulen*, IPRax 2008, 389, 390 ff.

[239] Z. B. *Grasmann* Rn. 368 ff.

[240] So im angloamerikanischen Rechtskreis, AnwKommBGB/*Hoffmann* Anh. zu Art. 12 EGBGB Rn. 37; Eidenmüller/*Eidenmüller*, § 1 Rn. 3.

[241] Z. B. Art. 10 Abs. 1 Referentenentwurf 2008 (Fn. 4), S. 2 und 8.

[242] Vgl. *Kaulen*, IPRax 2008, 389, 390 ff.; Eidenmüller/*Eidenmüller* § 1 Rn. 3.

[243] Z. B. OLG Hamburg NZG 2007, 597.

[244] Begründung zum Referentenentwurf 2008 (Fn. 4), S. 9.

[245] Vgl. im deutschen Recht §§ 5, 23 Abs. 3 Nr. 1 AktG, §§ 3 Abs. 1 Nr. 1, 4a GmbHG.

[246] *Kaulen*, IPRax 2008, 389, 391.

[247] Begründung zum Referentenentwurf 2008 (Fn. 4), S. 9.

[248] Oben Rn. 28 ff.

auf das Recht des Staates ausweichen müssen, zu dem die Gesellschaft die engste Verbindung aufweist.

3. Bewegliche Anknüpfung

Die Anknüpfung nach der Gründungstheorie wird häufig als nicht wandelbar beschrieben. Da die Gründung ein zeitlich einmaliger Vorgang sei, sei das danach ermittelte Gesellschaftsstatut unveränderlich und ein Statutenwechsel grundsätzlich nicht möglich.[249] Das ist in dieser Allgemeinheit falsch. Richtig ist, dass anders als unter der Sitztheorie ein Statutenwechsel nicht durch einen allein tatsächlichen Vorgang und u. U. auch unbeabsichtigt erfolgen kann. Ein **Statutenwechsel kann** aber als bewusste Gestaltungsmaßnahme **in Form eines grenzüberschreitenden Formwechsels** erfolgen, wenn Wegzugs- und Zuzugsstaat dies rechtlich ermöglichen.[250] Eine entsprechende Regelung sieht Art. 10b des Referentenentwurfes 2008 vor. Er lautet:

> *„Wird eine Gesellschaft, ein Verein oder eine juristische Person in einem anderen Staat in ein öffentliches Register eingetragen oder wird die Organisation der Gesellschaft, des Vereins oder der juristischen Person nach außen erkennbar dem Recht eines anderen Staates unterstellt, wechselt das nach Artikel 10 anzuwendende Recht, wenn das bisherige und das neue Recht einen Wechsel ohne Auflösung und Neugründung zulassen und die Voraussetzungen beider Rechte hierfür vorliegen."*

4. Geltungsbereich

Nach wie vor folgt die h. M. im deutschen Internationalen Gesellschaftsrecht grundsätzlich der Sitztheorie.[251] Es gibt jedoch wesentliche Teilbereiche, in denen die Gründungstheorie aufgrund vorrangiger europarechtlicher Vorgaben oder völkerrechtlicher Vereinbarungen (vgl. Art. 3 EGBGB) zur Anwendung kommt. Im Einzelnen handelt es sich um folgende Bereiche:

a) **Europarechtliche Niederlassungsfreiheit (EU).** Die Gesellschaften in Art. 49, 54 AEUV (ex Art. 43, 48 EG) gewährte **Niederlassungsfreiheit** gebietet es, Gesellschaften, die den Schutz der Niederlassungsfreiheit genießen, unabhängig vom Vorliegen weiterer Kriterien als solche anzuerkennen.[252] Voraussetzung ist, dass die Rechtsordnung eines anderen Mitgliedstaates die Gesellschaft nach den dort geltenden Regeln zur Entstehung bringt.[253] Die gemeinschaftsrechtlich **gebotene Anerkennung** der Rechtsfähigkeit wird im deutschen Internationalen Gesellschaftsrecht **durch die Anknüpfung an das Recht des Gründungsstaates** erreicht.[254] Eine zusätzliche Verknüpfung zum Heimatstaat, insbesondere ein entsprechender Verwaltungssitz, darf nicht gefordert werden. Gründungsrecht gilt dabei nicht nur für die Rechts- und Parteifähigkeit einer Gesellschaft, sondern grundsätzlich für alle vom Gesellschaftsstatut erfassten Fragen.[255]

---

[249] Z. B. AnwKommBGB/*Hoffmann* Anh. zu Art. 12 EGBGB Rn. 44; Spahlinger/Wegen/*Spahlinger* Rn. 59.
[250] Zu Unrecht kritisch *Rotheimer*, NZG 2008, 181, 182; *Bollacher*, RIW 2008, 200, 203.
[251] Siehe oben Rn. 61. Zum Streit um die Regelanknüpfung im deutschen Internationalen Gesellschaftsrecht vgl. Rn. 69 ff.
[252] EuGH Rs. C-212/97 – Centros Slg. 1999 I-1459; EuGH Rs. C-208/00 – Überseering Slg. 2002 I-9919; EuGH Rs. C-167/01 – Inspire Art Slg. 2003 I-10155. Diese Grundsätze sind entgegen *Zimmer*, Grenzüberschreitende Rechtspersönlichkeit, ZHR Bd. 168, 2004, 355, 361, damit Teil des deutschen IPR.
[253] EuGH Rs. C-210/06 – Cartesio NZG 2009, 61.
[254] BGH NJW 2003, 1461; BGH NJW 2004, 3706; BGH NJW 2005, 1648.
[255] Palandt/*Thorn* Anh. zu EGBGB 12 Rn. 7, 10; *Eidenmüller/Rehm*, Niederlassungsfreiheit versus Schutz des inländischen Rechtsverkehrs: Konturen des Europäischen Internationalen Gesellschaftsrechts: zugleich eine Besprechung der Entscheidung Inspire Art (EuGH NJW 2003, 3331), ZGR 2004, 159, 165; *Sandrock*, Sitzrecht contra Savigny?, BB 2004, 897, 899; *Ulmer*, Gläubigerschutz bei Scheinauslandsgesellschaften, NJW 2004, 1201, 1205 f.; aA *Altmeppen*, Schutz vor europäischen Kapitalgesellschaften, NJW 2004, 97, 99 f.

95 In den Schutzbereich der Niederlassungsfreiheit fallen nach Art. 54 Abs. 2 AEUV (ex Art. 48 EG) Gesellschaften des bürgerlichen Rechts und des Handelsrechts einschließlich der Genossenschaften und die sonstigen juristischen Personen des öffentlichen und privaten Rechts. Erfasst sind damit **nicht nur Körperschaften,** sondern **auch Personengesellschaften.**[256]

96 Die Vorschrift sieht eine **Ausnahme** vor für Gesellschaften, die **keinen Erwerbszweck** verfolgen. Nicht erfasst, weil keinen Erwerbszweck verfolgend, sind daher regelmäßig Gesellschaften mit rein karitativer, kultureller oder vergleichbarer Zwecksetzung (z. B. reiner Idealverein).[257] Die Verwaltung eigenen Vermögens ist aber als Erwerbszweck auch dann ausreichend, wenn diese nicht mit Gewinnerzielungsabsicht erfolgt, sondern – wie z. B. bei wohltätigen Stiftungen – einem karitativen Ziel dient.[258]

97 In räumlicher Hinsicht sind Gesellschaften aus allen **EU-Mitgliedstaaten** erfasst. **Nicht** erfasst sind dagegen **deutsche Gesellschaften.** Für diese darf das deutsche Recht weiterhin einen Verwaltungssitz in Deutschland fordern. Denn die Einbeziehung in den Schutzbereich der Niederlassungsfreiheit setzt voraus, dass ein Mitgliedstaat die Gesellschaft nach seiner Rechtsordnung zur Entstehung bringt. Vergleichbar der Staatsangehörigkeit kann diese Entstehung aber nicht nur positiv angeordnet, sondern auch wieder zurückgenommen werden. Die Regeln für die Entstehung und den Untergang einer Gesellschaft setzt jeder Mitgliedstaat autonom.[259]

98 Nach der Rechtsprechung des BGH fallen auch die in **Anhang II zum AEUV aufgelisteten überseeischen Länder und Gebiete (z. B. Aruba, Niederländische Antillen, Anguilla, Kaimaninseln, Montserrat, Turks- und Caicosinseln, Britische Jungferninseln, Bermuda)** aufgrund ihrer Assoziierung mit der Gemeinschaft nach Art. 355 Abs. 3, 198 Abs. 1, 199 Nr. 5 AEUV (ex Art. 299 Abs. 3, 182 Abs. 1, 183 Nr. 5 EG) in den Anwendungsbereich der Niederlassungsfreiheit.[260] Diese Rechtsprechung ist indes nicht überzeugend. Denn mit dem vom Rat der Europäischen Gemeinschaften getroffenen **Übersee-Assoziationsbeschluss vom 27. 11. 2001**[261] besteht eine nach Art. 203 AEUV (ex Art. 187 EG) zu beachtende Sonderregelung. Der Übersee-Assoziationsbeschluss modifiziert die Anwendung der Niederlassungsfreiheit sowohl hinsichtlich der Voraussetzungen als auch bezüglich der Rechtsfolgen.[262] So ist nach Art. 45 Abs. 1 lit. a des Übersee-Assoziationsbeschlusses – anders als bei Art. 54 AEUV (ex Art. 48 EG) – eine tatsächliche und dauerhafte Verbindung mit der Wirtschaft des betreffenden Landes oder Gebietes erforderlich. Die bloße Gründung nach dem Recht des betreffenden Landes oder Gebietes allein genügt nicht. Auf Rechtsfolgenseite gebietet Art. 45 Abs. 1 lit. b des Übersee-Assoziationsbeschlusses auch keine automatische Anerkennung der in einem überseeischen Land oder Gebiet gegründeten Gesellschaft, sondern schreibt vielmehr nur die Anwendung der im Rahmen des GATS[263] eingegangenen Verpflichtungen vor, wonach diese Gesellschaf-

---

[256] Palandt/*Thorn* Anh. zu EGBGB 12 Rn. 7; *Binge/Thölke*, „Everything goes!"? – Das deutsche Internationale Gesellschaftsrecht nach „Inspire Art", DNotZ 2004, 21, 24 f.; Reithmann/Martiny/*Hausmann* Rn. 5064. Gegen eine Erstreckung der „Überseering"-Rspr. auf Personengesellschaften *Leible/Hoffmann*, „Überseering" und das (vermeintliche) Ende der Sitztheorie, RIW 2002, 925, 933 f.; AnwKommBGB/*Hoffmann* Anh. zu Art. 12 EGBGB Rn. 151 ff.

[257] OLG Zweibrücken NZG 2005, 1019, 1020, zum Idealverein; Begründung Referentenentwurf 2008 (Fn. 4), S. 9.

[258] Richter/Wachter/*Hoffmann*, Hdb. des internationalen Stiftungsrechts, § 10 Rn. 51 ff.; *Behrens* GS Walz (2007) S. 13, 20 f., zweifelnd dagegen *Werner*, ZSt 2008, 17, 19.

[259] EuGH Rs. C-210/06 – Cartesio NZG 2009, 61, 66 ff., Rn. 99 f.; *Thölke* S. 140.

[260] BGH NJW 2004, 3706, 3707 (auf den britischen Jungferninseln registrierte Ltd.).

[261] ABl. EG 2001 L 314/1, S. 20, geändert durch Beschluss vom 19. 3. 2007, ABl. EU 2007 L 109/33.

[262] Dies offenbar außer Acht lassend BGH NJW 2004, 3706, 3707, vgl. *Thölke*, Anmerkung zu BGH, Urt. v. 19. 9. 2005 – II ZR/372/03, DNotZ 2006, 145, 146.

[263] General Agreement on Trade in Services, BGBl. 1994 II, S. 1643.

ten nicht schlechter gestellt werden dürfen als die Gesellschaften aus anderen Mitgliedstaaten (des GATS).

Keine Anwendung findet die Niederlassungsfreiheit auf die **Isle of Man und die Kanalinseln** (vgl. Art. 355 Abs. 5 lit. c AEUV (ex Art. 299 Abs. 5 lit. c EG) i. V. m. dem Protokoll Nr. 3 zum Vertrag über den Beitritt des Vereinigten Königreichs zur Europäischen Wirtschaftsgemeinschaft[264]) sowie die **Faröer-Inseln** Art. 355 Abs. 5 lit. a AEUV (ex Art. 299 Abs. 5 lit. a EG). Kollisionsrechtlich bleibt es hier bei der Geltung der Sitztheorie.[265]   99

b) Europäischer Wirtschaftsraum. Für die Mitgliedstaaten des Europäischen Wirtschaftsraums **(Liechtenstein, Island und Norwegen)** gilt aufgrund von Art. 31 EWR-Vertrag, der Art. 49 AEUV (ex Art. 43 EG) entspricht, das zur gemeinschaftsrechtlichen Niederlassungsfreiheit für EU-Gesellschaften Gesagte entsprechend: Eine in einem EWR-Staat wirksam bestehende Gesellschaft ist in jedem anderen EWR-Vertragsstaat – unabhängig von dem Ort ihres tatsächlichen Verwaltungssitzes – in der Rechtsform anzuerkennen, in der sie gegründet wurde.[266]   100

c) Europarechtliche Abkommen.[267] Im Verhältnis zu den **EU-Kandidatenländern Kroatien**[268] und **Mazedonien**[269] gelten europarechtliche Abkommen, die es **verbieten**, eine in diesen Staaten gegründete Gesellschaft im Rahmen der Niederlassung **zu diskriminieren**.[270] **Voraussetzung** für die Privilegierung solcher Gesellschaften ist aber, dass ihre Geschäftstätigkeiten eine **echte und kontinuierliche Verbindung** zur kroatischen bzw. mazedonischen Wirtschaft aufweisen. Dies ist weniger als ein entsprechender Verwaltungssitz. Die **Türkei** hat als einziges EU-Kandidatenland derzeit noch kein vergleichbares Abkommen abgeschlossen. Es gilt weiterhin das Assoziierungsabkommen vom 12. September 1963 zwischen der Europäischen Wirtschaftsgemeinschaft und der Türkei, das die Aufhebung der Beschränkungen der Niederlassungsfreiheiten lediglich als zukünftigen Schritt formuliert.[271] Von den **potentiellen EU-Kandidatenländern** sind mit **Albanien** und **Montenegro** Stabilisierungs- und Assoziierungsabkommen abgeschlossen worden.[272] Mit **Bosnien und Herzegowina** und **Serbien** wurden die entsprechenden Abkommen bereits unterzeichnet; soweit ersichtlich sind sie aber noch nicht in Kraft getreten.[273] Die Regelungen zur Niederlassungsfreiheit entsprechen denen in den Abkommen mit Kroatien und Mazedonien. Mit dem **Kosovo** (gem. UN-Resolution 1244) wurde noch kein solches Abkommen abgeschlossen.   101

Die Verträge im Rahmen der **Östlichen Partnerschaft**[274] mit **Armenien, Aserbaidschan, Georgien, Moldau** und **Ukraine** enthalten lediglich eine **Meistbegünsti-**   102

---

[264] ABl. EG 1972 L 73/164.
[265] BGH DNotZ 2003, 145 (Jersey); KG NZG 2005, 758 (Isle of Man).
[266] BGH NJW 2005, 3351 = DNotZ 2006, 143 mit Anmerkung *Thölke*; Reithmann/Martiny/Hausmann Rn. 5063; *Weller*, Niederlassungsfreiheit und Assoziierungsabkommen, ZGR 2006, 748; *Leible/Hoffmann*, RIW 2002, 925, 927; *Meilicke*, GmbHR 2003, 793, 798; Palandt/*Thorn* Anh. zu EGBGB 12 Rn. 6; Spahlinger/Wegen/*Spahlinger* Rn. 227.
[267] Nachweise unter European Commission, External Relations, DG RELEX/B2, Treaties Office, Annotated Summary of Bilateral Agreements between Non-Member States or International Organisations and the European Community, Euratom or European Union, http://ec.europa.eu/world/agreements/viewCollection.do?fileID=29 333.
[268] BGBl. 2002 II, S. 1914 (Art. 49, 50) in Kraft seit 1. 2. 2005, BGBl. 2006 II, S. 122.
[269] BGBl. 2002 II, S. 1210 (Art 48, 49) in Kraft seit 1. 4. 2004, BGBl. 2004 II, S. 1329.
[270] Dazu *Thölke*, DNotZ 2006, 145, 148 f.
[271] BGBl. 1964 II, S. 509, in Kraft seit 1. 12. 1964, BGBl. 1965 II, S. 1959. Vgl. EuGH EuZW 2000, 569.
[272] Für Albanien siehe BGBl. 2008 II, 1302 (Art. 49, 50) in Kraft seit 1. 4. 2009; für Montenegro siehe BGBl. 2009 II S. 1082 in Kraft seit 1. 5. 2010.
[273] Ausweislich der Webseite des Europäischen Rates (www.consilium.europa.eu) für Bosnien und Herzegowina unterzeichnet am 16. 6. 2008 und für Serbien unterzeichnet am 29. 4. 2008.
[274] Armenien: BGBl 1998 II, S. 2378 (Art. 23, 25), in Kraft seit 1. 7. 1999, ABl. EG 1999 Nr. L 261/41; Aserbaidschan: BGBl. 1998 II 690 (Art. 23, 25), in Kraft seit 1. 7. 1999, BGBl. 1999 II 686;

gungsklausel.[275] Mit **Weißrussland** wurde noch kein entsprechendes Abkommen abgeschlossen. Das Abkommen über Partnerschaft und Zusammenarbeit vom 24. Juni 1994 zwischen den Europäischen Gemeinschaften und der **Russischen Föderation**[276] enthält ebenfalls eine **Meistbegünstigungsklausel.** Die Verträge mit außereuropäischen Staaten bieten **kein einheitliches Bild.**[277]

103   **d) Schweiz.** Die Schweiz ist weder Mitglied der EU noch des EWR, weswegen für in der Schweiz gegründete Gesellschaften die Niederlassungsfreiheit aus Art. 49, 54 AEUV (ex Art. 43, 48 EG) bzw. Art. 31 ERW nicht gilt. Bisher war allerdings umstritten, ob für Schweizer Gesellschaften aufgrund des „Abkommens zwischen der Europäischen Gemeinschaft und ihren Mitgliedstaaten einerseits und der Schweizerischen Eidgenossenschaft andererseits über die Freizügigkeit" vom 21. 6. 1999[278] eine vergleichbare Privilegierung gilt.[279] Der **BGH** hat nunmehr klargestellt, dass **schweizerische Gesellschaften keine Privilegierung** genießen.[280]

104   **e) Staatsverträge, insbesondere USA.** Die Verpflichtung zur Anerkennung einer im Ausland wirksam gegründeten Gesellschaft kann sich auch aus völkerrechtlichen Verträgen ergeben. Hervorzuheben ist in diesem Zusammenhang der deutsch-amerikanische Freundschafts-, Handels- und Schifffahrtsvertrag vom 29. 10. 1954,[281] der **amerikanische Gesellschaften**[282] privilegiert und ihrem Gründungsrecht unterstellt.[283] Die Anerkennungspflicht bedeutet kollisionsrechtlich die Anwendung der Gründungstheorie auf das gesamte Gesellschaftsstatut.

105   Die kollisionsrechtliche Bedeutung **anderer bilateraler oder multilateraler Vereinbarungen, insbesondere** der dort häufig enthaltenen **Meistbegünstigungsklauseln,** wird in neuerer Zeit ebenfalls verstärkt diskutiert[284] und muss jeweils im Einzelfall untersucht werden.

Georgien: BGBl. 1998 II 1698 (Art. 23, 25), in Kraft seit 1. 7. 1999, BGBl. 1999 II 687; Moldau: BGBl. 1998 II, 930 (Art. 29, 31), in Kraft seit 1. 7. 1998, BGBl. 2001 II, 579; Ukraine: BGBl. 1997 II, 268 (Art. 30, 32), in Kraft seit 1. 3. 1998, BGBl. 2001 II, 37.
[275] Unten Rn. 105.
[276] BGBl. 1997 II, 846 (Art. 28, 30), in Kraft seit 1. 12. 1997, BGBl. 2001 II, 38.
[277] Vgl. in diesem Zusammenhang *Sester/Cárdenas*, The Extra-Comunitarian Effects of Centros, Überseering und Inspire Art with Regard to Fourth Generation Association Agreements, ECFR 2005, 398 ff. sowie *Weller*, ZGR 2006, 748, 767, zum Abkommen mit Chile.
[278] ABl. EG Nr. L 114, S. 6 ff.; für Deutschland in Kraft seit dem 1. 6. 2002, BGBl. 2002 II, S. 1692; BGBl. 2001 II, S. 810.
[279] OLG Hamm ZIP 2006, 1822; *Thölke*, DNotZ 2006, 145, 147 ; *Beretta*, Niederlassungsfreiheit von Gesellschaften im Verhältnis zwischen EG- und EFTA-Staaten: Anmerkung zu BGH, Urt. v. 19. 9. 2005 – II ZR 372/03, GPR 2006, 95, 96.
[280] BGH NJW 2009, 289 ff. = DStR 2009, 59 ff. mit Anmerkung *Goette* = DNotZ 2009, 385 ff. mit Anmerkung *Thölke*.
[281] BGBl. 1956 II, S. 487; die in erster Linie maßgebliche Vorschrift ist Art. XXV des Vertrages.
[282] Zur Geltung auch für die amerikanischen Territorien *Thölke*, Anmerkung zu BGH, Urt. v. 13. 10. 2004 – I ZR 245/01, DNotZ 2005, 141, 142 ff.
[283] BGH NJW-RR 2002, 1359, 1360; BGHZ 153, 353, 355 ff.; BGH DNotZ 2005, 141; MünchKommBGB/*Kindler* IntGesR Rn. 333 ff.; Spahlinger/Wegen/*Spahlinger* Rn. 232 ff.; *Kaulen*, IPRax 2008, 389 ff. mwN; *dies.*, S. 154 f. AA z. B. *Laeger*, Deutsch-amerikanisches Internationales Gesellschaftsrecht, 2008, S. 99 ff. und passim.
[284] Dazu § 15 Rn. 22; siehe auch MünchKommBGB/*Kindler* IntGesR Rn. 326 ff., 406, 479 ff.; Eidenmüller/*Rehm* § 2 Rn. 6 ff.; zum GATS BGH NJW 2009, 289, 290; *Lehmann*, Fällt die Sitztheorie jetzt auch international?, RIW 2004, 816; AnwKommBGB/*Hoffmann* Anh. nach Art. 12 Rn. 146 ff.; Spahlinger/Wegen/*Spahlinger* Rn. 230 ff.

VII. Weitere Fragen des allgemeinen Teils des IPR

Bereits erörtert wurden oben der **Aufbau der Kollisionsnorm**,[285] die **Qualifikation**[286] und der **Umfang der Verweisung**,[287] nebst Rück- und Weiterverweisung. Hingewiesen wurde auf den **Vorrang des Völker- und Europarechts**[288] sowie auf die Notwendigkeit, das **ausländische Recht so anzuwenden, wie es tatsächlich gilt**.[289]

1. Eingriffsnormen und Sonderanknüpfung

Als **Sonderanknüpfung** bezeichnet man im Internationalen Privatrecht eine von den allgemeinen Anknüpfungsregeln abweichende und diesen vorgehende Anknüpfung einzelner Fragen, für die das inländische oder das ausländische Sachrecht zwingende Vorschriften bereithält. Solche zwingenden Vorschriften, die ohne Rücksicht auf das nach den allgemeinen Anknüpfungsregeln ermittelte Recht Anwendung finden sollen, heißen **Eingriffsnormen.** Die Sonderanknüpfung dient zur kollisionsrechtlichen Durchsetzung von Eingriffsnormen und bewirkt deren unmittelbare Anwendung.[290] Für das internationale Schuldvertragsrecht hat der europäische Gesetzgeber die Berücksichtigung nationaler Eingriffsnormen in Art. 9 ROM I-VO ausdrücklich angeordnet.[291]

Der Gesetzgeber kann den international zwingenden Charakter einer Norm ausdrücklich in deren Wortlaut vorschreiben. Tut er das nicht, ist durch Auslegung der Norm nach deren Sinn und Zweck zu ermitteln, ob es sich bei ihr um eine Eingriffsnorm handelt oder nicht. Vom Vorliegen einer Eingriffsnorm ist grundsätzlich dann auszugehen, wenn der Gesetzgeber durch die in der entsprechenden Vorschrift statuierten Ge- und Verbote Interessen verfolgt, deren Durchsetzung so unabdingbar ist, dass sie unabhängig von den internationalprivatrechtlichen Regelungen angewendet werden sollen.[292] Für die Qualifizierung als Eingriffsnorm sind dabei weniger rechtliche, sondern vor allem politische, soziale und wirtschaftliche Wertvorstellungen maßgebend. **Geschützt werden Gemeininteressen.**[293] Dient eine Vorschrift hingegen primär dem Ausgleich individueller privater Interessen, spricht das gegen die Annahme einer Eingriffsnorm.[294] Bei einer Eingriffsnorm tritt das kollisionsrechtliche Leitprinzip der engsten Verbindung hinter dem Bedürfnis nach Schutz wichtiger Gemeininteressen zurück.[295]

Voraussetzung für eine Sonderanknüpfung im Internationalen Gesellschaftsrecht ist stets, dass die anzuknüpfende Regelung gesellschaftsrechtlich qualifiziert werden kann.[296] Unterfällt die Regelung schon nicht dem Gesellschaftsstatut, handelt es sich begrifflich nicht um eine Sonderanknüpfung, da ihre Anwendbarkeit jedenfalls keiner vom Gesellschaftsstatut gesonderten Anknüpfung bedarf. Die **Qualifikationsfrage** ist vorrangig und mitunter umstritten. Diskutiert wird z.B., ob die handelsrechtlichen Prüfungspflichten von Kapital-

---

[285] Oben Rn. 14 f.
[286] Oben Rn. 16 ff.
[287] Oben Rn. 25 ff.
[288] Oben Rn. 62 und 93 ff.
[289] Oben Rn. 26.
[290] *Kegel/Schurig* S. 150 ff.; *Sonnenberger*, Eingriffsrecht – Das trojanische Pferd im IPR oder notwendige Ergänzung?, IPRax 2003, 104, 105 ff.; Staudinger/*Magnus* Art. 34 EGBGB Rn. 115 ff., 138 ff.
[291] Zur Formulierung einer allgemeinen – d. h. nicht auf das Schuldvertragsrecht beschränkten – Eingriffsnorm de lege ferenda vgl. Sonnenberger/*Kieninger* (Fn. 3) S. 279 und S. 318 ff.
[292] *Brombach*, Das Internationale Gesellschaftsrecht im Spannungsfeld von Sitztheorie und Niederlassungsfreiheit, 2006, S. 173 f.; *Lorenz*, Die Rechtswahlfreiheit im Internationalen Gesellschaftsrecht, RIW 1987, 569, 578.; *Sonnenberger*, IPRax 2003, 104, 105; Sonnenberger/*Behrens* (Fn. 3), S. 401, 426 f.; Reithmann/Martiny/*Freitag* Rn. 494.
[293] Zum Begriff *Sonnenberger*, IPRax 2003, 194, 107 ff.
[294] BGH NJW 2006, 762; Reithmann/Martiny/*Freitag* Rn. 494, 510 f.; MünchKommBGB/*Martiny* Art. 9 ROM I-VO Rn. 12 f.; Sonnenberger, IPRax 2003, 104, 105 ff.
[295] Sonnenberger/*Behrens* (Fn. 3) S. 401, S. 426 f.
[296] Sonnenberger/*Behrens* (Fn. 3) S. 401, S. 405.

gesellschaften (Abschlussprüfung, §§ 316 ff. HGB) öffentlich-rechtlich[297] oder gesellschaftsrechtlich[298] zu qualifizieren sind; gleiches gilt für die Rechnungslegungspflichten (§§ 238 ff. HGB).[299] Auch bei Haftungsfragen kann ggf. eine Abgrenzung gesellschaftsrechtlicher Haftungsvorschriften zu deliktischen (§§ 823 ff. BGB) oder vertraglichen (z. B. §§ 280, 311 BGB) Regelungen vorzunehmen sein.[300]

110 Für die kollisionsrechtliche **Durchsetzung** international zwingender **deutscher Vorschriften** ergeben sich Unterschiede zwischen der Sitz- und der Gründungstheorie:

111 Bei einer Anknüpfung nach der **Sitztheorie** werden **Sonderanknüpfungen** – wenn auch nicht gänzlich, so doch in weitem Umfang – dadurch **vermieden**, dass die international zwingenden Vorschriften des Sitzstaates bereits kraft der allgemeinen Anknüpfungsregeln zur Anwendung kommen. Eine Sonderanknüpfung ist dann nicht erforderlich. Das begünstigt ein einheitliches Gesellschaftsstatut und wird als einer der Vorteile der Sitztheorie gegenüber der Gründungstheorie angesehen.[301]

112 Bei einer Anknüpfung nach der **Gründungstheorie** werden **Sonderanknüpfungen** hingegen **häufiger** für erforderlich gehalten, um zu verhindern, dass durch eine Gesellschaftsgründung in einem anderen Staat zwingende Vorschriften des Sitzstaates umgangen werden. Im Ergebnis kann das zu einem insgesamt nicht mehr einheitlichen Gesellschaftsstatut führen, bei dem je nach zu beurteilender Frage die Vorschriften des Gründungsstaates mit denen des Sitzstaates vermengt werden.[302]

113 Überlagert wird die Frage nach einer Sonderanknüpfung von Eingriffsnormen durch das **Gemeinschaftsrecht,** namentlich durch die Rechtsprechung des EuGH[303] zur Niederlassungsfreiheit von Gesellschaften (Art. 49, 54 AEUV, ex Art. 43, 48 EGV). Hier stellt sich dann nicht nur die Frage, ob eine Eingriffsnorm vorliegt, sondern auch, ob deren Durchsetzung via Sonderanknüpfung mit dem Gemeinschaftsrecht vereinbar ist oder eine nicht gerechtfertigte Beeinträchtigung der Niederlassungsfreiheit darstellt.[304] Grundlage ist die Überlegung, dass zwar die generelle Anwendung des inländischen Gesellschaftsrechts auf die in einem anderen EG-Mitgliedstaat gegründeten Gesellschaften europarechtlich unzulässig ist, eine punktuelle Anwendung einzelner innerstaatlicher Normen aber aus zwingenden Gründen des Allgemeininteresses gerechtfertigt sein kann.

114 Für die Streitentscheidung vor deutschen Gerichten unerheblich ist die Frage, inwieweit **gesellschaftsrechtliche Vorschriften ausländischer Staaten** von diesen als international zwingend (also als Eingriffsnormen) angesehen werden. Denn Eingriffsnormen

---

[297] So MünchKommBGB/*Kindler* IntGesR Rn. 276, 278.
[298] Hirte/Bücker/*Westhoff* § 18 Rn. 78; Staudinger/*Großfeld* IntGesR Rn. 366 f.
[299] Die wohl hM qualifiziert gesellschaftsrechtlich, vgl. Hirte/Bücker/*Westhoff* § 18 Rn. 24 ff.; Staudinger/*Großfeld* IntGesR Rn. 362; *Zimmer* S. 183; nach aA ist öffentlich-rechtlich zu qualifizieren, so etwa MünchKommBGB/*Kindler* IntGesR Rn. 273 f., 277. Siehe dazu auch *Nachtwey*, Das anwendbare Bilanzrecht für die doppelansässige Europäische Privatgesellschaft zwischen Unions- und Internationalem Privatrecht, 2011, S. 225 ff.
[300] *Brombach* S. 180 ff.; Sonnenberger/*Behrens* (Fn. 3) S. 401, S. 404; zur Einordnung der Durchgriffs- und Existenzvernichtungshaftung vgl. Sonnenberger/*Behrens* (Fn. 3) S. 227, S. 233 f.; zur Einordnung der Handelndenhaftung nach § 11 Abs. 2 GmbHG vgl. BGH NJW 2005, 1648 sowie Sonnenberger/*Kieninger* (Fn. 3) S. 279, S. 311 ff. Im Einzelnen dazu auch unten § 14 Rn. 18 ff.
[301] Vgl. Staudinger/*Großfeld* IntGesR Rn. 42, 72, 249 f.
[302] Staudinger/*Großfeld* IntGesR Rn. 56, 64, 249 („Normenmix").
[303] EuGH, Rs. 208/00 – Überseering, Slg. 2002, I-9919; Rs. 167/70 – Inspire Art, Slg. 2003, I-10155; Rs. C-212/97 – Centros Slg. 1999, I-1459.
[304] Vgl. *Forsthoff*, EuGH fördert Vielfalt im Gesellschaftsrecht – Traditionelle deutsche Sitztheorie verstößt gegen Niederlassungsfreiheit, DB 2002, 2471, 2476 f.; *Brombach* S. 172 ff., S. 186 ff.; *Behrens*, Gemeinschaftsrechtliche Grenzen der Anwendung inländischen Gesellschaftsrechts auf Auslandsgesellschaften nach Inspire Art, IPRax 2004, 20, 25 f.; *Kieninger*, Niederlassungsfreiheit als Rechtswahlfreiheit – Die Entscheidung des EuGH in der Sache Centros Ltd., ZGR 1999, 724, 739 ff.; Sonnenberger/*Behrens* (Fn. 3) S. 401, S. 406 ff.

dienen der Durchsetzung von Gemeininteressen, und im Grundsatz setzt jeder Staat (nur) seine eigenen Gemeininteressen durch.[305]

2. Ordre public und Anpassung

Die Rechtsfiguren des **ordre public** und der **Anpassung** dienen beide der **nachträglichen Ergebniskorrektur.** Da die Kollisionsnormen auf das Sachrecht verweisen, ohne dessen Inhalt zu berücksichtigen („Sprung ins Dunkle"),[306] kann es vorkommen, dass das Ergebnis nach Anwendung des berufenen Sachrechts so nicht hingenommen werden kann.

Nach Art. 6 EGBGB (Vorbehalt des **ordre public**) ist eine auf der Grundlage des deutschen IPR an sich anwendbare **ausländische Sachnorm nicht anzuwenden,** wenn ihre Anwendung zu einem **Ergebnis** führt, das mit **wesentlichen Grundsätzen** des deutschen Rechts, insbesondere den Grundrechten, **offensichtlich unvereinbar** ist. Dies dürfte im Bereich des Wirtschaftsrechts nur selten der Fall sein. Keinesfalls ausreichend ist es z.B., dass ein ausländisches Gesellschaftsrecht für die Abfindung im Falle des unverschuldeten Ausscheidens einen geringeren Wert ansetzt als den Börsenkurs und damit den Vorgaben des BVerfG für das deutsche Gesellschaftsrecht widerspricht. Denn die Gesellschafter haben sich regelmäßig auf das ausländische Recht eingelassen, so dass ein Ergebnis, das auf dieser Grundlage getroffen wird, für ein deutsches Gericht nur selten offensichtlich unerträglich sein wird. Dies gilt insbesondere dann, wenn der Inlandsbezug gering ist (**räumliche Relativität des ordre public**).[307]

Ein anderes Problem wird mit dem nur selten praktisch werdenden Institut der **Anpassung** gelöst: Die sich aufgrund eines Lebenssachverhaltes stellenden Rechtsfragen werden von verschiedenen Kollisionsnormen erfasst, die auf verschiedene Sachrechte verweisen. Die von diesen angeordneten Teillösungen ergeben ein Gesamtbild, das dem Sinn aller beteiligten Rechtsordnungen widerspricht.[308]

Der Grundsatz der Einheitlichkeit des Gesellschaftsstatuts[309] **vermeidet** solche Wertungswidersprüche und verhindert damit den **Anpassungsbedarf** im Gesellschaftsrecht. Die **vermehrte Zulassung** von **Sonderanknüpfungen** und **Eingriffsnormen erzeugt** hingegen **Anpassungsbedarf.** Besonders kritisch wird es dort, wo der Verwaltung oder den Gesellschaftern vom anwendbaren Gründungsrecht bestimmte Pflichten auferlegt werden, während eine Eingriffsnorm das Gegenteil verlangen würde. Die Anpassung erfolgt dann durch nachträgliche Korrektur auf Ebene der Sachnormen oder der Kollisionsnormen unter Berücksichtigung der ursprünglichen Normzwecke. Im Einzelnen ist hier vieles streitig.[310]

3. Substitution

Sachnormen nehmen in ihrem **Tatbestand** vielfach auf Rechtsinstitute Bezug. So stellt sich im Rahmen der Anwendung des § 353 HGB die Frage, ob die an dem Geschäft Beteiligten „Kaufleute" sind, da nur diese bei beiderseitigen Handelsgeschäften Fälligkeitszinsen verlangen können. Der Tatbestand der anzuwendenden Sachnorm nimmt also auf die Anordnung einer Rechtsfolge oder die rechtliche Qualifikation eines Sachverhaltes durch eine andere Sachnorm, mithin auf die Antwort auf eine **andere Rechtsfrage Bezug.**

---

[305] Sonnenberger/*Behrens*, (Fn. 3) S. 401, 427; allgemein zur Anwendung ausländischen Eingriffsrechts vgl. Staudinger/*Magnus* Art. 34 EGBGB Rn. 110 ff.; MünchKommBGB/*Sonnenberger* IPR Einl. Rn. 35 ff.; Sonnenberger/*Kieninger* (Fn. 3) S. 279, 318 f.

[306] *Siehr* S. 485 ff.

[307] *Looschelders* Art. 6 EGBGB Rn. 18.

[308] *Looschelders* Vorb. Art. 3–6 EGBGB Rn. 58 ff.; *Thölke* S. 160 ff.; Ein Beispiel wäre der oben (Rn. 6) gebildete Fall auf der Grundlage einer gespaltenen gesellschaftsrechtlichen Anknüpfung.

[309] Oben Rn. 6 f.

[310] Ausführlich MünchKommBGB/*Sonnenberger* IPR Einl. Rn. 581 ff.

120 Wird eine solche Rechtsfrage von einer **eigenen Kollisionsnorm** erfasst, also selbständig **angeknüpft**,[311] ist zunächst das anwendbare Recht und dann das materielle Ergebnis zu ermitteln. Dass das Ergebnis der Anwendung fremden Rechts dann unter den Tatbestand der inländischen Norm, von der die **Vorfrage** ausging, subsumiert werden kann, ist Grundlage der selbständigen Anknüpfung und wird kaum je problematisiert. Wenn also das anwendbare deutsche Erbrecht in § 1931 Abs. 1 BGB dem überlebenden Ehegatten ein gesetzliches Erbrecht zugesteht und das deutsche IPR die Frage, ob zum Zeitpunkt des Todes eine wirksame Ehe bestand, nach Art. 13 ff. EGBGB unabhängig vom Erbstatut selbständig anknüpft, bedeutet dies auch, dass das so auf der Grundlage ausländischen Rechts gefundene Ergebnis von § 1931 Abs. 1 BGB grundsätzlich wie eine deutsche Ehe akzeptiert werden muss.

121 Die Kaufmannseigenschaft wird dagegen nicht selbständig angeknüpft.[312] § 353 HGB nimmt also mit dem Begriff *„Kaufleute"* unmittelbar auf §§ 1 ff. HGB Bezug. Wenn § 6 HGB sodann bestimmt, dass die Vorschriften über Kaufleute auch auf Handelsgesellschaften anzuwenden sind, sind damit die inländischen Handelsgesellschaften gemeint. Ist an dem Geschäft eine ausländische Gesellschaft, z.B. eine französische S.A., beteiligt, stellt sich die Frage, ob auch sie Handelsgesellschaft im Sinne des § 6 HGB und damit Kaufmann im Sinne des § 353 HGB ist. Die Frage ist also, ob im Rahmen der Anwendung des § 6 HGB die deutschen Handelsgesellschaften durch eine französische S.A. **substituiert** werden können. Diese Frage ist durch Auslegung der betreffenden Sachnorm, hier also durch Auslegung der §§ 6, 353 HGB zu beantworten. **Kriterium** ist dabei eine am **Normzweck** der **Ausgangsnorm** orientierte **Vergleichbarkeitsprüfung**,[313] die im hier vorliegenden Fall aufgrund der Ähnlichkeit der französischen S.A. zur deutschen AG positiv ausfallen würde. Die Substitutionsfrage stellt sich im Gesellschaftsrecht besonders im Bereich der Auslandsbeurkundungen.[314]

4. Wechsel des anwendbaren Rechts, insbesondere Statutenwechsel

122 Ein **Wechsel des anwendbaren Rechts** kann **verschiedene Ursachen** haben. So kann sich die Verweisungsnorm ändern, es können Grenzverschiebungen eintreten und es können Umstände eintreten, die im Falle beweglicher Anknüpfung bei unveränderter Rechts- und Gebietslage zur Änderung der Verweisungsrichtung führen. Nur im letzten Fall spricht man vom Statutenwechsel.

123 a) **Änderung der Kollisionsnorm**. Wird das **deutsche IPR geändert**, kann sich die Verweisungsrichtung für eine bestimmte Rechtsfrage ändern. In solchen Fällen ist **zunächst die intertemporale Frage zu beantworten,** ob altes oder neues Kollisionsrecht zur Anwendung zu bringen ist. Art. 220 Abs. 1 EGBGB bestimmt dazu im Zusammenhang mit der Neuregelung des IPR im Jahre 1986, dass auf vor dem 1. 9. 1986 **abgeschlossene Vorgänge altes Recht** angewendet wird. Die Tatbestandslehre des intertemporalen Rechts, wie sie auch in Art. 220 Abs. 1 EGBGB zum Ausdruck kommt, bedarf indes Kriterien, nach denen beurteilt werden kann, ob ein Vorgang „abgeschlossen" ist oder nicht. Im intertemporalen Recht sind dies **verfassungsrechtliche Kriterien.** Das intertemporale Recht geht vom Grundsatz aus, dass das Recht, das im Zeitpunkt des Geschehens gilt, grundsätzlich auch der späteren Beurteilung des Geschehens zugrunde gelegt werden soll. Berechtigterweise kann also ein Betroffener darauf vertrauen, dass die Gesetze, an denen er sein Verhalten ausrichtet, später auch der Beurteilung seines Verhaltens zugrunde gelegt werden. Dieses Vertrauen ist verfassungsrechtlich geschützt.[315]

---

[311] Oben Rn. 10.
[312] MünchKommBGB/*Kindler* IntGesR Rn. 157 f., 191 ff.
[313] Für die Kaufmannseigenschaft MünchKommBGB/*Kindler* IntGesR Rn. 199. Allgemein zur Substitution MünchKommBGB/*Sonnenberger* IPR Einl. Rn. 602 ff.
[314] Dazu unten § 6 Rn. 6 ff.
[315] Eingehend *Heß*, Intertemporales Privatrecht, 1998, § 7.

Ein vergleichbares Problem stellt sich, wenn eine Kollisionsnorm **zum ersten Mal ko-** **124** **difiziert** wird und den Inhalt des **bisher geltenden Gewohnheitsrechtes** ändert. Als Beispiel sei hier der vom Referentenentwurf 2008 geplante Übergang von der Sitz- zur Gründungstheorie genannt.[316] Grundsätzlich besteht nur ein sehr eingeschränkter Vertrauensschutz auf die Aufrechterhaltung einer bestimmten Rechtsprechung.[317] Im Falle des Übergangs von der Sitztheorie zur Gründungstheorie dürfte eine **rückwirkende Anwendung kaum je an Vertrauensschutzgesichtspunkten scheitern.** Denn der Wechsel des Anknüpfungsmomentes wirkt sich nur bei ausländischen Gesellschaften mit inländischem Verwaltungssitz aus, die nach einem solchen Übergang unter das Gründungsrecht fallen, also unter das Recht, das sie nach außen ohnehin für sich in Anspruch genommen haben.[318]

Im Fall der Gesamtverweisung (Art. 4 Abs. 1 EGBGB) stellen sich vergleichbare Fragen, **125** wenn sich das **ausländische Kollisionsrecht ändert.** Hier ist dann im Rahmen der Anwendung des ausländischen Kollisionsrechts zunächst das diesbezügliche ausländische intertemporale Recht zu prüfen.[319]

Ändert sich das anwendbare **inländische** oder **ausländische Sachrecht** ist nach der **126** Verweisung das **inländische** bzw. **ausländische intertemporale Recht** zu prüfen.[320]

b) Grenzverschiebungen. Liegt der Ort, auf den ein Anknüpfungsmoment verweist, **127** nach einer **Grenzverschiebung** in einem anderen Staat, führt auch dies zunächst zu einem **Wechsel des anwendbaren Rechts.** Tatsächlich sind diese Fälle aber **stets im Einzelfall** zu betrachten, da größere Grenzverschiebungen, z.B. im Anschluss an Kriege oder nach dem Zerfall von Staaten, regelmäßig erhebliche Umwälzungen nach sich ziehen, die sich auch in **besonderen Regelungen** zur Bewältigung derselben niederschlagen. Diese Regeln sind dann bei der Anwendung des berufenen in- oder ausländischen Rechts zunächst zu beachten. In Deutschland wurden solche Fragen vor allem aufgrund der Grenzveränderungen nach dem ersten und zweiten Weltkrieg[321] sowie nach der Wiedervereinigung[322] praktisch relevant. Sofern **Gebietsveränderungen nicht anerkannt** werden, wird aus politischen Gründen auf Ersatzkonstruktionen zurückgegriffen.[323]

c) Statutenwechsel. Als **Statutenwechsel** bezeichnet man den Wechsel des anwend- **128** baren Rechts aufgrund einer Veränderung der Anknüpfungstatsachen. In einem solchen Fall verweist die Kollisionsnorm aufgrund der **Änderung tatsächlicher Umstände** auf eine **andere Rechtsordnung** als zuvor. Im Gesellschaftsrecht ist dies unter der Sitztheorie der Fall, wenn eine Gesellschaft ausländischen Rechts durch die Verlegung ihres Verwaltungssitzes nach Deutschland nunmehr nach deutschem Recht beurteilt wird und als Personengesellschaft fortbesteht.

Das Beispiel zeigt, dass im **Gesellschaftsrecht**[324] die Rechtsfolge „**Statutenwechsel**" **129** **gleichbedeutend** ist mit einem **grenzüberschreitenden Formwechsel.** Denn die bisherige Gesellschaft wird vielmehr aus Sicht des deutschen Rechts in Deutschland in Form der deutschen Personengesellschaft fortgesetzt. Voraussetzung dafür ist aber normlogisch nicht nur der von der Kollisionsnorm angeordnete Wechsel des anwendbaren Rechts, sondern auch das Vorhandensein einer Sachnorm, die sachrechtlich im Falle der Verlegung des

---

[316] Oben Rn. 2, 89.
[317] Siehe nur BGH NJW 2008, 1438, 1439 mwN.
[318] *Thölke*, DNotZ 2009, 385, 391.
[319] *Großerichter/Bauer*, Unwandelbarkeit und Staatenzerfall, RabelsZ Bd. 65, 2001, 201, 203; MünchKommBGB/*Sonnenberger* IPR Einl. Rn. 385.
[320] MünchKommBGB/*Sonnenberger* IPR Einl. Rn. 386.
[321] Dazu für das Internationale Gesellschaftsrecht *Hamel*, Die Verlegung des Sitzes juristischer Personen ins Ausland, RabelsZ Bd. 2, 1928, 1002 ff. und *Karl* AcP Bd. 159, 1960, 293 ff.
[322] Dazu mwN *Heß* S. 108 ff., S. 136 ff.
[323] Dazu unten Rn. 132 ff.
[324] Eingehend zum Folgenden und zum Statutenwechsel im Gesellschaftsrecht insgesamt *Thölke* S. 80 ff., 119 ff. sowie unten § 52.

Verwaltungssitzes nach Deutschland die Überleitung der ausländischen Gesellschaft in die Rechtsform einer deutschen GbR bzw. bei Vorliegen der Voraussetzungen einer Personenhandelsgesellschaft anordnet. Diese Norm ist nicht dieselbe Norm, die im deutschen Recht die originäre Entstehung einer Personengesellschaft anordnet, wenn mehrere sich zu einem gemeinsamen Zweck zusammenschließen, wie z.B. § 705 BGB. Denn § 705 BGB ordnet die Entstehung der Gesellschaft für den Zeitpunkt des Abschlusses des Gesellschaftsvertrages an. Dieser Zeitpunkt liegt aber vor der Verwaltungssitzverlegung mit der Folge, dass das deutsche Gesellschaftsrecht noch nicht anwendbar war. Wenn also die h.M. nach der Sitztheorie die Entstehung einer deutschen Personengesellschaft durch Zuzug annimmt, impliziert sie damit auch die gewohnheitsrechtliche Geltung einer entsprechenden **Überleitungssachnorm**.

130 Dass das ausländische Recht keine eigene Überleitungsnorm vorsieht und die Gesellschaft nicht „an der Grenze übergibt", ist unerheblich, denn die Sichtweise des ausländischen Rechts spielt aus Sicht eines deutschen Gerichts dann keine Rolle. Es handelt sich um ein **hinkendes Rechtsverhältnis**.[325]

131 Prinzipiell gleiches gilt auch bei der **grenzüberschreitenden Sitzverlegung** bzw. dem **grenzüberschreitenden Formwechsel als Gestaltungsmaßnahme**.[326] Da aus Sicht der Beteiligten aber ein hinkendes Rechtsverhältnis inakzeptabel ist, werden die Beteiligten eine solche Gestaltung nur wählen, wenn nicht nur das Recht des aufnehmenden Staates, sondern auch das Recht des Wegzugsstaates kollisionsrechtlich eine Änderung der Verweisungsrichtung vornimmt und sachrechtlich eine Überleitung anordnet. Soweit Regelungen für solche Gestaltungen vorhanden sind, machen sie die Änderung der Verweisungsrichtung daher regelmäßig vom Bestehen **sachrechtlicher Übergangsregelungen** und der **Änderung der Verweisungsrichtung** auch in **den anderen beteiligten Staaten** abhängig.[327]

5. Rest- und Spaltgesellschaften

132 **Restgesellschaften entstehen,** wenn eine Gesellschaft nach dem Recht des Staates, nach dem sie aus der Sicht des deutschen IPR besteht, **untergeht und dieser Untergang** von der deutschen Rechtsordnung **nicht anerkannt wird.** Diese Fälle stellen eine Durchbrechung des kollisionsrechtlichen Systems dar, da die kollisionsrechtlich anwendbare Rechtsordnung im Ergebnis gerade nicht so zu Anwendung kommt, wie sie tatsächlich gilt. Der Grund sind übergeordnete Wertungen insbesondere im Falle von Enteignungen oder Gebietsverschiebungen, die von der deutschen Rechtsordnung nicht anerkannt werden. Die deutsche Rechtsordnung schafft für diese Fälle ungeschriebenes Kollisions- und Sachrecht, das die Gesellschaft weiterbestehen lässt und ihr die Möglichkeit des Übergangs gibt. Sie gilt dann aus Sicht des deutschen Rechts als Trägerin des Vermögens der in ihrem Heimatstaat untergegangenen Gesellschaft. Ziel ist es, das Vermögen in solchen Staaten, die die zum Untergang der Gesellschaft in ihrem Heimatstaat führenden Maßnahmen nicht anerkennen, für die Gesellschafter in ihrer bisherigen Struktur zu sichern. Aktuelle Bedeutung erlangt diese Rechtsfigur im Zusammenhang mit dem deutschen Vermögen englischer limited companies, die im Gründungsstaat gelöscht worden sind. Nach § 654 des Company Act 1985 fällt das (englische) Vermögen der gelöschten Gesellschaft der Krone zu – eine Rechtsfolge, die aus Sicht der deutschen Rechtsordnung jedenfalls für das deutsche Vermögen nicht sachgerecht ist und daher über die Figur der Restgesellschaft korrigiert wird.[328]

133 Die Problemlage bei **Spaltgesellschaften** gleicht denen bei der Restgesellschaft. Der Unterschied besteht darin, dass das Heimatrecht nicht den Untergang der Gesellschaft an-

---

[325] Oben Rn. 9.
[326] Siehe unten § 54
[327] Vgl. Art. 10b Referentenentwurf 2008 (Fn. 4). Siehe auch oben Rn. 92.
[328] OLG Düsseldorf, NZG 2010, 1226, 1227; OLG Nürnberg NZG 2008, 76, 77; OLG Jena NZG 2007, 877, 878; *Krömker/Otte*, Die gelöschte Limited mit Restvermögen in Deutschland: Stehen Gläubiger und Gesellschafter im Regen?, BB 2008, 694 ff.

ordnet, sondern die **Mitgliedschaftsrechte enteignet.** Die alte Gesellschaft bleibt also existent. Aus Sicht des deutschen Rechts hat sie aber andere Gesellschafter. Als Lösung ordnet das deutsche Recht die Entstehung einer eigenen Gesellschaft mit den bisherigen Gesellschaftern an, die auch Trägerin des außerhalb des Enteignungsstaates belegenen bisherigen Gesellschaftsvermögens ist.

In der Praxis werden mit Hilfe dieser Rechtsfiguren dann **angemessene Lösungen für den Einzelfall** gefunden.[329]

§ 2 Rechtsform- und Standortwahl im internationalen Kontext

Übersicht

	Rdnr.		Rdnr.
I. Grundlagen	1–24	b) Niederlassungsfreiheit	43, 44
1. Einleitung	1–3	c) Kapital- und Zahlungsverkehrsfreiheit	45, 46
2. Entscheidungsproblem und Struktur der Entscheidung	4, 5	d) Dienstleistungsfreiheit	47
3. Verschränkung von Rechtsformwahl- und Standortentscheidung	6–9	e) Arbeitnehmerfreizügigkeit	48, 49
		4. Völkerrecht	50–55
4. Standortentscheidung	10–16	a) Einleitung	50, 51
a) Allgemeines	10, 11	b) Menschenrechtsverträge	52
b) Tatsächlich geprägte Standortfaktoren	12–15	c) Doppelbesteuerungsabkommen	53
c) Rechtlich geprägte Standortfaktoren	16	d) Investitionsschutzabkommen	54
5. Rechtsformwahl	17–24	e) Sonstige Abkommen	55
a) Begriff und Abgrenzung	17	IV. Einzelne Standortfaktoren und Rechtsformwahlkriterien	56–117
b) Numerus clausus und Rechtsformzwang	19	1. Gesellschaftsrecht	58
c) Einbeziehung ausländischer Rechtsformen in die Entscheidung	21	a) Zweck	58
		b) Gesellschafter	59
d) Typenvermischung	24	c) Geschäftsführung, Vertretung, Corporate Governance	60
II. Bedeutung des IPR/IZPR für die Entscheidung über Rechtsform und Standort	25–28	d) Firmierung	61
1. Bedeutung für die Rechtsformwahl	25, 26	e) Finanzierung	62
2. Bedeutung für die Standortwahl	27, 28	f) Haftung	63
		g) Weitere Aspekte	64–66
III. Bedeutung höherrangigen Rechts für die Entscheidung über Rechtsform und Standort	29–55	2. Steuerrecht	67
1. Einleitung	29–31	a) Einleitung	67–71
2. Verfassungsrecht	32	b) Einkommens- und Körperschaftsteuer	72–82
a) Vereinigungsfreiheit und Gesellschaftsrecht	33	c) Weitere Ertragsteuern	83
b) Schutz der unternehmerischen Freiheit	33	d) Umsatzsteuer, weitere Verkehrssteuern und Substanzsteuern	84–86
c) Grundrechtsfähigkeit	34–38	e) Komplexität und Rechtssicherheit des Steuersystems	87, 88
3. Europarecht	39–49	3. Arbeits- und Sozialrecht	89
a) Warenverkehrsfreiheit und Zollunion	41, 42	a) Individuelles Arbeitsrecht	89–91
		b) Kollektives Arbeistrecht	92–94
		c) Arbeitsschutzvorschriften	95
		d) Sozialrecht	96

[329] Eingehend Staudinger/*Großfeld* IntGesR Rn. 832 ff.

	Rdnr.		Rdnr.
4. Regulierung der unternehmerischen Tätigkeit ...	97–101	6. Weitere Bereiche des öffentlichen Rechts	106–108
5. Sonderrecht für ausländische Investoren, Außenwirtschaftsrecht	102–105	7. Fördermittel	109
		8. Immobilienrecht	110–115
		9. Gewerblicher Rechtsschutz	116
		10. Insolvenzrecht	117

Schrifttum: *Autschbach*, Internationale Standortwahl, 1997; *Balderjahn*, Standortmarketing, 2000; *Ballmann*, Der High Court of Justice erschwert die Flucht deutscher Unternehmer ins englische Insolvenzrecht, BB 2007, 1121; *Baranova*, Russische Föderation: Eigentumserwerb an unbeweglichen Vermögen, RIW 2005, 39; *Behrens*, Allgemeine Standortbestimmungslehre, 1971; *Bloech*, Optimale Industriestandorte, 1970; *Böckstiegel*, Internationaler Investitionsschutz aus der Perspektive eines Schiedsrichters, SchiedsVZ 2008, 265; *Böhringer*, Das deutsche Grundbuchsystem im internationalen Rechtsvergleich, BWNotZ 1987, 25; *Braun*, Internationales Gesellschaftsrecht und grunderwerbssteuerliche Unbedenklichkeit, RIW 1995, 499; *Brähler/Mayer*, Abkommensberechtigung von Personengesellschaften – zugleich Besprechung des BMF-Schreibens vom 15. 4. 2010, IStR 2010, 678; *Brigola*, Das System der EG-Grundfreiheiten, 2004; *BU*, Der Schutz bösgläubiger Markeneintragung in China, GRURInt, 2010, 12; *Bula/Brünger*, Umwandlungen, 4. Aufl. 2011; *Busche/Stoll*, TRIPs: Internationales und europäisches Recht des geistigen Eigentums, 2007; *Calliess/Ruffert* (Hrsg.), Das Verfassungsrecht der Europäischen Union, 4. Aufl. 2011; *Consbruch/Fischer* (Hrsg.), Kreditwesengesetz, Stand 11/2011; *Dauses* (Hrsg.), Handbuch EU-Wirtschaftsrecht, Stand 09/2011; *Degenhart*, Grundrechtsschutz ausländischer juristischer Personen bei wirtschaftlicher Betätigung im Inland, EuGRZ 1981, 161; *Derungs*, Die betriebliche Standortwahl aus einer prozessorientierten Perspektive, 2008; *Ehlers*, Europäische Grundrechte und Grundfreiheiten, 3. Aufl. 2009; *Ekey/Klippel/Kotthoff*, Wettbewerbsrecht, 2. Aufl. 2005; *Erle/Berberich*, Beck'sches Handbuch der GmbH, 4. Aufl. 2009; *Frank*, Bauträgerrecht in Europa, MittBayNot 2001, 113; *Franzmann*, Sicherer Immobilienerwerb durch Notar und Grundbuch, MittBayNot 2009, 346; *Frenz*, Handbuch Europarecht Bd. 1, 2004; *Frenz*, Grundfragen der Niederlassungs- und Dienstleistungsfreiheit im neuen Gewande, GewA 2007, 98; *Gebler*, Ausländische Insolvenzverfahren zur Sanierung deutscher Unternehmen, NZI 2010, 665; *Germelmann*, Konkurrenz von Grundfreiheiten und Missbrauch von Gemeinschaftsrecht – Zum Verhältnis von Kapitalverkehrs- und Niederlassungsfreiheit in der neueren Rechtsprechung, EuZW 2008, 596; *Glöckner*, Eigentumsrechtlicher Schutz von Unternehmen, 2005; *Goette*, Standortpolitik internationaler Unternehmen, 1994; *Götting*, Gewerblicher Rechtsschutz, 2010; *Grabenwarter/Pabel*, Europäische Menschenrechtskonvention, 3. Aufl. 2011; *Grotherr* (Hrsg.), Handbuch des internationalen Steuerplanung, 3. Aufl. 2011; *Grabitz/Hilf/Nettesheim* (Hrsg.), Recht EU, Bd. 1, Stand 10/2011; *Guckelberger*, Zum Grundrechtsschutz ausländischer juristischer Personen, AöR Bd. 129, 2004, 618; *Gummert* (Hrsg.), Münchener Anwaltshandbuch Personengesellschaftsrecht, 2005; *Happ/Holler*, „Limited" statt GmbH – Risiken und Kosten werden gern verschwiegen, DStR 2004, 730; *Hardock*, Produktionsverlagerung von Industrieunternehmen ins Ausland: Formen, Determinanten, Wirkung, 1999; *Harms*, Deutschland als Standort ausländischer Unternehmen, 2006; *Hartwich*, Testamentarischer Erwerb eines Grundstücks durch Ausländer in Polen, WiRO 2011, 167; *Heide*, Harmonisierungsaufgaben im internationalen Technologietransfer – Zum Schutze von Herstellungstechnologien in der Volksrepublik China, GRURInt 2008, 12; *Hey/Bauersfeld*, Die Besteuerung der Personen(handels)gesellschaften in den Mitgliedstaaten der Europäischen Union, der Schweiz und den USA, IStR 2005, 649; *Hinkelmann*, Gewerblicher Rechtsschutz in Japan, 2. Aufl. 2008; *Hirte/Bücker*, Grenzüberschreitende Gesellschaften, 2. Aufl. 2006; *Hök*, Handbuch des internationalen und ausländischen Baurechts, 2. Aufl. 2012; *Hummel*, Internationale Standortentscheidung, 1996; *IBFD*, Global Corporate Tax Handbook 2011; *Jabonregg/Strasser* (Hrsg.), Aktiengesetz (östr.), 5. Aufl. 2009; *Jacobs*, Internationale Unternehmensbesteuerung, 7. Aufl. 2011; *Jacobs*, Unternehmensbesteuerung und Rechtsform, 4. Aufl. 2009; *Jandecka/Kopácková*, Immobilien im Recht der Tschechischen Republik, DSWR 2004, 348; *Jarass* (Hrsg.), BImSchG, 9. Aufl. 2012; *Jarass/Pieroth* (Hrsg.), Grundgesetz, 11. Aufl. 2011; *Jung*, Allgemeine Betriebswirtschaftslehre, 11. Aufl. 2009; *Kallmeyer*, Vor- und Nachteile einer englischen Limited im Vergleich zur GmbH oder GmbH & Co. KG, DB 2004, 636; *Karl/Rogge ua*, IntKomm EMRK, Stand Dezember 2010, Art. 34 Rdnr. 80, 88; *Katko*, Unlawful Internet Gambling Enforcement Act – Das Aus für das Internetglücksspiel in den USA?, MMR 2007, 278, 280 ff.; *Kessler/Schiffers/Teufel*, Rechtsformwahl und Rechtsformoptimierung, 2002; *Kerkhoff*, Investorenträume, JUVE 2010, 53; *Kinkel*, Erfolgsfaktor Standortplanung, 2. Aufl. 2009; *Klopschinski/Prinz zu Waldeck und Pyrmont*, Zum Schutz geistigen Eigentums in einer globalisierten Welt – Bericht

§ 2. Rechtsform- und Standortwahl im internationalen Kontext

über ein internationales Fachhearing der bayerischen Staatsregierung und des Munich Intellectual Property Law Center (MIPLC) am 29. Februar 2008 in München, GRURInt 2008, 393; *König/Maßbaum/Sureth*, Besteuerung und Rechtsformwahl, 5. Aufl. 2011; KPMG'S Corporate and Indirect Tax Rate Survey 2011; *Kriebaum*, Eigentumsschutz im Völkerrecht, 2008; *Lach*, Umgekehrte Diskriminierungen im Gemeinschaftsrecht, 2008; *Lehmann*, Rechtliche Grundlagen für Investitionen in Polen, DStR 1992, 396; *Leuering/Rubner*, Rechtsanwaltsgesellschaften in der Rechtsform der KG, NJW-Spezial 2010, 591; *Lühn*, Rechtsformwahl im nationalen und transnationalen Konzern, 2003; *Maunz/Dürig* (Hrsg.), Grundgesetz, Stand 01/2012; *Mellert/Verfürth*, Wettbewerb der Gesellschaftsformen, 2005; *Mennel/Förster* (Hrsg.), Steuern in Europa, Amerika und Asien, Stand 11/2011; *Merkt*, Das Europäische Gesellschaftsrecht und die Idee des „Wettbewerbs der Gesetzgeber", RabelsZ, Bd. 59, 1995, 549; *Meyer*, Die Theorie der Standortwahl, 1960; *Mitschang/Xie*, Eine Untersuchung des chinesischen Planungssystems – dargestellt am Beispiel der aktuellen Stadtentwicklung Shanghais, ZfBR 2009, 637; *Mössner*, Steuerrecht international tätiger Unternehmungen, 3. Aufl. 2005; *Mühl*, Diskriminierungen und Beschränkungen, 2004; *Müller-Graf*, Europäisches Gesellschaftsrecht auf neuen Wegen, 2010; *Müller/Hoffmann/Kessler*, Beck'sches Handbuch der Personengesellschaften, 3. Aufl. 2009; *Nelte*, Immobilienrecht in der Mongolei – Teil 2: Miete, Grundbuch, Vollstreckung, IPR, Kosten, WiRO 2004, 333; *Pattloch*, Die Neuordnung des internationalen Technologietransfers in der VR China, GRURInt 2003, 695; *Pelka/Niemann*, Beck'sches Steuerberater-Handbuch 13. Aufl. 2010/2011; *Pierson/Ahrens/Fischer* (Hrsg.), Recht des geistigen Eigentums, 2. Aufl. 2010; *Rechke*, Besondere Bestimmungsfaktoren der Internationalen Standortwahl kaufmännischer Unternehmungen, 1972; *Rengeling/Middeke/Gellermann* (Hrsg.), Handbuch Rechtsschutz EU, 2. Aufl. 2003; *Riese/Noll*, Europarechtliche und verfassungsrechtliche Aspekte der Inländerdiskriminierung, NVwZ 2007, 516; *Römermann*, Die Limited in Deutschland – eine Alternative zur GmbH?, NJW 2006, 2065; *Rossi*, Das Diskriminierungsverbot nach Art. 12 EGV, EuR 2000, 197; *Sachs* (Hrsg.), Grundgesetz, 5. Aufl. 2009; *Salmen*, Standortwahl der Unternehmen, 2001; *Scheffler*, Einfluss der Rechtsform eines Unternehmens auf die Erbschaftssteuerbelastung, BB 2009, 2469; *K. Schmidt*, Gesellschaftsrecht, 3. Aufl. 1997; *Schmidt-Bleibtreu/Hofmann/Hopfauf* (Hrsg.), Grundgesetz, 12. Aufl. 2011; *Schmidt/Uhlenbruck*, Die GmbH in Krise, Sanierung und Insolvenz, 4. Aufl. 2009; *Schneeloch*, Ltd. anstelle einer GmbH? – Ein Vorteilsvergleich, BFuP 2007, 107; *Schneeloch*, Rechtsformwahl und Rechtsformwechsel mittelständischer Unternehmen, 2. Aufl. 2006; *Schrambeyer*, Erwerb von Grundeigentum in Bulgarien durch Ausländer, WiRO 2005, 241; *Schulz*, Restrukturierungspraxis, 2010; *Schwab/Walter* (Hrsg.), Schiedsgerichtsbarkeit, 7. Aufl. 2005; *Schwarze* (Hrsg.), EU-Kommentar, 2. Aufl. 2008; *Siehr*, Die Deutschenrechte des Grundgesetzes, 2001; *Staudinger*, Internationales Wirtschaftsrecht, 14. Aufl. 2006; *Spahlinger/Wegen*, Internationales Gesellschaftsrecht in der Praxis, 2005; *Strauss/Klunker*, Harmonisierung des internationalen Patentrechts, GRURInt 2007, 91; *Süß/Wachter*, Handbuch des internationalen GmbH-Rechts, 2. Aufl. 2011; *Thießen/Cernavin/Führ/Kaltenbach* (Hrsg.), Weiche Standortfaktoren, 2005; *Trautrims*, Das Kollisionsrecht der Personengesellschaften, 2009; *Trölitzsch/Oppenländer*, Praxishandbuch der GmbH-Geschäftsführung, 2. Aufl. 2011; *Vallender*, Gefahren für den Insolvenzstandort Deutschland, NZI 2007, 129; *v. Mangoldt/Klein/Starck* (Hrsg.), Grundgesetz, 6. Aufl. 2010; *von der Groeben/Schwarze* (Hrsg.), EUV/EGV Bd. 1, 6. Aufl. 2004; *Vögele/Borstell/Engler*, Handbuch der Verrechnungspreise, 3. Aufl. 2011; *Wachter*, Auswirkungen des EuGH-Urteils in Sachen Inspire Art Ltd. auf Beraterpraxis und Gesetzgebung, GmbHR 2004, 88; *Wassermeyer*, Abkommensberechtigung von Personengesellschaften, IStR 2010, 683; *Wegen/Raible*, Unterschätzt die deutsche Wirtschaft die Wirksamkeit des völkerrechtlichen Investitionsschutzes?, SchiedsVZ 2006, 225; *Wehnert/Sano*, Internationale Regelungen zu Funktionsverlagerungen, IStR 2010, S. 53; *Weller*, Europäische Rechtsformwahlfreiheit und Gesellschafterhaftung, 2004; *Westermann*, Handbuch der Personengesellschaften, 2011; *Wiedemann*, Gesellschaftsrecht, Bd. II, 2004; *Wöhe/Döring*, Einführung in die Allgemeine Betriebswirtschaftslehre, 24. Aufl. 2010; *Wulff*, Kündigungsschutz und Mietzins im englischen und französischen Gewerberaummietrecht, NZM 2001, 1018; *Zuck*, Die Verfassungsbeschwerdefähigkeit ausländischer juristischer Personen, EuGRZ 2008, 680.

I. Grundlagen

1. Einleitung

Jede unternehmerische Tätigkeit bringt ein Unternehmen in einer bestimmten individuellen Gestalt hervor: Organisationsstrukturen, Mitarbeiter, Gebäude und andere tatsächliche Umstände kennzeichnen das Unternehmen. Diese Merkmale schaffen gleichzeitig räumliche Verbindungen zu bestimmten Orten. Zu welchen Orten ein Unternehmen solche räumlichen Verbindungen eingeht, ist Gegenstand der **Standortentscheidung**.[1] In der Praxis stellt sich die Standortentscheidung dabei nicht nur einmal, sondern für jedes räumlich verknüpfte tatsächliche Unternehmensmerkmal (Produktionsstätte, Hauptverwaltung, Vertriebspunkte etc.) gesondert.

Da unternehmerische Tätigkeit das Knüpfen vielfältiger Rechtsbeziehungen mit sich bringt, benötigt ein Unternehmen zwingend auch rechtliche Grundlagen. Die verschiednen Rechtsordnungen stellen dafür regelmäßig Gestaltungstypen, die **Rechtsformen**,[2] zur Verfügung. Die von den Rechtsordnungen bereitgestellten Grundtypen bieten zudem regelmäßig auch noch erheblichen Gestaltungsspielraum. Denn das Regelungsmodell, das eine Rechtsordnung mit einer Rechtsform zur Verfügung stellt, kann näher ausgestaltet werden, soweit die betreffenden Regelungen dispositiver Natur sind.

Eine bestimmte unternehmerische Aktivität kann regelmäßig in **unterschiedlichen Rechtsformen** betrieben werden. Der Unternehmer[3] muss sich also für eine bestimmte Rechtsform entscheiden. Die **Rechtsformwahl** ist dabei ein Entscheidungsprozess, dessen Ziel die Ermittlung der den Bedürfnissen des konkreten Einzelfalls möglichst optimal gerecht werdenden Rechtsform ist. In erster Linie ist das Problem der Rechtsformwahl bei der Unternehmensgründung relevant, da in diesem Stadium der unternehmerischen Betätigung zwingend ein rechtlicher Rahmen gegeben werden muss. Rechtformwahlentscheidungen können aber auch bei bestehenden Unternehmen erforderlich sein, so zum Beispiel bei Organisationsänderungen, bei Änderungen der gesetzlichen Rahmenbedingungen oder bei Änderungen der Marktbedingungen. Letztlich bedarf es aber nicht einmal zwingend eines bestimmten Anlasses, um die Rechtform erneut auf ihre Vorteilhaftigkeit zu überprüfen.

2. Entscheidungsproblem und Struktur der Entscheidung

Mit der Entscheidung über den Standort und/oder die Rechtsform eines Unternehmens entscheiden die Gründer über einen erheblichen Teil des tatsächlichen und rechtlichen Rahmens der mit der Gesellschaft[4] verfolgten Tätigkeit. Diese Entscheidung sollte nach eingehender Beratung und aufgrund eines rationalen Entscheidungsprozesses erfolgen. Die in diesem Zusammenhang in der Beratungspraxis vorgeschlagenen Verfahren orientieren sich zumeist an den klassischen Modellen der **normativen Entscheidungstheorie.** Das heißt, ausgehend von einer Analyse der Entscheidungssituation werden (im Idealfall) alle denkbaren Handlungsmöglichkeiten aufgezeigt. Weiter werden die Konsequenzen einer jeden solchen denkbaren Handlung beschrieben. Schließlich erfolgt die Bewertung der Konsequenzen durch Einstufung auf einer vom Entscheider aufgestellten Präferenzordnung. Ausgehend von dieser Bewertung wird eine subjektiv begründete Wahl der vorzunehmenden Handlung vorgenommen. Im Rahmen der Standortentscheidung bedeutet die Umsetzung des vorstehenden Entscheidungsmodells, dass ausgehend von den Zielvorstellungen des Entscheiders unter Berücksichtigung der tatsächlichen Möglichkeiten sämtliche Standorte erfasst und im Hinblick auf ihre Konsequenzen beschrieben werden. Sodann werden die für den Entscheider maßgeblichen Entscheidungskriterien gefunden und gewichtet. Der Vergleich der verschiedenen denkbaren Standorte anhand der gewichteten Entscheidungskriterien führt dann – so das theoretische Modell – zu einem optimalen

---

[1] Dazu unten Rn. 10 ff.
[2] Zum Begriff unten Rn. 17 ff.
[3] Die Frage der Rechtsformwahl stellt sich auch für nicht-unternehmerische Aktivitäten. Das hier beschriebene Entscheidungsmodell gilt für solche Konstellationen (z.B. Gründung einer gemeinnützigen wissenschaftlichen Vereinigung, Wahl der Rechtsform für die Durchführung einer öffentlichen Aufgabe seitens der öffentlichen Hand) im Grundsatz entsprechend.
[4] In dem hier beschriebenen Entscheidungsprozess sind häufig auch andere Rechtsformen als Gesellschaften (z.B. Stiftungen) einzubeziehen, insofern gelten die folgenden Erwägungen entsprechend.

Standort oder zu mehreren in Hinblick auf die gewichteten Kriterien gleichwertigen Standorten.⁵

Die Anwendung des vorstehenden beschriebenen Entscheidungsmodells im Rahmen der **Rechtsformwahl** bedeutet, dass ausgehend von einem bestimmten Sachverhalt, der von den unternehmerischen Möglichkeiten und Vorstellungen des Entscheiders bestimmt wird, sämtliche mögliche Rechtsformen – einschließlich deren mögliche Ausgestaltungen im Rahmen des dispositiven Rechts – ebenfalls erfasst und im Hinblick auf ihre Konsequenzen beschrieben werden. Sodann müssen wiederum die für den Entscheider maßgeblichen Entscheidungskriterien gefunden und gewichtet werden. Der Vergleich der verschiedenen Rechtsformen anhand der gewichteten Entscheidungskriterien führt dann – so das theoretische Modell – zu einer optimalen Rechtsform oder zu mehreren in Hinblick auf die gewichteten Kriterien gleichwertigen Rechtformen.⁶

3. Verschränkung von Rechtsformwahl- und Standortentscheidung

Mit der Entscheidung über den Standort oder die Standorte und mit der Entscheidung über die Rechtsform sind die **Entscheidungen über die Gestalt eines Unternehmens**, die im Rahmen der Gründung oder Neustrukturierung zu treffen sind, noch nicht vollständig getroffen. Über Arbeits- und Prozessorganisation, Leitungsstruktur, Finanzierung und vieles Andere muss ebenfalls entschieden werden. **Diese Entscheidungen können** die Standortentscheidung und Rechtsformwahl ihrerseits **beeinflussen oder von ihnen beeinflusst werden.** Wer sich z. B. bei einem arbeitnehmerreichen Unternehmen im Rahmen der Rechtsformwahl für eine deutsche Aktiengesellschaft entschieden hat, wird bei der Entscheidung über die Leitungsstruktur das deutsche Mitbestimmungsrecht zu berücksichtigen haben. Umgekehrt wird derjenige, der bei einem solchen Unternehmen eine monistische Leitungsstruktur anstrebt, die deutsche Aktiengesellschaft aus dem Kreis der zur Verfügung stehenden Rechtsformen ausscheiden müssen.

Auch die **Entscheidungen über Standort und Rechtsform beeinflussen sich gegenseitig.** Wer den tatsächlichen Sitz seiner Hauptverwaltung in Deutschland ansiedeln will, kann unter der derzeit geltenden Sitztheorie im Rahmen der Rechtsformwahl nur zwischen den deutschen und den privilegierten ausländischen Rechtsformen wählen⁷ – jedenfalls, wenn die Rechtsform von deutschen Gerichten anerkannt werden soll.⁸ Die Entscheidung über die Gestalt des Unternehmens kann also nicht in der Weise getroffen

---

⁵ Eingehendere Darstellungen der Phasen des Standortentscheidungsprozesses bieten z. B. *Hummel*, Internationale Standortentscheidung, 1996, S. 155, *Autschbach*, Internationale Standortwahl, 1997, S. 193; *Balderjahn*, Standortmarketing, 2000, S. 25; eine Aufstellung von Kriterien zur Auswahl und Bewertung von Standorten enthält *Salmen*, Standortwahl der Unternehmen, 2001, S. 50 ff.; *Derungs*, Die betriebliche Standortwahl aus einer prozessorientierten Perspektive, 2008, S. 134 ff.

⁶ Darstellungen zur Rechtsformwahl bieten MünchHdb. GesR III/*Grziwotz* § 2; Westermann/*Heckeschen* Handbuch der Personengesellschaften 2011 § 4 Rn. 97 ff.; Müller/Hoffmann/Kessler/*Schiffers* Beck'sches Handbuch der Personengesellschaften 3. Aufl. 2009 §§ 50 ff.; *Jacobs*, Unternehmensbesteuerung und Rechtsform, 4. Aufl. 2009, S. 5 ff.; Pelka/Niemann/*Pelka*/*Jürgens* Beck'sches Steuerberater-Handbuch 13. Aufl. 2010/2011 N Rn. 1; *Schneeloch*, Rechtsformwahl und Rechtsformwechsel mittelständischer Unternehmen, 2. Aufl. 2006; *Lühn*, Rechtsformwahl im nationalen und transnationalen Konzern, 2003; *König*/*Maßbaum*/*Sureth*, Besteuerung und Rechtsformwahl, 5. Aufl. 2011; *Erle*/*Berberich* Beck'sches Handbuch der GmbH, 4. Aufl. 2009, § 1; *Kessler*/*Schiffers*/*Teuffel*, Rechtsformwahl und Rechtsformoptimierung, 2002; Gummert (Hrsg.)/*Mutter* MünchAnwHdb. Personengesellschaftsrecht 2005; letzterer mit einer tabellarischen Darstellung eines Bewertungssystems der einzelnen Rechtsformwahlkriterien, S. 76; vgl. ferner die zusammenfassenden Darstellungen bei MünchKommGmbH/*Fleischer* Einl. Rn. 299; Trölitzsch/*Oppenländer* Praxishandbuch der GmbH-Geschäftsführung 2. Aufl. 2011, § 3 Rn. 1 ff.; Bula/Brünger/*Sagasser* Umwandlungen 4. Aufl. 2011 § 25 Rn. 1 ff.

⁷ Zu den privilegierten Staaten, auf deren Gesellschaften auch in Deutschland die Gründungstheorie angewendet wird, oben § 1 Rn. 97 ff.

⁸ Dazu unten Rn. 25 ff.

werden, dass zunächst über den Standort, sodann über die Rechtsform und sodann über die weiteren Unternehmensmerkmale entschieden wird. Denn eine solche Entscheidungsfolge führt unabhängig davon, welche Entscheidung vorangestellt wird, häufig nicht zum optimalen Ergebnis. Durch die vielfältigen Abhängigkeiten würde eine vorzeitige Festlegung eines der Merkmale den Blick auf andere günstigere Kombinationen verbauen.

8 Die dargestellten Entscheidungsprozesse haben daher immer **nur Modellcharakter.** Im theoretischen Entscheidungsmodell müssen alle möglichen Kombinationen von Rechtformen, Standorten und anderen Faktoren als Entscheidungsmöglichkeiten in Betracht gezogen und bewertet werden.

9 **In der Praxis** stellt sich dieser Entscheidungsprozess in der Regel als **weniger komplex** dar. Faktisch werden nur wenige Standorte in Betracht zu ziehen sein, da mit theoretisch denkbaren Alternativen so wesentliche Nachteile verbunden sind, dass solche alternativen Standorte von vornherein verworfen bzw. gar nicht erst in Betracht gezogen werden. Ähnliches gilt auch für andere Entscheidungen über die Organisation des Unternehmens. Dies kann dazu führen, dass bei der Entscheidung über die Rechtsform viele unternehmensprägende Faktoren als vorgegeben betrachtet werden können, also praktisch von vornherein eine Rechtsform für eine Unternehmung an einem bestimmten Standort zu finden ist. Das Wissen um die theoretische Struktur der Gesamtentscheidung über die Gestalt des Unternehmens hilft dem Entscheider dann, die bereits zuvor gefundenen Ergebnisse im Rahmen der weiteren Entscheidungen nicht als unverrückbar anzusehen, sondern ggf. auch die der Entscheidung über den Standort und/oder die Rechtsform vorgelagerten Abwägungen und die scheinbar unveränderbaren Prämissen der Entscheidung zu hinterfragen.

4. Standortentscheidung

10 **a) Allgemeines.** Bei **Standortfaktoren** handelt es sich um Kriterien, die für die Wahl eines Standorts maßgebend sind. Bei der Beschreibung und Bewertung von Standortfaktoren wird in aller Regel auf ökonomische Gesichtspunkte abgestellt. Auf dem Gebiet der ökonomischen Standorttheorie existiert eine Vielzahl von Kategorisierungsmodellen und Theorieansätzen, auf die hier nur hingewiesen werden kann.[9]

11 Für die Zwecke der vorliegenden Darstellung lassen sich eher **tatsächlich geprägte** und vorrangig **rechtlich geprägte Entscheidungskriterien unterscheiden.** Die Unterscheidung ist nicht trennscharf, da die meisten tatsächlichen Standortfaktoren auch von rechtlichen Vorgaben beeinflusst werden. Gleichwohl werden die tatsächlichen Faktoren von den Entscheidern regelmäßig als betriebswirtschaftliche Ausgangsdaten wahrgenommen. Bei der Bewertung solcher Standortaktoren werden daher die rechtlichen und steuerlichen Berater häufig nicht einbezogen. Informationen über die hier als rechtlich eingeordneten Standortfaktoren wird der Entscheider dagegen in der Regel bei seinem Rechts- oder Steuerberater einholen.

12 **b) Tatsächlich geprägte Standortfaktoren.** Als **rein tatsächliche Faktoren** können wohl nur Klima, Sprache und Kultur sowie die geografischen Faktoren angesehen werden. Aber selbst bei letzteren wird die Art und Weise der Nutzung der geografischen Gegebenheiten häufig **von rechtlichen Vorgaben abhängen** (z. B. Nutzung eines Berges für den Ski-Tourismus). Bei anderen tatsächlichen Faktoren ist der rechtliche Bezug noch deutlicher: So hängen die Arbeitskosten von Regelungen zum Mindestlohn und zu den Arbeitsbedingungen ab. Rohstoffkosten werden stets auch von den rechtlichen Vorgaben beeinflusst, denen der Lieferant bei der Herstellung unterworfen ist.

13 Je nach unternehmerischer Tätigkeit können verschiedene tatsächlich geprägte Standortfaktoren in den Entscheidungsprozess einfließen. So können beispielsweise für die land-

---

[9] Eine eingehende Darstellung der älteren Arbeiten zur Standorttheorie geben *Meyer*, Die Theorie der Standortwahl, 1960, und *Behrens*, Allgemeine Standortbestimmunsglehre, 1971. Einen Überblick die wichtigsten Ansätze liefern auch *Goette*, Standortpolitik internationaler Unternehmen, 1994, S. 48; *Derungs* S. 34 ff.; *Kinkel*, Erfolgsfaktor Standortplanung, 2. Aufl. 2009, S. 57 ff.

wirtschaftliche Betätigung **geografische Faktoren** wie das Klima oder die Bodenqualität von Bedeutung sein.[10] **Immobilienbezogene Standortfaktoren**[11] spielen regelmäßig dann eine Rolle, wenn ein Standort für Büro-, Betriebs- oder Lagerräume gesucht wird. Als **materialbezogene** Faktoren fließen die Kosten für Roh-, Hilfs- und Betriebsstoffe in die unternehmerische Entscheidung mit ein, wobei sowohl der Gesichtspunkt der **Verfügbarkeit** als auch die **Transport-** und **Lagerkosten** zu berücksichtigen sind.[12] In diesem Zusammenhang wird der Entscheider in der Regel auch auf eine gute **Verkehrsinfrastruktur** Wert legen. Auch das Angebot, die Qualität und die Kosten der menschlichen Arbeitskraft stellen einen wichtigen Standortfaktor dar.[13] Konzentriert ein Unternehmen seine Entscheidung hinsichtlich des Standorts auf ein bestimmtes **Absatzgebiet,** so spielen vor allem Kriterien wie **Kundennähe,** vorhandene und **zukünftige Konkurrenz** sowie die **potentielle Nachfrage** eine entscheidende Rolle.[14]

Auf der Grenze zwischen tatsächlichen und rechtlichen Faktoren liegen Kriterien wie die **allgemeinen politischen, gesellschaftlichen und wirtschaftlichen Verhältnisse** (z. B. politische Stabilität, unternehmerische Freiheit, Ausmaß von Korruption, Währungsverhältnisse oder sozio-kulturelle Aspekte).[15] Diese sind wesentlich durch Grundsatzentscheidungen geprägt, die regelmäßig auch rechtlich, z. B. in der Verfassung, ihren Niederschlag finden. Für die Standortentscheidung sind aber in diesem Zusammenhang letztlich weniger die formalen Rechtsregeln, als die tatsächlichen Verhältnisse maßgebend.

Hingewiesen werden kann in diesem Zusammenhang noch auf die wirtschaftswissenschaftliche Diskussion um die sogenannten **„weichen" Standortfaktoren** (z. B. Image einer Stadt, Kulturangebot, Freizeitwert, soziales Klima, persönliche Präferenzen).[16] Eine trennscharfe Abgrenzung von „weichen" und „harten" Standortfaktoren ist allerdings regelmäßig nicht möglich.[17] Soweit das positive Image einer Stadt eine Rolle spielt, weil es das Anwerben qualifizierter Mitarbeiter einfacher und messbar kostengünstiger macht, handelt es sich eher um einen „harten", d. h. unmittelbar in Zahlen ausdrückbaren Faktor. Denkbar sind aber auch rein subjektive Präferenzen.

c) Rechtlich geprägte Standortfaktoren. Als rechtliche Standortfaktoren kann man solche bezeichnen, die **mit dem geografischen Standort aufgrund rechtlicher Regeln verknüpft** sind. Zum Standortfaktor im Rahmen des hier behandelten Entscheidungsprozesses wird eine Norm dann, wenn die von ihr angeordneten Rechtsfolgen die **betriebswirtschaftliche Kalkulation** in entscheidungserheblicher Weise beeinflussen. Damit eine Rechtsnorm für die Standortentscheidung relevant wird, muss diese Norm an dem in Frage stehenden Standort anwendbar sein. Dies ist der Fall, wenn der **räumliche Geltungsbereich** der Norm den Standort mit einschließt (z. B. Normen des öffentlichen Rechts),[18] oder

---

[10] *Harms,* Deutschland als Standort ausländischer Unternehmen, 2006, S. 78; *Goette* S. 250; *Behrens* S. 66.

[11] Als eigene Kategorie behandeln sie z. B. *Wöhe/Döring,* Einführung in die Allgemeine Betriebswirtschaftslehre, 24. Aufl. 2010, S. 270; *Behrens* S. 57.

[12] *Behrens* S. 60; *Wöhe/Döring* S. 270. In der Betriebswirtschaftslehre stehen die Transportkosten teilweise im Zentrum von Untersuchungen zu Standortentscheidungen und den dort entwickelten mathematischen Modellen; siehe z. B. *Bloech,* Optimale Industriestandorte, 1970, S. 21.

[13] *Jung,* Allgemeine Betriebswirtschaftslehre, 11. Aufl. 2009, S. 68 f.; *Goette* S. 196; *Harms* S. 86; *Balderjahn* S. 24; *Hardock,* Produktionsverlagerung von Industrieunternehmen ins Ausland: Formen, Determinanten, Wirkung, 1999, S. 140.

[14] *Goette* S. 178 und S. 187; *Behrens* S. 73 ff.; *Balderjahn* S. 80.

[15] *Goette* S. 210 und S. 233; *Harms* S. 63, 67, 70 und 74; ausführlich zu den politischen, gesellschaftlichen und kulturellen Faktoren auch *Rechke,* Besondere Bestimmungsfaktoren der Internationalen Standortwahl kaufmännischer Unternehmungen, 1972, S. 95 und S. 144.

[16] *Thießen/Cernavin/Führ/Kaltenbach/Grabow,* Weiche Standortfaktoren, 2005, S. 37; *Harms* S. 94.

[17] Vgl. Thießen/Cernavin/Führ/Kaltenbach/*Grabow* S. 64.

[18] So ist z. B. der Anwendungsbereich des BImSchG auf Anlagen im Inland begrenzt, vgl. *Jarass,* BImSchG, 9. Aufl. 2012, § 2 Rn. 19.

5. Rechtsformwahl

17   **a) Begriff und Abgrenzung.** Unter dem Begriff der **Rechtsformwahl** wird der **Entscheidungsprozess** verstanden, dessen Ziel die Ermittlung der den Bedürfnissen des konkreten Einzelfalles möglichst **optimal** gerecht werdenden **Rechtsform** ist. Die Umsetzung dieser Entscheidung erfolgt durch Herbeiführung der für die Entstehung eines Rechtsträgers in entsprechender Rechtsform vorgesehenen rechtlichen Voraussetzungen, regelmäßig also durch Gründung oder Umwandlung. Als Rechtsformen werden dabei die Formen verstanden, die das Recht für solche Tätigkeiten zur Verfügung stellt. Rechtsformen sind also Rechtsträgerformen im Sinne von Gesellschaftsformen.[19] Wie bereits ausgeführt, kann sich die Frage nach der optimalen Rechtsform sowohl bei Gründung eines Unternehmens als auch im späteren Verlauf – dann erneut – stellen.[20]

18   Von der Rechtsformwahl unterschieden wird hier die **Gestaltung des Unternehmens** unterhalb der Schwelle der Wahl einer (neuen) Rechtsform, wie z. B. die Eröffnungen von (weiteren) Hauptniederlassungen, Zweigniederlassungen, Betriebsabteilungen, Vertriebsbüros, die Schaffung vertraglicher Strukturen usw. Diese Trennung ist zunächst nur eine begriffliche. Denn bei der Entscheidung über die Rechtsform ist stets auch zu berücksichtigen, welche konkrete rechtliche Gestalt das Unternehmen in dieser Rechtsform erhalten kann. Deutlich wird aber anhand dieser begrifflichen Trennung, dass die betriebswirtschaftliche Frage, die den Impuls für den Entscheidungsprozess gegeben hat, unter Umständen auch durch eine Umgestaltung innerhalb einer bestehenden Rechtsform beantwortet werden kann. So kann ein im Inland ansässiges Unternehmen in einem anderen Staat eine Zweigniederlassung oder ein Vertriebsbüro eröffnen oder mit einem lokalen Partner kooperieren und damit (zunächst) von der Gründung einer Tochtergesellschaft – und damit von der Wahl einer anderen bzw. zusätzlichen Rechtsform – absehen.

19   **b) *Numerus clausus* und Rechtsformzwang.** Das deutsche Gesellschaftsrecht regelt nach allgemeiner Auffassung einen abschließenden Katalog von Gesellschaftsformen *(numerus clausus)*. Dies führt dazu, dass diejenigen, die ihrem Unternehmen eine (neue) rechtliche Gestalt geben wollen, im deutschen Recht lediglich die Wahl zwischen den gesetzlich vorgegebenen Rechtsformen haben. Darüber hinaus wird jeder nach außen auftretende Verband zwingend einer dieser Rechtsformen zugeordnet (Rechtsformzwang).[21] Grundsätzlich, allerdings mit unterschiedlichem Umfang, gilt das System des *numerus clausus* auch in den übrigen Mitgliedstaaten der EU.[22]

20   Das national gesetzte **deutsche Gesellschaftsrecht** stellt die folgenden **Rechtsformen** zur Verfügung: Gesellschaft bürgerlichen Rechts, offene Handelsgesellschaft, Kommanditgesellschaft, stille Gesellschaft, Partenreederei, Partnerschaftsgesellschaft, Gesellschaft mit beschränkter Haftung einschließlich der Unternehmergesellschaft (haftungsbeschränkt), Aktiengesellschaft, Kommanditgesellschaft auf Aktien, Vereine des Bürgerlichen Rechts, eingetragene Genossenschaft und Versicherungsverein auf Gegenseitigkeit. Hinzu kommen die auf unmittelbar in Deutschland geltenden Verordnungen beruhenden, supranationalen **Gesellschaften des Europäischen Rechts:** die Europäische wirtschaftliche Interessenvereinigung (EWIV), die Europäische Aktiengesellschaft (SE) und die Europäische Genos-

---

[19] Vgl. *K. Schmidt*, Gesellschaftsrecht, 3. Aufl. 1997, S. 98. Siehe auch oben Fn. 4.
[20] Siehe oben Rn. 3.
[21] Siehe nur (mit unterschiedlichen Akzentuierungen) *K. Schmidt* S. 96 ff.; *Wiedemann*, Gesellschaftsrecht Bd. II, 2004, S. 136 ff.
[22] *Wiedemann* S. 137 f.

senschaft (SCE). Daneben stehen ggf. Stiftungen des privaten oder öffentlichen Rechts sowie öffentlich-rechtliche Anstalten und Körperschaften als weitere Organisationsformen zur Verfügung.

c) Einbeziehung ausländischer Rechtsformen in die Entscheidung. Zu eng wäre 21 es, mit Blick auf die den Gründern eines Unternehmens an einem Standort in Deutschland eröffneten Wahlmöglichkeiten von einem *numerus clausus* der deutschen Gesellschaftsformen, also von einer Beschränkung der Entscheidung über die Rechtsform auf die von dem in Deutschland geltenden Recht vorgesehenen Gesellschaftsformen zu sprechen. Vielmehr sind mittlerweile nach der Rechtsprechung des EuGH und des BGH die in einem EU-Mitgliedsstaat nach dessen Vorschriften wirksam gegründeten Gesellschaften in einem anderen Vertragsstaat unabhängig von ihrem tatsächlichen Verwaltungssitz anzuerkennen.[23] Entsprechendes gilt nach der Rechtsprechung des BGH auch für die in einem EWR-Staat gegründeten Gesellschaften. Demnach lässt sich mittlerweile – ungeachtet der diversen noch klärungsbedürftigen Detailfragen – wohl von einer **europäischen Rechtsformwahlfreiheit** im Gesellschaftsrecht sprechen.[24] Deutsche Staatsbürger können eine Gesellschaft nach dem Recht eines anderen Mitgliedstaates gründen, und diese Gesellschaft kann sodann von einem in Deutschland befindlichen tatsächlichen Verwaltungssitz aus Geschäfte im Inland tätigen. Gleiches gilt auch für ordnungsgemäß gegründete US-amerikanische Gesellschaften.[25] Der im deutschen Gesellschaftsrecht geltende *numerus clausus* wirkt sich also nicht aus, wenn nach dem Willen derjenigen, die die Gründung vornehmen, das deutsche Gesellschaftsrecht gerade keine Anwendung finden soll. Soweit die Gründungstheorie anzuwenden ist, kommt daher den Prinzipien des *numerus clausus* bzw. des Rechtsformzwangs nicht mehr die begrenzende Funktion zu, die diesen Prinzipien herkömmlicherweise zugesprochen wurde.

Die deutsche Praxis und Diskussion in den letzten Jahren war in diesem Zusammenhang 22 vor allem von der Möglichkeit geprägt, Gesellschaften in Form der Private Limited Company nach englischem Recht mit Satzungssitz im Vereinigten Königreich, jedoch mit **tatsächlichem Verwaltungssitz in Deutschland** zu gründen.[26] Neben der Wahl einer ausländischen Rechtsform (ausschließlich) für Geschäfte im Inland, kommt die Entscheidung für eine ausländische Rechtsform naturgemäß dann in Betracht, wenn **im Ausland** Geschäfte getätigt werden sollen.

Die Wahl einer ausländischen Rechtsform kommt außerdem im Hinblick auf die Verfassung 23 **internationaler privater Organisationen,** wie z.B. internationale Berufssozietäten oder internationale wissenschaftliche Vereinigungen, in Betracht. Hier wird mit der Wahl einer geeigneten Rechtsform, die aber notwendig einem nationalen Recht unterstehen muss, das Fehlen internationaler Organisationsformen des Privatrechts kompensiert.[27]

---

[23] Dazu oben § 1 Rn. 100.
[24] Z.B. *Weller*, Europäische Rechtsformwahlfreiheit und Gesellschafterhaftung, 2004, S. 327; vgl. auch die Hinweise auf die Erweiterung der bei der Rechtsformwahl in Betracht zu ziehenden ausländischen Gesellschaftsformen bei MünchKommGmbH/*Fleischer* Einl. Rn. 309; *Wachter*, Auswirkungen des EuGH-Urteils in Sachen Inspire Art Ltd. auf Beratungspraxis und Gesetzgebung, GmbHR 2004, 88, 89.
[25] Dazu oben § 1 Rn. 104.
[26] Vgl. den Überblick bei MünchKommGmbH/*Fleischer* Einl. Rn. 310 ff.; ausführlich z.B. *Happ/Holler*, „Limited" statt GmbH? – Risiken und Kosten werden gern verschwiegen, DStR 2004, 730 ff.; *Kallmeyer*, Vor- und Nachteile der englischen Limited im Vergleich zur GmbH oder GmbH & Co.KG, DB 2004, 636 ff.; *Wachter*, GmbHR 2004, 88, 91; *Römermann*, Die Limited in Deutschland – Eine Alternative zur GmbH?, NJW 2006, 2065 ff.; *Schneeloch*, Ltd. anstelle einer GmbH? – Ein Vorteilsvergleich, BFuP 2007, 107 ff.
[27] Vgl. *Wiedemann* S. 45 f.; insbesondere hinsichtlich der mittlerweile weit verbreiteten Organisation internationaler Anwaltsgesellschaften als US-amerikanische oder englische **Limited Liability Partnership** (LLP) stellen sich vermehrt diskutierte Fragen wie etwa deren Postulationsfähigkeit und Haftungsverfassung, näher dazu § 19 Rn. 43 ff. und § 14 Rn. 52 ff.

24   **d) Typenvermischung.** Einzubeziehen in die Entscheidung über die Rechtsform ist auch die Möglichkeit der sogenannten Typenvermischung beispielsweise in Form der GmbH Co. KG bzw. der Kapitalgesellschaft & Co. KG in ihren verschiedenen Ausprägungen. Solche Gestaltungen können ebenfalls rechtsordnungsüberschreitend erfolgen. Denkbar, eintragungsfähig und auch praxisrelevant sind z.B. Kommanditgesellschaften, an denen eine ausländische Kapitalgesellschaft als einzige Komplementärin beteiligt ist (sog. **Auslands-Kapitalgesellschaft & Co.**).[28]

II. Bedeutung des IPR/IZPR für die Entscheidung über Rechtsform und Standort

1. Bedeutung für die Rechtsformwahl

25   Wer über die Rechtsform eines Unternehmens bzw. die nähere Ausgestaltung des rechtlichen Rahmens entscheidet, tut dies letztlich in Hinblick darauf, dass die betreffenden gesetzlichen oder vertraglichen Regelungen an verschiedene gegenwärtige oder zukünftige Lebenssachverhalte bestimmte Rechtsfolgen (z.B. Haftungsbeschränkung, Vertretungsrechte, Vermögenszuordnung etc.) knüpfen. Das Erreichen dieser Rechtsfolgen ist der Sinn der Rechtsform und damit das **eigentliche Ziel der Rechtsformwahl** aus Sicht des Entscheiders. Deshalb müssen die gesellschaftsrechtlichen Normen, die diese Rechtsfolgen anordnen, dort, wo es darauf ankommt, auch anwendbar sein. Denn eine im **gewählten Gesellschaftsrecht** vorgesehene Rechtsfolge, z.B. eine Haftungsbeschränkung, ist für das Unternehmen ohne Wert, wenn sie in dem Staat, in dem der Haftungsprozess geführt wird, nicht anerkannt wird.[29] Daher ist entscheidend, dass das IPR des Staates, in dem die relevanten Rechtsfragen voraussichtlich von staatlichen Stellen zu entscheiden sind, auf das gewählte Gesellschaftsrecht verweist. Denn die Gerichte und Behörden eines jeden Staates wenden jeweils das eigene IPR an, um das anwendbare Gesellschaftsrecht zu ermitteln.[30] Diese kollisionsrechtliche Beurteilung legt dann auch der private Rechtsverkehr im Rahmen der Rechtsgestaltung zugrunde, so dass sie in der Praxis auch für den außergerichtlichen Rechtsverkehr als maßgeblich angesehen wird.

26   Ein Unternehmen kommt, insbesondere wenn es internationale Geschäfte betreibt, regelmäßig nicht nur mit Gerichten und Behörden eines einzigen Staates in Berührung. Der Entscheider muss daher bei der Rechtsformwahl berücksichtigen, in welchen Staaten das Unternehmen zukünftig möglicherweise Geschäfte macht und wo es dementsprechend zukünftig auf die Anerkennung der Rechtsform durch die Gerichte, die Behörden und den Rechtsverkehr angewiesen ist. Sodann muss er auf der **Grundlage des IPR** dieser Staaten prüfen, ob dort als Gesellschaftsstatut auf die Rechtsordnung verwiesen wird, der er die zukünftige Rechtsform entnehmen will. Praktisch wird die Gefahr einer Nicht-Anerkennung meist nur, wenn Gründungsrecht und Verwaltungssitz auseinanderfallen.[31] In diesen Fällen sollte in jedem Fall für die (wesentlichen) Staaten, in denen für die Gesellschaft mit rechtlicher Relevanz gehandelt werden soll, geprüft werden, ob die Anerkennung durchgängig gewährleistet ist.[32]

2. Bedeutung für die Standortwahl

27   Das zuvor Gesagte muss auch bei der Standortwahl berücksichtigt werden. Denn im Rahmen der **Standortentscheidung** werden der Hauptverwaltungssitz, der Sitz von Betriebsstätten und andere räumliche Bezugspunkte des Unternehmens festgelegt, an die be-

---

[28] Dazu z.B. *Spahlinger/Wegen,* Internationales Gesellschaftsrecht, 1. Aufl. 2005, Rn. 276 ff.
[29] Siehe auch oben § 1 Rn. 9 zum Problem der hinkenden Rechtsverhältnisse.
[30] Oben § 1 Rn. 13.
[31] Oben § 1 Rn. 9.
[32] Häufig wird aufgrund von Weiterverweisungen eine Gesellschaft, deren Verwaltungssitz nicht im Staat des Gründungsrechtes liegt, auch in Sitztheoriestaaten anerkannt, solange nur der Verwaltungssitzstaat auf das Gründungsrecht verweist. Dazu oben § 1 Rn. 84–87.

stimmte im Rahmen der Rechtsformwahl bedeutsame Rechtsfolgen anknüpfen können. So kann z.B. eine österreichische Aktiengesellschaft nach § 5 des österreichischen Aktiengesetzes nur dort begründet werden, wo die Gesellschaft einen Betrieb, ihre Geschäftsleitung oder ihre Verwaltung hat.[33] Wer eine österreichische Aktiengesellschaft gründen möchte, muss daher die Standortentscheidung so treffen, dass diese Voraussetzung erfüllt ist.

Gleiches kann für das **Gesellschaftskollisionsrecht** gelten, denn die Sitztheoriestaaten bestimmen das anwendbare Recht grundsätzlich nach dem tatsächlichen Verwaltungssitz. Soll also eine Gesellschaft vor den Gerichten eines Sitztheoriestaates anerkannt werden, muss die Standortentscheidung in Bezug auf den **tatsächlichen Verwaltungssitz** so getroffen werden, dass die Anknüpfung an denselben am Ende zum gewählten Recht führt. Auch die **Zuständigkeit der Gerichte** wird häufig aufgrund tatsächlicher Standortfaktoren ermittelt. Da die Gerichte stets das eigene IPR anwenden, hängt die Frage nach dem anwendbaren Recht im Streitfall maßgeblich davon ab, welches Gericht sich zuständigkeitshalber mit dem Fall befasst. Auch dies kann im Rahmen der Standortentscheidung zu berücksichtigen sein.

III. Bedeutung höherrangigen Rechts für die Entscheidung über Rechtsform und Standort

1. Einleitung

Bei der Entscheidung für oder gegen eine Rechtsform oder einen Standort wird der Entscheider versuchen, alle wesentlichen rechtlichen Regelungen, die das zukünftige Unternehmen betreffen, zu ermitteln und in den Entscheidungsprozess einfließen zu lassen. Neben Regelungen des einfachen Rechts zählen hierzu auch **Regelungen höherrangigen Rechts** (z.B. nationales Verfassungsrecht, überstaatliches Recht). Da die Vorgaben des höherrangigen Rechts regelmäßig im einfachen Gesetzesrecht bereits berücksichtigt sind, wird der Bezug zum höherrangigen Recht oft weniger evident und dem Entscheider häufig nicht bewusst sein.

In der Praxis wird man im Rahmen der Entscheidung über die Rechtsform oder den Standort aber nicht jede rechtliche Beschränkung, die Einfluss auf die Entscheidungsmöglichkeiten hat, auf ihre Vereinbarkeit mit höherrangigem Recht (z.B. nationalem Verfassungsrecht) prüfen können und wollen. Denn der Entscheider sucht in der Regel eine **rechtssichere Struktur** und will sich die mit der Rechtsform und/oder dem Standort erstrebten Vorteile nicht erst unter Berufung auf höherrangiges Recht „erkämpfen". Es kann aber Situationen geben, in denen staatliche Restriktionen die unternehmerische Freiheit so stark einschränken, dass eine Lösung durch Ausweichen auf andere Gestaltungen nicht zu erreichen ist. In solchen Fällen kann der Rückgriff auf höherrangiges Recht die letzte und einzige Möglichkeit sein.

Normen des höherrangigen Rechts entstammen **in Deutschland** dem deutschen **Verfassungsrecht,** dem **Europarecht** und dem **Völkerrecht.** Im **internationalen Kontext** muss stets geprüft werden, welches höherrangige Recht anwendbar ist: Das Europarecht ist selbstverständlich auch für andere Mitgliedsstaaten der EU relevant. Relevante Rechtsquellen höherstaatlichen Rechts können außerdem (neben dem jeweiligen nationalen Verfassungsrecht) auch Abkommen zwischen dem betreffenden Staat und der EU sowie sonstige bilaterale oder völkerrechtliche Verträge sein. Stets ist bei der Einbeziehung der Normen höherrangigen Rechts auch zu beachten, vor welchen Gerichten der betreffende Streit anhängig würde.[34] Die **nachfolgende Darstellung** ist insofern nur **beispielhaft,** da sie sich in erster Linie auf Gründer von Gesellschaften bezieht, die sich vor deutschen Gerichten gegen Beschränkungen wenden, die von der deutschen Staatsgewalt ausgehen.

---

[33] Zur Auslegung dieser Begriffe in österreichischem Recht siehe Jabornegg/Strasser/*Geist* Aktiengesetz (östr.) 5. Aufl. 2009 Bd. 1 § 5 Rn. 18 ff. Die entsprechende Vorschrift im deutschen Aktiengesetz im § 5 Abs. 2 AktG wurde mit Wirkung zum 1. November 2008 aufgehoben.

[34] Dazu oben Rn. 26 ff.

2. Verfassungsrecht

32 **a) Vereinigungsfreiheit und Gesellschaftsrecht.** Art. 9 Abs. 1 GG gewährleistet die Freiheit des Einzelnen, sich mit anderen unter freier Wahl u. a. des Zeitpunktes, des Zwecks und der Form zu Vereinigungen zusammenzuschließen.[35] Da damit eine effektive Grundrechtsausübung nur möglich ist, wenn der Einzelne zwischen einer Mehrzahl verschiedenartiger Rechtsformen wählen kann, enthält Art. 9 Abs. 1 GG zugleich einen **Ausgestaltungsauftrag an den Gesetzgeber,** durch einfachgesetzliche Regelungen die Voraussetzungen hierfür zu schaffen. Art. 9 Abs. 1 GG beinhaltet aber keinen Anspruch des Einzelnen auf die Schaffung, eine konkrete Ausgestaltung oder den Erhalt einer bestimmten Rechtsform.[36]

33 **b) Schutz der unternehmerischen Freiheit.** Jede staatliche Beschränkung der unternehmerischen Betätigung berührt den **Schutzbereich eines Grundrechts** und kann damit auf verfassungsrechtlicher Grundlage hinterfragt werden. Die Freiheit der unternehmerischen Tätigkeit wird dabei durch verschiedene Grundrechte geschützt. Soweit es sich bei der unternehmerischen Tätigkeit um einen Beruf, d.h. um eine der Schaffung oder Erhaltung der Lebensgrundlage dienende Tätigkeit,[37] handelt, ist die Freiheit zur Gründung, der Organisation und der Führung eines Unternehmens durch die Berufsfreiheit des Art. 12 Abs. 1 GG geschützt.[38] Kommen Aspekte des freien Gebrauchs von Eigentum hinzu, ist weiterhin Art. 14 Abs. 1 GG einschlägig.[39] In den Fällen, in denen die aufgeführten speziellen Grundrechte nicht eingreifen, ist zumindest die allgemeine Handlungsfreiheit nach Art. 2 Abs. 1 GG betroffen.[40] Auch diese gewährleistet eine Handlungsfreiheit auf wirtschaftlichem Gebiet, d. h. einen angemessenen Spielraum zur Entfaltung der Unternehmerinitiative, der unantastbar ist.[41]

34 **c) Grundrechtsfähigkeit.** Um sich auf die Grundrechte berufen zu können, muss der Betreffende grundrechtsfähig sein. Auf einige Grundrechte, wie auch die Vereinigungsfreiheit können sich nur **deutsche Staatsbürger** im Sinne des Art. 116 GG berufen.[42] Ausländer genießen Schutz in diesen Bereichen nur aufgrund der allgemeinen Handlungsfreiheit des Art. 2 Abs. 1 GG.[43] Dieser Schutz muss allerdings bei **Unionsbürgern** im Anwendungsbereich des EUV und des AEUV[44] sowie Staatsangehörigen des EWR im Anwendungsbereich des EWR-Abkommens aufgrund des Diskriminierungsverbotes des Art. 18 AEUV (ex Art. 12 EGV) bzw. des Art. 4 EWR-Abkommen dem deutschen Staatsbürgern gewährten Schutz entsprechen.[45]

35 Bei **juristischen Personen** ist hinsichtlich der Grundrechtsträgerschaft zum Einen zwischen den einzelnen Grundrechten und zum Anderen nach der Herkunft der juristischen Person zu differenzieren. Gemäß Art. 19 Abs. 3 GG kommt es für die Grundrechtsfähig-

---

[35] Schmidt-Bleibtreu/Hofmann/Hopfauf/*Kannengießer* Grundgesetz 12. Aufl. 2011, Art. 9 Rn. 11.
[36] BVerfGE 50, 290, 354 f.; Maunz/Dürig/*Scholz* Grundgesetz Stand 01/2012, Art. 9 Rn. 26 f.
[37] Sachs/*Tettinger/Mann* Grundgesetz, 5. Aufl. 2009, Art. 12 Rn. 27 ff. mwN.
[38] BVerfGE 50, 290, 363; v. Mangoldt/Klein/Starck/*Manssen* Grundgesetz 6. Aufl. 2010 Art. 12 Rn. 68 mwN.
[39] Relevant ist hier insbesondere das Recht am eingerichteten und ausgeübten Gewerbebetrieb, vgl. *Glöckner*, Eigentumsrechtlicher Schutz von Unternehmen, 2005, S. 31 ff.; Maunz/Dürig/*Papier* Art. 14 Rn. 95 ff.
[40] Für das Verhältnis der allgemeinen Handlungsfreiheit zu den anderen Grundrechten siehe z.B. v. Mangoldt/Klein/*Starck* Art. 2 Rn. 72 mwN.
[41] BVerfGE 29, 260, 266 f.; 50, 290, 366; Maunz/Dürig/*Di Fabio* Art. 2 Rn. 126 mwN.
[42] Weitere sog. Deutschen-Grundrechte finden sich in Art. 8 Abs. 1, 11 Abs. 1, 12 Abs. 1, 16 Abs. 2, 20 Abs. 4 sowie 33 Abs. 1 und 2 GG. Dazu *Siehr*, Die Deutschenrechte des Grundgesetzes, 2001.
[43] BVerfGE 35, 382, 399; 104, 337, 346.
[44] Der räumliche Geltungsbereich der Verträge ergibt sich aus Art. 52 EUV und Art. 355 AEUV. Zum sachlichen Anwendungsbereich im Einzelnen: Grabitz/Hilf/Nettesheim/*von Bogdandy* Recht EU Stand 10/2011, Art. 18 AEUV Rn. 33 ff.; *Rossi*, EuR 2000, 197, 199 ff.
[45] *Rossi*, EuR 2000, 197, 199 ff.; Sachs/*Sachs* Vor Art. 1 Rn. 73 mwN.

keit juristischer Personen darauf an, ob das jeweilige Grundrecht seinem Wesen nach auf die jeweilige juristische Person anwendbar ist.[46] Der Begriff der „juristischen Person" in Art. 19 Abs. 3 GG ist dabei weit auszulegen und erfasst auch teil- und nichtrechtsfähige Personenzusammenschlüsse, soweit sie Träger von Rechten und Pflichten sein können.[47]

Art. 19 Abs. 3 GG erfasst nach seinem Wortlaut **nur inländische juristische Personen.** 36 Die Inländereigenschaft wird dabei nach h. M. durch den effektiven Sitz der juristischen Person, d. h. den Ort des tatsächlichen (nicht bloß satzungsmäßigen) Verwaltungsmittelpunktes bestimmt.[48] Juristische Personen, die wirksam nach den Vorschriften eines Mitgliedstaates der EU gegründet wurden und ihren satzungsmäßigen Sitz, ihre Hauptverwaltung oder ihre Hauptniederlassung außerhalb der Bundesrepublik aber innerhalb der EU haben, genießen im Anwendungsbereich des Primärrechts aufgrund des europäischen Diskriminierungsverbotes des Art. 18 AEUV den gleichen Schutz wie inländische juristische Personen.[49] Dogmatisch erfolgt dies über eine Anwendungserweiterung des Art. 19 Abs. 3 GG.[50]

Juristische Personen, die diese **Voraussetzungen nicht erfüllen,** können sich **nur** 37 auf die **sog. Prozess- oder Justizgrundrechte,**[51] nicht aber auf die übrigen Grundrechte des Grundgesetzes berufen.[52] Grundrechtsschutz besteht in diesen Fällen nur insoweit, wie die betreffende staatliche Maßnahme einen Grundrechtseingriff gegenüber den an der ausländischen juristischen Person beteiligten inländischen juristischen oder natürlichen Personen darstellt. Davon zu unterscheiden ist die umstrittene und höchstrichterlich noch nicht entschiedene Frage, ob die Deutschen-Grundrechte auch für von Drittstaatsangehörigen beherrschte inländische juristische Personen gelten.[53]

Im Rahmen der Entscheidung über Rechtsform und Standort wird dem Verfassungs- 38 recht regelmäßig eine große indirekte Bedeutung zukommen, da die **Verfassungswirklichkeit** eines Staates eine ganze Reihe von wichtigen Auswahlkriterien erheblich beeinflusst, wie insbesondere die Rechtssicherheit, die politische Stabilität und die Wirtschaftsordnung.

3. Europarecht

Für unternehmerische Tätigkeiten innerhalb der Europäischen Union[54] ist das Europa- 39 recht von wesentlicher Bedeutung. Es beeinflusst nicht nur die objektiven Marktbedingungen, sondern gewährt dem einzelnen Unternehmer Rechtspositionen, auf die er sich un-

---

[46] BVerfGE 95, 220, 242; 106, 28, 42 f.; Sachs/*Krüger* Art. 19 Rn. 67 ff. mwN. Einzelne Grundrechte, wie z. B. die Vereinigungsfreiheit nach Art. 9 Abs. 1 GG, sind direkt auf juristische Personen anwendbar (sog. Doppelgrundrechte), siehe nur BVerfGE 84, 372, 378.

[47] Maunz/Dürig/*Remmert* Art. 19 Abs. 3 Rn. 37, 39 mwN. Vgl. zum Begriff der „juristischen Person" auch oben § 1 Rn. 11 f.

[48] Sachs/*Krüger* Art. 19 Rn. 54; v. Mangoldt/Klein/Starck/*Huber* Art. 19 Rn. 299; aA *Trautrims,* Das Kollisionsrecht der Personengesellschaften, 2009, S. 98.

[49] BVerfG NJW 2011, 3428; 3430; *Rossi,* EuR 2000, 197 ff.; Sachs/*Krüger* Art. 19 Rn. 55; von der Groeben/Schwarze/*Zuleeg,* EUV/EGV Bd. 1, 6. Aufl. 2003, Art. 12 EGV Rn. 10.

[50] BVerfG NJW 2011, 3428, 3430.

[51] BVerfGE 18, 441, 447; 64, 1, 11; BVerfG WM 2006, 2084 ff.; Jarass/*Pieroth* Grundgesetz 11. Aufl. 2011 Art. 19 Rn. 20.

[52] *Degenhart,* Grundrechtsschutz ausländischer juristischer Personen bei wirtschaftlicher Betätigung im Inland, EuGRZ 1981, 161 ff.; *Guckelberger,* Zum Grundrechtsschutz ausländischer juristischer Personen, AöR, Bd. 129 (2004), 618 ff.; *Zuck,* Die Verfassungsbeschwerdefähigkeit ausländischer juristischer Personen, EuGRZ 2008, 680 ff. Einen vergleichbaren Schutz erhalten ausländische juristische Personen aber ggf. über bestehende völkerrechtliche Verträge, siehe hierzu unten Rn. 52, 55.

[53] Dafür z. B. Sachs/*Krüger* Art. 19 Rn. 56; v. Mangoldt/Klein/Starck/*Huber* Art. 19 Rn. 301; *Trautrims* S. 101. Dagegen z. B. Maunz/Dürig/*Scholz* Art. 9 Rn. 50 f.; Schmidt-Bleibtreu/*Hofmann/Hopfauf* Art. 19 Rn. 20.

[54] Für die anderen Staaten des EWR (Island, Liechtenstein, Norwegen) ist das in diesem Abschnitt Gesagte grundsätzlich entsprechend im EWR-Abkommen geregelt. Zur Schweiz siehe oben § 1 Rn. 103.

mittelbar sowohl gegenüber den Behörden und Gerichten der Mitgliedstaaten als auch den Organen der EU berufen kann. Das wichtigste Beispiel aus dem primären Recht der EU sind die Vorschriften über die **Grundfreiheiten.** Beispiele aus dem sekundären Unionsrecht sind die unmittelbare Wirkung von europäischen **Verordnungen**[55] und bei unzureichender Umsetzung durch die Mitgliedstaaten die mögliche **unmittelbare Wirkung von Richtlinien.**[56]

40 Alle Grundfreiheiten enthalten zur Abwehr von Beeinträchtigungen im grenzüberschreitenden Wirtschaftsverkehr ein auch für Unternehmen bzw. Gesellschaften relevantes **Differenzierungsverbot** aus Gründen der Staatsangehörigkeit[57] und ein **Beschränkungsverbot.**[58] Die Anwendbarkeit der einzelnen Grundfreiheiten setzt voraus, dass ein grenzüberschreitender Bezug und damit eine **Binnenmarktrelevanz** gegeben ist, d.h. dass sich der Sachverhalt nicht auf einen Mitgliedstaat beschränkt.[59] Dies erlaubt umgekehrt sog. Inländerdiskriminierungen, d.h. Inländer müssen im Inland ggf. Beschränkungen hinnehmen, die für europäische Ausländer nicht gelten.[60]

41 **a) Warenverkehrsfreiheit und Zollunion.** Die EU ist gemäß Art. 28 ff. AEUV (ex Art. 23 ff. EGV) eine Zollunion. Da alle Binnenzölle und Abgaben gleicher Wirkung[61] innerhalb der EU abgeschafft sind, können innerhalb der EU damit **Standortentscheidungen unabhängig von Zollgrenzen** getroffen werden.

42 Die Freiheit des Warenverkehrs von Abgaben und Zöllen in der EU wird durch das **Verbot von mengenmäßigen Einfuhrbeschränkungen und von Maßnahmen gleicher Wirkung** nach Art. 34 AEUV (ex Art. 28 EGV) ergänzt.[62] Maßnahmen gleicher Wirkung wie mengenmäßige Beschränkungen im Sinne der Warenverkehrsfreiheit sind solche, die sich typischerweise negativ auf ausländische Produkte auswirken und daher zur Marktabschottung führen. Relevant wurde dieser Fragekreis z.B. in Verfahren vor dem EuGH zu – europarechtlich letztlich zulässigen – Regelungen zum Schutz von Ursprungsbezeichnungen, die im Rahmen der Standortentscheidung relevant sein können.[63]

43 **b) Niederlassungsfreiheit.** Die in Art. 49 AEUV (ex Art. 43 EGV) niedergelegte Niederlassungsfreiheit garantiert eine **freie,** von ökonomischen Gesichtspunkten geleitete **Standort- und Rechtsformwahl.** Dem Firmengründer stehen alle in der EU existierenden Gesellschaftsformen zur Wahl, denn gemäß Art. 49 AEUV kann jeder Staatsangehörige eines Mitgliedstaates in jedem anderen Mitgliedstaat und nach den Regeln des dortigen

---

[55] Art. 288 Abs. 2 S. 2 AEUV. Dazu im Einzelnen Schwarze/*Biervert* EU-Kommentar 2. Aufl. 2009 Art. 249 Rn. 6, 20.

[56] Dazu z.B. Grabitz/Hilf/*Nettesheim* Bd. 3, Art. 249 Rn. 155 ff.; Rengeling/Middeke/*Gellermann* Handbuch Rechtsschutz EU 2. Aufl. 2003, § 33 Rn. 26 ff.

[57] *Mühl*, Diskriminierungen und Beschränkungen, 2004; Für das Verhältnis zu den einzelnen Grundfreiheiten: Grabitz/Hilf/Nettesheim/*von Bogdandy* Bd. 1 Art. 18 Rn. 55 ff.

[58] *Brigola*, Das System der EG-Grundfreiheiten, 2004, S. 45 ff.; Calliess/Ruffert/*Kingreen* Verfassungsrecht EU 4. Aufl. 2011 Kapitel B IV Rn. 57 ff.

[59] Grabitz/Hilf/Nettesheim/*Forsthoff* Bd. 2 Art. 45.

[60] *Lach*, Umgekehrte Diskriminierungen im Gemeinschaftsrecht, 2008; Riese/Noll, Europarechtliche und verfassungsrechtliche Aspekte der Ausländerdiskriminierung Rn. 53 ff.; NVwZ 2007, 516 ff.; von der Groeben/Schwarze/*Zuleeg* Art. 12 EGV Rn. 14.

[61] Zum Begriff Grabitz/Hilf/Nettesheim/*Herrmann* Bd. 1 Art. 30 Rn. 11 ff.; von der Groeben/Schwarze/*Vaulont* Art. 25 Rn. 3 ff. Zur Zollfreiheit im Einzelnen *Frenz*, Handbuch Europarecht, Bd. 1, 2004, S. 211 ff.

[62] Siehe nur *Frenz* 243 ff.

[63] So muss, wer z.B. „Parmaschinken" herstellen und unter dieser Bezeichnung vertreiben will, eine Produktionsstätte in Parma errichten – EuGH Rs. C-108/01, Slg. 2003, I-5121. Als zulässigerweise geschützte Ursprungsbezeichnung betrachtet der EuGH auch die Bezeichnungen „Feta", vgl. EuGH, C-465/02 und C-466/02, Slg. 2005, I-9115, und „Rioja", vgl. EuGH Rs. C-388/95, Slg. 2000, I-3123. Eine Übersicht über die geschützten Ursprungsbezeichnungen findet sich in der DOOR-Datenbank der Europäischen Kommission.

nationalen Rechts eine Gesellschaft gründen, sich an einer bestehenden Gesellschaft beteiligen oder den Gesellschaftssitz verlegen. Die betreffende Gesellschaft muss von den Rechtsordnungen der anderen Mitgliedstaaten anerkannt werden.[64] Träger der Niederlassungsfreiheit sind Unionsbürger im Sinne des Art. 20 Abs. 1 S. 2 AEUV (ex Art. 17 Abs. 1 S. 2 EGV) und gemäß Art. 54 Abs. 1 AEUV (ex Art. 48 Abs. 1 EGV) die Gesellschaften, die wirksam in einem Mitgliedstaat gegründet wurden und ihren satzungsmäßigen Sitz, ihre Hauptverwaltung oder ihre Hauptniederlassung in einem Mitgliedstaat haben.[65] Geschützt sind alle Tätigkeiten, die auch nur mittelbar mit der Errichtung, Unterhaltung und Leitung einer Niederlassung in Verbindung stehen.[66] Gemäß Art. 49 Abs. 1 S. 2 AEUV (ex Art. 43 Abs. 1 S. 2 EGV) ist in der EU ansässigen Angehörigen eines Mitgliedstaates[67] auch die Errichtung von Agenturen, Zweigniederlassungen, Tochtergesellschaften und sonstigen Formen einer dauerhaften Einrichtung möglich.

Verpflichtungen im Staat der Niederlassung auch den **Wohnsitz** zu nehmen oder bestimmte inländische Bescheinigungen vorzulegen, stellen beispielsweise grundsätzlich gegen die Niederlassungsfreiheit verstoßende **Diskriminierungen** dar.[68] Die sich daraus ergebenden Erleichterungen erweitern die Entscheidungsmöglichkeiten im Rahmen der Rechtsform- und Standortentscheidung, z. B. weil derjenige, der die Geschäfte der zukünftigen Gesellschaft führen soll, nicht seinen Wohnsitz im Staat des Gründungsrechtes nehmen muss.

c) Kapital- und Zahlungsverkehrsfreiheit. Die im Rahmen einer Niederlassung notwendigen Investitionen, Finanzierungen und sonstigen Kapitaltransfers sind nach den Regeln über den freien Kapital- und Zahlungsverkehr gemäß Art. 63 AEUV (ex Art. 56 EGV) geschützt. Die **Abgrenzung zur Niederlassungsfreiheit** ist im Einzelnen **schwierig**.[69] Direktinvestitionen fallen z. B. unter den Begriff der Niederlassung, wenn mit dem Beteiligungserwerb zugleich ein „bestimmender Einfluss" erlangt wird.[70] Diese Abgrenzung ist insbesondere für Drittstaatsangehörige von Bedeutung, da diese sich gemäß Art. 49 Abs. 1 S. 1 AEUV (ex Art. 43 Abs. 1 S. 1 EGV) nicht auf die Niederlassung-, wohl aber auf die Kapitalverkehrsfreiheit berufen können, soweit der erforderliche grenzüberschreitende Bezug gegeben ist.

Ein für die Rechtsform- und Standortwahl besonders bedeutsamer Aspekt der Kapitalverkehrsfreiheit ist das **Verbot, die Transferierbarkeit von Gewinnen zu beschränken.**[71] Denn solche Regelungen mindern die Attraktivität eines Standortes regelmäßig erheblich.[72]

---

[64] Dazu eingehend oben § 1 Rn. 94 ff.
[65] Von der Groeben/Schwarze/*Tiedje/Troberg* Art. 48 Rn. 1 ff.
[66] *Frenz* S. 724 f.
[67] Zur Ansässigkeit: von der Groeben/Schwarze/*Troberg/Tiedje* Art. 43 Rn. 157.
[68] Zum Wohnsitzerfordernis: EuGH Rs. C-279/89, Kommission/Vereinigtes Königreich, Slg. 1992, I-5785; EuGH Rs. C-350/96, *Clean Car*, Slg. 1998, I-2521 = EWiR Art. 48 EGV 1/99, 355 ff., mAnm *Frey/Thölke*; EuGH Rs. C-162/99, Kommission/Italien, Slg. 2001, I-541; EuGH Rs. C-337/97, *Meussen*, Slg. 1999, I-3289.
[69] Calliess/Ruffert/*Bröhmer* Art. 56 Rn. 23 ff.; *Germelmann*, Konkurrenz von Grundfreiheiten und Missbrauch von Gemeinschaftsrecht – Zum Verhältnis von Kapitalverkehrs- und Niederlassungsfreiheit in der neueren Rechtsprechung, EuZW 2008, 596, 597 ff.
[70] EuGH Rs. C-251/98, *Baars*, Slg. 2000, I-2787; EuGH Rs. C-207/07 Kommission/Spanien; *Germelmann*, EuZW 2008, 596 ff.; Grabitz/Hilf/Nettesheim/*Ress/Ukrow* Bd. 2 Art. 63 Rn. 229 ff.
[71] Die Europäischen Gemeinschaften haben in den vergangenen zwei Jahrzehnten mit vielen Staaten Partnerschaftsabkommen geschlossen, die unter anderem eine umfassende Zahlungsverkehrsfreiheit und damit z. B. auch die unbegrenzte Rückführung von Investitionen und daraus resultierenden Gewinnen gewährleisten sollen. Diese Abkommen stehen aber hinter dem Schutzumfang des AEUV zurück. Sie enthalten z. B. regelmäßig Ausnahmeklauseln für den Fall, dass den jeweiligen Vertragsparteien Zahlungsbilanzschwierigkeiten drohen oder solche sogar bereits eingetreten sind. Siehe Grabitz/Hilf/Nettesheim/*Ress/Ukrow* Bd. 2 Art. 63 Rn. 56, 73.
[72] In den neuen EU-Beitrittsländern sind diese Regelungen Anfang der 90er Jahre abgeschafft worden, vgl. nur *Lehmann*, Rechtliche Grundlagen für Investitionen in Polen, DStR 1992, 396, 400.

47 **d) Dienstleistungsfreiheit.** Die Dienstleistungsfreiheit nach Art. 56 AEUV (ex Art. 49 EGV) schützt die beschränkungs- und diskriminierungsfreie grenzüberschreitende Erbringung aller **entgeltlichen Leistungen, die nicht bereits in den Anwendungsbereich der anderen Grundfreiheiten fallen.**[73] In Abgrenzung zur Niederlassungsfreiheit ist die Dienstleistungsfreiheit einschlägig, wenn es an dem Merkmal der Dauerhaftigkeit der Tätigkeit fehlt,[74] in Abgrenzung zur Warenverkehrsfreiheit, wenn es um nichtkörperliche Leistungen geht,[75] und in Abgrenzung zur Arbeitnehmerfreizügigkeit, wenn es sich um eine selbständige Leistung handelt.[76] Gerade die Dienstleistungsfreiheit ist für die Standortentscheidung von erheblicher Bedeutung, da sie es ermöglicht, einzelne Märkte ohne Begründung einer dauerhaften Niederlassung mit Dienstleistungen zu versorgen. Damit entfällt in solchen Fällen die Notwendigkeit, die Standortentscheidung zugunsten des Absatzmarktes zu treffen und den dort geltenden Niederlassungsvoraussetzungen nachkommen zu müssen.[77]

48 **e) Arbeitnehmerfreizügigkeit.** Innerhalb der EU besteht Freizügigkeit, d. h. zur Suche oder Aufnahme einer **Arbeit** dürfen sich **Unionsbürger** gemäß Art. 45 AEUV (ex Art. 39 EGV) frei in den Mitgliedstaaten **bewegen.** Im Rahmen der Standortwahl kann dies z.B. von Bedeutung sein, weil betriebsnotwendige Know-how-Träger ohne aufenthaltsrechtliche Beschränkungen in einem anderen EU-Staat eingesetzt werden können.

49 Die Arbeitnehmerfreizügigkeit ist **von der Niederlassungsfreiheit** danach **abzugrenzen,** ob eine selbständige oder eine unselbständige Tätigkeit vorliegt.[78] Die Abgrenzung kann im konkreten Einzelfall insbesondere bei leitenden unternehmerischen Funktionen schwierig sein,[79] ist aber aufgrund des vergleichbaren Gewährleistungsinhaltes im Allgemeinen ohne Relevanz.

4. Völkerrecht

50 **a) Einleitung.** Auch (weitere) völkerrechtliche Verträge **können für die Standortwahl von Bedeutung sein,** indem sie in Bezug auf bestimmte Sachverhalte ein bestimmtes staatliches Verhalten vorschreiben, das für die Entscheidung über Standort und/oder Rechtsform relevant sein kann. Allerdings ist hierbei von **wesentlicher Bedeutung,** ob die jeweilige nationale Rechtsordnung und Rechtspraxis diese **Verträge auch ordnungsgemäß umsetzt und anwendet.** Wenn sich ein Vertragsstaat zum Beispiel nicht an ein Doppelbesteuerungsabkommen hält, bleibt dem anderen Vertragsstaat nur die Möglichkeit, die Nichtbeachtung des Vertrages zu rügen und/oder den Vertrag zu kündigen. Der Einzelne kann in diesem Fall lediglich vor den nationalen Gerichten dieses Staates klagen und muss damit auch die Schwächen des jeweiligen Rechtssystems hinnehmen. Nur wenige internationale Verträge, insbesondere die Menschenrechtsverträge, beinhalten die Möglichkeit einer Individualbeschwerde vor einer internationalen Institution. **Klageverfahren** sind aber regelmäßig so langwierig, dass eine Rechtsform- oder Standortentscheidung, die voraussetzt, dass völkerrechtswidrige Beschränkungen zunächst gerichtlich beseitigt werden müssen, **kaum je sinnvoll sein** wird.

---

[73] Grabitz/Hilf/Nettesheim/*Randelzhofer/Forsthoff* Bd. 2 Art. 56, 57 Rn. 33 ff.
[74] EuGH Rs. C-55/94, *Gebhard,* Slg. 1995, 4165; EuGH Rs. C-3/95, *Reisebüro Broede,* Slg. 1996, I-6511; Ehlers/*Tietje,* Europäische Grundrechte und Grundfreiheiten, 3. Aufl., § 10 Rn. 26 ff.; *Frenz,* Grundfragen der Niederlassungs- und Dienstleistungsfreiheit im neuen Gewande, GewA 2007, 98 ff.
[75] *Frenz* 252 ff.
[76] *Frenz* 430 ff.
[77] Siehe z. B. EuGH NJW 2004, 435.
[78] Von der Groeben/Schwarze/*Tiedje/Troberg* Bd. 1 Art. 43 Rn. 51 ff.
[79] So hat der EuGH auf den Geschäftsführer eines Unternehmens mal die Arbeitnehmerfreizügigkeit, vgl. EuGH Rs. C-350/96, *Clean Car,* Slg. 1998, I-2521, 2547 = EWiR Art. 48 EGV 1/99, 355 f., mAnm *Frey/Thölke,* und mal die Niederlassungsfreiheit, vgl. EuGH Rs. C-114/87, Kommission/*Spanien,* Slg. 1998, I-6717, angewandt.

In Deutschland bedürfen völkerrechtliche Verträge zu ihrer innerstaatlichen Geltung 51 der **Umsetzung** entweder durch ein entsprechendes Bundesgesetz nach Art. 59 Abs. 2 S. 1 GG oder in den Fällen von Verwaltungsabkommen eines anderen innerstaatlichen Rechtsaktes nach Art. 59 Abs. 2 S. 2 GG. Die Bestimmungen des völkerrechtlichen Vertrages teilen dann im Recht der Bundesrepublik Deutschland den Rang ihrer Umsetzungsvorschrift und sind damit einfachgesetzliches Recht.[80] Das einfache Recht ist aber ebenso wie das Verfassungsrecht völkerrechtsfreundlich auszulegen.[81] Völkerrechtliche Verträge der EU sind gemäß Art. 216 Abs. 2 AEUV für die Mitgliedstaaten verbindlich. Dies bedeutet auch, dass sie, soweit solche Verträge ausreichend präzise und unbedingt sind, unmittelbare Wirkungen entfalten.[82]

b) Menschenrechtsverträge. Die unternehmerische Tätigkeit betreffende **subjektive** 52 **Rechte** wie der Schutz des Eigentums oder die Vereinigungsfreiheit sind auch in **internationalen Menschenrechtsverträgen** enthalten.[83] So existieren regionale Menschenrechtspakte wie die EMRK, die Amerikanische Menschenrechtskonvention oder die Afrikanische Charta der Menschenrechte, aber auch universelle, d.h. regional nicht begrenzte Verträge wie der Internationale Pakt über bürgerliche und politische Rechte (IPbpR). Ein Großteil dieser Verträge sieht ein Individualbeschwerdeverfahren vor.[84] Das Beschwerdeverfahren vor dem EGMR steht gemäß Art. 34 S. 1 EMRK auch ausländischen juristischen Personen offen,[85] die sich auf die deutschen Grundrechte nicht berufen können.[86]

c) Doppelbesteuerungsabkommen. Internationale Verträge, die vermeiden sollen, 53 dass natürliche und juristische Personen dieselben Vorgänge in mehreren Ländern versteuern müssen, können die finanziellen Belastungen eines Unternehmens, welches aufgrund seiner Tätigkeit oder seiner Standorte in mehreren Staaten steuerpflichtig ist, erheblich mindern. Ihnen kommt daher bei der steuerlichen Beurteilung **im Rahmen grenzüberschreitender Standort- und Rechtsformwahlentscheidungen erhebliche Bedeutung** zu.[87]

d) Investitionsschutzabkommen. Von Interesse bei der Entscheidung über Standort 54 oder Rechtsform können auch bestehende **Investitionsförderungs- und Investitionsschutzverträge** sein, die Direktinvestitionen natürlicher oder juristischer Personen in den betreffenden Staaten erleichtern und vor eigentumsbeeinträchtigenden Maßnahmen schützen sollen.[88] Diese Abkommen enthalten grundsätzlich auch eine Klagemöglichkeit vor einem Schiedsgericht ohne die Verpflichtung zur vorherigen Ausschöpfung des jeweiligen nationalen Rechtsweges.[89]

---

[80] BVerfGE 74, 358, 370; 111, 307, 317; Sachs/*Streinz* Art. 59 Rn. 60 ff.; Schmidt-Bleibtreu Hofmann/Hopfauf/*Butzer*/*Haas* Art. 59 Rn. 116 f.
[81] BVerfGE 74, 358, 370; BVerfG NVwZ-RR 2007, 266 ff.
[82] Rengeling/Middeke/*Gellermann* § 33 Rn. 42 mwN.
[83] Z.B. Art. 1 1. Zusatzprotokoll EMRK für den Eigentumsschutz sowie Art. 11 Abs. 1 EMRK und Art. 22 Abs. 1 IPbpR für die Vereinigungsfreiheit.
[84] Z.B. Art. 34 ff. EMRK, 1. Fakultativprotokoll IPbpR.
[85] *Ehlers* § 2 Rn. 34; *Grabenwarter*, Europäische Menschenrechtskonvention, 2003, § 13, Rn. 8, § 17 Rn. 1 f.; *Karl/Rogge* IntKomm EMRK Stand Dezember 2010 Art. 34 Rn. 80, 88.
[86] Dazu oben Rn. 36.
[87] Siehe unten Rn. 78.
[88] *Kriebaum*, Eigentumsschutz im Völkerrecht, 2008; *Wegen/Raible*, Unterschätzt die deutsche Wirtschaft die Wirksamkeit des völkerrechtlichen Investitionsschutzes?, SchiedsVZ 2006, 225 ff. Deutschland ist mit 130 in Kraft getretenen Abkommen weltweit führend (Stand 4. 8. 2011). Eine Liste ist auf der Seite des Bundesministeriums für Wirtschaft und Technologie abrufbar. Siehe auch unten Rn. 102.
[89] Eine Übersicht über bestehende Schiedsgerichtssysteme findet sich in *Böckstiegel*, Internationaler Investitionsschutz aus der Perspektive eines Schiedsrichters, SchiedsVZ 2008, 265 ff.; siehe auch *Schwab/Walter*, Schiedsgerichtsbarkeit, 6. Aufl. 2000, Kapitel 41 Rn. 5.

55 **e) Sonstige Abkommen.** Weitere für die unternehmerische Tätigkeit interessante Bestimmungen zum Beispiel zur Ermöglichung und zum Schutz ihrer unternehmerischen Tätigkeit finden sich auch in **allgemeinen Handels- und Freundschaftsverträgen**.[90] Zum Schutz des gewerblichen Eigentums, wie zum Beispiel des Urheber-, Patent- und Markenrechts, gibt es ferner verschiedene Abkommen, so z.B. das Übereinkommen über handelsbezogene Aspekte der Rechte des geistigen Eigentums[91] und die Pariser Verbandsübereinkunft zum Schutz gewerblichen Eigentums. Fehlender Schutz gewerblicher Schutzrechte, der sich aus dem Nichtbeitritt zu diesem Abkommen ergibt, kann ein wichtiger Aspekt im Rahmen der Standort- und Rechtsformwahl sein.[92]

IV. Einzelne Standortfaktoren und Rechtsformwahlkriterien

56 Die Entscheidungen über den Standort und die Rechtsform eines Unternehmens können nicht unabhängig voneinander getroffen werden.[93] Im Folgenden sollen die im internationalen Kontext wesentlichen, rechtlich geprägten[94] Standortfaktoren und Rechtsformwahlkriterien dargestellt werden.

1. Gesellschaftsrecht

57 **Gesellschaftsrechtliche Regelungen** legen die **Eigenschaften einer Rechtsform** fest und bilden daher neben den steuerlichen Eigenschaften einer Rechtsform die klassischen Entscheidungskriterien für oder gegen eine bestimmte Rechtsform. Im internationalen Kontext sind dabei grundsätzlich dieselben Kriterien relevant, wie sie auch für die Entscheidung zwischen deutschen Rechtsformen maßgeblich sind.[95] Werden ausländische Rechtsformen mit in den Kreis der Handlungsoptionen einbezogen, sind die betreffenden Fragen anhand der Regelungen des ausländischen Rechts zu beantworten. Hierzu bedarf es dann der Zusammenarbeit mit entsprechend im ausländischen Recht erfahrenen Beratern. Daher sind die nachfolgenden Ausführungen lediglich als Verdeutlichung typischer gesellschaftsrechtlicher Rechtsformwahlkriterien im internationalen Kontext zu verstehen.

58 **a) Zweck.** Zunächst muss die betreffende Rechtsform für den mit der Unternehmung verfolgten **Zweck** überhaupt zulässig sein. So gibt es Gesellschaftsformen, die nur für bestimmte Geschäftstätigkeiten eingesetzt werden können.[96] Daneben gibt es Rechtsformen, die zwar nicht auf bestimmte Wirtschaftszweige beschränkt sind, aber anderen Einschränkungen in Hinblick auf die Tätigkeit unterliegen.[97] Entspricht die angestrebte Tätigkeit derartigen Vorgaben nicht, scheiden die betreffenden Rechtsformen aus dem Kreis der zur Verfügung stehenden Rechtsformen aus.

59 **b) Gesellschafter.** Im Hinblick auf die **Gesellschafter** können sich im Hinblick auf Gesellschaftsformen anderer Rechtsordnungen Beschränkungen oder Rechtsunsicherheiten ergeben, die aus dem deutschen Gesellschaftsrecht nicht geläufig sind. Möglich sind etwaige Vorgaben für die (Un-)Zulässigkeit von Ein-Mann-Kapitalgesellschaften, die prinzipiell oder

---

[90] Ein Beispiel ist der deutsch-amerikanische Freundschafts-, Handels- und Schiffahrtsvertrag vom 29. 10. 1954, BGBl. 1956 II, 487. Zur Bedeutung dieses Vertrages für das internationale Gesellschaftsrecht siehe oben § 1 Rn. 104.

[91] Hierzu im Einzelnen z.B. *Busche/Stoll*, TRIPs: Internationales und europäisches Recht des geistigen Eigentums, 2007.

[92] Siehe unten Rn. 116.

[93] Zur Verschränkung von Standort- und Rechtsformwahl oben Rn. 6 ff.

[94] Zu den tatsächlichen Standortfaktoren oben Rn. 12 ff.

[95] Einen Überblick ausländischer Gesellschaftsformen bietet § 47; vgl. ferner *Hirte/Bücker*, Grenzüberschreitende Gesellschaften, 2. Aufl. 2006, S. 140 ff.; *Mellert/Verfürth*, Wettbewerb der Gesellschaftsformen, 2005, S. 71 ff.; *Süß/Wachter* Handbuch des internationalen GmbH-Rechts 2. Aufl. 2011 S. 417 ff.

[96] Vgl. nur § 7 Abs. 2 VAG für den VVaG oder § 1 PartGG für die Partnerschaftsgesellschaft.

[97] Z.B. Art 3 der EWiV-VO, siehe dazu auch § 48 Rn. 18.

im Hinblick auf mehrstöckige Konstruktionen[98] fraglich sein können. Unabhängig hiervon können auch Vorgaben für die zulässige Höchstzahl der Gesellschafter bestehen. Auch die Zulässigkeit von Typenvermischungen kann restriktiver als im deutschen Recht gehandhabt werden. Weiter können die **Flexibilität** der Rechtsform im Hinblick auf **organisatorische Regelungen** sowie die Übertragbarkeit und Vererbbarkeit **Anteilen** unterschiedlich ausgeprägt sein. Auch können etwaige (zwingende) **Rechte von Minderheiten** wie Informations-, Widerspruchs- und Kontrollrechte entscheidungserheblich werden.

c) Geschäftsführung, Vertretung, Corporate Governance. Für die Qualität und Umsetzung von Führungsentscheidungen sind **Geschäftsführung** und **Vertretung** von zentraler Bedeutung. Neben strukturimmanenten Beschränkungen – aus dem deutschen Recht in Hinblick auf das Prinzip der Selbstorganschaft bei Personengesellschaften geläufig – können auch Vorgaben für die Eignung oder die Anzahl von Geschäftsführern und die Möglichkeiten und Grenzen bezüglich der Regelung der konkreten Vertretungsbefugnisse erheblich sein. Von Relevanz sind häufig auch Haftungsrisiken der Geschäftsführer und deren mögliche Absicherung durch eine D&O-Versicherung. Sofern ausländische Personen als Geschäftsführer tätig werden sollen, können sich je nach Ort der Unternehmung auch ausländerrechtliche Fragen stellen.[99]

Wichtig ist auch die Struktur der Corporate Governance im Übrigen. Insbesondere die Anzahl der Organe,[100] ihre Besetzung[101] und ihre Kompetenzen sowie die Flexibilität der entsprechenden Regelungen sind hier von Bedeutung.

d) Firmierung. Relevant sind weiter die bei der Wahl der Firma zu beachtenden landes- bzw. rechtsformspezifischen Vorgaben. Zu nennen ist hier beispielsweise die Zulässigkeit von Sachfirmen, Phantasienamen, Namen in ausländischer Sprache usw., die im Einzelfall für die Gründer von besonderem Interesse sein können.

e) Finanzierung. Im Hinblick auf die **Finanzierung** sind zunächst Vorgaben für die **Eigenkapitalausstattung**, die regelmäßig je nach Rechtsform variieren, von Relevanz. Im Rahmen einer **Fremdfinanzierung** kann auch die **Verpfändbarkeit** von Anteilen eine Rolle spielen. In finanziellen Fragen mag auch die mit einer bestimmten Rechtsform einhergehende Reputation der Unternehmung Bedeutung zu kommen. Ferner kann die Wahl bzw. die unkomplizierte Umwandelbarkeit der Rechtsform für eine geplante **Börsennotierung** im Aus- oder Inland maßgeblich werden.

f) Haftung. Fast immer wird die **Haftungsstruktur** bei der Wahl der Rechtsform eine zentrale Rolle spielen. Die aus dem deutschen Recht bekannten Haftungsmodelle, also die persönliche und unbeschränkte Haftung des Gesellschafters, die summenmäßig beschränkte (Kommanditisten-)Haftung oder der Ausschluss persönlicher Haftung, stehen regelmäßig auch in anderen Jurisdiktionen zur Verfügung. Insbesondere im Hinblick auf die international verbreiteten Gesellschaften mit beschränkter Haftung sollten auch die Voraussetzungen und die praktische Relevanz der **Durchgriffshaftung** in die Betrachtung einbezogen werden.

g) Weitere Aspekte. Ein Aspekt für die Rechtsformwahl kann weiterhin die Höhe der **Gründungskosten** der jeweiligen Rechtsform sowie insbesondere auch der **laufende Aufwand** sein. Auch die Frage notwendiger Formalitäten – gerade in Bezug auf Gremienentscheidungen (z.B. Möglichkeit von Umlaufbeschlüssen, Beurkundungspflichten) – sollte mit berücksichtigt werden. Von Bedeutung in Hinblick auf interne und externe Kosten kann auch die Ausgestaltung von **Rechnungslegungspflichten** sein.[102] Je nach Interessen-

---

[98] Z.B. eröffnet Art. 2 Abs. 2 der 12. gesellschaftsrechtlichen Richtlinie 89/667/EWG den Mitgliedstaaten die Möglichkeit, die Ausgestaltung von Einmann-Gesellschaften zu beschränken.
[99] Zu gesellschaftsrechtlichen Ansässigkeitserfordernissen siehe bereits oben Rn. 49.
[100] Zu den Unterschieden zwischen dualistischer und monistischem Leistungsmodell vgl. exemplarisch die Ausführungen zur SE in § 49 Rn. 54 ff.
[101] Zur Unternehmensmitbestimmung auch unten Rn. 93.
[102] Zur Anwendung von Rechnungslegungsvorschriften siehe unten § 24.

lage wird auch der **Publizität** der Gesellschaft bzw. der Gesellschafter Bedeutung beigemessen.[103]

65 Schließlich kann auch die **Umwandelbarkeit** der Rechtsform, d. h. also die Flexibilität im Hinblick auf zukünftige Umstrukturierungen und Rechtsformwechsel bereits bei der Auswahl der zunächst für zweckmäßig gehaltenen Rechtsform eine Rolle spielen.

66 Die vorgenannten Kriterien können im Grundsatz sowohl bei der Auswahl zwischen verschiedenen Rechtsformen einer Jurisdiktion als auch bei einem transnationalen Vergleich von Rechtsformen herangezogen werden. Eher auf der Ebene des Vergleichs zwischen verschiedenen Rechtsordnungen liegt der allgemeine Gesichtspunkt der Qualität gesellschaftsrechtlicher Normen, deren effiziente Umsetzung in der Praxis und deren rechtswissenschaftliche Durchdringung und die damit einhergehende Rechtssicherheit und Berechenbarkeit.[104] Hierzu können auch das Wissen des Marktes um die Eigenschaften der Rechtsform und die damit verbundene Akzeptanz bei potentiellen Vertragspartnern oder die Verfügbarkeit von Informationen und qualifiziertem Rechtsrat in leicht zugänglichen Sprachen zu zählen sein.

2. Steuerrecht

67 **a) Einleitung. Steuerliche Aspekte** spielen sowohl bei der **Standort-** als auch bei der **Rechtsformwahl** oftmals eine bedeutende Rolle.[105] Der Entscheider wird bei den Erwägungen zur Steuergestaltung regelmäßig das Bestreben der steuerlichen **Minimierung der Steuerbelastung** im Vordergrund sehen und den Standort sowie die Rechtsform für seine unternehmerische Tätigkeit entsprechend wählen. Dabei kann der Entscheider vom sogenannten **Steuerwettbewerb** zwischen den Staaten profitieren. Denn grundsätzlich ist jeder Staat im Rahmen der völkerrechtlichen Grenzen in der Begründung und inhaltlichen Ausgestaltung seiner Besteuerungsansprüche souverän. Dies gilt auch innerhalb der EU mit der Maßgabe, dass die konkrete Besteuerung nicht die Grundfreiheiten und das Beihilfeverbot verletzt. Dadurch eröffnet sich dem Entscheider ein breites Spektrum an Möglichkeiten der steuerlich optimierten Standortwahl in Kombination mit der Wahl der geeigneten Rechtsform. Hierbei ist zu beachten, dass Rechtsform- und Standortwahl erst im Zusammenspiel eine steueroptimale Lösung bieten, da beispielsweise bestimmte steuerliche Vorteile an einem Standort nur für eine bestimmte Rechtsform gelten oder weil etwa im Fall einer grenzüberschreitenden Tätigkeit nur bestimmte Rechtsformen von den Regelungen eines Doppelbesteuerungsabkommens Gebrauch machen können.[106]

---

[103] Beck'sches Hdb. Personenges./*Kessler/Schiffers* § 1 Rn. 67.

[104] Das liberale Gesellschaftsrecht im US-amerikanischen Bundesstaat Delaware, das Ergebnis einer systematischen Deregulierung der gesellschaftsrechtlichen Vorschriften ist, wird z. B. als Grund dafür genannt, dass überproportional viele US-amerikanische Gesellschaften nach diesem Recht gegründet werden (sog. Delaware-Effekt), vgl. *Merkt,* Das Europäische Gesellschaftsrecht und die Idee des „Wettbewerbs der Gesetzgeber", RabelsZ Bd. 59, 1995, 549; Müller-Graf/ *Teichmann,* Europäisches Gesellschaftsrecht auf neuen Wegen, 2010, S. 43. Von allen börsennotierten Unternehmen in den USA sind über 50% in Delaware ansässig.

[105] Siehe allgemein zu den steuerlichen Aspekten der internationalen Standort- und Rechtsformwahl *Jacobs,* Unternehmensbesteuerung und Rechtsform, 4. Aufl. 2009; *Jacobs,* Internationale Unternehmensbesteuerung, 7. Aufl. 2011; *Mössner,* Steuerrecht international tätiger Unternehmen, 3. Aufl. 2005; *Grotherr* (Hrsg.), Handbuch der internationalen Steuerplanung, 3. Aufl. 2011; *König/Maßbaum/ Sureth* sowie zu aktuellen Übersichten des Steuerrechts der ausländischen Jurisdiktionen IBFD, Global Corporate Tax Handbook 2011; *Mennel/Förster* (Hrsg.), Steuern in Europa, Amerika und Asien, Stand 11/2011.

[106] Gerade bei Personengesellschaften stellt sich die Frage, ob diese selbst oder die dahinterstehenden Gesellschafter den Abkommensschutz des jeweiligen DBA anwenden können. Vgl. *Wassermeyer,* Abkommensberechtigung von Personengesellschaften, IStR 2010, 683 ff.; *Brähler/Mayer,* Abkommensberechtigung von Personengesellschaften – zugleich Besprechung des BMF-Schreibens vom 15. 4. 2010, IStR 2010, 678 ff.

Unabhängig davon, auf welche Rechtsform bzw. auf welchen Standort die Entscheidung **68** letztlich fällt, sollte berücksichtigt werden, dass sich **gerade** die **steuerlichen Rahmenbedingungen** auf Grund von **Gesetzesänderungen** auch kurzfristig ändern können.

Bei der Rechtsform- und Standortwahl sind **neben** den **laufenden** steuerlichen Konse- **69** quenzen auch die Besteuerungsfolgen der **aperiodischen Geschäftsvorgänge** zu beachten, d. h. bei Gründung und Beendigung der Gesellschaft oder bei jeglicher Form der Übertragung der Gesellschaft bzw. des Gesellschaftsvermögens. So kann beispielsweise die laufende Besteuerung einer bestimmten Rechtsform steuerlich günstiger sein, während jedoch bei Beendigung der Gesellschaft eine andere Rechtsform steuerlich günstiger wäre.[107]

Regelmäßig sind **sämtliche relevanten Steuerarten** in die steuerlichen Überlegungen **70** zur Rechtsform- und Standortwahl einzubeziehen, d. h. die wesentlichen Ertrag-, Substanz- und Verkehrsteuern. Hierbei ist zu berücksichtigen, dass Steuern auf Ebene **mehrerer Gebietskörperschaften** erhoben werden können.[108]

Abzustellen ist bei der steueroptimalen Standort- und Rechtsformwahl stets **auf das** **71** **Unternehmen in seiner individuellen Ausprägung.** Es verbieten sich hier schematische Lösungen. So kann etwa bei zwei ansonsten identischen Unternehmen allein die gewünschte Finanzierungsstruktur des Unternehmens zu erheblichen steuerlichen Unterschieden führen, da es bei einer fremdfinanzierten Tätigkeit relevant ist, ob und inwieweit die steuerliche Abzugsfähigkeit der Fremdfinanzierungskosten beschränkt ist.[109] Stets wird man daher ab einem gewissen Punkt auf Mitarbeiter oder Berater zurückgreifen müssen, **die in den jeweiligen Steuerjurisdiktionen kompetent und erfahren sind.**

b) Einkommen- und Körperschaftsteuer. aa) Besteuerungssysteme. Für Stand- **72** ort- und Rechtsformwahl ist relevant, welche **Besteuerungssysteme** für die jeweiligen Gesellschaftsformen zur Anwendung kommen, da sich diesbezüglich beim steuerlichen Vergleich zwischen einer Kapital- und einer Personengesellschaft erhebliche Unterschiede ergeben können. Bei Körperschaften werden regelmäßig sowohl die **Körperschaft** aufgrund ihrer steuerrechtlich eigenständigen Rechtspersönlichkeit als auch die Gesellschafter als eigenständige Steuersubjekte angesehen **(Trennungsprinzip),** wobei verschiedene Systeme zur Vermeidung bzw. Minderung einer möglichen Doppelbesteuerung zwischen Gesellschaft und Gesellschafter existieren.[110] Dagegen findet die Besteuerung im Fall eines **Einzelunternehmens** lediglich auf einer Ebene statt **(Einheitsprinzip).**[111] Die Besteuerungskonzepte für **Personengesellschaften** variieren international und können der Besteuerung von Körperschaften oder derjenigen von Einzelunternehmen angenähert sein.[112]

---

[107] Gegebenenfalls kann auch die Erbschaftsteuer zu Besteuerungsunterschieden führen, was insbesondere bei mittelständischen Gesellschaften von Relevanz sein kann. Zum Einfluss der Rechtsform auf die Erbschaftsteuerbelastung z. B. *Scheffler,* Einfluß der Rechtsform eines Unternehmens auf die Erbschaftssteuerbelastung, BB 2009, 2469 ff.

[108] In der Schweiz beispielsweise beträgt der föderale Körperschaftsteuersatz derzeit lediglich 8,5%, jedoch können zusätzlich auf Ebene der Kantone bzw. Gemeinden Ertragsteuern in unterschiedlicher Höhe erhoben werden. Vgl. IBFD Switzerland, S. 1006, 1014.

[109] Daneben kann ein Staat auch steuerliche Anreize zur Eigenkapitalfinanzierung geben, wie beispielsweise in Belgien der Zinsabzug auf Eigenkapital („notional interest deduction"), vgl. IBFD Belgium, S. 97; *Mennel/Förster* Belgien Rn. 253 ff. Dieser Abzug ist insbesondere für die Errichtung von Finanzierungsgesellschaften steuerlich vorteilhaft.

[110] Siehe zur Darstellung der verschiedenen Körperschaftsteuersysteme *Jacobs,* Internationale Unternehmensbesteuerung, S. 125–137.

[111] Vgl. *Jacobs,* Unternehmensbesteuerung und Rechtsform, S. 92 f.

[112] Eine vergleichende Darstellung der verschiedenen Besteuerungskonzeptionen für Personengesellschaften bieten *Hey/Bauersfeld,* Die Besteuerung der Personen(handels)gesellschaften in den Mitgliedstaaten der Europäischen Union, der Schweiz und den USA, IStR 2005, 649 ff. In Portugal und Spanien beispielsweise werden Personenhandelsgesellschaften wie Kapitalgesellschaften besteuert, während z. B. in Großbritannien und Irland Personengesellschaften als steuerlich transparent behandelt werden. Vgl. IBFD Portugal, S. 867; Spain, S. 979; United Kingdom, S. 1089; Ireland, S. 507 sowie *Mennel/Förster* Portugal, Rn. 191; Spanien, Rn. 295; Großbritannien, Rn. 201.

Darüber hinaus besteht in einzelnen Ländern auch die Möglichkeit, unter bestimmten Voraussetzungen für ein bestimmtes Besteuerungssystem zu optieren.[113]

73 Diese unterschiedlichen Besteuerungskonzeptionen sind beispielsweise auch im **Verlustfall** relevant, da auf Ebene der Kapitalgesellschaft angefallene Verluste nicht unmittelbar in den Bereich der Gesellschafter verlagert werden können, wie es grundsätzlich bei steuertransparenten Gesellschaften der Fall ist.[114] Welche Besteuerungskonzeption und damit welche Rechtsform aus steuerlicher Sicht günstiger ist, wird auch von der gewünschten Ausschüttungspolitik des Unternehmens abhängen.

74 In Abhängigkeit der jeweiligen Situation kann die **Steuerbelastung** auf **Ebene der Gesellschaft** oder die Steuerbelastung des **dahinterstehenden Gesellschafters** relevanter sein, wobei zum Zwecke eines vollständigen Steuerbelastungsvergleichs **regelmäßig beide Ebenen** in Betracht gezogen werden müssen.

75 **bb) Steuersätze und Bemessungsgrundlage.** Die **Höhe der Steuersätze** sowie die Regelungen zur **steuerlichen Bemessungsgrundlage** sind maßgebliche Einflussgrößen für die Steuerbelastung einer Gesellschaft an einem bestimmten Standort. Sofern für die jeweiligen Rechtsformen unterschiedliche Besteuerungssysteme zur Anwendung kommen, ergeben sich allein hieraus durch unterschiedliche Steuersätze und ggf. unterschiedliche Regelungen zur steuerlichen Bemessungsgrundlage unmittelbare Auswirkungen auf die Steuerbelastung und damit auf die **Rechtsformwahl.**

76 Die Höhe der Steuersätze und die Definition der Bemessungsgrundlage sind auch im Hinblick auf die **Standortwahl** relevant. Bereits bei den **Regelsteuersätzen** existieren erhebliche Unterschiede sowohl innerhalb der EU[115] als auch insbesondere im internationalen Vergleich. So gibt es beispielsweise Länder mit generell niedrigeren Steuersätzen, während andere Länder eher als Hochsteuerländer gelten.[116]

77 Neben den Regelsteuersätzen sind für die internationale Rechtsform- und Standortwahl auch **spezielle selektive Steuerbefreiungen oder -vergünstigungen** relevant, die dazu dienen sollen, einen Standort für bestimmte Aktivitäten besonders attraktiv zu machen, wie z.B. für Forschungs- und Entwicklungstätigkeiten oder für Holding- und Finanzierungsaktivitäten. Diese Steuervergünstigungen können beispielsweise in Form eines Abzugs von der Bemessungsgrundlage oder eines besonders niedrigen Steuersatzes gewährt werden und können auf einen bestimmten geografischen Raum oder eine bestimmte zeitliche Periode begrenzt sein.[117]

---

[113] Optionsmöglichkeiten zur Körperschaft- bzw. Einkommensbesteuerung bestehen beispielsweise in den USA und in Frankreich. Vgl. IBFD United States, S. 1105; France, S. 357; *Mennel/Förster* Frankreich Rn. 200; USA, Rn. 223 ff.

[114] Vgl. *Jacobs,* Unternehmensbesteuerung und Rechtsform, S. 673.

[115] Vgl. Kommission der Europäischen Gemeinschaften, Der Beitrag der Steuer- und Zollpolitik zur Lissabon-Strategie, KOM (2005) 532. Eine Harmonisierung der Körperschaftsteuersätze in Europa wird nicht von der Kommission angestrebt.

[116] Der Körperschaftsteuersatz beträgt derzeit beispielsweise 10% in Bulgarien und 12,5% in Irland. Daneben existieren die klassischen „Steueroasen" wie beispielsweise die Bahamas, Cayman Islands, Guernsey oder die Niederländischen Antillen. Eine umfassende Übersicht bietet KPMG's Corporate and Indirect Tax Rate Survey 2011.

[117] Solche Regelungen sind zahlreich und vielgestaltig. So wird unter bestimmten Voraussetzungen in Singapur für Unternehmen, die unter den sog. „pioneer status" fallen, eine Steuerfreiheit von 5 bis 15 Jahren gewährt. Vgl. IBFD Singapore, S. 933; Kantone in der Schweiz gewähren „tax holiday"-Regelungen, dh Steuerbefreiungen von bis zu 10 Jahren, vgl. *Mennel/Förster* Schweiz Rn. 113. Steuerlich attraktive Regelungen für Lizenzeinkünfte aus Patenten existieren beispielsweise in Belgien, Luxemburg und den Niederlanden. Vgl. IBFD Belgium, S. 97; Luxembourg, S. 627; Netherlands, S. 745; *Mennel/Förster* Belgien Rn. 257 ff.; Luxemburg, Rn. 92 ff.; Niederlande, Rn. 337. Daneben können sich aus steuerlicher Sicht Länder als geeigneter Holdingstandort anbieten, da sie neben einem allgemein positiven lokalen Steuerklima steuerlich günstige Regelungen im Bereich der Quellensteuern, der Steuerbefreiung für in- und ausländische Dividenden und Veräußerungsgewinne aus Beteiligungen sowie bzgl. der Abzugsfähigkeit von Refinanzierungskosten bieten.

cc) **Besonderheiten grenzüberschreitender Strukturen, insbesondere Doppelbesteuerungsabkommen.** Besonderheiten ergeben sich im Rahmen der Standort- und Rechtsformwahl, wenn es um grenzüberschreitende Strukturen geht, also nicht ausschließlich darum, einen Standort für das Unternehmen zu finden, sondern eine **Struktur, die von Vornherein** und dauerhaft das **Steuerrecht mehrerer Staaten** berührt. Dies kann der Fall sein, wenn ein Unternehmen ausländische Betriebsstätten hat oder wenn eine Tochtergesellschaft in einem anderen Staat gegründet wird. Denkbar ist auch, dass schlicht (auch) an ausländische Anteilseigner steueroptimiert ausgeschüttet werden soll.

Aus steuerlicher Sicht ist im Fall einer grenzüberschreitenden Tätigkeit unter anderem relevant, eine **Doppelbesteuerung** der Einkünfte zu **vermeiden** bzw. zu minimieren. Eine rechtliche Doppelbesteuerung liegt vor, wenn ein Steuerpflichtiger mit denselben Einkünften oder Vermögenswerten im gleichen Besteuerungszeitraum in zwei oder mehreren Staaten zu gleichen oder gleichartigen Steuern herangezogen wird. Es gilt zu prüfen, ob **unilaterale Maßnahmen** oder ein **Abkommen zur Vermeidung der Doppelbesteuerung** zwischen den betreffenden Staaten eine solche Doppelbesteuerung vermeiden bzw. reduzieren. Bei Betrachtung der Gesamtsteuerbelastung im In- und Ausland wird es dabei regelmäßig von Bedeutung sein, ob die im Ausland erzielten Einkünfte im Ergebnis mit dem Steuerniveau des ausländischen Staates besteuert werden (wie etwa im Fall einer Freistellung der Einkünfte im Inland) oder ob es zu einer Besteuerung mit dem Steuerniveau des inländischen Staats kommt (etwa auf Grund einer Anrechnung der ausländischen Steuer im Inland),[118] wodurch sich eine im Ausland möglicherweise niedrigere Besteuerung letztlich nicht auf die Gesamtsteuerbelastung auswirken würde.

Ist ein Unternehmen grenzüberschreitend tätig, so sind auch die Regelungen zur **Erfolgs- und Vermögensabgrenzung** relevant. Grundsätzlich besteuert jeder Staat das innerhalb seines Hoheitsgebiets erzielte Einkommen. Somit ist es bei grenzüberschreitenden Tätigkeiten erforderlich, die im Inland erzielten Erträge von den im Ausland erzielten Erträgen abzugrenzen. Gerade im Fall konzerninterner Transaktionen liegen für diese Aufteilung jedoch keine klaren, objektiven Werte vor, so dass angemessene Verrechnungspreise an Hand eines geeigneten Wertmaßstabes wie dem **Fremdvergleichsgrundsatz** ermittelt werden müssen. Zur Verrechnungspreispolitik eines grenzüberschreitend tätigen Konzerns zählt beispielsweise, unter Berücksichtigung des internationalen Steuergefälles die Allokation von Funktionen und Risiken so zu gestalten, dass die **Konzernsteuerquote minimiert** wird. In diesem Zusammenhang ist jedoch auch zu beachten, dass ein Transfer von Wirtschaftsgütern, Funktionen oder Risiken eine Exit-Besteuerung auslösen kann.[119]

Sind die Gewinnabgrenzungsregeln zwischen den betroffenen Staaten nicht koordiniert, kann es auch dadurch zu Doppelbesteuerungen kommen. Hier können sog. **Advance Pricing Agreements**, d.h. Vorabverständigungsverfahren bezüglich der Gewinnaufteilung zwischen verschiedenen Staaten, für Rechtssicherheit sorgen.[120]

Schließlich ist im Rahmen der Standort- und Rechtsformwahl bei grenzüberschreitend tätigen Unternehmen aus steuerlicher Sicht relevant, ob im Inland Regelungen zur **Hinzurechnungsbesteuerung** bestehen und wie hoch die effektive **Quellensteuerbelastung** auf bestimmte Transaktionen sein wird.[121]

---

[118] Vgl. zur Wirkung der Anrechnungs- und Freistellungsmethode *Jacobs*, Internationale Unternehmensbesteuerung, S. 18–35.

[119] Einen Vergleich der deutschen Regelungen zur Funktionsverlagerung mit denjenigen verschiedener anderer Länder bieten *Wehnert/Sano*, Internationale Regelungen zu Funktionsverlagerungen, IStR 2010, 53 ff.

[120] Ausführlich zur Erfolgs- und Vermögensabgrenzung insgesamt *Vögele/Borstell/Engler*, Handbuch der Verrechnungspreise, 3. Aufl. 2011; *Jacobs*, Internationale Unternehmensbesteuerung, S. 549–875.

[121] Quellensteuern auf Dividenden, Zinsen und Lizenzzahlungen können durch Doppelbesteuerungsabkommen oder auf Grund von EU-Richtlinien reduziert werden. In einigen Ländern werden beispielsweise auch Quellensteuern auf bestimmte (technische) Dienstleistungen erhoben, wie z.B. in Indien iHv 10% oder in Singapur iHv 17%, vgl. IBFD India, S. 480; Singapore, S. 936. Hier ist je-

83 c) Weitere Ertragsteuern. Neben der Einkommen- und Körperschaftsteuer sind für die Standort- und Rechtsformwahl auch eventuelle zusätzlich anfallende Ertragsteuern relevant. In Deutschland etwa macht die **Gewerbesteuer** einen nicht unwesentlichen Teil der Ertragsteuerbelastung aus und hat dabei auch einen wesentlichen Einfluss auf die Rechtsformwahl, da hier für Personen- und Kapitalgesellschaften unterschiedliche Regelungen existieren.[122] Bei grenzüberschreitender Tätigkeit ist zu prüfen, ob im Ausland zusätzlich erhobene Steuern von dem jeweiligen Doppelbesteuerungsabkommen erfasst werden.

84 d) Umsatzsteuer, weitere Verkehrsteuern und Substanzsteuern. Innerhalb der EU beruhen die Umsatzsteuergesetze der Mitgliedstaaten auf den Vorgaben der EU-Richtlinien. Da die **Umsatzsteuer** innerhalb der EU regelmäßig an den Begriff des „Unternehmers" anknüpft, ist sie insoweit unabhängig von der Rechtsform. Jedoch können international abweichende Regelungen der Umsatzbesteuerung einen Einfluss auf die Standortwahl eines Unternehmens haben. Ob und inwieweit sich die entsprechenden Unterschiede bei den Steuersätzen, den Möglichkeiten des Vorsteuerabzugs oder mögliche Steuerbefreiungen auf die endgültige Steuerlast auswirken, hängt von der Sachverhaltsgestaltung ab, wie etwa der Art der vom Unternehmen erbrachten Dienstleistungen bzw. Lieferungen oder der Ansässigkeit und der umsatzsteuerlichen Qualifikation des Kunden.

85 **Steuern auf bestimmte Transaktionen** spielen im Rahmen der Rechtsform- und Standortwahl insbesondere bei aperiodischen Geschäftsvorfällen eine Rolle. So wird es bei Gründung einer Gesellschaft regelmäßig relevant sein, ob beispielsweise eine Steuer auf Einlagen anfällt. Daneben ist es nicht nur bei grundstücksintensiven Tätigkeiten von Bedeutung, in welcher Höhe und unter welchen Voraussetzungen ggf. Steuern auf die Transaktion von Grundstücken bzw. Gebäuden anfallen.[123]

86 Auch die Steuerbelastung mit **Substanzsteuern**, wie etwa einer Gewerbekapital- oder Vermögensteuer, sind in verschiedenen Ländern unterschiedlich stark ausgeprägt und können je nach Art der Tätigkeit des Unternehmens zu einer relevanten Steuerbelastung führen.[124]

87 e) Komplexität und Rechtssicherheit des Steuersystems. Neben den bisher genannten Faktoren spielen bei der internationalen Rechtsform- und Standortwahl auch die **Komplexität** der für die jeweilige Rechtsform relevanten steuerlichen Regelungen sowie die Administrierbarkeit des Steuerrechts eine Rolle.

88 Daneben ist die **Rechtsbeständigkeit** des Steuersystems für die unternehmerische Tätigkeit relevant. So ist die Möglichkeit, vorab eine verbindliche Auskunft anzufragen, insbesondere bei internationalen Reorganisationen der Unternehmensstruktur von Bedeutung, um Rechtssicherheit bezüglich der künftigen steuerlichen Folgen zu erlangen.

3. Arbeits- und Sozialrecht

89 a) Individuelles Arbeitsrecht. Wesentliche, eine Standortentscheidung beeinflussende Elemente enthält das **individuelle Arbeitsrecht,** d.h. diejenigen Regelungen, die das unmittelbare arbeitsvertragliche Verhältnis zwischen dem Arbeitnehmer und dem Arbeitgeber prägen. Hier finden trotz der im Grundsatz bestehenden Rechtswahlfreiheit jedenfalls die zwingende Normen des Individualarbeitsrechts Anwendung, die am **ge-**

---

weils zu untersuchen, ob diese unter das jeweilige Doppelbesteuerungsabkommen fallen können oder nicht.

[122] Deutschland steht auch mit diesem Modell nicht allein. So wird z.B. auch in Luxemburg eine gewinnabhängige Gewerbesteuer erhoben. Vgl. IBFD Luxembourg, S. 630; *Mennel/Förster* Luxemburg Rn. 285 ff.

[123] So können die Höhe der Steuersätze für die Steuer auf Grundbesitztransaktionen erheblich variieren und auch die Anknüpfungspunkte einer solchen Steuer, wie z.B. ob ein Transfer von Anteilen an einer Gesellschaft, die Grundbesitz hält, bereits eine entsprechende Steuer auslöst, oder ob Transaktionen innerhalb eines Konzerns eine Steuerpflicht auslösen oder nicht.

[124] In Frankreich beispielsweise wird die ertragsunabhängige „taxe professionelle", eine Art Gewerbekapitalsteuer, erhoben. *Mennel/Förster* (Hrsg.) Frankreich, Rn. 320 ff.

wöhnlichen Arbeitsort des Arbeitnehmers gelten. Der gewöhnliche Arbeitsort des Arbeitnehmers ist damit das entscheidende Differenzierungskriterium.[125]

In der Sache selbst können die jeweils zu berücksichtigenden Maßgaben des individuellen Arbeitsrechts, in Abhängigkeit von der Regelungsdichte und -intensität zu einer Einschränkung der privatautonomen Regelungsmacht und Möglichkeiten zur Vertragsbeendigung bzw. -änderung und damit zu einer **Einschränkung der unternehmerischen Flexibilität** führen, beispielsweise hinsichtlich der **Anpassung des Personalbestands** an den aktuellen Bedarf.[126] Neben dem Ausschluss oder der Erschwerung der Vertragskündigung, einschließlich Änderungskündigungen, kennen verschiedene Rechtsordnungen auch Regelungen, die für den Fall der Beendigung des Arbeitsverhältnisses zwingend Abfindungszahlungen vorsehen. Auf der anderen Seite kann sich ein geregelter Kündigungsschutz aber auch positiv auswirken, weil damit Restrukturierungsmaßnahmen planbarer gestaltet werden können.

Ein weiterer Aspekt ergibt sich im Hinblick auf die am in Aussicht genommenen Standort bestehenden Möglichkeiten zur freien Vereinbarung der **vertraglichen Arbeitsbedingungen**. Vielfach sehen Rechtsordnungen diesbezüglich Einschränkungen vor. Diese wirken sich je nach Ausmaß hieraus folgender Beschränkungen flexibilitätshemmend und damit kostenerhöhend für den Arbeitgeber aus.

b) Kollektives Arbeitsrecht. Räumlicher Anknüpfungspunkt für die Bestimmung des **anwendbaren Tarifrechts** ist regelmäßig der Arbeitsort.[127] Bei Würdigung **tarifrechtlicher Aspekte** sind zum einen der rechtliche Regelungsrahmen sowie zum anderen die tatsächliche Mächtigkeit der am Standort handelnden Tarifparteien zu berücksichtigen. Inhaltlich können sich tarifvertragliche Regelungen unterschiedlich auswirken. Neben Maßgaben zur Entlohnung können sich hieraus auch Nebenleistungen (z.B. Sozialleistungen, Urlaubsgeld, Jubiläumszahlungen), materielle Arbeitsbedingungen oder Kündigungsschutzvorschriften ergeben.

Hinsichtlich des letztgenannten Punktes wiederum können sich branchenabhängige Besonderheiten ergeben. Insoweit ist zu prüfen, ob das Risiko unkontrollierbarer Betriebsbeeinträchtigungen besteht, beispielsweise in Form wilder Streiks, deren Anlass keinerlei betrieblichen Bezug haben.[128]

Die **betriebliche Mitbestimmung** in Form institutionalisierter Arbeitnehmervertretungen ist verschiedenen Rechtsordnungen bekannt. Maßgebend für eine Standortwahl ist insoweit die Ausprägung der betrieblichen Mitbestimmung in Hinblick auf den Umfang und die Intensität der Mitbestimmungsrechte. Die räumliche Anknüpfung erfasst dabei den Betriebsrat, der damit das maßgebliche Differenzierungskriterium bildet.

Unter den Bereich der **unternehmerischen Mitbestimmung** versteht man üblicherweise die Mitbestimmung der Arbeitnehmer auf der Ebene des Aufsichtsrates. Eine derartige Mitbestimmung gibt es in verschiedenen Rechtsordnungen.[129] Dabei knüpft die Unternehmensmitbestimmung regelmäßig an eine bestimmte Rechtsform an, in Deutschland beispielsweise an das Bestehen einer Kapitalgesellschaft. Sie hat damit unmittelbare Auswirkung auf die Rechtsformwahl.

---

[125] Vgl. für Europa Art. 8 Abs. 2 Rom I-VO.
[126] Die Regelungsmodelle der einzelnen Rechtsordnungen sind teilweise recht unterschiedlich. Während beispielsweise in den USA die Employment-at-Will Doktrin gilt und gesetzlich kein allgemeiner Kündigungsschutz vorgesehen ist, regulieren viele Staaten die Beendigungsmöglichkeiten. In einigen Ländern bedarf die Beendigung eines Arbeitsverhältnisses auch einer behördlichen Zustimmung.
[127] Daneben ist selbstverständlich zu prüfen, welche weiteren Anwendungsvoraussetzungen in persönlicher und sachlicher Hinsicht bestehen. So gibt es neben Deutschland auch andere Länder, die Allgemeinverbindlichkeitsmechanismen für Tarifverträge kennen.
[128] So kennt das französische Recht z.B. keine Friedenspflicht für die Dauer des Bestehens eines Tarifvertrages.
[129] Beispielhaft sei nur auf Deutschland und Norwegen verwiesen.

95 **c) Arbeitsschutzvorschriften.** Hinsichtlich von Arbeitsschutzvorschriften lässt sich – entsprechend dem deutschen Rechtsverständnis – zwischen dem technischen Arbeitsschutz und dem sozialen Arbeitsschutz unterscheiden. Während der soziale Arbeitsschutz den Arbeitnehmer in seiner Situation als abhängig Beschäftigter erfasst (z.B. Mutterschutz, Jugendarbeitsschutz, Schwerbehindertenschutz) und damit personengebunden ist, zielt der technische Arbeitsschutz auf die Sicherheit am Arbeitsplatz. Beide Regelungsfelder knüpfen in ihrem Geltungsbereich regelmäßig an den Arbeitsort an. Für den technischen Arbeitsschutz folgt dies regelmäßig aus seinem Charakter als öffentliches Ordnungsrecht. Vorschriften des sozialen Arbeitsschutzes stehen üblicherweise als zwingende Vorschriften nicht zur Disposition der Parteien und können nicht im Wege einer Rechtswahl umgangen werden. Aufgrund der hieraus folgenden Vorgaben zum Umgang mit den Arbeitnehmern und der Einrichtung von Arbeitsplätzen und Arbeitsprozessen wirken sich Arbeitsschutzvorschriften kostenverursachend aus und können daher in Abhängigkeit vom Unterschied in den Schutzniveaus im Rahmen der Standortentscheidung maßgebend sein. Dabei ist auch zu berücksichtigen, dass Verstöße teilweise mit erheblichen Sanktionen geahndet werden können.[130]

96 **d) Sozialrecht.** Sozialrechtliche Aspekte sind für die Standortwahl im Hinblick auf die **Lohnnebenkosten** von Bedeutung, die international sehr unterschiedlich sein können. Hierunter fallen nach allgemeinem Verständnis arbeitgeberseitige Beitragslasten, etwa zur Sozialversicherung, die zusätzlich zu dem Bruttogehalt durch den Arbeitgeber zu leisten sind. Von Bedeutung sind hier üblicherweise die Renten-, Kranken- und Arbeitslosenversicherung. Daneben kommen auch Beiträge zur Unfallversicherung sowie andere im öffentlichen Interesse stehende Zwecke vor.[131] Die Geltung solcher Regelungen knüpft an den regelmäßigen Beschäftigungsort an.

4. Regulierung der unternehmerischen Tätigkeit

97 Wohl in jedem Staat der Welt werden unternehmerische Tätigkeiten einer irgendwie gearteten **staatlichen Aufsicht** unterworfen. Die **Regulierungsdichte** hängt dabei u.a. von der jeweiligen **Wirtschaftsverfassung**, **historisch gewachsenen Strukturen,** der volkswirtschaftlichen **Bedeutung des** jeweiligen **Wirtschaftszweiges** und ewaigen Bedürfnissen der Gefahrenabwehr ab. Wenn der Staat an den Unternehmer oder die Art und Weise seiner Tätigkeit bestimmte Anforderungen stellt, muss der Unternehmer dem gerecht werden und die damit einhergehenden Kosten tragen. Kann er das nicht, wird er die Tätigkeit im Geltungsbereich der betreffenden Regelung nicht ausüben können.

98 Im Rahmen der sog. **regulierten Industrien**, wie z.B. Banken und Versicherungen, Rundfunk- und Telekommunikationsunternehmen, Unternehmen der Energiewirtschaft oder Glücksspielanbieter, wird der Entscheider etwaige Einschränkungen untersuchen müssen. Das jeweilige **Aufsichtsrecht** prägt die gesamte Branche; die wirtschaftlichen Auswirkungen der Regulierung sind daher nicht nur wegen des mit der Einhaltung der Regelungen verbundenen Aufwands enorm. Auch in diesem Bereich finden sich teilweise explizite **Vorgaben für die Rechtsformwahl und -ausgestaltung.**[132]

---

[130] Als Sanktionen sind Geldbußen für das Unternehmen und dessen Organe bis hin zu Betriebsstilllegungen denkbar.

[131] In Mexiko gibt es beispielsweise die Verpflichtung, einen gewissen Anteil des Bruttolohns in einen staatlichen Fonds zur Förderung des privaten Hausbaus einzuzahlen.

[132] So dürfen Kreditinstitute gemäß § 2b Abs. 1 KWG nicht in der Rechtsform eines Einzelkaufmannes, Versicherungsunternehmen nach § 7 Abs. 1 VAG nur in der Rechtsform der Aktiengesellschaft, des Versicherungsvereins auf Gegenseitigkeit oder der Anstalt oder Körperschaft des öffentlichen Rechts und Kapitalanlagegesellschaften nach § 6 Abs. 1 S. 2 InvG nur als Aktiengesellschaft und Gesellschaft mit beschränkter Haftung betrieben werden. Häufig werden auch Vorgaben in Bezug auf bestimmte gesellschaftsrechtliche Strukturen, wie z.B. Mindestkapitalanforderungen oder Transparenz gemacht. So mussten Kapitalanlagegesellschaften nach § 51 Abs. 5 KAGG a.F. in der Rechtsform der Aktiengesellschaft mit einem Mindestgrundkapital in Höhe von einer Million Euro ausgestattet sein.

§ 2. Rechtsform- und Standortwahl im internationalen Kontext

Gerade im **Bereich der freien Berufe** geht die Regulierung häufig auch mit **Einschränkungen** in Hinblick auf die **Rechtsform** einher.[133] Auch in Hinblick auf die **Besetzung der Organe,** den **Gesellschafterkreis** und die **Kapitalstruktur** der Unternehmung ergeben sich häufig besondere Anforderungen.[134]

Insbesondere im Bereich der freien Berufe und des Handwerks ist die Sicherstellung einer **ausreichenden Qualifikation** ein wichtiger Aspekt. Die Frage der Anerkennung berufsqualifizierender Abschlüsse kann dabei die Standortwahl beeinflussen.[135] Denn vielfach wird die unternehmerische Betätigung an den Nachweis bestimmter Qualifikationen geknüpft,[136] wobei die Anforderungen sich von Land zu Land stark unterscheiden können.[137]

Die **räumliche Anknüpfung** regulatorischer Regelungen kann dabei auch innerhalb eines Sektors von Norm zu Norm unterschiedlich sein. In seiner Grundkonzeption sind regulatorische Anforderungen aber regelmäßig auf einen **bestimmten Markt** zugeschnitten, der überwacht werden soll.[138]

5. Sonderrecht für ausländische Investoren, Außenwirtschaftsrecht

Bei grenzüberschreitenden Investitionen können statt oder neben den allgemeinen Regeln des betreffenden Staates besondere Regelungen eingreifen. Dies gilt zunächst für die **besondere Förderung ausländischer Investitionen**.[139]

Der (völkerrechtliche) **Schutz ausländischer Investitionen** wird insbesondere von Bedeutung sein, wenn ein ausländischer Investor ohne diesen Schutz nicht auf die Durch-

---

Nach § 20a Abs. 2 S. 2 Rundfunkstaatsvertrag dürfen Rundfunkunternehmen z.B. keine Inhaberaktien ausgeben.

[133] So lässt das deutsche Apothekenrecht gemäß § 8 ApoG z.B. den Betrieb einer Apotheke in der Rechtsform einer KG nicht zu, vgl. EuGH, NJW 2009, 2803 – Doc Morris; in Griechenland ist juristischen Personen die Tätigkeit als Optiker nur unter bestimmten Voraussetzungen möglich, EuGH, Slg 2005, I-3177–3208; Medizinische Versorgungszentren können gemäß § 95 Abs. 1a SGB V seit dem 1.1.2012 nicht mehr als AG gegründet werden; vgl. auch BGH ZIP 2012, 226; Rechtsanwaltsgesellschaften dürfen anders als Wirtschaftsprüfungsgesellschaften wegen § 59c BRAO nicht in der Rechtsform der GmbH & Co. KG betrieben werden, vgl. BGH ZIP 2011, 1664; aA *Leuering/Rubner,* Rechtsanwaltsgesellschaften in der Rechtsform der KG, NJW-Spezial 2010, 591.

[134] So ist es z.B. Ärzten in Deutschland zwar grundsätzlich gestattet, ihren Beruf in der Form einer juristischen Person auszuüben, die Geschäftsführer der Gesellschaft müssen aber mehrheitlich Ärzte sein (z.B. § 23a Berufsordnung der sächsischen Landesärztekammer). Der gleiche Grundsatz gilt für Rechtsanwaltsgesellschaften. Nach §§ 59d Nr. 1, 59e Abs. 2 S. 1 BRAO muß die Mehrheit der Geschäftsanteile und Stimmrechte Rechtsanwälten zustehen. Einer Kapitalbeteiligung durch nichtanwaltliche Finanzinvestoren an Rechtsanwaltsgesellschaften unter deutschem Recht steht § 59e entgegen. In Australien dürfen Kanzleien bereits seit mehreren Jahren drittfinanziert werden und börsennotierte Aktien ausgeben. In Großbritannien ermöglicht der Legal Services Act britischen Kanzleien ab Oktober 2011 den Einstieg von nicht-anwaltlichen Investoren bis hin zum Börsengang, siehe *Kerkhoff,* Investorenträume, JUVE 2010, 53–54.

[135] Siehe dazu z.B. Dauses/*Stumpf,* EU-Wirtschaftsrecht, Stand 09/2011, E. II. Rn. 69ff.; Callies/Ruffert/*Kluth* Rn. 43ff.

[136] Vgl. z.B. die Liste der Handwerksberufe, die in Deutschland einen entsprechenden Meistertitel erfordern, in Anlage A zur Handwerksordnung.

[137] Siehe nur die rechtsvergleichenden Ausführungen im 31. Sondergutachten der Monopolkommission „Reform der Handwerksordnung" 2002, S. 28ff.

[138] Vgl. z.B. BaFin, Hinweise zur Erlaubnispflicht nach § 32 Abs. 1 KWG iVm § 1 Abs. 1 und Abs. 1a KWG von grenzüberschreitend betriebenen Bankgeschäften und/oder grenzüberschreitend erbrachten Finanzdienstleistungen, abgedruckt bei *Consbruch/Fischer* (Hrsg.), Kreditwesengesetz, Stand 11/2011, 4.350. Dabei können die gewählten Anknüpfungen vielgestaltig sein und auf die Gegebenheiten des betreffenden Sektors zuseschnitten sein, wie z.B. der Unlawful Internet Gambling Enforcement Act (umgesetzt in § 5363 Titel 31 Kapitel 53 United States Code ff.), der Glücksspielanbietern auch außerhalb der USA verbietet, Kreditkartenzahlungen von Spielern innerhalb der USA zu akzeptieren, *Katko,* Unlawful Internet Gambling Enforcement Act – Das Aus für das Internetglücksspiel in den USA?, MMR 2007, 278, 280ff.

[139] Siehe oben Rn. 54.

setzung seiner Rechte vertrauen kann. Auf die besondere Bedeutung, die der Transferierbarkeit von Gewinnen zukommt, ist bereits hingewiesen worden.[140]

104 Schließlich unterliegen Ausländer häufig bestimmten **Investitionsbeschränkungen.**[141] Das **Außenwirtschaftsrecht** enthält regelmäßig auch Restriktionen für den Transfer insbesondere von Technologie in bestimmte ausländischer Staaten. Solche Regelungen schränken damit die Standortwahl in solchen Fällen ein, in denen sensible Technologien an den zukünftigen Standort transferiert werden muss.[142]

105 Wer im Sinne der jeweiligen Regelung als **Ausländer** anzusehen ist, muss **jeweils gesondert ermittelt** werden. Bei Gesellschaften wird es aber regelmäßig nicht auf die Rechtsform, sondern auf die **beherrschenden Gesellschafter** ankommen.

6. Weitere Bereiche des öffentlichen Rechts

106 Häufig genannt im Zusammenhang mit der Standortwahl werden **umweltrechtliche Vorschriften,**[143] die aufgrund der international bestehenden Regelungsunterschiede und der mit der Einhaltung hoher umweltrechtlicher Standards einhergehenden Kosten relevante Faktoren bilden können.

107 Ebenfalls relevant für die betriebswirtschaftliche Kalkulation sind Regelungen in Bezug auf die **Produkte** und den **Herstellungsprozess,** soweit diese eine entsprechende räumliche Differenzierung enthalten.

108 **Letztlich** können **alle Normen** des **öffentlichen Rechts** und des **Strafrechts** die Standortwahl beeinflussen, soweit ihre Einhaltung zusätzlichen **Aufwand** verursacht und die Norm **räumliche Differenzierungen** enthält.

7. Fördermittel

109 Subventionen können die Standortentscheidung ganz **maßgeblich beeinflussen.** Viele Förderprogramme zielen gerade darauf, die Ansiedlung von Betrieben in bestimmten Regionen zu bewirken. Welche räumliche Verknüpfung mit einem Standort gegeben sein muss, um eine standortbezogene Förderung zu erhalten, variiert je nach der betreffenden fördermittelrechtlichen Regelung.[144] Unter Umständen kann auch die Rechtsform för-

---

[140] Siehe oben Rn. 46.

[141] So verbietet z.B. in China der regelmäßig überarbeitete „Foreign Investment Industrial Guidance Catalogue" Ausländern oder im Ausland ansässigen Unternehmen Beteiligungen an chinesischen Unternehmen, die in als „verboten" klassifizierten Bereichen tätig sind. Dies betrifft etwa den Abbau von Bodenschätzen und diverse andere Industrien. In bestimmten Sektoren sind Investionen von Ausländern zwar oft ausdrücklich erwünscht, aber nur in Form von Joint Ventures unter chinesischer Kontrolle möglich – dies gilt etwa für so etwa die Automobilproduktion und weite Bereiche von Luft- und Raumfahrt. Damit ist dann in solchen Branchen auch die gesellschaftsrechtliche Struktur weitgehend vorgeschrieben.

[142] Vgl. *Klopschinski/Prinz zu Waldeck und Pyrmont,* Zum Schutz geistigen Eigentums in einer globalisierten Welt – Bericht über ein internationales Fachhearing der bayerischen Staatsregierung und des Munich Intellectual Property Law Center (MIPLC) am 29. Februar 2008 in München, GRUR Int 2008, 393, 395; *Heide,* Harmonisierungsaufgaben im internationalen Technologietransfer – Zum Schutz von Herstellungstechnologien in der Volksrepublik China, GRUR Int 2008,14f.; *Pattloch,* Die Neuordnung des internationalen Technologietransfers in der VR China, GRUR Int 2003, 695 ff.

[143] *Goette* S. 215 ff.

[144] So knüpfen die meisten regionalen Förderprogramme in Deutschland an eine Betriebsstätte und die dort verwendeten Mittel an, siehe z.B. Investitionszulagengesetz 2010, § 2 Abs. 1 Investitionszulagengesetz 2010; Koordinierungsrahmen der Gemeinschaftsaufgabe „Verbesserung der regionalen Wirtschaftsstruktur" Ziffer 2.3.1. Ähnlich auch in den östlichen Nachbarstaaten, siehe für Tschechien, Gesetz über Investitionsanreize (Gesetz Nr. 72/2000 GBl.) § 2 Abs. 2 jedoch ohne Nennung des Begriffs Betriebsstätte; für Slowakei, Investitionsfördergesetz, § 4 Abs. 1; Polen ua Gesetz über Sonderwirtschaftszonen 20. Oktober 1994 (GBl. 1994 Nr. 123, Pos. 600), § 6. Bei F&E Programmen ist dagegen häufig zusätzlich noch die regionale Verwertung erforderlich, siehe beispielhaft Thüringer Richtlinie zur einzelbetrieblichen Technologieförderung (Thür. Staatsanzeiger 23/2008, S. 848) vom 20. 5. 2008, Ziffer 1.2.

dermittelrechtliche Auswirkungen haben, die dann im Rahmen der Rechtsformwahl zu berücksichtigen sind.

8. Immobilienrecht

Im Zusammenhang mit Immobilien können rechtliche Rahmenbedingungen eine wesentliche Rolle spielen. Das jeweilige nationale **Bauordnungs- und Bauplanungsrecht** kann entscheidende Regelungen beinhalten, die eine geplante Nutzung erschweren oder unmöglich machen. Einfluss auf die Ausgestaltung des Bauordnungsrechts sowie auf die Erteilung von Baugenehmigungen haben insbesondere die jeweiligen nationalen **nachbarschafts-, denkmalschutz- und naturschutzrechtliche Regelungen sowie Emissions- und Immissionsgrenzwerte.** Zu berücksichtigen ist dabei auch der jeweilige bürokratische Aufwand der mit der Einholung notwendiger Genehmigungen verbunden ist.[145]

Zu beachten ist auch die **Art der verfügbaren Rechte an Immobilien,** die Besicherungsfähigkeit von Immobilien, die Möglichkeit zur Bestellung von Grunddienstbarkeiten sowie zur Aufteilung von Gebäuden und Grundstücken. So sind beispielsweise in England und in den USA sachenrechtliche Verhältnisse häufig disponibel, d.h. es sind vom Grundeigentum stufenweise ableitbare dingliche Rechtspositionen (rights in rem) verfügbar (in Deutschland gilt dagegen im Sachenrecht das Prinzip des numerus clausus).[146]

Für die Standortwahl und die Ausgestaltung der gesellschaftsrechtlichen Struktur von unmittelbarer Relevanz sind Regelungen, die den **Erwerb von Grundstücken** und Gebäuden **durch Ausländer** oder ausländische Unternehmen **beschränken.**[147] Häufig existiert jedoch in in den betreffenden Rechtsordnungen die Möglichkeit der zeitlich begrenzten Pacht bzw. des Erwerbs eines befristeten Nutzungsrechts.[148]

Auch die rechtlichen Regelungen in Bezug auf den **Eigentumsübergang** unterscheiden sich häufig im internationalen Vergleich. Speziell die Gewährleistung sicherer rechtlicher Strukturen kann zentral für die Standortentscheidung sein.[149] Während in Deutschland der **öffentliche Glaube des Grundbuchs** beim Eigentumserwerb für eine sichere Grundlage des Immobilienverkehrs sorgt, wird in anderen Staaten ein solcher öffentliche Glaube an eine Grundbucheintragung nicht gewährleistet.[150] In diesem Zusammenhang ist die **Registerfähigkeit** der entsprechenden Gesellschaft ein unmittelbar für die Rechtsformwahl relevantes Kriterium.[151]

---

[145] Z.B. besteht in China keine einzelne Baugenehmigung. Stattdessen muss zunächst eine Platzierungsgenehmigung, dann eine Bodennutzungsgenehmigung und schließlich eine Baugenehmigung beantragt werden. Vgl. *Mitschang/Xie,* Eine Untersuchung des chinesischen Planungssystems – dargestellt am Beispiel der aktuellen Stadtentwicklung Shanghais, ZfBR 2009, 637, 645.

[146] *Hök,* Hdb. des internationalen und ausländischen Baurechts, 2. Aufl. 2012, § 22 Rn. 4.

[147] So ausführlich in vielen Rechtsordnungen der Transformationsländer, wobei die Beschränkungen vielfach mittlerweile aufgehoben sind. Vgl. *Nelle,* Immobilienrecht in der Mongolei – Teil 2 Miete, Grundbuch, Vollstreckung, IPR, Kosten, WiRO 2004, 333, 337; *Jandecka/Kopácková,* Immobilien im Recht der Tschechischen Republik, DSWR 2004, 348, 350; *Baranova,* Russische Föderation: Eigentumserwerb an unbeweglichem Vermögen, RIW 2005, 39, 40; *Hartwich,* Testamentarischer Erwerb eines Grundstücks durch Ausländer in Polen, WiRO 2011, 167 ff.; *Schameyer,* Erwerb von Grundeigentum in Bulgarien durch Ausländer, WiRO 2005, 241 ff.

[148] Vgl. z.B. *Nelle,* WiRO 2004, 333, 337.

[149] Kritisch zur Situation in Serbien z.B. *Franzmann,* Sicherer Immobilienerwerb durch Notar und Grundbuch, MittBayNot 2009, 346, 348.

[150] Vgl. *Böhringer,* Das deutsche Grundbuchsystem im internationalen Rechtsvergleich, BWNotZ 1987, 25; *Franzmann,* Sicherer Immobilienerwerb durch Notar und Grundbuch, MittBayNot 2009, 346; *Franz,* Bauträgerrecht in Europa, MittBayNot 2001, 113, 114 ff.

[151] Siehe im deutschen Recht nur die Diskussion um die Grundbuchfähigkeit der GbR, dazu MünchKomm/*Ulmer* BGB § 705 Rn. 312 ff., vgl. auch *Braun,* Internationales Gesellschaftsrecht und grunderwerbssteuerliche Unbedenklichkeit, RIW, 1995, 499 ff., zu dem Versuch der deutschen Finanzverwaltung, Gesellschaften aus bestimmten Staaten die Registerfähigkeit über die Verweigerung der Unbedenklichkeitserklärung faktisch zu „entziehen".

114 In den USA ist z. B. eine rechtsverbindliche Eintragung von Grund und Eigentum nicht möglich.[152] Stattdessen muss im Zweifel durch Vorlage einer ungebrochenen Kette früherer Eigentumsübergänge das Eigentum jeweils nachgewiesen werden.[153] Die daraus resultierenden gründlichen und zum Teil komplizierten Recherchen vor Immobilientransaktionen können im Ergebnis zu **zusätzlichen Transaktionskosten** und Unsicherheit führen, die im Einzelfall zu einer negativen Standortentscheidung führen können. In den USA ist es deshalb bei Grundstücksgeschäften üblich, sich gegen etwaige Schäden durch eine sog. „title-insurance" zu versichern.[154] Ähnliche Produkte werden mittlerweile z. B. auch zum Schutz von Investitionen in osteuropäische Immobilien angeboten.

115 Nationale Regelungen über das **Miet- und Pachtrecht** können ebenfalls Auswirkungen auf die Standortwahl haben. Insbesondere das Mietzinsrecht und der Kündigungsschutz bei Gewerbevermietungen sollten bei entsprechender wirtschaftlicher Bedeutung berücksichtigt werden. So besteht z. B. in England und Frankreich im Vergleich zu Deutschland für Mieter von Gewerberäumen ein höherer Schutz vor Kündigungen.[155] Andererseits werden die Rechte des Vermieters z. B. in Frankreich dadurch gestärkt, dass kraft Gesetzes der Mietzins an die wirtschaftlichen Gegebenheiten auf dem Markt angepasst werden kann.[156]

9. Gewerblicher Rechtsschutz

116 Angesichts der Globalisierung ist die Harmonisierung der nationalen Bestimmungen zum Schutz geistigen Eigentums auch weiterhin ein besonderes Anliegen der Industriestaaten.[157] Bezüglich der praktischen Probleme, die sich angesichts der Verteilung des Schutzes nationaler und territorial begrenzter Immaterialgüterrechtsordnungen ergeben sei auf die Literatur zum Internationalen Immaterialgüterrecht[158] und auf rechtsvergleichende Darstellungen des **Schutzniveaus** der verschiedenen nationalen Rechtsordnungen[159] verwiesen. Mit Hinblick auf die unternehmerischen Standortentscheidung ist darauf hinzuweisen, dass sich im Hinblick auf die Verlagerung von Herstellungskapazitäten in andere Länder nicht nur der rechtliche Produktschutz in den **Absatzmärkten,** sondern gerade auch der Schutz von transferierten Fertigungstechnologien von großer Bedeutung sein kann.[160] Die Erfahrungen mit **Produktionsverlagerungen** nach China zeigen, dass dem hinreichenden Schutz von Herstellungsverfahren durch die relevante nationale Rechtsordnung[161] große Bedeutung zukommen kann.

10. Insolvenzrecht

117 Wer ein Unternehmen gründet, wird die Entscheidung für Standort und Rechtsform regelmäßig nicht in Hinblick auf insolvenzrechtliche Kriterien treffen. Etwas anderes kann

---

[152] *Böhringer,* BWNotZ 1987, 25, 26.
[153] *Franzmann,* MittBayNot 2009, 346, 350.
[154] *Franzmann,* MittBayNot 2009, 346, 350.
[155] Einzelheiten dazu siehe *Wulff,* Kündigungsschutz und Mietzins im englischen und französischen Gewerberaummietrecht, NZM 2001, 1018, 1023.
[156] *Wulff,* NZM 2001, 1018, 1023.
[157] Vgl. etwa Diskussionsbereicht von *Klopschinski/Prinz zu Waldeck und Pyrmont,* GRUR Int 2008, 393; *Strauss/Klunker,* Harmonisierung des internationalen Patentrechts, GRUR Int 2007, 91, 93 f.; Pierson/Ahrens/Fischer, Recht des geistigen Eigentums, 2. Aufl., 2010, S. 3 f.; *Götting,* Gewerblicher Rechtsschutz, 2010, S. 35 f.
[158] Vgl. etwa MünchKomm/*Drexl* BGB Internationales Immaterialgüterrecht; Staudinger/*Fezer/Koos* Internationales Wirtschaftsrecht Rn. 814 ff.
[159] So z. B. Ekey/Klippel/Kotthoff (Hrsg.)/*Meckel/Plaß,* Wettbewerbsrecht, 2. Aufl., 2005, S. 845 ff.; *Hinkelmann,* Gewerblicher Rechtsschutz in Japan, 2. Aufl. 2008.
[160] Vgl. *Heide,* GRUR Int 2008, 12.
[161] Vgl. *Heide,* GRUR Int 2008, 12 ff.; zum Problem bösgläubiger Markeneintragungen in China *BU,* Der Schutz vor bösgläubiger Markeneintragung in China – zugleich zu Marken für Arzneimittel und zur Entscheidung des Obersten Volksgerichts in der Rechtssache Southwest Pharma und Bayer/Roche, GRUR Int 2010, 12.

später gelten, wenn ein Unternehmen in eine Krisensituation gerät und damit sanierungsbedürftig wird. Theoretisch und auch praktisch kann sich in einer solchen Situation das Bedürfnis ergeben, durch „Umzug" in einen anderen Staat, das **für die Sanierung** des in die Krise geratenen Unternehmens als am **besten geeignet empfundene Insolvenzrecht** zu wählen.[162] So unterstellten sich in den letzten Jahren mehrere deutsche Unternehmen in der Krise dem englischen Insolvenzrecht.[163] Im Anwendungsbereich der Europäischen Insolvenzordnung richtet sich das Recht des insolvenzrechtlichen (Haupt-)Verfahrens gemäß Art. 3 Abs. 1 S. 1 EuInsVO allerdings grundsätzlich nicht nach dem Sitz, sondern nach dem Mittelpunkt der hauptsächlichen Interessen des Schuldners, dem sog. centre of main interest (COMI). Art. 3 Abs. 1 S. 2 EuInsVO stellt allerdings klar, dass dieser Mittelpunkt bis zum Beweis des Gegenteils am satzungsmäßigen Sitz vermutet wird, wofür nach der Eurofood-Entscheidung des EuGH hinreichende Anhaltspunkte vorliegen müssen.[164] Auch wenn damit eine Sitzverlegung für sich genommen nicht hinreichend für die Anwendung des Insolvenzrechtes des neuen Sitzes ist, kommen Sitzverlegung und Umstrukturierung als flankierende Maßnahmen einer Verlegung des COMI in Betracht,[165] wobei allerdings auch auf Risiken hinsichtlich der Anerkennung einer Verlegung des COMI hingewiesen wird.[166]

---

[162] Dazu eingehend unten § 37.
[163] Dazu etwa *Vallender*, Gefahren für den Insolvenzstandort Deutschland, NZI 2007, 129.
[164] EuGH NZI 2006, Rn. 24.
[165] So wurde beispielsweise im Fall der Deutsche Nickel AG die Unternehmensmigration durch Überführung des Unternehmens in eine Gesellschaft englischen Rechts begleitet; vgl. hierzu die Darstellung bei *Vallender*, NZI 2007, 129, 131 f.
[166] Überblick bei Schmidt/Uhlenbruck/*Vallender*, Die GmbH in Krise, Sanierung und Insolvenz, 4. Aufl. 2009, Rn. 12, 72 ff. mwN; vgl. ferner *Ballmann*, Der High Court erschwert die Flucht deutscher Unternehmen ins englische Insolvenzrecht, BB 2007, 1121 (zum Fall Brochier) sowie den Hinweis von *Gebler*, Ausländische Insolvenzverfahren zur Sanierung deutscher Unternehmen, NZI 2010, 665, 666 (zur Nutzung von Vorteilen des Verfahrens gemäß Chapter 11 des US Bankruptcy Code ohne COMI-Verlegung). Zu den praktischen Problemen bei grenzüberschreitenden Sanierungen Schulz/*Schulz/Pinkert*, Restrukturierungspraxis, Stuttgart 2010.

2. Kapitel. Gründung der Gesellschaft

§ 3 Vorgründungsphase

Übersicht

	Rdn.		Rdn.
I. Sachliche Eingrenzung	1, 2	IV. Anzuwendendes Recht	8–22
1. Beschränkung auf juristische Personen	1	1. Verpflichtungen der Gesellschafter untereinander	9–17
2. Beschränkung auf Kapitalgesellschaften	2	2. Verpflichtungen gegenüber Dritten	18–22
II. Zeitliche Erstreckung	3	V. Gerichtliche Zuständigkeit	23–26
III. Rechtsvergleich	4–7	1. Gerichtsstandsvereinbarung	23
1. Überblick	4, 5	2. Streitigkeiten aus Vertrag	24, 25
2. Verpflichtungen der Gesellschafter untereinander	6	3. Streitigkeiten wegen Abbruchs von Vertragsverhandlungen	26
3. Verpflichtungen gegenüber Dritten	7		

Schrifttum: *Anweiler,* Die Auslegungsmethoden des Gerichtshofs der Europäischen Gemeinschaften, Frankfurt am Main 1997; *v. Bar/Mankowski,* Internationales Privatrecht, Bd. 1, 2. Aufl. 2003; *Behrens,* Die Gesellschaft mit beschränkter Haftung im inländischen und ausländischen Recht, 1976; *Benini,* Le società civili e commerciali nei paisi minori d'Europa, 1964; *Buxbaum,* The Foundation of Marketable Share Companies, in: International Encyclopedia of Comparative Law, Bd. 13, Chapter 3; *Cahn/Donald,* Comparative Company Law, 2010; *Edwards,* EC Company Law, 1999; *Germain,* Les sociétés commerciales, in: Ripert/Roblot (Hrsg.), Traité de droit commercial, Bd. 1/2, 19. Aufl., 2009; *Goette,* Münchener Kommentar zum AktG, Band 1, 3. Aufl. 2008; *Grasmann,* System des internationalen Gesellschaftsrechts, 1970; *Großfeld,* in: Staudinger, BGB, Internationales Gesellschaftsrecht, Neubearb. 1998; *Grundmann,* Europäisches Gesellschaftsrecht, 2004; *Grunewald,* Gesellschaftsrecht, 7. Aufl. 2008; *Habersack/Verse,* Europäisches Gesellschaftsrecht, 4. Aufl. 2011; *Hallstein,* Die Aktienrechte der Gegenwart, 1931; *Heinz,* Die englische Limited, 2. Aufl., 2006; *Hirte/Bücker,* Grenzüberschreitende Gesellschaften, 2. Aufl., 2006; *Hopt/Wiedemann,* Großkommentar zum AktG, 4. Aufl. 2004; *Herberstein,* Die GmbH in Europa, 2. Aufl. 2001; *Höfling,* Das englische internationale Gesellschaftsrecht, 2002; *Hohloch* (Hrsg.), EU-Handbuch Gesellschaftsrecht, 1997–2000; *Kegel/Schurig,* Internationales Privatrecht, 9. Aufl. 2004; *Kersting,* Die Vorgesellschaft im europäischen Gesellschaftsrecht, 2000; *Kindler,* Internationales Handels- und Gesellschaftsrecht, in: Sonnenberger (Hrsg.), Münchener Kommentar zum Bürgerlichen Gesetzbuch, Bd. 11, 5. Aufl. 2010; *Kropholler,* Internationales Privatrecht, 6. Aufl. 2006, § 55; *Kübler/Assmann,* Gesellschaftsrecht, 6. Aufl. 2006; *Lehmann,* Verkehrsschutz im internationalen Gesellschaftsrecht, in: FS Gerfried Fischer, 2010, S.237; *Leible,* in: Michalski, GmbHG, 2002, Syst. Darst. 2; *Loussouarn/Bourel/Vareilles-Sommières,* Droit international privé, 8. Aufl. 2004, S. 923–937; *Lutter,* Limited Liability Companies and Private Companies, in: International Encyclopedia of Comparative Law, Bd. 13, 1998, Chapter 2; *Maitland-Walker,* Guide to European Company Laws, 3. Aufl. 2008; *Mayer/Heuzé,* Droit international privé, 8. Aufl., 2004, S. 717–745; *Merle,* Droit commercial, Sociétés commerciales, 12. Aufl. 2008; *Nobel,* Transnationales und Europäisches Aktienrecht, 2006; *Pennigton,* Company Law, 7. Aufl. 1995; *Priester,* Münchener Handbuch des Gesellschaftsrechts, Band 3, 3. Aufl. 2009; *Rauscher/Wax/Wenzel,* Münchener Kommentar zur Zivilprozessordnung, Band 3, 3. Aufl. 2008; *Rowedder/Schmidt-Leithoff,* GmbHG, 4. Aufl. 2002; *K. Schmidt,* Gesellschaftsrecht, 4. Aufl. 2002; *Scholz,* GmbH-Gesetz, Band 1, 10. Aufl. 2006; *Sonnenberger* (Hrsg.), Vorschläge und Berichte zur Reform des europäischen und deutschen internationalen Gesellschaftsrechts, 2007; *Spahlinger/Wegen* (Hrsg.), Internationales Gesellschaftsrecht in der Praxis, 2005; *Staudinger,* Internationales Gesellschaftsrecht, 14. Aufl. 1998; *Süß/Wachter,* Handbuch des internationalen GmbH-Rechts, 2006; *Thorne/Walmsley,* Butterworths Company Law Guide, 3. Aufl. 1995; *Ulmer,* Großkommentar zum GmbHG, 2005; *Wiedemann,* Gesellschaftsrecht, Bd. 1, 1980; *Zimmer,* Internationales Gesellschaftsrecht, 1996.

I. Sachliche Eingrenzung

1. Beschränkung auf juristische Personen

1 Die Ausführungen dieses Abschnitts und der beiden folgenden Abschnitte (§§ 4–5) treffen nur auf juristische Personen zu. Diese müssen vor ihrer Entstehung als Rechtsträger in der Regel ein aufwendiges Gründungsverfahren durchlaufen. Dadurch kommt es zu einem Auseinanderfallen zwischen Vorgründungs-, Gründungs- und Entstehungsphase. Personengesellschaften, die ebenfalls Rechtsträger sein können, entstehen dagegen nach den meisten Rechten durch schlichten Gesellschaftsvertrag. In den Rechtsordnungen, die ihre Rechtsfähigkeit erst mit der Eintragung in das Register anerkennen,[1] ist ein Gründungsverfahren ebenfalls nicht notwendig. Bei Personengesellschaften ist daher die Entstehung vergleichsweise unproblematisch. Sie sind deshalb von den folgenden Ausführungen nicht erfasst.

2. Beschränkung auf Kapitalgesellschaften

2 Unter den juristischen Personen widmen sich die folgenden Ausführungen sowie die der Abschnitte §§ 4–5 vor allem den Kapitalgesellschaften als der praktisch wichtigsten Form. Stiftungen, trusts und ähnliche Erscheinungen werden dagegen nicht explizit behandelt. Für sie gelten allerdings im Grundsatz ähnliche Erwägungen.

II. Zeitliche Erstreckung

3 Die Vorgründungsphase betrifft den Zeitraum vor der Gründung der Gesellschaft, das heißt vor dem Abschluss des Gesellschaftsvertrags. Da für diesen in vielen Rechtsordnungen besondere formelle Anforderungen bestehen, wie etwa die notarielle Beurkundung (siehe u. § 4 Rdn. 14 f.), lässt sich die Gesellschaft nicht einfach *ad hoc* gründen. Es sind gewisse Vorbereitungen nötig, zum Beispiel die Vereinbarung eines Notartermins. Damit einher geht meist das Versprechen der Parteien, eine Gesellschaft zu gründen, welches vom eigentlichen Gründungsakt unterschieden werden muss. Infolgedessen können schon in der Vorgründungsphase zahlreiche Rechtsprobleme entstehen, so etwa, wenn der Notartermin versäumt wird oder eine der Parteien nicht mehr an das Gründungsversprechen gebunden sein möchte.

III. Rechtsvergleich

1. Überblick

4 Die Rechtsordnungen lösen diese Probleme auf höchst unterschiedliche Weise. In Deutschland geht man davon aus, dass bereits vor der Gründung der angestrebten juristischen Person eine sogenannte **Vorgründungsgesellschaft** entsteht, wenn die Parteien sich zur Gesellschaftsgründung als gemeinsamen Zweck verpflichtet haben; je nach Geschäftsgegenstand ordnet man sie als GbR oder oHG ein.[2] Demselben Ansatz folgen etwa das estnische, das österreichische und das spanische Recht.[3]

5 Diese gesellschaftsrechtliche Qualifikation ist rechtsvergleichend gesehen jedoch die **Ausnahme.** Die meisten anderen Rechtsordnungen lehnen es ab, schon vor der Gründung der angestrebten Gesellschaft die Existenz einer weiteren Gesellschaft anzunehmen.[4]

---

[1] Vgl. z. B. zum französischen Recht Art. L 210-6 Abs. 1 S. 1 *Code de commerce*.

[2] BGH, NJW 1983, 2822; 1984, 2164; *Ulmer*, GmbHG, § 11 Rdn. 30.

[3] Zum estnischen Recht siehe *Klauberg*, in: Süß/Wachter, Handbuch des internationalen GmbH-Rechts, S. 738; zum österreichischen Recht vgl. *Kersting*, Die Vorgesellschaft im europäischen Gesellschaftsrecht, S. 37; *Koppensteiner*, GmbHG, § 2 Rdn. 20; *Reich-Rohrwig*, Das österreichische GmbH-Recht, Rdn. 1/521 ff.; zum spanischen Recht *Kersting* a. a. O., S. 58 f.; *Rueda Martinez*, in: Hohloch, EU-Handbuch Gesellschaftsrecht, Spanien, Rdn. 207.

[4] Siehe zum englischen Recht *Ebert/Levedag*, in: Süß/Wachter, Handbuch des internationalen GmbH-Rechts, S. 604 Rdn. 93; *Kersting* a. a. O., S. 147 f.; *Cahn/Donald*, Comparative Company Law,

Sie neigen vielmehr dazu, die in dieser Phase entstehenden Probleme mit den Mitteln des **allgemeinen Zivilrechts** zu bewältigen.

2. Verpflichtungen der Gesellschafter untereinander

Die Unterschiede zeigen sich deutlich im Zusammenhang mit den Verbindlichkeiten der Gesellschafter untereinander, insbesondere hinsichtlich der Frage, ob eine **Pflicht zur Gründung** der Gesellschaft besteht. In Deutschland wird eine solche Pflicht zum Teil aus dem Vertrag der Vorgründungsgesellschaft abgeleitet.[5] Im Ausland wird dagegen häufig mit der allgemeinen Haftung wegen **treuwidrigen Abbruchs von Vertragsverhandlungen** gearbeitet.[6] Diese führt allerdings nicht zu einem Anspruch auf Gründung, sondern nur auf Zahlung von Schadensersatz. In den Rechtsordnungen, die einer solchen Haftung skeptisch gegenüberstehen, ist nicht einmal ein solcher Anspruch denkbar.[7]

3. Verpflichtungen gegenüber Dritten

Ein anderes Problem ist die **Haftung für in der Vorgründungsphase eingegangene Geschäfte.** Das deutsche Recht sieht als verantwortliche Subjekte die Vorgründungsgesellschaft und deren Gesellschafter an.[8] In den Rechtsordnungen, die eine solche Gesellschaft nicht kennen, ist nur eine **unmittelbare Haftung der Handelnden** möglich.[9]

IV. Anzuwendendes Recht

Bei der Ermittlung des anzuwendenden Rechts ist zwischen den Verpflichtungen der potentiellen Gesellschafter untereinander und denen gegenüber Dritten zu unterscheiden.

1. Verpflichtungen der Gesellschafter untereinander

a) Meinungsstand. Die herrschende Meinung in Deutschland geht davon aus, dass das Recht, welches für Verpflichtungen der potentiellen Gesellschafter untereinander gilt, nach den Kollisionsregeln für Schuldverträge zu ermitteln ist.[10] Die Gegenansicht meint, es sei das auf die künftige juristische Person anzuwendende Recht einschlägig.[11]

b) Kritik. Beide Auffassungen sind **abzulehnen.** Sowohl die gesellschaftsrechtliche als auch die vertragsrechtliche Qualifikation sind zu sehr von der in Deutschland herrschenden Rechtslage beeinflusst, nach der bereits vor der Gründung des Verbands eine Gesellschaft

---

S. 139; zum französischen Recht *Merle,* Droit Commercial, S. 88 Rdn. 57; *Kersting* a. a. O., S. 88; zum italienischen Recht *Seibold/Vergine,* in: Hohloch, EU-Handbuch Gesellschaftsrecht, Italien, Rdn. 152; zu den Rechten der US-Bundesstaaten *Cahn/Donald,* Comparative Company Law, S. 139.

[5] *Grunewald,* Gesellschaftsrecht, S. 349; *Priester,* in: Münch. Hdb. GesR III, § 15 Rdn. 6; *Schmidt-Leithoff,* in: Rowedder/Schmidt-Leithoff, GmbHG, § 11 Rdn. 35 f.

[6] So etwa im frz. Recht, vgl. *Merle,* Droit commercial, S. 88 Rdn. 57.

[7] Vgl. zum englischen Recht *Stapleton,* Current Legal Problems 52 (1999), 1 ff.; zum US-amerikanischen Recht *Farnsworth,* 87 Columbia Law Review 217 ff. (1987); *Páez-Maletz,* Der Schutz des Vertrauens auf das Zustandekommen von Verträgen im U.S.-amerikanischen Recht, 1992.

[8] *Gummert,* in: Münch. Hdb. GesR III, § 16 Rdn. 53, 55; *Grunewald,* Gesellschaftsrecht, S. 351; *Kübler/Assmann,* Gesellschaftsrecht, S. 382.

[9] Siehe zum englischen Recht sec. 51(1) *Companies Act 2006; Pennington,* Company Law, S. 109; *Thorne/Walmsley,* Butterworths Company Law Guide, S. 43 Rdn. 2.52; *Heinz,* Die englische Limited, § 8 Rdn. 7. Zum französischen Recht siehe *Behrens/Behrens,* Die Gesellschaft mit beschränkter Haftung im internationalen und europäischen Recht, S. 262 F 14.

[10] RG, IPRspr. 1931 Nr. 11 S. 25/26; BGH IPRspr. 1975 Nr. 6 S. 9, 10 = BGH WM 1975, 387; Großkomm. GmbHG/*Behrens,* Rdnr. B 64; *Palandt/Thorn,* 71. Aufl. 2012 Anh zu Art. 12 EGBGB Rdn. 10; *Kindler,* in: MünchKomm-BGB, IntGesR Rdn. 524; *Süß,* in: Süß/Wachter, Rdn. 59; *Staudinger/Großfeld,* Internationales Gesellschaftsrecht, Rdn. 257.

[11] *Heider,* in: MünchKomm-AktG, Einl. Rdn. 133; GroßkommAktG/*Assmann,* Einl. Rdn. 572. Vermittelnd *Michalski/Leible,* GmbHG, Syst. Darst. 2 Rdn. 64 (Anwendung des Schuldstatuts, soweit keine Vorgründungsgesellschaft zustandegekommen ist; ansonsten Anwendung des Personalstatuts der angestrebten Gesellschaft).

ins Leben gerufen oder zumindest ein Schuldvertrag zwischen den Parteien geschlossen wird. Die kollisionsrechtlichen Begriffe sind jedoch nicht allein an den Vorstellungen der *lex fori* auszurichten, sondern haben funktionale und rechtsvergleichende Erwägungen einzubeziehen.[12] Das gilt umso mehr, als das Internationale Privatrecht zunehmend unionsrechtlich determiniert ist. Die meisten ausländischen Rechtsordnungen kennen wie gesehen (siehe o. Rdn. 5 f.) weder eine Doppelung der Gesellschaft durch eine Vorgründungsgesellschaft noch eine vertragliche Pflicht zum Abschluss des Gesellschaftsvertrags. Sie sehen nur eine Haftung wegen treuwidrigen Abbruchs von Vertragsverhandlungen vor. Dem hat auch das Kollisionsrecht Rechnung zu tragen.

11 c) **Anwendung der Kollisionsregeln der Rom I- und Rom II-VO.** Ansprüche wegen Abbruchs von Vertragsverhandlungen sind nach den allgemeinen Kollisionsregeln für Schuldverträge zu bestimmen, die in der Rom I[13] und Rom II-VO[14] niedergelegt sind. Ihrer Anwendung stehen **Artikel 1 Abs. 2 lit. f Rom I-VO** und **Artikel 1 Abs. 2 lit. d Rom II-VO nicht** entgegen, nach denen Schuldverhältnisse, welche sich aus Gesellschaftsrecht ergeben, vom Anwendungsbereich der Verordnungen ausgenommen sind. In den meisten nationalen Rechtsordnungen ergeben sich vorvertragliche Verpflichtungen gerade nicht aus „Gesellschaftsrecht", wie die Vorschriften voraussetzen, sondern aus allgemeinen zivilrechtlichen Grundsätzen. Die Verpflichtung zur Gründung einer Gesellschaft wirft noch keine spezifisch gesellschaftsrechtlichen Probleme auf. Auch enthalten beide Vorschriften keinen Hinweis auf die Vorgründungsphase. Daher kann nicht angenommen werden, dass der europäische Gesetzgeber diesen Bereich insgesamt von der Geltung der Rom-Verordnungen ausschließen wollte.

12 Das auf die Haftung wegen Verweigerung einer Seite, eine Gesellschaft zu gründen, anzuwendende Recht ist grundsätzlich nach den Kollisionsregeln für außervertragliche Schuldverhältnisse, also nach der **Rom II-VO,** zu bestimmen.[15] Eine Ausnahme besteht nur dann, wenn die Parteien ausdrücklich einen Vorgründungsvertrag geschlossen haben. In diesem Fall ist die Haftung nach den Regeln über Schuldverträge in der **Rom I-VO** anzuknüpfen. Gegen diese Dichotomie in außervertragliche und vertragliche Haftung lässt sich nicht einwenden, dass die Frage, ob ein Vertrag abgeschlossen wurde, nicht auf kollisionsrechtlicher, sondern erst auf sachrechtlicher Ebene entschieden werden kann. Die Struktur des EU-Kollisionsrechts, das zwischen vertraglichen und außervertraglichen Schuldverhältnissen unterscheidet, verlangt schon vor der Anwendung des Sachrechts eine grundlegende Weichenstellung je nachdem, ob Ansprüche aus Vertrag oder Gesetz in Rede stehen. Diese Weichenstellung kann nur nach **autonomen unionsrechtlichen Kriterien** erfolgen, die unabhängig vom später anzuwendenden Sachrecht sind.[16] In diesem Zusammenhang kann die Besonderheit des deutschen Sachrechts, das auch ohne ausdrücklichen Vorgründungsvertrag ein vertragliches Rechtsverhältnis zwischen den Parteien konstruiert, nicht ausschlaggebend sein. Vielmehr ist entscheidend, ob bereits eine hinreichende Willensübereinstimmung erzielt wurde, für die als Minimum eine „freiwillig eingegangene Verpflichtung" einer Seite zu verlangen ist.[17] Das Vorliegen der Voraussetzungen einer solchen Willensübereinstimmung muss möglichst realitätsnah und frei von idiosynkratischen Vermutungen eines bestimmten Rechts ermittelt werden.

---

[12] *v. Bar/Mankowski,* IPR, I, § 7 Rdn. 173 ff.; *Kropholler,* IPR, § 16 II 3, S. 125 und § 17 I S. 126 ff.

[13] Verordnung (EG) Nr. 593/2008 des Europäischen Parlaments und des Rates über das auf vertragliche Schuldverhältnisse anzuwendende Recht („Rom I") vom 17. Juni 2008, ABl. EU Nr. L 177, S. 6.

[14] Verordnung (EG) Nr. 864/2007 des Europäischen Parlaments und des Rates über das auf außervertragliche Schuldverhältnisse anzuwendende Recht („Rom II") vom 11. Juli 2007, ABl. EU Nr. L 199, S. 40.

[15] Zum Ausschluss von Schuldverhältnissen aus Verhandlungen vor Abschluss eines Vertrags aus der Rom I-VO siehe deren Art. 1 Abs. 2 lit. i.

[16] Vgl. *Lehmann,* in: Ferrari/Leible, Ein internationales Vertragsrecht für Europa – Der Vorschlag für eine Rom I-Verordnung, S. 17 (22).

[17] Siehe *Lehmann* a. a. O., S. 27.

d) Statut des Vorgründungsvertrags. Haben die Parteien ausnahmsweise einen **ausdrücklichen Vorgründungsvertrag** geschlossen, so ist auf diesen gemäß Artikel 3 Abs. 1 S. 1 Rom I-VO in erster Linie das von ihnen **gewählte Recht** anzuwenden. Eine solche Rechtswahl muss nach Artikel 3 Abs. 1 Satz 2 Rom I-VO ausdrücklich erfolgen oder sich eindeutig aus den Bestimmungen des Vertrags oder den Umständen des Falls ergeben. Sie kann folglich nicht aus dem lediglich hypothetischen Willen der Parteien abgeleitet werden.[18] Fehlt eine Rechtswahl, so kommt Artikel 4 Rom I-VO zur Anwendung. Da der Vorgründungsvertrag keinem der dort genannten Vertragstypen entspricht und sich auch eine charakteristische Leistung einer Partei nicht ausmachen lässt, ist gemäß Artikel 4 Abs. 4 Rom I-VO das Recht des Staats anzuwenden, zu dem der Vertrag die engste Verbindung aufweist. Dieser Staat ist der **angestrebte Gründungsstaat** der Gesellschaft. Soweit dieser noch nicht feststehen sollte, kann man **hilfsweise** auf den **Ort der Gründungsverhandlungen** zurückgreifen. Auf die Form des Vorgründungsvertrags findet Artikel 11 EGBGB Anwendung.[19] Danach genügt es, wenn entweder die formalen Voraussetzungen des auf den Vertrag anzuwendenden Rechts oder des am Abschlussort geltenden Rechts eingehalten werden (siehe u. § 4 Rdn. 17–19).

e) Statut der Haftung wegen vorvertraglichen Verschuldens. Fehlen tatsächliche Anhaltspunkte für den Abschluss eines ausdrücklichen Vorgründungsvertrags, dann sind die Kollisionsregeln der **Rom II-VO** über vorvertragliche Schuldverhältnisse heranzuziehen (siehe o. Rdn. 11). Ihr Artikel 12 Abs. 1 unterstellt die Haftung wegen Abbruchs von Vertragsverhandlungen grundsätzlich dem Recht des späteren oder potentiellen Vertragsstatuts. Das ist bei einem Vertrag zur Gründung einer Gesellschaft das Recht, welches auf die **später entstandene Gesellschaft anzuwenden ist** oder, wenn sie nicht entstanden ist, **anzuwenden wäre** (siehe u. § 5 Rdn. 11–13). Dieses ist entsprechend den Regeln der Gründungs- bzw. der Sitztheorie zu ermitteln. Folgt man – wie für im EWR und in den USA gegründete Gesellschaften zwingend und hier darüber hinaus allgemein befürwortet – der Gründungstheorie, dann bestimmt das Recht des angestrebten Registrierungsstaats über die Verpflichtungen im Vorgründungsstadium (siehe u. § 5 Rdn. 14 ff.). Der Sitztheorie zufolge würde dagegen das Recht am angestrebten Sitz der effektiven Verwaltung gelten.

Lässt sich nicht ermitteln, welche Rechtsordnung zur Anwendung gekommen wäre, zum Beispiel weil die Parteien sich über den Gründungsstaat noch nicht geeinigt hatten, dann ist gemäß Artikel 12 Abs. 2 lit. b Rom II-VO in erster Linie an den **gewöhnlichen Aufenthalt der Parteien** anzuknüpfen. Liegt dieser nicht in demselben Staat, dann kommt es nach Artikel 12 Abs. 2 lit. a Rom II-VO auf den Ort des Schadenseintritts an. Dieser ist aber bei allen außervertraglichen Schuldverhältnissen, die wie die *culpa in contrahendo* einen starken Vermögensbezug haben, nur schwierig zu ermitteln. Denn als Ort des Schadenseintritts kommt sowohl der gewöhnliche Aufenthalt des Geschädigten als auch der seines Bankkontos in Frage. Beide Orte müssen nicht notwendig in einem Staat liegen. Diese Schwierigkeiten können indessen in den meisten Fällen dahingestellt bleiben, da bei ihnen eine engere Beziehung zu einem anderen Staat gemäß Artikel 12 Abs. 2 lit. c Rom II-VO vorliegt. Dies ist der **Staat, in dem die Verhandlungen zwischen den Gründern geführt** wurden.

f) Zusammenfassung. Für die Ermittlung des im Vorgründungsstadium anzuwendenden Rechts ist einer **Anknüpfungsleiter** zu folgen: Haben die Parteien bereits tatsächliche Schritte zu einem Vertragsschluss unternommen, dann ist auf die Frage der Wirksamkeit und der Wirkungen des Vertrags in erster Linie das gewählte Recht, in zweiter Linie das Recht der angestrebten Gesellschaft und in dritter Linie das Recht am Verhandlungsort anzuwenden. Fehlt es dagegen an tatsächlichen Belegen für einen Vertragsschluss im Vorgründungsstadium, dann sind etwaige Ansprüche wegen Nichtgründung nach dem Recht der angestrebten Gesellschaft zu bestimmen; wenn sich dieses nicht bestimmen lässt, nach

---

[18] Insoweit überholt daher RG, IPRspr. 1931 Nr. 11.
[19] Vgl. RG, IPRspr. 1931 Nr. 11.

dem Recht am gemeinsamen gewöhnlichen Aufenthalt der Parteien; soweit es an einem solchen fehlt, nach dem Recht des Verhandlungsorts.

17 Eine Besonderheit gilt nach den o. Rdn. 4 erwähnten Rechtsordnungen (zu denen u.a. das deutsche Recht zählt): gelangt eine von ihnen über Artikel 12 Rom II-VO zur Anwendung, so ist der Fall sachrechtlich nicht über eine Haftung für vorvertragliches Verschulden, sondern aus der Figur einer Vorgründungsgesellschaft heraus zu lösen. Dies liegt an der Besonderheit dieser Rechte, die im Gegensatz zu anderen die Verantwortlichkeit im Vorgründungsstadium über eine gesellschaftsrechtliche und nicht über eine allgemein zivilrechtliche Konstruktion erfassen. Obwohl das Kollisionsrecht den Fall als vertraglich einordnet, sind auf der Ebene des Sachrechts in diesen Fällen also gesellschaftsrechtliche Normen der anwendbaren Rechtsordnung heranzuziehen. Aus der Sicht des Internationalen Privatrechts ist dies jedoch nichts Ungewöhnliches, denn häufig weicht die sachrechtliche von der kollisionsrechtlichen Qualifikation ab.[20]

2. Verpflichtungen gegenüber Dritten

18 Hinsichtlich der Ermittlung des auf Rechtsgeschäfte mit Dritten anzuwendenden Rechts ist danach zu unterscheiden, ob diese im Namen der erst künftig entstehenden Gesellschaft, einer angeblich bereits existierenden Gesellschaft oder im Namen der potentiellen Gesellschafter selbst vorgenommen wurden. Entsprechende Differenzierungen gelten auch für deliktische Verbindlichkeiten. Hier kommt es darauf an, ob der künftige Verband, ein derzeit existenter Rechtsträger oder die potentiellen Gesellschafter in Anspruch genommen werden sollen.

19 **a) Verpflichtung im Namen des künftig entstehenden Verbands.** Ist zu entscheiden, ob eine schon vor der Gründung eingegangene Verbindlichkeit die spätere juristische Person als Rechtssubjekt bindet, dann kann dies aus logischen Gründen nur durch das **Gesellschaftsstatut** des erst später entstehenden Verbands entschieden werden. Denn dieses entscheidet darüber, ab wann der Verband als rechtsfähig anzusehen ist, ob er mit einem früheren Rechtsträger identisch ist und welche Schulden er gegebenenfalls von anderen Rechtsträgern übernimmt oder ob im Gegenteil ein Vorbelastungsverbot besteht (siehe u. § 4 Rdn. 23 ff., 45 ff.). Es handelt sich bei der Haftung vor Gründung um einen Annex zur Entstehung der Gesellschaft, der mit ihr so eng verwoben ist, dass er von keinem anderen Recht beurteilt werden kann. Würde man anders entscheiden, ließe sich beispielsweise ein bestimmtes Mindestkapital nicht zweifelsfrei aufbringen, weil möglicherweise noch Verpflichtungen nach anderen Rechten bestehen könnten. Um dieses widersinnige Ergebnis zu vermeiden, ist die Zuordnung zum Personalstatut des künftig entstehenden Rechtssubjekts zwingend.

20 **b) Verpflichtung eines angeblich schon bestehenden Verbands.** Ist zu entscheiden, ob eine Verbindlichkeit einen angeblich bereits bestehenden Verband trifft, so ist zunächst zu ermitteln, ob ein solcher überhaupt besteht. Dafür kann nur das **Gesellschaftsstatut dieses (angeblichen) Rechtsträgers** befragt werden.[21] Die Existenz einer juristischen Person ohne formellen Gründungsakt wird in keiner Rechtsordnung angenommen. Bekannt ist lediglich aus manchen Rechten, dass schon vor der Gründung eine Personengesellschaft bestehen kann.[22] Ob eines von diesen Rechten anwendbar ist, muss nach den Grundsätzen des **Kollisionsrechts der Personengesellschaften** ermittelt werden.[23]

21 **Existiert** nach allen anwendbaren Rechtsordnungen **kein Verband,** ist aber trotzdem im Namen eines angeblich existierenden Verbands gehandelt worden, so bestimmen sich die Wirkungen sachrechtlich nach **Rechtsscheinsgrundsätzen.** Im deutschen Recht

---

[20] Vgl. *Kropholler*, IPR, § 15 I 4, S. 115.
[21] Siehe u. § 5 Rdn. 56 ff.
[22] S. o. Rdn. 4.
[23] Dazu *Kindler*, in: MünchKomm-BGB, IntGesR, Rdn. 283–287; *Koch* ZHR 173 (2009), 101–118.

existiert insoweit die Figur der Scheingesellschaft,[24] in Frankreich die der *société créée de fait*.[25] Bevor diese und ähnliche Konzepte angewendet werden können, ist zunächst das auf sie anwendbare Recht zu ermitteln. Da es sich nicht um einen existenten Rechtsträger handelt, sondern um die Haftung der für sie auftretenden natürlichen Personen, könnte die Anknüpfung an den Ort der Vornahme des Rechtsgeschäfts erfolgen, weil dort der Rechtsschein eines bestehenden Rechtsträgers erzeugt wird. Allerdings erwecken die angeblichen Gesellschafter den Eindruck, einer nach einem bestimmten Recht organisierten Gesellschaft anzugehören. Dann ist es im Hinblick auf den Vertrauensschutz der Gegenseite angemessen, sie nach diesem Recht haften zu lassen.[26] Die beste Lösung wäre allerdings eine materielle Regel des Internationalen Privatrechts, die eine solche Haftung unabhängig vom sonst anzuwendenden Recht vorsieht.[27]

c) Verpflichtung im Namen der potentiellen Gesellschafter. Haben die potentiellen Gesellschafter im eigenen Namen oder als Vertreter ihrer Partner (d.h. ihrer potentiellen Mitgesellschafter) gehandelt, dann gelten die Kollisionsregeln der Rom I-VO über **Schuldverträge.** Die Rom I-VO enthält hinsichtlich des auf die Vertretungsmacht anwendbaren Rechts eine Lücke (Art. 1 Abs. 2 lit. g). Ihre Schließung ist streitig.[28] Die h.M. stellt für die rechtsgeschäftlich erteilte Vollmacht auf das Recht des Staates ab, in dem der Vertreter von ihr mit Willen des Vollmachtgebers tatsächlich Gebrauch gemacht hat (Wirkungsland), wobei die Wahl eines anderen Rechts zulässig sein soll (im Einzelnen str.).[29]

V. Gerichtliche Zuständigkeit

1. Gerichtsstandsvereinbarung

Besteht zwischen den Parteien eine Gerichtsstandsvereinbarung, so ist das darin bezeichnete Gericht zuständig. Voraussetzung ist allerdings, dass die Vereinbarung die Bedingungen des Artikel 23 EuGVO[30] bzw., soweit keine der Parteien ihren Wohnsitz in der EU hat, die der §§ 38–40 ZPO erfüllt.

2. Streitigkeiten aus Vertrag

Fehlt es an einer Vereinbarung des zuständigen Gerichts und ist zwischen den Parteien ein Vorgründungsvertrag geschlossen, so muss man unterscheiden: Ist nach dem anwendbaren Recht – wie meist – keine Vorgründungsgesellschaft zustande gekommen, hat der Kläger ein Wahlrecht: Er kann den Beklagten an dessen Wohnsitz[31] oder am Erfüllungsort des Vertrags verklagen.[32] Handelt es sich beim Beklagten um eine Gesellschaft, so wird der Wohnsitz durch den Ort des Satzungssitzes, der Hauptverwaltung oder Hauptniederlassung ersetzt.[33] Zwischen diesen drei hat der Kläger ebenfalls ein Wahlrecht. Der Erfüllungsort ist nach dem anzuwendenden Sachrecht zu bestimmen.[34] Ist dieses beispielsweise deutsches

---

[24] Nicht zu verwechseln mit der Scheinauslandsgesellschaft, d.h. der nur scheinbar ausländischem Recht, tatsächlich aber inländischem Recht unterliegenden Gesellschaft. Zu dieser *Kindler,* in: MünchKomm-BGB, IntGesR, Rdn. 486 ff.
[25] Vgl. *Germain,* Les sociétés commerciales, S. 29–31, Rdn. 1056-39; *Merle,* Droit commercial, S. 763 ff., Rdn. 614 ff.
[26] Näher dazu *Lehmann,* in: FS Fischer, 2010, S. 259.
[27] Siehe *Lehmann* a.a.O.
[28] Dazu *Hausmann,* in: Reithmann/Martiny, Internationales Vertragsrecht, Rdn. 5431 ff.; *Spellenberg,* in: MünchKomm-BGB, Vor Art. 11 EGBGB Rdn. 89 ff.
[29] Vgl. *Hausmann,* a.a.O., Rdn. 5441 ff.; *Spellenberg,* a.a.O., Rdn. 91 ff. jeweils m.w.N.
[30] Verordnung (EG) Nr. 44/2001 des Rates über die gerichtliche Zuständigkeit und Anerkennung und Vollstreckung von Entscheidungen in Zivil- und Handelssachen vom 22. Dezember 2000, ABl. EG 2001 Nr. L 12, S. 1.
[31] Art. 2 Abs. 1 EuGVO. Diese Zuständigkeit gilt für alle Beklagten mit Wohnsitz innerhalb der EU.
[32] Art. 5 Nr. 1 lit. a, c EuGVO.
[33] Art. 60 EuGVO.
[34] EuGH Rs. 12/76, Slg. 1976, 1473 – Tessili = NJW 1977, S. 491 Rdn. 15; *Gottwald,* in MünchKomm-ZPO, Art. 5 EuGVO, Rdn. 29.

Recht, so liegt er gemäß § 269 Abs. 1 BGB wegen der Natur des Schuldverhältnisses am Ort, an dem die Gesellschaft gegründet werden soll.

25   Ist nach dem anzuwendenden Recht eine Vorgründungsgesellschaft zustande gekommen, so kann diese, soweit sie rechts- und parteifähig ist, verklagt werden. Zuständig ist das Gericht am Ort der Hauptverwaltung oder Hauptniederlassung.[35] Für Streitigkeiten der Gesellschafter untereinander ist wiederum das Gericht am Wohnsitz des Beklagten oder am Erfüllungsort zuständig.[36] Lediglich wenn keine der Parteien ihren Wohnsitz in der EU hat, kann der Gerichtsstand der Mitgliedschaft nach § 22 ZPO eingreifen. Dieser verweist auf den allgemeinen Gerichtsstand der Gesellschaft, der nach § 17 ZPO an ihrem Verwaltungssitz liegt.

3. Streitigkeiten wegen Abbruchs von Vertragsverhandlungen

26   Soweit kein ausdrücklicher Vorgründungsvertrag geschlossen wurde, kommt nach den meisten Rechten lediglich eine Haftung wegen treuwidrigen Abbruchs von Vertragsverhandlungen in Betracht (siehe o. Rdn. 6). Der EuGH hat diese unter Geltung des EuGVÜ als deliktisch qualifiziert.[37] Diese Einordnung ist auf die EuGVO zu übertragen. Zuständig sind daher die Gerichte am Ort des schädigenden Ereignisses.[38] Dieser Begriff wird sowohl im Sinne des Handlungs- als auch des Erfolgsorts verstanden. Zwischen beiden kann der Kläger wählen.[39] Außerdem stehen dem Kläger die Gerichte am Sitz des Beklagten zur Verfügung.[40]

§ 4 Phase zwischen Gründung und Entstehung

Übersicht

	Rdn.		Rdn.
I. Zeitliche Erstreckung	1, 2	1. Haftung der Vorgesellschaft	29
II. Gesellschaftsvertrag	3–13	2. Haftung der Gründer	30–32
1. Rechtsvergleich	3–6	3. Handelndenhaftung	33, 34
2. Anzuwendendes Recht	7–10	4. Anzuwendendes Recht	35–38
3. Gerichtliche Zuständigkeit	11–13	5. Gerichtliche Zuständigkeit	39–44
III. Formalien der Gründung	14–22	VI. Übergang der Rechte und Pflichten auf Gesellschaft	45–48
1. Rechtsvergleich	14–16	1. Rechtsvergleich	45, 46
2. Anzuwendendes Recht	17–20	2. Anzuwendendes Recht	47
3. Substitution	21	3. Gerichtliche Zuständigkeit	48
4. Gerichtliche Zuständigkeit	22	VII. Rechtslage im Fall des Scheiterns der Entstehung	49–54
IV. Entstehung eines Rechtsträgers?	23–28	1. Rechtsvergleich	49, 50
1. Rechtsvergleich	23–26	2. Anzuwendendes Recht	51–53
2. Anzuwendendes Recht	27	3. Gerichtliche Zuständigkeit	54
3. Gerichtliche Zuständigkeit	28		
V. Haftung	29–44		

Schrifttum: Siehe zunächst vor § 3. Siehe außerdem: *Kropholler/von Hein,* Europäisches Zivilprozessrecht, 9. Aufl. 2011; *Gower/Davies,* Principles of Modern Company Law, 8. Aufl. 2008; *Heller,* Die aktienrechtliche Handelndenhaftung aus rechtsvergleichender Perspektive, RIW 2010, 139–144; *Hilpert,* Die Gründerhaftung in der Gesellschaft mit beschränkter Haftung in Deutschland, Frankreich und England, 2003; *Jungermann,* Die Drittwirkung internationaler Gerichtsstandsvereinbarungen nach EuGVÜ/EuGVO und LugÜ, 2006; *Kersting,* Die Vorgesellschaft im europäischen Recht, 2000; *Geimer/Schütze,* Europäisches Zivilverfahrensrecht, 3. Aufl. 2010; *Mayson/French/Ryan,* Company

---

[35] Vgl. Art. 2 Abs. 1 i. V. m. Art. 60 EuGVO.
[36] Art. 2 Abs. 1, Art. 5 Nr. 1 lit. a, c EuGVO.
[37] Siehe EuGH, Rs. C-334/00, Slg. 2002, I-7383 – *Tacconi* Rdn. 27 = NJW 2002, S. 3159, 3160, Rdn. 27.
[38] Art. 5 Nr. 3 EuGVO.
[39] EuGH, Rs. 21/76, Slg. 1976, 1735 – *Mines de Potasse* = NJW 1977, 493, 493, Rdn. 24 f.
[40] Vgl. Art. 2 Abs. 1, Art. 60 EuGVO.

Law, 26. Aufl. 2009–2010; *Merkt/Röthel*, US-amerikanisches Gesellschaftsrecht, 2. Aufl. 2006; *Rauscher*, Europäisches Zivilprozess- und Kollisionsrecht EuZPR/EuIPR, Bearb. 2011.

I. Zeitliche Erstreckung

Der in diesem Paragraphen behandelte Zeitabschnitt beginnt mit der Gründung des neuen Verbands, die in den Rechtsordnungen durchgehend mit dem **Abschluss des Gesellschaftsvertrags** angenommen wird.[1] Er endet mit der Entstehung der angestrebten juristischen Person. Die meisten Rechtsordnungen legen diese auf den Zeitpunkt der **Eintragung in das Handels- oder Gesellschaftsregister**. Zum Teil wird darüber hinaus die Erfüllung weiterer Voraussetzungen verlangt, wie zum Beispiel die Veröffentlichung der Eintragung[2] oder die Erteilung einer Gewerbegenehmigung.[3]

Nach einigen **wenigen Rechtsordnungen** ist der Verband **bereits mit dem Abschluss des Gesellschaftsvertrags errichtet;** der anschließenden Registereintragung kommt nur noch deklaratorische Bedeutung zu.[4] Auch nach diesen Rechtsordnungen gelten im Abschnitt zwischen Gründungsvertrag und Eintragung jedoch besondere Regelungen; zum Beispiel sollen die Gesellschafter für während dieser Zeit eingegangene Schulden persönlich als Gesamtschuldner haften.[5] Daher ist auch insoweit eine gesonderte Behandlung der Periode bis zur Eintragung gerechtfertigt.

II. Gesellschaftsvertrag

1. Behandlung in den nationalen Rechtsordnungen

Die Gründung einer Gesellschaft vollzieht sich durch den **Gesellschaftsvertrag**.[6] Dieser hat eine Doppelfunktion: Einerseits legt er die Verpflichtungen der Gründer fest und ist insofern dem Schuldrecht angenähert. Andererseits regelt er aber auch die Organisation der künftigen juristischen Person und gehört insofern zum Verbandsrecht.[7] Wegen letzterer Funktion wird er auch als **„Satzung"**, **„Statut"** oder in ähnlicher Weise bezeichnet.

In manchen Rechtsordnungen trennt man streng zwischen beiden Funktionen und verlangt dementsprechend **zwei verschiedene Rechtsakte**. Nach dem Gesellschaftsrecht der meisten US-Bundesstaaten wird zwischen „articles of incorporation" und „bylaws" unterschieden; in Delaware heißt das erstere Dokument „certificate of incorporation".[8] Im Vereinigten Königreich bezeichnet man die beiden Dokumente als **„memorandum of association"** und **„articles of association"**.[9] Ersteres stellt den Wunsch der Gesellschafter fest, eine *company* zu gründen, sowie ihre Verpflichtung, Mitglied zu werden und einen Gesellschaftsanteil zu übernehmen.[10] Letztere regeln dagegen die Organisation des Verbands. Gemeinsam mit weiteren Beschlüssen bilden die *articles of association* daher dessen

---

[1] Vgl. Länderberichte von *Süß*, unten § 47.
[2] Vgl. zum belgischen Recht den Länderbericht von *Süß*, unten § 47 A Rdn. 7.
[3] Vgl. zum chinesischen Recht den Länderbericht von *Süß*, unten § 47 B Rdn. 43.
[4] So zum Beispiel bei der luxemburgischen AG und der niederländischen *B. V.*, siehe die Länderberichte von *Süß*, unten § 47 J Rdn. 361, 365, K Rdn. 401.
[5] Siehe *Süß*, unten § 47 K Rdn. 401.
[6] Dieser ist nicht zu verwechseln mit dem „Gründungsvertrag" i. S. v. Großkomm. GmbHG/ *Behrens*, Rdn. B 64. Er meint damit den vor der Gründung abgeschlossenen Vertrag. Zur Vermeidung von Verwechslungen sollte man diesen besser als „Vorgründungsvertrag" bezeichnen.
[7] Vgl. für die deutsche Aktiengesellschaft MünchHdb. AG IV/*Wiesner*, § 6 Rdn. 3.
[8] Siehe sec. 102 *Delaware Corporation Law*.
[9] Vgl. sec. 8, 18 *Companies Act 2006*. Siehe dazu *Gower/Davies*, Principles of Modern Company Law Rdnr. 4–14; *Süß*, unten § 47 E Rdn. 186.
[10] Zur reduzierten Bedeutung des *memorandum of association* nach dem *Companies Act 2006* siehe *Gower/Davies*, Principles of Modern Company Law Rdnr. 4.–14.

Verfassung (*constitution*).[11] Im Gegensatz zum *memorandum of association* können sie geändert und damit den laufenden Bedürfnissen angepasst werden.[12]

5   Die Gründer, oder ein Teil von ihnen, können außerhalb des Gesellschaftsvertrags weitere Abreden treffen.[13] Diese können beispielsweise interne Ausgleichsansprüche, Veräußerungsbeschränkungen, Vorkaufsrechte oder Wettbewerbsverbote vorsehen oder das Verhalten als Aktionäre betreffen (sogenannte Stimmbindungsverträge).[14] Sie können aber auch generell die Funktionsweise der Gesellschaftsorgane regeln, so etwa die bei frz. Gesellschaften verbreiteten *accords infrastatutaires*. Trotz ihrer äußerlichen Verselbständigung können sie materiell zur Satzung gehören.[15]

6   Die Inhalte des Gesellschaftsvertrags hängen von der jeweiligen nationalen Gesetzgebung ab. **Innerhalb der EU** sind für die der **Aktiengesellschaft** entsprechenden Typen bestimmte **Mindestvorgaben** nach der zweiten gesellschaftsrechtlichen Richtlinie (Kapitalrichtlinie) zu beachten: Zunächst sind die Rechtsform, der Unternehmensgegenstand, das Kapital, die Zahl und die Art und Weise der Bestellung der Organe sowie die Dauer festzulegen.[16] Außerdem muss die Satzung Angaben über den Sitz, den Nennbetrag oder die Zahl der gezeichneten Aktien, besondere Übertragungsbeschränkungen, die Angabe der verschiedenen Aktiengattungen, die Aktienformen (Inhaber- oder Namensaktien) einschließlich der Vorschriften über deren Umwandlung, den eingezahlten Kapitalbetrag im Gründungszeitpunkt, den Nennbetrag oder die Zahl der Aktien, die gegen Sacheinlagen ausgegeben wurden, die Personalien der Gründer, den annähernden Gesamtbetrag der Gründungskosten sowie alle Gründungsvorteile enthalten.[17]

2. Anzuwendendes Recht

7   Unstreitig sind die auf den Gesellschaftsvertrag anzuwendenden Rechtsvorschriften im Grundsatz – Ausnahmen sogleich u. Rdn. 9 – dem **Gesellschaftsstatut** zu entnehmen.[18] Dies folgt schon daraus, dass der Vertrag über die eigentliche Errichtungsphase hinaus auch im Zeitraum nach der Eintragung weiterwirkt.[19] Da er die Verfassung der Gesellschaft darstellt, muss er dem Gesellschaftsstatut unterfallen.

8   Streitig ist allerdings, **wie** das Gesellschaftsstatut zu bestimmen ist. Nach der hier vertretenen Auffassung ist es entsprechend der **Gründungstheorie** zu ermitteln (siehe näher u. § 5 Rdn. 14 ff.). Im Falle des Gesellschaftsvertrags ist die Anwendung des Gründungsrechts insbesondere geboten, weil dieser die grundlegenden Beziehungen der Gesellschafter untereinander, ihre Mitgliedschaftsrechte sowie die Voraussetzungen der Wirksamkeit der Handlungen ihrer Organe regelt. Würde man insoweit das veränderliche Sitzrecht anwenden, könnten all diese Fragen von einer Minute auf die andere einem neuen Recht unterstehen, ohne dass die Gesellschafter dies merken. Flurschäden für die Rechtssicherheit wären die Folge. Der Gesellschaftsvertrag sollte daher in jedem Fall – und nicht nur bei EWR- und US-amerikanischen Gesellschaften – dem Recht unterstehen, das die Gründer durch die Registrierung in einem bestimmten Staat gewählt haben (eingehend u. § 5 Rdn. 17 ff.).

---

[11] Sec. 17 *Companies Act 2006*.
[12] Siehe sec. 21 ff. *Companies Act 2006*.
[13] Vgl. *Velardocchio-Flores,* Les accords extra-statutaires entre associés, 1993; *Merle,* Droit commercial, S. 90 Rdn. 58.
[14] Siehe *Spahlinger/Wegen,* in: Spahlinger/Wegen, Internationales Gesellschaftsrecht in der Praxis, Rdn. 318.
[15] Vgl. *Merle,* Droit commercial, S. 91 Rdn. 58.
[16] Art. 2 Richtlinie 77/91/EWG, ABl. 1977/91/EWG (= zweite gesellschaftsrechtliche Richtlinie).
[17] Art. 3 Richtlinie 77/91/EWG, o. Fn. 16.
[18] Vgl. Großkomm. GmbHG/*Behrens,* Rdn. B 64; *Kindler,* in: MünchKomm-BGB, IntGesR, Rdn. 525; *Staudinger/Großfeld,* IntGesR, Rdn. 258; *Michalski/Leible,* GmbHG, Syst. Darst. 2, Rdn. 61; *Spahlinger/Wegen,* in: Spahlinger/Wegen, Internationales Gesellschaftsrecht in der Praxis Rdn. 266.
[19] So zutreffend *Spahlinger/Wegen,* in: Spahlinger/Wegen, Internationales Gesellschaftsrecht in der Praxis, Rdn. 266.

§ 4. Phase zwischen Gründung und Entstehung

Für manche Wirksamkeitsvoraussetzungen des Gesellschaftsvertrags gelten **besondere Kollisionsregeln.** Das gilt vor allem für die **Rechts- und Geschäftsfähigkeit der Gründer.** Das anzuwendende Recht bemisst sich insoweit nach **Artikel 7 Abs. 1 S. 1 EGBGB.**[20] Dieser erklärt das Recht der Staatsangehörigkeit der jeweiligen Vertragspartei für anwendbar.

Zum **Schutz des Rechtsverkehrs** zu beachten ist aber die Sonderregel des **Artikel 13 Rom I-VO.** Danach kann die Rechts- und Geschäftsfähigkeit einer **natürlichen Person** nach dem **Recht des Vornahmestaats** bestimmt werden, soweit sich die Vertragspartner beim Abschluss des Gründungsvertrags **im selben Staat aufgehalten** haben und der eine die Einschränkungen der Rechts- oder Geschäftsfähigkeit des anderen **weder kannte noch kennen musste.** Auf Gesellschaftsverträge übertragen bedeutet dies, dass die Norm nur angewandt werden kann, wenn sich **alle Gründer** in einem Staat aufgehalten haben. Auch hinsichtlich der Gutgläubigkeit wird man ähnlich streng sein müssen: Es kann für die Außerkraftsetzung des Staatsangehörigkeitsrechts eines Gründers nicht genügen, dass nur einzelne – im Extremfall sogar nur ein einziger – Gesellschafter dieses nicht kannten. Vielmehr ist zu verlangen, dass **alle Mitgründer** nicht um dessen Einschränkung der Geschäftsfähigkeit wussten und von dieser nicht wissen mussten.

Die **herrschende Meinung** wendet die Vorschrift des Artikel 13 Rom I-VO **analog auf Gesellschaften** an.[21] Das heißt, auch deren Rechts- und Handlungsfähigkeit könnte sich unter den genannten Umständen nach dem Recht am Ort des Abschlusses des Gesellschaftsvertrags richten. Wegen der tatsächlichen Unterschiede zwischen natürlichen und juristischen Personen ist diese Analogie **jedoch abzulehnen;** statt dessen sollte man eine **materielle Regel des grenzüberscheitenden Handelsverkehrs** anwenden, nach der alle international unüblichen und der anderen Seite nicht bekannten Regelungen der Rechts- und Handlungsfähigkeit durch das Gesellschaftsstatut der anderen Seite nicht entgegengehalten werden können.[22] Diese Regel ist nicht an den gleichzeitigen inländischen Aufenthalt der Vertragspartner gebunden, sondern gilt bei allen grenzüberschreitenden Geschäften.[23] Zum auf die **Form** des Gesellschaftsvertrags anzuwendenden Recht siehe näher u. Rdn. 17 ff.

Vertragliche Nebenabreden (vgl. o. Rdn. 5) sollen einer Ansicht nach grundsätzlich wie schuldrechtliche Verträge angeknüpft werden.[24] Nur soweit sie die Qualität von Satzungsbestimmungen haben, wird erwogen, auf sie das Gründungsrecht anzuwenden.[25] Solche Abreden stehen jedoch in enger Verbindung zur angestrebten Gesellschaft. Normalerweise werden daher die Gründer den Willen haben, sie dem auf diese anwendbaren Statut zu unterstellen. Eine abweichende Intention können sie durch eine Rechtswahl kundtun, die allerdings ausdrücklich erfolgen muss und nicht von ihrem hypothetischen Willen abgeleitet werden darf (vgl. Artikel 3 Abs. 1 Satz 2 Rom I-VO). Fehlt es an einer solchen Rechtswahl, ist der Vertrag wegen seiner engen Verbindung zur Gesellschaft akzessorisch an das Gesellschaftsstatut anzuknüpfen.[26] Greifen die Vereinbarungen in die Verfassung der Gesellschaft ein, indem sie die Funktionsweise einzelner Organe regeln, sind diese trotz ihrer Stellung in

---

[20] Staudinger/*Großfeld,* IntGesR, Rdn. 258.
[21] *Palandt/Thorn,* 71. Aufl. 2012, Art. 13 Rom I-VO, Rn. 2; *Spellenberg,* in: MünchKomm-BGB, 5. Aufl. 2009, Art. 13 Rom I-VO, Rn. 52. Krit. *Lehmann,* in: FS Fischer, 2010, S. 239 ff.
[22] Näher *Lehmann* a. a. O., S. 255–258 sowie u. § 5 Rdn. 60.
[23] *Lehmann* a. a. O., S. 250–253.
[24] Vgl. Großkomm. GmbHG/*Behrens,* Rdn. B 64; *Staudinger/Großfeld,* IntGesR, Rdn. 345; *Kindler,* in: MünchKomm-BGB, IntGesR, Rdn. 589; *Michalski/Leible,* GmbHG, Syst. Darst. 2, Rdn. 63; *Spahlinger/Wegen,* in: Spahlinger/Wegen, Internationales Gesellschaftsrecht in der Praxis, S. 86 f., Rdn. 318 f.
[25] Großkomm. GmbHG/*Behrens,* Rdn. B 64; *Spahlinger/Wegen,* in: Spahlinger/Wegen, Internationales Gesellschaftsrecht in der Praxis, S. 87, Rdn. 319.
[26] Vgl. zur akzessorischen Anknüpfung von Schuldverträgen *Martiny,* in: MünchKomm-BGB, 5. Aufl. 2010, Art. 4 Rom I-VO, Rdn. 252–255; *ders.,* in: Reithmann/Martiny, Internationales Vertragsrecht, Rdn. 157 ff.; *Kindler,* in: MünchKomm-BGB, IntGesR, Rdn. 589.

einem gesonderten Vertrag als Satzungsbestimmungen zu qualifizieren (siehe zum Beispiel zu den frz. *accords infrastatutaires* o. Rdn. 5). Sie unterfallen daher unmittelbar dem Gesellschaftsstatut; eine abweichende Rechtswahl ist ausgeschlossen. Soweit das auf die Gesellschaft anzuwendende Recht einzelne Verbote für Vereinbarungen zwischen den Mitgliedern enthält (zum Beispiel für Stimmbindungsvereinbarungen zwischen Aktionären), sind diese als Eingriffsnormen zu qualifizieren und über Artikel 9 Abs. 2 bzw. Abs. 3 Rom I-VO auch bei Wahl eines vom Gesellschaftsstatut abweichenden Rechts anwendbar.

3. Gerichtliche Zuständigkeit

11   **Verpflichtungen der Gesellschafter untereinander** aus dem Gesellschaftsvertrag oder aus vertraglichen Nebenabreden können sowohl gemäß Artikel 2 Abs. 1 EuGVO am Wohnsitz des säumigen Schuldners als auch gemäß Art. 5 Nr. 1 lit. a, c EuGVO am Erfüllungsort eingeklagt werden. Letzterer ist für jede Verpflichtung getrennt nach nationalem Recht zu bestimmen.[27] Nach deutschem Recht liegt er gemäß § 269 Abs. 1 BGB am Sitz der Gesellschaft.[28] Hier können also etwa ausstehende Beiträge eingeklagt werden, die im Gesellschaftsvertrag übernommen wurden.

12   Streitigkeiten über die **Organisation der Gesellschaft** oder die **Rechte der Mitglieder** müssen **differenziert behandelt** werden. Soweit sie die **Wirksamkeit der Gesellschaft oder die von Gesellschafterbeschlüssen** betreffen, sind sie gemäß **Artikel 22 Nr. 2 EuGVO** stets am Sitz der Gesellschaft geltend zu machen. Diese ausschließliche Zuständigkeit setzt sich sogar über eine abweichende Gerichtsstandsvereinbarung hinweg, vgl. Artikel 23 Abs. 5 EuGVO. Der Sitz ist im Rahmen des Artikel 22 Nr. 2 EuGVO ausnahmsweise nicht gemäß Artikel 60 EuGVO, sondern nach den Kollisionsregeln des Forums zu ermitteln, vgl. Art. 22 Nr. 2 Satz 2 EuGVO. Bestimmen die nationalen Rechte den Sitz unterschiedlich, können sich im Ergebnis zwei oder mehr Staaten für zuständig halten. Der Kläger kann unter diesen Umständen faktisch wählen, wo er seine Klage erhebt.[29]

13   Alle **anderen Organisations- und Mitgliedschaftsstreitigkeiten** unterliegen den **allgemeinen Zuständigkeitsregeln** und sind nicht zwingend am Sitz der Gesellschaft zu entscheiden. Das gilt zum Beispiel von Streitigkeiten zwischen einer Vereinigung und ihren Mitgliedern über deren Rechte.[30] Die Tatsache, dass häufig Beschlüsse der Vereinigung gefasst werden, die diese Rechte konkretisieren, rechtfertigt nicht die Anwendung des Artikel 22 Nr. 2 EuGVO. Für die Anwendung dieser Bestimmung reicht es nicht aus, dass die Klage in irgendeinem Zusammenhang mit einer von einem Gesellschaftsorgan erlassenen Entscheidung steht.[31] Vielmehr ist sie nur dann einschlägig, wenn bei verschiedenen Zuständigkeiten die Gefahr widersprechender Urteile über die Wirksamkeit der Gesellschaft oder ihrer Beschlüsse besteht. Das ist typischerweise nur bei Nichtigkeitsklagen bezüglich der Gesellschaft beziehungsweise bei Beschlussmängelklagen der Fall. Für alle anderen Streitigkeiten gilt daher die ausschließliche Zuständigkeit der Gerichte am Gesellschaftssitz nicht. Allerdings sind diese meist gegen die Gesellschaft gerichtet und daher gemäß **Artikel 2 Abs. 1 EuGVO** an derem Sitz geltend zu machen. Dieser wird aber – anders als

---

[27] Vgl. zu Art. 5 Nr. 1 EuGVÜ EuGH Rs. 12/76, *Tessili*, Slg. 1976, 1473, 1486, Rdn. 15 = EuGH NJW 1977, S. 491, 491. Zur Weitergeltung dieser Rspr. unter Art. 5 Nr. 1 lit. a EuGVO *Gottwald*, in: MünchKomm-ZPO, 2004, Art. 5 EuGVO, Rdn. 29; *Mankowski*, in: Magnus/Mankowski, Brussels I Regulation, 2007, Art. 5 Rdn. 138–142; *Rauscher/Leible*, Art. 5 Brüssel I-VO, Rdn. 40; *Kropholler/v. Hein*, Europäisches Zivilprozessrecht, Art. 5 EuGVO Rdn. 29; *Geimer/Schütze*, Art. 5 EuGVVO, Rdn. 93.

[28] *Palandt/Grüneberg*, BGB, 71. Aufl. 2012, § 269, Rdn. 14; *Krüger*, in: MünchKomm-BGB, 5. Aufl., § 269, Rdn. 32.

[29] Vgl. auch *Gottwald*, in: MünchKomm-ZPO, 2004, Art. 22 EuGVVO, Rdn. 30.

[30] Siehe EuGH, Rs. C-372/07, Slg. 2008, I-07403 – Hassett/South Eastern Health Board u. a., Rdn. 17 = EuGH NJW-RR 2009, S. 405, 407, Rdn. 26.

[31] Siehe EuGH, Rs. C-372/07, Slg. 2008, I-07403 – Hassett/South Eastern Health Board u. a., Rdn. 17 = EuGH NJW-RR 2009, S. 405, 407, Rdn. 24 f.

§ 4. Phase zwischen Gründung und Entstehung

III. Formalien der Gründung

1. Rechtsvergleich

In den meisten Staaten wird für den Abschluss des Vertrags, durch den eine Kapitalgesellschaft gegründet wird, durch Gesetz eine bestimmte Form vorgeschrieben. Diese ist häufig die **notarielle Beurkundung**.[33] Eine große Zahl von Rechten lassen dagegen die **Schriftform** genügen.[34] Letztere verlangen aber zum Teil die **Hinzuziehung von Zeugen**[35] oder die **öffentliche Beglaubigung der Unterschriften** der Gesellschafter.[36]

Die meisten Rechtsordnungen stellen auch **inhaltliche Anforderungen** an die Urkunde. So wird z.B. die Nennung der Gesellschaftsform, der Dauer, des Namens, des Sitzes und des Kapitals der Gesellschaft verlangt.[37] Manche Rechte begnügen sich dagegen mit weit weniger Angaben.[38] Funktional gehören Vorschriften über den Inhalt der Urkunde zur kollisionsrechtlichen Kategorie „Form", da sie die Beschaffenheit des Schriftstücks regeln.

Werden die formalen Anforderungen an den Gesellschaftsvertrag nicht eingehalten, so ist die Sanktion überwiegend die Nichtigkeit. Allerdings wird die Nichtigkeit häufig auf im Gesetz ausdrücklich benannte Gründe eingeschränkt.[39] Im deutschen Recht folgt dies aus der Regelung in § 275 Abs. 1 S. 2 AktG. Allerdings kann eine deutsche Aktiengesellschaft durch eine Nichtigkeitsklage aufgelöst werden, wenn sie an einem fundamentalen Formfehler leidet.[40]

2. Anzuwendendes Recht

Auf die Formalien des Gesellschaftsvertrags scheint wegen seiner Stellung im Allgemeinen Teil **Artikel 11 EGBGB** einschlägig zu sein. Dieser verweist auf zwei verschiedene Rechte. Für die formale Wirksamkeit des Gründungsvertrags würde es danach genügen, wenn er die Voraussetzungen eines von ihnen erfüllt (alternative Anknüpfung).[41]

Zum ersten verweist Artikel 11 Abs. 1 EGBGB auf die Formerfordernisse des Rechts, das auf das den Gegenstand des Rechtsgeschäfts bildende Rechtsverhältnis anzuwenden ist. Mit dieser etwas umständlichen Formulierung ist das in der Sache anwendbare Recht ge-

---

[32] *Geimer/Schütze,* Europäisches Zivilverfahrensrecht, Art. 60 EuGVVO, Rdn. 3; *Rauscher/Staudinger,* EuZPR/EuIPR, Art. 60 Brüssel I-VO, Rdn. 1; *Kropholler/v. Hein,* Europäisches Zivilprozessrecht, Art. 60, Rdn. 2.
[33] So im deutschen Recht § 2 Abs. 1 S. 1 GmbHG, § 2 i. V. m. § 23 Abs. 1 S. 1 AktG. Vgl. zur belgischen *S. A.,* zur italienischen *s. r. l.,* zur liechtensteinischen GmbH, zur luxemburgischen *S. A.,* zur niederländischen *B. V.,* zur österreichischen GmbH, zur Schweizer AG sowie zur spanischen *S. R. L.* die Länderberichte von *Süß,* unten § 47.
[34] Vgl. zur chinesischen *youxian zeren gongsi,* zur dänischen *ApS,* zur frz. *S. A. R. L.* und *S. A.* und zur japanischen *LLC* die Länderberichte von *Süß,* unten § 47.
[35] So für die Unterzeichnung des *memorandum of association* bei der *Ltd,* vgl. den Länderbericht zum Vereinigten Königreich von *Süß,* unten § 47 E Rdn. 192.
[36] So für die Unterzeichnung der *articles of incorporation* für Kapitalgesellschaften nach dem Recht der meisten US-Bundesstaaten, vgl. den Länderbericht von *Süß,* unten § 47 O Rdn. 610.
[37] Vgl. etwa Art. L 210-2 des frz. *Code de commerce.* Siehe auch § 23 Abs. 2 des deutschen AktG.
[38] Siehe z. B. für das *memorandum od association* nach britischem Recht Art. 8 *Companies Act 2006.* Für die *articles of association* können dagegen weitergehende Anforderungen eingeführt werden, siehe Art. 19 *Companies Act 2006.*
[39] Vgl. Art. L 235-1 Abs. 1 frz. *Code de commerce.*
[40] Vgl. § 275 I 1 i. V. m. § 277 AktG.
[41] Vgl. *Staudinger/Großfeld,* IntGesR, Rdn. 452 ff.; *Staudinger/Winkler von Mohrenfels,* Art. 11 EGBGB, Rdn. 87/285 ff.; *Palandt/Thorn,* Art. 11 EGBGB, Rdn. 13; *Mäsch,* in: Bamberger/Roth, Art. 11 EGBGB, Rdn. 65; *Spellenberg,* in: MünchKomm-BGB, Art. 11 EGBGB, Rdn. 137.

meint. Dieses ist im vorliegenden Fall das **Recht, dem der Gesellschaftsvertrag untersteht**. Es ist nach den Regeln der Gründungstheorie zu bestimmen.[42]

19 Daneben lässt Artikel 11 Abs. 1 EGBGB auch die **Ortsform** zu. Ob ihre Einhaltung bei gesellschaftsrechtlichen Akten genügt, ist in der Literatur jedoch **stark umstritten**.[43] Gleichgültig, wie man für Anteilsübertragungen entscheidet, kann die Ortsform **jedenfalls für Gründungsverträge nicht ausreichen.**[44] Denn die bei ihnen vorgeschriebenen Formalien dienen typischerweise nicht lediglich dem Nachweis der Vereinbarung oder der Warnung der Parteien vor Gefahren aus dem Rechtsgeschäft. Vielmehr bezwecken sie, die Organisation des neuen juristischen Gebildes festzustellen, so dass deren Struktur für Dritte erkennbar ist.[45] Dieser Zweck lässt sich unter Hinweis auf die Einhaltung der Ortsform nicht erreichen. Das zeigt sich schon daran, dass die zahlreichen Anforderungen an den Inhalt der Urkunde (siehe o. Rdn. 15) an die jeweilige Rechtsform der angestrebten Gesellschaft angepasst sind. Sie können daher nicht gegen die eines beliebigen ausländischen Gesellschaftsrechts ausgetauscht werden. Gleichzeitig haben sie Bedeutung für das Register, in das sie übernommen werden sollen, und für die Information des Rechtsverkehrs. Auf sie kann nicht verzichtet werden, nur weil die Gründer den Gesellschaftsvertrag im Ausland abschließen. Die in Artikel 11 Abs. 1 EGBGB vorgesehene Ortsform passt daher für Gesellschaftsverträge nicht. Sie soll im Wesentlichen Transaktionen erleichtern,[46] nicht dagegen die Voraussetzungen für die Gründung von neuen Rechtsträgern klären. Das gilt trotz der Stellung der Vorschrift im Allgemeinen Teil. Diese wird ohnehin an vielen Stellen durchbrochen.[47] Artikel 11 Abs. 1 EGBGB ist daher teleologisch zu reduzieren und auf Verträge zur Gründung von Gesellschaften nicht anzuwenden. Stattdessen **gilt allein das Recht der angestrebten Gesellschaft.** Dies entspricht auch dem Vorschlag des Deutschen Rats für IPR sowie dem Referentenentwurf für das internationale Gesellschaftsrecht, die beide die Einfügung eines entsprechenden Absatzes 6 in Artikel 11 EGBGB befürworten.[48]

20 Das Gesellschaftsstatut bestimmt auch über die **Folgen eines Verstoßes** gegen Formvorschriften einschließlich der Folgen der Nichtigkeit des Vertrags. Dies gilt in Parallele zu dem im Schuldvertragsrecht geltenden Grundsatz, nach dem das Vertragsstatut sich auch auf die Folgen der Nichtigkeit des Vertrags erstreckt.[49] Das Statut der Gesellschaft entscheidet daher insbesondere über die Frage, ob die Gesellschaft aufgrund des Formverstoßes nichtig ist oder ob sie als fehlerhafte oder sonstige Gesellschaft existiert (siehe o. Rdn. 16).

3. Substitution

21 Unter Substitution versteht man im Internationalen Privatrecht die Frage, ob Voraussetzungen einer inländischen Sachnorm durch sich im Ausland ereignende Tatsachen oder Rechtsgeschäfte (sogenannte Auslandssachverhalte) erfüllt werden können.[50] Im Zusammenhang mit den Formanforderungen an den Gründungsvertrag bedeutet Substitution,

---

[42] A. A. ist die Sitztheorie. Vgl. dazu ausf. unten § 5 Rdn. 14 ff.

[43] Siehe dazu *Weller,* §§ 7 Rdn. 2, 8 Rdn. 5–7.

[44] A. A. *Michalski/Leible,* GmbHG, Syst. Darst. 2, Rdn. 62.

[45] Vgl. *Hueck/Fastrich,* in: Baumbach/Hueck, GmbHG, 19. Aufl. 2010, § 2, Rdn. 12; *Pentz,* in: MünchKomm-AktG, 2. Aufl. 2000, § 23, Rdn. 64.

[46] Zum Zweck der Anknüpfung an das Ortsrecht siehe *Staudinger/Winkler von Mohrenfels,* Art. 11 EGBGB, Rdn. 34; *Spellenberg,* in: MünchKomm-BGB, Art. 11 EGBGB, Rdn. 1 ff.; *Mäsch,* in: Bamberger/Roth, Art. 11 EGBGB, Rdn. 1; *Kropholler,* IPR, § 41 III Nr. 1, S. 310.

[47] Vgl. z. B. Art. 11 IV, 13 III 1, 17 II, 26 EGBGB.

[48] Vgl. *Sonnenberger* (Hrsg.), Vorschläge und Berichte zur Reform des europäischen und deutschen internationalen Gesellschaftsrechts, S. 14; Referentenentwurf eines Gesetzes zum Internationalen Privatrecht der Gesellschaften, Vereine und juristischen Personen (RefE), Art. 1 Nr. 6, erhältlich unter http://beck-aktuell.beck.de/sites/default/files/rsw/upload/Beck_Aktuell/Referentenentwurf-IGR.pdf (zuletzt besucht am 26. 8. 2011).

[49] Vgl. Art. 12 I lit. e Rom I-VO.

[50] Vgl. *v. Bar/Mankowski,* IPR I, § 7 V, Rdn. 239; *Kegel/Schurig,* IPR, § 1 VIII 2 e, S. 67; *Kropholler,* IPR, § 33 Nr. 1, S. 231.

dass eine **im Ausland vorgenommene Formalisierung den Anforderungen des inländischen oder eines sonst anwendbaren Sachrechts genügen kann.** Beispielsweise geht es darum, ob sich die **notarielle Beurkundung des Gesellschaftsvertrags** einer deutschen GmbH nach § 2 GmbHG auch durch den **Abschluss vor einem ausländischen Notar** erfüllen lässt. Grundsätzlich ist dies zu bejahen. Die Einzelheiten werden unten dargelegt.[51]

4. Gerichtliche Zuständigkeit

Behauptet eine Seite, dass eine Gesellschaft wegen Nichtbeachtung der für den Gesellschaftsvertrag vorgeschriebenen Form **nichtig** sei, so ist die Klage ausschließlich vor den **Gerichten im Sitzstaat des Verbands** zu erheben, Artikel 22 Nr. 2 Satz 1 EuGVO. Gleiches sollte angenommen werden, wenn mit der Klage geltend gemacht wird, es sei **nur eine Personengesellschaft oder eine tatsächliche Gesellschaft** *(société de fait)* entstanden, denn auch in diesem Fall ist die erwünschte juristische Person jedenfalls nicht zustandegekommen. Der Sitz ist für die Zwecke der Zuständigkeitsbestimmung nach den Kollisionsregeln des Forums zu ermitteln, Artikel 22 Nr. 2 Satz 2 EuGVO. Dadurch kann es eventuell zu mehreren widersprechenden Zuständigkeiten kommen. Konflikte sind gemäß **Artikel 27 EuGVO** nach dem **Prioritätsgrundsatz** zu lösen. Dieser gilt auch für kollidierende ausschließliche Zuständigkeiten mehrerer Gerichte, siehe **Artikel 29 EuGVO**.

IV. Entstehung eines Rechtsträgers?

1. Rechtsvergleich

Eines der wichtigsten Probleme der Gründungsphase ist, ob bereits mit dem Abschluss des Gesellschaftsvertrags ein Verband entsteht und wie dieser ausgestaltet ist. Die Frage war in der deutschen Literatur seit jeher streitig.[52] Die Rechtsprechung hat sich mehrmals geändert.[53] Auch in anderen Staaten besteht Unsicherheit.[54] Etwas vergröbernd lassen sich drei Tendenzen unterscheiden.

a) Rechtsfähige Vorgesellschaft. Eine erste Tendenz besteht darin, bereits vor der eigentlichen Entstehung des angestrebten Rechtsträgers die Existenz eines Verbands anzunehmen, der bereits Träger von Rechten und Pflichten sein kann. Diese Konzeption ist typisch für das deutsche Recht. Außerhalb Deutschlands ist es dagegen wenig verbreitet. Im spanischen Recht bestehen einige Anhaltspunkte für seine Befolgung.[55] Noch weiter als das deutsche Recht gehen diejenigen Rechtsordnungen, nach denen die Gesellschaft schon mit dem Gründungsvertrag als errichtet gilt (siehe o. Rdn. 2). Letztlich sind die Unterschiede allerdings nicht so groß, wie es auf den ersten Blick scheinen mag, denn auch nach ihnen haften die Gesellschafter für die von ihnen begründeten Schulden noch über den Zeitpunkt der Beurkundung hinaus persönlich als Gesamtschuldner.[56]

b) Nicht-rechtsfähige Vorgesellschaft. Nach den meisten Rechten entsteht vor der Eintragung der juristischen Person zwar kein rechtsfähiger Verband, aber zumindest eine

---

[51] Siehe *Weller,* § 8.
[52] *Kübler/Assmann,* Gesellschaftsrecht, S. 378–382; *Scholz/K. Schmidt,* GmbHG, § 11 Rdn. 24; *Wiedemann,* Gesellschaftsrecht, Bd. 1, S. 146 f.
[53] Vgl. BGHZ 117, 323, 326; 134, 333, 336; 149, 273, 275.
[54] Siehe etwa zum frz. Recht *Germain,* Les sociétés commerciales, S. 50 f., Rdn. 1056-64; *Merle,* Droit commercial, S. 112–114, Rdn. 77–80; *Kersting,* Die Vorgesellschaft im europäischen Gesellschaftsrecht, S. 96–98; zum spanischen Recht siehe *Rueda Martinez,* in: Hohloch, EU-Handbuch Gesellschaftsrecht, Spanien, Rdn. 207; zum österreichischen Recht siehe *Koppensteiner,* GmbHG, § 2 Rdn. 20; *Reich-Rohrwig,* Das österreichische GmbH-Recht, Rdn. 1/521 ff.; *Kersting* a. a. O., S. 38–40.
[55] Siehe *Kersting* a. a. O., S. 61 f.
[56] Siehe *Süß,* unten § 47, K Rdn. 403.

Gesellschaft.[57] Deren Mitglieder haften meist unmittelbar und gesamtschuldnerisch für die in ihrem Namen eingegangenen Verbindlichkeiten (siehe u. Rdn. 31).

26 **c) Kein Verband.** In manchen Ländern wird die Existenz einer irgendwie gearteten Gesellschaft vor Eintragung schlicht abgelehnt. Das gilt vor allem für das Vereinigte Königreich.[58] Dort besteht vor der eigentlichen Gesellschaft kein Verband. Als Ausgleich dienen die Haftung der *promoter* der Gesellschaft für Vorbelastungen sowie die Handelndenhaftung.[59]

2. Anzuwendendes Recht

27 Ob der angestrebten juristischen Person eine Vorgesellschaft vorausgeht oder nicht, kann nach einhelliger Meinung nur nach dem **Gesellschaftsstatut** der später entstehenden juristischen Person entschieden werden.[60] Diesem Recht sind auch alle sonstigen mit der Vorgesellschaft zusammenhängenden Fragen, wie etwa die **Vertretungsverhältnisse,** zu entnehmen.[61] Für die Anwendung des Gesellschaftsstatus lassen sich verschiedene Gründe anführen: Erstens wird eine etwa entstehende Vorgesellschaft häufig als identisch mit der späteren juristischen Person angesehen; daher muss sie demselben Recht unterstehen. Zweitens kommt es nicht selten zu einem Übergang der Verbindlichkeiten auf die neu entstehende juristische Person. Daher muss auch hier das Gesellschaftsstatut vorwirken, um das Gesellschaftsvermögen des neuen Rechtsträgers nicht mit Verpflichtungen zu belasten, deren Übergang nach dem auf ihn anwendbaren Recht nicht zulässig ist. Soweit schließlich drittens die an der Gründung Beteiligten persönlich haften, lässt sich dies als Folge der fehlenden Eintragung des Rechtsträgers begreifen. Die persönliche Haftung sollte sich nach demselben Recht bemessen, dem der spätere Rechtsträger untersteht, um Koordinationsprobleme zu vermeiden, die z.B. daraus resultieren können, dass beide Rechte die Entstehung auf unterschiedliche Zeitpunkte legen. Danach könnte etwa der neue Verband nach dem auf ihn anzuwendenden Recht bereits als rechtsfähig angesehen werden, die Gründer aber nach einem anderen Recht weiterhin als Gesamtschuldner haften. Dieses widersinnige Ergebnis lässt sich durch eine einheitliche Anknüpfung verhindern.

3. Gerichtliche Zuständigkeit

28 Die Zuständigkeit für **Streitigkeiten zwischen den Gründern** bestimmt sich nach den bereits dargelegten Regeln über Meinungsverschiedenheiten zwischen den Parteien eines Gesellschaftsvertrags (siehe o. Rdn. 11). Auf Fragen der **Gültigkeit, Nichtigkeit oder Auflösung der Vorgesellschaft oder der Gültigkeit ihrer Organe** ist **Artikel 22 Nr. 2 EuGVO** anzuwenden, soweit diese bereits in einer Weise organisiert ist, die den Vergleich mit einer juristischen Person zulässt (vgl. o. Rdn. 12).

V. Haftung

1. Haftung der Vorgesellschaft

29 Kommt – wie vor allem nach deutschem Recht – eine rechtsfähige Vorgesellschaft zustande, dann **haftet sie** mit ihrem Vermögen für die in ihrem Namen eingegangenen Verbindlichkeiten. **Voraussetzung** dafür ist allerdings, dass der **Handelnde** zur Vertretung der Vorgesellschaft **ermächtigt** war. Die Vertretungsverhältnisse sind dem Gesellschaftsstatut zu entnehmen (siehe o. Rdn. 27).

---

[57] Siehe z. B. zur japanischen, zur luxemburgischen und zur schweizerischen Aktiengesellschaft die Länderberichte von *Süß*, unten § 47.

[58] Vgl. den Länderbericht von *Süß*, unten § 47 E Rdn. 190, 196. Siehe auch die Nachweise o. § 3, Rdn. 5.

[59] Siehe u. Rdn. 32–34.

[60] Siehe RGZ 159, 33 (42); IPRspr. 1935-44, Nr. 47; OLG Nürnberg IPRspr. 1966/67 Nr. 17; Großkomm. AktG/*Assmann*, Rdn. 572; Großkomm. GmbHG/*Behrens*, Rdn. B 64; Staudinger/*Großfeld*, IntGesR, Rdn. 261; *Kindler*, in: MünchKomm-BGB, IntGesR, Rdn. 527; *Michalski/Leible*, GmbHG, Syst. Darst. 2, Rdn. 65.

[61] *Michalski/Leible*, GmbHG, Syst. Darst. 2, Rdn. 65.

2. Haftung der Gründer

Neben der rechtsfähigen Vorgesellschaft haften häufig **die an der Gründung Beteiligten** für die vor der Entstehung der juristischen Person in deren Namen eingegangen Schulden. Dieser Grundsatz ist in Deutschland von der Rechtsprechung unter der Bezeichnung „Verlustdeckungshaftung" eingeführt worden, die sich bei der Eintragung in eine „Unterbilanzhaftung" umwandeln soll.[62] 30

In den Rechtssystemen, die dem vor der Entstehung der juristischen Person entstehenden Gebilde **keine Rechtsfähigkeit** zuerkennen, haften meist die **Gründer persönlich und solidarisch**.[63] Eine Art **Zwischenlösung** wählt das **italienische Recht**. Ihm zufolge sind nur diejenigen Gesellschafter verantwortlich, die dem Geschäftsbeginn der Gesellschaft zugestimmt haben.[64] 31

Besonderes gilt in den angelsächsischen Staaten. Dort kennt man – außer der gemeinschaftsrechtlich vorgeschriebenen Handelndenhaftung – **keine Verantwortlichkeit der Gründungsparteien gegenüber Dritten**. Stattdessen existieren ausgefeilte Regeln über die Haftung sogenannter *promoter*.[65] Das sind die Personen, die an der Gründung unmittelbar beteiligt sind oder bei ihr eine wichtige Rolle spielen. Sie sind nicht Dritten, sondern allein der entstehenden Gesellschaft verantwortlich.[66] Ihre Haftung soll künftige Gesellschafter davor schützen, dass sich die Gründer – die oft nicht Gesellschafter werden – auf ihre Kosten Sondervorteile verschaffen oder sonst bereichern. Verträge, die die *promoter* im Vorfeld mit Rechtsbindungswillen geschlossen haben, verpflichten daher sie selbst und nicht den entstehenden Rechtsträger.[67] Wegen der Unabhängigkeit von der Gesellschaft erlischt die Haftung der *promoter* im Unterschied zur Gründerhaftung auch nicht mit Eintragung der Gesellschaft, sondern bleibt bestehen.[68] 32

3. Handelndenhaftung

Das EU-Recht verlangt von den Mitgliedstaaten, eine Haftung derjenigen vorzusehen, die vor Erlangung der Rechtsfähigkeit der Gesellschaft in deren Namen handeln.[69] Handeln mehrere, so müssen sie als Gesamtschuldner verantwortlich sein.[70] Eine Ausnahme gilt allerdings, wenn die spätere Gesellschaft die sich aus dem Handeln ergebenden Verpflichtungen übernimmt. In diesem Fall muss keine Haftung der beteiligten natürlichen Personen vorgesehen werden.[71] Die Handelndenhaftung gilt auch nicht, wenn sie von den Handelnden durch Rechtsgeschäft ausgeschlossen wurde.[72] 33

---

[62] BGHZ 134, 333, 334f.; BAG, AG 2005, 203, 204; *Kübler/Assmann*, Gesellschaftsrecht, 6. Aufl. 2006, S. 384.

[63] Siehe zur schweizerischen und zur luxemburgischen Aktiengesellschaft sowie zur niederländischen B. V. die Länderberichte von *Süß*, unten § 47 M, J, K. Zum frz. Recht siehe Art. L. 210-6 Code de commerce; dazu *Germain*, Les sociétés commerciales, S. 52–54, Rdn. 1057f.; *Merle*, Droit commercial, S. 113 Rdn. 80. Zum spanischen Recht siehe Art. 120 Código de comercio.

[64] Siehe zur italienischen s. r. l. den Länderbericht von *Süß*, unten § 47 F Rdn. 279.

[65] Siehe dazu *Gower/Davies*, Principles of Modern Company Law, Rdn. 5-1–5-5; zum Recht US-amerikanischer Bundesstaaten *Merkt/Röthel*, US-amerikanisches Gesellschaftsrecht, S. 226ff., Rdn. 354ff.

[66] Siehe *Mayson/French/Ryan*, Company Law, S. 537–541; *Gower/Davies*, Principles of Modern Company Law, Rdn. 5-2f.

[67] Vgl. *Gower/Davies*, Principles of Modern Company Law, Rdnr. 5–7; *Pennington*, Company Law, S. 109; *Thorne/Walmsley*, Butterworths Company Law Guide, S. 43 Rdn. 2.53; *Cahn/Donald*, Comparative Company Law, S. 139f.

[68] Vgl. *Hellner* RIW 2010, 139, 143.

[69] Art. 8 Richtlinie 2009/101/EG, ABl. EU Nr. L 258, S. 11 (Neufassung der ersten gesellschaftsrechtlichen Richtlinie).

[70] Ebda.

[71] Ebda.

[72] Ebda.

34 Die Mitgliedstaaten der EU haben diese Verpflichtung in ihr nationales Recht umgesetzt.[73] Dabei sind gewisse Unterschiede festzustellen: In den Mitgliedstaaten, die eine haftende Gründungsgesellschaft nicht kennen, wird der Begriff des „Handelnden" weiter als in anderen verstanden.[74] Außerhalb der EU gibt es eine Handelndenhaftung z.B. in der Schweiz[75] und in Liechtenstein.[76]

4. Anzuwendendes Recht

35 Die Haftung der Gesellschafter der Vorgesellschaft ist nach ganz herrschender Meinung nach dem **Statut der späteren Gesellschaft** zu bestimmen.[77]

Das Gesellschaftsstatut bestimmt auch über die **Handelndenhaftung.**[78] Die Idee des Reichsgerichts, hier könnte möglicherweise parallel das Vertragsstatut gelten,[79] ist abzulehnen. Denn wenn die Handelnden den Vertrag nicht in eigenem Namen, sondern in dem der (Vor-)Gesellschaft geschlossen haben, gilt nach den Stellvertretungsregeln des anwendbaren Vertragsrechts regelmäßig nur diese als Partei. Ob statt ihrer im Vorgründungsstadium die Handelnden haften, kann nur durch die gesetzlichen Regeln des Gesellschaftsrechts bestimmt und daher nicht durch das auf den Vertrag anwendbare Recht entschieden werden. Eine Anwendung der Kollisionsregeln für Delikte hatte das Reichsgericht mit der zutreffenden Erwägung abgelehnt, bei der Handelndenhaftung gehe es nicht um eine Sanktion für den Verstoß gegen ein strafrechtliches Verbot oder für eine unerlaubte Handlung, sondern um zivilrechtlich zulässiges und häufig kaum zu vermeidendes Verhalten.[80]

36 Die Haftung der Gründer gegenüber der Gesellschaft – zum Beispiel der *promoter* nach angelsächsischem Recht, aber auch der Gesellschafter der deutschen Vorgesellschaft im Rahmen der Unterbilanzhaftung – ist ebenfalls dem Gesellschaftsstatut zu unterstellen.[81] Dies rechtfertigt sich daraus, dass diese Haftung dem Schutz der Gesellschafter bzw. Gläubiger dient, die nur das Gesellschaftsstatut vorhersehen können. Es kommt danach das Recht des Gründungsstaats zur Anwendung (siehe u. § 5 Rdn. 14 ff.). Wenn eine englische *plc* gegründet werden soll, müssen daher die Beteiligten mit der strengen *promoter*-Haftung rechnen, selbst wenn die juristische Person ihren Verwaltungssitz in Deutschland hat.

37 Die **organschaftliche Vertretungsmacht** für die Vorgesellschaft ergibt sich aus ihrem **Gesellschaftsstatut,** das identisch ist mit dem der späteren juristischen Person (siehe o. Rdn. 27). Allerdings ist Verkehrsschutz zu gewähren, soweit das Gesellschaftsstatut international unübliche und für die Vertragspartner unvorhersehbare Einschränkungen der Vertretungsmacht kennt. Nach **h. M.** ist insoweit **Artikel 13 Rom I-VO analog** anzuwenden,[82] d.h. die Partner sind nur dann geschützt, wenn sie sich im selben Staat wie die Vertreter der Gesellschaft aufhalten, und es findet als Korrektiv das Recht dieses Staats Anwendung. Nach der **hier vertretenen Auffassung** ist Verkehrsschutz dagegen bei **allen grenzüberschreitenden Geschäften** zu gewähren, und zur Beurteilung der Gutgläubigkeit ist ein

---

[73] Siehe etwa zur solidarischen Handelndenhaftung nach dem Recht der dänischen *ApS,* der frz. *S.A.R.L.,* der italienischen *S.R.L.* und der österreichischen GmbH die Länderberichte von *Süß,* u. § 47.

[74] *Hellner* RIW 2010, 139, 143.

[75] Siehe für die Aktiengesellschaft Art. 645 Abs. 1 Schweizer Obligationenrecht.

[76] Siehe den Länderbericht liechtensteinischen Aktiengesellschaft von *Süß,* unten § 47 Rdn. 349.

[77] Vgl. Großkomm. AktG/*Assmann,* Rdn. 572; Großkomm. GmbHG/*Behrens,* Rdn. B 64; Staudinger/*Großfeld,* IntGesR Rdn. 261; *Kindler,* in: MünchKomm-BGB, IntGesR Rdn. 550; *Michalski/Leible,* GmbHG, Syst. Darst. 2, Rdn. 65.

[78] RGZ 159, 33 (42); Großkomm. GmbHG/*Behrens,* Rdn. B 64; *Michalski/Leible,* GmbHG, Syst. Darst. 2, Rdn. 65.

[79] RGZ 159, 33 (44).

[80] RGZ 159, 33 (43).

[81] Ebenso *Kindler,* in: MünchKomm-BGB, IntGesR Rdn. 525; *Staudinger/Grossfeld,* IntGesR Rdn. 259.

[82] Siehe o. Rdn. 9.

internationaler Standard anzuwenden.[83] Dies wird dem Schutz berechtigter Erwartungen und dem Ziel der Erleichterung des Rechtsverkehrs besser gerecht.

Das Gesellschaftsstatut bestimmt auch über den **Rückgriff der Gesellschafter untereinander** im Falle der Erfüllung von Gesellschaftsschulden. Das entspricht dem Rechtsgedanken des Artikel 16 der Rom I-VO, der wegen des Ausschlusses von Gesellschaftsrechtsfragen gemäß Artikel 1 Abs. 2 lit. f der Verordnung zwar nicht unmittelbar anwendbar ist, aber mittelbar herangezogen werden kann. 38

5. Gerichtliche Zuständigkeit

Haftungsansprüche gegen die **Vorgesellschaft** sind grundsätzlich an deren **Sitz** geltend zu machen.[84] Dieser liegt am Satzungssitz, am Ort der Hauptverwaltung oder dem der Hauptniederlassung.[85] Zwischen ihnen kann der Kläger wählen (vgl. o. Rdn. 13). Daneben kommen **besondere Gerichtsstände** in Betracht. Zum Beispiel kann ein Gläubiger, der mit der Vorgesellschaft einen Vertrag geschlossen hat, Ansprüche aus diesem am Erfüllungsort einklagen.[86] Hat er einen Anspruch aus unerlaubter Handlung, so sind neben den Gerichten am Sitz auch die am Ort des Schadenseintritts zuständig.[87] 39

Ansprüche gegen einen **Gesellschafter der Vorgesellschaft** können an dessen **Wohnsitz** geltend gemacht werden. Die Klage **gegen mehrere** kann am Wohnsitz eines von ihnen erhoben werden.[88] Nach Auffassung des Bundesgerichtshofs können akzessorisch haftende Gesellschafter darüber hinaus an einem **besonderen Gerichtsstand** verklagt werden, der für die Klage gegen die Gesellschaft wegen desselben Anspruchs eröffnet wäre.[89] Soweit die Gesellschafterhaftung als **Innenhaftung** gegenüber einer bestehenden Vorgesellschaft ausgestaltet ist – so nach deutschem Recht[90] – kann die Klage auch am Gesellschaftssitz erhoben werden, denn dort liegt der Erfüllungsort der laut dem Gründungsvertrag zu erbringenden Leistungen.[91] Prozessführungsbefugt ist dann aber nur die Gesellschaft selbst. 40

Haften nur **die Gründer** persönlich und solidarisch, ohne dass daneben eine Vorgesellschaft entsteht, so können sie zunächst an ihrem **Wohnsitz** einzeln[92] oder gemeinsam am Wohnsitz eines von ihnen[93] verklagt werden. Außerdem können besondere Zuständigkeiten je nach der Art der eingeklagten Verbindlichkeit bestehen (siehe für die Gesellschaft o. Rdn. 39). 41

Die *promoter*-**Haftung** nach angelsächsischem Recht ist im Kern eine Gründerhaftung gegenüber der Gesellschaft (siehe o. Rdn. 32). Sie sollte daher gleich einem vertraglichen Versprechen am Erfüllungsort gesellschaftsrechtlicher Verpflichtungen, d.h. am angestrebten effektiven Verwaltungssitz der Gesellschaft geltend gemacht werden.[94] Im Übrigen besteht ein Gerichtsstand am Wohnsitz des *promoters*[95] bzw. – bei Klagen gegen mehrere – eines von ihnen.[96] 42

Ansprüche gegen die **Handelnden** lassen sich nicht allgemein als unerlaubte Handlungen im Sinne von Artikel 5 Nr. 3 EuGVO qualifizieren. Sie sollen nicht die Verletzung 43

---

[83] Ebda.
[84] Art. 2 Abs. 1 EuGVO.
[85] Art. 60 EuGVO analog.
[86] Art. 5 Nr. 1 EuGVO.
[87] Art. 5 Nr. 3 EuGVO.
[88] Art. 6 Nr. 1 EuGVO.
[89] Siehe BGH, NJW 2003, 2609 zu Art. 5 Nr. 1 EuGVÜ. Im Hinblick auf die dort in Rede stehende Gesellschaftsform (KG) abl. *Lehmann*, IPRax 2005, 109.
[90] BGHZ 134, 333, 334; *Kübler/Assmann*, Gesellschaftsrecht, 6. Aufl., S. 384; *Roth*, in: Roth/Altmeppen, GmbHG, § 11, Rdn. 52.
[91] Vgl. BGH, NJW 1985, 1286.
[92] Art. 2 Abs. 1 EuGVO.
[93] Art. 6 Nr. 1 EuGVO.
[94] Vgl. Art. 5 Nr. 1 EuGVO.
[95] Art. 2 Abs. 1 EuGVO.
[96] Art. 6 Nr. 1 EuGVO.

eines Rechtsguts oder den Verstoß gegen eine Verbotsnorm sanktionieren, sondern rechtlich bedeutsames Handeln einem Verantwortlichen zuordnen.[97] Daher ist für die Feststellung des Gerichtsstands **entsprechend der Natur des geltend gemachten Anspruchs zu unterscheiden:** Soweit behauptet wird, der Handelnde habe einen Vertrag geschlossen, ist die Zuständigkeit der Gerichte am Erfüllungsort gegeben.[98] Stützt der Kläger seine Klage dagegen auf ein deliktisches Handeln im Zusammenhang mit einer Tätigkeit für die Gesellschaft, so kann er sie am Ort der unerlaubten Handlung erheben.[99] Daneben bleibt es ihm unbenommen, den Handelnden an dessen Wohnsitz zu verklagen.[100]

44 **Rückgriffsansprüche der Gesellschafter** untereinander sind vertragliche Ansprüche und am Ort des Gesellschaftssitzes zu erfüllen. Dort kann daher nach Artikel 5 Nr. 1 lit. a, c EuGVO geklagt werden. Dasselbe gilt nach § 17 ZPO, der allerdings nur dann anwendbar ist, wenn keiner der Gesellschafter seinen Wohnsitz in der EU hat. In jedem Fall steht daneben der Wohnsitz des beklagten Gesellschafters als Gerichtsstand offen.[101]

VI. Übergang der Rechte und Pflichten auf die Gesellschaft

1. Rechtsvergleich

45 Diejenigen Rechtsordnungen, in denen die Vorgesellschaft als rechtsfähig gilt, ordnen in der Regel den Übergang deren Vermögens einschließlich ihrer Verbindlichkeiten auf die juristische Person an.[102] Aber auch die Rechte, die keine Vorgesellschaft entstehen, sondern die nur die Handelnden haften lassen, kennen einen Übergang dieser Haftung auf die entstehende Gesellschaft.[103]

46 Der Übergang erfolgt nach manchen Rechten – u. a. dem deutschen – **automatisch.**[104] Die meisten Rechtsordnungen wählen dagegen eine andere Lösung: Sie verlangen eine **ausdrückliche Übernahme** der Verbindlichkeiten durch den neuen Rechtsträger.[105] Dieses Erfordernis erklärt sich aus dem Schutz des Gesellschaftsvermögens der entstehenden juristischen Person. Letzteres soll nicht mit Verbindlichkeiten belastet sein, denen die Gesellschaftsführung nicht zugestimmt hat. Das ist kein Vorbelastungsverbot im Sinne der früheren deutschen Rechtsprechung,[106] sondern eine Vorbelastungsmöglichkeit unter Zustimmungsvorbehalt. **Noch restriktiver** ist man im Vereinigten Königreich, wo für die Auswechslung der Handelnden als Schuldner durch die neue Gesellschaft neben deren Zustimmung verlangt wird, dass der abgeschlossene Vertrag den Rechtsübergang ausdrücklich zulässt.[107]

---

[97] Vgl. zur Position des Reichsgerichts schon o. Rdn. 35.
[98] Artikel 5 Nr. 1 EuGVO bzw. bei Klage gegen eine Person mit Wohnsitz außerhalb der EU § 29 ZPO.
[99] Artikel 5 Nr. 3 EuGVO (Ort des Eintritts des schädigenden Ereignisses) bzw. bei Klage gegen eine Person mit Wohnsitz außerhalb der EU § 32 ZPO (Ort der Begehung der unerlaubten Handlung).
[100] Art. 2 Abs. 1 EuGVO, §§ 12 f. ZPO.
[101] Art. 2 Abs. 1 EuGVO, §§ 12 f. ZPO.
[102] Zum österreichischen Recht siehe *Reich-Rohrwig,* Das österreichische GmbH-Recht, Rdn. 1/531; zum spanischen Recht siehe *Rueda Martinez,* in: Hohloch, EU-Handbuch Gesellschaftsrecht, Spanien, Rdn. 209.
[103] Siehe für die dänische *ApS* und die frz. *S. A. R. L.* den Länderbericht von *Süß,* unten § 47 C Rdn. 79, D Rdn. 115.
[104] Siehe zum deutschen Recht *Roth,* in: Roth/Altmeppen, GmbHG, 6. Aufl. 2009, § 11 Rdn. 19; *K. Schmidt,* Gesellschaftsrecht, 4. Aufl. 2002, § 11 IV 2c, S. 302 f., § 27 II 3d, S. 790, § 34 III 2a, S. 1028; *Gummert,* Münchener Handbuch des Gesellschaftsrechts, Bd. 3, 3. Aufl. 2009, § 16 Rdn. 13; *Hoffmann-Becking,* Münchener Handbuch des Gesellschaftsrechts, Bd. 4, 3. Aufl. 2007, § 3 Rdn. 36. Für die japanische Aktiengesellschaft siehe den Länderbericht von *Süß,* unten § 47 G Rdn. 331, sowie *Kawamoto/Kishida/Morita/Kawaguchi,* Gesellschaftsrecht in Japan, 2004, Rn. 112.
[105] Siehe für die belgische *S. A.,* die frz. *S. A. R. L.,* die italienische *s. r. l.,* die luxemburgische Aktiengesellschaft, die niederländischer *B. V.,* die österreichische GmbH und die spanische *S. R. L.* die Länderberichte von *Süß,* unten § 47.
[106] RGZ 83, 370, 373; 105, 228, 229; BGHZ 17, 385, 391; 51, 210, 212.
[107] Siehe für die englische *plc* den Länderbericht von *Süß,* unten § 47 E Rdn. 196.

2. Anzuwendendes Recht

Über die Frage, ob die Verbindlichkeiten der Vorgesellschaft auf die neu entstehende juristische Person übergehen, muss deren **Gesellschaftsstatut** entscheiden. Denn wie gesehen dienen viele der Vorschriften über den Übergang dem Schutz ihres Vermögens. Der Eintritt in die vor der Entstehung begründeten Verbindlichkeiten muss daher nach demselben Recht beurteilt werden wie die Kapitalaufbringung und -erhaltung, kurz: der Kapitalschutz des neuen Rechtsträgers. **47**

3. Gerichtliche Zuständigkeit

Schulden, die auf die neue juristische Person übergegangen sein sollen, können an deren **allgemeinem Gerichtsstand** eingeklagt werden (siehe dazu o. Rdn. 13). Daneben kommen je nach der rechtlichen Grundlage des geltend gemachten Anspruchs **besondere Zuständigkeiten** in Betracht, zum Beispiel für vertragliche Ansprüche die Zuständigkeit der Gerichte am Erfüllungsort.[108] Streitig ist, ob eine im Vertrag enthaltene **Gerichtsstandsklausel** auch den **Rechtsnachfolger** bindet.[109] Mit der herrschenden Meinung ist dies zu bejahen, da die Klausel trotz ihrer prozessualen Natur zum Gesamtgefüge des Geschäfts gehört und ohne sie das von den Parteien ausgehandelte vertragliche Gleichgewicht empfindlich gestört wäre. **48**

VII. Rechtslage im Fall des Scheiterns der Entstehung

1. Rechtsvergleich

Die Entstehung der angestrebten juristischen Person kann aus verschiedenen Gründen scheitern. Zum einen kann die zuständige Behörde die Eintragung ablehnen. Zum anderen können die potentiellen Gesellschafter die Betreibung des Eintragungsverfahrens schlicht einstellen oder nie vorgehabt haben. **49**

Da die meisten Rechte vor der Eintragung des Rechtsträgers eine persönliche und solidarische Haftung der Gründer anordnen (siehe o. Rdn. 31), sind die Gläubiger ausreichend gesichert. Anderes gilt nach deutschem Recht, welches nur eine Innenhaftung der Gesellschafter der Vorgesellschaft kennt.[110] Hier nimmt man daher an, dass mit dem endgültigen Scheitern der Gründung oder der Aufgabe oder dem Nievorhandensein einer Gründungsabsicht eine Personengesellschaft entsteht.[111] Diese ist oHG oder GbR, je nachdem, ob sie ein Gewerbe betreibt oder nicht. **50**

2. Anzuwendendes Recht

Das anzuwendende Recht bereitet aus Sicht der Staaten, die von der **persönlichen Außenhaftung** der Gründer ausgehen, wenig Probleme: Es ist das **Recht des angestrebten Rechtsträgers**. Ist ein solcher **nie beabsichtigt** gewesen, so sollte man das Gründungsrecht anwenden, welches nach außen vorgegeben wurde, denn mit diesem konnten die Gläubiger rechnen und an ihm müssen sich die angeblichen Gründer nach ihren Äußerungen festhalten lassen. Es gelten insoweit dieselben Grundsätze wie bei der Anknüpfung der **Scheingesellschaft** (siehe o. § 3 Rdn. 21). **51**

Nach **deutschem** Recht ist die Bestimmung des anwendbaren Rechts dagegen schwieriger: Hier entsteht eine Personengesellschaft. Deren Statut könnte man nach den allgemeinen Anknüpfungen dieser Gesellschaftsform bestimmen. Allerdings würde dann die Sitz- bzw. Rechtswahlfreiheit gelten (siehe u. § 5 Rdn. 18). Dieses Ergebnis erweckt Bedenken, da es dem Schutz der Gläubiger nicht ausreichend Rechnung trägt. Funktional betrachtet handelt es sich bei der nach deutschem Recht entstehenden Haftung nach per- **52**

---

[108] Siehe o. Rdn. 43.
[109] Siehe *Kropholler/v. Hein*, Europäisches Zivilprozessrecht, Art. 23 Rdn. 64; *Rauscher/Mankowski*, EuZPR/EuIPR Art. 23 Brüssel I-VO, Rdn. 42. Zusammenfassend *Jungermann*, S. 191.
[110] Siehe Fn. 62.
[111] BGHZ 51, 30, 32; BGH, ZIP 2002, 2309, 2310.

sonengesellschaftlichen Regeln um einen Ausgleich für den erweckten Rechtsschein einer Vorgesellschaft. Eine Personengesellschaft ist von den Beteiligten nicht gewollt; sie haften, weil sie die angebliche Gesellschaftsform erfüllen. Dem muss die kollisionsrechtliche Qualifikation Rechnung tragen. Man sollte daher die Bestimmung des anzuwendenden Rechts auch hier nach den **Grundsätzen der Scheingesellschaft** vornehmen (siehe o. § 3 Rdn. 21). Dadurch ist zugleich die Einheitlichkeit der Anknüpfung zu den anderen Rechtsordnungen gewahrt, die nicht von einer Personengesellschaft ausgehen, sondern den Schutz auf andere Weise sicherstellen (siehe o. Rdn. 51).

53 Zur Haftung im Falle der Nichteintragung der Gesellschaft am Verwaltungssitz siehe u. § 10.

3. Gerichtliche Zuständigkeit

54 Die Zuständigkeit für Klagen gegen die Gründer des nicht entstandenen Rechtsträgers bemisst sich nach denselben Grundsätzen wie die für Klagen gegen die Gründer aus der persönlichen und solidarischen Haftung im Vorgründungsstadium (siehe o. Rdn. 41). Ist – wie nach deutschem Recht – eine Personengesellschaft entstanden, kann außerdem diese an ihrem Sitz oder in einem besonderen Gerichtsstand verklagt werden.[112]

§ 5 Entstehung der juristischen Person

Übersicht

	Rdn.		Rdn.
I. Zeitpunkt der Entstehung	1	7. Registereintrag	32
II. Überblick über die Entstehung	2–5	8. Veröffentlichung	33
1. Freie Verbandsbildung	2	9. Weitere Schritte	34
2. Bedingungen für die Entstehung	3	VI. Kapital	35–55
		1. Eigenkapital	35
3. Eintragungsvoraussetzungen	4	2. Mindestkapital	36
4. Eintragungsfolgen	5	3. Grundsatz der realen Kapitalaufbringung?	37
III. Beschränkungen der Gründung	6–10	4. Bar- und Sacheinlagen	38–44
1. Generelle Beschränkungen	7	5. Folgen der Nicht- oder nicht ordnungsgemäßen Kapitalaufbringung	45
2. Beschränkungen in bestimmten Sektoren	8		
3. Vereinbarkeit mit Völker- und Europarecht	9	6. Haftung für eingebrachte Handelsgeschäfte	46
4. Rechtsschutz und anzuwendendes Recht	10	7. Anzuwendendes Recht	47–52
IV. Anzuwendendes Recht	11–25	8. Gerichtliche Zuständigkeit	53–55
1. Gesellschaftsstatut	12, 13	VII. Rechtsfähigkeit	56–63
2. Sitz- oder Gründungstheorie	14–16	1. Allgemeine Rechtsfähigkeit	57
3. Auswirkungen auf die Entstehung des Rechtsträgers	17, 18	2. Besondere Rechtsfähigkeiten?	58
4. Unionsrechtliche Vorgaben	19	3. Anzuwendendes Recht (Grundsatz)	59
5. Völkerrecht	20–24	4. Verkehrsschutz	60
6. Behandlung von Gesellschaften aus Drittstaaten	25	5. „Beteiligungsfähigkeit"	61
V. Verfahren der Eintragung	26–34	6. „Organfähigkeit"	62
1. Gesellschaftsvertrag	26	7. Gerichtliche Zuständigkeit	63
2. Übernahme der Gesellschaftsanteile	27	VIII. Partei- und Prozessfähigkeit	64–68
3. Erbringung der Einlagen	28	1. Rechtsvergleich	65, 66
4. (Sach-)Gründungsbericht	29	2. Anzuwendendes Recht	67, 68
5. Besondere Anforderungen	30	IX. Erwerb der Mitgliedschaft	69–73
6. Anmeldung zum Register	31	1. Rechtsvergleich	69

§ 5. Entstehung der juristischen Person § 5

	Rdn.		Rdn.
2. Anzuwendendes Recht	70, 71	3. Gerichtliche Zuständigkeit	76
3. Gerichtliche Zuständigkeit	72, 73	XI. Gründungsmängel	77–81
X. Dauer	74–76	1. Rechtsvergleich	77–79
1. Rechtsvergleich	74	2. Anzuwendendes Recht	80
2. Anzuwendendes Recht	75	3. Gerichtliche Zuständigkeit	81

Schrifttum: Siehe zunächst vor §§ 5 und 6. Siehe zusätzlich *Assmann,* in: Aktiengesetz Großkommentar, 4. Aufl. 2004, Einl. D.; *Bachner/Winner,* Das österreichische internationale Gesellschaftsrecht nach Centros, GesRZ 2000, 73; *Balthasar,* Gesellschaftsstatut und Gläubigerschutz: ein Plädoyer für die Gründungstheorie, RIW 2009, 221; *Barbiera,* Il Corporate Governance in Europa, 2000; *Bayer,* Die EuGH-Entscheidung Inspire Art und die deutsche GmbH im Wettbewerb der europäischen Rechtsordnungen, BB 2003, 2357; *Bayer/Schmidt,* Grenzüberschreitende Sitzverlegung und grenzüberschreitende Restrukturierungen nach MoMiG, Cartesio und Trabrennbahn, Europäischer Rahmen, deutsche lex lata und rechtspolitische Desiderata, ZHR 173 (2009), 735; *Behrens,* Niederlassungsfreiheit und Internationales Gesellschaftsrecht, RabelsZ (52) 1988, 498; *ders.,* Die grenzüberschreitende Sitzverlegung von Gesellschaften in der EWG, IPRax 1989, 354; *ders.,* Die Gesellschaft mit beschränkter Haftung im internationalen und europäischen Recht, 2. Aufl., 1997; *ders.,* Reaktionen mitgliedstaatlicher Gerichte auf das Centros-Urteil des EuGH, IPRax 2000, 384; *ders.,* Das Internationale Gesellschaftsrecht nach dem Überseering-Urteil des EuGH und den Schlussanträgen zu Inspire Art, IPRax 2003, 193; *ders.,* Einleitung, in: Ulmer/Habersack/Winter (Hrsg.), Großkommentar GmbHG, 2005; *Beitzke,* Kollisionsrecht von Gesellschaften und juristischen Personen, in: Lauterbach (Hrsg.), Vorschläge und Gutachten zur Reform des deutschen internationalen Personen- und Sachenrechts, 1972, S. 94; *ders.,* Einige Bemerkungen zur Rechtsstellung ausländischer Gesellschaften in deutschen Staatsverträgen, in: FS M. Luther, 1976, S. 1; *Beretta,* Niederlassungsfreiheit von Gesellschaften im Verhältnis zwischen EG- und EFTA-Staaten: Anmerkung zu BGH, Urteil vom 19. September 2005, II ZR 372/03, GPR 2006, 95; *Binge/Thölke,* „Everything goes!"? – Das deutsche Internationale Gesellschaftsrecht nach „Inspire Art", DNotZ 2004, 21; *Binz/Mayer,* Die ausländische Kapitalgesellschaft & Co. KG im Aufwind? Konsequenzen aus dem „Überseering"-Urteil des EuGH v. 5. 11. 2002 – Rs. C-208/00, GmbHR 2003, 249; *Boese,* Strukturprinzipien im Gläubigerschutz, 2009; *Bogler,* Gesellschafts- und Gesellschafterhaftung bei Auseinanderfallen von Gründungs- und Sitzstaat, DB 1991, 848; *Bokelmann,* Kann eine ausländische Kapitalgesellschaft Komplementärin einer deutschen Kommanditgesellschaft sein?, BB 1972, 1426; *ders.,* Das Recht der Firmen und Geschäftsbeziehungen, 5. Aufl. 2000; *Bungert,* Das Recht ausländischer Kapitalgesellschaften auf Gleichbehandlung im deutschen und US-amerikanischen Recht, 1994; *Buxbaum,* The Formation of Marketable Share Companies, in: International Encyclopedia of Comparative Law, Vol. XIII-3, 1974; *Cabral/Cunha,* „Presumed innocent": companies and the exercice of the right of establishment under Community law, ELRev 25 (2000), 157; *Centre français de droit comparé,* L'entreprise et le droit comparé, 1995; *Cozian/Viendier/Deboissy,* Droit des sociétés, 21. Aufl. 2008; *Deipenbrock,* Grundüberlegungen zum neuen chinesischen Gesellschaftsrecht und seinen Anwendungsvoraussetzungen aus Sicht ausländischer Investoren, RIW 2007, 771; *v. Deylen,* Die deliktische Haftung juristischer Personen nach deutschem, französischem und englischem recht, eine rechtsvergleichende Analyse, 2010; *Dörner,* Anforderungen an den genuine link bei im Inland tätiger US-amerikanischer Gesellschaft, LMK 2005, 48; *Drobnig,* Skizzen zur internationalprivatrechtlichen Anerkennung, in: FS von Caemmerer, 1978, S. 687; *Drury,* Migrating companies, ELRev 24 (1999), 354; *Ebenroth/Bippus,* Führen bilaterale Investitionsförderungsverträge zu einer Abkehr vom Sitzprinzip?, RIW 1988, 336; *Ebenroth/Hopp,* Die ausländische Kapitalgesellschaften KG, JZ 1989, 883; *Ebke,* Überseering: „Die wahre Liberalität ist Anerkennung", JZ 2003, 927; *Eggert,* Die deutsche ultra-vires-Lehre, 1977; *Eidenmüller/Grunewald/Noack,* in: Lutter (Hrsg.), Das Kapital der Aktiengesellschaft in Europa, 2006, S. 17; *Eidenmüller/Rehm,* Gesellschafts- und zivilrechtliche Folgeprobleme der Sitztheorie, ZGR 1997, 89; *Eidenmüller,* Wettbewerb der Gesellschaftsrechte in Europa, ZIP 2002, 2233; *ders.* (Hrsg.), Ausländische Kapitalgesellschaften im deutschen Recht, 2004; *Eiselsberg* (Hrsg.), Gesellschaftsrecht in Europa, 1997; *Fikentscher,* Probleme des Internationalen Gesellschaftsrechts, MDR 1957, 71; *Fingerhuth/Rumpf,* MoMiG und die grenzüberschreitende Sitzverlegung – Die Sitztheorie ein (lebendes) Fossil?, IPRax 2008, 90; *Fischer,* Verkehrsschutz im internationalen Vertragsrecht, 1990; *Fleischer,* Kapitalschutz und Durchgriffshaftung bei Auslandsgesellschaften, in: Lutter (Hrsg.), Europäische Auslandsgesellschaften in Deutschland, 2005, S. 49; *Forsthoff,* EuGH fördert Vielfalt im Gesellschaftsrecht, DB 2002, 2471; *Franz,*

---

[112] Siehe dazu o. Rdn. 39.

Internationales Gesellschaftsrecht und deutsche Kapitalgesellschaften im In- bzw. Ausland, BB 2009, 1250; *Freitag,* Die Rom-Verordnungen und die §§ 25–28 HGB: Revolution des Sachrechts durch Evolution des Kollisionsrechts, ZHR 174 (2010), 429; *Furtak,* Die Parteifähigkeit in Zivilverfahren mit Auslandsberührung, 1995; *Gansen,* Harmonisierung der Kapitalaufbringung im englischen und deutschen Kapitalgesellschaftsrecht. Vergleichende Studie zur 2. gesellschaftsrechtlichen EG-Richtlinie, 1992; *Garcimartín Alférez,* Revista española de Derecho Internacional 1999, 295; *Geimer,* Internationales Zivilprozessrecht, 6. Aufl. 2009; *Gillessen,* Europäische Transnationale Sitzverlegung und Fusion im Vereinigten Königreich und in Irland, 2000; *Gräbener,* Der Schutz außenstehender Gesellschafter im deutschen und französischen Kapitalgesellschaftsrecht, 2010; *Gräfe,* Gläubigerschutz bei der englischen Limited mit Verwaltungssitz in Deutschland, 2010; *Greenfield,* Ultra Vires Lives! A Stakeholder Analysis of Corporate Illegality (With Notes on How Corporate Law Could Reinforce International Law Norms), 87 Virginia Law Review 1279 (2001); *Großfeld/Strotmann,* Ausländische juristische Person aus Nicht-EG-Staat als Komplementär einer KG, IPRax 1990, 298; *Grothe,* Die „ausländische Kapitalgesellschaft & Co. KG", 1989; *Gruschinske/Grohmann,* Beschränkungen des Wegzugs von Gesellschaften innerhalb der EU – die Rechtssache Cartesio, EuZW 2008, 463; *Guillaume,* Lex societatis, 2001; *Haidinger,* Die „ausländische Kapitalgesellschaft & Co. KG", 1990; *Hausmann,* Vertretungsmacht bei Handelsgesellschaften, in: Reithmann/Martiny (Hrsg.), Internationales Vertragsrecht, 7. Aufl. 2010, S. 1486; *Heider,* Einleitung, in: MünchKomm-AktG, Bd. 1, 2. Aufl. 2000; *Heinrich,* Die ausländische juristische Person & Co. KG, 1996; *Hennrichs/Pöscke/von der Laage/Klavina,* Die Niederlassungsfreiheit der Gesellschaften in Europa, WM 2009, 2009; *Hirte/Bücker* (Hrsg.), Grenzüberschreitende Gesellschaften, 2. Aufl. 2006; *Hovenkamp,* The Classical Corporation in American Legal Thought, 76 Georgetown Law Journal 1593 (1988); *Hoffmann,* Die Anknüpfungsmomente der Gründungstheorie, ZVglRWiss. 101 (2002), 283; *ders.,* Anh zu Art. 12 EGBGB, in: Anwaltkommentar BGB, Bd. 1, 2005; *v. Hoffmann/Thorn,* Internationales Privatrecht einschließlich Grundzüge des internationalen Zivilverfahrens, 9. Aufl. 2007; *v. Hoffmann,* Zur kollisionsrechtlichen Anknüpfung der Haftung bei Vermögensübernahme (§ 419 BGB) und Firmenfortführung (§ 25 HGB), IPRax 1989, 175; *Höfling,* Die Sitztheorie, Centros und der österreichische OGH, EuZW 2000, 145; *Hohloch,* Anh II Art. 37 EGBGB, in: Erman, BGB, Bd. 2, 12. Aufl. 2008; *Horn,* Deutsches und europäisches Gesellschaftsrecht und die EuGH-Rechtsprechung zur Niederlassungsfreiheit – Inspire Art, NJW 2004, 893; *Hübner,* Mindestkapital und alternativer Gläubigerschutz – rechtsvergleichende Anmerkungen zur Entwicklung des GmbH-Rechts, in: FS Canaris, Bd. 2, 2007, S. 129; *Jung,* Anwendung der Gründungstheorie auf Gesellschaften schweizerischen Rechts?, NZG 2008, 681; *Junker,* Neuere Entwicklungen im deutschen und europäischen Gesellschaftsrecht, in: Coing (Hrsg.), Staat und Unternehmen aus der Sicht des Rechts, 1994, S. 161; *Kaulen,* Zur Bestimmung des Anknüpfungsmoments unter der Gründungstheorie, IPRax 2008, 389; *Kegel/Schurig,* Internationales Privatrecht, 9. Aufl. 2004; *Kieninger,* Niederlassungsfreiheit als Rechtswahlfreiheit, ZGR 1999, 724; *dies.,* Sitztheorie bei Sitzverlegung schweizerischer AG – Trabrennbahn, NJW 2009, 292; *Kieser,* Die Typenvermischung über die Grenze, 1988; *Kindler,* Internationales Gesellschaftsrecht 2009: MoMiG, Trabrennbahn, Cartesio und die Folgen, IPRax 2009, 189; *Knobbe-Keuk,* Umzug von Gesellschaften in Europa, ZHR 154 (1990), 325; *Kowalski/Bormann,* Beteiligung einer ausländischen juristischen Person als Komplementärin einer deutschen KG, GmbHR 2005, 1045; *Kraakman/Armour/Davies/Enriques/Hansmann/Hertig/Hopt/Kanda/Rock,* The Anatomy of Corporate Law, A Comparative and Functional Approach, 2. Aufl. 2009; *Kraus,* Die Auswirkungen des Welthandelsrechts auf das Internationale Kollisionsrecht, 2008; *Kronke,* Schweizerische AG & Co. KG – Jüngste Variante der „ausländischen Kapitalgesellschaft & Co.", RIW 1990, 799; *ders.,* Mehrstufiger grenzüberschreitender Konzern und mitbestimmter Aufsichtsrat, IPRax 1995, 377; *Kronke/Mazza,* Kooperations- und Gesellschaftsrecht, Kap. 1, Völker- und europarechtlicher Rahmen, Kap. 2, Internationales Privatrecht der Unternehmensträger, in: Kronke/Melis/Schneider (Hrsg.), Handbuch Internationales Wirtschaftsrecht, 2005, S. 1128; *Kropholler,* Internationales Privatrecht, 6. Aufl. 2006; *Lachmann,* Haftungs- und Vermögensfolgen bei Sitzverlegung ausländischer Kapitalgesellschaften ins Inland, 2000; *Mémento Lefebvre,* Sociétés Commerciales, 2008; *Lehmann,* Fällt die Sitztheorie jetzt auch international?, RIW 2004, 816; *ders.,* Gemeinschaftsrechtliche Zuständigkeitsregeln für GmbH-Streitigkeiten, GmbHR 2005, 978; *Leible/Hoffmann,* „Überseering" und das deutsche Gesellschaftskollisionsrecht, ZIP 2003, 925; *dies.,* Cartesio – fortgeltende Sitztheorie, grenzüberschreitender Formwechsel und Verbot materiellrechtlicher Wegzugsbeschränkungen, BB 2009, 58; *Leible,* in: Michalski (Hrsg.), GmbHG, Bd. 1, Syst. Darst. 2, 2010; *Leitzen,* Die GmbH mit Verwaltungssitz im Ausland, NZG 2009, 728; *Lieder/Kliebisch,* Nichts Neues im Internationalen Gesellschaftsrecht: Anwendbarkeit der Sitztheorie auf Gesellschaften aus Drittstaaten?, BB 2009, 338; *Lifeng,* Vermögensbindung in der GmbH im chinesischen und deutschen Recht, 2010; *Luchsinger,* Die Niederlassungsfreiheit der Kapitalgesellschaften in

§ 5. Entstehung der juristischen Person § 5

der EG, den USA und der Schweiz, 1992; *Lüderitz,* in: Soergel, BGB, 12. Aufl. 1996, Anh Art. 10 EGBGB, Rdn. 2–90; *Lutter,* Europäisches Unternehmensrecht, Grundlagen, Stand und Entwicklung nebst Texten und Materialien zur Rechtsangleichung, 3. Aufl. 1991; *ders.,* Mißglückte Rechtsangleichung: Das Chaos der Ein-Personen-Gesellschaft in Europa, in: FS Brandner, 1996, S. 81; *ders.,* Limited Liability Companies and Private Companies, in: International Encyclopedia of Comparative Law, Vol. XIII-2, 1998; *Mankowski,* Zum genuine-link-Erfordernis, EWiR 2003, 661; *Mansel,* Anerkennung als Grundprinzip des Europäischen Rechtsraums, RabelsZ 70 (2006), 651; *Mansel/Thorn/Wagner,* Europäisches Kollisionsrecht 2008: Fundamente der Europäischen IPR-Kodifikation, IPRax 2009, 1; *Meilicke,* Vertrauensschutz in Vertretungsmacht nach europäischem Gemeinschaftsrecht, DB 1999, 785; *Merkt/Dunkel,* Anknüpfung der Haftung aus Vermögensübernahme bzw Firmenfortführung beim Unternehmenskauf, RIW 1996, 533; *Merle,* Droit commercial: Sociétés commerciales, 12. Aufl. 2008; *Moor,* Das italienische internationale Gesellschaftsrecht, 1997; *Mousseron/Raynard/Fabre/Pierre,* Droit du commerce international, 3. Aufl. 2003; *H.F. Müller,* Haftung bei ausländischen Kapitalgesellschaften mit Inlandssitz, ZIP 1997, 1049; *M. Müller,* Abtretung eines GmbH-Anteils in der Schweiz und einzuhaltende Form, RIW 2010, 591; *Nappenbach,* Parteiautonomie im Internationalen Gesellschaftsrecht, 2002; *Opitz,* Kooperations- und Gesellschaftsrecht, Kap. 3 – Vertrags- und Satzungsgestaltung, in: Kronke/Melis/Schneider (Hrsg.), Handbuch Internationales Wirtschaftsrecht, 2005, S. 1214; *Paefgen,* Gezeitenwechsel im Gesellschaftskollisionsrecht, WM 2003, 561; *ders.,* Cartesio: Niederlassungsfreiheit minderer Güte, WM 2009, 529; *Pagenstecher,* Werden die Partei- und Prozessfähigkeit eines Ausländers nach seinem Personalstatut oder nach den Sachnormen der lex fori beurteilt? Ein Beitrag zur Lehre von den zivilprozessualen Kollisionsnormen, ZZP 1951, 249; *Panthen,* Der „Sitz"-Begriff im Internationalen Gesellschaftsrecht, 1988; *Pohlmann,* Das französische internationale Gesellschaftsrecht, 1988; *Raiser/Wei,* Gesellschaftsrecht in der Volksrepublik China, 1996; *Randelzhofer/Forsthoff,* Art. 48 EGV, in: Grabitz/Hilf (Hrsg.), Das Recht der Europäischen Union, Stand 2009; *Reinisch,* Internationales Investitionsschutzrecht, in: Tietje (Hrsg.), Internationales Wirtschaftsrecht, 2009, S. 346; *Rickford,* Reforming Capital, Report of the Interdisciplinary Group on Capital Maintenance, European Business Law Review 15 (2004), 919; *Rinne,* Zweigniederlassungen ausländischer Unternehmen im deutschen Kollisions- und Sachrecht, 1998; *W.-H. Roth,* Case C-212/97, Centros Ltd. v. Erhvervs-og Selskabsstyrelsen, Judgement of 9 March 1999, CMLR 2000, 147; *ders.,* Internationales Gesellschaftsrecht nach Überseering, IPRax 2003, 117; *ders.,* „Das Wandern ist des Müllers Lust …" Zur Auswanderungsfreiheit für Gesellschaften in Europa, in: FS Heldrich, 2005, S. 973; *ders.,* Die Wegzugsfreiheit für Gesellschaften, in: Lutter (Hrsg.), Europäische Auslandsgesellschaften in Deutschland, 2005, S. 379; *Sanchez Calero,* Principios de Derecho Mercantil, 14. Aufl. 2009; *Sandrock,* Ein amerikanisches Lehrstück für das Kollisionsrecht der Kapitalgesellschaften, RabelsZ 1978, 227; *ders.,* Multinationale Korporationen im Internationalen Privatrecht, BerDGesVR 18 (1978), 169; *ders.,* Die Konkretisierung der Überlagerungstheorie in einigen zentralen Einzelfragen, in: FS Beitzke, 1979, S. 669; *ders.,* Centros: Ein Etappensieg für die Überlagerungstheorie, BB 1999, 1337; *Schack,* Internationales Zivilprozeßrecht, 5. Aufl. 2010; *Schlichte,* Die Zulässigkeit der Ltd. & Co. KG, DB 2006, 87; *Schlink,* Die Ultra-Vires-Lehre im englischen Privatrecht, 1935; *K. Schmidt,* Gesellschaftsrecht, 4. Aufl. 2002; *Schmidt-Hermesdorf,* Ausländische Gesellschaften als Komplementäre deutscher Personenhandelsgesellschaften?, RIW 1990, 707; *Schnelle,* Die kollisionsrechtliche Anknüpfung der Haftung aus Vermögensübernahme im deutschen IPR, RIW 1997, 281; *Schön,* The Future of Legal Capital, 5 European Business Organization Law Review (2004), 429; *ders.,* Niederlassungsfreiheit als Gründungsfreiheit, in: FS Priester, 2007, S. 737; *Schütze,* Deutsches Internationales Zivilprozessrecht unter Einschluss des Europäischen Zivilprozessrechts, 2. Aufl. 2005; *Seelinger,* Gesellschaftskollisionsrecht und Transatlantischer Binnenmarkt, 2010; *Sonnenberger/Großerichter,* Konfliktlinien zwischen internationalem Gesellschaftsrecht und Niederlassungsfreiheit, RIW 1999, 721; *Straub,* Beteiligungsverbot aus Artt. 552, 594 OR für eine schweizerische Kapitalgesellschaft als Komplementär an einer deutschen Kommanditgesellschaft, IPRax 1997, 58; *M. Stürner,* Zur Anerkennung US-amerikanischer Gesellschaften in Deutschland, IPRax 2005, 305; *Sudhoff* (Hrsg.), GmbH & Co. KG, 6. Aufl. 2005; *Teipel,* Die Bedeutung der lex fori im internationalen Gesellschaftsrecht, in: FS Sandrock, 1995, S. 125; *Tersteegen,* Kollisionsrechtliche Behandlung ausländischer Kapitalgesellschaften im Inland, 2002; *Thibierge,* Le statut des sociétés en droit international privé français, Rapport au VIIIe Congrès de l'union internationale du notariat latine, 1965; *Thölke,* Die Entstehungssitztheorie, 2003; *Thorn,* Das Centros-Urteil des EuGH im Spiegel der deutschen Rechtsprechung, IPRax 2001, 102; *ders.,* in: Palandt, Anh zu Art. 12 EGBGB, 71. Aufl. 2012; *Stefan Tiedemann,* Die Haftung für Vermögensübernahme im internationalen Recht, 1995; *Travers,* Der Beweis des Anknüpfungskriteriums „tatsächlicher Sitz der Hauptverwaltung" im internationalen Gesellschaftsrecht, 1998; *Wagner,* Scheinauslandsgesellschaften im Europäischen Zivilprozessrecht, in: Lutter (Hrsg.), Europäische Auslandsgesellschaften in Deutschland, 2005, S. 223; *Nagel/Gottwald,* Internationales Zivilprozessrecht, 6. Aufl. 2007; *Vidal,* Droit des sociétés, 6. Aufl. 2008; *Wachter,* Kommentar zu BGH II ZR 372/03, GmbHR 2005, 1484; *ders.,* Aktuelle Probleme bei der Ltd. & Co. KG, GmbHR 2006, 79; *Weller,* Das Internationale Gesellschaftsrecht in der neuesten BGH-Rechtsprechung, IPRax 2003, 324; *ders.,* Niederlassungsfreiheit via völkerrechtlicher EG-Assoziierungsabkommen, ZGR 2006, 748; *ders.,* Die Rechtsquellendogmatik des Gesellschaftskollisionsrechts, IPRax 2009, 202; *ders.,* Internationales Unternehmensrecht. IPR-Methodik für grenzüberschreitende gesellschaftsrechtliche Sachverhalte, ZGR 2010, 679; *ders.,* Die „Wechselbalgtheorie", in: FS Goette, 2011, S. 583; *Werner,* Der Nachweis des Verwaltungssitzes ausländischer juristischer Personen, 1997; *ders.,* Die Ltd. & Co. KG – eine Alternative zur GmbH & Co. KG?, GmbHR 2005, 288; *ders.,* Das deutsche internationale Gesellschaftsrecht nach „Cartesio" und „Trabrennbahn", GmbHR 2009, 191; *Wiedemann,* Gesellschaftsrecht, Bd. 1 Grundlagen, 1980, Bd. 2 Recht der Personengesellschaften, 2004; *Witt,* Modernisierung der Gesellschaftsrechte in Europa, ZGR 2009, 872; *Lutz-Christian Wolff,* Special Purpose Vehicles im China-Geschäft, RIW 2002, 457; *Martin Wolff,* Internationales Privatrecht, 1954; *Wymeersch,* Centros: a landmark decision in European company law, in: FS Buxbaum, 2000, S. 629; *Zimmer/Naendrup,* Das Cartesio-Urteil des EuGH: Rück- oder Fortschritt für das internationale gesellschaftsrecht?, NJW 2009, 545; *Zimmer,* Internationales Gesellschaftsrecht, 1996; *ders.,* Mysterium „Centros", Von der schwierigen Suche nach der Bedeutung eines Urteils des Europäischen Gerichtshofes, ZHR 164 (2000), 23; *ders.,* Von Debraco bis DaimlerChrysler: Alte und neue Schwierigkeiten bei der internationalgesellschaftsrechtlichen Sitzbestimmung, in: FS Buxbaum, 2000, S. 655; *ders.,* Ein Internationales Gesellschaftsrecht für Europa, RabelsZ 67 (2003), S. 298.

I. Zeitpunkt der Entstehung

1 Nach der überwiegenden Zahl der Rechtordnungen entsteht die juristische Person im Zeitpunkt der Eintragung in ein Register (siehe o. § 4 Rdn. 1). Nach einigen wenigen Rechten entsteht sie dagegen bereits mit dem Abschluss des Gesellschaftsvertrags (siehe o. § 4 Rdn. 2). Allerdings sind in diesem Fall bis zur Eintragung Sondervorschriften über die Haftung der Gründer zu beachten (siehe o. § 4 Rdn. 2). Insofern ist auch nach diesen Rechten vor der Eintragung die juristische Person noch nicht voll entstanden, denn ihr fehlt noch die sie kennzeichnende Funktion als Haftungsschild.

In manchen Rechtsordnungen gibt es auch juristische Personen, die gänzlich ohne Eintragung existieren. Ein Beispiel dafür sind die *statutory companies* und die *chartered companies* des englischen Rechts, die durch besonderes Gesetz oder durch Konzession seitens der Krone entstehen.[1] Diese Art von Gesellschaften dient in aller Regel nicht der Gewinnerzielung, sondern gemeinnützigen Zwecken.

II. Überblick über die Entstehung

1. Freie Verbandsbildung

2 Die juristische Person entsteht nach den meisten Rechtsordnungen, ohne dass es einer besonderen Zulassung oder Genehmigung seitens des Staats bedarf. Voraussetzung ist lediglich, dass die gesetzlichen Bedingungen erfüllt sind. Dieses sogenannte **System der Normativbestimmungen** ist Kennzeichen aller modernen Gesellschaftsrechte.[2] Das früher verbreitete **Konzessionssystem** gilt heute nur noch in wenigen Rechtsordnungen und für ausgewählte Bereiche der Wirtschaft (siehe u. Rdn. 6 ff.).

2. Bedingungen für die Entstehung

3 Gesetzliche Bedingung für die Errichtung der Gesellschaft ist zunächst ein **wirksamer Gesellschaftsvertrag** (siehe o. § 4 Rdn. 3). Weiter ist die **Eintragung der Gesellschaft** in das Register erforderlich, an die sich eine **Veröffentlichung** in geeigneten Medien anschließen muss (im Einzelnen u. Rdn. 32 ff.). Diese Voraussetzungen sind unverzichtbar. Fehlt eine von ihnen, kommt nicht der angestrebte Verband, sondern allenfalls eine Perso-

---

[1] Siehe *Gower/Davies,* Principles of Modern Company Law, Rdn. 1–16.
[2] Vgl. *Buxbaum,* Int. Enc. Comp. L. 13, Rdn. 3–4., 3–5.

nengesellschaft oder eine tatsächliche Gesellschaft *(société de fait, de facto corporation)* zustande (siehe o. § 3 Rdn. 21, § 4 Rdn. 49 ff.).

3. Eintragungsvoraussetzungen

Bevor eine Gesellschaft eingetragen wird und damit entstehen kann, müssen nach den meisten Rechten bestimmte Voraussetzungen erfüllt sein. Dazu gehört zum Beispiel die **vollständige oder teilweise Aufbringung des Kapitals** durch die Gesellschafter, ein **Gründungsbericht,** der gegebenenfalls von einem **Prüfbericht** eines Sachverständigen begleitet werden muss, sowie die **Bestellung von Gesellschaftsorganen,** soweit sie nicht schon im Gesellschaftsvertrag benannt werden müssen[3] (siehe im Einzelnen u. Rdn. 28 ff.). Wird eine dieser Bedingungen nicht eingehalten, so hat dies regelmäßig die Ablehnung der Eintragung durch die zuständige Stelle zur Folge. Sollte versehentlich dennoch die Eintragung erfolgen, so wird die Wirksamkeit der Gesellschaft durch die Nichterfüllung der Eintragungsvoraussetzungen nicht in Frage gestellt, solange keine Nichtigkeitsklage erhoben wird (siehe dazu u. Rdn. 77 ff.).

4. Eintragungsfolgen

Mit der Eintragung entsteht die Gesellschaft als **Rechtssubjekt.** Sie kann selbst Rechte erwerben und Verbindlichkeiten eingehen (siehe u. Rdn. 56 ff.), sowie unter ihrem Namen klagen und verklagt werden (siehe u. Rdn. 64 ff.). Sie verfügt über ein **Kapital** (siehe u. Rdn. 35 ff.), hat gewisse **Organe** und **Mitglieder** (siehe u. Rdn. 69 ff.), einen **Namen** sowie einen oder mehrere **Sitze.** Für die Mitglieder hat die Entstehung der juristischen Person zur Folge, dass sie vor einer persönlichen Inanspruchnahme durch die Gläubiger der Gesellschaft geschützt sind. Der Verband wirkt als **Haftungsschild.**

III. Beschränkungen der Gründung

In einigen Rechtssystemen wird der Grundsatz der freien Verbandsbildung (siehe o. Rdn. 2) eingeschränkt und die Gründung privater Gesellschaften Restriktionen unterworfen. Das gilt insbesondere in sogenannten Entwicklungsländern, aber nicht nur in diesen.[4] Gesellschaftsrechtliche Gründungsbeschränkungen sind zu unterscheiden von bloßen regulatorischen Einschränkungen, wie etwa der Bankerlaubnis (siehe dazu u. Rdn. 8). Letztere binden die Ausübung gewisser Tätigkeiten an bestimmte Voraussetzungen, während die Gründungsbeschränkungen bereits die Entstehung des Rechtsträgers verhindern. Beschränkungen der Gründung lassen sich einteilen in generelle Beschränkungen ausländischer Investitionen einerseits und Beschränkungen in bestimmten Bereichen andererseits.

1. Generelle Beschränkungen

Manche Staaten halten in Bereichen, die selbstdefinierte „öffentliche Interessen" berühren, am alten Konzessionssystem (siehe o. Rdn. 2) fest und unterstellen die Gründung der Gesellschaft einem **Genehmigungserfordernis.**

Von dieser formalen Voraussetzung der Gesellschaftsgründung sind **materielle Erfordernisse** zu unterscheiden. Zur Förderung der lokalen Wirtschaft und Beschäftigung sowie zur Mehrung des einheimischen Wohlstands verlangen einige Rechtsordnungen, dass ausländische Investoren bestimmte Leistungsbedingungen *(performance requirements)* einhalten. Zu diesen gehört etwa die Verpflichtung, vor Ort Personal einzustellen, einen be-

---

[3] Vgl. *Buxbaum,* Int. Enc. Comp. L. 13, Rdn. 3–30 bis 3–32.
[4] Für „Entwicklungsländer" siehe die Übersicht in: Investment Laws of the World: The Developing Nations, Dobbs Ferry, Loseblatt, 17 Bde. Zu der Rechtsentwicklung in den sogenannten Transformationsstaaten siehe die verschiedenen Beiträge in: *Boguslawskij/Trunk* (Hrsg.), Rechtslage von Auslandsinvestitionen in Transformationsstaaten, FS Seiffert, 2006. Zum Recht Albaniens *Voka* OstEuR 2004, 274; zum Recht Indonesiens siehe *Stiller/Sommer* RIW 1998, 35; zum liberalisierten Recht Südkoreas *Stiller* RIW 1999, 283.

stimmten Anteil der Produktion zu exportieren oder eine gewisse Menge an Kapital im Ausland zu beschaffen.[5]

In manchen Ländern können zudem Ausländer nicht alle Gesellschaftsformen verwenden, die das inländische Recht bereithält. Für sie stehen vielmehr nur einige **spezielle Gesellschaftsformen** zur Auswahl. So müssen sich Investoren in China entscheiden, entweder ein Joint Venture mit einem chinesischen Partner oder ein sogenanntes *Wholly Foreign-Owned Enterprise* zu gründen.[6]

2. Beschränkungen in bestimmten Sektoren

8   Neben diesen generellen Beschränkungen treten solche in bestimmten Sektoren der Industrie und des Handels. In Frage kommen etwa das **Bank- und Versicherungsgewerbe, der Bergbau, die Post-, Telekommunikations-, Verkehrsindustrie** sowie der **Energie- und Rüstungssektor**.[7] In den **sicherheitsrelevanten Bereichen** sind die Anforderungen auch in den Staaten der „westlichen Welt" angezogen worden.[8] Diese haben überdies in den letzten Jahren vermehrt Vorkehrungen gegen Unternehmensbeteiligungen durch ausländische Staatsfonds getroffen.[9]

Die Kontrolle ausländischer Investitionen kann sich auf zwei Arten vollziehen: entweder als *ex ante* wirkende Beschränkung oder als Kontrolle *ex post*. Da die Rückabwicklung der Praxis ganz erhebliche Schwierigkeiten bereiten würde, wird bei der *ex post*-Kontrolle mit der Durchführung der Investition meist gewartet, bis die Prüfung der rechtlichen Zulässigkeit abgeschlossen ist.

3. Vereinbarkeit mit Völker- und Europarecht

9   Investitionsbeschränkungen sind völkerrechtlich nicht grundsätzlich verboten. Es gibt derzeit keinen globalen Vertrag, der die Staaten zur Öffnung ihrer Märkte für ausländische Investitionen verpflichten würde. Ein entsprechendes Projekt der OECD ist gescheitert.[10] Im Rahmen der WTO existiert allerdings ein Übereinkommen betreffend investitionsrelevanter Maßnahmen.[11] Zudem setzt auch das GATS insoweit Grenzen, als Liberalisierungspflichten

---

[5] Siehe *Reinisch*, in: Tietje, Internationales Wirtschaftsrecht, S. 346, 355, Rdn. 36; *Gómez-Palacio/Muchlinski*, in: Muchlinski/Ortino/Schreuer, The Oxford Handbook of International Investment Law, 2008, Ch. 7, S. 233, 237.

[6] Näher *Scheil*, in: Süß/Wachter, Handbuch des internationalen GmbH-Rechts, S. 466 f. Zur Möglichkeit des Einsatzes eines *special purpose vehicle* (spv) in diesem Zusammenhang L.-C. *Wolff* RIW 2002, 457. Zum Verhältnis des besonderen Ausländerrechts zum binnenchinesischen Recht *Deipenbrock* RIW 2007, 771, 774 ff.

[7] Vgl. dazu allgemein *Buxbaum*, Int. Enc. Comp. L. 13, Rdn. 3–6. Zu Beschränkungen ausländischer Investitionen im chinesischen Telekommunikationssektor *Freund* CR 2002, 694.

[8] Siehe etwa den U.S.-amerikanischen Foreign Investment and National Security Act (FINSA), Pub. L. No. 110-49, 121 Stat. 246 (2007), 5 U.S.C. § 5313, 31 U.S.C. § 301, 50 U.S.C. app. §§ 2061, 2170, dazu *James F. F. Caroll* 23 Emory International Law Review 167 (2009). Zu den Einschränkungen durch das deutsche Außenwirtschaftsrecht siehe *Roth* ZBB 2009, 257–336.

[9] Vgl. etwa § 7 Abs. 2 Nr. 6 des deutschen AWG. Siehe dazu *Nettesheim* ZHR 172 (2008), 729, 735–738; *Reinhardt/Pelster* NZG 2009, 441; *Tietje* Policy Papers on Transnational Economic Law No. 26, Halle 2007, abrufbar unter http://institut.wirtschaftsrecht.uni-halle.de/de/node/24 (zuletzt besucht am 31. 8. 2011); *Weber/Schalast*, Handlungsspielräume von Staatsfonds in Deutschland: Außenwirtschafts- und Gesellschaftsrecht, 2009, S. 32–38; *Weller* ZIP 2008, 857, 859–861. Rechtsvergleichend *Tietje/Kluttig* Beiträge zum Transnationalen Wirtschaftsrecht Heft 75, Halle 2008, abrufbar unter http://telc.jura.uni-halle.de/de/forschungen-und-publikationen/beiträge-transnationalen-wirtschaftsrecht (zuletzt besucht am 31. 8. 2011).

[10] Zu den Gründen näher *Dolzer*, FS Steinberger, 2002, S. 146–154; *Muchlinski*, 34 International Lawyer 1033 ff. (2000); *Schöbener/Herbst/Perkams*, Internationales Wirtschaftsrecht, 2010, Rdn. 4/121–123.

[11] Agreement on Trade Related Investment Measures (TRIMs), nicht offizielle deutsche Übersetzung in: ABlEG 1994 L 336/100. Dazu *Schöbener/Herbst/Perkams*, Internationales Wirtschaftsrecht,

§ 5. Entstehung der juristischen Person

durch das jeweilige WTO-Mitglied übernommen wurden.[12] Außerdem sind Klauseln regionaler Verträge für den Marktzugang relevant, wie die Niederlassungsfreiheit im AEUV[13] und die Meistbegünstigungs- und Inländergleichbehandlungsklauseln des North American Free Trade Agreement (NAFTA).[14] Daneben gibt es eine Reihe bilateraler Investitionsschutzabkommen (*bilateral investment treaties* – BITs), die Marktöffnungsklauseln enthalten.[15] Dies gilt insbesondere für die Investitionsschutzverträge, an denen die USA oder Kanada beteiligt sind. Die meisten der von europäischen Staaten geschlossenen Investitionsverträge regeln hingegen Fragen der Zulassung entweder überhaupt nicht oder enthalten nur allgemeine Verpflichtungen zur Förderung und wohlwollenden Prüfung von Auslandsinvestitionen.[16]

4. Rechtsschutz und anzuwendendes Recht

Gegen Beschränkungen von Investitionen bleibt dem Investor meist nur der Weg vor die **Gerichte des Gaststaates.** Unter diesen sind je nach der Art der Organisation der Justiz die Verwaltungsgerichte oder die ordentlichen Gerichte zuständig. Ausnahmen bestehen *in praxi* insbesondere, wenn sich der Gaststaat auf die schiedsgerichtliche Beilegung von Streitigkeiten eingelassen hat. Dies kann entweder in regionalen oder bilateralen Investitionsschutzabkommen oder in nationalen Gesetzen geschehen. In diesem Fall kann der Investor ein **Schiedsverfahren** gegen den Gaststaat anstrengen.[17] Für diese stehen zum Teil besondere Institutionen und völkervertragliche Sicherungen bereit, wie z.B. für die Verfahren nach dem Washingtoner Übereinkommen von 1965,[18] die das International Centre for Settlement of Investment Disputes (ICSID) organisiert.

Beschränkungen von Investitionen unterliegen kollisionsrechtlich stets dem **Recht des Gaststaats,** auch wenn dieses seinem Inhalt nach durch Völker- oder Europarecht begrenzt ist. Das folgt einerseits aus dem öffentlichrechtlichen Charakter dieser Regelungen, andererseits aus ihrem Ziel, die heimische Industrie zu schützen. Anknüpfungspunkt ist dabei meist die Niederlassung im Territorium des Gaststaats.

IV. Anzuwendendes Recht

1. Gesellschaftsstatut

Auf die Gründung anzuwenden ist das Gesellschaftsstatut. Wie dieses zu bestimmen ist, bleibt nach wie vor umstritten und ist gesondert zu erörtern (siehe u. Rdn. 14 ff.). An dieser Stelle werden zunächst nur seine grundsätzliche Reichweite und die von ihm ausgeschlossenen Bereiche untersucht.

2010, Rdn. 4/411–418; *Weiß,* in: Herrmann/Weiß/Ohler, Welthandelsrecht, 2. Aufl. 2007, Rdn. 790–803.

[12] Vgl. dazu *Schöbener/Herbst/Perkams,* Internationales Wirtschaftsrecht, 2010, Rdn. 4/420; *Nettesheim* ZHR 172 (2008), 729, 738 f.; *Weiß,* in: Herrmann/Weiß/Ohler, Welthandelsrecht, 2. Aufl. 2007, Rdn. 804–807.

[13] Art. 49–55 AEUV.

[14] Art. 1102–1104 NAFTA.

[15] Eine Sammlung von BITs findet sich unter http://www.unctadxi.org/templates/DocSearch.aspx?id=780 (zuletzt besucht am 31. 8. 2011). Siehe außerdem die Übersicht über Model BITs bei: http://ita.law.uvic.ca/investmenttreaties.htm (zuletzt besucht am 31. 8. 2011).

[16] Vgl. *Reinisch,* in: Tietje, Internationales Wirtschaftsrecht, S. 346, 356, Rdn. 38. Siehe auch *Gómez-Palacio/Muchlinski,* in: Muchlinski/Ortino/Schreuer, The Oxford Handbook of International Investment Law, 2008, Ch. 7, S. 239–245; *Lowenfeld,* International Economic Law, 2. Aufl. 2008, S. 555.

[17] Vgl. näher *Reinisch,* in: Tietje, Internationales Wirtschaftsrecht, S. 346, 347–353, Rdn. 2–24; *Schöbener/Herbst/Perkams,* Internationales Wirtschaftsrecht, 2010, Rdn. 4/350–375; *Tietje,* Internationaler Investitionsrechtsschutz, in: Ehlers/Schoch, Rechtsschutz im Öffentlichen Recht, 2009, § 4 Rdn. 4–16; *ders.,* Die Beilegung internationaler Investitionsstreitigkeiten, in: Marauhn, Streitbeilegung in den internationalen Wirtschaftsbeziehungen – Völkerrechtliche Einhegung ökonomischer Globalisierungsprozesse, 2005, S. 47–62.

[18] BGBl. II 1969, S. 369 ff.

12 **a) Grundsätzliche Reichweite.** Das Gesellschaftsstatut erfasst prinzipiell **alle als gesellschaftsrechtlich zu qualifizierenden Verhältnisse.** Das sind die Verhältnisse, auf die typischerweise Normen des Gesellschaftsrechts Anwendung finden. Eine gewisse Zirkularität der Definition lässt sich nicht vermeiden. Das Gesellschaftsstatut ist von anderen Statuten zu unterscheiden, z.B. vom Vertrags-, Delikts- und Insolvenzstatut. Die Abgrenzung bereitet im Einzelfall große Schwierigkeiten.

Zum Gesellschaftsstatut gehören nach dem BGH jedenfalls die Normen, die bestimmen, „unter welchen Voraussetzungen die juristische Person entsteht, lebt und vergeht".[19] Aus dieser Formulierung wird deutlich, dass die **Gründung** der Gesellschaft ein **Kernbereich des Gesellschaftsstatuts** ist. Auch der EuGH erkennt an, dass es für jede Gesellschaft eine nationale Rechtsordnung geben muss, die „ihre Gründung und ihre Existenz regelt".[20] In der Literatur ist die Geltung des Gesellschaftsstatuts für die Gründung ebenfalls anerkannt.[21] Entsprechend sehen der Vorschlag des Deutschen Rats für IPR[22] sowie der Referentenentwurf eines Gesetzes zum Internationalen Privatrecht der Gesellschaften[23] vor, dass die „Gründung" nach dem auf die Gesellschaft anzuwendendem Recht zu beurteilen ist.[24] Dieses soll auch den „Namen", die „Firma", die „Organisations- sowie die Finanzverfassung", die „Vertretungsmacht der Organe" und den „Erwerb ... der Mitgliedschaft" erfassen.[25]

13 **b) Ausgeschlossene Bereiche.** Das Gesellschaftsstatut beherrscht die Fragen der Gründung umfassend. Gleichwohl gibt es einige Rechtsakte, die in der Gründungsphase vorgenommen werden, aber nicht vom Gesellschaftsstatut erfasst sind. Das gilt z.B. für **Verträge,** welche der im Entstehen befindliche Rechtsträger mit Dritten abschließt: sie fallen unter das Vertragsstatut. Das ist etwa der Fall bei Vereinbarungen, welche die Gesellschaft mit einem aus Banken bestehenden **Emissionskonsortium** zur Platzierung ihrer Aktien an der Börse schließt.[26] Da diese nicht zum Gesellschaftsstatut gehören, herrscht insoweit Rechtswahlfreiheit nach der Rom I-VO.[27] Das bedeutet, dass die Vereinbarungen zur Platzierung einem anderen Recht als dem Gesellschaftsstatut unterliegen können.

Ebenfalls nicht unter das Gesellschaftsstatut fallen Rechtsverhältnisse, die aus **Delikten** bei der Gründung entstehen. So haftet etwa die Gesellschaft für falsche Angaben in Prospekten gegenüber Erwerbern ihrer Aktien. Diese **Prospekthaftung** ist als außervertraglich einzustufen und unterliegt daher der Rom II-VO.[28] Obwohl die innerhalb dieser Verordnung anzuwendende Kollisionsregel sehr str. ist, bleibt festzuhalten, dass jedenfalls nach bislang herrschender Meinung die Prospekthaftung nicht dem Gesellschaftsstatut, sondern dem Deliktsstatut untersteht.[29] Abweichend ist die Rechtslage außerhalb der EU. So kann

---

[19] BGHZ 25, 134, 144.
[20] EuGH Rs. C-81/87, Slg. 1988, 5483 – Daily Mail, Rdn. 19.
[21] Siehe etwa *Behrens,* in: Großkomm. GmbHG, Rdn. B 63; *Kindler,* in: MünchKomm-BGB, IntGesR Rdn. 544; *Leible,* in: Michalski, GmbHG, Syst. Darst. 2 Rdn. 85; *Spahlinger/Wegen,* in: Spahlinger/Wegen, Internationales Gesellschaftsrecht in der Praxis, Rdn. 266.
[22] *Sonnenberger* (Hrsg.), Vorschläge und Berichte zur Reform des europäischen und deutschen internationalen Gesellschaftsrechts.
[23] Referentenentwurf eines Gesetzes zum Internationalen Privatrecht der Gesellschaften, Vereine und juristischen Personen (RefE), erhältlich unter http://gesetzgebung.beck.de/news/internationales-privatrecht-der-gesellschafen (zuletzt besucht am 31. 8. 2011).
[24] Vgl. *Sonnenberger,* o. Fn. 22, S. 7, Art. 3 Abs. 1 Nr. 2; Referentenentwurf, o. Fn. 23, Art. 10 Abs. 2 Nr. 2 EGBGB-E.
[25] *Sonnenberger,* o. Fn. 22, S. 7, Art. 3 Abs. 1 Nr. 3–6; Referentenentwurf, o. Fn. 23, Art. 10 Abs. 2 Nr. 3–6 EGBGB-E.
[26] Siehe zu Emissionskonsortien u. Rdn. 27.
[27] Artikel 3 Abs. 1 Rom I-VO. Zur Anwendbarkeit der allgemeinen Kollisionsnormen für Schuldverhältnisse auf Konsortialverträge siehe *Opitz,* in: Kronke/Melis/Schnyder, Handbuch des internationalen Wirtschaftsrechts, Teil K Rdn. 755.
[28] Siehe *v. Hein,* FS Hopt, 2008, S. 371–396; *Junker* RIW 2010, 257, 261 f.
[29] Siehe *Junker* RIW 2010, 257, 262; *ders.,* in: MünchKomm-BGB, 5. Aufl. 2010, Art. 1 Rom II-VO Rdn. 40; *Freitag,* in: Reithmann/Martiny, Internationales Vertragsrecht, 7. Aufl. 2010, Rdn. 1275;

§ 5. Entstehung der juristischen Person

nach Schweizer IPR der durch das Prospekt getäuschte Anleger wählen, ob er seine Klage auf das Gesellschaftsstatut oder auf das Recht am Ort der Ausgabe der Aktien oder Anleihen stützt.[30] Von der Prospekthaftung **streng zu unterscheiden** ist die **Verantwortlichkeit der Gründer** gegenüber den anderen Mitgliedern der Gesellschaft. Diese ist eine genuin gesellschaftsrechtliche Haftung und richtet sich daher nach dem Gesellschaftsstatut.[31]

Schon in der Gründungsphase kann es zur **Insolvenz** der im Entstehen begriffenen Gesellschaft kommen. Die sich bei der Durchführung des Verfahrens stellenden Rechtsfragen werden nicht vom Gründungsstatut, sondern vom Insolvenzstatut beantwortet. Dieses ist nach den Vorschriften der EuInsVO[32] sowie des autonomen internationalen Insolvenzrechts[33] zu bestimmen. Maßgeblich ist insoweit das Recht am „Mittelpunkt der wirtschaftlichen Interessen" (*centre of main interest* – COMI) der Gesellschaft. Dieses muss nicht mit dem Gründungsstatut übereinstimmen, insbesondere dann nicht, wenn man – wie hier vorgeschlagen – der sog. Gründungstheorie folgt.[34]

2. Sitz- oder Gründungstheorie

In Deutschland nach wie vor höchst streitig ist die Frage, wie das Gesellschaftsstatut zu bestimmen ist. Gegenüber stehen sich vor allem zwei Theorien: die Sitztheorie und die Gründungstheorie. Abweichende oder vermittelnde Ansätze wie die **Differenzierungslehre**,[35] die **Kombinationslehre**,[36] die **Entstehungssitztheorie**[37] oder die **Überlagerungstheorie**[38] haben gegenüber diesen beiden **keine nennenswerte Bedeutung** erlangt.

Hier geht es nicht darum, beide Ansätze allgemein zu würdigen (siehe dazu o. § 1). An dieser Stelle sind lediglich ihre Auswirkungen auf die Gründung von Kapitalgesellschaften darzustellen.

a) Anwendbares Gründungsrecht nach der Sitztheorie. Der **Sitztheorie** zufolge untersteht das gesamte Verfahren der Gründung einschließlich der ihm entspringenden Verhältnisse dem Recht am **tatsächlichen Verwaltungssitz** der Gesellschaft (siehe schon o. § 1). Das ist der Ort, an dem die maßgeblichen Verwaltungsentscheidungen getroffen werden, oder anders ausgedrückt **„wo die grundlegenden Entscheidungen der Unternehmensleitung in laufende Geschäftsführungsakte umgesetzt werden"**.[39] Im **Stadium der Gründung** ist dieser Ort häufig noch **ungewiss**. Gleichwohl müssen auch in diesem Zeitpunkt bereits grundlegende Entscheidungen der Unternehmensleitung umgesetzt werden, etwa die Anmietung von Räumen oder die Einstellung von Mitarbeitern. Das Recht des Orts, an dem diese Tätigkeiten vorgenommen werden, wäre nach der Sitztheorie auf die Gründung der Gesellschaft anzuwenden.

Mankowski, ebda, Rdn. 2530; *v. Hein*, in: FS Hopt, 2008, S. 371, 381–384; *Weber* WM 2008, 1581, 1584.
[30] Siehe Art. 156 Schweizer IPRG.
[31] Siehe o. § 4 Rdn. 30 ff.
[32] Verordnung (EG) Nr. 1346/2000 des Rates vom 29. Mai 2000 über Insolvenzverfahren, ABl. L 160 vom 30. 6. 2000.
[33] In Deutschland: §§ 335–358 InsO.
[34] Siehe sogleich.
[35] *Grasmann*, System des Internationalen Gesellschaftsrechts, zusammenfassend Rdn. 615–626.
[36] *Zimmer*, Internationales Gesellschaftsrecht, S. 220–240.
[37] *Thölke*, Die Entstehungssitztheorie, insbes. S. 8 f., 242 f., 295–297.
[38] *Sandrock* BerDGesVR 18 (1978), 169, 191–265; *ders.* RabelsZ 42 (1978), 227, 246–265; *ders.*, FS Beitzke, S. 669 ff.; *ders.* BB 1999, 1337, 1343 f.
[39] So die st. Rspr., BGHZ 97, 269, 272; BayObLGZ 1985, 272, 280; OLG Hamburg RIW 1988, 816; KG NJW 1989, 3100, 3101; OLG Frankfurt IPRax 1991, 403, 404; OLG Hamm DB 1995, 137; OLG Düsseldorf ZIP 1995, 1009. Näher zum Sitzbegriff *Panthen*, Der „Sitz"-Begriff im internationalen Gesellschaftsrecht, S. 242 ff., 292, 299–302; *Kindler*, in: MünchKomm-BGB, IntGesR Rdn. 456–464; *Leible*, in: Michalski, GmbHG, Syst. Darst. 2, Rdn. 72–81.

Lehmann

16 **b) Anwendbares Gründungsrecht nach der Gründungstheorie.** Nach der **Gründungstheorie** unterliegen die Fragen der Gründung der Gesellschaft dagegen ausschließlich dem nationalen Recht, **nach dem die Gesellschaft organisiert** ist (siehe schon o. § 1). Das ist bei eintragungspflichtigen Rechtsträgern regelmäßig das Recht des Staats, in dem die Gesellschaft registriert ist (Registerstaat). Sollte die Registrierung noch nicht vorgenommen sein, dann kommt es auf den von den Gründern angestrebten Registerstaat an.[40]

3. Auswirkungen auf die Entstehung des Rechtsträgers

17 **a) Folgen nach der Sitztheorie.** Der **Sitztheorie** zufolge können das von den Gründern angestrebte Recht und das tatsächlich anwendbare Gründungsrecht verschieden sein. Dies ist immer dann der Fall, wenn der effektive Verwaltungssitz der zu gründenden Gesellschaft außerhalb des Registerstaats liegt. Dann unterliegt die Gründung – mit gewissen Ausnahmen[41] – den Vorschriften des Sitzrechts und nicht denen des Registerstaats. Da die Gründer in der Regel allein letztere beachten, resultiert daraus ein **Auseinanderklaffen zwischen dem erwarteten und dem tatsächlich anzuwendenden Recht.** Weil darüber hinaus die Gründungsvorschriften zweier verschiedener Rechtsordnungen nie gleich sein, sondern sich in vielen Punkten unterscheiden werden – etwa hinsichtlich der Frage der einzuhaltenden Formvorschriften oder der für die Eintragung zuständigen Behörde – verursacht die Sitztheorie potentiell **schwerwiegende Rechtskonflikte.**

Anders, als häufig angenommen wird, führt die Sitztheorie **jedoch nicht stets zur Nichtigkeit** der Gründung des Rechtsträgers. Vielmehr ist diese Folge durch verschiedene **mildernde Faktoren** eingeschränkt.

Erstens kann es zu einem Auseinanderklaffen zwischen dem erwarteten und dem tatsächlich anzuwendenden Recht nur dann kommen, wenn sich der effektive Verwaltungssitz der Gesellschaft in einem anderen Staat als dem Registerstaat befindet. Bei der Gründung wird es **häufig an einem festen Verwaltungssitz noch fehlen,** so dass ein „Sitzrecht" nicht identifiziert werden kann. In diesem Fall wird man davon auszugehen haben, dass sich der „Sitz" der Gesellschaft im Registerstaat befindet.

Zweitens sind die Folgen der Sitztheorie durch die **Möglichkeit des Rück- oder Weiterverweises** abgemildert. Die Verweisung auf das Sitzrecht ist nach deutschem Internationalen Privatrecht keine Sachnorm-, sondern regelmäßig Gesamtverweisung.[42] Das bedeutet, dass sie auch das IPR der für anwendbar erklärten Rechtsordnung umfasst. Deren kollisionsrechtliche Regelungen sind danach zu befragen, ob die Verweisung durch das Ausgangsrecht angenommen oder auf dieses zurück- oder auf ein anderes Recht weiterverwiesen werden soll. Der Grundsatz der Beachtlichkeit des *renvoi* gilt auch im internationalen Gesellschaftsrecht.[43] Im Ergebnis bedeutet dies, dass eine Gesellschaft selbst nach der Sitztheorie nicht zwingend dem an ihrem Sitz geltenden Recht unterliegt. Es wird vielmehr den internationalprivatrechtlichen Vorschriften des Sitzrechts überlassen, ob das Sitz- oder das Gründungsrecht Anwendung findet. Liegt der tatsächliche Verwaltungssitz in einem Staat, welcher der Gründungstheorie folgt, so kann die Gesellschaft also trotz Abweichung des Sitzstaats vom Registerstaat nach der Sitztheorie voll rechtsgültig zustandegekommen sein.

Drittens besteht eine wichtige Abmilderung der Sitztheorie darin, dass sie selbst bei Anwendbarkeit eines vom Gründungsrecht verschiedenen Sitzrechts **nicht notwendig** zur Folge hat, dass kein rechtsfähiges Gebilde entsteht. Diese drastische Sanktion soll nur einer besonders strengen Auffassung zufolge eintreten.[44] Nach einer zurückhaltenden Variante

---

[40] Vgl. Referentenentwurf, o. Fn. 23, Art. 10 Abs. 1 Satz 2 EGBGB-E. Zu den unterschiedlichen Anknüpfungspunkten der Gründungstheorie siehe *Hoffmann* ZVglRWiss. 101 (2002), 283–308; *Kaulen* IPRax 2008, 389, 390 ff.; *Weller* ZGR 2010, 679, 701; *Zimmer* RabelsZ 67 (2003), 298, 299 f.

[41] Dazu sogleich.

[42] Art. 4 Abs. 1 Satz 1 EGBGB.

[43] *Kindler*, in: MünchKomm-BGB, IntGesR Rdn. 506; *Leible*, in: Michalski, GmbHG, Syst. Darst. 2 Rdn. 66 f.

[44] Siehe BGH (7. Senat), WM 2000, 1257, 1258 f., 1260 – Überseering.

der Theorie soll die Gesellschaft **als inländische Personengesellschaft (um-)qualifiziert** werden. Damit bleibt dem Rechtsträger die Folge der fehlenden Rechts- und Parteifähigkeit im Inland erspart, da dieser auch als GbR oder oHG nach deutschem Recht über beide verfügt.[45] Diese Variante der Sitztheorie (spöttisch auch „Wechselbalgtheorie" genannt[46]) hat sich in der höchstrichterlichen Rechtsprechung durchgesetzt.[47]

Selbst wenn damit die drastischste Sanktion der Sitztheorie, nämlich die Nichtanerkennung der Existenz der Gesellschaft, als überwunden gelten kann, **bleiben einige nachteilige Wirkungen**. Diese bestehen darin, dass aus der Sicht der Staaten, die ihr folgen, regelmäßig andere Vorschriften anwendbar sind als nach dem Recht des Gründungsstaats. So verlangt die Sitztheorie die Einhaltung nicht nur der Vorschriften des Sitzrechts über das Mindestkapital, sondern auch der über die Eintragung, die Vertretung und die sonstige Organisation (siehe dazu u. Rdn. 19).

b) Folgen nach der Gründungstheorie. Der **Gründungstheorie** zufolge gestaltet sich die Rechtslage **international gesehen harmonischer**. Für anwendbar wird das Recht des Registerstaats erklärt, welches die Gründer regelmäßig im Auge gehabt haben werden. Zu einer Abweichung des erwarteten vom tatsächlich anzuwendenden Recht kann es praktisch nicht kommen. Außerdem bleibt das einmal eingehaltene Gründungsrecht über die gesamte Bestehenszeit der Gesellschaft anwendbar, unabhängig davon, ob diese vielleicht später ihren Verwaltungssitz verlegt. Dadurch wird die Rechtssicherheit erhöht und die grenzüberschreitende Mobilität der Gesellschaft verbessert.

4. Unionsrechtliche Vorgaben

Die Befolgung von Sitz- oder Gründungstheorie steht nicht mehr im Belieben des nationalen Gesetzgebers, der Rechtsprechung oder der Lehre. Zu beachten sind weitreichende Vorgaben des Unionsrechts. In seinen Urteilen in den Fällen Centros,[48] Überseering,[49] Inspire Art[50] und SEVIC Systems[51] hat der EuGH deutlich gemacht, dass die primärrechtlich garantierte Niederlassungsfreiheit der Anwendung der Sitztheorie auf Gesellschaften, die in **anderen Mitgliedstaaten der Europäischen Union** gegründet wurden, enge Grenzen setzt. Die Gründungstheorie wurde damit zwar nicht europarechtlich vorgeschrieben, da der Gerichtshof nur über die Vereinbarkeit der Ergebnisse nationalen Rechts mit dem Unionsrecht in bestimmten Situationen und nicht über die Richtigkeit kollisionsrechtlicher Doktrinen entscheidet.[52] Doch hat er die Befolgung der Sitztheorie in einer ganzen Reihe praktisch relevanter Fälle untersagt.

Heftig **umstritten** ist, ob diese Rechtsprechung Auswirkungen auf das anwendbare Recht **im Zeitpunkt der Gesellschaftsgründung** hat. Fraglich ist insbesondere, ob sie auch dann der Anwendung der Sitztheorie entgegensteht, wenn eine Gesellschaft schon im Zeitpunkt der Gründung ihren effektiven Verwaltungssitz außerhalb des Registerstaats hat (siehe o. Rdn. 17). Unmittelbar hatte sich der EuGH mit dieser Konstellation noch nicht zu befassen. Ihm lagen bislang lediglich Fragen der Errichtung von Zweigniederlassung, der Sitzverlegung und der Verschmelzung vor. Dennoch wird von **Teilen der Literatur** der Schluss gezogen, die Aussagen des Gerichtshofs **gälten auch**

---

[45] *Binz/Mayer* GmbHR 2003, 249, 252; *Kindler*, in: MünchKomm-BGB, IntGesR Rdn. 425, 490–495.
[46] Vgl. *Weller*, IPRax 2009, 207, 209; *ders.*, FS Goette, 2011, S. 583.
[47] Siehe BGHZ 151, 204, 206f. – Jersey; BGHZ 178, 192, 199 – Trabrennbahn.
[48] EuGH Rs. C-212/97, Slg. 1999 I-1459 – Centros.
[49] EuGH Rs. C-208/00, Slg. 2002 I-9919 – Überseering.
[50] EuGH Rs. C-167/01, Slg. 2003 I-10155 – Inspire Art.
[51] EuGH Rs. C-411/03, Slg. 2005 I-10805 – Sevic Systems.
[52] So auch *Fages*, in: Audit/Muir Watt/Pataut, Conflits de lois et régulation économique, 2008, Rdn. 76; *Rehm*, in: Eidenmüller, Ausländische Kapitalgesellschaften im deutschen Recht, § 2 Rdn. 66–72; *Mansel* RabelsZ 2006, 651, 673–675; *Kindler* IPRax 2009, 189, 191. **A. A.** *Weller* IPRax 2009, 202, 204 ff.

für die Gründung der Gesellschaft.[53] Dieser Ansicht neigt auch die deutsche Rechtsprechung zu.[54]

Einer **Gegenansicht** zufolge soll dagegen das Unionsrecht **keine Vorgaben für das Gesellschaftsrecht im Gründungsstadium** enthalten.[55] Insbesondere bleibe es dem Recht der Mitgliedstaaten überlassen, welches Recht auf eine Gesellschaft anzuwenden sei, die ihren effektiven Verwaltungssitz schon bei der Gründung in einem anderen Staat als dem habe, nach dessen Recht sie organisiert wird. Die Vertreter dieser Ansicht weisen darauf hin, dass es in diesen Fällen an „jeder Mobilitätskomponente" fehle, so dass die unionsrechtliche Niederlassungsfreiheit nicht einschlägig sein könne.[56] Eine „inländische Gesellschaft", die nach dem Recht eines fremden Staats gegründet sei, kann sich dieser Auffassung nach auf die Niederlassungsfreiheit nicht berufen.[57]

Zu **folgen** ist den Vertretern **der ersten Ansicht.** Die Niederlassungsfreiheit erfasst nicht nur die zeitlich nachfolgenden Aspekte wie die Eintragung von Zweigniederlassungen oder die Verlegung des Sitzes. Vielmehr ist bereits die Gründung der Gesellschaft nach dem Recht eines anderen Staats als dem des effektiven Verwaltungssitzes umfasst. Das folgt zum einen aus der Tatsache, dass die Niederlassungsfreiheit nicht nur der Gesellschaft, sondern **auch den Gründern** zusteht, die sie mit der Inkorporation ausüben. Zum anderen wird dies systematisch durch den **Verweis des Artikel 54 Abs. 1 AEUV** gestützt, der sich nicht nur auf Artikel 49 Abs. 1 Satz 2 AEUV, sondern auf das **gesamte „Kapitel"** und damit auch auf die primäre Niederlassungsfreiheit richtet. Jedes andere Ergebnis würde zudem **Sinn und Zweck der Niederlassungsfreiheit** widersprechen, denn es erscheint wenig sinnvoll, von den Gründern zu verlangen, zunächst den Sitz der Gesellschaft in den Gründungsstaat zu legen, um in der nächsten Sekunde von ihrer Niederlassungsfreiheit Gebrauch zu machen. Die Einordnung einer nach fremdem Recht gegründeten Gesellschaft mit Sitz im eigenen Territorium als „inländische Gesellschaft" verkennt, dass **allein durch die Registrierung im Ausland** ein **Bezug zu einem weiteren Mitgliedstaat** hergestellt ist. Folglich liegt bereits bei der Gründung ein grenzüberschreitender Sachverhalt vor, der dazu führt, dass die Grundfreiheiten einschlägig sind. Einer **zusätzlichen Mobilitätskomponente** bedarf es **nicht.** Die Reichweite des Niederlassungsrechts ist objektiv zu bestimmen und kann nicht einseitig durch das Kollisionsrecht der Mitgliedstaaten verändert werden. Es steht damit nicht im Belieben des Sitzstaats, die Gesellschaft trotzdem als „inländische Gesellschaft" anzusehen und zu behandeln.

Der hier vertretenen Auffassung **steht nicht entgegen,** dass **Artikel 54 Abs. 1 AEUV** eine „gegründete" Gesellschaft voraussetzt. Denn dieses Merkmal ist **nicht im Sinn einer zeitlichen Reihenfolge** – erst Gründung, dann Niederlassung in einem anderen Mitgliedstaat – zu verstehen. Vielmehr geht es nur darum, dass die Gesellschaft die Gründungsvorschriften eines mitgliedstaatlichen Rechts einhalten muss. Entspricht sie diesen Vorschriften, kommt sie ohne Weiteres in den Genuss der Niederlassungsfreiheit, weil sie im Sinn des Artikel 54 AEUV zu „nach den Rechtsvorschriften eines Mitgliedstaats gegründeten" Gesellschaften gehört. Dies gilt selbst dann, wenn die Gesellschaft im Zeitpunkt der Gründung ihren effektiven Verwaltungssitz in einem anderen Mitgliedstaat hat, dessen Recht abweichende Anforderungen an ihre Gründung vorsieht. Artikel 54 AEUV

---

[53] *Eidenmüller* ZIP 2002, 2233, 2243 f.; *Leible/Hoffmann* ZIP 2003, 925, 929; *Schön,* in: FS Priester, S. 737, 740–743; *Weller* IPRax 2003, 324/327. Ablehnend dagegen z.B. *Sonnenberger,* in: Mélanges Lagarde, 2005, S. 757, 753; *W.-H. Roth* ICLQ 177, 190 f.; offener *ders.,* in: Lutter (Hrsg.), Europäische Auslandsgesellschaften in Deutschland, S. 379, 380.

[54] OLG Zweibrücken BB 2003, 864, 866; BayObLG NZG 2003, 290, 291; OLG Frankfurt/M. IPRax 2004, 56, 58.

[55] *Kindler,* in: MünchKomm-BGB, IntGesR Rdn. 428; *ders.* NJW 2003, 1073, 1078; *W.-H. Roth* IPRax 2003, 117, 126 f.; *Kieninger* ZGR 1999, 724, 728–735; *Zimmer* ZHR 164 (2000), 23, 40 f.; offengelassen durch *Forsthoff* DB 2002, 2471, 2475.

[56] *Kindler,* in: MünchKomm-BGB, IntGesR Rdn. 428.

[57] *Kindler,* in: MünchKomm-BGB, IntGesR Rdn. 514.

§ 5. Entstehung der juristischen Person

soll **lediglich die Gemeinschaftszugehörigkeit der Gesellschaft sicherstellen,** aber keine Entscheidung zwischen Sitz- und Gründungstheorie herbeiführen. Seinen Voraussetzungen ist daher bereits genügt, wenn die Gesellschaft nach dem Recht eines der Mitgliedstaaten gegründet ist und diese ihren statuarischen Sitz in einem, nicht notwendig demselben Mitgliedstaat hat.[58] Wenn Art. 54 AEUV alternativ auf verschiedene Anknüpfungspunkte abstellt, so reicht es, wenn einer davon erfüllt ist. Die Gegenauffassung rekuriert allein auf den Verwaltungssitz, der aber nur eine der möglichen Anknüpfungen darstellt.

Wegen der Anwendbarkeit der Niederlassungsfreiheit auf die Gründung gibt es gemeinschaftsrechtlich **nur wenige Konstellationen,** in denen die **Sitztheorie Bestand** haben kann. Dies sind die Fälle, in denen **weder das Gründungs- noch das Sitzrecht** die Gesellschaft als wirksam anerkennen. Das kann zum Beispiel daran liegen, dass beide der Sitztheorie folgen. Ein anderer Grund kann sein, dass das Recht des Gründungsstaats der Sitztheorie folgt und eine Verweisung des IPR des Sitzstaats nicht annimmt, sondern auf dieses zurückverweist. In beiden Fällen ist nach allen beteiligten Rechtsordnungen das Sitzrecht anzuwenden. Dies hat regelmäßig die Unwirksamkeit der Gesellschaft zur Folge, weil die Gründer meist nur die Bestimmungen des Registerstaats beachtet haben. In diesen Situationen besteht nach allen gemäß Art. 54 AEUV in Betracht kommenden mitgliedstaatlichen Rechtsordnungen keine wirksam gegründete Gesellschaft. Aus diesem Grund sind die Voraussetzungen für die Ausübung der Niederlassungsfreiheit nicht erfüllt.

Die **Rechtsprechung des EuGH** stützt die hier vertretene These, dass die Niederlassungsfreiheit bereits im Gründungsstadium gilt. So hatte der Gerichtshof im *Centros*-Urteil die dänischen Behörden zur Eintragung einer Zweigniederlassung einer englischen Limited verpflichtet, obwohl diese ihren effektiven Verwaltungssitz schon im Zeitpunkt der Gründung offensichtlich in Dänemark hatte. Nach Ansicht des EuGH handelte es sich nichtsdestoweniger um eine wirksam errichtete Gesellschaft, denn sonst hätte er die Ablehnung der Eintragung der Zweigniederlassung durch die dänischen Behörden nicht als Verstoß gegen den EG-Vertrag bezeichnen können.[59] Gerade die wirksame Errichtung der englischen Gesellschaft wurde von den dänischen Behörden – deren Recht ansonsten von der Gründungstheorie ausgeht – bestritten, weil die Gründer ihrer Meinung nach die inländischen Vorschriften über das Mindestkapital umgehen wollten.[60] Angesichts der besonderen Umstände des Falles implizierte die Zuerkennung der sekundären Niederlassungsfreiheit an die Gesellschaft daher zugleich eine Aussage über die Wirksamkeit deren Gründung. Der EuGH war sich dessen sehr wohl bewusst, und er hebt die Auswirkungen seiner Position auf die primäre Niederlassungsfreiheit deutlich hervor. Ausdrücklich stellt er fest, dass es keine missbräuchliche Ausnutzung des Niederlassungsrechts sei, wenn „ein Staatsangehöriger eines Mitgliedstaats, der eine Gesellschaft gründen möchte, diese in dem Mitgliedstaat errichtet, dessen gesellschaftsrechtliche Vorschriften ihm die größte Freiheit lassen".[61] Vielmehr folge aus der Niederlassungsfreiheit auch „das Recht, eine Gesellschaft nach dem Recht eines Mitgliedstaats zu errichten".[62] Im Kontext des Urteils gelesen bedeutet dies, dass die Niederlassungsfreiheit das Recht einschließt, eine Gesellschaft nach dem Recht eines anderen Mitgliedstaats als dem zu gründen, in dem ihr effektiver Verwaltungssitz liegt.

Das *Cartesio*-Urteil[63] steht dieser Einschätzung der Rechtsprechung des EuGH nicht entgegen. In diesem hatte sich der Gerichtshof mit der grenzüberschreitenden Sitzverlegung auseinanderzusetzen, die ebenso wie die Gründung zur Ausübung der primären Niederlassungsfreiheit gehört. Er entschied, dass die Frage, ob eine Gesellschaft ihren Sitz ohne Verlust der Eigenschaft als Gesellschaft des nationalen Rechts eines Mitgliedstaats in einen

---

[58] Siehe auch *Randelzhofer/Forsthoff*, in: Grabitz/Hilf, Art. 48 EGV, Rdn. 22.
[59] EuGH Rs. C-212/97, Slg. 1999 I-1459 – Centros.
[60] Siehe EuGH Rs. C-212/97, Slg. 1999 I-1459 – Centros, Rdn. 7.
[61] EuGH Rs. C-212/97, Slg. 1999 I-1459 – Centros, Rdn. 27.
[62] EuGH Rs. C-212/97, Slg. 1999 I-1459 – Centros, Rdn. 27.
[63] EuGH Rs. C-210/06, Slg. 2008 I-9641 – Cartesio.

anderen Mitgliedstaat verlegen kann, gemeinschaftsrechtlich nicht geregelt sei und daher nur nach dem jeweiligen nationalen Recht beantwortet werden könne. Zur Begründung verweist der Luxemburger Gerichtshof auf Art. 54 AEUV, der eine unter dem Recht eines Mitgliedstaates gegründete Gesellschaft verlangt (s. schon oben). Im Ergebnis lässt der EuGH damit den Mitgliedstaaten die Wahl, ob sie auf den Wegzug der nach ihrem Recht gegründeten Gesellschaften aus ihrem Territorium die Sitz- oder die Gründungstheorie anwenden.[64] Daraus wurde die Schlussfolgerung gezogen, dass bei Gesellschaften der Schutz der primären Niederlassungsfreiheit geringer ausgeprägt sei als der Schutz der sekundären.[65] Dies betrifft aber nur die Konstellation der Sitzverlegung. In keiner Entscheidung räumt der EuGH dagegen den Mitgliedstaaten die Freiheit ein, die nach dem Recht *eines anderen Mitgliedstaats wirksam gegründeten* Gesellschaften nicht anzuerkennen. Dies wäre im Gegenteil eine Verletzung der Niederlassungsfreiheit. Das Sitzrecht mag zwar Einfluss auf die Existenz des Rechtsträgers haben. Der Unterschied der Gründungs- zu den Wegzugsfällen besteht jedoch darin, dass im hier untersuchten Zusammenhang die Gründung selbst ein grenzüberschreitender Sachverhalt ist, für den die Niederlassungsfreiheit gilt, während in den Wegzugsfällen zunächst eine wirksam gegründete Gesellschaft bestehen muss, damit die Niederlassungsfreiheit eingreifen kann.

Im **Ergebnis** ist damit festzuhalten, dass die Niederlassungsfreiheit bereits **im Gründungsstadium gilt**. Sie zwingt die Mitgliedstaaten, die nach dem Recht eines anderen Mitgliedstaats gegründeten Gesellschaften anzuerkennen. Damit ermöglicht sie **Rechtswahlfreiheit für die Gründer** und enthebt diese der Notwendigkeit, sich in das Territorium eines anderen Staats begeben zu müssen.

Beschränkungen der freien Gründung durch das Sitzrecht sind damit nicht gänzlich unzulässig. Sie müssen wegen des Eingriffs in die Niederlassungsfreiheit allerdings dem sogenannten Vier-Stufen-Test des EuGH genügen: Sie müssen in **nichtdiskriminierender Weise** angewandt werden, sie müssen **aus zwingenden Gründen des Allgemeininteresses** gerechtfertigt sein, sie müssen **zur Erreichung des verfolgten Zieles geeignet** sein, und sie dürfen **nicht über das hinausgehen, was zur Erreichung dieses Zieles erforderlich ist.**[66] Die Anwendung von Mindestkapitalvorschriften des eigenen Rechts soll diesem Test allerdings nicht genügen, wie der Gerichtshof im Urteil *Inspire Art* für die Ausübung der sekundären Niederlassungsfreiheit festgestellt hat.[67]

5. Völkerrecht

20 Die Entscheidung zwischen Sitz- und Gründungstheorie kann außer durch unionsrechtliche auch durch völkerrechtliche Vorgaben determiniert sein. Dazu sind sowohl bilaterale Abkommen als auch multilaterale Übereinkommen näher zu analysieren, wobei zu beachten ist, dass erstere von der EU oder von Deutschland geschlossen sein können.

21 **a) Europäische Übereinkommen.** Verschiedene von der Europäischen Union oder der früheren EG oder EWG geschlossene Übereinkommen führen zu einer Ausdehnung des räumlichen Anwendungsbereichs der Niederlassungsfreiheit. Unzweifelhaft ist dies für das Übereinkommen über den **Europäischen Wirtschaftsraum (EWR),** welches die Niederlassungsfreiheit auf Gesellschaften erstreckt, die nach dem Recht **Islands, Liechtensteins und Norwegens** gegründet sind. Das **EFTA Übereinkommen,** das die EU im Verhältnis zur **Schweiz** bindet, soll dagegen nach Ansicht des BGH eine beschränktere Wirkung haben und keine allgemeine Niederlassungsfreiheit garantieren. Deutschland stehe es daher ebenso wie den anderen Mitgliedstaaten der EU frei, nach Schweizer Recht

---

[64] Das Urteil im Ergebnis befürwortend: *Zimmer/Naendrup* NJW 2009, 545, 545–547; kritisch dagegen *Gruschinske/Grohmann* EuZW 2008, 463 ff.; *Leible/Hoffmann* BB 2009, 58, 58–60; dezidiert für eine Auswanderungsfreiheit von Gesellschaften *W.-H. Roth,* FS Heldrich, S. 973, 985–995.

[65] So *Paefgen* WM 2009, 529, 534.

[66] Vgl. EuGH Rs. C-167/01, Slg. 2003 I-10155 – Inspire Art, Rdn. 133.

[67] EuGH Rs. C-167/01, Slg. 2003 I-10155 – Inspire Art.

§ 5. Entstehung der juristischen Person

gegründete Gesellschaften nicht anzuerkennen.[68] Der EuGH hat sich zu dieser Ansicht bislang nicht geäußert. Er hat allerdings auf Vorlage des Bundessozialgerichts[69] entschieden, dass die Abkommen mit der Schweiz Gesellschaften keine Niederlassungsfreiheit, sondern nur bedingte Dienstleistungsfreiheit gewähren.[70] Jedoch hat die EU die Kompetenz, neue Assoziierungsabkommen zu schließen und dadurch das gesellschaftsrechtliche Kollisionsrecht hin zur Gründungstheorie zu beeinflussen.[71]

b) Nationale bilaterale Abkommen. Auch Abkommen zwischen Deutschland und anderen Staaten können Auswirkungen auf die Niederlassungsfreiheit und damit auf das anzuwendende Gesellschaftsrecht haben. Anerkannt ist dies für den zwischen der Bundesrepublik Deutschland und den **Vereinigten Staaten** bestehenden Freundschafts-, Handels- und Schifffahrtsvertrag.[72] Dieser räumt den in den USA gegründeten Gesellschaften dieselben Rechte ein, wie sie Gesellschaften anderer Staaten in Deutschland genießen; insbesondere umfasst er damit auch das nach dem AEUV den in der EU gegründeten Gesellschaften zustehende Recht auf freie Niederlassung und die damit einhergehende Anerkennung.[73] Ob **andere bilaterale Abkommen** vergleichbare Rechte gewähren, ist dagegen zweifelhaft (siehe dazu o. § 1). Soweit von Deutschland ratifizierte Investitionsschutzverträge die dem Vertragspartner zuzurechnenden Gesellschaften mit Hilfe der Gründungstheorie definieren, muss im sachlichen Anwendungsbereich des Vertrages die ausländische Gesellschaft anerkannt werden. Ob dies auch dann gilt, wenn eine solche Gesellschaft ihren Verwaltungssitz ins Inland verlegt, hängt von der Fassung des jeweiligen Vertrags ab.[74] Der neue deutsche Modellvertrag für bilaterale Übereinkommen sieht vor, dass eine Anerkennung nach deutschem Recht gegründeter Gesellschaften auch in diesem Fall zu erfolgen hat.[75] Die gleiche Klausel werden sich in der Regel auch die anderen Vertragsstaaten für die nach ihrem Recht inkorporierten Gesellschaften ausbedingen.

c) Multilaterale Übereinkommen. Die Frage des niederlassungsrechtlichen Gehalts des **GATS** (General Agreement on Trade in Services) wird in der Literatur **diskutiert.** Nach einer Auffassung sollen einige seiner Vorschriften der europarechtlichen Niederlassungsfreiheit funktional gleichkommen.[76] Die Unterzeichnerstaaten des GATS wären demnach verpflichtet, die in einem anderen Unterzeichnerstaat oder nach dessen Vorschriften gegründeten Gesellschaften anzuerkennen.[77] Jedoch muss bezweifelt werden, dass das GATS ebenso weitreichende inhaltliche Anforderungen an die nationalen Gesellschaftsrechte stellt wie das Unionsrecht.[78] Der Integrationsgrad zwischen den Mitgliedern der Welthandelsorganisation einerseits und der EU andererseits ist unterschiedlich. Auch der Mut der Rechtsprechung zur Rechtsfortbildung ist sehr verschieden. Es gibt bislang keine panel-Entscheidung des WTO-Streiterledigungsmechanismus, welche die Sitztheorie einschränken würde,

---

[68] BGHZ 178, 192, 194 ff. – Trabrennbahn.
[69] BSG v. 27. 2. 2008 – B 12 KR 5/07, Anm. *J. Schmidt,* EWiR 2009, 175.
[70] EuGH Rs. C-351/08, Slg. 2009 I-10777 – Grimme.
[71] Vgl. im Hinblick auf ein mit Chile geschlossenes Abkommen *Weller* ZGR 2006, 748, 767.
[72] Vertrag vom 29. Oktober 1954, BGBl. II 1956, S. 488 ff.
[73] BGHZ 153, 353, 355–358; BGH NZG 2005, 44; dazu *M. Stürner* IPRax 2005, 305; allgemein und kritisch zur Auslegung des Vertrages für Fragen des Kollisionsrechts *Seelinger,* Gesellschaftskollisionsrecht und Transatlantischer Binnenmarkt, S. 48–78.
[74] Allgemein zu den Auswirkungen der Staatsverträge auf das deutsche internationale Gesellschaftsrecht *Beitzke,* FS M. Lutter, S. 1–20; *Ebenroth/Bippus* RIW 1988, 336; *Rehm,* in: Eidenmüller, Ausländische Kapitalgesellschaften im deutschen Recht, § 2 Rdn. 6–37.
[75] Art. 1 Nr. 3 a, zweiter Spiegelstrich des Modellvertrages, erhältlinch unter: http://italaw.com/investmenttreaties.htm (zuletzt besucht am 31. 8. 2011).
[76] *Hoffmann,* in: AnwKomm-BGB, Anh zu Art. 12 EGBGB, Rdn. 146–149; *Tietje,* in: ders., Internationales Wirtschaftsrecht, § 1 Rdn. 116 S. 50.
[77] So explizit *Kraus,* Die Auswirkungen des Welthandelsrechts auf das Internationale Kollisionsrecht, S. 211.
[78] Siehe *Lehmann* RIW 2004, 816, 823.

obwohl sich deren negative Auswirkungen gerade auch im internationalen Rechtsverkehr spüren lassen. Jedenfalls beim derzeitigen Stand des Welthandelsrechts muss man daher realistischerweise davon ausgehen, dass es **der Sitztheorie (noch) nicht entgegensteht**.[79]

24   d) **Zusammenfassung.** Im **Ergebnis** ist die Geltung der Gründungstheorie über die EU hinaus durch das Völkerrecht jedenfalls in zweierlei Weise erweitert: 1. Es müssen die im **EWR oder nach dem Recht eines EWR Mitgliedstaats** gegründeten Gesellschaften anerkannt werden. 2. Die Gründer können auch das Recht **eines der 51 Bundesstaaten der USA** für die Gründung wählen. Ob daneben andere Erweiterungen völkerrechtlich gefordert sind, bleibt demgegenüber unsicher.

6. Behandlung von Gesellschaften aus Drittstaaten

25   Angesichts der Vorgaben des Unions- und des Völkerrechts hat sich die Entscheidung zwischen der Geltung der Sitz- oder der Gründungstheorie in negativer Auslese auf die Rechte der Staaten reduziert, die weder Mitgliedstaaten der EU, des EWR noch einer der Bundesstaaten der USA sind. Diese Staaten werden im Folgenden als „**Drittstaaten**" bezeichnet. Die Frage ist, ob die Gründer der Gesellschaft für diese das Recht eines bestimmten Staats wählen können, wenn der effektive Verwaltungssitz in einem anderen Staat belegen ist, oder ob in diesen Fällen zwingend das Sitzrecht auf die Gründung angewandt werden sollte.

Ein **Teil der Literatur** möchte die Gründungstheorie auch auf in Drittstaaten inkorporierte Gesellschaften ausweiten.[80] Die Vertreter dieser Ansicht betonen, dass ihre Lösung es erlauben würde, alle Gesellschaften gleich welchen Ursprungs nach derselben kollisionsrechtlichen Regel zu behandeln. Außerdem heben sie hervor, dass die Gründungstheorie zu einem Wettbewerb der Rechtsordnungen führt, der sich gesamtwirtschaftlich vorteilhaft auswirkt. Dieser Auffassung haben sich auch der Deutsche Rat für IPR sowie der Referentenentwurf für das internationale Gesellschaftsrecht angeschlossen.[81]

Dieser Ansicht wird **von anderen Autoren widersprochen**.[82] Sie halten die der Sitztheorie zugrundeliegenden Erwägungen gegenüber Gesellschaften aus Drittstaaten nach wie vor für zutreffend. Die Gläubiger und die Minderheitsgesellschafter dieser Gesellschaften müssen ihrer Ansicht nach geschützt werden. Zu beachten sei insbesondere, dass außerhalb der EU gegründete Gesellschaften nicht den Harmonisierungsmaßnahmen des Unionsrechts unterliegen.[83] Daher könne nur durch die Beibehaltung der Sitztheorie einer Flucht in das laxeste Gesellschaftsrecht vorgebeugt werden.[84] Die daraus folgenden Nachteile eines gespaltenen Kollisionsrechts seien hinzunehmen. Dieses stelle den Rechtsanwender vor keine größeren Schwierigkeiten, da sich in Drittstaaten gegründete Gesellschaften leicht identifizieren ließen.[85] Außerdem würde ein genereller Umschwung zur Gründungstheorie zu einer viel stärkeren Belastung der Prozess- und Beratungspraxis als die Beibehaltung der Sitztheorie führen, da die Gründungstheorie in „zigtausend Fällen

---

[79] So auch BGHZ 178, 192, 195 – Trabrennbahn.

[80] *Eidenmüller* ZIP 2002, 2233, 2244; *Behrens*, in: GroßkommGmbHG, Einl. Rdn. B 36; *Rehm*, in: Eidenmüller, Ausländische Kapitalgesellschaften im deutschen Recht, § 2, Rdn. 87–89; *Kieninger* NJW 2009, 292, 292f.; *Leible/Hoffmann* ZIP 2003, 925, 930; *Paefgen* WM 2003, 561, 570.

[81] Vgl. *Sonnenberger*, o. Fn. 22, S. 7, Art. 2; S. 11, Art. 10 Abs. 2, 3 EGBGB; Referentenentwurf, o. Fn. 23, Art. 10 Abs. 1 S. 1 EGBGB-E.

[82] *Hüffer*, AktG, 9. Aufl. 2010, § 1 Rdn. 32; *Kindler*, in: MünchKomm-BGB, IntGesR Rdn. 455; *ders.* IPRax 2009, 189, 190; Erman/*Hohloch,* Anh. II Art. 37 EGBGB Rdn. 32; *Hausmann*, in Reithmann/ Martiny, Internationales Vertragsrecht, Rdn. 5066; *Wiedemann* GesR II § 1 IV 3 a, S. 56; Palandt/ *Thorn*, Anh. zu Art. 12 EGBGB Rdn. 9; vorsichtig *Bayer* BB 2003, 2357, 2363 f.; *Ebke* JZ 2003, 927, 930; *Horn* NJW 2004, 893, 897; *Wachter* GmbHR 2005, 1484, 1485; *Weller* ZGR 2006, 748, 766.

[83] *Hausmann*, in: Reithmann/Martiny, Internationales Vertragsrecht, Rdn. 5066; *Mankowski* EWiR 2003, 661, 662; *Dörner* LMK 2005, 48.

[84] *Kindler* IPRax 2009, 189, 190.

[85] *Binge/Thölke* DNotZ 2004, 21, 28 (im Ergebnis aber gegen die Sitztheorie); *Hausmann*, in: Reithmann/Martiny, Internationales Vertragsrecht, Rdn. 5066.

§ 5. Entstehung der juristischen Person

die Kenntnis und Handhabung ausländischen materiellen Gesellschaftsrechts" erfordere.[86] Schließlich spreche sich auch der EuGH für eine Diskriminierung ausländischen Rechts aus, indem er zwingendem Richtlinienrecht regelmäßig den Vorrang vor drittstaatlichem Recht gäbe.[87]

Nach **Ansicht der Rechtsprechung** ist für drittstaatliche Gesellschaften zumindest vorerst an der Sitztheorie in ihrer milderen Variante festzuhalten. Der BGH weist in seiner **Trabrennbahn-Entscheidung**[88] auf die noch nicht abgeschlossene Willensbildung des Gesetzgebers hin, der er nicht vorgreifen möchte. In dem ihm vorliegenden Fall sah er dazu auch kein Bedürfnis, da die klagende Schweizer AG mit deutschem Verwaltungssitz – als deutsche Personengesellschaft qualifiziert – nicht daran gehindert sei, ihre Rechte vor deutschen Gerichten geltend zu machen.

Für die hier interessierende **Gründungsphase** folgt aus den beiden zuletzt genannten Ansichten, dass die Gesellschaft, die bereits bei der Gründung ihren effektiven Verwaltungssitz in einem anderen Staat als dem Registerstaat hat, **als Personengesellschaft des Sitzstaats** eingeordnet und behandelt werden muss. Etwas anderes würde dagegen gelten, wenn sie nachträglich ihren Sitz in den Gründungsstaat verlegt: Wegen der von den Anhängern der Sitztheorie anerkannten Möglichkeit des Statutenwechsels müsste danach die anfänglich verfehlte Gründung „geheilt" sein.

Diese Meinungen sind **abzulehnen**. Stattdessen ist der **erstgenannten Ansicht** der Literatur **zuzustimmen**. Die Gründungstheorie sollte auch auf Gesellschaften aus Drittstaaten erstreckt werden, und zwar bereits *de lege lata*. Der Grund dafür ist nicht eine Art „kollisionsrechtliche Ästhetik", die darauf zielt, alle Gesellschaften gleich zu behandeln. Vielmehr führt die Sitztheorie zu **schwerwiegenden Rechtskonflikten** (siehe o. Rdn. 17).[89] Sie hat nicht nur den **Wegfall des Haftungsschilds** der Gesellschafter zur Folge, sondern auch die **Aushebelung der innergesellschaftlichen Organisation** und der **Regelungen über die Vertretung** nach außen. Von den Vertretern der Gesellschaft abgeschlossene Rechtsgeschäfte werden dadurch häufig nicht anerkannt, die von ihnen für die Gesellschaft erworbenen Rechtsgüter gehen nicht in ihr Vermögen über.[90] Diese Folgen treten nur dann nicht ein, wenn die nach dem Gründungsrecht als Organe berufenen Personen zufällig zugleich Vertreter der nach inländischem Recht umqualifizierten Gesellschaft sind. Dafür gibt es jedoch keine Garantie, zumal die Vertretungsregelungen von Kapital- und Personengesellschaften häufig grundlegend voneinander abweichen. Führt man sich zudem vor Augen, dass jeder Sitzstaat über ein anderes Personengesellschaftsrecht verfügt, wird das entstehende **Rechtschaos** in seinem ganzen Ausmaß deutlich. Die in der Literatur vorgeschlagenen Anpassungen des Sachrechts zur Vermeidung dieser Ergebnisse[91] wirken umständlich und gekünstelt. Demgegenüber erscheint die Anwendung des Gründungsrechts in Kombination mit dem öffentlichen Wirtschaftsrechts des Sitzstaats als sehr viel reibungsloser und geeignet, die berechtigten Schutzanliegen zu wahren.[92]

Aus Sicht der Sitztheorie könnte man darauf hinweisen, dass die negativen Folgen „nur" die Gesellschafter der nach drittstaatlichem Recht gegründeten Gesellschaft treffen. Deren Interessen hat aber das inländische Kollisionsrecht in gleicher Weise einzubeziehen wie die inländischer Gläubiger, wenn man nicht einer Art kruden *governmental interest analysis* im IPR das Wort reden möchte.[93] Der mögliche Hinweis, die Gesellschafter könnten das dro-

---

[86] *Kindler* IPRax 2009, 189, 190.
[87] *Kindler* IPRax 2009, 189, 190.
[88] BGHZ 178, 192, 196–199 – Trabrennbahn.
[89] Ebenso *Behrens* IPRax 2003, 193, 200; siehe auch *Weller* IPRax 2009, 202, 207 f., der aber zur Vermeidung ein Tätigwerden des Gesetzgebers fordert.
[90] Siehe *Lehmann* AcP 207 (2007), 225, 236.
[91] *Weller*, FS Goette 2011, 583, 594–598.
[92] So schon *Drobnig*, FS Caemmerer, 1978, S. 687, 692.
[93] Zur *governmental interest analysis* siehe *Kegel/Schurig*, IPR, § 3 XI 2b, S. 199 f.; *Kropholler*, IPR, § 11 IV 2, 6, S. 90 f., 93–95; *v. Hoffmann/Thorn*, IPR, § 2 Rdn. 45–49.

hende Rechtschaos vermeiden, indem sie das Recht des effektiven Verwaltungssitzes bei der Gründung einhalten, wirkt zynisch. Angesichts der weltweiten Vernetzung der Wirtschaft und der Unsicherheiten bei der Bestimmung des Sitzes ist es für die Gründer nicht immer einfach, die Einschlägigkeit des Sitzrechts zu erkennen, zumal dieses den Sitz nach seinen eigenen, idiosynkratischen Regeln festlegt und sich damit im Grunde selbst für anwendbar erklärt. Den Aufwand, alle potentiell einschlägigen Rechtsordnungen zu überprüfen, sollte man den Gründern ersparen. Das haben auch die meisten Rechtsordnungen erkannt. Die Gründungstheorie ist weltweit auf dem Vormarsch. Sie ist die einzige Theorie, die die Herausforderungen einer mobilen, globalisierten Wirtschaft erfüllen kann. Im Vergleich zu ihr wirkt die Sitztheorie wie ein Fossil,[94] mit dem die Gesellschafter nicht rechnen müssen.

Zudem sind die **Folgen der Sitztheorie** im Hinblick auf deren Ziel, die berechtigten Belange der Gläubiger, der Arbeitnehmer und der Minderheitsgesellschafter zu wahren, **überzogen und weitgehend unnötig.** Diesen Belangen ließe sich auch durch Sonderanknüpfungen bestimmter Fragen wie etwa der Haftung der Gesellschafter für existenzvernichtende Eingriffe genügen, ohne dass man die Organisations- und Vertretungsregelungen des Gründungsrechts aushebeln müsste. Das Gegenargument, das Gesellschaftsstatut müsse einheitlich angeknüpft werden, verfängt nicht. Denn diese Einheit wird durch die Sitztheorie nur aus Sicht des nationalen Rechts erreicht. Aus internationaler Sicht wird eine einheitliche Handhabung jedoch verfehlt, weil das anzuwendende Recht anders bestimmt wird als nach vielen ausländischen Kollisionsrechten. Das oberste Ziel des IPR, die Herstellung von Entscheidungsharmonie, wird gerade nicht erreicht.

Für den Übergang von der Sitz- zur Gründungstheorie sollte **nicht erst die Entscheidung durch den Gesetzgeber abgewartet** werden.[95] Die Wandlung der gesellschaftlichen Umstände sowie die bislang reibungslose Anwendung der Gründungstheorie im Verhältnis etwa zu den Bundesstaaten der USA sollten Anlass genug sein, die alte Theorie abzustreifen.[96] Dem steht nicht entgegen, dass die Sitztheorie in Deutschland mittlerweile den Status von „Gewohnheitsrecht" erlangt hätte.[97] Zum einen bestehen erhebliche Bedenken gegen die unbedarfte Gleichsetzung von Richterrecht und Gewohnheitsrecht.[98] Zum anderen gab es von jeher von der Sitztheorie abweichende Meinungen in der Literatur.[99] Daher fehlte es an der zweiten Voraussetzung für die Ausbildung von Gewohnheitsrecht, der *opionio iuris sive necesitatis,* denn angesichts der alternativen Vorschläge hatte sich keine Überzeugung unter den Gerichten gebildet, nicht auch anders entscheiden zu können.[100] Die Sitztheorie blieb eben nur eine „Theorie", und es war den Urteilenden bewusst, dass es sich nicht um ein unumstößliches Rechtsprinzip handelte. Daher konnten

---

[94] *Garcimartín Alférez,* Revista española de Derecho Internacional 1999, S. 295; *Fingerhuth/Rumpf* IPRax 2008, 90.
[95] A. A. *Weller,* IPRax 2009, 202, 202.
[96] Siehe auch *Kieninger* NJW 2009, 292, 293.
[97] So aber z. B. *Weller* IPRax 2009, 202, 207; *Mansel/Thorn/Wagner* IPRax 2009, 1, 5; *Großfeld,* in: Staudinger, IntGesR Rdn. 26; *Hausmann,* in: Reithmann/Martiny, Internationales Vertragsrecht, Rdn. 5066.
[98] Siehe *Coing,* in: Staudinger, BGB, 12. Aufl. 1980, Einl. Rdn. 229. Zweifel am gewohnheitsrechtlichen Charakter der Sitztheorie haben auch *Fingerhuth/Rumpf* IPRax 2009, 90, 94; *Beitzke,* in: Lauterbach, Vorschläge und Gutachten zur Reform des deutschen internationalen Personen- und Sachenrechts, S. 101–106.
[99] Siehe etwa *Beitzke,* in: Lauterbach, Vorschläge und Gutachten zur Reform des deutschen internationalen Personen- und Sachenrechts, S. 94, 111–119, 125–132 (für eine eingeschränkte Gründungstheorie); *Knobbe-Keuk* ZHR 154 (1990), 325; *Fikentscher* MDR 1957, 71, 72; *Behrens,* in: Hachenburg GmbHG, 8. Aufl. 1992, Allg. Einl. Rdn. 117–121, 125; vgl. auch *Wiedemann,* Gesellschaftsrecht, Bd. 1, S. 783 f.
[100] Vgl. zu den Anforderungen an die Rechtsüberzeugung *Larenz/Canaris,* Methodenlehre der Rechtswissenschaft, 3. Aufl. 1995, S. 258 f.

sie sie jederzeit ändern. Wenn es darüber hinaus noch eines Indizes für den Willen des Gesetzgebers bedurft hätte, die Sitztheorie umzukehren, so könnte dazu der neugefasste **§ 4a GmbHG** dienen. Dieser beschäftigt sich zwar nicht unmittelbar mit dem Kollisionsrecht.[101] Ohne eine Abkehr von der Sitztheorie wird jedoch das Anliegen der Reform der Vorschrift zur Makulatur. Der Gesetzgeber will offenbar die Hinwendung zur Gründungstheorie vollziehen, denn sonst hätte er kaum nach deutschem Recht gegründeten Gesellschaften erlaubt, ihren Sitz im Ausland zu nehmen. Daher ist die Befürchtung des BGH unbegründet, dass der parlamentarische Willensbildungsprozess durch eine voreilige Änderung der Rechtsprechung in dieser Richtung unzulässig beeinflusst worden wäre.[102] Diese Argumentation lässt zudem außer Acht, dass der Gesetzgeber die Macht hat, von ihm nicht gewollte Entwicklungen der Judikatur jederzeit zu korrigieren. Schließlich verfehlt die vom BGH im Trabrennbahn-Urteil vertretene Ansicht, eine Entscheidung zwischen Sitz- und Gründungstheorie sei wegen der Besonderheiten des vorliegenden Falls nicht geboten,[103] die **Funktion höchstrichterlicher Rechtsprechung.** Diese besteht nicht nur darin, einen bestimmten Rechtsstreit zu beenden, sondern Fingerzeige an die Untergerichte zu geben. Im Trabrennbahn-Fall konnte die Klägerin ihre Rechte nur deshalb durchsetzen, weil lediglich einer der drei Aktionäre der schweizerischen Aktiengesellschaft vertretungsberechtigt war. Sehr leicht hätte der Sachverhalt auch so gestaltet sein können, dass die unterschiedlichen Vertretungsregeln von ausländischem Kapital- und inländischem Personengesellschaftsrecht durchschlagen: Denkbar und in der Praxis nicht selten ist z.B., dass ein Nichtgesellschafter als Verwaltungsrat oder Vorstand einer Kapitalgesellschaft fungiert. Wegen des Verbots der Fremdorganschaft hätte der BGH diesen nicht als Organ der oHG ansehen können. Daher wäre es der Klägerin in diesem Fall bei Anwendung der Sitztheorie nicht möglich gewesen, ihre vertraglichen Rechte durchzusetzen, weil sie bei Vertragsabschluss nach deutscher Ansicht nicht ordnungsgemäß vertreten gewesen wäre.

Der Streit zwischen Sitz- und Gründungstheorie ist daher **grundsätzlich zugunsten letzterer** zu lösen. Die von der Sitztheorie verfolgten Belange sind nicht unberechtigt. Sie müssen über **Sonderanknüpfungen** gewahrt werden.[104] Wie diese im Einzelnen zu gestalten sind, lässt sich nur im Rahmen der jeweiligen spezifischen gesellschaftsrechtlichen Normenkomplexe beantworten. Im Folgenden wird daher für die im Zusammenhang mit der Gründung sich stellenden Rechtsprobleme untersucht, inwieweit eine Sonderanknüpfung geboten oder schlicht von der Geltung der Gründungstheorie auszugehen ist. Dabei ist daran zu erinnern, dass die deutsche Rechtsprechung nicht der hier vertretenen differenzierenden Lösung folgt, sondern für drittstaatliche Gesellschaften weiterhin generell die Anwendung der Sitztheorie bevorzugt.

V. Verfahren der Eintragung

1. Gesellschaftsvertrag

Zur Entstehung des Rechtsträgers bedarf es zunächst des Abschlusses eines Gesellschaftsvertrags (siehe o. Rdn. 3). Dessen Vorlage beim Registergericht wird durchgehend als Voraussetzung für die Eintragung verlangt. Aus ihm müssen in der Regel die wichtigsten An-

---

[101] Für einen kollisionsrechtlichen Charakter *Bayer/Schmidt* ZHR 173 (2009), 735, 749–751; *Fingerhuth/Rumpf* IPRax 2008, 90, 92–96; *Hoffmann* ZIP 2007, 1581, 1584 ff.; *Leible/Hoffmann* BB 2009, 58, 62 f.; *Leitzen* NZG 2009, 728, 728. Dagegen BGHZ 178, 192, 198 – Trabrennbahn; *Franz* BB 2009, 1250, 1251 m. w. N.; *Kindler* IPRax 2009, 189, 197–199; *Lieder/Kliebisch* BB 2009, 338, 343; *Werner* GmbHR 2009, 191, 194 ff.

[102] BGHZ 178, 192, 198.

[103] BGH a. a. O., 198 f.

[104] So auch *Behrens* IPRax 2003, 193, 206; *Leible/Hoffmann* ZIP 2003, 925, 930; *Balthasar* RIW 2009, 221, 225–227.

gaben hervorgehen, die in das Register eingetragen werden, wie z. B. die Rechtsform, die Dauer, der Name, der Sitz, der Gegenstand und das Kapital der Gesellschaft.[105]

Die Gesellschafter müssen sich im Gesellschaftsvertrag für eine bestimmte **Verbandsform** entscheiden. Insoweit herrscht ein **numerus clausus** der nationalen Rechte. In der Regel stehen ihnen unter den Kapitalgesellschaften mindestens ein Typ zur Verfügung, der auf eine bestimmte Zahl von Gesellschaftern beschränkt ist und ein Typ, mit dem man sich an das allgemeine Publikum wendet. Beispiele für den ersten Typ sind etwa die *private limited company,* die *société à responsabilité limitée* und die GmbH; Beispiele für letzteren die *public limited company,* die *société anonyme* und die Aktiengesellschaft.

2. Übernahme der Gesellschaftsanteile

27 Vor der Eintragung der Gesellschaft müssen sich nach vielen Rechtsordnungen die künftigen Gesellschafter zur **Übernahme der Anteile und zur Erbringung entsprechender Einlagen verpflichten.**[106] Damit soll sichergestellt werden, dass die Gesellschaft im Moment ihrer Entstehung über das veröffentlichte Kapital tatsächlich verfügt oder zumindest eine entsprechende Einlageforderung gegen die Gesellschafter hat. In der Regel müssen die Gründer sämtliche Anteile übernehmen, damit die Gesellschaft errichtet werden kann.[107] Insbesondere bei Aktiengesellschaften wird es aber häufig nicht möglich sein, alle Gesellschafter bereits vor der Eintragung zur Zeichnung zu bewegen. Einen Ausweg bildet die **Einschaltung eines** aus Banken bestehenden **Emissionskonsortiums,** das bei der Platzierung der Anteile am Markt hilft.[108] Einen anderen Weg eröffnet das **liechtensteinische Recht:** Dort können die Gründer statt der Simultangründung, bei der sie sofort alle Aktien übernehmen müssen, auch die Stufengründung wählen. Bei Letzterer können sie zunächst die Statuten festsetzen; erst danach müssen sie die das Kapital bildenden Aktien zeichnen.[109]

3. Erbringung der Einlagen

28 Nach vielen Rechten müssen die Gesellschafter **bereits vor der Eintragung** die Einlagen erbringen. Damit soll sichergestellt werden, dass das Kapital nicht nur nominell, sondern tatsächlich vorhanden ist (Grundsatz der realen Kapitalaufbringung, dazu u. Rdn. 37). Häufig ist es allerdings nicht notwendig, die Einlagen vollständig zu erbringen, sondern nur bestimmte Quoten.[110] Dabei wird nicht selten zwischen Sach- und Bareinlagen differenziert: Erstere sind wegen der Gefahr der Überbewertung (siehe u. Rdn. 40) meist vollständig zu erbringen, während für letztere die teilweise Erbringung genügt.[111] Entsprechende Belege sind der zur Eintragung zuständigen Behörde beizubringen, können von dieser aber nur *prima facie* nachgeprüft werden. Zum auf die Erbringung der Einlagen anwendbaren Recht siehe u. Rdn. 47.

---

[105] Siehe etwa Art. L210-2 französischer *Code de commerce.* Zu weiteren Angaben siehe ebda., Art. R224-2.

[106] So z. B. im Vereinigten Königreich, wenn die Gesellschaft ein *share capital* haben soll, vgl. sec. 10 *Companies Act 2006.* Zur *société anonyme* des französischen Rechts siehe Art. L225-3 *Code de commerce.*

[107] Siehe Art. L225-3 französischer *Code de commerce;* Art. 12 span. *Ley de Sociedades Anónimas* (Real Decreto Legislativo 1564/1989, de 22 de diciembre, por el que se aprueba el texto refundido de la Ley de Sociedades Anónimas).

[108] Vgl. zum Emissionskonsortium *Bosch,* in: Hellner/Steuer, Bankrecht und Bankpraxis, Bd. 5, Rdn. 10/258a ff.; *Ekkenga/Maas,* Das Recht der Wertpapieremissionen, 2006, Rdn. 293–295; *McKnight,* International Finance, 2008, S. 415 ff. Zum auf die Konsortialverträge anwendbaren Recht siehe o. Rdn. 13.

[109] Vgl. Art. 281 Abs. 1 Nr. 1, 2 liechtensteinisches Personen- und Gesellschaftsrecht (PGR).

[110] Vgl. etwa Art. 632 Schweizer OR (20%, mind. aber 50 000 Schweizer Franken); Art. 2:191 des niederländischen *burgerlijk wetboek* (ein Viertel).

[111] Vgl. für die französische *S. A. R. L.* Art. L223-7 Abs. 1 Satz 2 und 3 *Code de commerce* (Sacheinlagen vollständig, Bareinlagen zu einem Fünftel).

§ 5. Entstehung der juristischen Person

In den Rechtsordnungen, die dem Kapital der Gesellschaft keine besondere gläubigerschützende Funktion beimessen, wie vor allem diejenigen des *Common Law,* wird die Erbringung der Einlagen nicht kontrolliert. Hier genügt es, dass sich die Gesellschafter zu ihrer Leistung lediglich verpflichtet haben.[112]

4. (Sach-)Gründungsbericht

Für die Eintragung notwendig ist nach vielen Rechtsordnungen ein **Gründungsbericht.**[113] In ihm haben die an der Gründung Beteiligten zum Beispiel darzulegen, wer welche Anteile übernommen hat, ob Sondervorteile gewährt und wie die Sacheinlagen erbracht wurden. Nach manchen Rechtsordnungen muss nur im Falle der Sachgründung (zum Begriff u. Rdn. 40) ein **Sachgründungsbericht** erstellt werden.[114] Normalerweise wird dieser von einem Sachverständigen oder einem Wirtschaftsprüfer erstellt. Stattdessen kann aber auch ein Bewertungsverfahren durch eine öffentliche Stelle vorgesehen sein.[115]

5. Besondere Anforderungen

Außer der Beschaffung dieser Dokumente sind nach einigen Rechten vor der Eintragung **weitere Schritte** notwendig. In **Frankreich** etwa verlangt die Steuerverwaltung die Registrierung der Gründungsdokumente; außerdem muss bereits vor der eigentlichen Eintragung eine Anzeige im Amtsblatt erfolgen.[116] In den **Niederlanden** muss eine Unbedenklichkeitsbescheinigung beim Justizministerium eingeholt werden,[117] für deren Erteilung Angaben über die finanzielle Vergangenheit der Gründer und der Geschäftsführer zu machen sowie der Gesellschaftsvertrag vorzulegen sind.[118] In **China** ist bei einigen *joint ventures* neben einer vorläufigen Registrierung der Firma eine Durchführbarkeitsstudie erforderlich.[119]

6. Anmeldung zum Register

Sind die vorgenannten Schritte getan, ist die angestrebte juristische Person zur Eintragung in das Handels- oder Gesellschaftsregister **anzumelden.** Diese Aufgabe obliegt entweder den Gründern oder dem Notar, der den Gesellschaftsvertrag beurkundet hat.[120] Dem Antrag müssen die für die Eintragung **erforderlichen Unterlagen** beiliegen. Zu ihnen gehören regelmäßig der **Gesellschaftsvertrag** und die **Verpflichtung der Gesellschafter zur Übernahme der Gesellschaftsanteile und der Erbringung der Einlagen.** Abhängig vom jeweiligen Land werden außerdem **der (Sach-)Gründungsbericht, die Gründungsprüfung** und weitere Dokumente (siehe o. Rdn. 30) verlangt. In den EU-Mitgliedstaaten können die notwendigen Unterlagen bei Behörden in elektronischer Form eingereicht werden.[121] Gegen eine Gebühr, die die Verwaltungskosten nicht übersteigen darf, kann die Allgemeinheit **Kopien** aus dem Register erhalten.[122]

---

[112] Vgl. zum englischen Recht *Gower/Davies,* Principles of Modern Company Law, Rdn. 11.2, S. 259. Siehe auch *Kasolowsky/Schall,* in: Hirte/Bücker, Grenzüberschreitende Gesellschaften, § 4 Rdn. 10.

[113] Vgl. etwa § 32 deutsches AktG; Art. 40 spanische *Ley de sociedades anónimas;* Art. 635 Schweizer OR.

[114] Siehe zur französischen S. A. R. L. und zur italienischen s. r. l. die Länderberichte von *Süß,* u. § 47 D Rdn. 116, F Rdn. 282. Zur niederländischen *B. V.* siehe *Rademakers/de Vries,* in: Süß/Wachter, Handbuch des internationalen GmbH-Rechts, S. 1118.

[115] So wie im griechischen Recht, siehe *Ziouvas,* in: Süß/Wachter, Handbuch des internationalen GmbH-Rechts, S. 857.

[116] Vgl. *Merle,* Droit commercial, S. 92, Rdn. 60 f.

[117] Siehe den Länderbericht von *Süß,* u. § 47 K Rdn. 402.

[118] A. a. O.

[119] *Raiser/Wei,* S. 23, 38 (für das *Equity Joint Venture* und die *Wholly Foreign Owned Enterprise*). Bei kooperativen Joint Venture gibt es diese Anforderung dagegen nicht, siehe a. a. O., S. 32.

[120] Siehe z. B. zur belgischen *S. A.* und zur liechtensteinischen Aktiengesellschaft die Länderberichte von *Süß,* u. § 47 A Rdn. 7, H.

[121] Vgl. Art. 3 Abs. 3 Unterabs. 2 Satz 1 Richtlinie 2009/101/EG, ABl. EU Nr. L 258, S. 11 (= Neufassung der ersten gesellschaftsrechtlichen Richtlinie).

[122] Art. 3 Abs. 4 Richtlinie 2009/101/EG, o. Fn. 121.

7. Registereintragung

32 Die Eintragung erfolgt durch die **zuständige Behörde** im Register. Innerhalb der EU gilt, dass für Kapitalgesellschaften eine Akte bei einem zentralen Register oder bei einem Handels- oder Gesellschaftsregister angelegt werden muss.[123] Entsprechende Regelungen gibt es auch außerhalb der Union.[124] Das Register wird in aller Regel durch die öffentliche Hand geführt. Es hat in den verschiedenen Staaten unterschiedliche Namen, z. B. „Handelsregister", „Gesellschaftsregister" oder „Firmenbuch". Der Inhalt der Eintragung soll dem Rechtsverkehr, insbesondere potentiellen Gläubigern, wichtige Informationen über die Gesellschaft liefern, z. B. die Namen ihrer Mitglieder, die Vertretungsverhältnisse, die Haftung und das Kapital. In der EU gelten insoweit bestimmte Mindestanforderungen: Im Zeitpunkt der Gründung sind danach neben dem Errichtungsakt und der Satzung (vgl. o. Rdn. 26), die Identität der Gesellschaftsorgane, der Betrag des gezeichneten Kapitals sowie die Eröffnungsbilanz offenzulegen.[125] Der EuGH hat die Anforderungen an die Offenlegung der Identität der Gesellschaftsorgane dahin ausgelegt, dass auch erkennbar sein muss, ob Einzel- oder Gesamtvertretungsmacht besteht.[126]

8. Veröffentlichung

33 Die Eintragung in das Register allein genügt nicht, um den Rechtsverkehr auf die neu entstehende juristische Person aufmerksam zu machen. Notwendig ist daneben auch die Veröffentlichung in **geeigneten Medien.** Für die EU-Mitgliedstaaten ist die Bekanntmachung in einem vom jeweiligen Mitgliedstaat zu bestimmenden **Amtsblatt** vorgeschrieben.[127] Das Amtsblatt kann auch in **elektronischer Form** geführt werden.[128] Es lässt sich durch die Veröffentlichung in einem ähnlich wirksamen System ersetzen.[129]

Die Veröffentlichung löst beim Rechtsverkehr Erwartungen aus. Dieser genießt daher meist gesetzlichen **Vertrauensschutz.** Für die EU-Mitgliedstaaten ist vorgeschrieben, dass die zu veröffentlichenden Urkunden und Angaben Dritten nach der Bekanntmachung entgegengehalten werden können.[130] Soweit es diesen unmöglich ist, die Urkunden und Angaben zu kennen, kann sich die Gesellschaft ihnen gegenüber sogar erst 16 Tage nach der Offenlegung auf sie berufen.[131] Weicht der veröffentlichte vom wahren Text ab, so kann er Dritten nicht entgegengehalten werden; diese können sich aber darauf berufen, es sei denn, die Gesellschaft weist nach, dass sie den wahren Inhalt kannten.[132]

9. Weitere Schritte

34 Nach der Eintragung und der Veröffentlichung können weitere Schritte erforderlich sein, um die Geschäftstätigkeit aufzunehmen, z. B. die Beantragung einer Steuernummer oder einer Gewerbeerlaubnis oder eine einfache Anzeige beim Gewerbeamt.[133] Dies sind jedoch keine gesellschaftsrechtlichen Entstehungsvoraussetzungen.

---

[123] Vgl. Art. 3 Abs. 1 Richtlinie 2009/101/EG, o. Fn. 121.
[124] Vgl. etwa Art. 640 Abs. 1 Schweizer OR.
[125] Art. 2 lit. a, d, e und f Richtlinie 2009/101/EG, o. Fn. 121.
[126] EuGH Rs. C-32/74, Slg. 1974, 1201 – Haaga, Rdn. 6. Zustimmend *Grundmann*, Europäisches Gesellschaftsrecht, Rdn. 249; vgl. auch *Habersack/Verse*, Europäisches Gesellschaftsrecht, § 5 Rdn. 15.
[127] Art. 3 Abs. 5 Unterabs. 1 Satz 1 Richtlinie 2009/101/EG, o. Fn. 121.
[128] Art. 3 Abs. 5 Unterabs. 1 Satz 3 Richtlinie 2009/101/EG, o. Fn. 121.
[129] Art. 3 Abs. 5 Unterabs. 2 Richtlinie 2009/101/EG, o. Fn. 121.
[130] Art. 3 Abs. 6 Unterabs. 1 Richtlinie 2009/101/EG, o. Fn. 121.
[131] Art. 3 Abs. 6 Unterabs. 2 Richtlinie 2009/101/EG, o. Fn. 121.
[132] Art. 3 Abs. 7 Unterabs. 2 Richtlinie 2009/101/EG, o. Fn. 121.
[133] Siehe etwa zum belgischen Recht *Kocks/Hennes*, in Süß/Wachter, Handbuch des internationalen GmbH-Rechts, S. 382.

VI. Kapital

1. Eigenkapital

Die meisten juristischen Personen müssen durch die Gesellschafter in tatsächlicher Hinsicht mit einem bestimmten Eigenkapital ausgestattet werden. Dies hat im Wesentlichen **zwei Gründe:**[134] Erstens soll das Eigenkapital die Erreichung des mit dem Unternehmen verfolgten **Zwecks fördern** und diesem eine gewisse Bewegungsfreiheit sichern, wenn es in unerwartete wirtschaftliche Schwierigkeiten geraten sollte. Zweitens dient das Kapital der **Sicherung der Interessen der Gläubiger** der Gesellschaft, denen es als Haftungsfonds zur Verfügung steht. Je nach Rechtsordnung werden diese Aufgaben in unterschiedlichem Maße betont.[135] Sie sind jedoch stets vorhanden. Insgesamt kann man im Erfordernis des Eigenkapitals einen Ausdruck der Tatsache sehen, dass die **Hauptfinanzierungsverantwortung** der Gesellschaft **bei deren Mitgliedern** liegt.

Von der tatsächlichen Kapitalausstattung zu unterscheiden ist der im Gesellschaftsvertrag oder in der Satzung **festgesetzte Kapitalbetrag.** Die meisten Rechtsordnungen verlangen von den Gründern, dass sie im Errichtungsakt ein bestimmtes nominelles Kapital festlegen.[136] Diese Ziffer dient mindestens fünf verschiedenen Zwecken: Erstens gibt sie den Gläubigern **Informationen** darüber, welchen Beitrag die Gesellschafter dem Verband als eigene Leistung versprochen haben.[137] Zweitens legt sie fest, wieviele **Anteile ausgegeben** werden dürfen, ohne die Zustimmung der Gesellschafter einzuholen. Drittens ist das nominelle Eigenkapital **Grundlage für die Verteilung der Stimm- und Vermögensrechte,** denn mittels Division durch die von den Gesellschaftern versprochenen Einlagen ergibt sich der Anteil des einzelnen Mitglieds an der Gesellschaft. Viertens dient das nominelle Eigenkapital als **Ausschüttungsgrenze,** bis zu der Vermögen der Gesellschaft an deren Mitglieder verteilt werden darf.[138] Fünftens bildet es die Summe, auf die die **Haftung der Gesellschafter beschränkt** ist.

Was als Eigenkapital anzusehen ist, lässt sich nicht einheitlich bestimmen, sondern ist von Rechtsordnung zu Rechtsordnung unterschiedlich. Die International Financial Reporting Standards **(IFRS)** wählen eine negative Methode der Definition, nach der als Eigenkapital („equity") alle Vermögenswerte („assets") bezeichnet werden, die nach Abzug der Verbindlichkeiten („debt") verbleiben.[139] Trotz der offensichtlichen Unsicherheiten bei der näheren Bestimmung kann man einige **rechtsordnungsunabhängige Charakteristika** ausmachen:[140] Erstens wird Eigenkapital **von den Gesellschaftern,** seien es die derzeitigen oder die zukünftigen, als Gegenleistung für ihre Anteile erbracht. Es gehört daher zur „Innenfinanzierung" im Gegensatz zur „Außenfinanzierung" aus externen Quellen. Zweitens soll Eigenkapital der Gesellschaft **dauerhaft** zur Verfügung stehen. Es kann daher

---

[134] Siehe zu den verschiedenen Aufgaben des Eigenkapitals *K. Schmidt,* Gesellschaftsrecht, 4. Aufl. 2002, § 18 II 2 b, S. 517; *Sanchez Calero,* Principios de derecho mercantil, S. 184; *Wiedemann,* Gesellschaftsrecht I, § 10 IV 1 a, S. 555 f.

[135] Siehe *Armour/Herting/Kanda,* in: Kraakman/Armour/Davies/Enriques/Hansmann/Hertig/Hopt/Kanda/Rock, The Anatomy of Corporate Law, S. 130–134.

[136] Für das deutsche Recht vgl. § 23 Abs. 3 Nr. 3 AktG; § 3 Abs. 1 Nr. 3 GmbHG; für das französische Recht siehe *Cozian/Viandier/Deboissy,* Rdn. 229, 894, 1004; *Vidal,* Rdn. 893, 980; für das span. Recht siehe Art. 9 lit. g. *Ley de Sociedades Anónimas,* Art. 13 lit. e *Ley de Sociedades Limitadas (Ley 2/1995, de 23 de marzo, de Sociedades de Responsabilidad Limitada).* Anders hingegen das englische Recht, welches nur noch die Angabe des Gesamtwerts der ausgegeben Anteile verlangt, die Festlegung eines bestimmten „authorized capital" hingegen aufgegeben hat. Zu den Gründen *Gower/Davies,* Principles of Modern Company Law, Rdn. 11-3.

[137] *Sanchez Calero,* Principios de derecho mercantil, S. 184.

[138] Dazu *Schön* 5 EBOR (2004), 429, 443–447.

[139] Siehe *Pöschke,* Eigenkapital mittelständischer Gesellschaften nach IAS/IFRS, 2009, S. 35.

[140] Vgl. zu diesen Merkmalen *Karsten Schmidt,* Gesellschaftsrecht, 4. Aufl. 2002, § 18 II 2 a, S. 515; *Gower/Davies,* Principles of Modern Company Law, Rdn. 11-1.

nicht zurückgefordert werden. Schließlich ist es drittens **haftendes Kapital:** im Insolvenzfall ist es grundsätzlich nachrangig gegenüber anderen Forderungen.

2. Mindestkapital

36 Manche Rechtsordnungen halten es für notwendig, den Gesellschaftern eine bestimmte Untergrenze für das aufzubringende Kapital durch Gesetz vorzuschreiben. Die zweite gesellschaftsrechtliche Richtlinie verlangt als **Mindestkapital** für die Aktiengesellschaft und ihr entsprechende Gesellschaftsformen 25 000 Euro.[141] Der genaue rechtspolitische Zweck ist allerdings umstritten. Insbesondere im angelsächsischen Raum wird bezweifelt, dass ein gesetzliches Mindestkapital einen wirksamen Beitrag zum Schutz der Gläubiger leiste.[142] Doch auch auf dem Kontinent mehren sich die kritischen Stimmen.[143] Der infolge der Rechtsprechung des EuGH (siehe o. Rdn. 19) zunehmende Wettbewerb der Gesellschaftsrechtsordnungen in Europa hat dazu geführt, dass die nationalen Gesellschaftsrechte bei Nicht-Aktiengesellschaften zunehmend auf ein Mindestkapital verzichten.[144]

3. Grundsatz der realen Kapitalaufbringung?

37 Alle Rechtsordnungen, die Kapitalgesellschaften vorsehen, müssen Regelungen darüber enthalten, wie das Kapital der Gesellschaft erbracht wird. Diese sind zum Teil recht unterschiedlich. Ein allgemeiner Grundsatz der realen Kapitalaufbringung, wie er im deutschen Recht gilt,[145] lässt sich rechtsvergleichend nicht belegen. Insbesondere das angelsächsische Recht kümmert sich wenig darum, ob die Gesellschafter ihre Pflichten gegenüber der Gesellschaft in der Gründungsphase erfüllen.[146] Stattdessen greifen dort Schutzmechanismen im Nachhinein.[147] Übereinstimmung herrscht jedoch darin, dass das Kapital **von den Gesellschaftern** aufzubringen ist. Für die Aktiengesellschaft und ihr entsprechende Gesellschaftsformen ist durch die **zweite gesellschaftsrechtliche Richtlinie** vorgeschrieben, dass die Aktionäre nicht von der Verpflichtung zur Einlageleistung befreit werden dürfen und die Gesellschaft keine eigenen Aktien zeichnen darf.[148] Auch darf die Gesellschaft keine Aktien unterhalb des Nennwerts oder – bei Stückaktien – des auf sie entfallenden rechnerischen Anteils des Grundkapitals ausgeben (Verbot der Unter-pari-Emission).[149] Gesellschaftsrechte von **Nicht-EU Staaten** enthalten zum Teil ähnliche Regelungen, um die Kapitalaufbringung zu sichern.[150]

---

[141] Art. 6 Abs. 1 Zweite Richtlinie 77/91/EWG des Rates vom 13. Dezember 1976 zur Koordinierung der Schutzbestimmungen, die in den Mitgliedstaaten den Gesellschaften im Sinne des Artikels 58 Absatz 2 des Vertrages im Interesse der Gesellschafter sowie Dritter für die Gründung der Aktiengesellschaft sowie für die Erhaltung und Änderung ihres Kapitals vorgeschrieben sind, um diese Bestimmungen gleichwertig zu gestalten, ABl. EWG Nr. L 26, S. 1–13.

[142] Siehe etwa *Gower/Davies*, Principles of Modern Company Law, Rdn. 11-5; *Rickford, European Business Law Review,* 15 (2004), 919-1027; *Armour/Hertig/Kanda,* in: Kraakman/Armour/Davies/Enriques/Hansmann/Hertig/Hopt/Kanda/Rock, The Anatomy of Corporate Law, S. 130 f.

[143] Siehe etwa die Diskussion in Deutschland. Pro-Mindestkapital: *Eidenmüller/Grunewald/Noack,* in: Lutter, Das Kapital der Aktiengesellschaft in Europa, S. 17–41. Contra: *T. Bezzenberger,* Das Kapital der Aktiengesellschaft, 2005, S. 51; *Schön* 5 EBOR (2004), 429, 436.

[144] Rechtsvergleichender Überblick bei *Hübner,* FS Canaris, Bd. 2, S. 129.

[145] *Gummert,* in: Münchener Handbuch des Gesellschaftsrechts, Bd. 3, 3. Aufl. 2009, § 50 Rdn. 51 ff.; *Pentz,* in: MünchKomm-AktG, 3. Aufl. 2008, § 27 Rdn. 4–6; *Wiedemann,* Gesellschaftsrecht I, § 10 IV 2 a, S. 558–560.

[146] Siehe dazu *Gower/Davies,* Principles of Modern Company Law, Rdn. 11–13; *Boese,* Strukturprinzipien im Gläubigerschutz, S. 48–50.

[147] Zur Haftung wegen *fraudulent trading* siehe sec. 993 Companies Act 2006. Dazu näher *Mayson/French/Ryan,* S. 689–697, *Boese* S. 167–190.

[148] Art. 12, 18 Abs. 1 Richtlinie 77/91/EWG, o. Fn. 141.

[149] Art. 8 Abs. 1 Richtlinie 77/91/EWG, o. Fn. 141.

[150] Vgl. etwa Art. 798 Abs. 1 Schweizer OR.

Die Beiträge der Mitglieder sind an die Gesellschaft in Gründung zu erbringen. Sie sollen dieser zur **freien und ausschließlichen Verfügung** stehen.[151]

4. Bar- und Sacheinlagen

Als Formen der Erbringung der Einlage kommen grundsätzlich Bar- und Sacheinlagen in Betracht. 38

a) **Bareinlagen.** Viele Rechtsordnungen gehen davon aus, dass die Regelform der Einlagenerbringung die Bareinlage ist.[152] Das erklärt sich daraus, dass Bargeld sich am einfachsten verwenden lässt und daher der Geschäftsführung den größten Freiraum verschafft. Die Bareinlagen sind in der Regel an ein Bankinstitut zu überweisen, das sie für die Gesellschaft hinterlegt.[153] Manche Rechtsordnungen sehen vor, dass die Vertreter der Gesellschaft erst nach deren Eintragung auf die Mittel zugreifen können.[154] 39

b) **Sacheinlagen.** Als Alternative zur Bargründung lassen die meisten Rechte die Sachgründung zu. Bei ihr leisten die Gesellschafter statt Geld ganz oder zum Teil tatsächliche Einlagen. Sie können beispielsweise in einzelnen Gegenständen wie einem Betriebsfahrzeug, aber auch in einem ganzen Unternehmen bestehen. Dienstleistungen als Sacheinlagen werden hingegen nur von wenigen Rechtsordnungen zugelassen.[155] 40

Diese Form der Aufbringung des Kapitals ist generell **problematisch**, da bei ihr die Gesellschafter vielfältige Möglichkeiten zur Manipulation haben, indem sie z. B. die Sachleistung weit über ihrem tatsächlichen Preis bewerten. Für die Gläubiger entsteht daraus die Gefahr, letztlich nur auf einen wertlosen Haftungsfond zugreifen zu können, wenn sie ihre Ansprüche zwangsweise durchsetzen wollen. Die Mitglieder der Gesellschaft sehen sich der Möglichkeit ausgesetzt, dass einige ihrer Mitgesellschafter sich auf billige Art ihren gesellschaftsrechtlichen Verpflichtungen entziehen. Um diesen Gefahren zu begegnen, treffen die Rechtsordnungen verschiedene Vorkehrungen.

aa) **Transparenz.** Ein Mittel besteht darin, die Information darüber, dass und welche Sacheinlagen erbracht werden, möglichst publik zu machen. Manche Rechte sehen aus diesem Grund vor, dass Sacheinlagen nur dann geleistet werden dürfen, wenn dies **in der Satzung oder im Gesellschaftsvertrag ausdrücklich vorgesehen** ist.[156] Andere Rechtsordnungen verlangen, dass ein **schriftlicher oder öffentlich beurkundeter Vertrag** als Grundlage geschlossen wurde.[157] Wieder andere gehen so weit, der **Mitgliederversammlung** einen ausdrücklichen Zustimmungsvorbehalt einzuräumen.[158] Das Ziel all dieser Regelungen besteht darin, den Ermessensspielraum der Geschäftsleitung hinsichtlich der Akzeptanz von Sacheinlagen zu begrenzen oder auszuschließen. Wird den Transparenzanforderungen nicht genügt, so liegt eine **verdeckte Sacheinlage** vor. Das deutsche Recht hatte diese früher nicht als Einlageleistung anerkannt, so dass die Einlage noch einmal erbracht werden musste.[159] Eine solch strenge Haltung ist ausländischen Rechten fremd. Sie wurde auch in Deutschland zwischenzeitlich aufgegeben.[160] 41

---

[151] Art. 633 Abs. 1 Schweizer OR („zur ausschließlichen Verfügung der Gesellschaft"), Art. 779 Abs. 4 OR („Sacheinlagen gelten als Deckung nur dann, wenn die Gesellschaft mit ihrer Eintragung im Handelsregister sofort als Eigentümerin unmittelbar darüber verfügen kann").

[152] Siehe etwa für das Schweizer Recht Art. 633 OR (AG), 798 I 1 OR (GmbH).

[153] Vgl. Art. 633 Abs. 1 Schweizer OR.

[154] Art. L255-5 Abs. 1, L255-11 französischer *Code de commerce*.

[155] Vgl. *Lutter*, Int. Enc. Comp. L. 13, Rdn. 2–92.

[156] Deutschland: § 27 I 1 AktG, § 5 IV 1 GmbHG.

[157] Art. 634 Nr. 1 Schweizer OR.

[158] Art. L225-8 Abs. 3 französischer *Code de commerce*.

[159] Zur verdeckten Sacheinlage nach alter Rechtslage: *K. Schmidt*, Gesellschaftsrecht, 4. Aufl. 2002, § 29 II 1 c, S. 886–890, § 37 II 4, S. 1122–1126; *Pentz*, in: MünchKomm-AktG, 3. Aufl. 2008, § 27 Rdn. 84 ff.; *Westermann*, in: Scholz GmbHG, 10. Aufl. 2006, § 5 Rdn 76 ff.

[160] Siehe § 27 Abs. 3 S. 2, 3 AktG, § 19 Abs. 4 S. 2, 3 GmbHG; umfassend zur neuen Rechtslage *Roth*, in: Roth/Altmeppen, GmbHG, 6. Aufl. 2009, § 19 Rdn. 40 ff.

42 **bb) Prüfung des Werts im Vorfeld.** Eine weitere Vorkehrung besteht darin, die Sacheinlagen vor ihrer Einbringung in die Gesellschaft auf ihren Wert zu überprüfen. Damit kann man verschiedene Institutionen betrauen. In Betracht kommt etwa die Überprüfung durch einen **Sachverständigen**. Diesen Weg schreibt die zweite gesellschaftsrechtliche Richtlinie den Mitgliedstaaten für Aktiengesellschaften und ihnen verwandte Gesellschaftsformen vor.[161] Sie wird auch außerhalb der EU befolgt.[162] Vorteil dieser Methode ist, dass mit ihr der Wert der Sacheinlage sehr exakt bestimmt werden kann. Ihr Nachteil besteht allerdings in den zum Teil nicht unerheblichen Kosten. Bei kleinen Kapitalgesellschaften, wie der GmbH und ihr verwandten Gesellschaftsformen, wird daher die Bewertung **durch die Gesellschafter selbst** vorgenommen und durch die **registerführende Stelle lediglich kontrolliert**.[163]

43 **cc) Haftung der Gesellschafter im Nachhinein.** Eine weitere Vorkehrung gegen unzutreffende Bewertungen besteht darin, die Gesellschafter für den Minderwert der Sacheinlagen zum Zeitpunkt der Gründung haften zu lassen. Diese **Differenzhaftung** wird meist zusätzlich zur Überprüfung angeordnet. Sie hat zwei wesentliche Vorteile: erstens betrifft sie die Gesellschafter **persönlich** und wirkt daher **abschreckend;** zweitens verschafft sie den Gläubigern auch **noch im Nachhinein** den Haftungsfond, den die Gesellschaft von Anfang an hätte haben sollen. Um diese Wirkungen so weit wie möglich zu verstärken, wird meist angeordnet, dass die Gesellschafter nicht lediglich persönlich, sondern auch **solidarisch** haften. Ein Mitglied der Gesellschaft ist daher nicht nur für die Erbringung seiner eigenen Beiträge, sondern auch für die der anderen Gesellschafter verantwortlich.[164] Indessen ist diese Haftung nicht selten **zeitlich begrenzt.** Die Dauer ist dabei recht unterschiedlich und kann z. B. fünf Jahre erreichen.[165]

44 **c) Zeitpunkt der Aufbringung.** Unterschiedliche Regelungen bestehen hinsichtlich der Frage, in welchem **Zeitpunkt** die Einlagen aufgebracht sein müssen. Auch insoweit diskriminieren die meisten Rechtsordnungen Sach- im Verhältnis zu Bareinlagen.

Für **Bareinlagen** verlangt die zweite gesellschaftsrechtliche Richtlinie bei den Aktiengesellschaften verwandten Formen, dass bereits im Gründungszeitpunkt mindestens 25% des Nennbetrags der Aktien geleistet sind.[166] Manche mitgliedschaftliche Rechte gehen darüber hinaus.[167] Rechtsordnungen von Nicht-EU-Mitgliedstaaten begnügen sich dagegen zuweilen mit einem geringeren Bruchteil.[168]

Für **Sacheinlagen** wird häufig eine vollständige Leistung zu einem früheren Zeitpunkt verlangt. Die zweite gesellschaftsrechtliche Richtlinie ist insofern noch recht großzügig, als sie die vollständige Leistung innerhalb von fünf Jahren nach der Gründung oder der Genehmigung zur Aufnahme der Geschäftstätigkeit genügen lässt.[169] Die meisten Gesellschaftsrechte sind wesentlich strenger, denn nach ihnen müssen die Sacheinlagen bereits bei der Gründung vollständig erbracht sein.[170]

5. Folgen der Nicht- oder nicht ordnungsgemäßen Kapitalaufbringung

45 Um die reale Kapitalaufbringung zu sichern, sehen die nationalen Gesellschaftsrechte eine ganze Reihe von Mechanismen vor. Dazu gehört zum einen die **Differenzhaftung** für den Fall des Minderwerts einer Sacheinlage (siehe o. Rdn. 43). Zum anderen gilt eine

---

[161] Art. 10 Abs. 1 Richtlinie 77/91/EWG, o. Fn. 141.
[162] Vgl. z. B. Art. 635 a Schweizer OR.
[163] So die deutsche Regelung in § 5 IV 2 GmbHG.
[164] Siehe zur französischen SARL Art. L223-9 Abs. 4 *Code de commerce.*
[165] So das französische Recht der SARL, siehe Art. L223-9 Abs. 4 *Code de commerce.*
[166] Art. 9 Abs. 1 Richtlinie 77/91/EWG, o. Fn. 141.
[167] Frankreich: 50% des Nennwerts der Aktie (Art. L225-3 *Code de commerce*).
[168] Schweiz: 20% des Nennwerts der Aktie (Art. 632 Abs. 1 OR).
[169] Art. 9 Abs. 2 Richtlinie 77/91/EWG, o. Fn. 141.
[170] Art. L223-7 Abs. 1 Satz 2 französischer *Code de commerce;* Art. 634 Nr. 2, 779 Abs. 4 Schweizer OR; § 36 a Abs. 2 Satz 1 AktG, 7 Abs. 3 GmbHG.

§ 5. Entstehung der juristischen Person

Ausfallhaftung, das heißt die Gesellschafter sind solidarisch verantwortlich, wenn einer von ihnen seine Leistungen nicht erbringt. Der säumige Gesellschafter kann u. U. **ausgeschlossen** und sein Anteil eingezogen (kaduziert) werden.

Nach Ansicht mancher ist es notwendig, dass die Gründer die Gesellschaft nicht nur mit dem gesetzlich vorgeschriebenen, sondern darüber hinaus mit dem zur Erreichung ihrer Zwecke sachlich notwendigen Kapital ausstatten.[171] Tun sie dies nicht, so sollen sie wegen **„materieller Unterkapitalisierung"** haften. Ein solcher Anspruch lässt sich jedoch etwa für das englische Recht nicht nachweisen.[172] Selbst im deutschen Schrifttum ist seine Existenz sehr umstritten.[173]

6. Haftung für eingebrachte Handelsgeschäfte

Die Einlage des Gesellschafters kann auch in einem Handelsgeschäft bestehen. Führt die Gesellschaft dieses fort, so ist sie nach zahlreichen Rechtsordnungen **für die bestehenden Schulden** des Handelsgeschäfts **haftbar.** Entsprechende Regelungen finden sich beispielsweise im österreichischen,[174] schweizerischen,[175] französischen,[176] italienischen,[177] griechischen[178] und japanischen[179] Recht. Die **Details variieren** allerdings zum Teil **erheblich.**[180] So muss die Gesellschaft nach französischem Recht die Übernahme des Handelsgeschäfts in den amtlichen Anzeigenblättern veröffentlichen.[181] Die Schuldner haben danach innerhalb von 10 Tagen ihre Forderungen bei Gericht anzumelden; die Gesellschaft haftet nur für die innerhalb dieser Frist angezeigten Schulden.[182] Der frühere Inhaber bleibt unbegrenzt als Gesamtschuldner neben der fortführenden Gesellschaft haftbar.[183] Eine entsprechende Ausschlussklausel kennt das Schweizer Obligationenrecht dagegen nicht.[184] Dort ist außerdem die Haftung des bisherigen Schuldners auf drei Jahre begrenzt.[185]

7. Anzuwendendes Recht

a) **Kapital.** Das **nominelle Eigenkapital** ist eine Festlegung in den Statuten, die zur inneren Finanzverfassung gehören. Diese werden durch das auf die Gesellschaft anzuwendende Recht beherrscht.[186] Nach der hier vertretenen Auffassung ist dies das Gründungsrecht (siehe o. Rdn. 14 ff.). Nach der Sitztheorie soll dagegen auch dieser Mindestinhalt der

---

[171] Siehe *Kindler,* in: MünchKomm-BGB, IntGesR Rdn. 616.
[172] Siehe *Boese,* Strukturprinzipien im Gläubigerschutz, S. 113–115.
[173] Siehe zur Diskussion etwa *Altmeppen,* in: Roth/Altmeppen, GmbHG, 6. Aufl. 2009, § 13 Rdn. 139–148; *Raiser,* in: GroßkommGmbHG, § 13 Rdn. 153–164; *ders.,* FS Lutter, 2000, S. 637, 647–650; *Lutter,* in: ders./Hommelhoff, GmbHG, 17. Aufl. 2009, § 13 Rdn. 15–19; *Wiedemann,* Gesellschaftsrecht I, § 4 III 1 b, S. 224–226, § 10 IV 3, S. 565–568, 570–573; *Eckhold,* Materielle Unterkapitalisierung, 2002; *Möller,* Die materiell unterkapitalisierte GmbH, 2005.
[174] Art. 38–40 österreichisches Unternehmensgesetzbuch (UGB).
[175] Art. 181 f. Schweizer OR.
[176] Art. L141-22 Abs. 2 französischer *Code de commerce.*
[177] Art. 2558 italienischer *Codice civile.*
[178] Art. 479 griechisches Zivilgesetzbuch, Text bei *Koumantos,* Erwerberhaftung bei Unternehmensveräußerung, 1955, S. 133 Fußn. 680.
[179] Vgl. § 25 japanisches HGB, Text bei *S. Tiedemann,* Die Haftung für Vermögensübernahme im internationalen Recht, S. 19 f. Fußn. 26.
[180] Ausf. Rechtsvergleich bei *Georgios Koumantos,* Erwerberhaftung bei Unternehmensveräußerung, 1955, S. 105–139; *S. Tiedemann,* Die Haftung für Vermögensübernahme im internationalen Recht, S. 19–23.
[181] Art. L141-21 Abs. 1 französischer *Code de commerce.*
[182] Art. L141-22 französischer *Code de commerce.*
[183] Art. L141-22 Abs. 2 französischer *Code de commerce.*
[184] Vgl. Art. 181 Schweizer OR.
[185] Art. 181 Abs. 2 Schweizer OR.
[186] Vgl. auch Referentenentwurf, o. Fn. 23, Art. 10 Abs. 2 Nr. 4 EGBGB.

Satzung für die nicht unter europa- und völkerrechtliche Privilegien fallenden Gesellschaften dem Recht am tatsächlichen Verwaltungssitz unterliegen.[187]

Das gesetzlich vorgeschriebene **Mindestkapital** gehört ebenfalls zum Kernbereich der Finanzverfassung. Es ist daher nach der hier vertretenen Auffassung ausschließlich nach dem Gründungsrecht zu beurteilen. Eine zusätzliche Geltung der Mindestkapitalerfordernisse des Rechts am Verwaltungssitz hat der **EuGH** in seiner Entscheidung im Fall **Inspire Art** ausdrücklich ausgeschlossen.[188] Für Gesellschaften, die weder aus der EU, dem EWR oder den USA stammen, bleibt die Rechtslage allerdings umstritten (siehe o. Rdn. 25). Insoweit vertreten die **Anhänger der Sitztheorie** nach wie vor die Anwendbarkeit der Mindestkapitalvorschriften des Staates, in dem die Gesellschaft ihren tatsächlichen Verwaltungssitz hat.[189] Werden diese nicht eingehalten, so soll die Folge nach der milden Variante der Sitztheorie allerdings nicht die Nichtigkeit der Gesellschaft, sondern lediglich der Fortfall des Haftungsschilds sein (siehe o. Rdn. 17). Dennoch führt diese Auffassung zu einer **unerträglichen Belastung des Rechtsverkehrs.** Nach ihr würden die Gesellschafter einer nach Schweizer Recht gegründeten Aktiengesellschaft, bei der Sacheinlagen erbracht wurden und die ihren tatsächlichen Verwaltungssitz nach Deutschland verlegt, persönlich haften, selbst wenn die Gesellschaft mit einem Kapital von mehr als 50 000 Euro ausgestattet ist, weil die Sacheinlagen nicht entsprechend den deutschen Gesetzen geleistet wurden. Ihnen bliebe nur die Neugründung als Aktiengesellschaft deutschen Rechts. Um dies zu vermeiden, sollte man insoweit **auf eine Sonderanknüpfung verzichten.** Die Vertragsgläubiger können ihre berechtigten Interessen selbst wahren, indem sie sich über die Vermögensverhältnisse der Gesellschafter informieren.[190] Für Deliktsgläubiger trifft dies zwar nicht zu.[191] Doch sind diese auch nicht davor geschützt, von einer vermögenslosen natürlichen Person verletzt zu werden.[192] Dass ein gesetzliches Mindestkapital nicht unbedingt erforderlich ist, zeigt mittlerweile das deutsche Recht selbst: Die durch das MoMiG eingeführte Unternehmergesellschaft (UG) kann bereits mit einem Stammkapital von einem einzigen Euro gegründet werden. Wenn man schon im inländischen Rechtsverkehr kein größeres Kapital aufbringen muss, um in den Genuss der beschränkten Haftung zu gelangen, kann man eine Sonderanknüpfung der Vorschriften über das Mindestkapital schwerlich rechtfertigen. Es gilt vielmehr allein das Gesellschaftsstatut.[193]

48 **b) Einlageerbringung.** Hinsichtlich des auf die Erbringung der **Einlage** anzuwendenden Rechts ist zu unterscheiden: Die **Pflicht zur Einlageleistung** folgt aus der Satzung oder dem Gesellschaftsvertrag; es gilt für sie daher das auf die Gesellschaft anzuwendende Recht (siehe Rdn. 11 ff.). Dagegen unterliegt das **Rechtsgeschäft, durch das die Einlage erbracht wird,** den für dieses geltenden kollisionsrechtlichen Bestimmungen des Wirkungsstatuts. Ob etwa ein vom Gesellschafter geleistetes Grundstück Eigentum der Gesellschaft geworden ist, richtet sich nach den auf sachenrechtliche Verfügungsgeschäfte anzuwendenden Regeln der Artikel 43 ff. EGBGB. Ob eine als Sacheinlage geleistete Forderung wirksam abgetreten wurde, bestimmt sich nach den kollisionsrechtlichen Regelungen für Abtretungen.[194] Diese sind nur zum Teil in Artikel 14 Rom I-VO niedergelegt, der gerade hinsichtlich der entscheidenden Frage des Verhältnisses zu Dritten lückenhaft ist.[195] Der

---

[187] *Kindler,* in: MünchKomm-BGB, IntGesR Rdn. 5548.
[188] EuGH Rs. C-167/01, Slg. 2003 I-10 155 – Inspire Art, Rdn. 105.
[189] *Assmann,* in: GroßkommAktG, Einl. Rdn. 566, 593; *Kindler,* in: MünchKomm-BGB, IntGesR Rdn. 616; *Großfeld,* in: Staudinger, IntGesR Rdn. 335.
[190] *Schön* 5 EBOR (2004), 429, 438–441.
[191] Zu ihnen *Armour/Hansmann/Kraakmann,* in: Kraakman/Armour/Davies/Enriques/Hansmann/Hertig/Hopt/Kanda/Rock, The Anatomy of Corporate Law, A Comparative and Functional Approach, 1.2.2, S. 11; *Armour/Hertig/Kanda,* in: ebenda., S. 120 f.
[192] *Schön* 5 EBOR (2004), 429, 441.
[193] Ebenso *Behrens,* in: GroßkommGmbHG, Rdn. B 83.
[194] BGH NJW 1991, 1414.
[195] Vgl. dazu *Leible/Lehmann* RIW 2008, 528, 541.

Erwerb von Bareinlagen, die ein Gesellschafter auf das Konto der Gesellschaft überwiesen hat, richtet sich nach dem auf die Guthabenbeziehung zwischen Bank und Gesellschaft anzuwendenden Recht.[196]

c) Erfüllung der Einlagepflicht. Ob die Leistung des Gesellschafters geeignet ist, um die **Einlagepflicht zu erfüllen,** wird durch das **Gesellschaftsstatut** beantwortet.[197] Dieses gibt den Maßstab für die richtige Art der Kapitalaufbringung. Es entscheidet daher z. B. darüber, ob eine Sacheinlage den Wert der übernommenen Einlageverpflichtung erreicht und in welchem Verfahren dies nachzuprüfen ist.

d) Auswirkungen verfehlter Einlageerbringung. Sollte nach dem Gesellschaftsstatut die Einlageleistung nicht genügen, dann kann dies **Rückwirkungen auf die Wirksamkeit** des Geschäfts haben, durch das der Gesellschafter seine Einlageleistung auf die Gesellschaft übertragen wollte. Dieses könnte z. B. nichtig sein. Problematisch ist allerdings, welche Rechtsordnung über diese Frage entscheidet. Die Wirksamkeit des Übertragungsgeschäfts unterfällt grundsätzlich der auf dieses anzuwendenden Rechtsordnung (siehe o. Rdn. 48).[198] Letztere wird jedoch häufig eine Regelung über die Auswirkungen verfehlter Einlageerbringung nur für eigene Gesellschaften bereithalten, die aus sachrechtlichen Gründen nicht auf die ausländische Gesellschaft angewandt werden.[199] Umgekehrt sind die Vorschriften des Gründungsrechts, die eine Regelung vorsehen, auf die Wirksamkeit des Einlagengeschäfts möglicherweise nicht anwendbar, z. B. weil die Parteien es einer anderen Rechtsordnung unterstellt haben. Es kommt daher zu einem Fall des **Normenmangels.** Diesem ist mit dem internationalprivatrechtlichen Instrumentarium der **Anpassung** zu begegnen.[200] Sie kann entweder auf kollisionsrechtlicher Ebene erfolgen, indem man die Auswirkung der Unwirksamkeit auf das Einlagegeschäft dem Gesellschaftsstatut unterstellt, oder man nimmt eine Anpassung auf materiellrechtlicher Ebene vor, indem man Regelungen des auf das Einlagegeschäft anzuwendenden Sachrechts auf ausländische Gesellschaften erweitert. Zutreffender erscheint im vorliegenden Fall die erste Lösung, weil sie die vom gesellschaftsrechtlich relevanten Vorgang am meisten betroffene und aus Sicht der Gesellschafter im Zentrum stehende Rechtsordnung zum Zuge bringt. Auch in der Rechtsprechung des **BGH** lassen sich dafür Anhaltspunkte finden. In einem Fall, in dem es um die Erfüllung der Einlageverpflichtung in einer schweizerischen Aktiengesellschaft durch eine Forderungsabtretung ging, prüfte er deren Wirksamkeit außer nach dem auf die Abtretung anwendbaren deutschen Recht hilfsweise auch nach dem Schweizer Gesellschaftsstatut.[201]

e) Rechtsfolgen für die Gesellschafter. Die Frage, ob die Gesellschafter im Wege der **Differenz- oder Ausfallhaftung** in Anspruch genommen werden, kann nur das Gesellschaftsstatut beantworten. Gleiches gilt die **Ausschließung** der säumigen Gesellschafter.[202] Ob ein **Verbot der materiellen Unterkapitalisierung** besteht oder nicht, ist ebenfalls dem auf die Gesellschaft anzuwendenden Gründungsrecht zu entnehmen. Die Vertreter der Sitztheorie wollen hingegen das Recht des Staats anwenden, in dem die Gesellschaft ihren tatsächlichen Verwaltungssitz hat.[203] Dies soll selbst gegenüber Gesellschaften aus der EU, dem EWR oder den USA gelten, die das Privileg der Niederlassungsfreiheit genießen, denn die materielle Unterkapitalisierung stelle einen „Missbrauch der Niederlassungsfreiheit" dar.[204] Dieses Ergebnis wird zusätzlich durch eine „deliktsrechtliche

---

[196] Vgl. zu diesem *Einsele,* Bank- und Kapitalmarktrecht, 2. Aufl. 2010 § 2; *dies.* WM 2009, 289.
[197] BGH NJW 1991, 1414; *Kindler,* in: MünchKomm-BGB, IntGesR Rdn. 616.
[198] Siehe BGH NJW 1991, 1414.
[199] BGH NJW 1991, 1414.
[200] Vgl. *Kegel/Schurig,* IPR, § 8 III 2, S. 366 f.
[201] BGH NJW 1991, 1414, 1415.
[202] *Kindler,* in: MünchKomm-BGB, IntGesR Rdn. 616.
[203] Vgl. z. B. *Kindler,* in: MünchKomm-BGB, IntGesR Rdn. 616.
[204] *Kindler,* in: MünchKomm-BGB, IntGesR Rdn. 616.

Qualifikation" der Vorschriften über die materielle Unterkapitalisierung abgesichert.[205] Jedoch kann nach der Rechtsprechung des EuGH allein in der Wahl eines ausländischen Gesellschaftsrechts, das geringere Anforderungen an das aufzubringende Kapital als das inländische Recht stellt, noch kein Missbrauch der Niederlassungsfreiheit gesehen werden.[206] Außerdem ist davon auszugehen, dass das fremde Recht selbst Vorkehrungen gegen die Benutzung einer Gesellschaft als leerer Hülse allein zur Vermeidung persönlicher Haftung der Gesellschafter trifft. Die generelle Sonderanknüpfung oder deliktische Qualifikation der Regeln über die materielle Unterkapitalisierung hält daher dem Vier-Stufen-Test des EuGH (siehe o. Rdn. 19) nicht stand, weil sie weder geeignet noch erforderlich ist, um das mit ihr verfolgte Schutzziel zu erreichen. Stattdessen ist zunächst vom Gründungsstatut auszugehen. Trifft dieses keine ausreichenden Vorkehrungen gegen den Missbrauch der Gesellschaftsform, so ist nach den Regeln des Durchgriffs gegen die Gesellschafter vorzugehen (siehe dazu u. § 17).

52 **f) Haftung für Schulden eingebrachter Handelsgeschäfte.** Die Frage, ob die Gesellschaft für die Verbindlichkeiten eingebrachter **Handelsgeschäfte** haftet, wird seit langem an den **Ort der gewerblichen Niederlassung** angeknüpft.[207] Die Folgen der Übernahme bestimmen sich damit nach dem Recht des Staats, in dem die Niederlassung belegen war. Liegt diese im Inland, so gelangen die §§ 25–28 HGB zur Anwendung, gleichgültig, welchem Recht die einzelnen Forderungen unterliegen. Dadurch wird die Haftung für alle Schulden des übernommenen Handelsgeschäfts gesichert.

Diese einheitliche Anknüpfung soll jedoch **nach einer Auffassung** seit Inkrafttreten der Rom I und Rom II-Verordnungen **nicht mehr möglich** sein.[208] Die Erwerberhaftung soll dieser Ansicht zufolge in eine „Lücke" des europäischen Kollisionsrechts fallen. Da Letzteres grundsätzlich abschließend über das Schuldstatut bestimme, könnten die §§ 25–28 HGB nur noch für solche Forderungen gelten, die dem deutschen Recht unterliegen.[209]

Dieser Auffassung ist zu **widersprechen.** Zunächst erscheint es möglich, die **§§ 27 und 28 HGB erb-** und **gesellschaftsrechtlich zu qualifizieren** und damit aus dem Anwendungsbereich der Rom I-VO herauszunehmen.[210] Denn immerhin setzen die dort angeordneten Rechtsfolgen einen Erbfall bzw. den Eintritt als Gesellschafter in ein bestehendes Handelsgeschäft zwingend voraus. Dass der Zweck der Vorschriften ein „genuin unternehmens- oder handelsrechtlicher" sei,[211] schlägt demgegenüber nicht durch. Eine solche Auffassung stellt zu sehr auf die – zudem noch heftig umstrittene – Rechtfertigung der Vorschriften aus deutscher Sicht ab. Das europäische Kollisionsrecht ist an die nationale Kategorisierung nicht gebunden. Es qualifiziert keine Normen, sondern Rechtsverhältnisse, und dies autonom und unabhängig vom nationalen Recht. Die Stellung in einem bestimmten Gesetzeswerk ist ohnehin belanglos.[212]

---

[205] Siehe *Kindler,* in: MünchKomm-BGB, IntGesR Rdn. 616.
[206] EuGH Rs. C-167/01, Slg. 2003 I-10155 – Inspire Art, Rdn. 96.
[207] RG BöhmsZ 15, 305, 306 ff.; OLG Düsseldorf NJW-RR 1995, 1184, 1185; Palandt/*Thorn,* 71. Aufl. 2012, Art. 14 Rom I-VO, Rdn. 7; *Martiny,* in: MünchKomm-BGB, 5. Aufl. 2010, Art. 15 Rom I-VO Rdn. 35; *Kindler,* in: MünchKomm-BGB, IntGesR Rdn. 233; *Hausmann,* in: Staudinger-EGBGB, 13. Bearb. 2002, Art. 33 EGBGB Rdn. 111; *v. Hoffmann,* in: Soergel, 12. Aufl. 1996, Art. 33 EGBGB Rdn. 52; *Hopt,* in: Baumbach/Hopt HGB, 34. Aufl. 2010, § 25 Rdn. 27; *Merkt/Göthel,* in: Reithmann/Martiny (Hrsg.), Internationales Vertragsrecht, 7. Aufl. 2010, Rdn. 4491; *v. Hoffmann* IPRax 1989, 175; *v. Bar* IPRax 1991, 197, 199; *Schnelle* RIW 1997, 281, 284 f.; *Merkt/Dunkel* RIW 1996, 533, 542.
[208] Vgl. *Freitag* ZHR 174 (2010), 429–448.
[209] So *Freitag* ZHR 174 (2010), 429, 443, 448.
[210] Vgl. Art. 1 Abs. 2 lit. c, f Rom I-VO, Art. 1 Abs. 2 lit. b, d Rom II-VO.
[211] So *Freitag* ZHR 174 (2010), 429, 436.
[212] Vgl. zur entsprechenden Diskussion im Insolvenzrecht *Eidenmüller,* in: ders., Ausländische Kapitalgesellschaften im deutschen Recht, § 9, Rdn. 26.

Die in **§ 25 HGB** angeordneten Rechtswirkungen **unterfallen** dagegen in der Tat **den Rom-Verordnungen.** Insbesondere lässt sich § 25 Abs. 1 S. 1 HGB nicht aus dem Anwendungsbereich der Rom II-VO ausklammern, denn dieser ist nicht auf unerlaubte Handlungen, ungerechtfertigte Bereicherung, Geschäftsführung ohne Auftrag und Verschulden bei Vertragsverhandlungen beschränkt,[213] sondern erfasst gemäß Art. 1 Abs. 1 S. 1 alle außervertraglichen Schuldverhältnisse in Zivil- und Handelssachen, die eine Verbindung zum Recht verschiedener Staaten aufweisen. Weder die Rom I- noch die Rom II-VO halten allerdings für die besonderen Wirkungen des § 25 HGB passende Kollisionsnormen bereit. Es bleibt jedoch zu überlegen, ob man diesen nicht über Art. 9 Abs. 2, 3 Rom I-VO und Art. 16 Rom II-VO zur Anwendung bringen kann. Gegen die dazu erforderliche zwingende Natur der Vorschriften spricht nicht die Ausschlussmöglichkeit nach § 25 Abs. 2 HGB:[214] Diese Vorschrift erlaubt zwar, die Haftung auszuschließen, aber die Eintragung des Ausschlusses im Handelsregister bleibt zwingend erforderlich. Dass die Vorschrift des § 25 HGB vom deutschen Staat nicht als „entscheidend für die Wahrung seines öffentlichen Interesses" angesehen werden, ist mit der Tatsache, dass in der Literatur eine Diskussion um den Zweck der §§ 25–28 HGB tobt, nicht ausreichend begründet.[215] Dabei wird nämlich außer acht gelassen, dass neben der deutschen viele andere Rechtsordnungen – europäische wie außereuropäische – ebenfalls entsprechende Vorschriften enthalten.[216] Es handelt sich also keineswegs um eine deutsche Partikularregelung, sondern die Norm trägt einem international anerkannten Bedürfnis des handelsgeschäftlichen Verkehrs Rechnung. Ob sie den Anforderungen des Art. 9 Abs. 1 Rom I-VO und Art. 16 Rom II-VO standhält, bleibt freilich der Entscheidung durch den EuGH vorbehalten. Angesichts der fast universellen Anerkennung in den Rechten der Mitgliedstaaten wäre es allerdings überraschend, wenn er ihre Anwendung als Eingriffsnormen nicht zulassen würde.

8. Gerichtliche Zuständigkeit

a) Einlagen. Streitigkeiten über die Einlageerbringung berühren nicht die Gültigkeit der Gesellschaft. Sie unterfallen daher **nicht** der ausschließlichen Zuständigkeit der Gerichte am Sitz der Gesellschaft gemäß Artikel 22 Nr. 2 EuGVO. Grundsätzlich ist der Gerichtsstand am Ort des **Wohnsitzes des beklagten Gesellschafters** eröffnet. Jedoch handelt es sich bei ausstehenden Einlagen um Ansprüche aus Vertrag, so dass **daneben der Vertragsgerichtsstand** des Artikel 5 Nr. 1 lit. a EuGVO einschlägig ist.[217] Da die Einlage am Sitz der Gesellschaft zu erbringen ist, sind die dortigen Gerichte neben denen am Wohnsitz des säumigen Gesellschafters zuständig.[218] Zwischen beiden Gerichtsständen kann die klagende Gesellschaft **wählen.** Klagen gegen Gesellschafter mit Wohnsitz **außerhalb der EU** können die Gesellschaften mit Sitz in Deutschland gemäß § 22 ZPO analog ebenfalls an ihrem Sitz erheben.[219]

b) Differenz- und Ausfallhaftung. Die Ausfall- und die Differenzhaftung resultieren aus dem Gesellschaftsvertrag. Deshalb unterliegen sie ebenfalls den Gerichtsständen am Wohnsitz des Beklagten oder am Sitz der Gesellschaft.[220]

c) Haftung wegen Unterkapitalisierung. Die Haftung wegen materieller Unterkapitalisierung beruht dagegen nicht auf einer freiwilligen Verpflichtung der Gesellschafter. Sie

---

[213] So aber *Freitag* ZHR 174 (2010), 429, 441.
[214] So aber *Freitag* ZHR 174 (2010), 429, 444.
[215] A. A. *Freitag* ZHR 174 (2010), 429, 444.
[216] Siehe die Nachweise o. VI 6.
[217] Vgl. für Ansprüche eines Vereins gegen seine Mitglieder EuGH Rs. C-34/82, Slg. 1983, 987 – Martin Peters, Rdn. 13, 15.
[218] *Lehmann* GmbHR 2005, 978, 980.
[219] *Kindler*, in: MünchKomm-BGB, IntGesR Rdn. 621. Das autonome deutsche internationale Zivilverfahrensrecht hat nur noch Bedeutung für die Klagen, die gegen nicht in der EU domizilierte Personen erhoben werden, vgl. Art. 3 Abs. 1 EuGVO.
[220] *Lehmann* GmbHR 2005, 978, 980.

ist als deliktisch einzuordnen mit der Folge, dass neben dem Wohnsitzgerichtsstand wahlweise der des Artikel 5 Nr. 3 EuGVO zur Verfügung steht.[221] Handlungs- und Erfolgsort zugleich ist der Sitz der Gesellschaft.[222]

VII. Rechtsfähigkeit

56 Die wichtigste Folge der Entstehung des neuen Rechtsträgers ist dessen Rechtsfähigkeit, das heißt die Fähigkeit, Rechte zu erwerben und Verbindlichkeiten einzugehen.[223] Eine Geschäftsfähigkeit gibt es für juristische Personen nicht; diese wird vielmehr bei den Organen vorausgesetzt, die sie vertreten (siehe etwa zur Vertretung im Prozess u. Rdn. 66).

1. Allgemeine Rechtsfähigkeit

57 Die Rechtsfähigkeit von Gesellschaften wird ganz überwiegend als einheitlich und unteilbar betrachtet. Eine Gesellschaft ist entweder in vollem Umfang rechtsfähig, oder sie ist es nicht. Einschränkungen der Fähigkeit, bestimmte Geschäfte abzuschließen, gab es früher in den angelsächsischen Ländern durch die **ultra-vires-Lehre**, derzufolge die Gesellschaft keine Rechtsgeschäfte eingehen konnte, die jenseits ihres Unternehmensgegenstands lagen. Diese Lehre ist jedoch mittlerweile **überholt.** So muss etwa in **England** ein besonderer Unternehmensgegenstand nicht mehr angegeben werden.[224] Wenn die Gesellschafter keine ausdrücklichen Einschränkungen vorsehen, ist die Gesellschaft fähig, alle möglichen Geschäfte abzuschließen.[225] Selbst wenn sie dies tun, gelten diese Einschränkungen nur im Innenverhältnis zwischen den Organen und den Gesellschaftern, berühren aber nicht die Wirksamkeit des Geschäfts im Verhältnis zu Dritten.[226] Die ultra-vires-Lehre in ihrer klassischen Form ist damit im englischen Recht aufgegeben. Auch in den **USA** wird sie mittlerweile sehr kritisch beurteilt.[227]

In manchen Ländern bestehen dagegen weiterhin Einschränkungen des Unternehmensgegenstands, die sich auf den Rechtsverkehr auswirken können. Ein Beispiel dafür sind etwa die **Niederlande.** Das dort geltende *Burgerlijk Wetboek* sieht vor, dass bestimmte den Gegenstand des Unternehmens überschreitende Geschäfte angefochten werden können.[228] Da es sich hierbei um eine Beschränkung nicht der allgemeinen Fähigkeit, Rechte und Pflichten zu haben, sondern der Wirksamkeit eines bestimmten Rechtsgeschäfts handelt, sollte man diese allerdings nicht bei der Rechts-, sondern bei der Handlungsfähigkeit verorten.[229]

Einschränkungen wie die vorgenannten sind durch das **EU-Recht** limitiert. Dieses sieht für Kapitalgesellschaften vor, dass die Gesellschaft Dritten gegenüber durch Handlungen ihrer Organe verpflichtet wird, selbst wenn die Handlungen nicht zum Gegenstand des Unternehmens gehören.[230] Etwas anderes gilt nur dann, wenn die Gesellschaft nachweist, dass dem Dritten die Überschreitung des Unternehmensgegenstands bekannt war oder er diese hätte kennen müssen; allein die Bekanntmachung der Satzung reicht dafür nicht aus.[231] Eine entsprechende Einschränkung sieht das niederländische Recht ausdrücklich vor.[232]

---

[221] *Lehmann* GmbHR 2005, 978, 981.
[222] *Lehmann* GmbHR 2005, 978, 981.
[223] Zum Begriff der Rechtsfähigkeit *Lehmann* AcP 207 (2007), 225, 227.
[224] *Gower/Davies,* Principles of Modern Company Law Rdn. 7-2.
[225] Section 31(1) *Companies Act 2006.*
[226] Section 39(1) *Companies Act 2006.*
[227] Vgl. *Greenfield* 87 Virginia Law Review, 1279, 1280 (2001); *Hovenkamp* 76 Georgetown Law Journal, 1593, 1664 (1988).
[228] Art. 7:2 *Burgerlijk Wetboek.*
[229] Vgl. *Eggert,* Die deutsche ultra-vires-Lehre, S. 5; *Schlink,* Die Ultra-Vires-Lehre im englischen Privatrecht, S. 14; *Lehmann* AcP 207 (2007), 225, 227.
[230] Art. 10 Abs. 1 Unterabs. 1 Richtlinie 2009/101/EG, o. Fn. 121.
[231] Art. 10 Abs. 1 Unterabs. 2 Richtlinie 2009/101/EG, o. Fn. 121.
[232] Vgl. Art. 7:2 *Burgerlijk Wetboek.*

§ 5. Entstehung der juristischen Person

2. Besondere Rechtsfähigkeiten?

58 Die in Deutschland herrschende Rechtsprechung und Lehre nimmt an, dass neben dieser allgemeinen Rechtsfähigkeit noch **besondere Rechtsfähigkeiten** existieren.[233] Diese sollen zum Beispiel die Frage betreffen, ob die Gesellschaft **Wechsel und Schecks** ausstellen kann, ob sie **Grundstücke erwerben** kann, ob sie sich **an anderen Gesellschaften beteiligen** kann, ob sie deren **Organ sein** oder **Anleihen begeben** kann.[234] Allerdings gibt es eine „besondere Rechtsfähigkeit" **nicht,** da ein Subjekt nur entweder Träger von Rechten und Verbindlichkeiten sein kann oder nicht.[235] Sobald eine Gesellschaft auch nur Zurechnungssubjekt eines einzigen Anspruchs ist, ist sie rechts„fähig". Die Einschränkungen der Möglichkeit der Gesellschaft, bestimmte Geschäfte abzuschließen, folgen aus den Besonderheiten des betreffenden Normbereichs und sind daher ebenso wie dieser anzuknüpfen (siehe u. Rdn. 59).

3. Anzuwendendes Recht (Grundsatz)

59 Ob eine Gesellschaft rechtsfähig ist oder nicht, ob sie also in die Kategorie der Rechtsträger fällt, muss gemäß dem Gesellschaftsstatut bestimmt werden. Als solches wird für EU-Gesellschaften durch die Rechtsprechung des EuGH weitgehend das **Gründungsrecht** festgelegt (siehe o. Rdn. 19). Kraft völkerrechtlicher Verträge gilt diese Anknüpfung auch für die nach dem Recht der anderen Staaten des EWR und der USA gegründeten Gesellschaften (siehe o. Rdn. 20–24). Sie sollte aber auch allgemein für **Gesellschaften aus allen Staaten** befolgt werden (siehe o. Rdn. 25).

Für die sogenannten **besonderen Rechtsfähigkeiten** nimmt die herrschende Ansicht eine mehrfache Anknüpfung vor: Sie sollen sowohl nach dem Gesellschaftsstatut als auch nach dem sog. Wirkungsstatut zu beurteilen sein.[236] Letzteres ist die Rechtsordnung, die auf das von der Gesellschaft eingegangene Rechtsverhältnis anzuwenden ist. Nach einer Ansicht sollen darüber hinaus noch Erwerbsbeschränkungen des Belegenheitsstaats zu beachten sein.[237] Nicht einig ist man sich auch über die Art der Anwendung: Nach überwiegender Ansicht sollen die Statuten kumulativ gelten.[238] Begründet wird dies damit, dass die ausländische juristische Person nicht mehr Rechte haben könne als eine inländische.[239] Eine andere in der Literatur vertretene Ansicht will die genannten Statuten „alternativ oder kumulativ" anwenden.[240]

Diese Ansichten sind **abzulehnen.** Die **kumulative Anwendung** mehrerer Rechtsordnungen bedeutet im Ergebnis eine **Verdopplung oder sogar Verdreifachung des anzuwendenden Rechts.** Dies wirkt sich auf den internationalen Rechtsverkehr nachteilig aus, weil sie das jeweils illiberalste Recht zum Zuge kommen lässt. Es ist also gerade nicht so, dass beide Rechte gleichwertig gelten würden. Der zur Rechtfertigung der kumulativen Anknüpfung vorgetragene Gedanke, dass die ausländische juristische Person nicht mehr Rechte haben könne als eine inländische, ist eine bloße *petitio principii.* Auch

---

[233] *Kegel/Schurig,* IPR, § 17 II 2, S. 579; *Behrens,* in: Großkomm. GmbHG, Rdn. B 71; *Großfeld,* in: Staudinger, IntGesR Rdn. 297; *Kindler,* in: MünchKomm-BGB, IntGesR Rdn. 570; *Leible,* in: Michalski, GmbHG, Syst. Darst. 2 Rdn. 113; *Spahlinger/Wegen,* in: Spahlinger/Wegen, Internationales Gesellschaftsrecht in der Praxis, Rdn. 273.

[234] Vgl. *Leible,* in: Michalski GmbHG, Syst. Darst. 2 Rdn. 113 ff.; *Spahlinger/Wegen,* in: Spahlinger/Wegen, Internationales Gesellschaftsrecht in der Praxis, Rdn. 273–286.

[235] Näher *Lehmann* AcP 207 (2007), 225, 237 f.

[236] *Kegel/Schurig,* IPR, § 17 II 2, S. 579; *Behrens,* in: Großkomm. GmbHG, Rdn. B 71; *Kindler,* in: MünchKomm-BGB, IntGesR Rdnr. 571; *Leible,* in: Michalski, GmbHG, Syst. Darst. 2 Rdn. 113.

[237] *Großfeld,* in: Staudinger, IntGesR Rdn. 299; *Leible,* in: Michalski, GmbHG, Syst. Darst. 2 Rdn. 113.

[238] *Behrens,* in: Großkomm. GmbHG, Rdn. B 71; *Großfeld,* in: Staudinger, IntGesR Rdn. 297.

[239] Vgl. *M. Wolff,* S. 118, zitiert bei *Großfeld,* in: Staudinger, IntGesR Rdn. 299.

[240] *Kindler,* in: MünchKomm-BGB, IntGesR Rdn. 571; *Leible,* in: Michalski, GmbHG, Syst. Darst. 2 Rdn. 113.

die „alternative oder kumulative" Anknüpfung begegnet schwerwiegenden Einwänden. Zweifelhaft ist diese Ansicht schon deshalb, weil nicht festgelegt wird, wann die Statuten alternativ oder kumulativ gelten. Außerdem ist neben der kumulativen auch die alternative Anwendung von Gesellschafts- und anderen Statuten auf die Rechtsfähigkeit bedenklich, denn nach ihr würde es genügen, dass z.B. entweder das Gründungs- oder das Wirkungsstatut eine bestimmte Personenmehrheit als tauglichen Träger von Rechten und Pflichten ansieht. Die alternative Anknüpfung schlägt damit in das umgekehrte Extrem wie die kumulative aus, indem sie dem jeweils liberalsten Recht zur Durchsetzung verhilft. Diese Art der Anknüpfung eignet sich für Fragen wie die Geltung der Ortsform oder der Feststellung der Abstammung, weil hier ein bestimmtes materielles Ziel (die Wirksamkeit des Vertrags oder das Bestehen der Eltern-Kind-Beziehung) im Vordergrund steht. Für die Bestimmung der Rechtsfähigkeit ist sie dagegen ungeeignet. Denn ein Träger von Rechten und Pflichten sollte entweder existieren oder nicht; dies kann man nicht nach dem Wirkungsstatut des jeweiligen Geschäfts entscheiden. Die kumulative oder alternative Anknüpfung erzeugt große Unsicherheiten für den Rechtsverkehr und Widersprüche in der Behandlung von Fällen, weil manchmal ein rechtsfähiges Zurechnungssubjekt existiert, manchmal hingegen nicht.

Daher ist davon auszugehen, dass die **Rechtsfähigkeit einheitlich angeknüpft** wird. Dafür spricht auch, dass nur auf diese Weise eine Gleichbehandlung mit den natürlichen Personen erzielt werden kann, die ebenfalls einheitlich nach dem Personalstatut beurteilt werden und nicht unterschiedlich je nach der zu entscheidenden Hauptfrage. Für die Rechtsfähigkeit ist es demnach eine **hinreichende, zugleich aber auch notwendige Bedingung, dass** das **Gesellschaftsstatut** dem Verband die **Fähigkeit zuerkennt, Träger von Rechten und Pflichten zu sein.** Das anzuwendende Schuld- oder Sachenrecht entscheidet dann darüber, ob dieser Rechtsträger im jeweiligen Fall einen Anspruch oder Eigentum erworben hat. In dessen Rahmen sind auch Einschränkungen der Möglichkeit des Rechtserwerbs durch Gesellschaften zu beachten.[241]

Nicht zu verwechseln mit der besonderen Rechtsfähigkeit ist die **Anknüpfung besonderer Fähigkeiten durch völkerrechtliche Verträge**. Gemäß **Art. 2 des Genfer Wechselübereinkommens und Art. 2 des Genfer Scheckübereinkommens**[242] bestimmt sich die Fähigkeit einer Person, eine Wechsel- oder Scheckverbindlichkeit einzugehen, nach dem Recht des Staates, dem sie angehört. Aus dem missverständlichen Wortlaut der „Fähigkeit einer Person" schließt die in Deutschland ganz herrschende Meinung, dass es sich hier um eine besondere Rechtsfähigkeit handele.[243] Dem ist indessen nicht so. Vielmehr ist dies lediglich eine **besondere Kollisionsregelung der Handlungsfähigkeit**, die wegen des eingeschränkten Anwendungsbereichs der beiden Übereinkommen nur bei der Ausstellung von Wechseln und Schecks gilt.

4. Verkehrsschutz

60 Schließt eine juristische Person einen Vertrag mit einem Partner aus einem anderen Land ab, so könnte die uneingeschränkte Geltung des Gesellschaftsstatuts zu nachteiligen Folgen für ihre Vertragspartner führen, die sich der Details des ausländischen Rechts nicht bewusst sind. Daher will die ganz herrschende Meinung **Vertrauensschutz** gemäß **Artikel 12 EGBGB analog** gewähren.[244] Seit Inkrafttreten der Rom I-VO soll **Artikel 13 Rom**

---

[241] Ebenso *Wiedemann,* Gesellschaftsrecht I, § 14 IV 1, S. 813.
[242] RGBl. 1933 II, S. 444, 594. Diesen Normen entsprechen im deutschen Recht Art. 91 WG und Art. 60 ScheckG.
[243] Vgl. *Assmann,* in: Großkomm. AktG, Einl. Rdn. 583; *Kindler,* in: MünchKomm-BGB, IntGesR Rdn. 578; *Leible,* in: Michalski GmbHG, Syst. Darst. 2 Rdn. 114; *Spahlinger/Wegen,* in: Spahlinger/Wegen, Internationales Gesellschaft in der Praxis, Rdn. 283.
[244] *Fischer,* S. 226–268; *Kegel/Schurig,* IPR, § 17 II 2, S. 579; *Bischoff,* in: AnwKomm-BGB, 2005, Art. 12 EGBGB Rdn. 4; *Eidenmüller,* in: ders., Ausländische Kapitalgesellschaften im deutschen Recht, § 4 Rdn. 6; *Großfeld,* in: Staudinger, IntGesR Rdn. 268; *Hoffmann,* in: AnwKomm-BGB,

§ 5. Entstehung der juristischen Person   60   § 5

I-VO analog angewandt werden.²⁴⁵ Die Rechtsprechung hat sich zu dieser Frage bislang nicht eindeutig geäußert. Der BGH hat die Frage ausdrücklich offengelassen.²⁴⁶

Diese Analogie ist abzulehnen. Zwar ist eine Regelungslücke vorhanden: Den Vertrauensschutz bei juristischen Personen haben weder der europäische noch der deutsche Gesetzgeber geregelt. Doch stimmt die **Interessenlage** mit der in Artikel 13 Rom I-VO geregelten **nicht überein.** Denn zwischen juristischen und natürlichen Personen bestehen weitgehende Unterschiede, die für die Bildung von schützenswertem Vertrauen von Bedeutung sind:²⁴⁷ Während der Vertragspartner bei einem vor ihm stehenden Menschen ohne weiteres von dessen Rechtsfähigkeit ausgehen wird, ist das bei einer juristischen Person schon aus rein tatsächlichen Gründen nicht möglich. Ihr fehlt es an der physischen Präsenz und Realität, welche den entscheidenden Grund für die Regelung des Artikel 13 Rom I-VO bildet. Dem kann man auch nicht dadurch abhelfen, dass man statt auf die Anwesenheit der Gesellschaft auf die eines ihrer **Organe** oder eines sonstigen **Vertreters** abstellt, wie es die herrschende Lehre befürwortet.²⁴⁸ Denn die Anwesenheit des Vertreters im Inland ändert nichts daran, dass es sich um eine ausländische Gesellschaft handelt und der Vertragspartner daher besonderen Anlass hat, sich über ihre Rechtsfähigkeit zu erkundigen.²⁴⁹ Auch die insoweit bemühte Parallele zu Artikel 11 Abs. 3 EGBGB²⁵⁰ trägt nicht, denn der Grund dieser Regelung ist das Vertrauen der beiden Vertreter in die Geltung der Ortsform, nicht in Eigenschaften der anderen Vertragspartei. Statt einer Analogie zu Artikel 13 Rom I-VO sollte man daher eine materielle Regel des grenzüberschreitenden Handelsverkehrs anwenden, die den Geschäftspartner vor international unüblichen Einschränkungen der Rechts- und Handlungsfähigkeit schützt.²⁵¹ Diese Regel findet unabhängig von der Präsenz der Parteien bei allen grenzüberschreitenden Geschäften Anwendung. Sie ist auch in keiner Weise an das Ortsrecht gebunden.

Will man entgegen der hier vertretenen Auffassung mit der h. M. Artikel 13 Rom I-VO analog anwenden, so ist dies nur unter bestimmten Voraussetzungen möglich. Die erste dieser Voraussetzungen ist, dass die Gesellschaft im selben Staat physisch präsent ist, in dem sich auch der Vertragspartner befindet. Das ist jedenfalls dann der Fall, wenn sie entweder ihre **Haupt- oder eine Zweigniederlassung**²⁵² in diesem Staat hat. Nur wenn diese Bedingung erfüllt ist, kann der Vertragspartner ähnlich wie bei einer natürlichen Person davon ausgehen, dass die Gesellschaft existiert und am Rechtsverkehr teilnehmen darf. Als zweite Voraussetzung muss die Gesellschaft nach dem Ortsrecht rechtsfähig sein. Dies setzt voraus, dass dieses Recht sie als potentiellen Träger von Rechten und Pflichten anerkennt. Darauf, dass die ausländische Gesellschaftsform im Ortsrecht ein „Gegenstück" hat, kommt es dagegen nicht an.²⁵³ Denn der Vertragspartner kann berechtigterweise darauf vertrauen, dass auch Gesellschaften ausländischen Rechts am inländischen Rechtsverkehr teilnehmen kön-

---

Anh zu Art. 12 EGBGB Rdn. 14; *Kegel,* in: Soergel, 12. Aufl. 1996, Art. 12 EGBGB Rdn. 8; *Kindler,* in: MünchKomm-BGB, IntGesR Rdn. 566; *Leible,* in: Michalski GmbHG, Syst. Darst. 2 Rdn. 110. Zum gleichen Ergebnis gelangt *Behrens,* in: GroßkommGmbHG, Rdn. B 70 aus dem Gedanken des gesellschaftsrechtlichen Vertrauensschutzes.

²⁴⁵ *Spellenberg,* in: MünchKomm-BGB, 5. Aufl. 2010, Art. 13 Rom I-VO Rdn. 51–57; Palandt/ *Thorn,* 69. Aufl. 2010, Art. 13 Rom I-VO Rdn. 2.

²⁴⁶ Siehe BGH NJW 1998, 2452, 2453. Gegen eine Analogie OLG Stuttgart NJW 1974, 1627 = IPRspr. 1974 Nr. 7.

²⁴⁷ Siehe dazu *Lehmann,* FS Fischer, S. 237, 243–246.

²⁴⁸ *Kindler,* in: MünchKomm-BGB, IntGesR Rdn. 568; *Großfeld,* in: Staudinger, IntGesR Rdn. 269; *Leible,* in: Michalski GmbHG, Syst. Darst. 2 Rdn. 110.

²⁴⁹ Richtig OLG Hamburg IPRspr. 1932, Rdn. 14.

²⁵⁰ *Kindler,* in: MünchKomm-BGB, IntGesR Rdn. 568.

²⁵¹ Siehe *Lehmann,* FS Fischer, S. 237, 255–258; sowie o. § 4 Rdn. 9.

²⁵² Insoweit übereinstimmend *Kindler,* in: MünchKomm-BGB, IntGesR Rdn. 568; *Großfeld,* in: Staudinger, IntGesR Rdn. 269; *Leible,* in: Michalski, GmbHG, Syst. Darst. 2 Rdn. 110 und Fn. 359.

²⁵³ So aber *Kegel/Schurig,* IPR, § 17 II 2, S. 578.

nen, selbst wenn diese ihrer Regelung nach nicht den inländischen Gesellschaftstypen ähneln. Schließlich darf als dritte Voraussetzung der Vertragspartner nicht von der fehlenden Rechtsfähigkeit der Gesellschaft nach derem Heimatrecht wissen oder wissen müssen. Diese ist nicht schon dann zu verneinen, wenn er weiß, dass es sich um eine ausländische Gesellschaft handelt. Vielmehr muss ihm auch deren fehlende Rechtsfähigkeit erkennbar sein.

5. „Beteiligungsfähigkeit"

61 Als eine Art der besonderen Rechtsfähigkeit sieht die herrschende Lehre die Möglichkeit des Verbands an, Mitglied einer anderen Gesellschaft zu sein.[254] Diese sogenannte **„Beteiligungsfähigkeit"** der Erwerbergesellschaft soll **eine Voraussetzung** für die Gesellschafterstellung in der anderen Gesellschaft sein und sich nach dem Statut des beteiligenden Verbands richten. Als **zweite Voraussetzung** wird angesehen, dass das auf die **Zielgesellschaft anzuwendende Recht die Beteiligung** der ausländischen Gesellschaft **zulässt.** Nur wenn beide Statute **kumulativ** die mitgliedschaftliche Stellung des Verbands erlauben, soll dieser nach herrschender Meinung[255] und Lehre[256] Mitglied werden.

Diese Ansicht ist abzulehnen. Sie erschwert die grenzüberschreitende Beteiligung von Gesellschaften untereinander, indem sie die Mitgliedstellung von zwei verschiedenen Rechten abhängig macht. Gegen kumulative Anknüpfungen bestehen im IPR **generell Bedenken,** weil sie dem Rechtsverkehr nicht zuträglich sind. Sie führen dazu, dass sich stets das **restriktivste Recht** durchsetzt.[257] Entsprechend dem zu „besonderen Rechtsfähigkeiten" Gesagten (o. Rdn. 58 f.) genügt es, wenn das Gesellschaftsstatut die Erwerbergesellschaft allgemein als tauglichen Träger von Rechten und Pflichten ansieht. Ob diese als Gesellschafter eines anderen Verbands fungieren kann, muss dagegen allein das auf die Zielgesellschaft anzuwendende Recht befinden.[258]

Hinkende Rechtsverhältnisse sind deshalb nicht zu befürchten.[259] Der Gründungsstaat der Erwerbergesellschaft hat keinerlei berechtigtes Interesse daran, die Stellung der nach seinem Recht gegründeten Gesellschaften in ausländischen Verbänden einzuschränken. Daher hat die herrschende Meinung auch alle Mühe, solche Einschränkungen zu finden. Das von ihr meist zitierte Beispiel der **Artikel 552 Abs. 1, 594 Abs. 2 des schweizerischen OR**[260] geht fehl, denn diese Vorschriften beschränken nicht die Fähigkeit Schweizer Kapitalgesellschaften, sich an Personengesellschaften zu beteiligen, sondern stellen Anforde-

---

[254] Siehe *Kegel/Schurig,* IPR, § 17 II 2, S. 580; *Behrens,* in: GroßkommGmbHG, Rdn. B 71; *Großfeld,* in: Staudinger, IntGesR Rdn. 298; *Kindler,* in: MünchKomm-BGB, IntGesR Rdn. 572; *Leible,* in: Michalski GmbHG, Syst. Darst. 2 Rdn. 124; *Spahlinger/Wegen,* in: Spahlinger/Wegen, Internationales Gesellschaftsrecht in der Praxis, Rdn. 274.

[255] BayObLGZ 1986, 61, 68; offengelassen in: OLG Saarbrücken NJW 1990, 647, 648.

[256] Siehe *Kegel/Schurig,* IPR, § 17 II 2, S. 580; *Behrens,* in: GroßkommGmbHG, Rdn. B 71; *Großfeld,* in: Staudinger, IntGesR Rdnr. 304–306; *Kindler,* in: MünchKomm-BGB, IntGesR Rdn. 572; *Leible,* in: Michalski GmbHG, Syst. Darst. 2 Rdn. 124 f.; *Spahlinger/Wegen,* in: Spahlinger/Wegen, Internationales Gesellschaftsrecht in der Praxis, Rdn. 274–275; *Schmidt-Hermesdorf* RIW 1990, 707, 708. Differenzierend danach, ob die Beteiligung der Gesellschaft an einer anderen gegen den *ordre public* ihres Heimatrechts verstößt *Bokelmann,* Recht der Firmen- und Geschäftsbezeichnungen, Rdn. 361; ihm folgend *Haidinger,* S. 145.

[257] Siehe schon o. Rdn. 59.

[258] So auch *Grasmann,* System des internationales Gesellschaftsrechts, Rdn. 889 f.; *Grothe,* Die „ausländische Kapitalgesellschaft & Co. KG", S. 203–205; *Hopt,* in: Baumbach, HGB, 34. Aufl. 2010, § 177 a Rdn. 11, *Bokelmann* BB 1972, 1426, 1427. Dieser Ansicht zuneigend auch *Zimmer,* Internationales Gesellschaftsrecht, S. 267 Fußn. 132.

[259] So aber *Heinrich,* S. 217; *Spahlinger/Wegen,* in: Spahlinger/Wegen, Internationales Gesellschaftsrecht in der Praxis, Rdn. 275; *Großfeld,* in: Staudinger, IntGesR Rdn. 306.

[260] Siehe etwa *Kindler,* in: MünchKomm-BGB, IntGesR Rdn. 575; *Spahlinger/Wegen,* in: Spahlinger/Wegen, Internationales Gesellschaftsrecht in der Praxis, Rdn. 275 Fußn. 567.

§ 5. Entstehung der juristischen Person

rungen an die Mitglieder von schweizerischem Recht unterliegenden Kollektiv- und Kommanditgesellschaften.[261]

Bestimmte Anforderungen an die Mitgliedschaft insbesondere in Personengesellschaften sind nicht selten, sollten aber diskriminierungsfrei angewandt werden. Bedenklich ist daher die Ansicht, das **deutsche Recht** lasse die Beteiligung eines ausländischen Verbands als **Komplementärin einer KG nicht zu.**[262] Die Vertreter dieser Auffassung argumentieren, dass eine solche Beteiligung den Rechtsverkehr über das zumutbare Maß belasten würde, da Klarheit über die Vertretungs- und Haftungsverhältnisse nur unter Berücksichtigung auch des ausländischen Rechts mit der erforderlichen Sicherheit hergestellt werden könne.[263] Außerdem würde die durch die Zulassung einer ausländischen Gesellschaft als persönlich haftender Gesellschafter eintretende „Statutenvermischung" gegen den Grundsatz der Einheitlichkeit des Gesellschaftsstatuts verstoßen.[264]

Dem ist mit der herrschenden Rechtsprechung und Lehre zu **widersprechen.**[265] Nicht die Beteiligung der ausländischen Gesellschaft als Komplementär einer KG erschwert den Rechtsverkehr, sondern ihre Untersagung. In einer international vernetzten Wirtschaft muss es auch für nach ausländischem Recht gegründete Verbände möglich sein, persönlich haftender Gesellschafter einer deutschen KG zu werden. Jede andere Auffassung würde im Übrigen die innerhalb der EU gewährleistete Niederlassungs- und Kapitalverkehrsfreiheit (Art. 49, 54 und 63 Abs. 1 AEUV) verletzen.[266] Der Rechtsverkehr ist mit den Vertretungsregeln der gängigen ausländischen Gesellschaften wie beispielsweise der *private limited company* mittlerweile hinreichend vertraut. Außerdem verlangt die Rechtsprechung die Eintragung der Vertretungsregelung des (ausländischen) Komplementärs in das deutsche Register und garantiert damit deren Publizität.[267] Der zu führende Firmenzusatz und die Registerpublizität sind zudem geeignet, dem Rechtsverkehr die Haftungsverhältnisse zu offenbaren.[268] Eine hinreichende Transparenz der Gesellschaftsverhältnisse ist also gesichert. Die herrschende Meinung erkennt daher berechtigterweise an, dass der nach ausländischem Recht gegründete Verband auch persönlich haftender Gesellschafter einer deutschen KG sein kann.[269] Gleiches gilt im Übrigen auch für die Beteiligung als Gesellschafter einer oHG.[270]

---

[261] Zum historischen Hintergrund der Vorschrift siehe BGE 84 II 381. Der hier vertretenen Auslegung folgen u. a. OLG Saarbrücken NJW 1990, 647, 648; LG Stuttgart RIW 1993, 848, 851; *Leible*, in: Michalski GmbHG, Syst. Darst. 2 Rdn. 125; *Kronke* RIW 1990, 799, 801; *ders.* IPRax 1995, 377, 378; *Straub* IPRax 1997, 58, 59–64. A. A. dagegen *Ebenroth/Hopp* JZ 1989, 883, 890.

[262] *Heinrich*, S. 296–298; *Kindler*, in: MünchKomm-BGB, IntGesR Rdn. 576; *Großfeld*, in: Staudinger, IntGesR Rdn. 542; *Wiedemann*, Gesellschaftsrecht II, § 1 IV 2 a, S. 53 f.

[263] *Großfeld*, in: Staudinger, IntGesR Rdn. 542; *Kindler*, in: MünchKomm-BGB, IntGesR Rdn. 576.

[264] *Kindler*, in: MünchKomm-BGB, IntGesR Rdn. 576.

[265] BayObLG BayObLGZ 1986, 61, 66 ff.; OLG Saarbrücken NJW 1990, 647; OLG Frankfurt/M. DB 2006, 1949, 1949; *Binz/Mayer* GmbHR 2003, 249, 250 f.; *Grunewald*, in: MünchKomm-HGB, 2. Aufl. § 161 Rdn. 101; *Schaub*, in: Ebenroth/Boujong/Joost, Handelsgesetzbuch, 2. Aufl. 2008, § 8 Rdn. 117; *Kowalski/Bormann* GmbHR 2005, 1045; *Liebscher*, in: Sudhoff, GmbH & Co KG, 6. Aufl. 2005, § 3 Rdn. 32; *Schlichte* DB 2006, 87, 92; *Werner* GmbHR 2005, 288, 291; *Wachter* GmbHR 2006, 79, 79; *Koller*, in: Koller/Roth/Morck, HGB, 6. Aufl. 2007, § 105 Rdn. 17.

[266] So auch *Kowalski/Bormann* GmbHR 2005, 1045, 1046; *Schlichte* DB 2006, 87, 90 f. (zum EG-Vertrag).

[267] BayObLG BayObLGZ 1986, 61, 72 = NJW 1986, 3029, 3032; zustimmend *Schaub*, in: Ebenroth/Boujong/Joost, Handelsgesetzbuch, 2. Aufl. 2008, § 8 Rdn. 117; *Schmidt-Hermesdorf* RIW 1990, 707, 713; *Kowalski/Bormann* GmbHR 2005, 1045, 1046 f.; *Wachter* GmbHR 2006, 79, 82 f.

[268] *Kowalski/Bormann* GmbHR 2005, 1045, 1047; *Schmidt-Hermesdorf* RIW 1990, 707, 711 f.; *Wachter* GmbHR 2006, 79, 81 f.

[269] Siehe Nachweise oben Fußn. 265.

[270] *Grunewald*, in: MünchKomm-HGB, 2. Aufl. 2007, § 105 Rdn. 89.

6. „Organfähigkeit"

62 Hinsichtlich der Frage, ob eine Gesellschaft Organ einer anderen Gesellschaft sein kann (**Organfähigkeit**), gelten parallele Erwägungen wie für die Beteiligung als Gesellschafter (siehe o. Rdn. 61). Die herrschende Meinung will auch hier kumulativ das Statut der Gesellschaft, die zum Organ bestellt werden soll, und das der Gesellschaft, zu deren Organ sie bestellt wird, auf die Zulässigkeit befragen.[271] Eine gesonderte „Organfähigkeit" ist aber ebenso wenig anzuerkennen wie eine „Beteiligungsfähigkeit" (siehe o. Rdn. 61). Stattdessen ist, soweit das potentielle Organ nach dem auf es anwendbaren Statut rechts- und verpflichtungsfähig ist, die Zulässigkeit allein nach dem Recht des Verbands zu überprüfen, als dessen Organ es bestellt werden soll. Dass deshalb die Durchsetzung von Haftungsansprüchen erschwert werden könne,[272] ist nicht zu befürchten. Denn für die Entstehung der Verbindlichkeit genügt neben den tatbestandlichen Voraussetzungen, dass das Organ nach seinem Heimatrecht allgemein rechtsfähig ist (siehe o. Rdn. 59).

7. Gerichtliche Zuständigkeit

63 Ob eine Gesellschaft rechtsfähig ist oder nicht, wird meist **inzident** in einem Prozess im Rahmen der Prüfung ihrer Parteifähigkeit (siehe u. Rdn. 65) und Aktivlegitimation geprüft. Richtet sich die Klage allerdings darauf, die **Nichtigkeit** einer Gesellschaft oder juristischen Person festzustellen, dann sind gemäß Artikel 22 Nr. 2 EuGVO die Gerichte am Sitz des Verbands ausschließlich zuständig (dazu u. Rdn. 81).

VIII. Partei- und Prozessfähigkeit

64 Von der Rechtsfähigkeit zu unterscheiden, aber mit dieser eng verknüpft sind die Fragen, ob die Gesellschaft Partei in einem Prozess sein kann (**Parteifähigkeit**) und wie sie wirksame Prozesshandlungen vornehmen kann (**Prozessfähigkeit**).

1. Rechtsvergleichende Behandlung

65 **a)** Mit der Rechtsfähigkeit kommt der Gesellschaft nach den meisten Rechtsordnungen auch die **Parteifähigkeit** zu. Ebenso wie in Deutschland die Parteifähigkeit an die Rechtsfähigkeit angeknüpft wird,[273] leitet man auch in Frankreich die *capacité d'ester en justice* aus der Rechtsfähigkeit ab.[274] Die Unionsgerichte schließen ebenfalls mit einer natürlichen Selbstverständlichkeit von Rechts- auf Parteifähigkeit und umgekehrt von Rechtsunfähigkeit auf Parteiunfähigkeit.[275]

Manche Rechtsordnungen unterscheiden Rechts- und Parteifähigkeit nicht einmal voneinander. Vielmehr nimmt man an, dass derjenige, der ein Recht innehabe, dieses auch gerichtlich durchsetzen können muss. Dies wird aus der alten Maxime „ubi jus, ibi remedium" gefolgert. In den angelsächsischen Staaten übersetzt man ihn mit dem equity-Grundsatz „Where there is a right, there is a remedy".[276] Wegen des engen Zusammenhangs zwischen Rechts- und Parteifähigkeit kennt man die Möglichkeit des Auseinanderfallens beider im Allgemeinen nicht (siehe auch u. Rdn. 67).

66 **b) Prozessfähigkeit.** Von der Parteifähigkeit zu unterscheiden ist die Prozessfähigkeit, also die Fähigkeit, prozessuale Handlungen wirksam vornehmen zu können. Dass die Gesellschaft selbst nicht in der Lage ist, am Prozessgeschehen teilzunehmen, ist offensicht-

---

[271] *Behrens,* in: Großkomm. GmbHG, Rdn. B 71; *Kindler,* in: MünchKomm-BGB IntGesR Rdn. 580; *Leible,* in: Michalski GmbHG, Syst. Darst. 2 Rdn. 123; *Spahlinger/Wegen,* in: Spahlinger/Wegen, Internationales Gesellschaftsrecht in der Praxis, Rdn. 282.
[272] So *Kindler,* in: MünchKomm-BGB, IntGesR Rdn. 580.
[273] § 50 Abs. 1 ZPO.
[274] *Croze/Morel/Fradin,* Procédure civile, 3. Aufl 2005, Rdn. 369.
[275] Siehe EuG Rs. T-236/06, Slg 2008, II-461 – Landtag Schleswig-Holstein/Kommission, Rdn. 30.
[276] Siehe Ashby v. White, (1703) 92 Eng. Rep. 126, 136 (K.B.). Siehe auch Crane v. Bielski, 104 A. 2d 651, 655 (N.J. 1954): „equity will not suffer a wrong to be without a remedy".

lich. Das Problem, ob sie selbst oder ihre Vertreter prozessfähig sind, ist daher nur von akademischer Bedeutung. In Deutschland behilft man sich insoweit mit der kryptischen Formulierung, die Gesellschaft sei „durch ihre Vertreter" prozessfähig.[277] In anderen Staaten stellt man sich diese Frage nicht, weil die Antwort nur von sprachlicher Konvention abhängt.[278]

Wichtig ist hingegen, wer die Gesellschaft vertritt. Das wird nicht in jeder Rechtsordnung unter dem Punkt „Prozessfähigkeit" erörtert. Vielmehr geht z. B. das englische Recht von dem praktischen Problem aus, wem die Klage zuzustellen ist. Bei *corporations* ist das „a person holding a senior position within the company or corporation".[279]

Dass bei natürlichen Personen gewisse Voraussetzungen gegeben sein müssen, um eine Klage erheben zu können oder als Beklagter zu agieren, wird als selbstverständlich angesehen.[280] Was von natürlichen Personen als Partei verlangt wird, gilt entsprechend auch für natürliche Personen als Vertreter einer juristischen Person im Prozess.

2. Anzuwendendes Recht

a) Parteifähigkeit. In Deutschland ist **streitig,** wie das auf die Parteifähigkeit anzuwendende Recht bestimmt werden soll.

Eine Auffassung legt die als lex fori vor deutschen Gerichten anwendbare Regelung des **§ 50 Abs. 1 ZPO** zugrunde. Die Parteifähigkeit soll daher dann gegeben sein, wenn die Partei nach dem auf sie anzuwendenden Recht rechtsfähig ist.[281] Zunächst ist also dieses Recht nach den dargestellten Grundsätzen zu ermitteln (siehe o. Rdn. 59). Ergibt sich aus ihm, dass die Gesellschaft rechtsfähig ist, so ist sie auch parteifähig, ohne dass es auf die Parteifähigkeitsregelung ihres Heimatrechts ankäme. Fehlt es nach dem anzuwendenden Recht dagegen an der Rechtsfähigkeit, so soll dennoch die passive Parteifähigkeit angenommen werden können, soweit die Voraussetzungen einer analogen Anwendung des § 50 Abs. 2 ZPO erfüllt sind.[282] Die aktive Parteifähigkeit kann über die Bestellung eines Pflegers hergestellt werden.[283]

Eine andere Auffassung will demgegenüber die Parteifähigkeit ohne Rückgriff auf den in § 50 Abs. 1 ZPO niedergelegten Grundsatz **unmittelbar nach dem Heimatrecht** der Gesellschaft ermitteln.[284] Sieht dieses die Gesellschaft als parteifähig an, so soll sie auch vor deutschen Gerichten parteifähig sein, selbst wenn sie nach ihrem Heimatrecht nicht rechtsfähig sein sollte. Im umgekehrten Fall, dass die Gesellschaft nach ihrem Heimatrecht nicht

---

[277] So etwa *Markgraf/Kießling* JuS 2010, 312; *Weiß* BB 2008, 1250; zum Problem auch *Lindacher,* in: MünchKomm-ZPO, 3. Aufl. 2008, § 52 Rdn. 23; *Musielak,* ZPO, 7. Aufl. 2009, § 51 Rdn. 6.

[278] Siehe etwa die Erwägungen zur *capacity to sue and be sued* von Gesellschaften, die im US-amerikanischen Recht problemlos bejaht wird, *James/Hazard/Leubsdorf,* Civil Procedure, 2001, S. 600.

[279] Civil Procedure Rules (CPR) 6.4(4), abgedruckt in *Williams,* Civil Procedure Handbook 2005, S. 62.

[280] Siehe die Parteifähigkeit von Minderjährigen im US-amerikanischen Recht, *James/Hazard/Leubsdorf,* Civil Procedure, 2001, S. 599. Zum englischen Recht siehe Civil Procedure Rules (CPR) Part 21 sowie die Practice Direction 21, abgedruckt in *Williams,* Civil Procedure Handbook 2005, S. 184–194.

[281] BGH NJW 1965, 1666, 1666; IPRax 2000, 423, 423; NJW-RR 2005, 23, 24 f.; OLG Koblenz IPRax 2009, 151, 152; Urteil v. 16. 10. 2003 – 2 U 55/99, Rdn. 20; OLG Hamm, Urteil v. 12. 9. 2007 – 30 U 43/07, Rdn. 106; KG Berlin NZG 2005, 758; OLG Brandenburg NJW-RR 2001, 29, 30; OLG Bremen RIW 1972, 478; OLG Frankfurt NJW 1990, 2204, 2204; IPRax 2001, 132, 133; IPRax 2004, 56, 58 f.; OLG Düsseldorf, IPRspr. 1964/65, Nr. 21, NJW-RR 1993, 999, 1000; JZ 2000, 203.

[282] Nachweise bei *Schack,* Internationales Zivilprozeßrecht, Rdn. 599.

[283] Vgl. *Schack,* Internationales Zivilprozeßrecht, Rdn. 601.

[284] RGZ 117, 215, 217; BGHZ 51, 27, 28; 53, 383, 385; *Pagenstecher* ZZP 64 (1951), 249, 251, 260–264; *Wagner* ZZP 117 (2004), 305, 363 f.; *Kindler,* in: MünchKomm-BGB, IntGesR Rdn. 587; *Behrens,* in: Großkomm. GmbHG, Rdn. B 72; *Spahlinger/Wegen,* in: Spahlinger/Wegen, Internationales Gesellschaftsrecht in der Praxis, Rdn. 294; *Schack,* Rdn. 598; *Nagel/Gottwald,* IZPR, § 4 Rdn. 14.

parteifähig, aber rechtsfähig ist, wird von manchen Vertretern dennoch ausnahmsweise auf die Parteifähigkeit geschlossen.[285]

Eine dritte Auffassung spricht sich für eine **alternative Anknüpfung** aus.[286] Danach soll parteifähig sein, wer nach seinem Personalstatut entweder rechts- oder parteifähig ist. Außerdem soll die Parteifähigkeit auch solchen Gebilde zukommen, die vergleichbar wie eine parteifähige inländische Person organisiert sind.[287]

Die **Bedeutung der Streitfrage** ist wegen des nach ausländischem Recht in aller Regel gegebenen Gleichklangs von Rechts- und Parteifähigkeit (siehe o. Rdn. 65) **weit geringer,** als der auf sie verwendete verhältnismäßig große Aufwand vermuten lässt. Wegen der Korrekturmechanismen der verschiedenen Auffassungen bestehen **im Ergebnis kaum Abweichungen.** Zu unterschiedlichen Lösungen gelangt man lediglich in dem Fall, dass das Gesellschaftsstatut dem Verband als parteifähig, aber nicht als rechtsfähig ansieht. Dann wäre er nach den beiden letztgenannten Auffassungen in Deutschland parteifähig, nach der erstgenannten dagegen nicht. Ein solcher Fall dürfte **praktisch nur äußerst selten** auftreten. Denn es wäre sinnwidrig, würde das ausländische Recht einem Rechtsträger die Rechtsfähigkeit absprechen, ihm aber die Geltendmachung von Rechten im Prozess erlauben. Die Regelung in RSC Order 81 bezüglich der *partnership,* die man als Beleg für die Möglichkeit einer Parteifähigkeit bei gleichzeitiger Rechtsunfähigkeit angesehen hat,[288] wurde im Jahre 2006 durch eine bloße „practise direction" ersetzt, die klärt, wie man eine Klage gegen eine *partnership* einleitet.[289] Es ist daher mehr als zweifelhaft, ob dieser Regelung die Bedeutung zukommt, die man ihr in Deutschland entnommen hat.

Sollte tatsächlich eine Gesetzgebung existieren, nach der eine Personenmehrheit zwar parteifähig, aber nicht rechtsfähig ist, wäre es **kaum zweckmäßig,** die Gesellschaft als parteifähig zu behandeln, wenn sie nach dem auf sie anzuwendenden Recht nicht rechtsfähig wäre. Denn dann fehlte es ihr sowohl an der Fähigkeit, Schuldner von Verbindlichkeiten zu sein, als auch an einer für die Vollstreckung des gegen sie möglicherweise ergehenden Urteils notwendigen Haftungsmasse. Das wäre selbst in Deutschland nicht anders, da die deutschen Zwangsvollstreckungsorgane die fehlende Rechtsfähigkeit nach dem Heimatrecht achten müssen. Eine selbständige Anknüpfung der Parteifähigkeit ohne Rücksicht auf die Rechtsfähigkeit ist daher wenig sinnvoll. Sie zerreißt den Nexus zwischen Vermögensträgerschaft, Parteifähigkeit und Zwangsvollstreckung.[290] Man sollte daher an dem in § 50 Abs. 1 ZPO niedergelegten Prinzip festhalten und die Parteifähigkeit auch international in Abhängigkeit von der Rechtsfähigkeit bestimmen. Dahinter steht kein bloßer Formalismus, sondern der grundlegende Gedanke des Zusammenhangs zwischen materieller Rechtsfähigkeit und der Möglichkeit der prozessualen Durchsetzung, der auch in anderen Rechtsordnungen anerkannt ist (siehe o. Rdn. 65).

68 **b) Prozessfähigkeit.** Um das auf die Prozessfähigkeit der Gesellschaft vor deutschen Gerichten anzuwendende Recht zu ermitteln, ist zunächst eine Kollisionsnorm zu finden.

---

[285] *Kindler,* in: MünchKomm-BGB, IntGesR Rdn. 587; anders: *Pagenstecher* ZZP 64 (1951), 249, 266.

[286] *Lüderitz,* in: Soergel, Anh. Art. 10 EGBGB Rdn. 29; *Bork,* in: Stein/Jonas ZPO, 22. Aufl. 2004, § 50 Rdn. 51; *Lindacher,* in: MünchKomm-ZPO, 3. Aufl. 2008, § 50 Rdn. 67; *Furtak,* Die Parteifähigkeit in Zivilverfahren mit Auslandsberührung, S. 164; *Geimer,* IZPR, Rdn. 2203 f.; *Thorn* IPRax 2001, 102, 107.

[287] *Lüderitz,* in: Soergel, Anh. Art. 10 EGBGB Rdn. 29; *Lindacher,* in: MünchKomm-ZPO, 3. Aufl. 2008, § 50 Rdn. 67; *Bork,* in: Stein/Jonas ZPO, 22. Aufl. 2004, § 50 Rdn. 51; *Furtak,* Die Parteifähigkeit in Zivilverfahren mit Auslandsberührung, S. 164.

[288] *Schack,* Internationales Zivilprozeßrecht, 2. Aufl. 1996, Rdn. 530.

[289] Siehe Nr. 12 Statuatory Instrument (S.I.) 2006 No. 1689 (L. 6) sowie explanatory note. Danach gilt für Klagen gegen partnerships der neue § 7.2A der Civil Procedure Rules 1998. Dieser verweist auf die besagte „practise direction".

[290] So *G. Wagner* ZZP 117 (2004), 305, 363; siehe auch *ders.,* in: Lutter (Hrsg.), Europäische Auslandsgesellschaften in Deutschland, S. 223, 229.

§ 5. Entstehung der juristischen Person 69 § 5

Die herrschende Auffassung leitet aus **§ 55 ZPO** eine versteckte zivilprozessuale Kollisionsnorm ab, nach der das Heimatrecht der Person darüber entscheidet, ob diese prozessfähig ist.[291] Verneint dieses die Prozessfähigkeit, so findet gemäß § 55 ZPO deutsches Prozessrecht Anwendung, nach welchem die Prozessfähigkeit entgegen dem Heimatrecht bejaht werden könne.

Eine andere Auffassung geht von der Existenz einer ungeschriebenen zivilprozessualen Kollisionsnorm aus, nach der auf die Prozessfähigkeit immer die *lex fori* anzuwenden sei.[292]

Zu folgen ist der letztgenannten Auffassung. Die Fähigkeit, vor einem Gericht wirksame Prozesshandlungen vornehmen zu können, ist so sehr an die örtlichen Gewohnheiten gebunden, dass darüber nur das Verfahrensrecht der *lex fori* entscheiden kann. Soweit dieses die bürgerlichrechtliche Geschäftsfähigkeit voraussetzt, gilt Art. 7 EGBGB.

Hinsichtlich der Frage, wer die Gesellschaft im Prozess vertritt, verweist das deutsche Kollisionsrecht auf das Gesellschaftsstatut.[293] Eine SE, für die nach dem deutschen Ausführungs-Gesetz das monistische System gewählt wurde, wird „gerichtlich und außergerichtlich" durch ihre geschäftsführenden Direktoren vertreten.[294] Für eine *private limited company* sind ihr *director* oder ihre *directors* vertretungsbefugt.[295]

IX. Erwerb der Mitgliedschaft

1. Rechtsvergleich

Mitglieder der neu entstehenden Gesellschaft werden diejenigen Personen, die dem Gesellschaftsvertrag **zugestimmt haben.** Die Voraussetzungen der Zustimmung unterliegen dem **allgemeinen Vertragsrecht.** Dieses regelt in den meisten Rechtsordnungen auch die Fragen der **Willensmängel,** z.B. die Voraussetzungen und Wirkungen der **Anfechtung** sowie eventuelle Schadensersatzansprüche.

Für die Zustimmung der künftigen Mitglieder zum Gesellschaftsvertrag existieren je nach Rechtsform **unterschiedliche Wege.** Bei manchen Gesellschaften ist die Unterschrift unter das Gründungsdokument notwendig. Bei der Aktiengesellschaft vergleichbaren Gesellschaften, die sich an das Publikum wenden, wird sie dagegen durch die Zeichnung der Aktie ausgedrückt.[296] Das Gründungsdokument unterschreiben in diesem Fall nur einige wenige Gesellschafter. Auch die Zeichner der Aktie werden unmittelbar Mitglied der Gesellschaft. Ihre Namen müssen dem Register mitgeteilt werden.[297]

Zwischen der Zustimmung und der Entstehung des Rechtsträgers vergeht oft noch eine gewisse Zeit. Für die Beziehungen der Gesellschaft zu Dritten in dieser Periode siehe o. § 4. Unter den Gesellschaftern richten sich die Beziehungen mangels Existenz eines Rechtsträgers meist nach allgemeinem Vertragsrecht.[298]

Erst mit der Eintragung des Rechtsträgers können die Gründer und die Zeichner zu dessen Mitgliedern werden. Die Beitragspflicht (siehe o. Rdn. 35) entsteht aber meist schon vorher. Sie ist spätestens bis zur Eintragung zu erfüllen. Die Aktien dürfen erst nach diesem Zeitpunkt begeben werden. Verstoßen die Gründer gegen diese Regel, drohen ihnen harte Strafen.[299]

---

[291] *Pagenstecher* ZZP 64 (1951), 249, 278–283; *Schack,* Internationales Zivilprozeßrecht, Rdn. 603.
[292] *v. Bar/Mankowski,* IPR I, § 5 Rdn. 91.
[293] Vgl. *Zöller/Vollkommer,* ZPO, 27. Aufl. 2009, § 51 Rdn. 6.
[294] Vgl. § 41 Abs. 1 S. 1 SEAG.
[295] Sec. 40 Companies Act 2006. Zur Bestellung und Abberufung siehe sec. 154–169 *Companies Act 2006.*
[296] Siehe etwa im französische Recht *Mémento Lefebvre,* Sociétés Commerciales, 2008, S. 497, Rdn. 7187.
[297] Siehe etwa Art. L225-5 französischer *Code de commerce.*
[298] Siehe für das französische Recht etwa *Mémento Lefebvre,* S. 106, Rdn. 925.
[299] Vgl. Art. L242-1 Abs. 2 französischer *Code de commerce* (ein Jahr Freiheitsstrafe).

Nach den meisten Rechtsordnungen sind Kapitalgesellschaften mit nur einer Person zulässig. In der EU wird dies durch die 12. gesellschaftsrechtliche Richtlinie vorgeschrieben.[300] Diese gilt allerdings nur für die GmbH und vergleichbare Gesellschaften anderer Rechtsordnungen. Für die Aktiengesellschaft und entsprechenden Gesellschaftsformen ist die Zulassung der Ein-Personen-Gesellschaft in das Belieben der Mitgliedstaaten gestellt.[301] Allerdings dürfen sie auch bei diesen im Fall des Absinkens der Mitgliederzahl auf einen Aktionär nicht ohne weiteres die Auflösung vorsehen.[302]

2. Anzuwendendes Recht

70 **a) Bestand der Mitgliedschaft und Rechte der Mitglieder.** Der **Erwerb der Mitgliedschaft** gehört zum **Gesellschaftsstatut**.[303] Dieses gilt ebenfalls für die Rechtsgeschäfte, die zum Erwerb führen, wie die **Zeichnung von Aktien**.[304] Auch **Willensmängel** und die **Anfechtung** richten sich nach dem **Gesellschaftsstatut**.[305] Das ist selbst dann der Fall, wenn dieses die Regelungen des allgemeinen Vertragsrechts zur Anwendung bringt (siehe o. Rdn. 69). Die notwendige **Geschäftsfähigkeit** des Mitglieds richtet sich dagegen nach dem Recht ihrer **Staatsangehörigkeit**.[306] Die **Rechte und Pflichten der Gesellschafter gegenüber der Gesellschaft** ergeben sich aus dem **Gesellschaftsstatut**.[307] Gleiches gilt für ihre **Rechte untereinander,**[308] sofern der Rechtsträger nach dem anzuwendenden Recht bereits entstanden ist. Zur Rechtslage im Zeitraum davor siehe o. § 4.

Das Gesellschaftsstatut sollte, wie sonst auch, nach der **Gründungstheorie** bestimmt werden. Dies gilt auch im Verhältnis zu nicht zum EWR oder den USA gehörenden Drittstaaten (siehe o. Rdn. 25). Gerade die Frage der Mitgliedschaft zeigt, welche schädlichen Auswirkungen die vom BGH und einem Teil der deutschen Lehre befürwortete Umqualifizierung der in Drittstaaten gegründeten Gesellschaften zu inländischen Personengesellschaften zu Folge hätte: Da sich die Voraussetzungen für den Erwerb der Mitgliedschaft in Personengesellschaften von denen in Kapitalgesellschaften unterscheiden, wäre der Mitgliederbestand aus inländischer Sicht möglicherweise von dem aus Sicht des Gründungsstaats verschieden. Ein solches Rechtschaos kann durch die einheitliche Anwendung des Gründungsrechts vermieden werden.

71 **b) Schadensersatzansprüche.** Im Zusammenhang mit dem Erwerb der Mitgliedschaft entstehende **Ansprüche des Gesellschafters auf Schadensersatz**, etwa wegen **arglistiger Täuschung**, wegen **Betrugs** oder wegen **Verletzung der Vorschriften über den Vertrieb ausländischer Kapitalmarktprodukte,** sind als deliktische Schuldverhältnisse

---

[300] Art. 2 Abs. 1 Richtlinie 89/667/EWG des Rates vom 21. 12. 1989 auf dem Gebiet des Gesellschaftsrechts betreffend Gesellschaften mit beschränkter Haftung mit einem einzigen Gesellschafter, ABl. EWG 1989 L 395/40.

[301] Art. 5 Richtlinie 89/667/EWG, o. Fn. 300.

[302] Art. 5 Abs. 1 Richtlinie 77/91/EWG, o. Fn. 141.

[303] OLG Celle IPRspr. 1950/51 Nr. 12b; OLG München IPRspr. 1929 Nr. 23; LG Hannover IPRspr. 1950/51 Nr. 12a; *Kindler*, in: MünchKomm-BGB, IntGesR Rdn. 548; *Großfeld*, in: Staudinger, IntGesR Rdn. 340.

[304] *Kindler*, in: MünchKomm-BGB, IntGesR Rdn. 548.

[305] OLG München IPRspr. 1929 Nr. 23; *M. Wolff*, S. 118; *Kindler*, in: MünchKomm-BGB, IntGesR Rdn. 548; *Großfeld*, in: Staudinger, IntGesR Rdn. 259, 340; *Leible*, in: Michalski GmbHG, Syst. Darst. 2 Rdn. 139; *Spahlinger/Wegen*, in: Spahlinger/Wegen Internationales Gesellschaftsrecht in der Praxis, Rdn. 266.

[306] Art. 7 Abs. 1 Satz 1 EGBGB. Vgl. *Kindler*, in: MünchKomm-BGB, IntGesR Rdn. 610. Bei Mehrstaatern beachte Art. 5 Abs. 1 EGBGB.

[307] ORG IPRspr. 1975 Nr. 122; LG Hannover IPRspr. 1950/51 Nr. 12a; OLG Celle IPRspr. 1950/51 Nr. 12b; LG Hamburg IPRspr. 1976 Nr. 210; *Behrens*, in: GroßkommGmbHG, Einl. Rdn. B 79; *Lüderitz*, in: Soergel, Anh Art. 10 EGBGB Rdn. 42; *Großfeld*, in: Staudinger, IntGesR Rdn. 336; *Kindler*, in: MünchKomm-BGB, IntGesR Rdn. 589, 610.

[308] *Kindler*, in: MünchKomm-BGB, IntGesR Rdn. 589.

§ 5. Entstehung der juristischen Person

zu kategorisieren.[309] Sie werden daher nach den Regeln der Rom II-VO angeknüpft, soweit diese zeitlich anwendbar ist.[310] Für Altfälle gelten die Art. 40 ff. EGBGB.

3. Gerichtliche Zuständigkeit

a) Bestand der Mitgliedschaft und Rechte der Mitglieder. Streitigkeiten über die Mitgliedschaft fallen **nicht** unter die **ausschließliche Zuständigkeit** des Art. 22 Nr. 2 EuGVO, weil sie weder die Gültigkeit, Nichtigkeit oder Auflösung der juristischen Person noch die Gültigkeit ihrer Beschlüsse betreffen. Auch eine besondere Zuständigkeit ist nicht ersichtlich. Anders als das deutsche Recht kennt das europäische Zivilverfahrensrecht **keinen besonderen Gerichtsstand der Mitgliedschaft**.[311] Möchte ein Gesellschafter gegen die Gesellschaft auf Feststellung seiner Mitgliedschaft klagen, so hat er dies nach allgemeinen Regeln nur **an deren Sitz** zu tun.[312] Der Sitz wird nach der EuGVO allerdings **in dreifacher Weise** bestimmt.[313] Zwischen allen drei hat der Kläger die Wahl. **Bestreitet ein Gesellschafter** die Mitgliedschaft eines anderen, so muss dieser die Gerichte am Wohnsitz jenes Gesellschafters anrufen.[314] **Klagen des Gesellschafters** gegen die Gesellschaft auf Gewährung von **Teilhabe- oder Vermögensrechten** sind an deren Sitz zu erheben. Will die Gesellschaft die **Einlageleistung** vom Gesellschafter fordern, kann sie dies an ihrem Sitz tun.[315]

72

b) Schadensersatzansprüche. Sind im Zusammenhang mit dem Erwerb der Mitgliedschaft Ansprüche auf Schadensersatz entstanden, z. B. wegen arglistiger Täuschung (siehe o. Rdn. 69), lassen sich diese im deliktischen Gerichtsstand geltend machen. Wurde ein Anleger im Inland zum Beitritt zu einer ausländischen Gesellschaft veranlasst, kann dieser daher seine Klage vor inländischen Gerichten erheben. Dies folgt bei EU-Gesellschaften aus Art. 5 Nr. 3 EuGVO,[316] bei außerhalb der EU ansässigen Gesellschaften aus § 32 ZPO analog.[317]

73

X. Dauer

1. Rechtsvergleich

Die Gesellschafter können bei der Gründung in der Regel die Dauer bestimmen, für die die Gesellschaft eingegangen wird.[318] Haben sie keine Dauer vorgesehen, so ist die Gesellschaft **intakt, bis entweder ihr Zweck erreicht ist** oder sie ihre **Tätigkeit eingestellt hat.**[319] Wenn der Zweck schlicht in der Erzielung von Profiten besteht, gibt es **kein Zeitlimit.** Die Gesellschaft wird insbesondere nicht aufgelöst, wenn eines oder selbst alle ihrer Mitglieder sterben. Sie ist von deren Existenz unabhängig.[320]

74

Allerdings sehen einige Rechtsordnungen eine **Maximaldauer** vor. Nach **französischem Recht** etwa kann eine Gesellschaft auf höchstens 99 Jahre geschlossen werden.[321] Indessen

---

[309] BGH ZIP 2010, 1122 mit Anm. *Voß* BB 2010, 2012; ZIP 2010, 1752 mit Anm. *v. Hein* NZG 2010, 1015; ZIP 2010, 1998 und 2004.
[310] Vgl. zur zeitlichen Anwendbarkeit und zum Beginn des Zeitpunktes der Anwendung der Rom II-VO, deren Art. 31 f. Zum Verhältnis beider Vorschriften EuGH, Rs. C-412/10, Urt. v. 17. 11. 2011 – Deo Antoine Homawoo.
[311] Siehe in Deutschland § 22 ZPO.
[312] Art. 2 Abs. 1 EuGVO.
[313] Art. 60 EuGVO.
[314] Art. 2 Abs. 1 EuGVO.
[315] Siehe o. Rdn. 53.
[316] BGH ZIP 2010, 1122 mit Anm. *Voß* BB 2010, 2012; ZIP 2010, 1998 und 2004.
[317] BGH ZIP 2010, 1752 mit Anm. *v. Hein* NZG 2010, 1015.
[318] Für das deutsche Recht siehe § 723 Abs. 1 S. 1, 2 BGB; § 131 Abs. 1 Nr. 1 HGB; § 262 Abs. 1 Nr. 1 AktG; § 60 Abs. 1 Nr. 1 GmbHG.
[319] Zu letzterem Fall siehe sec. 1000(1) *Companies Act 2006*.
[320] Vgl. *Gower/Davies*, Principles of Modern Company Law, Rdn. 2–7, S. 42 f.
[321] Art. 1838 französischer *Code civil*, Art. L210-2 französischer *Code de commerce*.

ist sie nach Ablauf dieser Zeit nicht unbedingt aufgelöst. Die Gesellschafter können sie ein- oder mehrmals verlängern; die Dauer jeder Prolongation darf jedoch ebenfalls nicht länger als 99 Jahre betragen.[322] Die Verlängerung bedarf der Veröffentlichung und Eintragung in das Register, für die die üblichen Registrierungskosten zu entrichten sind. Die Gesellschaft muss indessen nicht neu gegründet und das Vermögen nicht übertragen werden.[323]

2. Anzuwendendes Recht

75 Auf die Dauer der Gesellschaft ist das Gesellschaftsstatut anzuwenden. Dieses ist nach hier vertretener Auffassung stets das Gründungsrecht (siehe o. Rdn. 14–25).

3. Gerichtliche Zuständigkeit

76 Streitigkeiten über die Auflösung der Gesellschaft gehören nach Art. 22 Nr. 2 EuGVO in die **ausschließliche Zuständigkeit der Gerichte an deren Sitz.** Anders als nach Art. 60 EuGVO wird dieser nicht in dreifacher Weise bestimmt, sondern das Gericht hat ihn nach den Regeln seines Internationalen Privatrechts zu ermitteln. Die Regeln des deutschen Kollisionsrechts verweisen insoweit auf das Gründungsrecht; bei nicht nach dem Recht eines EWR-Staats oder eines US-Bundesstaats gegründeten Gesellschaften ist nach herrschender Meinung das Recht am tatsächlichen Verwaltungssitz anzuwenden (dazu o. Rdn. 25).

XI. Gründungsmängel

1. Rechtsvergleich

77 Haben die Gesellschafter bei der Gründung zwingende Vorschriften missachtet, stellt sich die Frage, welche Folgen dies für die Existenz der Gesellschaft hat. Eine ohne weiteres eintretende Nichtigkeit wird von den meisten Systemen als ausgeschlossen betrachtet, da die Gesellschaft, nachdem sie bereits ins Leben getreten ist, meist nicht mehr rückabgewickelt werden kann, ohne die Interessen Dritter zu beeinträchtigen. Daher wird diese zu rigorose Rechtsfolge eingeschränkt.

78 **a) Nichtigkeitsklage.** Ein Mittel zur Einschränkung der Nichtigkeit ist es, diese an die Voraussetzung der gerichtlichen Klage zu binden. Dieser Weg ist allen Mitgliedstaaten der EU vorgegeben.[324] Das Unionsrecht beschränkt zudem die Begründetheit auf schwerste Gesetzesverstöße.[325]

79 **b) Nichtige Gesellschaft.** Sind selbst unentbehrliche Voraussetzungen der Gründung wie die notarielle Beurkundung der Gründungsdokumente oder die notwendige Eintragung unterblieben, dann ist nicht einmal eine – wenn auch fehlerhafte – Gesellschaft entstanden. Dennoch können auch unter diesen Umständen Dritte schutzwürdig sein, die zum Beispiel mit der vermeintlichen Gesellschaft Verträge geschlossen haben oder gegenüber denen Delikte begangen wurden. Die Reaktionen der Rechtsordnungen sind unterschiedlich. Manche nehmen an, es sei nur der Schein einer Gesellschaft hervorgerufen worden und lassen die präsumptiven Gesellschafter für diesen Schein haften.[326] Andere gehen davon aus, dass tatsächlich ein Verband kreiert wurde, aber nicht die beabsichtigte Kapitalgesellschaft, sondern eine Art Personengesellschaft, für deren Verbindlichkeiten die Gründer verantwortlich sind.[327]

---

[322] *Merle,* Droit commercial, S. 140 Rdn. 105.
[323] *Merle,* Droit commercial, S. 141 Rdn. 105.
[324] Art. 12 lit. a Richtlinie 2009/101/EG, o. Fn. 121.
[325] Art. 12 lit. b Richtlinie 2009/101/EG, o. Fn. 121.
[326] So das deutsche Recht, vgl. *Hopt,* in: Baumbach/Hopt HGB, 34. Aufl. 2010, § 105 Rdn. 98 f.; *K. Schmidt,* in: MünchKomm-HGB, 2. Aufl. 2006, § 105 Rdn. 258; *ders.,* Gesellschaftsrecht, 4. Aufl. 2002, § 6 I 2 d, III 1 a.
[327] So das französische Recht, vgl. *Merle,* Droit commercial, S. 110 Rdn. 76.

2. Anzuwendendes Recht

Für Gründungsmängel gilt das Gesellschaftsstatut. Nach hier vertretener Auffassung kann allein das Gründungsrecht über das Bestehen und die Folgen solcher Mängel bestimmen. Es besteht kein Anlass, das Sitzrecht zur Anwendung zu bringen. Dies würde im Gegenteil zu einer Vielzahl nichtiger oder umqualifizierter Gesellschaften führen, da die Gründer meist nur das Gründungsrecht beachten.

3. Gerichtliche Zuständigkeit

Die **Nichtigkeitsklage** fällt gemäß Art. 22 Nr. 2 EuGVO in die **ausschließliche Zuständigkeit** der Gerichte des Staats, in dem die Gesellschaft ihren **Sitz** hat. Dies gilt kraft ausdrücklicher Anordnung **auch für Klagen auf Feststellung der Gültigkeit,** in erweiternder Auslegung der Norm aber auch für die Feststellung der Ungültigkeit (Nichtigkeit) der Gesellschaft. Den Sitz ermittelt das angerufene Gericht unter Beachtung des Internationalen Privatrechts der *lex fori* (siehe zum deutschen Recht o. Rdn. 14–25). Die Folge ist, dass sich mehrere Gerichte für ausschließlich zuständig halten können. Wegen der europarechtlich vorgeschriebenen Gründungsanknüpfung dürfte dies jedoch nur selten der Fall sein. Kompetenzkonflikte sind nach Art. 29 EuGVO zu lösen.[328]

---

[328] *Zöller/Geimer,* ZPO Art. 22 EuGVVO, 27. Aufl. 2009, Rdn. 21a.

3. Kapitel. Auslandsbeurkundungen[1]

Vor §§ 6–9 Überblick

Schrifttum: *Engel,* Die Auslandsbeurkundung nach MoMiG und Schweizer GmbH-Reform, DStR 2008, 1593 ff.; *Goette,* Auslandsbeurkundungen im Kapitalgesellschaftsrecht, FS Boujong, 1996, S. 131 ff. = DStR 1996, 709 ff.; *Großfeld/Berndt,* Die Übertragung von deutschen GmbH-Anteilen im Ausland, RIW 1996, 625; *Dutta,* Form follows function? Formfragen bei Schuldverträgen über ausländische Gesellschaftsanteile, RIW 2005, 98 ff.; *Fetsch,* Zur Beurkundungsbedürftigkeit von Kaufverträgen über eine englische Private Limited Company, GmbHR 2008, 133; *Fetsch,* IPR Bezüge in notariellen Kauf- und Übertragungsverträgen, RNotZ 2007, 456; *Janßen/Robertz,* Die Formwirksamkeit des internationalen GmbH-Unternehmenskaufs, GmbHR 2003, 433; *Kalss* (Hrsg.), Die Übertragung von GmbH-Geschäftsanteilen in 14 europäischen Rechtsordnungen, 2003; *Kindler,* Geschäftsanteilsabtretungen im Ausland, 2010; *Knof/Mock,* Der Referentenentwurf zur Neuregelung des Internationalen Gesellschaftsrechts – die „halbe Wahrheit", GmbHR 2008, R65; *König/Götte/Bormann,* Das Formstatut für die dingliche Abtretung von GmbH-Geschäftsanteilen nach geltendem und künftigem Recht, NZG 2009, 881; *Kröll,* Beurkundung gesellschaftsrechtlicher Vorgänge durch einen ausländischen Notar, ZGR 2000, 111; *Mankowski,* Änderungen bei der Auslandsbeurkundung von Anteilsübertragungen durch das MoMiG oder durch die Rom I-VO?, NZG 2010, 201; *ders.,* Der Vorschlag für die Rom I-Verordnung, IPRax 2006, 101; *Merkt,* Vertragsform beim Kauf von Anteilen an einer ausländischen Gesellschaft, ZIP 1994, 1417; *Pfeiffer,* Neues Internationales Vertragsrecht, EuZW 2008, 622; *Reichert/Weller,* Geschäftsanteilsübertragung mit Auslandsberührung, DStR 2005, S. 250 ff. (Teil 1) und S. 292 ff. (Teil 2); *Saenger/Scheuch,* Auslandsbeurkundung bei der GmbH – Konsequenzen aus MoMiG und Reform des Schweizer Obligationenrechts, BB 2008, 65; *Sonnenberger/Bauer,* Vorschlag des Deutschen Rates für Internationales Privatrecht für eine Regelung des Internationalen Gesellschaftsrechts auf europäischer/nationaler Ebene, RIW 2006, Beilage 1 zu Heft 4; *Trendelenburg,* Die Beurkundung von Anteilskaufverträgen und gesellschaftsrechtlichen Maßnahmen nach der Reform des Schweizer Obligationenrechts, GmbHR 2008, 644; *Wagner/Timm,* Der Referentenentwurf eines Gesetzes über das Internationale Privatrecht der Gesellschaften, Vereine und juristischen Personen, IPRax 2008, 81; *Weller,* Europäische Rechtsformwahlfreiheit und Gesellschafterhaftung, 2004; *ders.,* Die Übertragung von GmbH-Geschäftsanteilen im Ausland: Auswirkungen von MoMiG und Schweizer GmbH-Reform, Der Konzern 2008, 253; *ders.,* Zur formwirksamen GmbH-Anteilsabtretung in der Schweiz, BB 2005, 1807 ff.; *ders.,* Die Rechtsquellendogmatik des Gesellschaftskollisionsrechts, IPRax 2009, 202 ff.; *Wrede,* Nochmals: Zur Beurkundungspflicht bei der Übertragung von Anteilen an einer ausländischen Kapitalgesellschaft, GmbHR 1995, 365.

Die Beurkundung der Übertragung von GmbH-Geschäftsanteilen wird mitunter als zu aufwändig und zu kostenintensiv empfunden. Daher wählen Parteien eines Geschäftsanteilskauf- und Übertragungsvertrages auf Anraten ihrer Anwälte nicht selten den Weg in die benachbarte Schweiz, um dort eine Aufwands- und Kostenersparnis zu erreichen. Völlig unumstritten war diese Methode zu keiner Zeit, aber die Bedenken wurden und werden – bei Beachtung der nachfolgend darzustellenden Voraussetzungen – überwiegend als gering eingeschätzt. **1**

Indes gab es in letzter Zeit einige Gesetzesänderungen, die sich auf die gängige Praxis der Auslandsbeurkundung auswirken könnten. Das Kostenrecht für Notare wurde geändert. Es wurde durch das Gesetz zur Modernisierung des Kostenrechts (KostRMoG) vom 5. 5. 2004 (BGBl. I S. 718) ein Höchstbetrag für die Beurkundung einer Abtretung eines GmbH-Geschäftsanteils eingeführt. So führt z.B. dass Erreichen der Geschäftswerthöchstgrenze von 60 Mio. € (§ 18 Abs. 1 S. 2 KostO) gemäß § 32 KostO bei einer $^{20}/_{10}$-Gebühr zu einem Höchstbetrag von 52 274 €. Dieser relativiert die Kostenersparnis bei einem Gang **2**

---

[1] Herzlich gedankt für ihre wertvolle Hilfe bei der Erstellung des Manuskripts sei Frau Wiss. Mit. Dr. *Kirsten Discher* sowie Frau Wiss. Mit. *Marietta Pietrek,* Universität Freiburg.

ins Ausland. Hinzu kommen die Änderung des Schweizer Obligationenrechts (hierzu näher § 8 III. 3. b) ff)) und Änderungen im Rahmen des MoMiG (hierzu näher unter § 8 III. 3. b) gg)). So wurde in der Schweiz die bisher geltende Beurkundungspflicht für Abtretungen von Anteilen einer schweizerischen GmbH zugunsten einer bloßen Schriftform abgeschafft. Und den Notaren in Deutschland wurde durch das MoMiG im Rahmen eines gutgläubigen Erwerbs von Geschäftsanteilen einer GmbH eine herausgehobene Stellung zugedacht. Z. T. werden diese Änderungen zum Anlass genommen, die Diskussion über die Zulässigkeit der Auslandsbeurkundung neu zu entfachen und der Ruf nach einer Stellungnahme durch den Gesetzgeber wird laut.[2]

3 Da eine ausdrückliche gesetzliche Regelung zur Auslandsbeurkundung (noch) nicht vorliegt,[3] muss die Frage nach ihrer Zulässigkeit bzw. Wirksamkeit anhand des geltenden Rechts ermittelt werden. Das auf einen Sachverhalt mit Auslandsberührung anzuwendende Recht ermittelt sich nach den Regeln und Grundsätzen des Internationalen Privatrechts, Art. 3 EGBGB. Der **analytischen Methode des IPR** zufolge, ist das anwendbare Recht für das Kausalgeschäft und das Erfüllungsgeschäft getrennt zu bestimmen. Für Formfragen hält wiederum Art. 11 Rom I-VO bzw. Art. 11 EGBGB eine Sonderanknüpfung bereit.

4 Im Folgenden soll daher die für die Anknüpfung von Formfragen maßgebliche Vorschrift des Art. 11 EGBGB **(dazu unter § 6)** näher beleuchtet werden. Hierbei werden insbesondere der Referentenentwurf zur Neuregelung des Internationalen Privatrechts der Gesellschaften vom 7. 1. 2008 und der Einfluss der Rom I-Verordnung auf die Formanknüpfung dargestellt. Es schließt sich die Darstellung der Beurkundung eines Gesellschaftsvertrages und von Satzungsänderungen an **(dazu unter § 7)**. Der besonders praxisrelevante Fall der Übertragung von GmbH-Geschäftsanteilen im Ausland wird sodann erörtert **(dazu unter § 8)**. Zuletzt soll noch die Übertragung von Anteilen ausländischer Gesellschaften in Deutschland dargestellt werden **(dazu unter § 9)**.

§ 6 Die Regelung des Art. 11 EGBGB

Übersicht

	Rdnr.		Rdnr.
I. Formstatut – Geschäftsform und Ortsform	3–15	2. Art. 11 Abs. 6 – Ausschließlichkeit des Wirkungsstatuts für Verfassungsakte	30, 31
1. Geschäftsform	4–11	V. Ausblick auf Änderungen im Rahmen der Rom I-Verordnung	32–41
2. Ortsform	12–15	1. Art. 11 der Rom I-Verordnung	36
II. Streitstand zur Anwendbarkeit der Ortsform auf gesellschaftsrechtliche Akte	16–19	2. Erweiterung der Formanknüpfung um gewöhnlichen Aufenthalt	37, 38
III. Reichweite des Formstatuts	20–23	3. Erweiterung der Regelungen zur Teilrechtswahl	39, 40
IV. Reformvorschlag zum Internationalen Privatrecht der Gesellschaften, Vereine und juristischen Personen	24–31	4. Konsequenzen für die Übertragung von Geschäftsanteilen einer GmbH	41
1. Änderung der maßgeblichen Grundsätze zur Bestimmung des Gesellschaftsstatuts	26–29		

1 „Ein Rechtsgeschäft ist formgültig, wenn es die Formerfordernisse des Rechts, das auf das seinen Gegenstand bildende Rechtsverhältnis anzuwenden ist, oder das Recht des Staates erfüllt, in dem es vorgenommen wird", lautet der Wortlaut des Art. 11 Abs. 1 EGBGB. Art. 11 EGBGB enthält eine Sonderanknüpfung für die Form von Rechtsgeschäften und sieht eine *alternative* Zulassung der sog. Geschäftsform und der sog. Ortsform vor. Mit die-

---

[2] *Laufersweiler* FAZ v. 21. 1. 2009, S. 19.
[3] Näher zu Reformvorhaben im Internationalen Gesellschaftsrecht unter § 8.IV.

ser alternativen Anknüpfung soll zum einen der Formungültigkeit von Rechtsgeschäften entgegengewirkt werden.[1] Zum anderen will man den Erwartungen der Parteien gerecht werden, die sich normalerweise am Ort der Erklärungsabgabe am leichtesten und am schnellsten nach der dort geforderten Form erkundigen und sie erfüllen können.[2] Es kommt für die Gültigkeit des Rechtsgeschäfts nicht darauf an, ob die Parteien die doppelte Anknüpfung kannten oder materiellrechtlich einer bestimmten Form bewusst genügen wollten.[3] Das Rechtsgeschäft ist vielmehr dann gültig, wenn die Ortsform oder die Geschäftsform eingehalten werden. Hinzu kommt, dass bei Distanzverträgen nach Art. 11 Abs. 2 EGBGB zwei Ortsrechte neben dem Geschäftsstatut zur Verfügung stehen. Neben der Einhaltung der Formvorschriften des Geschäftsstatuts genügt für *beide* Willenserklärungen, wenn sie nach *einem* der Ortsrechte in dem sie vorgenommen werden, formwirksam sind.[4] Es setzt sich dann das schwächere Ortsrecht für beide Erklärungen durch; es ist nicht erforderlich, dass eine Erklärung jeweils den formellen Anforderungen gerade an dem Ort genügt, an dem sie selber abgegeben wurde.[5]

Im Folgenden sollen im Rahmen des Formstatuts des Art. 11 Abs. 1 EGBGB **(dazu unter I.)** die beiden alternativen Anknüpfungsmöglichkeiten – die Geschäftsform **(dazu unter 1.)** und die Ortsform **(dazu unter 2.)** – erörtert werden. Anschließend werden der Streitstand bzgl. der Anwendbarkeit der Ortsform auf gesellschaftsrechtliche Akte **(dazu unter II.)** und die Reichweite des Formstatuts **(dazu unter III.)** dargestellt. Hiernach schließen sich eine Vorstellung des Reformvorschlags zur Änderung des EGBGB **(dazu unter IV.)**, sowie ein Ausblick auf die Neuerungen für Geschäftsanteilsübertragungen im Rahmen der ab 17. 12. 2009 geltenden Rom I-Verordnung an **(dazu unter V.)**.

I. Formstatut – Geschäftsform und Ortsform

Die Frage der Form kann zum einen der Rechtsordnung unterstellt werden, welche das Rechtsgeschäft beherrscht; diese wird als **Geschäfts- bzw. Wirkungsstatut** (lex causae) bezeichnet (Art. 11 Abs. 1 1. Alt. EGBGB). Zum anderen können im Interesse der Formwirksamkeit von Rechtsgeschäften (favor negotii) sowie im Interesse des Verkehrsvertrauens in ein lokal häufig abweichendes Formenregime (favor gerentis) die Formfragen auch dem Recht desjenigen Ortes entnommen werden, an dem das Rechtsgeschäft tatsächlich vorgenommen wird (**Ortsform**, Art. 11 Abs. 1 2. Alt. EGBGB).[6]

1. Geschäftsform

Das Geschäfts- bzw. Wirkungsstatut ist die Basis des Rechtsgeschäfts und gibt dessen Wirksamkeitserfordernisse vor, zu denen auch die Form zählt.[7] Welches Recht inhaltlich maßgeblich ist, beurteilt sich nach den für das jeweilige Geschäft geltenden Anknüpfungsregeln, bei der Eheschließung also z.B. nach Art. 13 EGBGB oder bei einem Schuldvertrag nach Art. 3 ff. Rom I-VO.[8] Ist etwa der Verkauf eines ausländischen Grundstücks vertraglich dem deutschen Recht unterstellt, so kommt nach Art. 11 Abs. 1 1. Alt. EGBGB (Geschäftsform) das Beurkundungserfordernis aus § 311b Abs. 1 BGB zur Anwendung.

Führt die für das Geschäftsstatut einschlägige Anknüpfungsregel zur Anwendbarkeit deutschen Rechts und sieht das deutsche Recht eine Beurkundung als Formerfordernis vor, ergibt sich kein Problem, wenn die Beurkundung innerhalb Deutschlands vorgenom-

---

[1] MünchKommBGB/*Spellenberg*, Art. 11 EGBGB Rdnr. 1 mwN.
[2] Staudinger/*Winkler von Mohrenfels*, Art. 11 EGBGB Rdnr. 34.
[3] MünchKommBGB/*Spellenberg*, Art. 11 EGBGB Rdnr. 44; missverständlich die Formulierung in BGH Urt. v. 30. 10. 1970 – V ZR 58/67= NJW 1971, 320 = IPRspr 1970 Nr. 14 S. 65.
[4] *Willemer*, Grenzüberschreitende Treuhandverhältnisse an GmbH-Anteilen, 2008, S. 182.
[5] Bamberger/Roth/*Mäsch*, Art. 11 EGBGB Rdnr. 49.
[6] OLG Düsseldorf Beschl. v. 2. 3. 2011 – I-3 Wx 236/10 = ZIP 2011, 564, 565; MünchKommBGB/*Spellenberg*, Art. 11 EGBGB Rdnr. 1.
[7] MünchKommBGB/*Spellenberg*, Art. 11 EGBGB Rdnr. 36.
[8] Palandt/*Heldrich*, Art. 11 EGBGB Rdnr. 5.

men werden soll. Falls die Parteien das Rechtsgeschäft jedoch *im Ausland* vornehmen möchten, kann eine Beurkundung nicht durch einen ins Ausland „mitreisenden" *deutschen* Notar geschehen, da dessen Wirkungsgebiet auf das deutsche Staatsgebiet beschränkt ist.[9] Hier stellt sich vielmehr die Frage, ob die Beurkundung auch durch einen *ausländischen* Notar vorgenommen werden kann.

6 In Betracht kommt die Ersetzung der Beurkundungsvoraussetzung „deutscher Notar" durch einen ausländischen Notar im Wege der **Substitution**.[10] Bei dieser ist zu prüfen, ob ein **ausländisches Rechtsinstitut** in seiner Ausgestaltung einem deutschen Institut so weitgehend ähnelt, dass es dieses **im Tatbestand einer deutschen Sachnorm** (z.B. in § 15 Abs. 3 GmbHG) ersetzen kann.[11] Die Ersetzung eines inländischen durch ein ausländisches Rechtsinstitut ist allgemein möglich, sofern die in Frage stehende deutsche Norm der Substitution **offen** steht, mithin keine „geschlossene" Norm ist[12] **und** das ausländische Rechtsinstitut dem inländischen funktionell gleichwertig ist, wobei diese vom BGH verlangte **„Funktionsäquivalenz"**[13] weder eine identische Bezeichnung noch einen völlig gleichen Rechtsinhalt voraussetzt.[14]

7 Allgemein, d.h. nicht speziell auf gesellschaftsrechtliche Vorgänge bezogen,[15] kommt es für die Zulässigkeit einer Substitution im Zusammenhang mit einer **Auslandsbeurkundung** darauf an, ob bei abstrakt-typisierender Betrachtungsweise eine Funktionsäquivalenz des ausländischen Beurkundungsvorgangs mit dem deutschen Beurkundungsvorgang bejaht werden kann. *Ausländische Urkundspersonen* können nach dem BGH eine sich aus dem *deutschen Recht ergebende Beurkundungspflicht* nur erfüllen, wenn sie (1.) nach **Vorbildung und Stellung im Rechtsleben** eine der Tätigkeit des deutschen Notars entsprechende Funktion ausüben und (2.) für die Errichtung der Urkunde ein **Verfahrensrecht** zu beachten haben, das den tragenden Grundsätzen des deutschen Beurkundungsrechts entspricht.[16]

8 Dass ausländische Notare mangels Kenntnis des deutschen Rechts nicht über dieses belehren können, wie es in **§ 17 BeurkG** vorgesehen ist, sieht der BGH nicht als Substitutionshindernis an. Vielmehr betont er, dass die Parteien auf die **Belehrung verzichten** können und ein solcher konkludenter Verzicht in der Beauftragung des ausländischen Notars liege.[17] Wer sich zur Wahrung deutscher Beurkundungsvorschriften ins Ausland begibt, tut dies in aller Regel erst aufgrund des Ratschlags versierter deutscher Anwälte und bedarf daher keiner weiteren Beratung durch den Notar.[18]

---

[9] BGH Urt. v. 30. 4. 1998 – IX ZR 150/97 = BGHZ 138, 359, 361; Staudinger/*Großfeld,* Int. GesR Rdnr. 471; Michalski/*Leible,* Syst. Darst. 2 Rdnr. 75.

[10] Hierzu grundlegend *Mansel* FS Werner Lorenz (1991), 689ff.; vgl. zur Substitution auch die Résolution „La substitution et l'équivalence en droit international privé" des Institut de Droit International vom 27. 10. 2007, IPRax 2008, 297 sowie *Jayme* IPRax 2008, 298.

[11] Palandt/*Heldrich,* Einl. v. Art. 3 EGBGB Rdnr. 31.

[12] *Mansel,* FS W. Lorenz (1991), 689, 697; ferner *Engel* DStR 2008, 1593, 1595; *Kröll* ZGR 2000, 111, 128.

[13] BGH Urt. v. 4. 10. 1989 – Ivb ZB 9/88 = BGHZ 109, 1, 6.

[14] Vgl. Art. 3 der Résolution „La substitution et l'équivalence en droit international privé" des Institut de Droit International vom 27. 10. 2007, IPRax 2008, 297: „Substitution does not require the laws under consideration to be identical; a similarity between the aims and interests respectively pusued by those laws is sufficient."

[15] Näheres zur Frage der Substitution im Fall der Beurkundung der **Übertragung von Geschäftsanteilen** unter § 8 III. 3. b) und der Beurkundung von **gesellschaftsrechtlichen Verfassungsakten** unter § 7.

[16] BGH Beschl. v. 16. 2. 1981 – II ZB 8/80 = BGHZ 80, 76 = DNotZ 1981, 451; BGH Urt. v. 22. 5. 1989 – II ZR 211/88 = ZIP 1989, 1052, 1054.

[17] BGH Beschl. v. 16. 2. 1981 – II ZB 8/80 = BGHZ 80, 76; Bamberger/Roth/*Mäsch,* Art. 11 EGBGB, Rdnr. 36, der drauf hinweist, dass viele Stimmen aus den Reihen des deutschen Notariats aus Gründen der fehlenden „materiellen Richtigkeitsgewähr" bei der Beurkundung im Ausland dies anders sehen. So *Schervier* NJW 1992, 593; soweit Dritte betroffen sind *Goette* MittRhNotK 1997, 1, 5.

[18] Bamberger/Roth/*Mäsch,* Art. 11 EGBGB Rdnr. 36.

§ 6. Die Regelung des Art. 11 EGBGB

In Literatur und Rechtsprechung wird eine Funktionsäquivalenz zumindest im Grundsatz für folgende ausländische Notare erwogen: Notare in Österreich,[19] in Israel,[20] in England,[21] in den Niederlanden,[22] in Frankreich, Spanien, den Benelux und Italien.[23] Für nicht gleichwertig werden dagegen die US-amerikanischen notary public[24] und die dänischen Notare[25] gehalten.

In der **Schweiz** hat das Beurkundungswesen in jedem Kanton eine eigenständige Regelung erfahren. Demnach ist auch die Vergleichbarkeit **für jeden Kanton gesondert** zu prüfen. Bejaht wurde die Gleichwertigkeit in Basel-Stadt,[26] Bern,[27] Zürich,[28] Zug,[29] Luzern[30] und die französischsprachigen Kantone der Westschweiz.[31] Zu beachten ist, dass diese Anerkennungen z.T. auf die Rechtsprechung von Instanzgerichten zurückgehen und daher nicht notwendig als gefestigt anzusehen sind.

Im Hinblick auf die vorgenannten Auffassungen ist zu berücksichtigen, dass sie meist auf ein bestimmtes Rechtsgeschäft bezogen sind und nicht pauschal auf andere Rechtsgeschäfte (insbesondere nicht auf gesellschaftsrechtliche Rechtsgeschäfte) übertragen werden können. Vielmehr ist eine **länderspezifische Analyse der Substitutionsvoraussetzungen** für das jeweils in Frage stehende Rechtsgeschäft notwendig. Ausführlich zu anerkannten Fällen der Substitution bei **gesellschaftsrechtlichen Vorgängen** unter § 8 III. 3. dd).

2. Ortsform

Die Ortsform gilt grundsätzlich für alle Arten von Rechtsgeschäften, soweit keine Ausnahmen angeordnet sind: einseitige Rechtsgeschäfte, Verträge, gesellschaftsrechtliche Beschlüsse und Verfügungen.[32] Hiernach genügt zur Formwirksamkeit eines Rechtsgeschäfts, dass diejenige Form eingehalten wird, die durch das **Recht des Abschlussortes** für **vergleichbare Rechtsgeschäfte** vorgeschrieben ist (Prinzip des locus regit formam actus). Für einige Geschäfte jedoch gilt ausschließlich das Geschäftsstatut, z.B. gemäß Art. 11 Abs. 5 EGBGB für Verfügungen über Sachen.

Die Ortsform kann dann nicht zur Anwendung kommen, wenn das Ortsrecht kein vergleichbares Geschäft kennt und deshalb dafür auch keine Formregelung bereithält.[33] Die Ortsformanknüpfung geht dann ins Leere (Beispiel: Für die Übertragung eines Anteils einer deutschen GmbH ist das Ortsrecht nicht anwendbar, wenn jenes die Rechtsform der „kleinen Kapitalgesellschaft" gar nicht kennt, wie es etwa früher in der Schweiz der Fall war). Man darf in einem solchen Fall nicht etwa von der Formfreiheit des Geschäfts ausgehen oder die strengste örtliche Form heranziehen; vielmehr liegt ein Fall der sog. **Nor-**

---

[19] LG Kiel Beschl. v. 25. 4. 1997 – Az : 3 T 143/97 = DB 1997, 1223 = RIW 1997, 242, 244 = NJW 1978, 500.
[20] Vgl. *Scheftelowitz* DNotZ 1978, 145.
[21] BayObLG Beschl. v. 18. 10. 1977 – BReg. 3 Z 68/76 = NJW 1978, 500.
[22] Staudinger/*Winkler v. Mohrenfels*, Art. 11 EGBGB Rdnr. 323.
[23] MwN MünchKommBGB/*Spellenberg*, Art. 11 EGBGB Rdnr. 61.
[24] MwN Bamberger/Roth/*Mäsch*, Art. 11 EGBGB Rdnr. 36.
[25] Ulrich/*Böhle* GmbHR 2007, 566, 569; MünchKommBGB/*Spellenberg*, Art. 11 EGBGB Rdnr. 61.
[26] OLG Düsseldorf, ZIP 2011, 564, 565; OLG Frankfurt Urt. v. 25. 1. 2005 – Az: 11 U 8/04 = GmbHR 2005, 764; OLG München Urt. v. 19. 11. 1997 – 7 U 2511-97 = NJW-RR 1998, 758; *Weller* BB 2005, 1807.
[27] OLG Hamburg Urt. v. 13. 12. 1079 – 15 UF 68/79 G = IPRspr 1979 Nr. 9.
[28] BGH Urt. v. 16. 2. 1981 – II ZB 8/80 = BGHZ 80, 76; BGH Urt. v. 22. 5. 1989 – II ZR 211/88 = NJW-RR 1989, 1259; OLG Stuttgart Vorlagebeschl. v. 3. 11. 1980 – 8 W 530/79 = IPRax 1983, 79; *Weller* BB 2005, 1807.
[29] LG Stuttgart Urt. v. 25. 2. 1975 – 4 KfH T 22/74 = IPRspr 1976 Nr. 5A.
[30] LG Koblenz Urt. v. 11. 2. 1970 – 1 HAT 6/69 = IPRspr 1970 Nr. 144.
[31] Erman/*Hohloch*, Art. 11 EGBGB Rdnr. 20.
[32] MünchKommBGB/*Spellenberg*, Art. 11 EGBGB Rdnr. 82.
[33] *Großfeld/Berndt* RIW 1996, 632, halten die Abtretung eines luxemburgischen GmbH- Anteils für nicht vergleichbar mit der eines deutschen.

menleere vor.³⁴ Die Parteien haben dann die Formvorgaben des **Geschäftsstatuts** einzuhalten.

14 Für ein vergleichbares Rechtsgeschäft ist **nicht die Identität** der Rechtsinstitute zu verlangen; es genügt eine **Ähnlichkeit nach Funktion, rechtlichem Erfolg und inhaltlicher Ausgestaltung**, wobei hinsichtlich des letzten Kriteriums großzügig verfahren werden sollte.³⁵

15 Ist ein vergleichbares Rechtsgeschäft am Abschlussort bekannt und daher Art. 11 Abs. 1 Alt. 2 EGBGB anzuwenden, so richten sich die Formanforderungen und deren Erfüllung nach dem geltenden Ortsrecht. Anders als bei der Substitution ist eine weitere Prüfung der Gleichwertigkeit mit den Formanforderungen der lex causae hier nicht mehr zulässig,³⁶ denn es soll gerade auch die andersartige Ortsform ausreichen.

II. Streitstand zur Anwendbarkeit der Ortsform auf gesellschaftsrechtliche Akte

16 Soll bei einem gesellschaftsrechtlichen Rechtsgeschäft die ausländische Ortsform zur Anwendung kommen, so stellt sich zunächst die Frage, ob **gesellschaftsrechtliche Vorgänge überhaupt vom sachlichen Anwendungsbereich des Art. 11 Abs. 1 EGBGB** erfasst werden. Diese Frage wird nicht einheitlich beantwortet.

17 Bedeutende Stimmen in Literatur³⁷ und Rechtsprechung³⁸ **verneinen** die Möglichkeit einer **Ortsformanknüpfung im Gesellschaftsrecht** als Alternative zur Anknüpfung der Form an das Wirkungsstatut/Gesellschaftsstatut nicht nur für Angelegenheiten, die die **Verfassung** der Gesellschaft berühren,³⁹ sondern **generell** und damit auch für **Anteilsübertragungen**. Dabei werden unterschiedliche Begründungen angeführt, die sich teils mit denjenigen decken, die bei der Ablehnung der Ortsformanknüpfung und der Substituierbarkeit bei Angelegenheiten der Gesellschaftsverfassung angeführt werden. Insbesondere wird auf eine Analogie zu Art. 11 Abs. 5 EGBGB verwiesen.⁴⁰ Dieser schließt im Interesse des Rechtsverkehrs (Seriositätsgewähr durch notarielle Form) sowie der Rechtssicherheit die Geltung der Ortsform bei Verfügungen über Grundstücke aus. Sollen diesbezügliche Verfügungen außerhalb des Belegenheitsstaates vorgenommen werden, sind die Formvorschriften der lex rei sitae einzuhalten.⁴¹ Übertragen auf die Vornahme gesellschaftsrechtlicher Vorgänge im Ausland würde dies bedeuten, dass **stets die Formvorschriften des Gesellschaftsstatuts**, der lex societatis, zu beachten sind. Speziell für GmbH-Anteilsabtretungen wird angeführt, nur die Einschaltung eines deutschen Notars könne den von § 15 Abs. 3 intendierten **Typenschutz** der GmbH gewährleisten; die nota-

---

³⁴ Palandt/*Heldrich*, Rdnr. 11; *St. Lorenz* IPRax 1994, 196; Staudinger/*Winkler v. Mohrenfels*, Art. 11 EGBGB Rdnr. 187.
³⁵ Amtl. Begründung BT-Drucksache 10/504 S. 49.
³⁶ *Bokelmann* NJW 1972, 1731; 1975, 1625; Palandt/*Heldrich*, Art. 11 EGBGB Rdnr. 11.
³⁷ *Eidenmüller*, in Sonnenberger (Hrsg.), Vorschläge und Berichte zur Reform des europäischen und deutschen internationalen Gesellschaftsrechts, 2007, S. 491; MünchKommBGB/*Kindler*, Int. GesR, Rdnr. 535; Staudinger/*Großfeld*, Int. GesR, Rdnr. 492 ff.; *Großfeld/Berndt* RIW 1996, 628 ff.; *Schervier* NJW 1992, 593, 598; *Randenborgh* GmbHR 1996, 908, 909; *Lutter/Bayer* in: Lutter/Hommelhoff, § 15 Rdnr. 16.
³⁸ OLG Hamm Beschl. v. 1. 2. 1974 – 15 Wx 6/74 = NJW 1974, 1057, 1058; OLG Karlsruhe Beschl. v. 10. 4. 1979 – 11 W 104/78, RIW 1979, 567 (beide Entscheidungen haben allerdings nicht die Beurkundung von Anteilsübertragungen, sondern von Satzungsänderungsänderungen zum Gegenstand).
³⁹ Bei Angelegenheiten der Gesellschaftsverfassung verlangt die überwiegende Meinung zwingend die Beurkundung durch einen deutschen Notar und verneint dadurch sowohl die Möglichkeit einer Ortsformanknüpfung als auch die Möglichkeit einer Substitution, vgl. statt aller *Goette*, FS Boujong, 1996, S. 131, 134 ff., 139 ff. = DStR 1996, 709, 711 ff.; siehe hierzu § 9.
⁴⁰ AG Köln Beschl. v. 22. 6. 1989 – 42 AR 468/89 = GmbHR 1990, 171 f.; AG Fürth Beschl. v. 16. 11. 1990 – HR B 2177 = GmbHR 1991, 24; *Lutter/Bayer* in: Lutter/Hommelhoff, § 15 Rdnr. 16.
⁴¹ MünchKommBGB/*Spellenberg*, Art. 11 EGBGB Rdnr. 84.

rielle Beurkundung solle nämlich die gegenüber der AG innigere Verbindung zwischen der Gesellschaft und den Gesellschaftern sichern, die es erlaube, die GmbH von der aktienrechtlichen Satzungsstrenge zu befreien.[42]

Die gegen eine Ortsformanknüpfung angeführten Einwände **überzeugen indes nicht.**[43] Zum einen findet die Ausblendung gesellschaftsrechtlicher Vorgänge im **Wortlaut** des Art. 11 Abs. 1 EGBGB keine Stütze.[44] Auch die **historische** Auslegung spricht für die Möglichkeit der Ortsformanknüpfung – jedenfalls bei Anteilsabtretungen. Denn der aus dem Jahr 1972 datierende Vorschlag des Deutschen Rates für Internationales Privatrecht[45] empfahl, eine Ortsformanknüpfung lediglich für Rechtsgeschäfte auszuschließen, welche die Verfassung der Gesellschaft tangieren.[46] Dieser Vorschlag wurde bei der Neufassung des Art. 11 EGBGB im Jahr 1986 jedenfalls implizit berücksichtigt.[47] Auch die Begründung einer Analogie zu Art. 11 Abs. 5 EGBGB unter Rekurs auf den **Zweck** der vom Wirkungsstatut/Gesellschaftsstatut angeordneten notariellen Form überzeugt nicht: Aus der gleichberechtigt nebeneinander stehenden alternativen Formanknüpfung in Art. 11 Abs. 1 EGBGB folgt nämlich, dass Formzwecke des Wirkungsstatuts gerade nicht gegen eine Ortsformanknüpfung ins Feld geführt werden können.[48] Schließlich streitet im Rahmen einer **europarechtskonformen Auslegung** des Art. 11 EGBGB die **Kapitalverkehrsfreiheit** des Art. 63 AEUV für eine Ortsformanknüpfung, jedenfalls im EU-Ausland. Denn die von der Kapitalverkehrsfreiheit umfasste grenzüberschreitende Erwerb von GmbH-Anteilen[49] würde – zumal bei fehlender Substituierbarkeit – wohl in ungerechtfertigter Weise beschränkt, wenn EU-Ausländer den Erwerb oder die Veräußerung eines Geschäftsanteils einer deutschen GmbH nicht in ihrem Heimatland vornehmen könnten, sondern hierfür zum Notar nach Deutschland reisen müssten.[50] Nach alledem ist eine **Ortsformanknüpfung** nach Art. 11 Abs. 1 2. Alt. EGBGB zwar nicht bei Verfassungsakten, sehr wohl aber bei der **Abtretung von GmbH-Geschäftsanteilen** möglich.[51]

Auch zahlreiche **Instanzgerichte** haben die Ortsformanknüpfung bei Anteilsübertragungen zum Teil ausdrücklich,[52] zum Teil obiter dicta[53] bejaht. Der **BGH** hat in einem obiter dictum befunden, dass „viel für [die] Richtigkeit" der Ortformanknüpfung auch bei gesellschaftsrechtlichen Vorgängen spreche,[54] ohne sich jedoch eingehend damit auseinander zu setzen. Allerdings ist trotz dieses prima facie positiven Befundes eine gewisse Reserviertheit des BGH bezüglich der Ortsformanknüpfung nicht zu verkennen; denn immerhin ist er ihrer Bejahung ausgewichen und hat den Weg der Substitution eingeschlagen, obwohl mit diesem ein größerer Prüfungs- und Begründungsaufwand verbunden ist. Da der BGH sich nicht ausdrücklich positiv zu einer Ortsformanknüpfung bei Anteilsabtretungen geäußert hat, sondern ihr eher reserviert gegenüber steht, ist verlässliche **Rechtssi-**

---

[42] Staudinger/*Großfeld,* Int.GesR, Rdnr. 493 ff.
[43] Vgl. auch *Engel* DStR 2008, 1593, 1594; *Weller* Der Konzern 2008, 253, 255 f.
[44] Michalski/*Ebbing,* § 15 Rdnr. 97.
[45] Vgl. *Lauterbach* (Hrsg.), Vorschläge und Gutachten zur Reform des deutschen internationalen Personen- und Sachenrechts, 1972, S. 23.
[46] Vgl. *Goette,* FS Boujong, 1996, S. 131, 136; Staudinger/*Großfeld,* Int. GesR, Rdnr. 455 ff.
[47] *Goette,* FS Boujong, 1996, S. 131, 136 f.
[48] Michalski/*Leible,* Syst. Darst. 2 Rdnr. 71 aE.
[49] Streinz/*Müller-Graff,* EG-Vertrag, 2002, Art. 43 Rdnr. 15; *Weller* in: Gebauer/Wiedmann, Zivilrecht unter europäischem Einfluss, 2. Auflage 2010, Kap. 18 (Handels- und GesellschaftsR), Rdnr. 15 ff.; aA *Grundmann/Möslein* ZGR 2003, 317, 334.
[50] Ähnlich *Gätsch/Schulte* ZIP 1999, 1954, 1959; aA *Kröll* ZGR 2000, 111, 117 ff.
[51] Näher unter § 9 und § 10.
[52] OLG Düsseldorf Beschl. v. 25. 1. 1989 – 3 Wx 21/89 = NJW 1989, 2200; BayObLG Beschl. v. 18. 10. 1977 – BReg. 3 Z 68/76 = DB 1977, 2320, 2321; OLG Stuttgart Vorlagebeschl. v. 3. 11. 1980 – 8 W 530/79 = NJW 1981, 1176; OLG Frankfurt a. M. Beschl. v. 10. 4. 1981 – 20 W 460/80 = DB 1981, 1456; OLG München Urt. v. 27. 10. 1982 – 7 U 4099/81 = WM 1984, 260, 261.
[53] OLG München Urt. v. 19. 11. 1997 – 7 U 2511/97 = GmbHR 1998, 46.
[54] BGH Beschl. v. 16. 2. 1981 – II ZB 8/80 = BGHZ 80, 76, 78.

cherheit bei Auslandsbeurkundungen **nur in den anerkannten Fällen einer Substitution** gegeben.[55]

III. Reichweite des Formstatuts

20 Die Möglichkeit der Ortsformanknüpfung führt dazu, dass zwischen **Formfragen** und **sonstigen Wirksamkeitsvoraussetzungen** eines Rechtsgeschäfts genau unterschieden werden muss.[56] Zur wirksamen Übertragung von Geschäftsanteilen verlangen manche Rechtsordnungen zB zusätzlich zu einer vertraglichen Vereinbarung noch die Übergabe oder – bei wertpapiermäßiger Verbriefung der Mitgliedschaft – die Übereignung der **Urkunde**, die über die Mitgliedschaft ausgestellt worden ist. Andere Rechtsordnungen fordern die **Eintragung** des Mitgliedschaftswechsels in einem **Register** oder dessen **Genehmigung** durch einen Dritten (zB durch Behörden). Es stellt sich mithin die Frage, ob diese Übertragungsvoraussetzungen – wie das OLG Stuttgart hinsichtlich der Übereignung von Anteilsscheinen meint[57] – als Formfragen zu qualifizieren und gem. Art. 11 Abs. 1 EGBGB anzuknüpfen sind, oder ob sie als gesellschaftsrechtliche Fragen zu qualifizieren sind, und sich infolge dessen ausschließlich nach dem Gesellschaftsstatut richten.

21 Würde man die genannten Erfordernisse als zum Formstatut gehörig qualifizieren, hätte dies teilweise widersinnige Konsequenzen: Da das deutsche GmbH-Recht weder die Eintragung noch eine Urkundenübertragung zur Voraussetzung einer wirksamen Geschäftsanteilsabtretung macht, wäre eine in Deutschland vorgenommene Abtretung eines Anteils einer ausländischen GmbH bei einer Qualifikation der Urkundenübertragung oder der Eintragung als Formvorschrift auch dann wirksam, wenn die nach dem Heimatrecht notwendigen Zusatzvoraussetzungen (Eintragung oder Urkundenübertragung) nicht beachtet werden. Würden umgekehrt bei einer Abtretung deutscher GmbH-Anteile im Ausland eine Registereintragung oder Urkundenübertragung zu den lokalen Formvorschriften gehören, so wären sie einzuhalten.[58]

22 Richtigerweise handelt es sich bei einer notwendigen **Anteilsscheinübertragung,** einer **Registereintragung**[59] oder einer **Genehmigung** aus Sicht der deutschen lex fori **nicht um Formfragen** iSd. Art. 11 EGBGB.[60] Denn der kollisionsrechtliche Begriff der Formvorschriften erfasst nur **Äußerungsformen einer Willenserklärung.**[61] Dagegen können Tatbestandselemente eines Übertragungsaktes, die – wie die Übertragung von Anteilsscheinen – nicht unmittelbar an die Willenserklärung anknüpfen, sondern unabhängig von dieser darüber hinaus erforderlich sind, nicht als Formfragen qualifiziert werden. Dies zeigt sich nicht zuletzt an der Auslegung der Formvorschriften im EVÜ,[62] das bei der Interpretation des darauf beruhenden Art. 11 EGBGB zu beachten ist (vgl. Art. 36 EGBGB a. F.).[63] Die Formvorschriften im EVÜ werden in dem erläuternden Bericht von *Giuliano/Lagarde* definiert als „jedes äußere Verhalten, das dem Autor einer rechtlich erheblichen Willenserklärung vorgeschrieben wird und ohne das diese Willenserklärung nicht voll wirksam ist".[64] Schließlich erhellen auch die §§ 125 ff. BGB, dass der Systembegriff der „Form" nach deutschem Rechtsverständnis allein die Art und Weise der Erscheinungsform

---

[55] Ebenso *Reithmann/*Martiny Rdnr. 611, Fn. 4 sowie Rdnr. 663.
[56] *Weller* BB 2005, 1807 ff.
[57] OLG Stuttgart Urt. v. 17. 5. 2000 – 20 U 68/99 = GmbHR 2000, 721.
[58] So das OLG Stuttgart Urt. v. 17. 5. 2000 – 20 U 68/99 = GmbHR 2000, 721, 725 hinsichtlich des kalifornischen Übergabeerfordernisses des den Gesellschaftsanteil verkörpernden Anteilsscheins.
[59] *Reithmann/*Martiny Rdnr. 554.
[60] MünchKommBGB/*Spellenberg* Art. 11 EGBGB Rdnr. 27 ff.
[61] *Reithmann/*Martiny Rdnr. 550 ff.
[62] Vgl. Art. 9 EVÜ (Römisches EWG-Übereinkommen über das auf vertragliche Schuldverhältnisse anzuwendende Recht vom 19. Juni 1980, abgedruckt bei *Jayme/Hausmann,* Internationales Privat- und Verfahrensrecht, Nr. 70).
[63] *Reithmann/*Martiny Rdnr. 551.
[64] *Giuliano/Lagarde,* Erläuternder Bericht zum EVÜ, abgedruckt in BT-Drucks. 10/503 S. 61.

einer Willenserklärung (mündliche Form, Schriftform, Textform, elektronische Form, notarielle Form) betrifft.

Nach alledem ist festzuhalten, dass es zur wirksamen Abtretung deutscher GmbH-Anteile im Ausland bei einer Ortsformanknüpfung entgegen dem OLG Stuttgart nicht erforderlich ist, Wirksamkeitserfordernisse des lokalen Gesellschaftsstatuts einzuhalten, die – wie eine Anteilsscheinübereignung oder eine Registereintragung – nicht die Erscheinungsform der korrespondierenden Abtretungserklärungen tangieren.

IV. Reformvorschlag zum Internationalen Privatrecht der Gesellschaften, Vereine und juristischen Personen

Das Bundesministerium der Justiz hat am **7. 1. 2008** einen **Referentenentwurf** für ein „Gesetz zum Internationalen Privatrecht der Gesellschaften, Vereine und juristischen Personen (RefE) vorgelegt. Der RefE ergänzt das EGBGB um Vorschriften zum Recht für grenzüberschreitend tätige Gesellschaften, Vereine und juristische Personen. Er sieht damit in formeller Hinsicht erstmals im deutschen autonomen Kollisionsrecht eine geschriebene Regelung zur Bestimmung des Gesellschaftsstatuts vor.[65] Der RefE enthält diesbezüglich Kollisionsregeln in den Art. 10 bis 10b EGBGB-E[66] und passt Art. 12 EGBGB an.

Ungeachtet des Gesetzesentwurfs hat der BGH[67] in seinem Urteil **„Trabrennbahn"** die Gründungstheorie nicht angewendet und folgt nach wie vor der Sitztheorie.[68] Ausdrücklich betont der BGH,[69] dass er dem Gesetzgeber nicht vorgreifen wollte im Hinblick auf den Gesetzesentwurf. Unklar ist derzeit jedoch, ob das Vorhaben noch in die Tat umgesetzt wird, da sich beträchtlicher politischer Widerstand gebildet hat.

1. Änderung der maßgeblichen Grundsätze zur Bestimmung des Gesellschaftsstatuts

Das Kernstück des Referentenentwurfs bildet der neue Art. 10 EGBGB-E. Dessen Abs. 1 verankert erstmals die grundsätzliche Anwendung der Gründungstheorie im autonomen deutschen Internationalen Privatrecht. Der Begriff der „Gesellschaften, Vereine und juristischen Personen" umfasst sämtliche Gesellschaften des bürgerlichen Rechts und des Handelsrecht sowie Vereine und juristische Personen des Privatrechts (u. a. Stiftungen und BGB-Gesellschaften),[70] unabhängig davon, ob sie einen Erwerbszweck verfolgen oder nicht. Für juristische Personen des öffentlichen Rechts erfolgt dagegen ein expliziter Ausschluss.[71] Art. 10 Abs. 1 Satz 1 EGBGB-E bestimmt, dass auf Gesellschaften, Vereine und juristische Personen, die in ein öffentliches Register im Sinne von Art. 3 der Ersten EG-Richtlinie 68/151/EWG sowie in vergleichbare Register eingetragen sind,[72] das am Registerort geltende Recht anzuwenden ist. Falls bisher keine Eintragung in ein Register erfolgt ist, richtet sich das Gesellschaftsstatut gemäß Art. 10 Abs. 1 Satz 2 EGBGB-E nach dem Recht des Staates, nach dem die Gesellschaft/Verein/juristische Person sich organisiert hat. Diese Regelung soll in erster Linie die sog. Vorgesellschaften erfassen.

---

[65] *Bollacher* RIW 2008, 200, 201.
[66] Der bisherige Art. 9 EGBGB wird zu Art. 8 EGBGB und der bisherige Art. 10 EGBGB wird der neue Art. 9 EGBGB.
[67] BGH Urteil vom 27. 10. 2008 – II ZR 290/07 („Trabrennbahn"), IPRax 2009, 259.
[68] Hierzu *Weller*, IPRax 2009, 202ff.
[69] BGH Urteil vom 27. 10. 2008 – II ZR 290/07, IPRax 2009, 259.
[70] *Wagner/Timm* IPRax 2008, 81, 85.
[71] Vgl. Begründung Art. 1 Nr. 5 Referentenentwurf Gesetz zum Internationalen Privatrecht der Gesellschaften, Vereine und juristischen Personen, S. 9.
[72] Vgl. Erste Richtlinie 68/151/EWG des Rates vom 9. 3. 1968 zur Koordinierung der Schutzbestimmungen, die in den Mitgliedstaaten den Gesellschaften im Sinne des Art. 58 Abs. 2 des Vertrages im Interesse der Gesellschafter sowie Dritten vorgeschrieben sind, um diese Bestimmungen gleichwertig zu gestalten, ABlEG Nr. L 65 vom 14. 3. 1968 S. 8ff.

27 Die Zweiteintragung einer unselbständigen Zweigniederlassung unterfällt dagegen nicht Art. 10 Abs. 1 EGBGB-E. Auf solche Zweigniederlassungen ist vielmehr dasselbe Recht anzuwenden wie auf die Hauptgesellschaft. Dies gilt auch, wenn die unselbständige Zweigniederlassung in einem anderen Staat als die Hauptgesellschaft errichtet wird.[73]

28 Ist eine Gesellschaft/Verein/juristische Person nicht in ein öffentliches Register eingetragen und kann auch die Organisation nicht festgestellt werden, sollen nach dem Referentenentwurf die allgemeinen Kollisionsnormen über Schuldverhältnisse (Art. 3 ff. Rom I-VO) Anwendung finden.[74]

29 Der deutsche Gesetzgeber kann – vorbehaltlich staatsvertraglicher Regelungen – bei Gesellschaften/Vereinen/juristischen Personen aus sonstigen Drittstaaten frei entscheiden,[75] ob er sie den dargelegten Regelungen unterstellt oder ob er sie einem kollisionsrechtlichen „Sonderregime" unterstellt. Der Referentenentwurf hat sich für eine einheitliche Anknüpfung entschieden. Hierdurch wird nicht zuletzt ein Gleichlauf mit der in zahlreichen bilateralen Staatsverträgen mit Drittstaaten verankerten Gründungstheorie hergestellt.[76]

2. Art. 11 Abs. 6 – Auschließlichkeit des Wirkungsstatuts für Verfassungsakte

30 Abweichend vom momentan geltenden Art. 11 EGBGB[77] schlägt der Referentenentwurf vor, dass für Rechtsgeschäfte, welche die **Verfassung** einer Gesellschaft eines Vereins oder einer juristischen Person betreffen, nur die Formvorschriften des Gesellschaftsstatuts maßgeblich sind. Die Ortsform soll hiernach nicht zur Anwendung kommen.[78] Zu den Verfassungsakten zählen insbesondere **Gründung**,[79] **Umwandlung**, **Satzungsänderungen** sowie die **Auflösung**.[80] Demgegenüber soll es bei einfachen Gesellschafterbeschlüssen, Vereinbarungen der Gesellschafter unterhalb der Verfassungsebene und der Veräußerung von Geschäftsanteilen bei der Möglichkeit der Anwendung der alternativen Formanknüpfung bleiben.[81]

31 Z.T. wird vertreten, dass die Entwurfsregelung die Frage nach der Geltung der Ortsform bei der Übertragung von Geschäftsanteilen an inländischen Gesellschaften im Ausland oder an ausländischen Gesellschaften im Inland, also beispielsweise der Beurkundung der Übertragung eines Geschäftsanteils an einer deutschen GmbH in Basel/Stadt,[82] nicht kläre, weil sich Art. 11 Abs. 6 EGBGB-E darin erschöpfe, Verfassungakte zu regeln.[83] Dem ist zwar zuzugeben, dass keine *ausdrückliche* Regelung für die Übertragung von Geschäftsanteilen im Regierungsentwurf vorgesehen ist, wie sie noch in dem vom deutschen Rat für IPR vorgeschlagenen Entwurf für eine EG-Verordnung vom 9. 2. 2006 in Art. 4 Satz 2 vorgesehen war.[84]

---

[73] *Wagner/Timm* IPRax 2008, 81, 84.

[74] Der ausdrücklichen Verweisung bedurfte es, weil vom sachlichen Anwendungsbereich des EVÜ, jetzt der Rom I-VO, ausgenommen sind „Fragen betreffend das Gesellschaftsrecht, das Vereinsrecht und das Recht der juristischen Personen, wie z.B. die Errichtung, die Rechts- und Handlungsfähigkeit, die innere Verfassung und die Auflösung von Gesellschaften, Vereinen und juristischen Personen sowie die persönliche gesetzliche Haftung der Gesellschafter und der Organe für die Verbindlichkeiten der Gesellschaft, des Vereins, der juristischen Person" (Art. 1 Abs. 2 Buchstabe f Rom I-VO).

[75] Die Art. 10 ff. EGBGB-E finden gemäß Art. 3 Nr. 2 EGBGB im Verhältnis zu Gesellschaften/Vereinen/juristischen Personen aus Drittstaaten keine Anwendung, wenn ein Staatsvertrag ausdrücklich etwas anderes vorschreibt. Vgl. zu diesem Zusammenhang *Eidenmüller* ZIP 2002, 2233, 2244.

[76] *Wagner/Timm* IPRax 2008, 81, 85.

[77] In der geltenden Fassung.

[78] *Knof/Mock* GmbHR 2008, R65, R66.

[79] Siehe hierzu auch *Kindler* AG 2006, 721, 725.

[80] *Sonnenberger/Bauer* RIW 2006, Beilage zu Heft 4, S. 19.

[81] So auch der Deutsche Rat nach *Sonnenberger/Bauer* RIW, Beilage 1 zu Heft 4, April 2006, 1, 19 f.

[82] OLG Hamburg Zwischenurt. v. 30. 3. 2007 – 11 U 231/04 = NZG 2007, 597, 598.

[83] *Goll/Schwörer* ZRP 2008, 73, 77; *Knof/Mock* GmbHR 2008, R65, R66; Stellungnahme der Bundesrechtsanwaltskammer Nr. 10/2008, März 2008, S. 6.

[84] Wortlaut des Art. 4 des Entwurf einer EG-Verordnung über das auf Gesellschaften anzuwendende Recht: „Ein Rechtsakt, der die Verfassung einer Gesellschaft betrifft, ist nur formgültig, wenn er

Jedoch ist eine solche Regelung im Regierungsentwurf auch nicht erforderlich, da sie sowieso in Art. 11 Abs. 1 EGBGB vorzufinden und damit bereits geltendes Recht ist.[85] Unberührt vom Referentenentwurf bleiben auch die Fragen nach der Zulässigkeit und den Voraussetzungen einer Substitution, welche weiterhin das geltende deutsche Sachrecht beantworten muss.[86]

V. Änderungen im Rahmen der Rom I-Verordnung

32 Am 4. 7. 2008 wurde die **Rom I-Verordnung** (EG Nr. 593/2008 des Europäischen Parlaments und des Rates vom 17. 6. 2008 über das auf vertragliche Schuldverhältnisse anzuwendende Recht) im Amtsblatt der EU veröffentlicht.[87] Sie trat am 24. 7. 2008 in Kraft und gilt seit **dem 17. 12. 2009**.[88] Infolge dessen hat – der soeben reformierte – Art. 3 EGBGB nochmals eine Änderung erfahren.[89] Im Anwendungsbereich der Rom I-Verordnung verdrängt sie die Vorschriften des EGBGB. Dies ergibt sich bereits aus dem Rechtscharakter der Rom I-Verordnung als Verordnung, die in den Mitgliedstaaten unmittelbar gilt[90] und Vorrang gegenüber dem mitgliedstaatlichen Recht genießt.[91]

33 Sachlich enthält die Rom I-VO Kollisionsregeln für **vertragliche Schuldverhältnisse,** Art. 1 Abs. 1 Rom I-VO. Sie umfasst insbesondere die Bereiche Rechtswahl, Beförderungsverträge, Verbraucherverträge, Versicherungsverträge und Individualarbeitsverträge[92] sowie Regelungen zu Eingriffsnormen, dem Zustandekommen von Verträgen, der Rechts-, Geschäfts- und Handlungsfähigkeit, dem Zessionsrecht, der Aufrechnung und der Mehrheit von Schuldnern.[93]

34 Da sich die Rom I-Verordnung lediglich auf Schuldverhältnisse bezieht, kann das **dingliche Rechtsgeschäft,** hier die **Übertragung des GmbH-Geschäftsanteils** *nicht* von der Neuregelung betroffen sein.[94] Der **Anwendungsbereich der Rom I-Verordnung** ist jedoch eröffnet für die schuldrechtliche Ebene des Geschäftsanteilsverkaufs, d.h. für das **Verpflichtungsgeschäft.**

35 Art. 1 Abs. 2 Buchstabe f) der Rom I-Verordnung sieht vor, dass vom Anwendungsbereich der Verordnung Fragen betreffend das Gesellschaftsrecht, das Vereinsrecht und das Recht der juristischen Personen, wie die Errichtung durch Eintragung oder auf andere Weise, die Rechts- und Handlungsfähigkeit, die innere Verfassung und die Auflösung von Gesellschaften, Vereinen und juristischen Personen (...) ausgeschlossen sind. Aus dem Wortlaut der Vorschrift lässt sich entnehmen, dass hierunter nicht das der Übertragung von Geschäftsanteilen einer GmbH zugrunde liegende Kausalgeschäft fallen soll. Art. 1 Abs. 2 Buchstabe f) der Rom I-Verordnung entspricht Art. 1 Abs. 2 Buchstabe e) des EVÜ und

---

die Formerfordernisse des nach Art. 2 (entspricht Art. 10 EGBGB-E) maßgeblichen Rechts erfüllt. Andere Rechtsakte sind formgültig, wenn sie die Formerfordernisse des nach Art. 2 berufenen Recht oder des Rechts des Vornahmeortes erfüllen."

[85] *Sonnenberger/Bauer* RIW 2006, Beilage zu Heft 4, S. 20.
[86] Hierzu unter § 8 III. 3. b).
[87] ABlEU Nr. L 177 v. 4. 7. 2008 S. 6.
[88] Art. 29 EG 593/2008; zu dieser etwas eigenartig anmutenden Regelung *Pfeiffer* EuZW 2008, 622.
[89] In Art. 3 EGBGB wurde eine neue Nr. 1b) mit dem Wortlaut „die Verordnung (EG) Nr. 593/2008 des Europäischen Parlaments und des Rates vom 17. Juni 2008 über das auf vertragliche Schuldverhältnisse anzuwendende Recht (Rom I) (ABl. L 177 vom 4. 7. 2008, S. 6), oder" eingeführt.
[90] Art. 288 AEUV; außer in Dänemark, hier gilt weiterhin das EVÜ.
[91] Näher hierzu von der Groeben/Schwarze/*Schmidt*, Kommentar zum EU/EG-Vertrag, 6. Auflage 2003, Art. 249 Rdnr. 13; *Clausnitzer/Woopen* BB 2008, 1798.
[92] Artt. 3–8 Rom I-Verordnung.
[93] Artt. 9–17 Rom I-Verordnung.
[94] OLG Düsseldorf, ZIP 2011, 564, 567; *Fetsch* RNotZ 2007, 456, 463; *Mankowski* NZG 2010, 201, 205 ff.

Art. 37 Nr. 2 EGBGB a. F.[95] Für eine weitere Auslegung bietet sich daher ein Rückgriff auf die Auslegung zum EVÜ und dem EGBGB an. Es bestand hierzu seit langem Einigkeit, dass nur Strukturmaßnahmen der Gesellschaft unter den Ausschlusstatbestand des Art. 37 Nr. 2 EGBGB a. F. oder Art. 1 Abs. 2 Buchstabe e) EVÜ fallen[96] und auf das Verpflichtungsgeschäft der Geschäftsanteilsübertragung die Art 27 ff. EGBGB a. F. Anwendung fanden.[97] Dieser Auslegung ist auch für Art. 1 Abs. 2 Buchstabe f) Rom I-VO zu folgen.[98]

1. Art. 11 der Rom I-Verordnung

36 Art. 11 der Rom I-Verordnung sieht vor, dass ein Vertrag der zwischen Personen geschlossen wird, die (...) sich zum Zeitpunkt des Vertragsschlusses in demselben Staat befinden, formgültig ist, wenn er die Formerfordernisse des auf ihn nach der Rom I-Verordnung anzuwendenden materiellen Rechts oder die Formerfordernisse des Rechts des Staates, in dem er geschlossen wird, erfüllt. Ebenso wie Art. 11 EGBGB sieht Art. 11 Abs. 1 der Rom I-Verordnung somit eine **alternative Anknüpfung** der Form an die lex causae **(Geschäftsform)** und die **Ortsform** vor.

2. Erweiterung der Formanknüpfung um gewöhnlichen Aufenthalt

37 Zum Teil neu geregelt wird jedoch der **Distanzvertragsschluss**.[99] Bislang war zur Wirksamkeit die Wahrung der Form am **(schlichten) Aufenthaltsort** einer Person oder der **lex causae** erforderlich. Jetzt soll **zusätzlich** auch die Wahrung der Form des **gewöhnlichen Aufenthaltsortes** einer Partei genügen.[100] Unter dem gewöhnlichen Aufenthalt versteht die Rom I-Verordnung gemäß Art. 19 bei Gesellschaften, Vereinen und juristischen Personen den Ort ihrer **Hauptverwaltung.** Wird der Vertrag im Rahmen des Betriebs einer Zweigniederlassung, Agentur oder sonstigen Niederlassung geschlossen, so ist der gewöhnliche Aufenthalt der Ort, an dem sich diese befindet. Maßgeblicher Zeitpunkt für die Bestimmung ist der Zeitpunkt des Vertragsschlusses. Neben Vornahmeort und lex causae treten also die beiden Aufenthaltsrechte der Vertragsparteien. Der Katalog wird gezielt erweitert, um die Formgültigkeit von Verträgen noch weiter zu erleichtern.[101] Die Erweiterung um den gewöhnlichen Aufenthaltsort kann die unter Umständen aufwändige Suche nach dem Abgabeort der einzelnen Vertragserklärung ersparen.[102]

38 Praktisch führt die Neuregelung freilich nur dann zu einer wirklichen Erweiterung gegenüber der Regelung des Art. 9 EVÜ/Art. 11 EGBGB, wenn eine der Vertragsparteien ihre Vertragserklärung nicht in ihrem Aufenthaltsstaat (Niederlassungsstaat) abgegeben hat. Dies dürfte aber bei echten Distanzgeschäften nur selten der Fall sein, da diese grundsätzlich von den eigenen Stützpunkten (Niederlassungen) aus abgegeben werden.[103] Ein Großteil der Literatur zur neuen Rom I-Verordnung steht der Erweiterung um den sog. ge-

---

[95] Das Übereinkommen über das auf vertragliche Schuldverhältnisse anzuwendende Recht vom 19. Juni 1980 (EVÜ) wurde in Teilen in das EGBGB Art. 27–37 inkorporiert.

[96] Vgl. BGH Urt. v. 21. 9. 1995, VII ZR 248/98 = RIW 1995, 1027, 1028 a. E.; *Sonnenberger/Bauer* RIW 2006, Beilage 1 zu Heft 4, 1, 8.

[97] *Reithmann/Martiny,* Rdnr. 597 ff. sowie Reithmann/Martiny/*Merkt,* Rdnr. 854 ff. (für den share deal).

[98] *Mankowski* NZG 2010, 201, 205 f.; *Sonnenberger/Bauer* RIW 2006, Beilage 1 zu Heft 4, 1, 8.

[99] Art. 11 Abs. 2 Rom I-Verordnung.

[100] *Pfeiffer* EuZW 2008, 622, 629; *Mankowski* IPRax 2006, 101, 110.

[101] Vorschlag für eine Verordnung des Europäischen Parlaments und des Rates über das auf vertragliche Schuldverhältnisse anzuwendende Recht (Rom I-Verordnung), von der Kommission vorgelegt am 15. 12. 2005, KOM (2005) 650, S. 9 zu Art. 10.

[102] Siehe Grünbuch über die Umwandlung des Übereinkommens von Rom aus dem Jahre 1980 über das auf vertragliche Schuldverhältnisse anzuwendende Recht in ein Gemeinschaftsinstrument sowie über seine Aktualisierung, von der Kommission vorgelegt am 14. 1. 2003, KOM (2002) 654, S. 39.

[103] *Mankowski* IPRax 2006, 101, 110.

wöhnlichen Aufenthaltsort kritisch gegenüber.[104] So wird vertreten, dass ein wirkliches Bedürfnis für die Erweiterung der Formanknüpfung nicht bestehe.[105] Oder der Grund für die Neuregelung wird darin gesehen, dass es bei der elektronischen Kommunikation oft zufällig erscheint, wo sich eine Partei gerade befindet. Daher sei der Satz locus regit actum in sachgerechter Weise auf die Fälle seiner Relevanz zu beschränken und es sei gerade nicht eine weitere alternative Anknüpfung der Wirksamkeit an den Aufenthaltsort notwendig,[106] gleichzeitig bringe die Erweiterung aber auch keinen Schaden.[107]

3. Erweiterung der Regelungen zur Teilrechtswahl

Art. 3 Rom I-Verordnung behält den Grundsatz der Rechtswahlfreiheit bei, der den Parteien die Wahl des auf den Vertrag anzuwendenden Rechts überlässt. Gewählt werden kann lediglich geltendes staatliches Recht. Die Wahl anerkannter Rechtsgrundsätze, etwa der UNIDROIT-Grundsätze oder der lex mercatoria,[108] kommt nicht in Betracht. Die Frage der Zulässigkeit einer Teilrechtswahl hinsichtlich der Form des Rechtsgeschäfts erfuhr keine Klärung im Rahmen der Rom I-Verordnung. Vielmehr entspricht Art. 3 Abs. 1 Satz 2 der Rom I-Verordnung der Regelung in Art. 27 Abs. 1 Satz 3 EGBGB a. F. zur Frage der Teilrechtswahl. Es kann daher nach wie vor, solange noch keine Rechtsprechung des EuGH zu dieser Frage existiert,[109] auf die Rechtsprechung des BGH zurückgegriffen werden,[110] die jedoch nicht explizit die Frage der Zulässigkeit der Teilrechtswahl bezogen auf die Form bei dem Kausalgeschäft einer Anteilsübertragung betroffen hat. Die bestehenden **Unsicherheiten** hinsichtlich der **Zulässigkeit einer auf die Form bezogenen Teilrechtswahl beim Kausalgeschäft** bestehen somit fort.[111]

Bemerkenswert ist schließlich die Schaffung einer zusätzlichen Grenze der Rechtswahl in Art. 3 Abs. 4 der Rom I-Verordnung.[112] Auch Art. 3 Abs. 3 EVÜ sah vor, dass eine Rechtswahl bei **reinen Inlandssachverhalten** nur die Wirkungen einer sachrechtlichen Rechtswahl entfaltet (also nicht vom zwingenden Inlandsrecht befreit). Art. 3 Abs. 4 Rom I-Verordnung ergänzt die Regelung nunmehr für **reine Binnenmarktsachverhalte.** So kann vom zwingenden Gemeinschaftsrecht nicht abgewichen werden, wenn der zu Grunde liegende Sachverhalt über die Rechtswahl hinaus keine Bezüge zu einem Drittstaat aufweist.

4. Konsequenzen für die Übertragung von Geschäftsanteilen einer GmbH

Konsequenzen für die Übertragung von Geschäftsanteilen entfaltet die Rom I-Verordnung lediglich im Hinblick auf ihren Anwendungsbereich, das **Kausalgeschäft**. Die **dingliche Übertragung** mit ihren Formanknüpfungen wird von der Neuregelung **nicht erfasst**, d.h. sie richtet sich weiter nach dem autonomen deutschen IPR, insbesondere nach Art. 11 EGBGB. Hinsichtlich des Kausalgeschäfts ist zu beachten, dass das Formstatut mit der Rom I-Verordnung eine Erweiterung erfahren hat. Während auf Rechtsgeschäfte, die bis einschließlich 17. Dezember 2009[113] geschlossen werden, hinsichtlich des Kausalge-

---

[104] *Mankowski* IPRax 2006, 101, 110; *Pfeiffer* EuZW 2008, 622, 629; *Magnus/Mankowski*, ZvglRWiss 103 (2004), 131 182; zurückhaltend auch *Martiny*, in: Leible, Das Grünbuch zum Internationalen Vertragsrecht (2004), 109, 131.
[105] *Magnus/Mankowski*, ZvglRWiss 103 (2004), 131 182; zurückhaltend auch *Martiny*, in: Leible, Das Grunbuch zum Internationalen Vertragsrecht (2004), 109, 131.
[106] *Pfeiffer* EuZW 2008, 622, 629.
[107] *Clausnitzer/Woopen* BB 2008, 1798, 1805; *Mankowski* IPRax 2006, 101, 110.
[108] Der Kommissionsvorschlag (KOM (2005) 650 unter 4.2 Art. 3 Abs. 2) zur Ausweitung der Rechtswahlmöglichkeit auf anerkannte Rechtsgrundsätze wurde letztlich nicht umgesetzt.
[109] Allein die Rechtsprechung des EuGH ist maßgeblich für die Auslegung europäischer Rechtsakte.
[110] BGH Urt. v. 4. 11. 2004 – III ZR 172/03 = DB 2004, 2631, 2633.
[111] Vgl hierzu § 8 V 2.
[112] *Pfeiffer* EuZW 2008, 622, 625.
[113] Gemäß Art. 28 Rom I-Verordnung, wird diese auf Verträge angewandt, die nach dem 17. Dezember geschlossen werden.

schäfts die Form der lex causae und die Ortsform Anwendung findet, kommt für Rechtsgeschäfte, die nach dem 17. Dezember 2009 geschlossen werden, zusätzlich die Form des gewöhnlichen Aufenthalts einer der Vertragsparteien hinzu (Rdnr. 37 f.).

§ 7 Beurkundung des Gesellschaftvertrages und von Satzungsänderungen

Übersicht

	Rdnr.
I. Anwendbarkeit des Art. 11 Abs. 1 EGBGB?	1
II. Substituierbarkeit bei Verfassungsakten?	3

I. Anwendbarkeit des Art. 11 Abs. 1 EGBGB?

1 Die **Errichtung** des Gesellschaftvertrages und die **Änderung der Satzung** werden unter die sog. **statusrelevanten Rechtsakte** gefasst.[1] Ebenfalls unter den Begriff des statusrelevanten Rechtsakts fällt die **Umwandlung** (Verschmelzung, Spaltung, Formwechsel).

2 Nach hM im Schrifttum und auch nach dem Entwurf zum EGBGB vom 7. 1. 2008[2] findet die **Formvorschrift des Art. 11 Abs. 1 EGBGB keine Anwendung auf statusrelevante Rechtsakte** einer GmbH.[3] Der tragende Grund für eine Beschränkung des Anwendungsbereichs des Art. 11 Abs. 1 EGBGB ist darin zu sehen, dass bei Rechtsgeschäften betreffend die Verfassung der Gesellschaft – ähnlich wie bei den von Art. 11 Abs. 4 und 5 EGBGB erfassten immobiliar- und sachenrechtlichen Geschäften – Gesichtspunkte der **Rechtssicherheit** und des **Verkehrsschutzes** eine gesteigerte Rolle spielen.[4] Denn von den Rechtsgeschäften betreffend die Verfassung einer Gesellschaft sind letztlich alle Mitglieder der Gesellschaft und Gläubiger betroffen; sie entfalten mithin Wirkung über die Beteiligten des Rechtsgeschäfts hinaus für Dritte. Diese Gesichtspunkte verlangen nach einer **Seriositätsgewähr,** über deren Ausgestaltung allein das Gesellschaftsstatut zu entscheiden hat.[5] Die alternative Anknüpfung der Form an die Ortsform oder das Wirkungsstatut kommt daher für statusrelevante Rechtsakte nicht in Betracht. Bei der Änderung von Satzungsbestimmungen einer deutschen GmbH ist hiernach **auch in Formfragen immer das deutsche Gesellschaftsstatut** zur Anwendung berufen was dazu führt, dass das Beurkundungserfordernis in § 53 Abs. 2 S. 1 GmbHG zu erfüllen ist.

II. Substituierbarkeit bei Verfassungsakten?

3 Umstritten ist, ob die Beurkundung von Verfassungsakten einer deutschen Kapitalgesellschaft zwingend durch einen deutschen Notar erfüllt werden muss oder auch durch einen ausländischen Notar erfüllt werden kann **(Substitution).** Eine Ansicht[6] hält die Befassung eines deutschen Notars mit der Beurkundung von Verfassungsakten zumindest für den Fall für geboten, dass die zu beurkundenden Erklärungen über den Kreis der unmittelbar Beteiligten hinausreichen und auch für Dritte Geltung haben oder erlangen können. Im Unterschied zu Verfassungsakten beträfen Geschäftsanteilsübertragungen, bei denen die Subs-

---

[1] Vgl. Begründung zum Referentenentwurf zu Art. 11 Abs. 6 EGBGB-E vom 7. 1. 2009 S. 14.
[2] Wortlaut des Art. 11 Abs. 6 EGBGB-E: „Ein Rechtsgeschäft, das die Verfassung einer Gesellschaft, eines Vereins oder einer juristischen Person betrifft, ist nur formgültig, wenn es die Formerfordernisse des nach Art. 10 EGBGB anzuwendenden Rechts erfüllt."
[3] Stellvertretend für alle *Reichert/Weller,* Der GmbH-Geschäftsanteil, 2006, § 15 Rdnr. 157 ff. und *Goette* DStR 1996, 709, 711 ff.
[4] Ulmer/Habersack/Winter/*Behrens,* B 135.
[5] In diesem Sinne auch MünchKommBGB/*Kindler,* Int.GesR, Rdnr. 534; *Goette* DStR 1996, 709, 710; Vgl. zur Diskussion auch § 8 II.
[6] *Goette* DStR 1996, 709, 713.

tituierbarkeit von der hM[7] anerkannt werde, nur die jeweils am Rechtsgeschäft beteiligten Personen, während eine Satzung alle Mitglieder und auch zukünftig beitretenden Personen betreffe. Die Beteiligten bei solchen Verfassungsakten könnten nicht wirksam auf das Beurkundungserfordernis verzichten, da sie nicht allein hiervon betroffen seien.

Demgegenüber wird vertreten, dass eine Substituierbarkeit durchaus angenommen werden könne, da die in § 17 Abs. 3 BeurkG vorgesehene Prüfungs- und Belehrungspflicht primär im Interesse der Parteien vorgesehen sei und Drittinteressen allenfalls indirekt berühre.[8] Diese Auffassung schlägt daher vor, in jedem Einzelfall eine Gleichwertigkeitsprüfung des in Betracht kommenden ausländischen Notariats mit dem deutschen Notariat vorzunehmen.[9]   **4**

Der BGH hielt in seinem Urteil vom 16. 2. 1981[10] die für die Beurkundung von Satzungsbeschlüssen geltende Belehrungs- und Prüfungspflicht des Notars für disponibel. In seinem Urteil vom 24. 10. 1988[11] betont der BGH den Zweck der Beurkundung, nämlich die Sicherung der materiellen Richtigkeitsgewähr. Eine eindeutige Stellungnahme zur Möglichkeit der Substitution eines deutschen Notars durch einen ausländischen bei statusrelevanten Rechtsgeschäften findet sich in der BGH-Rechtsprechung jedoch nicht.[12] Insgesamt erscheint angesichts der noch nicht höchstrichterlich geklärten Rechtslage Zurückhaltung bei der Beurkundung statusrelevanter Rechtsgeschäfte durch einen ausländischen Notar für angebracht.   **5**

§ 8 Übertragung von GmbH-Geschäftsanteilen im Ausland

Übersicht

	Rdnr.		Rdnr.
I. Kollisionsrechtlich zu unterscheidende Sachverhaltselemente	1	a) Einhaltung der Formerfordernisse des Gesellschaftsstatuts/Wirkungsstatuts	11
II. Verfügungsgeschäft: Anwendbares Recht	2–5	b) Substitution eines deutschen durch einen ausländischen Notar	12–26
1. Maßgeblichkeit des Gesellschaftsstatuts für das Verfügungsgeschäft	2, 3	4. Anknüpfung der Form an das Ortsrecht	27
2. Reichweite des Gesellschaftsstatuts bei Anteilsabtretung im Ausland	4	a) Voraussetzung der Ortsformanknüpfung	28–30
III. Form des Abtretungsvertrages: Anwendbares Recht	5–32	b) Einwände gegen eine Ortsformanknüpfung im Gesellschaftsrecht	31
1. Gesellschafts- oder Formstatut?	5	c) Konsequenzen der Ortsformanknüpfung	32
a) Beurkundung als Teil des Gesellschaftsstatuts	6	IV. Verpflichtungsgeschäft: Anwendbares Recht für Rechtsgeschäfte bis zum 17. Dezember 2009	33–35
b) Beurkundung als Teil des Formstatuts	7	V. Form des Verpflichtungsgeschäfts: Anwendbares Recht bis zum 17. Dezember 2009	36
2. Alternative Sonderanknüpfung der Form	8	1. Maßgeblichkeit des Wirkungsstatuts oder des Ortsrechts	36
a) Geschäftsform und Ortsform	8	2. Zulässigkeit einer Teilrechtswahl bezüglich der Form?	37
b) Problemstellungen bei der Abtretung deutscher GmbH-Anteile im Ausland	9, 10		
3. Anknüpfung der Form an das Gesellschaftsstatut	11		

---

[7] Vgl. § 8 III. 3. b).
[8] *Kröll* ZGR 2000, 111, 135 ff.
[9] Ulmer/Habersack/Winter/*Behrens*, B 142; zu den Voraussetzungen und anerkannten Fällen der Substitution ausführlich unter § 8 III. 3.
[10] BGH Beschl. v. 16. 2. 1981 – II ZB 8/80 = BGHZ 80, 76, 79.
[11] BGH Urt. v. 24. 10. 1988 – II ZR 176/88 = BGHZ 105, 324, 338.
[12] *Kröll* ZGR 2000, 111, 130; Ulmer/Habersack/Winter/*Behrens*, B 142 FN. 486.

I. Kollisionsrechtlich zu unterscheidende Sachverhaltselemente

1   Sollen Geschäftsanteile einer deutschen GmbH im Ausland übertragen werden,[1] liegt ein Sachverhalt mit Auslandsberührung vor. In diesem Fall wird das auf die Anteilsübertragung anwendbare Recht durch das Internationale Privatrecht bestimmt, Art. 3 EGBGB.[2] Der analytischen Methode des IPR zufolge ist dabei der Sachverhalt der „Anteilsübertragung" in einzelne Elemente aufzugliedern. Anschließend ist für jedes Sachverhaltselement gesondert mittels der einschlägigen Kollisionsregeln die zur Anwendung berufene Rechtsordnung zu bestimmen. Geht es um die Übertragung von Geschäftsanteilen einer GmbH, sind aus Sicht der für die Qualifikation maßgeblichen deutschen lex fori kollisionsrechtlich das obligatorische Kausalgeschäft und das dingliche Erfüllungsgeschäft auseinander zu halten; hinzu kommt, dass das auf die Form eines Rechtsgeschäfts anwendbare Recht im Wege einer Sonderanknüpfung bestimmt wird (vgl. Art. 11 EGBGB). Daher sind insgesamt vier Sachverhaltselemente zu unterscheiden und jeweils unter Zugrundelegung der einschlägigen Kollisionsregel gesondert anzuknüpfen: Das Verfügungsgeschäft (Abtretungsvertrag) **(dazu unter II.)**, die Form des Verfügungsgeschäfts **(dazu unter III.)**, das Verpflichtungsgeschäft **(dazu unter IV.)** und schließlich die Form des Verpflichtungsgeschäfts **(dazu unter V.)**. Abschließend soll noch die Übertragung von Anteilen einer ausländischen GmbH in Deutschland untersucht werden **(dazu unter VI.)**.

II. Verfügungsgeschäft: Anwendbares Recht

1. Maßgeblichkeit des Gesellschaftsstatuts für das Verfügungsgeschäft

2   Das auf den (dinglichen) Übertragungsakt von GmbH-Geschäftsanteilen anwendbare Recht unterliegt nicht der im Internationalen Vertragsrecht grundsätzlich geltenden Parteiautonomie und damit nicht dem Prinzip der freien Rechtswahl gemäß Art. 3 Rom I-VO.[3] Letzteres gilt nur bezüglich der (obligatorischen) Übertragungsverpflichtung.[4] Die Kollisionsregel des Internationalen Sachenrechts in Art. 43 EGBGB (lex rei sitae) ist bei der Anteilsübertragung ebenfalls nicht einschlägig,[5] da jene nur auf Sachen Anwendung findet und damit gerade nicht auf den Geschäftsanteil, der selbst bei Ausstellung von Anteilsscheinen mangels Verkörperung keine Sachqualität besitzt.[6] Vielmehr ist die **Übertragung** eines Geschäftsanteils aus Sicht der deutschen lex fori als **gesellschaftsrechtliche Frage** zu qualifizieren, da es dabei um den **Wechsel der Mitgliedschaft** in der GmbH geht, welcher – dies erhellt etwa 10 Abs. 2 Nr. 6 EGBGB-Entwurf[7] – dem Gesellschaftsrecht zuzuschlagen ist. Das auf die Geschäftsanteilsübertragung anwendbare Recht und damit die – je nach Jurisdiktion divergierenden – **Übertragungsvoraussetzungen**[8] richten sich mithin nach dem **Gesellschaftsstatut** derjenigen GmbH, deren Anteile übertragen werden.[9]

---

[1] Befindet sich lediglich *ein* Vertragspartner im Ausland, ist ebenfalls eine Auslandsberührung gegeben, vgl. Art. 11 Abs. 2 EGBGB.
[2] *Großfeld/Berndt* RIW 1996, 625.
[3] *Janßen/Robertz* GmbHR 2003, 433, 436.
[4] Dazu unter § 8 IV.
[5] *Janßen/Robertz* GmbHR 2003, 433, 436.
[6] Ulmer/Habersack/*Winter/Löbbe*, Rdnr. 281.
[7] Referentenentwurf für ein Gesetz zum Internationalen Privatrecht der Gesellschaften, Vereine und juristischen Personen v. 7. 1. 2008; ausführlicher hierzu unter § 8 IV.
[8] Rechtsvergleichender Überblick bei *Kalss* (Hrsg.), Die Übertragung von GmbH-Geschäftsanteilen in 14 europäischen Rechtsordnungen, 2003.
[9] OLG Stuttgart Urt. v. 17. 5. 2000 – 20 U 68/99 = GmbHR 2000, 721, 724; MünchKomm BGB/*Kindler*, Int. GesR, Rdnr. 586; Staudinger/*Großfeld*, Int. GesR, Rdnr. 491 ff.; *Behrens*, Die GmbH im internat. und europ. Recht, 2. Aufl. 1997, IPR 41 und IPR 55; Michalski/*Leible* Syst. Darst. 2 Rdnr. 106; *Janßen/Robertz* GmbHR 2003, 433, 436.

§ 8. Übertragung von GmbH-Geschäftsanteillen im Ausland 3, 4 § 8

Um das Gesellschaftsstatut der GmbH zu bestimmen, ist in Ermangelung einer im EGBGB kodifizierten Kollisionsregel[10] auf die Rechtsprechungsgrundsätze zum **Internationalen Gesellschaftsrecht** zurückzugreifen,[11] mithin auf die **Gründungstheorie** bei zuziehenden EU-Gesellschaften,[12] EWR-Gesellschaften[13] und US-Gesellschaften[14] und auf die **Sitztheorie** bei Drittstaaten-Gesellschaften.[15] Für **deutsche Gesellschaften** soll laut **MoMiG-Gesetzesbegründung** fortan nicht mehr wie bisher die Sitztheorie,[16] sondern die **Gründungstheorie** gelten.[17] Richtigerweise gilt nach wie vor die Sitztheorie.[18] Die Geltung der Gründungstheorie für in Deutschland gegründete GmbHs würde dazu führen, dass stets deutsches Gesellschaftsrecht zur Anwendung berufen ist, unabhängig von der Belegenheit des Verwaltungssitzes der GmbH. Die Gründungstheorie auf Kollisionsrechtsebene hätte in Kombination mit der Modifikation des **§ 4a GmbHG** auf Sachrechtsebene zur Konsequenz, dass eine deutsche GmbH – anders als bisher[19] – ihren Verwaltungssitz identitätswahrend von Deutschland ins Ausland (Wegzug) verlegen kann, ohne das dies aus Sicht der deutschen lex fori mit einem Wechsel des Gesellschaftsstatuts einhergginge.[20] Bei Geltung der Sitztheorie kann eine deutsche GmbH nur dann ihren Verwaltungssitz ins Ausland verlegen, wenn der Zuzugsstaat der Gründungstheorie folgt; es kommt dann zu einer Rückverweisung auf deutsches Sachrecht (Art. 4 EGBGB).

2. Reichweite des Gesellschaftsstatuts bei Anteilsabtretung im Ausland

Werden **Anteile einer deutschen GmbH im Ausland** übertragen, richten sich die Voraussetzungen für den Mitgliedschaftswechsel nach dem deutschen Gesellschaftsstatut (vgl. § 8 II.1.). Für den dinglichen Übertragungsakt sind mithin die Vorschriften der **§§ 413, 398 BGB** maßgeblich: Notwendig ist hiernach (nur) ein **Abtretungsvertrag**. Dagegen gehört die Zustimmung der Gesellschafterversammlung – anders als etwa im Fall des Mitgliedschaftswechsels in einer Schweizer GmbH (Art. 786 OR) – grundsätzlich nicht zum Übertragungstatbestand, § 15 Abs. 1 GmbHG.[21] Anders verhält es sich, wenn die Satzung der deutschen GmbH **Vinkulierungsklauseln nach § 15 Abs. 5 GmbHG** enthält.

---

[10] Gemäß dem Referentenentwurf für ein „Gesetz zum Internationalen Privatrecht der Gesellschaften, Vereine und juristischen Personen" v. 7. 1. 2008 soll allerdings die Gründungstheorie kodifiziert werden (vgl. Art. 10 Abs. 1 EGBGB-Entwurf); hierzu *Wagner/Timm* IPRax 2008, 81.

[11] Hierzu *Zimmer* ZHR 168 (2004), 355, 359 ff.; *Weller*, Europäische Rechtsformwahlfreiheit und Gesellschafterhaftung, 2004, S. 68 ff.; *ders.*, IPRax 2009, 202 ff.

[12] BGH Urt. v. 13. 3. 2003 – VII ZR 370/98 = NJW 2003, 1461 – „Überseering" (niederländische B. V.); BGH Urt. v. 14. 3. 2005 – II ZR 5/03 = NJW 2005, 1648 (englische Limited); vgl. ferner *Eidenmüller* JZ 2003, 526; *Weller* IPRax 2003, 324.

[13] BGH Urt v. 19. 9. 2005 – II ZR 372/03 = NJW 2005, 3351 (liechtensteinische AG); *Weller* ZGR 2006, 748.

[14] BGH Urt. v. 13. 10. 2004 – I ZR 245/01 = ZIP 2004, 2230 – „GEDIOS" (US-Gesellschaft); *Stürner* IPRax 2005, 308.

[15] BGH Urteil vom 27. 10. 2008 – II ZR 290/07 („Trabrennbahn"), IPRax 2009, 259; BGH Urt. v. 1. 7. 2002 – II ZR 380/00 = NJW 2002, 3539; OLG Hamburg Urt. v. 30. 3. 2007 – 11 U 231/04 = GmbHR 2007, 763; *Goette* DStR 2002, 1679; *Leuering* ZRP 2008, 73, 74; *Kindler* IPRax 2003, 41.

[16] Hierzu *Weller*, Europäische Rechtsformwahlfreiheit und Gesellschafterhaftung, 2004, S. 15 ff., 75 ff.; zum Stand der Rechtsprechung in Deutschland und Österreich zur Abkehr von der Sitztheorie vgl. auch Kronke/Melis/Schnyder/*Kronke/Mazza*, Handbuch Internationales Wirtschaftsrecht, 2005, S. 1159 ff.

[17] BT-Drucks. 16/6140, S. 29. Vgl. auch *Seibert* ZIP 2008, 1208, 1209 f.; zur derzeitigen Unklarheit bzgl. der Geltung der Sitz- oder Gründungstheorie vgl. § 6 IV.1.

[18] MünchKommGmbHG/*Weller*, Einleitg, Rdnr. 375 ff.

[19] OLG München Beschl. v. 4. 10. 2007 – 31 Wx 36/07 = DB 2007, 2530; BayObLG Beschl. v. 11. 2. 2004 – 3Z BR 175/03 = ZIP 2004, 806; *Wachter* EWiR 2004, 375; *Weller* DStR 2004, 1218.

[20] *Seibert* ZIP 2008, 1208, 1209 f.

[21] *Weller* Der Konzern 2008, 253, 257.

Diese sind Teil des deutschen Gesellschaftsstatuts und daher auch dann zu beachten, wenn die Anteile an einer deutschen GmbH im Ausland übertragen werden.[22] Nicht gesellschaftsrechtlich, sondern **gesondert angeknüpft** über Art. 11 Abs. 1 1. Alt. EGBGB wird die **Form**vorschrift bezüglich des dinglichen Verfügungsgeschäfts in § 15 Abs. 3 GmbHG (§ 8 III.1.).

III. Form des Abtretungsvertrages: Anwendbares Recht

1. Gesellschafts- oder Formstatut?

5 § 15 Abs. 3 GmbHG verlangt nicht nur einen Abtretungsvertrag. Er bestimmt ferner, dass dieser der notariellen Form bedarf. Problematisch hieran ist, ob diese Anforderung ebenfalls Bestandteil des Gesellschaftsstatuts ist oder ob es sich um ein Rechtselement handelt, das – der analytischen Methode des IPR zufolge – vom Vorgang der Mitgliedschaftsübertragung abzuspalten und gesondert anzuknüpfen ist. Als Anknüpfungsnorm kommt Art. 11 EGBGB in Betracht, der allgemein die Anknüpfung von Formfragen regelt.[23]

6 **a) Beurkundung als Teil des Gesellschaftsstatuts.** Z.T. wird die Auffassung vertreten, das Erfordernis der notariellen Form in § 15 GmbHG unterfalle nicht dem internationalprivatrechtlichen Formbegriff, sondern sei gesellschaftsrechtlich zu qualifizieren und dementsprechend unter die gesellschaftsrechtliche Kollisionsregel[24] zu subsumieren.[25] Als Begründung wird angeführt, dass der Beurkundungszwang verhindern wolle, dass GmbH-Anteile Gegenstand des freien Handelsverkehrs werden. Der Beurkundungszwang sei ein wesentliches Abgrenzungskriterium der GmbH gegenüber der Aktiengesellschaft und habe mithin eine für die GmbH typenschützende Funktion. Teilte man diese Auffassung, so würde die Abtretung von Anteilen einer deutschen GmbH immer der notariellen Form gemäß § 15 Abs. 3 GmbHG bedürfen und zwar unabhängig davon, ob sie in Deutschland, der Schweiz oder einem sonstigen Staat vorgenommen wird.[26] Zu einem vergleichbaren Ergebnis gelangt man, wenn man § 15 Abs. 3 GmbHG mit einer vereinzelt vertretenen Meinung[27] als international zwingende Bestimmung (Eingriffsnorm) qualifiziert, die auf eine deutsche GmbH aufgrund deren Inlandsbezuges stets anwendbar wäre (vgl. den Gedanken des Art. 9 Rom I-VO, der auf die Anteilsabtretung jedoch nicht unmittelbar herangezogen werden kann, Art. 1 Abs. 2 (f) Rom I-VO).

7 **b) Beurkundung als Teil des Formstatuts.** Die vorstehende Ansicht überzeugt indes nicht. Sie widerspricht dem international anerkannten kollisionsrechtlichen Grundsatz, dass Formfragen zur Erleichterung des internationalen Rechtsverkehrs von dem zugrunde liegenden Rechtsgeschäft abgekoppelt und gesondert angeknüpft werden.[28] Schon das Reichsgericht hatte daher kein Problem mit der Erkenntnis: „Die Bestimmungen des § 15 Abs. 3 und 4 GmbHG sind bloße Formvorschriften".[29] Folgerichtig rekurrierte es nicht auf die gesellschaftsrechtliche Kollisionsregel, sondern zog Art. 11 EGBGB heran.

---

[22] Reithmann/Martiny/*Merkt,* Rdnr. 872; Michalski/*Leible* Syst. Darst. 2 Rdnr. 106.
[23] Vgl. § 6.
[24] Sitz- oder Gründungstheorie, vgl. § 8 Rdnr. 3.
[25] *Eidenmüller,* in: Sonnenberger, Vorschläge und Berichte zur Reform des europäischen und deutschen internationalen Gesellschaftsrechts, 2007, S. 491; MünchKommBGB/*Kindler,* Int.GesR, Rdnr. 535; *Kindler,* Geschäftsanteilsabtretungen im Ausland, 2010, S. 10 ff., 17; *König/Götte/Bormann* NZG 2009, 881, 883 ff.
[26] MünchKommBGB/*Kindler,* Int. GesR, Rdnr. 535.
[27] *Kindler,* Geschäftsanteilsabtretungen im Ausland, 2010, S. 20 ff.; *ders.* BB 2010, 74, 76 f.; dagegen *Mankowski* NZG 2010, 201, 204 f.
[28] *Goette* DStR 1996, 709.
[29] RGZ 160, 225, 228.

Die heute herrschende Meinung folgt dieser Qualifikation.[30] Zu Recht, denn der von Art. 11 EGBGB gebrauchte Systembegriff der „Form von Rechtsgeschäften" umfasst alle Äußerungsmodi von Willenserklärungen[31] und damit auch die notarielle Form der den Abtretungsvertrag bildenden korrespondierenden Willenserklärungen. Für diese Auffassung spricht nicht zuletzt der geplante Art. 11 Abs. 6 EGBGB-E.[32] Dieser enthält eine Sonderkollisionsregel für die Form von Rechtsgeschäften, welche die Verfassung einer Gesellschaft betreffen, etwa für Satzungsänderungen. Die Existenz dieser Norm erhellt, dass auch Formfragen, die sich auf gesellschaftsrechtliche Vorgänge beziehen, vom Formbegriff des Art. 11 EGBGB erfasst werden.

2. Alternative Sonderanknüpfung der Form

a) Geschäftsform und Ortsform. Aus kollisionsrechtlicher Perspektive werden Formfragen vom zugrunde liegenden Rechtsgeschäft abgekoppelt.[33] Das auf die Form eines Rechtsgeschäfts anwendbare Recht wird im Wege einer Sonderanknüpfung auf der Grundlage von Art. 11 EGBGB bestimmt. Die Frage der Form kann zum einen der Rechtsordnung unterstellt werden, welche das Rechtsgeschäft beherrscht; diese wird als Geschäfts- bzw. Wirkungsstatut (lex causae) bezeichnet (Art. 11 Abs. 1 1. Alt. EGBGB). 8

Zum anderen können im Interesse der Formwirksamkeit von Rechtsgeschäften (favor negotii) sowie im Interesse des Verkehrsvertrauens in ein lokal häufig abweichendes Formenregime (favor gerentis) die Formfragen auch dem Recht desjenigen Ortes entnommen werden, an dem das Rechtsgeschäft tatsächlich vorgenommen wird (**Ortsform**, Art. 11 Abs. 1 2. Alt. EGBGB).[34] Näheres zu beiden Alternativanknüpfungen supra unter § 6 I.

b) Problemstellungen bei der Abtretung deutscher GmbH-Anteile im Ausland. Sollen Geschäftsanteile einer deutschen GmbH im Ausland abgetreten werden, ist demnach bezüglich der Form des Abtretungsvertrages wie folgt zu differenzieren: Rekurriert man auf Art. 11 Abs. 1 1. Alt. EGBGB **(Gesellschaftsstatut)** stellt sich die Frage, ob die vom deutschen Geschäftsstatut für die dingliche Abtretung vorgegebene notarielle Form des § 15 Abs. 3 auch durch Einschaltung eines ausländischen Notars erfüllt werden kann. Die Antwort beurteilt sich nach den Grundsätzen der Substitution und ist zu bejahen, wenn § 15 Abs. 3 eine substitutionsoffene Norm ist und die Beurkundung im Ausland derjenigen in Deutschland funktionell gleichwertig ist.[35] 9

Soll dagegen nicht die Form des deutschen Geschäftsstatuts, sondern die **ausländische Ortsform** zugrunde gelegt werden, ist zunächst das Problem aufgeworfen, ob gesellschaftsrechtliche Vorgänge überhaupt vom sachlichen Anwendungsbereich des Art. 11 Abs. 1 EGBGB erfasst werden. Die Antwort ist umstritten. Folgt man der Meinung, dass der Anwendungsbereich des Art. 11 Abs. 1 2. Alt. EGBGB auch die Geschäftsanteilsabtretung einer deutschen GmbH umfasst, ist weiter zu prüfen, ob der ausländische Abschlussort ein der Geschäftsanteilsabtretung einer GmbH **vergleichbares Rechtsgeschäft** kennt.[36]

Wenngleich die Terminologie diesbezüglich nicht von allen Autoren einheitlich gehandhabt wird, ist festzuhalten, dass sich das Problem der Gleichwertigkeit des ausländischen mit dem deutschen Beurkundungsvorgang (Substitution) ausschließlich im Rahmen des Art. 11 10

---

[30] OLG Düsseldorf, ZIP 2011, 564, 565; *Abrell* NZG 2007, 60 ff.; *Böttcher/Blasche* NZG 2006, 766 ff.; *Müller-Chen* IPRax 2008, 45 ff.; *Saenger/Scheuch* BB 2008, 65, 66 ff.; *Schlößer* GmbHR 2007, 301 ff.; *Reichert/Weller*, Der GmbH-Geschäftsanteil, 2006, § 15 Rdnr. 133 ff.; *Zabel* DZWIR 2011, 136, 143.

[31] *Müller-Chen* IPRax 2008, 45, 48; *Weller* BB 2005, 1807, 1808.

[32] Näher zum EGBGB Entwurf vom 7. 1. 2008 unter § 8 IV.

[33] Michalski/*Leible* Syst. Darst. 2 Rdnr. 66.

[34] MünchKommBGB/*Spellenberg*, Art. 11 EGBGB, Rdnr. 1.

[35] Dazu unter § 6 I. 1. und § 8 III. 3.

[36] Dazu unter § 6 I. 2.

Abs. 1 1. Alt. EGBGB (Anknüpfung der Form an das Gesellschaftsstatut) stellt. Dagegen kommt es bei Art. 11 Abs. 1 2. Alt. EGBGB (ausländische Ortsform) – sofern man dessen Anwendungsbereich als eröffnet erachtet – nicht auf die Gleichwertigkeit des ausländischen Beurkundungsvorgangs an; entscheidend ist hier allein, dass die Gesellschaftsrechtsordnung des Abschlussortes einen vergleichbaren Übertragungsvorgang – die Abtretung ausländischer GmbH-Geschäftsanteile – kennt.[37]

3. Anknüpfung der Form an das Gesellschaftsstatut

11 **a) Einhaltung der Formerfordernisse des Gesellschaftsstatuts/Wirkungsstatuts.** Bei der Übertragung der Mitgliedschaft durch Abtretung des Gesellschaftsanteils ist das Gesellschaftsstatut das Wirkungs- bzw. Geschäftsstatut iSd. Art. 11 Abs. 1 1. Alt. EGBGB.[38] Die Übertragung kann daher ungeachtet ihres Abschlussortes grundsätzlich formwirksam vorgenommen werden, wenn die vom Gesellschaftsstatut vorgegebenen Formerfordernisse eingehalten werden. Der Geschäftsanteil einer deutschen GmbH könnte folglich auch im Ausland formwirksam übertragen werden, wenn der Abtretungsvertrag dabei von einem deutschen Notar beurkundet würde; letzteres scheitert indes daran, dass der Wirkungskreis eines deutschen Notars auf deutsches Hoheitsgebiet beschränkt ist.[39]

12 **b) Substitution eines deutschen durch einen ausländischen Notar. aa) Figur der Substitution.** Findet deutsches Recht und damit § 15 Abs. 3 GmbHG auf die zu beachtende Form der Anteilsübertragung Anwendung, stellt sich die weitere Frage, ob das in Abs. 3 aufgestellte Tatbestandsmerkmal „notarielle Form" auch dann erfüllt ist, wenn die Beurkundung nicht von einem deutschen Notar, sondern von einem ausländischen Notar im Ausland vorgenommen wird.[40] Damit ist die kollisionsrechtliche Figur der Substitution angesprochen.[41] Näher zur Substitution unter § 6 I.1.

13 **bb) Voraussetzungen einer Substitution im Gesellschaftsrecht.** Bei der Frage, ob die Tatbestandsmerkmale der „notariellen Form" in Abs. 3 und Abs. 4 auch durch einen ausländischen Notar erfüllt werden können, ist zunächst festzuhalten, dass beide Normen einer Substitution offen stehen.[42] An der **Substitutionsoffenheit** des § 15 Abs. 3 und 4 ändert sich durch das **MoMiG** nichts.[43] In concreto kommt es bei einer Auslandsbeurkundung darauf an, ob bei abstrakt-typisierender Betrachtungsweise eine **Funktionsäquivalenz des ausländischen Beurkundungsvorgangs mit dem deutschen Beurkundungsvorgang** bejaht werden kann. Der BGH sieht die notwendige Gleichwertigkeit als gegeben an, „wenn die ausländische Urkundsperson nach Vorbildung und Stellung im Rechtsleben eine der Tätigkeit des deutschen Notars entsprechende Funktion ausübt und für die Errichtung der Urkunde ein Verfahrensrecht zu beachten hat, das den tragenden Grundsätzen des deutschen Beurkundungsrechts entspricht."[44] Folglich sind nach dieser Grundsatzentscheidung des II. Zivilsenats zwei Aspekte zu beleuchten: Zum einen muss in personaler Hinsicht die ausländische Urkundsperson dem deutschen Notar vergleichbar sein, was neben einer ähnlichen Ausbildung auch entsprechende disziplinäre und haftungs-

---

[37] *Goette*, FS Boujong, 1997, S. 131, 132f. = DStR 1996, 709; *Weller* Der Konzern 2008, 253, 256.

[38] Staudinger/*Großfeld*, Int. GesR, Rdnr. 452.

[39] BGH Urt. v. 30. 4. 1998 – IX ZR 150/97 = BGHZ 138, 359, 361; Staudinger/*Großfeld*, Int. GesR, Rdnr. 471; Michalski/*Leible*, Syst. Darst. 2 Rdnr. 75.

[40] Staudinger/*Großfeld*, Int. GesR, Rdnr. 471.

[41] Hierzu grundlegend *Mansel* FS Werner Lorenz (1991), 689ff.; vgl. zur Substitution neuerdings auch die Résolution „La substitution et l'équivalence en droit international privé" des Institut de Droit International vom 27. 10. 2007, IPRax 2008, 297 sowie *Jayme* IPRax 2008, 298.

[42] *Kröll* ZGR 2000, 111, 128.

[43] Näher OLG Düsseldorf ZIP 2011, 564, 565ff.; *Engel* DStR 2008, 1593, 1597f.; *Mankowski* NZG 2010, 201, 202ff.; *Weller* Der Konzern 2008, 253, 258f.; ähnlich *Saenger/Scheuch* BB 2008, 65, 67.

[44] BGH Beschl. v. 16. 2. 1981 – II ZB 8/80 = BGHZ 80, 76, 78.

rechtliche Bindungen voraussetzt.⁴⁵ Zum anderen müssen in prozeduraler Hinsicht das ausländische Urkundserrichtungsverfahren und die Grundsätze des deutschen Beurkundungsverfahrens gleichwertig sein; dabei ist in Rechnung zu stellen, ob das ausländische Beurkundungsverfahrensrecht ebenso wie das deutsche u. a. eine Prüfungs- und Belehrungspflicht der Urkundsperson kennt, ob jene die Identität der Parteien festzustellen hat und ob eine Verhandlungsniederschrift anzufertigen, vorzulesen, zu unterzeichnen und zu siegeln ist.⁴⁶ Demgegenüber ist es zur Annahme der Funktionsäquivalenz nicht erforderlich, dass der ausländische Notar Kenntnisse des deutschen Gesellschaftsrechts aufweist. Denn auf die Erfüllung der Prüfungs- und Belehrungsfunktion in § 17 BeurkG, wofür diese Kenntnisse vonnöten sind, können die Parteien verzichten, was sie konkludent auch regelmäßig tun, wenn sie einen ausländischen Notar aufsuchen.⁴⁷

cc) Substituierbarkeit: Unterscheidung zwischen Verfassungsakten und GmbH- Anteilsübertragungen? In der Literatur wird vertreten, dass Vorgänge, die in das Handelsregister einzutragen sind bzw. die Verfassung der GmbH berühren und die damit über den derzeitigen Gesellschafterkreis hinaus auch für künftige Mitglieder relevant sind (vgl. §§ 2, 53 Abs. 2; zB Abschluss des Gesellschaftsvertrages, Satzungsänderungen, Umwandlungen, Abschluss von Unternehmensverträgen), zwingend durch einen deutschen Notar zu beurkunden seien.⁴⁸ Denn die mit Vornahme dieser Rechtsakte einhergehende Belehrungs- und Warnpflicht könne nur bei Kenntnis des materiellen deutschen Rechts erfüllt werden. Bei Lichte besehen verneint diese Ansicht im Falle der Anknüpfung der Form an das Gesellschaftsstatut als auch die Zulässigkeit einer Ortsformanknüpfung.

Dagegen geht auch diese Ansicht dahingehend konform, dass die notarielle Form bei Nicht-Verfassungsakten – wie der Anteilsübertragung nach § 15 Abs. 3 und 4 – auch durch Einschaltung eines ausländischen Notars gewahrt werden kann, sofern letzterer seiner Stellung nach dem deutschen Notar vergleichbar ist und ihn somit funktional ersetzen kann.⁴⁹ Denn bei der Anteilsübertragung beschränke sich die notarielle Form praktisch auf eine Prüfung der Identität der agierenden Personen – eine Handlung, die der Unterschriftsbeglaubigung nahe stehe und die insofern keine vertieften Kenntnisse des deutschen Gesellschaftsrechts erfordere.⁵⁰ Damit bleibt festzuhalten, dass auch die zwischen Verfassungs- und Nicht-Verfassungsakten differenzierende Meinung jedenfalls bei der hier interessierenden Übertragung von Geschäftsanteilen die Substituierbarkeit bejaht.⁵¹

dd) Anerkannte Fälle der Substitution. Angesichts dieser strengen personalen und prozeduralen Substitutionsmaßstäbe wurde die Substituierbarkeit deutscher Notare von der Rechtsprechung bisher nur bezüglich weniger ausländischer Notare bejaht.

Bislang wurden – anlässlich der Beurkundung einer Satzungsänderung (§ 53 Abs. 2) – vom BGH die Substitutionsvoraussetzungen jedenfalls durch Notare im Schweizer Kanton

---

⁴⁵ Staudinger/*Großfeld,* Int. GesR, Rdnr. 472; kritisch zu sog. Enthaftungserklärungen Schweizer Notare *Heckschen* DB 1990, 161, 164 f.
⁴⁶ BGH Beschl. v. 16. 2. 1981 – II ZB 8/80 = BGHZ 80, 76, 78; vgl. auch OLG München Urt. v. 19. 11. 1997 – 7 U 2511/97 = GmbHR 1998, 46.
⁴⁷ BGH Beschl. v. 16. 2. 1981 – II ZB 8/80 = BGHZ 80, 76, 79; Michalski/*Leible* Syst. Darst. 2 Rdnr. 77.
⁴⁸ Vgl. u. a. *Goette,* FS Boujong, 1996, S. 131, 138, 142 f. = DStR 1996, 709; *Bredthauer* BB 1986, 1864 f.; Staudinger/*Großfeld,* Int. GesR, Rdnr. 458; *Behrens,* Die GmbH im internat. und europ. Recht, 2. Auflage 1997, IPR 58; *Lichtenberger* DNotZ 1986, 644, 653 f.
⁴⁹ *Goette* Die GmbH nach der BGH- Rechtsprechung, 2. Auflage 2002, § 5 Rdnr. 10; *ders.,* FS Boujong, 1996, S. 131, 138, 143; *Bredthauer* BB 1986, 1864, 1865; *Behrens,* Die GmbH im internat. und europ. Recht, 2. Auflage 1997, IPR 58; *Kallmeyer* GmbHR 1996, 908, 911; aA MünchKommBGB/*Spellenberg,* Art. 11 EGBGB Rdnr. 62; Staudinger/*Großfeld,* Int. GesR, Rdnr. 492 ff.
⁵⁰ *Goette,* Die GmbH nach der BGH- Rechtsprechung, 2. Auflage 2002, § 5 Rdnr. 10.
⁵¹ Zu Verfassungsakten siehe § 7.

Zürich/Altstadt als erfüllt angesehen.⁵² Daraus lässt sich für die Praxis ableiten, dass erst recht Abtretungen von deutschen GmbH-Anteilen durch Notare in Zürich/Altstadt beurkundet werden können, wird doch mit der notariellen Form in Abs. 3 und Abs. 4 – anders als in § 53 – kein Übereilungsschutz (Warnfunktion) bezweckt.⁵³

18 Ob allerdings generell **Schweizer Notare** aus sämtlichen Kantonen die Voraussetzungen für eine Substitution erfüllen, wie dies zuweilen unter Verweis auf eine Entscheidung des BGH aus dem Jahr 1989⁵⁴ vertreten wird,⁵⁵ muss in dieser Allgemeinheit bezweifelt werden.⁵⁶ Denn trotz der den einzelnen Kantonen vom Schweizer Bundesrecht zum Begriff der öffentlichen Beurkundung vorgegebenen Mindestanforderungen sind die Beurkundungsprozeduren und die Stellung der Notare in den verschiedenen Kantonen unterschiedlich ausgestaltet.⁵⁷ Auch lässt sich die Wirkung der von ausländischen Notaren häufig herangezogenen Haftungsfreizeichnungen⁵⁸ auf die Substitutionsvoraussetzungen in Konstellationen, die von der Rechtsprechung noch nicht entschieden worden sind, nur schwer bewerten.⁵⁹ Schließlich befasst sich die BGH-Entscheidung von 1989⁶⁰ lediglich in einem knappen obiter dictum mit der Beurkundung von Geschäftsanteilen in der Schweiz; mangels Entscheidungserheblichkeit erfolgte jedoch nicht die notwendige kantonsspezifische Prüfung der jeweiligen Substitutionsvoraussetzungen, so dass es bei den allgemeinen Grundsätzen aus BGHZ 80, 76 auf die in der Entscheidung verwiesen wird, bleibt. Vorsicht ist auch angezeigt, wenn Stimmen in der Literatur⁶¹ auf instanzgerichtliche Entscheidungen verweisen und eine Substitution bei Notaren in den Kantonen Zug,⁶² Luzern⁶³ und Bern⁶⁴ als „anerkannt" darstellen. Denn diese Judikate konnten die in BGHZ 80, 76 aufgestellten Grundsätze nicht berücksichtigen, weil sie zeitlich früher ergangen sind.

19 Instanzgerichte haben die vom BGH aufgestellten Substitutionsvoraussetzungen für eine Beurkundung in **Basel/Stadt**⁶⁵ bejaht.

---

⁵² BGH Beschl. v. 16. 2. 1981 – II ZB 8/80 = BGHZ 80, 76, 78; aA jedoch LG Augsburg Beschl. v. 4. 6. 1996 – 2 HK T 2093/96 = BB 1998, 120; AG Köln Beschl. v. 14. 8. 1989 – 42 HRB 8123 = GmbHR 1990, 172 f.; AG Köln Beschl. v. 22. 6. 1989 – 42 AR 468/89 = GmbHR 1990, 171 f. (letztere Entscheidung des AG wurde allerdings aufgehoben durch LG Köln Beschl. v. 13. 10. 1989 – 87 T 20/89 = GmbHR 1990, 171), kritisch zur BGH-Rechtsprechung auch Staudinger/*Großfeld*, Int. GesR, Rdnr. 475 ff.; *Bredthauer* BB 1986, 1864, 1866 ff.; *Heckschen* DB 1990, 161, 164; *Wilken* EWiR 1996, 937, 938.

⁵³ *Mertens* ZIP 1998, 1787, 1788; *Weller* BB 2005, 1807, 1808 f.

⁵⁴ BGH Urt. v. 22. 5. 1989 – II ZR 211/88 = BGH NJW-RR 1989, 1259, 1261.

⁵⁵ So etwa Michalski/*Ebbing*, § 15 Rdnr. 97; *Lutter*/*Bayer* in: Lutter/Hommelhoff § 15 Rdnr. 16 und § 2 Rdnr. 16.

⁵⁶ Ebenfalls kritisch AG Fürth Beschl. v. 16. 11. 1990 – HR B 2177 = GmbHR 1991, 24 (aufgehoben durch LG Nürnberg-Fürth Beschl. v. 20. 8. 1991 – 4 HK T 489/91 = WM 1992, 950); Staudinger/*Großfeld*, Int. GesR, Rdnr. 475 ff.; *Goette*, FS Boujong, 1996, S. 131, 140 ff.; *Heckschen* DB 1990, 161, 164 f.; *Bredthauer* BB 1986, 1864, 1866 ff.; *Janßen/Robertz* GmbHR 2003, 433, 438; Michalski/*Leible* Syst. Darst. 2 Rdnr. 79.

⁵⁷ Vgl. hierzu die Ausführungen des OLG München Urt. v. 19. 11. 1997 – 7 U 2511/97 = GmbHR 1998, 46.

⁵⁸ Kritisch *Heckschen* DB 1990, 161, 164 f.; *Schervier* NJW 1992, 593, 595 f.; *Goette*, FS Boujong, 1996, S. 131, 142.

⁵⁹ Reithmann/Martiny/*Merkt* Rdnr. 880 aE.

⁶⁰ BGH Urt. v. 22. 5. 1989 – II ZR 211/88 = BGH NJW-RR 1989, 1259, 1261.

⁶¹ ZB Reithmann/Martiny/*Merkt* Rdnr. 880; *Janßen/Robertz* GmbHR 2003, 433, 438.

⁶² LG Stuttgart Urt. v. 25. 2. 1975 – 4 KfH T 22/74 = IPR Rspr. 1976, Nr. 5 a.

⁶³ LG Koblenz Urt. v. 11. 2. 1970 – 1 HAT 6/69 = IPR Rspr. 1970, Nr. 144.

⁶⁴ OLG Hamburg Urt. v. 13. 12. 1979 – 15 UF 68/79 G = IPR Rspr. 1979, Nr. 9.

⁶⁵ OLG Düsseldorf, ZIP 2011, 564; OLG Frankfurt Urt. v. 25. 1. 2005 – 11 U 8/04 = ZIP 2005, 2069; hierzu *Werner* GmbHR 2005, 767; OLG München Urt. v. 19. 11. 1997 – 7 U 2511/97 = GmbHR 1998, 46; LG Nürnberg-Fürth Beschl. v. 20. 8. 1991 – 4 HK T 489/91 = WM 1992, 950 f.

Die Substitutionsvoraussetzungen wurden von Instanzgerichten ferner für eine Beur- 20
kundung in Österreich bejaht,[66] für eine Beurkundung in den Niederlanden dagegen offengelassen.[67] Im Fall einer Beurkundung durch einen notary public in den USA wurde eine Substitution mangels hinreichender juristischer Kompetenz verneint.[68] Ob eine Beurkundung durch Notare des sog. lateinischen Notariats (insbes. Belgien, Frankreich, Italien, Niederlande, Spanien, Südamerika) in allen Staaten dieses Notariatstyps einer Gleichwertigkeitsprüfung standhalten würde, wie dies in der Literatur teilweise angenommen wird,[69] kann ohne jeweilige länderspezifische Analyse der Substitutionsvoraussetzungen nicht uneingeschränkt unterstellt werden.[70] Die Praxis ist jedenfalls besser beraten, wenn sie sich bei Auslandsbeurkundungen an die gesicherte Rechtsprechung hält.

ee) Beurkundung in fremder Sprache. Wird die Abtretung eines Geschäftsanteils 21
einer deutschen GmbH im Ausland beurkundet, kann die Beurkundung in der fremden Sprache erfolgen. Allerdings muss die von der ausländischen Urkundsperson vorzunehmende Anzeige der Abtretung gegenüber dem Handelsregister mit einer deutschen Übersetzung versehen sein.[71]

ff) Einfluss der schweizer GmbH-Recht-Reform auf die Möglichkeit der Sub- 22
stitution. Die seit dem 1. 1. 2008 geltende Schweizer GmbH- Reform[72] hat für die Übertragung von Stammanteilen an einer schweizerischen GmbH das bisherige Beurkundungserfordernis (Art. 791 Abs. 4 OR a. F.) aufgegeben. Nunmehr genügt die einfache Schriftform (Art. 785 OR).[73] Bislang wurde angenommen, dass die vom BGH aufgestellten Substitutionsvoraussetzungen jedenfalls bei einer Beurkundung im Kanton **Basel-Stadt** vorliegen.[74] Fraglich ist, ob sich hieran etwas durch die Schweizer GmbH- Reform ändert. Immerhin wird in der (deutschen) Literatur diskutiert, ob die Schweizer Notare wegen des Wegfalls der Beurkundungspflicht bei Stammanteilsübertragungen das Beurkunden „verlernen" könnten mit der Folge, dass die Gleichwertigkeit entfiele.[75] Diese Überlegung ist schon im Ansatz verfehlt. Das Institut der Beurkundung ist unabhängig vom schweizerischen GmbH-Recht im kantonalen Notariatsgesetz vom 18. 1. 2006 geregelt. Verfahrensmäßig und inhaltlich deckt es sich weitgehend mit den Standards des deutschen Beurkundungsverfahrens.[76] Zum anderen kann im Gefolge der Schweizer GmbH-Reform aber auch die fachliche Bildung der Baseler Urkundsperson nicht in Zweifel gezogen werden,[77] weil die Substitution im Sinne der Rechtssicherheit auf ein vertyptes fachliches Niveau und

---

[66] LG Kiel Beschl. v. 25. 4. 1997 – 3 T 143/97 = BB 1998, 120; Michalski/*Leible* Syst. Darst. 2 Rdnr. 79; *Lutter/Bayer* in Lutter/Hommelhoff § 15 Rdnr. 16 und § 2 Rdnr. 16.
[67] OLG Düsseldorf Beschl. v. 25. 1. 1989 – 3 Wx 21/89 = NJW 1989, 2200 (allerdings Ortsformanknüpfung bejaht); kritisch *Heckschen* GmbHR 1991, 25 f.
[68] OLG Stuttgart Urt. v. 17. 5. 2000 – 20 U 68/99 = GmbHR 2000, 721, 724 f.
[69] *Lutter/Bayer* in: Lutter/Hommelhoff § 15 Rdnr. 16 und § 2 Rdnr. 16; *Ulmer/Winter/Löbbe*, § 15 Rdnr. 89 ff.
[70] Ebenfalls kritisch Staudinger/*Großfeld,* Int. GesR, Rdnr. 474.
[71] Vgl. zur deutschen Übersetzung eines im Ausland in fremder Sprache beurkundeten Gesellschaftsvertrages LG Düsseldorf Beschl. v. 16. 3. 1999 – 36 T 3/99 = GmbHR 1999, 609 f.
[72] Zur Schweizer GmbH-Reform *Ammann* RIW 2007, 735 ff.; *Dreckhan* GmbHR 2006, 1190 ff.
[73] Hierzu *Abrell* NZG 2007, 60 ff.; *Böttcher/Blasche* NZG 2006, 766 ff.; *Müller/Chen* IPRax 2008, 45 ff.; *Schlösser* GmbHR 2007, 301 ff.
[74] OLG Frankfurt Urt. v. 25. 1. 2005 – 11 U 8/04 = ZIP 2005, 2069; OLG München Urt. v. 19. 11. 1997 – 7 U 2511/97 = GmbHR 1998, 46; vgl. auch FN 185.
[75] Vgl. *Schlößer* GmbHR 2007, 301, 302; *Saenger/Scheuch* BB 2008, 66, 67.
[76] Die Beurkundung ist in den §§ 30–37, 47–52 des Notariatsgesetzes des Kantons Basel-Stadt vom 18. 1. 2006 geregelt, das seit dem 1. 1. 2008 in Kraft ist. Auch in Deutschland ist die Beurkundung nicht im speziellen Zusammenhang des § 15 Abs. 3 GmbHG, sondern allgemein im BeurkG geregelt, was zeigt, dass sie unabhängig vom Beurkundungszwang im GmbH-Recht ist.
[77] Die Bestimmungen zum Fähigkeitsausweis in den §§ 3 ff. Notariatsgesetz des Kantons Basel-Stadt sorgen für ein fachlich gehaltvolles Niveau der Baseler Notare.

nicht auf den Notar im Einzelfall abstellt.[78] Genausowenig, wie man einen deutschen Notar, der bislang allein im Familien- und Erbrecht beurkundet hat, die fachliche Kompetenz für die Beurkundung von GmbH-Anteilsabtretungen absprechen kann, wird man dem Schweizer Notar vorhalten können, ihm fehle die fachliche Bildung für das Beurkunden von Anteilsabtretungen, nur weil nach Art. 785 OR das Beurkundungserfordernis bei Stammanteilsübertragungen entfallen ist. Die am 1. 1. 2008 in Kraft getretene **Schweizer GmbH-Reform**[79] hat somit entgegen einer Ansicht in der Literatur[80] nicht dazu geführt, dass die Substitutionsvoraussetzungen bei einer Beurkundung in der Schweiz nunmehr generell zu verneinen sind.[81] Vielmehr sind – wie bisher auch – die Substitutionsvoraussetzungen für jeden Kanton gesondert zu prüfen. Hiernach können jedenfalls im **Kanton Basel-Stadt** Geschäftsanteilsübertragungen nach wie vor formwirksam beurkundet werden.[82]

23 gg) **Einfluss des MoMiG auf die Möglichkeit der Substitution.** Fraglich ist allerdings, ob das MoMiG[83] einer Substitution Grenzen setzt. Dies könnte der Fall sein, wenn Geschäftsanteilsübertragungen im Hinblick auf das neuen Gutglaubenskonzept zwingend die Beurkundung durch einen deutschen Notar voraussetzen. Das MoMiG nimmt die Notare im Zusammenhang mit der Regelung zum gutgläubigen Geschäftsanteilserwerb (§ 16 Abs. 3 GmbHG) stärker in die Verantwortung als bisher. Die im MoMiG vorgesehene Regelung zum Gutglaubenserwerb in § 16 Abs. 3 GmbHG knüpft daran an, dass der nichtberechtigte Veräußerer in der im Handelsregister aufgenommenen Gesellschafterliste eingetragen ist. Die Gesellschafterliste muss – um ihrer Funktion als Rechtsscheinträger gerecht zu werden – eine gewisse Richtigkeitsgewähr besitzen.[84] Diese soll durch eine verstärkte Einbindung der Notare gewährleistet werden. So muss der Notar eine aktualisierte Gesellschafterliste beim Handelsregister einreichen zusammen mit einer Konformitätsbescheinigung, in der er bestätigt, dass die geänderten Eintragungen den Veränderungen entsprechen, an denen er mitgewirkt hat, und die übrigen Eintragungen mit dem Inhalt der zuletzt im Handelsregister aufgenommenen Liste übereinstimmen. Aufgrund der nunmehr großen Bedeutung, die der Notarbescheinigung für die Legitimation des Gutglaubenskonzeptes zukommt, stellt sich die Frage, ob § 15 Abs. 3 GmbHG auch zukünftig der Substitution offen steht, oder diese Norm aufgrund des MoMiG zu einer sog. „geschlossenen", d. h. **substitutionsfeindlichen** Norm mutiert ist.[85]

24 Die Tatsache, dass § 40 Abs. 2 GmbHG die Pflicht zur Einreichung der Gesellschafterliste und Notarbescheinigung nur für deutsche Notare vorsieht und damit die ausländischen Notare dieser Pflicht nicht unterliegen, könnte im Sinne des Gutglaubensschutzes dafür sprechen, dass die Beurkundung nur durch deutsche Notare durchgeführt werden soll. Die Einreichung der Gesellschafterliste durch den Geschäftsführer,[86] wie es § 40 Abs. 1

---

[78] OLG Hamm Beschl. v. 1. 2. 1974 – 15 Wx 6/74 = NJW 1974, 1057, 1059; differenzierend *Kröll* ZGR 2000, 111, 126 ff.

[79] U. a. wurde durch die Schweizer GmbH-Reform das für die Übertragung von Stammanteilen an einer schweizerischen GmbH geltende bisherige Beurkundungserfordernis (Art. 791 Abs. 4 OR a. F.) aufgegeben, nunmehr genügt die einfache Schriftform (Art. 785 OR), vgl. hierzu *Abrell* NZG 2007, 60 ff.; *Böttcher/Blasche* NZG 2006, 766 ff.; *Müller-Chen* IPRax 2008, 45 ff.; *Schlößer* GmbHR 2007, 301 ff.

[80] *Pilger* FAZ v. 17. 4. 2007.

[81] Ebenso OLG Düsseldorf, ZIP 2011, 564, 565; *Mankowski* NZG 2010, 201, 207; *Müller-Chen* IPRax 2008, 45; *Saenger/Scheuch* BB 2008, 66, 67; *Schlößer* GmbHR 2007, 301, 302; *Trendelenburg* GmbHR 2008, 644; *Weller* Der Konzern 2008, 253, 257 f.

[82] OLG Düsseldorf, ZIP 2011, 564, 565; *Engel* DStR 2008, 1593, 1597; *Müller-Chen* IPRax 2008, 45, 47; *Trendelenburg* GmbHR 2008, 644, 649; *Weller* Der Konzern 2008, 253, 257 f.

[83] „Gesetz zur Modernisierung des GmbH-Rechts und zur Bekämpfung von Missbräuchen", in Kraft getreten am 1. 11. 2008.

[84] *Bohrer* DStR 2007, 995, 998.

[85] In diese Richtung LG Frankfurt Urt. v. 7. 10. 2009 – 3-13 O 46/09 = ZIP 2010, 88 (obiter dictum); *Kindler* RIW 2011, 257 ff.

[86] Diese Geschäftsführerpflicht ist Teil des (deutschen) Gesellschaftsstatuts und gelangt somit unabhängig vom Vornahmeort der Anteilsübertragung zur Anwendung.

GmbHG vorsieht, birgt den Nachteil, dass der Geschäftsführer keine Konformitätsbescheinigung einreichen muss und damit keine Richtigkeitsgewähr gegeben wird. Allerdings zeigt ein systematischer Vergleich der beiden Absätze des § 40 GmbHG, dass die an die Notare adressierte Einreichungs- und Bescheinigungspflicht vom Gesetz ohnehin als Ausnahme konzipiert ist. Im Grundsatz besteht die Pflicht zur Einreichung der Gesellschafterliste für den Geschäftsführer. Das MoMiG verlangt im Fall von Veränderungen im Gesellschafterbestand mithin selbst keine uneingeschränkte Einbindung eines Notars.[87] Wenn schon § 40 GmbHG kein Monopol inländischer Notare für die Listeneinreichung statuiert, kann aus dieser Norm aber auch kein Monopol für die der Einreichung vorgelagerte Beurkundung in § 15 Abs. 3 GmbHG abgeleitet werden.[88] Es bleibt also auch nach dem MoMiG dabei: **§ 15 Abs. 3 GmbHG ist eine der Substitution offen stehende Norm.**[89]

Der Geschäftsführer darf eine neue Gesellschafterliste erst dann einreichen, wenn ihm ein „Nachweis" über die Geschäftsanteilsübertragung vorgelegt wird, § 40 Abs. 1 S. 2 GmbHG. Fraglich ist, ob die vom Schweizer Notar errichtete Urkunde über die Geschäftsanteilsübertragung einen tauglichen „Nachweis" bildet.[90] Hierzu wird vertreten, dass ein ausländischer Notar die Wirksamkeit der Anteilsabtretung mangels Kenntnis des deutschen Rechts nicht beurteilen könne.[91] Eine solche Argumentation verfängt jedoch nicht. Vergleicht man das in den §§ 8 ff. BeurkG vorgeschriebene Beurkundungsprocedere mit dem in §§ 30 ff. und 47 ff. des kantonalen Notariatsgesetz, so stellt man fest, dass der schweizerische Notar das gleiche Procedere zu erfüllen hat.[92] Allein die von § 17 BeurkG geforderte Belehrung über die rechtliche Tragweite des Geschäfts vermag der deutsche Notar aufgrund seiner typischerweise genaueren Kenntnisse des deutschen Gesellschaftsrechts besser zu erfüllen als der Schweizer Kollege, den aber eine solche Belehrungspflicht auch trifft. Jedoch können die Parteien auf eine Belehrung verzichten,[93] was sie nach der höchstrichterlichen Rechtsprechung beim Gang zu einem ausländischen Notar auch regelmäßig konkludent tun.[94]

Den ausländischen Notaren kommt des Weiteren zugute, dass der BGH[95] der notariellen Form des § 15 Abs. 3 GmbHG gerade keine Warn- oder Schutzfunktion zugunsten der Parteien zumisst. Seine Funktion erschöpft sich vielmehr (1.) in der Erschwerung des Anteilshandels und damit in einem Typenschutz der GmbH – nicht ihrer Gesellschafter (!) – sowie (2.) in einer Beweisfunktion.[96] An diesem limitierten Formzweck ändert auch das MoMiG nichts. Im Gegenteil: § 2 Abs. 1a GmbHG, der sogar in der Errichtungsphase die notarielle Beurkundung des Gesellschaftsvertrages bei Verwendung eines Musters entbehrlich macht, erhellt, dass der Gesetzgeber im GmbH-Recht auf die Schutzfunktion der Form keinen besonderen Wert legt. Zum Maßstab für eine Substitution kann die Beleh-

---

[87] Kritisch zu dieser „Lücke" *Heckschen* DStR 2007, 1442, 1450.
[88] Im Ergebnis ebenso OLG Düsseldorf, ZIP 2011, 564, 566; *Schockenhoff/Höder* ZIP 2006, 1841, 1846.
[89] OLG Düsseldorf, ZIP 2011, 564, 565 f.; *Mankowski* NZG 2010, 201, 202 ff.
[90] Vgl. hierzu *Vossius* DB 2007, 2299, 2304; *Götze/Bressler* NZG 2007, 894, 896. Die vorgenannten Autoren meinen sogar, der ausländische Notar sei befugt (wenn auch nicht verpflichtet), die neue Gesellschafterliste, welche auf die von ihm beurkundete Anteilsübertragung zurückgeht, beim deutschen Handelsregister einzureichen. Da § 40 Abs. 2 GmbHG auf den ausländischen Notar nicht anwendbar ist, lässt sich die vorgenannte Ansicht m.E. nur halten, wenn man in analoger Anwendung des § 267 Abs. 1 S. 1 BGB annimmt, der Schweizer Notar erfülle durch die Listeneinreichung die Pflicht des Geschäftsführers aus § 40 Abs. 1 GmbHG.
[91] Vgl. *Saenger/Scheuch* BB 2008, 65, 67 (die jedoch selbst die Auslandsbeurkundung befürworten).
[92] Vgl. auch *Müller-Chen* IPRax 2008, 45, 46 f.
[93] Ausweislich seines Wortlauts („soll") ist § 17 BeurkG jedenfalls bei einem Sachverhalt mit Auslandsbezug (hier: im Rahmen der Substitution) nicht zwingend; näher *Kröll* ZGR 2000, 111, 132 ff.
[94] BGH Beschl. v. 16. 2. 1981 – II ZB 8/80 = BGHZ 80, 76, 79.
[95] BGH Urt. v. 19. 4. 1999 – II ZR 365-97 = NJW 1999, 2594, 2595.
[96] *Reichert/Weller*, Der GmbH-Geschäftsanteil (2006), § 15 Rdnr. 16 ff.

rungspflicht nach § 17 BeurkG bei Anteilsübertragungen im Ausland somit nicht gemacht werden.

4. Anknüpfung der Form an das Ortsrecht

27 Nach wohl überwiegender Auffassung[97] kann bei der Abtretung deutscher GmbH-Anteile im Ausland auf die Ortsformanknüpfung in Art. 11 Abs. 1 2. Alt. EGBGB abgestellt werden mit der Konsequenz, dass anstatt der Einhaltung der notariellen Form des § 15 auch die Einhaltung der am Ort des Abschlusses des Abtretungsvertrags geltenden Formvorschriften genügt. Letztere können ggf. in ihrer Ausgestaltung und Schutzintensität hinter der notariellen Form zurückbleiben.[98]

28 **a) Voraussetzung der Ortsformanknüpfung.** Voraussetzung ist, dass die am Abschlussort geltende Rechtsordnung ein der deutschen GmbH-Anteilsabtretung vergleichbares Rechtsgeschäft kennt.[99] Existiert kein solches **vergleichbares Rechtsgeschäft** (Normenleere), kann das Ortsrecht auch keine Formregel bereithalten (Formenleere), auf welche die Parteien alternativ rekurrieren könnten.[100] Es herrscht dann allerdings keine Formfreiheit, da die Frage, ob das Rechtsgeschäft einer Form bedarf, der ausländischen Rechtsordnung fremd und daher gerade nicht beantwortet ist.[101] Eine Ortsformanknüpfung geht infolgedessen ins Leere[102] und die Parteien haben die Formvorgaben des Gesellschaftsstatuts (Art. 11 Abs. 1 1. Alt. EGBGB) einzuhalten.[103]

29 Ein Fall der Normenleere liegt vor, wenn das Ortsrecht keine der deutschen GmbH vergleichbare Rechtsform kennt,[104] zB für Kapitalgesellschaften lediglich die Rechtsform der AG vorhält, nicht jedoch die der GmbH.[105] Im Hinblick auf eine kanadische[106] und eine US-amerikanische Limited Liability Company (Ltd.)[107] wurde die Vergleichbarkeit mit einer deutschen GmbH von der Rechtsprechung verneint, so dass es bei einer Abtretung der Anteile einer deutschen GmbH in Kanada oder in den USA nicht ausreichen würde, die für die Anteilsübertragung einer Ltd. geltenden Form einzuhalten. Die am 1. 1. 2008 in Kraft getretene **Schweizer GmbH-Reform,** im Zuge derer das für die Übertragung von Stammanteilen an einer schweizerischen GmbH geltende Beurkundungserfordernis (Art. 791 Abs. 4 OR a. F.) zugunsten einer einfachen Schriftform (Art. 785 OR) aufgegeben wurde, hat an der **Vergleichbarkeit von schweizerischer GmbH und deutscher GmbH** nichts geändert.[108] Bei Übertragungen von Anteilen an deutschen GmbHs in der Schweiz ist das Vergleichbarkeitskriterium als Voraussetzung für eine Ortsformanknüpfung also nach wie vor gegeben.

---

[97] So etwa *Goette,* FS Boujong, 1996, S. 131, 138, 143 = DStR 1996, 709, 711; *Engel* DStR 2008, 1593, 1594; *Kröll* ZGR 2000, 111, 122 ff.; *Saenger/Scheuch* BB 2008, 65, 67 ff.; *Roth/Altmeppen,* § 15 Rdnr. 90; Ulmer/*Winter/Löbbe,* § 15 Rdnr. 89 ff.; Baumbach/*Hueck/Fastrich,* § 15 Rdnr. 21; Michalski/*Ebbing,* § 15 Rdnr. 97; *Behrens,* Die GmbH im internat. und europ. Recht, 2. Auflage 1997, IPR 58; Michalski/*Leible* Syst. Darst. 2 Rdnr. 72.

[98] Vgl. zur Diskussion § 6 II.

[99] *Engel* DStR 2008, 1593, 1594; *Roth/Altmeppen,* § 15 Rdnr. 90.

[100] BGH Urt. v. 4. 11. 2004 – III ZR 172/03 = DB 2004, 2631, 2632.

[101] RG Urt. v. 22. 3. 1939 – II 137/38 = RGZ 160, 225, 230.

[102] Staudinger/*Großfeld,* Int. GesR, Rdnr. 454; MünchKommBGB/*Spellenberg* Art. 11 EGBGB Rdnr. 102.

[103] Allgemein zur Ortform unter § 6 I.2.

[104] OLG Stuttgart Urt. v. 17. 5. 2000 – 20 U 68/99 = GmbHR 2000, 721, 725; Staudinger/*Großfeld,* Int. GesR, Rdnr. 454.

[105] Vgl. RG Urt. v. 22. 3. 1939 – II 137/38 = RGZ 160, 225, 229 f.: In der Schweiz vorgenommene Abtretung von Geschäftsanteilen an einer deutschen GmbH zu einem Zeitpunkt, wo in der Schweiz die Rechtsform der GmbH noch nicht eingeführt war.

[106] OLG München Urt. v. 5. 3. 1993 – 23 U 5958/92 = ZIP 1993, 508, 509.

[107] OLG Stuttgart Urt. v. 17. 5. 2000 – 20 U 68/99 = GmbHR 2000, 721, 725.

[108] *Engel* DStR 2008, 1593, 1596 f.; *Saenger/Scheuch* BB 2008, 65, 68; *Weller* Der Konzern 2008, 253, 256 f.; Vgl dazu § 10 III. 3. b) ff).

Von einer Normenleere ist ferner dann auszugehen, wenn das Ortsrecht den Vorgang **30** der Geschäftsanteilsübertragung durch zweiseitiges Rechtsgeschäft nicht kennt. Keine Normenleere liegt jedoch vor, wenn die Anteilsübertragung wie bei der Luxemburger GmbH lediglich von weiteren Übertragungsvoraussetzungen (Zustimmungsbeschluss der Gesellschafterversammlung) abhängig ist;[109] denn letztere betreffen keine Formfragen.[110]

b) Einwände gegen eine Ortsformanknüpfung im Gesellschaftsrecht. Bedeuten- **31** de Stimmen in Literatur[111] und Rechtsprechung[112] lehnen die Möglichkeit einer Ortsformanknüpfung im Gesellschaftsrecht als Alternative zur Anknüpfung der Form an das Wirkungsstatut/Gesellschaftsstatut nicht nur für Angelegenheiten ab, die die Verfassung der Gesellschaft berühren,[113] sondern generell und damit auch für Anteilsübertragungen. Dem kann aus den supra genannten Gründen nicht gefolgt werden.[114]

c) Konsequenzen der Ortsformanknüpfung. Ist die Ortsformanknüpfung zulässig, **32** können die Anteile einer deutschen GmbH beispielsweise in der **Schweiz** seit dem 1. 1. 2008 durch Beobachtung der Schriftform (Art. 785 OR n. F.) übertragen werden.[115] In **Italien** wäre die Geschäftsanteilsabtretung sogar formfrei möglich.[116] Hinsichtlich einer Übertragung in **Kalifornien** hat das OLG Stuttgart[117] gemeint, das kalifornische Ortsformrecht setze zusätzlich zum privatschriftlichen Vertrag noch die Übergabe von Anteilsscheinen voraus. Dies ist unzutreffend, da das Übergabeerfordernis keine Frage der von Art. 11 Abs. 1 2. Alt. EGBGB angesprochenen Ortsform, sondern des kalifornischen Gesellschaftsstatuts ist und somit nur bei der Übertragung von Anteilen kalifornischer Gesellschaften, nicht jedoch bei der Übertragung deutscher Geschäftsanteile in Kalifornien einzuhalten ist.[118] Für die Praxis ist gleichwohl auf das Risiko hinzuweisen, das mit der (auch hier bejahten) Ortsformanknüpfung verbunden ist. Solange sich der BGH nicht ausdrücklich positiv zu einer Ortsformanknüpfung bei Anteilsabtretungen geäußert hat, sondern ihr eher reserviert gegenüber steht, ist eine Rechtssicherheit bei Auslandsbeurkundungen nur in den anerkannten Fällen einer Substitution gegeben.[119]

IV. Verpflichtungsgeschäft: Anwendbares Recht[120]

Auf kollisionsrechtlicher Ebene ist bei der Übertragung von GmbH-Anteilen ebenso wie **33** im materiellen Recht die Ermittlung des auf das Verpflichtungsgeschäft anwendbaren Rechts von derjenigen bezüglich des Verfügungsgeschäftes zu unterscheiden. Während sich der Ab-

---

[109] AA Staudinger/*Großfeld*, Int. GesR, Rdnr. 454; *Großfeld/Berndt* RIW 1996, 625, 632.
[110] Dazu unter § 6 III.
[111] *Eidenmüller*, in Sonnenberger (Hrsg.), Vorschläge und Berichte zur Reform des europäischen und deutschen internationalen Gesellschaftsrechts, 2007, S. 491; MünchKommBGB/*Kindler*, Int. GesR, Rdnr. 535; Staudinger/*Großfeld*, Int. GesR, Rdnr. 492 ff.; *Großfeld/Berndt* RIW 1996, 628 ff.; *Schervier* NJW 1992, 593, 598; *Randenborgh* GmbHR 1996, 908, 909; *Lutter/Bayer* in: Lutter/Hommelhoff § 15 Rdnr. 16.
[112] OLG Hamm Beschl. v. 1. 2. 1974 – 15 Wx 6/74 = NJW 1974, 1057, 1058; OLG Karlsruhe Beschl. v. 10. 4. 1979 – 11 W 104/78 = RIW 1979, 567 (beide Entscheidungen haben allerdings nicht die Beurkundung von Anteilsübertragungen, sondern von Satzungsänderungsänderungen zum Gegenstand).
[113] Bei Angelegenheiten der Gesellschaftsverfassung verlangt die überwiegende Meinung zwingend die Beurkundung durch einen deutschen Notar und verneint dadurch sowohl die Möglichkeit einer Ortsformanknüpfung als auch die Möglichkeit einer Substitution, vgl. statt aller *Goette*, FS Boujong, 1996, S. 131, 134 ff., 139 ff. = DStR 1996, 709, 711 ff.
[114] Vgl. zum Streitstand § 6 II.
[115] *Weller* Der Konzern 2008, 253, 256 f.
[116] Michalski/*Ebbing*, § 15 Rdnr. 97.
[117] OLG Stuttgart Urt. v. 17. 5. 2000 – 20 U 68/99 = GmbHR 2000, 721, 725 m. Anm. *Emde*.
[118] AA *Bauer* NZG 2001, 46.
[119] Ebenso *Reithmann/*Martiny Rdnr. 611, Fn. 4 sowie Rdnr. 663.
[120] Seit dem 17. Dezember 2009 gilt die Rom I-Verordnung und mit ihr auch die neuen Regelungen zur Anknüpfung von vertraglichen Schuldverhältnissen; vgl. § 6 V.

tretungsvertrag nach dem Gesellschaftsstatut richtet, beurteilt sich das dem Abtretungsvertrag zugrundeliegende Verpflichtungsgeschäft – etwa bei einem share deal – nach dem Schuldvertragsstatut.[121] Denn das Gesellschaftsstatut wäre nur bei Strukturmaßnahmen der Gesellschaft zur Anwendung berufen; dagegen ist es auf schuldrechtliche Vereinbarungen zwischen Gesellschaftern – wie einer Abtretungsverpflichtung – nicht anzuwenden.[122] Das Schuldvertragsstatut wird durch die Kollisionsnormen der Art. 3 ff. Rom I-VO bestimmt.[123]

34 In erster Linie kommt der Grundsatz der Parteiautonomie zum Tragen, der für das Verpflichtungsgeschäft – ausdrücklich oder konkludent – eine freie Rechtswahl gestattet, Art. 3 Rom I-VO.[124] In Ermangelung einer solchen Rechtswahl wird das Schuldvertragsstatut objektiv angeknüpft. Dabei kommt es in erster Linie auf den Katalog der Vertragstypen in Art. 4 Abs. 1 Rom I-VO an. Subsidiär ist entscheidend, zu welcher Rechtsordnung das Verpflichtungsgeschäft die engste Verbindung aufweist.[125] Letztere ist dort zu vermuten, wo die Partei, die die vertragscharakteristische Leistung, d.h. die Gegenleistung der Geldleistung, zu erbringen hat, ihren gewöhnlichen Aufenthalt hat, Art. 4 Abs. 2 Rom I-VO.[126] Bei der Übertragung von Geschäftsanteilen wird dies regelmäßig der gewöhnliche Aufenthaltsort des Zedenten (zB des Verkäufers) sein.[127]

V. Form des Verpflichtungsgeschäfts: Anwendbares Recht[128]

1. Maßgeblichkeit des Wirkungsstatuts oder des Ortsrechts

35 Bezüglich der alternativen Anknüpfung der Form des Verpflichtungsgeschäfts besteht – im Gegensatz zur Anknüpfung der Form beim Abtretungsvertrag – größere Einigkeit. Zum einen ist das Verpflichtungsgeschäft formwirksam, wenn gem. Art. 11 Abs. 1 1. Alt Rom I-VO die einschlägigen Formvorschriften des Wirkungs- bzw. Geschäftsstatuts, die die gesamten Wirksamkeitsvoraussetzungen für das dem Abtretungsvertrag zugrunde liegende Kausalgeschäft vorgibt, eingehalten werden.[129] Wirkungsstatut ist auf obligatorischer Ebene nicht das Gesellschaftsstatut, sondern das nach Art. 3 ff. Rom I-VO zu bestimmende Schuldvertragsstatut.[130] Handelt es sich um ein ausländisches Schuldvertragsstatut, ist § 15 Abs. 4 folglich nicht zur Anwendung berufen.[131] Beurteilt sich das Verpflichtungsgeschäft dagegen nach deutschem Recht, findet die Formvorschrift des § 15 Abs. 4 Anwendung. Bei einer Beurkundung im Ausland gelten dann dieselben Substitutionsmaßstäbe wie beim Verfügungsgeschäft.[132]

36 Zum anderen lässt die ganz herrschende Meinung jedenfalls für das Verpflichtungsgeschäft neben der Form des Schuldvertragsstatuts auch die Ortsform (Art. 11 Abs. 1 2. Alt.

---

[121] BGH Urt. v. 4. 11. 2004 – III ZR 172/03 = DB 2004, 2631, 2632 (für eine Treuhandabrede über Geschäftsanteile); BGH Urt. v. 9. 10. 1986 – II ZR 241/85 = IPRax 1988, 27, 28 (für einen Aktienkaufvertrag); *Janßen/Robertz* GmbHR 2003, 433, 436; *Gätsch/Schulte* ZIP 1999, 1954, 1959; vgl. auch OLG Stuttgart Urt. v. 17. 5. 2000 – 20 U 68/99 = GmbHR 2000, 721, 724 (iE offen gelassen). Zur Reichweite des Vertragsstatuts Reithmann/Martiny/*Merkt* Rdnr. 864 ff.
[122] Vgl. BGH Urt. v. 21. 9. 1995 – VII ZR 248/98 = RIW 1995, 1027, 1028 aE; *Willemer*, Grenzüberschreitende Treuhandverhältnisse an GmbH-Anteilen, 2008, S. 184.
[123] Reithmann/Martiny Rdnr. 597 ff. sowie Reithmann/Martiny/*Merkt* Rdnr. 854 ff. (für den share deal).
[124] BGH Urt. v. 4. 11. 2004 – III ZR 172/03 = DB 2004, 2631, 2632 zu Art. 27 EGBGB a. F.
[125] Hierzu MünchKommBGB/*Martiny* Art. 4 VO (EG) 593/2008 Rdnr. 268 ff.
[126] BGH Urt. v. 4. 11. 2004 – III ZR 172/03 = DB 2004, 2631, 2633 zu Art. 28 EGBGB a. F.
[127] BGH Urt. v. 9. 10. 1986 – II ZR 241/85 = IPRax 1988, 27, 28; *Kreuzer* IPRax 1988, 16, 18; Reithmann/Martiny/*Merkt* Rdnr. 858.
[128] Vgl. § 6 V.
[129] BGH Urt. v. 4. 11. 2004 – III ZR 172/03 = DB 2004, 2631, 2633.
[130] *Janßen/Robertz* GmbHR 2003, 433, 438; Reithmann/Martiny/*Merkt* Rdnr. 874 ff.
[131] AA *Großfeld/Berndt* RIW 1996, 625, 630.
[132] Dazu oben unter § 10 III. 3. b).

Rom I-VO) genügen.¹³³ Der Praxis ist indes angesichts der gleichwohl noch verbleibenden Restunsicherheit zu empfehlen, die Formvorschriften des Schuldvertragsstatuts einzuhalten.¹³⁴

2. Zulässigkeit einer Teilrechtswahl bezüglich der Form?

Die Rechtswahlfreiheit beim Schuldvertragsstatut kann grundsätzlich auch auf einzelne Teilfragen beschränkt werden (vgl. Art. 3 Rom I-VO). Daraus wird vereinzelt gefolgert, dass auch die Form Gegenstand einer vom Schuldvertragsstatut abweichenden Teilrechtswahl sein kann.¹³⁵ In der Tat hat auch der BGH in einem obiter dictum eine auf die Form beschränkte Teilrechtswahl für möglich gehalten.¹³⁶ Da die Rechtsprechung jedoch hinsichtlich der Zulässigkeit einer derartigen auf die Form bezogenen Teilrechtswahl beim Kausalgeschäft der Anteilsübertragung noch nicht explizit entschieden hat, besteht für die Praxis hierzu bislang noch keine Rechtssicherheit. 37

§ 9 Übertragung von Anteilen einer ausländischen GmbH in Deutschland

Übersicht

	Rdnr.		Rdnr.
I. Dinglicher Übertragungsakt: Anwendbares Recht	2	II. Form des dinglichen Übertragungsaktes	4, 5
1. Gesellschaftsstatut der ausländischen Gesellschaft maßgeblich	2	III. Verpflichtungsgeschäft: Anwendbares Recht bis zum 17. Dezember 2009	6
2. Zusätzliche Übertragungserfordernisse: Anwendbares Recht	3	IV. Form des Verpflichtungsgeschäfts bis zum 17. Dezember 2009	7–10

Sollen Anteile einer ausländischen GmbH in Deutschland übertragen werden, sind dieselben Sachverhaltselemente zu unterscheiden, die bei der Abtretung von Anteilen einer deutschen GmbH im Ausland aufgeworfen sind. Ob es sich bei dem Veräußerungs- bzw. Erwerbsvorgang bezüglich der Geschäftsanteile an der ausländischen GmbH um das dingliche Verfügungs- bzw. Erfüllungsgeschäft **(dazu unter I. und II.)** oder das diesem zugrunde liegende obligatorische Verpflichtungs- bzw. Kausalgeschäft **(dazu unter III. und IV.)** handelt,¹ ist durch Qualifikation aus Perspektive der lex fori zu ermitteln. 1

I. Dinglicher Übertragungsakt: Anwendbares Recht

1. Gesellschaftsstatut der ausländischen Gesellschaft maßgeblich

Die Voraussetzungen der dinglichen Übertragung von Anteilen einer ausländischen GmbH in Deutschland (Erfüllungsgeschäft) richten sich nach ihrem Gesellschaftsstatut.² Das Gesellschaftsstatut ist im Regelfall des Übereinstimmens von Satzungs- und Verwal- 2

---

¹³³ *Goette* DStR 1996, 709, 711; *Schervier* NJW 1992, 593, 598; *Reuter* BB 1998, 116, 117ff.; *Reithmann*/*Martiny* Rdnr. 661; *Reithmann*/*Martiny*/*Merkt* Rdnr. 874; aA Staudinger/*Großfeld*, Int. GesR, Rdnr. 498; *Großfeld*/*Berndt* RIW 1996, 625, 630.
¹³⁴ Ebenso *Janßen*/*Robertz* GmbHR 2003, 433, 438; *Falkner* NZG 2008, 86, 87.
¹³⁵ *Janßen*/*Robertz* GmbHR 2003, 433, 439f.; *Wrede* GmbHR 1995, 365, 368; *Reithmann*/ *Martiny*/*Merkt* Rdnr. 875; *Willemer*, Grenzüberschreitende Treuhandverhältnisse an GmbH-Anteilen, 2008, S. 184, 197–200 für die schuldrechtliche Treuhandvereinbarung.
¹³⁶ BGH Urt. v. 4. 11. 2004 – III ZR 172/03 = DB 2004, 2631, 2633.
¹ Vgl. zu dieser strikten Unterscheidung auch *Wrede* GmbHR 1995, 365, 366.
² OLG Celle Urt. v. 20. 11. 1991 – 20 U 26/91 = NJW-RR 1992, 1126, 1128 (obiter dictum); *Merkt* ZIP 1994, 1417, 1419; *Reithmann*/*Martiny* Rdnr. 676; Michalski/*Leible* Syst. Darst. 2 Rdnr. 73; *Lutter*/*Bayer* in: Lutter/Hommelhoff § 15 Rdnr. 22; *Falkner* NZG 2008, 86.

tungssitz die ausländische Gesellschaftsrechtsordnung, auf Basis derer die ausländische GmbH errichtet wurde. Bei Briefkastengesellschaften ist das Gesellschaftsstatut wie folgt zu ermitteln: Das Gesellschaftsstatut von Gesellschaften aus Mitgliedsstaaten der EU, die aus Sicht ihres Gründungsstaates wirksam ihren effektiven Verwaltungssitz ins Ausland verlegen dürfen, ist bei einem Zuzug nach Deutschland auf Grund der dann einschlägigen Gründungstheorie die Gesellschaftsrechtsordnung am Ort des statutarischen Sitzes.[3] Ebenso wie solche EU-Scheinauslandsgesellschaften werden in den USA inkorporierte, aber in Deutschland tatsächlich domizilierende US-Briefkastengesellschaften auf Grund der diesbezüglich völkervertraglich geltenden Gründungstheorie nach dem Gesellschaftsrecht ihres heimatlichen US-Bundesstaates beurteilt, sofern sie eine gewisse Verbindung (sog. genuine link) zu den USA haben.[4] Für die Ermittlung des Gesellschaftsstatuts bei Scheinauslandsgesellschaften aus sonstigen Drittstaaten ist dagegen die Sitztheorie heranzuziehen;[5] sollen Geschäftsanteile solcher Gesellschaften übertragen werden, gilt hierfür die am effektiven Verwaltungssitz der Drittstaatengesellschaft einschlägige Gesellschaftsrechtsordnung.

2. Zusätzliche Übertragungserfordernisse: Anwendbares Recht

3 Sofern das ausländische Gesellschaftsstatut für die Übertragung der Mitgliedschaft zusätzlich zur Willensübereinstimmung die Übertragung der Mitgliedschaftsurkunde verlangt, ist die Wirksamkeit des Übertragungsvorgangs nach dem Recht am Belegenheits- bzw. Übergabeort der Urkunde (bei Wertpapieren: lex cartae sitae) zu beurteilen.[6] Ist nach dem ausländischen Gesellschaftsstatut die Eintragung in ein Register (zB Handelsregister) konstitutive Voraussetzung der Geschäftsanteilsübertragung einer ausländischen GmbH, richten sich deren Voraussetzungen nach dem Gesellschaftsstatut als dem Geschäftsstatut des Abtretungsvertrages. Dagegen können sowohl die Urkundenübereignung als auch die Eintragung nicht als Formfragen qualifiziert werden (str.), so dass diesbezüglich die Einhaltung der Ortsform, die wie in Deutschland uU ein solches Erfordernis nicht kennt, nicht ausreichen würde.[7]

II. Form des dinglichen Übertragungsaktes

4 Das Formstatut für den Übertragungsakt bei der Veräußerung oder dem Erwerb von Anteilen an einer ausländischen GmbH ist – ebenso wie bei der Übertragung deutscher GmbH-Anteile im Ausland – aus Perspektive des deutschen IPR nach Art. 11 Abs. 1 EGBGB zu bestimmen. Die Form kann sich bei Vornahme der Übertragung in Deutschland demnach zum einen nach dem Wirkungsstatut, dh. dem Gesellschaftsstatut der ausländischen GmbH, richten (Art. 11 Abs. 1 1. Alt. EGBGB).[8] Auf die Einhaltung der deutschen Ortsform (§ 15 Abs. 3) kommt es bei Beachtung der Formerfordernisse des Gesellschaftsstatuts dann nicht mehr an.[9] Die vom ausländischen Gesellschaftsstatut vorgegebenen Formvorschriften können ggf. auch durch eine deutsche Urkundsperson erfüllt werden, wenn diesbezüglich die Substitutionsvoraussetzungen vorliegen.[10]

5 Alternativ reicht es im Interesse der Formgültigkeit des Rechtsgeschäfts auch aus, die Formvorschriften des Ortsrechts einzuhalten (Art. 11 Abs. 1 2. Alt. EGBGB).[11] Bei einer

---

[3] BGH Urt. v. 13. 3. 2003 – VII ZR 370/98 = NJW 2003, 1461 – Überseering; *Weller*, Europäische Rechtsformwahlfreiheit und Gesellschafterhaftung, 2004, S. 82 ff. mwN.

[4] BGH Urt. v.05.07.2004 – II ZR 389/02 = BB 2004, 1868; *Weller* (FN. 3) S. 71.

[5] BGH Urt. v. 1. 7. 2002 – II ZR 380/00 = NJW 2002, 3539; *Weller* (FN. 3) S. 69 ff.

[6] MünchKommBGB/*Kindler*, Int. GesR, Rdnr. 587.

[7] Siehe zur Reichweite des Formstatuts oben unter § 6 III.

[8] *Wrede* GmbHR 1995, 365, 366; Michalski/*Leible* Syst. Darst. 2 Rdnr. 73; *Lutter/Bayer* in: Lutter/Hommelhoff, § 15 Rdnr. 22.

[9] *Wrede* GmbHR 1995, 365, 366.

[10] *Wrede* GmbHR 1995, 365, 366.

[11] *Wrede* GmbHR 1995, 365, 366 mwN; aA *Lutter/Bayer* in: Lutter/Hommelhoff § 15 Rdnr. 22, die eine Ortsformanknüpfung ablehnen und lediglich das ausländische Gesellschaftsstatut für maßgebend erachten.

Übertragung in Deutschland wäre mithin die notarielle Form gemäß § 15 Abs. 3 zu beachten,[12] sofern dessen Tatbestandsmerkmale in gleichwertiger Weise auch durch die Übertragung von Anteilen einer ausländischen Gesellschaft erfüllt werden. Dabei kommt es darauf an, ob die ausländische Gesellschaft nach Ausgestaltung ihrer Rechtsform der deutschen GmbH vergleichbar ist[13] (Substitution eines inländischen durch einen ausländischen GmbH-Geschäftsanteil im Rahmen des Abtretungsvorgangs). Ob die Einhaltung der deutschen Ortsform bei einem formstrengeren ausländischen Gesellschaftsstatut genügt, ist allerdings insbesondere im Hinblick auf die Abtretung österreichischer GmbH-Anteile nicht unumstritten.[14] Das in diesem Zusammenhang häufig gegen eine Ortsformanknüpfung ins Feld geführte Urteil des OLG München[15] betreffend die Übertragung von Geschäftsanteilen einer kanadischen Ltd. in Deutschland ist in seinen Aussagen zur Anwendbarkeit des § 15 Abs. 3 auf ausländische Gesellschaften bei Lichte besehen indes widersprüchlich: Einerseits prüft das OLG die Substitution der deutschen GmbH durch die Ltd., lehnt jedoch mangels Gleichwertigkeit die Anwendung des § 15 Abs. 3 ab. Andererseits meint das OLG, „ein Regelanspruch für eine ausländische GmbH [sei] in § 15 GmbHG nicht enthalten"; § 15 sei vielmehr allein bei der Übertragung von Anteilen einer deutschen GmbH anzuwenden. Letztere Begründung konterkariert freilich die vorangegangene Gleichwertigkeitsprüfung: denn diese impliziert, dass bei einer bejahten Gleichwertigkeit § 15 auch auf ausländische Gesellschaften anwendbar ist. Darüber hinaus verkennt das OLG München, dass sich aus der Auslegung einer Sachnorm (§ 15) nicht ihr internationaler Anwendungsbereich ermitteln lässt; dieser wird allein durch Rechtsanwendungsbefehle des IPR bestimmt.[16] Trotz der Angreifbarkeit dieser OLG-Entscheidung wird der Praxis häufig empfohlen, es auf die Maßgeblichkeit der Ortsform nicht ankommen zu lassen, sondern die vom Gesellschaftsstatut vorgegebenen Formerfordernisse einzuhalten.[17]

III. Verpflichtungsgeschäft: Anwendbares Recht[18]

Das auf das Verpflichtungsgeschäft anwendbare Recht ist nicht das Gesellschaftsstatut, sondern – etwa beim Anteilskaufvertrag – das Schuldvertragsstatut; letzteres ist gemäß Art. 3 ff. Rom I-VO zu ermitteln und kann daher von den Vertragsparteien auch durch Rechtswahl bestimmt werden.[19]

IV. Form des Verpflichtungsgeschäfts

Die Form des Kausalgeschäfts, das zur Übertragung oder zum Erwerb von Anteilen an einer ausländischen GmbH verpflichtet, kann sich zum einen nach dem auf das obligatorische Rechtsgeschäft anwendbaren Recht, dem sog. Geschäfts- bzw. Wirkungsstatut, richten, Art. 11 Abs. 1 1. Alt. Rom I-VO. Dies ist in diesem Zusammenhang das Schuldvertragsstatut.[20] Sofern deutsches Recht als Schuldvertragsstatut zur Anwendung kommt, ist – vorbehaltlich einer abweichenden Ortsformanknüpfung – die damit einhergehende

---

[12] AA *Reithmann/Martiny* Rdnr. 675, der meint, § 15 gelte unabhängig vom IPR lediglich für deutsche Gesellschaften.
[13] *Merkt* ZIP 1994, 1417, 1420 f.; *Michalski/Leible* Syst. Darst. 2 Rdnr. 73.
[14] *Wagner* DNotZ 1985, 80 ff.
[15] OLG München Urt. v. 5. 3. 1993 – 23 U 5958/92 = ZIP 1993, 508.
[16] *Merkt* ZIP 1994, 1417, 1418 ff.; *Michalski/Leible* Syst. Darst. 2 Rdnr. 73.
[17] *Wrede* GmbHR 1995, 365, 366.
[18] Seit dem 17. Dezember 2009 gilt die Rom I-Verordnung und mit ihr auch die neuen Regelungen zur Anknüpfung von vertraglichen Schuldverhältnissen; vgl. § 6 V.
[19] OLG Celle Urt. v. 20. 11. 1991 – 20 U 26/91 = NJW-RR 1992, 1126, 1127; *Merkt* ZIP 1994, 1417, 1419; *Lutter/Bayer* in: Lutter/Hommelhoff § 15 Rdnr. 35.
[20] *Merkt* ZIP 1994, 1417, 1419; *Wrede* GmbHR 1995, 365, 366.

Formvorschrift des § 15 Abs. 4 einzuhalten,[21] sofern dessen Tatbestandsmerkmale in gleichwertiger Weise auch durch die Verpflichtung zur Übertragung von Anteilen einer ausländischen Gesellschaft erfüllt werden. Dabei kommt es darauf an, ob die ausländische Gesellschaft nach Ausgestaltung ihrer Rechtsform der deutschen GmbH vergleichbar ist.[22] Denn wenn die Formvorschrift des § 311b Abs. 1 BGB auf eine nach deutschem Recht erfolgende Verpflichtung zur Veräußerung eines ausländischen Grundstücks zur Anwendung gelangt,[23] ist nicht ersichtlich, weshalb die Formvorschrift des § 15 Abs. 4 bei Anwendbarkeit deutschen Rechts nicht zum Zuge kommen sollte.[24] Unterfällt ein **Kaufvertrag über Anteile an einer englischen Limited** deutschem Recht, findet nach Art. 11 Abs. 1 1. Alt. Rom I-VO folglich die Formvorschrift des § 15 Abs. 4 Anwendung.[25]

8 Alternativ kann bezüglich des Verpflichtungsgeschäftes auch die Ortsform (bei einem Vertragsschluss in Deutschland: § 15 Abs. 4) eingehalten werden, Art. 11 Abs. 1 2. Alt. Rom I-VO.[26] Gilt ausländisches Recht als Schuldvertragsstatut, wurde die Anteilsübertragungsverpflichtung jedoch in Deutschland vereinbart, genügt daher im Interesse der Formwirksamkeit entweder die Einhaltung der Formvorschriften des ausländischen Schuldvertragsstatuts (dann keine Einhaltung des § 15 Abs. 4 erforderlich)[27] oder aber die des Ortsrechts (dh. Beachtung des § 15 Abs. 4).[28] Sofern deutsches Recht Schuldvertragstatut ist und die Verpflichtung zur Übertragung der Anteile in Deutschland vereinbart wurde, deckt sich der Rechtsanwendungsbefehl: § 15 Abs. 4 wird dann von beiden Alternativen des Art. 11 Abs. 1 Rom I-VO zur Anwendung berufen.[29]

9 Über die alternative Anknüpfung der Form an das Wirkungsstatut oder das Ortsrecht hinausgehend schlägt *Merkt* im Interesse der Formwirksamkeit eine „dreifache Alternativanknüpfung [vor], bei der Wirkungsstatut iS von Art. 11 Abs. 1 EGBGB (jetzt: Rom I-VO) alternativ das Personalstatut der Gesellschaft oder das Schuldstatut ist".[30]

10 Die Rechtsprechung hat sich zwar in einem obiter dictum positiv zu dieser Ansicht geäußert,[31] zu ihr allerdings noch nicht belastbar Stellung genommen.[32] Aus Sicht der Praxis ist daher Vorsicht angezeigt, zumal diese Auffassung die kollisionsrechtliche Trennung von Verpflichtungs- und Verfügungsebene verwischt.[33]

---

[21] OLG Celle Urt. v. 20. 11. 1991 – 20 U 26/91 = NJW-RR 1992, 1126, 1127; *Fetsch* GmbHR 2008, 133, 134f.; Michalski/*Leible*, Syst. Darst. 2 Rdnr. 73; aA offenbar OLG München Urt. v. 5. 3. 1993 – 23 U 5958/92 = ZIP 1993, 508.
[22] Reithmann/Martiny/*Merkt* Rdnr. 876; *Lutter/Bayer* in: Lutter/Hommelhoff § 15 Rdnr. 35.
[23] Vgl. BGH Urt. v. 9. 3. 1979 – V ZR 85/77 = BGHZ 73, 391, 394.
[24] OLG Celle Urt. v. 20. 11. 1991 – 20 U 26/91 = NJW-RR 1992, 1126, 1127; kritisch indes *Wrede* GmbHR 1995, 365, 367.
[25] *Fetsch* GmbHR 2008, 133, 134f.
[26] Reithmann/Martiny/*Merkt* Rdnr. 876; *Lutter/Bayer* in: Lutter/Hommelhoff § 15 Rdnr. 35.
[27] *Wrede* GmbHR 1995, 365, 368.
[28] *Lutter/Bayer* in: Lutter/Hommelhoff § 15 Rdnr. 35.
[29] *Merkt* ZIP 1994, 1417, 1424; Michalski/*Leible* Syst. Darst. 2 Rdnr. 73.
[30] *Merkt* ZIP 1994, 1417, 1424f, zu Art. 11 EGBGB.
[31] BGH Urt. v. 4. 11. 2004 – III ZR 172/03 = DB 2004, 2631, 2633.
[32] Da Art. 11 Abs. 1 EGBGB auf Art. 9 EVÜ zurückgeht, ist das Gebot der einheitlichen Auslegung zu beachten (vgl. Art. 36 EGBGB a. F.), über das letztlich der EuGH zu entscheiden hätte, vgl. *Fetsch* GmbHR 2008, 133, 135. Für die Auslegung der Rom I-VO versteht sich eine einheitliche Auslegung trotz fehlender Auslegungsdirektive wegen der Umwandlung in echtes Unionsrecht von selbst, Rauscher/*von Hein*, EuZPR/EuIPR (2011) Art. 3 Rom I-VO Rdnr. 9.
[33] Kritisch auch *Fetsch* GmbHR 2008, 133, 135; Michalski/*Leible* Syst. Darst. 2 Rdnr. 73.

4. Kapitel. Die Gesellschaft im internationalen Rechtsverkehr

§ 10 Einführung

Übersicht

	Rdnr.		Rdnr.
I. Mobilität von Gesellschaften	1, 2	IV. Zuzug ausländischer Gesellschaften nach Deutschland	15–18
II. Kollisionsrechtliche Grundlagen	3, 4	V. Die Anerkennung ausländischer Gesellschaften	19–21
III. Wegzug einer nach deutschem Recht gegründeten Gesellschaft	5–14	1. Registerpflicht der Zweigniederlassung	20
1. Verlegung des Satzungssitzes	6–9	2. Fremdenrecht	21
2. Verlegung des Verwaltungssitzes	10–14		

Schrifttum: *Altmeppen/Wilhelm*, Gegen die Hysterie um die Niederlassungsfreiheit der Scheinauslandsgesellschaft, DB 2004, 1083; *Altmeppen*, Parteifähigkeit, Sitztheorie und „Centros", DStR 2000, 1061; *ders.*, Schutz vor „europäischen" Kapitalgesellschaften, NJW 2004, 97; *Armbrüster*, Inkassotätigkeit vom Ausland aus gegenüber in Deutschland ansässigen Schuldnern – zulässig?, RIW 2000, 583; *Audit*, Droit international privé, 4. Auflage, Paris 2006; *Bayer/Schmidt*, Aktuelle Entwicklungen im Europäischen Gesellschaftsrecht, BB 2008, 454; *Bayer*, Zulässige und unzulässige Einschränkungen der europäischen Grundfreiheiten im Gesellschaftsrecht, BB 2002, 2289; *ders.*, Die EuGH-Entscheidung „Inspire-Art" und die deutsche GmbH im Wettbewerb der europäischen Rechtsordnungen, BB 2003, 2357; *Behme*, Der Weg deutscher Aktiengesellschaften ins Ausland – Goldene Brücke statt Stolperpfad, BB 2008, 70; *Behme/Nohlen*, Zur Wegzugsfreiheit von Gesellschaften – Der Schlussantrag von Generalanwalt Maduro in der Rechtssache Cartesio, NZG 2008, 496; *Behrens*, Die GmbH im internationalen Recht (Einleitung B), in: Ulmer/Habersack/Winter (Hrsg.), GmbHG, Band 1, 2005; *ders.*, Reaktionen mitgliedstaatlicher Gerichte auf das Centros-Urteil des EuGH, IPRax 2000, 384; *ders.*, Das internationale Gesellschaftsrecht nach dem Überseering-Urteil des EuGH und den Schlussanträgen zu Inspire Art, IPRax 2003, 191; *ders.*, Gemeinschaftsrechtliche Grenzen der Anwendung inländischen Gesellschaftsrechts auf Auslandsgesellschaften nach Inspire Art, IPRax 2004, 20; *Berner/Klöhn*, Insolvenzantragspflicht, Qualifikation und Niederlassungsfreiheit, ZIP 2007, 106; *Binge/Thölke*, „Everything goes!"? – Das deutsche Internationale Gesellschaftsrecht nach Inspire Art, DNotZ 2004, 21; *Binz/Mayer*, Die ausländische Kapitalgesellschaft & Co. KG im Aufwind? – Konsequenzen aus dem „Überseering"-Urteil des EuGH vom 5. 11. 2002, GmbHR 2003, 249; *Bollacher*, Keine Verletzung der Niederlassungsfreiheit durch nationale Beschränkungen des Wegzugs von Gesellschaften, RIW 2009, 150; *Bollacher*, Referentenentwurf zur Regelung des Internationalen Gesellschaftsrechts, RIW 2008, 200; *Borges*, Die Sitztheorie in der Centros-Ära: Vermeintliche Probleme und unvermeidliche Änderungen, RIW 2000, 167; *Brand*, Das Kollisionsrecht und die Niederlassungsfreiheit von Gesellschaften, JR 2004, 89; *Brakalova/Barth*, Nationale Beschränkungen des Wegzugs von Gesellschaften innerhalb der EU bleiben zulässig, DB 2009, 213; *Bungert*, Sitzanknüpfung für Rechtsfähigkeit von Gesellschaften gilt auch nicht mehr im Verhältnis zu den USA, DB 2003, 1043; *Caspar/Nohlen*, Zur Wegzugsfreiheit von Gesellschaften – Der Schlussantrag von Generalanwalt Maduro in der Rechtssache Cartesio (C-210/06), NZG 2008, 496; *Clausnitzer*, Die Novelle des Internationalen Gesellschaftsrechts, NZG 2008, 321; *Däubler/Heuscheid*, Cartesio und MoMiG – Sitzverlagerung ins Ausland und Unternehmensmitbestimmung, NZG 2009, 493; *Dejmek*, Das künftige Europa und die Europäische Privatgesellschaft, NZG 2001, 878; *Ebke*, Das Schicksal der Sitztheorie nach dem Centros-Urteil des EuGH, JZ 1999, 656; *ders.*, Überseering: „Die wahre Liberalität ist Anerkennung", JZ 2003, 927; *Eidenmüller*, Wettbewerb der Gesellschaftsrechte in Europa, ZIP 2002, 2233; *ders.*, Mobilität und Restrukturierung von Unternehmen im Binnenmarkt, JZ 2004, 24; *ders.*, Europäisches und deutsches Gesellschaftsrecht im europäischen Wettbewerb der Gesellschaftsrechte, FS Heldrich, 2005, S. 581; *ders.*, Ausländische Kapitalgesellschaften im deutschen Recht, München 2004;

Fingerhuth/Rumpf, MoMiG und die grenzüberschreitende Sitzverlegung – Die Sitztheorie ein (lebendes) Fossil?, IPRax 2008, 90; *Fleischer/Schmolke*, Die Rechtsprechung zum deutschen internationalen Gesellschaftsrecht seit 1991, JZ 2008, 233; *Franz/Laeger*, Die Mobilität deutscher Kapitalgesellschaften nach Umsetzung des MoMiG unter Einbeziehung des Referentenentwurfs zum internationalen Gesellschaftsrecht, BB 2008, 678; *Frenzel*, Immer noch keine Wegzugsfreiheit für Gesellschaften im Europäischen Binnenmarkt – die Cartesio-Entscheidung des EuGH, EWS 2009, 158; *Frobenius*, „Cartesio": Partielle Wegzugsfreiheit von Gesellschaften, DStR 2009, 487; *Furtak*, Die Parteifähigkeit in Zivilverfahren mit Auslandsberührung, 1995; *Geyrhalter/Gänßler*, Perspektiven nach „Überseering" – Wie geht es weiter?, NZG 2003, 409; *dies.*, „Inspire Art" – Briefkastengesellschaften „on the Move", DStR 2003, 2167; *Gottschalk*, Beschränkungen für schweizerische Aktiengesellschaften mit Sitz in Deutschland gelten fort, ZIP 2009, 948; *Grohmann/Gruschinske*, Beschränkungen des Wegzugs von Gesellschaften innerhalb der EU – die Rechtssache Cartesio, EuZW 2008, 463; *Großerichter*, Ausländische Kapitalgesellschaften im deutschen Rechtsraum: Das deutsche Internationale Gesellschaftsrecht und seine Perspektiven nach der Entscheidung „Überseering", DStR 2003, 159; *Großfeld*, Internationales Gesellschaftsrecht, in: Staudinger, Kommentar zum BGB, Neubearbeitung 1998; *Habersack/Verse*, Europäisches Gesellschaftsrecht, 4. Aufl. 2011; *v. Halen*, Das Gesellschaftsstatut nach der Centros-Entscheidung des EuGH, 2001; *Hellgardt/Illmer*, Wiederaufstehung der Sitztheorie?, NZG 2009, 94; *Henssler/Mansel*, Die Limited Liability Partnership als Organisationsform anwaltlicher Berufsausübung, NJW 2007, 1393; *Henssler*, Die grenzüberschreitende Tätigkeit von Rechtsanwaltsgesellschaften in der Rechtsform der Kapitalgesellschaft innerhalb der EU, NJW 2009, 950; *Hirsch/Britain*, Artfully Inspired – Werden deutsche Gesellschaften englisch?, NZG 2003, 1100; *Hirte*, Die „Große GmbH-Reform" – Ein Überblick über das Gesetz zur Modernisierung des GmbH-Rechts und zur Bekämpfung von Missbräuchen (MoMiG), NZG 2008, 761; *Hirte/Bücker*, Grenzüberschreitende Gesellschaften, 2. Aufl. 2006; *v. Hoffmann/Thorn*, IPR, 9. Aufl. 2007; *Just*, Die englische Limited in der Praxis, 3. A. 2008; *Hoffmann*, Die stille Bestattung der Sitztheorie durch den Gesetzgeber, ZIP 2007, 1581; *Hommelhoff/Teichmann*, Auf dem Weg zur Europäischen Privatgesellschaft (SPE), DStR 2008, 925; *Horn*, Deutsches und europäisches Gesellschaftsrecht und die EuGH-Rechtsprechung zur Niederlassungsfreiheit – Inspire Art, NJW 2004, 893; *Hüffer*, AktG, 8. Auflage, München 2008; *Kaulen*, Die Anerkennung von Gesellschaften unter Artikel XXV Abs. 5 S. 2 des deutschUS-amerikanischen Freundschafts-, Handels- und Schifffahrtsvertrags von 1954, Frankfurt a. M. [u. a.] 2008; *dies.*, Zur Bestimmung des Anknüpfungsmoments unter der Gründungstheorie, IPRax 2008, 389; *Kieninger*, Internationales Gesellschaftsrecht nach „Centros", „Überseering" und „Inspire Art" – Antworten, Zweifel und offene Fragen, ZEuP 2004, 685; *ders.*, Wettbewerb der Privatrechtsordnungen im europäischen Binnenmarkt, 2002; *Kienle*, Internationales Privatrecht, 2008; *ders.*, Schnittstellen des Internationalen Gesellschafts- und Insolvenzrechts, in: Süß/Wachter (Hrsg.) Handbuch des internationalen GmbH-Rechts, 2006, S. 127; *Kindler*, Niederlassungsfreiheit für Scheinauslandsgesellschaften?, NJW 1999, 1993; *ders.*, Auf dem Weg zur europäischen Briefkastengesellschaft?, NJW 2003, 1073; *ders.*, „Inspire-Art" – Aus Luxemburg Neues zum Internationalen Gesellschaftsrecht, NZG 2003, 1086; *ders.*, Sitzverlegung und internationales Insolvenzrecht, IPRax 2006, 114; *ders.*, GmbH-Reform und internationales Gesellschaftsrecht, AG 2007, 721; *ders.*, Internationales Gesellschaftsrecht 2009: MoMiG, Trabrennbahn, Cartesio und die Folgen, IPRax 2009, Heft 3; *ders.*, Ende der Diskussion der Wegzugsfreiheit, NZG 2009, 130; *Knapp*, Überseering: Zwingende Anerkennung von ausländischen Gesellschaften?, DNotZ 2003, 85; *Knof/Mack*, Anmerkungen zum Urteil Cartesio, ZIP 2009, 30; *Krause*, Unternehmensmobilität in Europa – Anmerkungen zur grenzüberschreitenden Verschmelzung und Sitzverlegung. in: Teichmann/Müller-Graff (Hrsg.), (im Erscheinen); *Kropholler*, Europäisches Zivilprozeßrecht, 8. Auflage, Frankfurt a. M. 2005; *Kußmaul/Richter/Ruiner*, Grenzenlose Mobilität?! – Zum Zuzug und Wegzug von Gesellschaften in Europa, EWS 2009, 1; *Laeger*, Deutsch-amerikanisches Internationales Gesellschaftsrecht, Frankfurt a. M. 2008; *Leible/Hoffmann*, „Überseering" und das deutsche Gesellschaftskollisionsrecht, ZIP 2003, 925; *Leible/Hoffmann*, Cartesio – fortgeltende Sitztheorie, grenzüberschreitender Formwechsel und Verbot materiellrechtlicher Wegzugsbeschränkungen, BB 2009, 58; *dies.*, Vom „Nullum" zur Personengesellschaft – Die Metamorphose der Scheinauslandsgesellschaft im deutschen Recht, DB 2002, 2203; *Leuering*; Von Scheinauslandsgesellschaften hin zu „Gesellschaften mit Migrationshintergrund", ZRP 2008, 73; *Lutter*, Europäische Auslandsgesellschaften in Deutschland, Köln 2005; *ders.*, „Überseering" und die Folgen, BB 2003, 7; *Mankowski*, Der internationale Anwendungsbereich des Rechtsberatungsgesetzes, AnwBl 2001, 73; *Merkt*, Die Pluralisierung des europäischen Gesellschaftsrechts, RIW 2004, 1; *Mörsdorf*, Beschränkung der Mobilität von EU-Gesellschaften im Binnenmarkt – eine Zwischenbilanz, EuZW 2009, 97; *Mülsch/Nohlen*, Die ausländische Kapitalgesellschaft und Co. KG mit Verwaltungssitz im

EG-Ausland, ZIP 2008, 1358; *Paefgen,* "Deutsche" Corporations im System des Gesellschaftskollisionsrechts, DZWiR 2003, 441; *Paefgen,* "Cartesio": Niederlassungsfreiheit minderer Güte – Zum Urteil des EuGH vom 16. 12. 2008 ("Cartesio"), WM 2009, 529; *Peters,* Verlegung des tatsächlichen Verwaltungssitzes der GmbH ins Ausland – Aufgabe der Sitztheorie durch das MoMiG?, GmbHR 2008, 245; *Pießkalla,* Anmerkung zum Urteil Cartesio, EuZW 2009, 81; *Preuß,* Die Wahl des Satzungssitzes im geltenden Gesellschaftsrecht und nach dem MoMiG-Entwurf, GmbHR 2007, 57; *Ratka/Rauter,* Cartesio und das ius vitae necisque des Wegzugsstaates, wbl 2009, 62; *Roth,* Eine europäische Initiative zur Kodifizierung der Gründungstheorie, RdW 2007, 206; *Römermann* (Hrsg.), Private Limited Company in Deutschland; *W.-H. Roth,* Internationales Gesellschaftsrecht nach Überseering, IPRax 2003, 117; *Rotheimer,* Referentenentwurf zum Internationalen Gesellschaftsrecht, NZG 2008, 181; *Sandrock,* Niederlassungsfreiheit und Internationales Gesellschaftsrecht, EWS 2005, 529; *Sandrock/Wetzler* (Hrsg.), Deutsches Gesellschaftsrecht im Wettbewerb der Rechtsordnungen, 2004; *Schanze/Jüttner,* Anerkennung und Kontrolle ausländischer Gesellschaften – Rechtslage und Perspektiven nach der Überseering-Entscheidung des EuGH, AG 2003, 30; *dies.,* Die Entscheidung für Pluralität: Kollisionsrecht und Gesellschaftsrecht nach der EuGH-Entscheidung "Inspire Art", AG 2003, 661; *K. Schmidt,* Verlust der Mitte durch "Inspire Art"? – Verwerfungen im Unternehmensrecht durch Schreckreaktionen in der Literatur, ZHR 2004, 493; *Schön,* Die Niederlassungsfreiheit von Kapitalgesellschaften im System der Grundfreiheiten, FS Lutter, 2000, S. 685; *M. Schulz,* (Schein-)-Auslandsgesellschaften in Europa – ein Scheinproblem?, NJW 2003, 2705; *Sethe/Winzer,* Der Umzug von Gesellschaften in Europa nach dem Cartesio-Urteil, WM 2009, 536; *Sonnenberger* (Hrsg.), Vorschläge und Berichte zur Reform des europäischen und deutschen internationalen Gesellschaftsrecht, Tübingen 2007; *Sonnenberger* (Hrsg.), Vorschläge und Berichte zur Reform des europäischen und deutschen internationalen Gesellschaftsrechts – vorgelegt im Auftrag der zweiten Kommission des Deutschen Rates für Internationales Privatrecht, Spezialkommission Internationales Gesellschaftsrecht, 2007; *Sonnenberger/Bauer,* Vorschlag des Deutschen Rates für Internationales Privatrecht für eine Regelung des Internationalen Gesellschaftsrechts auf europäischer/nationaler Ebene, RIW Beilage 2006 Nr. 1, 1–24; *Tersteegen,* Kollisionsrechtliche Behandlung ausländischer Kapitalgesellschaften im Inland, 2002; *Teichmann,* Binnenmarktkonformes Gesellschaftsrecht, 2006; *ders.,* Cartesio: Die Freiheit zum formwechselnden Wegzug, ZIP 2009, 393; *Thölke,* Anerkennung der Rechtspersönlichkeit einer US-amerikanischen Gesellschaft, DNotZ 2005, 141; *Triebel/von Hase,* Wegzug und grenzüberschreitende Umwandlungen deutscher Gesellschaften nach "Überseering" und "Inspire Art", BB 2003, 2409; *Von der Groeben/Schwarze* (Hrsg.), Vertrag über die Europäische Union und Vertrag zur Gründung der Europäischen Gemeinschaft, 6. Auflage, Baden-Baden 2003; *Wachter,* Die GmbH nach MoMiG im internationalen Rechtsverkehr, GmbHR-Sonderheft Oktober 2008, 80; *Wagner/Timm,* Der Referentenentwurf eines Gesetzes zum Internationalen Privatrecht der Gesellschaften, Vereine und juristischen Personen, IPRax 2008, 81; *Weller,* Europäische Rechtsformwahlfreiheit und Gesellschafterhaftung, 2004; *ders.,* Internationales Gesellschaftsrecht, in: Münchener Kommentar zum GmbHG, 1. A. 2009; *ders.,* Das Internationale Gesellschaftsrecht in der neuesten BGH-Rechtsprechung, IPRax 2003, 324; *ders.,* Scheinauslandsgesellschaften nach Centros, Überseering und Inspire Art – ein neues Anwendungsfeld für die Existenzvernichtungshaftung, IPRax 2003, 207; *ders.,* "Inspire Art": Weitgehende Freiheiten beim Einsatz ausländischer Briefkastengesellschaften, DStR 2003, 1800; *ders.,* Zum identitätswahrenden Wegzug deutscher Gesellschaften, DStR 2004, 1218; *ders.,* Niederlassungsfreiheit via völkerrechtlicher EG-Assoziierungsabkommen, ZGR 2006, 748; *ders.,* Deutsches Gesellschaftsrecht unter europäischem Einfluss, AnwBl. 2007, 320; *Weller/Kienle,* Die Anwalts-LLP in Deutschland, Anerkennung – Postulationsfähigkeit – Haftung, DStR 2005, 1060 (Teil I), 1102 (Teil II); *Weng,* die Rechtssache Cartesio – Das Ende Daily Mails?, EWS 2008, 264; *Werlauff,* Relocating a Company within the EU, European Company Law, 2008, 136; *Ziemons,* Freie Bahn für den Umzug von Gesellschaften nach Inspire Art?, ZIP 2003, 1913; *Zimmer,* Internationales Gesellschaftsrecht, 1996; *ders.,* Nach "Inspire Art": Grenzenlose Gestaltungsfreiheit für deutsche Unternehmen?, NJW 2003, 3585; *ders.,* Wie es euch gefällt? – Offene Fragen nach dem Überseering-Urteil des EuGH, BB 2003, 1; *Zimmer/Naendrup,* Das Cartesio-Urteil des EuGH: Rück- oder Fortschritt für das internationale Gesellschaftsrecht?, NJW 2009, 545; *Zimmer/Naendrup,* For Whom the Bell Tolls – Folgen einer Nichtbeachtung englischer Publizitätsgebote durch in Deutschland aktive Limited Companies, ZGR 2007, 789.

I. Mobilität von Gesellschaften

1   Im internationalen Rechtsverkehr unter Beteiligung von juristischen Personen und Gesellschaften stellt sich stets die Frage des auf diese anwendbaren Rechts. Dies betrifft zum einen die **Anerkennung** ausländischer Gesellschaften durch eine Rechtsordnung, wenn diese außerhalb ihres Heimatstaates tätig werden. Zum anderen ist problematisch, wie der **grenzüberschreitende Wegzug und Zuzug von Gesellschaften** rechtlich zu bewerten ist. Aus der deutschen Perspektive betrifft dies derzeit vornehmlich Letzteres. Die GmbH ist kein „Exportschlager", so dass es vor allem um die rechtliche Erfassung von ausländischen Gesellschaftsformen bei ihrer ausschließlichen Tätigkeit in Deutschland geht, insbesondere bei der englischen Ltd.[1] Die Antwort auf all diese Fragestellungen gibt das internationale Gesellschaftsrecht als Teil des internationalen Privatrechts. Hierunter versteht man das für gesellschaftsrechtlich einzuordnende Sachverhalte maßgebliche **Kollisionsrecht**. Dies ergibt sich vornehmlich aus dem deutschen IPR, mittlerweile jedoch maßgeblich überlagert durch europa- und völkerrechtliche Vorgaben. Hiervon abzugrenzen, jedoch nicht weniger relevant, ist das gemäß dem internationalen Gesellschaftsrecht anzuwendende nationale **Sachrecht.** Handelt es sich hierbei um eine ausländische Rechtsordnung, gilt § 293 ZPO.[2]

2   Die **europäische Rechtsvereinheitlichung** wurde bisher durch folgende gesellschaftsrechtliche Richtlinien und Verordnungen herbeigeführt: Publizitätsrichtlinie vom 9. 3. 1968, neu gefasst durch die Richtlinie 2009/101/EG vom 15. 7. 2009 (ABl. EG 2009 Nr. L 258 S. 11); Kapitalrichtlinie vom 13. 12. 1976 (2. RL 77/91/EWG, ABl. EG 1977 Nr. L 26 S. 1), geändert durch: RL 92/101/EWG vom 23. 11. 1992, ABl. EG 1992 Nr. L 347 S. 64, RL 2006/68/EG vom 6. 9. 2006 ABl. EG 2006 Nr. L 264 S. 32, RL 2006/99/EG vom 20. 11. 2006, ABl. EG 2006 Nr. L 363 S. 137, RL 2009/109/EG vom 16. 9. 2009, ABl. EG 2009 Nr. L 259 S. 14; Verschmelzungsrichtlinie vom 9. 10. 1978 (3. RL 78/855/EWG, ABl. EG 1978 Nr. L 295 S. 36); Jahresabschlussrichtlinie vom 25. 7. 1978 (4. RL 78/660/EWG, ABl. EG 1978 Nr. L 222 S. 11); Spaltungsrichtlinie vom 17. 12. 1982 (6. RL 82/891/EWG, ABl. EG 1982 Nr. L 378 S. 47); Konzernabschlussrichtlinie vom 13. 6. 1983 (7. RL 83/349/EWG, ABl. EG 1983 Nr. L 193 S. 1); Abschlussprüferrichtlinie vom 9. 6. 2006 (8. RL 2006/43/EG, ABl. EG 2006 Nr. L 157 S. 87); Richtlinie zur grenzüberschreitenden Verschmelzung vom 26. 10. 2005 (10. RL 2005/56/EG, ABl. EG 2005 Nr. L 310 S. 1); Zweigniederlassungsrichtlinie vom 21. 12. 1989 (11. RL 89/666/EWG, ABl. EG 1989 Nr. L 395 S. 36); Einpersonen-Gesellschaftsrichtlinie vom 21. 12. 1989 (12. RL 89/667/EWG, ABl. EG 1989 Nr. L 395 S. 40); Übernahmerichtlinie vom 21. 4. 2004 (13. RL 2004/25/EG, ABl. EG 2004 Nr. L 142 S. 12); Mitbestimmungsrichtlinie vom 10. 11. 2001 (RL 2001/86/EG, ABl. EG 2001 Nr. L 294 S. 22); IAS-Verordnung vom 11. 9. 2002 (VO (EG) 1606/2002, ABl. EG 2002 Nr. L 243 S. 1); EWIV-VO vom 25. 7. 1985 (VO 2137/85/EWG, ABl. EG 1985 Nr. L 199 S. 1; hierzu § 48); SE-VO vom 8. 10. 2001 (VO 2157/2001/EG, ABl. EG 2001 Nr. L 294 S. 1; hierzu § 49); SCE-VO vom 22. 7. 2003 (VO 1435/2003/EG, ABl. EG 2003 Nr. L 207 S. 1; hierzu § 51); geplante SPE-VO (vgl. § 50).

II. Kollisionsrechtliche Grundlagen

3   Ein spezielles internationales Gesellschaftsrecht fehlt und wurde auf nationaler und europäischer Ebene bisher ausdrücklich nicht kodifiziert. Gemäß **Art. 1 Abs. 2 lit. f) Rom I-VO** und **Art. 1 Abs. 2 lit. d) Rom II-VO** sind Schuldverhältnisse, die sich aus dem Gesellschaftsrecht, dem Vereinsrecht und dem Recht der juristischen Personen ergeben, wie die Errichtung durch Eintragung oder auf andere Weise, die Rechts- und Handlungsfähigkeit, die innere Verfassung und die Auflösung von Gesellschaften, Vereinen und juristischen

---

[1] Hierzu ausführlich Henssler/Strohn/*Servatius* IntGesR Rdnr. 40 ff.
[2] Vgl. BGH NJW-RR 2002, 1359, 1360; BGH NJW 2003, 1607, 1609.

Personen, die persönliche Haftung der Gesellschafter und der Organe für Verbindlichkeiten der Gesellschaft, des Vereins oder der juristischen Person von den betreffenden Kollisionsnormen nicht erfasst. Wie zu den früheren Regelungen gemäß **EGBGB** gilt daher nach wie vor, dass das deutsche internationale Gesellschaftsrecht seiner Ausgestaltung durch **Rechtsprechung und Literatur** überlassen bleibt. Der Gesetzgeber hat angesichts einer ursprünglich geplanten, jedoch nie in Kraft getretenen europäischen Harmonisierung der unterschiedlichen nationalen Vorgaben über das Gesellschaftsstatut bewusst auf eine ausdrückliche Regelung verzichtet.[3] Das geplante Brüsseler Übereinkommen über die gegenseitige Anerkennung von Gesellschaften und juristischen Personen vom 29. 2. 1968 ist nicht in Kraft getreten.

Der Konkretisierungsprozess des deutschen internationalen Gesellschaftsrechts ist kontrovers und derzeit noch nicht abgeschlossen. Allgemein maßgeblich ist die sog. **Einheitslehre**. Diese besagt, dass alle das Innen- und Außenverhältnis der Gesellschaft betreffenden gesellschaftsrechtlichen Rechtsbeziehungen einheitlich bestimmt werden.[4] Wenn hierüber weitgehend Einigkeit besteht, ist nach wie vor heftig umstritten, woran das hiernach einheitlich zu ermittelnde **Gesellschaftsstatut** anzuknüpfen ist, wenn ein grenzüberschreitender Sachverhalt vorliegt, insbesondere bei der Verlegung des tatsächlichen Verwaltungssitzes in den Bereich einer anderen Rechtsordnung. Liegt hiernach ein grenzüberschreitender Sachverhalt vor, ist zum einen möglich, das Gesellschaftsrecht des Staates, in dem die Gesellschaft gegründet wurde, anzuwenden, unabhängig davon, wo die Gesellschaft letztlich ihre Geschäftstätigkeit ausübt **(Gründungstheorie)**. Diese Anknüpfung begünstigt den identitäts- und statuswahrenden Wegzug von Gesellschaften und ist vorwiegend in den Staaten mit anglo-amerikanischer Rechtstradition vorherrschend. Maßgeblich kann aber auch das Recht des Staates sein, in dem die Gesellschaft ihren tatsächlichen Verwaltungssitz hat. Einen derartigen Statutenwechsel führt die **Sitztheorie** herbei.[5] Hiernach ist kollisionsrechtlich das materielle Recht des Staates maßgebend, in dem die juristische Person ihren Verwaltungssitz hat bzw. nimmt. Die materielle Legitimation dieser Anknüpfung resultiert aus der trotz vieler Vorteile eines Wettbewerbs der Rechtsordnungen dem Grunde nach zutreffenden Prämisse, dass das Recht des Staates zur Anwendung kommen soll, das von der Tätigkeit typischerweise am stärksten betroffen ist, mithin der Sitzstaat ein „Wächteramt" über die in seinem Territorium agierenden Gesellschaften ausüben soll.[6]

III. Wegzug einer nach deutschem Recht gegründeten Gesellschaft

Bei der „Auswanderung" einer nach deutschem Recht gegründeten Gesellschaft ins Ausland ist hinsichtlich der Zulässigkeit und der Rechtsfolgen zu unterscheiden zwischen der Verlegung des satzungsmäßigen Sitzes (Satzungssitz), dh dem Ort der Registrierung, und des tatsächlichen Sitzes der Geschäftsleitung (Verwaltungssitz).

1. Verlegung des Satzungssitzes

Die ganz hM geht davon aus, dass es einer GmbH bzw. AG nicht möglich ist, unter Wahrung ihrer Rechtsform als deutsche GmbH bzw. AG ihren satzungsmäßigen Sitz ins Ausland zu verlegen. Bereits nach deutschem Sachrecht ist ein inländischer Satzungssitz zwingende Existenzvoraussetzung einer Gesellschaft (vgl. §§ 4a, 3 Nr. 1 GmbHG, §§ 5, 23 Abs. 3 Nr. 1 AktG).[7] Soll diese gleichwohl erfolgen, ist dies hiernach als **Auflösungsbe-**

---

[3] Vgl. BT-Drs. 10/504, S. 29.
[4] BGH ZIP 2000, 967, 785.
[5] Instruktiv OLG Hamburg ZIP 2007, 1108.
[6] Spindler/Stilz/*Müller* IntGesR Rdnr. 2.
[7] Vgl. Bork/Schäfer/*Kindler* GmbHG § 4a Rdnr. 6; entsprechendes gilt für Personenhandelsgesellschaften, Baumbach/*Hopt* Einl v § 105 Rdnr. 29, § 106 Rdnr. 8; MüKo HGB/*Langhein* § 106 Rdnr. 30.

schluss zu betrachten, der zur Auflösung gemäß § 60 Abs. 1 Nr. 6 GmbHG bzw. § 262 Abs. 1 Nr. 5 AktG führt.[8]

7 Die Verlegung des satzungsmäßigen Gesellschaftssitzes ist daher nicht rechtsform- und identitätswahrend, sondern nur durch Auflösung der Gesellschaft im Wegzugs- und Neugründung im Zuzugsstaat (nach dessen Sachrecht) möglich, unabhängig davon, ob der Zuzugsstaat der Gründungs- oder Sitztheorie folgt.

8 Nach bislang hM galt dies auch für grenzüberschreitende Satzungssitzverlegungen in EU-Mitgliedsstaaten und wurde hinsichtlich der **Niederlassungsfreiheit** (Art. 49, 55 AEUV) für unbedenklich erachtet, da es einem Mitgliedstaat auch unter Art. 49, 55 AEUV unbenommen sei, die Abwanderung einer nach seinem Recht gegründeten Gesellschaft in einen anderen Mitgliedstaat unter Beibehaltung seiner Rechtsform zu unterbinden.[9] Gestützt wird dies durch die Rechtsprechung des **EuGH** in den Rechtssachen „Daily Mail"[10] und „Cartesio".[11] Hiernach beantwortet sich die Frage, ob eine Gesellschaft überhaupt in den Genuss der Niederlassungsfreiheit gelangt, aus dem nationalen Gesellschaftsrecht, das die rechtliche Existenz einer Gesellschaft erst ermöglicht. Im Rahmen der nationalen Rechtsordnung als Existenzvoraussetzung der Gesellschaft kann der Mitgliedstaat daher frei entscheiden, wann eine Gesellschaft ihre Rechtsfähigkeit und damit auch ihre Berechtigung hinsichtlich Art. 49, 55 AEUV erlangt und wieder verliert.[12]

9 Hiervon abzugrenzen ist die **grenzüberschreitende Umwandlung.** Einen nur mit zwingenden Gründen des Allgemeininteresses zu rechtfertigenden Eingriff in die Niederlassungsfreiheit stellen nämlich nach Ansicht des EuGH solche mitgliedstaatlichen Bestimmungen dar, wenn sie eine gemäß seinem Recht gegründete Gesellschaft daran hindern, ihren Sitz in einen anderen Mitgliedstaat zu verlegen und sich dabei gleichzeitig in eine Gesellschaft nach dem nationalen Sachrecht dieses Staates umzuwandeln, soweit der Zuzugsstaat dies ermöglicht (**formwechselnder Wegzug**).[13] Eine dies verhindernde, zwingende vorherige Auflösung und Liquidation der Gesellschaft nach deren Heimatrecht ist nicht mit der Niederlassungsfreiheit vereinbar, so dass insoweit zwar nicht die Rechtsform, aber zumindest die Identität der Gesellschaft gewahrt werden kann. In der Praxis ergeben sich allerdings insoweit Probleme, als es hierfür bisher an speziellen Verfahrensregelungen, etwa in Anlehnung an §§ 122a ff UmwG, mangelt.[14] Die europäische Sitzverlegungsrichtlinie und die Kodifizierung des Internationalen Gesellschaftsrechts (§§ 10a ff EGBGB RefE) werden derzeit nicht weiter verfolgt, was wegen der nach wie vor bestehenden **Rechtsunsicherheit** rechtspolitisch zu kritisieren ist.

2. Verlegung des Verwaltungssitzes

10 Ob die deutsche Rechtsordnung eine Verlegung des Verwaltungssitzes einer deutschen GmbH bzw. AG nach der Neufassung und dem Wegfall des jeweiligen Abs. 2[15] von § 4a GmbHG bzw. § 5 AktG durch das MoMiG zulässt, ist noch umstritten. Der Streit geht

---

[8] Baumbach/*Hueck*/*Fastrich* GmbHG § 4a Rdnr. 9; *Roth*/Altmeppen GmbHG § 4a Rdnr. 22; teilw. abw. für Nichtigkeit des Auflösungsbeschlusses, Michalski/*Leible* GmbHG Syst. Darst. 2 Rdnr. 179; MüKo BGB/*Kindler* IntGesR Rdnr. 510; *Hüffer* AktG § 5 Rdnr. 12.

[9] Vgl. Baumbach/*Hueck*/*Fastrich* GmbHG § 4a Rdnr. 10; MüKo BGB/*Kindler* IntGesR Rdnr. 509, unter Hinweis auf EuGH Rs. C-208/00 = NJW 2002, 3614, Rdnr. 61 ff, 70 (Überseering).

[10] Rs. C-81/87 = NJW 1989, 2186 (Daily Mail).

[11] Rs. C-210/06 = NJW 2009, 569 (Cartesio).

[12] Vgl. EuGH NJW 2009, 569 Tz. 109 f (Cartesio) – insoweit wie EuGH NJW 1989, 2186 Tz. 19–21 (Daily Mail).

[13] EuGH Rs. C-210/06 = NJW 2009, 569, Tz. 110 ff. (Cartesio).

[14] Lutter/Hommelhoff/*Bayer* GmbHG § 4a Rdnr. 17f; *Grohmann*, DZWIR 2009, 322, 329; Leible/Hoffmann, BB 2009, 58, 60. Einzelheiten bei §§ 53–56.

[15] Nach §§ 4a Abs. 2 a.F. GmbHG, 5 Abs. 2 a.F. AktG war eine Verwaltungssitzverlegung ins Ausland unter der von Rspr. und hM zugrundegelegten Sitztheorie wegen der zwingenden Identität des Satzungssitzes mit dem Ort des Betriebs, der Geschäftsleitung oder der Verwaltung noch ausgeschlossen.

dabei in erster Linie darum, ob auch eine Änderung der kollisionsrechtlichen Behandlung von Wegzugsfällen geboten ist, weil sich der Gesetzgeber mit deren Neufassung zugunsten der Gesellschaftsmobilität für die dafür attraktivere Gründungstheorie entschieden habe.

Nach einer nach wie vor weit verbreiteten Ansicht haben diese Vorschriften aber einen lediglich materiell-rechtlichen Aussagegehalt; kollisionsrechtliche Probleme sind hiernach unter uneingeschränkter Anwendung der nach deutschem Gewohnheitsrecht geltenden **Sitztheorie** zu behandeln.[16] Verlegt die deutsche GmbH ihren Verwaltungssitz ins Ausland, kommt es demnach zu einem **Statutenwechsel** und damit zu einer erforderlichen Neugründung oder zu einer identitätswahrenden Umwandlung der Gesellschaft im Zuzugsstaat. Begründet wird dies aus deutscher Perspektive damit, dass der Beschluss über die Verwaltungssitzverlegung ins Ausland wegen der zwingenden Koppelung von Verwaltungs- und Satzungssitz zur Auflösung oder zumindest zu einem Erzwingungsverfahren gem. § 399 FamFG führt[17] bzw. nichtig ist.[18] 11

Diese drastischen und die Wettbewerbsfähigkeit deutscher Rechtsformen stark beschränkenden Wirkungen sind indessen ausgeschlossen, wenn man im Einklang mit dem nunmehrigen Wortlaut von § 4a GmbHG und § 5 AktG sowie der Gesetzesbegründung[19] davon ausgeht, dass die Abschaffung der Sitzanknüpfung im Inland auch einen kollisionsrechtlichen Gehalt hat und für die Wegzugsfälle die **Gründungstheorie** für maßgeblich erachtet.[20] Hiernach lassen daher § 4a GmbHG und § 5 AktG nunmehr auch die Verwaltungssitzverlegung ins Ausland zu. 12

Folgt somit der **Zuzugsstaat** der **Gründungstheorie** (wie dies im EU-Ausland aufgrund der EuGH-Rspr. zur Niederlassungsfreiheit und im EWR-Raum zwingend vorgegeben ist) und verweist dieser daher auf das Recht des Gründungs- und Satzungssitzes der Gesellschaft zurück („renvoi"), so folgt aus Art. 4 Abs. 1 S. 2 EGBGB die Anwendbarkeit des deutschen Sachrechts; es kommt daher auch zu keinem Statutenwechsel.[21] Konsequenterweise kann bei der Neuinterpretation der § 4a GmbHG und § 5 AktG nicht mehr davon ausgegangen werden, dass sich aus dem deutschen Sachrecht die Unzulässigkeit einer (rechtsformwahrenden) Verwaltungssitzverlegung ins Ausland ergebe. Ein entsprechender Beschluss kann daher nicht mehr als Auflösungsgrund bzw. als nichtig betrachtet werden. 13

Folgt der Zuzugsstaat (insbesondere in den Drittstaatenfällen außerhalb der EU) hingegen der **Sitztheorie,** fehlt es an einem entsprechenden Rückverweis ins deutsche Recht, so dass sich die Anerkennung und Ausgestaltung der Gesellschaft nach dem dort maßgeblichen Sachrecht richten. Die rechtliche Existenz der Gesellschaft am neuen Verwaltungssitz hängt davon ab, ob die dort geltenden Rechtsvorschriften zur Gründung einer Gesellschaft erfüllt werden. Da die bloße Belegenheit des Verwaltungssitzes meist nicht die hierfür notwendigen Voraussetzungen erfüllt, wird die Gesellschaft regelmäßig erst nach Neugründung gem. dieser Vorschriften rechtlich existent und entsprechend rechtsfähig.[22] 14

---

[16] So etwa KölnerKommAktG/*Dauner-Lieb* § 5 Rdnr. 27 f; *Kindler,* NJW 2008, 3249, 3251; *Hoffmann,* ZIP 2007, 1581, 1584 ff; *Leible/Hoffmann,* BB 2009, 58, 62.

[17] So MüKo BGB/*Kindler* IntGesR Rdnr. 508; Staudinger/*Großfeld* IntGesR Rdnr. 634; BGH NJW 2009, 2914, 2915.

[18] So MüKo AktG/*Hüffer* § 262 Rdnr. 37; *Hüffer* AktG § 5 Rdnr. 12.

[19] BT-Drucks. 16/6140, S. 29, 52.

[20] I. E. ebenso Palandt/*Thorn* Anh § 12 EGBGB Rdnr. 1; Lutter/Hommelhoff/*Bayer* GmbHG § 4a Rdnr. 15; Spindler/Stilz/*H.-F. Müller* AktG IntGesR Rdnr. 9; *Paefgen,* WM 2009, 529, 530 f; *Goette,* DStR 2009, 128; *Hirte,* NZG 2008, 761, 766; nunmehr auch Bork/Schäfer/*Kindler* GmbHG § 4a Rdnr. 22 (a.A. noch *ders.,* Konzern 2006, 811, 814); *Franz/Laeger,* BB 2008, 678, 681.

[21] Bamberger/Roth/*Mäsch* Art. 12 EGBGB Rdnr. 91.

[22] MüKo BGB/*Kindler* IntGesR Rdnr. 499; Münch. Hdb. GesR III/*D. Jasper/Wollbrink* § 75 Rdnr. 53.

IV. Zuzug ausländischer Gesellschaften nach Deutschland

15 Grundsätzlich gilt nach deutschem IPR nach wie vor die **Sitztheorie**.[23] Hiernach bestimmt sich das auf eine Gesellschaft anwendbare Kollisions- und Sachrecht (Art. 4 Abs. 1 EGBGB) nach dem **Ort des effektiven Verwaltungssitzes.** Dies ist der Ort, an dem die grundlegenden Entscheidungen der Unternehmensleitung effektiv in laufende Geschäftsführungsakte umgesetzt werden, der sog. Schwerpunkt des körperschaftlichen Lebens.[24] Die Postadresse („Briefkastenfirma") genügt hierfür ebenso wenig wie die Vornahme unselbstständiger Verwaltungstätigkeiten (zB Buchhaltung, Steuerangelegenheiten) oder das Vorhandensein von Betriebsstätten sowie der Ort der internen Willensbildung.[25] Bei Konzerngesellschaften ist grds. auf die Verwaltung der einzelnen Tochtergesellschaften abzustellen; sofern diese jedoch unmittelbar vom herrschenden Unternehmen wahrgenommen wird, ist deren effektiver Verwaltungssitz maßgebend.[26] In **Zweifelsfällen** liegt der effektive Verwaltungssitz in dem Staat, nach dessen Recht die Gesellschaft erkennbar organisiert ist.[27]

16 Aus dieser Art der Anknüpfung des Gesellschaftsstatuts folgt, dass eine ausländische Gesellschaft mit effektivem Verwaltungssitz in Deutschland nur dann als solche anerkannt wird, wenn sie nach dem Recht des Gründungsstaates fortbesteht und die vergleichbaren Voraussetzungen des deutschen Gesellschaftsrechts erfüllt. Der identitätswahrende Zuzug wird hierdurch weitgehend unmöglich gemacht, da die ausländische Gesellschaft sich nicht ohne weiteres in den numerus clausus der Gesellschaftstypen nach deutschem Sachrecht einfügt bzw. die Gründungsvoraussetzungen für eine vergleichbare deutsche Gesellschaft (vor allem GmbH) meist nicht erfüllt sind.

17 Verlegt eine ausländische Gesellschaft hiernach ihren effektiven Verwaltungssitz nach Deutschland, kommt es nach der Sitztheorie zu einem **Statutenwechsel.** Das auf die Gesellschaft anzuwendende deutsche Sachrecht ergibt sich aus einem Vergleich der ausländischen Gesellschaft (gemäß Heimatrecht) mit den verschiedenen Typen des deutschen Gesellschaftsrechts.[28] Da die Gründungsvorschriften für deutsche Kapitalgesellschaften jedoch meist nicht beachtet sind, kommen als Rechtsform allein die **GbR** und die **OHG** in Betracht.[29] Ausländische Ein-Personen-Gesellschaften werden nach deutschem Sachrecht als **Einzelperson** behandelt.[30] Die Folgen sind drastisch: Die ausländische Gesellschaft ist hiernach zwar aktiv und passiv parteifähig.[31] Die Gesellschafter trifft nunmehr jedoch die **unbeschränkte Haftung** gemäß § 128 HGB bzw. als Einzelperson. Diese Rechtsfolge kann auch nicht durch das bloße Auftreten als ausländische Kapitalgesellschaft mit entsprechender Haftungsbeschränkung ausgeräumt werden.[32] Darüber hinaus ist anerkannt, dass die Geschäftsleiter einer ausländischen Gesellschaft mit tatsächlichem Verwaltungssitz in Deutschland der **Handelndenhaftung** gemäß § 11 Abs. 2 GmbHG unterliegen.[33]

18 Der praktische **Anwendungsbereich** dieser dramatischen Folgen ist derzeit auf dem Rückzug. Dies gilt zum einen für die Mobilität von Gesellschaften innerhalb der EU und

---

[23] Vgl. nur BGH ZIP 2009, 2385.
[24] BGH NJW 1970, 998, 999; BGH NJW 2003, 1607, 1608.
[25] Spindler/Stilz/*Müller* IntGesR Rdnr. 4; Einzelheiten bei Palandt/*Thorn* Anh zu Art. 12 EGBGB Rdnr. 3.
[26] *Ebenroth*, JZ 1988, 23.
[27] OLG München NJW 1986, 2197, 2198); zur Möglichkeit der Widerlegung Spindler/Stilz/*Müller* IntGesR Rdnr. 7 m.w.N.). Jede Gesellschaft kann nur einen Verwaltungssitz haben (Spindler/Stilz/*Müller* IntGesR Rdnr. 6).
[28] OLG Hamburg ZIP 2007, 1108; *Eidenmüller/Rehm*, ZGR 1997, 89, 90f.
[29] BGH NJW 2009, 289, 291.
[30] OLG Hamburg ZIP 2007, 1108.
[31] BGH NJW 2002, 3539, 3539f.
[32] Vgl. LG Stuttgart NZG 29 002, 240, 241; Spindler/Stilz/*Müller* IntGesR Rdnr. 10.
[33] BGH ZIP 2009, 2385; Palandt/*Thorn* Anh zu Art. 12 EGBGB Rdnr. 20; hierzu zutreffend kritisch *H.-F. Müller*, ZIP 1997, 1049, 1050ff.

des EWR.[34] Auch sehen verschiedene Staatsverträge die kollisionsrechtliche Behandlung grenzüberschreitender Sitzverlegungen gemäß Gründungstheorie vor. Letztlich gilt die Sitztheorie somit in den Zuzugsfällen vornehmlich für sog. **Drittstaaten**.[35]

V. Die Anerkennung ausländischer Gesellschaften

Von der Sitzverlegung zu unterscheiden ist die Anerkennung ausländischer Gesellschaften in Deutschland. Eine ausländische Gesellschaft, die ihren tatsächlichen Verwaltungssitz im Ausland behält, kann ohne weiteres ihre geschäftliche Tätigkeit auch in Deutschland entfalten, ohne dass es hierfür eines besonderen behördlichen oder gerichtlichen Verfahrens bedarf.[36] Sie ist hier als solche anzuerkennen, hat daher ggf. Rechtsfähigkeit gemäß ihrem Heimatrecht; die Partei- und Prozessfähigkeit vor deutschen Gerichten folgen ebenfalls den Vorgaben der ausländischen Rechtsordnung. Eine ausländische Gesellschaft kann gemäß § 21 ZPO am Gerichtsstand der (deutschen) Niederlassung verklagt werden. Sie unterliegt der Registerpflicht, wenn in Deutschland eine Zweigniederlassung geführt wird. 19

1. Registerpflicht der Zweigniederlassung

Nach §§ 13 d–g HGB unterliegen die Zweigniederlassungen ausländischer Gesellschaften der deutschen Registerpflicht. Die Vorschriften beruhen weitgehend auf der europäischen Publizitätsrichtlinie (Rdnr. 2), gelten jedoch auch für Gesellschaften aus Drittstaaten. Zu den Einzelheiten siehe § 45. 20

2. Fremdenrecht

Die Zweigniederlassung einer ausländischen Gesellschaft unterliegt der **gewerberechtlichen Anzeigepflicht** gemäß §§ 14, 15 GewO; vgl. für Kreditinstitute § 53 b KWG. Auch ist gemäß § 7 Abs. 1 HwO ggf. die Eintragung in die **Handwerksrolle** erforderlich.[37] Wie für jede ausländische Kapitalgesellschaft, die in Deutschland eine Niederlassung errichtet, sind auch eine Anmeldung beim **Finanzamt**[38] und die Mitgliedschaft bei der **IHK** notwendig.[39] Einzelheiten bei § 225. 21

§ 11 Firma

Übersicht

	Rdnr.		Rdnr.
I. Begriff, Bedeutung, Abgrenzung	1, 2	IV. Konsequenzen bei der Sitzverlegung	9–27
II. Europäische Harmonisierung des Firmenrechts	3–4	1. Zuzugsfälle	10–18
		a) Anerkennung gemäß deutschem Recht	11–15
III. Kollisionsrechtliche Anknüpfung der Firma	6, 7	b) Grenzüberschreitende Mobilität gemäß Heimatrecht	16–18
1. Überblick über den Meinungsstand	6	2. Wegzugsfälle	19–24
2. Stellungnahme	7	a) Grenzüberschreitende Mobilität gemäß deutschem Heimatrecht	20–22
		b) Anerkennung im Zuzugsstaat	23, 24

---

[34] EuGH NJW 1999, 2027 – Centros; EuGH NJW 2002, 3614 – Überseering; EuGH NJW 2003, 3331 – Inspire Art.
[35] Vgl. BGH NVwZ-RR 2006, 28, 29; BayObLG RIW 2003, 387, 388.
[36] Palandt/*Thorn* Anh Art. 12 EGBGB Rdnr. 20.
[37] *Mankowski*, BB 2006, 1173.
[38] Hierzu *Wachter*, FR 2006, 393.
[39] Zur Pflichtmitgliedschaft VG Darmstadt GewArch 2007, 85; *Wachter*, GmbHR 2004, 88.

Rdnr.		Rdnr.
3. Besonderheiten auf Grund internationaler Verträge 25–27	6. Rechtswidriger Firmengebrauch .. 39–43	
V. Einzelfragen 28–38	a) Einschreiten des Registergerichts	40, 41
1. Wahl der Firma 28, 29	b) Unterlassungsanspruch	42
2. Rechtsformzusätze 30–32	c) Rechtsscheinshaftung	43
3. Nationalitätshinweise 33, 34	7. Haftung bei Unternehmensnachfolge	44
4. Namensfunktion der Firma 35, 36		
5. Geschäftsbriefe, Bestellscheine 34–38		

Schrifttum: *Brand*, Das Kollisionsrecht und die Niederlassungsfreiheit von Gesellschaften, JR 2004, 89; *Clausnitzer*, Die Novelle des Internationalen Gesellschaftsrechts – Auswirkungen auf das deutsche Firmenrecht, NZG 2008, 321; *Ebert/Levedag*, Die zugezogene „private company limited by shares (Ltd.)" nach dem Recht von England und Wales als Rechtsformalternative für in- und ausländische Investoren in Deutschland, GmbHR 2003, 1337; *Kindler*, Auf dem Weg zur Europäischen Briefkastengesellschaft? – Die „Überseering"-Entscheidung des EuGH und das internationale Privatrecht, NJW 2003, 1073; *Leible/Hoffmann*, Wie inspiriert ist Inspire Art?, EuZW 2003, 677; *Schnelle*, Die kollisionsrechtliche Anknüpfung der Haftung aus Vermögensübernahme im deutschen IPR, RIW 1997, 281; *Ulmer*, Das Centros-Urteil des EuGH und seine Relevanz für das deutsche Internationale Gesellschaftsrecht, JZ 1999, 663; *Wachter*, Handelsregisteranmeldung der inländischen Zweigniederlassung einer englischen Private Limited Company, NotBZ 2004, 41.

I. Begriff, Bedeutung, Abgrenzung

1 Die Firma ist der **Name** des Kaufmanns, bei den Handelsgesellschaften mangels Innehabens eines bürgerlich-rechtlichen Namens die notwendige Kennzeichnung für das Auftreten im Rechtsverkehr. Dieses – in Deutschland vor allem in den §§ 17 ff. HGB geregelte – Begriffsverständnis findet sich international durchgängig, ebenso die registerrechtliche Publizität und Kontrolle der ordnungsgemäßen Firmenwahl und des rechtmäßigen Firmengebrauchs.[1] Die firmenrechtliche Kennzeichnung einer Handelsgesellschaft erfolgt zum einen durch einen aussagekräftigen Namen (sog. **Firmenkern**) sowie einen die spezifische Gesellschaftsform erläuternden **Rechtsformzusatz**. Während der Firmenkern vor allem Gestaltungsfreiheit für die Unternehmensgründer eröffnet, dient der Rechtsformzusatz vornehmlich der Information und dem Schutz des Rechtsverkehrs, insbesondere bei den Gesellschaften mit Haftungsbeschränkung. In diesem Spannungsfeld ist auch die nach wie vor kontrovers geführte Diskussion um die kollisionsrechtliche Anknüpfung „des Firmenrechts" angesiedelt, indem das materielle Firmenrecht von Firmenordnungsrecht unterschieden wird (unten Rdnr. 18, 39 ff.).

2 Von der Firma **abzugrenzen** sind vor allem die Immaterialgüterrechte, wie Marke und Unternehmenskennzeichen (in Deutschland gemäß MarkenG). Diese folgen auch kollisionsrechtlich abweichenden Regeln. Firma, Marke und Unternehmenskennzeichen können sich in der Praxis jedoch decken. Vom Firmenordnungsrecht abzugrenzen ist ferner der immaterialgüterrechtliche Firmenschutz (in Deutschland gemäß UWG). Auch hier können sich sach- und kollisionsrechtlich Überschneidungen ergeben.

II. Europäische Harmonisierung des Firmenrechts

3 Eine europäische Harmonisierung des materiellen Firmenrechts erfolgte bislang nicht. Dies betrifft insbesondere Vorgaben über die Zulässigkeit einer Firma oder den Firmengebrauch. Diesen Bereich können die nationalen Rechtsordnungen daher autonom regeln. Gleichwohl enthält die **Zweigniederlassungsrichtlinie**[2] wichtige Vorgaben über

---

[1] Vgl. im Einzelnen *Kieninger* § 47 und die Länderberichte in § 47 1 ff.
[2] Elfte Richtlinie des Rates vom 21. Dezember 1989 über die Offenlegung von Zweigniederlassungen, die in einem Mitgliedstaat von Gesellschaften bestimmter Rechtsformen errichtet wurden,

die Publizität der Firma. Nach Art. 2 Abs. 1 lit. d) und Art. 8 lit. g) der Richtlinie besteht bei Zweigniederlassungen von AG und GmbH sowie vergleichbarer Auslandsgesellschaften[3] aus der EU oder Drittstaaten am Ort der Zweigniederlassung eine zusätzliche Registerpflicht im Hinblick auf die Firma der betreffenden Gesellschaft sowie ggf. der eigenständigen Firma der Zweigniederlassung. Hiernach sind die Firma und die Rechtsform der Gesellschaft sowie die Firma der Zweigniederlassung, sofern diese nicht mit der Firma der Gesellschaft übereinstimmt, in ein öffentliches Register einzutragen und bekannt zu machen.

Kernanliegen dieser Regelungen ist der **Schutz von Drittinteressen.** Dieser soll dadurch erfolgen, dass Dritte sich über die wesentlichen Umstände der Gesellschaft unterrichten können. Aus dem Zusammenspiel von Publizitätsrichtlinie und Zweigniederlassungsrichtlinie unterliegen Gesellschaften mit umfangreicher Auslandstätigkeit innerhalb Europas somit einer **doppelten Registerpublizität** – im Heimatstaat sowie im Staat der ausländischen Niederlassung. Art. 1 Abs. 2 der Zweigniederlassungsrichtlinie sieht bei divergierenden Eintragungen für den Geschäftsverkehr der Zweigniederlassung die Maßgeblichkeit der dort vorgeschriebenen Offenlegung vor. Die Zweigniederlassungsrichtlinie beinhaltet im Hinblick auf die Registerpublizität der Firma eine Vollharmonisierung.[4]

Von der Zweigniederlassung benutzte **Geschäftsbriefe** und Bestellscheine müssen gemäß Art. 6 und 10 der Zweigniederlassungsrichtlinie die nach Art. 4 der Publizitätsrichtlinie verlangten Registerangaben über die Gesellschaft (= Hauptniederlassung) enthalten sowie die Registerangaben über die Zweigniederlassung selbst. Auch diese Pflicht trifft alle Auslandsgesellschaften.

---

die dem Recht eines anderen Staates unterliegen (89/666EWG), ABl. Nr. L 395/36 vom 30. 12. 1989. – Einzelheiten § 12.

[3] In **Belgien:** naamloze vennootschap, société anonyme, commanditaire vennootschap op aandelen, société en commandite par actions, personenvennootschap met beperkte aansprakelijkheid, société de personnes à responsabilité limitée; in **Bulgarien:** акционерно дружство, дружство с ограничена оттоворност, командитво дружство с акции; in der **Tschechischen Republik:** společnost s ručením omezeným, akciová společnost; in **Dänemark:** aktieselskab, kommanditaktieselskab, anpartsselskab; in **Deutschland:** die Aktiengesellschaft, die Kommanditgesellschaft auf Aktien, die Gesellschaft mit beschränkter Haftung, nicht: GmbH & Co. KG; in **Estland:** aktsiaselts, osaühing; in **Irland:** Companies incorporated with limited liability; in **Griechenland:** ανώνυμη εταιρία, εταιρία περιωρισμένης ευθύνης, ετερόρρυθμη κατά μετοχές εταιρία; in **Spanien:** la sociedad anónima, la sociedad comanditaria por acciones, la sociedad de responsabilidad limitada; in **Frankreich:** société anonyme, société en commandite par actions, société à responsabilité limitée, société par actions simplifiée; in **Italien:** società per azioni, società in accomandita per azioni, società a responsabilità limitata; in **Zypern:** Δημόσιες εταιρείες περιωρισμένης ευθύνης με μετοχές η με εγγύηση, ιδιωτικές εταιρείες περιωρισμένης ευθύνης με μετοχές ή με εγγύηση; in **Lettland:** akciju sabiedrība, sabiedrība ar ierobežotu atbildību, komanditsabiedrība; in Litauen: akcinė bendrovė, uždaroji akcinė bendrovė; in Luxemburg: société anonyme, société en commandite par actions, société à responsabilité limitée; in **Ungarn:** részvénytársaság, korlátolt felelősségű társaság; in **Malta:** kumpannija publika/public limited liability company, kumpannija privata/private limited liability company; in den **Niederlanden:** naamloze vennootschap, besloten vennootschap met beperkte aansprakelijkheid; in **Österreich:** die Aktiengesellschaft, die Gesellschaft mit beschränkter Haftung; in **Polen:** spółka z ograniczoną odpowiedzialnością, spółka komandytowo-akcyjna, spółka akcyjna; in **Portugal:** a sociedade anónima de responsabilidade limitada, a sociedade em comandita por acções, a sociedade por quotas de responsabilidade limitada; in **Rumänien:** societate pe acţiuni, societate cu răspundere limitată, societate în comandită pe acţiuni; in **Slowenien:** delniška družba, družba z omejeno odgovornostjo, komaditna delniška družba; in der **Slowakei:** akciová spoločnosť, spoločnosť s ručením obmedzeným; in **Finnland:** yksityinen osakeyhtiö/privat aktiebolag, julkinen osakeyhtiö/publikt aktiebolag; in **Schweden:** aktiebolag; im **Vereinigten Königreich:** companies incorporated with limited liability.

[4] *Eidenmüller/Rehberg* § 5 Rdnr. 17.

III. Kollisionsrechtliche Anknüpfung der Firma

1. Überblick über den Meinungsstand

6   Die kollisionsrechtliche Anknüpfung firmenrechtlicher Fragen ist nach wie vor sehr umstritten und bringt konsequenterweise große Rechtsunsicherheit mit sich. Einigkeit besteht nur insofern, als die aus der Zweigniederlassungsrichtlinie resultierenden nationalen Anmeldepflichten (in Deutschland gemäß §§ 13 d ff. HGB) **öffentlich-rechtlicher Natur** sind, so dass an das jeweilige Recht am Ort der kaufmännischen Niederlassung anzuknüpfen ist.[5] Im Übrigen qualifiziert die wohl hM in Deutschland das Firmenrecht vornehmlich privatrechtlich und ordnet es konsequenterweise dem **Gesellschaftsstatut** zu.[6] Firmenordnungsrechtliche Aspekte, insbesondere die Firmenunterscheidbarkeit und das Irreführungsverbot werden jedoch auch nach dieser Ansicht im Wege einer **Sonderanknüpfung** vorrangig territorial beurteilt, mithin nach dem Recht am Ort der Haupt- oder Zweigniederlassung.[7] Grundlage hierfür seien der Or*dre public*-Vorbehalt gemäß Art. 6 EGBGB oder die Charakterisierung bestimmter Regelungen als Eingriffsnormen iSv. Art. 34 EGBGB.[8] Dies betrifft insbesondere die Aspekte, die öffentliche Anliegen verfolgen, wie zB die eindeutige Identifikation der Rechtssubjekte und den Schutz vor Irreführung. In teilweiser Übereinstimmung mit dieser Sonderanknüpfung sprechen sich demgegenüber andere generell für eine ordnungs-, mithin **öffentlich-rechtliche Qualifikation des Firmenrechts** aus, was eine durchweg gebietsbezogene Anknüpfung ermöglicht.[9]

2. Stellungnahme

7   Der von Teilen der Literatur vertretenen vollständigen öffentlich-rechtlichen Qualifikation des Firmenrechts ist nicht zuzustimmen. Eine derartige Betrachtung würde der Funktion der Firma nicht gerecht. Es geht hierbei nicht allein um ordnungspolitische Fragestellungen und den Schutz von Drittinteressen. Die Firma hat auch im Handelsverkehr eine wesentliche **Namensfunktion** und ermöglicht insofern zuvörderst Freiheit bei der Wahl eines – europarechtlich gerade nicht harmonisierten! – „passenden Gesellschaftsrechts" durch die Unternehmensgründer. Insofern ist es konsequent, die Firma im Ausgangspunkt dem **Gesellschaftsstatut** zuzuordnen und damit der identitätswahrenden Niederlassungsfreiheit zugänglich zu machen.[10] Hierbei ist jedoch – teilweise abweichend von der bisher diese Ansicht stützenden Literatur – zu bedenken, dass das Gesellschaftsstatut zumindest innerhalb der EU mittlerweile nicht mehr territorial angeknüpft wird, sondern gemäß der **Gründungstheorie**.[11] Die Zuweisung firmenrechtlicher Aspekte an das Gesellschaftsstatut

---

[5] BayObLG NJW 1986, 3029; *Eidenmüller/Rehberg* § 5 Rdnr. 72 ff.

[6] BGH NJW 1971, 1522; BayObLG NJW 1986, 3029; OLG München DB 2007, 2032; Palandt/*Heldrich*, EGBGB Art. 10 Rdnr. 5, Anh. zu EGBGB Art. 12 Rdnr. 12; Staudinger/*Großfeld*, IntGesR Rdnr. 319; *Leible/Hoffmann*, EuZW 2003, 677, 680; *Geyrhalter/Gänßler*, NZG 2003, 409, 412; Ebenroth/Boujong/Joost/*Zimmer* HGB Anh. nach § 17 Rdnr. 29; *Eidenmüller/Rehm,* ZGR 2004, 159, 183; *Süß/Wachter*, § 1 Rdnr. 77 ff.; *Eidenmüller/Rehm,* ZGR 2004, 183; *Hirsch/Britain*, NZG 2003, 1102.

[7] OLG Stuttgart RIW 1991, 954; OLG Düsseldorf RIW 1990, 404; 1986, 61; OLG München DB 2007, 2032; KG NZG 2008, 80; Staudinger/*Großfeld*, IntGesR Rdnr. 320; Eidenmüller/*Rehberg* § 5 Rdnr. 44; *Wachter*, ZNotP 2005, 137 ff.

[8] Vgl. *Clausnitzer*, NZG 2008, 321, 323; Eidenmüller/*Rehberg*, § 5 Rdnr. 36.

[9] MüKo BGB/*Kindler*, IntGesR Rdnr. 230, 232 ff.; *Borges*, ZIP 2004, 733, 736; GroßKomm-HGB/*Brüggemann*, Vor § 1 HGB Rdnr. 30; *Canaris*, Handelsrecht, 23. Auflage, 2000, § 11 Rdnr. 42; *Spahlinger/Wegen* Rdnr. 554.

[10] Vgl. insofern grundlegend EuGH NJW 2002, 3617 Rdnr. 94 f. – Überseering; EuGH NJW 2003, 3331 Rdnr. 95 ff. – Inspire Art.

[11] Michalski/*Leible* Syst. Darst. 2 Rdnr. 133 weist zutreffend darauf hin, dass die kontroverse Diskussion im Ergebnis an Schärfe verliert, wenn man das Gesellschaftsstatut im Einklang mit der Sitztheorie ebenfalls territorial anknüpft.

bringt es daher mit sich, dass eine Gesellschaft das diesbezügliche Heimatrecht beibehält, wenn sie ihren effektiven Sitz identitätswahrend ins Ausland verlegt oder dort eine (echte, dh bloße) Zweigniederlassung unterhält. Dies führt freilich zu einer gespaltenen Lösung, soweit man aus deutscher Perspektive die Gründungstheorie beim Zuzug von Gesellschaften nur innerhalb Europas anwendet und nicht auch bei Drittstaaten (Einzelheiten unten Rdnr. 9 ff.). Diese Schieflage ist jedoch derzeit noch hinzunehmen, da sich der Gesetzgeber noch nicht entschieden hat, durchgängig das Gesellschaftsstatut nach der Gründungstheorie zu bestimmen.

Dass **ordnungspolitische Erwägungen** bei der Firma nicht vernachlässigt werden dürfen, liegt jedoch auch auf der Hand. Die Wahl, Registrierung und der Gebrauch der Firma müssen daher – unter Anwendung des vom EuGH herausgebildeten Vier-Konditionen-Tests[12] – durchaus der Einschränkung zur Wahrung territorial begründeter Schutzanliegen zugänglich sein, was eine **gebietsbezogene Anknüpfung** firmenrechtlicher Einzelaspekte nach sich zieht. Diesem Regel-Ausnahme-Verhältnis wird die hM gerecht, indem sie die Argumentationslast mittels der Sonderanknüpfungen als Einschränkung der prinzipiellen Zuordnung der Firma zum Gesellschaftsstatut auf der Rechtfertigungsebene denjenigen aufbürdet, die die nach Heimatrecht zulässig gewählte Firma beim Grenzübertritt ausnahmsweise nationalem Sachrecht unterstellen wollen. Die hiernach zutreffend territorial anzuknüpfende im öffentlichen Interesse liegende **Identifizierungsfunktion** der Firma sowie der **Schutz vor Irreführung** lassen sich durchaus auch mit zwingenden Gründen des Allgemeinwohls, vor allem der Lauterkeit des Handelsverkehrs und zum Schutz der Verbraucher, rechtfertigen. Bei grenzüberschreitenden Sachverhalten sind die Zulässigkeit der Firma bzw. der Firmengebrauch daher trotz der grundsätzlichen Anknüpfung an das Gesellschaftsstatut im Hinblick auf diese praktisch wichtigen Aspekte vornehmlich am Recht des Gastlandes zu beurteilen (zu den Einzelfragen siehe unten Rdnr. 28 ff.).

IV. Konsequenzen bei der Sitzverlegung

Soweit sich die kollisionsrechtliche Anknüpfung des Firmenrechts jedoch gemäß dem Gesellschaftsstatut beurteilt, hat dies wegen der nach wie vor umstrittenen Anknüpfung nach Sitz- oder Gründungstheorie folgende Konsequenzen bei der Sitzverlegung:

1. Zuzugsfälle

Verlegt eine ausländische Gesellschaft ihren Verwaltungssitz – im Einklang mit dem Heimatrecht sowie dem Recht des Aufnahmelandes zulässigerweise (dazu sogleich) – nach Deutschland, behält sie ihre rechtliche Identität und Organisationsstruktur. Einer besonderen oder gar förmlichen Anerkennung in Deutschland bedarf es hierfür nicht.[13] Diese – den Wettbewerb der Rechtsformen begünstigende – Respektierung einer ausländischen Gesellschaft mit Verwaltungssitz in Deutschland im Hinblick auf ihre rechtliche Ausgestaltung unterliegt jedoch zwei nach wie vor ernst zu nehmende Voraussetzungen: Erforderlich sind hierfür kumulativ die sach- und kollisionsrechtliche Zulässigkeit der identitätswahrenden Sitzverlegung nach dem Recht des Aufnahme- und des Wegzugsstaates.

a) **Anerkennung gemäß deutschem Recht.** Im Hinblick auf die Anerkennung ausländischer Gesellschaften mit Verwaltungssitz besteht in Deutschland derzeit eine unbefriedigende gespaltene Lösung:

aa) **Zuzug innerhalb der EU.** Die identitätswahrende Sitzverlegung nach Deutschland innerhalb der EU sowie aus Staaten des EWR ist aus deutscher Perspektive mittlerweile ohne weiteres zulässig, mithin eine Auslandsgesellschaft als solche anzuerkennen.[14] Die europäischen Vorgaben zur Niederlassungsfreiheit bewirken somit insofern die Geltung der

---

[12] Grundlegend EuGH NJW 2003, 3331 Rdnr. 95 ff. – Inspire Art.
[13] MüKo BGB/*Kindler* IntGesR Rdnr. 316 ff.
[14] Einzelheiten § 19; Henssler/Strohn/*Servatius* IntGesR Rdnr. 18 f.

Gründungstheorie (vgl. Art. 4 Abs. 1 S. 2 EGBGB: Rückverweisung auf das Recht des Gründungsstaates).

13 **bb) Zuzug aus Drittstaaten.** Der Zuzug einer Gesellschaft aus Drittstaaten ist demgegenüber nach wie vor nach dem autonomen, nicht europarechtlich vorgeprägten deutschen Kollisionsrecht zu beurteilen. Dies betrifft insbesondere Gesellschaften aus der Schweiz,[15] von den englischen Kanalinseln (Guernsey und Jersey) sowie der Isle of Man.[16] Hier hält die überwiegende Meinung immer noch die Sitztheorie für gewohnheitsrechtlich anwendbar.[17] Dies hat zur Konsequenz, dass sich das Gesellschaftsstatut des betreffenden Personenverbands infolge der Sitzverlegung nach deutschem Recht beurteilt. Es kommt somit zu einem **Statutenwechsel.**[18] Das gemäß deutschem IPR hiernach auf die Gesellschaft anzuwendende deutsche Sachrecht ergibt sich aus einem Vergleich der ausländischen Gesellschaft (gemäß Heimatrecht) mit den Typen des deutschen Gesellschaftsrechts (Substitution).[19] Da die Gründungsvorschriften für deutsche Kapitalgesellschaften meist nicht beachtet sind, kommen als Rechtsform allein die **GbR** und die **OHG** in Betracht;[20] ausländische Ein-Personen-Gesellschaften werden nach deutschem Sachrecht als Einzelperson behandelt.[21]

14 Die Folgen sind drastisch: Die ausländische Gesellschaft aus einem Drittstaat ist zwar aktiv und passiv parteifähig,[22] die Gesellschafter trifft nunmehr jedoch die unbeschränkte Haftung gemäß § 128 HGB. Darüber hinaus ist anerkannt, dass die Geschäftsleiter der Handelndenhaftung gemäß § 11 Abs. 2 GmbHG unterliegen.[23] Dieser Statutenwechsel betrifft auch **firmenrechtliche Aspekte.** Die entsprechenden Vorgaben des ausländischen Kapitalgesellschaftsrechts sind hiernach auf die (zulässigen!) Vorgaben im Recht der Personengesellschaften zu übertragen, was bereits für den Rechtsformzusatz große Schwierigkeiten bereitet. Es kann daher nur mit Nachdruck darauf hingewiesen werden, dass der geschäftliche Kontakt mit Auslandsgesellschaften aus Drittstaaten, die ihren Verwaltungssitz nach Deutschland verlegt haben, erhebliche **Rechtsunsicherheit** mit sich bringt. Um diese zu vermeiden, besteht jedoch die Möglichkeit, die Auslandsgesellschaft in eine deutsche Gesellschaft umzuwandeln (Formwechsel §§ 190 ff. UmwG).[24]

15 **cc) Besonderheiten bei Gesellschaften aus den USA.** Art. XXV Abs. 5 S. 2 des Handels-, Schifffahrts- und Freundschaftsvertrags vom 29. 10. 1954[25] sieht vor, dass Gesellschaften, die gemäß den Gesetzen und sonstigen Vorschriften des einen Vertragsteils in dessen Gebiet errichtet sind, als Gesellschaften dieses Vertragsteils gelten; ihr rechtlicher Status ist in dem Gebiet des anderen Vertragsteils anzuerkennen. Diese staatsvertragliche Kollisionsnorm geht gemäß Art. 3 Abs. 2 S. 1 EGBGB dem autonomen deutschen IPR vor und bewirkt im Verhältnis zwischen Deutschland und den USA die Geltung der Gründungstheorie.[26]

---

[15] BGH NJW 2009, 289, 290 – Trabrennbahn; hierzu *Goette,* DStR 2009, 63; *Jung,* NZG 2008, 681, 682 f.

[16] Vgl. KG NZG 2005, 758, 759; OLG Hamburg ZIP 2007, 1108; BGH BB 2002, 2031; 45, 145 f); zu Singapur BGH ZIP 2009, 2385 – Trabrennbahn.

[17] BGH NJW 2009, 289 – Trabrennbahn; abw. noch OLG Hamm AG 2007, 332, aufgehoben durch BGH aaO.

[18] BGH NJW 2003, 1607, 1608.

[19] OLG Hamburg ZIP 2007, 1108; *Eidenmüller/Rehm,* ZGR 1997, 89, 90 f.

[20] BGH NJW 2009, 289, 291.

[21] OLG Hamburg ZIP 2007, 1108.

[22] BGH NJW 2002, 3539, 3539 f.

[23] BGH ZIP 2009, 2385; Palandt/*Thorn* Anh zu Art. 12 EGBGB Rdnr. 20.

[24] Die persönliche Haftung für Altverbindlichkeiten bleibt hierbei jedoch bestehen, vgl. *Leible/Hoffmann,* BB 2009, 58 ff.

[25] BGBl. 1956 II, S. 487, 763; vgl. hierzu BGH NJW 2003, 1607 ff.; *Bungert,* DB 2003, 1043; *Göthel,* RIW 2006, 41.

[26] BGH NJW 2003, 1607 ff.; BGH NJW-RR 2004, 1618; BGH NZG 2005, 44; BGH NZG 2004, 863; MüKo BGB/*Kindler* IntGesR Rdnr. 328; abw. aber Staudinger/*Großfeld* IntGesR Rdnr. 210.

b) Grenzüberschreitende Mobilität gemäß Heimatrecht. Von der soeben erwähnten kollisions- und sachrechtlichen Behandlung in Deutschland abzugrenzen ist auch in den Zuzugsfällen die Frage, ob das Heimatrecht der betreffenden Gesellschaft den identitätswahrenden Wegzug nach dessen Sach- und Kollisionsrecht überhaupt gestattet. Dies ist letztlich ebenfalls ein Aspekt des Gesellschaftsstatuts und daher auch im Zuzugsstaat (vorrangig) zu prüfen (§ 293 ZPO). Konkret bedeutet dies, dass die Anerkennung einer Auslandsgesellschaft als solche mit Verwaltungssitz in Deutschland nur in Betracht kommt, wenn der Wegzugsstaat der **Gründungstheorie** folgt und sich auch aus dessen relevantem materiellen Gesellschaftsrecht keine Hindernisse für den Wegzug ergeben. Diese, aus dem Heimatrecht folgende Einschränkung der Mobilität von Gesellschaften ist auch innerhalb der EU beachtlich.[27]

aa) Staaten, die im Hinblick auf den Wegzug ihrer Gesellschaften der **Gründungstheorie** folgen, sind innerhalb der EU und des übrigen EWR:[28] Bulgarien,[29] England,[30] Italien,[31] Liechtenstein,[32] Niederlande,[33] Rumänien,[34] Tschechische Republik,[35] Ungarn. Darüber hinaus gilt die Gründungstheorie in China,[36] Hongkong, Japan,[37] Kanada,[38] Mexiko, Russland,[39] der Schweiz,[40] Tunesien, der Ukraine, den USA[41] und Venezuela.[42] Verlegt daher eine Gesellschaft aus diesen Staaten ihren Verwaltungssitz nach Deutschland, ist sie hier als solche auch für die als Fragen des Gesellschaftsstatuts zu qualifizierenden firmenrechtlichen Aspekte anzuerkennen.

bb) Staaten, die im Hinblick auf den Wegzug ihrer Gesellschaften der **Sitztheorie** folgen, sind innerhalb der EU und des übrigen EWR:[43] Belgien, Dänemark,[44] Frankreich,[45] Griechenland, Luxemburg,[46] Österreich,[47] Polen,[48] Portugal,[49] Slowenien[50] und Spanien.[51] Außerhalb des EU/EWR-Bereichs folgen der Sitztheorie zB Argentinien, Australien,[52] Iran,[53] Südkorea und die Türkei. Verlegen daher Gesellschaften aus diesen Staaten ihren Verwaltungssitz nach Deutschland, kommt eine identitätswahrende Anerkennung nicht in Betracht. Sie werden hier vielmehr als GbR, OHG oder Einzelkaufmann behandelt und

---

[27] EuGH NJW 1998, 2186 – Daily Mail; EuGH NJW 2009, 569 – Cartesio.
[28] Überblick aus MüKo BGB/*Kindler* IntGesR Rdnr. 510.
[29] *Zidarova*, RabelsZ 71 (2007), 398, 417 ff.
[30] Bank of Ethiopia v. National Bank of Egypt (1937) Ch. 513; *Hoffmann*, ZVglRWiss. 101 (2002), 283, 287 ff.
[31] *Kindler*, RabelsZ 61 (1997), 227, 281 ff.
[32] *Appel*, RabelsZ 61 (1997), 510, 532 ff.; *Kohler*, IPRax 1997, 309, 310 f.
[33] *Kramer*, IPRax 2007, 54, 57; *Hoffmann*, ZVglRWiss. 101 (2002), 283, 301 ff.
[34] *Capatina*, RabelsZ 58 (1994), 467, 489 ff.; *Aden*, RIW 2008, 700, 703.
[35] *Pauknerová*, IPRax 2007, 162 ff.
[36] *Süss*, RIW 1989, 788, 789 f.
[37] *Nishitani*, IPRax 2007, 552, 557; *Kaiser*, RIW 2009, 257, 258.
[38] *Glenn*, RabelsZ 60 (1996), 231, 238.
[39] *Sadikov*, RabelsZ 67 (2003), 318, 330; *Mayer/Breig*, ZEuP 2006, 829, 839 f.
[40] *Hoffmann*, ZVglRWiss. 101 (2002), 283, 303 ff.
[41] *Göthel*, RIW 2006, 41 ff.
[42] *Hernández/Bretón*, IPRax 1999, 194, 195; *de Maekelt*, RabelsZ 64 (2000), 299, 326 f.
[43] Überblick aus MüKo BGB/*Kindler* IntGesR Rdnr. 511.
[44] *Hoffmann*, ZVglRWiss. 101 (2002), 283, 306 f.
[45] *Kieninger*, RabelsZ 73 (2009), 607, 611 f.
[46] Hirte/Bücker/*Putz* § 8 Rdnr. 32, § 9 Rdnr. 14.
[47] *Lurger*, IPRax 2001, 346.
[48] *Jara/Schlichte*, RIW 2006, 106 ff.
[49] *Stieb*, GmbHR 2004, 494.
[50] Überblick aus MüKo BGB/*Kindler* IntGesR Rdnr. 511; abw. *Rudolf*, IPRax 2003, 158, 160 (Gründungstheorie).
[51] *Sandrock*, RIW 2006, 658 ff.
[52] *Nygh*, RabelsZ 58 (1994), 727, 741.
[53] *Khatib/Shahidi/Engelhardt*, WiB 1997, 1232.

müssen ihre Firma bezüglich des Rechtsformzusatzes bereits deswegen entsprechend ändern.

2. Wegzugsfälle

19 Verlegt eine deutsche Gesellschaft ihren Verwaltungssitz ins Ausland, sind wiederum auch im Bereich firmenrechtlicher Angelegenheiten die kollisions- und sachrechtlichen Vorgaben im Recht des Wegzugsstaats und des Zuzugsstaats zu unterscheiden.

20 **a) Grenzüberschreitende Mobilität gemäß deutschem Heimatrecht.** Da der EuGH infolge der Rechtsprechung *Daily Mail* und *Cartesio* nicht fordert, dass die Mitgliedstaaten den identitätswahrenden Wegzug von Gesellschaften gemäß Heimatrecht gestatten müssen, erfolgt die sach- und kollisionsrechtliche Behandlung dieser Fälle aus deutscher Perspektive in Bezug auf die EU und Drittstaaten einheitlich nach dem autonomen Recht.[54] Ob eine deutsche Gesellschaft ihren Verwaltungssitz identitätswahrend ins Ausland verlegen kann und damit ihre Organisationsstruktur beibehält, ist aus der Perspektive des deutschen Rechts nach wie vor sowohl kollisions- als auch sachrechtlich problematisch. Vielfach werden diese Aspekte jedoch zusammen behandelt, vor allem deshalb, weil die gegenwärtige Rechtslage seit Inkrafttreten des MoMiG nicht eindeutig erkennen lässt, ob der Gesetzgeber sach- oder kollisionsrechtliche Regeln erlassen wollte. Insofern sind auch GmbH und AG von den anderen Gesellschaftsformen zu unterscheiden.

21 **aa) GmbH und AG.** Infolge der Streichung des Gebots der Sitzanknüpfung an das Inland gemäß § 5 Abs. 2 AktG a. F. bzw. § 4a Abs. 2 GmbHG a. F. durch das MoMiG kann eine im deutschen Handelsregister eingetragene GmbH oder AG nunmehr ihren **Verwaltungssitz im Ausland** haben (str.).[55] Bei der Begründung dieses Ergebnisses ist jedoch nach wie vor sehr umstritten, ob die Neuregelung nur eine sachrechtliche Bedeutung hat oder ihr auch ein kollisionsrechtlicher Gehalt zukommt. Der BGH hat hierzu nicht Stellung bezogen.[56] Richtigerweise betrifft die Aufgabe des Gebots einer inländischen Sitzknüpfung durch das MoMiG jedoch sowohl das materielle Gesellschaftsrecht wie das Kollisionsrecht (str.).[57] Für die Praxis bedeutet diese kontroverse Diskussion jedoch gleichwohl eine erhebliche **Rechtsunsicherheit.** Es ist daher an den Gesetzgeber zu appellieren, endlich Klarheit über die identitätswahrende Sitzverlegung deutscher Gesellschaften zu schaffen, damit diese sich auch als „Exportschlager" erweisen können. Als mögliche **Reformen** bieten sich zum einen nationale Alleingänge an, wie zB der nicht weiter verfolge Referentenentwurf des BMJ aus dem Jahr 2009.[58] Hiernach würde ein neu eingeführter Art. 10 EGBGB das Gesellschaftsstatut an den Registrierungsort, hilfsweise an das Recht des Staates, nach dem die Gesellschaft organisiert ist, anknüpfen und damit in Deutschland die Gründungstheorie für maßgeblich erachten. Überzeugender wäre indessen eine einheitliche europäische Lösung. Der Entwurf für eine Sitzverlegungsrichtlinie vom 20. 4. 1997[59]

---

[54] Zum Ganzen § 52.

[55] *Hoffmann*, ZIP 2007, 1581, 1582; *Hirte*, NZG 2008, 761, 766; Baumbach/Hueck/*Fastrich* § 4a Rdnr. 9; Lutter/Hommelhoff/*Bayer* GmbHG § 4a Rdnr. 15; BeckOK GmbHG/*Langer* IntGesR Rdnr. 83 ff.; nach früherem Recht kam es zwangsweise zur Auflösung und Liquidation der deutschen Gesellschaft, so dass auch im Zuzugsstaat keine umfassende Anerkennung möglich ist (vgl. BGH GmbHR 2008, 990; OLG München NZG 2007, 915; GroßKomm GmbHG/*Behrens* Einl. B Rdnr. 118).

[56] BGH NJW 2009, 289, 291 – Trabrennbahn; zur Rechtfertigung dieser „richterlichen Zurückhaltung" *Goette*, DStR 2009, 63; abw. *Kindler*, IPRax 2009, 189, 198.

[57] So auch *Hoffmann*, ZIP 2007, 1581; *Fingherhut/Rumpf*, IPRax 2008, 90, 92; *Mülsch/Nohlen*, ZIP 2008, 1358, 1360; aA aber *Peters*, GmbHR 2008, 245, 249; *Franz/Laeger*, BB 2008, 678, 681 f.; *Preuß*, GmbHR 2007, 57, 62; *Kindler*, IPRax 2009, 189, 193 ff.

[58] Referentenentwurf für ein Gesetz zum Internationalen Privatrecht der Gesellschaften, Vereine und juristischen Personen, abrufbar unter http://www.bmj.bund.de/files//2751/RefE%20Gesetz%20zum%20Internationalen%20Privatrecht%20der%20Gesellschaften,%20Vereine%20und%20juristische n%20Personen.pdf; siehe dazu *Wagner/Timm*, IPRax 2008, 81.

[59] Abgedruckt in ZIP 1997, 1721.

ist jedoch durch die Rechtsprechung des EuGH überholt.⁶⁰ Neue Ansätze zur Harmonisierung des europäischen Kollisionsrechts für Gesellschaften sind derzeit nicht zu erwarten.

bb) Personenhandelsgesellschaften. Auch bei Personenhandelsgesellschaften sind sach- und kollisionsrechtlich Ort der Registrierung und Verwaltungssitz zu unterscheiden. Die Notwendigkeit gemäß § 106 HGB, bei der Eintragung in das Handelsregister einen Sitz anzugeben, bezieht sich nach hM jedoch auf den Verwaltungssitz.⁶¹ Hiernach könnte ein ausländischer Sitz nicht eingetragen werden mit der Folge, dass der **identitätswahrende Wegzug** einer deutschen Personenhandelsgesellschaft wie bei den Kapitalgesellschaften vor Inkrafttreten des MoMiG nicht möglich ist, mithin bei der Sitzverlegung eine Zwangsauflösung herbeigeführt wird. Diese Sichtweise überzeugt indessen mittlerweile nicht mehr, denn auch § 106 HGB verlangt keinen inländischen Sitz. Insofern ist vielmehr davon auszugehen, dass auch bei den Personenhandelsgesellschaften sach- und kollisionsrechtlich der Wegzug ins Ausland gestattet ist.⁶² Für die Praxis bedeutet diese nach wie vor kontrovers geführte Diskussion jedoch eine erhebliche Rechtsunsicherheit, so dass insoweit eine rasche Klärung durch den Gesetzgeber zu fordern ist.

b) Anerkennung im Zuzugsstaat. Wiederum gilt, dass die grenzüberschreitende Mobilität von Gesellschaften nur dann gewährleistet ist, wenn auch das Kollisions- und Sachrecht des Aufnahmestaates die Verlegung des Verwaltungssitzes billigt, mithin eine Art. 4 Abs. 1 S. 2 EGBGB entsprechende Rückverweisung ins deutsche Recht vorsieht.⁶³ Folgt der Zuzugsstaat der Gründungstheorie, so bleibt es bei der Anwendbarkeit des deutschen Sachrechts hinsichtlich der Geschäftsführung. Folgt der Zuzugsstaat hingegen der Sitztheorie, kommt es zu einem Statutenwechsel zugunsten der Anwendbarkeit des für die vergleichbaren Gesellschaften maßgeblichen Rechts des Zuzugsstaates (Substitution), was eine Respektierung der nach Heimatrecht zulässigen Firma insbesondere im Hinblick auf den Rechtsformzusatz ausschließt. **Innerhalb der EU** bzw. der EWR-Staaten ist jedoch zu bedenken, dass die Rechtsprechung des EuGH in Sachen *Überseering*⁶⁴ und *Inspire Art*⁶⁵ die Staaten mittlerweile zur identitätswahrenden Anerkennung von Auslandsgesellschaften verpflichtet. Eine deutsche GmbH oder AG, die ihren Verwaltungssitz in einen anderen Mitgliedsstaat verlegt, bleibt daher auch im Hinblick auf die Binnenorganisation als solche bestehen (zur Rechtsunsicherheit aus der Wegzugsperspektive aber oben Rdnr. 14). Das Gleiche gilt im Verhältnis zu den **USA** (oben Rdnr. 15).

Folgende **Drittstaaten** folgen bzgl. des Zuzugs ausländischer Gesellschaften der **Sitztheorie:** Argentinien, Australien,⁶⁶ Iran,⁶⁷ Südkorea und die Türkei. Insofern würde also auch ein nach deutschem Sach- und Kollisionsrecht zulässiger identitätswahrender Wegzug nicht die gewünschte Mobilität der Gesellschaft herbeiführen. Folgende Drittstaaten folgen bzgl. des Zuzugs ausländischer Gesellschaften der **Gründungstheorie:** China,⁶⁸ Hongkong, Japan,⁶⁹ Kanada,⁷⁰ Mexiko, Russland,⁷¹ Schweiz,⁷² Tunesien, Ukraine, USA⁷³ und

---

⁶⁰ Einzelheiten bei § 52.
⁶¹ BGH WM 1957, 999, 1000; MüKo HGB/*Langhein* § 106 Rdnr. 26.
⁶² So auch *Koch*, ZHR 173 (2009), 101.
⁶³ *Teichmann*, ZIP 2009, 393, 401.
⁶⁴ EuGH NJW 2002, 3614 ff.
⁶⁵ EuGH NJW 2003, 3333.
⁶⁶ *Nygh*, RabelsZ 58 (1994), 727, 741.
⁶⁷ *Khatib/Shahidi/Engelhardt*, WiB 1997, 1232.
⁶⁸ *Süss*, RIW 1989, 788, 789 f.
⁶⁹ *Nishitani*, IPRax 2007, 552, 557; *Kaiser*, RIW 2009, 257, 258.
⁷⁰ *Glenn*, RabelsZ 60 (1996), 231, 238.
⁷¹ *Sadikov*, RabelsZ 67 (2003), 318, 330; *Mayer/Breig*, ZEuP 2006, 829, 839 f.
⁷² *Hoffmann*, ZVglRWiss. 101 (2002), 283, 303 ff.
⁷³ *Göthel*, RIW 2006, 41 ff.

Venezuela.[74] Hier wäre somit der identitätswahrende Wegzug möglich, wenn sich die mittlerweile überwiegende Meinung aus deutscher Sicht durchsetzen würde.

3. Besonderheiten auf Grund internationaler Verträge

25 Das deutsche IPR steht gemäß Art. 3 Nr. 2 EGBGB unter dem Vorbehalt vorrangiger völkerrechtlicher Vereinbarungen. Im Bereich des internationalen Gesellschaftsrechts gibt es hierzu eine Vielzahl bilateraler Staatsverträge.[75]

26 a) Auf Grund spezieller Kapitalschutzabkommen gilt die **Gründungstheorie** (teilweise zumindest halbseitig, dh. für den Zuzug ausländischer Gesellschaften nach Deutschland) für folgende Staaten: Bolivien (Art. 1 Abs. 4 Kapitalschutzabkommen vom 23. 3. 1987, BGBl. 1988 II S. 254); Brunei Darussalam (Art. 1 Abs. 5 Kapitalschutzabkommen vom 30. 3. 1998, BT-Drucks. 15/1057); China: Anerkennung chinesischer Gesellschaften, die von der chinesischen Regierung anerkannt, registriert und zur wirtschaftlichen Zusammenarbeit mit dem Ausland berechtigt sind (Kapitalschutzabkommen vom 1. 12. 2003, BGBl. 2005 II S. 732, BT-Drucks. 15/4983 S. 5362; BGBl. 2006 II S. 119); Dominica (Art. 1 Abs. 4 Kapitalschutzabkommen vom 1. 10. 1984, BGBl. 1985 II S. 1170); Gabun (Art. 1 Abs. 4 Kapitalschutzabkommen vom 15. 9. 1998, BGBl. 2001 II S. 478); Ghana (Art. 1 Nr. 4 Kapitalschutzabkommen vom 24. 2. 1995, BGBl. 1997 II S. 2055); Guyana (Art. 1 Abs. 4 Kapitalschutzabkommen vom 6. 12. 1989, BGBl. 1993 II S. 938); Honduras (Art. 1 Nr. 4 Kapitalschutzabkommen vom 21. 3. 1995, BGBl. 1997 II S. 2064); Hongkong (Art. 1 Abs. 4 Kapitalschutzabkommen vom 31. 1. 1996, BGBl. 1997 II S. 1848); Indien (Art. 1 a) Kapitalschutzabkommen vom 10. 7. 1995, BGBl. 1998 II S. 619); Indonesien (Art. 1 Abs. 4 Kapitalschutzabkommen vom 8. 11. 1968, BGBl. 1970 II S. 492); Jamaika (Art. 1 Nr. 4 Kapitalschutzabkommen vom 24. 9. 1992, BGBl. 1996 II S. 58); Jemen (Art. 1 Abs. 3 Kapitalschutzabkommen vom 2. 3. 2005, BGBl. 2007 II S. 87); Kambodscha (Art. 1 Nr. 4 Kapitalschutzabkommen vom 15. 2. 1999, BGBl. 2001 II S. 487); Kamerun (Art. 8 Abs. 4 Kapitalschutzabkommen vom 29. 6. 1962, BGBl. 1963 II S. 991); Katar (Art. 1 Nr. 3 Kapitalschutzabkommen vom 14. 6. 1996, BGBl. 1998 II S. 628); Demokratische Republik Kongo (Art. 8 Abs. 4 Kapitalschutzabkommen vom 18. 3. 1969, BGBl. 1970 II S. 509); Republik Korea (Art. 8 Abs. 4 Kapitalschutzabkommen vom 4. 2. 1964, BGBl. 1966 II S. 841); Kuba (Art. 1 Nr. 4 Kapitalschutzabkommen vom 30. 4. 1996, BGBl. 1998 II S. 746); Kuwait (Art. 1 Nr. 3 Kapitalschutzabkommen vom 30. 3. 1994, BGBl. 1997 II S. 166); Lesotho (Art. 1 Abs. 4 Kapitalschutzabkommen vom 11. 11. 1982, BGBl. 1985 II S. 14); Liberia (Art. 8 Abs. 4 Kapitalschutzabkommen vom 12. 12. 1961, BGBl. 1967 II S. 537); Malaysia (Art. 1 Abs. 4 Kapitalschutzabkommen vom 22. 12. 1960, BGBl. 1962 II S. 1064); Mali (Art. 1 Nr. 4 Kapitalschutzabkommen vom 28. 6. 1977, BGBl. 1979 II S. 77); Mauritius (Art. 8 Abs. 4 Kapitalschutzabkommen vom 25. 5. 1971, BGBl. 1973 II S. 615); Nepal (Art. 1 Nr. 4 Kapitalschutzabkommen vom 20. 10. 1986, BGBl. 1988 II S. 262); Oman (Art. 1 Nr. 4 Kapitalschutzabkommen vom 25. 6. 1979, BGBl. 1985 II S. 354); Pakistan (Art. 8 Abs. 4 Kapitalschutzabkommen vom 25. 11. 1959, BGBl. 1961 II S. 793); Papua-Neuguinea (Art. 1 Nr. 4 Kapitalschutzabkommen vom 12. 11. 1980, BGBl. 1982 II S. 389); Senegal (Art. 8 Abs. 4 Kapitalschutzabkommen vom 24. 1. 1964, BGBl. 1965 II S. 1391); Serbien und Montenegro (Art. 1 Abs. 3 Kapitalschutzabkommen vom 10. 7. 1989 mit dem ehemaligen Jugoslawien, BGBl. 1997 II S. 961, 962); Singapur (Art. 1 Abs. 4 Kapitalschutzabkommen vom 3. 10. 1973, BGBl. 1975 II S. 49); Somalia (Art. 1 Abs. 4 Kapitalschutzabkommen vom 27. 11. 1981, BGBl. 1984 II S. 778). Sri Lanka (Art. 1 Abs. 4 lit. b) des Kapitalschutzabkommens vom 7. 2. 2000, BGBl. 2002 II S. 296); St. Lucia (Art. 1 Nr. 4 Kapitalschutzabkommen vom 16. 3. 1985, BGBl. 1987 II S: 13); St. Vincent und Grenadinen (Art. 1 Nr. 4 Kapitalschutzabkommen vom 25. 3. 1986, BGBl. 1987 II S. 774); Sudan (Art. 8 Abs. 4 Kapitalschutzab-

---

[74] *Hernández/Bretón,* IPRax 1999, 194, 195; *de Maekelt,* RabelsZ 64 (2000), 299, 326 f.
[75] Zum Ganzen ausführlich Eidenmüller/*Rehm* § 2 Rdnr. 6 ff.

kommen vom 7. 2. 1963, BGBl. 1966 II S. 889); Swasiland (Art. 1 Nr. 4 Kapitalschutzabkommen vom 5. 4. 1990, BGBl. 1993 II S. 956); Tansania (Art. 8 Abs. 4 Kapitalschutzabkommen vom 30. 1. 1965, BGBl. 1966 II S. 873); Tschad (Art. 8 Abs. 4 Kapitalschutzabkommen vom 11. 4. 1967, BGBl. 1968 II S. 221); Türkei (vgl. zB Art. 5 des Niederlassungsabkommens mit der Türkischen Republik vom 12. 1. 1927, RGBl. II S. 76; vgl. zur Sitzanknüpfung jedoch Art. 8 Abs. 4 Kapitalschutzabkommen vom 20. 5. 1962, BGBl. 1965 II S. 1193); USA (Art. XXV Abs. 5 S. 2 Freundschafts-, Handels- und Schifffahrtsvertrag vom 29. 10. 1954; hierzu BGH 29. 1. 2003, NJW 2003, 1607, 1608; BGH 5. 7. 2004, NJW-RR 2004, 1618; oben Rdnr. 15).

b) Die **Sitztheorie** ist staatsvertraglich bei folgenden Ländern maßgeblich: Ägypten (Art. 8 Abs. 4 Kapitalschutzabkommen vom 5. 7. 1974, BGBl. 1977 II S. 1145); Algerien (Art. 1 Abs. 1 Kapitalschutzabkommen vom 11. 3. 1996, BGBl. 2002 II S. 286); Argentinien (Art. 1 Nr. 4 Kapitalschutzabkommen vom 9. 4. 1991, BGBl. 1993 II S. 1244); Armenien (Art. 1 Nr. 4 Kapitalschutzabkommen vom 21. 12. 1995, BGBl. 2000 II S. 46); Aserbaidschan (Art. 1 Nr. 4 Kapitalschutzabkommen vom 22. 12. 1995, BGBl. 1998 II S. 567); Bangladesch (Art. 8 Abs. 4 Kapitalschutzabkommen vom 6. 5. 1981, BGBl. 1984 II S. 838); Barbados (Art. 1 Abs. 4 Kapitalschutzabkommen vom 2.1. 2. 1994, BGBl. 1997 II S. 2047); Belarus (Art. 1 Nr. 3 Kapitalschutzabkommen vom 2. 4. 1993, BGBl. 1996 II S. 85); Benin (Art. 8 Abs. 4 Kapitalschutzabkommen vom 29. 6. 1978, BGBl. 1985 II S. 2); Bosnien Herzegowina (Vertrag vom 18. 10. 2001, BGBl. 2004 II S. 314; BT-Drucks. 15/1847 S. 2091); Botswana (Art. 1 Nr. 4 Kapitalschutzabkommen vom 23. 5. 2000, BGBl. 2002 II S. 278); Bulgarien (Art. 1 Nr. 3 Kapitalschutzabkommen vom 12. 4. 1986, BGBl. 1987 II S. 742); Burundi (Art. 1 Nr. 4 Kapitalschutzabkommen vom 10. 9. 1984, BGBl. 1985 II S. 1162); Chile (Art. 1 Nr. 4 Kapitalschutzabkommen vom 21. 10. 1991, BGBl. 1998 II S. 1427); Costa Rica (Art. 1 Nr. 4 Kapitalschutzabkommen vom 13. 9. 1994, BGBl. 1997 II S. 1830); Dominikanische Republik (Art. 11 des Protokolls zum Freundschafts-, Handels- und Schifffahrtsvertrag vom 23. 12. 1959, BGBl. II S. 1468); Ecuador (Art. 1 Nr. 4 Kapitalschutzabkommen vom 21. 3. 1996, BGBl. 1998 II S. 610); Elfenbeinküste (Art. 1 Abs. 4 Kapitalschutzabkommen vom 27. 10. 1966, BGBl. 1968 II S. 61); El Salvador (Art. 1 Nr. 3 Kapitalschutzabkommen vom 11. 12. 1997, BGBl. 2000 II S. 673); Georgien (Art. 1 Nr. 4 Kapitalschutzabkommen vom 25. 6. 1993, BGBl. 1998 II S. 576); Guinea (Art. 8 Abs. 4 Kapitalschutzabkommen vom 19. 4. 1962, BGBl. 1964 II S. 145); Haiti (Art. 8 Abs. 4 Kapitalschutzabkommen vom 14. 8. 1973, BGBl. 1975 II S. 101); Iran (Art. 1 Abs. 2 lit. b) des Kapitalschutzabkommens vom 17. 8. 2002, BGBl. II S. 55); Japan (Art. XIII Handels- und Schifffahrtsvertrag zwischen dem Deutschen Reich und Japan vom 20. 7. 1927, RGBl. II S. 1087); Jordanien (Art. 8 Abs. 4 Kapitalschutzabkommen vom 15. 7. 1974, BGBl. 1975 II S. 1254); Kap Verde (Art. 1 Nr. 4 Kapitalschutzabkommen vom 18. 1. 1990, BGBl. 1993 II S. 947); Kasachstan (Art. 1 Nr. 4 Kapitalschutzabkommen vom 22. 9. 1992, BGBl. 1994 II S. 3730); Kenia (Art. 1 Nr. 4 Kapitalschutzabkommen vom 3. 5. 1996, BGBl. 1998 II S. 585); Republik Kongo (Art. 8 Abs. 4 Kapitalschutzabkommen vom 13. 9. 1965, BGBl. 1967 II S. 1733); Kroatien (Art. 1 Nr. 4 Kapitalschutzabkommen vom 21. 3. 1997, BGBl. 2000 II S. 653); Laos (Art. 1 Nr. 4 Kapitalschutzabkommen vom 9. 8. 1996, BGBl. 1998 II S. 1466); Libanon (Art. 1 Nr. 1 B) Kapitalschutzabkommen vom 18. 3. 1997, BGBl. 1998 II S. 1439); Madagaskar (Art. 8 Abs. 4 Kapitalschutzabkommen vom 15. 4. 1962, BGBl. 1965 II S. 369); Marokko (Art. 8 Abs. 4 Kapitalschutzabkommen vom 31. 8. 1961, BGBl. 1967 II S. 1641); Mauretanien (Art. 1 Abs. 4 Kapitalschutzabkommen vom 8. 12. 1982, BGBl. 1985 II S. 22); Mazedonien (Art. 1 Nr. 3 Kapitalschutzabkommen vom 10. 9. 1996, BGBl. 2000 II S. 646); Mexiko (Art. 1 Nr. 4 Kapitalschutzabkommen vom 25. 8. 1998, BGBl. 2000 II S. 866); Moldau (Art. 1 Abs. 1 c) Kapitalschutzabkommen vom 28. 2. 1994, BGBl. 1997 II S. 2072); Mongolei (Art. 1 Nr. 1 Kapitalschutzabkommen vom 26. 6. 1991, BGBl. 1996 II S. 50); Mosambik (Art. 1 Nr. 4 Kapitalschutzabkommen vom 6. 3. 2002, BT-Drucks. 15/1845); Namibia (Art. 1 Nr. 4 Kapitalschutzabkommen vom 21. 1. 1994, BGBl. 1997 II S. 186); Nicaragua (Art. 1 Nr. 4 Kapitalschutzabkommen vom 6. 5. 1996, BGBl. 1998 II S. 637); Niederlande (Art. 1, 2 Vertrag zwischen dem Deutschen Reich und den Niederlanden über die gegenseitige Anerkennung der Aktiengesellschaften und anderer kommerzieller, industrieller oder finanzieller Gesellschaften vom 11. 2. 1907, RGBl. 1908, S. 65; in Kraft seit 26. 3. 1908, RGBl. S. 65), Bekanntmachung vom 29. 2. 1952 über die Wiederanwendung BGBl. II S. 435); Panama (Art. 1 Nr. 4 Kapitalschutzabkommen vom 2. 11. 1983, BGBl. 1987 II S. 2); Paraguay (Art. 1 Nr. 4 Kapitalschutzabkommen vom 11. 8. 1993, BGBl. 1997 II S. 2080); Peru (Art. 1 Nr. 4 Kapitalschutzabkommen vom 30. 1. 1995, BGBl. 1997 II S. 197); Philippinen (Art. 1 Nr. 3 Kapitalschutzabkommen vom 18. 4. 1997, BGBl. 1998 II S. 1448); Ruanda (Art. 8 Abs. 4 Kapitalschutzabkommen vom 18. 5. 1967, BGBl. 1968 II S. 1260); Sambia (Art. 8 Abs. 4 Kapitalschutzabkommen vom 10. 12. 1966, BGBl. 1968 II S. 33); Saudi-Arabien (Art. 1 Nr. 3 Kapitalschutzabkommen vom 29. 10. 1996 BGBl. 1998 II S. 593); Sierra-Leone (Art. 8 Abs. 4 Kapitalschutzabkommen vom 8. 4. 1965, BGBl. 1966 II S. 861); Simbabwe (Art. 1 Nr. 4 Kapitalschutzabkommen vom 29. 9. 1995, BGBl. 1997 II S. 1839); Slowakei (Art. 1 Nr. 3 Kapitalschutzabkommen vom 2. 10. 1990 mit der Tschechoslowakei, BGBl. II S. 294); Südafrika (Art. 1 Nr. 4 Kapitalschutzabkommen vom 11. 9. 1995, BGBl. 1997 II S. 2098); Syrien (Art. 1 Nr. 4 Kapitalschutzabkommen vom 2. 8. 1977, BGBl. 1979 II S. 422); Thailand (Art. 1 Abs. 3 Kapitalschutzabkommen vom 24. 6. 2002, BGBl. 2004 II S. 48); Togo (Art. 8 Abs. 4 Kapitalschutzabkommen vom 16. 5. 1961, BGBl. 1964 II S. 154); Tunesien (Art. 8 Abs. 4 Kapitalschutzabkommen vom 20. 12. 1963, BGBl. 1965 II S. 1377); Turkmenistan (Art. 1 Abs. 4 Kapitalschutzabkommen vom 28. 8. 1997, BGBl. 2000 II S. 664); Uganda (Art. 8 Abs. 4 Kapitalschutzabkommen vom 29. 11. 1966, BGBl. 1968 II S. 449); Ukraine (Art. 1 Nr. 4 Kapitalschutzabkommen vom 15. 2. 1993, BGBl. 1996 II S. 75); Uruguay (Art. 1 Nr. 4 Kapitalschutzabkommen vom 4. 5. 1987, BGBl. 1988 II S. 272); Usbekistan (Art. 1 Nr. 4 Kapitalschutzabkommen vom 28. 4. 1993, BGBl. 1997 II S. 2106); Venezuela (Art. 1 Nr. 4 Kapitalschutzabkommen vom 14. 5. 1996, BGBl. 1998 II S. 653); Vereinigte Arabische Emirate (Art. 1 Nr. 2 Kapitalschutzabkommen vom 21. 6. 1997, BGBl. 1998 II S. 1474); Vietnam (Art. 1 Nr. 4 Kapitalschutzabkommen vom 3. 4. 1993, BGBl. 1997 II S. 2116).

V. Einzelfragen

1. Wahl der Firma

28 Die Kompetenz, eine Firma zu wählen, richtet sich unstreitig nach dem **Gesellschaftsstatut**. Wenn also zB eine deutsche GmbH oder AG identitätswahrend ihren Verwaltungssitz ins Ausland verlegt (zur hierbei nach wie vor bestehenden Rechtsunsicherheit oben Rdnr. 21) oder im Ausland eine (echte, dh bloße) Zweigniederlassung unterhält, gelten § 3 Abs. 1 Nr. 1 GmbHG bzw. § 23 Abs. 2 Nr. 1 AktG fort, so dass etwaige Änderungen der Firma einer Satzungsänderung bedürfen. Dies gilt insbesondere dann, wenn das territorial anzuknüpfende Firmenordnungsrecht des Gastlandes (dazu sogleich) eine Änderung der Firma gebietet. Umgekehrt richtet es sich nach dem Heimatrecht der Auslandsgesellschaft, wenn diese ihren Verwaltungssitz gemäß der **Gründungstheorie** identitätswahrend nach Deutschland verlegt oder hier eine Zweigniederlassung unterhält. Bei der englischen Ltd. geltend bzgl. der Firma zB die sec. 9(2 a), 53 ff. CA 2006. Sie kann hiernach grundsätzlich frei gewählt werden, muss aber den Zusatz „Ltd" oder „ltd." beinhalten (sec. 59(1) CA 2006) und von bereits im Register eingetragenen Firmen unterscheidungskräftig sein. Eine Änderung der Firma ist gemäß sec. 77 ff. CA 2006 möglich.

29 Problematisch ist diese Anknüpfung freilich, wenn die grenzüberschreitende Sitzverlegung infolge der **Sitztheorie** einen Statutenwechsel nach sich zieht. Dies ist sowohl dann möglich, wenn es sich um den Zuzug einer Gesellschaft aus einem Drittstaat handelt, sowie dann, wenn man mit der noch beachtlichen Meinung davon ausgeht, dass deutsche GmbH und AG ihren Verwaltungssitz nicht identitätswahrend ins – auch europäische! – Ausland verlegen können (oben Rdnr. 21). In beiden Gestaltungen ändert sich infolge des Statutenwechsels die Rechtsform im Gastland, so dass die bisherigen gesellschaftsrechtlichen Vorgaben über die Firmenbildung nicht fortgelten. Verlegt zB eine Kapitalgesellschaft aus einem Drittstaat wie der Schweiz ihren Verwaltungssitz nach Deutschland, wird sie hier als OHG bzw. Einzelkaufmann behandelt, so dass sich das maßgebliche Firmenrecht nunmehr allein aus den entsprechenden Regelungen des HGB ergibt (oben Rdnr. 23). Umgekehrt kann wegen der nach bisher hM erfolgenden Zwangsliquidation nicht weiter auf § 3 Abs. 1 Nr. 1 GmbHG bzw. § 23 Abs. 2 Nr. 1 AktG zurückgegriffen werden, wenn eine GmbH oder AG ihren Verwaltungssitz ins Ausland verlegt (oben Rdnr. 21).

2. Rechtsformzusätze

Die Notwendigkeit, eindeutige, insbesondere auf die Haftungsverfassung der betreffenden Gesellschaft hindeutende Rechtsformzusätze zu wählen und zu verwenden, verfolgt nach zutreffender Ansicht rein ordnungspolitische Ziele und zieht konsequenterweise aus der Perspektive des deutschen IPR eine **gebietsbezogene Anknüpfung** nach sich (Sonderanknüpfung).[76] In den anderen europäischen Rechtsordnungen wird dies weitgehend ähnlich gesehen.[77] **30**

Verlegt daher eine Auslandsgesellschaft ihren Verwaltungssitz nach Deutschland, trifft sie ebenso wie eine deutsche Gesellschaft gemäß §§ 4 GmbHG, 4 AktG, 19 Abs. 2 HGB, 3 GenG die Pflicht, einen die **Haftungsbeschränkung** andeutenden Zusatz zu führen und gemäß §§ 13d ff. HGB zur Eintragung ins Handelsregister anzumelden.[78] Der Inhalt des Rechtsformzusatzes folgt aus dem Heimatrecht der Gesellschaft, mithin ggf. in einer **ausländischen Sprache;** er muss daher für die Registereintragung und den Firmengebrauch nicht – im Wege der Substitution – ins Deutsche übersetzt werden (str.).[79] Voraussetzung ist jedoch die Verwendung lateinischer Schriftzeichen.[80] Der Rechtsformzusatz darf auch **abgekürzt** werden (str.).[81] Beurteilte man dies abweichend, würde die Niederlassungsfreiheit in nicht zu rechtfertigender Art und Weise beeinträchtigt. Beide Aspekte – ausländischer Rechtsformzusatz und ggf. Abkürzung desselben – bergen zwar in tatsächlicher Hinsicht die Gefahr von Missverständnissen. Richtigerweise hat dies jedoch keine rechtliche Relevanz. Die im Zuge der europäischen Niederlassungsfreiheit von Gesellschaften ermöglichte Vielfalt ausländischer Rechtsformen stellt für sich genommen **keine Irreführung** dar.[82] Der Rechtsverkehr hat als Kehrseite dieser letztlich ihm nutzenden Freizügigkeit von Gesellschaften vielmehr die Obliegenheit, sich bei fremden Sprachen ggf. zu informieren, was über die elektronischen Medien ein Leichtes ist. Hierfür spricht letztlich auch, dass nach hM die Firmeneintragung und der Firmengebrauch im Gastland einen Hinweis auf das Herkunftsland des Unternehmensträgers erfordern (unten Rdnr. 34).[83] **31**

Umgekehrt haben deutsche Unternehmen, wenn sie ihren Verwaltungssitz identitätswahrend ins Ausland verlegen[84] oder dort eine (echte, dh bloße) Zweigniederlassung eröff- **32**

---

[76] Vgl. auch Süß/*Wachter* § 2 Rdnr. 154 ff.

[77] Vgl. in § 47 die Länderberichte über die firmenrechtliche Zulässigkeit bei Zweigniederlassungen.

[78] AG Bad Segeberg NZG 29 005, 762, 764; *Ulmer,* JZ 1999, 662, 663.

[79] Eidenmüller/*Rehberg* § 5 Rdnr. 52; abw. bei der englischen Ltd. noch LG Göttingen NZG 2006, 274; abw für die Anwendung inländischer Firmenzusätze auch MüKo BGB/*Kindler* IntGesR Rdnr. 238.

[80] Oetker/*Preuß* § 13 d Rdnr. 34.

[81] Eidenmüller/*Rehberg* § 5 Rdnr. 54; aA *Kindler,* NJW 2003, 1079; MüKo BGB/*Kindler* IntGesR Rdnr. 2388; *Ulmer,* JZ 1999, 663.

[82] AA *Kindler,* NJW 2003, 1079; MüKo BGB/*Kindler* IntGesR Rdnr. 2388; *Ulmer,* JZ 1999, 663.

[83] Abw. MüKo BGB/*Kindler* IntGesR Rdnr. 239, der umgekehrt fordert, beides müsse vorliegen (Übersetzung und Hinweis).

[84] Zu der hier nach wie vor bestehenden Rechtsunsicherheit oben Rdnr. 21.

nen, die sich dort aus dem Firmenordnungsrecht ergebenden Vorgaben in Bezug auf den Rechtsformzusatz zu beachten.[85]

3. Nationalitätshinweise

33 Eine Pflicht, die Zweigniederlassung im Ausland als solche zu kennzeichnen, lässt sich den §§ 13d ff. HGB nicht entnehmen.[86] Vielmehr besteht lediglich die Möglichkeit, eine **eigenständige Firma der Zweigniederlassung** zu wählen (vgl. § 13d Abs. 2 2. Hs. HGB). Hiervon können ausländische Unternehmen Gebrauch machen; über § 30 Abs. 3 HGB sind sie hierzu sogar ggf. verpflichtet (unten Rdnr. 36).[87] Vgl. umgekehrt für die firmenrechtliche Zulässigkeit von Zweigniederlassungen deutscher Unternehmen im Ausland § 45.

34 Hiervon abzugrenzen ist die Frage, ob eine Zweigniederlassung im Ausland zusätzlich einen Nationalitätshinweis eintragen lassen und verwenden muss. Wegen der hieraus resultierenden Informations- bzw. Warnfunktion wird dieser Aspekt kollisionsrechtlich **gebietsbezogen angeknüpft,** mithin an das Recht am Ort der Niederlassung im Ausland (Sonderanknüpfung). Die hM entnimmt dem deutschen Sachrecht die Pflicht, dass die Registeranmeldung und der tatsächliche Firmengebrauch einen Hinweis auf das **Herkunftsland** des Unternehmensträgers enthalten müssten.[88] Dies überzeugt wegen des berechtigten Informationsanliegens und stellt keine unangemessene Benachteiligung oder gar herabwürdigende Diskriminierung von Auslandsgesellschaften dar. Es verwirklicht vielmehr das vom EuGH stark propagierte „Informationsmodell"[89] und stellt konsequenterweise auch keine unzulässige Beschränkung der Niederlassungsfreiheit dar, denn es lässt sich ohne weiteres zur Sicherung der Lauterkeit des Handelsverkehrs rechtfertigen.[90] Für etwa bestehende sinngemäße Vorschriften im Gastland deutscher Gesellschaften gilt dies gleichermaßen.

4. Namensfunktion der Firma

35 Die Vorgaben für die zulässige Firmenbildung zur Gewährleistung ihrer Namensfunktion – Kennzeichnungskraft, Unterscheidungskraft, Irreführungsverbot – haben einen starken ordnungsrechtlichen Charakter und werden nach einhelliger Meinung **gebietsbezogen angeknüpft** (Sonderanknüpfung).[91] Dies betrifft sowohl die Eintragung einer Firma als auch deren Verwendung im Rechtsverkehr. Hiernach kann es also dazu kommen, dass die nach Heimatrecht zulässige Firmenbildung im Gastland unzulässig ist. Um den durch die Niederlassungsfreiheit gewährten Schutz der identitätswahrenden Unternehmensmobilität nicht leerlaufen zu lassen, ist es jedoch geboten, firmenordnungsrechtliche Regelungen des Gastlandes auf Auslandsgesellschaften mit **Zurückhaltung** anzuwenden und streng am Rechtfertigungsmaßstab des Schutzes der Lauterkeit des Handelsverkehrs und zum Schutz

---

[85] Vgl. in § 45 die Länderberichte über die firmenrechtliche Zulässigkeit bei Zweigniederlassungen.

[86] *Schmidt,* Handelsrecht, 5. Auflage, 1999, S. 359 f.; vgl. auch Staudinger/*Großfeld* IntGesR Rdnr. 976; Eidenmüller/*Rehberg,* § 5 Rdnr. 43.

[87] Einzelheiten bei Süß/*Wachter* § 2 Rdnr. 159 ff.

[88] OLG Saarbrücken NJW 1990, 647, 648; Eidenmüller/*Rehberg* § 5 Rdnr. 63; *Kindler,* NJW 2003, 1073, 1079; MüKo BGB/*Kindler* IntGesR Rdnr. 239 (mwN); abw. aber E/B/J/*Zimmer* § 17 Rdnr. 30; teilweise abw. – Hinweis nur bei Verwechslungsgefahr – Hirte/Bücker/Mankowski/*Knöfel* § 13 Rdnr. 69; *Spahlinger/Wegen* Rdnr. 560. – Vgl. umgekehrt § 45 die Länderberichte über die firmenrechtliche Zulässigkeit bei Zweigniederlassungen im Ausland.

[89] EuGH NJW 2003, 3331 – Inspire Art.

[90] Eidenmüller/*Rehberg* § 5 Rdnr. 64, aA aber bei Rdnr. 66; MüKo BGB/*Kindler* IntGesR Rdnr. 240; *Clausnitzer,* NZG 2008, 321, 323; aA *Brand,* JR 2004, 89, 94; *Leible/Hoffmann,* EuZW 2003, 677, 680.

[91] OLG Frankfurt NZG 2006, 515; KG NJW-RR 2004, 976, 977; BayObLG WM 1986, 1557; B/H/*Hopt* § 13d Rdnr. 4; K/R/M/*Roth* § 13d Rdnr. 7; *Clausnitzer,* NZG 2008, 321, 323; Eidenmüller/*Rehberg* § 5 Rdnr. 36.

der Verbraucher auszurichten.[92] Die von der hM zu Recht vertretene prinzipielle Anknüpfung des materiellen Firmenrechts an das Gesellschaftsstatut beschränkt insofern die Möglichkeit abweichender Sonderanknüpfungen.

Im Einzelnen folgt hieraus, dass die sachrechtlichen Vorgaben aus §§ 18, 30 Abs. 3 HGB – **Kennzeichnungskraft, Unterscheidungskraft, Irreführungsverbot** – auch für die Eintragung und Verwendung ausländischer Firmen in Deutschland gelten, wenn eine ausländische Gesellschaft ihren Verwaltungssitz hierhin identitätswahrend verlegt oder hier eine Zweigniederlassung errichtet (Einzelheiten bei § 11). Umgekehrt gelten die vergleichbaren nationalen Regelungen über die Firmenbildung und den Firmengebrauch des Gastlandes für dort als solche oder über eine Zweigniederlassung tätigen deutschen Gesellschaften (Einzelheiten bei § 45). **36**

5. Geschäftsbriefe, Bestellscheine

Gemäß Art. 6 der **Zweigniederlassungsrichtlinie** müssen die Mitgliedsstaaten vorschreiben, dass auf Geschäftsbriefen und Bestellscheinen, die von der Zweigniederlassung benutzt werden, außer den Registerangaben über die Gesellschaft (= Hauptniederlassung, vgl. Art. 4 der Publizitätsrichtlinie) auch die Registerangaben der Zweigniederlassung vorhanden sein müssen. Bei grenzüberschreitenden Sachverhalten wird die hieraus resultierende Pflicht zur einheitlichen Gestaltung der Geschäftskorrespondenz wegen der im öffentlichen Interesse liegenden Informationsfunktion zutreffend **gebietsbezogen angeknüpft** (Sonderanknüpfung). Konsequenterweise gilt für die Geschäftsbriefe das Recht des Gastlandes, welches ggf. im Wege der Substitution für die betreffende Gesellschaftsform zu ermitteln ist.[93] **37**

Insofern ist jedoch problematisch, dass die Mitgliedsstaaten die Vorgaben der Zweigniederlassungsrichtlinie unterschiedlich umgesetzt haben. Insbesondere verlangen die **deutschen Regelungen** über den Wortlaut der Richtlinie hinausgehende Angaben, insbesondere der Firma (vgl. § 37a HGB, § 35a GmbHG, § 80 AktG und § 125a HGB).[94] Hieraus wird teilweise unter Hinweis auf die richtlinienmäßige Vollharmonisierung der Schluss auf die **Europarechtswidrigkeit** der überschießenden nationalen Regelungen gezogen.[95] Richtigerweise wollte man dies jedoch wegen des nicht eindeutigen Wortlauts der Richtlinie und vor allem wegen des unbestreitbar wichtigen Informationsanliegens verneinen. Eine ausländische Gesellschaft mit Verwaltungssitz oder (echter, dh bloßer) Zweigniederlassung in Deutschland hat daher die im Wege der Substitution zu ermittelnden betreffenden Regelungen zu beachten. Das Gleiche gilt – vorbehaltlich nicht mehr von der Zweigniederlassungsrichtlinie gedeckter Vorgaben – auch für deutsche Gesellschaften im Ausland.[96]

Die **gewerberechtliche Pflicht** gemäß § 15a Abs. 1 und Abs. 3 S. 2 GewO, an der Außenseite oder am Eingang einer Betriebsstätte unter anderem die Firma des Inhabers anzubringen, ist Fremdenrecht und wird wegen seines öffentlich-rechtlichen Charakters ebenso gebietsbezogen angeknüpft.[97] Die Pflicht aus § 15b Abs. 1 und 2 GewO, gilt we- **38**

---

[92] So auch Eidenmüller/*Rehberg* § 5 Rdnr. 39 f.; Oetker/*Preuß* § 13d Rdnr. 36; zum sog. Vier-Konditionen-Test EuGH NJW 2003, 3331 Rdnr. 95 ff. – Inspire Art; aus deutscher Perspektive BGH NZG 2007, 592; speziell zur Verwendung der Firma OLG München NJW-RR 2007, 1677; OLG Frankfurt DB 2008, 1488.
[93] Einzelheiten bei *Wachter*, NotBZ 2004, 41, 52; abw. für die Maßgeblichkeit des Heimatrechts Ebert/*Lewedag*, GmbHR 2003, 1337.
[94] Vgl. nur Spindler/Stilz/*Fleischer* § 80 Rdnr. 16; B/H/*Zöllner*/Noack § 35a Rdnr. 13 ff.
[95] So vor allem Eidenmüller/*Rehberg* § 5 Rdnr. 93 f.; für EU-Auslandsgesellschaften auch B/H/*Zöllner*/Noack § 35a Rdnr. 15, was wegen der Erstreckung der Zweigniederlassungsrichtlinie auf alle Auslandsgesellschaften (Art. 7 ff.) aber nicht überzeugt.
[96] Vgl. hierzu die Länderberichte in § 45.
[97] Eidenmüller/*Rehberg* § 5 Rdnr. 97.

gen der hiermit statuierten Anknüpfung an den Verwaltungssitz jedoch innerhalb der EU und des EWR nicht (mehr).[98]

6. Rechtswidriger Firmengebrauch

39 Wird die Firma infolge der möglichen Sonderanknüpfungen im Gastland (soeben Rdnr. 30 ff.) rechtswidrig gebraucht, hat dies registerrechtliche und haftungsrechtliche Konsequenzen.

40 **a) Einschreiten des Registergerichts.** Die territoriale Anknüpfung des Firmenordnungsrechts zieht es konsequenterweise nach sich, dass die jeweiligen Eingriffsbefugnisse der registerführenden Stellen gelten. In Deutschland ist dies zunächst die Befugnis des Registergerichts gemäß § 14 HGB iVm. § 388 FamFG, bei **fehlender oder unrichtiger Anmeldung** ein Zwangsgeld festzusetzen. Adressaten dieser Androhung sind bei Auslandsgesellschaften die organschaftlichen Vertreter der Gesellschaft (Hauptniederlassung), nicht die Leiter der Zweigniederlassung.[99] Bei der grenzüberschreitenden Tätigkeit deutscher Gesellschaften richten sich die registerrechtlichen Eingriffsbefugnisse gleichermaßen nach dem Recht des Gastlandes.[100]

41 Bei (bloß) **rechtswidrigem Firmengebrauch** gilt das Vorgesagte gleichermaßen. Infolge der territorialen Anknüpfung des Firmenordnungsrechts richten sich die diesbezüglichen Eingriffsbefugnisse nach dem jeweiligen Recht am Ort der Zweigniederlassung. Ausländische Gesellschaften mit Sitz oder (echter, dh bloßer) Zweigniederlassung in Deutschland können daher gemäß § 37 Abs. 1 HGB iVm. § 389 FamFG unter Androhung von Ordnungsgeld zum rechtmäßigen Firmengebrauch angehalten werden.[101] Bei der grenzüberschreitenden Tätigkeit deutscher Gesellschaften richten sich die entsprechenden registerrechtlichen Eingriffsbefugnisse nach dem Recht des Gastlandes.[102]

42 **b) Unterlassungsanspruch.** Des Weiteren besteht wegen der gebietsbezogenen Anknüpfung firmenordnungsrechtlicher Fragen auch die Möglichkeit, dass jemand nach § 37 Abs. 2 S. 1 HGB gegen einen rechtswidrigen Firmengebrauch in Deutschland auf Unterlassung klagt, selbst wenn es sich um die Zweigniederlassung einer ausländischen Gesellschaft handelt. Dieser Anspruch ist wegen seiner systematischen Stellung und der engen Verbindung zum Firmenordnungsrecht als spezieller **firmenrechtlicher Rechtsbehelf** anzusehen. Entfaltet eine deutsche Gesellschaft umgekehrt im Ausland über eine Zweigniederlassung eine Geschäftstätigkeit, hängt es vom dortigen Recht ab, welche firmenrechtlichen Unterlassungsansprüche geltend zu machen sind.[103]

43 **c) Rechtsscheinshaftung.** Wird der europaweit zu führende[104] Rechtsformzusatz im Geschäftsverkehr weggelassen, kann dies eine Täuschung des Rechtsverkehrs über die tatsächlich gegebene Haftungsbeschränkung begründen und konsequenterweise eine Rechtsscheinshaftung unter Vertrauensaspekten hervorrufen. Im deutschen Sachrecht ist zB anerkannt, dass das Weglassen des auf eine Haftungsbeschränkung hindeutenden Rechtsformzusatzes eine Haftung des Handelnden entsprechend § 179 BGB auslöst. Problematisch ist aber, wie eine derartige Haftung kollisionsrechtlich anzuknüpfen ist. Richtigerweise stehen auch hier Verkehrsschutzerwägungen im Vordergrund, was eine **gebietsbezogene Sonderanknüpfung** rechtfertigt.[105] Abzustellen ist auf den Ort, an dem der

---

[98] Eidenmüller/*Rehberg* § 5 Rdnr. 98.
[99] Henssler/Strohn/*Servatius* IntGesR Rdnr. 11.
[100] Vgl. die Länderberichte bei § 45.
[101] Einzelheiten zum Firmenmissbrauchsverfahren bei Oetker/*Schlingloff* § 37 Rdnr. 3 ff.
[102] Vgl. die Länderberichte bei *Süß* § 47 Rdnr. 1 ff.
[103] Vgl. hierzu die Länderberichte bei § 45.
[104] AllgM, vgl. nur Eidenmüller/*Rehberg* § 5 Rdnr. 52; MünchKommBGB/*Kindler* IntGesR Rdnr. 237.
[105] Vgl. nur B/H/*Hueck/Fastrich* § 4 Rdnr. 15 (m. w. N).

Rechtsschein entstanden ist und sich ausgewirkt hat. Dies führt regelmäßig zur Anwendung des Rechts am Ort der Zweigniederlassung.

7. Haftung bei Unternehmensnachfolge

Die im deutschen Sachrecht aus §§ 25–28 HGB folgende Haftung bei Unternehmens- 44
kontinuität kann auch bei grenzüberschreitenden Sachverhalten relevant werden.[108] Insofern ist die kollisionsrechtliche Anknüpfung jedoch problematisch und sehr umstritten. Die wohl hM sieht unter Hinweis auf die – zumindest bei § 25 HGB – prägende Firmenkontinuität eine **gebietsbezogene Sonderanknüpfung** vor.[109] Maßgeblich ist hiernach das Recht am tatsächlichen Sitz des fortgeführten Unternehmens.[110]

§ 12 Geschäftsführung

Übersicht

	Rdnr.		Rdnr.
I. Begriff, Bedeutung, Abgrenzung	1–4	3. Besonderheiten auf Grund internationaler Verträge	24–26
II. Europäische Harmonisierung	5	V. Einzelfragen	27–88
III. Kollisionsrechtliche Anknüpfung	6, 7	1. Eignung, Bestellung und Abberufung von Geschäftsleitern	28–43
IV. Konsequenzen bei der Sitzverlegung	8–	a) Eignung	28, 29
1. Zuzugsfälle	9–16	b) Bestellung und Abberufung	30
a) Anerkennung gemäß deutschem Recht	10–14	c) Faktische Geschäftsleiter	31–36
b) Grenzüberschreitende Mobilität gemäß Heimatrecht	15–17	d) Gewerberecht	37–43
2. Wegzugsfälle	18–26	2. Organpflichten	44–87
a) Grenzüberschreitende Mobilität gemäß deutschem Heimatrecht	19–21	a) Gesellschaftsstatut	44
		b) Die Ausland Ltd. als Beispiel	45–62
b) Anerkennung im Zuzugsstaat	22, 23	c) Sonderanknüpfungen	63–87
		3. Anstellungsverhältnis	88

Schrifttum: *Altmeppen,* Schutz vor europäischen Kapitalgesellschaften, NJW 2004, 97; *Bauer/Großerichter,* Zur Durchsetzung deutscher Bestellungshindernisse von Geschäftsleitern gegenüber ausländischen Gesellschaften, NZG 2008, 253; *Bayer/Hoffmann,* Die Wahrnehmung der Limited in England als Rechtsformalternative zur GmbH, GmbHR 2007, 414; *Bernstorff,* Das Betreiben einer englischen Limited in Deutschland, RIW 2004, 498; *Beyer,* Misrepresentation, Haftung für fehlerhafte vorvertragliche Erklärungen nach englischem Recht, 1974; *Borges,* Gläubigerschutz bei ausländischen Gesellschaften mit inländischem Sitz, ZIP 2004, 733; *ders.,* Die Sitztheorie in der Centros-Ära – Vermeintliche Probleme und unvermeidliche Änderungen, RIW 2000, 167; *Christ,* Englische Private Limited und französische Société à Responsabilité Limitée: Ein Ausweg aus den Fesseln der deutschen GmbH?, 2008; *Eidenmüller,* Ausländische Kapitalgesellschaften im deutschen Recht, 2004; *ders.,* Geschäftsleiter- und Gesellschafterhaftung bei europäischen Auslandsgesellschaften mit tatsächlichem Inlandssitz, NJW 2005, 1618; *ders./Rehberg,* Rechnungslegung von Auslandsgesellschaften, ZVglRWiss 105 (2006), 427; *Erbe,* Die Limited und Limited & Co. KG, 2008; *Erdmann,* Ausländische Staatsangehörige in Geschäftsführungen und Vorständen deutscher GmbHs und AGs, NZG 2002, 503; *Fleischer,* Juristische Personen als Organmitglieder im Europäischen Gesellschaftsrecht, RIW 2004, 16; *ders.,* Zur aktienrechtlichen Verantwortlichkeit faktischer Organe, AG 2004, 517; *Fritz/Hermann* (Hrsg.), Die Private Limited Company in Deutschland, 2008; *Graf/Bisle,* Besteuerung und Rechnungslegung der britischen „private company limited by shares" (Limited), IStR 2004, 838; *Greulich/Rau,* Zur Insol-

---

[108] Vgl. die ähnlichen Regelungen ausländischer Rechtsordnungen: § 1419 ABGB (Österreich), Art. 181 OR (Schweiz), Art. 2558 Cc (Italien). Zum Ganzen *Busch/Müller,* ZVglRWiss. 94, 157, 169 f.
[109] *Spahlinger/Wegen* Rdnr. 562; MüKo BGB/*Kindler* IntGesR Rdnr. 253; B/H/*Hopt* § 25 Rdnr. 27; abw. Eidenmüller/*Rehberg* § 5 Rdnr. 48 (Gesellschaftsstatut); zum Ganzen ausführlich *Schnelle,* RIW 1997, 281, 285; *Freitag,* ZHR 174 (2010), 429.
[110] Baumbach/*Hopt* HGB § 25 Rdnr. 27.

venzverursachungshaftung des Geschäftsleiters einer Auslandsgesellschaft mit Inlandsverwaltungssitz, NZG 2008, 565; *Grohmann,* Der Companies Act 2006, Konzern 2007, 797; *Haas,* Der Erstattungsanspruch nach § 64 Abs 2 GmbHG, NZG 2004, 737; *ders.,* Die internationale und örtliche Zuständigkeit für Klagen nach § 64 Abs 2 GmbHG aF (bzw GmbHG § 64 S 1 n F), NZG 2010, 495; *ders.,* Die Rechtsfigur des faktischen GmbH-Geschäftsführers, NZI 2006, 494; *Habersack/Verse,* Wrongful Trading – Grundlage einer europäischen Insolvenzverschleppungshaftung?, ZHR 168 (2004), 174; *Hanke,* Grundlagen und Grenzen der Geschäftsleiterhaftung in Deutschland und England, 2008; *Happ/Holler,* Limited statt GmbH?, DStR 2004, 730; *Haug,* Ex-post-Gläubigerschutz in der private company limited by shares, 2009; *Heckschen,* Private Limited Company, 2. Aufl. 2007; *Heinz,* Die englische Limited, 2. Aufl. 2006; *Herrler/Schneider,* Von der Limited zur GmbH, 2010; *Hilpert,* Englische Ltd. und deutsche GmbH, Haftungsprivileg und Haftungsdurchgriff im Vergleich, 2006; *Just,* Die englische Limited in der Praxis, 3. Aufl. 2008; *ders.,* Englisches Gesellschaftsrecht, 2008; *ders.,* Internationales Gesellschaftsrecht, in Schütze/Weipert, Münchener Vertragshandbuch Bd. 4, 6. Aufl. 2007; *ders./Krämer,* Limited: Besonderheiten der Buchführung und Abschlusserstellung – im Unterschied zur Handelsbilanz, BC 2006, 29; *Kadel,* Die englische Limited, MittBayNot 2006, 102; *Kienle,* Grundlagen des internationalen Insolvenzrechts, NotBZ 2008, 245; *ders.,* Zur Strafbarkeit des Geschäftsleiters einer in Deutschland ansässigen Limited englischen Rechts, GmbHR 2007, 696; *Krömker/Otte,* Die gelöschte Limited mit Restvermögen in Deutschland: Stehen Gläubiger und Gesellschafter im Regen?, BB 2008, 964; *Krüger,* Das Gesellschaftskapital der Limited in der Insolvenz, ZInsO 2009, 2169; *Kühnle/Otto,* Neues zur kollisionsrechtlichen Qualifikation Gläubiger schützender Materien in der Insolvenz der Scheinauslandsgesellschaft, IPRax 2009, 117; *Ladiges/Pegel,* Neue Pflichten für directors einer limited durch den Companies Act 2006, DStR 2006, 2069; *Lamprecht,* Gelöschte englische Limiteds in Deutschland, ZEuP 2008, 290; *Lieder,* Die Haftung der Geschäftsführer und Gesellschafter von EU-Auslandsgesellschaften mit tatsächlichem Verwaltungssitz in Deutschland, DZWiR 2005, 399; *Mock/Schildt,* Insolvenz ausländischer Kapitalgesellschaften mit Sitz in Deutschland, ZInsO 2003, 396; *G. Müller,* Vorvertragliche und vertragliche Informationspflichten nach englischem und deutschem Recht, 1994; *H. Müller,* Gläubigerschutz bei der Limited Company mit Verwaltungssitz in Deutschland, 2009; *H.-F. Müller,* Insolvenz ausländischer Kapitalgesellschaften mit inländischem Verwaltungssitz, NZG 2003, 414; *K.J. Müller,* Die Limited in Deutschland: Ein Überblick über das anzuwendende englische Gesellschaftsrecht, DB 2006, 824; *Poertzgen,* Die rechtsformneutrale Insolvenzantragspflicht (§ 15 a InsO), ZInsO 2007, 574; *Ringe/Willemer,* Die deutsche Limited in der Insolvenz, EuZW 2006, 621; *dies.,* Zur Anwendung von § 64 GmbHG auf eine englische Limited, NZG 2010, 56; *Radtke,* Untreue (§ 266 StGB) zu Lasten von ausländischen Gesellschaften mit faktischem Sitz in Deutschland?, GmbHR 2008, 729; *ders./Hoffmann,* Die Anwendbarkeit von nationalem Insolvenzstrafrecht auf EU-Auslandsgesellschaften, EuZW 2009, 404; *Röhricht,* Insolvenzrechtliche Aspekte im Gesellschaftsrecht, ZIP 2005, 505; *Schall,* Englischer Gläubigerschutz bei der Limited in Deutschland, ZIP 2005, 965; *Schlichte,* Kapitalerhaltung in der Ltd. & Co. KG, DB 2006, 1357; *J. Schmidt,* Verfahren und Gefahren bei der Liquidation einer „Rest-Limited", ZIP 2008, 2400; *N. Schmidt,* The Dissolved Limited – Wegfall eines Rechtssubjekts?, ZInsO 2009, 1635; *Schmittmann/Bischoff,* De facto director, shadow director und dissolved companies: Aktuelle Rechtsfragen der scheinausländischen Limited, ZInsO 2009, 1561; *Schmolke,* Geschäftsleiterpflicht zur Offenlegung begangenen Fehlverhaltens?, RIW 2008, 365; *Schumann,* Die englische Limited mit Verwaltungssitz in Deutschland – Buchführung, Rechnungslegung und Strafbarkeit wegen Bankrotts, ZIP 2007, 1189; *ders.,* Die englische Limited mit Verwaltungssitz in Deutschland: Kapitalaufbringung, Kapitalerhaltung und Haftung bei Insolvenz, DB 2004, 743; *Schwilden,* Die rechtliche Stellung eines GmbH-Geschäftsführers und des managing directors einer englischen private limited company im Vergleich, 2005; *Seifert,* Europa ante portas – Zur Behandlung europäischer Scheinauslandsgesellschaften nach deutschem Gewerberecht, GewArch 2002, 393; *Spahlinger/Wegen,* Internationales Gesellschaftsrecht in der Praxis, 2005; *Spindler/Berner,* Der Gläubigerschutz im Gesellschaftsrecht nach Inspire Art, RIW 2004, 7; *Steffek,* Der subjektive Tatbestand der Gesellschafterhaftung im Recht der GmbH – zugleich ein Beitrag zum Haftungsdurchgriff, JZ 2009, 77; *Thole,* Die binnengesellschaftlichen Pflichten des Direktors einer englischen Gesellschaft durch den neuen CA 2006, RIW 2008, 606; *Ulmer,* Gläubigerschutz bei Scheinauslandsgesellschaften, NJW 2004, 1201; *Vallender/Fuchs,* Die Antragspflicht organschaftlicher Vertreter einer GmbH vor dem Hintergrund der Europäischen Insolvenzverordnung, ZIP 2004, 829; *Volb,* Die Limited, 2007; *Wachter,* Ausländer als GmbH-Gesellschafter und –Geschäftsführer, ZIP 1999, 1577; *ders.,* Auswirkungen des EuGH-Urteils in Sachen Inspire Art Ltd. auf Beratungspraxis und Gesetzgebung, GmbHR 2004, 88; *ders.,* Der Entwurf des MoMiG und die Auswirkungen auf inländische Zweigniederlassungen von Auslandsgesellschaften, GmbHR 2006, 793; *ders.,* Errichtung,

Publizität, Haftung und Insolvenz von Zweigniederlassungen ausländischer Kapitalgesellschaften nach Inspire Art, GmbHR 2003, 1254; *Wälzholz,* Die insolvenzrechtliche Behandlung haftungsbeschränkter Gesellschaften nach der Reform durch das MoMiG, DStR 2007, 1914; *Weller,* Solvenztest und Existenzvernichtungshaftung – Zwei grundverschiedene Gläubigerschutzfiguren, DStR 2007, 116; *Wagner,* Die neue Rom II-Verordnung, IPRax 2008, 1; *Zessel,* Durchgriffshaftung einer in Deutschland ansässigen Limited?, 2008; *Zimmer,* Nach „Inspire Art" – Grenzenlose Gestaltungsfreiheit für deutsche Unternehmen?, NJW 2003, 3585.

I. Begriff, Bedeutung, Abgrenzung

Der Begriff Geschäftsführung ist für sich genommen wenig aussagekräftig. Rechtlich bedeutsam ist die Geschäftsführung allein im Rahmen der Geschäftsführungsbefugnis. Insofern stellt sich im Verbandsrecht national wie international durchgängig die **kompetenzielle Frage,** welches Gesellschaftsorgan bzw. welches Organmitglied innerhalb eines Kollegialorgans konkret für die Aufgabenerledigung zuständig ist. Darauf aufbauend bedarf es des Begriffs Geschäftsführungsbefugnis und seiner Konkretisierung, um zu ermitteln, welchen materiell- und verfahrensrechtlichen Vorgaben diese Tätigkeit als **ordnungsgemäße Unternehmensführung** folgen muss (vgl. § 43 Abs. 1 GmbHG, § 93 Abs. 1 S. 1 AktG). Praktische Relevanz hat die hierdurch gekennzeichnete Geschäftsführung daher zum einen bei der Frage der Zuständigkeitsabgrenzung innerhalb diversifiziert-organisierter Personenverbände (vor allem AG und GmbH; vgl. nur § 119 Abs. 2 AktG, § 37 Abs. 2 GmbHG). Zum anderen geht es unter dem Aspekt der Geschäftsführung um **Haftungsfragen,** mithin um die Herausarbeitung, unter welchem Gesichtspunkt ein mit Geschäftsführungsbefugnis versehener Organwalter gegenüber der Gesellschaft oder den Gesellschaftern bzw. sogar gegenüber Dritten zum Schadensersatz verpflichtet ist (vgl. § 43 Abs. 2 GmbHG, § 93 Abs. 2 AktG). Auch **disziplinarische Maßnahmen,** wie vor allem die Abberufung eines Organmitglieds, knüpfen regelmäßig an die Verletzung der Geschäftsführungspflichten an (vgl. § 38 GmbHG, § 84 Abs. 3 AktG).

Bei den **Personengesellschaften** erlangt die Geschäftsführungsbefugnis zum einen ebenfalls eine kompetenzielle Bedeutung, indem innerhalb der verschiedenen Gesellschafterbefugnisse Grundlagengeschäfte von Geschäftsführungsangelegenheiten abzugrenzen sind (§ 119 Abs. 1 HGB einerseits, §§ 114, 115 HGB andererseits). Zum anderen stellt sich auch hier die Frage, welche konkreten Handlungsvorgaben für die geschäftsführungsbefugten Gesellschafter bestehen (vgl. § 116 HGB). Diese sind wiederum notwendige Grundlage für etwaige disziplinarische Maßnahmen gegenüber einem Gesellschafter (vgl. zum Entzug der Geschäftsführungsbefugnis § 117 HGB, zum Ausschluss eines Gesellschafters § 140 HGB) und für die Geltendmachung von Ersatzansprüchen (§ 280 BGB).

Rechtsvergleichend betrachtet findet sich die vorstehend skizzierte Bedeutung der Geschäftsführungsbefugnis nahezu durchgängig, freilich mit teilweise erheblichen Unterschieden. Einzelheiten im Länderteil, § 47.

Von der Geschäftsführungsbefugnis abzugrenzen ist das sog. **Anstellungsverhältnis,** mithin die schuldrechtlichen Abreden, die die organschaftlichen Rechte und Pflichten ergänzen, meist im Rahmen eines Dienstvertrages. Einzelheiten unten Rdnr. 88.

II. Europäische Harmonisierung

Geschäftsführungsfragen sind bislang nicht Gegenstand der europäischen Rechtsangleichung. Dies gilt uneingeschränkt für die Personenhandelsgesellschaften sowie für die GmbH bzw. AG und vergleichbare ausländische Rechtsformen.[1] Hier obliegt die Regulie-

---

[1] Vgl. (in Anlehnung an den Anwendungsbereich der Publizitätsrichtlinie) in **Belgien:** naamloze vennootschap, société anonyme, commanditaire vennootschap op aandelen, société en commandite par actions, personenvennootschap met beperkte aansprakelijkheid, société de personnes à responsabilité limitée; in **Bulgarien:** акционерно дружество, дружество с ограничена отговорност, командитно дружество с акции; in der **Tschechischen Republik:** společnost s ručením ome-

rung von Geschäftsführungsfragen nahezu ausschließlich dem autonomen nationalen Recht.² Bei der SE (Europäische Aktiengesellschaft) als supranationaler Rechtsform wurde die Geschäftsführungsfrage ebenfalls nur strukturell vorgegeben, um die Wahl zwischen monistischer und dualistischer Unternehmensverfassung zu ermöglichen (vgl. Art. 46 ff. SE-VO; Einzelheiten bei § 49). Bei der geplanten SPE (Europäische Privatgesellschaft) wird die Geschäftsführungskompetenz voraussichtlich auch nur rudimentär geregelt, um der individuellen Satzung sowie hilfsweise den Vorgaben des nationalen GmbH-Rechts breiteren Raum zu lassen. Die interne Kompetenzverteilung folgt aus Art. 27 SPE-VO gemäß dem jüngsten Ratsentwurf: Hiernach kann das Geschäftsführungsorgan alle Befugnisse der SPE ausüben, die nicht gemäß SPE-VO oder Satzung den Gesellschaftern vorbehalten sind (dispositive Allzuständigkeit). Den Gesellschaftern ist es jedoch möglich, hiervon durch gesellschaftsvertragliche Regelungen abzuweichen oder das Regel-Ausnahme-Verhältnis umzukehren.³

III. Kollisionsrechtliche Anknüpfung

6 Auch für die kollisionsrechtliche Anknüpfung von Geschäftsführungsfragen ist im Ausgangspunkt die **Einheitslehre** allgemein maßgeblich. Hiernach sind alle das Innen- und Außenverhältnis der Gesellschaft betreffenden gesellschaftsrechtlichen Rechtsbeziehungen einheitlich zu bestimmen.⁴ Die Geschäftsführungsbefugnis gehört zur inneren Organisation der Gesellschaft und unterfällt damit dem **Gesellschaftsstatut**, auch Personalstatut genannt. Dieses umfasst sowohl die Art und Zusammensetzung der Gesellschaftsorgane (obligatorische, fakultative), das Bestellungs- und Abberufungsverfahren für deren Mitglieder, deren Aufgaben und Befugnisse sowie die haftungsrechtliche Verantwortung.⁵ Die gesellschaftsrechtliche Anknüpfung gilt auch im Bereich der Unternehmensmitbestimmung (§ 15).

---

zeným, akciová společnost; in **Dänemark**: ktieselskab, kommanditaktieselskab, anpartsselskab; in **Deutschland**: die Aktiengesellschaft, die Kommanditgesellschaft auf Aktien, die Gesellschaft mit beschränkter Haftung, nicht: GmbH & Co. KG; in **Estland**: aktsiaselts, osaühing; in **Irland**: Companies incorporated with limited liability; in **Griechenland**: ανώνυμη εταιρία, εταιρία περιωρισμένης ευθύνης, ετερόρρυθμη κατά μετοχές εταιρία; in **Spanien**: la sociedad anónima, la sociedad comanditaria por acciones, la sociedad de responsabilidad limitada; in **Frankreich**: société anonyme, société en commandite par actions, société à responsabilité limitée, société par actions simplifiée; in **Italien**: società per azioni, società in accomandita per azioni, società a responsabilità limitata; in **Zypern**: ημόσιες εταιρείες περιωρισμένης ευθύνης με μετοχές η με εγγύηση, ιδιωτικές εταιρείες περιωρισμένης ευθύνης με μετοχές ή με εγγύηση; in **Lettland**: akciju sabiedrība, sabiedrība ar ierobežotu atbildību, komanditsabiedrība; in Litauen: akcinė bendrovė, uždaroji akcinė bendrovė; in Luxemburg: société anonyme, société en commandite par actions, société à responsabilité limitée; in **Ungarn**: részvénytársaság, korlátolt felelősségű társaság; in **Malta**: kumpannija pubblika/public limited liability company, kumpannija privata/private limited liability company; in den **Niederlanden**: naamloze vennootschap, besloten vennootschap met beperkte aansprakelijkheid; in **Österreich**: die Aktiengesellschaft, die Gesellschaft mit beschränkter Haftung; in **Polen**: spółka z ograniczoną odpowiedzialnością, spółka komandytowo-akcyjna, spółka akcyjna; in **Portugal**: a sociedade anónima de responsabilidade limitada, a sociedade em comandita por acções, a sociedade por quotas de responsabilidade limitada; in **Rumänien**: societate pe acțiuni, societate cu răspundere limitată, societate în comandită pe acțiuni; in **Slowenien**: delniška družba, družba z omejeno odgovornostjo, komaditna delniška družba; in der **Slowakei**: akciová spoločnost', spoločnost' s ručením obmedzeným; in **Finnland**: yksityinen osakeyhtiö/privat aktiebolag, julkinen osakeyhtiö/publikt aktiebolag; in **Schweden**: aktiebolag; im **Vereinigten Königreich**: companies incorporated with limited liability.

² Vgl. für die englische Ltd. unten Rdnr. 45 ff. sowie die einzelnen Länderberichte in § 47. Etwas anderes gilt jedoch im Bereich der Rechnungslegung, vgl. hierzu § 17 Rdnr. 19 ff.

³ *Hommelhoff/Teichmann* GmbHR 2008, 897, 902; Einzelheiten bei § 50 sowie bei Henssler/Strohn/*Servatius* IntGesR Rdnr. 380 ff.

⁴ BGH ZIP 2000, 967, 785.

⁵ Vgl. BGH NJW 1995, 1032; *Spahlinger/Wegen* Rdnr. 297; MüKo IntGesR/*Kindler* Rdnr. 582 ff; *Süß*/Wachter § 1 Rdnr. 68.

Soweit sich die Begründung von Geschäftsführerpflichten jedoch über die Binnenorganisation im Personenverband hinaus aus Gründen des Schutzes von Gläubiger- und Allgemeininteressen rechtfertigt, stößt die gesellschaftsrechtliche Anknüpfung an **Grenzen**. Insbesondere die **insolvenzbezogenen Geschäftsleiterpflichten** sind daher vielfach abweichend anzuknüpfen (unten Rdnr. 74ff.). Eine differenzierte Betrachtung ist wegen Art. 4 Rom II-VO zudem geboten, wenn sich gesellschaftsrechtlich begründete Geschäftsleiterpflichten mit deliktisch haftungsbegründendem Verhalten überschneiden oder die gesellschaftsrechtlich begründeten Pflichten letztlich sogar die Grundlage für einen Deliktstatbestand liefern. Dies darf nicht dazu führen, über eine allzu voreilige (autonome) **deliktsrechtliche Qualifikation** von Geschäftsleiterpflichten die gesellschaftsrechtlichen Grundwertungen aus dem Blick zu verlieren und ausländischen Rechtsformen über den Umweg des Kollisionsrechts Strukturen und Haftungstatbestände überzustülpen, die ihrem Heimatrecht fremd sind. Nimmt man den Wettbewerb der Rechtsordnungen und Gesellschaftsrechtsformen ernst, ist die Vielfalt der Rechtsformen gerade ein Umstand, den es zu respektieren gilt. Will man dies nivellieren, muss man das Postulat dieses Wettbewerbsgedankens in Zweifel ziehen.

IV. Konsequenzen bei der Sitzverlegung

Ergibt sich die kollisionsrechtliche Anknüpfung von Geschäftsleiterpflichten somit grds. aus dem Gesellschaftsstatut, hat dies folgende Konsequenzen bei der Sitzverlegung:

1. Zuzugsfälle

Verlegt eine ausländische Gesellschaft ihren Verwaltungssitz – im Einklang mit dem Heimatrecht sowie dem Recht des Aufnahmelandes zulässigerweise (dazu sogleich) – nach Deutschland, behält sie ihre rechtliche Identität und Organisationsstruktur. Eine englische Ltd. ist daher zB im Hinblick auf die Organisationsverfassung und Direktoren durchgängig nach englischem Gesellschaftsrecht zu behandeln, selbst wenn sie ihren Verwaltungssitz nach Deutschland verlegt.[6] Einer besonderen oder gar förmlichen Anerkennung in Deutschland bedarf es hierfür nicht.[7] Diese – den Wettbewerb der Rechtsformen begünstigende – Respektierung einer ausländischen Gesellschaft mit Verwaltungssitz in Deutschland im Hinblick auf ihre innere Organisation unterliegt jedoch zwei nach wie vor ernst zu nehmenden Voraussetzungen: Erforderlich sind hierfür kumulativ die sach- und kollisionsrechtliche Zulässigkeit der identitätswahrenden Sitzverlegung nach dem Recht des Aufnahme- und des Wegzugsstaates.

a) Anerkennung gemäß deutschem Recht. Im Hinblick auf die Anerkennung ausländischer Gesellschaften mit Verwaltungssitz besteht in Deutschland derzeit eine unbefriedigende gespaltene Lösung:

aa) Zuzug innerhalb der EU. Die identitätswahrende Sitzverlegung nach Deutschland innerhalb der EU sowie aus Staaten des EWR ist aus deutscher Perspektive mittlerweile ohne weiteres zulässig, mithin eine Auslandsgesellschaft als solche anzuerkennen.[8] Die europäischen Vorgaben zur Niederlassungsfreiheit bewirken somit insofern die Geltung der Gründungstheorie (vgl. Art. 4 Abs. 1 S. 2 EGBGB: Rückverweisung auf das Recht des Gründungsstaates).

bb) Zuzug aus Drittstaaten. Der Zuzug einer Gesellschaft aus Drittstaaten ist demgegenüber nach wie vor nach dem autonomen, nicht europarechtlich vorgeprägten, deutschen Kollisionsrecht zu beurteilen. Dies betrifft insbesondere Gesellschaften aus der Schweiz,[9]

---

[6] Einzelheiten bei Henssler/Strohn/*Servatius* IntGesR Rdnr. 40ff. sowie unten Rdnr. 45ff.
[7] MüKo IntGesR/*Kindler* Rdnr. 316ff.
[8] Henssler/Strohn/*Servatius* IntGesR Rdnr. 14ff.
[9] BGH NJW 2009, 289, 290 – Trabrennbahn; hierzu *Goette*, DStR 2009, 63; *Jung*, NZG 2008, 681, 682f.

von den englischen Kanalinseln (Guernsey und Jersey) sowie der Isle of Man.[10] Hier hält die überwiegende Meinung noch die Sitztheorie für gewohnheitsrechtlich anwendbar.[11] Dies hat zur Konsequenz, dass sich das Gesellschaftsstatut des betreffenden Personenverbands infolge der Sitzverlegung nach deutschem Recht beurteilt. Es kommt somit zu einem **Statutenwechsel**.[12] Das gemäß deutschem IPR hiernach auf die Gesellschaft anzuwendende deutsche Sachrecht ergibt sich aus einem Vergleich der ausländischen Gesellschaft (gemäß Heimatrecht) mit den Typen des deutschen Gesellschaftsrechts (Substitution).[13] Da die Gründungsvorschriften für deutsche Kapitalgesellschaften meist nicht beachtet sind, kommen als Rechtsform allein die **GbR** und die **OHG** in Betracht;[14] ausländische Ein-Personen-Gesellschaften werden nach deutschem Sachrecht als Einzelpersonen behandelt.[15]

13 Die Folgen sind drastisch: Die ausländische Gesellschaft aus einem Drittstaat ist zwar aktiv und passiv parteifähig,[16] die Gesellschafter trifft nunmehr jedoch die unbeschränkte Haftung gemäß § 128 HGB. Darüber hinaus ist anerkannt, dass die Geschäftsleiter der Handelndenhaftung gemäß § 11 Abs. 2 GmbHG unterliegen.[17] Dieser Statutenwechsel betrifft auch die innere **Organisationsstruktur.** Die entsprechenden Vorgaben des ausländischen Kapitalgesellschaftsrechts sind hiernach auf die (zulässigen!) Vorgaben im Recht der Personengesellschaften zu übertragen, was konstruktiv große Schwierigkeiten bereitet und im Einzelnen noch ungeklärt ist, insbesondere im Bereich der Fremdorganschaft.[18] Es kann daher nur mit Nachdruck darauf hingewiesen werden, dass der geschäftliche Kontakt mit Auslandsgesellschaften aus Drittstaaten, die ihren Verwaltungssitz nach Deutschland verlegt haben, erhebliche **Rechtsunsicherheit** mit sich bringt. Um diese zu vermeiden, besteht jedoch die Möglichkeit, die Auslandsgesellschaft in eine deutsche Gesellschaft umzuwandeln (Formwechsel §§ 190 ff. UmwG).[19]

14 cc) **Besonderheiten bei Gesellschaften aus den USA.** Art. XXV Abs. 5 S. 2 des Handels-, Schifffahrts- und Freundschaftsvertrags vom 29. 10. 1954[20] sieht vor, dass Gesellschaften, die gemäß den Gesetzen und sonstigen Vorschriften des einen Vertragsteils in dessen Gebiet errichtet sind, als Gesellschaften dieses Vertragsteils gelten; ihr rechtlicher Status ist in dem Gebiet des anderen Vertragsteils anzuerkennen. Diese staatsvertragliche Kollisionsnorm geht gemäß Art. 3 Abs. 2 S. 1 EGBGB dem autonomen deutschen IPR vor und bewirkt im Verhältnis zwischen Deutschland und den USA die Geltung der Gründungstheorie.[21] Die innere Organisationsstruktur einer US-amerikanischen *close* oder *public corporation* bleibt daher auch bei der Verlegung des Verwaltungssitzes nach Deutschland erhalten.

---

[10] Vgl. KG NZG 2005, 758, 759; OLG Hamburg ZIP 2007, 1108; BGH BB 2002, 2031; 45, 145 f); zu Singapur BGH ZIP 2009, 2385 – Trabrennbahn.

[11] BGH NJW 2009, 289 – Trabrennbahn; abw., auf die Möglichkeit spezifischer Sonderanknüpfungen im Rahmen der Gründungstheorie hinweisend, GroßkommGmbHG/*Behrens*, GmbHG Einl Rdnr. B 44 ff.; abw. auch OLG Hamm AG 2007, 332, aufgehoben durch BGH aaO.

[12] BGH NJW 2003, 1607, 1608.

[13] OLG Hamburg ZIP 2007, 1108; *Eidenmüller/Rehm*, ZGR 1997, 89, 90 f.

[14] BGH NJW 2009, 289, 291.

[15] OLG Hamburg ZIP 2007, 1108.

[16] BGH NJW 2002, 3539, 3539 f.

[17] BGH ZIP 2009, 2385; Palandt/*Thorn* Anh zu Art. 12 EGBGB Rdnr. 20.

[18] Vgl. *Hellgardt/Illmer*, NZG 2009, 94 ff.; *Gottschalk*, ZIP 2009, 948, 950 f.

[19] Die persönliche Haftung für Altverbindlichkeiten bleibt hierbei jedoch bestehen, vgl. *Leible/Hoffmann*, BB 2009, 58 ff.

[20] BGBl. 1956 II, S. 487, 763; vgl. hierzu BGH NJW 2003, 1607 ff.; *Bungert*, DB 2003, 1043; *Göthel*, RIW 2006, 41.

[21] BGH NJW 2003, 1607 ff.; BGH NJW-RR 2004, 1618; BGH NZG 2005, 44; BGH NZG 2004, 863; MüKo IntGesR/*Kindler* Rdnr. 328; abw. aber Staudinger/*Großfeld* IntGesR Rdnr. 210.

b) Grenzüberschreitende Mobilität gemäß Heimatrecht. Von der soeben erwähn- 15
ten kollisions- und sachrechtlichen Behandlung in Deutschland abzugrenzen ist auch in
den Zuzugsfällen die Frage, ob das Heimatrecht der betreffenden Gesellschaft den identitätswahrenden Wegzug nach dessen Sach- und Kollisionsrecht überhaupt gestattet. Dies ist
letztlich ebenfalls ein Aspekt des Gesellschaftsstatuts und daher auch im Zuzugsstaat (vorrangig) zu prüfen (§ 293 ZPO). Konkret bedeutet dies, dass die Anerkennung einer Auslandsgesellschaft als solche mit Verwaltungssitz in Deutschland nur in Betracht kommt,
wenn der Wegzugsstaat der **Gründungstheorie** folgt und sich auch aus dessen relevantem
materiellen Gesellschaftsrecht keine Hindernisse für den Wegzug ergeben. Diese, aus dem
Heimatrecht folgende Einschränkung der Mobilität von Gesellschaften, ist auch innerhalb
der EU beachtlich.[22]

aa) Staaten, die im Hinblick auf den Wegzug ihrer Gesellschaften der **Gründungstheo-** 16
rie folgen, sind innerhalb der EU und des übrigen EWR:[23] Bulgarien,[24] England,[25] Italien,[26] Liechtenstein,[27] Niederlande,[28] Rumänien,[29] Tschechische Republik,[30] Ungarn. Darüber hinaus gilt die Gründungstheorie in China,[31] Hongkong, Japan,[32] Kanada,[33]
Mexiko, Russland,[34] der Schweiz,[35] Tunesien, der Ukraine, den USA[36] und Venezuela.[37]
Verlegt daher eine Gesellschaft aus diesen Staaten ihren Verwaltungssitz nach Deutschland,
ist sie hier als solche auch im Hinblick auf ihre Organisationsstruktur anzuerkennen.

bb) Staaten, die im Hinblick auf den Wegzug ihrer Gesellschaften der **Sitztheorie** 17
folgen, sind innerhalb der EU und des übrigen EWR:[38] Belgien, Dänemark,[39] Frankreich,[40] Griechenland, Luxemburg,[41] Österreich,[42] Polen,[43] Portugal,[44] Slowenien[45] und
Spanien.[46] Außerhalb des EU/EWR-Bereiches folgen der Sitztheorie zB Argentinien,
Australien,[47] Iran,[48] Südkorea und die Türkei. Verlegen daher Gesellschaften aus diesen
Staaten ihren Verwaltungssitz nach Deutschland, kommt eine identitätswahrende Anerkennung nicht in Betracht. Sie werden hier vielmehr als GbR, OHG oder Einzelkaufmann behandelt.

---

[22] EuGH NJW 1989, 2186 – Daily Mail; EuGH NJW 2009, 569 – Cartesio.
[23] Überblick aus MüKo IntGesR/*Kindler* Rdnr. 510.
[24] *Zidarova*, RabelsZ 71 (2007), 398, 417 ff.
[25] Bank of Ethiopia v. National Bank of Egypt (1937) Ch. 513; *Hoffmann*, ZVglRWiss. 101 (2002), 283, 287 ff.
[26] *Kindler*, RabelsZ 61 (1997), 227, 281 ff.
[27] *Appel*, RabelsZ 61 (1997), 510, 532 ff.; *Kohler*, IPRax 1997, 309, 310 f.
[28] *Kramer*, IPRax 2007, 54, 57; *Hoffmann*, ZVglRWiss. 101 (2002), 283, 301 ff.
[29] *Capatina*, RabelsZ 58 (1994), 467, 489 ff.; *Aden*, RIW 2008, 700, 703.
[30] *Pauknerová*, IPRax 2007, 162 ff.
[31] *Süss*, RIW 1989, 788, 789 f.
[32] *Nishitani*, IPRax 2007, 552, 557; *Kaiser*, RIW 2009, 257, 258.
[33] *Glenn*, RabelsZ 60 (1996), 231, 238.
[34] *Sadikov*, RabelsZ 67 (2003), 318, 330; *Mayer/Breig*, ZEuP 2006, 829, 839 f.
[35] *Hoffmann*, ZVglRWiss. 101 (2002), 283, 303 ff.
[36] *Göthel*, RIW 2006, 41 ff.
[37] *Hernández/Bretón*, IPRax 1999, 194, 195; *de Maekelt*, RabelsZ 64 (2000), 299, 326 f.
[38] Überblick aus MüKo IntGesR/*Kindler* Rdnr. 511.
[39] *Hoffmann*, ZVglRWiss. 101 (2002), 283, 306 f.
[40] *Kieninger*, RabelsZ 73 (2009), 607, 611 f.
[41] *Hirte/Bücker/Putz* § 8 Rdnr. 32, § 9 Rdnr. 14.
[42] *Lurger*, IPRax 2001, 346.
[43] *Jara/Schlichte*, RIW 2006, 106 ff.
[44] *Stieb*, GmbHR 2004, 494.
[45] Überblick aus MüKo IntGesR/*Kindler* Rdnr. 511; abw. *Rudolf*, IPRax 2003, 158, 160 (Gründungstheorie).
[46] *Sandrock*, RIW 2006, 658 ff.
[47] *Nygh*, RabelsZ 58 (1994), 727, 741.
[48] *Khatib/Shahidi/Engelhardt*, WiB 1997, 1232.

2. Wegzugsfälle

18 Verlegt eine deutsche Gesellschaft ihren Verwaltungssitz ins Ausland, sind wiederum auch im Bereich innergesellschaftlicher Angelegenheiten die kollisions- und sachrechtlichen Vorgaben im Recht des Wegzugsstaats und des Zuzugsstaats zu unterscheiden.

19 **a) Grenzüberschreitende Mobilität gemäß deutschem Heimatrecht.** Da der EuGH infolge der Rechtsprechung *Daily Mail* und *Cartesio* nicht fordert, dass die Mitgliedsstaaten den identitätswahrenden Wegzug von Gesellschaften gemäß Heimatrecht gestatten müssen, erfolgt die sach- und kollisionsrechtliche Behandlung dieser Fälle aus deutscher Perspektive in Bezug auf die EU und Drittstaaten einheitlich nach dem autonomen Recht.[49] Ob eine deutsche Gesellschaft ihren Verwaltungssitz identitätswahrend ins Ausland verlegen kann und damit ihre Organisationsstruktur beibehält, ist aus der Perspektive des deutschen Rechts sowohl kollisions- als auch sachrechtlich problematisch. Vielfach werden diese Aspekte jedoch zusammen behandelt, vor allem deshalb, weil die gegenwärtige Rechtslage seit Inkrafttreten des MoMiG nicht eindeutig hergibt, ob der Gesetzgeber sach- oder kollisionsrechtliche Regeln erlassen wollte. Insofern sind auch GmbH und AG von den anderen Gesellschaftsformen zu unterscheiden.

20 **aa) GmbH und AG.** Infolge der Streichung des Gebots der Sitzanknüpfung an das Inland gemäß § 5 Abs. 2 AktG a. F. bzw. § 4a Abs. 2 GmbHG a. F. durch das MoMiG kann eine im deutschen Handelsregister eingetragene GmbH oder AG nunmehr ihren **Verwaltungssitz im Ausland** haben (str.).[50] Bei der Begründung dieses Ergebnisses ist jedoch nach wie vor sehr umstritten, ob die Neuregelung nur eine sachrechtliche Bedeutung hat oder ob ihr auch ein kollisionsrechtlicher Gehalt zukommt. Der BGH hat hierzu nicht Stellung bezogen.[51] Richtigerweise betrifft die Aufgabe des Gebots einer inländischen Sitzanknüpfung durch das MoMiG jedoch sowohl das materielle Gesellschaftsrecht wie das Kollisionsrecht (str.).[52] Für die Praxis bedeutet diese kontroverse Diskussion jedoch gleichwohl eine erhebliche **Rechtsunsicherheit.** Es ist daher an den Gesetzgeber zu appellieren, endlich Klarheit über die identitätswahrende Sitzverlegung deutscher Gesellschaften zu schaffen, damit diese sich auch als „Exportschlager" erweisen können. Als mögliche **Reformen** bieten sich dabei zum einen nationale Alleingänge an, wie zB der nicht weiter verfolgte Referentenentwurf des BMJ aus dem Jahr 2009.[53] Hiernach würde ein neu eingeführter Art. 10 EGBGB das Gesellschaftsstatut an den Registrierungsort, hilfsweise an das Recht des Staates, nach dem die Gesellschaft organisiert ist, anknüpfen und damit in Deutschland die Gründungstheorie für maßgeblich erachten. Überzeugender wäre indessen eine einheitliche europäische Lösung. Der Entwurf für eine Sitzverlegungsrichtlinie vom 20. 4. 1997[54] ist jedoch durch die Rechtsprechung des EuGH überholt. Neue Ansätze zur Har-

---

[49] Zum Ganzen § 52.

[50] *Hoffmann*, ZIP 2007, 1581, 1582; *Hirte*, NZG 2008, 761, 766; Baumbach/Hueck/*Fastrich* § 4a Rdnr. 9; Lutter/Hommelhoff/*Bayer* GmbHG § 4a Rdnr. 15; BeckOK GmbHG/*Langer* IntGesR Rdnr. 83 ff.; nach früherem Recht kam es zwangsweise zur Auflösung und Liquidation der deutschen Gesellschaft, so dass auch im Zuzugsstaat keine umfassende Anerkennung möglich ist (vgl. BGH GmbHR 2008, 990; OLG München NZG 2007, 915; GroßKomm GmbHG/*Behrens* Einl. B Rdnr. 118).

[51] BGH NJW 2009, 289, 291 – Trabrennbahn; zur Rechtfertigung dieser „richterlichen Zurückhaltung" *Goette*, DStR 2009, 63; abw. *Kindler*, IPRax 2009, 189, 198.

[52] So auch *Hoffmann*, ZIP 2007, 1581; *Fingherhut/Rumpf*, IPRax 2008, 90, 92; *Mülsch/Nohlen*, ZIP 2008, 1358, 1360; aA aber *Peters*, GmbHR 2008, 245, 249; *Franz/Laeger*, BB 2008, 678, 681 f.; *Preuß*, GmbHR 2007, 57, 62; *Kindler*, IPRax 2009, 189, 193 ff.

[53] Referentenentwurf für ein Gesetz zum Internationalen Privatrecht der Gesellschaften, Vereine und juristischen Personen, abrufbar unter http://www.bmj.bund.de/files//2751/RefE%20Gesetz%20zum%20Internationalen%20Privatrecht%20der%20Gesellschaften,%20Vereine%20und%20juristische n%20Personen.pdf; siehe dazu *Wagner/Timm*, IPRax 2008, 81.

[54] Abgedruckt in ZIP 1997, 1721.

monisierung des europäischen Kollisionsrechts für Gesellschaften sind derzeit nicht zu erwarten.

bb) Personenhandelsgesellschaften. Auch bei Personenhandelsgesellschaften sind sach- und kollisionsrechtlich Ort der Registrierung und Verwaltungssitz zu unterscheiden. Die Notwendigkeit gemäß § 106 HGB, bei der Eintragung in das Handelsregister einen Sitz anzugeben, bezieht sich nach h. M. jedoch auf den Verwaltungssitz.[55] Hiernach könnte ein ausländischer Sitz nicht eingetragen werden mit der Folge, dass der **identitätswahrende Wegzug** einer deutschen Personenhandelsgesellschaft wie bei den Kapitalgesellschaften vor Inkrafttreten des MoMiG nicht möglich ist, mithin bei der Sitzverlegung eine Zwangsauflösung herbeigeführt wird.[56] Diese Sichtweise überzeugt indessen mittlerweile nicht mehr, denn auch § 106 HGB verlangt keinen inländischen Sitz. Insofern ist vielmehr davon auszugehen, dass auch bei den Personenhandelsgesellschaften sach- und kollisionsrechtlich der Wegzug ins Ausland gestattet ist.[57] Für die Praxis bedeutet diese nach wie vor kontrovers geführte Diskussion jedoch eine erhebliche Rechtsunsicherheit, so dass auch insoweit rasch Klärung durch den Gesetzgeber zu fordern ist.

b) Anerkennung im Zuzugsstaat. Wiederum gilt, dass die grenzüberschreitende Mobilität von Gesellschaften nur dann gewährleistet ist, wenn auch das Kollisions- und Sachrecht des Aufnahmestaates die Verlegung des Verwaltungssitzes billigt, mithin eine Art. 4 Abs. 1 S. 2 EGBGB entsprechende Rückverweisung ins deutsche Recht vorsieht.[58] Folgt der Zuzugsstaat der Gründungstheorie, so bleibt es bei der Anwendbarkeit des deutschen Sachrechts hinsichtlich der Geschäftsführung. Folgt der Zuzugsstaat hingegen der Sitztheorie, kommt es zu einem Statutenwechsel zugunsten der Anwendbarkeit des für die vergleichbaren Gesellschaften maßgeblichen Rechts des Zuzugsstaates (Substitution), was eine Respektierung der nach Heimatrecht bestehenden Geschäftsführungsregeln regelmäßig ausschließt. **Innerhalb der EU** bzw. der EWR-Staaten ist jedoch zu bedenken, dass die Rechtsprechung des EuGH in Sachen *Überseering*[59] und *Inspire Art*[60] die Staaten mittlerweile zur identitätswahrenden Anerkennung von Auslandsgesellschaften verpflichtet.[61] Eine deutsche GmbH oder AG, die ihren Verwaltungssitz in einen anderen Mitgliedstaat verlegt, bleibt daher auch im Hinblick auf die Binnenorganisation als solche bestehen (zur Rechtsunsicherheit aus der Wegzugsperspektive aber oben Rdnr. 20). Das Gleiche gilt im Verhältnis zu den **USA** (oben Rdnr. 14).

Folgende **Drittstaaten** folgen bzgl. des Zuzugs ausländischer Gesellschaften der **Sitztheorie:** Argentinien, Australien,[62] Iran,[63] Südkorea und die Türkei. Insofern würde also auch ein nach deutschem Sach- und Kollisionsrecht zulässiger identitätswahrender Wegzug nicht die gewünschte Mobilität der Gesellschaft herbeiführen. Folgende Drittstaaten folgen bzgl. des Zuzugs ausländischer Gesellschaften der **Gründungstheorie:** China,[64] Hongkong, Japan,[65] Kanada,[66] Mexiko, Russland,[67] Schweiz,[68] Tunesien, Ukraine, USA[69] und

---

[55] BGH WM 1957, 999, 1000; MüKo HGB/*Langhein* § 106 Rdnr. 26.
[56] So die bisher hM, vgl. nur Staub/*Hüffer* § 13c Rdnr. 11; MKHGB/*Langhein* § 106 Rdnr. 30.
[57] So auch *Koch*, ZHR 173 (2009), 101; unter Hinweis auf die europäische Niederlassungsfreiheit auch Henssler/Strohn/*Röthel* HGB § 106 Rdnr. 180.
[58] *Teichmann*, ZIP 2009, 393, 401.
[59] EuGH NJW 2002, 3614 ff.
[60] EuGH NJW 2003, 3333.
[61] Einzelheiten bei § 52.
[62] *Nygh*, RabelsZ 58 (1994), 727, 741.
[63] *Khatib/Shahidi/Engelhardt*, WiB 1997, 1232.
[64] *Süss*, RIW 1989, 788, 789 f.
[65] *Nishitani*, IPRax 2007, 552, 557; *Kaiser*, RIW 2009, 257, 258.
[66] *Glenn*, RabelsZ 60 (1996), 231, 238.
[67] *Sadikov*, RabelsZ 67 (2003), 318, 330; *Mayer/Breig*, ZEuP 2006, 829, 839 f.
[68] *Hoffmann*, ZVglRWiss. 101 (2002), 283, 303 ff.
[69] *Göthel*, RIW 2006, 41 ff.

Venezuela.⁷⁰ Hier wäre somit der identitätswahrende Wegzug möglich, wenn sich die mittlerweile überwiegende Meinung aus deutscher Sicht durchsetzen würde.

3. Besonderheiten auf Grund internationaler Verträge

24 Das deutsche IPR steht gemäß Art. 3 Nr. 2 EGBGB unter dem Vorbehalt vorrangiger völkerrechtlicher Vereinbarungen. Im Bereich des internationalen Gesellschaftsrechts gibt es hierzu eine Vielzahl bilateraler Staatsverträge.⁷¹

25 a) Auf Grund spezieller Kapitalschutzabkommen gilt die **Gründungstheorie** (teilweise zumindest halbseitig, d. h. für den Zuzug ausländischer Gesellschaften nach Deutschland) für folgende Staaten: Bolivien (Art. 1 Abs. 4 Kapitalschutzabkommen vom 23. 3. 1987, BGBl. 1988 II S. 254); Brunei Darussalam (Art. 1 Abs. 5 Kapitalschutzabkommen vom 30. 3. 1998, BT-Drucks. 15/1057); China: Anerkennung chinesischer Gesellschaften, die von der chinesischen Regierung anerkannt, registriert und zur wirtschaftlichen Zusammenarbeit mit dem Ausland berechtigt sind (Kapitalschutzabkommen vom 1. 12. 2003, BGBl. 2005 II S. 732, BT-Drucks. 15/4983 S. 5362; BGBl. 2006 II S. 119); Dominica (Art. 1 Abs. 4 Kapitalschutzabkommen vom 1. 10. 1984, BGBl. 1985 II S. 1170); Gabun (Art. 1 Abs. 4 Kapitalschutzabkommen vom 15. 9. 1998, BGBl. 2001 II S. 478); Ghana (Art. 1 Nr. 4 Kapitalschutzabkommen vom 24. 2. 1995, BGBl. 1997 II S. 2055); Guyana (Art. 1 Abs. 4 Kapitalschutzabkommen vom 6. 12. 1989, BGBl. 1993 II S. 938); Honduras (Art. 1 Nr. 4 Kapitalschutzabkommen vom 21. 3. 1995, BGBl. 1997 II S. 2064); Hongkong (Art. 1 Abs. 4 Kapitalschutzabkommen vom 31. 1. 1996, BGBl. 1997 II S. 1848); Indien (Art. 1 a) Kapitalschutzabkommen vom 10. 7. 1995, BGBl. 1998 II S. 619); Indonesien (Art. 1 Abs. 4 Kapitalschutzabkommen vom 8. 11. 1968, BGBl. 1970 II S. 492); Jamaika (Art. 1 Nr. 4 Kapitalschutzabkommen vom 24. 9. 1992, BGBl. 1996 II S. 58); Jemen (Art. 1 Abs. 3 Kapitalschutzabkommen vom 2. 3. 2005, BGBl. 2007 II S. 87); Kambodscha (Art. 1 Nr. 4 Kapitalschutzabkommen vom 15. 2. 1999, BGBl. 2001 II S. 487); Kamerun (Art. 8 Abs. 4 Kapitalschutzabkommen vom 29. 6. 1962, BGBl. 1963 II S. 991); Katar (Art. 1 Nr. 3 Kapitalschutzabkommen vom 14. 6. 1996, BGBl. 1998 II S. 628); Demokratische Republik Kongo (Art. 8 Abs. 4 Kapitalschutzabkommen vom 18. 3. 1969, BGBl. 1970 II S. 509); Republik Korea (Art. 8 Abs. 4 Kapitalschutzabkommen vom 4. 2. 1964, BGBl. 1966 II S. 841); Kuba (Art. 1 Nr. 4 Kapitalschutzabkommen vom 30. 4. 1996, BGBl. 1998 II S. 746); Kuwait (Art. 1 Nr. 3 Kapitalschutzabkommen vom 30. 3. 1994, BGBl. 1997 II S. 166); Lesotho (Art. 1 Abs. 4 Kapitalschutzabkommen vom 11. 11. 1982, BGBl. 1985 II S. 14); Liberia (Art. 8 Abs. 4 Kapitalschutzabkommen vom 12. 12. 1961, BGBl. 1967 II S. 537); Malaysia (Art. 1 Abs. 4 Kapitalschutzabkommen vom 22. 12. 1960, BGBl. 1962 II S. 1064); Mali (Art. 1 Nr. 4 Kapitalschutzabkommen vom 28. 6. 1977, BGBl. 1979 II S. 77); Mauritius (Art. 8 Abs. 4 Kapitalschutzabkommen vom 25. 5. 1971, BGBl. 1973 II S. 615); Nepal (Art. 1 Nr. 4 Kapitalschutzabkommen vom 20. 10. 1986, BGBl. 1988 II S. 262); Oman (Art. 1 Nr. 4 Kapitalschutzabkommen vom 25. 6. 1979, BGBl. 1985 II S. 354); Pakistan (Art. 8 Abs. 4 Kapitalschutzabkommen vom 25. 11. 1959, BGBl. 1961 II S. 793); Papua-Neuguinea (Art. 1 Nr. 4 Kapitalschutzabkommen vom 12. 11. 1980, BGBl. 1982 II S. 389); Senegal (Art. 8 Abs. 4 Kapitalschutzabkommen vom 24. 1. 1964, BGBl. 1965 II S. 1391); Serbien und Montenegro (Art. 1 Abs. 3 Kapitalschutzabkommen vom 10. 7. 1989 mit dem ehemaligen Jugoslawien, BGBl. 1997 II S. 961, 962); Singapur (Art. 1 Abs. 4 Kapitalschutzabkommen vom 3. 10. 1973, BGBl. 1975 II S. 49); Somalia (Art. 1 Abs. 4 Kapitalschutzabkommen vom 27. 11. 1981, BGBl. 1984 II S. 778). Sri Lanka (Art. 1 Abs. 4 lit. b) des Kapitalschutzabkommens vom 7. 2. 2000, BGBl. 2002 II S. 296); St. Lucia (Art. 1 Nr. 4 Kapitalschutzabkommen vom 16. 3. 1985, BGBl. 1987 II S: 13); St. Vincent und Grenadinen (Art. 1 Nr. 4 Kapitalschutzabkommen vom 25. 3. 1986, BGBl. 1987 II S. 774); Sudan (Art. 8 Abs. 4 Kapital-

---

⁷⁰ *Hernández/Bretón,* IPRax 1999, 194, 195; *de Maekelt,* RabelsZ 64 (2000), 299, 326 f.
⁷¹ Zum Ganzen ausführlich Eidenmüller/*Rehm* § 2 Rdnr. 6 ff.

schutzabkommen vom 7. 2. 1963, BGBl. 1966 II S. 889); Swasiland (Art. 1 Nr. 4 Kapitalschutzabkommen vom 5. 4. 1990, BGBl. 1993 II S. 956); Tansania (Art. 8 Abs. 4 Kapitalschutzabkommen vom 30. 1. 1965, BGBl. 1966 II S. 873); Tschad (Art. 8 Abs. 4 Kapitalschutzabkommen vom 11. 4. 1967, BGBl. 1968 II S. 221); Türkei (vgl. zB Art. 5 des Niederlassungsabkommens mit der Türkischen Republik vom 12. 1. 1927, RGBl. II S. 76; vgl. zur Sitzanknüpfung jedoch Art. 8 Abs. 4 Kapitalschutzabkommen vom 20. 5. 1962, BGBl. 1965 II S. 1193); USA (Art. XXV Abs. 5 S. 2 Freundschafts-, Handels- und Schifffahrtsvertrag vom 29. 10. 1954; hierzu BGH 29. 1. 2003, NJW 2003, 1607, 1608; BGH 5. 7. 2004, NJW-RR 2004, 1618).

b) Die **Sitztheorie** ist staatsvertraglich bei folgenden Ländern maßgeblich: Ägypten (Art. 8 Abs. 4 Kapitalschutzabkommen vom 5. 7. 1974, BGBl. 1977 II S. 1145); Algerien (Art. 1 Abs. 1 Kapitalschutzabkommen vom 11. 3. 1996, BGBl. 2002 II S. 286); Argentinien (Art. 1 Nr. 4 Kapitalschutzabkommen vom 9. 4. 1991, BGBl. 1993 II S. 1244); Armenien (Art. 1 Nr. 4 Kapitalschutzabkommen vom 21. 12. 1995, BGBl. 2000 II S. 46); Aserbaidschan (Art. 1 Nr. 4 Kapitalschutzabkommen vom 22. 12. 1995, BGBl. 1998 II S. 567); Bangladesch (Art. 8 Abs. 4 Kapitalschutzabkommen vom 6. 5. 1981, BGBl. 1984 II S. 838); Barbados (Art. 1 Abs. 4 Kapitalschutzabkommen vom 2.1. 2. 1994, BGBl. 1997 II S. 2047); Belarus (Art. 1 Nr. 3 Kapitalschutzabkommen vom 2. 4. 1993, BGBl. 1996 II S. 85); Benin (Art. 8 Abs. 4 Kapitalschutzabkommen vom 29. 6. 1978, BGBl. 1985 II S. 2); Bosnien Herzegowina (Vertrag vom 18. 10. 2001, BGBl. 2004 II S. 314; BT-Drucks. 15/1847 S. 2091); Botswana (Art. 1 Nr. 4 Kapitalschutzabkommen vom 23. 5. 2000, BGBl. 2002 II S. 278); Bulgarien (Art. 1 Nr. 3 Kapitalschutzabkommen vom 12. 4. 1986, BGBl. 1987 II S. 742); Burundi (Art. 1 Nr. 4 Kapitalschutzabkommen vom 10. 9. 1984, BGBl. 1985 II S. 1162); Chile (Art. 1 Nr. 4 Kapitalschutzabkommen vom 21. 10. 1991, BGBl. 1998 II S. 1427); Costa Rica (Art. 1 Nr. 4 Kapitalschutzabkommen vom 13. 9. 1994, BGBl. 1997 II S. 1830); Dominikanische Republik (Art. 11 des Protokolls zum Freundschafts-, Handels- und Schifffahrtsvertrag vom 23. 12. 1959, BGBl. II S. 1468); Ecuador (Art. 1 Nr. 4 Kapitalschutzabkommen vom 21. 3. 1996, BGBl. 1998 II S. 610); Elfenbeinküste (Art. 1 Abs. 4 Kapitalschutzabkommen vom 27. 10. 1966, BGBl. 1968 II S. 61); El Salvador (Art. 1 Nr. 3 Kapitalschutzabkommen vom 11. 12. 1997, BGBl. 2000 II S. 673); Georgien (Art. 1 Abs. 4 Kapitalschutzabkommen vom 25. 6. 1993, BGBl. 1998 II S. 576); Guinea (Art. 8 Abs. 4 Kapitalschutzabkommen vom 19. 4. 1962, BGBl. 1964 II S. 145); Haiti (Art. 8 Abs. 4 Kapitalschutzabkommen vom 14. 8. 1973, BGBl. 1975 II S. 101); Iran (Art. 1 Abs. 2 lit. b) des Kapitalschutzabkommens vom 17. 8. 2002, BGBl. II S. 55); Japan (Art. XIII Handels- und Schiffahrtsvertrag zwischen dem Deutschen Reich und Japan vom 20. 7. 1927, RGBl. II S. 1087); Jordanien (Art. 8 Abs. 4 Kapitalschutzabkommen vom 15. 7. 1974, BGBl. 1975 II S. 1254); Kap Verde (Art. 1 Nr. 4 Kapitalschutzabkommen vom 18. 1. 1990, BGBl. 1993 II S. 947); Kasachstan (Art. 1 Nr. 4 Kapitalschutzabkommen vom 22. 9. 1992, BGBl. 1994 II S. 3730); Kenia (Art. 1 Nr. 4 Kapitalschutzabkommen vom 3. 5. 1996, BGBl. 1998 II S. 585); Republik Kongo (Art. 8 Abs. 4 Kapitalschutzabkommen vom 13. 9. 1965, BGBl. 1967 II S. 1733); Kroatien (Art. 1 Nr. 4 Kapitalschutzabkommen vom 21. 3. 1997, BGBl. 2000 II S. 653); Laos (Art. 1 Nr. 4 Kapitalschutzabkommen vom 9. 8. 1996, BGBl. 1998 II S. 1466); Libanon (Art. 1 Nr. 1 B) Kapitalschutzabkommen vom 18. 3. 1997, BGBl. 1998 II S. 1439); Madagaskar (Art. 8 Abs. 4 Kapitalschutzabkommen vom 15. 4. 1962, BGBl. 1965 II S. 369); Marokko (Art. 8 Abs. 4 Kapitalschutzabkommen vom 31. 8. 1961, BGBl. 1967 II S. 1641); Mauretanien (Art. 1 Abs. 4 Kapitalschutzabkommen vom 8. 12. 1982, BGBl. 1985 II S. 22); Mazedonien (Art. 1 Nr. 3 Kapitalschutzabkommen vom 10. 9. 1996, BGBl. 2000 II S. 646); Mexiko (Art. 1 Nr. 4 Kapitalschutzabkommen vom 25. 8. 1998, BGBl. 2000 II S. 866); Moldau (Art. 1 Abs. 1 c) Kapitalschutzabkommen vom 28. 2. 1994, BGBl. 1997 II S. 2072); Mongolei (Art. 1 Nr. 1 Kapitalschutzabkommen vom 26. 6. 1991, BGBl. 1996 II S. 50); Mosambik (Art. 1 Nr. 4 Kapitalschutzabkommen vom 6. 3. 2002, BT-Drucks. 15/1845); Namibia (Art. 1 Nr. 4 Kapitalschutzabkommen vom 21. 1. 1994, BGBl. 1997 II S. 186); Nicaragua (Art. 1 Nr. 4 Kapitalschutzabkommen vom 6. 5. 1996, BGBl. 1998 II S. 637); Niederlande (Art. 1, 2 Vertrag zwischen dem Deutschen Reich und den Niederlanden über die gegenseitige Anerkennung der Aktiengesellschaften und anderer kommerzieller, industrieller oder finanzieller Gesellschaften vom 11. 2. 1907, RGBl. 1908, S. 65; in Kraft seit 26. 3. 1908, RGBl. S. 65), Bekanntmachung vom 29. 2. 1952 über die Wiederanwendung BGBl. II S. 435); Panama (Art. 1 Nr. 4 Kapitalschutzabkommen vom 2. 11. 1983, BGBl. 1987 II S. 2); Paraguay (Art. 1 Nr. 4 Kapitalschutzabkommen vom 11. 8. 1993, BGBl. 1997 II S. 2080); Peru (Art. 1 Nr. 4 Kapitalschutzabkommen vom 30. 1. 1995, BGBl. 1997 II S. 197); Philippinen (Art. 1 Nr. 3 Kapitalschutzabkommen vom 18. 4. 1997, BGBl. 1998 II S. 1448); Ruanda (Art. 8 Abs. 4 Kapitalschutzabkommen vom 18. 5. 1967, BGBl. 1968 II S. 1260); Sambia (Art. 8 Abs. 4 Kapitalschutzabkommen vom 10. 12. 1966, BGBl. 1968 II S. 33); Saudi-Arabien (Art. 1 Nr. 3 Kapitalschutzabkommen vom 29. 10. 1996 BGBl. 1998 II S. 593); Sierra-Leone (Art. 8 Abs. 4 Kapitalschutzabkommen vom 8. 4. 1965, BGBl. 1966 II S. 861); Simbabwe (Art. 1 Nr. 4 Kapitalschutzabkommen vom 29. 9. 1995, BGBl. 1997 II S. 1839); Slowakei (Art. 1 Nr. 3 Kapitalschutzabkommen vom 2. 10. 1990 mit der Tschechoslowakei, BGBl. II S. 294); Südafrika (Art. 1 Nr. 4 Kapitalschutzabkommen vom 11. 9. 1995, BGBl. 1997 II S. 2098); Syrien (Art. 1 Nr. 4 Kapitalschutzabkommen vom 2. 8. 1977, BGBl. 1979 II S. 422); Thailand (Art. 1 Abs. 3 Kapitalschutzabkommen vom 24. 6. 2002, BGBl. 2004 II S. 48); Togo (Art. 8 Abs. 4 Kapitalschutzabkommen vom 16. 5. 1961, BGBl. 1964 II S. 154); Tunesien (Art. 8 Abs. 4 Kapitalschutzabkommen vom 20. 12. 1963, BGBl. 1965 II S. 1377); Turkmenistan (Art. 1 Abs. 4 Kapitalschutzabkommen vom 28. 8. 1997, BGBl. 2000 II S. 664); Uganda (Art. 8 Abs. 4 Kapitalschutzabkommen vom 29. 11. 1966, BGBl. 1968 II S. 449); Ukraine (Art. 1 Nr. 4 Kapitalschutzabkommen vom 15. 2. 1993, BGBl. 1996 II S. 75); Uruguay (Art. 1 Nr. 4 Kapitalschutzabkommen vom 4. 5. 1987, BGBl. 1988 II S. 272); Usbekistan (Art. 1 Nr. 4 Kapitalschutzabkommen vom 28. 4. 1993, BGBl. 1997 II S. 2106); Venezuela (Art. 1 Nr. 4 Kapitalschutzabkommen vom 14. 5. 1996, BGBl. 1998 II S. 653); Vereinigte Arabische Emirate (Art. 1 Nr. 2 Kapitalschutzabkommen vom 21. 6. 1997, BGBl. 1998 II S. 1474); Vietnam (Art. 1 Nr. 4 Kapitalschutzabkommen vom 3. 4. 1993, BGBl. 1997 II S. 2116).

V. Einzelfragen

27 Steht fest, dass Fragen der Geschäftsführung im Grundsatz zum Gesellschaftsstatut gehören, seien die wichtigsten Folgen dieser Qualifikation sowie wesentliche Ausnahmen nachfolgend dargestellt.

1. Eignung, Bestellung und Abberufung von Geschäftsleitern

28 **a) Eignung.** Das **Gesellschaftsstatut** entscheidet grundsätzlich über die Eignung einer Person als Geschäftsführer oder Vorstand. Soweit der identitätswahrende Wegzug deutscher Gesellschaften ins Ausland zulässig ist (oben Rdnr. 20), gelten die § 6 GmbHG bzw. §§ 76, 100 AktG daher weiter.[72] Umgekehrt gibt das ausländische Gesellschaftsrecht weiterhin Auskunft darüber, an welche persönlichen Voraussetzungen die Bestellung von Geschäftsleitern geknüpft ist, wenn die betreffende Gesellschaft ihren tatsächlichen Verwaltungssitz identitätswahrend in Deutschland nimmt.

29 Unter dem Aspekt der **Organfähigkeit** ist indessen problematisch, ob eine Auslandsgesellschaft Organwalter einer deutschen Kapitalgesellschaft sein kann und umgekehrt. Im

---

[72] *Erdmann*, NZG 2002, 503 ff.; *Wachter*, ZIP 1999, 1577 ff.; zur Bestellung von Ausländern als Geschäftsführer einer deutschen GmbH, insbesondere zum Erfordernis der jederzeitigen Einreisemöglichkeit, OLG Zweibrücken NZG 2001, 857 ff.; OLG Dresden NZG 2003, 628 ff.; LG Rostock NZG 2004, 532 ff.; OLG Stuttgart DNotZ 2007, 146 ff.; OLG Celle NZG 2007, 633. Zur englischen Ltd. Henssler/Strohn/*Servatius* IntGesR Rdnr. 40 ff.

Ausgangspunkt richtet sich diese Frage ebenfalls nach dem **Gesellschaftsstatut** der Gesellschaft, um deren Organbesetzung es konkret geht. Hieraus folgt zum einen, dass gemäß §§ 6 Abs. 2 GmbHG, 76 Abs. 3, 100 Abs. 1 AktG ausländische Gesellschaften nicht Geschäftsführer, Vorstands- oder Aufsichtsratmitglied einer deutschen GmbH oder AG sein können, selbst wenn diese zulässigerweise ihren Verwaltungssitz ins Ausland verlegt, wo dies nach nationalem Sachrecht an sich zulässig wäre.[73] Etwas anderes gilt jedoch für das Amt eines Liquidators, welches gemäß § 66 Abs. 1 GmbHG bzw. § 265 Abs. 2 S. 3 AktG auch in Deutschland juristischen Personen und rechtsfähigen Personengesellschaften offen steht.[74] Zum anderen bedeutet die Anknüpfung der Organfähigkeit an das Gesellschaftsstatut jedoch umgekehrt, dass deutsche GmbH, AG oder Personenhandelsgesellschaften Geschäftsleiter- oder Überwachungsorgan einer ausländischen Gesellschaft sein können, wenn das jeweilige Gesellschaftsrecht dies zulässt. Dies gilt selbst dann, wenn diese ihren tatsächlichen Verwaltungssitz in Deutschland hat und als solche anzuerkennen ist. Rechtspolitisch ist dies zwar eine Schieflage, denn es sprechen aus deutscher Perspektive gute Gründe dafür, die Organstellung natürlichen Personen vorzubehalten. Dies dürfte jedoch keine Einschränkung gemäß dem Ordre-public-Vorbehalt (Art. 6 EGBGB) begründen; vgl. auch Art. 47 Abs. 1 SEVO.[75]

b) Für die **Bestellung und Abberufung** des Geschäftsleiters gilt die Anknüpfung an 30 das Gesellschaftsstatut gleichermaßen. Die Geschäftsführer einer deutschen GmbH mit ausländischem Verwaltungssitz werden daher weiterhin gemäß § 6 Abs. 3 S. 2 GmbHG bestellt sowie gemäß § 38 GmbHG abberufen; bei der Auslands-AG gilt Entsprechendes gemäß § 84 Abs. 1 und 3 AktG. Keine Besonderheiten bestehen auch bei der **gerichtlichen Bestellung** von Vorstandsmitgliedern gemäß § 85 AktG, falls die AG (zulässigerweise) ihren Verwaltungssitz im Ausland hat. Indem die Regelung an den weiterhin im Inland belegenen Satzungssitz i. S. v. § 14 AktG anknüpft,[76] ist auf das Verfahren aus deutscher IPR-Perspektive weiterhin deutsches Verfahrensrecht anwendbar.[77] Ob eine ausländische Rechtsordnung dies gemäß deren IPR genauso sieht, birgt freilich Rechtsunsicherheit. Wird das Geschäftsführeramt auf Grund entsprechender gesellschaftsvertraglicher Regelung mitgliedschaftlich verfestigt, wie dies bei der deutschen GmbH zB als **Sonderrecht** i. S. v. § 35 BGB möglich ist,[78] werden diesbezügliche Aspekte in grenzüberschreitenden Fällen ebenfalls an das Gesellschaftsstatut angeknüpft. Im umgekehrten Fall einer ausländischen Gesellschaft mit Sitz in Deutschland ergibt sich weiterhin aus dem jeweiligen ausländischen Sachrecht, wie der Geschäftsleiter bestellt und abberufen werden können.

c) Faktische Geschäftsleiter. Ob jemand ohne wirksames Innehaben einer Organstellung als faktischer Geschäftsleiter behandelt wird oder nicht, richtet sich nach dem jeweils in Rede stehenden sachrechtlichen Regelungskomplex. 31

aa) Gesellschaftsrechtliche Anknüpfung. Geht es darum, eine Person, die nicht 32 wirksam zum Organ bestellt wurde, jedoch als solches handelt, mit (haftungsbewehrten) gesellschaftsrechtlichen Organpflichten zu belegen, folgt die Anknüpfung dem Gesellschaftsstatut. Verlegt daher z.B. eine deutsche GmbH oder AG ihren effektiven Verwaltungssitz ins Ausland, gelten die entsprechenden Vorgaben über die Haftung faktischer Organe fort.[79] Umgekehrtes gilt, falls eine Auslandsgesellschaft ihren Verwaltungssitz identitätswahrend nach Deutschland verlegt oder hier über eine bloße Zweigniederlassung tätig wird. Hier wäre es nicht zulässig, die deutsche Figur des faktischen Geschäftsleiters auf die

---

[73] Rechtsvergleichender Überblick bei *Fleischer,* RIW 2004, 16.
[74] Bork/Schäfer/*Servatius,* § 65 Rdnr. 7.
[75] So auch Hirte/Bücker/*Leible* GrenzübGes § 11 Rdnr. 35.
[76] Unstreitig, *Hüffer* § 85 Rdnr. 4 (mwN).
[77] Einzelheiten bei Spindler/Stilz/*Fleischer* § 85 Rdnr. 8 ff.
[78] Vgl. nur BGH WM 1962, 201.
[79] Einzelheiten statt anderer bei Spindler/Stilz/*Fleischer* § 93 Rdnr. 180 ff.; Baumbach/Hueck/*Zöllner/Noack* § 43 Rdnr. 3.

Auslandsgesellschaft zu übertragen (vgl. aber zur delikts- und insolvenzrechtlichen Qualifikation unten Rdnr. 63 ff.).

33   Ausländische Rechtsordnungen sehen jedoch vielfach vergleichbare Erweiterungen der gesellschaftsrechtlichen Haftungstatbestände auf faktische Geschäftsleiter vor. Das **englische Recht** kennt z.B. ebenso die Person des **shadow directors** (sec. 251 CA 2006). Dieser ist zwar nicht wirksam als Direktor bestellt, hat faktisch aber großen Einfluss auf das Handeln der wirksam bestellten Direktoren. Insbesondere kann die Muttergesellschaft shadow director ihrer Tochtergesellschaft sein. Ein Auftreten nach außen ist für die Qualifizierung einer natürlichen oder juristischen Person als shadow director nicht erforderlich.[80] Nach sec. 156(6), 162(6), 167(4) und 170(5) und (6) CA 2006 unterliegt ein shadow director teilweise denselben haftungsbewehrten Pflichten wie ein wirksam bestellter Direktor. Das Gleiche gilt gemäß sec. 214(7) IA 1984 für die Haftung wegen 213, 214 IA 1986 (wrongful and fraudulent trading).[81] Tritt eine nicht wirksam zum Direktor bestellte Person nach außen als solcher auf, handelt es sich um einen **de facto director.** Auch in diesen Fällen besteht nach common law die Möglichkeit, dass pflichtwidriges Handeln mit einer der Direktorenhaftung vergleichbaren Sanktion belegt wird.[82]

34   Der faktische Geschäftsleiter ist als dirigeant de fait auch im **französischen Recht** bekannt.[83] Nach Art. L 241-9, L 244-4, L 245-16, L 246-2 c.com genügt es zwar, wenn der faktische Geschäftsführer die Leitung über eine SARL oder SA durch einen Strohmann offen oder verdeckt ausübt. Maßgebliches Kriterium ist, ob der Hintermann frei und unabhängig Aufgaben der Geschäftsführung wahrnimmt.[84] Dies wird bei Kreditgebern indessen nicht bejaht, wenn der Dritte lediglich Kontrollrechte ausübt, die Ablösung eines unfähigen Geschäftsleiters oder die Aufstellung eines geeigneten Sanierungsplanes verlangt.[85] Andererseits begründeten die Instanzgerichte bereits die Stellung einer Bank als faktischen Geschäftsleiter, die sich intensiv in die Geschäftsführung einmischt und dauerhaft einen Beauftragten abstellt, der den Gesellschaftsorganen alle wesentlichen Entscheidungen diktiert.[86]

35   Im **schweizerischen Aktienrecht** werden faktische Organe allgemein dadurch gekennzeichnet, dass sie, ohne gewählt oder besonders bezeichnet zu sein, Geschäftsführungsaufgaben wahrnehmen.[87] Auch hier kommt es entscheidend darauf an, dass die betreffenden Personen nach außen den Eindruck einer wirksamen Organbestellung erwecken.[88] Die bloße Mithilfe bei einer Entscheidung der Unternehmensleitung genügt nicht.[89] Für Kreditgeber hat das *Bundesgericht* diese Voraussetzungen im sog. Zumbrunn-Entscheid für den Fall bejaht, dass das Unternehmen aufgrund des Finanzierungsvertrages in allen Fragen der Unternehmensführung beraten wurde und die Bank darüber hinaus ein Teilnahme- und Äußerungsrecht bei allen Verwaltungssitzungen hat, was sie auch durch Entsendung zweier

---

[80] *Schall,* ZIP 2005, 965, 967.
[81] Hierzu Henssler/Strohn/*Servatius* IntGesR Rdnr. 165 ff. sowie unten Rdnr. 79 ff.
[82] Secretary of State for Trade and Industry vom Deverell [2000] BCC 1057, 1073, CA; Re Mea Corp. Ltd [2007] BCC 288, 306, ChD; zum Ganzen auch *Fleischer,* AG 2004, 517, 520 und *Haas,* NZI 2006, 494; *Schmittmann/Bischoff,* ZInsO 2009, 1561.
[83] *Cozian/Viandier/Deboissy,* Droit des sociétées, Rz. 384; *Fleischer,* AG 2004, 517, 521; GroßKomm AktG/*Kort* § 117 Rdnr. 277.
[84] *Haas,* NZI 2006, 494, 496 (m.w.N.).
[85] CA Paris, 15. 12. 1995, D. 1996 IR 74; CA Paris, 17. 3. 1978 D. 1978 IR 420.
[86] *Fleischer,* AG 2004, 517, 521 unter Hinweis CA Paris, 3. 3. 1978, Gaz. Pal. 1978, somm. II, 394; für einen Franchisegeber Cass. Comm. 9. 11. 1993, Rev. Soc. 1994, 321.
[87] BGE 117 II 432, 442; BGE 117 II 570, 571; BGE 128 III 29, 30; *Forstmoser/Meier-Hayoz/Nobel,* Schweizerisches Aktienrecht, § 37 Rdnr. 4; *Fleischer,* AG 2004, 517, 523; *Haas,* NZI 2006, 494, 496; GroßKomm AktG/*Kort* § 117 Rdnr. 277.
[88] *Bärtschi,* Verantwortlichkeit im Aktienrecht, S. 104 ff.
[89] BGE 128 III, 29, 31.

Vertreter wahrnahm.[90] Aus diesen Umständen schloss das Gericht auf gewichtige Einflussmöglichkeiten auf die Willensbildung und hieraus auf eine materielle Organstellung der Bankvertreter.[91] Etwas anderes solle hingegen für den Fall gelten, dass der Kreditgeber die Kapitalüberlassung und -belassung lediglich von einer bestimmten Geschäftspolitik abhängig macht.[92]

bb) Strafrechtliche Anknüpfung. Zu einer teilweise besonderen Anknüpfung gelangt 36 man im Bereich der Strafbarkeit faktischer Geschäftsleiter. Bei strafrechtlichen Sonderdelikten, die die Strafbarkeit an das Innehaben einer Organstellung knüpfen, ergibt sich im Ausgangspunkt als Vorfrage eine an das **Gesellschaftsstatut** anknüpfende Bestimmung, wer hierunter zu fassen ist und wer nicht (vgl. im deutschen Recht § 15a Abs. 4 und 5 InsO, §§ 283ff. StGB).[93] Erfasst die Strafbarkeit nach der jeweiligen strafrechtlichen Sachnorm auch den **faktischen Geschäftsleiter,** der die Geschicke der Gesellschaft allein oder neben dem bestellten Geschäftsführer prägend bestimmt,[94] gilt das Gleiche. Zu beachten ist jedoch in den Zuzugsfällen, dass wegen des strafrechtlichen Bestimmtheitsgrundsatzes und wegen des **Analogieverbots** die deutschen Straftatbestände nicht ohne weiteres auf die Organwalter von Auslandsgesellschaften angewendet werden dürfen, so dass eine Strafbarkeit weitgehend ausscheidet.[95] Zudem sind die Grundsätze des (deutschen) internationalen Strafrechts gemäß §§ 3–7 StGB zu beachten.[96] Für die strafrechtliche Untreue gemäß § 266 StGB ist die relevante Vermögensbetreuungspflicht gemäß dem Heimatrecht der Auslandsgesellschaft zu bestimmen.[97]

d) Gewerberecht. Eine besondere Anknüpfung besteht auch im Gewerberecht. Dieses 37 ist wegen seiner öffentlich-rechtlichen Natur und der Tätigkeitsbezogenheit entsprechend den Grundsätzen des internationalen öffentlichen Rechts grundsätzlich **territorial anzuknüpfen** (sog. Fremdenrecht).

aa) Zuzug ausländischer Gesellschaften. Für ausländische juristische Personen mit 38 effektivem Verwaltungssitz oder (bloßer) Zweigniederlassung in Deutschland gelten daher die allgemeinen Vorgaben des deutschen Gewerberechts.[98] Eine besondere Genehmigungsbedürftigkeit für den Betrieb eines Gewerbes im Inland durch ausländische juristische Personen besteht nach der Streichung des § 12 GewO a. F. jedoch nicht mehr; die Anzeige genügt (§ 14 GewO).[99] Handelt eine solche Gesellschaft ohne die ggf. erforderliche gewerberechtliche Genehmigung, kann die Fortsetzung des Betriebs gemäß § 15 Abs. 2 S. 1 GewO untersagt werden.[100] Durch § 15 Abs. 2 S. 2 GewO werden die gewerbepolizeilichen Möglichkeiten jedoch speziell für Auslandsgesellschaften erweitert. Hiernach kann die Fortsetzung des Betriebes von der zuständigen Behörde verhindert werden, wenn ein Gewerbe von einer ausländischen juristischen Person begonnen wird, deren Rechtsfähigkeit im Inland nicht anerkannt wird.[101] Dies gilt auch bei der Ausübung eines an sich genehmigungsfreien Gewerbes.[102] Voraussetzung hierfür ist jedoch, dass die betreffende Auslandsgesellschaft in Deutschland nicht als rechtsfähig anerkannt wird. Dies ist auf Grund der euro-

---

[90] BGE 107 II, 349, 354.
[91] BGE 107 II, 349, 355.
[92] BGE 107 II, 349, 355.
[93] Zum ganzen *Kienle* § 27.
[94] BGH NJW 2000, 2285 zu § 82 Abs. 1 Nr. 1, 3 GmbHG.
[95] Ebenso *Spindler/Berner,* RIW 2004, 7, 15; *Zimmer,* NJW 2003, 3585, 3590; *Wachter,* GmbHR 2003, 1254, 1257; *Wachter,* GmbHR 2004, 88, 101.
[96] Zum Ganzen *Kienle* § 27.
[97] Vgl. BGH DB 2010, 1581.
[98] *Tettinger/Wank* GewO § 15 Rdnr. 36; vgl. VG Köln GewArch 2002, 242; VG Lüneburg NVwZ-RR 1998, 427.
[99] *Michalski/Leible* GmbHG Syst Darst. 2 Rdnr. 231.
[100] *Tettinger/Wank,* GewO § 15 Rdnr. 37.
[101] Einzelheiten bei *Kaufmann,* GewArch 1997, 400.
[102] *Tettinger/Wank,* GewO § 15 Rdnr. 37.

päischen Niederlassungsfreiheit nunmehr kaum denkbar und kommt nur noch beim Zuzug aus Drittstaaten in Betracht.[103] Somit handelt es sich hierbei letztlich um eine spezielle Ausprägung des allgemeinen Ordre-public-Vorbehalts gemäß Art. 6 EGBGB, der nur in extremen Missbrauchsfällen zur Anwendung kommt.[104]

39 Handelt eine ausländische Gesellschaft in Deutschland, ist es zudem möglich, gegenüber den Geschäftsleitern eine **Gewerbeuntersagung** gemäß § 35 GewO auszusprechen.[105] Wichtigste Konsequenz einer derartigen Untersagung ist die **Inhabilität** dieser Person, wenn es um die Bekleidung einer Organstellung geht (vgl. §§ 6 Abs. 2 Nr. 2 GmbHG, 76 Abs. 3 Nr. 2 AktG). Gemäß § 13 e Abs. 3 HGB erstreckt sich diese rechtsformunabhängig auch auf Auslandsgesellschaften,[106] was nicht gegen die Niederlassungsfreiheit innerhalb der EU verstößt (str.).[107]

40 **Ausländische Gewerbeverbote** sind für die Organwalter einer in Deutschland ansässigen (Auslands-)Gesellschaft jedoch grds. unbeachtlich. Auch der neu gefasste § 6 Abs. 2 S. 3 GmbHG erstreckt sich allein auf die Verurteilung im Ausland und damit auf das Strafrecht, was rechtspolitisch stark zu kritisieren ist.[108] Eine Ausnahme gilt allerdings, wenn die betreffende Gewerbeuntersagung nach dem maßgeblichen Gesellschaftsrecht (gemäß Gesellschaftsstatut) zu einem automatischen Verlust der Amtsstellung führt, wie dies z. B. im deutschen Aktien- und GmbH-Recht der Fall ist.[109] Darüber hinaus bleibt es den deutschen Behörden unbenommen, wegen etwaiger gewerberechtlicher Maßnahmen im Ausland gegen einen Geschäftsleiter ihrerseits die entsprechenden Maßnahmen nach GewO auszusprechen.

41 **bb) Wegzug deutscher Gesellschaften.** Verlegt eine deutsche Gesellschaft ihren Verwaltungssitz identitätswahrend ins Ausland oder wird dort über eine Zweigniederlassung tätig, gilt das dortige Gewerberecht entsprechend. Die wohl praktisch wichtigste ausländische Regelung über die Inhabilität von Geschäftsleitern folgt in Großbritannien z. B. aus dem **Company Directors Disqualification Act** (CDDA) 1986.[110] Dies hat zur Voraussetzung, dass der Direktor eine Straftat begangen hat (indictable offence, sec. 2 CDDA 1986), wiederholt gegen gesetzliche Pflichten verstoßen hat, insbesondere gegen die Mitteilungspflichten gegenüber dem Companies House (sec. 3 CDDA 1986), bei der Abwicklung einer Ltd. eine Straftat begangen hat (sec. 4 CDDA 1986), die Tatbestände der sec. 213, 214 IA 1986 (wrongful and fraudulent trading)[111] erfüllt hat (sec. 10 CDDA 1986) oder schlichtweg ungeeignet für das Amt des Direktors ist (unfitness, sec. 6 CDDA 1986).

42 Auf entsprechenden **Antrag** des staatlichen Secretary of State hin (vgl. sec. 7, 8 CDDA 1986) kann – bzw. muss im Falle von sec. 6 CDDA 1986 – das Gericht den Direktor vom Amt ausschließen. Bei der Beurteilung, ob „Ungeeignetheit" vorliegt, sind nach Schedule 1 CDDA 1986 verschiedene Kriterien maßgeblich, v. a. Treuepflichtverletzungen des Direktors gegenüber der Gesellschaft, Unterschlagung von Betriebsvermögen, Verantwortlichkeit des Direktors für Insolvenz und Führung der Gesellschaftsbücher. Die gerichtliche Abberufung erfolgt im öffentlichen Interesse und kann auch angestrengt werden, wenn sich der Direktor in einer ausländischen Rechtsordnung Verfehlungen schuldig macht, mithin beim Tätigwerden in Deutschland. Als Folge der Disqualifikation kann dem Direktor ein bis zu 15-jähriges **Berufsverbot** auferlegt werden. Dieses wird in ein öffentliches Register

---

[103] EuGH NJW 2002, 3614- Überseering.
[104] *Tettinger/Wank*, GewO § 15 Rdnr. 37; *Seifert*, GewArch 2002, 393, 399 f.
[105] *Eidenmüller/Rehberg* AuslKapGes § 7 Rdnr. 3.
[106] Vgl. *Bauer/Großerichter*, NZG 2008, 253, 256.
[107] *Oetker/Preuß* HGB § 13 e Rdnr. 53 ff.; vgl. auch BGH NJW 2007, 2328; abw. aber *Wachter*, GmbHR 2006, 798 und *Bauer/Großerichter*, NZG 2008, 253, 256.
[108] Zum Ganzen *Eidenmüller/Rehberg*, NJW 2008, 28, 30.
[109] Vgl. Spindler/Stilz/*Fleischer* § 76 Rdnr. 140; Bork/*Schäfer* § 6 Rdnr. 11.
[110] Abgedruckt bei *Heinz* S. 191 ff.; abrufbar unter http://www.opsi.gov.uk/acts/acts1986/pdf/ukpga_19860046_en.pdf; Einzelheiten bei *Fischer*, WM 2004, 157, 160.
[111] Hierzu Henssler/Strohn/*Servatius* IntGesR Rdnr. 165 ff. sowie unten Rdnr. 79 ff.

eingetragen (Disqualified Directors Register).¹¹² Setzt sich der Direktor über die Abberufung hinweg, haftet er gemäß sec. 15 CDDA 1986 der Ltd. gegenüber auf Schadensersatz. Sec. 13 CDDA 1986 sieht zudem eine Freiheits- oder Geldstrafe vor.

Die **Effektivität** dieser gerichtlichen Disqualifikation kann indessen bei Auslands-Ltd. 43 mit Sitz in Deutschland als gering angesehen werden. Grundsätzlich sind allein die britischen Behörden und Gerichte dazu berufen, das entsprechende Verfahren durchzuführen, mithin ggf. gegen einen in Deutschland tätigen Direktor. Ob dies praktiziert wird, ist zweifelhaft. Vor den deutschen Gerichten scheidet die Geltendmachung eines Verfahrens nach CDDA 1986 jedenfalls aus. Die gerichtliche Abberufung eines im öffentlichen Interesse ungeeigneten Direktors kommt bei der in Deutschland ansässigen Auslands-Ltd. nicht in Betracht. Es handelt sich so um einen Normenmangel. Möglich und geboten ist daher, auf die entsprechenden **nationalen Schutzmechanismen** zurückzugreifen: Bei der GmbH ist anerkannt, dass das Amt des Geschäftsführers automatisch endet, wenn **Inhabilität** gemäß § 6 Abs. 2 GmbHG, § 13g Abs. 2 S. 2 HGB eintritt;¹¹³ kommt es hierdurch zur Führungslosigkeit, ist entsprechend § 29 BGB die Bestellung eines Notgeschäftsführers möglich.¹¹⁴ Wendet man dies entsprechend auf die in Deutschland ansässige Ltd an, kann die Lücke für die im öffentlichen Interesse liegende Disqualifikation von Direktoren sachgerecht geschlossen werden.¹¹⁵

2. Organpflichten

a) Gesellschaftsstatut. Die sich aus dem Gesellschaftsvertrag sowie den betreffenden 44 sachrechtlichen Regeln ergebenden Organpflichten gehören grds. zum Gesellschaftsstatut (zu besonderen Anknüpfungen unten Rdnr. 63 ff.).¹¹⁶ Konkret bedeutet dies, dass z.B. der identitätswahrende Wegzug einer deutschen GmbH oder AG ins Ausland (zur insofern nach wie vor bestehenden Rechtsunsicherheit oben Rdnr. 20) an den betreffenden Organpflichten gemäß § 43 Abs. 1 GmbHG bzw. § 93 Abs. 1 AktG nichts ändert. Umgekehrt behalten auch die Organpflichten bei einer in Deutschland ansässigen Auslandsgesellschaft ihre Gültigkeit.

b) Die Auslands-Ltd. als Beispiel. Bei der englischen Ltd. als prominentestem Bei- 45 spiel einer Auslandsgesellschaft mit möglichem Sitz in Deutschland gilt insofern für die Organpflichten Folgendes:

aa) Geschäftsführungskompetenz. Die Direktoren sind zur Wahrnehmung aller Auf- 46 gaben berechtigt, die nicht durch Gesetz oder durch den Gesellschaftsvertrag (articles) den Gesellschaftern vorbehalten sind.¹¹⁷ Möglich ist die Bestellung mehrerer Direktoren, die die ihnen zugewiesenen Befugnisse dann im Zweifel mehrheitlich in der Versammlung des **board of directors** ausüben können.¹¹⁸ Interessenskonflikte sind gemäß sec. 182f. CA 2006 offen zu legen. Durch Gesellschafterbeschluss oder durch Delegation des board of directors können jedoch bestimmte Aufgaben (z.B. Entscheidungen des laufenden Geschäftsbetriebs) samt Vertretungsbefugnis auch auf einzelne executive directors oder einen managing director übertragen werden (so etwa art. 5 Model Articles). Grundlegende Entscheidungen bleiben jedoch dem board of directors vorbehalten. Die Einberufung und **Entscheidungsfindung** des boards sind nicht gesetzlich geregelt. Die Model Articles se-

---

¹¹² *Heinz* § 6 Rdnr. 40 f.
¹¹³ Vgl. Baumbach/Hueck/*Zöllner/Noack* GmbHG § 38 Rdnr. 84.
¹¹⁴ Vgl. Baumbach/Hueck/*Fastrich* GmbHG § 6 Rdnr. 32.
¹¹⁵ Dagegen *Bauer/Großerichter,* NZG 2008, 253, 256.
¹¹⁶ OLG Celle GmbHR 2006, 1269; Staudinger/*Großfeld* IntGesR Rdnr. 317; MüKo IntGesR/ *Kindler* Rdnr. 650; *Behrens*, IPRax 2004, 20, 24; *Greulich/Rau*, NZG 2008, 565, 566.
¹¹⁷ Vgl. art. 3 Model Articles, sec. 170 CA 2006 ; die model articles sind abrufbar unter www.opsi.gov.uk/si/si2008/pdf/uksi_20083229_en.pdf); sie gelten gem. sec. 20(1) CA 2006 automatisch, wenn bei der Registrierung der Ltd entgegen sec. 9(5b) CA 2006 keine Satzung vorgelegt wird; von diesem Muster kann jedoch auch abgewichen werden.
¹¹⁸ Vgl. art. 7(1) model articles; Einzelheiten bei *Just* Rdnr. 151 ff.

hen jedoch gewisse Verfahrensschritte vor: Jeder Direktor kann durch Anzeige gegenüber den anderen Direktoren eine Direktorenversammlung einberufen (art. 9(1) Model Articles), an der die Direktoren grundsätzlich verpflichtet sind teilzunehmen.[119] Sofern nichts anderes vereinbart ist, ist bei zwei anwesenden Direktoren die Versammlung beschlussfähig (art. 11(2, 1) Model Articles) und entscheidet mit der Mehrheit der Stimmen. Nach art. 13(1) Model Articles hat der Vorsitzende (art. 12(2) Model Articles) bei Gleichheit der Stimmen ein Entscheidungsrecht. Die Sitzungen der Direktoren sind gemäß art. 15 der Model Articles zu protokollieren. Weisungen der Gesellschafter an die Direktoren sind im CA 2006 nicht ausdrücklich vorgesehen. Eine **Einflussnahme der Gesellschafter** auf die Direktoren kann jedoch dadurch erfolgen, dass die Befugnisse der Direktoren in den articles präzisiert bzw. eingeschränkt werden (vgl. art. 4 Model Articles). Hierüber kann ein Gleichlauf mit § 37 Abs. 1 GmbHG hergestellt werden. Gewisse Handlungen können die Direktoren zudem nur kraft Gesetzes nach Zustimmung der Gesellschafter wirksam vornehmen (vgl. sec. 188, 190, 197, 217 CA 2006: z.B. Dienstverträge mit Direktoren, Erwerb von Gegenständen mit bedeutendem Wert, Darlehen an Direktoren, Abfindungszahlungen). Schließen die Direktoren jedoch Geschäfte außerhalb ihrer Befugnisse ab, so hindert dies nach der Aufgabe der Ultra-vires-Lehre nicht die Rechtswirksamkeit des betreffenden Geschäfts.[120] die Direktoren machen sich jedoch im Innenverhältnis schadensersatzpflichtig.

47 **bb) Die einzelnen Geschäftsleiterpflichten.** Nachdem sich die Pflichten der Direktoren gegenüber der Gesellschaft bis zum Inkrafttreten des CA 2006 weitgehend aus dem common law ergaben, wurden diese Pflichten gemäß sec. 170–179 CA 2006 nunmehr kodifiziert.[121] Gemäß sec. 170(3, 4) CA 2006 sind die traditionellen Regeln jedoch weiterhin für die Auslegung relevant. Gesetzestechnisch überzeugt die nachfolgend skizzierte Regelung wenig, da sie wortreich ist und **vielfach sachliche Überschneidungen** enthält.[122] Ob es den deutschen Gerichten gelingen wird, dieses Haftungsregime im Einklang mit den Vorgaben der englischen Rechtsprechung gemäß common law praktisch und unseren rechtsstaatlichen Maßstäben genügend auch rechtssicher anzuwenden, bleibt sehr zweifelhaft.

48 **(1) Duty to act within powers.** Gemäß sec. 171 (a) CA 2006 haben die Direktoren im Einklang mit der company's constitution (sec. 17 CA 2006), also insbesondere mit dem Gesellschaftsvertrag (articles of association), die generelle Pflicht, allein den hier umschriebenen Gesellschaftszweck zu fördern. Die Vorschrift entspricht § 37 Abs. 1 GmbHG und entfaltet ihre **begrenzende Wirkung** allein gegenüber der Gesellschaft; Geschäfte, die die Direktoren entgegen dieser Pflicht mit gutgläubigen Dritten abschließen, berechtigen und verpflichten die Ltd. nach Aufgabe der Ultra-vires-Doktrin auch dann, wenn die Direktoren hierzu nach den articles oder dem Gesellschaftszweck unberechtigt sind.[123]

49 Nach sec. 171 (b) CA 2006 müssen die Direktoren stets davon geleitet sein, ihre Kompetenzen sachgerecht, dh. dem objektiven Sinn der Kompetenzzuweisung entsprechend auszuüben. Diese Regelung entspricht teilweise der im deutschen Recht mittlerweile für die AG ausdrücklich geregelte business judgement rule (§ 93 Abs. 1 S. 1 AktG) und kodifiziert die bereits nach common law geltende **proper purpose doctrine.** Gefordert wird, dass der Direktor auf Grund des objektiven Sachzusammenhangs und nach Maßgabe seiner Motive der Verwirklichung des Gesellschaftszwecks handelt.[124] Diese allgemeine Vorgabe

---

[119] *Just Rdnr.* 151.
[120] *Müller,* DB 2006, 824, 827.
[121] Überblick bei *Ladiges/Pegel,* DStR 2007, 2069; *Thole,* RIW 2008, 606.
[122] Anders *Thole,* RIW 2008, 606, 611, der in der Kodifikation der Geschäftsleiterpflichten eine Erhöhung der Transparenz sieht, wodurch die Attraktivität der Ltd gestärkt werde.
[123] *Müller,* DB 2006, 824, 827; *Just Rdnr.* 88; abw. *Thole,* RIW 2008, 606, 608 unter Hinweis auf ältere englische Rspr.
[124] *Thole,* RIW 2008, 606, 608.

wird teilweise durch die nachfolgend skizzierten speziell geregelten Geschäftsleiterpflichten konkretisiert.

Sec. 171 CA 2006 – Duty to act within powers
A director of a company must –
(a) act in accordance with the company's constitution, and
(b) only exercise powers for the purposes for which they are conferred.

(2) Duty to promote the success of the company. Zentrale Pflicht der Direktoren ist die Förderung des Erfolges der Gesellschaft.[125] Dies entspricht im deutschen Recht der Zweckbindung der Geschäftsführer. Maßgeblich für die Beurteilung einer konkreten Handlung ist dabei jedoch abweichend von der hier vorherrschenden weitgehend objektiven Pflichtenbindung vor allem die **subjektive Sicht** des handelnden Direktors in der jeweiligen Situation, soweit er in good faith, dh. im **wohlverstandenen Interesse der Gesellschaft** handelt.[126] Die Regelung ist bewusst schwach und hat vor allem das Ziel, den Geschäftsleiter vor einer überzogenen gerichtlichen Ex-Post-Kontrolle zu schützen und zeigt deutliche Parallelen zur US-amerikanischen business judgement rule.[127] Sec. 172(1) CA 2006 benennt beispielhaft **Kriterien**, die bei der Entscheidungsfindung besonders zu berücksichtigen sind: Langfristige Konsequenzen jeder Entscheidung, Arbeitnehmerinteressen, die Beziehungen zu Lieferanten, Kunden und anderen Personen, Auswirkungen auf Gemeinschaft und Umwelt, Ansehen der Gesellschaft, Gleichbehandlung der Gesellschafter. Wenngleich die Regelung zulässt, dass auch die Interessen der stakeholder zu berücksichtigen sind, können diese hieraus keine Ansprüche geltend machen.[128] Besteht ein board of directors, haben die einzelnen Direktoren eine wechselseitige Überwachungspflicht.[129]

Mit der deutschen business judgement rule (§ 93 Abs. 1 S. 2 AktG) ist die Direktorenpflicht nach sec. 172 CA 2006 nur bedingt vergleichbar. Indem die subjektiven Elemente stärker betont werden und nicht einmal die Pflicht besteht, die Entscheidungsfindung zu dokumentieren,[130] besteht somit im Ergebnis ein **großer Haftungsfreiraum** des Direktors einer englischen Ltd. Bei Konzerntöchtern und Ein-Personen-Gesellschaften mag dies rechtspolitisch überzeugen. Bei mehrgliedrigen Gesellschaften bestehen indessen Zweifel, ob sich über die Geschäftsleiterhaftung nach englischem Recht ein effektiver Minderheitenschutz verwirklichen lässt.

Sec. 172 CA 2006 – Duty to promote the success of the company
(1) A director of a company must act in the way he considers, in good faith, would be most likely to promote the success of the company for the benefit of its members as a whole, and in doing so have regard (amongst other matters) to –
(a) the likely confluences of any decision in the long term,
(b) the interests of the company's employees,
(c) the need to foster the company's business relationships with suppliers, customers and others,
(d) the impact of the company's operations on the community and the environment,
(e) the desirability of the company maintaining a reputation for high standards of business conduct, and
(f) the need to act fairly as between members of the company.

(2) Where or to the extent that the purposes of the company consist of or include purposes other than the benefit of its members, subsection (1) has effect as if the reference to promoting the success of the company for the benefit of its members were to achieving those purposes.

---

[125] Vgl. *Thole*, RIW 2008, 606, 608: Herzstück der Kodifikation.
[126] *Just* Rdnr. 160.
[127] *Thole*, RIW 2008, 606, 609.
[128] *Ladiges/Pegel*, DStR 2007, 2069, 2071; *Thole*, RIW 2008, 606, 607 f.; „enlightened shareholder value approach".
[129] *Schmolke*, RIW 2008, 365, 369.
[130] *Thole*, RIW 2008, 606, 609.

(3) The duty imposed in this section has effect subject to any enactment or rule of law requiring directors, in certain circumstances, to consider or act in the interests of creditors of the company.

52 **(3) Duty to exercise independent judgement.** Gemäß sec. 173(1) CA 2006 haben die Direktoren ihre Entscheidungen **unabhängig** zu treffen. Dies ist insbesondere dann nicht gegeben, wenn die Entscheidungsfindung auf Grund der Beeinflussung durch Unternehmensfremde mit gegenläufigen Interessen erfolgt.[131] Wenngleich nicht ausdrücklich geregelt, muss man hierunter jedoch zumindest bei der mehrgliedrigen Ltd. auch die Fälle fassen, die aus der Perspektive des deutschen **Konzernrechts** durch die Beeinflussung der Direktoren durch einen Gesellschafter mit anderweitiger unternehmerischer Interessenbindung gekennzeichnet ist (§§ 17 ff. AktG). Die Pflicht zur unabhängigen Entscheidungsfindung gemäß sec. 173(1) CA 2006 wird nicht verletzt, wenn die jeweilige Entscheidung durch Vereinbarung mit der Gesellschaft oder durch die company's constitution gedeckt ist. Darüber hinaus ist der Regelung auch das Verbot zu entnehmen, dass sich der Direktor seiner durch die Satzung zugewiesenen Aufgaben nicht eigenmächtig durch **Delegation** an untergeordnete Stellen entledigen darf.[132]

> **Sec. 173 CA 2006 – Duty to exercise independent judgement**
> (1) A director of a company must exercise independent judgement.
> (2) This duty is not infringed by his acting –
> (a) in accordance with an agreement duly entered into by the company that restricts the future exercise of discretion by its directors, or
> (b) in a way authorised by the company's constitution.

53 **(4) Duty to erxercise reasonable care, skill and diligence.** Die in sec. 174(1) CA 2006 kodifizierte Pflicht, mit der gebotenen Sorgfalt nach den besten Fähigkeiten zu handeln, knüpft an objektive und subjektive Maßstäbe an. Hierbei handelt es sich um einen wichtigen Baustein zur Erfassung aller übrigen Geschäftsleiterpflichten.[133] Maßgeblich sind gemäß sec. 174(2 a) CA 2006 zunächst die allgemeinen Kenntnisse, Fähigkeiten und Erfahrungen, die von einem Direktor der jeweiligen Gesellschaft vernünftigerweise erwartet werden können. Darüber hinaus sind sec. 174(2 b) CA 2006 auch das diese Anforderungen übersteigende Wissen, die Fähigkeiten und Erfahrungen des einzelnen Direktors zu berücksichtigen.[134] Die Sorgfaltsanforderungen können im Anstellungsvertrag konkretisiert werden.[135]

> **Sec. 174 CA 2006 – Duty to exercise reasonable care, skill an diligence**
> (1) A director of a company must exercise reasonable care, skill and diligence.
> (2) This means the care, skill and diligence that would be exercised by a reasonably diligent person with –
> (a) the general knowledge, skill and experience that may reasonably be expected of a person carrying out the functions carried out by the director in relation to the company, and
> (b) the general knowledge, skill and experience that the director has.

54 **(5) Duty to avoid conflicts of interest.** Interessenkonflikte mit der Gesellschaft haben die Direktoren gemäß sec. 175(1, 2) CA 2006 insbesondere im Hinblick auf die Verwertung von Betriebsvermögen, Informationen und Geschäftsangelegenheiten zu vermeiden. Dies gilt unabhängig davon, ob die Gesellschaft selbst Nutzen aus diesen Gegenständen ziehen könnte. Die Direktoren sollen prinzipiell ihr Amt nicht zum eigenen Nutzen ausüben. Sec. 175 CA 2006 gilt gemäß sec. 170(2) CA 2006 entsprechend für ausgeschiedene Direktoren. Da Interessenkonflikte besonders dann drohen, wenn eine Per-

---

[131] *Thole,* RIW 2008, 606, 609.
[132] *Thole,* RIW 2008, 606, 609.
[133] *Thole,* RIW 2008, 606, 609.
[134] Näher *Ladiges/Pegel,* DStR 2007, 2069, 2073; *Thole,* RIW 2008, 606, 609 f.
[135] *Just* Rdnr. 162.

son Direktor mehrerer Gesellschaften ist, versteht sec. 175(7) CA 2006 unter einem Interessenkonflikt gleichzeitig auch Konflikte zwischen Pflichten und Interessen sowie zwischen unterschiedlichen Pflichten des Direktors, etwa gegenüber verschiedenen Gesellschaften.[136] Lediglich Geschäfte und Vereinbarungen mit der Gesellschaft selbst sind von den Interessenkonflikten ausgenommen (Abs. 3); ferner stellen Geschäfte, denen die übrigen Direktoren zugestimmt haben, keine Verletzung dieser Pflicht dar, sec. 175(4b) CA 2006. Die Zustimmung der Direktoren zu einem Geschäft ist nur möglich, wenn dies nicht in der company's constitution ausgeschlossen wurde (Abs. 5 a) und gemäß Abs. 6 a, b nur wirksam, wenn die Versammlung der Direktoren (ohne den befangenen Direktor) beschlussfähig war und dem Geschäft die Zustimmung ohne die Stimme des „befangenen" Direktors erfolgte bzw. ohne dass dessen Stimme ausschlaggebend war. Ebenso kann gemäß sec. 180(4b) CA 2006 bereits gesellschaftsvertraglich vorgesehen werden, dass bestimmte Situationen keinen Interessenkonflikt darstellen. Interessenkonflikte haben die Direktoren gemäß sec. 177 CA 2006 offen zu legen.

Sec. 175 CA 2006 – Duty to avoid conflicts of interest

(1) A director of a company must avoid a situation in which he has, or can have a direct or indirect interest that conflicts, or possibly may conflict, with the interests of the company.

(2) This applies in particular to the exploitation of any property, information or opportunity (and it is immaterial whether the company could take advantage of the property, information or opportunity).

(3) This duty does not apply to a conflict of interest arising in relation to a transaction or arrangement with the company.

(4) This duty is not infringed –
(a) if the situation cannot reasonably be regarded as likely to give rise to a conflict of interest; or
(b) if the matter has been authorised by the directors.

(5) Authorisation may be given by the directors –
(a) where the company is a private company and nothing in the company's constitution invalidates such authorisation, by the matter being proposed to and authorised by the directors; or
(b) where the company is a public company [... *nicht abgedruckt*].

(6) The authorisation is effective only if –
a) any requirement as to the quorum at the meeting at which the matter is considered is met without counting the director in question or any other interested director, and
(b) the matter was agreed to without their voting or would have been agreed to if their votes had not been counted.

(7) Any reference in this section to a conflict of interest includes a conflict of interest and duty and a conflict of duties.

(6) Duty not to accept benefits from third parties. Von Dritten darf ein Direktor keine Vorteile auf Grund seiner Direktorenstellung oder Gegenleistungen für ein bestimmtes Verhalten empfangen (sec. 176(1) CA 2006). Gemäß sec. 170(2) CA 2006 gilt dies auch für Direktoren, die ihr Amt nicht mehr ausüben. Dritter gemäß Abs. 2 jede andere natürliche oder juristische Person außer der Gesellschaft selbst, bei der jemand als Direktor bestellt ist. Nicht als von einem Dritten empfangen gilt gemäß Abs. 3 ein Vorteil, den der Direktor von einer anderen Person dafür erhält, dass diese gegenüber der Gesellschaft, für die der Direktor tätig ist, eine Leistung erbringt. Ob die Heilungsmöglichkeit nach sec. 180(4b) CA 2006 auf die Vorteilsgewährung Dritter anwendbar ist, ist unklar.[137]

Sec. 176 CA 2006 – Duty not to accept benefits from third parties

(1) A director of a company must not accept a benefit from a third party conferred by reason of –
(a) his being a director, or
(b) his doing (or not doing) anything as a director.

---

[136] Ladiges/Pegel, DStR 2007, 2069, 2073.
[137] Unentschieden Ladiges/Pegel, DStR 2007, 2069, 2074.

§ 12   56   4. Kapitel. Die Gesellschaft im internationalen Rechtsverkehr

(2) A „third party" means a person other than the company, an associated body corporate or a person acting on behalf of the company or an associated body corporate.

(3) Benefits received by a director from a person by whom his services (as a director or otherwise) are provided to the company are not regarded as conferred by a third party.

(4) This duty is not infringed if the acceptance of the benefit cannot reasonably be regarded as likely to give rise to a conflict of interest.

(5) Any reference in this section to a conflict of interest includes a conflict of interest and duty and a conflict of duties.

56   **(7) Duty to declare interest in proposed transaction or arrangement.** Zur Vermeidung von Interessenkonflikten gemäß sec. 175 CA 2006 treffen den Direktor Mitteilungspflichten nach sec. 177 CA 2006. Hat ein Direktor ein direktes oder indirektes Interesse an einem Geschäft mit der Gesellschaft, so hat er vor Abschluss des Geschäfts (Abs. 4) die anderen Direktoren über Art und Umfang seines Interesses in der Versammlung der Direktoren oder schriftlich zu informieren, Abs. 1, 2. Ein persönliches Interesse an bereits bestehenden Geschäften und Vereinbarungen hat der betreffende Direktor ebenfalls gemäß sec. 182(1, 2) CA 2006 und sobald wie möglich (Abs. 4) mitzuteilen, wenn dies nicht bereits im Vorhinein nach sec. 177 geschehen ist. Unterlässt ein Direktor die nach sec. 182 CA 2006 erforderliche Mitteilung, so handelt es sich um ein Vergehen (sec. 183(1) CA 2006), das gemäß sec. 183(2) CA 2006 mit Geldstrafe geahndet werden kann. Bei fehlerhaften oder unvollständigen Mitteilungen muss eine neue Mitteilung folgen, sec. 177(3), 182(3) CA 2006. Mitteilungspflichtig ist ein Direktor nur dann, wenn er sich seines Interesses und des Geschäfts bzw. der Vereinbarung bewusst ist. Umstände, von denen ein Direktor vernünftigerweise Kenntnis haben muss, sind jedoch als dem Direktor bekannt zu betrachten (sec. 177(5), 182(5) CA 2006). Es besteht keine Mitteilungspflicht, soweit die übrigen Direktoren Kenntnis vom persönlichen Interesse haben. Sie besteht gemäß sec. 177, 182 CA 2006 ferner nicht, wenn die Gesellschaft nur einen Direktor hat. Müsste die Gesellschaft nach ihrer Satzung aber mehr als einen Direktor haben, hat der eine nach sec. 182 CA 2006 dennoch die erforderliche Erklärung gemäß sec. 186 CA 2006 abzugeben.

Sec. 177 CA 2006 – Duty to declare interest in proposed transaction or arrangement

(1) If a director of a company is in any way, directly or indirectly, interested in a proposed transaction or arrangement with the company, he must declare the nature and extent of that interest to the other directors.

(2) The declaration may (but need not) be made –
(a) at a meeting of the directors, or
(b) by notice to the directors in accordance with –
   (i) section 184 (notice in writing), or
   (ii) section 185 (general notice).

(3) If a declaration of interest under this section proves to be, or becomes, inaccurate or incomplete, a further declaration must be made.

(4) Any declaration required by this section must be made before the company enters into the transaction or arrangement.

(5) This section does not require a declaration of interest of which the director is not aware or where the director is not aware of the transaction or arrangement in question.
For this purpose a director is treated as being aware of matters of which he ought reasonably to be aware.

(6) A director need not declare an interest –
(a) if it cannot reasonably be regarded as likely to give rise to a conflict of interest;
(b) if, or to the extent that, the other directors are already aware of it (and for this purpose the other directors are treated as aware of anything of which they ought reasonably to be aware); or
(c) if, or to the extent that, it concerns terms of his service contract that have been or are to be considered –
   (i) by a meeting of the directors, or
   (ii) by a committee of the directors appointed for the purpose under the company's constitution.

(8) Buchführungspflicht. Die Direktoren sind gemäß sec. 386 ff. CA 2006 zur Buchführung verpflichtet. Sie haben den Gesellschaftern neben der Bilanz einen jährlichen Geschäftsbericht vorzulegen (sec. 415 ff. CA 2006).[138]

cc) Innenhaftung der Geschäftsleiter. Eine ausdrückliche Haftungsregelung fehlt im englischen Recht (vgl. aber die Schadensersatzpflicht bei unzulässigen Parteispenden gemäß sec. 369 CA 2006). Sec. 178(1) CA 2006 verweist in den Fällen der Verletzung der Pflichten gemäß sec. 171–177 CA 2006 auf die Regeln des **common law** und der equitable principles. Case law und statutory law sollen sich im englischen Gesellschaftsrecht somit wechselseitig ergänzen, was die konkrete Rechtsanwendung nicht einfach macht, insbesondere aus ausländischer Perspektive. Allgemein wird im common law traditionell nach der Verletzung der Treuepflicht des Direktors und der Verletzung sonstiger Geschäftsleiterpflichten differenziert. Während für Erstere eine strict liability gilt, ohne dass es auf Verschulden ankäme, bedarf es für die Verletzung Letzterer einer auch in Deutschland gängige **objektiven und subjektiven Vorwerfbarkeit**.[139] Es ist derzeit nicht absehbar, ob diese Differenzierung seit Einführung des CA 2006 fort gilt. Man sollte jedoch davon ausgehen, dass es auch im englischen Recht durchgängig eine an Pflichtverletzung und Verschulden anknüpfende Geschäftsleiterhaftung ggü. der Gesellschaft gibt. Neben der Organhaftung kann die Gesellschaft auch Schadensersatzansprüche wegen der Verletzung von Pflichten aus dem **Anstellungsvertrag** geltend machen.[140] Insgesamt betrachtet besteht jedoch **kaum Rechtssicherheit** darüber, unter welchen Voraussetzungen englische Gerichte eine schuldhafte Pflichtverletzung bejahen und sich für die Ersatzfähigkeit eines Schadens aussprechen.[141] Inwieweit es deutschen Gerichten gelingen wird, Licht ins Dunkel zu bringen, bleibt abzuwarten. Bei pluralistischen Gesellschaften ist dies jedoch ein erheblicher Aspekt, die Rechtsform Ltd. kritisch zu überdenken. Minderheitengesellschafter dürfen derzeit kaum darauf hoffen, dass die Innenhaftung der Geschäftsleiter nach englischem Recht einen mit der deutschen GmbH vergleichbaren Schutzstandard begründet.

dd) Pflichtverletzung, Verschulden. Die auf common law gestützte Geschäftsleiterhaftung gilt bei jeder Verletzung der in sec. 171–177 CA 2006 genannten Pflichten. Bedeutsam ist die Haftung vor allem dann, wenn ein Direktor unter Überschreitung seiner durch Gesetz bzw. die articles eingeräumten Befugnisse Geschäfte mit gutgläubigen Dritten abschließt. Nach Aufgabe der Ultra-vires-Lehre ist das betreffende Geschäft dennoch wirksam, der Direktor aber der Gesellschaft für hieraus entstandene Verluste ersatzpflichtig. Die objektiven und subjektiven Sorgfaltsanforderungen wurden von der englischen Rechtsprechung traditionell eher allgemein gehalten und anders als in Deutschland z. B. gemäß § 43 Abs. 1 GmbHG nicht objektiv auf das wahrgenommene Amt des Geschäftsleiters bezogen. Die frühere Rechtsprechung, wonach ein **subjektiver Sorgfaltsmaßstab** maßgeblich sein sollte,[142] wird wohl nicht mehr aufrecht gehalten. Mittlerweile spielen, ähnlich wie im Rahmen von § 43 Abs. 1 GmbHG, vor allem **objektive Kriterien** eine Rolle, wie z. B. Art und Größe der konkreten Gesellschaft.[143] Eine besondere Haftungsprivilegierung gemäß der mittlerweile in § 93 Abs. 1 S. 2 AktG in Deutschland kodifizierten **business judgement rule** besteht im CA 2006 nicht. Die englische Rechtsprechung erkennt jedoch traditionell nach common law an, dass der Direktor nur die Sorgfalt schuldet, die gewöhnlich unter den konkreten Voraussetzungen erwartet werden kann und schließt eine Haftung wegen falscher Beurteilung aus.[144] Im Ergebnis wird daher auch dem Geschäftsleiter einer englischen Ltd. ein unternehmerisches Ermessen zugebilligt.

---

[138] Einzelheiten bei *Just* Rdnr. 258 ff.
[139] *Einmahl* S. 140; Regal (Hastings) Ltd. v. Gulliver [1967] 2 AC, 134.
[140] *Einmahl* S. 126 f.; *Hanke* S. 282.
[141] Beschönigend *Thole*, RIW 2008, 606, 611: „elastischer Ansatz".
[142] Vgl. Cardiff Savings Bank, Re (the Marquis of Bute's case) [1892] 2 Ch. 100.
[143] Norman v Theodore Goddard [1991] BCLC 1028, 1030.
[144] Re Brazilian Rubber Plantations & Estates ltd [1911] 1 Ch. 425, 437; *Hanke* S. 266 mwN.

60 **ee) Schadensersatz.** Die an das common law anknüpfende Geschäftsleiterhaftung zieht rechtsfolgenseitig eine Differenzierung nach sich: Bei der Verletzung der Treuepflicht kann die Gesellschaft die damages ersetzt bekommen, bei der Verletzung sonstiger Pflichten eine compensation verlangen. Mittlerweile scheint diese jedoch letztlich nur eine begriffliche Differenzierung zu sein. Allgemein gilt, dass die Gesellschaft Schadensersatz (Geldleistung) verlangen kann, wonach sie so zu stellen ist, als wenn die Pflichtverletzung nicht begangen worden wäre.[145] Auch Gewinne, die der Direktor selbst mit dem pflichtwidrigen Geschäft erzielte, sind der Gesellschaft zu gewähren.[146] Insgesamt dürften demnach im englischen Recht keine grundlegenden Unterschiede ggü. den §§ 249ff. BGB bestehen.

61 **ff) Durchsetzung, Verzicht.** Die Geschäftsleiterpflichten bestehen gegenüber der Gesellschaft (sec. 178(2) CA 2006). Ersatzansprüche sind daher von den anderen Direktoren oder von einer Gesellschaftermehrheit im Namen der Gesellschaft geltend zu machen.[147] Die **Beweislast** für das Vorliegen der Haftungsvoraussetzungen trifft die Gesellschaft; eine Beweislastumkehr kommt anders als im deutschen Recht nicht in Betracht.[148] Der Anspruch **verjährt** gemäß sec. 9 (1) Limitation Act nach sechs Jahren.[149] Die (internationale und örtliche) Zuständigkeit der **deutschen Gerichte** ergibt sich bei einem hier wohnhaften Direktor regelmäßig aus § 13 ZPO. Es besteht die Möglichkeit, die Pflichtverletzung zu **heilen,** indem die Gesellschafter die Handlung des Direktors durch Beschluss nachträglich genehmigen (sec. 239 CA 2006).[150] Zu beachten ist aber, dass bei einem solchen Beschluss die Ja-Stimmen eines Gesellschafter-Direktors und ihm nahestehender Personen (connected persons, vgl. sec. 252ff. CA 2006) nicht zu berücksichtigen sind (sec. 239(4) CA 2006). Eine **Schadensfreistellung** im Vorfeld der Pflichtverletzung ist nicht möglich;[151] insoweit unterscheidet sich das englische Recht beachtlich vom Recht der GmbH.[152] Eine Besonderheit bietet sec. 1157 CA 2006, wonach das zur Geltendmachung des Schadensersatzanspruchs durch die Ltd. angerufene Gericht auf **Antrag des beklagten Direktors** die Ersatzpflicht ausschließen kann, wenn es zur Überzeugung gelangt, dass der Direktor redlich (honestly) und vernünftig (reasonably) gehandelt hat und unter Berücksichtigung aller Umstände aus Fairness entschuldigt werden muss.[153] In Betracht kommt dies jedoch nicht bei vorsätzlich oder grob fahrlässig begangenen Pflichtverletzungen.[154] Es bleibt abzuwarten, ob dieses ebenfalls dem Gesellschaftsstatut zugehörige Rechtsinstitut von den deutschen Gerichten bei Auslandsgesellschaften Anwendung finden wird.

62 **gg) Minderheitenschutz.** Die Entscheidung über die Geltendmachung eines innergesellschaftlichen Schadensersatzanspruchs obliegt traditionell der Gesellschaftermehrheit (majority rule).[155] Dahinter steht der Gedanken, dass die Minderheit der Mehrheit nicht ihren Willen aufzwingen soll.[156] Der diesem Grundsatz innewohnenden Missbrauchsgefahr Rechnung tragend räumen sec. 260–264 CA 2006 nunmehr jedoch auch dem einzelnen Gesellschafter ein individuelles Klagerecht im Namen der Gesellschaft ein **(derivative claim).** Dieses Recht steht selbst demjenigen Gesellschafter zu, der im Zeitpunkt der (strittigen) Pflichtverletzung noch gar nicht Gesellschafter war (sec. 260(4) CA 2006). Ein

---

[145] *Hanke* S. 283.
[146] *Just* Rdnr. 172.
[147] Grundlegend Foss v Harbottle [1843] 2 Hare 461, 490ff.; *Hanke* S. 290.
[148] *Einmahl* S. 170; *Christ* S. 161.
[149] *Einmahl* S. 163.
[150] *Hanke* S. 286 f.
[151] *Einmahl* S. 182; *Hanke* S. 287.
[152] Vgl. Baumbach/Hueck/*Zöllner/Noack* GmbHG § 43 Rdnr. 46.
[153] Einzelheiten bei *Hanke* S. 283 f.
[154] Re Produce Marketing Consortium Ltd [1989] BCLC 513, 520.
[155] Vgl. Burland v. Earle [1902] AC, 83, 93 [PC]; *Einmahl* S. 193.
[156] *Christ* S. 162 f.

Mindestquorum besteht nicht.[157] Zur Verhinderung einer Klageflut knüpfen sec. 261–264 CA 2006 jedoch Voraussetzungen an eine solche Klage: Die Eröffnung des Verfahrens setzt einen Antrag des Klägers auf „permission to continue derivative claim" voraus (sec. 261(1) CA 2006), über dessen Zulässigkeit das Gericht gemäß sec. 263(2–4) CA 2006 zu entscheiden hat.[158] Das eigentliche Gerichtsverfahren mit Erörterung des Sachverhalts kann erst nach Zulassung des „derivative claim" erfolgen.[159] Daneben besteht für einzelne Gesellschafter die Möglichkeit, gemäß sec. 994 CA 2006 gegen Entscheidungen der Gesellschaftermehrheit gerichtlich vorzugehen, durch die dem Gesellschafter ein unbilliger Schaden (**unfair prejudice**) zugeführt wird. Das Gericht entscheidet dann nach eigenem Ermessen, ob der Gesellschafter einen derivative claim geltend machen kann.[160] Sec. 260 (2) CA 2006 weist auf diese Möglichkeit ausdrücklich hin. Diese Regelungen fügen sich nicht in das deutsche Verfahrensrecht ein und können daher nicht unmittelbar und vollumfänglich herangezogen werden. Richtigerweise wird man sie daher entsprechend den durchaus vergleichbaren Anforderungen an die **actio pro socio** im deutschen Recht interpretieren müssen und so auch vor deutschen Gerichten zu sachgerechten Ergebnissen kommen. Die Einzelheiten eines derartigen Binnen-Rechtsstreits in der Auslands-Ltd. sind jedoch noch völlig ungeklärt. Bei mehrgliedrigen Gesellschaften ist daher sehr zweifelhaft, ob die Ltd. die geeignete Rechtsform für unternehmerisches Tätigwerden in Deutschland ist.

c) Sonderanknüpfungen. Abweichend von der Grundanknüpfung innergesellschaftlicher Fragestellungen an das Gesellschaftsstatut ergeben sich im Hinblick auf die Organpflichten vielfach Sonderanknüpfungen. Dies rechtfertigt sich damit, dass viele Pflichten nicht allein die Binnenorganisation und damit die Angelegenheiten der Gesellschafter betreffen, sondern Dritt- und Allgemeininteressen zu schützen sind. 63

aa) Deliktische Geschäftsleiterpflichten. Besonders problematisch ist die kollisionsrechtliche Anknüpfung bei Pflichten, die sich nach dem jeweiligen Sachrecht aus dem Zusammenspiel von Gesellschafts- und Deliktsrecht ergeben. Im Ausgangspunkt besteht hier durchaus Raum für eine differenzierte Anknüpfung: Während die „klassischen" Geschäftsleiterpflichten zur Binnenorganisation einer Gesellschaft gehören und anhand des betreffenden Gesellschaftsstatuts ermittelt werden (oben Rdnr. 6), führt eine **deliktsrechtliche Qualifikation** gemäß Art. 4 Rom-II VO zumeist zu abweichenden Ergebnissen. Die im Deliktsrecht leicht mögliche Heranziehung des Sachrechts am Schadensort (dazu sogleich) ermöglicht es gerade bei Auslandsgesellschaften, ein **geschädigten-freundliches Schutzregime** zu etablieren, welches im Sachrecht der jeweiligen Auslandsrechtsform möglicherweise gerade nicht vorhanden ist. Insbesondere dann, wenn sich die sachrechtliche Behandlung möglicher Pflichtverletzung durch Geschäftsleiter sowohl gesellschafts- als auch deliktsrechtlich qualifizieren ließe, ist daher genau zu prüfen, ob eine deliktsrechtliche Qualifikation nicht zu **Wertungswidersprüchen** ggü. dem gesellschaftsrechtlichen Schutzsystem gemäß Heimatrecht begründet. Einer allzu voreiligen (autonomen) deliktsrechtlichen Qualifikation von Geschäftsleiterpflichten ist daher mit großer Vorsicht zu begegnen. 64

Diese gebotene Zurückhaltung bei der deliktsrechtlichen Anknüpfung resultiert letztlich auch aus der **Bereichsausnahme** gemäß Art. 1 Abs. 2 lit. d) Rom II-VO. Vom Anwendungsbereich der Verordnung ausgenommen sind hiernach außervertragliche Schuldverhältnisse, die sich aus dem Gesellschaftsrecht, dem Vereinsrecht und dem Recht der juristischen Personen ergeben, wie (unter anderem) die innere Verfassung und die persönliche Haftung der Gesellschafter und Organe für Gesellschaftsverbindlichkeiten. Diese Regelung zielt auf eine vorrangige Behandlung der genannten Sachfragen anhand des Gesellschaftsstatuts.[161] Nach Ansicht der Kommission lassen sich diese Haftungsfragen nicht von dem 65

---

[157] *Ladiges/Pegel,* DStR 2007, 2069, 2075.
[158] Einzelheiten bei *Hanke* S. 293 f.
[159] *Just* Rdnr. 136.
[160] *Hanke* S. 293 f.
[161] Prütting/Wegen/Weinreich/*Schaub* BGB Art. 1 Rom II-VO Rdnr. 5.

für diese Unternehmensformen geltenden Recht trennen, so dass solche Ansprüche nicht nach der Rom II-VO anzuknüpfen sind, sondern dem Gesellschaftsstatut unterliegen sollen.[162] Die anhand einer funktionalen Betrachtung und nicht gleichsam ideologisch erfolgende kollisionsrechtliche Qualifizierung eines Tatbestands als unerlaubte Handlung dürfte hiernach regelmäßig als nationales Verkehrsrecht eine zulässige Beschränkung der Grundfreiheiten darstellen. Wird hingegen versucht, originär gesellschaftsrechtliche Haftungsfiguren in das Kleid deliktsrechtlicher Tatbestände zu pressen, bestehen erhebliche Zweifel, ob dieser Qualifikation nicht letztlich durch den EuGH gemäß europäischem Primärrecht die Wirksamkeit versagt wird. Vor einer allzu ausufernden deliktsrechtlichen Qualifikation der Haftungsgefahren bei Auslandsgesellschaften ist daher mit Nachdruck zu warnen.

66   Deliktische Einstandspflichten unterliegen dem **Deliktsstatut** (lex loci delicti).[163] Wird das Deliktsstatut nicht durch Rechtswahl gemäß Art. 14 Rom II-VO oder auf Grund der vorrangigen Art. 5 ff. Rom II-VO bestimmt, gilt **Art. 4 Rom II-VO** als allgemeine Kollisionsnorm. Diese beinhaltet ein **Stufenmodell** für die Anknüpfung: Nach Art. 4 Abs. 1 Rom II-VO gilt grds. das Deliktsrecht des Staates, in dem der Schaden eintritt. Gemäß Art. 4 Abs. 2 Rom II-VO ist jedoch das Recht des Staates vorrangig anwendbar, in dem Schädiger und Geschädigter ihren gemeinsamen gewöhnlichen Aufenthalt haben. Bei Gesellschaften richtet sich dieser gemäß Art. 23 Abs. 1 S. 1 Rom II-VO nach dem den Ort der Hauptverwaltung (Verwaltungssitz).[164] Dies ist der Ort, an dem die Willensbildung und die eigentliche unternehmerische Leitung der Gesellschaft erfolgt.[165] Rührt das schadensbegründende Ereignis aus dem Betrieb einer Zweigniederlassung, Niederlassung oder Agentur her, steht der Ort, an dem sich die Zweigniederlassung befindet, gemäß Art. 23 Abs. 1 S. 2 Rom II-VO dem gewöhnlichen Aufenthalt gleich.[166] Diese Anknüpfung führt somit europaweit dazu, dass regelmäßig das Deliktsrecht am tatsächlichen Verwaltungssitz bzw. am Ort der Zweigniederlassung anwendbar ist, was im Hinblick auf die territorial begründete Schutzfunktion des Deliktsrechts zu begrüßen ist. Aus Art. 4 Abs. 3 Rom II-VO kann jedoch eine spezielle Anknüpfung wegen der engen Verbindung einer Schädigung mit einem anderen Staat ergeben, insbesondere wegen bereits bestehender Vertragsbeziehungen.

67   **(1) Teilnahme an der Existenzvernichtungshaftung.** Zu einer Überlagerung gesellschaftsrechtlich begründeter Geschäftsleiterpflichten durch das Deliktsrecht gelangt man zunächst im Rahmen der zunehmend wichtigen Existenzvernichtungshaftung der Gesellschafter aus § 826 BGB.[167] Nach deutschem Sachrecht steht außer Zweifel, dass auch die Geschäftsleiter einer GmbH bzw. AG sich über **§ 830 Abs. 3 BGB** als Gehilfe ggü. der Gesellschaft haftbar machen können. Dies führt kollisionsrechtlich zu der vorrangig zu klärenden Frage, ob diese Haftung einerseits auch dann Geltung behält, wenn eine deutsche Gesellschaft identitätswahrend ihren Sitz ins Ausland verlegt (zur hierbei nach wie vor bestehenden Rechtsunsicherheit oben Rdnr. 20) sowie zum anderen, ob diese Haftung auch die Geschäftsleiter einer in Deutschland ansässigen Auslandsgesellschaft trifft.

68   Richtigerweise kann hier nichts anderes geltend als bei der Frage nach der **kollisionsrechtlichen Beurteilung** der Gesellschafterhaftung. Nimmt man – wie hier vertreten – an, dass die Existenzvernichtung funktional betrachtet eine originär gesellschaftsrechtlich begründete Haftung ist, scheidet eine deliktsrechtliche Anknüpfung mit der Geltung von

---

[162] KOM (2003) 427 endg. S. 10.
[163] RGZ 1934, 43; Staudinger/*Großfeld* IntGesR Rdnr. 314; *Schohe,* Die Haftung juristischer Personen für ihre Organe im Internationalen Privatrecht (1991), S. 25 ff, 53 f.
[164] Prütting/Wegen/Weinreich/*Schaub* BGB Art. 23 Rom II-VO Rdnr. 2.
[165] MüKo BGB/*Junker* Art. 23 Rom II-VO Rdnr. 10.
[166] Einzelheiten bei MüKo BGB/*Junker* Art. 23 Rom II-VO Rdnr. 11 ff.
[167] Zum Ganzen aus deutscher Perspektive ausführlich Michalski/*Servatius* Syst. Darst. 4 Rdnr. 370 ff.

Art. 4 Rom-II VO aus (str.).[168] Konkret bedeutet dies, dass die Beihilfe zur Existenzvernichtung den Geschäftsleiter einer deutschen Kapitalgesellschaft auch dann droht, wenn diese ihren Verwaltungssitz identitätswahrend ins Ausland verlegt; ob die dort vorherrschende Rechtsauffassung dieses Ergebnis jedoch teilt, kann hier nur als offene Frage gekennzeichnet werden. Umgekehrt folgt aus der hier vertretenen Auffassung jedoch auch, dass die Geschäftsleiter einer Auslandsgesellschaft mit Verwaltungssitz oder Tätigkeit in Deutschland nicht als Teilnehmer wegen Existenzvernichtung haftbar gemacht werden können. Dies ist auf den ersten Blick eine rechtspolitische Schieflage, bei genauerer Betrachtung jedoch der konsequente Preis für den allseits geforderten Wettbewerb der Rechtsordnungen und Gesellschaftsrechte. Würde man mit der Gegenansicht hingegen eine deliktsrechtliche Qualifikation der Existenzvernichtungshaftung bejahen,[169] können die §§ 826, 830 Abs. 2 BGB über Art. 4 Rom-II VO auch auf derartige Auslandsgesellschaften angewendet werden.

(2) Haftung aus Garantenstellung. Nach deutschem Sachrecht kann sich eine Geschäftsleiterhaftung ggü. Dritten aus allgemeinem Deliktsrecht aus der Verletzung einer Garantenstellung ergeben.[170] Auch hier ist kollisionsrechtlich genau zu analysieren, ob die entsprechende Garantenpflicht ihre Grundlage bei einer funktionalen und nicht formalen Betrachtung im Deliktsrecht hat oder im Gesellschaftsrecht, was eine Anknüpfung gemäß Art. 4 Rom-II VO wiederum ausschließen würde. Dies betrifft zunächst die Geschäftsleiterhaftung ggü. Dritten, welche in Anlehnung an den **Baustoff-Fall** entwickelt wurde.[171] Sieht man die hierin begründeten Geschäftsleiterpflichten zu Gunsten des unter Eigentumsvorbehalt Liefernden als deliktisch zu verwirklichende Jedermann-Pflichten, greift Art. 4 Rom-II VO. Die Konsequenz wäre, dass sich auch die Geschäftsleiter einer Auslands-Gesellschaft mit Sitz oder Tätigkeit in Deutschland über § 823 Abs. 1 BGB haftbar machen würden. Sieht man hingegen, was wegen der originär gesellschaftsrechtlich begründeten Garantenpflicht methodenehrlicher wäre, die Delikthaftung im deutschen Sachrecht als speziellen gesellschaftsrechtlichen Haftungstatbestand, scheidet eine Erstreckung auf die Geschäftsleiter von Auslandsgesellschaften konsequenterweise aus. Für die teilweise in Fortentwicklung des Baustoff-Falles diskutierten Geschäftsleiterpflichten, die Gesellschaft so zu organisieren, dass **Leib und Leben Dritter** nicht beeinträchtigt werden,[172] gilt das Gleiche.

(3) Untreue. Eine Schadensersatzhaftung der Geschäftsleiter wegen der Verletzung einer gesellschaftsrechtlich begründeten, strafbewehrten Vermögensbetreuungspflicht ist auch bei Auslandsbezug grds. möglich (§ 3 StGB).[173] Dies betrifft zunächst die Fälle, in denen eine Auslandsgesellschaft in Deutschland ihren Verwaltungssitz hat. Indem § 266 StGB nach deutschem Verständnis Schutzgesetz zu Gunsten der Gesellschaft iSv. § 823 Abs. 2 BGB ist,[174] können sich zB die Direktoren einer Ltd im Innenverhältnis hiernach haftbar machen (Art. 4 Rom II-VO).[175] Problematisch ist jedoch, dass die Vermögensbetreuungspflichten der Geschäftsleiter sich nach dem Heimatrecht der betreffenden Gesellschaft bestimmen (Gesellschaftsstatut). Hieraus folgt, dass eine Strafbarkeit von Geschäftsleitern ausländischer Gesellschaften meist an den hohen Anforderungen des straf-

---

[168] Einzelheiten zur kollisionsrechtlichen Qualifikation Michalski/*Servatius* Syst. Darst. 4 Rdnr. 387.
[169] So vor allem *Wagner*, IPRax 2008, 1, 2.
[170] Zum Ganzen ausführlich *Kleindiek*, Delikthaftung und juristische Person, 1997; *Spindler*, Unternehmensorganisationspflichten, 1996, S. 844 ff.; *Grünwald*, Die deliktische Außenhaftung des GmbH-Geschäftsführers für Organisationsdefizite, 1999.
[171] BGHZ 109, 297 = NJW 1990, 976; ähnlich BGH NJW 1996, 1535 („Lamborghini") = DStR 1996, 1014 m Anm *Goette;* hierauf bezugnehmend BGH NJW 2001, 964 f; kritisch allerdings BGHZ 125, 366, 375 f = DStR 1994, 1272 m Anm *Goette.*
[172] Baumbach/Hueck/*Zöllner*/*Noack* § 43 Rdnr. 78 (mwN).
[173] Einzelheiten bei *Radtke*, GmbHR 2008, 729.
[174] OLG Hamm NJW-RR 2002, 1259.
[175] Zur Strafbarkeit bei der Ltd. BGH DB 2010, 1581.

rechtlichen Bestimmtheitsgrundsatzes und Analogieverbots scheitert. Letztlich dürfte daher für eine Strafbarkeit nebst korrespondierender Schadensersatzhaftung kein Raum bestehen. Verlegt eine deutsche Gesellschaft umgekehrt ihren Verwaltungssitz identitätswahrend ins Ausland, hängt es gemäß Art. 4, 23 Rom II-VO von der jeweiligen Auslandsrechtsordnung ab, ob die nach deutschem Recht zu bestimmenden gesellschaftsrechtlichen Vermögensbetreuungspflichten dort straf- und zivilrechtlich sanktioniert werden.[176]

71 **(4) Betrug.** Der Geschäftsleiter einer (insolventen) Auslandsgesellschaft mit Verwaltungssitz in Deutschland ist gemäß § 823 Abs. 2 BGB, § 263 bzw. § 265 b StGB i. V. m. § 3 StGB haftbar, wenn er Gesellschaftsgläubiger über die Vermögensverhältnisse täuscht.[177] Gemäß Art. 4, 23 Rom II-VO hängt es umgekehrt von der jeweiligen Auslandsrechtsordnung ab, ob die Geschäftsleiter einer deutschen Gesellschaft sich dort wegen Betruges haftbar machen, wenn die Gesellschaft ihren Verwaltungssitz identitätswahrend ins Ausland verlegt hat.

72 **(5) Sittenwidrige Schädigung.** Der Geschäftsleiter einer in Deutschland ansässigen Auslandsgesellschaft kann sich gemäß Art. 4 Rom II-VO gegenüber den Gläubigern aus § 826 BGB schadensersatzpflichtig machen. Dies gilt zum Beispiel bei wider besseres Wissen aufgestellter Behauptung, die Gesellschaft sei zahlungsfähig[178] oder wegen einseitiger Verlagerung des Verlustrisikos auf die Gläubiger.[179] Insofern kommt auch eine Haftung aus § 826 BGB gegenüber der Bundesagentur für Arbeit wegen Insolvenzverschleppung in Betracht.[180] Die entsprechende Haftung hängt gemäß Art. 4, 23 Rom II-VO im umgekehrten Fall von der jeweiligen Auslandsrechtsordnung ab, wenn die Gesellschaft ihren Verwaltungssitz identitätswahrend ins Ausland verleget hat.

73 **(6) Sozialabgaben.** Eine Haftung wegen der Nichtabführung von Sozialabgaben folgt aus Art. 4 Rom II-VO, § 823 Abs. 2 BGB i. V. m. § 266a StGB.[181] Wiederum hängt die entsprechende Haftung gemäß Art. 4, 23 Rom II-VO im umgekehrten Fall von der jeweiligen Auslandsrechtsordnung ab, wenn die Gesellschaft ihren Verwaltungssitz identitätswahrend ins Ausland verlegt hat.

74 **bb) Insolvenzbezogene Geschäftsleiterpflichten.** Eine praktisch bedeutsame und nach wie vor nicht abschließend geklärte Frage ist die nach der kollisionsrechtlichen Qualifikation insolvenzbezogener Geschäftsleiterpflichten. Im deutschen Sachrecht sind dies vor allem die Insolvenzantragspflichten gemäß § 15a InsO und hieraus folgend die Zahlungsverbote gemäß § 64 S. 1 GmbHG bzw. § 92 Abs. 2 S. 1 AktG sowie die mögliche Insolvenzverschleppungshaftung der Geschäftsleiter wegen unterlassener Antragstellung aus § 823 Abs. 2 BGB. Im Zuge des MoMiG neu eingefügt wurde zudem die Insolvenzverursachungshaftung gemäß § 64 S. 3 GmbHG bzw. § 93 Abs. 2 S. 3 AktG.

75 **(1) Insolvenzantragspflichten.** Die kollisionsrechtliche Behandlung der Insolvenzantragspflichten und der Haftungsbewehrung zu Gunsten der Gesellschaftsgläubiger über § 823 Abs. 2 BGB ist seit langem sehr umstritten.[182] Einerseits wird für eine gesellschaftsrechtliche Qualifikation plädiert,[183] andererseits für eine insolvenzrechtliche.[184] Der **insol-**

---

[176] Zum Zusammenhang zwischen Existenzvernichtungshaftung und Untreue *Steffek*, JZ 2009, 77, 80.
[177] Einzelheiten bei *Schumann*, DB 2004, 743, 746.
[178] Vgl. BGH ZIP 1995, 31, 32.
[179] Vgl. BGH NJW-RR 1992, 1061.
[180] Vgl. BGH NJW 1989, 3277; ZIP 2008, 361.
[181] Vgl. BGH DStR 2008, 2169; Baumbach/Hueck/*Haas* GmbHG § 43 Rdnr. 91 ff.
[182] Überblick bei MüKo GmbHG/*Weller* Einl Rdnr. 424 f.
[183] *Ulmer*, NJW 2004, 1201, 1207; *Mock/Schildt*, ZInsO 2003, 396, 399 f.; *Spindler/Berner*, RIW 2004, 7, 12; *Schumann*, DB 2004, 743, 746; *Vallender/Fuchs*, ZIP 2004, 829, 830.
[184] LG Kiel NZG 2006, 672; *Altmeppen*, NJW 2004, 97, 100 f.; *Borges*, RIW 2000, 167, 168 u. ZIP 2004, 733, 737 ff.; *Eidenmüller*, § 9 Rdnr. 26 ff.; MüKo IntGesR/*Kindler* Rdnr. 661; *Müller*, NZG 2003, 414, 416; *Weller*, IPRax 2003, 520, 522.

venzrechtlichen Qualifikation** ist zumindest seit der Kodifizierung von § 15a InsO zuzustimmen.[185] Dies führt dazu, dass § 15a Abs. 1 bis 3 InsO über Art. 3, 4 EuInsVO auch bei Auslandsgesellschaften gelten, die ihren COMI (Centre of Main Interest) in Deutschland haben.[186] Umgekehrt führt der identitätswahrende Wegzug einer deutschen Kapitalgesellschaft zur Unanwendbarkeit dieser Norm. Dass im Ausland zumeist keine Insolvenzantragspflichten bestehen,[187] mag rechtspolitisch zu kritisieren sein, ist kollisionsrechtlich jedoch ohne Auswirkungen.

(2) Insolvenzverschleppungshaftung. Diese insolvenzrechtliche Qualifikation der Antragspflichten hat auch Auswirkungen auf die Insolvenzverschleppungshaftung gemäß § 15a Abs. 1 InsO i.V.m. § 823 Abs. 2 BGB zu Gunsten der Gesellschaftsgläubiger.[188] Während mittlerweile Einigkeit besteht, diese Haftung nicht gesellschaftsrechtlich anzuknüpfen, besteht noch Unklarheit über eine **insolvenzrechtliche oder deliktsrechtliche Anknüpfung**. Richtigerweise ist danach zu differenzieren, welcher Schaden geltend gemacht wird: Der sog. Quotenschaden der Altgläubiger gebührt der Masse, was für eine insolvenzrechtliche Qualifikation gemäß Art. 4 EuInsVO spricht. Der individuell geltend zu machende Vertrauensschaden der Gläubiger ist demgegenüber eine konkrete Haftungsnorm aus dem Deliktsrecht und fällt konsequenterweise unter Art. 4 Rom-II VO.[189] Vielfach werden diese unterschiedlichen Anknüpfungen jedoch im Ergebnis unerheblich sein. Eine Auslandsgesellschaft mit Sitz in Deutschland unterliegt jedenfalls über Art. 4 EuInsVO dem deutschen Insolvenzrecht, so dass deren Geschäftsleiter im Fall der schuldhaften Insolvenzverschleppung den Quotenschaden der (deutschen) Altgläubiger an die Masse zu leisten haben; die (deutschen) Neugläubiger können gemäß Art. 4 Rom-II VO am (deutschen) Ort des Schadens ihren Ausfall unmittelbar geltend machen. Ist eine Auslandsgesellschaft **führungslos,** richtet sich die zivilrechtliche Haftung gemäß § 15a Abs. 3 InsO gegen die Gesellschafter. Vgl. zudem die spezielle insolvenzrechtliche Haftung nach § 26 Abs. 3 InsO. Die **strafrechtliche Verantwortlichkeit** gemäß § 15a Abs. 4 InsO scheidet bei Auslandsgesellschaften wegen des strafrechtlichen Bestimmtheitsgrundsatzes hingegen aus.[190]

(3) Zahlungsverbote nach Insolvenzreife. Die Zahlungsverbote nach Insolvenzreife gemäß § 64 S. 1 GmbHG bzw. § 92 Abs. 2 S. 1 AktG sind nach zutreffender Ansicht ebenfalls insolvenzrechtlich zu qualifizieren.[191] Für die korrespondierende Ersatzpflicht gilt dies

---

[185] So auch *Kühnle/Otto*, IPRax 2009, 117, 118; *Kienle*, NotBZ 2008, 245, 252f.; vgl. auch RegE MoMiG, BT-Drucks. 16/6140 S. 47. MüKo IntGesR/*Kindler* Rdnr. 650 spricht sich generell für einen Vorrang der insolvenzrechtlichen Qualifikation in Zweifelsfällen aus.

[186] Einzelheiten bei § 35.

[187] Insolvenzantragspflichten bestehen vor allem in folgenden Staaten (Einzelheiten in Münch-Komm InsO, Band III, Länderberichte): Japan (Art. 81 jap. Zivilgesetz, Art. 484 jap. Gesellschaftsgesetz, vgl. *Krohe*, Japan Rdnr. 5); Polen (Art. 20 Abs. 1, 2, Art. 24; Art. 21; Art. 373 bis 376 KSR; Art. 299 HGGB, vgl. *Liebscher*, Polen Rdnr. 15); Russische Föderation (Art. 9(1) InsG, vgl. *Schwartz/Freyling*, Russische Föderation Rdnr. 10); Slowakische Republik (§ 3 Abs. 1 ZKR, vgl. *Giese/Krüger*, Slowakische Republik Rdnr. 10); Spanien (vgl. *Volz/Oliver*, Spanien Rdnr. 24); Tschechische Republik (§§ 98, 99 IZ, vgl. *Giese/Krüger*, Tschechische Republik Rdnr. 11); Ukraine (Art. 6 Abs. 2 KG; Art. 10 KG; Art. 7 Pkt. 5 KG, vgl. *Bobrzyński/Liebscher*, Ukraine Rdnr. 23); USA (keine gesetzliche Antragspflicht, „nur in Einzelfällen auf Grund Treuepflichtgedanken", vgl. *Grauke/Youdelman*, USA Rdnr. 8).

[188] HM, vgl. *Kühnle/Otto*, IPRax 2009, 117, 118; *Kienle*, NotBZ 2008, 245, 252f.; *Wälzholz*, DStR 2007, 1914, 1915f.; *Poertzgen*, ZInsO 2007, 574, 575. Zum früheren Recht auch LG Kiel GmbHR 2006, 710ff.; hierzu abw. *Ringe/Willemer*, EuZW 2006, 621ff. (gesellschaftsrechtliche Qualifikation); ebenso AG Bad Segeberg ZInsO 2005, 558.

[189] Abw. unter dem Aspekt von Art. 41 EGBGB aber *Kienle*, NotBZ 2008, 245, 256.

[190] *Schumann*, DB 2004, 743, 746 mwN; abw. *Radtke/Hoffmann*, EuZW 2009, 404.

[191] In diese Richtung zur Rechtslage vor dem MoMiG bereits LG Kiel NZG 2006, 672 und KG GmbHR 2009, 99; Baumbach/Hueck/*Haas* GmbHG § 64 Rdnr. 21; *Röhricht*, ZIP 2005, 505, 509; *Haas*, NZG 2004, 737, 741ff.; vgl. auch BGH ZIP 2008, 72; abw. *Schall*, ZIP 2005, 965, 974 mit

gleichermaßen.[192] Auch hier können somit über Art. 4 EuInsVO die Geschäftsleiter vergleichbarer Auslandsgesellschaften mit COMI in Deutschland zur Erstattung herangezogen werden, selbst wenn das Heimatrecht dieser Gesellschaften derartige Zahlungsverbote nicht kennt. Bei der identitätswahrenden Sitzverlegung einer deutschen GmbH oder AG ins Ausland kommen das Zahlungsverbot und die Erstattungspflicht demgegenüber konsequenterweise nicht mehr in Betracht; hier gibt nach Art. 3, 4 EuInsVO das Insolvenzrecht am Ort des COMI vor, welche Zahlungen nach Insolvenzreife noch geleistet werden dürfen und welche nicht.

78 **(4) Insolvenzverursachungshaftung.** Ebenso problematisch ist schließlich die kollisionsrechtliche Qualifikation der nunmehr in § 64 S. 3 GmbHG und § 92 Abs. 2 S. 3 AktG geregelten Insolvenzverursachungshaftung. Auch hier stellt sich wieder die Frage, ob die funktionale Betrachtung der Norm eine insolvenz- oder gesellschaftsrechtliche Qualifikation nach sich zieht. Während die Begründung zum Regierungsentwurf zum MoMiG und Teile der Literatur von einer insolvenzrechtlichen Natur der Haftung ausgehen und damit auch von einer Anwendbarkeit auf Auslandsgesellschaften mit COMI in Deutschland (Art. 3, 4 EuInsVO),[193] sprechen die besseren Gründe für eine **gesellschaftsrechtliche Qualifikation**.[194] Dies lässt sich damit begründen, dass die Geschäftsleiter hiernach in einem Zeitraum vor Insolvenzreife die künftige Liquidität der Gesellschaft überwachen müssen (Solvenztest) und hierdurch ihre originären Geschäftsleiterpflichten für die Haftung herangezogen werden. Die Insolvenzverursachungshaftung ist daher auf Auslandsgesellschaften mit Sitz in Deutschland nicht anzuwenden. Umgekehrt gilt die Haftung fort, wenn eine deutsche GmbH oder AG ihren effektiven Verwaltungssitz identitätswahrend ins Ausland verlegt.[195] Ob das dortige Kollisionsrecht dies freilich ähnlich beurteilt, birgt aus deutscher Perspektive eine große Rechtsunsicherheit in sich.

79 **(5) Wrongful trading im englischen Recht.** Im englischen Insolvenzrecht gibt es keine Insolvenzantragspflichten.[196] Die Direktoren sind gemäß sec. 124 IA 1986 allein zur Antragstellung berechtigt, mittelbar hierzu jedoch über eine drohende Haftung angehalten. Der deutschen Insolvenzverschleppungshaftung und Insolvenzverursachungshaftung teilweise vergleichbar ist vor allem die Haftung wegen wrongful trading im englischen Recht. In der Insolvenz der Ltd. kann der Insolvenzverwalter gegen Direktoren Ansprüche gemäß sec. 214 Insolvency Act (IA) 1986 wegen Insolvenzverschleppung geltend machen. Darüber hinaus gibt es nach englischem Recht auch eine weitgehend inhaltsgleiche Haftung nach common law.[197] Vom wrongful trading abzugrenzen ist das fraudulent trading, welches eine Haftung nach sec. 213 IA 1986 auslösen kann (unten Rdnr. 84ff.).

Sec. 214 Insolvency Act (IA) 1986

(1) Subject to subsection (3) below, if in the course of the winding up of a company it appears that subsection (2) of this section applies in relation to a person who is or has been a director of the company, the court, on the application of the liquidator, may declare that that person is to be liable to make such contribution (if any) to the company's assets as the court thinks proper.

(2) This subsection applies in relation to a person if
(a) the company has gone into insolvent liquidation,

---

nicht gerechtfertigten Bedenken über die Vereinbarkeit mit europäischem Primärrecht; ebenso *Ringe/Willemer*, NZG 2010, 56.

[192] *Röhricht*, ZIP 2005, 505, 509; siehe insgesamt auch *Haas*, NZG 2004, 737, 741 ff.; zur internationalen und örtlichen Zuständigkeit für Klagen OLG Karlsruhe NZG 1010, 509; hierzu *Haas*, NZG 2010, 495.

[193] BT-Dr 16/6140, S. 107 f.; *Greulich/Rau*, NZG 2008, 565; GroßKomm GmbHG/*Casper* § 64 Rdnr. 34; Baumbach/Hueck/*Haas* GmbHG § 64 Rdnr. 23.

[194] So auch *Weller*, DStR 2007, 116, 121; ähnlich *Altmeppen*, Gesellschaftsrecht in der Diskussion, 2006, S. 93, 110: vorinsolvenzliche Verhaltenspflicht.

[195] Zur nach wie vor stehenden Rechtsunsicherheit über diese Möglichkeit oben Rdnr. 20.

[196] *Habersack/Verse*, ZHR 168 [2004], 174, 177.

[197] Zum Ganzen ausführlich *Habersack/Verse*, ZHR 168 [2004], 174.

(b) at some time before the commencement of the winding up of the company, that person knew or ought to have concluded that there was no reasonable prospect that the company would avoid going into insolvent liquidation, and
(c) that person was a director of the company at that time; but the court shall not make a declaration under this section in any case where the time mentioned in paragraph (b) above was before 28th April 1986.

(3) The court shall not make a declaration under this section with respect to any person if it is satisfied that after the condition specified in subsection (2)(b) was first satisfied in relation to him that person took every step with a view to minimising the potential loss to the company's creditors as (assuming him to have known that there was no reasonable prospect that the company would avoid going into insolvent liquidation) he ought to have taken.

(4) For the purposes of subsections (2) and (3), the facts which a director of a company ought to know or ascertain, the conclusions which he ought to reach and the steps which he ought to take are those which would be known or ascertained, or reached or taken, by a reasonably diligent person having both –
(a) the general knowledge, skill and experience that may reasonably be expected of a person carrying out the same functions as are carried out by that director in relation to the company, and
(b) the general knowledge, skill and experience that that director has.

(5) The reference in subsection (4) to the functions carried out in relation to a company by a director of the company includes any functions which he does not carry out but which have been entrusted to him.

(6) For the purposes of this section a company goes into insolvent liquidation if it goes into liquidation at a time when its assets are insufficient for the payment of its debts and other liabilities and the expenses of the winding up.

(7) In this section „director" includes a shadow director.

(8) This section is without prejudice to section 213.

Zur Haftung nach sec. 214 IA 1986 kommt es bei einer in England ansässigen Ltd. nur, wenn sie **insolvent** wurde (Abs. 2a, 6). Zur Geltendmachung befugt ist allein der Insolvenzverwalter (liquidator).[198] Bei der nach deutschem Verständnis masselosen Insolvenz kann jedoch die weitgehend vergleichbare Haftung nach common law zum Tragen kommen. Es ist derzeit unklar, ob nach englischem Recht ein Verfolgungsrecht der Gläubiger besteht.[199] Die zentrale **haftungsbegründende Pflichtwidrigkeit** ist, dass der Direktor die Gesellschaft fortführte, obwohl er wusste oder hätte erkennen können, dass keine begründete Hoffnung auf Insolvenzverhinderung besteht (Abs. 2b, sog. moment of truth). Etwas anderes gilt nur, wenn der Direktor alles Zumutbare unternahm, um das Verlustrisiko der Gesellschaftsgläubiger zu minimieren (Abs. 3).[200] Die Anforderungen an die einzuhaltende Sorgfalt eines Direktors werden sowohl von objektiven (z.B. Größe der Gesellschaft, Fähigkeiten eines Geschäftsführers im Allgemeinen) als auch von subjektiven Merkmalen bestimmt; insbesondere wird dem Direktor ein großer Beurteilungsspielraum zugebilligt.[201] Abzustellen ist auf den reasonable diligent director. Bei objektiv pflichtwidrigem Verhalten gilt eine Art **Verschuldensvermutung**.[202] Der Haftung unterliegen gemäß sec. 214(7) IA 1986 auch shadow directors, ggf. somit ein einflussnehmender Gesellschafter.[203] Die Haftung wegen wrongful trading gilt nicht nur bei in England ansässigen Ltd. Sect. 221, 225 IA 1986 erstreckt sie auch auf **overseas companies** mit Tätigkeitsschwer-

---

[198] Vgl. *Schall*, ZIP 2005, 965, 967: office-holder-claim.
[199] *Habersack/Verse*, ZHR 168 [2004], 174, 195.
[200] Einzelheiten bei *Habersack/Verse*, ZHR 168 [2004], 174, 193 ff.; *Schall*, ZIP 2005, 965, 967 f., auch mit Hinweis darauf, dass es in England regelrechte Verhaltenschecklisten gibt, um die Haftung zu minimieren.
[201] *Heinz* § 6 Rdnr. 29; *Habersack/Verse*, ZHR 168 [2004], 174, 183 ff.
[202] *Schumann*, DB 2004, 743, 747.
[203] Einzelheiten bei *Habersack/Verse*, ZHR 168 [2004], 174, 188 ff.; *Schmittmann/Bischoff*, ZInsO 2009, 1561.

punkt in England. Die Geschäftsführer einer deutschen GmbH, die ihren tatsächlichen Verwaltungssitz nach Großbritannien verlegt hat, können sich also hiernach haftbar machen. Ob dies die zutreffende IPR-rechtliche Qualifikation ist und dieses Ergebnis europäischen Vorgaben der Niederlassungsfreiheit standhält, ist freilich dieselbe Frage, die sich spiegelbildlich stellt, wenn eine englische Ltd. in Deutschland tätig ist.

81 Liegen die Voraussetzungen von sec. 214 (1, 2) IA 1986 vor, haftet der Direktor persönlich gegenüber der Gesellschaft; nach Abs. 1 kann das Gericht einen Betrag festlegen, den der Direktor an die Gesellschaft zu zahlen hat (**angemessener Schadensersatz**). Der Umfang der Ersatzleistung wird danach bemessen, welche Verluste seit der Verschleppung der Insolvenz eingetreten sind (increase in net deficiency). Funktional entspricht dies dem Quotenschaden bei der Insolvenzverschleppung nach deutschem Recht.[204] Hierauf ist die Ersatzpflicht indessen nicht begrenzt. Englische Gerichte halten entsprechend dem hier diskutierten Neugläubigerschaden auch alle Forderungen für ersatzfähig, die nach dem Zeitpunkt begründet wurden, zu dem über die Gesellschaft ein Insolvenzverfahren hätte eröffnet werden müssen.[205]

82 Neben der insolvenzrechtlichen Haftung aus wrongful trading besteht im englischen Recht traditionell auch eine teilweise deckungsgleiche **Geschäftsleiterhaftung gemäß common law** wegen Verletzung der Geschäftsleiterpflichten (directors' duties to creditors).[206] Diese knüpft tatbestandlich daran an, dass die an sich allein das Innenverhältnis treffenden Pflichten der Direktoren in der Krise auch zu Gunsten der Gläubiger wirken. Indem der CA 2006 das Pflichtenprogramm der Direktoren neu geordnet hat und die Tendenz deutlich wird, dass sich die Geschäftsleiterpflichten allein auf das Innenverhältnis beziehen, ist indessen zweifelhaft, ob diese zusätzliche Haftung nach common law aufrecht erhalten bleibt.[207] Gleichwohl muss bei der kontroversen Diskussion, ob die Wrongful-Trading-Haftung bei Auslands-Ltd. Geltung beansprucht, bedacht werden, dass die Geschäftsleiterpflichten nach englischem Recht nicht allein aus dem IA 1986 folgen.

83 Es ist sehr umstritten, ob die Direktoren einer in Deutschland ansässigen Ltd. wegen wrongful trading gemäß sec. 214 IA 1986 haften. Die Beantwortung dieser **kollisionsrechtlichen Frage** richtet sich danach, ob die Haftung gesellschaftsrechtlicher oder insolvenzrechtlicher Natur ist: Qualifiziert man sec. 214 IA 1986 gesellschaftsrechtlich, gilt die Haftung auch bei ausschließlich in Deutschland tätigen Ltd. und ist vom deutschen Gericht gemäß § 293 ZPO anzuwenden. Nimmt man dagegen an, bei sec. 214 IA 1986 handele es sich um eine insolvenzrechtliche Vorschrift, so kann sie nicht zur Anwendung kommen, weil für EU-Auslandsgesellschaften gemäß Art. 3, 4 EuInsVO, § 335 InsO deutsches Insolvenzrecht maßgeblich ist. Richtig ist, sec. 214 IA 1986 **insolvenzrechtlich zu qualifizieren.** Dafür sprechen bereits der Standort der Vorschrift im Insolvency Act und die über sec. 221, 225 IA 1986 erfolgende Erstreckung auf alle in England ansässigen Kapitalgesellschaften, gleich welcher Rechtsform.[208] Die Regelung begründet zwar Pflichten für Gesellschaftsorgane; sie ist aber lediglich ein auf das Insolvenzverfahren beschränkter persönlicher Rechtsbehelf des Insolvenzverwalters.[209] So wird sec. 214 IA 1986 selbst in England einmütig dem Insolvenzrecht zugeordnet, und der EuGH hat das französischen Pendant zum wrongful trading (action en comblement de passif) ebenfalls insolvenzrechtlich qualifiziert.[210] Schließlich legt auch der Zweck von sec. 214 IA 1986 die insolvenzrechtliche Qualifikation nahe: Die Haftung gemäß sec. 214 IA 1986 dient der Effektuierung der Insolvenzantragsobliegenheit (sec. 84 ff. IA 1986), die wiederum zugunsten

---

[204] *Schall*, ZIP 2005, 965, 967.
[205] *Benndorf*, Insolvenzverschleppungshaftung, S. 82 mwN; *Schall*, ZIP 2005, 965, 967.
[206] Einzelheiten bei *Habersack/Verse*, ZHR 168 [2004], 174, 199 ff.; *Schall*, ZIP 2005, 965, 968.
[207] Zweifelnd auch *Thole*, RIW 2008, 606, 607 f.
[208] Abw. *Just* Rdnr. 341: Aufnahme in den IA 1986 sei „Zufallsprodukt".
[209] *Schall*, ZIP 2005, 965, 972: office-holder claim.
[210] EuGH NJW 1979, 1771.

bestehender Gläubiger den Schutz der Haftungsmasse bezweckt und künftige Gläubiger vor Verlusten schützen soll, die sie im Vertrauen auf die Lebensfähigkeit der Gesellschaft erleiden könnten.[211] Als richtig erscheint daher die vorherrschende Ansicht, wonach die Haftung wegen wrongful trading auf in Deutschland ansässige Ltd. nicht anwendbar ist.[212]

(6) Fraudulent trading im englischen Recht. Nicht nur im Falle der Insolvenzabwicklung, sondern bei jeder Abwicklung der Ltd. kann ein director wegen betrügerischer Geschäftsführung gemäß sec. 213 IA 1986 auf Antrag des Liquidators haftbar gemacht werden[213] Die Direktoren sind dann aber nur gegenüber der Gesellschaft haftbar, der das Gericht einen Ausgleichsanspruch gegen den Direktor einräumen kann. Gesellschaftsgläubiger sind weder anspruchsberechtigt noch zur Geltendmachung befugt. Im Übrigen stellt das fraudulent trading zugleich ein Vergehen gemäß sec. 993 CA 2006 dar. Die praktische Relevanz des Tatbestands ist jedoch äußerst gering, da hier dem Direktor ein Betrugswille zum Nachteil von Gesellschaftsgläubigern nachgewiesen werden muss. **84**

Sec. 213 IA 1986 – Fraudulent trading

(1) If in the course of the winding up of a company it appears that any business of the company has been carried on with intent to defraud creditors of the company or creditors of any other person, or for any fraudulent purpose, the following has effect.

(2) The court, on the application of the liquidator may declare that any persons who were knowingly parties to the carrying on of the business in the manner above-mentioned are to be liable to make such contributions (if any) to the company's assets as the court thinks proper.

Auf eine in Deutschland ansässige Ltd. ist diese insolvenzrechtliche Norm aus denselben Gründen nicht anwendbar wie die Haftung wegen wrongful trading (oben Rdnr. 83). Dies wiegt jedoch nicht weiter schwer, weil die hiervon erfassten Fälle regelmäßig auch nach den sogleich erörterten nationalen Deliktstatbeständen eine entsprechende Direktorenhaftung begründen (dazu sogleich).

cc) Handelsrechtliche Geschäftsleiterpflichten. Die wohl wichtigste handelsrechtliche Pflicht der Geschäftsleiter ist die **Buchführung.** Hierbei ist sach- und kollisionsrechtlich zu differenzieren: Ob die Geschäftsleiter im Innenverhältnis, d. h. ggü. der Gesellschaft, zur Buchführung verpflichtet sind, ergibt sich aus den entsprechenden gesellschaftsrechtlichen Regeln und wird bei grenzüberschreitenden Fällen konsequenterweise an das Gesellschaftsstatut angeknüpft. Die Buchführungspflicht des GmbH-Geschäftsführers gemäß § 41 GmbHG wirkt somit fort, wenn die Gesellschaft ihren Verwaltungssitz identitätswahrend ins Ausland verlegt. Für die entsprechenden Vorstandspflichten gemäß § 91 AktG gilt dies gleichermaßen. Umgekehrt bestimmt sich bei Auslandsgesellschaften mit Sitz in Deutschland die Buchführungspflicht im Verhältnis zur Gesellschaft nach dem jeweiligen Gesellschaftsrecht. **85**

Eine andere Beurteilung ergibt sich jedoch, soweit die Buchführung auf Grund einer spezial-gesetzlichen Regelung (zusätzlich) im öffentlichen Interesse zur Geschäftsleiterpflicht erhoben wird. Die kollisionsrechtliche Behandlung der – weitgehend europarechtlich harmonisierten – Pflicht zur **Rechnungslegung und Publizität** ist nach wie vor sehr umstritten. Während einige sich dafür aussprechen, diese gesondert territorial an den Ort der Verwaltung anzuknüpfen,[214] spricht sich die mittlerweile überwiegende Mehrheit zutreffend für eine Anknüpfung an das Gesellschaftsstatut aus.[215] Zu den Einzelheiten § 16. **86**

---

[211] *Eidenmüller,* NJW 2005, 1618, 1620 f.; MüKo InsO/*Reinhart* Art. 4 EuInsVO Rdnr. 7 mwN.
[212] So auch Roth/*Altmeppen* GmbHG Vor § 64 Rdnr. 11 ff.; U/H/W/*Casper* GmbHG § 64 Rdnr. 33; dafür aber *Schumann,* DB 2004, 743, 746.
[213] Einzelheiten bei *Happ/Holler,* DStR 2004, 730, 733; *Habersack/Verse,* ZHR 168 [2004], 174.
[214] MüKo IntGesR/*Kindler* Rdnr. 273 ff.; *Schumann,* ZIP 2007, 1189.
[215] *Leible*/Michalski GmbHG Syst. Darst. 2 Rdnr. 121; Scholz/*Westermann,* GmbHG, Einl. Rdnr. 138; *Eidenmüller/Rehberg,* ZVglRWiss 105 (2006), 427, 432; Eidenmüller/*Rehberg* AuslKapGes § 5 Rdnr. 99, 109; *Kienle,* GmbHR 2007, 696, 699; *Graf/Bisle,* IStR 2004, 873; *Just/Krämer,* BC 2006, 29.

87 Die Erfüllung der **Registerpflichten** ist wegen des öffentlich-rechtlichen Charakters ebenfalls gesondert anzuknüpfen. Maßgeblich ist der Ort der jeweilgen Haupt- bzw. Zweigniederlassung.[216] Einzelheiten zur Registeranmeldung § 4 und § 21.

3. Anstellungsverhältnis

88 Von der organschaftlichen Geschäftsleiterbestellung zu trennen, ist ein – nicht notwendigerweise zwingend abzuschließender! – Anstellungsvertrag. Ist dieser vorhanden, richtet sich die kollisionsrechtliche Anknüpfung nach dem **Vertragsstatut** (Art. 3 f. Rom I-VO).[217]

§ 13 Vertretung

Übersicht

	Rdnr.		Rdnr.
I. Begriff, Bedeutung, Abgrenzung	1–4	2. Wegzugsfälle	40–46
II. Europäische Harmonisierung der Vertretungsmacht	5–14	a) Grenzüberschreitende Mobilität gemäß deutschem Heimatrecht	41–43
1. Publizitätsrichtlinien	7	b) Anerkennung im Zuzugstaat	44, 45
2. Registerpublizität	8–12	c) Rechtsgeschäftliche Vollmacht	46
3. Unbeschränkte und beschränkbare organschaftliche Vertretungsmacht	13, 14	3. Besonderheiten auf Grund internationaler Verträge	47–49
III. Kollisionsrechtliche Anknüpfung	15–28	V. Einzelfragen	50–68
1. Organschaftliche Vertretung	16, 17	1. Nachweis der Vertretungsmacht	50–52
2. Rechtsgeschäftliche Vertretung	18–25	2. Vertretungsmacht leitender Angestellter	53
a) Rechtswahl	19	3. Beschränkungen der Vertretungsmacht	54
b) Selbstständige Anknüpfung	20–25	4. Rechtsscheinsvollmacht	55
3. Sonderanknüpfung bei kaufmännischen Spezialvollmachten?	26, 27	5. Insichgeschäfte	56–58
4. Sonderanknüpfung bei Vertretern mit einer eigenen geschäftlichen Niederlassung?	28	6. Folgen der Vertretung ohne Vertretungsmacht	59, 60
IV. Konsequenzen bei der Sitzverlegung	29–49	7. Form der Bevollmächtigung	61
1. Zuzugsfälle	30–39	8. Zurechnungsfragen	62, 63
a) Anerkennung gemäß deutschem Recht	31–35	9. Ständige Vertreter	64–66
b) Grenzüberschreitende Mobilität gemäß Heimatrecht	36–38	10. Empfangsbevollmächtigte	67
c) Rechtsgeschäftliche Vollmacht	39	11. Company Secretary	68

Schrifttum: *Bausback*, Der dingliche Erwerb inländischer Grundstücke durch ausländische Gesellschaften, DNotZ 1996, 254–266; *Behrens*, Gemeinschaftsrechtliche Grenzen der Anwendung inländischen Gesellschaftsrechts auf Auslandsgesellschaften nach Inspire Art, IPRax 2004, 20; *Borges*, Gläubigerschutz bei ausländischen Gesellschaften mit inländischem Sitz, ZIP 2004, 733; *Dahl/Schmitz*, Eigenkapitalersatzrecht nach dem MoMiG aus insolvenzrechtlicher Sicht, NZG 2009, 325; *Eidenmüller*, Geschäftsleiter- und Gesellschafterhaftung bei europäischen Auslandsgesellschaften mit tatsächlichem Inlandssitz, NJW 2005, 1618; *Eidenmüller/Rehm*, Niederlassungsfreiheit versus Schutz des inländischen Rechtsverkehrs: Konturen des Europäischen Internationalen Gesellschaftsrechts, ZGR 2004, 159; *Fischer*, Die Verlagerung des Gläubigerschutzes vom Gesellschafts- in das Insolvenzrecht nach „Inspire Art", ZIP 2004, 1477; *Fleischer*, Gläubigerschutz in der kleinen Kapitalgesellschaft: Deutsche GmbH versus englische private limited company, DStR 2000, 1015; *Goette*, Zu den Folgen der Anerkennung ausländischer Gesellschaften mit tatsächlichem Sitz im Inland für die Haftung ihrer Gesell-

---

[216] MüKo IntGesR/*Kindler* Rdnr. 213; Eidenmüller/*Rehberg* § 5 Rdnr. 73.
[217] Vgl. BGH AG 1989, 89; LG München IPRax 1992, 244; Staudinger/*Großfeld* IntGesR Rdnr. 335; *Süß*/Wachter, § 1 Rdnr. 70; *Spahlinger/Wegen*, Rdnr. 297.

schafter und Organe, ZIP 2006, 541; *Greulich/Rau*, Zur partiellen Insolvenzverursachungshaftung des GmbH-Geschäftsführers nach § 64 S. 3 GmbHG-RegE, NZG 2008, 284; *Haas/Oechsler*, Cash Pool und gutgläubiger Erwerb nach dem MoMiG, NZG 2006, 806; *Henssler*, Die Postulationsfähigkeit ausländischer Anwaltsgesellschaften, NJW 2009, 3136–3139; *Henssler/Mansel*, Die Limited Liability Partnership als Oganisationsform anwaltlicher Berufsausübung, NJW 2007, 1393–1400; *Junker*, Die Rom II-Verordnung: Neues Internationales Deliktsrecht auf europäischer Grundlage, NJW 2007, 3675–3682; *Kadel*, Die englische Limited MittBayNot 2006, 102–111; *Kindler*, Die Begrenzung der Niederlassungsfreiheit durch das Gesellschaftsstatut, NJW 2007, 1785; *Kleinert/Probst*, Endgültiges Aus für Sonderanknüpfungen bei (Schein-)Auslandsgesellschaften, DB 2003, 2217; *Kruis*, Grundbuchfähigkeit einer Partnerschaft englischen Rechts, IPRax 2006, 98–100; *Kühnle/Otto*, „Neues" zur kollisionsrechtlichen Qualifikation Gläubiger schützender Materien in der Insolvenz der Scheinauslandsgesellschaft, IPRax 2009, 117; *Leible/Hoffmann* Die Grundbuchfähigkeit der Scheinauslandsgesellschaft – (teilweise) Aufgabe der Sitztheorie?, NZG 2003, 259–260; *Leible/Lehmann,* Die neue EG-Verordnung über das auf außervertragliche Schuldverhältnisse anzuwendende Recht („Rom II"), RIW 2007, 721–735; *Leyendecker*, Die Anwendung der US-amerikanischen Durchgriffshaftung auf amerikanische Gesellschaften mit Verwaltungssitz in Deutschland, RIW 2008, 273; *Miras*, Die Grundbuchfähigkeit der GbR nach dem ERVGBG, DStR 2010, 604–609; *Paefgen*, Auslandsgesellschaften und Durchsetzung deutscher Schutzinteressen nach „Überseering", DB 2003, 487; *Röhricht*, Insolvenzrechtliche Aspekte im Gesellschaftsrecht, ZIP 2005, 505; *Schmahl*, Subsidiäres Insolvenzantragsrecht bei führungslosen juristischen Personen nach dem Regierungsentwurf des MoMiG – Versuch einer rechtzeitigen begrifflichen und sachlichen Klärung, NZI 2008, 6; *Schumann*, Die englische Limited mit Verwaltungssitz in Deutschland: Kapitalaufbringung, Kapitalerhaltung und Haftung bei Insolvenz, DB 2004, 743; *ders.*, Die englische Limited mit Verwaltungssitz in Deutschland – Buchführung, Rechnungslegung und Strafbarkeit wegen Bankrotts, ZIP 2007, 1189–1196; *Triebel/Silny*, Die persönliche Haftung der Gesellschafter einer in Deutschland tätigen englischen Rechtsanwalts-LLP, NJW 2008, 1034; *Ulmer*, Schutzinstrumente gegen die Gefahren aus der Geschäftstätigkeit inländischer Zweigniederlassungen von Kapitalgesellschaften mit fiktivem Auslandssitz, JZ 1999, 662; *ders.*, Gläubigerschutz bei Scheinauslandsgesellschaften, NJW 2004, 1201; *ders.*, Insolvenzrechtlicher Gläubigerschutz gegenüber Scheinauslandsgesellschaften ohne hinreichende Kapitalausstattung?, KTS 2004, 291; *Wachter*, Persönliche Haftungsrisiken bei englischen private limited companies mit inländischem Verwaltungssitz, DStR 2005, 1817; *Wälzholz*, Die insolvenzrechtliche Behandlung haftungsbeschränkter Gesellschaften nach der Reform durch das MoMiG, DStR 2007, 1914; *Weller*, Scheinauslandsgesellschaften nach Centros, Überseering und Inspire Art: Ein neues Anwendungsfeld für die Existenzvernichtungshaftung, IPRax 2003, 207; *ders.*, Einschränkung der Gründungstheorie bei missbräuchlicher Auslandsgründung?, IPRax 2003, 520; *ders.*, Existenzvernichtungshaftung im modernisierten GmbH-Recht – eine Außenhaftung für Forderungsvereitelung (§ 826 BGB), DStR 2007, 1166; *ders.*, Die Neuausrichtung der Existenzvernichtungshaftung durch den BGH, ZIP 2007, 1681, *ders.*, Inspire Art – Weitgehende Freiheiten beim Einsatz ausländischer Briefkastengesellschaften, DStR 2003, 1800–1804.

I. Begriff, Bedeutung, Abgrenzung

Die Vertretung einer Gesellschaft kann strukturell auf zwei verschiede Arten erfolgen: Die **organschaftliche Vertretung** begründet Eigenhandeln der Gesellschaft und ist damit notwendige Voraussetzung dafür, dass ein – rechtlich begründeter und ausgestalteter – Personenverband überhaupt am Rechtsverkehr teilnehmen kann. Bei den Kapitalgesellschaften gilt der Grundsatz der Fremdorganschaft, so dass die organschaftliche Vertretung nicht zwingend den Gesellschaftern obliegt. Hiervon abzugrenzen ist die **rechtsgeschäftliche Vertretung** auf Grund Bevollmächtigung, regelmäßig Prokura oder Handlungsvollmacht. Die von den organschaftlichen Vertretern im Namen der Gesellschaft erteilte rechtsgeschäftliche Bevollmächtigung begründet Fremdhandeln, welches der Gesellschaft zugerechnet wird (vgl. § 164 BGB). Die Unterscheidung zwischen Eigenhandeln und der Zurechnung von Fremdhandeln ist nicht nur kollisionsrechtlich bedeutsam (dazu sogleich), sondern vor allem auch bei Zurechnungsfragen (§ 31 BGB einerseits, §§ 278, 831 BGB andererseits, dazu unten Rdnr. 62).

Bei den **Personengesellschaften** ist die Abgrenzung gleichermaßen notwendig. Die organschaftliche Vertretungsmacht begründet auch hier das für das Auftreten im Rechtsverkehr überhaupt notwendige Eigenhandeln. Die organschaftliche Vertretungsmacht obliegt allerdings bei den Personengesellschaften zwingend den Gesellschaftern (Grundsatz der Selbstorganschaft, vgl. §§ 125 ff. HGB). Sollen sonstige Personen die Gesellschaft vertreten können, kommt nur die Bevollmächtigung in Betracht (Prokura, Handlungsvollmacht).

3 Auf den Begriff der **Vertretungsmacht** kommt es stets an, wenn es darum geht, ob die Gesellschaft im Verhältnis zu einem anderen rechtsgeschäftlich gebunden wird oder nicht (sog. rechtliches Können im Außenverhältnis). Hiervon abzugrenzen ist die **Geschäftsführungsbefugnis,** welche Auskunft darüber gibt, ob der als Vertreter Handelnde im Verhältnis zur Gesellschaft überhaupt befugt ist, die betreffende Willenserklärung abzugeben (sog. rechtliches Dürfen im Innenverhältnis; Einzelheiten bei § 12). Beide Aspekte müssen nicht zwingend im Einklang stehen. Infolge der – teilweise europarechtlich harmonisierten – unbeschränkten und unbeschränkbaren Vertretungsmacht bei Handelsgesellschaften ist es durchaus möglich, dass der Vertreter im Außenverhältnis seine interne Kompetenz überschreitet und die Gesellschaft Dritten ggü. gleichwohl wirksam bindet. Ausnahmen hiervon bestehen allein unter dem Aspekt des Missbrauchs der Vertretungsmacht, der auch kollisionsrechtlich Anerkennung findet (unten Rdnr. 59 f.).

4 **Rechtsvergleichend** findet sich die vorstehend skizzierte Bedeutung von organschaftlicher und rechtsgeschäftlich erteilter Vertretungsmacht sowie die Abgrenzung zur Geschäftsführungsbefugnis nahezu durchgängig. Dies beruht im Wesentlichen darauf, dass der Umfang der organschaftlichen Vertretungsmacht durch die Publizitätsrichtlinie europaweit harmonisiert ist (sogleich Rdnr. 5 ff.; rechtsvergleichende Aspekte im Länderteil, § 47).

II. Europäische Harmonisierung der Vertretungsmacht

5 Die handelsrechtliche Publizität war der erste Bereich europäischer Harmonisierung auf dem Gebiet des Gesellschaftsrechts. Die Erste Richtlinie 68/151/EWG des Rates vom 9. März 1968 (Publizitätsrichtlinie)[1] beinhaltet für **AG und GmbH** sowie vergleichbare europäische Auslandsgesellschaften[2] wesentliche Vereinheitlichungen im Bereich der Regis-

---

[1] Erste Richtlinie des Rates vom 9. März 1968 zur Koordinierung der Schutzbestimmungen, die in den einzelnen Mitgliedstaaten den Gesellschaften im Sinne des Artikels 58 Absatz 2 des Vertrages im Interesse der Gesellschafter sowie Dritter vorgeschrieben sind, um diese Bestimmungen gleichwertig zu gestalten (68/151/EWG), Abl. Nr. L 65/8. Einzelheiten bei *Habersack/Verse,* EuropGesR § 5.
[2] In **Belgien:** naamloze vennootschap, société anonyme, commanditaire vennootschap op aandelen, société en commandite par actions, personenvennootschap met beperkte aansprakelijkheid, société de personnes à responsabilité limitée; in **Bulgarien:** акционерно дружество, дружество с ограничена отговорност, командитно дружество с акции; in der **Tschechischen Republik:** společnost s ručením omezeným, akciová společnost; in **Dänemark:** aktieselskab, kommanditaktieselskab, anpartsselskab; in **Deutschland:** die Aktiengesellschaft, die Kommanditgesellschaft auf Aktien, die Gesellschaft mit beschränkter Haftung, nicht: GmbH & Co. KG; in **Estland:** aktsiaselts, osaühing; in **Irland:** Companies incorporated with limited liability; in **Griechenland:** ανώνυμη εταιρία, εταιρία περιωρισμένης ευθύνης, ετερόρρυθμη κατά μετοχές εταιρία; in **Spanien:** la sociedad anónima, la sociedad comanditaria por acciones, la sociedad de responsabilidad limitada; in **Frankreich:** société anonyme, société en commandite par actions, société à responsabilité limitée, société par actions simplifiée; in **Italien:** società per azioni, società in accomandita per azioni, società a responsabilità limitata; in **Zypern:** Δημόσιες εταιρείες περιωρισμένης ευθύνης με μετοχές η με εγγύηση, ιδιωτικές εταιρείες περιωρισμένης ευθύνης με μετοχές ή με εγγύηση; in **Lettland:** akciju sabiedrība, sabiedrība ar ierobežotu atbildību, komanditsabiedrība; in Litauen: akcinė bendrovė, uždaroji akcinė bendrovė; in Luxemburg: société anonyme, société en commandite par actions, société à responsabilité limitée; in **Ungarn:** részvénytársaság, korlátolt felelősségű társaság; in **Malta:** kumpanija pubblika/public limited liability company, kumpannija privata/private limited liability company; in den **Niederlanden:** naamloze vennootschap, besloten vennootschap met beperkte aansprakelijkheid; in **Österreich:** die Aktiengesellschaft, die Gesellschaft mit beschränkter Haftung; in **Polen:** spółka z ograniczoną odpowiedzialnością, spółka komandytowo-akcyjna, spółka akcyjna; in **Portugal:** a sociedade anónima de responsabilidade limitada, a sociedade em comandita por acções, a sociedade por quotas

terpublizität sowie bei Geschäftsbriefen und – hieraus resultierend – der organschaftlichen Vertretungsmacht. Für die Personenhandelsgesellschaften fehlt eine entsprechende Regelung; dies gilt selbst dann, wenn eine ausländische Gesellschaft Komplementärin einer deutschen KG ist.[3]

Kernanliegen aller Regelungen ist der **Schutz von Drittinteressen**. Dieser soll dadurch erfolgen, dass Dritte sich über die wesentlichen Urkunden der Gesellschaft unterrichten können, insbesondere über die Personalien derjenigen, welche die Gesellschaft verpflichten können. Darüber hinaus soll der Schutz Dritter durch Bestimmungen gewährleistet werden, welche die Gründe, aus denen im Namen der Gesellschaft eingegangene Verpflichtungen unwirksam sein können, so weit wie möglich beschränken. Im Hinblick auf die vereinheitlichte Registerpublizität wird die Publizitätsrichtlinie ergänzt durch die Zweigniederlassungsrichtlinie.[4]

1. Publizitätsrichtlinie

Die wesentlichen Bestimmungen der Publizitätsrichtlinie zur Vertretungsmacht lauten wie folgt:

Artikel 2 – Registerpublizität

(1) Die Mitgliedstaaten treffen die erforderlichen Maßnahmen, damit sich die Pflicht zur Offenlegung hinsichtlich der Gesellschaften mindestens auf folgende Urkunden und Angaben erstreckt:

(…)

d) die Bestellung, das Ausscheiden sowie die Personalien derjenigen, die als gesetzlich vorgesehenes Gesellschaftsorgan oder als Mitglieder eines solchen Organs
 i) befugt sind, die Gesellschaft gerichtlich und außergerichtlich zu vertreten,
 ii) an der Verwaltung, Beaufsichtigung oder Kontrolle der Gesellschaft teilnehmen.

Bei der Offenlegung muss angegeben werden, ob die zur Vertretung der Gesellschaft befugten Personen die Gesellschaft allein oder nur gemeinschaftlich vertreten können;

(…)

Artikel 3

(1) In jedem Mitgliedstaat wird entweder bei einem zentralen Register oder bei einem Handels- oder Gesellschaftsregister für jede der dort eingetragenen Gesellschaften eine Akte angelegt.

(2) Alle Urkunden und Angaben, die nach Artikel 2 der Offenlegung unterliegen, sind in dieser Akte zu hinterlegen oder in das Register einzutragen; der Gegenstand der Eintragungen in das Register muss in jedem Fall aus der Akte ersichtlich sein.

(…)

(4) Die in Absatz 2 bezeichneten Urkunden und Angaben sind in einem von dem Mitgliedstaat zu bestimmenden Amtsblatt entweder in Form einer vollständigen oder auszugs-

---

de responsabilidade limitada; in **Rumänien:** societate pe acțiuni, societate cu răspundere limitată, societate în comandită pe acțiuni; in **Slowenien:** delniška družba, družba z omejeno odgovornostjo, komaditna delniška družba; in der **Slowakei:** akciová spoločnost', spoločnost' s ručením obmedzeným; in **Finnland:** yksityinen osakeyhtiö/privat aktiebolag, julkinen osakeyhtiö/publikt aktiebolag; in **Schweden:** aktiebolag; im **Vereinigten Königreich:** companies incorporated with limited liability.

[3] Vgl. OLG Frankfurt, ZIP 2008, 1286; B/H/Hopt § 13 e Rdnr. 1; abw. Wachter, GmbHR 2006, 80.

[4] Elfte Richtlinie des Rates vom 21. Dezember 1989 über die Offenlegung von Zweigniederlassungen, die in einem Mitgliedstaat von Gesellschaften bestimmter Rechtsformen errichtet wurde, die dem Recht eines anderen Staates unterliegen (89/666EWG), ABl. Nr. L 395/36 vom 30. 12. 1989. – Einzelheiten bei § 45.

weisen Wiedergabe oder in Form eines Hinweises auf die Hinterlegung des Dokuments in der Akte oder auf seine Eintragung in das Register bekanntzumachen.

(5) Die Urkunden und Angaben können Dritten von der Gesellschaft erst nach der Bekanntmachung gemäß Absatz 4 entgegengesetzt werden, es sei denn, dass die Gesellschaft beweist, dass die Dritten die Urkunden oder Angaben kannten. Bei Vorgängen, die sich vor dem sechzehnten Tag nach dem Tag dieser Bekanntmachung ereignen, können die Urkunden und Angaben jedoch den Dritten nicht entgegengesetzt werden, die beweisen, dass es für sie nicht möglich war, die Urkunden oder Angaben zu kennen.

(…)

(7) Dritte können sich im Übrigen stets auf Urkunden und Angaben berufen, für welche die Formalitäten der Offenlegung noch nicht erfüllt worden sind, es sei denn, dass die Urkunden oder Angaben mangels Offenlegung nicht wirksam sind.

Artikel 4 – Geschäftsbriefe

Die Mitgliedstaaten schreiben vor, dass auf Briefen und Bestellscheinen folgendes anzugeben ist: – ein Register, bei dem die in Artikel 3 bezeichnete Akte angelegt worden ist, und die Nummer der Eintragung der Gesellschaft in dieses Register; (…).

Die Mitgliedstaaten schreiben vor, dass die Webseiten der Gesellschaft zumindest die in Abs. 1 genannten Angaben enthalten (…).

Artikel 7 – Handelndenhaftung vor Eintragung

Ist im Namen einer in Gründung befindlichen Gesellschaft gehandelt worden, ehe diese die Rechtsfähigkeit erlangt hat, und übernimmt die Gesellschaft die sich aus diesen Handlungen ergebenden Verpflichtungen nicht, so haften die Personen, die gehandelt haben, aus diesen Handlungen unbeschränkt als Gesamtschuldner, sofern nichts anderes vereinbart worden ist.

Artikel 8 – Mängel der Vertretungsmacht, fehlerhafte Organbestellung

Sind die Formalitäten der Offenlegung hinsichtlich der Personen, die als Organ zur Vertretung der Gesellschaft befugt sind, erfüllt worden, so kann ein Mangel ihrer Bestellung Dritten nur entgegengesetzt werden, wenn die Gesellschaft beweist, dass die Dritten den Mangel kannten.

Artikel 9 – Umfang der Vertretungsmacht

(1) Die Gesellschaft wird Dritten gegenüber durch Handlungen ihrer Organe verpflichtet, selbst wenn die Handlungen nicht zum Gegenstand des Unternehmens gehören, es sei denn, dass diese Handlungen die Befugnisse überschreiten, die nach dem Gesetz diesen Organen zugewiesen sind oder zugewiesen werden können.

Für Handlungen, die den Rahmen des Gegenstands des Unternehmens überschreiten, können die Mitgliedstaaten jedoch vorsehen, dass die Gesellschaft nicht verpflichtet wird, wenn sie beweist, dass dem Dritten bekannt war, dass die Handlung den Unternehmensgegenstand überschritt, oder dass er darüber nach den Umständen nicht in Unkenntnis sein konnte; allein die Bekanntmachung der Satzung reicht zu diesem Beweis nicht aus.

(2) Satzungsmäßige oder auf einem Beschluss der zuständigen Organe beruhende Beschränkungen der Befugnisse der Organe der Gesellschaft können Dritten nie entgegengesetzt werden, auch dann nicht, wenn sie bekanntgemacht worden sind.

(3) Kann nach einzelstaatlichen Rechtsvorschriften die Befugnis zur Vertretung der Gesellschaft abweichend von der gesetzlichen Regel auf diesem Gebiet durch die Satzung einer Person allein oder mehreren Personen gemeinschaftlich übertragen werden, so können diese Rechtsvorschriften vorsehen, dass die Satzungsbestimmung, sofern sie die Vertretungsbefugnis generell betrifft, Dritten entgegengesetzt werden kann; nach Artikel 3 bestimmt sich, ob eine solche Satzungsbestimmung Dritten entgegengesetzt werden kann.

2. Registerpublizität

Wichtigster Gegenstand der Publizität ist gemäß Art. 2 Abs. 1 lit. d) der Publizitätsrichtlinie die **Identität der organschaftlichen Vertreter** sowie die Angabe, ob **Einzel- oder Gesamtvertretungsbefugnis** besteht. Im deutschen Recht werden diese Anforderungen – schon vor Inkrafttreten der Publizitätsrichtlinie – durch § 39 GmbHG und §§ 37 Abs. 3, 81 AktG erfüllt. Der EuGH hat die Publizitätspflicht etwas überzogen, indem er verlangt hat, dass der Umstand der – denklogisch notwendigen – Einzelvertretung sogar dann anzugeben ist, wenn die Gesellschaft nur einen einzigen Geschäftsführer hat.[5] Dieser Ansicht lässt sich jedoch immerhin das begrüßenswerte Schutzanliegen ableiten, dass der Rechtsverkehr möglichst klar und zweifelsfrei über die bei einer Gesellschaft konkret bestehenden Vertretungsverhältnisse informiert werden müsse. Der BGH hat auf dieser Grundlage auch die heute aus nationalem Recht nahezu unstreitige Pflicht abgeleitet, eine Befreiung vom Verbot des Selbstkontrahierens eintragen zu lassen.[6] Das selbe weite Schutzgebot der Richtlinie rechtfertigt nach Ansicht des BGH, dass stellvertretende Geschäftsführer (vgl. § 44 GmbHG) ohne diesen Zusatz einzutragen sind, um beim Rechtsverkehr Missverständnisse zu vermeiden.[7] Für das stellvertretende Vorstandsmitglied einer AG muss dies gleichermaßen gelten.[8] Insgesamt betrachtet ist es ein berechtigtes europäische Anliegen, Fragen der organschaftlichen Vertretungsmacht wegen ihrer großen Relevanz für den Rechts- und Geschäftsverkehr möglichst umfassend und präzise mit einer entsprechenden Publizität zu unterlegen. Die nationalen Rechtsordnungen haben diesem Schutzanliegen in richtlinienkonformer Umsetzung des Gebots von Art. 2 Abs. 1 lit. d) der Publizitätsrichtlinie zu entsprechen und damit auf europäischer Ebene ein „level-playing field" zu schaffen.

Die durch die Publizitätsrichtlinie geforderte Transparenz wird in Europa durchgängig mittels entsprechender **Registrierungs- und Bekanntmachungsvorschriften** umgesetzt.[9] Eine Gesellschaft hat hiernach – stets – am Ort der (erstmaligen) Registrierung (= sog. Satzungssitz, vgl. in Deutschland für die AG §§ 5, 14 AktG, für die GmbH §§ 4a, 7 GmbHG) der jeweiligen Anmeldepflicht nachzukommen und diese bei nachträglichen Änderungen fortlaufend einzuhalten. Effektuiert wird die europarechtlich gewünschte Registerpublizität der konkreten organschaftlichen Vertretungsmacht durch einen speziellen **registerrechtlichen Vertrauensschutz.** Art. 3 und 8 der Publizitätsrichtlinie bietet insofern die europarechtliche Grundlage für die negative und positive Registerpublizität gemäß § 15 Abs. 1–3 HGB.

In der **Zweigniederlassungsrichtlinie** wird für Zweigniederlassungen, die eine der von der Publizitätsrichtlinie erfassten Gesellschaften[10] in einem anderen Staat der EU errichtet, eine weitgehend identische Offenlegungspflicht am Ort der Zweigniederlassung statuiert.[11] Art. 2 Abs. 1 lit. e) der Zweigniederlassungsrichtlinie begründet im Gastland die **Pflicht zur Offenlegung** der Bestellung, des Ausscheidens und der Personalien derjenigen, die als Gesellschaftsorgan befugt sind, die Gesellschaft gerichtlich und außergerichtlich zu vertreten. Diese Pflicht gilt gleichermaßen für ständige Vertreter der Gesellschaft für die Tätigkeit der Zweigniederlassung unter Angabe ihrer Befugnisse.[12] Eine Pflicht zur Bestellung eines gesetzlichen Vertreters besteht allerdings nicht; ist ein solcher bestellt, ist er aber zwingend bei der Anmeldung anzugeben.[13] Eine Verpflichtung zur

---

[5] EuGH, Rs. C 32/74, Slg. 1974, 1201, 1206, Tz. 6 – Haaga.
[6] BGHZ 87, 59, 61; Einzelheiten bei *Servatius*, NZG 2002, 456.
[7] BGH, NJW 1998, 1071, 1072.
[8] So zutreffend *Habersack/Verse*, EuropGesR, § 5 Rdnr. 14.
[9] Vgl. hierzu näher § 45.
[10] Oben Fn. 2.
[11] Einzelheiten bei § 45.
[12] In Deutschland eintragungsfähig und eintragungspflichtig sind hiernach auch ausländische Vollmachten, die vom gesetzlich weitgehend fixierten Umfang der Prokura abweichen (*Habersack/Verse*, EuropGesR, § 5 Rdnr. 55).
[13] OLG München NZG 2008, 342 = RPfleger 2008, 263 = BB 2008, 468.

Bestellung eines ständigen Vertreters kann sich aus §§ 53 Abs. 2 KWG, § 47 WPO, §§ 34, 50, 72 StBerG und § 59i BRAO ergeben. Für Zweigniederlassungen von Gesellschaften aus Drittstaaten sieht Art. 8 lit. h) der Zweigniederlassungsrichtlinie eine entsprechende Offenlegungspflicht vor.

11 Die registerrechtlichen Anmeldepflichten sind **öffentlich-rechtlicher Natur,** so dass an das jeweilige Recht am Ort der kaufmännischen Niederlassung anzuknüpfen ist.[14] Im deutschen Recht erfolgte die Umsetzung dieser Vorgaben vor allem durch die neu gefassten §§ 13 d–g HGB.[15] Kollisionsrechtlich bedeutsam ist insofern § 15 Abs. 4 HGB, wonach die Registerpublizität für den Geschäftsverkehr mit einer in das Handelsregister eingetragenen Zweigniederlassung gleichermaßen gilt. Diese Erstreckung der – europarechtlich harmonisierten – Registerpublizität auf Auslandsgesellschaften mit effektivem Verwaltungssitz in Deutschland ist europarechtskonform.[16] Umgekehrt müssen deutsche Gesellschaften mit echter Zweigniederlassung oder im Fall der identitätswahrenden Sitzverlegung ins Ausland dafür Sorge tragen, dass die Vertretungsbefugnisse dort zutreffend eingetragen und bekannt gemacht werden.

12 Aus dem Zusammenspiel von Publizitätsrichtlinie und Zweigniederlassungsrichtlinie unterliegen Gesellschaften mit umfangreicher Auslandstätigkeit innerhalb Europas somit einer **doppelten Registerpublizität** – im Heimatstaat sowie im Staat der ausländischen Niederlassung. Art. 1 Abs. 2 der Zweigniederlassungsrichtlinie sieht bei divergierenden Eintragungen für den Geschäftsverkehr der Zweigniederlassung die Maßgeblichkeit der dort maßgeblichen Offenlegung vor.

3. Unbeschränkte und beschränkbare organschaftliche Vertretungsmacht

13 Ein weiterer, in Deutschland traditionell vorherrschender Aspekt bringt Art. 9 Abs. 1 und 2 der Publizitätsrichtlinie, indem die unbeschränkte und unbeschränkbare organschaftliche Vertretungsmacht europaweit verbindlich festgelegt wird. Im deutschen Recht entspricht dies § 37 Abs. 2 GmbHG und § 82 Abs. 2 AktG. Insbesondere in Frankreich, Italien und in Großbritannien brachte dies eine entscheidende Stärkung des Verkehrsschutzes, denn dort galt lange Zeit die **Ultra-vires-Doktrin,** wonach die Vertretungsmacht der Geschäftsleiter insbesondere durch den Unternehmensgegenstand begrenzt war.[17]

14 Grenzenlos ist die nunmehr europaweite unbeschränkte organschaftliche Vertretungsmacht gleichwohl nicht. Art. 9 Abs. 1 S. 2 der Publizitätsrichtlinie sieht ausdrücklich vor, dass die Gesellschaft nicht verpflichtet wird, wenn sie beweist, dass dem Dritten bekannt war, dass die Handlung den Unternehmensgegenstand überschritt, oder dass er darüber nach den Umständen nicht in Unkenntnis sein konnte. Es ist hiernach europarechtlich unbedenklich, der **Lehre vom Missbrauch der Vertretungsmacht** Geltung zu verschaffen.[18] Um das Schutzanliegen, dass Dritte im Regelfall auf die unbeschränkte Vertretungsmacht vertrauen dürfen, nicht leer laufen zu lassen, ist es jedoch auch europarechtlich geboten, diese nur dann zu durchbrechen, wenn der Dritte Kenntnis oder grob fahrlässige Unkenntnis von den internen Beschränkungen hat.[19]

III. Kollisionsrechtliche Anknüpfung

15 Bei der kollisionsrechtlichen Anknüpfung von Vertretungsfragen sind organschaftliche und rechtsgeschäftliche Vertretung zu unterscheiden.

---

[14] Eidenmüller/*Rehberg* § 5 Rdnr. 72 ff.
[15] Einzelheiten bei *Canaris*, Handelsrecht, § 5; *Habersack/Verse*, EuropGesR, § 5 Rdnr. 16 ff.
[16] Eidenmüller/*Rehberg* § 5 Rdnr. 88 ff.
[17] Einzelheiten m. w. N. bei *Habersack/Verse*, EuropGesR, § 5 Rdnr. 25 f.
[18] Einzelheiten m. w. N. bei *Habersack/Verse*, EuropGesR, § 5 Rdnr. 27 ff.
[19] *Schmid*, AG 1998, 127, 129 ff.

1. Organschaftliche Vertretung

Die Anknüpfung der organschaftlichen Vertretung ist sowohl nach der alten wie nach der neuen Rechtslage nach In-Kraft-Treten der Rom I-VO gesetzlich nicht geregelt (vgl. Art. 37 Nr. 3 EGBGB sowie Art. 1 Abs. 1 lit. g) Rom I-VO). Gleichwohl besteht Einigkeit darüber, die organschaftliche Vertretung dem **Gesellschaftsstatut** zuzuordnen.[20] Dies hat seine Rechtfertigung darin, dass die organschaftliche Vertretung der Gesellschaft ihren aus der Gesellschaftsorganisation folgt und unabdingbare Voraussetzung für die Handlungsfähigkeit der Gesellschaft ist.[21]

16

Im Ausgangspunkt gilt auch hier die **Einheitslehre,** wonach alle das Innen- und Außenverhältnis der Gesellschaft betreffenden gesellschaftsrechtlichen Rechtsbeziehungen einheitlich bestimmt werden.[22] Das Gesellschaftsstatut umfasst daher insbesondere die Frage, welche Personen die Gesellschaft vertreten können und in welchem Umfang sie Vertretungsmacht besitzen, ob einzelne Gesellschafter von der Vertretung ausgeschlossen sind, ob sie die Gesellschaft einzeln oder nur gemeinsam vertreten können oder müssen, ob der Umfang ihrer Vertretungsmacht durch den Gesellschaftszweck begrenzt ist und ob sie zum Selbstkontrahieren befugt sind.[23] Ferner sind erfasst der Beginn der Vertretungsmacht, eventuelle Beschränkungen derselben durch Schriftformerfordernisse oder andere Beschränkungen bzw. Abänderungen der Vertretungsmacht bis hin zu ihrer Aufhebung. Weiterhin werden erfasst Fragen des registerrechtlichen Schutzes von Vertragspartnern der Gesellschaft.[24]

17

2. Rechtsgeschäftliche Vertretung

Auch die Anknüpfung der rechtsgeschäftlichen Vertretung ist sowohl nach der alten wie nach der neuen Rechtslage seit In-Kraft-Treten der Rom I-VO gesetzlich nicht geregelt (vgl. Art. 37 Nr. 3 EGBGB a. F. sowie Art. 1 Abs. 1 lit. g) Rom I-VO).[25] Trotz des missverständlichen Wortlauts von Art. 1 Abs. 1 lit. g) Rom I-VO sind – soweit es um juristische Personen geht – nicht nur die organschaftliche, sondern auch die rechtsgeschäftliche Vertretung vom Anwendungsbereich ausgeschlossen.[26] Die Vertretungsmacht anderer Personen als Organmitglieder der Gesellschaft richtet sich daher auch bei Vollmachten, die durch Gesellschaften erteilt werden, nicht nach dem Gesellschaftsstatut, sondern grundsätzlich nach dem – im Einzelnen nach wie vor sehr umstrittenen – **Vollmachtsstatut.**[27] Diesem sind im Einzelnen zugewiesen: Art und Weise der Erteilung, Beendigung und Befristung sowie die Widerruflichkeit.[28] Für die kollisionsrechtliche Anknüpfung des Vollmachtsstatuts besteht ein Stufenmodell:

18

---

[20] BGHZ 32, 256, 258; BGHZ 40, 197; BGH NJW 1965, 1664; BGH WM 1984, 1125, 1127; BGH NJW 1993, 2722, 2745; BGH NJW 1995, 1032; BGH NJW 2001, 305, 306; BGH NJW 2003, 3270; Palandt/*Heinrichs,* Anh zu EGBGB 12 Rdnr. 13 m. w. N.; MüKo BGB/*Spellenberg,* Vorbem zu Art. 11 EGBGB Rdnr. 73 m. w. N.; Hirte/Bücker/*Mankowski/Knöfel* § 13 Rdnr. 87.

[21] MüKo BGB/*Spellenberg,* Vorbem zu Art. 11 EGBGB Rdnr. 73 m. w. N.

[22] BGH ZIP 2000, 967.

[23] Vgl. BGH NJW 1992, 618; OLG Düsseldorf RIW 1995, 325, 326.

[24] BGH NJW 1995, 1032.

[25] Zu dem Verordnungsvorschlag der EG-Kommission vom 15. 12. 2005, in dessen Art. 7 eine Kollisionsnorm für Vertreterverträge enthalten war, siehe Reithmann/Martiny/*Hausmann,* Internationales Vertragsrecht, Rdnr. 5422 ff.

[26] MüKo BGB/*Martiny,* Art. 1 Rom I-VO Rdnr. 68 m. w. N.

[27] MüKo BGB/*Kindler,* IntGesR Rdnr. 557; Palandt/*Heinrichs* Anh zu EGBGB 12 Rdnr. 13 m. w. N.; Staudinger/*Großfeld* (1998) IntGesR Rdnr. 284; BGHZ 43, 21, 26; BGH NJW 1954, 1561; BGHZ 128, 41, 47; Reithmann/Martiny/*Hausmann,* Internationales Vertragsrecht, Rdnr. 5431 m. w. N.

[28] MüKo BGB/*Spellenberg,* Vorbem zu Art. 11 EGBGB Rdnr. 130; Reithmann/Martiny/*Hausmann,* Internationales Vertragsrecht, Rdnr. 5491 ff.

19 **a) Rechtswahl.** Vorrangig zu beachten ist stets eine ausdrückliche oder konkludente Rechtswahl der Vertragsparteien hinsichtlich des Vollmachtsstatuts. Die Wirksamkeit der Rechtswahl richtet sich gemäß Art. 3 Abs. 5 iVm. Art. 10 Rom I-VO analog nach dem gewählten Recht.[29] Dies wird regelmäßig, jedoch nicht zwingend, mit einer Rechtswahl für das Vertragsstatut als solches korrespondieren.[30] Umstritten ist, ob eine Rechtswahl einseitig durch den Geschäftsherrn getroffen werden kann oder ob hierfür eine Vereinbarung mit dem (potentiellen) Vertragspartner notwendig ist. Richtigerweise lässt man eine einseitige Rechtswahl nicht zu (str.).[31] Möglich ist jedoch, dass der Handelnde seinen Willen zur Wahl einer Rechtsordnung eindeutig zu erkennen gibt und sich der Vertragspartner hierauf konkludent einlässt.[32] Eine derartige konkludente Rechtswahl ist auch formlos möglich.[33] Bei einer Rechtswahl zwischen dem Geschäftsherrn und dem potentiellen Vertragspartner ist zudem zum Schutz des Vertreters die Erkennbarkeit dieser Rechtswahl für diesen erforderlich, um ihn vor Haftungsgefahren zu schützen.[34] Der Vertreter selbst ist hingegen nur dann wahlberechtigt, wenn er vom Geschäftsherrn ausdrücklich dazu ermächtigt worden ist.[35]

20 **b) Selbstständige Anknüpfung.** Bei fehlender Rechtswahl unterliegt die Vollmacht nach ganz hM einer – vom Vertragsstatut zu trennenden – selbstständigen Anknüpfung (str.).[36] Dies hat seine Grundlage vor allem im Schutz des Vertragspartners, der das Bestehen und den Umfang der Vollmacht leicht prüfen und zuverlässig feststellen können muss.[37] Außerdem ist der Vertreter davor zu schützen, dass eine zwischen dem Vollmachtgeber und dem Drittkontrahenten für den Hauptvertrag getroffene Rechtswahl eine für ihn unvorhersehbare Haftung als falsus procurator begründet.[38] Letztlich gilt so nichts anderes als bei der organschaftlichen Vertretung, die ebenfalls unabhängig vom Vertretergeschäft angeknüpft wird. Die Bestimmung des Vollmachtsstatuts im Rahmen der selbstständigen Anknüpfung ist jedoch nach wie vor sehr umstritten.

21 **aa) Akzessorietät zum Geschäftsstatut.** Einige sprechen sich – im Rahmen einer von der soeben durch die hM abgelehnten unselbstständigen Anknüpfung – für eine akzessorische Anknüpfung an das Geschäftsstatut aus.[39] Auf diese Weise werde zum einen die schwierige Abgrenzungsproblematik zwischen Geschäfts- und Vollmachtsstatut vermieden. Zum anderen widerspräche eine selbstständige Anknüpfung dem Grundsatz der möglichst einheitlichen Anknüpfung, wie er in Art. 10 Abs. 1 und Art. 12 Rom I-VO seinen Niederschlag gefunden habe. Die Bevollmächtigung sei lediglich ein Hilfsgeschäft zum Vertretergeschäft. Auch rechtfertige der Verkehrsschutz keine gesonderte Anknüpfung, da der Drittkontrahent, der sich hinsichtlich seines Vertrages ggf. nach fremdem Recht richten

---

[29] Bamberger/Roth/*Mäsch*, Anh Art. 10 EGBGB Rdnr. 102.
[30] Zur Teilrechtswahl MüKo BGB/*Spellenberg*, Vorbem zu Art. 11 EGBGB Rdnr. 91.
[31] HM, vgl. MüKo BGB/*Spellenberg*, Vorbem zu Art. 11 EGBGB Rdnr. 95.
[32] Näher hierzu Reitmann/Martiny/*Hausmann*, Internationales Vertragsrecht, Rdnr. 5446 ff. m. w. N.
[33] Reitmann/Martiny/*Hausmann*, Internationales Vertragsrecht, Rdnr. 5448 m. w. N.
[34] Weitergehend MüKo BGB/*Spellenberg*, Vorbem zu Art. 11 EGBGB Rdnr. 98: Zustimmung aller Beteiligten erforderlich.
[35] Näher hierzu Reitmann/Martiny/*Hausmann*, Internationales Vertragsrecht, Rdnr. 5449 m. w. N.
[36] Palandt/*Thorn* Anh zu EGBGB 32 Rdnr. 1; MüKo BGB/*Kindler*, IntGesR Rdnr. 265; Reitmann/Martiny/*Hausmann*, Internationales Vertragsrecht, Rdnr. 5432 ff.; abw. aber MüKo BGB/ *Spellenberg*, Vorbem zu Art. 11 EGBGB Rdnr. 145 ff., der eine Einbeziehung der Vollmacht in das Geschäftsstatut favorisiert; die selbstständige Anknüpfung der Vollmacht ist jedoch auch international vorherrschend, vgl. *Schwarz*, RabelsZ 71 (2008), 729 ff. m. w. N.
[37] RG Recht 1923 Nr. 1222; BGH NJW 1954, 1561; 1982, 2733; BGHZ 43, 21; 64, 183; BGH IPRax 1991, 247; DNotZ 1994, 485.
[38] Reitmann/Martiny/*Hausmann*, Internationales Vertragsrecht, Rdnr. 5432.
[39] *Müller-Freienfels*, Vertretung beim Rechtsgeschäft, S. 236 ff.; MüKo BGB/*Spellenberg*, Vorbem zu Art. 11 EGBGB Rdnr. 145 ff.; *Spellenberg*, Geschäftsstatut und Vollmacht, S. 225 ff.

muss, hinsichtlich der Vertretungsmacht kein stärkeres Schutzbedürfnis habe als bezüglich des Vertrages selbst. Bei einer akzessorischen Anknüpfung an das Recht des Hauptgeschäfts sei der Drittkontrahent ausreichend geschützt, zumal er das für die Vollmacht maßgebende Recht unschwer erkennen könne.

bb) Anknüpfung an den gewöhnlichen Aufenthalt. Andere bestimmen das Vollmachtstatut – selbstständig – anhand des Sitzes oder des Ortes des gewöhnlichen Aufenthalts des Geschäftsherrn.[40] Zur Begründung wird vor allem angeführt, dass der Schutz des Drittkontrahenten nicht überzogen sein dürfe und den Interessen des Vertretenen stärker Rechnung zu tragen sei. Der Schutz des Drittkontrahenten könne vielmehr durch eine analoge Anwendung von Art. 13 Rom I-VO – Anwendung der Sachvorschriften des Gebrauchsorts zu Gunsten gutgläubiger Dritter – erreicht werden. **22**

cc) Anknüpfung an das Wirkungsland. Die hM befürwortet indessen eine differenzierte Anknüpfung: Zur Anwendung kommt hiernach das Recht des Ortes, an dem die Vollmacht tatsächlich eingesetzt wird oder nach dem Willen des Vollmachtgebers eingesetzt werden soll,[41] bzw. das Recht des Ortes, an dem sich die Vollmacht schwerpunktmäßig (relativ am stärksten) auswirkt.[42] Maßgeblich ist hiernach in erster Linie der reale **Gebrauchsort** der Vollmacht.[43] Zur Begründung wird angeführt, diese Anknüpfung entspräche den Kollisionsnormen zahlreicher ausländischer Staaten.[44] Die Anwendung des Rechts am realen Gebrauchsort diene vor allem dem Schutz des Drittkontrahenten, der sich bei der Prüfung der Wirksamkeit und des Umfangs der Vollmacht i.d.R. an das ihm vertraute materielle Vertretungsrecht halten kann.[45] Zumindest dann, wenn der Vertreter von der Vollmacht im Wohnsitz- bzw. Niederlassungsstaat des Drittkontrahenten Gebrauch mache, sei dieses Interesse des Drittkontrahenten vorrangig gegenüber dem Interesse des Vollmachtgebers, der das Risiko der Stellvertretung eingegangen ist und hierdurch seinen geschäftlichen Wirkungskreis gewinnbringend erweitere.[46] **23**

Die Rechtsprechung trägt den Schutzinteressen des Vollmachtgebers jedoch teilweise dadurch Rechnung, dass sie für die Anknüpfung der Vollmacht – ähnlich wie der österreichische Gesetzgeber (vgl. § 49 Abs. 2 österreich. IPRG) – als maßgeblich das Recht des Landes erachtet, in dem die Vollmacht nach dem Willen des Vollmachtgebers ihre Wirkung entfalten soll.[47] Konsequenterweise richten sich Ob und Wie der Bevollmächtigung hiernach vorrangig nach dem Recht dieses **Wirkungslandes.** Dem ist indessen nur für den Fall zuzustimmen, dass dem Drittkontrahenten bekannt oder erkennbar war, dass der Vertreter nach dem Willen des Vollmachtgebers von seiner Vollmacht in einem anderen Land **24**

---

[40] *Kegel/Schurig*, IPR, § 17 V 2a, *Dorsel*, MittRhNotK 1997, 6, 9; *Müller*, RIW 1979, 377, 380f.; *Ebenroth*, JZ 1983, 821, 824; ähnlich *Fischer*, Verkehrsschutz im internationalen Vertragsrecht, S. 215.

[41] BGHZ 64, 183, 192ff.; BGH NJW 1982, 2733; BGH NJW 90, 3088; BGHZ 128, 41, 47; BGH RIW 2001, 937, 939; BGH NJW 04, 1315, 1316; OLG Frankfurt/M. IPRax 1986, 373, 375; OLG München RIW 1990, 226; OLG Koblenz IPRax 1994, 302, 304; *Erman/Hohloch* Anh I zu Art 37 Rdnr. 13.

[42] BGH JZ 1963, 167; OLG München OLGR 1994, 152; offen gelassen in BGH NJW-RR 1990, 248, 250.

[43] BGHZ 43, 21, 26; BGHZ 64, 183, 192; BGH WM 1965, 868; NJW 1982, 2733; 1990, 3088; DNotZ 1994, 485; BayObLG NJW-RR 1988, 873; LG Karlsruhe RIW 2002, 153; *Kegel/Schurig* § 17 V S. 621; *v. Hoffmann/Thorn* § 7 Rdnr. 51; RabelsZ 7 (1933), 797ff.; *Schäfer* RIW 1996, 189ff.: Staudinger/*Magnus* Einl. Art. 27–37 Rdnr. A 14, A 20ff.

[44] Österreich: § 49 Abs. 2 IPRG 1972; Schweiz: Art. 126 Abs. 2 IPRG 1987; Italien: Art. 60 Abs. 1 S. 2 IPRG 1995; Spanien: Art. 10 Abs. 11, 2. Hs. c.c. idF von 1981; Frankreich/Niederlande/Portugal: Art. 11 Abs. 1 HStÜ (Haager Stellvertretungsübereinkommen von 1978); näher hierzu Schwarz, RabelsZ 71 (2007) 729, 756ff.

[45] OLG Düsseldorf IPRax 1996, 423, 425.

[46] Reithmann/Martiny/*Hausmann*, Internationales Vertragsrecht, Rdnr. 5442 m.w.N.

[47] BGHZ 64, 183, 192f.; BGH NJW 1982, 2733; BGHZ 128, 41, 47; OLG Frankfurt/M. IPRax 1986, 373, 375; OLG München RIW 1990, 226; OLG Koblenz IPRax 1994, 302, 304.

Gebrauch machen sollte (Rechtsgedanke von Art. 13 Rom I-VO).[48] Ist der Geschäftspartner hingegen gutgläubig, so sollte es aus Gründen des vorrangigen Verkehrsschutzes bei der Maßgeblichkeit des tatsächlichen Gebrauchsorts bleiben.[49] Bei Vertragsschluss unter Abwesenden ist dies der Ort, an dem der Vertreter seine Erklärung abgibt, also der Ort, wo er den Brief absendet, telefoniert oder die Erklärung in einen Computer eingibt.[50]

25 Fasst man das vorstehend skizzierte Meinungsspektrum zusammen, ergibt sich eine höchst kontroverse Diskussion, die vor allem interessengeleitet ist und wenig dogmatische Stringenz aufweist. Die hieraus resultierende **Rechtsunsicherheit** ist dogmatisch betrachtet unbefriedigend, jedoch eine niemals gänzlich auszuräumende Schwäche kollisionsrechtlicher Fragestellungen. Für die Praxis sollte als Faustformel gelten, dass – aus deutscher IPR-Perspektive – regelmäßig das Recht herangezogen wird, welches die im konkreten Fall vordringlichen Schutzinteressen am besten befriedigt. Im Ergebnis bedeutet dies, dass bei Auslandsgesellschaften mit Sitz oder Vertretertätigkeit in Deutschland die zur Entscheidung berufenen deutschen Gerichte vornehmlich bemüht sein werden, den Schutz des Drittkontrahenten bzw. ggf. auch einmal den Schutz des deutschen Stellvertreters mittels passgenauer Heranziehung des Vollmachtsstatuts deutsches Stellvertretungsrecht zur Anwendung bringen werden. Umgekehrt müssen sich deutsche Unternehmen mit Auslandstätigkeit darauf einstellen, dass die dortigen Gerichte gleichermaßen handeln. Letztlich kommt die **Praxis** daher nicht umher, Bestand und Umfang der Vertretungsmacht beweiskräftig im Vorhinein zu klären und ggf. eine eindeutige Rechtswahl zu treffen.

3. Sonderanknüpfung bei kaufmännischen Spezialvollmachten?

26 Die Vertretungsbefugnis von Angestellten unterliegt als rechtsgeschäftlicher Bevollmächtigung im Ausgangspunkt dem Vollmachtsstatut, selbst wenn diese eine leitende Funktion haben.[51] Hiervon wird indessen eine wichtige Ausnahme bei den handelsrechtlichen Vollmachten gemacht, aus deutscher Perspektive bei Prokura und Handlungsvollmacht. Die hM knüpft diese Vollmachten an den **Ort des Unternehmenssitzes** an, was bei der – früher – vorherrschenden Sitztheorie auch dem Gesellschaftsstatut entsprach.[52] Für Prokuristen hat der BGH dies ausdrücklich entschieden[53] und hierbei dieselben Anknüpfungsmerkmale wie zur Bestimmung des Gesellschaftsstatuts verwendet.[54] Dieser Gleichlauf mit dem Gesellschaftsstatut rechtfertige sich aus der besonders engen Verbindung der kaufmännischen Bevollmächtigten mit der Rechtsordnung, die für die organschaftliche Vertretung des Unternehmensträgers maßgeblich ist. So sei die kaufmännische Vollmacht idR. auf unternehmensbezogene Geschäfte beschränkt.[55] Ferner seien Prokuristen meist im Rahmen eines längerfristigen Arbeitsverhältnisses tätig, welches den räumlichen Schwerpunkt am Sitz des Unternehmens habe.[56] Hinzu komme, dass die Prokura zB im Rahmen ihrer

---

[48] *Kropholler*, IPR, § 41 I 2 a; *Makarov* FS T. Perassi (1957), Bd. 2, S. 60 f.; Reithmann/Martiny/*Hausmann*, Internationales Vertragsrecht, Rdnr. 5451 m. w. N.
[49] Reithmann/Martiny/*Hausmann*, Internationales Vertragsrecht, Rdnr. 5451 m. w. N.
[50] OLG Saarbrücken IPRspr. 1968/69 Nr. 19 a; LG Karlsruhe RIW 2002, 153; Reithmann/Martiny/*Hausmann*, Internationales Vertragsrecht, Rdnr. 5443.
[51] MüKo BGB/*Spellenberg*, Vorbem zu Art. 11 EGBGB Rdnr. 74 m. w. N.
[52] Vgl. *Kegel/Schurig*, Internationales Privatrecht, § 17 V 2 a, S. 621 m. w. N.; MüKo BGB/*Kindler*, IntGesR Rdnr. 266 m. w. N.; Reithmann/Martiny/*Hausmann*, Internationales Vertragsrecht, Rdnr. 5454 m. w. N.; dagegen *von Bar*, Internationales Privatrecht II Rdnr. 592 (dem Drittkontrahenten könne nicht aufgebürdet werden, sich in der gebotenen Kürze über den Bestand und den Umfang der kaufmännischen Vollmacht Klarheit zu verschaffen); MüKo BGB/*Spellenberg*, Vorbem zu Art. 11 EGBGB Rdnr. 145 ff. (der generell eine selbständige Anknüpfung der Vollmacht ablehnt); abl. auch *Schäfer*, RIW 1996, 189, 192.
[53] BGH NJW 1992, 618.
[54] BGH NJW 1992, 618; zust. Soergel/*Lüderitz*, Anh zu Art. 10 EGBGB Rdnr. 101; Reithmann/Martiny/*Hausmann*, Internationales Vertragsrecht, Rdnr. 5454 m. w. N.
[55] Für das deutsche Recht folgt dies aus § 49 Abs. 1 HGB.
[56] BGH JZ 1963, 167, 168.

Erteilung oder ihrer Ausübung mit der organschaftlichen oder gesetzlichen Vertretung des Unternehmensträgers auch rechtlich mehrfach verflochten sei.[57] Diese Anknüpfung und der damit regelmäßig einhergehende Gleichlauf zwischen organschaftlicher und rechtsgeschäftlicher Vertretungsmacht haben ferner den Vorteil, dass sich die Abgrenzung zwischen Geschäftsführern und anderen leitenden Angestellten erübrigt.[58] Die Interessen Dritter seien insofern ausreichend berücksichtigt, als dass die anwendbare Rechtsordnung sowie der Bestand und Umfang der Vollmacht leicht und zuverlässig z. B. durch Einsichtnahme im Handelsregister zu ermitteln sei.[59] Das Statut von Prokura und Handlungsvollmacht sowie vergleichbarer Vollmachten[60] ist hiernach somit dasjenige am tatsächlichen Sitz des Unternehmens.[61]

Diese Sichtweise vermag nunmehr nur noch eingeschränkt zu überzeugen. Im Ausgangspunkt ist es zutreffend, die handelsrechtlichen Vollmachten bzw. die gesetzlich nicht speziell geregelte Generalvollmacht wie das **Gesellschaftsstatut** anzuknüpfen. Auf der anderen Seite hat sich die Anknüpfung des Gesellschaftsstatuts mittlerweile vielfach vom tatsächlichen Verwaltungssitz emanzipiert **(Gründungstheorie)**. Will man daher dem berechtigten Anliegen Rechnung tragen, diese Vollmachten im Einklang mit der organschaftlichen Vertretungsmacht anzuknüpfen, kommt es nicht mehr in allen Fällen auf den tatsächlichen Ort des Unternehmens bzw. der Zweigniederlassung an, sondern auf das – ggf. nach Gründungstheorie – bestimmte Gesellschaftsstatut.[62] Die Generalvollmacht eines Angestellten der englischen Ltd. mit Verwaltungssitz in Deutschland wird hiernach daher zB abweichend von der bisher hM nicht nach deutschem Sachrecht beurteilt, sondern nach englischem Recht. Angesichts dieser Rechtsentwicklung muss man sich jedoch fragen, ob die Sonderanknüpfung bei handelsrechtlichen Vollmachten überhaupt noch ihre Berechtigung hat. Insgesamt sprechen die besseren Gründe dafür, diese Vollmachten an das Vollmachtsstatut anzuknüpfen und auf den **Gebrauchsort** abzustellen (oben Rdnr. 23).

4. Sonderanknüpfung bei Vertretern mit einer eigenen geschäftlichen Niederlassung?

Eine besondere Anknüpfung der rechtsgeschäftlichen Vollmacht wird von der hM beim Vertreter mit eigener ständiger Niederlassung angenommen, indem das Recht an diesem Ort maßgeblich sei.[63] Dies deckt sich mit der allgemeinen Anknüpfung des Vollmachtsstatuts, sofern der Vertreter auch am **Ort seiner Niederlassung** handelt. Problematisch ist aber, woran anzuknüpfen ist, wenn der Vertreter in einem anderen Land als seiner geschäftlichen Niederlassung tätig geworden ist. In der Literatur wird teilweise gleichwohl eine Anknüpfung an das Recht am Ort der Niederlassung erwogen, wenn der Dritte erkennen

---

[57] Näher hierzu MüKo BGB/*Kindler*, IntGesR Rdnr. 247 m. w. N.
[58] BGH NJW 1992, 618; OLG Frankfurt/M. IPRax 1986, 373, 375.
[59] MüKo BGB/*Kindler*, IntGesR Rdnr. 248 m. w. N.
[60] Für eine Ausdehnung dieses Grundsatzes auch alle unselbständigen Firmenvertreter, die erkennbar dem Unternehmenssitz bzw. der Niederlassung zugeordnet sind u. a. Reithmann/Martiny/*Hausmann*, Internationales Vertragsrecht, Rdnr. 5455 m. w. N.
[61] Zu den Ausnahmen siehe MüKo BGB/*Kindler*, IntGesR Rdnr. 270 ff. (Von einem Einzelkaufmann erteilte Prokura: Recht am Ort der gewerblichen Niederlassung; Unkundige Dritte, die die für das Statut der kaufmännischen Vollmacht maßgeblichen Tatsachen nicht kennen: Gebrauchsortanknüpfung; Filialprokura: Recht des Ortes, auf dessen Betrieb einer Zweigniederlassung sich die Vertretungsmacht des Prokuristen beschränkt).
[62] So auch MüKo BGB/*Kindler*, IntGesR Rdnr. 269, bezogen auf die EU.
[63] RGZ 38, 194, 196; RGZ 51, 147, 149; RG JW 1910, 181; BGHZ 43, 12, 26; BGH NJW 1990, 3038; LG Bielefeld IPRax 1990, 315, 316; OLG Schleswig RIW 1992, 582 f.; OLG Düsseldorf RIW 1993, 761; *Schwarz*, RabelsZ 71 (2008), 147 ff.; *Geimer*, IPRax 1994; 32; Reithmann/Martiny/*Hausmann*, Internationales Vertragsrecht, Rdnr. 5456 m. w. N.; *Kropholler*, IPR, § 41 I 2b; Palandt/*Thorn* Art. 32 Anh zu EGBGB 32 Rdnr. 2; *von Caemmerer*, RabelsZ 24 (1959), 201, 205; Soergel/*Luederitz*, Anh zu Art. 10 EGBGB Rdnr. 101; ebenso zum österreichischen Recht OGH IPRax 1997, 126, 127; *Schwarz*, RabelsZ 71 (2007), 729, 755 ff. m. w. N.

konnte, dass der Vertreter von seiner Niederlassung aus handelte.[64] Richtigerweise ist jedoch auch dies abzulehnen und einheitlich auf das allgemeine Vollmachtsstatut abzustellen, was eine Heranziehung des **Gebrauchsorts** als maßgebliches Anknüpfungskriterium begründet.

IV. Konsequenzen bei der Sitzverlegung

29   Die unterschiedliche Anknüpfung bei der organschaftlichen und rechtsgeschäftlich erteilten Vertretungsmacht führt auch zu einer differenzierten Beurteilung grenzüberschreitender Sitzverlegungen von Gesellschaften.

1. Zuzugsfälle

30   Verlegt eine ausländische Gesellschaft ihren Verwaltungssitz – im Einklang mit dem Heimatrecht sowie dem Recht des Aufnahmelandes zulässigerweise (dazu sogleich) – nach Deutschland, behält sie ihre rechtliche Identität und Organisationsstruktur. Eine englische Ltd. ist daher zB im Hinblick auf die Organisationsverfassung und Direktoren durchgängig nach englischem Gesellschaftsrecht zu behandeln, selbst wenn sie ihren Verwaltungssitz nach Deutschland verlegt.[65] Einer besonderen oder gar förmlichen Anerkennung in Deutschland bedarf es hierfür nicht.[66] Diese – den Wettbewerb der Rechtsformen begünstigende – Respektierung einer ausländischen Gesellschaft mit Verwaltungssitz in Deutschland im Hinblick auf ihre innere Organisation unterliegt jedoch zwei nach wie vor ernst zu nehmenden Voraussetzungen: Erforderlich sind hierfür kumulativ die sach- und kollisionsrechtliche Zulässigkeit der identitätswahrenden Sitzverlegung nach dem Recht des Aufnahme- und des Wegzugsstaates.

31   **a) Anerkennung gemäß deutschem Recht.** Im Hinblick auf die Anerkennung ausländischer Gesellschaften mit Verwaltungssitz besteht in Deutschland derzeit eine unbefriedigende gespaltene Lösung:

32   **aa) Zuzug innerhalb der EU.** Die identitätswahrende Sitzverlegung nach Deutschland innerhalb der EU sowie aus Staaten des EWR ist aus deutscher Perspektive mittlerweile ohne weiteres zulässig, mithin eine Auslandsgesellschaft als solche anzuerkennen.[67] Die europäischen Vorgaben zur Niederlassungsfreiheit bewirken somit insofern die Geltung der Gründungstheorie (vgl. Art. 4 Abs. 1 S. 2 EGBGB: Rückverweisung auf das Recht des Gründungsstaates).

33   **bb) Zuzug aus Drittstaaten.** Der Zuzug einer Gesellschaft aus Drittstaaten ist demgegenüber nach wie vor nach dem autonomen, nicht europarechtlich vorgeprägten, deutschen Kollisionsrecht zu beurteilen. Dies betrifft insbesondere Gesellschaften aus der Schweiz,[68] von den englischen Kanalinseln (Guernsey und Jersey) sowie der Isle of Man.[69] Hier hält die überwiegende Meinung nach wie vor die Sitztheorie für gewohnheitsrechtlich anwendbar.[70] Dies hat zur Konsequenz, dass sich das Gesellschaftsstatut des betreffenden Personenverbands infolge der Sitzverlegung nach deutschem Recht beurteilt. Es kommt somit zu einem **Statutenwechsel**.[71] Das gemäß deutschem IPR hiernach auf die Gesellschaft anzuwendende deutsche Sachrecht ergibt sich aus einem Vergleich der auslän-

---

[64] MüKo BGB/*Spellenberg*, Vor Art. 11 EGBGB Rdnr. 116 m.w.N.; Reithmann/Martiny/*Hausmann*, Internationales Vertragsrecht, Rdnr. 5459 m.w.N.
[65] Einzelheiten bei Henssler/Strohn/*Servatius* IntGesR Rdnr. 40 ff.
[66] MüKo BGB/*Kindler*, IntGesR Rdnr. 316 ff.
[67] Henssler/Strohn/*Servatius* IntGesR Rdnr. 14 ff.
[68] BGH NJW 2009, 289, 290 – Trabrennbahn; hierzu *Goette*, DStR 2009, 63; *Jung*, NZG 2008, 681, 682 f.
[69] Vgl. KG NZG 2005, 758, 759; OLG Hamburg ZIP 2007, 1108; BGH BB 2002, 2031; 45, 145 f); zu Singapur BGH ZIP 2009, 2385 – Trabrennbahn.
[70] BGH NJW 2009, 289 – Trabrennbahn; abw., auf die Möglichkeit spezifischer Sonderanknüpfungen im Rahmen der Gründungstheorie hinweisend, Großkomm GmbHG/*Behrens*, Einl Rdnr. B 44 ff.; abw. auch OLG Hamm AG 2007, 332, aufgehoben durch BGH aaO.
[71] BGH NJW 2003, 1607, 1608.

dischen Gesellschaft (gemäß Heimatrecht) mit den Typen des deutschen Gesellschaftsrechts (Substitution).[72] Da die Gründungsvorschriften für deutsche Kapitalgesellschaften meist nicht beachtet sind, kommen als Rechtsform allein die **GbR** und die **OHG** in Betracht;[73] ausländische Ein-Personen-Gesellschaften werden nach deutschem Sachrecht als Einzelperson behandelt.[74]

Die Folgen sind drastisch: Die ausländische Gesellschaft aus einem Drittstaat ist zwar aktiv und passiv parteifähig,[75] die Gesellschafter trifft nunmehr jedoch die unbeschränkte Haftung gemäß § 128 HGB. Darüber hinaus ist anerkannt, dass die Geschäftsleiter der Handelndenhaftung gemäß § 11 Abs. 2 GmbHG unterliegen.[76] Dieser Statutenwechsel betrifft auch die innere Organisationsstruktur und damit die **organschaftliche Vertretungsmacht**. Die entsprechenden Vorgaben des ausländischen Kapitalgesellschaftsrechts sind hiernach auf die (zulässigen!) Vorgaben im Recht der Personengesellschaften zu übertragen, was konstruktiv große Schwierigkeiten bereitet und im Einzelnen noch ungeklärt ist, insbesondere im Bereich der Fremdorganschaft.[77] Es kann daher nur mit Nachdruck darauf hingewiesen werden, dass der geschäftliche Kontakt mit Auslandsgesellschaften aus Drittstaaten, die ihren Verwaltungssitz nach Deutschland verlegt haben, erhebliche **Rechtsunsicherheit** mit sich bringt. Um diese zu vermeiden, besteht jedoch die Möglichkeit, die Auslandsgesellschaft in eine deutsche Gesellschaft umzuwandeln (Formwechsel §§ 190 ff. UmwG).[78]

cc) **Besonderheiten bei Gesellschaften aus den USA.** Art. XXV Abs. 5 S. 2 des Handels-, Schifffahrts- und Freundschaftsvertrags vom 29. 10. 1954[79] sieht vor, dass Gesellschaften, die gemäß den Gesetzen und sonstigen Vorschriften des einen Vertragsteils in dessen Gebiet errichtet sind, als Gesellschaften dieses Vertragsteils gelten; ihr rechtlicher Status ist in dem Gebiet des anderen Vertragsteils anzuerkennen. Diese staatsvertragliche Kollisionsnorm geht gemäß Art. 3 Abs. 2 S. 1 EGBGB dem autonomen deutschen IPR vor und bewirkt im Verhältnis zwischen Deutschland und den USA die Geltung der Gründungstheorie.[80] Die innere Organisationsstruktur einer US-amerikanischen *close* oder *public corporation* bleibt daher auch bei der Verlegung des Verwaltungssitzes nach Deutschland erhalten.

b) **Grenzüberschreitende Mobilität gemäß Heimatrecht.** Von der soeben erwähnten kollisions- und sachrechtlichen Behandlung in Deutschland abzugrenzen ist auch in den Zuzugsfällen die Frage, ob das Heimatrecht der betreffenden Gesellschaft den identitätswahrenden Wegzug nach dessen Sach- und Kollisionsrecht überhaupt gestattet. Dies ist letztlich ebenfalls ein Aspekt des Gesellschaftsstatuts und daher auch im Zuzugsstaat (vorrangig) zu prüfen (§ 293 ZPO). Konkret bedeutet dies, dass die Anerkennung einer Auslandsgesellschaft als solche mit Verwaltungssitz in Deutschland nur in Betracht kommt, wenn der Wegzugsstaat der **Gründungstheorie** folgt und sich auch aus dessen relevantem materiellen Gesellschaftsrecht keine Hindernisse für den Wegzug ergeben. Diese, aus dem Heimatrecht folgende Einschränkung der Mobilität von Gesellschaften ist auch innerhalb der EU beachtlich.[81]

---

[72] OLG Hamburg ZIP 2007, 1108; *Eidenmüller/Rehm*, ZGR 1997, 89, 90 f.
[73] BGH NJW 2009, 289, 291.
[74] OLG Hamburg ZIP 2007, 1108.
[75] BGH NJW 2002, 3539, 3539 f.
[76] BGH ZIP 2009, 2385; Palandt/*Thorn* Anh zu EGBGB 12 Rdnr. 20.
[77] Vgl. *Hellgardt/Illmer*, NZG 2009, 94 ff.; *Gottschalk*, ZIP 2009, 948, 950 f.
[78] Die persönliche Haftung für Altverbindlichkeiten bleibt hierbei jedoch bestehen, vgl. *Leible/Hoffmann*, BB 2009, 58 ff.
[79] BGBl. 1956 II, S. 487, 763; vgl. hierzu BGH NJW 2003, 1607 ff.; *Bungert*, DB 2003, 1043; *Göthel*, RIW 2006, 41.
[80] BGH NJW 2003, 1607 ff.; BGH NJW-RR 2004, 1618; BGH NZG 2005, 44; BGH NZG 2004, 863; MüKo BGB/*Kindler*, IntGesR, Rdnr. 328; abw. aber Staudinger/*Großfeld* IntGesR Rdnr. 210.
[81] EuGH NJW 1989, 2186 – Daily Mail; EuGH NJW 2009, 569 – Cartesio.

37 aa) Staaten, die im Hinblick auf den Wegzug ihrer Gesellschaften der **Gründungstheorie** folgen, sind innerhalb der EU und des übrigen EWR:[82] Bulgarien,[83] England,[84] Italien,[85] Liechtenstein,[86] Niederlande,[87] Rumänien,[88] Tschechische Republik,[89] Ungarn. Darüber hinaus gilt die Gründungstheorie in China,[90] Hongkong, Japan,[91] Kanada,[92] Mexiko, Russland,[93] der Schweiz,[94] Tunesien, der Ukraine, den USA[95] und Venezuela.[96] Verlegt daher eine Gesellschaft aus diesen Staaten ihren Verwaltungssitz nach Deutschland, ist sie hier als solche auch im Hinblick auf ihre Organisationsstruktur anzuerkennen.

38 bb) Staaten, die im Hinblick auf den Wegzug ihrer Gesellschaften der **Sitztheorie** folgen, sind innerhalb der EU und des übrigen EWR:[97] Belgien, Dänemark,[98] Frankreich,[99] Griechenland, Luxemburg,[100] Österreich,[101] Polen,[102] Portugal,[103] Slowenien[104] und Spanien.[105] Außerhalb des EU/EWR-Bereiches folgen der Sitztheorie zB Argentinien, Australien,[106] Iran,[107] Südkorea und die Türkei. Verlegen daher Gesellschaften aus diesen Staaten ihren Verwaltungssitz nach Deutschland, kommt eine identitätswahrende Anerkennung nicht in Betracht. Sie werden hier vielmehr als GbR, OHG oder Einzelkaufmann behandelt.

39 c) **Rechtsgeschäftliche Vollmacht.** Indem die rechtsgeschäftlich erteilten Vollmachten nicht an das Gesellschaftsstatut angeknüpft werden, betrifft die vorstehend skizzierte kollisionsrechtliche Behandlung der Sitzverlegung diesen Aspekt kaum. Unabhängig davon, ob die ihren Sitz nach Deutschland verlegende Auslandsgesellschaft ihre rechtliche Identität wahrt oder es zu einem Statutenwechsel kommt, bleibt es bei der nach hM maßgeblichen Anknüpfung an das Vollmachtsstatut (oben Rdnr. 18 ff.).

2. Wegzugsfälle

40 Verlegt eine deutsche Gesellschaft ihren Verwaltungssitz ins Ausland, sind wiederum auch im Bereich innergesellschaftlicher Angelegenheiten die kollisions- und sachrechtlichen Vorgaben im Recht des Wegzugsstaats und des Zuzugsstaats zu unterscheiden.

---

[82] Überblick aus MüKo BGB/*Kindler*, IntGesR Rdnr. 510.
[83] *Zidarova*, RabelsZ 71 (2007), 398, 417 ff.
[84] Bank of Ethiopia v. National Bank of Egypt (1937) Ch. 513; *Hoffmann*, ZVglRWiss. 101 (2002), 283, 287 ff.
[85] *Kindler*, RabelsZ 61 (1997), 227, 281 ff.
[86] *Appel*, RabelsZ 61 (1997), 510, 532 ff.; *Kohler*, IPRax 1997, 309, 310 f.
[87] *Kramer*, IPRax 2007, 54, 57; *Hoffmann*, ZVglRWiss. 101 (2002), 283, 301 ff.
[88] *Capatina*, RabelsZ 58 (1994), 467, 489 ff.; *Aden*, RIW 2008, 700, 703.
[89] *Pauknerová*, IPRax 2007, 162 ff.
[90] *Süss*, RIW 1989, 788, 789 f.
[91] *Nishitani*, IPRax 2007, 552, 557; *Kaiser* RIW 2009, 257, 258.
[92] *Glenn*, RabelsZ 60 (1996), 231, 238.
[93] *Sadikov*, RabelsZ 67 (2003), 318, 330; *Mayer/Breig*, ZEuP 2006, 829, 839 f.
[94] *Hoffmann*, ZVglRWiss. 101 (2002), 283, 303 ff.
[95] *Göthel*, RIW 2006, 41 ff.
[96] *Hernández/Bretón*, IPRax 1999, 194, 195; *de Maekelt*, RabelsZ 64 (2000), 299, 326 f.
[97] Überblick aus MüKo BGB/*Kindler*, IntGesR Rdnr. 511.
[98] *Hoffmann*, ZVglRWiss. 101 (2002), 283, 306 f.
[99] *Kieninger*, RabelsZ 73 (2009), 607, 611 f.
[100] Hirte/Bücker/*Putz* § 8 Rdnr. 32, § 9 Rdnr. 14.
[101] *Lurger*, IPRax 2001, 346.
[102] *Jara/Schlichte*, RIW 2006, 106 ff.
[103] *Stieb*, GmbHR 2004, 494.
[104] Überblick aus MüKo BGB/*Kindler*, IntGesR Rdnr. 511; abw. *Rudolf*, IPRax 2003, 158, 160 (Gründungstheorie).
[105] *Sandrock*, RIW 2006, 658 ff.
[106] *Nygh*, RabelsZ 58 (1994), 727, 741.
[107] *Khatib/Shahidi/Engelhardt*, WiB 1997, 1232.

a) **Grenzüberschreitende Mobilität gemäß deutschem Heimatrecht.** Da der 41 EuGH infolge der Rechtsprechung *Daily Mail* und *Cartesio* nicht fordert, dass die Mitgliedsstaaten den identitätswahrenden Wegzug von Gesellschaften gemäß Heimatrecht gestatten müssen, erfolgt die sach- und kollisionsrechtliche Behandlung dieser Fälle aus deutscher Perspektive in Bezug auf die EU und Drittstaaten einheitlich nach dem autonomen Recht.[108] Ob eine deutsche Gesellschaft ihren Verwaltungssitz identitätswahrend ins Ausland verlegen kann und damit ihre Organisationsstruktur beibehält, ist aus der Perspektive des deutschen Rechts sowohl kollisions- als auch sachrechtlich problematisch. Vielfach werden diese Aspekte jedoch zusammen behandelt, vor allem deshalb, weil die gegenwärtige Rechtslage seit Inkrafttreten des MoMiG nicht eindeutig hergibt, ob der Gesetzgeber sach- oder kollisionsrechtliche Regeln erlassen wollte. Insofern sind auch GmbH und AG von den anderen Gesellschaftsformen zu unterscheiden.

aa) **GmbH und AG.** Infolge der Streichung des Gebots der Sitzanknüpfung an das Inland gemäß § 5 Abs. 2 AktG a. F. bzw. § 4a Abs. 2 GmbHG a. F. durch das MoMiG kann 42 eine im deutschen Handelsregister eingetragene GmbH oder AG nunmehr ihren **Verwaltungssitz im Ausland** haben (str.).[109] Bei der Begründung dieses Ergebnisses ist jedoch nach wie vor sehr umstritten, ob die Neuregelung nur eine sachrechtliche Bedeutung hat oder ihr auch ein kollisionsrechtlicher Gehalt zukommt. Der BGH hat hierzu nicht Stellung bezogen.[110] Richtigerweise betrifft die Aufgabe des Gebots einer inländischen Sitzanknüpfung durch das MoMiG jedoch sowohl das materielle Gesellschaftsrecht wie das Kollisionsrecht (str.).[111] Für die Praxis bedeutet diese kontroverse Diskussion jedoch gleichwohl eine erhebliche **Rechtsunsicherheit**. Es ist daher an den Gesetzgeber zu appellieren, endlich Klarheit über die identitätswahrende Sitzverlegung deutscher Gesellschaften zu schaffen, damit diese sich auch als „Exportschlager" erweisen können. Als mögliche **Reformen** bieten sich zum einen nationale Alleingänge an, wie zB der nicht weiter verfolge Referentenentwurf des BMJ aus dem Jahr 2009.[112] Hiernach würde ein neu eingeführter Art. 10 EGBGB das Gesellschaftsstatut an den Registrierungsort, hilfsweise an das Recht des Staates, nach dem die Gesellschaft organisiert ist, anknüpfen und damit in Deutschland die Gründungstheorie für maßgeblich erachten. Überzeugender wäre indessen eine einheitliche europäische Lösung. Der Entwurf für eine Sitzverlegungsrichtlinie vom 20. 4. 1997[113] ist jedoch durch die Rechtsprechung des EuGH überholt. Neue Ansätze zur Harmonisierung des europäischen Kollisionsrechts für Gesellschaften sind derzeit nicht zu erwarten.

bb) **Personenhandelsgesellschaften.** Auch bei Personenhandelsgesellschaften sind 43 sach- und kollisionsrechtlich Ort der Registrierung und Verwaltungssitz zu unterscheiden. Die Notwendigkeit gemäß § 106 HGB, bei der Eintragung in das Handelsregister einen

---

[108] Zum Ganzen § 52.
[109] *Hoffmann*, ZIP 2007, 1581, 1582; *Hirte*, NZG 2008, 761, 766; Baumbach/Hueck/*Fastrich* § 4a Rdnr. 9; Lutter/Hommelhoff/*Bayer* GmbHG § 4a Rdnr. 15; BeckOK GmbHG/*Langer*, IntGesR Rdnr. 83 ff.; nach früherem Recht kam es zwangsweise zur Auflösung und Liquidation der deutschen Gesellschaft, so dass auch im Zuzugsstaat keine umfassende Anerkennung möglich ist (vgl. BGH GmbHR 2008, 990; OLG München NZG 2007, 915; GroßKomm GmbHG/*Behrens* Einl. B Rdnr. 118.
[110] BGH NJW 2009, 289, 291 – Trabrennbahn; zur Rechtfertigung dieser „richterlichen Zurückhaltung" *Goette*, DStR 2009, 63; abw. *Kindler*, IPRax 2009, 189, 198.
[111] So auch *Hoffmann*, ZIP 2007, 1581; *Fingherhut/Rumpf*, IPRax 2008, 90, 92; *Mülsch/Nohlen*, ZIP 2008, 1358, 1360; aA aber *Peters*, GmbHR 2008, 245, 249; *Franz/Laeger*, BB 2008, 678, 681 f.; *Preuß*, GmbHR 2007, 57, 62; *Kindler*, IPRax 2009, 189, 193 ff.
[112] Referentenentwurf für ein Gesetz zum Internationalen Privatrecht der Gesellschaften, Vereine und juristischen Personen, abrufbar unter http://www.bmj.bund.de/files//2751/RefE%20Gesetz%20zum%20Internationalen%20Privatrecht%20der%20Gesellschaften,%20Vereine%20und%20juristischen%20Personen.pdf; siehe dazu *Wagner/Timm*, IPRax 2008, 81.
[113] Abgedruckt in ZIP 1997, 1721.

Sitz anzugeben, bezieht sich nach hM jedoch auf den Verwaltungssitz.[114] Hiernach könnte ein ausländischer Sitz nicht eingetragen werden mit der Folge, dass der **identitätswahrende Wegzug** einer deutschen Personenhandelsgesellschaft wie bei den Kapitalgesellschaften vor Inkrafttreten des MoMiG nicht möglich ist, mithin bei der Sitzverlegung eine Zwangsauflösung herbeigeführt wird. Diese Sichtweise überzeugt indessen mittlerweile nicht mehr, denn auch § 106 HGB verlangt keinen inländischen Sitz. Insofern ist vielmehr davon auszugehen, dass auch bei den Personenhandelsgesellschaften sach- und kollisionsrechtlich der Wegzug ins Ausland gestattet ist.[115] Für die Praxis bedeutet diese nach wie vor kontrovers geführte Diskussion jedoch eine erhebliche Rechtsunsicherheit, so dass auch insoweit rasch Klärung durch den Gesetzgeber zu fordern ist.

44 **b) Anerkennung im Zuzugsstaat.** Wiederum gilt, dass die grenzüberschreitende Mobilität von Gesellschaften nur dann gewährleistet ist, wenn auch das Kollisions- und Sachrecht des Aufnahmestaates die Verlegung des Verwaltungssitzes billigt, mithin eine Art. 4 Abs. 1 S. 2 EGBGB entsprechende Rückverweisung ins deutsche Recht vorsieht.[116] Folgt der Zuzugsstaat der Gründungstheorie, so bleibt es bei der Anwendbarkeit des deutschen Sachrechts hinsichtlich der Geschäftsführung. Folgt der Zuzugsstaat hingegen der Sitztheorie, kommt es zu einem Statutenwechsel zugunsten der Anwendbarkeit des für die vergleichbaren Gesellschaften maßgeblichen Rechts des Zuzugsstaates (Substitution), was eine Respektierung der nach Heimatrecht gewählten organschaftlichen Vertretungsregeln regelmäßig ausschließt. **Innerhalb der EU** bzw. der EWR-Staaten ist jedoch zu bedenken, dass die Rechtsprechung des EuGH in Sachen *Überseering*[117] und *Inspire Art*[118] die Staaten mittlerweile zur identitätswahrenden Anerkennung von Auslandsgesellschaften verpflichtet.[119] Eine deutsche GmbH oder AG, die ihren Verwaltungssitz in einen anderen Mitgliedstaat verlegt, bleibt daher auch im Hinblick auf die Binnenorganisation als solche bestehen (zur Rechtsunsicherheit aus der Wegzugsperspektive aber oben Rdnr. 42). Das Gleiche gilt im Verhältnis zu den **USA** (oben Rdnr. 35).

45 Folgende **Drittstaaten** folgen bzgl. des Zuzugs ausländischer Gesellschaften der Sitztheorie: Argentinien, Australien,[120] Iran,[121] Südkorea und die Türkei. Insofern würde also auch ein nach deutschem Sach- und Kollisionsrecht zulässiger identitätswahrender Wegzug nicht die gewünschte Mobilität der Gesellschaft herbeiführen. Folgende Drittstaaten folgen bzgl. des Zuzugs ausländischer Gesellschaften der Gründungstheorie: China,[122] Hongkong, Japan,[123] Kanada,[124] Mexiko, Russland,[125] Schweiz,[126] Tunesien, Ukraine, USA[127] und Venezuela.[128] Hier wäre somit der identitätswahrende Wegzug möglich, wenn sich die mittlerweile überwiegende Meinung aus deutscher Sicht durchsetzen würde.

46 **c) Rechtsgeschäftliche Vollmacht.** Indem die rechtsgeschäftlich erteilten Vollmachten nicht an das Gesellschaftsstatut angeknüpft werden, betrifft die vorstehend skizzierte kollisionsrechtliche Behandlung der Sitzverlegung diesen Aspekt kaum. Unabhängig davon,

---

[114] BGH WM 1957, 999, 1000; MüKo HGB/*Langhein* § 106 Rdnr. 26.
[115] So auch *Koch*, ZHR 173 (2009), 101.
[116] *Teichmann*, ZIP 2009, 393, 401.
[117] EuGH NJW 2002, 3614 ff.
[118] EuGH NJW 2003, 3333.
[119] Einzelheiten bei § 52.
[120] *Nygh*, RabelsZ 58 (1994), 727, 741.
[121] *Khatib/Shahidi/Engelhardt*, WiB 1997, 1232.
[122] *Süss*, RIW 1989, 788, 789 f.
[123] *Nishitani*, IPRax 2007, 552, 557; *Kaiser*, RIW 2009, 257, 258.
[124] *Glenn*, RabelsZ 60 (1996), 231, 238.
[125] *Sadikov*, RabelsZ 67 (2003), 318, 330; *Mayer/Breig*, ZEuP 2006, 829, 839 f.
[126] *Hoffmann*, ZVglRWiss. 101 (2002), 283, 303 ff.
[127] *Göthel*, RIW 2006, 41 ff.
[128] *Hernández/Bretón*, IPRax 1999, 194, 195; *de Maekelt*, RabelsZ 64 (2000), 299, 326 f.

ob die ihren Sitz nach Deutschland verlegende Auslandsgesellschaft ihre rechtliche Identität wahrt oder es zu einem Statutenwechsel kommt, bleibt es bei der nach hM maßgeblichen Anknüpfung an das **Vollmachtsstatut** (oben Rdnr. 20 ff.). Ob das im Ausland zur Entscheidung berufene Gericht diese kollisionsrechtliche Frage ebenso beantwortet, kann freilich nicht sicher vorhergesagt werden. Der Praxis bleibt allein, diese **Rechtsunsicherheit** durch umfangreiche Nachforschungen im Vorfeld des Vertragsschlusses sowie ggf. durch eine eindeutige Rechtswahl über das Vollmachtsstatut abzumildern.

3. Besonderheiten auf Grund internationaler Verträge

Das deutsche IPR steht gemäß Art. 3 Nr. 2 EGBGB unter dem Vorbehalt vorrangiger völkerrechtlicher Vereinbarungen. Im Bereich des internationalen Gesellschaftsrechts gibt es hierzu eine Vielzahl bilateraler Staatsverträge.[129] 47

a) Auf Grund spezieller Kapitalschutzabkommen gilt die **Gründungstheorie** (teilweise zumindest halbseitig, dh. für den Zuzug ausländischer Gesellschaften nach Deutschland) für folgende Staaten: Bolivien (Art. 1 Abs. 4 Kapitalschutzabkommen vom 23. 3. 1987, BGBl. 1988 II S. 254); Brunei Darussalam (Art. 1 Abs. 5 Kapitalschutzabkommen vom 30. 3. 1998, BT-Drucks. 15/1057); China: Anerkennung chinesischer Gesellschaften, die von der chinesischen Regierung anerkannt, registriert und zur wirtschaftlichen Zusammenarbeit mit dem Ausland berechtigt sind (Kapitalschutzabkommen vom 1. 12. 2003, BGBl. 2005 II S. 732, BT-Drucks. 15/4983 S. 5362; BGBl. 2006 II S. 119); Dominica (Art. 1 Abs. 4 Kapitalschutzabkommen vom 1. 10. 1984, BGBl. 1985 II S. 1170); Gabun (Art. 1 Abs. 4 Kapitalschutzabkommen vom 15. 9. 1998, BGBl. 2001 II S. 478); Ghana (Art. 1 Nr. 4 Kapitalschutzabkommen vom 24. 2. 1995, BGBl. 1997 II S. 2055); Guyana (Art. 1 Abs. 4 Kapitalschutzabkommen vom 6. 12. 1989, BGBl. 1993 II S. 938); Honduras (Art. 1 Nr. 4 Kapitalschutzabkommen vom 21. 3. 1995, BGBl. 1997 II S. 2064); Hongkong (Art. 1 Abs. 4 Kapitalschutzabkommen vom 31. 1. 1996, BGBl. 1997 II S. 1848); Indien (Art. 1 a) Kapitalschutzabkommen vom 10. 7. 1995, BGBl. 1998 II S. 619); Indonesien (Art. 1 Abs. 4 Kapitalschutzabkommen vom 8. 11. 1968, BGBl. 1970 II S. 492); Jamaika (Art. 1 Nr. 4 Kapitalschutzabkommen vom 24. 9. 1992, BGBl. 1996 II S. 58); Jemen (Art. 1 Abs. 3 Kapitalschutzabkommen vom 2. 3. 2005, BGBl. 2007 II S. 87); Kambodscha (Art. 1 Nr. 4 Kapitalschutzabkommen vom 15. 2. 1999, BGBl. 2001 II S. 487); Kamerun (Art. 8 Abs. 4 Kapitalschutzabkommen vom 29. 6. 1962, BGBl. 1963 II S. 991); Katar (Art. 1 Nr. 3 Kapitalschutzabkommen vom 14. 6. 1996, BGBl. 1998 II S. 628); Demokratische Republik Kongo (Art. 8 Abs. 4 Kapitalschutzabkommen vom 18. 3. 1969, BGBl. 1970 II S. 509); Republik Korea (Art. 8 Abs. 4 Kapitalschutzabkommen vom 4. 2. 1964, BGBl. 1966 II S. 841); Kuba (Art. 1 Nr. 4 Kapitalschutzabkommen vom 30. 4. 1996, BGBl. 1998 II S. 746); Kuwait (Art. 1 Nr. 3 Kapitalschutzabkommen vom 30. 3. 1994, BGBl. 1997 II S. 166); Lesotho (Art. 1 Abs. 4 Kapitalschutzabkommen vom 11. 11. 1982, BGBl. 1985 II S. 14); Liberia (Art. 8 Abs. 4 Kapitalschutzabkommen vom 12. 12. 1961, BGBl. 1967 II S. 537); Malaysia (Art. 1 Abs. 4 Kapitalschutzabkommen vom 22. 12. 1960, BGBl. 1962 II S. 1064); Mali (Art. 1 Nr. 4 Kapitalschutzabkommen vom 28. 6. 1977, BGBl. 1979 II S. 77); Mauritius (Art. 8 Abs. 4 Kapitalschutzabkommen vom 25. 5. 1971, BGBl. 1973 II S. 615); Nepal (Art. 1 Nr. 4 Kapitalschutzabkommen vom 20. 10. 1986, BGBl. 1988 II S. 262); Oman (Art. 1 Nr. 4 Kapitalschutzabkommen vom 25. 6. 1979, BGBl. 1985 II S. 354); Pakistan (Art. 8 Abs. 4 Kapitalschutzabkommen vom 25. 11. 1959, BGBl. 1961 II S. 793); Papua-Neuguinea (Art. 1 Nr. 4 Kapitalschutzabkommen vom 12. 11. 1980, BGBl. 1982 II S. 389); Senegal (Art. 8 Abs. 4 Kapitalschutzabkommen vom 24. 1. 1964, BGBl. 1965 II S. 1391); Serbien und Montenegro (Art. 1 Abs. 3 Kapitalschutzabkommen vom 10. 7. 1989 mit dem ehemaligen Jugoslawien, BGBl. 1997 II S. 961, 962); Singapur (Art. 1 Abs. 4 Kapitalschutzabkommen vom 3. 10. 1973, BGBl. 1975 II S. 49); Somalia (Art. 1 Abs. 4 Kapitalschutzabkommen vom 27. 11. 1981, BGBl. 48

---

[129] Zum Ganzen ausführlich Eidenmüller/*Rehm* § 2 Rdnr. 6 ff.

1984 II S. 778); Sri Lanka (Art. 1 Abs. 4 lit. b) des Kapitalschutzabkommens vom 7. 2. 2000, BGBl. 2002 II S. 296); St. Lucia (Art. 1 Nr. 4 Kapitalschutzabkommen vom 16. 3. 1985, BGBl. 1987 II S. 13); St. Vincent und Grenadinen (Art. 1 Nr. 4 Kapitalschutzabkommen vom 25. 3. 1986, BGBl. 1987 II S. 774); Sudan (Art. 8 Abs. 4 Kapitalschutzabkommen vom 7. 2. 1963, BGBl. 1966 II S. 889); Swasiland (Art. 1 Nr. 4 Kapitalschutzabkommen vom 5. 4. 1990, BGBl. 1993 II S. 956); Tansania (Art. 8 Abs. 4 Kapitalschutzabkommen vom 30. 1. 1965, BGBl. 1966 II S. 873); Tschad (Art. 8 Abs. 4 Kapitalschutzabkommen vom 11. 4. 1967, BGBl. 1968 II S. 221); Türkei (vgl. zB Art. 5 des Niederlassungsabkommens mit der Türkischen Republik vom 12. 1. 1927, RGBl. II S. 76; vgl. zur Sitzanknüpfung jedoch Art. 8 Abs. 4 Kapitalschutzabkommen vom 20. 5. 1962, BGBl. 1965 II S. 1193); USA (Art. XXV Abs. 5 S. 2 Freundschafts-, Handels- und Schifffahrtsvertrag vom 29. 10. 1954; hierzu BGH 29. 1. 2003, NJW 2003, 1607, 1608; BGH 5. 7. 2004, NJW-RR 2004, 1618).

49 **b) Die Sitztheorie** ist staatsvertraglich bei folgenden Ländern maßgeblich: Ägypten (Art. 8 Abs. 4 Kapitalschutzabkommen vom 5. 7. 1974, BGBl. 1977 II S. 1145); Algerien (Art. 1 Abs. 1 Kapitalschutzabkommen vom 11. 3. 1996, BGBl. 2002 II S. 286); Argentinien (Art. 1 Nr. 4 Kapitalschutzabkommen vom 9. 4. 1991, BGBl. 1993 II S. 1244); Armenien (Art. 1 Nr. 4 Kapitalschutzabkommen vom 21. 12. 1995, BGBl. 2000 II S. 46); Aserbaidschan (Art. 1 Nr. 4 Kapitalschutzabkommen vom 22. 12. 1995, BGBl. 1998 II S. 567); Bangladesch (Art. 8 Abs. 4 Kapitalschutzabkommen vom 6. 5. 1981, BGBl. 1984 II S. 838); Barbados (Art. 1 Abs. 4 Kapitalschutzabkommen vom 2.1. 2. 1994, BGBl. 1997 II S. 2047); Belarus (Art. 1 Nr. 3 Kapitalschutzabkommen vom 2. 4. 1993, BGBl. 1996 II S. 85); Benin (Art. 8 Abs. 4 Kapitalschutzabkommen vom 29. 6. 1978, BGBl. 1985 II S. 2); Bosnien Herzegowina (Vertrag vom 18. 10. 2001, BGBl. 2004 II S. 314; BT-Drucks. 15/1847 S. 2091); Botswana (Art. 1 Nr. 4 Kapitalschutzabkommen vom 23. 5. 2000, BGBl. 2002 II S. 278); Bulgarien (Art. 1 Nr. 3 Kapitalschutzabkommen vom 12. 4. 1986, BGBl. 1987 II S. 742); Burundi (Art. 1 Nr. 4 Kapitalschutzabkommen vom 10. 9. 1984, BGBl. 1985 II S. 1162); Chile (Art. 1 Nr. 4 Kapitalschutzabkommen vom 21. 10. 1991, BGBl. 1998 II S. 1427); Costa Rica (Art. 1 Nr. 4 Kapitalschutzabkommen vom 13. 9. 1994, BGBl. 1997 II S. 1830); Dominikanische Republik (Art. 11 des Protokolls zum Freundschafts-, Handels- und Schifffahrtsvertrag vom 23. 12. 1959, BGBl. II S. 1468); Ecuador (Art. 1 Nr. 4 Kapitalschutzabkommen vom 21. 3. 1996, BGBl. 1998 II S. 610); Elfenbeinküste (Art. 1 Abs. 4 Kapitalschutzabkommen vom 27. 10. 1966, BGBl. 1968 II S. 61); El Salvador (Art. 1 Nr. 3 Kapitalschutzabkommen vom 11. 12. 1997, BGBl. 2000 II S. 673); Georgien (Art. 1 Nr. 4 Kapitalschutzabkommen vom 25. 6. 1993, BGBl. 1998 II S. 576); Guinea (Art. 8 Abs. 4 Kapitalschutzabkommen vom 19. 4. 1962, BGBl. 1964 II S. 145); Haiti (Art. 8 Abs. 4 Kapitalschutzabkommen vom 14. 8. 1973, BGBl. 1975 II S. 101); Iran (Art. 1 Abs. 2 lit. b) des Kapitalschutzabkommens vom 17. 8. 2002, BGBl. II S. 55); Japan (Art. XIII Handels- und Schifffahrtsvertrag zwischen dem Deutschen Reich und Japan vom 20. 7. 1927, RGBl. II S. 1087); Jordanien (Art. 8 Abs. 4 Kapitalschutzabkommen vom 15. 7. 1974, BGBl. 1975 II S. 1254); Kap Verde (Art. 1 Nr. 4 Kapitalschutzabkommen vom 18. 1. 1990, BGBl. 1993 II S. 947); Kasachstan (Art. 1 Nr. 4 Kapitalschutzabkommen vom 22. 9. 1992, BGBl. 1994 II S. 3730); Kenia (Art. 1 Nr. 4 Kapitalschutzabkommen vom 3. 5. 1996, BGBl. 1998 II S. 585); Republik Kongo (Art. 8 Abs. 4 Kapitalschutzabkommen vom 13. 9. 1965, BGBl. 1967 II S. 1733); Kroatien (Art. 1 Nr. 4 Kapitalschutzabkommen vom 21. 3. 1997, BGBl. 2000 II S. 653); Laos (Art. 1 Nr. 4 Kapitalschutzabkommen vom 9. 8. 1996, BGBl. 1998 II S. 1466); Libanon (Art. 1 Nr. 1 B) Kapitalschutzabkommen vom 18. 3. 1997, BGBl. 1998 II S. 1439); Madagaskar (Art. 8 Abs. 4 Kapitalschutzabkommen vom 15. 4. 1962, BGBl. 1965 II S. 369); Marokko (Art. 8 Abs. 4 Kapitalschutzabkommen vom 31. 8. 1961, BGBl. 1967 II S. 1641); Mauretanien (Art. 1 Abs. 4 Kapitalschutzabkommen vom 8. 12. 1982, BGBl. 1985 II S. 22); Mazedonien (Art. 1 Nr. 3 Kapitalschutzabkommen vom 10. 9. 1996, BGBl. 2000 II S. 646); Mexiko

(Art. 1 Nr. 4 Kapitalschutzabkommen vom 25. 8. 1998, BGBl. 2000 II S. 866); Moldau (Art. 1 Abs. 1 c) Kapitalschutzabkommen vom 28. 2. 1994, BGBl. 1997 II S. 2072); Mongolei (Art. 1 Nr. 1 Kapitalschutzabkommen vom 26. 6. 1991, BGBl. 1996 II S. 50); Mosambik (Art. 1 Nr. 4 Kapitalschutzabkommen vom 6. 3. 2002, BT-Drucks. 15/1845); Namibia (Art. 1 Nr. 4 Kapitalschutzabkommen vom 21. 1. 1994, BGBl. 1997 II S. 186); Nicaragua (Art. 1 Nr. 4 Kapitalschutzabkommen vom 6. 5. 1996, BGBl. 1998 II S. 637); Niederlande (Art. 1, 2 Vertrag zwischen dem Deutschen Reich und den Niederlanden über die gegenseitige Anerkennung der Aktiengesellschaften und anderer kommerzieller, industrieller oder finanzieller Gesellschaften vom 11. 2. 1907, RGBl. 1908, S. 65; in Kraft seit 26. 3. 1908, RGBl. S. 65), Bekanntmachung vom 29. 2. 1952 über die Wiederanwendung BGBl. II S. 435); Panama (Art. 1 Nr. 4 Kapitalschutzabkommen vom 2. 11. 1983, BGBl. 1987 II S. 2); Paraguay (Art. 1 Nr. 4 Kapitalschutzabkommen vom 11. 8. 1993, BGBl. 1997 II S. 2080); Peru (Art. 1 Nr. 4 Kapitalschutzabkommen vom 30. 1. 1995, BGBl. 1997 II S. 197); Philippinen (Art. 1 Nr. 3 Kapitalschutzabkommen vom 18. 4. 1997, BGBl. 1998 II S. 1448); Ruanda (Art. 8 Abs. 4 Kapitalschutzabkommen vom 18. 5. 1967, BGBl. 1968 II S. 1260); Sambia (Art. 8 Abs. 4 Kapitalschutzabkommen vom 10. 12. 1966, BGBl. 1968 II S. 33); Saudi-Arabien (Art. 1 Nr. 3 Kapitalschutzabkommen vom 29. 10. 1996 BGBl. 1998 II S. 593); Sierra-Leone (Art. 8 Abs. 4 Kapitalschutzabkommen vom 8. 4. 1965, BGBl. 1966 II S. 861); Simbabwe (Art. 1 Nr. 4 Kapitalschutzabkommen vom 29. 9. 1995, BGBl. 1997 II S. 1839); Slowakei (Art. 1 Nr. 3 Kapitalschutzabkommen vom 2. 10. 1990 mit der Tschechoslowakei, BGBl. II S. 294); Südafrika (Art. 1 Nr. 4 Kapitalschutzabkommen vom 11. 9. 1995, BGBl. 1997 II S. 2098); Syrien (Art. 1 Nr. 4 Kapitalschutzabkommen vom 2. 8. 1977, BGBl. 1979 II S. 422); Thailand (Art. 1 Abs. 3 Kapitalschutzabkommen vom 24. 6. 2002, BGBl. 2004 II S. 48); Togo (Art. 8 Abs. 4 Kapitalschutzabkommen vom 16. 5. 1961, BGBl. 1964 II S. 154); Tunesien (Art. 8 Abs. 4 Kapitalschutzabkommen vom 20. 12. 1963, BGBl. 1965 II S. 1377); Turkmenistan (Art. 1 Abs. 4 Kapitalschutzabkommen vom 28. 8. 1997, BGBl. 2000 II S. 664); Uganda (Art. 8 Abs. 4 Kapitalschutzabkommen vom 29. 11. 1966, BGBl. 1968 II S. 449); Ukraine (Art. 1 Nr. 4 Kapitalschutzabkommen vom 15. 2. 1993, BGBl. 1996 II S. 75); Uruguay (Art. 1 Nr. 4 Kapitalschutzabkommen vom 4. 5. 1987, BGBl. 1988 II S. 272); Usbekistan (Art. 1 Nr. 4 Kapitalschutzabkommen vom 28. 4. 1993, BGBl. 1997 II S. 2106); Venezuela (Art. 1 Nr. 4 Kapitalschutzabkommen vom 14. 5. 1996, BGBl. 1998 II S. 653); Vereinigte Arabische Emirate (Art. 1 Nr. 2 Kapitalschutzabkommen vom 21. 6. 1997, BGBl. 1998 II S. 1474); Vietnam (Art. 1 Nr. 4 Kapitalschutzabkommen vom 3. 4. 1993, BGBl. 1997 II S. 2116).

V. Einzelfragen

1. Nachweis der Vertretungsmacht

Die **organschaftliche Vertretungsmacht** der Geschäftsleiter ist auf Grund Art. 2, 3 der Publizitätsrichtlinie für die hiervon erfassten Gesellschaften Europas im Handelsregister am Ort der Registrierung (sog. Satzungssitz) in ein öffentliches Register eingetragen und dort von jedermann einsehbar, seit 2007 auch durch Online-Abruf (vgl. Art. 3 Abs. 2–4 und Abs. 8 der Publizitätsrichtlinie).[130] Änderungen der Vertretungsmacht sind nachträglich zur Eintragung anzumelden. Die Gesellschaften haben gemäß Art. 4 der Publizitätsrichtlinie im Geschäftsverkehr sowie auf ihren Webseiten die entsprechende Registereintragung anzugeben, um den einfachen Abruf zu ermöglichen.

Handelt eine Gesellschaft über eine **Zweigniederlassung** in einem anderen Mitgliedstaat der EU, unterliegt sie zusätzlich den Publizitätspflichten gemäß Art. 2 der Zweigniederlassungsrichtlinie (oben Rdnr. 10). Dies hat zur Konsequenz, dass die organschaftliche

---

[130] Hierzu *Gernoth*, BB 2004, 837; *Scholz*, EuZW 2004, 172; *Wachter*, GmbHR 2004, 29; zum Nachweis der Vertretungsmacht zahlreicher ausländischer Gesellschaften vgl. Reithmann/Martiny/ *Hausmann*, Internationales Vertragsrecht, S. 5252 ff.; zu den Registrierungspflichten in den einzelnen Staaten der EU § 45.

Vertretungsmacht der gesetzlichen Vertreter der Gesellschaft sowie die konkrete Vertretungsmacht der als ständige Vertreter für die Zweigniederlassung bestellten Personen zusätzlich am Ort der Zweigniederlassung in ein öffentliches Register einzutragen ist (vgl. in Deutschland §§ 13d ff. HGB).[131] Die registerrechtlichen Anmeldepflichten sind öffentlich-rechtlicher Natur, so dass an das jeweilige Recht am Ort der kaufmännischen Niederlassung anzuknüpfen ist.[132] Art. 6 der Zweigniederlassungsrichtlinie verpflichtet die Gesellschaften zusätzlich, auf den Geschäftsbriefen und Bestellscheinen der Zweigniederlassung die entsprechenden Registerangaben anzugeben. Art. 1 Abs. 2 der Zweigniederlassungsrichtlinie sieht bei divergierenden Eintragungen für den Geschäftsverkehr der Zweigniederlassung die Maßgeblichkeit der dort maßgeblichen Offenlegung vor (vgl. im deutschen Recht insoweit § 15 Abs. 4 HGB, wonach die Registerpublizität für den Geschäftsverkehr mit einer in das Handelsregister eingetragenen Zweigniederlassung entsprechend gilt). Ausländische Rechtsbegriffe (zB. *director* einer englischen Ltd.) müssen im Wege der Substitution deutschen Begriffen angepasst werden.[133]

52 Bei der **rechtsgeschäftlich erteilten Vollmacht** besteht mangels europäischer Harmonisierung ein großes Bedürfnis, Bestand und Umfang im Vorfeld des Geschäfts zu klären. Dies gilt selbst dann, wenn die Vollmacht, wie zB in Deutschland die Prokura, auf Grund autonomen nationalen Rechts gesetzlich fixiert und mit einer Publizitätspflicht belegt ist. Handelt ein derart Bevollmächtigter im Ausland, kann kollisionsrechtlich nicht eine § 15 HGB entsprechende Nachforschungsobliegenheit des dort ansässigen Geschäftsverkehrs begründet werden, um zB bestimmte Beschränkungen zu rechtfertigen, wie beim Prokuristen in Deutschland etwa die Grundstücksgeschäfte.[134] Letztlich kann die öffentliche Registrierung einer Vollmacht daher allein ein – wichtiges – Indiz sein, um etwaige Mängel der Vertretungsmacht über die Grundsätze der Rechtsscheinsvollmacht zu beheben (unten Rdnr. 55). Etwas anderes gilt jedoch für die gemäß Art. 2 der Zweigniederlassungsrichtlinie als ständige Vertreter für die Zweigniederlassung bestellten Personen. Indem deren konkrete Vertretungsmacht einzutragen und bekannt zu machen ist (vgl. in Deutschland § 13e Abs. 2 S. 5 Nr. 3 HGB), gilt die Registerpublizität insoweit über § 15 Abs. 4 HGB uneingeschränkt.[135]

2. Vertretungsmacht leitender Angestellter

53 Nicht vom Gesellschaftsstatut erfasst ist die Vertretungsbefugnis von Angestellten, auch wenn sie leitende Funktionen haben.[136] Ihre Vertretungsmacht beruht auf einer vom Gesellschaftsorgan erteilten Vollmacht,[137] ohne dass ihnen eine Stellung als Gesellschaftsorgan zukäme.[138] Setzt das Gesellschaftsstatut hingegen gesetzlich die Bestellung derartiger Angestellter wie z.B. einen Vorstand einer Aktiengesellschaft voraus, sind sie Gesellschaftsorgane, auch wenn ihre Bestellung auf einem Vertrag beruht.[139]

3. Beschränkungen der Vertretungsmacht

54 Im Geltungsbereich der Publizitätsrichtlinie entfalten Beschränkungen der Vertretungsmacht bei organschaftlichen Vertretern allein Wirkung im Innenverhältnis (oben Rdnr. 13).

---

[131] Einzelheiten bei §§ 21, 45.
[132] Eidenmüller/*Rehberg*, § 5 Rdnr. 72 ff.
[133] Eidenmüller/*Rehberg*, § 5 Rdnr. 73.
[134] Zutreffend MüKo BGB/*Spellenberg*, Vorbem zu Art. 11 EGBGB Rdnr. 125 ff.
[135] Einschränkend MüKo BGB/*Spellenberg*, Vorbem zu Art. 11 EGBGB Rdnr. 125: nur, wenn die Einsicht in das Handelsregister für den Geschäftspartner zumutbar und möglich ist.
[136] MüKo BGB/*Spellenberg*, Vorbem zu Art. 11 EGBGB Rdnr. 74 m.w.N.; Reithmann/Martiny/*Hausmann*, Internationales Vertragsrecht, Rdnr. 5454 m.w.N.
[137] BGH BB 2004, 683.
[138] Abw. MüKo BGB/*Kindler*, IntGesR Rdnr. 269 für einen Gleichlauf von Gesellschaftsstatut und Statut kaufmännischer Vollmachten.
[139] MüKo BGB/*Spellenberg*, Vorbem zu Art. 11 EGBGB Rdnr. 74.

Bei den hiervon nicht erfassten **Personenhandelsgesellschaften** kann es jedoch grds. dazu kommen, dass die organschaftliche Vertretungsmacht beschränkt oder an besondere Formerfordernisse geknüpft ist (abw. freilich im deutschen Recht §§ 125, 126 HGB). Unabhängig von der Registerpublizität bieten hier Art. 12 S. 1 EGBGB und Art. 13 Rom I-VO einen gewissen Vertrauensschutz.[140] Letztlich wird hierdurch der Schutz von Gutgläubigen legitimiert, bei Handelsgesellschaften von einer unbeschränkten Vertretungsmacht der organschaftlichen Vertreter auszugehen.[141]

4. Rechtsscheinsvollmacht

Fragen im Zusammenhang mit der Begründung einer Rechtsscheinsvollmacht, insbesondere Anscheins- oder Duldungsvollmacht sowie gemäß Registerpublizität, unterliegen nicht dem Gesellschaftsstatut, sondern dem **Vollmachtsstatut**.[142] Die hM bestimmt dieses auch hier anhand des Gebrauchsorts,[143] wohingegen andere auf den Ort abstellen, an dem der Rechtsschein entstanden ist und sich ausgewirkt hat.[144] Zu beachten ist aber, dass die Folgen einer derartigen Anknüpfung den (scheinbar) Vertretenen nicht unbillig belasten dürfen. Gemäß Art. 10 Abs. 2 Rom I-VO kann sich der Vertretene daher auf das Recht des Staates seines gewöhnlichen Aufenthalts berufen, wenn dieses eine solche Rechtsscheinhaftung nicht vorsieht und er mit einer solchen Haftung aufgrund der Anwendung eines anderen Rechts nicht rechnen musste.[145] 55

5. Insichgeschäfte

Dass Insichgeschäfte im deutschen Recht den Beschränkungen gemäß § 181 BGB unterliegen, steht außer Frage. Problematisch ist jedoch, inwieweit dieser Gedanke kollisionsrechtlich bedeutsam ist. Hierbei sind verschiedene Konstellationen zu unterscheiden:

Bei der **organschaftlichen Vertretungsmacht** richtet sich die Geltung etwaiger Verbote des Selbstkontrahierens nach dem für die Vertretungsmacht als solche maßgeblichen Gesellschaftsstatut. Konsequenterweise gilt es fort, wenn eine deutsche Gesellschaft ihren Sitz identitätswahrend ins Ausland verlegt bzw. dort rechtsgeschäftlich tätig wird. Wird im Gesellschaftsvertrag oder ad hoc hiervon wirksam befreit, gilt dies gleichermaßen. Ob die im Ausland berufenen Gerichte diese kollisionsrechtliche Frage ebenso beantworten, kann freilich nicht sicher vorhergesagt werden. Im umgekehrten Fall, dass eine Auslandsgesellschaft in Deutschland rechtsgeschäftlich handelt, gilt das Vorgesagte spiegelbildlich: Infolge der Anknüpfung an das Gesellschaftsstatut hängt es von der betreffenden ausländischen Rechtsordnung ab (vgl. § 293 ZPO), ob das Selbstkontrahieren überhaupt unzulässig ist und unter welchen Voraussetzungen ggf. Dispens erteilt werden kann.[146] Diese Schieflage kann man freilich kritisieren, wenn man § 181 BGB eine ordnungspolitische Funktion beimisst und die Regelung konsequenterweise als Eingriffsnorm auch auf Auslandsgesellschaften in Deutschland anwenden. Überzeugend ist dies indessen nicht, denn dem Verbot von Insichgeschäften liegt weniger ein allgemeiner Verkehrsschutz zu Grunde als vielmehr der Schutz des Vertretenen. Insofern ist es konsequent, von der gesellschaftsrechtlichen 56

---

[140] MüKo BGB/*Kindler* IntGesR Rdnr. 584; Staub/*Koch* HGB § 13d Rdnr. 31; MüKo BGB/*Spellenberg* EGBGB Art. 12 Rdnr. 26, Rom I-VO Art. 13 Rdnr. 49.

[141] Einzelheiten bei MüKo BGB/*Spellenberg*, Art. 11 Rom I-VO Rdnr. 51 ff.; MüKo BGB/*Kindler*, IntGesR Rdnr. 584.

[142] BGHZ 43, 21, 27; BGH IPRspr. 1968/69 Nr. 19 b (S. 44); OLG Saarbrücken IPRspr. 1968/69 Nr. 19 a.

[143] Vgl. BGH WM 1968, 440; OLG Saarbrücken IPRspr. 1968/69 Nr. 19 a; OLG Frankfurt AWD 1969, 415 f.; *Kropholler*, NJW 1965, 1644 ff.; *Leible*, IPRax 1998, 260.

[144] MüKo BGB/*Spellenberg*, Vorbem zu Art. 11 EGBGB Rdnr. 123 m.w.N.

[145] Reithmann/Martiny/*Hausmann*, Internationales Vertragsrecht, Rdnr. 5509 m.w.N.; *Lutter*, Europäisches Unternehmensrecht, S. 55, 102.

[146] So OLG München NJW-RR 2005, 1486; OLG München GmbHR 2006, 603.

Qualifikation nicht abzurücken und dem viel gerühmten Wettbewerb der Gesellschaftsformen in Europa auch insofern seinen Lauf zu lassen.

57 Bei der **rechtsgeschäftlich erteilten Vollmacht** lässt sich diese Sichtweise nach der hM nicht begründen. Indem diese das hierfür maßgebliche Vollmachtstatut vor allem anhand des Rechts am realen Gebrauchsort bzw. des Wirkungslandes bestimmt (oben Rdnr. 20 ff.), ist die Verbindung eines etwaigen Verbots des Selbstkontrahierens mit der Bevollmächtigung stark gelockert. Hiernach wäre es nur konsequent, wenn der Gebrauch einer im Ausland erteilten Prokura in Deutschland § 181 BGB unterliege bzw. umgekehrt, eine in Deutschland erteilte Prokura beim Gebrauch im Ausland nicht mehr den Beschränkungen des § 181 BGB unterfiele. Nach der hM ist § 181 BGB somit aus deutscher Perspektive eine Eingriffsnorm, die auch bei Handeln mit ausländischer Vertretungsmacht gilt.

58 Hieraus resultiert eine **Schieflage:** Im Bereich der organschaftlichen Vertretungsmacht gehört das Verbot des Selbstkontrahierens zum Heimatrecht der betreffenden Gesellschaft, im Bereich der rechtsgeschäftlichen Vertretungsmacht zum vorrangig berufenen Recht des Gastlandes. Diese Ungleichbehandlung kann man nur damit rechtfertigen, dass die organschaftliche Vertretungsmacht europaweit publizitätspflichtig ist, die rechtsgeschäftliche hingegen nicht. Nimmt man – was freilich keinesfalls sicher ist – an, dass die jeweiligen nationalen Rechtsordnungen den Umstand eines Verbots des Selbstkontrahierens bzw. eine Befreiung hiervon zur eintragungspflichtigen Tatsache erheben, könnte man anführen, es sei konsequent, diesen Umstand nach Heimatrecht zu beurteilen. Immerhin können sich die Vertragspartner über das öffentlich einsehbare und online abrufbare Register ausreichend informieren. Indem diese Registrierungspflicht jedoch nicht besteht und manche Rechtsordnungen überhaupt kein Verbot iSv. § 181 BGB statuieren (vgl. zB England für die Ltd.), ist es vorzugswürdig, auch bei der rechtsgeschäftlichen Bevollmächtigung das Selbstkontrahierungsverbot nicht als Eingriffsnorm zu qualifizieren mit der Folge, dass es sich auch hier nach dem Recht des Heimatlandes beurteilt.

6. Folgen der Vertretung ohne Vertretungsmacht

59 Kommt es – wegen der europaweit unbeschränkten organschaftlichen Vertretungsmacht der Geschäftsleiter nur in Ausnahmefällen – zu einem Handeln ohne Vertretungsmacht, werden die Rechtsfolgen für die betreffende Gesellschaft und den falsus procurator nach hM an das **Geschäftsstatut** angeknüpft, mithin das Statut des Hauptvertrags.[147] Dies gilt nach hM gleichermaßen für die Frage, ob und unter welchen Voraussetzungen das Geschäft für den Vertretenen durch Genehmigung wirksam werden kann sowie für ein etwaiges Widerrufsrecht des Vertragspartners.[148] Die Konsequenzen dieser Ansicht lassen spezifische Schutzanliegen zu Gunsten des Vertragspartners vielfach vermissen, indem das für den Schuldvertrag maßgebliche Recht pauschal herangezogen wird. Als überzeugender erscheint es daher, die Rechtsfolgen beim Handeln ohne Vertretungsmacht nach dem **Vollmachtstatut** zu bestimmen, mithin gemäß dem am Gebrauchsort oder Vertretungsmacht maßgeblichen Recht.[149] Auf diese Weise wird gewährleistet, dass die beim Handeln ohne Vertretungsmacht nicht zu vernachlässigenden Verkehrsschutzerwägungen angemessen Geltung beanspruchen.

---

[147] BGH WM 1965, 868; näher hierzu Reithmann/Martiny/*Hausmann*, Internationales Vertragsrecht, Rdnr. 5537 ff.; MüKo BGB/*Spellenberg*, Vorbem zu Art. 11 EGBGB Rdnr. 139, 167, auch gegen eine Anknüpfung gemäß Art. 12 Rom II-VO (culpa in contrahendo), dagegen Reithmann/Martiny/*Hausmann*, Internationales Vertragsrecht, Rdnr. 5545 m. w. N.; abw. MüKo BGB/*Kindler*, IntGesR Rdnr. 584, der sich im Interesse des Verkehrsschutzes dafür ausspricht, dass sich der Drittkontrahent auch auf das Gesellschaftsstatut berufen könne, wenn dieses eine für ihn im Hinblick auf die Haftung des vollmachtslosen Vertreters günstigere Regelung bei Überschreitung der organschaftlichen Vertretungsmacht vorsieht.

[148] MüKo BGB/*Spellenberg*, Vorbem zu Art. 11 EGBGB Rdnr. 139 m. w. N.

[149] So auch *Leible*, IPrax 1998, 259; für die Haftung des falsus procurator auch OLG Hamburg VersR 1987, 1216.

Die **Konsequenzen** dieser kollisionsrechtlichen Anknüpfung sind wie folgt: Handelt **60** der organschaftliche oder rechtsgeschäftliche Vertreter einer Auslandsgesellschaft in Deutschland ohne Vertretungsmacht – was für sich genommen eine Frage des Gesellschafts- bzw. Vollmachtsstatuts ist (oben Rdnr. 20 ff.) – richten sich die Rechtsfolgen für die Auslandsgesellschaft und den falsus procurator nach den §§ 177 ff. BGB. Wird eine deutsche Gesellschaft im Ausland tätig oder wechselt identitätswahrend ihren Verwaltungssitz dorthin, bestimmen sich die Rechtsfolgen des Handelns ohne Vertretungsmacht nach dem dort maßgeblichen Sachrecht. Ob das dortige IPR die hier vertretene Qualifikation freilich gleichermaßen sieht, wenn es dort zum Rechtsstreit kommt, kann nicht hinreichend sicher vorhergesagt werden. Insgesamt ist es daher rechtspolitisch stark zu kritisieren, dass eine europäische Harmonisierung der Stellvertretungsregeln bislang fehlt. Der Praxis bleibt allein, diese **Rechtsunsicherheit** durch umfangreiche Nachforschungen im Vorfeld des Vertragsschlusses sowie ggf. durch eine eindeutige Rechtswahl über das Vollmachtsstatut abzumildern.

7. Form der Bevollmächtigung

Ob die rechtsgeschäftliche Erteilung einer Vollmacht formbedürftig ist, bestimmt sich **61** nach hM gemäß Art. 11 EGBGB.[150] Maßgeblich ist hiernach entweder die Form gemäß dem **Vollmachtsstatut** (vgl. Art. 11 Abs. 1 EGBGB) oder aber die **Ortsform** gemäß Art. 11 Abs. 4 EGBGB. Die Einzelheiten hierzu sind bereits aus deutscher IPR-Perspektive nach wie vor heftig umstritten, insbesondere bei Grundstücksgeschäften. Insgesamt ist es daher rechtspolitisch stark zu kritisieren, dass eine europäische Harmonisierung der Stellvertretungsregeln bislang fehlt. Der Praxis bleibt allein, diese **Rechtsunsicherheit** durch umfangreiche Nachforschungen im Vorfeld des Vertragsschlusses sowie ggf. durch eine eindeutige Rechtswahl über das Vollmachtsstatut abzumildern.

8. Zurechnungsfragen

Beim Handeln durch organschaftliche oder rechtsgeschäftliche Vertreter stellt sich regel- **62** mäßig auch das Problem der Zurechnung von Kenntnissen (vgl. im deutschen Recht § 166 BGB). Kollisionsrechtlich wird dieser Aspekt nach Teilen der Literatur gemäß dem **Geschäftsstatut** zugerechnet, mithin dem auf den betreffenden Schuldvertrag anwendbaren Recht.[151] Diese akzessorische Anknüpfung lässt jedoch die spezifischen stellvertretungsrechtlichen Wertungen, die einer Wissenszurechnung zu Grunde liegen, außer Acht. Richtigerweise ist die Wissenszurechnung daher als Aspekt der Stellvertretung zu qualifizieren und gemäß dem hierfür maßgeblichen Statut anzuknüpfen – bei der organschaftlichen Vertretung gemäß **Gesellschaftsstatut,** bei der rechtsgeschäftlichen Vertretung gemäß dem **Vollmachtsstatut**.[152]

Die **Konsequenzen** dieser kollisionsrechtlichen Anknüpfung sind wie folgt: Handelt **63** der organschaftliche oder rechtsgeschäftliche Vertreter einer Auslandsgesellschaft in Deutschland, folgt – als Vorfrage der Wissenszurechnung – aus dem Gesellschafts- bzw. Vollmachtsstatut, ob die betreffende Person überhaupt Vertreter ist. Die Möglichkeit der Wissenszurechnung gemäß § 31 BGB analog bzw. § 166 BGB ergibt sich sodann auf Grund einer Anknüpfung an den Gebrauchsort der organschaftlichen oder rechtsgeschäftlichen Vertretungsmacht. Im Bereich der sachenrechtlichen Wissenszurechnung bei § 932 oder § 892 BGB ergibt sich dies aus der im Sachenrecht maßgeblichen lex rei sitae. Wird umgekehrt eine deutsche Gesellschaft im Ausland tätig oder wechselt identitätswahrend ihren Verwaltungssitz dorthin, bestimmt sich Möglichkeit der Wissenszurechnung nach dem dort maßgeblichen Sachrecht. Ob das dortige IPR die hier vertretene Qualifikation freilich gleichermaßen sieht, wenn es dort zum Rechtsstreit kommt, kann nicht hinrei-

---

[150] Vgl. MüKo BGB/*Spellenberg*, Vorbem zu Art. 11 EGBGB Rdnr. 163 ff.
[151] MüKo BGB/*Spellenberg*, Vorbem zu Art. 11 EGBGB Rdnr. 138 (m. w. N.).
[152] Für das Vollmachtsstatut bei der Wissenszurechnung des Bevollmächtigten auch RGZ 51, 147, 149 f.

chend sicher vorhergesagt werden. Insgesamt ist es daher auch hier rechtspolitisch stark zu kritisieren, dass eine europäische Harmonisierung der Stellvertretungsregeln bislang fehlt. Der Praxis bleibt allein, diese **Rechtsunsicherheit** durch umfangreiche Nachforschungen im Vorfeld des Vertragsschlusses sowie ggf. durch eine eindeutige Rechtswahl über das Vollmachtsstatut (oben Rdnr. 20 ff.) abzumildern.

9. Ständige Vertreter

64 Nach § 13 Abs. 2 S. 5 Nr. 3 HGB sind Personen, die dazu befugt sind, als ständige Vertreter für die Tätigkeit der Zweigniederlassung die Gesellschaft gerichtlich und außergerichtlich zu vertreten, unter Angabe ihrer Befugnisse zur Eintragung ins Handelsregister anzumelden. Eine Pflicht, solche Vertreter zu bestellen, besteht nicht.[153] Wurde er hingegen bestellt, handelt es sich um eine eintragungspflichtige Tatsache iSv. § 15 HGB.

65 Von dieser, auf Art. 2 der Zweigniederlassungsrichtlinie beruhenden Regelung, sind im Ausgangspunkt alle **rechtsgeschäftlich Bevollmächtigten,** insbesondere Handlungsbevollmächtigte und Prokuristen, erfasst. Zwingend ist dieser Gleichlauf jedoch nicht, denn ein ständiger Vertreter muss nicht zwingend Prokura haben. Ist dies gleichwohl der Fall, empfiehlt es sich wegen des Problems der Doppeleintragung nicht, auf die Figur des ständigen Vertreters zurück zu greifen.[154] Art und Umfang der – rechtsgeschäftlich erteilten – Vollmacht des ständigen Vertreters bestimmen sich kollisionsrechtlich gemäß dem **Vollmachtsstatut.**

66 Problematisch ist vor diesem Hintergrund, dass die deutsche Rechtsprechung wohl davon ausgeht, das auch ein **Vertretungsorgan** der Gesellschaft (= Hauptniederlassung) als ständiger Vertreter ins Handelsregister eingetragen werden kann.[155] Diese ohnehin zweifelhafte Ansicht darf jedoch nicht darüber hinweg täuschen, dass sich die organschaftliche Vertretungsmacht auch in diesen Fall nach wie vor aus dem Gesellschaftsstatut ergibt (oben Rdnr. 16 f.).

10. Empfangsbevollmächtigter

67 Vom ständigen Vertreter und Vertretungsorgan einer Gesellschaft abzugrenzen ist der inländische Empfangsbevollmächtigte gemäß § 13e Abs. 2 S. 4 HGB. Hiernach kann jemand dazu bestimmt werden, für Willenserklärungen und Zustellungen an die Gesellschaft empfangsberechtigt zu sein. Eine Pflicht zur Bestellung besteht auch hier nicht.[156] In Betracht kommen hier neben einem Gesellschafter auch Rechtsanwälte und Steuerberater. Wurde eine Person gemäß § 167 BGB hierzu bevollmächtigt, sind dies sowie deren inländische Anschrift zur Eintragung ins Handelsregister anzumelden. Dies unterliegt im Hinblick auf die begrenzte Empfangszuständigkeit ebenfalls der Registerpublizität nach § 15 HGB, vorrangig gilt jedoch § 13e Abs. 2 S. 4 2. Hs. HGB. Bedeutung erlangt die fakultative Möglichkeit zur Bestellung eines besonderen Empfangsvertreters insbesondere, um eine öffentliche Zustellung nach § 15a HGB zu vermeiden. Die kollisionsrechtliche Anknüpfung dieser **Passivvertretung** erfolgt aus deutscher Perspektive ebenfalls gemäß dem **Vollmachtsstatut,** so dass bei Auslandsgesellschaften mit Sitz oder Zweigniederlassung in Deutschland zumeist deutsches Recht maßgeblich ist (oben Rdnr. 20 ff.). Im umgekehrten Fall, dass eine deutsche Gesellschaft ihren Verwaltungssitz ins Ausland verlegt oder dort über eine (echte, dh bloße) Zweigniederlassung tätig wird, gilt dies gleichermaßen, wobei jedoch die Unsicherheit besteht, ob ein zur Entscheidung berufenes ausländisches Gericht dies ebenso sieht.

---

[153] OLG München, NZG 2008, 342; Oetker/*Preuß* HGB § 13e Rdnr. 39.
[154] Vgl. auch Oetker/*Preuß* HGB § 13e Rdnr. 41.
[155] So für den Direktor einer englischen Ltd., vgl. LG Chemnitz, GmbHR 2005, 692; aA zutreffend *Heidinger*, MittBayNot 1998, 72, 73.
[156] Oetker/*Preuß* HGB § 13e Rdnr. 44.

11. Company Secretary

Mit dem company secretary sehen die sec. 270 ff. CA 2006 bei der englischen Ltd. ein **68** dem deutschen Recht unbekanntes **Gesellschaftsorgan** vor.[157] Seine Aufgaben sind gesetzlich nicht näher definiert. Ist der company secretary nicht zugleich Direktor, beschränken sie sich auf die innere Organisation und Verwaltung der Ltd (etwa die Führung der Bücher und Register der Ltd, Vorbereitung und Protokollierung der Geschäftsführersitzungen und Gesellschafterversammlungen, Schriftverkehr mit dem Companies House und registrar). Insofern hat der company secretary auch die Vertretungsmacht, für die Ltd Rechtsgeschäfte abzuschließen, zum Beispiel Anstellungsverträge. Zur darüber hinausgehenden Geschäftsführung und Vertretung der Ltd ist er nur nach ausdrücklicher Bevollmächtigung berechtigt. Die Bestellung und Abberufung des Gesellschaftssekretärs erfolgen durch die Direktoren. Änderungen hinsichtlich des company secretary sind in der Gesellschaftsakte festzuhalten (sec. 275 CA 2006) und der englischen Registerbehörde mitzuteilen (sec. 276 CA 2006). Die kollisionsrechtliche Anknüpfung der Vertretungsmacht erfolgt wegen der Organstellung des company secretary anhand des **Gesellschaftsstatuts** (oben Rdnr. 16 f.). Die Eintragung des Gesellschaftssekretärs im deutschen Handelsregister ist hingegen in den §§ 13 d ff. HGB nicht vorgesehen, was wegen der ihm zukommenden Vertretungsmacht zu kritisieren ist.

§ 14 Haftung

Übersicht

	Rdnr.		Rdnr.
I. Begriff, Bedeutung, Abgrenzung	1–3	IV. Kollisionsrechtliche Anknüpfung der Gesellschafterhaltung	27–30
II. Europäische Harmonisierung der Gesellschafterhaftung	4, 5	1. Die prinzipielle Anerkennung ausländischer Haftungsverfassungen	27, 28
III. Kollisionsrechtliche Anknüpfung von Gesellschaftsverbindlichkeiten	6–26	2. Die Sitztheorie als Einfallstor für Durchbrechungen	29
1. Anknüpfung bei der Rechtsfähigkeit	7, 8	3. Sonderanknüpfungen als echte Druchbrechungen	30
2. Besondere Anknüpfungen	11–17	V. Konsequenzen bei der Sitzverlegung	31–49
a) Deliktsfähigkeit	12, 13	1. Zuzugsfälle	32–40
b) Wechsel- und Scheckfähigkeit	14	a) Anerkennung gemäß deutschem Recht	33–37
c) Grundbuchfähigkeit	15	b) Grenzüberschreitende Mobilität gemäß Heimatrecht	38–40
d) Kaufmanns- und Unternehmereigenschaft	16	2. Wegzugsfälle	41–46
e) Parteifähigkeit	17	a) Grenzüberschreitende Mobilität gemäß deutschem Heimatrecht	42–44
3. Anknüpfung bei vertraglichen Ansprüchen	18	b) Anerkennung im Zuzugstaat	45, 46
4. Anknüpfung bei Bereicherungsrechtlichen Ansprüchen	19–23	3. Besonderheiten auf Grund internationaler Verträge	47–49
a) Grundsatz	19	VI. Einzelfragen	50–65
b) Innergesellschaftliche Ansprüche	20	1. Haftungsdurchgriff	50–60
c) Ansprüche Dritter	21–23	a) Gesellschaftsstatut	50–54
5. Anknüpfung von deliktischen Ansprüchen	24–26	b) Sonderanknüpfungen	55–60

---

[157] Vgl. auch Henssler/Strohn/*Servatius* IntGesR Rdnr. 197.

	Rdnr.		Rdnr.
2. Umgekehrter Durchgriff	61, 62	b) Gesellschaftsstatut des herrschenden Unternehmens	98
3. Insolvenzrechtliche Haftung der Gesellschafter	63, 65	3. Gewinnabführungsvertrag	99
4. Haftung als faktische Geschäftsleiter	65	4. Unternehmensvertragliche Beherrschung einer ausländischen Gesellschaft	100–102
VII. Existenzvernichtungshaftung	66–85	a) Gesellschaftsstatut der beherrschten Gesellschaft	101
1. Grundlagen	67, 68	b) Gesellschaftsstatut des herrschenden Unternehmens	102
2. Kollisionsrechtliche Anknüpfung	69	5. Faktische Beherrschung einer deutschen Gesellschaft	103–107
3. Haftungsvoraussetzungen	70–80	a) Gesellschaftsstatut der beherrschten Gesellschaft	103–105
a) Haftungsadressat	71–73	b) Gesellschaftsstatut des herrschenden Unternehmens	106
b) Kompensationsloser Eingriff in das Geschäftsvermögen	74–77	c) Sonderanknüpfungen	107
c) Insolvenzverursachung	78	6. Faktische Beherrschung eines ausländischen Unternehmens	108, 109
d) Sittenwidrigkeit	79	a) Gesellschaftsstatut der beherrschten Gesellschaft	108
e) Vorsatz	80	b) Gesellschaftsstatut des herrschenden Unternehmens	109
4. Rechtsfolgen	81, 82		
5. Geltendmachung des Anspruchs	83	7. Die anderen Unternehmensverträge	110–113
6. Konkurrenzen	84, 85	a) Überblick	111
VIII. Konzernhaftung	86–118	b) Kollisionsrechtliche Behandlung	112, 113
1. Grundlagen	87–92	8. Rechtsdurchsetzung	114–118
a) Grenzüberschreitende Konzernsachverhalte	89–91	a) Ansprüche der beherrschten deutschen Gesellschaft	115, 116
b) Das deutsche Konzernrecht	92	b) Ansprüche der Gesellschafter	117
2. Unternehmensvertragliche Beherrschung einer Gesellschaft	93–98	c) Ansprüche der Gläubiger	118
a) Gesellschaftsstatut der beherrschten Gesellschaft	94–97		

Schrifttum: *Behrens*, Gemeinschaftsrechtliche Grenzen der Anwendung inländischen Gesellschaftsrechts auf Auslandsgesellschaften nach Inspire Art, IPRax 2004, 20; *Borges*, Gläubigerschutz bei ausländischen Gesellschaften mit inländischem Sitz, ZIP 2004, 733; *Dahl/Schmitz*, Eigenkapitalersatzrecht nach dem MoMiG aus insolvenzrechtlicher Sicht, NZG 2009, 325; *Eidenmüller*, Geschäftsleiter- und Gesellschafterhaftung bei europäischen Auslandsgesellschaften mit tatsächlichem Inlandssitz, NJW 2005, 1618; *Eidenmüller/Rehm*, Niederlassungsfreiheit versus Schutz des inländischen Rechtsverkehrs: Konturen des Europäischen Internationalen Gesellschaftsrechts, ZGR 2004, 159; *Fischer*, Die Verlagerung des Gläubigerschutzes vom Gesellschafts- in das Insolvenzrecht nach „Inspire Art", ZIP 2004, 1477; *Fleischer*, Gläubigerschutz in der kleinen Kapitalgesellschaft: Deutsche GmbH versus englische private limited company, DStR 2000, 1015; *Goette*, Zu den Folgen der Anerkennung ausländischer Gesellschaften mit tatsächlichem Sitz im Inland für die Haftung ihrer Gesellschafter und Organe, ZIP 2006, 541; *Greulich/Rau*, Zur partiellen Insolvenzverursachungshaftung des GmbH-Geschäftsführers nach § 64 S. 3 GmbHG-RegE, NZG 2008, 284; *Haas/Oechsler*, Cash Pool und gutgläubiger Erwerb nach dem MoMiG, NZG 2006, 806; *Kindler*, Die Begrenzung der Niederlassungsfreiheit durch das Gesellschaftsstatut, NJW 2007, 1785; *Kleinert/Probst*, Endgültiges Aus für Sonderanknüpfungen bei (Schein-)Auslandsgesellschaften, DB 2003, 2217; *Kühnle/Otto*, „Neues" zur kollisionsrechtlichen Qualifikation Gläubiger schützender Materien in der Insolvenz der Scheinauslandsgesellschaft, IPRax 2009, 117; *Leyendecker*, Die Anwendung der US-amerikanischen Durchgriffshaftung auf amerikanische Gesellschaften mit Verwaltungssitz in Deutschland, RIW 2008, 273; *Paefgen*, Auslandsgesellschaften und Durchsetzung deutscher Schutzinteressen nach „Überseering", DB 2003, 487; *Röhricht*, Insolvenzrechtliche Aspekte im Gesellschaftsrecht, ZIP 2005, 505; *Schmahl*, Subsidiäres Insolvenzantragsrecht bei führungslosen juristischen Personen nach dem Regierungsentwurf des MoMiG – Versuch einer rechtzeitigen begrifflichen und sachlichen Klärung, NZI 2008, 6; *Schumann*, Die englische Limited mit Verwaltungssitz in Deutschland: Kapitalaufbringung, Kapitalerhaltung und Haftung bei Insolvenz, DB 2004, 743; *Triebel/Silny*, Die persönliche Haftung der Gesellschafter einer in Deutschland tätigen englischen Rechtsanwalts-LLP, NJW 2008, 1034; *Ulmer*, Schutzinstrumente gegen die Gefahren aus der Geschäftstätigkeit inländischer Zweigniederlassungen von Kapitalgesellschaften mit fiktivem Auslandssitz, JZ 1999, 662; *ders.*, Gläubigerschutz bei Scheinauslandsgesellschaften, NJW 2004, 1201; *ders.*, Insolvenzrechtlicher Gläubigerschutz gegenüber Scheinauslandsgesellschaften ohne hinreichende Kapitalausstattung?, KTS 2004, 291; *Wachter*, Persönliche Haftungsrisiken bei englischen private limited companies mit inländischem Verwaltungssitz, DStR 2005, 1817; *Wälzholz*, Die insolvenzrechtliche Behandlung haftungsbeschränkter Gesellschaften nach der Reform durch das MoMiG, DStR 2007, 1914; *Weller*, Scheinauslandsgesellschaften nach Centros, Überseering und Inspire Art: Ein neues Anwendungsfeld für die Existenzvernichtungshaftung, IPRax 2003, 207; *ders.*, Einschränkung der Gründungstheorie bei missbräuchlicher Auslandsgründung?, IPRax 2003, 520; *ders.*, Existenzvernichtungshaftung im modernisierten GmbH-Recht – eine Außenhaftung für Forderungsvereitelung (§ 826 BGB), DStR 2007, 1166; *ders.*, Die Neuausrichtung der Existenzvernichtungshaftung durch den BGH, ZIP 2007, 1681.

I. Begriff, Bedeutung, Abgrenzung

Im Gesellschaftsrecht bedeutet Haftung vornehmlich die Frage, ob die Mitglieder eines Personenverbandes für die Verbindlichkeiten der Gesellschaft einstehen müssen. Insofern gibt es eine international verbreitete Zweiteilung: Bei den **Personengesellschaften** besteht regelmäßig eine akzessorische Gesellschafterhaftung, wohingegen bei den juristischen Personen bzw. Körperschaften diese regelmäßig ausgeschlossen ist (vgl. § 1 Abs. 2 AktG, § 13 Abs. 2 GmbHG, im englischen Recht zB die grundlegende Salomon-Doktrin).[1] Letzteres ist jedoch insbesondere bei den **Kapitalgesellschaften** an die Aufbringung und Erhaltung eines bestimmten Kapitals bzw. an die Einhaltung sonstiger gläubigerschützender Vorschriften, insbesondere solvenzbezogener Ausschüttungssperren, geknüpft.

Die Frage der **Haftungsbeschränkung** hat zumeist eine entscheidende Bedeutung für die Gesellschaftsgründer bei der Wahl der passenden Gesellschaftsform, auch international (Einzelheiten bei §§ 2 und 3). Auf der anderen Seite besteht keineswegs eine vollständige Gewähr dafür, dass eine mit einer bestimmten Rechtsform verbundene Haftungsbeschränkung lückenlos wirkt. Es ist ebenso internationaler Standard, den Schutzschild der Haftungsbeschränkung in bestimmten (Extrem-)Fällen unter **Durchgriffsaspekten** zu durchbrechen *(piercing the corporate veil)*.[2] Die Offenheit, dieser dogmatisch begründbaren Durchbrechung tatsächlich Geltung zu verschaffen, ist indessen durchaus unterschiedlich und letztlich stets der stark begründungsbedürftige Ausnahmefall. Gleichwohl hat die mögliche Durchbrechung des Prinzips der Haftungsbeschränkung auch international-privatrechtlich eine sehr aktuelle Relevanz. Im Zuge der zunehmenden grenzüberschreitenden Niederlassungsfreiheit wächst naturgemäß das Bedürfnis, zur Wahrung nationaler bzw. territorial begründeter Schutzinteressen Durchgriffsaspekte zur Geltung zu bringen und diese autonom zu begründen, insbesondere unter Bezugnahme auf das Deliktsrecht. Gerade in Deutschland ist insofern aktuell heftig umstritten, inwieweit die als Deliktstatbestand ausgestaltete Existenzvernichtungshaftung auf Auslandsgesellschaften Anwendung findet (unten Rdnr. 69).

Von der Haftung im soeben skizzierten Sinne abzugrenzen ist die Verantwortlichkeit der **Geschäftsleiter** einer Gesellschaft gegenüber dem Personenverband bzw. ggü. Dritten (vgl. hierzu § 13). Ebenso abzugrenzen ist die straf- und öffentlich-rechtliche Verantwortlichkeit von Gesellschaftern oder Geschäftsleitern.

---

[1] Salomon v Salomon & Co. Ltd. [1897] A.C. 22 [H.L.]; hierzu ausführlich *Heinz* § 10 Rdnr. 1.
[2] Vgl. zu den verschiedenen dogmatischen Grundlagen Ulmer/Habersack/Winter/*Behrens* GmbHG Einl. Rdnr. B 90.

II. Europäische Harmonisierung der Gesellschafterhaftung

4 Die europäische Harmonisierung von Haftungsfragen erfolgt sehr differenziert. An erster Stelle zu nennen ist die europaweit einheitliche Ausgestaltung der **AG** als Kapitalgesellschaft mit Haftungsbeschränkung durch die Kapitalrichtlinie.[3] Hierauf beruhend ist auch die Europäische Aktiengesellschaft **(SE)** eine Kapitalgesellschaft ohne persönliche Gesellschafterhaftung (Einzelheiten bei § 51). Die derzeit geplante Europäische Privatgesellschaft **(SPE)** wird voraussichtlich ebenfalls als Kapitalgesellschaft mit Haftungsbeschränkung ausgestaltet werden, wobei jedoch sehr umstritten ist, welche Mindestanforderungen an das Stammkapital und die sonstigen Gläubigerschutzmechanismen aufgestellt werden (Einzelheiten bei § 53).[4] Darüber hinaus erfolgte im Bereich der Kapitalgesellschaften bisher keine weitere Vereinheitlichung, so dass insbesondere die **GmbH** und vergleichbare Auslandsrechtsformen im viel gerühmten europäischen Wettbewerb der Gesellschaftsrechte stehen.[5] Eine Harmonisierung erfolgte hier nur insoweit, als über die Publizitäts- und Zweigniederlassungsrichtlinie für eine europaweit einheitliche Transparenz wesentlicher Gesellschaftsumstände gesorgt wird, woraus der EuGH ein **Informationsmodell** ableitet, welches eine weitere Harmonisierung gläubigerschützender Fragen erübrigen soll.[6] Zu nennen sind weiterhin die für Kapitalgesellschaften europaweit angeglichenen Vorschriften über die **Rechnungslegung** (vgl. § 15).

5 Bei den **Personengesellschaften** erfolgte eine gewisse Harmonisierung bisher allein durch die – praktisch kaum relevante – Europäische Wirtschaftliche Interessenvereinigung **(EWIV)**. Hierfür schreibt Art. 24 Abs. 1 S. 1 EWIV-VO zwingend die unbeschränkte Außenhaftung der Gesellschafter vor (Einzelheiten bei § 50). Dass der Wettbewerb der Gesellschaftsrechtsordnungen auch im Bereich des Personengesellschaftsrechts besteht und Handlungsspielräume eröffnet, verdeutlicht jedoch die englische Limited Liability Partnership **(LLP)**.[7] Hierüber lassen sich zB in Deutschland steuer- und haftungsrechtliche Gestaltungen finden, die dem deutschen Recht bisher fremd waren. Insofern ist jedoch nach wie vor besonders umstritten, inwieweit die grenzüberschreitende Mobilität von Gesellschaften hier gleichermaßen gilt.[8]

III. Kollisionsrechtliche Anknüpfung von Gesellschaftsverbindlichkeiten

6 Der Gesellschafterhaftung vorgelagert ist stets und sachrechtliche Frage, ob überhaupt eine entsprechende Verbindlichkeit der Gesellschaft besteht. Kollisionsrechtlich handelt es sich hierbei um eine vorrangig und teilweise abweichend anzuknüpfende **Vorfrage**.

---

[3] Zweite gesellschaftsrechtliche Richtlinie des Rates vom 13. Dezember 1976 (77/91/EWG), ABl. Nr. L 25/1.

[4] Hierzu auch Henssler/Strohn/*Servatius* IntGesR Rdnr. 340 ff.

[5] Hierzu grundlegend *Kieninger*, Wettbewerb der Privatrechtsordnungen im Europäischen Binnenmarkt, 2002, S. 177 ff.; *Eidenmüller* § 1.

[6] EuGH NJW 2003, 3331 – Inspire Art.

[7] Vgl. zu Rechtsanwaltsgesellschaften *Henssler/Mansel*, NJW 2007, 1393; für die die haftungsbeschränkte Ltd Partnership den Ltd Partnerships Act 1907 (www.opsi.gov.uk/acts/acts1907/pdf/ukpga_19070024_en.pdf) und für die rechtsfähige Ltd Liability Partnership (LLP) der LLP Act 2000 (abgedruckt bei *Just,* Englisches Gesellschaftsrecht, 2008; abrufbar unter www.opsi.gov.uk/ACTS/acts2000/pdf/ukpga_20000012_en.pdf).

[8] Die englische LLP nimmt jedoch insbesondere bei Rechtsanwaltsgesellschaften intensiv am Wettbewerb der Gesellschaftsrechte teil (vgl. *Schnittker/Bank*, Die LLP in der Praxis, 2008; zur Postulationsfähigkeit ausländischer Anwaltsgesellschaften *Henssler*, NJW 2009, 3136; zur Gesellschafterhaftung *Triebel/Silny*, NJW 2008, 1034).

1. Anknüpfung bei der Rechtsfähigkeit

Eine Gesellschaftsverbindlichkeit kommt unabhängig vom Grund der Haftung nur dann in Betracht, wenn die Gesellschaft von der berufenen Rechtsordnung auch als rechtlich existent betrachtet wird und hieraus die Folge resultiert, selbst **Träger von Rechten und Pflichten** zu sein. Bei grenzüberschreitenden Sachverhalten ist insofern danach zu differenzieren, ob eine ausländische Gesellschaft bloß grenzüberschreitend tätig wird, ohne ihren tatsächlichen Verwaltungssitz ins Ausland zu verlegen oder ob der grenzüberschreitende Sachverhalt daraus resultiert, dass eine deutsche Gesellschaft ihren tatsächlichen Verwaltungssitz ins Ausland verlegt oder umgekehrt eine ausländische Gesellschaft diesen nach Deutschland verlegt (im Einzelnen unten Rdnr. 33 ff.).

Allgemein gilt, dass bei allen grenzüberschreitenden Fragen nach der Rechtsfähigkeit eines Personenverbands die international-privatrechtliche Qualifikation **anhand des Gesellschaftsstatuts** erfolgt.[9] Die hiernach gegebene Rechtsfähigkeit eines Personenverbands besteht daher auch dann fort, wenn die betreffende Gesellschaft nach dem Recht am Ort ihres rechtsgeschäftlichen oder tatsächlichen Wirkens als nicht existent (rechtsfähig) zu betrachten wäre.[10] Der Nachweis der Rechtsfähigkeit kann etwa durch Vorlage von Errichtungsurkunden oder Registerbescheinigungen gem. Gesellschaftsstatut erfolgen, vgl. § 438 ZPO. Tritt ein nicht rechtsfähiges Gebilde allerdings im Ausland wie eine juristische Person auf, kommt eine Rechtsscheinhaftung in Betracht, die sich jedoch nach dem Ort des Handelns richtet.[11]

Ob vom Gesellschaftsstatut vorgesehene **Beschränkungen** der Rechtsfähigkeit, wie zB die im anglo-amerikanischen Rechtskreis (früher) vertretene Ultra-vires-Lehre, bei Geschäften, die dem gesellschaftsvertraglichen bzw. satzungsmäßigen Zweck der Gesellschaft widersprechen, auch bei im Ausland vorgenommenen Rechtsgeschäften mit ausländischen Vertragspartnern zu berücksichtigen sind, ist eine Frage des Verkehrsschutzes. Unter entsprechender Anwendung von Art. 12 S. 1 EGBGB bzw. Art. 13 Rom I-VO (insoweit bestehen auch keine europarechtlichen Bedenken) herrscht weitgehende Einigkeit, dass derartige Beschränkungen dann unbeachtlich sind, wenn vergleichbare Gesellschaftsformen der am Ort des Vertragsschlusses geltenden Rechtsordnung keinen derartigen Beschränkungen unterliegen und der Vertragspartner die Beschränkungen der Rechtsfähigkeit weder kannte noch kennen musste.[12] Innerhalb der EU spielen etwaige Beschränkungen der Rechtsfähigkeit mittlerweile jedoch keine Rolle mehr, weil Art. 9 der Publizitätsrichtlinie der Ultra-vires-Lehre eine Absage erteilt hat.

In welcher Rechtsform die Gesellschaft konkret beim Grenzübertritt fortbesteht, ist jedoch nach wie vor heftig umstritten. Die – jenseits der bloßen Rechtsfähigkeit angesiedelte – Kernfrage lautet insofern, ob die Gesellschaft identitätswahrend ins Ausland ziehen kann, mithin als solche fortbesteht, oder aber ein Statutenwechsel erfolgt, der die sachrechtliche Behandlung der Gesellschaft nach dem Gesellschaftsrecht des Aufnahmestaates nach sich zieht. Hier spielt es eine entscheidende Rolle, woran beim Gesellschaftsstatut kollisionsrechtlich angeknüpft wird: an den fortbestehenden Ort der Registrierung (**Gründungstheorie**) oder an den nunmehr geänderten effektiven Verwaltungssitz (**Sitztheorie**). Einzelheiten unten Rdnr. 27 ff.

---

[9] Palandt/*Thorn* EGBGB Anh. Art. 12 Rdnr. 11; MüKo BGB/*Kindler* IntGesR Rdnr. 564; BGHZ 128, 41, 44.
[10] Reithmann/Martiny/*Hausmann* Internationales Vertragsrecht Rdnr. 5162.
[11] Staudinger/*Großfeld* IntGesR Rdnr. 271; Reithmann/Martiny/*Hau* Internationales Vertragsrecht Rdnr. 2265.
[12] BGH NJW 1998, 2452, 2453; Palandt/*Thorn* EGBGB Anh. Art. 12 Rdnr. 11; Großkomm-AktG/*Assmann* Einl. Rdnr. 576; MüKo BGB/*Kindler* IntGesR Rdnr. 566; Reithmann/Martiny/*Hausmann* Internationales Vertragsrecht, Rdnr. 5201; i. Erg. auch Ulmer/Habersack/Winter/*Behrens* GmbHG Allg. Einl. Rdnr. B 70.

2. Besondere Anknüpfungen

11 Für Teilbereiche der Rechtsfähigkeit bestehen besondere Anknüpfungen.

12 **a) Deliktsfähigkeit.** Die Deliktsfähigkeit ist auch international-privatrechtlich dadurch gekennzeichnet, dass sie Auskunft darüber gibt, ob und unter welchen Voraussetzungen einem Personenverband die Handlungen der für sie auftretenden Personen zuzurechnen sind. Richtigerweise handelt es sich hierbei im Ausgangspunkt um eine **Teilfrage des Deliktsstatuts**.[13] Angeknüpft wird die persönliche Zurechenbarkeit des Delikts konsequenterweise akzessorisch, mithin gemäß Art. 4 Rom II-VO.[14] Art. 15 lit. a) Rom II-VO geht hiervon ebenso aus.[15] Bei der Frage, welche Personen und Handlungen konkret der Gesellschaft zurechenbar sind, ist jedoch danach zu differenzieren, auf welchem Zurechnungsgrund die deliktische Haftung der Gesellschaft konkret beruht: Die im deutschen Recht nach § 31 BGB mögliche Zurechnung von Organwaltern bestimmt sich nach dem **Gesellschaftsstatut** der betreffenden – ggf. ausländischen – Gesellschaft; die nach deutschem Recht mögliche Zurechnung von Verrichtungsgehilfen gemäß § 831 BGB bestimmt sich demgegenüber autonom anhand der nationalen deliktsrechtlichen Umschreibung dieser Personen als Weisungsgebundene. Für die Tätigkeit deutscher Gesellschaften im Ausland gilt dies spiegelbildlich.

13 Eine in Deutschland ansässige oder tätige englische Ltd. haftet somit über § 31 BGB in Deutschland für das Handeln ihrer nach englischem Sachrecht wirksam bestellten Direktoren und über § 831 BGB für die nach deutschem Deliktsrecht zu beurteilenden Verrichtungsgehilfen. Gibt es keine Direktoren, zB wegen vorheriger Amtsniederlegung, scheidet auch in Deutschland eine deliktische Haftung der Ltd. aus. Dies ist nur scheinbar eine gespaltene Lösung. Zu bedenken ist nämlich, dass auch im Deliktsrecht die Haftung für **Eigenhandeln** von der Zurechnung von Fremdhandeln abzugrenzen ist. Die Frage, unter welchen Voraussetzungen das für sich genommen handlungsunfähige juristische Konstrukt der Gesellschaft deliktsfähig ist, gehört zur verfassungsmäßigen Ausgestaltung des Personenverbands und ist daher keine deliktsrechtliche Angelegenheit. Hiervon abzugrenzen ist die delikts- oder vertragsrechtlich begründete Zurechnung sonstiger Personen im Bereich von § 831 oder § 278 BGB.

14 **b) Wechsel- und Scheckfähigkeit.** Ob ein Personenverband wechsel- und scheckfähig ist, mithin eine derartig urkundlich verbriefte Rechtsposition einnehmen kann, richtet sich nach den allgemeinen Regeln des IPR, teilweise überlagert durch das international vereinheitlichte WG und ScheckG. Die passive Wechselfähigkeit richtet sich gemäß Art. 91 Abs. 1 S. 1 WG nach dem Recht des Landes, dem sie angehört. Maßgeblich ist somit das **Gesellschaftsstatut** des Wechselverpflichteten.[16] Für die aktive Wechselfähigkeit gilt dies über den Wortlaut hinaus gleichermaßen.[17] Für beide Fälle sieht jedoch Art. 91 Abs. 2 WG eine besondere Regelung aus Gründen des Verkehrsschutzes vor. Hiernach wird eine nach den allgemeinen Regeln nicht wechselfähige Person gleichwohl verpflichtet, wenn deren Unterschrift in dem Gebiet eines Landes abgegeben wurde, nach dessen Recht sie wechselfähig wurde, es sei denn, die Verbindlichkeit wurde von einem Inländer im Ausland übernommen.[18] Für die aktive und passive Scheckfähigkeit gilt das Vorgesagte gemäß Art. 60 ScheckG gleichermaßen.[19]

---

[13] HM, vgl. MüKo BGB/*Sonnenberger* Einl. IPR Rdnr. 536.
[14] Vgl. zum früheren Recht OLG Köln NZG 1998, 350; Staudinger/*Großfeld* IntGesR Rdnr. 314; Bamberger/Roth/*Mäsch* EGBGB Art. 12 Anh. Rdnr. 46.
[15] MüKo BGB/*Junker* Art. 9 Rom II-VO Rdnr. 10.
[16] Abw. MüKo BGB/*Kindler* IntGesR Rdnr. 578: Recht des effektiven Verwaltungssitzes, was jedoch zumindest im Bereich der europäischen Niederlassungsfreiheit nicht mehr zutrifft.
[17] Baumbach/*Hefermehl* Wechsel- und ScheckG Art. 91 Rdnr. 1.
[18] Einzelheiten, insbesondere zur Frage des Gutglaubensschutzes, bei Hirte/Bücker/*Leible* § 11 Rdnr. 40.
[19] Einzelheiten bei Staudinger/*Großfeld* IntGesR Rdnr. 312.

c) Grundbuchfähigkeit. Sachenrechtliche Rechtsgeschäfte unterliegen im Ausgangspunkt der *lex rei sitae,* in Deutschland gemäß Art. 43 ff. EGBGB. Die Möglichkeit, einen Personenverband als solchen ins Grundbuch einzutragen, ergibt sich nach allgemeiner Meinung gleichwohl aus dessen **Gesellschaftsstatut.**[20] Die nach ihrem Heimatrecht rechtsfähigen ausländischen Gesellschaften mit Sitz oder Tätigkeit in Deutschland können daher ins deutsche Grundbuch eingetragen werden.[21] Für das Verfahren siehe insbesondere die §§ 20, 29, 32 GBO sowie § 15 Abs. 1 b) GBV, wonach vor allem die Vertretungsbefugnis und Rechtsfähigkeit durch öffentliche Urkunden darzulegen ist.[22] Umgekehrt können die rechtsfähigen deutschen Gesellschaften auch in das entsprechende Grundbuch im Ausland eingetragen werden, wenn sie dort Grundstücke oder sonstige dingliche Rechte erwerben. Zu bedenken ist jedoch, dass das Grundbuchrecht funktional betrachtet vor allem auch Registerrecht ist, welchem Wertungen zu Grunde liegen, die über das Gesellschaftsrecht hinausgehen und damit teilweise **Sonderanknüpfungen** erfordern.[23] Es kann daher nicht in allen Fällen aus der nach Heimatrecht zu beurteilenden Rechtsfähigkeit auf die entsprechende Registerfähigkeit geschlossen werden. Gerade dann, wenn Informationsdefizite zu befürchten sind, obliegt es dem jeweiligen nationalen Registerrecht, besondere Anforderungen aufzustellen. In Deutschland betrifft dies die Grundbuchfähigkeit der GbR, die gemäß § 899a BGB, §§ 47 Abs. 2 S. 1, 83 S. 3 GBO an zusätzliche Eintragungen geknüpft ist.[24] Aus deutscher Perspektive folgt hieraus, dass die Eintragung ausländischer Gesellschaften ins Grundbuch in vergleichbaren Fällen an ähnliche Zusatzanforderungen geknüpft werden kann, um die Publizität des Grundbuchs zu gewährleisten. Eine kategorische Ablehnung der Grundbucheintragung kommt zumindest im Bereich der europäischen Niederlassungsfreiheit allenfalls dann in Betracht, wenn die Informationsdefizite nicht durch diese Zusatzeintragungen behoben werden können (str.).[25] Umgekehrt kann das ausländische Grundbuchrecht trotz an sich nach deutschem Heimatrecht gegebener Grundbuchfähigkeit besondere weitere Voraussetzungen an die Eintragung vorsehen.

d) Kaufmanns- und Unternehmereigeneigenschaft. Die kollisionsrechtliche Anknüpfung der Kaufmannseigenschaft ist nach überwiegender Ansicht eine **Teilfrage,** welche wie die entsprechende Hauptfrage nach dem anwendbaren Recht beantwortet wird.[26] Im Kern ist somit stets vorrangig kollisionsrechtlich zu ermitteln, ob die entsprechenden handelsrechtlichen Regeln überhaupt zur Anwendung kommen.[27] Ist das deutsche Recht hiernach **Wirkungsstatut,** sind ausländische Gesellschaften mit Sitz oder Tätigkeit in Deutschland Formkaufmann entsprechend §§ 6 Abs. 1 HGB iVm. 13 Abs. 3 GmbHG bzw. § 3 Abs. 1 AktG, wenn sie mit der deutschen GmbH oder AG vergleichbar sind (Substitution).[28] Beim Typenvergleich kann auf Art. 1 der Publizitätsrichtlinie zurückgegriffen werden.[29] Bei ausländischen Personengesellschaften kommt es entsprechend § 105 HGB darauf an, ob sie ein Handelsgewerbe betreibt. Wird eine ausländische Gesellschaft als Zweigniederlassung ins deutsche Handelsregister eingetragen, gilt § 5 HGB.[30] In den umgekehrten Fällen, dass eine deutsche Gesellschaft ihren Sitz im Ausland hat oder dort tätig wird, kommt es wegen der kollisionsrechtlichen Anknüpfung gemäß Wirkungsstatut darauf

---

[20] BayObLG NZG 2003, 290.
[21] Vgl. zur Eintragung einer Zwangshypothek *Kruis* IPRax 2006, 98.
[22] Einzelheiten bei *Eidenmüller/Rehberg* § 5 Rdnr. 8 f. sowie *Bausback,* DNotZ 1996, 254.
[23] OLG München NJW 1967, 1326, 1328; MüKo BGB/*Kindler* IntGesR Rdnr. 162 ff.; Staudinger/*Großfeld* IntGesR Rdnr. 326; Hirte/Bücker/*Leible* § 11 Rdnr. 52.
[24] Zum Ganzen *Miras* DStR 2010, 604.
[25] Wie *Eidenmüller/Rehm* § 5 Rdnr. 9; abw. Hirte/Bücker/*Leible* § 11 Rdnr. 43; *Leible/Hoffmann,* NZG 2003, 259 f.
[26] MüKo BGB/*Kindler* IntGesR Rdnr. 157 ff.
[27] Hierzu MüKo BGB/*Kindler* IntGesR Rdnr. 153, 207 ff.; *Schumann,* ZIP 2007, 1189.
[28] MüKo BGB/*Kindler* IntGesR Rdnr. 191 ff.; Hirte/Bücker/*Leible* § 11 Rdnr. 53.
[29] *Eidenmüller/Rehm* § 5 Rdnr. 15.
[30] *Eidenmüller/Rehm* § 5 Rdnr. 15.

an, ob das jeweilige ausländische Recht den Kaufmannsbegriff überhaupt kennt bzw. welche Voraussetzungen hieran gestellt werden. Für die Unternehmereigenschaft iSv. § 14 BGB gilt das Vorgesagte entsprechend. Wegen der europäischen Rechtsvereinheitlichung im Bereich des Verbraucherschutzes bestehen hier jedoch keine erheblichen nationalen Unterschiede.

17 **e) Parteifähigkeit.** Die Parteifähigkeit einer Gesellschaft bestimmt sich grds. nach der am Gerichtsstand geltenden Verfahrensordnung (lex fori). Meist ergibt sich demnach die Parteifähigkeit schon unmittelbar aus der Rechtsfähigkeit (vgl. § 50 Abs. 1 ZPO), die sich jedoch nach dem Gesellschaftsstatut richtet (Vorfrage).[31] Problematisch sind allerdings diejenigen Fälle, in denen dem Gebilde nach seinem Gesellschaftsstatut keine Rechts-, aber doch Parteifähigkeit zuerkannt wird (vgl. etwa §§ 50 Abs. 2, 735 ZPO, 11 Abs. 1 S. 1 InsO, 124 HGB). Im Interesse der Verfahrensökonomie und des gesetzgeberischen Willens erscheint es aber gerechtfertigt, eine vom Gesellschaftsstatut vorgesehene Parteifähigkeit auch dann anzunehmen, wenn nach dem Gesellschaftsstatut die Rechtsfähigkeit zu verneinen wäre, und die Frage nach der Parteifähigkeit unmittelbar dem Gesellschaftsstatut zu unterwerfen.[32] Die Fähigkeit zur Vornahme von Prozesshandlungen **(Prozessfähigkeit)** ergibt sich ebenfalls unmittelbar aus dem Gesellschaftsstatut.[33] Nach § 55 ZPO ist die Prozessfähigkeit aber dennoch zu bejahen, wenn sie nach dem Gesellschaftsstatut nicht gegeben wäre, aber vergleichbare Gesellschaften des deutschen Rechts prozessfähig sind.

3. Anknüpfung bei vertraglichen Ansprüchen

18 Die Inanspruchnahme einer Gesellschaft wegen vertraglicher Verbindlichkeiten setzt voraus, dass die Gesellschaft ordnungsgemäß vertreten wurde. Im Hinblick auf die international-privatrechtliche Anknüpfung sind hierbei **organschaftliche und rechtsgeschäftliche Vertretung** zu trennen. Einzelheiten zur Vertretungsmacht bei § 13.

4. Anknüpfung von bereicherungsrechtlichen Ansprüchen

19 **a) Grundsatz.** Im Grundsatz unterliegt die Rückabwicklung rechtsgrundlos erfolgter Vermögensverschiebungen derjenigen Rechtsordnung, die auf die zu kondizierende Leistung (also auf das vermeintlich bestehende Schuldverhältnis, auf das die Leistung erfolgte) anwendbar ist bzw. in deren Geltungsbereich der Eingriff erfolgte (vgl. **Art. 38 Abs. 1, 2 EGBGB,** die außerhalb des zeitlichen und sachlichen Geltungsbereichs der Rom I/II-VO noch Anwendung finden). Die dem deutschen Sachrecht zugrundeliegende Unterscheidung zwischen Leistungs- und Eingriffskondiktion wird auch vom europäischen IPR vorgenommen. Vgl. die bereicherungsrechtlichen Kollisionsregelungen gemäß **Art. 12 Rom I-VO und Art. 10 Rom II-VO,** die zur vorrangigen Anwendung gelangen, wenn die Parteien keine Rechtswahl getroffen haben (Art. 3 Rom I-VO, Art. 14 Rom II-VO).

20 **b) Innergesellschaftliche Ansprüche.** Bereicherungsrechtliche Ausgleichsansprüche zwischen Gesellschaft, Organmitgliedern und Gesellschaftern untereinander (etwa bei Verstoß gegen Ausschüttungssperren) unterliegen akzessorisch dem Gesellschaftsstatut, sofern es sich um eine **Leistungskondiktion** handelt (Art. 10 Abs. 1 Rom II-VO). Art. 12 Abs. 1 lit. e Rom I-VO ist wegen Art. 1 Abs. 2 lit. f Rom II-VO nicht auf gesellschaftsrechtliche Sachverhalte anwendbar. Im Falle eines auszugleichenden Eingriffs durch Gesellschafter oder Geschäftsführer in das Gesellschaftsvermögen kommt es gem. Art. 10 Abs. 2 Rom II-VO auf den gemeinsamen Aufenthaltsort/Sitz der Parteien oder in Ermangelung

---

[31] Reithmann/Martiny/*Hau* Internationales Vertragsrecht Rdnr. 2250; MüKo BGB/*Kindler* IntGesR Rdnr. 587; BGHZ 154, 185, 190; 159, 94, 100f.

[32] Staudinger/*Großfeld* IntGesR Rdnr. 292; MüKo BGB/*Kindler* IntGesR Rdnr. 587; BGHZ 153, 353, 358; BGH NZG 2004, 1001.

[33] Reithmann/Martiny/*Hau* Internationales Vertragsrecht, Rdnr. 2255; Staudinger/*Großfeld* IntGesR Rdnr. 2985; BGHZ 153, 353, 357; OLG München NJW-RR 2005, 1486.

eines solchen gem. Art. 10 Abs. 3 Rom II-VO auf die Belegenheit des Bereicherungsgegenstands nach Eintritt der Bereicherung an.[34]

c) Ansprüche Dritter. Bereicherungsrechtliche Ansprüche zwischen der Gesellschaft 21
und Dritten beurteilen sich, sofern es um die Rückabwicklung fehlgeschlagener Leistungsbeziehungen im Rahmen eines gemäß dem Vertragsstatut nichtigen, aber vermeintlich wirksamen **Vertrags** geht, gemäß Art. 12 Abs. 1 lit. e Rom I-VO (lex specialis gegenüber den Vorschriften der Rom II-VO, vgl. Art. 27 Rom II-VO).[35] Maßgeblich ist hiernach das **Vertragsstatut,** dem der nichtige oder unwirksame Vertrag unterliegt (zu ermitteln nach Art. 3–8 Rom I-VO) und aus dem sich die Nichtigkeit ergibt.[36] Ergibt sich die Nichtigkeit nicht aus dem Vertragsstatut (etwa bei fehlender Geschäftsfähigkeit), so findet für die bereicherungsrechtliche Abwicklung das die Nichtigkeit anordnende Recht Anwendung.[37] Bei den **übrigen Schuldverhältnissen** außerhalb der in Art. 12 Abs. 1 lit. e, Art. 3–8 Rom I-VO genannten vertraglichen Schuldverhältnisse (in Betracht kommen daher v. a. deliktische Schuldverhältnisse richtet sich die bereicherungsrechtliche Abwicklung gem. Art. 10 Abs. 1 (subsidiär Abs. 2–4) Rom II-VO, der entgegen seines Wortlauts auch Leistungen auf unwirksame Rechtsverhältnisse erfasst, nach dem Statut der vermeintlich bestehenden Schuld (akzessorische Anknüpfung).[38]

Bei bereicherungsrechtlichen Rückforderungen in **Mehrpersonenverhältnissen** richtet 22
sich die Abwicklung der jeweiligen Leistungsbeziehung nach dem Schuldstatut des (nichtigen/unwirksamen) Rechtsverhältnisses, auf das sich die abzuwickelnde Leistung bezieht.[39] Welche Rechtsbeziehung dabei für die Abwicklung maßgeblich ist, bestimmt sich wegen des Schuldnerschutzes danach, auf welche Beziehung aus der Sicht des Bereicherungsschuldners (Leistungsempfänger) geleistet wurde.[40]

Ob Fälle der **Eingriffskondiktion** im Verhältnis zu Dritten von Art. 10 Abs. 1 Rom II- 23
VO erfasst werden, ist strittig.[41] Dies betrifft vor allem Ansprüche wegen Verwendung, Nutzung, Verbindung, Vermischung, Verarbeitung und Eingriff in Forderungszuständigkeit. Da Art. 10 Abs. 1 Rom I-VO von einem bestehenden (gesetzlichen oder vertraglichen) Schuldverhältnis ausgeht, der Eingriff (sei er auch gleichzeitig deliktisch zu qualifizieren) ein solches aber erst begründet, ist davon auszugehen, dass diese Fälle Art. 10 Abs. 2 bzw. idR. Abs. 3 unterfallen (insoweit Gleichlauf mit dem Deliktsstatut, Art. 4 Abs. 1 Rom II-VO).[42] Für Eingriffe in das geistige Eigentum gelten Art. 13, 8 Rom II-VO – Deliktsstatut; für Eingriffe in das Persönlichkeitsrecht gilt wegen Art. 1 Abs. 2 lit. g Rom II-VO weiterhin Art. 38 EGBGB.[43]

5. Anknüpfung von deliktischen Ansprüchen

Deliktische Einstandspflichten der Gesellschaft für unerlaubte Handlungen natürlicher 24
Personen (Organwalter, Vertreter, Gehilfen) unterliegen dem **Deliktsstatut** (lex loci delicti).[44] Zur Anknüpfung der betreffenden Zurechnung oben Rdnr. 13. Wird das Deliktsstatut nicht durch Rechtswahl gemäß Art. 14 Rom II-VO oder auf Grund der vorrangigen

---

[34] Vgl. MüKo BGB/*Kindler* IntGesR Rdnr. 689.
[35] PWW/*Fehrenbacher* Rom II-VO Art. 10 Rdnr. 3; Palandt/*Thorn* Rom II-VO Art. 10 Rdnr. 4.
[36] Palandt/*Thorn* Rom I-VO Art. 12 Rdnr. 9, Rom II-VO Art. 10 Rdnr. 7; MüKo BGB/*Junker* Rom I-VO Art. 10 Rdnr. 13.
[37] PWW/*Fehrenbacher* Rom I-VO Art. 12 Rdnr. 46.
[38] Palandt/*Thorn* Rom II-VO Art. 10 Rdnr. 7; PWW/*Fehrenbacher* Rom II-VO Art. 10 Rdnr. 3; *Leible/Lehmann,* RIW 2007, 721, 732.
[39] PWW/*Fehrenbacher* Rom II-VO Art. 10 Rdnr. 3.
[40] Palandt/*Thorn* Rom II-VO Art. 10 Rdnr. 9.
[41] Dafür: Palandt/*Thorn* Rom II-VO Art. 10 Rdnr. 8.
[42] PWW/*Fehrenbacher* Rom II-VO Art. 10 Rdnr. 5 m. w. N.
[43] PWW/*Fehrenbacher* Rom II-VO Art. 10 Rdnr. 1.
[44] RGZ 1934, 43; Staudinger/*Großfeld* IntGesR Rdnr. 314; *Schohe,* Die Haftung juristischer Personen für ihre Organe im Internationalen Privatrecht (1991), S. 25 ff, 53 f.

Art. 5 ff. Rom II-VO bestimmt, gilt **Art. 4 Rom II-VO** als allgemeine Kollisionsnorm. Diese beinhaltet ein Stufenmodell für die Anknüpfung: Nach Art. 4 Abs. 1 Rom II-VO gilt grds. das Deliktsrecht des Staates, in dem der Schaden eintritt. Gemäß Art. 4 Abs. 2 Rom II-VO ist jedoch das Recht des Staates vorrangig anwendbar, in dem Schädiger und Geschädigter ihren gemeinsamen gewöhnlichen Aufenthalt haben. Bei Gesellschaften richtet sich dieser gemäß Art. 23 Abs. 1 S. 1 Rom II-VO nach dem den Ort der Hauptverwaltung (effektiver Verwaltungssitz). Rührt das schadensbegründende Ereignis aus dem Betrieb einer Zweigniederlassung, Niederlassung oder Agentur her, steht der Ort, an dem sich die Zweigniederlassung tatsächlich befindet, gemäß Art. 23 Abs. 1 S. 2 Rom II-VO dem gewöhnlichen Aufenthalt gleich. Diese Anknüpfung führt somit europaweit dazu, dass regelmäßig das Deliktsrecht am tatsächlichen Verwaltungssitz bzw. der Zweigniederlassung anwendbar ist. Aus Art. 4 Abs. 3 Rom II-VO kann sich schließlich eine spezielle Anknüpfung wegen der engen Verbindung einer Schädigung mit einem anderen Staat ergeben, insbesondere wegen bereits bestehender Vertragsbeziehungen.

25 Im Bereich der **Produkthaftung** gilt ergänzend Art. 5 Rom II-VO. Hiernach ist auch hier vorrangig das Recht des Staates anzuwenden, in dem Schädiger und Geschädigter ihren gemeinsamen gewöhnlichen Aufenthalt haben (Art. 5 Abs. 1 iVm. Art. 4 Abs. 2 Rom II-VO). Hilfsweise sieht Art. 5 Abs. 1 Rom II-VO folgende Anknüpfung vor: Vorrangig ist das Recht des Staates anzuwenden, in dem der Geschädigte zum Zeitpunkt des Schadenseintritts seinen gewöhnlichen Aufenthalt hat, nachrangig das Recht des Staates, in dem das Produkt erworben wurde und wiederum nachrangig das Recht des Staates, in dem der Schaden eingetreten ist. Voraussetzung ist stets, dass das Produkt überhaupt in dem betreffenden Staat in den Verkehr gebracht wurde. Art. 5 Rom II-VO lässt schließlich Art. 4 Abs. 2 Rom II-VO unberührt, so dass wegen einer engen Verbindung zu einem anderen Staat vorrangig dessen Recht anzuwenden ist.

26 Art. 6 Abs. 1 Rom II-VO erklärt für den **Bereich des unlauteren Wettbewerbs** das Recht des Staates anwendbar, in dessen Hoheitsgebiet die Wettbewerbsbeziehungen oder die kollektiven Interessen der Verbraucher beeinträchtigt worden sind oder wahrscheinlich beeinträchtigt werden (Marktortprinzip).[45] Marktort ist der Ort, an dem unmittelbar auf die Marktgegenseite eingewirkt wird.[46]

IV. Kollisionsrechtliche Anknüpfung der Gesellschafterhaftung

1. Die prinzipielle Anerkennung ausländischer Haftungsverfassungen

27 Die Außenhaftung der Gesellschafter für Verbindlichkeiten der Gesellschaft Dritten gegenüber richtet sich – aus der Perspektive des deutschen IPR! – gemäß ganz hM nach dem **Gesellschaftsstatut** und zwar unabhängig davon, nach welcher Rechtsordnung das Zustandekommen, das Bestehen, der Umfang und der Rechtsgrund der Verbindlichkeit selbst zu beurteilen ist.[47] Das Gleiche gilt spiegelbildlich für die Frage, ob eine Außenhaftung ausscheidet. Im Ausgangspunkt haben damit die Gesellschafter einer Gesellschaft mit Haftungsbeschränkung auch im internationalen Rechtsverkehr nicht zu befürchten, in einem anderen Staat für die Gesellschaftsverbindlichkeiten persönlich haftbar gemacht zu werden. Zwar gibt es nach wie vor Ansätze, dass nach dem Heimatrecht einer Auslandsgesellschaft bestehende **Haftungsbeschränkungen** wegen des Schutzes vor Irreführung keine Berücksichtigung finden, wenn die am Vornahmeort vorhandenen Gesellschaftsformen eine

---

[45] *Junker*, NJW 2007, 3675, 3679.
[46] MüKo BGB/*Drexel* IntUnlWettbR, Rdnr. 113 m. w. N.
[47] BGH NJW 2005, 1648; Ulmer/Habersack/Winter/*Behrens* GmbHG Allg. Einl. Rdnr. B 89; Staudinger/*Großfeld* IntGesR Rdnr. 348 f.; aA *Grasmann*, System des internationalen Gesellschaftsrechts (1970), Rdnr. 927 f, der eine Anknüpfung an das Wirkungs- und Vornahmestatut vorschlägt; undeutlich MüKo BGB/*Kindler* IntGesR Rdnr. 633, der dies nur bei Auslandsgesellschaften ohne Inlandssitz so sieht.

solche Beschränkung nicht kennen.[48] Dies kann in dieser Allgemeinheit indessen in einer globalisierten und vor allem auch digitalisierten Geschäftswelt keine Geltung mehr beanspruchen. Das Vertrauen des Geschäftspartners einer ausländischen Gesellschaft darauf, dass deren Gesellschafterhaftung derjenigen der entsprechenden inländischen Gesellschaft gleicht, ist nicht schutzwürdig, da er schon durch das Vorliegen einer ausländischen Gesellschaftsform hinreichend vor abweichenden Haftungsverhältnissen „gewarnt" ist.[49] Die prinzipielle Negierung ausländischer Rechtsformen zur Durchbrechung einer nach Heimatrecht bestehenden Haftungsbeschränkung ist daher nicht begründbar.

Dieser im Ausgangspunkt nahezu unstreitige Befund darf indessen nicht darüber hinwegtäuschen, dass es eine Vielzahl von sach- und kollisionsrechtlichen Möglichkeiten gibt, die prinzipielle Haftungsbeschränkung zur Befriedigung bestimmter national begründeter Schutzbedürfnisse oder zur Sanktionierung eines als rechts- oder gar sittenwidrigen Gesellschafterverhaltens generell oder im Einzelfall zu unterlaufen und die **Gesellschafter gleichwohl haften zu lassen.** Die in die gerade aktuelle Diskussion um „das" sachgerechte Gläubigerschutzsystem bei Gesellschaften mit Haftungsbeschränkung eingebettete kollisionsrechtliche Anknüpfung von Haftungsfragen gehört damit letztlich zu den nach wie vor mit großer **Rechtsunsicherheit** versehenen Bereichen des internationalen Gesellschaftsrechts. Beim derzeitigen Entwicklungsstand kann man zwar einigermaßen sichere Vorgaben machen, in welchen Bereichen die Haftungsbeschränkung einen „safe harbour" für unternehmerische Tätigkeit bietet und wo Durchbrechungen drohen. Verglichen mit der dogmatischen Durchdringung des nationalen Gesellschaftsrechts ist die nach wie vor verbleibende Rechtsunsicherheit bei grenzüberschreitendem Verkehr jedoch ein wichtiger Faktor, der den „Wettbewerb der Rechtsformen" (in Europa) nicht so funktionieren lässt, wie er modellartig oft dargestellt wird. Dies ist jedoch keinesfalls zu kritisieren. Die einzelnen Versuche, das Prinzip der Haftungsbeschränkung bei grenzüberschreitenden Sachverhalten zu durchbrechen, lassen sich vielfach auf den berechtigten Schutz nationaler Eigenarten stützen, die auch im europäischen Binnenmarkt keinesfalls nivelliert sind.

2. Die Sitztheorie als Einfallstor für Durchbrechungen

Ein nach wie vor wichtiger, jedoch auf dem Rückzug befindlicher Aspekt, der die Durchbrechung ausländischer Haftungsverfassungen ermöglicht, ist die – im deutschen IPR sowie vielfach auch in ausländischen Rechtsordnungen maßgebliche – Sitztheorie. Hiermit wird das Ziel verfolgt, **Scheinauslandsgesellschaften** *(pseudo foreign companies)* herauszufiltern und einer kollisionsrechtlichen Sonderbehandlung zu unterziehen.[50] Im Kern wird es von den Vertretern dieser – in Deutschland gesetzlich nicht ausdrücklich geregelten – Theorie hingenommen, wenn eine Auslandsgesellschaft mit Haftungsbeschränkung im Inland Geschäfte tätigt und ggf. auch eine echte (dh bloß untergeordnete) Zweigniederlassung unterhält. Vorbehaltlich etwaiger Sonderanknüpfungen führt dies nicht dazu, dass etwa deutsche Gläubiger die Gesellschafter persönlich in die Haftung nehmen könnten. Sobald aber der **effektive Verwaltungssitz** einer Auslandsgesellschaft nach Deutschland verlegt wird oder umgekehrt eine deutsche Gesellschaft ihren Verwaltungssitz ins Ausland verlegt, kommt es regelmäßig zu einem **Statutenwechsel.**[51] Das für die Gesellschafterhaftung maßgebliche Gesellschaftsstatut ändert sich zu Gunsten des Rechts am nun effektiven Verwaltungssitz. Die materielle Legitimation dieser Anknüpfung resultiert aus der trotz vieler Vorteile eines Wettbewerbs der Rechtsordnungen dem Grunde nach zutreffenden Prämisse, dass das Recht des Staates zur Anwendung kommen soll, das von der Tätigkeit typischerweise am stärksten betroffen ist, mithin der Sitzstaat ein „Wächteramt"

---

[48] Staudinger/*Großfeld* IntGesR Rdnr. 350.
[49] Vgl. GroßKommAktG/*Assmann* Einl. Rdnr. 601; ablehnend auch MüKo BGB/*Kindler* IntGesR Rdnr. 607. Falls es zu einer Täuschung über die Rechtsform kommt, kann sich die Außenhaftung natürlich aus Rechtsscheinsaspekten ergeben.
[50] Besonders deutlich nach wie vor MüKo BGB/*Kindler* IntGesR Rdnr. 633.
[51] Instruktiv OLG Hamburg ZIP 2007, 1108.

über die in seinem Territorium agierenden Gesellschaften ausüben soll.[52] Diese Prämisse war traditionell die in Deutschland herrschende Auffassung und wird gemeinhin als Gewohnheitsrecht angesehen.[53] Infolge der europäischen Vorgaben über die Niederlassungsfreiheit befindet sich diese Art der Anknüpfung jedoch auf dem **Rückzug**. Soweit jedoch die Sitztheorie gilt, führt der hiermit verbundene Statutenwechsel dazu, dass die Gesellschafter in den Wegzugs- und Zuzugsfällen nicht darauf vertrauen dürfen, dass die nach wie vor an das Gesellschaftstatut geknüpfte Haftungsverfassung denselben Inhalt hat wie zuvor. Einzelheiten unten Rdnr. 36.

3. Sonderanknüpfungen als echte Durchbrechungen

30 Schließlich sind eine Vielzahl von Sonderanknüpfungen zu beachten, die die prinzipielle Haftungsbeschränkung beim grenzüberschreitenden Tätigwerden einzuschränken vermögen. *Sedes materiae* für derartige Anknüpfungen sind zumeist der **Ordre-Public-Vorbehalt** (vgl. Art. 6 EGBGB), die Qualifizierung einer Regelung als **Eingriffsnorm** (Art. 9 Rom I-VO, Art. 16 Rom II-VO) oder die geschädigten freundliche Qualifizierung eines Haftungsmodells als **Deliktstatbestand** (Art. 4 Rom II-VO). Konstruktiv und aus nationaler Sicht ist es vielfach möglich und überzeugend, hierüber die sich aus dem Gesellschaftstatut ergebende Haftungsverfassung mit einer abweichenden Beurteilung zu überwölben. Kollisionsrechtlich ist dies jedoch höchst problematisch. Nimmt man zB die Gründungstheorie, wie nunmehr in den europäischen Zuzugsfällen (unten Rdnr. 34), ernst, folgt hieraus eine **Vielfalt europäischer Rechtsformen** – und zwar gerade auch im Hinblick auf die Haftungsverfassung. Man darf daher nicht versuchen, diese europarechtlich geforderte Liberalisierung gleichsam durch die Hintertür zu konterkarieren. Ein von der Gesellschaftsform und nicht von der territorialen Betätigung abhängiges **unterschiedliches Gläubigerschutzniveau** ist derzeit eindeutig gewollt und daher entsprechend umzusetzen. Die Sonderanknüpfungen stehen daher – insbesondere im Bereich der europäischen Niederlassungsfreiheit – unter einem hohen Rechtfertigungsdruck und sollten mit Zurückhaltung angewendet werden. Einzelheiten unten Rdnr. 55 ff.

V. Konsequenzen bei der Sitzverlegung

31 Steht kollisionsrechtlich fest, dass das Haftungsregime Teil des **Gesellschaftsstatuts** ist, ist hiermit noch nicht gesagt, auf welche Weise dieses angeknüpft wird. Der nach wie vor vorherrschende Streit zwischen **Sitz- und Gründungstheorie** und die durch die (auf Zuzugsfälle beschränkten) europäischen Vorgaben zur Niederlassungsfreiheit notwendige unterschiedliche Behandlung von **Drittstaaten** bringt in den Fällen der Sitzverlegung für die Praxis eine große Rechtsunsicherheit mit sich.

1. Zuzugsfälle

32 Verlegt eine ausländische Gesellschaft ihren Verwaltungssitz – im Einklang mit dem Heimatrecht sowie dem Recht des Aufnahmelandes zulässigerweise (dazu sogleich) – nach Deutschland, behält sie ihre rechtliche Identität und damit auch Haftungsverfassung. Einer besonderen oder gar förmlichen Anerkennung in Deutschland bedarf es hierfür nicht.[54] Diese – den Wettbewerb der Rechtsformen begünstigende – Respektierung einer ausländischen Gesellschaft mit Verwaltungssitz in Deutschland im Hinblick auf ihre innere Organisation unterliegt jedoch zwei nach wie vor ernst zu nehmenden Voraussetzungen: Erforderlich sind hierfür kumulativ die sach- und kollisionsrechtliche Zulässigkeit der identitätswahrenden Sitzverlegung nach dem Recht des Aufnahme- und des Wegzugsstaates.

---

[52] Spindler/Stilz/*Müller* IntGesR Rdnr. 2.
[53] Grundlegend BGH NJW 1957, 1433, 1434; aus jüngerer Zeit BGH NJW 2002, 3539; BGH NJW 2003, 1607, 1608.
[54] MüKo BGB/*Kindler* IntGesR Rdnr. 316 ff.

a) Anerkennung gemäß deutschem Recht. Im Hinblick auf die Anerkennung ausländischer Gesellschaften mit Verwaltungssitz besteht in Deutschland derzeit eine unbefriedigende gespaltene Lösung: 33

aa) Zuzug innerhalb der EU. Die identitätswahrende Sitzverlegung nach Deutschland innerhalb der EU sowie aus Staaten des EWR ist aus deutscher Perspektive mittlerweile ohne weiteres zulässig, mithin eine Auslandsgesellschaft als solche anzuerkennen.[55] Die europäischen Vorgaben zur Niederlassungsfreiheit bewirken somit insofern die Geltung der Gründungstheorie (vgl. Art. 4 Abs. 1 S. 2 EGBGB: Rückverweisung auf das Recht des Gründungsstaates). 34

bb) Zuzug aus Drittstaaten. Der Zuzug einer Gesellschaft aus Drittstaaten ist demgegenüber nach wie vor nach dem autonomen, nicht europarechtlich vorgeprägten, deutschen Kollisionsrecht zu beurteilen. Dies betrifft insbesondere Gesellschaften aus der Schweiz,[56] von den englischen Kanalinseln (Guernsey und Jersey) sowie der Isle of Man.[57] Hier hält die überwiegende Meinung nach wie vor die Sitztheorie für gewohnheitsrechtlich anwendbar.[58] Dies hat zur Konsequenz, dass sich das Gesellschaftsstatut des betreffenden Personenverbands infolge der Sitzverlegung nach deutschem Recht beurteilt. Es kommt somit zu einem **Statutenwechsel**.[59] Das gemäß deutschem IPR hiernach auf die Gesellschaft anzuwendende deutsche Sachrecht ergibt sich aus einem Vergleich der ausländischen Gesellschaft (gemäß Heimatrecht) mit den Typen des deutschen Gesellschaftsrechts (Substitution).[60] Da die Gründungsvorschriften für deutsche Kapitalgesellschaften meist nicht beachtet sind, kommen als Rechtsform allein die **GbR** und die **OHG** in Betracht;[61] ausländische Ein-Personen-Gesellschaften werden nach deutschem Sachrecht als Einzelperson behandelt.[62] 35

Die Folgen sind drastisch: Die ausländische Gesellschaft aus einem Drittstaat ist zwar aktiv und passiv parteifähig,[63] die Gesellschafter trifft nunmehr jedoch die **unbeschränkte Haftung** gemäß § 128 HGB. Darüber hinaus ist anerkannt, dass die Geschäftsleiter der Handelndenhaftung gemäß § 11 Abs. 2 GmbHG unterliegen.[64] Es kann daher nur mit Nachdruck darauf hingewiesen werden, dass der geschäftliche Kontakt mit Auslandsgesellschaften aus Drittstaaten, die ihren Verwaltungssitz nach Deutschland verlegt haben, erhebliche **Rechtsunsicherheit** mit sich bringt. Um diese zu vermeiden, besteht jedoch die Möglichkeit, die Auslandsgesellschaft in eine deutsche Gesellschaft umzuwandeln (Formwechsel nach §§ 190 ff. UmwG).[65] 36

cc) Besonderheiten bei Gesellschaften aus den USA. Art. XXV Abs. 5 S. 2 des Handels-, Schifffahrts- und Freundschaftsvertrags vom 29. 10. 1954[66] sieht vor, dass Gesellschaften, die gemäß den Gesetzen und sonstigen Vorschriften des einen Vertragsteils in dessen Gebiet errichtet sind, als Gesellschaften dieses Vertragsteils gelten; ihr rechtlicher Status 37

---

[55] Henssler/Strohn/*Servatius* IntGesR Rdnr. 18 f.
[56] BGH NJW 2009, 289, 290 – Trabrennbahn; hierzu *Goette*, DStR 2009, 63; *Jung*, NZG 2008, 681, 682 f.
[57] Vgl. KG NZG 2005, 758, 759; OLG Hamburg ZIP 2007, 1108; BGH BB 2002, 2031; zu Singapur BGH ZIP 2009, 2385 – Trabrennbahn.
[58] BGH NJW 2009, 289 – Trabrennbahn; abw. noch OLG Hamm AG 2007, 332, aufgehoben durch BGH aaO.
[59] BGH NJW 2003, 1607, 1608.
[60] OLG Hamburg ZIP 2007, 1108; *Eidenmüller/Rehm*, ZGR 1997, 89, 90 f.
[61] BGH NJW 2009, 289, 291.
[62] OLG Hamburg ZIP 2007, 1108.
[63] BGH NJW 2002, 3539, 3539 f.
[64] BGH ZIP 2009, 2385; Palandt/*Thorn* Anh zu Art. 12 EGBGB Rdnr. 20.
[65] Die persönliche Haftung für Altverbindlichkeiten bleibt hierbei jedoch bestehen, vgl. *Leible/Hoffmann*, BB 2009, 58 ff.
[66] BGBl. 1956 II, S. 487, 763; vgl. hierzu BGH NJW 2003, 1607 ff.; *Bungert*, DB 2003, 1043; *Göthel*, RIW 2006, 41.

ist in dem Gebiet des anderen Vertragsteils anzuerkennen. Diese staatsvertragliche Kollisionsnorm geht gemäß Art. 3 Abs. 2 S. 1 EGBGB dem autonomen deutschen IPR vor und bewirkt im Verhältnis zwischen Deutschland und den USA die Geltung der **Gründungstheorie**.[67]

38 **b) Grenzüberschreitende Mobilität gemäß Heimatrecht.** Von der soeben erwähnten kollisions- und sachrechtlichen Behandlung in Deutschland abzugrenzen ist auch in den Zuzugsfällen die Frage, ob das Heimatrecht der betreffenden Gesellschaft den identitätswahrenden Wegzug nach dessen Sach- und Kollisionsrecht überhaupt gestattet. Dies ist letztlich ebenfalls ein Aspekt des Gesellschaftsstatuts und daher auch im Zuzugsstaat (vorrangig) zu prüfen (§ 293 ZPO). Konkret bedeutet dies, dass die Anerkennung einer Auslandsgesellschaft als solche mit Verwaltungssitz in Deutschland nur in Betracht kommt, wenn der Wegzugsstaat der **Gründungstheorie** folgt und sich auch aus dessen relevantem materiellen Gesellschaftsrecht keine Hindernisse für den Wegzug ergeben. Diese, aus dem Heimatrecht folgende Einschränkung der Mobilität von Gesellschaften ist auch innerhalb der EU beachtlich.[68]

39 **aa)** Staaten, die im Hinblick auf den Wegzug ihrer Gesellschaften der **Gründungstheorie** folgen, sind innerhalb der EU und des übrigen EWR:[69] Bulgarien,[70] England,[71] Italien,[72] Liechtenstein,[73] Niederlande,[74] Rumänien,[75] Tschechische Republik,[76] Ungarn. Darüber hinaus gilt die Gründungstheorie in China,[77] Hongkong, Japan,[78] Kanada,[79] Mexiko, Russland,[80] der Schweiz,[81] Tunesien, der Ukraine, den USA[82] und Venezuela.[83] Verlegt daher eine Gesellschaft aus diesen Staaten ihren Verwaltungssitz nach Deutschland, ist sie hier als solche auch im Hinblick auf ihre Haftungsverfassung anzuerkennen.

40 **bb)** Staaten, die im Hinblick auf den Wegzug ihrer Gesellschaften der **Sitztheorie** folgen, sind innerhalb der EU und des übrigen EWR:[84] Belgien, Dänemark,[85] Frankreich,[86] Griechenland, Luxemburg,[87] Österreich,[88] Polen,[89] Portugal,[90] Slowenien[91] und Spa-

---

[67] BGH NJW 2003, 1607 ff.; BGH NJW-RR 2004, 1618; BGH NZG 2005, 44; BGH NZG 2004, 863; MüKo BGB/*Kindler* IntGesR Rdnr. 328; abw. aber Staudinger/*Großfeld* IntGesR Rdnr. 210.
[68] EuGH NJW 1989, 2186 – Daily Mail; EuGH NJW 2009, 569 – Cartesio.
[69] Überblick aus MüKo BGB/*Kindler* IntGesR Rdnr. 510.
[70] *Zidarova,* RabelsZ 71 (2007), 398, 417 ff.
[71] Bank of Ethiopia v. National Bank of Egypt (1937) Ch. 513; *Hoffmann,* ZVglRWiss. 101 (2002), 283, 287 ff.
[72] *Kindler,* RabelsZ 61 (1997), 227, 281 ff.
[73] *Appel,* RabelsZ 61 (1997), 510, 532 ff.; *Kohler,* IPRax 1997, 309, 310 f.
[74] *Kramer,* IPRax 2007, 54, 57; *Hoffmann,* ZVglRWiss. 101 (2002), 283, 301 ff.
[75] *Capatina,* RabelsZ 58 (1994), 467, 489 ff.; *Aden,* RIW 2008, 700, 703.
[76] *Pauknerová,* IPRax 2007, 162 ff.
[77] *Süss,* RIW 1989, 788, 789 f.
[78] *Nishitani,* IPRax 2007, 552, 557; *Kaiser* RIW 2009, 257, 258.
[79] *Glenn,* RabelsZ 60 (1996), 231, 238.
[80] *Sadikov,* RabelsZ 67 (2003), 318, 330; *Mayer/Breig,* ZEuP 2006, 829, 839 f.
[81] *Hoffmann,* ZVglRWiss. 101 (2002), 283, 303 ff.
[82] *Göthel,* RIW 2006, 41 ff.
[83] *Hernández/Bretón,* IPRax 1999, 194, 195; *de Maekelt,* RabelsZ 64 (2000), 299, 326 f.
[84] Überblick aus MüKo BGB/*Kindler* IntGesR Rdnr. 511.
[85] *Hoffmann,* ZVglRWiss. 101 (2002), 283, 306 f.
[86] *Kieninger,* RabelsZ 73 (2009), 607, 611 f.
[87] Hirte/Bücker/*Putz* § 8 Rdnr. 32, § 9 Rdnr. 14.
[88] *Lurger,* IPRax 2001, 346.
[89] *Jara/Schlichte,* RIW 2006, 106 ff.
[90] *Stieb,* GmbHR 2004, 494.
[91] Überblick aus MüKo BGB/*Kindler* IntGesR Rdnr. 511; abw. *Rudolf,* IPRax 2003, 158, 160 (Gründungstheorie).

nien.⁹² Außerhalb des EU/EWR-Bereiches folgen der Sitztheorie zB Argentinien, Australien,⁹³ Iran,⁹⁴ Südkorea und die Türkei. Verlegen daher Gesellschaften aus diesen Staaten ihren Verwaltungssitz nach Deutschland, kommt eine identitätswahrende Anerkennung nicht in Betracht. Sie werden hier vielmehr als GbR, OHG oder Einzelkaufmann behandelt – mit der entsprechenden unbeschränkten Haftung.

2. Wegzugsfälle

Verlegt eine deutsche Gesellschaft ihren Verwaltungssitz ins Ausland, sind wiederum auch im Bereich von Haftungsfragen die kollisions- und sachrechtlichen Vorgaben im Recht des Wegzugsstaats und des Zuzugsstaats zu unterscheiden. 41

a) Grenzüberschreitende Mobilität gemäß deutschem Heimatrecht. Da der EuGH infolge der Rechtsprechung *Daily Mail* und *Cartesio* nicht fordert, dass die Mitgliedsstaaten den identitätswahrenden Wegzug von Gesellschaften gemäß Heimatrecht gestatten müssen, erfolgt die sach- und kollisionsrechtliche Behandlung dieser Fälle aus deutscher Perspektive in Bezug auf die EU und Drittstaaten einheitlich nach dem autonomen Recht.⁹⁵ Ob eine deutsche Gesellschaft ihren Verwaltungssitz identitätswahrend ins Ausland verlegen kann und damit ihre Haftungsverfassung beibehält, ist aus der Perspektive des deutschen Rechts nach wie vor sowohl kollisions- als auch sachrechtlich problematisch. Vielfach werden diese Aspekte jedoch zusammen behandelt, vor allem deshalb, weil die gegenwärtige Rechtslage seit Inkrafttreten des MoMiG nicht eindeutig hergibt, ob der Gesetzgeber sach- oder kollisionsrechtliche Regeln erlassen wollte. Insofern sind auch GmbH und AG von den anderen Gesellschaftsformen zu unterscheiden. 42

aa) GmbH und AG. Infolge der Streichung des Gebots der Sitzanknüpfung an das Inland gemäß § 5 Abs. 2 AktG a. F. bzw. § 4a Abs. 2 GmbHG a. F. durch das MoMiG kann eine im deutschen Handelsregister eingetragene GmbH oder AG nunmehr ihren **Verwaltungssitz im Ausland** haben (str.).⁹⁶ Bei der Begründung dieses Ergebnisses ist jedoch nach wie vor sehr umstritten, ob die Neuregelung nur eine sachrechtliche Bedeutung hat oder ihr auch ein kollisionsrechtlicher Gehalt zukommt. Der BGH hat hierzu nicht Stellung bezogen.⁹⁷ Richtigerweise betrifft die Aufgabe des Gebots einer inländischen Sitzanknüpfung durch das MoMiG jedoch sowohl das materielle Gesellschaftsrecht wie das Kollisionsrecht (str.).⁹⁸ Für die Praxis bedeutet diese kontroverse Diskussion jedoch gleichwohl eine erhebliche **Rechtsunsicherheit**. Es ist daher an den Gesetzgeber zu appellieren, endlich Klarheit über die identitätswahrende Sitzverlegung deutscher Gesellschaften zu schaffen, damit diese sich auch als „Exportschlager" erweisen können. Als mögliche **Reformen** bieten sich zum einen nationale Alleingänge an, wie zB der nicht weiter verfolgt Referentenentwurf des BMJ aus dem Jahr 2009.⁹⁹ Hiernach würde ein neu eingeführter Art. 10 43

---

⁹² *Sandrock*, RIW 2006, 658 ff.
⁹³ *Nygh*, RabelsZ 58 (1994), 727, 741.
⁹⁴ *Khatib/Shahidi/Engelhardt*, WiB 1997, 1232.
⁹⁵ Zum Ganzen § 52.
⁹⁶ *Hoffmann*, ZIP 2007, 1581, 1582; *Hirte*, NZG 2008, 761, 766; Baumbach/Hueck/*Fastrich* § 4a Rdnr. 9; Lutter/Hommelhoff/*Bayer* GmbHG § 4a Rdnr. 15; BeckOK GmbHG/*Langer* IntGesR Rdnr. 83 ff.; nach früherem Recht kam es zwangsweise zur Auflösung und Liquidation der deutschen Gesellschaft, so dass auch im Zuzugsstaat keine umfassende Anerkennung möglich ist (vgl. BGH GmbHR 2008, 990; OLG München NZG 2007, 915; GroßKomm GmbHG/*Behrens* Einl. B Rdnr. 118.
⁹⁷ BGH NJW 2009, 289, 291 – Trabrennbahn; zur Rechtfertigung dieser „richterlichen Zurückhaltung" *Goette*, DStR 2009, 63; abw. *Kindler*, IPRax 2009, 189, 198.
⁹⁸ So auch *Hoffmann*, ZIP 2007, 1581; *Fingherhut/Rumpf*, IPRax 2008, 90, 92; *Mülsch/Nohlen*, ZIP 2008, 1358, 1360; aA aber *Peters*, GmbHR 2008, 245, 249; *Franz/Laeger*, BB 2008, 678, 681 f.; *Preuß*, GmbHR 2007, 57, 62; *Kindler*, IPRax 2009, 189, 193 ff.
⁹⁹ Referentenentwurf für ein Gesetz zum Internationalen Privatrecht der Gesellschaften, Vereine und juristischen Personen, abrufbar unter http://www.bmj.bund.de/files//2751/RefE%20Gesetz%20zum%20Internationalen%20Privatrecht%20der%20Gesellschaften,%20Vereine%20und%20juristischen%20Personen.pdf; siehe dazu *Wagner/Timm*, IPRax 2008, 81.

EGBGB das Gesellschaftsstatut an den Registrierungsort, hilfsweise an das Recht des Staates, nach dem die Gesellschaft organisiert ist, anknüpfen und damit in Deutschland die Gründungstheorie für maßgeblich erachten. Überzeugender wäre indessen eine einheitliche europäische Lösung. Der Entwurf für eine Sitzverlegungsrichtlinie vom 20. 4. 1997[100] ist jedoch durch die Rechtsprechung des EuGH überholt. Neue Ansätze zur Harmonisierung des europäischen Kollisionsrechts für Gesellschaften sind derzeit nicht zu erwarten.

44 **bb) Personenhandelsgesellschaften.** Auch bei Personenhandelsgesellschaften sind sach- und kollisionsrechtlich Ort der Registrierung und Verwaltungssitz zu unterscheiden. Die Notwendigkeit gemäß § 106 HGB, bei der Eintragung in das Handelsregister einen Sitz anzugeben, bezieht sich nach hM jedoch auf den Verwaltungssitz.[101] Hiernach könnte ein ausländischer Sitz nicht eingetragen werden mit der Folge, dass der **identitätswahrende Wegzug** einer deutschen Personenhandelsgesellschaft wie bei den Kapitalgesellschaften vor Inkrafttreten des MoMiG nicht möglich ist, mithin bei der Sitzverlegung eine Zwangsauflösung herbeigeführt wird.[102] Diese Sichtweise überzeugt indessen mittlerweile nicht mehr, denn auch § 106 HGB verlangt keinen inländischen Sitz. Insofern ist vielmehr davon auszugehen, dass auch bei den Personenhandelsgesellschaften sach- und kollisionsrechtlich der Wegzug ins Ausland gestattet ist.[103] Für die Praxis bedeutet diese nach wie vor kontrovers geführte Diskussion jedoch eine erhebliche Rechtsunsicherheit, so dass auch insoweit rasch Klärung durch den Gesetzgeber zu fordern ist.

45 **b) Anerkennung im Zuzugsstaat.** Wiederum gilt, dass die grenzüberschreitende Mobilität von Gesellschaften nur dann gewährleistet ist, wenn auch das Kollisions- und Sachrecht des Aufnahmestaates die Verlegung des Verwaltungssitzes billigt, mithin eine Art. 4 Abs. 1 S. 2 EGBGB entsprechende Rückverweisung ins deutsche Recht vorsieht.[104] Folgt der Zuzugsstaat der Gründungstheorie, so bleibt es bei der Anwendbarkeit des deutschen Sachrechts hinsichtlich der Geschäftsführung. Folgt der Zuzugsstaat hingegen der Sitztheorie, kommt es zu einem Statutenwechsel zugunsten der Anwendbarkeit des für die vergleichbaren Gesellschaften maßgeblichen Rechts des Zuzugsstaates (Substitution), was eine Respektierung der nach Heimatrecht bestehenden Haftungsbeschränkung regelmäßig ausschließt. **Innerhalb der EU** bzw. der EWR-Staaten ist jedoch zu bedenken, dass die Rechtsprechung des EuGH in Sachen *Überseering*[105] und *Inspire Art*[106] die Staaten mittlerweile zur identitätswahrenden Anerkennung von Auslandsgesellschaften verpflichtet.[107] Eine deutsche GmbH oder AG, die ihren Verwaltungssitz in einen anderen Mitgliedstaat verlegt, bleibt daher auch im Hinblick auf die Haftungsverfassung als solche bestehen (zur Rechtsunsicherheit aus der Wegzugsperspektive aber oben Rdnr. 43). Das Gleiche gilt im Verhältnis zu den **USA** (oben Rdnr. 37).

46 Folgende **Drittstaaten** folgen bzgl. des Zuzugs ausländischer Gesellschaften der **Sitztheorie**: Argentinien, Australien,[108] Iran,[109] Südkorea und die Türkei. Insofern würde also auch ein nach deutschem Sach- und Kollisionsrecht zulässiger identitätswahrender Wegzug nicht die gewünschte Mobilität der Gesellschaft herbeiführen. Folgende Drittstaaten folgen

---

[100] Abgedruckt in ZIP 1997, 1721.
[101] BGH WM 1957, 999, 1000; MüKo HGB/*Langhein* § 106 Rdnr. 26.
[102] So die bisher hM, vgl. nur Staub/*Hüffer* § 13c Rdnr. 11; MüKo HGB/*Langhein* § 106 Rdnr. 30; vgl. auch § 52.
[103] So auch *Koch*, ZHR 173 (2009), 101; unter Hinweis auf die europäische Niederlassungsfreiheit auch Henssler/Strohn/*Röthel* HGB § 106 Rdnr. 180.
[104] *Teichmann*, ZIP 2009, 393, 401.
[105] EuGH NJW 2002, 3614 ff.
[106] EuGH NJW 2003, 3333.
[107] Einzelheiten bei § 52.
[108] *Nygh*, RabelsZ 58 (1994), 727, 741.
[109] *Khatib/Shahidi/Engelhardt*, WiB 1997, 1232.

bzgl. des Zuzugs ausländischer Gesellschaften der **Gründungstheorie**: China,[110] Hongkong, Japan,[111] Kanada,[112] Mexiko, Russland,[113] Schweiz,[114] Tunesien, Ukraine, USA[115] und Venezuela.[116] Hier wäre somit der identitätswahrende Wegzug möglich, wenn sich die mittlerweile überwiegende Meinung aus deutscher Sicht durchsetzen würde.

3. Besonderheiten auf Grund internationaler Verträge

Das deutsche IPR steht gemäß Art. 3 Nr. 2 EGBGB unter dem Vorbehalt vorrangiger völkerrechtlicher Vereinbarungen. Im Bereich des internationalen Gesellschaftsrechts gibt es hierzu eine Vielzahl bilateraler Staatsverträge.[117] 47

a) Auf Grund spezieller Kapitalschutzabkommen gilt die **Gründungstheorie** (teilweise zumindest halbseitig, dh. für den Zuzug ausländischer Gesellschaften nach Deutschland) für folgende Staaten: Bolivien (Art. 1 Abs. 4 Kapitalschutzabkommen vom 23. 3. 1987, BGBl. 1988 II S. 254); Brunei Darussalam (Art. 1 Abs. 5 Kapitalschutzabkommen vom 30. 3. 1998, BT-Drucks. 15/1057); China: Anerkennung chinesischer Gesellschaften, die von der chinesischen Regierung anerkannt, registriert und zur wirtschaftlichen Zusammenarbeit mit dem Ausland berechtigt sind (Kapitalschutzabkommen vom 1. 12. 2003, BGBl. 2005 II S. 732, BT-Drucks. 15/4983 S. 5362; BGBl. 2006 II S. 119); Dominica (Art. 1 Abs. 4 Kapitalschutzabkommen vom 1. 10. 1984, BGBl. 1985 II S. 1170); Gabun (Art. 1 Abs. 4 Kapitalschutzabkommen vom 15. 9. 1998, BGBl. 2001 II S. 478); Ghana (Art. 1 Nr. 4 Kapitalschutzabkommen vom 24. 2. 1995, BGBl. 1997 II S. 2055); Guyana (Art. 1 Abs. 4 Kapitalschutzabkommen vom 6. 12. 1989, BGBl. 1993 II S. 938); Honduras (Art. 1 Nr. 4 Kapitalschutzabkommen vom 21. 3. 1995, BGBl. 1997 II S. 2064); Hongkong (Art. 1 Abs. 4 Kapitalschutzabkommen vom 31. 1. 1996, BGBl. 1997 II S. 1848); Indien (Art. 1 a) Kapitalschutzabkommen vom 10. 7. 1995, BGBl. 1998 II S. 619); Indonesien (Art. 1 Abs. 4 Kapitalschutzabkommen vom 8. 11. 1968, BGBl. 1970 II S. 492); Jamaika (Art. 1 Nr. 4 Kapitalschutzabkommen vom 24. 9. 1992, BGBl. 1996 II S. 58); Jemen (Art. 1 Abs. 3 Kapitalschutzabkommen vom 2. 3. 2005, BGBl. 2007 II S. 87); Kambodscha (Art. 1 Nr. 4 Kapitalschutzabkommen vom 15. 2. 1999, BGBl. 2001 II S. 487); Kamerun (Art. 8 Abs. 4 Kapitalschutzabkommen vom 29. 6. 1962, BGBl. 1963 II S. 991); Katar (Art. 1 Nr. 3 Kapitalschutzabkommen vom 14. 6. 1996, BGBl. 1998 II S. 628); Demokratische Republik Kongo (Art. 8 Abs. 4 Kapitalschutzabkommen vom 18. 3. 1969, BGBl. 1970 II S. 509); Republik Korea (Art. 8 Abs. 4 Kapitalschutzabkommen vom 4. 2. 1964, BGBl. 1966 II S. 841); Kuba (Art. 1 Nr. 4 Kapitalschutzabkommen vom 30. 4. 1996, BGBl. 1998 II S. 746); Kuwait (Art. 1 Nr. 3 Kapitalschutzabkommen vom 30. 3. 1994, BGBl. 1997 II S. 166); Lesotho (Art. 1 Abs. 4 Kapitalschutzabkommen vom 11. 11. 1982, BGBl. 1985 II S. 14); Liberia (Art. 8 Abs. 4 Kapitalschutzabkommen vom 12. 12. 1961, BGBl. 1967 II S. 537); Malaysia (Art. 1 Abs. 4 Kapitalschutzabkommen vom 22. 12. 1960, BGBl. 1962 II S. 1064); Mali (Art. 1 Nr. 4 Kapitalschutzabkommen vom 28. 6. 1977, BGBl. 1979 II S. 77); Mauritius (Art. 8 Abs. 4 Kapitalschutzabkommen vom 25. 5. 1971, BGBl. 1973 II S. 615); Nepal (Art. 1 Nr. 4 Kapitalschutzabkommen vom 20. 10. 1986, BGBl. 1988 II S. 262); Oman (Art. 1 Nr. 4 Kapitalschutzabkommen vom 25. 6. 1979, BGBl. 1985 II S. 354); Pakistan (Art. 8 Abs. 4 Kapitalschutzabkommen vom 25. 11. 1959, BGBl. 1961 II S. 793); Papua-Neuguinea (Art. 1 Nr. 4 Kapitalschutzabkommen vom 12. 11. 1980, BGBl. 1982 II S. 389); Senegal (Art. 8 Abs. 4 Kapitalschutzabkommen vom 24. 1. 1964, BGBl. 1965 II S. 1391); Serbien und Montenegro (Art. 1 Abs. 3 Kapital- 48

---

[110] *Süss*, RIW 1989, 788, 789 f.
[111] *Nishitani*, IPRax 2007, 552, 557; *Kaiser*, RIW 2009, 257, 258.
[112] *Glenn*, RabelsZ 60 (1996), 231, 238.
[113] *Sadikov*, RabelsZ 67 (2003), 318, 330; *Mayer/Breig*, ZEuP 2006, 829, 839 f.
[114] *Hoffmann*, ZVglRWiss. 101 (2002), 283, 303 ff.
[115] *Göthel*, RIW 2006, 41 ff.
[116] *Hernández/Bretón*, IPRax 1999, 194, 195; *de Maekelt*, RabelsZ 64 (2000), 299, 326 f.
[117] Zum Ganzen ausführlich Eidenmüller/*Rehm* § 2 Rdnr. 6 ff.

schutzabkommen vom 10. 7. 1989 mit dem ehemaligen Jugoslawien, BGBl. 1997 II S. 961, 962); Singapur (Art. 1 Abs. 4 Kapitalschutzabkommen vom 3. 10. 1973, BGBl. 1975 II S. 49); Somalia (Art. 1 Abs. 4 Kapitalschutzabkommen vom 27. 11. 1981, BGBl. 1984 II S. 778); Sri Lanka (Art. 1 Abs. 4 lit. b) des Kapitalschutzabkommens vom 7. 2. 2000, BGBl. 2002 II S. 296); St. Lucia (Art. 1 Nr. 4 Kapitalschutzabkommen vom 16. 3. 1985, BGBl. 1987 II S: 13); St. Vincent und Grenadinen (Art. 1 Nr. 4 Kapitalschutzabkommen vom 25. 3. 1986, BGBl. 1987 II S. 774); Sudan (Art. 8 Abs. 4 Kapitalschutzabkommen vom 7. 2. 1963, BGBl. 1966 II S. 889); Swasiland (Art. 1 Nr. 4 Kapitalschutzabkommen vom 5. 4. 1990, BGBl. 1993 II S. 956); Tansania (Art. 8 Abs. 4 Kapitalschutzabkommen vom 30. 1. 1965, BGBl. 1966 II S. 873); Tschad (Art. 8 Abs. 4 Kapitalschutzabkommen vom 11. 4. 1967, BGBl. 1968 II S. 221); Türkei (vgl. zB Art. 5 des Niederlassungsabkommens mit der Türkischen Republik vom 12. 1. 1927, RGBl. II S. 76; vgl. zur Sitzanknüpfung jedoch Art. 8 Abs. 4 Kapitalschutzabkommen vom 20. 5. 1962, BGBl. 1965 II S. 1193); USA (Art. XXV Abs. 5 S. 2 Freundschafts-, Handels- und Schifffahrtsvertrag vom 29. 10. 1954; hierzu BGH 29. 1. 2003, NJW 2003, 1607, 1608; BGH 5. 7. 2004, NJW-RR 2004, 1618; vgl. auch oben Rdnr. 37).

49 **b)** Die **Sitztheorie** ist staatsvertraglich bei folgenden Ländern maßgeblich: Ägypten (Art. 8 Abs. 4 Kapitalschutzabkommen vom 5. 7. 1974, BGBl. 1977 II S. 1145); Algerien (Art. 1 Abs. 1 Kapitalschutzabkommen vom 11. 3. 1996, BGBl. 2002 II S. 286); Argentinien (Art. 1 Nr. 4 Kapitalschutzabkommen vom 9. 4. 1991, BGBl. 1993 II S. 1244); Armenien (Art. 1 Nr. 4 Kapitalschutzabkommen vom 21. 12. 1995, BGBl. 2000 II S. 46); Aserbaidschan (Art. 1 Nr. 4 Kapitalschutzabkommen vom 22. 12. 1995, BGBl. 1998 II S. 567); Bangladesch (Art. 8 Abs. 4 Kapitalschutzabkommen vom 6. 5. 1981, BGBl. 1984 II S. 838); Barbados (Art. 1 Abs. 4 Kapitalschutzabkommen vom 2.1. 2. 1994, BGBl. 1997 II S. 2047); Belarus (Art. 1 Nr. 3 Kapitalschutzabkommen vom 2. 4. 1993, BGBl. 1996 II S. 85); Benin (Art. 8 Abs. 4 Kapitalschutzabkommen vom 29. 6. 1978, BGBl. 1985 II S. 2); Bosnien Herzegowina (Vertrag vom 18. 10. 2001, BGBl. 2004 II S. 314; BT-Drucks. 15/1847 S. 2091); Botswana (Art. 1 Nr. 4 Kapitalschutzabkommen vom 23. 5. 2000, BGBl. 2002 II S. 278); Bulgarien (Art. 1 Nr. 3 Kapitalschutzabkommen vom 12. 4. 1986, BGBl. 1987 II S. 742); Burundi (Art. 1 Nr. 4 Kapitalschutzabkommen vom 10. 9. 1984, BGBl. 1985 II S. 1162); Chile (Art. 1 Nr. 4 Kapitalschutzabkommen vom 21. 10. 1991, BGBl. 1998 II S. 1427); Costa Rica (Art. 1 Nr. 4 Kapitalschutzabkommen vom 13. 9. 1994, BGBl. 1997 II S. 1830); Dominikanische Republik (Art. 11 des Protokolls zum Freundschafts-, Handels- und Schifffahrtsvertrag vom 23. 12. 1959, BGBl. II S. 1468); Ecuador (Art. 1 Nr. 4 Kapitalschutzabkommen vom 21. 3. 1996, BGBl. 1998 II S. 610); Elfenbeinküste (Art. 1 Abs. 4 Kapitalschutzabkommen vom 27. 10. 1966, BGBl. 1968 II S. 61); El Salvador (Art. 1 Nr. 3 Kapitalschutzabkommen vom 11. 12. 1997, BGBl. 2000 II S. 673); Georgien (Art. 1 Nr. 4 Kapitalschutzabkommen vom 25. 6. 1993, BGBl. 1998 II S. 576); Guinea (Art. 8 Abs. 4 Kapitalschutzabkommen vom 19. 4. 1962, BGBl. 1964 II S. 145); Haiti (Art. 8 Abs. 4 Kapitalschutzabkommen vom 14. 8. 1973, BGBl. 1975 II S. 101); Iran (Art. 1 Abs. 2 lit. b) des Kapitalschutzabkommens vom 17. 8. 2002, BGBl. II S. 55); Japan (Art. XIII Handels- und Schifffahrtsvertrag zwischen dem Deutschen Reich und Japan vom 20. 7. 1927, RGBl. II S. 1087); Jordanien (Art. 8 Abs. 4 Kapitalschutzabkommen vom 15. 7. 1974, BGBl. 1975 II S. 1254); Kap Verde (Art. 1 Nr. 4 Kapitalschutzabkommen vom 18. 1. 1990, BGBl. 1993 II S. 947); Kasachstan (Art. 1 Nr. 4 Kapitalschutzabkommen vom 22. 9. 1992, BGBl. 1994 II S. 3730); Kenia (Art. 1 Nr. 4 Kapitalschutzabkommen vom 3. 5. 1996, BGBl. 1998 II S. 585); Republik Kongo (Art. 8 Abs. 4 Kapitalschutzabkommen vom 13. 9. 1965, BGBl. 1967 II S. 1733); Kroatien (Art. 1 Nr. 4 Kapitalschutzabkommen vom 21. 3. 1997, BGBl. 2000 II S. 653); Laos (Art. 1 Nr. 4 Kapitalschutzabkommen vom 9. 8. 1996, BGBl. 1998 II S. 1466); Libanon (Art. 1 Nr. 1 B) Kapitalschutzabkommen vom 18. 3. 1997, BGBl. 1998 II S. 1439); Madagaskar (Art. 8 Abs. 4 Kapitalschutzabkommen vom 15. 4. 1962, BGBl. 1965 II S. 369); Marokko (Art. 8

Abs. 4 Kapitalschutzabkommen vom 31. 8. 1961, BGBl. 1967 II S. 1641); Mauretanien (Art. 1 Abs. 4 Kapitalschutzabkommen vom 8. 12. 1982, BGBl. 1985 II S. 22); Mazedonien (Art. 1 Nr. 3 Kapitalschutzabkommen vom 10. 9. 1996, BGBl. 2000 II S. 646); Mexiko (Art. 1 Nr. 4 Kapitalschutzabkommen vom 25. 8. 1998, BGBl. 2000 II S. 866); Moldau (Art. 1 Abs. 1 c) Kapitalschutzabkommen vom 28. 2. 1994, BGBl. 1997 II S. 2072); Mongolei (Art. 1 Nr. 1 Kapitalschutzabkommen vom 26. 6. 1991, BGBl. 1996 II S. 50); Mosambik (Art. 1 Nr. 4 Kapitalschutzabkommen vom 6. 3. 2002, BT-Drucks. 15/1845); Namibia (Art. 1 Nr. 4 Kapitalschutzabkommen vom 21. 1. 1994, BGBl. 1997 II S. 186); Nicaragua (Art. 1 Nr. 4 Kapitalschutzabkommen vom 6. 5. 1996, BGBl. 1998 II S. 637); Niederlande (Art. 1, 2 Vertrag zwischen dem Deutschen Reich und den Niederlanden über die gegenseitige Anerkennung der Aktiengesellschaften und anderer kommerzieller, industrieller oder finanzieller Gesellschaften vom 11. 2. 1907, RGBl. 1908, S. 65; in Kraft seit 26. 3. 1908, RGBl. S. 65), Bekanntmachung vom 29. 2. 1952 über die Wiederanwendung BGBl. II S. 435); Panama (Art. 1 Nr. 4 Kapitalschutzabkommen vom 2. 11. 1983, BGBl. 1987 II S. 2); Paraguay (Art. 1 Nr. 4 Kapitalschutzabkommen vom 11. 8. 1993, BGBl. 1997 II S. 2080); Peru (Art. 1 Nr. 4 Kapitalschutzabkommen vom 30. 1. 1995, BGBl. 1997 II S. 197); Philippinen (Art. 1 Nr. 3 Kapitalschutzabkommen vom 18. 4. 1997, BGBl. 1998 II S. 1448); Ruanda (Art. 8 Abs. 4 Kapitalschutzabkommen vom 18. 5. 1967, BGBl. 1968 II S. 1260); Sambia (Art. 8 Abs. 4 Kapitalschutzabkommen vom 10. 12. 1966, BGBl. 1968 II S. 33); Saudi-Arabien (Art. 1 Nr. 3 Kapitalschutzabkommen vom 29. 10. 1996 BGBl. 1998 II S. 593); Sierra-Leone (Art. 8 Abs. 4 Kapitalschutzabkommen vom 8. 4. 1965, BGBl. 1966 II S. 861); Simbabwe (Art. 1 Nr. 4 Kapitalschutzabkommen vom 29. 9. 1995, BGBl. 1997 II S. 1839); Slowakei (Art. 1 Nr. 3 Kapitalschutzabkommen vom 2. 10. 1990 mit der Tschechoslowakei, BGBl. II S. 294); Südafrika (Art. 1 Nr. 4 Kapitalschutzabkommen vom 11. 9. 1995, BGBl. 1997 II S. 2098); Syrien (Art. 1 Nr. 4 Kapitalschutzabkommen vom 2. 8. 1977, BGBl. 1979 II S. 422); Thailand (Art. 1 Abs. 3 Kapitalschutzabkommen vom 24. 6. 2002, BGBl. 2004 II S. 48); Togo (Art. 8 Abs. 4 Kapitalschutzabkommen vom 16. 5. 1961, BGBl. 1964 II S. 154); Tunesien (Art. 8 Abs. 4 Kapitalschutzabkommen vom 20. 12. 1963, BGBl. 1965 II S. 1377); Turkmenistan (Art. 1 Abs. 4 Kapitalschutzabkommen vom 28. 8. 1997, BGBl. 2000 II S. 664); Uganda (Art. 8 Abs. 4 Kapitalschutzabkommen vom 29. 11. 1966, BGBl. 1968 II S. 449); Ukraine (Art. 1 Nr. 4 Kapitalschutzabkommen vom 15. 2. 1993, BGBl. 1996 II S. 75); Uruguay (Art. 1 Nr. 4 Kapitalschutzabkommen vom 4. 5. 1987, BGBl. 1988 II S. 272); Usbekistan (Art. 1 Nr. 4 Kapitalschutzabkommen vom 28. 4. 1993, BGBl. 1997 II S. 2106); Venezuela (Art. 1 Nr. 4 Kapitalschutzabkommen vom 14. 5. 1996, BGBl. 1998 II S. 653); Vereinigte Arabische Emirate (Art. 1 Nr. 2 Kapitalschutzabkommen vom 21. 6. 1997, BGBl. 1998 II S. 1474); Vietnam (Art. 1 Nr. 4 Kapitalschutzabkommen vom 3. 4. 1993, BGBl. 1997 II S. 2116).

VI. Einzelfragen

1. Haftungsdurchgriff

a) **Gesellschaftsstatut.** Ob und unter welchen Voraussetzungen eine Durchbrechung des Prinzips der Haftungsbeschränkung bei Auslandsgesellschaften in Betracht kommt, richtet sich im Ausgangspunkt nach dem Gesellschaftsstatut. Soweit hierfür die **Gründungstheorie** gilt (oben Rdnr. 27), folgt daher auch im grenzüberschreitenden Rechtsverkehr aus dem Heimatrecht der betreffenden Gesellschaft, ob ausnahmsweise eine persönliche Gesellschafterhaftung in Betracht kommt oder nicht.[118] Bei den in Deutschland

---

[118] BGH ZIP 2007, 1709; Ulmer/Habersack/Winter/*Behrens* GmbHG Einl. Rdnr. B 91 f; Soergel[12]/*Lüderitz* Anh. Art. 10 EGBGB Rdnr. 26; GroßKommAktG/*Assmann* Einl. Rdnr. 602; Palandt/*Thorn* Anh. Art. 12 EGBGB Rdnr. 14; MüKo BGB/*Kindler* IntGesR Rdnr. 610, 612 (auch mit einer Auseinandersetzung mit den Gegenmeinungen).

tätigen oder ansässigen Gesellschaften aus anderen europäischen Rechtsordnungen hat das zur Entscheidung berufene Gericht somit über § 293 ZPO zu ermitteln, ob nach dem jeweiligen Heimatrecht ein Durchgriffstatbestand gegeben ist.[119] Hierbei kann es durchaus auch zum **Normenmangel** kommen, wenn zB der Durchgriff aus deutscher Perspektive zum Gesellschaftsstatut gehört, das hiernach berufene Heimatrecht jedoch den Durchgriff insolvenzrechtlich qualifiziert, mithin über Art. 3, 4 EuInsVO letztlich wieder nach Deutschland verweist, ohne dass es hier eine vergleichbare insolvenzrechtliche Haftung gibt.[120] Es stellt daher eine bisher noch nicht befriedigend gelöste **offene Flanke** des viel gerühmten Wettbewerbs der Rechtsordnungen dar, innerhalb der universellen Geltung der Gründungstheorie solche Schieflagen zu beseitigen. Die Gesetzgeber dürfen nicht tolerieren, wenn die Wahl nach passenden Gesellschaftsrechten letztlich nur durch das Auffinden von systemwidrigen „Schlupflöchern" motiviert ist und entsprechend belohnt wird.

51 Soweit indessen (noch) die **Sitztheorie** gilt (Drittstaatenfälle), besteht bei Auslandsgesellschaften in Deutschland von vornherein nicht das Bedürfnis, Durchgriffstatbestände anzuwenden, weil die Gesellschafter ohnehin persönlich haften (oben Rdnr. 35). Das Gleiche gilt – aus deutscher IPR-Perspektive – spiegelbildlich, wenn eine deutsche Gesellschaft im Ausland tätig wird. Ob die dort ggf. zur Entscheidung berufenen Gerichte dies genauso sehen, kann freilich nicht sicher vorher gesagt werden.

52 Ist nach dem Vorgesagten zB bei einer **englischen Ltd.** mit Sitz in Deutschland englisches Recht anwendbar, um über Durchgriffsfragen zu entscheiden, gilt Folgendes: Da es sich bei der Ltd. um eine selbständige Rechtspersönlichkeit handelt, treffen die Risiken der in ihrem Namen eingegangenen Geschäfte grds. nur das Gesellschaftsvermögen (Salomon-Doktrin).[121] Diese Haftungsbeschränkung gilt jedoch nicht kraft Gesetzes; sie bedarf vielmehr einer ausdrücklichen Vereinbarung zwischen den Gesellschaftern in den articles (sec. 3(1, 4) CA 2006, liability clause), was in der Praxis regelmäßig gegeben ist. Eine **persönliche Haftung** der Gesellschafter *(piercing the corporate veil)* ist nach **common law** zwar möglich, wird von den englischen Gerichten aber nur äußerst zurückhaltend bejaht. Folgende Fallbeispiele sind zu nennen:[122] Die Wahl der Rechtsform „Ltd." dient lediglich als Fassade, um rechtliche Verpflichtungen zu umgehen.[123] Die Ltd. tritt als Tochtergesellschaft lediglich als Bevollmächtigte *(agent)* ihrer Gesellschafterin auf, die selbst eine Gesellschaft ist und sie beherrscht.[124]

53 Es wird sich zeigen, inwieweit diese Haftungsinstrumente von der deutschen Rechtsprechung aufgenommen werden. Es ist wohl davon auszugehen, dass die deutschen Gerichte die nach englischem Gesellschaftsrecht bestehende Durchgriffsmöglichkeit im Lichte der deutschen Durchgriffslehren konkretisieren (sogleich Rdnr. 58 ff.). Dies ist zwar ein pragmatischer Absatz, kollisionsrechtlich jedoch nicht zulässig. Vielmehr ist die **restriktive Handhabung** in Großbritannien durchaus auch die maßgebliche Richtschnur für die Anwendung auf Auslandsgesellschaften, was konsequenterweise auf Kosten des deutschen Gläubigerschutzes geht.

54 Von der Durchgriffshaftung der Gesellschafter abzugrenzen ist im englischen Recht die Möglichkeit, einen **Gesellschafter als shadow director** wegen wrongful oder fraudulent trading gemäß sec. 213, 214 IA 1986 haftbar zu machen. Diese Haftungstatbestände sind indessen insolvenzrechtlich zu qualifizieren und gelten konsequenterweise nicht, wenn die Gesellschaft ausschließlich in Deutschland tätig ist (§ 12 Rdnr. 74 ff.).

---

[119] Einzelheiten zum jeweiligen ausländischen Sachrecht bei den Länderberichten in § 47.
[120] Hierzu bei der Existenzvernichtungshaftung unten Rdnr. 66 ff.
[121] Grundlegend Salomon v Salomon & Co. Ltd. [1897] A. C. 22 [H.L.].
[122] Zum Ganzen *Heinz* § 12 Rdnr. 4; *Spahlinger/Wegen* Rdnr. 1342; *Just* Rdnr. 92.
[123] Jones v. Lipman (1962) 1 All ER 442; Gilford Motor Co v. Horne (1933) Ch 935.
[124] Firestone Tyre & Rubber Co v. Lewellin (1957) 37 TC 111 (HL); Smith, Stone & Knight Ltd v. Birmingham Corporation (1939) 4 All ER 116.

b) Sonderanknüpfungen. Auch bei einer prinzipiell an den Ort der Registrierung anknüpfenden Geltung der Gründungstheorie bietet sich die Möglichkeit, die hiernach an sich geltende Haftungsbeschränkung der Gesellschafter mittels Sonderanknüpfungen zu durchbrechen. *Sedes materiae* für derartige Anknüpfungen sind – konstruktiv betrachtet – der **Ordre-Public-Vorbehalt** (vgl. Art. 6 EGBGB), die Qualifizierung einer Regelung als **Eingriffsnorm** (Art. 9 Rom I-VO, Art. 16 Rom II-VO) oder die geschädigten freundliche Qualifizierung eines Haftungsmodells als **Deliktstatbestand** (Art. 4 Rom II-VO).[125] 55

Bei materieller Betrachtung bestehen jedoch erhebliche Zweifel, ob es bei einer in Deutschland tätigen Auslandsgesellschaft hiernach zulässig ist, einen Durchgriff auf das Gesellschaftervermögen letztlich nach deutschem Recht zu begründen. Die traditionelle **Durchgriffslehre**, die hierin eine Durchbrechung der gesellschaftsrechtlich zu begründenden Haftungsbeschränkung sieht, knüpft eindeutig an gesellschaftsrechtliche Begründungsansätze an und unterfällt damit dem **Gesellschaftsstatut**.[126] Die hierzu bei AG und GmbH vertretenen Begründungsansätze lassen sich daher nicht auf vergleichbare Auslandsgesellschaften übertragen. Etwas anderes könnte jedoch für die diese Fallgestaltungen oftmals flankierende, teilweise jedoch nunmehr auch ersetzende **Deliktshaftung** der Gesellschafter gelten. Immerhin hat der EuGH sich ausdrücklich dafür ausgesprochen, dass die Freizügigkeit der Gesellschaften unter einem Missbrauchsvorbehalt steht, insbesondere bei Betrug.[127] 56

Das Gleiche gilt spiegelbildlich, wenn eine **deutsche Gesellschaft im Ausland** tätig wird bzw. sogar ihren Sitz identitätswahrend dorthin verlegt. Ausgehend vom Vorgesagten ist auch das dortige Kollisionsrecht berufen, die aus der Rechtsform resultierende Haftungsverfassung der deutschen Gesellschaft zu achten und eine territoriale Sonderanknüpfung allenfalls in betrügerischen Ausnahmekonstellationen zuzulassen. Hierbei ist freilich ebenfalls zu bedenken, dass keineswegs gesichert ist, ob ein zur Entscheidung berufenes ausländisches Gericht dies gleichermaßen sieht. Die dogmatische und rechtspolitische Vielfalt, das „Handeln mit beschränkter Haftung" zur Befriedigung bestimmter Schutzinteressen einzuschränken, birgt daher im internationalen Rechtsverkehr noch mehr **Unsicherheit** als dies zB derzeit schon in der deutschen Diskussion zum autonomen Sachrecht der Fall ist. 57

aa) Vermögensvermischung. Als Durchgriffstatbestand im deutschen Recht weitgehend anerkannt sind die Fälle, in denen die Gesellschafter das Gesellschafts- und Privatvermögen vermischen (sog. Waschkorblage).[128] Die dogmatische Legitimation einer hieran anknüpfenden **Durchgriffshaftung** wird zutreffend darin gesehen, dass durch das missbilligte Verhalten der Gesellschafter die Effektivität der Kapitalerhaltungsvorschriften vermindert wird. Indem die Kapitalerhaltung gemäß §§ 30, 31 GmbHG bei den Auslandsgesellschaften regelmäßig nicht gilt, fehlt es konsequenterweise auch an einer gesellschaftsrechtlichen Legitimation der hierauf gestützten Durchgriffshaftung. Die (gesellschaftsrechtlich begründete) Durchgriffshaftung wegen Vermögensvermischung lässt sich daher nicht auf eine Auslandsgesellschaft mit Sitz in Deutschland anwenden.[129] 58

Eine andere Frage ist jedoch, ob dieses Ergebnis nicht über eine entsprechende **deliktische Haftung** nach § 826 BGB korrigiert werden kann. Die Rechtsprechung bejaht auch bei Waschkorblagen hiernach eine Schadensersatzhaftung der Gesellschafter der GmbH ggü. den Gläubigern.[130] Im Ausgangspunkt ist es daher möglich, diese Haftung gemäß Art. 4 Abs. 1 Rom II-VO auf Auslandsgesellschaften anzuwenden. Richtigerweise ist dies 59

---

[125] Vgl. Michalski/*Leible* GmbHG Syst. Darst. 2 Rdnr. 147 ff.
[126] Beispielhaft statt anderer B/Hueck/*Fastrich* GmbHG § 13 Rdnr. 43: Insgesamt betrachtet teleologische Reduktion von § 13 Abs. 2 GmbHG.
[127] EuGH Slg. 2003, I-10155 = NJW 2003, 3331 – Inspire Art.
[128] Vgl. nur B/Hueck/*Fastrich* GmbHG § 13 Rdnr. 45 m. w. N.
[129] So für die englische Ltd. auch Lutter/Hommelhoff/*Bayer* GmbHG Anh II zu § 4a Rdnr. 42.
[130] BGH NJW 2006, 1344.

jedoch mit Ausnahme von Betrugsfällen zu verneinen. Die Begründung, in einer Vermögensvermischung eine deliktisch relevante Handlung zu sehen, kann nämlich nicht isoliert von den gesellschaftsrechtlichen Grundwertungen, vor allem im Hinblick auf die rechtliche Notwendigkeit, diese Trennung vorzunehmen, erfolgen. Die **Sachnähe zur Kapitalverfassung** schlägt daher auch auf eine mögliche deliktsrechtliche Qualifikation durch, so dass die Vermögensvermischung als solche keine Haftung aus § 826 BGB bei der Auslands-Ltd. auslöst. Etwas anderes gilt jedoch dann, wenn die Vermischung bewusst zu dem Zweck geschieht, die Gläubiger der Auslandgesellschaft bei der Wahrnehmung ihrer Rechte zu schädigen, insbesondere im Rahmen der Zwangsvollstreckung.

60 **bb) Unterkapitalisierung.** Der Aspekt der qualifizierten materiellen Unterkapitalisierung wird mittlerweile vornehmlich allein als **deliktische Gesellschafterhaftung** aus § 826 BGB gesehen.[131] Insofern kommt über Art. 4 Abs. 1 Rom II-VO wiederum grds. eine Anwendung dieser Figur auf Auslandsgesellschaften in Betracht.[132] Hierbei ist jedoch wiederum zu bedenken, dass die Unterkapitalisierung als haftungsbegründendes Verhalten ihre **dogmatische Legitimation im Gesellschaftsrecht** der betreffenden Rechtsform hat. Indem das Gebot der Kapitalaufbringung bei manchen Auslandsgesellschaften viel schwächer gesetzlich ausgeprägt ist als bei der GmbH, spricht daher Vieles dafür, eine derartige Haftung auch nicht über § 826 BGB begründen zu können.[133] Immerhin hat der BGH bereits im Rektor-Fall zutreffend entschieden, dass das Wirtschaften ohne eigene Haftung und Kapitaleinsatz für sich genommen nicht haftungsbegründend sein kann.[134] Aspekte der geringen Kapitalausstattung einer Auslandsgesellschaft können über § 826 BGB daher nur eine Gesellschafterhaftung begründen, wenn hierdurch gezielt und konkret, dh mit betrügerischer Absicht, Dritte geschädigt werden.[135]

2. Umgekehrter Durchgriff

61 Ob eine Gesellschaft durch Gläubiger der Gesellschafter für deren Verbindlichkeiten in Anspruch genommen werden kann, richtet sich nach dem Gesellschaftsstatut.[136] Sieht dieses die rechtliche Eigenständigkeit der Gesellschaft vor **(Trennungsprinzip)**, scheidet ein umgekehrter Durchgriff aus. Die deutsche Rechtsprechung erkennt die Figur der umgekehrten Durchgriffshaftung mittlerweile nicht mehr an,[137] sodass ausländischen Gesellschafterverbindern nach deutschem Gesellschaftsstatut der direkte Zugriff auf das Gesellschaftsvermögen verwehrt bleibt. Allenfalls die Anfechtung von Vermögensverschiebungen und Anteilspfändungen sind möglich.[138] Im englischen Recht gilt dies gleichermaßen (Salomon-Doktrin).[139]

3. Insolvenzrechtliche Haftung der Gesellschafter

63 Die insolvenzrechtlichen Tatbestände wegen Masseschmälerung, Insolvenzverschleppung und Insolvenzverursachung treffen regelmäßig die Geschäftsleiter einer Gesellschaft (vgl.

---

[131] Zuletzt BGHZ 176, 204 = NJW 2008, 2437 – GAMMA; abweichend für einen gesellschaftsrechtlich begründeten Durchgriffstatbestand noch BGHZ 54, 222, 224 ff. = NJW 1970, 2015, für den eingetragenen Verein.

[132] Weitergehend für die Anwendung eines echten Durchgriffstatbestands auf die Auslandsgesellschaften *Kadel*, MittBayNot 2006, 102, 110; dagegen zutreffend Lutter/Hommelhoff/*Bayer* GmbHG Anh II zu § 4a Rdnr. 42.

[133] So auch OLG Hamm NZG 2006, 826.

[134] BGHZ 45, 204 = NJW 1966, 1309.

[135] Vgl. AG Bad Segeberg ZIP 2005, 812; in diese Richtung auch *Weller*, DStR 2003, 1803.

[136] Vgl. BGH NJW 1981, 521, 525; BGH NJW 1992, 2026, 2030; NJW-RR 1995, 766, 767; Palandt/*Thorn* Anh. Art. 12 EGBGB Rdnr. 14; MüKo BGB/*Kindler* IntGesR Rdnr. 647 f.; Staudinger/*Großfeld* IntGesR Rdnr. 358.

[137] BGH NJW 2004, 217; Roth/*Altmeppen* GmbHG § 13 Rdnr. 149; Lutter/Hommelhoff GmbHG § 13 Rdnr. 24.

[138] MüKo BGB/*Kindler* IntGesR Rdnr. 647.

[139] Salomon v Salomon & Co. Ltd. [1897] A. C. 22 [H.L.]; hierzu ausführlich *Heinz* § 10 Rdnr. 1.

§ 12 Rdnr. 74 ff.). Gleichwohl ist es möglich, entsprechende Haftungstatbestände auch an die Gesellschafterstellung zu knüpfen. Im deutschen Recht sieht etwa § 15a Abs. 3 S. 1 InsO vor, dass die Gesellschafter im Fall der **Führungslosigkeit** zur Stellung des Insolvenzantrags verpflichtet sind. Qualifiziert man die Insolvenzantragspflichten zutreffend insolvenzrechtlich, gelangt man über Art. 3, 4 EuInsVO zu einer weitgehend **territorialen Anknüpfung** anhand des effektiven Verwaltungssitzes einer Gesellschaft (COMI, §§ 35, 36).

Dies bedeutet zum einen für Auslandsgesellschaften mit effektivem Verwaltungssitz in Deutschland, dass nicht nur die Geschäftsleiter den entsprechenden insolvenzbezogenen Pflichten unterliegen und sich bei schuldhafter Nichtbeachtung ggü. der Gesellschaft und den Gläubigern haftbar machen. Im Fall der Führungslosigkeit (vgl. § 35 Abs. 1 S. 3 GmbHG: Fehlen von Geschäftsführern), gilt dies gleichermaßen. Zum anderen bedeutet dies umgekehrt, dass eine deutsche Gesellschaft mit COMI im Ausland den dort bestehenden insolvenzrechtlichen Pflichten unterliegt, mithin ggf. auch eine entsprechende Gesellschafterverantwortlichkeit besteht (Einzelheiten bei §§ 35, 36). **64**

4. Haftung als faktische Geschäftsleiter

Es ist internationaler Standard, dass Gesellschafter als faktische Geschäftsleiter entsprechend haftbar sein können. Einzelheiten bei § 12 Rdnr. 63 ff. **65**

VII. Existenzvernichtungshaftung

Schrifttum: *Altmeppen,* Zur Entwicklung eines neuen Gläubigerschutzkonzeptes in der GmbH, ZIP 2002, 1553; *Balthasar,* Zum Austrittsrecht nach § 305 AktG bei „faktischer Beherrschung", NZG 2008, 858; *Dauner-Lieb,* Die Existenzvernichtungshaftung, – Schluss der Debatte?, DStR 2006, 2034; *Ehricke,* Das abhängige Konzernunternehmen in der Insolvenz, 2000; *ders.,* Zur Begründbarkeit der Durchgriffshaftung in der GmbH, insbesondere aus methodischer Sicht, AcP 199 (1999), 257; *Fleischer,* Konzernuntreue zwischen Straf- und Gesellschaftsrecht: Das Bremer Vulkan-Urteil, NJW 2004, 2867; *Gloger/Goette/van Huet,* Die neue Rechtsprechung zur Existenzvernichtungshaftung mit Ausblick auf das englische Recht, DStR 2008, 1141; *Grigoleit,* Gesellschafterhaftung für interne Einflussnahme im Recht der GmbH, S. 183 ff; *Haas,* Reform des gesellschaftsrechtlichen Gläubigerschutzes, Gutachten E zum 66. Deutschen Juristentag Stuttgart 2006, 2006; *Heeg/Manthey,* Existenzvernichtender Eingriff – Fallgruppen der Rechtsprechung und Praxisprobleme, GmbHR 2008, 798; *Henze,* Gesichtspunkte des Kapitalerhaltungsgebots und seiner Ergänzung im Kapitalgesellschaftsrechts in der Rechtsprechung des BGH, NZG 2003, 649; *Lutter/Banerjea,* Die Haftung wegen Existenzvernichtung, ZGR 2003, 402; *Nassal,* Der existenzvernichtende Eingriff in die GmbH: Einwendungen aus verfassungs- und insolvenzrechtlicher Sicht, ZIP 2003, 969; *Osterloh-Konrad,* Abkehr vom Durchgriff: Die Existenzvernichtungshaftung des GmbH-Gesellschafters nach „Trihotel", ZHR 2008, 274, 305; *Priester,* Die eigene GmbH als fremder Dritter – Eigensphäre der Gesellschaft und Verhaltenspflichten ihrer Gesellschafter, ZGR 1993, 512; *Röhricht,* Insolvenzrechtliche Aspekte im Gesellschaftsschutzes, ZIP 2007, 505; *ders.,* Die GmbH im Spannungsfeld zwischen wirtschaftlicher Dispositionsfreiheit ihrer Gesellschafter und Gläubigerschutz, FS 50 Jahre Bundesgerichtshof, 2000, Bd. I, S. 83; *K. Schmidt,* Gesellschafterhaftung und „Konzernhaftung" bei der GmbH, NJW 2001, 3577; *Strohn,* Existenzvernichtungshaftung, §§ 30, 31, 43 GmbHG und § 64 S. 3 GmbHG – Koordinierungsbedarf?. ZHR 173 (2009), 589; *Ulmer,* Von „TBB" zu „Bremer Vulkan", ZIP 2001, 2021; *Wiedemann,* Reflexionen zur Durchgriffshaftung, ZGR 2003, 283; Die Existenzvernichtungshaftung im modernisierten GmbH-Recht – eine Außenhaftung für Forderungsvereitelung (§ 826 BGB), DStR 2007, 1166; *ders.,* Die Neuausrichtung der Existenzvernichtungshaftung durch den BGH und ihre Implikationen für die Praxis, ZIP 2007, 1681; *Ihrig,* Einzelfragen zur Existenzvernichtungshaftung als Innenhaftung, DStR 2007, 1170; *Raiser,* Die Haftungsbeschränkung ist kein Wesensmerkmal der juristischen Person, FS Lutter, 2000, 637; *Rubner,* Abschied von der Existenzvernichtungshaftung, DStR 2005, 1694; *Schön,* Zur Existenzvernichtungshaftung der juristischen Person, ZHR 168 (2004), 268; *Steffek,* Der subjektive Tatbestand der Gesellschafterhaftung im Recht der GmbH – zugleich ein Beitrag zum Haftungsdurchgriff, JZ 2009, 77; *Veil,* Existenzvernichtungshaftung in: Gesellschaftsrecht in der Diskussion 2005, 103; *ders.,* Gesellschafterhaftung wegen existenzvernichtenden Eingriffs und materieller Unterkapitalisierung, NJW 2008, 3264; *Vetter,* Rechtsfolgen existenzvernichtender Eingriffe, ZIP 2003, 601; *Wackerbarth,* Existenzvernichtungshaftung 2005: Unternehmerische Entscheidungen auf dem **66**

Prüfstand?, ZIP 2005, 877; *Waclawik*, Die Verantwortlichkeit für existenzvernichtendes Unterlassen, DStR 2008, 1486; *Zöllner*, Gläubigerschutz durch Gesellschafterhaftung bei der GmbH, FS Konzen, 2006, S. 999.

1. Grundlagen

67 Die Begriffe „Existenzgefährdung" und „Existenzvernichtung" sind vor allem seit den Entscheidungen des *BGH* in Sachen **Bremer Vulkan**[140] und **KBV**[141] dogmatischer Anknüpfungspunkt für die rechtsfortbildend entwickelte zivilrechtliche Gesellschafterhaftung.[142] Hierin wurde das bis dahin maßgebliche Haftungsmodell für den qualifizierten faktischen Konzern[143] aufgegeben und durch eine Durchgriffshaftung ersetzt. Dieses Konzept wiederum modifizierte der *BGH* im Jahr 2007 in Sachen **Trihotel**, indem er sich für eine auf § 826 BGB gestützte Existenzvernichtungshaftung als Innenhaftung der Gesellschafter aussprach[144] und diese in der Folgezeit stetig ausbaute.[145] Hiernach folgt der Schutz einer abhängigen GmbH gegen Eingriffe ihres Alleingesellschafters nicht mehr dem Haftungssystem des Konzernrechts.[146] Ein Gesellschafter haftet statt dessen gegenüber der Gesellschaft auf **Schadensersatz aus § 826 BGB** für „missbräuchliche, zur Insolvenz der GmbH führende oder diese vertiefende kompensationslose Eingriffe in das der Zweckbindung zur vorrangigen Befriedigung der Gesellschaftsgläubiger dienende Gesellschaftsvermögen".[147] Dies ist die heute vorherrschende Grundlage für die rechtliche Erfassung der früher als (qualifizierte) faktische Beherrschung einer GmbH erörterten Fälle.

68 Dem Grundanliegen der nunmehr weitgehend tatbestandlich präzisierten Existenzvernichtungshaftung ist durchaus zuzustimmen. Die Gesellschafter, die sich an ihrer Gesellschaft bereichern (kompensationsloser Eingriff) und hierdurch in vorhersehbarer Weise die Insolvenz herbeiführen, **missbrauchen die Rechtsform GmbH,** wenn sie die Gesellschaft nicht sogleich liquidieren. Das System der Haftungsbeschränkung setzt zwingend bestimmte Funktionsbedingungen voraus, auf deren Einhaltung die Gläubiger vertrauen müssen. Eine dieser Bedingungen ist die rechtliche Gewährleistung, dass die Gesellschafter ihre GmbH nicht „kalt liquidieren" dürfen. Kommt es daher zu Eingriffen in das – weit verstandene – Gesellschaftsvermögen, und führen die Gesellschafter die GmbH weiter, obwohl *ex ante* betrachtet feststeht, dass der Eingriff die Insolvenz herbeiführen muss, umgehen sie die ihnen obliegende **Abwicklungslast,** mithin die geordnete Liquidation im Zeitpunkt des Eingriffs. Die am Markt weiterhin auftretende GmbH hegt beim Rechtsverkehr die berechtigte Erwartung, dass der Gesellschaftszweck noch ernsthaft verfolgt wird. Ist dies infolge des kompensationslosen Eingriffs nicht mehr gewollt oder objektiv unmöglich, haben die Gesellschafter für etwaige Einbußen bei Gläubigern aufzukommen. Ob die dogmatische Verortung einer derartigen Verantwortung in **§ 826 BGB** indessen zutreffend ist, bleibt **zweifelhaft,** zumal gesellschaftsrechtliche Begründungsansätze bereit stehen, das berechtigte Anliegen der Rechtsprechung methodenehrlicher zu begründen. Wegen des ungeklärten Verhältnisses zwischen § 826 BGB und der früher maßgeblichen Haftung aus faktischer und qualifiziert faktischer Beherrschung einer GmbH besteht daher nach wie vor Anlass, diese Instrumente in die dogmatischen und praktischen Überlegungen mit einzubeziehen.

2. Kollisionsrechtliche Anknüpfung

69 Denkbar und kontrovers diskutiert ist schließlich die Haftung wegen existenzvernichtenden Eingriffs von Gesellschaftern in das Gesellschaftsvermögen. Nachdem der *BGH*

---

[140] NZG 2002, 38.
[141] NJW 2002, 3024.
[142] Zuvor bereits aus strafrechtlicher Sicht BGH NJW 2000, 154.
[143] Zuletzt BGH NJW 1993, 1200 – TBB.
[144] BGHZ 173, 246 = NZG 2007, 667 – Trihotel.
[145] Vgl BGH NZI 2008, 196; NZI 2008, 238; DStR 2008, 1293 – GAMMA.
[146] BGH NZG 2002, 38 – Bremer Vulkan.
[147] BGHZ 173, 246 = NZG 2007, 667 – Trihotel.

diese Haftung nunmehr im Deliktsrecht verortet,[148] stünde der Anwendung dieser Anspruchsgrundlage jedenfalls auf den ersten Blick nicht mehr der Einwand des anzuwendenden englischen Gesellschaftsrechts entgegen (vgl. Art. 4 Abs. 1 Rom II-VO). Da jedoch die Klärung der Anspruchsvoraussetzungen und die Frage nach den Pflichten der Gesellschafter vom ausländischen Gesellschaftsrecht abhängig ist, spricht Vieles dafür, diese Haftung **gesellschaftsrechtlich zu qualifizieren** und daher nicht auf die Auslands-Gesellschaften anzuwenden,[149] mindestens aber von einer akzessorischen Anknüpfung der deliktischen Haftung an das Gesellschaftsstatut (vgl. Art. 41 EGBGB) auszugehen.[150] Immerhin nimmt auch Art. 2 Rom II-VO die Gesellschafterhaftung ausdrücklich aus dem Anwendungsbereich der Verordnung heraus. Selbst wenn man dies anders sieht, bestehen zudem Zweifel, ob eine Anwendung der Existenzvernichtungshaftung auf europäische Auslandsgesellschaften den Vorgaben der EU-rechtlichen **Grundfreiheiten** standhielte.[151] Im Ergebnis muss man daher derzeit noch davon ausgehen, dass die vom *BGH* entwickelte Existenzvernichtungshaftung auf einem gesellschaftsrechtlichen Regelungsmodell beruht und sich daher nicht auf Auslandsgesellschaften übertragen lässt. Dass hierbei Schutzlücken entstehen können, die die Diskussion über den Wettbewerb der Gesellschaftsrechte vernachlässigt, ist nicht von der Hand zu weisen.

3. Haftungsvoraussetzungen

Für die vom *BGH* mittels „richterrechtlichen Gestaltungsakts" entwickelte insolvenzbezogene Innenhaftung der Gesellschafter aus § 826 BGB gilt nunmehr Folgendes:

a) Haftungsadressat. Die Existenzvernichtungshaftung richtet sich nach einhelliger Meinung als Sonderdelikt allein an die **Gesellschafter**.[152] Haftungsadressat ist zunächst derjenige, der den Eingriff in das Gesellschaftsvermögen veranlasst hat und den entsprechenden Vorteil erlangte. Sonstige Personen können nur als Teilnehmer gemäß § 830 Abs. 2 BGB haften. Sieht man die materiell-rechtliche Grundlage in der besonderen Zweckgebundenheit des Gesellschaftsvermögens,[153] ist dem zuzustimmen, denn die hieraus resultierenden Verhaltensanforderungen können allein die Gesellschafter erfüllen. Diese Lösung ist indessen nicht widerspruchsfrei. Berücksichtigt man nämlich den deliktischen Charakter, kann eine gläubigerschädigende Existenzvernichtung infolge Vermögensentzugs auch Dritte treffen. Im Hinblick auf die tatbestandliche Reichweite von § 826 BGB besteht daher nach wie vor erheblicher Klärungsbedarf. Insgesamt wäre es vorzugswürdig gewesen, die Existenzvernichtungshaftung der Gesellschafter als gesellschaftsrechtliche Haftung sachnäher zu begründen als über die deliktische Generalklausel der sittenwidrigen Schädigung, zB über eine drittschützende Treuepflicht.[154] Der **Geschäftsführer** kann wie

---

[148] BGHZ 173, 246 = NJW 2007, 2689 – Trihotel; BGHZ 176, 204 = NJW 2008, 2437 – GAMMA.
[149] *Servatius*, Gläubigereinfluss durch Covenants, 2008, § 4; *Hirte*, NJW 2008, 964; abw. *Weller*, ZIP 2007, 1681; *Roth/Altmeppen* GmbHG Anh § 13 Rdnr. 117; für eine insolvenzrechtliche Qualifikation auch MüKo BGB/*Kindler* IntGesR Rdnr. 643.
[150] In diesem Sinne auch Ulmer/Habersack/Winter/*Behrens* GmbHG Einl. Rdnr. B 91 f.
[151] Vgl. *Eidenmüller*, RabelsZ 70 (2006), 474, 488; *Weller*, ZIP 2007, 1681, 1688 f.; abw. Groß-Komm GmbHG/*Casper* Anh § 77 Rdnr. 171: keine europarechtlichen Bedenken.
[152] BGH NJW 2002, 1803; für eine Erstreckung auf mittelbare Gesellschafter (zB Treugeber, Gesellschafter-Gesellschafter) BGHZ 173, 246 = NZG 2007, 667 – Trihotel.
[153] So BGHZ 173, 246 = NZG 2007, 667 – Trihotel; vgl. auch *Grigoleit*, Gesellschafterhaftung, 2006, S. 289 ff; *Zöllner* FS Konzen (2006), S. 999, 1014; Baumbach/Hueck/*Fastrich* GmbHG § 13 Rdnr. 55: späterer Übergang zu gesellschaftsrechtlich fundierter Lösung nicht ausgeschlossen.
[154] Gegen eine extensive Anwendung von § 826 BGB im Wirtschaftsrecht auch *Servatius*, Gläubigereinfluss durch Covenants, 2008, S. 93 ff; vgl. auch *Röhricht* FS BGH, Bd. I, S. 83, 116: „spezifisch kapitalgesellschaftsrechtlicher Tatbestand".

sonstige Dritte (Banken, Berater) als Teilnehmer gemäß § 830 Abs. 2 BGB haften.[155] Praktisch relevant, weil leichter beweisbar, wird jedoch regelmäßig die sich mit der Existenzvernichtungshaftung weitgehend überschneidende Haftung aus § 64 S. 3 GmbHG sein. Ist der Gesellschafter zugleich Geschäftsführer, haftet er wegen des existenzvernichtenden Eingriffs auch nach § 43 Abs. 2 GmbHG.[156] Die Geschäftsleiter des Gesellschafters haften mangels Konzernbezogenheit der Existenzvernichtungshaftung nicht aus § 317 Abs. 3 AktG analog.[157]

72 Bei einer **mehrgliedrigen GmbH** hängt die Haftung des Einzelnen davon ab, ob er an dem existenzvernichtenden Eingriff mitgewirkt hat oder nicht. Die Haftung trifft daher auch diejenigen **Mitgesellschafter,** die dem existenzvernichtenden Eingriff zugestimmt haben bzw. an dessen Realisierung beteiligt sind, selbst wenn ihnen der Vorteil hieraus nicht gebührt.[158] Man wird zudem annehmen müssen, dass die Existenzvernichtungshaftung bei der mehrgliedrigen GmbH auch durch **Unterlassen** begangen werden kann, wenn ein Mitgesellschafter die schädliche Handlung eines anderen nicht verhindert, obwohl er dies könnte.[159] Besonders problematisch ist insofern jedoch, ob auch Vorsatz gegeben ist. Erfolgen die Eingriffe über einen Zeitraum, innerhalb dessen der Haftungsadressat die Gesellschafterstellung nur zeitweilig förmlich innehat bzw. verliert, kann er auch als **faktischer Gesellschafter** haften, wenn er die Geschicke der GmbH auf andere Weise maßgeblich bestimmt.[160]

73 Eine konzernrechtlich begründete **Abhängigkeit** iSv. § 17 AktG ist für die Haftung nicht erforderlich. Die Existenzvernichtungshaftung gemäß § 826 BGB hat sich so in Abkehr von der KBV-Entscheidung[161] nunmehr vollständig von der früheren Konzernhaftung im qualifizierten faktischen Konzern emanzipiert und sanktioniert auch außerhalb von Konzern- und Abhängigkeitslagen allgemein den **Missbrauch** der Rechtsform GmbH. Dieser kann auch von einem Privatgesellschafter ohne anderweitiges unternehmerisches Interesse begangen werden, insbesondere in der GmbH & Co KG.

74 **b) Kompensationsloser Eingriff in das Gesellschaftsvermögen.** Das zentrale Tatbestandsmerkmal ist der einem Gesellschafter zurechenbare kompensationslose Eingriff in das Gesellschaftsvermögen.[162] Hierdurch unterscheidet sich die Haftung einmal vom bisherigen Konzept des Haftungsdurchgriffs.[163] Zum anderen wird deutlich, dass der Existenzvernichtungshaftung eine **Ergänzungsfunktion zur gesetzlichen Kapitalbindung** zukommt.[164] Die Schadensersatzhaftung aus § 826 BGB ist gegenüber der Rückerstattung gemäß §§ 30, 31 GmbHG zwar nicht subsidiär.[165] Sie zielt jedoch – in Bezug auf das gesamte Gesellschaftsvermögen! – letztlich auf dieselben Entnahmen *causa societatis,* die

---

[155] Vgl. *Vetter,* BB 2007, 1965, 1969; für einen Vorrang der Gesellschafterhaftung zumindest im Innenverhältnis der Schädiger *Lutter/Banerjea,* ZIP 2003, 2177, 2179 f.; GroßKomm GmbHG/*Casper* Anh § 77 Rdnr. 124.

[156] BGHZ 173, 246 = NZG 2007, 667 – Trihotel; *Paefgen,* DB 2007, 1907, 1910 f. Den deliktsrechtlichen Ansatz als flexibel begrüßend jedoch Bormann/Kauka/Ockelmann/*Hollstein,* Handbuch GmbH-Recht, Kapitel 5 Rdnr. 36.

[157] Abw. *Altmeppen,* ZIP 2009, 49, 53.

[158] GroßKomm GmbHG/*Casper* Anh § 77 Rdnr. 119.

[159] Zurückhaltend Baumbach/Hueck/*Fastrich* GmbHG § 13 Rdnr. 19; eine Haftung wegen Unterlassens ablehnend GroßKomm GmbHG/*Casper* Anh § 77 Rdnr. 120: keine Erfolgsabwendungspflicht der Mitgesellschafter.

[160] Im Ansatz anerkannt von BGHZ 173, 246 = NZG 2007, 667 – Trihotel; weitergehend GroßKomm GmbHG/*Casper* Anh § 77 Rdnr. 121.

[161] BGH NJW 2002, 3024.

[162] „Gezielter, betriebsfremden Zielen dienender Entzug von Vermögenswerten", BGHZ 173, 246 = NZG 2007, 667, 671 – Trihotel.

[163] Treffend GroßKomm GmbHG/*Casper* Anh § 77 Rdnr. 117: keine Status- bzw. Zustandshaftung mehr.

[164] Grundlegend *Röhricht* FS 50 Jahre BGH, Bd I, S. 83, 92 ff; so bereits BGH NJW 2002, 3124 – KBV.

[165] BGHZ 173, 246 = NZG 2007, 667, 672 – Trihotel.

§ 14. Haftung

einem Drittvergleich nicht standhalten und damit die Risikoerwartung des Geschäftsverkehrs stören.[166] Letztlich geht es bei der Existenzvernichtung daher um die schadensrechtlich Effektuierung einer über die Stammkapitalbindung hinausgehenden Entnahmesperre, mithin um den Schutz vor Ausplünderung und Selbstbedienung auf Kosten der Gläubiger. Diese originär gesellschaftsrechtlichen Aspekte sind einerseits maßgeblich, um das für § 826 BGB erforderliche Verdikt der Sittenwidrigkeit überzeugend begründen zu können. Auf der anderen Seite zeigen sie eine weitere entscheidende Schwäche der dogmatischen Ansiedlung der Existenzvernichtungshaftung in § 826 BGB, wo es allein um die Schädigung eines anderen geht und konsequenterweise keine tatbestandliche Einschränkung der deliktisch relevanten Handlung möglich ist.[167]

Auf welche Weise der **Eingriff** in das Gesellschaftervermögen erfolgt, ist grds. unbeachtlich. Es besteht kein numerus clausus. Ein Vorenthalten von Vermögen (materielle Unterkapitalisierung, „Aschenputtel-Konstruktion") genügt hingegen nicht.[168] Auch bloße Managementfehler, die die Gesellschaft in die Insolvenz führen, sind für sich genommen nicht ausreichend.[169] **Potentiell schädlich** sind: Entzug von Liquidität beim Cash Pooling;[170] Tilgung privater Verbindlichkeiten aus dem Gesellschaftsvermögen;[171] Vereinnahmung von Forderungen durch den Gesellschafter,[172] nicht jedoch, wenn hiermit sogleich wieder Gesellschaftsverbindlichkeiten getilgt werden;[173] Bestellung von Sicherheiten für Gesellschafter oder andere konzernangehörige Unternehmen;[174] Verlagerung von Warenbestand und Forderungen;[175] Verlagerung von Arbeitskräften und Kundenstamm;[176] Verlagerung von Klinikpersonal, Patienten und medizinischer Infrastruktur;[177] Verlagerung von Vertriebssystemen;[178] Ausnutzung bzw. Entzug von Geschäftschancen;[179] Beeinträchtigung laufender Verträge durch vorzeitige Kündigung und Überleitung auf Gesellschafter.[180] **Nicht ausreichend** sind die bloße Stilllegung von Produktionsstätten[181] oder die bloße Aufgabe lukrativer Produkte.[182] Diese Fälle können zwar durchaus erkennbare Auswirkungen auf die Insolvenzanfälligkeit der Gesellschaft bedeuten, lassen jedoch keinen Missbrauch der Rechtsform GmbH erkennen. Der Gesellschafter trägt die Folgen dieser Entscheidungen mangels Sondervorteils gleichermaßen wie die Gläubiger. Insofern gilt letztlich das Gleiche wie bei den bloßen Managementfehlern, die ebenfalls keine Existenzvernichtungshaftung begründen.[183] Auch das riskante Wirtschaften, mithin das Eingehen unverhältnismäßig hoher Risiken, begründet für sich genommen keinen schädlichen Eingriff.[184]

---

[166] Hierzu *Servatius*, DStR 2004, 1176, 1179 ff.
[167] GroßKomm GmbHG/*Casper* Anh § 77 Rdnr. 126 zieht hieraus den Schluss, dass es bei der Existenzvernichtung nicht auf eine Begünstigung des Schädigers ankomme, was wohl kaum den Vorstellungen des BGH entspricht („kompensationsloser Eingriff"!).
[168] BGH DStR 2008, 1293 – GAMMA; abw. noch OLG Düsseldorf NZG 2007, 388; für eine abweichende Beurteilung bei sog. Stafetten-Gründungen auch GroßKomm GmbHG/*Raiser* § 13 Rdnr. 120; ähnlich Roth/*Altmeppen* GmbHG Anh § 13 Rdnr. 76.
[169] BGH NZG 2005, 214.
[170] BGH NZG 2002, 38 – Bremer Vulkan.
[171] BGH NJW 2002, 1803 – L-Kosmetik.
[172] BGH NZI 2008, 196.
[173] BGH GmbHR 2008, 929.
[174] BGH NJW 1993, 1200 – TBB; BGHZ 173, 246 = NZG 2007, 667 – Trihotel.
[175] BGH NJW 2002, 3024 – KBV.
[176] BGH NZG 2005, 177 – BMW-Vertragshändler.
[177] BGH NZG 2004, 1107 – Rheumaklinik.
[178] BGH DStR 2005, 340 – Handelsvertreter.
[179] BGH NZG 2005, 214, 215.
[180] BGHZ 173, 246 = NZG 2007, 667 – Trihotel (für Pachtvertrag).
[181] Abw. GroßKomm GmbHG/*Casper* Anh § 77 Rdnr. 130.
[182] Abw. GroßKomm GmbHG/*Casper* Anh § 77 Rdnr. 130.
[183] Vgl. BGH NZG 2005, 214.
[184] Vgl. BGH ZIP 2000, 493; abw *Drygala* GmbHR 2003, 729, 733.

77 Der Eingriff muss **kompensationslos** erfolgt sein. Der Sache nach scheint es dem *BGH* und weiten Teilen der Lit darum zu gehen, solche Gestaltungen als unschädlich anzusehen, bei denen der Gesellschaft ein entsprechender **Gegenwert** zufließt.[185] Insofern würde dem Tatbestandsmerkmal dieselbe Bedeutung zukommen wie bei der Ermittlung einer verbotenen Auszahlung im Rahmen von § 30 Abs. 1 GmbHG, mithin eine vollwertige Gegenleistung den Eingriff legitimieren.[186] Dem ist nicht zuzustimmen. Das Merkmal „kompensationslos" hat bei der Existenzvernichtungshaftung allein insofern eine Bedeutung, als der Vermögensentzug im Hinblick auf die **Ertragskraft** der GmbH als Grundlage für die Insolvenzwahrscheinlichkeit adäquat kompensiert wird. Hierbei geht es nämlich anders als bei §§ 30, 31 GmbHG nicht um einen situativen Schutz des Gesellschaftsvermögens vor Zugriffen der Gesellschafter. Haftungsrelevant ist vielmehr eine als missbräuchlich anzusehende **„Weichenstellung ins Aus"**[187] bzw. „kalte Liquidation". Dies kann, insbesondere beim Entzug lebenswichtiger Patente oder Betriebsmittel, auch dann in vorhersehbarer Weise die Insolvenz herbeiführen, wenn im Zeitpunkt des Eingriffs eine adäquate Gegenleistung an die Gesellschaft floss.[188] Man denke nur daran, dass die GmbH infolge des Eingriffs ihre Ertragskraft einbüßt und so die notwendigen Betriebsausgaben, insbesondere Personalkosten, den Gegenwert aufzehren.[189] Erforderlich ist daher eine ganzheitliche, auch die Sekundärfolgen mit einbeziehende **wirtschaftliche Bewertung** des Zugriffs auf den Haftungsfonds.[190] Zentrales Merkmal einer etwaigen Kompensation ist so nicht der ad hoc anzustellende Ausgleich in Geld, sondern die Kompensation der aus dem Eingriff resultierenden Einbuße an Ertragskraft. Nur wenn die in Rede stehende Gegenleistung hiernach ausreicht, den Vorwurf einer vorhersehbaren „Weichenstellung ins Aus" bzw. „kalten Liquidation" auszuräumen, ist der Eingriff kompensiert. Probleme bei der gerichtlichen Ex-post-Überprüfung können durch die Anwendung der **Business Judgement Rule** vermieden werden.[191] Der Eingriff kann als sittenwidrige Verkürzung des der Gläubigerbefriedigung gewidmeten Vermögens (§§ 70 ff GmbHG) auch im **Liquidationsstadium** begangen werden.[192]

78 c) Insolvenzverursachung. Die Existenzvernichtungshaftung entsteht nur, wenn die GmbH insolvent wird.[193] Die bloße Nichtbefriedigung einzelner Gläubiger genügt nicht,[194] ist jenseits der (masselosen) Insolvenz aber auch nicht denkbar. Der kompensationslose Eingriff in das Gesellschaftsvermögen muss für die Insolvenz entweder **kausal** sein[195] oder aber die Schmälerung der **Deckungsquote vertieft** haben.[196] Letzteres ist insbesondere gegeben, wenn der Haftungstatbestand im Zeitraum der Insolvenzverschleppung begangen wird, mithin die GmbH im Zeitpunkt des Eingriffs bereits insolvent ist;[197] relevant wird die Schmälerung der Deckungsquote vor allem bei der Ermittlung des konkreten Schadens. Die **Eröffnung eines Insolvenzverfahrens** ist nicht notwendig, so dass der Anspruch in

---

[185] Vgl. BGH NJW 2002, 1803; *Gehrlein/Witt,* GmbH-Recht in der Praxis, 7. Kapitel Rdnr. 50; *Weller,* ZIP 2007, 1681, 1685.
[186] Baumbach/Hueck/*Fastrich* GmbHG § 30 Rdnr. 20.
[187] Zutreffend Baumbach/Hueck/*Fastrich* GmbHG § 13 Rdnr. 19.
[188] *Strohn,* ZInsO 2008, 706, 707.
[189] So wohl der Fall BGH NJW 2002, 3024 – KBV.
[190] *Jacob,* GmbHR 2007, 796, 800; *Strohn,* ZHR 173 (2009), 589, 591.
[191] Insoweit zutreffend *Weller,* ZIP 2007, 1681, 1685; dies ablehnend GroßKomm GmbHG/*Casper* Anh § 77 Rdnr. 125; vgl. zur notwendigen Betrachtung *ex ante* OLG Köln ZIP 2007, 28.
[192] BGH WM 2009, 800 – Sanitary.
[193] Für die Charakterisierung des neuen Haftungskonzepts als „deliktische Insolvenzverursachungshaftung" daher konsequent GroßKomm GmbHG/*Casper* Anh § 77 Rdnr. 118.
[194] GroßKomm GmbHG/*Casper* Anh § 77 Rdnr. 131.
[195] Nach GroßKomm GmbHG/*Casper* Anh § 77 Rdnr. 132 genügt Mitursächlichkeit; zustimmend Roth/*Altmeppen* GmbHG Anh § 13 Rdnr. 87.
[196] BGHZ 173, 246 = NZG 2007, 667 – Trihotel; BGH NZI 2008, 238.
[197] BGH NJW 2005, 145, 146.

der masselosen Insolvenz auch von einem Gesellschaftsgläubiger geltend gemacht werden kann. Die **Beweislast** für den Kausalzusammenhang trägt die GmbH, im Insolvenzverfahren somit der Verwalter.[198] Dies ist eine entscheidende praktische Schwäche der deliktischen Schadensersatzhaftung, zumal den Gesellschaftern der Einwand des gebotenen Alternativverhaltens offen steht.[199] Welche konkreten Anforderungen an die Kausalität vom *BGH* letztlich gestellt werden, ist derzeit noch nicht absehbar. Um Wertungswidersprüche zu vermeiden, sollte ein Gleichlauf mit § 64 S. 3 GmbHG hergestellt werden.[200]

d) Sittenwidrigkeit. Die entscheidende **dogmatische Schwäche** der neuen Existenzvernichtungshaftung ist die Notwendigkeit, ein bestimmtes Gesellschafterverhalten als sittenwidrig einzustufen. Präzise Vorgaben jenseits der allgemeinen Formel des Verstoßes gegen das Anstandsgefühl aller billig und gerecht Denkenden sind im Deliktsrecht nicht möglich und wegen des historisch gewachsenen Ausnahmecharakters von § 826 BGB an sich auch nicht erforderlich. Indem die Regelung jedoch zunehmend instrumentalisiert wird, im Wirtschaftsverkehr eine deliktsrechtliche Kompensation für bloße Vermögensschäden zu begründen, bedarf es zur tatbestandlichen Präzisierung eines Rückgriffs auf gesellschaftsrechtliche Wertungen.[201] Dies begründet zum einen **Rechtsunsicherheit,** zum anderen jedoch auch **Flexibilität** bei der richterlichen Rechtsfortbildung. Nach der Formel des *BGH* begründet der planmäßige Entzug von Gesellschaftsvermögen im Sinne der Verringerung der Zugriffsmasse zu Lasten der Gläubiger und zum eigenen Vorteil des Gesellschafters die Sittenwidrigkeit.[202] Erforderlich ist eine **Gesamtschau** des Gesellschafterverhaltens im Vorfeld der Insolvenz. Mögliche Aspekte, die Sittenwidrigkeit nach der Formel zu begründen, sind die auch vom *BGH* mehrfach erwähnten Begriffe wie „Selbstbedienung", „Ausplünderung", „kalte Liquidation", bereits bestehende Überschuldung.[203] Auch die Planmäßigkeit des Handelns und systematisches Vorgehen sind starke Indizien. Die abstrakte Insolvenzgefahr genügt indessen nicht.[204] Insgesamt betrachtet ist für die Bejahung der Sittenwidrigkeit jedoch der historischen Konzeption von § 826 BGB entsprechend sehr große **Zurückhaltung** geboten.[205] Der Existenzvernichtungshaftung sollte nur eine Ergänzungsfunktion zukommen, soweit sachnäher begründete gesellschaftsrechtliche Tatbestände nicht ausreichen.[206] Eine allgemeine Haftung für unternehmerische Fehlentscheidungen (Managementfehler) lässt sich über § 826 BGB jedenfalls nicht begründen.[207]

e) Vorsatz. § 826 BGB verlangt Vorsatz; Fahrlässigkeit genügt nicht.[208] Dem handelnden Gesellschafter muss **bewusst** sein, dass durch von ihm selbst oder mit seiner Zustimmung veranlasste Maßnahmen das Gesellschaftsvermögen sittenwidrig geschädigt wird; ausreichend ist, dass ihm die Tatsachen bewusst sind, die den Eingriff sittenwidrig machen; ein Bewusstsein der Sittenwidrigkeit ist nicht erforderlich.[209] **Eventualdolus** genügt und

---

[198] BGHZ 173, 246 = NZG 2007, 667 – Trihotel.
[199] BGHZ 173, 246 = NZG 2007, 667 – Trihotel; dies begrüßend GroßKomm GmbHG/*Casper* Anh § 77 Rdnr. 116.
[200] Vgl hierzu *Knof*, DStR 2007, 1536, 1539 f; *Strohn*, ZHR 173 (2009), 589.
[201] Es wäre daher methodenehrlicher gewesen, die Existenzvernichtungshaftung sogleich als originär gesellschaftsrechtlichen Tatbestand rechtsfortbildend zu begründen (vgl. hierzu *Servatius*, Gläubigereinfluss durch Covenants, 2008, S. 93 ff).
[202] BGHZ 173, 246 = NZG 2007, 667, 669 – Trihotel.
[203] Vgl. BGH NZI 2008, 238.
[204] GroßKomm GmbHG/*Casper* Anh § 77 Rdnr. 125.
[205] So auch BGH DStR 2008, 1293, 1295: „begrenzte besondere Fallgruppe".
[206] Vgl. *Servatius*, Gläubigereinfluss durch Covenants, 2008, § 4.
[207] BGH NZG 2005, 214.
[208] Kritisch *Schwab*, ZIP 2008, 341, 343 f.; *Zöllner* FS Konzen (2006), S. 999, 1018; das Vorsatzerfordernis jedoch begrüßend *Steffek*, JZ 2009, 77; GroßKomm GmbHG/*Casper* Anh § 77 Rdnr. 134.
[209] BGHZ 173, 246 = NZG 2007, 667, 671 – Trihotel.

ist zu bejahen, wenn die Insolvenz die voraussehbare Folge des Eingriffs ist und der Gesellschafter diese Rechtsfolge in Erkenntnis ihres möglichen Eintritts billigend in Kauf genommen hat.[210] Die **Beweislast** trägt die GmbH, in der Insolvenz somit der Insolvenzverwalter.[211] Beweiserleichterungen sind derzeit vom *BGH* noch nicht vorgesehen[212] und sollten wegen des Ausnahmecharakters von § 826 BGB und seiner Stellung im Deliktsrecht auch nicht etabliert werden.[213] Will man das Vorsatzerfordernis liberalisieren,[214] muss auf andere (gesellschaftsrechtliche) Instrumente zurückgegriffen werden. § 826 BGB bietet hierfür keinen Raum. Auch dieser Aspekt spricht daher dafür, in der auf § 826 BGB gestützten Rechtsfortbildung nur eine Zwischenlösung zu sehen und letztlich auf sachnäher begründete Ansätze einer Gesellschafterverantwortlichkeit zurückzugreifen. Ein konsequenter (rechtfortbildender) Ausbau der neu geschaffenen, bereits bei Fahrlässigkeit einsetzenden Insolvenzverursachungshaftung gemäß § 64 S. 3 GmbHG[215] auch zu Lasten der Gesellschafter steht hierfür als methodenehrlicherer Weg bereit.[216]

4. Rechtsfolgen

81 Ersatzfähig ist ein adäquat-kausaler **Schaden der GmbH.** Auch dies hat die GmbH bzw. in der Insolvenz der Verwalter zu beweisen.[217] Aus der Insolvenzbezogenheit der Haftung folgt, dass die Beeinträchtigung des Gesellschaftsvermögens letztlich nur Bezugspunkt für die missbilligte Beeinträchtigung der Gläubigerinteressen ist. Im Mittelpunkt der schadensrechtlichen Bewältigung mittels Differenzhypothese steht daher ein Vergleich, wie die Befriedigungschancen der Gläubiger gewesen wären, wenn der kompensationslose Eingriff nicht erfolgt wäre.[218] Hieraus resultiert eine **doppelte Obergrenze.** Zum einen sind nur die infolge des Eingriffs eintretenden Einbußen zu ersetzen, mithin nicht jedweder Gläubigerausfall.[219] Zum anderen liegt nur insoweit ein ersatzfähiger Schaden der Gesellschaft vor, als es um die Befriedigung der Insolvenzgläubiger und Deckung der Insolvenzkosten geht.[220] Die Wiederauffüllung des Stammkapitals ist hierüber nicht begründbar, sondern allenfalls über eine darüber hinausgehende Haftung des Gesellschafters wegen Treuepflichtverletzung in der mehrgliedrigen GmbH. Um Wertungswidersprüche zu vermeiden, müsste hier jedoch ebenfalls das Vorsatzerfordernis gelten.

82 Der **Substanzwert** der entzogenen Vermögensposition ist grds. zu ersetzen.[221] Insoweit deckt sich die Existenzvernichtungshaftung jedoch vielfach mit dem Erstattungsanspruch aus § 31 GmbHG, der jedoch nicht vorrangig ist.[222] Geldbeträge sind ab dem Zeitpunkt der Entziehung gemäß § 286 Abs. 2 Nr. 4 BGB zu **verzinsen.**[223] Auch weitere, auf dem Eingriff beruhende Schmälerungen der Befriedigungsmöglichkeiten der Gläubiger sind als

---

[210] BGHZ 173, 246 = NZG 2007, 667 – Trihotel.
[211] BGHZ 173, 246 = NZG 2007, 667 – Trihotel.
[212] Weitergehend *Altmeppen,* NJW 2007, 2657, 2660.
[213] Abw für Konzernsachverhalte *Wicke* GmbHG § 13 Rdnr. 11; generell für eine Beweislastumkehr GroßKomm GmbHG/*Casper* Anh § 77 Rdnr. 143.
[214] Dem gar nicht abgeneigt *Goette,* Einführung in das neue GmbH-Recht, 2008, Rdnr. 70.
[215] Diese ist über § 266 StGB sogar strafbewehrt, vgl. OLG Stuttgart DB 2009, 2256; allg. auch BGH DStR 2009, 2161; BGH DB 2009, 2089; hierzu *Leipold/Schäfer,* NZG 2009, 937.
[216] Auf diesen Zusammenhang abstellend auch *Goette,* Einführung in das neue GmbH-Recht, 2008, Rdnr. 70; früher bereits GroßKomm GmbHG/*Casper* Anh § 77 Rdnr. 135 f.
[217] BGHZ 173, 246 = NZG 2007, 667 – Trihotel.
[218] BGHZ 173, 246 = NZG 2007, 667, 671 – Trihotel: „Eingriffsausgleich"; Baumbach/Hueck/*Zöllner* GmbHG SchlAnhKonzernR Rdnr. 131 „Schmälerung der Schuldendeckungsfähigkeit".
[219] *Schanze,* NZG 2007, 681, 684.
[220] BGHZ 173, 246 = NZG 2007, 667, 673 – Trihotel; *Smid,* DZWIR 2008, 265, 268.
[221] *Weller,* ZIP 2007, 1681, 1686; kritisch GroßKomm GmbHG/*Casper* Anh § 77 Rdnr. 145 f.
[222] BGHZ 173, 246 = NZG 2007, 667, 672 – Trihotel.
[223] BGH NZI 2008, 238; abw. GroßKomm GmbHG/*Casper* Anh § 77 Rdnr. 147: Verzinsung nach § 849 BGB.

sog. **Kollateralschäden** ersatzfähig.[224] Dies betrifft regelmäßig die Fälle, in denen der Gesellschafter lebenswichtige Betriebsmittel entzogen hat und die fortlaufenden Kosten das Gesellschaftsvermögen vernichtet haben.[225] In der Praxis wird wohl verstärkt auf die Schadensschätzung nach § 287 ZPO zurückgegriffen werden.

5. Geltendmachung des Anspruchs

Die Existenzvernichtungshaftung begründet (bei § 826 BGB dogmatisch fragwürdig!) nach Ansicht des *BGH* allein einen **Innenanspruch** der GmbH gegen den Gesellschafter. Er wird im Insolvenzverfahren gemäß § 80 Abs. 1 InsO geltend gemacht.[226] Im Fall der masselosen Insolvenz können Gesellschafter entsprechende Ansprüche mittels Pfändung und Überweisung geltend machen, was jedoch meist wenig aussichtsreich ist.[227] Man sollte daher überlegen, entsprechend § 93 Abs. 5 AktG ein eigenes Verfolgungsrecht der Gläubiger bei Vermögenslosigkeit oder Löschung der GmbH zuzulassen.[228] Zu einer **Außenhaftung** kann es jedoch ausnahmsweise dann kommen, wenn das zu missbilligende Verhalten der Gesellschafter auf der Ebene der Gesellschaft keinen Vermögensschaden verursacht hat.[229] Richtigerweise wird man dies wegen der Insolvenzbezogenheit der Haftung jedoch nur für die Fälle der masselosen Insolvenz bejahen können.[230] Der Anspruch **verjährt** gemäß §§ 195, 199 Abs. 1 BGB in drei Jahren.[231] Die Frist beginnt mit Kenntnis eines jeden Gläubigers zu laufen.

83

6. Konkurrenzen

Dass die Existenzvernichtungshaftung aus § 826 BGB sich mit der Erstattung verbotener Auszahlungen gemäß **§§ 30, 31 GmbHG** überschneiden kann und insoweit Anspruchskonkurrenz besteht, hat der *BGH* ausdrücklich angeführt.[232] Dies ist vor allem bedeutsam, wenn man auch den Entzug von – nicht bilanzierbaren – Gewinnchancen ebenfalls als hiervon geschützt ansieht.[233] Darüber hinaus ist zu bedenken, dass das nach § 826 BGB haftungswürdige Gesellschafterverhalten regelmäßig von flankierenden Schutzinstrumenten erfasst wird (Schadensersatz, Durchgriff). Derzeit ist nicht überschaubar, welches Instrument aus der Vielzahl der auf Gläubigerschutz in der GmbH-Insolvenz abzielenden Tatbestände letztlich überzeugt. Die Praxis, dh der Insolvenzverwalter, ist daher angehalten, wie bisher alle denkbaren Ansprüche geltend zu machen.

84

Diese sind: die **Insolvenzverursachungshaftung** der Geschäftsführer gemäß § 64 S. 3 GmbHG;[234] die **Geschäftsführerhaftung** gemäß § 43 Abs. 2 GmbHG; die Haftung als faktischer Geschäftsführer (Einzelheiten bei § 43); die **Durchgriffshaftung** wegen Vermö-

85

---

[224] BGHZ 173, 246 = NZG 2007, 667, 672 – Trihotel; die Haftung auf diese „Quotenverschlechterungsschäden" beschränkend GroßKomm GmbHG/*Casper* Anh § 77 Rdnr. 146.
[225] Vgl. BGH NJW 2002, 3024 – KBV.
[226] Einzelheiten bei *Smid*, DZWIR 2008, 265; GroßKomm GmbHG/*Casper* Anh § 77 Rdnr. 149 ff.; abw. noch BGH NJW 2002, 3024 – KBV Durchgriffshaftung; nicht nachvollziehbar Bormann/Kauka/*Ulrich*, Hdb GmbH-Recht, Kapitel 12 Rdnr. 91: Geltendmachung gemäß § 93 InsO.
[227] Kritisch auch *Schwab*, ZIP 2008, 341, 342; vgl. auch *Vetter*, BB 2007, 1965.
[228] So *Altmeppen*, NJW 2007, 2657, 2660; aA BGHZ 173, 246 = NZG 2007, 667, 671 – Trihotel, wobei jedoch in besonders gelagerten Ausnahmefällen eine andere Beurteilung geboten sein könne. Gegen die Innenhaftung im Fall der masselosen Insolvenz auch GroßKomm GmbHG/*Casper* Anh § 77 Rdnr. 113 ff.
[229] Dies für möglich haltend BGHZ 176, 204 = DStR 2008, 1293 – GAMMA.
[230] Weitergehend *Altmeppen*, ZIP 2008, 1201, 1204.
[231] GroßKomm GmbHG/*Casper* Anh § 77 Rdnr. 153.
[232] BGHZ 173, 246 = NZG 2007, 667, 672 – Trihotel.
[233] Vgl. *Servatius*, GmbHR 1998, 723.
[234] Diese ist über § 266 StGB sogar strafbewehrt, vgl. OLG Stuttgart DB 2009, 2256; allg. auch BGH DStR 2009, 2161; BGH DB 2009, 2089; hierzu *Leipold/Schäfer*, NZG 2009, 937.

gensvermischung,[235] nicht aber wegen Unterkapitalisierung;[236] die strafrechtliche **Untreue** gemäß § 266 StGB als zivilrechtliche Haftung iVm § 823 Abs. 2 BGB;[237] die **Insolvenzverschleppungshaftung** gemäß § 15a InsO iVm § 823 Abs. 2 BGB; den **Ersatz von Zahlungen** gemäß § 64 S. 1 GmbHG; den Schadensersatz wegen Verletzung der gesellschaftsrechtlichen **Treuepflicht;**[238] völlig ungeklärt ist zudem, inwieweit die Existenzvernichtungshaftung die bisher gesellschaftsrechtlich begründete Beherrschung **faktischer und qualifiziert faktischer Konzernlagen** überlagert. Von der neuen Entwicklung der Existenzvernichtungshaftung unberührt bleibt auch die Möglichkeit, auf § 826 BGB als **unmittelbare Außenhaftung** gegenüber geschädigten Gläubigern zurückzugreifen, wenn es sich um einen vom bisherigen Haftungskonzept nicht erfassten Aspekt der Gläubigerschädigung handelt.[239] Eine abschließende tatbestandliche bzw. fallgruppenartige Präzisierung der Norm kann der *BGH* nicht leisten. Die Rechtsentwicklung bleibt daher abzuwarten.

VIII. Konzernhaftung

86 **Schrifttum:** *Bärwaldt/Schabacker,* Wirksamkeitserfordernisse grenzüberschreitender Unternehmensverträge iS des § 291 AktG, AG 1998, 182; *Bauschatz,* Internationale Beherrschungs- und Gewinnabführungsverträge, Konzern 2003, 805; *Bayer,* Der grenzüberschreitende Beherrschungsvertrag, 1988; *Einsele,* Kollisionsrechtliche Behandlung des Rechts verbundener Unternehmen, ZGR 1996, 40; *Lange,* Der grenzüberschreitende Vertragskonzern der Personengesellschaften, IPRax 1998, 438; *Maul,* Probleme im Rahmen von grenzüberschreitenden Unternehmensverbindungen, NZG 1999, 741; *Selzner/Sustmann,* Der grenzüberschreitende Beherrschungsvertrag, Konzern 2003, 85.

1. Grundlagen

87 Grenzüberschreitende Unternehmensverbindungen werden nach Maßgabe des IPR beurteilt. Es gibt bisher **kein europäisches Konzernrecht**. Die Vorentwürfe für eine Konzernrichtlinie aus den 1970er und 80er Jahren wurden aufgegeben,[240] was zu Recht kritisiert wird.[241] Das Konzernrecht ist so nach wie vor Gegenstand unterschiedlicher nationaler Regelungen.[242] Einzelne Staaten sehen hierin überhaupt kein eigenständiges Rechtsgebiet.[243] Eine **gewisse Harmonisierung** erfolgte im Bereich der Konzernrechnungslegung durch die Richtlinie über den konsolidierten Abschluss (83/349/EWG), in Deutschland umgesetzt durch das Bilanzrichtliniengesetz vom 19. 12. 1985 (§§ 290 ff. HGB). Diese Regelungen werden mittlerweile teilweise durch die IAS-VO überlagert.[244] Im Steuerrecht brachte die Mutter-Tochter-Richtlinie ein gemeinschaftsrechtliches Schachtelprivileg ab einer Beteiligung von derzeit 10% für grenzüberschreitende Konzerne.[245] Einzelne Rege-

---

[235] BGH ZIP 2006, 467.
[236] BGH DStR 2008, 1293 – GAMMA.
[237] Vgl. OLG Stuttgart DB 2009, 2256; allg. auch BGH DStR 2009, 2161; BGH DB 2009, 2089; hierzu *Leipold/Schäfer,* NZG 2009, 937; zu eng *Weller,* ZIP 2007, 1681, 1688.
[238] Vgl. BGH NJW 2002, 1803.
[239] Eine Außenhaftung ggü. dem einzig verbliebenen Gläubiger für möglich haltend auch BGHZ 173, 246 = NZG 2007, 667, 672 – Trihotel; eine außerhalb des Insolvenzverfahrens mögliche Haftung des Gesellschafter-Geschäftsführers aus § 826 BGB ggü. getäuschten Arbeitnehmern bejaht auch BGH DStR 2008, 1292 – GAMMA.
[240] Spahlinger/Wegen/*Wendt* Rdnr. 1067 ff.; High Level Group ZIP 2003, 863, 875.
[241] *Bauschatz,* Konzern 2003, 805, 809; *Habersack,* NZG 2004, 1.
[242] Zu Portugal *Lutter/Overrath,* ZGR 1991, 394; zu Italien *Steinhauer,* EuZW 2004, 364; zu Belgien *Blaurock,* ZEuP 1998, 460, 479; Überblick bei *Hohloch,* EU-Handbuch Gesellschaftsrecht, 2001; Wachter/Süß/*Hecksken* § 7 Rdnr. 4 ff.
[243] Für England Spindler/Stilz/*Schall* § 15 Rdnr. 39.
[244] Verordnung [EG] Nr. 1606/2002 vom 19. 7. 2002.
[245] Richtlinie 90/435/EWG vom 20. 8. 1990, geändert durch Richtlinie 2003/123/EG vom 22. 12. 2003.

lungen über die grenzüberschreitende Umwandlung sowie der SE-VO lassen sich jedoch auch als konzernrechtliche Harmonisierung verstehen.

Indem sich die Behandlung grenzüberschreitender Konzernsachverhalte auf das internationale Privatrecht der beteiligten Rechtsordnungen konzentriert, stellt sich die Frage nach der maßgeblichen **Anknüpfung bei Konzernsachverhalten.** Einigkeit besteht, dass es kein einheitliches Konzernstatut gibt,[246] auch kein besonderes Konzernkollisionsrecht im EGBGB bzw. nunmehr Rom I- und II-VO. Die Frage des anwendbaren Rechts richtet sich daher in Bezug auf die gesellschaftsrechtlichen Probleme einer Unternehmensverbindung nach dem **Gesellschaftsstatut** der hieran beteiligten Gesellschaften (Einheitslehre). Da beim Konzern regelmäßig zwei oder mehr Gesellschaften beteiligt sind, kommt es zur **Statutenpluralität,** die eine weitere Präzisierung notwendig macht. Welchem Gesellschaftsstatut der in Rede stehende Regelungsbereich konkret zuzuordnen ist, bestimmt sich anhand der hierbei jeweils auftretenden Schutzbedürfnisse **(Statut der hauptbetroffenen Gesellschaft):**[247] Der Gesellschafter- und Gläubigerschutz einer abhängigen Gesellschaft wird nach dem für die jeweilige Gesellschaftsform nach nationalem Recht maßgeblichen Sachrecht beurteilt;[248] die organisationsrechtlichen und gläubigerschützenden Aspekte aus der Perspektive der Obergesellschaft nach deren Gesellschaftsstatut. Es gibt somit bei grenzüberschreitenden Konzernsachverhalten kein einheitliches Konzernstatut. 88

a) Grenzüberschreitende Konzernsachverhalte. Der Frage des anwendbaren Konzernrechts vorgelagert ist die Frage, ob es sich überhaupt um ein „deutsches" und ein „ausländisches" Unternehmen handelt. Die Bestimmung des Gesellschaftsstatuts der an einem grenzüberschreitenden Konzernsachverhalt beteiligten Gesellschaften ist somit als Vorfrage von der eigentlichen Konzernanknüpfung zu trennen. 89

aa) Zusammenfallen von Rechtsform und Verwaltungssitz der beteiligten Rechtsträger. Um ein deutsches Unternehmen handelt es sich unproblematisch bei den im deutschen Recht vorgesehenen Unternehmensträgern (AG, KGaA, GmbH, KG, OHG, GbR, Stiftung, e. V.), die ihren tatsächlichen Verwaltungssitz im Inland haben. Ein ausländisches Unternehmen liegt unproblematisch vor, wenn es seinen tatsächlichen Verwaltungssitz im Ausland hat und eine dem dortigen Recht entsprechende Rechtsform aufweist. Der grenzüberschreitende Sachverhalt kann in diesen Fällen darin begründet sein, dass z. B. eine deutsche GmbH von einer US-amerikanischen plc beherrscht wird oder umgekehrt. Die kollisions- und sachrechtliche Behandlung derartiger Sachverhalte konzentriert sich darauf, welche Vorgaben das aus dem jeweiligen Gesellschaftsstatut der beteiligten Rechtsträger folgende nationale Sachrecht über die Voraussetzungen und Folgen grenzüberschreitender Unternehmensverbindungen macht. 90

bb) Auseinanderfallen von Rechtsform und Verwaltungssitz der beteiligten Rechtsträger. Hiervon zu unterscheiden ist die rechtliche Beurteilung von Konzernsachverhalten, wenn nur oder zusätzlich noch Rechtsform und tatsächlicher Verwaltungssitz bei einem oder beiden beteiligten Rechtsträgern auseinanderfallen. Dies ist z. B. der Fall, wenn eine englische Ltd mit Verwaltungssitz in Deutschland eine deutsche GmbH beherrscht oder umgekehrt. Hier liegt auf den ersten Blick bereits kein grenzüberschreitender Sachverhalt vor, so dass die unmittelbare Anwendung deutschen Konzernrechts nahe liegt.[249] Diese Sichtweise ist jedoch verkürzt. Soweit es ausländischen Gesellschaften gestattet wird, sich in Deutschland niederzulassen, ohne ihre gesellschaftsrechtliche Identität und Ausgestaltung nach Heimatrecht zu verlieren, gibt das jeweilige Gesellschaftsstatut Auskunft über die Möglichkeit einer konzernrechtlichen Verbindung. Das Gleiche gilt umgekehrt, wenn eine englische Ltd mit Verwaltungssitz in Deutschland von einer deutschen GmbH be- 91

---

[246] Michalski/*Leible* Syst. Darst. 2 Rdnr. 159; teilw. abw. *Altmeppen,* NJW 2004, 97, 102, dazu sogleich.
[247] Vgl. Michalski/*Leible* Syst. Darst. 2 Rdnr. 218.
[248] Vgl. BGH NZG 2005, 214, 215; Süß/Wachter/*Hoffmann* § 6 Rdnr. 3.
[249] So *Altmeppen* NJW 2004, 97, 103; wohl auch Emmerich/Habersack/*Emmerich* § 291 Rdnr. 33 a.

herrscht wird. Würde man dies abweichend beurteilen, käme die mittlerweile weitgehend aufgegebene Sitztheorie gleichsam durch die Hintertür zur Geltung, was den europäischen Vorgaben widerspricht.[250] Der Wettbewerb der Rechtsordnungen funktioniert nur, wenn sich die einzelnen Gesellschaftsformen auch unterscheiden und mangels ausreichendem Gesellschafter- oder Gläubigerschutz z.B. unattraktiv werden. Dies würde konterkariert, wenn ohne europarechtlich vorgegebene Harmonisierung das nationale Kollisionsrecht eine Angleichung der verschiedenen Rechtsformen bewirken würde.

92 **b) Das deutsche Konzernrecht.** Die kollisionsrechtliche Behandlung grenzüberschreitender Unternehmensverbindung führt aus deutscher Perspektive meist zu der Frage, ob und inwieweit das deutsche „Konzernrecht" Anwendung findet – sei es auf den Fall eines vom Ausland beherrschten deutschen Unternehmens oder umgekehrt. Hierbei ist stets zu beachten, dass es auch im deutschen Recht **kein umfassendes Konzernrecht** gibt: §§ 15 bis 22 AktG (rechtsformübergreifender allgemeiner Teil des Konzernrechts, Legaldefinitionen der verschiedenen Stufen der Unternehmenskonzentration); §§ 291 bis 310 AktG (auf AG und KGaA zugeschnittenes Recht der Unternehmensverträge); §§ 311 bis 318 AktG (auf AG und KGaA zugeschnittenes Recht der faktischen Beherrschung); §§ 319 bis 327 AktG (aktienrechtliche Eingliederung); §§ 19 bis 21, 328 AktG (weitgehend auf AG und KGaA zugeschnittenes Recht bei wechselseitigen Beteiligungen, bei börsennotierten Gesellschaften überlagert durch §§ 21 bis 30 WpHG). Bei den Personengesellschaften und der GmbH werden konzernrechtliche Sachverhalte teilweise ergänzend, teilweise vorrangig anhand der allg. gesellschaftsrechtlichen Rechtsinstitute behandelt (Treuepflicht, Änderungen des Gesellschaftsvertrages). Bei der faktischen Beherrschung wird zunehmend auf deliktische Tatbestände zurückgegriffen, insbes. § 826 BGB, **Existenzvernichtungshaftung.**[251] Auch ohne die international-privatrechtlichen Probleme ist daher bereits nach nationalem Recht vielfach umstritten, nach welchen Regelungen sich ein entsprechender Konzernsachverhalt beurteilt.

2. Unternehmensvertragliche Beherrschung einer deutschen Gesellschaft

93 Der Unternehmensvertrag iSv. § 291 AktG (Beherrschungs- und/oder Gewinnabführungsvertrag) ist ein Organisationsvertrag (allgM).[252] Ist der grenzüberschreitende Vertrag hiermit vergleichbar, mithin kein schuldrechtlicher Austauschvertrag, folgt hieraus kollisionsrechtlich eine Anknüpfung an das jeweilige Gesellschaftsstatut der Parteien.[253] Für einen wirksamen Beherrschungsvertrag müssen die materiell-rechtlichen Voraussetzungen beider Gesellschaftsstatute vorliegen. Eine abweichende Rechtswahl ist nicht zulässig (allgM).[254]

94 **a) Gesellschaftsstatut der beherrschten Gesellschaft. aa) Deutsche Gesellschaftsform.** Das Gesellschaftsstatut der beherrschten Gesellschaft gilt für alle diese Gesellschaft betreffenden Belange des Minderheiten- und Gläubigerschutzes.[255] Hiernach ist es nicht kategorisch ausgeschlossen, dass eine deutsche Gesellschaft sich der Beherrschung durch ein ausländisches Unternehmen unterwirft.[256] Die **Wirksamkeitsvoraussetzungen** eines grenzüberschreitenden Beherrschungsvertrags einer deutschen AG bzw. KGaA richten sich in Bezug auf diese Gesellschaft nach §§ 291 Abs. 1 S. 1 Alt. 1, 293 ff. AktG.[257] Bei der Beherrschung einer GmbH gelten konsequenterweise die §§ 53, 54 GmbHG.[258] Der Vertrag

---

[250] So auch *Selzner/Sustmann*, Konzern 2003, 85, 89; *Spahlinger/Wegen* Rdnr. 393 f.; *Süß/Wachter/Hoffmann* § 6 Rdnr. 13.
[251] BGHZ 173, 246 = NJW 2007, 2689 – Trihotel.
[252] Vgl. für die GmbH BGH Z 105, 324 = NJW 1989, 295 – Supermarkt.
[253] *Süß/Wachter/Hoffmann* § 6 Rdnr. 8 f.
[254] MüKo BGB/*Kindler* IntGesR Rdnr. 731, 749.
[255] Vgl. BGH NZG 2005, 214, 215.
[256] Abw. *Meilicke* FS Hirsch (1968), S. 99, 120 ff.
[257] Inzident BGH Z 138, 136 = NJW 1992, 2760 – ABB; *Bauschatz*, Konzern 2003, 805, 806.
[258] HM, BGHZ 105, 324 = NJW 1989, 295 – Supermarkt; aA Michalski/*Servatius* Konzernrecht Rdnr. 27 ff.: §§ 293 ff. AktG weitgehend analog.

ist gemäß § 294 AktG bzw. entsprechend § 54 GmbHG in das Handelsregister der beherrschten deutschen Gesellschaft einzutragen. Die Eintragung in das Register des ausländischen herrschenden Unternehmens ist nach deutschem Kollisions- und Sachrecht nicht erforderlich.[259]

Teile der Lit. knüpfen die Wirksamkeit eines grenzüberschreitenden Beherrschungsvertrages zudem an die **Wahl deutschen Sachrechts** sowie die Vereinbarung eines **deutschen Gerichtsstands** (Loyalitätsklausel).[260] Dem liegt die Erwägung zu Grunde, dass das ausländische IPR nicht zwingend zur Anwendung deutschen Konzernrechts führt und die Schutzmechanismen wegen prozessualer und vollstreckungsrechtlicher Hindernisse nicht gewährleistet seien (zur Durchsetzung von Ansprüchen unten Rdnr. 114 ff.). Dem ist zumindest innerhalb der EU unter Hinweis auf das Diskriminierungsverbot zu widersprechen.[261] Es gehört zudem zu den Sorgfaltsanforderungen der eine Konzernierung vorbereitenden Geschäftsleiter und der Treuepflicht des Mehrheitsgesellschafters, dass nur solche Unternehmensverbindungen eingegangen werden, die infolge der Grenzüberschreitung keine übermäßigen Risiken für die beherrschte Gesellschaft begründen. Wird hiergegen von Anfang an oder nachträglich verstoßen, machen sich die Geschäftsleiter der beherrschten deutschen Gesellschaft ggf. schadensersatzpflichtig.[262] Die vertragliche Unterwerfung unter die Beherrschung durch ein ausländisches Unternehmen ist auch bei **mitbestimmten Gesellschaften** zulässig.[263] 95

Die **Rechtsfolgen** eines grenzüberschreitenden Beherrschungsvertrages richten sich zu Gunsten der deutschen Gesellschaft, ihrer Gesellschafter und Gläubiger nach den §§ 293 Abs. 3, 308, 302, 303 AktG, bei der GmbH analog.[264] Es ist eine besonders ausgeprägte Pflicht der Geschäftsleiter, stets zu prüfen, ob die ausländische Gesellschaft in der Lage ist, ihren Verpflichtungen nachzukommen und den Beherrschungsvertrag andernfalls sofort gemäß § 297 Abs. 1 S. 2 AktG zu beenden.[265] 96

bb) Auslandsgesellschaft. Soll eine in Deutschland ansässige Auslandsgesellschaft mittels Unternehmensvertrages beherrscht werden, gelten für diese die deutschen konzernrechtlichen Regelungen nicht. Eine hier ansässige englische Ltd. kann daher keinen Beherrschungsvertrag iSv. §§ 291, 293 ff. AktG abschließen. Für **deliktische Tatbestände**, die anlässlich der gleichwohl erfolgten konzernrechtlichen Beherrschung verwirklicht werden, gilt die Sonderanknüpfung gemäß Art. 4 Abs. 1 Rom II-VO. Dies betrifft grds. auch die im Vertragskonzern mögliche Existenzvernichtungshaftung aus § 826 BGB.[266] Hierbei ist jedoch zweifelhaft, ob eine funktionale Interpretation dieser Haftung die deliktische Anknüpfung wirklich rechtfertigt (oben Rdnr. 69). 97

b) Gesellschaftsstatut des herrschenden Unternehmens. Die Wirksamkeitsvoraussetzungen eines Beherrschungsvertrages auf Seiten der ausländischen Gesellschaft werden von den §§ 293 ff. AktG nicht erfasst (allgM).[267] Hierfür gelten allein die aus deren Gesellschaftsstatut resultierenden Vorgaben.[268] Dies betrifft vor allem die Wirksamkeitserfordernisse (Geschäftsführungskompetenz, Vertretungsmacht, Zustimmung der Gesellschafter, 98

---

[259] Zum grenzüberschreitenden Beherrschungsvertrag einer Personengesellschaft *Lange*, IPRax 1998, 438.
[260] Michalski/*Leible* Syst. Darst. 2 Rdnr. 163; abw. MüKo BGB/*Kindler* IntGesR Rdnr. 751 ff.; Spahlinger/*Wegen* Rdnr. 374 ff.; MüKo AktG/*Altmeppen* Einl. §§ 291 ff. Rdnr. 47.
[261] Zutr. MüKo BGB/*Kindler* IntGesR Rdnr. 759; Emmerich/Habersack/*Emmerich* § 291 Rdnr. 37 a.
[262] Ähnlich MüKo AktG/*Altmeppen* Einl. §§ 291 ff. Rdnr. 49.
[263] *Selzner/Sustmann*, Konzern 2003, 85, 91 ff.; abw. *Bernstein/Kock*, ZHR 143 [1979], 522, 535.
[264] MüKo AktG/*Altmeppen* Einl. §§ 291 ff. Rdnr. 50.
[265] Weitergehend MüKo BGB/*Kindler* IntGesR Rdnr. 761: Einholung einer Vollstreckungshinnahme erforderlich.
[266] BGHZ 173, 246 = NJW 2007, 2689 – Trihotel.
[267] MüKo BGB/*Kindler* IntGesR Rdnr. 731.
[268] Süß/Wachter/*Hoffmann* § 6 Rdnr. 11: selbstständig anzuknüpfende Teilfrage.

Formzwang, Registerpflichten) und hat insbes. zur Folge, dass z. B. die Gesellschafter einer englischen Ltd entgegen § 293 Abs. 2 AktG nicht zustimmen müssen, da das englische Gesellschaftsrecht eine vergleichbare Regelung nicht vorsieht. Sieht das ausländische Recht hingegen eine vergleichbare Beteiligung vor, ist dies auch von den deutschen Gerichten zu beachten.[269]

3. Gewinnabführungsvertrag

99 Kommt zum Beherrschungsvertrag wie regelmäßig auch ein Gewinnabführungsvertrag iSv. § 291 Abs. 1 S. 1 Alt. 2 AktG hinzu, gilt das Vorgesagte entsprechend. Der Vertrag kann bei Einhaltung der entsprechenden Wirksamkeitsvoraussetzungen durchgeführt werden, soweit die Geschäftsleitung der zur Gewinnabführung verpflichteten Gesellschaft stets sorgfältig beobachtet, ob die ausländische Gesellschaft in der Lage ist, ihre Vertragspflichten ebenso zu erfüllen (vgl. §§ 302–303 AktG).

Die **stille Beteiligung** an einer Gesellschaft begründet wegen § 231 Abs. 2 HGB zumindest einen Teilgewinnabführungsvertrag iSv. § 292 Abs. 1 Nr. 1 AktG (allgM).[270] Ist der Stille eine ausländische Gesellschaft, richten sich die Wirksamkeitsvoraussetzungen und Beendigungstatbestände somit bezüglich der deutschen Gesellschaft nach deren Gesellschaftsstatut, mithin nach §§ 293 ff. AktG.[271]

4. Unternehmensvertragliche Beherrschung einer ausländischen Gesellschaft

100 Unterstellt sich eine ausländische Gesellschaft der Beherrschung durch eine deutsche bzw. verpflichtet sich dazu, dieser ihren ganzen Gewinn abzuführen, gilt das unter Rdnr. 93 ff. Gesagte spiegelbildlich.

101 **a) Gesellschaftsstatut der beherrschten Gesellschaft.** Unter welchen Voraussetzungen und mit welchen Rechtsfolgen sich eine ausländische Gesellschaft einer unternehmensvertraglichen Beherrschung unterwerfen bzw. zur Abführung ihres ganzen Gewinns verpflichten kann, richtet sich nach dem aus deren Gesellschaftsstatut resultierenden nationalen Recht. Verlangt dieses zwingende Wirksamkeitserfordernisse, ist der Unternehmensvertrag nur gültig, wenn diese eingehalten wurden.[272] Kennt das ausländische Recht keinen Unternehmensvertrag iSv. § 291 AktG bzw. verbietet es diesen explizit, ist der Vertrag unwirksam. Dies gilt auch bei einer englischen Ltd,[273] selbst wenn diese ihren tatsächlichen Sitz in Deutschland hat.[274]

102 **b) Gesellschaftsstatut des herrschenden Unternehmens.** Wirksamkeit und Rechtsfolgen des Unternehmensvertrages richten sich bzgl. der Angelegenheiten des herrschenden Unternehmens nach dessen Gesellschaftsstatut. Nach deutschem Sachrecht kommt eine (ggf. analoge) Anwendung der §§ 291, 293 ff. AktG jedoch nur dann in Betracht, wenn es sich hinsichtlich der nachteiligen Rechtsfolgen aus der Perspektive des herrschenden Unternehmens um einen **vergleichbaren Vertragstypus** handelt.[275] Sieht das die ausländische Gesellschaft schützende (Konzern-)Recht Rechtsfolgen vor, die denen der §§ 302 bis 305 AktG entsprechen, gelten die §§ 291, 293 ff. AktG unmittelbar, soweit das herrschende Unternehmen eine AG bzw. KGaA ist. Dies gilt selbst dann, wenn das für die beherrschte Gesellschaft maßgebliche ausländische Recht eine derartige Zustimmung nicht vorsieht.[276] Ist eine GmbH herrschendes Unternehmen, bedarf es für die Wirksamkeit der

---

[269] MüKo AktG/*Altmeppen* Einl. §§ 291 ff. Rdnr. 50 aE.
[270] BGHZ 156, 38, 43 = NJW 2003, 3412.
[271] Bei der GmbH weitgehend analog, vgl. Michalski/*Servatius* Konzernrecht Rdnr. 293 ff.
[272] *Einsele*, ZGR 1996, 40, 50.
[273] Süß/Wachter/*Heckschen* § 7 Rdnr. 15.
[274] Vgl. aber zur Zulässigkeit eines Gewinnabführungsvertrages bei der Ltd. Spindler/Stilz/*Schall* Vor § 15 Rdnr. 37.
[275] *Spahlinger/Wegen* Rdnr. 382.
[276] *Spahlinger/Wegen* Rdnr. 366.

Zustimmung der Gesellschafter mit ¾-Mehrheit.[277] Knüpft das die ausländische Gesellschaft schützende (Konzern-)Recht an die unternehmensvertragliche Beherrschung bzw. Gewinnabführung keine den §§ 302 bis 305 AktG entsprechenden negativen Folgen für das herrschende Unternehmen, gelten die §§ 291, 293 ff. AktG bei keiner deutschen Gesellschaft, so dass der Unternehmensvertrag im Ergebnis eine bloße Geschäftsführungsmaßnahme ist. Die Beweislast hierfür trägt das herrschende Unternehmen.[278]

5. Faktische Beherrschung einer deutschen Gesellschaft

a) Gesellschaftsstatut der beherrschten Gesellschaft. Wird eine deutsche Gesellschaft von einem ausländischen Unternehmen beherrscht, richten sich die Voraussetzungen und Rechtsfolgen nach dem Gesellschaftsstatut der Gesellschaft, sofern es sich um eine mitgliedschaftlich begründete Abhängigkeit iSv. § 17 AktG handelt und das herrschende Unternehmen ein anderweitiges wirtschaftliches Interesse hat (allgM).[279] Die anderen Formen der faktischen Beherrschung durch Nichtgesellschafter sind deliktisch anzuknüpfen. **103**

aa) Die **einfache faktische Beherrschung** einer deutschen AG bzw. KGaA durch ein ausländisches Unternehmen ist in den Grenzen der §§ 311 ff. AktG zulässig.[280] Zulässigkeit und Rechtsfolgen der faktischen Beherrschung einer GmbH werden nach hM hiervon nicht erfasst, sondern bestimmen sich auch bei grenzüberschreitenden Sachverhalten allein nach der gesellschaftsrechtlichen Treuepflicht und dem Schädigungsverbot.[281] Die faktische Beherrschung einer in Deutschland ansässigen Auslandsgesellschaft fällt nach richtiger Ansicht nicht unter §§ 311 ff. AktG; Zulässigkeit und Rechtsfolgen richten sich nach deren Gesellschaftsstatut. **104**

bb) Die **qualifizierte faktische Beherrschung** ist nach überwiegender Meinung kein besonderer Konzerntatbestand mehr.[282] Folgt man dem, gilt dies ohne weiteres auch für die Beherrschung einer deutschen GmbH oder AG durch einen ausländischen Gesellschafter. Die Verantwortlichkeit verlagert sich insofern auf die Existenzvernichtungshaftung. Sieht man indessen nach wie vor Raum für eine gesellschaftsrechtlich begründete Sanktionierung einer Umgehung von § 291 AktG mit korrespondierender Verlustübernahmepflicht entsprechend § 302 AktG,[283] wird diese wie früher gesellschaftsrechtlich angeknüpft und trifft auch einen ausländischen Gesellschafter.[284] **105**

b) Gesellschaftsstatut des herrschenden Unternehmens. Die Voraussetzungen und Folgen der faktischen Beherrschung einer deutschen Gesellschaft ergeben sich für die Angelegenheiten des ausländischen herrschenden Unternehmens, seiner Mitglieder und Gläubiger aus dem jeweiligen Gesellschaftsstatut. Die aus der faktischen Beherrschung nach deutschem Recht resultierenden **Haftungsgefahren** sind aus der Sicht des ausländischen Gesellschafters zwar Beschränkungen, jedoch nach zutreffender Ansicht mit der europäischen Niederlassungsfreiheit vereinbar.[285] **106**

c) Sonderanknüpfungen. Bei der faktischen Beherrschung einer deutschen Gesellschaft durch ein ausländisches Unternehmen richtet sich die Verantwortlichkeit vielfach **107**

---

[277] BGHZ 105, 324 = NJW 1989, 295 – Supermarkt; Einzelheiten Michalski/*Servatius* Syst. Darst. 4 Rdnr. 388 ff. Zum grenzüberschreitenden Beherrschungsvertrag einer Personengesellschaft *Lange,* IPRax 1998, 438.
[278] *Hüffer* AktG § 293 Rdnr. 18.
[279] BGH NZG 2005, 214, 215; *Spahlinger/Wegen* Rdnr. 390.
[280] Einzelheiten bei *Maul* NZG 1999, 741, 741 f.
[281] Vgl. Michalski/*Servatius* Syst. Darst. 4 Rdnr. 388 ff. Zur faktischen Beherrschung einer Personengesellschaft *Emmerich/Habersack* KonzernR § 34.
[282] Ausdrücklich BGHZ 149, 10 = NJW 2001, 3622 – Bremer Vulkan unter Aufgabe von zuletzt BGHZ 122, 123 = NJW 1993, 1200 – TBB.
[283] Vgl. Michalski/*Servatius* Syst. Darst. 4 Rdnr. 392.
[284] Vgl. BGH NZG 2005, 214, 215; *Maul*, NZG 1999, 741, 742.
[285] Vgl. Spindler/Stilz/*Schall* Vor § 15: Verkehrsrecht zum Zweck der Gefahrenabwehr; ebenso *Eidenmüller* § 4 Rdnr. 34: „zumindest gerechtfertigt".

auch nach deliktischen Sondertatbeständen, die kollisionsrechtlich besonders angeknüpft werden. Bedeutsam ist die neue **Existenzvernichtungshaftung** gemäß § 826 BGB, die an die Stelle der früheren Haftung beim qualifizierten faktischen Konzern getreten ist.[286] Sieht man hierin (was zweifelhaft ist, vgl. oben Rdnr. 69), einen Deliktstatbestand, richtet sich die Anknüpfung nach Art. 4 Abs. 1 Rom II-VO. Für die Haftung wegen **Nachteilszuführung** gemäß § 117 AktG[287] und die Teilnehmerhaftung wegen **Insolvenzverschleppung** gemäß §§ 823 Abs. 2, 830 BGB iVm. § 15a InsO gilt das Gleiche.

6. Faktische Beherrschung eines ausländischen Unternehmens

108 **a) Gesellschaftsstatut des beherrschten Unternehmens.** Unter welchen Voraussetzungen und mit welchen Rechtsfolgen eine ausländische Gesellschaft faktisch beherrscht werden darf, richtet nach dem aus deren Gesellschaftsstatut resultierenden nationalen Recht.[288] Dies gilt auch bei einer englischen Ltd mit tatsächlichem Sitz in Deutschland.

109 **b) Gesellschaftsstatut des herrschenden Unternehmens.** Voraussetzungen und Rechtsfolgen der faktischen Beherrschung betreffen das Gesellschaftsstatut des herrschenden deutschen Unternehmens im Regelfall nicht. Ob und Wie der Konzernierung sind daher vor allem ein Problem der Sorgfalt der Geschäftsleitung im Hinblick auf die nach der betreffenden ausländischen Rechtsordnung drohenden Haftungsgefahren. Bedeutsam ist bei der AG, dass die ungeschriebenen Mitwirkungsbefugnisse der Hauptversammlung nach der sog. Holzmüller-Doktrin auch gelten, wenn die Mediatisierung der Mitgliedschaftsrechte Folge der Gründung oder Beteiligung an Auslandsgesellschaften sind.[289]

7. Die anderen Unternehmensverträge

110 Nach deutschem Konzernrecht gibt es neben den Beherrschungs- und Gewinnabführungsverträgen iSv. § 291 AktG noch die anderen Unternehmensverträge iSv. § 292 AktG.

111 **a) Überblick.** Der Teilgewinnabführungsvertrag iSv. § 292 Abs. 1 Nr. 2 AktG ist dadurch gekennzeichnet, dass sich eine Gesellschaft verpflichtet, einen Teil ihres Gewinns oder den Gewinn einzelner ihrer Betriebe ganz oder zum Teil an einen anderen abzuführen. Bei der Gewinngemeinschaft iSv. § 292 Abs. 1 Nr. 1 AktG verpflichtet sich eine Gesellschaft, ihren Gewinn oder den Gewinn einzelner ihrer Betriebe ganz oder zum Teil mit dem Gewinn anderer Unternehmen oder einzelner Betriebe anderer Unternehmen zur Aufteilung eines gemeinschaftlichen Gewinns zusammenzulegen. Verpachtet eine Gesellschaft den Betrieb ihres Unternehmens an einen anderen, liegt gemäß § 292 Abs. 1 Nr. 3 Alt. 1 AktG ein Betriebspachtvertrag vor. Besteht die vertragliche Verpflichtung darin, den Betrieb auf andere Weise („sonst") zu überlassen, handelt es sich gemäß § 292 Abs. 1 Nr. 3 Alt. 2 AktG um einen Betriebsüberlassungsvertrag.

112 **b) Kollisionsrechtliche Behandlung.** Die anderen Unternehmensverträge werden nach deutschem Sachrecht vom Beherrschungs- und Gewinnabführungsvertrag deutlich abgegrenzt. Es liegt daher im Einklang mit der Begründung zum AktG 1965 nahe, dass es sich hierbei um schuldrechtliche Austauschverträge handele. Hiernach wäre es konsequent, eine weitgehende Rechtswahlfreiheit gemäß Art. 3 Rom I-VO zuzulassen.[290] Nur wenn –

---

[286] BGHZ 173, 246 = NJW 2007, 2689 – Trihotel; hierzu Michalski/*Servatius* Syst. Darst. 4 Rdnr. 370 ff.
[287] Vgl. zur Deliktsnatur BGH NJW 1992, 3167.
[288] Vgl. BGH NZG 2005, 214, 215 für den umgekehrten Fall.
[289] MüKo BGB/*Kindler* IntGesR Rdnr. 731; MüKo AktG/*Altmeppen* Einl. §§ 291 ff. Rdnr. 42; Einzelheiten Spindler/Stilz/*Servatius* § 182 Rdnr. 73 ff.
[290] So zum EGBGB *Neumayer*, ZVglRWiss 83 [1984], 129, 160 ff.

was nach zutreffender Ansicht nicht notwendig ist – der Vertragspartner zugleich Gesellschafter ist, wäre hiernach das Gesellschaftsstatut nebst hieraus resultierendem Sachrecht maßgeblich, um die Grenzen seiner Befugnisse im Verhältnis zu den Mitgesellschaftern und Gläubigern zu erfassen.[291]

Diese gespaltene Lösung vermag nicht zu überzeugen, weil auch die anderen Unternehmensverträge wegen ihrer wirtschaftlichen Bedeutung **Organisationsverträgen** gleichgestellt werden (§§ 293 ff. AktG). Nach der Einheitstheorie sind daher auch die anderen Unternehmensverträge vom **Gesellschaftsstatut** der hieran beteiligten Gesellschaften erfasst. Wie beim Beherrschungs- oder Gewinnabführungsvertrag bestimmt es sich anhand der Schutzrichtung der in Rede stehenden Regel, welchem Gesellschaftsstatut diese zuzuordnen ist. Auch hier gilt: Der Gesellschafter- und Gläubigerschutz einer Gesellschaft wird nach dem für diese Gesellschaftsform gemäß nationalem Recht maßgeblichen Konzernrecht beurteilt.[292] Dies ist entgegen der hM auch nicht auf die Fälle beschränkt, dass zwischen den Vertragsparteien zusätzlich noch ein **Abhängigkeitsverhältnis** besteht,[293] denn die anderen Unternehmensverträge können auch mit Nichtgesellschaftern geschlossen werden (allgM).[294]

8. Rechtsdurchsetzung

Wird eine deutsche Gesellschaft von einem ausländischen Unternehmen beherrscht, stellt sich die Frage, wo eine etwaige Konzernhaftung gerichtlich geltend gemacht werden kann.[295] Die örtliche Zuständigkeit nach der *lex fori* indiziert die internationale Zuständigkeit (allgM).[296] Im Bereich der EU richtet sich die internationale Zuständigkeit jedoch vorrangig nach der EuGVVO.

a) Ansprüche der beherrschten deutschen Gesellschaft. aa) Gegen das herrschende Unternehmen. Für den Anspruch auf Verlustübernahme gemäß § 302 AktG beim Vertragskonzern gilt grds. der allgemeine Gerichtsstand des **Beklagtenwohnsitzes** gemäß Art. 2 EuGVVO, sofern dieser innerhalb eines Mitgliedstaats der EU liegt; andernfalls folgt dasselbe gemäß Art. 4 EuGVVO iVm. §§ 12 ff. ZPO. Bei juristischen Personen sieht Art. 60 Abs. 1 EuGVVO die Wahlmöglichkeit vor, das herrschende Unternehmen entweder an seinem satzungsmäßigen Sitz (Ort der Registrierung), dem Ort der Hauptverwaltung (effektiver Verwaltungssitz) oder dem Ort der Hauptniederlassung (wohl ebenfalls effektiver Verwaltungssitz) zu verklagen. In allen Varianten gelangt man regelmäßig zu einer gerichtlichen **Zuständigkeit im Ausland.** Um diese zu vermeiden, bietet sich eine Gerichtsstandsvereinbarung an, die zwar nicht Wirksamkeitsvoraussetzung für grenzüberschreitende Unternehmensverträge ist, jedoch regelmäßig auf Grund der pflichtgemäßen Sorgfalt der Geschäftsleiter der abhängigen Gesellschaft vereinbart werden muss, um die Rechtdurchsetzung zu erleichtern. Möglich ist auch, das herrschende Unternehmen im Inland am **Erfüllungsort** zu verklagen (Art. 5 Abs. 1 Nr. 1a EuGVVO bzw. § 29 ZPO). Die Verlustübernahmepflicht gemäß § 302 AktG indiziert insofern einen Inlandsbezug.[297] Ist das herrschende Unternehmen sogleich Gesellschafter, kommt auch der besondere (deutsche) **Gerichtsstand der Mitgliedschaft** gemäß § 22 ZPO in Betracht.[298] Bei der faktischen Beherrschung einer deutschen Gesellschaft ist für die Ansprüche aus § 317 Abs. 1 AktG bzw. bei der GmbH aus Verletzung der gesellschaftsrechtlichen Treue-

---

[291] Zutreffend *Einsele,* ZGR 1996, 40, 42.
[292] Vgl. BGH NZG 2005, 214, 215.
[293] So aber *Spahlinger/Wegen* Rdnr. 388.
[294] Spindler/Stilz/*Veil* § 292 Rdnr. 13; für eine Sonderanknüpfung in diesem Fall MüKo AktG/ *Altmeppen* Vor §§ 291 ff. Rdnr. 53.
[295] Zum Ganzen *Maul,* AG 1998, 1998, 404 sowie *dies.,* NZG 1999, 741.
[296] Vgl. BGH NJW 1997, 2245.
[297] *Spahlinger/Wegen* Rdnr. 428.
[298] Vgl. LG Bochum ZIP 1986, 1386.

pflicht der Gerichtsstand der Mitgliedschaft gemäß § 22 ZPO gegeben, so dass die örtliche und internationale Zuständigkeit auch hier deutschem Recht folgt.[299] Richtigerweise folgt dies auch aus Art. 5 Nr. 1 EuGVVO bzw. § 29 ZPO (str.).[300] Für den Gerichtsstand und die internationale Zuständigkeit für Ansprüche des Insolvenzverwalters aus **Existenzvernichtungshaftung** gemäß § 826 BGB gelten die Art. 5 Nr. 3 EuGVVO bzw. § 32 ZPO, sofern man hierin einen allgemeinen Deliktstatbestand sieht (dies ist zweifelhaft, vgl. oben Rdnr. 69). Sieht man hierin ein gesellschaftsrechtliches Sonderdelikt, folgt die Haftung aus der Mitgliedschaft, so dass eine Zuständigkeit gemäß § 22 ZPO begründet wird. In den Anwendungsbereich von Art. 5 Nr. 1, 53 EuGVVO würde dies nicht fallen.[301] Wegen dieser Unsicherheit gehört es zu den Sorgfaltsanforderungen eines Geschäftsleiters, die deutsche internationale Zuständigkeit aufgrund Vereinbarung zu begründen (§§ 38, 40 ZPO, Art. 23 EuGVVO). Wird eine deutsche Gesellschaft vollständig von einem ausländischen Unternehmen beherrscht, kann man hieraus das Bestehen einer Zweigniederlassung in Deutschland folgern und die internationale Zuständigkeit deutscher Gerichte auch über Art. 5 Nr. 5 EuGVVO bzw. § 21 ZPO bejahen.[302]

116 bb) **Gegen dessen Geschäftsleiter.** Die Ansprüche der beherrschten Gesellschaft gegen die Geschäftsleiter des herrschenden Unternehmens aus §§ 309 Abs. 2 S. 2, 317 Abs. 3 AktG sind als gesetzliche Ansprüche deliktsähnlich und begründen die örtliche und internationale Zuständigkeit in Deutschland gemäß Art. 5 Nr. 3 EuGVVO bzw. § 32 ZPO.[303]

117 b) **Ansprüche der Gesellschafter.** Für die Ausgleichs- und Abfindungsansprüche der außenstehenden Gesellschafter beim **Vertragskonzern** gemäß §§ 304, 305 AktG gilt der Gerichtsstand des Erfüllungsorts gemäß § 29 ZPO bzw. bei einem herrschenden Unternehmen mit Sitz in einem der Vertragsstaaten gemäß Art. 5 Nr. 1, 53 EuGVVO. Dieser begründet die Zuständigkeit in Deutschland, denn die betreffenden Regelungen verfolgen das Ziel, die Aktionäre zu schützen.

118 c) **Ansprüche der Gläubiger.** Gläubigeransprüche gegen das herrschende Unternehmen bestehen beim Vertragskonzern gemäß § 303 AktG. Wegen der Anbindung dieses Anspruchs an den Unternehmensvertrag (Rechtsgedanke des § 328 BGB) erscheint es als sachgerecht, den Gerichtsstand des Erfüllungsorts gemäß Art. 5 Nr. 1, 53 EuGVVO bzw. § 29 ZPO anzunehmen mit der Folge, dass die Gläubiger das herrschende Unternehmen am Sitz der beherrschten Gesellschaft verklagen können.[304] Für herrschende Unternehmen außerhalb des Anwendungsbereichs der EuGVVO kommt auch der Gerichtsstand des Vermögens gemäß § 23 ZPO in Betracht, wenn das ausländische Unternehmen Anteile an der beherrschten Gesellschaft hält.[305] Dieser ist innerhalb des Anwendungsbereichs der EuGVVO ausgeschlossen (vgl. Art. 3 Abs. 2 EuGVVO).

---

[299] Obiter dicta LG Bochum ZIP 1986, 1386.
[300] MüKo BGB/*Kindler* IntGesR Rdnr. 818; abw. OLG Düsseldorf IPRax 1998, 210; für Art. 5 Nr. 3 EuGVÜ bei der Haftung aus § 317 AktG auch *Maul*, NZG 1999, 741, 744.
[301] *Spahlinger/Wegen* Rdnr. 427.
[302] MüKo AktG/*Altmeppen* Einl. §§ 291 ff. Rdnr. 47.
[303] *Spahlinger/Wegen* Rdnr. 437; abw. für Gerichtsstand der Mitgliedschaft *Maul*, NZG 1999, 741, 742 f., was jedoch bei der Organhaftung nicht überzeugt.
[304] Sehr str., vgl. für die Durchgriffshaftung *Spahlinger/Wegen* Rdnr. 441 m.w.N., die sich für eine Zuständigkeit nach Art. 6 Nr. 1 EuGVVO aussprechen, was jedoch ebenfalls nicht unmittelbar passt.
[305] Vgl. *Maul*, NZG 1999, 741, 743.

§ 15 Gesellschafterrechte und Gesellschafterversammlung

Übersicht

	Rdnr.
I. Grundlagen, Bedeutung, Abgrenzung	1, 2
II. Europäische Harmonisierung	3
III. Kollisionsrechtliche Anknüpfung	4
IV. Konsequenzen für die Sitzverlegung	5–23
1. Zuzugsfälle	6–14
a) Anerkennung gemäß deutschem Recht	7–11
b) Grenzüberschreitende Mobilität gemäß Heimatrecht	12–14
2. Wegzugsfälle	15–20
a) Grenzüberschreitende Mobilität gemäß deutschem Heimatrecht	16–18
b) Anerkennung im Zuzugstaat	19, 20
3. Besonderheiten auf Grund internationaler Verträge	21–23
V. Einzelfragen	24–75
1. Recht auf Einberufung der Gesellschafterversammlung	24–32
a) Form der Einberufung	29
b) Ort der Gesellschafterversammlung	30, 31
c) Ablauf der Gesellschafterversammlung	32
2. Teilnahmerecht an der Gesellschafterversammlung	33
3. Stimmrecht	34
4. Stimmrechtsbindungsverträge	35–37
5. Stimmverbote	38
6. Satzungsänderungen	39–43
a) Beurkundung	40–42
b) Registerverfahren	43
7. Beschlussmängel	44–46
8. Gewinn	47–49
9. Bezugsrecht	50
10. Actio pro socio	51–58
11. Einsichts- und Auskunftsrechte	59, 60
12. Sonderrechte gemäß § 35 BGB analog	61
13. Recht auf Veräußerung und Vererbung des Geschäftsanteils	62–67
a) Meinungsspektrum	63, 64
b) Konsequenzen	65–67
14. Auflösungsklage	68, 69
15. Kündigung der Mitgliedschaft aus wichtigem Grund	70–73
16. Anspruch auf Beteiligung am Liquidationserlös	73
17. Gleichbehandlung	74, 75

Schrifttum: *Abrell*, Die Schweiz ermöglicht privatschriftliche Verfügungen über Geschäftsanteile, NZG 2007, 60; *Altmeppen/Wilhelm*, Gegen die Hysterie um die Niederlassungsfreiheit der Scheinauslandsgesellschaften, DB 2004, 1083; *v. Bar/Grothe*, Hauptversammlungen deutscher Aktiengesellschaften im Ausland, IPRax 1994, 269; *Bayer*, Privatschriftliche Abtretungen deutscher GmbH-Anteile in der Schweiz, DNotZ 2009, 887; *Beitzke,* Internationalrechtliches zur Gesellschaftsfusion, FS Hallstein, 1966, S. 14; *Berger/Kleissl*, Neue Unsicherheiten bei der Auslandsbeurkundung von GmbH-Geschäftsanteilen, DB 2008, 2235; *Bernstein*, Erwerb und Rückerwerb von GmbH-Anteilen im deutschamerikanischen Rechtsverkehr, ZHR 140 (1976), 414; *ders.*, Gesetzlicher Forderungsübergang und Prozessführungsbefugnis im IPR unter besonderer Berücksichtigung versicherungsrechtlicher Aspekte, FS Sieg, 1976, S. 49; *Blumenwitz*, Zum Kollisionsrecht der notariellen Urkunde, DNotZ 1968, 719; *Bokelmann*, GmbH-Gesellschafterversammlung im Ausland und Beurkundung durch ausländische Notare, NJW 1972, 1729; *Bork/Oepen*, Einzelklagebefugnisse des Personengesellschafters, ZGR 2001, 526; *Böttcher/Blasche*, Die Übertragung von Geschäftsanteilen deutscher GmbHs in der Schweiz vor dem Hintergrund der Revision des Schweizer Obligationenrechts, NZG 2006, 766; *Böttcher*, Bekannte Probleme unter neuen Vorzeichen – Zur Wirksamkeit von Auslandsbeurkundungen bei der GmbH nach Inkrafttreten des MoMiG, ZNotP 2010, 6; *Brambring*, Zur Anerkennung der ausländischen Beurkundung bei Geltung des deutschen Rechts, NJW 1975, 1255; *Buxbaum/Schneider*, Die Fortentwicklung der Aktionärsklage und der Konzernklage im amerikanischen Recht, ZGR 1982, 199; *Dignas*, Die Auslandsbeurkundung im deutschen GmbH-Recht, GmbHR 2005, 139; *Dutta*, Form follows function? Formfragen bei Schuldverträgen über ausländische Gesellschaftsanteile, RIW 2005, 98; *Ebenroth/Wilken*, Entwicklungstendenzen im deutschen internationalen Gesellschaftsrecht, JZ 1991, 1061; *Emde*, Einberufung der GmbH-Gesellschafterversammlung mittels Kuriers?, GmbHR 2002, 8; *Engel*, Die Auslandsbeurkundung nach MoMiG und Schweizer GmbH-Reform, DStR 2008, 1593; *Fetsch*, IPR-Bezüge bei GmbH-Geschäftsanteils- und Unternehmenskaufverträgen, internationale Gerichtsstandsvereinbarungen, RNotZ 2007, 532; *Fleck*, Stimmrechtsabspaltung in der GmbH?, FS Fischer, S. 107; *Fragistas*, Die Prozeßstandschaft im internationalen Prozeßrecht, FS Lewald, 1953, S. 471; *Geimer*,

Auslandsbeurkundungen im Gesellschaftsrecht – Bemerkungen zum Urteil des BGH vom 16. 2. 1981 – II ZB 8/80, DNotZ 1981, 406; *Geimer,* Das Fehlen eines Gerichtsstandes der Mitgliedschaft als gravierender Mangel im Kompetenzsystem der Brüssler und der Luganer Konvention, FS Schippel, 1996, S. 869; *Gerber,* Zur Frage der Formerfordernisse bei Übertragung und Verpfändung von GmbH-Geschäftsanteilen in der Schweiz, GmbHR 2010, 97; *Goette,* Auslandsbeurkundung im Kapitalgesellschaftsrecht, MittRhNotK 1997, 1; *ders,* Auslandsbeurkundungen im Kapitalgesellschaftsrecht, DStR 1996, 709; *Grossfeld/Berndt,* Die Übertragung von deutschen GmbH-Anteilen im Ausland, RIW 1996, 625; *Grossfeld/Wilde,* Die Konzentration des Vertretungsrechts im Gesellschaftsstatut, IPRax 1995, 374; *Hadding,* Zur Einzelklagebefugnis des Gesellschafters einer Personalgesellschaft, JZ 1975, 159; *Halberkamp/Gierke,* Das Recht der Aktionäre auf Einberufung einer Hauptversammlung, NZG 2004, 494; *Hennerkes/Kögel,* Eine Geschäftsordnung für die Hauptversammlung, DB 1999, 81; *Herriger,* Stimmrechtsbindung im GmbH-Recht, MittRhNotK 1993, 269; *Hirte,* Bezugsrecht, Berichtspflicht, genehmigtes Kapital und europäisches Recht, DStR 2001, 577; *Ivo,* Die Vererbung von GmbH-Geschäftsanteilen nach Inkrafttreten des MoMiG, ZEV 2009, 333; *ders.,* Die Vererbung von GmbH-Geschäftsanteilen, ZEV 2006, 252; *Janßen/Robertz,* Die Formwirksamkeit des internationalen GmbH-Unternehmenskaufs, GmbHR 2003, 433; *Jakobs,* Gleichwertigkeit von Beurkundungen in der Schweiz, MittRhNotK 1985, 57; *Kindler,* Keine Geltung des Ortsstatuts für Geschäftsanteilsabtretungen im Ausland, BB 2010, 74; *Kindler,* Zuständigkeitsfragen beim Binnenstreit in der Auslandsgesellschaft, NZG 2010, 576; *König/Götte/Bormann,* Das Formstatut für die dingliche Abtretung von GmbH-Geschäftsanteilen nach geltendem und künftigem Recht, NZG 2009, 881; *Köper,* Das Einwurf-Einschreiben als eingeschriebener Brief i. S. des § 51 I 1 GmbHG, NZG 2008, 96; *Kreutz,* Die actio pro socio im Recht der BGB-Gesellschaft, FS Hadding, 2004, S. 513; *Kröll/Kropholler,* Auslandsbeurkundungen im Gesellschaftsrecht, ZHR 140 (1976), 394; *Kröll,* Beurkundung gesellschaftsrechtlicher Vorgänge durch einen ausländischen Notar, ZGR 2000, 111; *Leitzen,* Die GmbH mit Verwaltungssitz im Ausland, NZG 2009, 728; *Lichtenberger,* Zum Gesetz zur Neuregelung des Internationalen Privatrechts, DNotZ 1986, 644; *Löber,* Beurkundung von Gesellschafterbeschlüssen einer deutschen GmbH vor spanischen Notaren, RIW 1989, 94; *Mankowski,* Änderungen bei der Auslandsbeurkundung von Anteilsübertragungen durch das MoMiG oder die Rom I-VO?, NZG 2010, 201; *Mann,* Die Urkunde ausländischer, insbesondere englischer Notare und der deutsche Rechtsverkehr, NJW 1955, 1177; *Mann,* Zur Auslegung des Art. 11 EGBGB, ZHR 138 (1974), 448; *Mock,* Die actio pro socio im Internationalen Privat- und Verfahrensrecht, RabelsZ 72 (2008), 264; *Müller-Chen,* Übertragung und Verpfändung deutscher GmbH-Geschäftsanteile in der Schweiz nach Inkrafttreten der schweizerischen GmbH-Revision, IPrax 2008, 45; *Müller, Klaus J.,* Stimmbindungen von GmbH-Gesellschaftern, GmbHR 2007, 113; *Olk/Nikoleyczik,* Zulässigkeit der Auslandsbeurkundung in der Schweiz bei Verkauf und Abtretung von Geschäftsanteilen an einer deutschen GmbH, DStR 2010, 1576; *Peters,* Ist die Beurkundung von GmbH-Geschäftsanteilsübertragungen in der Schweiz Rechtsgeschichte?, DB 2010, 97; *Priester,* Drittbindung des Stimmrechts und Satzungsautonomie, FS Werner 1984, S. 657; *Raiser,* Der Gleichheitsgrundsatz im Privatrecht, ZHR 111 (1948), 75; *Reichert/Weller,* Geschäftsanteilsübertragung mit Auslandsberührung (Teil I), DStR 2005, 250; *dies.,* Geschäftsanteilsübertragung mit Auslandsberührung (Teil II), DStR 2005, 292; *Reuter,* Keine Auslandsbeurkundung im Gesellschaftsrecht?, BB 1998, 116; *Rothoeft,* Von der Ortsform zur Geschäftsform, FS Esser, 1975, S. 113; *Saenger/Scheuch,* Auslandsbeurkundung bei der GmbH – Konsequenzen aus MoMiG und Reform des Schweizer Obligationenrechts, BB 2008, 65; *Schervier,* Beurkundung GmbH-rechtlicher Vorgänge im Ausland, NJW 1992, 593; *Schiessl,* Hauptversammlungen deutscher Aktiengesellschaften im Ausland, DB 1992, 823; *Schlüter,* Veräußerung und Abtretung von GmbH-Geschäftsanteilen als Formproblem, FS Bartholomeyczk, 1973, S. 365; *H. Schmidt,* Beurkundungen im Ausland – Anmerkungen zu und Folgerungen aus dem Beschluss des OLG Hamm vom 1. 2. 1974; DB 1974, 1216; *Schön,* Der Nießbrauch am Gesellschaftsanteil, ZHR 158 (1994), 229; *Schütze,* Die Beurkundung der Übertragung von Geschäftsanteilen einer österreichischen GmbH durch einen deutschen Notar, DB 1992, 1970; *Sick/Schwarz,* Auslandsbeurkundungen im Gesellschaftsrecht, NZG 1998, 540; *Stephan,* Zum internationalen Beurkundungsrecht, NJW 1974, 1596; *Volhard,* Kann die GmbH-Satzung die Einziehung des Geschäftsanteils eines Auflösungsklägers vorsehen?, GmbHR 1995, 617; *Weller,* Die Übertragung von GmbH-Geschäftsanteilen im Ausland: Auswirkungen von MoMiG und Schweizer GmbH-Reform, Der Konzern 2008, 253; *Winkler,* Beurkundungen deutscher Rechtsverhältnisse im Ausland, NJW 1972, 981; *ders.,* GmbH-Gesellschafterversammlung im Ausland und Beurkundung durch ausländische Notare, NJW 1973, 222; *ders.,* Beurkundung gesellschaftlicher Akte im Ausland, NJW 1974, 1032; *Wuppermann,* Auslandsbeurkundungen von Gesellschafterbeschlüssen im Widerstreit zwischen Kostenersparnis und Rechtssicherheit, RIW/AWD 1974, 255; *Ziemons,* Freie Bahn für den Umzug von Gesellschaften nach Inspire Art?!, ZIP 2003, 1913.

I. Grundlagen, Bedeutung, Abgrenzung

Mit der Aktie einer AG oder dem Geschäftsanteil einer GmbH wird die **Mitgliedschaft** 1
in einer Gesellschaft verkörpert. Bei den Personengesellschaften folgt die Mitgliedschaft unmittelbar aus der Gesellschafterstellung, ohne dass ein Geschäftsanteil dazwischen geschaltet ist. Die aus der Mitgliederstellung abgeleiteten Rechte und Pflichten sind regelmäßig nicht als solche übertragbar (**Abspaltungsverbot**, vgl. § 717 BGB), wohl aber die Ausübung derselben im fremden oder eigenen Namen. Die Gesellschafterrechte und -pflichten betreffen das **Innenverhältnis** einer Gesellschaft, mithin die Rechtsbeziehungen eines Gesellschafters ggü. der Gesellschaft sowie den Mitgesellschaftern.

Die Gesellschafterrechte lassen sich rechtsformübergreifend und international einheitlich 2
in **Vermögensrechte und Mitverwaltungsrechte** einteilen. Erstere sind zB das Recht auf Gewinn und Liquidationserlös; Letztere zB das Recht auf Teilnahme und Abstimmung bei Grundlagenentscheidungen und Geschäftsführungsmaßnahmen (vgl. aber die Möglichkeit der Drittorganschaft bei GmbH und AG). Praktisch bedeutsam sind zudem die vielfachen Informationsrechte des Gesellschafters ggü. der Gesellschaft. Bei den Personengesellschaften und der GmbH besteht für die inhaltliche Konkretisierung der Gesellschafterrechte im Innenverhältnis eine weitgehende Gestaltungsfreiheit, wohingegen die AG – zumindest in Deutschland – im Wesentlichen gesetzlich vorgeprägt ist (vgl. § 23 Abs. 5 AktG). Die wichtigsten **Gesellschafterpflichten** sind regelmäßig die Einlagepflicht und die je nach Gesellschaftsform und Realstruktur unterschiedlich ausgeprägte Treuepflicht. Von den Gesellschafterrechten und -pflichten abzugrenzen sind die Pflichten der Mitglieder eines Geschäftsführungs- oder Verwaltungsorgans. Sind diese, was regelmäßig zulässig ist, auch mit Gesellschaftern besetzt (Gesellschafter-Geschäftsführer, Aktionäre im Aufsichtsrat), zieht dies eine differenzierte Betrachtung der verschiedenen Rechtsstellungen nach sich.

II. Europäische Harmonisierung

Die Binnenorganisation von Gesellschaften ist bislang nur in **Teilaspekten** Gegenstand 3
der europäischen Rechtsangleichung. Dies gilt uneingeschränkt für die Personenhandelsgesellschaften sowie für die GmbH. Hier obliegt die rechtliche Ausgestaltung der Gesellschafterrechte und -pflichten ausschließlich dem autonomen nationalen Recht. Bei der AG wurden wesentliche Gesellschafterrechte, insbesondere das Recht auf Gleichbehandlung und das Bezugsrecht bei Kapitalerhöhungen, durch die **Kapitalrichtlinie** europaweit harmonisiert.[1] Die **Aktionärsrechterichtlinie** brachte zudem wesentliche Neuerungen zur Verbesserung der grenzüberschreitenden Stimmrechtsausübung.[2] Bei der SE (Europäische Aktiengesellschaft) als supranationaler Rechtsform wurde die Binnenorganisation ebenfalls nur strukturell vorgegeben, um die Wahl zwischen monistischer und dualistischer Unternehmensverfassung zu ermöglichen (vgl. Art. 46 ff. SE-VO); im Übrigen gilt das jeweilige nationale Aktienrecht (Einzelheiten bei § 49). Bei der geplanten SPE (Europäische Privatgesellschaft) wird die Binnenorganisation voraussichtlich auch nur rudimentär geregelt, um der individuellen Satzung sowie hilfsweise den Vorgaben des nationalen GmbH-Rechts breiten Raum einzuräumen. Die interne Kompetenzverteilung folgt aus Art. 27 SPE-VO gemäß dem jüngsten Ratsentwurf: Hiernach kann das Geschäftsführungsorgan alle Befugnisse der SPE ausüben, die nicht gemäß SPE-VO oder Satzung den Gesellschaftern vorbehalten sind (dispositive Allzuständigkeit). Den Gesellschaftern ist es jedoch möglich, hier-

---

[1] Zweite Richtlinie des Rates vom 13. Dezember 1976 (77/91/EWG), ABl. Nr. L 26/1 v. 31. 1. 1977; Einzelheiten bei *Habersack/Verse* EuropGesR § 6.
[2] Richtlinie 2007/36/EG des Europäischen Parlaments und des Rates vom 11. Juli 2007 über die Ausübung bestimmter Rechte von Aktionären in börsennotierten Gesellschaften (ABl. L 184 vom 14. 7. 2007, S. 17).

von durch gesellschaftsvertragliche Regelungen abzuweichen oder das Regel-Ausnahme-Verhältnis umzukehren.[3]

III. Kollisionsrechtliche Anknüpfung

4 Die enge Verbindung der Gesellschafterrechte und -pflichten mit der Mitgliedschaft sowie die zentrale Bedeutung der Gesellschafterversammlung für die Organisationsstruktur einer Gesellschaft führen dazu, dass die betreffenden Regelungsmaterien dem **Gesellschaftsstatut** zuzuordnen sind.[4] Dies gilt sowohl für die Bestimmung der Mitgliedsrechte im Verhältnis zur Gesellschaft[5] als auch im Verhältnis der Gesellschafter untereinander.[6] Die gerade bei mehrgliedrigen Gesellschaften praktisch relevante Frage nach einer sachgerechten Ausgestaltung der Binnenorganisation einer Gesellschaft ist hiernach zentral dem derzeit vielgerühmten **Wettbewerb der Rechtsordnungen** zugewiesen. Dieser ist nämlich keinesfalls darauf beschränkt, ein möglichst unternehmerfreundliches Gläubigerschutzniveau zu wählen. In der rechtlichen Diskussion ist die Binnenorganisation freilich bisher nur wenig ausgeprägt, so dass insbesondere für den bei mehrgliedrigen Gesellschaften zentralen Bereich des **Minderheitenschutzes** noch eine erhebliche Unklarheit besteht, wie dieser bei ausländischen Rechtsordnungen verwirklicht wird. Weiterhin ist zu bedenken, dass die Zuweisung zum Gesellschaftsstatut derzeit nur scheinbar Rechtssicherheit bringt. Im nach wie vor kontroversen Widerstreit von Sitz- und Gründungstheorie besteht keine Gewähr für eine rechtssicher handhabbare grenzüberschreitende Mobilität von Gesellschaften (dazu sogleich).

IV. Konsequenzen für die Sitzverlegung

5 Ergibt sich die kollisionsrechtliche Anknüpfung von Gesellschafterrechten und -pflichten somit grds. aus dem Gesellschaftsstatut, hat dies folgende Konsequenzen bei der Sitzverlegung:

1. Zuzugsfälle

6 Verlegt eine ausländische Gesellschaft ihren Verwaltungssitz – im Einklang mit dem Heimatrecht sowie dem Recht des Aufnahmelandes zulässigerweise (dazu sogleich) – nach Deutschland, behält sie ihre rechtliche Identität und Organisationsstruktur. Eine englische Ltd. ist daher zB im Hinblick auf die Organisationsverfassung und Direktoren durchgängig nach englischem Gesellschaftsrecht zu behandeln, selbst wenn sie ihren Verwaltungssitz nach Deutschland verlegt.[7] Einer besonderen oder gar förmlichen Anerkennung in Deutschland bedarf es hierfür nicht.[8] Diese – den Wettbewerb der Rechtsformen begünstigende – Respektierung einer ausländischen Gesellschaft mit Verwaltungssitz in Deutschland im Hinblick auf ihre innere Organisation unterliegt jedoch zwei nach wie vor ernst zu nehmenden Voraussetzungen: Erforderlich sind hierfür kumulativ die sach- und kollisionsrechtliche Zulässigkeit der identitätswahrenden Sitzverlegung nach dem Recht des Aufnahme- und des Wegzugsstaates.

---

[3] *Hommelhoff/Teichmann*, GmbHR 2008, 897, 902; Einzelheiten bei § 49 sowie bei Henssler/Strohn/*Servatius* IntGesR Rdnr. 380 ff.

[4] RG IPRspr. 1934 Nr. 11 (S. 21 ff.); OLG München IPRspr. 1929 Nr. 23 (S. 39); OLG Celle IPRspr. 1950/51 Nr. 12 b (S. 21 ff.); LG Hannover IPRspr. 1950/51 Nr. 12 a (S. 19 ff.); LG Hamburg IPRspr. 1976 Nr. 210; *Grasmann* System des internationalen Gesellschaftsrechts, 1970, Rdnr. 1084; *Wiedemann* GesR I § 14 IV 1 b, S. 815; Soergel/*Lüderitz* Art. 10 Anh. Rdnr. 42; Ulmer/Habersack/*Winter/Behrens* Allg. Einl. Rdnr. B 79; *Ziemons*, ZIP 2003, 1913, 1917.

[5] LG Hannover IPRspr. 1950/51 Nr. 12 a; OLG Celle IPRspr. 1950/51 Nr. 12 b; LG Hamburg IPRspr. 1976 Nr. 210; *Wolff* S. 117; Ulmer/Habersack/*Winter/Behrens* Allg. Einl. Rdnr. B 79; Soergel/*Lüderitz* Art. 10 Anh. Rdnr. 42; Staudinger/*Großfeld* Rdnr. 336.

[6] IPG 1974 Nr. 13.

[7] Einzelheiten bei Henssler/Strohn/*Servatius* IntGesR Rdnr. 40 ff.

[8] MüKo BGB/*Kindler* IntGesR Rdnr. 316 ff.

a) Anerkennung gemäß deutschem Recht. Im Hinblick auf die Anerkennung aus- **7**
ländischer Gesellschaften mit Verwaltungssitz in Deutschland besteht derzeit eine unbefriedigende gespaltene Lösung:

aa) Zuzug innerhalb der EU. Die identitätswahrende Sitzverlegung nach Deutschland **8**
innerhalb der EU sowie aus Staaten des EWR ist aus deutscher Perspektive mittlerweile ohne weiteres zulässig, mithin eine Auslandsgesellschaft als solche anzuerkennen.[9] Die europäischen Vorgaben zur Niederlassungsfreiheit bewirken somit insofern die Geltung der Gründungstheorie (vgl. Art. 4 Abs. 1 S. 2 EGBGB: Rückverweisung auf das Recht des Gründungsstaates).

bb) Zuzug aus Drittstaaten. Der Zuzug einer Gesellschaft aus Drittstaaten ist demge- **9**
genüber nach wie vor nach dem autonomen, nicht europarechtlich vorgeprägten, deutschen Kollisionsrecht zu beurteilen. Dies betrifft insbesondere Gesellschaften aus der Schweiz,[10] von den englischen Kanalinseln (Guernsey und Jersey) sowie der Isle of Man.[11] Hier hält die überwiegende Meinung nach wie vor die Sitztheorie für gewohnheitsrechtlich anwendbar.[12] Dies hat zur Konsequenz, dass sich das Gesellschaftsstatut des betreffenden Personenverbands infolge der Sitzverlegung nach deutschem Recht beurteilt. Es kommt somit zu einem **Statutenwechsel**.[13] Das gemäß deutschem IPR hiernach auf die Gesellschaft anzuwendende deutsche Sachrecht ergibt sich aus einem Vergleich der ausländischen Gesellschaft (gemäß Heimatrecht) mit den Typen des deutschen Gesellschaftsrechts (Substitution).[14] Da die Gründungsvorschriften für deutsche Kapitalgesellschaften meist nicht beachtet sind, kommen als Rechtsform allein die **GbR** und die **OHG** in Betracht;[15] ausländische Ein-Personen-Gesellschaften werden nach deutschem Sachrecht als Einzelperson behandelt.[16]

Die Folgen sind drastisch: Die ausländische Gesellschaft aus einem Drittstaat ist zwar **10**
aktiv und passiv parteifähig,[17] die Gesellschafter trifft nunmehr jedoch die unbeschränkte Haftung gemäß § 128 HGB. Darüber hinaus ist anerkannt, dass die Geschäftsleiter der Handelndenhaftung gemäß § 11 Abs. 2 GmbHG unterliegen.[18] Dieser Statutenwechsel betrifft auch die innere **Organisationsstruktur**. Die entsprechenden Vorgaben des ausländischen Kapitalgesellschaftsrechts sind hiernach auf die (zulässigen!) Vorgaben im Recht der Personengesellschaften zu übertragen, was konstruktiv große Schwierigkeiten bereitet und im Einzelnen noch ungeklärt ist. Es kann daher nur mit Nachdruck darauf hingewiesen werden, dass der geschäftliche Kontakt mit Auslandsgesellschaften aus Drittstaaten, die ihren Verwaltungssitz nach Deutschland verlegt haben, erhebliche **Rechtsunsicherheit** mit sich bringt. Um diese zu vermeiden, besteht jedoch die Möglichkeit, die Auslandsgesellschaft in eine deutsche Gesellschaft umzuwandeln (Formwechsel §§ 190 ff. UmwG).[19]

---

[9] Henssler/Strohn/*Servatius* IntGesR Rdnr. 14 ff.
[10] BGH NJW 2009, 289, 290 – Trabrennbahn; hierzu *Goette,* DStR 2009, 63; *Jung,* NZG 2008, 681, 682 f.
[11] Vgl. KG NZG 2005, 758, 759; OLG Hamburg ZIP 2007, 1108; BGH BB 2002, 2031; 45, 145 f); zu Singapur BGH ZIP 2009, 2385 – Trabrennbahn.
[12] BGH NJW 2009, 289 – Trabrennbahn; abw., auf die Möglichkeit spezifischer Sonderanknüpfungen im Rahmen der Gründungstheorie hinweisend, Großkomm GmbHG/*Behrens* Einl Rdnr. B 44 ff.; abw. auch OLG Hamm AG 2007, 332, aufgehoben durch BGH aaO.
[13] BGH NJW 2003, 1607, 1608.
[14] OLG Hamburg ZIP 2007, 1108; *Eidenmüller/Rehm,* ZGR 1997, 89, 90 f.
[15] BGH NJW 2009, 289, 291.
[16] OLG Hamburg ZIP 2007, 1108.
[17] BGH NJW 2002, 3539, 3539 f.
[18] BGH ZIP 2009, 2385; Palandt/*Thorn* Anh zu Art. 12 EGBGB Rdnr. 20.
[19] Die persönliche Haftung für Altverbindlichkeiten bleibt hierbei jedoch bestehen, vgl. *Leible/Hoffmann,* BB 2009, 58 ff.

11 **cc) Besonderheiten bei Gesellschaften aus den USA.** Art. XXV Abs. 5 S. 2 des Handels-, Schifffahrts- und Freundschaftsvertrags vom 29. 10. 1954[20] sieht vor, dass Gesellschaften, die gemäß den Gesetzen und sonstigen Vorschriften des einen Vertragsteils in dessen Gebiet errichtet sind, als Gesellschaften dieses Vertragsteils gelten; ihr rechtlicher Status ist in dem Gebiet des anderen Vertragsteils anzuerkennen. Diese staatsvertragliche Kollisionsnorm geht gemäß Art. 3 Abs. 2 S. 1 EGBGB dem autonomen deutschen IPR vor und bewirkt im Verhältnis zwischen Deutschland und den USA die Geltung der Gründungstheorie.[21] Die innere Organisationsstruktur einer US-amerikanischen *close* oder *public corporation* bleibt daher auch bei der Verlegung des Verwaltungssitzes nach Deutschland erhalten.

12 **b) Grenzüberschreitende Mobilität gemäß Heimatrecht.** Von der soeben erwähnten kollisions- und sachrechtlichen Behandlung in Deutschland abzugrenzen ist auch in den Zuzugsfällen die Frage, ob das Heimatrecht der betreffenden Gesellschaft den identitätswahrenden Wegzug nach dessen Sach- und Kollisionsrecht überhaupt gestattet. Dies ist letztlich ebenfalls ein Aspekt des Gesellschaftsstatuts und daher auch im Zuzugsstaat (vorrangig) zu prüfen (§ 293 ZPO). Konkret bedeutet dies, dass die Anerkennung einer Auslandsgesellschaft als solche mit Verwaltungssitz in Deutschland nur in Betracht kommt, wenn der Wegzugsstaat der **Gründungstheorie** folgt und sich auch aus dessen relevantem materiellen Gesellschaftsrecht keine Hindernisse für den Wegzug ergeben. Diese, aus dem Heimatrecht folgende Einschränkung der Mobilität von Gesellschaften ist auch innerhalb der EU beachtlich.[22]

13 **aa)** Staaten, die im Hinblick auf den Wegzug ihrer Gesellschaften der **Gründungstheorie** folgen, sind innerhalb der EU und des übrigen EWR:[23] Bulgarien,[24] England,[25] Italien,[26] Liechtenstein,[27] Niederlande,[28] Rumänien,[29] Tschechische Republik,[30] Ungarn. Darüber hinaus gilt die Gründungstheorie in China,[31] Hongkong, Japan,[32] Kanada,[33] Mexiko, Russland,[34] der Schweiz,[35] Tunesien, der Ukraine, den USA[36] und Venezuela.[37] Verlegt daher eine Gesellschaft aus diesen Staaten ihren Verwaltungssitz nach Deutschland, ist sie hier als solche auch im Hinblick auf ihre Organisationsstruktur anzuerkennen.

14 **bb)** Staaten, die im Hinblick auf den Wegzug ihrer Gesellschaften der **Sitztheorie** folgen, sind innerhalb der EU und des übrigen EWR:[38] Belgien, Dänemark,[39] Frank-

---

[20] BGBl. 1956 II, S. 487, 763; vgl. hierzu BGH NJW 2003, 1607 ff.; *Bungert*, DB 2003, 1043; *Göthel*, RIW 2006, 41.
[21] BGH NJW 2003, 1607 ff.; BGH NJW-RR 2004, 1618; BGH NZG 2005, 44; BGH NZG 2004, 863; MüKo BGB/*Kindler* IntGesR Rdnr. 328; abw. aber Staudinger/*Großfeld* IntGesR Rdnr. 210.
[22] EuGH NJW 1989, 2186 – Daily Mail; EuGH NJW 2009, 569 – Cartesio.
[23] Überblick aus MüKo BGB/*Kindler* IntGesR Rdnr. 510.
[24] *Zidarova*, RabelsZ 71 (2007), 398, 417 ff.
[25] Bank of Ethiopia v. National Bank of Egypt (1937) Ch. 513; *Hoffmann*, ZVglRWiss. 101 (2002), 283, 287 ff.
[26] *Kindler*, RabelsZ 61 (1997), 227, 281 ff.
[27] *Appel*, RabelsZ 61 (1997), 510, 532 ff.; *Kohler*, IPRax 1997, 309, 310 f.
[28] *Kramer*, IPRax 2007, 54, 57; *Hoffmann*, ZVglRWiss. 101 (2002), 283, 301 ff.
[29] *Capatina*, RabelsZ 58 (1994), 467, 489 ff.; *Aden*, RIW 2008, 700, 703.
[30] *Pauknerová*, IPRax 2007, 162 ff.
[31] *Süss*, RIW 1989, 788, 789 f.
[32] *Nishitani*, IPRax 2007, 552, 557; *Kaiser* RIW 2009, 257, 258.
[33] *Glenn*, RabelsZ 60 (1996), 231, 238.
[34] *Sadikov*, RabelsZ 67 (2003), 318, 330; *Mayer/Breig*, ZEuP 2006, 829, 839 f.
[35] *Hoffmann*, ZVglRWiss. 101 (2002), 283, 303 ff.
[36] *Göthel*, RIW 2006, 41 ff.
[37] *Hernández/Bretón*, IPRax 1999, 194, 195; *de Maekelt*, RabelsZ 64 (2000), 299, 326 f.
[38] Überblick aus MüKo BGB/*Kindler* IntGesR Rdnr. 511.
[39] *Hoffmann*, ZVglRWiss. 101 (2002), 283, 306 f.

reich,[40] Griechenland, Luxemburg,[41] Österreich,[42] Polen,[43] Portugal,[44] Slowenien[45] und Spanien.[46] Außerhalb des EU/EWR-Bereiches folgen der Sitztheorie zB Argentinien, Australien,[47] Iran,[48] Südkorea und die Türkei. Verlegen daher Gesellschaften aus diesen Staaten ihren Verwaltungssitz nach Deutschland, kommt eine identitätswahrende Anerkennung nicht in Betracht. Sie werden hier vielmehr als GbR, OHG oder Einzelkaufmann behandelt.

2. Wegzugsfälle

Verlegt eine deutsche Gesellschaft ihren Verwaltungssitz ins Ausland, sind wiederum auch im Bereich innergesellschaftlicher Angelegenheiten die kollisions- und sachrechtlichen Vorgaben im Recht des Wegzugsstaats und des Zuzugsstaats zu unterscheiden.

a) Grenzüberschreitende Mobilität gemäß deutschem Heimatrecht. Da der EuGH infolge der Rechtsprechung *Daily Mail* und *Cartesio* nicht fordert, dass die Mitgliedsstaaten den identitätswahrenden Wegzug von Gesellschaften gemäß Heimatrecht gestatten müssen, erfolgt die sach- und kollisionsrechtliche Behandlung dieser Fälle aus deutscher Perspektive in Bezug auf die EU und Drittstaaten einheitlich nach dem autonomen Recht.[49] Ob eine deutsche Gesellschaft ihren Verwaltungssitz identitätswahrend ins Ausland verlegen kann und damit ihre Organisationsstruktur beibehält, ist aus der Perspektive des deutschen Rechts sowohl kollisions- als auch sachrechtlich problematisch. Vielfach werden diese Aspekte jedoch zusammen behandelt, vor allem deshalb, weil die gegenwärtige Rechtslage seit Inkrafttreten des MoMiG nicht eindeutig hergibt, ob der Gesetzgeber sach- oder kollisionsrechtliche Regeln erlassen wollte. Insofern sind auch GmbH und AG von den anderen Gesellschaftsformen zu unterscheiden.

aa) GmbH und AG. Infolge der Streichung des Gebots der Sitzanknüpfung an das Inland gemäß § 5 Abs. 2 AktG a. F. bzw. § 4a Abs. 2 GmbHG a. F. durch das MoMiG kann eine im deutschen Handelsregister eingetragene GmbH oder AG nunmehr ihren **Verwaltungssitz im Ausland** haben (str.).[50] Bei der Begründung dieses Ergebnisses ist jedoch nach wie vor sehr umstritten, ob die Neuregelung nur eine sachrechtliche Bedeutung hat oder ihr auch ein kollisionsrechtlicher Gehalt zukommt. Der BGH hat hierzu nicht Stellung bezogen.[51] Richtigerweise betrifft die Aufgabe des Gebots einer inländischen Sitzanknüpfung durch das MoMiG jedoch sowohl das materielle Gesellschaftsrecht wie das Kollisionsrecht (str.).[52] Für die Praxis bedeutet diese kontroverse Diskussion jedoch gleichwohl

---

[40] *Kieninger*, RabelsZ 73 (2009), 607, 611 f.
[41] Hirte/Bücker/*Putz* § 8 Rdnr. 32, § 9 Rdnr. 14.
[42] *Lurger*, IPRax 2001, 346.
[43] *Jara/Schlichte*, RIW 2006, 106 ff.
[44] *Stieb*, GmbHR 2004, 494.
[45] Überblick aus MüKo BGB/*Kindler* IntGesR Rdnr. 511; abw. *Rudolf*, IPRax 2003, 158, 160 (Gründungstheorie).
[46] *Sandrock*, RIW 2006, 658 ff.
[47] *Nygh*, RabelsZ 58 (1994), 727, 741.
[48] *Khatib/Shahidi/Engelhardt*, WiB 1997, 1232.
[49] Zum Ganzen § 52.
[50] *Hoffmann*, ZIP 2007, 1581, 1582; *Hirte*, NZG 2008, 761, 766; Baumbach/Hueck/*Fastrich* § 4a Rdnr. 9; Lutter/Hommelhoff/*Bayer* GmbHG § 4a Rdnr. 15; BeckOK GmbHG/*Langer* IntGesR Rdnr. 83 ff.; nach früherem Recht kam es zwangsweise zur Auflösung und Liquidation der deutschen Gesellschaft, so dass auch im Zuzugsstaat keine umfassende Anerkennung möglich ist (vgl. BGH GmbHR 2008, 990; OLG München NZG 2007, 915; GroßKomm GmbHG/*Behrens* Einl. B Rdnr. 118.
[51] BGH NJW 2009, 289, 291 – Trabrennbahn; zur Rechtfertigung dieser „richterlichen Zurückhaltung" *Goette*, DStR 2009, 63; abw. *Kindler*, IPRax 2009, 189, 198.
[52] So auch *Hoffmann*, ZIP 2007, 1581; *Fingerhut/Rumpf*, IPRax 2008, 90, 92; *Mülsch/Nohlen*, ZIP 2008, 1358, 1360; aA aber *Peters*, GmbHR 2008, 245, 249; *Franz/Laeger*, BB 2008, 678, 681 f.; *Preuß*, GmbHR 2007, 57, 62; *Kindler*, IPRax 2009, 189, 193 ff.

eine erhebliche **Rechtsunsicherheit**. Es ist daher an den Gesetzgeber zu appellieren, endlich Klarheit über die identitätswahrende Sitzverlegung deutscher Gesellschaften zu schaffen, damit diese sich auch als „Exportschlager" erweisen können. Als mögliche **Reformen** bieten sich zum einen nationale Alleingänge an, wie zB der nicht weiter verfolge Referentenentwurf des BMJ aus dem Jahr 2009.[53] Hiernach würde ein neu eingeführter Art. 10 EGBGB das Gesellschaftsstatut an den Registrierungsort, hilfsweise an das Recht des Staates, nach dem die Gesellschaft organisiert ist, anknüpfen und damit in Deutschland die Gründungstheorie für maßgeblich erachten. Überzeugender wäre indessen eine einheitliche europäische Lösung. Der Entwurf für eine Sitzverlegungsrichtlinie vom 20. 4. 1997[54] ist jedoch durch die Rechtsprechung des EuGH überholt. Neue Ansätze zur Harmonisierung des europäischen Kollisionsrechts für Gesellschaften sind derzeit nicht zu erwarten.

18 **bb) Personenhandelsgesellschaften.** Auch bei Personenhandelsgesellschaften sind sach- und kollisionsrechtlich Ort der Registrierung und Verwaltungssitz zu unterscheiden. Die Notwendigkeit gemäß § 106 HGB, bei der Eintragung in das Handelsregister einen Sitz anzugeben, bezieht sich nach hM jedoch auf den Verwaltungssitz.[55] Hiernach könnte ein ausländischer Sitz nicht eingetragen werden mit der Folge, dass der **identitätswahrende Wegzug** einer deutschen Personenhandelsgesellschaft wie bei den Kapitalgesellschaften vor Inkrafttreten des MoMiG nicht möglich ist, mithin bei der Sitzverlegung eine Zwangsauflösung herbeigeführt wird.[56] Diese Sichtweise überzeugt indessen mittlerweile nicht mehr, denn auch § 106 HGB verlangt keinen inländischen Sitz. Insofern ist vielmehr davon auszugehen, dass auch bei den Personenhandelsgesellschaften sach- und kollisionsrechtlich der Wegzug ins Ausland gestattet ist.[57] Für die Praxis bedeutet diese nach wie vor kontrovers geführte Diskussion jedoch eine erhebliche Rechtsunsicherheit, so dass auch insoweit rasch Klärung durch den Gesetzgeber zu fordern ist.

19 **b) Anerkennung im Zuzugsstaat.** Wiederum gilt, dass die grenzüberschreitende Mobilität von Gesellschaften nur dann gewährleistet ist, wenn auch das Kollisions- und Sachrecht des Aufnahmestaates die Verlegung des Verwaltungssitzes billigt, mithin eine Art. 4 Abs. 1 S. 2 EGBGB entsprechende Rückverweisung ins deutsche Recht vorsieht.[58] Folgt der Zuzugsstaat der Gründungstheorie, so bleibt es bei der Anwendbarkeit des deutschen Sachrechts hinsichtlich der Geschäftsführung. Folgt der Zuzugsstaat hingegen der Sitztheorie, kommt es zu einem Statutenwechsel zugunsten der Anwendbarkeit des für die vergleichbaren Gesellschaften maßgeblichen Rechts des Zuzugsstaates (Substitution), was eine Respektierung der nach Heimatrecht bestehenden Geschäftsführungsregeln regelmäßig ausschließt. **Innerhalb der EU** bzw. der EWR-Staaten ist jedoch zu bedenken, dass die Rechtsprechung des EuGH in Sachen *Überseering*[59] und *Inspire Art*[60] die Staaten mittlerweile zur identitätswahrenden Anerkennung von Auslandsgesellschaften verpflichtet.[61] Eine deutsche GmbH oder AG, die ihren Verwaltungssitz in einen anderen Mitgliedsstaat verlegt, bleibt daher auch im Hinblick auf die Binnenorganisation als solche bestehen (zur

---

[53] Referentenentwurf für ein Gesetz zum Internationalen Privatrecht der Gesellschaften, Vereine und juristischen Personen, abrufbar unter http://www.bmj.bund.de/files//2751/RefE%20Gesetz%20zum%20Internationalen%20Privatrecht%20der%20Gesellschaften,%20Vereine%20und%20juristischen%20Personen.pdf; siehe dazu *Wagner/Timm*, IPRax 2008, 81.

[54] Abgedruckt in ZIP 1997, 1721.

[55] BGH WM 1957, 999, 1000; MüKo HGB/*Langhein* § 106 Rdnr. 26.

[56] So die bisher h. M., vgl. nur Staub/*Hüffer* § 13c Rdnr. 11; MüKo HGB/*Langhein* § 106 Rdnr. 30.

[57] So auch *Koch*, ZHR 173 (2009), 101; unter Hinweis auf die europäische Niederlassungsfreiheit auch Henssler/Strohn/*Röthel* HGB § 106 Rdnr. 180.

[58] *Teichmann*, ZIP 2009, 393, 401.

[59] EuGH NJW 2002, 3614 ff.

[60] EuGH NJW 2003, 3333.

[61] Einzelheiten bei § 52.

Rechtsunsicherheit aus der Wegzugsperspektive aber oben Rdnr. 17). Das Gleiche gilt im Verhältnis zu den **USA** (oben Rdnr. 11).

Folgende **Drittstaaten** folgen bzgl. des Zuzugs ausländischer Gesellschaften der **Sitztheorie:** Argentinien, Australien,[62] Iran,[63] Südkorea und die Türkei. Insofern würde also auch ein nach deutschem Sach- und Kollisionsrecht zulässiger identitätswahrender Wegzug nicht die gewünschte Mobilität der Gesellschaft herbeiführen. Folgende Drittstaaten folgen bzgl. des Zuzugs ausländischer Gesellschaften der **Gründungstheorie:** China,[64] Hongkong, Japan,[65] Kanada,[66] Mexiko, Russland,[67] Schweiz,[68] Tunesien, Ukraine, USA[69] und Venezuela.[70] Hier wäre somit der identitätswahrende Wegzug möglich, wenn sich die mittlerweile überwiegende Meinung aus deutscher Sicht durchsetzen würde.

3. Besonderheiten auf Grund internationaler Verträge

Das deutsche IPR steht gemäß Art. 3 Nr. 2 EGBGB unter dem Vorbehalt vorrangiger völkerrechtlicher Vereinbarungen. Im Bereich des internationalen Gesellschaftsrechts gibt es hierzu eine Vielzahl bilateraler Staatsverträge.[71]

a) Auf Grund spezieller Kapitalschutzabkommen gilt die **Gründungstheorie** (teilweise zumindest halbseitig, dh. für den Zuzug ausländischer Gesellschaften nach Deutschland) für folgende Staaten: Bolivien (Art. 1 Abs. 4 Kapitalschutzabkommen vom 23. 3. 1987, BGBl. 1988 II S. 254); Brunei Darussalam (Art. 1 Abs. 5 Kapitalschutzabkommen vom 30. 3. 1998, BT-Drucks. 15/1057); China: Anerkennung chinesischer Gesellschaften, die von der chinesischen Regierung anerkannt, registriert und zur wirtschaftlichen Zusammenarbeit mit dem Ausland berechtigt sind (Kapitalschutzabkommen vom 1. 12. 2003, BGBl. 2005 II S. 732, BT-Drucks. 15/4983 S. 5362; BGBl. 2006 II S. 119); Dominica (Art. 1 Abs. 4 Kapitalschutzabkommen vom 1. 10. 1984, BGBl. 1985 II S. 1170); Gabun (Art. 1 Abs. 4 Kapitalschutzabkommen vom 15. 9. 1998, BGBl. 2001 II S. 478); Ghana (Art. 1 Nr. 4 Kapitalschutzabkommen vom 24. 2. 1995, BGBl. 1997 II S. 2055); Guyana (Art. 1 Abs. 4 Kapitalschutzabkommen vom 6. 12. 1989, BGBl. 1993 II S. 938); Honduras (Art. 1 Nr. 4 Kapitalschutzabkommen vom 21. 3. 1995, BGBl. 1997 II S. 2064); Hongkong (Art. 1 Abs. 4 Kapitalschutzabkommen vom 31. 1. 1996, BGBl. 1997 II S. 1848); Indien (Art. 1 a) Kapitalschutzabkommen vom 10. 7. 1995, BGBl. 1998 II S. 619); Indonesien (Art. 1 Abs. 4 Kapitalschutzabkommen vom 8. 11. 1968, BGBl. 1970 II S. 492); Jamaika (Art. 1 Nr. 4 Kapitalschutzabkommen vom 24. 9. 1992, BGBl. 1996 II S. 58); Jemen (Art. 1 Abs. 3 Kapitalschutzabkommen vom 2. 3. 2005, BGBl. 2007 II S. 87); Kambodscha (Art. 1 Nr. 4 Kapitalschutzabkommen vom 15. 2. 1999, BGBl. 2001 II S. 487); Kamerun (Art. 8 Abs. 4 Kapitalschutzabkommen vom 29. 6. 1962, BGBl. 1963 II S. 991); Katar (Art. 1 Nr. 3 Kapitalschutzabkommen vom 14. 6. 1996, BGBl. 1998 II S. 628); Demokratische Republik Kongo (Art. 8 Abs. 4 Kapitalschutzabkommen vom 18. 3. 1969, BGBl. 1970 II S. 509); Republik Korea (Art. 8 Abs. 4 Kapitalschutzabkommen vom 4. 2. 1964, BGBl. 1966 II S. 841); Kuba (Art. 1 Nr. 4 Kapitalschutzabkommen vom 30. 4. 1996, BGBl. 1998 II S. 746); Kuwait (Art. 1 Nr. 3 Kapitalschutzabkommen vom 30. 3. 1994, BGBl. 1997 II S. 166); Lesotho (Art. 1 Abs. 4 Kapitalschutzabkommen vom 11. 11. 1982, BGBl. 1985 II S. 14); Liberia (Art. 8 Abs. 4 Kapitalschutzabkommen vom 12. 12. 1961, BGBl. 1967 II S. 537); Malaysia (Art. 1 Abs. 4 Kapitalschutzabkommen vom 22. 12. 1960,

---

[62] *Nygh,* RabelsZ 58 (1994), 727, 741.
[63] *Khatib/Shahidi/Engelhardt,* WiB 1997, 1232.
[64] *Süss,* RIW 1989, 788, 789 f.
[65] *Nishitani,* IPRax 2007, 552, 557; *Kaiser,* RIW 2009, 257, 258.
[66] *Glenn,* RabelsZ 60 (1996), 231, 238.
[67] *Sadikov,* RabelsZ 67 (2003), 318, 330; *Mayer/Breig,* ZEuP 2006, 829, 839 f.
[68] *Hoffmann,* ZVglRWiss. 101 (2002), 283, 303 ff.
[69] *Göthel,* RIW 2006, 41 ff.
[70] *Hernández/Bretón,* IPRax 1999, 194, 195; *de Maekelt,* RabelsZ 64 (2000), 299, 326 f.
[71] Zum Ganzen ausführlich Eidenmüller/*Rehm* § 2 Rdnr. 6 ff.

BGBl. 1962 II S. 1064); Mali (Art. 1 Nr. 4 Kapitalschutzabkommen vom 28. 6. 1977, BGBl. 1979 II S. 77); Mauritius (Art. 8 Abs. 4 Kapitalschutzabkommen vom 25. 5. 1971, BGBl. 1973 II S. 615); Nepal (Art. 1 Nr. 4 Kapitalschutzabkommen vom 20. 10. 1986, BGBl. 1988 II S. 262); Oman (Art. 1 Nr. 4 Kapitalschutzabkommen vom 25. 6. 1979, BGBl. 1985 II S. 354); Pakistan (Art. 8 Abs. 4 Kapitalschutzabkommen vom 25. 11. 1959, BGBl. 1961 II S. 793); Papua-Neuguinea (Art. 1 Nr. 4 Kapitalschutzabkommen vom 12. 11. 1980, BGBl. 1982 II S. 389); Senegal (Art. 8 Abs. 4 Kapitalschutzabkommen vom 24. 1. 1964, BGBl. 1965 II S. 1391); Serbien und Montenegro (Art. 1 Abs. 3 Kapitalschutzabkommen vom 10. 7. 1989 mit dem ehemaligen Jugoslawien, BGBl. 1997 II S. 961, 962); Singapur (Art. 1 Abs. 4 Kapitalschutzabkommen vom 3. 10. 1973, BGBl. 1975 II S. 49); Somalia (Art. 1 Abs. 4 Kapitalschutzabkommen vom 27. 11. 1981, BGBl. 1984 II S. 778). Sri Lanka (Art. 1 Abs. 4 lit. b) des Kapitalschutzabkommens vom 7. 2. 2000, BGBl. 2002 II S. 296); St. Lucia (Art. 1 Nr. 4 Kapitalschutzabkommen vom 16. 3. 1985, BGBl. 1987 II S: 13); St. Vincent und Grenadinen (Art. 1 Nr. 4 Kapitalschutzabkommen vom 25. 3. 1986, BGBl. 1987 II S. 774); Sudan (Art. 8 Abs. 4 Kapitalschutzabkommen vom 7. 2. 1963, BGBl. 1966 II S. 889); Swasiland (Art. 1 Nr. 4 Kapitalschutzabkommen vom 5. 4. 1990, BGBl. 1993 II S. 956); Tansania (Art. 8 Abs. 4 Kapitalschutzabkommen vom 30. 1. 1965, BGBl. 1966 II S. 873); Tschad (Art. 8 Abs. 4 Kapitalschutzabkommen vom 11. 4. 1967, BGBl. 1968 II S. 221); Türkei (vgl. zB Art. 5 des Niederlassungsabkommens mit der Türkischen Republik vom 12. 1. 1927, RGBl. II S. 76; vgl. zur Sitzanknüpfung jedoch Art. 8 Abs. 4 Kapitalschutzabkommen vom 20. 5. 1962, BGBl. 1965 II S. 1193); USA (Art. XXV Abs. 5 S. 2 Freundschafts-, Handels- und Schifffahrtsvertrag vom 29. 10. 1954; hierzu BGH 29. 1. 2003, NJW 2003, 1607, 1608; BGH 5. 7. 2004, NJW-RR 2004, 1618).

23 **b)** Die **Sitztheorie** ist staatsvertraglich bei folgenden Ländern maßgeblich: Ägypten (Art. 8 Abs. 4 Kapitalschutzabkommen vom 5. 7. 1974, BGBl. 1977 II S. 1145); Algerien (Art. 1 Abs. 1 Kapitalschutzabkommen vom 11. 3. 1996, BGBl. 2002 II S. 286); Argentinien (Art. 1 Nr. 4 Kapitalschutzabkommen vom 9. 4. 1991, BGBl. 1993 II S. 1244); Armenien (Art. 1 Nr. 4 Kapitalschutzabkommen vom 21. 12. 1995, BGBl. 2000 II S. 46); Aserbaidschan (Art. 1 Nr. 4 Kapitalschutzabkommen vom 22. 12. 1995, BGBl. 1998 II S. 567); Bangladesch (Art. 8 Abs. 4 Kapitalschutzabkommen vom 6. 5. 1981, BGBl. 1984 II S. 838); Barbados (Art. 1 Abs. 4 Kapitalschutzabkommen vom 2.1. 2. 1994, BGBl. 1997 II S. 2047); Belarus (Art. 1 Nr. 3 Kapitalschutzabkommen vom 2. 4. 1993, BGBl. 1996 II S. 85); Benin (Art. 8 Abs. 4 Kapitalschutzabkommen vom 29. 6. 1978, BGBl. 1985 II S. 2); Bosnien Herzegowina (Vertrag vom 18. 10. 2001, BGBl. 2004 II S. 314; BT-Drucks. 15/1847 S. 2091); Botswana (Art. 1 Nr. 4 Kapitalschutzabkommen vom 23. 5. 2000, BGBl. 2002 II S. 278); Bulgarien (Art. 1 Nr. 3 Kapitalschutzabkommen vom 12. 4. 1986, BGBl. 1987 II S. 742); Burundi (Art. 1 Nr. 4 Kapitalschutzabkommen vom 10. 9. 1984, BGBl. 1985 II S. 1162); Chile (Art. 1 Nr. 4 Kapitalschutzabkommen vom 21. 10. 1991, BGBl. 1998 II S. 1427); Costa Rica (Art. 1 Nr. 4 Kapitalschutzabkommen vom 13. 9. 1994, BGBl. 1997 II S. 1830); Dominikanische Republik (Art. 11 des Protokolls zum Freundschafts-, Handels- und Schifffahrtsvertrag vom 23. 12. 1959, BGBl. II S. 1468); Ecuador (Art. 1 Nr. 4 Kapitalschutzabkommen vom 21. 3. 1996, BGBl. 1998 II S. 610); Elfenbeinküste (Art. 1 Abs. 4 Kapitalschutzabkommen vom 27. 10. 1966, BGBl. 1968 II S. 61); El Salvador (Art. 1 Nr. 3 Kapitalschutzabkommen vom 11. 12. 1997, BGBl. 2000 II S. 673); Georgien (Art. 1 Nr. 4 Kapitalschutzabkommen vom 25. 6. 1993, BGBl. 1998 II S. 576); Guinea (Art. 8 Abs. 4 Kapitalschutzabkommen vom 19. 4. 1962, BGBl. 1964 II S. 145); Haiti (Art. 8 Abs. 4 Kapitalschutzabkommen vom 14. 8. 1973, BGBl. 1975 II S. 101); Iran (Art. 1 Abs. 2 lit. b) des Kapitalschutzabkommens vom 17. 8. 2002, BGBl. II S. 55); Japan (Art. XIII Handels- und Schifffahrtsvertrag zwischen dem Deutschen Reich und Japan vom 20. 7. 1927, RGBl. II S. 1087); Jordanien (Art. 8 Abs. 4 Kapitalschutzabkommen vom 15. 7. 1974, BGBl. 1975 II S. 1254); Kap Verde (Art. 1 Nr. 4 Kapitalschutzabkommen

vom 18. 1. 1990, BGBl. 1993 II S. 947); Kasachstan (Art. 1 Nr. 4 Kapitalschutzabkommen vom 22. 9. 1992, BGBl. 1994 II S. 3730); Kenia (Art. 1 Nr. 4 Kapitalschutzabkommen vom 3. 5. 1996, BGBl. 1998 II S. 585); Republik Kongo (Art. 8 Abs. 4 Kapitalschutzabkommen vom 13. 9. 1965, BGBl. 1967 II S. 1733); Kroatien (Art. 1 Nr. 4 Kapitalschutzabkommen vom 21. 3. 1997, BGBl. 2000 II S. 653); Laos (Art. 1 Nr. 4 Kapitalschutzabkommen vom 9. 8. 1996, BGBl. 1998 II S. 1466); Libanon (Art. 1 Nr. 1 B) Kapitalschutzabkommen vom 18. 3. 1997, BGBl. 1998 II S. 1439); Madagaskar (Art. 8 Abs. 4 Kapitalschutzabkommen vom 15. 4. 1962, BGBl. 1965 II S. 369); Marokko (Art. 8 Abs. 4 Kapitalschutzabkommen vom 31. 8. 1961, BGBl. 1967 II S. 1641); Mauretanien (Art. 1 Abs. 4 Kapitalschutzabkommen vom 8. 12. 1982, BGBl. 1985 II S. 22); Mazedonien (Art. 1 Nr. 3 Kapitalschutzabkommen vom 10. 9. 1996, BGBl. 2000 II S. 646); Mexiko (Art. 1 Nr. 4 Kapitalschutzabkommen vom 25. 8. 1998, BGBl. 2000 II S. 866); Moldau (Art. 1 Abs. 1 c) Kapitalschutzabkommen vom 28. 2. 1994, BGBl. 1997 II S. 2072); Mongolei (Art. 1 Nr. 1 Kapitalschutzabkommen vom 26. 6. 1991, BGBl. 1996 II S. 50); Mosambik (Art. 1 Nr. 4 Kapitalschutzabkommen vom 6. 3. 2002, BT-Drucks. 15/1845); Namibia (Art. 1 Nr. 4 Kapitalschutzabkommen vom 21. 1. 1994, BGBl. 1997 II S. 186); Nicaragua (Art. 1 Nr. 4 Kapitalschutzabkommen vom 6. 5. 1996, BGBl. 1998 II S. 637); Niederlande (Art. 1, 2 Vertrag zwischen dem Deutschen Reich und den Niederlanden über die gegenseitige Anerkennung der Aktiengesellschaften und anderer kommerzieller, industrieller oder finanzieller Gesellschaften vom 11. 2. 1907, RGBl. 1908, S. 65; in Kraft seit 26. 3. 1908, RGBl. S. 65), Bekanntmachung vom 29. 2. 1952 über die Wiederanwendung BGBl. II S. 435); Panama (Art. 1 Nr. 4 Kapitalschutzabkommen vom 2. 11. 1983, BGBl. 1987 II S. 2); Paraguay (Art. 1 Nr. 4 Kapitalschutzabkommen vom 11. 8. 1993, BGBl. 1997 II S. 2080); Peru (Art. 1 Nr. 4 Kapitalschutzabkommen vom 30. 1. 1995, BGBl. 1997 II S. 197); Philippinen (Art. 1 Nr. 3 Kapitalschutzabkommen vom 18. 4. 1997, BGBl. 1998 II S. 1448); Ruanda (Art. 8 Abs. 4 Kapitalschutzabkommen vom 18. 5. 1967, BGBl. 1968 II S. 1260); Sambia (Art. 8 Abs. 4 Kapitalschutzabkommen vom 10. 12. 1966, BGBl. 1968 II S. 33); Saudi-Arabien (Art. 1 Nr. 3 Kapitalschutzabkommen vom 29. 10. 1996 BGBl. 1998 II S. 593); Sierra-Leone (Art. 8 Abs. 4 Kapitalschutzabkommen vom 8. 4. 1965, BGBl. 1966 II S. 861); Simbabwe (Art. 1 Nr. 4 Kapitalschutzabkommen vom 29. 9. 1995, BGBl. 1997 II S. 1839); Slowakei (Art. 1 Nr. 3 Kapitalschutzabkommen vom 2. 10. 1990 mit der Tschechoslowakei, BGBl. II S. 294); Südafrika (Art. 1 Nr. 4 Kapitalschutzabkommen vom 11. 9. 1995, BGBl. 1997 II S. 2098); Syrien (Art. 1 Nr. 4 Kapitalschutzabkommen vom 2. 8. 1977, BGBl. 1979 II S. 422); Thailand (Art. 1 Abs. 3 Kapitalschutzabkommen vom 24. 6. 2002, BGBl. 2004 II S. 48); Togo (Art. 8 Abs. 4 Kapitalschutzabkommen vom 16. 5. 1961, BGBl. 1964 II S. 154); Tunesien (Art. 8 Abs. 4 Kapitalschutzabkommen vom 20. 12. 1963, BGBl. 1965 II S. 1377); Turkmenistan (Art. 1 Abs. 4 Kapitalschutzabkommen vom 28. 8. 1997, BGBl. 2000 II S. 664); Uganda (Art. 8 Abs. 4 Kapitalschutzabkommen vom 29. 11. 1966, BGBl. 1968 II S. 449); Ukraine (Art. 1 Nr. 4 Kapitalschutzabkommen vom 15. 2. 1993, BGBl. 1996 II S. 75); Uruguay (Art. 1 Nr. 4 Kapitalschutzabkommen vom 4. 5. 1987, BGBl. 1988 II S. 272); Usbekistan (Art. 1 Nr. 4 Kapitalschutzabkommen vom 28. 4. 1993, BGBl. 1997 II S. 2106); Venezuela (Art. 1 Nr. 4 Kapitalschutzabkommen vom 14. 5. 1996, BGBl. 1998 II S. 653); Vereinigte Arabische Emirate (Art. 1 Nr. 2 Kapitalschutzabkommen vom 21. 6. 1997, BGBl. 1998 II S. 1474); Vietnam (Art. 1 Nr. 4 Kapitalschutzabkommen vom 3. 4. 1993, BGBl. 1997 II S. 2116).

V. Einzelfragen

1. Recht auf Einberufung der Gesellschafterversammlung

Die Hauptversammlung ist bei der AG das Organ, in dem die Gesellschafter ihre Rechte ausüben (vgl. § 118 Abs. 1 AktG). Bei der Gesellschafterversammlung der GmbH herrscht im Gegensatz zur Aktiengesellschaft weitgehende Satzungsautonomie bezüglich der Zuständigkeit und des Verfahrens (§ 45 GmbHG). Doch auch hier ist die Gesellschafterversammlung das Organ, welches über grundlegende Entscheidungen der Gesellschaft zu befinden hat. Aufgrund dieser Bedeutsamkeit der Gesellschafterversammlung sehen die §§ 49 GmbHG und 121 Abs. 1 AktG eine Pflicht zur Einberufung in bestimmten Fällen vor. Diese Pflicht obliegt dem **Geschäftsführer bzw. Vorstand** der Gesellschaft.

25 Eine Erweiterung der Einberufungskompetenzen durch den Gesellschaftsvertrag ist bei der GmbH sowohl in personeller als auch in sachlicher Hinsicht zulässig.[72] So kann der Gesellschaftsvertrag die Einberufungskompetenz zusätzlich auch anderen Organen zuweisen, zB einem Aufsichtsrat oder Beirat bzw. einzelnen Organmitgliedern (vgl. § 45 Abs. 2 GmbHG). Um die Handlungsfähigkeit der Gesellschaft zu gewährleisten, steht es jedoch nicht jedem einzelnen Gesellschafter jederzeit zu, eine Gesellschaftsversammlung einzuberufen. Darüber hinaus ist das Einberufungsrecht der Gesellschafter ein wichtiges **Minderheitenrecht.** Gerade bei grenzüberschreitend tätigen Gesellschaften, bei denen nicht alle Gesellschafter am selben Ort ansässig sind, stellt sich daher die Frage, an welche Rechtsordnung bezüglich des Rechts der Einberufung einer Gesellschafterversammlung anzuknüpfen ist.

26 Im deutschen Recht gibt **§ 122 AktG** den Aktionären, die zusammen Anteile in Höhe von mindestens 5% des Grundkapitals halten, das Recht, die Einberufung einer Hauptversammlung zu verlangen und notfalls gerichtlich zu erzwingen. Ferner sind Aktionäre, die Aktien in Höhe von mindestens 5% des Grundkapitals oder einen anteiligen Betrag in Höhe von 500 000 Euro am Grundkapital halten, nach § 122 Abs. 2 AktG berechtigt, die Bekanntmachung von Gegenständen zur Beschlussfassung der Hauptversammlung durchzusetzen. Hierdurch soll sichergestellt werden, dass Aktionäre ihre grundsätzlich unentziehbaren Stimm-, Teilnahme- und Diskussionsrechte in der Hauptversammlung möglichst vollumfänglich wahrnehmen können. § 122 AktG trägt so dazu bei, die Funktionsfähigkeit der Organgewaltenteilung innerhalb einer Aktiengesellschaft zu gewährleisten.[73] Auch bei einer GmbH besteht das Recht der Gesellschafter, deren Geschäftsanteile zusammen mindestens 10% des Stammkapitals entsprechen, unter Angabe des Zwecks und der Gründe die Berufung der Versammlung zu verlangen, bzw. Gegenstände zur Beschlussfassung der Versammlung anzukündigen **(§ 50 GmbHG).**

27 Alle genannten Einberufungskompetenzen unterfallen dem **Gesellschaftsstatut.**[74] Verlegt daher eine deutsche Gesellschaft ihren effektiven Verwaltungssitz identitätswahrend ins Ausland (zur nach wie vor bestehenden Rechtsunsicherheit oben Rdnr. 16 f.), ändert sich an der Existenz und rechtlichen Konkretisierung der Einberufungskompetenzen aus der Perspektive des deutschen Kollisionsrechts nichts. Ob die dortigen, ggf. zur Entscheidung berufenen Gerichte, dies genauso sehen, kann freilich nicht verbindlich gesagt werden (vgl. aber zur Zuständigkeit deutscher Gerichte für innergesellschaftliche Streitigkeiten gemäß Art. 22 Nr. 2 EuGVVO § 18 Rdnr. 26 ff.). Verlegt umgekehrt eine ausländische Gesellschaft ihren Verwaltungssitz nach Deutschland, gelten die hierfür maßgeblichen gemäß Heimatrecht bestehenden Regelungen weiter (vgl. im Einzelnen die Länderberichte bei § 49).

28 Bei der **englischen Ltd.** als Beispiel erfolgt die Einberufung der Gesellschafterversammlung gemäß sec. 302 CA 2006 grds. durch die Direktoren. Bei den Versammlungen ist zu unterscheiden zwischen der jährlichen Gesellschafterversammlung (annual general meeting, AGM) und der außerordentlichen Gesellschafterversammlung (extraordinary ge-

---

[72] Baumbach/Hueck/*Zöllner* GmbHG § 49 Rdnr. 14, 22; Michalski/*Römermann* GmbHG § 49 Rdnr. 138, Scholz/*Schmidt/Seibt* GmbHG § 49 Rdnr. 32, Ulmer/Habersack/*Winter/Hüffer* GmbHG § 49 Rdnr. 30.

[73] *Halberkamp/Gierke*, NZG 2004, 494, 495.

[74] Für den Inhalt der Mitgliedschaft allgemein: RG IPRspr. 1934 Nr. 11 (S. 21 ff.); OLG München IPRspr. 1929 Nr. 23 (S. 39); OLG Celle IPRspr. 1950/51 Nr. 12b (S. 21 ff.); LG Hannover IPRspr. 1950/51 Nr. 12a (S. 19 ff.); LG Hamburg IPRspr. 1976 Nr. 210; *Grasmann* Rdnr. 1084; *Wiedemann* GesR I § 14 IV 1b, S. 815; *Kegel/Schurig* § 17 II 2; Soergel/*Lüderitz* Art. 10 Anh. Rdnr. 42; Ulmer/Habersack/*Winter/Behrens* Allg. Einl. Rdnr. B 79.

neral meeting, EGM):[75] War die Abhaltung einer jährlichen Gesellschafterversammlung nach altem Recht noch für alle Gesellschaften verpflichtend, so wurde dieses Erfordernis mit dem CA 2006 für die Ltd aufgegeben (anders bei public companies, vgl. sec. 336 ff. CA 2006). Die Pflicht zur **jährlichen Gesellschafterversammlung** kann aber weiterhin in den articles vorgesehen werden. Bei allen Gesellschafterversammlungen außerhalb der AGM handelt es sich um **außerordentliche Versammlungen**. Sie sind (wie auch ggf. die AGM) gemäß sec. 307(1) CA 2006 mit einer Frist von 14 Tagen einzuberufen, wobei bei der Fristberechnung gemäß sec. 360(2) CA 2006 die Tage der Zustellung und der Abhaltung der Versammlung nicht berücksichtigt werden. Mit Zustimmung der Gesellschafter, die mindestens 90% der Anteile halten, kann die Frist auch verkürzt werden (sec. 307(4–6) CA 2006). Die Einberufung ist jedem Gesellschafter und jedem Direktor (sec. 310(1) CA 2006) schriftlich, elektronisch oder durch Bekanntgabe auf der Homepage mitzuteilen (sec. 308, 309 CA 2006) unter Angabe von Zeitpunkt, Ort und allgemeinen Gegenständen der EGM (sec. 311 CA 2006) sowie mit einem Hinweis auf die Vertretungsmöglichkeit (sec. 325, 324 CA 2006). Fehler bei der Einberufung führen grds. zur Unwirksamkeit der in der betreffenden Versammlung gefassten Beschlüsse. Sec. 325(2) CA 2006 und art. 43 Model Articles erklären gewisse Mängel bzw. Einwendungen jedoch für unbeachtlich.

a) Form der Einberufung. Nach § 51 Abs. 1 S. 1 GmbHG erfolgt die Einberufung der Gesellschafterversammlung durch Einladung der Gesellschafter **mittels eingeschriebenen Briefes** (so auch gem. § 121 Abs. 4 S. 2 AktG bei namentlich bekannten Aktionären). Fraglich ist, wie man diesbezüglich bei der Auslands-GmbH verfahren muss. Dabei geht man davon aus, dass ein „eingeschriebener Brief" ein Einschreiben im Sinne der jeweils geltenden Postregelungen ist.[76] In der Literatur wird dazu auf § 1 I Nr. 3 AGB Deutsche Post AG Brief National verwiesen.[77] Doch schon bei einer inländischen GmbH bedarf es teilweise der Einschaltung ausländischer Postdienstleister, wenn nämlich GmbH-Gesellschafter geladen werden, die im Ausland ansässig sind. Da auch andere Rechtsordnungen das Institut des eingeschriebenen Briefes kennen, kann der Rückgriff auf § 1 I Nr. 3 AGB Deutsche Post AG Brief National nicht eine Zustellung per Einschreiben im Ausland ausschließen.[78] Mit einem Rückgriff auf das Aktienrecht ist anzuerkennen, dass außerhalb des Monopols der Deutschen Post die Form des „eingeschriebenen Briefs" gewahrt ist, wenn die Einlieferung und die Aushändigung des Briefes nach den für ein postalisches Einschreiben jeweils gültigen Bestimmungen quittiert wird.[79] Darüber hinaus kann nach vorherrschender Ansicht das Formerfordernis des § 51 Abs. 1 S. 1 GmbHG nach § 45 Abs. 2 GmbHG durch Aufnahme einer Bestimmung in die Satzung erleichtert werden. Demnach empfiehlt es sich durch eine Regelung in der Satzung Streitigkeiten im Vorhinein zu vermeiden.[80]

b) Ort der Gesellschafterversammlung. Die Gesellschafterversammlungen haben im gesetzlichen Regelfall am Ort der Registrierung der Gesellschaft stattzufinden (sog. **Satzungssitz**).[81] Bei Auslandsgesellschaften ist dies jedoch oftmals unpraktikabel, so dass abweichende Satzungsregelungen getroffen werden oder die Einberufung ad hoc einen anderen Ort vorsieht. Insofern ist jedoch problematisch, in welchem Umfang dies wirksam ist, insbesondere, ob vereinbart werden kann, dass Gesellschafterversammlungen im **Ausland** stattfinden sollen, mithin regelmäßig am Ort des effektiven Verwaltungssitzes.

---

[75] Einzelheiten bei *Heckschen* Rdnr. 340 ff.; *Heinz* § 6 Rdnr. 56 ff.
[76] Scholz/*Schmidt/Seibt* GmbHG, 10. A. (2007), § 51 Rdnr. 10; *Emde*, GmbHR 2002, 8, 17.
[77] Scholz/*Schmidt/Seibt* GmbHG, 10. Aufl. (2007), § 51 Rdnr. 10; LG Mannheim NZG 2008, 111; *Köper*, NZG 2008, 96.
[78] *Leitzen*, NZG 2009, 728 (730).
[79] MüKo AktG/*Kubis* § 121 Rdnr. 50.
[80] *Leitzen*, NZG 2009, 728, 730.
[81] Vgl. nur Michalski/*Römermann* § 48 Rdnr. 17.

31 § 121 Abs. 5 AktG lässt es zu, die Hauptversammlung der **AG** an einem anderen Ort als ihrem Sitz abzuhalten. Die Rechtsprechung zog hieraus bislang allein den Schluss, dass Gesellschafter lediglich die Möglichkeit haben zwischen inländischen Versammlungsorten zu wählen.[82] Mit der überwiegenden Meinung im Schrifttum ist jedoch auch ein Ort im Ausland als möglicher Versammlungsort anzusehen.[83] Es darf jedoch kein Ort und keine Versammlungszeit gewählt werden, durch welche die Teilnahme unangemessen erschwert oder unmöglich gemacht wird.[84] Wegen der nunmehr möglichen Beteiligung der Aktionäre mittels elektronischer Medien (vgl. § 118 AktG) dürfte dies jedoch regelmäßig nicht gegeben sein. Da die **GmbH** jedoch im Gegensatz zur Aktiengesellschaft meist einen kleineren und überschaubareren Kreis von Gesellschaftern aufweist, ist eine Abhaltung der Gesellschafterversammlung im Ausland ebenfalls auf Grund entsprechender Satzungsregelung möglich. Ist die Erreichbarkeit für die Gesellschafter gegeben, kann dies auch ohne entsprechende Satzungsregelung vorgesehen werden.[85]

32 c) **Ablauf der Gesellschafterversammlung.** Die Gesellschafter können auf Grund Satzungsregelung die für die Gesellschafterversammlung maßgebliche **Sprache** festlegen, sofern die damit im Zusammenhang stehenden Dokumente, wie Protokolle etc., in deutscher Sprache verfasst und von anwesenden Gesellschaftern so genehmigt wurden.[86] Bei der GmbH kann auf Grund Satzungsregelung auf das Erfordernis einer förmlichen Versammlung sogar weitgehend verzichtet werden (zB Umlaufverfahren, vgl. § 48 Abs. 2 GmbHG). Hierüber lässt sich also auch bei der Auslands-GmbH die gewünschte Flexibilität verwirklichen.

2. Teilnahmerecht an der Gesellschafterversammlung

33 Jeder Gesellschafter hat das Recht auf Teilnahme an der Gesellschafterversammlung, auch wenn er vom Stimmrecht ausgeschlossen ist.[87] Dies gilt auch bei der AG.[88] Das Recht, an der Gesellschafterversammlung teilzunehmen, bestimmt sich als essenzielles Mitgliedsrecht ebenso nach dem **Gesellschaftsstatut.** Verlegt daher eine deutsche Gesellschaft ihren effektiven Verwaltungssitz identitätswahrend ins Ausland (zur nach wie vor bestehenden Rechtsunsicherheit oben Rdnr. 16 f.), ändert sich an der Existenz und rechtlichen Konkretisierung des Teilnahmerechts aus der Perspektive des deutschen Kollisionsrechts nichts. Ob die dortigen, ggf. zur Entscheidung berufenen Gerichte dies genauso sehen, kann freilich nicht verbindlich gesagt werden (vgl. aber zur Zuständigkeit deutscher Gerichte für innergesellschaftliche Streitigkeiten gemäß Art. 22 Nr. 2 EuGVVO § 18 Rdnr. 26 ff.). Verlegt umgekehrt eine ausländische Gesellschaft ihren Verwaltungssitz nach Deutschland, gelten die hierfür maßgeblichen Regelungen gemäß Heimatrecht weiter (vgl. im Einzelnen die Länderberichte bei § 49).

3. Stimmrecht

34 Um im Rahmen einer Gesellschafterversammlung als einzelner Gesellschafter auch einen Einfluss zu haben, steht grds. jedem Gesellschafter das Stimmrecht zu (vgl. §§ 12, 134 AktG, 47 Abs. 2 GmbHG). Die Innehabung eines Stimmrechts und die Frage, wie Stimm-

---

[82] So AG Köln RIW 1989, 990; OLG Hamburg IPRax 1994, 291.
[83] Vgl. Spindler/Stilz/*Riekers* AktG § 121 Rdnr. 74, m. w. N.
[84] BGH GmbHR 1985, 567; OLG Celle GmbHR 1997, 748; OLG Hamm NZG 2003, 926.
[85] BGH WM 1985, 567 f.; BGHZ 80, 76 = NJW 1981, 1160; OLG Stuttgart IPRspr. 1981 Nr. 10a; OLG Köln GmbHR 1989, 125; OLG Düsseldorf NJW 1989, 2200 = RIW 1989, 226; OLG Frankfurt DNotZ 1982, 186; *Schiessl*, DB 1992, 823; Michalski/*Römermann* § 48 Rdnr. 25 f.; Müko BGB/*Spellenberg* IPR Art. 11 EGBGB Rdnr. 84 m. w. N.; a. A. Staudinger/*Großfeld* IntGesR Rdnr. 447 f.
[86] Staudinger/*Großfeld* IntGesR Rdnr. 285; Müko BGB/*Kindler* IntGesR Rdnr. 564.
[87] BGH NJW 1972, 2225; BGH WM 1985, 568.
[88] Großkomm AktG/*Mülbert* Rdnr. 47; Kölner Komm AktG/*Zöllner* Rdnr. 20; *Hennerkes/Kögel*, DB 1999, 81, 84; vgl. auch BGH GmbHR 1989, 120, 121 = WM 1989, 63, 64 zur GmbH.

rechte ausgeübt werden können und dürfen, richten sich aufgrund ihrer wesentlichen Bedeutung für das Schicksal der Gesellschaft bzw. deren innerer Verfassung nach dem **Gesellschaftsstatut.**[89] Verlegt daher eine deutsche Gesellschaft ihren effektiven Verwaltungssitz identitätswahrend ins Ausland (zur nach wie vor bestehenden Rechtsunsicherheit oben Rdnr. 16 f.), ändert sich an den starren und beweglichen Schranken der Mehrheitsmacht gemäß der **Treuepflicht** aus der Perspektive des deutschen Kollisionsrechts nichts. Ob die dortigen, ggf. zur Entscheidung berufenen Gerichte dies genauso sehen, kann freilich nicht verbindlich gesagt werden (vgl. aber zur Zuständigkeit deutscher Gerichte für innergesellschaftliche Streitigkeiten gemäß Art. 22 Nr. 2 EuGVVO § 18 Rdnr. 26 ff.). Verlegt umgekehrt eine ausländische Gesellschaft ihren Verwaltungssitz nach Deutschland, gelten die hierfür maßgeblichen gemäß Heimatrecht bestehenden Regelungen weiter (vgl. im Einzelnen die Länderberichte bei § 49).

4. Stimmrechtsbindungsverträge

Stimmrechtsbindungsverträge stellen **Vereinbarungen zwischen Gesellschaftern** dar, welche sich darin verpflichten, ihr Stimmrecht bei Gesellschafterbeschlüssen in bestimmter Weise auszuüben.[90] Nach allgemeiner Ansicht sind Stimmbindungsverträge grundsätzlich zulässig und bedürfen keiner besonderen Form.[91] Im Rahmen einer im Ausland ansässigen Gesellschaft stellt sich für die kollisionsrechtliche Qualifikation allerdings die Frage, ob es sich dabei um eine schuldrechtliche Abrede von Gesellschaftern bezüglich des Innenverhältnisses handelt, welche einer anderen Rechtsordnung als dem Gesellschaftsstatut unterliegt. Hierfür spricht jedenfalls, dass Stimmbindungsverträge nur schuldrechtliche Verpflichtungen sind, die das Abstimmungsverfahren im Rahmen einer Gesellschafterversammlung nicht unmittelbar betreffen.[92] So ziehen einige hieraus den Schluss, Stimmbindungsverträge unterfielen allein dem **Vertragsstatut** gemäß Art. 3 Abs. 1 S. 1 Rom I-VO.[93] 35

Dem ist nicht zu folgen. Stimmbindungsverträge sind nur im Ausgangspunkt schuldrechtliche Verträge mit Wirkung inter partes. Sie sind darüber hinaus vielfach eingebettet in die Gesellschaftsorganisation und unterliegen besonderer gesellschaftsrechtlicher Schutzvorschriften. In Deutschland gilt zB für Stimmbindungsvereinbarungen § 136 Abs. 2 AktG. Sie zielen zudem vereinbarungsgemäß auf eine Beeinflussung der **Willensbildung im Personenverband,** was sie bei einer im IPR anzustellenden funktionalen Betrachtung letztlich der Binnenorganisation zuordnet.[94] Auf Grund dieser Auswirkungen auf die Willensbildung innerhalb der Gesellschafterversammlung können solche Verträge auch als quasi-statutarisch bezeichnet werden und sind demnach dem **Gesellschaftsstatut** zu unterstellen.[95] Insofern unterscheiden sie sich nicht von anderen schuldrechtlichen Nebenabreden im Gesellschaftsvertrag, die ebenfalls dem Gesellschaftsstatut zugerechnet werden.[96] 36

Verlegt daher eine deutsche Gesellschaft ihren effektiven Verwaltungssitz identitätswahrend ins Ausland (zur nach wie vor bestehenden Rechtsunsicherheit oben Rdnr. 16 f.), ändert sich an der Existenz und rechtlichen Konkretisierung der Stimmbindungsvereinbarungen aus der Perspektive des deutschen Kollisionsrechts nichts. Ob die dortigen, ggf. zur Entscheidung berufenen Gerichte dies genauso sehen, kann freilich nicht verbindlich gesagt werden (vgl. aber zur Zuständigkeit deutscher Gerichte für innergesellschaftliche Streitig- 37

---

[89] Staudinger/*Großfeld* IntGesR Rdnr. 336; LG Karlsruhe IPRspr. 1983 Nr. 20 (S. 67).
[90] Statt anderer *Priester*, Drittbindung des Stimmrechts und Satzungsautonomie, FS Werner (1984), 657.
[91] *Müller*, GmbHR 2007, 113.
[92] *Grasmann*, System des Internationalen Gesellschaftsrechts, 1970, Rdnr. 1054 f.
[93] *Grasmann*, System des Internationalen Gesellschaftsrechts, 1970, Rdnr. 1054 f.
[94] Müko BGB/*Kindler* IntGesR Rdnr. 590; Staudinger/*Großfeld* IntGesR Rdnr. 346; *Behrens* Stimmrecht und Stimmrechtsbindung S. 539; *Herriger*, MittRhNotK 1993, 269; vgl. auch BGH NJW 1996, 54, 55.
[95] Müko BGB/*Kindler* IntGesR Rdnr. 615.
[96] BGH NJW 1996, 54, 55.

keiten gemäß Art. 22 Nr. 2 EuGVVO § 18 Rdnr. 26 ff.). Verlegt umgekehrt eine ausländische Gesellschaft ihren Verwaltungssitz nach Deutschland, gelten die hierfür maßgeblichen gemäß Heimatrecht bestehenden Regelungen weiter (vgl. im Einzelnen die Länderberichte bei § 49).

5. Stimmverbote

38 Stimmrechtsbeschränkungen (insbesondere wegen Interessenkollision) unterfallen dem **Gesellschaftsstatut**.[97] Verlegt daher eine deutsche Gesellschaft ihren effektiven Verwaltungssitz identitätswahrend ins Ausland (zur nach wie vor bestehenden Rechtsunsicherheit oben Rdnr. 16 f.), gelten die § 47 Abs. 4 GmbHG bzw. § 136 AktG aus der Perspektive des deutschen Kollisionsrechts fort. Ob die dortigen, ggf. zur Entscheidung berufenen Gerichte dies genauso sehen, kann freilich nicht verbindlich gesagt werden (vgl. aber zur Zuständigkeit deutscher Gerichte für innergesellschaftliche Streitigkeiten gemäß Art. 22 Nr. 2 EuGVVO § 18 Rdnr. 26 ff.). Verlegt umgekehrt eine ausländische Gesellschaft ihren Verwaltungssitz nach Deutschland, gelten die hierfür maßgeblichen gemäß Heimatrecht bestehenden Regelungen weiter (vgl. im Einzelnen die Länderberichte bei § 49).

6. Satzungsänderungen

39 Bei Satzungsänderungen und anderen Grundlagenentscheidungen gelten für die Beschlussfassung in der Gesellschafterversammlung besondere Regelungen. Eine Satzungsänderung bedarf einer qualifizierten Mehrheit von drei Vierteln der abgegebenen Stimmen, einer notariellen Beurkundung und der Eintragung in das Handelsregister (§§ 53 ff. GmbHG; §§ 179 ff. AktG). Bei einer Gesellschafterversammlung außerhalb Deutschlands stellt sich die Frage, inwiefern diesen besonderen Erfordernissen bei einer Satzungsänderung nachzukommen ist.

40 **a) Notarielle Beurkundung.** Problematisch ist bei Auslandsversammlungen (oben Rdnr. 30) zunächst, ob und in welchem Umfang die genannten Formerfordernisse Geltung beanspruchen; hierauf aufbauend ist zu fragen, auf welche Weise die Formvorschrift ggf. erfüllt werden kann. Es ist nach wie vor **heftig umstritten,** ob die genannten Formvorschriften zwingend durch das Gesellschaftsstatut bestimmt werden oder ob es ausreicht, wenn die Formvorschriften der Rechtsordnung des Vornahmeortes eingehalten werden.

41 **aa) Qualifikation.** Die wohl überwiegende Meinung und Rechtsprechung lassen es genügen, wenn die Formvorschriften des Vornahmeortes (Ortsform) erfüllt sind und verweist dabei auf den Wortlaut von **Art. 11 Abs. 1 EGBGB**.[98] Die Regelung lasse die Wahl zwischen der Einhaltung der Formerdernisse des Wirkungsstatuts – in Bezug auf die Gesellschafterbeschlüsse also des Gesellschaftsstatuts – und der Einhaltung des Ortsrechts (locus regit formam actus).[99] Dies kann dazu führen, dass anstelle einer notariellen Beurkundung die nach ausländischem Recht anderweitig geforderte Form ausreicht. Einer an-

---

[97] AG Duisburg IPRspr 1995 Nr. 16; *Grossfeld/Wilde,* IPRax 1995, 374, 376 f.
[98] RGZ 160, 225, 229; BGHZ 80, 76, 78 = NJW 1981, 1160; bestätigt in BGH WM 1989, 1221, 1224 = NJW-RR 1989, 1259; BGH NZG 2005, 41, 42; BayObLG, NJW 1978, 500; OLG Stuttgart DNotZ 1981, 451; OLG Frankfurt WM 1981, 946, 947 f.; OLG Düsseldorf NJW 1989, 2000; OLG Köln RIW 1989, 565; OLG München BB 1998, 119 (bestätigt durch Nichtannahmebeschluss des BGH vom 25. 11. 1998 – VIII ZR 41/98, unveröffentlicht); vgl. auch OLG Hamburg DB 1993, 132 f. (offen gelassen); *Adamski,* Form der Rechtsgeschäfte und materielle Interessen im IPR, 1979, S. 12; *Blumenwitz,* DNotZ 1968, 719, 739 f.; *Bokelmann,* NJW 1972, 1729, 1730 ff.; *Stephan,* NJW 1974, 1598; *Wuppermann,* RIW/AWD 1974, 255, 356; *Mann,* ZHR 138 (1974), 448, 452; *Bernstein,* ZHR 140 (1976), 414; *Reuter,* BB 1998, 116, 118 f.; *Sick/Schwarz,* NZG 1998, 540, 542; *Wiedemann* GesR I § 14 IV 2 b, S. 820; Soergel/*Kegel* Art. 11 Rdnr. 24; Soergel/*Lüderitz* Art. 10 Anh. Rdnr. 56; Staudinger/*Firsching* Art. 11 Anm. 97, 163; Palandt/*Thorn* Art. 11 Rdnr. 13; Ulmer/Habersack/*Winter/Behrens* Allg. Einl. Rdnr. B 133; *Dutta,* RIW 2005, 98, 100; *Kröll,* ZGR 2000, 111, 115.
[99] Vgl. MüKo BGB/*Kindler* IntGesR Rdnr. 555.

deren Ansicht zufolge seien für alle gesellschaftsrechtlichen Vorgänge stets und ausschließlich die Formvorschriften des **Gesellschaftsstatuts** anwendbar.[100] Für die Gesellschafterversammlung würde dies bedeuten, dass bezüglich der Beschlüsse der Gesellschafter ausschließlich auf die Regelungen des GmbHG abzustellen ist. Insbesondere bedarf eine Satzungsänderung der notariellen Beurkundung gem. § 53 Abs. 2 S. 1 GmbHG. Eine vermittelnde Ansicht stellt schließlich darauf ab, ob es sich um Rechtsgeschäfte handelt, die sich unmittelbar auf die Verfassung einer Gesellschaft oder juristischen Person beziehen.[101] In diesen Fällen dürfe nicht auf die Ortsform zurückgegriffen werden. Bei Gründung, Umwandlung, sowie Formwechsel und Satzungsänderung gilt folglich das Gesellschaftsstatut, da sich diese Rechtsgeschäfte unmittelbar auf die Verfassung einer Gesellschaft beziehen. Zur Begründung wird auf eine analoge Anwendung der Ausnahmen vom Ortsstatut abgestellt.[102] Art. 11 Abs. 5 Rom I-VO erklärt das Wirkungsstatut für ausnahmslos einschlägig, wenn es sich um Verträge handelt, die ein dingliches Recht an einem Grundstück oder ein Recht zur Nutzung eines Grundstücks zum Gegenstand hat. Gerade gesellschaftsrechtliche Vorgänge gehen oft mit einer dinglichen Zuordnung von Vermögensgegenständen einher, womit eine identische Interessenlage vorliege.[103] Da sich noch keine eindeutig herrschende Ansicht herausgebildet hat, ist der **Praxis** zu empfehlen, sich der strengsten Ansicht anzupassen. Hiernach sind somit Satzungsänderungen unwirksam, wenn sie nicht die Formvorschriften des Gesellschaftsstatuts einhalten.[104]

bb) Wahrung des Formzwangs. Hierauf aufbauend ist ebenfalls problematisch, wie die gemäß Gesellschaftsstatut geforderte Form bei der Auslandsversammlung gewahrt werden kann. Bei der Satzungsänderung ist fraglich, wie man dem Erfordernis der notariellen Beurkundung (§ 53 Abs. 2 S. 1 GmbHG) gerecht werden kann, wenn man zB einen **ausländischen Notar** einschaltet. Grds. ist dies möglich, jedoch muss die ausländische Beurkundung hinsichtlich des Vorgangs, sowie bezüglich des Beurkundungsorgans einer Beurkundung durch einen deutschen Notar entsprechen, um dessen Warn- und Beratungsfunktion zu wahren (**Gleichwertigkeit** der Auslandsbeurkundung). Dies ist gegeben, wenn die ausländische Urkundsperson nach Vorbildung und Stellung im Rechtsleben eine der Tätigkeit des deutschen Notars entsprechende Funktion ausübt und für die Errichtung der Urkunde ein Verfahren zu beachten hat, das den tragenden Grundsätzen des deutschen Beurkundungsrechts entspricht.[105] Dies wird angenommen für die niederländischen, österreichischen, schweizerischen und spanischen Notare.[106]

b) Registerverfahren. Die Eintragung der Satzungsänderung ist am Registergericht der Hauptniederlassung (sog. **Satzungssitz**) herbeizuführen (vgl. § 7 Abs. 1 GmbHG).

---

[100] OLG Karlsruhe RIW 1979, 567, 568; OLG Hamm IPRspr. 1974 Nr. 11 (S. 41 ff.); OLG München NJW-RR 1993, 998; Staudinger/*Großfeld* IntGesR Rdnr. 467 ff.; *Großfeld/Berndt*, RIW 1996, 625, 630 (für die Verpflichtung zur Übertragung von GmbH-Anteilen); *H. Schmidt*, DB 1974, 1216, 1217; *Brambring*, NJW 1975, 1255; *Geimer*, DNotZ 1981, 406, 408; vgl. ferner *Winkler*, NJW 1972, 981; 1973, 222; 1974, 1032; *Löber*, RIW 1989, 94, 95 f.; *Schütze*, DB 1992, 1970.
[101] OLG Hamburg WM 1993, 1186; LG Augsburg WiB 1996, 1167 m. Anm. *Zimmer*, GmbHR 1996, 941 (Verschmelzungsvertrag); LG Kiel BB 1998, 120; *Ebenroth/Wilken*, JZ 1991, 1061, 1064; *Kropholler*, ZHR 140 (1976), 394, 402; *Beitzke*, FS Hallstein (1966), S. 14, 23; *Mann*, ZHR 138 (1974), 448, 453; *Rothoeft*, FS Esser (1975), S. 113, 121 ff.; Ulmer/Habersack/*Winter/Behrens* Allg. Einl. Rdnr. B 135; *Goette*, DStR 1996, 709, 711; Großkomm AktG/*Assmann* Einl. Rdnr. 613; *Hüffer* AktG § 23 Rdnr. 10; Großkomm AktG/*Röhricht* § 23 Rdnr. 48; *Lichtenberger*, DNotZ 1986, 644, 653 f.; *Schervier*, NJW 1992, 593, 594; *Kröll*, ZGR 2000, 111, 115 f.; Eidenmüller/*Eidenmüller* § 4 Rdnr. 5; *Dignas*, Die Auslandsbeurkundung von gesellschaftsrechtlichen Vorgängen, 2004, S. 163 ff., 185.
[102] OLG Karlsruhe RIW 1979, 568; Ulmer/Habersack/*Winter/Behrens* Allg. Einl. Rdnr. B 136.
[103] Müko BGB/*Kindler* IntGesR Rdnr. 557.
[104] Müko BGB/*Kindler* IntGesR Rdnr. 557.
[105] BGHZ 13, 49, 51.
[106] Vgl. Michalski/*Römermann* § 48 Rdnr. 29, m. w. N.

7. Beschlussmängel

44 Die §§ 241 ff. AktG ermöglichen und beschränken die gerichtliche Geltendmachung von Beschlussmängeln; bei der GmbH gelten die Regelungen im Wesentlichen entsprechend.[107] Grundsätzlich ist auch dieser Regelungskomplex dem **Gesellschaftsstatut** zuzuweisen.[108]

45 Verlegt daher eine deutsche Gesellschaft ihren effektiven Verwaltungssitz identitätswahrend ins Ausland (zur nach wie vor bestehenden Rechtsunsicherheit oben Rdnr. 16 f.), gelten die Regelungen aus der Perspektive des deutschen Kollisionsrechts fort. Verlegt umgekehrt eine ausländische Gesellschaft ihren Verwaltungssitz nach Deutschland, gelten die hierfür maßgeblichen gemäß Heimatrecht bestehenden Regelungen weiter (vgl. im Einzelnen die Länderberichte bei § 47).

46 Zu berücksichtigen ist jedoch, dass das Beschlussmängelrecht auch eine ausgeprägte zivilprozessuale Prägung aufweist. Die **internationale Zuständigkeit** für die gerichtliche Geltendmachung der Beschlussmängel folgt aus Art. 22 Nr. 2 EuGVVO. Hiernach sind für Klagen, welche die Gültigkeit der Beschlüsse ihrer Organe zum Gegenstand haben, die Gerichte des Mitgliedstaats, in dessen Hoheitsgebiet die Gesellschaft oder juristische Person ihren Satzungssitz hat, ausschließlich zuständig (Einzelheiten bei § 18 Rdnr. 26 ff.). Die Beschlussmängel einer englischen Ltd. mit Verwaltungssitz in Deutschland sind daher vor englischen Gerichten geltend zu machen; umgekehrt bleiben die deutschen Gerichte bei der Auslands-GmbH zuständig.

8. Gewinn

47 Aus der Mitgliedschaft in einem Verband erwächst regelmäßig das Recht auf Beteiligung am erwirtschafteten Gewinn. Die § 29 Abs. 1 GmbHG und § 58 Abs. 4 AktG räumen den Gesellschaftern ein Recht auf Gewinnausschüttung nach Maßgabe des jeweiligen Jahresabschlusses ein (Gewinnbezugsrecht).[109] Dieses ist von einem konkreten Anspruch des Gesellschafters auf Auszahlung seines Anteils am Gewinn – dem Dividenden- oder Gewinnanspruch – zu unterscheiden, welcher erst mit Fassung des Verwendungsbeschlusses entsteht.[110]

48 Das Gewinnbezugsrecht ist der wichtigste vermögensrechtliche **Bestandteil der Mitgliedschaft** in einer Gesellschaft und ist mit dieser untrennbar verbunden, geht also im Fall der Übertragung des Anteils eines Gesellschafters mit diesem auf Dritte über.[111] Eine Abspaltung einzelner mit der Mitgliedschaft verbundener Rechte oder Pflichten ist unzulässig (**Abspaltungsverbot**).[112] Es ist jedoch möglich, den mit Wirksamwerden des Gewinnverwendungsbeschlusses (§ 174 AktG) entstehenden Dividendenzahlungsanspruch abzutreten.[113] Dieses vom Gewinnstammrecht als Mitgliedsrecht streng zu unterscheidendes und von ihm losgelöstes Gläubigerrecht ist als solches abtretbar, verpfändbar und pfändbar.[114] Dies gilt auch für künftige Dividendenansprüche, soweit sie durch Bezugnahme auf einzelne näher bezeichnete Geschäftsjahre eindeutig bestimmbar sind.[115]

49 Das Recht der Gesellschafter auf Beteiligung am Gewinn bezieht sich als Mitgliedsrecht auf die innere Verfassung der Gesellschaft und folgt somit dem **Gesellschaftsstatut** der jeweiligen Gesellschaft. Verlegt daher eine deutsche Gesellschaft ihren effektiven Verwal-

---

[107] Vgl. nur Michalski/*Römermann* Anh. § 47.
[108] Staudinger/*Großfeld* IntGesR Rdnr. 336.
[109] Baumbach/Hueck/*Fastrich* GmbHG § 29 Rdnr. 48.
[110] BGH NJW 2004, 912; BGH NJW 1998, 1314 und 3646.
[111] *Wicke* GmbHG § 29 Rdnr. 8.
[112] BGH NJW 1987, 780; BGH WM 1970, 157, 158; BGH NJW 1965, 1378; *Schön* ZHR 158 (1994), 229.
[113] BGHZ 7, 263, 264 = NJW 1952, 1370; BGHZ 23, 150, 154 = NJW 1957, 588; BGHZ 65, 230, 235 = NJW 1976, 241; BGHZ 124, 27, 31 = NJW 1994, 323.
[114] Baumbach/Hueck/*Fastrich* GmbHG § 29 Rdnr. 49.
[115] MünchKomm AktG/*Heider* § 8 Rdnr. 90.

tungssitz identitätswahrend ins Ausland (zur nach wie vor bestehenden Rechtsunsicherheit oben Rdnr. 15 ff.), ändert sich am Gewinnbezugsrecht und Gewinnanspruch der Gesellschafter aus der Perspektive des deutschen Kollisionsrechts nichts. Ob die dortigen, ggf. zur Entscheidung berufenen Gerichte dies genauso sehen, kann freilich nicht verbindlich gesagt werden. Verlegt umgekehrt eine ausländische Gesellschaft ihren Verwaltungssitz nach Deutschland, gelten die hierfür maßgeblichen gemäß Heimatrecht bestehenden Regelungen weiter (vgl. im Einzelnen die Länderberichte bei § 49). Die **internationale Zuständigkeit** für die gerichtliche Geltendmachung des Gewinnanspruchs folgt indessen nicht aus Art. 22 Nr. 2 EuGVVO. Die besonderen Gerichtsstände des Erfüllungsortes und der Mitgliedschaft führen vielmehr dazu, dass der Gesellschafter auch am Verwaltungssitz der Auslandsgesellschaft Klage erheben kann (vgl. § 18 Rdnr. 26 ff.).

9. Bezugsrecht

Findet in einer Kapitalgesellschaft eine Kapitalerhöhung statt, so verlieren die bisherigen Gesellschafter in Bezug auf ihre vorhandenen Anteile an Einfluss, da ihr Anteil im Verhältnis zum Ganzen geringer wird. Außerdem besteht die Möglichkeit, dass die Altgesellschafter einen Vermögensverlust erleiden, wenn der Ausgabepreis der neuen Anteile unter ihrem Wert liegt. Beides wird durch das gesetzliche Bezugsrecht als elementarer Bestandteil der Mitgliedschaft verhindert (vgl. § 186 AktG, bei der GmbH analog). Folglich ist das Bezugsrecht Teil der inneren Verfassung einer Gesellschaft und wird dem **Gesellschaftsstatut** zugeordnet. Verlegt daher eine deutsche Gesellschaft ihren effektiven Verwaltungssitz identitätswahrend ins Ausland (zur nach wie vor bestehenden Rechtsunsicherheit oben Rdnr. 16 f.), ändert sich an der Existenz und rechtlichen Konkretisierung des Bezugsrechts aus der Perspektive des deutschen Kollisionsrechts nichts. Ob die dortigen, ggf. zur Entscheidung berufenen Gerichte dies genauso sehen, kann freilich nicht verbindlich gesagt werden (vgl. aber zur Zuständigkeit deutscher Gerichte für innergesellschaftliche Streitigkeiten gemäß Art. 22 Nr. 2 EuGVVO § 18 Rdnr. 26 ff.). Verlegt umgekehrt eine ausländische Gesellschaft ihren Verwaltungssitz nach Deutschland, gelten die hierfür maßgeblichen gemäß Heimatrecht bestehenden Regelungen weiter (vgl. im Einzelnen die Länderberichte bei § 49).

10. Actio pro socio

Im deutschen Recht ist anerkannt, dass ein einzelner Gesellschafter befugt ist, die Gesellschaft, einen Mitgesellschafter oder einen Organwalter auf Einhaltung der Mitglieds- und Organpflichten in Anspruch zu nehmen.[116] Die heute wohl vorherrschende Ansicht sieht die actio pro socio als Klagerecht des Gesellschafters in **gesetzlicher Prozessstandschaft** an.[117] Obwohl die actio pro socio prinzipiell anerkannt ist, sind sowohl ihr Rechtsgrund als auch die Voraussetzungen und Rechtsfolgen weiterhin umstritten. Gerade bei grenzüberschreitenden Sachverhalten ist fraglich, nach welchem Recht sich die Sachlegitimation und die Prozessführungsbefugnis richten.

Die maßgebliche **Kollisionsnorm** für die actio pro socio lässt sich gesellschaftsrechtlich oder verfahrensrechtlich qualifizieren. Für das Erstere spricht, dass das Recht einzelner Gesellschafter, für die Gesellschaft etwas einzuklagen, aus ihrer Mitgliedschaft in diesem Verband folgt. Allerdings räumt die actio pro socio vielmehr dem einzelnen Gesellschafter die Befugnis zur prozessualen Geltendmachung der Ansprüche des Verbands ein. Bei einer Anknüpfung an das Internationale Zivilprozessrecht käme nach der lex fori immer das je-

---

[116] Zu vergleichbaren Rechtsbehelfen in anderen Rechtsordnungen *Buxbaum/Schneider*, ZGR 1982, 199.

[117] BGH NJW 1985, 2830, 2831; Baumbach/*Hopt* § 109 HGB Rdnr. 32; Ebenroth/Boujong/Joost/*Märtens* HGB § 109 Rdnr. 152; MüKo BGB/*Ulmer* § 705 Rdnr. 209; grundlegend *Hadding* actio pro socio, 1966, S. 101; *ders.* JZ 1975, 164; a. M. *Bork/Oepen*, ZGR 2001, 526 ff. m. w. N.; s. auch zur BGB-Gesellschaft *Kreutz*, FS Hadding (2004), S. 513, 524; unentschieden BGH NJW 1992, 1890, 1892.

weilige nationale Prozessrecht des Gerichts zur Anwendung, an dem das Prozessrechtsverhältnis anhängig ist.[118] Entscheidend ist somit, ob die durch die Prozessstandschaft eingeräumte Prozessführungsbefugnis ihre Wurzeln im materiellen Recht hat oder ein selbstständiges Prozessrecht darstellt.[119] Richtigerweise gilt für die actio pro socio das **Gesellschaftsstatut** und nicht die lex fori. Dies folgt daraus, dass die actio pro socio eng mit der Organisationsverfassung der Gesellschaft verbunden ist und ein Instrument des Minderheitenschutzes darstellt.[120]

53 Verlegt daher eine deutsche Gesellschaft ihren effektiven Verwaltungssitz identitätswahrend ins Ausland (zur nach wie vor bestehenden Rechtsunsicherheit oben Rdnr. 16 f.), ändert sich an der Existenz und rechtlichen Konkretisierung der actio pro socio aus der Perspektive des deutschen Kollisionsrechts nichts. Verlegt umgekehrt eine ausländische Gesellschaft ihren Verwaltungssitz nach Deutschland, gelten die hierfür maßgeblichen gemäß Heimatrecht bestehenden Regelungen weiter (vgl. im Einzelnen die Länderberichte bei § 49). Bei der **englischen Ltd.** als Beispiel gilt insofern Folgendes: Die Rechte, die der Gesellschaft zustehen (etwa der Anspruch gegen die Direktoren auf Erfüllung ihrer Pflichten oder auf Schadensersatz), können grds. nicht von einzelnen Gesellschaftern, sondern nur von der Gesellschaft geltend gemacht werden.[121] Sec. 260–264 CA 2006 räumen jedoch auch dem einzelnen Gesellschafter ein Klagerecht im Namen der Gesellschaft ein **(derivative claim)**. Daneben eröffnen sec. 994–999 CA 2006 einem Gesellschafter, der sich durch die vergangene, gegenwärtige oder künftige Geschäftsführung ungerecht benachteiligt sieht (unfair prejudice), den Rechtsweg. Kommt das Gericht (bei einem ihm zustehenden weiten Einschätzungsspielraum)[122] zur Überzeugung, dass der Antrag gemäß sec. 994 CA 2006 erfolgreich ist, so kann es gemäß sec. 996 CA 2006 eine Regelung treffen, über deren Inhalt es ebenfalls einen großen Ermessensspielraum hat, sec. 996(2) CA 2006.

54 Die **internationale Zuständigkeit** für die actio pro socio ist ungeregelt und folgt daher den allgemeinen Grundsätzen. Dabei könnte **Art. 22 Nr. 2 EuGVVO** einschlägig sein, der einen ausschließlichen Gerichtsstand für gesellschaftsorganisatorische Klagen am „Sitz" der Gesellschaft vorsieht.[123] Dieser erfasst Klagen, die die Gültigkeit, die Nichtigkeit, sowie die Auflösung einer Gesellschaft oder juristischen Person oder die Gültigkeit von Beschlüssen ihrer Organe betreffen. Dem Wortlaut nach ist die Gesellschafterklage hierbei nicht ausdrücklich erwähnt. Ziel von Art. 22 Nr. 2 EuGVVO ist es, eine Zuständigkeitskonzentration für Klagen bezüglich des Organisationsrechts von Gesellschaften zu erwirken. Darüber hinaus dient die Norm der Schaffung von Rechtssicherheit und folgt der praktischen Erwägung, dass die Publizitätsanforderungen schließlich auch im Mitgliedstaat der Gründung der Gesellschaft erfüllt werden.[124] Obwohl Art. 22 Nr. 2 EuGVVO keinen allgemeinen Gerichtsstand der Mitgliedschaft (wie § 22 ZPO) vorsieht, da nicht alle gesellschaftsorganisatorischen Klagen erwähnt werden, spricht sich ein Teil der Literatur für eine

---

[118] *Mock*, RabelsZ 72 (2008), 264, 292.

[119] *Ch. N. Fragistas*, Die Prozeßstandschaft im internationalen Prozeßrecht, FS Lewald (1953), S. 471–484; *Herbert Bernstein*, Gesetzlicher Forderungsübergang und Prozessführungsbefugnis im IPR unter besonderer Berücksichtigung versicherungsrechtlicher Aspekte, FS Sieg (1976), S. 49–66; *Peter Wunderlich* Zur Prozeßstandschaft im internationalen Recht, 1970, S. 152 ff.

[120] *Grasmann*, System des internationalen Gesellschaftsrechts, 1970, S. 510 f.; Staudinger/*Großfeld* IntGesR Rdnr. 337; *Mock*, RabelsZ 72 (2008), 264, 295.

[121] *Just* Rdnr. 135 f.

[122] *Just* Rdnr. 131.

[123] Näher dazu *Kindler*, NZG 2010, 576 ff.

[124] Dazu ausführlich *Paul Jenard*, Bericht zum Übereinkommen über die gerichtliche Zuständigkeit und die Vollstreckung gerichtlicher Entscheidungen in Zivil- und Handelssachen (EuGVÜ), BT-Drucks. 6/1973, 52, 81 (noch zum sachlichen Anwendungsbereich des wortgleichen Art. 16 Nr. 2 EuGVÜ); vgl. dazu auch *Geimer*, Das Fehlen eines Gerichtsstandes der Mitgliedschaft als gravierender Mangel im Kompetenzsystem der Brüsseler und der Luganer Konvention, FS Schippel (1996), S. 869–886.

entsprechende Ausdehnung des Anwendungsbereichs aus.[125] Würde man annehmen, dass Art. 22 Nr. 2 EuGVVO alle Streitigkeiten über interne Angelegenheiten der Gesellschaft erfasst, die in einem unmittelbaren Zusammenhang mit der Organisationsverfassung stehen, so würde dies auch für die actio pro socio gelten. Allerdings besteht hierfür schon keine Notwendigkeit. Durch die actio pro socio werden Ansprüche der Gesellschaft durch ihre Gesellschafter gegenüber anderen Gesellschaftern oder Dritten geltend gemacht. Eine Inanspruchnahme dieser Personen am Sitz der Gesellschaft ist entgegen der oben angeführten Zielsetzung des Art. 22 Nr. 2 EuGVVO nicht zwingend notwendig.[126] Darüber hinaus sind Ansprüche gegenüber Dritten bei einer Geltendmachung durch die Gesellschaft selbst auch nicht von dem ausschließlichen Gerichtsstand des Art. 22 Nr. 2 EuGVVO erfasst.[127] Da sie die Gesellschaftsorganisation nicht berühren, sind Gesellschafterklagen im Rahmen der actio pro socio somit nicht von Art. 22 Nr. 2 EuGVVO erfasst.[128]

Insofern gilt im Ausgangspunkt gemäß **Art. 2 Abs. 1 EuGVVO** in jedem Fall eine internationale Zuständigkeit am allgemeinen Gerichtsstand des jeweiligen Anspruchsgegners. Dies ist abhängig von der Art der Ansprüche, dem Wohnsitz des Gesellschafters oder des jeweiligen Drittschuldners.

Nach **Art. 5 Nr. 1 EuGVVO** kommt weiterhin der Gerichtsstand am jeweiligen Erfüllungsort in Betracht. Verfahrensgegenstand müsste dabei ein Vertrag oder Ansprüche aus einem Vertrag sein. Nach autonomer Auslegung des Begriffs des Vertrages, wird dieser als eine durch Rechtsgeschäft entstandene Sonderverbindung der Parteien verstanden.[129] Die mittels einer Gesellschafterklage angestrebten Sozialansprüche ergeben sich jedoch aus der jeweiligen Mitgliedschaft in der Gesellschaft. Dabei versteht der EuGH die Mitgliedschaft in einer Gesellschaft als eine durch Rechtsgeschäft entstandene Sonderverbindung.[130] Der Gesellschafter stimmt den sich aus der Satzung ergebenden Verpflichtungen mit seinem Beitritt bzw. bei der Gründung der Gesellschaft zu.[131] Dem steht nicht entgegen, dass es sich um keine Ansprüche handelt, die direkt im Vertrag vereinbart wurden, sondern sich aus dem Gesetz ergeben. Bei Ansprüchen die sich aus dem Gesetz ergeben wird für ausreichend erachtet, dass diese Ansprüche das Bestehen einer Gesellschaft und damit das Vorliegen eines Gesellschaftsvertrags zwingend voraussetzen.[132] Auch Ansprüche gegen Organmitglieder sind vertraglicher Natur, da deren Bestellung nur durch ihre Zustimmung

---

[125] *Altmeppen/Wilhelm*, DB 2004, 1083, 1087; Hirte/Bücker/*Leible* § 12 Rdnr. 13; a. A. aber *Nagel/Gottwald* § 3 Rdnr. 193; *Schack* Internationales Zivilprozessrecht Rdnr. 320; vgl. *Geimer*, Das Fehlen eines Gerichtsstandes der Mitgliedschaft als gravierender Mangel im Kompetenzsystem der Brüsseler und der Luganer Konvention, FS Schippel (1996), S. 869–886, mit dem Hinweis auf Aufnahme entsprechender Gerichtsstandsvereinbarungen in die Satzung.
[126] *Mock*, RabelsZ 72 (2008), 264, 280.
[127] *Mock*, RabelsZ 72 (2008), 264, 281.
[128] MüKo BGB/*Kindler* IntGesR Rdnr. 623.
[129] EuGH 17. 6. 1992 – Rs. C-26/91 (Jakob Handte & Co GmbH ./. Traitements mécano-chimiques des surfaces SA), Slg. 1992, 3967 Tz. 15; 27. 10. 1998 – Rs. C-51/97 (Réunion européenne SA ./. Spliethoff's Be- vrachtingskantoor BV), Slg. 1998, 6511 Tz. 17; 17. 9. 2002 – Rs. C-334/00 (Officine Meccaniche Tacconi SpA ./. Heinrich Wagner Sinto Maschinenfabrik GmbH [HWS]), Slg. 2002, 7357 Tz. 23; 5. 2. 2004 – Rs. C-265/02 (Frahuil SA ./. Assitalia SpA), Slg. 2004, 1543 Tz. 24; 20. 1. 2005 – Rs. C-27/02 (Petra Engler ./. Janus Versand), Slg. 2005, 481 Tz.50; vgl. zum europäischen Vertragsbegriff auch *Gerhard Kegel*, Zur Entwicklung der Auffassung vom Vertrag im kontinentalen Europa, GS Lüderitz (2000), S. 347–384.
[130] EuGH 10. 3. 1992 – Rs. C-214/89 (Powell Duffryn plc ./. Wolfgang Petereit), Slg. 1992, I-1745 Tz.15 f. für das Rechtsverhältnis von Aktionären untereinander und zwischen der Gesellschaft und den Aktionären; MüKo BGB/*Kindler* IntGesR Rdnr. 599.
[131] EuGH 10. 3. 1992 – Rs. C-214/89 (Powell Duffryn plc ./. Wolfgang Petereit), Slg. 1992, I-1745 Tz. 18.
[132] OLG Bremen RIW 1998, 63 (64) = NZG 1998, 386 = IPRspr. 1997 Nr. 158; OLG Jena NZG 1999, 34 (35) = RIW 1999, 703 = ZIP 1998, 1496; OLG Koblenz NZG 2001, 759 (760) = IPRspr. 2001 Nr. 130.

möglich ist.¹³³ Bei Drittansprüchen, die im Rahmen der actio pro socio geltend gemacht werden, ist grundsätzlich von deren vertraglicher Natur auszugehen, sofern die Ansprüche nicht deliktischen Ursprungs sind.¹³⁴

57 Aus **Art. 5 Nr. 3 EuGVVO** ergibt sich weiterhin der Gerichtsstand für Klagen aus unerlaubter Handlung. Dabei ist vor dem Gericht des Ortes zu verhandeln an dem das schädigende Ereignis eingetreten ist oder einzutreten droht. Im Zusammenhang mit Art. 5 Nr. 3 EuGVVO gilt das Ubiquitätsprinzip, demzufolge der Kläger über ein Wahlrecht zwischen den Gerichten am Handlungsort und am Erfolgsort verfügt.¹³⁵ Handlungsort meint den Ort des schadensbegründenden Ereignisses,¹³⁶ der Erfolgsort ist der Ort, an dem die schädigenden Auswirkungen des haftungsauslösenden Geschehens zu Lasten des Betroffenen gehen.¹³⁷ Dabei geht die Rechtsprechung des EuGH davon aus, dass der Begriff der unerlaubten Handlung alle Ansprüche auf eine Schadenshaftung meint, die nicht an einen Vertrag im Sinne von Art. 5 Nr. 1 EuGVVO geknüpft sind.¹³⁸ Im Rahmen der actio pro socio ist der Gerichtsstand der unerlaubten Handlung daher allenfalls bei Drittansprüchen einschlägig, nicht hingegen bei Sozialansprüchen, die bereits vertraglicher Natur sind.¹³⁹ Auch bei einer Verletzung organschaftlicher Verpflichtungen ist Art. 5 Nr. 3 EuGVVO nicht anwendbar, da diese bereits unter Art. 5 Nr. 1 EuGVVO fallen.¹⁴⁰

58 Denkbar ist schließlich auch der besondere Gerichtsstand gemäß **Art. 5 Nr. 5 EuGVVO,** wenn der Gesellschafter Drittansprüche der Gesellschaft einklagen möchte, die durch die Zweigniederlassung im Namen des Stammhauses begründet wurden.¹⁴¹

11. Einsichts- und Auskunftsrechte

59 Die Mitgliedsrechte der Gesellschafter umfassen auch Informationsrechte, die jeder Gesellschafter als Individualrechte im eigenen Interesse ausüben kann. Das Recht, Auskunft zu verlangen, steht bei der Gesellschaft als unentziehbares Recht jedem Gesellschafter zu, auch wenn er kein Stimmrecht oder keinen Dividendenanspruch hat. Dabei muss die Auskunft den Grundsätzen einer gewissenhaften und getreuen Rechenschaft entsprechen (vgl. § 131 Abs. 2 AktG).¹⁴² Neben dem Auskunftsrecht kann jeder Gesellschafter auch Einblick in die Bücher und Schriften einer GmbH nehmen um sich selbst ein Bild von der Unternehmenssituation machen zu können (§ 51a GmbHG). Dieses Einsichtsrecht ermöglicht es auch Abschriften und Kopien anzufertigen.¹⁴³

60 Da die Einsichts- und Auskunftsrechte eng mit der inneren Verfassung der Gesellschaft verbunden sind, finden sie ihre internationalprivatrechtliche Anknüpfung im **Gesellschaftsstatut.** Verlegt daher eine deutsche Gesellschaft ihren effektiven Verwaltungssitz identitätswahrend ins Ausland (zur nach wie vor bestehenden Rechtsunsicherheit oben

---

[133] *Mock*, RabelsZ 72 (2008), 264, 282.
[134] *Mock*, RabelsZ 72 (2008), 264, 282.
[135] EuGH 30. 11. 1976 – Rs. 21/76 (Bier ./. Mines de Potasse d'Alsace), Slg. 1976, 1735 Tz. 15/19; *Kropholler* Europäisches Zivilprozessrecht Art. 5 Rndr. 81; *Rauscher/Leible* Art. 5 Rdnr 85.
[136] EuGH 30. 11. 1976 – Rs. 21/76 (Bier ./. Mines de Potasse d'Alsace), Slg. 1976, 1735 Tz. 15/19; *Kropholler* Art. 5 Rndr. 81; *Nagel/Gottwald* Internationales Zivilprozessrecht § 3 Rndr. 68.
[137] EuGH 7. 3. 1995 – Rs. C-68/93 (Shevill ./. Presse Alliance SA), Slg. 1995, I-415 Tz. 28; *Kropholler* Art. 5 Rdnr. 81; *Rauscher/Leible* Art. 5 Rdnr. 86.
[138] EuGH 27. 11. 1988 – Rs. C-189/87 (Kalfelis ./. Bankhaus Schröder), Slg. 1988, 5565 Tz. 18; 26. 3. 1992 – C-261/90 (Reichert und Kockler ./. Dresdner Bank), Slg. 1992, I-2149 Tz. 16; 27. 10. 1998; 11. 7. 2002 – Rs. C-96/00 (Gabriel), Slg. 2002, I- 6367 Tz. 33; 1. 10. 2002 – Rs. C-167/00 (Verein für Konsumenteninformation ./. Karl Heinz Henkel), Slg. 2002, I-8111 Tz. 36; *Wagner*, Scheinauslandsgesellschaften im Zivilprozessrecht, in: Europäische Auslandsgesellschaften in Deutschland, hrsg. von Marcus Lutter (2005), S. 223–306, 227 m. w. N.
[139] *Mock*, RabelsZ 72 (2008), 264, 287.
[140] *Mock*, RabelsZ 72 (2008), 264, 287.
[141] *Mock*, RabelsZ 72 (2008), 264, 288.
[142] *Raiser/Veil* Recht der Kapitalgesellschaften § 27 Rdnr. 19.
[143] OLG Köln GmbHR 1985, 358, 360.

Rdnr. 16f.), ändert sich an der Existenz und rechtlichen Konkretisierung der jeweiligen Auskunfts- und Informationsrechte aus der Perspektive des deutschen Kollisionsrechts nichts. Ob die dortigen, ggf. zur Entscheidung berufenen Gerichte dies genauso sehen, kann freilich nicht verbindlich gesagt werden (vgl. aber zur Zuständigkeit deutscher Gerichte für innergesellschaftliche Streitigkeiten gemäß Art. 22 Nr. 2 EuGVVO § 18 Rdnr. 26ff.). Verlegt umgekehrt eine ausländische Gesellschaft ihren Verwaltungssitz nach Deutschland, gelten die hierfür maßgeblichen gemäß Heimatrecht bestehenden Regelungen weiter (vgl. im Einzelnen die Länderberichte bei § 49).

12. Sonderrechte gemäß § 35 BGB analog

Im Gegensatz zu den allen Gesellschaftern gleichermaßen zustehenden allgemeinen Mitgliedsrechten, gewähren Sonderrechte einzelnen Gesellschaftern ein Vorrecht gegenüber den anderen Gesellschaftern.[144] Sonderrechte beruhen auf der Mitgliedschaft und deren Fortbestand.[145] Auf Grund ihrer Verankerung in der Satzung und ihrer Unentziehbarkeit, sowie wegen ihres erhöhten Bestandsschutzes ist eine enge Verknüpfung zwischen der Mitgliedschaft eines Gesellschafters im Verband und seines Sonderrechtes gegeben. Daraus lässt sich schließen, dass Sonderrechte einen Bezug zur inneren Verfassung einer Gesellschaft aufweisen und konsequenterweise dem **Gesellschaftsstatut** unterfallen. Verlegt daher eine deutsche Gesellschaft ihren effektiven Verwaltungssitz identitätswahrend ins Ausland (zur nach wie vor bestehenden Rechtsunsicherheit oben Rdnr. 16f.), ändert sich an der Existenz und rechtlichen Konkretisierung etwaiger Sonderrechte aus der Perspektive des deutschen Kollisionsrechts nichts. Ob die dortigen, ggf. zur Entscheidung berufenen Gerichte dies genauso sehen, kann freilich nicht verbindlich gesagt werden (vgl. aber zur Zuständigkeit deutscher Gerichte für innergesellschaftliche Streitigkeiten gemäß Art. 22 Nr. 2 EuGVVO § 18 Rdnr. 26ff.). Verlegt umgekehrt eine ausländische Gesellschaft ihren Verwaltungssitz nach Deutschland, gelten die hierfür maßgeblichen gemäß Heimatrecht bestehenden Regelungen weiter (vgl. im Einzelnen die Länderberichte bei § 49).

13. Recht auf Veräußerung und Vererbung des Geschäftsanteils

Der Grundkonzeption einer Kapitalgesellschaft entsprechend sind die Aktie bzw. der Geschäftsanteil als Mitgliedschaft in der deutschen AG bzw. GmbH frei veräußerlich und vererblich (vgl. nur § 15 Abs. 1 und 4 GmbHG). Problematisch ist die Zulässigkeit der **Beurkundung** des Verkaufs und der Übertragung deutscher GmbH-Geschäftsanteile **durch ausländische Notare.** Auch umgekehrt tritt die Frage auf, ob für die Beurkundung des Verkaufs und der Übertragung der Anteile von ausländischen Gesellschaften, die mit der deutschen GmbH vergleichbar sind, die Beurkundung durch deutsche Notare wirksam ist. Dabei kommt es darauf an, ob Art. 11 Abs. 1 EGBGB (Ortsform) auch für gesellschaftsrechtliche Beurkundungsvorgänge gilt und verneinendenfalls, ob eine ausländische Beurkundung einer deutschen gleichwertig ist mit der Folge, dass sie bereits deshalb zulässig ist.[146]

a) Meinungsspektrum. Die überwiegende Meinung lässt es genügen, wenn die Formvorschriften des Vornahmeortes erfüllt sind und verweist dabei auf den Wortlaut von Art. 11 EGBGB **(Ortsform).**[147] Art. 11 Abs. 1 EGBGB lässt die Wahl zwischen der Ein-

---

[144] *Raiser/Veil* Recht der Kapitalgesellschaften § 27 Rdnr. 6.
[145] *Jauernig* § 35 Rdnr. 1.
[146] So jedenfalls die Argumentation von BGHZ 80, 76 (78) = DNotZ 1981, 451; BGH, ZIP 1989, 1052 (1054) wo der BGH dies allerdings nur obiter dictum aussprach.
[147] BGHZ 80, 76, 78 = NJW 1981, 1160; bestätigt in BGH WM 1989, 1221, 1224 = NJW-RR 1989, 1259; BGH NZG 2005, 41, 42 = RIW 2005, 144; BayObLGZ 1977, 242, 244ff. = NJW 1978, 500; OLG Stuttgart DNotZ 1981, 451; OLG Frankfurt WM 1981, 946, 947f.; OLG Düsseldorf NJW 1989, 2000; OLG Köln RIW 1989, 565; OLG München BB 1998, 119 (bestätigt durch Nichtannahmebeschluss des BGH vom 25. 11. 1998 – VIII ZR 41/98, unveröffentlicht); vgl. auch OLG Hamburg DB 1993, 132f. (offen gelassen); OLG Stuttgart NZG 2001, 40, 43 = RIW 2000, 629; *Adamski* Form der Rechtsgeschäfte und materielle Interessen im IPR, 1979, S. 12; *Blumenwitz,*

haltung der Formerfordernisse des Wirkungsstatuts – in Bezug auf die Gesellschafterbeschlüsse also des Gesellschaftsstatuts – und der Einhaltung des Ortsrechts (locus regit formam actus).[148] Nur Art. 11 Abs. 4 EGBGB enthält Regelungen, die für dort genannte Rechtsgeschäfte die Anwendung des Ortsrechts zu Gunsten des Wirkungsstatuts ausschließen. Dem Wortlaut nach ist aber gerade keine Beschränkung für gesellschaftsrechtliche Vorgänge vorgesehen.[149]

Einer anderen Ansicht zufolge seien für alle gesellschaftsrechtlichen Vorgänge stets und ausschließlich die Formvorschriften des **Gesellschaftsstatuts** anwendbar.[150]

64 Eine **vermittelnde Ansicht** stellt darauf ab, ob es sich um Rechtsgeschäfte handelt, die sich unmittelbar auf die Verfassung einer Gesellschaft oder juristischen Person beziehen. In diesen Fällen darf nicht auf die Ortsform zurückgegriffen werden. Bei Gründung, Umwandlung, sowie Formwechsel und Satzungsänderung gilt folglich das Gesellschaftsstatut, da sich diese Rechtsgeschäfte unmittelbar auf die Verfassung einer Gesellschaft beziehen.[151] Dabei wird auf eine analoge Anwendung der Ausnahmen vom Ortsstatut zurückgegriffen.[152] Art. 11 Abs. 5 Rom I-VO erklärt das Wirkungsstatut für ausnahmslos einschlägig, wenn es sich um Verträge handelt, die ein dingliches Recht an einem Grundstück oder ein Recht zur Nutzung eines Grundstücks zum Gegenstand hat. Gerade gesellschaftsrechtliche Vorgänge gehen oft mit einer dinglichen Zuordnung von Vermögensgegenständen einher, womit eine identische Interessenlage vorliegt.[153]

65 **b) Konsequenzen.** Bei einer **Übertragung von Geschäftsanteilen** finden die vorgenannten Grundsätze jedoch keine ausnahmslose Geltung. Spricht man sich dafür aus, Vorgänge der Art, die die Verfassung einer Gesellschaft berühren dem Gesellschaftsstatut zu unterstellen, so wäre im Fall der Anteilsübertragung Art. 11 Abs. 1 EGBGB anzuwenden, da die Vorgänge der Anteilsübertragung bzw. Verpflichtung zur Anteilsübertragung die Verfassung der Gesellschaft nicht betreffen. Demnach soll nach einer Auffassung Art. 11 Abs. 1 EGBGB uneingeschränkt gelten.[154]

DNotZ 1968, 739 f.; *Bokelmann*, NJW 1972, 1730 ff.; *Stephan*, NJW 1974, 1598; *Wuppermann*, RIW/AWD 1974, 356; *Mann*, ZHR 138 (1974), 448, 452; *Bernstein*, ZHR 140 (1976), 414; *Reuter*, BB 1998, 116, 118 f.; *Sick/Schwarz*, NZG 1998, 540, 542; *Wiedemann* GesR I § 14 IV 2b, S. 820; Soergel/*Kegel* Art. 11 Rdnr. 24; Soergel/*Lüderitz* Art. 10 Anh. Rdnr. 56; Staudinger/*Firsching* Art. 11 Anm. 97, 163; *v. Hoffmann/Thorn* IPR § 10 Rdnr. 6; Palandt/*Heldrich* Art. 11 Rdnr. 13; Ulmer/Habersack/Winter/*Behrens* Allg. Einl. Rdnr. B 133; *Dutta*, RIW 2005, 98, 100; *Kröll*, ZGR 2000, 111, 115.

[148] MüKo BGB/*Kindler* IntGesR Rdnr. 555.
[149] § 11 Abs. 5 ist auch nicht direkt anwendbar, da Geschäftsanteile keine Sachen sind, vgl. *Reichert/Weller*, DStR 2005, 250.
[150] Staudinger/*Großfeld* IntGesR Rdnr. 467 ff.; *Großfeld/Berndt*, RIW 1996, 625, 630 (für die Verpflichtung zur Übertragung von GmbH-Anteilen); *H. Schmidt*, DB 1974, 1216, 1217; *Brambring*, NJW 1975, 1255; *Geimer*, DNotZ 1981, 406, 408; vgl. ferner *Winkler*, NJW 1972, 981; 1973, 222; 1974, 1032; de lege ferenda auch *Hommelhoff*, Deutscher Notartag 1989, 104, 112; *Löber*, RIW 1989, 94, 95 f.; OLG Karlsruhe RIW 1979, 567, 568; OLG München NJW-RR 1993, 998; hierzu auch *Schütze*, DB 1992, 1970.
[151] *Ebenroth/Wilken*, JZ 1991, 1061, 1064; *Kropholler*, ZHR 140 (1976), 394, 402; ders. IPR § 41 III 7; *Beitzke*, FS Hallstein (1966), S. 14, 23; *Mann*, ZHR 138 (1974), 448, 453; *Rothoeft*, FS Esser (1975), S. 121 ff.; Ulmer/Habersack/Winter/*Behrens* Allg. Einl. Rdnr. B 135; Reithmann/*Reithmann* Rdnr. 788; *Goette*, DStR 1996, 709, 711; Großkomm AktG/*Assmann* Einl. Rdnr. 613; *Hüffer* § 23 AktG Rdnr. 10; Großkomm AktG/*Roehricht* § 23 Rdnr. 48; *Lichtenberger*, DNotZ 1986, 644, 653 f.; *Schervier*, NJW 1992, 593, 594; *Kröll*, ZGR 2000, 111, 115 f.; *Eidenmüller/Eidenmüller* § 4 Rdnr. 5; *Dignas* Die Auslandsbeurkundung von gesellschaftsrechtlichen Vorgängen, 2004, S. 163 ff., 185; OLG Hamburg WM 1993, 1186; LG Kiel BB 1998, 120; Staudinger/*Winkler v. Mohrenfels* (2000) Art. 11 EGBGB Rdnr. 292.
[152] OLG Karlsruhe RIW 1979, 568; Ulmer/Habersack/Winter/*Behrens* Allg. Einl. Rdnr. B 136.
[153] MüKo BGB/*Kindler* IntGesR Rdnr. 557.
[154] BGH NZG 2005, 41, 42 = RIW 2005, 144 (obiter dictum); RGZ 88, 227, 231; 160, 225, 231; KG IPRspr. 1932 Nr. 18; BayObLGZ 1977, 242, 244 ff. = NJW 1978, 500 = IPRspr. 1977 Nr. 7b;

Nach einer anderen Ansicht bleibe dabei Sinn und Zweck der Regelung des § 15 **66** GmbHG völlig außer Betracht.[155] Die Vorschrift hing eng mit gesellschaftsrechtlichen Interessen zusammen und soll sicherstellen, dass GmbH-Anteile nicht Gegenstand des freien Handelsverkehrs werden.[156] Nur in zweiter Linie diene sie der Beweissicherung bzw. -erleichterung und dem Übereilungsschutz.[157] Außerdem greife die Anteilsabtretung in die Struktur der Gesellschaft ein und betreffe über den Kreis der Beteiligten hinausgehend auch die anderen, ggf. künftigen, Gesellschafter und das öffentliche Interesse an der Vermeidung von Rechtsunsicherheiten.[158] Es drohe ein spekulativer Anteilshandel, der den mit § 15 GmbHG intendierten Typenschutz der GmbH in Abgrenzung zu der AG unterlaufe.[159] Dieser Typenschutz als Zweck der notariellen Form in § 15 Abs. 3 GmbHG wird dabei von Teilen der Literatur zum Anlass genommen, das Formerfordernis in § 15 GmbHG **gesellschaftsrechtlich** zu qualifizieren. Der Beurkundungszwang ist nicht als Formerfordernis im Sinne von Art. 11 EGBGB, sondern als materiell-inhaltliche Vorschrift des Gesellschaftsrechts zu qualifizieren. Damit unterfiele es von vornherein nicht dem Art. 11 EGBGB.[160]

Seit dem **MoMiG** kann nunmehr auch mit der Konzeption des **gutgläubigen Erwerbs** **67** und der Pflicht des Notars zur Einreichung der Gesellschafterliste nach § 40 Abs. 2 GmbHG für den Ausschluss der Ortsform des Art. 11 Abs. 1 Alt. 2 EGBGB argumentiert werden. Gerade die Möglichkeit der Wahl der Ortsform würde zu einer Umgehung des § 15 Abs. 3 GmbHG führen, da für die Form der Übertragung von Geschäftsanteilen das jeweilige Recht des Vornahmeortes entscheidend wäre. Voraussetzung für die Anwendung der Ortsform ist, dass die am Abschlussort geltende Rechtsordnung ein der deutschen Geschäftsanteilsabtretung vergleichbares Rechtsgeschäft kennt.[161] Ist dies nicht der Fall, liegt sog. Normenleere vor, dh das Ortsrecht beinhaltet keine Formregel mit der Folge, dass die Geschäftsform zu beachten ist.[162] In Anknüpfung an die Gesetzesänderung durch das MoMiG ist die enteignungsgleiche Folge gutgläubigen Erwerbs zwingend mit der Einreichung

---

OLG Frankfurt WM 1981, 946; OLG München DB 1998, 125, 126 = BB 1998, 119 = RIW 1998, 147 = EWiR 1998, 309 m. Kurzkomm. *Mankowski*; OLG Stuttgart NZG 2001, 41 = RIW 2000, 629; LG Koblenz IPRspr. 1970 Nr. 144; *Mankowski*, NZG 2010, 201, 207; a. A. (für die Geltung der Form des Personalstatuts) OLG Karlsruhe OLGE 31 (1901), 263; LG Stuttgart IPRspr. 1976 Nr. 5 A; LG München I DNotZ 1976, 501; RFH IPRspr. 1932 Nr. 17; IPRspr. 1958/59 Nr. 35 (S. 141); nicht entschieden BGH IPRspr. 1968/69 Nr. 23; im Schrifttum: *Abrell*, NZG 2007, 60; Ulmer/Habersack/*Winter/Behrens* Allg. Einl. Rdnr. B 137; *Böttcher/Blasche*, NZG 2006, 766; *Dutta*, RIW 2005, 98, 100; *Mann*, NJW 1955, 1177; *Müller-Chen*, IPRax 2008, 45; *Peters*, DB 2010, 97; *Goette*, DStR 1996, 709, 711; ders., MittNotRhNotK 1997, 1, 3 f.; Staudinger/*Großfeld* IntGesR Rdnr. 491 (aufgegeben durch *Großfeld/Berndt*, RIW 1996, 625, 630); *Kropholler* IPR § 41 III 7; *Kröll*, ZGR 2000, 111, 125; *Reichert/Weller*, DStR 2005, 250, 254; *Saenger/Scheuch*, BB 2008, 65, 66 ff.; *Weller*, Der Konzern 2008, 253, 255.

[155] MüKo BGB/*Kindler* IntGesR Rdnr. 558.

[156] BGHZ 141, 207, 211 f. = NJW 1999, 2594; BGH NZG 2006, 590 Nr. 3; vgl. ferner Begr. GesE RG JW 1903 Nr. 28 S. 11, 12; *Jakobs*, MittRhNotK 1985, 57, 60; *Schlüter*, FS Bartholomeyczk (1973), S. 365; *Nußbaum* S. 93; Staudinger/*Großfeld* IntGesR Rdnr. 494, Ebenroth/Wilken, JZ 1991, 1061, 1065; *Großfeld/Berndt*, RIW 1996, 625, 629; Eidenmüller/*Rehm* § 4 Rdnr. 49.

[157] MüKo BGB/*Kindler* IntGesR Rdnr. 558.

[158] *Winkler*, NJW 1972, 981, 982; dem folgend OLG Hamm NJW 1974, 1057 ff.; Staudinger/*Großfeld* IntGesR Rdnr. 492, 498 m. w. N.

[159] *Ebenroth/Wilken*, JZ 1991, 1061, 1065; Staudinger/*Großfeld* IntGesR Rdnr. 493; *Großfeld/Berndt*, RIW 1996, 625, 629.

[160] Sonnenberger/*Eidenmüller* Vorschläge und Berichte zur Reform des europäischen und deutschen internationalen Gesellschaftsrechts (2007), S. 491; MüKoBGB/*Kindler* IntGesR Rdnr. 558; *Kindler*, BB 2010, 74, 76; Staudinger/*Großfeld* IntGesR, Rdnr. 492 ff.; *Großfeld/Berndt*, RIW 1996, 625, 629 ff.; *König/Götte/Bormann*, NZG 2009, 881 ff.; *Bayer*, DNotZ 2009, 887, 891; *Dignas*, GmbHR 2005, 139 f.

[161] *Engel*, DStR 2008, 1593 f.

[162] MüKo GmbHG/*Reichert/Weller* § 15 Rdnr. 153.

der Gesellschafterliste durch einen Notar als Richtigkeitsgewähr verbunden. Demzufolge ist ausschließlich die Beurkundung der Anteilsabtretung durch einen **deutschen oder hiermit vergleichbaren ausländischen Notar** zulässig und eine Anwendung der Ortsform nicht ausreichend.[163]

14. Auflösungsklage

68 § 61 GmbHG gibt den Gesellschaftern das Recht, die Auflösung einer GmbH auf Betreiben einer Gesellschafterminderheit durch gerichtliches Urteil bei Vorliegen eines wichtigen Grundes zu erwirken. Dies ist eine Art von **Notrecht** für Fälle, in denen der Verbleib in der GmbH für sie unzumutbar geworden ist, zur Änderung der Verhältnisse ihr die innergesellschaftliche Macht fehlt und eine anderweitige Liquidierung der Beteiligung auf rechtliche (§ 15 Abs. 5 GmbHG) oder praktische Schwierigkeiten stößt. Aufgrund der für die anderen Beteiligten so einschneidenden Rechtsfolgen des § 61 GmbHG ist die Auflösungsklage nur als ultima ratio einzugestehen, wenn es keinen anderen Lösungsweg gibt.[164]

Wegen der Bedeutung als Minderheitenrecht und der Verwurzelung in der gesellschaftsrechtlichen Organisationsstruktur unterfällt die Möglichkeit zur Erhebung der Auflösungsklage dem **Gesellschaftsstatut**. Verlegt daher eine deutsche Gesellschaft ihren effektiven Verwaltungssitz identitätswahrend ins Ausland (zur nach wie vor bestehenden Rechtsunsicherheit oben Rdnr. 16 f.), ändert sich an der Existenz und den Voraussetzungen für die Auflösungsklage aus der Perspektive des deutschen Kollisionsrechts nichts. Verlegt umgekehrt eine ausländische Gesellschaft ihren Verwaltungssitz nach Deutschland, gelten die hierfür maßgeblichen gemäß Heimatrecht bestehenden Regelungen weiter (vgl. im Einzelnen die Länderberichte bei § 49).

69 Im Zusammenhang mit dem Recht auf eine Auflösungsklage ist der **ausschließliche Gerichtsstand** des Art. 22 Nr. 2 EuGVVO.[165] Darunter fällt auch die Auflösungsklage, die bei dem Gericht des Mitgliedstaats einzulegen ist, in dessen Hoheitsgebiet die Gesellschaft bzw. juristische Person ihren Satzungssitz hat (Einzelheiten bei § 18 Rdnr. 31).

15. Kündigung der Mitgliedschaft aus wichtigem Grund

70 In manchen Fällen ist die Loslösung eines Gesellschafters von der Gesellschaft nicht im Wege der Veräußerung und Einziehung des Geschäftsanteils (§§ 15, 34 GmbHG) durchzuführen. Allerdings kann es geboten sein trotz Fehlens der Voraussetzungen der §§ 15, 35 GmbHG den Austritt des Gesellschafters zuzulassen. Dieser Herausforderung nahm sich das Reichsgericht bereits frühzeitig an und ließ eine **Rechtsfortbildung** extra legem zu.[166] Nach allgemeiner Ansicht ist im deutschen Recht heute anerkannt, dass Dauerrechtsverhältnisse, wenn sie stark in die Lebenssphäre eines Beteiligten eingreifen, aus wichtigem Grund gekündigt werden können.[167] Dies trifft auch bezüglich einer Mitgliedschaft in einem Verband zu.

71 Dabei ist der Austritt des Gesellschafters als **ultima ratio** zu verstehen. Andere Mittel, den Konflikt zu lösen, dürfen nicht zur Verfügung stehen.[168] In den Fällen, in denen eine Kündigung einer Mitgliedschaft aus besonderem Grund in Frage kommt, haben die verbleibenden Gesellschafter meist ein großes Interesse das Unternehmen fortzuführen, weshalb die Lösung des Konflikts nicht die Auflösung der Gesellschaft sein würde.[169] Für diese

---

[163] Kindler, BB 2010, 74, 76; *König/Götte/Bormann*, NZG 2009, 881, 883; *Bayer*, DNotZ 2009, 887, 889; *Olk/Nykoleyczik*, DStR 2010, 1576 ff.

[164] Vgl. Lutter/Hommelhoff/*Lutter/Kleindiek* Rdnr. 1, 8 a. E.; Scholz/*Schmidt* Rdnr. 3; *Volhard*, GmbHR 1995, 617, 620; tlw. a. A. im Hinblick auf das Austrittsrecht Ulmer/*Casper* Rdnr. 4; jew. m. w. N.

[165] Dauses/*Kreuzer/Wagner* EU-Wirtschaftsrecht Rdnr. 318.

[166] Raiser/*Veil* § 30 Rdnr. 67.

[167] Grundlegend RGZ 128, 1, 16.

[168] RGZ 169, 330, 334; BGHZ 16, 317, 322 f.; 80, 346; BGH GmbHR 1987, 302, 303.

[169] *Goette*, DStR 2001, 533.

Fälle erkannte die deutsche Rechtsprechung eine besondere Loslösung des Gesellschafters an. Folge dieses Austrittsrechts ist, dass die Stammeinlage des Gesellschafters eingezogen wird oder von Mitgesellschaftern übernommen wird.[170]

Erforderlich ist stets das Vorliegen eines **wichtigen Grundes** für den Austritt aus der Gesellschaft. Dabei kommt es darauf an, dass der Verbleib in der Gesellschaft für den Gesellschafter schlechthin unzumutbar geworden ist.[171] Beispielhaft hierfür ist eine einseitige Thesaurierungspolitik, die den Gesellschafter erheblich belastet.[172] Es ist auch möglich bereits in der **Satzung** ein Austrittsrecht näher zu regeln, wobei hier eine Kündigung ohne wichtigen Grund zugelassen werden kann.[173]

Bei grenzüberschreitenden Unternehmen stellt sich dabei die Frage, welche kollisionsrechtliche Anknüpfung bezüglich eines Kündigungsrechtes gilt. Die Kündigung der Mitgliedschaft aus besonderem Grund bzw. die Möglichkeit eines Gesellschafters zum Austritt aus der Gesellschaft ist typischerweise eng mit der Eingehung der Mitgliedschaft und demnach mit der inneren Verfassung der Gesellschaft verbunden. Nach der Rechtsprechung des BGH wird das Austrittsrecht als Grundprinzip des Verbandsrechts bezeichnet, welches zu den zwingenden, unverzichtbaren Mitgliedschaftsrechten gehöre.[174] Demnach ist eine Anknüpfung an das **Gesellschaftsstatut** vorgesehen. Verlegt daher eine deutsche Gesellschaft ihren effektiven Verwaltungssitz identitätswahrend ins Ausland (zur nach wie vor bestehenden Rechtsunsicherheit oben Rdnr. 16 f.), ändert sich an der rechtsfortbildend entwickelten Existenz des Austrittsrechts aus der Perspektive des deutschen Kollisionsrechts nichts. Ob die dortigen, ggf. zur Entscheidung berufenen Gerichte dies genauso sehen, kann freilich nicht verbindlich gesagt werden (vgl. aber zur Zuständigkeit deutscher Gerichte für innergesellschaftliche Streitigkeiten gemäß Art. 22 Nr. 2 EuGVVO § 18 Rdnr. 26 ff.). Verlegt umgekehrt eine ausländische Gesellschaft ihren Verwaltungssitz nach Deutschland, gelten die hierfür maßgeblichen gemäß Heimatrecht bestehenden Regelungen weiter (vgl. im Einzelnen die Länderberichte bei § 49).

16. Anspruch auf Beteiligung am Liquidationserlös

§ 72 GmbHG und § 271 AktG bestimmen den Maßstab für die Verteilung des Gesellschaftsvermögens unter die Gesellschafter nach Abschluss der Liquidation. Diese Verteilung darf nach § 73 Abs. 1 GmbHG bzw. § 272 Abs. 1 AktG erst nach Ablauf des Sperrjahres und nach Befriedigung aller Gläubiger, notfalls nach Sicherheitsleistung zugunsten der Gläubiger stattfinden. Das Recht des einzelnen Gesellschafters auf eine Beteiligung am Liquidationserlös richtet sich dabei als Inhalt der Mitgliedschaft nach dem Gesellschaftsstatut.

17. Gleichbehandlung

Dieser Grundsatz der Gleichbehandlung sieht eine Gleichbehandlung aller Gesellschafter unter gleichen Voraussetzungen vor.[175] Vgl. für die AG auch Art. 42 der Kapitalrichtlinie. Dieser allgemein anerkannte Grundsatz beruht auf der Vorstellung, dass wegen der gemeinsamen Bindung der Gesellschafter an das Unternehmen die Vorteile des einen regelmäßig wenigstens mittelbar zu Lasten eines anderen gehen werden.[176] Aufgrund der den Gesellschaftsorganen eingeräumten Entscheidungs- und Leistungsbefugnisse und infolge des Mehrheitsprinzips entsteht ein Machtgefälle.[177] Demnach entspricht es schon dem Prinzip der verteilenden Gerechtigkeit, dass die Machthaber die ihrem Einfluss unterworfenen Per-

---

[170] BGHZ 88, 320 ff.; BGH DStR 1997, 1336.
[171] RGZ 114, 212, 218; 125, 114, 118; 128, 1 15 f.
[172] BGH DStR 1997, 1336.
[173] BGH WM 1983, 1354; BGHZ 88, 320 ff.
[174] BGHZ 116, 359, 369; BGH DStR 1992, 652.
[175] BGHZ 120, 141, 150.
[176] *Hueck* Der Grundsatz der gleichmäßigen Behandlung im Privatrecht S. 128 ff.; 222 ff.
[177] *Raiser/Veil* § 11 Rdnr. 69.

sonen gleichmäßig zu behandeln haben.[180] Ein Verstoß gegen das Gleichbehandlungsgebot liegt beispielsweise vor, wenn bei einer Kapitalerhöhung das Bezugsrecht der Aktionäre ausgeschlossen, einzelne Aktionäre bei der Zuteilung der neuen Aktien jedoch berücksichtigt werden sollen.[181]

75 Bei einer grenzüberschreitend tätigen Gesellschaft stellt sich die Frage, welcher Rechtsordnung die einzelnen Gleichheitsrechte zu entnehmen sind. Grundsätzlich weist auch das Gleichbehandlungsgebot eine starke Verknüpfung mit der Mitgliedschaft in einem Verband auf. Der Inhalt der Mitgliedschaft richtet sich nach dem **Gesellschaftsstatut.**[182] Verlegt daher eine deutsche Gesellschaft ihren effektiven Verwaltungssitz identitätswahrend ins Ausland (zur nach wie vor bestehenden Rechtsunsicherheit oben Rdnr. 16 f.), ändert sich an der Geltung und dem Umfang des Gleichbehandlungsgrundsatzes aus der Perspektive des deutschen Kollisionsrechts nichts. Ob die dortigen, ggf. zur Entscheidung berufenen Gerichte dies genauso sehen, kann freilich nicht verbindlich gesagt werden (vgl. aber zur Zuständigkeit deutscher Gerichte für innergesellschaftliche Streitigkeiten gemäß Art. 22 Nr. 2 EuGVVO § 18 Rdnr. 26 ff.). Verlegt umgekehrt eine ausländische Gesellschaft ihren Verwaltungssitz nach Deutschland, gelten die hierfür maßgeblichen gemäß Heimatrecht bestehenden Regelungen weiter (vgl. im Einzelnen die Länderberichte bei § 47).

§ 16 Mitbestimmung

Übersicht

	Rdnr.		Rdnr.
I. Grundlagen, Bedeutung, Abgrenzung	1, 2	a) Anerkennung gemäß deutschem Recht	9–13
II. Europäische Harmonisierung	3	b) Grenzüberschreitende Mobilität gemäß Heimatrecht	14–16
III. Kollisionsrechtliche Anknüpfung	4–6	2. Wegzugsfälle	17–22
1. Unternehmensmitbestimmung	4, 5	a) Grenzüberschreitende Mobilität gemäß deutschem Heimatrecht	18–20
2. Betriebliche Mitbestimmung	6	b) Anerkennung im Zuzugsstaat ...	21, 22
IV. Konsequenzen bei der Sitzverlegung	7–24	3. Besonderheiten auf Grund internationaler Verträge	23–25
1. Zuzugsfälle	8–16		

I. Grundlagen, Bedeutung, Abgrenzung

1 Die **Arbeitnehmerbeteiligung** ist neben dem Gläubigerschutz und den Steuern das zentrale Kriterium, anhand dessen die Unternehmensgründer die „passende Gesellschaftsform" auswählen. Die im Zuge der EuGH-Rechtsprechung weitgehend ermöglichte grenzüberschreitende Mobilität von Gesellschaften bietet in diesem Zusammenhang eine erheblich **größere Gestaltungsfreiheit.** Im Kern bedeutet dies, dass die Unternehmensgründer aus Staaten mit hohem Mitbestimmungsniveau versuchen, auf ausländische Rechtsordnungen auszuweichen, bei denen dieses erheblich schwächer bis gar nicht ausgeprägt ist. Im Mittelpunkt steht die Mitbestimmung daher gerade aus deutscher Sicht bei grenzüberschreitenden Umstrukturierungen (vgl. hierzu §§ 57, 58) sowie bei der SE und künftigen SPE (§§ 50, 51). Im Folgenden ist daher nur auf die Grundlagen einzugehen.

2 Bei der Arbeitnehmerbeteiligung sind zwei Regelungsbereiche zu unterscheiden: Die **Unternehmensmitbestimmung** betrifft die Gesellschaftsverfassung als solches, indem Arbeitnehmervertreter als Arbeitsdirektor Mitglied im Geschäftsführungsorgan oder Auf-

---

[180] *Raiser*, ZHR 111 (1946), 75; *Wiedemann*, GesR I, S. 427; *K. Schmidt* GesR § 16 II 4; KölnerKomm AktG/*Lutter*/*Zöllner* § 53a Rdnr. 4.
[181] BGHZ 33, 175.
[182] MüKoBGB/*Kindler* IntGesR Rdnr. 610.

sichtsratsmitglied sind (vgl. hierzu aus deutscher Perspektive MitbestG, Montan-MitbestG und DrittelbG). Die **betriebliche Mitbestimmung** ist hingegen auf der Betriebsebene angesiedelt und ermöglicht vor allem die Bildung von Betriebsräten (vgl. hierzu aus deutscher Perspektive das BetrVG). Diese Differenzierung ist auch kollisionsrechtlich bedeutsam (unten Rdnr. 4 ff.).

II. Europäische Harmonisierung

Die Unternehmensmitbestimmung ist bislang nicht harmonisiert, so dass AG, GmbH und die Personenhandelsgesellschaften insofern eine **nationale Vielfalt** aufweisen. Bei der SE und der geplanten SPE finden sich demgegenüber auch – neuartige – Möglichkeiten, die passende Unternehmensmitbestimmung im Verhandlungswege zu schaffen (Einzelheiten bei §§ 50, 60). Zu nennen ist jedoch die Richtlinie über den **Europäischen Betriebsrat**,[1] die eine gewisse Harmonisierung der betrieblichen Mitbestimmung für grenzüberschreitende Konzerngesellschaften hervorbrachte.[2]

III. Kollisionsrechtliche Anknüpfung

1. Unternehmensmitbestimmung

Die international-privatrechtliche Qualifikation der Unternehmensmitbestimmung folgt nach mittlerweile einhelliger Meinung dem **Gesellschaftsstatut**.[3] Die Pflicht zur Bildung eines mitbestimmten Aufsichtsrates besteht daher zB bei der in Deutschland ansässigen Ltd. aus kollisionsrechtlicher Sicht nicht, weil das entsprechende englische Recht eine unternehmerische Mitbestimmung nicht vorsieht. Auch die entsprechenden Regelungen des nationalen Sachrechts erfassen ausländische Gesellschaften nicht (§ 1 Abs. 1 DrittelbG, § 1 Abs. 1 MitbestG).[4] Schließlich lässt sich auch die Annahme, dass die unternehmerische Mitbestimmung ein „wesentlicher Grundsatz des deutschen Rechts" gemäß Art. 6 EGBGB sei,[5] nicht begründen, da selbst das deutsche Recht die unternehmerische Mitbestimmung längst nicht einheitlich regelt und auch nicht in jedem Unternehmen vorsieht.

Die in Rechtsprechung und Literatur früher vorgenommenen Versuche, die deutschen Regeln über Unternehmensmitbestimmung als Eingriffsnormen (vgl. Art. 9 Rom I-VO) anzusehen und konsequenterweise territorial anzuknüpfen, überzeugen nicht. Dahinter steht zwar das aus nationaler Sicht durchaus berechtigte Regelungsanliegen, eine **sozialpolitische Ordnungsfunktion**[6] flächendeckend zu gewährleisten. Man muss jedoch erkennen, dass aus europarechtlicher Sicht diese national begrenzten Schutzanliegen an Bedeutung verlieren. So, wie der Gläubigerschutz nicht mehr allein national gewährleistet werden kann, kann auch über eine national begründete Arbeitnehmerbeteiligung nicht die Gesellschaftsverfassung ausländischer Rechtsformen modifiziert werden. Die Unternehmensmitbestimmung ist in ihrem Kern und vor allem auch in ihrer rechtlichen Ausgestaltung Gesellschaftsrecht, so dass insofern der derzeit viel gerühmte **Wettbewerb der Rechts-**

---

[1] Richtlinie 94/45/EG des Rates vom 22. September 1994 über die Einsetzung eines Europäischen Betriebsrats oder die Schaffung eines Verfahrens zur Unterrichtung und Anhörung der Arbeitnehmer in gemeinschaftsweit operierenden Unternehmen und Unternehmensgruppen; (ABl. Nr. L 254 S. 64, ber. ABl. 2009 Nr. L 103 S. 30), zuletzt geändert durch Art. 17 Abs. 1 ÄndRL 2009/38/EG vom 6. Mai 2009 (ABl. Nr. L 122 S. 28).

[2] Überblick bei *Gaul,* NJW 1995, 227.

[3] BGH, IPRax 1983, 70, 71; OLG Stuttgart, WM 1995, 928, 930; LG Stuttgart, BB 1993, 1541, 1542; *Behme,* ZIP 2008, 351, 357 mwN; abw. *Zimmer,* NJW 2003, 3585, 3590.

[4] Für eine analoge Anwendung jedoch *Forsthoff,* DB 2000, 1109, 1114; ähnlich *Franzen,* RdA 2004, 257, 260.

[5] So aber noch OLG Düsseldorf, ZIP 1995, 1009, *Kindler,* BB 2003, 812; *ders,* NJW 2003, 1073, 1079, *Altmeppen/Wilhelm,* DB 2004, 1083, 1088; *v. Halen,* WM 2003, 571, 577; weitere Nachweise bei *Riegger,* ZGR 2004, 509, 519.

[6] So dezidiert MüKo BGB/*Kindler,* IntGesR, Rdnr. 597.

formen anzuerkennen (bzw. hinzunehmen) ist. Möchte man dies korrigieren, muss auf der europäischen Ebene ein level-playing field der Unternehmensmitbestimmung geschaffen werden, um allzu große Unterschiede zu verhindern. Es wird sich zeigen, ob das bei der SE geltende Regelungsmodell hier einen Modellcharakter aufweist.

2. Betriebliche Mitbestimmung

6 Die Regelungen über die betriebliche Mitbestimmung nach BetrVG werden jedoch abweichend qualifiziert und finden auch auf in Deutschland angesiedelte Betriebe einer Auslandsgesellschaft Anwendung.[7] Für die betriebliche Mitbestimmung kommt es allein auf die **Belegenheit der Betriebsstätte** an, so dass ab der Mindestanzahl von fünf Arbeitnehmern diese einen Betriebsrat gründen können (§ 1 Abs. 1 BetrVG) und gemäß BetrVG durch diesen an der Betriebsleitung mitwirken können.

IV. Konsequenzen bei der Sitzverlegung

7 Ergibt sich die kollisionsrechtliche Anknüpfung der Unternehmensmitbestimmung somit aus dem Gesellschaftsstatut, hat dies folgende Konsequenzen bei der Sitzverlegung:

1. Zuzugsfälle

8 Verlegt eine ausländische Gesellschaft ihren Verwaltungssitz – im Einklang mit dem Heimatrecht sowie dem Recht des Aufnahmelandes zulässigerweise (dazu sogleich) – nach Deutschland, behält sie ihre rechtliche Identität und Organisationsstruktur. Eine englische Ltd. ist daher zB im Hinblick auf die Organisationsverfassung und Direktoren durchgängig nach englischem Gesellschaftsrecht zu behandeln, selbst wenn sie ihren Verwaltungssitz nach Deutschland verlegt.[8] Einer besonderen oder gar förmlichen Anerkennung in Deutschland bedarf es hierfür nicht.[9] Diese – den Wettbewerb der Rechtsformen begünstigende – Respektierung einer ausländischen Gesellschaft mit Verwaltungssitz in Deutschland im Hinblick auf ihre innere Organisation unterliegt jedoch zwei nach wie vor ernst zu nehmenden Voraussetzungen: Erforderlich sind hierfür kumulativ die sach- und kollisionsrechtliche Zulässigkeit der identitätswahrenden Sitzverlegung nach dem Recht des Aufnahme- und des Wegzugsstaates.

9 **a) Anerkennung gemäß deutschem Recht.** Im Hinblick auf die Anerkennung ausländischer Gesellschaften mit Verwaltungssitz besteht in Deutschland derzeit eine unbefriedigende gespaltene Lösung:

10 **aa) Zuzug innerhalb der EU.** Die identitätswahrende Sitzverlegung nach Deutschland innerhalb der EU sowie aus Staaten des EWR ist aus deutscher Perspektive mittlerweile ohne weiteres zulässig, mithin eine Auslandsgesellschaft als solche anzuerkennen.[10] Die europäischen Vorgaben zur Niederlassungsfreiheit bewirken somit insofern die Geltung der Gründungstheorie (vgl. Art. 4 Abs. 1 S. 2 EGBGB: Rückverweisung auf das Recht des Gründungsstaates).

11 **bb) Zuzug aus Drittstaaten.** Der Zuzug einer Gesellschaft aus Drittstaaten ist demgegenüber nach wie vor nach dem autonomen, nicht europarechtlich vorgeprägten, deutschen Kollisionsrecht zu beurteilen. Dies betrifft insbesondere Gesellschaften aus der Schweiz,[11] von den englischen Kanalinseln (Guernsey und Jersey) sowie der Isle of

---

[7] BAG NJW 1978, 1124; BAG NZA 1990, 658; *Boemke*, NZA 1992, 112; *Behme*, ZIP 2008, 351, 353 f.; vgl. auch Lutter/Hommelhoff/*Bayer* GmbHG Anh II zu § 4a Rdnr. 48. Zur früheren Diskussion um den öffentlich-rechtlichen Charakter des Betriebsverfassungsrechts *Neumann-Duesberg*, NJW 1954, 617.

[8] Einzelheiten bei Henssler/Strohn/*Servatius* IntGesR Rdnr. 40 ff.

[9] MüKo IntGesR/*Kindler* Rdnr. 316 ff.

[10] Henssler/Strohn/*Servatius* IntGesR Rdnr. 14 ff.

[11] BGH NJW 2009, 289, 290 – Trabrennbahn; hierzu *Goette*, DStR 2009, 63; *Jung*, NZG 2008, 681, 682 f.

Man.[12] Hier hält die überwiegende Meinung nach wie vor die Sitztheorie für gewohnheitsrechtlich anwendbar.[13] Dies hat zur Konsequenz, dass sich das Gesellschaftsstatut des betreffenden Personenverbands infolge der Sitzverlegung nach deutschem Recht beurteilt. Es kommt somit zu einem **Statutenwechsel**.[14] Das gemäß deutschem IPR hiernach auf die Gesellschaft anzuwendende deutsche Sachrecht ergibt sich aus einem Vergleich der ausländischen Gesellschaft (gemäß Heimatrecht) mit den Typen des deutschen Gesellschaftsrechts (Substitution).[15] Da die Gründungsvorschriften für deutsche Kapitalgesellschaften meist nicht beachtet sind, kommen als Rechtsform allein die **GbR** und die **OHG** in Betracht;[16] ausländische Ein-Personen-Gesellschaften werden nach deutschem Sachrecht als Einzelperson behandelt.[17]

Die Folgen sind drastisch: Die ausländische Gesellschaft aus einem Drittstaat ist zwar aktiv und passiv parteifähig,[18] die Gesellschafter trifft nunmehr jedoch die unbeschränkte Haftung gemäß § 128 HGB. Darüber hinaus ist anerkannt, dass die Geschäftsleiter der Handelndenhaftung gemäß § 11 Abs. 2 GmbHG unterliegen.[19] Dieser Statutenwechsel betrifft auch die innere **Organisationsstruktur**. Die entsprechenden Vorgaben des ausländischen Kapitalgesellschaftsrechts sind hiernach auf die (zulässigen!) Vorgaben im Recht der Personengesellschaften zu übertragen, was konstruktiv große Schwierigkeiten bereitet und im Einzelnen noch ungeklärt ist, insbesondere im Bereich der Fremdorganschaft.[20] Es kann daher nur mit Nachdruck darauf hingewiesen werden, dass der geschäftliche Kontakt mit Auslandsgesellschaften aus Drittstaaten, die ihren Verwaltungssitz nach Deutschland verlegt haben, erhebliche **Rechtsunsicherheit** mit sich bringt. Um diese zu vermeiden, besteht jedoch die Möglichkeit, die Auslandsgesellschaft in eine deutsche Gesellschaft umzuwandeln (Formwechsel §§ 190 ff. UmwG).[21]

cc) Besonderheiten bei Gesellschaften aus den USA. Art. XXV Abs. 5 S. 2 des Handels-, Schifffahrts- und Freundschaftsvertrags vom 29. 10. 1954[22] sieht vor, dass Gesellschaften, die gemäß den Gesetzen und sonstigen Vorschriften des einen Vertragsteils in dessen Gebiet errichtet sind, als Gesellschaften dieses Vertragsteils gelten; ihr rechtlicher Status ist in dem Gebiet des anderen Vertragsteils anzuerkennen. Diese staatsvertragliche Kollisionsnorm geht gemäß Art. 3 Abs. 2 S. 1 EGBGB dem autonomen deutschen IPR vor und bewirkt im Verhältnis zwischen Deutschland und den USA die Geltung der Gründungstheorie.[23] Die innere Organisationsstruktur einer US-amerikanischen *close* oder *public corporation* bleibt daher auch bei der Verlegung des Verwaltungssitzes nach Deutschland erhalten.

b) Grenzüberschreitende Mobilität gemäß Heimatrecht. Von der soeben erwähnten kollisions- und sachrechtlichen Behandlung in Deutschland abzugrenzen ist auch in

---

[12] Vgl. KG NZG 2005, 758, 759; OLG Hamburg ZIP 2007, 1108; BGH BB 2002, 2031; 45, 145 f.); zu Singapur BGH ZIP 2009, 2385 – Trabrennbahn.
[13] BGH NJW 2009, 289 – Trabrennbahn; abw., auf die Möglichkeit spezifischer Sonderanknüpfungen im Rahmen der Gründungstheorie hinweisend, GroßkommGmbHG/*Behrens*, GmbHG Einl Rdnr. B 44 ff.; abw. auch OLG Hamm AG 2007, 332, aufgehoben durch BGH aaO.
[14] BGH NJW 2003, 1607, 1608.
[15] OLG Hamburg ZIP 2007, 1108; *Eidenmüller/Rehm*, ZGR 1997, 89, 90 f.
[16] BGH NJW 2009, 289, 291.
[17] OLG Hamburg ZIP 2007, 1108.
[18] BGH NJW 2002, 3539, 3539 f.
[19] BGH ZIP 2009, 2385; Palandt/*Thorn* Anh zu Art. 12 EGBGB Rdnr. 20.
[20] Vgl. *Hellgardt/Illmer*, NZG 2009, 94 ff.; *Gottschalk*, ZIP 2009, 948, 950 f.
[21] Die persönliche Haftung für Altverbindlichkeiten bleibt hierbei jedoch bestehen, vgl. *Leible/Hoffmann*, BB 2009, 58 ff.
[22] BGBl. 1956 II, S. 487, 763; vgl. hierzu BGH NJW 2003, 1607 ff.; *Bungert*, DB 2003, 1043; *Göthel*, RIW 2006, 41.
[23] BGH NJW 2003, 1607 ff.; BGH NJW-RR 2004, 1618; BGH NZG 2005, 44; BGH NZG 2004, 863; MüKo IntGesR/*Kindler* Rdnr. 328; abw. aber Staudinger/*Großfeld* IntGesR Rdnr. 210.

den Zuzugsfällen die Frage, ob das Heimatrecht der betreffenden Gesellschaft den identitätswahrenden Wegzug nach dessen Sach- und Kollisionsrecht überhaupt gestattet. Dies ist letztlich ebenfalls ein Aspekt des Gesellschaftsstatuts und daher auch im Zuzugsstaat (vorrangig) zu prüfen (§ 293 ZPO). Konkret bedeutet dies, dass die Anerkennung einer Auslandsgesellschaft als solche mit Verwaltungssitz in Deutschland nur in Betracht kommt, wenn der Wegzugsstaat der **Gründungstheorie** folgt und sich auch aus dessen relevantem materiellen Gesellschaftsrecht keine Hindernisse für den Wegzug ergeben. Diese, aus dem Heimatrecht folgende Einschränkung der Mobilität von Gesellschaften, ist auch innerhalb der EU beachtlich.[24]

15   aa) Staaten, die im Hinblick auf den Wegzug ihrer Gesellschaften der **Gründungstheorie** folgen, sind innerhalb der EU und des übrigen EWR:[25] Bulgarien,[26] England,[27] Italien,[28] Liechtenstein,[29] Niederlande,[30] Rumänien,[31] Tschechische Republik,[32] Ungarn. Darüber hinaus gilt die Gründungstheorie in China,[33] Hongkong, Japan,[34] Kanada,[35] Mexiko, Russland,[36] der Schweiz,[37] Tunesien, der Ukraine, den USA[38] und Venezuela.[39] Verlegt daher eine Gesellschaft aus diesen Staaten ihren Verwaltungssitz nach Deutschland, ist sie hier als solche auch im Hinblick auf ihre Organisationsstruktur anzuerkennen.

16   bb) Staaten, die im Hinblick auf den Wegzug ihrer Gesellschaften der **Sitztheorie** folgen, sind innerhalb der EU und des übrigen EWR:[40] Belgien, Dänemark,[41] Frankreich,[42] Griechenland, Luxemburg,[43] Österreich,[44] Polen,[45] Portugal,[46] Slowenien[47] und Spanien.[48] Außerhalb des EU/EWR-Bereiches folgen der Sitztheorie zB Argentinien, Australien,[49] Iran,[50] Südkorea und die Türkei. Verlegen daher Gesellschaften aus diesen Staaten ihren Verwaltungssitz nach Deutschland, kommt eine identitätswahrende Anerkennung nicht in Betracht. Sie werden hier vielmehr als GbR, OHG oder Einzelkaufmann behandelt.

---

[24] EuGH NJW 1989, 2186 – Saily Mail; EuGH NJW 2009, 569 – Cartesio.
[25] Überblick aus MüKo IntGesR/*Kindler* Rdnr. 510.
[26] *Zidarova,* RabelsZ 71 (2007), 398, 417 ff.
[27] Bank of Ethiopia v. National Bank of Egypt (1937) Ch. 513; *Hoffmann,* ZVglRWiss. 101 (2002), 283, 287 ff.
[28] *Kindler,* RabelsZ 61 (1997), 227, 281 ff.
[29] *Appel,* RabelsZ 61 (1997), 510, 532 ff.; *Kohler,* IPRax 1997, 309, 310 f.
[30] *Kramer,* IPRax 2007, 54, 57; *Hoffmann,* ZVglRWiss. 101 (2002), 283, 301 ff.
[31] *Capatina,* RabelsZ 58 (1994), 467, 489 ff.; *Aden,* RIW 2008, 700, 703.
[32] *Pauknerová,* IPRax 2007, 162 ff.
[33] *Süss,* RIW 1989, 788, 789 f.
[34] *Nishitani,* IPRax 2007, 552, 557; *Kaiser* RIW 2009, 257, 258.
[35] *Glenn,* RabelsZ 60 (1996), 231, 238.
[36] *Sadikov,* RabelsZ 67 (2003), 318, 330; *Mayer/Breig,* ZEuP 2006, 829, 839 f.
[37] *Hoffmann,* ZVglRWiss. 101 (2002), 283, 303 ff.
[38] *Göthel,* RIW 2006, 41 ff.
[39] *Hernández/Bretón,* IPRax 1999, 194, 195; *de Maekelt,* RabelsZ 64 (2000), 299, 326 f.
[40] Überblick aus MüKo IntGesR/*Kindler* Rdnr. 511.
[41] *Hoffmann,* ZVglRWiss. 101 (2002), 283, 306 f.
[42] *Kieninger,* RabelsZ 73 (2009), 607, 611 f.
[43] Hirte/Bücker/*Putz* § 8 Rdnr. 32, § 9 Rdnr. 14.
[44] *Lurger,* IPRax 2001, 346.
[45] *Jara/Schlichte,* RIW 2006, 106 ff.
[46] *Stieb,* GmbHR 2004, 494.
[47] Überblick aus MüKo IntGesR/*Kindler* Rdnr. 511; abw. *Rudolf,* IPRax 2003, 158, 160 (Gründungstheorie).
[48] *Sandrock,* RIW 2006, 658 ff.
[49] *Nygh,* RabelsZ 58 (1994), 727, 741.
[50] *Khatib/Shahidi/Engelhardt,* WiB 1997, 1232.

2. Wegzugsfälle

Verlegt eine deutsche Gesellschaft ihren Verwaltungssitz ins Ausland, sind wiederum auch im Bereich innergesellschaftlicher Angelegenheiten die kollisions- und sachrechtlichen Vorgaben im Recht des Wegzugsstaats und des Zuzugsstaats zu unterscheiden.

a) Grenzüberschreitende Mobilität gemäß deutschem Heimatrecht. Da der EuGH infolge der Rechtsprechung *Daily Mail* und *Cartesio* nicht fordert, dass die Mitgliedstaaten den identitätswahrenden Wegzug von Gesellschaften gemäß Heimatrecht gestatten müssen, erfolgt die sach- und kollisionsrechtliche Behandlung dieser Fälle aus deutscher Perspektive in Bezug auf die EU und Drittstaaten einheitlich nach dem autonomen Recht.[51] Ob eine deutsche Gesellschaft ihren Verwaltungssitz identitätswahrend ins Ausland verlegen kann und damit ihre Organisationsstruktur beibehält, ist aus der Perspektive des deutschen Rechts sowohl kollisions- als auch sachrechtlich problematisch. Vielfach werden diese Aspekte jedoch zusammen behandelt, vor allem deshalb, weil die gegenwärtige Rechtslage seit Inkrafttreten des MoMiG nicht eindeutig hergibt, ob der Gesetzgeber sach- oder kollisionsrechtliche Regeln erlassen wollte. Insofern sind auch GmbH und AG von den anderen Gesellschaftsformen zu unterscheiden.

aa) GmbH und AG. Infolge der Streichung des Gebots der Sitzanknüpfung an das Inland gemäß § 5 Abs. 2 AktG a. F. bzw. § 4a Abs. 2 GmbHG a. F. durch das MoMiG kann eine im deutschen Handelsregister eingetragene GmbH oder AG nunmehr ihren **Verwaltungssitz im Ausland** haben (str.).[52] Bei der Begründung dieses Ergebnisses ist jedoch nach wie vor sehr umstritten, ob die Neuregelung nur eine sachrechtliche Bedeutung hat oder ihr auch ein kollisionsrechtlicher Gehalt zukommt. Der BGH hat hierzu nicht Stellung bezogen.[53] Richtigerweise betrifft die Aufgabe des Gebots einer inländischen Sitzanknüpfung durch das MoMiG jedoch sowohl das materielle Gesellschaftsrecht wie das Kollisionsrecht (str.).[54] Für die Praxis bedeutet diese kontroverse Diskussion jedoch gleichwohl eine erhebliche **Rechtsunsicherheit.** Es ist daher an den Gesetzgeber zu appellieren, endlich Klarheit über die identitätswahrende Sitzverlegung deutscher Gesellschaften zu schaffen, damit diese sich auch als „Exportschlager" erweisen können. Als mögliche **Reformen** bieten sich zum einen nationale Alleingänge an, wie zB der nicht weiter verfolge Referentenentwurf des BMJ aus dem Jahr 2009.[55] Hiernach würde ein neu eingeführter Art. 10 EGBGB das Gesellschaftsstatut an den Registrierungsort, hilfsweise an das Recht des Staates, nach dem die Gesellschaft organisiert ist, anknüpfen und damit in Deutschland die Gründungstheorie für maßgeblich erachten. Überzeugender wäre indessen eine einheitliche europäische Lösung. Der Entwurf für eine Sitzverlegungsrichtlinie vom 20. 4. 1997[56] ist jedoch durch die Rechtsprechung des EuGH überholt. Neue Ansätze zur Harmonisierung des europäischen Kollisionsrechts für Gesellschaften sind derzeit nicht zu erwarten.

---

[51] Zum Ganzen § 52.
[52] *Hoffmann*, ZIP 2007, 1581, 1582; *Hirte*, NZG 2008, 761, 766; Baumbach/Hueck/*Fastrich* § 4a Rdnr. 9; Lutter/Hommelhoff/*Bayer* GmbHG § 4a Rdnr. 15; BeckOK GmbHG/*Langer* IntGesR Rdnr. 83 ff.; nach früherem Recht kam es zwangsweise zur Auflösung und Liquidation der deutschen Gesellschaft, so dass auch im Zuzugstaat keine umfassende Anerkennung möglich ist (vgl. BGH GmbHR 2008, 990; OLG München NZG 2007, 915; GroßKomm GmbHG/*Behrens* Einl. B Rdnr. 118.
[53] BGH NJW 2009, 289, 291 – Trabrennbahn; zur Rechtfertigung dieser „richterlichen Zurückhaltung" *Goette*, DStR 2009, 63; abw. *Kindler*, IPRax 2009, 189, 198.
[54] So auch *Hoffmann*, ZIP 2007, 1581; *Fingherhut/Rumpf*, IPRax 2008, 90, 92; *Mülsch/Nohlen*, ZIP 2008, 1358, 1260; aA aber *Peters*, GmbHR 2008, 245, 249; *Franz/Laeger*, BB 2008, 678, 681 f.; *Preuß*, GmbHR 2007, 57, 62; *Kindler*, IPRax 2009, 189, 193 ff.
[55] Referentenentwurf für ein Gesetz zum Internationalen Privatrecht der Gesellschaften, Vereine und juristischen Personen, abrufbar unter http://www.bmj.bund.de/files//2751/RefE%20Gesetz%20zum%20Internationalen%20Privatrecht%20der%20Gesellschaften,%20Vereine%20und%20juristischen%20Personen.pdf; siehe dazu *Wagner/Timm*, IPRax 2008, 81.
[56] Abgedruckt in ZIP 1997, 1721.

20 **bb) Personenhandelsgesellschaften.** Auch bei Personenhandelsgesellschaften sind sach- und kollisionsrechtlich Ort der Registrierung und Verwaltungssitz zu unterscheiden. Die Notwendigkeit gemäß § 106 HGB, bei der Eintragung in das Handelsregister einen Sitz anzugeben, bezieht sich nach hM jedoch auf den Verwaltungssitz.[57] Hiernach könnte ein ausländischer Sitz nicht eingetragen werden mit der Folge, dass der **identitätswahrende Wegzug** einer deutschen Personenhandelsgesellschaft wie bei den Kapitalgesellschaften vor Inkrafttreten des MoMiG nicht möglich ist, mithin bei der Sitzverlegung eine Zwangsauflösung herbeigeführt wird.[58] Diese Sichtweise überzeugt indessen mittlerweile nicht mehr, denn auch § 106 HGB verlangt keinen inländischen Sitz. Insofern ist vielmehr davon auszugehen, dass auch bei den Personenhandelsgesellschaften sach- und kollisionsrechtlich der Wegzug ins Ausland gestattet ist.[59] Für die Praxis bedeutet diese nach wie vor kontrovers geführte Diskussion jedoch eine erhebliche Rechtsunsicherheit, so dass auch insoweit rasch Klärung durch den Gesetzgeber zu fordern ist.

21 **b) Anerkennung im Zuzugsstaat.** Wiederum gilt, dass die grenzüberschreitende Mobilität von Gesellschaften nur dann gewährleistet ist, wenn auch das Kollisions- und Sachrecht des Aufnahmestaates die Verlegung des Verwaltungssitzes billigt, mithin eine Art. 4 Abs. 1 S. 2 EGBGB entsprechende Rückverweisung ins deutsche Recht vorsieht.[60] Folgt der Zuzugsstaat der Gründungstheorie, so bleibt es bei der Anwendbarkeit des deutschen Sachrechts hinsichtlich der Geschäftsführung. Folgt der Zuzugsstaat hingegen der Sitztheorie, kommt es zu einem Statutenwechsel zugunsten der Anwendbarkeit des für die vergleichbaren Gesellschaften maßgeblichen Rechts des Zuzugsstaates (Substitution), was eine Respektierung der nach Heimatrecht bestehenden Geschäftsführungsregeln regelmäßig ausschließt. **Innerhalb der EU** bzw. der EWR-Staaten ist jedoch zu bedenken, dass die Rechtsprechung des EuGH in Sachen *Überseering*[61] und *Inspire Art*[62] die Staaten mittlerweile zur identitätswahrenden Anerkennung von Auslandsgesellschaften verpflichtet.[63] Eine deutsche GmbH oder AG, die ihren Verwaltungssitz in einen anderen Mitgliedsstaat verlegt, bleibt daher auch im Hinblick auf die Binnenorganisation als solche bestehen (zur Rechtsunsicherheit aus der Wegzugsperspektive aber oben Rdnr. 17 ff.). Das Gleiche gilt im Verhältnis zu den **USA** (oben Rdnr. 13).

22 Folgende **Drittstaaten** folgen bzgl. des Zuzugs ausländischer Gesellschaften der **Sitztheorie:** Argentinien, Australien,[64] Iran,[65] Südkorea und die Türkei. Insofern würde also auch ein nach deutschem Sach- und Kollisionsrecht zulässiger identitätswahrender Wegzug nicht die gewünschte Mobilität der Gesellschaft herbeiführen. Folgende Drittstaaten folgen bzgl. des Zuzugs ausländischer Gesellschaften der **Gründungstheorie:** China,[66] Hongkong, Japan,[67] Kanada,[68] Mexiko, Russland,[69] Schweiz,[70] Tunesien, Ukraine,

---

[57] BGH WM 1957, 999, 1000; MüKo HGB/*Langhein* § 106 Rdnr. 26.
[58] So die bisher hM, vgl. nur Staub/*Hüffer* § 13c Rdnr. 11; MKHGB/*Langhein* § 106 Rdnr. 30.
[59] So auch *Koch*, ZHR 173 (2009), 101; unter Hinweis auf die europäische Niederlassungsfreiheit auch Henssler/Strohn/*Röthel* HGB § 106 Rdnr. 180.
[60] *Teichmann*, ZIP 2009, 393, 401.
[61] EuGH NJW 2002, 3614 ff.
[62] EuGH NJW 2003, 3333.
[63] Einzelheiten bei § 52.
[64] *Nygh*, RabelsZ 58 (1994), 727, 741.
[65] *Khatib/Shahidi/Engelhardt*, WiB 1997, 1232.
[66] *Süss*, RIW 1989, 788, 789 f.
[67] *Nishitani*, IPRax 2007, 552, 557; *Kaiser*, RIW 2009, 257, 258.
[68] *Glenn*, RabelsZ 60 (1996), 231, 238.
[69] *Sadikov*, RabelsZ 67 (2003), 318, 330; *Mayer/Breig*, ZEuP 2006, 829, 839 f.
[70] *Hoffmann*, ZVglRWiss. 101 (2002), 283, 303 ff.

USA[71] und Venezuela.[72] Hier wäre somit der identitätswahrende Wegzug möglich, wenn sich die mittlerweile überwiegende Meinung aus deutscher Sicht durchsetzen würde.

3. Besonderheiten auf Grund internationaler Verträge

Das deutsche IPR steht gemäß Art. 3 Nr. 2 EGBGB unter dem Vorbehalt vorrangiger völkerrechtlicher Vereinbarungen. Im Bereich des internationalen Gesellschaftsrechts gibt es hierzu eine Vielzahl bilateraler Staatsverträge.[73]

a) Auf Grund spezieller Kapitalschutzabkommen gilt die **Gründungstheorie** (teilweise zumindest halbseitig, dh. für den Zuzug ausländischer Gesellschaften nach Deutschland) für folgende Staaten: Bolivien (Art. 1 Abs. 4 Kapitalschutzabkommen vom 23. 3. 1987, BGBl. 1988 II S. 254); Brunei Darussalam (Art. 1 Abs. 5 Kapitalschutzabkommen vom 30. 3. 1998, BT-Drucks. 15/1057); China: Anerkennung chinesischer Gesellschaften, die von der chinesischen Regierung anerkannt, registriert und zur wirtschaftlichen Zusammenarbeit mit dem Ausland berechtigt sind (Kapitalschutzabkommen vom 1. 12. 2003, BGBl. 2005 II S. 732, BT-Drucks. 15/4983 S. 5362; BGBl. 2006 II S. 119); Dominica (Art. 1 Abs. 4 Kapitalschutzabkommen vom 1. 10. 1984, BGBl. 1985 II S. 1170); Gabun (Art. 1 Abs. 4 Kapitalschutzabkommen vom 15. 9. 1998, BGBl. 2001 II S. 478); Ghana (Art. 1 Nr. 4 Kapitalschutzabkommen vom 24. 2. 1995, BGBl. 1997 II S. 2055); Guyana (Art. 1 Abs. 4 Kapitalschutzabkommen vom 6. 12. 1989, BGBl. 1993 II S. 938); Honduras (Art. 1 Nr. 4 Kapitalschutzabkommen vom 21. 3. 1995, BGBl. 1997 II S. 2064); Hongkong (Art. 1 Abs. 4 Kapitalschutzabkommen vom 31. 1. 1996, BGBl. 1997 II S. 1848); Indien (Art. 1a) Kapitalschutzabkommen vom 10. 7. 1995, BGBl. 1998 II S. 619); Indonesien (Art. 1 Abs. 4 Kapitalschutzabkommen vom 8. 11. 1968, BGBl. 1970 II S. 492); Jamaika (Art. 1 Nr. 4 Kapitalschutzabkommen vom 24. 9. 1992, BGBl. 1996 II S. 58); Jemen (Art. 1 Abs. 3 Kapitalschutzabkommen vom 2. 3. 2005, BGBl. 2007 II S. 87); Kambodscha (Art. 1 Nr. 4 Kapitalschutzabkommen vom 15. 2. 1999, BGBl. 2001 II S. 487); Kamerun (Art. 8 Abs. 4 Kapitalschutzabkommen vom 29. 6. 1962, BGBl. 1963 II S. 991); Katar (Art. 1 Nr. 3 Kapitalschutzabkommen vom 14. 6. 1996, BGBl. 1998 II S. 628); Demokratische Republik Kongo (Art. 8 Abs. 4 Kapitalschutzabkommen vom 18. 3. 1969, BGBl. 1970 II S. 509); Republik Korea (Art. 8 Abs. 4 Kapitalschutzabkommen vom 4. 2. 1964, BGBl. 1966 II S. 841); Kuba (Art. 1 Nr. 4 Kapitalschutzabkommen vom 30. 4. 1996, BGBl. 1998 II S. 746); Kuwait (Art. 1 Nr. 3 Kapitalschutzabkommen vom 30. 3. 1994, BGBl. 1997 II S. 166); Lesotho (Art. 1 Abs. 4 Kapitalschutzabkommen vom 11. 11. 1982, BGBl. 1985 II S. 14); Liberia (Art. 8 Abs. 4 Kapitalschutzabkommen vom 12. 12. 1961, BGBl. 1967 II S. 537); Malaysia (Art. 1 Abs. 4 Kapitalschutzabkommen vom 22. 12. 1960, BGBl. 1962 II S. 1064); Mali (Art. 1 Nr. 4 Kapitalschutzabkommen vom 28. 6. 1977, BGBl. 1979 II S. 77); Mauritius (Art. 8 Abs. 4 Kapitalschutzabkommen vom 25. 5. 1971, BGBl. 1973 II S. 615); Nepal (Art. 1 Nr. 4 Kapitalschutzabkommen vom 20. 10. 1986, BGBl. 1988 II S. 262); Oman (Art. 1 Nr. 4 Kapitalschutzabkommen vom 25. 6. 1979, BGBl. 1985 II S. 354); Pakistan (Art. 8 Abs. 4 Kapitalschutzabkommen vom 25. 11. 1959, BGBl. 1961 II S. 793); Papua-Neuguinea (Art. 1 Nr. 4 Kapitalschutzabkommen vom 12. 11. 1980, BGBl. 1982 II S. 389); Senegal (Art. 8 Abs. 4 Kapitalschutzabkommen vom 24. 1. 1964, BGBl. 1965 II S. 1391); Serbien und Montenegro (Art. 1 Abs. 3 Kapitalschutzabkommen vom 10. 7. 1989 mit dem ehemaligen Jugoslawien, BGBl. 1997 II S. 961, 962); Singapur (Art. 1 Abs. 4 Kapitalschutzabkommen vom 3. 10. 1973, BGBl. 1975 II S. 49); Somalia (Art. 1 Abs. 4 Kapitalschutzabkommen vom 27. 11. 1981, BGBl. 1984 II S. 778). Sri Lanka (Art. 1 Abs. 4 lit. b) des Kapitalschutzabkommens vom 7. 2. 2000, BGBl. 2002 II S. 296); St. Lucia (Art. 1 Nr. 4 Kapitalschutzabkommen vom 16. 3. 1985, BGBl. 1987 II S: 13); St. Vincent und Grenadinen (Art. 1 Nr. 4 Kapitalschutzab-

---

[71] *Göthel*, RIW 2006, 41 ff.
[72] *Hernández/Bretón*, IPRax 1999, 194, 195; *de Maekelt*, RabelsZ 64 (2000), 299, 326 f.
[73] Zum Ganzen ausführlich Eidenmüller/*Rehm* § 2 Rdnr. 6 ff.

kommen vom 25. 3. 1986, BGBl. 1987 II S. 774); Sudan (Art. 8 Abs. 4 Kapitalschutzabkommen vom 7. 2. 1963, BGBl. 1966 II S. 889); Swasiland (Art. 1 Nr. 4 Kapitalschutzabkommen vom 5. 4. 1990, BGBl. 1993 II S. 956); Tansania (Art. 8 Abs. 4 Kapitalschutzabkommen vom 30. 1. 1965, BGBl. 1966 II S. 873); Tschad (Art. 8 Abs. 4 Kapitalschutzabkommen vom 11. 4. 1967, BGBl. 1968 II S. 221); Türkei (vgl. zB Art. 5 des Niederlassungsabkommens mit der Türkischen Republik vom 12. 1. 1927, RGBl. II S. 76; vgl. zur Sitzanknüpfung jedoch Art. 8 Abs. 4 Kapitalschutzabkommen vom 20. 5. 1962, BGBl. 1965 II S. 1193); USA (Art. XXV Abs. 5 S. 2 Freundschafts-, Handels- und Schifffahrtsvertrag vom 29. 10. 1954; hierzu BGH 29. 1. 2003, NJW 2003, 1607, 1608; BGH 5. 7. 2004, NJW-RR 2004, 1618).

25   **b)** Die **Sitztheorie** ist staatsvertraglich bei folgenden Ländern maßgeblich: Ägypten (Art. 8 Abs. 4 Kapitalschutzabkommen vom 5. 7. 1974, BGBl. 1977 II S. 1145); Algerien (Art. 1 Abs. 1 Kapitalschutzabkommen vom 11. 3. 1996, BGBl. 2002 II S. 286); Argentinien (Art. 1 Nr. 4 Kapitalschutzabkommen vom 9. 4. 1991, BGBl. 1993 II S. 1244); Armenien (Art. 1 Nr. 4 Kapitalschutzabkommen vom 21. 12. 1995, BGBl. 2000 II S. 46); Aserbaidschan (Art. 1 Nr. 4 Kapitalschutzabkommen vom 22. 12. 1995, BGBl. 1998 II S. 567); Bangladesch (Art. 8 Abs. 4 Kapitalschutzabkommen vom 6. 5. 1981, BGBl. 1984 II S. 838); Barbados (Art. 1 Abs. 4 Kapitalschutzabkommen vom 2.1. 2. 1994, BGBl. 1997 II S. 2047); Belarus (Art. 1 Nr. 3 Kapitalschutzabkommen vom 2. 4. 1993, BGBl. 1996 II S. 85); Benin (Art. 8 Abs. 4 Kapitalschutzabkommen vom 29. 6. 1978, BGBl. 1985 II S. 2); Bosnien Herzegowina (Vertrag vom 18. 10. 2001, BGBl. 2004 II S. 314; BT-Drucks. 15/1847 S. 2091); Botswana (Art. 1 Nr. 4 Kapitalschutzabkommen vom 23. 5. 2000, BGBl. 2002 II S. 278); Bulgarien (Art. 1 Nr. 3 Kapitalschutzabkommen vom 12. 4. 1986, BGBl. 1987 II S. 742); Burundi (Art. 1 Nr. 4 Kapitalschutzabkommen vom 10. 9. 1984, BGBl. 1985 II S. 1162); Chile (Art. 1 Nr. 4 Kapitalschutzabkommen vom 21. 10. 1991, BGBl. 1998 II S. 1427); Costa Rica (Art. 1 Nr. 4 Kapitalschutzabkommen vom 13. 9. 1994, BGBl. 1997 II S. 1830); Dominikanische Republik (Art. 11 des Protokolls zum Freundschafts-, Handels- und Schifffahrtsvertrag vom 23. 12. 1959, BGBl. II S. 1468); Ecuador (Art. 1 Nr. 4 Kapitalschutzabkommen vom 21. 3. 1996, BGBl. 1998 II S. 610); Elfenbeinküste (Art. 1 Abs. 4 Kapitalschutzabkommen vom 27. 10. 1966, BGBl. 1968 II S. 61); El Salvador (Art. 1 Nr. 3 Kapitalschutzabkommen vom 11. 12. 1997, BGBl. 2000 II S. 673); Georgien (Art. 1 Nr. 4 Kapitalschutzabkommen vom 25. 6. 1993, BGBl. 1998 II S. 576); Guinea (Art. 8 Abs. 4 Kapitalschutzabkommen vom 19. 4. 1962, BGBl. 1964 II S. 145); Haiti (Art. 8 Abs. 4 Kapitalschutzabkommen vom 14. 8. 1973, BGBl. 1975 II S. 101); Iran (Art. 1 Abs. 2 lit. b) des Kapitalschutzabkommens vom 17. 8. 2002, BGBl. II S. 55); Japan (Art. XIII Handels- und Schifffahrtsvertrag zwischen dem Deutschen Reich und Japan vom 20. 7. 1927, RGBl. II S. 1087); Jordanien (Art. 8 Abs. 4 Kapitalschutzabkommen vom 15. 7. 1974, BGBl. 1975 II S. 1254); Kap Verde (Art. 1 Nr. 4 Kapitalschutzabkommen vom 18. 1. 1990, BGBl. 1993 II S. 947); Kasachstan (Art. 1 Nr. 4 Kapitalschutzabkommen vom 22. 9. 1992, BGBl. 1994 II S. 3730); Kenia (Art. 1 Nr. 4 Kapitalschutzabkommen vom 3. 5. 1996, BGBl. 1998 II S. 585); Republik Kongo (Art. 8 Abs. 4 Kapitalschutzabkommen vom 13. 9. 1965, BGBl. 1967 II S. 1733); Kroatien (Art. 1 Nr. 4 Kapitalschutzabkommen vom 21. 3. 1997, BGBl. 2000 II S. 653); Laos (Art. 1 Nr. 4 Kapitalschutzabkommen vom 9. 8. 1996, BGBl. 1998 II S. 1466); Libanon (Art. 1 Nr. 1 B) Kapitalschutzabkommen vom 18. 3. 1997, BGBl. 1998 II S. 1439); Madagaskar (Art. 8 Abs. 4 Kapitalschutzabkommen vom 15. 4. 1962, BGBl. 1965 II S. 369); Marokko (Art. 8 Abs. 4 Kapitalschutzabkommen vom 31. 8. 1961, BGBl. 1967 II S. 1641); Mauretanien (Art. 1 Abs. 4 Kapitalschutzabkommen vom 8. 12. 1982, BGBl. 1985 II S. 22); Mazedonien (Art. 1 Nr. 3 Kapitalschutzabkommen vom 10. 9. 1996, BGBl. 2000 II S. 646); Mexiko (Art. 1 Nr. 4 Kapitalschutzabkommen vom 25. 8. 1998, BGBl. 2000 II S. 866); Moldau (Art. 1 Abs. 1c) Kapitalschutzabkommen vom 28. 2. 1994, BGBl. 1997 II S. 2072); Mongolei (Art. 1 Nr. 1 Kapitalschutzabkommen vom 26. 6. 1991, BGBl. 1996 II S. 50); Mosambik (Art. 1 Nr. 4 Kapitalschutzabkommen vom 6. 3. 2002, BT-Drucks. 15/1845); Namibia (Art. 1 Nr. 4 Kapitalschutzabkommen vom 21. 1. 1994, BGBl. 1997 II S. 186); Nicaragua (Art. 1 Nr. 4 Kapitalschutzabkommen vom 6. 5. 1996, BGBl. 1998 II S. 637); Niederlande (Art. 1, 2 Vertrag zwischen dem Deutschen Reich und den Niederlanden über die gegenseitige Anerkennung der Aktiengesellschaften und anderer kommerzieller, industrieller oder finanzieller Gesellschaften vom 11. 2. 1907, RGBl. 1908, S. 65; in Kraft seit 26. 3. 1908, RGBl. S. 65), Bekanntmachung vom 29. 2. 1952 über die Wiederanwendung BGBl. II S. 435); Panama (Art. 1 Nr. 4 Kapitalschutzabkommen vom 2. 11. 1983, BGBl. 1987 II S. 2); Paraguay (Art. 1 Nr. 4 Kapitalschutzabkommen vom 11. 8. 1993, BGBl. 1997 II S. 2080); Peru (Art. 1 Nr. 4 Kapitalschutzabkommen vom 30. 1. 1995, BGBl. 1997 II S. 197); Philippinen (Art. 1 Nr. 3 Kapitalschutzabkommen vom 18. 4. 1997, BGBl. 1998 II S. 1448); Ruanda (Art. 8 Abs. 4 Kapitalschutzabkommen vom 18. 5. 1967, BGBl. 1968 II S. 1260); Sambia (Art. 8 Abs. 4 Kapitalschutzabkommen vom 10. 12. 1966, BGBl. 1968 II S. 33); Saudi-Arabien (Art. 1 Nr. 3 Kapitalschutzabkommen vom 29. 10. 1996 BGBl. 1998 II S. 593); Sierra-Leone (Art. 8 Abs. 4 Kapitalschutzabkommen vom 8. 4. 1965, BGBl. 1966 II S. 861); Simbabwe (Art. 1 Nr. 4 Kapitalschutzabkommen vom 29. 9. 1995, BGBl. 1997 II S. 1839); Slowakei (Art. 1 Nr. 3 Kapitalschutzabkommen vom 2. 10. 1990 mit der Tschechoslowakei, BGBl. II S. 294); Südafrika (Art. 1 Nr. 4 Kapitalschutzabkommen vom 11. 9. 1995, BGBl. 1997 II S. 2098); Syrien (Art. 1 Nr. 4 Kapitalschutzabkommen vom 2. 8. 1977, BGBl. 1979 II S. 422); Thailand (Art. 1 Abs. 3 Kapitalschutzabkommen vom 24. 6. 2002, BGBl. 2004 II S. 48); Togo (Art. 8 Abs. 4 Kapitalschutzabkommen vom 16. 5. 1961, BGBl. 1964 II S. 154); Tunesien (Art. 8 Abs. 4 Kapitalschutzabkommen vom 20. 12. 1963, BGBl. 1965 II S. 1377); Turkmenistan (Art. 1 Abs. 4 Kapitalschutzabkommen vom 28. 8. 1997, BGBl. 2000 II S. 664); Uganda (Art. 8 Abs. 4 Kapitalschutzabkommen vom 29. 11. 1966, BGBl. 1968 II S. 449); Ukraine (Art. 1 Nr. 4 Kapitalschutzabkommen vom 15. 2. 1993, BGBl. 1996 II S. 75); Uruguay (Art. 1 Nr. 4 Kapitalschutzabkommen vom 4. 5. 1987, BGBl. 1988 II S. 272); Usbekistan (Art. 1 Nr. 4 Kapitalschutzabkommen vom 28. 4. 1993, BGBl. 1997 II S. 2106); Venezuela (Art. 1 Nr. 4 Kapitalschutzabkommen vom 14. 5. 1996, BGBl. 1998 II S. 653); Vereinigte Arabische Emirate (Art. 1 Nr. 2 Kapitalschutzabkommen vom 21. 6. 1997, BGBl. 1998 II S. 1474); Vietnam (Art. 1 Nr. 4 Kapitalschutzabkommen vom 3. 4. 1993, BGBl. 1997 II S. 2116).

§ 17 Rechnungslegung

Übersicht

	Rdnr.
I. Begriff, Bedeutung, Abgrenzung	1–3
II. Europäische Harmonisierung der Rechnungslegung	4–18
1. Jahresabschlussrichtlinie	7, 8
2. Richtlinie über den konsolidierenden Abschluss	9, 10
3. IAS-Verordnung	11–13
4. Die Abschlussprüferrichtlinie	14, 15
5. Publizitäts- und Zweigniederlassungsrichtlinien	16–18
III. Kollisionsrechtliche Anknüpfung der Rechnungslegung	19–25
1. Traditionelle Auffassung	20, 21
2. Heute wohl hM	22
3. Stellungnahme	23–25
IV. Konsequenzen bei der Sitzverlegung	26–44
1. Zuzugsfälle	27–35
a) Anerkennung gemäß deutschem Recht	28–32
b) Grenzüberschreitende Mobilität gemäß Heimatrecht	33–35
2. Wegzugsfälle	36–41
a) Grenzüberschreitende Mobilität gemäß deutschem Heimatrecht	37–39
b) Anerkennung im Zuzugsstaat	40, 41
3. Besonderheiten auf Grund internationaler Verträge	42–44
V. Einzelfragen	45–50
1. Rechnungslegung der Zweigniederlassung	45
2. Rechnungslegungspublizität	46–48
3. Prüfung des Jahresabschlusses	49, 50

Schrifttum: *Arbeitskreis Bilanzrecht der Hochschullehrer Rechtswissenschaft,* Zur Fortentwicklung des deutschen Bilanzrechts, BB 2002, 2372; *Bärenz,* Haftung des Abschlussprüfers bei Bestätigung fehlerhafter Jahresabschlüsse gemäß § 323 Abs. 1 S. 3 HGB, BB 2003, 1781; *Bau,* Die Dritthaftung der Wirtschaftsprüfer zwischen Vertrag und Delikt – Eine rechtsvergleichende Untersuchung des deutschen und englischen Rechts, ZVglRWiss. 103 (2004), 219; *Binge/Thölk,* „Everything goes!"? – Das deutsche Internationale Gesellschaftsrecht nach „Inspire Art", DNotZ 2004, 21; *Crezelius,* Jahresabschlußpublizität bei deutscher Kapitalgesellschaft, ZGR 1999, 252; *Ebert/Levedag,* Die zugezogene „private company limited by shares (Ltd.)" nach dem Recht von England und Wales als Rechtsformalternative für in- und ausländische Investoren in Deutschland, GmbHR 2003, 1337; *Ebke,* Abschlussprüfer, Bestätigungsvermerk und Drittschutz, JZ 1998, 991; *Eidenmüller/Rehberg,* Rechnungslegung von Auslandsgesellschaften, ZVglRWiss. 105 (2006), 427 *Euler,* Paradigmenwechsel im handelsrechtlichen Einzelabschluss: Von den GoB zu den IAS?, BB 2002, 875; *Garcias,* Rechnungslegungspflichten der Zweigniederlassung von ausländischen Gesellschaften, RIW 2000, 590; *Großfeld,* Internationales Bilanzrecht/internationale Rechnungslegung, AG 1997, 433; *Grundmann,* Deutsches Anlegerschutzrecht in internationalen Sachverhalten, RabelsZ 54 (1990), 283; *Hirsch/Britain,* Artfully Inspired – Werden deutsche Gesellschaften englisch?, NZG 2003, 1100; *Hopt,* Die Haftung des Wirtschaftsprüfers, WPg 1986, 461; *Just/Krämer,* Limited: Besonderheiten der Buchführung und Abschlusserstellung – im Unterschied zur Handelsbilanz, BC 2006, 29; *Küting,* Europäisches Bilanzrecht und Internationalisierung der Rechnungslegung, BB 1993, 30; *Niehus,* Der EU-Vorschlag für eine „Modernisierung" der Bilanzrichtlinien – Überblick und erste Wertung, DB 2002, 1385; *ders.,* Zur Transformation der 4. EG-(Bilanz-)Richtlinie in Europäisches Gemeinschaftsrecht – Überblick und erste Würdigung, ZGR 1985, 536; *Poll,* Die Verantwortlichkeit des Abschlußprüfers nach § 323 HGB, DZWiR 1995, 95; *Quick,* Die Haftung des handelsrechtlichen Abschlußprüfers BB 1992, 1675 ff; *ders.,* Nationale und internationale Haftungsrisiken deutscher Abschlußprüfer, DBW 2000, 60; *Rönnau,* Haftung der Direktoren einer in Deutschland ansässigen englischen Private Company Limited by Shares nach deutschem Strafrecht – eine erste Annäherung, ZGR 2005, 832; *Schulze-Osterloh,* Die Rechnungslegung der Einzelkaufleute und Personenhandelsgesellschaften nach dem Bilanzrichtlinien-Gesetz, ZHR 150 (1986), 403; *Schumann,* Die englische Limited mit Verwaltungssitz in Deutschland: Buchführung, Rechnungslegung und Strafbarkeit wegen Bankrotts, ZIP 2007, 1189.

I. Begriff, Bedeutung, Abgrenzung

1   Die Rechnungslegung von Gesellschaften gehört zu den wichtigsten Rechtsgebieten – national und international. Dies beruht auf den allgemein der Rechnungslegung zugewiesenen Funktionen der **Selbstkontrolle** und **Transparenz** sowie – zumindest in der kontinentaleuropäischen Rechtstradition – auch Bedeutung zur Ermittlung von **Ausschüttungssperren.** Darüber hinaus ist die Rechnungslegung auch die Grundlage für die Besteuerung von Unternehmen.

2   Rechtstechnisch gesehen ist die Rechnungslegung allgemeines **Handelsrecht**, was teilweise auch für die kollisionsrechtliche Anknüpfung bedeutsam ist. Gleichwohl darf nicht übersehen werden, dass die kaufmännische Rechnungslegung in weiten Teilen eine Hilfsfunktion zu Gunsten gesellschafts-, insolvenz- und kapitalmarktrechtlicher Fragestellungen hat. Zu denken ist hierbei an die bereits erwähnten Ausschüttungssperren (vgl. § 30 Abs. 1 GmbHG, § 57 AktG) und bei den Publikumsgesellschaften das Bedürfnis nach einer standardisierten Bewertungsgrundlage für die Anleger. In all diesen Bereichen erlangen auch **Publizität** und die organisierte **Prüfung** der Rechnungslegung durch qualifizierte und unabhängige Abschlussprüfer Bedeutung. Von der hier erörterten kaufmännischen Rechnungslegung weitgehend abzugrenzen ist die steuerrechtliche Rechnungslegung.

3   Im **internationalen Rechtsverkehr** erlangt die Rechnungslegung insofern eine wichtige Bedeutung, als die zunehmende Mobilität von Gesellschaften naturgemäß die Frage aufwirft, ob eine Gesellschaft das für sie nach Heimatrecht bestehende Rechnungslegungsregime gleichermaßen „exportieren" kann. Soweit dies gewährleistet ist, eröffnet auch der Bereich der Rechnungslegung den derzeit viel gerühmten Wettbewerb der Rechtsordnungen, indem es den Unternehmensgründern ermöglicht wird, sich ihr passendes Rechnungslegungsregime zu wählen. Für die Kapitalgesellschaften findet sich insofern mittlerweile jedoch eine starke europäische Harmonisierung.

II. Europäische Harmonisierung der Rechnungslegung

Das praktische Bedürfnis nach einer einheitlichen Rechnungslegung innerhalb Europas (wenn nicht gar weltweit) ist wohl allgemein anerkannt. Eine Harmonisierung würde zu mehr Effizienz bei der Kapitalmarktbeschaffung führen, so dass es grenzüberschreitend agierenden Unternehmen erleichtert würde, ihre Investorenbasis zu verbreitern, Kapital aufzunehmen und ihre Kapitalkosten zu senken. Insofern verwundert es nicht, dass auf europäischer Ebene bereits seit langem starke Harmonisierungstendenzen bestehen. Deren Zweck ist es, im Interesse der Gläubiger und Anleger ein gemeinschaftsweit **gleichwertiges Informationssystem** über grenzüberschreitend handelnde Gesellschaften, bei denen keine persönliche Haftung ihrer Mitglieder besteht, zu errichten.[1]

Das europäische Recht der Rechnungslegung wird im Wesentlichen von drei **Richtlinien** bestimmt: der 4. Richtlinie über den Jahresabschluss, der 7. Richtlinie über den konsolidierten Jahresabschluss und der 8. Richtlinie über die Prüferbefähigung, die teilweise im Laufe der Zeit eine Reihe von Änderungen erfahren haben.[2] Ursprünglich war der Anwendungsbereich gem. Art. 1 Abs. 1 der 4. Richtlinie und Art. 4 Abs. 1 der 7. Richtlinie auf **Kapitalgesellschaften** beschränkt. Diese Beschränkung wurde jedoch im Laufe der Zeit aufgehoben, so dass nun insbesondere auch atypische Personengesellschaften, wie die **GmbH & Co. KG,**[3] einbezogen sind.

Für **kleine und mittlere Gesellschaften** wurde durch die Mittelstandsrichtlinie eine Reihe von Erleichterungen eingeführt, etwa im Bereich der Erstellung und Offenlegung des Anhangs und der Verpflichtung zur Aufstellung eines Lageberichts.[4] Die Fair value-Richtlinie[5] vom 27. 9. 2001 führte zahlreiche Wahlrechte ein und bewirkte, internationalen Gepflogenheiten entsprechend, dass die Bewertungsvorschriften stärker an Zeitwerten ausgerichtet wurden. Die Modernisierungsrichtlinie[6] vom 18. 6. 2003 führte zu einer weitgehenden Annäherung der Bilanzrichtlinien an internationale Rechnungslegungsstandards.[7] Weitere wichtige Änderungen erfolgten durch die Abschlussprüfer-Richtlinie und vor allem die **IAS-Verordnung.**

1. Jahresabschlussrichtlinie

Die aus dem Jahr 1978 stammende Jahresabschlussrichtlinie enthält eine Vielzahl von Wahlrechten,[8] die auf die unterschiedlichen Prinzipien des deutschen und englischen Bilanzrechts zurückzuführen sind.[9] Während das deutsche Bilanzrecht an dem gläubigerschützenden Prinzip der vorsichtigen Bilanzierung ausgerichtet ist und die Funktion,

---

[1] *Habersack/Verse* EuropGesR § 8 Rdnr. 1.
[2] *Habersack/Verse* EuropGesR § 8 Rdnr. 5.
[3] Einbezogen durch die Änderungsrichtlinie 90/605/EWG.
[4] *Habersack/Verse* EuropGesR § 8 Rdnr. 5.
[5] Richtlinie 2001/65/EG des Europäischen Parlaments und des Rates vom 27. 9. 2001 zur Änderung der Richtlinie 78/660/EWG, 83/349/EWG und 86/635/EWG des Rates im Hinblick auf die im Jahresabschluss bzw. im konsolidierten Abschluss von Gesellschaften bestimmter Rechtsformen und von Banken und anderen Finanzinstituten zulässigen Wertansätze, ABl. Nr. L 283/28 vom 27. 10. 2001.
[6] Richtlinie des Europäischen Parlaments und des Rates vom 18. 6. 2003 zur Änderung der Richtlinie 78/660/EWG, 83/349/EWG, 86/635/EWG und 91/674/EWG über den Jahresabschluss und den konsolidierten Abschluss von Gesellschaften bestimmter Rechtsformen, von Banken und anderen Finanzinstituten und von Versicherungsunternehmen (2003/51/EG), ABl. Nr. L 178/16.
[7] *Habersack/Verse* EuropGesR § 8 Rdnr. 6; näher dazu *Busse von Colbe,* BB 2002, 1530ff.; *Ernst,* BB 2003, 1487ff.; *Euler,* BB 2002, 875ff.; *Niehus,* DB 2002, 1385ff.; *Böcking/Herold/Wiederhold* DK 2003, 394ff.
[8] Vgl. dazu *Hennrichs,* passim; *Niehus,* ZGR 1985, 536ff.; *Niessen,* FS Everling (1995), S. 971, 987ff.; *Küting,* BB 1993, 30, 31ff.
[9] *Habersack/Verse* EuropGesR § 8 Rdnr. 9.

den tatsächlich realisierten Gewinn abzubilden, im Vordergrund steht, gilt im englischen Bilanzrecht das Gebot des „true and fair view", wonach den gegenwärtigen oder künftigen Gläubigern und Anlegern ein sicherer und zuverlässiger Einblick in die Vermögens- und Ertragslage der Gesellschaft gegeben werden soll.[10] In der Jahresabschlussrichtlinie fanden beide Ansätze Niederschlag, und eine Entscheidung für eines dieser Prinzipien ist auch nicht durch die Modernisierungsrichtlinie vom 18. 6. 2003 erfolgt.[11]

8 Die **Umsetzung** der Jahresabschlussrichtlinie erfolgte in Deutschland durch das **Bilanzrichtlinien-Gesetz** vom 19. 12. 1985 und führte zu einer grundlegenden Änderung des HGB, das seither die Rechnungslegungsvorschriften im dritten Buch des HGB zusammenfassend regelt.[12] Der deutsche Gesetzgeber ging bei der Umsetzung insoweit über die Vorgaben der Richtlinie hinaus, als er den §§ 238–263 HGB Geltung für alle Kaufleute verschaffte und nicht nur für die in der 4. Richtlinie genannten Kapitalgesellschaften. Dies führt dazu, dass sich vielfach die Frage einer gespaltenen Auslegung des nationalen Rechts stellt.[13] Die §§ 264–335b HGB, die sich mit ergänzenden Vorschriften für Kapitalgesellschaften befassen, entsprechen hingegen ganz der Vorgabe durch die 4. Richtlinie und enthalten in den §§ 290–315a HGB zudem die Umsetzung der 7. Richtlinie (dazu sogleich).[14]

2. Richtlinie über den konsolidierten Abschluss

9 Die aus dem Jahre 1983 stammende und auf Art. 50 Abs. 2 lit. g AEUV (früher: Art. 44 Abs. 2 lit. g EG) gestützte 7. Richtlinie über den konsolidierten Abschluss ergänzt die 4. Richtlinie und trägt dem Umstand Rechnung, dass die nach den Vorgaben der 4. Richtlinie erstellten Einzelabschlüsse oft nicht aussagekräftig sind, weil **konzerninterne Beziehungen einbezogen** werden und häufig verschiedene Rechtsordnungen Anwendung finden.[15] Da im Bereich des materiellen Konzernrechts bislang keine Harmonisierung erfolgt war, gingen dem Erlass der 7. Richtlinie jedoch kontroverse Auseinandersetzungen über Grund und Umfang der Konzernrechnungslegung voraus. Dies lag vor allem an dem Widerstreit zweier unterschiedlicher Konzeptionen des deutschen und des englischen Rechts. Das deutsche Recht knüpfte an das Vorliegen einheitlicher Leitung und damit an die Ausübung der Herrschaftsmacht an, wohingegen in England das **„control-Konzept"** galt, mithin die Möglichkeit der Beherrschung ausreicht. Im Rahmen der 7. Richtlinie hat sich schließlich die englische Konzeption durchgesetzt (vgl. § 290 Abs. 2 HGB).[16]

10 Die **Umsetzung** der 7. Richtlinie in Deutschland erfolgte ebenfalls durch das Bilanzrichtlinien-Gesetz. Die **§§ 290–315 HGB** sehen nunmehr eine ausführliche Regelung von Konzernabschluss und Konzernlagebericht vor. Auch hier hat der deutsche Gesetzgeber lediglich eine Umsetzung im Rahmen des Notwendigen vorgenommen. Insbesondere erfolgte eine Beschränkung der Pflicht zur Aufstellung eines Konzernabschlusses auf Kapitalgesellschaften (vgl. § 290 I HGB) durch Ausübung des Wahlrechts in Art. 4 Abs. 2 der 7. Richtlinie. Diese Entscheidung erfuhr allerdings durch das KapCoRiliG infolge der GmbH & Co. KG-Richtlinie eine Änderung, indem nun auch Muttergesellschaften in der Form einer atypischen Personenhandelsgesellschaft einen Konzernabschluss aufstellen müssen (§ 264a Abs. 1 HGB).[17]

---

[10] *Habersack/Verse* EuropGesR § 8 Rdnr. 2; zu den unterschiedlichen Bilanztraditionen ausführlich: Arbeitskreis Bilanzrecht, BB 2002, 2372 ff.
[11] *Habersack/Verse* EuropGesR § 8 Rdnr. 9; so auch *Schwarz* Rdnr. 406 f.; anders *Grundmann* Rdnr. 494.
[12] *Habersack/Verse* EuropGesR § 8 Rdnr. 10; Überblick zu den weiteren Änderungen bei *Großfeld*, JuS 1986, 955 ff.; *Schulze-Osterloh*, ZHR 150 (1986), 403 ff.
[13] *Habersack/Verse* EuropGesR § 8 Rdnr. 10.
[14] *Habersack/Verse* EuropGesR § 8 Rdnr. 11.
[15] *Habersack/Verse* EuropGesR § 8 Rdnr. 36.
[16] *Habersack/Verse* EuropGesR § 8 Rdnr. 37.
[17] *Habersack/Verse* EuropGesR § 8 Rdnr. 38.

3. IAS-Verordnung

Die auf Art. 114 Abs. 1 AEUV (früher Art. 95 Abs. 1 EGV) gestützte IAS-Verordnung aus dem Jahr 2002[18] brachte eine noch stärkere Harmonisierung. Motiv für den Erlass war zum einen, dass die der IAS-Verordnung vorausgehenden Richtlinien wegen der Vielzahl von Wahlrechten und der widerstreitenden Prinzipien keine substantielle Rechtsangleichung auf dem Gebiet des Bilanzrechts geschaffen hatten. Zum anderen ist der Geltungsbereich der Richtlinien auf die Gemeinschaft begrenzt, was auf Dauer zu einem völligen Auseinanderfallen des europäischen Bilanzrechts von den internationalen, insbesondere in den USA geltenden Regelungen geführt hätte.[19] Europäische Gesellschaften, die auch außereuropäische Kapitalmärkte in Anspruch nahmen, waren gezwungen, einen Abschluss vorzulegen, der den am Börsenstandort geltenden Standards entsprach, häufig den **US-GAAP** (Generally Accepted Accounting Principles).

Die IAS-Verordnung führte dazu, dass **börsennotierte Gesellschaften** seit dem Geschäftsjahr 2005 ihren Konzernabschluss nach Maßgabe der in das europäische Recht eingeführten internationalen Rechnungslegungsstandards (**IFRS**) aufzustellen haben und nicht mehr nach Maßgabe der 7. Richtlinie.[20] Die IFRS basieren im Grundsatz auf angloamerikanischen Bilanztraditionen und wurden bereits im Jahre 2000 weltweit für die Zwecke grenzüberschreitender Börsenzulassung empfohlen. Nach wie vor gibt es Bemühungen, US-GAAP und IFRS als gleichwertig anzuerkennen, so dass es europäischen Gesellschaften erspart bleibt, zwei gesonderte Abschlüsse aufzustellen.[21]

Die unmittelbar geltende IAS-Verordnung wird durch **ausführende Verordnungen** ergänzt, durch die die tatsächliche Aufnahme der Rechnungslegungsstandards in europäisches Recht erfolgt.[22] Die erstmalige Anerkennung der IFRS erfolgte für das europäische Gemeinschaftsrecht durch die Verordnung 1725/2003 vom 29. 9. 2003.[23] Weitere Änderungs- und Anerkennungsverordnungen folgten.[24] Dadurch entstand insgesamt ein weitgehend geschlossenes System von internationalen Rechnungslegungsstandards.[25] Durch das **Bilanzrechtsreformgesetz** vom 4. 12. 2004 wurden in das deutsche Recht folgende Regelungen zum IFRS-Abschluss aufgenommen: § 325 Abs. 2a HGB, wonach ein IFRS-Abschluss anstelle eines HGB-Abschlusses der Einzelgesellschaften offengelegt werden kann (nicht aber das Aufstellen eines HGB-Abschlusses ersetzt) und § 315a HGB, wonach die Pflicht für börsennotierte Gesellschaften bzw. das Recht für nicht börsennotierte Gesellschaften eingeführt wird, den Konzernabschluss nach IFRS aufzustellen.

4. Die Abschlussprüferrichtlinie

Die mittlerweile außer Kraft getretene 8. Richtlinie über die **Prüferbefähigung** sollte die Lücke schließen, die die 4. und die 7. Richtlinie geschaffen hatten, da in Letzterer zwar die Pflichtprüfung des Abschlusses vorgeschrieben worden war, aber keine Vorgaben hinsichtlich der Qualifikation der Person des Abschlussprüfers gemacht wurden.[26] Dies gelang jedoch ebenfalls nur unvollkommen. Die 8. Richtlinie regelte nämlich eine Reihe von Fragen nicht, zB weder das Verfahren der Prüfung noch die Intensität der öffentlichen Aufsicht und der externen Qualitätssicherung. Diese Fragen wurden sodann in der Richtlinie

---

[18] Verordnung Nr. 1606/2002 des Europäischen Parlaments und des Rates vom 19. 7. 2002 betreffend die Anwendung internationaler Rechnungslegungsstandards, ABl. Nr. L 243/1 vom 11. 9. 2002.
[19] *Habersack/Verse* EuropGesR § 8 Rdnr. 57.
[20] *Habersack/Verse* EuropGesR § 8 Rdnr. 7.
[21] *Habersack/Verse* EuropGesR § 8 Rdnr. 58.
[22] *Habersack/Verse* EuropGesR § 8 Rdnr. 7.
[23] ABl. Nr. L 261/1.
[24] Verordnung 707/2004 vom 6. 4. 2004, ABl. Nr. L 111/3; Verordnung Nr. 2086/2004 vom 19. 11. 2004, ABl. Nr. L 363/1; Verordnungen Nr. 2236/2004, 2237/2004 und 2238/2004, jew. vom 29. 12. 2004, ABl. Nr. L 392, 393, 394.
[25] *Habersack/Verse* EuropGesR § 8 Rdnr. 62; Übersicht bei *Großfeld/Luttermann* S. 484f.
[26] *Habersack/Verse* EuropGesR § 8 Rdnr. 63.

§ 17 15–17   4. Kapitel. Die Gesellschaft im internationalen Rechtsverkehr

über die Abschlussprüfung von Jahresabschlüssen und von konsolidierten Abschlüssen vom 29. 6. 2006 geregelt,[27] welche nun die 8. Richtlinie ersetzt.[28]

15 Die **Umsetzung** der 8. Richtlinie nahm der deutsche Gesetzgeber durch Art. 6 des Bilanzrichtlinien-Gesetzes vor. **§§ 5 ff. WPO** enthalten die Zulassungsvoraussetzungen für Abschlussprüfer im Einzelnen, § 319 Abs. 1 S. 1 und S. 2 HGB regelt, dass die Abschlussprüfer nur Wirtschaftsprüfer und Wirtschaftsprüfungsgesellschaften oder bei mittelgroßen Gesellschaften auch vereidigte Buchprüfer und Buchprüfungsgesellschaften sein können.

5. Publizitäts- und Zweigniederlassungsrichtlinie

16 Die handelsrechtliche Publizität war der erste Bereich europäischer Harmonisierung auf dem Gebiet des Gesellschaftsrechts. Die Erste Richtlinie 68/151/EWG des Rates vom 9. März 1968 (Publizitätsrichtlinie)[29] beinhaltet für **AG und GmbH** sowie vergleichbare europäische Auslandsgesellschaften[30] wesentliche Vereinheitlichungen im Bereich der Registerpublizität, insbesondere im Hinblick auf die Rechnungslegung. Für die Personenhandelsgesellschaften fehlt eine entsprechende Regelung; dies gilt selbst dann, wenn eine ausländische Gesellschaft Komplementärin einer deutschen KG ist.[31]

17 Kernanliegen aller Regelungen der Richtlinien ist der **Schutz von Drittinteressen.** Dieser soll dadurch erfolgen, dass Dritte sich über die wesentlichen Urkunden der Gesell-

---

[27] ABl. Nr. L 157/87.

[28] *Habersack/Verse* EuropGesR § 8 Rdnr. 63.

[29] Erste Richtlinie des Rates vom 9. März 1968 zur Koordinierung der Schutzbestimmungen, die in den einzelnen Mitgliedstaaten den Gesellschaften im Sinne des Artikels 58 Absatz 2 des Vertrages im Interesse der Gesellschafter sowie Dritter vorgeschrieben sind, um diese Bestimmungen gleichwertig zu gestalten (68/151/EWG), Abl. Nr. L 65/8; Einzelheiten bei *Habersack* EuropGesR § 5.

[30] In **Belgien:** naamloze vennootschap, société anonyme, commanditaire vennootschap op aandelen, société en commandite par actions, personenvennootschap met beperkte aansprakelijkheid, société de personnes à responsabilité limitée; in **Bulgarien:** акционерно дружество, дружество с ограничена отговорност, командитно дружество с акции; in der **Tschechischen Republik:** společnost s ručením omezeným, akciová společnost; in **Dänemark:** aktieselskab, kommanditaktieselskab, anpartsselskab; in **Deutschland:** die Aktiengesellschaft, die Kommanditgesellschaft auf Aktien, die Gesellschaft mit beschränkter Haftung, nicht: GmbH & Co. KG; in **Estland:** aktsiaselts, osaühing; in **Irland:** Companies incorporated with limited liability; in **Griechenland:** ανώνυμη εταιρία, εταιρία περιωρισμένης ευθύνης, ετερόρρυθμη κατά μετοχές εταιρία; in **Spanien:** la sociedad anónima, la sociedad comanditaria por acciones, la sociedad de responsabilidad limitada; in **Frankreich:** société anonyme, société en commandite par actions, société à responsabilité limitée, société par actions simplifiée; in **Italien:** società per azioni, società in accomandita per azioni, società a responsabilità limitata; in **Zypern:** Δημόσιες εταιρείες περιορισμένης ευθύνης με μετοχές η με εγγύηση, ιδιωτικές εταιρείες περιορισμένης ευθύνης με μετοχές ή με εγγύηση; in **Lettland:** akciju sabiedrība, sabiedrība ar ierobežotu atbildību, komanditsabiedrība; in Litauen: akcinė bendrovė, uždaroji akcinė bendrovė; in Luxemburg: société anonyme, société en commandite par actions, société à responsabilité limitée; in **Ungarn:** részvénytársaság, korlátolt felelősségű társaság; in **Malta:** kumpannija pubblika/public limited liability company, kumpannija privata/private limited liability company; in den **Niederlanden:** naamloze vennootschap, besloten vennootschap met beperkte aansprakelijkheid; in **Österreich:** die Aktiengesellschaft, die Gesellschaft mit beschränkter Haftung; in **Polen:** spółka z ograniczoną odpowiedzialnością, spółka komandytowo-akcyjna, spółka akcyjna; in **Portugal:** a sociedade anónima de responsabilidade limitada, a sociedade em comandita por acções, a sociedade por quotas de responsabilidade limitada; in **Rumänien:** societate pe acţiuni, societate cu răspundere limitată, societate în comandită pe acţiuni; in **Slowenien:** delniška družba, družba z omejeno odgovornostjo, komaditna delniška družba; in der **Slowakei:** akciová spoločnost', spoločnost' s ručením obmedzeným; in **Finnland:** yksityinen osakeyhtiö/privat aktiebolag, julkinen osakeyhtiö/publikt aktiebolag; in **Schweden:** aktiebolag; im **Vereinigten Königreich:** companies incorporated with limited liability.

[31] Vgl. OLG Frankfurt ZIP 2008, 1286; B/H/*Hopt* § 13 e Rdnr. 1; abw. *Wachter*, GmbHR 2006, 80.

schaft unterrichten können. Im Hinblick auf die vereinheitlichte Registerpublizität wird die Publizitätsrichtlinie ergänzt durch die Zweigniederlassungsrichtlinie.[32]

Nach Art. 2 Abs. 1 lit. f) der Publizitätsrichtlinie haben die erfassten Gesellschaften die nach Maßgabe der oben genannten Richtlinien erstellte Rechnungslegung bei einem **öffentlichen Register am Ort ihrer Registrierung** (sog. Satzungssitz) einzureichen. Gemäß Art. 6 haben die Mitgliedstaaten geeignete Maßregeln vorzusehen für den Fall, dass die erforderliche Einreichung unterbleibt. Art. 2 Abs. 2 lit. g), Art. 3 der Zweigniederlassungsrichtlinie erweitern diese Registerpublizität, indem **am Ort der kaufmännischen Niederlassung** (ggf. effektiver Verwaltungssitz im Ausland) die Rechnungslegung der Hauptniederlassung gleichermaßen zu publizieren ist. Über Art. 8 lit. j) iVm. Art. 9 der Zweigniederlassungsrichtlinie gilt diese Publizitätspflicht auch für Zweigniederlassungen von Gesellschaften aus außereuropäischen Drittstaaten.

III. Kollisionsrechtliche Anknüpfung der Rechnungslegung

Die Qualifikation des Rechts der Rechnungslegung ist nach wie vor **sehr umstritten** und sehr bedeutsam, da trotz der erfolgten europäischen Rechtsangleichung weiterhin unterschiedliche nationale Ausprägungen auf diesem Gebiet bestehen.[33] Kern der Kontroverse ist die Frage, ob die Rechnungslegung von Unternehmen öffentlich- oder privatrechtlich zu qualifizieren ist.

1. Traditionelle Auffassung

Die traditionell vorherrschende Auffassung qualifiziert die Rechnungslegungsvorschriften als öffentlich-rechtliche Normen, mit der Folge einer **territorialen Anknüpfung** an den Ort der kaufmännischen Niederlassung.[34] Als Argument dafür wird vor allem die Funktion der Rechnungslegungsvorschriften – Transparenz und Gläubigerschutz durch Selbstkontrolle des Kaufmanns – angeführt.[35] Zudem ergebe sich dies aus der (weitgehenden) Rechtsformneutralität vieler Rechnungslegungsvorschriften.[36] Im Kern bedeutet diese Ansicht, dass eine Gesellschaft beim grenzüberschreitenden Rechtsverkehr nicht mehr allein ihre nach Heimatrecht maßgebliche Rechnungslegung anzufertigen hat, sondern auch eine ggf. hiervon abweichende im Aufnahmestaat.

Die **Niederlassungsfreiheit** europäischer Gesellschaften gemäß AEUV steht dieser Betrachtung jedenfalls nicht entgegen. Zwar würde die – national begründete – Pflicht, mit dem Zuzug aus dem Ausland auch die hier maßgeblichen Rechnungslegungsregelungen anzuwenden, eine Beeinträchtigung der Niederlassungsfreiheit darstellen. Nimmt man allerdings eine Rechtfertigungsprüfung vor, so kommt man richtigerweise zu dem Ergebnis, dass die mit den zB durch §§ 238 ff HGB verfolgten Ziele der u. a. Betrugsbekämpfung und des Gläubigerschutzes als zwingende Erfordernisse des Allgemeininteresses legitim und anerkennenswert sind.

---

[32] Elfte Richtlinie des Rates vom 21. Dezember 1989 über die Offenlegung von Zweigniederlassungen, die in einem Mitgliedstaat von Gesellschaften bestimmter Rechtsformen errichtet wurde, die dem Recht eines anderen Staates unterliegen (89/666EWG), ABl. Nr. L 395/36 vom 30. 12. 1989.

[33] MüKo BGB/*Kindler* IntGesR Rdnr. 277; *Großfeld* Unternehmensrecht F § 1 III.

[34] MüKo BGB/*Kindler* IntGesR Rdnr. 273 und Rdnr. 277; *Ebert/Levedag*, GmbHR 2003, 1337, 1339 jew. m. w. N.; GroßkommHGB/*Hüffer*, 4. A. 1982, § 13b Rdnr. 15; BeckBilKomm/*Winkeljohann/Klein* § 238 Rdnr. 37; *Schumann*, ZIP 2007, 1189.

[35] MüKo BGB/*Kindler* IntGesR Rdnr. 273; *Oechsle*, DZWiR 2001, 173 ff.; Staub/*Hüffer* HGB 4. A., Vor § 238 Rdnr. 1; *v. Bar* IPR II Rdnr. 608; *Crezelius*, ZGR 1999, 252, 255 ff.; Röhricht/v. Westphalen/*Röhricht* Einl. Rdnr. 28.

[36] MüKo BGB/*Kindler* IntGesR Rdnr. 273; im Ergebnis wohl ebenso *Großfeld*, AG 1997, 433, 440 f.; *Weller*, NJW 2006, 1642 f.; *Schumann*, ZIP 2007, 1189, 1190; *Ebert/Levedag*, GmbHR 2003, 1337, 1339 f.; jew. m. w. N.

2. Heute wohl hM

22 Ließe sich so eine territoriale Anknüpfung der Rechnungslegung durchaus rechtfertigen, mehren sich in jüngerer Zeit jedoch die Stimmen, die das Recht der Rechnungslegung als gesellschaftsrechtlich qualifizieren und es konsequenterweise dem **Gesellschaftsstatut** zuweisen.[37] Hierfür sprechen neben Zweckmäßigkeitserwägungen vor allem die sachliche Nähe zu klassisch-gesellschaftsrechtlichen Problemfeldern wie dem Gläubigerschutz und der umfassenden Unternehmenskontrolle. Insbesondere müsse beim grenzüberschreitenden Rechtsverkehr eine doppelte Belastung für die betreffenden Gesellschaften vermieden werden, die aus einer territorialen Anknüpfung der Rechnungslegungsvorschriften resultiert. Aus der europäischen Richtlinie folge nichts anderes, denn Art. 3 der Zweigniederlassungsrichtlinie regelt nur die Publizität der Rechnungslegung (dazu unten Rdnr. 46), nicht aber diese selbst.[38] Im Kern bedeutet diese Ansicht, dass eine Gesellschaft auch beim grenzüberschreitenden Rechtsverkehr allein ihre nach Heimatrecht maßgebliche Rechnungslegung anzufertigen hat. Einer eigenständigen Rechnungslegung für die Zweigniederlassung im Ausland bedarf es konsequenterweise ebenfalls nicht.[39] Etwas anderes gilt indessen bei ausländischen Tochtergesellschaften (vgl. hierzu § 47).

3. Stellungnahme

23 Betrachtet man sich das vorstehend skizzierte Meinungsspektrum, folgt hieraus zunächst einmal große **Rechtsunsicherheit**. Es kann derzeit nicht mit großer Verbindlichkeit gesagt werden, ob die grenzüberschreitende Mobilität von Gesellschaften zu einem Wechsel des Rechnungslegungsstatuts führt oder nicht. Insofern wäre es zunächst einmal Sache des Gesetzgebers, hier für Klarheit zu sorgen. Letztlich spricht jedoch bereits jetzt Vieles dafür, die kaufmännische Rechnungslegung dem **Gesellschaftsstatut** zuzuweisen und hierüber – jenseits der bereits vorhandenen europäischen Harmonisierung der Rechnungslegungsvorschriften – auch den derzeit viel gerühmten **Wettbewerb der Rechtsordnungen** zuzulassen. Die auch bei den Kapitalgesellschaften vorhandene Funktion der Selbstkontrolle ist ein Umstand, der eine Akzessorietät rechtfertigt.

24 Auf der anderen Seite ist es nahe liegend, dass der Rechtsverkehr davor zu schützen ist, mittels Registerpublizität über letztlich unverständliche Rechnungslegungen informiert zu werden. Hierbei darf jedoch nicht verkannt werden, dass die **Regelungs- und Sprachvielfalt** ein Umstand ist, der in der globalisierten Welt zunehmend hinzunehmen ist und damit kaum noch Schutzbedürfnisse hervorrufen kann. Wenn zB englische Ltds. in Deutschland tätig sind – und dies als Folge der Niederlassungsfreiheit auch dürfen! – ist es konsequent, dass sich der deutsche Rechtsverkehr auch auf diese Rechtsform und die hiermit verbundene Rechnungslegung einlassen muss, wenn er mit ihr in geschäftlichen Kontakt tritt. Im Ergebnis ist es daher vorzugswürdig, die **Mobilität der Gesellschaften** auch bzgl. der Rechnungslegung zuzulassen. Gleichwohl darf derzeit nicht außer Acht gelassen werden, dass diese Mobilität wegen der nach wie vor kontroversen Diskussion über die **Sitz- oder Gründungstheorie** derzeit nur lückenhaft besteht und demnach auch eine Grundanknüpfung der Rechnungslegung an das Gesellschaftsstatut keineswegs eine einheitliche Lösung bietet.

---

[37] Michalski/*Leible* GmbHG, Syst. Darst. 2, Rdnr. 121; Scholz/*Westermann* GmbHG Einl. Rdnr. 138; *Eidenmüller/Rehberg*, ZvglRWiss. 105 (2006), 427, 432 f., 442 m. w. N.; Eidenmüller/*Rehberg* AuslKapGes, § 5 Rdnr. 109; *Schön* FS Heldrich (2005), S. 391, 395; *Hennrichs* FS Horn (2006), S. 387, 392; *Wolff* S. 117; Staudinger/*Großfeld* Rdnr. 362; *Zimmer* IntGesR S. 183; Staub/*Zimmer* HGB § 325 Rdnr. 59; *Behrens/Behrens* IPR Rdnr. 46.

[38] So auch Eidenmüller/*Rehberg* AuslKapGes § 5 Rdnr. 110; a. A. *Rönnau* ZGR 2005, 832, 846.

[39] Baumbach/Hopt/*Merkt* HGB § 325a Rdnr. 1; MüKo HGB/*Fehrenbacher* § 325a Rdnr. 12; *Kienle*, GmbHR 2007, 696, 699; *Wachter*/Römermann Die Limited und andere EU-Gesellschaften im Praxistest S. 25, 31; a. A. jedoch *Just/Krämer*, BC 2006, 29, 33; BeckBilKomm/*Winkeljohann/Klein* § 238 Rdnr. 37; MüKo HGB/*Ballwieser* § 238 Rdnr. 13; *Adler/Düring/Schmaltz* Rechnungslegung § 238 HGB Rdnr. 18.

Von der hier befürworteten Anknüpfung an das Gesellschaftsstatut **abzugrenzen** ist freilich die Frage, auf welche Weise die Rechnungslegung bekannt zu machen ist. Insofern ist – wie allgemein bei der **Registerpublizität** – eine territoriale Anknüpfung maßgeblich.[40] Die Zweigniederlassungsrichtlinie bringt hierfür eine europaweite Harmonisierung, indem Art. 2 Abs. 1 lit g) und Art. 3 eine spezielle Offenlegungspflicht am Ort der kaufmännischen Niederlassung im Ausland statuieren. Auch die letztlich aus den Registrierungspflichten resultierenden **Straf-, Buß- und Zwangsgeldandrohungen** werden nicht an das Gesellschaftsstatut angeknüpft, sondern öffentlich-rechtlich qualifiziert.[41]

IV. Konsequenzen bei der Sitzverlegung

Ergibt sich die kollisionsrechtliche Anknüpfung der kaufmännischen Rechnungslegung somit grds. aus dem Gesellschaftsstatut, hat dies folgende Konsequenzen bei der Sitzverlegung:

1. Zuzugsfälle

Verlegt eine ausländische Gesellschaft ihren Verwaltungssitz – im Einklang mit dem Heimatrecht sowie dem Recht des Aufnahmelandes zulässigerweise (dazu sogleich) – nach Deutschland, behält sie ihre rechtliche Identität und Organisationsstruktur. Eine englische Ltd. ist daher auch bzgl. der Rechnungslegung nach englischem Gesellschaftsrecht zu behandeln, selbst wenn sie ihren Verwaltungssitz nach Deutschland verlegt.[42] Einer besonderen oder gar förmlichen Anerkennung in Deutschland bedarf es hierfür nicht.[43] Diese – den Wettbewerb der Rechtsformen begünstigende – Respektierung einer ausländischen Gesellschaft mit Verwaltungssitz in Deutschland im Hinblick auf die Rechnungslegung unterliegt jedoch zwei nach wie vor ernst zu nehmenden Voraussetzungen: Erforderlich sind hierfür kumulativ die sach- und kollisionsrechtliche Zulässigkeit der identitätswahrenden Sitzverlegung nach dem Recht des Aufnahme- und des Wegzugsstaates.

a) **Anerkennung gemäß deutschem Recht.** Im Hinblick auf die Anerkennung ausländischer Gesellschaften mit Verwaltungssitz besteht in Deutschland derzeit eine unbefriedigende gespaltene Lösung:

aa) **Zuzug innerhalb der EU.** Die identitätswahrende Sitzverlegung nach Deutschland innerhalb der EU sowie aus Staaten des EWR ist aus deutscher Perspektive mittlerweile ohne weiteres zulässig, mithin eine Auslandsgesellschaft als solche anzuerkennen.[44] Die europäischen Vorgaben zur Niederlassungsfreiheit bewirken somit insofern die Geltung der Gründungstheorie (vgl. Art. 4 Abs. 1 S. 2 EGBGB: Rückverweisung auf das Recht des Gründungsstaates).

bb) **Zuzug aus Drittstaaten.** Der Zuzug einer Gesellschaft aus Drittstaaten ist demgegenüber nach wie vor nach dem autonomen, nicht europarechtlich vorgeprägten, deutschen Kollisionsrecht zu beurteilen. Dies betrifft insbesondere Gesellschaften aus der Schweiz,[45] von den englischen Kanalinseln (Guernsey und Jersey) sowie der Isle of Man.[46] Hier hält die überwiegende Meinung nach wie vor die Sitztheorie für gewohnheitsrechtlich anwendbar.[47] Dies hat zur Konsequenz, dass sich das Gesellschaftsstatut des betreffen-

---

[40] Wohl unstreitig, vgl. MüKo BGB/*Kindler* IntGesR Rdnr. 275.
[41] Ebenso unstreitig, vgl. MüKo BGB/*Kindler* IntGesR Rdnr. 276.
[42] Einzelheiten bei Henssler/Strohn/*Servatius* IntGesR Rdnr. 40 ff.
[43] MüKo BGB/*Kindler* IntGesR Rdnr. 316 ff.
[44] Henssler/Strohn/*Servatius* IntGesR Rdnr. 18.
[45] BGH NJW 2009, 289, 290 – Trabrennbahn; hierzu *Goette*, DStR 2009, 63; *Jung*, NZG 2008, 681, 682 f.
[46] Vgl. KG NZG 2005, 758, 759; OLG Hamburg ZIP 2007, 1108; BGH BB 2002, 2031; zu Singapur BGH ZIP 2009, 2385 – Trabrennbahn.
[47] BGH NJW 2009, 289 – Trabrennbahn; abw., auf die Möglichkeit spezifischer Sonderanknüpfungen im Rahmen der Gründungstheorie hinweisend, Großkomm GmbHG/*Behrens* Einl Rdnr. B 44 ff.; abw. auch OLG Hamm AG 2007, 332, aufgehoben durch BGH aaO.

den Personenverbands infolge der Sitzverlegung nach deutschem Recht beurteilt. Es kommt somit zu einem **Statutenwechsel.**[48] Das gemäß deutschem IPR hiernach auf die Gesellschaft anzuwendende deutsche Sachrecht ergibt sich aus einem Vergleich der ausländischen Gesellschaft (gemäß Heimatrecht) mit den Typen des deutschen Gesellschaftsrechts (Substitution).[49] Da die Gründungsvorschriften für deutsche Kapitalgesellschaften meist nicht beachtet sind, kommen als Rechtsform allein die **GbR** und die **OHG** in Betracht;[50] ausländische Ein-Personen-Gesellschaften werden nach deutschem Sachrecht als Einzelperson behandelt.[51]

31 Die Folgen sind drastisch: Die ausländische Gesellschaft aus einem Drittstaat ist zwar aktiv und passiv parteifähig,[52] die Gesellschafter trifft nunmehr jedoch die unbeschränkte Haftung gemäß § 128 HGB. Darüber hinaus ist anerkannt, dass die Geschäftsleiter der Handelndenhaftung gemäß § 11 Abs. 2 GmbHG unterliegen.[53] Dieser Statutenwechsel betrifft auch die Rechnungslegung. Die entsprechenden Vorgaben des ausländischen Kapitalgesellschaftsrechts sind hiernach auf die (zulässigen!) Vorgaben im Recht der Personengesellschaften zu übertragen, was konstruktiv große Schwierigkeiten bereitet. Es kann daher nur mit Nachdruck darauf hingewiesen werden, dass der geschäftliche Kontakt mit Auslandsgesellschaften aus Drittstaaten, die ihren Verwaltungssitz nach Deutschland verlegt haben, erhebliche **Rechtsunsicherheit** mit sich bringt. Um diese zu vermeiden, besteht jedoch die Möglichkeit, die Auslandsgesellschaft in eine deutsche Gesellschaft umzuwandeln (Formwechsel §§ 190 ff. UmwG).[54]

32 cc) **Besonderheiten bei Gesellschaften aus den USA.** Art. XXV Abs. 5 S. 2 des Handels-, Schifffahrts- und Freundschaftsvertrags vom 29. 10. 1954[55] sieht vor, dass Gesellschaften, die gemäß den Gesetzen und sonstigen Vorschriften des einen Vertragsteils in dessen Gebiet errichtet sind, als Gesellschaften dieses Vertragsteils gelten; ihr rechtlicher Status ist in dem Gebiet des anderen Vertragsteils anzuerkennen. Diese staatsvertragliche Kollisionsnorm geht gemäß Art. 3 Abs. 2 S. 1 EGBGB dem autonomen deutschen IPR vor und bewirkt im Verhältnis zwischen Deutschland und den USA die Geltung der Gründungstheorie.[56] Die Vorgaben über die Rechnungslegung nach Heimatrecht einer US-amerikanischen *close* oder *public corporation* bleiben daher auch bei der Verlegung des Verwaltungssitzes nach Deutschland erhalten.[57]

33 b) **Grenzüberschreitende Mobilität gemäß Heimatrecht.** Von der soeben erwähnten kollisions- und sachrechtlichen Behandlung in Deutschland abzugrenzen ist auch in den Zuzugsfällen die Frage, ob das Heimatrecht der betreffenden Gesellschaft den identitätswahrenden Wegzug nach dessen Sach- und Kollisionsrecht überhaupt gestattet. Dies ist letztlich ebenfalls ein Aspekt des Gesellschaftsstatuts und daher auch im Zuzugsstaat (vorrangig) zu prüfen (§ 293 ZPO). Konkret bedeutet dies, dass die Anerkennung einer Auslandsgesellschaft als solche mit Verwaltungssitz in Deutschland nur in Betracht kommt, wenn der Wegzugsstaat der **Gründungstheorie** folgt und sich auch aus dessen relevantem materiellen Gesellschaftsrecht keine Hindernisse für den Wegzug ergeben. Diese, aus dem

---

[48] BGH NJW 2003, 1607, 1608.
[49] OLG Hamburg ZIP 2007, 1108; *Eidenmüller/Rehm,* ZGR 1997, 89, 90 f.
[50] BGH NJW 2009, 289, 291.
[51] OLG Hamburg ZIP 2007, 1108.
[52] BGH NJW 2002, 3539, 3539 f.
[53] BGH ZIP 2009, 2385; Palandt/*Thorn* Anh zu Art. 12 EGBGB Rdnr. 20.
[54] Die persönliche Haftung für Altverbindlichkeiten bleibt hierbei jedoch bestehen, vgl. *Leible/Hoffmann,* BB 2009, 58 ff.
[55] BGBl. 1956 II, S. 487, 763; vgl. hierzu BGH NJW 2003, 1607 ff.; *Bungert,* DB 2003, 1043; *Göthel,* RIW 2006, 41.
[56] BGH NJW 2003, 1607 ff.; BGH NJW-RR 2004, 1618; BGH NZG 2005, 44; BGH NZG 2004, 863; MüKo BGB/*Kindler* IntGesR Rdnr. 328; abw. aber Staudinger/*Großfeld* IntGesR Rdnr. 210.
[57] Einzelheiten § 52.

Heimatrecht folgende Einschränkung der Mobilität von Gesellschaften ist auch innerhalb der EU beachtlich.[58]

aa) Staaten, die im Hinblick auf den Wegzug ihrer Gesellschaften der **Gründungstheorie** folgen, sind innerhalb der EU und des übrigen EWR:[59] Bulgarien,[60] England,[61] Italien,[62] Liechtenstein,[63] Niederlande,[64] Rumänien,[65] Tschechische Republik,[66] Ungarn. Darüber hinaus gilt die Gründungstheorie in China,[67] Hongkong, Japan,[68] Kanada,[69] Mexiko, Russland,[70] der Schweiz,[71] Tunesien, der Ukraine, den USA[72] und Venezuela.[73] Verlegt daher eine Gesellschaft aus diesen Staaten ihren Verwaltungssitz nach Deutschland, ist sie hier als solche auch im Hinblick auf ihre Rechnungslegung nach Heimatrecht anzuerkennen. 34

bb) Staaten, die im Hinblick auf den Wegzug ihrer Gesellschaften der **Sitztheorie** folgen, sind innerhalb der EU und des übrigen EWR:[74] Belgien, Dänemark,[75] Frankreich,[76] Griechenland, Luxemburg,[77] Österreich,[78] Polen,[79] Portugal,[80] Slowenien[81] und Spanien.[82] Außerhalb des EU/EWR-Bereiches folgen der Sitztheorie zB Argentinien, Australien,[83] Iran,[84] Südkorea und die Türkei. Verlegen daher Gesellschaften aus diesen Staaten ihren Verwaltungssitz nach Deutschland, kommt eine identitätswahrende Anerkennung nicht in Betracht. Sie werden hier vielmehr im Hinblick auf die Rechnungslegung als GbR, OHG oder Einzelkaufmann behandelt. 35

2. Wegzugsfälle

Verlegt eine deutsche Gesellschaft ihren Verwaltungssitz ins Ausland, sind wiederum auch im Bereich innergesellschaftlicher Angelegenheiten die kollisions- und sachrechtlichen Vorgaben im Recht des Wegzugsstaats und des Zuzugsstaats zu unterscheiden. 36

a) Grenzüberschreitende Mobilität gemäß deutschem Heimatrecht. Da der EuGH infolge der Rechtsprechung *Daily Mail* und *Cartesio* nicht fordert, dass die Mit- 37

---

[58] EuGH NJW 1989, 2186 – Daily Mail; EuGH NJW 2009, 569 – Cartesio.
[59] Überblick aus MüKo BGB/*Kindler* IntGesR Rdnr. 510.
[60] *Zidarova*, RabelsZ 71 (2007), 398, 417 ff.
[61] Bank of Ethiopia v. National Bank of Egypt (1937) Ch. 513; *Hoffmann*, ZVglRWiss. 101 (2002), 283, 287 ff.
[62] *Kindler*, RabelsZ 61 (1997), 227, 281 ff.
[63] *Appel*, RabelsZ 61 (1997), 510, 532 ff.; *Kohler*, IPRax 1997, 309, 310 f.
[64] *Kramer*, IPRax 2007, 54, 57; *Hoffmann*, ZVglRWiss. 101 (2002), 283, 301 ff.
[65] *Capatina*, RabelsZ 58 (1994), 467, 489 ff.; *Aden*, RIW 2008, 700, 703.
[66] *Pauknerová*, IPRax 2007, 162 ff.
[67] *Süss*, RIW 1989, 788, 789 f.
[68] *Nishitani*, IPRax 2007, 552, 557; *Kaiser* RIW 2009, 257, 258.
[69] *Glenn*, RabelsZ 60 (1996), 231, 238.
[70] *Sadikov*, RabelsZ 67 (2003), 318, 330; *Mayer/Breig*, ZEuP 2006, 829, 839 f.
[71] *Hoffmann*, ZVglRWiss. 101 (2002), 283, 303 ff.
[72] *Göthel*, RIW 2006, 41 ff.
[73] *Hernández/Bretón*, IPRax 1999, 194, 195; *de Maekelt*, RabelsZ 64 (2000), 299, 326 f.
[74] Überblick aus MüKo BGB/*Kindler* IntGesR Rdnr. 511.
[75] *Hoffmann*, ZVglRWiss. 101 (2002), 283, 306 f.
[76] *Kieninger*, RabelsZ 73 (2009), 607, 611 f.
[77] Hirte/Bücker/*Putz* § 8 Rdnr. 32, § 9 Rdnr. 14.
[78] *Lurger*, IPRax 2001, 346.
[79] *Jara/Schlichte*, RIW 2006, 106 ff.
[80] *Stieb*, GmbHR 2004, 494.
[81] Überblick aus MüKo BGB/*Kindler* IntGesR Rdnr. 511; abw. *Rudolf*, IPRax 2003, 158, 160 (Gründungstheorie).
[82] *Sandrock*, RIW 2006, 658 ff.
[83] *Nygh*, RabelsZ 58 (1994), 727, 741.
[84] *Khatib/Shahidi/Engelhardt*, WiB 1997, 1232.

gliedsstaaten den identitätswahrenden Wegzug von Gesellschaften gemäß Heimatrecht gestatten müssen, erfolgt die sach- und kollisionsrechtliche Behandlung dieser Fälle aus deutscher Perspektive in Bezug auf die EU und Drittstaaten einheitlich nach dem autonomen Recht.[85] Ob eine deutsche Gesellschaft ihren Verwaltungssitz identitätswahrend ins Ausland verlegen kann und damit ihre Rechnungslegung beibehalten kann, ist aus der Perspektive des deutschen Rechts sowohl kollisions- als auch sachrechtlich problematisch. Vielfach werden diese Aspekte jedoch zusammen behandelt, vor allem deshalb, weil die gegenwärtige Rechtslage seit Inkrafttreten des MoMiG nicht eindeutig hergibt, ob der Gesetzgeber sach- oder kollisionsrechtliche Regeln erlassen wollte. Insofern sind auch GmbH und AG von den anderen Gesellschaftsformen zu unterscheiden.

38 **aa) GmbH und AG.** Infolge der Streichung des Gebots der Sitzanknüpfung an das Inland gemäß § 5 Abs. 2 AktG a. F. bzw. § 4a Abs. 2 GmbHG a. F. durch das MoMiG kann eine im deutschen Handelsregister eingetragene GmbH oder AG nunmehr ihren **Verwaltungssitz im Ausland** haben (str.).[86] Bei der Begründung dieses Ergebnisses ist jedoch nach wie vor sehr umstritten, ob die Neuregelung nur eine sachrechtliche Bedeutung hat oder ihr auch ein kollisionsrechtlicher Gehalt zukommt. Der BGH hat hierzu nicht Stellung bezogen.[87] Richtigerweise betrifft die Aufgabe des Gebots einer inländischen Sitzanknüpfung durch das MoMiG jedoch sowohl das materielle Gesellschaftsrecht wie das Kollisionsrecht (str.).[88] Für die Praxis bedeutet diese kontroverse Diskussion jedoch gleichwohl eine erhebliche **Rechtsunsicherheit**. Es ist daher an den Gesetzgeber zu appellieren, endlich Klarheit über die identitätswahrende Sitzverlegung deutscher Gesellschaften zu schaffen, damit diese sich auch als „Exportschlager" erweisen können. Als mögliche **Reformen** bieten sich zum einen nationale Alleingänge an, wie zB der nicht weiter verfolge Referentenentwurf des BMJ aus dem Jahr 2009.[89] Hiernach würde ein neu eingeführter Art. 10 EGBGB das Gesellschaftsstatut an den Registrierungsort, hilfsweise an das Recht des Staates, nach dem die Gesellschaft organisiert ist, anknüpfen und damit in Deutschland die Gründungstheorie für maßgeblich erachten. Überzeugender wäre indessen eine einheitliche europäische Lösung. Der Entwurf für eine Sitzverlegungsrichtlinie vom 20. 4. 1997[90] ist jedoch durch die Rechtsprechung des EuGH überholt. Neue Ansätze zur Harmonisierung des europäischen Kollisionsrechts für Gesellschaften sind derzeit nicht zu erwarten.

39 **bb) Personenhandelsgesellschaften.** Auch bei Personenhandelsgesellschaften sind sach- und kollisionsrechtlich Ort der Registrierung und Verwaltungssitz zu unterscheiden. Die Notwendigkeit gemäß § 106 HGB, bei der Eintragung in das Handelsregister einen Sitz anzugeben, bezieht sich nach hM jedoch auf den Verwaltungssitz.[91] Hiernach könnte ein ausländischer Sitz nicht eingetragen werden mit der Folge, dass der **identitätswahrende Wegzug** einer deutschen Personenhandelsgesellschaft wie bei den

---

[85] Zum Ganzen § 52.

[86] *Hoffmann*, ZIP 2007, 1581, 1582; *Hirte*, NZG 2008, 761, 766; Baumbach/Hueck/*Fastrich* § 4a Rdnr. 9; Lutter/Hommelhoff/*Bayer* GmbHG § 4a Rdnr. 15; BeckOK GmbHG/*Langer* IntGesR Rdnr. 83ff.; nach früherem Recht kam es zwangsweise zur Auflösung und Liquidation der deutschen Gesellschaft, so dass auch im Zuzugstaat keine umfassende Anerkennung möglich ist (vgl. BGH GmbH 2008, 990; OLG München NZG 2007, 915; GroßKomm GmbHG/*Behrens* Einl. B Rdnr. 118.

[87] BGH NJW 2009, 289, 291 – Trabrennbahn; zur Rechtfertigung dieser „richterlichen Zurückhaltung" *Goette*, DStR 2009, 63; abw. *Kindler*, IPRax 2009, 189, 198.

[88] So auch *Hoffmann*, ZIP 2007, 1581; *Fingherhut/Rumpf*, IPRax 2008, 90, 92; *Mülsch/Nohlen*, ZIP 2008, 1358, 1360; a. A. aber *Peters*, GmbHR 2008, 245, 249; *Franz/Laeger*, BB 2008, 678, 681 f.; *Preuß*, GmbHR 2007, 57, 62; *Kindler*, IPRax 2009, 189, 193ff.

[89] Referentenentwurf für ein Gesetz zum Internationalen Privatrecht der Gesellschaften, Vereine und juristischen Personen, abrufbar unter http://www.bmj.bund.de/files/2751/RefE%20Gesetz%20zum%20Internationalen%20Privatrecht%20der%20Gesellschaften,%20Vereine%20und%20juristischen%20Personen.pdf; siehe dazu *Wagner/Timm*, IPRax 2008, 81.

[90] Abgedruckt in ZIP 1997, 1721.

[91] BGH WM 1957, 999, 1000; MüKo HGB/*Langhein* § 106 Rdnr. 26.

Kapitalgesellschaften vor Inkrafttreten des MoMiG nicht möglich ist, mithin bei der Sitzverlegung eine Zwangsauflösung herbeigeführt wird.[92] Diese Sichtweise überzeugt indessen mittlerweile nicht mehr, denn auch § 106 HGB verlangt keinen inländischen Sitz. Insofern ist vielmehr davon auszugehen, dass auch bei den Personenhandelsgesellschaften sach- und kollisionsrechtlich der Wegzug ins Ausland gestattet ist.[93] Für die Praxis bedeutet diese nach wie vor kontrovers geführte Diskussion jedoch eine erhebliche Rechtsunsicherheit, so dass auch insoweit rasch Klärung durch den Gesetzgeber zu fordern ist.

b) Anerkennung im Zuzugsstaat. Wiederum gilt, dass die grenzüberschreitende Mobilität von Gesellschaften nur dann gewährleistet ist, wenn auch das Kollisions- und Sachrecht des Aufnahmestaates die Verlegung des Verwaltungssitzes billigt, mithin eine Art. 4 Abs. 1 S. 2 EGBGB entsprechende Rückverweisung ins deutsche Recht vorsieht.[94] Folgt der Zuzugsstaat der Gründungstheorie, so bleibt es bei der Anwendbarkeit des deutschen Sachrechts hinsichtlich der Geschäftsführung. Folgt der Zuzugsstaat hingegen der Sitztheorie, kommt es zu einem Statutenwechsel zugunsten der Anwendbarkeit des für die vergleichbaren Gesellschaften maßgeblichen Rechts des Zuzugsstaates (Substitution), was eine Respektierung der nach Heimatrecht bestehenden Rechnungslegung regelmäßig ausschließt. **Innerhalb der EU** bzw. der EWR-Staaten ist jedoch zu bedenken, dass die Rechtsprechung des EuGH in Sachen *Überseering*[95] und *Inspire Art*[96] die Staaten mittlerweile zur identitätswahrenden Anerkennung von Auslandsgesellschaften verpflichtet.[97] Eine deutsche GmbH oder AG, die ihren Verwaltungssitz in einen anderen Mitgliedstaat verlegt, bleibt daher auch im Hinblick auf die Rechnungslegung gemäß Heimatrecht als solche bestehen (zur Rechtsunsicherheit aus der Wegzugsperspektive aber oben Rdnr. 38). Das Gleiche gilt im Verhältnis zu den **USA** (oben Rdnr. 32).

Folgende **Drittstaaten** folgen bzgl. des Zuzugs ausländischer Gesellschaften der **Sitztheorie:** Argentinien, Australien,[98] Iran,[99] Südkorea und die Türkei. Insofern würde also auch ein nach deutschem Sach- und Kollisionsrecht zulässiger identitätswahrender Wegzug nicht die gewünschte Mobilität der Gesellschaft herbeiführen. Folgende Drittstaaten folgen bzgl. des Zuzugs ausländischer Gesellschaften der **Gründungstheorie:** China,[100] Hongkong, Japan,[101] Kanada,[102] Mexiko, Russland,[103] Schweiz,[104] Tunesien, Ukraine, USA[105] und Venezuela.[106] Hier wäre somit der identitätswahrende Wegzug möglich, wenn sich die mittlerweile überwiegende Meinung aus deutscher Sicht durchsetzen würde.

3. Besonderheiten auf Grund internationaler Verträge

Das deutsche IPR steht gemäß Art. 3 Nr. 2 EGBGB unter dem Vorbehalt vorrangiger völkerrechtlicher Vereinbarungen. Im Bereich des internationalen Gesellschaftsrechts gibt es hierzu eine Vielzahl bilateraler Staatsverträge.[107]

---

[92] So die bisher h. M., vgl. nur Staub/*Hüffer* § 13 c Rdnr. 11; MüKo HGB/*Langhein* § 106 Rdnr. 30.
[93] So auch *Koch*, ZHR 173 (2009), 101; unter Hinweis auf die europäische Niederlassungsfreiheit auch Henssler/Strohn/*Röthel* HGB § 106 Rdnr. 180.
[94] *Teichmann*, ZIP 2009, 393, 401.
[95] EuGH NJW 2002, 3614 ff.
[96] EuGH NJW 2003, 3333.
[97] Einzelheiten bei § 52.
[98] *Nygh*, RabelsZ 58 (1994), 727, 741.
[99] *Khatib/Shahidi/Engelhardt*, WiB 1997, 1232.
[100] *Süss*, RIW 1989, 788, 789 f.
[101] *Nishitani*, IPRax 2007, 552, 557; *Kaiser*, RIW 2009, 257, 258.
[102] *Glenn*, RabelsZ 60 (1996), 231, 238.
[103] *Sadikov*, RabelsZ 67 (2003), 318, 330; *Mayer/Breig*, ZEuP 2006, 829, 839 f.
[104] *Hoffmann*, ZVglRWiss. 101 (2002), 283, 303 ff.
[105] *Göthel*, RIW 2006, 41 ff.
[106] *Hernández/Bretón*, IPRax 1999, 194, 195; *de Maekelt*, RabelsZ 64 (2000), 299, 326 f.
[107] Zum Ganzen ausführlich Eidenmüller/*Rehm* § 2 Rdnr. 6 ff.

43 **a)** Auf Grund spezieller Kapitalschutzabkommen gilt die **Gründungstheorie** (teilweise zumindest halbseitig, dh. für den Zuzug ausländischer Gesellschaften nach Deutschland) für folgende Staaten: Bolivien (Art. 1 Abs. 4 Kapitalschutzabkommen vom 23. 3. 1987, BGBl. 1988 II S. 254); Brunei Darussalam (Art. 1 Abs. 5 Kapitalschutzabkommen vom 30. 3. 1998, BT-Drucks. 15/1057); China: Anerkennung chinesischer Gesellschaften, die von der chinesischen Regierung anerkannt, registriert und zur wirtschaftlichen Zusammenarbeit mit dem Ausland berechtigt sind (Kapitalschutzabkommen vom 1. 12. 2003, BGBl. 2005 II S. 732, BT-Drucks. 15/4983 S. 5362; BGBl. 2006 II S. 119); Dominica (Art. 1 Abs. 4 Kapitalschutzabkommen vom 1. 10. 1984, BGBl. 1985 II S. 1170); Gabun (Art. 1 Abs. 4 Kapitalschutzabkommen vom 15. 9. 1998, BGBl. 2001 II S. 478); Ghana (Art. 1 Nr. 4 Kapitalschutzabkommen vom 24. 2. 1995, BGBl. 1997 II S. 2055); Guyana (Art. 1 Abs. 4 Kapitalschutzabkommen vom 6. 12. 1989, BGBl. 1993 II S. 938); Honduras (Art. 1 Nr. 4 Kapitalschutzabkommen vom 21. 3. 1995, BGBl. 1997 II S. 2064); Hongkong (Art. 1 Abs. 4 Kapitalschutzabkommen vom 31. 1. 1996, BGBl. 1997 II S. 1848); Indien (Art. 1 a) Kapitalschutzabkommen vom 10. 7. 1995, BGBl. 1998 II S. 619); Indonesien (Art. 1 Abs. 4 Kapitalschutzabkommen vom 8. 11. 1968, BGBl. 1970 II S. 492); Jamaika (Art. 1 Nr. 4 Kapitalschutzabkommen vom 24. 9. 1992, BGBl. 1996 II S. 58); Jemen (Art. 1 Abs. 3 Kapitalschutzabkommen vom 2. 3. 2005, BGBl. 2007 II S. 87); Kambodscha (Art. 1 Nr. 4 Kapitalschutzabkommen vom 15. 2. 1999, BGBl. 2001 II S. 487); Kamerun (Art. 8 Abs. 4 Kapitalschutzabkommen vom 29. 6. 1962, BGBl. 1963 II S. 991); Katar (Art. 1 Nr. 3 Kapitalschutzabkommen vom 14. 6. 1996, BGBl. 1998 II S. 628); Demokratische Republik Kongo (Art. 8 Abs. 4 Kapitalschutzabkommen vom 18. 3. 1969, BGBl. 1970 II S. 509); Republik Korea (Art. 8 Abs. 4 Kapitalschutzabkommen vom 4. 2. 1964, BGBl. 1966 II S. 841); Kuba (Art. 1 Nr. 4 Kapitalschutzabkommen vom 30. 4. 1996, BGBl. 1998 II S. 746); Kuwait (Art. 1 Nr. 3 Kapitalschutzabkommen vom 30. 3. 1994, BGBl. 1997 II S. 166); Lesotho (Art. 1 Abs. 4 Kapitalschutzabkommen vom 11. 11. 1982, BGBl. 1985 II S. 14); Liberia (Art. 8 Abs. 4 Kapitalschutzabkommen vom 12. 12. 1961, BGBl. 1967 II S. 537); Malaysia (Art. 1 Abs. 4 Kapitalschutzabkommen vom 22. 12. 1960, BGBl. 1962 II S. 1064); Mali (Art. 1 Nr. 4 Kapitalschutzabkommen vom 28. 6. 1977, BGBl. 1979 II S. 77); Mauritius (Art. 8 Abs. 4 Kapitalschutzabkommen vom 25. 5. 1971, BGBl. 1973 II S. 615); Nepal (Art. 1 Nr. 4 Kapitalschutzabkommen vom 20. 10. 1986, BGBl. 1988 II S. 262); Oman (Art. 1 Nr. 4 Kapitalschutzabkommen vom 25. 6. 1979, BGBl. 1985 II S. 354); Pakistan (Art. 8 Abs. 4 Kapitalschutzabkommen vom 25. 11. 1959, BGBl. 1961 II S. 793); Papua-Neuguinea (Art. 1 Nr. 4 Kapitalschutzabkommen vom 12. 11. 1980, BGBl. 1982 II S. 389); Senegal (Art. 8 Abs. 4 Kapitalschutzabkommen vom 24. 1. 1964, BGBl. 1965 II S. 1391); Serbien und Montenegro (Art. 1 Abs. 3 Kapitalschutzabkommen vom 10. 7. 1989 mit dem ehemaligen Jugoslawien, BGBl. 1997 II S. 961, 962); Singapur (Art. 1 Abs. 4 Kapitalschutzabkommen vom 3. 10. 1973, BGBl. 1975 II S. 49); Somalia (Art. 1 Abs. 4 Kapitalschutzabkommen vom 27. 11. 1981, BGBl. 1984 II S. 778). Sri Lanka (Art. 1 Abs. 4 lit. b) des Kapitalschutzabkommens vom 7. 2. 2000, BGBl. 2002 II S. 296); St. Lucia (Art. 1 Nr. 4 Kapitalschutzabkommen vom 16. 3. 1985, BGBl. 1987 II S: 13); St. Vincent und Grenadinen (Art. 1 Nr. 4 Kapitalschutzabkommen vom 25. 3. 1986, BGBl. 1987 II S. 774); Sudan (Art. 8 Abs. 4 Kapitalschutzabkommen vom 7. 2. 1963, BGBl. 1966 II S. 889); Swasiland (Art. 1 Nr. 4 Kapitalschutzabkommen vom 5. 4. 1990, BGBl. 1993 II S. 956); Tansania (Art. 8 Abs. 4 Kapitalschutzabkommen vom 30. 1. 1965, BGBl. 1966 II S. 873); Tschad (Art. 8 Abs. 4 Kapitalschutzabkommen vom 11. 4. 1967, BGBl. 1968 II S. 221); Türkei (vgl. zB Art. 5 des Niederlassungsabkommens mit der Türkischen Republik vom 12. 1. 1927, RGBl. II S. 76; vgl. zur Sitzanknüpfung jedoch Art. 8 Abs. 4 Kapitalschutzabkommen vom 20. 5. 1962, BGBl. 1965 II S. 1193); USA (Art. XXV Abs. 5 S. 2 Freundschafts-, Handels- und Schifffahrtsvertrag vom 29. 10. 1954; hierzu BGH 29. 1. 2003, NJW 2003, 1607, 1608; BGH 5. 7. 2004, NJW-RR 2004, 1618).

b) Die **Sitztheorie** ist staatsvertraglich bei folgenden Ländern maßgeblich: Ägypten (Art. 8 Abs. 4 Kapitalschutzabkommen vom 5. 7. 1974, BGBl. 1977 II S. 1145); Algerien (Art. 1 Abs. 1 Kapitalschutzabkommen vom 11. 3. 1996, BGBl. 2002 II S. 286); Argentinien (Art. 1 Nr. 4 Kapitalschutzabkommen vom 9. 4. 1991, BGBl. 1993 II S. 1244); Armenien (Art. 1 Nr. 4 Kapitalschutzabkommen vom 21. 12. 1995, BGBl. 2000 II S. 46); Aserbaidschan (Art. 1 Nr. 4 Kapitalschutzabkommen vom 22. 12. 1995, BGBl. 1998 II S. 567); Bangladesch (Art. 8 Abs. 4 Kapitalschutzabkommen vom 6. 5. 1981, BGBl. 1984 II S. 838); Barbados (Art. 1 Abs. 4 Kapitalschutzabkommen vom 2.1. 2. 1994, BGBl. 1997 II S. 2047); Belarus (Art. 1 Nr. 3 Kapitalschutzabkommen vom 2. 4. 1993, BGBl. 1996 II S. 85); Benin (Art. 8 Abs. 4 Kapitalschutzabkommen vom 29. 6. 1978, BGBl. 1985 II S. 2); Bosnien Herzegowina (Vertrag vom 18. 10. 2001, BGBl. 2004 II S. 314; BT-Drucks. 15/1847 S. 2091); Botswana (Art. 1 Nr. 4 Kapitalschutzabkommen vom 23. 5. 2000, BGBl. 2002 II S. 278); Bulgarien (Art. 1 Nr. 3 Kapitalschutzabkommen vom 12. 4. 1986, BGBl. 1987 II S. 742); Burundi (Art. 1 Nr. 4 Kapitalschutzabkommen vom 10. 9. 1984, BGBl. 1985 II S. 1162); Chile (Art. 1 Nr. 4 Kapitalschutzabkommen vom 21. 10. 1991, BGBl. 1998 II S. 1427); Costa Rica (Art. 1 Nr. 4 Kapitalschutzabkommen vom 13. 9. 1994, BGBl. 1997 II S. 1830); Dominikanische Republik (Art. 11 des Protokolls zum Freundschafts-, Handels- und Schifffahrtsvertrag vom 23. 12. 1959, BGBl. II S. 1468); Ecuador (Art. 1 Nr. 4 Kapitalschutzabkommen vom 21. 3. 1996, BGBl. 1998 II S. 610); Elfenbeinküste (Art. 1 Abs. 4 Kapitalschutzabkommen vom 27. 10. 1966, BGBl. 1968 II S. 61); El Salvador (Art. 1 Nr. 3 Kapitalschutzabkommen vom 11. 12. 1997, BGBl. 2000 II S. 673); Georgien (Art. 1 Nr. 4 Kapitalschutzabkommen vom 25. 6. 1993, BGBl. 1998 II S. 576); Guinea (Art. 8 Abs. 4 Kapitalschutzabkommen vom 19. 4. 1962, BGBl. 1964 II S. 145); Haiti (Art. 8 Abs. 4 Kapitalschutzabkommen vom 14. 8. 1973, BGBl. 1975 II S. 101); Iran (Art. 1 Abs. 2 lit. b) des Kapitalschutzabkommens vom 17. 8. 2002, BGBl. II S. 55); Japan (Art. XIII Handels- und Schifffahrtsvertrag zwischen dem Deutschen Reich und Japan vom 20. 7. 1927, RGBl. II S. 1087); Jordanien (Art. 8 Abs. 4 Kapitalschutzabkommen vom 15. 7. 1974, BGBl. 1975 II S. 1254); Kap Verde (Art. 1 Nr. 4 Kapitalschutzabkommen vom 18. 1. 1990, BGBl. 1993 II S. 947); Kasachstan (Art. 1 Nr. 4 Kapitalschutzabkommen vom 22. 9. 1992, BGBl. 1994 II S. 3730); Kenia (Art. 1 Nr. 4 Kapitalschutzabkommen vom 3. 5. 1996, BGBl. 1998 II S. 585); Republik Kongo (Art. 8 Abs. 4 Kapitalschutzabkommen vom 13. 9. 1965, BGBl. 1967 II S. 1733); Kroatien (Art. 1 Nr. 4 Kapitalschutzabkommen vom 21. 3. 1997, BGBl. 2000 II S. 653); Laos (Art. 1 Nr. 4 Kapitalschutzabkommen vom 9. 8. 1996, BGBl. 1998 II S. 1466); Libanon (Art. 1 Nr. 1 B) Kapitalschutzabkommen vom 18. 3. 1997, BGBl. 1998 II S. 1439); Madagaskar (Art. 8 Abs. 4 Kapitalschutzabkommen vom 15. 4. 1962, BGBl. 1965 II S. 369); Marokko (Art. 8 Abs. 4 Kapitalschutzabkommen vom 31. 8. 1961, BGBl. 1967 II S. 1641); Mauretanien (Art. 1 Abs. 4 Kapitalschutzabkommen vom 8. 12. 1982, BGBl. 1985 II S. 22); Mazedonien (Art. 1 Nr. 3 Kapitalschutzabkommen vom 10. 9. 1996, BGBl. 2000 II S. 646); Mexiko (Art. 1 Nr. 4 Kapitalschutzabkommen vom 25. 8. 1998, BGBl. 2000 II S. 866); Moldau (Art. 1 Abs. 1 c) Kapitalschutzabkommen vom 28. 2. 1994, BGBl. 1997 II S. 2072); Mongolei (Art. 1 Nr. 1 Kapitalschutzabkommen vom 26. 6. 1991, BGBl. 1996 II S. 50); Mosambik (Art. 1 Nr. 4 Kapitalschutzabkommen vom 6. 3. 2002, BT-Drucks. 15/1845); Namibia (Art. 1 Nr. 4 Kapitalschutzabkommen vom 21. 1. 1994, BGBl. 1997 II S. 186); Nicaragua (Art. 1 Nr. 4 Kapitalschutzabkommen vom 6. 5. 1996, BGBl. 1998 II S. 637); Niederlande (Art. 1, 2 Vertrag zwischen dem Deutschen Reich und den Niederlanden über die gegenseitige Anerkennung der Aktiengesellschaften und anderer kommerzieller, industrieller oder finanzieller Gesellschaften vom 11. 2. 1907, RGBl. 1908, S. 65; in Kraft seit 26. 3. 1908, RGBl. S. 65), Bekanntmachung vom 29. 2. 1952 über die Wiederanwendung BGBl. II S. 435); Panama (Art. 1 Nr. 4 Kapitalschutzabkommen vom 2. 11. 1983, BGBl. 1987 II S. 2); Paraguay (Art. 1 Nr. 4 Kapitalschutzabkommen vom 11. 8. 1993, BGBl. 1997 II S. 2080); Peru (Art. 1 Nr. 4 Kapitalschutzabkommen vom 30. 1. 1995, BGBl. 1997 II S. 197); Philippinen (Art. 1 Nr. 3 Kapitalschutzabkommen vom 18. 4. 1997,

BGBl. 1998 II S. 1448); Ruanda (Art. 8 Abs. 4 Kapitalschutzabkommen vom 18. 5. 1967, BGBl. 1968 II S. 1260); Sambia (Art. 8 Abs. 4 Kapitalschutzabkommen vom 10. 12. 1966, BGBl. 1968 II S. 33); Saudi-Arabien (Art. 1 Nr. 3 Kapitalschutzabkommen vom 29. 10. 1996 BGBl. 1998 II S. 593); Sierra-Leone (Art. 8 Abs. 4 Kapitalschutzabkommen vom 8. 4. 1965, BGBl. 1966 II S. 861); Simbabwe (Art. 1 Nr. 4 Kapitalschutzabkommen vom 29. 9. 1995, BGBl. 1997 II S. 1839); Slowakei (Art. 1 Nr. 3 Kapitalschutzabkommen vom 2. 10. 1990 mit der Tschechoslowakei, BGBl. II S. 294); Südafrika (Art. 1 Nr. 4 Kapitalschutzabkommen vom 11. 9. 1995, BGBl. 1997 II S. 2098); Syrien (Art. 1 Nr. 4 Kapitalschutzabkommen vom 2. 8. 1977, BGBl. 1979 II S. 422); Thailand (Art. 1 Abs. 3 Kapitalschutzabkommen vom 24. 6. 2002, BGBl. 2004 II S. 48); Togo (Art. 8 Abs. 4 Kapitalschutzabkommen vom 16. 5. 1961, BGBl. 1964 II S. 154); Tunesien (Art. 8 Abs. 4 Kapitalschutzabkommen vom 20. 12. 1963, BGBl. 1965 II S. 1377); Turkmenistan (Art. 1 Abs. 4 Kapitalschutzabkommen vom 28. 8. 1997, BGBl. 2000 II S. 664); Uganda (Art. 8 Abs. 4 Kapitalschutzabkommen vom 29. 11. 1966, BGBl. 1968 II S. 449); Ukraine (Art. 1 Nr. 4 Kapitalschutzabkommen vom 15. 2. 1993, BGBl. 1996 II S. 75); Uruguay (Art. 1 Nr. 4 Kapitalschutzabkommen vom 4. 5. 1987, BGBl. 1988 II S. 272); Usbekistan (Art. 1 Nr. 4 Kapitalschutzabkommen vom 28. 4. 1993, BGBl. 1997 II S. 2106); Venezuela (Art. 1 Nr. 4 Kapitalschutzabkommen vom 14. 5. 1996, BGBl. 1998 II S. 653); Vereinigte Arabische Emirate (Art. 1 Nr. 2 Kapitalschutzabkommen vom 21. 6. 1997, BGBl. 1998 II S. 1474); Vietnam (Art. 1 Nr. 4 Kapitalschutzabkommen vom 3. 4. 1993, BGBl. 1997 II S. 2116).

V. Einzelfragen

1. Rechnungslegung der Zweigniederlassung

45 Eng mit der Frage der Anknüpfung der Rechnungslegung als solche verbunden ist, ob die Zweigniederlassung selbst möglicherweise zur Rechnungslegung gemäß dem Recht des Gastlandes verpflichtet ist. Folgt man mit der traditionellen Ansicht einer öffentlich-rechtlichen Qualifikation der Rechnungslegung (oben Rdnr. 20), erscheint dies als konsequent.[108] Richtigerweise ist dies wegen der hier befürworteten **gesellschaftsrechtlichen Qualifikation** jedoch abzulehnen (oben Rdnr. 23 f.). Dagegen spricht zudem, dass eine Zweigniederlassung anders als eine Tochtergesellschaft gerade **kein Rechtssubjekt** ist, auf das sich die Buchführungspflicht erstreckt.[109]

2. Rechnungslegungspublizität

46 Die Vorschriften über die Rechnungslegungspublizität sind europaweit auf Grund der **Publizitäts- und Zweigniederlassungsrichtlinie** harmonisiert (vgl. oben Rdnr. 16). In Deutschland gelten insofern die §§ 325 ff. HGB, § 340 k HGB und § 1 ff. PublG.

47 Selbst wenn man, wie hier befürwortet (vgl. oben Rdnr. 23 f.), eine gesellschaftsrechtliche Qualifikation der Rechnungslegung als solche vornimmt, rechtfertigt das Schutzanliegen der Publizitätserfordernisse eine hiervon abweichende **territoriale Anknüpfung**.[110] Wegen des öffentlich-rechtlichen Charakters der einzelnen Publizitätserfordernisse hat daher eine Gesellschaft ihre Rechnungslegung nicht nur am Ort der Hauptniederlassung (sog.

---

[108] So auch *Just/Krämer*, BC 2006, 29, 33; BeckBilKomm/*Winkeljohann/Klein* § 238 Rdnr. 37; MüKo HGB/*Ballwieser* § 238 Rdnr. 13; *Adler/Düring/Schmalz* Rechnungslegung § 238 HGB Rdnr. 18.

[109] So auch Baumbach/Hopt/*Merkt* HGB § 325 a Rdnr. 1; MüKo HGB/*Fehrenbacher* § 325 a Rdnr. 12; Eidenmüller/*Rehbinder* AuslKapGes § 5 Rdnr. 110; *Kienle*, GmbHR 2007, 696, 699.

[110] So auch MüKo BGB/*Kindler* IntGesR Rdnr. 275; abw. für eine gesellschaftsrechtliche Qualifikation *Grundmann*, RabelsZ 54 (1990), 283, 292 ff.; de lege ferenda auch *Rehbinder* Festgabe Kronstein (1967), S. 203, 228 ff., 233 sowie Großkomm AktG/*Assmann* Einl. Rdnr. 605 ff., was jedoch auf der damals sehr weitgehenden Geltung der Sitztheorie beruht.

Satzungssitz) bekannt zu machen, sondern auch an den jeweiligen Orten, wo eine kaufmännische Niederlassung besteht (ggf. ist dies der effektive Verwaltungssitz). Die entsprechenden Straf-, Buß- und Zwangsgeldandrohungen richten sich ebenfalls nach dem jeweils dort geltenden Recht.

Nach **§ 325 a Abs. 1 S. 1 HGB** haben zB inländische Zweigniederlassungen ausländischer Gesellschaften die Unterlagen der Rechnungslegung der Hauptniederlassung, die nach dem für die Hauptniederlassung geltenden Recht erstellt, geprüft und offengelegt worden sind, an dem Ort ihres Sitzes zu veröffentlichen. Vgl. zum umgekehrten Fall einer Zweigniederlassung im Ausland § 45. **48**

3. Prüfung des Jahresabschlusses

Auch bei dem Recht der Jahresabschlussprüfung entscheidet die kollisionsrechtliche Behandlung, ob eine Abschlussprüfung durchzuführen ist, nach welchen Maßgaben diese zu erfolgen hat und wer als Abschlussprüfer zu bestellen ist. Wiederum kommt es zur Kontroverse zwischen einer **öffentlich-rechtlichen und einer gesellschaftsrechtlichen Qualifikation** dieser Regelungen (oben Rdnr. 19 ff.): Die traditionell vorherrschende Auffassung knüpft an den effektiven Verwaltungssitz der Gesellschaft an,[111] wohingegen die heute wohl herrschende Meinung die Prüfung des Jahresabschlusses dem jeweiligen Gründungsrecht der Gesellschaft zuordnet.[112] **49**

Wegen der **europäischen Harmonisierung** durch die Abschlussprüferrichtlinie (oben Rdnr. 14) ist die Kontroverse innerhalb der EU etwas entschärft. Gleichwohl darf nicht verkannt werden, dass die Abschlussprüfung untrennbar mit dem maßgeblichen Prüfungsgegenstand verbunden ist. Folgt man daher der traditionellen Auffassung, ist es nur konsequent, dass das Recht des Gastlandes am effektiven Verwaltungssitz nicht nur die Rechnungslegungsstandards vorgibt, sondern auch die Anforderungen an die Prüfung derselben.[113] Nimmt man aber, wie hier vertreten (oben Rdnr. 23 f.), an, dass sich die Rechnungslegung als solche auch bei der grenzüberschreitenden Sitzverlegung weiterhin nach dem für diese Rechtsform nach Heimatrecht maßgeblichen Regelungen richtet, wäre es ein Bruch, diese durch die Prüfer einer anderen Rechtsordnung überwachen zu lassen. Es spricht daher Vieles dafür, auch die Abschlussprüfung **gesellschaftsrechtlich zu qualifizieren** und damit anhand des Heimatrechts der betreffenden Gesellschaft zu beurteilen. Dies gilt freilich nur, soweit die **Gründungstheorie** reicht. Wendet man zur Bestimmung des Gesellschaftsstatuts die Sitztheorie an, gelangt man konsequenterweise beim Grenzübertritt auch zu einem Wechsel des Rechnungslegungs- und Abschlussprüferstatuts (Einzelheiten oben Rdnr. 26 ff.). **50**

§ 18 Gerichtliche Zuständigkeit und Schiedsverfahren

Übersicht

	Rdnr.		Rdnr.
I. Einführung	1	a) EuGVVO	5–7
II. Internationale Gerichtszuständigkeit gemäß EuGVVO	2–52	b) EuGVÜ	8
		c) LugÜ	9
1. Begriff und Bedeutung der internationalen Zuständigkeit	2	d) Deutsches autonomes Recht	10
2. Rechtsquellen	3–10	3. Überblick über die verschiedenen Gerichtsstände der EuGVVO	11–25

---

[111] MüKo BGB/*Kindler* IntGesR Rdnr. 278; *Ebert/Levedag*, GmbHR 2003, 1337, 1346.
[112] Eidenmüller/*Rehberg* AuslKapGes § 5 Rdnr. 114; *Binge/Thölke*, DnotZ 2004, 21, 31; Staudinger/*Großfeld*, Neubearb. 1998, IntGesR, Rdnr. 362; *Hirsch/Britain*, NZG 2003, 1100, 1102 f.; *Zimmer*, Internationales Gesellschaftsrecht, 1996, S. 179 ff.
[113] So MüKo BGB/*Kindler* IntGesR Rdnr. 278.

	Rdnr.		Rdnr.
a) Allgemeiner Gerichtsstand	12–14	2. Rechtsquellen	57–66
b) Besondere Gerichtsstände	15–22	a) Mulitlaterale Staatsverträge	57–61
c) Ausschließliche Gerichtsstände	23	b) Bilaterale Staatsverträge	62
d) Forum Shopping	24, 25	c) UNCITRAL-Modellgesetz	63, 64
4. Ausschließlicher Gerichtsstand für gesellschaftsorganisatorische Klagen	26–40	d) Nicht-staatliche Normen	65, 66
		3. Die Schiedsvereinbarung	67–77
a) Allgemeine Voraussetzungen	29, 30	a) Zulässigkeit	68, 69
b) Der Sitz als Anknüpfungspunkt	31–33	b) Statut der Schiedsvereinbarung	70–73
c) Die erfassten Klagegegenstände	34–39	c) Form der Schiedsvereinbarung	74, 75
d) Nicht erfasste Klagegegenstände	40	d) Wirkungen der Schiedsvereinbarung	76, 77
5. Besonderer Gerichtsstand der Mitgliedschaft	41–43	4. Das Schiedsverfahren	78–83
6. Besonderer Gerichtsstand des vertraglichen Erfüllungsortes	44–48	a) Das Schiedsverfahrensstatut	79
		b) Beweiserhebung	80–82
a) Allgemeine Voraussetzungen	45	c) Das anwendbare materielle Recht	83
b) Anknüpfungspunkt	48		
7. Besonderer Gerichtsstand der unerlaubten Handlung	49–51	5. Anerkennung und Vollstreckbarerklärung ausländischer Schiedssprüche	84–97
8. Besonderer Gerichtsstand der Niederlassung	52	a) Grundlagen	84, 85
III. Schiedsverfahren	53–97	b) Vollstreckbarkeit ausländischer Schiedssprüche	86–97
1. Einführung	53–56		

Schrifttum: *Bauer,* Die internationale Zuständigkeit bei gesellschaftsrechtlichen Streitigkeiten, 2000; *Böckstiegel,* Die Schiedsgerichtsbarkeit in Deutschland – Standort und Stellenwert, SchiedsVZ 2009, 3; *Geimer,* Das Fehlen eines Gerichtsstandes der Mitgliedschaft als gravierender Mangel im Kompetenzsystem der Brüsseler und der Luganer Konvention, FS Schippel, 1996, S. 869; *ders.,* Das Schiedsvereinbarungsstatut in der Anerkennungsperspektive, IPRax 2009, 233; *Killias,* Internationale Zuständigkeit für Klagen zwischen Gesellschaftern einer einfachen Gesellschaft, EuZW 2004, 26; *Kröll,* Antragsvoraussetzungen und Präklusion im Verfahren zur Vollstreckbarerklärung ausländischer Schiedssprüche, IPRax 2002, 284; *Moller,* Schiedsverfahrensnovelle und Vollstreckung ausländischer Schiedssprüche, NZG 1999, 144; *Schäfer,* Einführung in die internationale Schiedsgerichtsbarkeit: Welche Verfahrensregeln gelten vor einem internationalen Schiedsgericht?, Jura 2004, 153; *Schilling,* Die ausschließliche internationale Zuständigkeit für gesellschaftsrechtliche Streitigkeiten, IPRax 2005, 208; *Sieg,* Internationale Gerichtsstands- und Schiedsklauseln in Allgemeinen Geschäftsbedingungen, RIW 1998, 102; *Vollkommer/Huber,* Neues Europäisches Zivilverfahrensrecht in Deutschland – Das Gesetz zur Verbesserung der grenzüberschreitenden Forderungsdurchsetzung und Zustellung, NJW 2009, 1105.

I. Einführung

1   Die zunehmende Internationalisierung des Wirtschafts- und Rechtsverkehrs stellt auch das Verfahrensrecht vor neue Herausforderungen. Allen kollisionsrechtlichen Fragestellungen gemein ist insofern das Bestreben, ein rechtssicher handhabbares Regelungsgefüge bereit zu stellen, welches grenzüberschreitendes Handeln nicht unnötig behindert. Gleichwohl darf nicht außer Acht gelassen werden, dass noch weite Teile des materiellen Rechts und des Verfahrensrechts international nicht harmonisiert sind und daher nationale Eigenheiten bestehen, die vielfach tief verwurzelt sind und daher auch nicht allzu voreilig außer Acht gelassen werden dürfen. Im Gesellschaftsrecht besteht im Hinblick auf die **grenzüberschreitende Rechtsdurchsetzung** vor allem das Bedürfnis, der durch den EuGH in jüngerer Zeit maßgeblich geprägten **Mobilität von Gesellschaften** Rechnung zu tragen. Im Kern bedeutet dies, dass die europaweit einheitlichen Regelungen der **EuGVVO** auf die Niederlassungsfreiheit der Gesellschaften abzustimmen sind, was wegen der nach wie vor herrschenden unterschiedlichen Betrachtung der Zuzugs- und Wegzugsfälle (Sitz- oder Gründungstheorie?) nicht immer leicht fällt. Es verwundert daher nicht, dass die Praxis

gerade im grenzüberschreitenden Wirtschaftsverkehr unter Beteiligung von Gesellschaften bemüht ist, eine Auseinandersetzung vor den staatlichen Gerichten zu vermeiden und auf ein individuell zugeschnittenes **Schiedsverfahren** ausweicht (Einzelheiten unten Rdnr. 53 ff.).

II. Die internationale Gerichtszuständigkeit gemäß EuGVVO

1. Begriff und Bedeutung der internationalen Zuständigkeit

Die internationale Zuständigkeit legt fest, ob bei grenzüberschreitenden Sachverhalten die Gerichte des einen oder des anderen Staates Sachentscheidungsbefugnis haben. Sie ist für den Rechtsstreit von entscheidender Bedeutung, denn das angerufene Gericht entscheidet sowohl über das anwendbare Verfahrensrecht als auch nach dem Kollisionsrecht des betreffenden Staates über das auf den Streit anwendbare materielle Recht **(lex fori)**.

2. Rechtsquellen

Für die Prüfung der internationalen Zuständigkeit des Gerichts besteht mittlerweile ein **Stufenverhältnis**: Vorrangig ergibt sie sich auf Grund staatsvertraglicher oder europarechtlicher Regelungen; wenn solche nicht anwendbar sind, ist die internationale Zuständigkeit nach dem autonomen Recht zu bestimmen.[1]

a) EuGVVO. Besondere Bedeutung hat insofern die VO Nr. 44/2001 über die gerichtliche Zuständigkeit und die Anerkennung und Vollstreckung von Entscheidungen in Zivil- und Handelssachen (EuGVVO) vom 22. 12. 2000.[2]

In **räumlicher** Hinsicht gilt die EuGVVO für alle Mitgliedstaaten mit Ausnahme von Dänemark (Art. 1 Abs. 3 EuGVVO, Erwägungsgrund Nr. 21). Für Dänemark gilt jedoch das Übereinkommen zwischen der EU und dem Königreich Dänemark über die gerichtliche Zuständigkeit und die Anerkennung und Vollstreckung von Entscheidungen in Zivil- und Handelssachen vom 19. 10. 2005,[3] in Kraft getreten am 1. 7. 2007.[4] In diesem wurde vereinbart, dass die EuGVVO auf die Beziehungen zwischen der Gemeinschaft und Dänemark anzuwenden ist, und die Kompetenz des EuGH für die Auslegung dieses Übereinkommens begründet.[5]

Gemäß Art. 1 Abs. 1 EuGVVO erstreckt sich der **sachliche Anwendungsbereich** auf Zivil- und Handelssachen.[6] Die Auslegung dieser Begriffe ist vertragsautonom vorzunehmen, wobei öffentlich-rechtliche Verfahren sowie Ansprüche einer Person gegen eine hoheitlich handelnde Behörde in der Regel nicht dem Anwendungsbereich der EuGVVO unterliegen.[7] Ferner fallen nur kontradiktorische Verfahren hierunter, da Art. 2 ff. EuGVVO eine „Klage" voraussetzen. Dies führt insbesondere dazu, dass die Verfahren nach §§ 397–399 FamFG nicht hierunter fallen. Art. 1 Abs. 2 EuGVVO sieht unter anderem Bereichsausnahmen vor für den Personenstand, die Rechts- und Handlungsfähigkeit sowie die gesetzliche Vertretung von natürlichen Personen, das Erbrecht, Konkurse und die Schiedsgerichtsbarkeit. Art. 32 ff. EuGVVO regeln die internationale Anerkennung und Vollstreckung von Gerichtsentscheidungen.

---

[1] Hirte/Bücker/*Leible*, § 12 Rdnr. 1 f.
[2] ABl. EG 2001 Nr. L 12, S. 1; abgedruckt auch bei *Jayme/Hausmann*, Internationales Privat- und Verfahrensrecht, 15. Auflage 2010, Nr. 160.
[3] ABl. EU Nr. L 299, S. 62.
[4] ABl. EU 2007 Nr. L 94, S. 70.
[5] *Jayme/Hausmann*, Internationales Privat- und Verfahrensrecht, 15. Auflage 2010, Nr. 160, Fn. 10.
[6] Näher hierzu Geimer/Schütze/*Geimer*, Europäisches Zivilverfahrensrecht, 3. Auflage 2010, A. 1 – Art. 1 EuGVVO Rdnr. 2 ff.
[7] EuGH NJW 1977, 489 (LTU Eurocontrol); EuGH, Urt. v. 15. 2. 2007 – Rs. C-292/05 (Lechouritou u. a./Bundesrepublik Deutschland), Rdnr. 70; anders jedoch EuGH IPRax 1994, 37 (rechtsvergleichende Betrachtung).

7 In **zeitlicher** Hinsicht ist die EuGVVO auf Klagen anzuwenden, die nach deren Inkrafttreten am 1. 3. 2002 erhoben worden sind (Art. 66 Abs. 1, 76 EuGVVO).

8 **b) EuGVÜ.** Lange zuvor bestand bereits das Brüsseler EWG-Übereinkommen über die gerichtliche Zuständigkeit und die Vollstreckung gerichtlicher Entscheidungen in Zivil- und Handelssachen vom 27. 9. 1968 (EuGVÜ).[8] Dieses hat jedoch mittlerweile einen begrenzten Anwendungsbereich. Seitdem die EuGVVO am 1. 3. 2002 (Art. 76 EuGVVO) in Kraft getreten ist, wird das EuGVÜ im Verhältnis der Mitgliedstaaten zueinander durch die EuGVVO ersetzt (Art. 68 EuGVVO). Das EuGVÜ ist jedoch weiterhin für die Gebiete der Mitgliedstaaten anzuwenden, für die das Gemeinschaftsrecht nach Art. 355 AEUV nicht gilt (Art. 68 EuGVVO, Erwägungsgrund Nr. 23).[9]

9 **c) LugÜ.** Zu nennen ist schließlich das Luganer Übereinkommen über die gerichtliche Zuständigkeit und die Vollstreckung gerichtlicher Entscheidungen in Zivil- und Handelssachen vom 16. 9. 1988 (LugÜ).[10] Dieses Übereinkommen wurde ursprünglich mit den damaligen EFTA-Staaten Norwegen, Finnland, Island, Schweiz und Österreich abgeschlossen. Heute beschränkt sich die Anwendung des Übereinkommens auf Sachverhalte mit Berührungspunkten zu Island, Norwegen und der Schweiz (vgl. Art. 54b LugÜ).[11]

10 **d) Deutsches autonomes Recht.** Sofern keine sonstigen bi- und multilateralen Staatsverträge anwendbar sind, beurteilt das deutsche Gericht seine Zuständigkeit nach deutschem Verfahrensrecht (insbesondere ZPO, FamFG, InsO). In der Regel indiziert hierbei die örtliche Zuständigkeit auch die internationale Zuständigkeit.[12]

3. Überblick über die verschiedenen Gerichtsstände der EuGVVO

11 Wie bei der deutschen ZPO enthält auch die EuGVVO eine Vielzahl allgemeiner, besonderer und ausschließlicher Gerichtsstände. Diese werden gemäß Art. 25, 26 EuGVVO von Amts wegen geprüft. Kommt es international zur doppelten Rechtshängigkeit, gilt grds. das Prioritätsprinzip (Art. 27–30 EuGVVO). Das später angerufene Gericht setzt das Verfahren aus, bis die Zuständigkeit des zuerst angerufenen Gerichts feststeht; bei der (vermeintlichen) Konkurrenz ausschließlicher Gerichtsstände hat sich das zuletzt angerufene Gericht für unzuständig zu erklären. Bei mehreren internationalen Zuständigkeiten kann die Wahl des richtigen Forums daher von zentraler Bedeutung sein, weshalb es auch zum sog. **forum shopping** kommt.

12 **a) Allgemeiner Gerichtsstand bei natürlichen Personen und Gesellschaften.** Allgemeiner Gerichtsstand ist gemäß Art. 2 EuGVVO der Wohnsitz der beklagten Partei (Art. 2, 59 EuGVVO). Für Gesellschaften und juristische Personen gilt Art. 60 EuGVVO und ermöglicht dem Kläger die Wahl zwischen verschiedenen Gerichtsständen.

Art. 2 EuGVVO

13 (1) Vorbehaltlich der Vorschriften dieser Verordnung sind Personen, die ihren Wohnsitz im Hoheitsgebiet eines Mitgliedstaats haben, ohne Rücksicht auf ihre Staatsangehörigkeit vor den Gerichten dieses Mitgliedstaats zu verklagen.

(2) Auf Personen, die nicht dem Mitgliedstaat, in dem sie ihren Wohnsitz haben, angehören, sind die für Inländer maßgebenden Zuständigkeitsvorschriften anzuwenden.

---

[8] BGBl. 1972 II, S. 774, idF des 4. Beitrittsübereinkommens vom 29. 11. 1996 (BGBl. 1998 II, S. 1412); zu den Staaten, im Verhältnis zu denen das Übereinkommen für die Bundesrepublik Deutschland in Kraft getreten ist siehe *Jayme/Hausmann*, Internationales Privat- und Verfahrensrecht, 15. Auflage 2010, Nr. 160 Fn. 1.

[9] Vgl. *Jayme/Kohler*, IPRax 2005, 481, 486.

[10] BGBl. 1994 II, S. 2660; abgedruckt auch bei *Jayme/Hausmann*, Internationales Privat- und Verfahrensrecht, 15. Auflage 2010, Nr. 152.

[11] Näher hierzu *Nagel/Gottwald*, Internationales Zivilprozessrecht, 6. Auflage 2007, § 3 Rdnr. 5 ff.; Hirte/Bücker/*Leible*, § 12 Rdnr. 1 e ff.

[12] Vgl. BGH NJW 1997, 2245.

Der **allgemeine Gerichtsstand natürlicher Personen** wird gemäß EuGVVO nicht auf Grund eines autonomen Wohnsitzbegriffs ermittelt. Vielmehr hat das angerufene Gericht gemäß Art. 59 Abs. 1 EuGVVO anhand der lex fori zu bestimmen, ob ein allgemeiner Gerichtsstand im Inland vorliegt, in Deutschland gemäß §§ 7 ff. ZPO. Fehlt hiernach ein inländischer allgemeiner Gerichtsstand, hat das angerufene Gericht gemäß Art. 59 Abs. 2 EuGVVO nach Maßgabe des jeweiligen ausländischen Rechts zu ermitteln, ob dort ein allgemeiner Gerichtsstand vorhanden ist. Auf die Staatsangehörigkeit des Beklagten kommt es nicht an. Die praktische Relevanz dieses Gerichtsstands ist vor allem dann gegeben, wenn ein Gläubiger oder eine Gesellschaft ein Organmitglied verklagen will.

Artikel 60 EuGVVO

(1) Gesellschaften und juristische Personen haben für die Anwendung dieser Verordnung ihren Wohnsitz an dem Ort, an dem sich
a) ihr satzungsmäßiger Sitz,
b) ihre Hauptverwaltung oder
c) ihre Hauptniederlassung
befindet.

(2) Im Falle des Vereinigten Königreichs und Irlands ist unter dem Ausdruck „satzungsmäßiger Sitz" das registered office oder, wenn ein solches nirgendwo besteht, der place of incorporation (Ort der Erlangung der Rechtsfähigkeit) oder, wenn ein solcher nirgendwo besteht, der Ort, nach dessen Recht die formation (Gründung) erfolgt ist, zu verstehen.

(...)

Der allgemeine Gerichtsstand von **rechtsfähigen Personengesellschaften und juristischen** Personen ergibt sich aus dem sehr weit formulierten Art. 60 Abs. 1 EuGVVO. Alternativ kommen hiernach der satzungsmäßige Sitz, die Hauptverwaltung oder die Hauptniederlassung in Betracht.[13] Letztlich kann man es sich bei Auslandsgesellschaften daher aussuchen, ob man die Gesellschaft im Inland oder im Ausland verklagt, was im Hinblick auf den Streitstoff durchaus Gestaltungsfreiheit eröffnet (forum shopping). Es handelt sich um eine autonome Definition der Anknüpfungspunkte, so dass es – abweichend von Art. 22 Nr. 2 EuGVVO (unten Rn. 31 ff.) – hierbei nicht auf das IPR des angerufenen Gerichts ankommt.[14] Der **satzungsmäßige Sitz** folgt aus dem Gesellschaftsvertrag (formale Betrachtung). Maßgeblich ist der Zeitpunkt der Klageerhebung, eine spätere Sitzverlegung ändert hieran nichts mehr.[15] Für britische Gesellschaften gilt mit dem selben Inhalt Abs. 2. Die **Hauptverwaltung** ist der Ort, wo die unternehmerischen Grundsatzentscheidungen tatsächlich getroffen werden, mithin regelmäßig der effektive Verwaltungssitz.[16] **Hauptniederlassung** ist schließlich der tatsächliche Geschäftsschwerpunkt, der durch die Konzentration bedeutender Personal- und Sachmittel gekennzeichnet ist.[17] Auslandsgesellschaften haben bei inländischer Geschäftstätigkeit ihre Hauptverwaltung im Inland, auch wenn diese in das Handelsregister als bloße Zweigniederlassung eingetragen ist.[18]

b) Besondere Gerichtsstände. Art. 5–7 EuGVVO sehen für viele praktisch wichtige Bereiche besondere Gerichtsstände vor.

Art. 5 EuGVVO

Eine Person, die ihren Wohnsitz im Hoheitsgebiet eines Mitgliedstaats hat, kann in einem anderen Mitgliedstaat verklagt werden:

---

[13] Zum Ganzen *Ringer*, IPRax 2007, 388; *Piltz*, NJW 2002, 789.
[14] Vgl. Erwägungsgrund Nr. 11 des EuGVVO.
[15] Saenger/*Dörner*, ZPO, Art. 60 EuGVVO Rdnr. 5.
[16] Vgl. BAG NJW 2008, 2797.
[17] Saenger/*Dörner*, ZPO, Art. 60 EuGVVO Rdnr. 6.
[18] Saenger/*Dörner*, ZPO, Art. 60 EuGVVO Rdnr. 6.

1. a) wenn ein Vertrag oder **Ansprüche aus einem Vertrag** den Gegenstand des Verfahrens bilden, vor dem Gericht des Ortes, an dem die Verpflichtung erfüllt worden ist oder zu erfüllen wäre;
   b) im Sinne dieser Vorschrift – und sofern nichts anderes vereinbart worden ist – ist der **Erfüllungsort** der Verpflichtung
   – für den Verkauf beweglicher Sachen der Ort in einem Mitgliedstaat, an dem sie nach dem Vertrag geliefert worden sind oder hätten geliefert werden müssen;
   – für die Erbringung von Dienstleistungen der Ort in einem Mitgliedstaat, an dem sie nach dem Vertrag erbracht worden sind oder hätten erbracht werden müssen;
   c) ist Buchstabe b) nicht anwendbar, so gilt Buchstabe a);
2. (...)
3. wenn eine **unerlaubte Handlung** oder eine Handlung, die einer unerlaubten Handlung gleichgestellt ist, oder wenn Ansprüche aus einer solchen Handlung den Gegenstand des Verfahrens bilden, vor dem Gericht des Ortes, an dem das schädigende Ereignis eingetreten ist oder einzutreten droht;
4. wenn es sich um eine Klage auf **Schadensersatz** oder auf Wiederherstellung des früheren Zustands handelt, die auf eine mit Strafe bedrohte Handlung gestützt wird, vor dem Strafgericht, bei dem die öffentliche Klage erhoben ist, soweit dieses Gericht nach seinem Recht über zivilrechtliche Ansprüche erkennen kann;
5. wenn es sich um Streitigkeiten aus dem Betrieb einer **Zweigniederlassung**, einer Agentur oder einer sonstigen Niederlassung handelt, vor dem Gericht des Ortes, an dem sich diese befindet;
(...)

17 Art. 5 EuGVVO setzt seinem Wortlaut nach voraus, dass der Beklagte seinen **Wohnsitz** im Hoheitsgebiet eines Mitgliedstaates hat und dass die Klage in einem anderen Mitgliedstaat erhoben wird. Es ist also zunächst festzustellen, in welchem Mitgliedstaat die Gesellschaft ihren „Wohnsitz" hat und ob die Klage in einem anderen Mitgliedstaat als dem so festgestellten erhoben worden ist bzw. erhoben werden soll.[19] Anders als bei der Bestimmung des Sitzes der Gesellschaft im Rahmen von Art. 22 Nr. 2 EuGVVO ist der Begriff „Wohnsitz" hierbei verordnungsautonom nach Art. 60 EuGVVO zu definieren. Gesellschaften und juristische Personen haben demnach ihren Wohnsitz dort, wo sich ihr **satzungsmäßiger Sitz,** ihre **Hauptverwaltung** oder ihre **Hauptniederlassung** befindet. Für das Vereinigte Königreich und Irland ist nach Art. 60 Abs. 2 EuGVVO unter dem „satzungsmäßigen Sitz" das registered office zu verstehen, also die in dem staatlichen Register angegebene Adresse der Gesellschaft.[20] Falls ein solches nirgendwo besteht, ist auf den place of incorporation (Ort der Erlangung der Rechtsfähigkeit) zurückzugreifen oder – wenn auch ein solcher nirgendwo besteht – auf den Ort, nach dessen Recht die formation (Gründung) erfolgt ist. Nach Art. 53 LugÜ/EuGVÜ bestimmt das angegangene Gericht den Sitz der Gesellschaft hingegen unter Anwendung seiner Vorschriften des internationalen Privatrechts, so dass insoweit die Kontroverse zwischen Sitz- und Gründungstheorie relevant ist..

18 In den Art. 8 ff. EuGVVO gibt es weiterhin besondere Zuständigkeiten für **Versicherungssachen,** in Art. 15 ff. EuGVVO besondere Regelungen für **Verbrauchersachen**, in Art. 18 EuGVVO besondere Regelungen für **Arbeitsverträge.**

19 Anders als Art. 22 Nr. 2 EuGVVO regeln Art. 5 Nr. 1, 3 und 5 EuGVVO ihrem Wortlaut nach („... vor dem Gericht des Ortes ...") nicht nur die internationale, sondern auch

---

[19] Näher hierzu Rauscher/*Leible,* Europäisches Zivilprozessrecht, Art. 5 Brüssel I-VO, Rdnr. 5 m. w. N.
[20] Hirte/Bücker/*Leible,* § 12 Rdnr. 4 m. w. N.

die **örtliche Zuständigkeit**. Es werden daher sowohl die internationalen als auch die örtlichen Gerichtsstände der nationalen Zivilprozessrechte verdrängt, selbst wenn diesen ein entsprechender örtlicher Gerichtsstand fremd ist.[21]

Bei den allgemeinen und den besonderen Gerichtsständen besteht gemäß Art. 24 EuGVVO die Möglichkeit der **rügelosen Einlassung**.

Art. 24 EuGVVO

Sofern das Gericht eines Mitgliedstaats nicht bereits nach anderen Vorschriften dieser Verordnung zuständig ist, wird es zuständig, wenn sich der Beklagte vor ihm auf das Verfahren einlässt. Dies gilt nicht, wenn der Beklagte sich einlässt, um den Mangel der Zuständigkeit geltend zu machen oder wenn ein anderes Gericht aufgrund des Artikels 22 ausschließlich zuständig ist.

Eine **Gerichtsstandsvereinbarung** ist gemäß Art. 23 EuGVVO im selben Umfang möglich. Diese kann auch Bestandteil eines Gesellschaftsvertrages sein.[22]

Art. 23 EuGVVO

(1) Haben die Parteien, von denen mindestens eine ihren Wohnsitz im Hoheitsgebiet eines Mitgliedstaats hat, vereinbart, dass ein Gericht oder die Gerichte eines Mitgliedstaats über eine bereits entstandene Rechtsstreitigkeit oder über eine künftige aus einem bestimmten Rechtsverhältnis entspringende Rechtsstreitigkeit entscheiden sollen, so sind dieses Gericht oder die Gerichte dieses Mitgliedstaats zuständig. Dieses Gericht oder die Gerichte dieses Mitgliedstaats sind ausschließlich zuständig, sofern die Parteien nichts anderes vereinbart haben. Eine solche Gerichtsstandsvereinbarung muss geschlossen werden
a) schriftlich oder mündlich mit schriftlicher Bestätigung,
b) in einer Form, welche den Gepflogenheiten entspricht, die zwischen den Parteien entstanden sind, oder
c) im internationalen Handel in einer Form, die einem Handelsbrauch entspricht, den die Parteien kannten oder kennen mussten und den Parteien von Verträgen dieser Art in dem betreffenden Geschäftszweig allgemein kennen und regelmäßig beachten.
(2) Elektronische Übermittlungen, die eine dauerhafte Aufzeichnung der Vereinbarung ermöglichen, sind der Schriftform gleichgestellt.
(3) Wenn eine solche Vereinbarung von Parteien geschlossen wurde, die beide ihren Wohnsitz nicht im Hoheitsgebiet eines Mitgliedstaats haben, so können die Gerichte der anderen Mitgliedstaaten nicht entscheiden, es sei denn, das vereinbarte Gericht oder die vereinbarten Gerichte haben sich rechtskräftig für unzuständig erklärt.
(4) Ist in schriftlich niedergelegten trust-Bedingungen bestimmt, dass über Klagen gegen einen Begründer, trustee oder Begünstigten eines trust ein Gericht oder die Gerichte eines Mitgliedstaats entscheiden sollen, so ist dieses Gericht oder sind diese Gerichte ausschließlich zuständig, wenn es sich um Beziehungen zwischen diesen Personen oder ihre Rechte oder Pflichten im Rahmen des trust handelt.
(5) Gerichtsstandsvereinbarungen und entsprechende Bestimmungen in trust-Bedingungen haben keine rechtliche Wirkung, wenn sie den Vorschriften der Artikel 13, 17 und 21 zuwiderlaufen oder wenn die Gerichte, deren Zuständigkeit abbedungen wird, aufgrund des Artikels 22 ausschließlich zuständig sind.

c) Ausschließliche Gerichtsstände. Nach Art. 22 EuGVVO besteht für viele im Wirtschaftsleben wichtige Bereiche eine ausschließliche Zuständigkeit.

---

[21] Rauscher/*Leible*, Europäisches Zivilprozessrecht, Art. 5 Brüssel I-VO, Rdnr. 4 m. w. N.
[22] Vgl. Rauscher/*Mankowski*, Art. 23 Brüssel I-VO Rdnr. 51; *Mülbert*, ZZP 118 (2005), 313.

Art. 22 EuGVVO

23 Ohne Rücksicht auf den Wohnsitz sind ausschließlich zuständig:
1. für Klagen, welche **dingliche Rechte** an unbeweglichen Sachen sowie die Miete oder Pacht von unbeweglichen Sachen zum Gegenstand haben, die Gerichte des Mitgliedstaats, in dem die unbewegliche Sache belegen ist.
Jedoch sind für Klagen betreffend die Miete oder Pacht unbeweglicher Sachen zum vorübergehenden privaten Gebrauch für höchstens sechs aufeinander folgende Monate auch die Gerichte des Mitgliedstaats zuständig, in dem der Beklagte seinen Wohnsitz hat, sofern es sich bei dem Mieter oder Pächter um eine natürliche Person handelt und der Eigentümer sowie der Mieter oder Pächter ihren Wohnsitz in demselben Mitgliedstaat haben;
2. für Klagen, welche die Gültigkeit, die Nichtigkeit oder die Auflösung einer **Gesellschaft** oder juristischen Person oder die Gültigkeit der Beschlüsse ihrer Organe zum Gegenstand haben, die Gerichte des Mitgliedstaats, in dessen Hoheitsgebiet die Gesellschaft oder juristische Person ihren Sitz hat. Bei der Entscheidung darüber, wo der Sitz sich befindet, wendet das Gericht die Vorschriften seines Internationalen Privatrechts an;
3. für Klagen, welche die Gültigkeit von **Eintragungen in öffentliche Register** zum Gegenstand haben, die Gerichte des Mitgliedstaats, in dessen Hoheitsgebiet die Register geführt werden;
4. für Klagen, welche die Eintragung oder die **Gültigkeit von Patenten, Marken, Mustern** und Modellen sowie ähnlicher Rechte, die einer Hinterlegung oder Registrierung bedürfen, zum Gegenstand haben, die Gerichte des Mitgliedstaats, in dessen Hoheitsgebiet die Hinterlegung oder Registrierung beantragt oder vorgenommen worden ist oder aufgrund eines Gemeinschaftsrechtsakts oder eines zwischenstaatlichen Übereinkommens als vorgenommen gilt.
Unbeschadet der Zuständigkeit des Europäischen Patentamts nach dem am 5. Oktober 1973 in München unterzeichneten Übereinkommen über die Erteilung europäischer Patente sind die Gerichte eines jeden Mitgliedstaats ohne Rücksicht auf den Wohnsitz der Parteien für alle Verfahren ausschließlich zuständig, welche die Erteilung oder die Gültigkeit eines europäischen Patents zum Gegenstand haben, das für diesen Staat erteilt wurde;
5. für Verfahren, welche die **Zwangsvollstreckung** aus Entscheidungen zum Gegenstand haben, die Gerichte des Mitgliedstaats, in dessen Hoheitsgebiet die Zwangsvollstreckung durchgeführt werden soll oder durchgeführt worden ist.

24 d) **Forum Shopping.** Soweit keine **vorrangige ausschließliche Zuständigkeit** nach Art. 22 EuGVVO gegeben ist, kommen für Streitigkeiten unter Beteiligung von Gesellschaften neben dem allgemeinen Gerichtsstand insbesondere der Gerichtsstand des vertraglichen Erfüllungsortes gemäß Art. 5 Nr. 1 EuGVVO, der Gerichtsstand der unerlaubten Handlung gemäß Art. 5 Nr. 3 EuGVVO und der Gerichtsstand der Niederlassung gemäß Art. 5 Nr. 5 EuGVVO in Betracht. Innerhalb des allgemeinen und der besonderen Gerichtsstände hat der Kläger ein **Wahlrecht,** was es vielfach ermöglicht, die „passende" Gerichtsbarkeit zu wählen. Dies bedeutet aus Sicht des potentiell Beklagten naturgemäß auch **Rechtsunsicherheit.** Zwar handelt es sich bei der EuGVVO um eine einheitlich auszulegende europäische Rechtsverordnung. Gleichwohl liegt es in der Natur der („internationalen") Sache, dass die Konkretisierung der hierin enthaltenen Rechtsbegriffe nicht sogleich einheitlich erfolgt und viele Fragen der abschließenden Klärung durch den EuGH zugeführt werden müssen. Es ist daher keineswegs gesichert, dass die hier skizzierte internationale Zuständigkeit gemäß EuGVVO in anderen Mitgliedstaaten gleichermaßen Anerkennung findet.

25 Lässt sich eine Klage sowohl auf vertragliche als auch auf deliktische Ansprüche stützen **(Anspruchskonkurrenz),** ist die internationale Gerichtszuständigkeit nach der Rechtsprechung des EuGH gespalten.²³ Folglich ist für jede Anspruchsgrundlage die Zuständigkeit getrennt zu prüfen.²⁴ Nach anderer Auffassung prüft das angerufene Gericht im Fall seiner internationalen Zuständigkeit nach Art. 5 Nr. 1 EuGVVO nicht nur die vertraglichen, sondern auch die deliktischen Anspruchsgrundlagen.²⁵ Erstere Ansicht hat zwar den Vorteil, dem differenzierten System der Gerichtsstände am besten Geltung zu verschaffen. Aus Gründen der sachgerechten Verfahrenskonzentration ist die zweite Ansicht jedoch vorzugswürdig; den hierbei möglichen Missbräuchen beim „forum shopping" sollte in Einzelfällen durch eine Aufspaltung des Rechtsschutzbegehrens zu Gunsten einer differenzierten Zuständigkeit gemäß der Rechtsprechung des EuGH Rechnung getragen werden.

4. Ausschließlicher Gerichtsstand für gesellschaftsorganisatorische Klagen

Art. 22 Nr. 2 S. 1 EuGVVO (bzw. Art. 16 Nr. 2 EuGVÜ/LugÜ)²⁶ begründet eine ausschließliche Zuständigkeit für Klagen, welche die Gültigkeit oder Nichtigkeit einer Gesellschaft oder juristischen Person, die Auflösung einer Gesellschaft oder juristischen Person oder die Gültigkeit oder Nichtigkeit der Beschlüsse der Organe einer Gesellschaft oder juristischen Person betreffen. Normzweck ist in erster Linie die Herbeiführung einer **Zuständigkeitskonzentration.** Streitigkeiten über den Status der Gesellschaft bzw. der juristischen Person im Innen- und Außenverhältnis sollen an dem Gericht des Gesellschaftssitzes verhandelt werden, um die Gefahr widerstreitender Entscheidungen auszuräumen. Dies ist zum einen sachgerecht, da die betreffenden Klagen über die Rechte der konkret am Verfahren Beteiligten hinaus zumeist auch die Rechte aller anderen Gesellschafter sowie der Gläubiger der Gesellschaft tangieren.²⁷ Zum anderen wird hierdurch die Beachtung der Publizitätserfordernisse des Sitzstaates gesichert²⁸ sowie der innere Entscheidungseinklang gefördert.²⁹ Ferner bezweckt die Zuständigkeitskonzentration einen Gleichlauf zwischen Gerichtsstand und anwendbarem Recht.³⁰ Da die Zuständigkeit nach Art. 22 EuGVVO eine ausschließliche darstellt, verdrängt diese sowohl die allgemeine als auch alle besonderen Zuständigkeiten. Sie kann auch weder durch eine Gerichtsstandvereinbarung (Art. 23 Abs. 5 EuGVVO) noch durch rügelose Einlassung (Art. 24 S. 2 EuGVVO) derogiert werden.

26

Zu beachten ist aber, dass Art. 22 Nr. 2 EuGVVO keinen allgemeinen **Gerichtsstand der Mitgliedschaft** darstellt, da eine Vielzahl gesellschaftsinterner Streitigkeiten nicht in dessen katalogartig formulierten Anwendungsbereich fällt.³¹ Dies ist problematisch, da im Hinblick auf die internationale Zuständigkeit ein Rückgriff auf § 22 ZPO wegen des Vorrangs der EuGVVO ausgeschlossen ist.³² Einzelheiten unten Rdnr. 47.

27

---

²³ EuGH NJW 1988, 3088
²⁴ EuGH IPRax 1989, 288; BGH NJW 1996, 1411, 1413
²⁵ Geimer/Schütze/*Geimer*, Europäisches Zivilverfahrensrecht, A. 1 – Art. 5 EuGVVO Rdnr. 50 m. w. N.
²⁶ Art. 22 Nr. 2 EuGVVO und Art. 16 Nr. 2 EuGVÜ und LugÜ sind ihrem Wortlaut nach fast identisch. Im Folgenden wird auf eine separate Erläuterung zu Art. 16 Nr. 2 EuGVÜ und LugÜ daher verzichtet.
²⁷ Geimer/Schütze/*Geimer*, Europäisches Zivilverfahrensrecht, A. 1 – Art. 22 EuGVVO Rdnr. 139; Hirte/Bücker/*Leible*, Grenzüberschreitende Gesellschaften, 2005, § 11, Rdnr. 7; *Kropholler*, Europäisches Zivilprozeßrecht, 9. Auflage 2011, Art. 22 EuGVO Rdnr. 33; Rauscher/*Mankowski*, Europäisches Zivilprozeßrecht, 2. Auflage (2006), Art. 22 Brüssel I-VO, Rdnr. 28.
²⁸ Hirte/Bücker/*Leible*, Grenzüberschreitende Gesellschaften, 2005, § 11, Rdnr. 7.
²⁹ Geimer/Schütze/*Geimer*, Europäisches Zivilverfahrensrecht, A. 1 – Art. 22 EuGVVO Rdnr. 139.
³⁰ Rauscher/*Mankowski*, Europäisches Zivilprozeßrecht, 2. Auflage 2006, Art. 22 Brüssel I-VO, Rdnr. 28 m. w. N.
³¹ Rauscher/*Mankowski*, Europäisches Zivilprozeßrecht, 2. Auflage 2006, Art. 22 Brüssel I-VO, Rdnr. 35, 37.
³² OLG Naumburg NZG 2000, 1218, 1219; OLG Köln WM 2005, 612, 613.

28 Art. 22 Nr. 2 Satz 1 EuGVVO regelt nur die internationale, **nicht die örtliche Zuständigkeit**, welche nach der lex fori zu bestimmen ist, im deutschen Prozessrecht gemäß §§ 12 ff. ZPO.

29 **a) Allgemeine Voraussetzungen. aa) Gesellschaft oder juristische Person.** Art. 22 Nr. 2 EuGVVO begründet die Zuständigkeit der Gerichte des Mitgliedsstaats bzw. Vertragsstaats, in dessen Hoheitsgebiet die Gesellschaft oder juristische Person ihren Sitz hat. Es ist mithin zu klären, wie diese beiden Begriffe zu definieren und voneinander abzugrenzen sind. Dies erfolgt für alle Mitgliedstaaten einheitlich, da die Auslegung der EuGVVO grundsätzlich autonom und nicht nach der lex fori oder lex causae erfolgt.[33] Demnach ist auch der Begriff der Gesellschaft einheitlich autonom zu definieren.[34] Eine Beschränkung des Anwendungsbereichs auf juristische Personen gibt der Wortlaut nicht her und war auch nicht bezweckt.[35] Es fallen daher auch Personengesellschaften hierunter. Erforderlich ist hierfür jedoch eine hinreichend verfestigte Organisation des Gebildes und dessen Teilnahme am Rechtsverkehr.[36] Die stille Gesellschaft oder sonstige Innengesellschaften werden nicht erfasst.[37] Die deutsche GbR kann als Außengesellschaft jedoch diese Voraussetzungen erfüllen.[38]

30 **bb) Zivilrechtliches kontradiktorisches Verfahren.** Voraussetzung für die Anwendung von Art. 22 Nr. 2 EuGVVO ist weiterhin das Vorliegen eines zivilrechtlichen kontradiktorischen Verfahrens. Die Regelung nimmt daher zum einen solche Verfahren aus, bei denen die Auflösung der Gesellschaft oder juristischen Person von einer Verwaltungsbehörde oder auf deren Antrag vom Gericht betrieben wird.[39] Zum anderen gilt sie nicht bei einseitigen Amtsverfahren, wie zB. dem Amtslöschungsverfahren nach §§ 393, 394 FamFG.[40] Konkurriert dieses mit einem Nichtigkeitsprozess nach §§ 275 ff. AktG oder § 75 GmbHG, kann sowohl das Prozessgericht als auch das Registergericht das Verfahren nach § 148 ZPO bzw. § 381 FamFG aussetzen.[41]

31 **b) Der Sitz als Anknüpfungspunkt.** Nach Art. 22 Nr. 2 EuGVVO ist maßgeblicher Anknüpfungspunkt der Sitz der Gesellschaft bzw. der juristischen Person. Dieser wird nach S. 2 vom erkennenden Gericht unter Anwendung des **autonomen IPR** und nicht nach der gemeinschaftsrechtlichen Regelung des Art. 60 EuGVVO ermittelt.[42] Insofern setzt sich die Kontroverse zwischen Sitz- und Gründungstheorie auch im IZPR fort und führt zu einer rechtspolitisch zu kritisierenden **gespaltenen Lösung:**

32 Soweit das IPR des angerufenen Gerichts der **Sitztheorie** folgt, kann es die eigene internationale Zuständigkeit auf den ersten Blick ohne weiteres auf den tatsächlichen Verwaltungssitz im Inland stützen. Hiernach erlangen die genannten Klagegegenstände und der

---

[33] Vgl. auch Geimer/Schütze/*Geimer*, Europäisches Zivilverfahrensrecht, 3. Auflage 2010, A. 1 – Art. 1 EuGVVO Rdnr. 2 ff.
[34] Geimer/Schütze/*Geimer*, Europäisches Zivilverfahrensrecht, A. 1 – Art. 22 EuGVVO Rdnr. 146 m. w. N.; zum Begriff der Gesellschaft im IPR ausführlich *Wedemann*, RabelsZ 75 (2011), 541.
[35] Rauscher/*Mankowski*, Europäisches Zivilprozessrecht, 2. Auflage 2006, Art. 22 Brüssel I-VO, Rdnr. 28 m. w. N.
[36] Geimer/Schütze/*Geimer*, Europäisches Zivilverfahrensrecht, A. 1 – Art. 22 EuGVVO Rdnr. 147; Rusch in *Dasser/Oberhammer*, Kommentar zum Lugano-Übereinkommen, 2008, Art. 16 Nr. 2 Rdnr. 9.
[37] MünchKommZPO/*Gottwald* Art. 16 EuGVÜ Rdnr. 18; Geimer/Schütze/*Geimer*, Europäisches Zivilverfahrensrecht, A. 1 – Art. 22 EuGVVO Rdnr. 147 m. w. N.; aA: Rauscher/*Mankowski*, Europäisches Zivilprozessrecht, 2. Auflage 2006, Art. 22 Brüssel I-VO, Rdnr. 28.
[38] Rauscher/*Mankowski*, Europäisches Zivilprozessrecht, 2. Auflage 2006, Art. 22 Brüssel I-VO, Rdnr. 28; Geimer/Schütze/*Geimer*, Europäisches Zivilverfahrensrecht, A. 1 – Art. 22 EuGVVO Rdnr. 148 m. w. N.
[39] Geimer/Schütze/*Geimer*, Europäisches Zivilverfahrensrecht, A. 1 – Art. 22 EuGVVO Rdnr. 151.
[40] *Kropholler*, Europäisches Zivilprozeßrecht, 9. Auflage 2011, Art. 22 EuGVO Rdnr. 34.
[41] Geimer/Schütze/*Geimer*, Europäisches Zivilverfahrensrecht, A. 1 – Art. 22 EuGVVO Rdnr. 153.
[42] *Schilling*, IPRax 2005, 208, 216; *Schaper*, IPRax 2010, 513.

skizzierte Schutzzweck von Art. 22 Nr. 2 EuGVVO jedoch nur eine begrenzte Bedeutung, weil infolge der Sitztheorie die Gesellschaft ggf. einen Statutenwechsel vollzog. Verlegt zB eine Gesellschaft ihren Verwaltungssitz nach Deutschland, verliert sie ihre rechtliche Identität und Ausgestaltung nach Heimatrecht, so dass ein Verfahren über die genannten Klagegegenstände anderen Regeln folgt, als der Schutzzweck der Norm intendiert. Indem es sich fortan in Deutschland zB um eine Personengesellschaft handelt, folgen die Auflösungsfragen und das Beschlussmängelrecht anderen Regeln als dies nach dem Heimatrecht der Fall gewesen wäre. Im Bereich der Sitztheorie hat Art. 22 Nr. 2 EuGVVO somit letztlich keine eigenständige Bedeutung, da die Gesellschaft ohnehin bereits „eingedeutscht" wurde. In der Praxis betrifft dies freilich vornehmlich Gesellschaften aus Drittstaaten, wo die EuGVVO ohnehin nicht gilt, sondern ggf. das EüGVÜ bzw. LugÜ (oben Rdnr. 3 ff.).

Gilt im nationalen IPR hingegen die **Gründungstheorie,** ist auf den Satzungssitz der 33 Gesellschaft abzustellen.[43] Dies hat zwar zur Folge, dass das betreffende Gericht möglicherweise unzuständig ist (so in den Fällen der Sitzverlegung aus dem Ausland). Auf der anderen Seite gewährleistet die Gründungstheorie, dass das Schutzanliegen von Art. 22 Nr. 2 EuGVVO verwirklicht ist. Der betreffende gesellschaftsorganisatorische Streit wird in dem Staat und nach dem Recht behandelt, welches die Gesellschafter als maßgeblichen Regelungsrahmen gewählt haben. Diese Betrachtung spiegelt einerseits den Schutzzweck der EuGVVO zutreffend wieder. Es bleibt daher zu hoffen, dass es bald ein europaweit einheitliches Bekenntnis zur Gründungstheorie gibt. Auf der anderen Seite kann dies bei den Auslandsgesellschaften auch zu nicht vorhergesehenen Folgen führen. Wählen zB deutsche Gesellschafter eine englische Ltd., um allein in Deutschland tätig zu sein, sind für die von Art. 22 Nr. 2 EuGVVO erfassten Streitigkeiten englische Gerichte zuständig.[44]

c) Die erfassten Klagegegenstände. Die in Art. 22 Nr. 2 EuGVVO genannten Kla- 34 gegenstände sind einheitlich und **verordnungsautonom** zu definieren. So wird verhindert, dass einzelne Staaten durch eine großzügige Auslegung Zuständigkeitsmonopole zu ihren Gunsten schaffen.[45] Um jedoch zu bestimmen, welche Klagen von diesem ausschließlichen Gerichtsstand konkret erfasst werden, ist zum einen festzustellen, welche Klagen das jeweilige Gesellschaftsstatut bereit hält und zu prüfen, ob sich diese den Klagegegenständen des Art. 22 Nr. 2 EuGVVO zuweisen lassen.[46] Die folgende Darstellung beschränkt sich auf den Kreis der Klagen nach deutschem Gesellschaftsrecht.[47] Da Art. 22 Nr. 2 EuGVVO lediglich die internationale Zuständigkeit regelt, wird jeweils auch auf die örtliche Zuständigkeit eingegangen.

aa) Gültigkeit oder Nichtigkeit einer Gesellschaft. Art. 22 Nr. 2 Var. 1 EuGVVO 35 erfasst alle Klagen, die die Nichtigerklärung bzw. Feststellung des Bestehens oder Nichtbestehens der Gesellschaft bzw. juristischen Person zum Ziel haben.[48] Nr. 2 ist jedoch nicht anwendbar, wenn diese Fragen lediglich eine Vorfrage in einem anderen Verfahren darstellen.[49] Es kommen aus deutscher Sicht insbesondere in Betracht Klagen auf Nichtigerklärung einer GmbH gemäß §§ 75, 76 GmbHG oder einer AG gemäß § 275 AktG. Für die Nichtigkeitsklage ausschließlich sachlich und örtlich zuständig ist jeweils das Landgericht, in dessen Bezirk die Gesellschaft ihren Sitz hat (vgl. § 75 Abs. 2 GmbHG und § 274 Abs. 4 AktG jeweils in Verbindung mit § 246 Abs. 3 AktG). Art. 22 Nr. 2 EuGVVO gilt ferner für Prozesse, in denen die Unwirksamkeit einer Personenhandelsgesellschaft geltend

---

[43] BGH WM 2011, 1808; OLG Frankfurt NZG 2010, 581.
[44] Hierzu bereits Henssler/Strohn/*Servatius* IntGesR Rdnr. 208.
[45] *Schilling*, IPRax 2005, 208, 213
[46] Hirte/Bücker/*Leible*, § 12 Rdnr. 10.
[47] Siehe zu der Rechtslage aus der Sicht des britischen Gesellschaftsrechts *Schilling*, IPRax 2005, 208, 213 ff.
[48] Geimer/Schütze/*Geimer*, Europäisches Zivilverfahrensrecht, A. 1 – Art. 22 EuGVVO Rdnr. 154.
[49] Rauscher/*Mankowski*, Europäisches Zivilprozessrecht, 2. Auflage 2006, Art. 22 Brüssel I-VO, Rdnr. 33 m.w.N.

gemacht wird, sofern um den Bestand der Gesellschaft als solchen und nicht um die Mitgliedschaft eines Gesellschafters gestritten wird.[50] Die örtliche Zuständigkeit richtet sich nach § 17 ZPO.

36 Der **praktische Anwendungsbereich** dieser Klagen erstreckt sich wegen der kontroversen Sitzanknüpfung (oben Rdnr. 31 f.) auf die Fälle, in denen eine deutsche GmbH oder AG identitätswahrend ihren Sitz ins Ausland verlegt (vgl. zur nach wie vor bestehenden Rechtsunsicherheit § 12 Rdnr. 18 ff.). Im umgekehrten Fall, dass eine Auslandsgesellschaft ihren tatsächlichen Verwaltungssitz nach Deutschland verlegt, kommt es darauf an, ob dieser Sachverhalt nach Sitz- oder Gründungstheorie behandelt wird: Kann die Gesellschaft identitätswahrend ihren Sitz nach Deutschland verlegen, sind die deutschen Gerichte unzuständig. Kommt es hingegen gemäß Sitztheorie zu einem Statutenwechsel, sind die deutschen Gerichte zuständig und entscheiden hierüber nach Personengesellschaftsrecht (Einzelheiten zum Statutenwechsel § 12 Rdnr. 12).

37 **bb) Auflösungsklage.** Erfasst sind weiterhin Klagen, welche die Auflösung einer Gesellschaft oder juristischen Person zum Gegenstand haben (Art. 22 Nr. 2 Var. 2 EuGVVO).[51] Der Begriff Auflösung ist hierbei weit zu verstehen. Neben der Auflösung im engen Sinne erfasst er Verfahren, welche die Liquidation nach Auflösung der Gesellschaft bis zur Löschung bzw. Beendigung der Gesellschaft zum Gegenstand haben.[52] Insolvenzbedingte Auflösungsverfahren fallen hingegen nicht in den Anwendungsbereich der EuGVVO (Art. 1 Abs. 2 Nr. 2 EuGVVO), sondern werden von der EuInsVO erfasst (Art. 1 Abs. 1 EuInsVO).[53]

38 Aus deutscher Sicht kommt daher insbesondere die Klage auf Auflösung einer **GmbH** gemäß § 61 GmbHG in Betracht. Für die Auflösung einer **AG** fehlt eine vergleichbare Regelung. In den Anwendungsbereich des Art. 22 Nr. 2 EuGVVO fällt daher allein der Streit um die Ordnungsmäßigkeit eines nach § 262 Abs. 1 Nr. 2 AktG gefassten Auflösungsbeschlusses, allerdings unter Art. 22 Nr. 2 Var. 3 EuGVVO (dazu unten Rdnr. 39). Das Amtslöschungs- bzw. Amtsauflösungsverfahren nach §§ 397, 399 FamFG sowie die Auflösungsklage nach §§ 396 ff. AktG fallen als öffentlich-rechtliche Verfahren nicht in den Anwendungsbereich des Art. 22 Nr. 2 EuGVVO. In den Anwendungsbereich des Art. 22 Nr. 2 Var. 2 EuGVVO fällt hingegen die Klage auf Auflösung einer **OHG bzw. KG** gemäß § 133 HGB (ggf. iVm. § 161 Abs. 2 HGB). Dem Wortlaut nach nicht erfasst ist die statt der Auflösung mögliche Ausschließung eines Gesellschafters (§ 140 HGB) und die auf Antrag der übrigen Gesellschafter mögliche Entziehung der Vertretungsbefugnis nach § 127 HGB.[54] Insofern sprechen sich jedoch einige zutreffend dafür aus, Art. 22 Nr. 2 EuGVVO im Wege einer extensiven Interpretation auch hierauf zu erstrecken,[55] zumal der Zusammenhang dieser Verfahren mit dem Leben der Gesellschaft ähnlich eng ist wie bei der Auflösungsklage und letztlich Wirkung erga omnes besteht.[56] Ist Klagegegenstand lediglich die Kündigung des Gesellschaftsvertrages, ist Art. 22 Nr. 2 Var. 2 EuGVVO nicht anwendbar,

---

[50] Geimer/Schütze/*Geimer*, Europäisches Zivilverfahrensrecht, A. 1 – Art. 22 EuGVVO Rdnr. 163 ff.

[51] Siehe insbesondere auch zur einstweiligen Verfügung die ausführliche Darstellung bei Geimer/Schütze/*Geimer*, Europäisches Zivilverfahrensrecht, A. 1 – Art. 22 EuGVVO Rdnr. 166 ff.

[52] Vgl. *Schilling*, IPRax 2005, 208, 213.

[53] Näher hierzu auch Rauscher/*Mankowski*, Europäisches Zivilprozessrecht, 2. Auflage 2006, Art. 22 Brüssel I-VO, Rdnr. 35 m.w.N.; *Kropholler*, Europäisches Zivilprozeßrecht, 9. Auflage 2011, Art. 22 EuGVO Rdnr. 38 m.w.N.

[54] *Kropholler*, Europäisches Zivilprozeßrecht, 9. Auflage 2011, Rdnr. 37.

[55] Befürwortend Geimer/Schütze/*Geimer*, Europäisches Zivilverfahrensrecht, A. 1 – Art. 22 EuGVVO Rdnr. 181; Geimer/Schütze/*Thiel/Tschauner*, Internationaler Rechtsverkehr (Nr. 540) Art. 22 Rdnr. 42; *Kropholler*, Europäisches Zivilprozeßrecht, 9. Auflage 2011, Rdnr. 37; Altmeppen/*Wilhelm*, DB 2004, 1083, 1087; Hirte/Bücker/*Leible*, § 11 Rdnr. 13; ablehnend MüKo ZPO/*Gottwald* Art. 16 EuGVÜ Rdnr. 16.

[56] Rauscher/*Mankowski*, Europäisches Zivilprozessrecht, 2. Auflage 2006, Art. 22 Brüssel I-VO, Rdnr. 36 m.w.N.

allenfalls Var. 3 (unten Rdnr. 39). Etwas anderes gilt jedoch, wenn der Gegenstand der Klage die Feststellung des Bestehens oder Nichtbestehens der OHG bzw. KG ist.[57]

cc) Beschlussmängel. Art. 22 Nr. 2 Var. 3 EuGVVO umfasst Klagen betreffend die Beschlüsse der Gesellschafterversammlung oder aller anderen Gesellschaftsorgane,[58] wobei diese nicht zwingend von einer Mehrzahl von Personen gefasst sein müssen.[59] Erfasst sind sowohl die **Anfechtungsklage** gemäß §§ 246 ff. AktG,[60] als auch die Nichtigkeitsklage gemäß § 249 AktG. Art. 22 Nr. 2 Var. 3 EuGVVO ist ferner anwendbar auf die **Feststellungsklagen** betreffend die Wirksamkeit bzw. Unwirksamkeit des Beschlusses nach § 256 ZPO.[61] Die gerichtliche Feststellung der Unwirksamkeit von Gesellschafterbeschlüssen bei einer Personenhandelsgesellschaft gemäß § 256 ZPO fällt ebenfalls unter Art. 22 Nr. 2 Var. 3 EuGVVO.

d) Nicht erfasste Klagegegenstände. Aufgrund der Begrenzung des Anwendungsbereichs von Art. 22 Nr. 2 EuGVVO auf die soeben skizzierten drei Klagegenstände bleiben zahlreiche **andere Klagen aus dem Gesellschaftsverhältnis** dem allgemeinen Gerichtsstand des Art. 2 EuGVVO unterworfen.[62] Hierzu zählen unter anderem Klagen aus Ansprüchen der Gesellschafter gegen die Gesellschaft (z. B. Klage auf Auszahlung eines zustehenden Gewinnanteils, auf Auskunftserteilung oder Vorlage von Geschäftsunterlagen),[63] Klagen der Gesellschaft gegen die Gesellschafter (z. B. auf Einzahlung der Stammeinlage[64] oder auf Zahlung eines Auseinandersetzungsguthabens)[65] bzw. Gesellschaftsorgane sowie Klagen der Gesellschafter untereinander, sofern diese nicht die Klagegegenstände des Art. 22 Nr. 2 EuGVVO betreffen.[66] Vom Anwendungsbereich des Art. 22 Nr. 2 EuGVVO ebenso nicht erfasst werden Klagen auf Schadensersatz wegen der Verletzung gesellschaftsvertraglicher Pflichten.[67] Art. 22 Nr. 2 EuGVVO schafft so keinen allgemeinen Gerichtsstand der Mitgliedschaft.[68] Zumindest de lege ferenda erscheint es daher als sinnvoll, Art. 22 Nr. 2 EuGVVO dahingehend zu erweitern, dass hiervon sämtliche Streitigkeiten über interne Angelegenheiten der Gesellschaft erfasst werden, die in unmittelbarem Zusammenhang mit deren Organisationsverfassung stehen.[69] Vgl. zu diesen Klagen jedoch den nach nationalem IZPR begründeten Gerichtsstand der Mitgliedschaft (dazu sogleich).

---

[57] Geimer/Schütze/*Geimer*, Europäisches Zivilverfahrensrecht, A. 1 – Art. 22 EuGVVO Rdnr. 182; Killias, EuZ 2004, 30; aA MüKo ZPO/*Gottwald* Art. 16 Rz. 21.
[58] Rauscher/*Mankowski*, Europäisches Zivilprozessrecht, 2. Auflage 2006, Art. 22 Brüssel I-VO, Rdnr. 32 m. w. N.; zum Genzen *Wedemann*, AG 2011, 282.
[59] Geimer/Schütze/*Geimer*, Europäisches Zivilverfahrensrecht, A. 1 – Art. 22 EuGVVO Rdnr. 187.
[60] Näher hierzu Geimer/Schütze/*Geimer*, Europäisches Zivilverfahrensrecht, A. 1 – Art. 22 EuGVVO Rdnr. 192 ff.
[61] *Kropholler/von Hein*, Europäisches Zivilprozeßrecht, 9. Auflage 2011, Art. 22 EuGVO Rdnr. 39 m. w. N.; näher hierzu, insbesondere auch zu der Abgrenzung der Feststellungsklage zu der Nichtigkeitsklage nach § 249 AktG, Geimer/Schütze/*Geimer*, Europäisches Zivilverfahrensrecht, A. 1 – Art. 22 EuGVVO Rdnr. 198 ff.
[62] *Kropholler/von Hein*, Europäisches Zivilprozeßrecht, 9. Auflage 2011, Art. 22 EuGVVO Rdnr. 34; Rauscher/*Mankowski*, EuZPR, Art. 22 Brüssel I-VO Rdnr. 36.
[63] Rauscher/*Mankowski*, Europäisches Zivilprozessrecht, 2. Auflage 2006, Art. 22 Brüssel I-VO, Rdnr. 35 m. w. N.
[64] *Kropholler/von Hein*, Europäisches Zivilprozeßrecht, 9. Auflage 2011, Art. 22 EuGVVO, Rdnr. 40.
[65] OLG Hamm NJW-RR 2007, 478.
[66] *Kropholler*, Europäisches Zivilprozeßrecht, 9. Auflage 2011, Art. 22 EuGVO Rdnr. 40.
[67] Rauscher/*Mankowski*, Europäisches Zivilprozessrecht, 2. Auflage 2006, Art. 22 Brüssel I-VO, Rdnr. 35 m. w. N. Dies zu Recht kritisierend Geimer/Schütze/*Geimer*, Europäisches Zivilverfahrensrecht, A. 1 – Art. 22 EuGVVO Rdnr. 141; *Kropholler*, Europäisches Zivilprozeßrecht, 9. Auflage 2011, Art. 22 EuGVO Rdnr. 40.
[68] *Bachmann*, IPRax 2009, 140, 141.
[69] So bereits Hirte/Bücker/*Leible*, § 12, Rdnr. 13 m. w. N. Gegen die Möglichkeit, dies bereits de lege lata so zu entscheiden, Rauscher/*Mankowski*, Europäisches Zivilprozessrecht, 2. Auflage 2006, Art. 22 Brüssel I-VO, Rdnr. 36.

5. Besonderer Gerichtsstand der Mitgliedschaft

41 Der besondere Gerichtsstand der Mitgliedschaft folgt aus § 22 ZPO und gilt für alle **gesellschaftsbezogenen Klagen** einer deutschen Gesellschaft gegen ihre Gesellschafter und Klagen von Gesellschaftern gegeneinander.[70] Örtlich zuständig ist das Gericht am allgemeinen Gerichtsstand der Gesellschaft iSv. § 17 ZPO, also das Gericht am Ort der Registrierung der Gesellschaft (Satzungssitz; vgl. § 17 Abs. 1 S. 1 ZPO). Wegen des engen Anwendungsbereichs von Art. 22 Nr. 2 EuGVVO kann auf den Gerichtsstand der Mitgliedschaft jedoch auch im **internationalen Rechtsverkehr** bei einer Vielzahl gesellschaftsrechtlicher Streitigkeiten abgestellt werden. Hier ist jedoch im internationalen Rechtsverkehr problematisch, dass die Sitzanknüpfung gemäß der lex fori des angerufenen Gerichts erfolgt, mithin nach dem betreffenden autonomen Kollisions- und Sachrecht. Insofern setzt sich die Kontroverse zwischen Sitz- und Gründungstheorie auch im IZPR fort und führt zu einer rechtspolitisch zu kritisierenden **gespaltenen Lösung:**

42 Soweit das deutsche IPR der **Sitztheorie** folgt, kann es die eigene internationale Zuständigkeit auf den ersten Blick ohne weiteres auf den tatsächlichen Verwaltungssitz im Inland stützen. Verlegt zB eine Gesellschaft ihren Verwaltungssitz nach Deutschland, verliert sie rechtliche Identität und Ausgestaltung nach Heimatrecht, so dass auch im Rahmen von § 22 ZPO nicht auf den Ort der Registrierung abzustellen ist, sondern auf den tatsächlichen Verwaltungssitz in Deutschland (Scheinauslandsgesellschaft). In der Praxis betrifft dies freilich vornehmlich Gesellschaften aus Drittstaaten.

43 Soweit im deutschen IPR hingegen die **Gründungstheorie** gilt, ist auf den Satzungssitz der Gesellschaft abzustellen. Dies hat zwar zur Folge, dass das betreffende Gericht möglicherweise unzuständig ist (so in den Fällen der Sitzverlegung aus dem Ausland). Auf der anderen Seite gewährleistet die Gründungstheorie, dass das Schutzanliegen von § 22 ZPO, die Streitigkeit am Ort der Registrierung nach dem dort maßgeblichen Recht stattfinden zu lassen, verwirklicht wird. Der gesellschaftsinterne Streit wird in dem Staat und nach dem Recht behandelt, welches die Gesellschafter als maßgeblichen Regelungsrahmen gewählt haben. Wählen daher zB deutsche Gesellschafter eine englische Ltd., um allein in Deutschland tätig zu sein, sind für die von § 22 ZPO erfassten Streitigkeiten englische Gerichte zuständig.

6. Besonderer Gerichtsstand des vertraglichen Erfüllungsortes

44 Art. 5 Nr. 1 EuGVVO (abgedruckt oben Rdnr. 16) ist unabhängig von der Klageart[71] anwendbar, wenn der Gegenstand des Verfahrens ein Vertrag oder ein Anspruch aus einem Vertrag ist. International und örtlich zuständig ist das Gericht des Ortes, an dem die Verpflichtung erfüllt worden ist oder zu erfüllen wäre.

45 **a) Allgemeine Voraussetzungen. aa)** Nach der Rechtsprechung des EuGH gilt für die Qualifikation der Tatbestandsmerkmale weder die lex fori noch die lex causae, sondern eine autonome und für alle Mitgliedstaaten einheitliche Definition,[72] um den internationalen Entscheidungseinklang zu fördern.[73] Die Begriffe werden von der Rechtsprechung weit ausgelegt, damit in Abgrenzung zur Zuständigkeit nach Art. 5 Nr. 3 EuGVVO (unerlaubte Handlung, dazu unten Rdnr. 49 f.) keine Lücken entstehen.[74] Für einen **Vertrag** im Sinne dieser Bestimmung ist vielmehr jede freiwillig (im Sinne einer privatautonomen Selbstbindung) gegenüber einer anderen Person eingegangene Verpflichtung ausrei-

---

[70] *Spahlinger/Wegen* Rdnr. 795.
[71] Geimer/Schütze/*Geimer*, Europäisches Zivilverfahrensrecht, A. 1 – Art. 5 EuGVVO Rdnr. 55 m. w. N.
[72] EuGH IPRax 1984, 85; EuGH NJW 1989, 1424.
[73] So auch Rauscher/*Leible*, Europäisches Zivilprozessrecht, Art. 5 Brüssel I-VO, Rdnr. 16.
[74] *Kropholler*, Europäisches Zivilprozeßrecht, 9. Auflage 2011, Art. 5 EuGVVO, Rdnr. 6 m. w. N.

chend.⁷⁵ Art. 5 Nr. 1 EuGVVO gilt auch für Streitigkeiten über die Wirksamkeit des Vertrages.⁷⁶

bb) Zu den **Ansprüchen** aus einem Vertrag gehören nicht nur dem Vertrag unmittelbar entspringende Primäransprüche auf Erfüllung einer Haupt- oder Nebenpflicht, sondern auch sämtliche Sekundäransprüche, also diejenigen Ansprüche, welche an Stelle eines nicht erfüllten vertraglichen Anspruchs geltend gemacht werden können (zB Schadensersatz- oder Rückzahlungsansprüche).⁷⁷ Dies gilt auch dann, wenn sich der Anspruch selbst nicht unmittelbar aus dem Vertrag, sondern aus dem Gesetz ergibt.⁷⁸ **46**

Angesichts des weiten Vertragsbegriffs werden hiervon auch **gesellschaftsrechtliche Ansprüche,** die aus dem **Mitgliedschaftsverhältnis** resultieren und nicht den Bestand der Korporation betreffen, erfasst.⁷⁹ Dies sind etwa Zahlungsansprüche, die ihre Grundlage in dem Mitgliedschaftsverhältnis haben, sowie Ansprüche, welche sich unmittelbar aus dem Beitritt ergeben, und Ansprüche, welche sich auf Grund entsprechender Beschlussfassung ergeben. Letztlich fallen hierunter sämtliche aus den Binnenbeziehungen einer Gesellschaft resultierende Ansprüche.⁸⁰ Zweifelhaft ist jedoch die Ansicht, wonach auch Erstattungsansprüche nach §§ 30 f. GmbHG Ansprüche aus „Vertrag" iSv. von Art. 5 EuGVVO, EuGVÜ und LugÜ seien.⁸¹ Zwar ergeben sich diese Ansprüche nicht aus Vertrag, sondern aus dem **Gesetz.** Dies sei jedoch unerheblich, weil diese Ansprüche das Bestehen einer GmbH und damit das Vorliegen eines Gesellschaftsvertrags zwingend voraussetzten. Zu den Verpflichtungen aus einem Gesellschaftsvertrag sollen auch diejenigen Verpflichtungen zählen, die an die Stelle einer nicht erfüllten vertraglichen Verpflichtung treten.⁸² **47**

Problematisch ist zudem, ob auch organschaftliche Sonderbeziehungen mit dem **Vorstand oder Geschäftsführer** als vertraglich im Sinne von Art. 5 Nr. 1 EuGVVO einzustufen sind.⁸³ Richtigerweise ist dies zu bejahen, denn die Bestellung eines Organs folgt letztlich denselben Voraussetzungen wie der allgemeine zivilrechtliche Vertragsschluss (Erfordernis der Annahme der Bestellung).

b) Anknüpfungspunkt für den besonderen Gerichtsstand ist der Ort, an dem die Verpflichtung die Verpflichtung erfüllt worden ist oder zu erfüllen wäre. Für gesellschaftsbezogene Streitigkeiten richtet sich die Bestimmung der gerichtlichen Zuständigkeit nach Art. 5 Nr. 1 lit. a) EuGVVO.⁸⁴ Es ist mithin festzustellen, welche die maßgebliche Verpflichtung ist und deren Erfüllungsort zu bestimmen. Nach der Rechtsprechung des EuGH ist die jeweils **konkret streitige Verpflichtung** und nicht die vertragscharakteristische Leistung maßgeblich.⁸⁵ Hierbei ist auf die verletzte **Primärpflicht** abzustellen, auch wenn ein Sekundäranspruch geltend gemacht wird.⁸⁶ Die Autonomie der in Art. 5 Nr. 1 lit. b) EuGV- **48**

---

⁷⁵ EuGH JZ 1995, 90 Rdnr. 15; EuGH EuZW 1999, 59, 60 Rdnr. 17; näher zum Vertragsbegriff siehe Rauscher/*Leible*, Europäisches Zivilprozessrecht, Art. 5 Brüssel I-VO, Rdnr. 18 ff.

⁷⁶ EuGH IPRax 1983, 31; näher hierzu Geimer/Schütze/*Geimer*, Europäisches Zivilverfahrensrecht, A. 1 – Art. 5 EuGVVO Rdnr. 27 m. w. N.; ebd. Rdnr. 74.

⁷⁷ Rauscher/*Leible*, Europäisches Zivilprozessrecht, Art. 5 Brüssel I-VO, Rdnr. 23.

⁷⁸ EuGH NJW 1977, 490; EuGH NJW 1989, 1424; OGH ÖJZ 2005, 837.

⁷⁹ EuGH IPRax 1984, 65 Rdnr. 13 ff.; Rauscher/*Leible*, Europäisches Zivilprozessrecht, Art. 5 Brüssel I-VO, Rdnr. 25.

⁸⁰ Hirte/Bücker/*Leible*, § 12 Rdnr. 17 m. w. N.

⁸¹ Vgl. OLG Bremen RIW 1998, 63; OLG Koblenz IPRspr. 2001, S. 272; ebenso *Schwarz*, NZI 2002, 290, 295.

⁸² Vgl. OLG Koblenz IPRspr. 2001, S. 272, 274.

⁸³ Bejahend: OLG München IPRax 2000, 416; OLG Celle NZG 2000, 595; verneinend: OLG Naumburg NZG 2000, 1218, 1219.

⁸⁴ Hirte/Bücker/*Leible*, § 12, Rdnr. 18.

⁸⁵ Näher hierzu Rauscher/*Leible*, Europäisches Zivilprozessrecht, Art. 5 Brüssel I-VO, Rdnr. 35 ff. m. w. N.

⁸⁶ EuGHE 1976, 1497 Rdnr. 13/14; BGH RIW 1979, 711; WM 1992, 1344; NJW 1996, 1819; BGHZ 134, 205; BGH NJW 2001, 1937; OLG Stuttgart RIW 2000, 631.

VO vorgesehenen Anknüpfungskriterien schließt dabei einen Rückgriff auf das internationale Privatrecht des angerufenen Gerichts sowie auf das materielle Recht, das danach anwendbar wäre, aus.[87] Die nach deutschem Recht maßgebliche Anknüpfung des Erfüllungsortes an den Satzungssitz der Gesellschaft[88] muss dabei nicht zwingend zutreffend sein. Der **Sitz der Gesellschaft** ist nicht nach Art. 60 EuGVVO, sondern nach dem von der lex fori berufenen Kollisionsrecht zu bestimmen, zumal es sich bei dem Sitz der Gesellschaft um ein materielles Anknüpfungsmerkmal und keinen prozessualen Systembegriff handelt.[89] So dürfte es sich letztlich als weitgehend sachgerecht erweisen, den effektiven Verwaltungssitz als maßgeblichen Ort für die Leistungserbringung anzusehen. Es wäre sachwidrig, wenn zB die Gesellschafter einer Auslands-Ltd. mit Sitz in Deutschland ihre Einlageleistungen nach England transferieren müssten.

7. Besonderer Gerichtsstand der unerlaubten Handlung

49 Art. 5 Nr. 3 EuGVVO (abgedruckt oben Rdnr. 16) begründet einen besonderen Gerichtsstand für Klagen, deren Gegenstand Ansprüche aus unerlaubter Handlung sind. International und örtlich zuständig ist hiernach das Gericht des Ortes, an dem das schädigende Ereignis eingetreten ist oder einzutreten droht. Die Begriffe „unerlaubte Handlung" sind ebenso wie die Begriffe „Vertrag" und „Ansprüche aus einem Vertrag" **verordnungsautonom** zu qualifizieren.[90] Das Ziel der EuGVVO, in allen Mitgliedstaaten einheitliche Gerichtsstände zu schaffen,[91] kann nur so erreicht werden.[92] Der EuGH legt diese Begriffe weit aus. Unter Art. 5 Nr. 3 EuGVVO fallen hiernach alle Ansprüche, welche eine Schadenshaftung begründen, jedoch nicht auf einen Vertrag im Sinne von Art. 5 Nr. 1 EuGVVO zurückgehen.[93]

50 **Gesellschaftsrechtliche Relevanz** hat dieser Gerichtsstand somit für Ansprüche, die auf der Verletzung von deliktischen **Pflichten** der Gesellschafter oder Verwaltungsorgane **gegenüber Dritten** beruhen. Unter dem Aspekt von § 826 BGB soll dies auch für den Haftungsdurchgriff gelten.[94] Für die Existenzvernichtungshaftung ist dem jedoch nicht zuzustimmen, denn sie ist richtigerweise nicht als unerlaubte Handlung zu qualifizieren und begründet zudem einen Innenanspruch (§ 14 Rdnr. 66 ff.).[95]

51 Der Ort, an dem das **schädigende Ereignis** eingetreten ist oder einzutreten droht, ist nach der Rechtsprechung des EuGH der Handlungs- oder der Erfolgsort.[96] Bei Ansprüchen der Gesellschaft ist der Ort, an dem das schädigende Ereignis eintritt, in der Regel der effektive Verwaltungssitz der Gesellschaft.[97]

8. Besonderer Gerichtsstand der Niederlassung

52 Der Gerichtsstand der Niederlassung gemäß Art. 5 Nr. 5 EuGVVO (abgedruckt oben Rdnr. 16) umfasst Klagen gegen den Inhaber einer Niederlassung, die sich auf vertragliche oder außervertragliche Ansprüche stützen und **betriebsbezogen** sind.[98] Eine Niederlas-

---

[87] EuGH NJW 2010, 1059 ff.
[88] OLG Koblenz IPRspr. 2001, S. 272, 274 m. w. N.
[89] So Hirte/Bücker/*Leible*, § 12, Rdnr. 19; a. A. *Schwarz*, NZI 2002, 290, 297.
[90] EuGHE 1988, 5565 Rdnr. 16, 18.
[91] EuGHE 1983, 987 Rdnr. 10; EuGHE 2002 I 7357 Rdnr. 20.
[92] Rauscher/*Leible*, Europäisches Zivilprozeßrecht, Art. 5 Brüssel I-VO, Rdnr. 78.
[93] EuGH IPRax 1989, 288; EuGHE 1988, 5565 Rdnr. 18; EuGHE 1992 I 2149 Rdnr. 16; EuGHE 1998 I 6511 Rdnr. 22; EuGHE 2002 I 7357 Rdnr. 21; EuGHE 2002 I 6367 Rdnr. 33; EuGHE 2002 I 8111 Rdnr. 36.
[94] Vgl. OLG Köln ZIP 2005, 322.
[95] AA Hirte/Bücker/*Leible*, § 12, Rdnr. 21 m. w. N.
[96] EuGH NJW 1977, 493.
[97] Vgl. *Haubold*, IPRax 2000, 375, 378, der es auch bei Schadensersatzansprüchen von Gesellschaftern für möglich hält, dass der Sitz der Gesellschaft der Erfolgsort ist.
[98] *Kropholler*, Europäisches Zivilprozeßrecht, 9. Auflage 2011 Art. 5 EuGVO Rdnr. 99.

III. Schiedsverfahren

1. Einführung

Das internationale Schiedsverfahren ist ein grenzüberschreitendes privates Streiterledigungsverfahren außerhalb der staatlichen Gerichtsbarkeit. Es weist eine **Entscheidungsfunktion** auf, zielt somit wie die staatlichen Gerichte auf eine verbindliche Entscheidung ggü. den Parteien ab.[100] Insofern unterscheidet es sich von den sog. alternativen Streitschlichtungsverfahren, wie zB Mediation, deren Mittel der Streiterledigung das Herbeiführen eines Kompromisses zwischen den Parteien ist. Jede Schiedsgerichtsbarkeit beruht auf einer entsprechenden **Schiedsabrede** der Parteien, sich der verbindlichen Entscheidung durch einen Schiedsrichter zu unterwerfen und damit auf den gesetzlichen Richter zu verzichten.[101] Ist somit die Schiedsgerichtsbarkeit durch die **Privatautonomie** legitimiert,[102] darf konsequenterweise niemand ohne entsprechende Abrede einem Schiedsgericht unterworfen werden (Prinzip der Freiwilligkeit).[103]

Kennzeichnend für das Schiedsverfahren ist die **Flexibilität**.[104] Dies gilt insbesondere im internationalen Rechtsverkehr.[105] Die privatautonome Grundlage bietet den Streitparteien die Möglichkeit, maßgeblichen Einfluss auf die Ausgestaltung des Verfahrens zu nehmen. So steht es ihnen zB frei, den Verfahrensort, die Verfahrenssprache, die Zusammensetzung des (sachkundigen)[106] Gerichts, das anzuwendende materielle Recht und die Einzelheiten der Durchführung des Verfahrens zu bestimmen sowie letztlich, eine größere Vertraulichkeit ggü. der Öffentlichkeit zu wahren als dies im staatlichen Verfahrend der Fall ist. Treffen die Parteien keine Vereinbarung, steht die **Verfahrensgestaltung** im (breiten) Ermessen des Schiedsrichters.[107] Es kann jedoch auch auf eine Musterschiedsordnung,[108] wie die UNCITRAL[109] Arbitration Rules von 1976, Bezug genommen werden.

Ein weiterer wesentlicher Aspekt für die große praktische Bedeutung des Schiedsverfahrens im internationalen Bereich ist, dass die **Vollstreckung** von ausländischen Schiedssprüchen in weit größerem Umfang staatsvertraglich gewährleistet ist als die Vollstreckung von ausländischen Gerichtsurteilen.[110] Dies ist auf die Geltung des New Yorker **UN-Übereinkommens** über die Anerkennung und Vollstreckung ausländischer Schiedssprüche vom 10. 6. 1958 zurückzuführen, welches mehr als 120 Staaten unterzeichnet haben.[111]

---

[99] Vgl. Zöller/*Geimer*, Anh I Art. 5 EuGVVO Rdnr. 46 f. m. w. N.
[100] *Schütze*, Schiedsgericht und Schiedsverfahren 2007, Rdnr. 12.
[101] Zur verfassungsrechtlichen Zulässigkeit der Schiedsgerichtsbarkeit siehe *Schütze*, Schiedsgericht und Schiedsverfahren 2007, Rdnr. 7 ff.
[102] Schwab/*Walter*, Schiedsgerichtsbarkeit, 7. Auflage 2005, Kap. 1, Rdnr. 1 ff.
[103] *Geimer*, IZPR, 2009, Rdnr. 3783 f. auch zu der Ausnahme für außervertragliche Schiedsgerichte.
[104] Siehe zu den Vor- und Nachteilen der Schiedsgerichtsbarkeit ferner *Jordans*, Schiedsgerichte bei Terminsgeschäften und Anlegerschutz, 2007, S. 7.
[105] Näher hierzu *Böckstiegel*, Die Schiedsgerichtsbarkeit in Deutschland – Standort und Stellenwert, SchiedsVZ 2009, 3.
[106] Zu dem oftmals bestehenden Misstrauen in die staatliche Justiz siehe *Schütze*, Schiedsgericht und Schiedsverfahren 2007, Rdnr. 19 m. w. N.
[107] *Schäfer*, Jura 2004, 153.
[108] *Schütze*, Schiedsgericht und Schiedsverfahren 2007, Rdnr. 27; vgl. zu den wichtigsten Musterschiedsordnungen *Schütze/Tscherning/Wais* Rdnr. 775 ff.
[109] Die UNCITRAL (United Nations Commission on International Trade Law) mit Hauptsitz in Wien ist ein der UN-Generalversammlung untergeordneter Ausschuss, beauftragt mit der Rechtsharmonisierung und -vereinheitlichung auf dem Gebiet des internationalen Handelsrechts.
[110] Staudinger/*Hausmann*, BGB, 13. Auflage 2002, Anhang II zu Art. 27–37 EGBGB, Rdnr. 227.
[111] Überblick über Vertragsstaaten des New Yorker UN-Übereinkommen bei *Jayme/Hausmann*, Internationales Privat- und Verfahrensrecht, Nr. 242, Fn. 1; siehe auch die Liste der Staaten, im Verhält-

56 Zu unterscheiden sind **Ad hoc- und institutionelle Schiedsgerichtsbarkeit.** Im Gegensatz zum Ad-hoc-Schiedsgericht (Gelegenheitsschiedsgericht) werden institutionelle Schiedsgerichte von einer eigenen Schiedsinstitution verwaltet.[112] International bekannte Institutionen sind zum Beispiel der International Court of Arbitration der ICC (International Chamber of Commerce) in Paris, die AAA (American Arbitration Association) in New York, die DIS (Deutsche Institution für Schiedsgerichtsbarkeit) in Köln und der LCIA (London Court of International Arbitration). Die jeweilige Schiedsordnung des institutionellen Schiedsgerichts regelt zumeist die Grundsätze des Verfahrens, wobei dessen Ausgestaltung im Einzelnen den Parteien obliegt.[113] Die Ad hoc-Schiedsgerichtsbarkeit kann hingegen nicht auf die logistische Unterstützung einer permanenten Verwaltung zurückgreifen.[114]

2. Rechtsquellen

57 **a) Multilaterale Staatsverträge.** Auf dem Gebiet der internationalen Schiedsgerichtsbarkeit sind völkerrechtliche Vereinbarungen eine maßgebliche Rechtsquelle.[115] Die EuGVVO und das LugÜ sind im Bereich der Schiedsgerichtsbarkeit hingegen nicht anwendbar (Art. 1 Abs. 2 lit. d EuGVVO). Deutschland ist Mitglied aller wichtigen Konventionen auf diesem Gebiet.

58 **aa) New Yorker UN-Übereinkommen.** Von großer praktischer Bedeutung ist das New Yorker UN-Übereinkommen über die Anerkennung und Vollstreckung ausländischer Schiedssprüche vom 10. 6. 1958 (UNÜ).[116] Das UNÜ vereinheitlicht die Voraussetzungen für die Anerkennung und Vollstreckung ausländischer Schiedssprüche in den Vertragsstaaten. Da dem UNÜ inzwischen alle relevanten Industrie- und Entwicklungsländer beigetreten sind,[117] macht es Schiedssprüche im Gegensatz zu Gerichtsurteilen letztlich **weltweit vollstreckbar.**[118]

59 Gemäß Art. 1 Abs. 1 UNÜ ist das Übereinkommen **anwendbar,** wenn der Schiedsspruch in einem anderen als dem Vollstreckungsstaat erlassen worden ist oder im Vollstreckungsstaat nicht als inländischer Schiedsspruch anzusehen ist. Für die Bundesrepublik Deutschland gilt das UNÜ auch, wenn der Schiedsspruch in einem Nichtvertragsstaat ergangen ist.[119] Soweit sein Regelungsbereich reicht, ersetzt er das Genfer Abkommen zur Vollstreckung ausländischer Schiedssprüche vom 26. 9. 1927[120] und das Genfer Protokoll über die Schiedsklauseln im Handelsverkehr vom 24. 9. 1923.[121]

---

nis zu denen das Übereinkommen für Deutschland gilt, bei *Schütze,* Schiedsgericht und Schiedsverfahren, 2007, Rdnr. 15.

[112] Näher hierzu Schütze/*Schütze,* Institutionelle Schiedsgerichtsbarkeit, Kap. I Einleitung Rdnr. 2 ff.; Liste wichtiger Institutionen bei Rdnr. 30 ff.

[113] *Schütze,* Schiedsgericht und Schiedsverfahren 2007, Rdnr. 29.

[114] *Schäfer,* Jura 2004, 153, 154.

[115] Ein Überblick über Übereinkommen auf besonderen Rechtsgebieten befindet sich bei *Geimer,* IZPR 2009, Rdnr. 3704 ff. Zu dem Anwendungsbereich der Staatsverträge und der Abgrenzung zum autonomen Recht siehe Staudinger/*Hausmann,* BGB – 13. Bearbeitung 2002, Anhang II zu Art. 27–37 EGBGB.

[116] BGBl. 1961 II, S. 122; Art. I–VII, XI, XIV sind abgedruckt bei *Jayme/Hausmann,* Internationales Privat- und Verfahrensrecht, Nr. 242.

[117] Das UNÜ ist für die Bundesrepublik Deutschland am 28. 9. 1961 in Kraft getreten (BGBl 1962 II, S. 102); ein aktueller Überblick über die mehr als 120 Vertragsstaaten des UNÜ findet sich bei *Jayme/Hausmann,* Internationales Privat- und Verfahrensrecht, Nr. 242, Fn 1; Siehe auch die Liste der Staaten, im Verhältnis zu denen die New Yorker Konvention für Deutschland gilt, bei *Schütze,* Schiedsgericht und Schiedsverfahren, 2007, Rdnr. 15.

[118] *Böckstiegel,* SchiedsVZ 2009, 4.

[119] Siehe hierzu und zu den Staaten, welche den Territorialvorbehalt nach Art. 1 Abs. 3 S. 1 erklärt haben *Jayme/Hausmann,* Internationales Privat- und Verfahrensrecht 2010, Nr. 240 Fn. 5.

[120] RGBl 1930 II, S. 1068.

[121] RGBl 1925 II, S. 47.

bb) Genfer Übereinkommen. Das Genfer Europäische Übereinkommen über die internationale Handelsschiedsgerichtsbarkeit vom 21. 4. 1961 (EuÜ)[122] ergänzt das UNÜ durch Regeln über das **Verfahren** vor dem Schiedsgericht, wobei Anknüpfungspunkt die Schiedsvereinbarung ist und nicht – wie im UNÜ geregelt – der Schiedsspruch. Vgl. Art. IX Abs. 2 EuÜ für das Verhältnis zum UNÜ. 60

Der **Anwendungsbereich** des EuÜ knüpft gemäß Art. 1 Abs. 1 EuÜ an die Schiedsvereinbarung an. So ist die Anwendbarkeit gegeben, wenn die Parteien der Schiedsvereinbarung ihren gewöhnlichen Aufenthalt bzw. Sitz bei Vertragsschluss in verschiedenen Vertragsstaaten haben und wenn die Schiedsvereinbarung die Regelung von Streitigkeiten aus internationalen Handelsgeschäften betrifft. 61

b) Bilaterale Staatsverträge. Von den zahlreichen bilateralen Staatsverträgen[123] sind insbesondere der der deutsch-amerikanische Freundschafts-, Handels- und Schifffahrtsvertrag vom 29. 10. 1954 (Art. VI Abs. 2),[124] das deutsch-sowjetische Abkommen über allgemeine Fragen des Handels und der Seeschifffahrt vom 25. 4. 1958 (Art. 8)[125] sowie der deutsch-tunesische Vertrag über die gegenseitige Anerkennung und Vollstreckung gerichtlicher Entscheidungen in Zivil- und Handelssachen sowie die Handelsschiedsgerichtsbarkeit vom 19. 7. 1966 (Art. 47–50)[126] zu nennen. 62

c) UNCITRAL-Modellgesetz. Das UNCITRAL-Modellgesetz über die internationale Handelsschiedsgerichtsbarkeit enthält Regelungen über die Wirksamkeit von Schiedsvereinbarungen, die Schiedseinrede vor staatlichen Gerichten, das Verfahren vor dem Schiedsgericht, sowie über die Aufhebung, Anerkennung und Vollstreckung von Schiedssprüchen.[127] Als Modellgesetz ist es praktisch bedeutsam, hat jedoch **keine Gesetzeskraft.** Viele Staaten haben diese Regelungen gleichwohl in ihre nationale Rechtsordnungen übernommen oder bei der Schaffung eigenständiger Gesetze zumindest berücksichtigt. Dies führt zu einer erheblichen Harmonisierung der nationalen Rechtsordnungen über Schiedsverfahren.[128] 63

Mit dem Gesetz zur Neuregelung des Schiedsverfahrensrechts vom 22. 12. 1997[129] wurde das UNCITRAL Modellgesetzes weitgehend in das **10. Buch der ZPO** übernommen und das Verfahren hinsichtlich der Aufhebung und Vollstreckung von Schiedssprüchen wesentlich vereinfacht.[130] Für die Anerkennung und Vollstreckung ausländischer Schiedssprüche verweist § 1061 ZPO generell auf das UNÜ (oben Rdnr. 58). Mit Übernahme des Modellgesetzes gilt auch das strikte **Territorialitätsprinzip** (lex arbitri). Die §§ 1025 ff. ZPO sind daher anzuwenden, wenn der Schiedsverfahrensort in Deutschland liegt. Die Wahl ausländischen Schiedsverfahrensrechts ist nur noch kraft materiell-rechtlicher Verweisung in den Grenzen der zwingenden Bestimmungen des deutschen Rechts zulässig.[131] 64

d) Nicht-staatliche Normen. In den Grenzen der zwingenden Vorschriften der lex arbitri können auch individuelle **Schiedsordnungen** und privatautonome Rahmenbedingungen zur Geltung gebracht werden (vgl. § 1042 Abs. 1 und 4 ZPO). Dies ist regelmäßig 65

---

[122] BGBl 1964 II, S. 426; Art. 1-IX, X (7) sind abgedruckt bei *Jayme/Hausmann*, Internationales Privat- und Verfahrensrecht, Nr. 241; hier befindet sich in Fn. 1 ein Überblick über die Vertragsstaaten; es ist für die Bundesrepublik Deutschland am 25. 1. 1965 in Kraft getreten (BGBl II, S. 107).
[123] Vgl. ferner den Überblick bei *Geimer*, IZPR, 2009, Rdnr. 3710 ff.
[124] BGBl 1956 II, S. 488.
[125] BGBl 1959 II, S. 222; nach Auflösung der UdSSR gilt es im Verhältnis zur Russischen Föderation sowie zu Armenien, Aserbaidschan, Belarus, Georgien, Kasachstan, Kirgisistan, Moldau, Tadschikistan, der Ukraine und Usbekistan fort.
[126] BGBl 1969 II, S. 890.
[127] Zur aktuellen Fassung *Pörnbacher/Joos/Baur*, BB 2011, 711.
[128] *Böckstiegel*, SchiedsVZ 2009, 5.
[129] BGBl 1997 I, S. 3224.
[130] *Böckstiegel*, SchiedsVZ 2009, 4.
[131] BT-Drucks 13/5274, S. 31.

der Fall, wenn die Parteien im Rahmen der **Schiedsabrede** ein institutionelles Verfahren wählen.[132] ZB gelten die ICC Arbitration Rules, wenn ein ICC-Schiedsverfahren vereinbart wurde. Auf ad hoc-Verfahren sind speziell die UNCITRAL Arbitration Rules zugeschnitten.

66 Die Schiedsordnungen verdrängen das dispositive Schiedsverfahrensrecht und gehen anderslautenden Parteivereinbarungen vor (vgl. § 1042 Abs. 3 ZPO). Fehlt es an einer entsprechenden Parteivereinbarung, gilt das jeweilige nationale Schiedsverfahrensrecht **(lex arbitri)**. Auf das nationale Prozessrecht **(lex fori)** kann ohne entsprechende Vereinbarung nicht abgestellt werden (vgl. §§ 1025 Abs. 1 und 1042 Abs. 3 ZPO).

3. Die Schiedsvereinbarung

67 Die Schiedsvereinbarung ist die Legitimationsgrundlage des Schiedsverfahrens.[133] Sie hat als materiell-rechtlicher Vertrag über einen prozessrechtlichen Gegenstand[134] eine **Doppelfunktion**.[135] Da bei Vorliegen einer wirksamen Schiedsvereinbarung ein staatliches Gericht seine Zuständigkeit grundsätzlich verliert (vgl. Art. II Abs. 3 UNÜ und § 1032 Abs. 1 ZPO, der gemäß § 1025 Abs. 2 ZPO auch gilt, wenn der Ort des Schiedsverfahrens nicht in Deutschland liegt), liegt hierin der **Verzicht auf den gesetzlichen Richter** (vgl. § 1032 ZPO). Aufgrund dessen sind an eine Schiedsvereinbarung strenge Anforderungen zu stellen. Auch muss sich das Schiedsgericht an die durch die Vereinbarung gezogenen Grenzen halten. Die Schiedsvereinbarung kann für gegenwärtige oder künftige Rechtsstreitigkeiten gesondert (Schiedsabrede) oder in der Form einer Klausel in einem Vertrag (Schiedsklausel) abgeschlossen werden (§ 1029 Abs. 2 ZPO).[136] In letzterem Fall bildet sie einen vom materiell-rechtlichen Hauptvertrag abzugrenzenden **eigenständigen Vertrag.**[137] Von der Schiedsvereinbarung sind – auch wenn sie gleichzeitig abgeschlossen werden – weiterhin **abzugrenzen** Vereinbarungen über das schiedsrichterliche Verfahren, der Schiedsrichtervertrag zwischen den Parteien und dem Schiedsrichter und eine parallel getroffene Gerichtsstandsvereinbarung.[138]

68 a) **Zulässigkeit.** Voraussetzung für die Wirksamkeit einer Schiedsvereinbarung ist nach Art. II Abs. 1 UNÜ sowie nach § 1029 Abs. 1 ZPO, dass sie sich auf Streitigkeiten bezieht, die aus einem **bestimmten Rechtsverhältnis** resultieren. Weiterhin muss das zur Entscheidung berufene Schiedsgericht zumindest bestimmbar sein. Für die Zulässigkeit einer Schiedsvereinbarung ist ferner erforderlich, dass die Rechtsstreitigkeit **objektiv schiedsfähig** ist und die Parteien **subjektive Schiedsfähigkeit** besitzen.[139] Vermögensrechtliche Ansprüche sind stets und nichtvermögensrechtliche Ansprüche bei Vergleichsfähigkeit objektiv schiedsfähig.[140]

69 Im Gesellschaftsrecht wurde die objektive Schiedsfähigkeit von **Beschlussmängelklagen,** insbesondere der Anfechtungs- und Nichtigkeitsklagen bei der AG[141] und GmbH,[142]

---

[132] *Schlosser*, Das Recht der internationalen privaten Schiedsgerichtsbarkeit, 1989, Rdnr. 630; *Schütze*, BB RPS-Beilage, Nr. 9, 1998, S. 2 ff. (zum Inhalt einer Schiedsklausel und den Fehlern, die bei der Redaktion zu vermeiden sind).

[133] Siehe zu den Standard-Schiedsklauseln (DIS, ICC und UNCITRAL) Reithmann/Martiny/*Hausmann*, Internationales Vertragsrecht, Rdnr. 6806 ff.

[134] Die Qualifikation der Schiedsvereinbarung ist sehr umstritten, vgl. *Schütze*, Schiedsgericht und Schiedsverfahren 2007, Rdnr. 107 m. w. N. und *Wagner*, Prozessverträge, 1998, 348 ff.

[135] BGHZ 23, 198; BGHZ 40, 320.

[136] *Schütze*, Schiedsgericht und Schiedsverfahren, 2007, Rdnr. 106.

[137] Vgl. BGH NJW 1979, 2567, 2569. Zum notwendigen und gebotenen Inhalt einer Schiedsvereinbarung siehe *Schütze*, Schiedsgericht und Schiedsverfahren, 2007, Rdnr. 132 ff.

[138] Reithmann/Martiny/*Hausmann*, Internationales Vertragsrecht, Rdnr. 6801.

[139] *Geimer*, IZPR, 2009, Rdnr. 3791.

[140] Näher hierzu Zöller/*Geimer*, ZPO, 2010, § 1030, Rdnr. 1 ff.

[141] BGH MDR 1951, 674; BGH NJW 1966, 2055; BGH 1979, 2567.

[142] BGH WM 1966, 1132; BGH NJW 1966, 1753.

ursprünglich wegen der Bindungswirkung für die nicht am Schiedsverfahren beteiligten Gesellschafter und Gesellschaftsorgane verneint.[143] Nunmehr hat der BGH die objektive Schiedsfähigkeit von Anfechtungs- und Nichtigkeitsklage gegen GmbH-Gesellschafterbeschlüsse jedoch anerkannt,[144] sofern das schiedsgerichtliche Verfahren aus dem Rechtsstaatsprinzip abzuleitende **Mindeststandards** einhält. Hiernach ist grundsätzlich erforderlich, dass die Schiedsabrede mit Zustimmung sämtlicher Gesellschafter in der Satzung verankert ist oder außerhalb der Satzung eine unter Mitwirkung sämtlicher Gesellschafter und der Gesellschaft getroffene Absprache. Ferner sind neben den Gesellschaftsorganen alle Gesellschafter über die Einleitung und den Verlauf des Schiedsverfahrens zu informieren[145] sowie die Möglichkeit zu geben, an der Auswahl und Bestellung der Schiedsrichter mitzuwirken. Schließlich muss gewährleistet sein, dass alle denselben Streitgegenstand betreffenden Beschlussmängelstreitigkeiten bei einem Schiedsgericht konzentriert werden.[146]

Gemäß § 1040 ZPO, Art. 16 UNCITRAL-Modellgesetz hat das Schiedsgericht die Befugnis, über seine eigene Zuständigkeit bindend zu entscheiden **(Kompetenz-Kompetenz),**[147] wobei es den Parteien obliegt, die mangelnde Zuständigkeit zu rügen (§ 1040 Abs. 2 ZPO). Den ordentlichen Gerichten steht jedoch eine Nachprüfungsbefugnis zu,[148] die von den Parteien nicht abbedungen werden kann.[149]

b) Statut der Schiedsvereinbarung. Da die Schiedsvereinbarung einen eigenständigen materiell-rechtlichen Vertrag darstellt, ist deren Statut unabhängig von demjenigen des materiell-rechtlichen Hauptvertrages (Vertragsstatut) und des Schiedsverfahrens (Schiedsverfahrensstatut) zu bestimmen. Dem Schiedsvereinbarungsstatut unterstehen grundsätzlich alle Fragen im Zusammenhang mit dem Zustandekommen, der Aufhebung und Abänderung der Schiedsvereinbarung sowie deren materieller Wirksamkeit, insbesondere das Vorliegen von Willensmängeln und die Auslegung der Vereinbarung und deren objektive Wirksamkeit (z.B. Erstreckung auf außervertragliche Ansprüche).[150] Selbständig anzuknüpfen ist jedoch die Vollmacht zum Abschluss der Schiedsvereinbarung.[151]

aa) Rechtswahl. Maßgeblich für die Anknüpfung des Schiedsvereinbarungsstatuts ist im Anwendungsbereich des UNÜ gemäß Art. V Abs. 1 lit. a) UNÜ der Vertrag.[152] Entsprechendes gilt im Rahmen des EuÜ gemäß Art. 6 Abs. 2 EuÜ. Auch für die Anknüpfung

---

[143] Bedenken bestanden vor allem gegen die grundsätzliche Möglichkeit der Herbeiführung der inter-omnes-Wirkung nach §§ 248 Abs. 1 S. 1, 249 Abs. 1 S. 1 AktG (analog) durch Schiedssprüche; vgl. hierzu BGH NJW 1996, 1753.

[144] BGH NJW 2009, 1962 = SchiedsVZ 2009, 233.

[145] So werden diese in die Lage versetzt, dem Verfahren zumindest als Nebenintervenient beizutreten.

[146] Näher zu den durch den BGH aufgestellten Voraussetzungen an die Wirksamkeit einer solchen Schiedsklausel Zöller/*Geimer*, ZPO, 2010, § 130 Rdnr. 10.

[147] Zum Statut einer Kompetenz-Kompetenz-Abrede siehe *Geimer*, IZPR 2009, Rdnr. 3824 m.w.N.

[148] Ergeht ein Zwischenschiedsspruch (das Schiedsgericht hält sich für zuständig) nach § 1040 Abs. 3 S. 1 ZPO, kann ein Antrag auf gerichtliche Entscheidung nach § 1040 Abs. 3 S. 2 ZPO gestellt werden. Ergeht ein Prozessschiedsspruch (das Schiedsgericht hält sich für zuständig), ist dieser im Aufhebungsverfahren anfechtbar (siehe hierzu Zöller/*Geimer*, ZPO, 2010, § 1040 Rdnr. 10 und § 1054 Rdnr. 3 m.w.N.).

[149] *Schütze*, Schiedsgericht und Schiedsverfahren 2007, Rdnr. 139 m.w.N.

[150] *Haas*, Die Anerkennung und Vollstreckung ausländischer und internationaler Schiedssprüche, 1991, 70; Näher hierzu *Geimer*, IZPR, 2009, Rdnr. 6630ff.

[151] *Geimer*, IPRax 2006, 233; *Geimer*, IZPR, 2009 Rdnr. 3792ff.; *Schlosser*, Recht der internationalen privaten Schiedsgerichtsbarkeit, 1989, Rdnr. 352.

[152] Näher hierzu Reithmann/Martiny/*Hausmann*, Internationales Vertragsrecht, Rdnr. 6612 m.w.N.; *Epping*, Die Schiedsvereinbarung im internationalen privaten Rechtsverkehr nach der Reform des deutschen Schiedsverfahrensrechts, 1999, S. 44ff.; *Jordans*, Schiedsgerichte bei Termingeschäften und Anlegerschutz, 2007, S. 151.

der Schiedsvereinbarung nach deutschem autonomen Recht gilt in erster Linie der Grundsatz der Parteiautonomie (§ 1059 Abs. 2 Nr. 1 lit. a) ZPO). Eine Rechtswahl der Parteien ist daher vorrangig zu beachten.[153] Dies gilt jedoch nur innerhalb der **Grenzen des zwingenden Rechts.** Befindet sich der Sitz des Schiedsgerichts nach § 1043 ZPO zB in Deutschland, können die Parteien die zwingenden Vorschriften nicht abbedingen.[154] Weitere **Schranken** für die Anerkennung internationaler Schiedsvereinbarungen können sich zudem aus inländischen Eingriffsnormen, wegen Ausnutzung einer wirtschaftlichen oder sozialen Überlegenheit, wegen Verstoßes gegen das Neutralitätsgebot und wegen sonstiger Verletzung des deutschen ordre public (Art. 6 EGBGB) ergeben.[155]

72   Da die Rechtswahl gemäß Art. V Abs. 1 lit. a) UNÜ nicht formgebunden ist (vgl. aber zur Schiedsabrede unten Rdnr. 74), kann diese auch **stillschweigend oder nachträglich** geschlossen werden. Sie muss sich jedoch eindeutig aus der Schiedsvereinbarung oder aus den Umständen des Falles – zum Beispiel auch aus dem Verhalten der Parteien während des Prozesses – ergeben.[156] Eine Rechtswahl hinsichtlich des Hauptvertrages enthält zwar nicht automatisch eine stillschweigende Rechtswahl für die Schiedsvereinbarung.[157] Die Bestimmung des Schiedsortes durch die Parteien bedeutet jedoch zugleich eine stillschweigende Wahl des an diesem Ort geltenden Rechts hinsichtlich des Schiedsvereinbarungsstatuts.[158] Auch umfasst eine Rechtswahl hinsichtlich des auf das Schiedsverfahren anwendbaren Rechts im Zweifel auch die Schiedsvereinbarung.[159]

73   **bb) Fehlt eine Rechtswahl,** richtet sich die Wirksamkeit der Schiedsvereinbarung nach dem Recht des Landes, in dem der Schiedsspruch ergangen ist bzw. ergehen soll. Dies ist das Recht des Staates an dem Ort, der von den Parteien, der gewählten Schiedsorganisation oder den Schiedsrichtern als **Sitz des Schiedsgerichts** bestimmt worden ist (Territorialprinzip gemäß § 1025 Abs. 1 ZPO).[160] Deutsches Recht ist daher maßgeblich, wenn sich dieser im Inland befindet (vgl. auch § 1059 Abs. 2 Nr. 1 lit. a) ZPO).[161] Steht der Schiedsort noch nicht fest, ist die Schiedsvereinbarung entsprechend Art. 4 Abs. 4 Rom I-VO vorläufig nach dem Hauptvertragsstatut zu beurteilen.[162]

74   **c) Form der Schiedsvereinbarung.** Art. II UNÜ bestimmt die Voraussetzungen einer Schiedsvereinbarung, bei deren Vorliegen jeder Vertragsstaat eine Schiedsvereinbarung anerkennt. Unter anderem muss die Vereinbarung nach Art. II Abs. 1 UNÜ **schriftlich** sein. Gemäß Art. II Abs. 2 UNÜ[163] ist dies wie folgt definiert: „Unter einer schriftlichen Vereinbarung ist eine Schiedsklausel in einem Vertrag oder einer Schiedsabrede zu verstehen, sofern der Vertrag oder die Schiedsabrede von den Parteien unterzeichnet oder in Briefen oder Telegrammen enthalten ist, die sie gewechselt haben." Art. II Abs. 2 UNÜ verdrängt in seinem Anwendungsbereich formstrengere Vorschriften des nationalen Rechts.[164] Dies betrifft nicht nur die Anerkennung und Vollstreckung des Schiedsspruchs, sondern auch die Anerkennung

---

[153] *Haas*, Die Anerkennung und Vollstreckung ausländischer und internationaler Schiedssprüche, 1991, S. 69.
[154] MüKo ZPO/*Münch*, § 1029 Rdnr. 34 ff.
[155] Hierzu BGHZ 71, 131.
[156] Reithmann/Martiny/*Hausmann*, Internationales Vertragsrecht, Rdnr. 6621, 6624 m.w.N.
[157] Näher hierzu Reithmann/Martiny/*Hausmann*, Internationales Vertragsrecht, Rdnr. 6614.
[158] Reithmann/Martiny/*Hausmann*, Internationales Vertragsrecht, Rdnr. 6623 m.w.N.
[159] *Geimer*, IZPR, 2009, Rdnr. 3832.
[160] Näher hierzu Reithmann/Martiny/*Hausmann*, Internationales Vertragsrecht, Rdnr. 6570.
[161] Wenn sich der Schiedsort im Ausland befindet, ist die Schiedsvereinbarung nach Art. V Abs. 1 lit. a) UNÜ zu beurteilen; siehe hierzu Reithmann/Martiny/*Hausmann*, Internationales Vertragsrecht, Rdnr. 6627.
[162] *Geimer*, IZPR, 2009, Rdnr. 3789.
[163] Diesem entspricht Art. 1 Abs. 2 lit. a) HS 1 EuÜ, wobei die Einhaltung der Schriftform jedoch nicht zwingend vorgeschrieben ist.
[164] Vgl. OLG Hamburg NJW 1999, 1738; BayObLGZ 1998, 219; siehe auch *Haas*, die Anerkennung und Vollstreckung ausländischer Schiedssprüche, 1990, S. 165 m.w.N.

der Schiedsvereinbarung also solche.[165] Weniger strenge **nationale Formvorschriften** bleiben jedenfalls dann unberührt,[166] wenn die nationalen Formvorschriften gemäß Art. VII Abs. 1 UNÜ (Meistbegünstigungsklausel) in ihrer Gesamtheit und nicht nur einzelne Vorschriften im Sinne einer „Rosinentheorie" zur Anwendung kommen.[167]

Liegt der Ort des Schiedsverfahrens nach § 1043 Abs. 1 ZPO in Deutschland, ist § 1031 ZPO[168] gemäß § 1025 Abs. 1 ZPO zwingende Vorschrift und somit unabhängig von dem Schiedsvereinbarungsstatut anzuwenden. Art. 11 EGBGB ist nicht (analog) auf inländische, wohl aber auf ausländische Schiedsverfahren iSv § 1025 Abs. 2 anwendbar (str.).[169] § 1031 ZPO ist nicht auf satzungsmäßige Schiedsvereinbarungen im Sinne von § 1066 ZPO anzuwenden.[170]

d) Wirkungen der Schiedsvereinbarung. aa) In prozessualer Hinsicht hindert eine wirksame Schiedsvereinbarung den Zugang der Parteien zu den staatlichen Gerichten. Bei rechtzeitiger Erhebung der **prozesshindernden Einrede** erfolgt Prozessabweisung wegen Unzulässigkeit.[171] Die Wirksamkeit der Schiedseinrede beurteilt das angerufene Gericht anhand der lex fori.[172] § 1032 ZPO ist daher von deutschen Gerichten ohne Rücksicht auf das Schiedsvereinbarungs- und das Schiedsverfahrensstatut anzuwenden.[173] Es kommt auch nicht darauf an, ob der Schiedsort im In- oder Ausland liegt (vgl. §§ 1025 Abs. 1, 2, 1032 ZPO). Die Vereinbarung eines ausländischen Schiedsgerichts beseitigt jedoch nicht die internationale Zuständigkeit deutscher Gerichte.[174]

bb) Die **materiell-rechtlichen Wirkungen** des Schiedsverfahrens bestimmen sich nach der lex causae.[175] Über die Wirkungen einer Schiedsvereinbarung Dritten gegenüber (Rechtsnachfolger, Gesellschafter, weitere Konzerngesellschaften) entscheidet hingegen das Recht, dem die Rechtsbeziehungen zwischen dem an die Schiedsvereinbarung gebundenen Dritten und der Partei der Schiedsvereinbarung unterliegen.[176]

4. Das Schiedsverfahren

Im Schiedsverfahren entscheidet in der Regel ein Schiedsrichter oder ein Kollegium von drei Schiedsrichtern den Rechtsstreit.[177] Das Schiedsverfahren ist in der Regel nicht öffentlich.[178] Der Verfahrensort (§ 1043 Abs. 1 ZPO) ist maßgeblich für die Qualifikation des Schiedsspruchs als deutscher oder ausländischer. Hinsichtlich der Partei- und Prozessfähigkeit gilt in Schiedsverfahren, das deutschem Schiedsverfahrensrecht unterstellt ist, dasselbe wie in Prozessen vor staatlichen Gerichten. Das deutsche Schiedsverfahrensrecht kennt we-

---

[165] Näher hierzu *Haas*, die Anerkennung und Vollstreckung ausländischer und internationaler Schiedssprüche, 1990, S. 164 f.
[166] Reithmann/Martiny/*Hausmann*, Internationales Vertragsrecht, 2004, Rdnr. 3266 m.w.N.; *Nagel*/*Gottwald* IZPR § 16 Rdnr. 12; Staudinger/*Hausmann*, 2002, Anh. II zu Art. 27–37 EGBGB, Rdnr. 282.
[167] Näher hierzu *Haas*, die Anerkennung und Vollstreckung ausländischer und internationaler Schiedssprüche, 1990, S. 165.
[168] Näher zu § 1031 ZPO *Schütze*, Schiedsgericht und Schiedsverfahren, 2007, Rdnr. 124 ff.
[169] Zöller/*Geimer*, ZPO, § 1031, Rdnr. 1; aA *Schütze*, Schiedsgericht und Schiedsverfahren, 4. Auflage 2007, Rdnr. 131 m.w.N.
[170] Hamburg, SchiedsVZ 2004, 266; *Wagner*, Prozessverträge 1998, S. 494.
[171] *Geimer*, IZPR, 2009, Rdnr. 3803.
[172] Vgl. Reithmann/Martiny/*Hausmann*, Internationales Vertragsrecht, Rdnr. 6805; *Schütze*/*Tscherning*/*Wais*, Handbuch des Schiedsverfahrens, 1990, Rdnr. 558 m.w.N.; *Sieg*, RIW 1998, 102, 105; zum Ausschluss der Einrede siehe *Schütze*, Schiedsgericht und Schiedsverfahren, 2007, Rdnr. 141.
[173] Zöller/*Geimer*, ZPO, 2010, § 1032, Rdnr. 1.
[174] *Geimer*, IZPR, 2009, Rdnr. 3800 ff.
[175] Näher hierzu *Geimer*, IZPR, 2009, Rdnr. 3804 ff., 3845 ff.
[176] Reithmann/Martiny/*Hausmann*, Internationales Vertragsrecht, Rdnr. 6805.
[177] Siehe *Schütze*, Schiedsgericht und Schiedsverfahren, 2007, Rdnr. 25 ff.; Siehe auch *Geimer*, IZPR, 2009, Rdnr. 3848 ff.
[178] *Schütze*, Schiedsgericht und Schiedsverfahren, 1999, Rdnr. 13 ff.

der Prozesskostenhilfe noch eine Ausländersicherheit.[179] Da für Zustellungen im Rahmen eines Schiedsverfahrens § 183 Abs. 1 S. 2 Alt. 2 ZPO nicht gilt, sind formlose Mitteilungen möglich.

79 **a) Das Schiedsverfahrensstatut.** Das Schiedsverfahrensstatut ist zu unterscheiden vom Schiedsvereinbarungsstatut und vom Statut des Streitgegenstands (= die für die Sachentscheidung maßgebliche lex causae); vgl. oben Rdnr. 70. Auch für die Bestimmung des Schiedsverfahrensstatuts gilt der Vorrang einer entsprechenden **Parteivereinbarung** über das maßgebliche Schiedsverfahrensrecht. Ist der Ort des schiedsrichterlichen Verfahrens iSv. § 1043 Abs. 1 ZPO jedoch in Deutschland, gelten hierfür die zwingenden Vorschriften der §§ 1025 ff. ZPO (striktes Territorialitätsprinzip). Fehlt es an einer Parteivereinbarung, ist im Zweifel der Sitz des Schiedsgerichts maßgeblicher Anknüpfungspunkt, §§ 1025 Abs. 1, 1043 Abs. 1 ZPO.[180] Eine **Aufspaltung** des Schiedsverfahrensstatuts auf einzelne Aspekte des Schiedsverfahrens ist möglich.[181] Die Geltung einer Schiedsordnung wird regelmäßig automatisch vereinbart, wenn die Parteien ein institutionelles Verfahren wählen.[182] ZB gelten die **ICC Arbitration Rules**, wenn ein ICC-Schiedsverfahren vereinbart wurde. Auf ad hoc-Verfahren sind die **UNCITRAL Arbitration Rules** speziell zugeschnitten, so dass eine derartige Rechtswahl in der Praxis weit verbreitet ist.

80 **b) Beweiserhebung.** Die Beweiserhebung im Schiedsverfahren bestimmt sich nach dem anwendbaren Schiedsverfahrensrecht. Ist **deutsches Schiedsverfahrensrecht** anwendbar, darf das Schiedsgericht eine Beeidigung von Zeugen, Sachverständigen oder einer Partei zwar anordnen, aber nicht durchführen. Zwang gegen Zeugen oder Sachverständige darf es auch nicht anordnen.[183]

81 Nach der ZPO sowie allen modernen Schiedsgerichtsrechten und Schiedsordnungen steht den Parteien des Schiedsverfahrens im Hinblick auf die Verfahrensgestaltung ein breiter Ermessensspielraum zu. Aufgrund dieser **Flexibilität in der Verfahrensgestaltung** ist es üblich, dass der Schiedsrichter viele Einzelheiten der mündlichen Verhandlung bereits sehr früh in einem Gespräch mit den Parteien festlegt.[184]

82 In der Verfahrensgestaltung **internationaler Schiedsverfahren** haben sich einige Besonderheiten im **Beweisrecht** herausgebildet:[185] Zum einen ist die Disclosure of Documents (Vorlage bestimmter Dokumente durch die andere Partei) zu nennen. Eine derartige Verpflichtung beruht entweder auf einer diesbezüglichen Einigung der Parteien oder auf einer Anordnung durch den Schiedsrichter aufgrund seiner Freiheit in der Gestaltung des Verfahrens. Wollen die Parteien Beweis durch Urkunden erbringen, führen sie oftmals bereits mit den Schriftsätzen diejenigen Dokumente ein, die ihnen als am wichtigsten erscheinen, ohne hierbei einen Beweisbeschluss abzuwarten. Dies gilt auch beim Sachverständigenbeweis. Als Zeugen werden im Schiedsverfahren – abweichend von den Regelungen der deutschen ZPO – oftmals auch Vorstände, Geschäftsführer oder sonstige Vertreter einer Partei gehört, wobei die Interessenverbundenheit im Rahmen der Beweiswürdigung berücksichtigt wird. Ferner ist es möglich, auch schriftliche Zeugenaussagen (Witness Statements) bereits mit den Schriftsätzen einzureichen. Der Umstand, dass diese entweder durch oder unter Beteiligung von einem Anwalt formuliert werden, wird ebenfalls in der Beweiswürdigung berücksichtigt.

83 **c) Das anwendbare materielle Recht.** Für das Schiedsgericht gilt grundsätzlich das **autonome Kollisionsrecht** am Sitz des Schiedsverfahrens.[186] Bei deutschem Schieds-

---

[179] Einzelheiten bei *Geimer*, IZPR, 2009, Rdnr. 3858 f. m. w. N.
[180] *Geimer*, IZPR, 2009, Rdnr. 3837 m. w. N.
[181] *Schlosser*, Das Recht der internationalen privaten Schiedsgerichtsbarkeit, 1989, Rdnr. 218, 228.
[182] *Schlosser*, Das Recht der internationalen privaten Schiedsgerichtsbarkeit, 1989, Rdnr. 630.
[183] Näher hierzu *Geimer*, IZPR, 2009, Rdnr. 3861 ff.
[184] *Böckstiegel*, SchiedsVZ 2009, 6.
[185] *Böckstiegel*, SchiedsVZ 2009, 7 ff.
[186] Zöller/*Geimer*, ZPO, 2010, § 1051 Rdnr. 2.

verfahren gilt in Bezug auf ausländische Rechtsordnungen § 293 ZPO.[187] Die Parteien haben die Möglichkeit der **Rechtswahl** (Art. 3 ff. Rom I-VO).[188] Art. 1 Abs. 2 lit. e) Rom I-Verordnung gilt nicht. Anwendbar bleiben gleichwohl bestimmte zwingende Normen des nationalen Rechts (Eingriffsnormen), insbesondere im Hinblick auf den ordre public.[189] Fehlt eine Rechtswahlklausel, wird in der internationalen Praxis überwiegend dem **Schiedsrichter** die Bestimmung des anwendbaren materiellen Rechts übertragen.[190] Fehlt sowohl eine ausdrückliche oder konkludente Rechtswahl der Parteien und liegt auch keine Ermächtigung der Parteien an den Schiedsrichter zur Rechtswahl vor, so hat nach § 1051 Abs. 2 ZPO das Schiedsgericht mit Verfahrensort in Deutschland das Recht des Staates anzuwenden, mit dem der Gegenstand des Verfahrens die engste Verbindung hat. Hierbei ist auf die widerlegbaren Vermutungen des Art. 4 Rom-I-VO zurückzugreifen. Die Parteien können das Schiedsgericht jedoch von der Bindung an ein materielles Recht befreien und ermächtigen, nach **Billigkeit** zu entscheiden (§ 1051 Abs. 3 ZPO).[191] Die Schiedsrichter dürfen das Recht auch fortentwickeln.[192]

5. Anerkennung und Vollstreckbarerklärung ausländischer Schiedssprüche

a) Grundlagen. Der Schiedsspruch eines **deutschen Schiedsgerichts** steht in seinen Wirkungen der Entscheidung eines staatlichen Gerichts gleich (§ 1055 ZPO). Die Vollstreckbarkeit muss ihm jedoch durch eine rechtsgestaltende Entscheidung eines staatlichen Gerichts gemäß § 1060 ZPO verliehen werden. Der inländische Schiedsspruch entfaltet seine Wirkungen solange, bis er durch ein staatliches Gericht aufgehoben worden ist. Nach § 1059 ZPO führen Mängel der Schiedsvereinbarung, des Schiedsverfahrens oder Fehler bei der Entscheidungsfindung durch das Schiedsgericht nicht zur Unwirksamkeit des inländischen Schiedsspruchs, sondern lediglich zu dessen Aufhebbarkeit.[193]

Um im Inland Wirkungen entfalten zu können, bedürfen **ausländische Schiedssprüche** im Gegensatz zu inländischen Schiedssprüchen hingegen der (ggf. förmlichen) Anerkennung[194] und – insofern ebenso wie inländische Schiedssprüche – der Vollstreckbarerklärung.[195] Die Anerkennung und Vollstreckbarerklärung ausländischer Schiedssprüche richtet sich gemäß § 1061 Abs. 1 ZPO nach dem UNÜ (oben Rdnr. 58). Die Anerkennung der prozessualen Wirkungen eines ausländischen Schiedsspruchs tritt ohne vorherige Notwendigkeit der Durchführung eines besonderen Anerkennungsverfahrens unmittelbar kraft Gesetzes ein, soweit die Voraussetzungen für die Anerkennung gegeben sind.[196] Gemäß Art. 5 UNÜ kann jedoch eingewandt werden, dass die Anerkennungsvoraussetzungen nicht vorliegen oder ein Versagungsgrund gegeben ist. Dieser Einwand ist solange möglich, bis hierüber eine rechtskräftige Feststellung eines deutschen Gerichts vorliegt. Der maßgebliche Zeitpunkt für die Vollstreckbarkeit richtet sich im Übrigen nach den Wirkungen des Schiedsspruchs gemäß dem Recht seines Ursprungsstaates.[197]

---

[187] *Schütze/Tscherning/Wais*, Handbuch des Schiedsverfahrens, 1990, Rdnr. 604.
[188] Verordnung (EG) vom 17. 6. 2008 über das auf vertragliche Schuldverhältnisse anzuwendende Recht, ABl. EU Nr. L 177 S. 6 vom 4. 7. 2008.
[189] Hierzu BGHZ 71, 131. Zum Ganzen ausführlich *Böckstiegel*, SchiedsVZ 2009, 6.
[190] *Böckstiegel*, Die Schiedsgerichtsbarkeit in Deutschland – Standort und Stellenwert, SchiedsVZ 2009, S. 6.
[191] Näher hierzu *Geimer*, IZPR, 2009, Rdnr. 3872 ff.
[192] *Zöller/Geimer*, ZPO, 2009, § 293 Rdnr. 26.
[193] *Zöller/Geimer*, ZPO, 2009, § 1059 Rdnr. 18.
[194] *Haas*, Die Anerkennung und Vollstreckung ausländischer und internationaler Schiedssprüche, 1991, 128.
[195] Anders als die Anerkennung von ausländischen Entscheidungen staatlicher Gerichte (§ 328 Abs. 1 Nr. 5 ZPO und § 109 Abs. 4 FamFG) hat die Anerkennung und Vollstreckbarerklärung eines ausländischen Schiedsspruchs nicht die Verbürgung der Gegenseitigkeit zur Voraussetzung: BGHZ 55, 171.
[196] *Zöller/Geimer*, ZPO, 2010, § 1056 Rdnr. 19.
[197] *Geimer*, IZPR, 2009 Rdnr. 3879 m. w. N.

Die Aufhebung eines ausländischen Schiedsspruchs durch deutsche Gerichte ist unzulässig.[198]

86 **b) Vollstreckbarkeit ausländischer Schiedssprüche.** Für die Verleihung der Vollstreckbarkeit eines ausländischen Schiedsspruchs im Inland ist gemäß § 1061 ZPO in Verbindung mit UNÜ die Durchführung eines besonderen Verfahrens erforderlich. Dessen Durchführung richtet sich nach §§ 1062 ff. ZPO, ergänzend sind die allgemeinen Vorschriften der ZPO für das Erkenntnisverfahren der 1. Instanz heranzuziehen.[199] Die Vollstreckbarerklärung ist ein **Gestaltungsakt** (Exequatur), der originär die Vollstreckbarkeit im Inland begründet. Dies hat zur Folge, dass die Aufhebung des Schiedsspruchs im Ausland die deutsche Vollstreckbarerklärung grundsätzlich nicht berührt.[200]

87 **aa) Rechtsgrundlagen.** Die internationale Anerkennung und Vollstreckung ausländischer Schiedssprüche richtet sich bei allen ausländischen Schiedssprüchen gemäß § 1061 Abs. 1 S. 1 ZPO nach dem von allen bedeutenden Staaten ratifizierten New Yorker (UN) Übereinkommen über die Anerkennung und Vollstreckung ausländischer Schiedssprüche vom 10. 6. 1958 (oben Rdnr. 58).[201] Das New Yorker Übereinkommen wird inhaltlich ergänzt durch das Genfer Europäische Übereinkommen über die internationale Handelsschiedsgerichtsbarkeit vom 21. 4. 1961 (oben Rdnr. 60) und ferner durch zahlreiche bilaterale Verträge; zur Wirkung des nationalen ordre public auf internationale Schiedsgerichtsbarkeit unten Rdnr. 96.

88 In Deutschland gilt gemäß § 1061 Abs. 1 S. 1 ZPO das UNÜ, sofern keine vorrangige staatsvertragliche Regelung anwendbar ist (§ 1061 Abs. 1 S. 2 ZPO). Diesbezügliche von Deutschland abgeschlossene bilaterale und multilaterale Abkommen[202] sind jedoch durch das UNÜ zum Teil gegenstandslos geworden. Soweit dies nicht der Fall ist, sind nach dem **Grundsatz der Meistbegünstigung** die anerkennungsfreundlicheren Bestimmungen anzuwenden[203] (vgl. Art. VII UNÜ): Das nationale Recht kommt gemäß Art. VII UNÜ vorrangig zur Anwendung, wenn das Schiedsvereinbarungsstatut weniger streng ist als Art. II UNÜ.[204]

89 Zu erwähnen ist auch die im Verhältnis zur Vollstreckbarerklärung nach § 1061 ZPO einfachere Möglichkeit der Erwirkung eines **Europäischen Zahlungsbefehls,** welcher gemäß Art. 19 EuMVVO[205] in allen Mitgliedstaaten der Europäischen Union – mit Ausnahme Dänemarks (vgl. Art. 2, 33 EuMVVO) – ohne Exequatur vollstreckbar ist.

90 **bb) Anerkennung und Vollstreckbarerklärung.** Unabdingbare Voraussetzung für die Anerkennung und Vollstreckung ausländischer Schiedssprüche ist, dass niemand an den Spruch eines Schiedsgerichts gebunden werden darf, dem er sich nicht freiwillig unterworfen hat.[206] Hinsichtlich der Anerkennung und Vollstreckbarerklärung ausländischer Schieds-

---

[198] Nach dem Wortlaut des § 1062 Abs. 2 ZPO ist dies zwar grundsätzlich möglich. Dagegen spricht aber zum einen der international anerkannte Grundsatz, dass die Zuständigkeit hierfür nur den Gerichten des Ursprungslandes zusteht. Zum anderen ist § 1059 ZPO in den § 1025 Abs. 2 und 4 ZPO nicht genannt (siehe hierzu Thomas/Putzo/*Reichold*, ZPO, 32. Auflage 2011, § 1059 Rdnr. 5 m.w.N.); jedoch ist die gerichtliche Feststellung zulässig, dass der Schiedsspruch im Inland wegen Nichtanerkennung keine Wirkung entfaltet; siehe hierzu *Geimer*, IZPR, 2009, Rdnr. 3884, 3931.

[199] BGH NJW-RR 2002, 933.

[200] Näher hierzu *Geimer*, IZPR, 2009, Rdnr. 3903, 3944.

[201] AA *Moller*, NZG 1999, 144: nur solche aus Vertragsstaaten.

[202] Insbesondere Genfer Protokoll vom 24. 9. 1923 (RGBl 25 II 47); Genfer Abkommen vom 26. 9. 1927 (RGBl 30 II 1068) und Europäisches Übereinkommen über die internationale Handelsschiedsgerichtsbarkeit vom 21. 4. 1961 (BGBl 64 II 425).

[203] BTDrs 13/5274, 62.

[204] BGH IPRax 2006, 266.

[205] Verordnung (EG) Nr. 1896/2006 des Europäischen Parlaments und des Rates zur Einführung eines Europäischen Mahnverfahrens vom 12. 12. 2006 (ABl. EU 2006 Nr. L 399, S. 1); abgedruckt bei *Jayme/Hausmann*, Internationales Privat- und Verfahrensrecht, Nr. 184.

[206] BGH NJW 1978, 1745.

sprüche verweist § 1061 ZPO vorrangig auf das **UNÜ**.[207] Einer Leistungsklage aus einem Schiedsspruch fehlt daher zB das Rechtsschutzbedürfnis, da der Antrag nach Art. IV UNÜ einen einfacheren und billigeren Weg darstellt. Vollstreckbarerklärungsverfahren in mehreren Staaten wegen desselben Schiedsspruchs sind demgegenüber zulässig.[208]

Voraussetzung für die Anerkennung ist ein ausländischer und verbindlicher Schiedsspruch. Um einen **ausländischen** Schiedsspruch handelt es sich, wenn der Ort des Schiedsverfahrens (§ 1043 Abs. 1 ZPO) nicht in Deutschland liegt (Territorialitätsprinzip) und zwar unabhängig davon, ob die Anwendung deutschen Verfahrensrechts vereinbart worden ist und welches materielle Recht angewandt worden ist. In Abgrenzung zu der Vollstreckbarerklärung ausländischer Urteile nach §§ 328, 722, 723 ZPO ist die Frage, ob ein **Schiedsspruch** vorliegt, nach deutschem Recht zu beurteilen.[209] Eine Vollstreckbarerklärung nach § 1061 ZPO scheidet aus, sofern die ausländische Entscheidung einem deutschen Schiedsspruch nicht äquivalent ist oder nach dem maßgeblichen ausländischen Recht ein Urteil darstellt. Ausländische Exequaturentscheidungen können weder nach § 1061 ZPO noch nach §§ 722, 723 ZPO, § 110 FamFG vollstreckbar erklärt werden.[210] Kostenentscheidungen können Gegenstand der Anerkennungs- und Vollstreckbarerklärung sein.[211] Der Schiedsspruch muss zudem **verbindlich** sein (Art. V Abs. 1 lit. e) UNÜ). Dies ist der Fall, wenn er nach dem maßgebenden ausländischen Recht keinem Rechtsbehelf an einem anderen Schiedsgericht oder einem staatlichem Gericht unterliegt.[212]

Zugleich mit dem **Antrag** an das nach § 1062 Abs. 1 Nr. 4 ZPO zuständige Oberlandesgericht sind die nach Art. IV UNÜ erforderlichen Unterlagen vorzulegen.

Ferner dürfen **keine Anerkennungs- bzw. Vollstreckbarerklärungshindernisse** vorliegen. Das deutsche Gericht ist bei der Überprüfung der Voraussetzungen des Art. V UNÜ grundsätzlich weder an die rechtliche Beurteilung noch an die tatsächlichen Feststellungen des Schiedsgerichts gebunden.[213]

Eine Anerkennung bzw. Vollstreckbarerklärung des Schiedsspruchs scheidet gemäß Art. V Abs. 1 a) UNÜ aus bei **Fehlen einer wirksamen Schiedsvereinbarung** im Sinne von Art. II UNÜ, sofern sich der Antragsgegner hierauf beruft, dies beweist und der Einwand nicht präkludiert ist.[214]

Materiell-rechtliche Einwendungen gegen die Vollstreckbarerklärung ausländischer Schiedssprüche können nur im Rahmen des § 767 Abs. 2 ZPO geltend gemacht werden, sofern sie **nach Erlass** des Schiedsspruchs entstanden sind oder vom Schiedsgericht nicht berücksichtigt werden konnten.[215]

Einschränkungen können sich jedoch gemäß dem **ordre public** ergeben. Bereits Art. V Abs. 2 b) UNÜ stellt bei Verstößen gegen die öffentliche Ordnung eine Ausnahme zu dem Grundsatz dar, dass die Entscheidung des ausländischen Schiedsgerichts in der Sache nicht nachgeprüft wird. Maßstab sind die in Deutschland schlechthin unabdingbaren Mindest-

---

[207] Zur Anerkennung von Entscheidungen staatlicher Gerichte auf dem Gebiet der Schiedsgerichtsbarkeit siehe *Geimer*, IZPR, 2009, Rdnr. 3932 ff.

[208] *Geimer*, IZPR, 2009, Rdnr. 3927.

[209] OLG Rostock IPRax 2002, 401; OLG Düsseldorf SchiedsVZ 2005, 214, 215.

[210] *Geimer*, IZPR, 2009, Rdnr. 3891 m. w. N.; nach bisheriger Rechtsprechung gab der BGH der obsiegenden Partei jedoch ein Wahlrecht, entweder den ausländischen Schiedsspruch nach § 1061 ZPO oder die ausländische Exequaturentscheidung nach §§ 722, 723 ZPO für vollstreckbar erklären zu lassen (BGH NJW 1984, 2763); diese Rechtsprechung gab der BGH jedoch auf (BGH NJW 2009, 2826).

[211] Näher hierzu *Geimer*, IZPR, 2009, Rdnr. 3900 ff.; BGH NJW-RR 07, 1008.

[212] BGH WM 2001, 971; näher hierzu Zöller/*Geimer*, ZPO, 2010, § 1061, Rdnr. 24.

[213] BGHZ 27, 249, 254 und BGH MDR 1964, 590; OLG Celle SchiedsVZ 2004, 166. Siehe auch BayObLG SchiedsVZ 2004, 163.

[214] Zur Präklusion des Einwandes des Fehlens bzw. der Unwirksamkeit der Schiedsvereinbarung bei mangelnder Rüge im Schiedsverfahren siehe *Geimer*, IZPR, 2009, Rdnr. 3907 f.

[215] *Geimer*, IZPR, 2009, Rdnr. 3904, 3931a, m. w. N.

standards an **Verfahrensgerechtigkeit**.[216] Auf etwaige Verstöße muss sich die hiervon betroffene Partei berufen. Dies unterliegt jedoch der Einschränkung, dass es der Partei nicht möglich war, diese Aspekte bereits im ausländischen Schiedsverfahren geltend zu machen.[217] Zudem ist substantiiert darzulegen, inwiefern der Schiedsspruch auf dem Verfahrensmangel beruht.[218]

97 Art. V Abs. 1 sieht zudem **besondere Versagungsgründe** bei Verfahrensverstößen vor. Art. V Abs. 1 b) UNÜ nennt die Verletzung des rechtlichen Gehörs[219] und Art. V Abs. 1 c) UNÜ den Grundsatz, dass niemandem gegen seinen Willen der staatliche Richter entzogen werden darf. Entscheidend ist stets die Schwere des Verfahrensfehlers.[220] Diese liegt insbesondere vor bei Verurteilungen zu einer Handlung bzw. zu Schadensersatz im Falle des Unterlassens einer Handlung, die nach deutschem oder europäischem Recht verboten ist. Ferner sind Restitutionsgründe zu berücksichtigen, wozu es keiner vorherigen Durchführung eines Aufhebungsverfahrens im Ausland bedarf.

---

[216] *Schlosser*, Recht der internationalen privaten Schiedsgerichtsbarkeit, 1989, Rdnr. 821.
[217] Siehe hierzu *Geimer*, IZPR 2009, Rdnr. 3913 m.w.N.
[218] *Geimer*, IZPR, 2009 Rdnr. 3918a.
[219] Hierzu *Schlosser*, Recht der internationalen privaten Schiedsgerichtsbarkeit, 1989, Rdnr. 824.
[220] BGHZ 57, 15.

5. Kapitel. Ausländische Gesellschaften mit deutschem Verwaltungssitz

§ 19 Rechts- und Geschäftsfähigkeit

Übersicht

	Rdnr.		Rdnr.
I. Überblick	1	c) Schutz gutgläubiger Geschäftspartner	17–20
II. Grundsätze des internationalen Gesellschaftsrechts	2–10	d) Darlegungs- und Beweislast	21, 22
1. Sitz- und Gründungsanknüpfung	2, 3	2. Besondere Rechtsfähigkeiten	23–56
2. Die Rechtssprechungssequenz des EuGH	4–8	a) Grundanknüpfung	23, 24
		b) Deliktsfähigkeit	25–27
3. Gesellschaften aus Drittstaaten	9	c) Beteiligungsfähigkeit	28–31
4. Rechtsformwahlfreiheit	10	d) Organfähigkeit	32
III. Gesellschaftsstatut und Teilfragen	11–13	e) Scheck-, Wechsel- und Anleihefähigkeit	33, 34
IV. Anknüpfungsregeln im Einzelnen	14–59	f) Grundbuchfähigkeit	35–38
1. Allgemeine Rechtsfähigkeit	14–22	g) Partei-, Prozess- und Postulationsfähigkeit	39–52
a) Grundanknüpfung	14, 15	h) Insolvenzfähigkeit	53–56
b) Durchgriffshaftung	16	3. Geschäftsfähigkeit	57–59

Schrifttum: *Altmeppen,* Parteifähigkeit, Sitztheorie und „Centros", DStR 2000, 1061; *ders.,* Schutz vor „europäischen" Kapitalgesellschaften, NJW 2004, 97; *Altmeppen/Wilhelm,* Gegen die Hysterie um die Niederlassungsfreiheit der Scheinauslandsgesellschaften, DB 2004, 1083; *Armbrüster,* Inkassotätigkeit vom Ausland aus gegenüber in Deutschland ansässigen Schuldnern – zulässig?, RIW 2000, 583; *Bayer/Schmidt,* Aktuelle Entwicklungen im Europäischen Gesellschaftsrecht, BB 2008, 454; *Bayer,* Zulässige und unzulässige Einschränkungen der europäischen Grundfreiheiten im Gesellschaftsrecht, BB 2002, 2289; *ders.,* Die EuGH-Entscheidung „Inspire-Art" und die deutsche GmbH im Wettbewerb der europäischen Rechtsordnungen, BB 2003, 2357; *Behrens,* Die GmbH im internationalen Recht (Einleitung B), in: Ulmer/Habersack/Winter (Hrsg.), GmbHG, Band 1, 2005; *ders.,* Reaktionen mitgliedstaatlicher Gerichte auf das Centros-Urteil des EuGH, IPRax 2000, 384; *ders.,* Das internationale Gesellschaftsrecht nach dem Überseering-Urteil des EuGH und den Schlussanträgen zu Inspire Art, IPRax 2003, 191; *Berner/Klöhn,* Insolvenzantragspflicht, Qualifikation und Niederlassungsfreiheit, ZIP 2007, 106 ff.; *Binz/Mayer,* Die ausländische Kapitalgesellschaft & Co. KG im Aufwind? – Konsequenzen aus dem „Überseering"-Urteil des EuGH vom 5. 11. 2002, GmbHR 2003, 249; *Borges,* Die Sitztheorie in der Centros-Ära: Vermeintliche Probleme und unvermeidliche Änderungen, RIW 2000, 167; *Brand,* Das Kollisionsrecht und die Niederlassungsfreiheit von Gesellschaften, JR 2004, 89; *Caspar/Nohlen,* Zur Wegzugsfreiheit von Gesellschaften – Der Schlussantrag von Generalanwalt Maduro in der Rechtssache Cartesio (C-210/06), NZG 2008, 496; *Ebke,* Das Schicksal der Sitztheorie nach dem Centros-Urteil des EuGH, JZ 1999, 656; *ders.,* Überseering: „Die wahre Liberalität ist Anerkennung", JZ 2003, 927; *Eidenmüller* (Hrsg.), Ausländische Kapitalgesellschaften im deutschen Recht, 2004; *ders.,* Wettbewerb der Gesellschaftsrechte in Europa, ZIP 2002, 2233; *ders.,* Mobilität und Restrukturierung von Unternehmen im Binnenmarkt, JZ 2004, 24; *ders.,* Europäisches und deutsches Gesellschaftsrecht im europäischen Wettbewerb der Gesellschaftsrechte, FS Heldrich, 2005, S. 581; *Fleischer/Schmolke,* Die Rechtsprechung zum deutschen internationalen Gesellschaftsrecht seit 1991, JZ 2008, 233; *Franz/Laeger,* Die Mobilität deutscher Kapitalgesellschaften nach Umsetzung des MoMiG unter Einbeziehung des Referentenentwurfs zum internationalen Gesellschaftsrecht, BB 2008, 678; *Frobenius,* „Cartesio": Partielle Wegzugsfreiheit von Gesellschaften, DStR 2009, 487; *Furtak,* Die Parteifähigkeit in Zivilverfahren mit Auslandsberührung, 1995; *Geyrhalter/Gänßler,* Perspektiven nach „Überseering" – Wie geht es weiter?, NZG 2003, 409; *Grohmann/Gruschinske,* Beschränkungen des Wegzugs von Gesellschaften innerhalb der EU – die Rechtssache Cartesio, EuZW 2008, 463; *Großerichter,* Ausländische Kapitalgesellschaften im deutschen Rechtsraum: Das deutsche Internationale Gesellschaftsrecht und seine Perspektiven nach der Entscheidung „Überseering", DStR

2003, 159; *Großfeld*, Internationales Gesellschaftsrecht, *in*: Staudinger, Kommentar zum BGB, Neubearbeitung 1998; *Habersack*, Internationales und Europäisches Aktienrecht, *in*: MünchKommAktG, 3. Aufl. 2008, Band 1, Einleitung, Rdnr. 90 ff.; *ders.*, Europäisches Gesellschaftsrecht, 2. Aufl. 2003; *v. Halen*, Das Gesellschaftsstatut nach der Centros-Entscheidung des EuGH, 2001; *Hellgardt/Illmer*, Wiederauferstehung der Sitztheorie, NZG 2009, 94; *Henssler/Mansel*, Die Limited Liability Partnership als Organisationsform anwaltlicher Berufsausübung, NJW 2007, 1393; *Henssler*, Die grenzüberschreitende Tätigkeit von Rechtsanwaltsgesellschaften in der Rechtsform der Kapitalgesellschaft innerhalb der EU, NJW 2009, 950; *Hirsch/Britain*, Artfully Inspired – Werden deutsche Gesellschaften englisch?, NZG 2003, 1100; *Hirte/Bücker*, Grenzüberschreitende Gesellschaften, 2. Aufl. 2006; *v. Hoffmann/ Thorn*, IPR, 9. Aufl. 2007; *Just*, Die englische Limited in der Praxis, 3. A. 2008; *Kaulen*, Die Anerkennung von Gesellschaften unter Art. XXV Abs. 5 S. 2 des deutsch-US-amerikanischen Freundschafts-, Handels- und Schifffahrtsvertrags von 1954, 2008; *dies.*, Zur Bestimmung des Anknüpfungsmoments unter der Gründungstheorie, IPRax 2008, 389; *Kieninger*, Wettbewerb der Privatrechtsordnungen im europäischen Binnenmarkt, 2002, *Kienle*, Internationales Privatrecht, 2. A. 2010; *ders.*, Schnittstellen des Internationalen Gesellschafts- und Insolvenzrechts, in: Süß/Wachter (Hrsg.) Handbuch des internationalen GmbH-Rechts, 2. A. 2011, S. 127; *Kindler*, Internationales Gesellschaftsrecht, *in*: MünchKommBGB, Band 11, Internationales Wirtschaftsrecht, 5. Aufl. 2010 (zitiert: MünchKommBGB/*Kindler*, Int. GesR.); *ders.*, Niederlassungsfreiheit für Scheinauslandsgesellschaften?, NJW 1999, 1993; ders., Auf dem Weg zur europäischen Briefkastengesellschaft?, NJW 2003, 1073; *ders.*, „Inspire-Art" – Aus Luxemburg nichts Neues zum Internationalen Gesellschaftsrecht, NZG 2003, 1086; *ders.*, Sitzverlegung und internationales Insolvenzrecht, IPRax 2006, 114; *ders.*, GmbH-Reform und internationales gesellschaftsrecht, AG 2007, 721; *ders.*, Internationales Gesellschaftsrecht 2009: MoMiG, Trabrennbahn, Cartesio und die Folgen, IPRax 2009, Heft 3; *ders.*, „Cadbury-Schweppes": Eine Nachlese zum internationalen Gesellschaftsrecht, IPRax 2010, 272; *Knapp*, Überseering: Zwingende Anerkennung von ausländischen Gesellschaften?, DNotZ 2003, 85; *Knof/ Mock*, Identitätswahrender Umzug deutscher Kapitalgesellschaften in Europa: zugleich Anmerkung zum Vorabentscheidungsersuchen des ungarischen Regionalgerichts Szeged vom 5. 5. 2006 und zu OLG München, Beschluss vom 4. 10. 2007, 31 Wx 36/07, GPR 2008, 134; *Leible/Hoffmann*, Cartesio – fortgeltende Sitztheorie, grenzüberschreitender Formwechsel und Verbot materiellrechtlicher Wegzugsbeschränkungen, BB 2009, 58; *dies.*, Vom „Nullum" zur Personengesellschaft – Die Metamorphose der Scheinauslandsgesellschaft im deutschen Recht, DB 2002, 2203; *Leuering*; Von Scheinauslandsgesellschaften hin zu „Gesellschaften mit Migrationshintergrund", ZRP 2008, 73; *Lutter* (Hrsg.), Europäische Auslandsgesellschaften in Deutschland, 2005; *ders.*, „Überseering" und die Folgen, BB 2003, 7; *Mankowski*, Der internationale Anwendungsbereich des Rechtsberatungsgesetzes, AnwBl 2001, 73; *Merkt*, Die Pluralisierung des europäischen Gesellschaftsrechts, RIW 2004, 1; *Mörsdorf*, Beschränkung der Mobilität von EU-Gesellschaften im Binnenmarkt – eine Zwischenbilanz, EuZW 2009, 97; *Römermann* (Hrsg.), Private Limited Company in Deutschland; *W.-H. Roth*, Internationales Gesellschaftsrecht nach Überseering, IPRax 2003, 117; *ders.*, Die Bedeutung von Cadbury-Schweppes für die Centros-Judikatur des EuGH, EuZW 2010, 607; *Rotheimer*, Referentenentwurf zum Internationalen Gesellschaftsrecht, NZG 2008, 181; *Sandrock/Wetzler* (Hrsg.), Deutsches Gesellschaftsrecht im Wettbewerb der Rechtsordnungen, 2004; *Schanze/Jüttner*, Anerkennung und Kontrolle ausländischer Gesellschaften – Rechtslage und Perspektiven nach der Überseering-Entscheidung des EuGH, AG 2003, 30; *dies.*, Die Entscheidung für Pluralität: Kollisionsrecht und Gesellschaftsrecht nach der EuGH-Entscheidung „Inspire Art", AG 2003, 661; *K. Schmidt*, Verlust der Mitte durch „Inspire Art"? – Verwerfungen im Unternehmensrecht durch Schreckreaktionen in der Literatur, ZHR 2004, 493; *Schön*, Die Niederlassungsfreiheit von Kapitalgesellschaften im System der Grundfreiheiten, FS Lutter, 2000, S. 685; *M. Schulz*, (Schein-) Auslandsgesellschaften in Europa – ein Scheinproblem?, NJW 2003, 2705; *Sonnenberger* (Hrsg.), Vorschläge und Berichte zur Reform des europäischen und deutschen internationalen Gesellschaftsrechts – vorgelegt im Auftrag der zweiten Kommission des Deutschen Rates für Internationales Privatrecht, Spezialkommission Internationales Gesellschaftsrecht, 2007; *Spalinger/Wegen*, Internationales Gesellschaftsrecht in der Praxis, 2005; *dies.*, Inspire Art – Der europäische Wettbewerb um das Gesellschaftsrecht ist endgültig eröffnet, RIW 2003, 949; *Süß/Wachter* (Hrsg.), Handbuch des internationalen GmbH-Rechts, 2. A. 2011; *Tersteegen*, Kollisionsrechtliche Behandlung ausländischer Kapitalgesellschaften im Inland, 2002; *Teichmann*, Binnenmarktkonformes Gesellschaftrecht, 2006; *Thomale*, Die Gründungstheorie als versteckte Kollisionsnorm, NZG 2011, 1290; *Wachter*, Die GmbH nach MoMiG im internationalen Rechtsverkehr, GmbHR-Sonderheft Oktober 2008, 80; *Wagner/Timm*, Der Referentenentwurf eines Gesetzes zum Internationalen Privatrecht der Gesellschaften, Vereine und juristischen Personen, IPRax 2008, 81;

Weller, Europäische Rechtsformwahlfreiheit und Gesellschafterhaftung, 2004; *ders.*, Internationales Gesellschaftsrecht, in: Münchener Kommentar zum GmbHG, 1. A. 2009; *ders.*, Das Internationale Gesellschaftsrecht in der neuesten BGH-Rechtsprechung, IPRax 2003, 324; *ders.*, Scheinauslandsgesellschaften nach Centros, Überseering und Inspire Art – ein neues Anwendungsfeld für die Existenzvernichtungshaftung, IPRax 2003, 207; *ders.*, „Inspire Art": Weitgehende Freiheiten beim Einsatz ausländischer Briefkastengesellschaften, DStR 2003, 1800; *ders.*, Zum identitätswahrenden Wegzug deutscher Gesellschaften, DStR 2004, S. 1218; *ders.*, Niederlassungsfreiheit via völkerrechtlicher EG-Assoziierungsabkommen, ZGR 2006, 748; *ders.*, Deutsches Gesellschaftsrecht unter europäischem Einfluss, AnwBl. 2007, 320; *Weller/Kienle*, Die Anwalts-LLP in Deutschland, Anerkennung – Postulationsfähigkeit – Haftung, DStR 2005 1060 (Teil I), 1102 (Teil II); *Ziemons*, Freie Bahn für den Umzug von Gesellschaften nach Inspire Art?, ZIP 2003, 1913; *Zimmer*, Internationales Gesellschaftsrecht, 1996; *ders.*, Nach „Inspire Art": Grenzenlose Gestaltungsfreiheit für deutsche Unternehmen?, NJW 2003, 3585; *ders.*, Wie es euch gefällt? – Offene Fragen nach dem Überseering-Urteil des EuGH, BB 2003, 1; *Zimmer/Naendrup*, Das Cartesio-Urteil des EuGH: Rück- oder Fortschritt für das internationale Gesellschaftsrecht?, NJW 2009, 545.

I. Überblick

Nimmt eine Kapitalgesellschaft, gleich ob inländischer oder ausländischer Rechtsform, am inländischen Rechtsverkehr teil, stellt sich häufig die Frage nach ihrer Rechtsfähigkeit. Regelmäßig kommt es dabei jedoch nicht auf die **allgemeine Rechtsfähigkeit** im Sinne der Fähigkeit, generell Trägerin von Rechten und Pflichten sein zu können, sondern auf spezifische, **besondere Rechtsfähigkeiten,** wie etwa die Partei- oder Prozessfähigkeit, die Deliktsfähigkeit, die Scheck- und Wechsel- oder die Grundbuchfähigkeit an. Grundsätzlich folgen jedoch auch die besonderen Rechtsfähigkeiten der Grundanknüpfung der Rechtsfähigkeit, vorbehaltlich bereichsspezifischer Besonderheiten. Von besonderer Bedeutung ist ferner regelmäßig die Frage der **Geschäftsfähigkeit**.

II. Grundsätze des internationalen Gesellschaftsrechts

1. Sitz- und Gründungsanknüpfung

Das internationale Gesellschaftsrecht hat in den letzten Jahren einschneidende Veränderungen erfahren.[1] Die früher dominante **Sitztheorie** unterstellt die Rechtsbeziehungen einer Gesellschaft dem Recht des Ortes, an dem die grundlegenden Entscheidungen der Unternehmensleitung effektiv in laufende Geschäftsführungsakte umgesetzt wurden.[2] Die **Gründungstheorie** weist die Gesellschaft dagegen derjenigen Rechtsordnung zu, nach der sie gegründet wurde und in der sie ihren statutarischen Sitz hat.[3] Daneben gibt es weitere, vermittelnde Ansichten.[4] Da bei der Gründung einer ausländischen Kapitalgesellschaft die deutschen Vorschriften, insbesondere die der **Kapitalaufbringung,** regelmäßig nicht beachtet werden, fehlt es an der nach der Sitztheorie nach inländischem Recht zu beurteilenden Rechts- und Parteifähigkeit. Die Sitztheorie zielt demnach im Ergebnis darauf ab, ausländische Gesellschaften mit inländischem Verwaltungssitz zu zwingen, sich nach deutschem Recht neu zu konstituieren.[5]

Diese früher rein kollisionsrechtliche Fragestellung hat bereits seit einiger Zeit eine **europarechtliche Dimension** unter dem Gesichtspunkt der **Niederlassungsfreiheit** der Art. 49, 54 AEUV eingenommen.[6] Die Niederlassungsfreiheit hat sich auf das deutsche

---

[1] Ausführlich MüKoGmbHG/*Weller*, Einl Rdnr. 320 ff.; komprimiert *Kienle*, Internationales Privatrecht Rdnr. 372 ff.; Süß/Wachter/*Kienle*, HdBIntGmbHR § 3 Rdnr. 6 ff.
[2] Grundlegend *Sandrock*, FS Beitzke, 1979, S. 669, 683; vgl. auch BGHZ 97, 272.
[3] Staudinger/*Großfeld*, IntGesR, Rdnr. 20.
[4] Ein guter Überblick findet sich bei *Weller*, Rechtsformwahlfreiheit, 2004, S. 25 ff.
[5] *Müller*, NZG 2003, 414, 415.
[6] Vgl. insbesondere im Hinblick auf das Gesellschaftsrecht *Behrens*, IPRax 2003, 196; *Eidenmüller*, JZ 2004, 25; *Zimmer*, NJW 2003, 3585, 3588; *Ulmer*, NJW 2004, 1201, 1205 m.w.N.

internationale Gesellschaft dergestalt ausgewirkt, als die bislang vorherrschende **Sitztheorie** der **Gründungstheorie** weiträumig weichen musste. Zwar geben die Art. 49, 54 AEUV als Normen nicht kollisionsrechtlicher Natur die Geltung der Gründungstheorie nicht positiv vor; sie erfordern aber die Nichtanwendbarkeit solcher Rechtsnormen, die eine Einschränkung der Niederlassungsfreiheit darstellen. Nach dem Dafürhalten des EuGH erweisen sich Maßnahmen als eine Beschränkung der Niederlassungsfreiheit, die deren Ausübung unterbinden, behindern oder weniger attraktiv machen.[7] Damit hat der EuGH den Art. 49, 54 AEUV ein umfassendes **Beschränkungsverbot** entnommen.[8] Eine derartige Beschränkung kann sich im Falle von Gesellschaften aus der Anwendung eines vom Gründungsrecht unterschiedlichen Gesellschafts- oder sonstigen aus ihrer Sicht fremden Rechts ergeben.[9] Insbesondere kann sich aus dem Sitzrecht ein **unterschiedliches Haftungsregime** für Gesellschafter und Geschäftsführer einer Auslandsgesellschaft ergeben. Damit kann sich die aus der Sitztheorie folgende Anwendbarkeit des inländischen Rechts als **Mobilitätshindernis** für Auslandsgesellschaften erweisen. Dies führte zu diversen Verfahren vor dem Europäischen Gerichtshof im Wege der Vorlage nach Art. 267 AEUV.[10]

2. Die Rechtsprechungssequenz des EuGH

4   Im Jahre 2002 hatte der EuGH in der Rechtssache **Überseering**[11] über die Frage der **Anerkennung der Rechts- und Parteifähigkeit** einer nach dem Recht eines Mitgliedstaates wirksam gegründeten Gesellschaft, die an dem Ort ihrer Gründung keinerlei Geschäftstätigkeit ausübte, zu befinden. Der EuGH sprach einer solchen Gesellschaft einen aus der Niederlassungsfreiheit folgenden Anspruch auf Anerkennung in sämtlichen Mitgliedstaaten zu, wonach die Gesellschaft als **Kapitalgesellschaft nach dem Recht ihres Gründungsstaates** und damit ohne Umqualifizierung in eine inländische Gesellschaft anzuerkennen ist. Beschränkungen der Niederlassungsfreiheit kämen aus Gründen des Allgemeinwohls in Betracht, nicht aber die Versagung der Rechts- und Parteifähigkeit als völlige Negation der Niederlassungsfreiheit.[12]

5   Bereits zuvor hatte der EuGH in seinem **Centros-Urteil**[13] aus dem Jahre 1999 im Zusammenhang mit der Eintragung einer faktischen inländischen Hauptniederlassung als hiesige Zweigniederlassung die **Grenzen einer solchen Beschränkung** aufgezeigt. Danach müssen Beschränkungen in **nicht diskriminierender Weise** angewendet werden, auf **zwingenden Gründen des Allgemeininteresses** beruhen, zur Erreichung des verfolg-

---

[7] EuGH Rs. C-439/99 (Kommission/Italien), Slg. 2002, I-305, Ziff. 22; EuGH Rs. C-19/92 (Kraus), Slg. 1993, I-1663, Ziff. 32.
[8] Siehe bereits EuGH Rs. C-55/94 (Gebhard), Slg. 1995, I-4165, Ziff. 37 ff.
[9] *Eidenmüller*, AuslKapitalGes, § 3 Rdnr. 5.
[10] Um den niederlassungsrechtlichen Bedenken Rechnung zu tragen, war der II. Zivilsenat des BGH zwischenzeitlich auf eine modifizierte Version der Sitztheorie ausgewichen, wonach eine ausländische Kapitalgesellschaft nicht als rechtlich inexistent, sondern mangels Erfüllung der deutschen Gründungsvorschriften für Kapitalgesellschaften als Personengesellschaft anerkannt wurde, BGH, Urt. v. 2. 7. 2002 – II ZR 380/00, BGHZ 151, 204 = NJW 2002, 3539 = GmbHR 2002, 1021; vgl. kritisch hierzu *Süß/Wachter/Kienle*, HdBInt GmbHR, § 3 Rn. 10; *Binz/Mayer*, GmbHR 2003, 249, 255; *Eidenmüller*, ZIP 2002, 2233, 2238 f.; *Großerichter*, DStR 2003, 159, 166 f.; *Gronstedt*, BB 2002, 2033 ff.; *Hirsch/Britain*, NZG 2003, 1100, 1101; *Kindler*, IPRax 2003, 41 ff.; *Leible/Hoffmann*, DB 2002, 2203 ff.; *dies.*, EuZW 2003, 677, 681; *Lutter*, BB 2003, 7, 9; *Schanze/Jüttner*, AG 2003, 30, 32 f.; *Spindler/Berner*, RIW 2003, 949, 950; *W. H. Roth*, IPRax 2003, 117, 123; *Zimmer*, BB 2003, 1, 4 f. In BGH NZG 2003, 431 wurde diese modifizierte Version wieder aufgegeben; dem BGH folgend dagegen AG Hamburg, Urt. v. 14. 5. 2003 – 67 g IN 358/02, GmbHR 2003, 957, 958.
[11] EuGH, Urt. v. 5. 11. 2002 – Rs. C-208/00, NJW 2002, 3614 = NZG 2002, 1164; vgl. die Vorlageentscheidung des VII. Zivilsenats des BGH NZG 2000, 926.
[12] Ziff. 59, 80, 81 der Urteilsbegründung.
[13] EuGH, Urt. v. 9. 3. 1999 – Rs. C-212/97, GmbHR 1999, 474; vgl. hierzu *Altmeppen*, DStR 2000, 1061; *Behrens*, IPRax 2000, 384; *Ebke*, JZ 1999, 656; *Ulmer*, JZ 1999, 662.

§ 19. Rechts- und Geschäftsfähigkeit

ten Ziels **geeignet** sein und nicht über das zur Zielerreichung **Erforderliche** hinausgehen.[14] Mit der Entscheidung in Sachen **Inspire Art**[15] hat sich der EuGH 2003 erneut der Problematik der gerechtfertigten Beschränkungen zugewandt und entschieden, dass Beschränkungen der Niederlassungsfreiheit in Form von Offenlegungspflichten für zuziehende Gesellschaften aus einem anderen Mitgliedstaat durch die abschließenden Vorgaben der **Zweigniederlassungsrichtlinie**[16] begrenzt sind,[17] während anderweitige mitgliedstaatliche Vorschriften unmittelbar an den Art. 49, 54 AEUV zu messen seien.[18] Ferner hat der EuGH deutlich gemacht, dass sich auch solche Gesellschaften auf die Niederlassungsfreiheit berufen können, die in einem Mitgliedstaat nur mit dem Ziel gegründet wurden, ihre Tätigkeit hauptsächlich oder ausschließlich in einem anderen Mitgliedstaat auszuüben.[19] Freilich sind in jüngerer Zeit Stimmen zu vernehmen, die aus dem zu einer steuerrechtlichen Fragestellung ergangenen Urteil des EuGH in Sachen *Cadbury-Schweppes*[20] diesbezüglich eine Einschränkung folgern wollen. Namentlich hat der Gerichtshof dort zu der Gründung einer irischen Tochtergesellschaft, auf die aus steuerlichen Gründen Gewinne der englischen Muttergesellschaft verlagert werden sollten, ausgeführt, die Niederlassungsfreiheit wolle die tatsächliche Ausübung einer wirtschaftlichen Tätigkeit mittels einer festen Einrichtung in diesem Staat auf unbestimmte Zeit ermöglichen und setze eine tatsächliche Ansiedlung im Aufnahmestaat und die Ausübung einer wirklichen wirtschaftlichen Tätigkeit in diesem voraus. Dieses, mit der Hinnahme reiner Briefkastengesellschaften unvereinbare **Erfordernis einer „genuine Link"** will nun eine jüngere Strömung in der Literatur auch auf die gesellschaftsrechtliche Dimension der Niederlassungsfreiheit übertragen.[21]

Weitere Meilensteine der Judikatur des EuGH zum internationalen Gesellschaftsrecht waren die Entscheidungen in Sachen **Sevic Systems**[22] und **Cartesio**.[23] Während die Entscheidung in Sachen Sevic Systems den vorliegend weniger relevanten Bereich der grenzüberschreitenden Verschmelzung betraf, brachte die Entscheidung in Sachen Cartesio die lange ersehnte Klarheit hinsichtlich der Frage, ob neben der **Zuzugsfreiheit** auch die **Wegzugsfreiheit** Bestandteil der Niederlassungsfreiheit ist. Der EuGH hat hier jedoch entschieden, dass die Frage der Identitätswahrung bei einem grenzüberschreitenden Wegzug in die **Regelungshoheit des Wegzugsstaates** fällt, d.h. er die Auflösung anordnen darf; verlegt eine Gesellschaft aber ihren Sitz in einen anderen Mitgliedstaat unter Änderung des anwendbaren Rechts und nimmt sie hierbei nach den Bestimmungen des Aufnahmestaates eine Gesellschaftsform des neuen Sitzstaates an, kann der Herkunftsstaat hieran allerdings – vorbehaltlich einer Rechtfertigung durch zwingende Gründe des Allgemeinwohls – nicht die Auflösung der Gesellschaft knüpfen.[24]

---

[14] Ziff. 34 der Urteilsbegründung.
[15] EuGH, Urt. v. 30. 9. 2003 – Rs. C-167/01, NJW 2003, 3331 = GmbHR 2003, 1260 m. Anm. *Meilicke*; vgl. ferner *Altmeppen*, NJW 2004, 97; *Bayer*, BB 2003, 2357; *Eidenmüller*, JZ 2004, 24; *Hirsch/Britain*, NZG 2003, 1100; *Kindler*, NZG 2003, 1086; *Kleinert/Probst*, DB 2003, 2217; *Leible/Hoffmann*, EuZW 2003, 677; *Spindler/Berner*, RIW 2003, 949; *dies.*, RIW 2004, 7; *Ziemons*, ZIP 2003, 1913; *Zimmer*, NJW 2003, 585.
[16] Sog. Elfte (gesellschaftsrechtliche) Richtlinie 89/666/EWG des Rates v. 21. 12. 1989 über die Offenlegung von Zweigniederlassungen, die in einem Mitgliedstaat von Gesellschaften bestimmter Rechtsformen errichtet wurden, die dem Recht eines anderen Staates unterliegen, AblEG Nr. L 395 v. 30. 12. 1989, S. 36 ff.
[17] Ziff. 70 und 106 der Urteilsgründe.
[18] Ziff. 107 ff. der Urteilsgründe.
[19] Ziff. 96 f., 137 ff. der Urteilsgründe.
[20] EuZW 2006, 663.
[21] *Roth*, EuZW 2010, 607 ff., entschlossener *Kindler*, IPRax 2010, 272 ff.
[22] DStR 2006, 49.
[23] NZG 2009, 61=NJW 2009, 569; hierzu *Frobenius*, DStR 2009, 487; *Zimmer/Naendrup*, NJW 2009, 545; *Mörsdorf*, EuZW 2009, 97; *Knof/Mock*, GPR 2008, 134; *Grohmann/Gruschinske*, EuZW 2008, 463; *Caspar/Nohlen*, NZG 2008, 496.
[24] EuGH (Cartesio), aaO.

7 Als **Fazit** sämtlicher Entscheidungen des EuGH ist festzuhalten, dass im europäischen Ausland gegründete Gesellschaften ihren tatsächlichen Verwaltungssitz ohne Verlust der ihnen nach dem Gründungsstatut zukommenden Rechts- und Parteifähigkeit über die Grenze in das Inland verlegen können und der Zuzugsstaat dies hinzunehmen hat, sofern nicht das Recht des Gründungsstaates seinerseits den Verlust der Rechtsfähigkeit bei Wegzug anordnet. Die in einem EU-Mitgliedstaat rechtswirksam gegründeten und einen Wegzug überdauernden Gesellschaften sind damit als solche in jedem anderen Mitgliedstaat anzuerkennen; ferner ist ein Wegzug jedenfalls unter Wechsel des Statuts garantiert.[25] Die **Art. 49, 54 AEUV** enthalten damit eine **versteckte Kollisionsnorm** im Sinne des **Herkunftslandsprinzips**.[26] Schlagwortartig gesprochen ist für die Frage des Zuzugs europäischer Auslandsgesellschaften die **Gründungs- an die Stelle der Sitztheorie** getreten, während der Gründungsstaat die Hoheit über die eigenen Gesellschaften weitgehend behält (zum Zuzug von Drittstaatengesellschaften sogl. Rdnr. 9). Mit der Umsetzung einer entsprechenden **Gesetzesinitiative** zur generellen Verankerung der Gründungstheorie und damit zum einen auch für **Drittstaatengesellschaften** sowie ferner für **Wegzugsfälle** dürfte wohl aufgrund der zu weitreichenden Konsequenzen kein Erfolg beschieden sein.[27] Wenigstens über die **Neugestaltung der § 4 a GmbHG und § 5 AktG** im Rahmen der jüngsten Reform durch das MoMiG ist auch deutschen Gesellschaften mit beschränkter Haftung und Aktiengesellschaften künftig aber ein rechtsformwahrender Wegzug in Gestalt der grenzüberschreitenden Verlegung des Verwaltungssitzes möglich.[28]

8 Die **Reichweite** dieses kollisionsrechtlichen Herkunftslandsprinzips deckt sich weitestgehend mit derjenigen des **Gesellschaftsstatuts**.[29] Es fallen hierunter die Gründung, die Rechtsfähigkeit, die körperschaftliche Verfassung, die Geschäftsführung und Vertretung, die Organ- und Gesellschafterhaftung, die Umstrukturierung und Beendigung. Europäische Auslandsgesellschaften sind damit grundsätzlich im Ganzen nach dem Gesellschaftsrecht ihres Gründungsstaates zu beurteilen.[30] Aufgrund des europäischen Diskriminierungsverbots wegen der Staatsangehörigkeit (Art. 18 AEUV) hat nun das Bundesverfassungsgericht auch die **Grundrechtsberechtigung** des Grundgesetzes auf juristische Personen aus Mitgliedstaaten der EU erstreckt.[31] Dagegen erfasst die Niederlassungsfreiheit auch die **leitenden Angestellten** einer EU-Auslandsgesellschaft nur dann, wenn diese im Land des Stammsitzes bereits über ein Aufenthaltsrecht verfügen.[32]

---

[25] *Frobenius*, DStR 2009, 487, 491.

[26] S. a. *Thomale*, NZG 2011, 1290 ff.

[27] Vgl. Referentenentwurf für ein Gesetz zum Internationalen Privatrecht der Gesellschaften, Vereine und juristischen Personen vom 7. 1. 2008; vgl. hierzu Stellungnahme des Deutschen Richterbunds Februar 2008; Stellungnahme des Deutschen Anwaltvereins Nr. 13/2008 (www.anwaltverein.de); Stellungnahme der Bundesrechtsanwaltskammer März 2008 (www.brak.de); *Frobenius*, DStR 2009, 487, 491; *Leuering*, ZRP 2008, 73; *Clausnitzer*, NZG 2008, 321; *Rotheimer*, NZG 2008, 181; *Franz/Laeger*, BB 2008, 678.

[28] Hierzu *Frobenius*, DStR 2009, 487, 491 f., dort auch zur Rechtslage bei Personengesellschaften; *Franz/Laeger*, BB 2008, 678, 681 f.

[29] Hierzu ausführlich MüKoGmbHG/*Weller*, Einl Rdnr. 387 f.

[30] Vgl. nur *Borges*, ZIP 2004, 733; *Eidenmüller*, AuslKapGes, § 3 Rdnr. 1; *Leible/Hoffmann*, EuZW 2003, 677, 681; *Zimmer*, NJW 2003, 3585, 3591. Eine andere Auffassung vertritt *Altmeppen*, NJW 2004, 97, 99 ff. Danach gilt für ausländische Kapitalgesellschaften mit inländischem Sitz weiterhin deutsches Gesellschaftsrecht; lediglich gesellschaftsrechtliche Grundlagen(-geschäfte), z. B. Nach- und Umgründungen oder das Erlöschen der Gesellschaft, seien nach dem Gründungsrecht beurteilten, wohingegen sich aus der Niederlassungsfreiheit nicht ergebe, dass europäische Auslandsgesellschaften auch sonstige inländische Vorschriften, insbesondere des Gläubigerschutzes, missachten dürften. Mit Ausnahme der Kapitalaufbringungsregeln will *Altmeppen* damit sämtliche Gläubigerschutzfiguren, namentlich die Regelungen über die Insolvenzverschleppung, die Existenzvernichtungs- und die Kapitalerhaltungshaftung sowie die Kapitalersatzregeln ungeachtet ihrer Qualifikation auch auf Scheinauslandsgesellschaften angewendet wissen.

[31] Beschl. v. 19. 7. 2011 – 1 BvR 1916/09, NJW 2011, 3428.

[32] VG Darmstadt, NVwZ-RR 2011, 38.

3. Gesellschaften aus Drittstaaten

Die dargestellten Grundsätze gelten regelmäßig auch für Kapitalgesellschaften, die in einem **EFTA-Staat** gegründet wurden. Das zwischen den meisten dieser Staaten geltende EWR-Abkommen[33] enthält in Art. 31, 34 im Wesentlichen inhaltsgleiche Vorschriften über die Niederlassungsfreiheit.[34] Ferner können sich Gesellschaften aus **Drittstaaten** nach Maßgabe einer etwaigen staatsvertraglichen Regelungen auf die Niederlassungsfreiheit berufen; im Verhältnis zu den USA enthält Art. XXV des Freundschafts-, Handels- und Schiffahrtsvertrags vom 29. 10. 1954 eine solche Regelung.[35] Hingegen hat der BGH im Verhältnis zu der **Schweiz,** die zwar Mitglied der EFTA, nicht aber Partei des EWR-Abkommens ist, auf die insoweit – d. h. außerhalb des Geltungsbereichs der besonders verpflichtenden Niederlassungsfreiheit – **weiterhin geltende Sitztheorie** rekurriert und damit deren grundsätzlichen Geltungsanspruch unterstrichen; die klagende Aktiengesellschaft schweizerischen Rechts wurde demgemäß als Personengesellschaft deutschen Rechts als parteifähig angesehen.[36] Entsprechendes hat das OLG Hamburg im Zusammenhang mit einer Limited nach dem Recht der **Isle of Man** festgestellt, die sich ebenfalls weder auf die europäische Niederlassungsfreiheit, noch auf ein sonstiges Freizügigkeitsabkommen berufen konnte.[37]

4. Rechtsformwahlfreiheit

Damit ist im Bereich der Anerkennung von Auslandsgesellschaften auf völkerrechtlicher Grundlage oder im Geltungsbereich des AEUV die Gründungstheorie an die Stelle der Sitztheorie getreten und steht ausländischen Unternehmern eine große Bandbreite an Gesellschaftsformen zur Auswahl; sie verfügen über **Rechtsformwahlfreiheit.**[38] Es scheiden lediglich Gesellschaftsformen solcher Staaten aus, die auf die nach ihrem Recht gegründeten Gesellschaften weiterhin die Sitztheorie anwenden und damit ein kollisionsrechtliches Auseinanderfallen von Satzungs- und Verwaltungssitz nicht zulassen, da **Wegzugsbeschränkungen** nicht an der Niederlassungsfreiheit zu messen sind. Da eine **deutsche GmbH** ihren Verwaltungssitz nach Maßgabe des neu gestalteten **§ 4a GmbHG** neuerdings identitätswahrend auch ins Ausland verlegen kann, nimmt sie nunmehr auch am Wettbewerb um die attraktivste Rechtsform teil; gleiches gilt gem. § 5 AktG für die AG.[39] Ganz oben auf der „Speisekarte" rangiert indes gegenwärtig noch die *private company limted by shares* **englischen Rechts,** wobei jedoch **in der Praxis ein deutlicher Rückgang** zu konstatieren ist; einerseits zieht die in der Rechtsanwendung aufgrund der Maßgeblichkeit deutschen Rechts einfachere und gleichermaßen kostengünstige Einstiegsform der GmbH in Gestalt der **Unternehmergesellschaft** (UG haftungsbeschränkt) das kapitalschwache Publikum auf sich und zum anderen dürfte sich mittlerweile die Erkenntnis verbreitet haben, dass auch der Einsatz einer schwachbrüstigen Auslandsgesellschaft weder effektiv vor zivilrechtlicher Haftung noch vor Strafbarkeit schützt.

---

[33] Ratifiziert für die Bundesrepublik durch Gesetz v. 31. 3. 1993, BGBl. II, S. 266.
[34] BGH EuZW 2005, 733 f.; EFTA-Gerichtshof, Urt. v. 22. 2. 2002 – E-2/01, AB1EG 2002 Nr. C 115, S. 13 (Pucher); Urt. v. 1. 7. 2005 – E-8/04 (EFTA-Aufsichtsbehörde/Liechtenstein). Siehe hierzu *Weller*, IPRax 2003, 324, 328 m. w. N.
[35] BGBl. 1956 II, S. 487, 488; abgedruckt bei *Sartorius II* Internationale Verträge, Europarecht, Nr. 660. Art. XXXV Abs. 5 Satz 2 des Vertrags bestimmt: „Gesellschaften, die gemäß den Gesetzen und sonstigen Vorschriften des einen Vertragsteils in dessen Gebiet errichtet sind, gelten als Gesellschaften dieses Vertragsteils; ihr rechtlicher Status wird in dem Gebiet des anderen Vertragsteils anerkannt." Siehe hierzu BGH RIW 2005, 147 (GEDIOS Corporation); *Ziemons*, ZIP 2003, 1913, 1918.
[36] Sog. Trabrennbahn-Urteil, NZG 2009, 68; hierzu *Hellgardt/Illmer*, NZG 2009, 94.
[37] NZG 2007, 597.
[38] Monographisch *Weller*, Rechtsformwahlfreiheit, 2004, S. 68 ff. Ferner *Zimmer*, NJW 2003, 3585, 3587.
[39] Anders vor der Änderung durch das MoMiG, vgl. *Altmeppen*, NJW 2004, 97, 99; *Leible/Hoffmann*, EuZW 2003, 677, 682.

III. Gesellschaftsstatut und Teilfragen

11 Der **Begriff des internationalen Gesellschaftsrechts** darf nicht darüber hinwegtäuschen, dass sich die rechtlichen Verhältnisse und Beziehungen einer Gesellschaft gegenstandsabhängig nach unterschiedlichen Rechten bemessen können. So ist grundsätzlich jedes Rechtsverhältnis zu **qualifizieren** und nach den hierfür maßgeblichen Kollisionsnormen **anzuknüpfen**.[40] Dies gilt nicht nur für Rechtsverhältnisse im engeren Sinne eines Zwei- oder Mehrpersonenverhältnisses, sondern auch für die gesellschaftsinternen oder gesellschaftsbezogenen (Teil-)Rechtsfragen, wozu auch die Frage nach den (besonderen oder generellen Rechts-)Fähigkeiten rechnet.

12 Grundsätzlich unterstehen die gesellschaftsrechtlichen Fragen dem **Gesellschaftsstatut** (*lex societatis*). Vertragliche Schuldverhältnisse und die hierzu rechnenden Fragen unterstehen dem **Vertragsstatut** (*lex contractus; lex causae*), Fragen der unerlaubten Handlung dem **Deliktsstatut** (*lex loci delicti*). Insolvenzrechtliche Sachverhalte werden schließlich vom **Insolvenzstatut** (*lex concursus*) beherrscht. Bei der Ermittlung des anwendbaren Rechts ist daher zunächst zu ermitteln, welchem Rechtsbereich bzw. dem Anwendungsbereich welcher Kollisionsnorm ein Sachverhalt zuzuordnen ist.

13 Im Rahmen des so ermittelten, für die Hauptfrage maßgeblichen Rechts, können sich **Teilfragen** aufwerfen.[41] Bei einer **Teilfrage** handelt es sich um einen Teilaspekt eines Rechts oder Rechtsverhältnisses, das von dem Gesamtkomplex abgespalten und nach einer **besonderen Kollisionsnorm** angeknüpft wird. **Teilfragen** sind etwa die Geschäftsfähigkeit (Art. 7 EGBGB), die Vertretungsmacht (die gewillkürte Vertretungsmacht ist nicht kodifiziert; gem. Art. 37 Nr. 3 EGBGB wird sie aber jedenfalls vom Vertragsstatut nicht erfasst und ist daher gesondert anzuknüpfende Teilfrage; s. zur Anknüpfung § 19 Rdnr. 59), die Form – auch die Testamentsform (Art. 11, 26 EGBGB), die Ehefähigkeit (Art. 13 EGBGB) und die Testierfähigkeit (Art. 26 EGBGB). Nach Art. 7 I EGBGB unterliegen **Rechts- und Geschäftsfähigkeit** einer Person dem Recht des Staates, dem diese Person angehört, mithin deren **Heimatrecht**. Nach Art. 91 I S. 1 WechselG gilt dies auch für die **Wechselfähigkeit** (s. sogl. ausführl. Rdnr. 33). Nämliches gilt ferner für die **Prozessfähigkeit,** wie sich aus § 55 ZPO ergibt, der lediglich hilfsweise hierzu die deutsche *lex fori* beruft (sogl. Rdnr. 42). Sofern es dagegen um andere Fähigkeiten geht, bilden diese oftmals einen Teil des Wirkungsstatuts, so namentlich im Falle der Ehefähigkeit, der Delikts- und der Testierfähigkeit.[42] Hält das Gesetzes- oder Richterrecht für eine Teilfrage keine besondere Kollisionsnorm vor, so wird sie wie die Hauptfrage, mithin **unselbständig angeknüpft.**[43]

IV. Anknüpfungsregeln im Einzelnen

1. Allgemeine Rechtsfähigkeit

14 a) **Grundanknüpfung**. Unter welchen Voraussetzungen eine Gesellschaft Rechtsfähigkeit erlangt, in welchem Umfang diese besteht und unter welchen Umständen sie diese wieder verliert, bestimmt sich nach dem auch als **Gesellschaftsstatut** bezeichneten **Personalstatut**.[44] Damit wirkt im Inland insbesondere auch eine nach einem maßgeblichen ausländischen Gesellschaftsstatut bestehende Beschränkung der Rechtsfähigkeit, wie sie namentlich unter der im *common law*-Rechtskreis einst verbreiteten **ultra vires**-Dok-

---

[40] *Kienle*, Internationales Privatrecht, Rdnr. 16 ff.
[41] *Kienle*, Internationales Privatrecht, Rdnr. 29 f., 131 ff.
[42] *Kropholler*, Internationales Privatrecht, § 42 I. 1., S. 317.
[43] *Kienle*, Internationales Privatrecht, Rdnr. 30.
[44] Ständige Rsp. BGHZ 25, 134, 144 = NJW 1957, 1433; BGHZ 53, 181, 183 = NJW 1970, 998; BGHZ 78, 318, 334 = NJW 1981, 532; BGHZ 97, 269, 271 = NJW 1986, 2194; BGHZ 128, 41, 44; BGH NJW 1998, 2452; MüKo/*Kindler*, IntGesR Rdnr. 564; Großkomm GmbHG/*Behrens*, Einl. B Rdnr. 68; Michalski/*Leible*, GmbHG, Syst. Darst. 2 Rdnr. 81; Staudinger/*Großfeld*, IntGesR, Rdnr. 265.

trin⁴⁵ durch den satzungsmäßig umrissenen Unternehmensgegenstand erfolgte. Freilich hängt die englische Mutterrechtsordnung des *common law* der Doktrin bereits seit längerer Zeit nicht mehr an⁴⁶ und auch die Rechtsordnungen der US-Bundesstaaten versagen außerhalb des Unternehmensgegenstandes regelmäßig nicht mehr die Rechtsfähigkeit, sondern verlagern die Problematik auf die Ebene der Vertretungsmacht der Gesellschaftsorgane.⁴⁷ Es handelt sich in diesem Falle um ein Problem der Geschäfts-, nicht aber der Rechtsfähigkeit.⁴⁸ Auf Gemeinschaftsebene hat ferner Art. 9 Abs. 1 der **Publizitäts-Richtlinie** einen Rückzug der *ultra vires*-Doktrin bewirkt.⁴⁹

Das Gesellschaftsstatut ist dafür maßgeblich, wie die Gesellschaft entsteht, lebt und vergeht, womit sich insbesondere der **Beginn**, d. h. die Gründungsvoraussetzungen, aber auch das **Ende der Rechtsfähigkeit** danach bemessen. Im vorliegenden Zusammenhang der Scheinauslandsgesellschaften ist dies vornehmlich angesichts der insbesondere in der englischen Rechtsordnung sehr strikt gehandhabten Registerlöschung, an die sich der Verlust der Rechtsfähigkeit knüpft, von Bedeutung. Damit werden insbesondere nachhaltige Verstöße gegen Publizitätspflichten sanktioniert. Das OLG Jena hat sich in einer derartigen Konstellation der **Lehre von der Restgesellschaft** bedient und entschieden, dass eine im heimischen Register gelöschte englische Limited zum Zwecke der Liquidation im Hinblick auf ihr im Inland belegenes Vermögen als Restgesellschaft fortbesteht.⁵⁰ Entsprechendes gilt im Rahmen eines Zivilverfahrens (s. u. Rdnr. 40).

b) Durchgriffshaftung. Ebenfalls grundsätzlich nach dem Personal- bzw. Gesellschaftsstatut beantwortet sich die Frage, unter welchen Voraussetzungen die eigenständige Rechtspersönlichkeit der Gesellschaft zugunsten eines direkten Zugriffs auf die dahinter stehenden Anteilseigner zurücktritt und damit einen **Haftungsdurchgriff** freigibt.⁵¹ Es geht hier gleichsam um die Tragweite der Rechtsfähigkeit oder anders formuliert darum, wie konsequent die Gesellschaft von ihren Inhabern verselbständigt ist, was insbesondere anhand der in *common law* Rechtskreisen gebräuchlichen Terminologie des *lifting* oder *piercing the corporate veil* deutlich wird. Im deutschen Recht sind damit insbesondere die Haftungsfiguren der materiellen Unterkapitalisierung und der Vermögensvermischung angesprochen (vgl. § 23 Rdnr. 50). Im weiteren Sinne rechnet hierzu aber auch die sich nach dem Recht der beherrschten Gesellschaft bestimmende **Verlustausgleichshaftung im Konzernverbund** nach Art des § 302 AktG. Das Gesellschaftsstatut befindet ferner ebenfalls darüber, ob es einen **umgekehrten Durchgriff** im Sinne einer Haftung des Gesellschaftsvermögens für Verbindlichkeiten der Gesellschafter zulässt, da dies gleichermaßen eine Frage der Tragweite der Rechtsfähigkeit darstellt.⁵²

---

⁴⁵ Hierzu *Zimmer*, IntGesR S. 241 ff.; *Dreibus*, Die Vertretung verselbständigter Rechtsträger in europäischen Ländern: Vereinigtes Königreich von Großbritannien und Nordirland, S. 81 ff.

⁴⁶ Sec. 35 Abs. 1 CA 1985; Sec. 31, 39 CA 2006.

⁴⁷ *Zimmer*, IntGesR S. 241 ff.; *Merkt*, US-amerikanisches Gesellschaftsrecht, 2. A., S. 187 f.; *Bungert*, Gesellschaftsrecht in den USA, S. 34 ff.

⁴⁸ So auch Hirte/Bücker/*Leible*, GrenzübGes, § 11 Rdnr. 19; siehe zur Geschäftsfähigkeit Rdnr. 57 ff.

⁴⁹ Erste Richtlinie des Rates vom 9. 3. 1968 zur Koordinierung der Schutzbestimmungen, ABl. EG 1968 L 65/8; hierzu *Gumpert*, Rechtsfolgen einer Überschreitung des Unternehmensgegenstandes im Gemeinschaftsprivatrecht.

⁵⁰ ZIP 2007, 1709 m. Anm. *Schmidt*, 1712.

⁵¹ BGH WM 1957, 1047, 1049; BGHZ 78, 318, 334; GroßKomm GmbHG/*Behrens* Einl. B Rdnr. 91; MüKo/*Kindler* IntGesR Rdnr. 635; Staudinger/*Großfeld* IntGesR Rdnr. 354. Für eine deliktsrechtliche Qualifikation und Anknüpfung sprechen sich demgegenüber aus Bayer BB 2003, 2357, 2358; *G. H. Roth* NZG 2003, 1081, 1085; *Schanze/Jüttner* AG 2003, 665, 669; *Zimmer* NJW 2003, 3585, 3589; *Altmeppen* NJW 2004, 97, 101; *Horn* NJW 2004, 893, 899; *Ulmer* NJW 2004, 1201, 1205; *Borges* ZIP 2004, 733, 741. Für eine Mehrfachqualifikation plädiert Lutter/*Fleischer*, Europäische Auslandsgesellschaften in Deutschland, S. 81 ff.

⁵² BGH NJW 1981, 521, 525; NJW 1992, 2026, 2030; NJW-RR 1995, 766, 767; MüKo/*Kindler* IntGesR Rdnr. 621; Staudinger/*Großfeld* IntGesR Rdnr. 358.

17 **c) Schutz gutgläubiger Geschäftspartner.** Unerheblich für die Beachtung der Rechtsfähigkeit – und auch deren Versagung – nach einem ausländischen Recht ist der Umstand, ob das deutsche Gesellschaftsrecht einem entsprechenden gesellschaftsrechtlichen Verbund Rechtsfähigkeit zubilligt oder nicht.[53] Gewisse Relevanz kommt dem **inländischen Vergleichsmaßstab** aber dennoch insoweit zu, als zugunsten des inländischen Rechtsverkehrs eine entsprechende Anwendung der **Gutgläubensregelung** des Art. 12 EGBGB zu erwägen ist. Hiernach kann sich eine natürliche Person gegenüber ihrem inländischen Vertragspartner nur dann auf die nach ihrem ausländischen Personalstatut fehlende Rechtsfähigkeit berufen, wenn der Vertragspartner diesbezüglich bösgläubig war.[54]

18 Die textliche Beschränkung von Art. 12 EGBGB auf natürliche Personen steht einer analogen **Anwendung auf Gesellschaften** deshalb nicht entgegen, weil die Norm einer Regelung durch das Internationale Gesellschaftrecht nicht vorgreifen wollte. Erlaubt Art. 12 EGBGB aber sogar, die nach dem Heimatrecht fehlende Rechts- oder Geschäftsfähigkeit eines Minderjährigen durch den guten Glauben des Geschäftspartners zu überwinden, so muss dies auch im Falle einer Gesellschaft gelten, deren Schutzbedürftigkeit geringer wiegen und deren Kapazitätsmangel weniger deutlich erkennbar sein dürfte.[55] Freilich könnte man dem entgegen halten, dass sich ein Geschäftspartner aufgrund der Firmierung zu einer Überprüfung veranlasst sehen sollte. Dies betrifft indes nicht die Frage nach einer analogen Anwendung der Vorschrift überhaupt, sondern den bei deren Anwendung anzusetzenden Sorgfaltsmaßstab.

19 Fahrlässig unbekannt i. S. v. Art. 12 EGBGB ist ein Fähigkeitsmangel dem Geschäftspartner dabei nicht bereits dann, wenn er um die Ausländereigenschaft seines Gegenüber weiß. Jedoch dürfte er dann nicht als schutzwürdig anzusehen sein, wenn sich eine Erkundigung über die Konstitution seines Kontrahenten aufgrund des Fehlens einer vergleichbaren inländischen Rechtsform aufdrängen musste, zumal im Rahmen von Art. 12 EGBGB grundsätzlich bereits **einfache Fahrlässigkeit** genügt.[56] Vergleichbarkeit in diesem Sinne – und damit keine **Informationsobliegenheit** anzunehmen – ist gegeben zwischen der englischen *Public Limited Company*, den US amerikanischen *Corporations* und der deutschen Aktiengesellschaft sowie der englischen *Private Limited Company*, den US amerikanischen *Limited Liability Companies* und der GmbH sowie den *Partnerships* und der OHG.[57] Anwendungsvoraussetzung des Gutglaubensschutzes ist ferner, dass beide Parteien bei Vertragsschluss im Inland anwesend waren, wovon im Falle einer **inländischen Zweigniederlassung** der Auslandsgesellschaft auszugehen ist.[58]

20 Ein gewisses **Gefährdungspotential** haftet der Gutglaubensregelung insoweit an, als der geschützte Inländer bei fingierter Rechtsfähigkeit seines ausländischen Geschäftspartners seinerseits aus dem infolge dessen wirksamen Geschäft verpflichtet ist; leistet der inländische Vertragspartner nunmehr vor oder steht ihm ein Zurückbehaltungsrecht nicht zu und verfügt sein ausländischer Schuldner im Inland – etwa an seiner inländischen Zweigniederlassung – nicht über ein zur Bedienung seiner Gegenleistungsverpflichtung hinreichendes Vermögen, so läuft der Inländer Gefahr, seinen Außenstand im Herkunftsland aufgrund der nach dortigem Recht fehlenden Kapazität auch im Vollstreckungswege nicht realisieren zu

---

[53] MüKo/*Kindler*, IntGesR Rdnr. 564; Hirte/Bücker/*Leible*, GrenzübGes, § 11 Rdnr. 2, 19.
[54] Zum originären Anwendungsbereich der Vorschrift *Kienle*, Internationales Privatrecht, Rdnr. 137.
[55] BGH NJW 1998, 2452, 2453; Palandt/*Thorn*, BGB, Art. 12 EGBGB Anh. Rdnr. 11; Bamberger/Roth/*Mäsch*, BGB, Art. 12 EGBGB Anh. Rdnr. 37; Großkomm GmbHG/*Behrens*, Einl. B Rdnr. 70; *Spalinger/Wegen*, Internationales Gesellschaftsrecht in der Praxis, Rdnr. 271; Hirte/Bücker/*Leible*, GrenzübGes, § 10 Rdnr. 20.
[56] BGH NJW 1998, 2452, 2453; noch von Fahrlässigkeit ausgehend bei Kenntnis der Ausländereigenschaft OLG Hamburg, IPRspr. 1932 Nr. 14; insgesamt MüKo/*Kindler*, IntGesR Rdnr. 566; Hirte/Bücker/*Leible*, GrenzübGes, § 10 Rdnr. 21.
[57] RGZ 117, 215, 217 – US Corporation; BayObLG IPRax 1986, 161, 162 – englische Ltd.
[58] MüKo/*Kindler*, IntGesR Rdnr. 568; *Leible*, IPRax 1997, 133, 136; Hirte/Bücker/*Leible*, GrenzübGes, § 10 Rdnr. 21.

können. Ihm bleibt dann nur eine Inanspruchnahme der für die Gesellschaft Auftretenden etwa aus Handelndenhaftung, einem Verschulden bei Vertragsschluss oder als *falsus procurator*.[59]

d) Darlegungs- und Beweislast. Die Darlegungs- und Beweislast einer Tatsache obliegt derjenigen Partei, deren prozessuales Begehren die Tatsache stützt. Im Falle des **Aktivprozesses** einer Auslandsgesellschaft hat mithin diese solche Tatsachen vorzutragen, aus denen sich ihre Rechtsfähigkeit als eine Voraussetzung ihrer Aktivlegitimation ergibt. Regelmäßig aber werden bereits bei der Beurteilung der – als Prozesshandlungsvoraussetzung gemäß § 56 Abs. 1 ZPO von Amts wegen zu prüfenden – **Partei- und Prozessfähigkeit** die erforderlichen Feststellungen getroffen werden.

Im Falle eines **Passivprozesses** entfällt aufgrund der auf Auslandsgesellschaften entsprechend anwendbaren Regelung des § 50 Abs. 2 ZPO eine amtswegige Prüfung der Rechtsfähigkeit als Voraussetzung der Parteifähigkeit. Für den Nachweis der Passivlegitimation muss der Kläger mithin zunächst Tatsachen darlegen, aus denen sich die Rechtsfähigkeit der beklagten Auslandsgesellschaft ergibt. Hierzu muss er entweder darlegen, dass der Satzungssitz der Gesellschaft in einem der Gründungstheorie anhängenden Staat lokalisiert, oder aber, dass der tatsächliche Verwaltungssitz in einem der Sitztheorie anhängenden Staat belegen ist.[60] Freilich kann sich eine Auslandsgesellschaft, die sich im Geschäftsverkehr als rechtsfähige juristische Person geriert hat in einem späteren Prozess als Ausfluss des **Verbots widersprüchlichen Verhaltens** (*venire contra factum proprium*) nicht auf eine fehlende Rechtsfähigkeit nach ihrem Heimatrecht berufen.[61]

2. Besondere Rechtsfähigkeiten

a) Grundanknüpfung. Bereits eingangs wurde ausgeführt, dass das Personalstatut – vorbehaltlich besonderer Anknüpfungsregelungen für Teilfragen – grundsätzlich auch die besonderen Rechtsfähigkeiten vorgibt. Vorbehaltlich **bereichsspezifischer Sonderregeln** ist daher auf die bereits dargestellten Anknüpfungsregeln zurück zu greifen. Indes sind im Bereich der besonderen Rechtsfähigkeiten abweichende Anknüpfungen, etwa an das **Wirkungsstatut** als das Recht, dem das betreffende Geschäft unterliegt, oder das **Belegenheitsstatut** der geschäftsgegenständlichen Sache, nicht selten; hierbei kann das Geschäftsrecht im Sinne einer Meistbegünstigung *(favor negotii)* entweder **alternativ**, oder im Sinne der Durchsetzung des strengeren Rechts **kumulativ** zum Zuge kommen.[62]

Gesetzliche Ungleichbehandlungen ausländischer juristischer Personen untersagt bereits seit längerem Art. 86 EGBGB, wonach Vorschriften, die den Erwerb von Rechten durch Ausländer oder durch juristische Personen, die ihren satzungsmäßigen Sitz, ihre Hauptverwaltung oder ihre Hauptniederlassung nicht im Bundesgebiet haben, beschränken oder von einer Genehmigung abhängig machen, seit dem 30. 7. 1998 keine Anwendung mehr finden. Lediglich in Bezug auf außereuropäische juristische Personen sind im Verordnungswege Beschränkungen möglich, wenn Deutsche in dem betreffenden Staat entsprechend eingeschränkt werden und außenpolitische Gründe es erfordern. Allenfalls seltene Relevanz hat die Vorschrift für die Bereiche der Beteiligungsfähigkeit, die aktive Scheck- und Wechselfähigkeit, die Grundbuchfähigkeit etc.

b) Deliktsfähigkeit. Ob und unter welchen Voraussetzungen einer Gesellschaft die Handlungen der für sie auftretenden Personen und Organe zugerechnet werden können

---

[59] Im Falle einer Vorleistung(-spflicht) des Inländers schafft auch das von *Leible* propagierte Leistungsverweigerungsrecht keine Abhilfe, vgl. Hirte/Bücker/*Leible*, GrenzübGes, § 10 Rdnr. 22.

[60] Vgl. noch unter der Geltung der Sitztheorie auch für europäische Auslandsgesellschaften BGHZ 97, 269, 270.

[61] OLG Nürnberg IPRax 1985, 342; Staudinger/*Großfeld* IntGesR Rdnr. 240; Hirte/Bücker/*Leible*, GrenzübGes, § 11 Rdnr. 24.

[62] MüKo/*Kindler* IntGesR Rdnr. 547; Staudinger/*Großfeld* IntGesR Rdnr. 300 ff.; Hirte/Bücker/*Leible*, GrenzübGes, § 11 Rdnr. 26.

und sie damit hierfür haftet, bemisst sich als Teilfrage der Haftung aus unerlaubter Handlung mangels besonderer Anknüpfungsvorschriften nach dem **Deliktsstatut**.[63] Gleichermaßen bemisst sich hiernach, ob die handelnden Organe ihrerseits deliktsfähig, insbesondere also verschuldensfähig, sind. Maßgebliche Kollisionsnorm ist damit Art. 40 Abs. 1 S. 1 EGBGB,[64] wonach Ansprüche aus unerlaubter Handlung dem Recht des Staates unterliegen, in dem der Ersatzpflichtige gehandelt hat, sofern nicht der Verletzte statt dessen verlangt, dass anstelle des Rechts des Handlungsortes das Recht des Staates angewandt wird, in dem der Erfolg eingetreten ist, Abs. 1 S. 2. Dem Geschädigten steht mithin ein **kollisionsrechtliches Bestimmungsrecht** zu.[65]

26   Nach Art. 40 Abs. 2 EGBGB geht der Grundanknüpfung das **Recht des gemeinsamen gewöhnlichen Aufenthaltsstaates** von Schädiger und Geschädigtem vor, wobei im Falle von Gesellschaften die **Hauptverwaltung** oder die betroffene **Niederlassung** insoweit den gewöhnlichen Aufenthaltsort markieren.[66] Steht mithin die Schädigung eines Inländers durch eine im Inland ansässige Auslandsgesellschaft in Rede, ist danach Deliktsstatut regelmäßig deutsches Recht. Möglich ist ein Abgehen von der Grundanknüpfung nach Art. 41 Abs. 1 EGBGB im Falle einer anderweitigen, **wesentlich engeren Verbindung** des Sachverhalts mit dem Recht eines anderen Staates. Eine solche ist nach dem Regelbeispiel des Abs. 2 Nr. 1 insbesondere dann gegeben, wenn zwischen den Beteiligten im Zeitpunkt der Schädigung bereits eine anderweitige rechtliche oder tatsächliche Beziehung besteht;[67] auch über die Organ- oder Mitgliedschaft zu derselben Gesellschaft kann diese engere Beziehung begründet werden. Auf die Rom II-VO kann aufgrund der gesellschaftsrechtlichen Bereichsausnahme nicht zugegriffen werden.[68]

27   Ist nach den vorstehenden Ausführungen deutsches Deliktsrecht anwendbar, kommt es für die Frage der **Zurechnung eines Organverschuldens** gemäß § 31 BGB darauf an, ob eine von § 31 BGB erfasste Rechtsformen inländischen Rechts durch die Auslandsgesellschaft **substituiert** werden kann, d.h. ob diese jener funktional entspricht und § 31 BGB daher von seiner Zwecksetzung her einschlägig ist.[69] Dies wird dann der Fall sein, wenn die Auslandsgesellschaft die charakteristischen Züge einer Körperschaft aufweist. Da § 31 BGB auf der Tatbestandsebene jedoch zudem voraussetzt, dass der Organwalter im Rahmen des ihm übertragenen Aufgabenkreises gehandelt hat und die unerlaubte Handlung hiermit in engem Zusammenhang steht, ist regelmäßig **zusätzlich** ein Rückgriff auf das **ausländische Gesellschaftsstatut** erforderlich.[70]

28   c) **Beteiligungsfähigkeit.** Ob die Investition von Gesellschaftsvermögen in Anteile an einer anderen Gesellschaft zulässig ist, ist eine Frage des Unternehmensgegenstandes und damit der inneren Verfassung der **Erwerbergesellschaft** und damit nach deren **Personalstatut** zu beurteilen. Umgekehrt ist die Frage, wer tauglicher Gesellschafter bzw. Anteilseigner der **Zielgesellschaft** sein kann, eine Frage deren Verfassung und daher **kumulativ nach deren Personalstatut** zu beantworten.[71] Eigenständigen, **marktortbezogenen**

---

[63] OLG Köln NZG 1998, 350; Staudinger/*Großfeld* IntGesR Rdnr. 314; Bamberger/Roth/*Mäsch* EGBGB Art. 12 Anh. Rdnr. 46; Hirte/Bücker/*Leible*, GrenzübGes, § 11 Rdnr. 34; Eidenmüller/*Rehm*, AuslKapGes, § 5 Rdnr. 10.

[64] Aufgrund des gesellschaftsspezifischen Bezugs greift die Bereichsausnahme des Art. 1 Abs. 2 d) Rom II-VO, so dass diese nicht gilt, vgl. MüKo/*Junker*, Art. 1 Rom II-VO Rdnr. 36.

[65] Hierzu *Kienle*, Internationales Privatrecht, Rdnr. 216.

[66] *Kienle*, Internationales Privatrecht, Rdnr. 221.

[67] Hierzu *Kienle*, Internationales Privatrecht, Rdnr. 223 f.

[68] MüKo/*Junker*, Art. 1 Rom II-VO Rdnr. 36.

[69] Zur Substitution *Kienle*, Internationales Privatrecht, Rdnr. 44 ff.

[70] OLG Köln NZG 1998, 350; MüKo/*Kindler* IntGesR Rdnr. 691; Bamberger/Roth/*Mäsch* EGBGB Art. 12 Anh. Rdnr. 46; Hirte/Bücker/*Leible*, GrenzübGes, § 11 Rdnr. 34.

[71] OLG Saarbrücken NJW 1990, 647; MüKo/*Kindler* IntGesR Rdnr. 572; Staudinger/*Großfeld* IntGesR Rdnr. 305; *Kronke* RIW 1990, 799.

Anknüpfungsregelungen folgt das **Kartellrecht,** das einem Beteiligungserwerb entgegenstehen kann.[72]

Eine Frage der Auslegung des ausländischen materiellen Gesellschaftsrechts ist dagegen, ob ein etwaiges Verbot der Beteiligung an anderen Gesellschaften seinem Sinn und Zweck nach auch die Beteiligung an ausländischen Gesellschaften umfasst.[73] Das deutsche materielle Gesellschaftsrecht steht dem Beteiligungserwerb einer Auslandsgesellschaft an einer GmbH nicht entgegen[74] und auch die in Art. 551 Abs. 1 schweizer OR niedergelegte Regelung, wonach Gesellschafter einer Kollektiv- oder Kommanditgesellschaft nur natürliche Personen sein können, ist nicht erweiternd im Sinne eines Beteiligungsverbotes schweizer Kapitalgesellschaften an ausländischen Personengesellschaften zu interpretieren.[75]

Eine Frage, die sich zwischen Beteiligungs- und Organfähigkeit bewegt ist diejenige danach, ob eine ausländische Kapitalgesellschaft die Stellung des Komplementärs einer deutschen Kommanditgesellschaft übernehmen kann. Während die **nationale Grundtypenvermischung** und damit die Legitimität der **GmbH & Co. KG** seit jeher anerkannt sind,[76] ist die Frage einer **grenzüberschreitenden Typenvermischung** und damit insbesondere die Gestaltungsform der sich großer Beliebtheit erfreuende Limited & Co. KG umstritten.[77] Wie vorstehend ausgeführt, sind hierzu sowohl das Personalstatut der Erwerberals auch der Zielgesellschaft zu befragen, so dass es sich bei Lichte betrachtet um eine Frage des materiellen und nicht des Kollisionsrechts handelt. Es werden aber auch spezifisch kollisionsrechtliche Gesichtspunkte gegen die Zulässigkeit einer grenzüberschreitenden Typenvermischung ins Feld geführt, wenn namentlich vorgebracht wird, der hierdurch kreierte Statutenmix führe zu einer unübersichtlichen und unklaren Rechtslage insbesondere im Hinblick auf Haftungs- und Vertretungsverhältnisse, zumal es dem Grundanliegen der Sitztheorie widerspreche, wenn sich die wesentlichen Verhältnisse der inländischen Gesellschaft, nämlich diejenigen des Komplementärs, nach ausländischem Recht bestimmten.[78]

Die überwiegende Auffassung spricht sich dagegen für die Komplementärfähigkeit einer ausländischen Kapitalgesellschaft aus und bemüht hierfür insbesondere die Regelungen der §§ 129a, 130 a/b, 172a, 177a HGB, wonach Gesellschafter einer OHG bzw. Komplementär einer KG auch eine Kapitalgesellschaft sein könne und ein sachlicher Grund für die Beschränkung auf inländische Kapitalgesellschaften nicht ersichtlich sei. Zudem habe bis 1990 jedenfalls der Steuergesetzgeber die Komplementärfähigkeit einer ausländischen Kapitalgesellschaft explizit anerkannt.[79] Schließlich spreche auch der Statutenmix nicht grundsätzlich gegen eine Zulässigkeit, da ein solcher auch auf andere Weise entstehen könne, namentlich wenn ein ausländischer Minderjähriger die Komplementärfunktion übernehme, da sich dessen elterliche Vertretung gemäß Art. 21 EGBGB nach seinem – unter Umstän-

---

[72] Zur Anknüpfung von Kartellverstößen *Kienle,* Internationales Privatrecht, Rdnr. 93.
[73] Hierzu BayObLG NJW 1986, 3029, 3031; MüKo/*Kindler* IntGesR Rdnr. 575; Staudinger/*Großfeld* IntGesR Rdnr. 306; Hirte/Bücker/*Leible,* GrenzübGes, § 11 Rdnr. 39; ausführlich mit anderem Ansatz *Grothe* Die „ausländische Kapitalgesellschaft & Co." S. 199 ff.
[74] Lutter/*Hommelhoff,* GmbHG, § 1 Rdnr. 4.
[75] OLG Saarbrücken NJW 1990, 647, 648; LG Stuttgart RIW 1993, 848, 851; *Kronke* RIW 1990, 799, 801.
[76] S. bereits RGZ 105, 101, 104 ff.; *Zielinski* Grundtypenvermischung und Handelsgesellschaftsrecht 1925.
[77] S. hierzu *Werner* GmbHR 2005, 288; *Süß* GmbHR 2005, 673; *Kowalski/Bormann* GmbHR 2005, 1045; *Wachter* GmbHR 2006, 79; ausführlich *Grothe* Die „ausländische Kapitalgesellschaft & Co." 1989.
[78] Dezidiert Staudinger/*Großfeld* IntGesR Rdnr. 542 ff.; MüKo/*Kindler* IntGesR Rdnr. 576; s. auch *Großfeld* IPRax 1986, 351; *Ebke* ZGR 1987, 245, 265 ff.; *Ebenroth/Hopp* JZ 1989, 883; *Ebenroth/Auer* DNotZ 1990, 139; *Großfeld/Strotmann* IPRax 1990, 298; *Großfeld/Johannemann* IPRax 1994, 271; *Kieser* Die Typenvermischung über die Grenze S. 112 ff.
[79] § 5 Abs. 2 Nr. 3 Kapitalverkehrssteuergesetz, aufgehoben mit Gesetz v. 22. 2. 1990, BGBl. 1990 I, S. 266, 281; hierzu Hirte/Bücker/*Leible,* GrenzübGes, § 11 Rdnr. 39 d – dort auch zu der lediglich indiziellen Bedeutung der steuerlichen Regelung.

den – ausländischen Aufenthaltsrecht bemesse.[80] Eventuellen Defiziten in der Handlungs- oder Vertretungsbefugnis der ausländischen Komplementärin kann über eine entsprechende Anwendung der Verkehrsschutzregelung des Art. 12 EGBGB begegnet werden (s. o. Rdnr. 17 ff.).[81] Jedenfalls **Gesellschaften aus dem EU-Ausland** kann die Übernahme der Komplementärstellung bei einer deutschen KG aufgrund der Niederlassungsfreiheit nicht mehr verwehrt werden.[82] Gleiches gilt für auf anderer Grundlage niederlassungsberechtigte Auslandsgesellschaften (s. o. Rdnr. 9).[83]

32 **d) Organfähigkeit.** Ob eine Auslandsgesellschaft eine Organfunktion innerhalb einer deutschen Kapitalgesellschaft bekleiden kann, d. h. ob sie organfähig ist, beantwortet sich nach deutschem Recht als dem **Gesellschaftsstatut der Zielgesellschaft.** Danach stehen §§ 6 Abs. 2 GmbHG, 76 Abs. 3, 100 Abs. 1 AktG der Übernahme von Organpositionen durch (ausländische) Kapitalgesellschaften entgegen, da Geschäftsführer bzw. Vorstands- und Aufsichtsratsmitglieder nur natürliche Personen sein können. **Kumulativ** ist das **Personalstatut der die Organposition anstrebenden Gesellschaft** zu befragen, ob die Gesellschaft zur Bekleidung der Position befähigt ist. Im vorliegenden Zusammenhang ist dies freilich ohne Relevanz, da bereits das deutsche Kapitalgesellschaftsrecht der Funktionsbekleidung entgegensteht.[84]

33 **e) Scheck-, Wechsel- und Anleihefähigkeit.** Nach Art. 91 Abs. 1 S. 1 WechselG bestimmt sich die Fähigkeit einer Person, eine Wechselverbindlichkeit einzugehen, nach dem Recht des Landes, dem sie angehört.[85] Für die damit alleine angesprochene **passive Wechselfähigkeit** ist damit auf das Personalstatut zu rekurrieren, im Falle von Gesellschaften auf das Gesellschaftsstatut. Dies gilt über den Wortlaut hinaus auch für die **aktive Wechselfähigkeit**, d. h. die Fähigkeit, Orderberechtigter oder Inhaber zu sein.[86] Wie Abs. 1 S. 2 klarstellt, handelt es sich dabei um eine Gesamtverweisung, so dass eine Weiterverweisung durch das Gesellschaftsstatut auf ein anderes beachtlich ist.[87] Eine dem Art. 12 EGBGB gleichkommende **Verkehrsschutzregelung** (s. o. Rdnr. 17 ff.) enthält Art. 91 Abs. 2 WechselG, wonach derjenige, der nach seinem Personalstatut nicht wechselfähig ist, gleichwohl wirksam verpflichtet wird, wenn die Unterschrift in dem Gebiet eines Landes abgegeben worden ist, nach dessen Recht er wechselfähig wäre.[88] Eine mit Art. 91 WechselG wortgleiche Regelung für die **Scheckfähigkeit** enthält Art. 60 ScheckG, wo entsprechendes gilt.[89]

---

[80] Aus der Rsp. BayObLG NJW 1986, 3029, 3031; OLG Saarbrücken NJW 1990, 647, 648; OLG Stuttgart GmbHR 1995, 530; LG Stuttgart RIW 1993, 848, 850; aus dem Schrifttum *Bungert* AG 1995, 489, 503; *Kronke* RIW 1990, 799, 802 ff.; Bamberger/Roth/*Mäsch* EGBGB Art. 12 Anh. Rdnr. 40; *Zimmer* IntGesR S. 208 ff.; Hirte/Bücker/*Leible*, GrenzübGes, § 11 Rdnr. 39 d.

[81] *Kronke* RIW 1990, 799, 802; Hirte/Bücker/*Leible*, GrenzübGes, § 11 Rdnr. 39 d.

[82] LG Bielefeld GmbHR 2006, 89; anders noch das hierdurch revidierte Registergericht AG Oeynhausen GmbHR 2005, 692. S. auch MüKo/*Kindler* IntGesR 577.

[83] Hirte/Bücker/*Leible*, GrenzübGes, § 11 Rdnr. 39 e.

[84] Hirte/Bücker/*Leible*, GrenzübGes, § 11 Rdnr. 35; freilich sollen umgekehrt deutsche Gesellschaften nicht aufgrund der aufgeführten Regelungen gehindert sein, Organfunktionen bei ausländischen Gesellschaften zu übernehmen, sofern deren Gesellschaftsrecht, wie etwa das englische, dies zulässt; vgl. auch Art. 47 Abs. 1 SEVO; rechtsvergleichend s. *Fleischer* RIW 2004, 16.

[85] Komprimiert *Kienle*, Internationales Privatrecht, Rdnr. 135.

[86] Baumbach/*Hefermehl* Wechsel- und ScheckG Art. 91 Rdnr. 1.

[87] Fraglich ist, ob die Vorschrift mit der Formulierung „erklärt dieses Recht das Recht eines anderen Landes für maßgebend, so ist das letztere Recht anzuwenden" einen Abbruch der Verweisungskette anordnet oder wiederum eine Gesamtverweisung darstellt; ein Abbruch der Verweisungskette dürfte sich jedoch bei einem in Deutschland spielenden Sachverhalt regelmäßig bereits aus Art. 4 Abs. 1 S. 2 EGBGB ergeben.

[88] Fraglich ist, ob in Anlehnung an Art. 12 EGBGB Gutgläubigkeit des Inhabers zu verlangen ist, oder ob dem die formale Ausgestaltung des Wechselrechts entgegensteht; direkt Art. 12 EGBGB heranziehen will Hirte/Bücker/*Leible*, GrenzübGes, § 11 Rdnr. 40.

[89] S. a. Staudinger/*Großfeld* IntGesR Rdnr. 312.

Die Fähigkeit, Inhaberschuldverschreibungen zu begeben, mithin die **Anleihefähigkeit**, beurteilt sich vorrangig nach dem Recht des Staates, dem die Inhaberschuldverschreibung unterliegt, in dessen Rechtsverkehr sie begeben wird, was insbesondere auf Verkehrsschutzgesichtspunkten beruht.[90] Vorbehaltlich der entsprechend heranzuziehenden Verkehrsschutzregelung des Art. 12 EGBGB ist jedoch die Versagung der Anleihefähigkeit durch das Gesellschaftsstatut im Sinne einer **kumulativen Anknüpfung** beachtlich; freilich soll dies dann nicht gelten, wenn diese Versagung lediglich auf Verkehrsschutzgesichtspunkten beruht.[91]

f) Grundbuchfähigkeit. Die Grundbuchfähigkeit folgt streng der sich nach dem Gesellschaftsstatut bestimmenden Rechtsfähigkeit.[92] Auf der Ebene des deutschen Grundbuchrechts gingen Rechtsprechung und herrschende Lehre lange davon aus, dass der Eintragung einer **Gesellschaft bürgerlichen Rechts** die Vorschriften des Grundbuchverfahrensrechts entgegenstehen.[93] **Kapital-,** aber auch **Handelspersonengesellschaften** sind dagegen, wie die Vorschriften der §§ 32 Abs. 2 GBO, 15 Abs. 1 Grundbuchverfügung belegen, seit jeher grundbuchfähig.

Maßgeblicher Gesichtspunkt für die unterschiedliche Behandlung von Gesellschaft bürgerlichen Rechts und Handelspersonengesellschaften war die registermäßige Erfassung der Handelsgesellschaften, die im **stark formalisierten Grundbuchverfahren** den sicheren Vertretungsnachweis erlaubte.[94] Dieser Gesichtspunkt sprach dafür, auch einer unter Herrschaft der Sitztheorie **in eine inländische Personengesellschaft umqualifizierten Auslandsgesellschaft** (s. o. Rdnr. 9) die Grundbuchfähigkeit zu verwehren, da die – entsprechend § 438 ZPO i. V. m. dem Haager Abkommen zur Befreiung ausländischer öffentlicher Urkunden von der Legalisation vom 5. 10. 1961 maßgebenden[95] – öffentlichen Urkunden des Heimatstaates gerade eine andere Rechtsform ausweisen und damit keinen sicheren Rückschluss auf die Vertretungsbefugnisse erlauben. Nach Anerkennung der Grundbuchfähigkeit der Gesellschaft bürgerlichen Rechts[96] und entsprechender Umgestaltung des § 47 GBO mit Gesetz vom 11. 8. 2009 wird man aber auch derart umqualifizierten Auslandsgesellschaften eine Eintragung gem. § 47 Abs. 2 GBO, d. h. unter Hinzufügung der Gesellschafter, zu gestatten haben.[97]

Fraglich ist, ob einer ausländischen Personenhandelsgesellschaft, die auf Grundlage der Gründungstheorie im Inland als solche anzuerkennen ist, die Eintragung ins das Grundbuch versagt werden kann, wenn sie in ihrem Heimatstaat keiner Registerpublizität unterliegt.[98] Dem dürfte die Niederlassungsfreiheit entgegenstehen und auch der Schutz des Rechtsverkehrs dürfte den Eingriff angesichts anderer denkbarer sicherer Nachweismöglichkeiten nicht erforderlich machen; so stellte etwa das Verlangen entsprechender Nachweise (Gründungs- und Bestellungsgeschäft, Versicherung des Vertreters, Zeichnung der Gesellschafter, etc.) einen weniger schwerwiegenden Eingriff dar.[99] Auch eine hier in der

---

[90] OLG Karlsruhe ZIP 1996, 123, 126; MüKo/*Kindler* IntGesR Rdnr. 579; Staudinger/*Großfeld* IntGesR Rdnr. 313; Hirte/Bücker/*Leible*, GrenzübGes, § 11 Rdnr. 41.

[91] MüKo/*Kindler* IntGesR Rdnr. 579; Hirte/Bücker/*Leible*, GrenzübGes, § 11 Rdnr. 41.

[92] BayObLG NZG 2003, 290.

[93] Bay ObLG NZG 2003, 26; zuletzt OLG Schleswig NotBZ 2008, 38; *Demharter* GBO § 19 Rdnr. 108; *Münch* DNotZ 2001, 535; *K. Schmidt* NJW 2001, 993, 1002; *Wiedemann* JZ 2001, 661, 663; *Heil* NJW 2002, 2158; a. A. *Wertenbruch* NJW 2002, 324, 329; *Ulmer/Steffek* NJW 2002, 330; *Ott* NJW 2003, 1223; *Nagel* NJW 2003, 1646, 1647.

[94] Hierzu Bay ObLG NZG 2003, 26 f.

[95] Keine Anwendung finden soll auf ausländische Gesellschaften § 32 GBO, so dass der volle Nachweis gem. § 29 GBO zu erbringen ist, vgl. OLG Hamm NJW-RR 1995, 469, 470; BayObLG NZG 2003, 290 und Rdnr. 38.

[96] BGH NJW 2009, 594.

[97] S. a. MüKo/*Kindler,* IntGesR Rdnr. 581.

[98] So Hirte/Bücker/*Leible*, GrenzübGes, § 11 Rdnr. 43 und *Leible/Hoffmann* NZG 2003, 259 f. unter Rekurs auf die entsprechende Rechtslage für Gesellschaften bürgerlichen Rechts.

[99] Ähnlich Eidenmüller/*Rehm*, AuslKapGes, § 5 Rdnr. 9.

Rechtsform ihres Gründungsstaates anerkannte ausländische Kapitalgesellschaft ist damit unabhängig von einer Registerpublizität im Herkunftsstaat als solche in das Grundbuch einzutragen.

38 Wie bereits angeklungen, steht ausländischen Gesellschaften der Existenz- und Vertretungsnachweis gem. § 32 GBO durch Vorlage eines Registerauszuges gerade nicht offen, vielmehr sind im **Eintragungsverfahren** gemäß § 29 GBO legalisierte oder mit einer Apostille nach dem Haager Übereinkommen versehene öffentliche Urkunden der Behörden des Herkunftslandes vorzulegen.[100]

39 g) **Partei-, Prozess- und Postulationsfähigkeit. aa) Parteifähigkeit. Parteifähigkeit** ist die Fähigkeit, in eigener Person Beteiligter eines gerichtlichen Verfahrens sein zu können, sei es als Kläger, Beklagter oder Streitgenosse. Nach dem Wortlaut von § 50 Abs. 1 ZPO, wonach parteifähig ist, wer rechtsfähig ist, kommt es für die Beurteilung der Parteifähigkeit darauf an, ob die betreffende Vereinigung nach ihrem Personalstatut rechtsfähig ist. Da jedoch aufgrund der Rechtsprechung des EuGH – insbesondere in der Sache Überseering[101] – im Falle einer europäischen Auslandsgesellschaft eine nach dem Gründungsrecht unabhängig von der Rechtsfähigkeit gegebene Parteifähigkeit im Inland beachtlich ist, erscheint es vorzugswürdig, die Parteifähigkeit generell auf der Grundlage einer **eigenständigen** – ungeschriebenen – **prozessualen Kollisionsnorm** unmittelbar dem Gesellschaftsstatut zu entnehmen.[102] Wesentlicher Vorteil der direkten Anknüpfung an das Heimatrecht ist die durch die Verhaftung des auch aus dortiger Sicht richtigen Rechtssubjekts im Herkunftsstaat **geförderte Anerkennung und Vollstreckbarerklärung** des deutschen Gerichtsurteils.[103] In Ergänzung des unmittelbaren Rekurses auf das Personalstatut ist jedoch im Sinne einer Meistbegünstigung bei nach ihrem Heimatrecht rechts-, nicht aber parteifähigen Gesellschaften im Wege einer **alternativen Anknüpfung** über § 50 Abs. 1 ZPO aus der ausländischen Rechtsfähigkeit die inländische Parteifähigkeit abzuleiten. Zwar stößt damit zwar möglicherweise eine Vollstreckung im Herkunftsstaat auf Schwierigkeiten, jedenfalls ein Zugriff auf das inländische Vermögen wird aber gewährleistet;[104] Gleiches gilt für Vermögen in einem Drittstaat, sofern die Gesellschaft auch dort als parteifähig gilt.[105] Aus deutscher Sicht bietet sich insoweit eine analoge Anwendung von § 50 Abs. 2 ZPO an.[106]

40 Bereits im Zusammenhang mit der allgemeinen Rechtsfähigkeit wurde darauf hingewiesen, dass einer nach ihrem Heimatrecht weder rechts- noch parteifähigen Gesellschaft, die sich im Inland als juristische Person geriert hat, der entsprechende Einwand später abgeschnitten ist; für den Bereich der Parteifähigkeit resultiert dies bereits aus einer **entsprechenden Anwendung von § 50 ZPO**.[107] Ist eine Auslandsgesellschaft ihrer Rechtsfähigkeit nach dem maßgebenden Gründungsrecht, etwa durch Registerlöschung, verlustig gegangen, besteht die passive Parteifähigkeit bei noch vorhandenem

---

[100] OLG Hamm NJW-RR 1995, 469, 470; BayObLG NZG 2003, 290; MüKo/*Kindler,* IntGesR Rdnr. 581.

[101] NJW 2002, 3614 = ZIP 2002, 2037.

[102] Vgl. etwa BGH, NJW 2004, 3706; kritisch hierzu MüKoGmbHG/*Weller,* Einl Rdnr. 414, der auf die verfahrensrechtliche Natur der Frage der Parteifähigkeit und damit die Maßgeblichkeit der lex fori hinweist.

[103] *Schack* IZVR Rdnr. 530; Hirte/Bücker/*Leible,* GrenzübGes, § 11 Rdnr. 27.

[104] MüKo/*Kindler* IntGesR Rdnr. 587; Staudinger/*Großfeld* IntGesR Rdnr. 289 ff.; Hirte/Bücker/*Leible,* GrenzübGes, § 11 Rdnr. 27; *Geimer* IZPR Rdnr. 2203; *Furtak* Die Parteifähigkeit in Verfahren mit Auslandsberührung S. 115 ff.

[105] Hirte/Bücker/*Leible,* GrenzübGes, § 11 Rdnr. 27.

[106] Vgl. Lutter/*Wagner,* Europäische Auslandsgesellschaften in Deutschland, S. 223 ff. Hirte/Bücker/*Leible,* GrenzübGes, § 11 Rdnr. 27.

[107] So auch Hirte/Bücker/*Leible,* GrenzübGes, § 11 Rdnr. 28.

Vermögen unter dem Gesichtspunkt einer **Rest- oder Liquidationsgesellschaft** fort.[108]

Bleiben schließlich diejenigen Fälle zu erörtern, in denen sich die **Rechts- und Parteifähigkeit** einer Gesellschaft **nicht nach dem Gründungsrecht** bemessen, sei es, weil das zunächst berufene Gründungsrecht einen Rückverweis ausspricht, sei es, weil originär – etwa im Falle einer in Deutschland ansässigen außereuropäischen Gesellschaft – an das Recht des tatsächlichen Verwaltungssitzes anzuknüpfen ist. Sind in einem solchen Falle, wie regelmäßig, die Voraussetzungen zur Erlangung der Rechtsfähigkeit als Gesellschaft entsprechender Rechtsform inländischen Rechts nicht erfüllt, kommt eine **Umqualifizierung** in eine inländische **Personen(handels)gesellschaft** in Betracht bzw. im Falle eines Alleingesellschafters ist dieser als **Einzelkaufmann** zu behandeln.[109] Rechts- und Parteifähigkeit ergeben sich dann aus § 124 Abs. 1 HGB oder der Rechtsprechung des BGH zur Gesellschaft bürgerlichen Rechts[110] bzw. § 1 BGB i. V. m. Art. 7 Abs. 1 EGBGB.

bb) **Prozessfähigkeit.** Prozessfähigkeit ist die Fähigkeit, Prozesshandlungen selbst oder durch Vertreter selbst vorzunehmen oder entgegenzunehmen.[111] Nach § 52 ZPO ist eine Partei insoweit prozessfähig, als sie sich durch Verträge verpflichten kann. Damit käme es grundsätzlich auf die Frage der Geschäftsfähigkeit der Auslandsgesellschaft an.[112] Auch hier wird jedoch nach Maßgabe einer **eigenständigen prozessualen Kollisionsnorm** direkt an das Personalstatut angeknüpft, da sich hiernach insbesondere die organschaftliche Kompetenz und damit die prozessuale Vertretungsbefugnis und -macht bestimmt.[113] Ist eine Auslandsgesellschaft hiernach nicht prozessfähig, ist über § 55 ZPO auch hier eine **alternative Anknüpfung** an die *lex fori* vorzunehmen; die Prozessfähigkeit richtet sich dann nach der vergleichbaren inländischen Rechtsform.[114]

cc) **Postulationsfähigkeit.** In **Verfahren vor dem Landgericht** müssen sich die Parteien gemäß § 78 Abs. 1 S. 1 ZPO durch einen bei einem Amts- oder Landgericht zugelassenen Rechtsanwalt vertreten lassen. Dies gilt selbstverständlich auch für eine Auslandsgesellschaft als Partei eines inländischen Rechtsstreits. Aufgrund der zunehmenden Verbreitung von **Rechtsanwaltskanzleien aus dem anglo-amerikanischen und englischen Rechtsraum** im Inland stellt sich indes auch häufig die Frage danach, ob eine als ausländische Kapital- oder Personengesellschaft organisierte Rechtsanwaltsgesellschaft im Inland als solche postulationsfähig sein kann. Auf die eigene Postulationsfähigkeit der ausländischen Rechtsanwaltsgesellschaft kommt es regelmäßig an, wenn die in ihr verbundenen Sozien nicht Vertragspartner des Mandatsvertrages werden sollen,[115] da damit gerade der in der Haftungsverfassung der gewählten Gesellschaftsform liegende Vorteil verloren ginge.[116]

§ 7 Abs. 4 PartGG bzw. § 59l BRAO sehen vor, dass eine Partnerschaftsgesellschaft bzw. eine als GmbH oder AG organisierte Rechtsanwaltsgesellschaft in eigener Person zur Prozessbevollmächtigten bestellt werden kann und als solche postulationsfähig ist. Im Unterschied zur **Partnerschaftsgesellschaft,** die als Personengesellschaft von dem Prinzip der

---

[108] KG, NZG 2010, 310; OLG Düsseldorf, NZG 2010, 1226; OLG Stuttgart NJW 1974, 1627, 1628; AG Duisburg IPRax 2005, 151; zu der entsprechenden Regelung des § 11 Abs. 3 InsO *Kienle* NotBZ 2008, 245, 252.

[109] BGH NZG 2002, 1009; NZG 2009, 68 (Trabrennbahn).

[110] BGHZ 146, 341; 148, 291.

[111] Musielak/*Weth* ZPO § 51 Rdnr. 1.

[112] In diesem Sinne einst BGH JZ 1956, 535.

[113] BGH NJW 2003, 1607; *Geimer* IZPR Rdnr. 2217; *Furtak*, S. 84.

[114] Hierzu Hirte/Bücker/*Leible*, GrenzübGes, § 11 Rdnr. 30; Eidenmüller/*Rehm*, AuslKapGes, § 5 Rdnr. 128; *Kienle*, Internationales Privatrecht, Rdnr. 135.

[115] Vgl. aber zu einer möglicherweise dennoch über eine Prozessvollmacht ausgelösten Haftung § 23 Rdnr. 56.

[116] *Henssler/Mansel*, NJW 2007, 1393, 1397. Bei Hinweis auf das Amt als Rechtsanwalt des Einreichenden Gesellschafters ist die Prozesshandlung jedoch zugleich diesem zuzurechnen, BGH NJW 2009, 3162.

Selbstorganschaft beherrscht wird, hat die **Rechtsanwaltskapitalgesellschaft** zunächst ein **Zulassungsverfahren** gem. §§ 59 c ff. BRAO zu durchlaufen, im Rahmen dessen insbesondere geprüft wird, ob eine unabhängige, d. h. weisungsfreie und eigenverantwortliche Berufswahrnehmung durch die für die Gesellschaft tätigen Rechtsanwälte gewährleistet ist.[117] Die Partnerschaftsgesellschaft bedarf eines solchen Zulassungsverfahrens dagegen nicht; erforderlich ist jedoch die Eintragung in das Partnerschaftsregister, damit sie als Partnerschaftsgesellschaft zur Entstehung gelangt.[118]

45 Unter welchen Voraussetzungen nun eine **ausländische Rechtsanwaltsgesellschaft** Postulationsfähigkeit erlangt, ist nicht abschließend geklärt; der Gesetzgeber hat im Zuge der Umsetzung der sog. Niederlassungsrichtlinie[119] durch das EuRAG darauf verzichtet, eigenständige Regelungen für ausländische Rechtsanwaltsgesellschaften zu schaffen, so dass insoweit auf die für nationale Gesellschaftsformen geltenden Regelungen der §§ 59 c ff. BRAO, die Ausdruck **allgemeiner berufsrechtlicher Regelungsgrundsätze** sind, zurück zu greifen ist.[120] Die Anwendung dieser berufsrechtlichen Vorschriften auf Auslandsgesellschaften ist im allgemeinen Interesse zum Schutz der Mandanten und Dritter gerechtfertigt.[121] Entscheidend für die Frage der Notwendigkeit eines besonderen inländischen Zulassungsverfahrens nach §§ 59 c ff. BRAO muss sein, ob die betreffende Anwaltsgesellschaft funktional einer Partnerschafts-, oder aber einer Kapitalgesellschaft entspricht. Hinsichtlich der Haftungsverfassung ist diesbezüglich etwa zu berücksichtigen, ob ein umfassendes Haftungsschott besteht, oder ob der jeweils agierende Berufsträger für sein berufliches Fehlverhalten – entsprechend § 8 Abs. 2 PartGG – haftet; hinsichtlich des Innenverhältnisses kommt es auf die Gesichtspunkte der Weisungsfreiheit, der Unabhängigkeit der Gesellschafter und die Bemessung des Stimmgewichts (Köpfe/Anteile) an. Im Falle der weit verbreiteten US-amerikanischen und englischen *Limited Liability Partnership* (LLP) sprechen die besseren Argumente für eine Einordnung als Partnerschaftsgesellschaft, so dass die Postulationsfähigkeit aus § 7 Abs. 4 PartGG folgt;[122] umstritten ist, ob diese Folge von der Eintragung einer Zweigniederlassung der ausländischen Rechtsanwaltsgesellschaft im deutschen Partnerschaftsregister abhängig ist,[123] oder ob die Folge sich bei entsprechender Rechtsform per se aus einer europarechtskonformen Erweiterung des § 7 Abs. 4 PartGG ergibt.[124] Ist dagegen eine Einordnung als Kapitalgesellschaft angezeigt, ist ein Zulassungsverfahren entsprechend §§ 59 c ff. BRAO zu durchlaufen; bei positiver berufsrechtlicher Anerkennung folgt hieraus zugleich die Postulationsfähigkeit.[125]

46 In diesem Zusammenhang ist abschließend eine Entscheidung des Landgerichts München I hervorzuheben, wonach ein **Rechtsanwalt,** der einer ausländischen Rechtsanwaltssozietät angehört, vor einem inländischen Gericht unabhängig von der Postulationsfähigkeit der Sozietät als solcher postulationsfähig ist, sofern er **Mitglied einer hiesigen Rechtsanwaltskammer** und generell vor dem betreffenden inländischen Gericht vertretungsbefugt ist.[126] Über zugelassene Berufsträger kann eine ausländische Rechtsanwaltsgesellschaft auch **außerforensisch** tätig werden.[127] Freilich steht jede inländische rechtsbera-

---

[117] Zu weiteren Voraussetzungen BGH, BGHZ 161, 376 = NJW 2005, 1568; *Henssler*, NJW 2009, 950, 953.
[118] Hierzu *Weller/Kienle* DStR 2005, 1102.
[119] 98/5/EG v. 16. 2. 1998, AblEG Nr. L 77 v. 14. 3. 1998, S. 36.
[120] BGH, BGHZ 161, 376 = NJW 2005, 1568; *Henssler*, NJW 2009, 950, 953.
[121] *Henssler*, NJW 2009, 950, 951, 953 – allerdings mit kritischen Ansätzen.
[122] *Weller/Kienle* DStR 2005, 1102, 1103 (zur US-amerikanischen Variante); *Henssler/Mansel*, NJW 2007, 1393, 1398 f. (zur englischen Rechtsform).
[123] So *Weller/Kienle*, DStR 2005, 1102, 1103 f.
[124] *Henssler/Mansel*, NJW 2007, 1393, 1399.
[125] Wiederum *Weller/Kienle* DStR 2005, 1102, 1104; *Henssler/Mansel*, NJW 2007, 1393, 1398 f.; *Henssler*, NJW 2009, 950, 954.
[126] NJW 2006, 704.
[127] *Henssler*, NJW 2009, 950, 954.

tende Tätigkeit unter dem Vorbehalt der Vereinbarkeit mit dem **Rechtsberatungsgesetz**.[128]

Auf die Fragen der Haftungsverfassung dieser ausländischen Rechtsanwaltsgesellschaften – insbesondere auf die Haftung der Sozien – ist noch gesondert einzugehen (§ 23 Rdnr. 54 ff.). Im Hinblick auf die inländische Betätigung von Rechtsanwälten aus dem europäischen Ausland unabhängig von einer Gesellschaftsform ist auf die Regelungen des **Gesetzes über die Tätigkeit europäischer Rechtsanwälte in Deutschland (EuRAG)** hinzuweisen. **47**

dd) Beweisfragen. Nach § 56 Abs. 1 ZPO hat das Gericht einen Mangel der Parteifähigkeit, der Prozessfähigkeit, der Legitimation eines gesetzlichen Vertreters und der erforderlichen Ermächtigung zur Prozessführung **von Amts wegen** zu berücksichtigen. Dies bedeutet allerdings nicht, dass insoweit auch eine umfassende Amtsermittlung erfolgt. Vielmehr ist das Gericht erst dann zu einer weitergehenden Prüfung verpflichtet, wenn sich entsprechende Anhaltspunkte aus dem Parteivortrag ergeben. In diesem Falle werden die Parteien im Wege eines Hinweises gem. § 139 Abs. 2 ZPO zu weiterem Vortrag und Tatsachnachweis angehalten. Als Sachurteilsvoraussetzungen unterliegen die Umstände dem **Freibeweisverfahren**.[129] Beweisbelastet ist dabei diejenige Partei, die aus der behaupteten Prozessvoraussetzung Rechte für sich herleiten will.[130] **48**

Der Existenznachweis einer Auslandsgesellschaft, die dem Recht des **Inkorporationsstaates** unterliegt, ist anhand eines **Registerauszuges** oder einer **Gründungsbescheinigung** des Herkunftslandes zu erbringen, während alleine die Vorlage des Gesellschaftsvertrages dann nicht genügt, wenn nach ausländischem Recht, wie regelmäßig, die Registereintragung konstitutiv ist.[131] Dabei genießen Urkunden, die von ausländischen Behörden oder von mit öffentlichem Glauben versehenen Personen ausgestellt wurden, die **Beweiskraft öffentlicher Urkunden** i. S. d. § 438 Abs. 1 ZPO, vorausgesetzt, sie werden im Original oder als beglaubigte Abschrift vorgelegt. Zudem ist gemäß § 438 Abs. 2 ZPO die **Legalisation** erforderlich; ist der Herkunftsstaat Vertragsstaat des Haager Abkommens zur Befreiung ausländischer öffentlicher Urkunden von der Legalisation vom 5. 10. 1961, genügt statt dessen die **Apostille**. **49**

Bestimmt sich das Personalstatut der betreffenden Gesellschaft dagegen nach ihrem **tatsächlichen Verwaltungssitz,** ist zunächst der Nachweis erforderlich, dass sich der tatsächliche Sitz der Hauptverwaltung im Geltungsbereich des betreffenden Staates befindet sowie ferner sämtliche nach dortigem Recht bestehenden Voraussetzungen für die Erlangung der Rechts- und Parteifähigkeit zu belegen sind.[132] **50**

Noch unter dem Regime der Sitztheorie hat die Rechtsprechung in diesem Zusammenhang eine **Vermutungsregel** dahingehend aufgestellt, als sich der Sitz der tatsächlichen Hauptverwaltung im Gründungsstaat befinde; nur bei deutlichen Anhaltspunkten für ein Auseinanderfallen von Satzungs- und Verwaltungssitz ist die Vermutungswirkung erschüttert und die zuvor beschriebene Prüfungspflicht des Gerichts setzt ein.[133] Derartige **51**

---

[128] Vgl. OLG Köln, NJW 2004, 2684: Anwendbarkeit von Art. 1 § 1 RBerG auch auf Rechtsberatung in inländischem Rechtsstreit anwendbar, wenn der Berater seinen Rat vom Ausland aus erteilt; ebenso OLG Hamm, RIW 2000, 58; hierzu *Armbrüster*, RIW 2000, 583; *Mankowski*, AnwBl 2001, 73.

[129] BGH NJW 1969, 1574; NJW-RR 1986, 157; NJW 1989, 2064, 2065; BGHZ 143, 122, 124.

[130] Musielak/*Weth* ZPO § 56 Rdnr. 6.

[131] Zu einer Private Limited Company der Isle of Man KG NZG 2005, 758.

[132] Ähnlich MüKo/*Kindler* IntGesR Rdnr. 420, 466 ff.

[133] BGHZ 97, 269, 273; OLG München NJW 1986, 2197; OLG Oldenburg NJW 1990, 1422; OLG Hamm NJW-RR 1995, 469, 470; OLG Frankfurt NJW 1990, 2204; Kritik an dieser Vermutungsregel entzündet sich insbesondere daran, dass es aus Sicht des Gründungsstaates für die Erlangung der Rechtsfähigkeit nur dann eines Zusammenfallens von Satzungs- und Verwaltungssitz bedarf, wenn dort die Sitztheorie maßgeblich ist – hänge er dagegen der Gründungstheorie an, sei die

Anhaltspunkte können sich etwa ergeben aus dem Fehlen eines Geschäftslokals im Gründungsstaat, dem Auftreten unter Angabe eines Geschäftslokals außerhalb des Gründungsstaats, dem gewöhnlichen Aufenthalt der Geschäftsleiter außerhalb des Gründungsstaates oder der simultan zur Gründung erfolgenden Errichtung einer Zweigniederlassung außerhalb des Gründungsstaats.[134]

52 **ee) Praktische Schwierigkeiten im Prozess gegen eine Auslandsgesellschaft.** Die vorstehenden Ausführungen geben die Rechtslage wieder. Hiervon gesondert zu betrachten sind jedoch die praktischen Schwierigkeiten, die sich in Verfahren mit Auslandsgesellschaften stellen. Bei den weit verbreiteten, einzelunternehmerisch betriebenen, schwach kapitalisierten Gesellschaften – überwiegend in der Rechtsform der englischen Limited – fehlt es oftmals bereits an der (zwingenden, s. u. § 21 Rdnr. 1) Eintragung als Zweigniederlassung sowie ggf. des ständigen Vertreters (s. u. § 21 Rdnr. 1, 9 f.) in das deutsche Handelsregister. Damit gestaltet sich bereits die **Zustellung des verfahrenseinleitenden Schriftstücks** als problematisch, zumal die Geschäftsanschrift in einer Vielzahl der Fälle mit dem Wohnsitz des Gesellschafter-Geschäftsführers zusammen fällt. Will sich die Gesellschaft einem Verfahren nun entziehen, ist es dem Geschäftsführer ein leichtes, das zugestellte Schriftstück mit dem Hinweis darauf zurück zu geben, die Gesellschaft habe ihren Sitz im Ausland und wer ihr ständiger Vertreter im Inland sei, sei ihm unbekannt. Hiergegen kann der **Nachweis** der – etwa für den Erlass eines Versäumnisurteils erforderlichen – **ordnungsgemäßen Ladung** nur durch sorgfältige Darlegung aller den tatsächlichen Inlandssitz und die Verantwortlichkeit des Geschäftsleiters und damit die ordnungsgemäße Zustellung i. S. v. § 335 Abs. 1 Nr. 2 ZPO belegenden Umstände geführt werden (vgl. zur Zustellung im Übrigen § 28 Rdnr. 48 f.).

53 **h) Insolvenzfähigkeit.** Nach Art. 4 Abs. 2 lit. a) EuInsVO bzw. ausserhalb deren Geltungsbereichs nach § 335 InsO, entscheidet das **Recht des Eröffnungsstaates** – die *lex fori concursus* – darüber, bei welchen Schuldnern ein Insolvenzverfahren statthaft ist; das Gesellschaftsstatut ist damit nicht originär berufen. In einem inländischen Verfahren kann nach § 11 InsO ein Insolvenzverfahren über das Vermögen einer natürlichen Person, einer juristischen Person, eines nicht rechtsfähigen Vereins und über das Vermögen einer Gesellschaft ohne Rechtspersönlichkeit eröffnet werden. Da hiervon nur **inländische Rechtsträger** erfasst werden, ist im Falle einer Auslandsgesellschaft grundsätzlich zu untersuchen, ob sie im Wege der **kollisionsrechtlichen Substitution** als insolvenzfähig angesehen werden kann, d. h. ob sie mit einem nach § 11 InsO insolvenzfähigen Rechtsträger funktional vergleichbar ist.[135]

54 Im Falle einer **europäischen Auslandsgesellschaft** ist indes fraglich, ob die Insolvenzfähigkeit aus § 11 InsO über eine **Substitution** abzuleiten ist, oder ob sie nach den Grundsätzen von Überseering und Inspire Art im Inland *per se* als rechts- und damit als insolvenzfähig anzuerkennen ist.[136] In jedem Fall aber ist – sei es für die Frage der funktionalen Vergleichbarkeit, sei es für die Frage der Rechts- und Insolvenzfähigkeit – im Ergebnis doch auf das **Gesellschaftsstatut** zu rekurrieren.[137]

Belegenheit des Verwaltungssitzes ohne Relevanz für die Frage der Rechtsfähigkeit, s. MüKo/*Kindler* IntGesR Rdnr. 471; Staudinger/*Großfeld* IntGesR Rdnr. 237; *Freitag* NZG 2000, 357, 359; *Travers* Der Beweis des Anknüpfungskriteriums „tatsächlicher Sitz der Hauptverwaltung" im internationalen Gesellschaftsrecht S. 195. Wie hier dagegen Hirte/Bücker/*Leible*, GrenzübGes, § 11 Rdnr. 33.

[134] OLG Düsseldorf IPRax 1996, 128 (Fehlen von Telefon- und Telefaxanschluss im Gründungsstaat); OLG Frankfurt NJW 1990, 2204 (Fehlen eines Geschäftslokals im Gründungsstaat); OLG Oldenburg NJW 1990, 1422 (Zweigniederlassung im Ausland); vgl. umfassend *Werner* Der Nachweis des Verwaltungssitzes ausländischer juristischer Personen S. 95.

[135] Vgl. *Kienle* NotBZ 2008, 245, 251 f.

[136] Eine Substitution halten für erforderlich MüKo/*Kindler* IntInsR Rdnr. 726; *Eidenmüller* AuslKapGes § 9 Rdnr. 18; *Spahlinger/Wegen* IntGesR Rdnr. 749; im letzten Sinne dagegen AG Nürnberg NZI 2007, 186, 187 (Brochier); Hirte/Bücker/*Mock/Schildt* § 17 Rdnr. 59.

[137] Vgl. Süß/Wachter/*Kienle*, HdBIntGmbHR, § 3 Rdnr. 131 f.

Soweit **außereuropäische Auslandsgesellschaften** nach ihrem Gründungsrecht zu beurteilen sind,[138] ergibt sich die Insolvenzfähigkeit in einem inländischen Insolvenzverfahren aus §§ 335, 11 Abs. 1 S. 1 InsO, soweit die Auslandsgesellschaft im Wege der Substitution als insolvenzfähiger Rechtsträger i. S. d. § 11 InsO zu qualifizieren ist.[139] Im Falle der **Umqualifizierung** einer ausländischen Kapitalgesellschaft in eine deutsche GbR oder OHG ergibt sich die Insolvenzfähigkeit aus § 11 Abs. 2 Nr. 1 InsO.[140]

Im Falle der Maßgeblichkeit des Gründungsrechts für die Frage der Insolvenzfähigkeit bedeutet dies auch, dass das Erlöschen der Gesellschaft nach ihrem Heimatrecht ebenfalls beachtlich ist. Im Falle einer englischen Limited, die ihre Existenz nach ihrem Heimatrecht aufgrund einer Registerlöschung eingebüßt hat, ist danach ein Insolvenzverfahren nur noch insoweit durchzuführen, als in Deutschland noch Vermögen vorhanden ist, § 11 Abs. 3 InsO (sog. **fiktive Insolvenzfähigkeit**).[141]

3. Geschäftsfähigkeit

Mit dem Begriff der Geschäftsfähigkeit ist im Falle von Kapitalgesellschaften zuvörderst die Frage der **organschaftlichen Vertretungsbefugnis** und **Vertretungsmacht** in Bezug genommen. Entsprechend der Regelung für natürliche Personen bemisst sich die Geschäftsfähigkeit auch bei Gesellschaften nach dem **Personal-**, d. h. dem **Gesellschaftsstatut**.[142] Dieses gibt mithin vor, ob die Gesellschaft durch sämtliche Geschäftsführer gemeinschaftlich (Gesamtvertretung), durch jeden einzeln (Singularvertretung), durch einen Prokuristen alleine oder in Zusammenwirken mit einem Geschäftsführer (halbseitige Gesamtvertretung) sowie ob und in welchem Umfang vertretungsberechtigte Personen zur **Selbstkontraktion** nach Art des § 181 BGB berechtigt sind. Auch stellt das Gesellschaftsstatut die **persönlichen Voraussetzungen** für die Geschäftsführer oder sonstigen Vertreter sowie etwaige **Bestellungsverbote** auf (s. zu Gewerbeverboten § 25 Rdnr. 3 ff.).

Wie bereits im Zusammenhang mit der Rechtsfähigkeit ausgeführt (s. o. § 19 Rdnr. 17 ff.) hat auch ein Überschreiten des Geschäftsgegenstandes nach den meisten *common law* Rechtsordnungen nur (noch) den Verlust der Vertretungs*macht* zur Folge, so dass die *ultra vires* Doktrin hier ihren Platz findet. Gleichermaßen wie im Bereich der Rechtsfähigkeit kann hier auf die **Verkehrsschutzregelung** des Art. 12 EGBGB in entsprechender Anwendung zurück gegriffen werden, sofern die Vertretungsmacht eines Repräsentanten einer Auslandsgesellschaft umfangmäßig hinter derjenigen bei einer funktional vergleichbaren Gesellschaft inländischen Rechts zurück bleibt und das Gegenüber insoweit gutgläubig ist (im Einzelnen § 19 Rdnr. 17 ff.).[143] Der Übergang der Vertretungsbefugnis auf einen **Insolvenzverwalter** richtet sich dagegen nach dem Insolvenzstatut, Art. 4 Abs. 2 c) EuInsVO.

Auf dem Gebiet der rechtsgeschäftlich begründeten, d. h. der **gewillkürten Vertretungsmacht** gibt dagegen nicht das Gesellschafts-, sondern das **Vollmachtsstatut** Maß.[144] Dieses erfasst auch etwaige Bindungen der Gesellschaft auf der Grundlage einer **Anscheins- oder Duldungsvollmacht** sowie sich die **Haftung eines vollmachtlosen**

---

[138] Dies kann entweder dann der Fall sein, wenn ihnen ein staatsvertragliches Privileg zukommt, oder wenn sich der tatsächliche Verwaltungssitz im Gründungsstaat befindet – in diesem Falle wird aber aufgrund des dann regelmäßig ebenfalls dort belegenen Interessenmittelpunktes i. S. d. Art. 3 EuInsVO nur ein Nebenverfahren im Inland in Betracht kommen.
[139] Ähnlich MüKo/*Kindler* IntGesR Rdnr. 724 ff., 191 ff.; verkürzt Hirte/Bücker/*Mock/Schildt* § 17 Rdnr. 59.
[140] MüKo/*Kindler* IntGesR Rdnr. 486; Hirte/Bücker/*Mock/Schildt* § 17 Rdnr. 59.
[141] LG Duisburg NZG 2007, 637 ff.; hierzu auch *Kienle*, NotBZ 2008, 245, 252.
[142] BGHZ 32, 256, 258; 40, 197; 128, 41, 44; NJW 1992, 618; 1993, 2744, 2745; MüKo/*Kindler* IntGesR Rdnr. 582 ff.; Staudinger/*Großfeld* IntGesR Rdnr. 278; Hirte/Bücker/*Leible*, GrenzübGes, § 11 Rdnr. 48.
[143] Hirte/Bücker/*Leible*, GrenzübGes, § 11 Rdnr. 48.
[144] Hierzu *Kienle*, Internationales Privatrecht Rdnr. 139.

Vertreters danach bestimmt.¹⁴⁵ Vollmachtsstatut ist das Recht des Vornahmeortes des betreffenden Rechtsgeschäfts bzw. im Falle der Rechtsscheintatbestände das Recht des Ortes, wo der Rechtsschein entstanden ist und an dem er sich ausgewirkt hat.¹⁴⁶ Ergibt sich nach dem Recht des Vornahmeortes eine Bindung der Gesellschaft aufgrund Duldungs- oder Anscheinsvollmacht, kann sie sich in **entsprechender Anwendung des Art. 31 Abs. 2 EGBGB** darauf berufen, dass ihr Heimatrecht einen entsprechenden Rechtsscheintatbestand nicht kennt.¹⁴⁷

§ 20 Kaufmannseigenschaft

Schrifttum: Siehe Schrifttumshinweise zu § 19.

1 Eine einheitliche Anknüpfung der Kaufmannseigenschaft, etwa an das Recht der gewerblichen Niederlassung, wird überwiegend abgelehnt;¹ vielmehr beantwortet sich die Frage, ob eine bestimmte Person als Kaufmann zu qualifizieren ist, nach dem auf die zugrunde liegende Hauptfrage anwendbaren Recht, dem **Wirkungsstatut.**² Dies trägt dem Umstand Rechnung, dass die Kaufmannseigenschaft als solche keine Rechtsfolgen zeitigt, sondern regelmäßig zu einer Modifikation einer anderweitig vorgegebenen Rechts- oder Pflichtenlage führt und durch eine einheitliche Anknüpfung Widersprüche vermieden werden. Zudem halten viele Rechtsordnungen die rechtliche Kategorie des Kaufmanns nicht vor.

2 Ist deutsches Recht Wirkungsstatut, sind inländische Kapitalgesellschaften **Kaufmann kraft Rechtsform,** §§ 6 Abs. 1 HGB i.V.m. 13 Abs. 3 GmbHG, 3 Abs. 1, 278 Abs. 3 AktG. Ausländische Kapitalgesellschaften werden gleichermaßen als Kaufmann kraft Rechtsform eingestuft, sofern sie im Wege der **kollisionsrechtlichen Substitution** einer der inländischen Kapitalgesellschaftsformen funktional vergleichbar sind (Typenvergleich).³ Wird eine Auslandsgesellschaft in eine inländische OHG umqualifiziert, ist sie gem. §§ 105 Abs. 2, 2 HGB als Kaufmann zu behandeln. Ungeachtet dessen wird eine Auslandsgesellschaft jedenfalls aufgrund ihres Handelsgewerbes Kaufmann im Sinne des HGB sein, § 1 HGB. Eine entsprechende Vermutung gilt bei Eintragung einer Zweigniederlassung in das Handelsregister, § 5 HGB.⁴

---

¹⁴⁵ MüKo/*Kindler* IntGesR Rdnr. 585; Staudinger/*Großfeld* IntGesR Rdnr. 266; Hirte/Bücker/*Leible*, GrenzübGes, § 11 Rdnr. 49 f.; *Kienle*, Internationales Privatrecht, Rdnr. 139 f.

¹⁴⁶ BGHZ 43, 21, 27; 64, 183, 193; *Kienle*, Internationales Privatrecht, Rdnr. 139; kritisch im Hinblick auf Letzteres Hirte/Bücker/*Leible*, GrenzübGes, § 11 Rdnr. 49 und *ders.* IPRax 1998, 257, 260 f.

¹⁴⁷ *Fischer* IPRax 1989, 215, 216; Hirte/Bücker/*Leible*, GrenzübGes, § 11 Rdnr. 50; zu Art. 31 Abs. 2 EGBGB allgemein *Kienle*, Internationales Privatrecht, Rdnr. 165.

¹ Vgl. aber LG Hamburg IPRspr. 1958/1959 Nr. 22; *Hübner* NJW 1980, 2606.

² OLG München NJW 1967, 1326, 1328; *Jayme* ZHR 142 (1978), 105, 115 ff.; MüKo/*Kindler* IntGesR Rdnr. 152 ff., 157 ff.; Staudinger/*Großfeld* IntGesR Rdnr. 326; Hirte/Bücker/*Leible*, GrenzübGes, § 11 Rdnr. 52; Eidenmüller/*Rehm*, AuslKapGes, § 5 Rdnr. 13; *v. Bar*, Internationales Privatrecht Bd. II Rdnr. 609 ff.

³ MüKo/*Kindler* IntGesR Rdnr. 198 ff.; Hirte/Bücker/*Leible*, GrenzübGes, § 11 Rdnr. 53; Eidenmüller/*Rehm*, AuslKapGes, § 5 Rdnr. 15 mit dem Hinweis, dass für Zwecke des Typenvergleich auf Art. 1 der Publizitätsrichtlinie zurück gegriffen werden könne.

⁴ Eidenmüller/*Rehm*, AuslKapGes, § 5 Rdnr. 15.

§ 21 Registrierung

Übersicht

	Rdnr.		Rdnr.
I. Einführung	1	f) Geschäftsführer/Vorstände; Vertretungsbefugnisse	12, 13
II. Zuständiges Registergericht	3, 4	g) Kernregelungen der Satzung	14
III. Anmeldung der Zweigniederlassung	5–23	h) Anwendbares Recht	15
1. Vertretung im Anmeldeverfahren	5	3. Beizufügende Nachweise	16–20
2. Anzumeldende Tatsachen	6	a) Existenznachweis	17
a) Bestehen der Zweigniederlassung	6	b) Staatliche Genehmigung	18
b) Ort und Geschäftsanschrift der Zweigniederlassung; Firma	7	c) Satzung, Gesellschaftsvertrag, Listen	19
c) Gegenstand der Zweigniederlassung	8	d) Legitimation der Geschäftsführer	20
d) Ständige Vertreter und deren Befugnisse	9, 10	4. Kosten; Vorschuss	21, 22
		5. Form der Anmeldung	23
e) Registerverhältnisse der Hauptniederlassung; Rechtsform der Gesellschaft	11	IV. Anmeldung von Änderungen, Aufhebung der Zweigniederlassung	24–27
		V. Registerpublizität	28

Schrifttum: Siehe Schrifttumshinweise zu § 19; *Kühn/Krafka*, Die Handelsregistereintragung auf die Zweigniederlassung beschränkter Prokuren bei ausländischen Kapitalgesellschaften, NZG 2011, 209; *Reichert/Weller*, Der GmbH-Geschäftsanteil, 2006; *Wachter*, Zur Anmeldung der inländischen Zweigniederlassung einer englischen private limited company, GmbHR 2005, 1131; *ders.*, Notwendigkeit eines Zweigniederlassungszusatzes bei inländischer Zweigniederlassung einer englischen plc?, BB 2005, 1289; *ders.*, Zur Eintragung der Zweigniederlassung einer englischen private limited company, EWiR 2005, 423; *ders.*, Zweigniederlassungen englischer private limited companies im deutschen Handelsregister, ZNotP 2005, 122; *Wernicke*, Die Niederlassung der ausländischen Gesellschaft als Hauptniederlassung: Zwangsweise Durchsetzung ihrer Eintragung als „Zweigniederlassung" widerspricht der Rechtsfähigkeit, BB 2006, 843.

I. Einführung

Nach zutreffender und herrschender Meinung sind ausländische Kapitalgesellschaften,[1] die eine Zweig-, oder ihre *de facto* Hauptniederlassung im Inland unterhalten, **verpflichtet**, die Niederlassung als Zweigniederlassung zur Eintragung in das Handelsregister **anzumelden**.[2] Ein wesentliches Hemmnis stellt hierbei die erforderlich werdende aufwendige Übersetzung ausländischer Dokumente in die deutsche Registersprache dar. Insbesondere die Branche der sog. *Limited*-Anbieter klärt ihre kostensensible Klientel meist nur unzureichend über die Folgekosten der zunächst günstig erscheinenden Gründung einer Auslandsgesellschaft auf, wozu, neben den laufenden Kosten der Rechnungslegung, auch die Aufwendungen für die Zweigniederlassungseintragung rechnen. Ein wesentlicher Teil der im Inland tätigen Auslandsgesellschaften genügt ihrer Eintragungspflicht daher nicht und auch das nach § 14 HGB mögliche **Zwangsgeld** erweist sich mangels lückenloser Kenntniser-

---

[1] Gleiches gilt für die Niederlassungen ausländischer Personengesellschaften, etwa in der von Rechtsanwaltsgesellschaften häufig gebrauchten Rechtsform der LLP, die – bei Vergleichbarkeit mit einer PartG – in das deutsche Partnerschaftsregister einzutragen sind, vgl. *Henssler/Mansel*, NJW 2007, 1393, 1399.

[2] Vgl. bereits AG Duisburg, NZI 2003, 610; *Eidenmüller/Rehberg*, AuslKapGes, § 5 Rdnr. 83; gegen eine generelle Eintragungspflicht als Zweigniederlassung *Wernicke*, BB 2006, 843, der dafür plädiert, auch eine Eintragung als Hauptniederlassung zuzulassen. Umgekehrt sind ausländische Niederlassungen inländischer Unternehmen nicht in das inländische Handelsregister einzutragen, OLG Düsseldorf, NZG 2009, 1355.

langung der Registergerichte eher als zahlloser Tiger; auch sofern – etwa im Zusammenhang mit der Eröffnung eines Bankkontos u. ä. – von einem **wirtschaftlich-faktischen Eintragungszwang** gesprochen wird[3] ist anzumerken, dass auch hier die bekannten und bewährten Umgehungs- bzw. Vermeidestrategien entfaltet werden.[4] Keine Eintragungspflicht besteht dagegen, wenn eine ausländische Gesellschaft lediglich Komplementärin einer inländischen KG ist.[5]

2   *Sedes materie* aus registerrechtlicher Sicht sind die auf der **Zweigniederlassungsrichtlinie** beruhenden §§ 13 d–g HGB, die aufgrund ihres **verfahrensrechtlichen Charakters** der *lex fori* zugehörig und daher unabhängig von dem anwendbaren Gesellschaftsrecht auf Auslandsgesellschaften mit inländischer kaufmännischer Niederlassung anwendbar sind.[6] Dabei stellt § 13 d HGB die Grundnorm für Zweigniederlassungen ausländischer Rechtssubjekte dar. § 13 e HGB enthält besondere Regelungen für Aktiengesellschaften und Gesellschaften mit beschränkter Haftung, für die in § 13 f HGB bzw. § 13 g HGB jeweils noch eine eigenständige Sondernorm vorgesehen ist. Bei einer ausländischen Gesellschaftsform ist daher im Wege kollisionsrechtlicher **Substitution** zunächst zu beurteilen, welchem Typ des deutschen Gesellschaftsrechts sie funktional entspricht.[7] Hierbei kann auf die im jeweiligen Art. 1 der Publizitäts- und der Einpersonengesellschaftsrichtlinie enthaltenen Kataloge zurück gegriffen werden.[8]

II. Zuständiges Registergericht

3   § 13 d Abs. 1 HGB bestimmt für den Fall, dass sich die Hauptniederlassung eines Einzelkaufmanns oder einer juristischen Person oder der Sitz einer Handelsgesellschaft im Ausland befindet, alle eine inländische Zweigniederlassung betreffenden Anmeldungen, Einreichungen und Eintragungen bei dem Gericht zu erfolgen haben, in dessen **Bezirk** die **Zweigniederlassung** besteht.

4   Errichtet eine Gesellschaft **mehrere Zweigniederlassungen** im Inland, so brauchen nach § 13 e Abs. 5 HGB die Satzung oder der Gesellschaftsvertrag sowie deren Änderungen nach Wahl der Gesellschaft nur zum Handelsregister einer dieser Zweigniederlassungen eingereicht zu werden. In diesem Falle haben die Anmeldepflichtigen bei den übrigen Zweigniederlassungen anzumelden, welches Register die Gesellschaft gewählt hat und unter welcher Nummer die Zweigniederlassung dort eingetragen ist. Aus dieser Regelung folgt zunächst, dass grundsätzlich jede Zweigniederlassung eigenständig bei dem für ihren Bezirk zuständigen Registergericht anzumelden ist. Allerdings ist eine gewisse Rationalisierung insoweit möglich, als die Gesellschaft sich für ein **führendes Register** entscheiden kann und die übrigen Register hierauf verweisen.

III. Anmeldung der Zweigniederlassung[9]

1. Vertretung im Anmeldeverfahren

5   Nach § 13 e Abs. 2 S. 1 HGB ist die Errichtung einer Zweigniederlassung einer Aktiengesellschaft durch den **Vorstand,** die Errichtung einer Zweigniederlassung einer Gesell-

---

[3] Süß/*Wachter* HdBIntGmbHR § 2 Rdnr. 42.
[4] Es wird dann etwa das private Bankkonto des Gesellschafters verwandt.
[5] OLG Frankfurt a. M., GmbHR 2008, 707 = ZIP 2008, 1286.
[6] Vgl. statt aller OLG Dresden, NZG 2008, 265.
[7] OLG Frankfurt a. M., DB 2008, 1488 = FGPrax 2008, 165.
[8] Eidenmüller/*Rehberg*, AuslKapGes, § 5 Rdnr. 73.
[9] Ausführlich Süß/*Wachter* HdBIntGmbHR § 2 Rdnr. 34 ff.; Hirte/Bücker/*Mankowski/Knöfel*, § 13 Rdnr. 8 ff. Muster für eine Anmeldung finden sich bei *Gustavus*, Handelsregister-Anmeldungen, A 113 S. 126; *Heidenhein*/Meister, Münchener Vertragshandbuch Gesellschaftsrecht, Bd. 1, Abschn. IV.18; *Happ*, Aktienrecht, 3.03 (außereuropäische Aktiengesellschaft) und 3.04 (Aktiengesellschaft aus EU-Mitgliedstaat); *Just*, Die englische Limited in der Praxis, Anhang 6; *Wachter*, aaO., Rdnr. 256

schaft mit beschränkter Haftung durch die **Geschäftsführer** zur Eintragung in das Handelsregister in der zur Vertretung erforderlichen Zahl anzumelden, was freilich auch die übrigen aber nicht von der Abgabe der Versicherung gem. § 13e Abs. 3 S. 2 HGB i.V.m. §§ 6 Abs. 2 S. 2, 3 GmbHG bzw. 76 Abs. 3 S. 2, 3 AktG über ihre „weiße Weste" befreit.[10] Wer mit wem bzw. in welcher Zahl zur Vertretung der Gesellschaft befugt ist, bemisst sich nach dem Gesellschaftsstatut.[11] Eine Anmeldung durch einen ständigen Vertreter ist nicht statthaft.[12] Grundsätzlich ist eine Vertretung im Registerverfahren aufgrund einer Vollmacht des im ausländischen Register eingetragenen vertretungsberechtigten Organs möglich und das deutsche Registergericht darf sich auf das ausländische Register ohne weitere Ermittlungen verlassen.[13]

2. Anzumeldende Tatsachen

a) Bestehen der Zweigniederlassung. Die Anmeldung der Zweigniederlassung setzt deren **Errichtung** voraus, weshalb auch dieser Umstand bei der Anmeldung anzugeben ist, § 13e Abs. 2 S. 1 HGB; der Beifügung des betreffenden Gesellschafterbeschlusses bedarf es indes nicht (s. sogl. Rdnr. 17).

b) Ort und Geschäftsanschrift der Zweigniederlassung; Firma. Nach der Generalnorm des § 13d Abs. 2 HGB hat die Eintragung der Errichtung einer Zweigniederlassung auch den **Ort der Zweigniederlassung** zu enthalten. In der Anmeldung ist darüber hinaus gem. § 13e Abs. 2 S. 3 HGB auch die **Anschrift der Zweigniederlassung** anzugeben, die jedoch nicht in das Register eingetragen wird. Nach § 13d Abs. 2 HGB ist, sofern der Firma der Zweigniederlassung ein **Zusatz** beigefügt ist, auch dieser einzutragen.

c) Gegenstand der Zweigniederlassung. Gem. § 13e Abs. 2 S. 3 HGB hat die Anmeldung auch den Gegenstand der Zweigniederlassung zu enthalten. **Art und Zulässigkeit des Gegenstandes einer Auslandsgesellschaft** richten sich grundsätzlich nach deren ausländischen Gesellschaftsstatut, dem deutschen Registergericht ist insoweit eine Prüfung verwehrt. Auch kann die für deutsche Gesellschaften geltende Verpflichtung, den Unternehmensgegenstand in der Satzung dergestalt anzugeben, dass der Schwerpunkt ihrer Tätigkeit hierdurch erkennbar wird, auf niederlassungsberechtigte Auslandsgesellschaften nicht übertragen werden. Jedoch muss der im deutschen Handelsregister einzutragende **Gegenstand der Zweigniederlassung** hinreichend **konkretisiert und individualisiert** sein, während der Gegenstand der Gesellschaft als solcher nicht einzutragen ist.[14] Dem Registergericht obliegt auch nicht die Prüfung, ob der Gegenstand der Zweigniederlassung vom Gegenstand des Unternehmens erfasst ist.[15]

d) Ständige Vertreter und deren Befugnisse. § 13e Abs. 2 S. 4 Nr. 3 HGB verlangt in der Anmeldung auch die Angabe der Personen, die befugt sind, als ständige Vertreter die Gesellschaft im Hinblick auf die Tätigkeit der Zweigniederlassung gerichtlich und außergerichtlich zu vertreten sowie ferner deren Befugnisse anzugeben sind. Eine **Pflicht zur Bestellung eines gesetzlichen Vertreters besteht** allerdings **nicht**; ist ein solcher bestellt,

---

[10] *Gustavus*, Handelsregister-Anmeldungen, A 113, S. 121. A.A. Eidenmüller/*Rehberg*, AuslKapGes, § 5 Rdnr. 85, der auf den fehlenden Verweis in §§ 13f/g Abs. 2 HGB auf § 8 Abs. 2 GmbHG, 37 Abs. 2 AktG rekurriert – zur entgegen gesetzten BGH-Entscheidung § 25 Rdnr. 3; zum Inhalt der Erklärung vgl. BGH NZG 2010, 829 (Ausreichen allgemeiner Versicherung, er sei „noch nie, weder im Inland noch im Ausland, wegen einer Straftat verurteilt worden").
[11] Eidenmüller/*Rehberg*, AuslKapGes, § 5 Rdnr. 75.
[12] Ausführlich zu Vertretungsfragen Süß/*Wachter* HdBIntGmbHR § 2 Rdnr. 200 ff.
[13] OLG München, NZG 2010, 515.
[14] OLG Düsseldorf, GmbHR 2006, 548 = ZIP 2006, 806; OLG Frankfurt a.M., GmbHR 2006, 259; OLG Hamm, GmbHR 2005, 1130.
[15] OLG Düsseldorf, GmbHR 2006, 548 = ZIP 2006, 806.

ist er aber zwingend bei der Anmeldung anzugeben.[16] Fakultativ ist nach § 13e Abs. 2 S. 4 HGB die Anmeldung empfangsberechtigter Personen.

10   Da sich die Vertretungsbefugnisse der Organe nach dem Gesellschaftsstatut richten (s. o. § 19 Rdnr. 57), kommt für diese die Eintragung einer **Befreiung von den Beschränkungen des § 181 BGB** nicht in Betracht (sogl. Rdnr. 12). Dagegen kann den rechtsgeschäftlich bestellten ständigen Vertretern Einzelvertretungsbefugnis i. S. v. § 13e Abs. 2 S. 5 Nr. 3 HGB rechtsgeschäftlich durch einen Organbeschluss erteilt werden; aufgrund der Maßgeblichkeit des – inländischen – Wirkungsstatuts für rechtsgeschäftliche Bevollmächtigung ist hierbei auch eine Befreiung von § 181 BGB statthaft.[17] Gleichermaßen kann eine (auf die Zweigniederlassung beschränkte) Prokura nach deutschem Recht erteilt und im Register eingetragen werden.[18]

11   **e) Registerverhältnisse der Hauptniederlassung; Rechtsform der Gesellschaft.** Gemäß § 13e Abs. 2 S. 4 Nr. 1 HGB ist in der Anmeldung der Zweigniederlassung das Register anzugeben, bei dem die Gesellschaft geführt wird sowie gegebenenfalls die Registernummer. Der jeweilige Abs. 3 der §§ 13f und 13g bestimmt speziell für Zweigniederlassungen von Aktiengesellschaften und Gesellschaften mbH, dass ferner die Angaben i. S. v. § 39 AktG bzw. § 10 GmbHG anzugeben sind; dies sind die Firma, der Sitz, der Unternehmensgegenstand (der Niederlassung vgl. Rdnr. 8), die Höhe des Grund- bzw. Stammkapitals, der Tag der Feststellung der Satzung bzw. des Abschlusses des Gesellschaftsvertrages. Gem. § 13f Abs. 2 S. 4 HGB – der Sonderbestimmung für Aktiengesellschaften und gem. Abs. 7 auch für Kommanditgesellschaften auf Aktien – ist der Anmeldung die für den Hauptsitz der Gesellschaft ergangene **gerichtliche Bekanntmachung** beizufügen. Nach § 13e Abs. 2 S. 4 Nr. 2 HGB ist in der Anmeldung auch die **Rechtsform** der Gesellschaft anzugeben.

12   **f) Geschäftsführer/Vorstände; Vertretungsbefugnisse.** Nach §§ 13g/f Abs. 2 S. 1 HGB sind bei der Anmeldung auch die **Personen der Geschäftsführer und Vorstände** anzugeben. § 13f Abs. 2 S. 2 HGB erklärt für Aktiengesellschaften – und nach Abs. 7 gilt dies auch für Kommanditgesellschaften auf Aktien – § 37 Abs. 3 AktG für anwendbar, wonach in der Anmeldung zum Handelsregister anzugeben ist, welche **Vertretungsbefugnisse die Vorstandsmitglieder** haben. Gem. § 13g Abs. 2 S. 2 HGB i. V. m. § 8 Abs. 1 Nr. 2, Abs. 4 GmbHG gilt Entsprechendes für die GmbH. Da sich die **Vertretungsbefugnisse der Organe** nach dem ausländischen Gesellschaftsstatut richten, kommt die Eintragung einer **Befreiung von den Beschränkungen des § 181 BGB** nicht in Betracht.[19] Dem Registergericht obliegt die Prüfung, ob die in der Anmeldung ausgewiesenen Vertretungsverhältnisse der Satzung entsprechen.[20] Zweifelhaft ist, ob auch die Geschäftsführer der Auslandsgesellschaft mit inländischer Zweigniederlassung bei einer inländischen KG einzutragen sind, als deren Komplementärin die Auslandsgesellschaft fungiert.[21]

13   Nach der im Zuge des **MoMiG** Gesetz gewordenen Regelung des § 13e Abs. 3 HGB gelten die für den Geschäftsführer einer GmbH geltenden **Bestellungsverbote** auch für die Vertreter der Zweigniederlassung, die damit auch zur Abgabe einer entsprechenden

---

[16] OLG München, NZG 2008, 342 = RPfleger 2008, 263 = BB 2008, 468. Spezialgesetzliche Verpflichtungen zur Bestellung eines ständigen Vertreters können sich aus §§ 53 Abs. 2 KWG, 47 WPO, 34, 50, 72 StBerG und 59i BRAO ergeben.
[17] *Gustavus*, Handelsregister-Anmeldungen, A 113, S. 121.
[18] *Kühn/Krafka*, NZG 2011, 209ff.
[19] OLG Frankfurt a. M., DB 2008, 1488 = FGPrax 2008, 165 – dort ausführlich zu den dem Verbot des Selbskontrahierens entsprechenden Treuepflichten des englischen Rechts; OLG Düsseldorf, GmbHR 2006, 548, 549; OLG München, GmbHR 2005, 1302; OLG Celle, GmbHR 2005, 1303.
[20] OLG Hamm, NZG 2008, 949, 950f.
[21] Dafür OLG Dresden, NZG 2008, 265; LG Stade, GmbHR 2007, 1160; *Heinz*, Die Englische Limited, § 20 Rdnr. 8; *Werner*, GmbHR 2005, 288, 292; dagegen LG Berlin, GmbHR 2008, 431.

Versicherung i. S. v. § 6 Abs. 2 S. 2, 3 GmbHG bzw. § 76 Abs. 3 S. 2, 3 AktG verpflichtet sind.[22] Damit ist die kurz vor Inkrafttreten des MoMiG ergangene, entsprechende Entscheidung des BGH (s. § 25 Rdnr. 3) in Gesetzesform erwachsen.

g) Kernregelungen der Satzung. Ferner sind nach § 13f Abs. 2 S. 3 HGB in die Anmeldung die Satzungsbestimmungen i. S. d. § 23 Abs. 3, 4 AktG (nach deutschem Recht **zwingende Satzungsbestandteile**), § 24 AktG (fakultative Satzungsbestimmung über **Umwandlung von Namens- in Inhaberaktien** und *vice versa*), § 25 S. 2 AktG (fakultative Satzungsbestimmung über **Bekanntmachungsmedien**) sowie Satzungsbestimmungen über die **Zusammensetzung des Vorstandes** aufzunehmen. Erfolgt die Zweigniederlassungsanmeldung innerhalb der **ersten zwei Jahre nach Eintragung** der Gesellschaft in das Register ihres Heimatstaates, sind ferner Angaben über **Sondervorteile** und **Gründungsaufwand** i. S. v. § 26 AktG und **Sacheinlage- und Sachübernahmebestimmungen** der Satzung i. S. v. § 27 AktG sowie hinsichtlich des **Ausgabebetrages** der Aktien und die **Namen und Wohnorte der Gründer** zu machen, § 13f Abs. 2 S. 3, 2. Halbs. HGB.

h) Anwendbares Recht. Unterliegt die Gesellschaft **nicht dem Recht eines Mitgliedstaates** der Europäischen **Gemeinschaften** oder eines anderen Vertragsstaates des Abkommens über den **Europäischen Wirtschaftsraum,** so ist im Rahmen der Anmeldung der Zweigniederlassung auch anzugeben, welchem Recht die Gesellschaft unterliegt, § 13e Abs. 2 Nr. 4 HGB.

3. Beizufügende Nachweise

Die Echtheit von im Rahmen der Anmeldung eingereichten ausländischen Urkunden ist entweder mittels **Apostille** oder durch **Legalisation** nachzuweisen.[23]

a) Existenznachweis. Nach § 13e Abs. 2 S. 2 HGB ist bei Anmeldung der Zweigniederlassung das Bestehen der Gesellschaft als solcher nachzuweisen. Dies geschieht regelmäßig durch Vorlage eines beglaubigten **Auszug des Heimatregisters,** wobei die Beglaubigung durch einen Notar des Herkunftsstaates genügt.[24] Dagegen kann die Vorlage des Gesellschafterbeschlusses über die Gründung der Zweigniederlassung als solcher nicht verlangt werden.[25] Ist die Hauptniederlassung im Heimatregister gelöscht und hat sie damit ihre Rechtsfähigkeit verloren, kann die Zweigniederlassung gem. § 395 FamFG gelöscht werden; eine isolierte **Löschung der Zweigniederlassung** wegen Vermögenslosigkeit gem. § 394 FamFG kommt dagegen nicht in Betracht.[26]

b) Staatliche Genehmigung. Bedarf der Gegenstand des Unternehmens oder die Zulassung zum Gewerbebetrieb im Inland der **staatlichen Genehmigung,** war dies gem. § 13e Abs. 2 S. 2 HGB a. F. bislang auch im Eintragungsverfahren nachzuweisen. Im Zuge des MoMiG wurden die Registergerichte jedoch von dieser ihnen wesensfremden öffentlich-rechtlichen Überwachungstätigkeit befreit, so dass gewerbe- oder andere öffentlich-rechtliche Fragen im Registerverfahren neuerdings keine Rolle mehr spielen.[27]

c) Satzung, Gesellschaftsvertrag, Listen. Die Sonderbestimmungen für Aktiengesellschaften, Kommanditgesellschaften auf Aktien und Gesellschaften mit beschränkter Haftung – §§ 13f bzw. 13g HGB – bestimmen in ihrem jeweiligen Abs. 2 S. 1, dass der Zweigniederlassungsanmeldung die **Satzung** bzw. der **Gesellschaftsvertrag** in **öffentlich**

---

[22] Zum Inhalt (Ausreichen allgemeiner Erklärung, er sei „noch nie, weder im Inland noch im Ausland, wegen einer Straftat verurteilt worden") BGH NZG 2010, 829.
[23] *Gustavus*, Handelsregister-Anmeldungen, A 113, S. 121; ausführlich Süß/*Wachter* HdBIntGmbHR § 2 Rdnr. 205 ff.
[24] OLG Hamm, NZG 2008, 949, 950.
[25] OLG Düsseldorf, GmbHR 2006, 548 = ZIP 2006, 806.
[26] OLG Frankfurt NZG 2011, 158.
[27] Hierzu Süß/*Wachter* HdBIntGmbHR § 2 Rdnr. 181 ff.

beglaubigter Abschrift und, sofern das Dokument nicht in deutscher Sprache erstellt ist, eine **beglaubigte Übersetzung** in deutscher Sprache beizufügen ist; hierdurch soll die Prüfung durch das deutsche Registergericht erleichtert und dem Grundsatz des § 184 GVG genügt werden. Den Anforderungen an eine beglaubigte Übersetzung soll nach einer Entscheidung des OLG Hamm auch eine Übersetzung durch einen gerichtlich bestellten oder vereidigten Übersetzer genügen.[28] Es genügt ferner auch eine **elektronisch beglaubigte Abschrift** des zuletzt eingereichten, mit einer Notarbescheinigung versehenen Gesellschaftsvertrages.[29] Ferner sind einzureichen eine Liste der Gesellschafter sowie der Mitglieder des Aufsichtsrats. Nicht einzureichen ist allerdings im Falle einer Zweigniederlassung einer englischen Limited eine beglaubigte Abschrift der sog. **Table A,** bei der es sich um die seitens des englischen Gesetzgebers zur Verfügung gestellte **Mustersatzung** handelt; aufgrund deren Charakters als ausländische Rechtsvorschrift obliegt der Feststellung ihres Inhalts dem Gericht im Rahmen seiner Amtsermittlungspflicht.[30]

20   **d) Legitimation der Geschäftsführer.** Der Anmeldung sind Unterlagen betreffend die Legitimation der Geschäftsführer beizufügen, was entweder durch Einreichung der **Gründungssatzung,** oder, wenn die Bestellung hieraus nicht ersichtlich ist, durch Einreichung des deren Bestellung betreffenden **Gesellschafterbeschluss** sowie weiterer, zur Prüfung der Wirksamkeit erforderlicher Unterlagen erfolgt.[31] Nachweise über die Bestellung der ständigen Vertreter sind dagegen nicht erforderlich.[32] Umstritten ist dagegen, ob der ständige Vertreter zur Namenszeichnung verpflichtet ist.[33]

4. Kosten; Vorschuss

21   Die **Registergebühr** für die Eintragung der Errichtung einer Zweigniederlassung beträgt EUR 120,00 (GVHR Nr. 2200), der Verlegung und der Aufhebung EUR 70 (GVHR Nr. 2500), die Gebühr für die Eintragung einer Prokura EUR 40,00 (GVHR Nr. 4000), ebenso wie die Entgegennahme der Liste der Mitglieder des Aufsichtsrates (GVHR Nr. 5003). Die **Notargebühren** einer erstmaligen Anmeldung einer Zweigniederlassung entsprechen denjenigen der Erstanmeldung eines anderen Unternehmens, jedoch beträgt der Geschäftswert gem. § 41a Abs. 1 Nr. 1, Abs. 5 KostO nur die Hälfte. Für die Eintragung weiterer Zweigniederlassungen ermäßigt sich die Gebühr weiter, Abs. 5 S. 2.[34]

22   Wie der EuGH in der Entscheidung in Sachen Innoventif klargestellt hat, ist das Verlangen eines **Kostenvorschusses** gem. § 8 KostO seitens der deutschen Registergerichte für die im Rahmen des Eintragungsverfahrens voraussichtlich entstehenden **Bekanntmachungskosten** mit der Niederlassungsfreiheit vereinbar, sofern der Vorschuss sich an den tatsächlich entstehenden Verwaltungskosten orientiert.[35] Hintergrund dieser Vorschusspraxis ist der insbesondere bei englischen Gesellschaften oftmals sehr umfangreiche Unternehmensgegenstand, der die Bekanntmachungskosten bis in den Bereich mehrerer tausend Euro anwachsen lassen kann.[36] Es wird aber erwartet, dass sich die Problematik infolge der **elektronischen Bekanntmachung** aufgrund des EHUG einerseits sowie der Änderungen des englischen Gesellschaftsrechts zum Unternehmensgegenstand, sec. 31 CA 2006, andererseits ohnehin weitgehend erledigen wird.[37]

---

[28] NZG 2008, 949.
[29] *Gustavus*, Handelsregister-Anmeldungen, A 113, S. 121.
[30] OLG Zweibrücken, B. v. 28. 2. 2008 – 3 W 36/08.
[31] OLG Hamm, NZG 2008, 949, 950; KG, GmbHR 2004, 116; OLG Dresden, GmbHR 2007, 1156.
[32] Süß/*Wachter* HdBIntGmbHR § 2 Rdnr. 124.
[33] Gegen eine Zeichnungspflicht Süß/*Wachter* HdBIntGmbHR § 2 Rdnr. 130.
[34] Weitere Details bei *Gustavus*, Handelsregister-Anmeldungen, A 113, S. 121 f. und Süß/*Wachter* HdBIntGmbHR § 2 Rdnr. 217.
[35] BB 2006, 1811 = ZIP 2006, 1293 = GmbHR 2006, 707.
[36] In dem zugrunde liegenden Fall belief sich der Vorschuss auf EUR 3000,00.
[37] *Bayer/Schmidt*, BB 2008, 454; *Wachter*, GmbHR 2006, 709, 720.

5. Form der Anmeldung

23 Gemäß §§ 12 HGB, 129 BGB, 40 BeurkG erfolgen Anmeldungen zur Eintragung in das Handelsregister in **öffentlich beglaubigter Form** und damit regelmäßig unter Einschaltung eines Notars. Da es sich bei der Anmeldung als solcher nicht um ein gesellschaftsrechtliches Grundlagengeschäft handelt, dürfte auch eine durch einen **ausländischen Notar** oder eine entsprechende Stelle beglaubigte Anmeldung keinen Bedenken begegnen.[38]

IV. Anmeldung von Änderungen, Aufhebung der Zweigniederlassung

24 Nach § 13e Abs. 3 HGB haben die ständigen Vertreter der Gesellschaft für Belange der Zweigniederlassung jede Änderung im Hinblick auf die ständigen Vertreter oder deren Befugnisse zur Eintragung in das Handelsregister anzumelden.

25 Gemäß § 13f Abs. 4 HGB sind im Falle der Zweigniederlassung einer Aktiengesellschaft **Änderungen deren Satzung** durch den Vorstand – mithin nicht durch den ständigen Vertreter – zur Eintragung in das Handelsregister anzumelden. Nämliches gilt gem. § 13g Abs. 4 HGB im Falle haftungsbeschränkter Gesellschaften im Hinblick auf **Änderungen des Gesellschaftsvertrages,** die folglich seitens der Geschäftsführer anzumelden sind; für die **Durchführung der Anmeldung** werden die §§ 181 AktG bzw. 54 GmbHG zur Anwendung berufen, womit insbesondere die Einreichung einer vollständigen Satzung bzw. des Gesellschaftsvertrages nebst notarieller Bescheinigung über die Übereinstimmung der unveränderten Bestandteile mit der zuletzt beim Handelsregister eingereichten Fassung erforderlich ist. Im Hinblick auf **weitere Änderungen** berufen die Abs. 5 von §§ 13f und 13g HGB jeweils weitere Vorschriften des AktG und des GmbHG zur Anwendung.

26 Nach § 13e Abs. 4 HGB haben die ständigen Vertreter oder, wenn solche nicht angemeldet sind, die gesetzlichen Vertreter der Gesellschaft die **Eröffnung oder die Ablehnung der Eröffnung eines Insolvenz- oder eines ähnlichen Verfahrens** über das Vermögen der Gesellschaft zur Eintragung in das Handelsregister anzumelden.

27 Für die **Aufhebung einer Zweigniederlassung** einer ausländischen Aktiengesellschaft oder einer haftungsbeschränkten Gesellschaft erklären die §§ 13f und 13g Abs. 6 HGB jeweils die Vorschriften über ihre Errichtung sinngemäß für anwendbar. Vgl. zur Frage der **Löschung** gem. §§ 394, 395 FamFG Rdnr. 17.

V. Registerpublizität

28 Die Vorschriften der materiellen Registerpublizität des **§ 15 HGB** gelten ausweislich dessen Abs. 4 auch im Falle von Zweigniederlassungen ausländischer Gesellschaften. Während die Anwendung der auf der Publizitätsrichtlinie basierenden Abs. 3 und 4 auf europäische Auslandsgesellschaften unbedenklich ist, gilt gleiches für die Abs. 1 und 2 aufgrund ihres rechtsformunabhängigen, tätigkeitsbezogenen Charakters, zumal ihre Anwendung aufgrund ihrer vertrauensschützenden Funktion jedenfalls im Interesse des Handelsverkehrs gerechtfertigt wäre.[39]

---

[38] So auch Eidenmüller/*Rehberg,* AuslKapGes, § 5 Rdnr. 81; zur Substitution bei der Beurkundung gesellschaftsrechtlicher Vorgänge ausführlich *Reichert/Weller,* Der GmbH-Geschäftsanteil, § 15 Rdnr. 136 ff., komprimiert *Kienle,* Internationales Privatrecht, Rdnr. 46.

[39] Vgl. auch Eidenmüller/*Rehberg,* AuslKapGes, § 5 Rdnr. 87.

§ 22 Firmenrecht

Übersicht

	Rdnr.		Rdnr.
I. Überblick	1	1. Verwendung des Rechtsformzusatzes	7, 8
II. Firmenordnungsrecht	2–5	2. Angaben auf Geschäftsbriefen	9
III. Besondere Firma der Zweigniederlassung	6	V. Haftung bei Firmenfortführung	10
IV. Auftreten im Rechtsverkehr	7–9		

Schrifttum: Siehe Schrifttumshinweise zu §§ 19, 21; *Clausnitzer*, Die Novelle des Internationalen Gesellschaftsrechts – Auswirkungen auf das deutsche Firmenrecht, NZG 2008, 321.

I. Überblick

1   Besondere Fragen treten auch im Zusammenhang mit der Firmierung von Auslandsgesellschaften bzw. der Führung ihrer nach ausländischem Recht erworbenen Firma im Inland auf. Grundsätzlich ist die Firma **Bestandteil des Personalstatuts** und wird daher wie das Gesellschaftsstatut nach dem Gründungs-/oder Verwaltungssitz angeknüpft.[1] Im Einzelnen ist aber zwischen den **firmennamensrechtlichen** und den **firmenordnungsrechtlichen** Fragestellungen zu unterscheiden. Während für erstere die Grundanknüpfung regelmäßig Bestand hat, kommen im Hinblick auf die ordnungsrechtlichen Aspekte unter Umständen inländische Vorschriften zum Zuge.[2] Dies steht jedoch jedenfalls im Zusammenhang mit europäischen Auslandsgesellschaften unter dem Vorbehalt der Vereinbarkeit mit der Niederlassungsfreiheit, da die Firma als wesentlicher Bestandteil der Identität der Gesellschaft hiernach grundsätzlich nach dem Gründungsstatut zu beurteilen ist.[3]

II. Firmenordnungsrecht

2   Unter ordnungsrechtlichen Gesichtspunkten kann die über eine **Sonderanknüpfung** zur Geltung gebrachte Vorschrift des § 18 HGB die Verwendung der nach dem Heimatrecht zulässigen Firma im Inland unter Gesichtspunkten des **Schutzes des inländischen Geschäftsverkehrs** bzw. der **Lauterkeit des inländischen Handelsverkehrs** sowie des **Verbraucherschutzes** als zwingende Allgemeininteressen einschränken,[4] zumal das Firmenrecht eher die Modalitäten der Niederlassung betrifft, ohne den Marktzugang als solchen nennenswert zu erschweren.[5] Nach weitergehender – und insbesondere in der Rechtsprechung verbreiteter – Auffassung ist dagegen die Frage der zulässigen Verwendung der heimischen Firmierung durch eine Zweigniederlassung generell nach dem Recht am Ort der Niederlassung zu beurteilen;[6] obgleich freilich das OLG München demgegenüber jüngst hervorgehoben hat, dass ungeachtet dessen jedenfalls die Niederlassungsfreiheit bei

---

[1] BGH, NJW 1971, 1522; OLG München, NJW-RR 2007, 1677; Eidenmüller/*Rehberg*, AuslKapGes, § 5 Rdnr. 28.

[2] Vehement umstritten, vgl. ausführlich Süß/*Wachter* HdBIntGmbHR § 2 Rdnr. 160 ff.; Lutter/*K. Schmidt*, Europäische Auslandsgesellschaften, Abschn. B, S. 26 ff.; Hirte/Bücker/*Mankowski/Knöfel*, § 13 Rdnr. 48 ff.

[3] Eidenmüller/ *Rehberg*, AuslKapGes, § 5 Rdnr. 29.

[4] Lutter/*K. Schmidt*, Europäische Auslandsgesellschaften, S. 27 ff.; Eidenmüller/*Rehberg*, AuslKapGes, § 5 Rdnr. 39; MüKo/*Kindler*, IntGesR Rdnr. 232, 236; *Römermann*, GmbHR 2006, 262, 263; vgl. zur Lauterkeit des Handelsverkehrs als Rechtfertigungsgrund auch BGH NZG 2007, 592.

[5] So weiter Eidenmüller/*Rehberg*, AuslKapGes, § 5 Rdnr. 47, 56; zustimmend *Clausnitzer*, NZG 2008, 321, 323 f.

[6] OLG Frankfurt a. M., NZG 2006, 515; KG, NJW-RR 2004, 976, 977; BayObLG, WM 1986, 1557; Baumbach/*Hopt*, HGB, § 13 d Rdnr. 4; Koller/Roth/Morck, HGB, § 13 d Rdnr. 7.

der Anwendung nationalen Firmenrechts zu beachten und eine Rechtfertigung aus zwingenden Gründen des Allgemeininteresses erforderlich ist.[7] Teilweise wird die Anwendung des inländischen Firmenrechts auch mit dem *ordre public*, Art. 6 EGBGB, oder dessen Charakter als Eingriffsrecht i. S. v. Art. 34 EGBGB begründet.[8] Jedenfalls steht die – ansonsten als abschließend konzipierte – Zweigniederlassungsrichtlinie einer Anwendung deutschen Firmenrechts nicht entgegen, soweit die darin nicht geregelten Fragen der Unterscheidbarkeit und der Irreführung betroffen sind.[9] Jedoch kann eine großzügigere Handhabung der strengen Maßstäbe des deutschen Firmenrechts vor dem Hintergrund der Niederlassungsfreiheit geboten sein; Einfallstor für eine solche **europarechtskonforme Auslegung** kann etwa das Tatbestandsmerkmal „wesentlich" sein.[10] Zweifelhaft ist allerdings, ob dies dann auch den sog. **Scheinauslandsgesellschaften** zugute käme, oder ob sich deren Berufung auf ausländisches Firmenrecht als missbräuchlich erwiese.[11]

§ 18 Abs. 1 HGB verlangt zunächst, dass die Firma **kenzeichnungsfähig** und **unterscheidungskräftig** ist. Damit scheiden solche ausländische Firmenbezeichnungen aus, die eine Individualisierung nicht hinreichend zulassen. Als Beispiel angeführt worden ist in diesem Zusammenhang etwa die Firma „Handel B. V.", von der keine hinreichende Kennzeichnungs- und Unterscheidungskraft ausgeht. Das OLG München hat in der bereits zitierten Entscheidung das ebenfalls schutzwürdige Interesse potentieller anderer Unternehmensgründer an der Freihaltung bestimmter Allgemeinbegriffe gegen die Firmierung einer englischen Limited ins Feld geführt, im Ergebnis die Firmierung „Planung für Küche und Bad Ltd." aber als mit § 18 Abs. 1 HGB noch vereinbar angesehen.[12] Die Firmierung als „Zahnarztpraxis Ltd." hat es dagegen als bloße Gattungsangabe und damit nicht als firmentauglich angesehen.[13] Andere Gerichte haben ähnliche Fimierungen mit Gattungsbegriffen ohne individualisierenden Zusatz dagegen für zulässig gehalten, namentlich „Deutsche Satelliten Fernsehen Ltd.", „Online-Service Ltd." und „Hausverwaltung Rhein-Main".[14] Freilich werden damit großzügigere Maßstäbe angelegt als im rein nationalen Kontext.[15] 3

Von größerer Bedeutung dürfte allerdings das in § 18 Abs. 2 HGB verortete **Irreführungsverbot** sein, dem insbesondere solche ausländische Firmen anheim fallen, die auf eine Täuschung des inländischen Rechtsverkehrs ausgelegt sind oder eine solche zumindest befürchten lassen; Beispiele sind insoweit etwa die Firmierung als „Fabrik", „Gruppe", „AG", „GmbH", „UG", „Meister", „Ostdeutsche" etc., da damit dem Verbraucher eine gewisse Größe und Bedeutung suggeriert wird und dies den wahren Gegebenheiten nicht 4

---

[7] NJW-RR 2007, 1677; vgl. auch OLG Frankfurt a. M., DB 2008, 1488 = FGPrax 2008, 165. Weniger zurückhaltend dagegen wieder OLG München, NZG 2011, 157: Grundsätzliche Geltung inländischen Rechts, jedenfalls Rechtfertigung aufgrund zwingender Allgemeininteressen.

[8] Vgl. die Nachweise bei *Clausnitzer*, NZG 2008, 321, 323 und Eidenmüller/*Rehberg*, AuslKapGes, § 5 Rdnr. 36.

[9] *Clausnitzer*, NZG 2008, 321, 323; Eidenmüller/*Rehberg*, AuslKapGes, § 5 Rdnr. 38.

[10] Eidenmüller/*Rehberg*, AuslKapGes, § 5 Rdnr. 39 f., unter Hinweis auf die Entscheidung des EuGH in Sachen „Clinique", Slg. 1994, I-317, Rdnr. 22 f., wonach es als dem Kosmetikhersteller unzumutbar angesehen wurde, seine europaweit einheitlich vertriebenen Produkte in Deutschland unter einer abweichenden Bezeichnung zu vertreiben, obwohl die gewählte Bezeichnung wegen eines möglichen medizinischen Bezugs als irreführend erscheinen konnte.

[11] So Eidenmüller/*Rehberg*, AuslKapGes, § 5 Rdnr. 41.

[12] NJW-RR 2007, 1677.

[13] NZG 2011, 157.

[14] LG Nürnberg-Fürth, Urt. v. 10. 9. 2007 – 4 T 4278/07; LG Hanau, Urt. v. 12. 2. 2008 – 5 T 4/07, beide zit. nach *Clausnitzer*, NZG 2008, 321, 324; OLG Frankfurt a. M., DB 2008, 1488 = FGPrax 2008, 165.

[15] Vgl. etwa die als nicht hinreichen unterscheidungskräftig beurteilten Firmierungen: „Cotton line" BGH NJW-RR 1996, 230; „Video-Rent" BGH NJW 1987, 438; „Pizza & Pasta" BGH NJW 1991, 1350; „Profi-Handwerker" NZG 2003, 1029; kritisch auch m. w. N. *Clausnitzer*, NZG 2008, 321, 324.

entspricht.¹⁶ Einen Verstoß gegen § 18 Abs. 2 HGB angenommen hat das LG Limburg ferner bei Verwendung des Namens einer natürlichen Person in der Firma, obwohl diese nicht Gesellschafter war; der Rechtsverkehr gehe davon aus, dass eine in der Firma bezeichnete Person auch Gesellschafter sei, widrigenfalls sei die Firma irreführend.¹⁷ Als Verstoß gegen die Firmenwahrheit gewertet hat auch das OLG München die Bezeichnung als „Zahnarztpraxis Ltd.", wenn hierunter nur Büroleistungen für Zahnärzte, nicht aber die ärztliche Tätigkeit selbst angeboten wird.¹⁸ Im Hinblick auf die **Unterscheidbarkeit** i. S. v. § 30 HGB ist festzuhalten, dass alleine die Verwendung eines anderen Rechtsformzusatzes bei ansonsten gleicher Firma unzureichend ist.¹⁹ Zu erwähnen ist im vorliegenden Zusammenhang ferner noch der sog. **gesetzliche Bezeichnungsschutz,** der sich etwa aus § 11 Abs. 1 PartGG für den Begriff „Partner" und aus § 40 KWG für die Bezeichnung als „Sparkasse" ergibt.²⁰

5   Nach deutschem Recht als Recht des Gebrauchsortes soll auch zu beurteilen sein, ob die **Fortführung einer Firma** durch eine ausländische Gesellschaft oder deren Zweigniederlassung zulässig ist.²¹

III. Besondere Firma der Zweigniederlassung

6   In namensrechtlicher Hinsicht ist zunächst hervorzuheben, dass sich eine im Inland ansässige Niederlassung einer Auslandsgesellschaft einen besonderen **Zusatz für die Zweigniederlassung** geben kann (bspw. „John Doe Ltd., Zweigniederlassung Deutschland").²² Umgekehrt kann die Zweigniederlassung aber auch eine **eigene Firma** führen – und hierunter auch verklagt werden –, sofern nur ihre Zugehörigkeit zur Hauptniederlassung erkennbar bleibt; hierbei ist streitig, ob dem durch einen entsprechenden Zusatz genügt werden kann, oder ob die Verwendung eines einheitlichen Firmenkerns erforderlich ist.²³ Demgegenüber ist auch für sie die **Angabe des Rechtsformzusatzes** selbst zwingend (s. sogl.).

IV. Auftreten im Rechtsverkehr

1. Verwendung des Rechtsformzusatzes

7   In **entsprechender Anwendung der §§ 4 GmbHG, 279 AktG, 19 Abs. 2 HGB** ist auch von ausländischen Rechtsträgern im Geschäftsverkehr zu verlangen, dass sie einen **Rechtsformzusatz** verwenden.²⁴ Diese aufgrund des Informationsbedürfnisses des inländischen Rechtsverkehrs gerechtfertigte **Sonderanknüpfung** steht angesichts der Regelungen von Art. 2 Abs. 1 d), 8 f) auch im Einklang mit der Zweigniederlassungsrichtlinie. Der **Inhalt** des Rechtsformzusatzes bemisst sich hierbei allerdings ebenso nach dem Gesellschaftsstatut wie mögliche **Abkürzungen.**²⁵ Selbst wenn der Zusatz nur eine Kurzform der vollen ausländischen Rechtsformbezeichnung darstellt, erhält der Rechtsverkehr hierdurch die Möglichkeit, sich Aufschluss über die Haftungs- und Kapitalverhältnisse zu verschaffen. Aus diesem Grund erscheint es auch vertretbar, von einer Auslandsgesellschaft, deren Rechtsformzusatz derjenigen einer inländischen Rechtsform entspricht – etwa von einer

---

¹⁶ *Clausnitzer*, NZG 2008, 321, 325.
¹⁷ GmbHR 2006, 261.
¹⁸ NZG 2011, 157.
¹⁹ Eidenmüller/*Rehberg*, AuslKapGes, § 5 Rdnr. 56.
²⁰ Hierzu *Clausnitzer*, NZG 2008, 321, 325 f.
²¹ LG Limburg/Lahn, GmbHR 2006, 261.
²² Umstritten ist, ob ein solcher Zusatz zwingend ist, Süß/*Wachter* HdBIntGmbHR § 2 Rdnr. 177 ff.
²³ Vgl. Staudinger/*Großfeld*, IntGesR, Rdnr. 976; Eidenmüller/*Rehberg*, AuslKapGes, § 5 Rdnr. 43.
²⁴ Ausführlich Süß/*Wachter* HdBIntGmbHR § 2 Rdnr. 172 ff.
²⁵ Eidenmüller/*Rehberg*, AuslKapGes, § 5 Rdnr. 52, 54.

österreichischen GmbH – ausnahmsweise eine zusätzliche Herkunftsangabe in Form eines **Nationalitätshinweises** zu verlangen.[26]

Der BGH hat die Pflicht zur Führung des Rechtsformzusatzes in einer jüngeren Entscheidung im Verletzungsfalle mit einer **Haftungsfolge** garniert.[27] In dem zugrunde liegenden Sachverhalt war die Auftragnehmerin im Rahmen eines Generalunternehmervertrages über die Herstellung eines Einfamilienhauses eine B. V. niederländischen Rechts. In dem Vertrag war dieser Rechtsformzusatz nicht angegeben. Nach Errichtung des Hauses stellten sich erhebliche Mängel heraus, woraufhin die Auftraggeber die Geschäftsführer der B. V. mit der Begründung in Anspruch nahmen, diese seien selbst Vertragspartei geworden. Der BGH hat hierzu ausgeführt, dass zwar der Vertrag nach den Grundsätzen des unternehmensbezogenen Rechtsgeschäfts mit der B. V. zustande gekommen sei. Jedoch hätten die Geschäftsführer unter dem Gesichtspunkt einer **Rechtsscheinhaftung entsprechend § 179 BGB** wegen des Weglassens des analog § 4 GmbHG vorgeschriebenen Firmenzusatzes „B. V." für die Erfüllung der Gewährleistungsansprüche einzustehen. Für die kollisionsrechtliche Anknüpfung war dabei auf den der Ort abzustellen, an dem der **Rechtsschein entstanden ist und sich ausgewirkt** hat. Da die Rechtsscheinhaftung nicht an die Verletzung spezifischer Organpflichten anknüpft, war sie auch **nicht als Bestandteil des Gesellschaftsstatuts** dem Gründungsrecht zu entnehmen; aus dem selben Grunde hat der BGH eine Berührung der Niederlassungsfreiheit der Art. 49, 54 AEUV nicht festgestellt. Die Niederlassungsfreiheit wird nach den Erwägungen des BGH auch nicht dadurch unzulässig tangiert, dass eine bei Weglassung des Firmenzusatzes drohende Rechtsscheinhaftung die B. V. indirekt zur Beachtung deutschen Firmenrechts zwingen könnte; denn ein dem deutschen Recht entsprechender, auf die Haftungsbeschränkung hinweisender Firmenzusatz sei – in Übereinstimmung mit den Vorgaben der Publizitätsrichtlinie – auch nach niederländischem Recht zwingend vorgeschrieben.

2. Angaben auf Geschäftsbriefen

Entsprechende Erwägungen wie im Hinblick auf den Rechtsformzusatz sind im Zusammenhang mit den **entsprechend § 35a GmbHG bzw. § 80 AktG, 125a HGB** auch von Auslandsgesellschaften zu fordernden **Angaben auf Geschäftsbriefen** anzustellen. Freilich ist voranzustellen, dass ein haftungsbegründender Rechtsschein schwerlich anzunehmen sein dürfte, wenn zwar der Rechtsformzusatz auf einem Geschäftsbrief angegeben ist und eine Haftung nicht bereits deshalb besteht, sondern nur die darüber hinausgehenden Angaben des § 35a GmbHG fehlen. Ungeachtet dessen müssen die Angaben aber jedenfalls in dem auch nach Art. 6 der Zweigniederlassungsrichtlinie gebotenen Umfang enthalten sein.[28] Fraglich und umstritten ist insbesondere der Umfang der von einer Auslandsgesellschaft mitzuteilenden Informationen, namentlich, ob hierzu neben den Angaben zu der Zweigniederlassung auch Angaben hinsichtlich Rechtsform, Sitz, Geschäftsleiter, Firma und Register der Hauptniederlassung rechnen. Nach § 35a Abs. 4 GmbHG bzw. § 80 Abs. 4 AktG i. V. m. den jeweiligen Absätzen 1 bis 3 dürfte hiervon jedoch auszugehen sein.[29]

V. Haftung bei Firmenfortführung

Eine interessante Fragestellung ist diejenige danach, ob eine ausländische Kapitalgesellschaft bei **Fortführung eines inländischen Handelsgeschäfts** unter Beibehaltung der **Firma** nach § 25 HGB haftet. Dem könnte entgegenstehen, dass sich das Haftungsregime

---

[26] Ausführlich Eidenmüller/*Rehberg*, AuslKapGes, § 5 Rdnr. 57 ff.
[27] BGH, NJW 2007, 1529; hierzu *Kindler*, NJW 2007, 1785.
[28] Vgl. Süß/*Wachter* HdBIntGmbHR § 2 Rdnr. 249 ff.; nicht angegeben werden müssen damit der Familienname und ein ausgeschriebener Name der Geschäftsführer.
[29] Lutter/*K. Schmidt*, Europäische Auslandsgesellschaften, Abschn. B., S. 41 f. m. w. N. auch zur Gegenmeinung.

grundsätzlich nach dem Gesellschaftsstatut bemisst und alles andere einer besonderen Rechtfertigung anhand zwingender Allgemeininteressen bedarf. Indes handelt es sich bei der Haftung wegen Firmenfortführung nicht um einen spezifisch gesellschaftsrechtlichen, sondern um einen rechtsformunabhängigen **Haftungstatbestand des allgemeinen Verkehrsrechts**.[30] Dies spricht für die Anwendbarkeit auch auf Auslandsgesellschaften. Hinzu kommt, dass die Haftung an den Erwerb eines Vermögensgegenstandes knüpft, den der Rechtsverkehr einem bestimmten Rechtssubjekt zuordnet. Wird nun aber das Rechtssubjekt ohne Kenntlichmachung im Rechtsverkehr ausgetauscht und wird der Rechtsverkehr damit nicht auf das Ausscheiden des vormaligen Haftungsträgers hingewiesen und damit auch nicht zu einer Bereinigung etwaiger Positionen oder zu besonderen Vorkehrungen veranlasst, soll sich der Erwerber später nicht auf die fehlende Identität im Sinne seiner Nichthaftung für die Altverbindlichkeiten berufen können. Dieser **Vertrauensschutzgesichtspunkt** entrückt den Haftungstatbestand dem gesellschaftsrechtlichen Bereich; jedenfalls aber dürfte damit eine Rechtfertigung aufgrund zwingender Allgemeininteressen gegeben sein. Anzuknüpfen ist damit an den **Sitz des fortgeführten Unternehmens**.[31]

§ 23 Gläubigerschutz

Übersicht

	Rdnr.		Rdnr.
I. Grundsatz der Haftung nach Gründungsrecht	1	5. Verschulden bei Vertragsverhandlungen	25
II. Schutzdefizite bei Auslandsgesellschaften	2–6	6. Vertragshaftung	26–28
III. Schutzverlagerung in das Insolvenzrecht	7–9	7. Haftung wegen Firmenfortführung	29
IV. Generelle Geltung des Allgemeinen Verkehrsrechts	10–12	8. Kapitalaufbringungs- und -erhaltungsvorschriften	30–33
V. Anwendung gesellschaftsrechtlicher Regelungen	13–18	9. Das Eigenkapitalersatzrecht	34, 35
1. Rechtfertigung durch zwingende Gründe des Allgemeininteresses	14–17	10. Insolvenzverschleppungshaftung	36–43
2. Missbrauchseinwand	18, 19	11. Haftung wegen existenzvernichtenden Eingriffs	44–48
VI. Ausgewählte Haftungstatbestände	20–56	12. Haftung der Geschäftsführer wegen Zahlungen an Gesellschafter (Insolvenzverursachungshaftung)	49
1. Handelndenhaftung	20	13. Haftungsdurchgriff	50
2. Persönliche Haftung der Gesellschafter nach §§ 128 ff. HGB	21	14. Außenhaftung für nicht abgeführte Sozialversicherungsbeiträge	51
3. Innenhaftung von Organmitgliedern	22	15. Konzernrechtliche Haftung	52
4. Rechtsscheinhaftung	23, 24	16. Kapitalmarktrecht	53
		17. Sonderfall: Haftung der Mitglieder einer ausländischen Rechtsanwaltsgesellschaft	54–56

Schrifttum: Siehe Schrifttumshinweise zu § 19; *Behrens*, Gemeinschaftsrechtliche Grenzen der Anwendung inländischen Gesellschaftsrechts auf Auslandsgesellschaften nach Inspire Art, IPRax 2004, 20; *Behrens*, Anwendung des deutschen Eigenkapitalersatzrechts auf Scheinauslandsgesellschaften, IPRax 2010, 230; *Borges*, Gläubigerschutz bei ausländischen Gesellschaften mit inländischem Sitz, ZIP 2004, 733; *Dahl/Schmitz*, Eigenkapitalersatzrecht nach dem MoMiG aus insolvenzrechtlicher Sicht, NZG 2009, 325; *Eidenmüller*, Geschäftsleiter- und Gesellschafterhaftung bei europäischen Auslandsgesellschaften mit tatsächlichem Inlandssitz, NJW 2005, 1618; *Eidenmüller/Rehm*, Niederlassungsfreiheit versus Schutz des inländischen Rechtsverkehrs: Konturen des Europäischen Internationalen Gesell-

---

[30] H. M., vgl. Baumbach/*Hopt*, HGB, § 25 Rdnr. 27 m. w. N.; a. A. Eidenmüller/*Rehberg*, Ausl-KapGes, § 5 Rdnr. 50.

[31] Baumbach/*Hopt*, HGB, § 25 Rdnr. 27.

schaftsrechts, ZGR 2004, 159; *Fischer,* Die Verlagerung des Gläubigerschutzes vom Gesellschafts- in das Insolvenzrecht nach „Inspire Art", ZIP 2004, 1477; *Fleischer,* Gläubigerschutz in der kleinen Kapitalgesellschaft: Deutsche GmbH versus englische private limited company, DStR 2000, 1015; *Goette,* Zu den Folgen der Anerkennung ausländischer Gesellschaften mit tatsächlichem Sitz im Inland für die Haftung ihrer Gesellschafter und Organe, ZIP 2006, 541; *Greulich/Rau,* Zur partiellen Insolvenzverursachungshaftung des GmbH-Geschäftsführers nach § 64 S. 3 GmbHG-RegE, NZG 2008, 284; *Haas,* Die internationale und örtliche Zuständigkeit für Klagen nach § 64 II GmbHG a. F. (bzw. § 64 S. 1 GmbHG n. F.), NZG 2010, 495; *Haas/Vogel,* Durchsetzung gesellschaftsrechtlicher und insolvenzrechtlicher Haftungsansprüche im internationalen Konzern, NZG 2011, 455; *Haas/Oechsler,* Cash Pool und gutgläubiger Erwerb nach dem MoMiG, NZG 2006, 806; *Habersack/Verse,* Wrongful Trading – Grundlage einer europäischen Insolvenzverschleppungshaftung?, ZHR 2004, 174; *Kammeter/Geißelmeier,* Der Rangrücktritt – Bestandsaufnahme und Auswirkungen des MoMiG im Handelsbilanz- und Steuerrecht, NZI 2007, 214; *Kindler,* Die Begrenzung der Niederlassungsfreiheit durch das Gesellschaftsstatut, NJW 2007, 1785; *ders.,* Zum Kollisionsrecht der Zahlungsverbote in der Gesellschaftsinsolvenz, IPRax 2010, 430; *Kleinert/Probst,* Endgültiges Aus für Sonderanknüpfungen bei (Schein-)Auslandsgesellschaften, DB 2003, 2217; *Klinck/Gärtner,* Versetzt das MoMiG dem Cash-Pooling den Todesstoß?, NZI 2008, 457; *Kühnle/Otto,* „Neues" zur kollisionsrechtlichen Qualifikation Gläubiger schützender Materien in der Insolvenz der Scheinauslandsgesellschaft, IPRax 2009, 117; *Leyendecker,* Die Anwendung der US-amerikanischen Durchgriffshaftung auf amerikanische Gesellschaften mit Verwaltungssitz in Deutschland, RIW 2008, 273; *Mankowski,* Insolvenznahe Verfahren im Grenzbereich zwischen EuInsVO und EuGVVO – zur Entscheidung des EuGH in Sachen German Graphies, NZI 2010, 508; *Paefgen,* Auslandsgesellschaften und Durchsetzung deutscher Schutzinteressen nach „Überseering", DB 2003, 487; *Poertzgen,* Die künftige Insolvenzverschleppungshaftung nach dem MoMiG, NZI 2007, 15; *Ringe/Willemer,* Zur Anwendung von § 64 GmbHG auf eine englische Limited, NZG 2010, 56; *Röhricht,* Insolvenzrechtliche Aspekte im Gesellschaftsrecht, ZIP 2005, 505; *Schmahl,* Subsidiäres Insolvenzantragsrecht bei führungslosen juristischen Personen nach dem Regierungsentwurf des MoMiG – Versuch einer rechtzeitigen begrifflichen und sachlichen Klärung, NZI 2008, 6; *Schumann,* Die englische Limited mit Verwaltungssitz in Deutschland: Kapitalaufbringung, Kapitalerhaltung und Haftung bei Insolvenz, DB 2004, 743; *Spindler/Berner,* Der Gläubigerschutz im Gesellschaftsrecht nach Inspire Art, RIW 2004, 7; *Tillmann,* Upstream-Sicherheiten bei der GmbH im Lichte der Kapitalerhaltung – Ausblick auf das MoMiG, NZG 2008, 401; *Triebel/Silny,* Die persönliche Haftung der Gesellschafter einer in Deutschland tätigen englischen Rechtsanwalts-LLP, NJW 2008, 1034; *Ulmer,* Schutzinstrumente gegen die Gefahren aus der Geschäftstätigkeit inländischer Zweigniederlassungen von Kapitalgesellschaften mit fiktivem Auslandssitz, JZ 1999, 662; *ders.,* Gläubigerschutz bei Scheinauslandsgesellschaften, NJW 2004, 1201; *ders.,* Insolvenzrechtlicher Gläubigerschutz gegenüber Scheinauslandsgesellschaften ohne hinreichende Kapitalausstattung?, KTS 2004, 291; *Vallender/Fuchs,* Die Antragspflicht organschaftlicher Vertreter einer GmbH vor dem Hintergrund der europäischen Insolvenzverordnung, ZIP 2004, 829; *Wachter,* Persönliche Haftungsrisiken bei englischen private limited companies mit inländischem Verwaltungssitz, DStR 2005, 1817; *Wais,* Internationale Zuständigkeit bei gesellschaftsrechtlichen Ansprüchen aus Gesellschafterhaftung gemäß § 64 Abs. 2 Satz 1 GmbHG a. F./§ 64 Satz 1 GmbHG n. F., IPRax 2011, 138; *Wälzholz,* Die insolvenzrechtliche Behandlung haftungsbeschränkter Gesellschaften nach der Reform durch das MoMiG, DStR 2007, 1914; *Weller,* Europäische Rechtsformwahlfreiheit und Gesellschafterhaftung, 2004; *ders.,* Scheinauslandsgesellschaften nach Centros, Überseering und Inspire Art: Ein neues Anwendungsfeld für die Existenzvernichtungshaftung, IPRax 2003, 207; *ders.,* Einschränkung der Gründungstheorie bei missbräuchlicher Auslandsgründung?, IPRax 2003, 520; *ders.,* Existenzvernichtungshaftung im modernisierten GmbH-Recht – eine Außenhaftung für Forderungsvereitelung (§ 826 BGB), DStR 2007, 1166; *ders.,* Die Neuausrichtung der Existenzvernichtungshaftung durch den BGH, ZIP 2007, 1681.

I. Grundsatz der Haftung nach Gründungsrecht

Eine in einem Mitgliedstaat wirksam gegründete Gesellschaft ist nach der durch die Rechtsprechung des EuGH ausgestalteten Niederlassungsfreiheit in einem anderen Mitgliedstaat unabhängig von dem Ort ihres tatsächlichen Verwaltungssitzes in der Rechtsform anzuerkennen, in der sie gegründet wurde. Aus der Anerkennung der Rechtsform einer solchen Gesellschaft folgt nach h. M. zugleich, dass deren **Personalstatut auch in Bezug auf die Haftung für in ihrem Namen begründete rechtsgeschäftliche Verbind-**

lichkeiten einschließlich der Frage nach einer etwaigen diesbezüglichen **persönlichen Haftung** ihrer Gesellschafter oder Geschäftsführer gegenüber den Gesellschaftsgläubigern maßgeblich ist.[1] Umgekehrt folgt aus der Niederlassungsfreiheit eben kein bloßes Verbot spezifischer Restriktionen für europäische Auslandsgesellschaften, sondern die grundsätzliche Unanwendbarkeit des deutschen Gesellschaftsrechts und insbesondere der darin enthaltenen **Gründungsvorschriften,** einschließlich seiner einzelnen Komponenten wie etwa des Grundsatzes der realen Kapitalaufbringung; damit scheidet aber auch eine Anwendung seiner einzelnen Ausprägungen wie etwa der Regelungen über die verdeckte Sacheinlage oder der Anforderungen an Vorratsgründungen aus.[2] Entsprechendes gilt für Sanktionen, die an die Nichterfüllung der **Mindestkapitalvorschriften** geknüpft sind. Die **insolvenzprophylaktische Wirkung**[3] dieser **abstrakt-präventiven Gläubigerschutzregelungen** des deutschen Rechts kann sich damit im Hinblick auf Auslandsgesellschaften nicht entfalten. Als Folge dessen wird der **Sitzstaat** seiner **Wächterfunktion** über die in seinem Hoheitsgebiet ansässigen Gesellschaften enthoben und kann schutzwürdige Interessen Dritter, namentlich der Gläubiger, Minderheitsgesellschafter und Arbeitnehmer sowie des Fiskus, nicht mehr nach seinen rechtspolitischen Vorstellungen schützen.[4] Freilich kann man dieses von hoheitlicher Denkweise geprägte Anliegen in Zeiten der Globalisierung auch als nicht mehr zeitgemäß abtun.

II. Schutzdefizite bei Auslandsgesellschaften

2   Findet auf eine Auslandsgesellschaft aber grundsätzlich das Gesellschaftsrecht ihres Heimatstaates Anwendung, so kann sich hieraus bei Zugrundelegung deutscher Rechtsvorstellungen ein **Schutzdefizit** ergeben, dass sich noch verstärkt, wenn die im ausländischen Recht zur Kompensation des großzügigen Gesellschaftsrechts vorgesehenen **öffentlich-rechtlichen Mechanismen** kraft territorial beschränkter Geltung bei Auslandstätigkeit entfallen. Teilnehmer des inländischen Geschäftsverkehrs können also bei einem Geschäftsabschluss mit einer Gesellschaft nicht mehr – wie dies noch unter dem Regime der Sitztheorie galt – auf das Vorhandensein eines Mindesthaftkapitals sowie die Erfüllung sonstiger Seriositätsanforderungen vertrauen, da zahlreiche ausländische Staaten keine oder allenfalls geringe Anforderungen an die Kapitalausstattung ihrer Gesellschaften stellen, namentlich etwa England, Irland und Frankreich.

3   Kritisch beäugt wird insbesondere der verbreitete Einsatz sog. **Scheinauslandsgesellschaften** *(pseudo foreign companies),* d.h. solcher Gesellschaften, die – abgesehen von Gründung und Rechtsform – keinen nennenswerten Bezug zu ihrem Gründungsstaat aufweisen.[5] Deren Einsatz ist häufig von dem Anliegen getragen, das Haftungs- und Schutzsystem des deutschen Rechts zu umgehen und den Gründungsaufwand einer GmbH zu vermeiden,[6] weshalb sie abwertend auch als „Billig-GmbHs" bezeichnet werden.[7] In Folge der Entscheidung des EuGH in Sachen Überseering ist die Zahl monatlicher Gründungen **englischer Limiteds** um 3000 angestiegen,[8] freilich angeheizt durch die sofort aus dem Boden gesprossene Riege **spezialisierter Anbieter** (www.limited24.de; www.limited4you.de; www.go-limited.de u. v. a.), die mit der kurzen Gründungdauer von rund 5 Tagen bzw. gegen zusätzliche Gebühr von 24 Stunden und den geringen Kapitalanforderungen sowie mit dem einfachen Gesellschaftsrecht und dem niedrigen Steuer-

---

[1] Grundlegend BGH, NJW 2005, 1648, betreffend die Handelndenhaftung des § 11 Abs. 2 GmbHG in Bezug auf die Direktoren einer englischen *limited;* eingehend hierzu *Goette,* ZIP 2006, 541 ff.
[2] *Fischer,* ZIP 2004, 1477, 1479.
[3] *Fischer,* ZIP 2004, 1477, 1482.
[4] Vgl. *Müller,* NZG 2003, 414, 415.
[5] Die Definition stammt von *Weller,* IPRax 2003, 207.
[6] Zu Kapitalanforderungen und Gründungskosten vgl. *Borges,* ZIP 2004, 733, 734.
[7] Vgl. *Altmeppen,* NJW 2004, 97.
[8] Vgl. die Nachweise bei *Riedemann,* GmbHR 2004, 345, 346.

satz geworben haben.⁹ Freilich ist das englische Gesellschaftsrecht weder einfach¹⁰ noch hier zulande einfach zu ermitteln und findet der englische Steuersatz von einst 20% nur auf Gesellschaften Anwendung, die dort auch ihren tatsächlichen Sitz haben (§ 27 Rdnr. 3 f.). Betrachtet man allerdings die überwiegend einzelunternehmerisch tätige und schwach kapitalisierte Klientel der Limited, wird deutlich, dass hier – selbstverständlich mit Ausnahme der zuvor Genannten – Nepper, Schlepper und Bauernfänger unterwegs gewesen sein dürften. Die Quote der **masselosen Insolvenzen** bei englischen Limiteds in Deutschland lag 2007 bei rund 80%, während es bei der GmbH unter 45% waren; 95% sämtlicher der seit 2002 in Deutschland gegründeten Limiteds von geschätzt 30 000 bis 45 000 waren bereits nach zwei Jahren wieder beendet, zu einer **Gewerbeanmeldung** kam es lediglich in rund 13.000 Fällen.¹¹ Ob daher der Schachzug des deutschen Gesetzgebers mit der Kreation der haftungsbeschränkten **Unternehmergesellschaft** wirklich erforderlich war, oder ob nicht auch berechtigt auf die Selbstreinigungskräfte des Marktes hätte vertraut werden dürfen, bleibt offen. Jedenfalls stellt nunmehr auch das deutsche Recht ein für weniger kapitalbedürftige und regelmäßig „einzelkaufmännisch" betriebene Unternehmen eine haftungsbeschränkte Rechtsform zur Verfügung. Der – nicht nur – hierdurch bedingte **Rückgang von Auslandsgesellschaften** ist in der täglichen **Justizpraxis** bereits deutlich spürbar.¹²

Eine **Schutzlücke** kann sich ferner ergeben, wenn der Gründungsstaat eine gläubigerschützende Regelung im Insolvenzrecht, der Sitzstaat eine funktional vergleichbare Regelung jedoch im Rahmen seines Gesellschaftsrechts vorhält.¹³ Wird für das Gesellschaftsrecht auf den Gründungsstaat verwiesen, während das Insolvenzrecht dasjenige des Sitzstaates ist, findet im Ergebnis keine der beiden Regelungen Anwendung, was dem Schutzkonzept beider Rechtsordnungen widerspricht. Ein Beispiel für einen derartigen **Normenmangel** bildete lange die Insolvenzverschleppungshaftung, die im englischen Recht von der insolvenzrechtlichen Figur des *wrongful trading* realisiert wird, in der deutschen Rechtsordnung aber bis zur jüngsten Änderung im Zuge des MoMiG unter dem Dach des Gesellschaftsrechts firmierte.¹⁴ Generell besteht die Gefahr, dass auf eine Gesellschaft zu Lebzeiten das Gesellschaftsrecht des Gründungsstaates mit einer schwach ausgestalteten **präventiven Kontrolle,** für die Beendigung aber das Insolvenzregime Regime des Sitzstaates mit schwach ausgestalteter **retroaktiver Kontrolle** anwendbar ist;¹⁵ die nicht berufenen, strengeren insolvenzrechtlichen Regelungen des Gründungsstaates können dann allenfalls unter dem Gesichtspunkt des Schutzgesetzes i. S. v. § 823 Abs. 2 BGB zur Anwendung gelangen.¹⁶

---

⁹ Die Attraktivität der *limited* wird durch die Einsatzmöglichkeit als Komplementärin im Rahmen einer „Limited & Co. KG" noch gesteigert (grenzüberschreitende Typenvermischung), vgl. hierzu *Wachter*, GmbHR 2006, 79 ff.; *ders.*, EWiR 2005, 541 f.; *Zimmer*, NJW 2003, 3585, 3587.

¹⁰ Der englische Companies Act 2006 umfasst rund 1300 Artikel, 15 Anhänge und 700 Seiten Text – es bildet das bislang längste Regelwerk zum britischen Gesellschaftsrecht; vgl. zu der Reform 2006 bzw. zum hiernach geltenden englischen Gesellschaftsrecht *Ebert*, NotBZ 2006, 81; *Jänig*, RIW 2006, 270; *Dierksmeier/Scharbert*, BB 2006, 1517; *Ladiges/Pegel*, DStR 2007, 2069.

¹¹ Vgl. weitere statistische Erhebungen bei *Nottbeck*, ZFN 2007, 197, 206 unter Hinweis auf eine Pressemitteilung der Creditreform v. 12. 6. 2007; vgl., auch die Zahlen bei *Heckschen*, DStR 2007, 1442, 1445 f.

¹² Vgl. auch *Niemeier*, ZIP 2007, 1794; *Kornblum*, GmbHR 2008, 19, 28.

¹³ Hierzu ausführlich *Süß/Wachter/Kienle*, HdBIntGmbHR, § 3 Rdnr. 31 f.

¹⁴ Zu diesem Fall eines Normenmangels *Eidenmüller*, AuslKapitalGes, § 3 Rdnr. 71. A. A. *Schumann*, DB 2004, 743, 748, der sich für eine gesellschaftsrechtliche Qualifikation der *wrongful trading*-Haftung ausspricht und somit zu einer Anwendbarkeit auch auf *private limited companies* mit Verwaltungssitz in Deutschland gelangt. Zum Normenmangel allgemein *Kienle*, Internationales Privatrecht, Rdnr. 41 ff.

¹⁵ So formuliert von *Haas*, NZI 2003, Heft 12, V, VI.

¹⁶ Vgl. *Schumann*, DB 2004, 743, 748, der eine entsprechende Haftung bei unzutreffender Abgabe der „*declaration of solvency*" in Erwägung zieht.

5 Das Schutzdefizit verschärft sich, wenn die im Recht des Gründungsstaates als Kompensation des liberalen Gründungsregimes vorgesehene **Staatsaufsicht** als territorial beschränkte Hoheitsgewalt gegenüber im Ausland residierenden Gesellschaften nicht zur Geltung gelangt.[17] Das sich aus Gesellschafts- und öffentlichem Recht zusammensetzende Gründungsrecht wird nur mit seinen privatrechtlichen Komponenten effektiv. Freilich aber reicht auch der öffentlich-rechtliche Arm insoweit über die Grenze, als etwa der **Fortbestand der Rechtsfähigkeit** von der Erfüllung bestimmter Pflichten abhängt. So droht etwa im Falle der nachhaltigen Verletzung von Publizitätspflichten einer englischen Limited die mit dem Verlust der Rechtsfähigkeit verbundene Registerlöschung.[18] Umgekehrt kann aber auch dass Recht des Sitzstaates in die öffentlich-rechtliche Schutzlücke eintreten.[19]

6 Im Ergebnis aber ist die **Wächterrolle** infolge der Niederlassungsfreiheit hauptsächlich beim Gründungsstaat belegen, der auch den Schutz von im Ausland ansässigen Gläubigern ins Kalkül zu ziehen und sein Gesellschaftsrecht entsprechend auszugestalten hat.[20] Es ist zu hoffen, dass der infolge der Niederlassungsfreiheit eröffnete **Wettbewerb der Rechtsformen** – neben möglichen **steuerlichen Anreizen** – nicht zu einem drastischen **Rückzug des Gläubigerschutzes** führt.[21]

III. Schutzverlagerung in das Insolvenzrecht

7 Es sind sowohl in der Wissenschaft als auch in der – ohnehin von einem gewissen Heimwärtsstreben gekennzeichneten – Rechtspraxis Bemühungen festzustellen, auch gegenüber Auslandsgesellschaften Bestimmungen des inländischen (Gläubigerschutz-)Rechts zur Anwendung zu bringen.[22] Hier begegnen sich eine internationalprivatrechtliche und eine europa- bzw. freizügigkeitsrechtliche Fragestellung: Die Anwendung der inländischen Bestimmungen muss **kollisionsrechtlich** geboten und vor der **Niederlassungsfreiheit** zulässig sein.[23] Als mögliches Instrument wird vor diesem Hintergrund neben den **allgemeinen inländischen Haftungstatbeständen** und der **Sonderanknüpfung** bestimmter **gesellschaftsrechtlicher Institute** insbesondere die **Verordnung 1346/2000 über Insolvenzverfahren (EuInsVO)**[24] gehandelt, da diese einerseits europäischen Ursprungs ist und andererseits regelmäßig das Insolvenzrecht des tatsächlichen Sitzstaates zur Anwendung beruft, Art. 3 Abs. 1, 4 Abs. 1 EuInsVO; ferner steigt mit der Abnahme der Schutzintensität abstrakt-präventiver Gläubigerschutzregelungen das Bedürfnis einer effektiven Haftungsverwirklichung im Krisen- und Insolvenzfall, so dass – wie die Verlagerungen im Zuge der **GmbH-Reform** belegen –, das Insolvenzrecht auch aus diesem Grunde an Bedeutung gewinnt.[25] Während das Gesellschaftsstatut im Falle einer **Scheinauslandsgesellschaft** also regelmäßig ein ausländisches ist, gilt bei einer Verfahrenseröffnung in

---

[17] Süß/Wachter/*Kienle*, HdBIntGmbHR, § 3 Rdnr. 33; zu der im englischen Recht bestehenden Staatsaufsicht über Kapitalgesellschaften und deren Finanzausstattung vgl. *Altmeppen*, NJW 2004, 97, 99; *Schumann*, DB 2004, 743, 744 f.; *Ulmer*, NJW 2004, 1201, 1202; zu Schutzlücken des englischen Rechts bei im Ausland domizilierenden *private limited companies* ferner *Borges*, ZIP 2004, 733, 735.

[18] *Levedag*, GmbHR Sonderheft 9/2006, S. 5, 16.

[19] Etwa durch die Verhängung von Gewerbeverboten nach § 35 GewO.

[20] Dieser Möglichkeit wurde durch die Entscheidung des EuGH in Sachen Cartesio nochmals Gewicht verliehen; freilich ist im Zuge des MoMiG auch der deutsche Gesetzgeber nunmehr davon abgerückt, der deutschen GmbH einen Wegzug ins Ausland gänzlich zu untersagen, § 4a GmbHG.

[21] Freilich wird teilweise auch dafür plädiert, die Gläubiger auf Möglichkeiten des Selbstschutzes zu verweisen, vgl. insbesondere *Eidenmüller*, ZIP 2002, 2233, 2236 ff. und *ders.*, JZ 2004, 24, 27 f.; ferner *Merkt*, RIW 2004, 1, 7; *Behrens*, IPRax 2004, 20, 25 f.; *Hirte*, GmbHR 2003, R 421; *Meilicke*, GmbHR 2003, 1271, 1273; *Wilhelm*, ZHR 167 (2003), 520, 535 ff.

[22] Ausführlich hierzu Süß/Wachter/*Kienle*, HdBIntGmbHR, § 3 Rdnr. 35 ff.

[23] Vgl. *Ulmer*, NJW 2004, 1201.

[24] V. 29. 5. 2000, AblEG Nr. L 160 v. 30. 6. 2000, S. 1 ff., abgedruckt bei *Jayme/Hausmann* Nr. 260.

[25] So schon *Müller*, NZG 2003, 414, 418.

Deutschland die deutsche Insolvenzordnung bzw. deutsches Insolvenzrecht.[26] Freilich ist das aus beiden Regelungskomplexen bestehende, eng verzahnte Gesamtsystem dadurch aus den Fugen geraten.[27]

Auf der Ebene des Kollisionsrechts ist für die Frage, ob ein inländischer Haftungstatbestand gegenüber einer im Inland ansässigen Auslandsgesellschaft zur Geltung gebracht werden kann, zunächst im Wege der **Qualifikation**[28] zu ermitteln, ob die Regelung **funktional** dem Insolvenz-, dem Gesellschaftsrecht oder einem anderen Rechtsbereich zuzuordnen ist. Nach dieser Maßgabe sind als gesellschaftsrechtlich solche Regelungen einzustufen, die sich als Bestandteil des **abstrakt-präventiven Gläubigerschutzrechts** erweisen, während insolvenzrechtliche Bestimmungen durch den Zweck der **konkreten Haftungsverwirklichung unter Knappheitsbedingungen** gekennzeichnet sind.[29] Erst im Nachgang zu den referierten Urteilen des EuGH wurden verschiedene, systematisch im Gesellschaftsrecht verankerte Regelungen auf einen etwaigen insolvenzrechtlichen Gehalt untersucht,[30] um sie über die EuInsVO auch auf im Inland ansässige (Schein-)Auslandsgesellschaften anwenden zu können. Der Schwerpunkt der Diskussion lag dabei stets auf der in § 64 GmbHG a. F. geregelten **Insolvenzverschleppungshaftung.**[31]

Diese „Qualifikationslösung" nahm angesichts der **europäischen Provenienz** der **EuInsVO** für sich in Anspruch, auch vor der Niederlassungsfreiheit Bestand zu haben,[32] zumal Gegenstand des hierüber berufenen Insolvenzrechts nicht der niederlassungsrechtlich problematische abstrakte Gläubigerschutz, sondern der Schutz und die Gleichbehandlung in einer aktuellen Krise konkret betroffener Gläubiger ist;[33] vor diesem Hintergrund war zu vernehmen, das Insolvenzrecht sei für die Anwendung inländischer Haftungstatbestände auf Auslandsgesellschaften ein „sicherer Hafen".[34] Den vor einer „übereilten Flucht in das Insolvenzrecht"[35] warnenden und auf die geringe Bedeutung der systematischen Stellung einer Norm für ihre Qualifikation[36] hinweisenden Stimmen schenkte der Gesetzgeber des **MoMiG** offenbar kein Gehör, da erklärte Strategie der Reform war, den Gläubigerschutz durch **Verlagerung von Instrumenten in das Insolvenzrecht** effektiver auszugestalten.[37] Zuzugeben ist insoweit, dass, wenngleich möglicherweise ausländische Gesellschaften

---

[26] Vgl. *Riedemann*, GmbHR 2004, 345, 346. Insolvenzrecht kann – wie insbesondere die frühere Diskussion um die Qualifikation des § 64 GmbHG a. F. gezeigt hat – auch außerhalb der InsO geregelt sein; maßgeblich ist der materielle Regelungsgehalt, nicht die formelle Verortung.

[27] *Röhricht*, ZIP 2005, 505, 508, 516; *Fischer*, ZIP 2004, 1477.

[28] Qualifikation ist die Bestimmung des sachlichen Anwendungsbereiches einer Kollisionsnorm durch Auslegung der in dieser Kollisionsnorm verwendeten Systembegriffe, die den Anknüpfungsgegenstand umschreiben sowie umgekehrt die Zuordnung einzelner Normen zu dem Geltungsbereich der Kollisionsnorm, vgl. *Kienle*, Internationales Privatrecht, Rdnr. 16 ff.

[29] *Kienle*, NotBZ 2008, 245; vgl. auch *Eidenmüller*, AuslKapGes, § 9 Rdnr. 4; *Süß/Wachter/Kienle*, HdBIntGmbHR, § 3 Rdnr. 46.

[30] MüKo/*Kindler* IntGesR Rdnr. 438 will das vor dem Inspire Art-Urteil v. 30. 9. 2003 erschienene Schrifttum zu Qualifikationsfragen nur bedingt heranziehen.

[31] Vgl. Hierzu statt aller *Habersack/Verse*, ZHR 168 (2004), 174, 174 ff.; *Röhricht*, ZIP 2005, 505, 506; *Süß/Wachter/Kienle*, HdBIntGmbHR, § 3 Rdnr. 169 ff.

[32] Dezidiert MüKo/*Kindler* IntGesR Rdnr. 438 und *Ulmer*, NJW 2004, 1201, 1205.

[33] *Fischer*, ZIP 2004, 1477, 1479.

[34] So die plastische Formulierung bei *Ulmer*, NJW 2004, 1201, 1207.

[35] *K. Schmidt*, ZHR 168 (2004), 493.

[36] *Eidenmüller*, AuslKapitalGes, § 3 Rdnr. 9.

[37] Die dahin gehenden Überlegungen sind bereits seit längerem in der Diskussion, vgl. *Borges*, ZIP 2004, 733, 740; *Fischer*, ZIP 2004, 1477 ff.; *Schön*, Der Konzern 2004, 162, 170 ff.; *Hirte*, GmbHR 2003, R 421; *Kallmeyer*, GmbHR 2004, 377 ff.; *Koegel*, GmbHR 2003, 1225, 1229 f.; *Meilicke*, GmbHR 2003, 1271, 1273; *Mülbert*, Der Konzern 2004, 151 ff.; *Wilhelm*, ZHR 167 (2003), 520, 535 ff.; *Final Report of the High Level Group of Company Law Experts on a Modern Regulatory Framework for Company Law in Europe*, 2002; Forum Europaeum Konzernrecht, ZGR 1998, 760, 771; Arbeitsgruppe Europäisches Gesellschaftsrecht, Stellungnahme v. 3. 3. 2003, Ziff. III.13., ZIP 2003, 863,

vor einem strengen Insolvenzrecht zurück schrecken,[38] der EuInsVO bei der Beurteilung, ob eine Haftungsfolge vor der Niederlassungsfreiheit Bestand hat, ein gewisses Gewicht zu kommen muss.[39] Wenig problematisch erscheinen ferner jedenfalls solche Regelungen, die nicht den **Marktzutritt**, sondern den **Marktrückzug** betreffen und regelmäßig in Gestalt von **Desinvenstitionshindernissen** (Eigenkapitalersatzregelungen, Existenzvernichtungshaftung) erscheinen; da solche Regelungen ferner die Phase nach dem Marktzutritt betreffen und insoweit als **tätigkeitsbezogen** anzusehen sind, bedürfen sie jedenfalls keiner Rechtfertigung anhand zwingender Allgemeininteressen.[40]

IV. Generelle Geltung des Allgemeinen Verkehrsrechts

10   Gleich jedem Teilnehmer des inländischen Rechts- und Geschäftsverkehrs unterliegen ausländische Personen und Gesellschaften dem durch die sachlich einschlägige Kollisionsnorm berufenen Recht. Anders als von dem insoweit sensiblen Gesellschaftsrecht geht von den jeden Teilnehmer des inländischen Rechtslebens treffenden **Vertrags-, Delikts-, Bereicherungs- und Sachenrechtsvorschriften** keine niederlassungshemmende Wirkung aus.[41] Sie kommen daher auch gegenüber Auslandsgesellschaften unterschiedslos über die Verweisungsvorschriften des EGBGB bzw. der Rom I und Rom II-Verordnungen[42] zur Anwendung. Im vorliegenden Zusammenhang der Haftungsfragen betrifft dies etwa die **allgemeinen Haftungstatbestände des Deliktsrechts,** namentlich §§ 823, 826, 831 BGB, sowie im vertraglichen Bereich die **vorvertragliche Haftung** (culpa in contrahendo) i. S. v. § 311 Abs. 2 BGB.[43] Aufgrund ihrer generellen Geltung lösen derartige Haftungstatbestände auch gegenüber Auslandsgesellschaften keinen besonderen Rechtfertigungsbedarf aus.[44]

11   Eine Haftung aus **Verschulden bei Vertragsverhandlungen** bzw. eine Haftung nach **Rechtsscheinsgrundsätzen** kann sich für die im Namen einer Auslandsgesellschaft handelnden Personen ergeben, wenn sie deren Rechtsform verschleiern bzw. ohne Verwendung des Rechtsformzusatzes im Geschäftsverkehr in deren Namen Verbindlichkeiten begründen. Ob diese Haftungssanktion an der Niederlassungsfreiheit zu messen ist, ist umstritten[45] und die Antwort liegt wegen eines nicht leugbaren gesellschaftsrechtlichen Bezugs jedenfalls nicht auf der Hand; der BGH hat sich hieran freilich nicht gestört (s. Rdnr. 12). Niederlassungsrelevant dürften dagegen solche außervertraglichen Haftungsfiguren sein, die zwar unter einem allgemeinen Tatbestand firmieren, jedoch einen spezifisch gesellschaftsrechtlichen Gehalt aufweisen. Dies gilt etwa für eine **Haftung aus § 823 Abs. 2 BGB**, sofern das in Bezug genommene **Schutzgesetz** dem Gesellschaftsrecht zugehörig ist. Der Haftungstatbestand erhält dann durch das Schutzgesetz sein charakteristisches Gepräge, so dass auch dieses im Hinblick auf den Rechtfertigungsbedarf den Ausschlag gibt.[46] Nichts anderes gilt aber auch dann, wenn eine **Norm des ausländischen Gesellschaftsrechts**

870; Aktionsplan zur Modernisierung des Gesellschaftsrechts der Europäischen Kommission KOM (2003) 284; Durchführbarkeitsstudie zur Untersuchung eines alternativen Gläubigerschutzkonzeptes COUNCIL OF THE EUROPEAN UNION, 12751/05 REV 1, v. 30. 9. 2005.

[38] Vgl. *Borges*, ZIP 2004, 733, 740; *Müller*, NZG 2003, 414, 417; *Zimmer*, NJW 2003, 3585, 3590.

[39] Dies gesteht auch *Eidenmüller*, AuslKapitalGes, § 3 Rdnr. 9 Fn. 12 ein.

[40] Vgl. MüKo/*Kindler* IntGesR Rdnr. 439 f.; *Borges*, ZIP 2004, 733, 740.

[41] Dezidiert *Kindler*, NJW 2007, 1785.

[42] Die jeweiligen Bereichsausnahmen für das Gesellschaftsrecht setzen einen spezifisch gesellschaftsrechtlichen Bezug voraus, MüKo/*Junker,* Art. 1 Rom II-VO Rdnr. 36.

[43] Vgl. umfassend MüKo/*Kindler* IntGesR Rdnr. 438 ff.

[44] AG Bad Segeberg ZInsO 2005, 558, 560; MüKo/*Kindler* IntGesR Rdnr. 630; *Ulmer*, NJW 2004, 1201, 1205 ff. Einschränkend *Eidenmüller*, AuslKapGes, § 3 Rdnr. 31, der eine Rechtfertigung ausnahmsweise für erforderlich hält, wenn der Marktzutritt signifikant erschwert wird.

[45] Verneinend *Kindler*, NJW 2007, 1785, 1786 f.

[46] *Eidenmüller*, AuslKapGes, § 3 Rdnr. 30; Süß/Wachter/*Kienle*, HdBIntGmbHR, § 3 Rdnr. 52 ff.; *Borges*, ZIP 2004, 733, 740.

über § 823 Abs. 2 BGB mit einer Haftungsfolge versehen wird, da bzw. sofern diese dem Heimatrecht angesichts der Notwendigkeit einer Kombination mit § 823 Abs. 2 BGB offenbar fremd ist.[47] Demgegenüber ist Gleiches nicht anzunehmen bei einer aus der Verletzung gesellschaftsrechtlicher Pflichten resultierenden **Haftung wegen vorsätzlich sittenwidriger Schädigung aus § 826 BGB.**[48] Es soll nicht derjenige privilegiert werden, der einen anderen in vorsätzlich sittenwidriger Weise schädigt, nur weil er zugleich eine gesellschaftsrechtliche Pflichtverletzung verwirklicht, zumal die gesellschaftsrechtliche Pflichtverletzung regelmäßig einen weniger intensiven Verstoß voraussetzt;[49] anderenfalls wären sämtliche vorsätzlich sittenwidrigen Schädigungen im Zusammenhang mit dem Gesellschaftsverhältnis dem Ortsrecht entzogen.[50] Diese Überlegung stand wohl auch dem BGH Pate, die bis dato als spezifisch gesellschaftsrechtlich klassifizierte **Existenzvernichtungshaftung** unter das Dach des § 826 BGB zu verschieben (s. sogl. Rdnr. 12). Indes stößt hier die Einstufung als allgemeines Verkehrsrecht insoweit auf Bedenken, als es sich bei der Existenzvernichtungshaftung um eine Haftungskategorie für bestimmte Personengruppen in bestimmten, im Zusammenhang mit dem Kapitalschutz einer juristischen Person zu sehenden Konstellationen handelt. Noch eindeutiger ist der Befund in Bezug auf die **Durchgriffshaftung** wegen Vermögensvermischung und wegen materieller Unterkapitalisierung, die sich lediglich in der Nähe von § 826 BGB bewegen, aber eine gesellschaftsrechtliche Grundlage mit geringeren subjektiven Anspruchsvoraussetzungen haben.[51]

Im Hinblick auf Haftungstatbestände des allgemeinen Verkehrsrechts hat der BGH kürzlich ein klärendes Wort gesprochen und entschieden, dass die **Rechtsscheinhaftung** wegen Fortlassung des Rechtsformzusatzes auch die Organe einer im Inland agierenden europäischen Auslandsgesellschaft trifft (vgl. Rdnr. 23).[52] Aus dem Urteil wird in der Literatur der Schluss gezogen, dass sämtliche **Haftungstatbestände, die nicht Bestandteil des Gesellschaftsstatuts** sind, unproblematisch auf Auslandsgesellschaften angewendet werden könnten.[53] Auch die Haftungsfigur des sog. **existenzvernichtenden Eingriffs,** die in richterlicher Rechtsfortbildung speziell für das Gesellschaftsrecht entwickelt wurde, wurde vom BGH jüngst auf § 826 BGB gestützt und könnte somit als Teil des niederlassungsneutralen allgemeinen Verkehrsrechts zu qualifizieren sein.[54] Insgesamt lässt sich damit die die Bestrebungen des **MoMiG** flankierende **Tendenz der Rechtsprechung** feststellen, Haftungsgründe außerhalb des niederlassungsrelevanten Gesellschaftsrechts zu finden.

V. Anwendung gesellschaftsrechtlicher Regelungen

Kann das bei Anwendung des Gründungsrechts verbleibende Schutzbedürfnis inländischer Gläubiger weder durch die insolvenzrechtlichen, noch die allgemein geltenden Haftungstatbestände des inländischen Rechts effektiv befriedigt werden, können unter eng umgrenzten Voraussetzungen mittels einer **Sonderanknüpfung** Tatbestände des inländischen Gesellschaftsrechts zur Anwendung gebracht werden, die dann insoweit das anwend-

---

[47] Vgl. auch *Eidenmüller*, AuslKapitalGes, § 3 Rdnr. 32; *Süß/Wachter/Kienle*, HdBIntGmbHR, § 3 Rdnr. 53.
[48] Hierzu *Süß/Wachter/Kienle*, § 3 Rdnr. 55.
[49] Der BGH hat eine solche Haftung in einem Fall angenommen, in dem ein Gesellschafter planmäßig das Gesellschaftsvermögen auf eine Schwestergesellschaft verlagert und der Gesellschaft damit zu Lasten der Gläubiger ihren Haftungsfonds entzogen hat, BGH NZG 2004, 1107 ff.
[50] Ähnliche Argumentationen werden im Zusammenhang mit Verjährungsfragen entfaltet; beispielsweise wird die kurze Verjährung des § 11 Abs. 1 UWG nicht auf einen konkurrierenden Schadensersatzanspruch aus § 826 BGB erstreckt, BGH GRUR 1977, 539, 541.
[51] Vgl. *Bayer*, BB 2003, 2357, 2364 f.; *Zimmer*, NJW 2003, 3585, 3588; *Weller*, IPRax 2003, 207, 209; *Ulmer*, NJW 2004, 1201, 1208; *Eidenmüller*, JZ 2004, 24, 25.
[52] BGH, NJW 2007, 1529.
[53] *Kindler*, NJW 2007, 1785.
[54] Vgl. ZIP 2007, 1552; hierzu *Weller*, ZIP 2007, 1681.

bare Gründungsrecht überlagern.⁵⁵ Die **haftungsrechtliche Teilfrage** wird damit aus dem gesellschaftsrechtlichen Hauptstatut herausgelöst (*dépeçage*).⁵⁶ **Kollisionsrechtlich** lässt sich dieses Vorgehen unter dem Gesichtspunkt einer wesentlich engeren Verbindung zu dem Recht des Staates, in dem sich die Haftung verwirklicht, begründen. Im Hinblick auf die **Niederlassungsfreiheit** ist indes eine besondere Rechtfertigung erforderlich.⁵⁷ Eine Rechtfertigung kann nur in Anwendung der **Gebhard- bzw. Centros-Grundsätze des EuGH**, oder aber wegen konkret **mißbräuchlicher Ausnutzung der Freizügigkeit** erfolgen. Eine Rechtfertigung gem. Art. 51 AEUV aus Gründen der öffentlichen Ordnung dürfte im vorliegenden Kontext kaum Relevanz erlangen.⁵⁸

1. Rechtfertigung durch zwingende Gründe des Allgemeininteresses

14   Als Eingangsvoraussetzung für die partielle Anwendung inländischen Gesellschaftsrechts ist zunächst die **Unzulänglichkeit des Gründungsrechts** festzustellen,⁵⁹ wobei es entscheidend darauf ankommt, dass das Gründungsrecht, soweit es kollisionsrechtlich zur Anwendung berufen ist,⁶⁰ in seiner Gesamtheit – einschließlich der hierzu ergangenen Rechtsprechung – ein unzureichendes Schutzniveau aufweist.⁶¹ Freilich stellt dies den inländischen Juristen vor **Rechtsanwendungsprobleme** und verursacht hohe **Rechtsermittlungskosten**.⁶² Indes sind jedenfalls die deutschen Justizbehörden den Umgang mit ausländischen Rechten gewohnt, zu deren Ermittlung sie sich überdies der Mitwirkung der Parteien bedienen dürfen, § 293 ZPO. Offenbart die Prüfung eine niedrigere Schutzintensität des Gründungsrechts, hängt die Anwendbarkeit des inländischen Rechts von einer positiven Rechtfertigungsprüfung ab.

15   Eine Einschränkung der Niederlassungsfreiheit kann nur aufgrund **zwingender Gründe des Allgemeininteresses** gerechtfertigt sein.⁶³ Eine Einschränkung ist gegeben, wenn die betreffende Vorschrift die Ausübung der Grundfreiheit **behindern** oder **weniger attraktiv** machen kann. Dies kann etwa im Falle eines gegenüber dem Funktionsäquivalent des Gründungsrechts strengeren Haftungsinstitut des inländischen Rechts anzunehmen sein. Gerechtfertigt ist die Anwendung einer solchen Regelung nach der sog. **Gebhard-Formel**, die der EuGH auch für das Gesellschaftsrecht fruchtbar gemacht hat, wenn sie in **nicht-diskriminierender Weise** angewandt wird, auf **zwingenden Gründen des Allgemeininteresses** beruht und zur Erreichung des verfolgten Zieles **geeignet** und **erfor-**

---

⁵⁵ Hierzu *Süß/Wachter/Kienle*, HdBIntGmbHR, § 3 Rdnr. 57 ff.
⁵⁶ Allgemein *Jayme*, FS Kegel, 1987, S. 253 ff.; für den vorliegenden Zusammenhang *Borges*, ZIP 2004, 733, 741.
⁵⁷ *Fischer*, ZIP 2004, 1477, 1479.
⁵⁸ Die Vorschrift erlaubt offene Diskriminierungen und deckt etwa ausländerpolizeiliche Maßnahmen; die Berufung der niederländischen Regierung auf Art. 46 EGV (jetzt Art. 52 AEUV) im Inspire Art-Verfahren ist demnach auch nicht durchgedrungen; vgl. insgesamt *Eidenmüller*, AuslKapitalGes, § 3 Rdnr. 119.
⁵⁹ Vgl. *Ulmer*, NJW 2004, 1201, 1208; *Borges*, ZIP 2004, 733, 741; *Fischer*, ZIP 2004, 1477, 1479; ausführlich *Eidenmüller*, AuslKapitalGes, § 3 Rdnr. 43 ff. Der EuGH hat sich zu der Frage, ob das Gründungsrecht tatsächlich auf ausreichende Schutzmechanismen zu untersuchen ist, noch nicht verhalten; seine zur Dienstleistungsfreiheit ergangene Rechtsprechung lässt dies aber vermuten, vgl. EuGH Rs. C-279/80 (Webb), Slg. 1981, 3305.
⁶⁰ Damit scheiden meist insolvenzrechtliche Haftungsfiguren des Rechts des Gründungsstaates aus der Betrachtung heraus, da sie dort mangels belegenen Interessenmittelpunktes auf Scheinauslandsgesellschaften nicht zur Anwendung gelangen, Art. 3, 4 EuInsVO.
⁶¹ *Eidenmüller*, AuslKapitalGes, § 3 Rdnr. 48 ff.; ähnlich *Goette*, ZIP 2006, 541, 543; großzügiger *Ulmer*, NJW 2004, 1201, 1209, der schon bei Fehlen eines entsprechenden Rechtsinstituts im Gründungsrecht das inländische Recht anwenden will; ebenso *Borges*, ZIP 2004, 733, 742.
⁶² Vgl. *Borges*, ZIP 2004, 733, 742; *Goette*, ZIP 2006, 541, 544 f.
⁶³ Centros Ziff. 34; Überseering Ziff. 83, 92; Inspire Art Ziff. 133. Eingehend hierzu *Ulmer*, NJW 2004, 1201, 1204; *Schanze/Jüttner*, AG 2003, 661, 667 f.; *Spindler/Berner*, RIW 2004, 7, 10; *Eidenmüller*, AuslKapGes, § 3 Rdnr. 20 ff.; *Süß/Wachter/Kienle*, HdBIntGmbHR, § 3 Rdnr. 61 ff.

derlich ist.⁶⁴ Die schutzwürdigen Gemeinbelange bestimmt jeder nationale Gesetzgeber ebenso wie die geeigneten⁶⁵ und erforderlichen⁶⁶ Schutzmaßnahmen in Ausübung einer **Einschätzungsprärogative**.⁶⁷ Anerkannte Gemeinbelange sind unter anderem der **Gläubigerschutz**, der Schutz von **Minderheitsgesellschaftern, Arbeitnehmern** und der **Lauterkeit des Handelsverkehrs**.⁶⁸ Freilich genügt die Abwesenheit eines Mindestkapitals per se nicht⁶⁹ sowie unzweifelhaft die **Aberkennung der Rechts- und Parteifähigkeit** nicht als Rechtsfolge in Betracht kommt.⁷⁰ Zwar steht dem nationalen Gesetzgeber auch im Hinblick auf das angestrebte Schutzniveau grundsätzlich eine Einschätzungsprärogative zu,⁷¹ durchsetzen kann er seine Vorstellungen aber nur insoweit, als das Gründungsrecht in einer dem Schutz des anerkannten Allgemeininteresses nicht effektiv gewährleistenden Weise hinter dem inländischen Recht zurück bleibt.⁷² Anderenfalls muss es bei der Anwendbarkeit des Gründungsrechts verbleiben.⁷³

Häufig dürften nationale Maßnahmen aus Gesichtspunkten der Erforderlichkeit an dem den inländischen Gläubigern im Hinblick auf die zu Gebote stehenden **Informationsmöglichkeiten** abzuverlangenden **Selbstschutz** scheitern.⁷⁴ Der Selbstschutzgedanke des EuGH gründet sich auf die europäisch weitgehend harmonisierten handelsrechtlichen **Registrierungs-, Firmierungs- und Publizitätspflichten.**⁷⁵ Damit wird aber auch schon die inhärente Beschränkung des Selbstschutz- oder Informationsmodells deutlich, da es auf einer vor Begründung einer Rechtsbeziehung mit einer Auslandsgesellschaft gegebenen Informationsmöglichkeit fußt, die im Falle von Delikts- oder Bereicherungsgläubigern

---

⁶⁴ EuGH, Slg. 1995, I-4165 (Gebhard) Ziff. 37; in Sachen Centros Ziff. 34; in Sachen Inspire Art Ziff. 133. Bereits in der Rechtssache Kraus hat der EuGH ähnliche Grundsätze aufgestellt, vgl. Slg. 1993, I-1663 (Kraus).

⁶⁵ Die Geeignetheit ist erst dann nicht mehr gegeben, wenn die Zielerreichung anhand der vorgesehenen Maßnahme zu ungewiss erscheint, wie der EuGH in seinem Bosman-Urteil zum Ausdruck gebracht hat, EuGH Rs. C-415/93, Slg. 1995, I-4921, Ziff. 109.

⁶⁶ Dabei ist die Hürde der Erforderlichkeit aufgrund des regelmäßig langfristigen Charakters einer Niederlassung wohl niedriger anzusiedeln als im Falle einer Beschränkung der Dienstleistungsfreiheit, durch deren Ausübung die Interessen des Zielstaates eher nur punktuell betroffen sind, vgl. *Eidenmüller*, AuslKapGes, § 3 Rdnr. 31 unter Hinweis auf EuGH Rs. C-76/90 (Säger), Slg. 1991, I-4221, Ziff. 13.

⁶⁷ So auch *Eidenmüller*, AuslKapGes, § 3 Rdnr. 22; aA *Ebke*, JZ 2003, 927, 931, der nur Gründe des europäischen Gemeinwohls anerkennen will.

⁶⁸ Centros Ziff. 35 ff.; Überseering Ziff. 92; Inspire Art Ziff. 135 ff.

⁶⁹ Die Diskussion dürfte erschöpfend geführt sein, vgl. *Altmeppen*, NJW 2004, 97, 102; *Borges*, ZIP 2004, 733, 735; *Mülbert/Birke*, EBOR 3 (2002), 695, 715 ff.; *Eidenmüller*, AuslKapGes, § 3 Rdnr. 31.

⁷⁰ *Eidenmüller*, AuslKapGes, § 3 Rdnr. 27.

⁷¹ Vgl. *Eidenmüller*, AuslKapGes, § 3 Rdnr. 55.

⁷² Enger *Eidenmüller*, AuslKapGes, § 3 Rdnr. 57, der nur bei „offensichtlich völlig unzureichenden Mitteln" das inländische Recht anwenden will.

⁷³ Im Falle der englischen Limited muss daher regelmäßig zunächst auf die im englischen Recht vorgesehenen Regeln der Kapitalerhaltung und der Durchgriffshaftung zurück gegriffen werden, *Schumann*, DB 2004, 743, 744 f. Zu weitgehend AG Bad Segeberg ZInsO 2005, 558, 560, das damit argumentiert, dass das englische Recht den Gläubigerschutz im Falle einer Insolvenz umfassend sichere; damit blendet das Gericht aus, dass das englische Insolvenzrecht kollisionsrechtlich u. U. nicht zur Anwendung berufen ist.

⁷⁴ Den Gedanken des Selbstschutzes durch Information hat der EuGH im Centros-Urteil wie folgt formuliert:, „da die Gesellschaft als Gesellschaft englischen Rechts ... auftritt, ist den Gläubigern ... bekannt, dass sie nicht dem dänischen Recht ... unterliegt; sie können sich auf bestimmte gemeinschaftsrechtliche Schutzvorschriften berufen wie die Vierte Richtlinie 78/660 EWG des Rates vom 25. Juli 1978 über den Jahresabschluss von Gesellschaften bestimmter Rechtsformen und die Elfte Richtlinie 89/666/EWG des Rates vom 21. Dezember 1989 über die Offenlegung von Zweigniederlassungen"; ebenso EuGH Rs. C-167/01 (Inspire Art), NJW 2003, 3331, 3333, Ziff. 135.

⁷⁵ Vgl. auch *Eidenmüller*, AuslKapGes, § 3 Rdnr. 35.

fehlt.[76] Ferner geht es von einer gleichgewichtigen Verhandlungsmacht aus, d. h. von der Möglichkeit, sich hinreichende Sicherheiten auszubedingen, die besonders schutzwürdigen, strukturell unterlegenen Geschäftspartnern, insbesondere Arbeitnehmern, nicht gegeben ist.[77] Ferner kann aus der Praxis berichtet werden, dass ein Großteil der im Inland tätigen Auslandsgesellschaften die verpflichtende Eintragung einer Zweigniederlassung nicht vornimmt und ihren Publizitätspflichten nicht nachkommt, so dass das Informationsmodell an einem deutlichen **Effektivitätsdefizit** leidet. Geringeren Vorbehalten begegnet dagegen die Anwendung solcher inländischer Regelungen, die zur Behebung eines **kollisionsrechtlichen Normenmangels** herangezogen werden; hält etwa die Heimatrechtsordnung zwar eine entsprechende Regelung vor, ist diese aber, etwa weil sie Bestandteil des dortigen Insolvenzrecht ist, nicht zur Anwendung berufen, erweist sich die Geltung einer funktionsäquivalenten Bestimmung des inländischen Gesellschaftsrechts jedenfalls als erforderlich.

17 Aufgrund des weiten Schutzbereichs der Niederlassungsfreiheit und der hohen Rechtfertigungshürden für eine Beschränkung wird diskutiert, ob hiervon nicht solche Regelungen ausgenommen werden sollten, die nicht den **Marktzugang,** sondern lediglich das Verhalten im Markt nach erfolgtem Zutritt betreffen.[78] In der Rechtssache Keck hat der EuGH entschieden, dass inländische Regelungen, die lediglich **Modalitäten des Verkaufs** von Gütern im Inland betreffen, sich dann nicht als Einfuhrbeschränkung erweisen, wenn sie für alle betroffenen Wirtschaftsteilnehmer im Inland gleichermaßen gelten.[79] Der darin enthaltene Gedanke, dass generell gültige Regelungen des Aufnahmestaates, die den Marktzutritt als solchen nicht nennenswert erschweren, keiner besonderen Rechtfertigung bedürfen, sollte infolge der Konvergenz der Grundfreiheiten auch für die Niederlassungsfreiheit gelten.[80] Damit wären vorrangig solche Regelungen an der Niederlassungsfreiheit zu messen, die die Struktur der Gesellschaft betreffen, während **tätigkeitsbezogene Reglungen** des inländischen Gesellschaftsrechts lediglich dem allgemeinen Diskriminierungsverbot des Art. 12 EGV unterfielen.[81] Nicht nur spricht hierfür, dass die Gesellschaft bereits anhand ihrer Standortentscheidung dokumentiert hat, dass sie die dort geltenden Rahmenbedingungen in ihrer Niederlassungsfreiheit nicht behindern.[82] Auch lässt der EuGH eine dahingehende Tendenz erkennen.[83]

3. Missbrauchseinwand

18 Generell stehen die europäischen Grundfreiheiten und damit auch die gesellschaftsrechtliche Niederlassungsfreiheit unter dem Vorbehalt der missbräuchlichen Ausnutzung, **Art. 51 AEUV**.[84] Selbstverständlich liegt in der Wahl einer ausländischen Rechtsform gerade die bestimmungsgemäße Gebrauchmachung der Niederlassungsfreiheit – spezieller:

---

[76] *Spindler/Berner*, RIW 2003, 949, 954; Süß/Wachter/*Kienle*, HdBIntGmbHR, § 3 Rdnr. 71; vereinzelt wird eine gesetzliche Pflichtversicherung zum Schutz derartiger Gläubiger erwogen, *Eidenmüller*, AuslKapGes, § 3 Rdnr. 68; *Leible/Hoffmann*, EuZW 2003, 677, 682.

[77] *Spindler/Berner*, RIW 2003, 949, 954; *Eidenmüller*, AuslKapitalGes, § 3 Rdnr. 40 ff.; Süß/Wachter/*Kienle*, HdBIntGmbHR, § 3 Rdnr. 72.

[78] Süß/Wachter/*Kienle*, HdBIntGmbHR, § 3 Rdnr. 82 ff.

[79] EuGH, Rs. C-267/91 (Keck), Slg. 1993, I-6097, insbes. Ziff. 16 f.

[80] MüKo/*Kindler*, IntGesR Rdnr. 390 f.; *Eidenmüller*, AuslKapGes, § 3 Rdnr. 12; *Habersack*, Europäisches Gesellschaftsrecht, 2. Aufl. 2003, Rdnr. 28; *Schanze/Jüttner*, AG 2003, 661, 666 f.; *Spindler/Berner*, RIW 2004, 7, 10 f.; Streinz/*Müller-Graff*, EUV/EGV, Art. 43 EGV Rdnr. 58 ff.

[81] Insb. *Eidenmüller*, AuslKapGes, § 3 Rdnr. 16 f.; MüKo/*Kindler*, IntGesR Rdnr. 418 f.

[82] *Eidenmüller*, AuslKapitalGes, § 3 Rdnr. 16.

[83] In Sachen Semerano hat der EuGH ausgeführt, dass die beschränkende Wirkung einer Regelung, die für alle Wirtschaftsteilnehmer im Inland gilt und die keine Bedingungen für die Niederlassung der betreffenden Unternehmen bezweckt, zu ungewiss und mittelbar ist, um sich als Behinderung der Niederlassungsfreiheit zu erweisen, EuGH Rs. C-418/93 (Semerano u. a.), Slg. 1996, I-2975, Ziff. 32; vgl. *Eidenmüller*, AuslKapGes, § 3 Rdnr. 15.

[84] Hierzu Süß/Wachter/*Kienle*, HdBIntGmbHR, § 3 Rdnr. 76 ff.

§ 23. Gläubigerschutz

der **Rechtsformwahlfreiheit** – und damit selbst dann kein Missbrauch, wenn die Gesellschaft mit Ausnahme von Rechtsform und Registrierung keinerlei Bezüge zu dem Gründungsstaat aufweist.[85] Das planmäßige Streben nach größtmöglicher Freiheit unter Umgehung inländischer Vorschriften ist damit ausdrücklich gestattet.[86] Gleiches gilt im Rahmen des EWR-Übereinkommens.[87] Der Missbrauchsvorbehalt ist demgegenüber auf **konkrete Fälle einer missbräuchlichen Gestaltung** beschränkt, so dass eine generelle Handhabe gegen Scheinauslandsgesellschaften damit nicht besteht.[88]

Rechtsmissbräuchlich ist hiernach etwa die bewusste **Manipulation eines kollisionsrechtlichen Anknüpfungspunktes** zwecks Anwendbarkeit eines fremden Rechts bei gleichbleibendem Inlandsbezug, sog. **U-Turn-Konstruktion,**[89] wie der EuGH für die Dienstleistungs-[90] und die Warenverkehrsfreiheit[91] entschieden hat; im Bereich der Niederlassungsfreiheit hatten inländische Berufsausbildungsvorschriften vor einer Verlagerung des Wohnsitzes bestand.[92] Gespiegelt auf **Scheinauslandsgesellschaften** dürfte indes ein Missbrauch bei Verlegung des Satzungssitzes in den Geltungsbereich einer anderen Rechtsordnung unter Wahrung der tatsächlichen Verhältnisse nicht in Betracht kommen, da mit einem Wechsel des Registersitzes regelmäßig ein Wechsel der Rechtsform und damit gerade keine Manipulation, sondern eine rechtswirksame Änderung vorgenommen wird und hierin gerade die mit der Niederlassungsfreiheit verbürgte Rechtsformwahlfreiheit liegt.[93] Gleichermaßen kann ein Missbrauch nicht unter dem Gesichtspunkt einer – dem ausländischen Recht entsprechenden – **unzureichenden Kapitalausstattung** angenommen werden.[94] Demgegenüber stellt sich zwar eine im Hinblick auf den konkreten Geschäftsbetrieb bestehende Unterkapitalisierung als missachtungswürdig dar, da dieser Vorwurf aber nicht an die Wahl der Rechtsform anknüpft, liegt ein Missbrauch der Niederlassungsfreiheit hierin ebenfalls nicht.[95] Lediglich bei gezieltem Einsatz der schwach kapitalisierten Auslandsgesellschaft für verwerfliche Zwecke ist an einen Missbrauch zu denken. So hat etwa das AG Hamburg in einer fraudulösen Betriebsaufspaltung – die Aktiva waren der GmbH, die Passiva einer Limited, der sog. **Aschenputtelgesellschaft,** zugeordnet[96] – eine konkret missbräuchliche Gestaltung gesehen[97] sowie auch der gezielte Einsatz als **unterkapitalisiertes Prozessvehikel** zwecks Aufbau eines Erpressungspotentials

---

[85] Centros Ziff. 27; EuGH, Urt. v. 30. 9. 2003 – Rs. C-167/01, NJW 2003, 3331, Ziff. 96 f., 137 ff. der Urteilsbegründung.
[86] BGH EuZW 2006, 61, 62.
[87] BGH EuZW 2005, 733, 734.
[88] So auch *Ulmer*, NJW 2004, 1201, 1202 ff.
[89] Vgl. *Eidenmüller*, AuslKapGes, § 3 Rdnr. 88; alleine ein Missbrauch auf Ebene des materiellen Rechts, etwa in Gestalt eines existenzvernichtenden Vermögensentzuges, dürfte nicht ausreichen, vgl. in diese Richtung tendierend aber *Borges*, ZIP 2004, 733, 742; MüKo/*Kindler*, IntGesR Rdnr. 433.
[90] EuGH Rs. C-33/74 (van Bisbergen), Slg. 1974, 1299, Ziff. 13; EuGH Rs. C-23/93 (TV 10), Slg. 1994, I-4795, Ziff. 15 ff.; insgesamt hierzu *Eidenmüller*, AuslKapGes, § 3 Rdnr. 85 ff.
[91] EuGH Rs. C-229/83 (Leclerc), Slg. 1985, 1 Ziff. 27.
[92] EuGH Rs. C-61/89 (Bouchoucha), Slg. 1990, I-2551, Ziff. 14.
[93] Vgl. auch *Eidenmüller*, AusKapitalGes, § 3 Rdnr. 94.
[94] AG Bad Segeberg ZInsO 2005, 557, 559; *Leible/Hoffmann*, RIW 2002, 925, 930; *Schanze/Jüttner*, AG 2003, 661, 669; *Weller*, IPRax 2003, 520, 523; a. A. *Borges*, ZIP 2004, 733, 742 und *Zimmer*, NJW 2003, 3585, 3588 f.
[95] *Eidenmüller*, AuslKapGes, § 3 Rdnr. 104.
[96] Vgl. aber die sog. Grama-Entscheidung des BGH, in der klargestellt wird, dass in der mangelnden Kapitalausstattung einer Beschäftigungsgesellschaft weder ein existenzvernichtender Eingriff liege, noch eine Durchgriffshaftung in Betracht komme, NJW 2008, 2437.
[97] AG Hamburg NJW 2003, 2835, 2836; hierzu *Weller*, IPRax 2003, 520; kritisch *Eidenmüller*, AuslKapGes, § 3 Rdnr. 102, der den Rechtswidrigkeitszusammenhang vermisst, da als Schuldenträgerin auch eine GmbH hätte eingesetzt werden können. Zustimmend dagegen *Brand*, JR 2004, 89, 92; MüKo/*Kindler*, IntGesR Rdnr. 433; *Sandrock*, ZVglRWiss 102 (2003), 447, 463 ff.

darunter fallen dürfte.[98] Rechtsmissbräuchlich kann schließlich die **gezielte Umgehung nicht-gesellschaftsrechtlicher Normen,** wie etwa von **Berufsausübungsregelungen** sein.[99] Kollisionsrechtlich lässt sich die Folge der ersatzweisen Anwendung der inländischen Bestimmungen unter dem Gesichtspunkt einer **residualen Funktion des** *ordre public* verwirklichen.[100]

VI. Ausgewählte Haftungstatbestände[101]

1. Handelndenhaftung

20 Die Anwendung inländischer Vorschriften über die Handelndenhaftung auf im Inland ansässige Auslandsgesellschaften ist regelmäßig mit der Niederlassungsfreiheit nicht vereinbar, wie der BGH in seinem Grundsatzurteil aus dem Jahre 2005 klargestellt hat.[102] Die in Deutschland ansässige Klägerin hatte vertragliche Ansprüche aus verschiedenen Gaslieferungen gegen eine Limited englischen Rechts, die im englischen Companies House registriert, tatsächlich jedoch ausschließlich im deutschen Inland geschäftlich aktiv war. Eine Zweigniederlassung hatte die Limited nicht zur Eintragung in das deutsche Handelsregister gebracht. Nachdem die Klägerin in dem Insolvenzverfahren über das Vermögen der Limited ausgefallen war, nahm sie den Beklagten als deren Gesellschafter-Geschäftsführer persönlich in Anspruch. Der BGH hat eine Haftung des Beklagten mit der Begründung abgelehnt, eine Gleichsetzung der wirksam als Limited gegründeten und damit nach englischem Recht rechtsfähigen Gesellschaft mit einer mangels Eintragung in einem deutschen Handelsregister nicht als GmbH existenten Gesellschaft i. S. v. § 11 Abs. 1 GmbHG und die daraus abgeleitete **persönliche Handelndenhaftung des Geschäftsführer analog § 11 Abs. 2 GmbHG** für die Verbindlichkeiten der Gesellschaft, sei mit der Niederlassungsfreiheit nicht vereinbar. Aus der Anerkennung der Rechtsform nach dem Gründungsrecht folge zugleich, dass deren **Personalstatut auch in Bezug auf die Haftung für in ihrem Namen begründete Verbindlichkeiten maßgeblich** sei. Auch könne eine persönliche Haftung nicht daraus abgeleitet werden, dass entgegen §§ 13 d ff. HGB keine Zweigniederlassung zur Eintragung in das Handelsregister gebracht worden sei. Als Sanktion einer persönlichen Haftung bei Nichterfüllung einer Eintragungspflicht sehe das deutsche Recht in **§ 14 HGB** lediglich die **Festsetzung von Zwangsgeld** vor.

2. Persönliche Haftung der Gesellschafter nach §§ 128 ff. HGB

21 Wird eine ausländische Kapitalgesellschaft im Inland tätig, deren Anerkennung sich nicht nach der Gründungs-, sondern nach der **Sitztheorie** richtet, etwa weil sie nicht aus einem EU-Staat stammt, so haften ihre Gesellschafter im Falle einer Umqualifikation in eine inländische Personengesellschaft nach bzw. analog § 128 HGB für die Gesellschaftsschulden; die Folgen dieser Haftung hat sodann das Innenrecht der Gesellschaft zu regeln.[103] Gleiches gilt freilich bereits ohne weiteres, wenn es sich um eine ausländische Personengesellschaft handelt; allerdings bemisst sich im Falle einer europäischen Personengesellschaft auch die persönliche Haftung der Gesellschafter nach dem Gründungsrecht, soweit sie diesem weiterhin unterliegt.

---

[98] *Weller,* DStR 2003, 1800, 1803.

[99] *Brand,* JR 2004, 89, 92; *Eidenmüller,* JZ 2004, 24, 26; *ders.,* AuslKapGes, § 3 Rdnr. 100; *Knapp,* DNotZ 2003, 85, 89; *Schanze/Jüttner,* AG 2003, 661, 669; siehe zu der Umgehung von Gewerbeverboten i. S. v. § 35 GewO BGH NJW 2007, 2328 und unten § 25 Rdnr. 3 ff.

[100] Monographisch *Weller,* Rechtsformwahlfreiheit, 2004, S. 287 ff.

[101] Vgl. die ausführliche Darstellung bei *Süß/Wachter/Kienle,* HdBIntGmbHR, § 3 Rdnr. 157 ff.; komprimiert *Kienle,* Internationales Privatrecht Rdnr. 376 ff. und *Kienle* NotBZ 2008, 245, 255 f.

[102] BGH, NJW 2005, 1648 und bezugnehmend hierauf OLG Hamm, NJW-Spezial 2006, 511; Kurzwiedergabe bei *Kienle,* Internationales Privatrecht Rdnr. 377; vgl. ferner *Weller/Kienle,* DStR 2005, 1060 (Teil I) u. 1102 (Teil II) zur Haftung bei einer US-amerikanischen LLP.

[103] BGH, NZG 2009, 68, 70 (Trabrennbahn), hierzu *Hellgardt/Illmer,* NZG 2009, 94, 95.

3. Innenhaftung von Organmitgliedern

Nahezu unbestritten ist, dass sich die **Innenhaftung** von Organmitgliedern von (Kapital-)Gesellschaften nach Art des § 43 GmbHG wegen Verletzung allgemeiner **Treue- oder anderer Verhaltenspflichten** aus dem **Gesellschaftsvertrag** bzw. dem **Organverhältnis** nach dem Gesellschaftsstatut richtet.[104] Vgl. zur Außenhaftung für nicht abgeführte Sozialversicherungsbeiträge Rdnr. 51.

4. Rechtsscheinshaftung

Wie bereits erwähnt (§ 22 Rdnr. 8), hatte der BGH ferner Gelegenheit, zu Fragen der Rechtsscheinshaftung Stellung zu nehmen.[105] Die Auftragnehmerin im Rahmen eines Bauvertrages war eine B.V. niederländischen Rechts. Im Vertrag war dieser Rechtsformzusatz nicht angegeben. Nach Errichtung des Hauses nahmen die Auftraggeber die Geschäftsführer der B.V. mit der Begründung auf Mängelhaftung in Anspruch, diese seien selbst Vertragspartei geworden. Der BGH hat hierzu ausgeführt, dass zwar der Vertrag nach den **Grundsätzen des unternehmensbezogenen Rechtsgeschäfts** mit der B.V. zustande gekommen sei. Jedoch hätten die Geschäftsführer unter dem Gesichtspunkt der **Rechtsscheinshaftung wegen Weglassens des analog § 4 GmbHG vorgeschriebenen Firmenzusatzes** „B.V." für die Erfüllung der Gewährleistungsansprüche einzustehen. Bei der Haftung wegen fehlenden Firmenzusatzes handelt es sich um eine **Rechtsscheinshaftung entsprechend § 179 BGB.** Maßgeblich für die kollisionsrechtliche Anknüpfung ist damit der Ort, an dem der **Rechtsschein entstanden ist und sich ausgewirkt** hat. Da diese Rechtsscheinshaftung nicht an die Verletzung spezifischer Organpflichten anknüpft, ist sie **nicht Bestandteil des Gesellschaftsstatuts,** weshalb nach Auffassung des BGH auch die Niederlassungsfreiheit nicht berührt ist. Die Niederlassungsfreiheit wird hiernach auch nicht dadurch tangiert, dass eine bei Weglassung des Firmenzusatzes drohende Rechtsscheinhaftung die B.V. indirekt zur Beachtung deutschen Firmenrechts zwingen könnte; denn ein dem deutschen Recht entsprechender, auf die Haftungsbeschränkung hinweisender Firmenzusatz ist – in Übereinstimmung mit den Vorgaben der Publizitätsrichtlinie – auch nach niederländischem Recht zwingend vorgeschrieben.[106]

Ein Anwendungsfall der *falsus procurator*-**Haftung** des § 179 BGB ergibt sich, wenn ein für eine Auslandsgesellschaft nicht wirksam bestellter – oder ein infolge eines gegen ihn verhängten Gewerbeverbots von der Geschäftsleitung ausgeschlossener (vgl. § 25 Rdnr. 3ff.) – Vertreter dennoch im Inland für die Gesellschaft auftritt. Umstritten ist, ob die Haftung sich nach dem Gesellschafts-, dem Geschäftsstatut oder im Falle eines inländischen Gewerbeverbots akzessorisch nach inländischem Recht bemisst; wird die Vertretung unzutreffend in dem deutschen Handelsregister ausgewiesen, greifen jedenfalls die Grundsätze der **materiellen Registerpublizität** des deutschen Rechts und damit wahlweise neben einer Haftung des *falsus procurator* die Haftung der Gesellschaft aus § 15 Abs. 3 HGB (hierzu Rdnr. 29).[107] Auch greift eine Haftung nach § 179 BGB ein, wenn die vertretene (Auslands-)Gesellschaft nicht existiert.[108]

5. Verschulden bei Vertragsverhandlungen

Eine Haftung aus Verschulden bei Vertragsverhandlungen trifft regelmäßig den Vertretenen, nicht aber den Vertreter und damit im Falle von Gesellschaften diese und nicht ihre Organe. Anders kann es sich aber dann verhalten, wenn sich eine **Haftungserstreckung auf den Vertreter** bzw. den **Organwalter** aufgrund eines wirtschaftlichen Eigeninteresses

---

[104] Zuletzt *Greulich/Rau*, NZG 2008, 565, 566.
[105] BGH, NJW 2007, 1529; hierzu *Kindler*, NJW 2007, 1785; *Kienle*, Internationales Privatrecht Rdnr. 378.
[106] BGH, aaO.
[107] Vgl. m.w.N. *Eidenmüller/Rehberg*, NJW 2008, 28, 30.
[108] OLG Düsseldorf, NZG 2011, 67.

am Vertragsschluss rechtfertigt. Der BGH hat dies in einem Fall angenommen, in dem der Vertreter einer Gesellschaft ungarischen Rechts deren inländische Vertragspartner in Verletzung einer vorvertraglichen Aufklärungspflicht nicht darüber aufgeklärt hat, dass es sich bei der Auftraggeberin um eine ausländische Gesellschaft ohne inländische Niederlassung handelte.[109] Die Haftung ist als vertragliche Haftung grundsätzlich Bestandteil des **allgemeinen Verkehrsrechts** und damit auch gegenüber den Organen solcher Auslandsgesellschaften anwendbar, die sich auf die Niederlassungsfreiheit berufen können. Anders als die bereits referierte Grundsatzentscheidung des BGH zur Handelndenhaftung (s. o. Rdnr. 23) handelt es sich hierbei auch nicht um eine – mit Ausnahme der fehlenden Eintragung einer Zweigniederlassung – weitgehend voraussetzungslose Haftung der Geschäftsführer für Gesellschaftsverbindlichkeiten, sondern um eine Eigenhaftung für persönliches Fehlverhalten. Vor diesem Hintergrund dürfte eine Beschränkung der Niederlassungsfreiheit nicht anzunehmen sein.[110] Die Anknüpfung erfolgt über Art. 12 Rom II-VO, der entweder das Vertragsstatut (Abs. 1) oder das Recht des Schadensorts bzw. des gemeinsamen Aufenthalts (Abs. 2) zur Anwendung beruft.

6. Vertragshaftung

26   Von besonderer Bedeutung ist im Zusammenhang mit im Inland agierenden Auslandsgesellschaften die Frage der vertraglichen Haftung sowie des anwendbaren Arbeitsrechts. Beide Fragen sind jedoch – soweit man das überhaupt sagen darf – relativ eindeutig im Sinne der Geltung des inländischen Rechts zu beantworten. Auch gehen in der Praxis die Betroffenen regelmäßig selbst von der Anwendbarkeit deutschen Rechts bei inländischer Geschäftstätigkeit aus.

27   Nur hingewiesen sei auf die sich unter dem Regime der **Sitztheorie** äußernde Problematik, dass der vorgeblich vertretene Rechtsträger als **Vertragspartner** mangels Anerkennung im Inland als solcher nicht existiert, so dass fraglich ist, wer an seiner Stelle vertraglich verpflichtet wird. Nachdem aber sämtliche inländischen Personengesellschaften als rechtsfähig angesehen werden und somit eine vertragliche Bindung der einzelnen Gesamthänder nicht mehr im Raume steht, dürfte jedenfalls nach den **Grundsätzen des unternehmensbezogenen Rechtsgeschäfts** davon auszugehen sein, dass der wahre Unternehmensinhaber und damit die inländische Personengesellschaft Vertragspartner wird,[111] freilich mit der Haftungsfolge des § 128 HGB. Eine im Inland als solche anzuerkennende Auslandsgesellschaft wird hingegen ohne Umqualifizierung in ihrer ausgewiesenen Rechtsform Vertragspartner. Die Teilfrage der **Vertretungsmacht** der Organmitglieder bestimmt sich als Bestandteil des Gesellschaftsstatuts nach dem Sitz- bzw. Gründungsrecht (s. a. § 19 Rdnr. 8, 13).[112]

28   Das **in der Sache anwendbare Vertragsrecht** ist anhand der Regelungen der Art. 3 ff. Rom I-VO zu ermitteln.[113] Vorbehaltlich einer Rechtswahl i. S. v. Art. 3 Rom I-VO ist im Rahmen der objektiven Anknüpfung unter Art. 4 Rom I-VO regelmäßig der Sitz desjenigen kollisionsrechtlich ausschlaggebend, der die **vertragscharakteristische Leistung** erbringt (Abs. 2, mit Regelbeispielen in Abs. 1). Erbringt eine im Inland ansässige Auslandsgesellschaften Dienstleistungen im Inland oder verkauft sie hier ihre Waren, ist Vertragsstatut danach deutsches Recht. Erwirbt sie dagegen ihrerseits solche Leistungen, kommt es auf den Sitz ihres Vertragspartners an. Im Falle von Gesellschaften ist der gewöhnliche Aufenthalt i. S. v. Art. 4 Abs. 2 Rom I-VO gem. Art. 19 Abs. 1 Rom I-VO die **Hauptverwaltung;** wird die Leistung vertragsgemäß von einer Niederlassung aus erbracht, kommt es darauf an, wo sich die **leistungsausführende Niederlassung** befindet, Art. 19

---

[109] NJW-RR 2002, 1309.
[110] Zweifelnd *Eidenmüller*, AuslKapGes, § 4 Rdnr. 30 f., sofern sich die Haftung auf die Verletzung spezifischer gesellschaftsrechtlicher Pflichten gründet.
[111] Vgl. Palandt/*Heinrichs*, BGB, § 164 Rdnr. 2.
[112] *Kienle*, Internationales Privatrecht, Rdnr. 138; Eidenmüller/*Rehm*, AuslKapGes, § 5 Rdnr. 5.
[113] Hierzu ausführlich *Kienle*, Internationales Privatrecht, Rdnr. 142 ff.

Abs. 2 Rom I-VO. Andere Regeln können nach Art. 6 Rom I-VO bei der Beteiligung eines Verbrauchers gelten, dem selbst im Falle einer Rechtswahl die zwingenden **Verbraucherschutzbestimmungen** seines Aufenthaltsrechts bzw. europäischen Ursprungs weitgehend erhalten bleiben.[114] Gleichermaßen enthält Art. 8 Rom I-VO eine Sonderkollisionsnorm für **Arbeitsverhältnisse,** die nach dem Ort der gewöhnlichen Verrichtung anzuknüpfen sind und einen rechtswahlfesten Kernbestand gewährleisten.[115]

7. Haftung wegen Firmenfortführung

Die Haftung wegen Unternehmens- und Firmenfortführung wurde bereits ausführlich behandelt (s. o. § 22 Rdnr. 10). Der Haftungstatbestand des § 25 HGB baut auf der Fortführung des Unternehmens[116] und der Firma auf, wobei im Hinblick auf die Firmenfortführung der prägende Kern der Firma entscheidend ist, während eine Änderung des Rechtsformzusatzes gleichermaßen wie die Änderung anderer unwesentlicher Bestandteile die Haftungsfolge nicht ausschließt. Als Bestandteil des verkehrs(schutz)bezogenen Rechts findet die Haftung auch auf im Inland tätige Auslandsgesellschaften Anwendung.

8. Kapitalaufbringungs- und -erhaltungsvorschriften

Dem deutschen **Kapitalgesellschaftsrecht** liegt das **System des garantierten Haftungsfonds** zugrunde, dessen Fehlen auf der Ebene der Personengesellschaften durch die persönliche Haftung der Gesellschafter kompensiert wird. Das Grund- oder Stammkapital bildet das Betriebskapital der Körperschaft und stellt zugleich aus Sicht der Gesellschaftsgläubiger die garantierte Haftungsmasse dar. Die Regelungen über die Kapitalaufbringung und -erhaltung stellen das erforderliche Gegenstück zu der Haftungsbeschränkung auf das Gesellschaftsvermögen und damit das für das Kapitalgesellschaftsrecht kennzeichnende System des **abstrakt-präventiven Gläubigerschutzes** dar.[117] Auch kommt dem Mindestkapital die Funktion einer Seriositätsschwelle zu. Freilich wurde von diesem System im Zuge der GmbH-Reform durch das MoMiG im Hinblick auf die Unterform der GmbH in Gestalt der **haftungsbeschränkten Unternehmergesellschaft** weitgehend abgerückt und funktional durch eine besondere Rechtsformbezeichnung ersetzt und damit letztlich das **Informationsmodell** des EuGH rezipiert.

Um die Funktionen des Mindesthaftkapitals zu effektuieren, wird seine Aufbringung durch bestimmte Regelungen der **Kapitalaufbringung**, namentlich etwa den Grundsatz der realen Kapitalaufbringung, sowie durch Regelungen der **Kapitalerhaltung** abgesichert. Bei der GmbH wird nach § 7 Abs. 2 GmbHG bereits zum Zeitpunkt der Anmeldung der Gesellschaft zur Eintragung in das Handelsregister verlangt, dass auf jede Bareinlage mindestens ein Viertel und insgesamt mindestens die Hälfte des Stammkapitals einbezahlt wurde. Ab diesem Zeitpunkt greifen sodann die Regelungen der Kapitalerhaltung.

Der Grundsatz der realen **Kapitalaufbringung** wird im GmbH-Recht hauptsächlich durch die – im Zuge der GmbH-Reform durch das MoMiG weitgehend gelockerten und auf ein international verträgliches, d. h. konkurrenzfähiges Maß zurück gefahrenen – Vorschriften der §§ 5, 19 GmbHG verwirklicht.[118] Mehr noch als die Regelungen über die Kapitalerhaltung (s. sogl. Rdnr. 33) sind die Vorschriften im vorliegenden Zusammenhang aber von geringer Relevanz, da sie mit ihrer Bezogenheit auf das satzungsmäßige Kapital der **Organisationsverfassung** bzw. dem **Gründungsstadium** zuzurechnen sind, das sich – jedenfalls außerhalb des der Sitztheorie verbliebenen Anwendungsbereichs – nach dem

---

[114] Ausführlich wiederum *Kienle*, Internationales Privatrecht, Rdnr. 170 ff.
[115] Vgl. erneut *Kienle*, Internationales Privatrecht, Rdnr. 182 ff.
[116] Hierbei kommt es auf die Fortführung des Geschäftsbetriebs vor dessen endgültiger Einstellung an, OLG München, B. v. 22. 7. 2008 – 31 Wx 88/07, beck-online.
[117] Vgl. *Röhricht*, ZIP 2005, 505 f.
[118] Vgl. Baumbach/Hueck/*Hueck*/*Fastrich*, GmbHG, Einl. Rdnr. 27.

Recht des Gründungsstaates beurteilt.[119] Gleiches gilt für die Verlustdeckungs-[120] und die Unterbilanzhaftung,[121] die ebenfalls die Verfügbarkeit des Gründungskapitals sicherstellen.

33 Weniger deutlich ist der Befund dagegen im Hinblick auf die **Kapitalerhaltungsvorschriften,** die bereits phänomenologisch nicht das Gründungs-, sondern das Betriebsstadium einer Gesellschaft betreffen. Diese zielen darauf ab, den Abzug von Gesellschaftskapital unabhängig von einer Bestands- oder Liquiditätsgefährdung und damit **abstrakt-präventiv** zu unterbinden; damit kommt ihnen aber freilich auch eine gewisse Vorwirkung auch für den Insolvenz- und damit den konkreten Krisenfall zu. § 30 Abs. 1 GmbHG untersagt es, das zur Erhaltung des Stammkapitals erforderliche Vermögen an die Gesellschafter auszukehren. Nach § 31 Abs. 1 GmbHG hat der Empfänger einer dem zuwider laufenden Zahlung der Gesellschaft den Betrag zu erstatten. Ist diese Erstattung nicht zu erlangen, tritt gemäß § 31 Abs. 2 GmbHG eine Ausfallhaftung der übrigen Gesellschafter ein. Aufgrund der Bezogenheit auf das Grund- bzw. Stammkapital und der tatbestandlichen Unabhängigkeit von einer Krise oder Insolvenz stellen sich die Kapitalerhaltungsregelungen als **genuines Gesellschaftsrecht** dar, die Gesellschaftskapital einer Auskehr abstrakt und absolut entziehen.[122] Zudem spricht der funktionale Zusammenhang mit den Regelungen der Kapitalaufbringung bereits kollisionsrechtlich dafür, beide Regelungskomplexe derselben Rechtsordnung und damit dem Gründungsstatut zuzuweisen.[123] Indes wird der abstrakt-präventive Charakter der Regelungen insoweit relativiert, als Maßstab nicht das gesetzlich vorgeschriebene Mindest-, sondern das satzungsmäßig vorgesehene Kapital und damit der konkrete Finanzierungsbedarf der individuellen Gesellschaft ist und sich der Anspruch zudem auch auf die Beseitigung einer Überschuldung erstrecken kann, wenn die Auszahlung hierzu geführt hat.[124] Damit beugen die Regelungen aber letztlich einem konkreten Vermögensentzug zu Lasten der konkreten Haftungsmasse vor, was sie in die Nähe der **Insolvenzanfechtung** rückt.[125] Nach zutreffender und herrschender Meinung aber kommt eine insolvenzrechtliche Qualifikation dennoch nicht in Betracht, zumal die Vorschriften bereits im Gründungsstadium Geltung beanspruchen.[126]

9. Das Eigenkapitalersatzrecht

34 Das System eines garantierten Haftungskapitals verlangt neben einer Absicherung durch Kapitalaufbringungs- und Kapitalerhaltungsregeln danach, dass die Gesellschaft nach Erschöpfung des Haftungsfonds liquidiert, oder aber ihr frisches Eigenkapital zugeführt wird. Die **Funktion des Eigenkapitalersatzrechts** besteht nun darin, die Gesellschafter an ihrer dahingehenden **Finanzierungsverantwortung** festzuhalten, wenn sie sich weder für eine Liquidation noch für eine Eigenkapitalzuführung entscheiden, sondern der Gesellschaft Mittel unter dem Deckmantel des Fremdkapitals zur Verfügung stellen, um sich einerseits einen Rückzahlungsanspruch und andererseits einen besseren Insolvenzrang zu verschaffen. In diesem Falle wird das zugeführte Kapital – pauschal gesprochen – als Eigenkapital behandelt, da die Gesellschaft von einem Dritten zu marktüblichen Konditionen kein Eigenkapital mehr erhalten hätte. In Ermangelung gesetzlicher Bestimmungen hat die Rechtsprechung zunächst eigene Regelungen – die sog. **Rechtsprechungsregeln** – in Anlehnung an §§ 30, 31 GmbHG entwickelt, bis im Zuge der GmbH-Novelle

---

[119] *Fischer,* ZIP 2004, 1477, 1479 m. w. N.; Süß/Wachter/*Kienle* HdBIntGmbHR § 3 Rdnr. 159; Kienle NotBZ 2008, 245, 255.
[120] Baumbach/Hueck/*Hueck/Fastrich,* GmbHG, § 11 Rdnr. 24 ff.
[121] Baumbach/Hueck/*Hueck/Fastrich,* GmbHG, § 11 Rdnr. 61 ff.
[122] *Röhricht,* ZIP 2005, 505, 511.
[123] S. a. *Fischer,* ZIP 2004, 1477, 1480.
[124] BGH ZIP 1990, 451 = NJW 1990, 1730; *Altmeppen,* NJW 2004, 97, 102; *K. Schmidt,* Gesellschaftsrecht, 4. Aufl. 2002, S. 1135 f.
[125] Vgl. *Röhricht,* ZIP 2005, 505, 512.
[126] Süß/Wachter/*Kienle* HdBIntGmbHR § 3 Rdnr. 163; *Kienle* NotBZ 2008, 245, 255.

§ 23. Gläubigerschutz § 23

1980 die **§§ 32a, 32b GmbHG, §§ 39 Abs. 1 Nr. 5, 135 InsO** – die sog. **Novellenregeln** – geschaffen wurden, die fortan neben den weiterhin angewendeten Rechtsprechungsregeln zum Zuge kamen, sog. **zweistufiges System des Eigenkapitalersatzrechts.**[127]

Das Eigenkapitalersatzrecht wurde im Zuge der **GmbH-Reform durch das MoMiG** 35 grundlegend umgestaltet und in das Insolvenzrecht verlagert.[128] Es wurden sowohl die in den §§ 32 a/b GmbHG enthaltenen sog. **Novellenregeln,** als auch die **Rechtsprechungsregeln** ausdrücklich aufgehoben und die Materie damit ausschließlich den §§ 39, 135 InsO überlassen.[129] Gem. § 39 Abs. 1 Nr. 5 InsO werden Gesellschafterdarlehen bei der Erlösverteilung nur nachrangig bedient **(gesetzlicher Rangrücktritt; Subordination).** Rechtshandlungen, durch die für eine Forderung aus einem Gesellschafterdarlehen eine Sicherheit bestellt oder Befriedigung gewährt wurde, unterliegen gem. § 135 InsO der Insolvenzanfechtung. Die damit ausschließlich in der Insolvenzordnung enthaltenen Regelungen verzichten nunmehr auf den – nach überwiegender Meinung zum alten Rechtszustand als gesellschaftsrechtliche Vorfrage zu qualifizierenden[130] – eigenkapitalersetzenden Charakter der Kapitalüberlassung und finden ausnahmslos auf **sämtliche Gesellschafterdarlehen** Anwendung; bereits die Bezeichnung als Eigenkapitalersatzrecht ist damit fortan verfehlt und es sollte von dem **Recht der Gesellschafterdarlehen** gesprochen werden.[131] Aufgrund des daher nunmehr in jedem Anwendungsfall geltenden Insolvenzerfordernisses[132] und der sich ausschließlich im Insolvenzverfahren äußernden Rechtsfolgen – gesetzlicher **Rangrücktritt,** § 39 Abs. 1 Nr. 5 InsO, **Anfechtbarkeit** von Rückzahlungen, § 135 InsO – sowie der **rechtsformneutralen Ausgestaltung**[133] eignet den Regelungen nunmehr primär ein **insolvenzrechtlicher Charakter** an, zumal die insolvenzrechtliche Qualifikation dem ausdrücklichen Willen des Gesetzgebers entspricht.[134] In europarechtlicher Hinsicht und damit vor dem Hintergrund der Niederlassungsfreiheit erscheint dies angesichts der Regelung des Art. 4 Abs. 2 lit. i) und m) EuInsVO als unbedenklich.[135] Der alte Rechtszustand, unter dem die an §§ 30, 31 GmbHG angelehnten Rechtsprechungsregeln gesellschaftsrechtlich[136] und die §§ 32 a/b GmbHG nach einer im Vordringen begriffenen

---

[127] Baumbach/Hueck/*Hueck/Fastrich*, GmbHG, § 32a Rdnr. 1.
[128] Kienle NotBZ 2008, 245, 255f.; Süß/Wachter/*Kienle* HdBIntGmbHR § 3 Rdnr. 164ff.; *Behrens,* IPRax 2010, 230ff.
[129] Ausführlich *Dahl/Schmitz,* NZG 2009, 325, dort S. 331 auch zu den Übergangsvorschriften; zur Anwendbarkeit der Rechtsprechungsregeln in Altfällen, wenn sowohl Gewährung als auch Rückzahlung vor dem Inkrafttreten des MoMiG erfolgten OLG Jena, DStR 2009, 651.
[130] Ebenso wohl BGHZ 148, 167, 168; *Altmeppen* NJW 2004, 97, 103; *ders./Wilhelm* DB 2004, 1083, 1088; *Eidenmüller* (Fn. 13) § 9 Rdnr. 42; *Müller* NZG 2003, 414, 417; *Schumann* DB 2004, 743, 748; *Zimmer* NJW 2003, 3585, 3589; Süß/Wachter/*Kienle* HdBIntGmbHR § 3 Rdnr. 167; a. A. – einheitliche Geltung des Insolvenzstatuts – *Haas* NZI 2001, 1, 9f.; *ders.* NZI 2002, 456f.; *Kindler* NZG 2003, 1086, 1090; *Paulus* ZIP 2002, 729, 734; *Ulmer* NJW 2004, 1201, 1207; *Weller* IPRax 2003, 520, 524 und noch zuletzt OLG Köln ZIP 2010, 2016.
[131] Wachter/Süß/*Kienle* HdBIntGmbHR, § 3 Rdnr. 166; vgl. für die hierdurch u.U. drastischen Haftungsfolgen im Rahmen eines Cash Pool *Klinck/Gärtner,* NZI 2008, 457.
[132] Auf die nach früherem Recht maßgebliche Krise kommt es dagegen nicht mehr an, *Wälzholz,* DStR 2007, 1914, 1918.
[133] *Heckschen,* DStR 2007, 1442, 1448; so schon zum alten Recht *Borges,* ZIP 2004, 733, 743 unter Hinweis auf § 172a HGB.
[134] BT-Dr 16/6140, S. 130f.; vgl. auch *Kienle* NotBZ 2008, 245, 255f.
[135] Freilich ist einzuräumen, dass sich die Umqualifizierung als Marktzugangshindernis erweisen kann, indem sie einen rechtlichen Druck zur Zuführung von Eigenkapital erzeugt, der sich schon im Vorfeld des Marktzutritts hemmend auswirken kann, vgl. *Eidenmüller,* AuslKapGes, § 9 Rdnr. 44; ähnlich *Borges,* ZIP 2004, 733, 743.
[136] *Fischer,* ZIP 2004, 1477, 1480; *Röhricht,* ZIP 2005, 505, 512; Süß/Wachter/*Kienle,* HdBIntGmbHR, § 3 Rdnr. 165; Dies scheint auch die Ansicht des Bundesgerichtshofs zu sein, BGHZ 148, 167, 168.

Meinung insolvenzrechtlich qualifiziert wurden,[137] ist damit überholt. Als Bestandteil des Insolvenzrechts kommen die aktuellen Vorschriften in einem inländischen Insolvenzverfahren zur Anwendung, Art. 3, 4 EuInsVO, §§ 335 ff. InsO.[138] Allerdings kann hierbei die in Art. 13 EuInsVO vorgesehene Sonderanknüpfung zugunsten der *lex causae* im Ergebnis einer Anfechtung entgegen stehen.[139]

10. Insolvenzverschleppungshaftung

36 Gegenstand vehementer Diskussionen war seit dem Auftreten des Phänomens der (Schein-)Auslandsgesellschaften im Nachgang zu den „drei Hammerschlägen" des EuGH stets die Pflicht der Organe einer Kapitalgesellschaft, bei Vorliegen eines Insolvenzgrundes die Eröffnung des Insolvenzverfahrens über deren Vermögen zu beantragen sowie die sich an eine Verletzung dieser Pflicht knüpfenden Haftungsfolgen.[140] Im deutschen Recht waren die Antragspflichten bislang in der jeweiligen **gesellschaftsrechtlichen Kodifikation** – namentlich §§ 130a HGB, 92 AktG, 64 GmbHG – verortet. Im Zuge der **GmbH-Reform durch das MoMiG** wurden die Regelungen unter dem rechtsformunabhängigen und infolge seiner systematischen Stellung fortan zweifellos insolvenzrechtlich zu qualifizierenden **§ 15a InsO** konsolidiert.[141] Zu unterscheiden sind die Antragsberechtigung und die haftungsbewehrte Antragsverpflichtung.

37 Vor deutschen Gerichten sind nach § 13 Abs. 1 S. 2 InsO sowohl Schuldner als auch Gläubiger antragsberechtigt, Letzterer jedoch nur, sofern er ein berechtigtes Interesse an der Verfahrenseröffnung hat und seine Forderung glaubhaft macht, § 14 Abs. 1 InsO. Nach § 15 Abs. 1 InsO sind im Falle einer Gesellschaft auch die einzelnen Mitglieder des Vertretungsorgans bzw. jeder persönlich haftende Gesellschafter sowie jeder Abwickler antragsberechtigt; auf die gesellschaftsrechtliche Vertretungsbefugnis kommt es nicht an.[142] Im Falle von ausländischen Kapitalgesellschaften mit beschränkter Haftung kommt es mithin ebenfalls nur auf die Zugehörigkeit zu dem Vertretungsorgan an (im Falle der englischen Limited also zu dem *board of directors*); kommt eine im Inland ansässige Auslandsgesellschaft ihren Eintragungspflichten aus § 13e Abs. 2 Nr. 3 HGB (Angabe der vertretungsbefugten Personen bzw. des ständigen Vertreters) nicht nach, steht die Antragsberechtigung jedenfalls dem gewerberechtlichen Vertreter bzw. dem faktischen Geschäftsführer zu.[143] Das Antragsrecht für Nebeninsolvenzverfahren steht dagegen nur den Gläubigern oder dem Verwalter eines ausländischen Hauptverfahrens zu, Art. 29 EuInsVO, §§ 354 Abs. 1, 356 Abs. 2 InsO.[144]

---

[137] Vgl. nur *Röhricht*, ZIP 2005, 505, 512; *Fischer*, ZIP 2004, 1477, 1479f.; *Ulmer*, NJW 2004, 1201, 1207; *Zimmer*, NJW 2003, 3585, 3589; *Altmeppen*, NJW 2004, 97, 103; *Müller*, NZG 2003, 417; Süß/Wachter/*Kienle*, HdBIntGmbHR, § 3 Rdnr. 167ff.

[138] AG Hamburg, NZI 2009, 131; *Dahl/Schmitz*, NZG 2009, 325, 326.

[139] Hiernach greift die grundsätzliche Anwendbarkeit der Anfechtungsnormen des Insolvenzstatuts dann nicht, wenn für eine Handlungen das Recht eines anderen Mitgliedstaates maßgeblich und diese hiernach in keiner Weise anfechtbar ist – beweisbelastet ist insoweit allerdings der Anfechtungsgegner; hierdurch wird das Vertrauensinteresse des Anfechtungsgegners geschützt; nach englischem Recht kommt es für die Anfechtbarkeit von Leistungen an einen Gesellschafter darauf an, ob das Geschäft einem Drittvergleich stand hält, sec. 238ff. Insolvency Act. Zum Vorstehenden *Kühnle/Otto*, IPRax 2009, 117, 119.

[140] Vgl. die Darstellung und Nachweise bei MüKoGmbHG/*Weller* Einl Rdnr. 424 f.; Süß/Wachter/*Kienle* HdBIntGmbHR § 3 Rdnr. 169ff.

[141] Hierzu *Poertzgen*, NZI 2007, 15.

[142] Dies folgt aus einem Gegenschluss zu § 18 Abs. 3 InsO, vgl. *Schmahl*, in: Münchener Kommentar InsO, § 15 Rdnr. 9 und Süß/Wachter/*Kienle* HdBIntGmbHR § 3 Rdnr. 136; a.A. *Riedemann* GmbHR 2004, 345, 348.

[143] AG Duisburg NZI 2003, 610; AG Bad Segeberg ZInsO 2005, 558, 560; a.A. *Wernicke* BB 2006, 843ff.

[144] Da die EuInsVO das Antragsrecht explizit nur für Sekundärverfahren regelt, wird sie im Übrigen durch das deutsche Recht ausgefüllt, so dass wiederum § 354 Abs. 1 InsO gilt, *Paulus* DStR 2005, 334, 339; *Eidenmüller*, AuslKapitalGes § 9 Rdnr. 24 und Süß/Wachter/*Kienle* HdBIntGmbHR § 3

Die kollisionsrechtliche Behandlung der bis jüngst formal im Gesellschaftsrecht angesiedelten Antragsverpflichtung der Organe von Kapitalgesellschaften – insbesondere ex § 64 GmbHG a. F. – sowie des jeweils i. V. m. § 823 Abs. 2 BGB bestehenden Schadensersatzanspruchs der Gesellschaftsgläubiger war stark umstritten.[145] Während einerseits unter Bezugnahme auf die Eigenschaft einer spezifischen Organpflicht und die systematische Stellung im Gesellschaftsrecht für eine gesellschaftsrechtliche Qualifikation eingetreten wurde,[146] wurde andererseits auf der Grundlage einer normzweckorientierten Betrachtung, wonach die Antragspflicht der Einleitung der kollektiven Haftungsverwirklichung dienen und die Reinigungsfunktion des Insolvenzrechts effektuieren sollte, für eine insolvenzrechtliche Qualifikation plädiert.[147] Angesichts der im Zusammenhang mit im Inland ansässigen Scheinauslandsgesellschaften auftretenden **Schutzlücken,** die regelmäßig deshalb entstanden weil das Heimatrecht eine Antragspflicht im Insolvenzrecht vorhielt, hat sich nunmehr auch der deutsche Gesetzgeber im Einklang mit der **international verbreiteten Qualifikation**[148] entschlossen, die Antragspflicht im Zuge der GmbH-Reform durch das MoMiG in das Insolvenzrecht aufzunehmen und ihre Anwendbarkeit damit über Art. 3, 4 EuInsVO, §§ 335 ff. InsO auch gegenüber sämtlichen im Inland operativen Gesellschaften sicherzustellen;[149] umgekehrt unterliegen allerdings die von der neuen Wegzugsfreiheit des § 4a GmbH Gebrauch machenden deutschen GmbH, die in das Ausland übersiedeln, jedenfalls der deutschen Antragspflicht nicht mehr.[150]

Gem. § 15a Abs. 1 InsO sind die Mitglieder des Vertretungsorgans einer juristischen Person oder deren Abwickler im Falle der Überschuldung oder der Zahlungsunfähigkeit verpflichtet, ohne schuldhaftes Zögern, spätestens aber drei Wochen nach Eintritt des Insolvenzgrundes, die Eröffnung des Insolvenzverfahrens zu beantragen. Nach Abs. 3 ist im Falle der Führungslosigkeit einer Gesellschaft mit beschränkter Haftung oder einer Aktiengesellschaft auch jeder Gesellschafter bzw. jedes Mitglied des Aufsichtsrates zur Antragstellung verpflichtet;[151] hierbei erscheint die Beschränkung auf Gesellschafter einer GmbH oder Aufsichtsratsmitglieder einer AG zweifelhaft, zumal eine **Substitu-**

Rdnr. 140; a. A. AG Köln NZI 2004, 151, 153 und MüKo/*Kindler* IntInsR Art. 29 EuInsVO Rdnr. 9, der zur Lückenfüllung § 13 InsO heranzieht. Das AG Mönchengladbach hat den Antrag des Geschäftsführers einer GmbH auf Eröffnung eines Sekundärverfahrens in einen Antrag auf Eröffnung des Hauptverfahrens umgedeutet, NZI 2004, 383 m. Anm. *Kebekus* EWiR 2004, 705 f.

[145] Guter Überblick bei MüKoGmbHG/*Weller*, Einl Rdnr. 424 f.; *Kienle*, Internationales Privatrecht, Rdnr. 379.

[146] *Ulmer* NJW 2004, 1201, 1207; *Mock/Schildt* ZInsO 2003, 396, 399 f.; *Spindler/Berner* RIW 2004, 7, 12; *Schumann* DB 2004, 743, 746; *Vallender/Fuchs* ZIP 2004, 829, 830.

[147] *Altmeppen* NJW 2004, 97, 100 f.; *Borges* RIW 2000, 167, 168 u. ZIP 2004, 733, 737 ff.; *Eidenmüller* (Fn. 13) § 9 Rdnr. 26 ff.; *Haas* NZI 2003, Heft 12, V f.; *Süß/Wachter/Kienle* HdBIntGmbHR § 3 Rdnr. 169 ff.; MüKo/*Kindler*, IntGesR Rdnr. 661 ff., 639 ff.; *Müller* NZG 2003, 414, 416; *Riedemann* GmbHR 2004, 345, 348 f.; *Roth* NZG 2003, 1081, 1085; *Wachter* GmbHR 2004, 88, 101; *Weller* IPRax 2003, 520, 522.

[148] Vgl. die Haftung für *wrongful trading* in sec. 214 des englischen Insolvency Act 1986, *action en comblemet du passif* französischen Rechts in Art. L 624-3 des insolvenzrechtlichen Teils des Code de Commerce; vgl. hierzu *Habersack/Verse* ZHR 168 (2004), 174 ff. und *Süß/Wachter/Kienle* HdBIntGmbHR § 3 Rdnr. 170.

[149] *Kühnle/Otto*, IPRax 2009, 117, 118; *Kienle* NotBZ 2008, 245, 252 f.; vgl. auch bereits *Poertzgen*, NZI 2007, 15, 17. Auch in der Erläuterung zu Art. 10 Abs. 2 Nr. 8 des Referentenentwurfs für ein Internationales Privatrecht der Gesellschaften, Vereine und juristischen Personen vom 7. 1. 2008 wird von einer insolvenzrechtlichen Qualifikation der Antragspflicht ausgegangen.

[150] Ebenso *Kühnle/Otto*, IPRax 2009, 117, 118.

[151] Führungslosigkeit wird nur anzunehmen sein, wenn der organschaftliche Vertreter der Gesellschaft tatsächlich oder rechtlich nicht mehr existiert, während der bloß unbekannte Aufenthalt nicht genügen soll, vgl. AG Hamburg, NJW 2009, 304; *Römermann*, NZI 2008, 641, 645; siehe aber andererseits *Gehrlein*, BB 2008, 846, 848, der eine konkludente Amtsniederlegung bei Verschwinden in Erwägung zieht; vgl. noch zum Gesetzesvorhaben *Schmahl*, NZI 2008, 6 ff.

tion¹⁵² durch ausländische Rechtsträger, d. h. die Anwendung der Vorschrift auch auf deren Gesellschafter, vor dem Hintergrund der expliziten Erweiterung der Antragspflicht des Abs. 1 auf sämtliche und damit insbesondere ausländische juristische Personen fraglich erscheint.¹⁵³

40 Die **deliktische Insolvenzverschleppungshaftung** beruht auf der Einstufung der in § 15a Abs. 1 InsO verankerten Antragspflicht als **Schutzgesetz i. S. v. § 823 Abs. 2 BGB** zu Gunsten der Gesellschaftsgläubiger.¹⁵⁴ Der Anspruch beläuft sich gegenüber **Altgläubigern**, d. h. solchen Gläubigern, deren Anspruch schon vor der Insolvenzreife der Gesellschaft entstanden ist, auf den Ersatz des **Quotenschadens,** also auf den Betrag, um den ihre Quote bei rechtzeitiger Antragstellung höher ausgefallen wäre; der Anspruch wird als Gesamtschaden der Gläubigergemeinschaft gem. § 92 InsO durch den Insolvenzverwalter geltend gemacht.¹⁵⁵ Demgegenüber erhalten **Neugläubiger,** d. h. solche, die erst nach dem Eintritt der Insolvenzreife einen Anspruch erworben haben, den Ersatz ihres vollen Schadens, den sie außerhalb eines möglichen Insolvenzverfahrens verfolgen können.¹⁵⁶ In **kollisionsrechtlicher Hinsicht** sprechen – wie auch bereits vor der Verpflanzung der Antragspflicht in die InsO – die besseren Gründe für eine **insolvenzrechtliche Qualifikation** auch der Insolvenzverschleppungshaftung;¹⁵⁷ vor dem Hintergrund der ausdrücklich verfolgten Strategie des Gesetzgebers einer Schutzverlagerung in das auch gegenüber Auslandsgesellschaften anwendbare Insolvenzrecht verliert jedenfalls das Argument der historischen Verankerung der Antragspflicht im Handels- bzw. Gesellschaftsrecht¹⁵⁸ an Gewicht. Bereits vor der GmbH-Reform aber nicht für eine gesellschaftsrechtliche Qualifikation überzeugen konnte der Charakter der Antragspflicht als spezifische Organpflicht, da die Rechtsordnung die Organe juristischer Personen auch an anderen Stellen mit spezifischen Pflichten belegt, namentlich etwa in § 34 AO, ohne dass diese deshalb gesellschaftsrechtlicher Natur wären.¹⁵⁹ In diesem Sinne hat bereits das LG Kiel unter der alten Rechtslage den Geschäftsleiter einer im Inland ansässigen englischen Limited aus §§ 823 Abs. 2 BGB i. V. m. § 64 Abs. 1 GmbHG zum Schadensersatz verurteilt.¹⁶⁰ Anlass zu einer **deliktsrechtlichen Qualifikation** könnte dagegen der Umstand geben, dass es sich – etwa angesichts der fehlenden Ersatzfähigkeit der Umsatzsteuer aus dem mit der Gesellschaft geschlossenen Rechtsgeschäft, des von der Gesellschaft unterschiedlichen Haftungssubjekts sowie der schleichenden Grenze zum Eingehungsbetrug – um eine wahre Delikts-

---

[152] Zum Begriff *Kienle*, Internationales Privatrecht, Rdnr. 44 ff.
[153] Voraussetzung der Substituierbarkeit dürfte jedenfalls sein, dass die ausländische Kapitalgesellschaft nur über einen limitierten Haftungsfonds verfügt, so zum alten Recht bereits *Eidenmüller*, AuslKapitalGes, § 9 Rdnr. 27.
[154] Vgl. BGHZ 29, 100.
[155] Siehe etwa BGHZ 138, 211, 214 ff.; BGH ZIP 2004, 1218; vgl. auch *Fischer*, ZIP 2004, 1477, 1481.
[156] BGHZ 126, 181; 171, 46; Die Berechtigung zum Ersatz des vollen Schadens findet ihre Rechtfertigung darin, dass zumindest vertragliche Neugläubiger bei rechtzeitiger Stellung des Insolvenzantrags davon abgesehen hätten, mit der Gesellschaft zu kontrahieren; Zum Streitstand, ob auch Ansprüche im Rahmen eines gesetzlichen Schuldverhältnisses an dieser Privilegierung teilnehmen sollen, Baumbach/Hueck/*Schulze-Osterloh*, GmbHG, 18. Aufl. 2006, § 64 Rdnr. 92.
[157] *Kühnle/Otto*, IPRax 2009, 117, 118; *Kienle* NotBZ 2008, 245, 252 f.; *Wälzholz* DStR 2007, 1914, 1915 f.; *Poertzgen* ZInsO 2007, 574, 575; a. A. – allerdings noch zur Entwurfsfassung – *Knof/Mock* GmbHR 2007, 852 f.
[158] Zum Zeitpunkt der Beratungen zum ADHGB war das Konkursrecht noch Kompetenz der deutschen Einzelstaaten, so dass eine bundeseinheitliche Regelung nur im Rahmen des Handelsrechts erfolgen konnte, *Borges* ZIP 2004, 733, 738 f. und Süß/Wachter/*Kienle* HdBIntGmbHR § 3 Rdnr. 172.
[159] MüKo/*Kindler*, IntGesR Rdnr. 666.
[160] GmbHR 2006, 710 ff. hierzu *Ringe/Willemer* EuZW 2006, 621 ff., die sich allerdings für eine gesellschaftsrechtliche Qualifikation aussprechen; so auch AG Bad Segeberg, ZInsO 2005, 558.

haftung handelt.[161] Auch bei einer deliktsrechtlichen Qualifikation aber würde sich eine akzessorische Anknüpfung an das Insolvenzstatut aufdrängen, Art. 4 Abs. 3 Rom II-VO bzw. 41 EGBGB.[162]

Von Interesse ist angesichts des mit dem Zuzugstrend von Auslandsgesellschaften umgekehrt proportional korrespondierenden Insolvenztourismus in angelsächsische Gefilde und der von englischen Gerichten weitreichend angenommenen Konzernzuständigkeit ferner die Frage, ob der Geschäftsführer einer im Inland ansässigen Gesellschaft seiner Antragspflicht durch Stellung eines **Antrages vor einem ausländischen Gericht** genügt. Richtigerweise wird man den Geschäftsleiter für verpflichtet halten müssen, einen Insolvenzantrag vor dem international zuständigen Gericht zu stellen, wobei freilich eine unverschuldete Fehlbeurteilung nicht zu einer persönlichen Haftung führt; hierbei wird man den Geschäftsführer aber für verpflichtet halten müssen, sich kundig zu machen bzw. sich rechtlich beraten zu lassen. Aufgrund der im deutschen Recht in Art. 102 § 3 EGInsO enthaltenen Regelung für positive Kompetenzkonflikte ist jedenfalls ein (vorsorglicher) Antrag im Inland zu empfehlen.[163] Entgegen dem AG Hamburg dürfte indes von einer internationalen Verweisungsmöglichkeit nicht auszugehen sein.[164] Allerdings kommt dem Schuldner selbst und damit seinen Geschäftsführern nur im Rahmen eines inländischen **Hauptinsolvenzverfahrens,** nicht aber im Rahmen eines Partikular- oder Sekundärverfahren ein Antragsrecht zu. Daher ist die Anwendung der Insolvenzverschleppungstatbestände von vornherein auf solche Auslandsgesellschaften beschränkt, die ihren Interessenmittelpunkt in Deutschland haben.[165] **41**

Ebenfalls gute Gründe für eine insolvenzrechtliche Qualifikation bestehen hinsichtlich des der Gesellschaft zustehenden **Erstattungsanspruchs** aus § 64 S. 1 GmbHG, der eine große Nähe zu den insolvenzrechtlichen Anfechtungstatbeständen aufweist.[166] Danach sind die Geschäftsführer der Gesellschaft zum Ersatz von Zahlungen verpflichtet, die nach Eintritt der Zahlungsunfähigkeit der Gesellschaft oder nach Feststellung deren Überschuldung geleistet werden. Der Anspruch hat als **schadensunabhängiger Ersatzanspruch,** der ähnlich den insolvenzrechtlichen Anfechtungstatbeständen den Zweck verfolgt, Schmälerungen der Masse im Vorfeld der Insolvenz im Interesse der Gläubigerschaft zu unterbinden und gegebenenfalls rückgängig zu machen,[167] einen starken insolvenzrechtlichen Gehalt, zumal er die **Eröffnung des Insolvenzverfahrens** oder dessen Ablehnung mangels Masse voraussetzt.[168] Ferner ist der Anspruch durch den Insolvenzverwalter im Interesse der Gesamtgläubigerschaft geltend zu machen. Der insolvenzrechtliche Gehalt von § 64 S. 1 GmbHG ist „mit Händen zu greifen".[169] Für eine insolvenzrechtliche Qualifikation spricht ferner, dass der Insolvenzverwalter wählen kann, ob er die in der Zahlung liegende Rechts- **42**

---

[161] Auch das LG Kiel in der vorstehend zitierten Entscheidung hat den Anspruch alternativ auf §§ 823 Asbs. 2 BGB i. V. m. 263 StGB (Eingehungsbetrug) gestützt und diesen Anspruch über Art. 40 EGBGB angeknüpft.

[162] Für die Existenzvernichtungshaftung ebenso *Kienle* NotBZ 2008, 245, 256.

[163] A. A. AG Köln EuZW 2005, 704; ausführlich *Vallender/Fuchs* ZIP 2004, 829 ff.; *Fischer* ZIP 2004, 1477, 1485; MüKo/*Kindler*, InsInsR Art. 3 EuInsVO Rdnr. 4; Süß/Wachter/*Kienle* HdBIntGmbHR § 3 Rdnr. 178 ff. Für einen gestaffelten Antrag (Eröffnung des Haupt- und hilfsweise eines Sekundärverfahrens) im Zweifel *Mankowski* NZI 2007, 360, 361.

[164] NZI 2006, 486, 487 m. zu Recht abl. Anm. *Mankowski*.

[165] Vgl. auch *Eidenmüller*, AuslKapitalGes, § 9 Rdnr. 28. a. E.

[166] *Röhricht* ZIP 2005, 505, 509; *Haas* NZG 2004, 737, 741 ff.; *ders.* NZG 2010, 495 f.; *Kindler*, IPRax 2010, 430; *Wais*, IPRax 2011, 138, 140; Süß/Wachter/*Kienle* HdBIntGmbHR § 3 Rdnr. 183; KG DStR 2009, 2266; a. A. *Ringe/Willemer*, NZG 2010, 56 f.; materiell-rechtlich zuletzt BGH ZIP 2008, 72: Zahlungen zur Abwendung größerer Nachteile für die Insolvenzmasse können mit der Sorgfalt eines ordentlichen Geschäftsmannes vereinbar sein.

[167] Vgl. die Umschreibung des Gesetzeszweckes bei BGH ZIP 2003, 1005, 1006. Kritisch Baumbach/Hueck/*Schulze-Osterloh*, GmbHG, 18. Aufl. 2006, § 64 Rdnr. 78.

[168] BGH NJW 2001, 304, 305.

[169] Plastisch *Röhricht*, ZIP 2005, 505, 509; siehe insgesamt auch *Haas*, NZG 2004, 737, 741 ff.

handlung nach den §§ 129 ff. InsO anficht und damit den Zuwendungsempfänger, oder aber den Geschäftsführer auf Erstattung in Anspruch nehmen will.[170] Zur Vermeidung von Normwidersprüchen erscheint es zudem tunlich, beide Ansprüche derselben Rechtsordnung zu entnehmen.

43 Nicht dem Insolvenz- sondern dem Gesellschaftsrecht zugehörig sind dagegen der Antragspflicht vorgelagerte Pflichten zur laufenden **Überprüfung der Liquiditätslage** und gegebenenfalls der **Erstellung einer Überschuldungsbilanz** oder eines **Liquiditätsstatus**.[171] Die Qualifikation des durch das MoMiG – im Gesellschaftsrecht (!) – eingeführten besonderen Erstattungsanspruch des § 64 S. 3 GmbHG soll im Nachgang zur Existenzvernichtungshaftung besprochen werden (s. sogl. Rdnr. 49 ff.).

11. Haftung wegen existenzvernichtenden Eingriffs

44 Von besonderem Interesse im Zusammenhang mit – häufig schwach kapitalisierten – Auslandsgesellschaften ist die Haftung wegen existenzvernichtenden Eingriffs.[172] Die Existenzvernichtungshaftung hat zunächst die haftungsbegründende Konstellation des **qualifiziert faktischen Konzerns** abgelöst, wonach ein herrschendes Unternehmen, das die Interessen einer abhängigen Gesellschaft an der Erhaltung ihrer Liquidität verletzt hat, auf Verlustausgleich entsprechend § 303 AktG gehaftet hat.[173] Die bedeutende Neuerung der Existenzvernichtungshaftung besteht demgegenüber in dem Verzicht auf das Tatbestandsmerkmal einer Konzernlage.[174] Die Haftung hat ihre Grundlage nicht mehr in einem trotz fehlen eines Beherrschungs- und Gewinnabführungsvertrages bestehenden und damit faktischen Konzernverhältnis, sondern in der **Missachtung der Eigenständigkeit der juristischen Person** und dem dieser zugewiesenen Vermögen, das ihr außerhalb einer ordnungsgemäßen Liquidation nicht wieder zugunsten der Gesellschafter entzogen werden darf.[175] Die Haftung wurde zunächst an die Regelung des § 31 GmbHG angelehnt und damit auf eine spezifisch gesellschaftsrechtliche Grundlage gestützt.[176]

45 In Abkehr zu der im Nachgang anstelle des faktischen Konzernverhältnisses angeführten, spezifisch gesellschaftsrechtlichen Begründung hat der BGH im Rahmen seiner **Trihotel-Entscheidung** die Haftung dogmatisch in § 826 BGB verortet und damit eine Haftungsgrundlage des allgemeinen Verkehrsrechts gewählt, wenngleich stets betont wurde, dass sich die Haftung als folgerichtige Verlängerung des Schutzsystems der §§ 30, 31 GmbHG verstehe.[177] Damit hat die bislang für eine gesellschaftsrechtliche Qualifikation angeführte Begründung der Haftung über §§ 30, 31 GmbHG an Überzeugungskraft eingebüßt,[178] zumal der BGH mehrfach betont, dass sich das neue deliktische Schutzkonzept von den gesellschaftsrechtlichen Schutznormen der §§ 30, 31 GmbHG abgrenze.[179] Damit sprechen je-

---

[170] BGHZ 131, 325.
[171] Zu diesen Pflichten *Haas*, Geschäftsführerhaftung und Gläubigerschutz, 1997, S. 128 ff.; für eine insolvenzrechtliche Qualifikation dagegen *Eidenmüller*, AuslKapGes, § 9 Rdnr. 30.
[172] Vgl. die komprimierte Darstellung bei MüKoGmbHG/*Weller*, Einl Rdnr. 415 ff.
[173] Vgl. *Röhricht*, ZIP 2005, 505, 513.
[174] In der Praxis dürfte diese jedoch weiterhin häufig gegeben sein, vgl. *Röhricht*, ZIP 2005, 505, 513.
[175] *Röhricht*, ZIP 2005, 505, 513; dagegen wird mit dem Haftungsdurchgriff nicht die Sanktion eines Fehlverhaltens in der Unternehmensführung bezweckt; auch schwerwiegende Managementfehler rechtfertigen per se einen Durchgriff nicht, vgl. BGH ZIP 2005, 250.
[176] BGHZ 151, 181, 186 f.: GmbH-spezifischer Durchgriffstatbestand im Umfeld des § 31 GmbHG.
[177] ZIP 2007, 1552; hierzu *Weller*, ZIP 2007, 1681; vgl. bereits vor der Trihotel-Entscheidung des BGH für eine Verortung in § 826 BGB *Weller*, DStR 2007, 1166. Vgl. zuletzt BGH DStR 2009, 915, zur Anwendbarkeit der Existenzvernichtungshaftung auch bei der Liquidationsgesellschaft.
[178] Mit dieser Begründung für eine gesellschaftsrechtliche Einordnung *Ulmer* NJW 2004, 1201, 1207; *Eidenmüller*, AuslKapGes § 4 Rdnr. 21; *Altmeppen* NJW 2004, 97, 101 f.; *ders./Wilhelm* DB 2004, 1083, 1088; *Schön* ZHR 168 (2005), 268, 292; *Schumann* DB 2004, 743, 748 f.
[179] AaO.

denfalls gute Gründe für eine deliktsrechtliche Anknüpfung gem. Art. 4 Rom II-VO bzw. 40 EGBGB.[180] Als ungeschriebene Anwendungsvoraussetzung wird sich im Rahmen des § 826 BGB als materiell-rechtliche **Vorfrage** allerdings ein **Schutzdefizit** nach dem heimatlichen Gesellschaftsrecht zu erweisen haben.[181]

Die deliktsrechtliche Anspruchsgrundlage scheint auch gegen eine insolvenzrechtliche Qualifikation zu sprechen. Allerdings setzt die einem Haftungsdurchgriff gleichkommende Haftung voraus, dass die Gesellschaft infolge des Eingriffs tatsächlich insolvent geworden ist; der Haftungstatbestand wird daher auch als Insolvenzverursachungshaftung bezeichnet. Zudem rücken die Ausgestaltung nach der neuen Linie des BGH als **Innenhaftung** und die Aktivlegitimation des Insolvenzverwalters den Tatbestand in die Nähe zur Insolvenzanfechtung, zumal die Rechtsfolge hier wie da der Zugriffs auf ein gesondertes Haftungsobjekt ist, dem etwas aus der Haftungsmasse zugeflossen ist. Ferner ist der Haftungsdurchgriff nicht rechtsformspezifisch ausgestaltet[182] und Folge einer **kalten Liquidation,** d. h. einer Aushebelung der gläubigerschützenden Regelungen im Rahmen eines ordnungsgemäßen Insolvenzverfahrens.[183] Auch unterfallen dem Insolvenzstatut ausweislich der Formulierung des Art. 4 Abs. 2 EuInsVO regelmäßig solche Rechtsfiguren, die dem Ausgleich einer die Gesamtheit der Gläubiger benachteiligenden Rechtshandlung dienen.[184] Damit bietet sich – vorbehaltlich einer originär insolvenzrechtlichen Qualifikation – jedenfalls über Art. 41 Abs. 1 EGBGB eine akzessorische Anknüpfung an das Insolvenzstatut an.[185] Aber auch die grundsätzliche deliktsrechtliche Verweisung dürfte regelmäßig auf inländisches Recht führen, da dort Handlungs- und Erfolgsort belegen sein werden.

Freilich darf nicht verschwiegen werden, dass nach wie vor gewichtige Argumente für eine **gesellschaftsrechtliche Qualifikation** sprechen.[186] So sind namentlich bedeutsame Unterschiede zur Insolvenzanfechtung zu konstatieren. Während die Insolvenzanfechtung die Rückführung der abgezogenen Vermögensgegenstände in die Insolvenzmasse zur Folge hat, § 143 InsO, führt die Existenzvernichtungshaftung zum Ausgleich sämtlicher durch den Eingriff zugefügter Nachteile in Form einer Globalhaftung, während die Einzelpositionen nicht isoliert betrachtet werden; zudem erfasst die Haftung auch von §§ 129 ff. InsO nicht umfasste Vermögenswerte, namentlich immaterielle Güter, unternehmerische Funktionen und auch den Kundenstamm.[187] Ferner handelt es sich trotz der Verortung im deliktsrechtlichen § 826 BGB letztlich um eine spezifische, auf der Gesellschafterstellung und den damit einhergehenden Pflichten beruhende Sonderhaftung in Ergänzung der §§ 30, 31 GmbHG.[188] Nicht zuletzt spricht für eine gesellschaftsrechtliche Einstufung die im Zuge

---

[180] *Weller*, ZIP 2007, 1681, 1688; so bereits vor Ergehen des Trihotel-Urteils *Schanze/Jüttner* AG 2003, 665, 669 f.; sympathisierend *Zimmer* NJW 2003, 3585, 3588 f.; für eine gesellschafts-, delikts- und insolvenzrechtliche Mehrfachqualifikation *Weller*, Europäische Rechtsformwahlfreiheit und Gesellschafterhaftung, 2004, 275 ff.; MüKo/*Kindler*, IntGesR Rdnr. 642 ff.

[181] *Weller*, ZIP 2007, 1681, 1688 f.

[182] *Borges*, ZIP 2004, 733, 741.

[183] Zu dieser Umschreibung der Existenzvernichtungshaftung vgl. BGH ZIP 2005, 117 f. Für eine insolvenzrechtliche Qualifikation sprechen sich ferner aus *Haas*, NZI 2003, Heft 12, V, VI; *Roth*, NZG 2003,1081, 1085; *Weller*, IPRax 2003, 207, 209 f.

[184] *Kühnle/Otto*, IPRax 2009, 117, 120.

[185] *Kienle*, NotBZ 2008, 245, 256; bereits bislang für eine insolvenzrechtliche Qualifikation ausgesprochen haben sich *Haas* NZI 2003, Heft 12, V f.; *Roth* NZG 2003, 1081, 1085; *Weller* IPRax 2003, 207, 209 f.; *Fischer* ZIP 2004, 1477, 1481; ausführlich *Süß/Wachter/Kienle*, HdBIntGmbHR § 3 Rdnr. 194, m. w. N.

[186] Vgl. *Ulmer*, NJW 2004, 1201, 1207; *Altmeppen*, NJW 2004, 97, 101 f.; *Altmeppen/Wilhelm*, DB 2004, 1083, 1088; *Schön*, ZHR 168 (2004), 268, 292; *Schumann*, DB 2004, 743, 748 f.

[187] Hierzu *Röhricht*, ZIP 2005, 505, 515.

[188] *Greulich/Rau*, NZG 2008, 565, 568; *Schanze*, NZG 2007, 681, 685 f.; *Gehrlein*, WM 2008, 761, 769; zur gesellschaftsrechtlichen Aufladung der Deliktshaftung *K. Schmidt*, GmbHR 2008, 449, 458; *Dauner-Lieb*, ZGR 2008, 34, 42 f.; bereits früher mit guten Argumenten für eine gesellschaftsrechtliche Qualifikation *Eidenmüller*, AuslKapGes, § 4 Rdnr. 21.

des MoMiG neu geschaffene Haftungsgrundlage des **§ 64 S. 3 GmbHG,** wonach die Geschäftsführer der Gesellschaft zur Erstattung verpflichtet sind, wenn sie Zahlungen an Gesellschafter geleistet haben, die zur Zahlungsunfähigkeit der Gesellschaft führen mussten. Damit wird das **Komplementärstück** zu der auf die Gesellschafter bezogenen Existenzvernichtungshaftung in Gestalt einer Haftung der Geschäftsführer jedenfalls systematisch dem Gesellschaftsrecht zugewiesen (s. näher Rdnr. 44 ff.). Qualifiziert man die Haftung gesellschaftsrechtlich, dürfte sie im Sinne der Keck-Rechtsprechung als **tätigkeitsbezogene Vorschrift** erscheinen, die nicht den Marktzutritt sondern den Marktaustritt betrifft und damit den Schutzbereich der Niederlassungsfreiheit nicht tangiert[189] und jedenfalls anhand zwingender Allgemeininteressen gerechtfertigt wäre, da der Gläubigerschutz über die Publizitätsvorschriften gegenüber einem Existenzvernichtungseingriff nicht sichergestellt werden kann.[190] Nicht schließen lässt sich dagegen von einem Missbrauch der Kapitalgesellschaft als solcher auf den Missbrauch der Niederlassungsfreiheit, da hierfür ein kollisionsrechtliches Element erforderlich wäre.[191]

48 Im Ergebnis müssen die Gesellschafter einer Auslandsgesellschaft jedenfalls eine Haftung wegen existenzvernichtenden Eingriffs – sei es infolge insolvenzrechtlicher, deliktsrechtlicher oder gesellschaftsrechtlicher Qualifikation – fürchten.[192]

12. Haftung der Geschäftsführer wegen Zahlungen an Gesellschafter (Insolvenzverursachungshaftung)

49 Bereits hingewiesen wurde auf die Zweifel, ob die zur Gesellschafterhaftung wegen existenzvernichtenden Eingriffs komplementäre Haftung der Geschäftsführer aus dem mit dem MoMiG neu geschaffenen **§ 64 S. 3 GmbHG**[193] wie diese insolvenzrechtlich zu qualifizieren ist, da die Vorschrift – anders als die zunächst nur aus historisch-kompetenziellen Gründen dort verortete Insolvenzverschleppungshaftung (Rdnr. 40 Fn. 157) – bei voller Kenntnis der Qualifikations- und Anknüpfungsproblematik im Zusammenhang mit Auslandsgesellschaften dort eingepflanzt wurde. Allerdings geht der Gesetzgeber selbst ausweislich der Begründung zum Regierungsentwurf zum MoMiG von einer insolvenzrechtlichen Natur der Haftung und damit auch von einer Anwendbarkeit gegenüber im Inland ansässigen Auslandsgesellschaften aus,[194] was ihrem Komplementärcharakter zur Insolvenzverschleppungshaftung entspricht, zumal auch tatbestandlich auf den Insolvenzgrund der Zahlungsunfähigkeit abgehoben und auf der Rechtsfolgenseite eine Zahlung an die Gesell-

---

[189] Süß/Wachter/*Kienle*, HdBIntGmbHR, § 3 Rdnr. 196; a.A. *Eidenmüller*, AuslKapGes, § 4 Rdnr. 25, der auf den korporativen Charakter der Vorschrift abstellt und zu bedenken gibt, dass nicht ausgeschlossen sei, dass die Gesellschafterhaftung die Marktzutrittsentscheidung beeinflussen kann; die Abgrenzung gegenüber der Insolvenzverschleppungshaftung, die demgegenüber den Marktaustritt betreffe, überzeugt jedoch nicht, da die Existenzvernichtungshaftung gleichermaßen die Sicherstellung eines geordneten Marktaustritts bezweckt; vgl. auch *Brand*, JR 2004, 89, 93; *Spindler/Berner*, RIW 2004, 7, 11.

[190] *Fischer*, ZIP 2004, 1477, 1481; Süß/Wachter/*Kienle*, HdBIntGmbHR § 3 Rdnr. 197; a.A. *Eidenmüller*, AuslKapGes, § 4 Rdnr. 26, der die Erforderlichkeit vor dem Hintergrund des Informationsmodells des EuGH bezweifelt.

[191] Vgl. *Borges*, ZIP 2004, 733, 742, der vorschlägt, den Missbrauchseinwand ohne kollisionsrechtlichen Bezug zu verstehen; von vornherein verzichtet auf eine kollisionsrechtliche Komponente MüKo/*Kindler*, IntGesR Rdnr. 433.

[192] Vehement umstritten, vgl. einerseits im hiesigen Sinne *Altmeppen*, NJW 2004, 97, 101 f.; *Altmeppen/Wilhelm*, DB 2004, 1083, 1088; *Bayer*, BB 2003, 2357, 2364 f.; *Borges*, ZIP 2004, 733, 741 ff.; *Schanze/Jüttner*, AG 2003, 661, 669 f.; *Ulmer*, NJW 2004, 1201, 1208 f.; *Weller*, IPRax 2003, 207, 209 f. A. A. demgegenüber *Eidenmüller*, AuslKapGes, § 4 Rdnr. 26; *ders.*, JZ 2004, 24, 26 ff.; *Paefgen*, DB 2003, 487, 490 f.; *Spindler/Berner*, RIW 2004, 7, 11; *Schumann*, DB 2004, 743, 748 f.; *Ziemons*, ZIP 2003, 1913, 1917.

[193] Ausführlich in materiell-rechtlicher Hinsicht *Greulich/Rau*, NZG 2008, 284; in kollisionsrechtlicher Hinsicht *dies.* NZG 2008, 565.

[194] BT-Dr 16/6140, S. 107 f.

§ 23. Gläubigerschutz

schaft, mithin die Insolvenzmasse, angeordnet wird.[195] Demgegenüber fällt nicht entscheidend ins Gewicht, dass die Haftung letztlich auf einer Verletzung der **Pflicht zur Überwachung der Liquiditätslage (Solvenztest)**[196] beruht, die im laufenden Geschäftsgang zu erfüllen und damit der Betriebsphase zuzuordnen sei.[197]

13. Haftungsdurchgriff

Voraussetzungen und Ausmaß eines direkten **Haftungsdurchgriffs auf die Gesellschafter** beurteilen sich nach herrschender und zutreffender Meinung grundsätzlich nach dem **Gesellschaftsstatut,** da über Aufhebung der Trennung zwischen Gesellschaft und Gesellschaftern die selbe Rechtsordnung zu befinden hat, der bereits die grundsätzliche Trennung entstammt.[198] Damit können die durch richterliche Rechtsfortbildung geschaffenen Tatbestände eines **Haftungsdurchgriffs wegen Vermögensvermischung**[199] und wegen **materieller Unterkapitalisierung**[200] gegenüber den Gesellschaftern einer im Inland ansässigen Auslandsgesellschaft nicht zur Anwendung gebracht werden. Auf eine im Inland ansässige Auslandsgesellschaft können dagegen die in ihrem Heimatrecht vorgesehenen, gesellschaftsrechtlich zu qualifizierenden Durchgriffstatbestände zur Anwendung gelangen.[201]

50

14. Außenhaftung für nicht abgeführte Sozialversicherungsbeiträge

Der Geschäftsführer einer deutschen GmbH haften den Sozialversicherungsträgern gem. §§ 823 Abs. 2 BGB i. V. m. 266 a Abs. 1, 14 Abs. 1 Nr. 1 StGB für nicht abgeführte **Arbeitnehmeranteile zur Sozialversicherung.**[202] Da es sich insoweit um eine rechtsformunabhängige, an die Arbeitgebereigenschaft knüpfende **Haftung des allgemeinen Verkehrsrechts** handelt, trifft die Haftung auch die Geschäftsführer einer Auslandsgesellschaft, sofern die strafrechtlichen Voraussetzungen der §§ 266 a Abs. 1, 14 StGB vorliegen (hierzu § 26 Rdnr. 22 ff.).

51

15. Konzernrechtliche Haftung

Nach wohl weitgehend unangefochtener h. M. richtet sich die Haftung in einem grenzüberschreitenden Unterordnungskonzern, sei es auf Grundlage eines Gewinnabführungs- und Beherrschungsvertrages, sei es aufgrund eines faktischen Konzernverhältnisses, nach dem **Recht der abhängigen Gesellschaft.** Dies findet auch gegenüber Konzernobergesellschaften aus dem europäischen Ausland seine Rechtfertigung darin, dass die Bedingungen der Beherrschung einer Gesellschaft eng mit deren Gründung und Verfassung zusam-

52

---

[195] Mit diesen Argumenten für eine insolvenzrechtliche Qualifikation *Greulich/Rau*, NZG 2008, 565, 566.
[196] Vgl. ausführlich zur Abgrenzung von Solvenztest und Existenzvernichtungshaftung *Weller*, DStR 2007, 116.
[197] So aber *Weller*, DStR 2007, 116, 121.
[198] Vgl. statt aller MüKo/*Kindler*, IntGesR Rdnr. 636 m. w. N.
[199] Hierzu Baumbach/Hueck/*Fastrich*, GmbHG, 18. Aufl. 2006, § 13 Rdnr. 14; kollisionsrechtlich *Zimmer*, NJW 2003, 3585, 3588; MüKo/*Kindler*, IntGesR Rdnr. 640, der keine Beeinträchtigung der Niederlassungsfreiheit annimmt, da zugleich ein Missbrauch im Sinne der EuGH-Rechtsprechung vorliege; jedenfalls sei eine Anwendung der Durchgriffshaftung als tätigkeitsbezogene Regelung möglich.
[200] OLG Hamm, NJW-Spezial 2006, 511; für eine gesellschaftsrechtliche Qualifikation ohne Rechtfertigungsmöglichkeit *Eidenmüller*, AuslKapGes, § 4 Rdnr. 27; a. A. wiederum MüKo/*Kindler*, IntGesR Rdnr. 641, der darauf hinweist, dass meist ein deliktisches Verhalten vorliege und daher eine Mehrfachqualifikation geboten sei, zumal jedenfalls der Missbrauchseinwand gegeben sei; vgl. zum materiell-rechtlichen Haftungstatbestand *Schaefer/Fackler*, NZG 2007, 377 zu OLG Düsseldorf, NZG 2007, 388.
[201] Ausführlich zu den Durchgriffstatbeständen des US-amerikanischen Gesellschaftsrechts *Leyendecker*, RIW 2008, 273.
[202] Im Einzelnen Baumbach/Hueck/*Zöllner/Noack*, GmbHG, § 43 Rdnr. 91 ff.

menhängen und daher gerade unter dem Gesichtspunkt der Niederlassungsfreiheit dem Gründungsrecht zuzuordnen sind. Ist die beherrschte Gesellschaft mithin eine deutsche GmbH oder AG, kommen insbesondere die Ansprüche der §§ 302 f. AktG zum Zuge, während im Falle einer – obgleich im Inland ansässigen – niederlassungsberechtigten Auslandsgesellschaft das Konzernrecht deren Gründungsstaates maßgeblich ist.[203]

16. Kapitalmarktrecht

53 Die Haftung für fehlerhafte Kapitalmarktinformationen dürfte wegen des regelmäßig überschaubaren Geschäftszuschnitts der im Inland ansässigen Auslandsgesellschaften nur von untergeordneter Relevanz sein. Ungeachtet dessen wären die anleger- bzw. marktorientierten, rechtsformunabhängig ausgestalteten Haftungstatbestände insbesondere des WpHG, die sich damit als **Teil des allgemeinen Verkehrsrechts** erwiesen, auch auf Auslandsgesellschaften anwendbar.[204]

17. Sonderfall: Haftung der Mitglieder einer ausländischen Rechtsanwaltsgesellschaft

54 Auf dem deutschen Rechtsberatungsmarkt sind zahlreiche ausländische – insbesondere aus dem US-amerikanischen und englischen Raum – Rechtsanwaltsgesellschaften, meist organisiert als **Personengesellschaft** in der Rechtsform der Limited Liablility Partnership, kurz: LLP (oder seltener der Limited Liability Company, Kurz: LLC), tätig. Neben der Frage der Postulationsfähigkeit solcher Rechtsanwaltsgesellschaften (s. o. § 19 Rdnr. 43 ff.) stellt sich regelmäßig die Frage nach der Haftung ihrer Mitglieder, d. h. der in ihr verbundenen Sozien. **Vertragspartner des Rechtsanwaltsvertrages** wird regelmäßig die ausländische Rechtsanwaltsgesellschaft selbst,[205] so dass diese jedenfalls nach vertragsrechtlichen Grundsätzen haftet; über Art. 4 Abs. 1 b) Rom I VO findet hierbei regelmäßig **deutsches Vertragsrecht** als das Recht am Ort der konkret mandatsbetreuenden (Zweig-)Niederlassung der Anwaltsgesellschaft Anwendung;[206] auch das – freilich in diesem Zusammenhang weniger bedeutsame – Deliktsrecht wird infolge akzessorischer Anknüpfung (Art. 4 Abs. 3 Rom II-VO) bzw. wegen des hier belegenen gemeinsamen Aufenthalts bzw. Niederlassung (Art. 4 Abs. 2 Rom II-VO) oder jedenfalls aufgrund des hier belegenen Erfolgsorts (Art. 4 Abs. 1 Rom II-VO) regelmäßig deutsches Recht sein.[207]

55 Die **gesellschaftsrechtliche Haftungsverfassung**, d. h. insbesondere die Haftung der Mitglieder für Verbindlichkeiten der Gesellschaft – etwa aus einer Verletzung des Anwaltsvertrages – bestimmt sich dagegen nach dem Gesellschaftsstatut und damit im Falle einer US-amerikanischen oder einer englischen Gesellschaft nach deren Heimatrecht.[208] Anders als das deutsche Personengesellschaftsrecht in **§ 8 Abs. 2 PartGG,** sehen aber weder das englische noch das US-amerikanische Gesellschaftsrecht eine persönliche Haftung der konkret handelnden Berufsträger für ihr berufliches Fehlverhalten vor; beide Rechtsordnungen kompensieren diese planmäßige Lücke vielmehr über eine deliktsrechtlich zu qualifizierende **Vermögenshaftung für Fahrlässigkeit,** sog. *tort of negligence* infolge einer Verletzung der dem Mandanten seitens des Mandatsbearbeiters geschuldeten *duty of care*.[209] Wie bereits aufgezeigt, unterliegt die Delikthaftung aber regelmäßig deutschem Ortsrecht, so dass der nach dem Heimatrecht bestehende Funktionszusammenhang zwischen Gesell-

---

[203] Vgl. zum Vorstehenden ausführlich MüKo/*Kindler*, IntGesR, Rdnr. 756 ff.; *Eidenmüller*, AuslKapGes, § 4 Rdnr. 33 ff. und im Hinblick auf Anfechtungs- und Kapitalerhaltungsansprüche im internationalen Konzern *Haas/Vogel*, NZG 2011, 455.
[204] Ausführlich *Eidenmüller*, AuslKapGes, § 4 Rdnr. 36.
[205] *Triebel/Silny*, NJW 2008, 1034, 1035.
[206] *Henssler/Mansel*, NJW 2007, 1393, 1395; *Weller/Kienle*, DStR 2005, 1102, 1105.
[207] *Henssler/Mansel*, NJW 2007, 1393, 1395.
[208] *Henssler/Mansel*, NJW 2007, 1393, 1395.
[209] Für das englische Recht *Henssler/Mansel*, NJW 2007, 1393, 1394; *Triebel/Silny*, NJW 2008, 1034; für das US-amerikanische Recht *Weller/Kienle*, DStR 2005, 1102, 1106.

schafts- und Deliktsrecht auseinander gerissen wird; im Ergebnis stünden damit die Sozien einer in Deutschland tätigen LLP denjenigen einer im Heimatstaat ansässigen haftungsrechtlich besser, weil die das gesellschaftsrechtliche Haftungsschott überkommende Deliktshaftung nicht zum Zuge kommt und das deutsche Recht – vorbehaltlich der eng umgrenzten §§ 826 und 823 Abs. 2 BGB i.V.m. einem entsprechenden Schutzgesetz – eine Deliktshaftung für reine Vermögensschäden nicht kennt. Auch eine persönliche Vertragshaftung des Mandatsbearbeiters nach deutschem Recht – etwa auf Grund der Inanspruchnahme besonderen persönlichen Vertrauens – kommt allenfalls in Extremfällen in Betracht.[210]

56 Dieses (Zwischen-)Ergebnis ist aber weder nach der Heimatrechtsordnung noch nach der deutschen Rechtsordnung gewollt, da beide zu einer persönlichen Haftung des Berufsträgers für sein eigenes berufliches Fehlverhalten neben einer Haftung der Gesellschaft gelangen. Nach international-privatrechtlicher Terminologie liegt eine sog. Anpassungslage in Gestalt eines **Normenmangels** vor,[211] die über eine **irreguläre Qualifikation der ausländischen Deliktshaftung** als gesellschaftsrechtlich und damit zu ihrer Anwendbarkeit über die gesellschaftsrechtliche Gründungsrechtsanknüpfung auch auf im Inland ansässige ausländische Gesellschaften führt; ein Verstoß gegen die Niederlassungsfreiheit liegt hierin wegen der auch nach dem Heimatrecht bestehenden Haftung nicht.[212] Freilich wird diesem Lösungsansatz entgegengehalten, die englische Fahrlässigkeitshaftung als generelle Rechtsfigur des dortigen Deliktsrechts sei bei dem Vergleich der Haftungsverfassungen auszublenden, so dass es bereits an der Anpassungslage fehle; ferner liege in der Anwendung des englischen Deliktsrechts auf eine im Inland ansässige LLP einen Verstoß gegen die Niederlassungsfreiheit, da sie aufgrund ihrer Nationalität gegenüber einer inländischen Gesellschaft schlechter gestellt werde;[213] zu diskutieren sei vielmehr, ob ein Mitglied einer LLP aus Gesichtspunkten der **Rechtsscheinshaftung** in Anspruch genommen werden könne, wenn er sich als „Partner" der Gesellschaft bezeichne, da dies eine persönliche Haftbarkeit für berufliches Fehlverhalten suggeriere.[214] Dieser Ansatz erscheint jedoch für eine generelle Überbrückung der Haftungslücke nicht auszureichen, baut er doch auf eine individuelle Informationspflichtverletzung auf. Schließlich ist darauf hinzuweisen, dass sich eine Haftung des handelnden Berufsträgers aus einer neben der Sozietät auch diesem erteilten **Prozessvollmacht** ergeben kann, da auch eine Prozessvollmacht regelmäßig ein eigenständiges Mandatsverhältnis begründet, dessen Verletzung zu einer Vertragshaftung aus § 280 Abs. 1 BGB führen kann.[215]

§ 24 Rechnungslegung

Übersicht

	Rdnr.		Rdnr.
I. Überblick	1	IV. Buchführung für steuerliche Zwecke	7
II. Kollisionsrechtliche Behandlung	2–4	V. Praxis	8, 9
III. Pflichten der Zweigniederlassung	5, 6		

---

[210] *Triebel/Silny*, NJW 2008, 1034, 1035; *Henssler/Mansel*, NJW 2007, 1393 ff.
[211] Hierzu *Kienle*, Internationales Privatrecht, Rdnr. 41.
[212] So vorgeschlagen von *Henssler/Mansel*, NJW 2007, 1393, 1396 f.
[213] Insbesondere *Triebel/Silny*, NJW 2008, 1034, 1036.
[214] *Triebel/Silny*, NJW 2008, 1034, 1036 f., die Mitglieder einer LLP heißen nach englischem Recht „members".
[215] *Weller/Kienle*, DStR 2005, 1102, 1106 unter Hinweis auf BGH NJW-RR 1990, 1241, 1243, wonach der Prozessbevollmächtigte nach deutschem Recht eine selbständige, eigenverantwortliche Stellung innehat, die sich zugleich auf das vertragliche Innenverhältnis zu seinem Mandanten auswirkt. In diesem Sinne auch BGH NJW 2009, 3162.

Schrifttum: Siehe Schrifttumshinweise zu § 19; *Graf/Bisle*, Besteuerung und Rechnungslegung der britischen „private company limited by shares", IStR 2004, 873; *Just/Krämer*, Limited: Besonderheiten der Buchführung und Abschlusserstellung – im Unterschied zur Handelsbilanz, BC 2006, 29.

I. Überblick

1   Einen wesentlichen Faktor bei der **betriebswirtschaftlichen Entscheidungsfindung über die passende Rechtsform** sind die spezifisch mit dieser Rechtsform anfallenden **Verwaltungskosten.** Damit sind insbesondere die Buchführungs- und Bilanzierungspflichten angesprochen, die eine wesentliche Position der Verwaltungskosten eines jeden Unternehmens bilden. Zu unterscheiden ist zwischen den Pflichten, die einer Gesellschaft als solcher obliegen und solchen, die spezifisch an das Vorhandensein einer Zweigniederlassung anknüpfen. In diese Dichotomie ist ferner die besondere Konstellation der **Scheinauslandsgesellschaften** einzupassen, bei der die eigentliche Hauptgesellschaft in das Kleid der Zweigniederlassung gewandet wird.

II. Kollisionsrechtliche Behandlung

2   Die kollisionsrechtliche Behandlung der Rechnungslegungsvorschriften ist bereits im Grundsatz umstritten. Während die eher traditionalistisch geprägte Auffassung die Vorschriften über Buchführung und Bilanzierung als im öffentlichen Interesse belegen ansieht und demgemäß **öffentlich-rechtlich** mit der Folge einer **territorialen Anknüpfung** qualifiziert,[1] hebt die moderne Lehre den engen Zusammenhang mit gesellschaftsrechtlichen Fragen – etwa die Ermittlung des auszuschüttenden Gewinns anhand der Bilanz – hervor und qualifiziert die Regelungen gesellschaftsrechtlich.[2] Selbst bei öffentlich-rechtlicher Qualifikation spräche aber einiges für eine akzessorische Anknüpfung an das Gesellschaftsstatut. Dies lässt sich besonders gut mit dem Englischen Recht begründen, wo besonders strenge Publizitätsvorschriften und rigorose Folgen im Falle einer Verletzung das fehlende Haftkapital ausgleichen sollen.[3] Würde nun eine englische Gesellschaft mit ausländischem Verwaltungssitz diesen Regelungen nicht mehr unterliegen, sondern nur noch den großzügigeren Bestimmungen des Sitzstaates, so wäre der **Funktionszusammenhang zwischen Kapitalverfassung und Publizität** aufgehoben. Es sprechen damit die besseren Gründe für eine gesellschaftsrechtliche Qualifikation. Dies gilt, zumal die hinreichende Publizität für inländische Gläubiger über die Vorschriften des § 325 a HGB sichergestellt ist (s. sogl. Rdnr. 6).

3   Ferner ist zu konstatieren, dass **ausländische Registergerichte** – insbesondere diejenigen des Vereinigten Königreichs bzw. solche in Staaten, die traditionell der Gründungstheorie anhängen – kollisionsrechtlich häufig auf den Registersitz abstellen. Würde nun eine inländische Buchführungs- und Bilanzierungspflicht kraft öffentlich-rechtlicher Qualifikation hinzutreten, wären die betreffenden Gesellschaften doppelt belastet. Freilich ist zuzugeben, dass aufgrund europäischer Vorgaben eine **weitgehende Harmonisierung der Rechtsvorschriften** erfolgt ist. Die – etwa im Bereich der Bewertung und Abschreibung – verbleibenden Unterschiede in Einzelheiten sorgen aber dennoch für einen nicht unerheblichen Mehraufwand.

---

[1] GroßkommHGB/*Hüffer*, 4. A. 1982, § 13b Rdnr. 15; BeckBilKomm/*Winkeljohann/Klein*, § 238 Rdnr. 37; MüKo/*Kindler*, IntGesR Rdnr. 273 ff.; *Schumann*, ZIP 2007, 1189.

[2] *Leible*/Michalski, GmbHG, Syst. Darst. 2 Rdnr. 121; Scholz/*Westermann*, GmbHG, Einl. Rdnr. 138; *Eidenmüller/Rehberg*, ZVglRWiss 105 (2006), 427, 432; Eidenmüller/*Rehberg*, AuslKapGes, § 5 Rdnr. 99, 109; *Kienle*, GmbHR 2007, 696, 699; *Graf/Bisle*, IStR 2004, 873; *Just/Krämer*, BC 2006, 29.

[3] Nach englischem Recht (sowohl CA 1985 als auch CA 2006) hat eine Gesellschaft verschiedene Verzeichnisse vorzuhalten (register of charges, register of directors and secretaries, register of members, register of director's interests in shares and debentures) und jedermann zur Einsicht bereit zu halten; verletzt eine Gesellschaft nachhaltig ihre Pflichten zur Erstellung des Annual Return (Jahresbericht), so droht ihr neben einem Bußgeld für die Geschäftsführer die mit dem Verlust der Rechtsfähigkeit verbundene Löschung.

Ebenso wie die Erstellung des **Jahresabschlusses** unterliegt auch seine **Prüfung** dem Gesellschaftsstatut. Dies gilt gleichermaßen für die Frage der Prüfung überhaupt, die Durchführung derselben sowie die Person des Abschlussprüfers. Die **Haftung des Abschlussprüfers** kann sich dagegen neben der prüfungsrechtlichen Gesetzesmaterie auch unter vertraglichen oder deliktischen Gesichtspunkten ergeben, im Rahmen derer freilich die Prüfungsmaßstäbe nach dem Gesellschaftsstatut zu beachten sind.[4]

III. Pflichten der Zweigniederlassung

Eine besondere Vorschrift für Zweigniederlassungen ausländischer Gesellschaften enthält der auf Art. 3 der Zweigniederlassungsrichtlinie beruhende **§ 325 a HGB**. Hiernach haben inländische Zweigniederlassungen die **Unterlagen der Rechnungslegung der Hauptniederlassung,** die nach dem für die Hauptniederlassung maßgeblichen Recht erstellt, geprüft und offen gelegt worden sind, an dem Ort ihres (Register-)Sitzes zu veröffentlichen, Abs. 1 S. 1. Bei mehreren Zweigniederlassungen genügt die Einreichung zum führenden Handelsregister, Abs. 1 S. 2. Grundsätzlich sind die Unterlagen in deutscher Sprache einzureichen, Abs. 1 S. 3, 4; ist dies nicht die geltende Amtssprache am Sitz der Hauptniederlassung, können die Unterlagen auch entweder in englischer Sprache oder in einer vom Register der Hauptniederlassung beglaubigten Abschrift in der dortigen Amtssprache eingereicht werden.

Eine oft diskutierte Frage ist diejenige, ob eine inländische **Zweigniederlassung** kraft ihrer Kaufmannseigenschaft zu einer **selbständigen Rechnungslegung** nach inländischem Recht verpflichtet ist.[5] § 325 a HGB ist im Hinblick hierauf keine ausdrückliche Aussage zu entnehmen, da hierin in Umsetzung der Zweigniederlassungsrichtlinie nur die Publizität der Rechnungslegung, nicht aber diese selbst geregelt werden sollte.[6] Gegen eine eigenständige Rechnungslegungspflicht könnte neben einem Umkehrschluss zu § 325 a HGB[7] sprechen, dass die Zweigniederlassung kein eigenständiges Rechts- und Haftungssubjekt darstellt. Dem ist indes entgegen zu halten, dass wesentliches Merkmal einer Zweigniederlassung die Erfassung ihrer Geschäfte in einer eigenen Buchführung ist[8] und die Zweigniederlassung jedenfalls eine gesonderte Haftungsmasse bildet, die einen inländischen Gerichtsstand eröffnet und auf die im Wege der Zwangsvollstreckung zugegriffen werden kann. Jedenfalls auszunehmen wären hiervon aber **Scheinauslandsgesellschaften,** die im Gewand einer Zweigniederlassung daherkommen, tatsächlich aber die Hauptniederlassung darstellen, da diese anderenfalls einer **doppelten Rechnungslegung** – nach dem kollisionsrechtlich maßgeblichen Gründungsrecht einerseits und nach dem inländischen Recht andererseits – unterlägen. Im Zusammenhang mit einer **zusätzlichen inländischen Rechnungslegungspflicht für steuerliche Zwecke** hat der EuGH auch vor dem Hintergrund der Niederlassungsfreiheit bereits entsprechende Bedenken geäßert.[9] Aufgrund der weitgehenden europäischen Harmonisierung der Rechnungslegungsbestimmungen dürfte aber auch im Übrigen gelten, dass das Verlangen nach eigenständiger Rechnungslegung nach dem Recht des Zweigniederlassungsstaates nicht gerechtfertigt, da nicht erfor-

---

[4] Ausführlich Staudinger/*Großfeld*, IntGesR, Rdnr. 367; MüKo/*Kindler*, IntGesR, Rdnr. 279; komprimiert Eidenmüller/*Rehberg*, AuslKapGes, § 5 Rdnr. 115.

[5] Verneinend Baumbach/Hopt/*Merkt*, HGB, § 325 a Rdnr. 1; MünchKomm/*Fehrenbacher*, HGB, § 325 a Rdnr. 12; *Kienle*, GmbHR 2007, 696, 699; *Wachter*/Römermann, Die Limited und andere EU-Gesellschaften im Praxistest, S. 25, 31; bejahend *Just/Krämer*, BC 2006, 29, 33; BeckBilKomm/*Winkeljohann/Klein*, § 238 Rdnr. 37; MünchKomm/*Ballwieser*, HGB, § 238 Rdnr. 13; Adler/Düring/Schmalz, Rechnungslegung, § 238 HGB Rdnr. 18.

[6] Vgl. Eidenmüller/*Rehberg*, AuslKapGes, § 5 Rdnr. 110; anders indes *Rönnau*, ZGR 2005, 832, 846, der hieraus schließt, dass sich die originäre Rechnungslegungs- und Publizitätspflicht im Falle einer EU-Auslandsgesellschaft nach deren Gründungsrecht richtet.

[7] So wohl *Just*, Die englische Limited in der Praxis, Rdnr. 263.

[8] BayObLG, GmbHR 1979, 251.

[9] EuGH (Futura), Slg. 1997, I-2471.

derlich ist.¹⁰ Damit sprechen im Ergebnis die besseren Gründe dafür, Zweigniederlassungen ausländischer Kapitalgesellschaften nicht – neben der Offenlegungspflicht des § 325a HGB – als zu eigener Rechnungslegung nach inländischem Recht verpflichtet anzusehen.¹¹

IV. Buchführung für steuerliche Zwecke

7 Die Buchführung für steuerliche Zwecke unterliegt eigenen Regelungen, auf die im Zusammenhang mit der Behandlung des Steuerrechts näher einzugehen ist (s. u. § 27 Rdnr. 5 u. Kapitel 7).

V. Praxis

8 Im Rahmen zahlreicher Ermittlungs- und Insolvenzüberprüfungsverfahren¹² hat sich gezeigt, dass die Rechnungslegung ungeachtet der vorstehenden Erwägungen regelmäßig zweifach erfolgt. Berater haben sich darauf spezialisiert, einen **Abschluss nach inländischen Vorschriften** in einen den **ausländischen Erfordernissen genügenden Abschluss zu übersetzen.** Damit kommen zu den Kosten für die laufende Buchführung und die Erstellung des Abschlusses nach deutschem Recht die Kosten für die Generierung des Sonderabschlusses nach ausländischen Vorschriften hinzu.

9 In der **Praxis** ist ferner zu konstatieren, dass der überwiegende Anteil der Betreiber von Scheinauslandsgesellschaften mit den Buchführungs- und Bilanzierungspflichten erheblich überfordert ist. Dies liegt zum einen daran, dass es sich bei diesem Klientel regelmäßig um die Betreiber **einzelkaufmännischer bzw. einzelunternehmerischer Geschäfte** handelt, die in ihrem (kapitalgesellschaftsfreien) Vorleben mit besonderen Rechnungslegungspflichten noch nicht in Berührung gekommen sind und deshalb damit keine Erfahrung haben. Zum anderen beruht die Vernachlässigung der Rechnungslegungsvorschriften oftmals auf dem Fehlen hinreichender finanzieller Mittel, da die Gesellschafter-Geschäftsführer in diesen Status nur deshalb aufgestiegen sind, weil ihr vormaliger Arbeitgeber sie zu günstigeren Konditionen und ohne die mit einem Arbeitnehmerverhältnis verbundenen Nachteile unter dem **Deckmantel des Subunternehmers** weiterbeschäftigen wollte; die zu erzielenden Margen erlauben eine ordnungsgemäße Verwaltung nach Abzug eines bescheidenen Anteils für die eigene Lebensführung aber regelmäßig nicht; entsprechende Ermittlungsverfahren finden ihr Ende daher häufig in einer Einstellung nach §§ 153, 153a StPO.

§ 25 Gewerberecht, Sozialversicherungsrecht

Übersicht

	Rdnr.		Rdnr.
I. Territoriale Geltung der Gewerbeordnung	1, 2	IV. Exkurs I.: Zwangsmitgliedschaft in der IHK/Berufsgenossenschaft	6
II. Durchsetzung inländischer Gewerbeverbote gegenüber Auslandsgesellschaften	3, 4	V. Exkurs II.: Ausländische Meistertitel	7
		VI. Sozialversicherungsrecht	8, 9
III. Durchsetzung ausländischer Gewerbeverbote im Inland	5		

---

¹⁰ So Eidenmüller/*Rehberg*, AuslKapGes, § 5 Rdnr. 111.
¹¹ *Kienle*, GmbHR 2007, 696, 699; *Wachter*/*Römermann*, Die Limited und andere EU-Gesellschaften im Praxistest, 2006, S. 25, 31. Zwischen EU-Gesellschaften und Gesellschaften aus Drittstaaten differenzieren will dagegen *Schumann*, ZIP 2007, 1189.
¹² Das von Amts wegen im Falle einer Insolvenzeröffnungsentscheidung oder der Abgabe der eidesstattlichen Versicherung oder dem Erlass eines Haftbefehls zur Abgabe derselben erfolgt, um zu prüfen, ob ein Ermittlungsverfahren einzuleiten ist.

Schrifttum: Siehe Schrifttumshinweise zu § 19; *Bauer/Großerichter*, Zur Durchsetzung deutscher Bestellungshindernisse von Geschäftsleitern gegenüber ausländischen Gesellschaften, NZG 2008, 253; *Eidenmüller/Rehberg*, Umgehung von Gewerbeverboten mittels Auslandsgesellschaften, NJW 2008, 28; *Kirchberg*, Pflichtmitgliedschaften und Gemeinschaftsrecht, NJW 2009, 1313.

I. Territoriale Geltung der Gewerbeordnung

Das Gewerberecht ist als **besonderes Polizeirecht** essentieller Bestandteil der Vorschriften zum Schutz der inländischen Bevölkerung gegen unzuverlässige, nicht rechtsschaffende oder gefährliche gewerbliche Betätigungen. Als solches ist es kollisionsrechtlichen Erwägungen bereits im Ansatz nicht zugänglich, zumal es kraft seiner **öffentlich-rechtlichen Natur** entsprechend den Grundsätzen des internationalen öffentlichen Rechts grundsätzlich territorial anzuknüpfen und zudem tätigkeits- und nicht rechtsformbezogen ist. Ausländischen Gesellschaften mit inländischem Verwaltungssitz ist es damit freilich möglich, die genehmigungsfreien gewerblichen Tätigkeiten nach Erfüllung der Anzeigepflicht des § 14 GewO auszuüben. Allerdings setzt dies gem. § 15 Abs. 2 S. 2 GewO voraus, dass die Rechtsfähigkeit der Gesellschaft im Inland anerkannt wird.[1] Im Falle genehmigungspflichtiger Gewerbe benötigen sie gleichermaßen wie inländische Gewerbetreibende einer Genehmigung, § 15 Abs. 2 S. 1 GewO; zu erwähnen ist, dass im Zuge der GmbH-Reform durch das MoMiG die **registergerichtliche Vorabkontrolle** gem. § 13e Abs. 2 S. 2 HGB a. F. bei Eintragung einer inländischen Zweigniederlassung abgeschafft wurde (s. o. § 21 Rdnr. 18). Ferner ist es aufgrund der territorialen Anknüpfung möglich, auch gegen eine Auslandsgesellschaft oder die für sie im Inland tätigen Personen eine **Gewerbeuntersagung** gemäß § 35 GewO auszusprechen.

Gleiches gilt regelmäßig für **andere öffentlich-rechtliche Anforderungen** an die inländische Tätigkeit. So hat etwa der EuGH das deutsche **Fremdbesitzverbot für Apotheken** (Doc Morris), das auch gegenüber Auslandsgesellschaften Geltung beansprucht, für mit der Niederlassungsfreiheit vereinbar gehalten.[2] Gleiches gilt für das **Auslandsinvestmentgesetz**,[3] und das **Steuerberatungsgesetz**, § 3a Abs. 1 S. 3 StBerG.[4] Die österreichische Regelung, wonach eine ausländische Gesellschaft bereits vor Erteilung einer **Konzession zum Betreiben einer Buslinie** eine Niederlassung im Zielstaat haben muss, hat der EuGH dagegen für nicht mit der Niederlassungsfreiheit vereinbar gehalten (Yellow Cab[5]), ebenso wenig das Niederlassungserfordernis für Kreditinstitute und Wirtschaftstreuhänder als steuerliche Vertreter von Immobilienfonds.[6] Sofern diese im Einzelfall doch an das Vorliegen einer juristischen Person oder eine bestimmte Rechts- bzw. Gesellschaftsform anknüpfen, wird es zumeist möglich sein, auch ausländische Gesellschaften im Wege der **Substitution** hierunter zu fassen.[7]

II. Durchsetzung inländischer Gewerbeverbote gegenüber Auslandsgesellschaften

Wird gegen eine im Inland tätige Person eine Gewerbeuntersagungsverfügung ausgesprochen, ist diese Person als Geschäftsführer einer Kapitalgesellschaft **inhabil**, vgl. §§ 6 Abs. 2 Nr. 2 GmbHG, 76 Abs. 3 Nr. 2 AktG, d.h. sie kann nicht (mehr) Organmitglied einer hier registrierten Kapitalgesellschaft sein. Diese Bestellungsverbote finden jedoch nur auf die betreffende Rechtsform des inländischen Rechts Anwendung, da sich die Or-

---

[1] Die bloße Nichteintragung der Zweigniederlassung rechtfertigt die Untersagung noch nicht, da die Anerkennung der Rechtsfähigkeit hiervon unabhängig ist, vgl. auch Eidenmüller/*Rehberg*, AuslKapGes, § 7 Rdnr. 34.
[2] DStR 2010, 78.
[3] BGH, NZG 2010, 587.
[4] BFH, IStR 2011, 809.
[5] EuZW 2011, 190.
[6] EuZW 2011, 832.
[7] Eidenmüller/*Rehberg*, AuslKapGes, § 7 Rdnr. 3.

gangstellung und damit auch deren Verlust nach dem Gesellschaftsstatut richtet.[8] Freilich haben findige Geschäftsleute versucht, dieser Tätigkeitssperre durch den Einsatz einer (Schein-)**Auslandsgesellschaft,** deren Geschäftsleiter sie sind, zu **umgehen.** Der BGH hat dieser Praxis jedoch einen Riegel vorgeschoben und auf Vorlage des OLG Jena[9] entschieden, dass ein derartiges Eintragungshindernis auch der Eintragung einer inländischen Zweigniederlassung entgegensteht. Die Pflicht zur Angabe der Person des Geschäftsführers setze selbstverständlich voraus, dass der Betreffende die persönlichen Voraussetzungen des § 6 Abs. 2 GmbHG erfülle, §§ 13 g Abs. 3 HGB, 10 Abs. 1 S. 1 GmbHG. Etwas anderes ergab sich – entgegen der Entscheidung des OLG Oldenburg[10] und – nach Auffassung des BGH auch nicht aus dem fehlenden Verweis in § 13 g Abs. 2 S. 2 HGB a. F. auf § 8 Abs. 3 GmbHG, da aus dem Verzicht auf eine Versicherung des Geschäftsführers einer Auslandsgesellschaft, dass keine Bestellungshindernisse nach deutschem Recht vorliegen, nicht folge, dass das Registergericht auch von der Prüfung des Vorliegens von Bestellungshindernissen befreit sein soll. Zudem könne in der Umgehung eines inländischen Gewerbeverbotes auch ein Missbrauch der Niederlassungsfreiheit liegen und wäre deren Beschränkung jedenfalls gerechtfertigt.[11] Allerdings ist ein Gewerbeverbot personenbezogen, so dass nur die Eintragung des Betroffenen als Geschäftsführer untersagt werden kann, nicht aber die Eintragung der Zweigniederlassung als solcher, sofern sie sich einer anderen Vertretungsperson bedient.[12]

4 Der Gesetzgeber ist dem mit der neuen Regelung des **§ 13 e Abs. 3 HGB** gefolgt, wonach gesetzliche Vertreter einer ausländischen Gesellschaft im Inland keine Zweigniederlassung anmelden können, wenn ein Bestellungshindernis gem. §§ 6 GmbHG, 76 AktG vorliegt. Mit dieser registerrechtlichen Regelung wird insbesondere auch klargestellt, dass die deutschen Inhabilitätsvorschriften nicht auf das nach ausländischem Gesellschaftsrecht zu beurteilende Organverhältnis einwirken, sondern (lediglich) der Eintragung einer inländischen Zweigniederlassung entgegenstehen.[13] Vor der Niederlassungsfreiheit ist dies damit aus zweierlei Gründen unbedenklich: Zum einen ist das **Gewerbeverbot personenbezogen** und hindert die Auslandsgesellschaft nicht, sich mit einem anderen ständigen Vertreter im Inland eintragen zu lassen, zum anderen ist aber die Verhinderung des Tätigwerdens unzuverlässiger Personen im Inland durch ein **zwingendes Allgemeininteresse** gedeckt.[14] Freilich ist mit dem Eintragungshindernis eine effektive Durchsetzung inländischer Gewerbeverbote noch nicht gewährleistet, da die Großzahl der Auslandsgesellschaften ihrer Eintragungspflicht noch immer nicht nachkommt.[15] Einer erneuten Aktivität ist daher nur mit drastischeren, gewerbepolizeilichen Maßnahmen beizukommen.

III. Durchsetzung ausländischer Gewerbeverbote im Inland

5 Ausländische Gewerbeverbote sind in ihrer Wirkung grundsätzlich auf das betreffende Staatsterritorium begrenzt und die hiervon Betroffenen können sich im Inland – vorbehalt-

---

[8] Mit Nachweisen zur Gegenauffassung Eidenmüller/*Rehberg*, AuslKapGes, § 7 Rdnr. 19 ff.

[9] NZG 2006, 424.

[10] RIW 2001, 863.

[11] NJW 2007, 2328; kritisch *Eidenmüller/Rehberg*, NJW 2008, 28, 29 f., die sich an der seitens des BGH kollisionsrechtlich nicht näher begründeten Heranziehung des § 6 Abs. 2 S. 4 GmbHG stoßen und insoweit selbst für die ausdrücklich und umgrenzte Sonderanknüpfung infolge eines Missbrauchs der Niederlassungsfreiheit eintreten. Vgl. ferner *Bauer/Großerichter*, NZG 2008, 253, die sich um eine dogmatische Begründung des vom BGH gefundenen Ergebnisses bemühen (Eingriffsrecht, ordre public, Rechtsumgehung).

[12] *Eidenmüller/Rehberg*, NJW 2008, 28, 30; s.a. OLG Dresden, EwiR § 35 GewO 1/06, 337: Ein Betroffener verstößt auch dann gegen eine Untersagungsverfügung, wenn er die untersagte Tätigkeit mit einer im europäischen Ausland gegründeten Gesellschaft im Inland entfaltet.

[13] Vgl. m.w.N. *Bauer/Großerichter*, NZG 2008, 253, 256.

[14] A.A. *Bauer/Großerichter*, NZG 2008, 253, 256, die europarechtliche Bedenken wegen einer Überschreitung der als abschließend konzipierten Zweigniederlassungsrichtlinie hegen.

[15] Vgl. *Eidenmüller/Rehberg*, NJW 2008, 28 m.w.N.

lich einer aus der ausländischen Untersagung bzw. den zugrunde liegenden Tatsachen zu folgernden Unzuverlässigkeit und einem hieran anknüpfendem inländischen Gewerbeverbot – gewerblich frei entfalten. Hieran hat sich auch durch die Erweiterung der **Inhabilitätsvorschriften** des § 6 GmbHG im Zuge des MoMiG nichts geändert, wonach zwar ein ausländisches Strafurteil, nicht aber eine ausländische Verwaltungsentscheidung die Eintragung hindern kann; jedenfalls gegenwärtig werden ausländische Gewerbeverbote im Inland (noch) nicht berücksichtigt.[16] Führt allerdings das ausländische Gewerbeverbot nach dortigem Gesellschaftsrecht zum Verlust der Organstellung oder -fähigkeit, ist diese gesellschaftsrechtlich anzuknüpfende Vorfrage freilich auch im Inland beachtlich. Zu erwähnen ist in diesem Zusammenhang, dass zwar § 6 GmbHG die Berücksichtigung ausländischer Strafurteile anordnet, bei der Beurteilung der **waffenrechtlichen Zuverlässigkeit** im Rahmen des § 5 WaffG ausländische Strafurteile aber nicht berücksichtigt werden können.[17]

IV. Exkurs I.: Zwangsmitgliedschaft in der IHK/Berufsgenossenschaft

Auch für Auslandsgesellschaften mit inländischem Verwaltungssitz besteht eine Pflichtmitgliedschaft bei der Industrie- und Handelskammer i. S. v. §§ 2 Abs. 1, 3 Abs. 2 IHKG. Die Zwangsmitgliedschaft kann hierbei aufgrund einer **Niederlassung**, einer **Betriebsstätte** oder auch einer bloßen **Verkaufsstätte** bestehen, § 2 Abs. 1 IHKG. Es dürfte mittlerweile gefestigte Rechtsprechung sein, dass die Zwangsmitgliedschaft mit der **Niederlassungsfreiheit** vereinbar ist, da sie alleine an die Ausübung eines Gewerbebetriebes anknüpft und nicht nach der Staatszugehörigkeit differenziert; jedenfalls wäre eine darin liegende Beschränkung aufgrund zwingender Allgemeinwohlgründe gerechtfertigt.[18] Gleiches dürfte auch für andere Pflichtmitgliedschaften, namentlich in der Handwerks- und Rechtsanwaltskammer gem. §§ 90, 113 HwO bzw. 60, 212 Abs. 3 BRAO[19] sowie die **Pflichtmitgliedschaft einer Berufsgenossenschaft** gelten, zumal der EuGH jüngst deren Vereinbarkeit mit der Dienstleistungsfreiheit festgestellt hat.[20]

V. Exkurs II.: Ausländische Meistertitel

Schwierig gestaltet sich oftmals die Anerkennung ausländischer **Meistertitel der Betriebsleiter** als Voraussetzung der Eintragung der Auslandsgesellschaft in die Handwerksrolle, §§ 1, 7 Abs. 1 HwO i. V. m. §§ 1, 4 EWG/EWR Handwerk-Verordnung.[21] Wer den Betrieb eines zulassungspflichtigen Handwerks nach § 1 HwO anfängt, hat gem. § 16 Abs. 1 HwO gleichzeitig mit der nach § 14 der Gewerbeordnung zu erstattenden Anzeige der hiernach zuständigen Behörde die über die Eintragung in die Handwerksrolle ausgestellte Handwerkskarte (§ 10 Abs. 2) vorzulegen. In diesem Zusammenhang ist auf eine Entscheidung des VG Mainz hinzuweisen, mit der die Klage eines Mannes abgewiesen wurde, der die Anerkennung seines in Polen erworbenen Meistertitels als Fahrzeugklempner begehrte. Zwar eröffne die **Handwerksordnung** die Möglichkeit einer Anerkennung

---

[16] M. w. N. auch zu Reformbestrebungen *Eidenmüller/Rehberg*, NJW 2008, 28, 30.
[17] OVG Hamburg, NJW 2009, 1367.
[18] VG Gießen, BB 2006, 344; VG Stuttgart, GewArch 2008, 304 (Rz. 56); VGH Mannheim, Urt. v. 15. 5. 2000 – 14 S 353/00; die Betroffenen sehen dies freilich teilweise anders und haben sich – mit allerdings zweifelhaften Erfolgsaussichten – an die EU-Kommission gewandt, vgl. FAZ v. 26. 10. 2010, S. 11.
[19] Vgl. Eidenmüller/*Rehberg*, AuslKapGes, § 7 Rdnr. 43 ff.
[20] EuGH (Kattner Stahlbau GmbH/Maschinenbau- und Metall-Berufsgenossenschaft), NJW 2009, 1325, vgl. hierzu *Kirchberg*, NJW 2009, 1313.
[21] Verordnung über die für Staatsangehörige der Mitgliedstaaten der Europäischen Wirtschaftsgemeinschaft oder eines anderen Vertragsstaates des Abkommens über den Europäischen Wirtschaftsraum geltenden Voraussetzungen der Eintragung in die Handwerksrolle vom 4. 8. 1966, BGBl. I S. 469.

ausländischer Prüfungszeugnisse im Verordnungswege, entsprechende Verordnungen zur Anerkennung ausländischer Meistertitel seien aber bislang nur in Bezug auf Frankreich und Österreich erlassen worden. Auch die zugrunde liegende Richtlinie könne zwar wegen Verstreichens der Umsetzungsfrist zwar unmittelbar herangezogen werden, verlange aber eine in der Person des Klägers nicht gegebene Tätigkeit in leitender Stellung.[22] Im Übrigen muss eine umfassende Darstellung der **Anerkennung von Befähigungsnachweisen aus anderen (Mitglied-)Staaten** anderer Stelle vorbehalten bleiben;[23] auf die Betätigung ausländischer Rechtsanwaltsgesellschaften im Inland (§ 19 Rdnr. 43 ff.) und die Haftung deren Mitglieder (§ 23 Rdnr. 54 ff.) wurde bereits näher eingegangen.

VI. Sozialversicherungsrecht

8 Eine Sozialversicherungspflicht besteht für solche Arbeitnehmer, die im Gebiet der Bundesrepublik abhängig beschäftigt sind, §§ 3, 7 Abs. 1 SGB IV. Eine Ausnahme hiervon besteht gem. § 5 SGB IV in Fällen einer **zeitlich begrenzten Entsendung** in den Geltungsbereich, wenn das Beschäftigungsverhältnis grundsätzlich außerhalb lokalisiert ist.[24] Problematisch in diesem Zusammenhang sind mitunter die sog. **E 101 Bescheinigungen,** die die Entsendung in das europäische Ausland auf der Grundlage von Werkverträgen für die Dauer eines Jahres unter Beibehaltung der alleinigen Sozialversicherungspflicht im Entsendestaat ermöglichen.[25] Die Bescheinigungen werden im Entsendestaat ausgestellt und sind einer Überprüfung durch die Behörden des Aufnahmestaats nicht zugänglich, diese mithin an die Feststellungen der Behörden des Entsendestaates gebunden. Hat sich eine Auslandsgesellschaft mit inländischem Geschäftsbetrieb in ihrem Herkunfts- bzw. Gründungsstaat eine solche Bescheinigung durch die falsche Angabe erschlichen, dort einen Geschäftsbetrieb zu unterhalten und Arbeitnehmer befristet ins Ausland zu entsenden, findet deutsches Sozialversicherungsrecht auf die eigentlich im Inland begründeten Beschäftigungsverhältnisse auch dann keine Anwendung, wenn im Entsendestaat lediglich eine Briefkastenfirma errichtet wurde; die inländischen Behörden sind aufgrund der Bescheinigungen gehindert, entgegen der Bewertung der Heimatbehörden dennoch zu einer Sozialversicherungspflicht im Inland zu gelangen.[26] Möglich ist alleine eine Überprüfungsanregung der Behörden des Gastlandes bei der Ausstellungsbehörde. Demgegenüber kommt Bescheinigungen, die auf der Grundlage eines nur **bilateralen Sozialversicherungsabkommens** ausgestellt werden, eine gleiche Bindungswirkung nicht zu.[27]

9 Ein weiteres Problem im Zusammenhang mit Scheinauslandsgesellschaften besteht darin, dass die Geschäftsbeziehung eines Hauptauftraggebers zu der durch einen Einzelgesellschafter geführten Auslandsgesellschaft häufig ein zu dem Geschäftsführer vormals bestehendes, abhängiges und damit sozialversicherungspflichtiges Beschäftigungsverhältnis substituiert, mithin nunmehr eine weitere Variante der **Scheinselbständigkeit** vorliegt. Einer Nichtberücksichtigung der ausländischen Kapitalgesellschaft im Zusammenhang mit der Krankenversicherungspflicht bzw. -berechtigung hat der EuGH bereits frühzeitig in der Entscheidung *Segers* eine Absage erteilt, indem er entschieden hat, dass die Beschäftigten aller mitgliedstaatlichen Kapitalgesellschaften in Bezug auf die Versicherungspflicht oder auch Versicherungsfreiheit im Inland grundsätzlich gleich behandelt werden müssen.[28] Das Bun-

---

[22] Urt. v. 16. 2. 2009 – 6 K 678/08, becklink 277285; zur Verfassungskonformität des deutschen Meisterzwangs BVerwG, Urt. v. 31. 8. 2011 – 8 C 8.10 und 9.10.
[23] Vgl. auch Eidenmüller/*Rehberg*, AuslKapGes, § 7 Rdnr. 6 m. w. N.
[24] Hierzu KasslerKommSozVersR/*Seewald*, 54. Lfg. 2007, § 5 SGB IV Rdnr. 2.
[25] Grundlage hierfür ist Art. 14 Abs. 1 Nr. 1 lit. a der Verordnung (EWG) Nr. 1408/71 v. 14. 6. 1971.
[26] BGH (1. Strafsenat) NJW 2007, 233 zu § 266a StGB.
[27] Vgl. für Ungarn betreffend die Zeit vor dem EU-Beitritt Ungarns am 1. 5. 2004 BGH, Urt. v. 24. 10. 2007 – 1 StR 160/07.
[28] Slg. 1986, 2382.

dessozialgericht hat in diesem Zusammenhang allerdings jüngst entschieden, dass die in Deutschland beschäftigten Mitglieder des Board of Directors einer *private limited company* irischen Rechts auch unter Berücksichtigung der Niederlassungsfreiheit nicht wie Mitglieder des Vorstands einer deutschen Aktiengesellschaft von der Sozialversicherungspflicht ausgenommen sind; entscheidend war, dass der zugrunde liegende Anstellungsvertrag – wie regelmäßig auch im Falle der Vorstände einer deutschen AG – eine abhängige Beschäftigung ergab, jedoch der auch auf andere inländische juristische Personen nicht entsprechend anwendbare Ausnahmetatbestand für Vorstandsmitglieder einer AG des § 3 Abs. 1a des Angestelltenversicherungsgesetzes (AVG) nicht anwendbar war.[29] Dies hat das Bundessozialgericht jüngst in Bezug auf die Mitglieder der Board of Directors einer Delaware-Corporation (McDonald's) nochmals bekräftigt.[30] Im Ergebnis kommt es damit auch bei Auslandsgesellschaften mit inländischem Verwaltungssitz auf die Umstände des Einzelfalles an; das die Sozialversicherungspflicht auslösende **Moment der abhängigen Beschäftigung i. S. v. § 7 Abs. 1 SGB IV** ist bei einem **Fremdgeschäftsführer** regelmäßig gegeben, während der **Gesellschafter-Geschäftsführer** eine abhängige Beschäftigung ausübt, wenn er weder über seine Kapitalbeteiligung einen maßgeblichen Einfluss, noch sonst nach individueller Beurteilung eine selbstbestimmte Tätigkeit ausübt.[31] Damit sind auch bei Auslandsgesellschaften die Beteiligungsverhältnisse und die konkrete Ausgestaltung des der Organstellung zugrunde liegenden Anstellungsverhältnisses entscheidend. In der Großzahl der Fälle werden die im Inland ansässigen Auslandsgesellschaften jedoch durch ihren **Alleingesellschafter** geführt, so dass keine Sozialversicherungspflicht besteht.[32]

§ 26 Strafrecht

Übersicht

	Rdnr.		Rdnr.
I. Grundsätze des Internationalen Strafrechts	4–8	1. Bankrott	15–17
		2. Insolvenzverschleppung	18
II. Vereinbarkeit der Anwendung deutschen Strafrechts mit der Niederlassungsfreiheit	9	3. Untreue	19–21
		4. Vorenthalten und Veruntreuen von Arbeitsentgelt	22–24
III. Schutzgut; Fremdrechtsanwendung	10–12	5. Betrug	25
		6. Korruptionsdelikte; UWG	26
IV. Strafrechtliche Organ- und Vertreterhaftung	13, 14	7. Steuerhinterziehung	27
V. Ausgewählte Straftatbestände	15–27	VI. Ordnungswidrigkeitsrecht	28

Schrifttum: Siehe Schrifttumshinweise zu § 19; *Altenhain/Wietz*, Die Ausstrahlungswirkung des Referentenentwurfs zum Internationalen Gesellschaftsrecht auf das Wirtschaftsstrafrecht, NZG 2008, 569; *Bittmann*, Reform des GmbHG und Strafrecht, wistra 2007, 321; *Fromm/Gierthmühlen*, Zeitliche Geltung des neuen Überschuldungsbegriffs im Insolvenzstrafverfahren – Hintertür für Straftaten wegen Insolvenzverschleppung bei Altfällen, NZI 2009, 665; *Gross/Schork*, Strafbarkeit des director einer Private Company Limited by Shares wegen verspäteter Insolvenzantragstellung, NZI 2006, 10; *Kappel/Kienle*, „Punitive Damage"? – Finanzielle Risiken für Schmiergeld zahlende Unternehmen, WM 2007, 1441; *Kappel/Kienle*, Korruption am Bau – Ein Schlaglich auf Bestechlichkeit und Bestechung im geschäftlichen Verkehr, NJW 2007, 3530; *Kienle*, Zur Strafbarkeit des Geschäftsleiters einer in Deutschland ansässigen Limited englischen Rechts, GmbHR 2007, 696; *Richter*, „Scheinauslandsgesellschaften" in der deutschen Strafverfolgungspraxis, Festschrift für Klaus Tiedemann zum 70. Geburtstag, 2008, 1023; *Radtke/Rönnau*, Untreue durch den „Director" einer Offshore-Gesellschaft, NStZ 2011, 556; *Rönnau*, Haftung der Direktoren einer in Deutschland ansässigen Private Company

---

[29] Urt. v. 27. 2. 2008 – B 12 KR 23/06 R, SGb 2008, 291.
[30] NZS 2011, 783.
[31] Roth/*Altmeppen*, GmbHG, § 6 Rdnr. 75; vgl. zuletzt BSG, BeckRS 2011, 72134.
[32] Vgl. Römermann/*Johnen*, Private Limited Company in Deutschland, Abschn. K Rdnr. 1.

§ 26   1   5. Kapitel. Ausländische Gesellschaften mit deutschem Verwaltungssitz

Limited by Shares nach deutschem Strafrecht – eine erste Annäherung, ZGR 2005, 832; *Schlösser*, Die Strafbarkeit des Geschäftsführers einer private company limited by shares in Deutschland, wistra 2006, 81; *Schumann*, Die englische Limited mit Verwaltungssitz in Deutschland: Buchführung, Rechnungslegung und Strafbarkeit wegen Bankrotts, ZIP 2007, 1189.

1   In der **Strafrechtspraxis** begegnet einerseits der Einsatz ausländischer Rechtsformen zum Betrieb inländischer Unternehmungen, meist im Zusammenhang mit einem vorangehenden Zusammenbruch, und andererseits die Migration deutscher Unternehmen ins Ausland, um sich den Folgen eines inländischen Insolvenzverfahrens zu entziehen.[1] Insbesondere die **Private Limited Company** englischen Rechts tritt vermehrt als Trägerin inländischer Unternehmen in Erscheinung; dies mag zum Großteil auch darauf beruhen, dass den Gründern seitens der – weitgehend über das Internet agierenden – professionellen Anbieter eine weitgehende Haftungsfreiheit suggeriert wird.[2] Weder zivil-, noch strafrechtlich bringt der Einsatz einer solchen Auslandsgesellschaft gegenüber einer inländischen Gesellschaftsform aber nennenswerte Vorteile,[3] was den Betroffenen spätestens bei der nächsten Unternehmenspleite offenbar wird. Wieder abzuebben scheint gegenwärtig die insbesondere um die Jahrtausendwende in Erscheinung tretende, sog. **professionelle Firmenbestattung,** die sich dadurch auszeichnete, dass Geschäftsanteile und Geschäftsführerstellung auf einen willfährigen Dritten[4] übertragen und der Geschäftssitz entweder nach und innerhalb Ostdeutschlands und/oder in das europäische Ausland[5] verlegt wurde, wobei die Geschäftsunterlagen unterwegs entsorgt wurden;[6] insoweit ist regelmäßig jedenfalls ein Anfangsverdacht der Insolvenzverschleppung, der Untreue, der Verletzung der Buchführungspflicht sowie des Bankrotts begründet.[7] Hingegen sind **Konkurse von Scheinauslandsgesellschaften** aufgrund der regelmäßig dünnen Kapitaldecke zwar aufgrund der funktionalen Ablösung durch die haftungsbeschränkte Unternehmergesellschaft zurück gegangen, aber noch immer nicht zu vernachlässigen.[8]

---

[1] Vgl. hierzu ausführlich *Richter* FS Tiedemann S. 1023 ff. Allerdings erfolgt die Sitzverlegung deutscher Unternehmen nach England – entgegen der Einschätzung Richters aaO. S. 1026 – regelmäßig nicht zu dem Zweck, der gleichmäßigen Gläubigerbefriedigung auszuweichen, sondern um von dem insbesondere hinsichtlich einer Sanierung flexibleren englischen Insolvenzrecht Gebrauch zu machen, vgl. *Kienle* NozBZ 2008, 245, 251. Diejenigen, die sich oder ihr Unternehmen dem Gläubigerzugriff entziehen wollen, ziehen erfahrungsgemäß eher in südlichere Gefilde.

[2] So findet sich beispielsweise auf der Internetseite eines Anbieters unter der Abbildung von Handschellen die Aussage, die Private Limited Company biete insbesondere Existenzgründern, kleinen und mittleren Unternehmen Möglichkeiten, die Vorteile der garantierten europäischen Niederlassungsfreiheit zu nutzen, um sich damit vor der persönlichen Haftung zu schützen – damit wird zielgerichtet der Eindruck erweckt, der Gesellschafter könne weder zivil-, noch strafrechtlich zur Verantwortung gezogen werden.

[3] So auch dezidiert *Richter* FS Tiedemann 1026, 1042; *Kienle*, GmbHR 2007, 696, mit dem Hinweis, dass auch zu Zeiten, als die Insolvenzverschleppungsstrafbarkeit auf Auslandsgesellschaften noch nicht anwendbar war, eine Strafbarkeit regelmäßig wegen der Begleitdelikte unter dem Gesichtspunkt des Bankrotts begründet war.

[4] Oftmals wurden hierzu gegen geringe Entgelte gewonnene Suchtkranke eingesetzt und dadurch rücksichtslos in (weitere) Strafe verstrickt.

[5] Berühmt berüchtigt sind die Sitzverlegungen in das spanische Marbella, vgl. *Richter* FS Tiedemann 1026 Fn. 15.

[6] Oftmals wurden seitens der Organisatoren ganze Lagerhallen angemietet, in denen die Unterlagen zahlreicher „bestatteter" Gesellschaften gelagert – oder besser: verborgen – wurden.

[7] Vgl. LG Potsdam, wistra 2005, 193.

[8] Kenntnis von Unternehmenszusammenbrüchen erlangt die Staatsanwaltschaft i.d.R. von Amts wegen, indem ihr seitens des Insolvenzgerichts sämtliche Eröffnungsentscheidungen einschließlich der Ablehnung mangels Masse sowie seitens des Amtsgerichts die Abgabe der eidesstattlichen Versicherung oder der Erlass eines vollstreckungsrechtlichen Haftbefehls gemäß der Verordnung über die Mitteilung in Zivilsachen (MiZi; BAnz Nr. 218 v. 10.11.1997 i.d.F. v. 1.6.1998; hierzu *Baumgarte* wistra 1991, 171 ff.) bekannt gegeben werden.

Auf der Ebene des Privatrechts führt der Einsatz von Auslandsgesellschaften zu den bereits dargestellten, vielschichtigen Rechtsanwendungsfragen des internationalen Privatrechts sowie des Europäischen Gemeinschaftsrechts. Gegenstand des Strafrechts sind in diesem Zusammenhang die im Rahmen des Geschäftsbetriebs – und insbesondere bei dessen Beendigung oder Übertragung – begangenen, sozialschädlichen und daher strafbewehrten Verhaltensweisen. Aufgabe des **internationalen Strafrechts** ist es hierbei, zu bestimmen, der innerstaatlichen Strafgewalt welches der betroffenen Staaten die Verhaltensweise unterliegt. Entsprechendes gilt für den Bereich der Ordnungswidrigkeiten.

Ein Aspekt des internationalen Wirtschaftsstrafrechts der nicht unangesprochen bleiben soll ist derjenige der grenzüberschreitenden **Strafrechtspflege.** Während die Hürden einer grenzüberschreitenden unternehmerischen Tätigkeit nicht nur innerhalb der Europäischen Union zunehmend schwinden, geht eine umgekehrt proportionale Effizienzsteigerung der internationalen Strafverfolgung hiermit leider nicht einher. Die Erleichterungen grenzüberschreitender Ermittlungen sind zwar spürbar, dennoch aber bleibt die Mobilität der Ermittler hinter derjenigen der Delinquenten zurück.

I. Grundsätze des Internationalen Strafrechts

Die Regelungen des internationalen Strafrechts sind in den §§ 3–7 StGB niedergelegt. Anders als das internationale Privatrecht, das ein System allseitiger Kollisionsnormen vorhält und damit mitunter auch ausländische Rechtsordnungen zur Anwendung beruft, trifft das internationale Strafrecht nach Art **einseitiger Kollisionsnormen** nur eine Aussage über die Anwendbarkeit der eigenen Strafrechtsnormen, d.h. das deutsche internationale Strafrecht legt nur einseitig den Geltungsbereich des deutschen Strafrechts fest, ohne aber im Falle der Nichtgeltung eine Aussage über die Anwendbarkeit einer fremden Strafrechtsordnungen zu treffen.[9] Aufgrund ihrer Stellung innerhalb des StGB rechnen die Vorschriften über den Geltungsbereich bereits systematisch, nach h.M. aber auch sachlich zum **materiellen Recht** und unterliegen damit etwa auch dem Bestimmtheitsgebot des Art. 103 Abs. 2 GG;[10] andererseits soll aber die Nichtanwendbarkeit deutschen Strafrechts lediglich ein **Prozesshindernis** darstellen.[11]

Als Grundanknüpfung wird das internationale Strafrecht vom sog. Gebiets- oder **Territorialitätsgrundsatz** beherrscht. Demgemäß bestimmt die Grundnorm des § 3 StGB, dass das das deutsche Strafrecht für Taten gilt, die im Inland begangen werden.[12] Umgekehrt gilt damit, dass das deutsche Strafrecht auf Taten, die außerhalb des Staatsgebiets begangen werden, keine Anwendung findet und überdies die Staatsangehörigkeit von Täter und Opfer für die Geltungsfrage – vorbehaltlich der in §§ 4–7 StGB niedergelegten Durchbrechungen (oder tatbestandlich eingegrenzter Sondertatbestände, bspw. im Ausländerrecht) – nicht entscheidend sind.[13] Wo die Tat begangen wurde regelt § 9 StGB, der im Sinne des **Ubiquitätsprinzips** bestimmt, dass die Tat an jedem Ort begangen ist, an dem der Täter gehandelt hat bzw. hätte handeln müssen oder an dem der tatbestandsmäßige Erfolg eingetreten ist oder nach der Tätervorstellung eintreten sollte. Der **Tätigkeitsort** ist dabei derjenige Ort, an dem der Täter bei der Vornahme tatbestandsmäßiger Handlungen körperlich anwesend ist. Im Falle eines **Unterlassungsdelikts** kommen sowohl der Ort in Betracht, an dem sich der Täter im Zeitpunkt der gebotenen Handlung tatsächlich aufhält, als auch

---

[9] Vgl. *Fischer* StGB Vor §§ 3–7 Rdnr. 1.
[10] BGHSt 20, 25; 27, 8; BVerfG wistra 2003, 255, 257.
[11] BGHSt 34, 3.
[12] Das „Inland" setzt sich hierbei aus dem Staatsgebiet der in der Präambel des GG genannten Bundesländer zusammen.
[13] Allerdings befreien die §§ 18–20 GVG bestimmte Ausländer im diplomatischen und konsularischen Bereich von der deutschen Gerichtsbarkeit (Exterritorialität, Immunität); dies führt aber lediglich zu einem Verfolgungshindernis, während weiterhin eine teilnahme- und notwehrfähige, schuldhafte und rechtswidrige Tat vorliegt.

derjenige, an dem er sich aufhalten müsste um seiner Handlungspflicht zu genügen;[14] im vorliegenden Zusammenhang der **Scheinauslandsgesellschaften** ist damit aufgrund der Präsenz der Geschäftsleiter regelmäßig auch dann ein Tatort im Inland begründet, wenn die unterlassene Verpflichtung – namentlich etwa Publizitätspflichten – im Ausland zu erfüllen wäre.[15] **Erfolgsort** ist der Ort, an dem die tatbestandserheblichen Folgen eintreten; im Falle der **gesellschaftsrechtlichen Untreue** gehört in diesem Sinne die reflexartige Schädigung der Gesellschafter nicht zum gesetzlichen Tatbestand, so dass zwar am Sitz der Gesellschaft, nicht aber der Gesellschafter ein Erfolgsort belegen ist.[16] Da auch der Eintritt einer qualifizierenden Folge oder einer **objektiven Strafbarkeitsbedingung** einen Erfolgsort begründen,[17] genügt im Falle eines **Bankrottdelikts** die **Eröffnungsentscheidung eines inländischen Insolvenzgerichts**, § 283 Abs. 6 StGB, während umgekehrt alleine die Firmenbestattung im Ausland den inländischen Tätigkeitsort einer tatbestandlichen Bankrotthandlung nicht beseitigt. Der Tatort der Teilnahme findet in § 9 Abs. 2 StGB eine nähere Regelung.[18]

6 Unabhängig von räumlichen Kriterien erklärt das in § 5 StGB zum Tragen kommende **Schutzprinzip** deutsches Strafrecht im Falle bestimmter, gegen den deutschen Staat und/oder seine Einrichtungen gerichteter Handlungen für anwendbar. Danach gilt das deutsche Strafrecht unabhängig vom Recht des Tatorts auch für einen Katalog bestimmter Taten, wenn diese im Ausland begangen wurden; dabei ist insbesondere unerheblich, ob die Tat auch am ausländischen Tatort strafbewehrt ist.[19] Im vorliegenden Zusammenhang ist hiervon insbesondere § 5 Nr. 7 StGB von Bedeutung, wonach die **Verletzung von Betriebs- oder Geschäftsgeheimnissen**[20] eines im Inland liegenden Betriebes, eines Unternehmens, das im Inland seinen Sitz hat, oder eines Unternehmens mit Sitz im Ausland, das von einem Unternehmen mit Sitz im Inland konzernabhängig ist, erfasst wird. Soweit hierbei an den Unternehmenssitz angeknüpft wird, kommt alleine der statutarische Sitz in Betracht, den das Gesetz überall dort in Bezug nimmt, wenn vom Sitz die Rede ist, §§ 4a GmbHG, 5 AktG – die Erfassung auch des Verwaltungssitzes würde dagegen die Wortlautgrenze überschreiten; im Falle einer Scheinauslandsgesellschaft dürfte aber regelmäßig ein inländischer Betrieb vorliegen.

7 Dem Schutzprinzip ähnelt das **passive Personalitätsprinzip**, indem es den Schutz deutscher Staatsangehöriger durch die universelle Geltung des deutschen Strafrechts gewährleistet, während das **aktive Personalitätsprinzip** die Bestrafung deutscher Staatsangehöriger auch für im Ausland begangene Taten ermöglicht. Beide Prinzipien sind in § 7 StGB verankert, der sie unter gewisse Vorbehalte nach Maßgabe des **Prinzips der stellvertretenden Strafrechtspflege** stellt. Gemäß § 7 Abs. 1 StGB gilt das deutsche Strafrecht für Taten, die im Ausland gegen einen Deutschen begangen werden, wenn die Tat am Tatort mit Strafe bedroht ist oder der Tatort keiner Strafgewalt unterliegt (passives Personalitätsprinzip).[21] Mit Strafe bedroht ist in diesem Sinne eine Tat auch dann, wenn sie vom Tatortrecht unter einem anderen rechtlichen Gesichtspunkt erfasst wird, solange nur die prozessuale Tatidentität gegeben ist; nicht ausreichend ist aber, wenn die Tat nach dem auswärtigen Recht lediglich eine Ordnungswidrigkeit oder bloßes Verwaltungsunrecht dar-

---

[14] *Fischer* StGB § 9 Rdnr. 3, 9 m. w. N.
[15] *Kienle*, GmbHR 2007, 696, 697; *Schumann*, ZIP 2007, 1189; *Schlösser*, wistra 2006, 81, 84; *Rönnau*, ZGR 2005, 832, 847, der neben § 3 StGB auch § 7 Abs. 1 Nr. 1 StGB heranzieht.
[16] BGH NJW 2006, 1984; OLG Frankfurt NJW 1989, 675; OLG Koblenz wistra 1984, 79; *Schlösser*, wistra 2006, 81, 84.
[17] *Fischer* StGB § 9 Rdnr. 4a.
[18] Vgl. hierzu *Fischer* StGB § 9 Rdnr. 10.
[19] Vgl. BGHSt 30, 3.
[20] Dies betrifft die §§ 203, 204 StGB, 17–19 UWG; nicht erfasst wird dagegen § 106 UrhG, der häufig ebenfalls sachlich einschlägig ist.
[21] Letzteres ist der Fall, wenn der Tatort nicht unter Staatshoheit steht, wie etwa die hohe See, der Weltraum und die Polargebiete.

stellt.²² So können etwa im Vereinigten Königreich begangene Verstöße, die dort zu einer *disqualification* nach dem Directors Disqualifications Act 1986 führen, hier nicht mit einer Kriminalstrafe geahndet werden, auch wenn sie unter ein deutsches Strafgesetz – etwa die §§ 283 ff. StGB – zu subsumieren wären.²³ Gemäß § 7 Abs. 2 StGB gilt deutsches Strafrecht für Auslandstaten unter denselben einschränkenden Voraussetzungen, wenn der Täter zur Zeit der Tat Deutscher war oder danach geworden ist (aktives Personalitätsprinzip) oder zur Zeit der Tat Ausländer war, im Inland betroffen wurde und eine Auslieferung nicht erfolgen kann. Die **deutsche Staatsangehörigkeit** muss für Zwecke des gesamten § 7 StGB – mit Ausnahme von Abs. 2 Nr. 1, 2. Alt. – jeweils zum Zeitpunkt der Tatbegehung vorliegen.²⁴ Umstritten ist, ob die Vorschrift und insbesondere Abs. 1 auch auf **juristische Personen** oder rechtsfähige Verbände anwendbar ist;²⁵ virulent wird diese Frage im Falle der Schädigung einer ausländischen Niederlassung oder eines im Ausland belegenen Vermögenswertes²⁶ einer deutschen Gesellschaft.

Bestimmte internationale bzw. international anerkannte Rechtsgüter werden durch das in § 6 StGB verankerte Universalitäts- oder **Weltrechtsprinzip** geschützt. Relevant ist im vorliegenden Zusammenhang § 6 Nr. 8 StGB, wonach das deutsche Strafrecht unabhängig des Tatortes auch Taten des **Subventionsbetruges** gem. § 264 StGB erfasst; hingewiesen sei allerdings auf die Beschränkung des Schutzgutes (s. sogl. Rdnr. 10) des § 264 StGB, das neben Subventionen deutscher Rechtsträger nur solche der Europäischen Gemeinschaften erfasst²⁷ – hier geht mithin der internationale Geltungswille weiter als der materielle Schutzgehalt der Norm.²⁸ Ferner kann in dem Bereich der internationalen **Korruption** § 6 Nr. 9 StGB Bedeutung erlangen, wonach deutsches Recht auch für Taten gilt, die aufgrund eines für die Bundesrepublik verbindlichen zwischenstaatlichen Abkommens auch dann zu verfolgen sind, wenn sie im Ausland begangen wurden. Es muss mithin bereits das betreffende Übereinkommen das Weltrechtsprinzip vorgeben. Wird das Übereinkommen durch Aufnahme einer besonderen Strafvorschrift umgesetzt, bedarf es des Rückgriffs auf § 6 Nr. 9 StGB in Verbindung mit den bereits bestehenden Strafvorschriften nicht mehr, wie etwa im Falle von § 3 IntBestG.

II. Vereinbarkeit der Anwendung deutschen Strafrechts mit der Niederlassungsfreiheit

Eine Anwendung deutschen Strafrechts auf die Geschäftsleiter einer in den Anwendungsbereich des AEUV fallenden Auslandsgesellschaft stellt auch keinen Verstoß gegen die **Niederlassungsfreiheit** dar. Zum einen handelt es sich beim Strafrecht um niederlassungsneutrales, **allgemeines Verkehrsrecht** öffentlich-rechtlichen Charakters; zum anderen aber wäre eine Anwendung jedenfalls aufgrund **zwingender Allgemeinwohlinteressen gerechtfertigt,** da die Normen des deutschen Strafrechts nur bedeutende Rechtsgüter gegen missbilligte Handlungsweisen schützen und ihre Anwendung vor dem Hintergrund der territorialen Begrenzung des heimatlichen Strafrechts auch auf im Inland ansässige Auslandsgesellschaften bzw. der für diese handelnde Organe erforderlich ist. Es gilt damit, dass

---

²² BGHSt 27, 6; *Fischer* StGB § 7 Rdnr. 7; Schönke/Schröder/*Eser* § 7 Rdnr. 8, jew. m. w. N.
²³ Gleiches gilt, wenn das ausländische Recht zwar eine Strafsanktion vorsieht, die Norm aber nach dortigem Recht nur ein inländisches Rechtsgut schützt, vgl. BGH NStZ 1997, 257.
²⁴ *Fischer* StGB § 7 Rdnr. 2.
²⁵ Dafür Schönke/Schröder/*Eser* StGB § 7 Rdnr. 6, dagegen Stuttgart NStZ 2004, 402 f. und *Fischer* StGB § 7 Rdnr. 4, jeweils unter Hinweis auf die Wortlautgrenze und die Entstehungsgeschichte.
²⁶ Sofern man annehmen möchte, dass der Erfolgsort eines Vermögensdelikts grundsätzlich am Sitz des Inhabers belegen ist.
²⁷ Taten zum Nachteil deutscher Subventionsgeber werden bereits von §§ 3, 9 StGB erfasst, so dass die Norm nur für Taten im Zusammenhang mit europäischen Subventionen Bedeutung erlangt.
²⁸ Regelmäßig verhält es sich umgekehrt; so erfasst etwa § 299 StGB nach seinem Abs. 3 auch Taten im ausländischen Wettbewerb, doch fehlt es vorbehaltlich eines inländischen Tat- oder Erfolgsortes an der internationalen Geltung.

auch die Organe einer (Schein-)Auslandsgesellschaft nicht unter Berufung auf die Niederlassungsfreiheit gegen inländische Strafnormen verstoßen dürfen.[29]

III. Schutzgut; Fremdrechtsanwendung

10 Von gleicher Relevanz wie die Frage nach der internationalen Anwendbarkeit einer deutschen Strafrechtsnorm ist die sich auf der Auslegungsebene des Sachrechts ergebende Frage danach, ob die Norm nur inländische oder auch ausländische Rechtsgüter in ihren **Schutzbereich** einbezieht.[30] Zwar erfassen die nach ihrem Wortlaut regelmäßig unbeschränkten deutschen Strafnormen grundsätzlich nur inländische Rechtsgüter;[31] dieser Grundsatz erfährt aber sogleich eine weitreichende Einschränkung dahingehend, als jedenfalls **Individualrechtsgüter** ausländischer Rechtsträger im Inland gleichermaßen Schutz genießen.[32] Ausländische **Kollektivrechtsgüter** oder Rechtsgüter, die Ausprägung ausländischer Hoheitsinteressen sind, genießen dagegen regelmäßig keinen Schutz durch deutsches Strafrecht;[33] demgemäß erfasst das deutsche Steuerstrafrecht etwa die **Hinterziehung ausländischer Steuern** nicht; eine Ausnahme begründet insoweit ausdrücklich § 370 Abs. 6 Abgabenordnung, der den europäischen Raum partiell miteinbezieht.

11 Von der Frage des Schutzgutes zu trennen[34] ist die Problematik, dass das Wirtschaftsstrafrecht anders als das Kernstrafrecht in großem Maße **zivilrechtsakzessorisch ausgestaltet** ist und strukturell von seinen Bezugsmaterien – insbesondere auch des Handels- und Gesellschaftsrechts – abhängig ist, die über Blankettnormen oder über normative Tatbestandsmerkmale Eingang in die Strafrechtsanwendung finden.[35] Insbesondere ist im Rahmen des Untreuetatbestands des § 266 StGB sowie der Bankrotttatbestände der §§ 283 ff. StGB häufig auf ausländisches, sog. **Fremdrecht** zu rekurrieren, etwa bei einer gesellschaftsrechtlich ihrem Gründungsrecht unterstehenden Auslandsgesellschaft auf die gesellschaftsrechtlichen Treuepflichten oder bei Buchführungs- und Bilanzierungsdelikten auf die sich nach ausländischem Recht richtenden entsprechenden handelsrechtlichen Bestimmungen der Heimatrechtsordnung (s. § 24 Rdnr. 2 ff.). Hiergegen werden nun einerseits Vorbehalte aufgrund des strafrechtlichen **Bestimmtheitsgebots** als auch des **Parlamentsvorbehalts** angebracht.[36] Es sei fraglich, ob der verständige Bürger das Risiko einer Strafbarkeit überhaupt noch erkennen könne, insbesondere wenn eine fremde Rechtsordnung im Wege dynamischer Verweisung in Bezug genommen werde. Der Gesetzgeber habe fer-

---

[29] *Radtke*, NStZ 2011, 556, 598; *Goette*, DStR 2005, 197, 199; *Müller-Gugenberger/Bieneck*, WiStrafR, § 23 Rdnr. 99 ff.; *Kienle*, GmbHR 2007, 696, 697; *Horn*, NJW 2004, 893, 899; *Ulmer*, NJW 2004, 1201, 1205; kritisch, aber im Ergebnis zustimmend *Schlösser*, wistra 2006, 81, 85 und *Eidenmüller*, JZ 2004, 24, 26, der sich mit der Frage der betrügerischen Ausnutzung der Niederlassungsfreiheit und damit mit dem Missbrauchseinwand auseinandersetzt.

[30] Nach h. M. soll die Frage des Schutzbereichs vorrangig vor derjenigen der internationalen Anwendbarkeit zu prüfen sein, vgl. *Fischer* StGB Vor §§ 3–7 Rdnr. 4; *Schönke/Schröder/Eser* StGB Vor §§ 3–7 Rdnr. 13; zwingend ist dieser Vorrang jedoch nicht.

[31] BGHSt 8, 355; 20, 51; 21, 280; 22, 285; 29, 76.

[32] BGHSt 29, 88; *Fischer* StGB Vor §§ 3–7 Rdnr. 8; *Schönke/Schröder/Eser* Vor §§ 3–7 Rdnr. 15, 22.

[33] Nicht als Ausfluss ausländischer Hoheitsgewalt – und daher von § 123 StGB erfasst – wurde der Hausfrieden eines ausländischen Konsulates angesehen, OLG Köln NJW 1982, 2740.

[34] Von der Frage des Schutzgutes unterscheidet sich die Fremdrechtsanwendung dadurch, dass zwar das einschlägige Schutzgut der Strafnorm, etwa in Gestalt des inländischen Rechtsverkehrs, betroffen ist, die mit Mitteln des Strafrechts weiter zu effektuierende zivilrechtliche Pflicht allerdings ausländischem Recht unterliegt; so kann, um ein einfaches Beispiel anzuführen, die durch Erfüllungsbetrug vereitelte Vertragspflicht auch ausländischem Recht entstammen, während das geschädigte und von § 263 StGB geschützte Vermögen im Inland belegen ist (freilich ist § 263 StGB nicht auf den Schutz inländischer Vermögensmassen beschränkt).

[35] Ausführlich *Altenhain/Wietz*, NZG 2008, 569 ff.; *Rönnau*, ZGR 2005, 832, 847 ff.; *Radtke/Rönnau*, NStZ 2011, 556 ff.

[36] *Altenhain/Wietz*, NZG 2008, 569, 572; *Mosiek*, StV 2008, 94; *Rönnau*, ZGR 2005, 832, 849; *Rönnau*, NStZ 2011, 556, 558 f.; *Schlösser*, wistra 2006, 81, 86 f.

ner die Entscheidung über die Strafbarkeit *de facto* aus der Hand gegeben und anderen Staaten überlassen. Ferner stelle das Gebot, fremde Rechtsordnungen „so wie gelebt" anzuwenden inländische Gerichte vor große Herausforderungen.[37] Es sei schließlich denkbar, dass es infolge der Anwendung von Gesetzen möglicherweise höchst undemokratischer Rechtsordnungen zu unangemessenen Ergebnissen kommt.[38] Indes dürften diese Vorbehalte nicht durchschlagen. Im Hinblick auf den Parlamentsvorbehalt ist bereits zu sagen, dass es dem Gesetzgeber frei steht, außerstrafrechtliche Materien in Bezug zu nehmen. Eine Verlagerung der Entscheidung über die Strafbarkeit auf einen ausländischen Gesetzgeber liegt hierin auch dann nicht, wenn es im Ergebnis zu einer Fremdrechtsanwendung kommt, da dem stets der – insbesondere auch unter einem *ordre public*-Vorbehalt stehende – Rechtsanwendungsbefehl des deutschen Rechts und damit sehr wohl eine demokratisch legitimierte Entscheidung des deutschen Gesetzgebers zugrunde liegt.[39] Sofern die Befürchtung dahin geht, das Recht von Schurkenstaaten könne zu extremen Ergebnissen führen, wird die deutsche Justiz wohl erheblich unterschätzt. Dementsprechend hat sich auch der BGH ohne Bedenken für eine Fremdrechtsanwendung des ausländischen Gesellschaftsrechts im Rahmen von § 266 StGB gegenüber dem Direktor einer europäischen Auslandsgesellschaft ausgesprochen.[40]

Freilich leistet das weitere **Vordringen der Gründungstheorie im internationalen Gesellschaftsrecht** einer derartigen Fremdrechtsanwendung deutlich Vorschub;[41] in dem vom Schuldprinzip beherrschten Strafrecht ist dabei unter tunlicher Berücksichtigung der Gerichtspraxis durchaus zu konstatieren, dass der Verstoß eines Delinquenten gegen strengeres oder nur schwer zugängliches ausländisches Recht geringer wiegt als derjenige gegen die entsprechenden inländischen Vorschriften, zumal wenn der inländische Rechtsverkehr durch die Missachtung des auf die ausländischen Verhältnisse zugeschnittenen Fremdrechts nicht gravierend beeinträchtigt ist.[42]

IV. Strafrechtliche Organ- und Vertreterhaftung

Das deutsche Wirtschaftsstrafrecht enthält bestimmte Sonderdelikte, die in ihrem Tatbestand nur **Organe juristischer Personen** oder rechtsfähiger Gesellschaften adressieren. Die Organeigenschaft ist mithin strafbegründendes, **besonderes persönliches Merkmal.** Geläufigstes Beispiel ist der Insolvenzverschleppungstatbestand des § 15a Abs. 4, 5 InsO, der im Zuge der GmbH-Reform durch das MoMiG an die Stelle der verschiedenen spezialgesetzlichen Regelungen, insbesondere des § 84 Abs. 1 Nr. 2 GmbHG, getreten ist. Derartige Vorschriften setzen damit zunächst den Bestand einer juristischen Person oder einer Gesellschaft voraus; in diesem Zusammenhang ist die **international-privatrechtliche Vorfrage** nach der aus dem Gesellschaftsstatut folgenden **Rechtsfähigkeit** aufgeworfen (siehe § 19 Rdnr. 1 ff.). Hinsichtlich der **Organstellung** ist ebenfalls das für den Bestellungsakt maßgebliche Gesellschaftsstatut zu befragen. Allerdings trifft die strafrechtliche Verantwortlichkeit stets auch den **faktischen Geschäftsführer,** der die Geschicke der Ge-

---

[37] *Altenhain/Wietz,* NZG 2008, 569, 572; *Schlösser,* wistra 2006, 81, 87.
[38] Ansatzweise *Altenhain/Wietz,* NZG 2008, 569, 572.
[39] Dabei kann es – entgegen *Altenhain/Wietz,* NZG 2008, 569, 572 – auch nicht darauf ankommen, ob der Rechtsanwendungsbefehl bereits Eingang in ein parlamentarisches Gesetz gefunden hat, oder ob die Fremdrechtsanwendung entweder auf europarechtlichen Vorgaben oder gefestigter Rechtsprechung beruht; beides hat der Gesetzgeber jedenfalls angesichts zwischenzeitlich verstrichener Reformgelegenheiten längst toleriert bzw. selbst legitimiert; auch im Rahmen eines rein nationalen Falles ist etwa für die Beurteilung einer gesellschaftsrechtlichen Untreue in großem Maße auf nicht im Gesetz enthaltene Rechtsprechungsgrundsätze zurück zu greifen, vgl. *Radtke,* NStZ 2011, 556 ff.
[40] NStZ 2010, 632.
[41] Kritisch hierzu *Altenhain/Wietz,* NZG 2008, 569.
[42] Strikter *Gross/Schork,* NZI 2006, 10, 15: „Wer eine englische Limited gründet, von dem kann auch verlangt werden, dass er das dortige Gesellschaftsrecht kennt und auch beachtet"; etwas kulanter dagegen auch *Rönnau,* ZGR 2005, 832, 856.

sellschaft allein oder neben dem bestellten Geschäftsführer prägend bestimmt.[43] Hieraus folgt zugleich, dass auch das zivilrechtlich unwirksam bestellte Organmitglied strafrechtlich haftet. Als faktischer Geschäftsführer in diesem Sinne qualifiziert sich auch ein sog. *shadow director* nach englischem Rechtsverständnis.

14 Die weit überwiegende Anzahl der Strafnormen beansprucht jedoch unabhängig davon Geltung, ob das Delikt unter Einsatz einer juristischen Person verwirklicht wurde oder nicht. So stellt beispielsweise § 266a StGB das Nichtabführen der Arbeitnehmeranteile zur Sozialversicherung durch den Arbeitgeber unabhängig von dessen Organisationsform unter Strafe. Wie dieses Beispiel zeigt, können die Normen aber andere **besondere persönliche Merkmale** – hier etwa dasjenige der Arbeitgebereigenschaft – aufstellen, die bei der Beteiligung eines Verbandes (juristische Person, Gesellschaft) zwar regelmäßig bei diesem, nicht aber bei den handelnden Individuen vorliegen. Da das deutsche Strafrecht noch keine Verbands- oder Unternehmensstrafbarkeit kennt, bedarf es in diesen Fällen mithin einer **Ausdehnung der strafrechtlichen Haftung** auf die verantwortlichen Individuen, da andernfalls aufgrund des Auseinanderfallens von Normadressat und Handelndem eine Strafbarkeitslücke entstünde. Die entsprechenden **Zurechnungstatbestände** enthält **§ 14 StGB.** Nach dessen Abs. 1 ist ein Gesetz, nach dem besondere persönliche Merkmale die Strafbarkeit begründen, auch auf eine Person anzuwenden, die als vertretungsberechtigtes Organ einer juristischen Person (Nr. 1), als vertretungsberechtigter Gesellschafter einer Personenhandelsgesellschaft (Nr. 2) oder als gesetzlicher Vertreter eines anderen (Nr. 3) handelt und das besondere Merkmal zwar nicht bei ihr aber bei dem Vertretenen vorliegt. Entsprechendes gilt nach Abs. 2 unabhängig von einer Organ- oder Vertreterstellung für den Leiter (Nr. 1) oder den Beauftragten (Nr. 2) eines Betriebes oder Unternehmens. Abs. 3 stellt ausdrücklich klar, dass es auf die **Rechtswirksamkeit des Bestellungsaktes** nicht ankommt. § 14 Abs. 1 Nr. 1 StGB ist auch im Falle von **Auslandsgesellschaften** anzuwenden und erfasst dort neben dem wirksam bestellten Organmitglied gem. § 14 Abs. 3 StGB auch einen faktischen Geschäftsführer, im Falle einer englischen Limited etwa einen sog. *shadow director*.[44] Ferner ist im vorliegenden Zusammenhang zu erwähnen, dass sich sowohl der Insolvenzverwalter als auch der Geschäftsführer der Komplementärgesellschaft bei der GmbH (oder Ltd.) & Co. KG als gesetzliche Vertreter i. S. d. Abs. 1 Nr. 3 qualifizieren.[45] Besteht ein **Vertretungsorgan aus mehreren Mitgliedern,** so kann sich die interne Aufgabenverteilung auf die Annahme einer konkreten Handlungspflicht, die Zumutbarkeit deren Erfüllung sowie auf die Entschuldbarkeit eines Irrtums auswirken; erkennt allerdings ein intern unzuständiges Mitglied die Pflichtverletzung eines anderen, so muss es tätig werden.[46]

V. Ausgewählte Straftatbestände

1. Bankrott

15 Die größte Relevanz im Zusammenhang mit den im Inland ansässigen Auslandsgesellschaften kam bislang den klassischen **Bankrotttatbeständen** der §§ 283 ff. StGB zu und hier wiederum den Vorschriften über die Verletzung der Buchführungs- und Bilanzierungspflichten, §§ 283 Abs. 1 Nr. 5, 7b, 283b StGB; aufgrund ihrer **rechtsformneutralen Ausgestaltung** begegnet ihre Anwendung auf Auslandsgesellschaften bzw. die

---

[43] BGH NJW 2000, 2285 zu § 82 Abs. 1 Nr. 1, 3 GmbHG.

[44] AG Stuttgart, Urt. v. 18. 12. 2007, NStZ 2008, 464; *Schumann*, ZIP 2007, 1189; *Gross/Schork*, NZI 2006, 10, 15; *Rönnau*, ZGR 2005, 832, 843 ff., dort ausführlich zu der Problematik der dem englischen Recht zugrunde liegenden Mandatstheorie, die aber im Ergebnis einer Einstufung der Direktoren einer englischen Limited als „Organe" der Gesellschaft nicht entgegensteht, zumal jedenfalls § 14 Abs. 1 Nr. 3 StGB eingreifen würde.

[45] Der Geschäftsführer der Komplementärgesellschaft wird teilweise auch bereits unter Nr. 2 gefasst, vgl. aber BGHSt 28, 371.

[46] *Fischer* StGB § 14 Rdnr. 5 m. w. N.

für diese handelnden Personen keinen Bedenken.⁴⁷ Auch ist der Schutzzweck der Bankrotttatbestände nicht auf inländische Rechtsgüter beschränkt und umfasst neben den Individualgläubigern und der am Erhalt der Insolvenzmasse interessierten Gesamtgläubigerschaft auch die Kredit- bzw. Gesamtwirtschaft.⁴⁸

Wenn man nicht bereits zivilrechtlich annehmen möchte, dass Auslandsgesellschaften im Inland nach deutschem Recht **buchführungs- und bilanzierungspflichtig** sind,⁴⁹ stellt sich die Frage, ob unter die Straftatbestände auch die Verletzung einer ausländischem Recht folgenden Buchführungs- oder Bilanzierungspflicht zu fassen ist, oder ob dies dem Bestimmtheitsgebot oder dem Parlamentsvorbehalt zuwider läuft.⁵⁰ Nach herrschender Meinung kann im Rahmen der Bankrotttatbestände jedoch eine sog. **Fremdrechtsanwendung** stattfinden,⁵¹ d. h. der Verweis auf handelsrechtliche Pflichten bezieht sich nicht nur auf das materielle deutsche, sondern auf das nach deutschem Kollisionsrecht anwendbare Sachrecht. Das AG Stuttgart hat es offen gelassen, ob der Geschäftsleiter einer englischen Limited nach englischem oder deutschem Recht bilanzierungspflichtig ist, da die Bilanz weder nach deutschem noch nach englischen Recht erstellt worden war.⁵²

Die **objektive Strafbarkeitsbedingung** des § 283 Abs. 6 StGB in Form einer (Nicht-) **Eröffnungsentscheidung eines Insolvenzgerichts** oder die Abweisung des Eröffnungsantrags mangels Masse dürfte dagegen im Falle einer Auslandsgesellschaft mit tatsächlichem inländischen Verwaltungssitz infolge der Zuständigkeitsregelungen des Art. 3 EuInsVO bzw. des doppelfunktional angewandten § 3 InsO regelmäßig im Inland eintreten.⁵³ Danach sind die Gerichte desjenigen (Mitglied-)Staates international zuständig, in dessen Gebiet der Schuldner den Mittelpunkt seiner hauptsächlichen Interessen, seinen *center of main interests* (COMI) hat. Maßgebend ist damit bei gewerblich tätigen Schuldnern oder im Falle juristischer Personen der Hauptort ihrer werbenden Geschäftstätigkeit,⁵⁴ der anhand einer Gesamtschau von Faktoren zu ermitteln ist.⁵⁵ Allerdings wird bei Gesellschaften und juristischen Personen nach Art. 3 Abs. 1 S. 2 EuInsVO widerleglich vermutet, dass der Interessenmittelpunkt der Ort des satzungsmäßigen Sitzes ist, wodurch der in § 5 InsO niedergelegte **Amtsermittlungsgrundsatz** insoweit überlagert wird, als ein deutsches Insol-

---

⁴⁷ Ausführlich *Kienle*, GmbHR 2007, 696 ff.
⁴⁸ Schönke/Schröder/*Stree/Heine*, StGB, Vorbem §§ 283 ff. Rdnr. 2; *Fischer*, StGB, Vor § 283 Rdnr. 3.
⁴⁹ So jedoch *Richter*, FS Tiedemann, S. 1037; *Schumann*, ZIP 2007, 1189 ff.; vgl. auch OLG Karlsruhe, NStZ 1985, 317 ff., das zwar eine Fremdrechtsanwendung ablehnt, zu einer Strafbarkeit aber über die Annahme einer Auslandstat unter Anwendung der §§ 6, 381 HGB, 91 AktG gelangt – vgl. zur Kritik hieran *Kienle*, GmbHR 2007, 696, 698 Fn. 24; dagegen lässt das AG Stuttgart, Urt. v. 18. 12. 2007, NStZ 2008, 464 (Gründe dort nicht abgedruckt), die Frage des anwendbaren Handelsrechts dahin stehen, da weder nach deutschem noch nach englischem Recht ordnungsgemäß bilanziert worden sei.
⁵⁰ *Rönnau*, ZGR 2005, 832, 847 ff. sieht einen Verstoß gegen den Parlamentsvorbehalt und will statt der Nrn. 5 und 7 i. V. m. ausländischem Handelsrecht auf die Generalklausel des Bankrotttatbestandes in Nr. 8 rekurrieren.
⁵¹ LeipzigerKommStGB/*Tiedemann*, § 283 Rdnr. 92, 244; Schönke/Schröder/*Heine*, StGB, § 283 Rdnr. 29; *Kienle*, GmbHR 2007, 696, 698.
⁵² Urt. v. 18. 12. 2007, NStZ 2008, 464 (dort ohne Gründe).
⁵³ Ausführlich *Rönnau*, ZGR 2005, 832, 853; *Kienle*, GmbHR 2007, 696, 698 und *Schumann*, ZIP 2007, 1189.
⁵⁴ Es besteht damit nur regelmäßig ein Gleichlauf mit dem tatsächlichen Verwaltungssitz i. S. d. gesellschaftsrechtlichen Sitztheorie, die den vorliegend zentralen Aspekt der Erkennbarkeit für Dritte vernachlässigt, vgl. hierzu *Weller*, ZHR 169 (2005), 570, 583; Süß/Wachter/*Kienle*, HdBIntGmbHR, § 3 Rdnr. 117.
⁵⁵ Nach AG Mönchengladbach, ZIP 2004, 1064 und AG Weilheim, ZIP 2005, 1611 sind solche Faktoren der Ort, an dem Geschäfte mit Dritten angebahnt, abgeschlossen und abgewickelt werden, an dem Personal- und Sachmittel zum Einsatz gelangen, an dem die überwiegenden Kundenbeziehungen lokalisiert sind, der Bankverbindung, der Belegenheit der Geschäftsbücher, etc.

venzgericht nur dann zur Ermittlung eines vom Satzungssitz abweichenden Interessenmittelpunktes verpflichtet ist, wenn sich hierfür besondere Anhaltspunkte ergeben; trägt der Antragsteller im Rahmen des Eröffnungsverfahrens die für die Eröffnungszuständigkeit maßgeblichen Umstände nicht hinreichend substantiiert vor, kann das Insolvenzgericht den Antrag ohne weiteres als unzulässig zurückweisen.[56]

2. Insolvenzverschleppung

18   Keine Anwendung finden im Falle von Auslandsgesellschaften konnten dagegen bereits aufgrund des strafrechtlichen Analogieverbotes bislang die rechtsformspezifischen und in den jeweiligen gesellschafts- oder handelsrechtlichen Spezialgesetzen untergebrachten **Insolvenzverschleppungstatbestände,** vorrangig des § 84 Abs. 1 Nr. 2 GmbHG.[57] Im Rahmen der GmbH-Reform durch das MoMiG wurde jedoch nicht nur die Antragspflicht und die Haftungsfolge, sondern auch die Strafnorm in die Insolvenzordnung verlagert und rechtsformunabhängig ausgestaltet, § 15 a Abs. 4, 5 InsO. Damit findet nunmehr auch die strafrechtliche Insolvenzverschleppungshaftung gegenüber den Verantwortlichen von (Schein-)Auslandsgesellschaften Anwendung.[58] Bislang wäre allenfalls über die sog. Generalklausel des § 283 Nr. 8 StGB ein Bankrottdelikt aufgrund der Fortführung eines insolventen Unternehmens anzunehmen gewesen.[59]

3. Untreue

19   Im Zusammenhang mit der **gesellschaftsrechtlichen Untreue** dürften zwar regelmäßig **Handlungs- und Erfolgsort im Inland** belegen und damit § 266 StGB anwendbar sein; indes setzt aber § 266 StGB die Verletzung einer **Vermögensbetreuungspflicht** voraus, für deren Inhalt auf das ausländische Gesellschaftsrecht zurückzugreifen ist.[60] Hervorzuheben ist in diesem Zusammenhang ferner, dass der BGH in seiner Trihotel Entscheidung aus dem Jahre 2007 die Existenzvernichtungshaftung dem Bereich der §§ 30, 31 GmbHG entzogen und in § 826 BGB überführt hat.[61] Damit erscheint es im Hinblick auf § 266 StGB fraglich, ob einem Existenzvernichtungseingriff ein tatbestandsmäßiger Verstoß gegen eine Vermögensbetreuungspflicht anhaftet, da hierfür regelmäßig die Verletzung deliktsrechtlicher Pflichten nicht genügt;[62] indes wird mit einem Existenzvernichtungseingriff regelmäßig noch immer die **Verletzung gesellschaftsrechtlicher Treuepflichten** einhergehen, so dass im Ergebnis in einem solchen Eingriff – wie in der grundlegenden Entscheidung des BGH in Sachen Bremer-Vulkan[63] – auch eine strafrechtliche Untreue liegt;

---

[56] Vgl. AG Köln EuZW 2006, 63 f. – trägt dagegen der Schuldner zu einer Klärung von in seiner Sphäre wurzelnden Umständen nicht bei, kann das Gericht dennoch bereits vor der endgültigen Klärung der Zuständigkeitsfrage Sicherungsmaßnahmen ergreifen, BGH NJW-RR 2007, 1062 ff. Siehe zum Fall einer lediglich vorgetäuschten Sitzverlegung und der diesbezüglichen Amtsermittlung auch BGH NZG 2007, 623 ff.

[57] *Altenhain/Wietz*, NZG 2008, 569, 570; *Kienle*, GmbHR 2007, 696, 697; *Schlösser*, wistra 2006, 81, 84; *Rönnau*, ZGR 2005, 832, 839; abweichend *Gross/Schork*, NZI 2006, 10, 12 ff., die zwar keinen Verstoß gegen das Analogieverbot annehmen, eine Strafbarkeit aber an der fehlenden Insolvenzantragspflicht scheitern lassen, da § 64 Abs. 1 GmbHG gesellschaftsrechtlich qualifizieren; zur Nichtgeltung des Meistbegünstigungsprinzips des § 2 Abs. 3 StGB im Hinblick auf den durch das Finanzmarktstabilisierungsgesetz geänderten Überschuldungsbegriff des § 19 InsO *Fromm/Gierthmühlen*, NZI 2009, 665 ff.

[58] Begrüßend *Bittmann*, wistra 2007, 321; *Richter*, FS Tiedemann, S. 1032 f.

[59] Vgl. *Kienle*, GmbHR 2007, 696 ff.

[60] BGH, NStZ 2010, 632; AG Stuttgart, Urt. v. 18. 12. 2007, NStZ 2008, 464 (ohne Gründe); *Altenhain/Wietz*, NZG 2008, 569, 571; *Richter*, FS Tiedemann, S. 1034; *Schlösser*, wistra 2006, 81, 86; *Gross/Schork*, NZI 2006, 10, 15; *Radtke*, NStZ 2011, 556 ff.; kritisch im Hinblick auf den Parlamentsvorbehalt wiederum *Rönnau*, ZGR 2005, 832, 853 ff.

[61] ZIP 2007, 1552.

[62] So *Weller*, ZIP 2007, 1681, 1688.

[63] BGHSt 49, 147 = NJW 2004, 2248.

freilich ist insoweit wiederum eine Fremdrechtsanwendung geboten. Ebenso auf die Verletzung gesellschaftsrechtlicher Pflichten nach dem Gesellschaftsstatut kommt es im Falle einer Beteiligung der Gesellschaft an einem (oftmals grenzüberschreitenden) *cash pool* an.[64] Im Hinblick auf das englische Gesellschaftsrecht ist für die maßgeblichen Treuepflichten wohl regelmäßig auf die – im Rahmen des Companies Act 2006 weitgehend kodifizierten – *fiduciary duties* abzustellen.[65]

Zu der Verletzung einer Treuepflicht des ausländischen Gesellschaftsrechts muss dann aber noch der **Vermögensnachteil i. S. v. § 266 StGB** hinzukommen, während es auf die Frage, ob zugleich eine zivilrechtliche Haftung wegen Existenzvernichtungseingriff gegeben ist, nicht ankommt.[66] Wie bei der deutschen GmbH muss auch bei einer Auslandsgesellschaft für den Vermögensnachteil i. S. v. § 266 StGB bei einer seitens der Gesellschafter konsentierten Entnahme eine Existenz- oder Liquiditätsgefährdung vorliegen.[67] Allerdings ist zu beachten, dass es neben gläubigerschädigenden Verhaltensweisen während einer Krise auch diejenigen Fälle gibt, in denen sich der Geschäftsführer selbst zum Nachteil der Gesellschaft bereichert.[68] Nur in den Fällen der ersten Kathegorie wird sich regelmäßig die ausländischem Gesellschaftsrecht unterliegende Frage stellen, ob eine **Zustimmung der Gesellschafter zu dem Vermögenstransfer** (etwa auf die Gesellschafter oder eine Nachfolgegesellschaft) wegen fehlender Verfügungsbefugnis, namentlich wegen Angriffs auf das Stammkapital oder wegen Existenzgefährdung, unwirksam ist.[69]

20

Hingewiesen sei schließlich darauf, dass der BGH die **Interessentheorie,** nach der es für die Abgrenzung der Bankrottdelikte der §§ 283 ff. StGB von der Untreue des § 266 StGB darauf ankam, ob der Geschäftsführer einer Gesellschaft zumindest auch im Interesse der Gesellschaft (dann §§ 283 ff. StGB) oder ausschließlich eigennützig (dann § 266 StGB) gehandelt hat, vor kurzer Zeit aufgegeben hat; maßgeblich ist nun, ob der Vertreter „im Geschäftskreis" der Gesellschaft tätig geworden ist oder mit Zustimmung der Vertretenen agiert hat (dann §§ 283 ff StGB).[70]

21

4. Vorenthalten und Veruntreuen von Arbeitsentgelt

Unproblematisch dürfte der Tatbestand des § 266a StGB – **Vorenthalten und Veruntreuen von Arbeitsentgelt** – sein.[71] Problemschwerpunkt ist hier zum einen wie generell im strafrechtlichen Kontext der Scheinauslandsgesellschaften die Feststellung der Verantwortlichen i. S. v. § 14 StGB und zum anderen der Umstand, dass Scheinauslandsgesellschaften häufig zugleich eine Scheinselbständigkeit begründen und damit ein eigentliches – sozialversicherungspflichtiges – Arbeitsverhältnis mit dem Auftraggeber kaschieren (s. o. § 25 Rdnr. 9). Im Falle nicht niederlassungsberechtigter und damit als Personengesell-

22

---

[64] Vgl. zum Cash-Pooling nach dem MoMiG *Klinck/Gärtner*, NZI 2008, 457; zu sog. Upstream-Sicherheiten im Lichte des MoMiG *Tillmann*, NZG 2008, 401.

[65] Hierzu ausführlich *Radtke*, NStZ 2011, 556 ff.; *Richter*, FS Tiedemann, S. 1034; noch zum Rechtszustand unter dem CA 1985 *Schlösser*, wistra 2006, 81, 86.

[66] Eine kaum überschaubare Vermischung von Rechtsordnungen im Rahmen der Existenzvernichtungshaftung befürchten *Altenhain/Wietz*, NZG 2008, 569, 571, die darauf abheben, dass die Treuepflicht zwar ausländischem Gesellschaftsrecht, der Existenzvernichtungseingriff dagegen inländischem Deliktsrecht entspringe, aber seinem Schutzniveau nach dem Gesellschaftsrecht des Gründungslandes anzupassen sei; ähnlich *Schlösser*, wistra 2006, 81, 86; beide übersehen m. E., dass es für die Frage der Strafbarkeit nicht darauf ankommt, ob zugleich eine zivilrechtliche Haftung wegen Existenzvernichtung eingreift – festzustellen sind alleine der Verletzung der gesellschaftsrechtlichen Pflicht, der Vermögensnachteil, Vorsatz, Rechtswidrigkeit und Schuld.

[67] BGHSt 35, 335 = NJW 1989, 112; *Gross/Schork*, NZI 2006, 10, 15.

[68] Hierauf weist zutreffend hin *Richter*, FS Tiedemann, S. 1035.

[69] Ausführlich *Richter*, FS Tiedemann, S. 1035 ff.

[70] Vgl. erstmals BGH, DStR 2009, 2161.

[71] Ausführlich *Richter*, FS Tiedemann, S. 1038 ff.

schaften zu qualifizierender Drittstaatengesellschaften kommt die Arbeitgebereigenschaft wiederum den Gesellschaftern zu.[72]

23   Ferner sei an die **Bindungswirkung der sog. E-101-Bescheinigungen** erinnert (s. o. § 25 Rdnr. 8), die seitens der Behörden des Entsendestaates über ein dort sozialversicherungspflichtiges Beschäftigungsverhältnis zum Zwecke der vorübergehenden Entsendung in das europäische Ausland auf der Grundlage von Werkverträgen ausgestellt werden und den Behörden des Gastlandes eine andere Bewertung mit dem Ergebnis einer inländischen Sozialversicherungspflicht verwehren; insbesondere im Bausektor ist es gebräuchlich, die formal bei einer ausländischen Briefkastengesellschaft beschäftigten und mit E-101 Bescheinigungen ausgestatteten Arbeiter im Inland einzusetzen.[73] Freilich eignet eine derartige Bindungswirkung Bescheinigungen, die auf der Grundlage eines nur **bilateralen Sozialversicherungsabkommens** ausgestellt werden nicht an.[74]

24   Hingewiesen sei schließlich auf die Rechtsprechungsänderung des II. Zivilsenats, der entgegen seiner früheren Linie[75] nunmehr in Übereinstimmung mit dem 5. Strafsenat[76] ebenfalls von einem gesetzlichen **Vorrang der Pflicht zur Abführung von Sozialversicherungsbeiträgen** ausgeht und mithin bei Zahlung keine Erstattungshaftung aus § 64 S. 1 GmbHG mehr annimmt.[77] Eine Nichtabführung außerhalb des Drei-Wochen-Zeitraums des § 15a Abs. 1 InsO begründet eine Strafbarkeit nach § 266a StGB.

5. Betrug

25   Der Betrug kommt im Zusammenhang mit Scheinauslandsgesellschaften häufig in Form des **Eingehungsbetruges** vor, wenn im Namen der Gesellschaften Waren bestellt oder Leistungen beauftragt wurden, obwohl nach der Vermögenslage der Gesellschaft nicht davon ausgegangen werden konnte, dass sie bei Fälligkeit der Gegenleistung zu deren Entrichtung imstande sein würde.[78] Handlungs- und Erfolgsort sind hier regelmäßig im Inland belegen, so dass § 263 StGB gegenüber dem Handelnden, der einen fremdnützigen Eingehungsbetrug zugunsten seiner Gesellschaft begangen hat, zur Anwendung gelangt. Bereits erwähnt wurde, dass bei dem Tatbestand des **Subventionsbetrugs** die internationale Anwendbarkeit sehr weitreichend ist, vom Schutzbereich aber nur deutsche und europäische Subventionsgeber erfasst werden (s. o. Rdnr. 8).

6. Korruptionsdelikte; UWG

26   Auch **Bestechungstaten** oder Vergehen im Bereich des **unlauteren Wettbewerbs** dürften ihren Handlungs- und Erfolgsort im Kontext der Scheinauslandsgesellschaften regelmäßig im Inland haben. Auf die Erweiterung des Schutzbereichs des § 299 StGB auf den **ausländischen Wettbewerb** in Abs. 3 der Vorschrift dürfte es nur in Ausnahmefällen ankommen, wenn die Gesellschaft auch grenzüberschreitend im Ausland tätig wird; dies stellt dann aber kein Spezifikum der Auslandsgesellschaften dar.[79] Für den Bereich der Amtsträger- und Abgeordnetenbestechung ist auf §§ 1–3 IntBestG hinzuweisen. Zu erwähnen ist ferner, dass die Maßstäbe lauteren Wettbewerbs als Regelungen des Verkehrslebens dem inländischen Ortsrecht entstammen und sich eine Auslandsgesellschaft mithin nicht darauf berufen kann, eine nach hiesigen Maßstäben zu beanstandende Wettbewerbshandlung sei nach ihrem Heimatrecht legal.

---

[72] *Richter*, FS Tiedemann, S. 1040.
[73] Vgl. die im Verhältnis zu Portugal ergangene Grundlagenentscheidung BGH, NJW 2007, 233.
[74] So im Verhältnis zu Ungarn für die Zeit vor dem EU-Beitritt Ungarns am 1. 5. 2004 BGH, Urt. v. 24. 10. 2007 – 1 StR 160/07.
[75] NJW 2005, 2546.
[76] NJW 2005, 3650.
[77] NJW 2007, 2118 und NJW-RR 2008, 1253.
[78] Ausführlich *Richter*, FS Tiedemann, S. 1040 f.
[79] Zur Neufassung des § 299 StGB *Kappel/Kienle*, NJW 2007, 3530.

7. Steuerhinterziehung

Bereits hingewiesen wurde auf die Vorschrift des **§ 370 Abs. 6 AO**, wonach auch auch strafbar ist, wenn sich die Tat auf Einfuhr- oder Ausfuhrabgaben bezieht, die von einem anderen Mitgliedstaat der Europäischen Gemeinschaften verwaltet werden oder die einem Mitgliedstaat der Europäischen Freihandelsassoziation oder einem mit dieser assoziierten Staat zustehen; damit soll dem Umstand Rechnung getragen werden, dass das unionsweite Steueraufkommen in bestimmten Bereichen nicht mehr durch die Einzelstaaten verwaltet wird. Erweitert wird hierdurch allerdings nur das Schutzgut, während die Tat ungeachtet dessen nach den Regelungen der §§ 3 ff. StGB deutschem Strafrecht unterstehen muss.

VI. Ordnungswidrigkeitsrecht

Das Ordnungswidrigkeitsrecht folgt einer **strikt territorialen Anknüpfung,** was seinem ordnungspolitischen und gemeinwohlorientierten Charakter entspricht.[80] Nach § 5 OWiG können vorbehaltlich gesetzlicher Sonderbestimmungen nur Ordnungswidrigkeiten geahndet werden, die im räumlichen Geltungsbereich des Gesetzes, d. h. im Staatsgebiet der BRD,[81] begangen werden. Auf die Staatsangehörigkeit des Betroffenen kommt es damit nicht an.[82] Für die Bestimmung des Handlungsortes ist auf § 7 OWiG abzustellen, wonach erforderlich aber auch ausreichend ist, dass ein Teilstück des tatbestandsmäßigen Gesamtverhaltens im Inland verwirklicht wurde.[83] Relevanz besitzen im Zusammenhang mit den Scheinauslandsgesellschaften vornehmlich die §§ 30, 130 OWiG, welche die **Verletzung betriebsbezogener Pflichten** sanktionieren;[84] Voraussetzung ist hierbei zunächst, dass die verletzte Grundpflicht ihrerseits gegenüber der Auslandsgesellschaft Anwendung findet, was aufgrund des wohl meist gegebenen öffentlich-rechtlichen Charakters der Fall sein dürfte. Freilich hat der Gesetzgeber ferner dafür Sorge getragen, dass das deutsche Steueraufkommen auch gegenüber Handlungen geschützt ist, die außerhalb des Staatsgebiets begangen werden, §§ 378 Abs. 1, 379 Abs. 1, 370 Abs. 7 AO.[85]

§ 27 Steuerrecht

Übersicht

	Rdnr.		Rdnr.
I. Körperschaftsteuer	2–9	III. Gewerbesteuer	14
II. Besteuerung auf Ebene der Gesellschafter	10–13	IV. Umsatzsteuer	15

Schrifttum: Siehe Schrifttumshinweise zu § 19; *Anger/Sewtz,* Zum Schachtelprivileg auf Ausschüttungen an eine S-Corporation nach dem DBA-USA 2006, IStR 2009, 273; *Brocke/Hackemann,* BFH: Die Niederlassungsfreiheit beschränkt die Hinzurechnungsbesteuerung, DStR 2010, 368; *Burwitz,* Grenzüberschreitende gewerbesteuerliche Organschaft, NZG 2011, 617; *Eiermann,* Schachtelprivileg auf Ausschüttungen an eine S-Corporation oder einen anderen hybriden Rechtsträger nach dem DBA-USA 2006? Eine Erwiderung auf die Anmerkung von Anger/Seutz in IStR 2008, 852; IStR 2009, 58; *Graf,* Zu den Auswirkungen ausländischen Gesellschaftsrechts auf das deutsche Steuerrecht, NZG 2011, 379; *Graf/Bisle,* Besteuerung und Rechnungslegung der britischen „private company limited by shares", IStR 2004, 873; *Kammeter/Geißelmeier,* Der Rangrücktritt – Bestandsaufnahme

---

[80] Allerdings ergänzt um das Flaggenprinzip und die Möglichkeit gesetzlicher Sonderbestimmungen, KarlsruherKomm/*Rogall*, OWiG, § 5 Rdnr. 1 f.
[81] Zu der tatsächlichen Übereinstimmung des „räumlichen Geltungsbereiches" des OWiG und dem Inlandsbegriff des StGB KarlsruherKomm/*Rogall*, OWiG, § 5 Rdnr. 7.
[82] KarlsruherKomm/*Rogall*, OWiG, § 5 Rdnr. 20.
[83] KarlsruherKomm/*Rogall*, OWiG, § 5 Rdnr. 9.
[84] Hierzu *Kappel/Kienle*, WM 2007, 1441, 1445.
[85] Hierzu KarlsruherKomm/*Rogall*, OWiG, § 5 Rdnr. 33.

§ 27 1–4   5. Kapitel. Ausländische Gesellschaften mit deutschem Verwaltungssitz

und Auswirkungen des MoMiG im Handelsbilanz- und Steuerrecht, NZI 2007, 214; *Korts/Korts,* Die steuerliche Behandlung der in Deutschland tätigen englischen Limited, BB 2005, 1474; *Nottbeck,* Die britische Limited – ein steuerlicher Problemfall?, ZFN 2007, 197; OFD Hannover, Steuerrechtliche Behandlung ausländischer Kapitalgesellschaften, KSt-Kartei ND § 1 KStG Karte F 4; *Wassermeyer,* Ist die deutsche Quellenbesteuerung von Dividenden gegenüber Gesellschaften in EU-Mitgliedstaaten EG-rechtswidrig? EuZW 2010, 1.

1   Wie stets von großem Interesse ist auch im Zusammenhang mit den im Inland ansässigen Auslandsgesellschaften das Steuerrecht, weshalb diesem in dem vorliegenden Handbuch ein eigenständiger Abschnitt gewidmet wird. Vorliegend sollen deshalb lediglich die wesentlichen Linien am Beispiel einer im Inland ansässigen englischen Limited skizziert werden.[1]

I. Körperschaftsteuer

2   Wie bereits mehrfach erwähnt, werben die gewerblichen Anbieter von Auslandsgesellschaften regelmäßig auch mit dem günstigeren Steuersatz, etwa von 20% im Vereinigten Königreich. Freilich ist diese Werbeaussage zumindest irreführend, wenn nicht gar bewusst trügerisch, da dabei verschwiegen wird, dass der ausländische bzw. britische Steuersatz auf die im Ausland betriebenen Gesellschaften regelmäßig keine Anwendung findet.

3   Gemäß **sec. 66 des englischen Finance Act 1988** findet eine Besteuerung von Gesellschaften in England statt, sofern diese dort gegründet wurden und ihren Satzungssitz dort unterhalten, sog. *resident companies,* oder wenn die Hauptverwaltung (*central management and control*) dort angesiedelt ist.[2] Jedenfalls Ersteres ist auch im Falle von im Inland ansässigen Gesellschaften englischen Rechts regelmäßig der Fall, da diese in England gegründet und im dortigen Handelsregister mit dortigem Satzungssitz eingetragen sind. Befindet sich daneben eine bloße **Betriebsstätte** i. S. v. § 12 AO in Deutschland, ist die Gesellschaft mit dem hiesigen Betriebsstättengewinn nach §§ 2 Nr. 1 KStG i. V. m. 49 Abs. 1 Nr. 2 a EStG **beschränkt steuerpflichtig**.[3] Befindet sich demgegenüber – wie im Falle der sog. Scheinauslandsgesellschaften – der tatsächliche **Sitz** bzw. wie regelmäßig die **Geschäftsleitung** i. S. v. §§ 10, 11 Abgabenordnung im Inland, ist die Gesellschaft auch im Inland **unbeschränkt körperschaftsteuerpflichtig,** § 1 Abs. 1 Nr. 1 KStG, sofern sie nach Maßgabe eines **Typenvergleichs** die wesentlichen Charakteristika einer inländischen Kapitalgesellschaft aufweist.[4]

4   Nach dem Vorstehenden ergibt sich, dass eine Gesellschaft, die in England gegründet und registriert wurde, ihren tatsächlichen Geschäftssitz aber in Deutschland hat, grundsätzlich in beiden Staaten der vollen Besteuerung unterworfen wird. Dieser doppelten Besteuerung wirkt das **Doppelbesteuerungsabkommen (DBA)** zwischen der Bundesrepublik und dem Vereinigten Königreich vom 23. 3. 1971 entgegen, dessen Art. II Abs. 1 h) iii) das Besteuerungsrecht ausschließlich demjenigen Staat zuweist, in dessen Gebiet sich der **Ort der tatsächlichen Geschäftsleistung** befindet, sog. *tie-breaker-rule,* vgl. sec. 249 Finance Act 1988.[5] Im Inland mit ihrer Hauptverwaltung ansässige Gesellschaften englischen Rechts unterliegen damit vollständig der deutschen Körperschaftsteuer. Eine bloße Besteuerung des Betriebsstättengewinns findet dagegen statt, wenn es sich lediglich um eine Geschäftsstelle oder Zweigniederlassung einer englischen Gesellschaft mit Hauptsitz im Königreich handelt, § 12 AO, Art. XVIII Abs. 2 a) DBA;[6] freilich ist die Bezeichnung im deutschen Handelsregister als Zweigniederlassung für die Besteuerung nicht vorgeblich, da, wie gezeigt wurde (s. o.

---

[1] Umfassend OFD Hannover, KSt-Kartei ND § 1 KStG Karte F 4.
[2] *Korts/Korts,* BB 2005, 1474; Mennel/Förster/*Müssener,* Steuern in Europa, Amerika und Asien, 2003, Großbritannien, Rdnr. 203; Debatin/Wassermeyer/*McGowan,* Doppelbesteuerung Bd. 3, Art. II Rdnr. 71 f.; *Graf/Bisle,* IStR 2004, 838, 839.
[3] *Nottbeck,* ZFN 2007, 197, 201.
[4] BFH, IStR 2002, 596; 670; *Nottbeck,* ZFN 2007, 197, 201; *Korts/Korts,* BB 2005, 1474, 1475.
[5] *Korts/Korts,* BB 2005, 1474, 1475; vgl. zum Deutsch-Amerikanischen Doppelbesteuerungsabkommen 2006 *Eiermann,* IStR 2009, 58; *Anger/Sewtz,* IStR 2009, 273.
[6] Näher hierzu *Nottbeck,* ZFN 2007, 197, 201.

§ 21 Rdnr. 1) auch eine mit Hauptverwaltung im Inland ansässige Auslandsgesellschaft zwingend eine Zweigniederlassung zur Eintragung zu bringen hat. Nur hingewiesen sei darauf, dass der EuGH in der Entscheidung **Lasteyrie du Saillant** eine französische Regelung, wonach bei einer (Wohn-)Sitzverlegung ins Ausland latente Wertsteigerungen besteuert wurden, als mit der Niederlassungsfreiheit unvereinbar angesehen hat.[7]

Zuständig für die **Veranlagung** der Körperschaftsteuer ist gem. § 20 Abs. 1 AO das Finanzamt am Ort der Geschäftsleitung; erbringt die Auslandsgesellschaft aber Bauleistungen i.S.v. § 48 EStG, so ist nach § 20a AO i.V.m. § 1 UmsatzsteuerzuständigkeitsVO[8] das Finanzamt Hannover-Nord zuständig[9] (vgl. zu dessen Zuständigkeit für die Umsatzbesteuerung Rdnr. 15). In diesem Zusammenhang ist auf die **steuerliche Anzeigepflicht für Notare** hinzuweisen, die bei einer Handelsregisteranmeldung einer Zweigniederlassung einer ausländischen Kapitalgesellschaft verpflichtet sind, dem Finanzamt alle beim Registergericht einzureichenden Dokumente zu übersenden.[10] Problematisch – und jedenfalls theoretisch noch nicht gelöst – ist das Problem der **Einkommensermittlung**, da eine handelsrechtliche Buchführung nach ausländischen Regelungen (s.o. § 24 Rdnr. 2ff.) und auch eine originär steuerliche Buchführung i.S.v. §§ 141 Abs. 1 S. 1, 146 Abs. 2 S. 1 AO – ungeachtet europarechtlicher Bedenken[11] – den Anforderungen nicht genügen.[12] Ausweislich der Erwägungen zur handelsrechtlichen Buchführungspflicht (§ 24 Rdnr. 6), erscheint auch eine handelsrechtliche Buchführungspflicht nach inländischen Vorschriften rein für die steuerlichen Zwecke als überzogen.[13] Erleichterungen werden in der Praxis regelmäßig über § 148 AO gewährt.[14]

Gleichermaßen problematisch gestaltet sich die **Gewinnermittlung**, da sich eine Überschussrechnung gem. § 4 Abs. 3 EStG regelmäßig an der ausländischen Rechnungslegung stößt;[15] eine Gewinnermittlung nach **§ 5 Abs. 1 EStG** wird aufgrund der Handelsbilanz jedenfalls insoweit möglich sein, als die **nach ausländischem Recht erstellte Bilanz** zumindest als **Schätzungsgrundlage** herangezogen werden kann.[16] Zu erwähnen ist in diesem Zusammenhang noch, dass das nunmehr auch auf Auslandsgesellschaften anwendbare und in der InsO enthaltene Recht der Gesellschafterdarlehen auch Auswirkungen auf die Frage der **Passivierbarkeit der Verbindlichkeit** im Rahmen von § 5 Abs. 2a EStG hat; zwar dürfte es sich nunmehr um einen einfachen Rangrücktritt handeln, der nach Ansicht der Finanzverwaltung grundsätzlich dazu führt, dass die Forderung nicht zu passivieren ist,[17] indes ist zweifelhaft, ob diese auf das Vorliegen einer besonders gestalteten vertraglichen Abrede abstellenden Grundsätze auch auf den nunmehr gesetzlich angeordneten Rangrücktritt anzuwenden sind, mit der Folge dass § 5 Abs. 2a EStG nicht greifen würde.[18]

---

[7] NJW 2004, 2439.
[8] V. 20. 12. 2001, BGBl. 2001 I S. 379, zuletzt geändert durch Art. 8 Steuervergünstigungsabbaugesetz v. 16. 5. 2003, BStBl. 2003 I S. 321.
[9] Vgl. auch BMF-Schreiben v. 20. 10. 2006, BStBl. I 2006, 690.
[10] EStDV § 54 Abs. 1 S. 2; hierzu *Wachter*, ZNotP 2008, 113.
[11] EuGH (Futura), Slg. 1997, I-2471: Zusätzliche inländische steuerliche Buchführungspflicht einer europäischen Auslandsgesellschaft als Beeinträchtigung der Niederlassungsfreiheit.
[12] *Korts/Korts*, BB 2005, 1474, 1475; *Eidenmüller/Engert*, AuslKapGes, § 8 Rdnr. 46.
[13] So aber *Korts/Korts*, BB 2005, 1474, 1475; ähnlich *Eidenmüller/Engert*, AuslKapGes, § 8 Rdnr. 48ff.
[14] BeckBilKomm/*Winkeljohann/Klein*, § 238 Rdnr. 37.
[15] *Korts/Korts*, BB 2005, 1474, 1475; *Eidenmüller/Engert*, AuslKapGes, § 8 Rdnr. 51.
[16] Im Ergebnis ebenso *Korts/Korts*, BB 2005, 1474, 1475; a. A. *Eidenmüller/Engert*, AuslKapGes, § 8 Rdnr. 55, der sich für eine originäre Rechnungslegung gem. § 141 AO ausspricht – unterhalb der hierbei geltenden Schwellenwerte ist dadurch aber nichts gewonnen.
[17] BMF-Schreiben vom 18. 8. 2004 – IV A 6 – S. 2133 – 2/04; Schr. V. 8. 9. 2006 – IV B 2 – S. 2133 – 10/06, NZI 2006, 634.
[18] So *Kammeter/Geißelmeier*, NZI 2007, 214, 219.

7 Bedeutung für die internationale Konzernsteuerplanung dürfte die Entscheidung des EuGH in Sachen *Lidl Belgium* haben.[19] Danach ist die Versagung der **grenzüberschreitenden Verrechnung von Betriebsstättenverlusten** grundsätzlich mit der Niederlassungsfreiheit vereinbar, sofern eine Berücksichtigung der Verluste im Betriebsstättenstaat in künftigen Veranlagungszeiträumen möglich ist. Die deutsche Finanzverwaltung hatte die Verrechnung der Verluste einer Betriebsstätte in Luxemburg mit den Einkünften des deutschen Stammhauses versagt. Der EuGH sah hierin zwar eine tatbestandliche Beschränkung der Niederlassungsfreiheit, die aber durch zwingende Gründe des allgemeinen Interesses in Gestalt der Aufteilung der Besteuerungsbefugnisse zwischen den Mitgliedstaaten und der Vermeidung doppelter Verlustberücksichtigung – sog. *Double Dip* – gerechtfertigt sei. Die Hinzurechnungsbesteuerung ausländischer Betriebsstätteneinkünfte gem. § 20 Abs. 2, 3 AStG a. F. hat dagegen der BFH für nicht mit der Niederlassungsfreiheit vereinbar gehalten (Columbus Container Services).[20]

8 Die **Steuererklärungspflicht** i. S. v. §§ 149 AO, 31 KStG, 25 EStG ergibt sich auch für den Geschäftsführer einer im Inland ansässigen Auslandsgesellschaft als deren gesetzlicher Vertreter aus § 34 Abs. 1 AO.[21]

9 Hingewiesen sei noch auf die **Personengesellschaftsformen** der LLP und der LLC englischen bzw. amerikanischen Rechts, derer sich häufig internationale Rechtsanwaltssozietäten bedienen. Zwar weisen beide Gesellschaftsformen, stärker hierbei freilich die LLC, gewisse Strukturkomponenten einer Kapitalgesellschaft auf; dennoch wird im Hinblick auf beide auch für Fragen der Besteuerung von einem personengesellschaftsrechtlichen Charakter auszugehen sein.[22]

II. Besteuerung auf Ebene der Gesellschafter

10 Bei der Besteuerung auf der Ebene der Gesellschafter ist zu unterscheiden zwischen natürlichen und juristischen Personen. Im Falle einer **natürlichen Person** als Gesellschafter kommt bei **inländischem Wohnsitz** gem. § 1 Abs. 1 S. 1 EStG die Abgeltungsteuer gem. §§ 2 Abs. 5 b, 32 d Abs. 1 Satz 1, 43 Abs. 1, Abs. 5 EStG oder das **Teileinkünfteverfahren** der §§ 3 Nr. 40, 20 Abs. 1 Nr. 1 EStG zur Anwendung; von einer daneben eingreifenden Quellensteuer des englischen Rechts sieht Art. 6 Abs. 1 des Doppelbesteuerungsabkommens eine Befreiungsmöglichkeit auf Antrag gegenüber dem *Inspector of Foreign Dividends* vor – anderenfalls wäre die Quellensteuer auf die deutsche Einkommensteuer anzurechnen.[23] Für die auch im Hinblick auf im Inland ansässige Auslandsgesellschaften anfallende **Kapitalertragsteuer** sei hier lediglich auf die §§ 43, 43 a EStG hingewiesen.[24] Ob sich die **Besteuerung von Dividendenzahlungen ins Ausland** in Gestalt einer **Quellensteuer** in Höhe von bis zu 25% als europarechtswidrig erweist, sofern Inlandsdividendenzahlungen von der Steuer befreit sind und/oder niedriger besteuert werden, wird sich im Zuge des seitens der EU-Kommission gegen Deutschland mit Klage vom 23. 7. 2009 angestrengten Verfahrens vor dem EuGH zeigen.[25] In seinem Denkavit-Urteil hat der Gerichtshof bereits entschieden, dass Dividendenzahlungen ins Ausland im Quellenstaat nicht höher besteuert

---

[19] NZG 2008, 505.
[20] Urt. v. 21. 10. 2009 – I R 114/08, DStR 2010, 37 m. Anm. *Brocke/Hackemann* S. 368.
[21] *Korts/Korts*, BB 2005, 1474, 1475.
[22] *Schnittker*, Gesellschafts- und steuerrechtliche Behandlung einer englischen Limited Liability Partnership mit Verwaltungssitz in Deutschland (2006); *Henssler/Mansel*, NJW 2007, 1393, 1400, jew. m. w. N.
[23] Nach a. A. kommt es aufgrund der Ansässigkeit der Limited im Inland infolge der *tie-breaker-rule* erst gar nicht zu einer Besteuerung in England, so dass auch kein Fall der Doppelbesteuerung vorliege, *Korts/Korts*, BB 2005, 1474, 1476.
[24] *Korts/Korts*, BB 2005, 1474, 1476.
[25] C-284/09, ABl. EU 2009, Nr. C 256, S. 8, vgl. auch EU-Kommission, Pressemitteilung vom 19. 3. 2009, EuZW 2009, 234.

werden dürfen als Inlandsdividendenzahlungen[26] und hat dies jüngst im Hinblick auf die entsprechende italienische[27] und auch die finnische[28] Regelung nochmals bekräftigt, so dass ein entsprechendes Verdikt der Europarechtswidrigkeit auch für die deutsche Regelung zu erwarten steht. Dagegen wurde der Einbehalt von Kapitalertragsteuer auf ins Ausland gezahlte Dividenden vom BFH bislang nicht beanstandet.[29]

Hingewiesen sei ferner auf eine Konsequenz aus der Änderung des Eigenkapitalersatzrechts, wonach **Gesellschafterdarlehen** nunmehr stets dem insolvenzrechtlichen Beschlag des § 39 Abs. 1 Nr. 5 InsO unterliegen; bei einem Ausfall mit einem Gesellschafterdarlehen werden zukünftig in Höhe des Nominalwerts **nachträgliche Anschaffungskosten** auf die Beteiligung i. S. v. § 17 EStG anzunehmen sein – entgegen dem bisherigen Recht gilt dies auch für Auslandsgesellschaften.[30] Ob es sich bei Ausschüttungen ausländischer Kapitalgesellschaften an ihre deutschen Anteilseigner um steuerpflichtige Gewinnausschüttungen oder um nicht steuerbare Kapitalrückzahlungen (nachträgliche Ausschüttungskostenminderung) handelt, bestimmt sich nach dem auf die Gesellschaft anwendbaren ausländischen Handels- und Gesellschaftsrecht; EU-Auslandsgesellschaften steht insoweit das gesonderte Feststellungsverfahren gem. § 27 Abs. 8 KStG offen.[31]

Keiner Besteuerung unterliegen regelmäßig die seitens einer im Inland ansässigen **Personengesellschaft** an ihre im Ausland ansässigen Gesellschafter gezahlten Darlehenszinsen, da diese nach Maßgabe von Doppelbesteuerungsabkommen regelmäßig in ihrem Heimatland besteuert werden; aufgrund des um die Zinszahlungen verminderten Gewinns der Gesellschaft[32] eröffnet dies in der internationalen Steuerplanung von Gesellschaften Spielräume, zumal für Dividenden und Lizenzgebühren ähnliche Regeln gelten. Dies gilt allerdings nicht im Verhältnis zu Staaten, mit denen kein Doppelbesteuerungsabkommen besteht (Liechtenstein, Monaco) oder mit denen ein Abkommen besteht, das aber eine diesbezügliche Sonderregelung enthält (Österreich, Schweiz). Der kürzlich entschiedene Fall des BFH betraf eine deutsche Personengesellschaft mit Gesellschaftern in den USA.[33]

III. Gewerbesteuer

Für die Gewerbesteuer kommt es gem. § 2 Abs. 2 Satz 1 GewStG auch bei ausländischen Unternehmen auf die **inländische Betriebsstätte** an, sofern sie in ihrer Rechtsform einer deutschen Kapitalgesellschaft entsprechen (Typenvergleich); ein Gewerbe liegt dann kraft Rechtsform vor.[34] Auch ist zwischenzeitlich die grenzüberschreitende gewerbesteuerliche Organschaft durch den BFH anerkannt.[35]

---

[26] EuZW 2007, 83; vgl. auch EuGH, IStR 2008, 515 (Burda).
[27] EuGH, Urt. v. 19. 11. 2009 – C-540/07, EuZW 2010, 18.
[28] EuGH, Urt. v. 18. 6. 2009 – C-303/08, NZG 2009, 997.
[29] Urt. v. 22. 4. 2009, DStR 2009, 1469; vgl. insgesamt *Wassermeyer*, EuZW 2010. Zum – komplexen – Schachtelprivileg im Deutsch-Amerikanischen DBA *Eiermann*, IStR 2009, 58; *Anger/Sewtz*, IStR 2009, 273.
[30] *Wälzholz*, DStR 2007, 1914, 1918; zur alten Rechtslage *Eidenmüller/Engert*, AuslKapGes, § 8 Rdnr. 77.
[31] BFH, Urt. v. 20. 10. 2010, NZG 2011, 395; *Graf*, NZG 2011, 397.
[32] Regelmäßig werden ansonsten Zinserträge aus einem Gesellschafterdarlehen bei einer Personengesellschaft als gewinnerhöhende Sondervergütungen bei der Besteuerung berücksichtigt.
[33] BFH, Urt. v. 30. 10. 2007 – I R 5/06 zu einer inländischen Personengesellschaft, deren Gesellschafter in den USA ansässig waren.
[34] GewStR 1998: „13. Gewerbebetrieb kraft Rechtsform (1) Nach § 2 Abs. 2 GewStG gilt die Tätigkeit der Kapitalgesellschaften (...) stets und in vollem Umfang als Gewerbebetrieb. (...) (2) Die Vorschrift in § 2 Abs. 2 GewStG gilt auch für ausländische Unternehmen, die im Inland eine Betriebsstätte unterhalten, in ihrer Rechtsform einem inländischen Unternehmen der in § 2 Abs. 2 GewStG bezeichneten Art entsprechen und im Inland rechtsfähig sind. (...)"; vgl. auch die Ländererlasse der obersten Finanzbehörden v. 20. 5. 2005, BStBl. I 2005, S. 727; s. a. *Nottbeck*, ZFN 2007, 197, 201.
[35] Urt. v. 9. 2. 2011 – 2 R 54, 55/10, NZG 2011, 598, hierzu *Burwitz*, NZG 2011, 617.

IV. Umsatzsteuer

14 Bleibt zu erwähnen, dass die Umsatzsteuer an die Lieferung und Leistung im Inland anknüpft, § 2 Abs. 1 UStG; gem. § 21 Abs. 1 S. 2 Abgabenordnung i. V. m. der UmsatzsteuerzuständigkeitsVO ist bundesweit für Auslandsgesellschaften insoweit das **Finanzamt Hannover-Nord** zuständig. Aufgrund der Zuständigkeitsdifferenz für Umsatz- und Ertragsbesteuerung empfiehlt sich regelmäßig eine Zuständigkeitsvereinbarung i. S. v. § 27 AO.[36]

§ 28 Zivilverfahrensrecht

Übersicht

	Rdnr.		Rdnr.
I. Bedeutung der Internationalen Zuständigkeit	1, 2	3. Ausschließlicher Gerichtsstand für gesellschaftsinterne Streitigkeiten	25–29
II. Rechtsquellen und deren Rangverhältnis	3	4. Besonderer Gerichtsstand der Niederlassung	30–33
III. Verordnungen und Staatsverträge	4–8	5. Besonderer Gerichtsstand für Klagen aus Vertrag	34–38
1. Europäische Gerichtsstands- und Vollsteckungsverordnung	6, 7	6. Besonderer Gerichtsstand für Klagen aus Delikt	39–43
2. Europäische Insolvenzverordnung	8	7. Ausschließlicher Gerichtsstand für Zwangsvollstreckungssachen	44
IV. Autonomes nationales Prozessrecht	9, 10	8. Klagen gegen Gesellschafter	45
V. Das *lex fori*-Prinzip und das *forum shopping*	11, 12	9. Vermögensgerichtsstand	46
VI. Einzelne Internationale Gerichtsstände	13–46	VII. Ausgewählte Verfahrensfragen	47–53
1. Gerichtsstandsvereinbarungen; rügelose Einlassung	14–19	1. Partei-, Prozess- und Postulationsfähigkeit, Parteibezeichnung	47
2. Allgemeiner Gerichtsstand des Beklagtenwohnsitzes	20–24	2. Zustellung	48, 49
		3. Prozesskostensicherheit	50, 51
		4. Prozesskostenhilfe	52
		5. Berufungszuständigkeit	53

Schrifttum: Siehe Schrifttumshinweise zu § 19; *Haas,* Die internationale und örtliche Zuständigkeit für Klagen nach § 64 II GmbHG a. F. (bzw. § 64 S. 1 GmbHG n. F.), NZG 2010, 495; *Haas/Vogel,* Durchsetzung gesellschaftsrechtlicher und insolvenzrechtlicher Haftungsansprüche im internationalen Konzern, NZG 2011, 455; *Mankowski,* Insolvenznahe Verfahren im Grenzbereich zwischen EuInsVO und EuGVVO – Zur Entscheidung des EuGH in Sachen German Graphics (NZI 2009, 741), NZI 2010, 508; *Strasser,* Die Inlandszustellung an Auslandsgesellschaften, ZIP 2008, 2111; *Thole,* Die Reichweite des Art. 22 Nr. 2 EuGVVO bei Rechtsstreitigkeiten über Organbeschlüsse, IPRax 2011, 541; *Vollkommer/Huber,* Neues Europäisches Zivilverfahrensrecht in Deutschland – Das Gesetz zur Verbesserung der grenzüberschreitenden Forderungsdurchsetzung und Zustellung, NJW 2009, 1105; *Wais,* Internationale Zuständigkeit bei gesellschaftsrechtlichen Ansprüchen aus Geschäftsführerhaftung gemäß § 64 Abs. 2 Satz 1 GmbHG a. F./§ 64 Satz 1 GmbHG n. F., IPRax 2011, 138.

I. Bedeutung der Internationalen Zuständigkeit

1 Bevor ein Rechtsstreit bei einem Gericht anhängig gemacht wird, obliegt dem Klägervertreter die Prüfung der **Zuständigkeit** des avisierten Gerichts; ist der Rechtsstreit anhängig, hat sich der Beklagtenvertreter dieser Prüfung zu stellen und gegebenenfalls die

---

[36] BMF-Schreiben v. 20. 10. 2006, BStBl. I 2006, 690; *Nottbeck,* ZFN 2007, 197, 202.

Unzuständigkeit zu rügen, vgl. § 39 ZPO, Art. 24 EuGVVO;[1] infolge einer Rüge ist schließlich das angerufene Gericht prüfungspflichtig. Vorstehende Erwägungen sind für den Bereich der **örtlichen Zuständigkeit** geläufig. Der Frage der örtlichen Zuständigkeit vorrangig und von größerer Bedeutung für die Erfolgsaussichten im Rechtsstreit ist aber die Frage der **internationalen Entscheidungszuständigkeit.** Anders als im Falle der örtlichen Zuständigkeit fehlt es den Gerichten bei internationaler Unzuständigkeit an einer **Verweisungsmöglichkeit** nach Art des § 281 ZPO[2] sowie die internationale Zuständigkeit nach dem sog. *lex fori* Grundsatz ferner das anwendbare **Verfahrensrecht** determiniert[3] und auch Implikationen für das in der Sache anwendbare **materielle Recht** haben kann, weshalb es mitunter zum sog. *forum shopping* kommt.[4]

Die **internationale Entscheidungszuständigkeit** besagt zunächst nur, ob die Gerichte eines Staates nach dessen eigenen Prozessrecht zur Entscheidung über den Rechtsstreit berufen sind. Wird die internationale Entscheidungszuständigkeit zu weit gefasst und eröffnet es weitreichende, sog. **exorbitante Zuständigkeiten,** begegnen die auf dieser Zuständigkeitsgrundlage ergangenen Urteile im Ausland oftmals **Anerkennungsschwierigkeiten.**[5] Es sind daher international mehr und international weniger gebräuchliche Zuständigkeitsgründe zu verzeichnen. Global verbreitet ist der Zuständigkeitsgrund des Beklagtenwohnsitzes bzw. –aufenthalts- oder –anwesenheitsortes; weniger gebräuchlich (und unter Geltung der EuGVVO auch ausgeschlossen) ist dagegen der auch in § 23 ZPO vorgehaltene **Vermögensgerichtsstand,** jedenfalls, soweit er keine irgendwie geartete Beziehung des zuständigkeitsbegründenden Vermögens zu dem Rechtsstreit erfordert. Bedient man sich in einer internationalen Streitigkeit mithin eines inländischen, exorbitanten Gerichtsstandes, sind mögliche **Anerkennungshürden** in einem späteren Vollstreckungsstaat zu bedenken.

II. Rechtsquellen und deren Rangverhältnis

Die **Rechtsquellen** der internationalen Zuständigkeit sind aus deutscher Sicht verstreut. In erster Linie geben **europäische Verordnungen** Maß, die nach Art. 288 Abs. 2 AEUV Vorrang vor dem autonom gesetzten Recht der Mitgliedstaaten genießen. Außerhalb des Gemeinschaftsrechts finden die Verordnungen ihr Pendant in **staatsvertraglichen Regelungen,** die im Falle des Ergehens einer späteren Verordnung regelmäßig durch diese verdrängt werden.[6] An letzter Stelle rangiert das autonome **nationale Prozessrecht,** das neben dem EG-Recht auch einschlägigen Staatsverträgen aufgrund deren Anwendungsvorranges weicht.[7] Lediglich dann, wenn der betreffende Staatsvertrag im Sinne eines – regelmäßig im Wege der Auslegung zu ermittelnden – **Günstigkeitsprinzips** dem anerkennungsfreundlicheren nationalen Recht Raum gibt, kann sich dieses auf einer zweiten Rechtsanwendungsebene noch durchsetzen.[8]

III. Verordnungen und Staatsverträge

Gesichertes Terrain des grenzüberschreitenden Zivilrechtsverkehrs bilden **Zuständigkeitsverordnungen** europäischer Provenienz oder **internationale Gerichtsstandsüber-**

---

[1] VO (EG) Nr. 44/2001 des Rates über die gerichtliche Zuständigkeit und die Anerkennung und Vollstreckung von Entscheidungen in Zivil- und Handelssachen vom 22. 12. 2000.
[2] *Kienle,* Internationales Privatrecht, Rdnr. 73.
[3] Hierzu *Kienle,* Internationales Privatrecht, Rdnr. 6 f.
[4] Hierzu *Kienle,* Internationales Privatrecht, Rdnr. 61.
[5] *Kienle,* Internationales Privatrecht, Rdnr. 66.
[6] Vgl. ausdrücklich Art. 69 EuGVVO.
[7] Für das Kollisionsrecht ist dies explizit in Art. 3 Abs. 2 EGBGB niedergelegt, gilt aber generell und damit auch auf dem Gebiet des Verfahrensrechts, vgl. Hirte/Bücker/*Leible,* GrenzübGes, § 12 Rdnr. 1 g.
[8] Hierzu auch Hirte/Bücker/*Leible,* GrenzübGes, § 12 Rdnr. 1 g.

einkommen, die neben vereinheitlichten Gerichtsständen regelmäßig auch ein vereinfachtes Anerkennungs- und Vollstreckbarerklärungsverfahren vorsehen. Während EG-Verordnungen durch einseitigen Rechtssetzungsakt der Gemeinschaft auf der Grundlage von Art. 65 EGV ergehen, bedürfen Staatsverträge gem. Art. 59 GG der Ratifikation und der Transformation in innerstaatliches Recht mittels **Zustimmungsgesetzes,** als dessen Anhang im Bundesgesetzblatt Teil II die verbindliche Fassung des betreffenden Staatsvertrages jeweils veröffentlicht wird.[9]

5 Die wohl bedeutendsten internationalen Übereinkommen sind das Brüssler EWG-Übereinkommen über die gerichtliche Zuständigkeit und die Vollstreckung gerichtlicher Entscheidungen in Zivil- und Handelssachen vom 27. 9. 1968[10] (kurz: **EuGVÜ**) und das als Parallelübereinkommen für EFTA-Staaten konzipierte **Luganer Übereinkommen** über die gerichtliche Zuständigkeit und die Vollstreckung gerichtlicher Entscheidungen in Zivil- und Handelssachen (kurz: **LugÜ**). Während das EuGVÜ durch die Verordnung Nr. 44/2001 über die gerichtliche Zuständigkeit und die Anerkennung und Vollstreckung von Entscheidungen in Zivil- und Handelssachen vom 22. 12. 2000 (kurz: **EuGVVO**) ersetzt wurde[11] und das EuGVÜ daher lange Zeit noch im Verhältnis zwischen den Mitgliedstaaten zu Dänemark sowie für vor dem 1. 3. 2002 anhängig gewordene Sachen galt,[12] gibt im Verhältnis zwischen den Mitgliedstaaten und den Mitgliedern des Luganer Übereinkommens sowie zwischen diesen das LugÜ Maß; nach dem Beitritt Dänemarks im Zuge der letzten Revision gilt das LugÜ auch gegenüber diesem.

1. Europäische Gerichtsstands- und Vollsteckungsverordnung

6 Auf der Grundlage der durch den Vertrag von Amsterdam[13] erweiterten und in Art. 65 EGV niedergelegten **Rechtssetzungskompetenzen der EG** auf dem Gebiet der Justiziellen Zusammenarbeit in Zivilsachen ist am 22. 12. 2000 die EuGVVO als zentrales Instrument auf dem Gebiet des Europäischen Zivilprozessrechts erlassen worden. Die EuGVVO gehört mittlerweile in Rechtspraxis und -theorie zu dem täglichen Brot der in Europa beheimateten Juristen.

7 Nicht abschließend beantwortet ist die Frage, welche Intensität der für die Anwendung der EuGVVO **erforderliche Gemeinschaftsbezug der Streitigkeit** aufweisen muss. Art. 2 und 5 EuGVVO setzten den Beklagtenwohnsitz innerhalb der Europäischen Gemeinschaft voraus. Die Vorschriften über die ausschließlichen Gerichtsstände des Art. 22 EuGVVO setzten ein streitgegenstandsbezogenes Element innerhalb der Gemeinschaft voraus (Sitz der juristischen Person, Belegenheit der Sache, etc.). Fraglich ist, ob darüber hinaus einen weiterer Gemeinschaftsbezug in Gestalt von Berührungspunkten zu mindestens einem weiteren Mitgliedstaat erforderlich ist, sog. **qualifizierter Gemeinschaftsbezug**.[14] EuGH[15] und Schrifttum[16] tendieren eher zu einem weitreichenden Zuständigkeitsverständnis ohne ein der Verordnung ohnehin nicht ausdrücklich zu entnehmendes zusätzliches Erfordernis. Hat der Beklagte allerdings auch keinen Wohnsitz im Hoheitsgebiet eines Mitgliedstaates und ist auch kein ausschließlicher Gerichtsstand nach Art. 22, 23 EuGVVO gegeben, kommen – vorbehaltlich eines Staatsvertrages – gem. Art. 4 Abs. 1 EuGVVO die **nationalen Zuständigkeitsvorschriften** zur Anwendung, womit insbesondere auf die

---

[9] S. a. Hirte/Bücker/*Leible*, GrenzübGes, § 12 Rdnr. 1 c.
[10] BGBl. 1972 II, S. 774, in Kraft getreten am 1. 2. 1973.
[11] Vgl. Art. 68 EuGVVO.
[12] Vgl. Art. 66 Abs. 1 EuGVVO.
[13] Konsolidierte Fassung in Kraft getreten am 1. 5. 1999, BGBl. II, S. 296.
[14] Hierzu *Kienle*, Internationales Privatrecht, Rdnr. 79 f.
[15] EuGH IPRax 2000, 520 (Group Josi Reinsurance Company); hierzu *Gebauer*, ZEuP 2001, 943 ff.
[16] *Heß*, ZSR 2005, 183, 205; Rauscher/*Mankowski*, Art. 2 EuGVVO Rdnr. 11 f. und Rauscher/*Staudinger*, Einleitung Rdnr. 20.

unter der EuGVVO ausgeschlossenen exorbitanten Gerichtsstände, namentlich den Vermögensgerichtsstand des § 23 ZPO, zurückgegriffen werden kann.[17]

2. Europäische Insolvenzverordnung

Im vorliegenden Zusammenhang ist insbesondere die Abgrenzung der Anwendungsbereiche der EuGVVO und der Europäischen Insolvenzverordnung (EuInsVO) von Bedeutung.[18] Gem. Art. 1 Abs. 1 EuInsVO gilt diese für Gesamtverfahren, die die Insolvenz des Schuldners voraussetzen und einen Vermögensbeschlag zur Folge haben; die EuGVVO gilt demgegenüber nach der in Art. 1 Abs. 2b) EuGVVO enthaltenen Bereichsausnahme nicht. Während die Einordnung einer insolvenzrechtlichen Hauptverfahrens regelmäßig keine Schwierigkeiten bereitet, sorgen insbesondere sog. **insolvenztypische Annexverfahren** für Abgrenzungsschwierigkeiten. Es handelt sich hierbei – im Gegensatz zum Gesamtverfahren – um kontradiktorische Verfahren, die jedoch einen starken Bezug zur Insolvenz aufweisen, etwa **Aus- und Absonderungsklagen, Insolvenzanfechtungsklagen** und **Klagen auf Feststellung einer Forderung zur Insolvenztabelle.**[19] Während lange Zeit nur auf die alte Abgrenzungsformel des EuGH zurückgegriffen werden konnte, wonach solche Verfahren dem Insolvenzbereich zugehören, die unmittelbar aus einem Insolvenzverfahren hervorgehen und in engem Zusammenhang damit stehen,[20] hat der EuGH in einer jüngeren Entscheidungssequenz für mehr Klarheit gesorgt.[21] In der Sache *Seagon/Deko Marty* hat er **Insolvenzanfechtungsklagen** der EuInsVO zugewiesen,[22] ebenso war der Insolvenzbezug eng genug bei einer Klage auf Rückübertragung von Geschäftsanteilen wegen **Überschreitung der Befugnisse des Konkursverwalters,** wie der Gerichtshof in Sachen *SCT Industrie/Alpenblume* entschied;[23] dagegen unterstellte er in *German Graphics/von der Schee*[24] eine auf einen **Eigentumsvorbehalt gestützte Herausgabeklage** dem Regime der EuGVVO. Freilich stellen sich diese Abgrenzungsfragen nur dann, wenn bereits ein Insolvenzverfahren anhängig ist; ist dies nicht der Fall oder wurde die Eröffnung eines Insolvenzverfahrens mangels Masse abgewiesen, bemisst sich die internationale Zuständigkeit alleine nach der EuGVVO (bzw. nationalem Recht).[25] Ist dagegen ein Insolvenzverfahren eröffnet und besteht der enge Insolvenzbezug, wird die Zuständigkeit für derartige Einzelklagen zu dem gem. Art. 3 EuInsVO zuständigen Insolvenzgericht gezogen, sog. **vis attractiva concursus.**[26] Nach überwiegender Auffassung fallen hierunter auch **Klagen aus § 64 S. 1 GmbHG,** die lediglich das OLG Karlsruhe auch bei laufendem Insolvenzverfahren dem Deliktsgerichtsstand des Art. 5 Nr. 3 EuGVVO zuweisen will.[27] Zweifelsohne insolvenzrechtlicher Natur sind dagegen nach Überführung der Haftung in die Insolvenzordnung Klagen wegen **Insolvenzverschleppung** gem. § 15 a InsO.

IV. Autonomes nationales Prozessrecht

Fehlt es an einer einschlägigen EG-Verordnung oder an einer staatsvertraglichen Regelung, kommt das **autonome**, d.h. frei von völkerrechtlichen Bindungen gesetzte **nationale Zuständigkeitsregime** zum Tragen. Internationalverfahrensrechtliche Regelungen sind hierin an der jeweils systematisch einschlägigen Stelle des vorrangig für rein nationale Strei-

---

[17] Entsprechendes gilt für das LugÜ, vgl. OLG Stuttgart, NJOZ 2007, 716.
[18] Ausführlich Süß/Wachter/*Kienle*, MdBIntGesR, § 3 Rdnr. 102 ff.; *Kienle*, Internationales Privatrecht, Rdnr. 383.
[19] *Haas/Vogel*, NZG 2011, 455, 456.
[20] I. Sa. *Gourdain/Nadler*, Slg. 1979, 733.
[21] Hierzu *Haas*, NZG 2010, 495; *Mankowski*, NZI 2010, 508; *Wais*, IPRax 2011, 138.
[22] IPrax 2009, 513; Folgeentscheidung des BGH RIW 2009, 565.
[23] EuZW 2009, 610.
[24] NZI 2009, 741.
[25] *Haas*, NZI 2010, 495, 497.
[26] Wachter/Süß/*Kienle*, HdBIntGmbHR, § 3 Rn. 102.
[27] EuZW 2010, 359; für EuInsVO dagegen *Haas*, NZG 2010, 495 und *Wais*, IPRax 2011, 138.

tigkeiten konzipierten Verfahrensrechts enthalten und nicht in einem eigenständigen, geschlossenen Regelungskomplex. Das autonome nationale Recht hält eine ausdrückliche Regelung der **internationalen Entscheidungszuständigkeit** lediglich in den §§ 98 ff. FamFG vor; im Übrigen werden die Vorschriften der **§§ 12 ff.** ZPO über die örtliche Zuständigkeit **doppelfunktional** in dem Sinne herangezogen, als eine danach bestehende örtliche Entscheidungszuständigkeit die internationale Zuständigkeit impliziert.[28]

10   In verfahrensrechtlicher Hinsicht hält die ZPO in § 55 eine Regelung über die **Prozessfähigkeit** von Ausländern, in §§ 110–113 Vorschriften über die **Prozesskostensicherheit** für Kläger, die ihren gewöhnlichen Aufenthalt außerhalb der EU bzw. des Europäischen Wirtschaftsraums haben, in §§ 183, 184 über die **Zustellung** im Ausland, in § 293 über die **Ermittlung fremden Rechts**, in §§ 363, 364, 369 über die **Beweisaufnahme** im Ausland, in § 438 über **ausländische öffentliche Urkunden**, in §§ 328, 722, 723 über die **Anerkennung und Vollstreckbarerklärung ausländischer Urteile,** in § 1061 über die Anerkennung und Vollstreckung **ausländischer Schiedssprüche** und schließlich in §§ 1067 über die **Justizielle Zusammenarbeit in der Europäischen Union** vor, während der **Rechtshilfeverkehr** mit dem Ausland im Übrigen in der ZRHO geregelt ist.

V. Das *lex fori*-Prinzip und das *forum shopping*

11   Das weltweit verbreitete sog. ***lex fori*-Prinzip** besagt, dass ein **angerufenes Gericht sein eigenes Verfahrensrecht** anwendet.[29] Bestandteil des Verfahrensrechts im Sinne des *lex fori*-Prinzips ist jedoch nicht nur das Prozessrecht im engeren Sinne, sondern auch das Kollisionsrecht als Verfahrensrecht im weiteren Sinne als Regelungswerk zur Ermittlung des in der Sache anwendbaren Rechts. Vorbehaltlich einer **Vereinheitlichung des Kollisions-** oder des **Sachrechts,** wie sie bislang auf europäischer Ebene in Teilbereichen und weltweit nur fragmentarisch anzutreffen ist, hat die Wahl des Forums daher mitunter einen bedeutenden Einfluss auf das in der Sache anwendbare Recht. Freilich wird dieser Befund insoweit abgemildert, als zahlreiche **international gebräuchliche Anknüpfungsregelungen** zu konstatieren sind und ferner das **Prinzip der Gesamtverweisung**,[30] soweit es befolgt wird, ebenfalls häufig dazu führt, dass das Recht desjenigen Staates zum Zuge kommt, zu dem der Sachverhalt die engste Verbindung aufweist. Um diesen sog. **Internationalen Entscheidungseinklang** sind jedoch nicht alle Rechtsordnungen gleichermaßen bemüht.[31]

12   Auch das **Verfahrensrecht im engeren Sinne** aber kann einer Partei mehr oder weniger günstig sein. Plastisches Beispiel ist insoweit das in den US amerikanischen Verfahrensordnungen anzutreffende *Discovery*-Beweisverfahren, das gegenüber der deutschen Zivilprozessordnung erheblich weiterreichende Eingriffe und Parteipflichten vorsieht. Jedenfalls ist es aus Gründen der **anwaltlichen Sorgfalt** zwingend, die Wahl des Gerichtsortes unter Berücksichtigung sämtlicher vorgenannter Gesichtspunkte zu treffen.

VI. Einzelne Internationale Gerichtsstände

13   Im Folgenden sollen einzelne relevante Gerichtsstände umrissen werden; hierbei soll sich die Darstellung auf die Vorschriften der EuGVVO konzentrieren, während für das nationa-

---

[28] So bereits RGZ 126, 196, 198; 150, 265, 268; BGHZ 44, 46 = NJW 1965, 1665; BGHZ 115, 90, 92 = NJW 1991, 3092; BGHZ 119, 392, 393 = NJW 1993, 385; BGHZ 120, 335, 337 = NJW 1993, 1073; vgl. auch *Kienle*, Internationales Privatrecht, Rdnr. 119.

[29] *Kienle*, Internationales Privatrecht, Rdnr. 6 f.

[30] Hierzu *Kienle*, Internationales Privatrecht, Rdnr. 31 ff.

[31] Vgl. zum Internationalen Entscheidungseinklang und anderen kollisionsrechtlichen Interessen *Kienle*, Internationales Privatrecht, Rdnr. 60 ff.

le Recht, vorbehaltlich knapp gehaltener Hinweise, auf die allseits zugänglichen Quellen verwiesen sei.[32]

1. Gerichtsstandsvereinbarungen; rügelose Einlassung

Gerichtsstandsvereinbarungen sind Gegenstand der Regelung des Art. 23 EuGVVO.[33] Haben danach die Parteien eines Verfahrens, von denen mindestens eine ihren Wohnsitz im Hoheitsgebiet eines Mitgliedstaats hat, vereinbart, dass ein Gericht oder die Gerichte eines Mitgliedstaats über eine **bereits entstandene Rechtsstreitigkeit** oder über eine **künftige aus einem bestimmten Rechtsverhältnis entspringende Rechtsstreitigkeit** entscheiden sollen, so sind dieses Gericht oder die Gerichte dieses Mitgliedstaats (vorbehaltlich einer abweichenden Abrede) **ausschließlich international zuständig.** In formeller Hinsicht muss die Gerichtsstandsvereinbarung entweder

- **schriftlich** oder mündlich mit **schriftlicher Bestätigung** (lit. a)),
- in einer Form, welche den **Gepflogenheiten** entspricht, die zwischen den Parteien entstanden sind (lit. b)), oder
- in einer Form, die einem **Handelsbrauch** entspricht, den die Parteien kannten oder kennen mussten und den Parteien von Verträgen dieser Art allgemein kennen und regelmäßig beachten (lit. c))

geschlossen werden.

Nach Art. 23 Abs. 2 sind **elektronische Übermittlungen,** die eine dauerhafte Aufzeichnung der Vereinbarung ermöglichen, der Schriftform gleichgestellt. **Nicht abdingbar** durch Gerichtsstandsklausel sind nach Art. 23 Abs. 5 EuGVVO die **ausschließlichen Gerichtsstände** des Art. 22 EuGVVO sowie sich auch die besonderen Schutzvorschriften der Art. 13, 17 und 21 EuGVVO gegenüber einer Gerichtsstandsvereinbarung durchsetzen.

Im vorliegenden Zusammenhang ist hervorzuheben, dass eine derartige Gerichtsstandsvereinbarung auch in **Gesellschaftsverträgen** bzw. **Satzungen** enthalten sein und sich auf Auseinandersetzungen zwischen den Gesellschaftern sowie zwischen der Gesellschaft und ihren Gesellschaftern oder Organen erstrecken kann. Der BGH hat einer in der Satzung einer Aktiengesellschaft enthaltenen Gerichtsstandsklausel **körperschaftsrechtlichen Charakter** beigemessen, wenn diese für einen unbestimmten Personenkreis, d.h. gegenwärtige und künftige Aktionäre, Bedeutung hat; erfasst werden von einer solchen Klausel ausschließlich künftige, aus dem Rechtsverhältnis zwischen der Aktiengesellschaft und ihren Aktionären als solchen entspringende Rechtsstreitigkeiten; nicht erfasst werden dagegen Auseinandersetzungen, denen nicht das mitgliedschaftliche Rechtsverhältnis zugrunde liegt, sondern die aus sonstigen – insbesondere schuldrechtlichen – Rechtsverhältnissen hervorgehen und damit dem **individualrechtlichen Bereich** zuzuordnen sind.[34] Es wird demgegenüber vorgeschlagen, mittels einer weitreichenderen Formulierung der Satzungsklausel auch individualrechtliche Streitigkeiten einzubeziehen.[35]

Wie der EuGH in der Rechtssache *Duffryn/Petereit* hervorgehoben hat, unterfällt die Satzung dem Vertragsbegriff der Verordnung, so dass eine dort enthaltene Gerichtsstandsklausel als **Vereinbarung i. S. d. Art. 23 EuGVVO** anzusehen ist; eine Bindung besteht auch im Hinblick auf solche Aktionäre bzw. Gesellschafter, die gegen die Aufnahme der Klausel gestimmt haben oder erst nach deren Aufnahme Gesellschafter geworden sind, da sie jedenfalls durch ihren Verbleib bzw. ihren Beitritt ihr Einverständnis mit der Satzung als Ganzes und ihrer Bindung hieran zum Ausdruck gebracht haben.[36] Ergänzend verlangt der

---

[32] Überblicksartig zu den autonomen Gerichtsständen des nationalen Rechts *Kienle*, Internationales Privatrecht, Rdnr. 119 ff.
[33] Ausführlich *Kienle*, Internationales Privatrecht, Rdnr. 108 ff.
[34] BGH NJW 1994, 51 = BGHZ 123, 347.
[35] Hirte/Bücker/*Leible*, GrenzübGes, § 12 Rdnr. 33; Rauscher/*Mankowski* EuZPR Art. 23 Brüssel I-VO Rdnr. 51.
[36] EuGH Slg. 1992, I-1769; vgl. auch *Mülbert* ZZP 118 (2005), 313; noch zu Art. 17 EuGVÜ dagegen die zitierte Entscheidung des BGH, NJW 1994, 51.

EuGH allerdings, dass die Satzung bzw. der Gesellschaftsvertrag an einem den Aktionären bzw. Gesellschaftern zugänglichen Ort hinterlegt oder in einem öffentlichen Register einsehbar ist.[37] Dies dürfte jedenfalls bei einer deutschen Gesellschaft aufgrund der beim Registergericht verwahrten und jedermann einsehbaren Dokumente der Fall sein, §§ 37 Abs. 4 Nr. 1, Abs. 6, 181 Abs. 1 AktG, 8 Abs. 1 Nr. 1, 54 Abs. 1 GmbHG, 9 Abs. 1 HGB.[38]

18 Außerhalb einer ausschließlichen Zuständigkeit nach Art. 22 EuGVVO kann sich die Zuständigkeit eines Gerichts gem. Art. 24 EuGVVO auch infolge **rügeloser Einlassung** ergeben.[39] Der Beklagte muss daher die Zuständigkeit rügen, bevor er sich (hilfsweise) zur Sache einlässt. Das Gericht überprüft auf die Rüge seine Zuständigkeit nach Art. 25, 26 EuGVVO und erklärt sich ggf. für unzuständig; eine grenzüberschreitende Verweisung des Rechtsstreits nach Art des § 281 ZPO kommt hierbei nicht in Betracht. Auch für Art. 24 EuGVVO ist erforderlich, dass mindestens eine Partei ihren Wohnsitz in einem Mitgliedstaat hat,[40] andernfalls gilt die nationale Regelung des § 39 ZPO. Hinzuweisen ist hierbei auf einen **wesentlichen Unterschied:** Während § 39 ZPO erst dann von einer rügelosen Einlassung ausgeht, wenn der Beklagte rügelos zur Hauptsache verhandelt (Stellung der Anträge), genügt für Art. 24 EuGVVO bereits, dass er sich durch irgendeine Verteidigungshandlung auf das Verfahren einlässt; im Geltungsbereich der EuGVVO wirkt daher bereits eine Einlassung im schriftlichen Vorverfahren zuständigkeitsbegründend.[41]

19 Für natürliche Personen strengere Anforderungen an eine Gerichtsstandsvereinbarung enthalten die nationalen Vorschriften der §§ 38, 40 ZPO, wonach diese nur nach dem Entstehen der Streitigkeit eine Gerichtsstandsvereinbarung treffen können; demgegenüber können nach § 38 Abs. 1 ZPO Kaufleute, juristische Personen des öffentlichen Rechts oder öffentlich-rechtliche Sondervermögen auch *ex ante* eine Gerichtsstandsvereinbarung treffen – dann allerdings im Gegensatz zu Art. 23 EuGVVO grundsätzlich **formlos.** Hierbei ist zu beachten, dass Kaufleute und die sonstigen in Abs. 1 Genannten trotz der Sondervorschrift des Abs. 2 für grenzüberschreitende Konstellationen entgegen der dort vorgesehen Schriftform nicht des ihnen unter Abs. 1 eingeräumten Privilegs einer formlosen Vereinbarung beraubt werden sollen – der von Abs. 2 vorgesehenen Schriftform bedarf es mithin nicht.[42]

2. Allgemeiner Gerichtsstand des Beklagtenwohnsitzes

20 Wie auch im nationalen Recht, wird auch im Rahmen der EuGVVO der allgemeine Gerichtsstand durch den Wohnsitz des Beklagten vermittelt. Es gilt der Grundsatz des *actor sequitur forum rei,* Art. 2 Abs. 1 EuGVVO. Zur Ermittlung, ob eine **natürliche Person** ihren Wohnsitz in einem Mitgliedstaat hat, ist nach Art. 59 EuGVVO das Recht desjenigen Staates anzuwenden, in dessen Hoheitsgebiet der Wohnsitz belegen sein soll. Demgegenüber hält die Verordnung für **juristische Personen** und Gesellschaften eine autonome Bestimmung des Sitzes vor: Für juristische Personen und Gesellschaften bestimmt Art. 60 EuGVVO, dass als Wohnsitz der Ort gilt, an dem sich der **Sat-**

---

[37] EuGH aaO.
[38] Vgl. BGH NJW 1994, 51, 52; Lutter/Hommelhoff/*Lutter/Bayer* GmbHG A. § 3 Rdnr. 56; Hirte/Bücker/*Leible*, GrenzübGes, § 12 Rdnr. 31.
[39] Im Gegensatz zu einer konkludenten Gerichtsstandsvereinbarung setzt die rügelose Einlassung kein Erklärungsbewusstsein voraus. Eine rügelose Einlassung setzt sich auch gegenüber einer Zuständigkeit nach den Art. 8 ff., 15 ff., 18 ff. EuGVVO durch, Thomas/Putzo/*Hüßtege*, Art. 24 EuGVVO Rdnr. 1; *Kienle*, Internationales Privatrecht, Rdnr. 113.
[40] Thomas/Putzo/*Hüßtege*, Art. 24 EuGVVO Rdnr. 1; *Kropholler*, § 58 IV 6, S. 631.
[41] Vgl. *Kienle*, Internationales Privatrecht, Rdnr. 113, 125; nicht ausreichend ist aber die bloße Anzeige der Verteidigungsbereitschaft gem. § 276 Abs. 1 ZPO, da dies noch keine hinreichende Einlassung bedeutet, LG Frankfurt a. M. EuZW 1990, 581.
[42] Vgl. Thomas/Putzo/*Reichold*, § 38 ZPO Rdnr. 15; *Kienle*, Internationales Privatrecht, Rdnr. 125.

zungssitz (lit. a), die **Hauptverwaltung** (lit. b) oder die **Hauptniederlassung** (lit. c) befindet.

Satzungsmäßiger Sitz der Gesellschaft ist der im Gründungsdokument oder im Gesellschaftsvertrag ausgewiesene Ort, nicht dagegen der Ort der Registereintragung, wenngleich beides freilich oftmals übereinstimmen dürfte; Art. 60 Abs. 2 EuGVVO enthält eine Sonderbestimmung für das Vereinigte Königreich und für Irland, wonach an Stelle des Satzungssitzes das *registered office* als die im Gesellschaftsregister ausgewiesene Geschäftsanschrift tritt; hilfsweise ist der Gründungsort – *place of incorporation* – oder der Ort maßgeblich, nach dessen Recht die Gründung erfolgte. Sitz der **Hauptverwaltung** ist derjenige Ort, an dem die grundlegenden Entscheidungen der Unternehmensleitung effektiv in laufende Geschäftsführungsmaßnahmen umgesetzt werden, der Ort der geschäftlichen Oberleitung.[43] Der allgemeinen Zuständigkeit nicht entziehen kann sich eine im Inland ansässige Auslandsgesellschaft dadurch, dass sie ihre *de facto* Hauptverwaltung als Zweigniederlassung zur Eintragung in das Handelsregister anmeldet (wozu sie überdies verpflichtet ist, § 21 Rdnr. 1).[44] Die **Hauptniederlassung** i. S. v. Art. 60 Abs. 1 EuGVVO ist dort belegen, wo die Gesellschaft ihren Geschäftsbetrieb schwerpunktmäßig betreibt, was zwar regelmäßig, nicht aber zwingend identisch mit der eher geschäftsführungsbezogenen Hauptverwaltung ist. Das BayObLG hat im vorliegenden Zusammenhang der Auslandsgesellschaften klargestellt, dass auch im Falle einer Auslandsgesellschaft, die überwiegend oder vollständig im Inland Geschäfte betreibt, nicht automatisch ein allgemeiner Gerichtsstand anzunehmen ist; vielmehr sei das Vorliegen einer inländischen Hauptverwaltung oder Hauptniederlassung im Einzelfall näher zu prüfen.[45]

Ein irgendwie geartetes **Stufenverhältnis** zwischen den drei Varianten der Wohnsitzbestimmung existiert nicht.[46] Der Kläger erhält durch die alternative Maßgeblichkeit der drei Zuständigkeitsmerkmale letztlich **mehrere Chancen auf einen Gerichtsstand** in dem Mitgliedstaat seiner Präferenz; andererseits beugt die Regelung gerade den Bestrebungen so manchen Unternehmers vor, sich durch die Wahl eines bestimmten Gründungs- bzw. Satzungssitzes einer Gerichtspflicht am Ort seines Verwaltungssitzes zu entziehen. Sind auf der Grundlage der Art. 2, 60 EuGVVO mehrere Gerichtsstände eröffnet, hat der Kläger ein **Wahlrecht**.[47] Die Wohnsitzalternativen des Art. 60 Abs. 1 EuGVVO korrespondieren mit den Anknüpfungsmomenten für die **Niederlassungsfreiheit** in Art. 49, 54 AEUV, so dass auf die hierzu ergangene Rechtsprechung zurückgegriffen werden kann.[48]

Freilich setzt die Anwendbarkeit von Art. 60 EuGVVO zunächst voraus, dass die beklagte Partei überhaupt als Gesellschaft oder als juristische Person zu qualifizieren ist. Da die EuGVVO insoweit selbst **keine prozessuale Kollisionsnorm über die Anerkennung** vorhält, kann es unter Berücksichtigung des *lex fori*-Grundsatzes nur darauf ankommen, ob das Recht des angerufenen Gerichts das Gebilde als Gesellschaft oder als juristische Person ansieht. Wird eine Auslands(kapital)gesellschaft mit Verwaltungssitz im Inland in eine **inländische Personen- oder Personenhandelsgesellschaft** umqualifiziert, ist mithin Art. 60 EuGVVO einschlägig, während die Einstufung als Einzelkaufmann und damit als **natürliche Person** zu der Wohnsitzbestimmung über Art. 59 EuGVVO führt.[49]

Art. 2, 60 EuGVVO enthalten nur eine Regelung über die internationale Zuständigkeit, während sich die **örtliche Zuständigkeit** aus dem **nationalen Prozessrecht** ergibt. Nach § 17 ZPO ist zunächst auf den **Satzungssitz** (Abs. 1 S. 1), hilfsweise auf den **Ver-**

---

[43] Hierzu BGH EuZW 2007, 580; MüKo/*Kindler* IntGesR Rdnr. 420; Hirte/Bücker/*Leible*, GrenzübGes, § 12 Rdnr. 3.
[44] Hirte/Bücker/*Leible*, GrenzübGes, § 12 Rdnr. 3; *Altmeppen/Wilhelm* DB 2004, 1083, 1087.
[45] DNotZ 2006, 151, das Urteil betraf eine englische Limited.
[46] Rauscher/*Staudinger* Art. 60 Brüssel-I VO Rdnr. 1; Anders noch Art. 2 Abs. 2 des Vorschlags der Kommission für die Refom des EuGVÜ, KOM (1997) 609, ABl. EG 1998 C 33/20, 21.
[47] *Kienle*, Internationales Privatrecht, Rdnr. 82.
[48] Hirte/Bücker/*Leible*, GrenzübGes, § 12 Rdnr. 3.
[49] Ebenso Hirte/Bücker/*Leible*, GrenzübGes, § 12 Rdnr. 2a.

waltungssitz abzustellen (Abs. 2 S. 2).[50] Beruht die internationale Zuständigkeit auf der inländischen Hauptniederlassung, während sich weder Satzungs-, noch Verwaltungssitz im Inland befinden, entsteht somit auf der Ebene der örtlichen Zuständigkeit ein Vakuum. Der Vorschlag, hier über die besondere örtliche Zuständigkeit des § 21 ZPO am Ort der Niederlassung Abhilfe zu schaffen,[51] ist wegen des dann erforderlichen Bezugs der Streitigkeit zu der Niederlassung nicht zureichend. Vielmehr ist in diesem Falle nach dem Vorbild von Art. 102 § 1 Abs. 1 EGInsO aus der internationalen Zuständigkeit die örtliche Zuständigkeit abzuleiten.[52] Freilich dürfte diese Konstellation aufgrund des regelmäßigen Zusammentreffens von Hauptniederlassung und Hauptverwaltung äußerst selten eintreten. Lediglich hingewiesen sei noch auf die Entscheidung des OLG Frankfurt, die sich mit dem Gerichtsstand einer englischen Limited im Rahmen des **Mahnbescheidsverfahrens** befasst; dort konnte die Prüfung einer inländischen Hauptniederlassung wegen der dort jedenfalls belegenen und auch im Rahmen des § 17 ZPO für die inländische Zuständigkeitsverteilung maßgeblichen Hauptverwaltung dahinstehen.[53]

3. Ausschließlicher Gerichtsstand für gesellschaftsinterne Streitigkeiten

25 Gemäß Art. 22 Nr. 2 EuGVVO sind für Klagen, welche die Gültigkeit, die Nichtigkeit oder die Auflösung einer Gesellschaft oder juristischen Person oder die Gültigkeit der Beschlüsse ihrer Organe zum Gegenstand haben, die Gerichte des Mitgliedstaats ausschließlich zuständig, in dessen Hoheitsgebiet die Gesellschaft oder juristische Person ihren Sitz hat.

26 Der Zweck der Vorschrift besteht zunächst darin, durch die **Zuständigkeitskonzentration** das Ergehen sich widersprechender Entscheidungen über das Bestehen von Gesellschaften oder die Gültigkeit der Entscheidungen ihrer Organe zu verhindern, da die erfassten Streitgegenstände regelmäßig eine Vielzahl von Personen, namentlich Gesellschafter bzw. Anteilseigner, betrifft. Ferner wird durch die Zuständigkeit der Gerichte des Sitzstaates ein **Gleichlauf mit dem anwendbaren Gesellschaftsrecht** erzeugt, da die Zuständigkeit anders als unter den Art. 2, 60 EuGVVO dem kollisionsrechtlichen Sitz folgt (s. sogl. Rdnr. 28). Schließlich sind die Gerichte des Mitgliedstaates, in dem die Gesellschaft ihren Sitz hat, am besten in der Lage, über die entsprechenden Streitigkeiten zu entscheiden, weil die **Förmlichkeiten der Publizität** für die Gesellschaft in diesem Staat erfüllt werden.[54]

27 Der Kreis der erfassten **Streitgegenstände** ist tatbestandlich umgrenzt. Ob eine bestimmte Klage nach nationalem Gesellschaftsrecht den verordnungsautonom auszulegenden Zuständigkeitsbegriffen unterfällt, ist anhand einer **funktionellen Qualifikation** zu ermitteln.[55] Aus deutscher Sicht erfasst werden **Nichtigkeitsklagen** gem. §§ 75 GmbHG, 275 AktG, 94 GenG, **Auflösungsklagen** gem. §§ 133, 161 Abs. 2 HGB, 61 GmbHG sowie **Beschlussanfechtungsklagen** gem. §§ 246 AktG, 51 GenG.[56] Unter die Variante der Beschlussklage kann auch die Klage gegen die Einberufung einer Gesellschafterversammlung durch Geschäftsführungsorgane gefasst werden.[57] Generell wird erwogen, in **teleolo-**

---

[50] *Kienle*, Internationales Privatrecht, Rdnr. 120.
[51] So Hirte/Bücker/*Leible*, GrenzübGes, § 12 Rdnr. 5.
[52] Hierzu *Kienle*, NotBZ 2008, 245, 249.
[53] NZG 2008, 235.
[54] Zum Vorstehenden zuletzt EuGH NZG 2009, 28, 29 (Hasset/Southe Eastern Health Board); s. a. Rauscher/*Mankowski* Brüssel I-VO Art. 22 Rdnr. 34; *Kropholler* IZVR EuGVO Art. 22 Rdnr. 33; Hirte/Bücker/*Leible*, GrenzübGes, § 12 Rdnr. 7.
[55] Vgl. zur autonomen Qualifikation der zuständigkeitsbegründenden Begriffe *Kienle*, Internationales Privatrecht Rdnr. 75.
[56] Vgl. Rauscher/*Mankowski* Brüssel I-VO Art. 22 Rdnr. 34 ff.; *Geimer/Schütze* EuGVO Art. 22 Rdnr. 155 ff.; umfassend *Bauer* Die internationale Zuständigkeit bei gesellschaftsrechtlichen Klagen unter besonderer Berücksichtigung des EuGVÜ, S. 100 ff.
[57] Rauscher/*Mankowski* Brüssel I-VO Art. 22 Rdnr. 32; Hirte/Bücker/*Leible*, GrenzübGes, § 12 Rdnr. 12.

gischer Erweiterung des Wortlauts sämtliche gesellschaftsinternen Streitigkeiten betreffend die Organisationsverfassung der Gesellschaft unter die Zuständigkeit zu fassen.[58] Dem dürfte indes die seitens des EuGH stets betonte, gebotene enge Auslegung des Gerichtsstandes zuwiderlaufen.[59] Unzweifelhaft nicht erfasst werden aber Ansprüche zwischen den Gesellschaftern, die auf Leistung gerichtet sind; dem OLG Hamm lag eine Klage eines Gesellschafters gegen einen in einem anderen Mitgliedstaat lebenden früheren Mitgesellschafter aus einem im Rahmen dessen Ausscheidens geschlossenen Auseinandersetzungsvertrag vor – anstelle des ausschließlichen Gerichtsstandes des Art. 22 Nr. 2 ergab sich eine Zuständigkeit aus dem Vertragsgerichtsstand des Art. 5 Nr. 1 EuGVVO.[60] Der EuGH hat jüngst noch einmal klargestellt, dass es für die Eröffnung des Gerichtsstandes nicht ausreichend ist, dass eine Klage in irgendeinem Zusammenhang mit einer von einem Gesellschaftsorgan erlassenen Entscheidung steht, vielmehr müsse sich die Klage gegen die **Gültigkeit einer Entscheidung im Hinblick auf das geltende Gesellschafts- oder Satzungsrecht** richten; in dem zugrunde liegenden Fall hatten sich zwei Mitglieder eines als Gesellschaft mit beschränkter Haftung englischen Rechts organisierten ärztlichen Berufsverbandes gegen die Entscheidung deren Vorstandes gewendet, sie wegen gegen sie gerichteter Haftungsansprüche nicht zu unterstützen; damit wurde mit der Klage nicht die fehlende Befugnis des Vorstandes zu dieser Entscheidung angegriffen, sondern die Art und Weise ihrer Ausübung.[61] Auch ist der Gerichtsstand nach der jüngsten – zutreffenden – Entscheidung des EuGH in Sachen BVG/JPMorgan[62] nicht allein deswegen eröffnet, weil ein Vertragspartner einwendet, ein Vertrag sei für ihn wegen Überschreitung der Organkompetenz nicht bindend *(ultra vives)*. Jedenfalls auch nicht erfasst werden **registerrechtliche Löschungsverfahren,** da Art. 22 Nr. 2 EuGVVO nur kontradiktorische Streitigkeiten erfasst; gleichermaßen wird die Auflösung im Zusammenhang mit einem **Insolvenzverfahren** nicht erfasst, da dies dem Anwendungsbereich der EuInsVO zugewiesen ist, Art. 1 Abs. 2 b) EuGVVO, 1 Abs. 1 EuInsVO.[63]

Nach Art. 22 Nr. 2 S. 2 EuGVVO wendet das zuständige Gericht bei der Entscheidung darüber, wo der Sitz sich befindet, die Vorschriften seines Internationalen Privatrechts an. Durch diese **Kollisionsrechtsakzessorietät** hebt sich die Vorschrift diametral von der eigenständig prozessrechtlichen Sitzbestimmung des Art. 60 EuGVVO ab, der im Rahmen des Art. 22 Nr. 2 EuGVVO mithin keine Anwendung findet.[64] Erst hierdurch wird der angestrebte **Gleichlauf** von anwendbarem Sachrecht und internationaler Entscheidungszuständigkeit gewährleistet. Umgekehrt hat der Gleichlauf für potentielle Kläger gegen eine im Inland ansässige Scheinauslandsgesellschaft die missliche Konsequenz, dass ein inländischer Gerichtsstand dann nicht eröffnet ist, wenn sich das Gesellschaftsstatut nach dem Gründungsrecht bemisst, wie es infolge der EuGH-Rechtsprechung zur Niederlassungsfreiheit häufig der Fall ist. Freilich lässt sich dem teilweise entgegenhalten, dass die dem Art. 22 Nr. 2 EuGVVO unterfallenden Streitgegenstände eine gewisse Nähebeziehung des Klägers zu der Gesellschaft implizieren, so dass dieser nur bedingt schützwürdig erscheint. Nicht überzeugend ist dagegen die Auffassung, die dem Kläger dann ein **Wahlrecht** einräumen möchte, wenn sich der Satzungssitz in einem der Gründungstheorie und der Ver-

---

[58] Rauscher/*Mankowski* Brüssel I-VO Art. 22 Rdnr. 36; Hirte/Bücker/*Leible*, GrenzübGes, § 12 Rdnr. 13; *Altmeppen/Wilhelm* DB 2004, 1083, 1087; ablehnend dagegen *Schack* IZVR Rdnr. 320.

[59] Zuletzt EuGH NZG 2009, 28 (Hasset/Southe Eastern Health Board).

[60] NJW-RR 2007, 478, 479.

[61] EuGH, NZG 2009, 28 f. (Hassett/South Eastern Health Board) m. Anm. *Leible/Röder*, NZG 2009, 29 f.

[62] IPRax 2011, 579 m. Anm. *Thole*, 541.

[63] Hirte/Bücker/*Leible*, GrenzübGes, § 12 Rdnr. 11; *Bauer* Die internationale Zuständigkeit bei gesellschaftsrechtlichen Klagen unter besonderer Berücksichtigung des EuGVÜ, S. 110 ff.

[64] BGH, Urt. v. 12. 7. 2011 – II ZR 28/10; Rauscher/*Mankowski* Brüssel I-VO Art. 22 Rdnr. 29; Hirte/Bücker/*Leible*, GrenzübGes, § 12 Rdnr. 8; *Kienle*, Internationales Privatrecht Rdnr. 106.

waltungssitz in einem der Sitztheorie anhängenden Staat befindet.[65] Dies würde gerade die Niederlassungsfreiheit nicht hinreichend berücksichtigen, wonach sich das Gründungsrecht gegenüber dem Sitzrecht durchsetzt. Zudem würde der gewünschte Gleichlauf von Zuständigkeit und materiellem Recht hierdurch vereitelt.[66] Gleiches muss für Gesellschaften aus dem Europäischen Wirtschaftsraum unter Geltung von Art. 16 Nr. 2 LugÜ und für Gesellschaften aus Dänemark gem. Art. 16 Nr. 2 EuGVÜ gelten. Ein Wahlrecht kann dem Kläger allenfalls dann zugestanden werden, wenn das nach dem Kollisionsrecht des Forums maßgebliche materielle Gesellschaftsrecht einen **Doppelsitz** billigt und die Gesellschaft hiervon auch Gebrauch gemacht hat.[67]

29   Die **ausschließliche Zuständigkeit für gesellschaftsorganisatorische Klagen** des Art. 22 Nr. 2 EuGVVO setzt sich sowohl gegenüber dem – zwar im Ergebnis häufig korrespondierenden – allgemeinen Gerichtsstand, gegenüber besonderen Gerichtsständen, aber auch gegenüber Gerichtsstandsvereinbarungen durch.[68] Art. 22 Nr. 2 EuGVVO regelt alleine die internationale Entscheidungszuständigkeit, während sich die **örtliche Zuständigkeit** aus dem betreffenden nationalen Prozessrecht, namentlich etwa aus § 17 ZPO, ergibt.

4. Besonderer Gerichtsstand der Niederlassung

30   Nach Art. 5 Nr. 5 EuGVVO kann eine Person, die ihren Wohnsitz im Hoheitsgebiet eines Mitgliedstaats hat, in einem anderen Mitgliedstaat verklagt werden, wenn es sich um **Streitigkeiten aus dem Betrieb einer Zweigniederlassung,** einer Agentur oder einer sonstigen Niederlassung handelt, vor dem Gericht des Ortes, an dem sich diese befindet. Anders als die Regelungen des allgemeinen (internationalen) Gerichtsstandes, regeln die meisten besonderen Gerichtsstände der EuGVVO – und so auch Art. 5 Nr. 5 – mit der Formulierung „... *vor dem Gericht des Ortes* ..." neben der **internationalen** auch die **örtliche Zuständigkeit.** Wie sich ferner ebenfalls aus dem Wortlaut ergibt, sind die Begriffe der Agentur und der Zweigniederlassungen nur Unterfälle der allgemeinen Kategorie der Niederlassung; eine Differenzierung zwischen den einzelnen Unterarten der Niederlassung wird gemeinhin als nicht notwendig erachtet.[69]

31   Eine Niederlassung besteht in einer **dauerhaft eingerichteten** Außenstelle des Stammhauses, die dessen **Aufsicht und Leitung** unterliegt und die **sachlich und personell so ausgestattet** ist, dass sie in der Weise Geschäfte mit Dritten betreiben kann, dass diese, obgleich sie wissen, dass möglicherweise ein Rechtsverhältnis mit dem ausländischen Stammhaus begründet wird, sich nicht unmittelbar an dieses zu wenden brauchen, sondern **Geschäfte mit der Außenstelle abschließen und abwickeln** können;[70] ist die Niederlassung dagegen als eigenständiges Rechtssubjekt organisiert, ergibt sich die Zuständigkeit aus Art. 2, 60 EuGVVO; es handelt sich dann nicht um eine Niederlassung im Sinne der Vorschrift.[71] Ähnlich wie im Rahmen von Art. 2 lit. h) EuInsVO dürfte das Fehlen eigener Arbeitnehmer der Annahme einer Niederlassung dann nicht entgegenstehen, wenn die – etwa auf Grundlage eines Dienstverschaffungsvertrages – tatsächlich eingesetzten Personen nach außen hin für die Gesellschaft bzw. die Zweigniederlassung aufgetreten sind.[72]

---

[65] So aber *Kropholler* IZVR EuGVO Art. 22 Rdnr. 41; Czernich/*Tiefenthaler*/Kodek EuGVO Art. 22 Rdnr. 36.

[66] Überzeugend Hirte/Bücker/*Leible*, GrenzübGes, § 12 Rdnr. 9.

[67] Raucher/*Mankowsi* Brüssel I-VO Art. 22 Rdnr. 29; *Kropholler* EuGVO Art. 22 Rdnr. 41; Hirte/Bücker/*Leible*, GrenzübGes, § 12 Rdnr. 8.

[68] Rauscher/*Mankowski* Brüssel I-VO Art. 22 Rdnr. 1; Hirte/Bücker/*Leible*, GrenzübGes, § 12 Rdnr. 7.

[69] Hirte/Bücker/*Leible*, GrenzübGes, § 12 Rdnr. 26; Geimer/Schütze/*Auer* Internationaler Rechtsverkehr Art. 5 EuGVO Rdnr. 184.

[70] EuGH Slg. 1976, 1497 (De Bloos/Bouyer); Slg. 1978, 2183 (Somafer/Saar-Ferngas); Slg. 1981, 819 (Blanckaert u. Willems/Trost).

[71] *Kienle*, Internationales Privatrecht Rdnr. 95.

[72] AG München, NZI 2007, 358.

Der Gerichtsstand erfasst sämtliche aus dem Betrieb der Niederlassung herrührenden 32
Streitigkeiten und hat damit im Hinblick auf die Niederlassung als solche nahezu den Charakter eines allgemeinen Gerichtsstandes. **Betriebsbezogene Streitigkeiten** im Sinne der Vorschrift betreffen insbesondere **das Stammhaus einbindende Vertragsverhältnisse,** die unter Mitwirkung der Zweigniederlassung zustande gekommen sind. Die Zuständigkeit ist hier am Sitz der Niederlassung begründet, ohne dass hier zugleich der für den Vertragsgerichtsstand des Art. 5 Nr. 1 EuGVVO (vgl. Rdnr. 34 ff.) maßgebliche Erfüllungsort belegen sein müsste. Hierdurch sowie durch das investierte Vertrauen der Vertragspartner, das jeweilige Geschäft mit der Niederlassung abwickeln zu können, erfährt der Gerichtsstand der Niederlassung insoweit seine eigenständige Berechtigung.[73] Nämliches gilt im Hinblick auf Verbindlichkeiten, die aus der Unterhaltung der Niederlassung resultieren, wie etwa Mietverbindlichkeiten etc.[74] Schließlich unterfallen der Zuständigkeitsregelung **gesetzliche Verbindlichkeiten des Stammhauses,** die aus dem Betrieb der Niederlassung herrühren; freilich wird hier im Bereich der Deliktshaftung häufig zugleich der Gerichtsstand des Art. 5 Nr. 3 EuGVVO eröffnet sein.[75]

Das **nationale Recht** sieht einen entsprechenden Niederlassungsgerichtsstand in § 21 33
ZPO vor.[76]

5. Besonderer Gerichtsstand für Klagen aus Vertrag

Nach Art. 5 Nr. 1 a) EuGVVO kann eine Person, die ihren Wohnsitz in einem Mit- 34
gliedstaat hat, in einem anderen Mitgliedstaat verklagt werden, wenn ein **Vertrag** oder **Ansprüche aus einem Vertrag** den Gegenstand des Verfahrens bilden. Der EuGH versteht die Zuständigkeiten für Vertragsklagen zu denjenigen des Art. 5 Nr. 3 EuGVVO aus Delikt insofern als komplementär, als unter der Deliktszuständigkeit Ansprüche anhängig gemacht werden können, mit denen eine Schadenshaftung des Beklagten geltend gemacht wird und die nicht an einen Vertrag i.S.d. Art. 5 Nr. 1 EuGVVO anknüpfen;[77] dementsprechend weit wird der **verordnungsautonom zu interpretierende Vertragsbegriff** gefasst, wonach entscheidend darauf abgestellt wird, dass die eine Partei gegenüber der anderen freiwillig eine Verpflichtung eingegangen ist.[78] Entscheidend ist damit das Element einer autonomen Selbstbindung.[79] Mit der Formulierung „Vertrag oder Ansprüche aus einem Vertrag" will die Regelung ferner sicherstellen, dass nicht nur der **Bestand des Vertrages,** sondern auch die aus ihm resultierenden **Primär- und Sekundäransprüche** dem Gerichtsstand unterfallen.

Wie der EuGH in der Entscheidung Peters/Zui Nederlande Aanemers Vereniging aus- 35
geführt hat, erfasst der weite zuständigkeitsrechtliche Vertragsbegriff auch gesellschafts- und vereinsrechtliche Ansprüche, sofern diese nicht den Bestand der Vereinigung betreffen und ihre Grundlage in der Mitgliedschaft haben, namentlich etwa **Zahlungsansprüche des Vereins gegen seine Mitglieder;** hierbei ist es unerheblich, ob sich der Anspruch direkt aus der Satzung ergibt oder aber erst aufgrund eines Vorstandsbeschlusses zur Entstehung gelangt.[80] Liegt der Erfüllungsort für Ansprüche einer Körperschaft gegen ihre

---

[73] Vgl. hierzu EuGH Slg. 1995, I-961 (Lloyd's Register of Shipping/Société Campenon Bernard).
[74] Vgl. Hirte/Bücker/*Leible*, GrenzübGes, § 12 Rdnr. 29.
[75] Hirte/Bücker/*Leible*, GrenzübGes, § 12 Rdnr. 29.
[76] Hierzu *Kienle*, Internationales Privatrecht, Rdnr. 121.
[77] EuGH Slg. 1988, 5565 (Kalfelis/Schröder); 1998, I-6511 (Réunion européenne/Spliethoff's Bevrachtingskantoor); 2002, I-7357 (Tacconi/Wagner); 2002, I-8111 (Verein für Konsumenteninformation/Henkel).
[78] EuGH Slg. 1983, 987 (Peters/Zui Nederlande Aanemers Vereniging); 1988, 1539 (Arcado/Haviland); 1992, I-3967 (Handte/Traitements mécano-chimiques des surfaces); 1998, I-6511 (Réunion européenne/Spliethoff's Bevrachtingskantoor); 2002, I-7357 (Tacconi/Wagner).
[79] Rauscher/*Leible* Brüssel I-VO Art. 5 Rdnr. 18; Hirte/Bücker/*Leible*, GrenzübGes, § 12 Rdnr. 15.
[80] EuGH Slg. 1983, 987 Rdnr. 13 ff.

Mitglieder sowie für Ansprüche zwischen den Mitgliedern am Sitz der Gesellschaft,[81] führt dies zu einer **Zuständigkeitskonzentration,** zu einer Befassung eines sach- und beweisnahen Gerichts und zudem häufig zu einem Gleichlauf mit der allgemeinen Zuständigkeit der Art. 2, 60 EuGVVO und der ausschließlichen Zuständigkeit des Art. 22 Nr. 2 EuGVVO.[82]

36 Unterfällt das Gesellschaftsverhältnis als solches dem Vertragsbegriff und erfasst der Vertragsgerichtsstand sämtliche hieraus resultierenden Ansprüche, nimmt der Gerichtsstand die Gestalt eines **weitreichenden besonderen Gerichtsstands für gesellschaftsbezogene Klagen** an, sofern die betreffenden Ansprüche nur direkt an die Stellung als Gesellschafter oder Gesellschaftsorgan anknüpfen und inhaltlich auf Erfüllung lauten oder auf der Verletzung einer aus diesem Verhältnis folgenden Pflicht basieren.[83] Danach können unter dem Vertragsgerichtsstand erhoben werden: Rückgewähr-, und Haftungsansprüche ex §§ 32a, b GmbHG a.F.;[84] Differenzhaftung gem. § 9 GmbHG; Fehlbetragshaftung gem. § 24 GmbHG; Erstattungsansprüche gem. § 31 GmbHG;[85] organschaftliche Ansprüche zwischen Geschäftsführer und Gesellschaft;[86] Haftungsansprüche gegen den Kommanditisten gem. § 171 HGB;[87] Verlustübernahmeansprüche aus § 302 AktG sowie andere konzernrechtliche Ansprüche bei Existenz eines Beherrschungs- und Gewinnabführungsvertrages[88] – ansonsten ist im Hinblick auf (faktische) Konzernverhältnisse regelmäßig der Deliktsgerichtsstand des Art. 5 Nr. 3 EuGVVO eröffnet (Rn. 42); Ansprüche aus einem zwischen den Gesellschaftern geschlossenen Auseinandersetzungsvertrag.[89] Ebenfalls von der Zuständigkeit gedeckt sind **Streitigkeiten zwischen den Aktionären** oder **Gesellschaftern,** die zwar nicht durch ein bilaterales Vertragsverhältnis, nach den Ausführungen des EuGH in der Sache Duffryn/Petereit aber angesichts der gemeinsamen Interessenlage und Zweckverfolgung sowie der sich aus der Satzung bzw. dem Gesellschaftsvertrag auch wechselseitig ergebenden Pflichten vergleichbar einem Vertragsverhältnis miteinander verbunden sind.[90]

37 Wie die meisten besonderen Gerichtsstände, regelt auch Art. 5 Nr. 1 EuGVVO neben der **internationalen** zugleich die **örtliche Entscheidungszuständigkeit.** Zuständig ist das **Gericht am Erfüllungsort.** Da das Gesellschaftsverhältnis weder ein auf die Lieferung beweglicher Sachen noch auf die Erbringung von Dienstleistungen (Art. 5 Nr. 1 lit. b)) gerichteter Vertrag ist, richtet sich die Zuständigkeit nach dem dann maßgeblichen Art. 5 Nr. 1 lit. a) EuGVVO danach, wo die **konkret streitige Verpflichtung** nach dem auf sie anwendbaren **materiellen Recht,** der *lex causae,* zu erfüllen ist;[91] freilich mit der Er-

---

[81] Vgl. für Ansprüche zwischen den Gesellschaftern aus einem Auseinandersetzungsvertrag OLG Hamm, NJW-RR 2007, 478, 479.
[82] Vgl. EuGH Slg. 1983, 987 (Peters/Zui Nederlande Aanemers Vereniging) Rdnr. 13 ff.
[83] *Haubold* IPRax 2000, 375, 378; Hirte/Bücker/*Leible*, GrenzübGes, § 12 Rdnr. 18.
[84] OLG Köln NZG 2004, 1009 f.; OLG Bremen RIW 1998, 63; *Altmeppen* NJW 2004, 97, 103; *Schwarz* NZI 2002, 289, 294; Lutter/*Wagner* Europäische Auslandsgesellschaften in Deutschland S. 223, 274; Hirte/Bücker/*Leible*, GrenzübGes, § 12 Rdnr. 18; a.A. *Lehmann* GmbHR 2005, 978, 980; *Ulmer* NJW 2004, 1201, 1207; *Weller* IPRax 2004, 412, 414.
[85] OLG Koblenz NZG 2001, 759.
[86] OLG Celle RIW 2000, 710; OLG München NZG 1999, 1170 (zu Art. 5 Nr. 1 LugÜ).
[87] BGH NZG 2003, 812; a.A. noch OLG Naumburg NZG 2000, 1218.
[88] *Bachmann*, IPRax 2009, 140, 143; Hirte/Bücker/*Leible*, GrenzübGes, § 12 Rdnr. 18; Geimer/Schütze/*Auer* Internationaler Rechtsverkehr Vor Art. 5 EuGVO Rdnr. 126.
[89] OLG Hamm, NJW-RR 2007, 478, 479.
[90] EuGH Slg. 1992, I-1769; vgl. Auch OLG Naumburg NZG 2000, 1219; OLG Jena NZI 1999, 82; Rauscher/*Leible* Brüssel I-VO Art. 5 Rdnr. 25; Hirte/Bücker/*Leible*, GrenzübGes, § 12 Rdnr. 17.
[91] EuGH Slg. 1976, 1473 (Tessili/Dunlop); 1497 (De Bloos/Bouyer); Slg. 1987, 239 (Shenavai/Kreischer); Slg. 1994, I-2913 (Custom Made Commercial/Stawa Metallbau); Slg. 1999, I-6307 (GIE Groupe Concorde/Kapitän des Schiffes Suhadiwarno Panjan); I-6747 (Leathertex/Bodetex); Slg. 2002, I-1699 (Besix/Kretschmar); vgl. zum Erfüllungsort ausführlich *Kienle* IPRax 2005, 113.

gänzung, dass es im Falle eines Sekundäranspruches auf den Erfüllungsort des zugrunde liegenden Primäranspruches ankommt.[92] Beruft in einer gesellschaftsrechtlichen Auseinandersetzung das Kollisionsrecht des Forums – wie namentlich das deutsche IPR – das Gesellschaftsstatut zur Anwendung, so ist dieses zunächst nach der auch für die Entscheidungszuständigkeit und damit sog. **doppelt-relevanten Tatsache** des Erfüllungsortes der streitigen Verpflichtung zu befragen; lokalisiert es den Erfüllungsort am Sitz der Gesellschaft, so ist dieser ebenfalls nach Maßgabe des IPR des Forums zu bestimmen, während Art. 60 EuGVVO als rein prozessuale Bestimmung nicht zum Zuge kommt.[93] Hingewiesen sei noch darauf, dass sich sog. **abstrakte Erfüllungsortvereinbarungen,** die mithin nicht in einem reellen Bezug zum tatsächlichen Leistungsaustausch stehen, sondern vielmehr auf die Begründung der Zuständigkeit abzielen, an den Maßstäben des Art. 23 EuGVVO bzw. § 38 ZPO zu messen sind.[94]

Das **nationale Recht** hält in § 29 ZPO ebenfalls einen Erfüllungsgerichtsstand vor, wonach für Streitigkeiten aus einem Vertragsverhältnis das Gericht des Ortes zuständig ist, an die streitige Verpflichtung zu erfüllen ist. Im Gegensatz zu Art. 5 Abs. 1 lit. b) EuGVVO ist damit kein einheitlicher Vertragsgerichtsstand am Erfüllungsort der charakteristischen Vertragspflicht eröffnet, sondern es ist auf die **konkret streitgegenständliche Verpflichtung** und deren nach dem anwendbaren Recht ermittelten **Erfüllungsort** (bspw. nach Art. 4 Rom I-VO, § 269 BGB) abzustellen; die Norm begründet mithin einen gespaltenen, materiell-rechtlich aufgeladenen Vertragsgerichtsstand.[95] Für einen Teil der im Anwendungsbereich der EuGVVO dem Vertragsgerichtsstand unterfallenden Streitigkeiten ist im autonomen Recht der besondere **Gerichtsstand der Mitgliedschaft** des § 22 ZPO eröffnet.[96] **38**

6. Besonderer Gerichtsstand für Klagen aus Delikt

Gemäß Art. 5 Nr. 3 EuGVVO kann eine Person mit (Wohn-)Sitz in einem Mitgliedstaat auch in einem anderen Mitgliedstaat verklagt werden, wenn eine **unerlaubte Handlung** oder eine Handlung, die einer unerlaubten Handlung gleichgestellt ist, oder wenn Ansprüche aus einer solchen Handlung den Gegenstand des Verfahrens bilden. Gleichermaßen wie der Vertragsbegriff wird auch der Begriff der unerlaubten Handlung **verordnungsautonom qualifiziert** und erfasst **jegliche Schadenshaftung,** die nicht aus einem Vertrag i. S. d. Art. 5 Nr. 1 EuGVVO resultiert.[97] **39**

Im vorliegenden Zusammenhang ist der Gerichtsstand aufgrund des weiten Anwendungsbereichs des Vertragsgerichtsstands nur insoweit relevant, als nur solche Ersatzpflichten darunter geltend gemacht werden können, die nicht auf einer Organ- oder Gesellschafterstellung beruhen oder nicht gegenüber der Gesellschaft oder deren Gesellschaftern bestehen.[98] Erfasst werden damit vornehmlich die **Ansprüche externer Dritter** gegen Geschäftsführer und Gesellschafter, namentlich etwa **Durchgriffsansprüche** aus materieller Unterkapitalisierung,[99] wegen Vermögensvermischung,[100] wegen existenzvernichtenden Eingriffs[101] und wegen Insolvenzverschleppung, freilich jeweils unter dem Vorbehalt einer **40**

---

[92] BGHZ 134, 205; NJW 2001, 1937.
[93] Hirte/Bücker/*Leible*, GrenzübGes, § 12 Rdnr. 19; a. A. *Schwarz* NZI 2002, 290, 297.
[94] Vgl. *Kienle*, Internationales Privatrecht Rdnr. 89.
[95] Hierzu *Kienle*, Internationales Privatrecht, Rdnr. 121.
[96] Zu dem auch hier großzügigen Anwendungsbereich Musielak/*Heinrich*, ZPO, § 22 Rdnr. 5 f.
[97] EuGH Slg. 1988, 5565 (Kalfelis/Schröder); Slg. 1992, I-2149 (Reichert u. Kockler/Dresdner Bank); Slg. 1998, I-6511 (Réunioeuropéene/Spliethoff's Bevrachtingskantoor); Slg. 2002, I-7357 (Tacconi/Wagner); I-6367 (Gabriel); I-8111 (Verein für Konsumenteninformation/Henkel).
[98] Hirte/Bücker/*Leible*, GrenzübGes, § 12 Rdnr. 22; *Haubold* IPRax 2000, 375, 378.
[99] OLG Köln NZG 2004, 1009; *Lehmann* GmbHR 2005, 978, 981; Hirte/Bücker/*Leible* § 12 Rdnr. 22.
[100] *Lehmann* GmbHR 2005, 978, 981; Hirte/Bücker/*Leible*, GrenzübGes, § 12 Rdnr. 22.
[101] *Lehmann* GmbHR 2005, 978, 981; Hirte/Bücker/*Leible*, GrenzübGes, § 12 Rdnr. 22; Lutter/*Wagner* S. 223, 281.

insolvenzrechtlichen Qualifikation, die insbesondere im Hinblick auf die Existenzvernichtungshaftung und die Insolvenzverschleppungshaftung nahe liegt;[102] in diesem Falle wäre das Zuständigkeitsregime der EuInsVO vorrangig. Dass sich die insolvenzrechtliche Zuständigkeit auch auf die kontradiktorisch ausgestalteten **Anfechtungsklagen des Insolvenzverwalters** bezieht, hat der EuGH jüngst auf Vorlage des BGH bestätigt (vgl. i. Ü. Rn. 8).[103]

41 **Örtlich und international zuständig** ist nach Art. 5 Nr. 3 EuGVVO das Gericht des Ortes, an dem das schädigende Ereignis eingetreten ist oder einzutreten droht. Der EuGH hat diese Formulierung im Sinne eines **Ubiquitätsprinzips** dahingehend erweiternd ausgelegt, als neben dem **Erfolgsort** auch am Ort der schädigenden Handlung, dem **Handlungsort** eine Zuständigkeit begründet ist und dem Geschädigten insoweit ein **prozessuales Wahlrecht** zugestanden.[104] Nicht zuständigkeitsbegründend sind dagegen bloße **Vorbereitungshandlungen.**[105] Erfolgsort ist der Ort, an dem die schädigenden Auswirkungen des haftungsauslösenden Ereignisses zu Lasten des Betroffenen eintreten;[106] nicht mehr erfasst werden damit Orte, an denen nicht der haftungsbegründende Erstschaden, sondern weitere Folgeschäden eingetreten sind.[107]

42 Dem Deliktsgerichtsstand wird im Zusammenhang mit gesellschaftsrechtlichen Streitgegenständen nur eine **untergeordnete Bedeutung** gegenüber dem allgemeinen Gerichtsstand beigemessen, da der Erfolgsort regelmäßig mit dem Satzungs- und der Handlungsort häufig mit dem Verwaltungssitz zusammenfalle.[108] Indes ist der Erfolgsort jedenfalls einer vermögensschädigenden Handlung jeweils der Belegenheitsort des betreffenden Vermögensgegenstandes und damit nicht zwingend am Gesellschaftssitz belegen;[109] und auch der Handlungsort kann vom Verwaltungssitz divergieren, namentlich etwa dann, wenn ein Gesellschafter aus räumlicher Distanz in existenzgefährdender Weise Zugriff auf das Gesellschaftsvermögen nimmt. Ein Anwendungsfeld des Deliktsgerichtsstands besteht ferner im **Konzernverhältnis.** Art. 5 Nr. 3 EuGVVO wird in der Rechtsprechung des EuGH weit ausgelegt und immer dann herangezogen, wenn eine Schadenshaftung des Beklagten geltend gemacht wird, die nicht auf einem Vertrag i. S. v. Art. 5 Nr. 1 EuGVVO, d. h. auf einer konsensual begründeten Verbindlichkeit beruht. Aufgrund dieser Auffangfunktion unterfallen dem Deliktsgerichtsstand auch **konzernrechtliche Ausgleichsansprüche,** die nicht im Zusammenhang mit einem Gewinnabführungs- oder Beherrschungsvertrag stehen, da insoweit bereits der Vertragsgerichtsstand der Nr. 1 greift (s. o. Rdnr. 36).[110] Demgemäß hat das LG Kiel im Hinblick auf einen **Anspruch wegen nachteiliger Maßnahmen aus § 317 AktG** eine unerlaubte Handlung i. S. v. Art. 5 Nr. 3 EuGVVO angenommen, wenn ein aufgrund einer Mehrheitsbeteiligung ohne Konzernierungsvertrag herrschendes Unternehmen eine abhängige Gesellschaft zu nachteiligen Maßnahmen ohne die erforderliche Kompensation veranlasst.[111] Die zuständigkeitsbegründende Handlung kann dabei sowohl in der Veranlassung der nachteiligen Maßnahme, als auch in dem Nichtausgleich des Schadens gesehen werden, da es sich insoweit um ein mehraktiges Delikt handelt. Erfolgsort ist der Ort, an dem der Schaden sich erstmalig zu Lasten des geschützten Vermögens bei Schluss des betreffenden Geschäftsjahres

---

[102] Hierzu *Kienle* NotBZ 2008, 245, 256.
[103] EuZW 2009, 179 (Seagon/Deko Marty); vgl. die Vorlageentscheidung BGH NJW 2007, 2512, dem vorausgehend OLG Frankfurt, ZIP 2006, 769.
[104] EuGH Slg. 1976, 1735 (Bier/Mines de Potasse d'Alsace).
[105] *Schack* IZVR Rdnr. 300; Hirte/Bücker/*Leible*, GrenzübGes, § 12 Rdnr. 23.
[106] EuGH Slg. 1995, I-415 (Shevill/Press Alliance S. A.).
[107] EuGH Slg. 1995, I-2719 (Marinari/Lloyds Bank).
[108] Hirte/Bücker/*Leible*, GrenzübGes, § 12 Rdnr. 24; *Haubold* IPRax 2000, 375, 378.
[109] Zum Kapitalanlageschaden unter Art. 5 Nr. 3 LugÜ BGH, EuZW 2008, 189, 191.
[110] Vgl. auch *Bachmann*, IPRax 2009, 140, 143.
[111] NZG 2008, 346 – teilweise bestätigt durch OLG Schleswig, NZG 2008, 868 –, ausführlich *Bachmann*, IPRax 2009, 140 ff.; siehe ferner OLG Köln ZIP 1998, 74 f.

realisiert hat, was – vorbehaltlich der Schädigung eines konkreten, gesondert zu lokalisierenden Vermögensobjekts – regelmäßig am Sitz der Gesellschaft als deren Vermögensmittelpunkt der Fall ist.[112] Ein Unterschied zwischen dem allgemeinen Gerichtsstand am Sitz der Gesellschaft und der Erfolgsortszuständigkeit besteht lediglich insoweit, als es für Letztere auf den Sitz zum Zeitpunkt des schädigenden Ereignisses ankommt.[113] Ebenso hat das OLG Stuttgart in der sog. *Züblin*-Entscheidung Ansprüche von Minderheitsaktionären, die auf einen **qualifiziert faktischen Konzern** gestützt werden, als außervertragliche Rechtsverletzung i. S. v. Art. 5 Nr. 3 EuGVVO angesehen; Erfolgsort war auch hier der Sitz des beherrschten Unternehmens.[114] Ein weiterer Anwendungsbereich des Deliktsgerichtsstands besteht im Zusammenhang mit Kartellverstößen und der Verletzung von Immaterialgüterrechten.[115]

Das **nationale Recht** hält einen entsprechenden Deliktsgerichtsstand in § 32 ZPO vor.[116]

7. Ausschließlicher Gerichtsstand für Zwangsvollstreckungssachen

Gemäß Art. 22 Nr. 5 EuGVVO sind ohne Rücksicht auf den Wohnsitz ausschließlich zuständig für Verfahren, welche die Zwangsvollstreckung aus Entscheidungen zum Gegenstand haben, die Gerichte des Mitgliedstaats, in dessen Hoheitsgebiet die Zwangsvollstreckung durchgeführt werden soll oder durchgeführt worden ist. Hierunter fallen insbesondere die Rechtsbehelfe der §§ 719, 765a, 766, 767, 771 ZPO.[117]

8. Klagen gegen Gesellschafter

Neben Klagen gegen die Gesellschaft sind auch **Klagen gegen die Gesellschafter,** sofern diese persönlich haften, zu betrachten. Ein Gerichtsstand hierfür ist jedenfalls am allgemeinen Gerichtsstand der Beklagten eröffnet. Bei ausländischem Wohnsitz ist mithin die – isoliert gegen diese gerichtete – Klage gegen die Gesellschafter dort zu erheben, sofern nicht ein besonderer inländischer Gerichtsstand in Betracht kommt; namentlich kann der **Vertragsgerichtsstand** etwa bei einer vertraglich vereinbarten Mithaftung und der **Deliktsgerichtsstand** bei einem existenzvernichtenden Eingriff oder einem Anspruch aus Insolvenzverschleppung in Betracht kommen, jeweils vorbehaltlich des Eingreifens der EuInsVO (s. Rdnr. 8). Bei gleichzeitiger Klage gegen Gesellschaft und Gesellschafter können Letztere infolge Konnexität regelmäßig an dem für die Gesellschaft eröffneten Gerichtsstand mitverklagt werden, Art. 6 Nr. 1 EuGVVO.[118]

9. Vermögensgerichtsstand

Im Zusammenhang mit im Inland ansässigen Auslandsgesellschaften ist der **Vermögensgerichtsstand** des § 23 ZPO wohl nur von untergeordneter Bedeutung.[119] Im Geltungsbereich der EuGVVO ist der Gerichtsstand ohnehin nach Art. 3 Abs. 1 i. V. m. Anhang I EuGVVO ausgeschlossen. Nach § 23 ZPO ist für Klagen wegen vermögensrechtlicher Ansprüche gegen eine Person, die im Inland keinen Wohnsitz hat, das Gericht zuständig, in dessen Bezirk sich Vermögen dieser Person oder der mit der Klage in Anspruch genommene Gegenstand befindet. Zweck dieser Vorschrift ist es, dem Gläubiger die Rechtsverfolgung im Inland zu erleichtern und ihm eine Art **Notgerichtsstand** zu eröffnen, wenn die

---

[112] LG Kiel, NZG 2008, 346, 347; *Bachmann*, IPRax 2009, 140, 144.
[113] LG Kiel, aaO.
[114] ZIP 2007, 1210.
[115] *Kienle*, Internationales Privatrecht Rdnr. 93.
[116] Hierzu *Kienle*, Internationales Privatrecht, Rdnr. 121.
[117] *Kienle*, Internationales Privatrecht Rdnr. 107; a. A. zu § 767 ZPO – Zuständigkeit der Gerichte des Ursprungsstaates des Titels – *Halfmeier* IPRax 2007, 381.
[118] Vgl. *Hellgardt/Illmer*, NZG 2009, 94, 95; wie der EuGH in Sachen Freeport klargestellt hat, setzt der Mehrparteiengerichtsstand des Art. 6 Nr. 1 EuGVVO auch nicht voraus, dass mehrere Parteien aus derselben Anspruchsgrundlage haften, NJW 2007, 3702.
[119] Zum Folgenden *Kienle*, Internationales Privatrecht, Rdnr. 121.

anderen Zuständigkeiten versagen. Der Gerichtsstand wird deshalb als besonders weitreichend – **exorbitant** – empfunden, weil er in seiner ersten Alternative einen Bezug des im Inland belegenen Vermögens zum Gegenstand des Rechtsstreits nicht verlangt. Demgemäß unternimmt die Rechtsprechung eine einschränkende Auslegung, wonach als zusätzliche Voraussetzung ein **hinreichender Inlandsbezug** des streitgegenständlichen Sachverhalts oder ein schützenswertes Interesse des Klägers – Letzteres sei allerdings bereits bei einem **inländischen Wohnsitz, gewöhnlichen Aufenthalt oder der deutschen Staatsangehörigkeit des Klägers** der Fall[120] – verlangt wird. Von Bedeutung im vorliegenden Zusammenhang ist der Gerichtsstand allenfalls dann, wenn die beklagte Auslandsgesellschaft ihren inländischen Sitz – und damit einen allgemeinen Gerichtsstand – in Abrede stellt oder die tatsächlichen Umstände verschleiert und auch kein anderer Gerichtsstand greift. Der Vermögensgerichtsstand sollte wegen seiner nur bedingten internationalen Verträglichkeit und damit einhergehend der **geringeren Anerkennungschancen** eines darauf gründenden Vollstreckungstitels nur als letzte Möglichkeit in Betracht gezogen werden.[121]

VII. Ausgewählte Verfahrensfragen[122]

1. Partei-, Prozess- und Postulationsfähigkeit, Parteibezeichnung

47 Zur Partei-, Prozess- und Postulationsfähigkeit siehe § 19 Rdnr. 39 ff.

Eine weitere Frage ist diejenige der korrekten **Parteibezeichnung.** Wie das OLG Hamburg im Zusammenhang mit einer nach dem Recht der Isle of Man gegründeten und mangels Geltung der europäischen oder einer staatsvertraglichen Niederlassungsfreiheit aufgrund ihres inländischen Verwaltungssitzes in eine **Personengesellschaft deutschen Rechts umqualifizierten Gesellschaft** klar gestellt hat, ist eine Klageerhebung unter der falschen Rechtsformbezeichnung, d. h. derjenigen des Gründungsstaates, unschädlich; gleichermaßen wie bei einer rein nationalen Rechtsformverfehlung bzw. -falschbezeichnung ist die Klage dennoch zulässig.[123] Das Rubrum ist dann von Amts wegen zu berichtigen.[124]

2. Zustellung

48 Von besonderer – aber oftmals vernachlässigter – Bedeutung ist auch das Zustellungsrecht. Ist das verfahrenseinleitende Schriftstück nicht ordnungsgemäß zugestellt, hat weder ein Säumnisurteil Bestand, noch kann die Entscheidung später im Ausland anerkannt und vollstreckt werden, Art. 34 Nr. 2, 43, 45 Abs. 1 EuGVVO, Art. 12 ff. EuVTVO. Im vorliegenden Zusammenhang der Auslandsgesellschaften ist zu unterscheiden: Handelt es sich tatsächlich um die Zweigniederlassung einer auch im Herkunftsstaat mit einer Hauptniederlassung vertretenen Gesellschaft und ist an diese eine Zustellung zu bewirken, so hat dies nach den Regelungen der **grenzüberschreitenden Zustellung** zu erfolgen, §§ 183 Abs. 3, 1067 ff. ZPO i. V. m. der Europäischen Zustellungsverordnung (EuZVO);[125] hat dagegen die Auslandsgesellschaft ihre Hauptverwaltung im Inland, ist die Zustellung alleine nach den **nationalen Bestimmungen der §§ 166 ff. ZPO** vorzunehmen. Der praktisch häufigere Fall ist zweifelsohne der Letztere. Zuzustellen ist nach § 170 Abs. 2 ZPO an

---

[120] BGHZ 115, 90; vgl. hierzu *Pfeiffer*, 50 Jahre Bundesgerichtshof, Bd. 3, 625.
[121] Zutreffend weist allerdings *Kropholler*, Internationales Privatrecht, § 58 III 7, S. 624 darauf hin, dass ein aufgrund § 23 ZPO in Deutschland ergangenes Urteil auf Grundlage der Anerkennungs- und Vollstreckungsregeln der EuGVVO innerhalb der Gemeinschaft weitgehende Freizügigkeit genießt.
[122] Vgl. weitergehend *Kienle*, Internationales Privatrecht Rdnr. 126 f.
[123] NZG 2007, 597 (Rz. 42); *Leible/Hoffmann*, DB 2002, 2203, 2205; *W.-H. Roth*, ZIP 2002, 1597, 1601.
[124] OLG Hamburg, NZG 2007, 597 (Rz. 43).
[125] Verordnung (EG) Nr. 1393/2007 über die Zustellung gerichtlicher und außergerichtlicher Schriftstücke in Zivil- und Handelssachen, ABlEU Nr. L 324 v. 10. 12. 2007, S. 79; hierzu *Mansel/Wagner/Thorn*, IPRax 2009, 1.

den oder die nach dem Gesellschaftsstatut zu ermittelnden gesetzlichen Vertreter. Einer Übersetzung des zuzustellenden Schriftstückes bedarf es nicht, § 184 GVG.

Ist die Zustellung dagegen grundsätzlich im Ausland zu bewirken, sei zudem auf die Möglichkeit einer **direkten Zustellung nach § 177 ZPO** an den im Inland angetroffenen gesetzlichen Vertreter hingewiesen.[126] In der Vielzahl der Fälle wird aber nur eine Auslandszustellung nach Maßgabe der EuZVO oder einer völkerrechtlichen Regelung in Betracht kommen. Nach Art. 14 EuZVO ist vorbehaltlich eines Widerspruchs des Empfangsstaates auch eine direkte Zustellung per Post möglich, anderenfalls die Zustellung gem. Art. 4 ff. EuZVO über die sog. Empfangsstellen zu bewirken ist. Ist eine grenzüberschreitende Zustellung in Deutschland zu bewirken, so können nunmehr, sofern die ZPO die **Parteizustellung** gestattet, infolge der Anpassung der Durchführungsbestimmungen der §§ 1067 ff. ZPO an die neue EuZVO – insbesondere der Aufhebung von § 1071 ZPO a. F. – auch Parteien eines vor einem **Gericht eines anderen Mitgliedstaates** geführten Gerichtsverfahrens zwecks Zustellungen in Deutschland auf die §§ 191 ff. ZPO zurück greifen; dies ist namentlich bei Arrestbeschlüssen, einstweiligen Verfügungen und Pfändungs- und Überweisungsbeschlüssen bzw. funktional vergleichbaren ausländischen Titeln von Bedeutung, während die Parteizustellung einer Klageschrift nicht möglich ist.[127] Im Hinblick auf Auslandszustellungen außerhalb der EU sei auf §§ 183, 184 ZPO i. V. m. dem häufig relevanten Haager Zustellungsübereinkommen[128] hingewiesen.

3. Prozesskostensicherheit

Nach § 110 Abs. 1 ZPO kann eine Prozesskostensicherheit **von der klagenden Partei** verlangt werden, wenn sie ihren gewöhnlichen Aufenthalt nicht in der Europäischen Union bzw. dem Europäischen Wirtschaftsraum hat. Aufgrund der Zweckrichtung des § 110 ZPO, die Befriedigung des Prozessgegners bei Unterliegen des Klägers ohne die Schwierigkeiten einer möglichen Auslandsvollstreckung sicherzustellen, kann es für die Frage des gewöhnlichen Aufenthalts bei Gesellschaften nur auf den **Sitz der tatsächlichen Hauptverwaltung** ankommen.[129] Eine tatsächlich im Inland ansässige Auslandsgesellschaft ist demnach nicht zur Sicherheitsleistung verpflichtet.[130]

Nach dem Ausnahmetatbestand des § 110 Abs. 2 Nr. 1 ZPO ist auch eine solche Partei nicht zur Sicherheitsleitung verpflichtet, die sich auf einen entsprechenden **Staatsvertrag** berufen kann. Regelmäßig sehen derartige Abkommen aber eine Ausnahme von der Pflicht zur Sicherheitsleitung nur unter der Voraussetzung vor, dass der Kläger seinen (Wohn-)Sitz im Inland hat.[131] Hierfür genügt eine inländische Tochtergesellschaft nicht.[132] Eine nennenswerte Ausnahme bildet jedoch Art. 17 des **Haager Zivilprozessübereinkommens** vom 1. 3. 1954, wonach den Angehörigen eines der Vertragstaaten, die in einem dieser Staaten ihren Wohnsitz haben und vor den Gerichten eines anderen Staates als Kläger oder Intervenienten auftreten, wegen ihrer Eigenschaft als Ausländer oder wegen Fehlens eines inländischen Wohnsitzes oder Aufenthalts eine Sicherheitsleistung oder Hinterlegung nicht auferlegt werden darf.[133]

---

[126] Hierzu *Strasser*, ZIP 2008, 2111.
[127] Vgl. *Vollkommer/Huber*, NJW 2009, 1105, 1109; *Hess*, IPRax 2008, 477, 479.
[128] V. 15. 11. 1965, BGBl. II 1977, 1453.
[129] Eidenmüller/*Rehm*, AuslKapGes, § 5 Rdnr. 130.
[130] Eidenmüller/*Rehm*, AuslKapGes, § 5 Rdnr. 130.
[131] So in Bezug auf Art. 14 des deutsch-britischen Abkommens über den Rechtsverkehr vom 3. 12. 1928 (RGBl II 1928, 623) BGH, NJW-RR 2005, 148 im Zusammenhang mit einer Gesellschaft, die ihren Satzungssitz auf der Insel Anguilla, britischem Überseegebiet, ihren Verwaltungssitz aber auf den Philippinen hatte; gleiches gilt für Art. 6 Protokollnotiz Nr. 6 des Deutsch-Amerikanischen Freundschafts-, Handels- und Schiffahrtsvertrags, vgl. Eidenmüller/*Rehm*, AuslKapGes, § 5 Rdnr. 130.
[132] OLG Hamburg, NZG 2010, 319 in Bezug auf eine US-Gesellschaft.
[133] BGBl. 1958 II, S. 576.

4. Prozesskostenhilfe

52   Nach § 116 Nr. 2 ZPO erhält eine juristische Person oder parteifähige Vereinigung, die im Inland, in einem anderen Mitgliedstaat der Europäischen Union oder einem anderen Vertragsstaat des Abkommens über den Europäischen Wirtschaftsraum gegründet und dort ansässig ist auf Antrag Prozesskostenhilfe, wenn die Kosten weder von ihr noch von den am Gegenstand des Rechtsstreits wirtschaftlich Beteiligten aufgebracht werden können und wenn die Unterlassung der Rechtsverfolgung oder Rechtsverteidigung allgemeinen Interessen zuwiderlaufen würde. Damit haben auch **europäische Auslandsgesellschaften** grundsätzlich Anrecht auf Prozesskostenhilfe,[134] während andere Auslandsgesellschaften mit inländischem tatsächlichen Verwaltungssitz allenfalls unter dem Gesichtspunkt einer Umqualifizierung in eine inländische Personengesellschaft berechtigt sein können.

5. Berufungszuständigkeit

53   Abschließend hinzuweisen ist auf die Aufhebung der **besonderen Berufungszuständigkeit des Oberlandesgerichts** gem. § 119 Abs. 1 Nr. 1 lit. b GVG (Ansprüche, die von oder gegen eine Partei erhoben werden, die ihren allgemeinen Gerichtsstand im Zeitpunkt des Eintritts der Rechtshängigkeit außerhalb Deutschland hat) mit Wirkung zum 1. 9. 2009; seither gilt auch hier die allgemeine Regelung (mit Übergangsvorschrift in § 40 EuGVG).[135]

---

[134] Vgl. noch zur alten – europarechtswidrigen – Fassung des § 116 Nr. 2 ZPO Eidenmüller/*Rehm*, AuslKapGes, § 5 Rdnr. 131 ff.

[135] Zum alten Recht vgl. BGH EuZW 2007, 580.

6. Kapitel. Liquidation ausländischer Gesellschaften

§ 29 Tatbestand

Übersicht

	Rdnr.		Rdnr.
I. Einführung	1	2. Dissolution	10–19
II. Liquidation von Gesellschaften in Deutschland	2	a) Verfahrensbeendigung – Dissolution after winding up	10
III. Liquidation and dissolution einer Private Company limited by Shares	3	b) Löschung ohne Liquidation – Striking off the register	11–15
1. Winding up (liquidation)	4–9	c) Wiedereintragung – Restoration to the register	16–19
a) Grundlagen	4	3. Alternativen zur liquidation and dissolution	20
b) Freiwillige Liquidation – Voluntary winding up	5		
c) Zwangsweise Liquidation – Compulsory winding up	9		

Schrifttum: *Bachner/Gassner*, Restvermögen einer gelöschten Limited, ZfRV 2009, 113; *Behrens*, Die englische Krone als Rechtsnachfolgerin in herrenloses Gesellschaftsvermögen in Deutschland, in: Schäfer/Lwowski (Hrsg.), Konsequenzen wirtschaftsrechtlicher Normen, 2002, S. 313 ff.; *Borges*, Der rechtliche Status der im Registerstaat erloschenen Gesellschaft; IPRax 2005, 134; *Jooß*, Die erloschene Limited, GWR 2010, 340; *Knütel*, Nachtragsliquidation des inländischen Vermögens einer englischen Kapitalgesellschaft, RIW 2004, 503; *Krömker/Otte*, Die gelöschte Limited mit Restvermögen in Deutschland: Stehen Gläubiger und Gesellschafter im Regen?, BB 2008, 964; *Lamprecht*, Gelöschte Limiteds in Deutschland – Die Spaltungstheorie im Zeitalter der Niederlassungsfreiheit, ZEuP 2008, 289; *Leible/Lehmann*, Auswirkungen der Löschung einer Private Limited Company auf ihr in Deutschland belegenes Vermögen, GmbHR 2007, 1095; *Mansel*, Internationalprivatrechtliche Anpassung bei Liquidationsgesellschaften im deutsch-englischen Rechtsverkehr, Liber Amicorum Kegel, 2002, 111; *Möhlenbrock*, Die Behandlung einer britischen „Schein"-Limited im deutschen Recht, FS Schaumburg 2009, 913; *Schulz*, Die Verteilung von inländischem Restvermögen aufgelöster ausländischer Gesellschaften, NZG 2005, 415; *J. Schmidt*, Verfahren und Gefahren bei der Liquidation einer „Rest-Limited", ZIP 2008, 2400; *N. Schmidt*, The Dissolved Limited – Wegfall eines Rechtssubjekts?, ZInsO 2009, 1635; *Schmittmann/Bischoff*, De facto director, shadow director und dissolved companies: Aktuelle Rechtsfragen der scheinausländischen Limited, ZInsO 2009, 1561; *Zimmer/Naendrup*, For Whom the Bells Tolls – Folgen einer Nichtbeachtung englischer Publizitätsgebote durch in Deutschland aktive Limited Companies. ZGR 2007, 789.

I. Einführung

Seitdem der *EuGH* mit seinen Entscheidungen in den Fällen *Centros*,[1] *Überseering*[2] und *Inspire Art*[3] der Rechtswahlfreiheit im Internationalen Gesellschaftsrecht zum Durchbruch verholfen hat, stehen den Gesellschaftsgründern neben dem numerus clausus der deutschen Rechtsformen zahlreiche Auslandsgesellschaften als Rechtsformalternative zur Verfügung.[4] In Deutschland erfreut sich insbesondere die (üblicherweise in England oder Wales gegründete) *Private Company limited by Shares* (kurz: Limited) großer Beliebtheit.[5] Inzwischen ist 1

---

[1] EuGH Rs. C-212/97 „Centros" Slg. 1999 I-1459.
[2] EuGH Rs. C-208/00 „Überseering" Slg. 2002 I-9919.
[3] EuGH Rs. C-167/01 „Inspire Art" Slg. 2003 I-10 155.
[4] *Fleischer*, in: Lutter, Europäische Auslandsgesellschaften in Deutschland, 2005, S. 49, 52; *Leible/Lehmann*, GmbHR 2007, 1095.
[5] Vgl. zur Verbreitung der englischen Limited mit Verwaltungssitz in Deutschland *Westhoff*, GmbHR 2007, 474 ff.

allerdings eine gewisse Ernüchterung festzustellen, muss sich doch die Rechtspraxis zunehmend mit Problemen der „zweiten Generation" auseinandersetzen, die freilich größtenteils auf Unkenntnis des ausländischen Gesellschaftsrechts zurückzuführen sind. Schwierigkeiten bereitete zuletzt insbesondere der Umgang mit dem Löschungsverfahren nach englischem Recht. Vermehrt hatten sich Gerichte mit Fällen zu beschäftigen, in denen der *registrar* Gesellschaften aus dem Gesellschaftsregister löschte, da diese als nicht mehr tätig angesehen wurden *(defunct)*.[6] Praxisrelevant ist darüber hinaus die Liquidation einer Limited, deren Verlauf sich von der Abwicklung einer deutschen Gesellschaft nicht unerheblich unterscheidet. Im Folgenden soll eine vergleichende Gegenüberstellung der Liquidation von Gesellschaften in Deutschland und der Liquidation einer Limited nach englischem Recht diese Unterschiede dokumentieren.

II. Liquidation von Gesellschaften in Deutschland

2   Nach dem Konzept des deutschen Gesetzgebers vollzieht sich das Ende einer Gesellschaft – zumindest im Normalfall – in drei Schritten:[7] Es führt von der **Auflösung** über die **Abwicklung** zur **Vollbeendigung.** Beim ersten Schritt, der Auflösung, kommt es dergestalt zu einer Zweckänderung, dass an die Stelle des bisherigen, regelmäßig auf Gewinnerzielung durch den Betrieb des Gesellschaftsunternehmens gerichteten Zwecks der Abwicklungszweck tritt.[8] Als Regelfolge der Auflösung findet die Abwicklung, d. h. Liquidation statt: Die laufenden Geschäfte werden beendet, die Aktivmasse des Verbandes wird gesammelt, insbesondere durch Einzug ausstehender Forderungen, und das Gesellschaftsvermögen in Geld umgesetzt. Anschließend werden die Gläubiger befriedigt und das verbleibende Vermögen wird verteilt.[9] Das Recht der Liquidation bei Kapitalgesellschaften und Vereinen ist vor allem von dem Gedanken des Gläubigerschutzes geprägt.[10] Die Liquidation von Personengesellschaften hingegen dient in erster Linie den Interessen der Gesellschafter. Mit ihr soll das Gesellschaftsvermögen aus der gesamthänderischen Verbundenheit gelöst und den Gesellschaftern zur Verfügung gestellt werden.[11] Zur Vollbeendigung kommt es erst mit Abschluss der Auseinandersetzung.

III. Liquidation und dissolution einer Private Company limited by Shares

3   Das englische Gesellschaftsrecht zeichnet sich durch seine weitgehende und für das englische Recht insoweit unübliche Kodifikation aus. Es wird somit erheblich durch Gesetze bestimmt.[12] Neben dem Richterrecht ist der **Companies Act 2006** die **wichtigste Rechtsquelle.** Dieser enthält indes keine Vorschriften über die Liquidation von Gesellschaften, wohl aber zum *striking off the register*[13] und zur Wiedereintragung *(restoration to the register)*.[14] Für die – nicht nur insolvenzbedingte – **Liquidation** der Gesellschaft ist der **Insolvency Act 1986** maßgeblich.

---

[6] Vgl. hierzu Rdnr. 12; zum Schicksal des in Deutschland belegenen Vermögens § 30 Rdnr. 5 ff.
[7] Für einen rechtsformübergreifenden Überblick über die Liquidation von Gesellschaften nach deutschem Recht vgl. *Grziwotz*, DStR 1992, 1365 ff.; *ders.*, DStR 1992, 1404 ff.; *ders.*, DStR 1992, 1813 ff.; ferner *K. Schmidt*, Gesellschaftsrecht, 4. Aufl. 2002, § 11 V S. 307 ff.
[8] Stellvertretend etwa *Grziwotz*, DStR 1992, 1365; *K. Schmidt*, Gesellschaftsrecht, 4. Aufl. 2002, § 11 V S. 313; für die Aktiengesellschaft z. B. MünchKommAktG/*Hüffer*, 3. Aufl. 2011, § 262 Rdnr. 12; zum GmbHG z. B. Roth/*Altmeppen*, GmbHG, § 60 Rdnr. 6.
[9] Vgl. nur §§ 268 Abs. 1 AktG, 70 GmbHG, 6. Aufl. 2009, 149 HGB.
[10] *Grziwotz*, DStR 1992, 1404; *K. Schmidt*, Gesellschaftsrecht, 4. Aufl. 2002, § 11 V S. 311.
[11] *Grziwotz*, DStR 1992, 1365.
[12] *Heinz*, Die englische Limited, 2. Aufl. 2006, § 1 Rdnr. 1; *Just*, Die englische Limited in der Praxis, 3. Aufl. 2008, Rdnr. 15 mit dem Hinweis, dass die Tendenz, das *common law* durch Gesetzgebungsakte zurückzudrängen sich auch in anderen Rechtsgebieten als dem Gesellschaftsrecht beobachten ließe.
[13] Vgl. Rdnr. 11 ff.
[14] Vgl. Rdnr. 16 ff.

1. Winding up (liquidation)

a) Grundlagen. Das sog. *„winding up"* (auch *„liquidation"* genannt) ist das Gegenstück zu den deutschen Abwicklungsregelungen der §§ 264 ff. AktG bzw. §§ 66 ff. GmbHG[15] und hat die Abwicklung und Löschung der Gesellschaft zum Ziel. Es kann als freiwillige (*voluntary winding up*) oder zwangsweise (*winding up by the court* bzw. *compulsory winding up*) Liquidation durchgeführt werden.[16] Der Verwalter wird dabei einheitlich als *„liquidator"* bezeichnet. Er fungiert als Vertreter der Limited und leitet die Abwicklung.[17]

b) Freiwillige Liquidation – Voluntary winding up. Die freiwillige Liquidation kann entweder von den Gesellschaftern (*members' voluntar winding up*) oder von den Gläubigern (*ceditors' voluntary winding up*) betrieben werden. Unter das *voluntary winding up* fallen sowohl die Liquidation solventer als auch insolventer Unternehmen.

aa) Members' voluntary winding up (MVL). Das *members' voluntary winding up* (MVL)[18] ist die (freiwillige) Abwicklung einer Gesellschaft auf Betreiben der Gesellschafter (*members*). Es steht nur zahlungsfähigen Unternehmen offen. Die Geschäftsführer (*directors*) müssen daher eine eidesstattliche Erklärung der Zahlungsfähigkeit in gesetzlich vorgeschriebener Form abgeben, derzufolge die Gesellschaft in der Lage sein wird, ihre Verbindlichkeiten innerhalb von zwölf Monaten zu begleichen (*statuory declaration of solvency*).[19] Geschäftsführern, die eine solche Erklärung ohne vernünftige Gründe einreichen, können mit Geldstrafe belegt oder zu Gefängnisstrafe verurteilt werden.[20] Da die Gläubiger aufgrund dieser Solvenzerklärung hinreichend geschützt sind, kann die Liquidation unter der Leitung der Gesellschafter verbleiben.[21]

Beim MVL wird ein *liquidator* bestellt, der das Sachvermögen der Gesellschaft veräußert, die Verbindlichkeiten begleicht und die Überschüsse an die Gesellschafter auskehrt. Stellt der *liquidator* fest, dass die Verbindlichkeiten nicht in der vorgesehenen Zeit beglichen werden können, hat er binnen 28 Tagen nach Kenntnis der Sachlage eine Gläubigerversammlung einzuberufen.[22] Das MVL wird dann in ein *creditors' voluntary winding up* (CVL) umgewandelt.[23]

bb) Creditors' voluntary winding up (CVL). Der Unterschied zwischen dem MVL und dem *creditors' voluntary winding up* (CVL)[24] besteht hauptsächlich darin, dass beim CVL die Gläubiger die Kontrolle über die Durchführung des Verfahrens haben.[25] Es findet statt, wenn die Geschäftsführer die Solvenzerklärung nicht abgeben können. Die Eröffnung des CVL wird initiiert durch einen außerordentlichen Gesellschafterbeschluss des Inhalts, dass die Geschäftstätigkeit aufgrund der Zahlungsunfähigkeit nicht fortgesetzt werden kann. Innerhalb von 14 Tagen nach der Beschlussfassung ist dann eine Gläubigerversammlung einzuberufen,[26] auf welcher der durch die Gesellschafterversammlung bestellte *liquidator* abgelehnt oder bestätigt wird. Die Geschäftsführung ist gehalten, den *liquidator* bei der Ab-

---

[15] *Heinz*, Die englische Limited, 2. Aufl. 2006, § 17 Rdnr. 3.
[16] S. 73 Insolvency Act 1986. Als Insolvenzverfahren gem. Art. 2 lit. a EuInsVO gelten nach Anhang A der Verordnung das „Winding-up by or subject to the supervision of the court" und das „Creditors' voluntary winding-up (with confirmation by the court)".
[17] *Triebel/von Hase/Melerski*, Die Limited in Deutschland, 2006, S. 94; ausführlich *Hannigan*, Company Law, 2. Aufl. 2009, Rdnr. 24–50 ff.
[18] S. 91 bis s. 96 Insolvency Act 1986.
[19] S. 89 Insolvency Act 1986.
[20] S. 89 (4) Insolvency Act 1986.
[21] *Heinz*, Die englische Limited, 2. Aufl. 2006, § 17 Rdnr. 5.
[22] S. 95 (2) (a) Insolvency Act 1986.
[23] S. 96 Insolvency Act 1986; vgl. zum CVL die folgende Rdnr. 8.
[24] S. 97 bis s. 106 Insolvency Act 1986.
[25] *Heinz*, Die englische Limited, 2. Aufl. 2006, § 17 Rdnr. 15.
[26] S. 98 Insolvency Act 1986. In Anlehnung an die gesetzliche Regelung wird die Gläubigerversammlung auch „section 98 meeting" genannt; vgl. *Just*, Die englische Limited in der Praxis, 3. Aufl. 2008, Fn. 596.

wicklung zu unterstützen und ihm notwendige Informationen zu erteilen.[27] Bei einem CVL ist das Insolvenzgericht in der Regel nicht beteiligt.[28]

9 c) **Zwangsweise Liquidation – Compulsory winding up.** Die Zwangsabwicklung (*winding up by the court* oder *compulsory winding up*)[29] wird – anders als Verfahren des *voluntary winding up* – durch Gerichtsbeschluss eingeleitet. Das englische Recht kennt mehrere Gründe, die zu einer gerichtlichen Zwangsabwicklung führen können.[30] Der wichtigste Eröffnungsgrund ist die Zahlungsunfähigkeit der Gesellschaft (*inability to pay debts*).[31] Der für die Zwangsabwicklung notwendige Antrag kann u. a. von der Gesellschaft selbst, den *directors* oder Gläubigern gestellt werden.[32] Die Gläubiger können durch Anträge an das Gericht den Abwicklungsprozess beeinflussen.[33]

2. Dissolution

10 a) **Verfahrensbeendigung – Dissolution after winding up.** Nach der Verwertung der Vermögensgegenstände und der Erlösauskehr durch den *liquidator* muss dieser eine Schlussversammlung einberufen,[34] auf der er abschließend Bericht erstattet und dann abberufen wird. Drei Monate danach wird die Gesellschaft vom *registrar* aufgelöst.[35] Insofern folgt im englischen Recht – anders als in Deutschland[36] – die Auflösung der Liquidation.[37]

11 b) **Löschung ohne Liquidation – Striking off the register.** Eine praxisrelevante Alternative zur Liquidation ist die Streichung der Gesellschaft aus dem Gesellschaftsregister (*striking off the register*).[38]

12 Diese Streichung kann zum einen **von Amts wegen** betrieben werden, wenn der *registrar* Grund zu der Annahme hat, dass die Gesellschaft nicht mehr tätig ist (*defunct company*).[39] Dazu wird ein formalisiertes Verfahren eingeleitet, in dem zunächst zwei Aufforderungen an die Gesellschaft zur Stellungnahme ergehen. Antwortet die Gesellschaft hierauf nicht oder bestätigt sie, dass sie keiner Geschäftstätigkeit mehr nachgeht, wird die Absicht zur Löschung aus dem Register im Amtsblatt veröffentlicht. Sofern sich auch nach der Veröffentlichung keine Hinweise auf die Geschäftstätigkeit ergeben, wird die Gesellschaft aus dem Register gestrichen und die Löschung im Amtsblatt bekannt gemacht. Damit ist die Gesellschaft aufgelöst.[40]

13 Auslöser für ein solches Verfahren ist häufig, dass Gesellschaften ihren Publizitätspflichten[41] – etwa der Pflicht zur Einreichung des *annual return*[42] – nicht ordnungsgemäß

---

[27] *Heinz*, Die englische Limited, 2. Aufl. 2006, § 17 Rdnr. 14.
[28] *Westpfahl/Goetker/Wilkens*, Grenzüberschreitende Insolvenzen, Rdnr. 1680.
[29] S. 117 bis s. 162 Insolvency Act 1986.
[30] S. 122 Insolvency Act 1986.
[31] S. 122 (1) (f), 123 Insolvency Act 1986.
[32] S. 124 Insolvency Act 1986.
[33] *Bähr*, in: Fritz/Hermann, Die Private Limited Company in Deutschland, 2008, Rdnr. 315; *Heinz*, Die englische Limited, 2. Aufl. 2006, § 17 Rdnr. 20.
[34] Ss. 106, 146 Insolvency Act 1986.
[35] Ss. 201, 205 Insolvency Act 1986.
[36] Vgl. hierzu Rdnr. 2.
[37] *Just*, Die englische Limited in der Praxis, 3. Aufl. 2008, Fn. 595; *Triebel/von Hase/Melerski*, Die Limited in Deutschland, 2006, Rdnr. 200; zur Verfahrensbeendigung vgl. ferner *Westpfahl/Goetker/Wilkens*, Grenzüberschreitende Insolvenzen, Rdnr. 1688.
[38] S. 1000 bis s. 1011 Companies Act 2006.
[39] Vgl. S. 1000 (1) Companies Act 2006: „*reasonable cause to believe that a company is not carrying on business or in operation*".
[40] S. 1000 (6) Companies Act 2006.
[41] Zu den Publizitätspflichten im englischen Gesellschaftsrecht vgl. *Zimmer/Neandrup*, ZGR 2007, 789, 792.
[42] Ss. 854 ff. Companies Act 2006.

nachkommen.⁴³ Dies betrifft insbesondere auch die „deutsche" Limited,⁴⁴ wird doch die – durch den *EuGH* vorgegebene – Möglichkeit, Gesellschaften mit inländischem Verwaltungssitz nach dem Recht eines anderen EU-Mitgliedstaates zu gründen, oft ohne hinreichende Kenntnis des ausländischen Gesellschaftsrechts genutzt.

Es besteht zudem unter bestimmten Voraussetzungen die Möglichkeit, dass die Gesellschaft **auf Antrag** aus dem Register gelöscht wird *(voluntary striking off)*.⁴⁵ Diese preiswerte Form der Beendigung bietet sich besonders dann an, wenn die Gesellschaft nur für einen nunmehr erreichten Zweck gegründet wurde und alle Beteiligten mit dem Ende ihrer Existenz einverstanden sind.⁴⁶

Rechtsfolge der Löschung ist, dass die Gesellschaft ihre Rechtsfähigkeit verliert. Etwaige noch vorhandene und im Vereinigten Königreich belegene Aktiva der gelöschten Gesellschaft fallen als herrenloses Gut *(bona vacantia)* im Wege der Legalokkupation der englischen Krone zu.⁴⁷ Aufgrund der territorialen Beschränkung dieses Heimfallrechts werden jedoch die in Deutschland belegenen Vermögenswerte hiervon nicht erfasst. Dies führt zu der schwierigen Frage nach dem rechtlichen Schicksal des im Inland belegenen Restvermögens einer gelöschten Limited.⁴⁸

c) **Wiedereintragung – Restoration to the register.** Um Rechte hinsichtlich des Vermögens der gelöschten Gesellschaft auch außerhalb des Insolvenzverfahrens geltend machen zu können, ist nach englischem Gesellschaftsrecht deren Wiedereintragung nötig *(restoration to the register)*.⁴⁹⁵⁰ Hierfür gibt es zwei Möglichkeiten:

Zum einen ist für die Wiedereintragung der Gesellschaft der *registrar* **zuständig**, wenn diese **als *defunct company*⁵¹ aus dem Register gestrichen wurde** *(administrative restoration to the register)*.⁵² Erforderlich ist, dass ein *director* oder ein Gesellschafter der gelöschten Gesellschaft binnen sechs Jahren nach deren Löschung einen Antrag auf Wiedereintragung stellt.⁵³ Der *registrar* hat die Pflicht, diesem Antrag zu entsprechen, sofern die Gesellschaft zum Zeitpunkt der Löschung noch tätig war. Sollte Aktivvermögen der Gesellschaft an den *Crown representative* gefallen sein, ist darüber hinaus seine schriftliche Zustimmung erforderlich. Zudem müssen alle zum Zeitpunkt der Löschung ausstehenden Bußgelder beglichen werden. Hinsichtlich der Eintragung ist der *registrar* streng an die durch den Companies Act aufgestellten Voraussetzungen gebunden.⁵⁴ Ein Ermessen kommt ihm nicht zu.⁵⁵

Desweiteren sieht das englische Recht in den ss. 1029 ff. Companies Act 2006 die Möglichkeit der **gerichtlichen Wiedereintragung** vor *(restoration to the register by court order)*.⁵⁶

---

⁴³ *Hannigan*, Company Law, 2. Aufl. 2009, Rdnr. 24–106; *Mayson/French/Ryan*, Company Law, 26. Aufl. 2009, 20.16.2.4.; *Lamprecht*, ZEuP 2008, 289, 295.
⁴⁴ OLG Jena RIW 2007, 864; so auch *Happ/Holler*, DStR 2004, 730, 735; *Krömker/Otte*, BB 2008, 964; *Lamprecht*, ZEuP 2008, 289, 295; *Süß*, DNotZ 2005, 180, 188.
⁴⁵ S. 1003 bis s. 1011 Companies Act 2006; vgl. dazu ausführlich *Davies*, Gowers and Davies' Principles of Modern Company Law, 8. Aufl. 2008, A-13.
⁴⁶ *Heinz*, Die englische Limited, 2. Aufl. 2006, § 17 Rdnr. 32; *Bähr*, in: Fritz/Hermann, Die Private Limited Company in Deutschland, 2008, Rdnr. 317.
⁴⁷ S. 1012 (1) Companies Act 2006.
⁴⁸ Vgl. hierzu ausführlich § 31 Rdnr. 5 ff.
⁴⁹ S. 1024 bis s. 1034 Companies Act 2006.
⁵⁰ *Lamprecht*, ZEuP 2008, 289, 296.
⁵¹ Vgl. Rdnr. 12.
⁵² S. 1024 bis s. 1028 Companies Act 2006.
⁵³ S. 1024 (3), (4) Companies Act 2006.
⁵⁴ S. 1025 (1) Companies Act 2006; zu den Voraussetzungen im Einzelnen vgl. *Hannigan*, Company Law, 2. Aufl. 2009, Rdnr. 24–116 ff.; *Davies*, Gowers and Davies' Principles of Modern Company Law, 8. Aufl. 2008, A-15.
⁵⁵ *Lamprecht*, ZEuP 2008, 289, 296.
⁵⁶ S. 1029 bis s. 1032 Companies Act 2006; vgl. ausführlich *Hannigan*, Company Law, 2. Aufl. 2009, Rdnr. 24–109 ff.; *Davies*, Gowers and Davies' Principles of Modern Company Law, 8. Aufl. 2008, A-16.

§ 30 1   6. Kapitel. Liquidation ausländischer Gesellschaften

Die beiden gesonderten Verfahren nach s. 651 Companies Act 1985 und s. 653 Companies Act 1985 sind somit durch ein einziges Verfahren und mithin zugunsten einer übersichtlicheren Regelung abgelöst worden. Die gerichtliche Wiedereintragung kann – im Gegensatz zur vorgenannten Möglichkeit[57] – bei Vorliegen berechtigter Interessen von jedermann beantragt werden[58] und gilt für sämtliche Erlöschensformen.[59] Allerdings ist auch hier – zumindest grundsätzlich[60] – die Sechsjahresfrist zu beachten.[61]

19   Als **Rechtsfolge** der Wiedereintragung wird fingiert, dass die Gesellschaft so fortbestanden habe, als ob sie nie gelöscht worden sei.[62] Noch vorhandene Aktiva fallen an die Gesellschaft zurück. Für Vermögen, das sie nicht mehr herausgeben kann, muss die Krone Wertersatz leisten.[63] Darüber hinaus kann das zuständige Gericht Maßnahmen treffen, um die Gesellschaft und alle anderen Personen in den Stand zu versetzen, in dem sie wären, wenn die Gesellschaft nie aufgelöst worden wäre.[64]

3. Alternativen zur liquidation und dissolution

20   Sollte die Gesellschaft in Zahlungsschwierigkeiten geraten, bestehen neben der Liquidation und Löschung weitere Möglichkeiten, die Limited wirtschaftlich wiederzubeleben bzw. eine effiziente Vermögensverwertung zu betreiben.[65] Zu nennen sind insbesondere die Bestellung eines *receiver*, der Abschluss eines freiwilligen außergerichtlichen Vergleichs (*company voluntary arrangement*) und das Verfahren der *administration*.

§ 30 Auswirkung im Inland

Übersicht

	Rdnr.		Rdnr.
I. Maßgeblichkeit des Gesellschaftsstatuts	1–3	a) Fortbestand der Gesellschaft	5–9
II. Besonderheiten bei der Löschung einer englischen Limited	4–17	b) Anwendbares nationales Recht	10–12
1. Kein Restvermögen im Inland	4	c) Einschlägige gesellschaftsrechtliche Regelungen	13–14
2. Existenz inländischen Restvermögens	5–17	d) Nachtragsliquidation	15–16
		e) Wiedereintragung	17

Schrifttum: Vgl. § 29

I. Maßgeblichkeit des Gesellschaftsstatuts

1   Der Regelungsumfang des Gesellschaftsstatuts umfasst grundsätzlich alle gesellschaftsrechtlichen Verhältnisse (sog. „Lehre vom gesellschaftsrechtlichen Einheitsstatut"). Es regelt

---

[57] Vgl. Rdnr. 17.
[58] S. 1029 (2) Companies Act 2006.
[59] S. 1029 (1) Companies Act 2006.
[60] Bei Klagen wegen Verletzung persönlicher Rechtsgüter ist die Wiedereintragung auch unbefristet möglich (*„personal injury")*, S. 1030 (1) Companies Act 2006.
[61] S. 1030 (4) Companies Act 2006.
[62] Ss. 1028 (1), 1032 (1) Companies Act 2006; vgl. zu den Rechtsfolgen auch *Lamprecht*, ZEuP 2008, 289, 296; zur Frage der Konsequenz einer Wiedereintragung der Limited in das englische Register für die Abwicklung des in Deutschland belegenen Vermögens vgl. *J. Schmidt*, ZIP 2008, 2400, 2404.
[63] S. 1034 (2) (b) Companies Act 2006.
[64] Ss. 1028 (3), 1032 (3) (b) Companies Act 2006.
[65] Zu diesen Möglichkeiten vgl. auch *Bähr*, in: Fritz/Hermann, Die Private Limited Company in Deutschland, 2008, Rdnr. 323 ff.; *Just*, Die englische Limited in der Praxis, 3. Aufl. 2008, Rdnr. 303 ff.; vgl. hierzu ausführlich *Steffek* § 38.

also, unter welchen Voraussetzungen die Gesellschaft „entsteht, lebt und vergeht".[1] Dementsprechend unterliegen zum einen die mit der Gründung zusammenhängenden Fragen der Gesellschaft dem Gesellschaftsstatut.[2] Im Anwendungsbereich des AEUV ist dies – jedenfalls grundsätzlich – das Recht, nach dem die Gesellschaft inkorporiert ist.[3] Gleiches gilt aber ebenso für den actus contrarius der Gründung, nämlich die Löschung. Das Gesellschaftsstatut entscheidet somit auch über alle mit der **Auflösung, Abwicklung und Beendigung** zusammenhängenden Fragen.[4] Etwas anderes gilt jedoch im Falle der Insolvenz der Gesellschaft.[5]

Für den Umfang der Verweisung folgt auch der Referentenentwurf für ein „Gesetz zum Internationalen Privatrecht der Gesellschaften, Vereine und juristischen Personen"[6] der Lehre vom gesellschaftsrechtlichen Einheitsstatut. Art. 10 Abs. 2 EGBGB-RefE enthält zur Konkretisierung eine nicht abschließende Positivliste von Materien, die dem Gesellschaftsstatut zugerechnet werden. In seiner Nr. 2 nennt Art. 10 Abs. 2 EGBGB-RefE ausdrücklich auch „die Gründung und die Auflösung" als gesellschaftsrechtliche Vorgänge, die nach dem Recht des Gründungsstaates zu beurteilen sind.

Dem Gesellschaftsstatut ist etwa zu entnehmen, welche Gründe zur Auflösung der Gesellschaft führen, welche Wirkungen mit der Auflösung verbunden sind[7] (und wie sie beseitigt werden können), wie Schulden getilgt werden müssen und vorhandenes Vermögen zu verteilen ist.[8] Nach dem Gesellschaftsstatut richten sich zudem die **Rechtsverhältnisse der Abwicklungsgesellschaft,** insbesondere ihre Rechts- und Geschäftsfähigkeit einschließlich der Vertretungsmacht ihrer Organe sowie von Liquidatoren. Bleibt der Umfang der Rechtsfähigkeit der ausländischen Abwicklungsgesellschaft bzw. die Vertretungsmacht ihrer Organe oder Verwalter hinter dem eines vergleichbaren Gebildes zurück, ist **Art. 12 Satz 1 EGBGB analog** anzuwenden.[9]

II. Besonderheiten bei der Löschung einer englischen Limited

1. Kein Restvermögen im Inland

Das **Erlöschen** einer ausländischen Gesellschaft ist vom deutschen Recht grundsätzlich als wirksam anzuerkennen. Besonders relevant sind die Rechtsverhältnisse der gelöschten *Private Company limited by Shares* (kurz: Limited) mit deutschem Verwaltungssitz. Denn die durch die *EuGH*-Rechtsprechung geschaffene Möglichkeit, Gesellschaften mit inländischem Verwaltungssitz nach dem Recht eines anderen EU-Mitgliedstaates zu gründen, wird in Deutschland rege genutzt.[10] Indes führen mangelnde Erfahrung im Umgang mit dem englischen Gesellschaftsrecht, Kommunikationsprobleme und Unachtsamkeit immer wieder dazu, dass der *registrar* eine Limited wegen Missachtung der Publizitätsvorschriften

---

[1] So die inzwischen berühmt gewordene Formel des BGH NJW 1957, 1433, 1434.
[2] Michalski/*Leible* Syst. Darst. 2 Rdnr. 85.
[3] Vgl. hierzu *Thölke* §§ 1, 2.
[4] RGZ 153, 200, 205; BGHZ 51, 27, 28; GroßkommGmbHG/*Behrens* Einl. B. Rdnr. 99; Staudinger/*Großfeld* IntGesR Rdnr. 370; MünchKommBGB/*Kindler* IntGesR Rdnr. 685; Scholz/*Westermann* Einl. Rdnr. 128; Michalski/*Leible* Syst. Darst. 2 Rdnr. 163.
[5] Vgl dazu *Leible* §§ 35, 36.
[6] Abrufbar unter: www.bmj.de; vgl. dazu *Bollacher*, RIW 2008, 200 ff.; *Clausnitzer*, NZG 2008, 322 ff.; *Kussmaul/Richter/Ruiner*, DB 2008, 451 ff.; *Leuering*, ZRP 2008, 73 ff.; *Schneider*, BB 2008, 566 ff.; *Wagner/Timm*, IPRax 2008, 81 ff.
[7] Vgl. z. B. zur Wirkung der Löschung in einem öffentlichen Register BGHZ 51, 27.
[8] Michalski/*Leible* Syst. Darst. 2 Rdnr. 163.
[9] GroßkommGmbHG/*Behrens* Einl. B. Rdnr. 99; Staudinger/*Großfeld* IntGesR Rdnr. 370; MünchKommBGB/*Kindler* Rdnr. 685; Michalski/*Leible* Rdnr. 163; zur analogen Anwendung des Art. 12 EGBGB im Rahmen des Gesellschaftsrechts vgl. auch MünchKommBGB/*Spellenberg* Art. 12 EGBGB Rdnr. 48.
[10] So der Hinweis von *Borges*, IPRax, 2005, 134; zur Verbreitung der englischen Limited mit Verwaltungssitz in Deutschland vgl. *Westhoff*, GmbHR 2007, 474 ff.

aus dem englischen Gesellschaftsregister streicht.[11] Nach englischem Recht ist die Gesellschaft damit gelöscht, dh als nicht mehr existent anzusehen. Dies ist auch vom deutschen Recht zu respektieren.[12] Sie ist daher in Deutschland weder aktiv noch passiv parteifähig.[13] Vorbehaltlich noch vorhandenen inländischen Restvermögens[14] verliert die Gesellschaft mit der Löschung zugleich die Insolvenzfähigkeit als juristische Person (§ 11 Abs. 3 InsO).[15]

2. Existenz inländischen Restvermögens

5   **a) Fortbestand der Gesellschaft.** Eine Ausnahme von diesem Grundsatz ist dann zu machen, wenn sich in Deutschland noch zu liquidierendes Vermögen befindet. Die Gesellschaft besteht in diesem Fall als Liquidationsgesellschaft im Inland fort.[16] Dies wurde von der Rechtsprechung zunächst für Fälle der Enteignung durch den Heimatstaat,[17] später auch für das Vorhandensein von Restvermögen nach ordnungsgemäßer Auflösung entschieden.[18]

6   Mit der Frage, ob diese Grundsätze auch auf den Fall der im Ausland gelöschten Limited übertragbar sind, mussten sich zuletzt mehrere Gerichte befassen.[19] Mit der Löschung verliert die Gesellschaft nach englischem Recht ihre Rechtsfähigkeit. Das im Vereinigten Königreich belegene **Vermögen der Limited** fällt im Wege der Legalokkupation als *bona vacantia* der englischen Krone anheim.[20] Aufgrund der territorialen Beschränkung des hoheitlichen Anfallsrechts wird das in Deutschland belegene Vermögen hiervon jedoch nicht erfasst. Deshalb besteht auch für diesen Fall – zumindest weitgehend – Einigkeit, dass die Gesellschaft trotz der Löschung und Auflösung in England im Inland bestehen bleibt, sofern sie in Deutschland noch über Vermögen verfügt.[21]

7   Dem gegenüber steht die Meinung des *AG Berlin-Charlottenburg*. In seinem an den *EuGH* gerichteten Vorabentscheidungsersuchen neigt das Gericht der Auffassung zu, dass der in s. 1012 Companies Act 2006 angeordnete Anfall des Vermögens der Limited zu Gunsten der britischen Krone sich auch bezüglich des in Deutschland belegenen Vermö-

---

[11] Vgl. OLG Jena RIW 2007, 864; *Happ/Holler*, DStR 2004, 730, 735; *Süß*, DNotZ 2005, 180, 188; siehe hierzu auch § 29 Rdnr. 11 ff.

[12] OLG Brandenburg ZInsO 2009, 1695.

[13] Vgl. KG GmbHR 2010, 316; LAG Sachsen Urt v 15. 1. 2010 – Az 3 Sa 716/08 (aA jedoch unter Berufung auf BAGE 36, 125 für eine Kündigungsschutzklage).

[14] Hierzu Rdnr. 5 ff.

[15] LG Duisburg NJW-Spezial 2007, 368; vgl. hierzu *Schall*, EWiR 2007, 335; ferner *Just*, Die englische Limited in der Praxis, 3. Aufl. 2008, Rdnr. 337.

[16] Staudinger/*Großfeld* IntGesR Rdnr. 371; *Schulz*, NZG 2005, 415.

[17] RGZ 107, 94, 99; BGH NJW 1952, 540; BGH NJW 1957, 1433; BGH ZIP 1991, 1423; vgl. auch Staudinger/*Großfeld* IntGesR Rdnr. 837 ff.

[18] OLG Stuttgart NJW 1974, 1627; vgl. hierzu *Schulz*, NZG 2005, 415.

[19] Vgl. etwa OLG Jena RIW 2007, 864 m Anm *Röder* = NZI 2008, 260 m Anm *Mock* = ZIP 2007, 1709 m Anm *J. Schmidt*; OLG Nürnberg NZG 2008, 76 = GmbHR 2008, 41 m Anm *Werner*; KG AG 2010, 497; AG Berlin-Charlottenburg GmbHR 2009, 321 = EWiR 2009, 379 m Anm *J. Schmidt*.

[20] S. 1012 (1) Companies Act 2006; vgl. dazu § 29 Rdnr. 15.

[21] So etwa OLG Jena RIW 2007, 864; OLG Nürnberg NZG 2008, 76; KG AG 2010, 497; *Bähr*, in: Fritz/Hermann, Die Private Limited Company in Deutschland, 2008, Rdnr. 338; *Borges*, IPRax, 2005, 134; GroßkommGmbHG/*Behrens* Einl. B. Rdnr. 99; *Happ/Holler*, DStR 2004, 730, 736; *Hirte*, in: Hirte/Bücker, Grenzüberschreitende Gesellschaften, 2. Aufl. 2006, § 1 Rdnr. 77 a; *Huber*, in: Lutter, Europäische Auslandsgesellschaften in Deutschland, S. 307, 338; *Jooß*, GWR 2010, 340; *Knütel*, RIW 2004, 503, 504; *Krömker/Otte*, BB 2008, 964; *Lamprecht*, ZEuP 2008, 289, 300 f; *Leible/Lehmann*, GmbHR 2007, 1095; *Mansel*, in: Liber amicorum Kegel, 2002, S. 111; *Mock*, NZI 2008, 262, 263; *Röder*, RIW 2007, 866; *J. Schmidt*, ZIP 2007, 1712; *dies.*, ZIP 2008, 2400; *Schulz*, NZG 2005, 415; *Süß*, DNotZ 2005, 180; *Werner*, GmbHR 2008, 43, 44; *Zimmer/Neandrup*, ZGR 2007, 789, 803.

gens der Gesellschaft auswirke.²² Die allgemeinen völkerrechtlichen Grundsätze, dass enteignende Maßnahmen eines Staates sich nur auf seinem eigenen Territorium belegene Vermögensgegenstände erstrecken („lex rei sitae"), könnten hier keine Geltung beanspruchen. Denn die Bundesrepublik Deutschland habe – so das *AG Berlin-Charlottenburg* – durch Abschluss und Ratifikation des EG-Vertrages (insbes. Art. 10, 43, 48 EG = Art. 4 Abs. 3, 49, 54 AEUV) dem Eintritt enteignender Wirkung auf ihrem Territorium jedenfalls dann zugestimmt, wenn sich eine Gesellschaft mit im Inland gelegenem Vermögen freiwillig und ausdrücklich dem Gesellschaftsrecht eines anderen Mitgliedstaates der Gemeinschaft unterstellt und die enteignenden Wirkungen in diesem Rahmen von diesem anderen Mitgliedstaat ausgehen.

Der *EuGH* hat inzwischen das Ersuchen mit der Begründung der Unzuständigkeit zurückgewiesen.²³ Aber auch inhaltlich ist der Rechtsauffassung des *AG Berlin-Charlottenburg* in mehrfacher Hinsicht zu widersprechen. Zum einen handelt es sich bei s. 1012 Companies Act 2006 (bzw. s. 654 Companis Act 1985) nicht um einen Enteignungstatbestand, sondern um einen speziellen Fall der alten common-law-Doktrin, dass herrenlose Vermögensgegenstände der Krone zufallen.²⁴ Zum anderen entspricht es nicht nur der ganz herrschenden Ansicht in der deutschen Literatur und Rechtsprechung, dass das Heimfallrecht nur die im Vereinigten Königreich belegenen Vermögenswerte erfasst.²⁵ Auch der englische Treasury Solicitor, der das der britischen Krone zufallende Vermögen verwaltet, teilt diese Auffassung.²⁶

Verfügt eine in England gelöschte Limited in Deutschland noch über Eigentum, entsteht demnach vielmehr eine **„Restgesellschaft",** welche Träger der im Inland belegenen Vermögenswerte ist. Die Grundsätze zur Rest- und Spaltgesellschaft wurden ursprünglich für Fälle von im Ausland enteigneten Gesellschaften entwickelt.²⁷ Eine Übertragung dieser Grundsätze auf den Fall der Löschung einer Limited aus dem englischen Register ist jedoch aufgrund der vergleichbaren Interessenlage sachgerecht. Denn ebenso wie in den Enteignungsfällen führt die Löschung der Limited zum Wegfall des ausländischen Rechtsträgers. In beiden Fällen ergibt sich damit ein Bedürfnis nach einer interessengerechten Regelung für das im Inland belegene Restvermögen.²⁸ Die Rechtsfigur der Restgesellschaft lässt sich somit nutzen, um im Ausland gelöschte Gesellschaften im Inland als rechts- und parteifähig anzusehen. Indes handelt es sich bei der Restgesellschaft um nichts anderes als eine Fiktion; sie wird nur für die Zwecke des Haltens des inländischen Vermögens konstruiert. Diesem Rechtsträger werden die Vermögenswerte zugeordnet. Die Restgesellschaft ist rechtsfähiges Subjekt und daher auch in Verfahren nach dem FamFG beteiligtenfähig.²⁹

b) Anwendbares nationales Recht. Umstritten ist jedoch, welchem nationalen Recht die Restgesellschaft unterliegt. Drei Ansichten stehen sich insoweit gegenüber:³⁰ Nach der ersten ist auf die Restgesellschaft deutsches Recht anzuwenden.³¹ Nach der zweiten soll sie

---

²² AG Berlin-Charlottenburg GmbHR 2009, 321; vgl. hierzu die Bspr. von *N. Schmidt*, ZInsO 2009, 1635; kritisch hierzu *Bachner/Gassner*, ZfRV 2009, 113; *Querfurth*, GWR 2009, 93; *J. Schmidt*, EWiR 2009, 379.
²³ EuGH Rs. C-497/08 „Amiraike Berlin" ABl. EU 2010, Nr. 63, 19.
²⁴ So zu Recht der Hinweis bei *J. Schmidt*, EWiR 2009, 379.
²⁵ Vgl. Fn. 21.
²⁶ OLG Nürnberg NZG 2008, 77; *Bachner/Gassner*, ZfRV 2009, 113, 116; *Querfurth*, GWR 2009, 93; *J. Schmidt*, EWiR 2009, 379, 380.
²⁷ Vgl. die Nachweise bei Fn. 17.
²⁸ *J. Schmidt*, ZIP 2008, 2400, 2401.
²⁹ *Leible/Lehmann*, GmbHR 2007, 1095, 1097.
³⁰ Vgl. zum Streitstand der Darstellungen bei *Borges*, IPRax 2005, 134, 138; *Leible/Lehmann*, GmbHR 2007, 1095, 1097; *Werner*, GmbHR 2008, 43, 44.
³¹ Vgl. etwa BGHZ 25, 134, 148; BGHZ 33, 195, 204; aus der Literatur z.B. *Wiedemann* FS Beitzke, 811, 820; für den Fall der gelöschten Limited *Bähr*, in: Fritz/Hermann, Die Private Limited

dem alten Gesellschaftsstatut unterstehen.[32] Das wäre im Fall der gelöschten Limited englisches Recht. Eine dritte Auffassung differenziert: Handele es sich bei der Restgesellschaft um eine reine Liquidationsgesellschaft, so unterliege sie dem alten Gesellschaftsstatut; wolle sie aber in Deutschland ihren Verwaltungssitz nehmen und hier werbend tätig sein, so sei deutsches Recht anwendbar.[33]

11 Entsteht aufgrund des im Inland belegenen Vermögens der gelöschten Limited in Deutschland eine Restgesellschaft, kann diese jedoch nur **deutschem Recht** unterliegen:[34] Die Figur der Restgesellschaft ist dem englischen Recht nicht bekannt; sie ist eine Erfindung der deutschen Rechtsprechung. Diese kann dem englischen Recht die von ihr kreierte Rechtsform auch nicht aufdrängen.[35] Kollisionsrechtlich ließe sich dies möglicherweise mit einer versteckten Rückverweisung des englischen Rechts auf das deutsche erklären, auch wenn auf eine versteckte Rückverweisung sonst nur aus Zuständigkeitsregeln geschlossen wird.[36]

12 Gleichwohl bedeutet die Anwendung deutschen Rechts auf die Restgesellschaft nicht, dass man der europarechtlich verfemten Sitztheorie anhängen würde.[37] Denn die Restgesellschaft untersteht deutschem Recht nicht wegen ihres Sitzes in Deutschland, sondern weil sie ein Konstrukt der deutschen Rechtsordnung ist. Das deutsche Recht ist dasjenige, welches die Restgesellschaft aus der Taufe hebt, und damit im weiteren Sinne ihr Gründungsrecht. Ein Verstoß gegen die geforderte europarechtliche Gründungstheorie liegt damit nicht vor.[38]

13 **c) Einschlägige gesellschaftsrechtliche Regelungen.** Spezielle gesetzliche Regelungen für die Restgesellschaft gibt es nicht. Unverhältnismäßig wäre es, die Restgesellschaft als OHG oder GbR zu behandeln und die ehemaligen Mitglieder der gelöschten Limited für deren Schulden der persönlichen Haftung auszusetzen. Denn allein die Existenz von Vermögen der gelöschten Gesellschaft im Inland darf nicht zur persönlichen Haftung ehemaliger Gesellschafter führen. Vielmehr ist der Haftungsschild zu erhalten, der ihnen bis zur Löschung der Limited zugute kam. Die einschlägigen Normen des Gesellschaftsrechts sind deshalb in Annäherung an die deutsche Gesellschaftsform zu bestimmen, die der gelöschten ausländischen Gesellschaft am meisten ähnelt. Im Falle der gelöschten Limited ist daher ein Rückgriff auf das **Recht der GmbH** sachgerecht.[39] Die Haftung ist somit ähnlich wie bei einer GmbH auf das Gesellschaftsvermögen beschränkt.

Company in Deutschland, 2008, Rdnr. 337; *Jooß*, GWR 2010, 340; *Leible/Lehmann*, GmbHR 2007, 1095, 1097; *Werner*, GmbHR 2008, 43, 44.

[32] KG Berlin NJW 1958, 1924 und NJW 1958, 1926, 1927; aus der Literatur z. B. Großkomm-AktG/*Assmann*, 4. Aufl. 2004, Einl. Rdnr. 685; für den Fall der gelöschten Limited etwa *Krömker/Otte*, BB 2008, 964, 965; *Lamprecht*, ZEuP 2008, 289, 312 f.; *Mansel*, in: Liber amicorum Gerhard Kegel, 2002, 111, 122; *J. Schmidt*, ZIP 2008, 2400, 2401; wohl auch das OLG Jena RIW 2007, 864, 865: „Die Limited besteht demnach (…) als sog. Restgesellschaft (…) in Deutschland fort".

[33] MünchKommBGB/*Ebenroth* IntGesR 3. Aufl. 1999, Rdnr. 901.

[34] Vgl. zum Folgenden auch *Leible/Lehmann*, GmbHR 2007, 1095, 1097 f.

[35] Nach den allgemeinen Grundsätzen des Internationalen Privatrechts hat der Richter nicht die Kompetenz, das ausländische Recht zu verändern. Er muss dieses vielmehr so hinnehmen, wie es durch die ausländische Rechtsprechung ausgelegt wird, und hat sich bei der Rechtsfortbildung zurückzuhalten. Zwar gibt es in Sondersituationen die Möglichkeit der Angleichung des materiellen Rechts. Von einer Angleichung lässt sich jedoch nicht mehr sprechen, wenn dem englischen Recht eine dort gelöschte Gesellschaft als in Deutschland fortbestehend untergeschoben werden soll; vgl. *Leible/Lehmann*, GmbHR 2007, 1095, 1097.

[36] *Leible/Lehmann*, GmbHR 2007, 1095, 1098.

[37] So aber *Borges*, IPRax 2005, 134, 138.

[38] *Leible/Lehmann*, GmbHR 2007, 1095, 1098; *Werner*, GmbHR 2008, 43, 44; für die Anwendung der Sitztheorie in diesem Fall dagegen *Jooß*, GWR 2010, 340, der darin jedoch keine Beschränkung der Niederlassungsfreiheit sieht.

[39] *Jooß*, GWR 2010, 340; Michalski/*Leible* Syst. Darst. 2 Rdnr. 165; *Leible/Lehmann*, GmbHR 2007, 1095, 1098; *Werner*, GmbHR 2008, 43, 44.

Sollten die Gesellschafter namens der Limited oder der Restgesellschaft in Deutschland **14** werbend tätig werden, besteht allerdings kein Grund, die Haftungsprivilegierung aufrechtzuerhalten. Die Gesellschafter haften dann persönlich als Gesellschafter einer OHG oder GbR bzw. als Einzelkaufmann.[40]

d) Nachtragsliquidation. Die rechtswirksame Beendigung der Vertretungsbefugnisse **15** nach den Regeln des Gesellschaftsstatus ist beachtlich. Denn anders als bei den klassischen Enteignungsfällen kann nicht vom Fortbestand der Vertretungsmacht der Organe ausgegangen werden.[41] Die Löschung und Auflösung der Gesellschaft erfolgen nämlich als legitime Sanktion für Verstöße gegen die Publizitätsvorschriften und nicht aufgrund eines willkürlichen Enteignungsaktes.[42] Aus dem Fortbestand der Gesellschaft im Inland folgt daher nicht, dass ihre bisherigen Vertreter weiter handlungsbefugt sind.[43] Vielmehr erfolgt die Abwicklung im Wege der Nachtragsliquidation, wobei auch für die **Bestellung der Liquidatoren auf das GmbHG zu rekurrieren** ist.[44] Aus § 66 Abs. 5 S. 2 GmbHG folgt, dass der Geschäftsführer der gelöschten Gesellschaft nicht der „geborene" Liquidator der Restgesellschaft ist. Das Gericht hat vielmehr nach eigenem Ermessen zu entscheiden, wer zum Liquidator bestellt wird.[45]

Nach anderer Ansicht soll gemäß § 1913 BGB ein Pfleger bestellt werden.[46] Das überzeugt nicht, da § 1913 BGB grundsätzlich nur einzelne Angelegenheiten einer Person betrifft und § 10 Abs. 1 Nr. 2 ZustErgG durch den Gesetzgeber im Jahre 2006 ersatzlos gestrichen wurde.[47] **16**

e) Wiedereintragung. Die Wiedereintragung einer *Limited*, die zuvor wegen vermuteter Untätigkeit von Amts wegen aus dem Register gelöscht wurde, bewirkt, dass die Gesellschaft so anzusehen ist, als hätte sie von Beginn an ununterbrochen fortbestanden.[48] Die Fortbestands-Fiktion des britischen Rechts ist Teil des Personalstatuts der Gesellschaft und daher auch vom deutschen Recht zu beachten.[49] Ob dies auch für die Vertretungsmacht ihrer Organe für den Löschungszeitraum gilt, ist jedoch fraglich.[50] **17**

---

[40] *Jooß,* GWR 2010, 340; *Leible/Lehmann,* GmbHR 2007, 1095, 1098.
[41] Vgl. hierzu Staudinger/*Großfeld* IntGesR Rdnr. 863.
[42] *Krömker/Otte,* BB 2008, 964, 965; *Schmidt,* ZIP 2008, 2400, 2401; *Schulz,* NZG 2008, 415.
[43] KG AG 2010, 497.
[44] *Jooß,* GWR 2010, 340; *Leible/Lehmann,* GmbHR 2007, 1095, 1097; *Mock,* NZI 2008, 262, 263.
[45] OLG Jena RIW 2007, 864, 866; *Krömker/Otte,* BB 2008, 964, 965; *Leible/Lehmann,* GmbHR 2007, 1095, 1098; *J. Schmidt,* ZIP 2008, 2400, 2401.
[46] OLG Nürnberg NZG 2008, 76, 77; *Happ/Holler,* DStR 2003, 730, 736; *Schulz,* NZG 2005, 415; *Süß,* DNotZ 2005, 180, 189.
[47] So auch *Lamprecht,* ZEuP 2008, 289, 311; *J. Schmidt,* ZIP 2008, 2400, 2401.
[48] sec. 1032 I CA 2006; vgl. auch § 29 Rdnr. 17 ff.
[49] OLG Brandenburg ZInsO 2009, 1695.
[50] Ablehnend KG AG 2010, 497.

7. Kapitel. Internationales Steuerrecht

§ 31 Einführung

Übersicht

	Rdnr.		Rdnr.
I. Gegenstand und Ziel der Abhandlung	1	b) Vermeidung der Doppelbesteuerung bzw. Minimierung der Steuerlast	16–18
II. Das Internationale Steuerrecht – Zuordnungs- und Abgrenzungsfragen	2–4	c) Steuerliche Abzugsfähigkeit von Aufwendungen im Zusammenhang mit Wirtschaftstätigkeiten im Ausland	19
III. Typische Fragestellungen und Fallgestaltungen in der Praxis	5–23	d) Steuerliche Abzugsfähigkeit von ausländischen Verlusten im Zusammenhang mit inländischen Einkünften	20
1. Grundsätzliches	5, 6	e) Vermeidung der Realisierung von stillen Reserven bei der Überführung von Wirtschaftsgütern in einen ausländischen Produktionsstandort	21
2. Rechtsform der Zieleinheit/Beteiligungskombination mit der Ausgangseinheit	7–12	4. Gestaltungen über Drittländer/Steuerflucht	22, 23
a) Einleitender Überblick	7–8	a) Gründung von Basisgesellschaften	22
b) Vermeidung der Doppelbesteuerung bzw. Minimierung der Steuerlast	9	b) Gestaltung von Verrechnungspreisen	23
c) Steuerliche Abzugsfähigkeit von Aufwendungen im Zusammenhang mit Wirtschaftstätigkeiten im Ausland	10	IV. Rechtsgrundlagen des Internationalen Steuerrechts	24–27
d) Steuerliche Abzugsfähigkeit von ausländischen Verlusten im Zusammenhang mit inländischen Einkünften	11	V. Grundbegriffe, Grundlagen	28–38
		1. Allgemeines	28–30
e) Vermeidung der Realisierung von stillen Reserven bei der Überführung von Wirtschaftsgütern in einen ausländischen Produktionsstandort	12	2. Ausgangspunkt: das Welteinkommensprinzip	31–34
3. Finanzierung der Zieleinheit und/oder der Ausgangseinheit	13–21	3. Doppelbesteuerung	35–38
a) Einleitender Überblick	13–15		

I. Gegenstand und Ziel der Abhandlung

Das Internationale Steuerrecht ist in der *Praxis* von grenzüberschreitenden Investitionen **1** und sonstigen Wirtschaftstätigkeiten sowohl von deutschen Unternehmen im Ausland als auch von ausländischen Unternehmen in der Bundesrepublik Deutschland in aller Regel Teil eines **breiten Themenkomplexes**, bei dem neben dem (Internationalen) Steuerrecht vor allem auch zahlreiche Themen aus dem Bereich des Handels- und Gesellschaftsrechts und zahlreiche betriebswirtschaftliche Fragestellungen zu beachten sind. Entsprechend der Menge an Themen und Fragestellungen in der *Praxis* von grenzüberschreitenden Investitionen und sonstigen Wirtschaftstätigkeiten liegt der **Schwerpunkt der Abhandlung** vor allem bei inländischen Steuerpflichtigen mit Auslandsbeziehungen (in der *modernen Praxis* auch als **Outbound-Sachverhalte** bezeichnet) im Gegensatz zu ausländischen Steuerpflichtigen mit Inlandsbeziehungen (in der *modernen Praxis* auch als **Inbound-Sachverhalte** bezeichnet).

II. Das Internationale Steuerrecht – Zuordnungs- und Abgrenzungsfragen

2 Das Internationale Steuerrecht enthält eine **Begriffsvielfalt**, die vor allem von der *Praxis* geprägt ist. Da das Internationale Steuerrecht in keinem einheitlich kodifizierten Recht oder Gesetz enthalten ist, gibt es auch nur wenige Begriffsbestimmungen, die gesetzlich vorgegeben sind.

3 Bezogen auf die oben genannten Grundsachverhalte kann man aus deutscher Sicht insbesondere die **folgenden Rechts- oder Themengebiete** zählen:

(1) Rechtsgebiete bei Outbound-Sachverhalten:
– das Doppelbesteuerungsrecht nach dem Recht der Doppelbesteuerungsabkommen (s. hierzu § 32 I.)
– das Doppelbesteuerungsrecht nach innerstaatlichem Recht (nach § 34 c EStG oder § 26 KStG) einschließlich die Besteuerung von Beteiligungserträgen und von Veräußerungsgewinnen bei Beteiligungen an anderen Körperschaften und Personenvereinigungen (nach § 8b Abs. 1 und Abs. 2 KStG) (s. hierzu § 32 II.)
– Aufwendungen im Zusammenhang mit Wirtschaftstätigkeiten im Ausland (s. hierzu § 33 I.)
– Ausländische Verluste im Zusammenhang mit inländischen Einkünften (s. hierzu § 33 II.)
– Überführung von Wirtschaftsgütern in einen ausländischen Produktionsstandort (s. hierzu § 33 III.)
– die Hinzurechnungsbesteuerung nach den §§ 7–14 AStG (s. hierzu § 34 II.)
– Internationale Verflechtungen/Verrechnungspreise/arm's length-Prinzip nach § 1 AStG (s. hierzu § 34 III.)
– die erweiterte beschränkte Einkommensteuerpflicht nach § 2 AStG (s. hierzu § 34 IV.)
– die Wegzugsbesteuerung nach § 6 AStG (s. hierzu § 34 IV.)
– sonstige Vorschriften des Außensteuergesetzes (s. hierzu § 34 V.)

Bei **Outbound-Sachverhalten** ist die Bundesrepublik Deutschland bezogen auf das Doppelbesteuerungsrecht nach dem Recht der Doppelbesteuerungsabkommen **Wohnsitz-** bzw. **Sitzstaat** oder **Ansässigkeitsstaat**, während der andere (ausländische) Staat Quellen- oder Belegenheitsstaat ist.

(2) Rechtsgebiete bei Inbound-Sachverhalten:
– die Besteuerung beschränkt (Einkommen- oder Körperschaft-)Steuerpflichtiger nach den §§ 49 ff. EStG[1]
– das Doppelbesteuerungsrecht nach dem Recht der Doppelbesteuerungsabkommen (s. hierzu § 32 I.)
– Internationale Verflechtungen/Verrechnungspreise/arm's length-Prinzip nach § 1 AStG (s. hierzu § 34 III.)

Bei **Inbound-Sachverhalten** ist die Bundesrepublik Deutschland bezogen auf das Doppelbesteuerungsrecht nach dem Recht der Doppelbesteuerungsabkommen Quellen- oder Belegenheitsstaat, während der andere (ausländische) Staat **Wohnsitz-** bzw. **Sitzstaat** oder **Ansässigkeitsstaat** ist.

---

[1] Dieses Rechtsgebiet ist nicht Gegenstand der Abhandlung.

§ 31. Einführung 4 § 31

Graphisch lassen sich diese Zuordnungs- und Abgrenzungsfragen wie folgt darstellen: 4

Outbound-Sachverhalte Schaubild § 31-1

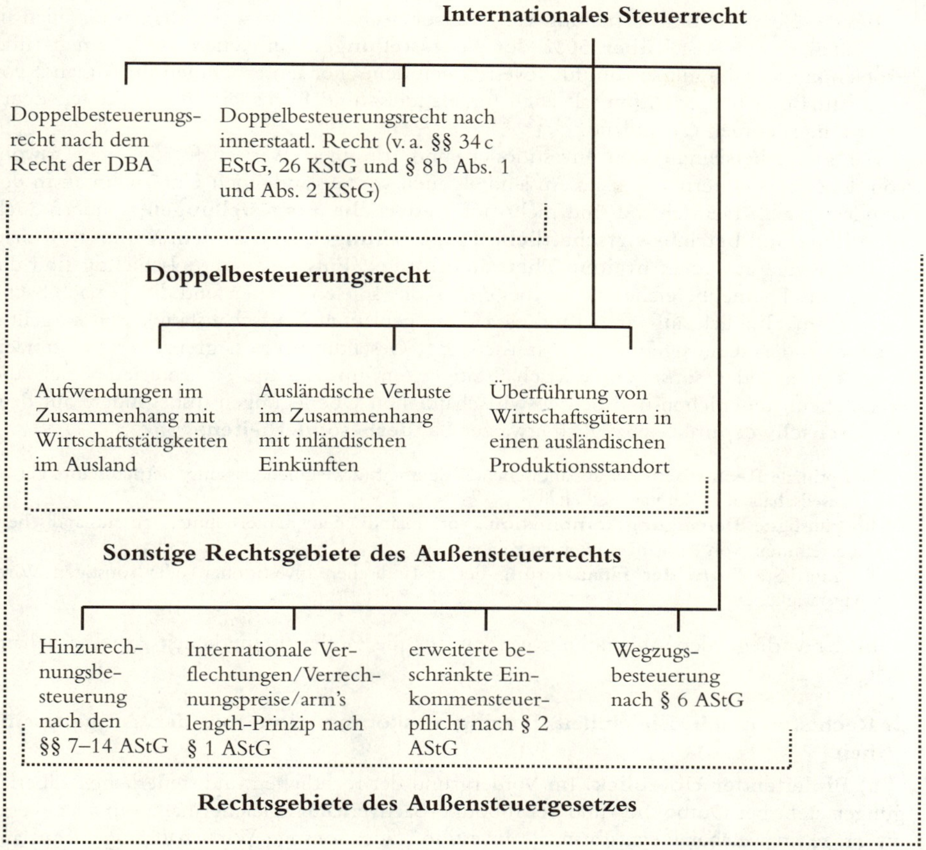

Internationales Steuerrecht

- Doppelbesteuerungsrecht nach dem Recht der DBA
- Doppelbesteuerungsrecht nach innerstaatl. Recht (v. a. §§ 34 c EStG, 26 KStG und § 8 b Abs. 1 und Abs. 2 KStG)

Doppelbesteuerungsrecht

- Aufwendungen im Zusammenhang mit Wirtschaftstätigkeiten im Ausland
- Ausländische Verluste im Zusammenhang mit inländischen Einkünften
- Überführung von Wirtschaftsgütern in einen ausländischen Produktionsstandort

Sonstige Rechtsgebiete des Außensteuerrechts

- Hinzurechnungsbesteuerung nach den §§ 7–14 AStG
- Internationale Verflechtungen/Verrechnungspreise/arm's length-Prinzip nach § 1 AStG
- erweiterte beschränkte Einkommensteuerpflicht nach § 2 AStG
- Wegzugsbesteuerung nach § 6 AStG

Rechtsgebiete des Außensteuergesetzes

Inbound-Sachverhalte Schaubild § 31-2

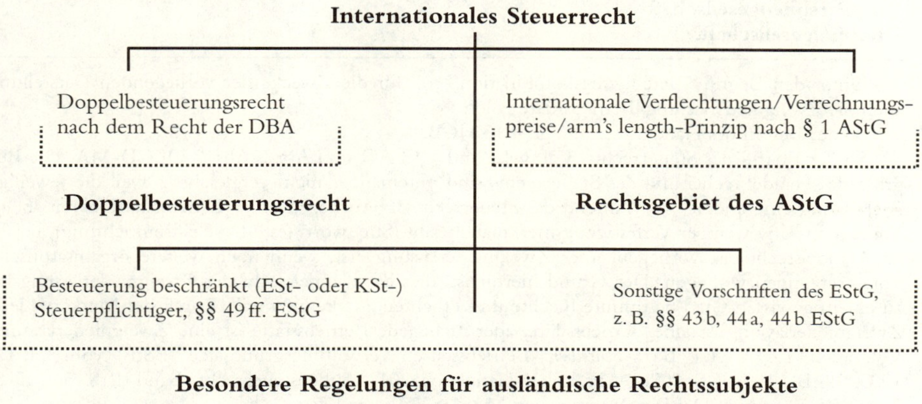

Internationales Steuerrecht

- Doppelbesteuerungsrecht nach dem Recht der DBA
- Internationale Verflechtungen/Verrechnungspreise/arm's length-Prinzip nach § 1 AStG

Doppelbesteuerungsrecht **Rechtsgebiet des AStG**

- Besteuerung beschränkt (ESt- oder KSt-) Steuerpflichtiger, §§ 49 ff. EStG
- Sonstige Vorschriften des EStG, z. B. §§ 43 b, 44 a, 44 b EStG

Besondere Regelungen für ausländische Rechtssubjekte

III. Typische Fragestellungen und Fallgestaltungen in der Praxis

1. Grundsätzliches

5 Bei der Beratung und Gestaltung von grenzüberschreitenden Sachverhalten entfallen in der *Praxis* in der Regel **über 50% der Fragestellungen** auf steuerliche Themen- und Problemkreise. Dies gilt sowohl für Investitionen deutscher Unternehmen im Ausland, vor allem im Bereich Produktion, als auch für Handels- und Dienstleistungstätigkeiten deutscher Unternehmen im Ausland.

6 Bei grenzüberschreitenden Investitionen und sonstigen Wirtschaftstätigkeiten sowohl von deutschen Unternehmen im Ausland als auch von ausländischen Unternehmen in der Bundesrepublik Deutschland sind nicht nur **steuerliche Fragestellungen**, sondern auch **rechtliche** und **betriebswirtschaftliche Fragestellungen** zu beachten. Mithin trifft man in aller Regel auf einen **breiten Themenkomplex**. Entsprechend vielschichtig sind die möglichen Themenbereiche, die hierbei eine Rolle spielen können und die, je nach Sachverhalt, im Hinblick auf ihren Einfluss auf die geplanten Wirtschaftstätigkeiten sorgfältig gegeneinander abgewogen werden müssen. Bei Gestaltungen von grenzüberschreitenden Investitionen oder sonstigen Wirtschaftstätigkeiten im Ausland konzentrieren sich die rechtlichen, steuerlichen und betriebswirtschaftlichen Überlegungen insbesondere auf **drei Themenschwerpunkte** zuzüglich etwaiger **Länderbesonderheiten**:

1. die optimale **Rechtsform** der ausländischen Zieleinheit (Zweigniederlassung/Betriebsstätte, Personengesellschaft oder Kapitalgesellschaft)
2. die günstigste **Beteiligungskombination**[2] von inländischem Unternehmen zu ausländischem Unternehmen (von Ausgangseinheit zu Zieleinheit)
3. die günstigste **Form der Finanzierung** der ausländischen Investitionen oder sonstigen Wirtschaftstätigkeiten

In der vorliegenden Abhandlung werden nur die (außen-)steuerlichen Aspekte behandelt.

2. Rechtsform der Zieleinheit/Beteiligungskombination mit der Ausgangseinheit

7 **a) Einleitender Überblick.** Im Vordergrund der rechtlichen und steuerlichen Überlegungen steht bei Outbound- und bei Inbound-Sachverhalten gleichermaßen in aller Regel die Frage, in welcher Rechtsform die Investition oder sonstige Wirtschaftstätigkeit im anderen Land erfolgen soll. In Frage kommen, nach der deutschen Terminologie und Systematik, grundsätzlich die folgenden **Rechtsformen**:

– die **Zweigniederlassung**[3] bzw. die **Betriebsstätte**[4]
– die **Personengesellschaft**
– **Kapitalgesellschaft**.

---

[2] Unter den Begriff „Beteiligungskombination" soll für die Zwecke der vorliegenden Darstellung auch die Zweigniederlassung/Betriebsstätte fallen.
[3] So der Begriff des Handelsrechts. Vgl. § 13 HGB.
[4] So der Begriff des Steuerrechts. Vgl. § 12 und § 13 AO und Art. 5 Abs. 2 OECD-MA. Die Begriffe des Handelsrechts und des Steuerrechts sind miteinander nicht vergleichbar, weil die jeweilige Zielsetzung eine andere ist. Während das Steuerrecht das Vorliegen einer Betriebsstätte bereits beim Vorliegen relativ weniger Verfestigungsmerkmale bejaht (Stichwort: feste Geschäftseinrichtung), bejaht das Handelsrecht das Vorliegen einer Zweigniederlassung erst, wenn noch weitere organisatorische Voraussetzungen vorliegen. Der Grund hierfür ist, dass das Handelsrecht der Zweigniederlassung bis zu einem gewissen Grad bestimmte Rechte und Pflichten zuerkennen will. Es gilt der Merksatz: Jede Zweigniederlassung ist eine Betriebsstätte, aber nicht jede Betriebsstätte ist eine Zweigniederlassung. Vgl. auch TZ 1.1.1.1 *BMF-Schreiben*: Betriebsstätten-Verwaltungsgrundsätze (BStE) vom 24. 12. 1999, BStBl. 1999 I S. 1076 = Praktiker-Handbuch 2011 Außensteuerrecht, Band II, S. 562 ff. S. ferner *Wassermeyer* in Debatin/Wassermeyer MA Art. 7 Rdnr. 177.

Die Frage nach der optimalen Rechtsform spielt bei den steuerlichen Überlegungen 8
im Gegensatz zu den rechtlichen Überlegungen in der Regel eine ungleich **größere
Rolle**. Des Weiteren ist aus der steuerlichen Sicht die Frage nach der optimalen Rechtsform stets verknüpft mit der Frage nach der günstigsten Beteiligungskombination. Von
beiden Faktoren hängen steuerliche Konsequenzen ab im Hinblick auf die folgenden
Themen:

– Vermeidung der Doppelbesteuerung bzw. Minimierung der Steuerlast
– steuerliche Abzugsfähigkeit von Aufwendungen im Zusammenhang mit Wirtschaftstätigkeiten im Ausland
– steuerliche Abzugsfähigkeit von ausländischen Verlusten im Zusammenhang mit inländischen Einkünften
– Vermeidung der Realisierung von stillen Reserven bei der Überführung von Wirtschaftsgütern in einen ausländischen Produktionsstandort.

b) Vermeidung der Doppelbesteuerung bzw. Minimierung der Steuerlast. Aus 9
der Sicht des (Internationalen) Steuerrechts ist das zentrale Thema bei grenzüberschreitenden Sachverhalten die **Vermeidung der Doppelbesteuerung** (man muss anfügen: bzw.
Minimierung der Steuerlast), wobei hier zwischen **DBA-Sachverhalten**[5] und **Nicht-DBA-Sachverhalten**[6] zu unterscheiden ist. Je nach Rechtsform und/oder Beteiligungskombination kann eine Doppelbesteuerung vermieden bzw. die Steuerlast minimiert werden. Im Zusammenhang mit der Zweigniederlassung bzw. Betriebsstätte stellen sich Fragen
zur **Betriebsstättenbesteuerung** und damit zur Steuerfreistellung von ausländischen Betriebsstätteneinkünften in der Bundesrepublik Deutschland.[7] Diese Fragen ergeben sich
auch im Zusammenhang mit der **Personengesellschaft**, verbunden dann allerdings gegebenenfalls mit Fragen zu **Qualifikationskonflikten**.[8] Im Zusammenhang mit der Kapitalgesellschaft stellen sich (neben der Regelung des **§ 8b Abs. 1 KStG**)[9] vor allem Fragen
zum (internationalen) **Schachtelprivileg** und damit zur **Steuerfreistellung** von Dividenden in der Bundesrepublik Deutschland.[10]

c) Steuerliche Abzugsfähigkeit von Aufwendungen im Zusammenhang mit 10
Wirtschaftstätigkeiten im Ausland. Die Frage nach der steuerlichen **steuerliche Abzugsfähigkeit von Aufwendungen im Zusammenhang mit Wirtschaftstätigkeiten
im Ausland** hat sowohl Bedeutung für den Themenschwerpunkt „Form der Finanzierung" aber auch für die Themenschwerpunkte „Rechtsform" und „Beteiligungskombination". Auch die Behandlung von Aufwendungen im Zusammenhang mit Wirtschaftstätigkeiten im Ausland wird durch die Rechtsform und/oder Beteiligungskombination
beeinflusst und kann je nach der gewählten Gestaltung den Abzugsbeschränkungen nach
§ 3c EStG oder nach **§ 8b Abs. 5 KStG** unterliegen.[11]

d) Steuerliche Abzugsfähigkeit von ausländischen Verlusten im Zusammen- 11
hang mit inländischen Einkünften. In eine ganz ähnliche Richtung geht die Frage
nach der steuerlichen Behandlung von ausländischen Verlusten im Inland, also inwieweit
die steuerliche Abzugsfähigkeit im Inland gegeben ist. In der Anfangsphase einer Investition, auch im Ausland, kommt es in aller Regel zu **Anlaufverlusten**. Die Frage nach der
Rechtsform einer Investition im Ausland hat/hatte unter anderem auch Auswirkungen für
die Art und Weise der Behandlung **ausländischer Verluste** im Inland. Dieser Themen-

---

[5] Dieser Themenbereich wird behandelt in § 32 I.
[6] Dieser Themenbereich wird behandelt in § 32 II.
[7] Dieser Themenbereich wird behandelt in § 32 I.
[8] Dieser Themenbereich wird behandelt in § 32 I.
[9] Dieser Themenbereich wird behandelt in § 32 I.
[10] Dieser Themenbereich wird behandelt in § 32 I.
[11] Dieser Themenbereich wird behandelt in § 33 I.

komplex ist/war Gegenstand vor allem von **§ 2a EStG**[12] und von **§ 32b EStG** (Stichwort: **Progressionsvorbehalt**).[13]

e) Vermeidung der Realisierung von stillen Reserven bei der Überführung von Wirtschaftsgütern in einen ausländischen Produktionsstandort. Im Zuge von Investitionen im Ausland werden oftmals (gebrauchte) Wirtschaftsgüter in den ausländischen Produktionsstandort überführt. Ist der Produktionsstandort eine **Zweigniederlassung/ Betriebsstätte**, dann können diese Wirtschaftsgüter der Zweigniederlassung/Betriebsstätte als sog. Dotationskapital zur Verfügung gestellt werden. Ist der Produktionsstandort eine **(Kapital- oder Personen-)Gesellschaft**, dann können im Falle einer Eigenkapital-Finanzierung diese Wirtschaftsgüter der Gesellschaft im Wege der **Sacheinlage** (als Eigenkapital) zur Verfügung gestellt werden oder es können diese Wirtschaftsgüter der Gesellschaft lediglich **zur Nutzung überlassen** werden (auf der Grundlage eines Miet- oder Leasingvertrags). Nicht selten gehören solche Maschinen und Anlagen zum Betriebsvermögen der deutschen Muttergesellschaft und sind bei derselben bereits zu einem erheblichen Teil abgeschrieben. Hier stellt sich die Frage, inwiefern es zur **Realisierung stiller Reserven** kommen kann (Stichwort: **Steuerentstrickung**) und wie die Versteuerung stiller Reserven gegebenenfalls vermieden werden kann.[14] Hier kann die steuerliche Behandlung nicht nur von der Art und Weise der Zurverfügungstellung dieser Wirtschaftsgüter, sondern auch von der Rechtsform der Zieleinheit abhängen.

3. Finanzierung der Zieleinheit und/oder der Ausgangseinheit

a) Einleitender Überblick. Von weiterer Bedeutung, auch hier sowohl aus der Sicht des (Internationalen) Steuerrechts als auch aus der Sicht des Gesellschafts- oder Handelsrechts, steht in aller Regel, wie die Investition im Ausland finanziert werden soll. In Frage kommen grundsätzlich die folgenden **Finanzierungsmöglichkeiten**:

– die Finanzierung mit **Eigenkapital (Eigenkapital-Finanzierung)**;[15] hierzu gehört (im Falle des Vorliegens einer Gesellschaft) die Erbringung von **Bareinlagen** oder von **Sacheinlagen** durch die jeweiligen Gesellschafter;
– die Finanzierung mit **Fremdkapital (Fremdkapital-Finanzierung I)** durch **Gesellschafterdarlehen** (im Hinblick auf Barmittel), oder auch hier durch die Begründung von **Miet-** oder **Leasingverträgen** mit der Muttergesellschaft im Hinblick auf die Nutzung vor allem von Immobilien oder von Maschinen oder durch die Begründung von **Lizenzverträgen** mit der Muttergesellschaft im Hinblick auf die Nutzung von immateriellen Wirtschaftsgütern (z.B. Patente, Gebrauchsmuster, Marken, (nicht registriertes) sonstiges Know How);[16]
– die Finanzierung entweder mit **Fremdkapital (Fremdkapital-Finanzierung II)** durch die Aufnahme von **Bankdarlehen** (im Hinblick auf Barmittel),[17] durch die Begründung von **Miet-** oder **Leasingverträgen** mit fremden Dritten im Hinblick auf die Nutzung vor allem von Immobilien oder von Maschinen oder durch die Begründung von **Lizenzverträgen** mit fremden Dritten im Hinblick auf die Nutzung von immateriellen Wirtschaftsgütern.

---

[12] Dieser Themenbereich wird behandelt in § 33 II.
[13] Dieser Themenbereich wird behandelt in § 32 I.
[14] Dieser Themenbereich wird behandelt in § 33 III.
[15] Im Falle der Gründung einer ausländischen Gesellschaft ist dies möglich in Form von Stamm-/Grundkapital oder in Form von Kapitalrücklagen. Im Falle der Gründung einer ausländischen Zweigniederlassung/Betriebsstätte ist dies möglich in Form von sog. Dotationskapital; s. TZ 4.1.3 BStE.
[16] Im Falle der Gründung einer ausländischen Gesellschaft ist Darlehensnehmer die ausländische (Tochter-)Gesellschaft. Im Falle der Gründung einer ausländischen Zweigniederlassung/Betriebsstätte ist ein Darlehensverhältnis zwischen (deutschem) Stammhaus und ausländischer Zweigniederlassung/Betriebsstätte zivilrechtlich und steuerlich zwar nicht möglich, im Rahmen der Anwendung von Art. 7 OECD-MA aber gleichwohl von steuerlicher Relevanz. Entsprechendes gilt für andere Arten von Nutzungsüberlassungsverträgen.
[17] Im Falle der Gründung einer ausländischen Gesellschaft ist Darlehensnehmer (auch hier) die ausländische (Tochter-)Gesellschaft. Im Falle der Gründung einer ausländischen Zweigniederlassung/Betriebsstätte kann Darlehensnehmer nur die (deutsche) Gesellschaft sein.

Klassischerweise spricht man in der *Praxis* von **Fremdkapital-Finanzierung** (oder Fremdfinanzierung) nur dann, wenn es um **Barmittel** geht. Eine Fremdkapital-Finanzierung liegt entgegen der klassischen Bedeutung des Begriffs „Fremdkapital-Finanzierung" auch dann vor, wenn es um die **Nutzungsüberlassung von Sachmitteln** geht. Betriebswirtschaftlich geht es in allen drei Fällen (Aufnahme von (Geld-)Darlehen, Miete von beweglichen oder unbeweglichen Sachen, Ein-Lizenzierung von immateriellen Wirtschaftsgütern) um die bloße Nutzungsüberlassung einer „Sache".

Die Frage nach der günstigsten Finanzierung der Zieleinheit und/oder der Ausgangseinheit spielt auch bei den steuerlichen Überlegungen eine große Rolle. Aus der Sicht der *Praxis* wird man sagen können, dass sich hier die Bedeutung der rechtlichen und der steuerlichen Aspekte die Waage halten. Auch dieser Themenschwerpunkt ist für die steuerliche Betrachtung wiederum eng verknüpft mit der Frage nach der günstigsten Beteiligungskombination. Die Art und Weise der Finanzierung der Zieleinheit und/oder der Ausgangseinheit hat auch hier Einfluss auf die folgenden steuerlichen **Themen**:

– Vermeidung der Doppelbesteuerung bzw. Minimierung der Steuerlast
– steuerliche Abzugsfähigkeit von Aufwendungen im Zusammenhang mit Wirtschaftstätigkeiten im Ausland
– steuerliche Abzugsfähigkeit von ausländischen Verlusten im Zusammenhang mit inländischen Einkünften
– Vermeidung der Realisierung von stillen Reserven bei der Überführung von Wirtschaftsgütern in einen ausländischen Produktionsstandort.

b) Vermeidung der Doppelbesteuerung bzw. Minimierung der Steuerlast. Auch im Zusammenhang mit Finanzierungsfragen ist aus der Sicht des (Internationalen) Steuerrechts das zentrale Thema bei grenzüberschreitenden Sachverhalten die **Vermeidung der Doppelbesteuerung** bzw. die **Minimierung der Steuerlast**. Auch hier ist zu unterscheiden zwischen **DBA-Sachverhalten**[18] und **Nicht-DBA-Sachverhalten**.[19] Je nach der Art und Weise der Finanzierung mit Eigenkapital oder mit Fremdkapital liegt das Besteuerungsrecht (ganz oder teilweise) beim Ansässigkeitsstaat oder beim Quellen- oder Belegenheitsstaat. Entsprechend kann eine Doppelbesteuerung vermieden bzw. die Steuerlast minimiert werden.[20]

Fall der Verlagerung von Gewinnen ins Ausland: Besteht das Kapital der Gesellschaft ganz oder zu einem erheblichen Teil aus Eigenkapital und erwirtschaftet die Gesellschaft Gewinne, so erfolgt die **Gewinnrückführung** insoweit über die **Ausschüttung von Dividenden** (bei einer ausländischen Kapitalgesellschaft) bzw. über Entnahmen (bei einer ausländischen Personengesellschaft). In diesem Falle werden die im ausländischen Staat erwirtschafteten Erlöse nicht durch die Zahlung von Darlehenszinsen, Mieten oder Lizenzgebühren an die deutsche Muttergesellschaft (wegen der Gewährung von Gesellschafterdarlehen oder wegen der Nutzungsüberlassung von Maschinen und Anlagen oder immateriellen Wirtschaftsgütern) als Aufwand geschmälert und unterliegen in dieser ungeschmälerten Höhe der ausländischen Einkommen- oder Körperschaftsteuer. Ist die effektive Steuerbelastung im ausländischen Staat niedriger als in der Bundesrepublik Deutschland, so bleibt es im Falle der Gewinnausschüttung, abgesehen von der (nicht anrechenbaren oder abzugsfähigen) **Quellensteuer**[21] auf diese Dividenden (auf der Ebene der deutschen Ausgangseinheit) bei dieser Steuerbelastung; denn die Ausschüttung von Dividenden an die deutsche Muttergesellschaft ist sowohl nach § 8b Abs. 1 KStG[22] als auch nach Art. 10 Abs. 1 OECD-MA in Verbindung mit dem jeweiligen Methodenartikel des betreffenden deutschen Doppelbesteuerungsabkommens (wenn die Voraussetzungen des internationalen

---

[18] Dieser Themenbereich wird behandelt in § 32 I.
[19] Dieser Themenbereich wird behandelt in § 32 II.
[20] Dieser Themenbereich wird behandelt in § 32 I.
[21] Dieser Themenbereich wird behandelt in § 32 I.
[22] Dieser Themenbereich wird behandelt in § 32 I.

Schachtelprivilegs vorliegen)[23] in der Bundesrepublik Deutschland von der Besteuerung freigestellt. Auf diese Weise kann die Besteuerung von im Ausland erwirtschafteten **Gewinnen im Ausland belassen** werden.

18 **Fall der Verlagerung von Gewinnen ins Inland:** Erfolgt die Finanzierung der Gesellschaft dagegen zu einem erheblichen Teil durch die Gewährung von **Gesellschafterdarlehen** oder durch die **Nutzungsüberlassung** von Maschinen und Anlagen oder immateriellen Wirtschaftsgütern durch die deutsche Muttergesellschaft, so sind solche Darlehenszinsen, Mieten oder Lizenzgebühren bei der deutschen Muttergesellschaft (grundsätzlich) unbeschränkt steuerpflichtige **Einkünfte**, die dem Besteuerungsrecht der Bundesrepublik Deutschland als Ansässigkeitsstaat unterliegen (in DBA-Fällen hat der ausländische Staat, abgesehen von einem etwaigen Quellenbesteuerungsrecht, kein Besteuerungsrecht).[24] Umgekehrt sind bei der ausländischen Tochtergesellschaft (in der Regel) nach dem ausländischen Steuerrecht abzugsfähige **Betriebsausgaben** gegeben. Ist die effektive Steuerbelastung im ausländischen Staat höher als in der Bundesrepublik Deutschland, so kann es sinnvoll sein in den jeweils zulässigen Grenzen (Grundsätze der Verrechnungspreise – arm's length-Grundsätze)[25] die Besteuerung von im Ausland erwirtschafteten Gewinnen in die Bundesrepublik Deutschland zu verlagern. Außerdem kann man so gegebenenfalls den Beschränkungen der **§ 3c EStG** oder **§ 8b Abs. 5 KStG** entgegenwirken.

19 **c) Steuerliche Abzugsfähigkeit von Aufwendungen im Zusammenhang mit Wirtschaftstätigkeiten im Ausland.** Die Behandlung von Aufwendungen im Zusammenhang mit Wirtschaftstätigkeiten im Ausland wird nicht nur durch die Rechtsform einer Investition im Ausland beeinflusst, sondern wird in noch stärkerem Maße durch die Art und Weise der Finanzierung der Investition im Ausland geprägt.[26]

20 **d) Steuerliche Abzugsfähigkeit von ausländischen Verlusten im Zusammenhang mit inländischen Einkünften.** Wie bereits ausgeführt, hat die Frage nach der Rechtsform einer Investition im Ausland unter anderem auch Auswirkungen für die Art und Weise der Behandlung **ausländischer Verluste** im Inland. Darüber hinaus hat die Art und Weise der Finanzierung einer Investition im Ausland Auswirkungen auf die **Höhe** etwaiger ausländischer Verluste.[27] Dieser Punkt hat gegebenenfalls wiederum Bedeutung für die Wahl der geeigneten Rechtsform für eine Investition im Ausland.

21 **e) Vermeidung der Realisierung von stillen Reserven bei der Überführung von Wirtschaftsgütern in einen ausländischen Produktionsstandort.** Wie bereits ausgeführt, werden im Zuge von Investitionen im Ausland oftmals (gebrauchte) Wirtschaftsgüter in den ausländischen Produktionsstandort überführt.[28] Hier kann die steuerliche Behandlung (auch hier Stichwort: **Steuerentstrickung**) nicht nur von der Rechtsform der Zieleinheit abhängen, sondern vor allem von der Art und Weise der Zurverfügungstellung dieser Wirtschaftsgüter.

4. Gestaltungen über Drittländer/Steuerflucht

22 **a) Gründung von Basisgesellschaften.** In zahlreichen Fällen von Investitionen oder sonstigen Wirtschaftstätigkeiten im Ausland wird zur Vermeidung oder Verminderung einer Besteuerung im Inland versucht, Rechtsbeziehungen über die Nutzung einer bereits vorhandenen Gesellschaft oder durch die Gründung einer neuen Gesellschaft in einem Drittland zu gestalten. Auf diese Weise wird versucht, die **Vorteile des Steuersystems**

---

[23] Dieser Themenbereich wird behandelt in § 32 I.
[24] Dieser Themenbereich wird behandelt in § 32 I.
[25] Dieser Themenbereich wird behandelt in § 34 III.
[26] Dieser Themenbereich wird behandelt in § 33 I.
[27] Dieser Themenbereich wird behandelt in § 33 II.
[28] Dieser Themenbereich wird behandelt in § 33 III.

§ 31. Einführung

eines Drittlands auszunutzen. Solche ausländischen Gesellschaften haben oftmals den Charakter von sog. **Basisgesellschaften**.[29] Dieser Themenbereich wird von den **§§ 7–14 AStG** (sog. **Hinzurechnungsbesteuerung**) geregelt.[30]

b) Gestaltung von Verrechnungspreisen. Bei grenzüberschreitenden Sachverhalten zwischen verbundenen Unternehmen wird darüber hinaus oftmals versucht, **Verrechnungspreise** so zu gestalten, dass die Besteuerung möglichst in dem Land stattfindet, in dem die Steuerbelastung niedrig ist. Dieser Themenbereich ist Gegenstand vor allem von **§ 1 AStG** (Grundsätze der Verrechnungspreise – arm's length-Grundsätze).[31]

IV. Rechtsgrundlagen des Internationalen Steuerrechts

Das Internationale Steuerrecht ist nicht Gegenstand eines einheitlich kodifizierten Rechts oder Gesetzes. Stattdessen finden sich Rechtsgrundlagen des Internationalen Steuerrechts verstreut in zahlreichen **Gesetzen** sowie in **bilateralen** und **multilateralen Staatsverträgen**. Diese Rechtsgrundlagen werden insbesondere ergänzt durch zahlreiche **BMF-Schreiben, Erlasse** und **Verfügungen** der (deutschen) *Finanzverwaltung* sowie durch **Verordnungen** und **Richtlinien der EU**. Des Weiteren ist auch das Internationale Steuerrecht geprägt von den allgemeinen Regeln des **Völkerrechts**.

Da das Steuerrecht zu der sog. **Eingriffsverwaltung** gehört, ist eine rechtsstaatliche Besteuerung nur zulässig, wenn die jeweiligen Besteuerungsgrundlagen (1) durch ein **Gesetz** geregelt sind und (2) dieses Gesetz im Einklang mit dem **Grundgesetz** steht (sog. **Gesetzmäßigkeit der Besteuerung**). Zu den wichtigsten **Grundlagen** des deutschen Steuerrechts gehören mit Verfassungsrang die Art. 2 Abs. 1, Art. 3 Abs. 1, Art. 20 Abs. 3, Art. 25 GG und mit Gesetzesrang die §§ 3, 4 und 38 AO. Diese Grundlagen sind eingebettet in

– **Normen des Völkerrechts**, zu denen das völkerrechtliche Gewohnheitsrecht, die allgemeinen Rechtsgrundsätze der Kulturvölker und die völkerrechtlichen Verträge gehören, und
– **Supranationale Normen**, zu denen vor allem das **EU-Recht** gehört.

Bezogen auf das **deutsche innerstaatliche Steuerrecht** gilt: Manche Gesetzesbestimmungen enthalten Regelungen, die ausschließlich auf grenzüberschreitende Sachverhalte zugeschnitten sind, während andere Gesetzesvorschriften Regelungen enthalten, die nicht ausschließlich grenzüberschreitende Sachverhalte zum Gegenstand haben, sondern bestimmte Tatbestände regeln wollen, die unabhängig sind von in- oder ausländischen Sachverhalten. Die erste Gruppe von Gesetzesvorschriften kann man als **ausschließliche Normen** des Internationalen Steuerrechts bezeichnen. Zu ihnen zählen zum Beispiel **§ 2a EStG, §§ 34c und 34d EStG, §§ 49ff. EStG, § 8a KStG** sowie **§ 26 KStG**. Zur zweiten Gruppe von Gesetzesvorschriften, die man als **nicht-ausschließliche Normen** des Internationalen Steuerrechts bezeichnen kann, zählen etwa **§ 3c EStG, § 32b EStG** und **§ 8b KStG**.

---

[29] Zum Begriff „Basisgesellschaft" s. § 34 II.
[30] Dieser Themenbereich wird behandelt in § 34 II.
[31] Dieser Themenbereich wird behandelt in § 34 III.

Rechtsgrundlagen des Internationalen Steuerrechts   Schaubild § 31-3

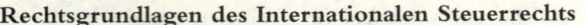

Internationales Steuerrecht

- **Völkerrecht**
  - allgemeine Rechtsgrundsätze der Kulturvölker
  - völkerrechtliches Gewohnheitsrecht
  - völkerrechtliche Verträge
    - bilaterale Verträge (v. a. DBA)
    - multilaterale Verträge
- **supranationales Recht/ Europarecht**
  - primäres Gemeinschaftsrecht (v. a. EG-Vertrag)
  - sekundäres Gemeinschaftsrecht (v. a. EU-Verordnungen und EU-Richtlinien)
- **nationales/ innerstaatliches Recht**
  - v. a. §§ 1, 2a, 2b, 3c, 32b, 34c/34d, 44b/44a/44b, 49/50/50a, 50d EStG (§ 5 SolZG)
  - v. a. §§ 1, 2, 8, 8b, 12, 26 KStG (§ 5 SolZG)
  - v. a. §§ 2, 8–13, 21/22/23, 31/31a, 39–42, 123, 137–139, 140–148 AO
  - AStG
  - sonstige Normen (§§ aus dem GewStG, BewG, ErbStG, UStG, AIG, EntwLStG)

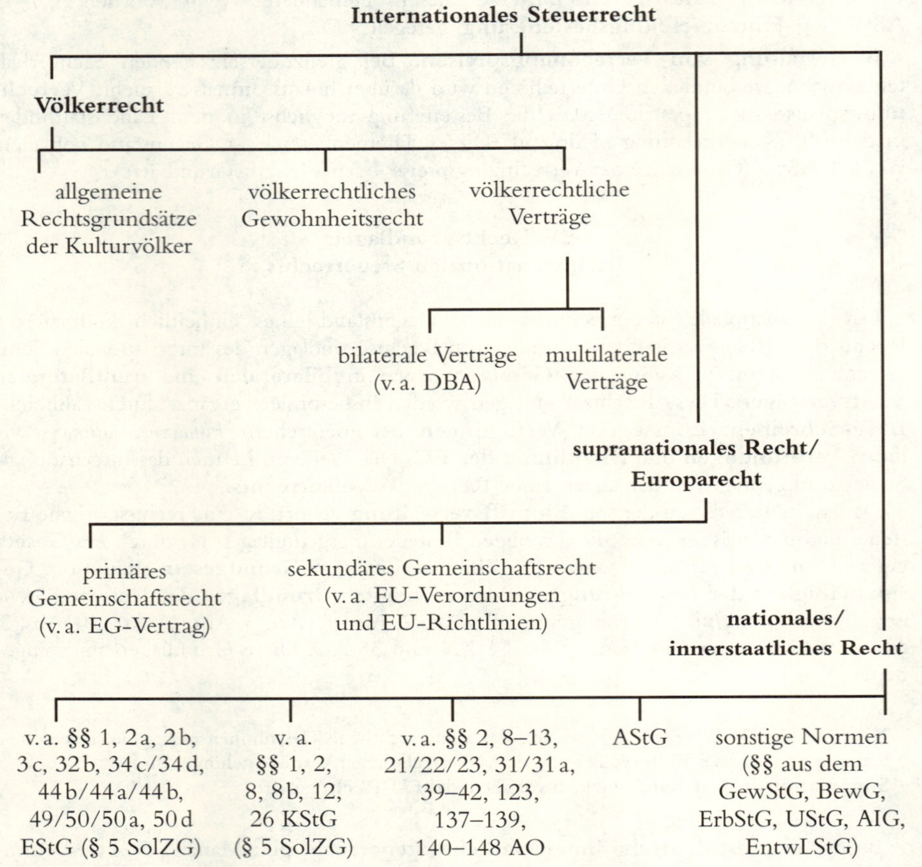

V. Grundbegriffe, Grundlagen

1. Allgemeines

Wie auch in anderen Rechtsgebieten, gibt es auch im Internationalen Steuerrecht bestimmte **Grundlagen** und **Grundbegriffe**, die für das Verständnis dieser Rechtsmaterie von Bedeutung sind und quasi zum **„Handwerkszeug"** im Internationalen Steuerrecht gehören. Diese Grundlagen und Grundbegriffe ergeben sich zum Teil aus der wirtschaftlichen und rechtlichen Systematik des Steuerrechts, zum Teil aus der *Rechtspraxis* und zum Teil aus gesetzlich normierten Begriffsbestimmungen; sie sind wichtig, um das Internationale Steuerrecht zu verstehen und um mit ihm arbeiten zu können.

Vor allem um die Systematik und die Begriffsbestimmungen des **Rechts der Doppelbesteuerungsabkommen** zu verstehen, bedarf es zuvor eines Überblicks über bestimmte Begriffsbestimmungen aus dem innerstaatlichen (deutschen) Recht, die teilweise gleichlautend sind mit Begriffen aus dem Recht der Doppelbesteuerungsabkommen (**DBA-Begriffe**), die aber gleichwohl eine andere Bedeutung haben. Stellvertretend sei an dieser Stelle nur der Begriff **„Betriebsstätte"** genannt.[32] Wegen der Unterschiedlichkeit der einzelnen Steuer-

---

[32] Zum Begriff „Betriebsstätte" s. § 12 AO für das deutsche innerstaatliche Steuerrecht und Art. 5 OECD-MA für das DBA-Recht.

rechtssysteme in den einzelnen Vertragsstaaten kann das OECD-Musterabkommen (oder andere Musterabkommen) und ihm folgend die einzelnen Doppelbesteuerungsabkommen der Bundesrepublik Deutschland keine Begriffsbestimmungen eines bestimmten Vertragsstaates (z. B. der Bundesrepublik Deutschland) verwenden, sondern muss sich quasi seine eigenen **(Ober-)Begriffe** schaffen. Allerdings arbeitet das Internationale Steuerrecht nicht nur mit eigenen (Ober-)Begriffen, sondern wird wiederum ergänzt durch Begriffe aus dem jeweiligen innerstaatlichen Recht, vor allem über Art. 3 Abs. 2 OECD-MA.[33]

Aber auch in anderen Bereichen des Steuerrechts gibt es Begriffe, und seien es auch nur Begriffe der *Rechtspraxis*, die teilweise unterschiedlich gebraucht werden. Beispielhaft sei hier das **Außensteuergesetz** genannt, in dessen § 8 Abs. 3 (für die Hinzurechnungsbesteuerung) und § 2 Abs. 2 (für die Wegzugsbesteuerung) die jeweiligen Tatbestandsvoraussetzungen für eine „**niedrige Besteuerung**" jeweils ganz unterschiedlich definiert werden. Ebenso hat der *Praxisbegriff* „**Passivtätigkeit**" im Recht der Doppelbesteuerungsabkommen (in **Aktivitätsklauseln**)[34] und in § 8 Abs. 1 AStG[35] (in der Regel, allerdings auch nicht ausnahmslos) sowie in § 2a Abs. 2 EStG[36] jeweils eine andere Bedeutung.

2. Ausgangspunkt: das Welteinkommensprinzip

Naturgemäß hat jeder Staat ein Interesse daran, sein **Besteuerungsrecht weit auszudehnen**. Aus diesem Grunde besteuert die überwiegende Mehrheit der Staaten (im Bereich des Ertragsteuerrechts) nicht nur Sachverhalte, die im Inland verwirklicht werden oder im Inland (im sog. **Wohnsitz-** oder **Ansässigkeitsstaat**) belegen sind, sondern sie besteuern darüber hinaus als Wohnsitz- oder Ansässigkeitsstaat auch Sachverhalte im Ausland (im sog. **Quellen-** oder **Belegenheitsstaat**), wenn eine inländische natürliche oder juristische Person hieraus Einkünfte erzielt.[37] Das (grundsätzliche) Recht eines Staates auch im Ausland verwirklichte Sachverhalte zu besteuern, ist Ausfluss seiner **Steuerhoheit**, die wiederum Teil der Souveränität eines Staates ist. Ein Staat kann aber nicht willkürlich inländische und auch ausländische Sachverhalte besteuern, sondern es ist geboten, dass das Besteuerungsrecht eines Staates an bestimmten Besteuerungsmerkmalen anknüpft (= **Anknüpfungsmerkmale**). Für inländische Sachverhalte folgt dies aus den Prinzipien des Steuerrechts, die ihren Ursprung im **Grundgesetz** haben. Für grenzüberschreitende Sachverhalte folgt dies aus den Prinzipien des **Völkerrechts**. Grundsätzlich gibt es **zwei Anknüpfungsmerkmale**:

– **persönliche Anknüpfungsmerkmale:** angeknüpft wird an die Umstände in der **Person** des Steuerpflichtigen
– **sachliche Anknüpfungsmerkmale:** angeknüpft wird an die **Quelle** von Einkünften.

Primär knüpft das deutsche (Einkommen- und Körperschaft-)Steuerrecht an den **Umständen in der Person** des Steuerpflichtigen an. Diesem Prinzip folgen auch die (Steuer-)Rechtsordnungen von zahlreichen anderen Staaten. Maßgebend ist im deutschen Steuerrecht die tatsächliche, rechtliche oder fiktive Anwesenheit einer (natürlichen oder juristischen) Person im Inland. Man kann hier auch von einem **Prinzip der persönlichen Anwesenheit (Anwesenheitsprinzip)** sprechen.[38] Ist der Steuerpflichtige im Inland (tat-

---

[33] Einzelheiten hierzu s. § 32 I.
[34] Einzelheiten hierzu s. § 32 I.
[35] Einzelheiten hierzu s. § 34 II.
[36] Einzelheiten hierzu s. § 33 II.
[37] Vgl. hierzu noch ausführlich § 32 I.
[38] In der *Literatur* spricht man hier auch vom Wohnsitz- oder Ansässigkeitsprinzip. So auch in Ziff. 1 *BMF*: Einführung in die DBA, BMF-Monatsbericht 01.2004 – S. 65 ff., abgedruckt in Praktiker-Handbuch 2011 Außensteuerrecht, Band II, S. 543 ff. Treffender ist *m. E.* der weitergehende Begriff „Anwesenheitsprinzip", der nicht nur von dem Begriff „Wohnsitz" ausgeht, sondern alle vier Anwesenheitsmerkmale (Wohnsitz, gewöhnlicher Aufenthalt, Sitz und Geschäftsleitung) begrifflich vereint.

sächlich, rechtlich oder fiktiv) anwesend (sog. **Anwesenheitsprinzip**), dann folgt nach deutschem Steuerrecht hieraus die **unbeschränkte Einkommen-** oder **Körperschaftsteuerpflicht**, geregelt in § 1 Abs. 1 Satz 1 EStG oder § 1 Abs. 1 KStG. Anknüpfungsmerkmale für das Anwesenheitsprinzip sind die Begriffe „Wohnsitz" und „gewöhnlicher Aufenthalt" (im Einkommensteuerrecht; bei natürlichen Personen) sowie „Sitz" und „Geschäftsleitung" (im Körperschaftsteuerrecht; bei Körperschaften) und des weiteren der Begriff „Betriebsstätte". Man spricht hier vom sog. **Welteinkommensprinzip**[39] bzw. vom **„Prinzip der Welteinkommensbesteuerung"** oder auch vom **„steuerlichen Universalitäts-**, **Global-** oder **Totalitätsprinzip"**. Im Sprachgebrauch des Internationalen Steuerrechts spricht man hier auch von **„Wohnsitzbesteuerung"** oder **„Ansässigkeitsbesteuerung"**. Für das Anwesenheitsprinzip sind nicht ausreichend rechtliche Anknüpfungspunkte wie zum Beispiel die **Staatsangehörigkeit** oder der Ort der **polizeilichen Meldung**.[40] Den Steuerpflichtigen, der die entsprechenden (persönlichen) Anknüpfungsmerkmale erfüllt, bezeichnet man in der Terminologie des innerstaatlichen (deutschen) Steuerrechts als **„unbeschränkt Steuerpflichtigen"** und in der Terminologie des Internationalen Steuerrechts auch als **„Steuerinländer"**.

33 Ist eine Anwesenheit einer Person im Inland nicht gegeben, dann wird in zweiter Linie an die **Quelle von Einkünften** angeknüpft. Maßgebend ist auch hier die Anwesenheit im Inland, allerdings hier der Quelle von Einkünften. Man kann deshalb hier auch von einem **Prinzip der sächlichen Anwesenheit** sprechen. Im steuerlichen Sprachgebrauch verwendet man anstelle des Begriffs „Anwesenheit" hier allerdings den Begriff der **„Belegenheit"**, weswegen in der *Praxis* (in der Terminologie des Internationalen Steuerrechts) vom **Quellen-, Belegenheits-** oder **Ursprungsprinzip**[41] und (in der Terminologie des innerstaatlichen Steuerrechts) vom **Territorialitätsprinzip** gesprochen wird. Ist der Steuerpflichtige im Inland nicht anwesend, gibt es aber wegen der sächlichen Anwesenheit bzw. der Belegenheit einer Einkunftsquelle Anknüpfungsmerkmale im Inland, dann folgt nach deutschem Steuerrecht hieraus die **beschränkte Einkommen-** oder **Körperschaftsteuerpflicht**, geregelt in § 1 Abs. 4 EStG oder § 2 Nr. 2 KStG. Den Steuerpflichtigen, der die entsprechenden (persönlichen) Anknüpfungsmerkmale nicht erfüllt, bei dem aber inländische Einkunftsquellen vorliegen, bezeichnet man in der Terminologie des innerstaatlichen (deutschen) Steuerrechts als **„beschränkt Steuerpflichtigen"** und in der Terminologie des Internationalen Steuerrechts auch als **„Steuerausländer"**.

34 Nach dem **deutschen Steuerrecht** werden (im Falle der unbeschränkten Einkommen- oder Körperschaftsteuerpflicht) bei der Ermittlung der Summe der Einkünfte im Inland grundsätzlich sämtliche inländischen und ausländischen, positiven oder negativen Einkünfte erfasst.[42] Nach der *Rechtsprechung* des *BFH*, der *Finanzverwaltung* und der *h. M.* in der *Literatur* besteht eine **Ausnahme** allerdings für **ausländische Verluste** bei DBA-Sachverhalten, bei denen die Freistellungsmethode zur Anwendung kommt (DBA-Sachverhalt mit Freistellungsmethode); eine weitere Ausnahme hierzu kann sich gegebenenfalls aus dem **Auslandstätigkeitserlass** ergeben.[43]

3. Doppelbesteuerung

35 Der Begriff der „Doppelbesteuerung" ist **kein terminus technicus** und wird im Wirtschaftsleben sehr unterschiedlich[44] und teilweise mit verschiedenen Bedeutungen benutzt. Gleichwohl verwendet die **herrschende Rechtslehre** und *Praxis* der Empfehlung des

---

[39] Zum Welteinkommensprinzip s. etwa *Schmidt/Seeger* EStG § 2 Rdnr. 4; *Vogel/Lehner* DBA Einl. Rdnr. 2.
[40] S. *BFH* vom 14. 11. 1969, BStBl. 1970 II S. 153 (155).
[41] S. Ziff. 1 *BMF*: Einführung in die DBA, BMF-Monatsbericht 01.2004 – S. 65 ff.
[42] Vgl. auch *BFH* vom 14. 3. 1989, BStBl. 1989 II S. 649 (649).
[43] Einzelheiten hierzu s. § 33 II. und § 32 II.
[44] Vgl. hierzu insbesondere die Übersicht bei *Wassermeyer* in Debatin/Wassermeyer MA Vor Art. 1 Rdnr. 1 m. w. N.

OECD-Musterkommentars folgend den Begriff **„Doppelbesteuerung"** nur dann, wenn „zwei (oder mehrere) Staaten von demselben Steuerpflichtigen für den selben Steuergegenstand und den selben Zeitraum", ganz oder teilweise, eine vergleichbare Steuer erheben.[45] Eine **(rechtliche** oder **juristische) Doppelbesteuerung**[46] kann sich demnach ausschließlich bei **grenzüberschreitenden Sachverhalten** ergeben und zwar insbesondere aufgrund der folgenden denkbaren **Sachverhalte**:[47]

– Eine Person ist in einem Vertragsstaat (Wohnsitzstaat) ansässig, erzielt aber Einkünfte aus einer **Quelle** (z. B. Dividenden, Zinsen, Lizenzen oder Mieteinkünfte aus unbeweglichem Vermögen) im anderen Vertragsstaat (Quellen- oder Belegenheitsstaat) oder hat dort Vermögenswerte.
– Eine Person ist in einem Vertragsstaat (Wohnsitzstaat) ansässig, erzielt aber Einkünfte aus einer **Tätigkeit** (Gewerbe, selbständige Arbeit oder unselbständige Arbeit) im anderen Vertragsstaat (Quellen- oder Belegenheitsstaat).
– Eine Person ist in **beiden Vertragsstaaten** (zwei Wohnsitzstaaten) ansässig und erzielt Einkünfte in einem oder in beiden Vertragsstaaten.
– Wohnsitzstaat und Quellen- oder Belegenheitsstaat **qualifizieren Einkünfte** oder **Ausgaben** nach ihrem jeweiligen innerstaatlichen Recht unterschiedlich.[48]

Innerhalb der (rechtlichen) Doppelbesteuerung unterscheidet man weiter zwischen der **effektiven** (oder **realen**) und der **virtuellen** (oder **abstrakten**) Doppelbesteuerung. Eine **effektive Doppelbesteuerung** ist dann gegeben, wenn ein Steuerpflichtiger in beiden Vertragsstaaten tatsächlich zu einer Steuer herangezogen wird; mit den Worten des § 34 c EStG könnte man formulieren: wenn eine ausländische Steuer festgesetzt und gezahlt ist und keinem Ermäßigungsanspruch unterliegt. Eine **virtuelle Doppelbesteuerung**[49] ist dann gegeben, wenn ein Steuerpflichtiger dem Besteuerungsrecht eines Vertragsstaats unterliegt, unabhängig davon ob dieser Vertragsstaat sein Besteuerungsrecht auch tatsächlich ausübt oder ausüben kann. Möglicherweise kommt es in diesem Vertragsstaat aber tatsächlich nicht zu einer effektiven oder realen Besteuerung, entweder im Einzelfall (z. B. auf Grund von Steuervergünstigungen) oder generell (z. B. auf Grund einer generellen Steuerfreistellung für bestimmte Sachverhalte). Ältere deutsche Doppelbesteuerungsabkommen ließen grundsätzlich die virtuelle Doppelbesteuerung genügen, während jüngere deutsche Doppelbesteuerungsabkommen durch die Aufnahme von **Subject-to-Tax-Klauseln** oder **Rückfallklauseln** zunehmend dem Prinzip der effektiven Doppelbesteuerung folgen.[50]

Im Gegensatz zur rechtlichen Doppelbesteuerung steht zum einen die **wirtschaftliche Doppelbesteuerung**, die dann vorliegt, wenn zwei Staaten dieselben Einkünfte oder dasselbe Vermögen bei zwei verschiedenen Personen besteuern.[51] Eine wirtschaftliche Doppelbesteuerung ist zum Beispiel dann gegeben, wenn bei einer Personengesellschaft aufgrund eines Qualifikationskonflikts der eine Vertragsstaat die Einkünfte bei der Personengesellschaft besteuert und der andere Vertragsstaat die Einkünfte bei den Gesellschaftern der Personengesellschaft der Besteuerung unterwirft.[52]

Im Gegensatz zur rechtlichen/juristischen Doppelbesteuerung steht noch die **steuerliche Doppelbelastung**, die dann vorliegt, wenn ein und derselbe Staat zwei Steuern von

---

[45] S. Ziff. 1 *BMF*: Einführung in die DBA, BMF-Monatsbericht 01.2004 – S. 65 ff.
[46] S. die *Kommentierung* in Vor Art. 1 Ziff. 1 MA-K sowie die *Kommentierung* in Art. 23 Ziff. 1. MA-K. Man spricht hier auch von der „Doppelbesteuerung im engeren Sinne". S. *BFH* vom 24. 2. 1976, BStBl. 1977 II S. 265 (266).
[47] S. die *Kommentierung* in Art. 23 Ziff. 3. MA-K.
[48] Einzelheiten hierzu s. § 32 I.
[49] Zu dem Begriff „virtuelle Besteuerung" vgl. auch *BFH* vom 27. 8. 1997, BStBl. 1998 II S. 58 (59).
[50] Vgl. *Wassermeyer* in Debatin/Wassermeyer MA Vor Art. 1 Rdnr. 4.
[51] S. die *Kommentierung* in Art. 23 Ziff. 2. MA-K. S. auch *Wassermeyer* in Debatin/Wassermeyer MA Vor Art. 1 Rdnr. 3 ff.
[52] Im letzteren Sinne etwa die Bundesrepublik Deutschland mit den in § 15 Abs. 1 Nr. 2 EStG niedergelegten Grundsätzen zur Mitunternehmerschaft.

demselben Steuerpflichtigen auf denselben Steuergegenstand erhebt.[53] Eine Doppelbelastung kann sich demnach ausschließlich bei **nationalen Sachverhalten**, besser: bei Sachverhalten, die ausschließlich der **deutschen Besteuerung** unterliegen, ergeben.[54] Ein Beispielsfall einer (gesetzlich gewollten) Doppelbelastung ist die deutsche Ertragsbesteuerung mit Einkommen- oder Körperschaftsteuer und zugleich mit **Gewerbesteuer**.

§ 32 Das Doppelbesteuerungsrecht

Übersicht

	Rdnr.		Rdnr.
I. Vermeidung der Doppelbesteuerung nach dem Recht der Doppelbesteuerungsabkommen	1–219	a) Allgemeines	33, 34
1. Einleitung	1–11	b) Allgemeine Begriffsbestimmungen in Art. 3 Abs. 1 OECD-MA	35–44
a) Internationales Steuerrecht und Völkerrecht	1	c) Ansässigkeit als Allgemeine Begriffsbestimmung, Art. 4 OECD-MA	45–47
b) Wohnsitz- oder Ansässigkeitsbesteuerung versus Quellen- oder Belegenheitsbesteuerung	2–3	d) Betriebsstätte als Allgemeine Begriffsbestimmung, Art. 5 OECD-MA	48–49
c) Möglichkeiten zur Vermeidung der Doppelbesteuerung	4–10	e) Die allgemeine Auslegungsregel in Art. 3 Abs. 2 OECD-MA	50
d) Ziele von Doppelbesteuerungsabkommen	11	f) Qualifikation, Qualifikationskonflikte	51–55
e) Die Doppelbesteuerungsabkommen der Bundesrepublik Deutschland	12	6. Besteuerung des Einkommens, Abschnitt III OECD-MA	56–168
2. Verhältnis der Doppelbesteuerungsabkommen zum innerstaatlichen Recht und zu EU-Recht	13–21	a) Allgemeines	56–60
		b) Verrechnungspreisregelungen/arm's length-Regelungen in Doppelbesteuerungsabkommen/EU-Grundsätze für die Gewinnberichtigung	61–68
a) Verhältnis der Doppelbesteuerungsabkommen zum innerstaatlichen Recht	13–18	c) Einkünfte aus Unternehmensgewinnen, Art. 7 OECD-MA	69–79
b) Verhältnis der Doppelbesteuerungsabkommen zu EU-Recht	19–21	d) Einkünfte aus Dividenden, Art. 10 OECD-MA	80–99
3. Das OECD-Musterabkommen	22–24	e) Einkünfte aus Zinsen, Art. 11 OECD-MA	100–110
4. Geltungsbereich des OECD-Musterabkommens, Abschnitt I OECD-MA	25–32	f) Einkünfte aus Lizenzgebühren, Art. 12 OECD-MA	111–121
a) Unter das Abkommen fallende Personen/Abkommensberechtigung	25	g) Einkünfte aus unselbständiger Arbeit, Art. 15 OECD-MA	122–133
b) Unter das Abkommen fallende Steuern	26–32	h) Einkünfte aus selbständiger Arbeit, Art. 14 OECD-MA	134–137
5. Begriffsbestimmungen, Abschnitt II OECD-MA	33–55		

---

[53] Vgl. hierzu auch *Wassermeyer* in Debatin/Wassermeyer MA Vor Art. 1 Rdnr. 2 m. w. N. S. hierzu auch *BFH* vom 26. 5. 1982, BStBl. 1982 II S. 583 (585).

[54] So auch *Kluge*, a. a. O., B 20. Die Hinzurechnungsbesteuerung nach den §§ 7–14 AStG macht hiervon keine Ausnahme, denn durch die Fiktion gemäß § 7 Abs. 1 AStG bleibt es im Ergebnis bei einem nationalen Sachverhalt.

§ 32. Das Doppelbesteuerungsrecht § 32

	Rdnr.		Rdnr.
i) Einkünfte aus unbeweglichem Vermögen, Art. 6 OECD-MA	138–147	b) Verständigungs- und Konsultationsverfahren	208–210
j) Einkünfte aus der Veräußerung von Vermögen, Art. 13 OECD-MA	148–167	c) Informationsaustausch, Art. 26 OECD-MA	211–215
7. Besteuerung des Vermögens, Abschnitt IV OECD-MA	168	d) Amtshilfe bei der Vollstreckung von Steueransprüchen, Art. 27 OECD-MA	216
8. Die Vermeidung der Doppelbesteuerung nach dem Methodenartikel, Abschnitt V OECD-MA	169–206	e) Diplomaten und Konsularbeamte, Art. 28 (bisher Art. 27) OECD-MA	217
a) Allgemeines	169–171	10. Schlussbestimmungen, Abschnitt VII OECD-MA	218, 219
b) Freistellungs- oder Anrechnungsmethode (Art. 23 A, Art. 23 B OECD-MA)	172–179	II. Vermeidung der Doppelbesteuerung nach innerstaatlichem Recht	220–258
c) Methodenartikel in deutschen Doppelbesteuerungsabkommen	180, 181	1. Vermeidung der Doppelbesteuerung für natürliche Personen, § 34c EStG	220–255
d) Die Freistellungsmethode in deutschen Doppelbesteuerungsabkommen	182–189	a) Allgemeines	220–233
		b) Anrechnung ausländischer Steuern nach § 34c Abs. 1 EStG	234–243
e) Freistellungsmethode und Aktivvorbehalt/Aktiv- oder Aktivitätsklausel	190–192	c) Abzug ausländischer Steuern nach § 34c Abs. 2 EStG	244–247
f) Freistellungsmethode und Progressionsvorbehalt	193–197	d) Abzug ausländischer Steuern nach § 34c Abs. 3 EStG	248–252
g) Die Anrechnungsmethode in deutschen Doppelbesteuerungsabkommen	198–205	e) Steuerfreistellung oder Pauschalbesteuerung nach § 34c Abs. 5 EStG	253, 254
h) § 50d EStG	206	f) Fall des § 34c Abs. 6 EStG	255
9. Besondere Bestimmungen, Abschnitt VI OECD-MA	207–217	2. Vermeidung der Doppelbesteuerung für Körperschaften, § 26 KStG	256–252
a) Gleichbehandlung, Art. 24 OECD-MA	207	a) Allgemeines	256
		b) (Direkte) Anrechnung ausländischer Steuern nach § 26 Abs. 1 KStG	257, 258

I. Vermeidung der Doppelbesteuerung nach dem Recht der Doppelbesteuerungsabkommen

1. Einleitung

a) Internationales Steuerrecht und Völkerrecht. Zum **Grundverständnis** des 1 Rechts der Doppelbesteuerung nach dem Recht der Doppelbesteuerungsabkommen ist ein Blick auf das **Völkerrecht** erforderlich, und zwar auf das **Allgemeine Völkerrecht**. Im Allgemeinen Völkerrecht finden sich im Zusammenhang mit dem Internationalen Steuerrecht als ungeschriebene Grundsätze **zwei diametrale Prämissen**, die grundsätzlich zu einem **Spannungsverhältnis** führen. Die **erste Prämisse** ist das allgemeine völkerrechtliche **Verbot**, wonach es einem Staat untersagt ist, die Steuerpflicht über das eigene Territorium hinaus auszudehnen.[1] Dies ist die negative Ausprägung des sog. **Souveränitätsprinzips**. Die **zweite Prämisse** ist, dass es kein völkerrechtliches Verbot gibt, wonach es einem Staat untersagt ist, denselben Sachverhalt **doppelt zu besteuern**.[2] Dies ist die positive Ausprägung des sog. **Souveränitätsprinzips**.

---

[1] Vgl. etwa *Vogel/Lehner* DBA Einl. Rdnr. 16.
[2] S. hierzu *BFH* vom 14. 2. 1975, BStBl. 1975 II S. 495 (498). Vgl. auch *BFH* vom 26. 5. 1982, BStBl. 1982 II S. 583 (585). Vgl. ferner etwa *Vogel/Lehner* DBA Einl. Rdnr. 14 m. w. N.

2 b) Wohnsitz- oder Ansässigkeitsbesteuerung versus Quellen- oder Belegenheitsbesteuerung. Wie bereits ausgeführt, hat naturgemäß jeder Staat ein Interesse daran, sein Besteuerungsrecht weit auszudehnen. Aus diesem Grunde erfolgt bei der überwiegenden Mehrheit der Staaten die Besteuerung des Einkommens von „Steuerinländern"[3] nach dem **Welteinkommensprinzip**. Umgekehrt versucht ein Staat, welcher nicht Wohnsitz- oder Ansässigkeitsstaat des Steuerpflichtigen ist (der Quellen- oder Belegenheitsstaat) und aus dem der „Steuerausländer"[4] (natürliche oder juristische Person) Einkünfte bezieht, an der **Einkunftsquelle** oder an der **Belegenheit** von Vermögen anzuknüpfen[5] (sog. **„Quellen- oder Belegenheitsprinzip"**).[6] Naturgemäß wird hierbei versucht, die Begriffe „Belegenheit" oder „Einkunftsquelle" weit auszulegen. Damit ergeben sich **zwei Konfliktbereiche**.

– **Kollision** zwischen der sog. Wohnsitz- oder Ansässigkeitsbesteuerung und der sog. Quellen- oder Belegenheitsbesteuerung;
– **unterschiedliche Definition** der jeweiligen Anknüpfungsmerkmale durch die einzelnen Staaten.

3 Zu einer **Kollision** zwischen der sog. Wohnsitz- oder Ansässigkeitsbesteuerung und der sog. Quellen- oder Belegenheitsbesteuerung kommt es zum Beispiel bei Einkünften aus Unternehmensgewinnen, Dividenden, Zinsen, Lizenzgebühren oder Mietzins, für die nach dem innerstaatlichen Recht der meisten Staaten sowohl der Wohnsitz- oder Ansässigkeitsstaat als auch der Quellen- oder Belegenheitsstaat für sich das Vorliegen von Anknüpfungsmerkmalen und damit für sich ein Besteuerungsrecht bejahen. Der zweite Konfliktbereich ergibt sich daraus, dass die einzelnen Staaten nach ihrem jeweiligen innerstaatlichen Recht die jeweiligen Anknüpfungsmerkmale teilweise sehr **unterschiedlich definieren**. Als Beispiele seien hier nur genannt die Begriffe „Wohnsitz", „gewöhnlicher Aufenthalt", „Sitz" und „Geschäftsleitung" und des Weiteren der Begriff „Betriebsstätte".

4 c) Möglichkeiten zur Vermeidung der Doppelbesteuerung. Die doppelte Besteuerung eines grenzüberschreitenden Sachverhalts ist das **Grundproblem** des Internationalen Steuerrechts. Bei der Frage auf welche Art und Weise eine Doppelbesteuerung vermieden werden kann, ist wie folgt **zu unterscheiden**:

– „durch **welche Maßnahmen**" wird die Doppelbesteuerung vermieden
– „durch **welche Methoden**" wird die Doppelbesteuerung vermieden.

5 aa) Maßnahmen zur Vermeidung der Doppelbesteuerung. Eine Doppelbesteuerung kann im Grundsatz durch **zwei Arten von Maßnahmen** vermieden (oder wenigstens vermindert) werden. Entweder erfolgt die Vermeidung oder Verminderung der Doppelbesteuerung durch **einseitige (unilaterale) Maßnahmen** eines Staates auf der Grundlage seines innerstaatlichen Steuerrechts oder es erfolgt die Vermeidung oder Verminderung der Doppelbesteuerung auf der Grundlage eines bilateralen oder eines multilateralen **zwischenstaatlichen Abkommens**. In der *Praxis* spielen ganz überwiegend die **Doppelbesteuerungsabkommen** als bilaterale Abkommen eine Rolle.

6 Im Falle von **einseitigen Maßnahmen** verzichtet einer der beteiligten Staaten ganz oder teilweise auf sein ihm nach seinem innerstaatlichen Recht zustehendes Besteuerungsrecht. Einseitige Maßnahmen von Staaten sind sowohl aus der Sicht des Steuerpflichtigen als auch aus der Sicht des verzichtenden Staates grundsätzlich **unbefriedigend**. Aus diesem Grunde gab es zur Verbesserung dieser Situation schon im neunzehnten Jahrhundert Bestrebungen nach zwischenstaatlichen Regelungen, das heißt nach **(bilateralen) Doppel-**

---

[3] So der Begriff des Internationalen Steuerrechts. Gemeint sind „unbeschränkt Steuerpflichtige".
[4] Für den Quellen- oder Belegenheitsstaat ist der Steuerpflichtige Steuerausländer bzw. nach seinem Steuerrecht ist nur eine „beschränkte Steuerpflicht" gegeben.
[5] Einkunftsquelle: z.B. der Schuldner von Dividenden, Zinsen, Lizenzgebühren oder Mietzins; Belegenheit von Vermögen: z.B. Immobilien, Gesellschaftsanteile.
[6] S. Ziff. 1 *BMF*: Einführung in die DBA, BMF-Monatsbericht 01.2004 – S. 65 ff., abgedruckt in Praktiker-Handbuch 2011 Außensteuerrecht, Band II, S. 543 ff.

besteuerungsabkommen, zur Schaffung von einheitlichen Rechtsgrundlagen wenigstens im Verhältnis von zwei Staaten untereinander. Besteht zwischen zwei Staaten ein Doppelbesteuerungsabkommen, so erfolgt die Vermeidung oder Verminderung der Doppelbesteuerung (vorrangig) nach diesem bilateralen Vertragsrecht. Zwar verzichtet auch beim Vorliegen eines Doppelbesteuerungsabkommens einer der beteiligten Staaten ganz oder teilweise auf sein Besteuerungsrecht. Allerdings enthalten Doppelbesteuerungsabkommen in den meisten Fällen[7] **umfassende, einheitliche** und **sichere Regelungen** für die verschiedensten Besteuerungssachverhalte und schaffen im Grundsatz zwischen den Vertragsstaaten **Gegenseitigkeit** bzw. **Gleichbehandlung** und führen so in der Regel zu befriedigenden Ergebnissen.[8]

Neben den Doppelbesteuerungsabkommen gibt es noch andere **multilaterale** oder **bilaterale Abkommen** (auch **mehrstaatliche Vereinbarungen** genannt), die zumeist besondere Sachverhalte zum Gegenstand haben.[9] Dagegen gibt es **keine EU-weiten multilateralen Doppelbesteuerungsregelungen** vergleichbar den umfassenden Regelungen etwa des OECD-Musterabkommens.[10]

bb) **Methoden zur Vermeidung der Doppelbesteuerung.** Ist ein **Doppelbesteuerungabkommen vorhanden**, dann sind **drei Methoden**[11] zur Vermeidung der Doppelbesteuerung möglich:

– die **Zuordnungsmethode**
– die **Freistellungsmethode** (geregelt in Art. 23 A OECD-MA bzw. in dem einschlägigen Methodenartikel in deutschen Doppelbesteuerungsabkommen)
– die **Anrechnungsmethode** (geregelt in Art. 23 B OECD-MA bzw. in dem einschlägigen Methodenartikel in deutschen Doppelbesteuerungsabkommen).

Wird eine Doppelbesteuerung nicht bereits durch die Zuordnungsmethode vermieden, so kommt es – auf einer gedanklich weiteren Stufe – zur Anwendung entweder der Freistellungsmethode oder der Anrechnungsmethode. Bei der **Freistellungsmethode** nimmt der Ansässigkeitsstaat ausländische Einkünfte (oder Vermögen) von seiner Besteuerung aus, mit der Folge, dass diese Einkünfte (oder Vermögen) im Ansässigkeitsstaat steuerfrei bleiben.[12] Bei der **Anrechnungsmethode** rechnet der Ansässigkeitsstaat im Ausland entrichtete Steuern auf die Steuern des Ansässigkeitsstaats an.[13]

Ist **kein Doppelbesteuerungsabkommen** vorhanden, so kann die Doppelbesteuerung vermieden oder vermindert werden durch **unilaterale Maßnahmen nach innerstaatlichem Recht**.[14]

d) **Ziele von Doppelbesteuerungsabkommen.** Die Ziele von Doppelbesteuerungsabkommen **sind die Folgenden**:[15]

---

[7] Teilweise erfüllen diese Anforderungen ältere DBA noch nicht in vollem Umfang.
[8] So ausdrücklich die *Kommentierung* in Einl. Ziff. 2. MA-K.
[9] Z.B. betr. die NATO, die Vereinten Nationen, andere zivile Weltorganisationen oder internationale Einrichtungen, europäische Organisationen und Einrichtungen (z.B. EUROCONTROL). S. insbesondere die Zusammenstellung dieser mehrstaatlichen Vereinbarungen in *BMF-Schreiben* betr. Steuerliche Vorrechte und Befreiungen aufgrund mehrstaatlicher Vereinbarungen vom 20. 8. 2007, BStBl. 2007 I S. 656 = *Übersicht* in Praktiker-Handbuch 2011 Außensteuerrecht, Band II, S. 482.
[10] S. *Vogel/Lehner* DBA Einl. Rdnr. 40 m. w. N.
[11] Im diesem Sinne auch *Vogel/Lehner* DBA Art. 23 Rdnr. 4, der darauf hinweist, dass der Begriff „Methodenartikel" irreführend ist und den Eindruck erweckt, die Methoden zur Vermeidung der Doppelbesteuerung seien ausschließlich in Art. 23 A und 23 B OECD-MA geregelt. Entsprechend spricht *Vogel/Lehner* DBA Art. 23 Rdnr. 4 hier auch von „Methoden zur Vermeidung verbleibender Doppelbesteuerung". Vgl. hierzu auch Ziff. 4 *BMF*: Einführung in die DBA, BMF-Monatsbericht 01.2004 – S. 65 ff.
[12] Vgl. hierzu die *Kommentierung* in Art. 23 Ziff. 13. MA-K.
[13] Vgl. hierzu die *Kommentierung* in Art. 23 Ziff. 15. MA-K.
[14] Im deutschen Recht sind dies § 34c EStG und § 26 Abs. 1 KStG sowie § 8b Abs. 1 und Abs. 2 KStG. Vgl. hierzu die *Kommentierung* in Art. 23 Ziff. 15. MA-K. Einzelheiten hierzu s. § 33 II.

- die **Vermeidung der Doppelbesteuerung**
- die **Verhinderung der Steuerflucht**
- Schaffung einer Rechtsgrundlage für **Verständigungsverfahren** zwischen den beteiligten *Finanzverwaltungen*
- Schaffung einer Rechtsgrundlage für den gegenseitigen **Informationsaustausch** zwischen den beteiligten *Finanzverwaltungen*.

12   **e) Die Doppelbesteuerungsabkommen der Bundesrepublik Deutschland.** Die **Bundesrepublik Deutschland** hat als moderner Industriestaat mit den meisten ausländischen Staaten Doppelbesteuerungsabkommen abgeschlossen. **Stand 1. 1. 2012** war die Bundesrepublik Deutschland Vertragspartner von **92 Doppelbesteuerungsabkommen** auf dem Gebiete der Steuern vom Einkommen und Vermögen.[16] Die meisten deutschen Doppelbesteuerungsabkommen beruhen auf dem OECD-Musterabkommen.[17] Als eine Art **Daumenregel** kann man sagen, dass die Bundesrepublik Deutschland **Doppelbesteuerungsabkommen** grundsätzlich mit sämtlichen ausländischen Staaten abgeschlossen hat, die zum Kreise der **Industriestaaten** zählen und bei denen die Ertragsteuer für juristische Personen einem sog. **Normalsteuersatz** unterliegen. Zu den Staaten mit einem Normalsteuersatz gehören die in der **Anlage 2** zu TZ 8.3.2.2. Satz 3 AEAStG zu § 8 AStG genannten Staaten. Umgekehrt gilt als eine Art Daumenregel, dass die Bundesrepublik Deutschland grundsätzlich **keine Doppelbesteuerungsabkommen** mit den ausländischen Staaten abgeschlossen hat, die zum Kreise der Staaten mit einem sog. **Niedrigsteuersatz** gehören. Zu den Staaten mit einem Niedrigsteuersatz gehören die in der **Anlage 1** zu TZ 8.3.2.2. Satz 3 AEAStG zu § 8 AStG genannten Staaten.

2. Verhältnis der Doppelbesteuerungsabkommen zum innerstaatlichen Recht und zu EU-Recht

13   **a) Verhältnis der Doppelbesteuerungsabkommen zum innerstaatlichen Recht. aa) Doppelbesteuerungsabkommen sind völkerrechtliche Verträge.** Doppelbesteuerungsabkommen gehören nicht zu den Grundsätzen des Allgemeinen Völkerrechts, denn diese Regelungen gelten in der Bundesrepublik Deutschland nicht automatisch als übergeordnetes geltendes Recht über Art. 25 GG;[18] sie sind aber **völkerrechtliche Verträge**[19] und sind damit Teil des Speziellen Völkerrechts. Völkerrechtliche Verträge gibt es in Form von multilateralen (Staats-)Verträgen und in Form von bilateralen (Staats-)Verträgen. Doppelbesteuerungsabkommen sind Verträge grundsätzlich zwischen jeweils nur zwei Staaten und gehören damit zu den **bilateralen Verträgen**.

14   Um Besonderem Völkerrecht Geltung zu verschaffen, bedarf es der **Umsetzung in nationales** bzw. **innerstaatliches Recht** und zwar durch **Ratifikation** nach Maßgabe von **Art. 59 Abs. 2 GG**. Erst mit der Ratifizierung werden Doppelbesteuerungsabkommen innerstaatliches Recht und erlangen damit Gesetzeskraft.[20]

15   **bb) Doppelbesteuerungsabkommen als Kollisionsrecht/Begrenzungsrecht.** Staaten erheben Steuern fast ausnahmslos nur auf Grund ihrer eigenen nationalen (Steuer-)Ge-

---

[15] Vgl. hierzu auch Ziff. 5 *BMF*: Einführung in die DBA, BMF-Monatsbericht 01.2004 – S. 65 ff., worin als weitere Ziele genannt werden: Förderung der Rechtssicherheit und Wirtschaftspolitische Aspekte.

[16] Eine Übersicht über den jeweiligen Stand der Doppelbesteuerungsabkommen und der Abkommensverhandlungen (sog. DBA-Länderübersicht) gibt das *BMF* jeweils zu Beginn eines Jahres in einem *BMF*-Schreiben heraus, welches in der Regel in der ersten Ausgabe des Bundessteuerblatts I eines Jahres erscheint. Diese DBA-Länderübersicht ist für die *Praxis* insbesondere auch deshalb von wesentlicher Bedeutung, weil sie einleitend Regelungen für Sondertatbestände enthält. Der jüngste Stand der Doppelbesteuerungsabkommen zum 1. 1. 2012 ergibt sich aus dem *BMF-Schreiben* vom 17. 1. 2012, IV B 2 – S 1301/07/10017-03.

[17] Einzelheiten zum OECD-Musterabkommen s. § 32 I.

[18] S. *BFH* vom 13. 7. 1994, BStBl. 1995 II S. 129 (130).

[19] S. Ziff. 1 *BMF*: Einführung in die DBA, BMF-Monatsbericht 01.2004 – S. 65 ff. Vgl. *Wassermeyer* in Debatin/Wassermeyer MA Vor Art. 1 Rdnr. 9; *Vogel/Lehner* DBA Einl. Rdnr. 45.

[20] Einzelheiten hierzu s. Ziff. 3 *BMF*: Einführung in die DBA, BMF-Monatsbericht 01.2004 – S. 65 ff.

§ 32. Das Doppelbesteuerungsrecht

setze.[21] Doppelbesteuerungsabkommen wollen und sollen an diesem Umstand nichts ändern. Entsprechend enthalten Doppelbesteuerungsabkommen **kein materielles Recht**, das heißt Doppelbesteuerungsabkommen enthalten selbst **keine Rechtsgrundlagen** für die Besteuerung durch den einen oder den anderen Vertragsstaat und schaffen damit selbst **keine eigenen Steuertatbestände**, sie begründen selbst also **keine Steuerpflicht**.[22] Die Ermächtigung in Doppelbesteuerungsabkommen „können" oder „können nur" ist keine Rechtsgrundlage für die *Finanzverwaltung* zur Erhebung bzw. Festsetzung von Steuern, sondern ist eine Ermächtigung an den betreffenden Vertragsstaat, seine Besteuerungshoheit – im Rahmen der Regelungen des Abkommens – ausüben zu dürfen, die sich nur an den Gesetzgeber der beiden Vertragsstaaten wendet.[23] Doppelbesteuerungsabkommen setzen im jeweiligen innerstaatlichen Steuerrecht gegebene Steuertatbestände voraus. Nur dann, wenn im jeweiligen innerstaatlichen Steuerrecht entsprechende Steuertatbestände gegeben sind, infolge der der jeweilige Vertragsstaat eine Rechtsgrundlage zur Besteuerung hat, kann es überhaupt zu einer Doppelbesteuerung kommen, deren Vermeidung Doppelbesteuerungsabkommen regeln sollen.[24]

Doppelbesteuerungsabkommen kann man vergleichen mit dem **Internationalen Privatrecht (IPR)** im Zivilrecht. Das IPR enthält mit seinen Regelungen sog. **Kollisionsrecht** bzw. **Kollisionsnormen**. Als Kollisionsnormen bezeichnet man Regelungen, die darüber bestimmen, welches Recht anzuwenden ist.[25]

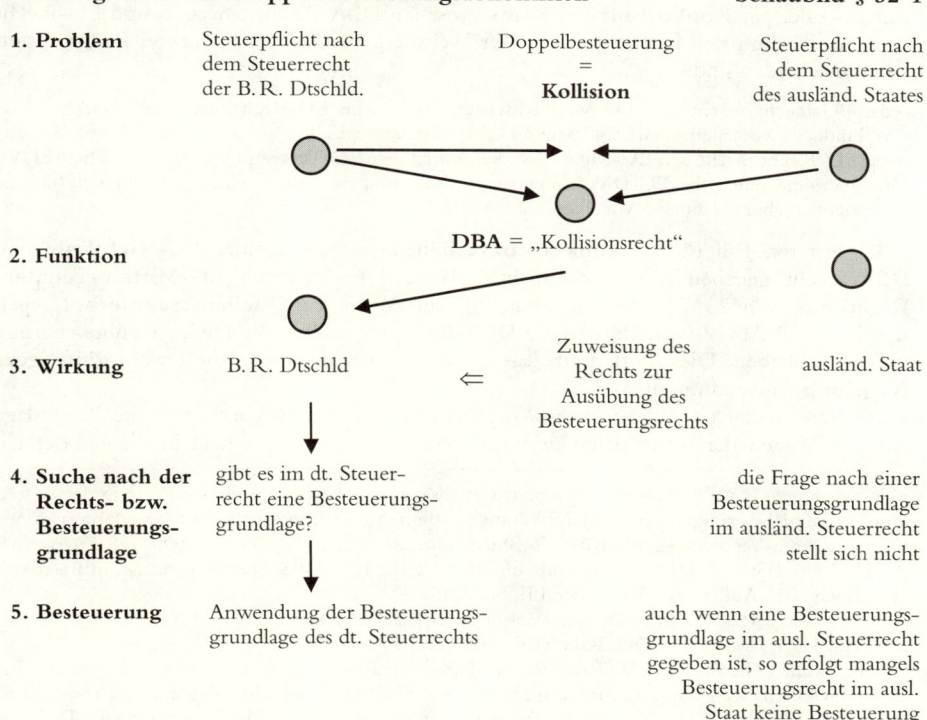

Schaubild § 32-1

Wirkungsweise von Doppelbesteuerungsabkommen

---

[21] Vgl. *Vogel/Lehner* DBA Einl. Rdnr. 43 m. w. N.
[22] So auch die *ständige Rechtsprechung* des *BFH*. S. *BFH* vom 12. 3. 1980, BStBl. 1980 II S. 531 (533); *BFH* vom 26. 3. 1991, BStBl. 1991 II S. 704 (706 f.).
[23] S. *BFH* vom 12. 3. 1980, BStBl. 1980 II S. 531 (533).
[24] Vgl. hierzu auch Ziff. 4 *BMF*: Einführung in die DBA, BMF-Monatsbericht 01.2004 – S. 65 ff.
[25] Vgl. *Vogel/Lehner* DBA Einl. Rdnr. 42; *Wassermeyer* in Debatin/Wassermeyer MA Art 1 Rdnr. 9.

17   **cc) Zusammenspiel von Doppelbesteuerungsabkommen und innerstaatlichem Recht.** Im Weiteren wird das Recht der Doppelbesteuerungsabkommen als „**DBA-Recht**" bezeichnet und das originäre innerstaatliche deutsche Steuerrecht wird „**innerstaatliches Steuerrecht**" genannt. DBA folgen einer eigenen Systematik und Begriffswelt und orientieren sich nicht an dem Steuersystem eines bestimmten Staates. Entsprechend entsteht notwendigerweise ein **Spannungsverhältnis** zwischen den jeweiligen Doppelbesteuerungsabkommen (dem DBA-Recht) und dem innerstaatlichen Recht. Zu diesem Spannungsverhältnis enthält **§ 2 AO als Grundsatznorm** die Regelung, wonach Doppelbesteuerungsabkommen, soweit sie unmittelbar anwendbares innerstaatliches Recht geworden sind, den Steuergesetzen vorgehen. Im Grundsatz gilt also, dass DBA-Recht gegenüber dem (originären) innerstaatlichen Steuerrecht **vorrangiges Recht** ist.[26]

18   Trotz diesem im Grundsatz gegebenen Rangverhältnis gibt es **Ausnahmen**, die diesen Grundsatz als sog. **Treaty Overriding**[27] durch **spezialgesetzliche Regelungen** durchbrechen. Ausnahmen zu § 2 AO sind in den einzelnen Steuergesetzen entweder ausdrücklich als solche Ausnahmen genannt oder Ausnahmen ergeben sich aus übergeordneten Rechtsgrundsätzen. Zu den **ausdrücklich genannten Ausnahmen** zu § 2 AO gehört als lex specialis zum Beispiel **§ 20 Abs. 1 AStG**, der den §§ 7–18 AStG ausdrücklich Vorrang vor DBA-Recht einräumt.[28] Die pauschale Regelung in § 2 AO bereitet in der *Praxis* bisweilen **Auslegungsschwierigkeiten von innerstaatlichen Rechtsnormen**.

19   **b) Verhältnis der Doppelbesteuerungsabkommen zu EU-Recht.** Ein **Spannungs-** oder gar **Konkurrenzverhältnis** zwischen DBA-Recht einerseits und EU-Recht andererseits kann sich in unterschiedlicher Weise ergeben, wobei hier **zwei Fallgruppen** zu unterscheiden sind:

– das EU-Recht macht den EU-Mitgliedsstaaten durch eine **EU-Richtlinie** klare, konkrete und verbindliche Vorgaben, s. Art. 249 Satz 3 EGV = Art. 288 AEUV

– das EU-Recht macht den EU-Mitgliedsstaaten durch den **EG-Vertrag** (= EGV, nunmehr AEUV), insbesondere durch die EU-Diskriminierungsverbote und das Gebot, eine Doppelbesteuerung zu vermeiden, eher allgemeine Vorgaben.

20   Im ersteren Fall ist ein **Konkurrenzverhältnis** zwischen einer **EU-Richtlinie** und DBA-Recht gegeben. Als anschaulichstes Beispiel sei hier die **EG-Mutter-Tochter-Richtlinie** vom 23. 7. 1990[29] genannt,[30] die in Art. 5 das **Quellensteuerverbot** regelt und in Art. 7 Abs. 2 vorsieht, dass die DBA-Regelungen über die Dividendenbesteuerung unberührt bleiben. Dies führt dazu, dass für den Steuerpflichtigen die jeweils **günstigere Regelung** Anwendung findet.[31]

21   Im Bereich der eher allgemeinen Vorgaben durch den **EG-Vertrag** ist die Rechtslage *unklarer*. Wegen der nicht klaren und konkreten Vorgaben kann man in diesem Bereich

---

[26] Vgl. hierzu TZ 1.1 *BMF-Schreiben* betr. Grundsätze der Verwaltung für die Prüfung der Aufteilung des Betriebsvermögens und des Einkünfte bei Betriebsstätten international tätiger Unternehmen (Betriebsstätten-Verwaltungsgrundsätze – BStE) vom 24. 12. 1999, BStBl. 1999 I S. 1076, vom 20. 11. 2000, BStBl. 2000 I S. 1509 und vom 25. 8. 2009, BStBl. I S. 888. Abgedruckt in Praktiker-Handbuch 2011 Außensteuerrecht, Band II, S. 562 ff.

[27] Vgl. hierzu *Wassermeyer* in Debatin/Wassermeyer MA Art 1 Rdnr. 11.

[28] Vgl. *Vogel/Lehner* DBA Einl. Rdnr. 197 und Rdnr. 198.

[29] Richtlinie Nr. 90/435/EWG des Rates über das gemeinsame Steuersystem der Mutter- und Tochtergesellschaften verschiedener Mitgliedsstaaten (EG-Mutter-Tochter-Richtlinie) vom 23. 7. 1990, ABl. EG Nr. L 225 S. 6, mit weiteren Änderungen, umgesetzt in der Bundesrepublik Deutschland mit dem Gesetz zur Entlastung der Familien und zur Verbesserung der Rahmenbedingungen für Investitionen und Arbeitsplätze (Steueränderungsgesetz 1992 – StÄndG 1992) vom 25. 2. 992, BGBl. 1992 I S. 297. Abgedruckt in Steuergesetze I sowie in Europäisches Wirtschaftsrecht. Auch abgedruckt in Praktiker-Handbuch 2011 Außensteuerrecht, Band II, S. 263 ff.

[30] Vgl. *Lehner*, IStR 2001, S. 329 (330 f.).

[31] Vgl. *Wassermeyer* in Debatin/Wassermeyer MA Vor Art. 1 Rdnr. 18; *Vogel/Lehner* DBA Einl. Rdnr. 270.

auch nicht von einem Konkurrenzverhältnis, sondern eher von einem **Spannungsverhältnis** sprechen, welches zu der Frage führt, ob und gegebenenfalls wie dieses Spannungsverhältnis EU-rechtskonform zu lösen ist.[32]

3. Das OECD-Musterabkommen

Schon sehr früh, nämlich in den Jahren 1921 bis 1928, bemühte sich der damalige **Völkerbund** um eine **Standardisierung der Doppelbesteuerungsabkommen**.[33] Diese Bemühungen wurden von der späteren **OECD**, fortgesetzt.[34] Das Ergebnis dieser Bemühungen war das **1963** vorgelegte **OECD-Musterabkommen** zusammen mit einer offiziellen Kommentierung des OECD-Musterabkommens zur Erläuterung des OECD-Musterabkommens **(MA-Kommentar)**.[35] Das OECD-Musterabkommen und der MA-Kommentar erfuhren in der Folgezeit immer wieder Änderungen und Anpassungen an den Wandel der Zeit.

In der *Praxis* sind **drei Musterabkommen** von Bedeutung, nämlich

– das **OECD-Musterabkommen**[36]
– das **UN-Musterabkommen** oder **UNO-Musterabkommen**[37]
– das **US-Musterabkommen**.[38]

Die größte Bedeutung in der *Praxis* hat das **OECD-Musterabkommen**. Es ist in der Abkommenspraxis nicht nur Grundlage für die OECD-Mitgliedsstaaten, so auch für die

---

[32] Vgl. *Schmidt/Heinicke* EStG § 49 Rdnr. 9 ff., wo ausgeführt wird, dass das Spannungsverhältnis EU-Recht/DBA noch ungeklärt sei.

[33] S. die *Kommentierung* in Einl. Ziff. 4. MA-K. Vgl. *Wassermeyer* in Debatin/Wassermeyer MA Vor Art. 1 Rdnr. 76; *Vogel/Lehner* DBA Einl. Rdnr. 34 m. w. N. S. Ziff. 1 *BMF*: Einführung in die DBA, BMF-Monatsbericht 01.2004 – S. 65 ff.

[34] S. die *Kommentierung* in Einl. Ziff. 5. MA-K. ff. Vgl. *Wassermeyer* in Debatin/Wassermeyer MA Vor Art. 1 Rdnr. 79; *Vogel/Lehner* DBA Einl. Rdnr. 35 m. w. N.

[35] Zu den Zielen des OECD-Musterabkommens s. auch die *Kommentierung* in Einl. Ziff. 2. und Ziff. 3. MA-K.

[36] Das OECD-Musterabkommen ist abgedruckt in Praktiker-Handbuch 2011 Außensteuerrecht, Band II, S. 511 ff.

[37] Da das OECD-Musterabkommen stark auf die Interessenlage der Industriestaaten ausgerichtet ist, wurde seitens der UNO in den siebziger Jahren das UN-Musterabkommen erarbeitet, welches 1980 veröffentlicht wurde. Das UN-Musterabkommen folgt im Aufbau dem OECD-Musterabkommen, will aber vor allem die Interessen von Entwicklungsländern an einer Stärkung der Quellen- oder Belegenheitsbesteuerung berücksichtigen und weicht deshalb inhaltlich in einigen wichtigen Punkten vom OECD-Musterabkommen ab. Ebenso weicht der UN-Musterkommentar von dem MA-Kommentar teilweise ab. Seit 1980 haben die vom OECD-Musterabkommen abweichenden Regelungen des UN-Musterabkommens bei Abkommensverhandlungen zwischen Industrienationen und Entwicklungsländern eine erhebliche Bedeutung erlangt. Die einzelnen Regelungen des UN-Musterabkommens sind abgedruckt in *Vogel/Lehner* DBA hinter dem jeweiligen korrespondierenden Text des OECD-Musterabkommens. Einzelheiten hierzu s. *Krabbe* in Debatin/Wassermeyer MA Vor Art. 1 Rdnr. 24 und *Vogel/Lehner* DBA Einl. Rdnr. 37 m. w. N. und Art. 7 Rdnr. 5 m. w. N.

[38] Die USA haben in den 1970er Jahren ein eigenes Musterabkommen erarbeitet, das sog. US-Musterabkommen, welches 1976 veröffentlicht wurde. Obwohl die Systematik des OECD-Musterabkommens dem US-amerikanischen Steuerrecht fremd ist, lehnt sich auch das US-Musterabkommen stark an das OECD-Musterabkommen an. Die wesentlichen Abweichungen vom OECD-Musterabkommen betreffen insbesondere die Besteuerung von Zinsen und von Gesellschaften und solche Bereiche, die den besonderen Interessen der USA Rechnung tragen sollen. Hierzu gehören Art. 22 US-MA mit der Limitation of Benefits-Regelung, die Regelungen zur stärkeren Missbrauchsbekämpfung sowie Regelungen betreffend Besonderheiten des US-amerikanischen Steuerrechts, wie zum Beispiel der Anknüpfung der unbeschränkten Einkommensteuerpflicht an der US-Staatsangehörigkeit. Die einzelnen Regelungen des US-Musterabkommens sind abgedruckt in *Vogel/Lehner* DBA hinter dem jeweiligen korrespondierenden Text des OECD-Musterabkommens und des UN-Musterabkommens. Einzelheiten hierzu s. *Krabbe* in Debatin/Wassermeyer MA Vor Art. 1 Rdnr. 23 und *Vogel/Lehner* DBA Einl. Rdnr. 38 m. w. N.

Bundesrepublik Deutschland, sondern wurde bzw. wird auch sehr häufig den Abkommensverhandlungen zwischen OECD-Mitgliedsstaaten und Nicht-Mitgliedsstaaten zugrunde gelegt. Damit entfaltet das OECD-Musterabkommen auch Wirkungen weit über den OECD-Bereich hinaus.[39] Das OECD-Musterabkommen ist von der Abkommenskonzeption und der Interessenlage der Industriestaaten geprägt. Ihm liegt systematisch der **Vorrang der Ansässigkeitsbesteuerung** zugrunde. Damit steht das OECD-Musterabkommen im Gegensatz zur Interessenlage der Entwicklungsländer, deren Interesse auf einer stärkeren Quellen- oder Belegenheitsbesteuerung liegt. Wegen diesem Interessengegensatz berücksichtigen auch Industriestaaten, die in ihrer Abkommenspraxis grundsätzlich den Empfehlungen des OECD Musterabkommen folgen, bei Abkommensverhandlungen mit Entwicklungsländern teilweise Regelungen des UN-Musterabkommens.

24 Seiner **Rechtsnatur** nach ist das **OECD-Musterabkommen** kein völkerrechtlicher Vertrag, sondern lediglich die **Empfehlung** der OECD als internationale Organisation, die sich primär an die OECD-Mitglieder aber auch an Nicht-Mitglieder richtet. Entsprechend hat auch der **MA-Kommentar** grundsätzlich nur Empfehlungscharakter.[40] **Aber:** Hat ein Land auf der Grundlage des OECD-Musterabkommens ein Doppelbesteuerungsabkommen abgeschlossen, dann ist für die beiden Vertragsstaaten der konkrete Wortlaut des betreffenden Doppelbesteuerungsabkommens bindend.[41]

Das OECD-Musterabkommen ist in die folgenden **Abschnitte** unterteilt:

– I: Geltungsbereich des Abkommens
– II: (Allgemeine) Definitionen/Begriffsbestimmungen
– III: Besteuerung des Einkommens
– IV: Besteuerung des Vermögens
– V: Methoden zur Vermeidung der Doppelbesteuerung
– VI: Besondere Bestimmungen
– VII: Schlussbestimmungen.

4. Geltungsbereich des OECD-Musterabkommens, Abschnitt I OECD-MA

25 a) **Unter das Abkommen fallende Personen/Abkommensberechtigung.** Art. 1 OECD-MA regelt den **persönlichen Geltungsbereich** des OECD-Musterabkommens und erfasst als **Steuersubjekt** (**natürliche** und **juristische**) **Personen**, die in einem Vertragsstaat oder in beiden Vertragsstaaten ansässig sind. Diese Personen gelten als **abkommensberechtigt**.[42] Auch im neueren DBA-Recht wird nicht auf die **Staatsangehörigkeit** abgestellt, erforderlich ist aber die **Ansässigkeit** in wenigstens einem der Vertragsstaaten.[43] Art. 1 OECD-MA verwendet bereits mit den Begriffen „Person" und „ansässig" **DBA-Begriffe**, die in Art. 3 Abs. 1 lit. a) OECD-MA und in Art. 4 OECD-MA definiert werden. *Probleme* bereitet in der *Praxis* die Anwendung des OECD-MA auf **Personengesellschaften** und damit die Frage nach der **Abkommensberechtigung** von Personengesellschaften.[44]

26 b) **Unter das Abkommen fallende Steuern.** Art. 2 Abs. 1 OECD-MA regelt allgemein, dass „dieses Abkommen ... für Steuern vom Einkommen und vom Vermögen" gilt.

---

[39] Vgl. die *Kommentierung* in Einl. Ziff. 14. MA-K.
[40] Vgl. *Wassermeyer* in Debatin/Wassermeyer MA Vor Art. 1 Rdnr. 34.
[41] Im Hinblick auf den MA-Kommentar ist zu unterscheiden. Gegenüber den Steuerpflichtigen und den Gerichten von beiden Vertragsstaaten entfaltet er keine Bindung. Im Verhältnis zwischen den beiden *Finanzverwaltungen* entfaltet der MA-Kommentar dagegen eine Bindungswirkung ähnlich den Verwaltungsvorschriften. S. *Vogel*, IStR 2003, S. 523 (527). Wegen dieser Bedeutung des MA-Kommentars werden im Folgenden an den einschlägigen Stellen vorrangig die entsprechenden *Kommentierungen* des MA-Kommentars zitiert.
[42] Vgl. *Vogel/Lehner* DBA Art. 1 Rdnr. 5; *Krabbe*, IStR 2000, S. 196.
[43] S. die *Kommentierung* in Art. 1 Ziff. 1. MA-K. Vgl. auch *Vogel/Lehner* DBA Art. 1 Rdnr. 6 m. w. N.
[44] Einzelheiten hierzu s. § 32 I.5.b) aa) und bb).

Die dort verwendeten **Begriffe** „Steuern", „Einkommen" und „Vermögen" werden vom OECD-Musterabkommen selbst nicht definiert und auch der MA-Kommentar enthält nur einen kurzen Hinweis darauf, dass für Nebenabgaben dieselben Bestimmungen gelten wie für die eigentlichen Steuern.[45] Nach Art. 3 Abs. 2 OECD-MA gelten deshalb – ergänzend – die Begriffsbestimmungen des jeweiligen **innerstaatlichen Rechts** der einzelnen Vertragsstaaten.[46]

Im deutschen Recht ergibt sich die Definition für **Steuern** aus **§ 3 Abs. 1 AO**. „Steuern" können laufende oder einmalige Geldabgaben sein. Nach § 3 Abs. 3 AO gehören zu den Steuern auch die bereits oben erwähnten **Nebenabgaben** wie Verspätungszuschläge, Zinsen, Säumniszuschläge und Zwangsgelder, nicht aber Geldbußen und Geldstrafen[47] und auch nicht Sozialversicherungsabgaben.[48] Da Art. 2 Abs. 1 OECD-MA dazu noch regelt, dass das Abkommen nur gilt für die oben genannten Steuern, die „für Rechnung eines Vertragsstaats oder seiner Gebietskörperschaften erhoben werden", gilt das OECD-Musterabkommen nicht für die **Kirchensteuer**.[49]

Bei dem Begriff **„Einkommen"** geht das OECD-Musterabkommen davon aus, dass hier trotz der Unterschiedlichkeit der Steuersysteme der einzelnen Mitgliedsstaaten ein weitgehend einheitliches Grundverständnis darüber herrscht, wie dieser Begriff zu verstehen ist. Im Übrigen soll sich die Bedeutung von Einkommen aus der Systematik der Zuordnungsnormen Art. 6 – 22 OECD-MA ergeben.[50] Zu den Steuern vom Einkommen zählen aus deutscher Sicht auch der **Solidaritätszuschlag**.[51]

Der Begriff **„Vermögen"** wird im OECD-Musterabkommen nicht definiert, weder in Art. 2 noch in Art. 22 OECD-MA, da in Art. 22 OECD-MA zwischen verschiedenen Vermögensarten unterschieden wird. Lediglich **„unbewegliches Vermögen"** wird in Art. 6 Abs. 2 OECD-MA definiert, auf den Art. 22 Abs. 1 OECD-MA verweist. Die anderen Vermögensarten **„bewegliches Vermögen"**, **„Seeschiffe und Luftfahrzeuge"** und **„alle anderen Vermögensteile"** sind Begriffe, die aus sich heraus verständlich sind.

Wegen der Unterschiedlichkeit der einzelnen Steuerrechtssysteme in den einzelnen Vertragsstaaten kann das OECD-Musterabkommen selbst nicht regeln, welche **Steuern im Einzelnen** zu den Steuern vom Einkommen und vom Vermögen gehören, sondern enthält in Art. 2 Abs. 2 OECD-MA lediglich eine **abstrakte Definition**, die unter anderem die Lohnsummensteuer und die Steuern vom Vermögenszuwachs einschließt. Egal ist, von welchem Hoheitsträger die Steuern erhoben werden und in welcher Weise die Steuererhebung erfolgt.[52]

Die angeschnittenen Fragen und Probleme kann das OECD-Musterabkommen wegen der Vielzahl der einzelnen Steuerrechtssysteme für die einzelnen Vertragsstaaten und Nicht-Vertragsstaaten **nicht einheitlich regeln**. Entsprechend sieht die *Kommentierung* in Art. 2 Ziff. 3. MA-K auch vor, dass die Vertragsstaaten die Steuern, für die das jeweilige Doppelbesteuerungsabkommen gelten soll, im Einzelnen aufzählen.[53] Art. 2 Abs. 4 Satz 1 OECD-MA ergänzt die abstrakten Definitionen in Art. 2 Abs. 1 – 3 OECD-MA mit dem Hinweis, dass das OECD-Musterabkommen auch gilt „für alle Steuern gleicher oder im

---

[45] S. die *Kommentierung* in Art. 2 Ziff. 4. MA-K. Vgl. auch *Vogel/Lehner* DBA Art. 2 Rdnr. 19.
[46] Teilweise enthalten deutsche Doppelbesteuerungsabkommen eine Begriffsbestimmung von „Steuer". S. die Übersicht bei *Vogel/Lehner* DBA Art. 3 Rdnr. 87.
[47] Die Aufzählung in § 3 Abs. 3 AO ist abschließend. Vgl. etwa *Klein/Gersch* AO § 3 Rdnr. 26.
[48] S. die *Kommentierung* in Art. 2 Ziff. 3. MA-K.
[49] Vgl. etwa *Vogel/Lehner* DBA Art. 2 Rdnr. 8.
[50] Vgl. *Vogel/Lehner* DBA Art. 2 Rdnr. 26.
[51] S. § 5 SolZG. Vgl. *Vogel/Lehner* DBA Art. 2 Rdnr. 26.
[52] S. die *Kommentierung* in Art. 2 Ziff. 2. MA-K.
[53] Die in Art. 2 Abs. 3 in deutschen Doppelbesteuerungsabkommen genannten Steuern sind immer die Einkommensteuer, die Körperschaftsteuer und (fast immer) die Gewerbesteuer und sind in den meisten deutschen Doppelbesteuerungsabkommen die Vermögensteuer. Vgl. *Vogel/Lehner* DBA Art. 2 Rdnr. 55 ff. m.w.N. und Rdnr. 39.

Wesentlichen ähnlicher Art, die nach der Unterzeichnung des Abkommens ... erhoben werden" und verhindert damit, dass eine Änderung der Steuergesetze in einem Vertragsstaat das Abkommen unanwendbar macht.[54]

32 Nach Art. 2 Abs. 4 Satz 2 OECD MA teilen sich die zuständigen *Behörden* der Vertragsstaaten die in ihrem jeweiligen Steuersystem eingetretenen bedeutsamen Änderungen mit (sog. **Änderungsmitteilung**). Die *Kommentierung* in Art. 2 Ziff. 8. MA-K sieht darin eine **Mitteilungspflicht**. Soweit die Mitteilung unterlassen wird, bleibt dies jedoch rechtlich folgenlos.[55]

5. Begriffsbestimmungen, Abschnitt II OECD-MA

33 **a) Allgemeines.** Das Recht der Doppelbesteuerungsabkommen kennt wegen der Unterschiedlichkeit der einzelnen Steuerrechtssysteme in den einzelnen Vertragsstaaten keine Begriffsbestimmungen eines bestimmten Vertragsstaats (z.B. der Bundesrepublik Deutschland) verwenden, sondern muss sich quasi seine eigenen Begriffe **(DBA-Begriffe)** schaffen. Die DBA-Begriffe schaffen auf der Ebene des bilateralen Rechts der Doppelbesteuerungsabkommen damit **gemeinsame Begriffsbestimmungen** und somit ein **Minimum an Einheitlichkeit**. Durch das OECD-Musterabkommen gelten DBA-Begriffe, soweit die jeweiligen Vertragsstaaten dem OECD-Musterabkommen folgen, nicht nur zwischen zwei Vertragsstaaten, sondern für sämtliche Mitgliedstaaten und auch für Nicht-Mitgliedstaaten, soweit sie mit einem Mitgliedstaat auf der Grundlage des OECD-Musterabkommens ein Doppelbesteuerungsabkommen abschließen.

34 Neben den im OECD-Musterabkommen enthaltenen DBA-Begriffen **(DBA-Begriffe im engeren Sinn)** kann man zu den DBA-Begriffen auch weitere Begriffe zählen, die im OECD-Musterabkommen zwar nicht selbst genannt sind, die aber **Begriffe der Rechtspraxis** sind **(DBA-Begriffe im weiteren Sinn)**.[56] Zu Begriffen der *Rechtspraxis* zählen etwa die Begriffe „Schachtelbeteiligung", „Schachteldividenden", „Schachtelprivileg" oder „Quellensteuer"[57] sowie „Ansässigkeitsstaat" und „Quellen- oder Belegenheitsstaat". Begriffsbestimmungen finden sich teilweise auch in sog. **Zusatz-** oder **Schlussprotokollen** bzw. **Brief-** und **Notenwechseln** zu den einzelnen Doppelbesteuerungsabkommen.

35 **b) Allgemeine Begriffsbestimmungen in Art. 3 Abs. 1 OECD-MA.** Art. 3 Abs. 1 OECD-MA enthält eine Reihe von Allgemeinen Begriffsbestimmungen, die für die Auslegung von Begriffen notwendig sind und die in zahlreichen Artikeln des OECD-Musterabkommens vorkommen.[58] Diese Begriffsbestimmungen sind damit quasi „vor die Klammer gezogen". Diese Begriffsbestimmungen werden ergänzt durch weitere Allgemeine Begriffsbestimmungen in den Art. 4 und Art. 5 OECD-MA.

36 **aa) Person, Gesellschaft.** Nach Art. 3 Abs. 1 lit. a) OECD-MA umfasst der Begriff „**Person**" natürliche Personen, Gesellschaften und alle anderen Personenvereinigungen. „**Gesellschaften**" wiederum werden in Art. 3 Abs. 1 lit. b) OECD-MA als juristische Personen oder Rechtsträger, die für die Besteuerung wie juristische Personen behandelt werden (z.B. Stiftungen),[59] definiert. Wegen der weiten Formulierung ist unklar, ob zu den in lit. a) genannten **Personenvereinigungen** unter anderem auch **Personengesellschaften** zählen.[60] Aus diesem Grunde lautet die Definition von Person in deutschen Doppelbesteuerungsabkommen, von wenigen Ausnahmen abgesehen, lediglich „natürliche Personen und Gesellschaften". Andererseits schließen bestimmte Doppelbesteuerungsabkommen

---

[54] S. die *Kommentierung* in Art. 2 Ziff. 7. MA-K.
[55] Vgl. *Vogel/Lehner* DBA Art. 2 Rdnr. 48.
[56] Teilweise findet man aber diese Begriffe in der *Kommentierung* zum OECD-Musterabkommen. S. z.B. die *Kommentierung* in Art. 10 Ziff. 30. MA-K.
[57] Vgl. *Vogel/Lehner* DBA Art. 10 Rdnr. 11, Rdnr. 37, Rdnr. 42, Rdnr. 44 und Überschrift vor Rdnr. 52, Rdnr. 52 sowie Rdnr. 70 ff. Vgl. auch Art. 7 Abs. 1 der EU-Mutter-Tochter-Richtlinie.
[58] S. die *Kommentierung* in Art. 3 Ziff. 1. MA-K.
[59] S. die *Kommentierung* in Art. 3 Ziff. 2. MA-K.
[60] Einzelheiten hierzu s. *Vogel/Lehner* DBA Art. 3 Rdnr. 17 ff. m.w.N.

Personengesellschaften ausdrücklich in die Definition von Person mit ein, allerdings ohne sie zugleich als Gesellschaft im Sinne von Art. 3 Abs. 1 lit. b) OECD-MA anzuerkennen. Soweit Personenvereinigungen nach deutschen Doppelbesteuerungsabkommen als Personen gelten und damit abkommensberechtigt sind, fallen darunter unter anderem auch die **BGB-Gesellschaft** und auch die **stille Gesellschaft**.[61]

bb) Personengesellschaften. *Probleme* bereitet in *Lehre* und in *Praxis* die Anwendung des OECD-Musterabkommens bzw. der einzelnen Doppelbesteuerungsabkommen auf **Personengesellschaften**, denn die Personengesellschaften werden nach dem innerstaatlichen (Steuer-)Recht der jeweiligen Vertragsstaaten unterschiedlich behandelt.[62] 37

Ungleich dem deutschen Recht[63] kann die zivil- und vor allem die (einkommen-) steuerrechtliche Behandlung der (inländischen oder ausländischen) Personengesellschaft im Ansässigkeitsstaat dieser Gesellschaft sein. Deshalb kann im Einzelfall die Bestimmung der **Abkommensberechtigung** von Personengesellschaften nach Art. 1 OECD-MA sehr schwierig sein. Im Grundsatz gibt es für Personengesellschaften zwei Möglichkeiten der **Qualifizierung** oder **Einordnung**; im Einzelnen: 38

1. Für die Zwecke der Einkommensteuer ist **nicht die (Personen-)Gesellschaft Steuersubjekt**. Steuersubjekt sind also die einzelnen Gesellschafter.[64] Hier ist die Personengesellschaft steuerlich **transparent**;[65] sie ist nicht abkommensberechtigt. 39

2. Für die Zwecke der Einkommensteuer (bzw. Körperschaftsteuer) ist die **(Personen-) Gesellschaft Steuersubjekt**.[66] Eine solche Struktur wird als steuerlich **intransparent** bezeichnet.[67] Bei dieser Struktur ist die Personengesellschaft selbst **Einkommensteuersubjekt**, genauer: **Körperschaftsteuersubjekt**, da man sie als juristische Person behandelt oder zumindest steuerlich einer juristischen Person gleichstellt. Solche Personengesellschaften sind „Gesellschaften" im Sinne von Art. 3 Abs. 1 lit. b) OECD-MA und sind damit abkommensberechtigt.[68] 40

Im Zusammenhang mit der Frage der Abkommensberechtigung steht des Weiteren die Frage, welche Vorschriften eines Doppelbesteuerungsabkommens auf (1) **Gewinnentnahmen** von Personengesellschaften und (2) auf **zusätzliche Vergütungen** der Gesellschaft an ihre Gesellschafter anzuwenden sind. In (Quellen-)Staaten, in denen Per- 41

---

[61] Vgl. *Vogel/Lehner* DBA Art. 3 Rdnr. 34.

[62] Anschaulich und ausführlich hierzu *Vogel/Lehner* DBA Art. 1 Rdnr. 13 ff.; *Reith*, Das Internationale Steuerrecht, 2004, S. 120 ff., jeweils mit verschiedenen Fallgruppen ab S. 124 ff. S. auch *Lang*, IStR 2000, S. 129 ff., der auf S. 129 ausführt, dass die steuerliche Behandlung der Personengesellschaft „mittlerweile fast Bibliotheken füllt".

[63] Nach deutschem Handelsrecht (s. § 124 HGB) sind Personengesellschaften teilrechtsfähig und sind damit zivilrechtlich den juristischen Personen stark angenähert. Das deutsche Einkommensteuerrecht geht jedoch einen ganz anderen Weg. Für die Zwecke der Einkommensteuer ist nicht die (Personen-)Gesellschaft Steuersubjekt, sondern Steuersubjekt sind die einzelnen Gesellschafter. Eine solche Struktur wird als steuerlich transparent bezeichnet. Dieser Struktur folgt das deutsche (Ertrag-) Steuerrecht in § 15 Abs. 1 Nr. 2 EStG mit den Grundsätzen zur Mitunternehmerschaft. Sehr anschaulich hierzu das Grundsatzurteil des *Großen Senats* des *BFH* zur Behandlung der Personengesellschaft im deutschen Steuerrecht *BFH* vom 25. 2. 1991, BStBl. 1991 II S. 691 (698 ff.). Vgl. auch *Schmidt* EStG § 15 Rdnr. 163; *Vogel/Lehner* DBA Art. 1 Rdnr. 17.

[64] Diese Struktur liegt außer dem Steuerrecht der Bundesrepublik Deutschland z. B. auch dem Steuerrecht Polens zu Grunde. S. *Reith* in Debatin/Wassermeyer DBA-Polen Anh. Rdnr. 36 und Rdnr. 56.

[65] Vgl. etwa *Schmidt* EStG § 15 Rdnr. 163; *Vogel/Lehner* DBA Art. 1 Rdnr. 17.

[66] Diese Struktur liegt z. B. dem Steuerrecht der Tschechischen Republik (s. *BMF-Schreiben* betr. Steuerliche Behandlung tschechischer/slowakischer Personengesellschaften und ihrer Gesellschafter vom 13. 1. 1997) und dem Steuerrecht Ungarns (s. *Reith* in Debatin/Wassermeyer DBA-Ungarn Anh. Rdnr. 8, Rdnr. 45 und Rdnr. 57 sowie *Reith/Tercsak*, IWB Nr. 19 vom 10. 10. 2001, S. 965 (966 und 970)) zu Grunde.

[67] Vgl. *Vogel/Lehner* DBA Art. 1 Rdnr. 17.

[68] S. die *Kommentierung* in Art. 1 Ziff. 3. MA-K.

sonengesellschaften als steuerlich transparent behandelt werden, wird in der Regel auf Gewinnentnahmen Art. 7 OECD-MA angewandt. Dagegen werden in (Quellen-)Staaten, in denen Personengesellschaften als steuerlich intransparent gelten, Gewinnentnahmen in der Regel nach Art. 10 OECD-MA behandelt.[69] Die Behandlung von zusätzlichen Leistungen der Gesellschaft an ihre Gesellschafter hängt im ersten Fall davon ab, ob der Quellenstaat im Rahmen der steuerliche Transparenz auch Regelungen ähnlich § 15 Abs. 1 Nr. 2 EStG anwendet.[70]

42 Die angeschnittenen Fragen und Probleme kann das OECD-Musterabkommen wegen der Vielzahl der einzelnen Steuerrechtssysteme für die einzelnen Vertragsstaaten und Nicht-Vertragsstaaten **nicht einheitlich regeln**. Deshalb *empfiehlt* der MA-Kommentar auch, dass die jeweiligen Vertragsstaaten entsprechend erforderliche und zweckmäßige Sonderregelungen in ihre jeweiligen Doppelbesteuerungsabkommen aufnehmen sollen.[71]

43 Von der rechtlichen Qualifizierung einer deutschen Personengesellschaft nach deutschem Recht und von der rechtlichen Qualifizierung einer ausländischen Personengesellschaft nach dem ausländischen Recht ist im Falle der Beteiligung eines deutschen Steuersubjekts an einer ausländischen Personengesellschaft wiederum zu unterscheiden die (hier: einkommen-)steuerrechtliche Behandlung der ausländischen Personengesellschaft durch das deutsche Steuerrecht. Aus der **Sicht des deutschen Rechts** werden ausländische Personengesellschaften unter Anwendung der **deutschen Rechtswertung** dann steuerlich als Mitunternehmerschaften behandelt, wenn ihre **zivilrechtliche Struktur** weitgehend der einer deutschen OHG oder KG entspricht.[72] Beispielsfälle, bei denen das deutsche Recht im Betriebsstättenerlass amtlich eine **Mitunternehmerschaft bejaht**, sind demnach unter anderem die ungarische, die tschechische sowie die slowakische, die tunesische, die rumänische Personengesellschaft und die spanische Personengesellschaft.[73] Ein Beispielsfall, in dem

---

[69] S. die *Kommentierung* in Art. 1 Ziff. 4. MA-K. Vgl. ferner *Vogel/Lehner* DBA Art. 1 Rdnr. 40.

[70] S. die *Kommentierung* in Art. 1 Ziff. 4. MA-K. Vgl. ferner *Vogel/Lehner* DBA Art. 1 Rdnr. 37 – Rdnr. 39 und Rdnr. 43 – Rdnr. 50.

[71] S. die *Kommentierung* in Art. 1 Ziff. 6. MA-K. Ob eine Personengesellschaft steuerlich transparent oder intransparent ist, kann nur nach den Regeln des jeweiligen innerstaatlichen Rechts entschieden werden.

[72] S. *BFH* vom 26. 2. 1992, BStBl. 1992 II S. 937 (939) im Zusammenhang mit dem DBA-Schweiz. S. ferner *BFH* vom 23. 6. 1992, BStBl. 1992 II S. 972 (975). S. ferner TZ 1.1.5.1 BStE – Beteiligung an einer Personengesellschaft; dort heißt es: „Nach deutschem Rechtsverständnis werden Beteiligungen einer unbeschränkt steuerpflichtigen Person an einer (ausländischen) Personengesellschaft grundsätzlich als Unternehmen dieser Person i. S. d. Art. 7 OECD-MA behandelt. Die mitunternehmerische Beteiligung an einer Personengesellschaft durch einen unbeschränkt Steuerpflichtigen an einer im Inland ansässigen (inländischen) Personengesellschaft, die eine Betriebsstätte unterhält, sowie die Beteiligung eines unbeschränkt Steuerpflichtigen an einer im Ausland bestehenden (ausländischen) Personengesellschaft, die eine Betriebsstätte unterhält, führt dazu, dass die Betriebsstätte jeweils – anteilig – dem Gesellschafter zuzurechnen ist (*BFH* vom 26. 2. 1992, BStBl. 1992 II S. 937), es sei denn, es handelt sich um eine ausschließlich vermögensverwaltende oder selbständig bzw. land- und forstwirtschaftlich tätige Personengesellschaft, die nicht gewerblich geprägt ist. Entsprechendes gilt auch für den umgekehrten Fall, dass ein beschränkt Steuerpflichtiger an einer inländischen Pesonengesellschaft beteiligt ist, die im Inland eine Betriebsstätte unterhält."; TZ 1.1.5.2 BStE – Einstufung einer ausländischen Personengesellschaft; dort heißt es: „Die Frage, ob eine ausländische Gesellschaft als Mitunternehmerschaft einzustufen ist, bestimmt sich nach deutschem Steuerrecht aufgrund eines Vergleichs der Gesellschaftsstruktur (Abschnitt 2 Abs. 1 KStR; *BFH* vom 23. 6. 1992, BStBl. 1992 II S. 972). Dies führt in Bezug auf Staaten, in denen Personengesellschaften als juristische Personen – also als nicht transparent – behandelt werden, dazu, dass eine besondere Prüfung der Aufteilung des Besteuerungsrechts vorzunehmen ist."

[73] S. die *BMF-Schreiben* zum DBA-Jugoslawien (betr. Slowenien) vom 21. 7. 1997 (BStBl. 1997 I S. 724); zum DBA-Rumänien vom 1. 10. 1997 (BStBl. 1997 I S. 863); zum DBA-Spanien vom 28. 5. 1998 (BStBl. 1998 I S. 557); zum DBA-Tschechoslowakei vom 13. 1. 1997 (BStBl. 1997 I S. 97); zum DBA-Tunesien vom 25. 8. 1997 (BStBl. 1997 I S. 796) und zum DBA-Ungarn vom 29. 4. 1993 (BStBl. 1993 I S. 342).

§ 32. Das Doppelbesteuerungsrecht

eine ausländische Personengesellschaft aus deutscher Sicht vermutlich nicht als Mitunternehmerschaft qualifiziert wird, ist die **russische GmbH & Co. KG**.

Steuerliche Qualifizierung einer Niederlassung/Zweigniederlassung und einer Personengesellschaft
Schaubild § 32-2

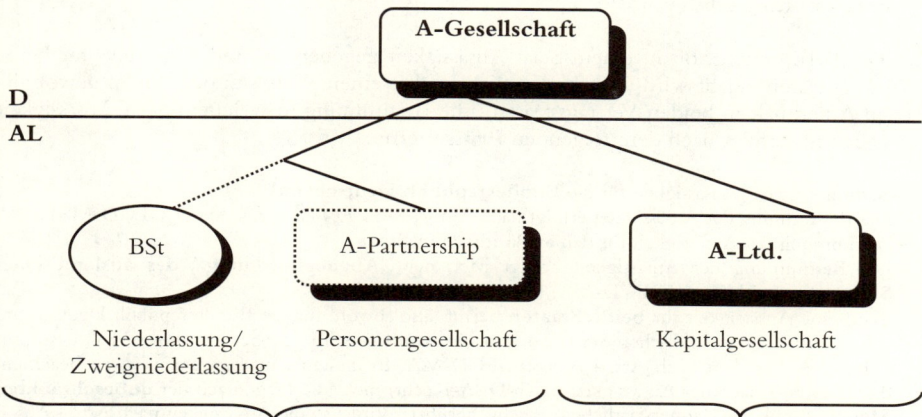

cc) **Betriebsstätten.** Betriebsstätten sind keine Personen im Sinne von Art. 3 Abs. 1 lit. a) OECD-MA und sind damit als solche nach Art. 1 OECD-MA nicht abkommensberechtigt.[74]

c) **Ansässigkeit als Allgemeine Begriffsbestimmung, Art. 4 OECD-MA.** Das OECD-Musterabkommen enthält als eine allgemeine Begriffsbestimmung in Art. 4 OECD-MA eine Definition des Begriffs „**Ansässigkeit**".[75] Dieser Begriff ist **nicht identisch** mit den deutschen Begriffen „Wohnsitz" oder „gewöhnlicher Aufenthalt" bei natürlichen Personen oder den Begriffen „Geschäftsleitung" oder „Sitz" bei körperschaftsteuerpflichtigen Personen gemäß den §§ 8–11 AO. Der Begriff der Ansässigkeit hat **drei Funktionen**:

– Zum einen ist die Ansässigkeit ein Anknüpfungsmerkmal zur Bestimmung bzw. zur Abgrenzung des **persönlichen Geltungsbereichs** eines Doppelbesteuerungsabkommens;[76] Fall des Art. 4 Abs. 1 OECD-MA.

---

[74] Weitere Einzelheiten zum Begriff „Betriebsstätte" siehe § 32 I.5.d).

[75] Zur „Ansässigkeit" vgl. auch die anschauliche Darstellung in TZ 3.2 der *Anweisung* Leitfaden zur Besteuerung ausländischer Einkünfte bei unbeschränkt steuerpflichtigen natürlichen Personen (ohne Quellenangabe und Datum; Stand: 1. 7. 2004), (letztmals) abgedruckt in Praktiker-Handbuch 2008 Außensteuerrecht, Band I, S. 644 (nunmehr abgedruckt auf der CD zum Praktiker-Handbuch, z. Zt. 2011). Der Inhalt des Leitfadens wird von den OFDen auf Bundesebene abgestimmt; er ist abrufbar über die Homepage des Bayerischen Landesamtes für Steuern unter http://www.lfst.bayern.de.

[76] So die *Kommentierung* in Art. 4 Ziff. 2. MA-K.

- Zum anderen ist die Ansässigkeit ein **Anknüpfungsmerkmal** für die Anwendung bestimmter Kollisionsnormen (Zuordnungsnormen) im jeweiligen Doppelbesteuerungsabkommen, denen der **Vorrang der Ansässigkeitsbesteuerung** zugrunde liegt;[77] z. B. in Art. 6 Abs. 1, Art. 10 Abs. 1, Art. 11 Abs. 1, Art. 12 Abs. 1, Art. 15 Abs. 1 OECD-MA.
- Zum Dritten ist die Ansässigkeit in Art. 4 Abs. 2 OECD-MA in gewisser Weise selbst eine Kollisionsnorm und zwar dann, wenn der Steuerpflichtige **zwei Wohnsitze** hat (sog. **Doppelansässigkeit**).[78] In diesem Fall soll nach Art. 4 Abs. 2 OECD-MA Ansässigkeit nur in einem der beiden Vertragsstaaten gegeben sein.[79]

46 Die Bestimmung, ob in einem Staat Ansässigkeit gegeben ist, und wenn dies für beide Vertragsstaaten bejaht wird (der Steuerpflichtige hat einen Wohnsitz oder einen gewöhnlichen Aufenthalt in beiden Vertragsstaaten), die Bestimmung in welchem Staat Ansässigkeit gegeben ist, erfolgt nach dem folgenden **Prüfschema**:[80]

- Bestimmung der Ansässigkeit für die **Bundesrepublik Deutschland**
- Die Bestimmung der Ansässigkeit erfolgt nach den §§ 8–11 AO (s. Art. 4 Abs. 1 OECD-MA).
- Bestimmung der Ansässigkeit für den **ausländischen Staat**
- Die Bestimmung der Ansässigkeit erfolgt nach der „**Abgabenordnung**" des ausländischen **Staates** (s. Art. 4 Abs. 1 OECD-MA).
- Wird eine Ansässigkeit für **beide Staaten** bejaht, also sowohl für die Bundesrepublik Deutschland als auch für den ausländischen Staat, dann ist ein **Kollisionsfall** gegeben. In diesem Fall bestimmt sich die Ansässigkeit nach Art. 4 Abs. 2 OECD-MA. In diesem Zusammenhang ist zu beachten, dass die Frage nach der Ansässigkeit (nach DBA-Recht) nicht die Frage nach der **unbeschränkten Steuerpflicht** (nach innerstaatlichem Recht) berührt. Wird also die Ansässigkeit nach Art. 4 Abs. 2 OECD-MA zugunsten des Vertragsstaats A bejaht, dann bleibt gleichwohl die unbeschränkte Steuerpflicht eines Steuerpflichtigen im Vertragsstaat B bestehen. Gerade wegen diesem Umstand kommt es zu dem Kollisionsfall.

47 Art. 4 Abs. 3 OECD-MA enthält eine Regelung für **doppelt ansässige (Kapital-) Gesellschaften**. Eine Gesellschaft ist demnach dort ansässig, wo sie den Ort der tatsächlichen Geschäftsleitung hat. Eine eigenständige Definition für „Ort der tatsächlichen Geschäftsleitung" enthält das OECD-Musterabkommen allerdings nicht. Deshalb ist nach Art. 3 Abs. 3 OECD-MA (für das deutsche Steuerrecht) auf die Definition in § 10 AO zurückzugreifen.

48 d) **Betriebsstätte als Allgemeine Begriffsbestimmung, Art. 5 OECD-MA.** Art. 5 OECD-MA enthält die **Definition** für „Betriebsstätte". Dieser Begriff ist **nicht identisch** mit dem Begriff „Betriebsstätte" nach Art. 12 AO. Der DBA-Begriff ist insgesamt **enger**, das heißt er bejaht in verschiedenen Fällen eine Betriebsstätte erst, wenn höhere Voraussetzungen vorliegen, als sie im Vergleich dazu von § 12 AO gefordert werden. Der steuerliche Begriff „Betriebsstätte", egal ob nach § 12 AO oder nach Art. 5 OECD-MA, ist ferner abzugrenzen von dem handelsrechtlichen Begriff der „**Zweigniederlassung**" in § 13 HGB. Es gilt der **Merksatz**: Jede Zweigniederlassung ist eine Betriebsstätte, aber nicht jede Betriebsstätte ist eine Zweigniederlassung.[81]

49 Für das deutsche Steuerrecht sind zum Begriff „Betriebsstätte" im Sinne von Art. 5 OECD-MA zahlreiche **Einzelheiten** geregelt (1) in TZ 1.1.1 und TZ 1.1.2 BStE für die Betriebsstätte im Sinne von § 12 AO sowie (2) in TZ 1.2.1 und TZ 1.2.2 BStE für die

---

[77] So im Grunde auch die *Kommentierung* in Art. 4 Ziff. 2. MA-K.
[78] Vgl. hierzu *BFH* vom 23. 10. 1985, BStBl. 1986 II S. 133 (135). S. auch TZ 3.2 der *Anweisung* Leitfaden zur Besteuerung ausländischer Einkünfte.
[79] So im Grunde auch die *Kommentierung* in Art. 4 Ziff. 2. MA-K.
[80] Anschaulich in diesem Zusammenhang auch *BFH* vom 23. 10. 1985, BStBl. 1986 II S. 133 (134f.).
[81] Vgl. auch TZ 1.1.1.1 BStE. S. ferner *Wassermeyer* in Debatin/Wassermeyer MA Art. 7 Rdnr. 177.

DBA-Betriebsstätte. *Schwierigkeiten* bereitet die Bestimmung von „Betriebsstätte" im sog. **E-Commerce**.[82]

e) Die allgemeine Auslegungsregel in Art. 3 Abs. 2 OECD-MA. Art. 3 Abs. 2 OECD-MA ist die sog. **lex fori-Klausel** und enthält eine **allgemeine Auslegungsregel**.[83] Verwendet ein Doppelbesteuerungsabkommen einen Begriff, der in diesem Abkommen nicht definiert ist, so hat dieser Begriff grundsätzlich die Bedeutung, die ihm nach dem jeweiligen Steuerrecht der beiden Vertragsstaaten zukommt. Etwas anderes gilt nur dann, „wenn der Zusammenhang (*Anm.:* des betreffenden Doppelbesteuerungsabkommens) etwas anderes erfordert".[84] So praktisch diese Regelung ist und zur Rechtssicherheit beitragen soll,[85] so sehr kann sie zu einem **Qualifikationskonflikt** führen, wenn ein bestimmter Begriff für beide Vertragsstaaten Anknüpfungspunkt für die Besteuerung ist.

f) Qualifikation, Qualifikationskonflikte. Dieser Themenbereich ist geprägt durch eine **Vielfalt** von dogmatischen Betrachtungsweisen und Begriffen,[86] die in der *Praxis* sehr unterschiedlich verwendet werden. Ausgangspunkt der Überlegung ist, dass wenn zwei Vertragsstaaten ein und dieselbe DBA-Norm anwenden, es, zunächst ganz untechnisch formuliert, zu **unterschiedlichen Ergebnissen** kommen kann. Der Grund hierfür ist, dass die jeweiligen Steuersysteme der Vertragsstaaten eigenständige in sich geschlossene Rechtskreise sind und in aller Regel von einander abweichen.

Ein **Qualifikationskonflikt** ist vor allem dann gegeben, wenn (1) Doppelbesteuerungsabkommen auf das innerstaatliche Steuerrecht der beiden Vertragsstaaten verweisen und die innerstaatlichen Steuersysteme den Sachverhalt unterschiedlich behandeln[87] oder wenn (2) Doppelbesteuerungsabkommen Begriffe des innerstaatlichen Steuerrechts der beiden Vertragsstaaten verwenden.[88] Gegenstand des Qualifikationskonflikts sind wiederum **Rechtsfragen**. Beim Qualifikationskonflikt ist die Bedeutung eines bestimmten Begriffs jeweils für den einen und für den anderen Vertragsstaat auf deren innerstaatlichen Ebene klar, allerdings gegebenenfalls mit einem anderen Verständnis. Fraglich ist nun wie mit diesem unterschiedlich verstandenen Begriff auf der (höheren) bilateralen Ebene umgegangen wird bzw. wie dieser Begriff unter die Normen des Internationalen Steuerrechts (vor allem des Doppelbesteuerungsabkommens) subsumiert wird; oder anders ausgedrückt: wie die Vertragsstaaten diesen Begriff einordnen oder qualifizieren.[89]

Innerhalb der Qualifikationskonflikte unterscheidet man wiederum **zwei Arten** von Qualifikationskonflikten, den **positiven Qualifikationskonflikt** und den **negativen Qualifikationskonflikt**.

Beim **positiven Qualifikationskonflikt** bejahen beide Vertragsstaaten ihr Besteuerungsrecht; er führt zur Doppelbesteuerung, jedenfalls aber zur mehrfachen Belastung. Der positive Qualifikationskonflikt ist in der *Praxis* der Regelfall. Eine eventuelle Klärung erfolgt im **Verständigungsverfahren**.[90] In der *Gestaltungspraxis* sollten positive Qualifika-

---

[82] Anschaulich hierzu und zur Diskussion zu diesem Problembereich innerhalb der OECD *Watrin*, IStR 2001, S. 425 ff. Vgl. auch *Strunk/Kaminski*, IStR 2001, S. 161 ff.; *Dietz*, IStR 2002, S. 210; *Vogel/Lehner* DBA Art. 3 Rdnr. 93.

[83] Vgl. *Vogel/Lehner* DBA Art. 3 Rdnr. 101.

[84] Ein solcher Fall ist z. B. gegeben im Zusammenhang mit der Bestimmung des Begriffs „Aufsichtsrat" oder „Verwaltungsrat".

[85] Vgl. auch *Vogel/Lehner* DBA Art. 3 Rdnr. 99 und Rdnr. 100.

[86] Vgl. hierzu auch die systematische Übersicht über die einzelnen Arten von Qualifikationskonflikten bei *Benecke/Schnitger*, RIW 2002, S. 439 ff. und bei *Petereit*, IStR 2003, S. 577 (579 f.).

[87] Vgl. hierzu *Benecke/Schnitger*, RIW 2002, S. 439 (439).

[88] Vgl. hierzu *Vogel/Lehner* DBA Einl. Rdnr. 152.

[89] Beispiele zu Qualifikationskonflikten s. bei *Vogel/Lehner* DBA Einl. Rdnr. 154; *Reith*, Das Internationale Steuerrecht, 2004, S. 147 f., jeweils m. w. N.

[90] Einzelheiten hierzu s. § 32 I.9.b).

tionskonflikte (im weiteren Sinne) insbesondere durch eine Gestaltung von klaren Verhältnissen vermieden werden.[91]

55 **Negative Qualifikationskonflikte** sind in der *Praxis* seltener. Negative Qualifikationskonflikte führen weder in dem einen noch in dem anderen Staat zu einer Besteuerung (Fall der **Doppelfreistellung** oder der **Nullbesteuerung**). Da negative Qualifikationskonflikte nicht als Abkommensverletzung angesehen werden, ist zur Vermeidung einer solchen Nullbesteuerung das Verständigungsverfahren nach Art. 25 OECD-MA nicht vorgesehen. Zur Behebung von Doppelfreistellungen behelfen sich in der *Praxis* die betroffenen Vertragsstaaten oft durch **Verständigungsverfahren**.[92]

6. Besteuerung des Einkommens, Abschnitt III OECD-MA

56 **a) Allgemeines.** Die **Art. 6–21 OECD-MA** enthalten die sog. **Zuordnungsartikel**. Innerhalb der Zuordnungsartikel folgen Doppelbesteuerungsabkommen im Grundsatz **zwei Prinzipien**,[93] entweder dem **Ansässigkeitsprinzip** oder dem **Quellen-** oder **Belegenheitsprinzip**. Eine Ausnahme hierzu bildet das in Art. 19 OECD-MA verankerte sog. **Kassenstaatsprinzip** und die **Sonderregelung** in Art. 20 OECD-MA. Unterliegt ein Besteuerungssachverhalt dem Ansässigkeitsprinzip, so wird die Doppelbesteuerung bereits durch den Zuordnungsartikel vermieden, indem dieser Zuordnungsartikel durch die Formulierung **Formulierung „können nur"** das Besteuerungsrecht dem Ansässigkeitsstaat (endgültig) zuweist; die Doppelbesteuerung wird damit (bereits) durch die **Zuordnungsmethode** vermieden. Im Gegensatz zu den Zuordnungsartikeln sind die **Art. 23 A** und **Art. 23 B OECD-MA** die sog. **Methodenartikel**, die zwei Methoden zur Vermeidung der Doppelbesteuerung kennen, nämlich die **Freistellungsmethode** und die **Anrechnungsmethode**. Der Methodenartikel kommt dann zur Anwendung, wenn ein Besteuerungssachverhalt nicht dem Ansässigkeitsprinzip, sondern dem Quellen- oder Belegenheitsprinzip unterliegt; denn dann wird die Doppelbesteuerung nicht endgültig durch den betreffenden Zuordnungsartikel vermieden, sondern erst in einer **zweiten Stufe** durch den Methodenartikel.[94]

57 In den folgenden Kapiteln werden die Einkünfte nicht in der numerischen Reihenfolge von Art. 6 – Art. 21 OECD-MA behandelt, sondern in der Reihenfolge ihrer **praktischen Bedeutung**. Die in der *Praxis* am häufigsten vorkommenden Zuordnungsartikel sind die folgenden:

– Art. 7 OECD-MA (Einkünfte aus Unternehmensgewinnen; s. § 32 I.6.c))
– Art. 10 OECD-MA (Einkünfte aus Dividenden; s. § 32 I.6.d))
– Art. 11 OECD-MA (Einkünfte aus Zinsen; s. § 32 I.6.e))
– Art. 12 OECD-MA (Einkünfte aus Lizenzgebühren; s. § 32 I.6.f))

---

[91] Zur Lösung der OECD bei positiven Qualifikationskonflikten s. *Benecke/Schnitger*, RIW 2002, S. 439 (443 ff.).

[92] Vgl. hierzu *Wassermeyer* in Debatin/Wassermeyer MA Art. 3 Rdnr. 86; *Schaumburg*, a. a. O., Rdnr. 16.86. S. auch *Vogel* DBA Einl. Rdnr. 97 a (in der Vorauflage). Zu Recht weisen allerdings *Vogel/Lehner* darauf hin, dass das Verständigungsverfahren zur Klärung von Qualifikationskonflikten kein geeigneter Weg ist; s. *Vogel/Lehner* DBA Einl. Rdnr. 162.

[93] S. die *Kommentierung* in Einl. Ziff. 19. MA-K., die die Grundsätze der dem OECD-Musterabkommen zu Grunde liegenden Methoden zur Vermeidung der Doppelbesteuerung anschaulich erläutert. Ausnahmen kommen hier vor, wo der Quellen- oder Belegenheitsstaat zusätzlich ein beschränktes Quellenbesteuerungsrecht hat.

[94] Der Begriff „Methodenartikel" ist irreführend, weil die Doppelbesteuerung nicht nur durch den/die Methodenartikel vermieden wird, sondern das Besteuerungsrecht in zahlreichen Fällen bereits durch die Zuordnungsartikel einem bestimmten Vertragsstaat zugewiesen wird. *Richtigerweise* müssten Art. 23 A/23 B OECD-MA deswegen heißen „Methodenartikel zur Vermeidung verbleibender Doppelbesteuerung". In diesem Sinne auch *Vogel/Lehner* DBA Art. 23 Rdnr. 4, mit dem Begriff „Methoden zur Vermeidung verbleibender Doppelbesteuerung". Ähnlich spricht *Schaumburg* von „Vermeidungsnorm" oder „Vermeidungsartikel". S. *Schaumburg*, a. a. O., Rdnr. 16.524.

§ 32. Das Doppelbesteuerungsrecht

- Art. 15 OECD-MA (Einkünfte aus unselbständiger Arbeit; s. § 32 I.6.g)).
- Art. 14 OECD-MA (Einkünfte aus selbständiger Arbeit; s. § 32 I.6.h))
- Art. 6 OECD-MA (Einkünfte aus unbeweglichem Vermögen; s. § 32 I.6.i))
- Art. 13 OECD-MA (Einkünfte aus der Veräußerung von Vermögen; s. § 32 I.6.j))

In der *Praxis seltener* sind die Einkünfte aus selbständiger Arbeit (Art. 14 OECD-MA; seit dem OECD-MA 2000 aufgehoben).[95] **Sonderfälle** und in der *Praxis* grenzüberschreitender Besteuerung vergleichsweise weniger häufig anzutreffen sind die

- Art. 8 OECD-MA (Einkünfte aus Seeschiffahrt, Binnenschiffahrt und Luftfahrt)
- Art. 16 OECD-MA (Einkünfte aus Aufsichtsrats- und Verwaltungsratsvergütungen)
- Art. 17 OECD-MA (Einkünfte von Künstlern und Sportlern)
- Art. 18 OECD-MA (Einkünfte aus Ruhegehältern)
- Art. 19 OECD-MA (Einkünfte aus dem Öffentlichen Dienst)
- Art. 20 OECD-MA (Einkünfte von Studenten)
- Art. 21 OECD-MA (Andere Einkünfte).

Diese Einkünfte werden in dieser Abhandlung im Einzelnen nicht behandelt.

Da das OECD-Musterabkommen von der Abkommenskonzeption und der Interessenlage der Industriestaaten geprägt ist, liegt ihm systematisch der **Vorrang der Ansässigkeitsbesteuerung** (sog. **Ansässigkeitsprinzip**) zugrunde. Das Ansässigkeitsprinzip geht im OECD-Musterabkommen also grundsätzlich dem Quellen- oder Belegenheitsprinzip vor.

Je nach der für den Quellen- oder Belegenheitsstaat maßgeblichen steuerlichen Behandlung ordnet die *Kommentierung* in Einl. Ziff. 20. MA-K die Einkünfte- und Vermögensbesteuerung im Quellen- oder Belegenheitsstaat den folgenden **drei Gruppen** zu:

- Einkünfte und Vermögensteile, die im Quellen- oder Belegenheitsstaat **ohne Begrenzung besteuert** werden können
- Einkünfte, die im Quellenstaat **begrenzt besteuert** werden können
- Einkünfte und Vermögensteile, die im Quellen- oder Belegenheitsstaat **nicht besteuert** werden können.

b) Verrechnungspreisregelungen/arm's length-Regelungen in Doppelbesteuerungsabkommen/EU-Grundsätze für die Gewinnberichtigung. Nach dem OECD-Musterabkommen soll der Unternehmensgewinn in dem Vertragsstaat besteuert werden, in dem er entstanden ist. Das Besteuerungsrecht hierfür kann je nach Einkunftsart und je nach gegebenem Sachverhalt beim Ansässigkeitsstaat oder beim Quellen- oder Belegenheitsstaat liegen. Art. 9 OECD-MA ist systematisch im **Zusammenhang mit Art. 7 OECD-MA** zu sehen,[96] weil Art. 9 OECD-MA sicherstellen will, dass der Unternehmensgewinn in dem Vertragsstaat besteuert wird, in dem er auch unter Zugrundelegung normaler kaufmännischer oder finanzieller Bedingungen entstanden ist bzw. entstanden wäre. Entsprechend regelt Art. 9 OECD-MA die **Berichtigung von zu niedrigen Unternehmensgewinnen** für den Fall, dass verbundene Unternehmen untereinander (besondere) Bedingungen vereinbaren, die nicht dem arm's length-Prinzip entsprechen und es somit zu **Verschiebungen** des Unternehmensgewinns kommt.[97] Art. 9 OECD-MA gibt damit dem Vertragsstaat, dem nach einem Doppelbesteuerungsabkommen das Recht zur Ausübung seines Besteuerungsrechts gewährt wird, (auch) das Recht zur Ausübung seines Besteuerungsrechts zur Berichtigung **(Erhöhung)** eines (zu niedrigen) Unternehmensgewinns. Unerheblich ist, ob seitens des Steuerpflichtigen eine Steuerumgehungsabsicht vorliegt oder nicht.[98]

---

[95] Einzelheiten hierzu s. § 32 I.6.h).
[96] Vgl. *Vogel/Lehner* DBA Art. 7 Rdnr. 7.
[97] S. die *Kommentierung* in Art. 9 Ziff. 1. MA-K.
[98] S. *Vogel/Lehner* DBA Art. 9 Rdnr. 3.

62 Art. 9 OECD-MA schafft selbst aber **keine Rechtsgrundlage** zur Einkünfteberichtigung.[99] Die Gewinnberichtigung darf der betreffende Staat nur dann vornehmen, wenn es hierfür in seinem innerstaatlichen Recht eine entsprechende Rechtsgrundlage gibt.[100] Solche **Rechtsgrundlagen** sind im deutschen Recht die **§§ 39–42 AO,** die Grundsätze zur verdeckten Gewinnausschüttung **(vGA)** und zur verdeckten Einlage **(vEL)** sowie die allgemeine Regelung in **§ 1 AStG** in Verbindung mit den *Verwaltungsgrundsätzen* für die Prüfung der Einkünfteabgrenzung bei international verbundenen Unternehmen vom 31. 10. 1983 (Verrechnungspreis-Verwaltungsgrundsätze).[101]

63 Als dem Art. 9 OECD-MA vorgehende lex specialis regeln **Art. 11 Abs. 6** und **Art. 12 Abs. 4 OECD-MA** (nur) die Berichtigung von **zu hohen Zinsen** bzw. **zu hohen Lizenzgebühren** und gibt dem Quellenstaat ein Besteuerungsrecht zur Berichtigung (Reduzierung) eines (zu hohen) Betriebsausgabenabzugs.[102] Auch Art. 11 Abs. 6 und Art. 12 Abs. 4 OECD-MA schaffen selbst **keine Rechtsgrundlagen** zur Einkünfteberichtigung.

Systematik der Berichtigung von Einkünften   Schaubild § 32-3

- Art. 9 OECD-MA
- Art. 11 Abs. 6 OECD-MA
- Art. 12 Abs. 4 OECD-MA

} (auch) diese DBA-Regelungen sind nur Kollisionsnormen und selbst keine Rechtsgrundlagen für eine Besteuerung

- §§ 39–42 AO
- vGA
- vEL
- § 1 AStG i. V. m. den arm's length VwGrdstzen

} diese Normen/Grundsätze sind Rechtsgrundlagen und setzen – in DBA-Fällen – eine Kollisionsnorm in einem DBA voraus, welche dem betreffenden Vertragsstaat das Besteuerungsrecht zuweist

64 **Gegenberichtigung.** Art. 9 OECD-MA enthält in **Absatz 2** in Ergänzung von Absatz 1 Regelungen zur sog. Gegenberichtigung. „**Gegenberichtigung**" bedeutet, dass im Falle der Gewinnberichtigung durch einen Vertragsstaat, der andere Vertragsstaat eine korrespondierende Änderung vornimmt. Die wenigsten deutschen Doppelbesteuerungsabkommen enthalten Vorschriften zur Gegenberichtigung.[103]

65 **EG-Schiedskonvention vom 23. 7. 1990.** Die EG-Schiedskonvention vom 23. 7. 1990[104] regelt **Grundsätze für die Gewinnberichtigung** im Verhältnis von einer Muttergesellschaft in einem EU-Mitgliedstaat zu einer Tochtergesellschaft in einem anderen EU-Mitgliedstaat (verbundene Unternehmen) oder im Verhältnis von einem Unternehmen in einem EU-Mitgliedstaat zu einer Betriebsstätte dieses Unternehmens in einem anderen EU-Mitgliedstaat, mit dem Ziel, dass Gewinnberichtigungen zwischen verbundenen Unternehmen oder für die einer Betriebsstätte zuzurechnenden Gewinne nur dergestalt erfolgen

---

[99] Vgl. *Vogel/Lehner* DBA Art. 9 Rdnr. 3, Rdnr. 18 und Rdnr. 19; *Scheuerle*, IStR 2002, S. 798 (799). In der *Praxis* spricht man auch davon, dass Art. 9 OECD-MA „keine self-executing Wirkung" hat. S. etwa *Flick/Wassermeyer/Baumhoff*, AStG, § 1 Rdnr. 99.
[100] Vgl. *Vogel/Lehner* DBA Art. 9 Rdnr. 3.
[101] Einzelheiten hierzu s. § 34 III.
[102] Vgl. auch *Vogel/Lehner* DBA Art. 9 Rdnr. 7.
[103] Dies führt in den allermeisten DBA-Fällen dazu, dass Gewinnberichtigungen insgesamt unilaterale Maßnahmen sind, die zwischen den beiden Vertragsstaaten nicht miteinander im Gleichklang stehen.
[104] ABl. EG Nr. L 225 S. 10 abgedruckt in Praktiker-Handbuch 2011 Außensteuerrecht, Band II, S. 290 ff.

dürfen, dass eine **Doppelbesteuerung** beseitigt wird.[105] Hierzu regelt **Art. 5** EG-Schiedskonvention eine Informationspflicht und regeln die **Art. 6–11** EG-Schiedskonvention Einzelheiten, wie ein Verständigungs- und gegebenenfalls Schlichtungsverfahren durchzuführen ist. Von Bedeutung ist, dass die EG-Schiedskonvention vom 23. 7. 1990 im Gegensatz zum Verständigungsverfahren nach Art. 25 Abs. 1/Abs. 2 OECD-MA[106] die zuständigen Behörden beider EU-Mitgliedsstaaten mit den **Art. 7–12 zu einer Einigung zwingt**.

Abkommensmissbrauch/Treaty Shopping/Grenzen der Steuergestaltung. Ähnlich der **Vertragsfreiheit** im Zivilrecht können Steuerpflichtige ihre steuerlichen Verhältnisse grundsätzlich nach ihrem freien Ermessen gestalten. Dies gilt selbstverständlich auch für das Internationale Steuerrecht.[107] Allerdings gibt es sowohl im innerstaatlichen Recht als auch im Internationalen Steuerrecht **Grenzen der Steuergestaltung**. Gestaltungen, die das Ziel haben, die Vorteile oder den Schutz eines Doppelbesteuerungsabkommens zu erlangen, obwohl der Steuerpflichtige selbst nicht abkommensberechtigt ist, werden in der Fachsprache als **Treaty Shopping** bezeichnet.[108] Daneben gibt es Steuergestaltungen, die das Ziel haben, innerhalb eines bestimmten Doppelbesteuerungsabkommens, welchem auch der Steuerpflichtige selbst unterliegt, in den Anwendungsbereich einer bestimmten, **günstigen Zuordnungsnorm** zu kommen (sog. **Rule Shopping**).[109] Da derartige Gestaltungen in aller Regel das Vorhandensein eines tatsächlich gegebenen wirtschaftlichen Sachverhalts erfordern, ist beim Rule Shopping für die Annahme einer missbräuchlichen Steuergestaltung zumeist kein Raum.[110] 66

Das Steuerrecht ist geprägt von zahlreichen **Regelungen zur Vermeidung der Steuerumgehung**, die sich entweder im DBA-Recht oder im innerstaatlichen Recht finden. Im Internationalen Steuerrecht werden Regelungen zur Vermeidung der Steuerumgehung auch als **Anti-Treaty-Shopping-Klauseln** bezeichnet; auch diese finden sich entweder im DBA-Recht oder im innerstaatlichen Recht.[111] Hierzu zählen insbesondere die folgenden Regelungen: 67

DBA-Recht	Innerstaatliches Recht
• Aktiv- oder Aktivitätsklauseln[112]	• § 42 Abs. 1 AO
• Subject-to-Tax-Klauseln[113]	• § 50d Abs. 9 EStG
• arm's length Regelungen (Art. 9, Art. 11 Abs. 6 und Art. 12 Abs. 4 OECD-MA)	• arm's length Regelungen (vEL, vGA, § 1 AStG)
• einengende Begriffsbestimmungen oder Regelungen (z. B. in Art. 10, 11, 12 und 17 Abs. 2 OECD-MA)[114]	• §§ 7 ff. AStG (Hinzurechnungsbesteuerung)[115]

---

[105] Vgl. hierzu auch *Vogel/Lehner* Art. 25 Rdnr. 4 und Rdnr. 220.
[106] Einzelheiten zum Verständigungsverfahren nach Art. 25 Abs. 1/Abs. 2 OECD-MA und zur EU-Schiedskonvention s. § 32 I.9.b).
[107] S. *Vogel/Lehner* DBA Art. 1 Rdnr. 89.
[108] Dieser weite und weitgehend neutrale Begriff des „Treaty Shopping" findet sich auch bei *Vogel/Lehner* DBA Art. 1 Rdnr. 100. Vgl. auch *Vogel/Lehner* DBA Art. 1 Rdnr. 109. S. ferner *Wassermeyer* in Debatin/Wassermeyer MA Vor Art 1 Rdnr. 65.
[109] S. hierzu im Einzelnen *Wassermeyer* in Debatin/Wassermeyer MA Vor Art 1 Rdnr. 68; *Vogel/Lehner* DBA Art. 1 Rdnr. 123; *Wassermeyer*, IStR 2000, S. 505 (505 f.).
[110] Vgl. auch *Schaumburg*, a. a. O., Rdnr. 16.149.
[111] Vgl. hierzu auch *Jacobs*, a. a. O., 1. Teil 5. Kap. B.
[112] Zu Aktiv- oder Aktivitätsklauseln s. die *Kommentierung* in Art. 1 Ziff. 17., Ziff. 18. und Ziff. 21. lit. b) MA-K. Vgl. auch *Vogel/Lehner* DBA Art. 1 Rdnr. 102 und Art. 23 Rdnr. 74 ff.
[113] Subject-to-Tax-Klauseln sind vom OECD-Musterabkommen, trotz des von Art. 23 A Abs. 1 OECD-MA vorgesehenen Verbots der sog. virtuellen Doppelbesteuerung ausdrücklich vorgesehen. S. die *Kommentierung* in Art. 23 Ziff. 17., Ziff. 18. und Ziff. 35. MA-K.
[114] Vgl. hierzu die *Kommentierung* in Art. 1 Ziff. 10. MA-K.
[115] Vgl. hierzu die *Kommentierung* in Art. 1 Ziff. 9. MA-K.

DBA-Recht	Innerstaatliches Recht
• sog. Transparenzklauseln, Ausschlussklauseln oder Durchlaufklauseln, bona-fide-Klauseln, Steuerbetragsklauseln, Börsenklauseln oder substance-over-form-Klauseln zur Saktionierung von sog. Basis- und Durchlaufgesellschaften[116]	• §§ 2 ff. AStG[117]
• Umqualifizierungsklauseln zur Vermeidung der Doppelfreistellung (sog. Nullbesteuerung)[118]	

68   Das **OECD-Musterabkommen** selbst enthält nur in Ansätzen Anti-Treaty-Shopping-Regeln. Zu diesen Regeln gehören etwa die **arm's length Regelungen** (Art. 9, Art. 11 Abs. 6 und Art. 12 Abs. 4 OECD-MA), die **einengenden Begriffsbestimmungen** wie zum Beispiel „Nutzungsberechtigter" in Art. 10, 11, 12 OECD-MA oder die einengende Regelung für Künstlergesellschaften in Art. 17 Abs. 2 OECD-MA.[119] Daneben enthalten moderne deutsche DBA heutzutage vor allem sog. **Transparenzklauseln, Ausschlussklauseln** oder **Durchlaufklauseln, Bona-Fide-Klauseln, Steuerbetragsklauseln, Börsenklauseln** oder **Substance-over-Form-Klauseln**.[120] Das Gleiche gilt für **Aktiv-** oder **Aktivitätsklauseln** oder **Rückfallklauseln, Subject-to-Tax-Klauseln, Remittance-Base-Klauseln** und **Switch-over-Klauseln**,[121] die Gegenstand von zahlreichen deutschen Doppelbesteuerungsabkommen sind, allerdings im OECD-Musterabkommen selbst nicht enthalten sind. Sog. **Umqualifizierungsklauseln** sind im Grunde Begriffsbestimmungen und haben das Ziel, bestimmte Begriffe oder Rechtsinstitute auf der Ebene des DBA-Rechts so zu definieren, dass eine Doppelbefreiung vermieden wird. Im **innerstaatlichen deutschen Steuerrecht** gehören zu den Anti-Treaty-Shopping-Regeln vor allem **§ 42 Abs. 1 AO** und **§ 50 d Abs. 3 EStG**.

69   **c) Einkünfte aus Unternehmensgewinnen, Art. 7 OECD-MA. aa) Grundsatz der Besteuerung.** Nach der Zuordnungsnorm des Art. 7 Abs. 1 Satz 1 1. Halbsatz OECD-MA liegt für Einkünfte aus Unternehmensgewinnen das **(alleinige und endgültige) Besteuerungsrecht beim Ansässigkeitsstaat** (s. die Formulierung „können nur"), es sei denn das betreffende Unternehmen übt seine Tätigkeit im Quellenstaat durch eine dort belegene **Betriebsstätte** aus (s. Art. 7 Abs. 1 Satz 1 2. Halbsatz OECD-MA). Übt das Unternehmen seine Tätigkeit im Quellenstaat durch eine solche Betriebsstätte aus, dann liegt nach Art. 7 Abs. 1 Satz 2 OECD-MA das (nicht abschließend geregelte) **Besteuerungsrecht beim Quellenstaat**. Wegen der Formulierung „können" lässt Art. 7 Abs. 1 Satz 2 OECD-MA offen, ob und gegebenenfalls wie eine Besteuerung im Ansässigkeitsstaat erfolgt. Die Methodenartikel in allen deutschen Doppelbesteuerungsabkommen sehen hier die **Freistellungsmethode** vor.[122]

---

[116] Vgl. hierzu die *Kommentierung* in Art. 1 Ziff. 13., Ziff. 14.–Ziff. 16. MA-K sowie Ziff. 19.–Ziff. 22. MA-K.

[117] Vgl. hierzu die *Kommentierung* in Art. 1 Ziff. 9. MA-K.

[118] Man spricht hier auch von „weißen Einkünften". Vgl. *Petereit*, IStR 2003, S. 577 (580).

[119] Vgl. hierzu die *Kommentierung* in Art. 1 Ziff. 10. MA-K.

[120] Vgl. hierzu die *Kommentierung* in Art. 1 Ziff. 13., Ziff. 14.–Ziff. 16. sowie Ziff. 19.–Ziff. 22. MA-K.

[121] Eine anschauliche Darstellung zu Rückfallklauseln, Subject-to-Tax-Klauseln, Remittance-Base-Klauseln und Switch-over-Klauseln enthält die *Verfügung der OFD Düsseldorf* betr. Ertragsteuerliche Auswirkungen der sog. Rückfallklauseln in einigen Doppelbesteuerungsabkommen vom 18. 7. 2005, abgedruckt in Praktiker-Handbuch 2011 Außensteuerrecht, Band II, S. 807 ff. Vgl. auch *Wassermeyer* in Debatin/Wassermeyer MA Art. 23 A Rdnr. 46 m. w. N.; *Vogel/Lehner* DBA Art. 1 Rdnr. 102, Vor Art. 6–22 Rdnr. 19 f. und Rdnr. 31 ff.

[122] S. die Abkommensübersicht bei *Vogel/Lehner* Art. 23 Rdnr. 16 ff. m. w. N.

Die Unternehmensgewinne nach Art. 7 OECD-MA sind neben den Einkünften aus Dividenden nach Art. 10 OECD-MA die wichtigste Einkunftsart im Recht der Doppelbesteuerungsabkommen und haben damit neben den Einkünften aus Dividenden die *größte Praxisrelevanz*.[123] Eine **Definition** für „Unternehmensgewinne" enthält das OECD-Musterabkommen nicht. Damit bestimmt sich der Begriff „Gewinn eines Unternehmens" nach dem jeweiligen **innerstaatlichen Recht**.[124] Nach dem deutschen Recht gehören zu den Unternehmensgewinnen die Einkünfte aus Gewerbebetrieb im Sinne von § 15 EStG. Eine Definition für **„Betriebsstätte"** im Sinne des DBA-Rechts enthält Art. 5 OECD-MA.

In systematischer Sicht werden die Art. 7, Art. 8 und Art. 9 OECD-MA in einem Zusammenhang gesehen.[125] Innerhalb der Zuordnungsartikel für Unternehmensgewinne bildet Art. 7 Abs. 1 OECD-MA die **Grundregel** und ist der Zuordnungsartikel für **(allgemeine) Unternehmensgewinne**. Ein weiterer Zuordnungsartikel für **(besondere) Unternehmensgewinne** aus dem Betrieb von Seeschiffen, Binnenschiffen und Luftfahrzeugen ist **Art. 8 Abs. 1 OECD-MA**. Nach Art. 7 Abs. 7 OECD-MA ist unter anderem Art. 8 OECD-MA **lex specialis** zu Art. 7 Abs. 1 OECD-MA. Gehören zu den Gewinnen eines Unternehmens **Einkünfte nach anderen Zuordnungsartikeln** eines Doppelbesteuerungsabkommens (z.B. Einkünfte aus unbeweglichem Vermögen nach Art. 6 OECD-MA, Einkünfte aus Dividenden nach Art. 10 OECD-MA, Einkünfte aus Zinsen nach Art. 11 OECD-MA oder Einkünfte aus Lizenzgebühren nach Art. 12 OECD-MA), so sind nach Art. 7 Abs. 7 OECD-MA auch diese Zuordnungsartikel **lex specialis** zu Art 7 OECD-MA. Insofern ist die Systematik anders als im deutschen Steuerrecht, wonach für alle betrieblichen Einkünfte § 15 EStG oder § 8 Abs. 1 KStG i.V.m. § 15 EStG gilt. Diese Systematik des OECD-Musterabkommens gilt wegen des sog. **Betriebsstättenvorbehalts** allerdings nicht für Einkünfte aus Dividenden nach Art. 10 OECD-MA, für Einkünfte aus Zinsen nach Art. 11 OECD-MA oder für Einkünfte aus Lizenzgebühren nach Art. 12 OECD-MA aus einem Vertragsstaat, die zum Betriebsvermögen eines Unternehmens gehören, welches in diesem Vertragsstaat eine Betriebsstätte hat.

Art. 7 Abs. 1 OECD-MA enthält **zwei wichtige Grundsätze**: das **„Betriebsstättenprinzip"** und den Grundsatz **„kein Attraktionsprinzip"**.[126]

Systematik I der Besteuerung von Unternehmensgewinnen nach Art. 7 OECD-MA i.V.m. dem Methodenartikel (in der Beteiligungskombination Kapitalgesellschaft/Personengesellschaft bzw. Betriebsstätte) **Schaubild § 32-4**

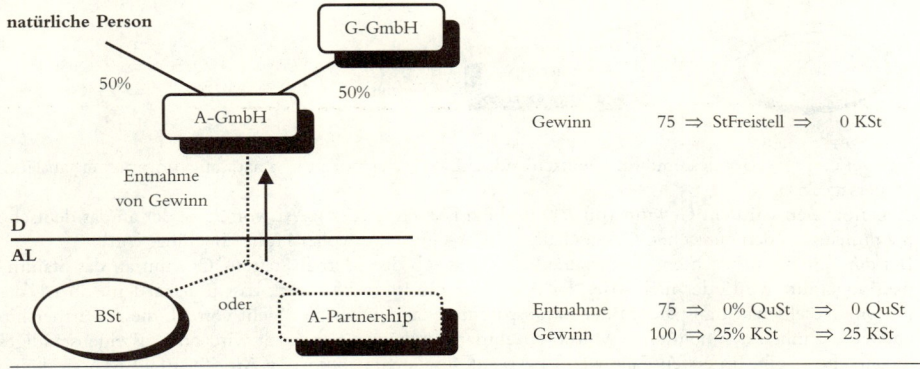

---

[123] Vgl. auch *Vogel/Lehner* DBA Art. 7 Rdnr. 2.
[124] Vgl. etwa *Wassermeyer* in Debatin/Wassermeyer MA Art. 7 Rdnr. 15 ff. und *Vogel/Lehner* DBA Art. 7 Rdnr. 21 m.w.N.
[125] Vgl. etwa *Wassermeyer* in Debatin/Wassermeyer MA Art. 7 Rdnr. 1, Art. 8 Rdnr. 2 und Art. 9 Rdnr. 2 sowie etwa *Vogel/Lehner* DBA Art. 7 Rdnr. 7, Art. 8 Rdnr. 8 und Art. 9 Rdnr. 6.
[126] So auch die *Kommentierung* in Art. 7 Ziff. 3. und Ziff. 5. MA-K. Teilweise verwendet man auch den Begriff „kein Attraktivitätsprinzip". Vgl. etwa *Vogel/Lehner* DBA Art. 7 Rdnr. 3 und Rdnr. 15.

Hinweise: D = Bundesrepublik Deutschland; AL = Ausland/ausl. Staat; angenommener ausländ. Steuersatz 25%.

Angenommen wird ein Gewinn von 100 und ein ESt-/KSt-Satz in AL von 25%, der an das deutsche Stammhaus/an den deutschen Gesellschafter, die A-GmbH, in voller Höhe abgeführt wird.

Bei der BSt ist zu beachten, dass es unerheblich ist, ob der (Betriebsstätten-)Gewinn an das Stammhaus abgeführt wird oder nicht. Bei der A-Partnership ist zu beachten, dass je nach dem, ob AL die Personengesellschaft transparent oder intransparent behandelt, aus der Sicht von AL die A-Partnership entweder ähnlich den deutschen Mitunternehmergrundsätzen behandelt wird oder als eigenständiges Steuersubjekt gilt. Im ersten Falle wendet AL auf die Gewinnabführung Art. 7 OECD-MA an (keine Quellenbesteuerung). Im letzteren Falle wendet AL auf die Gewinnabführung Art. 10 Abs. 2 OECD-MA an und erhebt (wenn das innerstaatliche Recht von AL dies vorsieht) Quellensteuer, beschränkt allerdings auf den in Art. 10 Abs. 2 OECD-MA genannten reduzierten Steuersatz.

Soweit diese Gewinne an die hinter der A-GmbH stehenden Gesellschafter (weiter-)ausgeschüttet werden sollen, gilt Folgendes:

Bei der Gewinnausschüttung an die natürliche Person G ist das Ende der Beteiligungskette erreicht. Diese Gewinnausschüttung unterliegt der Abgeltungsteuer nach §§ 2 Abs. 5b, 43 Abs. 1, Abs. 5 EStG oder dem Teileinkünfteverfahren nach § 3 Nr. 40 lit. a) EStG. Es kommt (bei G) noch einmal zu einer (ermäßigten) Besteuerung auf der Ebene dieses Gesellschafters (sog. Nachbelastung). Bei der Gewinnausschüttung an die G-GmbH ist das Ende der Beteiligungskette noch nicht erreicht. Diese Gewinnausschüttung ist nach § 8b Abs. 1 KStG steuerfrei, wegen § 8b Abs. 5 KStG allerdings nur i. H. v. 95%.

Systematik II der Besteuerung von Unternehmensgewinnen nach Art. 7 OECD-MA i. V. m. dem Methodenartikel (in der Beteiligungskombination Personengesellschaft/Personengesellschaft bzw. Betriebsstätte) **Schaubild § 32-5**

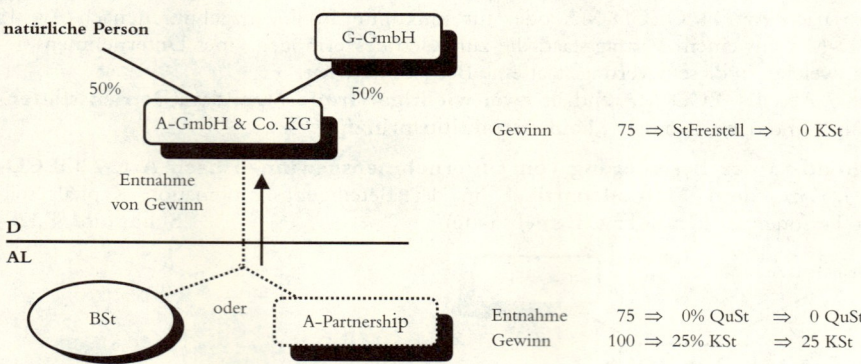

Hinweise: D = Bundesrepublik Deutschland; AL = Ausland/ausl. Staat; angenommener ausländ. Steuersatz 25%.

Angenommen wird ein Gewinn von 100 und ein ESt-/KSt-Satz in AL von 25%, der an das deutsche Stammhaus/an den deutschen Gesellschafter, die A-GmbH, in voller Höhe abgeführt wird.

Bei der BSt ist zu beachten, dass es unerheblich ist, ob der (Betriebsstätten-)Gewinn an das Stammhaus abgeführt wird oder nicht. Bei der A-Partnership ist zu beachten, dass je nach dem, ob AL die Personengesellschaft transparent oder intransparent behandelt, aus der Sicht von AL die A-Partnership entweder ähnlich den deutschen Mitunternehmergrundsätzen behandelt wird oder als eigenständiges Steuersubjekt gilt. Im ersten Falle wendet AL auf die Gewinnabführung Art. 7 OECD-MA an (keine Quellenbesteuerung). Im letzteren Falle wendet AL auf die Gewinnabführung Art. 10 Abs. 2 OECD-MA an und erhebt (wenn das innerstaatliche Recht von AL dies vorsieht) Quellensteuer, beschränkt allerdings auf den in Art. 10 Abs. 2 OECD-MA genannten reduzierten Steuersatz.

Im Hinblick auf die hinter der A-GmbH & Co. KG stehenden Gesellschafter gilt Folgendes:

Die A-GmbH & Co. KG ist einkommensteuerrechtlich eine Mitunternehmerschaft nach § 15 Abs. 1 Nr. 2 EStG. Für die Zwecke der Einkommensteuer ist nicht die (Personen-)Gesellschaft Steuersubjekt, sondern Steuersubjekt sind die einzelnen (dahinter stehenden) Gesellschafter. Damit erfolgt die Gewinnzurechnung (unabhängig davon, ob Gewinne an die Gesellschafter abgeführt worden sind oder nicht) aus der ausländischen Betriebsstätte oder Personengesellschaft unmittelbar bei den Gesellschaftern der A-GmbH & Co. KG. Eine in AL gewährte Steuerfreistellung ist endgültig und gilt nicht nur für die Ebene der empfangenden Gesellschaft.

bb) Betriebsstättenprinzip. Das Betriebsstättenprinzip ist in Art. 7 Abs. 1 Satz 1 2. Halbsatz OECD-MA niedergelegt und ist ein Unterfall des Quellen- oder Belegenheitsprinzips. Wie bereits ausgeführt, folgt Art. 7 OECD-MA zumindest im Ausgangspunkt und vom Wortlaut her dem **Ansässigkeitsprinzip**, es sei denn das betreffende Unternehmen übt seine Tätigkeit im Quellenstaat „durch eine dort belegene Betriebsstätte aus". In der *Praxis* grenzüberschreitender Investitions- und sonstiger Wirtschaftstätigkeiten von deutschen Unternehmen überwiegen aus den genannten Gründen **Betriebsstättenfälle**. In diesen Fälle liegt nach Art. 7 Abs. 1 Satz 1 2. Halbsatz OECD-MA das Besteuerungsrecht beim Quellenstaat.

In diesem Zusammenhang ist für die *Gestaltungspraxis* noch der **folgende Aspekt** zu beachten. Wie bereits ausgeführt, hat naturgemäß jeder Staat ein Interesse daran, sein Besteuerungsrecht weit auszudehnen. Deshalb neigt der Belegenheits- oder Quellenstaat dazu, entsprechende Anknüpfungsmerkmale wie etwa „Ort der Leitung", „Geschäftsstelle" oder „Werkstätte" im Sinne von Art. 5 Abs. 2 lit. a), lit. c) oder lit. e) OECD-MA weit auszulegen, mit der Folge, dass er das Vorliegen einer Betriebsstätte oftmals eher bejaht als der Ansässigkeitsstaat, der naturgemäß umgekehrt dazu neigt, diese Anknüpfungsmerkmale enger auszulegen, um so sein Besteuerungsrecht zu behalten. In nicht seltenen Fällen bejahen in diesen Fällen beide Vertragsstaaten ein ihnen zustehendes Besteuerungsrecht; es kommt dann zu einer **Doppelbesteuerung**. Bei der Gestaltung von grenzüberschreitenden Investitions- und sonstigen Wirtschaftstätigkeiten von deutschen Unternehmen sollte deshalb darauf geachtet werden, die Verhältnisse klar und deutlich zu gestalten. Will man (relativ klar und deutlich) das Besteuerungsrecht beim Ansässigkeitsstaat belassen, so sollten bereits Einrichtungen im Sinne von Art. 5 Abs. 4 OECD-MA vermieden werden. In der *Praxis* schafft man allerdings eher **klare Verhältnisse** in die umgekehrte Richtung, nämlich in Richtung Betriebsstätte, in dem man nämlich bewusst bestimmte Einrichtungen im Sinne von Art. 5 Abs. 2 OECD-MA errichtet und diese entsprechend organisatorisch und personell ausstattet.

cc) Attraktions- oder Attraktivitätsprinzip. Der zweite genannte Grundsatz heißt „kein Attraktionsprinzip"[127] oder „keine Attraktionskraft der Betriebsstätte" und ist in Art. 7 Abs. 1 Satz 2 2. Halbsatz OECD-MA geregelt.[128] Dieser Grundsatz geht davon aus, dass der Quellen- oder Betriebsstättenstaat das Besteuerungsrecht hat, wenn das betreffende Unternehmen seine Tätigkeit im Quellenstaat durch eine dort belegene Betriebsstätte ausübt, jedoch nur insoweit, als dass Gewinne dieses Unternehmens der **Betriebsstätte zugerechnet** werden können.[129] Das heißt, dass das Besteuerungsrecht des Quellenstaats sich nicht auf Gewinne erstreckt, welche das Unternehmen in diesem Quellen- oder Betriebsstättenstaat außerhalb dieser Betriebsstätte oder auf andere Weise als durch diese Betriebsstätte erzielt, also **keine Attraktionskraft der Betriebsstätte** für alle Arten von Einkünften dieses Unternehmens gegeben sein soll. Art. 7 Abs. 1 Satz 2 OECD-MA enthält mit dieser Regelung ein **Zurechnungsprinzip**. In der *Praxis* bereitet die Anwendung des Zurechnungsprinzips teilweise große **Unsicherheit**, da verschiedene Staaten dieses Prinzip in unterschiedlicher Weise anwenden.

---

[127] Diesen Begriff verwendet auch die *Kommentierung* in Art. 7 Ziff. 5. MA-K. Vgl. auch *Vogel/Lehner* DBA Art. 7 Rdnr. 15 und Rdnr. 65 ff. sowie *Wassermeyer* in Debatin/Wassermeyer MA Art. 7 Rdnr. 184.

[128] S. auch die *Kommentierung* in Art. 7 Ziff. 5. MA-K. Teilweise verwendet man auch den Begriff „kein Attraktivitätsprinzip". Vgl. etwa *Vogel/Lehner* DBA Art. 7 Rdnr. 15.

[129] Zum Grundsatz „kein Attraktionsprinzip" oder „keine Attraktionskraft der Betriebsstätte" werden von den einzelnen Mitgliedsstaaten teilweise *kontroverse Auffassungen* vertreten. So auch ausdrücklich die *Kommentierung* in Art. 7 Ziff. 10. ff. MA-K und die *Kommentierung* in Art. 10 Ziff. 31. MA-K im Zusammenhang mit dem Betriebsstättenvorbehalt bei der Besteuerung von Dividenden.

76 dd) **Betriebsstättenergebnisermittlung. Ausgangspunkt** für die Betriebsstättenergebnisermittlung, nämlich die Ermittlung und Aufteilung von Betriebsstättengewinnen und Betriebsstättenaufwendungen, ist Art. 7 Abs. 1 OECD-MA. Wie Gewinne und Verluste der ausländischen Betriebsstätte zuzurechnen sind, regeln Art. 7 Abs. 2–Abs. 6 OECD-MA. Innerhalb dieser Abs. 2–Abs. 6 gilt **Abs. 2** als die **Grundregel** für die Gewinnzurechnung bei Betriebsstätten.[130] Art. 7 Abs. 2 OECD-MA folgt mit dieser Regelung dem **Grundsatz des Fremdvergleichs** (arm's length-Prinzip).[131] Der Fremdvergleich erfolgt auf der Grundlage einer **Hypothese**, wonach die Betriebsstätte im Verhältnis zum Stammhaus wie ein selbständiges Unternehmen angesehen wird (sog. **hypothetische Selbständigkeit** der Betriebsstätte). Diese Grundregel wird ergänzt um die **Grundregel für die Aufteilung von Aufwendungen** in Art. 7 Abs. 3 OECD-MA. Art. 7 Abs. 2 und Abs. 3 OECD-MA bilden somit eine **systematische Einheit**.[132]

77 *Umstritten* ist das Merkmal der **hypothetischen Selbständigkeit**. Aus der Sicht der *Finanzverwaltung* ist hypothetische Selbständigkeit eingeschränkt zu sehen (sog. **Theorie der eingeschränkten (hypothetischen) Selbständigkeit**). Danach ist der Wortlaut von Art. 7 Abs. 2 OECD-MA wertend auszulegen, mit der Folge, dass zwischen dem Stammhaus und der Betriebsstätte vereinbarte Vergütungen für innerbetriebliche Dienstleistungen steuerlich nicht anerkannt werden.[133] Der Theorie der eingeschränkten (hypothetischen) Selbständigkeit folgt auch der *Bundesfinanzhof*, wohingegen die deutsche *Finanzverwaltung* diese Theorie wiederum nicht ausnahmslos anwendet.[134] Die von der deutschen *Finanzverwaltung* angewandten Grundsätze zur Aufteilung der Einkünfte und der Aufwendungen zwischen Stammhaus und Betriebsstätte sind seit dem 1. 1. 2000 ausführlich geregelt in den TZ 2.1–TZ 2.5.2 und in den TZ 3–TZ 3.4.2 BStE.

78 Für die Betriebsstättenergebnisermittlung sieht Art. 7 OECD-MA grundsätzlich **zwei Aufteilungsmethoden** vor, die **direkte Methode** (separate accounting) und die **indirekte Methode** (fractional apportionment). Daneben kennt die *Praxis* noch die **gemischte Methode**. Vorrangig erfolgt die Betriebsstättenergebnisermittlung nach Art. 7 Abs. 2 und Abs. 3 OECD-MA auf der Basis der **direkten Methode**.[135] Die direkte Methode gilt damit auch als die **Normalmethode**.[136] **Grundlage** für die direkte Methode ist eine eigenständige (Betriebsstätten-)**Buchhaltung**, über die ein ordnungsgemäß geführtes Unternehmen unabhängig von rechtlichen Erfordernissen in den jeweiligen Staaten schon deshalb verfügt, um über die wirtschaftliche Lage seiner verschiedenen Zweigniederlassungen unterrichtet zu sein.[137] Im Gegensatz zur direkten Methode ist die **indirekte Methode** die **Ausnahme**.[138]

79 ee) **Gewinnanteile aus atypisch stillen Beteiligungen.** Eine Regelung zu Gewinnanteilen aus atypisch stillen Beteiligungen nach den Doppelbesteuerungsabkommen enthält das *BMF-Schreiben* betr. Gewinnanteile aus atypisch stillen Beteiligungen nach den Doppelbesteuerungsabkommen vom 28. 12. 1999.[139] Danach stellen Gewinnanteile aus atypischen

---

[130] So ausdrücklich die *Kommentierung* in Art. 7 Ziff. 11. MA-K.
[131] Vgl. hierzu etwa *Wassermeyer* in Debatin/Wassermeyer MA Art. 7 Rdnr. 184 und Rdnr. 186.
[132] Vgl. hierzu auch die *Kommentierung* in Art. 7 Ziff. 17. MA-K. Weitere Einzelheiten hierzu s. TZ 2.7 und TZ 4.4.4. BStE.
[133] So ausdrücklich auch TZ 2.2 BStE.
[134] S. TZ 2.2 BStE.
[135] S. hierzu etwa *FG Berlin* vom 11. 1. 2000, IStR 1999, S. 688 (690 f.) m. w. N. Zum Verhältnis zwischen direkter und indirekter Methode s. auch *Hensel*, IStR 1999, S. 692 (692); *Vogel/Lehner* DBA Art. 7 Rdnr. 101 m. w. N.; *Wassermeyer* in Debatin/Wassermeyer MA Art. 7 Rdnr. 189 f.
[136] Vgl. etwa *Vogel/Lehner* DBA Art. 7 Rdnr. 101.
[137] So für das deutsche Recht nunmehr ausdrücklich TZ 2.3.1 BStE. So ausdrücklich auch die *Kommentierung* in Art. 7 Ziff. 12. MA-K. Einzelheiten hierzu s. auch sowie *Wassermeyer* in Debatin/Wassermeyer MA Art. 7 Rdnr. 207 ff.
[138] Zur Zulässigkeit der indirekten Methode vgl. auch die *Kommentierung* in Art. 7 Ziff. 25 ff. MA-K.
[139] *BMF-Schreiben* betr. Gewinnanteile aus atypisch stillen Beteiligungen nach den Doppelbesteuerungsabkommen vom 28. 12. 1999, BStBl. 1999 II S. 1121 = Praktiker-Handbuch 2011 Außensteu-

stillen Beteiligungen nach § 15 Abs. 1 Satz 1 Nr. 2 EStG Einkünfte aus Gewerbebetrieb dar. Es sind – auch dann, wenn Doppelbesteuerungsabkommen Gewinnanteile aus atypischen stillen Beteiligungen nicht ausdrücklich den Unternehmensgewinnen zuordnen – die Abkommensbestimmungen über Unternehmensgewinne anzuwenden.[140] **Qualifiziert** der ausländische Vertragsstaat diese Einkünfte als Einkünfte aus Dividenden, Einkünfte aus Zinsen oder andere Einkünfte im Sinne des gegebenen Doppelbesteuerungsabkommens mit der Folge, dass dieser Vertragsstaat diese Einkünfte nicht oder nicht in vollem Umfang besteuert, so sind diese Einkünfte nicht von der deutschen Besteuerung auszunehmen (es kommt also nicht zu einem Fall der sog. **Null-Besteuerung**), sondern es findet eine Besteuerung im Inland statt, allerdings mit der Maßgabe der **Anrechnung** einer etwaigen ausländischen Quellensteuer auf die deutschen Steuern.[141] Diese Grundsätze gelten nicht für die **typisch stille Gesellschaft** und auch nicht für **partiarische Darlehen**.[142] Einkünfte aus typisch stillen Beteiligungen werden in deutschen Doppelbesteuerungsabkommen in der Regel den Einkünften aus **Dividenden** (Art. 10 OECD-MA) gleichgestellt. Soweit deutsche Doppelbesteuerungsabkommen eine solche Regelung nicht enthalten, gelten solche Einkünfte als **Zinsen** (Art. 11 OECD-MA).[143]

d) Einkünfte aus Dividenden, Art. 10 OECD-MA. aa) Grundsätze der Besteuerung. Der Gegenstand von Art. 10 OECD-MA ist die Besteuerung von Einkünften aus Dividenden. Im Grundsatz liegt das **Besteuerungsrecht beim Ansässigkeitsstaat**, denn nach der Regelung von Art. 10 Abs. 1 OECD-MA können Einkünfte aus Dividenden von einer im Quellenstaat ansässigen Gesellschaft in dem Vertragsstaat, in dem der Empfänger ansässig ist (Ansässigkeitsstaat) besteuert werden. Der Ansässigkeitsstaat hat entgegen der sonstigen Systematik der Zuordnungsartikel im OECD-Musterabkommen ausnahmsweise aber nicht das alleinige Besteuerungsrecht (s. die Formulierung „**können**"), weil Art. 10 Abs. 2 OECD-MA, dem Quellenstaat noch ein (zusätzliches) **beschränktes Quellenbesteuerungsrecht** einräumt.[144]

Deutsche Doppelbesteuerungsabkommen sehen für Einkünfte aus Dividenden allerdings im Methodenartikel die **Freistellungsmethode** (für **Schachteldividenden**)[145] oder die **Anrechnungsmethode** (für **Nicht-Schachteldividenden**) vor. Im Falle der Freistellungsmethode werden Dividenden dann weder im Quellen- oder Belegenheitsstaat noch in der Bundesrepublik Deutschland als Ansässigkeitsstaat besteuert (abgesehen von dem beschränkten Quellenbesteuerungsrecht des Quellen- oder Belegenheitsstaats). Durch diese

---

errecht, Band II, S. 619. Vgl. hierzu auch *Vogel/Lehner* DBA Art. 7 Rdnr. 56; *Schnieder*, IStR 1999, S. 392 ff.

[140] S. Ziff. 1. *BMF-Schreiben* betr. Gewinnanteile aus atypisch stillen Beteiligungen nach den Doppelbesteuerungsabkommen vom 28. 12. 1999.

[141] S. Ziff. 2. *BMF-Schreiben* betr. Gewinnanteile aus atypisch stillen Beteiligungen nach den Doppelbesteuerungsabkommen vom 28. 12. 1999. An dieser Stelle ordnet das BMF-Schreiben die Nichtanwendung des *BFH-Urteils* vom 21. 7. 1999, BStBl. 1999 II S. 812 ff. an.

[142] Einzelheiten zu typisch stillen Gesellschaften und zu partiarischen Darlehen s. § 32 I.6.e).

[143] Einzelheiten hierzu s. § 32 I.6.e). S. auch Ziff. 1. *BMF-Schreiben* betr. Gewinnanteile aus atypisch stillen Beteiligungen nach den Doppelbesteuerungsabkommen vom 28. 12. 1999.

[144] S. hierzu auch die *Kommentierung in* Art. 10 Ziff. 4., Ziff. 5. und Ziff. 6. MA-K. Bereits an dieser Stelle sei darauf hingewiesen, dass dieses beschränkte (Quellen-)Besteuerungsrecht nicht gilt im Verhältnis von EU-Mutter-Tochter-Kapitalgesellschaften. (2) Bei der Besteuerung von Einkünften aus Dividenden gibt es noch eine zweite Ausnahmeregelung. Diese Ausnahmeregelung betrifft den Methodenartikel. Nach den Methodenartikeln in allen deutschen Doppelbesteuerungsabkommen gilt die Freistellungsmethode auch für Einkünfte aus Dividenden (sofern diese sog. Schachteldividenden sind), d. h. auch Einkünfte aus (Schachtel-)Dividenden werden von der Besteuerung im Inland ausgenommen. Eine Ausnahme hiervon kann sich allerdings wiederum aus einer Aktivitätsklausel ergeben.

[145] Einzelheiten hierzu s. noch in § 32 I.8.d)dd) unter „Schachtelbeteiligungen, das Schachtelprivileg". Der Begriff „Schachteldividenden" ist kein vom OECD-Musterabkommen definierter oder in sonstiger Weise verwendeter Begriff, sondern ist ein Begriff der *Praxis*. Vgl. etwa *Vogel/Lehner* DBA Art. 10 Rdnr. 7, Rdnr. 37, Rdnr. 52 sowie Rdnr. 70 ff.

Handhabung entstehen aber bei wirtschaftlicher Betrachtungsweise **keine weißen Einkünfte**, sondern es wird auf diese Weise die **wirtschaftliche Doppelbesteuerung** von Dividendeneinkünften vermieden.[146]

Systematik der Besteuerung von Dividenden nach Art. 10 OECD-MA i. V. m. dem Methodenartikel (in der Beteiligungskombination Kapitalgesellschaft/Kapitalgesellschaft) **Schaubild § 32-6**

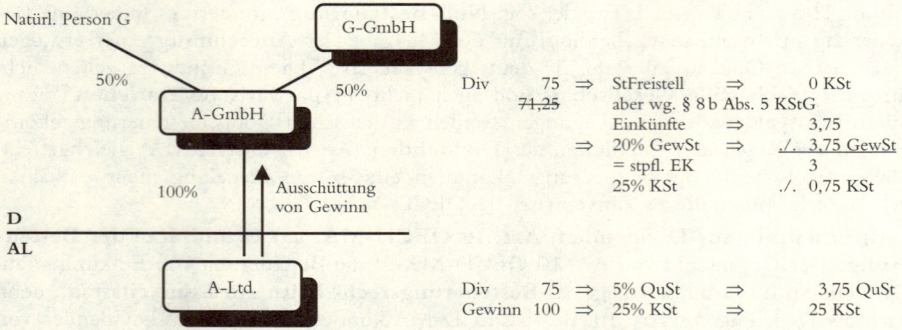

Hinweise: D = Bundesrepublik Deutschland; AL = Ausland/ausl. Staat; angenommener ausländ. KSt-Satz 25%. Die GewSt beträgt 20%.

Aus Vereinfachungsgründen wird von folgenden Prämissen ausgegangen: Der Gewinn der A-Ltd. beträgt im Wirtschaftsjahr 01 100 Einheiten. Es findet einer Vollausschüttung an den deutschen Gesellschafter, die A-GmbH, statt.

Soweit diese Gewinne an die hinter der A-GmbH stehenden Gesellschafter „(weiter-)ausgeschüttet" werden sollen, gilt das zu Schaubild § 33-4 Ausgeführte entsprechend.

82   Art. 10 OECD-MA enthält mit den Regelungen in Abs. 1 und Abs. 2 Sonderregelungen, die zu Art. 7 OECD-MA grundsätzlich **lex specialis** und damit vorrangig sind.[147] Dieser Vorrang gilt allerdings dann nicht, wenn der Empfänger der Dividenden im Quellenstaat (d.h. in dem anderen Vertragsstaat, in dem die Gesellschaft ihren Sitz hat) „eine Geschäftstätigkeit durch eine dort gelegene Betriebsstätte ausübt und die Beteiligung, für die die Dividenden gezahlt werden, tatsächlich zu dieser Betriebsstätte gehören. In diesem Fall ist Art. 7 OECD-MA anzuwenden" (sog. **Betriebsstättenvorbehalt**). Um das Verhältnis von Art. 10 OECD-MA zu Art. 7 OECD-MA richtig zu verstehen, muss man sich vergegenwärtigen, dass der Gesellschafter einer Kapitalgesellschaft kein Mitunternehmer ist und die Gewinne der Gesellschaft nicht seine eigenen Gewinne sind, wohingegen die Gewinne einer Personengesellschaft Gewinne der Gesellschafter aus ihrer eige-

---

[146] Rechtliche Doppelbesteuerung und wirtschaftliche Doppelbesteuerung sind voneinander abzugrenzen. Würde die Bundesrepublik Deutschland als Ansässigkeitsstaat entsprechend der Zuordnung von Art. 10 OECD-MA von seinem Besteuerungsrecht Gebrauch machen, so würden die Dividenden in (formal-)rechtlicher Hinsicht (unter Außerachtlassung des beschränkten Quellenbesteuerungsrechts des Quellenstaats) zum ersten Mal besteuert werden. Tatsächlich repräsentieren Dividenden in wirtschaftlicher Hinsicht nur die Unternehmensgewinne des Unternehmens im Quellenstaat. Würde nun der Ansässigkeitsstaat von seinem Besteuerungsrecht Gebrauch machen, würden die Unternehmensgewinne des Unternehmens bei wirtschaftlicher Betrachtungsweise im Ansässigkeitsstaat noch einmal über die Dividendenbesteuerung besteuert werden. Um dies zu vermeiden wendet die Bundesrepublik Deutschland als Ansässigkeitsstaat hier, obwohl ihr das Besteuerungsrecht ausdrücklich nach Art. 10 Abs. 1 OECD-MA zugewiesen ist, auf Dividenden die Freistellungsmethode an, vorausgesetzt allerdings, dass eine Schachtelbeteiligung bzw. Schachteldividenden vorliegen.

[147] Vgl. etwa *Vogel/Lehner* DBA Art. 10 Rdnr. 8.

nen Tätigkeit als Mitunternehmer darstellen, die bei ihnen Einkünfte aus Gewerbebetrieb sind.

Art. 10 Abs. 3 OECD-MA enthält eine **Definition** des Begriffs „**Dividenden**". Danach sind Dividenden „Einkünfte aus Aktien, Genussrechten oder Genussscheinen, Kuxen, Gründeranteilen oder anderen Rechten – ausgenommen Forderungen – mit Gewinnbeteiligungen sowie aus sonstigen Gesellschaftsanteilen stammende Einkünfte, die nach dem Recht des Staates, in dem die ausschüttende Gesellschaft ansässig ist, den Einkünften aus Aktien steuerlich gleichgestellt sind". Diese Definition ist nicht identisch (auch nicht zufällig) mit der Begriffsbestimmung von Einkünften aus Kapitalvermögen in **§ 20 Abs. 1 Nr. 1 EStG**. Der DBA-Begriff ist weiter, denn er umfasst nicht nur **Gewinnanteile** (aus Geschäftsanteilen und Aktien), sondern auch Genussrechte, Genussscheine und andere Rechte mit Gewinnbeteiligung.

Einkünfte aus der **Veräußerung von Anteilen an einer Kapitalgesellschaft** fallen nicht unter Art. 10 OECD-MA, sondern fallen unter Art. 13 Abs. 4 OECD-MA, es sei denn das jeweilige Doppelbesteuerungsabkommen trifft eine andere Regelung. Dies gilt für die volle Höhe des Veräußerungsgewinns, auch wenn ein Teil des Veräußerungsgewinns aus in der Vergangenheit **nicht ausgeschütteten Gewinnen** besteht.[148]

Der Begriff „**gezahlt**" hat eine sehr weite Bedeutung und beinhaltet nach der *Kommentierung* in Art. 10 Ziff. 7. MA-K „die Erfüllung der Verpflichtung ..... dem Aktionär auf die vertragsmäßige oder die übliche Weise Geldmittel zur Verfügung zu stellen". Der Begriff „**Geldmittel**" umfasst **alle Arten von geldwerten Vorteilen**.[149] Damit werden von Art. 10 Abs. 1 OECD-MA zum Beispiel auch **verdeckte Gewinnausschüttungen**, bei denen gerade keine Geldmittel fließen, umfasst. Aus der Sicht des deutschen Steuerrechts liegt ein „gezahlt" – nach DBA-Recht[150] – unter Umständen bereits dann vor, auch wenn die Auszahlung von Dividenden noch gar nicht erfolgt. Dies ist der Fall, wenn der beherrschende Gesellschafter einen Gewinnverteilungsbeschluss fasst, die Dividendenauszahlung aber erst im nächsten Wirtschaftsjahr erfolgen soll.[151]

bb) **Zahlung von Dividenden an eine „im anderen Vertragsstaat ansässige Gesellschaft".** Art. 10 Abs. 1 OECD-MA behandelt nur die Fälle in denen Dividenden eine „in einem Vertragsstaat **ansässige Gesellschaft**" an eine „im anderen Vertragsstaat **ansässige Person**" zahlt.

cc) **Typisch stille Beteiligung, partiarisches Darlehen.** In der *Praxis* besteht ein **Regelungsbedürfnis** für die Regelung des Besteuerungsrechts für Einkünfte aus einer (typischen) **stillen Beteiligung** oder aus einem **partiarischen Darlehen**.[152] Eine solche Regelung findet sich weder in Art. 10 OECD-MA noch in anderen Artikeln des OECD-Musterabkommens und auch die Definition in Art. 10 Abs. 3 OECD-MA umfasst solche Einkünfte nicht. Es sind **zwei Fallgruppen** zu unterscheiden:

Ein Doppelbesteuerungsabkommen enthält eigene Begriffsbestimmungen. Wegen der genannten Regelungslücke im OECD-Musterabkommen enthalten zahlreiche deutsche Doppelbesteuerungsabkommen **eigene Begriffsbestimmungen** für (typische) stille Beteiligungen oder partiarische Darlehen. Soweit Doppelbesteuerungsabkommen solche Begriffsbestimmungen enthalten, erfolgt in diesen Doppelbesteuerungsabkommen in der Regel die **folgende Zuordnung**:

---

[148] S. *Vogel/Lehner* DBA Art. 10 Rdnr. 9 m. w. N.
[149] In diesem Sinne *Vogel/Lehner* DBA Art. 10 Rdnr. 22.
[150] Nach § 11 Abs. 1 Satz 1 EStG ist ein Zufluss dagegen erst dann anzunehmen, wenn der Empfänger über die ihm zustehenden Beträge wirtschaftlich verfügen kann.
[151] S. *BFH* vom 30. 4. 1974, BStBl. 1974 II S. 541 (542). Vgl. auch *Vogel/Lehner* DBA Art. 10 Rdnr. 24.
[152] Eine Regelung zu Gewinnanteilen aus atypisch stillen Beteiligungen nach den Doppelbesteuerungsabkommen enthält das *BMF-Schreiben* betr. Gewinnanteile aus atypisch stillen Beteiligungen nach den Doppelbesteuerungsabkommen vom 28. 12. 1999. Einzelheiten hierzu s. § 32 I.6.c)ee). Diese Grundsätze gelten nicht für die typisch stille Gesellschaft.

– Den **Einkünften aus Dividenden** werden zugeordnet nur die Einkünfte aus einer **stillen Beteiligung**. In diesem Fall werden Einkünfte aus **partiarischen Darlehen** den **Einkünften aus Zinsen** zugeordnet, allerdings ohne dass die die Zinsen betreffende Zuordnungsnorm (Art. 11 OECD-MA) dies in solchen Fällen ausdrücklich anordnet.
– Den **Einkünften aus Dividenden** werden zugeordnet sowohl die Einkünfte aus einer **stillen Beteiligung** als auch die Einkünfte aus **partiarischen Darlehen**.

89 **Ein Doppelbesteuerungsabkommen enthält keine Begriffsbestimmungen.** Enthalten Doppelbesteuerungsabkommen keine solche Begriffsbestimmungen und folgt das Doppelbesteuerungsabkommen in Art. 10 Abs. 3 (für Dividenden) und in Art. 11 Abs. 3 OECD-MA (für Zinsen) dem Regelungsvorschlag des OECD-Musterabkommens, so gilt nach dem *BMF-Schreiben* betr. Behandlung von Einnahmen aus partiarischen Darlehen nach den deutschen Doppelbesteuerungsabkommen (hier: Abgrenzung zu Einnahmen aus stillen Beteiligungen) vom 16. 11. 1987[153] grundsätzlich die **folgende Zuordnung**:

– Einkünfte aus einer **stillen Beteiligung** werden den **Einkünften aus Dividenden** zugeordnet.
– Einkünfte aus einem **partiarischen Darlehen** werden den **Einkünften aus Zinsen** zugeordnet, vorausgesetzt, dass es sich tatsächlich um eine Darlehensgewährung handelt. Entscheidend sind die jeweiligen Umstände des Einzelfalls wie z.B. Vertragszweck, wirtschaftliche Ziele der Vertragsparteien, beabsichtigte Dauer des Vertragsverhältnisses und die Risikobereitschaft des Geldgebers.[154]

90 Die richtige Zuordnung von Einkünften aus stiller Beteiligung oder partiarischen Darlehen[155] ist nicht nur akademischer Natur, sondern ist für den Steuerpflichtigen von *großer praktischer Bedeutung*. Werden solche Einkünfte den **Einkünften aus Dividenden** zugeordnet, dann hat der Quellenstaat nach Art. 10 Abs. 2 OECD-MA ein (beschränktes) (Quellen-)Besteuerungsrecht, während dem Ansässigkeitsstaat zwar nach Art. 10 Abs. 1 OECD-MA das grundsätzliche Besteuerungsrecht zusteht, er aber in Anwendung des Methodenartikels auf diese Einkünfte entweder die Freistellungsmethode oder die Anrechnungsmethode anwendet. Werden solche Einkünfte dagegen den **Einkünften aus Zinsen** zugeordnet, dann hat der Quellenstaat nach Art. 11 Abs. 2 OECD-MA zwar ebenfalls ein (beschränktes) (Quellen-)Besteuerungsrecht, neben dem grundsätzlichen Besteuerungsrecht des Ansässigkeitsstaats nach Art. 11 Abs. 1 OECD-MA, allerdings ohne dass der Ansässigkeitsstaat auf diese Einkünfte die Freistellungsmethode oder die Anrechnung anwendet.

91 **dd) Quellenbesteuerung, Art. 10 Abs. 2 OECD-MA.** Wie bereits ausgeführt, räumt Art. 10 Abs. 2 OECD-MA dem Quellenstaat noch ein (zusätzliches) **beschränktes Quellenbesteuerungsrecht** ein. Hierbei unterscheidet Art. 10 Abs. 2 OECD-MA zwischen **Schachteldividenden** und „allen **anderen Dividenden**". Eine „**Schachtelbeteiligung**", aus der „Schachteldividenden" erzielt werden, liegt dann vor, wenn für eine Kapitalgesellschaft im Ansässigkeitsstaat eine Beteiligung an einer Kapitalgesellschaft im Quellenstaat eine **unternehmerische Beteiligung** (sog. „direct investment") darstellt. Im Gegensatz dazu steht der sog. **Streubesitz** („portfolio investment"), der zu bloßen Kapitalanlagezwecken gehalten wird und aus der „alle anderen Dividenden" erzielt werden. Ab welcher Beteiligungshöhe eine „**unternehmerische Beteiligung**" vorliegt, lässt sich nicht allgemein bestimmen, sondern ist eine wirtschaftspolitische Entscheidung der jeweiligen Vertragsstaaten. Die **zwei Voraussetzungen für eine Schachtelbeteiligung nach Art. 10 Abs. 2 OECD-MA** sind jedenfalls die Folgenden:

---

[153] *BMF-Schreiben* betr. Behandlung von Einnahmen aus partiarischen Darlehen nach den deutschen Doppelbesteuerungsabkommen (hier: Abgrenzung zu Einnahmen aus stillen Beteiligungen) vom 16. 11. 1987, BStBl. 1987 I S. 740 = Praktiker-Handbuch 2011 Außensteuerrecht, Band II, S. 640. Dieses *BMF-Schreiben* weist klarstellend noch einmal darauf hin, dass die Gleichstellung von Einnahmen aus partiarischen Darlehen und von Einnahmen aus stiller Beteiligung in § 20 Abs. 1 Nr. 4 EStG nicht für Abkommenszwecke, sondern nur für das innerstaatliche Recht gilt.

[154] Vgl. hierzu auch *BFH* vom 21. 6. 1983, BStBl. 1983 II S. 563 (565) und *BFH* vom 8. 3. 1984, BStBl. 1984 II S. 623 (625).

[155] Grundlegend hierzu *BFH* vom 21. 6. 1983, BStBl. 1983 II S. 563 (565).

– Eine unternehmerische Beteiligung wird nach der Systematik des OECD-Musterabkommens nur angenommen, wenn eine im Ansässigkeitsstaat ansässige **Mutter-Kapitalgesellschaft** an einer im Quellenstaat ansässigen **Tochter-Kapitalgesellschaft** beteiligt ist. Das OECD-Musterabkommen will Beteiligungen, die von natürlichen Personen oder von **Personengesellschaften** gehalten werden, nicht begünstigen, sondern nur die internationale wirtschaftliche Mehrfachbesteuerung von Konzerndividenden vermeiden bzw. vermindern. Dazu enthält Art. 10 Abs. 2 lit. a) OECD-MA ausdrücklich den Klammerzusatz („jedoch keine Personengesellschaft").

– Die Muttergesellschaft muss an der Tochtergesellschaft zu **mindestens 25%** beteiligt sein. Diesem Vorschlag von Art. 10 Abs. 2 OECD-MA folgen die deutschen Doppelbesteuerungsabkommen. Teilweise privilegieren deutsche Doppelbesteuerungsabkommen Dividenden aber bereits auch bei einer **nur 10%-igen Beteiligung** als Schachteldividende.

Sonderregelung. Eine Sonderregelung gilt für **EU-Tochter-(Kapital-)Gesellschaften**. Art. 5 Abs. 1 EU-Mutter-Tochter-Richtlinie enthält die Regelung, dass Gewinnausschüttungen von einer EU-Tochtergesellschaft an eine EU-Muttergesellschaft[156] von der **Quellensteuer befreit** sind.[157] Unter den Begriff **„Quellensteuer"** fällt nicht nur die Körperschaftsteuer, sondern unabhängig von ihrer Natur oder Bezeichnung jede Besteuerung in Form einer Quellensteuer.[158]

ee) **Betriebsstättenvorbehalt, Art. 10 Abs. 4 OECD-MA.** Art. 10 Abs. 4 OECD-MA regelt mit dem sog. **Betriebsstättenvorbehalt** das Verhältnis von den Einkünften aus Dividenden zu den Einkünften aus Unternehmensgewinnen. Für Dividenden hat der Zuordnungsartikel Art. 10 OECD-MA (und für Zinsen Art. 11 OECD-MA sowie für Lizenzgebühren Art. 12 OECD-MA) **Vorrang** vor Art. 7 Abs. 1 OECD-MA. Der Vorrang würde in dieser grundsätzlichen Konsequenz auch dann gelten, wenn Dividenden, Zinsen oder Lizenzgebühren aus einem Vertragsstaat zum Betriebsvermögen eines Unternehmens gehören, welches in diesem Vertragsstaat eine **Betriebsstätte** hat. Soweit soll jedoch nach der Wertung des OECD-Musterabkommens das Zuordnungsprinzip nicht reichen und wird in diesem Fall **vom Betriebsstättenprinzip überlagert** bzw. **begrenzt** (sog. **Betriebsstättenvorbehalt**). Fast alle deutschen DBA enthalten diesen Betriebsstättenvorbehalt.[159] Die Grundregel des Art. 7 Abs. 7 OECD-MA gilt nicht bzw. es gilt der **Betriebsstättenvorbehalt**, wenn die Beteiligung in tatsächlicher Hinsicht **zu einer Betriebsstätte „gehört".** Für das **„tatsächlich gehören"** sind allein die tatsächlichen Verhältnisse und nicht die rechtlichen Verhältnisse entscheidend. Erforderlich ist, dass die Beteiligung wirtschaftlich, also der Substanz nach zu der Betriebsstätte gehört und nicht nur der Form nach. Seitens der *Rechtsprechung* wird in diesem Zusammenhang auch auf den **„funktionalen Zusammenhang"** zwischen der Beteiligung und der Betriebsstätte abgestellt.[160] Durch dieses „tatsächlich gehören" bzw. diesen „funktionalen Zusammenhang" findet der Grundsatz „kein Attraktionsprinzip" oder „keine Attraktionskraft der Betriebsstätte" die erforderliche Beachtung.[161] Kommt der Betriebsstättenvorbehalt zur Anwendung, dann hat bezüglich der Dividenden der Quellenstaat nach Art. 10 Abs. 4 i. V. m. Art. 7 Abs. 1 OECD-MA das **volle Quellenbesteuerungsrecht.**

---

[156] Gemeint sind Gewinnausschüttungen, die Gesellschaften eines EU-Mitgliedsstaates von Tochtergesellschaften eines anderen EU-Mitgliedstaats zufließen oder Gewinnausschüttungen von Tochtergesellschaften dieses EU-Mitgliedsstaates an Gesellschaften anderer EU-Mitgliedstaaten, s. Art. 1 Abs. 1 EU-Mutter-Tochter-Richtlinie.
[157] Vgl. hierzu auch *Vogel/Lehner* DBA Art. 10 Rdnr. 71 und Rdnr. 173 ff.
[158] S. *EuGH* vom 8. 6. 2000, Rs. C-375/98 (*Portugal/Epson*), IStR 2000, S. 562 (564; Rdn. 22).
[159] Vgl. hierzu die zusammenfassende Darstellung bei *Vogel/Lehner* Vor Art. 10–12 Rdnr. 48 m. w. N.
[160] Anschaulich dazu s. *BFH* vom 26. 2. 1992, BStBl. 1992 II S. 937 (939) im Zusammenhang mit dem DBA-Schweiz.
[161] Vgl. hierzu auch die *Kommentierung* in Art. 10 Ziff. 31. MA-K.

94 **ff) Verbot der extraterritorialen Besteuerung, Art. 10 Abs. 5 OECD-MA.** Art. 10 Abs. 5 OECD-MA schließt die sog. extraterritoriale Besteuerung der Dividenden mit einem **komplizierten Wortlaut** aus. Mit **„Verbot der extraterritorialen Besteuerung"** ist gemeint, dass der Quellenstaat[162] im Grundsatz, mit Ausnahme des beschränkten Quellenbesteuerungsrechts nach Art. 10 Abs. 2 OECD-MA, Dividenden nicht (mehr) besteuern darf, wenn die Dividenden einmal, bildlich gesprochen „die Grenze überschritten haben" und bei einer im anderen Vertragsstaat (im Ansässigkeitsstaat) ansässigen (Mutter-)Gesellschaft angelangt sind (also außerhalb des Territoriums des Quellenstaats gelangt sind). Die so zu der (Mutter-)Gesellschaft (im Ansässigkeit) gelangten Dividenden sind damit – im Grundsatz – dem Besteuerungsrecht des Quellenstaats entzogen, egal (1) ob diese Dividenden von der (Mutter-)Gesellschaft an deren Gesellschafter **weiter ausgeschüttet** werden (Art. 10 Abs. 5 OECD-MA **1. Alt.**; hier gibt es **zwei Ausnahmen**) oder (2) ob diese Dividenden von der (Mutter-)Gesellschaft **thesauriert** werden (Art. 10 Abs. 5 OECD-MA **2. Alt.**; hier gibt es **keine Ausnahme**). Unerheblich soll sein, dass die diesen Dividenden zu Grunde liegenden Gewinne (ursprünglich) auf dem Gebiet des Quellenstaates erwirtschaftet worden sind. Art. 10 Abs. 5 OECD-MA will also mit anderen Worten das Recht des Ansässigkeitsstaats – im Grundsatz – beschränken, ausgeschüttete Gewinne bei einer nicht-ansässigen (Empfänger-)Gesellschaft zu besteuern.[163]

95 Im Falle von Art. 10 Abs. 5 OECD-MA **1. Alt.** (Weiterausschüttung der Dividenden) gilt das Verbot der extraterritorialen Besteuerung in **zwei Ausnahmefällen** nicht:

– Der Gesellschafter der (Mutter-)Gesellschaft ist im Belegenheitsstaat ansässig
– Die Beteiligung an der (Mutter-)Gesellschaft gehört tatsächlich zu einer im anderen Vertragsstaat (im Ansässigkeitsstaat) belegenen Betriebsstätte.

96 **gg) Exkurs: Die innerstaatliche Regelung des § 8b Abs. 1 KStG.** § 8b Abs. 1 KStG regelt, dass Bezüge im Sinne von § 20 Abs. 1 Nr. 1, 2, 9 und 10 lit. a) EStG bei der Ermittlung des Einkommens außer Ansatz bleiben. Solche Einkünfte sind bei Körperschaften also **steuerfrei** und zwar unabhängig davon, ob diese Einkünfte aus dem Inland oder aus dem Ausland stammen. § 8b Abs. 1 KStG regelt die **Freistellungsmethode** als unilaterale Methode zur Vermeidung der Doppelbesteuerung.[164] Die Steuerfreiheit ist auch unabhängig von einer bestimmten **Haltedauer**, der **Beteiligungshöhe**[165] oder der Art der **(Aktiv- oder Passiv-)Tätigkeit** der Kapitalgesellschaft.[166] § 8b Abs. 1 KStG gilt für Gewinnausschüttungen an **unbeschränkt** und an **beschränkt Steuerpflichtige**.[167] Des Weiteren gelten für § 8b Abs. 1 KStG (und gleichermaßen auch für das internationale Schachtelprivileg) die folgenden **Prinzipien**:

– Die Steuerfreistellung gilt sowohl für die **Körperschaftsteuer** als auch für die **Gewerbesteuer**.
– Wegen § 8b Abs. 5 KStG bleiben von den ausgeschütteten Gewinnen im Ergebnis **nur 95% steuerfrei**; dies gilt gleichermaßen für die Körperschaftsteuer und die Gewerbesteuer.[168]

---

[162] Das ist der Vertragsstaat, in dem die die Dividenden ausschüttende Gesellschaft ihrer Sitz hat.
[163] Vgl. auch die *Kommentierung in* Art. 10 Ziff. 33.–36. MA-K. Vgl. auch die Darstellung bei *Vogel/Lehner* Art. 10 Rdnr. 245.
[164] S. auch § 32 I.6.j)ee) betreffend Veräußerungsgewinne.
[165] S. TZ 4 *BMF-Schreiben* betr. Anwendung des § 8b KStG 2002 und Auswirkungen auf die Gewerbesteuer (§ 8b KStG-Anwendungsschreiben) vom 28. 4. 2003, DB 2003, S. 1027 = abgedruckt in Praktiker-Handbuch 2011 Außensteuerrecht, Band I, S. 937ff.
[166] Dies ist ein Vorteil gegenüber dem internationalen Schachtelprivileg nach DBA, weil dort in den meisten DBA auf Grund einer Aktivitätsklausel nur sog. Aktiveinkünfte von der Besteuerung freigestellt werden.
[167] S. TZ 4 § 8b KStG-Anwendungsschreiben.
[168] § 8b Abs. 5 KStG gilt für Dividenden (einschließlich verdeckten Gewinnausschüttungen) von einer (ausländischen Kapital-)Gesellschaft, die nach § 8b Abs. 1 KStG und/oder nach einem DBA

– Wegen der Steuerfreistellung ist eine im Ausland erhobene **Quellensteuer nicht anrechenbar** bzw. **nicht abzugsfähig**.[169]

Die Regelung des § 8b Abs. 1 KStG ist vor folgendem **Hintergrund** zu sehen: Nach dem Willen des deutschen Gesetzgebers sollen Erträge aus der Beteiligung an einer inländischen oder ausländischen Kapitalgesellschaft einer KSt-Vorbelastung von 25% unterliegen. Dies ergibt sich aus § 23 Abs. 1 KStG a. F.

§ 8b Abs. 1 KStG steht in **Konkurrenz** zum **internationalen Schachtelprivileg** nach dem Recht der Doppelbesteuerungsabkommen (dort im jeweiligen Methodenartikel). Beide Regelungen sind **nebeneinander anwendbar**.[170]

In den meisten Fällen macht § 8b Abs. 1 KStG das internationale Schachtelprivileg nach DBA-Recht obsolet, da in der *Praxis* „Bezüge im Sinne des § 20 Abs. 1 Nr. 1, 2, 9 und 10 lit. a) EStG" in aller Regel zugleich **„Dividenden"** im Sinne von Art. 10 Abs. 3 OECD-MA sind. Jedoch kann in Einzelfällen der von einem (deutschen) Doppelbesteuerungsabkommen definierte Begriff „Dividenden" auch Bezüge umfassen, die über die in § 20 Abs. 1 Nr. 1, 2, 9 und 10 lit. a) EStG genannten Bezüge hinausgehen. Dies ist möglich bei Einkünften aus einer (typisch) **stillen Beteiligung** und/oder aus einem **partiarischen Darlehen**.

e) **Einkünfte aus Zinsen, Art. 11 OECD-MA. aa) Grundsätze der Besteuerung.** Der Gegenstand von Art. 11 OECD-MA ist die Besteuerung von Einkünften aus **Zinsen**. Im Grundsatz liegt das **Besteuerungsrecht beim Ansässigkeitsstaat** (wie bei der Besteuerung von Einkünften aus Dividenden nach Art. 10 Abs. 1 OECD-MA), denn nach der Regelung von Art. 11 Abs. 1 OECD-MA können Einkünfte aus Zinsen, die aus dem Quellenstaat stammen und an eine im anderen Vertragsstaat (im Ansässigkeitsstaat) ansässige Person gezahlt werden im Ansässigkeitsstaat besteuert werden. Der Ansässigkeitsstaat hat entgegen der sonstigen Systematik der Zuordnungsartikel im OECD-Musterabkommen ausnahmsweise aber auch hier nicht das alleinige Besteuerungsrecht (s. die Formulierung „**können**"), weil Art. 11 Abs. 2 OECD-MA, dem Quellenstaat noch ein (zusätzliches) **beschränktes Quellenbesteuerungsrecht** einräumt, dem allerdings über die Hälfte der deutschen Doppelbesteuerungsabkommen nicht folgen.

---

von der deutschen Besteuerung freigestellt sind. Unabhängig davon, ob und in welcher Höhe tatsächlich Betriebsausgaben entstanden sind, gelten stets 5% der Einnahmen (vor Abzug ausländischer Steuern) als Betriebsausgaben, die mit den Einnahmen in unmittelbarem Zusammenhang stehen. Insoweit tritt die Rechtsfolge des § 3c EStG ein. Im Ergebnis werden damit 5% der Einnahmen der Besteuerung unterworfen und gelten damit (nur) 95% der Einnahmen als (steuerbefreite) Einkünfte aus den Dividenden. S. TZ 1. und TZ 2. *BMF-Schreiben* betr. die Anwendung des § 8b Abs. 7 KStG vom 10. 1. 2000, BStBl. 2000 I S. 71 = Praktiker-Handbuch 2011 Außensteuerrecht, Band I, S. 947 ff. Auf die tatsächlichen, auch die 5%-Grenze übersteigenden Betriebsausgaben findet § 3c EStG daneben keine Anwendung. Vgl. auch *Vogel/Lehner* DBA Art. 23 Rdnr. 109. Einzelheiten zu § 8b Abs. 5 KStG s. noch § 33 I.4.b).

[169] Vgl. *Vogel/Lehner* DBA Art. 23 Rdnr. 87 (deutlicher aber in der Vorauflage 3. Auflage *Vogel* DBA Art. 23 Rdnr. 100 a).

[170] Vgl. etwa *Bächle/Rupp*, a. a. O., Teil P Kap. 5.; *Herzig*, DB 2003, S. 1459 (1460).

Systematik der Besteuerung von Zinsen nach Art. 11 OECD-MA (ggf. i. V. m. dem Methodenartikel)

Schaubild § 32-7

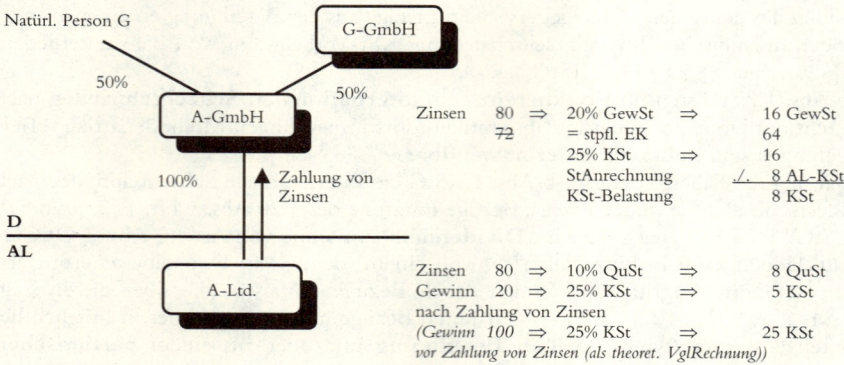

Hinweise: D = Bundesrepublik Deutschland; AL = Ausland/ausl. Staat; angenommener ausländ. KSt-Satz 25%. Die GewSt beträgt 20%.

Aus Vereinfachungsgründen wird von folgenden Prämissen ausgegangen: Der Gewinn der A-Ltd. im Wirtschaftsjahr 01 beträgt 20 Einheiten. Ohne die Zahlung von Schuldzinsen würde der Gewinn 100 betragen. Die an die A-GmbH gezahlten Zinsen sind 80 Einheiten. Die A-GmbH hat in D 80 Einheiten (Brutto-)Zinsen zu versteuern, allerdings unter Anrechnung der in AL gezahlten QuSt.

Soweit diese Zinsen an die hinter der A-GmbH stehenden Gesellschafter „(weiter-)ausgeschüttet" werden sollen, gilt das zu Schaubild § 33-4 Ausgeführte entsprechend.

101 Auch Art. 11 OECD-MA enthält mit den Regelungen in Abs. 1 und Abs. 2 Sonderregelungen, die zu Art. 7 OECD-MA grundsätzlich **lex specialis** und damit vorrangig sind.[171] Dieser Grundsatz kann auch hier durch einen **Betriebsstättenvorbehalt** durchbrochen werden und zwar dann, wenn der Empfänger der Zinsen im Quellenstaat (d. h. in dem anderen Vertragsstaat, in dem die Gesellschaft ihren Sitz hat) „eine Geschäftstätigkeit durch eine dort gelegene Betriebsstätte ausübt und die Forderung, für die die Zinsen gezahlt werden, tatsächlich zu dieser Betriebsstätte gehören. In diesem Fall ist Art. 7 OECD-MA anzuwenden".

102 Art. 11 Abs. 3 OECD-MA enthält eine Definition des Begriffs **„Zinsen"**. Danach sind Zinsen „Einkünfte aus Forderungen jeder Art, auch wenn die Forderungen durch Pfandrechte an Grundstücken gesichert oder mit einer Beteiligung am Gewinn des Schuldners ausgestattet sind, und insbesondere Einkünfte aus öffentlichen Anleihen und aus Obligationen einschließlich der damit verbundenen Aufgelder und der Gewinne aus Losanleihen".[172] Diese Definition ist nicht identisch mit der Begriffsbestimmung von Einkünften aus Kapitalvermögen in **§ 20 Abs. 1 Nr. 4, Nr. 5, Nr. 6** und insbesondere **Nr. 7 EStG**. Der DBA-Begriff ist hier enger. Während § 20 Abs. 1 Nr. 4 EStG zu den Einkünften aus Kapitalvermögen auch Einnahmen aus **partiarischen Darlehen** und Einnahmen aus einer **(typisch) stillen Beteiligung** zählt, werden diese beiden Einnahmequellen in Art. 11 OECD-MA überhaupt nicht genannt.[173]

103 Der Begriff **„gezahlt"** hat auch bei Zinsen eine sehr weite Bedeutung und beinhaltet nach der *Kommentierung* in Art. 11 Ziff. 9. MA-K „die Erfüllung der Verpflichtung ... dem

---

[171] Vgl. etwa *Vogel/Lehner* DBA Art. 11 Rdnr. 5.
[172] Vgl. hierzu auch die *Kommentierung* in Art. 11 Ziff. 1. sowie Ziff. 18.–Ziff. 23. MA-K.
[173] Einzelheiten hierzu s. noch § 32 I.6.e)bb).

Gläubiger auf die vertragsmäßige oder die übliche Weise Geldmittel zur Verfügung zu stellen". Hierunter fallen auch **Naturalleistungen**.[174]

Art. 11 Abs. 5 OECD-MA enthält eine Definition für **„aus einem Vertragsstaat stammend"**. Danach gilt der Grundsatz, dass Zinsen aus einem Vertragsstaat stammen, wenn der Schuldner in diesem Vertragsstaat ansässig ist. Eine Ausnahme besteht dann, wenn der Schuldner in einem Vertragsstaat eine Betriebsstätte hat und die Schuld, für die die Zinsen gezahlt werden, für Zwecke der Betriebsstätte eingegangen worden ist und die Betriebsstätte die Zinsen trägt. Dann gelten die Zinsen als aus dem Staat stammend, in dem die Betriebsstätte liegt. Art. 11 Abs. 5 OECD-MA erweitert damit den in Art. 11 Abs. 5 OECD-MA geregelten Betriebsstättenvorbehalt auf den Schuldner der Zinsen.

bb) Typisch stille Beteiligung, partiarisches Darlehen. Auch im Zusammenhang mit Art. 11 OECD-MA besteht das **Regelungsbedürfnis** zur Regelung des Besteuerungsrechts für Einkünfte aus einer (typischen) **stillen Beteiligung** oder aus einem **partiarischen Darlehen**.[175] Eine solche Regelung findet sich, wie bereits ausgeführt, auch nicht in Art. 11 OECD-MA. Es ist hier auf die in § 32 I.6.d)cc) genannten **zwei Fallgruppen** (1. DBA enthält besondere Begriffsbestimmungen; 2. DBA enthält keine besonderen Begriffsbestimmungen) abzustellen. Damit gilt die folgende **Zuordnung**: **Einkünfte aus einer stillen Beteiligung** werden grundsätzlich den **Einkünften aus Dividenden** zugeordnet und **Einkünfte aus einem partiarischen Darlehen** werden grundsätzlich den **Einkünften aus Zinsen** zugeordnet. Die richtige Zuordnung von Einkünften aus stiller Beteiligung oder partiarischen Darlehen ist, wie ausgeführt, nicht nur akademischer Natur, sondern ist für den Steuerpflichtigen wegen der Frage, ob der Ansässigkeitsstaat diese Einkünfte von seiner Bemessungsgrundlage ausnimmt (Freistellungsmethode) oder diese Einkünfte wenigstens auf die seine Steuer anrechnet, von *großer praktischer Bedeutung*.

cc) Quellenbesteuerung, Art. 11 Abs. 2 OECD-MA. Der **Quellenstaat** hat nur ein Recht zur **begrenzten Quellenbesteuerung** (KapESt), Art. 11 Abs. 2 OECD-MA.

Enthält ein Doppelbesteuerungsabkommen ein beschränktes Quellenbesteuerungsrecht des Quellenstaats, so ist **Bemessungsgrundlage** für die Quellensteuer der Bruttobetrag der Zinsen.[176] „Bruttobetrag" bedeutet die Zinseinnahmen ohne Berücksichtigung etwa damit verbundener Betriebsausgaben oder Werbungskosten. Musste der Steuerpflichtige (der Gläubiger der Zinsen) zur Finanzierung der Transaktion, aus der er die Einkünfte aus Zinsen bezieht, selbst Darlehen aufnehmen, so entsteht bei ihm entweder ein weit geringerer oder überhaupt kein Gewinn.[177] Solche **Betriebsausgaben** oder **Werbungskosten** des Steuerpflichtigen sind nach Art. 11 OECD-MA vom Quellenstaat aber nicht zu berücksichtigen und in Abzug zu bringen. Dies hat zur Folge, dass der Steuerpflichtige die im Quellenstaat erhobene Quellensteuer entweder nur teilweise oder überhaupt nicht anrechnen kann, so dass es in diesem Ausmaß zu einer **Doppelbesteuerung** kommt.[178]

dd) Betriebsstättenvorbehalt, Art. 11 Abs. 4 OECD-MA/die Regelung des Art. 11 Abs. 5 OECD-MA. Die Regelung zum **Betriebsstättenvorbehalt** in Art. 11 Abs. 4 OECD-MA ist gleich wie bei Art. 10 Abs. 4 OECD-MA. Insoweit wird auf die Ausführungen in § 32 I.6.d)ee) verwiesen.[179] In diesem Zusammenhang enthält Art. 11

---

[174] S. *Vogel/Lehner* DBA Art. 11 Rdnr. 14.
[175] S. *BMF-Schreiben* betr. Behandlung von Einnahmen aus partiarischen Darlehen nach den deutschen Doppelbesteuerungsabkommen (hier: Abgrenzung zu Einnahmen aus stillen Beteiligungen) vom 16. 11. 1987.
[176] S. hierzu *Vogel/Lehner* Art. 11 Rdnr. 42 ff. m. w. N.
[177] Es entsteht überhaupt kein Gewinn, wenn der Zinsaufwand der Höhe der Zinseinnahmen entspricht.
[178] Die *Kommentierung* in Art. 11 Ziff. 13. MA-K zu Zinsen spricht hier auch von einer Übersteuerung wegen Bruttobesteuerung.
[179] S. auch *BFH* vom 26. 2. 1992, BStBl. 1992 II S. 937 (939) für die Zuordnung einer Darlehensforderung zu einer Betriebsstätte im Zusammenhang mit dem DBA-Schweiz.

Abs. 5 OECD-MA noch eine Regelung zur Zuordnung der Herkunft der Zinsen. S. § 32 I.6.e)aa).

109 **ee) Spezialregelung zum arm's length-Prinzip, Art. 11 Abs. 6 OECD-MA.** Art. 11 Abs. 6 OECD-MA will den Anwendungsbereich von Art. 11 OECD-MA beschränken für den Fall, dass die Vertragsparteien (besondere) Bedingungen vereinbaren, die nicht dem arm's length-Prinzip entsprechen.[180] Solche **„besondere Beziehungen"** sind nur möglich zwischen **nahestehenden Personen**,[181] wozu insbesondere **Konzernbeziehungen** gehören,[182] aber auch verwandtschaftliche Beziehungen.[183]

110 Art. 11 Abs. 6 OECD-MA regelt (nur) die **Berichtigung von zu hohen Zinsen** und gibt dem Quellenstaat ein Besteuerungsrecht zur Berichtigung (Reduzierung) des (zu hohen) Betriebsausgabenabzugs.[184] Art. 11 Abs. 6 OECD-MA kann dagegen nicht vom Ansässigkeitsstaat zur Berichtigung von zu niedrigen Zinsen (und damit von zu niedrigen Unternehmensgewinnen) herangezogen werden.[185] Auch Art. 11 Abs. 6 OECD-MA schafft aber selbst **keine Rechtsgrundlage** zur Einkünfteberichtigung. Hierfür bedarf es einer entsprechenden Rechtsgrundlage im jeweiligen innerstaatlichen Recht.[186] Demgegenüber regelt Art. 9 OECD-MA die **Berichtigung von zu niedrigen Unternehmensgewinnen** und gibt dem Quellenstaat ein Besteuerungsrecht zur Berichtigung (Erhöhung) eines (zu niedrigen) Unternehmensgewinns. Die Berichtigung (Erhöhung) von zu niedrigen Zinsen durch den Ansässigkeitsstaat ist deshalb auf Art. 9 OECD-MA zu stützen.[187] Auch Art. 9 OECD-MA schafft selbst **keine Rechtsgrundlage** zur Einkünfteberichtigung.[188]

111 **f) Einkünfte aus Lizenzgebühren, Art. 12 OECD-MA. aa) Grundsätze der Besteuerung.** Art. 12 OECD-MA folgt grundsätzlich der Regelung für Zinsen (Art. 11 OECD-MA). Der Gegenstand von Art. 12 OECD-MA ist die Besteuerung von Einkünften aus **Lizenzgebühren**. Allerdings liegt entgegen der Regelung in Art. 11 Abs. 1 OECD-MA für Zinsen hier das (alleinige und endgültige) **Besteuerungsrecht beim Ansässigkeitsstaat** (s. die Formulierung **„können nur"**).

112 Entsprechend enthält Art. 12 OECD-MA kein dem Art. 11 Abs. 2 (OECD-MA) vergleichbares (beschränktes) **Quellenbesteuerungsrecht** des Quellenstaats. Während nun allerdings etwa die Hälfte der deutschen Doppelbesteuerungsabkommen bei Zinsen dem Regelungsvorschlag von Art. 11 OECD-MA nicht folgt und ein Quellenbesteuerungsrecht des Quellenstaats nicht vorsieht, gibt es umgekehrt zahlreiche deutsche Doppelbesteuerungsabkommen, die auch bei Lizenzgebühren dem Quellenstaat ein Quellenbesteuerungsrecht einräumen.

---

[180] S. die *Kommentierung* in Art. 11 Ziff. 32. MA-K.
[181] „Nahestehende Personen" sind im deutschen Recht definiert in § 1 Abs. 2 AStG. Einzelheiten s. § 34 III.5.
[182] S. die *Kommentierung* in Art. 11 Ziff. 33. MA-K.
[183] S. die *Kommentierung* in Art. 11 Ziff. 34. MA-K.
[184] Vgl. auch *Vogel/Lehner* DBA Art. 9 Rdnr. 7.
[185] Vgl. auch *Vogel/Lehner* DBA Art. 9 Rdnr. 7 und Art. 11 Rdnr. 121.
[186] Solche Rechtsgrundlagen sind im deutschen Recht die §§ 39–42 AO, die Grundsätze zur verdeckten Gewinnausschüttung (vGA) und zur verdeckten Einlage (vEL) sowie die allgemeine Regelung in § 1 AStG und die *Verwaltungsgrundsätze* für die Prüfung der Einkunftsabgrenzung bei international verbundenen Unternehmen vom 31. 10. 1983 (Verrechnungspreis-Verwaltungsgrundsätze), zit. in § 34 III.1.
[187] Vgl. auch *Vogel/Lehner* DBA Art. 9 Rdnr. 7 und Art. 11 Rdnr. 121.
[188] Vgl. *Vogel/Lehner* DBA Art. 9 Rdnr. 3, Rdnr. 18 und Rdnr. 19.

§ 32. Das Doppelbesteuerungsrecht

Systematik der Besteuerung von Lizenzgebühren nach Art. 12 OECD-MA (ggf. i. V. m. dem Methodenartikel)
Schaubild § 32-8

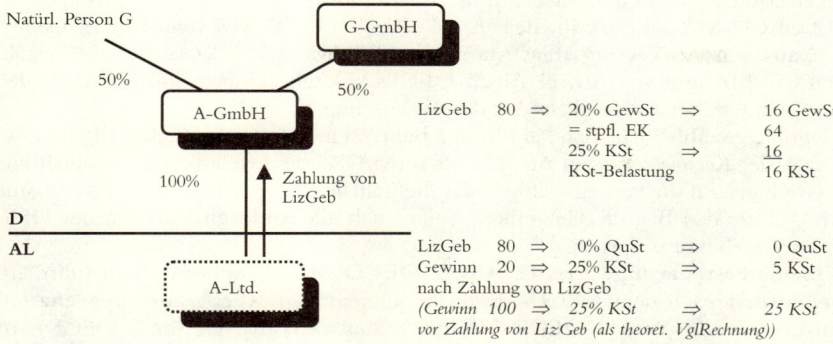

Hinweise: D = Bundesrepublik Deutschland; AL = Ausland/ausl. Staat; angenommener ausländ. KSt-Satz 25%. Die GewSt beträgt 20%.

Aus Vereinfachungsgründen wird von folgenden Prämissen ausgegangen: Der Gewinn der A-Ltd. im Wirtschaftsjahr 01 beträgt 20 Einheiten. Ohne die Zahlung von LizGeb würde der Gewinn 100 betragen. Die an die A-GmbH gezahlten LizGeb sind 80 Einheiten. Die A-GmbH hat in D 80 Einheiten (Brutto-)LizGeb zu versteuern; nach Art. 12 OECD-MA erhebt AL keine QuSt.

Soweit diese LizGeb an die hinter der A-GmbH stehenden Gesellschafter „(weiter-)ausgeschüttet" werden sollen, gilt das zu Schaubild § 33-4 Ausgeführte entsprechend.

Wie Art. 11 OECD-MA enthält auch Art. 12 OECD-MA mit der Regelung in Abs. 1 **113** eine Sonderregelung, die zu Art. 7 OECD-MA grundsätzlich **lex specialis** und damit vorrangig sind.[189] Das gleiche gilt für ein etwaiges Quellenbesteuerungsrecht des Quellenstaats, soweit deutsche Doppelbesteuerungsabkommen ein solches Quellenbesteuerungsrecht vorsehen. Dieser Grundsatz kann (auch hier)[190] durch einen **Betriebsstättenvorbehalt** durchbrochen werden und zwar dann, wenn der Nutzungsberechtigte der Lizenzgebühren im Quellenstaat (d. h. in dem anderen Vertragsstaat, aus dem die Lizenzgebühren stammen) „eine Geschäftstätigkeit durch eine dort gelegene Betriebsstätte ausübt und die Rechte oder Vermögenswerte, für die die Lizenzgebühren gezahlt werden, tatsächlich zu dieser Betriebsstätte gehören. In diesem Fall ist Art. 7 OECD-MA anzuwenden".

Art. 12 Abs. 2 OECD-MA enthält eine Definition des Begriffs **„Lizenzgebühren"**. **114** Danach sind Lizenzgebühren „Vergütungen jeder Art, die für die Benutzung oder für das Recht auf Benutzung von Urheberrechten an literarischen, künstlerischen oder wissenschaftlichen Werken, einschließlich kinematographischer Filme, von Patenten, Marken, Mustern oder Modellen, Plänen, geheimen Formeln oder Verfahren oder für die Mitteilung gewerblicher, kaufmännischer oder wissenschaftlicher Erfahrungen gezahlt werden". Diese Definition ist nicht identisch mit der Begriffsbestimmung von Einkünften aus Vermietung und Verpachtung in **§ 21 Abs. 1 Nr. 3 EStG**. Vom Wortlaut her ist die Begriffsbestimmung in § 21 Abs. 1 Nr. 3 EStG enger, entspricht inhaltlich aber dem DBA-Begriff. Maßgebend ist, dass das Recht **nur zur Nutzung** überlassen wird (quasi nur „vermietet" wird) und nicht zugleich die Substanz des Rechts, d. h. die Rechtsinhaberschaft auf den

---

[189] Vgl. etwa Vogel/Lehner DBA Art. 12 Rdnr. 9.
[190] Das OECD-MA enthält hier einen Gleichlauf mit der Besteuerung der Einkünfte aus Dividenden, aus Zinsen und aus Lizenzgebühren.

Schuldner der Vergütung übertragen wird.[191] Die Abgrenzung zwischen Nutzungsüberlassung und Rechtsübertragung kann im Einzelfall *schwierig* sein, denn das OECD-Musterabkommen enthält weder für „Nutzungsüberlassung" eine Begriffsbestimmung, noch erklärt es das innerstaatliche Recht des Quellenstaats für anwendbar.[192]

115 Art. 12 OECD-MA enthält keine dem Art. 11 Abs. 5 OECD-MA vergleichbare Definition für **„aus einem Vertragsstaat stammend"**, obwohl der Wortlaut von Art. 12 Abs. 1 OECD-MA und von Art. 11 Abs. 1 OECD-MA sehr ähnlich sind und in beiden Fällen im Grundsatz der Ansässigkeitsstaat das Besteuerungsrecht hat.[193]

116 Der Begriff **„gezahlt"** hat auch bei Lizenzgebühren eine sehr weite Bedeutung und beinhaltet nach der *Kommentierung* in Art. 12 Ziff. 4. MA-K „die Erfüllung der Verpflichtung ... dem Gläubiger auf die vertragsmäßige oder die übliche Weise Geldmittel zur Verfügung zu stellen". Unter den Begriff „Geldmittel" fallen auch **alle anderen Formen** der Erfüllung des Lizenzgebührenanspruchs.[194]

117 **bb) Quellenbesteuerung, Art. 12 Abs. 2 OECD-MA.** Wie bereits ausgeführt, hat der **Quellenstaat** nach dem OECD-Musterabkommen **kein Recht zur (begrenzten) Quellenbesteuerung**. Art. 12 OECD-MA hat keinen dem Art. 11 Abs. 2 OECD-MA vergleichbaren Absatz 2.[195] Die *Kommentierung* in Art. 12 Ziff. 6. MA-K weist allerdings darauf hin, dass Art. 12 OECD-MA nicht festlegt, ob die Befreiung im Quellenstaat davon abhängen soll, dass die Lizenzgebühren im Wohnsitzstaat (d. h. Ansässigkeitsstaat) tatsächlich besteuert werden. Diese Frage sei zwischen den jeweils beteiligten Vertragsstaaten zu regeln.

118 In Übereinstimmung mit dem **UN-Musterabkommen** enthalten viele deutsche Doppelbesteuerungsabkommen zugunsten des Quellenstaats jedoch ein Recht zur **begrenzten Quellenbesteuerung**.

Enthält ein Doppelbesteuerungsabkommen ein beschränktes Quellenbesteuerungsrecht des Quellenstaats, so ist **Bemessungsgrundlage** für die Quellensteuer der Bruttobetrag der Lizenzgebühren.[196] „**Bruttobetrag**" bedeutet auch hier die Lizenzeinnahmen ohne Berücksichtigung etwa damit verbundener Betriebsausgaben oder Werbungskosten. Der Bruttobetrag umfasst nach Auffassung der deutschen *Finanzverwaltung* nicht eine etwaige auf den Lizenzgebühren lastende **Umsatzsteuer**.[197] Musste der Steuerpflichtige (der Gläubiger der Lizenzgebühren) zur Finanzierung der Transaktion, aus der er die Einkünfte aus Lizenzgebühren bezieht, hierfür zum Beispiel ein Darlehen aufnehmen oder ist er selbst nur (Ober-)Lizenznehmer, so entsteht bei ihm entweder ein weit geringerer oder überhaupt kein Gewinn. Solche **Betriebsausgaben** oder **Werbungskosten** des Steuerpflichtigen sind nach Art. 12 OECD-MA vom Quellenstaat aber nicht zu berücksichtigen und in Abzug zu bringen. Dies hat zur Folge, dass der Steuerpflichtige die im Quellenstaat erhobene Quellensteuer entweder nur teilweise oder überhaupt nicht anrechnen kann, so dass es in diesem Umfang zu einer **Doppelbesteuerung** kommt.[198]

---

[191] S. hierzu *Vogel/Lehner* DBA Art. 12 Rdnr. 50.

[192] S. hierzu auch *Vogel/Lehner* DBA Art. 12 Rdnr. 51.

[193] Auch die *Kommentierung* in Art. 12 schweigt zu diesem Thema. M. E. missverständlich zu dieser Frage *Vogel/Lehner* DBA Art. 12 Rdnr. 20, mit dem Hinweis, dass die Frage nach der Lokalisierung der Quelle für Lizenzzahlungen in Art. 12 OECD-MA von geringerer Bedeutung sei.

[194] S. *Vogel/Lehner* DBA Art. 12 Rdnr. 23.

[195] S. die *Kommentierung* in Art. 12 Ziff. 32.–Ziff. 37. MA-K, wonach sich bereits auf OECD-Ebene zahlreiche Staaten ein (beschränktes) Quellenbesteuerungsrecht vorbehalten.

[196] S. hierzu *Vogel/Lehner* Art. 12 Rdnr. 30 ff. m. w. N.

[197] S. *BMF-Schreiben/Merkblatt* für die Anmeldung über den Steuerabzug bei Vergütungen an beschränkt steuerpflichtige Personen vom Oktober 2007, abgedruckt in Praktiker-Handbuch 2008 Außensteuerrecht, Band II, S. 1406 (später nicht mehr abgedruckt). Weitere Einzelheiten hierzu s. *Vogel/Lehner* Art. 12 Rdnr. 30 m. w. N.

[198] Die *Kommentierung* in Art. 11 Ziff. 13. MA-K zu Zinsen spricht hier auch von einer Übersteuerung wegen Bruttobesteuerung.

cc) **Betriebsstättenvorbehalt, Art. 12 Abs. 3 OECD-MA.** Die Regelung zum **Be- 119 triebsstättenvorbehalt** in Art. 12 Abs. 3 OECD-MA ist gleich wie bei Art. 10 Abs. 4 OECD-MA. Insoweit wird auf die Ausführungen in § 32 I.6.d)ee) verwiesen.

dd) **Spezialregelung zum arm's length-Prinzip, Art. 12 Abs. 4 OECD-MA.** 120 Art. 12 Abs. 4 OECD-MA will den Anwendungsbereich von Art. 12 OECD-MA beschränken für den Fall, dass die Vertragsparteien (besondere) Bedingungen vereinbaren, die nicht dem arm's length-Prinzip entsprechen.[199] Solche **„besondere Beziehungen"** sind nur möglich zwischen **nahestehenden Personen**,[200] wozu insbesondere **Konzernbeziehungen** gehören,[201] aber auch verwandtschaftliche Beziehungen.[202]

Art. 12 Abs. 4 OECD-MA regelt (nur) die **Berichtigung von zu hohen Lizenzge- 121 bühren** und gibt dem Quellenstaat ein Besteuerungsrecht zur Berichtigung (Reduzierung) des (zu hohen) Betriebsausgabenabzugs.[203] Art. 12 Abs. 4 OECD-MA kann dagegen nicht vom Ansässigkeitsstaat zur Berichtigung von zu niedrigen Lizenzgebühren (und damit von zu niedrigen Unternehmensgewinnen) herangezogen werden.[204] Auch Art. 12 Abs. 4 OECD-MA schafft selbst **keine Rechtsgrundlage** zur Einkünfteberichtigung. Hierfür bedarf es einer entsprechenden Rechtsgrundlage im jeweiligen innerstaatlichen Recht.[205] Demgegenüber regelt Art. 9 OECD-MA die **Berichtigung von zu niedrigen Unternehmensgewinnen** und gibt dem Quellenstaat ein Besteuerungsrecht zur Berichtigung (Erhöhung) eines (zu niedrigen) Unternehmensgewinns. Die Berichtigung (Erhöhung) von zu niedrigen Lizenzgebühren durch den Ansässigkeitsstaat ist deshalb auf Art. 9 OECD-MA zu stützen.[206] Auch Art. 9 OECD-MA schafft selbst **keine Rechtsgrundlage** zur Einkünfteberichtigung.[207]

g) **Einkünfte aus unselbständiger Arbeit, Art. 15 OECD-MA. aa) Grundsätze 122 der Besteuerung.** Nach der Zuordnungsnorm des Art. 15 Abs. 1 Satz 1 1. Halbsatz OECD-MA[208] liegt für Einkünfte aus unselbständiger Arbeit das **alleinige und endgültige) Besteuerungsrecht beim Ansässigkeitsstaat** (s. die Formulierung „können ... nur"), es sei denn die Arbeit wird im anderen Vertragsstaat ausgeübt (s. Art. 15 Abs. 1 Satz 1 2. Halbsatz OECD-MA). Wird die Arbeit im anderen Vertragsstaat ausgeübt, dann liegt nach Art. 15 Abs. 1 Satz 2 OECD-MA das **(nicht abschließend geregelte) Besteuerungsrecht beim Quellenstaat** (dem anderen Vertragsstaat) (sog. **Tätigkeitsortprinzip**).[209] Wegen der Formulierung „können" lässt Art. 15 Abs. 1 Satz 2 OECD-MA offen, ob und gegebenenfalls wie eine Besteuerung im Ansässigkeitsstaat erfolgt. Sämtliche deutschen Doppelbesteuerungsabkommen enthalten eine Art. 15 Abs. 1 OECD-MA entsprechende Regelung, wenn auch zum Teil mit kleinen Abweichungen.[210] Die Methoden-

---

[199] S. die *Kommentierung* in Art. 12 Ziff. 22. MA-K.
[200] „Nahestehende Personen" sind im deutschen Recht definiert in § 1 Abs. 2 AStG.
[201] S. die *Kommentierung* in Art. 12 Ziff. 23. MA-K.
[202] S. die *Kommentierung* in Art. 12 Ziff. 24. MA-K.
[203] Vgl. auch *Vogel/Lehner* DBA Art. 9 Rdnr. 7.
[204] Vgl. auch *Vogel/Lehner* DBA Art. 9 Rdnr. 7 und Art. 12 Rdnr. 100 i. V. m. Art. 11 Rdnr. 121.
[205] Solche Rechtsgrundlagen sind im deutschen Recht die §§ 39–42 AO, die Grundsätze zur verdeckten Gewinnausschüttung (vGA) und zur verdeckten Einlage (vEL) sowie die allgemeine Regelung in § 1 AStG und die *Verwaltungsgrundsätze* für die Prüfung der Einkunftsabgrenzung bei international verbundenen Unternehmen vom 31. 10. 1983 (Verrechnungspreis-Verwaltungsgrundsätze). Einzelheiten hierzu s. § 34 III.
[206] Vgl. auch *Vogel/Lehner* DBA Art. 9 Rdnr. 7 und Art. 11 Rdnr. 121.
[207] Vgl. *Vogel/Lehner* DBA Art. 9 Rdnr. 3, Rdnr. 18 und Rdnr. 19.
[208] Zahlreiche Einzelheiten hierzu sind geregelt in dem *BMF-Schreiben* betr. Steuerliche Behandlung des Arbeitslohns nach den Doppelbesteuerungsabkommen vom 14. 9. 2006, BStBl. 2006 I S. 532 = Praktiker-Handbuch 2011 Außensteuerrecht, Band II, S. 761 ff.
[209] S. TZ 1.1 von Anhang 3 der *Anweisung* Leitfaden zur Besteuerung ausländischer Einkünfte. *Vogel/Lehner* DBA Art. 15 Rdnr. 4 sprechen vom „Prinzip des Arbeitsorts".
[210] S. die Abkommensübersicht bei *Vogel/Lehner* Art. 15 Rdnr. 69 ff. m. w. N.

artikel in allen deutschen Doppelbesteuerungsabkommen sehen hier die **Freistellungsmethode** vor.[211]

123 In systematischer Sicht gehören die Art. 15, Art. 16, Art. 17, Art. 18 und Art. 19 OECD-MA zusammen.[212] Innerhalb der Zuordnungsartikel für Einkünfte aus unselbständiger Arbeit bildet Art. 15 Abs. 1 OECD-MA die **Grundregel**[213] und ist der Zuordnungsartikel für **(allgemeine) unselbständige Einkünfte**. Zuordnungsartikel für **besondere unselbständige Einkünfte** sind Art. 16 (Aufsichtsrats- und Verwaltungsratsvergütungen), Art. 17 (unselbständig tätige Künstler und Sportler), Art. 18 (Ruhegehälter) und Art. 19 OECD-MA (öffentliche Dienst), die zu Art. 15 OECD-MA **lex specialis** sind. Im Grundsatz findet Art. 15 OECD-MA somit Anwendung auf Vergütungen aus einem gegenwärtigen Arbeitsverhältnis mit einem privaten Arbeitgeber.[214]

124 **Definitionen** von „unselbständiger Arbeit", von „Gehälter, Löhnen und ähnlichen Vergütungen" oder etwa von „Arbeitgeber" enthält Art. 15 OECD-MA nicht. Damit bestimmen sich die von Art. 15 OECD-MA verwendeten Begriffe nach dem jeweiligen **innerstaatlichen Recht**.[215]

125 **Vergütungen.** Unter „Vergütungen" fallen nur **Vergütungen von privaten Arbeitgebern**, nicht aber Zahlungen aus öffentlichen Kassen.[216] Vergütungen können als **Barlohn** (egal in welcher Währung) oder als **Sachbezüge** geleistet werden.[217] Solange der genannte wirtschaftliche Zusammenhang besteht, ist es unerheblich, ob der Arbeitgeber **direkt** an den Steuerpflichtigen oder ob er **an einen Dritten** leistet (so etwa, wenn der Arbeitgeber direkt gegenüber dem Finanzamt eine **Steuerschuld** des Arbeitnehmers begleicht).[218] Zu den Vergütungen gehören auch **Nebenleistungen** und **Sozialleistungen**, wie etwa Urlaubsgeld, Weihnachtsgeld und Schlechtwettergeld einschließlich der **Sozialversicherung**.[219] Wird die Arbeit teilweise in dem einen und teilweise in dem anderen Vertragsstaat geleistet, so sind **Neben-** und **Sozialleistungen** gegebenenfalls zeitanteilig aufzuteilen. Vergütungen können auch bezahlt werden für sog. **Nicht-Tätigkeiten**. Hierunter fallen die Fälle des **Sich-bereit-Haltens** (z.B. Bereitschaftsdienste von Ärzten, von technischem Personal), aber auch die Fälle der Zahlung von **Abfindungen für Wettbewerbs-** und **ähnliche Verbote**.[220] Zu Vergütungen können auch **Aktienoptionen**, generell **Stock Options** und **ähnliche Rechte** gehö-

---

[211] S. die Abkommensübersicht bei *Vogel/Lehner* Art. 23 Rdnr. 16 ff. m.w.N. Zur Freistellungsmethode s. im Einzelnen noch § 32 I.8.d).

[212] Soweit Sportler oder Künstler unselbständige Arbeit leisten, gehört in diesen Zusammenhang auch Art. 17 OECD-MA.

[213] S. die *Kommentierung* in Art. 15 Ziff. 2. MA-K.

[214] S. *Vogel/Lehner* DBA Art. 15 Rdnr. 7.

[215] S. *BFH* vom 9. 11. 1977, BStBl. 1978 II S. 195 (196); *BFH* vom 10. 7. 1996, BStBl. 1997 II S. 341 (342). Vgl. auch *BFH* vom 27. 1. 1972, BStBl. 1972 II S. 459 (460).

[216] S. TZ 1.2.2.3 *BMF-Schreiben* betr. Steuerliche Behandlung des Arbeitslohns nach den Doppelbesteuerungsabkommen vom 14. 9. 2006.

[217] S. *Vogel/Lehner* DBA Art. 15 Rdnr. 16.

[218] Vgl. auch TZ 1.2.1 von Anhang 3 der *Anweisung* Leitfaden zur Besteuerung ausländischer Einkünfte.

[219] S. *Vogel/Lehner* DBA Art. 15 Rdnr. 24.

[220] S. TZ 1.3.3 von Anhang 3 der *Anweisung* Leitfaden zur Besteuerung ausländischer Einkünfte; TZ 6.3 und TZ 6.4 *BMF-Schreiben* betr. Steuerliche Behandlung des Arbeitslohns nach den Doppelbesteuerungsabkommen vom 14. 9. 2006; TZ 9 *BMF-Einführungsschreiben* Lohnsteuer zu Steueränderungen 2003 und Haushaltsbegleitgesetz 2004, BStBl. 2004 I S. 173, (auszugsweise) abgedruckt in Praktiker-Handbuch 2011 Außensteuerrecht, Band I, S. 1411. *Verfügung der OFD Hannover* betr. Steuerliche Behandlung von Abfindungen vom 26. 10. 2006, abgedruckt in Praktiker-Handbuch 2011 Außensteuerrecht, Band II, S. 784; *Verfügung der OFD Hannover* betr. Steuerliche Behandlung von Abfindungen nach den DBA bei Wohnsitzwechsel ins Ausland vom 15. 12. 2006, abgedruckt in Praktiker-Handbuch 2011 Außensteuerrecht, Band II, S. 785.

ren.²²¹ Zwischen den Vergütungen und der Arbeitsleistung muss ein **wirtschaftlicher Zusammenhang** bestehen.²²² Vergütungen nach Art. 15 OECD-MA werden bezahlt für Arbeitsleistungen während des **aktiven Arbeitslebens**. Demgegenüber haben Ruhegehälter Versorgungscharakter.²²³ Aus diesem Grunde kann im Einzelfall die **Abgrenzung zu Art. 18 OECD-MA** (Ruhegehälter) dann *problematisch* sein, wenn Vergütungen erst nach Beendigung des Arbeitsverhältnisses bezahlt werden.²²⁴ Hierbei kann es sich um **nachträglich gezahlte Tätigkeitsvergütungen** (für die Art. 15 OECD-MA gilt) oder um **Ruhegehälter** (für die Art. 18 OECD-MA gilt) handeln.

Arbeitnehmer. Unselbständige Arbeit leisten nicht nur gewöhnliche **Arbeiter** und **Angestellte**,²²⁵ sondern auch etwa **Geschäftsführer** und **Vorstandsmitglieder**.²²⁶ Mangels einer abkommensrechtlichen Begriffsbestimmung ist aus deutscher Sicht hier auf **§ 1 LStDV** als Begriffsbestimmung des innerstaatlichen deutschen Rechts zurückzugreifen. Auch von einer **Personengesellschaft** an einen geschäftsführenden Mitunternehmer gezahlte Tätigkeitsvergütungen sind abkommensrechtlich Einkünfte aus unselbständiger Arbeit im Sinne von Art. 15 OECD-MA, obwohl solche Tätigkeitsvergütungen nach deutschem innerstaatlichen Recht als Sonderbetriebseinnahmen im Sinne von § 15 Abs. 1 Nr. 2 EStG qualifizieren.²²⁷

126

Arbeitgeber. „Arbeitgeber" ist diejenige Person, die die Vergütungen an den Arbeitnehmer **wirtschaftlich trägt**.²²⁸

127

Arbeitsort. Der Arbeitsort ist dort, wo die Arbeitsleistung erbracht wird. Dies kann eindeutig bestimmt werden bei **körperlicher Arbeit**, denn hier hält sich der Arbeitnehmer persönlich am Ort der Arbeit auf. Im Falle der Ausübung von **leitenden Funktionen** an häufig wechselnden Orten kann es dagegen *schwierig* sein, den Arbeitsort zu bestimmen. **Organe von Kapitalgesellschaften** üben ihre Tätigkeit grundsätzlich an dem Ort aus, an dem sie sich persönlich aufhalten.²²⁹ Im innerstaatlichen deutschen Recht wird zum Teil darauf abgestellt, wo die **Wirkungen** oder die **Verwertung der Tätigkeit** auftreten.²³⁰

128

---

²²¹ Nähere Einzelheiten zu diesem Themenkomplex und zu schwierigen Abgrenzungsfragen s. *Vogel/Lehner* DBA Art. 15 Rdnr. 16 m.w.N. und Rdnr. 20 ff.

²²² S. *BFH* vom 9. 11. 1977, BStBl. 1978 II S. 195 (196), wonach auch ein bloßer (mit-)ursächlicher Zusammenhang genügt.

²²³ S. *BFH* vom 27. 1. 1972, BStBl. 1972 II S. 459 (460); *BFH* vom 12. 10. 1978, BStBl. 1979 II S. 64 (65).

²²⁴ S. z. B. *BMF-Schreiben* betr. Abfindungen an Arbeitnehmer für das vorzeitige Ausscheiden aus dem Dienst vom 20. 5. 1997, BStBl. 1997 I S. 560 = Praktiker-Handbuch 2011 Außensteuerrecht, Band II, S. 1256. S. auch *Vogel/Lehner* DBA Art. 15 Rdnr. 9 und Rdnr. 17 f.

²²⁵ S. hierzu etwa *BFH* vom 21. 8. 1985, BStBl. 1986 II S. 4 (6) im Zusammenhang mit dem DBA-Spanien.

²²⁶ S. TZ 1.2.2 von Anhang 3 der *Anweisung* Leitfaden zur Besteuerung ausländischer Einkünfte; TZ 6.1 *BMF-Schreiben* betr. Steuerliche Behandlung des Arbeitslohns nach den Doppelbesteuerungsabkommen vom 14. 6. 2006.

²²⁷ S. *BFH* vom 21. 7. 1999, BStBl. 2000 II S. 336 ff. zur abkommensrechtlichen Zuordnung von Tätigkeitsvergütungen von Kommanditisten im Rahmen des DBA-USA.

²²⁸ So *BFH* vom 21. 8. 1985, BStBl. 1986 II S. 4 (6); *BFH* vom 29. 1. 1986, BStBl. 1986 II S. 513 (514). Vgl. auch auch *BFH* vom 29. 1. 1986, BStBl. 1986 II S. 442 (443 f.); *BFH* vom 29. 1. 1986, BStBl. 1986 II S. 513 (514) und *BFH* vom 15. 3. 2000, BStBl. 2002 II S. 238 (239 f.). S. auch TZ 4.3.3.1. *BMF-Schreiben* betr. Steuerliche Behandlung des Arbeitslohns nach den Doppelbesteuerungsabkommen vom 14. 6. 2006; *Verfügung der OFD Frankfurt am Main* betr. DBA-Besteuerungsrecht bei grenzüberschreitender Arbeitnehmertätigkeit – Auslegung des Arbeitgeberbegriffs vom 19. 12. 1996, abgedruckt in Praktiker-Handbuch 2011 Außensteuerrecht, Band II, S. 742.

²²⁹ S. TZ 6.1 *BMF-Schreiben* betr. Steuerliche Behandlung des Arbeitslohns nach den Doppelbesteuerungsabkommen vom 14. 6. 2006 unter Hinweis auf *BFH* vom 5. 10. 1994, BStBl. 1995 II S. 95 ff.

²³⁰ S. grundlegend dazu *BFH* vom 2. 5. 1969, BStBl. 1969 II S. 579 (581), der dem Ort der Ausübung der Arbeit gegenüber dem Ort der Verwertung der Arbeit grundsätzlich den Vorrang ein-

Auch bei den oben genannten **Nicht-Tätigkeiten** kann es *schwierig* sein, den Arbeitsort zu bestimmen. In den Fällen des **Sich-bereit-Haltens** wird auf den Ort abgestellt, an dem sich der Arbeitnehmer in Wartehaltung befindet,[231] während in den Fällen der Zahlung von **Abfindungen für Wettbewerbs-** und **ähnliche Verbote** der von dem Verbot umfasste Ort maßgebend ist.[232]

129 **bb) Die 183-Tageregelung – das Wohnsitzprinzip als Ausnahme zum Tätigkeitsortprinzip.** Art. 15 Abs. 2 OECD-MA enthält mit dem **Wohnsitzprinzip** eine **Ausnahme** zum Tätigkeitsortprinzip.[233] Danach liegt das (**alleinige und endgültige**) **Besteuerungsrecht beim Ansässigkeitsstaat** (s. die Formulierung „**können ... nur**"), wenn drei **Voraussetzungen** erfüllt sind:

– der Steuerpflichtige (der Empfänger) hält sich im Arbeitsortstaat (im anderen Staat) insgesamt nicht länger als **183-Tage** innerhalb eines Zeitraums von 12 Monaten, der während des betreffendes Steuerjahres beginnt oder endet, auf;
– die Vergütungen werden von einem **Arbeitgeber** oder für einen Arbeitgeber gezahlt, der **nicht im Arbeitsortstaat ansässig** ist;
– die Vergütungen werden **nicht von einer Betriebsstätte getragen**, die der Arbeitgeber im Arbeitsortstaat hat.

130 Zahlreiche **Einzelheiten** zur 183 Tage-Regelung ergeben sich aus der TZ 4 *BMF-Schreiben* betr. Steuerliche Behandlung des Arbeitslohns nach den Doppelbesteuerungsabkommen vom 14. 6. 2006.

131 **Arbeitgeber nicht im anderen Vertragsstaat ansässig.** Der Arbeitgeber darf nicht im Arbeitsortstaat ansässig sein. „**Arbeitgeber**" ist diejenige Person, die die Vergütungen an den Arbeitnehmer **wirtschaftlich trägt**.[234] In der *Praxis* sind oft Fälle anzutreffen, in denen ein Arbeitnehmer im Rahmen seines mit einer (deutschen) Muttergesellschaft bestehenden Arbeitsverhältnisses bei einer **ausländischen Tochtergesellschaft** dieser deutschen Muttergesellschaft tätig wird. In diesen Fällen erhält der Arbeitnehmer häufig seine Vergütungen auch ausschließlich von der Muttergesellschaft. Belastet die Muttergesellschaft in einem solchen Fall die Vergütungen des Arbeitnehmers an die ausländische Tochtergesellschaft weiter, so ist die ausländische Tochtergesellschaft wirtschaftlich betrachtet Arbeitgeber.[235] Der Arbeitgeber braucht keine Person im Sinne von Art. 3 Abs. 1 OECD-MA zu sein.[236] Aus diesem Grunde qualifizieren auch **Personengesellschaften** als Arbeitgeber, unabhängig davon, ob sie von einem Vertragsstaat als transparent oder als intransparent qualifiziert werden.[237] Sind Personengesellschaften Arbeitgeber, so gelten sie in entsprechender Anwendung der für Körperschaften geltenden Regeln als dort ansässig, wo sie den Ort der

---

räumt. Nähere Einzelheiten zu diesem Themenkomplex s. *Vogel/Lehner* DBA Art. 15 Rdnr. 33 und Rdnr. 34. m. w. N.

[231] S. *BFH* vom 9. 9. 1970, BStBl. 1970 II S. 867 (868 f.). S. auch TZ 6.2 *BMF-Schreiben* betr. Steuerliche Behandlung des Arbeitslohns nach den Doppelbesteuerungsabkommen vom 14. 6. 2006.

[232] S. hierzu die weiter oben in Ziff. (1) bei „Vergütungen" (dort bei „Abfindungen") genannten *BMF-Schreiben* und *Verfügungen*.

[233] S. die *Kommentierung* in Art. 15 Ziff. 3. MA-K. Vgl. auch TZ 1.2.1 von Anhang 3 der *Anweisung* Leitfaden zur Besteuerung ausländischer Einkünfte.

[234] So *BFH* vom 21. 8. 1985, BStBl. 1986 II S. 4 (6); *BFH* vom 29. 1. 1986, BStBl. 1986 II S. 513 (514). Vgl. auch *BFH* vom 29. 1. 1986, BStBl. 1986 II S. 442 (443 f.); *BFH* vom 29. 1. 1986, BStBl. 1986 II S. 513 (514) und *BFH* vom 15. 3. 2000, BStBl. 2002 II S. 238 (239 f.). S. auch TZ 1.4.3 von Anhang 3 der *Anweisung* Leitfaden zur Besteuerung ausländischer Einkünfte.

[235] S. TZ 4.3.3.1 *BMF-Schreiben* betr. Steuerliche Behandlung des Arbeitslohns nach den Doppelbesteuerungsabkommen vom 14. 6. 2006.

[236] Vgl. *Vogel/Lehner* DBA Art. 15 Rdnr. 52 m. w. N.

[237] S. TZ 4.3.1 und TZ 4.3.3.1 *BMF-Schreiben* betr. Steuerliche Behandlung des Arbeitslohns nach den Doppelbesteuerungsabkommen vom 14. 6. 2006. So auch *FG Berlin* vom 16. 3. 1999, IStR 1999, S. 471 (472).

tatsächlichen Geschäftsleitung haben.[238] Dagegen kann, wie die Regelungen in Art. 15 Abs. 2 lit. a)–lit. c) OECD-MA verdeutlichen, eine (typische)[239] **Betriebsstätte** oder **feste Einrichtung** nicht Arbeitgeber im Sinne von Art. 15 OECD-MA sein.[240]

Lohnzahlung wird (wirtschaftlich) nicht von Betriebsstätte getragen. Der Arbeitslohn wird zu Lasten einer ausländischen Betriebsstätte gezahlt, wenn die Vergütungen **wirtschaftlich** gesehen von der Betriebsstätte getragen werden. Unerheblich ist, wer die Vergütungen ausbezahlt und/oder wer die Vergütungen in seiner Buchführung abrechnet.[241]

132

cc) **Besonderheiten.** Insbesondere für die folgenden **Personengruppen** gelten Besonderheiten:

133

– für **Grenzgänger**[242]
– für **Arbeitnehmerleihverhältnisse**.[243] Nach einigen neueren Doppelbesteuerungsabkommen ist auf diese die 183 Tage-Regelung nicht anwendbar. Findet die 183 Tage-Regelung dagegen Anwendung, so ist Arbeitgeber der Verleiher[244]
– für **Flug-** und **Schiffspersonal, Hochschullehrer, Studenten, Schüler, Lehrlinge** und **sonstige Auszubildende**. Für diese enthalten die Doppelbesteuerungsabkommen zum Teil Sonderregeln[245]
– für **Personal staatlicher Handels- und Tourismusförderungsstellen**[246]
– für **Gastlehrkräfte**[247] und
– für **Berufskraftfahrer**.[248]

h) **Einkünfte aus selbständiger Arbeit, Art. 14 OECD-MA. aa) Aufhebung von Art. 14 OECD-MA durch das OECD-MA 2000.** Art. 14 OECD-MA ist seit dem OECD-Musterabkommen 2000 **aufgehoben**. Der Grund dafür ist, dass dieser Zuordnungsartikel im Grunde die gleiche Regelung enthielt wie Art. 7 OECD-MA. Weder gab

134

---

[238] S. TZ 4.3.1 *BMF-Schreiben* betr. Steuerliche Behandlung des Arbeitslohns nach den Doppelbesteuerungsabkommen vom 14. 6. 2006.

[239] Also eine Betriebsstätte, die aus der Sicht des deutschen Rechts nicht Personengesellschaft ist. Vgl. TZ 1.1.5.1 BStE (Beteiligung an einer Personengesellschaft).

[240] S. auch TZ 4.3.1 *BMF-Schreiben* betr. Steuerliche Behandlung des Arbeitslohns nach den Doppelbesteuerungsabkommen vom 14. 6. 2006 unter Hinweis auf *BFH* vom 29. 1. 1986, BStBl. 1986 II S. 442 (444) und *BFH* vom 29. 1. 1986, BStBl. 1986 II S. 513 (514 f.). Vgl. hierzu auch *FG Berlin* vom 16. 3. 1999, IStR 1999, S. 471 (472), wonach unter Art. 15 Abs. 2 DBA-USA eine Betriebsstätte in einem Vertragstaat kein ansässiger Arbeitgeber sein kann.

[241] S. TZ 1.4.4 von Anhang 3 der *Anweisung* Leitfaden zur Besteuerung ausländischer Einkünfte.

[242] S. TZ 1.2.2.2 *BMF-Schreiben* betr. Steuerliche Behandlung des Arbeitslohns nach den Doppelbesteuerungsabkommen vom 14. 6. 2006; TZ 1.6 von Anhang 3 der *Anweisung* Leitfaden zur Besteuerung ausländischer Einkünfte. Zur Definition von „Grenzgänger" s. *BFH* vom 5. 2. 1965, BStBl. 1965 III S. 352 (353).

[243] S. TZ 4.3.4 *BMF-Schreiben* betr. Steuerliche Behandlung des Arbeitslohns nach den Doppelbesteuerungsabkommen vom 14. 6. 2006; TZ 1.2.3 und TZ 1.4.3 von Anhang 3 der *Anweisung* Leitfaden zur Besteuerung ausländischer Einkünfte. Zum Arbeitnehmerverleih s. auch *BFH* vom 10. 11. 1993, BStBl. 1994 II S. 218 ff. betr. Arbeitnehmerverleih von Seeleuten im Rahmen des DBA-Zypern.

[244] S. TZ 1.4.3 von Anhang 3 der *Anweisung* Leitfaden zur Besteuerung ausländischer Einkünfte.

[245] Vgl. TZ 1.8 von Anhang 3 der *Anweisung* Leitfaden zur Besteuerung ausländischer Einkünfte; *Verfügung der OFD Hannover* betr. Besatzungsmitglieder von Seeschiffen im internationalen Verkehr vom 18. 7. 2006, abgedruckt in Praktiker-Handbuch 2011 Außensteuerrecht, Band II, S. 760.

[246] S. *Erlass des FM Nds.* betr. Personal staatlicher Handels- und Tourismusförderungsstellen vom 30. 11. 1978. Abgedruckt in Praktiker-Handbuch 2003 Außensteuerrecht, Band II, S. 681.

[247] Vgl. *BMF-Schreiben* betr. Gastlehrkräfte vom 10. 1. 1994, BStBl. 1994 I S. 14 = Praktiker-Handbuch 2011 Außensteuerrecht, Band II, S. 740.

[248] S. *Verfügung der OFD Frankfurt am Main* betr. Berufskraftfahrer vom 28. 8. 1997 S 1300 A St III 1 a abgedruckt in Praktiker-Handbuch 2011 Außensteuerrecht, Band II, S. 749; TZ 8 *BMF-Schreiben* betr. Steuerliche Behandlung des Arbeitslohns nach den Doppelbesteuerungsabkommen vom 14. 6. 2006.

es beabsichtigte Unterschiede zwischen dem Begriff „feste Geschäftseinrichtung" und dem Begriff „Betriebsstätte", noch gab es diese für die Gewinnermittlung oder die Steuerberechnung. Seit der Streichung von Art. 14 OECD-MA wird auf Einkünfte aus selbständiger Arbeit nunmehr Art. 7 OECD-MA angewandt.[249] Gleichwohl wird Art. 14 OECD-MA hier nach wie vor behandelt, da fast alle deutschen Doppelbesteuerungsabkommen eine dem Art. 14 OECD-MA entsprechende oder vergleichbare Regelung enthalten.[250]

135 **bb) Grundsätze der Besteuerung.** Art. 14 OECD-MA für Einkünfte aus selbständiger Arbeit beruht auf den gleichen Grundsätzen wie Art. 7 OECD-MA für Unternehmensgewinne, weswegen diese Grundsätze und die dazugehörige Musterkommentierung als Richtlinien zur Auslegung und Anwendung von Art. 14 OECD-MA herangezogen werden können.[251] Die Methodenartikel in allen deutschen Doppelbesteuerungsabkommen sehen auch hier die **Freistellungsmethode** vor.[252]

136 Art. 14 Abs. 1 OECD-MA bestimmt als Einkünfte aus selbständiger Arbeit solche aus einem freien Beruf oder aus sonstiger selbständiger Tätigkeit. **„Freier Beruf"** wird definiert in Art. 14 Abs. 2 OECD-MA und umfasst inbesondere die selbständig ausgeübten wissenschaftlichen, literarischen, künstlerischen, erzieherischen oder unterrichtenden Tätigkeiten sowie die selbständigen Tätigkeiten der Ärzte, Rechtsanwälte, Ingenieure, Architekten, Zahnärzte und Buchsachverständigen. Wie sich aus dem Wort „insbesondere" ergibt, ist diese Aufzählung nicht abschließend.[253] Damit bestimmt sich der Begriff „Einkünfte aus selbständiger Arbeit" im Übrigen nach dem jeweiligen **innerstaatlichen Recht**.[254] Dies sind nach dem deutschen Recht die Einkünfte aus selbständiger Arbeit im Sinne von § 18 EStG.

137 Innerhalb der Zuordnungsartikel für Einkünfte aus selbständiger Arbeit bildet Art. 14 Abs. 1 OECD-MA die **Grundregel** und ist der Zuordnungsartikel für **(allgemeine) Einkünfte aus selbständiger Arbeit**. Daneben sind die Art. 16 und Art. 17 OECD-MA **lex specialis** für bestimmte Gruppen von selbständig Tätigen.[255]

138 **i) Einkünfte aus unbeweglichem Vermögen, Art. 6 OECD-MA. aa) Grundsätze der Besteuerung.** Nach der Zuordnungsnorm des Art. 6 Abs. 1 OECD-MA liegt für Einkünfte aus unbeweglichem Vermögen das **(nicht abschließend geregelte) Besteuerungsrecht beim Quellen- oder Belegenheitsstaat**. Bei den Einkünften aus unbeweglichem Vermögen hat somit das Quellen- oder Belegenheitsprinzip Vorrang. Der Grund hierfür ist die enge wirtschaftliche Verbindung mit dem Belegenheitsstaat.[256] Wegen der Formulierung **„können"** lässt Art. 6 Abs. 1 OECD-MA offen, ob und gegebenenfalls wie eine Besteuerung im Ansässigkeitsstaat erfolgt. Die Methodenartikel in der Mehrzahl der deutschen Doppelbesteuerungsabkommen sehen hier die **Freistellungsmethode** vor. In einigen deutschen Doppelbesteuerungsabkommen sehen die Methodenartikel dagegen die Freistellungsmethode nur vor, wenn das unbewegliche Vermögen einer im ausländischen Vertragsstaat liegenden Betriebsstätte dient; ist dies nicht der Fall, dann wird die Doppelbesteuerung in der Bundesrepublik Deutschland durch die **Anrechnungsmethode** beseitigt.

---

[249] Vgl. etwa *Wassermeyer* in Debatin/Wassermeyer MA vor Ziff. 1. MA-K a. F.
[250] Entsprechend wird auch in der *Kommentarliteratur* verfahren. S. etwa *Wassermeyer* in Debatin/Wassermeyer MA Art. 14 Rdnr. 0.
[251] S. auch die *Kommentierung* in Art. 14 Ziff. 3. MA-K. Der Gleichlauf von Art. 7 und Art. 14 OECD-MA gilt allerdings im Rahmen der deutschen Doppelbesteuerungsabkommen nicht ohne Ausnahmen. Z. B. enthalten einige ältere DBA für Dividenden einen Betriebsstättenvorbehalt im Sinne des Art. 10 Abs. 4 OECD-MA ohne die feste Einrichtung von selbständig Tätigen zu erwähnen.
[252] S. die Abkommensübersicht bei *Vogel/Lehner* Art. 23 Rdnr. 16 ff. m. w. N.
[253] S. auch die *Kommentierung in* Art. 14 Ziff. 1. und Ziff. 2. MA-K.
[254] Vgl. etwa *Vogel/Lehner* DBA Art. 14 Rdnr. 12 m. w. N.
[255] Vgl. etwa *Vogel/Lehner* DBA Art. 14 Rdnr. 8.
[256] S. die *Kommentierung* in Art. 6 Ziff. 1. MA-K.

139 Art. 6 OECD-MA regelt nur das Besteuerungsrecht für **laufende Einkünfte** aus unbeweglichem Vermögen. Dagegeben richtet sich die Besteuerung von Einkünften aus der **Veräußerung** von unbeweglichem Vermögen nach Art. 13 Abs. 1 OECD-MA. Für die **Besteuerung von unbeweglichem Vermögen** gilt Art. 22 OECD-MA.

140 **Art. 6 Abs. 2 OECD-MA** enthält eine Definition des Begriffs „**unbewegliches Vermögen**". Grundsätzlich soll diesem Begriff die Bedeutung zukommen, die er nach dem jeweiligen innerstaatlichen Recht des Vertragsstaats, in dem das Vermögen liegt, hat. In jedem Fall soll zum unbeweglichen Vermögen aber gehören das **Zubehör** zum unbeweglichen Vermögen, das lebende und tote **Inventar** land- und forstwirtschaftlicher Betriebe, **Rechte**, für die die Vorschriften des Privatrechts über Grundstücke gelten, **Nutzungsrechte** an unbeweglichem Vermögen und Rechte auf veränderliche oder feste Vergütungen für die Ausbeutung oder das Recht auf Ausbeutung von **Mineralvorkommen**, **Quellen** und anderen **Bodenschätzen**.

141 Für **Schiffe** und **Luftfahrzeuge** gelten Sonderregeln; sie gelten nach Art. 6 Abs. 2 Satz 2 2. Halbsatz OECD-MA nicht als unbewegliches Vermögen. Wird deshalb ein Seeschiff, Binnenschiff oder Luftfahrzeug zur Nutzung überlassen, so ist die Zuordnung des Besteuerungsrechts ausschließlich anhand der Art. 7 oder Art. 8 OECD-MA zu treffen; maßgebend ist, ob Einkünfte „aus dem Betrieb" eines Schiffes oder Luftfahrzeugs stammen oder nicht. Im ersten Fall[257] richtet sich das Besteuerungsrecht nach Art. 8 OECD-MA und im zweiten Fall[258] nach Art. 7 OECD-MA.

142 Für Einkünfte aus **Forderungen**, die durch unbewegliches Vermögen **gesichert** sind, gilt Art. 11 Abs. 1 OECD-MA, wie sich aus der Begriffsbestimmung in Art. 11 Abs. 3 OECD-MA ausdrücklich ergibt.[259]

143 Bei den Einkünften aus **Land- und Forstwirtschaft** steht im Vordergrund die Nutzung von Grund und Boden, weswegen die Zuweisung des Besteuerungsrechts nach Art 6 OECD-MA erfolgt. Im Einzelfall kann es *Abgrenzungsschwierigkeiten* zu Unternehmensgewinnen im Sinne von Art. 7 OECD-MA geben. In diesem Fall ist die Abgrenzung anhand der Bestimmung des Begriffs „unbewegliches Vermögen" nach dem innerstaatlichen Recht des Belegenheitsstaats zu treffen.[260]

144 **Lizenzgebühren** für die Überlassung von **unbeweglichem Vermögen** (sog. „**mineral royalties**") unterfallen der Regelung in Art. 6 OECD-MA.[261]

145 **Art. 6 Abs. 3 OECD-MA** ist **unklar formuliert**. Diese Vorschrift will regeln, dass Abs. 1 für **(laufende) Einkünfte** aus der unmittelbaren Nutzung, der Vermietung oder Verpachtung sowie jeder anderen Art der Nutzung unbeweglichen Vermögens gilt.[262] Hierunter fällt die Untervermietung und Unterverpachtung sowie Abfindungen für den Verzicht auf Rechte an langfristigen Miet- oder Pachtverträgen und ebenso Vergütungen dafür, dass ein Steuerpflichtiger mit seinem Grundstück für einen Dritten Sicherheit leistet.[263]

146 **bb) Unbewegliches Vermögen eines Unternehmens, Art. 6 Abs. 4 OECD-MA.** Gehören zu den Gewinnen eines Unternehmens **Einkünfte nach anderen Zuordnungsartikeln** eines Doppelbesteuerungsabkommens (z.B. Einkünfte aus unbeweglichem Vermögen nach Art. 6 OECD-MA), so sind nach Art. 7 Abs. 7 OECD-MA diese Zuord-

---

[257] Hierzu gehört die Vercharterung eines vollständig ausgerüsteten und bemannten Schiffes oder Luftfahrzeugs.
[258] Hierzu gehört die Vercharterung (die reine Vermietung) eines leeren und nicht bemannten Schiffes oder Luftfahrzeugs.
[259] S. auch die *Kommentierung* in Art. 6 Ziff. 2. MA-K.
[260] Vgl. *Vogel/Lehner* DBA Art. 6 Rdnr. 35 ff.
[261] So die *Kommentierung* in Art. 12 Ziff. 19. MA-K. Vgl. auch *Vogel/Lehner* DBA Art. 12 Rdnr. 10.
[262] S. *Vogel/Lehner* DBA Art. 6 Rdnr. 131; *Wassermeyer* in Debatin/Wassermeyer MA Art 6 A Rdnr. 91. S. auch die *Kommentierung* in Art. 6 Ziff. 3. MA-K. Vgl. hierzu insgesamt die Darstellung bei *Vogel/Lehner* DBA Art. 6 Rdnr. 131, Rdnr. 173 – Rdnr. 191.
[263] Vgl. *Vogel/Lehner* DBA Art. 6 Rdnr. 183.

nungsartikel **lex specialis** zu Art 7 OECD-MA (**Vorrang des Belegenheitsprinzips** vor dem Betriebsstättenprinzip).²⁶⁴ Unterhält ein Unternehmen im Belegenheitsstaat keine Betriebsstätte, so bleibt es bezüglich der Unternehmensgewinne beim Besteuerungsrecht des Ansässigkeitsstaats. Damit sichergestellt ist, dass der Belegenheitsstaat das Besteuerungsrecht bezüglich der Einkünfte aus unbeweglichem Vermögen in jedem Fall hat, unabhängig davon, ob ein Unternehmen im Belegenheitsstaat eine Betriebsstätte unterhält oder nicht, enthält Art. 6 Abs. 4 OECD-MA noch einmal eine **klarstellende Regelung**. Wegen der eindeutigen Regelung in Art. 7 Abs. 7 OECD-MA wäre die Regelung in Art. 6 Abs. 3 OECD-MA im Grunde nicht erforderlich, hat also nur **klarstellende Bedeutung**.²⁶⁵

147 Unberührt lässt Art. 6 OECD-MA das Recht der Vertragsstaaten, nach welchen **innerstaatlichen Vorschriften** sie Einkünfte aus unbeweglichem Vermögen besteuern.²⁶⁶ Das heißt für die Bundesrepublik Deutschland als Belegenheitsstaat Folgendes: Wenn ein ausländisches Unternehmen, welches eine Betriebsstätte in der Bundesrepublik Deutschland unterhält, Einkünfte aus unbeweglichem Vermögen erzielt, die dieser Betriebsstätte zugerechnet werden können, dann hat die Bundesrepublik Deutschland für diese Einkünfte aus unbeweglichem Vermögen wegen Art. 7 Abs. 7/Art. 6 Abs. 4 OECD-MA das Besteuerungsrecht nach Art. 6 Abs. 1 OECD-MA und nicht nach Art. 7 Abs. 1 OECD-MA. Gleichwohl stützt die deutsche *Finanzverwaltung* bei der Anwendung des innerstaatlichen Rechts die Besteuerung – dogmatisch absolut korrekt – nicht auf § 21 Abs. 1 Nr. 1 EStG (Einkünfte aus Vermietung und Verpachtung von beweglichem Vermögen), sondern auf § 15 EStG bzw. § 8 Abs. 1 KStG i. V. m. § 15 EStG (Einkünfte aus Gewerbebetrieb).

148 **j) Einkünfte aus der Veräußerung von Vermögen, Art. 13 OECD-MA. aa) Grundsätze der Besteuerung.** Mit der Regelung zur Besteuerung von Einkünften aus der Veräußerung von Vermögen in Art. 13 trifft das OECD-Musterabkommen auf eine **Vielzahl von Regelungen** in dem jeweiligen innerstaatlichen Recht der OECD-Mitgliedsstaaten. In einigen Staaten gelten Veräußerungsgewinne nicht als steuerpflichtige Einkünfte. In anderen Staaten gelten als steuerpflichtige Einkünfte nur Veräußerungsgewinne im Bereich des Betriebsvermögens, nicht dagegen oder nur ausnahmsweise²⁶⁷ im Bereich des Privatvermögens. In bestimmten Staaten sind Veräußerungsgewinne auf der Grundlage von eigenständigen Besteuerungsgrundlagen steuerbar, während sie in anderen Staaten (grundsätzlich) wie ordentliche Einkünfte besteuert werden.²⁶⁸

149 Im Grundsatz hat nach Art. 13 OECD-MA hinsichtlich der Besteuerung von Veräußerungsgewinnen der Vertragsstaat das Besteuerungsrecht, der nach dem OECD-Musterabkommen auch das Besteuerungsrecht hinsichtlich der **laufenden Einkünfte** hat.²⁶⁹ Insoweit stellt die Besteuerung von Veräußerungsgewinnen eine **Ergänzung der Besteuerung der laufenden Einkünfte** dar. Entsprechend folgt die Besteuerung von Veräußerungsgewinnen grundsätzlich den Regelungen für die Besteuerung der laufenden Einkünfte. Des Weiteren läuft die Regelung des Art. 13 OECD-MA fast wortgleich parallel zur Regelung des Art. 22 OECD-MA hinsichtlich der **Besteuerung des Vermögens**.

150 Art. 13 OECD-MA enthält keine Definition des Begriffs „**Veräußerungsgewinne**". Nach den *Kommentierungen* in Art. 13 Ziff. 5. und Ziff. 10. MA-K zählen zu den Veräußerungsgewinnen unter anderem Gewinne aus dem **Verkauf** oder dem **Tausch** (einschließ-

---

²⁶⁴ Vgl. auch *Vogel/Lehner* DBA Art. 6 Rdnr. 199.
²⁶⁵ So auch *Vogel/Lehner* DBA Art. 6 Rdnr. 201. *A. A.* noch *Vogel* DBA Art. 6 Rdnr. 46a m. w. N. (in der Vorauflage).
²⁶⁶ S. auch die *Kommentierung* in Art. 6 Ziff. 4. MA-K.
²⁶⁷ So z. B. die Bundesrepublik Deutschland mit den Regelungen in § 17 EStG (Besteuerung von Veräußerung von Anteilen an Kapitalgesellschaften) und in § 23 EStG (Besteuerung von Privaten Veräußerungsgeschäften (frühere Bezeichnung: von Spekulationsgewinnen)). Vgl. auch *Vogel/Lehner* DBA Art. 13 Rdnr. 7.
²⁶⁸ So z. B. die Bundesrepublik Deutschland mit § 16 EStG (Veräußerung des Betriebs).
²⁶⁹ S. die *Kommentierung* in Art. 13 Ziff. 4. MA-K.

lich der **Teilveräußerung**) von Vermögenswerten, der **Enteignung**, der **Einbringung** in eine Gesellschaft, dem **Verkauf von Rechten** und der unentgeltlichen Übertragung und dem Übergang **von Todes wegen** sowie die Fälle der sog. **Entstrickung**.[270] Im Übrigen bestimmt sich über Art. 3 Abs. 2 OECD-MA nach dem innerstaatlichen Recht des jeweiligen Vertragsstaats, welche Sachverhalte zu „Veräußerungsgewinnen" führen. Unerheblich ist für Art. 13 OECD-MA der **Entstehungsgrund** für Veräußerungsgewinne.[271] Allerdings nimmt die *Kommentierung* in Art. 13 Ziff. 19. MA-K **Lottogewinne**, **Losgewinne** und **Aufgelder** für Anleihen bzw. Obligationen ausdrücklich von dem Anwendungsbereich von Art. 13 OECD-MA aus. Soweit solche Lottogewinne, Losgewinne und Aufgelder nach dem innerstaatlichen Recht eines Vertragsstaats Veräußerungsgewinne sein können, regelt sich die Bestimmung des Besteuerungsrechts nicht nach Art. 13 OECD-MA, sondern nach Art. 21 OECD-MA.

Liquidationserlöse können die Vertragsstaaten nach der *Kommentierung* in Art. 13 Ziff. 31. MA-K entweder als Dividenden im Sinne von Art. 10 OECD-MA qualifizieren oder als Veräußerungsgewinne im Sinne von Art. 13 OECD-MA behandeln, denn die Definition von „Dividenden" in Art. 10 Abs. 3 OECD-MA umfasst unter anderem auch Liquidationserlöse.[272] **151**

Art. 13 OECD-MA lässt, mangels einer besonderen Praxisrelevanz, bewusst offen, welche Regelungen eingreifen und welchem Vertragsstaat das Besteuerungsrecht zusteht, wenn Vermögen nicht auf der Grundlage eines festen Veräußerungspreises veräußert wird, sondern auf der Grundlage einer **Rentenzahlung**.[273] In Frage kommen hier Art. 13 OECD-MA und Art. 22 OECD-MA.

Da Doppelbesteuerungsabkommen nur Kollisionsrecht sind, enthält Art. 13 OECD-MA **152** keine Bestimmungen über die Art und Weise der Ermittlung der **Höhe des Veräußerungsgewinns**. Diese bestimmt sich nach dem innerstaatlichen Recht des jeweiligen Belegenheitsstaats.[274]

Teilweise enthalten Doppelbesteuerungsabkommen der Bundesrepublik Deutschland **153** **keine dem Art. 13 OECD-MA entsprechende Vorschrift** betreffend die Besteuerung der Veräußerung von Vermögen. In diesen Fällen ist auf die dem Art. 21 OECD-MA entsprechende Vorschrift für andere Einkünfte zurückzugreifen, es sei denn, dass andere speziellere Zuordnungsnormen des jeweiligen Doppelbesteuerungsabkommens, vorrangig eingreifen.[275]

bb) Einkünfte aus der Veräußerung von unbeweglichem Vermögen, Art. 13 **154** **Abs. 1 OECD-MA.** Für die Besteuerung von Einkünften aus der Veräußerung von unbeweglichem Vermögen im Sinne von Art. 6 OECD-MA gilt ausschließlich das **Belegenheitsprinzip**. Diese Regelung läuft mit Art. 6 und Art. 22 Abs. 1 OECD-MA parallel. Wegen der Geltung des Belegenheitsprinzips braucht nicht danach unterschieden zu werden, ob unbewegliches Vermögen Betriebsvermögen einer **Betriebsstätte** im Belegenheitsstaat ist. Nach der Zuordnungsnorm des Art. 13 Abs. 1 OECD-MA steht dem **Belegenheitsstaat das (nicht abschließend geregelte) Besteuerungsrecht** zu. Wegen der Formulierung **„kann"** lässt Art. 13 Abs. 1 OECD-MA offen, ob und gegebenenfalls wie eine Besteuerung im Ansässigkeitsstaat erfolgt. Die meisten deutschen Doppelbesteuerungsabkommen enthalten eine dem Art. 13 Abs. 1 OECD-MA entsprechende Regelung.[276] Nach den Methodenartikeln in fast allen deutschen Doppelbesteuerungsabkom-

---

[270] Einzelheiten hierzu s. § 33 III. Vgl. hierzu auch *Kluge*, a. a. O., M 73; *Schaumburg*, a. a. O., Rdnr. 5.375 und Rdnr. 5.387.
[271] S. die *Kommentierung* in Art. 13 Ziff. 11. MA-K.
[272] Vgl. hierzu auch *Vogel/Lehner* DBA Art. 10 Rdnr. 218 und Art. 13 Rdnr. 3.
[273] S. die *Kommentierung* in Art. 13 Ziff. 18. MA-K. Vgl. hierzu auch *Vogel/Lehner* DBA Art. 13 Rdnr. 5.
[274] S. die *Kommentierung* in Art. 13 Ziff. 13. MA-K.
[275] Vgl. hierzu auch *Vogel/Lehner* DBA Art. 13 Rdnr. 95.
[276] S. die Abkommensübersicht bei *Vogel/Lehner* Art. 13 Rdnr. 18 ff. m. w. N.

men vermeidet die Bundesrepublik Deutschland die Doppelbesteuerung für Einkünfte aus der Veräußerung von unbeweglichem Vermögen durch die Anwendung der **Freistellungsmethode**.[277]

155 Wegen der Verweisung „**unbewegliches Vermögen** im Sinne des Artikels 6" bestimmt sich die Bedeutung von unbeweglichem Vermögen nach der Definition in Art. 6 Abs. 2 OECD-MA.

156 **cc) Einkünfte aus der Veräußerung von beweglichem Vermögen/sonstigem Vermögen, Art. 13 Abs. 2 und Abs. 4 OECD-MA.** Nach der Zuordnungsnorm des Art. 13 Abs. 2 OECD-MA liegt für Einkünfte aus der Veräußerung von beweglichem Vermögen das **(alleinige und endgültige) Besteuerungsrecht beim Ansässigkeitsstaat** (s. die Formulierung „**können nur**"), es sei denn bewegliches Vermögen ist Betriebsvermögen einer Betriebsstätte in einem Vertragsstaat. In diesem Falle gilt wiederum ein **Betriebsstättenvorbehalt**, geregelt in Art. 13 Abs. 2 OECD-MA, mit der Folge, dass sodann dem **Belegenheitsstaat das (nicht abschließend geregelte) Besteuerungsrecht** zusteht. Wegen der Formulierung „kann" lässt Art. 13 Abs. 2 OECD-MA offen, ob und gegebenenfalls wie eine Besteuerung im Ansässigkeitsstaat erfolgt. Die überwiegende Anzahl der deutschen Doppelbesteuerungsabkommen enthalten eine Art. 13 Abs. 2 OECD-MA entsprechende Regelung.[278] Nach den Methodenartikeln in der Mehrzahl der deutschen Doppelbesteuerungsabkommen vermeidet die Bundesrepublik Deutschland die Doppelbesteuerung für Einkünfte aus der Veräußerung von beweglichem Betriebsvermögen durch die Anwendung der **Freistellungsmethode**. Diese Regelungen laufen mit Art. 22 Abs. 2 und Abs. 4 OECD-MA parallel.[279]

157 Der Begriff „**bewegliches Vermögen**" wird in Art. 13 OECD-MA nicht definiert und bestimmt sich nach Maßgabe von Art. 3 Abs. 2 OECD-MA somit nach dem jeweiligen innerstaatlichen Recht der Vertragsstaaten. Nach der *Kommentierung* in Art. 13 Ziff. 24 MA-K umfasst der Begriff „bewegliches Vermögen" Vermögen jeder Art mit Ausnahme des unter Art. 13 Abs. 1 OECD-MA fallenden unbeweglichen Vermögens. Dazu gehören auch **immaterielle Wirtschaftsgüter** wie zum Beispiel der Firmenwert und Lizenzrechte.

158 Art. 13 OECD-MA enthält keine besonderen Bestimmungen für die Besteuerung von Gewinnen aus der Veräußerung von **Anteilen an einer Kapitalgesellschaft**. Nach dem OECD-Musterabkommen unterfallen solche Veräußerungsgewinne daher Art. 13 Abs. 4 OECD-MA und können **nur im Ansässigkeitsstaat besteuert** werden[280] (also dort wo der Veräußerer/Gesellschafter ansässig ist). Im Gegensatz dazu enthält das **UN-Musterabkommen** einen Art. 13 Abs. 5, der Gewinne aus der Veräußerung von Anteilen an einer Kapitalgesellschaft zum Gegenstand hat und das Besteuerungsrecht dem Vertragsstaat zuweist, in dem die Kapitalgesellschaft ihren **Sitz hat** (also aus der Sicht des Veräußerers/Gesellschafters dem Belegenheitsstaat), wenn die Beteiligung einen bestimmten, von den jeweiligen Vertragsstaaten im Einzelnen auszuhandelnden Prozentsatz übersteigt. Während etwa 1/3 der deutschen Doppelbesteuerungsabkommen entsprechend Art. 13 Abs. 4 OECD-MA dem Ansässigkeitsstaat (Ansässigkeit des Veräußerers/Gesellschafters) das Besteuerungsrecht zuweisen, folgen etwa 1/3 der deutschen Doppelbesteuerungsabkommen dem Vorschlag des UN-Musterabkommens, wonach das Besteuerungsrecht dem Vertragsstaat zusteht, in dem die Kapitalgesellschaft ihren **Sitz hat** (Belegenheitsstaat). Im letzteren Falle vermeidet die Bundesrepublik Deutschland die Doppelbesteuerung in aller Regel durch die Anwendung der **Anrechnungsmethode**.

---

[277] S. die *Länderübersicht* zur Vermeidung der Doppelbesteuerung bei ausländischen Einkünften aus unbeweglichem Vermögen sowie die Abkommensübersicht bei *Vogel/Lehner* Art. 23 Rdnr. 16 ff. m. w. N.

[278] S. die Abkommensübersicht bei *Vogel/Lehner* Art. 13 Rdnr. 38 ff. m. w. N.

[279] Vgl. hierzu auch die innerstaatliche Regelung des § 8b Abs. 2 KStG. Einzelheiten hierzu s. § 32 I.6.i)ee).

[280] S. auch die *Kommentierung* in Art. 13 Ziff. 30. MA-K.

Art. 13 Abs. 4 OECD-MA trifft eine Regelung betreffend **Gesellschaften mit Immobilienbesitz**. Danach können Gewinne aus der Veräußerung von Anteilen an Gesellschaften, deren Wert zu mehr als der Hälfte direkt oder indirekt aus Immobilienvermögen besteht **(50%-Grenze)**, nunmehr in dem Vertragsstaat, in dem sich die Immobilien befinden, besteuert werden.[281]

dd) **Einkünfte aus der Veräußerung von Seeschiffen, Luftfahrzeugen und Binnenschiffen, Art. 13 Abs. 3 OECD-MA.** Der Gegenstand von Art. 13 Abs. 3 OECD-MA ist die Besteuerung von Einkünften aus der Veräußerung von **Seeschiffen, Luftfahrzeugen und Binnenschiffen** sowie die Besteuerung von Einkünften aus der Veräußerung von **beweglichem Vermögen**, welches dem Betrieb dieser Schiffe oder Luftfahrzeuge dient. Nach Art. 13 Abs. 3 OECD-MA hat der Vertragsstaat, in dem sich der tatsächliche Ort der Geschäftsleitung des Unternehmens befindet, das Besteuerungsrecht. Wenn dies wie im Regelfall der Ansässigkeitsstaat ist, liegt das **(alleinige und endgültige) Besteuerungsrecht beim Ansässigkeitsstaat** (s. die Formulierung „**können nur**"). Diese Regel folgt damit Art. 8 OECD-MA[282] und läuft parallel mit Art. 22 Abs. 3 OECD-MA. Die meisten deutschen Doppelbesteuerungsabkommen enthalten eine dem Art. 13 Abs. 3 OECD-MA entsprechende Regelung, allerdings enthalten auch zahlreiche deutsche Doppelbesteuerungsabkommen hierzu keine Regelung.[283] Nach den Methodenartikeln in der Mehrzahl der deutschen Doppelbesteuerungsabkommen, die eine solche Regelung enthalten, hat der Ansässigkeitsstaat des Veräußerers das Besteuerungsrecht. In diesem Falle vermeidet die Bundesrepublik Deutschland die Doppelbesteuerung durch die Anwendung der **Freistellungsmethode**.

Für Art. 13 Abs. 3 OECD-MA gilt grundsätzlich das **Ansässigkeitsprinzip**. Die Einschränkung „**grundsätzlich**" ist deshalb vorzunehmen, weil das Besteuerungsrecht in Art. 13 Abs. 3 OECD-MA nicht anknüpft an die im deutschen Steuerrecht bekannten alternativen Anknüpfungsmerkmale „Sitz" oder „Geschäftsleitung" im Sinne der §§ 10 und 11 AO, sondern lediglich anknüpft an den „Ort der tatsächlichen Geschäftsleitung", unabhängig von dem (juristischen) Sitz des Unternehmens. Art. 13 Abs. 3 OECD-MA orientiert sich (nur) an dem „tatsächlichen Ort der Geschäftsleitung des Unternehmens". In der Regel wird sich der Ort der tatsächlichen Geschäftsleitung des Unternehmens dort befinden, wo das Unternehmen auch seinen Sitz hat. Sollte dies nicht der Fall sein, so wandelt sich das Ansässigkeitsprinzip im Ergebnis in eine Art **Betriebsstättenprinzip**,[284] es sei denn der Ort der tatsächlichen Geschäftsleitung des Unternehmens befindet sich an Bord eines Schiffes; dann ist nach Art. 8 Abs. 3 OECD-MA maßgebend der Heimathafen, und wenn ein solcher nicht vorhanden ist, der Vertragsstaat, in dem der Betreiber des Schiffes ansässig ist. In diesen in der *Praxis* seltenen Fällen gilt dann wieder das reine Ansässigkeitsprinzip.

Art. 13 Abs. 3 OECD-MA ist **lex specialis** zu Art. 13 Abs. 2 und Abs. 4 OECD-MA. Schiffe und Luftfahrzeuge gelten nach Art. 6 Abs. 2 Satz 2 2. Halbsatz OECD-MA nicht als unbewegliches Vermögen. Damit gelten Schiffe und Luftfahrzeuge nach der Systematik des OECD-Musterabkommens als bewegliches Vermögen, mit der Folge, dass die Besteuerung von Schiffen und Luftfahrzeugen ohne die Regelung des Art. 13 Abs. 3 OECD-MA entweder nach Art. 13 Abs. 2 OECD-MA (als Betriebsvermögen einer im Ansässigkeitsstaat belegenen Betriebsstätte) oder nach Art. 13 Abs. 4 OECD-MA (als sonstiges Vermögen) erfolgen würde. Da dieses Ergebnis dem vorgenannten Prinzip des Orts der tatsäch-

---

[281] S. hierzu *Kolb*, IWB Nr. 21 vom 13. 11. 2002, S. 1059 (1961 f.) mit weiteren Einzelheiten.
[282] S. auch die *Kommentierung* in Art. 22 Ziff. 4. MA-K.
[283] S. die Abkommensübersicht bei *Vogel/Lehner* Art. 13 Rdnr. 48 ff. m. w. N.
[284] So auch die *Kommentierung* in Art. 8 Ziff. 3. MA-K, die nicht von einer „grundsätzlichen Wohnsitzbesteuerung" spricht, sondern von einer „subsidiären Wohnsitzbesteuerung". Das Betriebsstättenprinzip ist in Art. 7 Abs. 1 Satz 1 2. Halbsatz OECD-MA niedergelegt und ist ein Unterfall des Quellen- oder Belegenheitsprinzips.

lichen Geschäftsleitung zuwiderliefe, ist die Sonderregelung des Art. 13 Abs. 3 OECD-MA erforderlich.[285]

163 Andererseits erfolgt die Besteuerung von **unbeweglichem Vermögen**, welches der Schiffahrt oder Luftfahrt dient, nicht nach Art. 13 Abs. 3 OECD-MA, sondern nach Art. 13 Abs. 1 OECD-MA. Art. 13 Abs. 1 OECD-MA geht Art. 13 Abs. 3 OECD-MA vor.[286]

164 ee) **Exkurs: Die innerstaatliche Regelung des § 8b Abs. 2 KStG.** § 8b Abs. 2 KStG[287] ergänzt im Körperschaftsteuersystem § 8b Abs. 1 KStG und stellt auch Einkünfte aus der Veräußerung einer Beteiligung von der **Besteuerung frei**. Auch § 8b Abs. 2 EStG regelt die **Freistellungsmethode** als unilaterale Methode zur Vermeidung der Doppelbesteuerung. Nach dem Willen des Gesetzgebers sollen offene und stille Reserven in einer Körperschaft unabhängig von der Art der Realisierung von solchen stillen Reserven gleich besteuert werden, also unabhängig davon, ob stille Reserven durch (regelmäßige) Gewinnausschüttungen realisiert werden, oder ob die Realisierung erst im Zeitpunkt der Anteils-Veräußerung, der Auflösung der Gesellschaft oder der Herabsetzung des Nennkapitals dieser Gesellschaft (quasi als eine Art spätere **„Super-Dividende"**) stattfindet. Auch bei § 8b Abs. 2 KStG ist unerheblich, ob diese Gewinne aus inländischen oder ausländischen Beteiligungen stammen. Die Steuerfreiheit ist auch hier unabhängig von einer bestimmten **Haltedauer**, der **Beteiligungshöhe**[288] oder der Art der **(Aktiv- oder Passiv-)Tätigkeit** der Kapitalgesellschaft. Auch § 8b Abs. 2 KStG findet auf **unbeschränkt** und an **beschränkt Steuerpflichtige** Anwendung.[289]

165 Die nach § 8b Abs. 2 KStG **steuerfreien Gewinne** sind die Folgenden:

– Gewinne aus der **Veräußerung** eines Anteils[290] an einer Körperschaft oder Personenvereinigung, deren Leistungen beim Empfänger zu Einnahmen im Sinne des § 20 Abs. 1 Nr. 1, 2, 9 und 10 lit. a) EStG gehören, oder an einer Organgesellschaft im Sinne der §§ 14, 17 oder 18 KStG; oder
– Gewinne aus der **Auflösung** oder der **Herabsetzung** des Nennkapitals; oder
– Gewinne aus dem Ansatz des in **§ 6 Abs. 1 Satz 1 Nr. 2 Satz 3 EStG** genannten Werts; oder
– Gewinne im Sinne des **§ 21 Abs. 2 UmwStG**.

166 Als „Veräußerung" gilt auch die **verdeckte Sacheinlage** (s. § 8b Abs. 2 Satz 3 KStG).

167 **Verhältnis von § 8b Abs. 2 KStG zu Art. 13 Abs. 4 OECD-MA.** § 8b Abs. 2 KStG steht in **Konkurrenz** zu Art. 13 Abs. 4 OECD-MA oder zu den die Veräußerung von Beteiligungen betreffenden Regelungen in deutschen Doppelbesteuerungsabkommen. Beide Regelungen sind nebeneinander anwendbar. Dies gilt für Doppelbesteuerungsabkommen, die Art. 13 OECD-MA folgen und die Besteuerung nur im Ansässigkeitsstaat erfolgt.[291] In diesem Falle führt das Besteuerungsrecht der Bundesrepublik Deutschland als Ansässigkeitsstaat über den daneben anwendbaren § 8b Abs. 2 KStG zur **Steuerfreistellung**. Dies gilt auch für Doppelbesteuerungsabkommen, die entsprechend dem UN-Musterabkommen das Besteuerungsrecht dem Vertragsstaat zuweist, in dem die Kapitalgesellschaft ihren Sitz hat. Dieser Regelung folgen etwa 1/3 der deutschen Doppelbesteuerungsabkommen. In diesem Falle vermeidet die Bundesrepublik Deutschland die Doppelbesteue-

---

[285] Vgl. *Vogel/Lehner* DBA Art. 13 Rdnr. 44.
[286] Vgl. *Vogel/Lehner* DBA Art. 13 Rdnr. 44. Vgl. auch *Vogel/Lehner* DBA Art. 22 Rdnr. 65.
[287] Zu § 8b KStG s. auch das *BMF-Schreiben* betr. Anwendung des § 8b KStG 2002 und Auswirkungen auf die Gewerbesteuer (§ 8b KStG-Anwendungsschreiben) vom 28. 4. 2003, BStBl. 2003 I S. 292 = Praktiker-Handbuch 2011 Außensteuerrecht, Band I, S. 937. Die TZ 13 – TZ 24 betreffen § 8b Abs. 2 KStG. Einzelheiten hierzu s. *Rödder/Schumacher*, DStR 2003, S. 909 (911 f.).
[288] S. TZ 4 § 8b KStG-Anwendungsschreiben.
[289] S. TZ 13 § 8b KStG-Anwendungsschreiben.
[290] Zu den Anteilen zählen nicht nur Anteile an anderen Körperschaften, sondern auch eigene Anteile. S. TZ 15 § 8b KStG-Anwendungsschreiben.
[291] S. auch die *Kommentierung* in Art. 13 Ziff. 30. MA-K.

rung durch die Anwendung der **Anrechnungsmethode**. Hier führt der daneben anwendbare § 8b Abs. 2 KStG zu der für den Steuerpflichtigen **günstigeren Lösung** der Steuerfreistellung.

7. Besteuerung des Vermögens, Abschnitt IV OECD-MA

Der Geltungsbereich des OECD-Musterabkommens umfasst nach dem MA-Kommentar nur die Steuern vom **Vermögen** und nicht **Erbschaft-** und **Schenkungsteuern**, die gegebenenfalls Gegenstand von besonderen Doppelbesteuerungsabkommen sind.[292] Die Besteuerung des Vermögens stellt nach der *Kommentierung* in Art. 22 Ziff. 2. MA-K eine **Ergänzung der Besteuerung der Einkünfte aus Vermögen** dar. Entsprechend folgt die Besteuerung des Vermögens[293] grundsätzlich den Regelungen für die Besteuerung der (laufenden) Einkünfte aus Vermögen. Im Vergleich zur Besteuerung von **Veräußerungsgewinnen** läuft die Regelung des Art. 22 OECD-MA fast wortgleich parallel zur Regelung des Art. 13 OECD-MA.[294] Da Doppelbesteuerungsabkommen nur Kollisionsrecht sind, enthält (auch) Art. 22 OECD-MA keine Regelung über die Ermittlung der **Bemessungsgrundlage** für die Besteuerung des Vermögens. Diese bestimmt sich nach dem innerstaatlichen Recht des jeweiligen Belegenheitsstaats.

8. Die Vermeidung der Doppelbesteuerung nach dem Methodenartikel, Abschnitt V OECD-MA

a) Allgemeines. Wie bereits dargestellt, sind die **Art. 6–21 OECD-MA** die sog. **Zuordnungsartikel**, innerhalb derer die Doppelbesteuerungsabkommen im Grundsatz **zwei Prinzipien** folgen, nämlich entweder dem **Ansässigkeitsprinzip** oder dem **Quellen-** oder **Belegenheitsprinzip**.[295] Unterliegt ein Besteuerungssachverhalt dem Ansässigkeitsprinzip, so wird die Doppelbesteuerung bereits durch den **Zuordnungsartikel** vermieden, indem dieser Zuordnungsartikel durch die Formulierung Formulierung „können nur" das Besteuerungsrecht dem Ansässigkeitsstaat (endgültig) zuweist (sog. **Zuordnungsmethode**). Unterliegt ein Besteuerungssachverhalt dem Quellen- oder Belegenheitsprinzip, so wird die Doppelbesteuerung nicht durch den Zuordnungsartikel vermieden, sondern durch den Methodenartikel. Das OECD-Musterabkommen enthält hierzu Regelungen in **Art. 23 A** und **Art. 23 B OECD-MA Methodenartikel** (besser: Methodenartikel zur Vermeidung verbleibender Doppelbesteuerung),[296] die zwei Methoden zur Vermeidung der Doppelbesteuerung kennen, nämlich die **Freistellungsmethode** und die **Anrechnungsmethode**. Die Freistellungsmethode stellt auf das Einkommen und die Anrechnungsmethode stellt auf die Steuern ab.[297]

Teilweise kann es in den einzelnen Staaten Regelungen des innerstaatlichen Steuerrechts geben, die Doppelbesteuerungsabkommen ergänzen und für den Steuerpflichtigen über die Doppelbesteuerungsabkommen hinausgehende weitere Vergünstigungen enthalten **(DBA-ergänzende Regelungen)**.[298] Es kann in den einzelnen Staaten auch Regelungen des innerstaatlichen Steuerrechts geben, die neben und unabhängig von dem Vorhandensein

---

[292] S. die *Kommentierung* in Art. 22 Ziff. 1. MA-K.
[293] Das VStG besteht unverändert fort. Wegen der Verfassungswidrigkeit der VSt (s. *BVerfG* vom 22. 6. 1995, BStBl. 1995 II S. 655) wird sie aber nicht mehr erhoben. Weitere Einzelheiten zur Situation betreffend die VSt s. die Darstellung in Praktiker-Handbuch 2011 Außensteuerrecht, Band I, S. 1114.
[294] Vgl. hierzu § 32 I.6.j).
[295] Einzelheiten hierzu s. § 32 I.6.a). Eine Ausnahme hierzu bildet das in Art. 19 OECD-MA verankerte sog. Kassenstaatsprinzip und die Sonderregelung in Art. 20 OECD-MA.
[296] Der Begriff „Methodenartikel" ist irreführend ist, weil die Doppelbesteuerung nicht nur durch den/die Methodenartikel vermieden wird, sondern das Besteuerungsrecht in zahlreichen Fällen bereits durch die Zuordnungsartikel einem bestimmten Vertragsstaat zugewiesen wird.
[297] Vgl. hierzu die *Kommentierung* in Art. 23 Ziff. 17. MA-K.
[298] Vgl. hierzu auch *Jacobs*, a.a.O., 6. Teil 5. Kap. C. IV. 1.

von Doppelbesteuerungsabkommen zu einer Steuerfreistellung oder Steuerermäßigung führen **(DBA-unabhängige Regelungen)**. Als Beispiel für die Bundesrepublik Deutschland sind hier **§ 8b Abs. 1 und Abs. 2 KStG** zu nennen.

171 Nicht zu diesen DBA-ergänzenden oder DBA-unabhängigen Regelungen gehören **§ 34c EStG** und **§ 26 KStG**. Diese Regelungen zur Vermeidung oder Verminderung der Doppelbesteuerung gelten als Rechtsgrundlagen nur in den grenzüberschreitenden Fällen, bei denen **kein Doppelbesteuerungsabkommen** besteht.

172 **b) Freistellungs- oder Anrechnungsmethode (Art. 23 A, Art. 23 B OECD-MA). Ausgangspunkt OECD-Musterabkommen**: Mit den **Art. 23 A** und **Art. 23 B OECD-MA** enthält das OECD-Musterabkommen **zwei Methoden** zur Vermeidung der (verbleibenden) Doppelbesteuerung.[299]

173 **aa) Die Freistellungsmethode nach dem OECD-MA.** Bei der **Freistellungsmethode**, geregelt in Art. 23 A OECD-MA, werden ausländische Einkünfte (oder Vermögen) von dem Ansässigkeitsstaat beim Steuerpflichtigen von der Besteuerung **ausgenommen (steuerfreigestellt)**.[300] Ausgangspunkt der Freistellungsmethode ist die **Steuerbemessungsgrundlage**. Diese Einkünfte (oder Vermögen) werden im Ansässigkeitsstaat also nicht besteuert. Dadurch dass ausländische Einkünfte im Ansässigkeitsstaat von der Besteuerung ausgenommen sind, liegt der Freistellungsmethode in systematischer Hinsicht das **Territorialitätsprinzip** zu Grunde.

174 Bei der Freistellungsmethode wird zwischen der „**uneingeschränkten Befreiung**" und der „**Befreiung mit Progressionsvorbehalt**" unterschieden.[301] Bei der uneingeschränkten Anrechnung wird die ausländische Steuer in vollem Umfang von der inländischen Steuer abgezogen. Bei der eingeschränkten Anrechnung wird nur der Teil der ausländischen Steuer abgezogen, der der eigenen Steuer auf die ausländischen Einkünfte entspricht. Die ganz *herrschende Meinung* im deutschen Steuerrecht sieht in der Formulierung in deutschen Doppelbesteuerungsabkommen „Ausnehmen von der Bemessungsgrundlage für die Steuer der Bundesrepublik Deutschland" eine **Steuerbefreiung** der Art nach wie etwa Steuerbefreiungen nach **§ 3 EStG**.[302] Die Freistellungsmethode führt damit dazu, dass ausländische Einkünfte im Inland von der Besteuerung **freigestellt** sind.[303] Für den Steuerpflichtigen bleibt es bei der Besteuerung im Ausland mit dem **Steuerniveau** des Quellen- oder Belegenheitsstaats. In wirtschaftlicher Hinsicht führt die Freistellungsmethode zur **Wettbewerbsgleichheit** unter Investoren aus verschiedenen Ländern (sog. **Kapitalimportneutralität**).[304]

175 **bb) Die Anrechnungsmethode nach dem OECD-MA.** Bei der **Anrechnungsmethode**, geregelt in Art. 23 B OECD-MA, rechnet der Ansässigkeitsstaat im Ausland entrichtete Steuern auf die Steuern des Ansässigkeitsstaats an.[305] Ausgangspunkt der Anrechnungsmethode ist der (inländische) **Steuerbetrag**.[306] Hierbei wird zwischen der „**uneingeschränkten Anrechnung**" und der „**gewöhnlichen Anrechnung**"[307] unterschieden. Bei der uneingeschränkten Anrechnung wird die ausländische Steuer in vollem Umfang von der inländischen Steuer abgezogen. Bei der eingeschränkten Anrechnung

---

[299] Vgl. hierzu die *Kommentierung* in Art. 23 Ziff. 12. MA-K.

[300] Vgl. hierzu die *Kommentierung* in Art. 23 Ziff. 13. MA-K.

[301] Die Doppelbesteuerungsabkommen der Bundesrepublik Deutschland folgen allesamt der Befreiung mit Progressionsvorbehalt.

[302] So z.B. *BFH* vom 14. 3. 1989, BStBl. 1989 S. 649 (650) und *BFH* vom 1. 10. 1992, IStR 1992 S. 103 (103). Vgl. hierzu auch *Wassermeyer* in Debatin/Wassermeyer MA Art 23 A Rdnr. 52 m.w.N.

[303] S. z.B. *BFH* vom 28. 4. 1982, BStBl. 1982 II S. 566 (567); *BFH* vom 14. 3. 1989, BStBl. 1989 S. 649 (650) und *BFH* vom 1. 10. 1992, IStR 1992 S. 103 (103).

[304] Vgl. hierzu auch *Vogel/Lehner* DBA Art. 23 Rdnr. 7. Eine anschauliche Darstellung der Wirkungsweise der Freistellungsmethode enthält die *Kommentierung* in Art. 23 Ziff. 20.–Ziff. 22. MA-K.

[305] Vgl. hierzu die *Kommentierung* in Art. 23 Ziff. 15. MA-K.

[306] Vgl. auch *Jacobs*, a.a.O., 1. Teil 3. Kap. A.

[307] Vgl. hierzu die *Kommentierung* in Art. 23 Ziff. 16. MA-K.

wird nur der Teil der ausländischen Steuer abgezogen, der der eigenen Steuer auf die ausländischen Einkünfte entspricht. Bei der Anrechnungsmethode bleibt der Ansässigkeitsstaat berechtigt, das Gesamt-(Welt-)Einkommen des Steuerpflichtigen zu besteuern, allerdings mit der Maßgabe, dass ausländische Steuern, die auf ausländische Einkünfte erhoben werden, von dem Ansässigkeitsstaat beim Steuerpflichtigen auf die deutsche Steuer **angerechnet** werden;[308] man könnte auch sagen: von der deutschen Steuer **abgezogen** werden.[309] In systematischer Hinsicht liegt der Anrechnungsmethode damit das **Welteinkommensprinzip** zu Grunde.

Bei der Anrechnungsmethode ist zu **unterscheiden**: Ist das Steuerniveau im Quellen- oder Belegenheitsstaat **höher** als im Ansässigkeitsstaat, so bleibt es für den Steuerpflichtigen bei der Steuerbelastung im Quellen- oder Belegenheitsstaat. Die Anrechnung der ausländischen Steuer führt zu einer Steuerbelastung im Ansässigkeitsstaat von 0;[310] eine darüber hinausgehende Erstattung der ausländischen Steuer durch den Ansässigkeitsstaat findet nicht statt. Ist das Steuerniveau im Quellen- oder Belegenheitsstaat dagegen **niedriger** als im Ansässigkeitsstaat, so wird die Steuerbelastung des Steuerpflichtigen auf das Steuerniveau des Ansässigkeitsstaats **„hochgeschleust"**.[311] In wirtschaftlicher Hinsicht führt die Anrechnungsmethode zu einer **Wettbewerbsungleichheit** unter Investoren aus verschiedenen Ländern, wohl aber aus der Sicht des Ansässigkeitsstaats zu einer Gleichbehandlung von Investitionen im In- und Ausland (sog. **Kapitalexportneutralität**).[312]

cc) Methodenvergleich. Die **Freistellungsmethode** ist wegen des hohen deutschen Steuerniveaus für deutsche Steuerpflichtige in aller Regel die **günstigere Methode**. Allerdings kann die Freistellungsmethode zu **einem Nachteil** führen. Erwirtschaftet ein deutscher Steuerpflichtigen bei Geschäftstätigkeiten im Ausland von der deutsche Steuer freigestellte Einkünfte, so kann er – an dieser Stelle vereinfacht dargestellt – damit im Zusammenhang stehende **Betriebsausgaben** oder **Werbungskosten** von anderen (positiven) im Inland steuerpflichtigen Einkünften **nicht abziehen**. Der Steuerpflichtige hätte in einem solchen Falle einen doppelten Vorteil. Entsprechend sieht die h. M. in **§ 3 c EStG** eine Regelung, die dem sog. **Verbot des doppelten Vorteils** entspricht.[313] Etwas Ähnliches gilt, wenn der deutsche Steuerpflichtige im Ausland **negative Einkünfte (Verluste)** erwirtschaftet und gedachte positive Einkünfte aus dieser Geschäftstätigkeit im Ausland von der deutschen Steuer freigestellt wären. In diesem Falle kann er nach geltendem Recht die ausländischen Verluste nicht von im Inland steuerpflichtigen positiven Einkünften abziehen.[314]

Die bei der Anrechnungsmethode gegebene **Wettbewerbsungleichheit** unter Investoren aus verschiedenen Ländern begründet innerhalb der EU **keinen Verstoß gegen EU-Recht**.[315] Der Grund dafür ist, dass die Ungleichbehandlung nicht durch die Anrechnungsmethode verursacht wird, sondern auf dem unterschiedlichen Steuerniveau der einzelnen EU-Staaten beruht. Die EU-Mitgliedsstaaten sind nach dem *Gilly-Urteil* bei der

---

[308] Vgl. auch die *Kommentierung* in Art. 23 Ziff. 23. MA-K.
[309] Der Ausdruck „Abzug von der deutschen Steuer" kann allerdings zu Verwechslungen mit der Abzugsmethode nach § 34c Abs. 3 EStG führen, weswegen dem Ausdruck „Anrechnung auf die deutsche Steuer" der Vorzug zu geben ist.
[310] Vgl. auch die *Kommentierung* in Art. 23 Ziff. 26. f. MA-K.
[311] So der Begriff der *Praxis*. Vgl. *Vogel/Lehner* DBA Art. 23 Rdnr. 6.
[312] S. hierzu *Vogel/Lehner* DBA Art. 23 RZ. Eine anschauliche Darstellung der Wirkungsweise der Anrechnungsmethode enthält die *Kommentierung* in Art. 23 Ziff. 23. MA-K.
[313] *Kritisch* hierzu etwa *Vogel/Lehner* DBA Art. 23 Rdnr. 45 ff. S. hierzu auch die *Kommentierung* in Art. 23 Ziff. 65. ff. MA-K.
[314] S. hierzu etwa *Vogel/Lehner* DBA Art. 23 Rdnr. 92. Wegen der Komplexität dieses Themas ist diesem ein eigenes Kapitel gewidmet. S. § 33 I. (Aufwendungen im Zusammenhang mit Geschäftstätigkeiten im Ausland).
[315] Betroffen sind vor allem die Grundfreiheiten Freizügigkeit (Art. 39 EGV = Art. 45 AEUV), Niederlassungsfreiheit (Art. 43 EGV = Art. 49 AEUV), Dienstleistungsverkehrsfreiheit (Art. 49 EGV = Art. 56 AEUV) und Kapitalverkehrsfreiheit (Art. 56 EGV = Art. 63 AEUV).

Gestaltung ihrer direkten Steuern grundsätzlich frei und sind nur durch das Diskriminierungsverbot beschränkt.[316]

179 Das OECD-Musterabkommen schlägt den OECD-Mitgliedsstaaten diese zwei Methoden zur Vermeidung der Doppelbesteuerung grundsätzlich als **Hauptmethoden** vor, überlässt es aber den jeweiligen Vertragsstaaten diese Methoden im Einzelnen auszugestalten.[317] Insbesondere können die Staaten auch beide Methoden miteinander **kombinieren**.[318] Der **Kombinationsmethode** folgen sämtliche **deutsche Doppelbesteuerungsabkommen**. Nach den deutschen Doppelbesteuerungsabkommen gilt für bestimmte Einkünfte die Freistellungsmethode und gilt für bestimmte Einkünfte die Anrechnungsmethode.

180 c) Methodenartikel in deutschen Doppelbesteuerungsabkommen. **Deutsche Doppelbesteuerungsabkommen** folgen einer eigenen, auch von der *Kommentierung* in Art. 23 Ziff. 52. lit. a) MA-K vorgeschlagenen Art der **Kombination von Freistellungsmethode und Anrechnungsmethode**[319] und weichen damit vom Regelungsvorschlag des OECD-Musterabkommens ab. Insbesondere vermeiden sie für Einkünfte aus Dividenden die wirtschaftliche Doppelbesteuerung. In der Regel sehen sie die **Freistellungsmethode** bei den folgenden Einkünften vor:[320]

– (laufende) Einkünfte aus **unbeweglichem Vermögen**, Art. 6 Abs. 1 OECD-MA
– Einkünfte aus **Unternehmensgewinnen**, wenn im anderen Staat eine **Betriebsstätte** vorhanden ist, Art. 7 Abs. 1 OECD-MA
– Einkünfte aus **(Schachtel-)Dividenden**, Art. 10 Abs. 1 OECD-MA
– Einkünfte aus **selbständiger Arbeit**, wenn im anderen Staat eine **feste Einrichtung** vorhanden ist, Art. 14 Abs. 1 OECD-MA a. F.
– Einkünfte aus **unselbständiger Arbeit**, wenn im anderen Staat bestimmte **Anknüpfungstatbestände** gegeben sind (über 183 Tage; Besteuerungsrecht des anderen Staates), Art. 15 Abs. 1 OECD-MA.

181 Soweit ausländische Einkünfte der Freistellungsmethode unterfallen, werden sie beim Steuerpflichtigen in der Bundesrepublik Deutschland (als dem Ansässigkeitsstaat) von der Besteuerung **ausgenommen**, also im Inland von der Besteuerung **freigestellt**; allerdings werden sie bei der Bemessung des Steuersatzes im Rahmen des **Progressionsvorbehalts** gemäß § 32b Nr. 3 EStG berücksichtigt.[321] Des Weiteren wird die Freistellungsmethode nach den meisten deutsche Doppelbesteuerungsabkommen (die einen **Aktivvorbehalt/** eine **Aktiv-** oder **Aktivitätsklausel** enthalten) nur angewandt, wenn die ausländischen Einkünfte aus sog. **aktiven Tätigkeiten** stammen.[322]

182 d) Die Freistellungsmethode in deutschen Doppelbesteuerungsabkommen. aa) Praxisrelevanz der Freistellungsmethode. Die **Freistellungsmethode** ist in der *Praxis* aus der deutschen Sicht vor allem in **zwei Fällen** relevant:

---

[316] Im *Gilly-Fall* des *EuGH* (Urteil vom 12. 5. 1998, Rs. C-336/96 (*Gilly*), DB 1998, S. 1381 ff.) wurde ausgeführt, das Gebot zur Beseitigung der Doppelbesteuerung sei zwar ein Ziel der EU, allerdings mit der Maßgabe, dass es den EU-Mitgliedsstaaten freistehe, wie sie dieses Ziel erreichen (1381; Rdn. 17 und 1382; Rdn. 23 und 31). Was die Gestaltung ihrer direkten Steuern angehe, seien die EU-Mitgliedsstaaten grundsätzlich frei. Diese Gestaltungsfreiheit haben die EU-Mitgliedsstaaten im Bereich der indirekten Steuern aufgrund der in diesem Bereich erlassenen zahlreichen EU-Richtlinien allerdings nur in eingeschränktem Maße. Vgl. *Bächle/Rupp*, a. a. O., Teil U Kap. 4.7. Vgl. hierzu auch *Reith/Wizner*, Taxation in Handbook on EU-Enlargement, S. 749.
[317] Vgl. hierzu die *Kommentierung* in Art. 23 Ziff. 12., Ziff. 28–Ziff. 30 und Ziff. 32. MA-K.
[318] Vgl. hierzu die *Kommentierung* in Art. 23 Ziff. 31. MA-K.
[319] Weitere Einzelheiten hierzu s. die *Kommentierung* in Art. 23 Ziff. 52. MA-K.
[320] Vgl. hierzu auch die TZ 3.4.1 der *Anweisung* Leitfaden zur Besteuerung ausländischer Einkünfte, da bei dieser Aufzählung jedoch entgegen den Regelungen in allen deutschen DBA die Einkünfte aus (Schachtel-)Dividenden, Art. 10 Abs. 1 OECD-MA nicht erwähnt.
[321] Einzelheiten hierzu s. die § 32 I.8.f).
[322] Einzelheiten hierzu s. die § 32 I.8.e).

Freistellungsmethode bei Betriebsstätteneinkünften. In **rechtlicher Hinsicht** ist 183 die Freistellungsmethode relevant für **Betriebsstätteneinkünfte** (von Betriebsstätten/Zweigniederlassungen oder Personengesellschaften). Bei Betriebsstätteneinkünften gibt es nur einen Steuerpflichtigen; dies ist das Unternehmen im Ansässigkeitsstaat. Dieses Unternehmen unterliegt mit seinen im Quellen- oder Belegenheitsstaat erzielten Einkünften in rechtlicher Hinsicht der Besteuerung sowohl im Ansässigkeitsstaat (nach dem Welteinkommensprinzip) als auch im Quellen- oder Belegenheitsstaat (nach dem Quellenprinzip) und zwar unabhängig davon, ob Gewinne an das Stammhaus (bei Personengesellschaften: an den Gesellschafter) abgeführt werden oder nicht. Anders ausgedrückt: Eine **rechtliche Doppelbesteuerung** besteht darin, dass dieselben Einkünfte (hier die Unternehmensgewinne; oder dasselbe Vermögen) bei derselben Person (dem Steuerpflichtigen) durch mehr als einen Staat besteuert werden.[323] Nach Art. 7 OECD-MA liegt das Besteuerungsrecht beim Quellen- oder Belegenheitsstaat. Durch die Anwendung der Freistellungsmethode durch den Ansässigkeitsstaat wird eine rechtliche Doppelbesteuerung vermieden.

Freistellungsmethode bei Dividendeneinkünften. In **wirtschaftlicher Hinsicht** 184 ist die Freistellungsmethode relevant für **Dividenden** (von Kapitalgesellschaften).[324] Deutsche Doppelbesteuerungsabkommen gewähren die Freistellungsmethode entgegen dem Regelungsvorschlag von Art. 23 A Abs. 2 OECD-MA aus wirtschaftspolitischen Gründen auch für **(Schachtel-)Dividenden**. Bei Dividendeneinkünften gibt es rechtlich betrachtet zunächst nur einen Steuerpflichtigen; dies ist das Unternehmen im Quellenstaat. Dieses Unternehmen unterliegt mit seinen im Quellenstaat erzielten Einkünften in rechtlicher Hinsicht nur der Besteuerung im Quellenstaat. Kommt es zu keiner Dividendenausschüttung, so ist ein (Kollisions-)Fall einer Doppelbesteuerung überhaupt nicht gegeben. Kommt es zu einer Dividendenausschüttung, so ist ein (Kollisions-)Fall einer Doppelbesteuerung in rechtlicher Hinsicht im Hinblick auf die Einkünfte („Unternehmensgewinne") des Unternehmens im Quellenstaat nach wie vor nicht gegeben. Ein (Kollisions-)Fall einer Doppelbesteuerung ist allerdings im Hinblick auf die Dividendenausschüttung gegeben, denn die Dividenden können sowohl im Ansässigkeitsstaat (nach dem Welteinkommensprinzip) als auch im Quellenstaat (nach dem Quellenprinzip) besteuert werden. Eine **rechtliche Doppelbesteuerung** besteht hier (jedoch nur insoweit)[325] darin, dass dieselben Einkünfte (hier die Dividenden) bei derselben Person (dem Dividendenempfänger als Steuerpflichtigen) durch mehr als einen Staat besteuert werden.[326] Nach Art. 10 OECD-MA liegt das Besteuerungsrecht hier beim Ansässigkeitsstaat (wenn man einmal von dem beschränkten Quellenbesteuerungsrecht des Quellenstaats nach Art. 10 Abs. 2 OECD-MA absieht); dem Ansässigkeitsstaat wird damit endgültig das Besteuerungsrecht (für die Dividenden) zugewiesen. Würde der Ansässigkeitsstaat entsprechend dieser Zuordnung von seinem Besteuerungsrecht Gebrauch machen, so würden die Dividenden in rechtlicher Hinsicht zum ersten Mal besteuert werden (wie gesagt: unter Außerachtlassung des beschränkten Quellenbesteuerungsrechts des Quellenstaats). In wirtschaftlicher Hinsicht passiert allerdings Folgendes, vor allem wenn man von einer Vollausschüttung der Dividenden ausgeht: Die Dividenden sind zwar in rechtlicher Hinsicht etwas anderes als die Unternehmensgewinne des Unternehmens im Quellenstaat; wirtschaftlich repräsentieren sie jedoch diese Unternehmensgewinne. Würde nun der Ansässigkeitsstaat von seinem Besteuerungsrecht Gebrauch machen, würden die Unternehmensgewinne des Unternehmens bei wirtschaftlicher Betrachtungsweise im Ansässigkeitsstaat noch einmal über die Dividendenbesteuerung besteuert werden. Diese **wirtschaftliche Doppelbesteuerung** will die Bun-

---

[323] S. hierzu auch die *Kommentierung* in Art. 23 Ziff. 1. MA-K. S. ferner die *Kommentierung in* Art. 10 Ziff. 41. ff. MA-K und in Art. 11 Ziff. 1. MA-K. Vgl. auch *Wassermeyer* in Debatin/Wassermeyer MA Vor Art 1 Rdnr. 2.
[324] Vgl. hierzu zusammenfassend auch *Vogel/Lehner* DBA Art. 23 Rdnr. 87.
[325] S. hierzu auch die *Kommentierung* in Art. 23 Ziff. 50. MA-K.
[326] S. hierzu auch die *Kommentierung* in Art. 23 Ziff. 1. MA-K.

desrepublik Deutschland vermeiden, weswegen die Bundesrepublik Deutschland als Ansässigkeitsstaat hier, obwohl ihr das Besteuerungsrecht ausdrücklich über Art. 10 Abs. 1 OECD-MA zugewiesen ist, auf Dividenden die Freistellungsmethode anwendet. Die Steuerfreistellung (nach DBA; nicht nach § 8b Abs. 1 KStG) gilt allerdings nur für eine **unternehmerische Beteiligung (Schachtelbeteiligung)**, das heißt, wenn die Dividenden die Voraussetzungen des sog. **Schachtelprivilegs** erfüllen.

185 **bb) Anwendung von § 8b Abs. 5 KStG.** Wie bereits in § 32 I.6.gg) ausgeführt, gilt § 8b Abs. 5 KStG für **Dividenden** (einschließlich **verdeckten Gewinnausschüttungen**) von einer (ausländischen Kapital-)Gesellschaft, die nach § 8b Abs. 1 KStG und/oder nach einem DBA von der deutschen Besteuerung freigestellt sind.[327]

186 **cc) Keine Anrechnung von ausländischen Steuern.** Wegen des Charakters der Steuerfreistellung bei Schachteldividenden bzw. der Ausnahme derselben von der Bemessungsgrundlage der deutschen Steuer ist es im Grunde folgerichtig, dass für eine darüber hinausgehende Anrechnung einer ausländischen Steuer im Rahmen der Freistellungsmethode kein Raum mehr ist. Als denkbare Anrechnungs- oder Abzugsmöglichkeit verbleibt jedoch eine etwaige **ausländische Quellensteuer** auf (Schachtel-)Dividenden, die durch die Steuerfreistellung im Inland ja nicht beseitigt wird. Neben der Freistellungsmethode lassen deutsche Doppelbesteuerungsabkommen allerdings eine weitere Anrechnung oder Abzug von ausländischen Steuern nicht zu.[328] Diese ausländische Quellensteuer könnte aber von der deutschen Einkommensteuer auf im Inland steuerbare Einkünfte in Anrechnung gebracht werden (Anrechnungsmethode nach § 34c Abs. 1 EStG) oder könnte im Inland wie Betriebsausgaben abgezogen werden (Abzugsmethode nach § 34c Abs. 2 oder Abs. 3 EStG). Jedoch lässt auch das deutsche innerstaatliche Recht (die §§ 34c EStG und 26 KStG) eine weitere Anrechnung oder Abzug von ausländischen Steuern nicht zu.

187 **dd) Schachtelbeteiligungen, das Schachtelprivileg.** Wie bereits ausgeführt, sind die Begriffe „Schachtelbeteiligung", „Schachteldividenden" und „Schachtelprivileg" Begriffe der *Rechtspraxis*.[329] Eine **Schachtelbeteiligung**, aus der Schachteldividenden[330] erzielt werden, liegt dann vor, wenn eine Kapitalgesellschaft im Ansässigkeitsstaat an einer Kapitalgesellschaft im Quellenstaat eine sog. **unternehmerische Beteiligung** (direct investment) hält.[331] Eine Schachtelbeteiligung im Sinne der Methodenartikel in deutschen Doppelbesteuerungsabkommen ist unter den folgenden **zwei Voraussetzungen** gegeben:

– Sowohl Muttergesellschaft als auch Tochtergesellschaft sind jeweils Kapitalgesellschaften. Erforderlich ist also, dass eine im Ansässigkeitsstaat ansässige **Mutter-Kapitalgesellschaft** an einer im Quellenstaat ansässigen **Tochter-Kapitalgesellschaft** beteiligt ist. Dies wird in einigen deutschen Doppelbesteuerungsabkommen ausdrücklich geregelt.
– Für eine „Schachtelbeteiligung" wird im Methodenartikel der meisten deutschen Doppelbesteuerungsabkommen eine Beteiligungshöhe von mindestens **25%** verlangt. Teilweise privilegieren deutsche Doppelbesteuerungsabkommen Dividenden aber bereits auch bei einer **nur 10%-igen Beteiligung** als Schachteldividende.

188 Eine bestimmte **Mindestbehaltensdauer** für die Beteiligung wird von den Doppelbesteuerungsabkommen nicht verlangt.[332] Das Schachtelprivileg wird ausgedehnt durch Bezugnahme auf die von der Beteiligung zu erhebende Vermögensteuer.

189 **ee) Weitere Einzelheiten zur Freistellungsmethode.** Nach Art. 23 A Abs. 1 OECD-MA greift die Steuerfreistellung bereits dann ein, wenn die Einkünfte oder das Vermögen

---

[327] Einzelheiten zu § 8b Abs. 5 KStG s. § 33 I.4.
[328] Vgl. *Vogel/Lehner* DBA Art. 23 Rdnr. 87 (deutlicher aber in der Vorauflage *Vogel* DBA Art. 23 Rdnr. 100 a).
[329] Vgl. etwa *Vogel/Lehner* DBA Art. 10 Rdnr. 7, Rdnr. 37, Rdnr. 52 sowie Rdnr. 70 ff.
[330] S. ausführlich hierzu *Vogel/Lehner* DBA Art. 10 Rdnr. 70 ff.
[331] Im Gegensatz dazu steht der sog. Streubesitz oder portfolio investment. S. hierzu auch *Vogel/Lehner* DBA Art. 23 Rdnr. 87.
[332] Vgl. *Vogel/Lehner* DBA Art. 23 Rdnr. 99.

nach dem Doppelbesteuerungsabkommen in dem anderen Vetragsstaat besteuert werden können. Die Steuerfreistellung wird also grundsätzlich unabhängig davon gewährt, ob Einkünfte oder das Vermögen im ausländischen Staat auch tatsächlich besteuert worden ist.[333] Mit diesem Wortlaut verbietet Art. 23 A Abs. 1 OECD-MA nicht nur die tatsächliche Doppelbesteuerung, sondern schon die sog. **virtuelle Doppelbesteuerung**.[334] Zur Vermeidung dieser Rechtsfolge sehen moderne deutsche Doppelbesteuerungsabkommen zum Teil sog. **Rückfallklauseln**, **Subject-to-Tax-Klauseln**, **Remittance-Base-Klauseln** oder **Switch-over-Klauseln** vor.[335] Im innerstaatlichen Recht wird die Freistellungsmethode seit dem JStG 2007 durch § 50 d Abs. 9 EStG beschränkt.[336] Gewährt ein Doppelbesteuerungsabkommen Steuerfreistellung, dann ist diese **Steuerfreistellung zwingend**.[337]

e) Freistellungsmethode und Aktivvorbehalt/Aktiv- oder Aktivitätsklausel. 190
Einkünfte sollen nur dann von der deutschen Besteuerung freigestellt werden, wenn die im Ausland **ausgeübten Tätigkeiten** (aus deutscher Sicht!) **rechts-** und **wirtschaftspolitisch erwünscht** sind, also sog. „**aktive Tätigkeiten**"[338] gegeben sind. Entsprechend enthalten die ganz überwiegende Anzahl der seit 1966 abgeschlossenen deutschen Doppelbesteuerungsabkommen einen sog. Aktiv- oder Aktivitätsvorbehalt,[339] auch genannt Aktiv- oder Aktivitätsklausel.[340] Zusammen mit den sog. Subject-to-Tax-Klauseln, Rückfallklauseln, Remittance-Base-Klauseln und Switch-over-Klauseln gehört die Aktiv- oder Aktivitätsklausel zu den sog. **Vorbehaltsklauseln**.[341] Die Aktivitätsklausel findet sich in zahlreichen Doppelbesteuerungsabkommen **im Methodenartikel**. In einigen Doppelbesteuerungsabkommen steht die Aktivitätsklausel allerdings „versteckt"[342] in den **Schlussprotokollen**.

Aktivitätsklauseln in Doppelbesteuerungsabkommen können **unterschiedliche Aus-** 191 **wirkungen** haben, je nachdem, welches Doppelbesteuerungsabkommen einem Sachverhalt zu Grunde liegt und je nachdem, in welcher Rechtsform eine Wirtschaftstätigkeit im Ausland ausgeübt wird. Im Falle von **Einkünften aus (Schachtel-)Dividenden** müssen die Einkünfte der ausschüttenden ausländischen (Kapital-)Gesellschaft, um die Vorauset-

---

[333] S. den Wortlaut von Art. 23 Abs. 1 OECD-MA „... und können diese Einkünfte oder dieses Vermögen nach diesem Abkommen im anderen Vertragsstaat besteuert werden, ...".
[334] Zu dem Begriff „virtuelle Besteuerung" vgl. auch BFH vom 27. 8. 1997, BStBl. 1998 S. 58 (59). Vgl. auch *Vogel/Lehner* DBA Einl. Rdnr. 74, Art. 23 Rdnr. 106.
[335] Subject-to-Tax-Klauseln sind vom OECD-Musterabkommen bzw. vom MA-Kommentar, trotz des von Art. 23 A Abs. 1 OECD-MA grundsätzlich vorgesehenen Verbots der sog. virtuellen Doppelbesteuerung ausdrücklich vorgesehen. S. die *Kommentierung* in Art. 23 Ziff. 35. MA-K und ferner die *Kommentierung* in Art. 1 Ziff. 17. und Ziff. 18. MA-K mit einem entsprechenden Formulierungsvorschlag. Einzelheiten zu Rückfallklauseln, Subject-to-Tax-Klauseln, Remittance-Base-Klauseln und Switch-over-Klauseln s. *Verfügung der OFD Düsseldorf* betr. Ertragsteuerliche Auswirkungen der sog. Rückfallklauseln in einigen DBA vom 18. 7. 2005/*OFD Münster* vom 18. 7. 2005. Abgedruckt in Praktiker-Handbuch 2011 Außensteuerrecht, Band II, S. 807. Vgl. ferner *Wassermeyer* in Debatin/Wassermeyer MA Art. 23 A Rdnr. 46 m. w. N.; *Vogel/Lehner* DBA Einl. Rdnr. 74 Art. 1 Rdnr. 102, Vor Art. 6–22 Rdnr. 18 ff. und Rdnr. 30 ff. sowie Art. 23 Rdnr. 106.
[336] Vgl. hierzu Begründung zum JStG 2007 in BT-Drs. 16/2712 vom 25. 9. 2006, abgedruckt in Praktiker-Handbuch Außensteuerrecht 2011, Band II, S. 796.
[337] S. *Vogel/Lehner* DBA Art. 23 Rdnr. 57.
[338] Zum Begriff „aktive Tätigkeit" s. *BFH* vom 5. 6. 2002, BStBl. 2002 II S. 683 (683 und 684).
[339] S. die *Länderübersicht* in Anlage 7 der *Anweisung* Leitfaden zur Besteuerung ausländischer Einkünfte.
[340] *Teilweise* wird hier auch von „Produktivitätsklausel" gesprochen. S. etwa *BFH* vom 26. 3. 1991, BStBl. 1991 II S. 704 (707 ff.); *Wassermeyer* in Debatin/Wassermeyer MA Art. 23 A Rdnr. 54 und Rdnr. 69; *Vogel/Lehner* DBA Art. 23 Rdnr. 20. Vgl. hierzu auch *Krabbe*, IWB Nr. 4 vom 23. 2. 2000, S. 169 (170).
[341] S. *Kluge*, a. a. O., R 127.
[342] Hierauf weist sogar selbst die *Finanzverwaltung* in Ziff. 7 der Anmerkungen der *Länderübersicht* in Anlage 7 der *Anweisung* Leitfaden zur Besteuerung ausländischer Einkünfte hin.

zungen der Aktivitätsklausel zu erfüllen, **ausschließlich** oder **fast ausschließlich** aus **aktiven Tätigkeiten** stammen.³⁴³ Hat diese Gesellschaft Einkünfte und sind von diesen Einkünften mehr als 10% passive Einkünfte so „**infizieren**" diese auch die übrigen (aktiven) Einkünfte. Die Folge ist, dass die Steuerfreistellung nach DBA-Recht für die ausgeschütteten (Schachtel-)Dividenden **in vollem Umfang verloren** geht.³⁴⁴ Im Falle von **Einkünften aus Unternehmensgewinnen** sehen Doppelbesteuerungsabkommen teilweise vor,³⁴⁵ dass die Einkünfte der ausländischen Betriebsstätte oder Personengesellschaft nicht ausschließlich oder fast ausschließlich aus aktiven Tätigkeiten stammen müssen, um die Voraussetzungen der Aktivitätsklausel zu erfüllen. Hat danach die ausländische Betriebsstätte oder Personengesellschaft sowohl aktive als auch passive Einkünfte, dann ist hier eine **Aufteilung der Gesamteinkünfte** in aktive und in passive Einkünfte möglich. Wegen dieser Möglichkeit der Aufteilung ist hier „**kein Infizieren der Aktiveinkünfte**" durch die passiven Einkünfte gegeben, mit der Folge, dass hier die Steuerfreistellung für die aktiven Einkünfte nicht verloren geht.

192 Zu beachten ist, dass es auch an verschiedenen **anderen Stellen im Steuerrecht** Regelungen mit Aktiv- oder Aktivitätsvorbehalten gibt. Abgesehen vom Recht der Doppelbesteuerung findet man Regelungen, die bestimmte Aktivtätigkeiten steuerlich privilegieren, in **§ 8 Abs. 1 AStG** und in **§ 2a Abs. 1 EStG**.³⁴⁶

193 **f) Freistellungsmethode und Progressionsvorbehalt. aa) Allgemeines.** Kommt nach einem Doppelbesteuerungsabkommen die Freistellungsmethode zur Anwendung oder wird die Doppelbesteuerung bereits durch die Zuordnungsmethode vermieden so sehen **Art. 23 A Abs. 3 OECD-MA** bzw. **Art. 23 B Abs. 2 OECD-MA** vor, dass der Ansässigkeitsstaat die von der Steuerbemessungsgrundlage ausgenommenen Einkünfte gleichwohl „bei der Festsetzung der Steuer für das übrige Einkommen (oder Vermögen) der Person" einbeziehen kann. Das heißt, dass der Ansässigkeitsstaat zur Ermittlung des von ihm anzuwendenden Einkommensteuertarifs das Recht hat, die freigestellten ausländischen Einkünfte in das zu versteuernde Einkommen einzubeziehen. Oder mit anderen Worten: Der Steuersatz für die übrigen (steuerpflichtigen) Einkünfte wird so bemessen, wie wenn die steuerbefreiten Einkünfte in die Steuerbemessungsgrundlage einbezogen wären. Man spricht hier auch von der Ermittlung des Einkommens als Steuersatzbemessungsgrundlage (sog. **Steuersatzeinkommen**) im Gegensatz zur Ermittlung des Einkommens als Steuerbemessungsgrundlage.³⁴⁷ Alle **deutschen Doppelbesteuerungsabkommen** enthalten einen Progressionsvorbehalt.³⁴⁸

---

³⁴³ D. h. zu mindestens 90%. S. A 76 Abs. 9 KStR i. V. m. R 5 Abs. 3 Satz 3 EStR. Vgl. hierzu auch Ziff. 1 der Anmerkungen der *Länderübersicht* in Anlage 7 der *Anweisung* Leitfaden zur Besteuerung ausländischer Einkünfte. Vgl. hierzu auch die Darstellung bei *Vogel/Lehner* DBA Art. 23 Rdnr. 80.

³⁴⁴ S. *BFH* vom 28. 1. 1992, BStBl. 1993 II S. 84 (86) zum Verbot der Aufteilung von aktiven und passien Einkünften im Zusammenhang mit § 42 Abs. 1 AO. Der Grund hierfür ist, dass die aus aktiven und passiven Tätigkeiten stammenden Einkünfte dem Steuerpflichtigen nicht wie der ausschüttenden Gesellschaft aus verschiedenen Einkunftsquellen zufließen, sondern nur aus einer Einkunftsquelle, nämlich als Einkünfte aus Dividenden. Bei den ausgeschütteten Dividenden handelt es sich zwar in wirtschaftlicher Hinsicht, nicht (mehr) aber in rechtlicher Hinsicht um die ursprünglichen Unternehmensgewinne der ausländischen Gesellschaft. Diese Einkünfte aus Dividenden sind einheitlich zu behandeln und sind beim Steuerpflichtigen entweder (insgesamt) aktive oder passive Einkünfte. *Kritisch* hierzu zahlreiche Stimmen in der *Literatur*; s. *BFH* vom 28. 1. 1992, BStBl. 1993 II S. 84 (86) m. w. N.

³⁴⁵ Z. B. das DBA Schweiz.

³⁴⁶ Einzelheiten zur Aktivitätsklausel nach § 2a Abs. 1 EStG s. TZ 1.5.2 und TZ 2.3 von Anhang 4 der *Anweisung* Leitfaden zur Besteuerung ausländischer Einkünfte.

³⁴⁷ Vgl. hierzu das Grundsatzurteil *BFH* vom 17. 10. 1990, BStBl. 1991 II S. 136 (137) sowie *BFH* vom 6. 10. 1993, BStBl. 1994 II S. 113 (113).

³⁴⁸ S. hierzu die Länderübersicht bei *Vogel/Lehner* DBA Art. 23 Rdnr. 227. Vgl. ferner *Schmidt/Heinicke* EStG § 32b Rdnr. 3. Zum Progressionsvorbehalt s. auch TZ 3.4.3 der *Anweisung* Leitfaden zur Besteuerung ausländischer Einkünfte. S. auch die Übersicht bei *Vogel*, IStR 2003, S. 419 ff.

Der **Sinn und Zweck** des Progressionsvorbehalts ist, die **Besteuerung nach der Leis-** **194** **tungsfähigkeit** des Steuerpflichtigen sicherzustellen. Teilweise *kontrovers diskutiert* wird die Frage, auf welcher **Rechtsgrundlage** der Progressionsvorbehalt beruht (korrekter müsste man formulieren: welche **Rechtsnatur** der Progressionsvorbehalt hat).[349] Wegen dieser kontroversen Diskussion, wurde mit Wirkung für das Jahr 1996 § 32 b EStG in das Gesetz eingefügt. Entsprechend hat § 32 b EStG einen lediglich **deklaratorischen Charakter**.[350]

Aus dem Welteinkommensprinzip folgt grundsätzlich, dass der Progressionsvorbehalt nicht **195** nur für positive ausländische Einkünfte gelten kann (sog. **positiver Progressionsvorbehalt**), sondern auch beim Vorliegen von negativen ausländischen Einkünften, also von ausländischen Verlusten Anwendung finden muss (sog. **negativer Progressionsvorbehalt**).

bb) **Positiver Progressionsvorbehalt.** Mit dem (positiven) Progressionsvorbehalt soll **196** ein **doppelter Vorteil** der Steuerfreistellung bestimmter Einkünfte vermieden werden. Dieser doppelte Vorteil ergibt sich zum einen aus dem Steuerausfall durch die Steuerfreistellung bestimmter Einkünfte (1. Stufe der Steuerfreistellung) und ist zum anderen daraus, dass auf die verbleibenden Einkünfte „ein niedrigerer Steuersatz" angewendet wird (2. Stufe der Steuerfreistellung).[351] Der *BFH* formuliert dies auch wie folgt: „derjenige, der Einkünfte aus mehreren Staaten bezieht, soll nicht einem günstigeren oder ungünstigeren Steuersatz unterliegen als derjenige der gleich hohe Einkünfte nur in ein und demselben Staat zu versteuern hat".[352] Um diese 2. Stufe der Steuerfreistellung zu vermeiden, werden die (positiven) freigestellten ausländischen Einkünfte im Rahmen des positiven Progressionsvorbehalts zur Ermittlung des sog. **besonderen Steuersatzes** in das zu versteuernde Einkommen einbezogen. Die **Verfassungsmäßigkeit** dieser Rechtsfolge wurde vom *Bundesverfassungsgericht* bejaht.[353] Ebenso wurde vom *BFH* hinsichtlich des positiven Progressionsvorbehalts die **Vereinbarkeit mit EU-Recht** bejaht.[354]

cc) **Negativer Progressionsvorbehalt.** Sind die ausländischen Einkünfte negativ, so **197** stellt sich die Frage, ob auch die **ausländischen Verluste** bei der Ermittlung des Einkommensteuertarifs in das zu versteuernde Einkommen einbezogen werden (sog. **negativer Progressionsvorbehalt**). So selbstverständlich in zahlreichen Urteilen des *BFH* der negative Progressionsvorbehalt als logische Konsequenz des positiven Progressionsvorbehalt bejaht wird,[355] wurde die Zulässigkeit des negativen Progressionsvorbehalts in früheren *BFH-*

---

[349] In der Grundsatzentscheidung *BFH* vom 17. 10. 1990, BStBl. 1991 II S. 136, ist diese Frage vom *BFH* auf S. 137 zunächst bewusst offengelassen worden auf. Allerdings hat der *BFH* dann zur Rechtsnatur des Progressionsvorbehalts S. 138 ausführlich Stellung genommen.

[350] In diesem Sinne auch *BFH* vom 9. 11. 1966, BStBl. 1967 III S. 88 (89); *BFH* vom 12. 3. 1980, BStBl. 1980 II S. 531 (533; wonach die DBA-Regelung (*Anm.*: der Progressionsvorbehalt) unmittelbar geltendes Recht ist, welches § 32 b EStG vorgeht und somit § 32 b EStG nur deklaratorischen Charakter hat); *BFH* vom 28. 4. 1982, BStBl. 1982 II S. 566 (567) m. w. N. Anschaulich auch die Begründung in *BFH* vom 6. 10. 1982, BStBl. 1983 II S. 34 (35).

[351] Sehr anschaulich hierzu *BFH* vom 9. 11. 1966, BStBl. 1967 III S. 88 (89). S. auch *BFH* vom 25. 5. 1970, BStBl. 1970 II S. 755 (757); *BFH* vom 11. 9. 1997 BStBl. 1987 II S. 856 (857). Vgl. auch *Schmidt/Heinicke* EStG § 32 b Rdnr. 1.

[352] So *BFH* vom 30. 5. 1990, BStBl. 1990 II S. 906 (907). Vgl. hierzu auch *BFH* vom 25. 5. 1970, BStBl. 1970 II S. 660 (662); *BFH* vom 4. 8. 1976, BStBl. 1976 II S. 662 (662); *BFH* vom 12. 3. 1980, BStBl. 1980 II S. 531 (533); *BFH* vom 6. 10. 1982, BStBl. 1983 II S. 34 (35); *BFH* vom 13. 9. 1989, BStBl. 1990 II S. 57 (60); *BFH* vom 17. 10. 1990, BStBl. 1991 II S. 136 (137).

[353] S. *BVerfG* vom 10. 3. 1971, BStBl. 1973 II S. 431 (435). Vgl. auch *BFH* vom 4. 8. 1976, BStBl. 1976 II S. 662 (662).

[354] S. *BFH* vom 15. 5. 2002, BStBl. 2002 II S. 660 (661). Diese Wertung steht im Einklang mit *EuGH* vom 18. 7. 2007, Rs. C-122/06 (*Lankebrink*), DStR 2007, S. 1339.

[355] So *BFH* vom 25. 5. 1970, BStBl. 1970 II S. 660 (661); *BFH* vom 25. 5. 1970, BStBl. 1970 II S. 755 (756); *BFH* vom 28. 3. 1973 BStBl. 1973 II S. 531 (531); *BFH* vom 28. 2. 1976 BStBl. 1976 II S. 454 (455); *BFH* vom 4. 8. 1976, BStBl. 1976 II S. 662 (662); *BFH* vom 6. 10. 1982, BStBl. 1983 II S. 34 (35); *BFH* vom 12. 3. 1983, BStBl. 1983 II S. 382 (384); *BFH* vom 30. 5. 1990, BStBl. 1990 II S. 906 (907); *BFH* vom 6. 10. 1993, BStBl. 1994 II S. 113 (113).

Urteilen offengelassen[356] und teilweise sogar in Frage gestellt.[357] Bei der Anwendung des negativen Progressionsvorbehalts vermindern die ausländischen Verluste das im Inland zu versteuernde Einkommen und führen zu einer Steuerentlastung. Die Steuerentlastung kann im Einzelfall dazu führen, dass der Steuersatz sogar **0%** beträgt.[358] Um **Missbräuche** zu vermeiden, wurden von der *Rechtsprechung* die Beschränkungen des § 2a Abs. 1 EStG auf die Geltendmachung des negativen Progressionsvorbehalts übertragen.[359]

198 **g) Die Anrechnungsmethode in deutschen Doppelbesteuerungsabkommen.** Nach der deutschen Abkommenspraxis unterliegen der Anrechnungsmethode[360]

- in allen deutschen Doppelbesteuerungsabkommen Dividenden (Art. 10 Abs. 1 OECD-MA), die im Methodenartikel nicht unter Buchstabe a fallen (sog. **Streubesitz-Dividenden**)
- in einigen deutschen Doppelbesteuerungsabkommen **Zinsen** (Art. 11 Abs. 1 OECD-MA) und/oder Lizenzgebühren (Art. 12 Abs. 1 OECD-MA)[361]
- in fast allen deutschen Doppelbesteuerungsabkommen Einkünfte im Sinne des Art. 16 OECD-MA **(Aufsichtsrats- und Verwaltungsratsvergütungen)** und des Art. 17 OECD-MA **(Künstler und Sportler)**,
- in einigen deutschen Doppelbesteuerungsabkommen Einkünfte aus der **Überlassung von Arbeitnehmern**
- in einigen deutschen Doppelbesteuerungsabkommen Einkünfte aus **unselbständiger Arbeit**, die an Bord von Schiffen, Luftfahrzeugen oder Straßenfahrzeugen ausgeübt wird
- in einigen deutschen Doppelbesteuerungsabkommen Einkünfte aus der **Veräußerung von Beteiligungen**, für die das jeweilige DBA das Besteuerungsrecht des Quellen- oder Belegenheitsstaats vorsieht
- in einigen deutschen Doppelbesteuerungsabkommen auch **Sonstige Einkünfte** im Sinne des Art. 21 OECD-MA.

199 Die Anrechnungsmethode ist **keine Besonderheit** der Doppelbesteuerungsabkommen. Für viele ausländische Staaten ist sie die primäre Methode zur Vermeidung der Doppelbesteuerung, wie die Regelungen im jeweiligen Methodenartikel in zahlreichen deutschen Doppelbesteuerungsabkommen für den ausländischen Vertragsstaat zeigen. Auch für das deutschen Steuerrecht ist die Anrechnungsmethode keine Besonderheit, sondern ist die in § 34c EStG (dort in Abs. 1) primär vorgesehene Methode zur Vermeidung der Doppelbesteuerung nach dem innerstaatlichen Recht.[362]

200 Kommt nach einem Doppelbesteuerungsabkommen die **Anrechnungsmethode** zur Anwendung, so regelt das Doppelbesteuerungsabkommen nur abstrakt, **dass** die ausländische Steuer auf die deutsche Steuer anzurechnen ist. Weder vom OECD-Musterabkommen noch

---

[356] Ausdrücklich offengelassen in *BFH* vom 25. 5. 1970, BStBl. 1970 II S. 660 (660) und *BFH* vom 11. 10. 1989, BStBl. 1990 II S. 157 (158).

[357] S. *BFH* vom 11. 10. 1989, BStBl. 1990 II S. 157 (158). Dort wird ausgeführt, dass § 32b EStG sich nicht unmittelbar darüber auslässt, ob die Einbeziehung der ausländischen Einkünfte auch die Berücksichtigung eines Verlustabzugs mitumfasst.

[358] Diese Rechtsfolge war bis 1970 noch *umstritten*. So aber der *BFH* in der Grundsatzentscheidung *BFH* vom 25. 5. 1970, BStBl. 1970 II S. 660 (661 f.) m. w. N. sowie in *BFH* vom 25. 5. 1970, BStBl. 1970 II S. 755 (756); *BFH* vom 28. 3. 1973 BStBl. 1973 II S. 531 (531); *BFH* vom 28. 2. 1976 BStBl. 1976 II S. 454 (455); *BFH* vom 4. 8. 1976, BStBl. 1976 II S. 662 (662); *BFH* vom 28. 4. 1982, BStBl. 1982 II S. 566 (567); *BFH* vom 6. 10. 1982, BStBl. 1983 II S. 34 (35); *BFH* vom 12. 1. 1983, BStBl. 1983 II S. 382 (384). Vgl. auch Schmidt/Heinicke EStG § 2a Rdnr. 50.

[359] S. *BFH* vom 17. 10. 1990, BStBl. 1991 II S. 136 (137 f.); *BFH* vom 26. 3. 1991, BStBl. 1991 II S. 704 (705 ff.); *BFH* vom 13. 5. 1993, BFH/NV 1994, S. 100 (101 f.); *BFH* vom 17. 11. 1999, BStBl. 2000 II S. 605 (608). Vgl. auch TZ 5.1 der *Anweisung* Leitfaden zur Besteuerung ausländischer Einkünfte.

[360] Vgl. hierzu auch TZ 3.3.1 der *Anweisung* Leitfaden zur Besteuerung ausländischer Einkünfte.

[361] Diese sind im Methodenartikel zusätzlich genannt, weil die Zinsen und/oder Lizenzgebühren betreffenden Zuordnungsartikel für diese Einkünfte ein Quellenbesteuerungsrecht für den Quellen- oder Belegenheitsstaat vorsehen.

[362] Einzelheiten zu § 34c Abs. 1 EStG s. § 32 II.

§ 32. Das Doppelbesteuerungsrecht

von den von der Bundesrepublik Deutschland abgeschlossenen Doppelbesteuerungsabkommen ist im Methodenartikel selbst vorgesehen, nach welchen Grundsätzen das Anrechnungsverfahren im Einzelnen durchzuführen ist, **wie** also die Anrechnung durchzuführen ist. Stattdessen verweisen die Methodenartikel in deutschen Doppelbesteuerungsabkommen mit dem Wortlaut „... wird unter Beachtung der Vorschriften des Steuerrechts der Bundesrepublik Deutschland über die Anrechnung ausländischer Steuern ... angerechnet" auf das innerstaatliche Recht. Zu diesen Vorschriften des deutschen Steuerrechts gehört **§ 34 c EStG**.[363]

Zum **Verständnis**: Wenn **kein Doppelbesteuerungsabkommen** vorliegt, dann wird die Doppelbesteuerung durch **unilaterale Maßnahmen** vermieden bzw. gemindert. Für diese Fälle sieht § 34 c Abs. 1 EStG (als unilaterale Maßnahme) grundsätzlich die Anrechnungsmethode vor. § 34 c Abs. 1 EStG (ergänzt durch § 34 c Abs. 2–5 EStG) ist insoweit eine **Rechtsgrundlage** (des innerstaatlichen Rechts) für eine Vermeidung (besser: Verminderung) der Doppelbesteuerung (wenn kein Doppelbesteuerungsabkommen gegeben ist, s. § 34 c Abs. 6 Satz 1 EStG).[364] Ist dagegen ein **Doppelbesteuerungsabkommen gegeben** und kommt nach diesem die Anrechnungsmethode zur Anwendung, dann regelt § 34 c Abs. 6 Satz 2–4 EStG als **Rechtsfolgen-Norm** die Grundsätze sowie die Art und Weise der Durchführung der nach einem Doppelbesteuerungsabkommen gegebenen Anrechnungsmethode.[365] In diesen DBA-Fällen ist **Rechtsgrundlage** für die Anrechnung dann nicht § 34 c EStG, sondern Rechtsgrundlage ist der **Methodenartikel** im jeweiligen Doppelbesteuerungsabkommen. Ob die **Tatbestandsvoraussetzungen** für eine Anrechnung gegeben sind, richtet sich in diesem Falle also nur nach dem jeweiligen Doppelbesteuerungsabkommen und nicht nach § 34 c EStG. Sind die Tatbestandsvoraussetzungen für eine Anrechnung nach dem Doppelbesteuerungsabkommen gegeben, so beschränkt sich die Funktion von § 34 c EStG über die Verweisung in § 34 c Abs. 6 Satz 2–4 EStG auf eine **reine Rechtsfolgenregelung** bzw. auf die Regelung der Grundsätze, wie im Einzelnen die Anrechnung durchzuführen ist.[366]

Über die Rechtsfolgenverweisung kommt auch die Beschränkung der Steueranrechnung nach § 34 c Abs. 1 Satz 3 EStG (die **Anrechnungshöchstbetragsregelung**)[367] zur Anwendung, wonach die ausländischen Steuern nur insoweit anzurechnen sind „als sie auf die im Veranlagungszeitraum bezogenen Einkünfte entfallen".[368]

Der Steuerpflichtige hat ein **Wahlrecht**, ob er die **Anrechnungsmethode** nach § 34 c Abs. 1 EStG oder die **Abzugsmethode** nach § 34 c Abs. 2 EStG in Anspruch nimmt.[369]

Daneben ist noch der Fall zu beachten, dass zwar ein **Doppelbesteuerungsabkommen vorliegt**, dass aber – ausnahmsweise – die Doppelbesteuerung gleichwohl nicht vermieden wird und zwar in den folgenden möglichen **drei Fällen**:

– es liegt zwar ein **DBA** vor, jedoch bezieht sich das betreffende DBA nicht auf eine (bestimmte) Steuer vom Einkommen des Staates, s. § 34 c Abs. 6 Satz 4 EStG;
– es liegt zwar ein **DBA** vor, jedoch kommt § 50 d Abs. 9 EStG zur Anwendung, s. § 34 c Abs. 6 Satz 5 EStG;

---

[363] Anschaulich hierzu s. *BFH* vom 4. 6. 1991, BStBl. 1992 II S. 187 (189). Zur Durchführung der Anrechnung s. TZ 3.3.2 der *Anweisung* Leitfaden zur Besteuerung ausländischer Einkünfte.
[364] Einzelheiten hierzu s. § 32 II.1.b).
[365] Vgl. auch *Schmidt/Heinicke* EStG § 34 c Rdnr. 1.
[366] *Vogel/Lehner* DBA Art. 23 Rdnr. 136 sprechen in diesem Zusammenhang von einer „Ergänzung der Anrechnungsmethode (*Anm.*: nach DBA-Recht) durch das innerstaatlichen Recht". Zur Auslegung von § 34 c Abs. 6 EStG s. *BGH* vom 24. 3. 1998, DB 1998, S. 1447 (1447). S. hierzu auch TZ 2.1 der *Anweisung* Leitfaden zur Besteuerung ausländischer Einkünfte.
[367] Einzelheiten zur Ermittlung des Anrechnungshöchstbetrags s. R 212b EStR und H 212b mit einem Beispiel zur Ermittlung des Anrechnungshöchstbetrags. Man spricht hier auch vom sog. ordinary credit. S. *Schaumburg*, a. a. O., Rdnr. 15.4.
[368] Einzelheiten hierzu s. § 32 II.1.b)gg).
[369] S. TZ 2.1 der *Anweisung* Leitfaden zur Besteuerung ausländischer Einkünfte unter Hinweis auf R 212 d EStR.

– es liegt zwar ein DBA vor, jedoch besteuert der ausländische Staat **nicht aus diesem Staat stammende** Einkünfte, es sei denn, es liegt eine missbräuchliche Gestaltung vor oder das DBA gestattet diesem Staat die Besteuerung, s. § 34c Abs. 6 Satz 6 EStG.

205 In diesen (DBA-)Fällen ordnet **§ 34c Abs. 6 Satz 4 bis 6 EStG** als eine Art **Auffangregelung**[370] an, dass die Absätze 1 und 2 bzw. 3 entsprechend anzuwenden sind. Hier liegt eine **Rechtsgrundverweisung** vor, denn im Gegensatz zu § 34c Abs. 6 Satz 2 EStG wird nicht nur auf § 34 Abs. 1 Sätze 2 und 3 EStG verwiesen, sondern auf Absatz 1 (und auf Absatz 2 bzw. 3) insgesamt.[371]

Übersicht über die Anrechnungsmethode[372]   **Schaubild § 32-9**

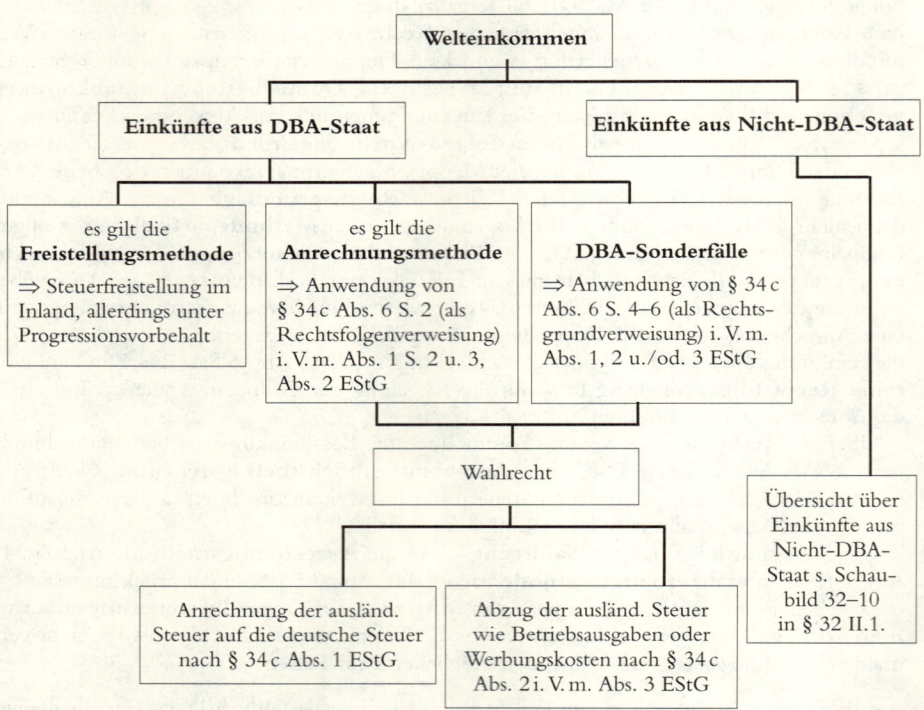

206 h) **§ 50d EStG.** § 50d EStG regelt in seinen Absätzen 1–10 Besonderheiten im Falle von DBA.

9. Besondere Bestimmungen, Abschnitt VI OECD-MA

207 a) **Gleichbehandlung, Art. 24 OECD-MA.** Art. 24 OECD-MA regelt den **Gleichbehandlungsgrundsatz** bzw. das **Diskriminierungsverbot**.[373] Hierbei unterscheidet die Norm in den Abs. 2–5 zwischen **verschiedenen Sachverhalten.** Art. 24 Abs. 6 OECD-MA stellt klar, dass der Gleichbehandlungsgrundsatz bzw. das Diskriminierungsverbot **für alle Arten von Steuern** gilt, „ungeachtet des Artikels 2", das heißt also auch für Steuern, die gegebenenfalls nicht unter Art. 2 des betreffenden Doppelbesteuerungsabkommens

---

[370] Vgl. *Schaumburg*, a.a.O., Rdnr. 15.15.
[371] Einzelheiten hierzu s. § 32 II.1.
[372] In Anlehnung an Anlage 1 (Übersicht über die Steuerbefreiungen und -ermäßigungen bei ausländischen Einkünften) zur der *Anweisung* Leitfaden zur Besteuerung ausländischer Einkünfte.
[373] S. die *Kommentierung* in Art. 24 Ziff. 72. MA-K, in dem bereits dieser Vorbehalt seitens Griechenland, Irland und Großbritannien enthalten ist.

fallen. Teilweise folgen Doppelbesteuerungsabkommen diesem Vorschlag des OECD-Musterabkommens aber nicht und beschränken den Anwendungsbereich des Gleichbehandlungsgrundsatzes bzw. des Diskriminierungsverbots auf die Steuern, für die das Doppelbesteuerungsabkommen gilt.[374]

b) Verständigungs- und Konsultationsverfahren Art. 25 OECD-MA. aa) Grundsätzliches. Internationale Verständigungs-, Konsultations- oder Schiedsverfahren in Steuersachen sind bilaterale oder multilaterale Verfahren mit dem Ziel, grenzüberschreitende Steuersachverhalte, bei denen trotz Doppelbesteuerungsabkommen oder anderen internationalen Abkommen Handhabungs- oder Auslegungsschwierigkeiten auftreten, einer **einheitlichen Lösung** zuzuführen. Im deutschen Steuerrecht finden sich **Rechtsgrundlagen** für solche Verfahren in den **Doppelbesteuerungsabkommen** oder für EU-Sachverhalte in der **EG-Schiedskonvention** vom 23. 7. 1990.[375] Auf der Grundlage dieser Regelungen kann die zuständige *deutsche Finanzbehörde* mit den zuständigen *Finanzbehörden* anderer Staaten unmittelbar verkehren. **208**

Mit den Regelungen betreffend geregelten Verständigungs- und Konsultationsverfahren sollen Schwierigkeiten beseitigt werden, die sich aus der Auslegung oder Anwendung eines Doppelbesteuerungsabkommens ergeben können.[376] Da Art. 25 OECD-MA selbst nur die **Grundsätze** für das Verständigungs- oder Konsultationsverfahren enthält, soll es Aufgabe des MA-Kommentars sein, diese Grundsätze näher zu erläutern.[377] Art. 25 OECD-MA sieht die folgenden **drei Verfahrensarten**[378] vor, die jeweils gesondert und unabhängig voneinander beschritten werden können: **209**

– Das **Verständigungsverfahren** im engeren Sinne (s. Art. 25 Abs. 1 OECD-MA).
– Das **Konsultationsverfahren** zur Ausräumung von Schwierigkeiten und Zweifeln in DBA (sog. **konkretes Konsultationsverfahren**; s. Art. 25 Abs. 3 Satz 1 OECD-MA).
– Das **Konsultationsverfahren** zur Schließung von Lücken in DBA (sog. **abstraktes Konsultationsverfahren**; s. Art. 25 Abs. 3 Satz 2 OECD-MA).

Zwischen **EU-Mitgliedsstaaten** bestehen auf der Grundlage der **EU-Konvention** vom 23. 7. 1990[379] neben etwaigen Verständigungs- und Konsultationsverfahren nach den jeweiligen Doppelbesteuerungsabkommen noch wesentlich weitergehende und engere Möglichkeiten der zwischenstaatlichen Verständigung und Konsultation. **210**

c) Informationsaustausch, Art. 26 OECD-MA. aa) Grundsätzliches. Der Regelungsgegenstand von Art. 26 OECD-MA ist der **zwischenstaatliche Austausch von Informationen** zwischen den *Finanzbehörden* der zwei Vertragsstaaten eines Doppelbesteuerungsabkommens, betreffend Steuern jeder Art und Bezeichnung, die für Rechnung der Vertragsstaaten oder ihrer Gebietskörperschaften erhoben werden. Die zuständige *Finanzbehörde* auf deutscher Seite ist das *Bundeszentralamt für Steuern*.[380] **211**

---

[374] S. die *Kommentierung* in Art. 24 Ziff. 60. MA-K.
[375] Vgl. TZ 1.1.1 und TZ 1.1.2 *BMF-Schreiben/Merkblatt* zum internationalen Verständigungs- und Schiedsverfahren auf dem Gebiet der Steuern vom Einkommen und vom Vermögen vom 13. 7. 2006, BStBl. 2006 I S. 461 = Praktiker-Handbuch 2011 Außensteuerrecht, Band II, S. 816.
[376] S. die *Kommentierung* in Art. 25 Ziff. 1. MA-K. Vgl. auch *Vogel/Lehner* DBA Art. 25 Rdnr. 2.
[377] S. die *Kommentierung* in Art. 25 Ziff. 5. MA-K.
[378] S. TZ 1.1.1 *BMF-Schreiben/Merkblatt* zum internationalen Verständigungs- und Schiedsverfahren auf dem Gebiet der Steuern vom Einkommen und vom Vermögen vom 13. 7. 2006. Vgl. auch *Vogel/Lehner* DBA Art. 25 Rdnr. 3.
[379] Übereinkommen Nr. 90/436/EWG zur Beseitigung der Doppelbesteuerung im Fall von Gewinnberichtigungen zwischen verbundenen Unternehmen (EU-Schiedsübereinkommen) vom 23. 7. 1990, ABl. EG Nr. L 225 S. 10, umgesetzt in der Bundesrepublik Deutschland mit Gesetz zur Umsetzung der EU-Schiedsübereinkommen vom 26. 8. 1993, BGBl. 1993 II S. 818 = Praktiker-Handbuch 201 Außensteuerrecht, Band II, S. 290 ff.
[380] S. TZ 1.6.1.1 *BMF-Schreiben/Merkblatt* zur zwischenstaatlichen Amtshilfe durch Auskunftsaustausch in Steuersachen vom 25. 1. 2006, BStBl. 2006 I S. 26 = Praktiker-Handbuch 2011 Außensteuerrecht, Band I, S. 385 ff.

212 **bb) Arten des Auskunftsverkehrs.** Die *Kommentierung* in Art. 26 Ziff. 9. MA-K sieht **drei Arten des Auskunftsverkehrs** vor, die allerdings in Art. 26 OECD-MA nicht genannt sind: (1) **Auskunft auf Ersuchen**: Die Auskunft auf Ersuchen ist vorgesehen für einen **bestimmten Besteuerungsfall**, wobei vorausgesetzt wird, dass die innerstaatlichen Informationsquellen zunächst ausgeschöpft werden;[381] (2) **Automatischer Auskunftsaustausch:** Der Automatische Auskunftsaustausch ist für den Fall vorgesehen, dass sich die Vertragsstaaten über eine bestimmte Art oder mehrere Arten von Auskünften **regelmäßig verständigen**[382] und (3) **Spontaner Auskunftsaustausch**: Der Spontane Auskunftsaustausch soll in dem Fall möglich sein, in dem ein Vertragsstaat über Umstände Kenntnis erlangt, die nach seiner Auffassung auch für den anderen Vertragsstaat **von Interesse** sind.[383] Dies gilt zum Beispiel für die Fälle, in denen Doppelbesteuerungsabkommen **Rückfallklauseln** enthalten. In diesen Fällen tauschen sich die beteiligten Vertragsstaaten dahingehend aus, dass der Quellen- oder Belegenheitsstaat dem Ansässigkeitsstaat (spontan) darüber Mitteilung macht, dass die im Quellen- oder Belegenheitsstaat grundsätzlich steuerpflichtigen Einkünfte dort nicht besteuert werden.[384]

213 **cc) Arten von Auskunftsklauseln.** Im Recht der Doppelbesteuerungsabkommen kennt man zwei **Arten von Auskunftsklauseln**, die sog. **große Auskunftsklausel** und die sog. **kleine Auskunftsklausel**.[385] Bei der großen Auskunftsklausel erfolgt ein Austausch sämtlicher Informationen, die zur **Durchführung des Doppelbesteuerungsabkommens** oder des **innerstaatlichen Rechts** der Vertragsstaaten erforderlich sind.[386] Bei der kleinen Auskunftsklausel erfolgt ein Austausch nur bezüglich der Informationen, die zur **Durchführung des Doppelbesteuerungsabkommens** erforderlich sind. Von den deutschen Doppelbesteuerungsabkommen enthalten etwas mehr als die Hälfte die kleine Auskunftsklausel.[387]

214 **dd) Pflicht zur Geheimhaltung, Art. 26 Abs. 1 Sätze 3 ff. OECD-MA.** Da die Steuerbehörden der jeweiligen Vertragsstaat einander nur dann Amtshilfe leisten können, wenn sie sicher sein können, dass die jeweils andere *Finanzbehörde*, die im Rahmen des Informationsaustausches vertraulich behandelt,[388] schreibt Art. 26 Abs. 1 Satz 3 OECD-MA vor, dass alle Informationen, die ein Vertragsstaat erhalten hat, ebenso **geheimzuhalten** sind wie die auf Grund des innerstaatlichen Rechts dieses Vertragsstaats beschafften Informationen.

215 **ee) Sonderregeln innerhalb der EU.** Für den zwischenstaatlichen Informationsaustausch innerhalb der EU gilt die Richtlinie Nr. 77/799/EWG des Rates über die gegenseitige Amtshilfe zwischen den zuständigen Behörden der Mitgliedstaaten im Bereich der direkten Steuern und indirekten Steuern **(EG-Amtshilfe-Richtlinie)** vom 19. 12. 1977.[389] Die EG-Amtshilfe-Richtlinie regelt eine **generelle** und **umfassende gegensei-**

---

[381] Weitere Einzelheiten hierzu s. TZ 1.5.4, TZ 2 und TZ 3 *BMF-Schreiben/Merkblatt* zur zwischenstaatlichen Amtshilfe durch Auskunftsaustausch in Steuersachen vom 25. 1. 2006.
[382] Weitere Einzelheiten hierzu s. TZ 4.1.2 *BMF-Schreiben/Merkblatt* zur zwischenstaatlichen Amtshilfe durch Auskunftsaustausch in Steuersachen vom 25. 1. 2006.
[383] Weitere Einzelheiten hierzu s. TZ 4.1.1 *BMF-Schreiben/Merkblatt* zur zwischenstaatlichen Amtshilfe durch Auskunftsaustausch in Steuersachen vom 25. 1. 2006.
[384] S. TZ 4.1.1 *BMF-Schreiben/Merkblatt* zur zwischenstaatlichen Amtshilfe durch Auskunftsaustausch in Steuersachen vom 25. 1. 2006.
[385] S. TZ 1.5 *BMF-Schreiben/Merkblatt* zur zwischenstaatlichen Amtshilfe durch Auskunftsaustausch in Steuersachen vom 25. 1. 2006Vgl. hierzu auch *Vogel/Lehner* DBA Art. 26 Rdnr. 4 und Rdnr. 40 ff.
[386] Von der großen Auskunftsklausel geht auch die *Kommentierung* in Art. 26 Ziff. 2. und Ziff. 5. MA-K aus.
[387] Eine kleine Auskunftsklausel enthalten v. a. DBA mit nicht-europäischen Staaten.
[388] So die *Kommentierung* in Art. 26 Ziff. 11. MA-K.
[389] Richtlinie Nr. 77/799/EWG des Rates über die gegenseitige Amtshilfe zwischen den zuständigen Behörden der Mitgliedstaaten im Bereich der direkten Steuern und indirekten Steuern (EG-Amtshilfe-Richtlinie) vom 19. 12. 1977, ABl. EG Nr. L 336 S. 15 = Praktiker-Handbuch 2011 Au-

d) Amtshilfe bei der Vollstreckung von Steueransprüchen, Art. 27 OECD-MA. 216
Mit der Änderung des OECD-Musterabkommens im Jahre 2002 wurde ein **neuer Art. 27 OECD-MA** eingeführt mit der Überschrift „**Amtshilfe bei der Vollstreckung von Steueransprüchen**". Diese Regelung tritt neben Art. 26 OECD-MA und ergänzt diese Vorschrift zum Informationsaustausch. Mit dem neuen Art. 27 OECD-MA wurde die Grundlage für eine umfassende steuerliche Rechts- und Amtshilfe **bei der Vollstreckung von Steueransprüchen** geschaffen.[390]

e) Diplomaten und Konsularbeamte, Art. 28 (bisher Art. 27) OECD-MA. Diese Regelung soll im Sinne eines **Vorbehalts** sicherstellen, dass die steuerlichen Vorrechte, die Diplomaten und Konsularbeamte nach den allgemeinen Regeln des Völkerrechts oder auf Grund besonderer Übereinkünfte zustehen, durch Doppelbesteuerungsabkommen nicht im Sinne einer Schlechterstellung berührt werden.[391] 217

10. Schlussbestimmungen, Abschnitt VII OECD-MA

Inkrafttreten, Art. 30 (bisher Art. 29) OECD-MA. Art. 30 Abs. 1 OECD-MA 218
enthält zwei Regelungspunkte. Zum einen enthält die Vorschrift eine **klarstellende Regelung** und macht noch einmal deutlich, dass das vereinbarte Doppelbesteuerungsabkommen der **Ratifikation** bedarf.

Kündigung, Art. 31 (bisher Art. 30) OECD-MA. Sinn und Zweck der Kündigungsregelung nach Art. 31 OECD-MA ist, dass das Doppelbesteuerungsabkommen im Interesse einer bestimmten Rechtssicherheit für einen **Mindestzeitraum** in Kraft bleiben soll. Die Kündigungsregelung spielt in der *Abkommenspraxis* **keine Rolle**. 219

II. Vermeidung der Doppelbesteuerung nach innerstaatlichem Recht

1. Vermeidung der Doppelbesteuerung für natürliche Personen, § 34c EStG

a) Allgemeines. Wenn kein Doppelbesteuerungsabkommen vorliegt, dann kann die 220
Doppelbesteuerung durch **unilaterale Maßnahmen** vermieden (besser: **vermindert**) werden. Im Bereich des Einkommensteuerrechts enthält **§ 34c EStG** eine solche unilaterale Maßnahme,[392] die auf der Anrechnungsmethode beruht.

ßensteuerrecht, Band I, S. 430 ff. Die EG-Amtshilfe-Richtlinie wurde in der Bundesrepublik Deutschland durch das Gesetz zur Durchführung der EG-Amtshilferichtlinie (EG-Amtshilfe-Gesetz) vom 19. 12. 1985 (BGBl. 1985 I S. 2436, 2441 = Praktiker-Handbuch 2011 Außensteuerrecht, Band I, S. 381) umgesetzt und wird ergänzt durch das *BMF-Schreiben/Merkblatt* zur zwischenstaatlichen Amtshilfe durch Auskunftsaustausch in Steuersachen vom 25. 1. 2006. Des Weiteren gilt seit dem 1. 1. 2004 die EU-Zinsrichtlinie vom 3. 6. 2004, ABl. EG Nr. L 157 S. 38 = Praktiker-Handbuch 2011 Außensteuerrecht, Band II, S. 322. Das Ziel der EU-Zinsrichtlinie ist der Kampf gegen die grenzüberschreitende Steuerflucht. Regelungsgegenstand der EU-Zinsrichtlinie ist gemäß Art. 8 und 9 der Richtlinie der automatische Infomationsaustausch (Kontrollmitteilungen) zwischen den *Finanzbehörden* von EU-Mitgliedsstaaten.

[390] Einzelheiten zum neuen Art. 27 OECD-MA s. in der *Kommentierung* in Art. 27 Ziff. 1.–Ziff. 37. MA-K sowie *Vogel/Lehner*, DBA Art. 27 Rdnr. 2 a ff.

[391] S. die *Kommentierung* in Art. 28 Ziff. 1. MA-K.

[392] Im Bereich des Körperschaftsteuerrechts enthält § 26 KStG eine korrespondierende Maßnahme. Einzelheiten hierzu s. § 32 II.2. Im Bereich des Gewerbesteuerrechts könnte man § 9 Nr. 2, Nr. 3 und Nr. 7 GewStG als solche unilaterale Maßnahme nennen. Allerdings ist in systematischer Sicht zu beachten, dass diese Normen keine Vorschriften zur Vermeidung der Doppelbesteuerung sein sollen, sondern Gewinnermittlungsvorschriften sind. Sie konkretisieren den Anwendungsbereich des Gewerbesteuergesetzes, welches nach § 2 Abs. 1 GewStG nur für inländische Gewerbebetriebe gelten soll.

221 § 34c EStG gilt grundsätzlich nur für **unbeschränkt Steuerpflichtige**.[393] Der deutschen unbeschränkten (Einkommen-)Steuerpflicht unterliegen nach dem Einkommensteuergesetz neben inländischen Einkünften auch **ausländische Einkünfte**, egal ob diese nach dem ausländischen Steuerrecht einer (unbeschränkten oder beschränkten) Steuerpflicht unterliegen oder nicht (Stichwort: **Welteinkommensprinzip**). Der deutschen unbeschränkten Steuerpflicht unterliegen nur solche Einkünfte, die **nach § 2 Abs. 1 Nr. 1–7 EStG steuerpflichtig** sind.[394] Darüber hinaus ist nach § 50 Abs. 6 EStG seit 1980 unter den dort genannten Voraussetzungen § 34c Abs. 1–3 EStG teilweise auch bei **beschränkt Steuerpflichtigen** anwendbar.[395] Gegenstand der beschränkten (Einkommen-)Steuerpflicht sind die in § 49 Abs. 1 EStG genannten Einkünfte.

222 § 34c EStG ist in **systematischer Hinsicht** keine Vorschrift zur Vermeidung der Doppelbesteuerung; vielmehr ist § 34c EStG im Einkommensteuergesetz ein Teil von Kapitel V., welches mit „**Steuerermäßigungen**" überschrieben ist. Innerhalb dieses Kapitels V. bildet § 34c EStG (zusammen mit dem Definitions-Paragraphen § 34d EStG) als Teil 1 die Regelungen für „**Steuerermäßigungen bei ausländischen Einkünften**". § 34c EStG ist somit in systematischer Hinsicht nur eine **Tarifvorschrift** (jedenfalls Abs. 1, während § 34c Abs. 2 und Abs. 3 EStG im Grunde **Einkunftsermittlungsvorschriften** sind),[396] die, wie bereits ausgeführt, Lücken im System der Doppelbesteuerungsabkommen schließen soll.[397] Die Anrechnung einer ausländischen Steuer setzt deshalb bei der tariflichen und nicht bei der festgesetzten Einkommensteuer an.[398]

223 § 34c EStG hat die in den folgenden lit. aa)–lit. cc) genannten **drei Anwendungsbereiche**.[399]

224 **aa) § 34c EStG ist Rechtsgrundlage zur Vermeidung der Doppelbesteuerung in Nicht-DBA-Fällen.** Ist ein **Doppelbesteuerungsabkommen gegeben**, dann wird dort die Vermeidung der Doppelbesteuerung entweder durch die Freistellungsmethode oder durch die Anrechnungsmethode geregelt. Greift die **Freistellungsmethode**, so bleibt es bei dieser Regelung. Der Steuerpflichtige kann sich nach der (klaren) Regelung in § 34c Abs. 6 Satz 1 EStG nicht noch zusätzlich auf § 34c EStG als unilaterale oder innerstaatliche **Rechtsgrundlage** zur Vermeidung bzw. Verminderung der Doppelbesteuerung berufen.[400] *Praktisch* wird dies vor allem im Falle der Gewinnausschüttung einer ausländischen Tochter-(Kapital-)Gesellschaft an ihre deutsche Mutter-(Kapital-)Gesellschaft. Die (wirtschaftliche) Doppelbesteuerung der **Dividenden** wird (DBA-rechtlich) durch die Steuerfreistellung in der Bundesrepublik Deutschland auf der Ebene der Muttergesellschaft

---

[393] Vgl. TZ 1.1 *Verfügung der OFD Frankfurt am Main* betr. Steuerermäßigung bei Auslandseinkünften vom 24. 8. 1998, abgedruckt in Praktiker-Handbuch 2011 Außensteuerrecht, Band I, S. 782 ff.

[394] Vgl. TZ 2.2 *Verfügung der OFD Frankfurt am Main* betr. Steuerermäßigung bei Auslandseinkünften vom 24. 8. 1998.

[395] Vgl. TZ 1.1 *Verfügung der OFD Frankfurt am Main* betr. Steuerermäßigung bei Auslandseinkünften vom 24. 8. 1998.

[396] S. *Kluge*, a. a. O., N 43; *Schaumburg*, a. a. O. Rdnr. 15.85.

[397] Vgl. hierzu etwa *Schmidt/Heinicke* EStG § 34c Rdnr. 1. Zur Anwendung von § 34c EStG bei zusammen veranlagten Ehegatten s. *Erlass des FM Nds.* betr. die Anwendung von § 34c EStG bei zusammen veranlagten Ehegatten vom 31. 7. 1996, abgedruckt in Praktikerhandbuch 2011 Außensteuerrecht, Band I, S. 793.

[398] S. *BFH* vom 20. 12. 1995, BStBl. 1996 II S. 261 (262).

[399] Vgl. TZ 2.1 *Verfügung der OFD Frankfurt am Main* betr. Steuerermäßigung bei Auslandseinkünften vom 24. 8. 1998.

[400] So noch einmal deutlich *BFH* vom 15. 3. 1995, BStBl. 1995 II S. 580 (581 f.; „keine Anrechnung einer nach DBA-Recht erstattungsfähigen Steuer, deren Erstattung wegen Fristablaufs nicht mehr begehrt werden kann") und *BFH* vom 20. 12. 1995, BStBl. 1996 II S. 261 (263; „§ 34c EStG tritt insgesamt hinter dem DBA-Schweiz zurück"). So auch *Schmidt/Heinicke* EStG § 34c Rdnr. 17. Missverständlich dagegen *Schmidt/Heinicke* EStG § 34c Rdnr. 9 mit dem Hinweis, § 34c EStG könne nur in Nicht-DBA-Fällen „unmittelbar angewandt" werden. Differenzierend *BFH* vom 24. 3. 1998, BStBl. 1998 II S. 471 (472).

vermieden. Eine weitergehende Regelung im Hinblick (auch) auf ausländische Quellensteuern auf Gewinnausschüttungen enthalten die Doppelbesteuerungsabkommen nicht; entsprechend wird eine ausländische Quellensteuer durch die Gewährung der Steuerfreistellung im Inland nicht beseitigt. Deshalb bleibt die Überlegung einer eventuellen Berücksichtigung der **ausländischen Quellensteuer** auf (Schachtel-)Dividenden durch (zusätzliche, flankierende) innerstaatliche Maßnahmen (Anrechnungsmethode nach § 34 c Abs. 1 EStG oder Abzugsmethode nach § 34 c Abs. 2 oder Abs. 3 EStG). Neben der Freistellungsmethode lassen deutsche Doppelbesteuerungsabkommen aber bewusst eine weitere Berücksichtigung von ausländischen Steuern nicht zu; entsprechend sieht auch das deutsche innerstaatliche Recht (die §§ 34 c EStG und 26 KStG) eine weitere Berücksichtigung (Anrechnung oder Abzug) von ausländischen Steuern nicht vor.[401]

Allerdings ist aus der Sicht des *BFH*[402] zu **differenzieren**: § 34 c EStG ist als **Rechtsgrundlage** nicht stets dann ausgeschlossen, wenn zwischen der Bundesrepublik Deutschland und einem ausländischen Staat ein Doppelbesteuerungsabkommen besteht. Vielmehr ist § 34 c Abs. 6 Satz 1 EStG enger gefasst und sieht die **Nichtanwendung** von § 34 c EStG als Rechtsgrundlage nur dann vor, wenn die ausländische Steuer von dem Doppelbesteuerungsabkommen, aus der Sicht des deutschen Steuerrechts, auch **tatsächlich erfasst** wird.

Beispiel:[403] Eine **Aktiengesellschaft** nach schweizerischem Recht (mit dem Sitz in der **Schweiz**) hatte ihre Geschäftsleitung i. S. v. § 10 AO in der Bundesrepublik Deutschland. Da die Aktiengesellschaft vom *deutschen Finanzamt* nach dem DBA-Schweiz als in der Bundesrepublik Deutschland ansässig angesehen wurde, wurde sie als unbeschränkt körperschaftsteuerpflichtige Aktiengesellschaft in der Bundesrepublik Deutschland zur Körperschaftsteuer herangezogen. Das *deutsche Finanzamt* lehnte es ab, die in der Schweiz bezahlten Steuern auf die deutsche Steuer nach den §§ 26 Abs. 1 KStG, 34 c Abs. 1 EStG **anzurechnen** oder den **Steuerabzug** nach den §§ 26 Abs. 1 KStG, 34 c Abs. 3 EStG zuzulassen. Im Beispielsfall ließ der *BFH* die Anwendung von § 34 c Abs. 3 EStG zu. Die Begründung hierzu war, dass § 34 c EStG als **Rechtsgrundlage** nur dann nicht anwendbar sei, wenn die ausländische Steuer (aus der Sicht des deutschen Steuerrechts) auf Einkünfte erhoben wird, die aus dem ausländischen Vertragsstaat stammen. Es genügt nicht, dass die ausländische Steuer von einem Staat (im Beispielsfall auf Einkünfte, die aus der Sicht des deutschen Steuerrechts inländische Einkünfte waren) erhoben wird, mit der die Bundesrepublik Deutschland ein Doppelbesteuerungsabkommen abgeschlossen hat.

Wenn **kein Doppelbesteuerungsabkommen** vorliegt oder wenn die ausländische Steuer von dem Doppelbesteuerungsabkommen **nicht erfasst** wird, dann wird die Doppelbesteuerung vermieden durch **unilaterale Maßnahmen**, die für die Einkommensteuer in § 34 c EStG geregelt sind. In diesem Fall wird die ausländische Steuer auf die deutsche Einkommensteuer nach § 34 c Abs. 1 EStG angerechnet **(Anrechnungsmethode)** – oder sie wird auf Antrag des Steuerpflichtigen nach § 34 c Abs. 2 EStG wie Betriebsausgaben abgezogen **(Abzugsmethode)** –, wenn die hierfür erforderlichen Tatbestandsvoraussetzungen erfüllt sind. Gegebenenfalls erfolgt auch (nur) der Abzug ausländischer Steuern wie Betriebsausgaben nach § 34 c Abs. 3 EStG. § 34 c EStG ist insoweit eine **Rechtsgrundlage** bzw. eine **Rechtsgrund-Norm** (des innerstaatlichen Rechts) für eine Vermeidung (besser: Minderung) der Doppelbesteuerung. Im Gegensatz zu den Doppelbesteuerungsabkommen ist in § 34 c EStG die **Freistellungsmethode nicht vorgesehen**.

bb) **§ 34 c EStG ist Rechtsfolge-Norm für die Art und Weise der Durchführung der nach einem DBA gegebenen Anrechnungsmethode.** Kommt nach einem

---

[401] Vgl. *Vogel/Lehner* DBA Art. 23 Rdnr. 87; *Jacobs*, a.a.O., 6. Teil 2. Kap. D. II. 2. b) (1) (a) und (2) (a). Vgl. hierzu auch *BFH* vom 4. 6. 1991, BStBl. 1992 II S. 187 (189).

[402] S. *BFH* vom 24. 3. 1998, BStBl. 1998 II S. 471 f., in welchem der nachfolgend genannte Beispielsfall entschieden wurde.

[403] Nach *BFH* vom 24. 3. 1998, BStBl. 1998 II S. 471 f. Diese Differenzierung wurde in *BFH* vom 4. 6. 1991, BStBl. 1992 II S. 187 (189), nicht gemacht, war in dieser Entscheidung aber auch nicht zu treffen.

Doppelbesteuerungsabkommen die **Anrechnungsmethode** zur Anwendung, so ist § 34c EStG als **Rechtsfolgen-Norm** zur Regelung, wie die Doppelbesteuerung zu vermeiden bzw. zu vermindern ist, heranzuziehen (s. § 34c Abs. 2–3 EStG).

229 cc) **§ 34c EStG ist Auffangregelung zur Vermeidung der Doppelbesteuerung trotz des Vorliegens eines DBA.** Ist ein **Doppelbesteuerungsabkommen gegeben**, dann kann es trotzdem Fälle geben, in denen § 34c EStG – ausnahmsweise – Rechtsgrund-Norm ist; dies sind die bereits in § 32 I.8.g) genannten **drei Fälle**, nämlich:

– es liegt zwar ein **DBA** vor, jedoch bezieht sich das betreffende DBA nicht auf eine (bestimmte) Steuer vom Einkommen des Staates, s. § 34c Abs. 6 Satz 4 EStG;
– es liegt zwar ein **DBA** vor, jedoch kommt § 50d Abs. 9 EStG zur Anwendung, s. § 34c Abs. 5 EStG;
– es liegt zwar ein **DBA** vor, jedoch besteuert der ausländische Staat **nicht aus diesem Staat stammende** Einkünfte, es sei denn, es liegt eine missbräuchliche Gestaltung vor oder das DBA gestattet diesem Staat die Besteuerung, s. § 34c Abs. 6 Satz 6 EStG).

230 In diesen Fällen ordnet § 34c Abs. 6 Satz 3 EStG an, dass die Absätze 1 und 2 entsprechend anzuwenden sind. In diesen (DBA-)Fällen ist § 34c Abs. 6 Satz 3 nicht eine bloße Rechtsfolgenverweisung, sondern **Rechtsgrundverweisung**; denn im Gegensatz zu § 34c Abs. 6 Satz 2 EStG wird nicht nur auf § 34c Abs. 1 Sätze 2 und 3 EStG verwiesen, sondern auf **Absatz 1** (und auf **Absatz 2**) insgesamt. Damit kommen diese Vorschriften nur zur Anwendung, wenn deren Voraussetzungen vorliegen.

Übersicht über den Anwendungsbereich von § 34c EStG[404]   Schaubild § 32-10

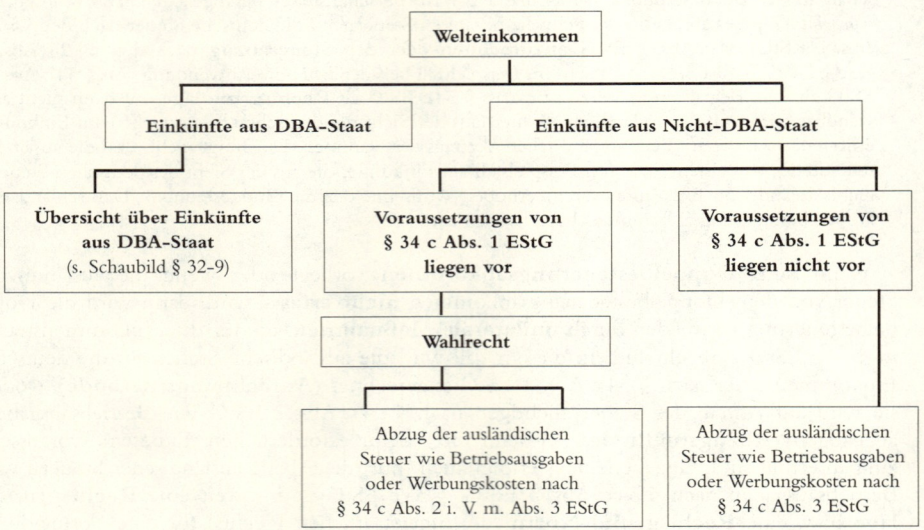

231 Die Art und Höhe der ausländischen Einkünfte sind grundsätzlich **nach deutschem Steuerrecht zu ermitteln**.[405] Für die Beurteilung der Steuerpflicht nach dem deutschen Steuerrecht ist unerheblich, ob diese Einkünfte nach dem ausländischen Steuerrecht steuerpflichtig sind oder nicht.

232 Der Möglichkeit zur Vermeidung der Doppelbesteuerung bzw. zur Steuererleichterung nach § 34c EStG liegen die folgenden **vier Prinzipien** zugrunde:

---

[404] In Anlehnung an Anlage 1 (Übersicht über die Steuerbefreiungen und -ermäßigungen bei ausländischen Einkünften) zur der *Anweisung* Leitfaden zur Besteuerung ausländischer Einkünfte.
[405] Vgl. TZ 2.2 *Verfügung der OFD Frankfurt am Main* betr. Steuerermäßigung bei Auslandseinkünften vom 24. 8. 1998; TZ 2.1 der *Anweisung* Leitfaden zur Besteuerung ausländischer Einkünfte.

§ 32. Das Doppelbesteuerungsrecht
233–236 § 32

– **Anrechnungsmethode**
– **Steuerabzugsmethode**
– **Steuerpauschalierungsmethode**
– **Steuererlassmethode**.

Im Falle der Anrechnungsmethode wird die **Gewerbeertragsteuer** nicht beeinflusst, wohl aber im Falle der Anwendung der Abzugsmethode, da sich wegen des Abzugs der ausländischen Steuer bei der Ermittlung der Einkünfte wie eine Betriebsausgabe die Bemessungsgrundlage entsprechend ändert.[406]

233

b) Anrechnung ausländischer Steuern nach § 34c Abs. 1 EStG. aa) Grundsätzliches. Bei der **Anrechnungsmethode** bleibt der Ansässigkeitsstaat neben dem Quellen- oder Belegenheitsstaat berechtigt, das Gesamt-(Welt-)Einkommen des Steuerpflichtigen zu besteuern,[407] allerdings mit der Maßgabe, dass ausländische Steuern, die auf ausländische Einkünfte erhoben werden, von dem Ansässigkeitsstaat beim Steuerpflichtigen auf die deutsche Steuer **angerechnet** bzw. von der deutschen Steuer **abgezogen** werden. Ist das Steuerniveau im Quellen- oder Belegenheitsstaat **höher** als im Ansässigkeitsstaat, so bleibt es für den Steuerpflichtigen bei der Steuerbelastung im Quellen- oder Belegenheitsstaat. Es entsteht ein sog. **Anrechnungsüberhang**.[408] Die Anrechnung der ausländischen Steuer führt zu einer Steuerbelastung im Ansässigkeitsstaat von 0.[409] Ist das Steuerniveau im Quellen- oder Belegenheitsstaat dagegen **niedriger** als im Ansässigkeitsstaat, so wird die Steuerbelastung des Steuerpflichtigen auf das Steuerniveau des Ansässigkeitsstaats „**hochgeschleust**".[410] In wirtschaftlicher Hinsicht führt die Anrechnungsmethode zu einer **Wettbewerbsungleichheit** unter Investoren aus verschiedenen Ländern.

234

Ausländische Steuern werden, ohne dass es hierfür eines Antrags des Steuerpflichtigen bedarf,[411] nach § 34c Abs. 1 EStG unter den folgenden **Voraussetzungen** angerechnet:

235

– es liegt **kein DBA** vor (s. § 34c Abs. 6 Satz 1 EStG)[412]
– der unbeschränkt Steuerpflichtige hat **ausländische Auskünfte**
– der unbeschränkt Steuerpflichtige wird im Ausland **zu einer Steuer herangezogen**
– die ausländische Steuer ist eine der deutschen Einkommensteuer **entsprechende Steuer**
– Steuererhebung durch den Staat, aus dem die Einkünfte **stammen**
– die ausländische Steuer ist **festgesetzt**, **gezahlt** und unterliegt **keinem Ermäßigungsanspruch**.

bb) Tatbestandsmerkmal „Ausländische Einkünfte". Der Begriff „ausländische Einkünfte" wird in **§ 34d EStG definiert**.[413] Die einzelnen ausländischen Einkünfte sind in dieser Legaldefinition in einem umfangreichen **Katalog von Einkünften** aufgeführt. Dieser Katalog folgt im Grundsatz den Einkunftsarten der **§§ 13–23 EStG**, mit einer **Ausnahme** in der Nr. 4 (Einkünfte aus der Veräußerung von Wirtschaftsgütern, die zum Anlagevermögen einer ausländischen Betriebsstätte gehören und aus der Veräußerung von ausländischen Kapitalgesellschaften). Fehlt es im Einzelfall an „ausländischen Einkünften" im Sinne von § 34d EStG, so erfolgt die Berücksichtigung einer ausländischen Steuer im **Abzugsverfahren nach § 34c Abs. 3 EStG**.

236

---

[406] Vgl. TZ 3.4 *Verfügung der OFD Frankfurt am Main* betr. Steuerermäßigung bei Auslandseinkünften vom 24. 8. 1998.

[407] Vgl. TZ 2.1 *Verfügung der OFD Frankfurt am Main* betr. Steuerermäßigung bei Auslandseinkünften vom 24. 8. 1998.

[408] S. *Kirchhof/Gosch* EStG § 34c Rdnr. 36.

[409] Vgl. auch die *Kommentierung* in Art. 23 Ziff. 26. f. MA-K.

[410] So der Begriff der *Praxis*. Vgl. auch die *Kommentierung* in Art. 23 Ziff. 25. MA-K.

[411] S. auch TZ 1.2 *Verfügung der OFD Frankfurt am Main* betr. Steuerermäßigung bei Auslandseinkünften vom 24. 8. 1998. S. ferner *Schmidt/Heinicke* EStG § 34c Rdnr. 23.

[412] Anschaulich hierzu BFH vom 4. 6. 1991, BStBl. 1992 II S. 187 (189).

[413] Einzelheiten zu „Ausländischen Einkünften" s. TZ 2.2 *Verfügung der OFD Frankfurt am Main* betr. Steuerermäßigung bei Auslandseinkünften vom 24. 8. 1998.

237 **cc) Tatbestandsmerkmal „Heranziehung zu einer Steuer".** Voraussetzung der Steueranrechnung durch den Steuerpflichtigen ist, dass er zu einer Steuer im Ausland herangezogen worden ist. Verlangt wird also eine **Steuersubjektidentität**.[414] Hierfür ist maßgebend, dass der Steuerpflichtige im Ausland **Steuerschuldner** ist. Unerheblich ist die Art und Weise der Steuererhebung im Ausland (z. B. Veranlagung, Steuerabzug, Pauschalierung). Steuersubjektidentität ist also auch im Falle der Quellenbesteuerung gegeben, bei der die die Einkünfte zahlende Person (im Falle einer Dividendenausschüttung die ausländische Kapitalgesellschaft) zur Abführung von Steuern an der Quelle verpflichtet ist. In der *Literatur* finden sich Hinweise, dass Probleme der Steuersubjektidentität insbesondere im Zusammenhang mit **Personengesellschaften** auftreten können.[415] Aus der Sicht des deutschen Rechts ergeben sich diesbezüglich jedoch keine Schwierigkeiten, wenn das deutsche Steuerrecht die ausländische Personengesellschaft als Mitunternehmerschaft nach § 15 Abs. 1 Nr. 2 EStG qualifiziert.[416] Steuersubjektidentität ist auch bei **Treuhandverhältnissen** gegeben, wenn der Treuhänder im Ausland besteuert wird, dem Treugeber im Inland die Einkünfte nach § 39 Abs. 2 Nr. 1 Satz 2 AO zugerechnet werden und wenn der Treugeber dem Treuhänder die ausländischen Steuern als Aufwendungsersatz zu erstatten hat.[417]

238 **dd) Tatbestandsmerkmal „der deutschen Steuer entsprechende ausländische Steuer".** Die Prüfung der Frage, ob eine ausländische Steuer der deutschen (Einkommen-)Steuer entspricht, kann in der *Praxis* im Einzelfall *schwierig* sein. Aus diesem Grund hat die *Finanzverwaltung* ein **Verzeichnis ausländischer Steuern**, die der deutschen Einkommensteuer entsprechen, erlassen, welches **Anlage 8 zu H 212 a EStR**[418] ist. Dieses Verzeichnis enthält nur die Steuern von Staaten, mit denen die Bundesrepublik Deutschland **kein Doppelbesteuerungsabkommen** abgeschlossen hat. Soweit eine ausländische Steuer in diesem Verzeichnis nicht aufgeführt ist, ist eine Anrechnung gemäß § 34 c Abs. 1 EStG bzw. ein Abzug nach § 34 c Abs. 2 EStG erst möglich, wenn der *Bundesminister der Finanzen* festgestellt hat, dass die ausländische Steuer der deutschen Einkommensteuer entspricht.[419] Verfahrenstechnisch erfolgt diese Feststellung durch einen Antrag des Steuerpflichtigen an das *Bundeszentralamt für Steuern*.[420]

239 **ee) Tatbestandsmerkmal „Steuererhebung durch den Staat, aus dem die Einkünfte stammen".** Die Erhebung der ausländischen Steuer muss durch den Staat erfolgen, aus dem die Einkünfte stammen; es darf also **keine Steuererhebung durch einen Drittstaat** gegeben sein. Eine **Steuererhebung durch einen Drittstaat** kann insbesondere in den folgenden **zwei Fällen** gegeben sein:

– **Abwicklung eines Geschäfts über drei Staaten** und im Verhältnis des ausländischen Staats (AL) zum Drittstaat (DL) hat DL das Besteuerungsrecht. Dies kann sich entweder aus einem DBA zwischen AL und DL ergeben oder dies kann aus dem innerstaatlichen Recht von AL und DL folgen.

---

[414] S. TZ 2.5 *Verfügung der OFD Frankfurt am Main* betr. Steuerermäßigung bei Auslandseinkünften vom 24. 8. 1998.
[415] S. etwa *Schaumburg*, a. a. O., Rdnr. 15.18; *Kluge*, a. a. O., N 24.
[416] S. *BFH* vom 26. 2. 1992, BStBl. 1992 II S. 937 (939) im Zusammenhang mit dem DBA-Schweiz. S. auch *BFH* vom 23. 6. 1992, BStBl. 1992 II S. 972 (975). S. ferner TZ 1.1.5.1 und TZ 1.1.5.2 BStE.
[417] S. etwa *Schaumburg*, a. a. O., Rdnr. 15.18. S. ferner *Schaumburg*, a. a. O., Rdnr. 15.19 – Rdnr. 15.22 mit Ausführungen zur Frage nach der Steuersubjektidentität beim Nießbrauch, bei der Organschaft oder bei ausländischen Basisgesellschaften.
[418] Vgl. TZ 1.2 und TZ 2.5 *Verfügung der OFD Frankfurt am Main* betr. Steuerermäßigung bei Auslandseinkünften vom 24. 8. 1998.
[419] So TZ 1.2 *Verfügung der OFD Frankfurt am Main* betr. Steuerermäßigung bei Auslandseinkünften vom 24. 8. 1998.
[420] S. hierzu auch *BMF-Schreiben* betr. Zentrale Sammlung und Auswertung von Unterlagen über steuerliche Auslandsbeziehungen (IZA-Erlass) vom 7. 9. 2007, BStBl. 2007 I S. 754 = Praktiker-Handbuch 2011 Außensteuerrecht, Band I, S. 531 ff.

– der **Steuerpflichtige hat einen mehrfachen Wohnsitz,** d. h. sowohl im ausländischen Staat (AL) und auch im Drittstaat (DL) und im Verhältnis von AL zu DL hat DL als Ansässigkeitsstaat das Besteuerungsrecht. Auch dies kann sich entweder aus einem DBA zwischen AL und DL oder aus dem innerstaatlichen Recht von AL und DL ergeben.

ff) Tatbestandsmerkmal „ausländische Steuer ist festgesetzt, gezahlt und unterliegt keinem Ermäßigungsanspruch". Das vierte Tatbestandsmerkmal ist, dass die ausländische Steuer **festgesetzt** und **gezahlt** ist und **keinem Ermäßigungsanspruch** unterliegt. Das heißt, dass ausländische **fiktive**, also als gezahlt geltende, Steuern nicht angerechnet werden können.[421] Erforderlich ist somit eine im Ausland gegebene **effektiv** bestehende Doppelbesteuerung, mit der Folge, dass Anrechnungsvor- oder -Anrechnungsrückträge ausgeschlossen sind.[422] Maßgebend ist hierbei der **tatsächliche Sachverhalt.** Dass die ausländische Steuer festgesetzt und gezahlt ist und keinem Ermäßigungsanspruch unterliegt, hat der Steuerpflichtige nachzuweisen. Wie die **Nachweisführung** zu erfolgen hat, regelt § 68 b EStDV.

gg) Beschränkung der Steueranrechnung/Anrechnungshöchstbetrag. Die Steueranrechnung ist nach § 34 c Abs. 1 Satz 2 EStG **beschränkt** auf die ausländische Einkommensteuer, die (*Anm.:* mit der Wertung des deutschen Steuerrechts) auf die ausländischen Einkünfte entfällt. Mit anderen Worten: Die anrechenbare Steuer darf die deutsche Steuer (besser: den Teilbetrag der deutschen Gesamtsteuer), die auf die ausländischen Einkünfte entfällt, nicht übersteigen. Man spricht hier auch vom **Anrechnungshöchstbetrag**[423] **(ordinary credit)** im Gegensatz zum sog. **full credit**.[424] Dieser Regelung liegt die folgende **Ausgangsüberlegung** zugrunde: Jeder Staat hat sein eigenes Steuersystem. Je nach Staat wird das System der Ermittlung von Gewinn oder Überschuss von den deutschen Überschuss- oder Gewinnermittlungsvorschriften mehr oder weniger stark abweichen.[425] Die **Auswirkungen** können wie folgt sein: Der **deutsche Einkommensteuersatz** kann im internationalen Steuervergleich vergleichsweise hoch sein, gleichwohl kann die Gewinnermittlung nach dem deutschen Einkommensteuerrecht zu einer vergleichsweise niedrigen Einkommensteuerbemessungsgrundlage führen. Demgegenüber kann der **ausländische Einkommensteuersatz** vergleichsweise niedrig sein, aber die Gewinnermittlung nach dem ausländischen Einkommensteuerrecht kommt zu einer vergleichsweise hohen Einkommensteuerbemessungsgrundlage. Damit kann trotz einem im Vergleich zum deutschen Steuerrecht niedrigeren ausländischen Einkommensteuersatz im Ergebnis die **ausländische Einkommensteuerbelastung** höher sein als die deutsche Einkommensteuerbelastung. Diese Fälle sind in der *Praxis* allerdings **Ausnahmefälle**, weswegen die Beschränkung der Steueranrechnung in der *Praxis* **keine große Rolle** spielt.

Hat der Steuerpflichtige ausländische Einkünfte aus **mehreren ausländischen Staaten**, so sind nach **§ 68 a EStDV** die Anrechnungshöchstbeträge für jeden einzelnen ausländischen Staat gesondert zu ermitteln. Diese Regelung beruht auf der Rechtsgrundlage des

---

[421] Vgl. TZ 2.6 *Verfügung der OFD Frankfurt am Main* betr. Steuerermäßigung bei Auslandseinkünften vom 24. 8. 1998. Zum Verständnis: Dies gilt nur für die Steueranrechnung nach § 34 c Abs. 1 EStG, also in den Nicht-DBA-Fällen, in denen § 34 c EStG Rechtsgrundlage ist. Dagegen kann eine Anrechnung fiktiver Steuern dann in Betracht kommen, wenn eine Steueranrechnung nach einem DBA i. V. m. § 34 c Abs. 6 EStG gegeben ist, denn in diesen Fällen regelt das DBA die Tatbestandsvoraussetzung für die Steueranrechnung und § 34 c EStG bildet nur die Rechtsfolgenregelung. Insoweit kann die Formulierung in der TZ 2.6. der o. g. *Verfügung* zu Missverständnissen führen.

[422] S. auch *Kluge,* a. a. O., N 41.

[423] Einzelheiten zur Ermittlung des Anrechnungshöchstbetrags s. A 212 b EStR und H 212 b mit einem Beispiel zur Ermittlung des Anrechnungshöchstbetrags sowie TZ 2.5 *Verfügung der OFD Frankfurt am Main* betr. Steuerermäßigung bei Auslandseinkünften vom 24. 8. 1998.

[424] S. *Schaumburg,* a. a. O., Rdnr. 14.27, Rdnr. 15.4 und Rdnr. 15.69; *Kluge,* a. a. O., N 30.

[425] Vgl. *Bächle/Rupp,* a. a. O., Teil E Kap. 2.6.

§ 34c Abs. 7 Nr. 1 EStG. Man spricht hier von der sog. **per-country-limitation**[426] (im Gegensatz zu der sog. **overall-limitation**).[427]

243 Nach der *Rechtsprechung des BFH* kann ein den Anrechnungshöchstbetrag übersteigender Betrag nicht im Wege einer **Billigkeitsmaßnahme** oder im Rahmen eines **Antrags nach § 34c Abs. 2 EStG** berücksichtigt werden.[428]

244 **c) Abzug ausländischer Steuern nach § 34c Abs. 2 EStG.** § 34c Abs. 2 EStG räumt dem Steuerpflichtigen ein **Wahlrecht** ein, ob er die ausländische Steuer (auf der Ebene der Steuererhebung) auf seine deutsche Steuerbelastung anrechnen will oder ob er die ausländische Steuer (auf der Ebene der Ermittlung der Einkünfte) **wie Betriebsausgaben** abziehen will. Wegen des Begriffs „statt" ist erforderlich, dass sämtliche Voraussetzungen von § 34c Abs. 1 EStG vorliegen. Zu beachten ist, dass sich der Abzug der ausländischen Steuer bei der Ermittlung der Einkünfte auch auf die Steuerbemessungsgrundlage für die **Gewerbesteuer** auswirkt.

245 **Voraussetzungen** für die Abzugsmethode nach § 34c Abs. 2 EStG:
– es liegt **kein DBA** vor (s. § 34c Abs. 6 EStG)
– Vorliegen der **Voraussetzungen** nach § 34c Abs. 1 EStG („statt")
– **Antrag** des Steuerpflichtigen.

246 Die Abzugsmethode ist für den Steuerpflichtigen in den folgenden **drei Ausnahmefällen günstiger:** (1) Wegen **inländischer Verluste** fällt keine deutsche Einkommensteuer an; (2) Aus deutscher Sicht liegen **ausländische Verluste** bzw. **negative ausländische Einkünfte** vor; (3) Die **ausländische Steuerbelastung ist höher** als die deutsche Einkommensteuerbelastung.

247 Das Wahlrecht muss für die gesamten Einkünfte und Steuern **aus demselben Staat einheitlich** ausgeübt werden.[429] **Zusammenveranlagte Ehegatten** müssen den Antrag nach § 34c Abs. 2 EStG (Wahl der Abzugsmethode) **nicht einheitlich** stellen.[430]

248 **d) Abzug ausländischer Steuern nach § 34c Abs. 3 EStG.** § 34c Abs. 3 EStG regelt den sog. **obligatorische Abzug** der ausländischen Steuern in den Fällen, in denen die Voraussetzungen von § 34c Abs. 1 EStG nicht gegeben sind. In diesen Fällen sieht § 34c Abs. 3 EStG als einzige Möglichkeit zur Vermeidung bzw. zur Verminderung der Doppelbesteuerung die Abzugsmethode vor. Der Steuerpflichtige hat hier also **kein Wahlrecht**. § 34c Abs. 3 EStG ist in den folgenden **drei Fällen** anwendbar:[431]

– Die ausländische Steuer **entspricht nicht** der deutschen **Einkommensteuer**.
  Dieser Fall ist *weniger praxisrelevant*.[432]
– Die **Steuererhebung** erfolgt nicht durch den Staat, aus dem die Einkünfte stammen.
  Dieser Fall ist etwa bei **mehrfachem Wohnsitz** oder bei der Abwicklung eines **Geschäfts über drei Staaten** gegeben. Auch dieser Fall ist *weniger praxisrelevant*.

---

[426] Einzelheiten hierzu s. TZ 2.8.1 und TZ 3.5 *Verfügung der OFD Frankfurt am Main* betr. Steuerermäßigung bei Auslandseinkünften vom 24. 8. 1998; TZ 4.2 der Anweisung Leitfaden zur Besteuerung ausländischer Einkünfte. Zur per-country-limitation s. auch *BFH* vom 20. 12. 1995, BStBl. 1996 II S. 261 (263).

[427] *Kritisch* zur per-country-limitation *Kluge*, a. a. O., N 42; *Schaumburg*, a. a. O., Rdnr. 15.83; *Jacobs*, a. a. O., 1. Teil 4. Kap. B. I. 1. b) (2).

[428] S. *BFH* vom 26. 10. 1972, BStBl. 1973 II S. 271 (272). S. auch TZ 2.9 *Verfügung der OFD Frankfurt am Main* betr. Steuerermäßigung bei Auslandseinkünften vom 24. 8. 1998. S. auch *Kirchhof/Gosch* EStG § 34c Rdnr. 36.

[429] S. TZ 3.1 *Verfügung der OFD Frankfurt am Main* betr. Steuerermäßigung bei Auslandseinkünften vom 24. 8. 1998.

[430] S. TZ 3.1 *Verfügung der OFD Frankfurt am Main* betr. Steuerermäßigung bei Auslandseinkünften vom 24. 8. 1998.

[431] Anschaulich hierzu *BFH* vom 24. 3. 1998, BStBl. 1998 II S. 471 (472).

[432] S. auch *Schaumburg*, a. a. O., Rdnr. 15.92.

§ 32. Das Doppelbesteuerungsrecht

– Es liegen **keine ausländischen Einkünfte** im Sinne von § 34d EStG vor.[433]
Dieser Fall ist *praxisrelevant* und betrifft vor allem die sog. **Liefergewinnbesteuerung**.[434]

249 Bei der sog. **Liefergewinnbesteuerung** sind keine ausländischen Einkünfte im Sinne von § 34d EStG gegeben, sondern es liegen aus deutscher Sicht inländische Einkünfte vor; aus der Sicht des ausländischen Rechts handelt es sich aber wiederum um ausländische Einkünfte.

Beispiel: Herstellung, Lieferung und Montage von **Industrieanlagen**
  Bewertung des Werts der einzelnen Vertragskomponenten:
  – Planung   EUR   100,00
  – Herstellung   EUR   700,00
  – **Lieferung**   **EUR 100,00**   (§ 34d Nr. 2 a) EStG)
  – Montage   EUR   100,00
    Gesamtpreis   EUR   1000,00

Zahlreiche ausländische Staaten teilen die Gesamtleistung auf in **Einzelleistungen**
– üblich ist hierbei die Besteuerung der Montageleistungen
– teilweise werden in einzelnen Staaten aber auch die **Planungsleistung** und **die Lieferleistung** besteuert; beide führen aber nach dem deutschen EStG nicht zu ausländischen Einkünften; eine solche ausländische Steuer ist nach § 34c Abs. 3 EStG abzugsfähig, allerdings nur in Nicht-DBA-Fällen.

250 **Verhältnis von § 34c Abs. 3 EStG zu § 34c Abs. 2 EStG.** In diesen Fällen kommt eine Steueranrechnung für den Steuerpflichtigen nicht in Betracht. Auf den ersten Blick ist das Verhältnis von § 34c Abs. 3 EStG zu § 34c Abs. 2 EStG schwer zu verstehen, denn § 34c Abs. 2 EStG und § 34c Abs. 3 EStG regeln grundsätzlich das Gleiche. § 34c Abs. 3 EStG ist **keine Sondervorschrift** zu § 34c Abs. 2 EStG und führt zum **gleichen steuerlichen Ergebnis** wie § 34c Abs. 2 EStG, nämlich Abzug von ausländischen Steuern **wie Betriebsausgaben** im Falle der Heranziehung zu **ausländischen Steuern** im Ausland. § 34c Abs. 2 EStG ist deshalb eine **eigenständige Vorschrift**, damit der Steuerpflichtige beim Vorliegen der in § 34c Abs. 1 EStG genannten Voraussetzungen, auf die § 34c Abs. 2 EStG verweist („statt"), eine **Wahlmöglichkeit** hat und zwischen der Anrechnungsmethode und der Abzugsmethode wählen kann. Sind die in § 34c Abs. 1 EStG genannten Voraussetzungen nicht gegeben, so bleibt es bei der Abzugsmethode nach § 34c Abs. 3 EStG. Der Gesetzgeber hätte zur besseren Verständlichkeit auch die folgende **Regelung** treffen können, wonach (1) an § 34c Abs. 1 EStG ein Satz 5 angehängt würde, der fast wortgleich mit dem geltenden Absatz 2 übereinstimmt, und (2) der geltende Absatz 3 zu Absatz 2 wird:

251 „... nur insoweit anzurechnen, als sie auf die im Veranlagungszeitraum bezogenen Einkünfte entfallen. ⁵Statt der Anrechnung nach Satz 1 ist die ausländischen Steuer auf Antrag bei der Ermittlung der Einkünfte nach Absatz 2 abzuziehen." (*Anm.:* Absatz 2 hätte dann den Wortlaut des aktuellen Absatz 3)

252 Der Steuerabzug ist in voller Höhe **ohne die Beschränkung** durch einen Höchstbetrag vorzunehmen; auch die **per-country-limitation** nach § 68a EStDV kommt nicht zur Anwendung.[435]

253 **e) Steuerfreistellung oder Pauschalbesteuerung nach § 34c Abs. 5 EStG.** § 34c Abs. 5 EStG enthält eine **Ermächtigungsgrundlage** für die *obersten Finanzbehörden* der

---

[433] Die Frage, ob ausländische Einkünfte im Sinne von § 34d EStG vorliegen, beurteilt sich aus der Sicht des deutschen Steuerrechts. S. *BFH* vom 24. 3. 1998, BStBl. 1998 II S. 471 (472).
[434] Vgl. hierzu *Jacobs*, a.a.O., 4. Teil 1. Kap. A.; *Schaumburg*, a.a.O., Rdnr. 15.15 und Rdnr. 15.92 m.w.N.; *Kirchhof/Gosch* EStG § 34c Rdnr. 11.
[435] S. TZ 4. *Verfügung der OFD Frankfurt am Main* betr. Steuerermäßigung bei Auslandseinkünften vom 24. 8. 1998.

§ 32   254, 255   7. Kapitel. Internationales Steuerrecht

Länder oder die von ihnen *beauftragten Finanzbehörden* mit Zustimmung des *Bundesministeriums der Finanzen* die auf ausländische Einkünfte entfallende deutsche Einkommensteuer ganz oder zum Teil zu erlassen (**Steuererlassmethode**) oder sie in einem Pauschbetrag festzusetzen (**Steuerpauschalierungsmethode**), wenn dies aus volkswirtschaftlichen Gründen **zweckmäßig** ist oder die Anwendung von § 34c Abs. 1 EStG **besonders schwierig** ist.[436] § 34c Abs. 5 EStG wird auch als Rechtsgrundlage für **Billigkeitsmaßnahmen** gesehen.[437] Die auf der Grundlage von § 34c Abs. 5 EStG ergangenen einschlägigen **Verwaltungsanweisungen** sind insbesondere die Folgenden:[438]

– Pauschalierungserlass – PE[439]
– Auslandstätigkeitserlass – ATE[440]
– Kulturvereinigungserlass – KVE[441]
– Auslandskorrespondentenerlass – AKE.[442]

254   Diese Verwaltungsanweisungen sind **keine abschließende Regelungen** für den Erlass oder Pauschalierung der Einkommensteuern.[443] Von diesen Verwaltungsanweisungen sind in der *Praxis* vor allem der **Auslandstätigkeitserlass** und der **Pauschalierungserlass** von Bedeutung.

255   **f) Fall des § 34c Abs. 6 EStG.** Kommt nach einem Doppelbesteuerungsabkommen die **Anrechnungsmethode** zur Anwendung, so regelt das Doppelbesteuerungsabkommen nur abstrakt, **dass** die ausländische Steuer auf die deutsche Steuer anzurechnen ist, nicht aber **wie** die Anrechnung durchzuführen ist. Stattdessen verweisen die Methodenartikel in deutschen Doppelbesteuerungsabkommen auf das innerstaatliche Recht. Zu diesen Vorschriften des deutschen Steuerrechts gehören **§ 34c EStG** und **§ 26 KStG**. Über den Anwendungsbereich als Rechtsgrundlagen-Norm hinaus regelt § 34c EStG für **DBA-Fälle** in Abs. 6 Satz 2 und 3 EStG als **Rechtsfolgen-Norm** die Grundsätze sowie die Art und Weise der Durchführung der nach einem Doppelbesteuerungsabkommen gegebenen Anrechnungsmethode.[444] In diesen DBA-Fällen ist Rechtsgrundlage für die Anrechnung dann nicht § 34c EStG, sondern Rechtsgrundlage ist der **Methodenartikel** im jeweiligen Doppelbesteuerungsabkommen. Ob die **Tatbestandsvoraussetzungen** für eine Anrechnung gegeben sind, richtet sich in diesem Falle also nach dem jeweili-

---

[436] Diese Regelung ist ähnlich der Regelung in § 50 Abs. 7 EStG.
[437] S. etwa *Schaumburg*, a.a.O., Rdnr. 15.100.
[438] S. hierzu auch die Übersicht in TZ 1 *Erlass des FinMin NRW* betr. verfahrensmäßige Behandlung von Anträgen auf (Teil-)Erlass oder Pauschalierung von Steuern gemäß §§ 34c Abs. 5, 50 Abs. 7 EStG; § 26 Abs. 6 KStG; §§ 12 Abs. 3, 13 VStG vom 11. 2. 1994; abgedruckt in Praktiker-Handbuch 2011 Außensteuerrecht, Band I, S. 803.
[439] S. *BMF-Schreiben* betr. Pauschalierung der Einkommensteuer und Körperschaftsteuer für ausländische Einkünfte gemäß § 34c Abs. 5 EStG und § 26 Abs. 6 KStG (Pauschalierungserlass – PE) vom 10. 4. 1984; abgedruckt in Praktiker-Handbuch 2011 Außensteuerrecht, Band I, S. 804.
[440] S. *BMF-Schreiben* betr. Steuerliche Behandlung von Arbeitseinkünften bei Auslandstätigkeiten (Auslandstätigkeitserlass – ATE) vom 31. 10. 1983, BStBl. 1983 I. S. 470; abgedruckt in Praktiker-Handbuch 2011 Außensteuerrecht, Band I, S. 807.
[441] S. *BMF-Schreiben* betr. Steuerbefreiung für ausländische Kulturorchester, Künstlervereinigungen und Solisten (Kulturvereinigungserlass – KVE) vom 30. 5. 1995; abgedruckt in Praktiker-Handbuch 2011 Außensteuerrecht, Band I, S. 1588.
[442] S. *BMF-Schreiben* betr. Einkommensteuerliche Behandlung der nicht im Inland ansässigen Korrespondenten inländischer Rundfunk- und Fernsehanstalten sowie inländischer Zeitungsunternehmen (Auslandskorrespondentenerlass – AKE) vom 13. 3. 1998; abgedruckt in Praktiker-Handbuch 2011 Außensteuerrecht, Band I, S. 1621.
[443] S. TZ 2 *Erlass des FinMin NRW* betr. verfahrensmäßige Behandlung von Anträgen auf (Teil-)Erlass oder Pauschalierung von Steuern gemäß §§ 34c Abs. 5, 50 Abs. 7 EStG; § 26 Abs. 6 KStG; §§ 12 Abs. 3, 13 VStG vom 11. 2. 1994.
[444] Vgl. auch *Schmidt/Heinicke* EStG § 34c Rdnr. 1.

gen Doppelbesteuerungsabkommen und nicht nach § 34c EStG. Sind im Einzelfall die Tatbestandsvoraussetzungen für eine Anrechnung nach dem Doppelbesteuerungsabkommen gegeben, so beschränkt sich die Funktion von § 34c EStG über die Verweisung in § 34c Abs. 6 Satz 2 und 3 EStG auf eine **reine Rechtsfolgenregelung** bzw. auf die Regelung der Grundsätze, wie im Einzelnen die Anrechnung durchzuführen ist.[445]

2. Vermeidung der Doppelbesteuerung für Körperschaften, § 26 KStG

a) Allgemeines. § 26 Abs. 1 KStG ist für den Bereich der Körperschaftsteuer mit § 34c Abs. 1 Satz 1 EStG identisch. Weitere Regelungen enthält § 26 Abs. 1 KStG nicht, weil § 26 KStG in Abs. 6 anordnet, dass die Vorschriften von § 34c Abs. 1 Sätze 2ff. (Ermittlung der Einkünfte, Anrechnungshöchstbetrag), Abs. 2 und Abs. 3 (Abzugsmethode), Abs. 5 (Erlass oder Pauschalierung der Steuer), Abs. 6 (Vorliegen von Doppelbesteuerungsabkommen) und Abs. 7 (Rechtsgrundlage für Rechtsverordnungen) und von § 50 Abs. 3 EStG (Anwendung von § 34c EStG bei beschränkter Steuerpflicht) **entsprechend anzuwenden** sind.

b) (Direkte) Anrechnung ausländischer Steuern nach § 26 Abs. 1 KStG. § 26 Abs. 1 KStG ist der vom Gesetzgeber im Körperschaftsteuergesetz vorgesehene Fall der sog. **direkten Steueranrechnung**.[446] Diese Vorschrift hat den gleichen Wortlaut wie § 34c Abs. 1 EStG und hat entsprechend die gleichen **Zielsetzungen** und die **gleichen Voraussetzungen wie § 34c Abs. 1 EStG**. Anrechenbar sind nur die Steuer, zu der die unbeschränkt steuerpflichtige Körperschaft im ausländischen Staat herangezogen wird; deshalb auch der Begriff **„direkte Anrechnung"**. Im Verhältnis von deutscher Mutterkapitalgesellschaft zu ausländischer Tochterkapitalgesellschaft ist das (nur) die bei der ausländischen Tochterkapitalgesellschaft im Ausland erhobene **Kapitalertragsteuer** oder **Quellensteuer**. Der (Quellen-)Steuersatz liegt in zahlreichen ausländischen Staaten oftmals bei ca. **25%** und nicht wie nach den begrenzenden Regelungen in Doppelbesteuerungsabkommen bei nur **5%**, **10%** oder **15%**. Wegen des Erfordernisses der **Steuersubjektidentität** sind nicht anrechenbar die (ausländische) Körperschaftsteuer der Tochtergesellschaft; so jedenfalls nach der Methode der direkten Anrechnung.

Wie § 34c EStG hat auch § 26 KStG **zwei Anwendungsbereiche**: (1) § 26 KStG ist **Rechtsgrundlage** zur Vermeidung der Doppelbesteuerung in Nicht-DBA-Fällen; und (2) § 26 KStG enthält in Abs. 6 Satz 1 mit dem Verweis unter anderem auf § 34c Abs. 6 Sätze 2 und 3 EStG eine Regelung der Art und Weise zur Durchführung der nach einem **Doppelbesteuerungsabkommen** gegebenen Anrechnungsmethode.

---

[445] *Vogel/Lehner* DBA Art. 23 Rdnr. 136 spricht in diesem Zusammenhang von einer „Ergänzung der Anrechnungsmethode (*Anm.*: nach DBA-Recht) durch das innerstaatliche Recht". Zur Auslegung von § 34c Abs. 6 EStG s. *BGH* vom 24. 3. 1998, DB 1998, S. 1447 (1447).
[446] Dieser Begriff wird auch in A 76 KStR verwendet.

§ 33   7. Kapitel. Internationales Steuerrecht

(Direkte) Anrechnung ausländischer Steuern nach § 26 Abs. 1 KStG   Schaubild § 32–11

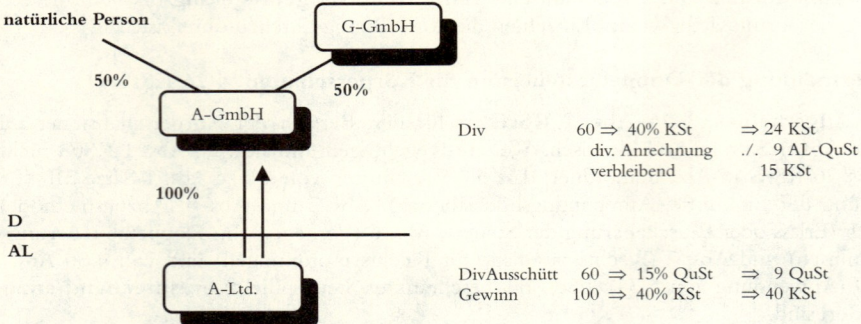

Hinweise: D = Bundesrepublik Deutschland; AL = Ausland/ausl. Staat; angenommener ausländ. KSt-Satz 25%. Die GewSt beträgt 20%.

Aus Vereinfachungsgründen wird von folgenden Prämissen ausgegangen: Der Gewinn der A-Ltd. beträgt im Wirtschaftsjahr 01 100 Einheiten. Es findet einer Vollausschüttung an den deutschen Gesellschafter, die A-GmbH, statt.

Soweit diese Gewinne an die hinter der A-GmbH stehenden Gesellschafter „(weiter-)ausgeschüttet" werden sollen, gilt das zu Schaubild § 32-4 Ausgeführte entsprechend.

§ 33 Aufwendungen, Verluste, Überführung von Wirtschaftsgütern bei grenzüberschreitenden Sachverhalten

Übersicht

	Rdnr.		Rdnr.
I. Aufwendungen im Zusammenhang mit Geschäftstätigkeiten im Ausland	1–17	4. Die Regelung des § 8b Abs. 5 KStG	16, 17
1. Einleitung	1–2	a) Grundsätzliches	16
2. Grundsituation	3–8	b) Einzelheiten zu § 8b Abs. 5 KStG	17
a) Einleitende Übersicht	3	II. Ausländische Verluste im Zusammenhang mit inländischen Einkünften	18–41
b) Finanzierung durch Eigenmittel und Weitergabe als Darlehen	4	1. Einleitung	18–21
c) Finanzierung durch Eigenmittel und Weitergabe als Eigenmittel	5	2. Nicht-DBA-Sachverhalt oder DBA-Sachverhalt mit Anrechnungsmethode – Anwendungsbereich von § 2a Abs. 1 und Abs. 2 EStG	22–33
d) Finanzierung durch die Aufnahme von Darlehen und Weitergabe als Darlehen	6	a) Allgemeines	22–29
e) Finanzierung durch die Aufnahme von Darlehen und Weitergabe als Eigenkapital	7	b) § 2a Abs. 2 EStG (Aktivitätsklausel)	30–32
f) Die vier Fallkonstellationen in der Gesamtübersicht	8	3. DBA-Sachverhalt mit Freistellungsmethode – Anwendungsbereich des früheren § 2a Abs. 3 und Abs. 4 EStG	33–37
3. § 3c EStG	9–15		
a) Tatbestandsvoraussetzungen des § 3c Abs. 1 EStG	9–14		
b) § 3c Abs. 2 und Abs. 3 EStG	15		

	Rdnr.		Rdnr.
a) Allgemeines	33–35	desrepublik Deutschland ein DBA-Staat ist und für die beiden Staaten gilt nach einem DBA die Freistellungsmethode	56
b) Dogmatische Einordnung des Verlustabzugs bei DBA-Sachverhalten mit Freistellungsmethode	36–38	d) Die ausländische Betriebsstätte liegt in einem Nicht-DBA-Staat oder für sie gilt nach einem DBA die Anrechnungsmethode	57
4. Exkurs: Verluste von ausländischen Tochter-(Kapital-)Gesellschaften	39–41	e) Die ausländische Betriebsstätte liegt in einem Nicht-EU- oder Nicht-EWR-Staat, welcher zur Bundesrepublik Deutschland ein DBA-Staat ist oder für die beiden Staaten gilt nach einem DBA die Freistellungsmethode	58
III. Überführung von Wirtschaftsgütern in ausländischen Produktionsstandort	42–68		
1. Einleitung	42–48		
2. Überführung von Wirtschaftsgütern in eine ausländische Betriebsstätte	49–62		
a) Allgemeines	49–51	f) Einzelheiten zur Ausgleichspostenmethode	59–63
b) Die ausländische Betriebsstätte liegt in einem EU-Staat oder EWR-Staat, welcher zur Bundesrepublik Deutschland ein Nicht-DBA-Staat ist oder für die beiden Staaten gilt nach einem DBA die Anrechnungsmethode	52–55	3. Überführung von Wirtschaftsgütern in eine ausländische Tochter-(Kapital-)Gesellschaft	64, 65
c) Die ausländische Betriebsstätte liegt in einem EU-Staat oder EWR-Staat, welcher zur Bun-		4. Exkurs: Sitzverlegung von Kapitalgesellschaften	66–68

I. Aufwendungen im Zusammenhang mit Geschäftstätigkeiten im Ausland

1. Einleitung

Hier geht es um die Fragestellung,[1] ob im Falle von Geschäftstätigkeiten eines Steuerpflichtigen im Ausland damit im Zusammenhang stehende Aufwendungen als Betriebsausgaben oder Werbungskosten abgezogen werden können. Im Grunde muss diese Fragestellung erstaunen und zwar unter anderem wegen des im Internationalen Steuerrecht geltenden **Welteinkommensprinzips** verbunden mit dem Prinzip des Abzugs von Betriebsausgaben (§ 4 Abs. 4, Abs. 4a und Abs. 5 EStG und §§ 8 Abs. 1, 9, 10 KStG) bzw. von Werbungskosten (§ 9 EStG). Wenn ein Staat beim Vorliegen einer unbeschränkten Steuerpflicht das Welteinkommen besteuert, dann müssten in der Konsequenz auch sämtliche mit ausländischen Einkünften im Zusammenhang stehende Betriebsausgaben oder Werbungskosten im Inland abzugsfähig sein. In *Rechtsprechung* und *Literatur* wird im Zusammenhang mit ausländischen Einkünften, die nach einem Doppelbesteuerungsabkommen im Inland der **Steuerfreistellung** unterliegen, wie folgt *argumentiert*: Wenn bei Geschäftstätigkeiten eines Steuerpflichtigen im Ausland (nach DBA-Recht)[2] ausländische Einnahmen oder Einkünfte von der Besteuerung im Inland freigestellt sind, hätte der Steuerpflichtige in diesen Fällen einen **doppelten Vorteil**, wenn auf der einen Seite positive ausländische Einkünfte von der deutschen Besteuerung ausgenommen würden (freigestellt wären), er anderseits aber mit ausländischen Einnahmen im Zusammenhang stehende Aufwendungen in der Bundesrepublik Deutschland als Betriebsausgaben oder Werbungskosten **abziehen** könnte. Die Konsequenz eines solchen Betriebsausgaben- oder

---

[1] Aus systematischer Sicht geht es hier um die gleiche Fragestellung wie in § 33 II., wo es unter anderem um die Abzugsfähigkeit von ausländischen Verlusten im Zusammenhang mit inländischen Einkünften geht, die nach einem Doppelbesteuerung im Inland der Steuerfreistellung unterliegen; denn Verluste sind nichts anderes als das Ergebnis des Abzugs von Aufwendungen, die die Einnahmen übersteigen.

[2] Insbesondere nach Art. 7 oder Art. 10 OECD-MA i. V.m. dem jeweiligen Methodenartikel.

§ 33 2–3   7. Kapitel. Internationales Steuerrecht

Werbungskostenabzugs wäre also ein doppelter Vorteil für den Steuerpflichtigen, welcher nach einem **allgemeinen Rechtsgrundsatz** (sog. **Verbot des doppelten Vorteils**) vermieden werden soll.[3] § 3c EStG entspricht damit dem **(objektiven) Nettoprinzip**.[4]

2   § 3c EStG ist keine auf das internationale Steuerrecht beschränkte Vorschrift, sondern gilt für **alle Sachverhalte von steuerfreien Einnahmen**; hierzu gehören insbesondere die steuerfreien Einnahmen nach § 3 EStG. Umgekehrt interessiert § 3c EStG im internationalen Steuerrecht nur im Zusammenhang mit **ausländischen Einnahmen**, die nach einem Doppelbesteuerungsabkommen von der Besteuerung im Inland freigestellt sind. Entsprechend betrifft das vorliegende Kapitel 6. nur **DBA-Sachverhalte mit Steuerfreistellung**. Bezogen auf DBA-Sachverhalte mit Steuerfreistellung sind die **derzeitigen Rechtsgrundlagen** zum Ausschluss (oder Beschränkung) des Betriebsausgabenabzugs **§ 3c EStG** (im Bereich des Einkommensteuerrechts) und seit 1999 **§ 8b Abs. 5 KStG** (im Bereich des Körperschaftsteuerrechts).

2a   Immer wieder wurde § 3c EStG, m. E. auch zu Recht, als **EU-rechtswidrig** kritisiert wegen Verstoßes gegen die Niederlassungsfreiheit (Art. 49–54 AEUV = ex-Art. 43–48 EGV) und gegen die Kapitalverkehrsfreiheit (Art. 63–66 AEUV = ex-Art. 56–60 EGV) gesehen.[5] Zuletzt hat der BFH diese Frage dem EuGH zur Entscheidung vorgelegt,[6] der daraufhin entschied, dass es der Niederlassungsfreiheit widerspricht, wenn **Finanzierungsaufwendungen** einer in einem EU-Mitgliedstaat unbeschränkt steuerpflichtigen Muttergesellschaft für den Erwerb von Beteiligungen an einer Tochtergesellschaft steuerlich nicht abzugsfähig sind, soweit diese Aufwendungen auf Dividenden entfallen, die von der Steuer befreit sind, obwohl solche Aufwendungen dann abzugsfähig wären, wenn sie auf Dividenden einer Tochtergesellschaft entfallen, die wie die Muttergesellschaft in dem gleichen EU-Mitgliedstaat.[7] Die EuGH-Entscheidung Keller Holding hatte keine unmittelbare Auswirkung auf § 3c Abs. 1 EStG, weil für Bezüge im Sinne von § 8b Abs. 1 KStG (v. a. für Dividenden) nunmehr nicht mehr § 3c Abs. 1 EStG zur Anwendung kommt, sondern **§ 8b Abs. 5 KStG**.[8] Diese Vorschrift gilt in Verbindung mit § 8b Abs. 1 KStG für inländische und ausländische Körperschaften gleichermaßen, sodass eine Diskriminierung von EU- und EWR-Körperschaften ausscheidet.

2. Grundsituation

3   **a) Einleitende Übersicht.** Bei der Finanzierung von Investitionen (im In- und Ausland)[9] können sich für den Steuerpflichtigen im Rahmen der oben genannten vier Ausgangssituationen im Hinblick auf die **Mittelherkunft** und die **Mittelverwendung** im Grundsatz die folgenden **vier Finanzierungsalternativen** ergeben:

– Finanzierung durch **Eigenmittel** und Weitergabe als **Darlehen**
– Finanzierung durch **Eigenmittel** und Weitergabe als **Eigenmittel**

---

[3] Dieser Rechtsgrundsatz ist nicht ausdrücklich im Gesetz (mit einer geschriebenen Rechtsgrundlage) verankert, ist aber ein von der Rechtsprechung allgemein anerkannter Rechtsgrundsatz. Übersichtlich dazu BFH vom 4. 3. 1977, BStBl. 1977 II S. 507 (508); BFH vom 14. 11. 1986, BStBl. 1989 II S. 351 (353 f.).

[4] Vgl. Schmidt/Seeger EStG § 2 Rdnr. 10 und Schmidt/Drenseck EStG § 7 Rdnr. 38.

[5] S. Hess. FG vom 10. 12. 2002, IStR 2003, S. 209 (210 ff.). In diesem Sinne EuGH vom 18.9.1999, Rs. C-168/01 (Bosal Holding BV), DB 2003, S. 2097 (2098 f.; v. a. Rdn. 33, 39). So etwa auch Kessler/Reitsam, DB 2003, S. 2139 (2143) und Meilicke, DB 2003, S. 2100, jeweils mit Hinweis auf EuGH vom 18. 9. 2003, Rs. C-168/01 (Bosal Holding BV), DB 2003, S. 2097 ff.

[6] S. BFH vom 14. 7. 2004, IStR 2004, S. 53.

[7] Auf die Vorlage des BFH vom 14. 7. 2004 erging das EuGH-Urteil vom 23. 2. 2006, Rs. C-471/04 (Keller Holding), IStR 2006, S. 235.

[8] Einzelheiten zu § 8b Abs. 5 KStG s. § 33 I. 4.

[9] In der weiteren Abhandlung von § 3c EStG und von § 8b Abs. 5 KStG wird bei den vier Finanzierungsalternativen allerdings nur noch die Finanzierung von Investitionen im Ausland untersucht.

– Finanzierung durch die Aufnahme von **Darlehen** und Weitergabe als **Darlehen**
– Finanzierung durch die Aufnahme von **Darlehen** und Weitergabe als **Eigenmittel**.[10]

b) Finanzierung durch Eigenmittel und Weitergabe als Darlehen. Da der Steuerpflichtige hier keine Darlehen aufnehmen muss, ist er nicht mit Schuldzinsen belastet und hat damit (für den Anwendungsbereich von § 3c EStG) **keine Ausgaben**, auf die **§ 3c EStG** anwendbar wäre. Auf das Vorliegen der weiteren Tatbestandsmerkmale von § 3c EStG kommt es also nicht an. Anders ist es für den Anwendungsbereich von **§ 8b Abs. 5 KStG**. Dort ist es wegen der darin enthaltenen **Pauschalregelung** unerheblich, ob der Steuerpflichtige Eigenmittel hat oder ob er Darlehen aufnimmt und mit Schuldzinsen als Ausgaben belastet ist.

c) Finanzierung durch Eigenmittel und Weitergabe als Eigenmittel. Auch hier muss der Steuerpflichtige keine Darlehen aufnehmen und ist somit nicht mit Schuldzinsen belastet. Der Steuerpflichtige hat damit auch hier (für den Anwendungsbereich von § 3c EStG) **keine Ausgaben**, auf die **§ 3c EStG** anwendbar wäre. Auf das Vorliegen der weiteren Tatbestandsmerkmale von § 3c EStG kommt es also auch hier nicht an. Für den Anwendungsbereich von **§ 8b Abs. 5 KStG** gilt das Gleiche wie bei Ziff. (1); wegen der darin enthaltenen **Pauschalregelung** ist es demnach unerheblich, ob der Steuerpflichtige Eigenmittel hat oder ob er Darlehen aufnimmt und mit Schuldzinsen als Ausgaben belastet ist.

d) Finanzierung durch die Aufnahme von Darlehen und Weitergabe als Darlehen. Da der Steuerpflichtige hier Darlehen aufnehmen muss, ist er mit **Schuldzinsen** belastet und hat damit **Ausgaben**. Diese Ausgaben können aber nicht Ausgaben im Sinne von § 3c EStG oder im Sinne von § 8b Abs. 5 KStG sein, da diese Mittel an den Empfänger als Darlehen weitergeben werden. Die hierauf vom Empfänger zu zahlenden Darlehenszinsen unterliegen in der Bundesrepublik Deutschland der Besteuerung. In DBA-Fällen hat die Bundesrepublik Deutschland nach **Art. 11 Abs. 1 OECD-MA** das Besteuerungsrecht, mit der Folge, dass hier **keine steuerfreie Einnahmen** im Sinne von § 3c EStG vorliegen können.

e) Finanzierung durch die Aufnahme von Darlehen und Weitergabe als Eigenkapital. Da der Steuerpflichtige hier Darlehen aufnehmen muss, ist er mit **Schuldzinsen** belastet und hat damit **Ausgaben**. Diese Ausgaben können auch Ausgaben im Sinne von § 3c EStG oder im Sinne von § 8b Abs. 5 KStG sein, da diese Mittel an den Empfänger als Eigenkapital weitergeben werden, mit der Folge, dass im Falle des (späteren) Gewinntransfers ins Inland entweder steuerfreie **(ausländische) Betriebsstätteneinkünfte** oder steuerfreie **(ausländische) Schachtel-Dividenden** gegeben sind, sofern die hierfür erforderlichen Voraussetzungen nach den jeweiligen Zuordnungs- und Methodenartikeln (und ggf. auch nach einer Aktivitätsklausel) gegeben sind. Nur bei dieser (vierten) Finanzierungsalternative kann ein Fall von § 3c EStG oder § 8b Abs. 5 KStG gegeben sein.

---

[10] Die Weitergabe von Eigenmitteln oder Darlehen als Eigenkapital im weiteren Sinne kommt in Betracht bei Investitionen im Ausland in Form einer Zweigniederlassung, einer Personengesellschaft oder einer Kapitalgesellschaft. Erfolgt die Investition im Ausland in Form einer Zweigniederlassung, so spricht man allerdings nicht von Eigenkapital (im engeren Sinne), sondern von Dotationskapital. Die Weitergabe von Eigenmitteln oder Darlehen als Fremdkapital kommt dagegen nur in Betracht, wenn die Investition im Ausland in Form einer Personengesellschaft oder einer Kapitalgesellschaft erfolgt. Erfolgt die Investition im Ausland dagegen in Form einer Zweigniederlassung, so ist eine Darlehensgewährung nicht möglich. Nach der Theorie der eingeschränkten (hypothetischen) Selbständigkeit wird die Betriebsstätte nur eingeschränkt als eine vom Stammhaus unabhängige Einheit angesehen. Danach können zwischen dem Stammhaus und der Betriebsstätte vereinbarte Vergütungen für innerbetriebliche Dienstleistungen steuerlich nicht anerkannt. Entsprechend dürfen Gewinne aus solchen „Innentransaktionen", die einer funktionsgerechten Gewinnabgrenzung nach dem Fremdvergleichsgrundsatz widersprechen, nicht berücksichtigt werden. S. hierzu TZ 2.2 und TZ 2.5.1 BStE. Vgl. hierzu auch *BFH* vom 20. 7. 1988, BStBl. 1989 II S. 140 (142).

8 f) Die vier Fallkonstellationen in der Gesamtübersicht. Im Rahmen der **vierten Finanzierungsalternative**, bei der ein Fall von § 3c EStG oder von § 8b KStG gegeben sein kann, ergeben sich im Hinblick auf die Anwendung entweder von **§ 3c EStG** (im Folgenden auch „Fallgruppe A" genannt) oder von **§ 8b Abs. 5 KStG** (im Folgenden auch „Fallgruppe B" genannt) **vier Fallkonstellationen**, die in Schaubild § 33-1 dargestellt sind.

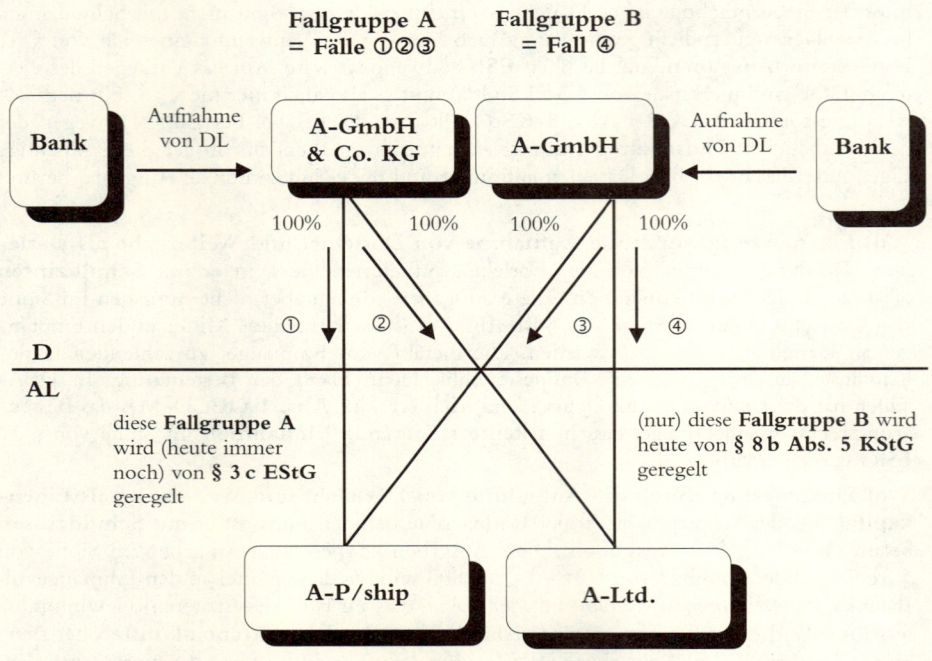

Vier Fallkonstellationen im Zusammenhang mit § 3c EStG und § 8b Abs. 5 KStG — Schaubild § 33-1

	Fallgruppe A ⇒ **Fall des § 3c EStG**
– Ausgangsfall 1:	Die Mitunternehmer der A-GmbH & Co. KG unterliegen dem EStG (wenn sie natürliche Personen sind). Das KStG ist also überhaupt nicht anwendbar.
– Ausgangsfall 2:	Die Mitunternehmer der A-GmbH & Co. KG unterliegen auch hier dem EStG (wenn sie natürliche Personen sind). Das KStG ist also überhaupt nicht anwendbar.
– Ausgangsfall 3:	Die A-GmbH unterliegt dem KStG. § 8b Abs. 5 KStG ist aber nicht anwendbar, da der A-GmbH keine „Dividenden aus Anteilen an einer ausländischen Gesellschaft", sondern Unternehmensgewinne zufließen.

	Fallgruppe B ⇒ **Fall des § 8b Abs. 5 KStG**
– Ausgangsfall 4:	Die A-GmbH unterliegt dem KStG. § 8b Abs. 5 KStG ist anwendbar, da der A-GmbH „Dividenden aus Anteilen an einer ausländischen Gesellschaft" zufließen.

Man kann die **vier Finanzierungsalternativen** übersichtsartig auch wie folgt darstellen:

> (1) Finanzierung durch Aufnahme von Darlehen und Weitergabe als **Eigenkapital**:
> ⇒ Fall des **§ 3 c EStG**, wenn der ausländische Empfänger der Geldmittel (aus der Sicht des deutschen Steuerrechts) ein Einkommensteuersubjekt ist; die Rechtsform des deutschen Gebers der Geldmittel ist unerheblich
> ⇒ Fall des **§ 8 b Abs. 5 KStG**, wenn sowohl der deutsche Geber als auch der ausländische Empfänger der Geldmittel (aus der Sicht des deutschen Steuerrechts) ein Körperschaftsteuersubjekt sind
> (2) Finanzierung durch Aufnahme von Darlehen und Weitergabe als **Darlehen** (dies ist nur möglich, wenn der ausländische Empfänger der Geldmittel (aus der Sicht des deutschen Steuerrechts) ein Körperschaftsteuersubjekt ist; die Rechtsform des deutsche Gebers der Geldmittel ist unerheblich
> ⇒ Fall des **Art. 11 OECD-MA** (in DBA-Fällen); das Besteuerungsrecht liegt beim Ansässigkeitsstaat, es sind also keine steuerfreien Einnahmen gegeben

3. § 3 c EStG

a) Tatbestandsvoraussetzungen des § 3 c Abs. 1 EStG. aa) Ausgaben. Als Ausgaben im Sinne von § 3 c EStG gelten **alle Arten von gewinnmindernden Aufwendungen**, nicht nur Aufwendungen im Sinne von § 11 Abs. 2 EStG.[11] Hierzu zählen zum einen **tatsächliche Ausgaben**, aber auch sämtliche Positionen aus dem **Bestandsvergleich des Betriebsvermögens** wie zum Beispiel Rückstellungen, Rechnungsabgrenzungsposten, AfA und Teilwertabschreibung. Die Bestimmung von Ausgaben im Sinne von § 3 c EStG bereitet in *Praxis* und *Literatur* im Vergleich zu Einnahmen im Sinne von § 3 c EStG keine Schwierigkeiten.

bb) Steuerfreie Einnahmen. Als Einnahmen im Sinne von § 3 c EStG gelten **alle Arten von Vermögensmehrungen**, die unter eine Einkunftsart im Sinne von § 2 Abs. 1 EStG fallen und die nach § 3 EStG, nach anderen gesetzlichen Vorschriften oder infolge von Billigkeitsregelungen von der Besteuerung freigestellt sind, einschließlich künftiger Einnahmen.[12] Diese abstrakte Formulierung wird den mit der Anwendung von § 3 c EStG verbundenen *großen Auslegungsschwierigkeiten* jedoch nicht gerecht und zwar vor allem nicht für den Anwendungsbereich von § 3 c EStG auf Aufwendungen im Zusammenhang mit Geschäftstätigkeiten im Ausland.

Aufwendungen im Zusammenhang mit **Geschäftstätigkeiten im Ausland** unterfallen dann dem Anwendungsbereich von § 3 c EStG, wenn sie mit ausländischen Einnahmen im Zusammenhang stehen, die nach der **Freistellungsmethode** in dem betreffenden deutschen Doppelbesteuerungsabkommen **von der Besteuerung freigestellt** sind. Die ganz h. M. im deutschen Steuerrecht sieht in dieser Formulierung in deutschen Doppelbesteuerungsabkommen eine **Steuerbefreiung** der Art nach wie etwa Steuerbefreiungen nach **§ 3 EStG**.[13] Werden im Zusammenhang mit solchen Einnahmen nach dem deutschen Steuerrecht nur **Steuerermäßigungen** gewährt, dann liegt kein Fall von § 3 c EStG vor.[14]

Betreffend **steuerfreie Einnahmen** gilt für die beiden in der *Praxis* wichtigen Fallgruppen der steuerfreien **(ausländischen) Schachtel-Dividenden** und der steuerfreien **(ausländischen) Betriebsstätteneinkünfte** nach der *ständigen Rechtsprechung* des *BFH* folgendes:

– **Schachtel-Dividenden**
Diese unterfallen der Pauschalregelung des **§ 8 b Abs. 5 KStG**.
– **Betriebsstätteneinkünfte**
Diese unterfallen **§ 3 c EStG**.

---

[11] Vgl. *Schmidt/Heinicke* EStG § 3 c Rdnr. 10.
[12] Vgl. hierzu etwa *Schmidt/Heinicke* EStG § 3 c Rdnr. 11 und Rdnr. 12 mit zahlreichen Einzelfällen.
[13] So z. B. *BFH* vom 14. 3. 1989, BStBl. 1989 S. 649 (650) und *BFH* vom 1. 10. 1992, IStR 1992 S. 103 (103). Vgl. auch *Wassermeyer* in Debatin/Wassermeyer MA Art 23 A Rdnr. 52 m. w. N.
[14] Vgl. *Schmidt/Heinicke* EStG § 3 c Rdnr. 13.

13 **cc) Unmittelbarer wirtschaftlicher Zusammenhang.** Ein unmittelbarer wirtschaftlicher Zusammenhang ist nach dem Zweck der Vorschrift für jede einzelne steuerfreie Einnahme zu prüfen.[15] Abstrakt formuliert gilt hier, dass sowohl die Ausgabe als auch die Einnahme durch **dasselbe Ereignis** veranlasst sein müssen. Allerdings wird **kein kausaler** oder **finaler Zusammenhang** gefordert, sondern es ist ausreichend, dass die Ausgabe der Einnahme **zuordenbar** ist bzw. dass zwischen Ausgabe und Einnahme eine **eindeutig feststellbare**, **klar abgrenzbare Beziehung** besteht. Das Tatbestandsmerkmal „**unmittelbar**" wird zu Recht auch als unsystematisch und überflüssig bezeichnet.[16]

14 Zu **steuerfreien Betriebsstätteneinkünften** erging im Jahre 1983 das hierzu wegweisende *BFH-Urteil* vom 28. 4. 1983.[17] Danach gilt: Bei ausländischen Betriebsstätten ist erforderlich, dass die Erwartung von steuerfreien ausländischen Betriebsstättengewinnen für die Ausgabe (z.B. die Aufnahme von Darlehen zur Finanzierung des Erwerbs von Anlagevermögen) unmittelbar mitbestimmend war. Allerdings betonte der *BFH* betreffend **verlorene Aufwendungen** im Zusammenhang mit einer nicht verwirklichten ausländischen Betriebsstätte hinsichtlich des unmittelbaren wirtschaftlichen Zusammenhangs, dass es unerheblich sei, ob eine Betriebsstätte im Zeitpunkt der Tätigung der verlorenen Aufwendungen (bereits) vorlag oder nicht und dass ausreichend sei, dass die verlorenen Aufwendungen mit der Errichtung einer erst (zukünftigen) Betriebsstätte in Zusammenhang stehen. Der *BFH* geht also davon aus, dass bei **Betriebsstätteneinkünften** „Einnahmen" bereits dann vorliegen, wenn diese **erst künftig erwartet** werden.

15 **b) § 3c Abs. 2 und Abs. 3 EStG.** § 3c Abs. 2 und Abs. 3 EStG sind **Komplementärregelungen** zu § 3c Abs. 1 EStG, die im Zusammenhang mit dem Teileinkünfteverfahren (s. § 3 Nr. 40 EStG) und REIT-Aktiengesellschaften stehen (s. § 3 Nr. 70 EStG). Danach sind Beteiligungserträge von Körperschaften und Veräußerungsgewinne aus der Veräußerung von Beteiligungen an Körperschaften in Höhe von **40%** bzw. **50% steuerfrei**. Entsprechend bedurfte es einer **Ergänzung** der Regelung in § 3c Abs. 1 EStG dahingehend, dass die mit Einnahmen im Sinne von § 3 Nr. 40 bzw. Nr. 70 EStG im Zusammenhang stehenden Betriebsvermögensminderungen, Betriebsausgaben, Veräußerungskosten oder Werbungskosten **nur zu 60%** bzw. **50% abzugsfähig** sind. Ohne diese Regelungen wäre der volle Betriebsausgaben- oder Werbungskostenabzug auch bei den dem Teileinkünfteverfahren unterliegenden Einkünften gegeben gewesen.

4. Die Regelung des § 8b Abs. 5 KStG

16 **a) Grundsätzliches.** Angesichts der mit § 3c EStG verbundenen Auslegungs- und Anwendungsproblemen führte der Gesetzgeber mit dem StEntlastG 1999 in das Körperschaftsteuergesetz wenigstens für den **Bereich der Schachtel-Dividenden** eine Sonderregelung ein und zwar in Gestalt eines neuen **§ 8b Abs. 7 KStG**.[18] Nach dem Willen des Gesetzgebers sollte die Schwierigkeit entfallen, den Dividenden zuzuordnende Ausgaben im Einzelnen zu ermitteln.

17 **b) Einzelheiten zu § 8b Abs. 5 KStG.** Der Anwendungsbereich von § 8b Abs. 7 KStG (nunmehr § 8b Abs. 5 KStG) wurde durch das *BMF-Schreiben* betr. die Anwendung

---

[15] Vgl. hierzu etwa *Schmidt/Heinicke* EStG § 3c Rdnr. 2ff.
[16] So etwa *Kirchhof/von Beckerath* EStG § 3c Rdnr. 37.
[17] *BFH* vom 28. 4. 1983, BStBl. 1983 II S. 566ff. Dem *BFH-Fall* lag der folgende Sachverhalt zugrunde: Der Steuerpflichtige erwarb in Teneriffa/Spanien fünf Apartments in einem im Bau befindlichen Hotelgebäude, die er Pensionsgästen gegen Zahlung eines Entgelts zur Verfügung stellen wollte. Dieser Plan ließ sich jedoch nicht realisieren, da wegen einer Insolvenz des Verkäufers der Bau des Hotelgebäudes eingestellt wurde. Das *Finanzamt* ließ die Aufwendungen zum Erwerb der Apartments nicht zum Abzug zu.
[18] § 8b Abs. 7 KStG war erstmals für den Veranlagungszeitraum 1999 anzuwenden. Diese Regelung wurde in der Fassung des StSenkG 2000 vom 23. 10. 2000 (BGBl. 2000 I S. 1433) sodann § 8b Abs. 5 KStG mit einem anderslautenden Wortlaut.

des § 8 b Abs. 7 KStG vom 10. 1. 2000[19] konkretisiert. Danach gelten heute zusammengefasst die folgenden **Grundsätze**:

- § 8 b Abs. 5 KStG gilt für **Bezüge i. S. v. § 8 b Abs. 1 KStG** (v.a. für **Dividenden**) von einer (inländischen oder) ausländischen Gesellschaft, die nach einem Doppelbesteuerungsabkommen oder nach einer innerstaatlichen Rechtsnorm von der deutschen Besteuerung freigestellt sind.[20]
- § 8 b Abs. 5 KStG gilt nicht für Einnahmen aus der Beteiligung an einem Handelsgewerbe als **stiller Gesellschafter** und aus **partiarischen Darlehen** im Sinne von § 20 Absatz 1 Nr. 4 EStG, auch wenn sie nach der Dividendendefinition in einem Doppelbesteuerungsabkommen DBA-rechtlich als Dividenden gelten.[21]
- § 8 b Abs. 5 KStG gilt auch für **verdeckte Gewinnausschüttungen**.[22]
- Wie auch nach dem alten Recht, wird angeknüpft an eine **Gewinnausschüttung** (auch **vGA**). Das heißt, dass es in all den Wirtschaftsjahren, in denen keine (offene oder verdeckte) Gewinnausschüttung stattfindet, bei dem vollen Betriebsausgabenabzug bleibt.[23]
- Unabhängig davon, ob und in welcher Höhe tatsächlich Betriebsausgaben entstanden sind „gelten stets **5%** der Einnahmen (vor Abzug ausländischer Steuern) als Betriebsausgaben, die mit den Einnahmen in unmittelbarem Zusammenhang stehen. Insoweit tritt die Rechtsfolge des § 3 c EStG ein".[24] Im Ergebnis werden damit 5% der Einnahmen der Besteuerung unterworfen und gelten damit (nur) **95%** der Einnahmen als (steuerbefreite) Einkünfte aus Dividenden. Auf die tatsächlichen Betriebsausgaben findet **§ 3 c EStG** daneben keine Anwendung (s. § 8 b Abs. 5 Satz 3 KStG).

II. Ausländische Verluste im Zusammenhang mit inländischen Einkünften

1. Einleitung

Ausgangspunkt für dieses Kapitel ist, ähnlich wie bei § 34 I. 1., die Fragestellung, ob im Falle von Geschäftätigkeiten eines Steuerpflichtigen im Ausland erwirtschafteter Verluste von im Inland steuerpflichtigen positiven Einkünften abgezogen werden können. Aus systematischer Sicht geht es hier um die gleiche Fragestellung wie in § 34 I., wo es um die Abzugsfähigkeit von Aufwendungen im Zusammenhang mit Geschäftätigkeiten im Ausland geht, die nach einem Doppelbesteuerung im Inland der Steuerfreistellung unterliegen;[25] denn Verluste sind nichts anderes als das Ergebnis des Abzugs von übermäßigen Aufwendungen. Deshalb muss die Fragestellung nach der Abzugsfähigkeit von Verlusten im Zusammenhang mit inländischen Einkünften wegen des im Internationalen Steuerrecht geltenden **Welteinkommensprinzips** verbunden mit dem Prinzip des Abzugs von Betriebsausgaben (§ 4 Abs. 4, Abs. 4a und Abs. 5 EStG und § 8 Abs. 1 und §§ 9, 10 KStG) bzw. von Werbungskosten (§ 9 EStG) und dem allgemeinen Gedanken der Verlustnutzung in § 10d EStG auch hier erstaunen.[26] Wenn ein Staat beim Vorliegen einer unbeschränkten Steuerpflicht das Welteinkommen besteuert, dann müssten in der Konsequenz nicht nur

---

[19] S. *BMF-Schreiben* betr. die Anwendung des § 8 b Abs. 7 KStG vom 10. 1. 2000, BStBl. 2000 I S. 71 = Praktiker-Handbuch 2011 Außensteuerrecht, Band I, S. 947 ff. Zu § 8 b KStG ist zwischenzeitlich das *BMF-Schreiben* betr. Anwendung des § 8 b KStG 2002 und Auswirkungen auf die Gewerbesteuer (§ 8 b KStG-Anwendungsschreiben) vom 28. 4. 2003 (BStBl. 2003 I S. 292 = Praktiker-Handbuch 2011 Außensteuerrecht, Band I, S. 937 ff.) in Kraft getreten. Das § 8 b KStG-Anwendungsschreiben selbst enthält noch keine Regelungen zu § 8 b Abs. 5 KStG. Zu § 8 b Abs. 5 KStG soll noch in einem gesonderten (neuen) *BMF-Schreiben* Stellung genommen werden.

[20] S. TZ 1. *BMF-Schreiben* betr. die Anwendung des § 8 b Abs. 7 KStG vom 10. 1. 2000. Die innerstaatliche Rechtsnorm ist hier insbesondere § 8 b Abs. 1 KStG.

[21] S. TZ 1. *BMF-Schreiben* betr. die Anwendung des § 8 b Abs. 7 KStG vom 10. 1. 2000.

[22] S. TZ 1. *BMF-Schreiben* betr. die Anwendung des § 8 b Abs. 7 KStG vom 10. 1. 2000. Vgl. auch *Streck/Binnewies* KStG § 8 b a. F. Rdnr. 17.

[23] Vgl. etwa *Streck/Binnewies* KStG § 8 b a. F. Rdnr. 17.

[24] S. TZ 2. *BMF-Schreiben* betr. die Anwendung des § 8 b Abs. 7 KStG vom 10. 1. 2000.

[25] Vgl. auch *BFH* vom 6. 10. 1993, BStBl. 1994 II S. 113 (113).

[26] So im Ausgangspunkt auch *BFH* vom 11. 3. 1970, BStBl. 1970 II S. 569 (571) in einer Grundsatzentscheidung zur Funktion von Doppelbesteuerungsabkommen. *Kritisch* hierzu *Sauren/Schultze*, RIW 1989, S. 553 (553); ebenso *Kessler/Schmitt/Janson*, IStR 2001, S. 729 (730).

sämtliche mit ausländischen Einkünften im Zusammenhang stehende Betriebsausgaben oder Werbungskosten im Inland abzugsfähig sein, sondern auch oft gerade durch Betriebsausgaben oder Werbungskosten verursachte **Verluste**.[27]

19 Dieser Konsequenz tritt der Gesetzgeber jedoch entgegen. **§ 2a EStG** enthält mit der Überschrift **„Negative ausländische Einkünfte mit Bezug zu Drittstaaten"** aus ähnlichen wirtschaftspolitischen Erwägungen wie § 15a EStG **Beschränkungen** für die Abzugsfähigkeit von ausländischen Verlusten (sog. **Verlustausgleichsverbot**).[28]

20 § 2a EStG enthielt bis zum Inkrafttreten des StEntlastG 1999[29] Regelungen für **zwei Grundsachverhalte**:[30]

– § 2a Abs. 1 EStG (zusammen mit Abs. 2) enthält für **negative Einkünfte aus Drittstaaten**[31] Regelungen für **Nicht-DBA-Sachverhalte** und für solche DBA-Sachverhalte, bei denen nicht die Freistellungsmethode, sondern nur die Anrechnungsmethode zur Anwendung kommt (**DBA-Sachverhalt mit Anrechnungsmethode**). Nach der *Rechtsprechung* und *h. M.* findet § 2a Abs. 1 EStG keine Anwendung beim Vorliegen eines Doppelbesteuerungsabkommens, bei dem die Freistellungsmethode zur Anwendung kommt.[32]

– § 2a Abs. 3 EStG a. F. (zusammen mit Abs. 4) enthält (immer noch) Regelungen für solche **DBA-Sachverhalte**, bei denen die Freistellungsmethode zur Anwendung kommt (**DBA-Sachverhalt mit Freistellungsmethode**). Allerdings wurde § 2a Abs. 3 EStG a. F. (zusammen mit Abs. 4) durch das StEntlastG 1999 mit Wirkung zum 1. 1. 1999 außer Kraft gesetzt, behält aber noch Geltung bis zum Veranlagungszeitraum **2008** für die Sachverhalte, bei denen der Steuerpflichtige vor dem 1. 1. 1999 Antrag auf Verlustabzug nach § 2a Abs. 3 EStG a. F. gestellt hat und bei denen dieser Verlustabzug (bis einschließlich 2008) wegen späterer Gewinne der ausländischen Betriebsstätte oder wegen Umwandlung der ausländischen Betriebsstätte in eine Kapitalgesellschaft, Übertragung oder Aufgabe der ausländischen Betriebsstätte im Wege der sog. **Nachversteuerung** oder **Hinzurechnung** wieder korrigiert wird.[33]

21 Nach der *Rechtsprechung des BFH* ist das Verlustausgleichsverbot **verfassungskonform**.[34] Ebenfalls wurde vom *BFH* ursprünglich die Vereinbarkeit mit EU-Recht be-

---

[27] So auch *Sauren/Schultze*, RIW 1989, S. 553 (553), mit dem Hinweis, dass § 2a EStG sowohl das Welteinkommensprinzip als auch das Leistungsfähigkeitsprinzip durchbricht. In diesem Sinne auch *Schaumburg*, a. a. O., Rdnr. 5.81 und v. a. Rdnr. 16.539. Vgl. zur Einführung des § 2a EStG mit dem Haushaltsbegleitgesetz 1983 vom 20. 12. 1982 die *kritische Stellungnahme* von *Vogel*, BB 1983, S. 183 ff.

[28] S. hierzu die Grundsatzentscheidung *BFH* vom 17. 10. 1990, BStBl. 1991 II S. 136 (137).

[29] Steuerentlastungsgesetz 1999/2000/2002 (StEntlastG 1999) vom 24. 3. 1999, BGBl. 1999 I S. 402.

[30] Vgl. hierzu unter TZ 5.1 der *Anweisung* Leitfaden zur Besteuerung ausländischer Einkünfte bei unbeschränkt steuerpflichtigen natürlichen Personen (ohne Quellenangabe und Datum; Stand: 1. 7. 2004), (letztmalig) abgedruckt in Praktiker-Handbuch 2008 Außensteuerrecht, Band I, S. 644 ff.

[31] Die Beschränkung von § 2a Abs. 1 und Abs. 2 EStG auf Drittstaaten im Sinne des neuen § 2a Abs. 2a EStG wurde eingeführt mit dem Jahressteuergesetz 2009 (JStG 2009) vom 19. 12. 2009, BGBl. 2008 I S. 2794.

[32] S. *BFH* vom 28. 3. 1973 BStBl. 1973 II S. 531 (531 f.); *BFH* vom 12. 1. 1983, BStBl. 1983 II S. 382 (384); *BFH* vom 17. 11. 1999, BStBl. 2000 II S. 605 (607 f.). So auch die *Finanzverwaltung* in TZ 1.2 *Verfügung der OFD Frankfurt am Main* betr. Steuerermäßigung bei Auslandseinkünften vom 24. 8. 1998, abgedruckt in Praktiker-Handbuch 2011 Außensteuerrecht, Band I, S. 782 ff.

[33] S. § 52 Abs. 3 Sätze 2–4 EStG. S. auch die *Verfügung der OFD Frankfurt am Main* zur steuerlichen Übergangsregelung nach Aufhebung des § 2a Abs. 3 und Abs. 4 EStG bis einschließlich VZ 2008 vom 22. 5. 2000. S. auch Kap. 7.3.

[34] Die Verfassungsmäßigkeit von § 2a Abs. 1 EStG (zusammen mit Abs. 2) war in der Vergangenheit wiederholt bezweifelt worden, allerdings vom BFH in verschiedenen Entscheidungen immer wieder bejaht worden. Danach liegt kein Verstoß gegen das Gleichheitsgebot (gegen das Leistungsfähigkeitsprinzip) vor, noch ist ein Verstoß gegen das Rechtsstaatsprinzip gegeben. S. hierzu die Grundsatzentscheidung *BFH* vom 17. 10. 1990, BStBl. 1991 II S. 136 (138 ff.). S. ferner *BFH* vom 25. 2. 1976, BStBl. 1976 II S. 454 (454); *BFH* vom 27. 9. 1990, BStBl. 1991 II S. 84 (85); *BFH* vom 26. 3. 1991, BStBl. 1991 II S. 704 (707 f.); *BFH* vom 5. 9. 1991, BStBl. 1992 II S. 192 (195); *BFH* vom 13. 5. 1993, BFH/NV 1994, S. 100 (101 f.); *BFH* vom 17. 11. 1999, BStBl. 2000 II S. 605 (608); *BFH* vom 9. 5. 2001, BStBl. 2001 II S. 552 (553). Vgl. hierzu auch TZ 1.8 von Anhang 4 der *Anweisung* Leitfa-

§ 33. Aufwendungen, Verluste, Überführung von Wirtschaftsgütern

jaht.[35] In der Zwischenzeit hat allerdings der *EuGH* in mehreren Entscheidungen die **EU-Widrigkeit** des Verlustausgleichsverbots bejaht.[36] Hierauf reagierte zunächst die *Finanzverwaltung* mit den *BMF-Schreiben* vom 24. 11. 2006[37] und vom 11. 6. 2007.[38] Seit dem 1. 1. 2009 gilt § 2a Abs. 1 und Abs. 2 EStG nur noch für **negative Einkünfte aus Drittstaaten**. Nach dem neuen § 2a Abs. 2a EStG sind bei der Anwendung von § 2a Abs. 1 und Abs. 2 EStG

– als Drittstaaten solche Staaten anzusehen, die nicht EU-Mitgliedstaaten oder EWR-Staaten[39] sind;
– Drittstaaten-Körperschaften und Drittstaaten-Kapitalgesellschaften solche, die weder ihre Geschäftsleitung noch ihren Sitz in einem EU-Mitgliedstaat oder in einem EWR-Staat haben.

2. Nicht-DBA-Sachverhalt oder DBA-Sachverhalt mit Anrechnungsmethode – Anwendungsbereich von § 2a Abs. 1 und Abs. 2 EStG mit Bezug zu Drittstaaten

a) Allgemeines. Sinn und Zweck von § 2a Abs. 1 EStG (zusammen mit Abs. 2), der für Nicht-DBA-Sachverhalte und für DBA-Sachverhalte mit Anrechnungsmethode gilt, ist die Vermeidung von Investitionen in **unerwünschte (ausländische) Verlustzuweisungsmodelle**, die der Volkswirtschaft keinen erkennbaren Nutzen bringen[40] und damit die **Beschränkung des Verlustabzugs (Verlustausgleichsverbot)**. § 2a Abs. 1 Satz 1 EStG regelt, dass ein (Verlust-)Ausgleich bezüglich negativer Einkünfte, die aus bestimmten Drittstaaten-Einkunftsquellen (§ 2a Abs. 1 Satz 1 Nr. 1–7 EStG; sog. **Einkunftsquellenkatalog**) stammen, nur möglich ist mit positiven Einkünften der jeweils selben Art und (grundsätzlich) aus dem selben Staat. Bei der Aufzählung der betroffenen negativen Einkünfte im Sinne von § 2a Abs. 1 EStG handelt es sich **nicht um Einkunftsarten** im technischen Sinne nach § 2 Abs. 1 EStG, sondern um die Beschreibung von Tätigkeiten oder Einkunftsquellen, die zu unerwünschter Verlustzuweisungen führen.[41] In § 2a Abs. 1 EStG wird das in § 49 Abs. 2 EStG niedergelegte Prinzip der sog. **isolierten Betrach-**

---

den zur Besteuerung ausländischer Einkünfte. Verschiedene Verfassungsbeschwerden wurden vom *BVerfG* nicht zur Entscheidung angenommen. Vgl. *Schmidt/Heinicke* EStG § 2a Rdnr. 1 m. w. N.

[35] S. *BFH* vom 17. 10. 1990, BStBl. 1991 II S. 136 (140); *anders sodann BFH* vom 28. 6. 2006, BStBl. 2006 II S. 861.

[36] S. *EuGH* vom 14. 12. 2000, Rs. C-141/99 (*AMID*), IStR 2001, S. 86; *EuGH* vom 13. 12. 2005, Rs. C-446/03 (*Marks & Spencers*), IStR 2006, S. 19; *EuGH* vom 21. 2. 2006, Rs. C-152/03 (*Ritter-Coulais*), IStR 2006, S. 196; *EuGH* vom 29. 3. 2007, Rs. C-347/04 (*Rewe-Zentralfinanz*), IStR 2007, S. 291; *EuGH* vom 18. 7. 2007, Rs. C-182/06 (*Lakebrink*), IStR 2007, S. 642; *EuGH* vom 6. 11. 2007, Rs. C-415/06 (*Stahlwerk Ergste*), IStR 2008, S. 107.

[37] *BMF-Schreiben* betr. § 2a Abs. 1 Satz 1 Nr. 6 Buchstabe a EStG vom 24. 11. 2006, BStBl. 2006 I S. 763 = Praktiker-Handbuch 2011 Außensteuerrecht, Band I, S. 599; als Antwort auf die *EuGH*-Entscheidung „Ritter-Coulais".

[38] *BMF-Schreiben* betr. § 2a Abs. 1 Satz 1 Nr. 3 Buchstabe a EStG vom 11. 6. 2007, BStBl. 2007 I S. 488 = Praktiker-Handbuch 2011 Außensteuerrecht, Band I, S. 599; als Antwort auf die *EuGH*-Entscheidung „Rewe Zentralfinanz".

[39] Die „EWR-Staaten" sind Island, Norwegen, Liechtenstein. § 2a Abs. 2a EStG galt allerdings bis zum 31. 12. 2009 nicht für Liechtenstein (Liechtenstein war somit „Drittstaat"), da die Richtlinie Nr. 77/799/EWG des Rates über die gegenseitige Amtshilfe zwischen den zuständigen Behörden der Mitgliedstaaten im Bereich der direkten Steuern und indirekten Steuern (EG-Amtshilfe-Richtlinie) vom 19. 12. 1977, ABl. EG Nr. L 336 S. 15 = Praktiker-Handbuch 2011 Außensteuerrecht, Band I, S. 430 nicht gilt und somit die Gegenseitigkeit nicht gegeben ist. Allerdings wurde am 2. 9. 2009 zwischen der Bundesrepublik Deutschland und dem Fürstentum Liechtenstein ein Abkommen über den Informationsaustausch in Steuersachen unterzeichnet; dieses Abkommen trat am 1. 10. 2010 in Kraft.

[40] Vgl. hierzu etwa *Schmidt/Heinicke* EStG § 2a Rdnr. 1 m. w. N. sowie *Kirchhof/Gosch* EStG § 2a Rdnr. 2.

[41] Vgl. hierzu etwa *Kirchhof/Gosch* EStG § 2a Rdnr. 17.

tungsweise umgekehrt;[42] denn bei § 2a Abs. 1 EStG kommt es allein auf die im Ausland verwirklichten Tatbestandsmerkmale an.[43] Die Umqualifizierung von Einkünften nach dem **Subsidiaritätsprinzip**[44] hat somit keine Auswirkungen auf den Negativ-Katalog von § 2a Abs. 1 EStG; mit anderen Worten: die **Subsidiaritätsklauseln**[45] finden im Rahmen von § 2a Abs. 1 EStG keine Anwendung, so dass maßgeblich nur die tatsächlich verwirklichte Einkunftsart ist.

23 **Beispiel 1:** Ein im Drittstaat AL gelegenes **Gebäude** gehört zum **Betriebsvermögen** eines inländischen Gewerbebetriebs (Rechtsform **Einzelunternehmen**). Das Gebäude in AL, welches nicht zu einer **Betriebsstätte** in AL führt, wird an ein Drittunternehmen **vermietet**. Aus dieser Vermietung entstehen **Verluste**. Nach § 21 Abs. 3 EStG gehören die (negativen) Einkünfte aus der Vermietungstätigkeit zu den Einkünften aus Gewerbebetrieb nach § 15 Abs. 1 Nr. 2 EStG. Gleichwohl beurteilen sich diese Vermietungsverluste nach **§ 2a Abs. 1 Satz 1 Nr. 6 lit. a) EStG**. Somit scheidet eine Anwendung von § 2a Abs. 2 EStG aus.

24 **Beispiel 2:** Die **A-GmbH** betreibt im Drittstaat AL einen **land- und forstwirtschaftlichen Betrieb**, in dem **Verluste** entstehen. Nach § 8 Abs. 2 KStG gehören diese (negativen) Einkünfte zu den Einkünften aus Gewerbebetrieb. Gleichwohl beurteilen sich diese Verluste nach **§ 2a Abs. 1 Satz 1 Nr. 1 EStG** und nicht nach § 2a Abs. 1 Satz 1 Nr. 2 EStG. Somit scheidet eine Anwendung von § 2a Abs. 2 EStG aus.

25 Von der Frage, ob **negative Einkunftsquellen** vorliegen, ist die Frage zu unterscheiden, ob im Einzelfall auch tatsächlich **negative Einkünfte** vorliegen. Diese Frage ist allein nach den **deutschen Gewinnermittlungsvorschriften** zu entscheiden.[46] Die Gewinnermittlung ist demnach im Beispielsfall 1 und im Beispielsfall 2 nach § 4 oder § 5 EStG vorzunehmen und nicht nach den für Einkünfte aus Vermietung und Verpachtung oder für Einkünfte aus Land- und Forstwirtschaft geltenden Grundsätzen zur Einkunftsermittlung.

26 Wie eingangs ausgeführt, ist ein (Verlust-)Ausgleich bezüglich der in § 2a Abs. 1 Satz 1 Nr. 1–7 EStG genannten negativen Einkünfte nur möglich mit **positiven Einkünften der jeweils selben Art**[47] und (grundsätzlich)[48] aus dem **selben Staat**.[49] Nach § 2a Abs. 1 Satz 1 2. Halbsatz EStG ist auch ein Abzug im Wege des Verlustrücktrags oder Verlustvortrags nach **§ 10d EStG** nicht möglich. Möglich ist nur ein **Ausgleich in späteren Veranlagungszeiträumen**, das heißt eine Minderung von positiven Einkünften der jeweils selben Art und aus demselben Staat in späteren Veranlagungszeiträumen.[50] § 2a Abs. 1 Satz 3 EStG enthält insoweit eine eigenständige Regelung über einen (eingeschränkten) Verlustvortrag. Die Minderung in späteren Veranlagungszeiträumen ist nach § 2a Abs. 1 Satz 4 EStG allerdings nur insoweit zulässig, als die negativen Einkünfte (sog. **verbleibende negative Einkünfte**)[51] in den vorangegangenen Veranlagungszeiträumen nicht berücksichtigt werden konnten. Dem Steuerpflichtigen hat also nicht die Wahlmöglichkeit

---

[42] So *BFH* vom 13. 5. 1993, BFH/NV 1994, S. 100 (101). So auch die ganz h.M. S. *Schmidt/Heinicke* EStG § 2a Rdnr. 6 und *Kirchhof/Gosch* EStG § 2a Rdnr. 17, jeweils m.w.N. *A. A. Vogel*, BB 1983, S. 180 (181 ff.).

[43] S. *BFH* vom 13. 5. 1993, BFH/NV 1994, S. 100 (101).

[44] Zum Subsidiaritätsprinzip s. etwa *Schmidt/Heinicke* EStG § 49 Rdnr. 10 und Rdnr. 11; *Kirchhof/Gosch* EStG § 49 Rdnr. 161. S. ferner *Schmidt/Heinicke* EStG § 22 Rdnr. 2; *Kirchhof/Gosch* EStG § 20 Rdnr. 450, § 21 Rdnr. 160 und § 22 Rdnr. 1.

[45] Subsidiaritätsklauseln enthalten die §§ 20 Abs. 3, 21 Abs. 3, 22 Nr. 1 Satz 1 und Nr. 3 Satz 1, 23 Abs. 3 EStG sowie § 8 Abs. 2 KStG.

[46] Vgl. TZ 1.3 von Anhang 4 der *Anweisung* Leitfaden zur Besteuerung ausländischer Einkünfte.

[47] Vgl. TZ 1.2.2 von Anhang 4 der *Anweisung* Leitfaden zur Besteuerung ausländischer Einkünfte.

[48] *Anm.:* mit Ausnahme der Fälle der Nr. 6 lit. b).

[49] Vgl. TZ 1.4 von Anhang 4 der *Anweisung* Leitfaden zur Besteuerung ausländischer Einkünfte. Maßgebend ist das Staatsgebiet im Sinne des Völkerrechts. So gehört Hong Kong (heute) völkerrechtlich zur Volksrepublik China. Die Britischen Kanalinseln gehören völkerrechtlich zu Großbritannien.

[50] Vgl. TZ 5.1 der *Anweisung* Leitfaden zur Besteuerung ausländischer Einkünfte.

[51] S. *Schmidt/Heinicke* EStG § 2a Rdnr. 45.

die Minderung in den Jahren vorzunehmen, in denen sich die Minderung wegen der Steuerprogression besonders günstig auswirkt. Nach § 2a Abs. 1 Satz 5 EStG unterliegen die verbleibenden negativen Einkünfte der **gesonderten Verlustfeststellung** entsprechend § 10d Abs. 4 EStG.[52]

§ 2a Abs. 1 Satz 2 EStG stellt **Gewinnminderungen** den negativen Einkünften **27** gleich.[53] Mit dieser Regelung sollte die Verlustbeschränkung auf Gewinnminderungen ausgedehnt werden, um **steuerumgehende Gestaltungen** zu vermeiden. Solche Gestaltungen waren zum Beispiel die Einschaltung von **Drittstaaten-Kapitalgesellschaften**, die anstelle des Steuerpflichtigen schädliche Verluste im Sinne von § 2a Abs. 1 EStG erzielten. Vor Inkrafttreten von § 2a Abs. 1 Satz 2 EStG führten Wertminderungen auf Beteiligungen an diesen Kapitalgesellschaften (d. h. Teilwertabschreibungen, Veräußerungs- oder Entnahmeverluste) im Inland zum unbeschränkten Ausgleich.[54]

Die in der *Praxis* wichtigen Fälle sind insbesondere die **Beschränkung** des Verlustabzugs nach § 2a Abs. 1 Satz 1 Nr. 2 EStG für **Drittstaaten-Betriebsstätten** und nach § 2a Abs. 1 Satz 1 Nr. 3 lit. a) EStG für **Teilwertabschreibungen** auf Beteiligungen an einer **Drittstaaten-(Kapital-)Gesellschaft**.[55] Im Einzelfall kann die Abgrenzung zwischen gewerblichen Einkünften (im Sinne von § 2a Abs. 1 Satz 1 Nr. 2 EStG) und Einkünften aus Vermietung und Verpachtung (im Sinne von § 2a Abs. 1 Satz 1 Nr. 6 lit. a) EStG) zu *Abgrenzungsschwierigkeiten* führen.[56]

§ 2a Abs. 1 EStG steht zu einigen anderen Vorschriften in einem **Konkurrenzverhältnis**. Soweit das Gesetz keine ausdrückliche Regelung enthält, gilt im Verhältnis zu anderen Vorschriften nach dem Prinzip der **Idealkonkurrenz**, dass diejenige Vorschrift vorrangig ist, die die weitergehenden Einschränkungen enthält.[57]

b) § 2a Abs. 2 EStG (Aktivitätsklausel). aa) Einleitende Übersicht. Die in § 2a **30** Abs. 1EStG genannte Beschränkung des Verlustabzugs wird durch die Regelung in **§ 2a Abs. 2 EStG** (sog. **Aktivitäts-** oder **Produktivitätsklausel**)[58] wieder gelockert. Die vom Gesetz vorgesehene **Lockerung der Beschränkung** durch § 2a Abs. 2 EStG gilt für **zwei privilegierte Sachverhalte**, bei denen der Gesetzgeber aus seiner Sicht volkswirtschaftlich sinnvolle Tätigkeiten annahm:

– gewerbliche Betriebsstätten im Ausland mit sog. „**Aktivtätigkeiten**"
– mindestens 25% Beteiligung an gewerblich tätiger Kapitalgesellschaft im Ausland mit sog. „**Aktivtätigkeiten**".

bb) Gewerbliche Betriebsstätte im Ausland mit sog. „Aktivtätigkeiten". Die **31** Lockerung der Beschränkung gilt nach § 2a Abs. 2 Satz 1 1. HS EStG zum einen dann, wenn die negativen Einkünfte aus einer **gewerblichen Betriebsstätte im Ausland**

---

[52] Vgl. TZ 1.7 von Anhang 4 der *Anweisung* Leitfaden zur Besteuerung ausländischer Einkünfte.
[53] S. *Schmidt/Heinicke* EStG § 2a Rdnr. 6.
[54] Weitere Einzelheiten hierzu s. etwa *Schmidt/Heinicke* EStG § 2a Rdnr. 28 ff.
[55] Vgl. hierzu auch *BFH* vom 27. 4. 2000, IStR 2000, S. 683 ff. zu Währungsverlusten nach Einzahlung in die Kapitalrücklage einer Drittstaaten-Gesellschaft.
[56] Vgl. hierzu *Verfügung der OFD Frankfurt am Main* betr. Anwendung der Verlustabzugsbeschränkung nach § 2a EStG auf negative Einkünfte aus der Vermietung von Flugzeugen vom 17. 5. 2002 (DB 2002, S. 1408 = Praktiker-Handbuch 2011 Außensteuerrecht, Band I, S. 598), wonach Flugzeuge als unbewegliches Vermögen zu bewerten sind, mit der Folge, dass das Vermieten eines in die deutsche Luftfahrzeugrolle eingetragenen Flugzeugs (ohne Sonderleistungen des Vermieters) nicht zu Einkünften aus gewerblicher Tätigkeit im Sinne von § 2a Abs. 1 Nr. 2 EStG führt, sondern als Einkünfte aus Vermietung und Verpachtung im Sinne von § 2a Abs. 1 Nr. 6 lit. a) EStG zu werten sind.
[57] Einzelheiten hierzu s. *Reith*, Das Internationale Steuerrecht, S. 419. Vgl. auch *Schmidt/Heinicke* EStG § 2a Rdnr. 9; *Kirchhof/Gosch* EStG § 2a Rdnr. 14.
[58] Vgl. *Schmidt/Heinicke* EStG § 2a Rdnr. 13. Ähnliche, aber anders lautende Aktivitätsklauseln enthalten § 8 Abs. 1 AStG sowie zahlreiche deutsche DBA.

stammt, die ausschließlich oder fast ausschließlich[59] die folgenden **(aktiven) Tätigkeiten** ausübt:

- die Herstellung oder Lieferung von **Waren** (außer Waffen)
- die Gewinnung von **Bodenschätzen**, oder
- die Bewirkung **gewerblicher Leistungen** (ausgenommen die Errichtung oder der Betrieb von Anlagen, die dem Fremdenverkehr dienen sowie die Vermietung oder Verpachtung von Wirtschaftsgütern einschließlich der Überlassung von Rechten, Plänen Mustern, Verfahren Erfahrungen und Kenntnissen).

32 cc) **Beteiligung an gewerblich tätiger Kapitalgesellschaft im Ausland mit sog. „Aktivtätigkeiten".** Die Lockerung der Beschränkung gilt nach § 2a Abs. 2 Satz 1 2. HS EStG ferner dann, wenn die negativen Einkünfte aus einer **gewerblich tätigen Kapitalgesellschaft im Ausland** stammen, die ausschließlich oder fast ausschließlich eine oder mehrere der in Ziff. 1. genannten **(aktiven) Tätigkeiten** ausübt. Voraussetzung hierfür ist allerdings, dass der Steuerpflichtige am Nennkapital der Drittstaaten-Kapitalgesellschaft zu mindestens **25%** unmittelbar beteiligt ist. In diesem Fall werden die Beschränkungen von § 2a Abs. 1 EStG gelockert für **laufende Verluste** (Fall des § 2a Abs. 1 Satz 1 Nr. 2 EStG), für **Teilwertabschreibungen** (Fall des § 2a Abs. 1 Satz 1 Nr. 3 lit. a) EStG) sowie für Verluste bei der **Veräußerung** oder der **Entnahme** von solchen Beteiligungen oder für Verluste aus der **Auflösung** oder **Herabsetzung** des Kapitals einer Drittstaaten-Kapitalgesellschaft (Fall des § 2a Abs. 1 Satz 1 Nr. 3 lit. b) EStG) und des Weiteren für Verluste aus Beteiligungen an Drittstaaten-Kapitalgesellschaften im Sinne von **§ 17 EStG** (Fall des § 2a Abs. 1 Satz 1 Nr. 4 EStG). In den Fällen des § 2a Abs. 1 Satz 1 Nr. 3 und Nr. 4 EStG gilt die Lockerung allerdings nur, wenn der Steuerpflichtige **nachweist**, dass die in Ziff. 1. genannten Aktivtätigkeiten bei der Drittstaaten-Kapitalgesellschaft entweder seit ihrer Gründung oder während der letzten fünf Jahre vorgelegen haben.

3. DBA-Sachverhalt mit Freistellungsmethode – Anwendungsbereich des früheren § 2 a Abs. 3 und Abs. 4 EStG

33 a) **Allgemeines.** Das **Thema** „Abzug von ausländischen Verlusten im Zusammenhang mit inländischen Einkünften" bei DBA-Sachverhalten mit Freistellungsmethode ist seit einer grundlegenden Entscheidung des *Reichsfinanzhofs* aus dem Jahre 1933[60] in der **Diskussion**. Dieses Abzugsverbot wurde vom BFH in *ständiger Rechtsprechung* aufrechterhalten.[61] Die *Rechtsprechung* und *h. M.* steht auf dem Standpunkt, dass bei DBA-Freistellungs-Sachverhalten eine Berücksichtigung ausländischer Verluste aus **systematischen Gründen** grundsätzlich nicht möglich sei, da nach der Systematik der von der Bundesrepublik Deutschland abgeschlossenen Doppelbesteuerungsabkommen ausländische **Einkünfte** und nicht ausländische **Einnahmen** im Inland steuerfrei gestellt seien. Damit hätte die Bundesrepublik Deutschland kein (positives oder negatives) Besteuerungsrecht, woraus folge, dass die Bundesrepublik Deutschland auch für den Verlustabzug kein Besteuerungsrecht habe.[62]

---

[59] Hierunter versteht die *Rechtsprechung* mindestens 90%. S. *BFH* vom 30. 8. 1995, DB 1996, S. 759 (761) zu § 8 Abs. 2 AStG a. F.

[60] S. *RFH* vom 25. 1. 1933, RStBl. 1933 S. 478 (478). Diese *Rechtsprechung* wurde vom *Reichsgericht* fortgeführt in *RFH* vom 26. 6. 1935, RStBl. 1935 S. 1358 (1359); *RFH* vom 23. 6. 1937, RStBl. 1937 S. 831 (831 f.); *RFH* vom 21. 10. 1936, RStBl. 1937 S. 424 (424); *RFH* vom 10. 3. 1937, RStBl. 1937 S. 486 (486); *RFH* vom 12. 4. 1938, RStBl. 1938 S. 620 (620 f.); *RFH* vom 7. 12. 1938, RStBl. 1939 S. 252 (252).

[61] S. *BFH* vom 11. 3. 1970, BStBl. 1970 II S. 569 ff.; *BFH* vom 23. 3. 1972, BStBl. 1972 II S. 948 ff.; *BFH* vom 28. 3. 1973 BStBl. 1973 II S. 531 ff.; *BFH* vom 25. 2. 1976 BStBl. 1976 II S. 454 ff.; *BFH* vom 12. 1. 1983, BStBl. 1983 II S. 382 ff.; *BFH* vom 6. 10. 1993, BStBl. 1994 II S. 113 ff.; *BFH* vom 17. 11. 1999, BStBl. 2000 II S. 605 (606 und 607). Vgl. auch die Übersicht bei *Vogel*, IStR 2002, S. 91 ff.; *Schmidt/Heinicke* EStG § 2a Rdnr. 8.

[62] So *BFH* vom 11. 3. 1970, BStBl. 1970 II S. 569 (571); *BFH* vom 23. 3. 1972, BStBl. 1972 II S. 948 (949); *BFH* vom 28. 3. 1973, BStBl. 1973 II S. 531 (531 f.); *BFH* vom 25. 2. 1976 BStBl. 1976

Um deutsche Investitionen in DBA-Ländern im Vergleich zu deutschen Investitionen in 34
Nicht-DBA-Ländern nun aber nicht zu benachteiligen, hatte der Gesetzgeber mit § 2 AIG
und ihm folgend mit § 2a Abs. 3 EStG a. F. eine **Subventionsnorm** geschaffen, die in Gestalt eines (für den Steuerpflichtigen vorteilhaften) **Treaty Overriding**,[63] das Ziel haben
sollte, durch die Zulässigkeit des **Abzugs ausländischer Verluste** im Inland, Auslandsinvestitionen zu fördern.[64] Nach der Auffassung des Gesetzgebers sollte es dem Steuerpflichtigen
mit § 2a Abs. 3 EStG auch bei DBA-Sachverhalten mit Freistellungsmethode möglich sein,
Verluste aus einer ausländischen Betriebsstätte mit inländischen Einkünften zu verrechnen,
vorausgesetzt, es handelte sich um Einkünfte aus einer **gewerblichen Tätigkeit**.[65]

§ 2a Abs. 3 EStG a. F. wurde durch das StEntlastG 1999 ersatzlos aufgehoben und ist mit 35
Ablauf des 31. 12. 1998 außer Kraft getreten. § 2a Abs. 3 Sätze 3, 5 und 6 EStG war bis
zum Veranlagungszeitraum 2008 noch auf die Sachverhalte anzuwenden, bei denen es noch
zu einer möglichen **Nachversteuerung** kommen konnte. Seit dem Veranlagungszeitraum
2009 findet eine Nachversteuerung nicht mehr statt. Bis dahin noch nicht nachversteuerte
Verluste bleiben gewinnmindernd berücksichtigt.[66]

b) Dogmatische Einordnung des Verlustabzugs bei DBA-Sachverhalten mit 36
Freistellungsmethode. Der Verlustabzug bei DBA-Sachverhalten mit Freistellungsmethode war bereits vor Inkrafttreten dieser Regelung *umstritten*.[67] Mit der Streichung
von § 2a Abs. 3 (und Abs. 4) EStG aus dem Gesetz müsste bei richtigem Verständnis
der Funktion von Doppelbesteuerungsabkommen[68] das Welteinkommensprinzip wieder
unbegrenzt zur Anwendung kommen. Denn: § 2a EStG **durchbricht das Welteinkommensprinzip**.[69]

Für die von der *Rechtsprechung* und h. M. praktizierten Versagung des Verlustabzugs bei 37
DBA-Sachverhalten mit Steuerfreistellung fehlt es seit der Streichung von § 2a Abs. 3
EStG a. F. an einer **Rechtsgrundlage** im EStG oder in einem anderen Steuergesetz für die
Zulässigkeit der Durchbrechung des Welteinkommensprinzips,[70] es sei denn, man wendet

---

II S. 454 (454); *BFH* vom 12. 1. 1983, BStBl. 1983 II S. 382 (384); *BFH* vom 6. 10. 1993, BStBl.
1994 II S. 113 (113 f.); *Kirchhof/Gosch* EStG § 2a Rdnr. 3; *Schmidt/Heinicke* EStG § 2a Rdnr. 8; *Hellwig*, DB 1984, S. 2264 (2265). M.E. zu Recht *a. A.* aber *Haas*, BB 1984, S. 907 (907 f.); *Sauren/Schultze*, RIW 1989, S. 553 (555 f.); *Vogel*, Verbot des Verlustausgleichs für bestimmte ausländische
Verluste, BB 1983, S. 183 (186).

[63] So die Sicht des Gesetzgebers. Vgl. *Schmidt/Heinicke* EStG § 2a Rdnr. 8.

[64] Vgl. *Schmidt/Heinicke* EStG § 2a Rdnr. 50; *Vogel*, IStR 2002, S. 91 ff.

[65] Um den Steuerpflichtigen nun aber gegenüber anderen Steuerpflichtigen nicht besser zu stellen,
sah § 2a Abs. 3 Satz 3 EStG das Prinzip der sog. Nachversteuerung bzw. den Grundsatz der Hinzurechnung vor. Vgl. *Schmidt/Heinicke* EStG § 2a Rdnr. 76.

[66] S. *Verfügung der OFD Frankfurt am Main* zur steuerlichen Übergangsregelung nach Aufhebung des
§ 2a Abs. 3 und Abs. 4 EStG bis einschließlich VZ 2008 vom 22. 5. 2000. S. auch den Beraterhinweis von *Krömker*, GmbH-StB 2000, S. 276.

[67] Aus systematischer Sicht geht es hier um die gleiche Fragestellung wie in § 34 I., wo es um die Abzugsfähigkeit von Aufwendungen im Zusammenhang mit inländischen Einkünften geht, die unter anderem nach einem DBA im Inland der Steuerfreistellung unterliegen. So auch *BFH* vom 6. 10. 1993,
BStBl. 1994 II S. 113 (113). Schon 1970 machte der *BFH* darauf aufmerksam, dass es in der Literatur
Stimmen gibt, die die Versagung des Verlustabzugs bei DBA-Sachverhalten mit Freistellungsmethode
für unzutreffend halten. S. *BFH* vom 11. 3. 1970, BStBl. 1970 II S. 570 (570 f.) m. w. N.

[68] Zur Funktion von Doppelbesteuerungsabkommen s. ausführlich *Reith*, Das Internationale Steuerrecht, S. 93 ff.

[69] So auch etwa *Bächle/Rupp*, a. a. O., Teil F Kap. 1.3.2.

[70] Diese Konsequenz zieht auch *Vogel* und macht *zu Recht* darauf aufmerksam, dass die Streichung
des § 2a Abs. 3 EStG a. F. „die zuvor bestehende Gesetzeslücke wieder geöffnet" hat; s. *Vogel*, IStR
2002, S. 91 (92). Ähnlich *Sauren/Schultze*, RIW 1989, S. 553 (553), mit dem Hinweis, dass § 2a
EStG sowohl das Welteinkommensprinzip als auch das Leistungsfähigkeitsprinzip durchbreche. Ähnlich *Kessler/Schmitt/Janson*, IStR 2003, S. 307 (308), mit dem Hinweis: „Es geht hier nicht um eine
Gesetzesauslegung, sondern um die verfassungsrechtliche Frage, dass der Gesetzgeber die Beschrän-

§ 2a Abs. 1 und Abs. 2 EStG nun auch auf DBA-Sachverhalte mit Freistellungsmethode an. Leider hat die *Rechtsprechung* zu dieser Frage noch nicht ausdrücklich Stellung genommen. Zur Klarstellung: Wendet man § 2a Abs. 1 und Abs. 2 EStG nun auch auf DBA-Sachverhalte mit Freistellungsmethode an, dann gilt (auch) dies nur für Sachverhalte mit Drittstaaten; auch hier ist dann § 2a Abs. 2a EStG zu beachten.

38 Zwischenzeitlich haben verschiedene *EuGH-Entscheidungen* von der Diskussion um die (innerstaatliche) dogmatische Einordnung des Verlustabzugs bei DBA-Sachverhalten mit Freistellungsmethode abgelenkt und die Diskussion vermehrt auf die Ebene des **EU-Rechts** verlagert.

4. Exkurs: Verluste von ausländischen Tochter-(Kapital-)Gesellschaften

39 Wegen des sog. **Trennungsprinzips**[71] sind Verluste einer (ausländischen) Tochter-Kapitalgesellschaft nicht mit Gewinnen des (inländischen) Mutterunternehmens verrechenbar. Dies gilt unabhängig von der Rechtsform des Mutterunternehmens. Die Tochter-Kapitalgesellschaft ist ein von dem Mutterunternehmen unabhängiges, eigenständiges **Körperschaftsteuersubjekt**.

40 Etwas anderes kann dann gelten, wenn zwischen (inländischem) Mutterunternehmen und (ausländischer) Tochter-Kapitalgesellschaft eine **Organschaft** im Sinne der §§ 14ff. KStG besteht. Nach § 14 Abs. 1 KStG ist allerdings eine Organschaft über die Grenze hinweg nicht möglich, weil sowohl Organträger als auch Organgesellschaft jeweils ihren Sitz im Inland haben müssen.

41 Etwas anderes kann auch dann gelten, wenn die Verluste der (ausländischen) Tochter-Kapitalgesellschaft nachhaltig hoch sind. Beteiligungen an Kapitalgesellschaften unterliegen zwar nicht der (regulären) Abschreibung; jedoch können sie (grundsätzlich)[72] Gegenstand einer **Teilwertabschreibung** sein.[73] Dies ist dann allerdings – für natürliche Personen – wieder der **Fall des § 2a Abs. 1 Satz 1 Satz 1 Nr. 3 lit. a) EStG**. Nicht ausreichend für eine Teilwertabschreibung sind Veräußerungs- oder Verwertungsbeschränkungen[74] und auch nicht die bloße Ertragslosigkeit.[75] Eine Teilwertabschreibung kommt (beim einkommensteuerpflichtigen Anteilseigner) allerdings im Falle der Erwirtschaftung von **Verlusten** in Betracht[76] sowie dann, wenn infolge von **Gewinnausschüttungen** der Wert der Beteiligung unter den Buchwert gesunken ist.[77] Bei einer neu gegründeten Gesellschaft im Ausland kommt eine Teilwertabschreibung wegen **Anlaufverlusten**[78] grundsätzlich vor Ablauf von **fünf Jahren**[79] nicht in Betracht. Eine Teilwertabschreibung wegen Anlaufverlusten vor Ablauf von fünf Jahren erfordert eine verlustbringende Beteiligung und ist nur zulässig, wenn die folgenden Voraussetzungen vorliegen: (1) die Gesellschaft erwirtschaftet nachhal-

---

kung des Verlustabzugs bei DBA-Sachverhalten mit Steuerfreistellung als eine den Steuerpflichtigen belastende Maßnahme hätte explizit regeln müssen". Im Ergebnis ebenso der *Österreichische Verwaltungsgerichtshof* (*öVwGH*) vom 25. 9. 2001, IStR 2001, S. 754. Dieses, wenn auch den deutschen Rechtskreis nicht betreffende Urteil, steht im Widerspruch zur *Rechtsprechung* und h. M. in der Bundesrepublik Deutschland. Vgl. hierzu auch *Wassermeyer*, IStR 2001, S. 755 f.; *Vogel*, IStR 2002, S. 91 ff.

[71] S. *Jacobs*, a. a. O., 6. Teil 2. Kap. B. II. 2. b).

[72] Vgl. *BFH* vom 3. 10. 1985, BStBl. 1986 II S. 142 (143). Vgl. auch die übersichtliche Darstellung in *Kirchhof/von Beckerath* EStG § 5 Rdnr. 165; s. ferner *Kirchhof/von Beckerath* EStG § 6 Rdnr. 134.

[73] Einzelheiten hierzu s. Kap. 6.6.

[74] Vgl. *BFH* vom 20. 9. 1995, BFH/NV 96, S. 393 (395).

[75] Vgl. *BFH* vom 17. 9. 1969, BStBl. 1970 II S. 48 (49).

[76] Vgl. *BFH* vom 6. 11. 1985, BStBl. 1986 II S. 73 (75 f.).

[77] Vgl. *BFH* vom 3. 2. 1993, BStBl. 1993 II S. 426 (428); *BFH* vom 13. 7. 1994, BStBl. 1995 II S. 65 (66).

[78] Zu „Anlaufverlusten" s. *BFH* vom 23. 9. 1969, BStBl. 1970 II S. 87 (89).

[79] So *BFH* vom 27. 7. 1988, BStBl. 1989 II S. 274 (275). Bei einer im Inland gegründeten (Kapital-)Gesellschaft geht der *BFH* von einer Anlaufphase von drei Jahren aus. S. *BFH*, a. a. O., S. 274 (275).

tig hohe Verluste; oder (2) es liegt eine investive Fehlmaßnahme vor.[80] Ist Gesellschafter der ausländischen Tochter-(Kapital-)Gesellschaften eine **inländische Kapitalgesellschaft**, dann ist eine Teilwertabschreibung nach § 8b Abs. 3 Satz 3 KStG ausgeschlossen.

III. Überführung von Wirtschaftsgütern in ausländischen Produktionsstandort

1. Einleitung

Vermögensmehrungen, die im Bereich des Betriebsvermögens entstanden sind, unterliegen grundsätzlich der Einkommensbesteuerung. Nach dem sog. **Realisationsprinzip**[81] kommt es grundsätzlich (erst) dann zur Besteuerung, wenn ein Realisationstatbestand auch tatsächlich verwirklicht ist; im Normalfall durch Veräußerung des betreffenden Wirtschaftsguts (sog. **Außentransaktion**). In bestimmten Fällen kann es jedoch zu einer Beendigung der Steuerverhaftung kommen, ohne dass die stillen Reserven im Wege einer Außentransaktion verwirklicht werden. Diese Vorgänge bezeichnet man als (objektbezogene)[82] „**Entstrickung**" oder „**Steuerentstrickung**".[83] Hierzu gehören vor allem die folgenden **Fallkonstellationen**:[84] 42

– Entnahmen, § 6 Abs. 1 Nr. 4 EStG
– Betriebsaufgabe, § 16 Abs. 3 EStG
– Überführung von Wirtschaftsgütern in ausländische Betriebsstätte, wenn ein DBA die Steuerfreistellung für Betriebsstättengewinne anordnet
– Überführung von Grundstückszubehör in das Ausland, wenn ein DBA die Steuerfreistellung für Einkünfte aus beweglichem Vermögen anordnet.

Umgekehrt wird das Realisationsprinzip bei der objektbezogenen Steuerentstrickung bei bestimmten Außentransaktionen **durchbrochen**, wie in den folgenden Fällen: 43

– Vorgänge nach dem UmwStG
– Transfer von Wirtschaftsgütern innerhalb bestimmter Betriebsvermögen oder Sonderbetriebsvermögen, § 6 Abs. 5 Satz 3 EStG.

Im **Internationalen Steuerrecht** spielt das Thema der Besteuerung bzw. der Nichtbesteuerung von stillen Reserven eine Rolle insbesondere im Zusammenhang mit der **Überführung von Wirtschaftsgütern** in einen ausländischen Produktionsstandort. 44

Grundsätzlich wird dieser Themenkreis in der *Kommentarliteratur*[85] vor allem im Zusammenhang mit den **§§ 4–6 EStG** behandelt. Leider wird dieser Themenkreis auch in der außensteuerlichen *Literatur* regelmäßig nur im Zusammenhang mit dem Stichwort „**Entstrickung**" oder im Rahmen der **Einkünftezuordnung bei Betriebsstätten** und nicht als eigenständiger Themenkomplex behandelt. Wegen der großen *praktischen Bedeutung* der Überführung von Wirtschaftsgütern in einen ausländischen Produktionsstandort wird vorliegend diesem Themenkomplex ein **eigenes Kapitel** gewidmet.[86] 45

---

[80] Offengelassen in *BFH* vom 17. 9. 1969, BStBl. 1970 II S. 48 (49). Bejaht sodann in *BFH* vom 23. 9. 1969, BStBl. 1970 II S. 87 (88 f.); *BFH* vom 6. 11. 1985, BStBl. 1986 II S. 73 (75); *BFH* vom 27. 7. 1988, BStBl. 1989 II S. 274 (275); *BFH* vom 18. 12. 1990, BFH/NV 1992, S. 15 (16); *BFH*, Beschluss vom 2. 11. 1994, BFH/NV 1995, S. 790 (791). Vgl. auch *Görden*, GmbH-StB 2000, S. 264.
[81] Zum Realisationsprinzip s. *Schmidt/Heinicke* EStG § 5 Rdnr. 78.
[82] Im Gegensatz dazu steht die sog. subjektbezogene Steuerentstrickung, die eintreten kann, wenn der Steuerpflichtige in einen ausländischen Staat verzieht.
[83] Zur Thematik „Entstrickung" vgl. auch *Schmidt/Heinicke* EStG § 4 Rdnr. 360 „Steuerentstrickung"; *Bächle/Rupp*, a. a. O., Teil K Kap. 3.3.
[84] Vgl. hierzu auch die Darstellung bei *Bächle/Rupp*, a. a. O., Teil K Kap. 3.3.
[85] Vgl. etwa *Schmidt/Heinicke* EStG § 4 Rdnr. 316 f., Rdnr. 322, Rdnr. 360; *Schmidt/Weber-Grellet* EStG § 5 Rdnr. 661; *Schmidt/Glanegger* EStG § 6 Rdnr. 425; *Kirchhof/Crezelius* EStG § 4 Rdnr. 96; *Kirchhof/Reiß* § 16 Rdnr. 315.
[86] In diesem Sinne auch *Vogel/Lehner* DBA Art. 7 Rdnr. 121; *Bächle/Rupp*, a. a. O., Teil K Kap. 3 und Teil J Kap. 1.12.6.

46 Bis zum Außerkrafttreten des AIG enthielt **§ 1 AIG** eine **gesetzliche Grundlage** für die Überführung bestimmter Wirtschaftsgüter in Gesellschaften, Betriebe oder Betriebsstätten im Ausland.[87] Nach dem Außerkrafttreten des AIG fehlte es lange Zeit an einer speziellen gesetzlichen Grundlage, die sich dieses Problemkreises annimmt. Mangels gesetzlicher Regelungen galt vom 1. 1. 1990 bis zum 31. 12. 1999 der sog. **Überführungserlass** vom 12. 2. 1990[88] und galt vom 1. 1. 2000 bis zum 31. 12. 2005 TZ 2.6 des Betriebsstätten-Erlasses (BStE) vom 24. 12. 1999.[89] Seit dem 1. 1. 2006 ist der Entstrickungsgrundsatz (wieder) gesetzlich geregelt (s. §§ 4 Abs. 1 Sätze 3 ff., 4g EStG und § 12 Abs. 1 KStG).[90]

47 Heute gilt die **Entstrickungsregelung des § 4 Abs. 1 Sätze 3 f. EStG**. Danach steht einer Entnahme für betriebsfremde Zwecke der Ausschluss oder die Beschränkung des Besteuerungsrechts der Bundesrepublik Deutschland hinsichtlich des Gewinns aus einer Veräußerung oder der Nutzung des Wirtschaftsguts gleich (§ 4 Abs. 1 Satz 3 EStG). Um eine EU-rechtswidrigkeit zu vermeiden, regelt § 4 Abs. 1 Satz 4 EStG, dass diese Entstrickungsregelung **für zwei Arten von EU-Fälle nicht gilt**:

– für die Sitzverlegung einer Europäischen Gesellschaft (SE) oder einer Europäischen Genossenschaft (SCE) nach der SE-Verordnung bzw. der SCE-Verordnung[91] (s. § 4 Abs. 1 Satz 4 EStG)
– für die Überführung eines Wirtschaftsguts in eine EU-Betriebsstätte desselben Steuerpflichtigen (s. § 4g EStG).

48 Bei der Überführung von Wirtschaftsgütern in einen ausländischen Produktionsstandort ist nunmehr zu unterscheiden zwischen der Überführung von Wirtschaftsgütern in eine **ausländische Betriebsstätte** und der Überführung von Wirtschaftsgütern in eine **ausländische Konzern(-Kapital-)Gesellschaft**. Im Sinne eines **Exkurses** steht mit diesen Fällen auch die **Verlegung des Sitzes** einer inländischen Gesellschaft ins Ausland im Zusammenhang.

2. Überführung von Wirtschaftsgütern in eine ausländische Betriebsstätte

49 a) **Allgemeines.** Eine Betriebsstätte kann sein eine sog. „**klassische**"[92] **Betriebsstätte** oder eine **Personengesellschaft**.[93]

50 Im Hinblick auf die **steuerliche Behandlung** von etwaigen stillen Reserven wurden nach **altem Recht** vor dem 1. 1. 2006 sowohl von der *Finanzverwaltung*[94] als auch von der *Rechtsprechung*[95] **zwei Fallkonstellationen** unterschieden:

---

[87] § 1 AIG galt nach § 8 Abs. 4 AIG bis zum 31. 12. 1989.
[88] *BMF-Schreiben* betr. Überführung von Wirtschaftsgütern in eine ausländische Betriebsstätte, deren Einkünfte durch ein Doppelbesteuerungsabkommen freigestellt sind, und ihre Rückführung ins Inland (Überführungserlass) vom 12. 2. 1990, BStBl. 1990 I S. 72 (aufgehoben durch den Betriebsstättenerlass). Der Überführungserlass kam rückwirkend ab dem 1. 1. 1987 zur Anwendung.
[89] *BMF-Schreiben* betr. die Grundsätze für die Prüfung der Aufteilung der Einkünfte bei Betriebsstätten international tätiger Unternehmen (Betriebsstätten-Verwaltungsgrundsätze – Betriebsstättenerlass – BStE) vom 24. 12. 1999, BStBl. 1999 I S. 1076 und vom 20. 11. 2000, BStBl. 2000 S. 1509 = abgedruckt in Praktiker-Handbuch 2011 Außensteuerrecht, Band II, S. 562 ff.
[90] Diese Vorschriften wurden in das EStG eingefügt durch das Gesetz über steuerliche Begleitmaßnahmen zur Einführung der Europäischen Gesellschaft und zur Änderung weiterer steuerrechtlicher Vorschriften (SEStEG) vom 7. 12. 2006, BGBl. 2006 I S. 2782. § 12 Abs. 1 2. HS KStG wurde in das KStG mit dem Jahressteuergesetz 2008 (JStG 2008) vom 20. 12. 2007, BGBl. 2007 I S. 3150, als klarstellende Ergänzung eingefügt.
[91] Verordnung (EG) Nr. 2157/2003 des Rates vom 8. 10. 2001 über das Statut der Europäischen Gesellschaft (SE), ABl. EU Nr. L 294/1 = Praktiker-Handbuch 2011 Außensteuerrecht, Band II, S. 225 ff.; Verordnung (EG) Nr. 1435/2003 des Rates vom 22. 7. 2003 über das Statut der Europäischen Genossenschaft (SCE), ABl. EU Nr. L 207/1 = Praktiker-Handbuch 2011 Außensteuerrecht, Band II, S. 247 ff.
[92] Teilweise wird in der *Literatur* auch von „echter" Betriebsstätte gesprochen. S. *Pfaar*, IStR 2000, S. 42 (44 und 45).
[93] S. TZ 1.1.5.1 BStE.
[94] S. TZ 2.6.1 BStE.

§ 33. Aufwendungen, Verluste, Überführung von Wirtschaftsgütern   51, 52   § 33

– die ausländische Betriebsstätte liegt in einem **Nicht-DBA-Staat** oder für sie gilt nach einem **DBA die Anrechnungsmethode**
– für die ausländische Betriebsstätte gilt nach einem **DBA die Freistellungsmethode**.

Seit dem **1. 1. 2006** sind wegen den §§ 4 Abs. 1 Sätze 3f, 4g EStG, 12 Abs. 1 KStG **vier Fallkonstellationen** zu unterscheiden:

– die ausländische Betriebsstätte liegt in einem **EU-** oder **EWR-Staat**, welcher zur Bundesrepublik Deutschland ein **Nicht-DBA-Staat**[96] ist oder für die beiden Staaten gilt nach einem **DBA die Anrechnungsmethode**[97]
– die ausländische Betriebsstätte liegt in einem **EU-** oder **EWR-Staat**, welcher zur Bundesrepublik Deutschland ein **DBA-Staat** ist und für die beiden Staaten gilt nach einem **DBA die Freistellungsmethode**
– die ausländische Betriebsstätte liegt in einem **Nicht-EU-** oder **Nicht-EWR-Staat**, welcher zur Bundesrepublik Deutschland ein **Nicht-DBA-Staat** ist oder für die beiden Staaten gilt nach einem **DBA die Anrechnungsmethode**
– die ausländische Betriebsstätte liegt in einem **Nicht-EU-** oder **Nicht-EWR-Staat**, welcher zur Bundesrepublik Deutschland ein **DBA-Staat** ist und für die beiden Staaten gilt nach einem **DBA die Freistellungsmethode**.

b) Die ausländische Betriebsstätte liegt in einem EU-Staat oder EWR-Staat, welcher zur Bundesrepublik Deutschland ein Nicht-DBA-Staat ist oder für die beiden Staaten gilt nach einem DBA die Anrechnungsmethode. Die Überführung von Wirtschaftsgütern in eine solche Betriebsstätte steht dann einer Entnahme gleich, wenn „der Ausschluss oder die Beschränkung des Besteuerungsrechts der Bundesrepublik Deutschland" gegeben ist. Der Ausschluss des Besteuerungsrechts ist mangels Vorliegens der Freistellungsmethode nicht gegeben. Das Gesetz definiert nicht wie **„Beschränkung des Besteuerungsrechts"** zu verstehen ist. Nur beiläufig erwähnt die **Gesetzesbegründung**, dass zu den Entnahmen für betriebsfremde Zwecke insbesondere die Überführung von Wirtschaftsgütern in eine ausländische Betriebsstätte gehört, wenn der Gewinn der ausländischen Betriebsstätte „auf Grund eines Doppelbesteuerungsabkommens von der inländischen Besteuerung freigestellt ist oder die ausländische Steuer im Inland anzurechnen ist".[98] Damit ist die Rechtslage in diesem Punkt *unklar*.[99] Dies gilt insbesondere für den Nicht-DBA-Fall, denn hier findet die Vermeidung der Doppelbesteuerung nur nach dem innerstaatlichen Recht, nämlich durch Anrechnung (oder Abzug) der ausländischen Steuer nach § 34c EStG statt. Diese Fallkonstellation ist in der Gesetzesbegründung nicht erwähnt. In der *Praxis* dürfte bei dieser Fallkonstellation die gegebene *Rechtsunsicherheit* nicht relevant werden, denn diese Fallkonstellation beschränkt sich zum einen auf Liechtenstein und zum anderen werden die meisten Steuerpflichtigen den Wunsch haben, die sofortige Besteuerung stiller Reserven zu vermeiden. Unterstellt man, dass der Gesetzgeber jeden Fall der Steueranrechnung als „Beschränkung des Besteuerungsrechts" ansieht, dann müsste der Fall der Entnahme im Sinne von § 4 Abs. 1 Satz 3 EStG gegeben sein. Da hier ein EU-/EWR-Sachverhalt vorliegt – und eine Entnahme im Sinne von § 4 Abs. 1 Satz 3 EStG unterstellt wird, greift dann **§ 4g EStG** ein. Danach kann der Steuerpflichtige auf

---

[95] S. die Grundsatzentscheidung *BFH* vom 16. 7. 1969, BStBl. 1970 II S. 175 (177). S. auch *BFH* vom 14. 6. 1988, BStBl. 1989 II S. 187 (188 f.).
[96] So z. B. Liechtenstein.
[97] Dieser Fall kann im Verhältnis zu den gegenwärtigen EU- und EWR-Staaten nicht vorkommen, da zwischen der Bundesrepublik Deutschland und allen EU- und EWR – Ausnahme: Liechtenstein – ein Doppelbesteuerungsabkommen besteht, nach dem bei Unternehmensgewinnen nach Art. 7 OECD-MA (nur in diesem Fall ist eine Betriebsstätte gegeben) nach dem jeweiligen Methodenartikel stets die Freistellungsmethode anzuwenden ist.
[98] S. BT-Drucks. 16/2710 vom 25. 9. 2006 – Entwurf des SEStEG.
[99] So auch *Bächle/Rupp*, a. a. O., Teil J Kap. 1.12.6.4.2.

Antrag die (sofortige) Realisierung stiller Reserven vermeiden, in dem er die aufzulösenden stillen Reserven in einen sog. **Ausgleichsposten** einstellt.

53 Trotz der *geringen Praxisrelevanz* stellt sich gleichwohl aus **dogmatischer Sicht** die *Frage*, ob auch bei dieser Fallkonstellation tatsächlich eine Entnahme im Sinne von § 4 Abs. 1 Satz 3 EStG gegeben ist. Es ist denkbar, dass der Steuerpflichtige die Aufdeckung und Besteuerung stiller Reserven ausdrücklich will. *Fraglich* ist – insbesondere für den Nicht-DBA-Fall –, ob auf die Grundsätze des **TZ 2.6.1 Satz 1 BStE** zurückgegriffen werden kann (oder muss), der Folgendes regelt:

54 „Die Überführung von Wirtschaftsgütern des Anlage- und Umlaufvermögens in eine Betriebsstätte, die entweder in einem Nicht-DBA-Staat unterhalten wird oder für die nach einem DBA die Anrechnungsmethode gilt, löst keine Besteuerung aus, wenn die Erfassung der stillen Reserven gewährleistet ist."

55 Wenn ja, dann stößt man auf das nächste *Problem*. *Umstritten* ist nämlich, wann die „Erfassung der stillen Reserven gewährleistet ist".[100] Allerdings wird hierzu weder von der *Literatur* noch von der *Rechtsprechung* eine befriedigende Antwort gegeben.[101] Nach wohl *richtiger Ansicht* ist eine Erfassung der stillen Reserven dann gewährleistet, wenn **drei Voraussetzungen** vorliegen:[102]

- die stillen Reserven können auch zu einem **späteren Zeitpunkt** noch beim Steuerpflichtigen erfasst werden
- die stillen Reserven scheiden durch die Überführung des Wirtschaftsguts in die ausländische Betriebsstätte nach dem deutschen Steuerrecht aus der **Steuerverstrickung** nicht aus
- die stillen Reserven werden in einer **ordnungsgemäßen Buchführung** erfasst.

56 c) Die ausländische Betriebsstätte liegt in einem EU-Staat oder EWR-Staat, welcher zur Bundesrepublik Deutschland ein DBA-Staat ist und für die beiden Staaten gilt nach einem DBA die Freistellungsmethode. Bei dieser Fallkonstellation dürfte nach dem Willen des Gesetzgebers *zweifelsfrei* der Fall der **Entnahme** im Sinne von § 4 Abs. 1 Satz 3 EStG gegeben sein. Hier kommt **§ 4 g EStG** zur Anwendung.

57 d) Die ausländische Betriebsstätte liegt in einem EU-Staat oder EWR-Staat, welcher zur Bundesrepublik Deutschland ein Nicht-DBA-Staat ist oder für die beiden Staaten **gilt nach einem DBA die Anrechnungsmethode**. Es stellt sich auch hier das *Problem*, ob auch bei dieser Fallkonstellation eine „**Beschränkung des Besteuerungsrechts**" vorliegt. Dies gilt auch hier insbesondere für den Nicht-DBA-Fall bzw. Anrechnungsfall.[103] Es gelten die gleichen Rechtsausführungen wie zu § 33 III.2.b). Die Rechtslage ist *unklar*.

58 e) Die ausländische Betriebsstätte liegt in einem Nicht-EU- oder Nicht-EWR-Staat, welcher zur Bundesrepublik Deutschland ein DBA-Staat ist und für die beiden Staaten gilt nach einem DBA die Freistellungsmethode. Bei dieser Fallkonstellation dürfte nach dem Willen des Gesetzgebers *zweifelsfrei* der Fall der Entnahme im Sinne von § 4 Abs. 1 Satz 3 EStG gegeben sein. Die Möglichkeit zur Bildung eines Ausgleichspostens besteht nach den §§ 4 Abs. 1 Satz 3, 4g EStG nicht mehr. Der Steuerpflichtige muss die stillen Reserven in voller Höhe sofort versteuern.

59 f) Einzelheiten zur Ausgleichspostenmethode. aa) Allgemeines. Die Ausgleichspostenmethode kann nur von **unbeschränkt Steuerpflichtigen** in Anspruch genommen

---

[100] S. *Kirchhof/Crezelius* EStG § 4 Rdnr. 96.
[101] S. etwa *Schmidt/Heinicke* EStG § 4 Rdnr. 316, Rdnr. 320, Rdnr. 321, Rdnr. 326 und Rdnr. 360; *Schmidt/Weber-Grellet* EStG § 5 Rdnr. 661; *Schmidt/Glanegger* EStG § 6 Rdnr. 425, Rdnr. 510; *Kirchhof/Crezelius* EStG § 4 Rdnr. 96; *Bächle/Rupp*, a. a. O., Teil K Kap. 3.2.
[102] S. *Kempka*, StuW 1995, S. 242 (244); *Pfaar*, IStR 2000, S. 42 (44).
[103] So z. B. Hong Kong.

werden (s. § 4g Abs. 1 Satz 1 EStG). Der Ausgleichsposten kann **nur für Anlagevermögen** gebildet werden (s. § 4g Abs. 1 Satz 1 EStG). Das Gesetz enthält keine Ausführungen, wie **Umlaufvermögen** zu behandeln ist. Der Ausgleichsposten ist für jedes Wirtschaftsjahr **getrennt** auszuweisen (s. § 4g Abs. 1 Satz 2 EStG). Das Antragsrecht kann nur für jedes Wirtschaftsjahr **nur einheitlich für sämtliche Wirtschaftsgüter** ausgeübt werden (s. § 4g Abs. 1 Satz 3 EStG). Der Antrag ist unwiderruflich (s. § 4g Abs. 1 Satz 4 EStG). Der Ausgleichsposten ist **zeitanteilig erfolgswirksam in Höhe von einem Fünftel aufzulösen**, und zwar im Wirtschaftsjahr der Bildung und in den vier folgenden Wirtschaftsjahren (s. § 4g Abs. 2 Satz 1 EStG). Die Ausgleichspostenmethode ist auch anzuwenden bei sog. **⁴/₃-Rechnern** (s. § 4g Abs. 4 EStG).

Der Ausgleichsposten ist nach § 4g Abs. 2 Satz 2 EStG **in vollem Umfang gewinn-** **60** **erhöhend aufzulösen**

– das Wirtschaftsgut scheidet aus dem Betriebsvermögen des Steuerpflichtigen aus
– das Wirtschaftsgut scheidet aus der Steuerhoheit der EU-Mitgliedstaaten aus
– die stillen Reserven werden im EU-Mitgliedstaat aufgedeckt oder hätten in entsprechender Anwendung der Vorschriften des deutschen Steuerrechts aufgedeckt werden müssen.

bb) Rückführung des Wirtschaftsguts in das Inland. § 4g Abs. 3 EStG regelt **61** die Rückführung des Wirtschaftsguts in das Inland innerhalb der Fünfjahresfrist. In diesem Falle erfolgt die **erfolgsneutrale Auflösung** (noch) eines noch bestehenden Ausgleichspostens. Hat der Steuerpflichtige die sofortige Gewinnrealisierung gewählt, so ist die **Gewinnrealisierung wieder rückgängig** zu machen. Dies regelt das Gesetz nicht deutlich, ergibt sich aber aus § 4g Abs. 3 Satz 2 EStG in Verbindung mit § 175 Abs. 1 Nr. 2 AO.

cc) Der Sonderfall der Überführung von Wirtschaftsgütern zwischen inländi- **62** **scher Betriebsstätte und ausländischem Stammhaus oder ausländischer Betriebsstätte.** Dieser **Sonderfall** führte bereits nach dem alten Recht zur sofortigen Besteuerung der stillen Reserven.[104] Da die Ausgleichspostenmethode nur von **unbeschränkt Steuerpflichtigen** in Anspruch genommen werden kann (s. § 4g Abs. 1 Satz 1 EStG), gilt dies auch nach neuem Recht, wenn ein **beschränkt Steuerpflichtigen aus einem EU-** **bzw. EWR-Staat** die Überführung des Wirtschaftsguts vornimmt.

dd) Die ausländische Betriebsstätte ist eine ausländische Personengesellschaft. **63** Wie bereits ausgeführt, kann eine Betriebsstätte nach TZ 1.1.5.1. BStE sein eine sog. „klassische"[105] Betriebsstätte oder eine **Personengesellschaft**. Entgegen dieser Regelung galt nach altem Recht (nach TZ 2.6.4 BStE) die Ausgleichspostenmethode nicht für den Fall der Überführung eines Wirtschaftsguts von einem inländischen Betriebsvermögen in eine **ausländische Personengesellschaft**. § 4 Abs. 1 Satz 1 EStG verwendet den Begriff „**Betriebsstätte**". Unklar ist, ob der Gesetzgeber sich nunmehr an den Grundsätzen der TZ 1.1.5.1. BStE oder an den Grundsätzen der TZ 2.6.4 BStE orientieren will.

3. Überführung von Wirtschaftsgütern in eine ausländische Tochter(Kapital-)Gesellschaft

Im Falle der Überführung von Wirtschaftsgütern in eine ausländische Tochter-(Kapital- **64** Gesellschaft verlässt das Wirtschaftsgut in jedem Fall (Nicht-DBA-Sachverhalt, DBA-Sachverhalt mit Anrechnungsmethode oder DBA-Sachverhalt mit Freistellungsmethode) den betrieblichen Bereich des betreffenden Steuerpflichtigen. Es kommt zwingend zu einer **Gewinnrealisierung**.

Als **Gestaltungsalternativen** bleibt deutschen Unternehmen die Überlegung, Wirt- **65** schaftsgüter des beweglichen Anlagevermögens an die ausländische Tochtergesellschaft le-

---

[104] S. TZ 2.6.3 Satz 1 BStE.
[105] Teilweise wird in der *Literatur* auch von „echter" Betriebsstätte gesprochen. S. *Pfaar*, IStR 2000, S. 42 (44 und 45).

diglich zu **vermieten** und immaterielle Wirtschaftsgüter der ausländischen Tochtergesellschaft im Wege der **Auslizenzierung** zur Nutzung zu überlassen. In diesem Fall erfolgt allerdings eine Realisierung zu versteuernder stiller Reserven bei wirtschaftlicher Betrachtungsweise quasi pro rata. Im Falle der grenzüberschreitenden Vermietung oder Nutzungsüberlassung von beweglichen Wirtschaftsgütern steht in DBA-Fällen das Besteuerungsrecht für Mieteinnahmen nach Art. 21 Abs. 1 OECD-MA und für Lizenzeinahmen nach Art. 12 OECD-MA der Bundesrepublik Deutschland zu. In Nicht-DBA-Fällen, in denen beide Staaten das Besteuerungsrecht haben, kommt gegebenenfalls noch eine Besteuerung durch den ausländischen Staat hinzu; in diesem Fall wird die ausländische Steuer nach § 34c EStG auf die deutsche Steuer angerechnet. Allerdings ist bei solchen Gestaltungsalternativen darauf zu achten, dass nicht der Tochtergesellschaft nach § 39 AO das **wirtschaftlichen Eigentum** zugerechnet wird. In diesem Falle käme es steuerlich zur sofortigen Realisierung von stillen Reserven.

4. Exkurs: Sitzverlegung von Kapitalgesellschaften

66 Verlegt eine unbeschränkt steuerpflichtige Körperschaft ihren Sitz oder ihre Geschäftsleitung ins Ausland und zwar außerhalb der EU oder des EWR, dann gilt sie nach § 12 Abs. 3 Satz 1 KStG als aufgelöst und § 11 KStG ist entsprechend anwendbar. In Abweichung von den Grundsätzen der Liquidationsbesteuerung nach § 11 KStG ist der maßgebliche Zeitpunkt hier allerdings der Zeitpunkt der Sitzverlegung oder der Verlegung der Geschäftsleitung, da es hier an einem Abwicklungszeitraum fehlt.[106] Die Sitzverlegung von Kapitalgesellschaften gehört zum Bereich der **subjektbezogenen Steuerentstrickung** und ist ein Fall der sog. **Wegzugsbesteuerung** nach § 12 Abs. 3 KStG.

67 Der Sitzverlegung wird nach § 12 Abs. 3 Satz 2 KStG gleichgestellt der Fall, dass eine Körperschaft auf Grund eines **Doppelbesteuerungsabkommens** infolge der Verlegung ihres Sitzes oder ihrer Geschäftsleitung als außerhalb des Hoheitsgebietes der in Satz 1 genannten Staaten anzusehen ist.

68 In beiden Fällen tritt nach § 12 Abs. 3 Satz 3 KStG an die Stelle des zur Verteilung kommenden Vermögens der gemeine Wert des vorhandenen Vermögens.

§ 34 Das Außensteuergesetz

Übersicht

	Rdnr.		Rdnr.
I. Zielsetzung des Außensteuergesetzes	1–11	rung von Kosten ins Inland/Berichtigung von Einkünften, § 1 AStG	7
1. Einleitung	1		
2. Vermeidung der Verlagerung von Einkünften und Vermögen in Niedrigsteuerländer Zielsetzung des Außensteuergesetzes	2–4	c) Fallgruppe: Verlagerung des Steuersubjekts ins Ausland/Wohnsitzwechsel in niedrig besteuernde Gebiete, §§ 2–5 AStG (sog. erweiterte beschränkte Einkommensteuerpflicht)	8
3. Regelungsbereiche des Außensteuergesetzes	5–11		
a) Verlagerung des Steuersubjekts (des Steuerpflichtigen) ins Ausland/Beteiligung an ausländischen Basisgesellschaften, §§ 7–14 AStG (sog. Hinzurechnungsbesteuerung)	6	d) Fallgruppe: Verlagerung des Steuersubjekts (des Steuerpflichtigen) ins Ausland/Behandlung wesentlicher Beteiligungen bei Wohnsitzwechsel ins Ausland, § 6 AStG (sog. Wegzugsbesteuerung)	9
b) Verlagerung von Gewinnen ins Ausland bzw. Verlage-			

---
[106] Vgl. *Dörrfuß*, IStR 2001, S. 147 ff.

§ 34. Das Außensteuergesetz § 34

	Rdnr.		Rdnr.
e) Fallgruppe: Verlagerung des Steuersubjekts (des Steuerpflichtigen) ins Ausland/Steuerpflicht von Stiftern, § 15 AStG	10	11. Vorrang des Auslandsinvestment-Gesetzes, § 7 Abs. 7 AStG	93
f) Verfahrens- und Schlußbestimmungen, §§ 16–22 AStG	11	III. Internationale Verflechtungen, § 1 AStG	94–203
II. Beteiligung an ausländischen Gesellschaften, §§ 7–14 AStG/die Hinzurechnungsbesteuerung	12–93	1. Einleitung	94–100
1. Grundsätze der Hinzurechnungsbesteuerung	12–17	2. Verhältnis von § 1 AStG zu anderen Regelungen zur Einkunftsabgrenzung	101–111
2. Verhältnis der Hinzurechnungsbesteuerung zu anderen Vorschriften	18–19	3. Anwendungsbereich von § 1 AStG	112–120
3. Tatbestandsvoraussetzungen der Hinzurechnungsbesteuerung	20–59	a) Die vier Fallkonstellationen	112
a) Grundsätzliches	20–22	b) Gestaltung von Verrechnungspreisen – Fallkonstellation 1	113, 114
b) Negative Tatbestandsvoraussetzungen	23–26	c) Gestaltung von Verrechnungspreisen – Fallkonstellation 2	115, 116
c) Mindestbeteiligung, § 7 Abs. 1 und Abs. 2–6 AStGx	27–30	d) Gestaltung von Verrechnungspreisen – Fallkonstellation 3	117, 118
d) Zwischengesellschaft/Zwischeneinkünfte, § 8 Abs. 1 AStG	31–57	e) Gestaltung von Verrechnungspreisen – Fallkonstellation 4	119, 120
e) Niedrige Besteuerung, § 8 Abs. 3 AStG	58–59	4. Tatbestandsvoraussetzungen für die Berichtigung von Einkünften nach § 1 AStG	121, 122
4. Gesellschaften mit gemischten Tätigkeiten/§ 9 AStG/Gesellschaften mit passiven betrieblichen Nebenerträgen	60–67	a) Allgemeines	121
		b) Geschäftsbeziehungen	122
5. Berechnung des Hinzurechnungsbetrags, § 10 AStG	68–74	5. Nahestehende Personen	123–128
a) Grundsätzliches	68–69	6. Allgemeine Grundsätze zur Einkunftsabgrenzung	129–161
b) Grundsätze der Gewinnermittlung nach § 10 Abs. 1, Abs. 3 und Abs. 4 AStG	70	a) Der Fremdvergleichsgrundsatz	129, 130
c) Systematik der Besteuerung des Hinzurechnungsbetrags nach § 10 Abs. 2 AStG	71–72	b) Die Methoden zur Bestimmung bzw. Prüfung von Verrechnungspreisen	131
d) Sonstiges	73, 74	c) Standardmethoden zur Prüfung von Verrechnungspreisen	132–154
6. Tatsächliche Ausschüttung von Gewinnanteilen, § 11 AStG	75	d) Die Funktionsverlagerung	155
7. Basisgesellschaften mit Einkünften mit Kapitalanlagecharakter, § 7 Abs. 6 und Abs. 6a AStG	76–79	e) Dokumentation von Verrechnungspreisen	156–161
8. Sonderfall des § 20 Abs. 2 AStG	80	7. Arten von Geschäftsbeziehungen	162–184
		a) Lieferung von Gütern und Waren	162–164
9. Steueranrechnung anstelle Steuerabzug, § 12 AStG	81–83	b) Gewerbliche Dienstleistungen	165–167
		c) Kosten der Werbung	168, 169
10. Nachgeschaltete Zwischengesellschaften, § 14 AStG	84–92	d) Kosten der Markterschließung	170, 171
		e) Anlaufkosten	172
		f) Zinsen	173–175
		g) Bürgschaften/Garantien/Patronatserklärungen	176–178

	Rdnr.		Rdnr.
h) Nutzungsüberlassung von immateriellen Wirtschaftsgütern	179	d) Vermögensteuer, Erbschaftsteuer	236
i) Verwaltungsbezogene Leistungen im Konzern	180–184	3. Behandlung von Beteiligungen im Sinne von § 17 EStG bei Wohnsitzwechsel ins Ausland/die Wegzugsbesteuerung, § 6 AStG	237–271
8. Einkunftsabgrenzung durch Umlageverträge	185–187	a) Allgemeines	237–244
9. Einkunftsabgrenzung bei der Arbeitnehmerentsendung	188–193	b) Tatbestandsvoraussetzungen der Wegzugsbesteuerung	245–251
10. Durchführung der Einkunftsabgrenzung	194	c) Spätere tatsächliche Veräußerung/Verhältnis von § 49 Abs. 1 Nr. 2 lit. e) EStG zu § 6 AStG	252–260
11. Vorwegauskünfte oder Harmonisierung der Bestimmung von Verrechnungspreisen zwischen zwei Staaten/Advanced Pricing Agreements (APA)	195–203	d) Ersatz-/Ergänzungstatbestände nach § 6 Abs. 1 Satz 2 AStG	261–266
a) Allgemeines	195, 196	e) Vorübergehende Abwesenheit, § 6 Abs. 3 AStG	267
b) Rechtsgrundlage und Struktur von APA	197, 198	f) Stundung nach § 6 Abs. 4 AStG	268
c) Das APA-Verfahren	199	g) Wegzug in einen EU-Mitgliedstaat oder in einen EWR-Staat sowie Ersatztatbestände, § 6 Abs. 5 AStG	269–271
d) Das APA	200–203		
IV. Die erweiterte beschränkte Einkommensteuerpflicht/§§ 2–5 AStG/die Wegzugsbesteuerung – § 6 AStG	204–271	V. Sonstige Vorschriften des Außensteuergesetzes	272–286
1. Einleitung	204–206	1. Familienstiftungen, § 15 AStG	272–280
2. Die erweiterte beschränkte Einkommensteuerpflicht, §§ 2–5 AStG	207–236	a) Allgemeines	272
a) Allgemeines	207–214	b) Sachlicher Anwendungsbereich von § 15 AStG	273–277
b) Tatbestandsvoraussetzungen der erweiterten beschränkten (Einkommen-)Steuerpflicht	215–223	c) Persönlicher Anwendungsbereich von § 15 AStG	278–280
c) Umfang der erweiterten beschränkten Einkommensteuerpflicht	224–235	2. Sonstige Vorschriften	281–286

I. Zielsetzung des Außensteuergesetzes

1. Einleitung

1 Die Bundesrepublik Deutschland ist auch nach der jüngsten Unternehmenssteuerreform immer noch ein Land mit einem vergleichsweise **hohen Steuerniveau.** Dies gilt weniger für den Bereich der Einkommen- oder Körperschaftsteuer, sondern ist bedingt durch die zusätzlichen Belastungen von Steuerpflichtigen mit **Gewerbesteuer** und **Solidaritätszuschlag.** Entsprechend besteht für in der Bundesrepublik Deutschland (unbeschränkt oder beschränkt) Steuerpflichtige immer noch ein Anreiz, ihre Einkünfte und ihr Vermögen, genauer gesagt: die Besteuerung von (inländischen oder ausländischen) Einkünften und Vermögen, so weit es geht, in ein niedrig besteuerndes Ausland **zu verlagern.** Diese Verlagerung kann auf **verschiedene Art und Weise** erfolgen.

2. Vermeidung der Verlagerung von Einkünften und Vermögen in Niedrigsteuerländer Zielsetzung des Außensteuergesetzes

Die **Zielsetzung** des Außensteuergesetzes ist vor allem die **Vermeidung der Steuerflucht**;[1] oder mit anderen Worten: die **Vermeidung der Verlagerung von Einkünften und Vermögen in Steueroasen-Länder**.[2] Für Sanktionsmöglichkeiten nach dem Außensteuergesetz reicht es aus, wenn der Steuerpflichtige einen vom Gesetzgeber als unerwünscht angesehenen **objektiven Tatbestand** verwirklicht. Nicht erforderlich ist die Verwirklichung eines **subjektiven Elements**, nämlich die Absicht des Steuerpflichtigen, das geltende Recht umgehen zu wollen.[3] Das AStG wird auch als **CFC-Gesetzgebung**[4] bezeichnet. Das AStG wird ergänzt durch das *BMF-Anwendungsschreiben* zum AStG **(AEAStG)** vom 14. 5. 2004.[5]

Bei internationalen Steuergestaltungen spielen unter dem Gesichtspunkt der unerwünschten Verlagerung von deutschem Besteuerungspotential ins Ausland (Missbrauchs- und Steuerfluchtproblematik) insbesondere die folgenden **drei Fallgruppen** eine Rolle:

- Verlagerung des **Steuersubjekts** (des Steuerpflichtigen) ins Ausland
  } diese Fallgruppe ist Gegenstand der §§ 2–5 AStG und von § 6 AStG

- Verlagerung von zu versteuernden **Gewinnen** ins Ausland
- Verlagerung von abzuziehendem **Aufwand** ins Inland.
  } diese Fallgruppe ist Gegenstand der Vorschriften zur Berichtigung von Einkünften (vGA, vEL, § 1 AStG und von § 8a KStG)

Für diese drei Fallgruppen enthält das Außensteuergesetz, teilweise in Konkurrenz zu anderen Einkunftskorrekturvorschriften, **eigenständige gesetzgeberische Lösungen**,[6] sog. unilaterale Maßnahmen zur **Vermeidung der Minderbesteuerung**.[7] Diese Regelungen sind zum Teil **sehr kompliziert**.[8]

3. Regelungsbereiche des Außensteuergesetzes

Den in § 34 I. 2. genannten **drei Fallgruppen** begegnet das AStG mit fünf verschiedenen **Abwehrmechanismen** (s. hierzu lit. a) bis lit. e)).

---

[1] S. Ziff. D. I. 1. *BMF-Bericht/Bericht der Bundesregierung* zur Fortentwicklung des Unternehmenssteuerrechts vom 18. 4. 2001. So auch BFH vom 23. 10. 1991, BStBl. 1992 II S. 1026 (1028); BFH vom 19. 1. 2000, BStBl. 2001 II S. 222 (223); BFH vom 19. 1. 2000, IStR 2000, S. 182 (183) BFH vom 3. 5. 2006, DStR 2006, S. 1451 (1452). Vgl. ferner etwa *Gross/Schelle*, IWB Nr. 14 vom 26. 7. 1993, S. 635 (689 f.).

[2] S. hierzu bereits *Erlass des FM Nds.* vom 14. 6. 1965 und *Erlass des FM NRW* vom 18. 6. 1965 zur Verlagerung von Einkünften und Vermögen in Steueroasenländer; hier: Bericht der Bundesregierung an den Deutschen Bundestag über die Wettbewerbsverfälschungen, die sich aus Sitzverlagerungen und aus dem zwischenstaatlichen Steuergefälle ergeben können (sog. Oasenerlass). Vgl. hierzu auch die Übersicht über Länder mit niedrigen Steuersätzen in TZ 8.3.2.2. AEAStG i. V. m. Anlage 1 zu § 8 AEAStG.

[3] So anschaulich BFH vom 5. 3. 1986, BStBl. 1996 II S. 496 (497).

[4] CFC = Controlled Foreign Corporations. S. hierzu den Überblick bei *Schön*, DB 2001, S. 940 (942 ff.); *Lang*, IStR 2002, S. 217 (217 f.); *Sullivan/Wallner*, IStR 2003, S. 6 (7 f.).

[5] *BMF-Anwendungsschreiben* zum AStG (AEAStG) vom 14. 5. 2004, BStBl. 2004 I Sondernummer 1/2004.

[6] Vgl. hierzu insgesamt Ziff. D. I. 2. B) *BMF-Bericht/Bericht der Bundesregierung* zur Fortentwicklung des Unternehmenssteuerrechts vom 18. 4. 2001.

[7] S. *Jacobs*, a. a. O., 1. Teil 5. Kap. A. Vgl. auch *Rose*, a. a. O., S. 52.

[8] So schon *Gross/Schelle*, IWB Nr. 14 vom 26. 7. 1993, S. 635 (637). So ferner *Wassermeyer*, IStR 2001, S. 113 (113) mit dem Hinweis auf den damals zuständigen Referatsleiter im *BMF* (*Runge*), dass die von der *Finanzverwaltung* erlassenen Steuerbescheide auf Grund des hohen Schwierigkeitsgrads des Außensteuergesetzes in hohem Maße (laut Schätzung bis zu ca. 90%) fehlerhaft sind.

6 a) **Fallgruppe: Verlagerung des Steuersubjekts (des Steuerpflichtigen) ins Ausland/Beteiligung an ausländischen Basisgesellschaften, §§ 7–14 AStG (sog. Hinzurechnungsbesteuerung).** Dies ist der **Themenbereich von § 34 II.** Der Steuerpflichtige gründet im Ausland eine Kapitalgesellschaft (sog. **Basisgesellschaft**),[9] die nach seinem Willen für die Besteuerung von (inländischen oder ausländischen) Einkünften anstelle des Steuerpflichtigen Steuersubjekt sein soll. Auf diese Weise soll eine sog. **Abschirmwirkung** vor einer deutschen Besteuerung erzeugt werden.[10] Das Ziel der §§ 7–14 AStG ist es, diese Abschirmwirkung für bestimmte, das heißt vom Gesetzgeber als unerwünscht angesehene (passive) Einkünfte solcher Basisgesellschaften zu durchbrechen und solche Einkünfte **dem Steuerpflichtigen zuzurechnen** (Hinzurechnungsbesteuerung).

7 b) **Fallgruppe: Verlagerung von Gewinnen ins Ausland bzw. Verlagerung von Kosten ins Inland/Berichtigung von Einkünften, § 1 AStG.** Dies ist der **Themenbereich von § 34 III.** Der Steuerpflichtige vereinbart im Leistungsaustausch mit im Ausland ansässigen und ihm nahestehenden Personen **Leistungsentgelte** oder **sonstige Bedingungen**, die von denen abweichen, die zwischen unabhängigen Dritten vereinbart worden wären. Auf diese Art und Weise verlagert der Steuerpflichtige zu versteuernde **Gewinne ins Ausland** oder abzuziehende **Ausgaben in das Inland**. Das Ziel von § 1 AStG ist es, diese Gewinn- und Ausgabenverlagerungen **zu korrigieren**.

8 c) **Fallgruppe: Verlagerung des Steuersubjekts ins Ausland/Wohnsitzwechsel in niedrig besteuernde Gebiete, §§ 2–5 AStG (sog. erweiterte beschränkte Einkommensteuerpflicht).** Dies ist der **Themenbereich von § 34 IV. 1.** Der Steuerpflichtige **verlegt seinen Wohnsitz** in ein niedrig besteuerndes Ausland, erzielt aber im Inland nach wie vor Einkünfte aus bestimmten Tätigkeiten oder Vermögen, die von der beschränkten Einkommensteuerpflicht nach § 49 EStG nicht erfasst werden. Das Ziel der §§ 2–5 AStG ist es, den Anwendungsbereich von **§ 49 EStG** (im Hinblick auf laufende Einkünfte) **zu verlängern** (erweiterte beschränkte Einkommensteuerpflicht).

9 d) **Fallgruppe: Verlagerung des Steuersubjekts (des Steuerpflichtigen) ins Ausland/Behandlung wesentlicher Beteiligungen bei Wohnsitzwechsel ins Ausland, § 6 AStG (sog. Wegzugsbesteuerung).** Dies ist der **Themenbereich von § 34 IV. 2.** Der Steuerpflichtige **gibt seinen Wohnsitz** in der Bundesrepublik Deutschland auf und zieht ins Ausland. Das Ziel von § 6 AStG ist es, die Besteuerung von **stillen Reserven** in Anteilen an Kapitalgesellschaften im Sinne von § 17 EStG sicher(er) zu gestalten und sie nicht erst im Zeitpunkt einer etwaigen späteren Veräußerung zu besteuern, sondern bereits im Zeitpunkt des Wegzugs (Wegzugsbesteuerung).

10 e) **Fallgruppe: Verlagerung des Steuersubjekts (des Steuerpflichtigen) ins Ausland/Steuerpflicht von Stiftern, § 15 AStG.** Dies ist der **Themenbereich von § 34 V.** Im Ausland wird eine sog. **Familienstiftung** gegründet, die nach dem Willen des Steuerpflichtigen anstelle des Steuerpflichtigen Steuersubjekt für die Besteuerung von (inländischen oder ausländischen) Einkünften und Vermögen sein soll. Auf diese Weise soll eine sog. **Abschirmwirkung** vor einer deutschen Besteuerung erzeugt werden. Das Ziel von § 15 AStG ist es, diese Abschirmwirkung zu durchbrechen und solche Einkünfte ähnlich der Hinzurechnungsbesteuerung nach den §§ 7–14 AStG **dem Steuerpflichtigen zuzurechnen**.

11 f) **Verfahrens- und Schlußbestimmungen, §§ 16–22 AStG.** Die **§§ 16–22 AO** enthalten Verfahrens- und Schlussbestimmungen zu den vorangegangenen Bestimmungen.

---

[9] Zum Begriff „Basisgesellschaft" s. § 34 II.1.
[10] S. *Schaumburg*, a.a.O., Rdnr. 10.2; *Bächle/Rupp*, a.a.O., Teil N Kap. 1.1.

II. Beteiligung an ausländischen Gesellschaften, §§ 7–14 AStG/die Hinzurechnungsbesteuerung

1. Grundsätze der Hinzurechnungsbesteuerung

Die **Kernaussage** der Hinzurechnungsbesteuerung trifft **§ 7 Abs. 1 AStG** mit einem komplizierten Wortlaut. Diese Norm enthält den **Grundtatbestand** (ergänzt durch § 7 Abs. 2–Abs. 7 und durch § 8 Abs. 1 und Abs. 3 AStG) und regelt zugleich die **Rechtfolgen** der Hinzurechnungsbesteuerung.

Die Hinzurechnungsbesteuerung geht von der **Fiktion** aus, dass bestimmte (Passiv-) Einkünfte[11] im Sinne des AStG bei einer ausländischer Gesellschaft (Basisgesellschaft), „**für die diese Zwischengesellschaft ist**", als Einkünfte der Gesellschafter gelten (also **hinzugerechnet** werden). Man kann deshalb auch (vereinfacht ausgedrückt) von einer fiktiven Dividendenbesteuerung sprechen.[12] Das Konzept der **Hinzurechnungsbesteuerung** geht auf Konzepte aus den USA zurück.[13]

Hinzurechnungsbesteuerung   Schaubild § 34-1

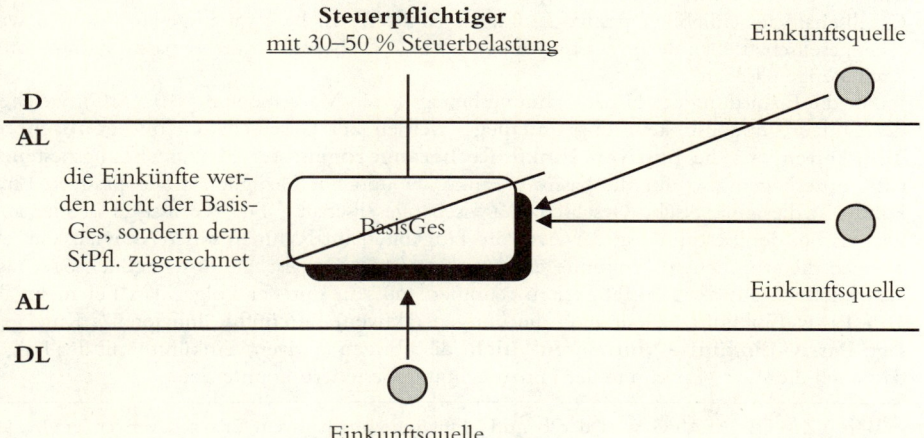

Der Hinzurechnungsbesteuerung liegt eine **Systematik**[14] zu Grunde, die sich aus dem Wortlaut des Gesetzes nicht unbedingt sofort erkennen lässt.[15] Die Überschrift von § 8 AStG lautet „Einkünfte von Zwischengesellschaften" und in der Überschrift zu § 19 AStG heißt es „Übergangsregelung für die Auslösung von Zwischengesellschaften". Diese Begriffsverwendung **(„Zwischengesellschaft")** kann zu **Missverständnissen führen**,[16] denn die Hinzurechnungsbesteuerung will nicht „Zwischengesellschaften" sanktionieren, sondern will lediglich bestimmte aus der Sicht des AStG schädliche oder schlechte Ein-

---

[11] Der Begriff „Passiv-Einkünfte" ist kein gesetzlich normierter Begriff, sondern ist ein Begriff der *Praxis*. In TZ 8.0.1. AEAStG wird der Begriff „Einkünfte aus passivem Erwerb" verwendet.
[12] S. *Bächle/Rupp*, a.a.O., Teil N Kap. 1.1. *Vogel* DBA Art. 23 Rdnr. 115 (in der Vorauflage), spricht von einer vorweggenommenen Dividendenbesteuerung.
[13] S. *Lang*, IStR 2002, S. 218 ff. m.w.N.; *Schaumburg*, a.a.O., Rdnr. 10.8. m.w.N.
[14] Zur Systematik von § 8 AStG insgesamt kritisch *Flick/Wassermeyer/Baumhoff*, AStG, § 8 Anm. 3; *Schaumburg*, a.a.O., Rdnr. 10.5–Rdnr. 10.8.
[15] Die Systematik der Hinzurechnungsbesteuerung ist in Schaubild § 34-2 graphisch dargestellt.
[16] In diesem Sinne wird dieser Begriff in der *Literatur* allerdings häufig verwendet. S. etwa *Mersch*, a.a.O., S. 12; *Lipps*, a.a.O., S. 123; *Flick/Wassermeyer/Baumhoff*, AStG, § 7 Anm. 8g.

künfte[17] von ausländischen Gesellschaften (**Basisgesellschaften**)[18] erfassen, nämlich Einkünfte „für die diese Zwischengesellschaft" ist.[19] Entsprechend verwendet das Gesetz auch die folgende **Terminologie**:

– in **§ 7 Abs. 1 AStG** (wie eingangs ausgeführt): „Einkünfte, für die diese Gesellschaft Zwischengesellschaft ist"
– im Einleitungssatz von **§ 8 Abs. 1 AStG**: „Eine ausländische Gesellschaft ist Zwischengesellschaft für Einkünfte, die …".

15 Gegenstand der Hinzurechnungsbesteuerung sind also nicht bestimmte Arten von ausländischen (Zwischen-)Gesellschaften, sondern (nur) bestimmte **Arten von Einkünften**, die ausländische (Basis-)Gesellschaften erzielen. Es wird somit abgestellt auf die Art der Einkünfte, die eine ausländische Gesellschaft erzielt, und nicht auf die Art oder den Unternehmensgegenstand der Gesellschaft.[20] Die ausländische Gesellschaft wird auch nicht etwa durch die Art ihrer Einkünfte geprägt und dadurch zu einer „Zwischengesellschaft". In zahlreichen Fällen hat eine ausländische Gesellschaft **nur eine Art von Einkünften**. Sind diese Einkünfte Passiv-Einkünfte im Sinne von § 8 Absatz 1 AStG, dann ist die ausländische Gesellschaft „Zwischengesellschaft für sämtliche ihrer Einkünfte"; gleichwohl wird sie dadurch nicht zu einer „Zwischengesellschaft". Anders ausgedrückt: Hat die ausländische Gesellschaft ausschließlich passive Einkünfte so ist sie nicht etwa insgesamt eine „Zwischengesellschaft", sondern sie ist auch in diesem Fall „bezüglich dieser passiven Einkünfte Zwischengesellschaft".

16 Für die Ermittlung des Hinzurechnungsbetrags (nach Maßgabe von § 10 AStG), welcher der Hinzurechnungsbesteuerung unterliegt, werden bei Gesellschaften mit **gemischten Tätigkeiten** nur die **passiven Einkünfte herangezogen**; der Hinzurechnungsbesteuerung unterliegen also nur die passiven Einkünfte und nur bezüglich dieser passiven Einkünfte ist die ausländische Gesellschaft Zwischengesellschaft.[21] Die Rechtslage ist hier anders als bei der Bestimmung der Art von Tätigkeiten im Rahmen einer Aktivitätsklausel, wonach die (sämtlichen) Einkünfte einer ausländischen Gesellschaft ausschließlich oder fast ausschließlich aus aktiven Tätigkeiten stammen müssen, mit der Folge, dass bei mehr als 10% Passiv-Einkünften diese auch die übrigen (aktiven) Einkünfte „infizieren". Kurz gesagt: **Passiv-Einkünfte „infizieren" nicht** die übrigen (aktiven) Einkünfte mit der Folge, dass auch die Aktiv-Einkünfte der Hinzurechnungsbesteuerung unterfielen.

---

[17] In TZ 8.0.1. AEAStG wird der Begriff „Einkünfte aus passivem Erwerb" verwendet. In der Fachsprache spricht man auch von „Zwischeneinkünften". S. z.B. die Überschrift von TZ 8.1. AEAStG oder z.B. Gesetzesentwurf der Bundesregierung – Entwurf eines Gesetzes zur Fortentwicklung des Unternehmenssteuerrechts (Unternehmenssteuerfortentwicklungsgesetz – UntStFG), S. 69.

[18] In der *Praxis* wird häufig der Begriff „Basisgesellschaft" verwendet, ein Begriff, den weder das AStG noch die allgemeinen Vorschriften der §§ 39–42 AO kennen. Für den Begriff „Basisgesellschaft" gibt es keine allgemein gültige Definition; entsprechend vielfältig ist das Verständnis von „Basisgesellschaft" in der *Praxis*. In der Regel wird mit dem Begriff „Basisgesellschaft" charakteristischerweise das Streben nach Steuerminimierung durch die Verlagerung von Einkünften und Vermögen auf eine ausländische Gesellschaft in einem Niedrigsteuerland (Steueroasenland) verbunden. So v.a. der *BFH* in seiner sog. *Basisrechtsprechung*. Eine übersichtliche Zusammenfassung dieser *Rechtsprechung* des *BFH* zu Basisgesellschaften enthält die Anlage zu *Erlass des FM NRW* vom 2. 5. 1977 und das Praktiker-Handbuch 2011 auf den S. 1172 ff. Vgl. auch *BFH* vom 20. 3. 2002, BStBl. 2002 II S. 819.

[19] Anschaulich hierzu *Rättig/Protzen*, IStR 2000, S. 743 (743). *Anders* ist die Rechtslage jedoch dann, wenn eine ausländische Gesellschaft die Voraussetzungen einer steuerlich nicht anerkannten Basisgesellschaft erfüllt.

[20] Anschaulich hierzu *Rättig/Protzen*, IStR 2000, S. 743 (743) mit dem Hinweis, dass sich die Niedrigbesteuerung allein auf die Besteuerung der passiven Einkünfte bezieht.

[21] S. hierzu auch *Flick/Wassermeyer/Baumhoff*, AStG, § 8 Anm. 4, wo ausführt wird, dass im Falle von gemischten Tätigkeiten, die Hinzurechnungsbesteuerung auf die schädlichen und niedrig besteuerten Einkünfte beschränkt wird.

§ 34. Das Außensteuergesetz

Gegenstand der Hinzurechnungsbesteuerung　　　　　　Schaubild § 34-2

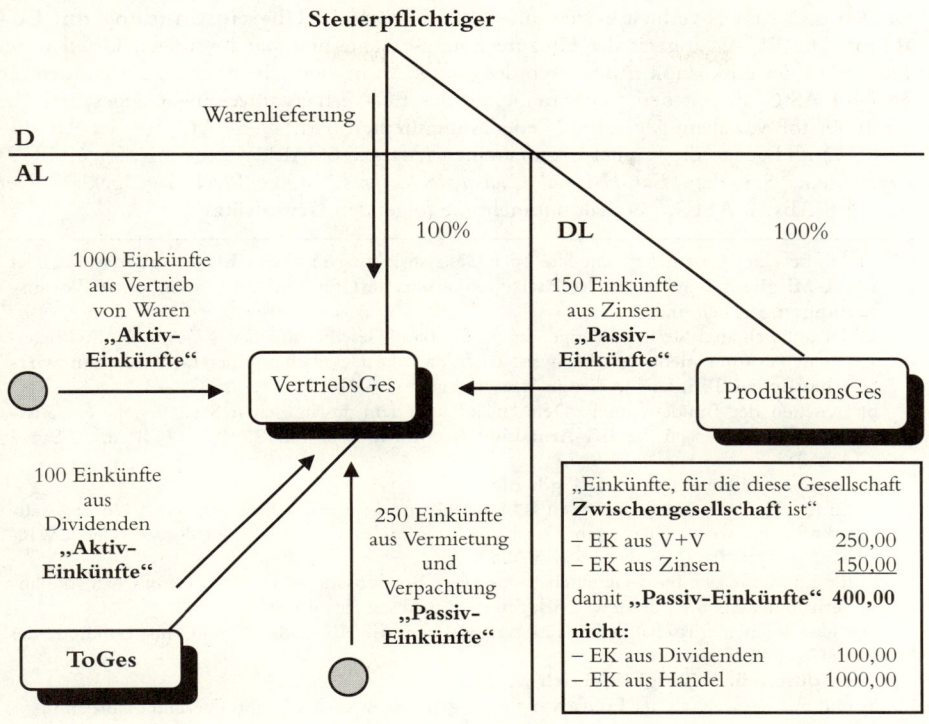

Die Hinzurechnungsbesteuerung findet (zunächst oder überhaupt) **unabhängig von einer tatsächlicher Gewinnausschüttung** statt. Es sind die **zwei Fallvarianten** zu unterscheiden:

	Hinzurechnungs-besteuerung	Ausschüttungsbesteuerung nach den allgemeinen Regeln des EStG und des KStG
es findet keine Gewinnausschüttung statt	+	nicht gegeben
eine Gewinnausschüttung findet statt	+	+

Kommt es zu einer **Gewinnausschüttung** für das betreffende der Hinzurechnungsbe- 17
steuerung unterliegende Wirtschaftsjahr – entweder im gleichen Wirtschaftsjahr (Fall der Vorabausschüttung), im folgenden Wirtschaftsjahr nach der Feststellung des Gewinns oder in einem späteren Wirtschaftsjahr – dann wird dieser **Gewinn steuerlich zwei Mal erfasst**, nämlich zum einem in voller Höhe durch die Hinzurechnungsbesteuerung und zum anderen in der Höhe, in der dieser Gewinn ausgeschüttet wird.[22]

---

[22] Eine andere Frage ist, ob es zu einer Besteuerung kommt. Eine Doppelbelastung ist nur noch möglich im Falle der Veräußerung von Anteilen an einer REIT-Gesellschaft oder an einer Kapitalanlagegesellschaft. S. § 11 Abs. 1 AStG.

17a Die §§ 7–14 AStG waren in der Vergangenheit wiederholt Gegenstand von Überlegungen im Hinblick auf deren **Verfassungsmäßigkeit**, die allerdings nie ernsthaft bezweifelt worden ist.[23] Anders verhielt es sich mit der Frage nach der **Übereinstimmung mit EU-Recht**. Die EU-Widrigkeit der Hinzurechnungsbesteuerung war in einigen Urteilen des *EuGH*[24] in der Diskussion. Auch nach der *ganz h. M.* im deutschen Schrifttum wurden die §§ 7–14 AStG als mit den Grundfreiheiten des EG-Vertrags unvereinbar angesehen, die einen Verstoß vor allem gegen die Niederlassungsfreiheit (Art. 49–54 AEUV = ex-Art. 43–48 EGV) und gegen die Kapitalverkehrsfreiheit (Art. 63–66 AEUV = ex-Art. 56–60 EGV) begründen.[25] Seit dem *EuGH-Urteil Cadbury Schweppes*[26] ist die Rechtslage geklärt. Der neue **§ 8 Abs. 2 AStG**,[27] enthält nunmehr die folgenden **Grundsätze**:

> 1. Einkünfte einer Gesellschaft mit Sitz oder Geschäftsleitung in einem **EU-Mitgliedsstaat** oder **EWR-Mitgliedsstaat**[28] ist **nicht Zwischengesellschaft** für Einkünfte, wenn **zwei Voraussetzungen** gegeben sind:
>   a) der unbeschränkt Steuerpflichtige, der an der Basis-Gesellschaft i. S. v. § 7 Abs. 2 AStG beteiligt ist (also mit mehr als 50%) weist nach, dass die Gesellschaft einer **tatsächlichen wirtschaftlichen Tätigkeit** in diesem Staat nachgeht (§ 8 Abs. 2 Satz 1 AStG),
>   b) zwischen der Bundesrepublik Deutschland und dem ausländischen Staat besteht ein **Auskunftsverkehr** nach der **EG-Amtshilfe-Richtlinie** vom 19. 12. 1977[29] (§ 8 Abs. 2 Satz 2 AStG),
> 2. Diese Einschränkung nach **Ziff. 1 gilt nicht**
>   a) für die der Basis-Gesellschaft nach **§ 14 AStG** zuzurechnenden Einkünfte einer **Untergesellschaft**, die weder Sitz noch Geschäftsleitung in einem EU-Mitgliedsstaat oder EWR-Mitgliedsstaat hat (§ 8 Abs. 2 Satz 3 AStG),
>   b) für Einkünfte der Basis-Gesellschaft aus einer **Betriebsstätte** der Basis-Gesellschaft, die außerhalb der EU oder des EWR belegen ist (§ 8 Abs. 2 Satz 4 AStG).
> 3. Der tatsächlichen wirtschaftlichen Tätigkeit sind nach § 8 Abs. 2 Satz 5 AStG nur Einkünfte der Basis-Gesellschaft zuzuordnen,
>   a) die **durch diese Tätigkeit erzielt** werden,
>   b) und nur insoweit, als der **Fremdvergleichsgrundsatz** nach § 1 AStG beachtet worden ist.

17b § 8 Abs. 2 AStG gilt nicht für Einkünfte, die nur aufgrund des **§ 7 Abs. 6 AStG** hinzurechnungspflichtig sind, also für **KAC-Einkünfte**.[30]

---

[23] S. *BFH* vom 12. 7. 1989, BStBl. 1990 II S. 113 (115 ff.). Vgl. auch *Flick/Wassermeyer/Baumhoff*, AStG, § 7 Anm. 71 ff. m. w. N.

[24] S. *EuGH* vom 28. 1. 1986, Rs. C-270/83 *(Kommission/Frankreich)*, NJW 1987, S. 569 (571; v. a. Rdnr. 25); *EuGH* vom 27. 6. 1996, Rs. C-107/94 *(Asscher)*, DB 1996, S. 1604 (1606 f.; v. a. Rdnr. 45 ff.); *EuGH* vom 21. 9. 1999, Rs. C-307/97 *(Saint Gobain)*, DB 1999, S. 2037 (2039 f.; Rdnr. 43 ff.); *EuGH* vom 26. 10. 1999, Rs. C-294/97 *(Eurowings)*, DB 1999, S. 2246 (2247; Rdnr. 43 ff.); *EuGH* vom 13. 4. 2000, Rs. C-251/98 *(Baars)*, DB 2000, S. 1056 (1057 f.; v. a. Rdnr. 32 ff.); *EuGH* vom 6. 6. 2000, Rs. C-35/98 *(Verkooijen)*, DB 2000, S. 1373 (1375 ff.; v. a. Rdnr. 59 ff.).

[25] S. ausführlich hierzu *Wassermeyer*, IStR 2001, S. 113 (114 ff.); *Schön*, DB 2001, S. 940 (942 ff.); *Rättig/Protzen*, IStR 2003, S. 195 ff.; *Lang*, IStR 2002, S. 217 (222); *Sullivan/Wallner*, IStR 2003, S. 6 (9 ff.). Vgl. hierzu auch Ziff. D. II. 3. *BMF-Bericht/Bericht der Bundesregierung* zur Fortentwicklung des Unternehmenssteuerrechts vom 18. 4. 2001.

[26] S. *EuGH* vom 12. 9. 2006, Rs. C-196/04 *(Cadbury Schweppes)*, IStR 2006, S. 670.

[27] Jahressteuergesetz 2008 vom 20. 12. 2007 (JStG 2008), BGBl. 2007 I S. 3150.

[28] Zu den Staaten des EWR gehören neben den Mitgliedsstaaten der EU Island, Norwegen und Liechtenstein.

[29] Richtlinie Nr. 77/799/EWG des Rates über die gegenseitige Amtshilfe zwischen den zuständigen Behörden der Mitgliedsstaaten im Bereich der direkten Steuern und indirekten Steuern (EG-Amtshilfe-Richtlinie) vom 19. 12. 1977, ABl. EG Nr. L 336 S. 15.

[30] S. *BMF-Schreiben* betr. Hinzurechnungsbesteuerung nach dem Außensteuergesetz (AStG) – Entscheidung des Gerichtshof der Europäischen Gemeinschaften vom 12. 9. 2006 in der Rechtssache C-196/04 *(Cadbury Schweppes)* vom 8. 1. 2007, BStBl. 2007 I S. 99.

2. Verhältnis der Hinzurechnungsbesteuerung zu anderen Vorschriften

Verhältnis zu §§ 39–42 AO. Die §§ 39–42 AO haben grundsätzlich logischen **Vorrang** vor den §§ 7–14 AStG[31] (und im Übrigen auch gegenüber DBA-Regelungen).[32] Anders als bei dem Konkurrenzverhältnis zwischen den allgemeinen Bestimmungen (verdeckte Gewinnausschüttung, verdeckte Einlage) einerseits und § 1 AStG andererseits, bei denen die jeweilige Rechtsfolge im Ergebnis die Gleiche ist,[33] sind die **Rechtsfolgen** in der Regel verschieden, je nachdem, ob die Hinzurechnung von Einkünften nach § 42 Abs. 1 AO oder nach den §§ 7–14 AStG erfolgt.

Verhältnis zu DBA-Regelungen. DBA-Regelungen gehen nach der Grundsatznorm des § 2 AO dem innerstaatlichen Recht, zu dem auch das AStG gehört,[34] grundsätzlich vor. Von diesem Grundsatz gibt es allerdings **Ausnahmen**, die diesen Grundsatz durchbrechen. Zu den spezialgesetzlich geregelten Ausnahmen zu § 2 AO gehört als **lex specialis § 20 Abs. 1 AStG**, der den §§ 7–18 AStG ausdrücklich Vorrang vor DBA-Recht einräumt.

3. Tatbestandsvoraussetzungen der Hinzurechnungsbesteuerung

a) Grundsätzliches. Eine Hinzurechnungsbesteuerung nach den §§ 7–14 AStG kann dann zur Anwendung kommen, wenn **keine negativen Tatbestandsvoraussetzungen** (insbesondere nach den **§§ 39, 41** oder **42 AO**) vorliegen[35] und die **drei positiven Tatbestandsvoraussetzungen** von § 7 Abs. 1, § 8 Abs. 1 und Abs. 3 AStG zu bejahen sind (neben den beiden Erfordernissen unbeschränkte Einkommen- oder Körperschaftsteuerpflicht des Steuerpflichtigen und Vorliegen einer ausländischen Kapitalgesellschaft).[36]

Die drei **(positiven) Tatbestandsvoraussetzungen** der Hinzurechnungsbesteuerung sind die Folgenden:

– **Beteiligung** an einer Basisgesellschaft zu **mehr als der Hälfte (> 50%)**, § 7 Abs. 1 AStG, ausgenommen Zwischeneinkünfte mit Kapitalanlagecharakter, (s. § 7 Abs. 6 und Abs. 6a AStG)
– die ausländische Gesellschaft ist **Zwischengesellschaft** für bestimmte **(passive) Einkünfte**
– die (passiven) Einkünfte werden **niedrig besteuert** (Steuerbelastung < 25%).

Der Rechtsnatur nach enthält § 7 Abs. 1 AStG (ergänzt durch § 8 Abs. 1 und Abs. 3 AStG) den **Grundtatbestand** der Hinzurechnungsbesteuerung (die drei Tatbestandsvoraussetzungen) sowie Detailregelungen zu der **persönlichen Tatbestandsvoraussetzung** (die an die Person des Steuerpflichtigen anknüpft) und regelt zugleich die **Rechtsfolgen**

---

[31] S. hierzu die sehr anschaulichen Darstellungen in *BFH* vom 12. 7. 1989, BStBl. 1990 II S. 113 (114); *BFH* vom 23. 10. 1991, BStBl. 1992 II S. 1026 (1027f.); *BFH* vom 10. 6. 1992, BStBl. 1992 II S. 1029 (1030f.); *BFH* vom 19. 1. 2000, BStBl. 2001 II S. 222 (223); *BFH* vom 19. 1. 2000, IStR 2000, S. 182 (183), jeweils m.w.N. Vgl. hierzu auch die Darstellung bei *Niedrig*, IStR 2003, S. 474ff.
[32] DBA-Regelungen können zu Gunsten des Steuerpflichtigen nur dann eingreifen, wenn der Steuerpflichtige im anderen Vertragsstaat überhaupt eine steuerlich anerkannte Tätigkeit ausübt. S. hierzu *BFH* vom 16. 1. 1976, BStBl. 1976 II S. 401 (403); *BFH* vom 5. 3. 1986, BStBl. 1986 II S. 496 (497). S. auch *BFH* vom 29. 7. 1976, BStBl. 1977 II S. 261 (262).
[33] Vgl. hierzu TZ 1.1. der *Verwaltungsgrundsätze* für die Prüfung der Einkunftsabgrenzung bei international verbundenen Unternehmen vom 31. 10. 1983.
[34] Anschaulich hierzu *BFH* vom 12. 7. 1989, BStBl. 1989 II S. 113 (115). Zum Verhältnis der §§ 7–14 AStG zu den DBA gibt es aber *abweichende Ansichten* in der Literatur. S. hierzu *Schaumburg*, a. a. O., Rdnr. 10.26 m.w.N.
[35] Zu Recht *kritisch* hierzu *Lüdicke*, IStR 2003 S. 433 (438f.).
[36] In Ziff. D.I. 2. b) cc) aaa) *BMF-Bericht/Bericht der Bundesregierung* zur Fortentwicklung des Unternehmenssteuerrechts vom 18. 4. 2001 wird von vier Tatbestandsvoraussetzungen ausgegangen, weil dort nochmals zwischen der Hinzurechnungsbeteiligung dem Grunde nach und der Hinzurechnungsbeteiligung der Höhe nach unterschieden wird.

der Hinzurechnungsbesteuerung. Demgegenüber regeln § 8 Abs. 1 und Abs. 3 AStG Einzelheiten zu den verbleibenden zwei **sachlichen Tatbestandsvoraussetzungen** (Passivtätigkeit und niedrige Besteuerung). Die §§ 9–12 AStG regeln **Einzelheiten zu den Rechtsfolgen** der Hinzurechnungsbesteuerung. § 14 AStG ist eine **Ergänzungsbestimmung** zur Verlängerung des Anwendungsbereichs der §§ 7–12 AStG für nachgeschaltete Zwischengesellschaften.[37] § 8 Abs. 2 AStG „nimmt EU-/EWR-Gesellschaften von der Hinzurechnungsbesteuerung aus".

22 § 7 Abs. 1 AStG verlangt die Beteiligung an einer ausländischen Körperschaft, Personenvereinigung oder Vermögensmasse im Sinne des Körperschaftsteuergesetzes (in der *Praxis* an einer **ausländischen Kapitalgesellschaft**). Dies ist konsequent, denn einer Hinzurechnungsbesteuerung können nur ausländische Basisgesellschaften in der **Rechtsform der Kapitalgesellschaft** unterliegen. Eine ausländische Gesellschaft in der Rechtsform der **Personengesellschaft** gilt nach TZ 1.1.5.1 BStE als ausländische Betriebsstätte, auf die die Grundsätze der Mitunternehmerschaft anzuwenden sind.[38] Eine Abschirmwirkung findet durch Personengesellschaften mithin nicht statt, sodass eine Ausdehnung der Hinzurechnungsbesteuerung auf Personengesellschaften nicht erforderlich ist.

23 **b) Negative Tatbestandsvoraussetzungen. aa) Keine Scheingesellschaft nach § 41 AO. Grundvoraussetzung** für eine Beteiligung an einer ausländischen (Kapital-)Gesellschaft im Sinne von § 7 Abs. 1 AStG ist, dass die Basisgesellschaft überhaupt **zivilrechtlich anerkannt** wird. Diese Frage lässt sich nur beantworten, wenn zuvor geklärt ist, nach welcher Rechtsordnung diese Frage zu beantworten ist. Ein Mangel der Rechtsfähigkeit im Inland schließt aber die Körperschaftsteuerpflicht nicht aus. Grundsätzlich ist entscheidend, wo der **Ort der Geschäftsleitung** liegt.[39] Für den *Problembereich* der **Basisgesellschaften** gilt: Hier liegt nicht nur eine ordnungsgemäße Gründung einer Gesellschaft im Ausland vor, sondern darüber hinaus ist die rechtliche und steuerliche Anerkennung dieser Gesellschaft vom Steuerpflichtigen gerade gewollt.[40] In jedem Fall findet eine pauschale Nichtanerkennung nicht statt. Entsprechend wird das Vorliegen einer Scheingesellschaft von der *Rechtsprechung des BFH* daher nur in **Ausnahmefällen** angenommen.[41]

24 **bb) Kein wirtschaftliches Eigentum beim Steuerpflichtigen nach § 39 Abs. 2 Nr. 1 AO.** Die *frühere Rechtsprechung* des *BFH* versuchte, im Falle der Gründung von Basisgesellschaften das (gesamte) wirtschaftliche Eigentum der Basisgesellschaft dem Steuerpflichtigen und nicht der Basisgesellschaft zuzuordnen.[42] Diese Zuordnung stand aber im Widerspruch zu dem im Einkommen- und Körperschaftsteuerrecht geltenden Tren-

---

[37] S. hierzu auch *Flick/Wassermeyer/Baumhoff*, AStG, § 7 Anm. 4a.
[38] Voraussetzung ist allerdings, dass die ausländische Personengesellschaft nach TZ 1.1.5.2 BStE als Mitunternehmerschaft qualifiziert wird. Vgl. in diesem Zusammenhang auch *Pfaar*, IStR 2001, S. 8ff.
[39] S. *BFH* vom 21. 10. 1988, BStBl. 1989 II S. 216 (218).
[40] S. *BFH* vom 17. 7. 1968, BStBl. 1968 II S. 695 (696); *BFH* vom 21. 10. 1988, BStBl. 1989 II S. 216 (218).
[41] S. *BFH* vom 29. 1. 1975, BStBl. 1975 II S. 553 (555); *BFH* vom 29. 7. 1976, BStBl. 1977 II S. 263 (264); *BFH* vom 29. 7. 1976, BStBl. 1977 II S. 265 (266). Sehr anschaulich zur Abgrenzung zwischen Scheingeschäft und Rechtsgestaltungsmissbrauch s. *BFH* vom 21. 10. 1988, BStBl. 1989 II S. 216 (218). Vgl. hierzu auch *Schulz*, NJW 2003, S. 2705 (v. a. 2708). Wird ausnahmsweise eine Scheingesellschaft bejaht, dann erfolgt die Besteuerung beim Steuerpflichtigen nach den folgenden Grundsätzen: Es erfolgt eine endgültige direkte Zurechnung der Einkünfte bei dem Steuerpflichtigen. Der Steuerpflichtige kann eine ausländische Steuer der aus deutscher Sicht nicht existenten Gesellschaft nicht nach DBA-Recht oder nach § 34c EStG anrechnen, denn es liegt mangels Subjektidentität keine rechtliche Doppelbesteuerung (Doppelbesteuerung im engeren Sinne), sondern nur eine wirtschaftliche Doppelbesteuerung vor. S. *BFH* vom 24. 2. 1976, BStBl. 1977 II S. 265 (266). Nach dem *BFH* bleibt hier nur die Möglichkeit eines Verständigungsverfahrens.
[42] Vgl. *BFH* vom 21. 5. 1971, BStBl. 1971 II S. 721 (722f.).

nungsprinzip, wonach eine Gesellschaft mit eigener Rechtspersönlichkeit im Körperschaftsteuerrecht ein vom Gesellschafter losgelöstes und unabhängiges Steuersubjekt ist. Eine Zuordnung von wirtschaftlichem Eigentum kommt deshalb allenfalls noch in Betracht im Hinblick auf einzelne Wirtschaftsgüter.[43]

cc) Kein Rechtsmissbrauch nach § 42 Abs. 1 AO. Ist eine Basisgesellschaft zivilrechtlich anerkannt, so kann ihr nach **§ 42 Abs. 1 AO** wegen Rechtsmissbrauchs gleichwohl ihre steuerliche Anerkennung versagt werden. Die Frage, ob ein Rechtsmissbrauch vorliegt, ist nach deutschem (Steuer-)Recht zu entscheiden.[44] § 42 Abs 1 AO ist sowohl auf **unbeschränkt Steuerpflichtige** als auch auf **beschränkt Steuerpflichtige** anwendbar[45] und gilt auch im Falle des Vorliegens eines **Doppelbesteuerungsabkommens**.[46] Die *Praxis* tut sich seit jeher mit der Anwendung von § 42 AO schwer.[47] Dies gilt gleichermaßen für den Steuerpflichtigen bei Gestaltungsüberlegungen, für die *Finanzverwaltung* und die *Rechtsprechung*. § 42 Abs. 1 AO wurde durch das JStG 2008[48] empfindlich verschärft.

Basisgesellschaften im Ausland erfüllen nach der *ständigen BFH-Rechtsprechung* den Tatbestand des **Rechtsmissbrauchs** vor allem dann, wenn „für ihre Errichtung wirtschaftliche oder sonst beachtliche Gründe fehlen und sie keine eigenen wirtschaftlichen Tätigkeiten entfalten".[49] Maßgebend ist hierbei nicht, welcher Unternehmensgegenstand vor allem im Gesellschaftsvertrag angegeben ist, sondern ob der angegebene Unternehmensgegenstand durch wirtschaftliches Handeln der Organe der Gesellschaft auch tatsächlich ausgeübt wird.[50] Bei der Errichtung einer Gesellschaft im Ausland ist ein Missbrauch also dann gegeben, wenn die folgenden **zwei Voraussetzungen** erfüllt sind:

– es fehlen **wirtschaftliche** oder **sonst beachtliche Gründe** für die Errichtung der Basisgesellschaft im Ausland
– die ausländische Basisgesellschaft entfaltet **keine eigene wirtschaftliche Tätigkeit**.[51]

Entscheidend für die steuerliche Anerkennung einer Basisgesellschaft ist letztlich das **Gesamtbild der Verhältnisse** bzw. eine **Gesamtwürdigung des Sachverhalts**.[52]

---

[43] Vgl. hierzu *Schaumburg*, a. a. O., Rdnr. 10.34.
[44] S. *BFH* vom 21. 1. 1976, BStBl. 1976 II S. 513 (514); *BFH* vom 29. 7. 1976, BStBl. 1977 II S. 261 (262); *BFH* vom 29. 7. 1976, BStBl. 1977 II S. 261 (264); *BFH* vom 27. 7. 1976, BStBl. 1977 II S. 264 (265).
[45] S. *BFH* vom 1. 12. 1982, BStBl. 1985 II S. 2 (3); *BFH* vom 10. 11. 1983, BStBl. 1984 II S. 605 (606); *BFH* vom 20. 3. 2002, BStBl. 2002 II S. 819 (821). *Anders* noch *BFH* vom 29. 10. 1981, BStBl. 1982 II S. 150 (153).
[46] S. *BFH* vom 7. 2. 1975, BStBl. 1976 II S. 608 (609).
[47] S. *Clausen*, DB 2003, S. 1589 (1589).
[48] Jahressteuergesetz 2008 (JStG 2008) vom 20. 12. 2007, BGBl. 2007 I S. 3150. *Kritisch* hierzu *Schnitger*, IStR 2007, S. 729; *Wienbracke*, DB 2008, S. 664. Unkritisch hierzu s. *Melchior*, DStR 2007 S. 2233 (2238).
[49] S. *BFH* vom 29. 1. 1975, BStBl. 1975 II S. 553 (554); *BFH* vom 16. 1. 1976, BStBl. 1976 II S. 401 (402 f.); *BFH* vom 21. 1. 1976, BStBl. 1976 II S. 513 (514); *BFH* vom 24. 2. 1976, BStBl. 1977 II S. 265 (266); *BFH* vom 27. 7. 1976, BStBl. 1977 II S. 266 (267 267); *BFH* vom 29. 7. 1976, BStBl. 1977 II S. 261 (262); *BFH* vom 29. 7. 1976, BStBl. 1977 II S. 263 (264); *BFH* vom 29. 7. 1976, BStBl. 1977 II S. 268 (269); *BFH* vom 9. 5. 1979, BStBl. 1979 II S. 586 (587); *BFH* vom 9. 12. 1980, BStBl. 1981 II S. 339 (341); *BFH* vom 10. 11. 1983, BStBl. 1984 II S. 605 (606); *BFH* vom 11. 4. 1984, BFH/NV 1986, S. 255 (255); *BFH* vom 5. 3. 1986, BStBl. 1986 II S. 496 (497); *BFH* vom 23. 10. 1991, BStBl. 1992 II S. 1026 (1027); *BFH* vom 28. 1. 1992, BStBl. 1993 II S. 84 (85 f.); *BFH* vom 10. 6. 1992, BStBl. 1992 II S. 1029 (1030); *BFH* vom 29. 10. 1997, BStBl. 1998 II S. 235 (238); *BFH* vom 19. 1. 2000, BStBl. 2000 II S. 222 (223); *BFH* vom 20. 3. 2002, BStBl. 2002 II S. 819 (822).
[50] S. *BFH* vom 29. 7. 1976, BStBl. 1977 II S. 261 (262); *BFH* vom 29. 7. 1976, BStBl. 1977 II S. 263 (264); *BFH* vom 9. 12. 1980, BStBl. 1981 II S. 339 (341).
[51] Anschaulich hierzu s. *BFH* vom 20. 3. 2002, BStBl. 2002 II S. 819 (822).

27 c) **Mindestbeteiligung, § 7 Abs. 1 und Abs. 2–8 AStG.** § 7 Abs. 1 AStG fordert die Beteiligung eines unbeschränkt Steuerpflichten an einem **ausländischen körperschaftsteuerpflichtigen Subjekt**, und zwar an einer ausländischen Körperschaft, Personenvereinigung oder Vermögensmasse im Sinne des Körperschaftssteuergesetzes. In der *Praxis* haben Basisgesellschaften in der Regel die **Rechtsform** der **Kapitalgesellschaft** und hier zumeist die Rechtsform der GmbH.[53] Grundsätzlich kommen als Basisgesellschaften im Sinne von § 7 Abs. 1 AStG auch (ausländische) **Personengesellschaften** in Betracht, wenn sie aus der Sicht des deutschen Steuerrechts als körperschaftsteuerpflichtige Subjekte zu qualifizieren sind.

28 § 7 Abs. 1 AStG setzt weiter voraus, dass der unbeschränkt Steuerpflichtige an der Basisgesellschaft zu **mehr als der Hälfte beteiligt** ist, dass sie also vom unbeschränkt Steuerpflichten beherrscht wird. Was unter „**Beteiligung**" zu verstehen ist, regeln die Absätze 2–5 von § 7 Abs. 1 AStG. Eine Beteiligung kann vorliegen

– am **Stammkapital**; § 7 Abs. 2 Satz 1 1. Alt AStG
– an den **Stimmrechten**, § 7 Abs. 2 Satz 1 2. Alt. AStG
– hilfsweise: am **Vermögen**, § 7 Abs. 2 Satz 3 AStG.

29 Eine **Ausnahme** von dem Beteiligungserfordernis von mehr als der Hälfte gilt nach § 7 Abs. 6 AStG für sog. **Zwischeneinkünfte mit Kapitalanlagecharakter**. In diesem Falle reicht eine Beteiligung von **1%** und sogar von **weniger als 1%**, wenn die Basisgesellschaft ausschließlich oder fast ausschließlich[54] Zwischeneinkünfte mit Kapitalanlagecharakter hat.

30 Die Beteiligung an der Basisgesellschaft kann von dem unbeschränkt Steuerpflichtigen **unmittelbar** selbst gehalten werden oder ihm vor allem auf Grund der **§§ 39–42 AO zugerechnet** werden. Sie kann von ihm auch **mittelbar** selbst gehalten werden über eine andere (inländische oder ausländische) **(Kapital-)Gesellschaft** oder über eine (inländische oder ausländische) **Personengesellschaft** oder er kann an der Basisgesellschaft zusammen mit **Personen im Sinne von § 2 AStG**,[55] die ihrerseits unmittelbar oder mittelbar an der Basisgesellschaft beteiligt sind, eine Beteiligung halten.[56] Die Beteiligung ist dem unbeschränkt Steuerpflichtigen letztlich auch dann zuzurechnen, wenn eine Beteiligung von einer Person gehalten wird, die seinen **Weisungen** zu folgen hat oder so folgt, dass ihr kein eigener wesentlicher Entscheidungsspielraum bleibt.[57] Zu den Personen, die Weisungen zu befolgen haben, gehören neben **Treuhändern**[58] zum Beispiel auch **Arbeitnehmer**. Zu den Personen, die **Weisungen tatsächlich befolgen** gehören unter anderem nahestehende Personen im Sinne von § 1 Abs. 2 AStG.

31 d) „**Zwischengesellschaft**"/**Zwischeneinkünfte, § 8 Abs. 1 AStG. aa) Allgemeines.** Nach § 8 Abs. 1 AStG ist eine Basisgesellschaft für bestimmte Einkünfte „Zwi-

---

[52] S. TZ II.2. Oasenerlass. Weitere Einzelheiten s. *Reith*, Internationales Steuerrecht, S. 487 ff.

[53] Die Gesellschaftsrechtssysteme der meisten ausländischen Staaten kennen eine Rechtsform, die entweder der deutschen GmbH oder der britischen Limited Liability Company sehr ähnlich ist. Da die Gründung einer GmbH/Ltd. In der Regel eine anerkannte und zugleich unkomplizierte Rechtsform ist, haben Basisgesellschaften in aller Regel die Rechtsform einer ausländischen GmbH/Ltd. Für die Schweiz mag hier für die *Praxis* eine Ausnahme gelten, da die GmbH in der Schweiz eine weniger anerkannte Rechtsform ist und die meisten Gesellschaften in der Schweiz in der Rechtsform der AG gegründet werden.

[54] Hierunter versteht die *Rechtsprechung* mindestens 90%. S. *BFH* vom 30. 8. 1995, DB 1996, S. 759 (761) zu § 8 Abs. 2 AStG a. F. Kritisch zu dieser Systemwidrigkeit des neuen § 7 Abs. 6 AStG *Rättig/Protzen*, IStR 2002, S. 123 (124 f.).

[55] Hinweis: Personen im Sinne von § 2 AStG sind nicht zu verwechseln mit Personen im Sinne von § 1 Abs. 2 AStG (nahestehende Personen).

[56] S. hierzu insgesamt TZ 7.2.1. AEAStG.

[57] Dieser Fall unterfällt § 7 Abs. 4 AStG. Hierunter dürften auch die Fälle der offengelegten Treuhandverhältnisse (§ 39 Abs. 2 AO). S. hierzu auch TZ 7.4. AEAStG.

[58] S. TZ 7.4.2. AEAStG.

schengesellschaft", wenn sie einer **niedrigern Besteuerung** unterliegt und wenn sie **keine aktiven Einkünfte** im Sinne von § 8 Abs. 1 AStG hat. § 8 Abs. 1 AStG enthält einen Katalog mit zehn aktiven Einkünften (sog. **Aktiv-Katalog**), die allerdings von der Systematik von § 2 Abs. 1 EStG abweichen.[59] Die gesetzliche Formulierung ist insoweit unscharf, als dass es nicht auf die Einkünfte der Basisgesellschaft ankommt, sondern auf deren ausgeübte Tätigkeit. Die Einkünfte, die nicht zu diesen neun (aktiven oder positiven) Einkünften gehören, nennt man in der Fachsprache[60] **„Zwischeneinkünfte"**,[61] **„passive Einkünfte"**,[62] **„schädliche Einkünfte"** oder auch **„schlechte Einkünfte"**.[63]

Die Frage, welche Tätigkeiten einer ausländischen Gesellschaft **zuzurechnen** sind, ist nach den allgemeinen ertragsteuerlichen Grundsätzen auf der Grundlage der tatsächlichen Verhältnisse zu beurteilen.[64] Danach ist eine Tätigkeit demjenigen zuzurechnen, „für dessen Rechnung sie ausgeübt wird".[65] Ohne Bedeutung ist dabei, zu welcher Einkunftsart im Sinne des § 2 Abs. 1 EStG die Einkünfte gehören.[66]

Übersicht über die Systematik der zehn Aktiv-Einkünfte von § 8 Abs. 1 AStG

Einkünfte sind			
Einkünfte nach dem **Aktiv-Katalog** von § 8 Abs. 1 AStG	Einkünfte nach dem **Aktiv-Katalog** von § 8 Abs. 1 AStG mit **Ausnahmecharakter**	Einkünfte nach dem **Aktiv-Katalog** von § 8 Abs. 1 AStG mit **Ausnahmecharakter**, aber Voraussetzungen von **Gegenausnahme** erfüllt	Einkünfte einer Kapitalgesellschaft, welche **nicht in** § 8 Abs. 1 AStG **genannt** sind
⇓	⇓	⇓	⇓
Aktiv-Einkünfte	Passiv-Einkünfte	Aktiv-Einkünfte	Passiv-Einkünfte

Im Hinblick auf die Aktiv-Einkünfte im Sinne von § 8 Abs. 1 AStG galt früher die **Faustregel**, dass die Einkünfte um so eher die Voraussetzungen von passiven Einkünften erfüllen, je höher die Nummer in § 8 Abs. 1 AStG ist. Diese Faustregel ist mit der Einfügung von § 8 Abs. 1 Nr. 8–Nr. 10 AStG nunmehr durchbrochen, da in den Fällen von § 8 Abs. 1 Nr. 8 und Nr. 10 AStG keine Ausnahme gegeben ist und im Fall von § 8 Abs. 1 Nr. 9 AStG in der Regel keine Ausnahme gegeben sein dürfte.

§ 8 Abs. 1 AStG enthält die nachstehend in lit. bb) genannten **zehn Aktiv-Einkünfte**:[67]

---

[59] S. hierzu kritisch *Flick/Wassermeyer/Baumhoff*, AStG, § 8 Anm. 3.

[60] Der Begriff „Passiv-Einkünfte" ist kein gesetzlich normierter Begriff, sondern ist ein Begriff der *Praxis*. Die Ziff. D. I. 2 b) cc. aaa). *BMF-Bericht/Bericht der Bundesregierung* zur Fortentwicklung des Unternehmenssteuerrechts vom 18. 4. 2001 spricht hier von der „international üblichen Terminologie".

[61] So z.B. die Überschrift von TZ 8.1. AEAStG oder z.B. Ziff. D. I. 2. b) cc) aaa) *BMF-Bericht/Bericht der Bundesregierung* zur Fortentwicklung des Unternehmenssteuerrechts vom 18. 4. 2001.

[62] In TZ 8.0.1. AEAStG wird der Begriff „Einkünfte aus passivem Erwerb" verwendet.

[63] S. auch *Flick/Wassermeyer/Baumhoff*, AStG, § 8 Anm. 5, wo im Übrigen auch noch darauf hingewiesen wird, dass die sprachliche Qualifizierung „passiv", „schädlich" oder „schlecht" sich eigentlich auf die Tätigkeiten bezieht und nicht auf die aus diesen Tätigkeiten fließenden Einkünften. Vgl. auch z.B. *Schaumburg*, a.a.O., Rdnr. 10.3 und Rdnr. 10.10; *Bächle/Rupp*, a.a.O., Teil N Kap. 4.2.

[64] S. TZ 8.0.1. AEAStG.

[65] So *BFH* vom 1. 7. 1992, BStBl. 1993 II S. 222 (224). S. auch TZ 8.0.1. AEAStG.

[66] S. TZ 8.0.1. AEAStG.

[67] S. TZ 8.1. AEAStG.

36 **bb) Der Aktiv-Katalog. (1) Einkünfte aus Land- und Forstwirtschaft, § 8 Abs. 1 Nr. 1 AStG.** Einkünfte aus **Land-** und **Forstwirtschaft** (§ 8 Abs. 1 **Nr. 1** AStG) gelten immer und ohne Ausnahme als **Aktiv-Einkünfte**.[68] Erforderlich ist aber eine tatsächliche und ernsthafte Ausübung von land- und forstwirtschaftlichen Tätigkeiten.

37 Zum Vergleich: Die Qualifizierung der Einkünfte aus Land- und Forstwirtschaft als Aktiv-Einkünfte im AStG entspricht auch der Qualifizierung als Aktivtätigkeit im Sinne der meisten deutschen **Doppelbesteuerungsabkommen**.

38 **(2) Einkünfte aus Produktions- oder Industrietätigkeiten, § 8 Abs. 1 Nr. 2 AStG.** Auch die Einkünfte aus **Produktions-** oder **Industrietätigkeiten** (§ 8 Abs. 1 **Nr. 2** AStG) gelten immer und ohne Ausnahme als **Aktiv-Einkünfte**.[69] Erforderlich ist aber auch hier eine tatsächliche und ernsthafte Ausübung von produktiven oder industriellen Tätigkeiten, also zum Beispiel eine ausreichende Be- oder Verarbeitung von bestimmten Produkten.

39 Zum Vergleich: Die Qualifizierung der Einkünfte aus Produktions- oder Industrietätigkeiten als Aktiv-Einkünfte im AStG entspricht auch der Qualifizierung als Aktivtätigkeit im Sinne der meisten deutschen **Doppelbesteuerungsabkommen**.

40 **(3) Einkünfte aus Bank- und Versicherungsgeschäften, § 8 Abs. 1 Nr. 3 AStG.** Die Einkünfte aus **Bank-** und **Versicherungsgeschäften** gelten nach § 8 Abs. 1 **Nr. 3** AStG grundsätzlich als **Aktiv-Einkünfte**, allerdings nur unter der Voraussetzung, dass ein **kaufmännischer Geschäftsbetrieb** unterhalten wird, es sei denn (Ausnahme!) die Geschäfte werden überwiegend mit dem Steuerpflichtigen oder einer ihm im Sinne von § 1 Abs. 2 AStG nahestehenden Person betrieben (dann Passivtätigkeit!).[70]

41 Zum Vergleich: Die Qualifizierung der Einkünfte aus Bank- und Versicherungsgeschäften als Aktiv-Einkünfte im AStG entspricht auch der Qualifizierung als Aktivtätigkeit im Sinne der meisten deutschen **Doppelbesteuerungsabkommen**.

42 **(4) Einkünfte aus Handelstätigkeiten, § 8 Abs. 1 Nr. 4 AStG.** Die Einkünfte aus **Handelstätigkeiten** gelten nach § 8 Abs. 1 **Nr. 4**[71] AStG grundsätzlich als **Aktiv-Einkünfte**, soweit nicht (schädliche Ausnahme!) die Basisgesellschaft die Voraussetzungen

– einer sog. **Verkaufsgesellschaft** (Fall von Nr. 4 **lit. a)**), oder
– einer sog. **Einkaufsgesellschaft** (Fall von Nr. 4 **lit. b)**)[72]

erfüllt (dann Passivtätigkeit!), es sei denn (positive Gegenausnahme!) der Steuerpflichtige weist nach, dass (1) die ausländische Gesellschaft einen für derartige Handelsgeschäfte in kaufmännischer Weise eingerichteten Geschäftsbetrieb unterhält (sog. **qualifizierter Geschäftsbetrieb**),[73] (2) die ausländische Gesellschaft am allgemeinen wirtschaftlichen Verkehr teilnimmt[74] und (3) und die zur Vorbereitung, dem Abschluss und der Ausführung der Geschäfte gehörenden Tätigkeiten ohne die Mitwirkung des Steuerpflichtigen oder einer ihm im Sinne von § 1 Abs. 2 AStG nahestehenden Person ausgeübt werden (dann wieder Aktivtätigkeit!).[75]

43 Zum Vergleich: Die Qualifizierung der Einkünfte aus Handelstätigkeiten als Aktiv-Einkünfte im AStG entspricht auch der Qualifizierung als Aktivtätigkeit im Sinne der meisten deutschen **Doppelbesteuerungsabkommen**.

---

[68] S. TZ 8.1.1. AEAStG.
[69] Wegen weiterer Einzelheiten hierzu s. TZ 8.1.2. AEAStG.
[70] Wegen weiterer Einzelheiten hierzu s. TZ 8.1.3. AEAStG.
[71] S. TZ 8.1.4. AEAStG. Zur Abgrenzung von § 8 Abs. 1 Nr. 4 AStG (Handel) zu § 8 Abs. 1 Nr. 5 AStG (Dienstleistung) s. *BFH* vom 1. 7. 1992, BStBl. 1993 II S. 222 (223).
[72] S. TZ 8.1.2.1.1. AEAStG.
[73] S. TZ 8.1.4.2.1. AEAStG.
[74] Wegen weiterer Einzelheiten hierzu s. TZ 8.1.4.2.2. und TZ 8.1.4.2.3. AEAStG.
[75] Wegen weiterer Einzelheiten hierzu s. TZ 8.1.4.3. AEAStG sowie *Erlass des FinMin NRW* betr. Mitwirkung bei Vertriebsgesellschaften vom 29. 12. 1978.

Fall des § 8 Abs. 1 Nr. 4 AStG – Handel   Schaubild § 34-3

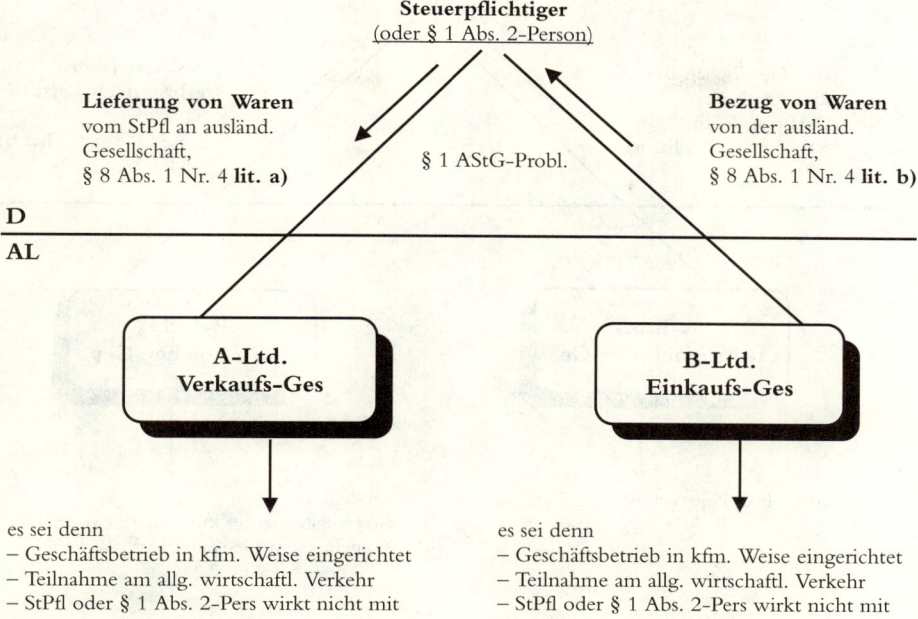

(5) **Einkünfte aus Dienstleistungen, § 8 Abs. 1 Nr. 5 AStG.** Die Einkünfte aus **44 Dienstleistungen** gelten nach § 8 Abs. 1 **Nr. 5** AStG[76] grundsätzlich als **Aktiv-Einkünfte**, soweit nicht (schädliche Ausnahme!) die Basisgesellschaft

– sich des Steuerpflichtigen oder einer ihm im Sinne von § 1 Abs. 2 AStG nahestehenden unbeschränkt steuerpflichtigen Person bedient (Fall von Nr. 5 **lit. a**); Basisgesellschaft **bezieht Dienstleistungen**) (dann Passivtätigkeit!), oder

– die Dienstleistung an den Steuerpflichtigen oder an eine ihm im Sinne von § 1 Abs. 2 AStG nahestehende unbeschränkt steuerpflichtige Person erbringt (Fall von Nr. 5 **lit. b**); Basisgesellschaft **erbringt Dienstleistungen**) (dann Passivtätigkeit!), es sei denn (positive Gegenausnahme, aber nur für den Fall 2., dass die Basisgesellschaft Dienstleistung erbringt!) der Steuerpflichtige weist nach, dass (1) die ausländische Gesellschaft einen für derartige Handelsgeschäfte in kaufmännischer Weise eingerichteten Geschäftsbetrieb unterhält (sog. **qualifizierter Geschäftsbetrieb**),[77] (2) die ausländische Gesellschaft am allgemeinen wirtschaftlichen Verkehr teilnimmt[78] und (3) und die zu der Dienstleistung gehörenden Tätigkeiten werden ohne die Mitwirkung des Steuerpflichtigen oder einer ihm im Sinne von § 1 Abs. 2 AStG nahestehenden Person ausgeübt (dann für diesen Fall wieder Aktivtätigkeit!).[79]

Zum Vergleich: Die Qualifizierung der Einkünfte aus Dienstleistungen als Aktiv-Einkünfte im AStG entspricht auch der Qualifizierung als Aktivtätigkeit im Sinne der meisten deutschen **Doppelbesteuerungsabkommen**. **45**

---

[76] S. TZ 8.1.5. AEAStG.
[77] S. TZ 8.1.4.2.1. AEAStG.
[78] S. TZ 8.1.5.1.2. i. V. m. TZ 8.1.4.2. AEAStG.
[79] Wegen weiterer Einzelheiten hierzu s. TZ 8.1.5.3. AEAStG.

§ 34 46, 47   7. Kapitel. Internationales Steuerrecht

Fall des § 8 Abs. 1 Nr. 5 AStG – Dienstleistungen   Schaubild § 34-4

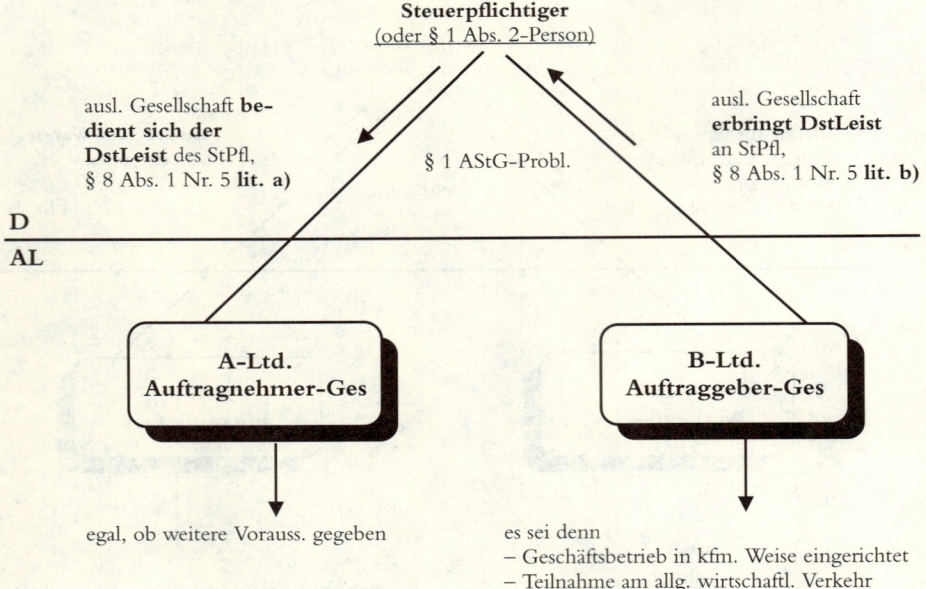

46   **(6) Einkünfte aus Vermietung und Verpachtung, § 8 Abs. 1 Nr. 6 AStG.** Die Einkünfte aus **Vermietung und Verpachtung** gelten nach (dem Eingangswortlaut) von § 8 Abs. 1 **Nr. 6** AStG[80] grundsätzlich als **Aktiv-Einkünfte**, ausgenommen (schädliche Ausnahme!)

– Fall von Nr. 6 **lit. a)**: die Überlassung der Nutzung von **Rechten**, Plänen, Mustern, Verfahren, Erfahrungen und Kenntnissen (dann Passivtätigkeit!), es sei denn (positive Gegenausnahme!) der Steuerpflichtige weist nach, dass (1) die ausländische Gesellschaft die Ergebnisse eigener Forschungs- oder Entwicklungsarbeit auswertet und (2) und diese Tätigkeiten werden ohne die Mitwirkung des Steuerpflichtigen oder einer ihm im Sinne von § 1 Abs. 2 AStG nahestehenden Person ausgeübt[81] (dann wieder Aktivtätigkeit!), oder

– Fall von Nr. 6 **lit. b)**: die Vermietung oder Verpachtung von **Grundstücken** (dann Passivtätigkeit!), es sei denn (positive Gegenausnahme!) der Steuerpflichtige weist nach, dass die Einkünfte daraus nach einem Doppelbesteuerungsabkommen steuerbefreit wären, wenn sie von dem Steuerpflichtigen unmittelbar bezogen worden wären (dann wieder Aktivtätigkeit), oder

– Fall von Nr. 6 **lit. c)**: die Vermietung oder Verpachtung von **beweglichen Sachen** (dann Passivtätigkeit!), es sei denn (positive Gegenausnahme!) der Steuerpflichtige weist nach, dass (1) die ausländische Gesellschaft einen Geschäftsbetrieb gewerbsmäßiger Vermietung oder Verpachtung unterhält, (2) die ausländische Gesellschaft am allgemeinen wirtschaftlichen Verkehr teilnimmt[82] und (3) alle zu einer solchen gewerbsmäßigen Vermietung oder Verpachtung gehörenden Tätigkeiten ohne die Mitwirkung des Steuerpflichtigen oder einer ihm im Sinne von § 1 Abs. 2 AStG nahestehenden Person ausgeübt werden (dann wieder Aktivtätigkeit!).[83]

47   Zum Vergleich: Die Qualifizierung der Einkünfte aus Vermietung und Verpachtung im AStG formal (grundsätzlich) als Aktiv-Einkünfte, materiell dagegen als Passiv-Einkünfte

---

[80] S. TZ 8.1.6. AEAStG.
[81] S. TZ 8.1.6.3. AEAStG.
[82] S. TZ 8.1.6.2. i. V. m. TZ 8.1.4.2. AEAStG.
[83] S. TZ 8.1.6.3. AEAStG.

entspricht auch der Qualifizierung als Aktivtätigkeit im Sinne der meisten deutschen **Doppelbesteuerungsabkommen**. Die Vermietung und Verpachtung wird in § 8 Abs. 1 Nr. 6 AStG nur deshalb im Ausgangspunkt formal als Aktivtätigkeit dargestellt, damit sich diese Einkunftsart in die in den Nrn. 1–5 AStG verwandte Systematik des Aktivkatalogs von § 8 Abs. 1 AStG (Grundsatz, Ausnahme, Gegenausnahme) einfügt. In materieller Hinsicht decken die in lit. a)–lit. c) genannten Ausnahmen dagegen sämtliche Vermietungs- und Verpachtungsfälle ab und werden damit allesamt als Passivtätigkeit qualifiziert, es sei denn, es kommt eine der Gegenausnahmen zu Anwendung.[84]

Die Sanktion von § 8 Abs. 1 **Nr. 6 lit. a)** AStG richtet sich vor allem gegen sog. **Patent-Verwaltungsgesellschaften**.[85] Die Gegenausnahme in § 8 Abs. 1 **Nr. 6 lit. b)** AStG ist erforderlich, um die Hinzurechnungsbesteuerung nicht in Widerspruch zu etwaigen DBA-Regelungen zu setzen. Die Gegenausnahme in § 8 Abs. 1 **Nr. 6 lit. c)** AStG will vor allem **Leasinggesellschaften**)[86] von der Passivtätigkeit ausnehmen.

48

Fall des § 8 Abs. 1 Nr. 6 AStG – Vermietung und Verpachtung   Schaubild § 34-5

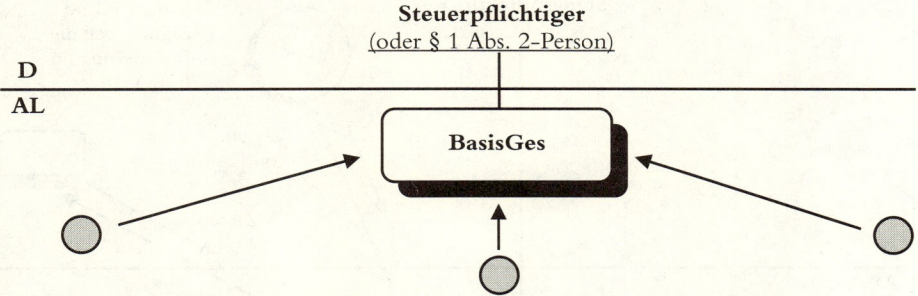

(7) **Einkünfte aus der Aufnahme/Vergabe von Kapital, § 8 Abs. 1 Nr. 7 AStG.** Die Einkünfte aus der **Aufnahme/Vergabe von Kapital** gelten nach § 8 Abs. 1 **Nr. 7** AStG grundsätzlich als **Aktiv-Einkünfte**, allerdings nur unter der Voraussetzung, dass der Steuerpflichtige nachweist, dass dieses Kapital ausschließlich auf ausländischen Kapitalmärken[87] (und nicht bei einer ihm oder der ausländischen Gesellschaft im Sinne von § 1 Abs. 2 AStG nahestehenden Person) aufgenommen und

49

– außerhalb des Geltungsbereichs dieses Gesetzes gelegenen Betrieben oder Betriebsstätten, die ihre Bruttoerträge ausschließlich oder fast ausschließlich[88] aus unter die Nrn. 1–6 fallenden Tätigkeiten beziehen, oder
– innerhalb des Geltungsbereichs dieses Gesetzes gelegenen Betrieben oder Betriebsstätten

---

[84] So auch der Tenor in TZ 8.1.6.1. AEAStG.
[85] S. *Gross/Schelle*, IWB Nr. 14 vom 26. 7. 1993, S. 635 (693).
[86] S. TZ 8.1.6.4. AEAStG, wonach Finanzierungs-Leasing keine Vermietung und Verpachtung ist, sondern es sich hier, soweit der Leasinggegenstand dem Leasingnehmer zuzurechnen ist, um ein Kreditgeschäft handelt. S. ferner *Gross/Schelle*, IWB Nr. 14 vom 26. 7. 1993, S. 635 (693).
[87] Wegen weiterer Einzelheiten hierzu s. TZ 8.1.7.2. AEAStG.
[88] Hierunter versteht die *Rechtsprechung* mindestens 90%. S. *BFH* vom 30. 8. 1995, DB 1996, S. 759 (761) zu § 8 Abs. 2 AStG a. F.

zugeführt wird.[89] Ziel des Gesetzgebers mit der Regelung in § 8 Abs. 1 **Nr. 7** AStG ist die Sanktionierung von **Konzern-Finanzierungsgesellschaften**.[90]

49 Zum Vergleich: Die Qualifizierung der Einkünfte aus Handelstätigkeiten als Aktiv-Einkünfte im AStG entspricht auch der Qualifizierung als Passivtätigkeit im Sinne der meisten deutschen **Doppelbesteuerungsabkommen.**

50 **Querverbindung:** In zahlreichen Steuergesetzen wird eine Begünstigung ausländischer Einkünfte von einer **aktiven Tätigkeit** im Ausland abhängig gemacht. Hierzu wird oftmals auf den Einkünftekatalog in **§ 8 Abs. 1 Nr. 1–6 AStG** verwiesen, nicht jedoch auf Einkünfte aus der Aufnahme/Vergabe von Kapital im Sinne von § 8 Abs. 1 Nr. 7 AStG. Dieser Technik folgt insbesondere der Wortlaut von § 8 Abs. 1 Nr. 7 AStG selbst.

Fall des § 8 Abs. 1 Nr. 7 AStG – Aufnahme/Vergabe von Kapital

Schaubild § 34-6

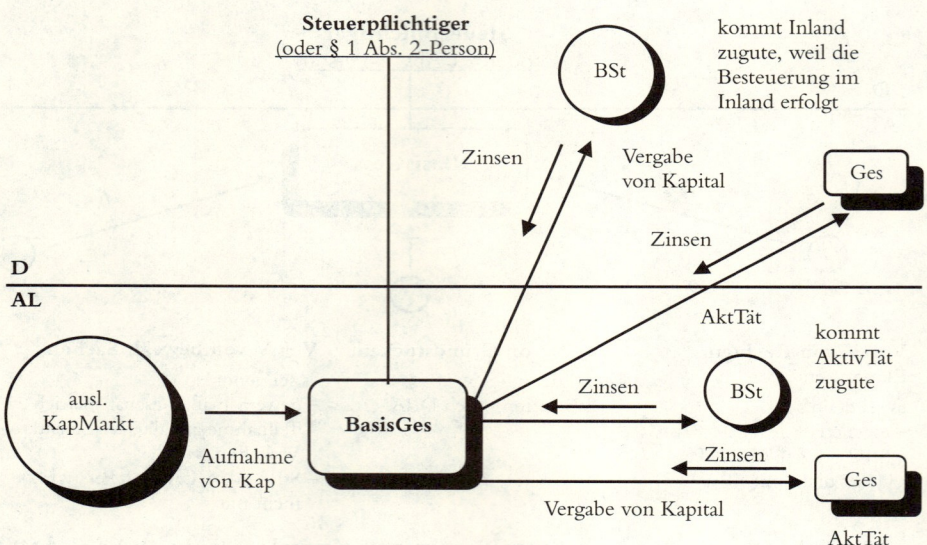

51 **(8) Einkünfte aus Gewinnausschüttungen von Kapitalgesellschaften, § 8 Abs. 1 Nr. 8 AStG.** Einkünfte aus **Gewinnausschüttungen von Kapitalgesellschaften** (§ 8 Abs. 1 **Nr. 8** AStG) gelten immer und ohne Ausnahme als **Aktiv-Einkünfte**.[91]

52 **Zum Verständnis:** Nach dem UntStFG 2001 ist das Regelungsziel der Hinzurechnungsbesteuerung unter anderem eine Sicherstellung der **KSt-Vorbelastung von 25%** auf Erträge aus der Beteiligung an einer inländischen oder ausländischen Kapitalgesellschaft und eine Fortsetzung des Grundsatzes der unbegrenzten KSt-Freistellung von Beteiligungserträgen in- und ausländischer Körperschaften nach § 8b Abs. 1 KStG und des Halbeinkünfteverfahrens nach § 3 Nr. 40 EStG sowie eine Fortsetzung des Grundsatzes der KSt-Freistellung von Veräußerungsgewinnen nach § 8b Abs. 2 KStG. In dieser Konsequenz sind auch Gewinnausschüttungen von Kapitalgesellschaften an ausländische Basisgesell-

---

[89] Weitere Einzelheiten hierzu s. TZ 8.1.7.3. und TZ 8.1.7.4. AEAStG.
[90] Vgl. hierzu auch *Ulrich/Kuich*, IStR 2000, S. 641 ff.
[91] § 8 Abs. 1 Nr. 8 wurde in das AStG eingeführt mit dem UntStFG 2001. Vgl. in diesem Zusammenhang auch in *BFH* vom 16. 5. 1990, BStBl. 1990 II. S. 1049 (1050 f.) zur Frage der Behandlung von Gewinnanteilen aus der Beteiligung an einer Personengesellschaft.

schaften von der (Hinzurechnungs-)Besteuerung freizustellen. § 8 Abs. 1 Nr. 8 AStG eröffnet damit aber nicht den Weg für eine Umgehung der Hinzurechnungsbesteuerung durch das Nachschalten von weiteren Kapitalgesellschaften, denn in diesem Fall wird die Hinzurechnungsbesteuerung von etwaigen passiven Einkünften im Sinne von § 8 Abs. 1 Nr. 1–7 AStG solcher weiterer Kapitalgesellschaften durch **§ 14 AStG** (sog. **übertragende Hinzurechnung**) sichergestellt.[92]

Zum Vergleich: Die Qualifizierung der Einkünfte aus Gewinnausschüttungen von Kapitalgesellschaften als Aktiv-Einkünfte im AStG entspricht nicht der Qualifizierung als Aktiv- oder Passivtätigkeit im Sinne der meisten deutschen **Doppelbesteuerungsabkommen**, entspricht aber, wie ausgeführt, der Wertung von § 8b Abs. 1 KStG, der im Vergleich zu dem internationalen Schachtelprivileg nach DBA-Recht in der Regel auch weiter ist. **53**

Fall des § 8 Abs. 1 Nr. 8 AStG – Gewinnausschüttungen   Schaubild § 34-7

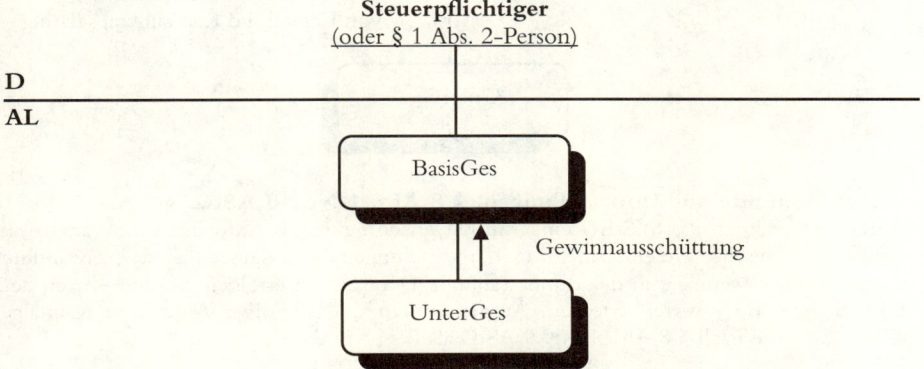

(9) Einkünfte aus der Veräußerung eines Anteils an einer anderen Gesellschaft sowie aus deren Auflösung oder der Herabsetzung ihres Kapitals, § 8 Abs. 1 Nr. 9 AStG. Einkünfte aus der **Veräußerung eines Anteils an einer anderen Gesellschaft** sowie aus deren **Auflösung** oder der **Herabsetzung ihres Kapitals** (§ 8 Abs. 1 Nr. 9 AStG) gelten grundsätzlich als **Aktiv-Einkünfte**, allerdings nur unter der Voraussetzung, dass der Steuerpflichtige Folgendes nachweist: **54**

– Der Veräußerungsgewinn entfällt auf Wirtschaftsgüter der anderen Gesellschaft (der Untergesellschaft), die anderen als den in **§ 7 Abs. 6a AStG** genannten Tätigkeiten (Zwischeneinkünfte mit Kapitalanlagecharakter) dienen.
– Der Veräußerungsgewinn entfällt auf Wirtschaftsgüter der anderen Gesellschaft (der Untergesellschaft), die Tätigkeiten i. S. v. § 8 Abs. 1 Nr. 6 AStG dienen, soweit es sich nicht um Einkünfte einer Gesellschaft i. S. v. **§ 16 des REIT-Gesetzes** handelt.[93]

Wird dieser Nachweis nicht erbracht, dann ist eine Passivtätigkeit gegeben.[94] § 8 Abs. 1 Nr. 9 AStG folgt mit dieser Regelung grundsätzlich der Regelung in § 8 Abs. 1 Nr. 8 AStG, macht aber für Veräußerungsgewinne im Zusammenhang mit Zwischeneinkünften mit Kapitalanlagecharakter und von REIT-Gesellschaften eine **Ausnahme**; solche Veräußerungsgewinne gelten als **passiv/schädlich**.[95] **55**

---

[92] S. Ziff. D. I. 2. b) cc) aaa) *BMF-Bericht/Bericht der Bundesregierung* zur Fortentwicklung des Unternehmenssteuerrechts vom 18. 4. 2001.
[93] Diese Erweiterung von § 8 Abs. 1 Nr. 9 AStG wurde mit Gesetz vom 28. 5. 2007 (BStBl. 2007 I S. 914) eingeführt.
[94] § 8 Abs. 1 Nr. 9 wurde in das AStG eingeführt mit dem UntStFG 2001.
[95] *Kritisch* zum neuen § 8 Abs. 1 Nr. 9 AStG *Rättig/Protzen*, IStR 2002, S. 123 (125 ff.).

Fall des § 8 Abs. 1 Nr. 9 AStG – Gewinne aus Veräußerung, Liquidation, Kapitalherabsetzung

Schaubild § 34-8

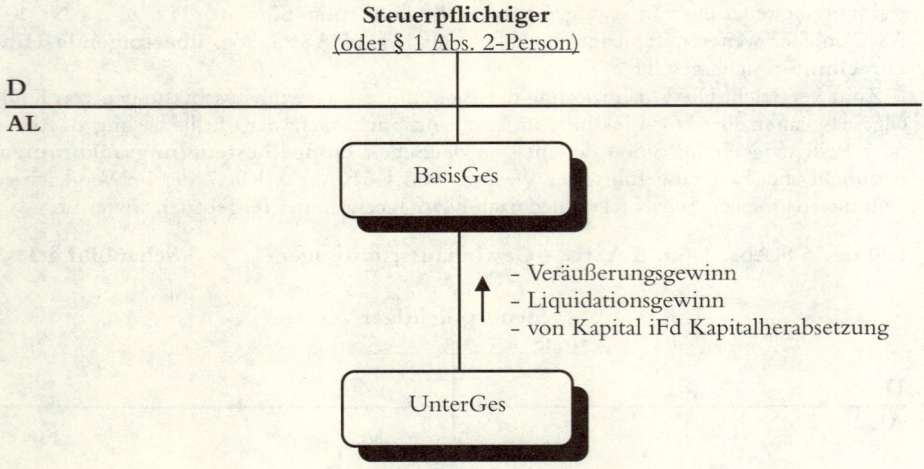

56 **(10) Einkünfte aus Umwandlungen, § 8 Abs. 1 Nr. 10 AStG.** § 8 Abs. 1 **Nr. 10** AStG wurde durch das SEStEG eingeführt. Danach gelten als Aktiv-Einkünfte auch Einkünfte ausländischer Gesellschaften aus Umwandlungen, vorausgesetzt diese Umwandlungen könnten – wenn sie in der Bundesrepublik Deutschland erfolgen würden – nach dem UmwStG zu Buchwerten erfolgen. Ausgenommen sind allerdings Anteile an Kapitalgesellschaften, die nach § 8 Abs. 1 **Nr. 9** AStG als Passiv-Einkünfte gelten.[96]

Fall des § 8 Abs. 1 Nr. 10 AStG – Gewinne aus Umwandlungen

Schaubild § 34-9

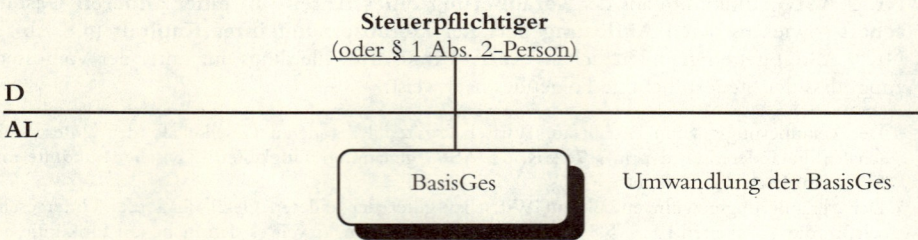

57 **(11) Einkünfte aus anderen in § 8 Abs. 1 AStG nicht genannten Einkunftsquellen.** Einkünfte aus anderen in dem Aktiv-Katalog des § 8 Abs. 1 AStG nicht genannten Einkunftsquellen sind stets Passiveinkünfte.

58 **e) Niedrige Besteuerung, § 8 Abs. 3 AStG. aa) Die 25%-Grenze.** Eine niedrige Besteuerung im Sinne von § 8 Abs. 1 AStG ist nach § 8 Abs. 3 AStG gegeben, wenn die **Ertragsteuerbelastung** der (passiven) Einkünfte im Sitzstaat der Basisgesellschaft (grundsätzlich) weniger als **25%** beträgt.[97] Dies gilt nicht, wenn diese niedrige Ertragsteuerbelastung auf einem Ausgleich mit Einkünften aus anderen Quellen beruht, oder wenn die da-

---

[96] Vgl. hierzu *Reiser/Brodersen*, NWB Nr. 27 vom 2. 7. 2007 S. 2269, Fach 2, S. 9333.
[97] S. TZ 8.3.1.1. AEAStG. Zu ausländischen „Ertragsteuern" s. Einzelheiten in TZ 8.3.1.2. AEAStG.

nach in Betracht zu ziehende Steuer nach dem Recht des betreffenden Staates um Steuern gemindert wird, die die Gesellschaft, von der die Einkünfte stammen, zu tragen hat. **Steuern anderer Staaten** (z. B. Quellensteuer eines Drittlandes) sind zu Gunsten des Steuerpflichtigen in die Ermittlung der (ausländischen) Ertragsteuerbelastung einzubeziehen.

bb) Ermittlung der (ausländischen) Ertragsteuerbelastung. Ausgangspunkt ist der ausländische **Ertragsteuertarif** (Steuersatz) auf die (passiven) Einkünfte der Basisgesellschaft. Die (ausländische) Ertragsteuerbelastung entspricht in der Regel dem Satz der Ertragsteuer des Sitzstaates. Allerdings sind außer dem Ertragsteuertarif noch weitere Umstände zu berücksichtigen, insbesondere **Vorzugs-Steuersätze**[98] und **Steuerbefreiungen**.[99] Die ausländische Ertragssteuerbelastung kann auch deshalb über oder unter dem Steuersatz von 25% liegen, weil die ausländischen Gewinnermittlungsvorschriften zur Bestimmung der **Steuerbemessungsgrundlage** verglichen mit den deutschen Gewinnermittlungsvorschriften günstiger oder ungünstiger sind, die betreffenden Einkünften also mit einem Betrag in die (ausländische) Steuerbemessungsgrundlage einbezogen worden sind, der höher oder niedriger ist, als er bei Anwendung des deutschen Steuerrechts anzusetzen wäre.[100] In diesen Fällen ist eine **Belastungsberechnung** anzustellen.[101] Hat eine Basisgesellschaft **gemischte Einkünfte** (also Aktiv-Einkünfte und Passiv-Einkünfte) so sind zunächst die Einkünfte aus passiver Tätigkeit (die Zwischeneinkünfte) von den übrigen Einkünften **herauszuisolieren**.[102] Sodann erfolgt eine „Gegenüberstellung der nach deutschem Steuerrecht ermittelten Zwischeneinkünfte und den im Sitzstaat der Basisgesellschaft zu entrichtenden Steuern".[103] **Anhaltspunkte** zur Bestimmung der (ausländischen) Ertragsteuerbelastung ergeben sich aus der **Anlage 1** zu § 8 AStG. Diese Anlage enthält eine Zusammenstellung der Ertragsteuertarife, der Steuervergünstigungen und Privilegien in Gebieten, die für die Anwendung der §§ 7–14 AStG besonders in Betracht kommen; **Anlage 2** zu § 8 AStG enthält einen Überblick über weitere Gebiete.[104]

4. Gesellschaften mit gemischten Tätigkeiten/§ 9 AStG/Gesellschaften mit passiven betrieblichen Nebenerträgen

Hat eine Gesellschaft verschiedene Einkunftsquellen und sind diese Einkünfte zum Teil Aktiv-Einkünfte und zum Teil Passiv-Einkünfte, dann ist zu unterscheiden zwischen **zwei Fallgruppen**:

– **Gesellschaften mit gemischten Tätigkeiten**
   Hier übt die Gesellschaft Tätigkeiten aus, die sowohl bei isolierter Betrachtungsweise, als auch bei funktionaler Betrachtungsweise jede für sich eine eigenständige, wirtschaftliche Tätigkeit darstellt.
– **Gesellschaften mit passiven betrieblichen Nebenerträgen**
   Hier übt die Gesellschaft Tätigkeiten aus, bei denen bei einer isolierten Betrachtungsweise nicht alle Tätigkeiten eine eigenständige, wirtschaftliche Tätigkeit darstellen und bei funktionaler Betrachtungsweise mit einer anderen (Haupt-)Tätigkeit eine Einheit bilden.

Gesellschaften mit gemischten Tätigkeiten. In vielen Fällen hat eine ausländische Basisgesellschaft verschiedene Arten von **eigenständigen, wirtschaftlichen Tätigkeiten**, sodass sie **Einkünfte aus verschiedenen Einkunftsquellen** bezieht. Solche Einkünfte aus verschiedenen Einkunftsquellen werden für die Zwecke der §§ 7–14 AStG auseinandergehalten. Der Hinzurechnungsbesteuerung unterliegen **nur die passiven Ein-**

---

[98] Beachte: Manche Länder haben einen besonderen Ertragsteuertarif auf z. B. Dividenden, oft 25% oder 20%.
[99] S. TZ 8.3.2.1. AEAStG.
[100] S. TZ 8.3.2.3. und TZ 8.3.2.4. AEAStG.
[101] Sehr anschaulich hierzu *BFH* vom 3. 5. 2006, DStR 2006, S. 1451 ff.
[102] S. TZ 8.3.4. AEAStG.
[103] So TZ 8.3.2.3. und TZ 8.3.2.4. AEAStG, jeweils a. E.
[104] S. auch TZ 8.3.2.2. AEAStG.

künfte.[105] Die in TZ 8.0.2. AEAStG behandelten **gemischten Tätigkeiten** gehören nicht zu dieser Fallgruppe.

62 Das AStG selbst enthält, mit Ausnahme von § 9 AStG, keine (ausdrücklichen) Regelungen zu (Basis-)Gesellschaften mit gemischten Tätigkeiten, obwohl diese für die *Praxis* genauso relevant sind wie Basis-Holdinggesellschaften. Hier sind besondere gesetzliche Regelungen auch nicht erforderlich, da **§ 7 Abs. 1 AStG** mit dem Wortlaut „so sind die Einkünfte, für die diese Gesellschaft Zwischengesellschaft ist, bei jedem von ihnen mit dem Teil steuerpflichtig, ..." hinreichend klar regelt, dass „die Einkünfte aus passiver Tätigkeit in der Höhe zu berücksichtigen sind, in der sie der Besteuerung des Sitzstaates zugrunde liegen".[106] Die Einkünfte einer Basisgesellschaft aus passiver Tätigkeit sind also von deren Einkünften aus aktiver Tätigkeit abzugrenzen und der Hinzurechnungsbetrag ist isoliert nur für die passive Einkünfte zu ermitteln.[107]

Beispiel:
Sachverhalt: Die ausländische Gesellschaft „**VertriebsGes**" im Schaubild § 34-2 hat die folgenden eigenständigen, wirtschaftlichen Tätigkeiten aus denen sie die nachstehenden Einkünfte hat:
– EK aus V+V   250,00
– EK aus Zinsen   150,00
– damit „Passiv-Einkünfte"   400,00
nicht zu den Passiv-Einkünften, sondern zu den Aktiv-Einkünften gehören:
– EK aus Dividenden   100,00
– EK aus Handel   1000,00

63 § 9 AStG enthält eine „**Freigrenze bei gemischten Einkünften**" und enthält damit eine **Bagatellgrenze** für Basisgesellschaften mit Einkünften aus aktiver und aus passiver Tätigkeit. Danach sind passive Einkünfte außer Ansatz zu lassen, wenn die passiven Einkünfte nicht mehr als **10%** der Gesamteinkünfte betragen (so die **relative Größe**), vorausgesetzt, dass die passiven Einkünfte **EUR 80 000,00** nicht übersteigen (so die **absolute Größe**).

64 Zu beachten ist, dass die **absolute Freigrenze** von EUR 80 000,00 in **zweifacher Hinsicht** gilt. Die absolute Freigrenze gilt zum einen bezogen auf die **Basisgesellschaft** als solcher und zum anderen bezogen auf die Person des **Steuerpflichtigen**,[108] denn der Steuerpflichtige könnte an mehreren Basisgesellschaften beteiligt sein. Hat die Basisgesellschaft **ausschließlich Passiv-Einkünfte**, so findet § 9 AStG keine Anwendung.[109]

65 **Gesellschaften mit passiven betrieblichen Nebenerträgen.** Gesellschaften mit gemischten Tätigkeiten sind zu unterscheiden von dem Fall der **Gesellschaft mit passiven betrieblichen Nebenerträgen**. Hier übt eine ausländische (Basis-)Gesellschaft Tätigkeiten aus, die nur bei einer **isolierten Betrachtungsweise** zu verschiedenen Einkunftsquellen (teilweise Aktiv-Einkünfte und teilweise Passiv-Einkünfte) gehören, die aber bei funktiona-

---

[105] S. hierzu auch *Flick/Wassermeyer/Baumhoff*, AStG, § 8 Anm. 4, wo ausführt wird, dass im Falle von gemischten Tätigkeiten, die Hinzurechnungsbesteuerung auf die schädlichen und niedrig besteuerten Einkünfte beschränkt wird.

[106] So auch die Auffassung der *Finanzverwaltung* in TZ 8.3.4. AEAStG, der eine im Grunde nur klarstellenden Regelung enthält, wonach bei einer ausländischen Gesellschaft mit gemischten Einkünften „für eine Belastungsberechnung die Steuer des Sitzstaates zu ermitteln ist, die auf die Einkünfte aus passivem Erwerb entfällt". Vordergründig *irreführend* insoweit *BFH* vom 5. 3. 1986, BStBl. 1986 II S. 496 (499) und *BFH* vom 28. 1. 1992, BStBl. 1993 II S. 84 (86), wonach es der *BFH* „ablehnt, die Einkünfte einer Basisgesellschaft in aktive und passive Einkünfte aufzuteilen, ...". Diese Entscheidungen ergingen zur Anwendung von § 42 Abs. 1 AO und nicht zur Anwendung der §§ 7-14 AStG.

[107] Vgl. in diesem Zusammenhang auch den Anfangswortlaut von § 9 AStG, der regelt „Für die Anwendung des § 7 Abs. 1 AStG ...".

[108] S. TZ 9.0.2.2. AEAStG.

[109] S. *Flick/Wassermeyer/Baumhoff*, AStG, § 9 Anm. 2.

ler Betrachtung als eine einheitliche wirtschaftliche Tätigkeit zu beurteilen sind.[110] Anders ausgedrückt: Bei einer (Basis-)Gesellschaft mit Einkünften aus einer aktiven Tätigkeit können Einkünfte anfallen, die für sich betrachtet Einkünfte aus einer passiven Tätigkeit sind. In einem solchen Fall sind wirtschaftlich zusammengehörende Tätigkeiten einheitlich zu subsumieren (sog. **funktionale Betrachtungsweise**); dabei ist die Tätigkeit maßgebend, auf der nach allgemeiner Verkehrsauffassung das wirtschaftliche Schwergewicht der Tätigkeiten liegt.[111] „Passive betriebliche Nebenerträge" sind demnach Einkünfte, die im Rahmen einer ausgeübten aktiven Tätigkeit anfallen und nur bei einer isolierten Betrachtungsweise passive Einkünfte sind, die aber im Rahmen der funktionalen Betrachtungsweise von der aktiven Tätigkeit nicht getrennt werden können und deshalb einheitlich als aktive Einkünfte gelten.[112]

Beispiel: 66
Sachverhalt: Gegenstand der ausländischen Gesellschaft A-Ltd. ist die Herstellung und der Vertrieb von **elektronischen Bauteilen**. Da die Geschäfte in dieser Branche gut laufen, erzielte die A-Ltd. in den Jahren 2002 und 2003 ordentliche Gewinne. Die A-Ltd. plant **weitere Investitionen**; im Jahr 2005 soll die Fabrikhalle erweitert werden. Sie schüttet deshalb ihre Gewinne nicht an ihre Muttergesellschaft aus, sondern legt einen Großteil dieser **Gewinne festverzinslich** in dem Staat, in dem sie ihren Sitz hat, an. Die A-Ltd. hat hier keine eigenständige, wirtschaftliche Tätigkeiten aus der sie Einkünfte aus Kapitalvermögen hat.

Diese Fallgruppe wird von den §§ 7–14 AStG nicht (ausdrücklich) geregelt. Sie unter- 67 fallen auch nicht der Regelung von § 9 AStG. Hier wären besondere gesetzliche Regelungen hilfreich. Mangels einer klaren gesetzlichen Regelung behandelt die *Finanzverwaltung* die rechtliche Beurteilung von **Gesellschaften mit passiven betrieblichen Nebenerträgen** in TZ 8.0.2. Satz 7 AEAStG. Diese Verwaltungsanweisung bestimmt, dass passive betriebliche Nebenerträge den Einkünften aus der **aktiven Tätigkeit zuzuordnen** sind.[113] Die *Praxis* orientiert sich hierbei an **§ 9 AStG**. Solange sich die passiven betrieblichen Nebenerträge innerhalb der Bagatellgrenzen im Sinne von § 9 AStG bewegen, dann sind diese nach **A 76 Abs. 9 KStR** ohne eine weitere Prüfung den Einkünften aus der aktiven Tätigkeit zuzuordnen. Übersteigen passive betriebliche Nebenerträge die Bagatellgrenze von § 9 AStG, dann ist allein und unabhängig von der Höhe dieser Erträge auf die funktionale Betrachtungsweise abzustellen.[114]

Übersicht über die Abgrenzung

Einkunftsarten	Basisgesellschaft mit gemischten Tätigkeiten	Basisgesellschaft mit passiven betrieblichen Nebenerträgen
Einkünfte aus Kapitalvermögen	**Zinseinkünfte** aus der geplanten und gewollten **Anlage oder Vergabe von Finanzmitteln**	**Zinseinkünfte** aus für die Aktivtätigkeit notwendigen Finanzmitteln (v. a. erwirtschaftete oder erhaltene und noch nicht **reinvestierte** bzw. **investierte Finanzmittel**)
Einkünfte aus Vermietung und Verpachtung	**Mieteinnahmen** aus der geplanten und gewollten **Halten und Verwaltung von Immobilien**	**Mieteinnahmen** aus der Vermietung von **Werkswohnungen** **Mieteinnahmen** aus der Verpachtung von **Vorratsgelände**

---

[110] S. *BFH* vom 16. 5. 1990, BStBl. 1990 II. S. 1049 (1050 f.).
[111] S. *BFH* vom 16. 5. 1990, BStBl. 1990 II. S. 1049 (1051).
[112] S. hierzu insgesamt auch TZ 8.0.2. AEAStG.
[113] S. TZ 8.0.2. AEAStG.
[114] Vgl. hierzu *Scheidle*, IStR 2007, S. 287.

5. Berechnung des Hinzurechnungsbetrags, § 10 AStG

68 **a) Grundsätzliches.** § 10 AStG verwendet in der Überschrift den Begriff „**Hinzurechnungsbetrag**" (HZ-Betrag, HZB) und enthält in Abs. 1 eine **Definition**. Der Hinzurechnungsbetrag ist nach dieser Definition ein Betrag von Einkünften (HZ-Einkünfte), der zwar tatsächlich der Basisgesellschaft zugeflossen ist, der aber nach der Fiktion des § 7 Abs. 1 AStG als beim Steuerpflichtigen zugeflossen gilt **(fiktive Einkünfte)**, also beim Steuerpflichtigen „**angesetzt**" werden und damit seinen (anderen tatsächlichen) Einkünften „**hinzugerechnet**" werden; daher der Begriff „**Hinzurechnungsbetrag**". Das AStG geht bei der Hinzurechnungsbesteuerung **fiktiv von einer Vollausschüttung** aus, unabhängig von dem tatsächlichen Ausschüttungsverhalten einer Basisgesellschaft mit Einkünften nach § 7 Abs. 1 AStG.

69 Da es sich im Bereich der §§ 7–14 AStG um fiktive Einkünfte (des Steuerpflichtigen, nicht der Basisgesellschaft!) handelt, sind auf den Hinzurechnungsbetrag die Vorschriften des Einkommen- und Körperschaftsteuergesetzes **nicht unmittelbar anwendbar**. Es bedarf also entweder einer Vorschrift, die selbst eigene Regelungen zur Ermittlung dieser fiktiven Einkünfte aufstellt oder es bedarf einer „**Brücke**", d.h. einer Vorschrift, die auf bestehende Regelungen in anderen Gesetzen zur Ermittlung dieser fiktiven Einkünfte **verweist**. § 10 AStG ist eine Vorschrift, die **beide Wege kumulativ** geht. Zum einen enthält § 10 Abs. 1 AStG eigene **Grundsätze** und in Ergänzung[115] dieser Grundsätze in § 10 Abs. 3 und Abs. 4 AStG **Detailregelungen** zur Ermittlung dieser fiktiven Einkünfte. Zum anderen enthält § 10 Abs. 1 Satz 1 AStG eine **Generalverweisung** auf die Gewinnermittlungsvorschriften des deutschen Steuerrechts; gemeint sind hierbei die Vorschriften des Einkommen- und Körperschaftsteuergesetzes.

70 **b) Grundsätze der Gewinnermittlung nach § 10 Abs. 1, Abs. 3 und Abs. 4 AStG.** Für die Ermittlung der nach § 7 Abs. 1 AStG steuerpflichtigen (passiven) Einkünfte gelten die folgenden **Grundsätze**:

– Es sind die **gesamten Passiv-Einkünfte** der Basisgesellschaft (also der Einkünfte nach § 7 Abs. 1 AStG) zu ermitteln.[116] Für die Hinzurechnungsbesteuerung sind nach § 10 Abs. 3 Satz 1 AStG die gesamten Passiv-Einkünfte der ausländischen Basisgesellschaft „in entsprechender Anwendung der **Vorschriften des deutschen Steuerrechts**", also auf der Basis der **deutschen Gewinnermittlungsvorschriften** zu ermitteln.[117]
– **Betriebsausgaben** sind nach § 10 Abs. 4 AStG (nur) abzugsfähig, soweit sie im wirtschaftlichen Zusammenhang mit den Passiv-Einkünften nach § 7 Abs. 1 AStG stehen.
– **Steuern** sind abzuziehen, allerdings erst in den Jahren, in denen diese Steuern auch tatsächlich entrichtet worden sind (s. § 10 Abs. 1 Satz 1 und Satz 2 AStG).[118]
– Ergibt sich (bei der Berechnung des Hinzurechnungsbetrags) ein **negativer Betrag**, so entfällt die Hinzurechnung nach § 10 Abs. 1 Satz 3. § 10d EStG findet jedoch nach § 10 Abs. 1 Satz 3 i. V. m. Abs. 3 Satz 5 AStG eine entsprechende Anwendung.[119]

71 **c) Systematik der Besteuerung des Hinzurechnungsbetrags nach § 10 Abs. 2 AStG.** § 10 Abs. 2 Satz 1 AStG regelt mit einem vergleichsweise einfachen Wortlaut den **Zeitpunkt** des fiktiven Zuflusses des Hinzurechnungsbetrags. Danach gilt „der Hinzurechnungsbetrag als unmittelbar nach Ablauf des maßgebenden Wirtschaftsjahres der ausländischen Gesellschaft als zugeflossen".

72 Die Einkünfte der Basisgesellschaft nach § 7 Abs. 1 AStG werden beim Steuerpflichtigen als **fiktive Einkünfte** angesetzt und werden damit seinen **(anderen tatsächlichen) Einkünften hinzugerechnet**. § 10 Abs. 2 Satz 2 AStG enthält zum **Besteuerungsverfahren** (systemkonform) keine Regelung. Die Norm bestimmt lediglich, dass der Hinzurech-

---

[115] S. Gross/Schelle, IWB Nr. 14 vom 26. 7. 1993, S. 635 (695).
[116] S. TZ 10.0.1. Nr. 1 und TZ 10.1.1.1. AEAStG.
[117] S. TZ 10.1.1.1. AEAStG.
[118] S. TZ 10.0.1. Nr. 1 und TZ 10.1.2. AEAStG.
[119] S. Gross/Schelle, IWB Nr. 14 vom 26. 7. 1993, S. 635 (696).

nungsbetrag zu den Einkünften aus Gewerbebetrieb, aus Land- und Forstwirtschaft oder aus selbständiger Arbeit gehört und den nach dem Einkommensteuergesetz ermittelten Gewinn entsprechend erhöht, wenn die Anteile an der ausländischen Gesellschaft zu einem Betriebsvermögen gehören. Die Steuervergünstigungen von § 3 Nr. 40 Satz 1 lit. d), § 32 d EStG und § 8b Abs. 1 KStG sind auf den HZ-Betrag nicht anzuwenden (§ 10 Abs. 2 Satz 3 AStG). Ebenso gilt § 3c Abs. 2 EStG entsprechend (§ 10 Abs. 2 Satz 4 AStG).

Es gilt die folgende **Systematik** ⇒

| fiktive Einkünfte/ HZB beim StPfl | + | tatsächliche Einkünfte des StPfl | = | gesamte Einkünfte des StPfl | = | einheitliches StObjekt | ⇒ | hierauf ESt/KSt |

d) Sonstiges. Steuerliche Vergünstigungen für unbeschränkte Steuerpflichtige bleiben (bei der Ermittlung des Hinzurechnungsbetrags) nach § 10 Abs. 3 Satz 4 AStG unberücksichtigt; diese Norm ergänzt § 10 Abs. 2 Sätze 3 und 4 AStG. 73

Ist ein Steuerpflichtiger an mehreren ausländischen Basisgesellschaften beteiligt, so erfolgt für jede Basisgesellschaft eine getrennte Gewinnermittlung. Verluste einer Basisgesellschaft dürfen nicht mit positiven Hinzurechnungsbeträgen einer anderen Basisgesellschaft ausgeglichen werden.[120] 74

6. Tatsächliche Ausschüttung von Gewinnanteilen, § 11 AStG

Da die Hinzurechnungsbesteuerung von einer fiktiven Ausschüttung von Gewinnen ausgeht, bedarf es zur **Vermeidung einer doppelten Besteuerung** einer Regelung für den Fall, dass die ausländische Basisgesellschaft an den Steuerpflichtigen tatsächlich Gewinne ausschüttet. Doppelbelastungen können seit dem UntStFG 2001 wegen der einschränkenden Regelung in § 8 Abs. 1 Nr. 9 AStG nur noch im Falle von **Veräußerungs-, Auflösungs- oder Kapitalherabsetzungsgewinnen** bei der Veräußerung von Anteilen an KAC-Gesellschaften und an REIT-Gesellschaften eintreten. Solche Gewinne, für die die ausländische Basisgesellschaft Zwischengesellschaft ist, sind zur Vermeidung einer doppelten Besteuerung vom Hinzurechnungsbetrag auszunehmen, allerdings nur insoweit, als dass (1) die Gewinne der ausländischen Basisgesellschaft oder einer ihr nachgeordneten Gesellschaft aus Tätigkeiten im Sinne von § 7 Abs. 6a Satz 2 AStG stammen und zwar entweder für das gleiche Kalender- oder Wirtschaftsjahr oder für die vergangenen sieben Kalender- oder Wirtschaftsjahre, (2) keine Ausschüttung erfolgte und (3) der Steuerpflichtige dies nachweist. 75

7. Basisgesellschaften mit Einkünften mit Kapitalanlagecharakter, § 7 Abs. 6 und Abs. 6a AStG

§ 7 Abs. 6 und Abs. 6a AStG (vormals § 10 Abs. 6 und (zuletzt) Abs. 7 AStG) enthält die sog. **verschärfte Hinzurechnungsbesteuerung** im Hinblick auf Einkünfte mit Kapitalanlagecharakter; abgekürzt auch **KAC-Einkünfte** genannt.[121] **Zum Verständnis**: Eine ausländische Basisgesellschaft kann, aus der Sicht des Außensteuergesetzes, **drei Arten** von Einkünften haben:[122] 76

– (unschädliche) Einkünfte aus **Aktivtätigkeiten**
– (schädliche) **normale** oder **reguläre Zwischeneinkünfte** aus Passivtätigkeiten, §§ 7 Abs. 1, 8 Abs. 1 KStG
– (besonders schädliche) **Zwischeneinkünfte mit Kapitalanlagecharakter**, § 7 Abs. 6a AStG.

Hintergrund der besonderen Gesetzgebung für Einkünfte mit Kapitalanlagecharakter war ein beliebtes **Steuersparmodell** der 80er Jahre. Danach wurden **Fonds-Tochtergesellschaften** in einem DBA-Staat, der die folgenden Voraussetzungen erfüllte, gegründet: (1) In dem DBA-Staat galt eine niedrigen Besteuerung; (2) das DBA D/ausländischer 77

---

[120] Dies ergibt sich aus dem Wortlaut von § 10 Abs. 1 Satz 3 AStG. S. TZ 10.1.1.3. AEAStG.
[121] S. etwa Gross/Schelle, IWB Nr. 14 vom 26. 7. 1993, S. 635 (697 f.).
[122] S. Gross/Schelle, IWB Nr. 14 vom 26. 7. 1993, S. 635 (697 f.); Rättig/Protzen, IStR 2000, S. 743 (744). Vgl. in diesem Zusammenhang auch die Einteilung in vier Fallgruppen in Ziff. D. I. 2. b) cc) bbb) BMF-Bericht/Bericht der Bundesregierung zur Fortentwicklung des Unternehmensteuerrechts vom 18. 4. 2001.

§ 34 78

Staat enthält keine Aktivitätsklausel. Ein geeigneter ausländischer Staat hierfür war vor allem **Irland** (Körperschaftsteuersatz 10%). Die Basisgesellschaft in Irland wurde als sog. **cash-box** verwendet, das heißt es fanden von ihr keine Gewinnausschüttungen an den deutschen Anteilseigner statt.[123] Um diesen Steuergestaltungen entgegenzuwirken, wurde mit dem StÄndG 1992 die sog. **KAC-Gesetzgebung** eingeführt.[124]

78 Bei den Zwischeneinkünften mit Kapitalanlagecharakter kann des Weiteren danach unterschieden werden, ob die Basisgesellschaft (1) neben anderen (unschädlichen) Einkünften aus Aktivtätigkeiten und/oder neben anderen (schädlichen) normalen Zwischeneinkünfte aus Passivtätigkeiten zusätzlich Zwischeneinkünfte mit Kapitalanlagecharakter hat oder ob die Basisgesellschaft (2) **ausschließlich Zwischeneinkünfte mit Kapitalanlagecharakter** hat. Im Fall (1) findet eine Hinzurechnung erst statt bei einer Beteiligung des Steuerpflichtigen von 1% oder mehr, § 7 Abs. 6 Satz 1 AStG. Im Fall (2) findet eine Hinzurechnung schon statt bei einer Beteiligung des Steuerpflichtigen von **weniger als 1%**, § 7 Abs. 6 Satz 3 AStG. Ähnlich § 9 AStG enthält § 7 Abs. 6 Satz 2 AStG eine **Bagatellgrenze**. Danach gilt die herabgesetzte Beteiligungsgrenze von 1% oder mehr (nach § 7 Abs. 6 Satz 1 AStG) oder von weniger als 1% (nach § 7 Abs. 6 Satz 3 AStG) dann nicht, wenn die KAC-Einkünfte nicht mehr als **10%** der gesamten Zwischeneinkünfte betragen (so die **relative Größe**), vorausgesetzt, dass die KAC-Einkünfte **EUR 80 000,00** nicht übersteigen (so die **absolute Größe**).

Einkünfte mit Kapitalanlagecharakter[125]   Schaubild § 34-10

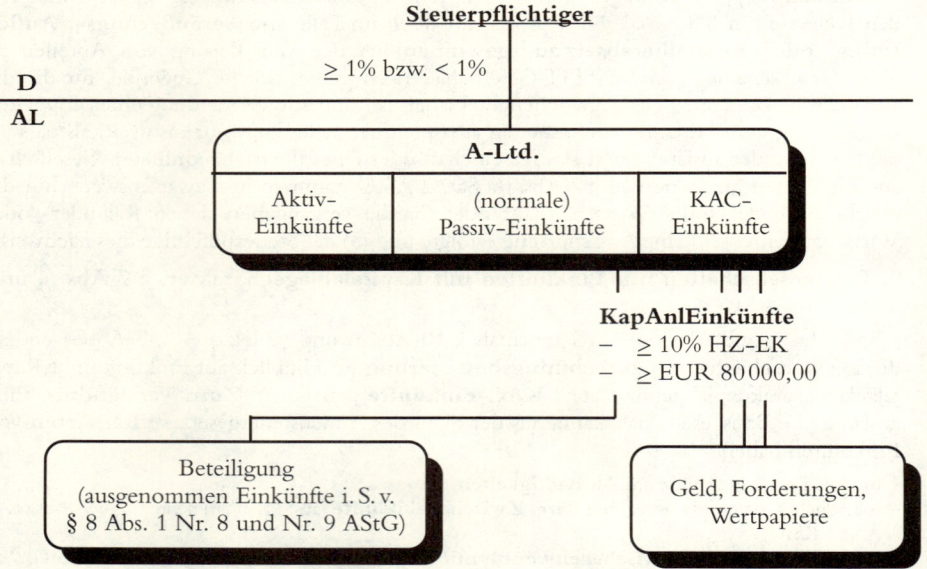

§ 7 Abs. 6a AStG – Halten, Verwaltung, Werterhaltung, Werterhöhung dieser Kapitalanlagen, es sei denn der StPfl weist nach, das diese Einkünfte aus einer Tätigkeit stammen, die einer eigenen Aktivtätigkeit der Basis-Ges i. S. v. § 8 Abs. Nr. 1–6 AStG dient (**Ausnahme** gem. KWG); *Anm.*: dann sind diese Einkünfte immer noch (normal) passiv!!!

---

[123] Vgl. *Schaumburg*, a. a. O., Rdnr. 295.
[124] S. Art. 17 Ziff. 3 – Ziff. 6 und Ziff. 9 des Gesetzes zur Entlastung der Familien und zur Verbesserung der Rahmenbedingungen für Investitionen und Arbeitsplätze (Steueränderungsgesetz 1992 – StÄndG 1992) vom 25. 2. 992, BGBl. 1992 I S. 297.
[125] *Rättig/Protzen*, IStR 2000, S. 743 (744) spricht hier auch von den „drei Einkunftskörben".

§ 34. Das Außensteuergesetz

Die KAC-Gesetzgebung hat heute[126] **nur noch Bedeutung in zwei Fällen**: 79

— im Hinblick auf das in § 7 AStG geregelte **Beteiligungserfordernis**.
Mit anderen Worten: Für KAC-Einkünfte gilt das — durch das StVergAbG 2003 verschärfte — System der Hinzurechnungsbesteuerung wie für schädliche **normale** oder **reguläre Zwischeneinkünfte** aus Passivtätigkeiten auch, mit einer **Ausnahme**. Beim Vorliegen von KAC-Einkünften bedarf es nicht einer Beteiligung an einer Basisgesellschaft von mehr als der Hälfte, sondern ausreichend ist eine Beteiligung des Steuerpflichtigen von 1% oder mehr (nach § 7 Abs. 6 Satz 1 AStG) bzw. von **weniger als 1%** (nach § 7 Abs. 6 Satz 3 AStG).

— im Hinblick auf **Veräußerungsgewinne** aus der Veräußerung von KAC-Anteilen.
Diese gelten nach § 8 Abs. 1 Nr. 9 AStG als Passiv-Einkünfte; es bleibt hier also bei der Hinzurechnungsbesteuerung.

8. Sonderfall des § 20 Abs. 2 AStG

Durch **§ 20 Abs. 2 Satz 1 AStG** wird die KAC-Gesetzgebung auf Erträge ausgedehnt, 80
die eine **ausländische Betriebsstätte** aus der Finanzierung von aktiven Konzerngesellschaften erhält. **Zum Verständnis**: § 20 Abs. 2 AStG gehört nicht zu den Regelungen der Hinzurechnungsbesteuerung, da ja gerade keine ausländische Basisgesellschaft vorliegt, sondern diese Norm enthält eine **Sonderregel** zur Anwendung von Doppelbesteuerungsabkommen und führt damit ebenfalls zu einem **Treaty Overriding**.[127] Diese Norm ordnet an, dass für KAC-Einkünfte, die einer Betriebsstätte zufließen, die Steuerfreistellung von Doppelbesteuerungsabkommen nicht gilt, sondern auf sie nur die **Anrechnungsmethode** Anwendung findet.

Funktionsweise von § 20 Abs. 2 AStG   Schaubild § 34-11

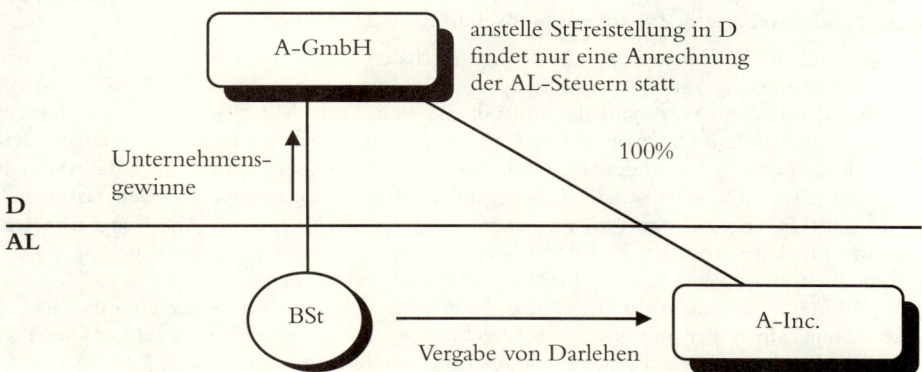

9. Steueranrechnung anstelle Steuerabzug, § 12 AStG

Nach § 12 Abs. 1 Satz 1 AStG werden auf Antrag des Steuerpflichtigen auf seine Einkommen- oder Körperschaftsteuer, die auf den Hinzurechnungsbetrag entfällt, die **Steuern angerechnet**, die nach § 10 Abs. 1 AStG abziehbar sind.[128] Bei der Anrechnung sind nach § 12 Abs. 2 AStG die Vorschriften des **§ 34c EStG** und des **§ 26 KStG** entsprechend anzuwenden. Entsprechend ist der Hinzurechnungsbetrag um diese Steuern zu erhöhen. Obwohl von der Logik her klar ist, dass in diesem Falle der Steuerpflichtige die Steuern nicht sowohl nach § 10 Abs. 1 AStG abziehen und zugleich diese Steuern anrechnen kann, ist die Regelung in § 12 Abs. 1 Satz 2 AStG erforderlich, weil nach der Systematik der §§ 7–4 AStG zur Berechnung des Hinzurechnungsbetrags zunächst die Steuer abzuziehen

---
[126] Seit dem StVergAbG 2003.
[127] Vgl. hierzu auch *Lüdicke*, IStR 2003 S. 433 (439).
[128] S. TZ 12.1.2. AEAStG.

ist. Entsprechend ist im Falle der Steueranrechnung die abgezogene Steuer dem Hinzurechnungsbetrag wieder hinzuzurechnen. Zu beachten ist, dass sich die Erhöhung des Hinzurechnungsbetrags auch auf die **Gewerbesteuer** auswirkt, bei der sich die Anrechnung der ausländischen Steuern wiederum nicht auswirkt.[129]

82 Erforderlich ist ein **Antrag** des Steuerpflichtigen, der in der Steuererklärung nach § 18 AStG zu stellen ist. Bei mehreren ausländischen Basisgesellschaften kann der Antrag von dem Steuerpflichtigen nach *h. M.* für jeden Hinzurechnungsbetrag getrennt ausgeübt werden.[130] In der Regel ist die Anrechnung nach § 12 AStG für den Steuerpflichtigen **günstiger** als der Steuerabzug nach § 10 Abs. 1 AStG. Die Steueranrechnung nach § 12 AStG ist in den Fällen **ungünstiger**, in denen für den Steuerpflichtigen eine Anrechnung auf eine deutsche Steuer nicht möglich ist. Dies ist etwa dann der Fall, wenn in dem betreffenden Wirtschaftsjahr (deutsche) Verluste erwirtschaftet werden.

83 **§ 12 Abs. 3 AStG** regelt die Anrechnung von **Quellensteuern.** Danach werden auf Antrag eines unbeschränkt Steuerpflichtigen Steuern von den nach **§ 3 Nr. 41 EStG** befreiten Gewinnausschüttungen „als Hinzurechnungsbetrag in entsprechender Anwendung des § 34c Abs. 1 und 2 EStG angerechnet oder abgezogen". Die Regelung betrifft die von steuerfreien ausländischen Dividenden einbehaltenen Quellensteuern. Die Anrechnung oder der Steuerabzug erfolgt im Veranlagungszeitraum und nach § 12 Abs. 3 Satz 2 AStG auch dann, wenn der Steuerbescheid für diesen Veranlagungszeitraum bereits bestandskräftig ist. Diese Regelung gilt nicht nur für unbeschränkt Steuerpflichtige, die natürliche Personen sind, sondern auch für unbeschränkt Steuerpflichtige, die Körperschaftsteuersubjekte sind; denn § 3 Nr. 41 EStG ist über § 8 Abs. 1 KStG auch für Körperschaften anwendbar.[131]

10. Nachgeschaltete Zwischengesellschaften, § 14 AStG

84 §§ 7–12 AStG[132] gelten nur für Basisgesellschaften, an denen der Steuerpflichtige **unmittelbar beteiligt** ist. Gäbe es § 14 AStG nicht, dann wären die §§ 7–12 AStG dadurch leicht zu unterlaufen, in dem die ausländische Basisgesellschaft eine weitere ausländische Basisgesellschaft gründet, von der sodann die Passivtätigkeiten ausgeübt werden würden. Aus diesem Grunde verlängert § 14 AStG den Anwendungsbereich der §§ 7–12 AStG auf die der ersten Basisgesellschaft **(Obergesellschaft)** nachgelagerten weiteren Basisgesellschaften **(Untergesellschaften)** und zwar unbegrenzt (s. § 14 Abs. 3 AStG; sog. **übertragende Hinzurechnung**). § 14 AStG berücksichtigt damit unter anderem auch, dass Konzerne nicht nur zweistufig oder dreistufig aufgebaut sein können.[133]

85 § 14 AStG ist dann nicht anwendbar, wenn eine Beteiligung an einer Untergesellschaft dem Steuerpflichtigen unmittelbar zuzurechnen ist (z. B. aufgrund der **§§ 39, 41** oder **42 AO**).[134] In diesem Fall unterbleibt eine übertragende Hinzurechnung nach § 14 AStG.[135]

86 Finden eine direkte Zurechnung nach den §§ 39, 41 oder 42 AO nicht statt, dann werden bei der Anwendung von § 14 AStG dem Steuerpflichtigen Einkünfte der Untergesellschaft (sog. **Zurechnungsbeträge**) nicht unmittelbar zugerechnet. Die Zurechnung er-

---

[129] S. *BFH* vom 28. 12. 2005, BStBl. 2006 II S. 555 (556).
[130] S. *Schaumburg*, a. a. O., Rdnr. 10.235 m. w. N.
[131] Vgl. *Rättig/Protzen*, IStR 2002, S. 123 (127) m. w. N.
[132] § 13 AStG wurde durch das UntStFG 2001 aufgehoben.
[133] Durch das UntStFG 2001 wurde § 14 AStG wegen der Einführung von § 8 Abs. 1 Nr. 8 und Nr. 9 AStG und wegen der Streichung von § 13 AStG a. F. in zahlreichen Punkten geändert und zwar v. a. wie folgt: (1) in § 14 Abs. 1 AStG ist nunmehr auch ein Nachweis des Steuerpflichtigen für Aktiv-Einkünfte der nachgeordneten Gesellschaften erforderlich (dies ist notwendig wegen der Regelung in § 8 Abs. 1 Nr. 8 AStG); (2) § 14 Abs. 2 AStG a. F. wurde gestrichen; (3) § 14 Abs. 3 AStG wurde redaktionell überarbeitet. *Kritisch* hierzu *Wassermeyer*, IStR 2003, S. 665 f. Durch das StVergAbG 2003 wurde § 14 Abs. 4 AStG aufgehoben.
[134] S. TZ 14.0.2. AEAStG.
[135] S. TZ 14.1.8. AEAStG.

folgt bei der Obergesellschaft und gelangt dort unmittelbar in die Hinzurechnung nach den §§ 7–12 AStG; wird dort also Teil des Hinzurechnungsbetrags. (Passiv-)Einkünfte der Untergesellschaft führen damit zu einer **Erhöhung des Hinzurechnungsbetrags bei der Obergesellschaft**. Der *BFH* unterscheidet für die Anwendung von § 14 AStG scharf zwischen **„Zurechnung"** und **„Hinzurechnung"**. Danach findet bei der Anwendung von § 14 AStG eine „Zurechnung" statt, die logisch vorrangig ist vor der „Hinzurechnung" nach den §§ 7–12 AStG. „Zurechnung" und „Hinzurechnung" sind also nicht identisch und dürfen nicht miteinander verwechselt werden. Bei der „Zurechnung" werden Einkünfte der Untergesellschaft nicht fiktiv ausgeschüttet wie bei der „Hinzurechnung". Die „Zurechnung" ist vielmehr anderer Art. Entsprechend werden bei der „Zurechnung" Zwischeneinkünfte auch nicht umqualifiziert.[136] Der übertragenden Zurechnung unterliegen **alle Einkünfte**, die einer niedrigen Besteuerung unterliegen,[137] es sei denn der Steuerpflichtige weist nach, dass es sich um die folgenden **(Aktiv-)Einkünfte** handelt:

– Einkünfte aus unter **§ 8 Abs. 1–7 AStG** fallenden Tätigkeiten oder Gegenständen (der Untergesellschaft)
– Einkünfte im Sinne des **§ 8 Abs. 1 Nr. 8** und **Nr. 9 AStG** (der Untergesellschaft)
– Einkünfte aus Tätigkeiten, die einer unter § 8 Abs. 1 Nr. 1–6 AStG fallenden **eigenen Tätigkeit** der ausländischen (Ober-)Gesellschaft **dienen**.

Die **Beweislast** liegt somit beim Steuerpflichtigen. 87

Die Zurechnung erfolgt im **Zeitpunkt** ihrer Entstehung. Nach der *Rechtsprechung* des 88 *BFH* ist dies die logische Sekunde vor Ablauf des Wirtschaftsjahres der Untergesellschaft.[138] Im Falle der Nachschaltung verschiedener **weiterer Basisgesellschaften**, vollzieht sich die Zurechnung nach § 14 Abs. 1 und 3 AStG in der logischen Sekunde des jeweiligen Wirtschaftsjahres der untersten nachgeschalteten Untergesellschaft durch alle vorgeschalteten Untergesellschaften hindurch bis zur Obergesellschaft.[139]

Der Obergesellschaft sind nicht nur positive Einkünfte der Untergesellschaft zuzurech- 89 nen, sondern der übertragenden Hinzurechnung unterliegen auch **negative Zurechnungsbeträge**. § 10 Abs. 1 Satz 3 AStG findet also keine Anwendung.[140]

Die Voraussetzungen für eine übertragende Zurechnung nach § 14 AStG sind für jede 90 Untergesellschaft gesondert zu prüfen.[141] Dies gilt unter anderem für die Frage, ob eine niedrige Besteuerung vorliegt oder ob die in § 9 AStG genannten Freigrenzen überschritten sind.[142] Die **Gewinnermittlung** bei jeder Untergesellschaft erfolgt jeweils nach § 10 AStG.

Gewinnausschüttungen der Untergesellschaft an die Obergesellschaft sind seit dem 91 Inkrafttreten des UntStFG 2001 wegen § 8 Abs. 1 Nr. 8 AStG unerheblich, sodass es nicht mehr zu einer Doppelbesteuerung kommen kann.

Verfahrensrechtlich gilt im Hinblick auf die maßgeblichen **Steuerbescheide** folgen- 92 des: Einkünfte einer nachgeschalteten Basisgesellschaft dürfen nicht in dem Bescheid festgestellt werden, in dem über die Hinzurechnung von Einkünften der Obergesellschaft bei dem inländischen Anteilseigner entschieden wird **(Hinzurechnungsbescheid)**.[143] Viel-

---

[136] S. hierzu insgesamt sehr anschaulich *BFH* vom 28. 9. 1988, BStBl. 1989 II S. 13 (14 f.) mit weiteren Einzelheiten. Zur übertragenden Hinzurechnung sehr anschaulich auch *BFH* vom 18. 7. 2001, BStBl. 2002 II S. 334 (335 f.). S. auch TZ 14.1.5. AEAStG.
[137] Vgl. TZ 14.1.1. AEAStG.
[138] Anschaulich auch zu diesem Punkt s. *BFH* vom 28. 9. 1988, BStBl. 1989 II S. 13 (15). S. auch TZ 14.3. AEAStG.
[139] S. auch hierzu *BFH* vom 28. 9. 1988, BStBl. 1989 II S. 13 (15).
[140] Anschaulich auch zu diesem Punkt s. *BFH* vom 28. 9. 1988, BStBl. 1989 II S. 13 (15). S. auch TZ 14.1.6. AEAStG.
[141] S. TZ 14.0.3. AEAStG.
[142] S. TZ 14.1.3. AEAStG.
[143] Zum Hinzurechnungsbescheid s. *BFH* vom 18. 7. 2001, BStBl. 2002 II S. 334 ff.

§ 34   93   7. Kapitel. Internationales Steuerrecht

mehr ist hierüber ein eigenständiger Feststellungsbescheid (**Zurechnungsbescheid**) zu erlassen, der sodann Grundlagenbescheid für den Hinzurechnungsbescheid ist.[144]

Funktionsweise von § 14 AStG[145]   Schaubild § 34-12

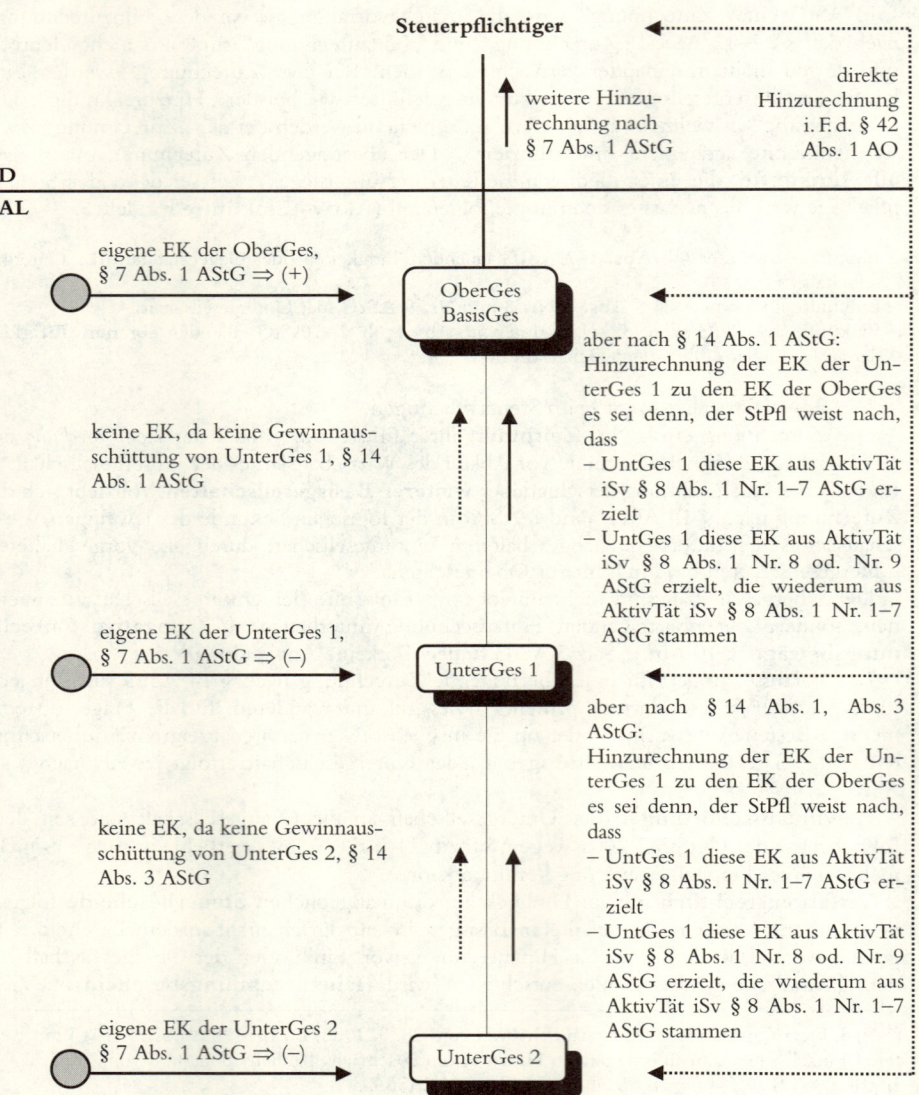

11. Vorrang des Auslandsinvestment-Gesetzes, § 7 Abs. 7 AStG

93   Bei der Besteuerung von ausländischen Investmentfonds besteht ein **gesetzliches Konkurrenzverhältnisse** zwischen den steuerlichen Vorschriften des Auslandsinvestment-

---

[144] Zum Zurechnungsbescheid s. *BFH* vom 18. 7. 2001, BStBl. 2002 II S. 334 ff.
[145] Vgl. hierzu auch *Klein*, IStR 2001, S. 616 (619).

Gesetz (AuslInvestmG) und der Hinzurechnungsbesteuerung. Zur Lösung dieses Konkurrenzverhältnis gewährt § 7 Abs. 7 AStG der Besteuerung nach dem **AuslInvestmG den Vorrang**. Danach findet die Hinzurechnungsbesteuerung dann keine Anwendung, wenn die Einkünfte, für die die ausländische Gesellschaft Zwischengesellschaft ist, der Besteuerung nach dem **AuslInvestmG** unterliegen.[146] Das AuslInvestmG ist kein typisches Steuergesetz, sondern enthält Vorschriften aus dem Öffentlichen Recht, dem Zivilrecht und dem Steuerrecht. Weitere Einzelheiten hierzu werden in dieser Abhandlung nicht behandelt.

III. Internationale Verflechtungen, § 1 AStG

1. Einleitung

„**Internationale Verflechtungen**" ist die Überschrift des Ersten Teils des AStG; dieser erste Teil besteht aus § 1 AStG, welcher wiederum die Überschrift „**Berichtigung von Einkünften**" hat. Zu diesem Themenkreis gehören insbesondere die folgenden **beiden Fallgruppen**:

– Verlagerung von zu versteuernden **Gewinnen** ins Ausland
– Verlagerung von abzuziehendem **Aufwand** ins Inland.

Die Verlagerung von Gewinnen ins Ausland bzw. die Verlagerung von Kosten ins Inland kann auf **drei verschiedene Arten** erfolgen:

– die **verbilligte Lieferung** von Waren und die **verbilligte Erbringung** von Dienstleistungen an ein Gruppenunternehmen im Ausland
– der **verteuerte Bezug** von Waren und Dienstleistungen von einem Gruppenunternehmen im Ausland

} nur diese beiden Fallgruppen sind Gegenstand von § 1 AStG

– die **unangemessene (Gesellschafter-)Fremdkapital-Finanzierung** von Tochter-Gesellschaften im Ausland durch ausländische Anteilseigner

} diese Fallgruppe ist Gegenstand von § 8a KStG

In den beiden ersten Fällen erfolgt die Verlagerung von Gewinnen ins Ausland bzw. die Verlagerung von Kosten ins Inland über eine entsprechende Gestaltung von **Verrechnungspreisen** und **Geschäftsbedingungen** im Rahmen von Geschäftsbeziehungen mit im Ausland ansässigen und ihm nahestehenden Personen, die von denen abweichen, die zwischen unabhängigen Dritten vereinbart worden wären. Auf diese Art und Weise verlagert der Steuerpflichtige zu versteuernde **Gewinne ins Ausland** oder abzuziehende **Ausgaben in das Inland**.

Bei der Verlagerung von zu versteuernden Gewinnen ins Ausland bzw. der Verlagerung von abzuziehendem Aufwand ins Inland durch eine unangemessene Gestaltungen von **Verrechnungspreisen** und **Geschäftsbedingungen** unter nahestehenden Personen sind die folgenden **fünf Abwehrmechanismen zur Berichtigung/Korrektur von Einkünften** zu beachten:[147]

– die allgemeinen Bestimmungen über die Zurechnung von Wirtschaftsgütern und Einkünften sowie über die Ermittlung der Steuerbemessungsgrundlage (v. a. die **§§ 39–42 AO**)[148] und hiervon wiederum vor allem die allgemeine Missbrauchsnorm des **§ 42 Abs. 1 AO**[149]
– die verdeckte Gewinnausschüttung (**vGA**) als allgemeines Rechtsinstitut zur Berichtigung von Einkünften, § 8 Abs. 3 Satz 2 KStG

---

[146] Vgl. hierzu auch *Lüdicke*, IStR 2003 S. 433 (439). Einzelheiten zur Besteuerung von ausländischen Investmentfonds s. bei *Wassermeyer (Wolf)*, IStR 2001, S. 193 ff.
[147] Vgl. hierzu auch TZ 1.1.1. – TZ 1.1.3. Verrechnungspreis-Verwaltungsgrundsätze. Vgl. auch *Flick/Wassermeyer/Baumhoff*, AStG, § 1 Rdnr. 5.
[148] Vgl. hierzu TZ 1.1.2. Verrechnungspreis-Verwaltungsgrundsätze.
[149] Vgl. hierzu insgesamt Ziff. D. I. 2. B) *BMF-Bericht/Bericht der Bundesregierung* zur Fortentwicklung des Unternehmenssteuerrechts vom 18. 4. 2001.

– die verdeckte Einlage (**vEL**) als allgemeines Rechtsinstitut zur Berichtigung von Einkünften, §§ 8 Abs. 1 KStG, 4 Abs. 1 Sätze 1 und 5 EStG
– § 1 AStG
– **§§ 4 h EStG, 8 a KStG** – Zinsschranke.

98 Wie bereits ausgeführt, ist bei diesen fünf Arten von Rechtsgrundlagen **zu unterscheiden**. Die **§§ 39–42 AO**, und damit vor allem auch die allgemeine Missbrauchsnorm des **§ 42 Abs. 1 AO**, gelten in allen Bereichen des Steuerrechts und sanktionieren alle Arten von missbräuchlichen Gestaltungen. Die missbräuchliche Gestaltung von **Verrechnungspreisen** und **Geschäftsbedingungen** zwischen nahestehenden Personen ist (insbesondere) innerhalb von § 42 Abs. 1 AO nur ein Unterfall. Die allgemeinen Rechtsinstitute zur Berichtigung von Einkünften (**vGA**/verdeckte Gewinnausschüttung und **vEL**/verdeckte Einlage) haben nur die Berichtigung von Einkünften zum Gegenstand, allerdings bezogen auf alle Bereiche des Steuerrechts; sie sind also nicht beschränkt auf grenzüberschreitende Sachverhalte. Auch **§ 1 AStG** hat nur die Berichtigung von Einkünften zum Gegenstand, ist aber wiederum beschränkt auf grenzüberschreitende Sachverhalte. **§ 8 a KStG** (Zinsschranke) ist eine besondere Rechtsgrundlage im Körperschaftsteuerrecht[150] und darüberhinaus beschränkt auf Inbound-Sachverhalte.

99 Abgesehen von § 8 a KStG ist die spezielleste Vorschrift **§ 1 AStG** mit einem – immer noch – sehr **knappen Wortlaut**. Mit dem JStG 2008 wurde § 1 AStG neu gefasst. § 1 AStG wird ergänzt durch die folgenden *Verwaltungsvorschriften*:

– das *BMF-Anwendungsschreiben* zum AStG (**AEAStG**) vom 14. 5. 2004[151]
– das *BMF-Schreiben* betr. die Grundsätze für die Prüfung der Einkunftsabgrenzung bei international verbundenen Unternehmen (Verwaltungsgrundsätze – **Verrechnungspreis-Verwaltungsgrundsätze**) vom 23. 2. 1983[152]
– das *BMF-Schreiben* betr. Prüfung der Aufteilung der Einkünfte bei Betriebsstätten international tätiger Unternehmen (**Betriebsstätten-Verwaltungsgrundsätze**) vom 24. Dezember 1999[153]
– das *BMF-Schreiben* betr. Grundsätze für die Prüfung der Einkunftsabgrenzung durch Umlageverträge zwischen international verbundenen Unternehmen (**Verwaltungsgrundsätze – Umlageverträge**) vom 30. 12. 1999[154]
– das *BMF-Schreiben* betr. Grundsätze für die Prüfung der Einkunftsabgrenzung zwischen international verbundenen Unternehmen in Fällen der Arbeitnehmerentsendung (**Verwaltungsgrundsätze – Arbeitnehmerentsendung**) vom 9. 11. 2001[155]
– Verordnung über Art, Inhalt und Umfang von Aufzeichnungen im Sinne des § 90 Abs. 3 AO i. d. F. des StVergAbG 2003 (**Gewinnaufzeichnungsverordnung**) vom 13. 11. 2003[156]
– das *BMF-Schreiben* betr. Grundsätze für die Prüfung der Einkunftsabgrenzung zwischen international verbundenen Unternehmen in Fällen der Arbeitnehmerentsendung (**Verwaltungsgrundsätze – Verfahren**) vom 12. 4. 2005[157]
– das *BMF-Schreiben* betr. Grundsätze für die Prüfung der Einkunftsabgrenzung zwischen nahestehenden Personen in Fällen von grenzüberschreitenden Funktionsverlagerungen (**Verwaltungsgrundsätze-Funktionsverlagerung**) vom 13. 10. 2010[158]

---

[150] Und auch im Einkommensteuerrecht; s. § 4 h EStG.
[151] BStBl. 2004 I Sondernummer 1/2004. Das *BMF-Anwendungsschreiben* zum AStG (AEAStG) vom 14. 5. 2004 hat das Einführungsschreiben zum AStG vom 2. 12. 1994 abgelöst. Das *BMF-Anwendungsschreiben* zum AStG (AEAStG) vom 2. 12. 1994 hat das Einführungsschreiben zum AStG vom 11. 7. 1974 abgelöst.
[152] BStBl. 1983 I S. 218.
[153] BStBl. 1999 I S. 1076.
[154] BStBl. 1999 I S. 1122. S. hierzu auch *Kuckhoff/Schreiber*, IStR 2000, S. 373; *Oestreicher*, IStR 2000, S. 759.
[155] BStBl. 2001 I S. 796.
[156] BStBl. 2003 I S. 739.
[157] BStBl. 2005 I S. 569.
[158] BStBl. 2010 I S. 774. S. hierzu auch die Funktionsverlagerungsverordnung (FVerlV) vom 12. 8. 2008, BGBl. 2008 I S. 1680.

§ 1 AStG ist eine **eigenständige Vorschrift**, die selbständig neben dem zweiten bis 100 siebten Teil des AStG steht.[159] § 1 AStG wird auch bezeichnet als „eine den **Art. 9 Abs. 1 OECD-MA ausfüllende Einkunftskorrekturvorschrift**".[160]

2. Verhältnis von § 1 AStG zu anderen Regelungen zur Einkunftsabgrenzung

§ 1 AStG ist im Verhältnis zu den folgenden **anderen Regelungen zur Einkunftsab-** 101 **grenzung** zu sehen:

– Verhältnis von § 1 AStG zu den §§ 39–42 AO
– Verhältnis von § 1 AStG zu den Grundsätzen der verdeckten Gewinnausschüttung (§ 8 Abs. 3 KStG/vGA) und zu den Grundsätzen der verdeckten Einlage (§§ 8 Abs. 1 KStG, 4 Abs. 1 Sätze 1 und 5 EStG/vEL)
– Verhältnis von § 1 AStG zu § 8a KStG
– Verhältnis von § 1 AStG zu Art. 9, Art. 11 Abs. 6 und Art. 12 Abs. 4 OECD-MA
– Verhältnis von § 1 AStG zu den §§ 7–14 AStG.

Verhältnis von § 1 AStG zu den §§ 39–42 AO. Entsprechend dem bereits darge- 102 stellten Anwendungsbereich der drei verschiedenen Rechtsgrundlagen im Bereich der Berichtigung von Einkünften (§§ 39–42 AO, vGA/vEL, § 8a KStG und § 1 AStG) ist auch ihr **Konkurrenzverhältnis** zueinander. Die **§§ 39–42 AO** (v.a. § 42 Abs. 1 AO) gelten als allgemeine Bestimmungen über die Zurechnung von Wirtschaftsgütern und Einkünften sowie über die Ermittlung der Steuerbemessungsgrundlage in allen Bereichen des Steuerrechts. Sie sanktionieren alle Arten von missbräuchlichen Gestaltungen; sie sind also nicht nur sog. Abgrenzungsregelungen und gehen als Vorschriften zur Sanktionierung von allen Arten von missbräuchlichen Gestaltungen allen übrigen Rechtsgrundlagen zur Berichtigung von Einkünften vor.[161] Allerdings sind die **Tatbestandsvoraussetzungen höher** als bei § 1 AStG, da ein Verstoß gegen die Verrechnungspreisgrundsätze (rein **objektiver Tatbestand**) allein die Anwendung dieser Vorschriften noch nicht rechtfertigt, sondern zusätzlich ist die Verwirklichung eines **subjektiven Elements** erforderlich, nämlich die Absicht des Steuerpflichtigen, das geltende Recht umgehen zu wollen.[162] Entsprechend können auch die **Rechtsfolgen** zwischen einer Einkunftsberichtigung nach den §§ 39–42 AO und den Abgrenzungsregelungen (vGA/vEL oder § 1 AStG) unterschiedlich sein. So sind im Rahmen der §§ 39–42 AO zum Beispiel nicht anwendbar:

– die Grundsätze des **Vorteilsausgleichs**
– die **EG-Schiedskonvention** vom 23. 7. 1990.

Verhältnis von § 1 AStG zu den Grundsätzen der verdeckten Gewinnausschüt- 103 **tung (§ 8 Abs. 3 Satz 2 KStG/vGA) und zu den Grundsätzen der verdeckten Einlage (§§ 8 Abs. 3 Sätze 3 f., Abs. 1 KStG, 4 Abs. 1 Sätze 1 und 5 EStG/vEL).** Im Gegensatz zu den §§ 39–42 AO sind die Grundsätze der verdeckten Gewinnausschüttung **(§ 8 Abs. 3 Satz 2 KStG/vGA)**[163] und die Grundsätze der verdeckten Einlage **(§§ 8 Abs. 3 Sätze 3 f., Abs. 1 KStG, 4 Abs. 1 Sätze 1 und 5 EStG/vEL)**[164] allgemeine Rechtsinstitute zur Berichtigung von Einkünften (sog. **Einkunftskorrekturvorschriften** oder **Abgrenzungsregelungen**) und zwar in allen Bereichen des innerstaatlichen und des grenzüberschreitenden Steuerrechts. Wie bei § 1 AStG sind die Tatbestandsvoraussetzungen

---

[159] Vgl. *Flick/Wassermeyer/Baumhoff*, AStG, § 1 Rdnr. 1. Anstelle des Begriffs „Einkunftskorrektur" spricht man auch von „Gewinnkorrektur".
[160] S. *Flick/Wassermeyer/Baumhoff*, AStG, § 1 Rdnr. 8; s. auch Rdnr. 78.
[161] Vgl. hierzu TZ 1.1.2. Verrechnungspreis-Verwaltungsgrundsätze sowie *Flick/Wassermeyer/Baumhoff*, AStG, § 1 Rdnr. 182 f.
[162] So anschaulich *BFH* vom 5. 3. 1986, BStBl. 1996 II S. 496 (497). Weitere Einzelheiten hierzu s. Kap. 10.3.2. Ziff. (3).
[163] Einzelheiten zur verdeckten Gewinnausschüttung s. etwa bei *Schaumburg*, a.a.O., Rdnr. 18.69 – Rdnr. 18.83. Vgl. hierzu auch *Eigelshoven/Nientimp*, DB 2003, S. 2307 ff.
[164] Einzelheiten zur verdeckten Einlage s. etwa bei *Schaumburg*, a.a.O., Rdnr. 18.84 – Rdnr. 18.89.

nur auf **objektive Merkmale** gerichtet. **Rechtsgrundlage** für die Grundsätze zur **verdeckten Gewinnausschüttung (vGA)** ist **§ 8 Abs. 3 Satz 2 KStG**[165] in Verbindung mit **A 31 KStR**. In den **Tatbestandsvoraussetzungen** unterscheiden sich § 1 AStG und die Grundsätze der verdeckten Gewinnausschüttung (§ 8 Abs. 3 KStG/vGA). Die Tatbestandsvoraussetzungen für eine verdeckte Gewinnausschüttung sind unter **zwei Aspekten weiter**:

– eine verdeckte Gewinnausschüttung ist nicht nur möglich bei **grenzüberschreitenden Sachverhalten**, d. h. zwischen einem im Ausland ansässigen Gesellschafter und seiner im Inland ansässigen (Tochter-)Gesellschaft,[166] sondern auch bei **Inlandssachverhalten**; § 1 AStG ist dagegen nur bei grenzüberschreitenden Sachverhalten anwendbar
– eine verdeckte Gewinnausschüttung ist möglich bei allen Arten einer Vorteilsgewährung im Rahmen eines **„Gesellschaftsverhältnisses"**, während § 1 AStG die Gewährung von Vorteilen nur im Rahmen von **„Geschäftsbeziehungen"** i. S. v. § 1 Abs. 5 AStG[167] zum Gegenstand hat[168] (allerdings kann, wie gleich noch zu sehen ist, je nach Sachverhalt, eine Vorteilsgewährung im Rahmen eines Gesellschaftsverhältnisses, gegenüber der Gewährung von Vorteilen im Rahmen von Geschäftsbeziehungen auch wiederum enger sein).

104   Unter diesen beiden Aspekten ist § 1 AStG die **speziellere Norm**, allerdings **nicht mit Vorrang** vor § 8 Abs. 3 KStG. Wegen des Hinweises „unbeschadet anderer Vorschriften" in Absatz 1 der Vorschrift geht § 1 AStG § 8 Abs. 3 KStG **nicht als lex specialis** vor.[169] Andererseits ist § 1 AStG wiederum insofern weiter, als die Vorschrift **jeden Steuerpflichtigen** umfasst, der im Inland Einkünfte erzielt, während die Grundsätze der vGA/ vEL nur für Körperschaften, Personenvereinigungen oder Vermögensmassen im Sinne von § 1 KStG gelten. Der Anwendungsbereich von § 1 AStG ist auch dahingehend weiter, als er nicht nur Rechtsbeziehungen im Rahmen von Gesellschaftsverhältnissen umfasst, sondern alle Arten von möglichen beherrschenden Einflussnahmen zum Gegenstand hat.[170]

105   **Rechtsgrundlage** für die Grundsätze zur **verdeckten Einlage (vEL)** sind die **§§ 8 Abs. 3 Sätze 3 f., Abs. 1 KStG, 4 Abs. 1 Sätze 1 und 5 EStG**[171] in Verbindung mit **A 36 a KStR**. Eine verdeckte Einlage ist dann zu bejahen, wenn **zwei Grundvoraussetzungen** gegeben sind:

– der Kapitalgesellschaft wird ein **„einlagefähiger Vermögensvorteil"** zuwendet[172]
– die Zuwendung „durch das **Gesellschaftsverhältnis** veranlasst" sein.

106   Auch die Tatbestandsvoraussetzungen für eine verdeckte Einlage sind unter **zwei Aspekten weiter** als die des § 1 AStG:

– eine verdeckte Einlage ist nicht nur möglich bei **grenzüberschreitenden Sachverhalten**, d. h. zwischen einem im Ausland ansässigen Gesellschafter und seiner im Inland ansässigen (Tochter-)

---

[165] Vgl. hierzu *Wassermeyer*, Einkünftekorrekturnormen im Steuersystem, IStR 2001, S. 633 (638) mit dem Hinweis, dass es drei Arten von verdeckten Gewinnausschüttungen gibt. Vgl. hierzu auch *Schaumburg*, a. a. O., Rdnr. 18.67.
[166] S. *Schaumburg*, a. a. O., Rdnr. 18.76 m. w. N.; *Flick/Wassermeyer/Baumhoff*, AStG, § 1 Rdnr. 81.
[167] Der Begriff „Geschäftsbeziehung" wurde durch das StVergAbG 2003 erheblich erweitert. Damit ist die noch wesentlich engere (oder zu Gunsten des Steuerpflichtigen weitere) *BFH-Rechtsprechung* im Urteil vom 29. 11. 2000, BStBl. 202 II S. 720 (720 f.) überholt.
[168] S. *Flick/Wassermeyer/Baumhoff*, AStG, § 1 Rdnr. 81.
[169] S. *Flick/Wassermeyer/Baumhoff*, AStG, § 1 Rdnr. 81.
[170] S. *Flick/Wassermeyer/Baumhoff*, AStG, § 1 Rdnr. 82.
[171] Vgl. hierzu *Wassermeyer*, Einkünftekorrekturnormen im Steuersystem, IStR 2001, S. 633 (638) mit dem Hinweis, dass es drei Arten von verdeckten Gewinnausschüttungen gibt.
[172] Ein „einlagefähiger Vermögensvorteil" setzt voraus, dass ein Wirtschaftsgut aktivierungsfähig ist S. hierzu das Grundsatzurteil des Großen Senats des BFH zur verdeckten Einlage im Zusammenhang mit Nutzungsüberlassungen in *BFH* vom 26. 10. 1987, BStBl. 1988 II S. 348 (352). Vgl. ferner *BFH* vom 18. 12. 1990, BFH/NV 1992, S. 15 (16).

Gesellschaft,[173] sondern auch bei **Inlandssachverhalten**; § 1 AStG ist dagegen nur bei grenzüberschreitenden Sachverhalten anwendbar
– eine verdeckte Einlage ist möglich bei allen Arten einer Vorteilsgewährung im Rahmen eines „**Gesellschaftsverhältnisses**", während § 1 AStG die Gewährung von Vorteilen nur im Rahmen von „**Geschäftsbeziehungen**" i. S. v. § 1 Abs. 4 AStG[174] zum Gegenstand hat[175] (allerdings kann, wie gleich noch zu sehen ist, auch hier je nach Sachverhalt, eine Vorteilsgewährung im Rahmen eines Gesellschaftsverhältnisses, gegenüber der Gewährung von Vorteilen im Rahmen von Geschäftsbeziehungen auch wiederum enger sein).

Unter diesen beiden Aspekten ist § 1 AStG die **speziellere Norm**. Allerdings gilt auch hier der Vorbehalt „unbeschadet anderer Vorschriften" in Absatz 1 der Vorschrift, mit der Folge, dass § 1 AStG **keinen Vorrang** vor den §§ 8 Abs. 1 KStG, 4 Abs. 1 Sätze 1 und 5 EStG hat.[176] Auf der anderen Seite ist der Anwendungsbereich von § 1 AStG wiederum in den bereits zur verdeckten Gewinnausschüttung genannten beiden Aspekten weiter.[177]

Im Falle einer verdeckten Einlage ergeben sich die nachstehenden **Rechtsfolgen**:[178]

beim Gesellschafter	bei der Gesellschaft
• der Gesellschafter hat nachträgliche Anschaffungskosten auf die Beteiligung, d. h. dass bei dem Gesellschafter in Höhe der verdeckten Einlage der **Betriebsausgabenabzug nicht zulässig** ist	• in Höhe des durch eine verdeckte Einlage erhöhten Aktivpostens oder verminderten Passivpostens liegt bei der Gesellschaft **kein steuerbarer Gewinn**

Da sich die beiden Abgrenzungsregelungen (Grundsätze der vGA/vEL einerseits und § 1 AStG andererseits) nur an objektiven Merkmalen orientieren, stehen sie **wertungsmäßig auf einer Stufe** und sind somit „nach ihren Rechtsvoraussetzungen voneinander unabhängig und nebeneinander anwendbar".[179] Allerdings sind die **Rechtsfolgen** einer Einkunftsberichtigung nach vGA/vEL oder nach § 1 AStG verschieden. So sind im Rahmen der vGL und der vEL zum Beispiel die Grundsätze der Gegenberichtigung nicht anwendbar.[180] Damit ist die Abgrenzungsfrage nicht nur ein theoretisches Problem, sondern die Beurteilung dieses Konkurrenzverhältnisses hat eine *praktische Bedeutung*.[181]

Noch ein Hinweis zur *praktischen Bedeutung* von § 1 AStG einerseits und vGA/vEL andererseits: Wie *Wassermeyer*[182] im Jahre 2001 nachwies ist in der *Praxis* bei der Berichtigung von Einkünften in etwa **90%** der Fälle eine **vGA** (bzw. eine Entnahme) gegeben, in weite-

---

[173] S. *Schaumburg*, a. a. O., Rdnr. 18.76 m. w. N. Vgl. auch *Flick/Wassermeyer/Baumhoff*, AStG, § 1 Rdnr. 91.
[174] Zum Begriff „Geschäftsbeziehung" s. oben bei verdeckte Gewinnausschüttung.
[175] S. *Flick/Wassermeyer/Baumhoff*, AStG, § 1 Rdnr. 91.
[176] S. *Flick/Wassermeyer/Baumhoff*, AStG, § 1 Rdnr. 91.
[177] Diese beiden Aspekte sind: die Grundsätze der verdeckten Einlage gelten nur für Körperschaften, Personenvereinigungen oder Vermögensmassen im Sinne von § 1 KStG; § 1 AStG umfaßt nicht nur Rechtsbeziehungen im Rahmen von Gesellschaftsverhältnissen, sondern gilt für alle Arten von möglichen beherrschenden Einflussnahmen.
[178] Vgl. hierzu auch *Schaumburg*, a. a. O., Rdnr. 18.78 – Rdnr. 18.80; *Flick/Wassermeyer/Baumhoff*, AStG, § 1 Rdnr. 91.
[179] So TZ 1.1.3. Satz 1 Verrechnungspreis-Verwaltungsgrundsätze.
[180] S. TZ III. 1. *Erlass des FM Baden-Württemberg* betr. Prüfung der Verrechnungspreise inländischer Unternehmen mit verbundenen Unternehmen im Ausland vom 31. 7. 1995. Einzelheiten hierzu s. *Flick/Wassermeyer/Baumhoff*, AStG, § 1 Rdnr. 83.
[181] Anschaulich hierzu *Wassermeyer*, IStR 2001, S. 633 (637). Vgl. auch *Jacobs*, a. a. O., 5. Teil 3. Kap. B. I. 3. b).
[182] S. *Wassermeyer*, IStR 2001, S. 633 (633).

ren **7%** ist eine **vEL** zu bejahen und lediglich die übrigen **3% der Fälle** verbleiben dem Anwendungsbereich von **§ 1 AStG**.[183]

110 **Verhältnis von § 1 AStG zu den §§ 4h EStG, 8a KStG.** § 1 AStG und die §§ 4h EStG, 8a KStG überschneiden sich in ihrem Anwendungsbereich nicht, stehen also in **keinem Konkurrenzverhältnis**.[184] Gegenstand von § 1 AStG (und auch der Grundsätze der vGA/vEL) sind im Bereich von Darlehen zu hohe oder zu niedrige Zinsen (also **unangemessene Zinsen**) und in anderen Bereichen zu hohe oder zu niedrige **sonstigen Kosten**. Dagegen sind Gegenstand der §§ 4h EStG, 8a KStG angemessene Zinsen, die nach der Wertung dieser Vorschriften allerdings **steuerlich nicht anerkannt** werden sollen.

111 **Verhältnis von § 1 AStG zu Art. 9, Art. 11 Abs. 6 und Art. 12 Abs. 4 OECD-MA.** Da Doppelbesteuerungsabkommen kein materielles Recht enthalten, sie also selbst keine Steuerpflicht begründen und somit selbst auch **keine Rechtsgrundlagen** zur Berichtigung von Einkünften sein können, können die **Art. 9**, **Art. 11 Abs. 6** und **Art. 12 Abs. 4 OECD-MA** zu § 1 AStG in keinem Konkurrenzverhältnis stehen. Diese Normen setzen Rechtsgrundlagen zur Berichtigung von Einkünften in dem jeweiligen innerstaatlichen Recht gerade voraus. Diese Rechtsgrundlagen zur Berichtigung von Einkünften sind im deutschen Recht die in § 34 III. 1. genannten Vorschriften.

3. Anwendungsbereich von § 1 AStG

112 **a) Die vier Fallkonstellationen.** Der Anwendungsbereich von § 1 AStG in Abgrenzung von den Abgrenzungsregelungen nach vGA und vEL lässt sich am anschaulichsten darstellen anhand der folgenden **vier Fallkonstellationen**, bei denen wiederum zu unterscheiden ist zwischen der **Lieferung** einer Sache oder der Erbringung einer **Dienstleistung**.

b) Gestaltung von Verrechnungspreisen – Fallkonstellation 1

Schaubild § 34-13

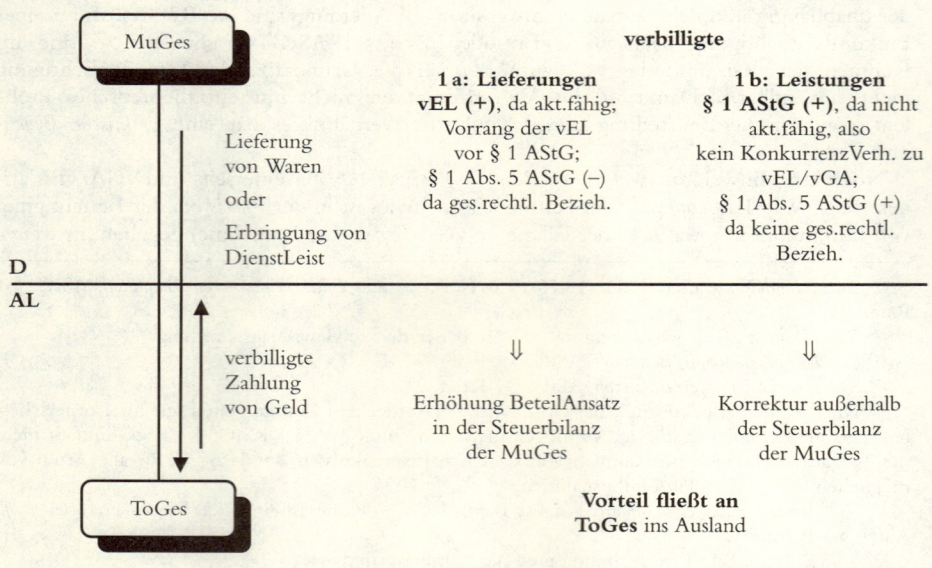

---

[183] Nicht zu Unrecht weisen *Bächle/Rupp*, a.a.O., Teil J Kap. 4.6.3., deshalb darauf hin, dass § 1 AStG subsidiär zu prüfen ist und „vorrangig der Lückenschließung dient".
[184] S. *Flick/Wassermeyer/Baumhoff*, AStG, § 1 Rdnr. 197.

Bei der **Fallkonstellation 1 a** (**Lieferung von Sachen** von der Muttergesellschaft an die Tochtergesellschaft) ist eine verdeckte Einlage gegeben. Die Sachen werden von der Muttergesellschaft als Gesellschafter geliefert und zwar zu einem verbilligten Preis. Damit ist diese Zuwendung durch das Gesellschaftsverhältnis veranlasst, denn ein fremder Dritter würde die Sache nur zu einem marktgerechten Preis veräußern. Auch geht die Sache in das Eigentum der Tochtergesellschaft über und ist bei dieser **als Vermögenswert zu aktivieren**.

Bei der **Fallkonstellation 1 b** (**Erbringung von Dienstleistungen** von der Muttergesellschaft an die Tochtergesellschaft) ist keine verdeckte Einlage gegeben, sondern ein Fall von § 1 AStG. Zwar werden die Dienstleistungen von der Muttergesellschaft als Gesellschafter erbracht und dies zu einem verbilligten Preis; damit ist diese Zuwendung durch das Gesellschaftsverhältnis veranlasst, denn ein fremder Dritter würde die Dienstleistung nur zu einem marktgerechten Preis erbringen. Allerdings ist die **Dienstleistung kein einlagefähiger Vermögensvorteil**. Damit fehlt es an der zweiten Voraussetzung für eine verdeckte Einlage. Solche Dienstleistungen sind nur im Rahmen einer Geschäftsbeziehung im Sinne von § 1 Abs. 5 AStG möglich.

c) **Gestaltung von Verrechnungspreisen – Fallkonstellation 2**

Schaubild § 34-14

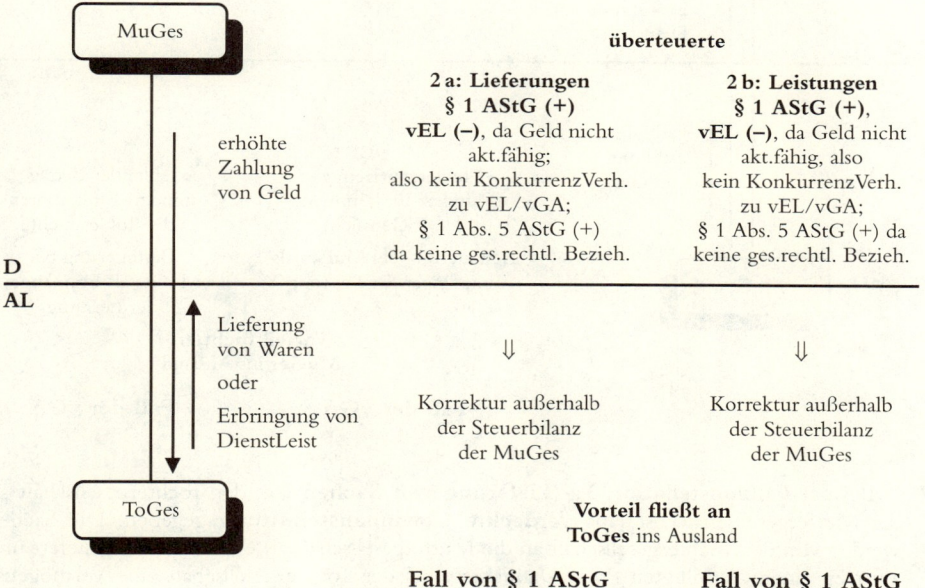

Bei der **Fallkonstellation 2 a** (**Bezug von Sachen** durch die Muttergesellschaft von der Tochtergesellschaft) ist ein **Fall von § 1 AStG** gegeben. Zwar werden die Sachen von der Muttergesellschaft als Gesellschafter bezogen und dies zu einem erhöhten Preis; damit ist die Zuwendung (die erhöhte Zahlung) durch das Gesellschaftsverhältnis veranlasst, denn ein fremder Dritter würde die Sachen nur zu einem marktgerechten Preis beziehen. Allerdings ist **Geld kein einlagefähiger Vermögensvorteil**.[185] Damit fehlt es an der zweiten Voraussetzung für eine verdeckte Einlage. Der verteuerte Bezug von Sachen ist nur im Rahmen einer Geschäftsbeziehung im Sinne von § 1 Abs. 5 AStG möglich.

---

[185] S. etwa *Schmidt/Heinicke* EStG § 4 Rdnr. 349.

116 Bei der **Fallkonstellation 2b** (**Bezug von Dienstleistungen** durch die Muttergesellschaft von der Tochtergesellschaft) ist ebenfalls ein **Fall von § 1 AStG** gegeben. Da von der Muttergesellschaft auch hier eine erhöhte Vergütung geleistet wird, ist die Zuwendung (die erhöhte Zahlung) auch hier durch das Gesellschaftsverhältnis veranlasst, denn ein fremder Dritter würde die Sachen nur zu einem marktgerechten Preis beziehen. Da **Geld** allerdings **kein einlagefähiger Vermögensvorteil** ist, ist eine Geschäftsbeziehung im Sinne von § 1 Abs. 5 AStG gegeben.

d) Gestaltung von Verrechnungspreisen – Fallkonstellation 3

Schaubild § 34-15

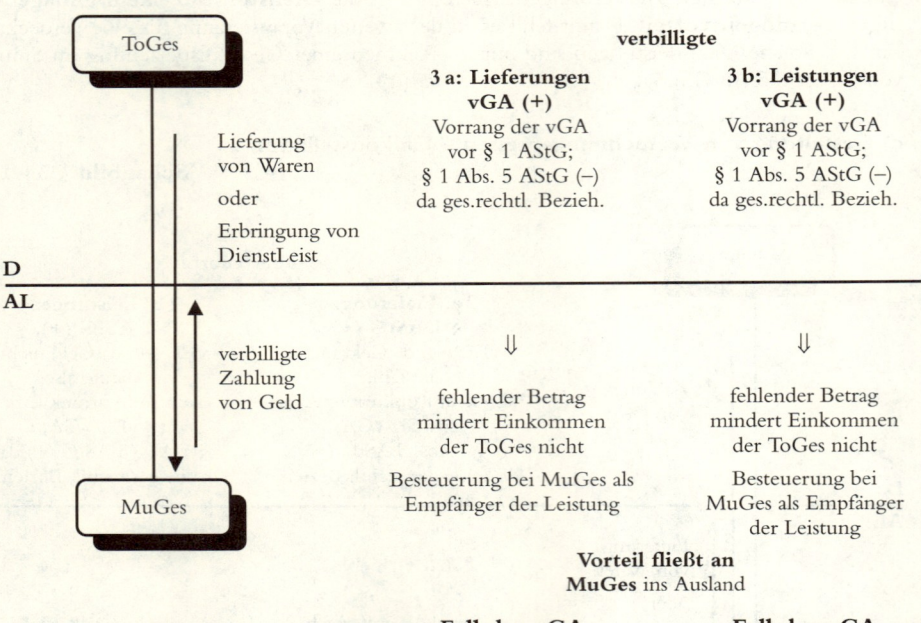

117 Bei der **Fallkonstellation 3a** (**Lieferung von Sachen** von der Tochtergesellschaft an die Muttergesellschaft) ist eine **verdeckte Gewinnausschüttung** gegeben. Die Sachen werden von der Tochtergesellschaft an die Muttergesellschaft als Gesellschafter geliefert und zwar zu einem verbilligten Preis. Damit liegt bei der Tochtergesellschaft eine Vermögensminderung vor und diese ist **durch das Gesellschaftsverhältnis veranlasst**, denn ein fremder Dritter würde die Sache nur zu einem marktgerechten Preis veräußern.

118 Bei der **Fallkonstellation 3b** (**Erbringung von Dienstleistungen** von der Tochtergesellschaft an die Muttergesellschaft) ist ebenfalls eine **verdeckte Gewinnausschüttung** gegeben. Die Dienstleistungen werden von der Tochtergesellschaft an die Muttergesellschaft als Gesellschafter erbracht, auch hier zu einem verbilligten Preis. Damit liegt bei der Tochtergesellschaft eine Vermögensminderung vor, **veranlasst durch das Gesellschaftsverhältnis**.

e) Gestaltung von Verrechnungspreisen – Fallkonstellation 4

Schaubild § 34-16

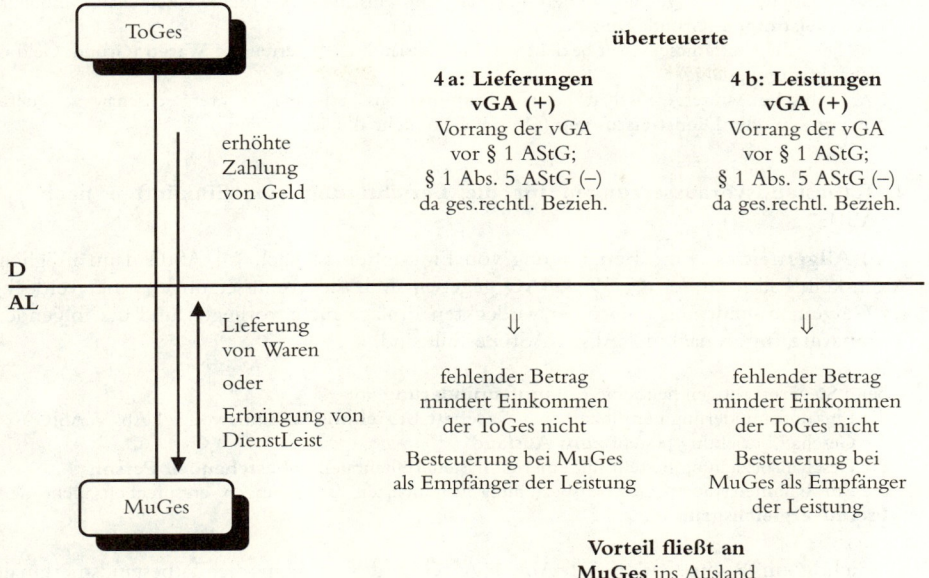

Bei der **Fallkonstellation 4a** (**Bezug von Waren** durch die Tochtergesellschaft von der Muttergesellschaft) ist eine **verdeckte Gewinnausschüttung** gegeben. Die Sachen werden durch die Tochtergesellschaft von der Muttergesellschaft als Gesellschafter bezogen und zwar zu einem erhöhten Preis. Damit liegt bei der Tochtergesellschaft durch die erhöhte Vergütung eine Vermögensminderung vor, verursacht **durch das Gesellschaftsverhältnis veranlasst**, denn ein fremder Dritter würde die Sache nur zu einem marktgerechten Preis beziehen.

Bei der **Fallkonstellation 4b** (**Bezug von Dienstleistungen** durch die Tochtergesellschaft von der Muttergesellschaft) ist ebenfalls eine **verdeckte Gewinnausschüttung** gegeben. Die Dienstleistungen werden durch die Tochtergesellschaft von der Muttergesellschaft als Gesellschafter bezogen, auch hier zu einem erhöhten Preis. Damit liegt bei der Tochtergesellschaft wiederum eine Vermögensminderung vor, **veranlasst durch das Gesellschaftsverhältnis**.

Übersicht über die verschiedenen **Fallkonstellationen**

		MuGes an ToGes		ToGes an MuGes	
Lieferung von Sachen	verbilligt	FK 1a	vEL	FK 3a	vGA
	verteuert	FK 4a	vGA	FK 2a	§ 1 AStG
Erbringung von DstLeist	verbilligt	FK 1b	§ 1 AStG	FK 3b	vGA
	verteuert	FK 4b	vGA	FK 2b	§ 1 AStG

FK = Fallkonstellation

Zusammenfassend ist festzuhalten: Der Anwendungsbereich von **§ 1 AStG** beschränkt sich auf die folgenden Sachverhalte:

- eine deutsche Muttergesellschaft erbringt an ihre ausländische Tochtergesellschaft verbilligte **Dienstleistungen** (Grund: Nutzungen sind nicht einlagefähig)
- eine deutsche Muttergesellschaft bezieht von ihrer ausländischen verteuerte **Waren** (Grund: Geld ist nicht aktivierungsfähig)
- eine deutsche Muttergesellschaft bezieht von ihrer ausländischen Tochtergesellschaft verteuerte **Nutzungen** oder **Dienstleistungen** (Grund: Geld nicht aktivierungsfähig).

4. Tatbestandsvoraussetzungen für die Berichtigung von Einkünften nach § 1 AStG

121 **a) Allgemeines.** Eine Berichtigung von Einkünften ist nach § 1 AStG dann möglich, wenn kein Fall nach den **§§ 39–42 AO** gegeben sind, die Voraussetzungen einer verdeckter Gewinnausschüttung oder einer verdeckten Einlage nicht vorliegen und die folgenden **Voraussetzungen** nach § 1 Abs. 1 AStG erfüllt sind:

- beim Steuerpflichtigen liegt eine **Einkunftsminderung** vor
- die Einkunftsminderung beruht auf einer **Geschäftsbeziehung** im Sinne von § 1 Abs. 5 AStG
- die Geschäftsbeziehung besteht **zum Ausland**
- die Geschäftsbeziehung besteht mit einer dem Steuerpflichtigen **nahestehenden Person**
- die im Rahmen dieser Geschäftsbeziehung vereinbarten Bedingungen entsprechen nicht dem **Fremdvergleichsgrundsatz**.

Wichtig im Rahmen von § 1 Abs. 1 AStG sind vor allem die Tatbestandsmerkmale „Geschäftsbeziehungen", „nahestehende Person" und „Fremdvergleichsgrundsatz".

122 **b) Geschäftsbeziehungen.** Der Begriff „Geschäftsbeziehung" ist in **§ 1 Abs. 5 AStG** definiert. Danach ist eine Geschäftsbeziehung immer bereits dann gegeben, wenn zwischen dem Steuerpflichtigen und der ihm nahestehenden Person eine Beziehung besteht, die auf einer **schuldrechtlicher Vereinbarung** beruht, die keine gesellschaftsvertragliche Vereinbarung ist. Da gesellschaftsvertragliche Vereinbarungen keine schuldrechtliche Vereinbarungen sind, bedarf es im Grunde der Ausnahmeregelung („..., die keine gesellschaftsvertragliche Vereinbarung ist ...") nicht. Gleichwohl hat der Gesetzgeber klarstellend gesellschaftsvertragliche Vereinbarungen von dem Begriff der Geschäftsbeziehungen ausgenommen. Zu den „gesellschaftsrechtlichen Beziehungen", gehören vor allem Einlagen von bilanzierungsfähigen Wirtschaftsgütern durch den Gesellschafter in eine Kapitalgesellschaft oder (verdeckte oder offene) Gewinnausschüttungen einer Kapitalgesellschaft an ihren Gesellschafter.

5. Nahestehende Personen

123 § 1 Abs. 2 AStG enthält eine **Legaldefinition** von „nahestehende Personen". In den folgenden **vier Fällen der Verflechtung** ist eine Person „nahe stehend":
Fall der wesentlichen Beteiligung. Ein Fall der wesentlichen Beteiligung[186] ist gegeben, wenn

- die Person an dem Steuerpflichtigen mindestens zu einem Viertel unmittelbar oder mittelbar beteiligt ist (oder umgekehrt; § 1 Abs. 2 **Nr. 1 1. Alt.** AStG)
- eine dritte Person sowohl an der Person als auch an dem Steuerpflichtigen mindestens zu einem Viertel unmittelbar oder mittelbar beteiligt ist (s. § 1 Abs. 2 **Nr. 2 1. Alt.** AStG).

---

[186] Vgl. hierzu TZ 1.3.2.1. Satz 1 und TZ 1.3.2.2. Verrechnungspreis-Verwaltungsgrundsätze.

Eine „**wesentliche Beteiligung**" ist gegeben bei einer Beteiligung von mindestens **124** 25% an dem Steuerpflichtigen oder (umgekehrt) an der Person. § 1 Abs. 2 Nr. 1 1. Alt. und Nr. 2 1. Alt. AStG haben zum Gegenstand Beteiligungen von **Personengesellschaften, Gemeinschaften** und „**ähnlichen Gebilden**"[187] an **Personengesellschaften, Einzelunternehmen** und in Form einer **stillen Beteiligung**.[188] Diese Beteiligungsverhältnisse können unmittelbare oder unmittelbare Beteiligungen sein. Eine unmittelbare Beteiligung ist etwa gegeben im Verhältnis von Muttergesellschaft zu Tochtergesellschaft. Eine mittelbare Beteiligung ist etwa gegeben im Verhältnis von Muttergesellschaft zu Enkelgesellschaft.[189]

Fall des beherrschenden Einflusses. Ein Fall des beherrschenden Einflusses[190] ist gegeben, wenn

– die Person auf den Steuerpflichtigen unmittelbar oder mittelbar einen beherrschenden Einfluss ausüben kann (oder umgekehrt), § 1 Abs. 2 **Nr. 1 2. Alt.** AStG
– eine dritte Person sowohl auf die Person als auch auf den Steuerpflichtigen unmittelbar oder mittelbar einen beherrschenden Einfluss ausüben kann, § 1 Abs. 2 **Nr. 2 2. Alt.** AStG.

Ein beherrschender Einfluss kann beruhen auf einer **rechtlichen** oder auf einer **tatsächlicher Grundlage**.[191] Zu den rechtlichen Grundlagen gehören insbesondere **Unternehmensverträge** gemäß §§ 291 und 292 AktG, eine **Eingliederung** gemäß § 319 AktG, der Fall der **einheitlichen Leitung** gemäß § 18 AktG und **wechselseitige Beteiligungen** gemäß § 19 AktG, beteiligungsähnliche Rechte oder eine **Geschäftsführerstellung** bzw. sonstige **Kontrolltätigkeit** in zwei Unternehmen.[192] Ausreichend ist die bloße **Möglichkeit** der Einflussnahme.[193] **125**

Fall der besonderen Einflussmöglichkeit. Eine besondere Einflussmöglichkeit[194] auf **126** den Steuerpflichtigen können ausüben zum Beispiel **Lieferanten, Abnehmer** oder **Kreditgeber** des Steuerpflichtigen. Erforderlich ist aber, dass sich die Einflussmöglichkeit auf die betreffende Geschäftsbeziehung selbst erstreckt.[195] Allerdings reicht auch hier bereits die bloße **Möglichkeit** der Einflussnahme aus, zum Beispiel über nahestehende Gesellschaften.[196]

Fall der Interessenidentität. Eine Verflechtung durch Interessenidentität[197] liegt insbesondere bei **verwandtschaftlichen Beziehungen** vor. **127**

---

[187] Vgl. hierzu TZ 1.3.2.1. Satz 2 Verrechnungspreis-Verwaltungsgrundsätze.
[188] Vgl. hierzu TZ 1.3.2.2. Verrechnungspreis-Verwaltungsgrundsätze.
[189] Zur Berechnung des Beteiligungsumfangs s. TZ 1.3.2.3. Verrechnungspreis-Verwaltungsgrundsätze.
[190] Vgl. hierzu TZ 1.3.2.1. Satz 1 und TZ 1.3.2.4. Verrechnungspreis-Verwaltungsgrundsätze.
[191] S. TZ 1.3.2.4. Satz 1 Verrechnungspreis-Verwaltungsgrundsätze.
[192] S. TZ 1.3.2.5. Verrechnungspreis-Verwaltungsgrundsätze.
[193] S. TZ 1.3.2.4. Satz 3 Verrechnungspreis-Verwaltungsgrundsätze.
[194] Vgl. hierzu TZ 1.3.2.1. Satz 1 und TZ 1.3.2.6. Verrechnungspreis-Verwaltungsgrundsätze.
[195] S. TZ 1.3.2.6. Satz 1 Verrechnungspreis-Verwaltungsgrundsätze.
[196] S. TZ 1.3.2.6. Satz 2 Verrechnungspreis-Verwaltungsgrundsätze.
[197] Vgl. hierzu TZ 1.3.2.1. Satz 1 und TZ 1.3.2.7. Verrechnungspreis-Verwaltungsgrundsätze.

Mögliche Verflechtungen im Sinne von § 1 Abs. 2 AStG Schaubild § 34-17

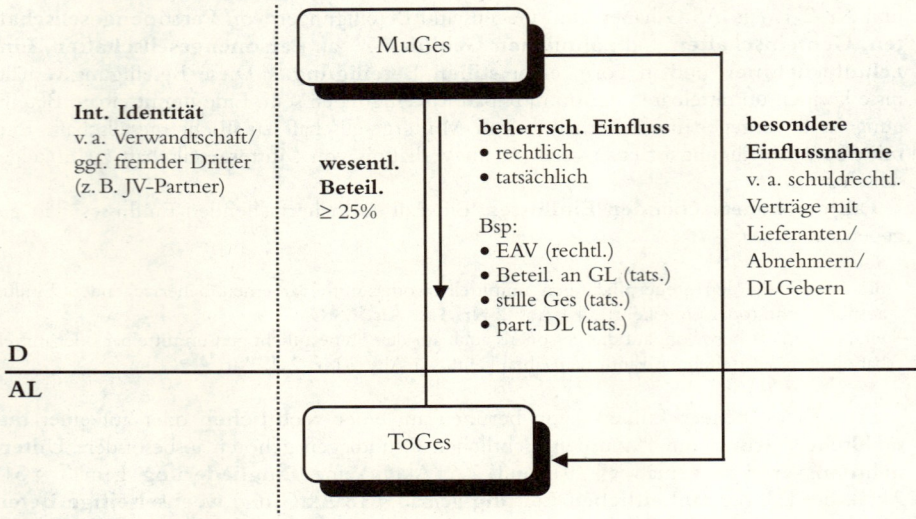

128 **Leistungsbeziehungen zwischen fremden Unternehmen** sind grundsätzlich **kein Fall des § 1 AStG**. Ein zu niedriger oder zu überhöhter Preis ist grundsätzlich stets ein Fremdvergleichspreis. In solchen Fällen ist aber zu prüfen, ob nicht ein Fall des Rechtsmissbrauchs nach **§ 42 Abs. 1 AO** oder ein Fall der besonderen Einflussnahme oder ein Fall der Interessenidentität gemäß **§ 1 Abs. 3 Nr. 3 AStG** gegeben sein könnte.

6. Allgemeine Grundsätze zur Einkunftsabgrenzung

129 **a) Der Fremdvergleichsgrundsatz.** Maßstab der Einkunftsabgrenzung ist der sog. **Fremdvergleich.**[198] Dieser Begriff war bislang in **§ 1 AStG** nicht enthalten. Er hat seine Rechtsgrundlage seit 2008 in § 1 Abs. 1 und Abs. 3 AStG.[199] Für die Anwendung des Fremdvergleichsgrundsatzes ist davon auszugehen, dass die Beteiligten alle wesentlichen Umstände der Geschäftsbeziehung kennen und nach den Grundsätzen ordentlicher und gewissenhafter Geschäftsleiter handeln.[200] Maßgebend sind hierbei nicht nur der Vergleich von Entgelten (sog. **Fremdvergleichspreis** oder **Fremdpreis**), sondern entscheidend sind sämtliche Umstände des Einzelfalles. Der Maßstab für die betreffende Geschäftsbeziehung sind die Verhältnisse des freien Wettbewerbs unter Berücksichtigung der jeweiligen tatsächlichen Verhältnisse nach ihrem wirtschaftlichen Gehalt.[201] Hierbei sind **Risiken** (v. a. Marktrisiken, Risiken von Erfolg und Misserfolg, Kreditausfallrisiko, Wechselkursrisiken, etc.) angemessen zu berücksichtigen.[202] Entsprechend wird unter anderem abgestellt auf die folgenden **Umstände**:

---

[198] S. TZ 2.1. Verrechnungspreis-Verwaltungsgrundsätze. Weitere Einzelheiten zum Fremdvergleich s. *Flick/Wassermeyer/Baumhoff*, AStG, § 1 Rdnr. 106 ff.

[199] S. § 1 Abs. 1 und Abs. 3 AStG i. d. F. des JStG 2008, BStBl. 2008 I S. 218. Früher sah man die Rechtsgrundlage im allgemeinen Veranlassungsgrundsatz. S. *Flick/Wassermeyer/Baumhoff*, AStG, § 1 Rdnr. 106 m. w. N. Zu § 1 AStG i. d. F. des JStG 2008 so etwa *Frischmuth*, IStR 2007, S. 485.

[200] So nunmehr der Wortlaut von § 1 Abs. 1 Satz 2 AStG. Ähnlich bisher BFH vom 10. 5. 1967, BStBl. 1967 III S. 498 (498) und TZ 2.1.1. Verrechnungspreis-Verwaltungsgrundsätze.

[201] S. *BFH* vom 30. 7. 1965, BStBl. 1965 III S. 613 (614); *BFH* vom 26. 2. 1970, BStBl. 1970 II S. 419 (420 f.); *BFH* vom 15. 1. 1974, BStBl. 1974 II S. 606 (608). Vgl. auch TZ 2.1.2. Verrechnungspreis-Verwaltungsgrundsätze.

[202] Vgl. hierzu *Vögele/Borck*, IStR 2002, S. 176 ff.

– die **Funktionen** der einzelnen nahestehenden Unternehmen[203]
– den **wirtschaftlichen Gehalt** der tatsächlichen Tätigkeit[204]
– die Bemessung der **Entgelte**[205]
– **Anhaltspunkte** für die Bemessung von Fremdvergleichspreisen wie zum Beispiel Börsenpreise, branchenübliche Preise, sonstige Informationen über einen bestimmten Markt, allgemein anerkannte betriebswirtschaftliche Daten wie etwa Gewinnaufschläge und Kalkulationsverfahren.[206]

130 Voraussetzung für die **steuerliche Anerkennung** eines Betriebsausgabenabzugs ist, wie auch bei Verträgen unter nahen Angehörigen,[207] dass die gegenseitigen Rechte und Pflichten in dem jeweiligen Vertrag

– im **Vorhinein**
– **klar** und **eindeutig**
– **ernsthaft gewollt**
– **rechtswirksam vereinbart**
– **schriftlich** niedergelegt sind und
– der Vertrag auch **tatsächlich vollzogen** wird.[208]

131 b) **Die Methoden zur Bestimmung bzw. Prüfung von Verrechnungspreisen.** Für die Prüfung von Verrechnungspreisen gibt es **verschiedene Methoden**. Diese sind in dem nachstehenden Schaubild dargestellt.

Methoden zur Bestimmung bzw. Prüfung von
Verrechnungspreisen in der Übersicht[209]   Schaubild § 34–18

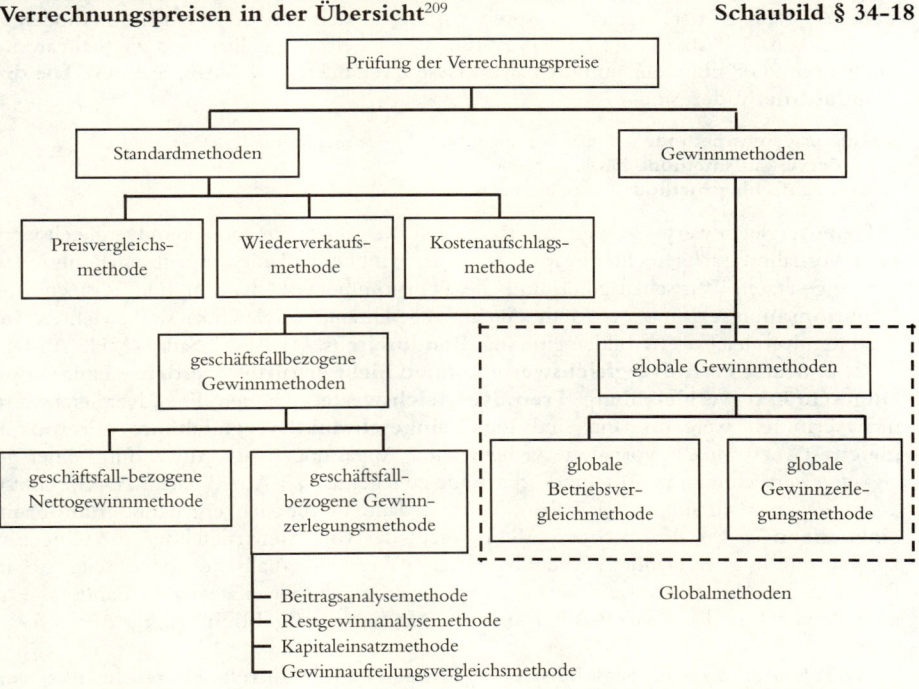

---

[203] S. TZ 2.1.3. Satz 1 Verrechnungspreis-Verwaltungsgrundsätze.
[204] S. TZ 2.1.3. Satz 3 Verrechnungspreis-Verwaltungsgrundsätze.
[205] S. TZ 2.1.4. Verrechnungspreis-Verwaltungsgrundsätze.
[206] S. TZ 2.1.6. Verrechnungspreis-Verwaltungsgrundsätze.
[207] S. TZ 25 Rentenerlass.
[208] S. *BFH* vom 3. 11. 1976, BStBl. 1977 II S. 172 (173); *BFH* vom 21. 7. 1982, BStBl. 1982 II S. 761 (763). Vgl. auch TZ 1.4.1. Verrechnungspreis-Verwaltungsgrundsätze.
[209] In Anlehnung an Jacobs, a. a. O., 6. Teil 5. Kap. B. III. 3 c) (1).

Seit 2008 sind die Standardmethoden nunmehr unmittelbar im Gesetz verankert, s. § 1 Abs. 3 AStG.

132 **c) Standardmethoden zur Prüfung von Verrechnungspreisen. aa) Einleitende Übersicht.** Bei der Prüfung von Verrechnungspreisen war von der deutschen *Finanzverwaltung* in der Vergangenheit auf die **drei Standardmethoden** als „wichtigste Anhaltspunkte" zurückgegriffen worden.[210] Diese drei Standardmethoden sowohl national wie international anerkannt.[211] Mit dem durch das JStG 2008 neu in das AStG eingeführte § 1 Abs. 3 AStG hat sich die Rechtslage verändert.

133 § 1 Abs. 3 AStG n. F. enthält im Grundsatz **zwei Regelungsbereiche**, nämlich

– Regelungen zur **Verrechnungspreisbestimmung**
– Regelungen zur sog. **Funktionsverlagerung**.

134 Bei der **Verrechnungspreisbestimmung** geht das Gesetz in § 1 Abs. 3 Sätze 1–8 AStG **dreistufig** vor:[212]

– **erste Stufe**: Bestimmung anhand konkret ermittelter Fremdvergleichswerte
– **zweite Stufe**: Bestimmung anhand konkret ermittelter Fremdvergleichswerte
– **dritte Stufe**: Bestimmung anhand konkret ermittelter Fremdvergleichswerte.

135 **(1) Erste Stufe: Fremdvergleichswerte können ermittelt werden – Fallgruppe: vergleichbare Fremdvergleichswerte.** Kann ein „**Fremdvergleichswert ermittelt werden**", dann ist der Verrechnungspreis vorrangig nach den drei Standardmethoden zu bestimmen (s. § 1 Abs. 3 Satz 1 1. HS AStG). Wie bereits ausgeführt, sind die Standardmethoden seit 2008 nunmehr unmittelbar im Gesetz verankert (s. § 1 Abs. 3 AStG). Die **drei Standardmethoden** sind

– **Preisvergleichsmethode** (comparable uncontrolled price method)
– **Wiederverkaufsmethode** (resale price method)
– **Kostenaufschlagsmethode** (cost plus method).

136 Fremdvergleichswerte können dann ermittelt werden, wenn die Fremdvergleichswerte nach Vornahme sachgerechter Anpassungen im Hinblick auf die ausgeübten Funktionen, die eingesetzten Wirtschaftsgüter und die übernommenen Chancen und Risiken (sog. **Funktionsanalyse**) für diese Methoden uneingeschränkt vergleichbar sind. Mehrere solche Fremdvergleichswerte bilden eine sog. **Bandbreite** (s. § 1 Abs. 3 Satz 1 2. HS AStG).

137 **(2) 2. Stufe: Fremdvergleichswerte können nicht ermittelt werden – Fallgruppe: eingeschränkt vergleichbare Fremdvergleichswerte.** Können Fremdvergleichswerte nicht ermittelt werden, dann sind sog. „**eingeschränkt vergleichbare (Fremdvergleichs-)Werte**" nach Vornahme sachgerechter Anpassungen der Anwendung einer geeigneten Verrechnungspreismethode zugrunde zu legen (s. § 1 Abs. 3 Satz 2 AStG). Gibt es „mehrere eingeschränkt vergleichbare Werte", dann ist die sich ergebende **Bandbreite einzuengen** (s. § 1 Abs. 3 Satz 3 AStG). Liegt der vom Steuerpflichtige für seine Einkünfteermittlung verwendete (Fremdvergleichs-)Wert außerhalb der Bandbreite (so im Falle von § 1 Abs. 3 Satz 1 AStG) oder liegt er außerhalb der eingeengten Bandbreite (so im Falle von § 1 Abs. 3 Satz 2 AStG), ist der „**Median maßgeblich**" (s. § 1 Abs. 3 Satz 4 AStG).

138 **(3) 3. Stufe: Fremdvergleichswerte können auch durch eingeschränkt vergleichbare Fremdvergleichswerte nicht ermittelt werden – Fallgruppe: hypothetische Fremdvergleichswerte.** Können Fremdvergleichswerte weder konkret noch eingeschränkt ermittelt werden, dann hat der Steuerpflichtige für seine Einkünfteermittlung

---

[210] S. TZ 2.2.1. Verrechnungspreis-Verwaltungsgrundsätze.
[211] S. *Vogel* DBA Art. 9 Rdnr. 34 ff.; *Bächle/Rupp*, a.a.O., Teil J Kap. 4.8.2.2., insbesondere Kap. 4.8.2.2.4.; *Schaumburg*, a.a.O., Rdnr. 18.154; *Jacobs*, a.a.O., 6. Teil 5. Kap. B. III. 3. a); *Flick/Wassermeyer/Baumhoff*, AStG, § 1 Rdnr. 383.
[212] Vgl. den Überblick bei *Wulf*, DB 2007, S. 2280; *Bauer*, DB 2008, S. 152.

einen **hypothetischen Fremdvergleich** unter Beachtung des Absatzes 1 Satz 2 durchzuführen (s. § 1 Abs. 3 Satz 5 AStG). Dazu hat er aufgrund einer **Funktionsanalyse** und **innerbetrieblichen Planrechnungen** den **Mindestpreis** des Leistenden und den **Höchstpreis** des Leistungsempfängers zu ermitteln (sog. **Einigungsbereich**); der Einigungsbereich wird von den jeweiligen Gewinnerwartungen **(Gewinnpotenzialen)** bestimmt (s. § 1 Abs. 3 Satz 6 AStG). Hierzu ist der Preis im Einigungsbereich der Einkünfteermittlung zugrunde zu legen, der dem Fremdvergleichsgrundsatz mit der **höchsten Wahrscheinlichkeit** entspricht; wird kein anderer Wert glaubhaft gemacht, ist der **Mittelwert des Einigungsbereichs** zugrunde zu legen (s. § 1 Abs. 3 Satz 7 AStG).

Ist der vom Steuerpflichtigen zugrunde gelegte **Einigungsbereich unzutreffend** und muss deshalb von einem anderen Einigungsbereich ausgegangen werden, kann auf eine **Einkünfteberichtigung verzichtet** werden, wenn der vom Steuerpflichtigen zugrunde gelegte Wert **innerhalb des anderen Einigungsbereichs** liegt (s. § 1 Abs. 3 Satz 8 AStG). **139**

Sind in den Fällen der Sätze 5 und 9[213] wesentliche **immaterielle Wirtschaftsgüter** und **Vorteile** Gegenstand einer Geschäftsbeziehung und weicht die tatsächliche spätere Gewinnentwicklung erheblich von der Gewinnentwicklung ab, die der Verrechnungspreisbestimmung zugrunde lag, ist widerlegbar zu vermuten, dass zum Zeitpunkt des Geschäftsabschlusses **Unsicherheiten** im Hinblick auf die Preisvereinbarung bestanden und unabhängige Dritte eine sachgerechte **Anpassungsregelung** vereinbart hätten (s. § 1 Abs. 3 Satz 11 AStG). Wurde eine solche Regelung nicht vereinbart und tritt innerhalb der ersten zehn Jahre nach Geschäftsabschluss eine erhebliche Abweichung im Sinne des Satzes 11 ein, ist für eine deshalb vorzunehmende Berichtung nach Absatz 1 Satz 1 einmalig ein angemessener Anpassungsbetrag auf den ursprünglichen Verrechnungspreis der Besteuerung des Wirtschaftsjahres zugrunde zu legen, das dem Jahr folgt, in dem die Abweichung eingetreten ist (s. § 1 Abs. 3 Satz 12 AStG). **140**

Weitere Einzelheiten zur Anwendung des Fremdvergleichsgrundsatzes können in einer **Rechtsverordnung** geregelt werden, zu der das *Bundesministerium der Finanzen* nach § 1 Abs. 3 Satz 13 AStG ermächtigt ist. Auf dieser Rechtsgrundlage ist am 12. 8. 2008 die **Funktionsverlagerungsverordnung (FVerlV)** erlassen worden. **141**

Zum Teil wird die Regelung in TZ 2.4.5. Verrechnungspreis-Verwaltungsgrundsätze zu den **Globalmethoden** gerechnet und diese Regelung als „vierte Methode" zur Ermittlung von Verrechnungspreisen bezeichnet. Hierbei handelt es sich um eine **indirekte Gewinnermittlungsmethode** (eine **Schätzmethode**), die nicht auf den Einzelfall abstellt, sondern auf das Gesamteinkommen des betreffenden Konzernunternehmens. Diese Regelung kann in **zwei Fällen** ergänzend zur Anwendung kommen: **142**

– Die Globalmethode kommt **hilfsweise neben den drei Standardmethoden zur Anwendung**, um besondere Prüfungsfelder zu ermitteln, Verrechnungspreise zu verproben oder sonstige Anhaltspunkte für die Einkunftsabgrenzung zu gewinnen. Hierbei werden Betriebsergebnisse, die der Steuerpflichtige, ihm nahestehende Personen, aber auch Fremde unter vergleichbaren Bedingungen aus vergleichbaren Geschäften mit Fremden erzielt haben, vergleichend herangezogen (sog. **Rohgewinnvergleich**).[214]
– Die Globalmethode kommt **selbständig zur Anwendung**, wenn die Anwendung der drei Standaremethoden wegen besonderer Umstände nicht zu sachgerechten Ergebnissen führen würde. Besondere Umstände gelten z. B. für eine Ware oder Warengruppe, die zu einem ganz wesentlichen Teil nur innerhalb vertikal gegliederten Unternehmensgruppen angeschafft oder hergestellt, weiterverarbeitet und vertrieben wird.[215]

Dieses Gesamteinkommen wird verglichen mit dem Einkommen, welches ein unabhängiges Unternehmen mit einem gleichen oder sehr ähnlichen Unternehmensgegenstand **143**

---

[213] Satz 9 ist der Fall der Funktionsverlagerung.
[214] S. TZ 2.4.5. Satz 1 Verrechnungspreis-Verwaltungsgrundsätze. Vgl. hierzu auch *Bächle/Rupp*, a. a. O., Teil J Kap. 4.8.2.2.4.
[215] S. TZ 2.4.5. Satz 2 Verrechnungspreis-Verwaltungsgrundsätze.

unter vergleichbaren Bedingungen erzielt hätte. Der Vergleich zwischen Konzernunternehmen und Fremdunternehmen erfolgt vor allem anhand von sog. **Wirtschaftlichkeitskennziffern** (financial ratios).[216]

144 bb) **Preisvergleichsmethode.**[217] Hier wird der vereinbarte Preis mit den Preisen verglichen die bei vergleichbaren Geschäften zwischen Fremden im Markt vereinbart worden sind. Hierbei ist zu unterscheiden zwischen **vier Möglichkeiten** des Preisvergleichs.

145 (1) **Direkter Preisvergleich.** Der direkte Preisvergleich findet Anwendung bei gleichartigen Geschäften für die entweder marktbekannte Preise oder marktentstandene Preise bekannt sind. Diese Preise können sich ergeben aus Börsenkursen, allgemeinen anerkannten Preislisten (z.B. die Schwackeliste oder Bodenrichtwerte bei Grundstücken), einer gegebenen Branchenüblichkeit oder durch das Vorhandensein von Dritten abgeschlossenen (gleichartigen) Geschäften.

146 (2) **Indirekter Preisvergleich.** Der indirekte Preisvergleich findet Anwendung bei ungleichartigen und bei ähnlichen Geschäften, wenn die abweichenden Faktoren korrigiert werden können. Dies ist zum Beispiel der Fall durch die Umrechnung von CIF-Preise in FOB-Preise.

147 (3) **Äußerer/betriebsexterner Preisvergleich.** Der äußere Preisvergleich findet statt durch die Heranziehung marktbekannter Preise von fremden Dritten. Wie bereits ausgeführt, können sich diese ergeben aus Börsenkursen, allgemeinen anerkannten Preislisten, einer gegebenen Branchenüblichkeit oder durch das Vorhandensein von Dritten abgeschlossener (gleichartiger) Geschäfte.

148 (4) **Innerer/betriebsinterner Preisvergleich.** Beim inneren Preisvergleich werden die Preise des Steuerpflichtigen oder ihm nahestehender Personen unter Heranziehung marktentstandener Preise (des Steuerpflichtigen) aus anderen oder früheren, vorzugsweise gleichartigen Geschäften verglichen.[218]

Funktionsweise der Preisvergleichsmethode[219]   **Schaubild § 34-19**

	äußere ←	innere
direkte ↑	gleiche Geschäfte (marktbekannte Preise durch Börse/Branche)	(aus den Unternehmen/der UntGruppe) marktentstandene Preise
indirekte	ungleiche Geschäfte	(aus den Unternehmen/der UntGruppe) marktentstandene Preise

149 cc) **Wiederverkaufsmethode. Ausgangspunkt** der Wiederverkaufsmethode ist der Preis, zu dem eine bei einem Nahestehenden gekaufte Ware an einen unabhängigen Abnehmer weiterveräußert wird, also der Preis aus dem Wiederverkauf (**Wiederverkaufspreis**).[220] Von dem Wiederverkaufspreis wird auf den (Abgabe-)Preis zurückgerechnet, der

---

[216] Einzelheiten und weitere Nachweise zu der Prüfung von Verrechnungspreisen anhand von Wirtschaftlichkeitskennziffern s. *Jacobs*, a. a. O., 6. Teil 5. Kap. B. III. 3 c) (1) und B. III. 3 c) (3); *Bächle/Rupp*, a. a. O., Teil J Kap. 4.8.2.2.4.

[217] S. TZ 2.2.2. Verrechnungspreis-Verwaltungsgrundsätze. Weitere Einzelheiten hierzu s. auch *Flick/Wassermeyer/Baumhoff*, AStG, § 1 Rdnr. 396 ff.

[218] Vgl. zur Anwendung des inneren/betriebsinternen Fremdvergleichs *BFH* vom 17. 10. 2001, DB 2001, S. 2474 (2477).

[219] Zum inneren/äußeren Preis-/Betriebsvergleich s. etwa *BFH* vom 1. 2. 1967, BStBl. 1967 III S. 495 (498) sowie das Grundsatzurteil des *BFH* vom 17. 10. 2001, DB 2001, S. 2474 (2477 f. und 2479). Zum betriebsexternen Fremdvergleich vgl. auch *Flick/Wassermeyer/Baumhoff*, AStG, § 1 Rdnr. 355 ff. und Rdnr. 406 ff.; *Isensee*, IStR 2002, S. 465 (466 ff.).

[220] S. TZ 2.2.3. Verrechnungspreis-Verwaltungsgrundsätze.

für die Lieferung zwischen den Nahestehenden anzusetzen ist. Hierzu wird der Wiederverkaufspreis um **marktübliche Abschläge** berichtigt, die der Funktion und dem Risiko des Wiederverkäufers entsprechen. Um die Abschläge sachgerecht vorzunehmen sind insbesondere zu berücksichtigen branchentypische Gewinnmargen, Kosten für Werbung, Marketing, u.ä. Im Falle von Bearbeitungen oder Veränderungen der Ware durch den Wiederverkäufer sind entsprechende Abschläge zu berücksichtigen. Die Wiederverkaufsmethode findet insbesondere Anwendung bei Vertriebsgesellschaften.[221]

dd) Kostenaufschlagsmethode.[222] **Ausgangspunkt** der Kostenaufschlagsmethode sind die Kosten des Herstellers oder des Leistenden, also die **Herstellungskosten**.[223] Diese Kosten werden nach den **Kalkulationsmethoden** ermittelt, die der Hersteller oder Leistende auch bei seiner Preispolitik gegenüber Fremden zu Grunde legt oder, wenn keine Lieferungen oder Leistungen gegenüber Fremden erbracht werden, die betriebswirtschaftlichen Grundsätzen entsprechen. Auf die so ermittelten Herstellungskosten werden sodann betriebs- oder branchenübliche **Gewinnzuschläge** gemacht. **150**

ee) Anwendung der Standardmethoden. Wie bereits eingangs ausgeführt, gelten die **drei Standardmethoden** nur als Anhaltspunkt, auch wenn sie als „wichtigste Anhaltspunkte" zur Prüfung von Verrechnungspreisen bezeichnet werden.[224] Entsprechend gibt es bei der Anwendung der Standardmethoden **keine Rangfolge**;[225] maßgebend für die Prüfung ist allein die vom Steuerpflichtigen durchgeführte Ermittlung der Verrechnungspreise.[226] In zahlreichen Fällen der *Praxis* ergibt sich sogar die Notwendigkeit für einen **Methodenmix** oder für die **Ergänzung** der Standardmethoden.[227] Teilweise werden die Standardmethoden bestimmten Wirtschaftstätigkeiten auch nicht gerecht, so etwa beim sog. Asset Management.[228] In Ergänzung der Standardmethoden werden auch andere Umstände herangezogen. So führte der *BFH* im Grundsatzurteil vom 27. 10. 2001 aus, dass ein **mehrjähriger Verlust** eine widerlegbare Vermutung der Unangemessenheit des vereinbarten Verrechnungspreises auslöse.[229] Insgesamt maßgebend bleiben die **Schlüssigkeit** und die **sachgerechte Anwendung der Berechnungssysteme**. **151**

Ein Steuerpflichtiger kann sich dann nicht auf die Standardmethoden berufen, wenn dies zu Ergebnissen führt, die zu den Gegebenheiten des Marktes und des Steuerpflichtigen **im Widerspruch** stehen.[230] Gleiches gilt, wenn der Steuerpflichtige der *Finanzverwaltung* nicht die zur Prüfung von Verrechnungspreisen erforderlichen **Unterlagen vorlegt**.[231] Ungeachtet dieser Mitwirkungspflicht liegt die **objektive Beweislast**, dass Verrechnungspreise nicht dem Fremdvergleich entsprechen, bei der *Finanzverwaltung*.[232] Auch soll der Steuerpflichtige von einer sachgerechten Ermittlung seiner Verrechnungspreise **nicht willkürlich abweichen**.[233] **152**

---

[221] S. hierzu u. a. das Grundsatzurteil des *BFH* vom 17. 10. 2001, DB 2001, S. 2474 (2477). Weitere Einzelheiten hierzu s. auch *Flick/Wassermeyer/Baumhoff*, AStG, § 1 Rdnr. 416 ff.
[222] S. TZ 2.2.4. Verrechnungspreis-Verwaltungsgrundsätze. Weitere Einzelheiten hierzu s. auch *Flick/Wassermeyer/Baumhoff*, AStG, § 1 Rdnr. 451 ff.
[223] S. TZ 2.2.4. Verrechnungspreis-Verwaltungsgrundsätze. Weitere Einzelheiten hierzu s. auch *Flick/Wassermeyer/Baumhoff*, AStG, § 1 Rdnr. 451 ff.
[224] S. TZ 2.2.1. Verrechnungspreis-Verwaltungsgrundsätze.
[225] So noch einmal ausdrücklich *BFH* vom 17. 10. 2001, DB 2001, S. 2474 (2477).
[226] S. TZ 2.4.1. Verrechnungspreis-Verwaltungsgrundsätze.
[227] S. TZ 2.4.2. Verrechnungspreis-Verwaltungsgrundsätze. Weitere Einzelheiten hierzu s. auch *Flick/Wassermeyer/Baumhoff*, AStG, § 1 Rdnr. 541 ff.
[228] Ausführlich hierzu Vögele/Kobes, Verrechnungspreise im Asset Management, IStR 2001, S. 787 ff.
[229] S. *BFH* vom 17. 10. 2001, DB 2001, S. 2474 (2478).
[230] S. TZ 2.4.4. lit. b) Verrechnungspreis-Verwaltungsgrundsätze.
[231] S. TZ 2.4.4. lit. c) Verrechnungspreis-Verwaltungsgrundsätze.
[232] Zur Mitwirkungspflicht des Steuerpflichtigen und zur objektiven Beweislast s. anschaulich *BFH* vom 17. 10. 2001, DB 2001, S. 2474 (2477).
[233] S. TZ 2.4.4. lit. d) Verrechnungspreis-Verwaltungsgrundsätze.

153 **ff) Vorteilsausgleich.** Ein Ausgleich zwischen einem **vorteilhaften** und einem **nachteilhaften Geschäft** des Steuerpflichtigen mit einer nahestehenden Person ist nur dann zulässig, wenn auch zwischen Fremden ein entsprechender Ausgleich vereinbart worden wäre.[234] Entscheidend ist vor allem, dass sich die Nachteile des einen Geschäfts mit den Vorteilen des anderen Geschäfts ausgleichen lassen.[235] Hinzukommen müssen weitere drei Voraussetzungen. Damit wird ein Vorteilsausgleich insgesamt unter **vier Voraussetzungen** zugelassen:[236]

– ein Vorteilsausgleich wäre auch zwischen **fremden Dritten** denkbar[237]
– es besteht ein **innerer Zusammenhang** zwischen beiden Geschäften[238]
– die Vor- und Nachteile beider Geschäfte sind **objektiv quantifizierbar** und
– der Vorteilsausgleich war **vorher vereinbart** oder war **Geschäftsgrundlage** des nachteiligen Geschäfts.[239]

154 Der Vorteilsausgleich soll **im selben Wirtschaftsjahr** stattfinden. Ist dies nicht der Fall, dann ist zumindest im selben Wirtschaftsjahr zu bestimmen, wann und durch welche Vorteile die Nachteile ausgeglichen werden. Die Nachteile müssen spätestens innerhalb der drei folgenden Wirtschaftsjahre ausgeglichen sein.[240]

155 **d) Die Funktionsverlagerung.** Wird in den Fällen des Satzes 5 eine Funktion einschließlich der dazugehörigen Chancen und Risiken und der mit übertragenen oder überlassenen Wirtschaftsgüter und sonstigen Vorteile verlagert (sog. **Funktionsverlagerung**),[241] hat der Steuerpflichtige den Einigungsbereich auf der Grundlage einer Verlagerung der Funktion als Ganzes (sog. **Transferpaket**) unter Berücksichtigung funktions- und risikoadäquater Kapitalisierungszinssätze zu bestimmen (s. § 1 Abs. 3 Satz 9 AStG). In den Fällen einer Funktionsverlagerung nach Satz 10 ist die Bestimmung von Verrechnungspreisen für alle betroffenen einzelnen Wirtschaftsgüter und Dienstleistungen nach Vornahme sachgerechter Anpassungen anzuerkennen, wenn der Steuerpflichtige glaubhaft macht, dass keine wesentlichen immateriellen Wirtschaftsgüter und Vorteile mit der Funktion übergegangen sind oder zur Nutzung überlassen wurden oder dass das Gesamtergebnis der Einzelpreisbestimmungen, gemessen an der Preisbestimmung für das Transferpaket als Ganzes, dem Fremdvergleichsgrundsatz entspricht (s. § 1 Abs. 3 Satz 10 AStG). Weitere Einzelheiten regelt die Funktionsverlagerungsverordnung (FVerlV) vom 12. 8. 2008, die wiederum durch die Verwaltungsgrundsätze-Funktionsverlagerung ergänzt wird.

156 **e) Dokumentation von Verrechnungspreisen.** Mit *Grundsatzurteil* vom 17. 10. 2001[242] hat der *BFH* entschieden, dass das (damals) geltende Recht neben den in den §§ 238ff. HGB und in den §§ 140ff. AO geregelten Dokumentationspflichten keine (weiteren) verrechnungspreisspezifischen Dokumentationspflichten enthält.[243] Soweit § 90 Abs. 2 AO auf „**Beweismittel**" Bezug nimmt, sind damit nur „**tatsächlich vorhandene Beweismittel**" (dazu zählen insbesondere Bücher, Aufzeichnungen, Geschäftspapiere und andere Urkunden)[244] gemeint. Der *BFH* verneinte ausdrücklich eine Pflicht des Steuerpflichtigen zum **Nachweis der Angemessenheit von Verrechnungspreisen**; dies sei

---

[234] Einzelheiten zum Forderungsausgleich s. *Flick/Wassermeyer/Baumhoff*, AStG, § 1 Rdnr. 791 ff.
[235] S. TZ 2.3.1. Verrechnungspreis-Verwaltungsgrundsätze.
[236] S. TZ 2.3.2. Verrechnungspreis-Verwaltungsgrundsätze. Vgl. auch *Flick/Wassermeyer/Baumhoff*, AStG, § 1 Rdnr. 795.
[237] S. TZ 2.3.1. Verrechnungspreis-Verwaltungsgrundsätze.
[238] Zum Beispiel Kauf von Computer-Hardware und Computer-Software.
[239] S. *BFH* vom 8. 6. 1977, BStBl. 1977 II S. 704 (705).
[240] S. TZ 2.3.3. Verrechnungspreis-Verwaltungsgrundsätze.
[241] Zur Funktionsverlagerung s. etwa *Wulf*, DB 2007, S. 2280; *Baumhoff/Ditz/Greinert*, DStR 2007, S. 1649; *Wassermeyer*, FR 2008, S. 67; *Frotscher*, FR 2008, S. 49; *Welling/Tiemann*, FR 2008, S. 68.
[242] S. *BFH* vom 17. 10. 2001, DB 2001, S. 2474 ff.
[243] S. *BFH* vom 17. 10. 2001, DB 2001, S. 2474 (2477).
[244] S. *BFH* vom 17. 10. 2001, DB 2001, S. 2474 (2477).

„allein die **Sache des Finanzamts**".[245] Insbesondere traf den Steuerpflichtigen keine Pflicht zur Erstellung von speziellen Verrechnungspreis-Dokumentationen.[246] Auf das genannte Grundsatzurteil des *BFH* hat der Gesetzgeber mit dem StVergAbG 2003 durch die Anfügung eines **neuen § 90 Abs. 3 AO**, verbunden mit empfindlichen **Sanktionen in § 162 Abs. 3 und Abs. 4 AO**, reagiert.[247] Über die bisherigen Regelungen zu den **Mitwirkungspflichten** der Beteiligten am Besteuerungsverfahren in § 90 Abs. 1 und Abs. 2 AO hinaus enthält der neue § 90 Abs. 3 AO **drei wichtige Regelungen**:

– Nach § 90 Abs. 3 Satz 1 hat der Steuerpflichtige bei Sachverhalten, die **Vorgänge mit Auslandsbezug** betreffen, über die Art und den Inhalt seiner Geschäftsbeziehungen mit nahestehenden Personen im Sinne des § 1 Abs. 2 AStG **Aufzeichnungen zu erstellen**.
– Nach § 90 Abs. 3 Satz 2 AO gilt die Aufzeichnungspflicht auch für die Gewinnabgrenzung zwischen inländischem Stammhaus und **ausländischer Betriebsstätte**.[248]
– § 90 Abs. 3 Satz 5 AO enthält eine **Ermächtigungsgrundlage** zum Erlass von **Rechtsverordnungen** in diesem Bereich.

Die Aufzeichnungspflicht umfasst nach § 90 Abs. 3 Satz 2 AO auch die **wirtschaftlichen und rechtlichen Grundlagen** zur Bestimmung des Fremdvergleichspreis und der Fremdvergleichsbedingungen.

Auf Grundlage der genannten Ermächtigungsgrundlage ist die Verordnung über Art, Inhalt und Umfang von Aufzeichnungen im Sinne des § 90 Abs. 3 AO i. d. F. des StVergAbG 2003 (**Gewinnaufzeichnungsverordnung**) vom 13. 11. 2003 erlassen worden.[249] Nach § 4 GAufzV hat der Steuerpflichtige insbesondere die folgenden **Aufzeichnungen** zu erstellen:

1. **Allgemeine Informationen, Beteiligungsverhältnisse, Geschäftsbetrieb und Organisationsaufbau**
   ⇒ Darstellung der **Beteiligungsverhältnisse** zwischen dem Steuerpflichtigen und nahestehenden Personen
   ⇒ Darstellung der organisatorischen und operativen **Konzernstruktur** sowie deren Veränderungen
   ⇒ Beschreibung der einzelnen **Tätigkeiten** des Steuerpflichtigen (z. B. Dienstleistungen, Herstellung/Vertrieb von Wirtschaftsgütern)
   ⇒ Übersicht über die den Geschäftsbeziehungen mit nahestehenden Personen zu Grunde liegenden **Verträge**
   ⇒ Informationen über besondere **Geschäftsstrategien** des Unternehmens
   ⇒ Informationen über einen vorgenommenen **Vorteilsausgleich**
   ⇒ Übersicht über **Verrechnungspreiszusagen** oder -vereinbarungen des Steuerpflichtigen mit ausländischen Finanzbehörden

2. **Geschäftsbeziehungen zu verbundenen Unternehmen**
   ⇒ Übersicht zu Art und Umfang der **Geschäftsbeziehungen** mit den einzelnen nahestehenden Personen (z. B. Wareneinkauf, Dienstleistung, Darlehensverhältnisse, Überlassung immaterieller Wirtschaftsgüter)

3. **Funktions- und Risikoanalyse**
   ⇒ Informationen über die jeweils vom Steuerpflichtigen und den nahestehenden Personen, mit denen Geschäftsbeziehungen bestehen, ausgeübte **Funktionen** und übernommene **Risiken** sowie deren Veränderungen, die eingesetzten immateriellen Vermögensgegenstände sowie über die vereinbarten Vertragsbedingungen und Marktverhältnisse

---

[245] S. *BFH* vom 17. 10. 2001, DB 2001, S. 2474 (2477).
[246] S. *BFH* vom 17. 10. 2001, DB 2001, S. 2474 (2477).
[247] Vgl. hierzu *Baumhoff*, IStR 2003, S. 1 (2); *Lüdicke*, IStR 2003, S. 433 (438).
[248] *Kritisch* hierzu *Lüdicke*, IStR 2003, S. 433 (436).
[249] S. BStBl. 2003 I S. 739. Zum Rohentwurf der Verordnung s. *Kroppen/Rasch*, IWB Nr. 6 vom 26. 3. 2003, S. 249 ff.; *Vögele/Vögele*, IStR 2003, S. 466 ff.

4. Verrechnungspreisanalyse
⇒ Informationen über die gewählten **Verrechnungspreismethoden**, deren Anwendung und die Entscheidungsgrundlagen für die Festlegung eines Preises oder einer Aufwandsaufteilung
⇒ Begründung der **Angemessenheit der Preisfestsetzung** bzw. der Aufwandsaufteilung am Maßstab des Fremdvergleichs
⇒ Aufzeichnungen über **Preisanpassungen** beim Steuerpflichtigen
⇒ Aufzeichnungen über die Ursachen von **Verlusten** und über Vorkehrungen zur Beseitigung der Verlustsituation, wenn der Steuerpflichtige in mehr als drei aufeinander folgenden Wirtschaftsjahren ein negatives Ergebnis in der Steuerbilanz ausweist.

159 Liegt ein **außergewöhnlicher Geschäftsvorfall** vor, dann sind die Aufzeichnungen nach § 90 Abs. 3 Satz 3 AO zeitnah zu erstellen.[250] Als „außergewöhnlicher Geschäftsvorfall" im Sinne von § 90 Abs. 3 Satz 3 AO zählen insbesondere Vermögensübertragungen im Zuge von Umstrukturierungsmaßnahmen, wesentliche Funktionsveränderungen, Geschäftsvorfälle nach Änderung der Geschäftsstrategie, Abschluss und Änderung langfristiger Verträge von besonderem Gewicht.[251] Als **„zeitnah"** gilt in jedem Fall ein Zeitraum von **sechs Monaten** nach der Vereinbarung des Geschäfts.[252] Bei gewöhnlichen Geschäften reicht es grundsätzlich aus, wenn die Aufzeichnungen erst nach einer entsprechenden Anfrage im Rahmen einer Betriebsprüfung erstellt werden. In der *Praxis* führt dieses Handhabung durch den Steuerpflichtigen allerdings in der Regel zu Zeit- und Kostenproblemen, weshalb zu *empfehlen* ist, Verrechnungspreise stets entsprechend den Anforderungen der §§ 4, 6 GAufzV der Aufzeichnungsverordnung zeitnah zu dokumentieren.[253]

160 Bei der Verrechnungspreisdokumentation *empfiehlt* sich der folgende **Aufbau**, der sich an der GAufzV orientiert:[254]

Sachverhaltsdokumentation
  I. Allgemeine Unternehmensinformationen
   1. Stammdaten
   2. Geschäftsjahrbezogene Daten
   3. Besondere Umstände

  II. Geschäftsbeziehungen zu nahestehenden Personen
   1. Stammdaten
   2. Geschäftsjahrbezogene Daten
   3. Besondere Umstände

  III. Funktions- und Risikoanalyse
   1. Stammdaten
   2. Geschäftsjahrbezogene Daten
   3. Besondere Umstände

Angemessenheitsdokumentation
  IV. Verrechnungspreisanalyse
   1. Angewandte Verrechnungspreismethode
   2. Begründung der Geeignetheit
   3. Fremdvergleich
   4. Berechnungsunterlagen

  Außergewöhnliche Geschäftsvorfälle

} jeweils getrennt nach den einzelnen Geschäftsbereichen (Produktgruppen, Markt- und/oder Regionalabgrenzungen, Dienstleistungen, Finanzierungen, Lizenzen, etc.)

---

[250] S. auch § 4 Abs. 1 Satz 1 GAufzV.
[251] S. § 4 Abs. 2 GAufzV.
[252] S. § 4 Abs. 1 Satz 2 GAufzV.
[253] So auch *Kroppen/Rasch*, IWB Nr. 6 vom 26. 3. 2003, S. 249 (260). *Lüdicke*, IStR 2003, S. 433 (435), spricht *kritisch* von einer „Dokumentation auf Vorrat".
[254] So z.B. die Empfehlung von *Jenzen*, NWB Nr. 44 vom 31. 10. 2005 S. 3191, Fach 2 S. 8867.

§ 34. Das Außensteuergesetz 161–165 § 34

Die *Kritiken* in der *Literatur* an der Aufzeichnungspflicht nach § 90 Abs. 3 AO, ergänzt 161
durch die Sanktionen in § 162 Abs. 3 und Abs. 4 AO, sind vielfältig.[255] Das *Problem* der
Verhältnismäßigkeit und der **Zumutbarkeit**, verbunden mit der genannten großen Portion an **Unbestimmtheit**, potentiert sich im Falle der Verletzung von Aufzeichnungspflichten, denn § 162 Abs. 3 und Abs. 4 AO sieht empfindliche **Sanktionen** vor.[256]

7. Arten von Geschäftsbeziehungen

a) **Lieferung von Gütern und Waren.** Im Falle der Lieferung von Gütern oder Waren an eine nahestehende Person wird der Fremdvergleichspreis bestimmt durch den Preis, 162
den Fremde unter den Verhältnissen gleichartiger Märkte vereinbart hätten, für Lieferungen

– gleichartiger Güter oder Waren
– in vergleichbaren Mengen
– in den belieferten Absatzmarkt
– auf vergleichbarer Handelsstufe und
– zu vergleichbaren Lieferungs- und Zahlungsbedingungen.[257]

Bei der Prüfung der Verrechnungspreise sind **alle Umstände des Einzelfalls** zu be- 163
rücksichtigen. Hierzu gehören unter anderem

– Art, Beschaffenheit, Qualität der Waren und Güter
– Verhältnisse des Marktes, in dem die Güter oder Waren benutzt, verbraucht, bearbeitet, verarbeitet oder an Fremde veräußert werden
– Lieferbedingungen (v. a. Art der Kaufpreiszahlung, Regelungen über Haftungsfragen, Gewährleistung oder Gefahrtragung)
– Vor- und Nachteile aus längerfristiger Lieferbeziehung
– eventuelle besondere Finanzierungsabreden
– eventuelle besondere Wettbewerbssituationen.[258]

Maßgebend ist der **Zeitpunkt** des Vertragsschlusses. Bei längerfristig zu erfüllenden Ver- 164
trägen sind gegebenenfalls **Preisgleitklauseln** zu vereinbaren.[259] Grundsätzlich sind **zusätzliche Lizenzgebühren** oder ähnliche Entgelte für die Anwendung oder Nutzung immaterieller Wirtschaftsgüter im Rahmen der Herstellung der Güter oder Waren (z. B. für technisches Know How) unzulässig.[260]

b) **Gewerbliche Dienstleistungen.** Es gelten grundsätzlich die gleichen Grundsätze 165
wie bei der **Lieferung von Gütern und Waren**:[261] Da bei Dienstleistungen in der Regel
keine Weiterveräußerung möglich ist, kommt allerdings die **Wiederverkaufsmethode**
(bei fehlenden Vergleichspreisen) hier nicht in Betracht.[262] Auch die **Preisvergleichsmethode** stößt bei Dienstleistungen dann auf *Schwierigkeiten*, wenn es sich, wie in der
Mehrzahl der Fälle, um nicht vertretbare Dienstleistungen handelt.[263]

---

[255] § 90 Abs. 3 AO wird *zu Recht* sowohl als unbestimmt als auch als unangemessen *kritisiert*. Unklar und damit unbestimmt sind vor allem die folgenden in § 90 Abs. 3 AO verwendeten Begriffe: (1) Vorgänge; (2) Auslandsbezug; (3) Geschäftsbeziehungen; (4) wirtschaftliche und rechtliche Grundlagen.
[256] Vgl. hierzu *Baumhoff*, IStR 2003, S. 1 (2) mit Hinweis auf die Verhältnismäßigkeit und Zumutbarkeit. *Lüdicke*, IStR 2003, S. 433 (435), spricht *kritisch* von „Kirche im Dorf lassen". *Kritisch* auch *Wassermeyer*, DB 2003, S. 1535 (1536), mit dem Hinweis, der Verordnungsgeber verletze u. a. das Prinzip der Gewaltenteilung.
[257] S. TZ 3.1.1. Verrechnungspreis-Verwaltungsgrundsätze.
[258] S. TZ 3.1.2.1. und TZ 3.1.2.2. Verrechnungspreis-Verwaltungsgrundsätze.
[259] S. TZ 3.1.2.1. Satz 3 Verrechnungspreis-Verwaltungsgrundsätze.
[260] S. TZ 3.1.2.3. und TZ 5.1.2. Verrechnungspreis-Verwaltungsgrundsätze.
[261] S. TZ 3.2.1. Verrechnungspreis-Verwaltungsgrundsätze.
[262] S. TZ 3.2.3.2. Verrechnungspreis-Verwaltungsgrundsätze.
[263] S. TZ 3.2.3.1. Verrechnungspreis-Verwaltungsgrundsätze.

166 **Sonderregeln** können gelten für Dienstleistungen im Bereich von **Forschung und Entwicklung** sowie im Bereich **verwaltungsbezogener Dienstleistungen**.[264]

167 **Zusätzliche Dienstleistungsgebühren** im Zusammenhang mit Warenlieferungen (z.B. für Montage, Installation, etc.) sind dann unzulässig, wenn solche Dienstleistungen üblicherweise im Kaufpreis für die Ware enthalten sind.[265]

168 **c) Kosten der Werbung.** Die Kosten der Werbung sind von demjenigen nahestehenden Unternehmen zu tragen, dem die **Werbung zugute kommt**.[266] Solche Kosten können von derjenigen nahestehenden Person entweder als gewerbliche Dienstleistung oder als verwaltungsbezogene Leistung berechnet werden.[267]

169 Innerhalb eines Konzerns ist auch eine **allgemeine Kostenaufteilung** durch besondere **Verrechnungsverträge** möglich.[268]

170 **d) Kosten der Markterschließung.** Die Kosten der Markterschließung trägt ein **Vertriebsunternehmen** in der Regel nur insoweit, als ihm noch ein **angemessener Gewinn verbleibt**.[269] Unter Fremden trägt ein **Vertriebsunternehmen** die Kosten der Markterschließung nur dann, wenn ihm vom Hersteller (günstige) Lieferpreise eingeräumt werden, durch die es nach der Phase der Markteinführung seine bisherigen Gewinnausfälle oder Gewinnminderungen ausgleichen kann. Dagegen trägt unter Fremden das **Herstellerunternehmen** die Kosten der Markterschließung dann, wenn es nach der Phase der Markteinführung seine bisherigen Gewinnausfälle oder Gewinnminderungen durch entsprechend höhere Lieferpreise an das Vertriebsunternehmen ausgleichen kann.[270]

171 Kosten oder Erlösminderungen, die über die Kosten der üblichen Markterschließung hinausgehen, die vor allem durch sog. **Kampfpreise** und ähnliche Mittel verursacht werden, trägt das Herstellerunternehmen.[271]

172 **e) Anlaufkosten.** Die Anlaufkosten eines neu gegründeten oder umstrukturierten Unternehmens trägt grundsätzlich dieses Unternehmen.[272] Soweit ihm zugleich Kosten der Markterschließung entstehen, gelten die eben genannten Grundsätze. Werden in der Anlaufzeit von einer Konzerngesellschaft gegenüber einem verbundenen Unternehmen Leistungen erbracht und erwirtschaftet das verbundene Unternehmen länger als drei Jahre **Anlaufverluste**, so ist die widerlegbare Vermutung gegeben, dass die vereinbarten Verrechnungspreise unangemessen waren.[273]

173 **f) Zinsen.** Im Falle der Gewährung von Darlehen an eine nahestehende Person wird der Fremdvergleichspreis bestimmt durch die Bedingungen, die Fremde unter gleichen Bedingungen vereinbart hätten.[274] Bei der Prüfung der Verrechnungspreise sind **alle Umstände des Einzelfalls** zu berücksichtigen. Hierzu gehören unter anderem

– Kredithöhe, Kreditlaufzeit
– Sicherheiten, Bonität des Kreditnehmers

---

[264] S. TZ 3.2.2. Verrechnungspreis-Verwaltungsgrundsätze. Für Dienstleistungen im Bereich von Forschung und Entwicklung gilt TZ 5. Verrechnungspreis-Verwaltungsgrundsätze. Für Dienstleistungen im Bereich verwaltungsbezogener Dienstleistungen gilt TZ 6. Verrechnungspreis-Verwaltungsgrundsätze.
[265] S. TZ 3.2.3.3. Verrechnungspreis-Verwaltungsgrundsätze.
[266] S. TZ 3.3.1. Verrechnungspreis-Verwaltungsgrundsätze.
[267] Erfolgt die Berechnung als gewerbliche Dienstleistung, dann gilt TZ 3.2. Verrechnungspreis-Verwaltungsgrundsätze. Erfolgt die Berechnung als verwaltungsbezogene Leistung, dann gilt TZ 6. Verrechnungspreis-Verwaltungsgrundsätze.
[268] S. TZ 3.3.2. Verrechnungspreis-Verwaltungsgrundsätze.
[269] S. TZ 3.4.1. Verrechnungspreis-Verwaltungsgrundsätze.
[270] S. TZ 3.4.2. Verrechnungspreis-Verwaltungsgrundsätze.
[271] S. TZ 3.4.3. Verrechnungspreis-Verwaltungsgrundsätze.
[272] S. TZ 3.5. Verrechnungspreis-Verwaltungsgrundsätze.
[273] S. *BFH* vom 17. 10. 2001, DB 2001, S. 2474 (2478).
[274] S. TZ 4.2.1. Verrechnungspreis-Verwaltungsgrundsätze.

– Wechselkursrisiken/-chancen[275]
– Refinanzierungskosten
– besondere Verhältnisse auf den Kapitalmärkten.[276]

174 Maßgebend ist auch hier der **Zeitpunkt** des Vertragsschlusses. Bei längerfristigen Darlehen sind gegebenenfalls **Zinsgleitklauseln** oder **Kündigungsklauseln** zu vereinbaren.[277]

175 Bei Forderungen aus Lieferungen und Leistungen, bei denen für Vergütungen **Zahlungsziele** eingeräumt werden, ist zu prüfen, ob die Berechnung von Zinsen handelsüblich ist.[278] Werden Darlehen gewährt oder Zahlungsziele für **Zwecke der Markterschließung** oder zur Finanzierung von **Anlaufkosten** eingeräumt, so kann die Kreditierung unter Beachtung der in TZ 3.4. und TZ 3.5. Verrechnungspreis-Verwaltungsgrundsätze genannten Grundsätze zulässig sein.[279] Zulässig können auch Darlehen oder die Einräumung von Zahlungszielen sein, um dem nahestehenden Unternehmen finanziell die Möglichkeit zu geben, im Ausland behördlich vorgeschriebene **Depots** zur Erlangung von Einfuhrgenehmigungen für Erzeugnisse des Herstellerunternehmens zu errichten.[280] In jedem Fall ist darauf zu achten, dass nach Maßgabe von TZ 2.3. Verrechnungspreis-Verwaltungsgrundsätze ein angemessener Ausgleich erfolgt.[281]

176 **g) Bürgschaften/Garantien/Patronatserklärungen.** Bei Bürgschaften, u. ä. ist zu unterscheiden zwischen der Frage (Fall 1) nach einer **Vergütung für die Übernahme** der Bürgschaft, u. ä. und der Frage (Fall 2) der **Abzugsfähigkeit etwaiger Aufwendungen** im Falle der Inanspruchnahme aus der Bürgschaft, u. ä.

177 Im **Fall 1** ist eine **Provision** zu vereinbaren, wenn eine solche auch unter Fremden vereinbart worden wäre.[282] Dies ist insbesondere dann der Fall, wenn der Begünstigte dadurch einen Vorteil erlangt zur Finanzierung von **Kosten der Markterschließung** oder zur Finanzierung von **Anlaufkosten**.[283] Dies aber dann nicht der Fall, wenn der Bürge die Bürgschaft, u. ä. dem Begünstigten im eigenen betrieblichen Interesse unentgeltlich gewährt.[284]

178 Im **Fall 2** ist der **Abzug** der genannten Aufwendungen nur dann mit steuerlicher Wirkung zulässig, wenn der Steuerpflichtige die Bürgschaft, u. ä. bei Anwendung der Sorgfalt eines ordentlichen Geschäftsleiters auch für einen Fremden übernommen hätte.[285] Dies setzt voraus, dass die Übernahme der Bürgschaft, u. ä. ihren **wirtschaftlichen Grund** außerhalb des Gesellschaftsverhältnisses hat.[286]

179 **h) Nutzungsüberlassung von immateriellen Wirtschaftsgütern.** Zu den immateriellen Wirtschaftsgütern gehören insbesondere **gewerbliche Schutzrechte** (z. B. Patente, Geschmacksmusterrechte), **Urheberrechte**, aber auch nicht eingetragene oder nicht eintragungsfähige **geistige Leistungen** (z. B. **Know How**, **Geschäfts-** oder **Betriebsgeheimnisse**).[287] Wird ein immaterielles Wirtschaftsgut zur Nutzung überlassen, so ist hierfür der Fremdvergleichspreis anzusetzen.[288] Ausgangspunkt sind auch hier die tatsächlich

---

[275] Vgl. hierzu *Vögele/Borck*, IStR 2002, S. 176 (178).
[276] S. TZ 4.2.2. Verrechnungspreis-Verwaltungsgrundsätze.
[277] S. TZ 4.2.5. Verrechnungspreis-Verwaltungsgrundsätze.
[278] S. TZ 4.3.1. Verrechnungspreis-Verwaltungsgrundsätze.
[279] S. TZ 4.3.2. Satz 2 lit. a) Verrechnungspreis-Verwaltungsgrundsätze.
[280] S. TZ 4.3.2. Satz 2 lit. b) Verrechnungspreis-Verwaltungsgrundsätze.
[281] S. TZ 4.3.2. Satz 3 Verrechnungspreis-Verwaltungsgrundsätze.
[282] S. *BFH* vom 19. 5. 1982, BStBl. 1982 II S. 631 (632).
[283] S. TZ 4.4.2. Satz 2 Ziff. 1. Verrechnungspreis-Verwaltungsgrundsätze.
[284] S. TZ 4.4.2. Satz 2 Ziff. 2. Verrechnungspreis-Verwaltungsgrundsätze.
[285] S. *BFH* vom 19. 3. 1975, BStBl. 1975 II S. 614 (615 f.).
[286] S. TZ 4.4.1. Verrechnungspreis-Verwaltungsgrundsätze.
[287] S. TZ 3.1.2.3. Verrechnungspreis-Verwaltungsgrundsätze.
[288] S. TZ 5.1.1. Satz 1 Verrechnungspreis-Verwaltungsgrundsätze.

zur Nutzung überlassenen Wirtschaftsgüter. Die Nutzungsentgelte sind auf Grund einer sachgerechten Bemessungsgrundlage (z.B. Umsatz, Menge, Einmalbetrag) zu ermitteln.[289] Grundsätzlich sind auch hier die drei Standardmethoden anzuwenden, insbesondere die Preisvergleichsmethode. In diesem Bereich kann das *Bundeszentralamt für Steuern* die verkehrsübliche Vergütungsspanne für die Überlassung immaterieller Wirtschaftsgüter ermitteln.[290] Dies kann allerdings für **Standard-Know How** eine Lösung sein. Im Bereich der **Auftragsforschung** wendet die *Finanzverwaltung* die Kostenaufschlagsmethode an.[291] Hat ein bestimmtes Know How eine **besondere Individualität** und fehlt es an einer allgemeinen Verbreitung, dann können die drei Standardmethoden in aller Regel nicht angewendet werden.[292] Entsprechend orientiert sich auch die *Finanzverwaltung* an den **Kosten-Nutzen-Erwartungen des Lizenznehmers;** entscheidend ist, dass dem Steuerpflichtigen noch ein **angemessenen Betriebsgewinn** verbleibt.[293] Allerdings lässt sich ein angemessener Betriebsgewinn weniger auf der Basis von Gewinnmethoden ermitteln,[294] als vielmehr auf der Basis der sog. **Knoppe-Formel**.[295] Danach ist eine Lizenzgebühr aus der Sicht eines Lizenznehmers grundsätzlich dann angemessen, wenn sie zwischen 25% und 33% des kalkulierten Umsatzes aus den mit dem Know How erzielten Umsätzen beträgt.

180 **i) Verwaltungsbezogene Leistungen im Konzern.** In Konzernen werden oft bestimmte **Verwaltungsaufgaben zentral** von der Muttergesellschaft oder einer anderen Konzerngesellschaft zu Gunsten von anderen Konzerngesellschaften erbracht. Hierzu gehören insbesondere Leistungen im Bereich der Beratung, der Buchhaltung, des Personalwesens, des Beschaffungswesens, des sonstigen Managements, etc.. Soweit der Rechtsgrund hierfür im **gesellschaftsrechtlichen Bereich** liegt, können solche Leistungen nicht verrechnet werden.[296] Dagegen können solche Leistungen verrechnet werden, wenn für die Leistungen (außerhalb des gesellschaftsrechtlichen Verhältnisses) zwischen Fremden ein Entgelt vereinbart worden wäre.[297]

181 Für die folgenden verwaltungsbezogenen Leistungen sind **Entgelte zulässig**:

– Buchhaltungsarbeiten
– (echte) Beratungsleistungen
– zeitlich begrenzte Arbeitnehmerüberlassung
– Aus- und Fortbildungsmaßnahmen
– Beschaffung von Waren und Dienstleistungen.[298]

182 Die Verrechnung von Entgelten ist aber nur dann zulässig, wenn die folgenden **vier Voraussetzungen** erfüllt sind:[299]

– wirksame Vereinbarung von Anfang an
– Leistung wurde tatsächlich erbracht[300]
– Leistung ist abgrenzbar und meßbar
– Empfänger hat einen tatsächlichen Vorteil und erspart eigene Kosten.

---

[289] S. TZ 5.2.2. Satz 1 Verrechnungspreis-Verwaltungsgrundsätze.
[290] S. TZ 5.2.2. Satz 2 Verrechnungspreis-Verwaltungsgrundsätze.
[291] S. TZ 5.2.4. und TZ 5.3. Verrechnungspreis-Verwaltungsgrundsätze.
[292] Einzelheiten hierzu s. *Wehnert*, IStR 2007, S. 558.
[293] S. TZ 5.2.3. Satz 1 Verrechnungspreis-Verwaltungsgrundsätze.
[294] Zur Begründung s. *Finsterwalden*, IStR 2006, S. 355.
[295] S. *Knoppe*, BB 1967, S. 1117.
[296] S. TZ 6.1. Satz 2 Verrechnungspreis-Verwaltungsgrundsätze.
[297] S. TZ 6.2.1. Satz 1 Verrechnungspreis-Verwaltungsgrundsätze.
[298] S. TZ 6.3.1. Verrechnungspreis-Verwaltungsgrundsätze.
[299] S. TZ 6.2.1. und TZ 6.2.2. Verrechnungspreis-Verwaltungsgrundsätze.
[300] Der Steuerpflichtige hat hierfür den Nachweis zu führen.

In den folgenden Fällen können **keine Entgelte** verrechnet werden:[301] **183**

- Beteiligungsverwaltung/-kontrolle (ohne Gewinnzuschlag)
- Tätigkeiten als Gesellschafter in der Gesellschafterversammlung oder im Aufsichtsrat/Beirat der Tochtergesellschaft
- Schutz und Verwaltung der Konzern-Beteiligungen
- Rückhalt im Konzern
- rechtliche Organisation des Konzerns insgesamt sowie Produktions- und Investitionssteuerung im Konzern
- Recht zur Führung des Konzernnamens (nur möglich als offene Sacheinlage oder als Nutzung von Marke/Warenzeichen).[302]

Soweit Marktpreise nicht feststellbar sind, ist der Fremdpreis in der Regel nach der **Kostenaufschlagsmethode** zu ermitteln.[303] Bei schwankenden Leistungen sind **Durchschnittsentgelte** zulässig. **184**

8. Einkunftsabgrenzung durch Umlageverträge

Die Einkunftsabgrenzung durch Umlageverträge erfolgte bisher nach Maßgabe der TZ 7. Verrechnungspreis-Verwaltungsgrundsätze. Diese TZ 7. wurde durch das *BMF-Schreiben* betr. Grundsätze für die Prüfung der Einkunftsabgrenzung durch Umlageverträge zwischen international verbundenen Unternehmen (**Umlageschreiben**) vom 30. 12. 1999 **aufgehoben**.[304] Die Einkunftsabgrenzung durch Umlageverträge wird nunmehr durch das Umlageschreiben vom 30. 12. 1999 geregelt. Unberührt von dem Umlageschreiben bleiben die Einzelverrechnung von Leistungen, für die die TZ 2.–TZ 6. Verrechnungspreis-Verwaltungsgrundsätze zur Anwendung kommen.[305] Unzulässig ist allerdings eine sog. **Doppelverrechnung**, das heißt eine Verrechnung über den Umlagevertrag und eine zusätzliche Einzelverrechnung von Leistungen nach den TZ 2.–TZ 6. Verrechnungspreis-Verwaltungsgrundsätze.[306] **185**

Ziel des Umlageschreibens ist es, Fremdvergleichsregelungen aufzustellen in Fällen, in denen international verbundene Unternehmen ihre Beziehungen zueinander durch Umlagen gestalten. „**Umlageverträge**" sind Verträge, die international verbundene Unternehmen untereinander abschließen, um im gemeinsamen Interesse, in einem längeren Zeitraum, durch Zusammenwirken in einem **Pool** Leistungen zu erlangen bzw. zu erbringen.[307] Die Leistungen müssen im Interesse der empfangenen Unternehmen erbracht werden und einen Vorteil erwarten lassen.[308] Umlageverträge beruhen auf dem Gedanken der Konzentration, Bündelung oder Poolung von bestimmten Aufwendungen. Diese Aufwendungen können **alle Arten von Leistungen** umfassen.[309] Umlageverträge trifft man in der *Praxis* häufig an im Bereich der Forschung und Entwicklung, in Form von Einkaufsgemeinschaften oder im Bereich verwaltungsbezogener Leistungen. **186**

Poolmitglieder können nur Unternehmen sein, die **gleichgerichtete Interessen** verfolgen.[310] Der Umlagevertrag muss nach Handelsbrauch im vorhinein **schriftlich** abgeschlossen werden und muss mit einer sachgerechten **Dokumentation** versehen sein.[311] **187**

---

[301] S. TZ 6.3.2. Verrechnungspreis-Verwaltungsgrundsätze.
[302] Vgl. in diesem Zusammenhang auch *Borstell/Wehnert*, IStR 2001, S. 217.
[303] S. TZ 6.4.1. Verrechnungspreis-Verwaltungsgrundsätze.
[304] S. TZ 7. Umlageschreiben.
[305] S. TZ 1. Satz 2 Umlageschreiben.
[306] S. TZ 1.5 Umlageschreiben.
[307] S. TZ 1.1 Satz 1 Umlageschreiben.
[308] Z.B. durch die Ersparnis von Aufwand oder durch die Steigerung der Erlöse. S. TZ 1.1 Satz 2 Umlageschreiben.
[309] S. TZ 1.1 Satz 5 Umlageschreiben.
[310] S. TZ 1.2 Umlageschreiben.
[311] S. TZ 1.3 Umlageschreiben.

Abgesehen von dem sog. **Nachfragepool**[312] können Leistungen von einem, von mehreren oder von allen Poolmitgliedern erbracht werden.[313]

9. Einkunftsabgrenzung bei der Arbeitnehmerentsendung

188 Wegen der zunehmenden Globalisierung und der damit verbundenen zunehmenden **Entsendung von Arbeitnehmern zu verbundenen Unternehmen im Ausland** erachtete die *Finanzverwaltung* es für geboten für diesen Bereich ein eigenständiges *BMF-Schreiben* zu erlassen. **Ziel** des *BMF-Schreiben* betr. Grundsätze für die Prüfung der Einkunftsabgrenzung zwischen international verbundenen Unternehmen in Fällen der Arbeitnehmerentsendung (Verwaltungsgrundsätze – Arbeitnehmerentsendung) vom 9. 11. 2001 ist es, wegen der bei Arbeitnehmerentsendungen regelmäßig anfallenden höheren Aufwendungen sachgerechte Regelungen zur Anwendung des Fremdvergleichs zu treffen.[314]

189 Eine „**Arbeitnehmerentsendung**" ist dann gegeben, wenn ein Arbeitnehmer mit seinem bisherigen Arbeitgeber (entsendendes Unternehmen) vereinbart, für eine befristete Zeit bei einem verbundenen Unternehmen (aufnehmendes Unternehmen) tätig zu werden und das aufnehmende Unternehmen entweder im rechtlichen oder im wirtschaftlichen Sinne Arbeitgeber ist. Bei der Arbeitnehmerentsendung wird der Arbeitnehmer **für das aufnehmende Unternehmen tätig**. Im **rechtlichen Sinne** ist das aufnehmende Unternehmen Arbeitgeber, wenn es mit dem Arbeitnehmer selbst einen Arbeitsvertrag abschließt. Im **wirtschaftlichen Sinne** ist das aufnehmende Unternehmen Arbeitgeber, wenn es den Arbeitnehmer in sein Unternehmen integriert, ihm gegenüber weisungsbefugt ist und die Vergütungen für die von ihm geleistete unselbständige Arbeit wirtschaftlich trägt (entweder durch direkte Auszahlung der Vergütung an den Arbeitnehmer oder durch Zahlung der Vergütung an das entsendende Unternehmen.[315] Übt der Arbeitnehmer beim aufnehmenden Unternehmen eine Tätigkeit aus in Erfüllung einer Dienst- oder Werkvertragsverpflichtung des entsendenden Unternehmens, dann liegt keine Arbeitnehmerentsendung vor.[316]

190 Zu den **Aufwendungen der Arbeitnehmerentsendung** zählen insbesondere.[317]

– das Grundgehalt
– weitere laufende oder einmalige Bezüge des Arbeitnehmers (z. B. Boni, Abfindungen, etc.)
– Prämien, Urlaubs- und Weihnachtsgeld
– vom Arbeitgeber übernommene Steuern
– Zuführungen zur Pensionsrückstellung
– Sozialversicherungsbeiträge im Tätigkeitsstaat und im Heimatstaat
– Auslandszulagen
– Sachbezüge und sonstige Anreize (z. B. Firmenwagen, Aktienoptionen)
– Ausgleichszahlung für höhere Lebenshaltungskosten und höhere Abgaben
– Umzugs- und Reisebeihilfen (einschließlich Beihilfen für Angehörige)
– Ersatz der Aufwendungen im Rahmen der doppelten Haushaltsführung, Schulgeld und Internatskosten.

191 Bei der Prüfung, ob die von dem entsendenden Unternehmen übernommenen Aufwendungen dem Fremdvergleichspreis entsprechen, ist darauf abzustellen, welchem der beiden Unternehmen die Arbeitnehmerentsendung zu Gute kommt. Im **Ausgangspunkt** ist grundsätzlich davon auszugehen, dass der entsendete Arbeitnehmer im **Interesse des**

---

[312] S. TZ 1.7 Umlageschreiben.
[313] S. TZ 1.4 Satz 1 Umlageschreiben.
[314] S. TZ 1. a. E. Verwaltungsgrundsätze – Arbeitnehmerentsendung.
[315] Vgl. hierzu *BFH* vom 21. 8. 1985, BStBl. 1986 II S. 4 (6). Vgl. auch TZ 2.2 Verwaltungsgrundsätze – Arbeitnehmerentsendung.
[316] S. TZ 2.1 Verwaltungsgrundsätze – Arbeitnehmerentsendung.
[317] S. TZ 2.1 Verwaltungsgrundsätze – Arbeitnehmerentsendung.

aufnehmenden Unternehmens und für dessen Rechnung tätig wird.[318] Andererseits kann auch das **entsendende Unternehmen ein Interesse** an der Arbeitnehmerentsendung haben. Dies ist zum Beispiel dann der Fall, wenn der entsendete Arbeitnehmer für das entsendende Unternehmen Planungs-, Koordinierungs- oder Kontrollfunktionen wahrnimmt und diese Leistungen nicht gesondert vergütet werden.[319]

Der Fremdvergleich ist vorrangig nach der **Preisvergleichsmethode** vorzunehmen. Bei der Preisvergleichsmethode kann es auch hier zu einem **betriebsexternen (äußeren) Preisvergleich**[320] und zu einem **betriebsinternen Preisvergleich**[321] kommen. Da es in diesem Bereich an Vergleichsdaten fehlen kann, sieht die *Finanzverwaltung* hier auch den **hypothetischen Preisvergleich** vor.[322] In der Regel ist ein Vergleich mit der Vergütung von entsprechenden lokalen Arbeitnehmern anzustellen. Eine höhere Vergütung durch das aufnehmende Unternehmen kann etwa dann gerechtfertigt sein, wenn der entsendete Arbeitnehmer über ein **Spezialwissen** verfügt.[323]

Wegen **weiterer Einzelheiten**, insbesondere zu den Indizien für die Feststellung der Interessenlage, s. TZ 3.3 Verwaltungsgrundsätze – Arbeitnehmerentsendung.

10. Durchführung der Einkunftsabgrenzung

Die Durchführung der Einkunftsabgrenzung regelt TZ 8. Verrechnungspreis-Verwaltungsgrundsätze. Es gelten die folgenden **Grundsätze**:

1. Wenn eine **verdeckte Gewinnausschüttung** vorliegt, dann gilt:
Die Einkunftskorrektur erfolgt nach den Grundsätzen von **§ 8 Abs. 3 Satz 2 KStG** und **A 31 KStR**. Der fehlende Betrag mindert das Einkommen der Gesellschaft nicht; ein **Betriebsausgabenabzug** wird nicht anerkannt. Beim Empfänger der Leistung ist der Betrag der verdeckten Gewinnausschüttung zu versteuern. Auf der Ebene der Gesellschaft ist zu prüfen, ob **Kapitalertragsteuer** festzusetzen ist.[324]
2. Wenn eine **verdeckte Einlage** vorliegt, dann gilt:
Die Einkunftskorrektur erfolgt nach den Grundsätzen von § 8 Abs. 3 Sätze 3 f. KStG und **A 36 a KStR**. In der Steuerbilanz des Gesellschafters ist der **Beteiligungswert** entsprechend zu erhöhen. Es erfolgt die Buchung: Beteiligung an Ertrag.[325]
3. Wenn die Korrekturvoraussetzungen von **§ 1 AStG** vorliegen, dann gilt:
Die Einkunftskorrektur erfolgt durch einen **Zuschlag** (der Gewinn wird höher angesetzt) außerhalb der Steuerbilanz.[326] Ein **Abschlag** (der Betriebsausgabenabzug wird vermindert) außerhalb der Steuerbilanz kommt nicht in Betracht, da in diesen Fällen die Grundsätze zur verdeckten Gewinnausschüttung anzuwenden sind.

11. Vorwegauskünfte oder Harmonisierung der Bestimmung von Verrechnungspreisen zwischen zwei Staaten/Advanced Pricing Agreements (APA)

a) Allgemeines. Die Bestimmung angemessener Verrechnungspreise und ähnlicher Bedingungen zwischen verbundenen Unternehmen ist sowohl Gegenstand von **unilateraler Regelungen**, als auch von **bilateralen** und sogar von **multilateralen Regelungen**. Bilaterale Regelungen sind auch hier die **Doppelbesteuerungsabkommen** (v. a. Art. 9, Art. 11 Abs. 6 und Art. 12 Abs. 4 OECD-MA). Multilaterale Regelungen enthält, allerdings beschränkt auf die EU-Staaten, die **EG-Schiedskonvention** vom 23. 7. 1990. Diese

---

[318] S. *BFH* vom 3. 2. 1993, BStBl. 1993 II S. 462 (467). Vgl. auch TZ 3.1.1. Satz 1 Verwaltungsgrundsätze – Arbeitnehmerentsendung.
[319] S. TZ 3.1.1 Satz 3 Verwaltungsgrundsätze – Arbeitnehmerentsendung.
[320] S. TZ 3.2.1 Verwaltungsgrundsätze – Arbeitnehmerentsendung.
[321] S. TZ 3.2.2 Verwaltungsgrundsätze – Arbeitnehmerentsendung.
[322] S. TZ 3.2 und TZ 3.2.3 Verwaltungsgrundsätze – Arbeitnehmerentsendung.
[323] S. TZ 3.1.2 Verwaltungsgrundsätze – Arbeitnehmerentsendung.
[324] S. *BFH* vom 28. 1. 1981, BStBl. 1981 II S. 612 (614). Vgl. auch TZ 8.1.1 lit. a) Verrechnungspreis-Verwaltungsgrundsätze.
[325] Vgl. auch TZ 8.1.1 lit. b) Verrechnungspreis-Verwaltungsgrundsätze.
[326] Vgl. auch TZ 8.1.1 lit. b) Verrechnungspreis-Verwaltungsgrundsätze.

bilateralen und multilateralen Regelungen im Bereich der Festlegung von Verrechnungspreisen greifen insgesamt **zu kurz**.

196 Diese Schwäche wollen Advanced Pricing Agreements (APA) überwinden.[327] Diese sind seit Ende 2006 durch den sog. *APA-Erlass*[328] nunmehr auch im deutschen Steuerrecht offiziell anerkannt. Die deutsche *Finanzverwaltung* folgt damit der von der Mehrzahl der Industriestaaten ausgeübten und von der OECD empfohlenen *Praxis*.[329]

197 **b) Rechtsgrundlage und Struktur von APA.** Nach deutschem Rechtsverständnis ist die Struktur von APA **zweigliedrig**;[330] sie besteht

– aus einem **völkerrechtlichen Vertrag** zwischen zwei oder mehr DBA-Vertragsstaaten
– aus einem **Verwaltungsakt** (der **verbindlichen Zusage**; „**Vorabzusage**") der *Finanzverwaltung* gegenüber dem Steuerpflichtigen.[331]

Die Struktur von APA Schaubild § 34-20

bestehend aus
– Vorgespräch („Prefiling")
– Antrag des Steuerpflichtigen (Antragsverfahren)
– Erteilung der verbindlichen Vorabzusage

198 APA sind vor allem wegen ihrer Rechtsgrundlage in den DBA von anderen verbindlichen Zusagen nach §§ 204 ff. AO zu unterscheiden[332] und folgen daher eigenen Regeln.

199 **c) Das APA-Verfahren.** Nach dem *APA-Erlass* besteht das **APA-Verfahren** aus **vier Verfahrensteilen**:

– **Vorgespräch** („Prefiling")
– **Antrag** des Steuerpflichtigen („Antragsverfahren")

---

[327] Advance Pricing Agreements (APA) sind seit den 1980er Jahren in der *Steuerrechtspraxis* vor allem der USA, aber auch Japans und Australiens bekannt. Vgl. *Heinrich/Schmitt*, DB 2006, 2428 (2429). In die *Steuerrechtspraxis* anderer Länder, unter anderem in der Bundesrepublik Deutschland, haben sie dagegen eher zögerlich Eingang gefunden. Dies liegt unter anderem daran, dass nach deutschem Steuerrecht Verträge zwischen der *Finanzverwaltung* und dem Steuerpflichtigen über dessen Steuerpflicht unzulässig sind. S. TZ 1.2 *APA-Erlass*.
[328] S. *BMF-Schreiben*: Merkblatt für bilaterale oder mulitlaterale Vorabverständigungsverfahren auf der Grundlage der Doppelbesteuerungsabkommen zur Erteilung verbindlicher Vorabzusagen über Verrechnungspreise zwischen international verbundenen Unternehmen (sog. „Advance Pricing Agreements" – APAs) vom 5. 10. 2006, BStBl. 2006 I S. 594 („*APA-Erlass*"). S. hierzu ergänzend *BMF-Schreiben* vom 29. 12. 2003, BStBl. I 2003 I S. 742.
[329] S. TZ 1.1 Satz 5 *APA-Erlass*.
[330] S. TZ 1.2 Satz 8 *APA-Erlass*. Im deutschen Steuerrecht sind Verträge zwischen der *Finanzverwaltung* und dem Steuerpflichtigen über dessen Steuerpflicht unzulässig. S. TZ 1.2 Satz 2 *APA-Erlass*. Zulässig und geboten sind allerdings Verständigungs- und Konsultationsverfahren nach Art. 25 Abs. 1/Abs. 2 OECD-MA. S. TZ 1.2 Satz 3 *APA-Erlass*.
[331] In TZ 1.2 Satz 8 APA-Erlass heißt es entsprechend: „Vorabverständigungsvereinbarung und Vorabzusage bilden nach deutschem Verständnis gemeinsam das APA".
[332] S. TZ 1.2 Satz 15 *APA-Erlass*.

– Durchführung des Verständigungsverfahrens
– Erteilung der verbindlichen Vorabzusage.

d) Das APA. In der Verständigungsvereinbarung sind auf jeden Fall die betroffenen **200** **Geschäftsvorfälle** und die **Verrechnungspreismethoden** zu regeln. Des Weiteren sind in die Verständigungsvereinbarung die **Gültigkeitsbedingungen** („Critical Assumptions") aufzunehmen. Die Gültigkeitsbedingungen sind keine Bedingungen im rechtlichen Sinne, sondern sind eine Art von Geschäftsgrundlage für das APA. Bestandteil der Verständigungsvereinbarung ist die Verpflichtung des Steuerpflichtigen dem *BZSt* und dem *Finanzamt* einen jährlichen Bericht („Jahresbericht", „Compliance Report") zu erstellen und vorzulegen.[333] Der Jahresbericht ist spätestens zusammen mit der jeweiligen Steuererklärung abzugeben.[334] Wird der Jahresbericht in dem anderen Vertragstaat früher abgegeben, dann muss der Steuerpflichtige ihn zugleich auch im Inland abgeben.[335]

Anhand des Jahresberichts prüft das *BZSt*, ob die Gültigkeitsbedingungen eingehalten **201** worden sind.[336] Dies wird auch in späteren Außenprüfungen geprüft.[337] Treten Zweifelsfragen zwischen dem Jahresbericht und der Steuererklärung des Steuerpflichtigen auf, sind diese zwischen dem Steuerpflichtigen und dem *Finanzamt* zu klären.[338] Das *Finanzamt* weist das *BZSt* gegebenenfalls auf diese Zweifelsfragen bzw. Unstimmigkeiten hin.[339]

Haben sich die Gültigkeitsbedingungen geändert oder sind sie fortgefallen, entscheidet **202** das *BZSt* zusammen mit der zuständigen obersten Finanzbehörde, ob das APA geändert oder gekündigt werden soll oder ob Verhandlungen mit dem anderen Vertragsstaat aufgenommen werden sollen.[340]

Dem APA-Erlass liegt ein **Muster** einer solchen Verständigungsvereinbarung als Merkblatt bei.

Die **Laufzeit** des APA beginnt üblicherweise mit dem Anfang des Wirtschaftsjahres, in **203** dem der Antrag des Steuerpflichtigen gestellt wird.[341] Unter bestimmten Umständen kann ein früherer Beginn zugelassen werden.[342] Möglich ist unter bestimmten Umständen auch die Rückbeziehung des APA („Roll Back") auf Veranlagungszeiträume, die der vereinbarten Laufzeit eines APA vorangehen.[343] Die Laufzeit des APA sollte nicht unter drei Jahren und nicht über fünf Jahren betragen.[344] Unter bestimmten Umständen ist es möglich, die Laufzeit des APA zu verlängern.[345]

IV. Die erweiterte beschränkte Einkommensteuerpflicht/ §§ 2–5 AStG/die Wegzugsbesteuerung – § 6 AStG

1. Einleitung

Wie bereits ausgeführt, ist **Zielsetzung** des Außensteuergesetzes vor allem die Vermei- **204** dung der Steuerflucht.[346] Zu den drei Fallgruppen der Verlagerung von deutschem Be-

---

[333] S. TZ 6.1 Satz 1 *APA-Erlass*.
[334] S. TZ 6.1 Satz 6 *APA-Erlass*.
[335] S. TZ 6.1 Satz 7 *APA-Erlass*.
[336] S. TZ 6.2 Satz 1 *APA-Erlass*.
[337] S. TZ 6.2 Satz 5 *APA-Erlass*.
[338] S. TZ 6.2 Satz 2 *APA-Erlass*.
[339] S. TZ 6.2 Satz 3 *APA-Erlass*.
[340] S. TZ 6.2 Satz 4 *APA-Erlass*.
[341] S. TZ 3.8 Satz 1 *APA-Erlass*.
[342] S. TZ 3.8 Sätze 2 ff. *APA-Erlass*.
[343] S. TZ 7.3 *APA-Erlass*.
[344] S. TZ 3.8 Satz 8 *APA-Erlass*. Unabhängig davon regelt TZ 3.8 Satz 5 *APA-Erlass* Kriterien, die für die Festlegung einer angemessenen Laufzeit des APA zu beachten sind.
[345] S. TZ 7.4 *APA-Erlass*.
[346] S. Ziff. D. I. 1. *BMF-Bericht/Bericht der Bundesregierung* zur Fortentwicklung des Unternehmenssteuerrechts vom 18. 4. 2001.

steuerungspotential ins Ausland gehört die **Verlegung des Wohnsitzes ins Ausland**, vor allem in niedrig besteuernde ausländische Staaten. Auf diese Art und Weise „verlagert" der Steuerpflichtige sich selbst und damit seine **unbeschränkte Steuerpflicht ins Ausland**. Die Verlegung des Wohnsitzes in niedrig besteuernde Gebiete gehört zu den Fällen der subjektbezogenen[347] „**Entstrickung**" oder „**Steuerentstrickung**".[348] Das heißt, dass es auch hier zu einer Beendigung der Steuerverhaftung kommen kann, also das **Realisationsprinzip**[349] verwirklicht wird, ohne dass die stillen Reserven im Wege einer sog. Außentransaktion realisiert werden. Zur subjektbezogenen Steuerentstrickung gehören vor allem die folgenden **Fallkonstellationen**:[350]

– Verlegung der Geschäftsleitung ins Ausland (§ 12 KStG)
– Wechsel zur Steuerbefreiung (§ 13 KStG)
– Wegzug einer natürlichen Person ins Ausland (§ 6 AStG)
– Beendigung der Hinzurechnungsbesteuerung nach §§ 7–14 AStG
– Fall des § 21 Abs. 2 UmwStG.

205 Umgekehrt wird das Realisationsprinzip bei der subjektbezogenen Steuerentstrickung bei bestimmten Außentransaktionen **durchbrochen**, wie in den folgenden Fällen:

– Wegzug einer natürlichen Person ins Ausland im Falle des § 49 Abs. 1 Nr. 2 lit. e) EStG
– Verlegung von Sitz oder Geschäftsleitung einer der Hinzurechnungsbesteuerung nach §§ 7–14 AStG unterliegenden Basisgesellschaft von einem Niedrigsteuerland in ein Hochsteuerland.

206 Die Verlegung des Wohnsitzes in niedrig besteuernde Gebiete kann sich einmal auswirken auf die **laufende Besteuerung** des Steuerpflichtigen (dieser Fall ist Gegenstand der Regelung der §§ 2–5 AStG), aber auch auf die Erfassung von stillen Reserven in bestimmten Wirtschaftsgütern, somit auf die **einmalige Besteuerung** von stillen Reserven (dieser Fall ist Gegenstand der Regelung von § 6 AStG).

2. Die erweiterte beschränkte Einkommensteuerpflicht, §§ 2–5 AStG

207 a) **Allgemeines.** Verlegt eine natürliche Person ihren Wohnsitz ins Ausland, so **endet ihre unbeschränkte (Einkommen-)Steuerpflicht** nach § 1 Abs. 1 EStG.[351] Ab diesem Zeitpunkt unterliegt eine solche natürliche Person (der Steuerpflichtige) nach den allgemeinen Bestimmungen des Steuerrechts allenfalls noch der **beschränkten Steuerpflicht** nach § 1 Abs. 4 EStG. Voraussetzung hierfür ist allerdings, dass der Steuerpflichtige noch **inländische Einkünfte** im Sinne von § 49 Abs. 1 EStG hat. Sind solche inländische Einkünfte nicht gegeben, dann unterliegt der Steuerpflichtige nach diesen allgemeinen Bestimmungen in der Bundesrepublik Deutschland keiner Besteuerung mehr nach dem EStG, selbst wenn er noch andere inländische Einkünfte hat, also noch inländische Einkünfte vorliegen, die von § 49 Abs. 1 EStG nicht erfasst werden (z. B. sog. **einfache Zinsen**).[352] Vor dem Hintergrund einer starken Abwanderung von Spitzenverdienern ins Ausland vor allem in den 60er Jahren, sah der Gesetzgeber hierin eine Lücke, die es zu schließen galt.

---

[347] Vgl. hierzu *Schaumburg*, a. a. O., Rdnr. 5.374 und Rdnr. 5.386 und *Kluge*, a. a. O., M 73.
[348] Zur Thematik „Entstrickung" s. anschaulich Ziff. B. 4. *BMF-Bericht/Bericht der Bundesregierung* zur Fortentwicklung des Unternehmenssteuerrechts vom 18. 4. 2001. Vgl. hierzu auch *Schmidt/Heinicke* EStG § 4 Rdnr. 360.
[349] Zum Realisationsprinzip s. die Darstellung bei *Schmidt/Heinicke* EStG § 5 Rdnr. 78. Vgl. auch Ziff. B. IV. *BMF-Bericht/Bericht der Bundesregierung* zur Fortentwicklung des Unternehmenssteuerrechts vom 18. 4. 2001.
[350] Vgl. auch Ziff. B. IV. *BMF-Bericht/Bericht der Bundesregierung* zur Fortentwicklung des Unternehmenssteuerrechts vom 18. 4. 2001.
[351] S. *Schmidt/Heinicke* EStG § 1 Rdnr. 82.
[352] Dies sind Zinsen (i. S. v. § 20 Abs. 1 Nr. 5 und Nr. 7 EStG), die mangels dinglicher Sicherheit nicht von § 49 Abs. 1 Nr. 5 EStG erfasst werden.

§ 34. Das Außensteuergesetz   208, 209 § 34

Anzumerken ist allerdings, dass diese „Lücke" letztlich auf **„schweren Systemfehlern** innerhalb der §§ 49, 50 und 50a EStG" beruht.[353] Die Regelungen der §§ 2–5 AStG (die erweiterte beschränkte Einkommensteuerpflicht – **EBS**) mit der Überschrift „Wohnsitzwechsel in niedrig besteuernde Gebiete", teilweise auch als **„Fluchtsteuer"**[354] bezeichnet, sollen diesen Systemfehler korrigieren. Dies erfolgt dadurch, dass die §§ 2–5 AStG die beschränkte Einkommensteuerpflicht über den Anwendungsbereich von § 49 Abs. 1 EStG hinaus für Personen **erweitern**, die ihren Wohnsitz in niedrig besteuernde Gebiete verlegen und nicht mehr unbeschränkt einkommensteuerpflichtig sind.[355] Von der erweiterten beschränkten Einkommensteuerpflicht umfasst sind auch Tatbestände, bei denen ein Steuerpflichtiger seinen Wohnsitz zunächst in ein Normalsteuerland verlegt und innerhalb der von § 2 Abs. 1 Satz 1 AStG vorgesehenen 10-Jahres-Frist sodann von dort in ein niedrig besteuerndes Gebiet umzieht.[356]

Die *Praxisrelevanz* der erweiterten beschränkten Einkommensteuerpflicht ist **gering**. Die *geringe Praxisrelevanz* hängt vor allem damit zusammen, dass Gewerbetreibende, die im Inland keine Betriebsstätte unterhalten (in diesem Fälle wären sie beschränkt einkommensteuerpflichtig nach § 49 Abs. 1 Nr. 2 lit. a) EStG) regelmäßig im Ausland eine Betriebsstätte (das Stammhaus) unterhält (damit sind ausländische Einkünfte § 34d Nr. 2 lit. a) EStG gegeben). Lediglich im Hinblick auf die **Ausstrahlung von § 2 AStG auf die Hinzurechnungsbesteuerung** nach §§ 7–14 AStG spielt die erweiterte beschränkte Einkommensteuerpflicht in der *Praxis* immer wieder eine gewisse Rolle, denn gemäß § 7 Abs. 1 AStG werden dem Steuerpflichtigen § 2 AStG-Personen zugerechnet. 208

Übersicht über den engen Anwendungsbereich der EBS   Schaubild § 34-21

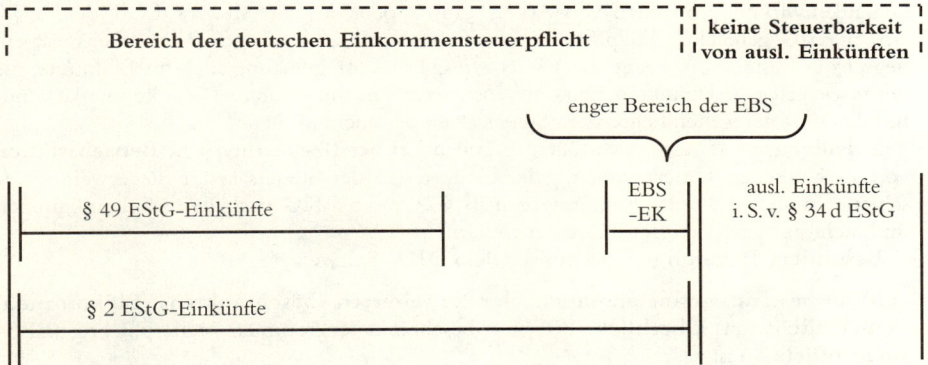

Ungeachtet der *geringen Praxisrelevanz* der erweiterten beschränkten Einkommensteuerpflicht erkauft sich der Gesetzgeber die Schließung der oben genannten „Lücken in den §§ 49, 50 und 50a EStG" durch die Inkaufnahme **weiterer Systembrüche**. Letztlich gilt in diesem Zusammenhang: „Ein Loch welches hier gestopft wird, reißt ein anderes Loch auf".[357] 209

---

[353] S. *Schaumburg*, a. a. O., Rdnr. 5.317 f. m. w. N.
[354] S. *Ritter*, IStR 2001, S. 430 (434 f.). Vgl. auch *Schaumburg*, a. a. O., Rdnr. 5.315.
[355] S. TZ 2.0.1.1. AEAStG.
[356] S. TZ 2.0.1.1.2. AEAStG.
[357] § 2 AStG war schon in den 70er Jahren geprägt von schweren Mängeln und somit Gegenstand zahlreicher Kontroversen und Fehlerkorrekturen. S. *Flick/Wassermeyer/Baumhoff*, AStG, § 2, Rdnr. 1 – Rdnr. 2 m. w. N.

210 Des Weiteren stehen die §§ 2–5 AStG in **Widerspruch zu EU-Recht**.[358] Diese Regelungen verstoßen sowohl gegen die Niederlassungsfreiheit (Art. 49–54 AEUV = ex-Art. 43–48 EGV),[359] gegen die Arbeitnehmerfreizügigkeit (Art. 45–48 AEUV = ex-Art. 39–42 EGV) und gegen die Kapitalverkehrsfreiheit (Art. 63–66 AEUV = ex-Art. 56–60 EGV).[360] Des Weiteren liegt ein Verstoß gegen das Diskriminierungsverbot (Art. 18 AEUV = ex-Art. 12 EGV) vor.

211 **Verhältnis zu Doppelbesteuerungsabkommen.** Wie auch die beschränkte Steuerpflicht steht die erweiterte beschränkte Steuerpflicht unter dem Vorbehalt von Doppelbesteuerungsabkommen (sog. **Schrankenwirkung von Doppelbesteuerungsabkommen**).[361] Es sind hier **drei Fallgruppen** zu unterscheiden:

– Einkünfte oder Vermögen unterliegt dem **ausschließlichen Besteuerungsrecht des ausländischen Vertragsstaats** (dem Ansässigkeitsstaat).
– Einkünfte oder Vermögen unterliegen **im Inland** (dem Quellen- oder Belegenheitsstaat) einem **begrenzten Besteuerungsrecht**.
– Einkünfte oder Vermögen unterliegt dem **Besteuerungsrecht der Bundesrepublik Deutschland** (dem Quellen- oder Belegenheitsstaat).

212 **1. Fallgruppe.** Diese ist vor allem gegeben bei der Besteuerung von **Veräußerungsgewinnen**, von im Inland verwerteten selbständigen oder unselbständigen Tätigkeiten oder von **Zins-** und **Lizenzeinkünften**. In diesen Fällen steht das Besteuerungsrecht zumeist dem ausländischen Staat zu. Ist dem Ansässigkeitsstaat das ausschließliche Besteuerungsrecht zugewiesen, dann unterliegen Einkünfte nicht der erweiterten beschränkten Einkommensteuerpflicht.[362]

213 **2. Fallgruppe.** Diese ist vor allem gegeben bei der Quellenbesteuerung von **Dividenden** und **Zinsen** und gegebenenfalls auch von **Lizenzgebühren**.[363] Hier geht die DBA-Schrankenwirkung vor allem von Art. 10 Abs. 2 oder Art. 11 Abs. 2 OECD der in § 2 Abs. 5 AStG geregelten Vollprogression vor. Ist dem Quellen- oder Belegenheitsstaat ein begrenztes Besteuerungsrecht zugewiesen, so gilt diese Begrenzung auch für Einkünfte, die der erweiterten beschränkten Einkommensteuerpflicht unterliegen. Diese können also nur mit den dort geregelten begrenzten Steuersätzen besteuert werden.[364]

214 **3. Fallgruppe.** Diese ist vor allem gegeben bei der Besteuerung von **Betriebsstätten** von ausländischen Unternehmen. Hier bemisst sich der Steuersatz für die erweitert beschränkt steuerpflichtigen Einkünfte gemäß § 2 Abs. 5 AStG nach dem Welteinkommen und nicht nur nach den Betriebsstätteneinkünften.[365]

Besondere Regelungen gelten nach dem **DBA-Schweiz**.[366]

215 **b) Tatbestandsvoraussetzungen der erweiterten beschränkten (Einkommen) Steuerpflicht. aa) Überblick.** Erweitert beschränkt (einkommen-)steuerpflichtig (**EBS-steuerpflichtig**) ist

---

[358] Im *Eurowings*-Urteil hat der *EuGH* ausgeführt, dass eine niedrige Besteuerung im Ausland keine höhere Besteuerung im Inland rechtfertigt. S. *EuGH* vom 26. 10. 1999, Rs. C-294/97 (*Eurowings*), DB 1999, S. 2246 (2247; Rdnr. 43 ff.). Zu Recht sprach *Wassermeyer* bereits 2001 davon, dass die „Totenglocke der §§ 2–5 AStG eingeläutet" sei. S. *Wassermeyer*, IStR 2001, S. 113 (114).

[359] Einzelheiten hierzu s. etwa *Jacobs*, a. a. O., 2. Teil 3. Kap. E. II. 1. a).

[360] Einzelheiten hierzu s. etwa *Jacobs*, a. a. O., 2. Teil 3. Kap. E. II. 1. b).

[361] Zum Verhältnis von § 2 AStG zu den Doppelbesteuerungsabkommen s. ausführlich *Flick/Wassermeyer/Baumhoff*, AStG, § 2, Rdnr. 5 b – Rdnr. 5 e m. w. N. Vgl. *Schaumburg*, a. a. O., Rdnr. 5.319.

[362] S. TZ 2.0.2.1. Nr. 1. AEAStG.

[363] Das Gleiche gilt für Lizenzgebühren in den Fällen, in denen der dem Art. 12 OECD-MA entsprechende DBA-Artikel in deutschen DBA für Lizenzeinkünfte dem Quellen- oder Belegenheitsstaat ein begrenztes Quellenbesteuerungsrecht vorsieht.

[364] S. TZ 2.0.2.1. Nr. 2 AEAStG.

[365] S. TZ 2.0.2.1. Nr. 3. AEAStG.

[366] Einzelheiten hierzu s. TZ 2.0.2.3. Nr. 1 und Nr. 2 AEAStG.

§ 34. Das Außensteuergesetz — 216–218 § 34

– eine **natürliche Person,** die
– in den **letzten zehn Jahren** vor dem Ende ihrer unbeschränkten Steuerpflicht
– als **Deutscher**
– insgesamt mindestens **fünf Jahre unbeschränkt einkommensteuerpflichtig** war
– in einem **Niedrigsteuerland ansässig** (oder in keinem ausländischen Gebiet ansässig) ist und
– noch **wesentliche wirtschaftliche Interessen** im Geltungsbereich des AStG hat.

Die erweiterte beschränkte Einkommensteuerpflicht **dauert zehn Jahre** nach dem Ende der unbeschränkten Steuerpflicht. Hierbei spielen Veranlagungszeiträume keine Rolle. Der 10-Jahreszeitraum wird berechnet nach § 108 AO i. V. m. den §§ 187 ff. BGB.[367] Die erweiterte beschränkte Steuerpflicht beginnt am 1. Januar des Jahres, das dem Jahr des Wegzugs folgt und sie endet am 31. Dezember des 10. Jahres nach dem Jahr des Wegzugs.

§ 2 Abs. 1 Satz 2 AStG enthält eine **Freigrenze.** Danach unterliegen der erweiterten beschränkten Einkommensteuerpflicht nur Einkünfte innerhalb eines Veranlagungszeitraums von mehr als EUR 16 500,00.[368]

bb) Persönliche Voraussetzungen. Der erweiterten beschränkten Steuerpflicht können **nur natürliche Personen** unterliegen, denn nur sie können ihren Wohnsitz ins Ausland verlegen. Nach dem geltenden Recht können juristische Personen und Personengesellschaften ihren Sitz nicht ins Ausland verlegen.[369] Die natürliche Person muss „**Deutscher**" sein.[370] Ein ausländischer Staatsangehöriger unterfällt also der erweiterten beschränkte Einkommensteuerpflicht nicht. Eine **doppelte Staatsangehörigkeit** schließt die erweiterte beschränkte Einkommensteuerpflicht nicht aus.[371] Das Abstellen auf die deutsche Staatsangehörigkeit ist im deutschen Einkommensteuerrecht ein **Systembruch** und läßt sich sachlich nicht begründen.[372] Darüber hinaus ist diese Regelung im Hinblick auf **Art. 3 Abs. 1 GG**[373] verfassungsrechtlich bedenklich[374] und steht des Weiteren im **Widerspruch zu EU-Recht**[375] wegen Verstoßes gegen die Arbeitnehmerfreizügigkeit (Art. 49–54 AEUV = ex-Art. 39–42 EGV) und die Niederlassungsfreiheit (Art. 49–54 AEUV = ex-Art. 43–48 EGV).[376]

Der von der erweiterten beschränkten Einkommensteuerpflicht umfasste **Zeitraum** beträgt **zehn Jahre** vor dem Ende der unbeschränkten Steuerpflicht des betreffenden Steuerpflichtigen. Innerhalb dieses Zeitraums muss der Steuerpflichtige in der Bundesrepublik Deutschland insgesamt mindestens **fünf Jahre unbeschränkt einkommensteuerpflichtig** gewesen sein. Der 5-Jahreszeitraum muss **kein einheitliches Ganzes** sein. Er kann aus

---

[367] Vgl. hierzu auch *Flick/Wassermeyer/Baumhoff*, AStG, § 2, Rdnr. 13.
[368] Vgl. hierzu auch TZ 2.0.1.3. AEAStG.
[369] Eine Kapitalgesellschaft kann nach deutschem Rechtsverständnis (immer noch) ihren „Sitz" nur ins Ausland verlegen, wenn sie im Inland aufgelöst wird und im Ausland neu gegründet wird. Vgl. hierzu *BGH* vom 17. 10. 1968, BGHZ 51, 27 (28); *BGH* vom 30. 1. 1970, BGHZ 53, 181 (183 f.); *BGH* vom 5. 11. 1980, BGHZ 78, 318 (334); *BGH* vom 21. 3. 1996, BGHZ 97, 269 (271 f.). Vgl. hierzu auch etwa die Darstellung bei *Baumbach/Hueck* GmbH-Gesetz und bei *Flick/Wassermeyer/Baumhoff*, AStG, § 2, Rdnr. 6.
[370] „Deutscher" ist, wer die deutsche Staatsangehörigkeit besitzt oder zu den in Art. 116 Abs. 1 GG genannten Personen gehört. Vgl. hierzu auch TZ 2.1.1. Nr. 2 Satz 1 AEAStG.
[371] S. TZ 2.1.1. Nr. 2 Satz 2 AEAStG.
[372] *Kritisch* auch *Vogel*, DB 1972, S. 1402 (1403); *Dautzenberg*, IStR 1997, 39 (39); *Schaumburg*, a. a. O., Rdnr. 5.323; *Flick/Wassermeyer/Baumhoff*, AStG, § 2, Rdnr. 1 – Rdnr. 3.
[373] Zur Anwendung von Art. 3 GG s. *BVerfG* vom 16. 5. 1961, BVerfGE 12, S. 341 (348); *BVerfG* vom 12. 10. 1976, BStBl. 1977 II S. 190 (192 f.); *BVerfG* vom 20. 3. 1979, BVerfGE 51, S. 1 (53). Vgl. hierzu auch *BFH* vom 20. 4. 1988, BStBl. 1990, S. 701 (703 ff.) im Zusammenhang mit der Verfassungsmäßigkeit der beschränkten Steuerpflicht.
[374] Allerdings hat das *BVerfG* im Urteil vom 14. 5. 1986, BStBl. 1986 II S. 628 (643) § 2 AStG für verfassungsgemäß erklärt.
[375] So auch *Dautzenberg*, IStR 1997, 39 (39); *Schaumburg*, a. a. O., Rdnr. 5.323.
[376] Einzelheiten hierzu s. etwa *Jacobs*, a. a. O., 2. Teil 3. Kap. E. II. 1. a).

mehreren **Inlandsaufenthalten** (insbesondere über 6 Monate) bestehen, vgl. § 9 AO. Kurzfristige **Unterbrechungen** von Inlandsaufenthalten bleiben unberücksichtigt. War der Steuerpflichtige innerhalb des 10-Jahreszeitraums im Inland mehrmals unbeschränkt steuerpflichtig, dann werden diese Zeiträume zusammengezählt.[377]

219 cc) Niedrige Besteuerung, § 2 Abs. 2 AStG. § 2 Abs. 2 AStG enthält eine **Legaldefinition** von „niedrige Besteuerung". Diese Definition ist nicht identisch mit der Definition von niedriger Besteuerung in § 8 Abs. 3 AStG im Rahmen der Hinzurechnungsbesteuerung.[378] Eine niedrige Besteuerung ist grundsätzlich dann gegeben, wenn die ausländische Steuerbelastung im Vergleich zur deutschen **Steuerbelastung um mehr als $1/3$ geringer** ist. § 2 Abs. 2 AStG enthält **zwei Maßstäbe**, die alternativ anzuwenden sind:

– **Abstrakter Steuerbelastungsvergleich** gemäß § 2 Abs. 2 Nr. 1 EStG[379]
– **Konkreter Steuerbelastungsvergleich** gemäß § 2 Abs. 2 Nr. 2 EStG.[380]

220 **Abstrakter Steuerbelastungsvergleich.** Die ausländische Einkommensteuer ist tarifgemäß um $1/3$ **geringer** als die deutsche Einkommensteuer bezogen auf ein angenommenes Einkommen von EUR 77 000,00. Ausgangspunkt ist hier eine unverheiratete natürliche Person mit einem angenommenen steuerpflichtigen (Jahres-)Einkommen von EUR 77 000,00. Es wird die (abstrakte) **Steuerbelastung nach dem Steuertarif** (einschließlich etwaiger tariflicher Steuerfreibeträge) einer solchen Person in der Bundesrepublik Deutschland und in dem ausländischen Staat unter sonst gleichen Bedingungen verglichen. Bei der deutschen Einkommensteuer wird der **Solidaritätszuschlag** zu Lasten des Steuerpflichtigen außer Acht gelassen.[381] Allerdings kann der Steuerpflichtige gegen diese widerlegbare Vermutung des Gesetzes den **Nachweis** führen, dass die von seinem Einkommen erhobenen ausländischen Steuern mindestens $2/3$ der Einkommensteuer betragen, die sie bei angenommener unbeschränkter Einkommensteuerpflicht im Inland bezahlt hätte.

221 **Konkreter Steuerbelastungsvergleich.** Der konkrete Steuerbelastungsvergleich ist eine **Ergänzung** des abstrakten Steuerbelastungsvergleichs und soll zu Gunsten des Steuerpflichtigen dem Umstand Rechnung tragen, dass die ausländische Einkommensteuer wegen einer **Vorzugsbesteuerung erheblich geringer** sein kann, als die allgemeine ausländische Einkommensteuer. Eine Vorzugsbesteuerung kann insbesondere dann gegeben sein, wenn der Steuerpflichtige im Ausland steuerfrei gestellt wird, im Ausland besondere Steuervergünstigungen in Anspruch nimmt oder das Ausland die dort erzielten Einkünfte gegenüber anderen Einkünften privilegiert besteuert.[382] Eine niedrige Besteuerung ist dann nicht gegeben, wenn der Steuerpflichtige anhand einer sog. **Schattenveranlagung**[383] den **Nachweis** führt, dass die von seinem Einkommen erhobenen ausländischen Steuern mindestens $2/3$ der Einkommensteuer betragen, die sie bei angenommener unbeschränkter Einkommensteuerpflicht im Inland bezahlt hätte.

222 Zur Feststellung der niedrigen Besteuerung kann die *Finanzverwaltung* nach § 90 AO die Vorlage von **Steuererklärungen**, von **ausländischen Steuerbescheiden** oder ähnliche Unterlagen verlangen. Ist unklar, ob ein Gebiet mit niedriger Besteuerung vorliegt, trifft das *Bundeszentralamt für Steuern* auf Anfrage des Steuerpflichtigen die erforderlichen Fest-

---

[377] S. TZ 2.1.1. Nr. 1 AEAStG.
[378] Der AEAStG enthält für die erweiterte beschränkte Einkommensteuerpflicht im Gegensatz zur Anlage 1 und 2 zu § 8 AStG auch keine Anlage mit Feststellungen über Gebiete mit niedriger Besteuerung.
[379] S. TZ 2.2.2. Nr. 1 AEAStG.
[380] Vgl. auch TZ 2.2.2. Nr. 2 AEAStG; *Schaumburg*, a. a. O., Rdnr. 5.331 und Rdnr. 5.361.
[381] S. *BFH* vom 30. 11. 1988, BStBl. 1989 II S. 365 (367) für die Ergänzungsabgabe. Vgl. auch TZ 2.2.2. Nr. 1 Satz 6 AEAStG. Vgl. zu diesem Themenkomplex auch *Flick/Wassermeyer/Baumhoff*, AStG, § 2, Rdnr. 79–Rdnr. 81 a.
[382] Vgl. auch TZ 2.2.2. Nr. 2 AEAStG.
[383] Vgl. *Schaumburg*, a. a. O., Rdnr. 5.329 und Rdnr. 5.333; *Flick/Wassermeyer/Baumhoff*, AStG, § 2, Rdnr. 73.

stellungen.[384] Wie ausgeführt, hat der Steuerpflichtige bei beiden Maßstäben die Möglichkeit des **Gegennachweises,** dass keine niedrige Besteuerung vorliegt.[385]

dd) Wesentliche wirtschaftliche Interessen, § 2 Abs. 3 AStG. § 2 Abs. 3 AStG enthält eine **Legaldefinition** von „**wesentliche wirtschaftliche Interessen**". Diese sind unter **drei Voraussetzungen** möglich.

(1) Der Steuerpflichtige ist nach **§ 2 Abs. 3 Nr. 1 AStG**

– (Einzel-)**Unternehmer** eines inländischen Unternehmens
– (vollhaftender) **Mitunternehmer** bzw. **Kommanditist** mit > 25%-Gewinnanteil an einem inländischen Unternehmen
– an inländischer **Kapitalgesellschaft beteiligt** i. S. v. § 17 EStG.

(2) Der Steuerpflichtige hat nach **§ 2 Abs. 3 Nr. 2 AStG**

– inländische Einkünfte von **> 30% seiner Gesamteinkünfte (relative Größe)**
– inländische Einkünfte **> EUR 62 000,00 (absolute Größe)**.

(3) Der Steuerpflichtige hat nach **§ 2 Abs. 3 Nr. 3 AStG**

– ausländisches Vermögen von **> 30% seines Gesamtvermögens (relative Größe)**
– ausländisches Vermögen von **> EUR 154 000,00 (absolute Größe)**.

c) Umfang der erweiterten beschränkten Einkommensteuerpflicht. Wie ausgeführt, erstreckt sich die erweiterte beschränkte Einkommensteuerpflicht über beschränkt steuerpflichtige Einkünfte (**§ 49 EStG**) hinaus auf alle anderen Einkünfte im Sinne von § 2 Abs. 1 EStG, die **nicht ausländische Einkünfte** im Sinne von § 34c EStG sind.[386] Der erweiterten beschränkten Einkommensteuerpflicht unterliegen zwar nur die Einkünfte aus inländischen Quellen, aber der **Steuersatz** bemisst sich gemäß § 2 Abs. 5 Satz 1 AStG nach der Summe aller **inländischen** und **ausländischen Einkünfte**. Die erweiterten Inlandseinkünfte unterliegen damit in systemwidriger Weise der sog. **Vollprogression.**[387] Die ausländischen Einkünfte werden nach den deutschen Gewinnermittlungsvorschriften ermittelt.[388]

Die Besteuerung im Rahmen der erweiterten beschränkten Einkommensteuerpflicht erfolgt nach den **Grundsätzen der beschränkten Steuerpflicht** nach § 50 und § 50a EStG. Nach § 2 Abs. 5 Satz 2 AStG ist bei Einkünften, die dem **Steuerabzug** vom Kapitalertrag oder dem Steuerabzug auf Grund von § 50a EStG unterliegen, § 50 Abs. 5 Satz 1 EStG nicht anzuwenden.[389] Mit dieser Regelung soll die **Abgeltungswirkung** des Steuerabzugs beseitigt werden. Solche Einkünfte werden also zur Bestimmung des Steuersatzes herangezogen. Eine Ausnahme von der Nichtanwendung von § 50 Abs. 5 Satz 1 EStG gilt für den Steuerabzug vom **Arbeitslohn**.[390] Der Grund für die Ausnahme ist, dass bei Einkünften aus nichtselbständiger Arbeit eine Steuerveranlagung nicht stattfindet.

Da es bei § 2 AStG um deutsche Einkünfte geht, ist die **Gewinnermittlung** nach den deutschen Gewinnermittlungsvorschriften *unproblematisch*. Die Gewinnermittlung erfolgt auch für Einkünfte, die von § 2 AStG über § 1 Abs. 4 AStG hinaus erfasst werden nach den deutschen Gewinnermittlungsvorschriften.[391] **Betriebsausgaben** und **Werbungskosten** können abgezogen werden, wenn sie mit den erweiterten Inlandseinkünften in wirt-

---

[384] Vgl. auch TZ 2.2.3. AEAStG.
[385] Weitere Einzelheiten hierzu TZ 2.2.4. AEAStG.
[386] Eine Aufzählung der einzelnen möglichen EBS-Einkünfte oder erweiterten Inlandseinkünfte enthält TZ 2.5.0.1. und TZ 2.5.0.2. AEAStG.
[387] *Kritisch* hierzu auch *Schaumburg*, a. a. O., Rdnr. 5.354. Vgl. auch TZ 2.5.3.1. AEAStG.
[388] S. TZ 2.5.3.2. AEAStG.
[389] S. TZ 2.5.2.1. AEAStG.
[390] Eine Gegenausnahme gilt allerdings wiederum im Fall von § 50 Abs. 5 Satz 2 Nr. 2 EStG (sog. Antragsveranlagung); s. TZ 2.5.2.2. AEAStG.
[391] S. TZ 2.5.1.1. Satz 1 AEAStG.

schaftlichem Zusammenhang stehen.³⁹² Die nach **§ 50 Abs. 6 EStG** abziehbaren ausländischen Steuern sind bei der Ermittlung der insgesamt steuerpflichtigen Einkünfte zu berücksichtigen.³⁹³

227 Da die erweiterte beschränkte Einkommensteuerpflicht sich auf die Verhältnisse einer bestimmten Person beziehen, sind **Ehegatten** einzeln zu veranlagen.³⁹⁴ Entsprechend ist die erweiterte beschränkte Einkommensteuerpflicht **für jeden Ehegatten gesondert** zu ermitteln.³⁹⁵ Die in §§ 2–4 AStG genannte **Freigrenzen** und **Freibeträge** stehen jedem Ehegatten zu, können allerdings auch nicht auf den jeweils anderen Ehegatten übertragen werden.³⁹⁶

228 Der Steuerpflichtige hat hinsichtlich der **Verrechnung von negativen und positiven Einkünften** die folgenden **Möglichkeiten**:
Negative Einkünfte i. S. v. § 49 EStG können ausgeglichen werden mit

– positiven Einkünften i. S. v. § 49 Abs. 1 EStG
– positiven EBS-Einkünften³⁹⁷

Negative EBS-Einkünfte können ausgeglichen werden mit

– positiven Einkünften i. S. v. § 49 Abs. 1 EStG
– positiven EBS-Einkünften³⁹⁸

Ein Verlustabzug nach § 10 d EStG ist möglich gegenüber (sofern die Voraussetzungen des § 50 Abs. 1 Satz 2 EStG erfüllt sind)³⁹⁹

– positiven Einkünften i. S. v. § 49 Abs. 1 EStG
– positiven EBS-Einkünften.⁴⁰⁰

229 Das **Verlustausgleichsverbot** nach § 50 Abs. 2 EStG soll nach TZ 2.5.1.2. Satz 4 AEAStG nicht gelten für Einkünfte, die dem Steuerabzug unterliegen und für Einkünfte im Sinne von § 20 Abs. 1 Nr. 5 und Nr. 7 EStG.

230 § 2 Abs. 5 Satz 3 AStG verweist auf § 50 Abs. 3 Satz 2 EStG mit der Maßgabe, dass die Einkommensteuer die Steuerabzugsbeträge nicht unterschreiten darf und regelt damit die sog. **Mindeststeuer**. Diese Regelung soll sicherstellen, dass sämtliche erweiterten Inlandseinkünfte einer Steuerbelastung von **mindestens 25%** unterliegen.⁴⁰¹

231 Beim Übergang von der unbeschränkten Steuerpflicht zur erweiterten beschränkten Steuerpflicht im Laufe eines Veranlagungszeitraums (oder umgekehrt) sind **zwei Veranlagungen** durchzuführen.⁴⁰²

232 § 2 Abs. 6 AStG will eine Schlechterstellung des erweitert beschränkt Einkommensteuerpflichtigen im Vergleich zu unbeschränkt Einkommensteuerpflichtigen vermeiden (sog. **Obergrenze** der erweiterten beschränkten Einkommensteuerpflicht). Ist eine solche Schlechterstellung gegeben, dann kann der Steuerpflichtige den entsprechenden **Nachweis** führen. In diesem Falle wird der übersteigende Steuerbetrag nicht erhoben. Allerdings stellt die *Finanzverwaltung* daneben m. E. zu Unrecht, weil im Widerspruch zu § 2 Abs. 6 AStG,

---

³⁹² S. TZ 2.5.1.1. Satz 2 AEAStG mit Hinweis auf § 50 Abs. 1 EStG und *BFH* vom 28. 3. 1984, BStBl. 1984 II S. 620 ff.
³⁹³ S. TZ 2.0.1.3. AEAStG.
³⁹⁴ S. TZ 2.1.2. Satz 2 AEAStG.
³⁹⁵ S. TZ 2.1.2. Satz 3 AEAStG.
³⁹⁶ S. TZ 2.1.2. Satz 4 und 5 AEAStG.
³⁹⁷ S. TZ 2.5.1.2. Satz 1 AEAStG.
³⁹⁸ S. TZ 2.5.1.2. Satz 2 AEAStG.
³⁹⁹ Das heißt, dass die Verluste in wirtschaftlichem Zusammenhang mit inländischen Einkünften stehen und sich aus Unterlagen ergeben, die im Inland aufbewahrt werden.
⁴⁰⁰ S. TZ 2.5.1.2. Satz 3 AEAStG.
⁴⁰¹ S. TZ 2.5.1.2. Satz 5 und 6 AEAStG. Die exakte Bedeutung der „Mindeststeuer" ist *umstritten*. S. hierzu *Flick/Wassermeyer/Baumhoff*, AStG, § 2, Rdnr. 119 ff. mit weiteren Einzelheiten und m. w. N.
⁴⁰² S. A 227 EStR und TZ 2.5.4.2. AEAStG.

noch den Vergleich mit beschränkt Einkommensteuerpflichtigen im Sinne von § 49 EStG an. Danach darf die bei beschränkter Einkommensteuerpflicht gegebene Steuerbelastung nicht unterschritten werden (sog. **Untergrenze** der erweiterten beschränkten Einkommensteuerpflicht).[403] Aus der Sicht der *Finanzverwaltung* und *h. M.* sind hier **zwei Schattenveranlagungen** durchzuführen.[404] In systematischer Hinsicht ist dieser Wertung Recht zu geben, denn die erweiterte beschränkte Steuerpflicht soll § 49 EStG ergänzen. Allerdings bedarf es, vor allem angesichts des klaren anders lautenden Gesetzeswortlauts, hierfür einer **Rechtsgrundlage;** hierzu ist der Gesetzgeber aufgerufen.

Die Regelung des § 5 AStG. Um eventuellen **Missbräuchen** durch die Zwischenschaltung von Basisgesellschaften bereits spezialgesetzlich zu begegnen enthält § 5 AStG eine Ergänzung zu den §§ 2–4 AStG. **§ 5 Abs. 1 AStG** regelt, dass Personen, die die Voraussetzungen von § 2 Abs. 1 Satz 1 Nr. 1 AStG erfüllen und die entweder allein oder zusammen mit anderen unbeschränkt Steuerpflichtigen an einer ausländischen Basisgesellschaft im Sinne von § 7 Abs. 1 AStG beteiligt sind,[405] diejenigen Einkünfte der ausländischen Basisgesellschaft zugerechnet werden, die von der zwischengeschalteten **Basisgesellschaft als Zwischeneinkünfte** erzielt werden und die **nicht ausländische Einkünfte** im Sinne von § 34 d EStG sind. Es müssen also **zwei Voraussetzungen** erfüllt sein:[406] 233

– bei der ausländischen Basisgesellschaft liegen **Zwischeneinkünfte** i. S. v. § 7 Abs. 1 AStG vor
– diese (Zwischen-)Einkünfte sind **nicht ausländische Einkünfte** i. S. v. § 34 d EStG.

Nicht erforderlich ist, dass die betreffende Person auch die Voraussetzungen von § 2 Abs. 1 Satz 1 Nr. 2 AStG erfüllt, im Inland also wesentliche wirtschaftliche Interessen hat.[407] Nach **§ 5 Abs. 2 AStG** wird die erweiterte beschränkte Einkommensteuerpflicht auch auf das **Vermögen** der ausländischen Basisgesellschaft ausgedehnt.[408] 234

Diese Einkünfte gelten als von der ausländischen Basisgesellschaft tatsächlich erzielt. Im Gegensatz zur Hinzurechnungsbesteuerung nach den §§ 7–14 AStG treten die **Besteuerungsfolgen** allerdings bei der Person im Sinne von § 2 Abs. 1 Satz 1 Nr. 1 AStG ein.[409] Der Unterschied liegt damit vor allem darin, dass zu Gunsten des Steuerpflichtigen entgegen der Regelung von § 10 Abs. 1 Satz 3 AStG auch **negative Einkünfte** berücksichtigt werden.[410] Zur Vermeidung einer Doppelbelastung werden einbehaltene oder festgesetzte und tatsächlich gezahlte deutsche Steuern auf Einkünfte der ausländischen Basisgesellschaft nach § 36 Abs. 2 EStG auf die nach den §§ 2 und 5 AStG zu entrichtende Einkommensteuer **angerechnet**.[411] 235

d) **Vermögensteuer, Erbschaftsteuer.** §§ 3 und 4 AStG regeln die erweiterte beschränkte **Vermögensteuerpflicht** und **Erbschaftsteuerpflicht**. 236

3. Behandlung von Beteiligungen im Sinne von § 17 EStG bei Wohnsitzwechsel ins Ausland/die Wegzugsbesteuerung, § 6 AStG

a) **Allgemeines. Die Wegzugsbesteuerung.** Die (steuerliche) Behandlung von Beteiligungen im Sinne von § 17 EStG bei Wohnsitzwechsel ins Ausland nach § 6 AStG wird 237

---
[403] S. TZ 2.6.1. AEAStG. Weitere Einzelheiten hierzu s. TZ 2.6.2. AEAStG. Im Sinne der *Finanzverwaltung* auch Schaumburg, a. a. O., Rdnr. 5.359.
[404] Vgl. *Schaumburg*, a. a. O., Rdnr. 5.361.
[405] Vgl. auch TZ 5.0.3. AEAStG.
[406] S. TZ 5.1.1.1. AEAStG.
[407] S. TZ 5.0.2. AEAStG.
[408] Vgl. auch TZ 5.0.3. a. E. und TZ 5.1.2. AEAStG.
[409] S. TZ 5.1.1.1. und TZ 5.1.1.2. AEAStG.
[410] S. TZ 5.1.1.1. AEAStG.
[411] S. TZ 5.1.1.3. AEAStG. Entsprechendes gilt für eine etwaige Vermögensteuer; s. TZ 5.1.2.1. AEAStG.

in der *Praxis* **Wegzugsbesteuerung** genannt.[412] Das **Regelungsziel** von § 6 AStG ist die Sicherstellung der Besteuerung stiller Reserven an Beteiligungen im Sinne von § 17 EStG an deutschen Kapitalgesellschaften. § 6 AStG wird auch **Schlussakt** der unbeschränkten Steuerpflicht genannt.[413] Die Interessenlage ist hier ähnlich wie bei der Überführung von Wirtschaftsgütern in einen ausländischen Produktionsstandort. Zu beachten ist allerdings, dass § 6 AStG in vielen Fällen letztlich den Steueranspruch **nicht wirklich sichert**, denn in diesen Fällen bleibt nach wie vor die beschränkte Steuerpflicht nach § 49 Abs. 1 Nr. 2 lit. e) EStG aufrecht erhalten.[414] Tatsächlich macht § 6 AStG in vielen Fällen den Steueranspruch durch die sofortige Besteuerung oder Teilbesteuerung, man könnte auch sagen: durch die vorgezogene Besteuerung von stillen Reserven in Beteiligungen im Sinne von § 17 EStG, im Zeitpunkt des Wegzugs des Steuerpflichtigen ins Ausland **nur sicherer**. Dies sind die folgenden **Fälle**:

– mit dem ausländischen Staat besteht **kein Doppelbesteuerungsabkommen**
– mit dem ausländischen Staat besteht ein **Doppelbesteuerungsabkommen** und nach diesem Doppelbesteuerungsabkommen liegt **das Besteuerungsrecht beim Quellen- oder Belegenheitsstaat** (also bei dem Vertragsstaat, in dem die Kapitalgesellschaft ihren Sitz hat)
– mit dem ausländischen Staat besteht ein **Doppelbesteuerungsabkommen**, nach diesem Doppelbesteuerungsabkommen liegt **das Besteuerungsrecht beim Ansässigkeitsstaat** (also bei dem Vertragsstaat, in den der Steuerpflichtige verzieht), aber die Bundesrepublik Deutschland als Quellen- oder Belegenheitsstaat wendet die **Anrechnungsmethode an**.

238 Etwas anderes (also kein nur-sicherer-machen, sondern eine echte Sicherstellung der Besteuerung von solchen stillen Reserven) gilt also nur in den Fällen, in denen mit einem ausländischen Staat ein **Doppelbesteuerungsabkommen** besteht, in dem vorgesehen ist, dass für Gewinne aus der Veräußerung von Anteilen an einer Kapitalgesellschaft das **Besteuerungsrecht** („nur")[415] **beim (neuen) Ansässigkeitsstaat**[416] liegt oder (im Falle der nicht ausschließlichen Zuweisung des Besteuerungsrechts an den Ansässigkeitsstaat) die Bundesrepublik Deutschland als Quellen- oder Belegenheitsstaat die **Freistellungsmethode** anwendet.

239 Zu Recht wird in der *Literatur kritisiert*, dass § 6 AStG eine nur **sehr unvollkommene Regelung** enthält und **keine einheitliche Konzeption** erkennen lässt.[417] Es ist kein Grund ersichtlich, warum sich die Wegzugsbesteuerung nur auf stille Reserven in Beteiligungen im Sinne von § 17 EStG erstrecken soll, nicht dagegen auf stille Reserven in anderen Wirtschaftsgütern wie zum Beispiel Grundstücke. Ebenso wird mit Blick auf Art. 3 Abs. 1 GG *m. E.* zu Recht ausgeführt, § 6 AStG sei **verfassungswidrig**.[418] Ferner wurde schon vor Jahren darauf hingewiesen, dass § 6 AStG a. F. in **Widerspruch zu EU-Recht stehe**.[419] Seit dem 1. 1. 2007[420] ist § 6 AStG nunmehr durch die Regelung in § 6 Abs. 5 AStG (s. § 34 IV. 2.g)) EU-konform gestaltet.

240 „**Wegzug**" ins Ausland erfordert die Aufgabe des Wohnsitzes im Inland oder die Beendigung des gewöhnlichen Aufenthalts im Inland. Die Bestimmung erfolgt anhand der **§§ 8**

---

[412] Zu diesem Begriff s. *Flick/Wassermeyer/Baumhoff*, AStG, § 6, Rdnr. 6. *Teilweise* ist hier auch die Rede von der „Lex Horten". S. *Flick/Wassermeyer/Baumhoff*, AStG, § 6, Rdnr. 1.
[413] Vgl. *Schaumburg*, a. a. O., Rdnr. 5.395.
[414] Vgl. auch *Schaumburg*, a. a. O., Rdnr. 5.396.
[415] Zu den Methoden zur Vermeidung der Doppelbesteuerung bzw. das Anwendungsprinzip für das Ansässigkeitsprinzip und für das Quellen- oder Belegenheitsprinzip s. Kap. 4.6.1.3.
[416] Also im Rahmen von § 6 AStG der ausländische Staat, in den der Steuerpflichtige verzieht.
[417] Wegen weiterer Einzelheiten hierzu s. *Schaumburg*, a. a. O., Rdnr. 5.396. Vgl. hierzu auch *Pohl*, IStR 2001, S. 460 (462).
[418] S. *Schaumburg*, a. a. O., Rdnr. 5.397 m. w. N. *A. A.* aber der *BFH* im Urteil vom 17. 12. 1997, BStBl. 1998 II S. 558 (559). *Kritisch* auch *Flick/Wassermeyer/Baumhoff*, AStG, § 6, Rdnr. 2 sowie Rdnr. 7.
[419] S. *Wassermeyer*, IStR 2001, S. 113 (114); *Pohl*, IStR 2001, S. 460 (462); *Schaumburg*, a. a. O., Rdnr. 5.398. m. w. N.; *Jacobs*, a. a. O., 2. Teil 3. Kap. E. III. 7. (3).
[420] Gesetz vom 7. 12. 2006, BGBl. 2006 I S. 2782.

§ 34. Das Außensteuergesetz   241, 242 § 34

und **9 AO.** Kein Wegzug ist gegeben, wenn der Steuerpflichtige im Ausland lediglich einen **Zweitwohnsitz** begründet oder wenn der Steuerpflichtige im Inland noch einen Zweitwohnsitz behält. Begründet der Steuerpflichtige im Ausland einen Zweitwohnsitz, so kann allerdings ein Fall nach **§ 6 Abs. 3 Nr. 2 AStG** gegeben sein.[421]

Verhältnis zu Doppelbesteuerungsabkommen. Zur **Vermeidung von Missverständnissen** ist auf folgendes hinzuweisen: Auch in den Fällen, in denen ein Doppelbesteuerungsabkommen das Besteuerungsrecht der Bundesrepublik Deutschland (als Quellen- oder Belegenheitsstaat) ausschließt, wird die Wegzugsbesteuerung nach § 6 AStG nicht ausgeschlossen.[422] Insoweit kann es also zu einer **Doppelbelastung** kommen.[423] Eine Doppelbelastung wird nur im Hinblick auf eine spätere (tatsächliche) Veräußerung vermieden, wenn also ein Doppelbesteuerungsabkommen das Besteuerungsrecht der Bundesrepublik Deutschland (als Quellen- oder Belegenheitsstaat) im Falle der (späteren tatsächlichen) Veräußerung ausschließt.[424] 241

Verhältnis von § 2 AStG zu § 6 AStG. § 2 AStG und § 6 AStG haben andere Ziele und sind nebeneinander anwendbar. § 2 AStG sichert die Besteuerung von **laufenden Einkünften** (u.a. auch aus Beteiligungen i.S.v. § 17 EStG). Demgegenüber sichert § 6 AStG (nur) die Besteuerung von **stillen Reserven** an Beteiligungen im Sinne von § 17 EStG (bzw. macht die Besteuerung sicherer). Der **Anwendungsbereich** von § 2 AStG ist im Vergleich zu § 6 AStG weiter, da § 2 AStG verschiedene Arten von (laufenden) Einkünften umfasst. Andererseits sind die **Besteuerungsvoraussetzungen** von § 2 AStG im Vergleich zu § 6 AStG enger. Zum Beispiel muss der Steuerpflichtige bei § 2 AStG Deutscher sein. Des Weiteren ist bei § 2 AStG ein Wegzug nicht nur in irgendeinen ausländischen Staat erforderlich, sondern es muss ein Wegzug in ein niedrig besteuerndes Gebiet vorliegen. 242

Das Verhältnis von § 2 AStG zu § 6 AStG Schaubild § 34–22

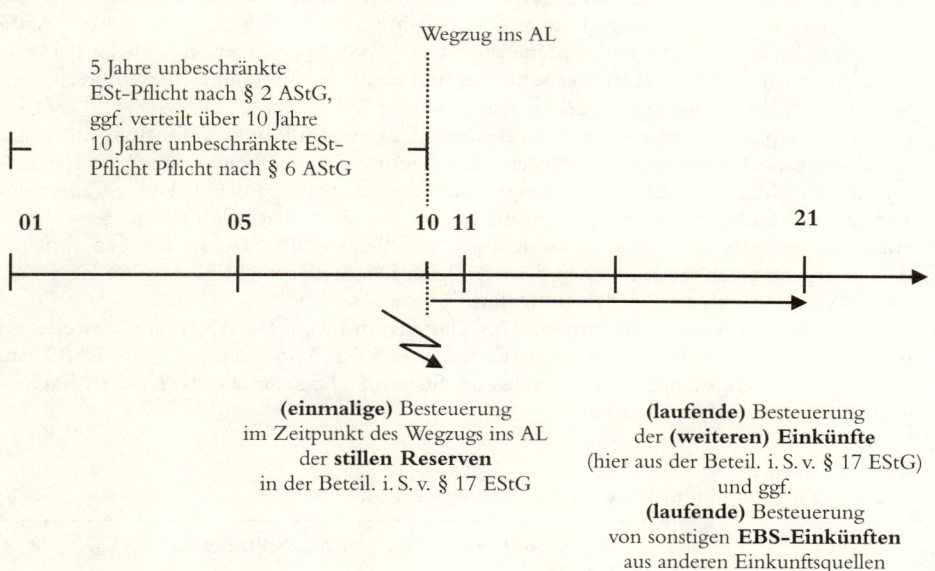

---

[421] S. TZ 6.0.2. AEAStG.
[422] S. TZ 6.1.5.1. AEAStG.
[423] Zu Recht *kritisch* hierzu *Flick/Wassermeyer/Baumhoff*, AStG, § 6, Rdnr. 2.
[424] S. TZ 6.1.5.2. AEAStG. Weitere Einzelheiten hierzu s. Kap. 12.3.3.

243 **Verhältnis zu anderen Vorschriften.** Allgemeine Vorschriften des Steuerrechts zur Besteuerung von stillen Reserven gehen § 6 AStG vor. Hierzu gehört zum Beispiel **§ 21 Abs. 2 Nr. 2 UmwStG** (Besteuerung stiller Reserven bei einbringungsgeborenen Anteilen, wenn das Besteuerungsrecht der Bundesrepublik Deutschland auf einen Veräußerungsgewinn ausgeschlossen ist).[425]

244 § 6 AStG gilt nur für **Privatvermögen** von **natürlichen Personen**. Bei **Personengesellschaften** und **Kapitalgesellschaften** gehören solche Beteiligungen zum Betriebsvermögen. Nach dem geltenden Recht können juristische Personen und Personengesellschaften ihren Sitz nicht ins Ausland verlegen.

245 **b) Tatbestandsvoraussetzungen der Wegzugsbesteuerung. aa) Überblick.** Die Wegzugsbesteuerung greift dann ein, wenn bei einem Steuerpflichtigen, die folgenden persönlichen und sachlichen **Besteuerungsmerkmale** vorliegen:

– natürliche Person
– mindestens **zehn Jahre unbeschränkte (Einkommen-)Steuerpflicht** im Inland
– Beteiligung i. S. v. § 17 EStG an deutscher Kapitalgesellschaft
– Aufgabe des **Wohnsitzes** oder **gewöhnlichen Aufenthalts** im Inland.

246 **bb) Persönliche Voraussetzungen.** Die unbeschränkte Steuerpflicht des Steuerpflichtigen muss im Inland mindestens **zehn Jahre** bestanden haben.[426] Der 10-Jahres-Zeitraum kann sich aus **mehreren Aufenthalten** im Inland, die jeweils zur unbeschränkten Einkommensteuerpflicht geführt haben, zusammensetzen.[427] „Mindestens **zehn Jahre unbeschränkt steuerpflichtig**" bedeutet tatsächlich, dass die Beteiligung im Sinne von § 17 EStG „mindestens **zehn Jahre lang steuerbehaftet**" gewesen sein muss. Der 10-Jahres-Zeitraum beginnt aus **Billigkeitsgründen** am **21. 6. 1948**.[428] Im Gegensatz zu § 2 AStG muss der Steuerpflichtige **nicht Deutscher** sein.[429] Hat der Steuerpflichtige Anteile ganz oder teilweise **unentgeltlich erworben** (durch Schenkung oder von Todes wegen) so sind zur Errechnung der 10-Jahresfrist nach § 6 Abs. 2 Satz 1 AStG Zeiträume einer unbeschränkten Steuerpflicht des Rechtsvorgängers mit zu berücksichtigen.[430] Im Falle der sog. **Kettenschenkung** sind sämtliche Zeiträume einer unbeschränkten Steuerpflicht der Rechtsvorgängers maßgebend, § 6 Abs. 2 Satz 2 AStG.[431]

247 Der Steuerpflichtige muss seinen **Wohnsitz** oder **gewöhnlichen Aufenthalt** im Inland aufgeben. Das Gesetz verlangt entgegen dem Begriff „Wegzugsbesteuerung" keinen ausdrücklichen Wegzug des Steuerpflichtigen vom Inland in das Ausland. Dies ist allerdings auch nicht erforderlich, denn die Aufgabe sowohl des Wohnsitzes als auch des **gewöhnlichen Aufenthalts** im Inland kann nur durch den Wegzug des Steuerpflichtigen vom Inland in (irgend einen) ausländischen Staat erfolgen. Der Steuerpflichtige muss im Gegensatz zu § 2 AStG nicht in ein **Niedrigsteuerland** wegziehen.

248 **cc) Sachliche Voraussetzungen.** Der **Gegenstand** von § 6 AStG sind **Anteile an inländischen Kapitalgesellschaften**. Entsprechend den Vorgaben von **§ 17 EStG**, auf die § 6 Abs. 1 Satz 1 AStG verweist, muss der Steuerpflichtige an der inländischen Kapitalgesellschaft wie folgt beteiligt sein:

– zu mindestens **1%**
– innerhalb der letzten **fünf Jahre** vor dem Wegzug ins Ausland.

---

[425] S. TZ 6.0.1. AEAStG mit Hinweis auf *BFH* vom 28. 2. 1990, BStBl. 1990 II S. 615 ff.
[426] Vgl. auch TZ 6.1.1.1. Satz 1 AEAStG.
[427] S. TZ 6.1.1.2. Satz 1 AEAStG.
[428] S. TZ 6.1.1.2. Satz 2 AEAStG.
[429] S. TZ 6.1.1.1. Satz 2 AEAStG.
[430] S. TZ 6.2.1. AEAStG.
[431] Vgl. auch TZ 6.2.2. AEAStG.

Ausreichend ist, dass der Steuerpflichtige innerhalb des 5-Jahres-Zeitraums **nur kurz-** 249
fristig mit 1% an der inländischen Kapitalgesellschaft beteiligt war.[432] Hat der Steuerpflichtige die Anteile an der inländischen Kapitalgesellschaft während des von § 17 Abs. 1 EStG vorausgesetzten 5-Jahres-Zeitraums von seinem Rechtsvorgänger **unentgeltlich erworben**, so reicht es aus, wenn die zuvor genannten zwei Beteiligungsvoraussetzungen bei dem Rechtsvorgänger vorgelegen haben.[433] Im Falle der sog. **Kettenschenkung** reicht es aus, wenn diese Beteiligungsvoraussetzungen in den Personen der Rechtsvorgänger insgesamt vorgelegen haben.[434]

Gehören diese Anteile zu einem inländischen **Betriebsvermögen**, so liegt ein Fall 250
der **Steuerentstrickung** vor, der sich nach den allgemeinen Bestimmungen des **§ 16 EStG** beurteilt.[435] Dies gilt sowohl für Nicht-DBA-Fälle als auch für DBA-Fälle, denn in beiden Fällen steht der Bundesrepublik Deutschland das Besteuerungsrecht zu. In Nicht-DBA-Fällen kann das Besteuerungsrecht der Bundesrepublik Deutschland durch ein Doppelbesteuerungsabkommen nicht eingeschränkt werden und in DBA-Fällen steht der Bundesrepublik Deutschland das Besteuerungsrecht infolge des Betriebsstättenprinzips zu.

dd) Umfang der Wegzugsbesteuerung. Beim Wegzug des Steuerpflichtigen im 251
Laufe eines Veranlagungszeitraums sind **zwei Veranlagungen** durchzuführen.[436] Die Ermittlung der Einkünfte erfolgt nach den in § 17 EStG/§ 53 EStDV und § 9 BewG niedergelegten Grundsätzen.[437] Es gilt der besondere Steuersatz nach **§ 34 EStG**.[438] Nach § 6 AStG sollen **nur (positive) stille Reserven** in Beteiligungen im Sinne von § 17 EStG erfasst werden. Unbeachtlich bleiben die Fälle, in denen der gemeine Wert der Anteile im Zeitpunkt des Wegzugs unter den Anschaffungskosten liegt, also im Zeitpunkt des Wegzugs **Verluste** realisiert werden würden.[439]

c) Spätere tatsächliche Veräußerung/Verhältnis von § 49 Abs. 1 Nr. 2 lit. e) 252
EStG zu § 6 AStG. aa) Grundsätze der Besteuerung. Die beschränkte Einkommensteuerpflicht nach § 49 Abs. 1 Nr. 2 lit. e) EStG wird durch § 6 AStG **nicht verdrängt**, vgl. § 6 Abs. 1 Satz 5 AStG.[440] Es erfolgt in einem ersten Schritt **(nochmals) eine Besteuerung** nach § 49 Abs. 1 Nr. 2 lit. e) EStG mit der Folge, dass damit für den Steuerpflichtigen in einem ersten Gedankenschritt eine **Doppelbelastung** eintritt. Eine Doppelbelastung ist deshalb möglich, weil § 49 Abs. 1 Nr. 2 lit. e) EStG den Wertzuwachs erfasst vom Zeitpunkt der Anschaffung der Anteile (§ 17 Abs. 2 Satz 2 EStG) bis zum Zeitpunkt der Veräußerung. Da § 6 Abs. 1 Satz 1 AStG die Anwendung von § 17 EStG anordnet, erfasst auch § 6 Abs. 1 AStG den Wertzuwachs vom Zeitpunkt der Anschaffung der Anteile (§ 17 Abs. 2 Satz 2 EStG),[441] hier allerdings nur bis zum Zeitpunkt des Wegzugs.

---

[432] Vgl. auch TZ 6.1.2.1. AEAStG, allerdings noch betr. § 17 EStG a. F., bei der eine Beteiligungshöhe von mehr als 25% erforderlich war.
[433] Vgl. auch TZ 6.1.2.2. und TZ 6.2. AEAStG.
[434] Vgl. auch TZ 6.2.2. AEAStG.
[435] Vgl. in diesem Zusammenhang *BFH* vom 16. 7. 1969, BStBl. 1970 II S. 175 (177); *BFH* vom 30. 5. 1972, BStBl. 1972 II S. 760 (761); *BFH* vom 7. 10. 1974, BStBl. 1975 II S. 168 (171); *BFH* vom 18. 5. 1983, BStBl. 1983 II S. 771 (773); *BFH* vom 14. 6. 1988, BStBl. 1989 II S. 187 (188 f.).
[436] S. A 227 EStR und TZ 6.1.3.1. Satz 2 AEAStG.
[437] S. TZ 6.1.3.2. Satz 1 AEAStG.
[438] S. TZ 6.1.3.2. Satz 2 AEAStG.
[439] S. TZ 6.1.3.3. AEAStG mit Hinweis auf *BFH* vom 28. 2. 1990, BStBl. 1990 II S. 615 ff.
[440] Vgl. auch TZ 6.1.4.1. Satz 1 AEAStG.
[441] Vgl. auch TZ 6.1.4.1. Satz 2 AEAStG.

**Fall der späteren tatsächlichen Veräußerung –
Verhältnis von § 49 Abs. 1 Nr. 2 lit. e) EStG zu § 6 AStG** Schaubild § 34–23

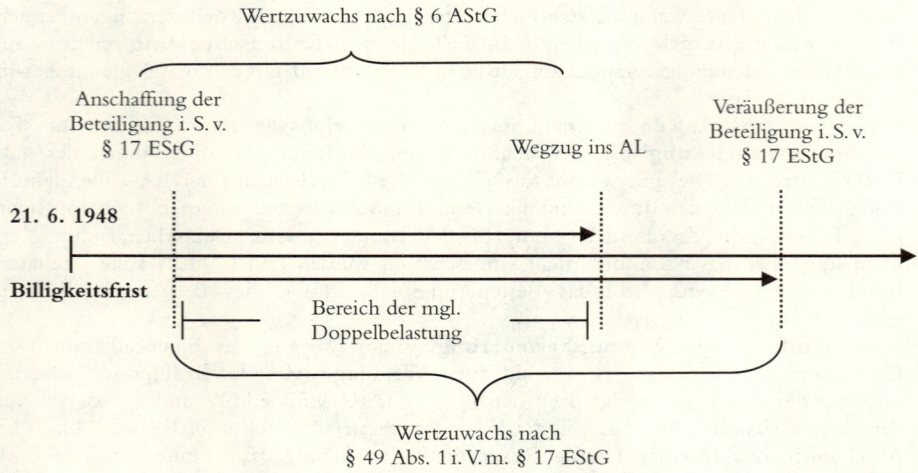

253 Damit eine solche **Doppelbelastung vermieden** wird, ordnet § 6 Abs. 1 Satz 5 AStG an, dass der (tatsächliche) Veräußerungsgewinn „um den nach den vorstehenden Vorschriften besteuerten Vermögenszuwachs **zu kürzen** ist" (sog. **Wegzugsgewinn**); mit anderen Worten: der tatsächliche Veräußerungsgewinn ist um den fiktiven Gewinn nach § 6 Abs. 1 AStG zu kürzen.[442] Der Gesetzeswortlaut geht hierbei ausschließlich von dem Fall aus, dass der tatsächliche Veräußerungsgewinn höher ist als der Vermögenszuwachs im Zeitpunkt des Wegzugs. Tatsächlich kann in der *Praxis* der mögliche Vermögenszuwachs jedoch anders verlaufen.[443]

254 **bb) Problem einer möglichen Doppelbesteuerung.** Bis hierher ging es um die Besteuerung durch den deutschen Fiskus, einmal im Zeitpunkt des Wegzugs und zum anderen im Zeitpunkt der tatsächliche Veräußerung der Anteile (Problem der **Doppelbelastung**). Daneben ist aber auch noch ein etwaiges Besteuerungsrechts des Staates zu beachten, in dem der Steuerpflichtige seinen Wohnsitz **(ausländischer Wohnsitzstaat)** genommen hat. Neben dem Problem der Doppelbelastung mit zweifacher deutscher Steuer steht also auch noch das Problem der **Doppelbesteuerung** mit ausländischer Steuer.

Die Wegzugsbesteuerung nach § 6 AStG wird nicht dadurch ausgeschlossen, dass

– der Steuerpflichtige in dem ausländischen Wohnsitzstaat einer etwaigen Besteuerung der stillen Reserven in Beteiligungen im Sinne von § 17 EStG unterliegt
– der Steuerpflichtige in dem ausländischen Staat ansässig wird und ein Veräußerungsgewinn aus den Beteiligungen im Sinne von § 17 EStG auf Grund eines Doppelbesteuerungsabkommens in der Bundesrepublik Deutschland der Steuerfreistellung unterliegt.[444]

255 Doppelbesteuerungsabkommen haben also **keinen Vorrang vor § 6 AStG**. Probleme einer Doppelbesteuerung stellen sich erst im Falle einer **späteren tatsächlichen Veräußerung** der Anteile. Hier sind Nicht-DBA-Sachverhalte und DBA-Sachverhalte mit Anrechnungsmethode einerseits und DBA-Sachverhalte mit Freistellungsmethode andererseits zu unterscheiden.

---

[442] Vgl. auch TZ 6.1.4.1. Satz 3 AEAStG.
[443] Einzelheiten zu den möglichen Fallvarianten s. *Reith*, Internationales Steuerrecht, S. 600 ff.
[444] Vgl. TZ 6.1.5.1. AEAStG.

Nicht-DBA-Sachverhalte und DBA-Sachverhalte mit Anrechnungsmethode. 256
Bei Nicht-DBA-Sachverhalten und DBA-Sachverhalten mit Anrechnungsmethode kann es zu einer Doppelbesteuerung kommen, wenn der ausländische Wohnsitzstaat sein nationales Besteuerungsrecht auf die Besteuerung von Veräußerungsgewinnen ausübt. In diesem Fall kommt es in der Bundesrepublik Deutschland zur Besteuerung nach § 49 Abs. 1 Nr. 2 lit. e) EStG (zunächst Doppelbelastung). Nach § 6 Abs. 1 Satz 5 AStG wird zunächst der (tatsächliche) Veräußerungsgewinn um den Wegzugsgewinn gekürzt. Die Doppelbesteuerung wird sodann durch die Anrechnungsmethode nach § 34c Abs. 1 EStG (oder die Abzugsmethode nach § 34c Abs. 2 oder Abs. 2 EStG) vermieden.

DBA-Sachverhalte mit Freistellungsmethode. Bei DBA-Sachverhalten mit Freistellungsmethode kann es im Ansatz zu einer Doppelbesteuerung kommen, wenn der ausländische Wohnsitzstaat nach dem Doppelbesteuerungsabkommen das Besteuerungsrecht auf die Besteuerung von Veräußerungsgewinnen hat (dies ist nach den meisten deutschen DBA, die dem OECD-MA folgen, der Regelfall) und der ausländische Wohnsitzstaat sein nationales Besteuerungsrecht auf die Besteuerung von Veräußerungsgewinnen ausübt. In diesem Fall kommt in der Bundesrepublik Deutschland die Steuerfreistellung zur Anwendung. Damit wird zwar eine (spätere) Besteuerung durch den deutschen Fiskus nach § 49 Abs. 1 Nr. 2 lit. e) EStG vermieden,[445] nicht jedoch die Wegzugsbesteuerung nach § 6 AStG.[446] 257

Im 2. Fall (DBA-Sachverhalte mit Freistellungsmethode) stellen sich **Probleme einer Doppelbesteuerung** im Falle der späteren tatsächlichen Veräußerung insbesondere 258
– wenn der ausländische Wohnsitzstaat nach dessen innerstaatlichen Gewinnermittlungsvorschriften zur Ermittlung des Veräußerungsgewinns die Anschaffungskosten und nicht den gemeinen Wert im Zeitpunkt des Wegzugs ansetzt (dies ist der Regelfall)
– wenn der ausländische Wohnsitzstaat nach dessen innerstaatlichen Gewinnermittlungsvorschriften zu einem höheren Veräußerungsgewinn als das deutsche Steuerrecht kommt
– wenn der ausländische Wohnsitzstaat nach dessen innerstaatlichen Gewinnermittlungsvorschriften die deutsche Wegzugssteuer auf seine Steuer nicht anrechnet (dies ist der Regelfall).

Eine **Vermeidung der Doppelbesteuerung** im Verhältnis zu der Wegzugsbesteuerung nach § 6 AStG ist nur wie folgt möglich: 259
– der ausländische Wohnsitzstaat knüpft nach dessen innerstaatlichen Gewinnermittlungsvorschriften zur Ermittlung des Veräußerungsgewinns nur an die **Wertverhältnisse** im Zeitpunkt des Wegzugs an (dies ist der Ausnahmefall)[447]
– der ausländische Wohnsitzstaat wendet nach dessen innerstaatlichen Gewinnermittlungsvorschriften zur Ermittlung des Veräußerungsgewinns auf die stillen Reserven bis zum Zeitpunkt des Wegzugs eine **Steuerfreistellung** an (dies ist der Ausnahmefall)[448]
– der ausländische Wohnsitzstaat **rechnet** nach dessen innerstaatlichen Gewinnermittlungsvorschriften die deutsche **Wegzugssteuer auf seine Steuer an** (dies ist der Ausnahmefall)[449]
– in dem **Doppelbesteuerungsabkommen** ist eine dieser drei Möglichkeiten geregelt (diese Möglichkeiten sind in einigen wenigen deutschen DBA vorgesehen).[450]

Greift keine der genannten Möglichkeiten ein, so verbleibt dem Steuerpflichtigen nur noch die Beschreitung des **Verständigungsverfahrens**.[451] 260

d) Ersatz-/Ergänzungstatbestände nach § 6 Abs. 1 Satz 2 AStG. Auch ohne Wegzug des Steuerpflichtigen kann ein dem § 6 Abs. 1 AStG vergleichbarer Zustand er- 261

---

[445] Vgl. TZ 6.1.5.2. Satz 1 AEAStG.
[446] Vgl. TZ 6.1.5.2. Satz 2 AEAStG.
[447] S. TZ 6.1.5.2. Satz 3 lit. a) AEAStG.
[448] S. TZ 6.1.5.2. Satz 3 lit. a) AEAStG.
[449] S. TZ 6.1.5.2. Satz 3 lit. b) AEAStG.
[450] Die Wertanknüpfungsmethode ist vorgesehen in Art. 13 DBA-Italien i. V. m. Ziff. (12) des Protokolls zum DBA-Italien, Art. 13 Abs. 7 lit. b) und Art. 24 Abs. 2 DBA-Kanada und Art. 13 Abs. 5 DBA-Schweiz. Die Anrechnungsmethode ist vorgesehen in Art. 13 Abs. 5 und Art. 23 Abs. 1 lit. b) cc) DBA-Schweden. Vgl. auch TZ 6.1.5.2. Satz 4 AEAStG.
[451] S. TZ 6.1.5.2. Satz 5 AEAStG.

reicht werden. Entsprechend dehnt § 6 Abs. 1 Satz 2 AStG den Anwendungsbereich von § 6 Abs. 1 AStG aus auf die folgenden **Ersatztatbestände**:

– **Unentgeltliche Übertragung** von Beteiligungen im Sinne von § 17 EStG unter Lebenden oder von Todes wegen auf nicht unbeschränkt steuerpflichtige Personen (Fall des § 6 Abs. 1 Satz 2 Nr. 1 AStG)
– Begründung von **weiterem Wohnsitz** oder gewöhnlichem Aufenthalt in einem DBA-Staat, wenn dadurch in dem ausländischen Staat eine Ansässigkeit nach dem DBA begründet wird (Fall des § 6 Abs. 1 Satz 2 Nr. 2 AStG)
– **Einlage von Anteilen** in ausländischen Betrieb oder Betriebsstätte (Fall des § 6 Abs. 1 Satz 2 Nr. 3 AStG)
– **Ausschluss** oder **Beschränkung des Besteuerungsrechts** der Bundesrepublik Deutschland durch andere als die in Satz 1 oder Satz 2 Nr. 1–Nr. 3 genannten Ereignisse (Fall des § 6 Abs. 1 Satz 2 Nr. 4 AStG).

Im Einzelnen

262 **(1) Unentgeltliche Übertragung von Beteiligungen im Sinne von § 17 EStG unter Lebenden oder von Todes wegen auf nicht unbeschränkt steuerpflichtige Personen (Fall des § 6 Abs. 2 Satz 2 Nr. 1 AStG).** Die Empfänger der Anteile müssen im Inland entweder beschränkt steuerpflichtig oder überhaupt nicht steuerpflichtig sein.[452] Im Falle der unentgeltlichen Übertragung fehlt es an einer Aufdeckung von stillen Reserven. Auf diese Weise könnten stille Reserven im Zeitpunkt der Übertragung ohne Aufdeckung **entstrickt** werden. Erfolgt die Übertragung auf nicht im Inland steuerpflichtige Personen, so bliebe eine spätere Veräußerung sogar in vollem Umfang steuerfrei.

263 **(2) Begründung von weiterem Wohnsitz oder gewöhnlichem Aufenthalt im Ausland (Fall des § 6 Abs. 1 Satz 2 Nr. 2 AStG).** Der Steuerpflichtige behält seinen Wohnsitz oder gewöhnlichen Aufenthalt im Inland. Darüber hinaus begründet er aber einen weiteren Wohnsitz oder gewöhnlichen Aufenthalt in einem ausländischen Staat mit dem ein Doppelbesteuerungsabkommen besteht, in Folge dessen der Steuerpflichtige als in dem ausländischen Vertragsstaat ansässig behandelt wird. Auch in diesem Falle kann das Besteuerungsrecht der Bundesrepublik Deutschland (dogmatisch exakter müsste es heißen: „das Recht zur Ausübung seiner Besteuerungshoheit") und damit die Steuerverstrickung verloren gehen. Ausreichend ist in diesem Zusammenhang das **„verlorengehen können"**. Es kommt also nicht darauf an, ob der Bundesrepublik Deutschland nach dem jeweiligen Doppelbesteuerungsabkommen noch das Besteuerungsrecht aus der späteren Veräußerung der Anteile zusteht.[453]

264 **(3) Einlage von Anteilen in ausländischen Betrieb oder Betriebsstätte (Fall des § 6 Abs. 1 Satz 2 Nr. 3 AStG).** Dieser Fall ist ähnlich dem von § 6 Abs. 1 Satz 2 Nr. 2 AStG. Der Steuerpflichtige behält auch hier seinen Wohnsitz oder gewöhnlichen Aufenthalt im Inland, allerdings werden die Anteile in einen Betrieb oder eine Betriebsstätte des Steuerpflichtigen in einem ausländischen Staat, mit dem ein Doppelbesteuerungsabkommen besteht, **eingebracht**. Nach dem betreffenden Doppelbesteuerungsabkommen hat der ausländische Vertragsstaat das Besteuerungsrecht hinsichtlich (späterer) Veräußerungsgewinne aus der Veräußerung der Anteile. Auch in diesem Falle kann das Recht zur Ausübung der deutschen Besteuerungshoheit und damit die Steuerverstrickung verloren gehen. Der Betrieb oder die Betriebsstätte können entweder bereits bestehen oder können auch erst im Zuge der Einbringung gegründet werden.[454]

265 **(4) Ausschluss oder Beschränkung des Besteuerungsrechts (Fall des § 6 Abs. 1 Satz 2 Nr. 4 AStG).** Dies ist eine **Auffangnorm**. Dies ist der vierte (Auffang-)Fall, in dem die **Steuerverstrickung verloren** gehen kann. Unerheblich ist, ob mit dem betreffenden ausländischen Staat ein Doppelbesteuerungsabkommen besteht. Ausreichend ist

---

[452] S. TZ 6.3. Nr. 1 AEAStG.
[453] S. TZ 6.3. Nr. 2 AEAStG.
[454] S. TZ 6.3. Nr. 3 AEAStG.

auch hier das „**verlorengehen können**", sodass es also wiederum nicht darauf ankommt, ob der Bundesrepublik Deutschland nach einem etwaigen Doppelbesteuerungsabkommen noch das Besteuerungsrecht aus der späteren Veräußerung der Anteile zusteht.[455]

Im Hinblick auf **Sonderregeln in der EU** stellt § 6 Abs. 3 Nr. 4 Satz 2 AStG einen Vorbehalt für Regelungen des Umwandlungssteuerrechts auf (gemeint ist **§ 23 UmwStG**). In diesem Fall ist keine Gewinnrealisierung gegeben.[456]

e) **Vorübergehende Abwesenheit, § 6 Abs. 3 AStG.** Die Wegzugsbesteuerung soll nach § 6 Abs. 3 Satz 1 AStG nur zur Anwendung kommen, wenn der Wegzug des Steuerpflichtigen endgültig ist. Die Wegzugsbesteuerung soll nicht schon dann eingreifen, wenn eine nur **vorübergehende Abwesenheit** vorliegt. In diesem Falle entfällt die Wegzugsbesteuerung. Eine „vorübergehende Abwesenheit" ist gegeben, wenn der Steuerpflichtige innerhalb von **fünf Jahren** nach dem Wegzug wieder unbeschränkt einkommensteuerpflichtig wird. Allerdings verlangt die *Finanzverwaltung*, dass die **Rückkehrabsicht** bereits im Zeitpunkt des Wegzugs feststand.[457] Maßgebend sind hier für die Gesamtumstände des Einzelfalles; bloße Absichtserklärungen reichen nicht aus.[458] Nach § 6 Abs. 4 2. Halbsatz AStG kann das *Finanzamt* auf Antrag des Steuerpflichtigen die 5-Jahresfrist um **fünf weitere Jahre verlängern** wenn der Steuerpflichtige glaubhaft macht, dass berufliche Gründe für seine Abwesenheit maßgeblich sind und seine Rückkehrabsicht unverändert fortbesteht.

f) **Stundung nach § 6 Abs. 4 AStG.** Um vom Steuerpflichtigen „**erhebliche Härten**" abzuwenden, sieht § 6 Abs. 4 AStG vor, dass der Steuerpflichtige Antrag auf **Stundung der Wegzugssteuer** stellen kann. Die ist eine besondere über § 222 AO hinausgehende Stundungsregelung.[459] Allerdings muss der Steuerpflichtige entsprechende **Sicherheiten** stellen. Die Erhebung von Zinsen ist nach § 234 Abs. 1 AO zulässig.[460] Die Dauer der Stundung beträgt **höchstens fünf Jahre**, gerechnet ab dem Zeitpunkt der ersten Fälligkeit der Steuer. Im Falle der nur vorübergehenden Abwesenheit nach § 6 Abs. 3 EStG richtet sich der Stundungszeitraum nach der auf Grund von § 6 Abs. 5 EStG eingeräumten Frist.[461] Erfolgt innerhalb des Fünf-Jahreszeitraums eine **Veräußerung der Anteile**, so ist die Stundung entsprechend zu berichtigen (s. § 6 Abs. 4 Satz 2 AStG).

g) **Wegzug in einen EU-Mitgliedstaat oder in einen EWR-Staats sowie Ersatztatbestände, § 6 Abs. 5 AStG.** Wie bereits ausgeführt, hat der Gesetzgeber Ende 2006 § 6 AStG **umfangreich geändert**, um die Norm in Einklang mit EU-Recht zu bringen.[462] Die **EU-Konformität** wird wie folgt hergestellt: Verzieht ein Staatsangehöriger eines EU-Mitgliedstaats oder eines EWR-Staats von der Bundesrepublik Deutschland in einen solchen Staat (Zuzugstaat) und unterliegt dieser Steuerpflichtige in dem Zuzugstaat einer der deutschen unbeschränkten Einkommensteuerpflicht vergleichbaren Steuerpflicht, so ist die Wegzugsteuer **zinslos und ohne Sicherheitsleistung zu stunden** (s. § 6 Abs. 5 Satz 1 AStG). Voraussetzung ist allerdings, dass die Amtshilfe und die gegenseitige Unterstützung bei der Beitreibung der geschuldeten Steuer zwischen der Bundesrepublik Deutschland und dem ausländischen Staat gewährleistet ist (s. § 6 Abs. 5 Satz 2 AStG).

§ 6 Abs. 5 Satz 3 AStG nennt vergleichbare Fälle (**Ersatztatbestände**), bei deren Vorliegen die Stundungsregelung nach § 6 Abs. 5 Satz 1 AStG entsprechend gilt.

– im **Fall des § 6 Abs. 1 Satz 2 Nr. 1 AStG** unterliegt der Rechtsnachfolger des Steuerpflichtigen in dem EU-Mitgliedstaat oder dem EWR-Staat einer der deutschen unbeschränkten Einkommensteuerpflicht vergleichbaren Steuerpflicht

---

[455] Eine Regelung hierzu enthält der AEAStG noch nicht.
[456] S. TZ 6.3. Nr. 4 Satz 2 AEAStG.
[457] Vgl. auch TZ 6.4.1. Satz 1 AEAStG.
[458] Vgl. auch TZ 6.4.1. AEAStG.
[459] Vgl. auch TZ 6.5.1. Satz 1 AEAStG.
[460] Vgl. auch TZ 6.5.1. Satz 2 AEAStG.
[461] Weitere Einzelheiten hierzu s. TZ 6.5.2. AEAStG.
[462] Gesetz vom 7. 12. 2006, BGBl. 2006 I S. 2782.

- im **Fall des § 6 Abs. 1 Satz 2 Nr. 2 AStG** unterliegt der Steuerpflichtige in dem EU-Mitgliedstaat oder dem EWR-Staat einer der deutschen unbeschränkten Einkommensteuerpflicht vergleichbaren Steuerpflicht
- im **Fall des § 6 Abs. 1 Satz 2 Nr. 3 AStG** legt der Steuerpflichtige die Anteile in einen Betrieb oder eine Betriebsstätte in dem EU-Mitgliedstaat oder dem EWR-Staat ein.

271 Nach § 6 Abs. 5 Satz 4 EStG ist die **Stundung zu widerrufen**,

- soweit die „EU-Person" (der Steuerpflichtige oder sein Rechtsnachfolger im Sinne von Satz 3 Nr. 1) **Anteile veräußert** oder Anteile in eine Gesellschaft im Sinne von § 17 EStG **verdeckt eingelegt** oder einen der Tatbestände des **§ 17 Abs. 4 EStG** verwirklicht
- soweit die Anteile auf eine nur beschränkt steuerpflichtige „Nicht-EU-Person" (diese Person unterliegt nicht in einem EU-Mitgliedstaat oder einem EWR-Staat einer der deutschen unbeschränkten Einkommensteuerpflicht vergleichbaren Steuerpflicht)
- soweit in Bezug auf die Anteile eine **Entnahme** oder ein **anderer Vorgang** verwirklicht wird, der nach inländischem Recht zum Ansatz des **Teilwerts** oder des **gemeinen Werts** führt
- wenn die „EU-Person" (der Steuerpflichtige oder sein Rechtsnachfolger im Sinne von Satz 3 Nr. 1) durch die **Aufgabe seines Wohnsitzes** oder gewöhnlichen Aufenthalts keine Steuerpflicht nach Satz 1 (gemeint ist: eine der deutschen unbeschränkten Einkommensteuerpflicht vergleichbare Steuerpflicht in dem betreffenden EU-Mitgliedstaat oder dem EWR-Staat) mehr besteht.

V. Sonstige Vorschriften des Außensteuergesetzes

1. Familienstiftungen, § 15 AStG

272 **a) Allgemeines.** Wie die §§ 7–14 AStG ist § 15 AStG eine Vorschrift zur Vermeidung der **Steuerflucht**. § 15 AStG ist in erweiterter und abgeänderter Form die Nachfolgenorm von § 12 StAnpG.[463] Wie Basisgesellschaften können auch Stiftungen eine **Abschirmwirkung** entfalten und können von Steuerpflichtigen entsprechend als vom Gesetzgeber unerwünschte Gestaltungsmittel eingesetzt werden. Ähnlich wie bei der Hinzurechnungsbesteuerung werden im Rahmen von § 15 AStG Einkommen und Vermögen einer im Ausland gelegenen Familien- oder Unternehmensstiftung unmittelbar dem unbeschränkt steuerpflichtigen Stifter oder Bezugs- bzw. Anfallsberechtigten zugerechnet. Die **Systematik** der Hinzurechnung nach § 15 AStG ist vergleichbar mit der Hinzurechnung nach § 5 AStG und § 14 AStG.[464]

273 **b) Sachlicher Anwendungsbereich von § 15 AStG.** § 15 AStG regelt in Abs. 1 die Hinzurechnung von Einkünften und Vermögen von **Familienstiftungen**. „Familienstiftungen" sind nach der Legaldefinition in § 15 Abs. 2 AStG Stiftungen, bei denen der Stifter, seine Angehörigen und deren Abkömmlinge zu mehr als der Hälfte bezugsberechtigt oder anfallsberechtigt sind. Maßgebend für die Qualifizierung der Stiftung ist nicht die Einordnung nach dem Recht des betreffenden ausländischen Staates, sondern entscheidend ist, ob die Stiftung die Kriterien einer Stiftung deutschen Rechts erfüllt.[465]

274 § 15 Abs. 3 AStG dehnt den Anwendungsbereich von Abs. 1 aus auf die Hinzurechnung von Einkünften und Vermögen von **Unternehmensstiftungen**. „Unternehmensstiftungen" sind Stiftungen, eines Unternehmers (oder Mitunternehmers) oder einer juristischen Person (Körperschaft, Personenvereinigung oder Vermögensmasse), bei denen der Stifter, seine Gesellschafter, von ihm abhängige Gesellschaften, Mitglieder, Vorstandsmitglieder, leitenden Angestellten und Angehörige dieser Personen zu mehr als der Hälfte bezugsberechtigt oder anfallsberechtigt sind.

275 Der § 15 Abs. 1 und Abs. 3 AStG wird nach § 15 Abs. 4 AStG ausgedehnt auf **sonstige Zweckvermögen, Vermögensmassen** und rechtsfähige oder nichtrechtsfähige **Personenvereinigungen**. Hierzu können im Ausland errichtete nicht-rechtsfähige **Trusts** gehören.[466]

---

[463] Vgl. *Gross/Schelle*, IWB Nr. 14 vom 26. 7. 1993, S. 635 (705).
[464] S. *Schaumburg*, a. a. O., Rdnr. 11.3.
[465] Vgl. *Gross/Schelle*, IWB Nr. 14 vom 26. 7. 1993, S. 635 (705 f.).
[466] S. TZ 15.2.1. Satz 1 AEAStG mit Hinweis auf *BFH* vom 5. 11. 1992, BStBl. 1993 II S. 388 ff.

Wie bereits ausgeführt, ist die **Systematik** der Hinzurechnung nach § 15 AStG vergleichbar mit der Hinzurechnung nach § 5 AStG und nach § 14 AStG,[467] denn **Gegenstand der Zurechnung** von § 15 AStG ist „Vermögen und Einkommen" und nicht wie bei den §§ 7–14 AStG „Einkünfte". Damit ergeben sich aus § 15 AStG weder Auswirkungen auf den Gewerbeertrag noch auf das Betriebsvermögen mit der Folge, dass die Hinzurechnung nach § 15 AStG die **Gewerbesteuer nicht berührt.**[468] „**Einkommen**" ist das Einkommen, das sich bei unterstellter unbeschränkter Steuerpflicht der Stiftung ergeben würde.[469] Die Ermittlung des Einkommens und Vermögens erfolgt nach den **deutschen Gewinnermittlungsvorschriften.**[470] Der Unterschied zu der Hinzurechnung nach den §§ 7–14 AStG ist, dass bei den §§ 7–14 AStG dem Steuerpflichtige (fiktive) eigene Einkünfte hinzugerechnet werden, während bei § 15 AStG dem Steuerpflichtigen nur eine saldierte Rechengröße von der **Ebene der Stiftung** zugerechnet wird. Entsprechend sind für die Bestimmung des Einkommens und Vermögens nur die Verhältnisse der Stiftung maßgebend und nicht die (persönlichen) Verhältnisse des Steuerpflichtigen.[471] Bei § 15 AStG wird im Gegensatz zu den §§ 7–14 AStG auch nicht zwischen aktiven und passivem Einkünften bzw. hier: Einkommen unterschieden.

Doppelbesteuerungsabkommen stehen § 15 AStG nicht entgegen. Im Grundsatz gilt zwar, dass nach § 2 AO DBA-Recht gegenüber dem (originären) innerstaatlichen Recht vorrangiges Recht ist.[472] Allerdings gilt hier die Ausnahme des **§ 20 Abs. 1 AStG**, der den §§ 7–18 AStG ausdrücklich Vorrang vor DBA-Recht einräumt und damit § 2 AO als spezielle Regelung des sog. **Treaty Overriding** vorgeht.[473]

c) **Persönlicher Anwendungsbereich von § 15 AStG.** Einkommen oder Vermögen der Stiftung werden dem Stifter oder dem Bezugs- oder Anfallsberechtigten zugerechnet. „**Stifter**" ist, wer die Stiftung errichtet hat. Hierbei ist maßgebend, für wessen Rechnung das Stiftungsgeschäft abgeschlossen worden ist.[474] Zu Lebzeiten des Stifters werden ihm Einkommen und Vermögen der Stiftung voll zugerechnet. „**Bezugsberechtigter**" ist, wer die Übertragung des Stiftungsvermögens rechtlich verlangen oder tatsächlich bewirken kann.[475] „**Anfallsberechtigter**" ist, wer nach der Satzung der Stiftung in der Gegenwart oder in der Zukunft Vermögensvorteile aus der Stiftung erhält oder sicher oder vermutlich erhalten wird.[476] Bezugs- oder anfallsberechtigt kann auch der Stifter selbst sein.[477] Nach dem Ableben des Stifters erfolgt die Zurechnung von Einkommen und Vermögen an die Bezugs- oder Anfallsberechtigten anteilig entsprechend deren Bezugs- oder Anfallsrecht.[478] Bei sog. **Zufallsdestinatären** entfällt eine Zurechnung.[479]

Werden dem Stifter oder den Bezugs- oder Anfallsberechtigten von der Stiftung **Einkommen (tatsächlich) zugewendet**, welches diesen Personen bereits nach § 15 AStG zugewendet worden ist, so unterliegt diese Zuwendung nicht der Einkommensteuer.[480]

---

[467] Nach *Schaumburg*, a.a.O., Rdnr. 11.3, ist die Systematik der Hinzurechnung nach § 15 AStG vergleichbar mit der Hinzurechnung nach § 5 AStG und nach den § 14 AStG.
[468] So auch *Schaumburg*, a.a.O., Rdnr. 11.12 m.w.N.
[469] S. TZ 15.1.1. Satz 4 AEAStG.
[470] S. TZ 15.4. AEAStG mit Hinweis auf *BFH* vom 5.11.1992, BStBl. 1993 II S. 388 ff. und *BFH* vom 2.2.1994, BStBl. 1994 II S. 727 ff.
[471] S. *BFH* vom 5.11.1992, BStBl. 1993 II S. 388 (390 f.).
[472] Vgl. hierzu TZ 1.1 BStE.
[473] S. TZ 15.1.1. Satz 2 AEAStG. Vgl. hierzu auch *Wassermeyer* in Debatin/Wassermeyer MA Art 1 MA Rdnr. 11; *Frotscher*, a.a.O., § 2 Rdnr. 10; *Schaumburg*, a.a.O., Rdnr. 11.7.
[474] S. TZ 15.2.1. Satz 1 AEAStG mit Hinweis auf *BFH* vom 5.11.1992, BStBl. 1993 II S. 388 ff. Weitere Einzelheiten hierzu s. *Schaumburg*, a.a.O., Rdnr. 11.16 ff.
[475] S. TZ 15.2.1. Satz 2 AEAStG. Weitere Einzelheiten hierzu s. *Schaumburg*, a.a.O., Rdnr. 11.22 ff.
[476] S. TZ 15.2.1. Satz 3 AEAStG.
[477] Vgl. *Schaumburg*, a.a.O., Rdnr. 11.8.
[478] S. TZ 15.1.4. AEAStG.
[479] S. TZ 15.2.1. Satz 4 AEAStG.
[480] S. TZ 15.1.5. AEAStG.

Entsprechendes gilt, wenn dem Stifter oder den Bezugs- oder Anfallsberechtigten **Vermögen** der Stiftung nach § 15 AStG zugerechnet worden ist. Solches Vermögen unterliegt (nicht mehr) der Vermögensteuer.[481] Damit werden **Doppelbelastungen** vermieden.

280 Da § 15 AStG Einkommen und Vermögen der Familienstiftung unmittelbar dem unbeschränkt steuerpflichtigen Stifter oder alternativ Bezugs- bzw. Anfallsberechtigten zurechnet wird von *Schaumburg*[482] zu Recht angeführt, § 15 AStG „schieße über das Ziel zur Verhinderung der Steuerpflicht hinaus". Denn dadurch, dass § 15 AStG ganz pauschal auch Bezugs- bzw. Anfallsberechtigte in den Kreis der Hinzurechnungsverpflichteten einbezieht, werden auch Tatbestände erfasst, bei denen die Familienstiftung von einem nicht unbeschränkt steuerpflichtigen Stifter errichtet und mit im Ausland belegenem Vermögen ausgestattet worden ist. Des Weiteren ist zu beachten, dass das Vermögen der Stiftung nicht Vermögen des Bezugs- oder Anfallsberechtigten ist; dieses Vermögen erhöht also seine Leistungsfähigkeit nicht, sondern die der Stiftung. Der Bezugs- oder Anfallsberechtigte hat keine Möglichkeit des Zugriffs auf das Vermögen der Stiftung. Auch Einkünfte der Stiftung erhöhen die Leistungsfähigkeit des Bezugs- oder Anfallsberechtigten nicht, sondern – auch hier – nur die der Stiftung. Gleichwohl werden Vermögen und Einkommen einer Familienstiftung dem Bezugs- oder Anfallsberechtigten nach § 15 Abs. 1 AStG zugerechnet. Der Regelungsumfang von § 15 Abs. 1 AStG ist deshalb im Hinblick auf Art. 3 GG[483] insbesondere im Hinblick auf das Leistungsfähigkeitsprinzip bzw. Nettoprinzip **verfassungsrechtlich bedenklich**.[484]

2. Sonstige Vorschriften

281 Die **§§ 16 und 17 AO** regeln erhöhte **Mitwirkungs- und Informationspflichten** des Steuerpflichtigen beim Vorliegen von Geschäftsbeziehungen mit einer ausländischen Gesellschaft oder einer im Ausland ansässigen Person oder Personengesellschaft.[485]

282 **§ 18 AStG** regelt Verfahrens- und Zuständigkeitsfragen zur **gesonderten Feststellung** von Besteuerungsgrundlagen für die Hinzurechnungsbesteuerung (§§ 7–14 AStG).[486]

283 **§ 19 AStG** enthält eine Übergangsregelung für die „Auflösung von Zwischengesellschaften". Allerdings ist der Anwendungsbereich von § 19 AStG bereits fünf Jahre nach Inkrafttreten des Außensteuergesetzes abgelaufen.

284 **§ 20 Abs. 1 AStG.** Nach § 2 AO ist DBA-Recht gegenüber dem (originären) innerstaatlichen Recht grundsätzlich vorrangiges Recht. Wie bereits ausgeführt, ist **§ 20 Abs. 1 AStG** eine spezielle Regelung des sog. **Treaty Overriding**, der entgegen § 2 AO den §§ 7–18 AStG ausdrücklich Vorrang vor DBA-Recht einräumt.

285 **§ 20 Abs. 2 AStG.** § 20 Abs. 2 AStG gehört nicht zu den Regelungen der Hinzurechnungsbesteuerung nach §§ 7–14 AStG, da keine ausländische Basisgesellschaft vorliegt, sondern (nur) eine ausländische Betriebsstätte gegeben ist. Aus diesem Grunde gehört diese Norm auch nicht zum Vierten Teil des AStG, sondern gehört zu den Schlussvorschriften im Siebten Teil des AStG. Mit dieser Regelung wird sichergestellt, dass die KAC-Gesetz-

---

[481] S. TZ 15.1.6. AEAStG. Beachte in diesem Zusammenhang, dass die Vermögensteuer aufgrund des *Beschlusses des BVerfG* vom 22. 6. 1995, BGBl. 1995 I S. 1191 ff., wegen ihrer teilweisen Verfassungswidrigkeit ab 1997 nicht mehr erhoben werden kann. Vgl. auch Kap. 2.7.

[482] S. *Schaumburg*, a. a. O., Rdnr. 11.4 f.

[483] Zur Anwendung von Art. 3 GG s. *BVerfG* vom 16. 5. 1961, BVerfGE 12, S. 341 (348); *BVerfG* vom 12. 10. 1976, BStBl. 1977 II S. 190 (192 f.); *BVerfG* vom 20. 3. 1979, BVerfGE 51, S. 1 (53). Vgl. hierzu auch *BFH* vom 20. 4. 1988, BStBl. 1990, S. 701 (703 ff.) im Zusammenhang mit der Verfassungsmäßigkeit der beschränkten Steuerpflicht.

[484] So auch *Kapp*, BB 1964, S. 1484 (1485); *Felix*, DB 1972, S. 2275 (2275 f.); *Martin*, GmbHR 1972, S. 228 (229 f.); *Schaumburg*, a. a. O., Rdnr. 11.5. So wohl auch *Runge*, DB 1977, S. 514 (514). A. A. die Finanzverwaltung, wie TZ 15.1.3. AEAStG noch einmal verdeutlicht.

[485] Einzelheiten hierzu s. TZ 16. und TZ 17. AEAStG. Vgl. auch *Gross/Schelle*, IWB Nr. 14 vom 26. 7. 1993, S. 635 (706 ff.).

[486] Einzelheiten hierzu s. TZ 18. AEAStG.

gebung auf Erträge ausgedehnt werden, die eine **ausländische Betriebsstätte** aus der Finanzierung von aktiven Konzerngesellschaften erhält. In systematischer Hinsicht enthält § 20 Abs. 2 AStG eine **Sonderregel** zur Anwendung von Doppelbesteuerungsabkommen und führt damit ebenfalls zu einem **Treaty Overriding**.[487] Diese Norm ordnet an, dass für KAC-Einkünfte, die die Betriebsstätte erhält, die Steuerfreistellung von Doppelbesteuerungsabkommen nicht gilt, sondern auf sie nur die **Anrechnungsmethode** Anwendung findet.[488] Vgl. hierzu Schaubild § 34-11 und § 34 II.8 (Rdnr. 80).

§§ 21, 22 AStG. § 21 AStG enthält **Anwendungsvorschriften**. § 22 AStG regelt das **Inkrafttreten** des Außensteuergesetzes.

---

[487] Vgl. hierzu auch *Lüdicke*, IStR 2003 S. 433 (439).
[488] Vgl. hierzu auch *Schaumburg*, a.a.O., Rdnr. 10.294. Wegen der Streichung des Konzernfinanzierungsprivilegs in § 10 Abs. 7 AStG a.F. durch das StVergAbG 2003 musste auch § 20 Abs. 2 AStG an das neue Recht angepasst werden. Nach dem alten Recht berücksichtigte auch § 20 Abs. 2 Satz 2 AStG a.F. das Konzernfinanzierungsprivileg mit der damals nur 15%-igen Steuerbelastung.

Teil 2. Internationales Insolvenzrecht

1. Kapitel. Insolvenz mit Auslandsbezug

§ 35 Insolvenz innerhalb der EU

Übersicht

	Rdnr.		Rdnr.
I. Einführung	1–2	c) Mittelpunkt der hauptsächlichen Interessen bei natürlichen Personen	44–46
II. Grundlagen	3–16		
1. Entstehungsgeschichte	3		
2. Europarechtliche Aspekte	4–9		
a) Unmittelbare Anwendung	4–5	d) Mittelpunkt der hauptsächlichen Interessen bei Juristischen Personen und Gesellschaften	47–55
b) Autonome Auslegung	6		
c) Gerichtliche Kontrolle	7–9		
3. Prinzipien der EuInsVO	10–13	e) Maßgeblicher Zeitpunkt	56–59
a) Prinzip der modifizierten Universalität	10	f) Kompetenzkonflikte	60–62
		2. Territorialverfahren	63–69
b) Vertrauensgrundsatz	11	a) Eröffnungsvoraussetzungen	63–65
c) Prioritätsprinzip	12		
d) Grundsatz der par conditio creditorum	13	b) Partikularinsolvenzverfahren	66, 67
4. Verhältnis zu anderen Regelungen	14–16	c) Sekundärinsolvenzverfahren	68, 69
III. Anwendungsbereich	17–34	3. Örtliche Zuständigkeit nach deutschem Recht	70–72
1. Intertemporaler Anwendungsbereich	17–18	a) Hauptinsolvenzverfahren	70, 71
2. Territorialer Anwendungsbereich	19–26	b) Territorialverfahren	72
		4. Annexverfahren	73–81
a) Räumlicher Geltungsbereich	20	a) Problemstellung	73
		b) Meinungsstand	74–77
b) Mittelpunkt der hauptsächlichen Interessen des Schuldners innerhalb der Mitgliedstaaten	21	c) Seagon-Entscheidung des EuGH	78, 79
		d) Örtliche Zuständigkeit	80–81
c) Grenzüberschreitender Bezug	22–23	V. Anwendbares Recht	82–136
		1. Grundsatz der lex fori concursus	82–87
3. Sachlicher Anwendungsbereich	27–32	a) Allgemeines	82–84
a) Definition	27, 28	b) Anwendungsbereich	85–87
b) Einzelfragen	29–32	2. Umfang des Insolvenzstatuts	88–110
4. Persönlicher Anwendungsbereich	33–34	a) Allgemeines	88
		b) Beispielskatalog des Art. 4 Abs. 2 S. 2 EuInsVO	89–108
a) Grundsatz	33		
b) Bereichsausnahmen	34	c) Qualifikation außerhalb des Beispielskatalogs	109–110
IV. Internationale Zuständigkeit	35–81	3. Ausnahmen von der lex fori concursus	111–136
1. Hauptinsolvenzverfahren	37–62	a) Sonderregelungen	111
a) Allgemeines	37, 38	b) Dingliche Sicherungsrechte	112–119
b) Begriff des „Mittelpunkts der hauptsächlichen Interessen"	39–43	c) Aufrechnung	120–121
		d) Eigentumsvorbehalt	122–123

Leible 679

	Rdnr.		Rdnr.
e) Vertrag über einen unbeweglichen Gegenstand ..	124	a) Herausgabe von Massevermögen	152
f) Zahlungssysteme und Finanzmärkte	125, 126	b) Anrechnung von Insolvenzquoten	153, 154
g) Arbeitsvertrag	127, 128	3. Öffentliche Bekanntmachung und Registereintragung	155–161
h) Wirkung auf eintragungspflichtige Rechte	129–130	a) Antragsrecht des Insolvenzverwalters	156, 157
i) Gemeinschaftspatente und -marken	131	b) Obligatorische Eintragung	158, 159
j) Benachteiligende Handlungen	132, 133	c) Kosten	160
		d) Folgen	161
k) Schutz des Dritterwerbers	134	4. Anerkennung und Vollstreckbarkeit sonstiger Entscheidungen	162–165
l) Wirkungen des Insolvenzverfahrens auf anhängige Rechtsstreitigkeiten	135, 136	5. Ordre public	166–168
VI. Gegenseitige Anerkennung von Insolvenzverfahren	137–168	VII. Sekundärinsolvenzverfahren	169–183
1. Anerkennung der Eröffnungsentscheidung	138–150	1. Verfahrenseröffnung	171–173
		2. Verfahrenskoordination	174–180
		3. Sicherungsmaßnahmen	181–183
a) Voraussetzung für die Anerkennung	138–141	VIII. Gläubigerbenachrichtigung und Forderungsanmeldung	184–188
b) Wirkungen der Anerkennung	142–150	1. Forderungsanmeldung	185, 186
2. Gleichmäßige Gläubigerbefriedigung	151–154	2. Gläubigerbenachrichtigung ..	187, 188

Schrifttum – Kommentare und Lehrbücher: *Duursma-Kepplinger/Duursma/Chalupsky*, Europäische Insolvenzverordnung. Kommentar, 2002; *Haß/Huber/Gruber/Heiderhoff*, EU-Insolvenzordnung (EuInsV), Kommentar zur VO (EG) Nr. 1346/2000 über Insolvenzverfahren, 2005; *Israël*, European Cross-Border Insolvency Regulation, 2005; *Martinez Ferber*, European Insolvency Regulation. Substantive Consolidation, the Threat of Forum Shopping and a German Point of view, 2004; *Mélin*, La faillite internationale, 2004; *Morscher*, Die europäische Insolvenzverordnung (EuInsVO), 2002; *Moss/Wessels*, EU Banking and Insurance Insolvency, 2006; *Moss/Fletcher/Isaacs*, The EC Regulation on Insolvency Proceedings. A Commentary and Annotaded Guide, 2. Aufl., 2009; *Muhri/Stortecky*, Das neue Insolvenzrecht, Kurzkommentar, 6. Aufl., 2010; *Omar*, European Insolvency Law, 2004; *Paulus*, Kommentar zur Europäischen Insolvenzverordnung, 3. Aufl., 2010; *Pannen*, Europäische Insolvenzverordnung, 2007; *Polak/Wessels*, Internationaal insolventierecht, 2003; *Pinterich/Pröbsting*, Europäisches Insolvenzrecht, Kurzkommentar, 2011; *Rauscher* (Hrsg.), Europäisches Zivilprozess- und Kollisionsrecht EuZPR/EuIPR, 2010; *Smid*, Europäisches Internationales Insolvenzrecht, 2002; *Smid*, Deutsches und Europäisches Internationales Insolvenzrecht, 2004; *ders.*, Internationales Insolvenzrecht, 2009; *Torremans*, Cross Border Insolvencies in EU, English and Belgian Law, 2002; *Virgós Soriano/Garcimartín Alférez*, Comentario al Reglamento Europeo de Insolvencia, 2003; *Virgós Soriano/Garcimartín Alférez*, The European Insolvency Regulation: Law and Practice, 2004; *Wessels*, European Union Regulation on Insolvency Proceedings. An Introductory Analysis, 2003; *Westpfahl/Götker/Wilkens*, Grenzüberschreitende Insolvenzen, 2006.

Monographien: *Adam*, Zuständigkeitsfragen bei der Insolvenz internationaler Unternehmensverbindungen, 2006; *Ahrens*, Rechte und Pflichten ausländischer Insolvenzverwalter im internationalen Insolvenzrecht, 2002; *Ambach*, Reichweite und Bedeutung von Art. 25 EuInsVO, 2009; *Attinger*, Der Mittelpunkt der hauptsächlichen Interessen nach der EuInsVO – erfolgreiches Konzept oder Quelle der Rechtsunsicherheit? Eine Auseinandersetzung mit dem Zuständigkeitskriterium der Europäischen Insolvenzverordnung unter Heranziehung der Erkenntnisse der ökonomischen Analyse des Rechts, 2008; *Bezelgues*, Konzerninsolvenzen in der Europäischen Union, 2008; *Blitz*, Sonderinsolvenzverfahren im Internationalen Insolvenzrecht unter besonderer Berücksichtigung der europäischen Verordnung über Insolvenzverfahren vom 29. Mai 2000, 2002; *Carstens*, Die internationale Zuständigkeit im europäischen Insolvenzrecht, 2005; *Clavora/Garber* (Hrsg.), Grenzüberschreitende Insolvenzen im europäischen Binnenmarkt – die EuInsVO, 1. Österreichische Assistententagung zum Zivil- und Zivilverfahrensrecht der Karl-Franzens-Universität Graz, 2011; *Dawe*, Der Sonderkonkurs des deutschen

Internationalen Insolvenzrechts: Zugleich ein Beitrag zu deutschen Sonderinsolvenzverfahren im Anwendungsbereich der Europäischen Insolvenzverordnung, 2006; *Espiniella Menéndez*, Procedimientos de insolvencia y grupos multinacionales des sociedades, 2006; *Garasic*, Anerkennung ausländischer Insolvenzverfahren: Ein Vergleich des kroatischen des deutschen und des schweizerischen Rechts sowie der Europäischen Verordnung über Insolvenzverfahren, des Istanbuler Übereinkommens und des UNCITRAL-Modellgesetzes, 2005; *Geroldinger*, Verfahrenskoordination im Europäischen Insolvenzrecht. Die Abstimmung von Haupt- und Sekundärinsolvenzverfahren nach der EuInsVO, 2010; *Graf*, Die Anerkennung ausländischer Insolvenzentscheidungen, 2003; *Hägele*, Die Zuständigkeit im internationalen Insolvenzrecht, 2007; *Heneweer*, Das forum shopping einer GmbH unter der deutschen Insolvenzordnung und der Europäischen Insolvenzverordnung, 2010; *Herchen*, Das Übereinkommen über Insolvenzverfahren der Mitgliedstaaten der Europäischen Union vom 23. 11. 1995, 2000; *Homann*, System der Anerkennung eines ausländischen Insolvenzverfahrens und die Zulässigkeit der Einzelrechtsverfolgung. Eine Untersuchung der neuen Rechtslage unter Berücksichtigung des Europäischen Insolvenzübereinkommens, 2000; *Jeremias*, Internationale Insolvenzaufrechnung, 2005; *Jung*, Die nationale und internationale Gläubigeranfechtung nach deutschem und französischen Recht, 2005; *Keggenhoff*, Internationale Zuständigkeit bei grenzüberschreitenden Insolvenzverfahren. Der Mittelpunkt der hauptsächlichen Interessen gemäß Art. 3 Abs. 1 EuInsVO bei Gesellschaften und juristischen Personen, 2006; *Keller*, Zur Verwertung im Ausland belegenen Schuldnervermögens durch deutsche Insolvenzverwalter, 2010; *Klein*, Gemeinschaftskonformität der Insolvenzantragspflicht, 2010; *Klockenbrink*, Die Gläubigerstellung unter dem Einfluss der EuInsVO und des deutschen internationalen Insolvenzrechts, 2008; *Kompat*, Die neue Europäische Insolvenzverordnung. Ihre Auswirkungen auf das Internationale Insolvenzrecht ausgewählter Mitgliedstaaten, 2006; *Kourouvani*, Autonome Auslegung des Art. 3 Abs. 1 Satz 2 EuIns-VO, 2010; *dies.*, Spielregeln für den Krisenfall. Zuständigkeitsfragen bei grenzüberschreitenden Insolvenzen im Licht des Art. 3 Abs. 1 EuInsVO, 2008; *Lach*, Die Europäische Insolvenzverordnung. Instrument des inländischen Gläubigerschutzes im Wettbewerb der Gesellschaftsrechte, 2007; *Lieder*, Grenzüberschreitende Unternehmenssanierung im Lichte der EuInsVO. Unter Berücksichtigung der Entwicklungen im deutschen, österreichischen, englischen und spanischen Insolvenzrecht, 2007; *Lorenz*, Annexverfahren bei Internationalen Insolvenzen. Internationale Zuständigkeitsregelung der Europäischen Insolvenzverordnung, 2005; *Ludwig*, Neuregelungen des deutschen Internationalen Insolvenzverfahrensrechts: Eine Untersuchung unter vergleichender Heranziehung der Europäischen Insolvenzverordnung, 2004; *Männle*, Die Richtlinie 2011/17/EG über die Sanierung und Liquidation von Versicherungsunternehmen und ihre Umsetzung ins deutsche Recht, 2007; *Martius*, Verteilungsregeln in der grenzüberschreitenden Insolvenz. Unter besonderer Berücksichtigung von Forderungen des öffentlichen Rechts, 2004; *Mauche*, Die Europäisierung des Internationalen Bankeninsolvenzrechts. Kritische Betrachtungen zur Richtlinie 2001/24/EG über die Sanierung und Liquidation von Kreditinstituten, 2010; *Naumann*, Die Behandlung dinglicher Kreditsicherheiten und Eigentumsvorbehalte nach den Artikeln 5 und 7 EuInsVO sowie nach autonomem deutschen Insolvenzkollisionsrecht: Zugleich ein Beitrag zur Auslegungstechnik des EuGH, 2004; *Nitsche*, Konzernfolgeverantwortung nach lex fori concursus, 2006; *Olano*, Der Sitz der Gesellschaft im internationalen Zivilverfahrens- und Insolvenzrecht der EU und der Schweiz, 2004; *Plappert*, Dingliche Sicherungsrechte in der Insolvenz. Eine rechtsvergleichende Analyse unter Berücksichtigung der Rechtslage bei grenzüberschreitenden Insolvenzen nach Art. 5 EuInsVO, 2008; *Pottharst*, Probleme eines Europäischen Konkursübereinkommens, 1995; *Probst*, Die Internationale Zuständigkeit zur Eröffnung von Insolvenzverfahren im europäischen Insolvenzrecht. Autonome Bestimmung der Eröffnungszuständigkeit, insbesondere für Konzerninsolvenzen, und Anforderungen für die gemeinschaftsweite Anerkennung grenzüberschreitender Insolvenzen nach der EuInsVO – Ein Vergleich von Rechtsauffassung und Handhabe in den Mitgliedstaaten Deutschland, England, Frankreich und Italien, 2007; *Rössler-Hecht*, Der Eigentumsvorbehalt in der Insolvenz im europäischen Rechtsvergleich, Eine rechtsvergleichende Betrachtung unter besonderer Berücksichtigung der Verordnung (EG) Nr. 1346/2000 des Rates vom 29. Mai 2000 über Insolvenzverfahren sowie der Richtlinie 2000/35/EG des Europäischen Parlaments und des Rates vom 29. Juni 2000 zur Bekämpfung von Zahlungsverzug im Geschäftsverkehr, 2009; *Roßmeier*, Besitzlose Mobiliarsicherheiten in grenzüberschreitenden Insolvenzverfahren: eine rechtsvergleichende Untersuchung des deutschen und des U.S.-amerikanischen Internationalen Insolvenzrechts sowie der Europäischen Verordnung über Insolvenzverfahren, 2004; *Rugullis*, Litispendenz im europäischen Insolvenzrecht, 2003; *Schaack*, Objekte der Insolvenz. Ansätze einer europarechtlichen Systematik und rechtspolitische Perspektiven, 2011; *Schäfer*, Die Schließung von Gläubigerschutzlücken bei grenzüberschreitend tätigen Unternehmen – ein Vorschlag de lege ferenda. Zur Auslegung des Mittelpunkts der hauptsächlichen Interessen und zur Einordnung der Gesellschaftsorganpflichten in das Internationale Privatrecht, 2009; *Schmiedeknecht*, Der Anwendungsbereich der Europäischen Insolvenzverordnung und die Auswirkungen auf das deutsche Insolvenzrecht. Unter besonderer Berücksichtigung des Konzerninsolvenzrechts, 2004; *Schmitz*, Dingliche Mobiliarsicherheiten im internationalen Insolvenzrecht, 2011; *Schmüser*, Das Zusammenspiel zwischen Haupt- und Sekundärinsolvenzverfahren nach der EuInsVO, 2009; *Schulte*, Die europäische Restschuldbefreiung: zu den rechtsvergleichenden und kollisionsrechtlichen Aspekten der Restschuldbefreiung im europäischen Insolvenzrecht, 2001; *Sicklinger*, Das neue tschechische Insolvenzverfahren aus der Sicht des deutschen Gläubigers. Zugleich ein Beitrag zu Fragen der Europäischen Insolvenzverordnung, 2009; *Siemonsen*, Die deutschen Ausführungsvorschriften zur Europäischen Insolvenzverordnung. Art. 102 EGInsO, 2009; *Staak*, Der deutsche Insolvenzverwalter im europäischen Insolvenzrecht: Eine Analyse der EG-Verordnung Nr. 1346/2000 des Rates vom 29. Mai 2000 über Insolvenzverfahren unter besonderer Berücksichtigung der Person des deutschen Insolvenzverwalters, 2004; *Stehle*, Die Stellung des Vollstreckungsgläubigers bei grenzüberschreitenden Insolvenzen in der EU. Dargestellt am Beispiel England-Deutschland, 2007; *Strobel*, Die Abgrenzung zwischen EuGVVO und EuInsVO im Bereich insolvenzbezogener Einzelentscheidungen, 2006; *Stummel*, Konkurs und Integration, 1991; *Torz*, Gerichtsstände im Internationalen Insolvenzrecht zur Eröffnung von Partikularinsolvenzverfahren. Eine Untersuchung über die internationale Zuständigkeit zur Eröffnung von Partikularinsolvenzverfahren sowie deren Beschränkungen und Auswirkungen auf die Anerkennungszuständigkeit, 2005; *Veder*, Cross-Border Insolvency Proceedings and Security Rights, 2004; *Vogeler*, Die internationale Zuständigkeit für Insolvenzverfahren, 2004; *Vormstein*, Zuständigkeit bei Konzerninsolvenzen. Verfahrensablauf bei grenzüberschreitenden Konzerninsolvenzen unter besonderer Berücksichtigung der Europäischen Insolvenzverordnung (EuInsVO), 2005; *Wagner*, Abstimmungsfragen zwischen Internationalem Insolvenzrecht und Internationaler Schiedsgerichtsbarkeit. Unter besonderer Berücksichtigung der Anerkennung grenzüberschreitender Insolvenzen durch Schiedsgerichte, 2008; *Weber*, Gesellschaftsrecht und Gläubigerschutz im Internationalen Zivilverfahrensrecht. Die Internationale Zuständigkeit bei Klagen gegen Gesellschafter und Gesellschaftsorgane vor und in der Insolvenz, 2011; *Werner*, Der Insolvenzplan im Anwendungsbereich der europäischen Insolvenzverordnung, 2010; *Willemer*, Vis attractiva concursus und die Europäische Insolvenzverordnung, 2006; *Wiórek*, Das Prinzip der Gläubigergleichbehandlung im Europäischen Insolvenzrecht, 2005; *Wittinghofer*, Der nationale und internationale Insolvenzverwaltervertrag. Koordination paralleler Insolvenzverfahren durch ad hoc-Vereinbarungen, 2004; *Zeeck*, Das Internationale Anfechtungsrecht in der Insolvenz: Die Anknüpfung der Insolvenzanfechtung, 2003.

I. Einführung

1 Am 29. 5. 2000 verabschiedete der Rat der Europäischen Union die Verordnung (EG) Nr. 1346/2000 über Insolvenzverfahren (ABl. EG Nr. L 160 vom 30. 6. 2001, S. 1; im Folgenden: EuInsVO).[1] Sie trat gem. ihrem Art. 47 am 31. 5. 2002 in Kraft. Damit wurden erstmals für den Rechtsraum der EU (unter Ausnahme Dänemarks) **einheitliche Regelungen** zur Abwicklung grenzüberschreitender Insolvenzen geschaffen. Die EuInsVO dient der Ermöglichung **effizienter und wirksamer grenzüberschreitender Insolvenzverfahren**, um die Funktionstüchtigkeit des Binnenmarktes als Rechtsraum sicherzustellen.[2] Insbesondere soll der Gefahr begegnet werden, dass Vermögensgegenstände oder Rechtsstreitigkeiten in einen anderen Mitgliedstaat verlagert werden, um hierdurch eine verbesserte Rechtsposition zu erlangen (forum shopping).[3]

2 Die in der EuInsVO enthaltenen Regelungen waren zugleich Anstoß und Vorbild für die Neuregelung des **deutschen autonomen internationalen Insolvenzrechts,**[4] das sich nunmehr in den im Jahre 2003 als Elfter Teil in die InsO eingefügten §§ 335 bis 358

---

[1] Änderungen der Anhänge A, B und C finden sich in ABl. EU 2003 L 236/33; 2005 L 100/1; 2006 L 121/1; 2006 L 363/1; 2007 L 159/1; vgl. zuletzt Verordnung (EG) Nr. 788/2008 des Rates vom 24. Juli 2008 zur Änderung der Listen von Insolvenzverfahren und Liquidationsverfahren in den Anhängen A und B der Verordnung (EG) Nr. 1346/2000 über Insolvenzverfahren und zur Kodifizierung der Anhänge A, B und C der genannten Verordnung, ABl. EU 2008 L 213/1.

[2] Erwägungsgrund (2).

[3] Erwägungsgrund (4).

[4] Vgl. dazu ausführlich § 36.

InsO findet. Art. 102 EGInsO regelt hingegen nicht das autonome internationale Insolvenzrechts, sondern enthält Vorschriften zur Durchführung der EuInsVO.

II. Grundlagen

1. Entstehungsgeschichte

Mit ersten Arbeiten an einem Europäischen Insolvenzübereinkommen wurde schon in den Sechziger Jahren begonnen,[5] nachdem man 1963 von dem ursprünglichen Plan, Insolvenzen im Rahmen einer Brüsseler Konvention über die gerichtliche Zuständigkeit sowie Anerkennung und Vollstreckung gerichtlicher Entscheidungen in Zivil- und Handelssachen (dem späteren EuGVÜ) mitzuregeln, Abstand genommen und einen separaten Ausschuss für das Insolvenzrecht gebildet hatte. Alle vorgelegten Entwürfe scheiterten aber stets an ihrer zu universalistischen Ausgestaltung.[6] Das galt vor allem für den 1970 vorgelegten **Vorentwurf für ein Konkursübereinkommen,**[7] der zudem übermäßig kompliziert ausgestaltet war, und ebenso für dessen nach dem Beitritt Dänemarks, Irlands und des Vereinigten Königreichs überarbeitete Version.[8] Nachdem sich herausstellte, dass auch der letzte, aus dem Jahr 1980 stammende Entwurf eines EG-Konkursübereinkommens[9] nicht konsensfähig war und dem **Istanbuler Konkursabkommen** des Europarats[10] ge-

---

[5] Übersicht bei Moss/Fletcher/Isaacs/*Fletcher*, The EC Regulation on Insolvency Proceedings, Rdnr. 1.08 ff.; *Herchen*, Das Übereinkommen über Insolvenzverfahren der Mitgliedstaaten der Europäischen Union vom 23. 11. 1995, 2000, S. 21 ff.; *Paulus*, Europäische Insolvenzverordnung, Einl. Rdnr. 2 ff.; *Potthast*, Probleme eines Europäischen Konkursübereinkommens, 1995, S. 42 ff.; *Stummel*, Konkurs und Integration, 1991, S. 18 ff.

[6] Vgl. zu diesem Entwurf auch *Farrar*, JBL 1972, 256; *Ganshof*, CDE 1971, 146; *Goode*, ICLQ 23 (1974), 227; *Hirsch*, CDE 1970, 50; *Hunter*, ICLQ 21 (1972), 682; *Jahr*, RabelsZ 36 (1972), 620; *Lemontey*, Rev Trim Dr Eur 1975, 172; *Nadelmann*, KTS 1971, 65; *Noël*, Rev Trim Dr Eur 1975, 159; *Omar*, Int. Insolv. Rev. 12 (2003), 147 (151 ff.).

[7] Komm. Dok. 3.327/1/XIV/70-F m. erl. Bericht *Noël/Lemontey*, Komm. Dok. 16.775/XIV/70-F, auch abgedruckt in Kegel/Thieme (Hrsg.), Vorschläge und Gutachten zum Entwurf eines EG-Konkursübereinkommens, 1988, S. 3 ff.; KTS 1971, 167; RabelsZ 36 (1972), 734.

[8] Vgl. dazu *Farrar*, JBL 1977, 320; *Fletcher*, ELRev. 4 (1977), 15; *Israël*, S. 225; *Hunter*, ICLQ 25 (1976), 310.

[9] Vgl. Komm. Dok. III/D/72/80, dazu den sog. Lemontey-Bericht (EG-Dok. – III/D/222/80 – DE), abgedruckt in ZIP 1981, 547, 673, 791, und die Stellungnahme 81/1068/EWG der Kommission vom 10. Dezember 1981 zu dem Entwurf eines Übereinkommens über den Konkurs, Vergleiche und ähnliche Verfahren, ABl. EG 1981 L 391/23. Vgl. weiterhin m. w. Nachw. *Aminoff*, Leg Iss Eur Int 1 (1990), 121; *Beukenhorst*, Het ontwerp Europees faillissementsverdrag: het ontwerp van Verdrag inzake faillissement, akkoord en andere soortgelijke procedures van 1980, 1983, *Borrás Rodríguez*, in: García de Enterría/González Campos/Muñoz Machado (Hrsg.), Tratado de Derecho Comunitario Europeo, Bd. 3, 1986, S. 827 ff.; *Daniele*, CDE 1987, 512; *Esplugues Mota*, La quiebra internacional, 1994, S. 270 ff.; *Fletcher*, in: Moss/Fletcher/Isaacs, Rdnr. 1.08 ff.; *Ganshof*, CDE 1983, 163; *Großfeld*, ZIP 1981, 925; *Israël*, S. 224 ff.; *Kegel/Thieme* (Hrsg.), Vorschläge und Gutachten zum Entwurf eines EG-Konkursübereinkommens, 1988; *Lüer*, KTS 1981, 147; *Paulus*, Rdnr. 6.

[10] Übereinkommen über bestimmte internationale Aspekte des Konkurses, am 5. 6. 1990 in Istanbul zur Zeichnung aufgelegt; CETS Nr. 136. Der Text des Übereinkommens ist ebenso wie der erläuternde Bericht im Internet verfügbar unter www.conventions.coe.int. Das Istanbuler Konkursübereinkommen ist zwar außer von der Bundesrepublik Deutschland noch von sieben weiteren Staaten (Belgien, Frankreich, Zypern, Griechenland, Italien, Luxemburg und Türkei) gezeichnet, bislang allerdings nur von Zypern ratifiziert worden und demgemäß noch nicht in Kraft getreten, da es nach Art. 34 des Übereinkommens mindestens der Ratifikation durch drei Staaten bedarf. Vgl. zum Istanbuler Konkursübereinkommen m. w. Nachw. *Arnold*, IPRax 1986, 133; *Bottiau*, Rev. Proc. Coll. 2 (1990), 97; *Dom*, Petites Affiches 1991, 24; *Esplugues Mota*, La quiebra internacional, 1994, S. 386 ff.; *de Guillenchmidt*, Banque et Droit 7 (1989), 191; *Israël*, S. 232 ff.; *Leitner*, Der grenzüberschreitende Konkurs, 1995, S. 127 ff.; *Metzger*, Die Umsetzung des Istanbuler Konkursübereinkommens in das neue deutsche Insolvenzrecht, 1994; *Stummel*, Konkurs und Integration, 1991, S. 137 ff. Zu einem Vorentwurf *Wiesbauer*, in: Wiesbauer (Hrsg.), Neuerungen im internationalen Insolvenzrecht, 1988, S. 64 ff.

nauso wenig Erfolg beschieden sein würde, bildete Anfang 1990 der Ausschuss der Ständigen Vertreter beim Rat der EG eine Ad-hoc-Gruppe „Konkursübereinkommen". Die Arbeitsgruppe legte bereits im März 1991 einen ersten Vorentwurf[11] und im April 1992 eine überarbeitete Fassung des Abkommens vor.[12] Nach weiteren Diskussionen und Änderungen[13] konnte schließlich der Text eines **„Übereinkommens über das Insolvenzverfahren"** vom 23. 11. 1995 präsentiert werden, der von allen EG-Mitgliedstaaten unterzeichnet wurde.[14] Lediglich das Vereinigte Königreich ließ aus Verärgerung über die Behandlung der BSE-Problematik und die Fortdauer des Importverbots für britisches Rindfleisch die Zeichnungsfrist am 23. 5. 1996 ungenutzt verstreichen. In Anbetracht dessen galt auch das Europäische Insolvenzübereinkommen als gescheitert.[15] Dank einer Initiative Deutschlands und Finnlands, die dem Rat nach Art. 67 Abs. 1 EGV vorgelegt wurde,[16] konnte jedoch das Abkommen „rechtlich wiederbelebt" werden. Gestützt auf **Art. 61 lit. c, Art. 65 EGV a. F. (nunmehr Art. 81 AEUV)**[17] **und damit als Maßnahme im Bereich der justiziellen Zusammenarbeit in Zivilsachen** erließ der Rat der Europäischen Union am 29. Mai 2000 die Verordnung (EG) Nr. 1346/2000 über Insolvenzverfahren. Sie trat nach ihrem Art. 47 am 31. Mai 2002 in Kraft und erfasst zeitlich laut Art. 43 S. 1 EuInsVO Insolvenzverfahren, die nach diesem Zeitpunkt eröffnet worden sind.[18]

2. Europarechtliche Aspekte

a) Unmittelbare Anwendung. Die Kernbestimmungen des europäischen Insolvenzrechts wurden vom europäischen Gesetzgeber in Verordnungsform erlassen, da Richtlinien aufgrund der den Mitgliedstaaten verbleibenden Umsetzungsspielräume nicht das geeignete Instrument sind, um die von Art. 81 AEUV angestrebte „Vereinbarkeit" der binnenmarkt-

---

[11] Ratsdokument 5419/91 DRS 12 (CFC) vom 25. 3. 1991; vgl. dazu *Esplugues Mota*, La quiebra internacional, 1994, S. 153 ff. und 284 ff.

[12] ZIP 1992, 1197.

[13] Verschiedene zwischenzeitlich erarbeitete Fassungen behandeln *Strub*, EuZW 1994, 424 (426); *Woodland*, in: Leonard/Besant (Hrsg.), Current Issues in Cross-Border Insolvency and Reorganisations, 1994, S. 1 ff.; *Virgós Soriano*, in: Hommelhoff/Jayme/Mangold (Hrsg.), Europäischer Binnenmarkt, Internationales Privatrecht und Rechtsangleichung, 1995, S. 51 ff.; *Maronda Frutos/Tena Franco*, RGD 1996, 117 ff.

[14] Abdruck in ZIP 1996, 976; ZEuP 1996, 325 mit einer Einführung von *Balz*; *Weinbörner*, Das neue Insolvenzrecht mit EU-Übereinkommen, 1997, S. 17 ff.: siehe auch *Balz*, ZIP 1996, 948; *ders.*, American Bankruptcy Law Journal 70 (1996), 485; *Beukenhorst*, SEW 1997, 90; *Bogdan*, Sveriges och EU:s internationella insolvensrätt, 1997; *ders.*, Int. Insolv. Rev. 6 (1997), 141; *ders.*, CLJ 5 (1997), 141; *Flessner*, EBLRev 10 (1999), 2; *Fletcher*, Texas Int. L.J. 33 (1998), 119; *ders.*, Brooklyn J. Int. L. 23 (1997), 25; *Funke*, InVO 1996, 170; *Gottwald*, Grenzüberschreitende Insolvenzen, 1997; *Johnson*, Int. Insolv. Rev. 5 (1996), 80; *McKenzie*, ERPL 1996, 181; *Keppelmüller*, WBl. 1996, 337; *Mellqvist*, Ny Juridik, 1996, 7; *Omar*, International Company and Commercial Law Review 10 (1999), 225; *Poillit-Peruzzetto*, JDI 1997, 757; *Schollmeyer*, Bankruptcy Developments Journal 13 (1997), 421; *Segal*, Brooklyn J. Int L 23 (1997), 57; *H. Stoll* (Hrsg.), Vorschläge und Gutachten zur Umsetzung des EU-Übereinkommens über Insolvenzverfahren im deutschen Recht, 1997; *Strub*, EuZW 1996, 71; *Trunk*, Internationales Insolvenzrecht, 1998, S. 442 f.; *Turing*, J. Int. Bank. Fin. L. 2 (1996), 56; *Vallens*, D. 1995 (chron) 307; *Virgós Soriano*, The 1995 European Community Convention on Insolvency Proceedings: an Insider's View, 1998; *Wunderer*, WM 1998, 793.

[15] So etwa die Einschätzung von *Haas*, NZG 1999, 1148, 1149; *Jayme/Kohler*, IPRax 1999, 401.

[16] Initiative der Bundesrepublik Deutschland und der Republik Finnland – dem Rat am 26. Mai 1999 vorgelegt – im Hinblick auf die Annahme einer Verordnung des Rates über Insolvenzverfahren, ABl. EG 1999 C 221/8.

[17] Das Insolvenzrechtsübereinkommen fand seine Grundlage als Staatsvertrag dagegen in Art. 220 Spiegelstrich Nr. 4 EGV aF (nachfolgend Art. 293 Spiegelstrich Nr. 4 EG, mit dem Vertrag von Lissabon ersatzlos aufgehoben).

[18] Nach Art. 43 S. 2 EuInsVO unterliegen diejenigen Rechtshandlungen, die der Schuldner vor Inkrafttreten des Rechtsaktes vornimmt, dem zum damaligen Zeitpunkt geltenden Recht.

weit geltenden Kollisionsnormen sicherzustellen und so das reibungslose Funktionieren in diesem Rechtsraum zu gewährleisten.[19]

Verordnungen sind **abstrakt-generelle Rechtssätze** des sekundären Gemeinschaftsrechts, die gemäß Art. 288 Abs. 2 AEUV in all ihren Teilen verbindlich sind und unmittelbar in jedem Mitgliedstaat gelten. Für die EuInsVO weist ihr Schlusssatz (nach Art. 47) den Leser darauf hin. Anders als bei Richtlinien bedarf es daher keines Tätigwerdens der zuständigen nationalen Organe, um den gemeinschaftlichen Rechtsakt in das nationale Rechtssystem zu implementieren. Aus der „unmittelbaren Geltung in den Mitgliedstaaten" folgt weiterhin, dass eine Verordnung bei hinreichender Bestimmtheit mit ihrem In-Kraft-Treten auch Individuen Rechte verleihen und Pflichten auferlegen kann.[20] Entgegenstehendes nationales Recht wird aufgrund des **Anwendungsvorrangs** unmittelbar wirkenden Gemeinschaftsrechts von einer Verordnung verdrängt. Soweit die Verordnung gilt, findet es keine Anwendung. Dies betrifft nicht nur entgegenstehende nationale Regelungen, die vor Erlass der Verordnung ergangen sind, sondern ebenso jüngere gesetzgeberische Maßnahmen.[21]

b) **Autonome Auslegung.** Das Unionsrecht bildet eine eigenständige Rechtsordnung, die als Einheit für sich neben dem nationalen Recht und dem Völkerrecht steht.[22] Daraus folgt zunächst, dass das Unionsrecht grundsätzlich aus sich selbst heraus unter Berücksichtigung der Ziele der Union auszulegen ist. Der Grundsatz der **autonomen Auslegung** steht zwar der Übernahme von Auslegungsgrundsätzen des nationalen oder des Völkerrechts nicht a priori entgegen, doch können diese für die Auslegung unionsrechtlicher Begriffe nicht ohne weiteres, sondern allenfalls in Ausnahmefällen herangezogen werden.[23] Als Teil des Unionsrechts ist folglich auch die EuInsVO überall dort, wo sie nicht explizit auf nationales Recht verweist oder eine einheitliche Begriffsbildung nicht möglich ist,[24] autonom, d. h. unabhängig von den nationalen Rechten und deren Begriffsverständnissen auszulegen. Denn nur so lässt sich ihre einheitliche Geltung im gesamten Unionsgebiet sicherstellen. Dies gilt in besonderem Maße für den zentralen Begriff des „Mittelpunkts der hauptsächlichen Interessen des Schuldners", „der eine einheitliche, von den nationalen Rechtsordnungen unabhängige Bedeutung hat und eine einheitliche Definition für die gesamte Gemeinschaft erfordert".[25] Da der Text der EuInsVO nahezu identisch mit nicht verabschiedeten Entwurf eines „Übereinkommens über das Insolvenzverfahren" ist, kann zur Auslegung der EuInsVO auf den das Übereinkommen erläuternden Bericht von *Virgós/Schmitt* zurückgegriffen werden.[26]

c) **Gerichtliche Kontrolle.** Die Kontrolle der Anwendung der EuInsVO obliegt den nationalen Gerichten. In Zweifelsfragen haben sie den *EuGH* um Auskunft zu ersuchen. Dieser entscheidet gem. Art. 267 Abs. 1b AEUV im Wege des Vorabentscheidungsverfahrens u. a. über die Gültigkeit und die Auslegung der Handlungen der Organe, Einrichtungen oder sonstigen Stellen der Union. Erfasst wird also auch das gesamte abgeleitete Unionsrecht.

---

[19] *Leible/Staudinger,* EuLF 2000/01, 225, 233; *Remien,* CMLRev. 38 (2001), 53, 77; *Streinz/Leible,* Art. 65 EG Rdnr. 26.
[20] EuGH Rs. 34–71 „Politi" Slg. 1971, 1039, 1049, Rdnr. 9.
[21] EuGH Rs. 34–71 „Politi" Slg. 1971, 1039, 1049, Rdnr. 9.
[22] EuGH Rs. 13–61 „Bosch" Slg. 1962, 97, 110.
[23] Näher zur Auslegung des Gemeinschaftsrechts *Streinz,* ZEuS 2004, 387.
[24] So etwa zum Begriff des Erfüllungsortes im Rahmen von Art. 5 Nr. 1 EuGVÜ EuGH Rs.-12/76 „Tessili/Dunlop" Slg. 1976, 1473 Rdnr. 14. Nachfolgend EuGH Rs 266/85 „Shenavai/Kreischer" Slg. 1987, 239 Rdnr. 7; Rs C-288/92 „Custom Made Commercial/Stawa Metallbau" Slg. 1994, I-2913, Rdnr. 26; Rs C-440/97 „GIE Groupe Concorde/Kapitän des Schiffes ‚Suhadiwarno Panjan'" Slg. 1999, I-6307, Rdnr. 32; Rs C-420/97 „Leathertex/Bodetex" Slg. 1999, I-6747 Rdnr. 33; Rs C-256/00 „Besix/Kretzschmar" Slg. 2002, I-1699, Rdnr. 33.
[25] GA *Ruiz Jarabo-Colomer,* Rs. C-1/04 „Susanne Staubitz Schreiber" Slg. 2006, I-703 Rdnr. 60.
[26] Rauscher/*Mäsch,* Europäisches Zivilprozessrecht, Bd. 2 2010, Einl. EG-InsVO Rdnr. 10.

8 Eine besondere Regelung galt für Rechtsakte, die im Bereich „Visa, Asyl, Einwanderung und andere Politiken des freien Personenverkehrs" (Art. 61–69 EGV a. F.) ergingen (Art. 68 EGV a. F.). Dazu zählte auch die auf Art. 61 lit. c, 65 EGV a. F. gestützte EuInsVO. Die allen mitgliedstaatlichen Gerichten zugestandene Vorlagebefugnis war durch Art. 68 Abs. 1 EGV a. F. auf **letztinstanzliche Spruchkörper** beschränkt. Daneben eröffnet Art. 68 Abs. 3 EGV a. F. dem Rat, der Kommission oder einem Mitgliedstaat die Möglichkeit, eine Auslegungsfrage zur EuInsVO losgelöst vom konkreten Einzelfall dem Gerichtshof zur Entscheidung vorzulegen.

9 Die Sonderregelung des Art. 68 EGV a. F. wurde jedoch durch den Vertrag von Lissabon aufgehoben. Im Bereich der justiziellen Zusammenarbeit in Zivilsachen kann der Gerichtshof nunmehr von **allen nationalen Gerichten** angerufen werden.

3. Prinzipien der EuInsVO

10 **a) Prinzip der modifizierten Universalität.** Eines der tragenden Prinzipien der EuInsVO ist das der modifizierten (oder begrenzten) Universalität. Es soll grundsätzlich nur ein Insolvenzverfahren geben, das das gesamte im Gemeinschaftsgebiet belegene Schuldnervermögen erfasst, sich nur nach einem Verfahrensrecht richtet und durch ein einheitliches Insolvenzstatut gekennzeichnet ist (vgl. vor allem Art. 3 Abs. 1, Art. 4 Abs. 1 EuInsVO). Zugleich soll aber der Tatsache Rechnung getragen werden, dass aufgrund der großen Unterschiede im materiellen Recht ein einziges Insolvenzverfahren mit universaler Geltung für die gesamte Gemeinschaft derzeit (noch) nicht vollumfänglich realisierbar ist. Dieser Unterschiedlichkeit zollt die EuInsVO auf zweierlei Weise Tribut: Zum einen werden Sonderanknüpfungen für besonders bedeutsame Rechte und Rechtsverhältnisse vorgesehen (Art. 5 ff. EuInsVO). Zum anderen werden neben dem mit universaler Geltung versehenem Hauptinsolvenzverfahren weitere Insolvenzverfahren zugelassen, deren Wirkung territorial begrenzt ist, da sie nur das im Eröffnungsstaat belegene Vermögen erfassen (Art. 3 Abs. 2 und Abs. 4 EuInsVO).

11 **b) Vertrauensgrundsatz.** Der Grundsatz des gegenseitigen Vertrauens ist eines der grundlegenden Prinzipien des europäischen Zivilprozessrechts.[27] Alle einschlägigen Rechtsakte beruhen auf dem Vertrauen, das die Mitgliedstaaten gegenseitig ihren Rechtssystemen und Rechtspflegeorganen entgegenbringen. Der Vertrauensgrundsatz ist gerade auch im Insolvenzrecht von Bedeutung, kommt es im Falle einer Insolvenz doch häufig auf Schnelligkeit an. Ihm trägt daher auch die EuInsVO Rechnung, insbesondere durch die automatische Anerkennung ausländischer Eröffnungsentscheidungen (Art. 16 EuInsVO) sowie die Anerkennung und Vollstreckbarkeit sonstiger zur Durchführung und Beendigung eines Insolvenzverfahrens ergangener Entscheidungen der Gerichte anderer Mitgliedstaaten nach dem vereinfachten Verfahren der Art. 31 bis 51 Brüssel I-VO (Art. 25 EuInsVO).[28] Indes wusste schon Ovid, dass sich Vertrauen bei Fragen großer Bedeutung nur langsam einstellt. Einen völligen Verzicht auf Kontrollmöglichkeiten des Anerkennungsstaats sieht daher auch die EuInsVO nicht vor und bewahrt den Mitgliedstaaten immerhin die Möglichkeit der Kontrolle, ob die ihrer Ansicht nach rechtsstaatlichen Mindestanforderungen („ordre public") eingehalten worden sind (Art. 26 EuInsVO).

12 **c) Prioritätsprinzip.** Der EuInsVO liegt weiterhin – wenn auch unausgesprochen – ein Prioritätsprinzip zugrunde. Dieses Prioritätsprinzip ist Ausfluss des Vertrauensgrundsatzes.[29] Nach dem Prioritätsprinzip steht die Eröffnung eines Hauptinsolvenzverfahrens der Eröffnung weiterer Hauptinsolvenzverfahren in anderen Mitgliedstaaten entgegen. Wird in einem Mitgliedstaat ein Hauptinsolvenzverfahren eröffnet, so ist diese Entscheidung von allen

---

[27] Vgl. dazu etwa EuGH Rs. C-116/02 „Gasser/MISAT" Slg. 2003, I-14693, Rdnr. 72; Rs. C-159/02 „Turner/Grovit" Slg. 2004, I-3565 Rdnr. 24; *Althammer/Löhnig* ZZPInt 2004, 23; *Freitag* JJZ 2004 (2005), 399.

[28] Vgl. auch EuGH Rs. C-341/04 „Eurofood IFS C Ltd" Slg. 2006, I-3813, Rdnr. 39.

[29] EuGH Rs. C-341/04 „Eurofood IFS C Ltd" Slg. 2006, I-3813, Rdnr. 40.

anderen Mitgliedstaaten automatisch anzuerkennen. Darauf, ob das schneller eröffnende Gericht tatsächlich zuständig ist, kommt es nicht an. Die Gerichte der anderen Mitgliedstaaten sind nicht befugt, die ersteröffnende Entscheidung inhaltlich zu überprüfen und ein zweites, konkurrierendes Hauptinsolvenzverfahren zu eröffnen. Bei der Abwägung zwischen materieller Richtigkeit und Wahrung der Rechtssicherheit wird also letzterer aufgrund des Vertrauensgrundsatzes der Vorrang eingeräumt. Wer die Eröffnung eines Hauptinsolvenzverfahrens im Erststaat für falsch hält, muss dort um Rechtsschutz nachsuchen.[30]

d) Grundsatz der par conditio creditorum. Die EuInsVO geht vom Grundsatz der einheitlichen und gleichmäßigen Befriedigung aller Gläubiger ein und desselben Schuldners innerhalb des Binnenmarktes aus (par conditio creditorum). Daher hat jeder Gläubiger, der seinen Wohnsitz, gewöhnlichen Aufenthalt oder Sitz in der Gemeinschaft hat, das Recht, seine Forderungen in jedem in der Gemeinschaft anhängigen Insolvenzverfahren über das Vermögen des Schuldners anzumelden (Art. 32, Art. 39 EuInsVO). Maßnahmen der gesonderten Befriedigung sind grundsätzlich ausgeschlossen. Das gleichwohl Erlangte ist, von bestimmten Ausnahmen abgesehen, dem Verwalter herauszugeben (Art. 20 Abs. 1 EuInsVO). Möglichen Gefährdungen des Grundsatzes der Gläubigergleichbehandlung, die aus der Parallelität von Haupt- und Sekundärinsolvenzverfahren resultieren, begegnet die EuInsVO außerdem durch Anrechnungsregeln (Art. 20 Abs. 2 EuInsVO) und Herausgabepflichten des Verwalters im Sekundärinsolvenzverfahren (Art. 35 EuInsVO).

4. Verhältnis zu anderen Regelungen

Der EuInsVO kommt als einer Regelung des Gemeinschaftsrechts **Anwendungsvorrang** vor den gleichen Sachverhalt normierenden Vorschriften des nationalen Rechts zu.[31] Daher bedarf es, bevor auf die §§ 335 ff. InsO[32] oder sonstige Vorschriften des nationalen Rechts zurückgegriffen wird, stets einer sorgfältigen Analyse, ob der Anwendungsbereich[33] der insoweit vorrangigen EuInsVO eröffnet ist und der streitgegenständliche Sachverhalt durch die Verordnung abschließend geregelt wurde. Allein die Eröffnung des Anwendungsbereichs der EuInsVO (Art. 1 EuInsVO) sagt also noch nichts über die Verdrängung entgegenstehenden nationalen Rechts aus. Es kommt vielmehr zusätzlich auf den räumlich-persönlichen Anwendungsbereich jeder einzelnen Norm sowie die Bestimmung ihres sachlichen Regelungsgehalts an.

Für das Verhältnis der EuInsVO zu von den Mitgliedstaaten geschlossenen **bi- oder multilateralen Übereinkommen** auf dem Gebiet des Insolvenzrechts gilt Art. 44 EuInsVO. Im Verhältnis der Mitgliedstaaten zueinander werden die dort aufgeführten Übereinkommen seit dem 31. 5. 2002 durch die EuInsVO ersetzt, sofern deren sachlicher Anwendungsbereich eröffnet ist. Aus deutscher Sicht relevant sind vor allem Art. 44 Abs. 1 lit. d EuInsVO (deutsch-österreichischer Konkursvertrag) und Art. 44 Abs. 1 lit. h EuInsVO (deutsch-niederländischer Konkursvertrag).

Konkurse, Vergleiche und ähnliche Verfahren sind vom Anwendungsbereich der Brüssel I-VO, des EuGVÜ sowie des LugÜ ausgenommen. Abgrenzungsschwierigkeiten zur EuInsVO können sich freilich bei sog. **Annexverfahren**[34] ergeben.

III. Anwendungsbereich

1. Intertemporaler Anwendungsbereich

Die EuInsVO erfasst nach ihrem Art. 43 S. 1 nur solche Insolvenzverfahren, die nach ihrem Inkrafttreten, also ab dem 31. 5. 2002 (Art. 47 EuInsVO), eröffnet worden sind. Ge-

---

[30] EuGH Rs. C-341/04 „Eurofood IFS C Ltd" Slg. 2006, I-3813, Rdnr. 43.
[31] St Rspr des EuGH seit Rs. 26/62 „Van Gend & Loos" Slg. 1963, 1; Rs. 6/64 „Costa/E. N. E. L." Slg. 1964, 1251.
[32] Zum Verhältnis der §§ 335 ff. InsO zur EuInsVO vgl. auch § 36 Rdnr. 6 ff.
[33] Vgl. hierzu Rdnr. 85 ff.
[34] Vgl. hierzu Rdnr. 73 ff.

mäß der Legaldefinition des Art. 2 lit. f EuInsVO ist dabei auf den Zeitpunkt abzustellen, in dem die **Eröffnungsentscheidung wirksam** wird. Auf die Rechtskraft der Entscheidung kommt es hingegen nicht an.[35] Die Verordnung ist somit anwendbar, wenn bis zu deren Inkrafttreten noch keine Entscheidung zur Eröffnung des Insolvenzverfahrens ergangen ist, auch wenn der Eröffnungsantrag vor diesem Zeitpunkt gestellt wurde.[36]

18 Für die vor dem Inkrafttreten der Verordnung erfolgten Rechtshandlungen ist gemäß Art. 43 S. 2 EuInsVO das ursprünglich auf sie anwendbare Recht maßgeblich. Dies dient dem Vertrauensschutz, da zuvor begründete Situationen und Verhältnisse keine rückwirkende Änderung erfahren.[37] Welche Rechtshandlungen betroffen sind, und zu welchem Zeitpunkt sie vorgenommen wurden, bestimmt sich nach der lex fori concursus.[38]

2. Territorialer Anwendungsbereich

19 Der Verordnungstext enthält keine ausdrückliche Regelung des räumlichen Anwendungsbereichs. Dieser lässt sich jedoch aus einer Zusammenschau verschiedener Einzelvorschriften, der Erwägungsgründe zur Verordnung sowie des Erläuternden Berichtes von *Virgós/Schmit* zum EU-Übereinkommen über Insolvenzverfahren und schließlich der primärrechtlichen Ermächtigungsgrundlage erschließen.[39]

20 **a) Räumlicher Geltungsbereich.** Gemäß Art. 288 Abs. 2 AEUV gilt die EuInsVO unmittelbar in jedem Mitgliedstaat. Allerdings ist der räumliche Geltungsbereich der EuInsVO nicht völlig denkungsgleich mit dem Gebiet der Mitgliedstaaten im Sinne des Art. 52 EUV. Das Vereinigte Königreich, Irland und Dänemark hatten gemäß Art. 69 EGV a. F. Vorbehalte gegenüber auf Titel IV des EG-Vertrages gestützte Sekundärrechtsakte erklärt.[40] Ihnen gegenüber kommt somit auf Art. 65 EGV (jetzt: Art. 81 AEUV) basierenden Verordnungen keine unmittelbare Wirkung zu. Wie sich aus Erwägungsgrund (32) ergibt, haben das Vereinigte Königreich und Irland mitgeteilt, dass sie sich an der Annahme und Anwendung der EuInsVO beteiligen möchten und somit von ihrer „opt-in"-Möglichkeit[41] Gebrauch gemacht. Hingegen hat sich Dänemark nicht an der Annahme der Verordnung beteiligt.[42] Die Verordnung gilt folglich in allen Mitgliedstaaten außer Dänemark. Demgemäß ist Dänemark zu den Drittstaaten zu zählen.[43]

21 **b) Mittelpunkt der hauptsächlichen Interessen des Schuldners innerhalb der Mitgliedstaaten.** Der Gemeinschaftsgesetzgeber hebt in den Erwägungsgründen ausdrücklich hervor, dass der Verordnung allein diejenigen Verfahren unterfallen, „bei denen der Mittelpunkt der hauptsächlichen Interessen des Schuldners in der Gemeinschaft

---

[35] Rauscher/*Mäsch*, Europäisches Zivilprozessrecht, Bd. 2, Art. 2 Rdnr. 5.

[36] Vgl. den Vorlagebeschluss des BGH vom 27. 11. 2003 in der Rechtssache Susanne Staubitz-Schreiber, BGH NJW-RR 2004, 848, und das nach der Vorlage ergangene Urteil des EuGH Rs. C-1/04 „Susanne Staubitz-Schreiber" Slg. 2006, I-719; hierzu etwa *Hess/Laukemann*, JZ 2006, 671 f; *Knof/Mock*, ZIP 2006, 189 f; *Vogl*, EWiR 2006, 141 f.

[37] *Virgós/Schmit*, Erläuternder Bericht, Rdnr. 303; vgl. dazu auch MünchKommBGB/*Kindler* IntInsR Rdnr. 19; *Duursma-Kepplinger/Duursma*, IPRax 2003, 505, 509.

[38] *Virgós/Schmit*, Erläuternder Bericht, Rdnr. 306; Duursma-Kepplinger/Duursma/Chalupsky/ *Duursma*, Europäische Insolvenzverordnung, Art 43 Rdnr. 6; *Westpfahl/Goetker/Wilkens*, Grenzüberschreitende Insolvenzen, Rdnr. 96.

[39] Haß/Huber/Gruber/Heiderhoff/*Huber*, EU-Insolvenzverordnung, Art. 1 Rdnr. 9; *Pinterich*, ZfRV 2008, 221, 224; *Westpfahl/Goetker/Wilkens*, Grenzüberschreitende Insolvenzen, Rdnr. 74.

[40] Vgl. Protokoll (Nr. 4) über die Position des Vereinigten Königreichs und Irlands (1997) bzw Protokoll (Nr. 5) über die Position des Dänemarks (1997).

[41] Vgl. Art. 3 des Protokolls (Nr. 4) über die Position des Vereinigten Königreichs und Irlands (1997).

[42] Erwägungsgrund (33).

[43] Vgl. auch OLG Frankfurt/M ZInsO 2005, 715, 717; *Smid*, Deutsches und Europäisches Internationales Insolvenzrecht, Art 1 Rdnr. 8; Rauscher/*Mäsch*, Europäisches Zivilprozessrecht, Bd. 2, Art. 1 EG-InsVO Rdnr. 17.

liegt".⁴⁴ Demnach greift die EuInsVO nicht ein, wenn ein solcher Schwerpunkt in einem Drittstaat lokalisiert ist.⁴⁵ Dass maßgeblicher Bezugspunkt zum innergemeinschaftlichen Raum der Interessenmittelpunkt des Schuldners ist, ergibt sich zudem implizit aus den Vorschriften über die internationale Zuständigkeit: Art. 3 EuInsVO knüpft an diese Voraussetzung sowohl für die internationale Zuständigkeit zur Eröffnung eines Hauptverfahrens (Abs. 1) als auch für die Eröffnung eines Territorialverfahrens (Abs. 2) an. Auch die Anerkennungsvorschrift des Art. 16 EuInsVO, die für die Anerkennung eine Entscheidung eines nach Art. 3 EuInsVO zuständigen Gerichtes fordert, unterstreicht dieses Ergebnis.⁴⁶ Erforderlich für die Anwendung der Verordnung ist somit, dass sich der Mittelpunkt der hauptsächlichen Interessen des Schuldners in einem Mitgliedstaat befindet.⁴⁷

c) Grenzüberschreitender Bezug. Entsprechend ihrer Zielsetzung erfasst die EuInsVO allein grenzüberschreitende Insolvenzverfahren. Nach Erwägungsgrund (2) ist die Verordnung erforderlich, um effiziente und wirksame „grenzüberschreitende" Insolvenzverfahren zu regeln. **Reine Binnensachverhalte**, also solche Verfahren, die keinerlei Auslandsbezug aufweisen, **unterliegen** demnach **nicht dem Anwendungsbereich der Verordnung.**⁴⁸

Unterschiedlich beurteilt wird indes die Frage, ob zur Begründung des grenzüberschreitenden Moments ein Bezug zu einem anderen Mitgliedstaat erforderlich ist („qualifizierter" Auslandsbezug) oder ob sich der transnationale Aspekt auch aus einem grenzüberschreitenden Bezug zu einem Drittstaat ergeben kann („einfacher" Auslandsbezug).

aa) Qualifizierter Auslandsbezug. Die Befürworter eines qualifizierten Auslandsbezuges gehen davon aus, dass die EuInsVO nur dann Anwendung findet, wenn sich der Mittelpunkt der hauptsächlichen Interessen des Schuldners in einem Mitgliedstaat befindet und ein grenzüberschreitender Bezug im Verhältnis zu einem anderen Mitgliedstaat besteht.⁴⁹ Ein Auslandsbezug zu Drittstaaten genüge für die Anwendung der Verordnung nicht. Dies ergebe sich zum einen aus dem Erläuternden Bericht von *Virgós* und *Schmit* zum EU-Übereinkommen über Insolvenzverfahren, der explizit hervorhebe, dass die Verordnung in Bezug auf Drittstaatensachverhalte nicht einschlägig sei.⁵⁰ Rekurriert wird weiterhin auf die Erwägungsgründe, die allein die Förderung eines reibungslos funktionierenden Binnenmarktes durch die Schaffung eines einheitlichen Insolvenzraums in der Gemeinschaft⁵¹ als Zweck der Insolvenzverordnung betonen.⁵² Diesen Zweck könne die Verordnung aber nur

---

⁴⁴ Erwägungsgrund (14).
⁴⁵ Vgl. etwa Gottwald/*Gottwald*, Insolvenzrechts-Handbuch, § 129 Rdnr. 3; *Leible/Staudinger*, KTS 2000, 533, 538; *Pinterich*, ZfRV 2008, 221, 228.
⁴⁶ Duursma-Kepplinger/Duursma/Chalupsky/*Duursma-Kepplinger*, Europäische Insolvenzverordnung, Art 1 Rdnr. 4; Haß/Huber/Gruber/Heiderhoff/*Huber*, EU-Insolvenzverordnung, Art. 1 Rdnr. 9; *Huber*, ZZP 114 (2001), 133, 137.
⁴⁷ *Virgós/Schmit*, Erläuternder Bericht, Rdnr. 11 sowie Rdnr. 44.
⁴⁸ Vgl. auch die primärrechtliche Ermächtigungsgrundlage des Art. 65 EG, die nur „Maßnahmen im Bereich der justiziellen Zusammenarbeit in Zivilsachen mit grenzüberschreitenden Bezügen" erfasst.
⁴⁹ So etwa Duursma-Kepplinger/Duursma/Chalupsky/*Duursma-Kepplinger*, Europäische Insolvenzverordnung, Art 1 Rdnr. 8; Eidenmüller/*Eidenmüller*, Ausländische Kapitalgesellschaften im deutschen Recht, § 9 Rdnr. 8; *Fritz/Bähr*, DZWIR 2001, 221, 222; MünchKommBGB/*Kindler* IntInsR Art. 2 EuInsVO Rdnr. 28; *Martini*, ZInsO 2002, 905, 907; Pannen/*Pannen*, Europäische Insolvenzverordnung, Art. 1 Rdnr. 121; *Pinterich*, ZfRV 2008, 221, 225; Hirte/Bücker/*Mock/Schildt*, Grenzüberschreitende Gesellschaften, § 17 Rdnr. 10; *Smid*, DZWIR 2003, 397, 402; Westpfahl/Goetker/*Wilkens*, Grenzüberschreitende Insolvenzen, Rdnr. 86.
⁵⁰ MünchKommBGB/*Kindler* IntInsR Art. 2 EuInsVO Rdnr. 28 mit Verweis auf *Virgós/Schmit*, Erläuternder Bericht, Rdnr. 11.
⁵¹ Vgl. Erwägungsgrund (2).
⁵² So etwa Duursma-Kepplinger/Duursma/Chalupsky/*Duursma-Kepplinger*, Europäische Insolvenzverordnung, Art. 1 Rdnr. 53; MünchKommBGB/*Kindler* IntInsR Art. 2 EuInsVO Rdnr. 27.

dann erreichen, wenn zur Eröffnung des Anwendungsbereichs ein gemeinschaftsinternes transnationales Moment gefordert wird.[53]

25 **bb) Einfacher Auslandsbezug.** Zu überzeugen vermag die These vom Erfordernis eines qualifizierten Auslandsbezugs freilich nicht.[54] Die Verordnung ist vielmehr auch dann anwendbar, wenn der Mittelpunkt der hauptsächlichen Interessen des Schuldners in einem Mitgliedstaat liegt und der Sachverhalt ansonsten Verbindungen – etwa in Form des Satzungssitzes – lediglich mit einem (oder mehreren) Drittstaat(en) aufweist. Für eine solche Sichtweise spricht bereits der Wortlaut des Art. 3 EuInsVO, der keinen innergemeinschaftlichen Auslandsbezug voraussetzt.[55] Außerdem geht auch in der parallel geführten Diskussion zum Anwendungsbereich der Brüssel I-VO die inzwischen herrschende Auffassung davon aus, dass es eines spezifischer Mitgliedstaatenbezugs nicht bedarf.[56] Der *EuGH* hat diese Auffassung bestätigt und der Lehre vom „Vertragsstaatenbezug" für das EuGVÜ, den Vorgänger der Brüssel I-VO, eine Absage erteilt.[57] Es ist nicht ersichtlich, warum für die EuInsVO etwas anderes gelten soll.[58] Gegen die restriktive Interpretation des Anwendungsbereichs spricht zudem ein praktisches Bedürfnis: Im Zeitpunkt der Eröffnung des Insolvenzverfahrens, in dem das Gericht die Anwendbarkeit der EuInsVO von Amts wegen zu prüfen hat, wird oft nicht feststehen, welche grenzüberschreitenden Bezüge der Sachverhalt aufweist. Der Anwendbarkeit der Verordnung sollte dann nicht entgegenstehen, dass Anhaltspunkte nur auf einen grenzüberschreitenden Aspekt zu einem Drittstaat hindeuten.[59]

26 Auch der englische *High Court* zieht diese Auslegung der EuInsVO vor. In seiner Entscheidung in der Sache BRAC Rent-A-Car International Inc[60] ließ er es für die Anwendung der EuInsVO genügen, dass eine in den USA errichtete und eingetragene Gesellschaft den Mittelpunkt ihrer hauptsächlichen Interessen in einem Mitgliedstaat hatte. Einen weiteren, spezifisch innergemeinschaftlichen Auslandsbezug forderte der High Court ausdrücklich nicht und erteilte damit der Forderung nach einem qualifizierten Auslandsbezug eine Absage.[61]

3. Sachlicher Anwendungsbereich

27 **a) Definition.** Die EuInsVO erfasst gem. Art. 1 Abs. 1 EuInsVO alle Gesamtverfahren, welche die Insolvenz des Schuldners voraussetzen und den vollständigen oder teilweisen Vermögensbeschlag gegen den Schuldner sowie die Bestellung eines Verwalters zur Folge haben. Dieser sehr weit gefassten Definition kommt allerdings für die Bestimmung des sachlichen Anwendungsbereichs der Verordnung nur eine begrenzte Rolle zu. Denn ein

---

[53] Duursma-Kepplinger/Duursma/Chalupsky/*Duursma-Kepplinger*, Europäische Insolvenzverordnung, Art. 1 Rdnr. 8.

[54] Vgl. auch *Geroldinger*, in: Gedächtnisschrift für Halûk Konuralp, 2009, Bd. 1 S. 303, 306; Gottwald/*Gottwald*, Insolvenzrechts-Handbuch, § 129 Rdnr. 8; *Herchen*, ZInsO 2003, 742, 744; Haß/Huber/Gruber/Heiderhoff/*Huber*, EU-Insolvenzverordnung, Art 1 Rdnr. 19; *Huber*, ZZP 114 (2001), 133, 138; Sabel/*Schlegel*, EWiR 2003, 367, 368; Rauscher/*Mäsch*, Europäisches Zivilprozessrecht, Bd. 2, Art 1 EG-InsVO Rdnr. 15.

[55] So auch Haß/Huber/Gruber/Heiderhoff/*Huber*, EU-Insolvenzverordnung, Art 1 Rdnr. 19; *Huber*, ZZP 114 (2001), 133, 138; Sabel/*Schlegel*, EWiR 2003, 367, 368.

[56] Vgl. dazu etwa Rauscher/*Mankowski*, Europäisches Zivilprozessrecht, Bd. 1, Vorbem Art 2 Brüssel I-VO Rdnr. 11 f; Musielak/*Stadler*, ZPO, Art 2 EuGVVO Rdnr. 2.

[57] EuGH Rs. C-412/98 „Group Josi Reinsurance Company" Slg. 2000, I-5925; EuGH Rs. C-281/02 „Owusu" Slg. 2005, I-1383.

[58] Rauscher/*Mäsch*, Europäisches Zivilprozessrecht, Bd. 2, Art 1 EG-InsVO Rdnr. 15.

[59] *Herchen*, ZInsO 2003, 742, 744; Haß/Huber/Gruber/Heiderhoff/*Huber*, EU-Insolvenzverordnung, Art 1 Rdnr. 22.

[60] High Court of Justice, Urt. v. 7. 2. 2003, „BRAC Rent-A-Car International Inc", abgedruckt in ZIP 2003, 813 ff; bestätigt durch High Court of Justice, Urt. v. 20. 5. 2004, „Ci4net", abgedruckt in ZIP 2004, 1769 ff.

[61] Sabel/*Schlegel*, EWiR 2003, 367, 368.

Verfahren unterliegt nicht schon bei Vorliegen der Tatbestandsmerkmale des Art. 1 Abs. 1 EuInsVO dem Anwendungsbereich der EuInsVO, da in Anhang A zu Art. 2 lit. a EuInsVO bzw. Anhang B zu Art. 2 lit. c EuInsVO diejenigen Verfahren, die von der Verordnung erfasst werden, ausdrücklich und abschließend aufgezählt sind.[62] Mit Blick auf Deutschland zählen hierzu das Konkurs- und das gerichtliche Vergleichsverfahren sowie das Gesamtvollstreckungs- und das Insolvenzverfahren. Die Anhänge kann der Unionsgesetzgeber in einem vereinfachten Verfahren abändern (Art. 45 EuInsVO).[63]

Eigenständige Bedeutung hat die Definition des Art. 1 Abs. 1 EuInsVO jedoch in zweierlei Hinsicht: Zum einen gibt sie den Mitgliedstaaten diejenigen Bedingungen vor, die bei der Ausgestaltung der nationalen Verfahren zu beachten sind, um nachträglich in die Anhänge A und B der Verordnung aufgenommen werden zu können (vgl. Art. 45 EuInsVO).[64] Zum anderen kann die abstrakte Definition des Art. 1 Abs. 1 EuInsVO für den Rechtsanwender von Bedeutung sein, und zwar dann, wenn in die Liste ein Verfahren aufgenommen wurde, das sowohl in der Insolvenz als auch außerhalb einer Insolvenz Anwendung findet.[65] Ein solches Verfahren fällt nur dann in den Anwendungsbereich der Verordnung, wenn es auf einer Insolvenz des Schuldners beruht. 28

b) Einzelfragen. aa) Gesamtverfahren. Eine Legaldefinition des „Gesamtverfahrens" enthält die EuInsVO nicht. Aus dem Erläuternden Bericht geht hervor, dass unter „Gesamtverfahren" solche Verfahren zu verstehen sind, in denen alle betroffenen Gläubiger die Befriedigung ihrer Forderung nur über das Insolvenzverfahren anstreben können, individuelle Rechtsverfolgungsmaßnahmen aber ausgeschlossen sind.[66] Ausgegrenzt werden sollen damit Maßnahmen der Einzelzwangsvollstreckung, bei denen der Gläubiger „Herr des Verfahrens" ist.[67] Diese unterfallen auf europäischer Ebene vor allem dem Anwendungsbereich der Brüssel I-VO. Zu den Gesamtverfahren zählen nicht nur solche Hauptverfahren, die eine Liquidation des Schuldnervermögens zum Ziel haben.[68] Erfasst werden daher neben den eigentlichen Insolvenz- auch die meisten der im Binnenmarkt bekannten Sanierungs- sowie Reorganisationsverfahren.[69] 29

bb) Insolvenz des Schuldners. Das Erfordernis der „Insolvenz des Schuldners" ist in der EuInsVO nicht definiert. Zur näheren Bestimmung ist demnach auf das nationale Recht zurückzugreifen.[70] Anzuwenden ist das Recht des Staates der Verfahrenseröffnung. 30

---

[62] Haß/Huber/Gruber/Heiderhoff/*Huber*, EU-Insolvenzverordnung, Art. 1 Rdnr. 4; MünchKommInsO/*Reinhart* Art 1 EuInsVO Rdnr. 2; vgl. dazu auch LAG Düsseldorf, Urt. v. 14. 7. 2011 – Az. 15 Sa 786/10.

[63] Durch die EU-Erweiterung bedingte Änderungen erfolgten durch VO (EG) Nr 603/2005 v 12. 4. 2005, ABl 2005 Nr L 100, S. 1, durch VO (EG) Nr 694/2006 v 27. 4. 2006, ABl 2006 Nr L 121, S. 1; durch VO (EG) Nr 788/2008 vom 24. 7. 2008, ABl 2008 Nr L 213 S. 1 sowie zuletzt VO (EG) Nr 210/2010 v 25. 2. 2010, ABl Nr L 065, S. 1.

[64] Duursma-Kepplinger/Duursma/Chalupsky/*Duursma-Kepplinger*, Europäische Insolvenzverordnung, Art 1 Rdnr. 13; Haß/Huber/Gruber/Heiderhoff/*Huber*, EU-Insolvenzverordnung, Art 1 Rdnr. 4; Moss/Fletcher/Isaacs/*Moss/Smith*, The EC Regulation on Insolvency Proceedings, Rdnr. 8.07; MünchKommInsO/*Reinhart* Art 1 EuInsVO Rdnr. 3; *Virgós/Schmit*, Erläuternder Bericht, Rdnr. 48.

[65] Dies trifft zum Beispiel auf die „Winding-up Verfahren" des britischen und irischen Rechts zu; vgl. dazu Haß/Huber/Gruber/Heiderhoff/*Huber*, EU-Insolvenzverordnung, Art 1 Rdnr. 4; MünchKommInsO/*Reinhart* Art 1 EuInsVO Rdnr. 3; *Virgós/Schmit*, Erläuternder Bericht, Rdnr. 49.

[66] *Virgós/Schmit*, Erläuternder Bericht, Rdnr. 49.

[67] MünchKommInsO/*Reinhart* Art 1 EuInsVO Rdnr. 3.

[68] Vgl. aber Art. 3 Abs. 3 S. 2 EuInsVO. Hiernach muss es sich bei einem Sekundärinsolvenzverfahren zwingend um ein Liquidationsverfahren handeln.

[69] *Leible/Staudinger*, KTS 2000, 533, 540; *Smid*, Deutsches und Europäisches Internationales Insolvenzrecht, Art 1 Rdnr. 10.

[70] Duursma-Kepplinger/Duursma/Chalupsky/*Duursma-Kepplinger*, Europäische Insolvenzverordnung, Art 1 Rdnr. 13; *Virgós/Schmit*, Erläuternder Bericht, Rdnr. 49.

Der Begriff der „Insolvenz" in Art. 1 Abs. 1 EuInsVO lässt allerdings erkennen, dass Grund des Verfahrens eine Finanz- oder Zahlungskrise oder eine Vermögensinsuffizienz des Schuldners sein muss.[71]

31 **cc) Vermögensbeschlag.** Als dritte Voraussetzung verlangt Art. 1 Abs. 1 EuInsVO, einen „vollständigen oder teilweisen Vermögensbeschlag" gegen den Schuldner als Folge des Verfahrens. Die Befugnis des Schuldners, sein Vermögen zu verwalten oder darüber zu verfügen, muss also auf eine andere Person – den Verwalter – übergehen oder durch das Eingreifen des Verwalters sowie die Überwachung der Rechtshandlungen des Schuldners eingeschränkt werden.[72] Ausreichend ist es, wenn sich der Beschlag auf einen Teil des Vermögens des Schuldners oder seiner Verwaltungsbefugnisse bezieht. Ausgeschlossen sind hingegen solche Verfahren, die die volle Herrschaft über die Geschäfte beim Schuldner belassen. Das Erfordernis des Vermögensbeschlags impliziert also eine gewisse Entrechtung des Schuldners.[73]

32 **dd) Bestellung eines Verwalters.** Das Verfahren muss zudem die Bestellung eines Verwalters zur Folge haben. Dies ergibt sich bereits aus dem Erfordernis eines Vermögensbeschlags. Ein Verwalter im Sinne der EuInsVO ist jede Person oder Stelle, deren Aufgabe es ist, die Masse zu verwalten oder verwerten oder die Geschäftstätigkeit des Schuldners zu überwachen (Art. 2 lit. b EuInsVO). Welche Personen oder Stellen als Verwalter im Sinne der EuInsVO gelten, ist in Anhang C der Verordnung abschließend aufgezählt.

4. Persönlicher Anwendungsbereich

33 **a) Grundsatz.** Die EuInsVO gilt für alle Insolvenzverfahren unabhängig davon, ob es sich beim Schuldner um eine natürliche oder juristische Person, einen Kaufmann oder eine Privatperson handelt.[74] Letztlich überlässt es die Verordnung allerdings dem nach Art. 4 EuInsVO anwendbaren Recht des Staates der Verfahrenseröffnung, die Insolvenzfähigkeit zu bestimmen.[75]

34 **b) Bereichsausnahmen.** Die EuInsVO enthält in ihrem Art. 1 Abs. 2 Bereichsausnahmen für Unternehmen des Finanzdienstleistungsbereichs. Danach gilt die Verordnung nicht für Insolvenzverfahren über das Vermögen von Versicherungsunternehmen, Kreditinstituten und Wertpapierfirmen, die Dienstleistungen erbringen, welche die Haltung von Geldern oder Wertpapieren Dritter umfassen, sowie von Organismen für gemeinsame Anlagen wie etwa Investmentfonds.[76] Was genau hierunter zu verstehen ist,[77] wird in hierfür einschlägigen Richtlinien[78] näher erläutert. Die Ausnahme begründet der Verordnungs-

---

[71] MünchKommBGB/*Kindler* IntInsR Art. 1 EuInsVO Rdnr. 5; *Virgós/Schmit*, Erläuternder Bericht, Rdnr. 49.

[72] Duursma-Kepplinger/Duursma/Chalupsky/*Duursma-Kepplinger*, Europäische Insolvenzverordnung, Art 1 Rdnr. 24; MünchKommInsO/*Reinhart* Art 1 EuInsVO Rdnr. 3; *Virgós/Schmit*, Erläuternder Bericht, Rdnr. 49.

[73] *Paulus*, Europäische Insolvenzverordnung, Art 1 Rdnr. 10; MünchKommBGB/*Kindler* IntInsR Art. 1 EuInsVO Rdnr. 8.

[74] Erwägungsgrund (9), S. 1.

[75] Haß/Huber/Gruber/Heiderhoff/*Huber*, EU-Insolvenzverordnung, Art 1 Rdnr. 8; *Kemper*, ZIP 2001, 1609, 1611; *Westpfahl/Goetker/Wilkens*, Grenzüberschreitende Insolvenzen, Rdnr. 89.

[76] Vgl. auch Erwägungsgrund (9), S. 3.

[77] Siehe hierzu auch die Darstellung bei Pannen/*Pannen*, Europäische Insolvenzverordnung, Art. 1 Rdnr. 23 und *Braun/Heinrich*, NZI 2005, 578, 581.

[78] Kreditinstitute: Erste Richtlinie 77/780/EWG vom 12. 12. 1997 in der zuletzt geänderten Fassung der Richtlinie 95/27/EG; Versicherungsunternehmen: Richtlinie 73/239/EWG vom 24. 7. 1973, zuletzt geändert durch die Richtlinie 95/26/EG für Direktversicherungen (mit Ausnahme der Lebensversicherung), sowie die Erste Richtlinie 79/267/EWG vom 5. 3. 1979, zuletzt geändert durch die Richtlinie 95/26/EG für Lebensversicherungen; Wertpapierfirmen: Richtlinie 93/22/EWG vom 10. 5. 1993, zuletzt geändert durch die Richtlinie 95/26/EG; Organismen für gemeinsame Anlagen: Richtlinie 85/611/EWG vom 20. 12. 1985, zuletzt geändert durch die Richtlinie 95/26/EG.

geber damit, dass für diese Unternehmen zum einen bereits besondere Vorschriften[79] existieren und zum anderen den nationalen Aufsichtsbehörden teils sehr weite Eingriffsbefugnis zustehen.[80]

IV. Internationale Zuständigkeit

Die internationale Zuständigkeit derjenigen Gerichte oder sonstigen Stellen,[81] die nach nationalem Recht befugt sind, ein Insolvenzverfahren zu eröffnen oder in seinem Verlauf Entscheidungen zu treffen, folgt aus Art. 3 EuInsVO. Die Regelung hat abschließenden Charakter. Von Art. 3 EuInsVO abweichende Zuständigkeitsgründe sind somit unbeachtlich.[82] Nicht geregelt von der EuInsVO ist hingegen die innerstaatliche sachliche und örtliche Zuständigkeit. Insoweit bleibt der Rückgriff auf nationales Recht zulässig.[83] **35**

Die EuInsVO unterscheidet zwischen der Zuständigkeit für die Eröffnung des Hauptinsolvenzverfahrens, eines universellen Verfahrens mit grenzüberschreitender Wirkung, einerseits (Art. 3 Abs. 1 EuInsVO) und territorial begrenzter Verfahren andererseits (Art. 3 Abs. 2 S. 1 EuInsVO). **36**

1. Hauptinsolvenzverfahren

a) Allgemeines. Gemäß Art. 3 Abs. 1 S. 1 EuInsVO liegt die alleinige Zuständigkeit zur Eröffnung des Hauptinsolvenzverfahrens, dessen Wirkungen gemäß Art. 16 ff. EuInsVO ipso iure in allen Mitgliedstaaten anzuerkennen sind, bei den Gerichten desjenigen Staates, in dessen Gebiet der Schuldner den Mittelpunkt seiner hauptsächlichen Interessen hat. Das Verfahren hat grundsätzlich universale Geltung mit dem Ziel, das gesamte Vermögen des Schuldners zu erfassen.[84] Es ist daher nur ein Hauptinsolvenzverfahren über das Schuldnervermögen zulässig.[85] **37**

Besondere Bedeutung kommt der internationalen Zuständigkeit für die Eröffnung des Hauptinsolvenzverfahrens auch deswegen zu, weil gemäß Art. 4 Abs. 1 EuInsVO vorbehaltlich abweichender Sonderregeln für das gesamte Insolvenzverfahren und seine Wirkungen das Insolvenzrecht desjenigen Mitgliedstaates gilt, in dem das Verfahren eröffnet wird. Damit richtet sich das Insolvenzstatut grundsätzlich nach der lex fori concursus. Das Recht des Staates der Verfahrenseröffnung bestimmt somit unter anderem auch darüber, ob das Insolvenzverfahren ausschließlich auf Gläubigerbefriedigung durch Liquidierung des **38**

---

[79] Sonderregelungen für Insolvenzverfahren über das Vermögen von Kreditinstituten und Versicherungsunternehmen enthalten die Richtlinie 2001/24/EG vom 4. 4. 2001 über die Sanierung und Liquidation von Kreditinstituten sowie die Richtlinie 2001/17/EG vom 19. 3. 2001 über die Sanierung und Liquidation von Versicherungsunternehmen. Der deutsche Gesetzgeber hat diese Richtlinien durch das Gesetz zur Neuregelung des Internationalen Insolvenzrechts vom 14. 3. 2003, BGBl I 2003, 345 ff., und das Gesetz zur Umsetzung aufsichtsrechtlicher Bestimmungen zur Sanierung und Liquidation von Versicherungsunternehmen und Kreditinstituten vom 10. 12. 2003, BGBl I 2003, 2478 ff., umgesetzt. Vgl. dazu auch *Gölz*, Europäisches Versicherungsinsolvenzrecht nach der Richtlinie 2001/17/EG des Europäischen Parlaments und des Rates vom 19. März 2001 über die Sanierung und Liquidation von Versicherungsunternehmen, 2009; *Männle*, Die Richtlinie 2001/17/EG über die Sanierung und Liquidation von Versicherungsunternehmen und ihre Umsetzung ins deutsche Recht, 2007; *Maucher*, Die Europäisierung des Internationalen Bankeninsolvenzrechts. Kritische Betrachtungen zur Richtlinie 2001/24/EG über die Sanierung und Liquidation von Kreditinstituten, 2010, sowie § 36 Rdnr. 8 f.
[80] Erwägungsgrund (9), S. 4; dazu *Leible/Staudinger*, KTS 2000, 533, 541; *Virgós/Schmit*, Erläuternder Bericht, Rdnr. 54.
[81] Vgl. Art. 2 lit. d EuInsVO.
[82] Siehe auch *Leible/Staudinger*, KTS 2000, 533, 542.
[83] Erwägungsgrund (15), S. 2. Vgl. hierzu Rdnr. 70 ff.
[84] Erwägungsgrund (12), S. 2; siehe auch *Virgós/Schmit*, Erläuternder Bericht, Rdnr. 73. Vgl. auch Rdnr. 10.
[85] *Virgós/Schmit*, Erläuternder Bericht, Rdnr. 73 sowie 15; Haß/Huber/Gruber/Heiderhoff/*Haß*/*Herweg*, EU-Insolvenzverordnung, Art 3 Rdnr. 5; *Leible/Staudinger*, KTS 2000, 533, 545.

Schuldnervermögens oder auch auf Fortführung und Sanierung des Unternehmens gerichtet sein kann.[86]

39 **b) Begriff des „Mittelpunkts der hauptsächlichen Interessen".** Den zentralen Begriff des Art. 3 Abs. 1 S. 1. EuInsVO bildet der „Mittelpunkt der hauptsächlichen Interessen", für sich in Anlehnung an die englische Fassung („centre of main interests") die Abkürzung COMI[87] durchgesetzt hat.[88] Dieser Begriff ist der Verordnung eigen und muss deshalb autonom, also unabhängig von den nationalen Rechtsvorschriften, ausgelegt werden. Die Verwendung des Kriteriums des Interessenmittelpunkts führt zu einem Gleichklang mit dem Internationalen Privatrecht, dessen Kollisionsnormen, wie etwa Art. 4 Rom I-VO deutlich macht, ebenfalls vom Grundsatz der engsten Verbindung beherrscht werden.[89]

40 Zwar enthält die EuInsVO (versehentlich)[90] keine ausdrückliche Definition dieses Merkmals, doch ergibt sich aus ihren Erwägungsgründen, dass unter dem „Mittelpunkt der hauptsächlichen Interessen" jener Ort zu verstehen ist, an dem der Schuldner üblicherweise – und somit für Dritte erkennbar – der Verwaltung seiner Interessen nachgeht.[91] Bereits diese Definition macht deutlich, dass der COMI nach objektiven und zugleich für Dritte feststellbaren Kriterien zu bestimmen ist.[92]

41 Die Verwendung des Begriffs „Interessen" führt außerdem dazu, dass nicht nur Handels-, gewerbliche oder berufliche Tätigkeiten, sondern auch allgemeine wirtschaftliche Tätigkeiten erfasst werden, sodass die Betätigung von Privatpersonen – wie etwa Verbrauchern – ebenfalls in den Anwendungsbereich der Verordnung fällt.[93] Diese Interessen können auch immaterieller Natur sein,[94] wenngleich der wirtschaftliche Gesichtspunkt bei der Festlegung des Interessenmittelpunkts in der Regel dominieren wird.[95] Die Qualifikation als „hauptsächlich" fungiert dabei als Entscheidungshilfe, sofern der Schuldner verschiedenartigen Tätigkeiten an unterschiedlichen Orten nachgeht, die alle unter den Begriff der „Interessen" fallen.[96] Bei der Auslegung ist zudem Erwägungsgrund (4) zu beachten, demzufolge durch die Anknüpfung an den COMI bei grenzüberschreitenden Insolvenzverfahren ein „forum shopping" verhindert werden soll.[97]

---

[86] *Leible/Freitag*, RIW 2006, 641, 642.

[87] *Moss/Fletcher/Isaacs/Fletcher*, The EC Regulation on Insolvency Proceedings, Rdnr. 3.10.

[88] Ausf. zum COMI *Bezelgues*, Konzerninsolvenzen in der Europäischen Union, 2008; *Hägele*, Die Zuständigkeit im internationalen Insolvenzrecht, 2007; *Keggenhoff*, Internationale Zuständigkeit bei grenzüberschreitenden Insolvenzverfahren. Der Mittelpunkt der hauptsächlichen Interessen gemäß Art. 3 Abs. 1 EuInsVO bei Gesellschaften und juristischen Personen, 2006.

[89] *Leible/Staudinger*, KTS 2000, 533, 543; Duursma-Kepplinger/Duursma/Chalupsky/*Duursma-Kepplinger*, Europäische Insolvenzverordnung, Art 3 Rdnr. 12; Haß/Huber/Gruber/Heiderhoff/*Haß/Herweg*, EU-Insolvenzverordnung, Art 3 Rdnr. 7.

[90] *Virgós/Garcimartin*, The European Insolvency Regulation: Law and Practice, Nr. 48; Rauscher/*Mäsch*, Europäisches Zivilprozessrecht, Bd. 2, Art 3 EG-InsVO Rdnr. 6: Erwägungsgrund (13) ist nur zufällig nicht Bestandteil des Verordnungstextes geworden.

[91] Erwägungsgrund (13); *Virgós/Schmit*, Erläuternder Bericht, Rdnr. 75.

[92] Siehe dazu auch EuGH Rs. C-341/04 „Eurofood IFS C Ltd" Slg. 2006, I-3813, Rdnr. 33; Rs. C-396/09 „Interedil Srl" Slg. 2011, I-0000 Rdnr. 47.

[93] Duursma-Kepplinger/Duursma/Chalupsky/*Duursma-Kepplinger*, Europäische Insolvenzverordnung, Art 3 Rdnr. 13; MünchKommInsO/*Reinhart* Art 3 EuInsVO Rdnr. 2; *Virgós/Schmit*, Erläuternder Bericht, Rdnr. 75.

[94] *Leipold* in: Stoll, Vorschläge und Gutachten, 185, 190; Moss/Fletcher/Isaacs/*Moss/Smith*, The EC Regulation on Insolvency Proceedings, Rdnr. 8.40.

[95] Duursma-Kepplinger/Duursma/Chalupsky/*Duursma-Kepplinger*, Europäische Insolvenzverordnung, Art 3 Rdnr. 13; MünchKommBGB/*Kindler* IntInsR Art. 3 EuInsVO Rdnr. 17.

[96] Duursma-Kepplinger/Duursma/Chalupsky/*Duursma-Kepplinger*, Europäische Insolvenzverordnung, Art 3 Rdnr. 13; *Fritz/Bähr*, DZWIR 2001, 221, 224; MünchKommBGB/*Kindler* IntInsR Art. 3 EuInsVO Rdnr. 17; *Virgós/Schmit*, Erläuternder Bericht, Rdnr. 75.

[97] Haß/Huber/Gruber/Heiderhoff/*Haß/Herweg*, EU-Insolvenzverordnung, Art 3 Rdnr. 8; *Westpfahl/Goetker/Wilkens*, Grenzüberschreitende Insolvenzen, Rdnr. 108.

Die Entscheidung für eine Anknüpfung der internationalen Zuständigkeit an den COMI **42** wird mit dem konkreten Risiko begründet, das eine Insolvenz für den Gläubiger darstellt. Dieser soll deshalb in die Lage versetzt werden, frühzeitig zu erkennen, wo ein Insolvenzverfahren über das Vermögen seines Schuldners zu eröffnen ist und welches Insolvenzrecht gilt.[98] Die zur Bestimmung des Mittelpunkts der hauptsächlichen Interessen erforderlichen objektiven und zugleich für Dritte feststellbaren Kriterien dienen somit dazu, Rechtssicherheit und Vorhersehbarkeit bei der Bestimmung des für die Eröffnung eines Hauptinsolvenzverfahrens zuständigen Gerichts zu garantieren.[99]

Der Anknüpfungspunkt des Interessenmittelpunkts gilt gleichermaßen für juristische und **43** natürliche Personen. Aufgrund der in Art. 3 Abs. 1 S. 2 EuInsVO enthaltenen Sonderregelung für Gesellschaften und juristische Personen ist es indes sachgerecht, zwischen diesen und natürlichen Personen zu unterscheiden.[100]

c) Mittelpunkt der hauptsächlichen Interessen bei natürlichen Personen. Bei **44** natürlichen Personen sind die hauptsächlichen Interessen für reine Privatpersonen und unselbständige Arbeitnehmer anders zu bestimmen als für Selbständige.[101]

Wird nach der lex fori concursus einer **nicht selbständig beruflich tätigen Person** **45** die Insolvenzfähigkeit zuerkannt,[102] stellt sich die Frage, ob deren Interessenmittelpunkt anhand ihres Wohnsitzes[103] oder ihres gewöhnlichen Aufenthalts[104] zu ermitteln ist. Der Wortlaut des Art. 3 Abs. 1 S. 1 EuInsVO lässt dies offen. Aus der Verordnungsbegründung ergibt sich, dass der Verordnungsgeber den gewöhnlichen Aufenthalt nicht als Anknüpfungskriterium ausschließen wollte, da als COMI gerade derjenige Ort gelten soll, „an dem der Schuldner gewöhnlich der Verwaltung seiner Interessen nachgeht"[105].[106] Darüber hinaus spricht der Gedanke der Kohärenz für einen Verzicht auf das Merkmal des Wohnsitzes, da auch das die Rom I-VO sowie die Rom II-VO an mehreren Stellen auf den gewöhnlichen Aufenthalt der Bezugsperson abstellen.[107] Zudem bestimmt die ebenfalls auf Art. 61 lit. c EGV gestützte Brüssel II a-VO die Zuständigkeit der mitgliedstaatlichen Gerichte grundsätzlich nach Maßgabe des gewöhnlichen Aufenthalts. Hierdurch lassen sich auch all

---

[98] *Westpfahl/Goetker/Wilkens*, Grenzüberschreitende Insolvenzen, Rdnr. 108; ferner Duursma-Kepplinger/Duursma/Chalupsky/*Duursma-Kepplinger*, Europäische Insolvenzverordnung, Art 3 Rdnr. 1; *Virgós/Schmit*, Erläuternder Bericht, Rdnr. 75.
[99] EuGH Rs. C-341/04 „Eurofood IFS C Ltd" Slg. 2006, I-3813, Rdnr. 33; Rs. C-396/09 „Interedil Sre" Slg. 2011, I-0000 Rdnr. 49; hierzu auch *Herchen*, ZInsO 2004, 825, 826.
[100] So MünchKommBGB/*Kindler* IntInsR Art. 3 EuInsVO Rdnr. 36.
[101] Vgl. nur MünchKommInsO/*Reinhart* Art 3 EuInsVO Rdnr. 40.
[102] Vgl. dazu die Übersicht bei Pannen/*Pannen*, Europäische Insolvenzverordnung, Art. 3 Rdnr. 14.
[103] So etwa AG Celle EuZW 2005, 415; *Fritz/Bähr*, DZWIR 2001, 221, 224; *Kemper*, ZIP 2001, 1609, 1612; *Leipold* in: Stoll, Vorschläge und Gutachten, 185, 190, der von der Wohnsitzanknüpfung nur bei selbständig wirtschaftlich Tätigen abrücken will; *Virgós/Schmit*, Erläuternder Bericht, Rdnr. 75.
[104] So etwa AG Köln ZIP 2009, 1242, 1243; High Court of Justice London, Beschl. v. 20. 12. 2006, abgedruckt in NZI 2007, 361 m. Anm. *Mankowski*, EWiR 2907, 463; Haß/Huber/Gruber/Heiderhoff/*Haß/Herweg*, EU-Insolvenzverordnung, Art 3 Rdnr. 10; Pannen/*Pannen*, Europäische Insolvenzverordnung, Art. 3 Rdnr. 19 ff.; *Paulus*, Europäische Insolvenzverordnung, Art 3 Rdnr. 24; Rauscher/*Mäsch*, Europäisches Zivilprozessrecht, Bd. 2, Art 3 EG-InsVO Rdnr. 13; *Mankowski*, NZI 2005, 368, 369. Für eine grundsätzliche Wohnsitzanknüpfung, die allerdings zugunsten des gewöhnlichen Aufenthalts als Interessenmittelpunkt durchbrochen wird, falls Wohnsitz und gewöhnlicher Aufenthalt auseinander fallen etwa Duursma-Kepplinger/Duursma/Chalupsky/*Duursma-Kepplinger*, Europäische Insolvenzverordnung, Art 3 Rdnr. 22; MünchKommBGB/*Kindler* IntInsR Art. 3 EuInsVO Rdnr. 40; *Huber*, ZZP 114 (2001), 133, 141.
[105] Erwägungsgrund (13).
[106] *Leible/Staudinger*, KTS 2000, 533, 543.
[107] *Leible/Staudinger*, KTS 2000, 533, 543; so auch Pannen/*Pannen*, Europäische Insolvenzverordnung, Art. 3 Rdnr. 22 und Duursma-Kepplinger/Duursma/Chalupsky/*Duursma-Kepplinger*, Europäische Insolvenzverordnung, Art 3 Rdnr. 21.

diejenigen Schwierigkeiten vermeiden, die – wie etwa im Anwendungsbereich der Brüssel I-VO[108] – mit der Wohnsitzanknüpfung verbunden sind.[109]

46   Bei **Selbständigen** stellt dagegen regelmäßig der Ort, an welchem sie ihre Tätigkeit ausüben, den Interessenmittelpunkt dar. Ein Rückgriff auf den Wohnsitz oder den Ort des gewöhnlichen Aufenthalts ist somit entbehrlich.[110] Bei Kaufleuten, Einzelunternehmern und Freiberuflern ist demnach davon auszugehen, dass ihr Mittelpunkt der hauptsächlichen Interessen am Ort der gewerblichen Niederlassung, der Kanzlei bzw. der beruflichen Tätigkeit anzusiedeln ist.[111]

47   **d) Mittelpunkt der hauptsächlichen Interessen bei juristischen Personen und Gesellschaften.** Die EuInsVO verwendet zur Bestimmung der internationalen Zuständigkeit eine einheitliche Definition. Demnach gilt auch für juristische Personen und Gesellschaften, dass international zuständig zur Eröffnung des Hauptinsolvenzverfahrens die Gerichte des Staates sind, in dem sich der COMI des Schuldners befindet (Art. 3 Abs. 1 S. 1 EuInsVO).

48   **aa) Vermutungsregel.** Art. 3 Abs. 1 S. 2 EuInsVO[112] statuiert für alle Arten von Gesellschaften[113] die widerlegliche Vermutung, dass sich der Interessenmittelpunkt an dem in der Satzung bezeichneten Sitz der Gesellschaft befindet.[114] Diese Vermutungsregel ändert freilich nichts an der Pflicht der deutschen Insolvenzgerichte die Voraussetzungen der internationalen Zuständigkeit von Amts wegen zu prüfen.[115] Ergibt diese Prüfung, dass der Interessenmittelpunkt in einem anderen Staat als dem des Satzungssitzes liegt, ist die Vermutungsregel widerlegt. Bedeutung erlangt sie daher nur, wenn Verwaltungs- und Satzungssitz auseinanderfallen und sich der tatsächliche Verwaltungssitz einer Gesellschaft als der Mittelpunkt ihrer hauptsächlichen Interessen nicht mit hinreichender Sicherheit ermitteln lässt. In diesem Fall gibt der Satzungssitz den Ausschlag. Anders als etwa bei § 328 ZPO[116] spricht die fehlende Ermittelbarkeit von Tatsachen, die für die internationale Zuständigkeit relevant sind, dann nicht gegen eine Anerkennung des ausländischen Verfahrens.

49   **bb) Kriterien zur Bestimmung des Interessenmittelpunkts.** Der „Mittelpunkt der hauptsächlichen Interessen" ist ein eigenständiger Begriff der EuInsVO und als solcher au-

---

[108] Kritisch zur Wohnsitzanknüpfung im Bereich der Brüssel I-VO auch Rauscher/*Staudinger*, Europäisches Zivilprozessrecht, Bd. 1, Art 59 Brüssel I-VO Rdnr. 9, der fordert, dass auch dort de lege ferenda der gewöhnliche Aufenthalt als Abgrenzungskriterium dienen sollte.

[109] *Leible/Staudinger*, KTS 2000, 533, 543; MünchKommBGB/*Kindler* IntInsR Art. 3 EuInsVO Rdnr. 39.

[110] Moss/Fletcher/Isaacs/*Moss/Smith*, The EC Regulation on Insolvency Proceedings, Rdnr. 8.41; Pannen/*Pannen*, Europäische Insolvenzverordnung, Art. 3 Rdnr. 28; vgl auch OGH ZfRV 2008, 79 (Leitsätze).

[111] *Leible/Staudinger*, KTS 2000, 533, 543; Duursma-Kepplinger/Duursma/Chalupsky/*Duursma-Kepplinger*, Europäische Insolvenzverordnung, Art 3 Rdnr. 19; Pannen/*Pannen*, Europäische Insolvenzverordnung, Art. 3 Rdnr. 28.

[112] Zur Kritik an dieser Vorschrift vgl. *Leible/Staudinger*, KTS 2000, 533, 544; *Lüke*, ZZP 111 (1998), 275, 288.

[113] Dass Art. 3 Abs. 1 S. 2 EuInsVO sowohl Personengesellschaften als auch juristische Personen erfasst, ergibt sich daraus, dass die Vorschrift sowohl „Gesellschaften" als auch „juristische Personen" erwähnt. Die Unterscheidung ist nicht allein im Art 54 AEUV, sondern auch dem europäischen Sekundärrecht bekannt, wie Art. 1 Abs. 2 und Abs. 3 der EWIV-VO (VO 2137/85 über die Schaffung einer Europäischen wirtschaftlichen Interessenvereinigung (EWIV) vom 25. 7. 1985) zeigen.

[114] Ausf. dazu *Kourouvani*, Autonome Auslegung des Art. 3 Abs. 1 Satz 2 EuIns-VO, 2010.

[115] Siehe hierzu Gottwald/*Gottwald*, Insolvenzrechts-Handbuch, § 130 Rdnr. 18; *Huber*, ZZP 114 (2001), 133, 141; Pannen/*Pannen*, Europäische Insolvenzverordnung, Art 3 Rdnr. 33; *Smid*, Deutsches und Europäisches Internationales Insolvenzrecht, Art 3 Rdnr. 13; a. A. *Carstens*, Die internationale Zuständigkeit im europäischen Insolvenzrecht, 2005, S. 63 ff.; *Mankowski*, EWiR 2003, 767.

[116] Vgl. dazu zB MünchKommBGB/*Gottwald*, § 328 Rdnr. 60; Staudinger/*Spellenberg*, § 328 ZPO Rdnr. 265, 267 f.

tonom und losgelöst von nationalen Rechtsvorschriften auszulegen.[117] Die hierzu in den vergangenen Jahren ergangene Rechtsprechung der mitgliedstaatlichen Gerichte war sehr divergent.[118] Gegenüber standen sich mit der „mind-of-management-Theorie" bzw. der „head-office-functions-Theorie" einerseits und der „business-activity-Theorie" andererseits **zwei diametral unterschiedliche Grundauffassungen**. Diesen Streit hat der *EuGH* jedoch mittlerweile mit seiner Entscheidung in der Rechtssache „Eurofood IFS C Ltd"[119] geklärt.

Vornehmlich englische,[120] später aber zunehmend auch kontinentaleuropäische[121] Gerichte tendierten dazu, zur Bestimmung des COMI auf die unternehmensinternen, für Dritte objektiv häufig nicht erkennbaren **zentralen Verwaltungsfunktionen („head-office-functions") und die strategische Unternehmensleitung („mind-of-management")** abzustellen.[122] Bei den im Mittelpunkt dieser Entscheidungen stehenden **Konzernsachverhalten** konnte dadurch bei der Insolvenz einer Gesellschaft, deren Geschicke von ihr in einem anderen Staat ansässigen Konzernmutter gelenkt wurden, die Vermutung des Art. 3 Abs. 1 S. 2 EuInsVO dergestalt widerlegt werden, dass der COMI der Tochter am Sitz der Konzernmutter lag. Dies lief letztlich auf die Schaffung eines einheitlichen Konzerngerichtsstands am Interessenmittelpunkt der Muttergesellschaft hinaus.[123]

Den Vorgaben des Erwägungsrundes (13),[124] der zwar auch auf die „Verwaltung [der] Interessen" des Schuldners rekurriert, wird diese Fokussierung auf unternehmensinterne Kriterien allerdings nicht gerecht. Denn unberücksichtigt bleibt dabei, dass Erwägungsgrund (13) für die Bestimmung des COMI auch dessen „Feststellbarkeit für Dritte" fordert.[125] Die überwiegende Auffassung geht dementsprechend zu Recht davon aus, dass der Mittelpunkt der hauptsächlichen Interessen am Ort der werbenden Tätigkeit der Gesellschaft zu situieren ist, wobei auf die für Dritte erkennbare Umsetzung der internen Managemententscheidungen abgestellt wird **(„business-activity"-Theorie)**.[126]

---

[117] Vgl. dazu oben Rdnr. 6; ausf. *Kourouvani*, Autonome Auslegung des Art. 3 Abs. 1 Satz 2 EuInsVO, 2010.
[118] MünchKommInsO/*Reinhart* Art 3 EuInsVO Rdnr. 7.
[119] EuGH Rs. C-341/04 „Eurofood IFS C Ltd" Slg. 2006, I-3813 = ZIP 2006, 907 m. Anm. *Knof/Mock* = EuGRZ 2006, 263 = NZI 2006, 360 m. Bspr. *Kammel* 334 = EWS 2006, 273 = EuZW 2006, 337 m. Bspr. *Saenger* 363 = ZInsO 2006, 484 = RIW 2006, 619 m. Bspr. *Freitag/Leible* 641 = DZWIR 2006, 329 m. Bspr. *Smid* 325 = BB 2006, 1762 m. Bspr. *Mankowski* 1753 = NZG 2006, 633 m. Bspr. *Paulus* 609 = IPRax 2007, 120 m. Bspr. *Hess/Laukemann/Seagon* 89 = ZEuP 2007, 1137 m. Anm. *Thole*; vgl. dazu außerdem *Bachner*, ECFLR 2006, 310; *Bariatti*, Riv dir proc 2007, 203; *Berends*, NILR 2006, 331; *Dammann*, Recueil Dalloz 2006, Jur 1752; *García Gutiérrez*, RDCE 2007, 125; *Rémery*, Rev Soc 2006, 371; *J. Schmidt*, ZIP 2007, 405; *Wittwer*, ELR 2006, 221.
[120] Vgl. etwa High Court of Justice Leeds, Urt. v. 16. 5. 2003, „ISA I", abgedruckt in ZIP 2003, 1362 sowie die nachgereichte Begründung in ZIP 2004, 963; High Court of Justice Birmingham, Urt. v. 18. 4. 2005, „Rover", abgedruckt in ZIP 2005, 1610.
[121] Vgl. etwa AG München „Hettlage-Österreich" ZIP 2004, 962; AG Siegen „Zenith" NZI 2004, 673; AG Offenburg „Hukla Werke" NZI 2004, 673; Tribunale di Parma „Eurofood/Parmalat I" ZIP 2004, 1220; Tribunal de Commerce de Nanterre EWiR 2007, 207 (Penzlin).
[122] Siehe dazu ausführlich die Rechtsprechungsentwicklung bei MünchKommInsO/*Reinhart* Art. 3 EuInsVO Rdnr. 8ff. Darstellungen zur Rechtsprechung vermitteln auch *Herchen*, ZInsO 2004, 825; *Kübler*, FS Gerhardt, S. 527, 541ff; *Pannen/Pannen*, Europäische Insolvenzverordnung, Art. 3 Rdnr. 39 sowie Anhang A zu Art 3; *Smid*, DZWIR 2004, 397; *Thole*, ZEuP 2007, 1137, 1140f.
[123] MünchKommBGB/*Kindler* IntInsR Art. 3 EuInsVO Rdnr. 30; dazu auch *Freitag/Leible*, RIW 2006, 641, 642; vgl. dazu ausführlich Rdnr. 53ff.
[124] Vgl. dazu oben Rdnr. 39ff.
[125] In diesem Sinne auch *Westpfahl/Goetker/Wilkens*, Grenzüberschreitende Insolvenzen, Rdnr. 126.
[126] So MünchKommInsO/*Reinhart* Art 3 EuInsVO Rdnr. 21 mit einem Überblick über die Rechtsprechungsentwicklung. Für die „business-activity"-Theorie ferner *Duursma-Kepplinger*, ZIP 2007, 896, 898; *Haß/Huber/Gruber/Heiderhoff*, *Haß/Herweg*, EU-Insolvenzverordnung, Art 3 Rdnr. 15; *Herchen*, ZInsO 2004, 825, 827; *Kübler*, FS Gerhard, S. 527, 555; *Pannen/Pannen*, Europäische Insol-

52 Dieser Auffassung hat sich auch der *EuGH* in seinem begrüßenswerten Urteil in der Rechtssache „Eurofood IFS C Ltd" angeschlossen und somit der „mind-of-management-Theorie" bzw. der „head-office-functions-Theorie" eine klare Absage erteilt.[127] Der Mittelpunkt der hauptsächlichen Interessen muss nach Auffassung des *EuGH* im Interesse der Rechtssicherheit und Vorhersehbarkeit bei der Bestimmung des für die Eröffnung eines Hauptinsolvenzverfahrens zuständigen Gerichts nach **objektiven und zugleich für Dritte feststellbaren Kriterien** bestimmt werden.[128] Für die Widerlegung der Vermutung des Art. 3 Abs. 1 S. 2 EuInsVO reichen demnach rein unternehmensinterne Kriterien nicht aus. Die vom Unionsgesetzgeber zugunsten des satzungsmäßigen Sitzes einer Gesellschaft aufgestellte widerlegliche Vermutung lässt sich daher nur entkräften, wenn objektive und für Dritte erkennbare Tatsachen belegen, dass der satzungsmäßige Sitz der Gesellschaft ihren Interessenmittelpunkt nicht zutreffend widerspiegelt. Beträchtliche Unklarheiten bestehen freilich noch bei Beantwortung der Frage, auf welche Kriterien im Einzelnen abzustellen ist.

52a Nach Auffassung des *EuGH* gehören zu den bei der Bestimmung des COMI zu berücksichtigenden Faktoren u. a. alle Orte, an denen die Schuldnergesellschaft eine wirtschaftliche Tätigkeit ausübt, und alle Orte, an denen sie Vermögenswerte besitzt, sofern diese Orte für Dritte erkennbar sind. So kann etwa der Umstand, dass einer Schuldnergesellschaft in einem anderen Mitgliedstaat als dem ihres satzungsmäßigen Sitzes Immobilien gehören, über die sie Mietverträge abgeschlossen hat, und dass sie in demselben Mitgliedstaat einen Vertrag mit einem Finanzinstitut abgeschlossen hat, als objektive und – angesichts der damit verbundenen öffentlichen Wahrnehmbarkeit – auch von Dritten feststellbare Faktoren angesehen werden. Indes bedarf es stets einer Gesamtbetrachtung aller Faktoren unter Berücksichtigung der Umstände des Einzelfalls.[129] Daher kann z. B. das Vorhandensein von Gesellschaftsaktiva und das Bestehen von Verträgen über deren finanzielle Nutzung in einem anderen Mitgliedstaat als dem des satzungsmäßigen Sitzes der Gesellschaft nur dann als zur Widerlegung der vom Unionsgesetzgeber aufgestellten Vermutung ausreichende Faktoren angesehen werden, wenn eine Gesamtbetrachtung aller relevanten Faktoren die von Dritten überprüfbare Feststellung zulässt, dass sich der tatsächliche Mittelpunkt der Verwaltung und der Kontrolle der Gesellschaft sowie der Verwaltung ihrer Interessen in diesem anderen Mitgliedstaat befindet.[130]

53 **cc) Konzernsachverhalte.** Obwohl Konzerninsolvenzen als „Prototyp"[131] grenzüberschreitender Insolvenzfälle gelten, enthält die EuInsVO hierfür keine spezielle Regelunge.[132] Im Sinne der Grundsätze der „mind-of-management"-Theorie bzw. „head-office-

---

venzverordnung, Art. 3 Rdnr. 45; *Rotstegge*, ZIP 2008, 955, 959; *Vallender*, KTS 2005, 283, 292; jetzt auch MünchKommBGB/*Kindler* IntInsR Art. 3 EuInsVO Rdnr. 22; a. A. noch MünchKommBGB/*Kindler* IntInsR 4. Aufl., Rdnr. 144, mit einem Plädoyer für eine Kombination beider Theorien; i. d. S. auch AG Weilheim i. OB ZIP 2005, 1611 m. Anm. *Pannen/Riedemann*, EWiR 2005, 791.

[127] So auch MünchKommInsO/*Reinhart* Art 3 EuInsVO Rdnr. 30 und Pannen/*Pannen*, Europäische Insolvenzverordnung, Art. 3 Rdnr. 41.

[128] EuGH Rs. C-341/04 „Eurofood IFS C Ltd" Slg. 2006, I-3813, Rdnr. 33 f.; im Anschluss auch EuGH Rs. C-444/07 „Probud" Slg. 2010, I-0000, Rdnr. 37 = ZIP 2010, 187 = NZI 2010, 156 = EuZW 2010, 188 = BB 2010, 529 m. Anm. *Fichtner* = WM 2010, 420 = EWS 2010, 96 = RIW 2010, 224 = WuB VII C Art 16 EuInsVO 1.10 (*Lüttringhaus/Weber*) = KTS 2010, 200–207 m. Anm. *Piekenbrock* = EWiR 2010, 77 (*J. Schmidt*) = LMK 2010, 299062 m. Anm. *Laukemann*; vgl. dazu auch *Rieve*, NZI 2010, 291; *Mankowski*, NZI 2010, 178; so nun auch der High Court of Justice, Urt. v. 3. 7. 2009, „Stanford", abgedruckt in ZIP 2009, 1776 m. Anm. *J. Schmidt*, EWiR 2009, 571.

[129] EuGH Rs. C-389/009 „Interedil Srl" Slg. 2011, I-0000 Rdnr. 52.

[130] EuGH Rs. C-389/009 „Interedil Srl" Slg. 2011, I-0000 Rdnr. 52.

[131] So Pannen/*Pannen*, Europäische Insolvenzverordnung, Art. 3 Rdnr. 46; *Pinterich*, ZfRV 2008, 221, 226, *Mankowski*, NZI 2004, 450, 452.

[132] Zu Überlegungen zu einem Europäischen Konzerninsolvenzrecht vgl. *Adam/Poertzgen*, ZInsO 2008, 281 ff. und ZInsO 2008, 347 ff.

functions"-Theorie wird teilweise angenommen, dass Tochtergesellschaften auf Grund der konzernrechtlichen Beherrschung ihren Interessenmittelpunkt am Ort der Muttergesellschaft haben.[133] Dass dies ist mit Art. 3 Abs. 1 S. 2 EuInsVO nicht vereinbar ist, hat der *EuGH* jedoch dankenswerterweise in aller Deutlichkeit herausgestellt: Weil der COMI nach objektiven und für Dritte feststellbaren Kriterien zu bestimmen ist, reicht die Tatsache allein, dass die wirtschaftlichen Entscheidungen einer Gesellschaft, die ihrer Tätigkeit im Gebiet des Mitgliedstaates nachgeht, in dem sie ihren satzungsmäßigen Sitz hat, von einer Muttergesellschaft mit Sitz in einem anderen Mitgliedstaat kontrolliert werden oder kontrolliert werden können, nicht aus, um die Vermutung des Art. 3 Abs. 1 S. 2 EuInsVO zu entkräften.[134]

Zwar erscheint ein einheitliches Konzerninsolvenzverfahren, das sowohl die Mutter- wie auch alle von ihr kontrollierten Tochter- (und Enkel-) Gesellschaften erfasst, bei wirtschaftlicher Betrachtungsweise wünschenswert. Denn die in einen Unternehmensverbund integrierte Gesellschaft verdankt ihre wirtschaftliche Bedeutung in der Regel zwar nicht allein, aber doch ganz überwiegend der bestehenden Konzernsituation. Meist lässt sich der Gesamtkonzern leichter sanieren und/oder zu einem besseren Preis veräußern als seine Einzelteile. Indes ist der Absage des *EuGH* an eine einheitliche Zuständigkeit der Gerichte im Staat des COMI der Muttergesellschaft auch für Insolvenzverfahren über rechtlich selbständige Tochtergesellschaften aufgrund der Entstehungsgeschichte und des Telos der EuInsVO beizupflichten.[135] Denn das Konzernrecht ist eine der offenen Flanken des richtlinien- und verordnungsbasierten Europäischen Gesellschaftsrechts und wurde in Ermangelung eines gesetzgeberischen Konsenses unter den Mitgliedstaaten daher auch nicht harmonisiert.[136] In Europa besteht weder Klarheit über den Begriff des Konzerns noch über die Zulässigkeit oder (fehlende) Wünschbarkeit zentraler Entscheidungsfindungen im Unternehmensverbund. Eben aus diesem Grund weist auch der erläuternde Bericht von *Virgós* und *Schmit* zum Entwurf eines Europäischen Insolvenzübereinkommens darauf hin, dass Fragen der Konzerninsolvenzen vom EuInsÜ nicht erfasst werden sollen.[137] Dem hat sich der Unionsgesetzgeber zumindest implizit angeschlossen, indem er im Rahmen der EuInsVO gleichfalls auf eine ausdrückliche Regelung der insolvenzverfahrensrechtlichen Aspekte von internationaler Konzerninsolvenzen verzichtete und stattdessen in Art. 3 Abs. 1 EuInsVO die Anknüpfungen des Art. 3 EuInsÜ übernahm.

Die vorstehenden Argumente schließen es zwar nicht grundsätzlich aus, ausnahmsweise „Konzerninsolvenzverfahren" am Sitz der Mutter auch über eine ausländische Tochtergesellschaft zu eröffnen. Voraussetzung hierfür ist jedoch, dass die Konzernsituation für die Gesellschaftsgläubiger tatsächlich erkennbar war. Das wird insbesondere dann der Fall sein, wenn die Konzernmutter **Garantien** oder **Patronatserklärungen** zu Gunsten der Gläubiger der Tochter abgegeben oder diese sich nachweislich auf bestehende konzernrechtliche **Verlustübernahmepflichten** der Mutter verlassen hat.[138] Diesen Aspekten kann dann bei der Gewichtung der für die Ermittlung des COMI maßgeblichen Kriterien besondere Be-

---

[133] Vgl. Rdnr. 50.
[134] EuGH Rs. C-341/04 „Eurofood IFS C Ltd" Slg. 2006, I-3813, Rdnr. 37; EuGH Rs. C-444/07 „Probud" Slg. 2010, I-0000, Rdnr. 37.
[135] Vgl. dazu auch *Freitag/Leible*, RIW 2006, 641, 643.
[136] Symptomatisch etwa Art. 1 Abs 2 der 12. Gesellschaftsrechtlichen Richtlinie über die Einführung der Ein-Mann-GmbH (Richtlinie 89/667/EWG, ABl. Nr. L 395/40), der „bis zur Koordinierung der einzelstaatlichen Vorschriften für das Konzernrecht" bestimmte Einschränkungen bei der Zulassung der Ein-Mann-GmbH gestattet. Zu der Problematik aus gesellschaftsrechtlicher Sicht etwa *Grundmann*, Europäisches Gesellschaftsrecht, 2004, Rdnr. 978 ff. m.w.N.; aus insolvenzrechtlicher Perspektive Haß/Huber/Gruber/Heiderhoff/Haß/Herweg, EU-Insolvenzverordnung, Art 3 Rdnr. 55 ff.
[137] *Virgós/Schmit*, Erläuternder Bericht, Rdnr. 76. Dort wird auch darauf hingewiesen, dass der mögliche Erlass europäischer Harmonisierungsvorschriften im Konzernrecht gegebenenfalls eine Änderung des Vorschlags des EuInsÜ erforderlich machen könnte.
[138] Ebenso MünchKommBGB/*Kindler* IntInsR Art. 3 EuInsVO Rdnr. 31.

deutung zukommen. Eine Anknüpfung an den Sitz der Konzernmutter scheidet aber jedenfalls dann aus, wenn diese gleichsam nur im Hintergrund Einfluss auf die Geschicke der Tochter nimmt.[139]

56 e) **Maßgeblicher Zeitpunkt.** Die EuInsVO regelt nicht, welcher Zeitpunkt zur Bestimmung der internationalen Eröffnungszuständigkeit maßgeblich ist. Problematisch ist dies in erster Linie bei grenzüberschreitenden Umzügen, die im engen zeitlichen Zusammenhang mit dem Insolvenzantrag stehen. Eine rechtsmissbräuchliche Schein-Sitzverlegung ist dabei jedoch grundsätzlich unbeachtlich[140] und bleibt deshalb im Folgenden außer Betracht.

57 aa) **Verlegung des COMI nach Antragstellung.** Der *EuGH* musste in seiner ersten Entscheidung zur EuInsVO zur Frage Stellung nehmen, ob im Falle einer Sitzverlegung nach Insolvenzantragstellung, aber vor Verfahrenseröffnung auf den Zeitpunkt der Antragstellung oder den der Eröffnung des Insolvenzverfahrens abzustellen ist. In seinem Urteil in der Rechtssache „Susanne Staubitz-Schreiber"[141] folgte er der herrschenden Auffassung[142] und dem Generalanwalt[143] und entschied – entgegen der bis dahin in England dominierenden Meinung[144] –, dass der **Zeitpunkt der Antragstellung** für die Bestimmung der internationalen Eröffnungszuständigkeit maßgeblich ist. Eine spätere Verlegung des COMI bewirkt demnach keinen Zuständigkeitswechsel.[145] Der *EuGH* verschafft damit im Anwendungsbereich der EuInsVO dem im nationalen[146] und europäischen Zivilverfahrensrecht[147] anerkannten **Grundsatz der perpetuatio fori** Geltung. Zur Begründung nahm der *EuGH* insbesondere auf die in den Erwägungsgründen zum Ausdruck kommende Zielsetzungen der EuInsVO Bezug,[148] wonach ein „forum shopping" der Beteiligten zu

---

[139] *Freitag/Leible*, RIW 2006, 641, 643.

[140] So auch Haß/Huber/Gruber/Heiderhoff/*Haß/Herweg*, EU-Insolvenzverordnung, Art 3 Rdnr. 17; Pannen/*Pannen*, Europäische Insolvenzverordnung, Art. 3 Rdnr. 74; *Westpfahl/Goetker/Wilkens*, Grenzüberschreitende Insolvenzen, Rdnr. 157. Vgl zum Ganzen auch BGH ZInsO 2008, 1382; High Court of Justice, Urt. v. 20. 5. 2004, „Ci4net", abgedruckt in ZIP 2004, 1769; AG Köln „PIN II" NZI 2008, 257, 260 m Anm. *Paulus*, EWiR 2008, 531; *Duursma-Kepplinger*, ZIP 2007, 896, 899; *Eidenmüller*, KTS, 2009, 137 ff.; *Schwemmer*, NZI 2009, 355, 357; LG Leipzig ZInsO 2006, 378, 380.

[141] EuGH Rs. C-1/04 „Susanne Staubitz-Schreiber" Slg. 2006, I-701 = ZIP 2006, 188 m. Anm. *Knof/Mock* = NZI 2006, 153–154 m. Anm. *Mankowski* = EWiR 2006, 141 (*Vogel*) = IPRax 2006, 149 m. Bspr. *Kindler* 114 = JZ 2006, 670 m. Anm. *Heß/Laukemann* = Rev crit DIP 2006, 683 m. Anm. *Jude* = WuB VI A § 4 InsO 1.06 (*Saenger/Klockenbrink*); vgl. dazu außerdem *Dammann*, Rec Dalloz 2006 Jur., 1752; *Duursma-Kepplinger*, DZWIR 2006, 177; *Montanari*, Int'l Lis 2006-07, 20; *Saenger/Klockenbrink*, DZWIR 2006, 183; *Vallens*, Rev soc 2006, 351. Zum Vorabentscheidungsersuchen vgl. BGH NJW-RR 2004, 848 = NZI 2004, 139 m. Anm. *Liersch* = EWiR 2004, 229 (*Mankowski*) = IPRax 2004, 429 m. Bspr. *Weller* 412 = WuB VII D Art 3 EuInsVO 1.04 (*Schütze*). Zur Folgeentscheidung des BGH siehe ZIP 2006, 529 = LMK 2006, 115 (*Müller*) = WuB VI A § 3 InsO 1.06 (*Klein/Breuer*).

[142] Schon vor der Entscheidung des EuGH für den Zeitpunkt der Antragstellung votierend etwa Haß/Huber/Gruber/Heiderhoff/*Haß/Herweg*, EU-Insolvenzverordnung, Art 3 Rdnr. 16; *Herchen*, ZInsO 2004, 825, 831; *Knof*, ZInsO 2005, 1017, 1024; *Mankowski*, NZI 2005, 368.

[143] Zu den Schlussanträgen des Generalanwalts *Colomer* vgl. ZIP 2005, 1641 m. Anm. *Brenner*, NZI 2005, 544.

[144] Vgl. hierzu Court of Appeal, Urt. v. 27. 7. 2005, „Malcom Brian Shierson as trustee in bankruptcy of Martin Vlieland-Boddy v. Clive Vlieland-Boddy", abgedruckt in NZI 2005, 571 mit Anmerkung *Mankowski* NZI 2005, 575.

[145] Vgl. hierzu auch AG Hildesheim ZInsO 2009, 1544, 1545 m. Anm. *Nawroth*, ZInsO 2009, 1545; BGH ZIP 2006, 767 m. Anm. *Mankowski*, EWiR 2006, 397.

[146] Vgl. § 261 Abs. 3 Nr. 2 ZPO.

[147] Hierzu etwa Rauscher/*Mankowski*, Europäisches Zivilprozessrecht, Bd. 1, Art 2 Brüssel I-VO Rdnr. 4 und ausf. *Löser*, Zuständigkeitsbestimmender Zeitpunkt und perpetuatio fori im internationalen Zivilprozess, 2009.

[148] EuGH Rs. C-1/04 „Susanne Staubitz-Schreiber" Slg. 2006, I-701, Rdnr. 25 f.

vermeiden[149] und die angestrebte Effizienz grenzüberschreitender Insolvenzverfahren[150] zu berücksichtigen sei.

Verlegt der Schuldner seinen COMI erst nach Antragstellung und vor Eröffnungs- **58** entscheidung in den Staat, in dem der Antrag gestellt worden ist, darf das Gericht das Insolvenzverfahren eröffnen.[151] Der ursprünglich unzulässige Antrag ist als geheilt anzusehen, da sich die zum Zeitpunkt der Antragstellung zunächst fehlende Voraussetzung der internationalen Zuständigkeit der Gerichte im angerufenen Staat dann eingestellt hat.[152]

bb) Verlegung des COMI vor Antragstellung. Für die Bestimmung des Interessen- **59** mittelpunkts ist der Zeitpunkt des Insolvenzantrags und nicht der Zeitpunkt der Verfahrenseröffnung ausschlaggebend.[153] Bis dahin ist der COMI somit wandelbar.[154] Die EuInsVO hindert demnach den Schuldner nicht daran, seinen Interessenmittelpunkt vor Antragstellung in einen anderen Mitgliedstaat zu verlegen.[155] Entscheidend ist stets der letzte Mittelpunkt der hauptsächlichen Interessen.[156] Um möglichen Missbrauch vorzubeugen, ist in einem solchen Fall allerdings genau zu prüfen, ob nur eine – grundsätzlich unbeachtliche[157] – Scheinsitzverlegung vorliegt. Wird etwa der satzungsmäßige Sitz vor Antragstellung verlegt, ist daher zunächst nach Art. 3 Abs. 1 Satz 2 EuInsVO zu vermuten, dass sich der Mittelpunkt der hauptsächlichen Interessen des Schuldners am neuen satzungsmäßigen Sitz befindet, so dass grundsätzlich die Gerichte des Mitgliedstaats, in dessen Gebiet sich dieser neue Sitz befindet, für die Eröffnung eines Hauptinsolvenzverfahrens zuständig werden, sofern die in Art. 3 Abs. 1 EuInsVO aufgestellte Vermutung nicht durch den Nachweis widerlegt wird, dass die Verlegung des satzungsmäßigen Sitzes nicht zu einem Wechsel des Mittelpunkts der hauptsächlichen Interessen geführt hat.[158]

f) Kompetenzkonflikte. Die EuInsVO geht davon aus, dass es nur ein Hauptinsol- **60** venzverfahren gibt.[159] Allerdings kann die Lokalisierung des COMI mitunter Probleme bereiten. Es lässt sich deshalb nicht ausschließen, dass die nationalen Gerichte im Einzelfall auf Art. 3 Abs. 1 EuInsVO gestützte, sich jedoch widersprechende Insolvenzeröffnungsentscheidungen treffen. Denkbar ist also zum einen, dass sich zwei oder mehrere Gerichte für zuständig halten und erklären (positive Kompetenzkonflikte). Möglich ist aber umgekehrt auch, dass sich kein Gericht der in Betracht kommenden Staaten für die Eröffnung des Hauptinsolvenzverfahrens zuständig hält (negative Kompetenzkonflikte). Derartige Kompetenzkonflikte können freilich nur eine Ausnahme darstellen. Denn der Begriff des „Mittelpunkts der hauptsächlichen Interessen" ist der Verordnung eigen und unabhängig von nationalen Rechtsordnungen auszulegen.[160] Die Gründe für solche Konfliktfälle können deshalb nur in einer unterschiedlichen Bewertung der Tatsachen liegen.[161]

---

[149] Erwägungsgrund (4).
[150] Erwägungsgrund (2) und (8).
[151] *Mankowski*, NZI 2006, 153, 154; *Westpfahl/Goetker/Wilkens*, Grenzüberschreitende Insolvenzen, Rdnr. 96.
[152] So *Mankowski*, NZI 2006, 153, 154; *Rauscher/Mäsch*, Europäisches Zivilprozessrecht, Bd. 2, Art 3 EG-InsVO Rdnr. 33.
[153] Vgl. Rdnr. 57.
[154] *Mankowski*, NZI 2005, 368, 373; vgl. ferner AG Hildesheim ZInsO 2009, 1544, 1545 m. Anm. *Nawroth*, ZInsO 2009, 1545.
[155] Dazu *Laukemann*, RIW 2005, 104, 107; *Oberhammer*, ZInsO 2004, 761, 763; *Wiedemann*, ZInsO 2007, 1009, 1017; vgl. auch den Fall des AG Celle, NZI 2005, 410.
[156] EuGH Rs. C-389/009 „Interedil Srl" Slg. 2011, I-0000 Rdnr. 55.
[157] Vgl. dazu Rdnr. 56.
[158] EuGH Rs. C-389/009 „Interedil Srl" Slg. 2011, I-0000 Rdnr. 56.
[159] Vgl. auch Rdnr. 37.
[160] Vgl. dazu Rdnr. 6.
[161] *Virgós/Schmit*, Erläuternder Bericht, Rdnr. 79. Dazu auch MünchKommBGB/*Kindler* IntInsR Art. 3 EuInsVO Rdnr. 42.

61 aa) Positive Kompetenzkonflikte. Zwar enthält die EuInsVO – anders als etwa die Brüssel I-VO[162] – keine ausdrücklichen Regelungen für positive Kompetenzkonflikte.[163] Allerdings besteht weitgehend Einigkeit,[164] dass diese nach dem **Prioritätsprinzip**[165] aufzulösen sind. Dies ergibt sich schon mittelbar aus der EuInsVO: Art. 16 Abs. 1 EuInsVO bestimmt, dass die Eröffnung eines Insolvenzverfahrens durch ein nach Art. 3 EuInsVO zuständiges Gericht eines Mitgliedstaates ipso iure in allen übrigen Mitgliedstaaten anerkannt wird, sobald die Entscheidung im Staat der Verfahrenseröffnung wirksam ist. Das Zweitgericht darf dabei nicht prüfen, ob das Erstgericht seine internationale Zuständigkeit zu Recht bejaht hat.[166] Daraus folgt, dass dasjenige Verfahren als Hauptinsolvenzverfahren anzuerkennen ist, welches als erstes wirksam eröffnet wurde. In welchem Mitgliedstaat das einzige Hauptinsolvenzverfahren durchgeführt wird, beurteilt sich somit allein nach der zeitlichen Reihenfolge der Eröffnungsbeschlüsse.[167] Eine Stütze findet dieser Lösungsansatz auch in Erwägungsgrund (22) der EuInsVO, in dem der Verordnungsgeber darauf hinweist, dass die Anerkennung der Entscheidung auf dem „Grundsatz gegenseitigen Vertrauens" fußt. Dieses – nun auch vom *EuGH*[168] ausdrücklich so genannte – Prioritätsprinzip ist zugleich Grundlage von Art. 102 § 3 EGInsO, dessen Ziel es ist, Kompetenzkonflikte zu vermeiden.[169] Gemäß Art. 102 § 3 Abs. 1 S. 1 EGInsO führt die Eröffnung eines Hauptinsolvenzverfahrens durch ein Gericht eines Mitgliedstaates zur Unzulässigkeit eines Antrags auf Eröffnung eines solchen Verfahrens im Inland. Ein entgegen dieser Vorschrift eröffnetes Verfahren darf nach Art. 102 § 3 S. 2 EGInsO nicht fortgesetzt werden und ist gemäß Art. 102 § 4 Abs. 1 S. 1 EG InsO einzustellen.[170]

---

[162] Vgl. Art. 27 ff Brüssel I-VO.
[163] Anders noch die Vorentwürfe, vgl. hierzu *Lüke*, ZZP 111 (1998), 275, 289.
[164] So etwa LG Hamburg EuZW 2006, 62; Duursma-Kepplinger/Duursma/Chalupsky/*Duursma-Kepplinger*, Europäische Insolvenzverordnung, Art 3 Rdnr. 29; *Eidenmüller*, NJW 2004, 3455, 3457; *Fritz/Bähr*, DZWIR 2001, 221, 224; *Herchen*, ZIP 2005, 1401, MünchKommBGB/*Kindler* IntInsR Rdnr. 158; *Leible/Staudinger*, KTS 2000, 533, 545; Rauscher/*Mäsch*, Europäisches Zivilprozessrecht, Bd. 2, Art 3 EG-InsO Rdnr. 38; Moss/Fletcher/Isaacs/*Moss/Smith*, The EC Regulation on Insolvency Proceedings, Rdnr. 8.47; *Oberhammer*, ZInsO 2004, 761, 762; Pannen/*Pannen*, Europäische Insolvenzverordnung, Art. 3 Rdnr. 86; *Reinhart*, NZI 2009, 73, 75; MünchKommInsO/*Reinhart* Art 3 EuInsVO Rdnr. 58; *Smid*, Deutsches und Europäisches Internationales Insolvenzrecht, Art 3 Rdnr. 17; *Virgós/Schmit*, Erläuternder Bericht, Rdnr. 79; a. A. jedoch *Mankowski*, EWiR 2003, 767.
[165] Vgl. dazu Rdnr. 12.
[166] Vgl. nur *Virgós/Schmit*, Erläuternder Bericht, Rdnr. 202 sowie 220. Allerdings steht die Anerkennung unter dem Vorbehalt des Ordre public (Art. 26 EuInsVO). Verweigert deshalb das Zweitgericht die Anerkennung der Eröffnungsentscheidung des Erstgerichts aufgrund eines Verstoßes gegen den Ordre public, ist es nicht gehindert, ein Hauptverfahren zu eröffnen. Einigkeit besteht jedoch darüber, dass die fehlerhafte Beurteilung der internationalen Zuständigkeit keinen Ordre-public-Verstoß darstellt. Vgl. zum Ganzen Rdnr. 66 ff.
[167] Die EuInsVO kennt hingegen keine „Litispendenzregelung" zur Priorisierung paralleler Insolvenzverfahren vor unterschiedlichen Insolvenzgerichten in unterschiedlichen Mitgliedstaaten, sondern löst dieses Problem rein anerkennungsrechtlich über das Prioritätsprinzip. Selbst wenn in einem Mitgliedstaat ein Antrag auf Eröffnung eines Hauptinsolvenzverfahrens bereits gestellt wurde, schließt dies nicht aus, dass ein späterer Antrag in einem anderen Mitgliedstaat gestellt wird. Das Prioritätsprinzip meint also Entscheidungs-, nicht Antragspriorität; vgl. *Freitag/Leible*, RIW 2006, 641, 649; so auch AG Köln NZI 2009, 133; LG Hamburg EuZW 2006, 62 m. Anm. *Schilling/Schmidt*, EWiR 2006, 15; AG Mönchengladbach „EMBIC I"ZIP 2004, 1064 m. Anm. *Bähr/Riedemann*, ZIP 2004, 1066; ausführlich zum Ganzen auch *Mankowski*, KTS 2009, 453 ff.
[168] EuGH Rs. C-341/04 „Eurofood IFS C Ltd" Slg. 2006, I-3813, Rdnr. 39.
[169] MünchKommInsO/*Reinhart* Art 3 EuInsVO Rdnr. 58; *Herchen*, ZIP 2005, 1401, 1403; vgl. auch AG Köln ZIP 2005, 1566.
[170] Zur Problematik positiver Kompetenzkonflikte hat der BGH nunmehr in einem Urteil zum prominenten „Daisytek" Insolvenzjustizkonflikt entschieden, dass Art. 102 § 4 Abs. 2 EGInsO, wonach die Wirkungen eines zwischenzeitlich eingestellten inländischen Insolvenzverfahrens auch dann bestehen bleiben, wenn sie den Wirkungen eines zuvor in einem anderen EU-Mitgliedstaat eröffneten

bb) Negative Kompetenzkonflikte. Negative Kompetenzkonflikte lassen sich ebenfalls mit Hilfe des Vertrauensgrundsatzes, auf dem das Prioritätsprinzip beruht,[171] lösen. Nach Art. 25 Abs. 1 EuInsVO ist auch die eine Eröffnung ablehnende Entscheidung eines Insolvenzgerichts anzuerkennen. Daraus folgt, dass ein Insolvenzgericht seine internationale Zuständigkeit nicht mit dem Hinweis verneinen kann, dass der Schuldner seinen COMI in dem Mitgliedstaat eines Gerichts hat, welches sich zuvor für international unzuständig erklärt hat.[172] Die Begründung, dass der Mittelpunkt der hauptsächlichen Schuldnerinteressen in einem dritten Mitgliedstaat liegt, ist in einem solchen Fall hingegen zulässig.[173] In diesem Sinne enthalten die deutschen Ausführungsbestimmungen zur EuInsVO in Art. 102 § 3 Abs. 2 EGInsO eine Regelung zur Auflösung negativer Kompetenzkonflikte.

2. Territorialverfahren

a) Eröffnungsvoraussetzungen. Die EuInsVO verfolgt keinen streng universalistischen Ansatz, sondern lässt unter bestimmten Voraussetzungen neben dem Hauptinsolvenzverfahren weitere, territorial begrenzte Insolvenzverfahren zu.[174] Die Gerichte eines Mitgliedstaates sind nach Art. 3 Abs. 2 S. 1 EuInsVO zur Eröffnung eines Insolvenzverfahrens auch dann befugt, wenn der Schuldner den Mittelpunkt seiner hauptsächlichen Interessen zwar in einem anderen Mitgliedstaat, im Gerichtsstaat aber immerhin eine **Niederlassung** hat. Ist dies der Fall und wird im Niederlassungsstaat ein Insolvenzverfahren eröffnet, sind dessen Wirkungen nach Art. 3 Abs. 2 S. 2 EuInsVO auf das im Niederlassungsstaat befindliche Vermögen des Schuldners beschränkt. Ein derartiges Territorialverfahren in dem Land zu eröffnen, in dem der Schuldner sein COMI hat, ist hingegen ausgeschlossen. Verfahren, die dort eröffnet werden, müssen immer Hauptinsolvenzverfahren sein.[175]

Der Begriff der „Niederlassung" ist weit zu verstehen und weicht insofern von Art. 5 Nr. 5 Brüssel I-VO ab.[176] Zu seiner Auslegung innerhalb der EuInsVO kann deshalb nicht die Rechtsprechung des *EuGH* zum Niederlassungsbegriff der Brüssel I-VO herangezogen werden.[177] Gemäß der Legaldefinition des Art. 2 lit. h EuInsVO gilt als Niederlassung jeder Ort, „an dem der Schuldner einer wirtschaftlichen Aktivität von nicht vorübergehender Art nachgeht, die den Einsatz von Personal und Vermögenswerten voraussetzt". Erforderlich ist somit neben einem bestimmten zeitlichen Moment ein gewisser Organisations-

---

Insolvenzverfahrens widersprechen, jedenfalls in den Fällen keine Anwendung finden kann, in denen das Insolvenzverfahren im Inland nicht irrtümlich, sondern in Kenntnis des ersten Hauptinsolvenzverfahrens im Ausland eröffnet worden ist; vgl. BGH ZIP 2008, 1338, 1341 m. Anm. *Eckardt*, ZZP 122 (2009), 345; *Laukemann*, JZ 2009, 636; *Mankowski*, NZI 2008, 575; *J. Schmidt*, EWiR 2008, 491; vgl. auch zur Parallelentscheidung BGH ZIP 2008, 2029 m. Anm. *Herchen*, EWiR 2009, 17.

[171] Vgl Rdnr. 61.
[172] Duursma-Kepplinger/Duursma/Chalupsky/*Duursma-Kepplinger*, Europäische Insolvenzverordnung, Art 3 Rdnr. 36; MünchKommBGB/*Kindler* IntInsR Art. 3 EuInsVO Rdnr. 52; MünchKommInsO/*Reinhart* Art 3 EuInsVO Rdnr. 66.
[173] Duursma-Kepplinger/Duursma/Chalupsky/*Duursma-Kepplinger*, Europäische Insolvenzverordnung, Art 3 Rdnr. 36; MünchKommBGB/*Kindler* IntInsR Art. 3 EuInsVO Rdnr. 52; Rauscher/*Mäsch*, Europäisches Zivilprozessrecht, Bd. 2, Art 3 EG-InsVO Rdnr. 38; MünchKommInsO/*Reinhart* Art 3 EuInsVO Rdnr. 66; zu einer „internationalen Verweisung" in diesem Fall vgl. AG Hamburg NZI 2006, 486, das eine Verweisung zulässt; a. A. OLG Linz ZIK 2004, 178.
[174] *Leible/Staudinger*, KTS 2004, 533, 546; vgl. auch Rdnr. 10.
[175] Rauscher/*Mäsch*, Europäisches Zivilprozessrecht, Bd. 2, Art 3 EG-InsVO Rdnr. 19.
[176] *Fritz/Bähr*, DZWIR 2001, 221, 231; *Leible/Staudinger*, KTS 2004, 533, 546; MünchKommInsO/*Reinhart* Art 2 EuInsVO Rdnr. 26; *Virgós/Schmit*, Erläuternder Bericht, Rdnr. 70. Zum Niederlassungsbegriff der Brüssel I-VO siehe Rauscher/*Leible*, Europäisches Zivilprozessrecht, Bd. 1, Art 5 Brüssel I-VO Rdnr. 103. Umfassend *Albers*, Der Begriff der Niederlassung und der Hauptniederlassung im Internationalen Privat- und Zivilverfahrensrecht, 2010.
[177] Rauscher/*Mäsch*, Europäisches Zivilprozessrecht, Bd. 2, Art 2 EG-InsVO Rdnr. 12; *Westpfahl/Goetker/Wilkens*, Grenzüberschreitende Insolvenzen, Rdnr. 180.

grad.[178] Die bloße Einrichtung eines Verkaufslagers oder das alleinige Vorhandensein eines Bankkontos in einem Mitgliedstaat begründen noch keine Niederlassung auf diesem Territorium.[179]

65 Die EuInsVO differenziert innerhalb der territorial beschränkten Insolvenzverfahren zwischen den Partikularinsolvenzverfahren (Art. 3 Abs. 4 EuInsVO) und den Sekundärinsolvenzverfahren (Art. 3 Abs. 3 EuInsVO).[180]

66 **b) Partikularinsolvenzverfahren.** Als Partikularinsolvenzverfahren werden die am Ort einer Niederlassung des Schuldners durchgeführten Insolvenzverfahren bezeichnet, die **vor einem Hauptinsolvenzverfahren** eröffnet werden (Art. 3 Abs. 4 EuInsVO). Partikularinsolvenzverfahren werden von der EuInsVO als unerwünscht angesehen, da vorrangig der Staat, in dem der Schuldner sein COMI hat, über das Ob und Wie von Insolvenzverfahren über das Schuldnervermögen entscheiden soll.[181] Dementsprechend betont der Verordnungsgeber in den Erwägungsgründen zur EuInsVO, dass Partikularinsolvenzverfahren „auf das unumgängliche Maß beschränkt werden sollen".[182] Die Zulässigkeit von Partikularinsolvenzen ist daher auf die in Art. 3 Abs. 4 lit. a und lit. b EuInsVO eng umschriebenen Ausnahmetatbestände begrenzt. Derartige Verfahren dürfen nur eröffnet werden, falls im Staat des Interessenmittelpunkts aufgrund des dortigen Insolvenzrechts ein Verfahren nicht durchgeführt werden kann (Art. 3 Abs. 4 lit. a EuInsVO).[183] Ein Partikularinsolvenzverfahren ist außerdem möglich, falls die Eröffnung von einem Gläubiger beantragt wird, der seinen Wohnsitz, gewöhnlichen Aufenthalt oder Sitz in dem Mitgliedstaat hat, in dem sich die betreffende Niederlassung befindet, oder dessen Forderung auf einer sich aus dem Betrieb dieser Niederlassung ergebenden Verbindlichkeit beruht (Art. 3 Abs. 4 lit. b EuInsVO).

67 Kommt es später in einem anderen Mitgliedstaat zu einem Hauptinsolvenzverfahren, ordnet Art. 36 EuInsVO für das Partikularinsolvenzverfahren die Anwendung der Regeln für das Sekundärinsolvenzverfahren an (Art. 31 bis 35 EuInsVO), soweit dies in Anbetracht des Verfahrensstandes im Partikularinsolvenzverfahren noch möglich ist. Handelt es sich beim Partikularinsolvenz- um ein Sanierungsverfahren, kann der Hauptinsolvenzverwalter gemäß Art. 37 EuInsVO[184] dessen Umwandlung in ein Sekundärinsolvenzverfahren zum

---

[178] Haß/Huber/Gruber/Heiderhoff/*Huber*, EU-Insolvenzverordnung, Art 3 Rdnr. 8; Rauscher/ *Mäsch*, Europäisches Zivilprozessrecht, Bd. 2, Art 3 EG-InsVO Rdnr. 12; *Virgós/Schmit*, Erläuternder Bericht, Rdnr. 71. Ausf. *Albers*, Der Begriff der Niederlassung und der Hauptniederlassung im Internationalen Privat- und Zivilverfahrensrecht, 2010, S. 285 ff.
[179] *Leible/Staudinger*, KTS 2004, 533, 547; Rauscher/*Mäsch*, Europäisches Zivilprozessrecht, Bd. 2, Art 3 EG-InsVO Rdnr. 12; vgl. hierzu auch AG München ZIP 2007, 495 m. Anm. *Müller*, EWiR 2007, 277; OLG Wien NZI 2005, 56; LG Hannover NZI 2008, 631 m. Anm. *Vallender*, NZI 2008, 632.
[180] Zum erforderlichen Vortrag für den Insolvenzantrag hinsichtlich einer Zweigniederlassung vgl. AG Köln EuZW 2006, 63 m. krit. Anm. *Mankowski*, EWiR 2006, 109.
[181] *Leible/Staudinger*, KTS 2004, 533, 548; dazu auch MünchKommBGB/*Kindler* IntInsR Art. 3 EuInsVO Rdnr. 70.
[182] Erwägungsgrund (17), S. 2.
[183] Dies gilt etwa dann, wenn der Schuldner Nichtkaufmann ist und nur über das Vermögen von Kaufleuten ein Insolvenzverfahren eröffnet werden kann oder es sich um ein öffentliches Unternehmen handelt, das nicht insolvenzfähig ist; vgl. *Leible/Staudinger*, KTS 2004, 533, 548; MünchKommInsO/*Reinhart* Art 3 EuInsVO Rdnr. 76.
[184] Portugal hat zur Anwendung von Art 37 EuInsVO eine einseitige Erklärung abgegeben, wonach portugiesische Gerichte zur Wahrung örtlicher Interessen eine Umwandlung aus Gründen des ordre public ablehnen dürfen; vgl. die Erklärung Portugals zur Anwendung der Artikel 37 und 26 der Verordnung (EG) Nr. 1346/2000 vom 29. 5. 2000 über Insolvenzverfahren, ABl. EG Nr. C 183/1 vom 30. 6. 2000: „Artikel 37 der Verordnung (EG) Nr. 1346/2000 des Rates vom 29. Mai 2000 über Insolvenzverfahren, in dem auf die Möglichkeit der Umwandlung eines vor einem Hauptverfahren eröffneten Partikularinsolvenzverfahrens hingewiesen wird, ist dahin gehend auszulegen, dass diese Umwandlung nicht die gerichtliche Würdigung der das örtliche Verfahren betreffende Situation (wie

Zwecke der Liquidation beantragen, sofern dies im Interesse der Gläubiger liegt. Das Partikularinsolvenzverfahren erhält also mit der Umwandlung nicht automatisch den Charakter eines Liquidationsverfahrens, den es nach Art. 3 Abs. 3 S. 2 EuInsVO als Sekundärinsolvenzverfahren eigentlich haben muss. Wird ein solcher Antrag nicht gestellt, kann das Partikularinsolvenz- als Sanierungsverfahren fortgeführt werden.[185]

c) Sekundärinsolvenzverfahren. Um Sekundärinsolvenzverfahren handelt es sich bei solchen Insolvenzverfahren, die im Niederlassungsstaat erst **nach einem Hauptinsolvenzverfahren** eröffnet werden (Art. 3 Abs. 3 S. 1 EuInsVO). Detaillierte Regelungen für Sekundärinsolvenzverfahren finden sich in den Art. 27 bis 38 EuInsVO.[186]

Sekundärinsolvenzverfahren sind gemäß Art. 3 Abs. 3 S. 2, Art. 27 S. 2 EuInsVO nur zulässig, wenn es sich bei ihnen um Liquidationsverfahren entsprechend der Legaldefinition des Art. 2 lit. c EuInsVO handelt. Sie dürfen also nicht die Sanierung, sondern müssen die Liquidation des Schuldnervermögens zum Ziel haben.[187] Der Begriff des „Liquidationsverfahrens" wird in Art. 2 lit. c EuInsVO zwar abstrakt definiert, jedoch sind die Verfahren, die als Liquidationsverfahren in Frage kommen, in Anhang B abschließend aufgezählt. Für Deutschland sind dort das Konkurs-, das Gesamtvollstreckungs- und das Insolvenzverfahren aufgelistet. Für die Eröffnung von Sanierungsverfahren fehlt den Gerichten des Niederlassungsstaats nach einem eröffneten Hauptinsolvenzverfahren hingegen die internationale Zuständigkeit.

3. Örtliche Zuständigkeit nach deutschem Recht

a) Hauptinsolvenzverfahren. Die Zuständigkeitsvorschriften der EuInsVO legen nur die internationale Zuständigkeit fest. Die Regelung der innerstaatlichen örtlichen Zuständigkeit bleibt hingegen dem jeweiligen nationalen Recht überlassen.[188] Für die deutschen Gerichte bestimmt **§ 3 Abs. 1 S. 1 InsO,** dass dasjenige Insolvenzgericht ausschließlich örtlich zuständig ist, in dessen Bezirk der Schuldner seinen allgemeinen Gerichtsstand hat. Liegt der Mittelpunkt einer selbständigen wirtschaftlichen Tätigkeit des Schuldners an einem anderen Ort, so ist das für diesen Ort zuständige Insolvenzgericht ausschließlich zuständig **(§ 3 Abs. 1 S. 2 InsO).**

Da die Zuständigkeitsvorschriften des Art. 3 EuInsVO und des § 3 InsO an unterschiedliche Merkmale anknüpfen, ist es möglich, dass das deutsche Recht keine örtliche Zuständigkeit vorhält, obwohl die EuInsVO die internationale Zuständigkeit den deutschen Gerichten zuweist. Für diesen seltenen Fall übernimmt der Auffangtatbestand[189] des **Art. 102 § 1 Abs. 1 EGInsO** hilfsweise das von der EuInsVO verwendete Anknüpfungskriterium und loziert die örtliche Zuständigkeit am Ort des Mittelpunkts des wirtschaftlichen Interessen des Schuldners. Art. 102 § 1 Abs. 1 EGInsO ist indes nur für die

---

in Artikel 36) oder der Berücksichtigung der Belange der öffentlichen Ordnung (auf die in Artikel 26 hingewiesen wird) ausschließt". Siehe dazu auch Pannen/*Herchen*, Europäische Insolvenzverordnung, Art 37 Rdnr. 4; MünchKommInsO/*Reinhart* Art 37 EuInsVO Rdnr. 12.

[185] Haß/Huber/Gruber/Heiderhoff/*Heiderhoff*, EU-Insolvenzverordnung, Art 37 Rdnr. 2; *Leible/Staudinger*, KTS 2004, 533, 549.

[186] Vgl. dazu Rdnr. 69 ff. Zu den möglichen Problemen bei der Koordination von Haupt- und Sekundärinsolvenzverfahren siehe außerdem *Staak*, NZI 2004, 480 f.

[187] Eine Ausnahme besteht jedoch dann, wenn ein Partikularinsolvenzverfahren mit dem Ziel der Sanierung nach der Eröffnung des Hauptinsolvenzverfahrens in ein Sekundärinsolvenzverfahren umgewandelt wird (Art. 36 EuInsVO) und ein Antrag des Verwalters des Hauptinsolvenzverfahrens auf Umwandlung in ein Liquidationsverfahren gemäß Art 37 EuInsVO nicht gestellt wurde oder ein entsprechendes Gläubigerinteresse danach fehlt; vgl. Rdnr. 67. Hierzu auch MünchKommBGB/*Kindler* IntInsR Rdnr. 177; kritisch zum „Liquidationszwang" *Paulus*, Europäische Insolvenzverordnung, Art 3 Rdnr. 50 f.

[188] Vgl. auch Erwägungsgrund (15), *Virgós/Schmit*, Erläuternder Bericht, Rdnr. 72.

[189] MünchKommInsO/*Reinhart* Art 102 § 1 EGInsO Rdnr. 6; zum Ganzen auch Pannen/*Riedemann*, NZI 2004, 301.

internationale Zuständigkeit von natürlichen Personen relevant, da bei Gewerbetreibenden und Selbständigen die Anknüpfung an den Mittelpunkt der hauptsächlichen Interessen des Schuldners gemäß Art. 3 EuInsVO regelmäßig mit der Anknüpfung an den Mittelpunkt der selbständigen wirtschaftlichen Tätigkeit gemäß § 3 InsO deckungsgleich ist.[190]

72   **b) Territorialverfahren.** Neben den Hauptinsolvenzverfahren lässt Art. 3 Abs. 2 EuInsVO auch Territorialverfahren zu, sofern sich in einem anderen Mitgliedstaat als dem des Hauptinsolvenzverfahrens eine Niederlassung befindet.[191] Die deutsche Niederlassung, die somit nach Art. 3 Abs. 2 EuInsVO für Territorialverfahren die internationale Zuständigkeit begründet, ist nach Art. 102 § 1 Abs. 2 EGInsO auch für die örtliche Zuständigkeit ausschlaggebend. Da das nationale Recht keine Regelung für die örtliche Zuständigkeit von Territorialverfahren kennt, findet Art 102 § 1 Abs. 2 EGInsO unmittelbar Anwendung, sobald das Insolvenzgericht die internationale Zuständigkeit nach Art. 3 Abs. 2 EuInsVO bejaht hat.[192]

4. Annexverfahren

73   **a) Problemstellung.** Von erheblicher praktischer Bedeutung ist die Frage nach der internationalen Zuständigkeit für sogenannte „Annexverfahren". Denn die EuInsVO regelt in ihrem Art. 3 lediglich die internationale Zuständigkeit für Insolvenzverfahren. Auch Art. 25 Abs. 1 Unterabs. 2 EuInsVO normiert i. V. m. Art. 25 Abs. 1 Unterabs. 1 EuInsVO nur die vereinfachte Anerkennung und Vollstreckung von „Entscheidungen, die unmittelbar aufgrund des Insolvenzverfahrens ergehen und in engem Zusammenhang damit stehen". Die Frage nach der internationalen Zuständigkeit der Annexverfahren bleibt hingegen unbeantwortet.[193] Gleichzeitig sind nach Art. 1 Abs. 2 lit. b der Brüssel I-VO „Konkurse, Vergleiche und ähnliche Verfahren" aus deren Anwendungsbereich ausgeklammert. Eine Lücke zwischen EuInsVO und Brüssel I-VO sollte jedoch ausgeschlossen sein.[194] Wie dies zu bewerkstelligen ist, ist in Literatur und Rechtsprechung lebhaft umstritten.[195]

74   **b) Meinungsstand.** Herausgebildet haben sich im Wesentlichen drei Meinungen:

75   Teilweise wird zur Bestimmung der internationalen Zuständigkeit für insolvenzbezogene Einzelverfahren auf das **autonome nationale Recht der einzelnen Mitgliedstaaten** rekurriert.[196] Zur Begründung wird angeführt, dass die Frage nicht in der EuInsVO geregelt sei und nach der Entscheidung des *EuGH* in der Sache „Goudain"[197] zudem auch nicht unter die Brüssel I-VO falle.[198] Der Gerichtshof habe in dieser Entscheidung den Ausschlusstatbestand des Art. 1 Abs. 2 Nr. 2 EuGVÜ – nun: Art. 1 Abs. 2 lit. b der Brüssel I-VO – weit ausgelegt und alle Einzelverfahren, die unmittelbar aufgrund des Insolvenzver-

---

[190] MünchKommInsO/*Reinhart* Art 102 § 1 EGInsO Rdnr. 7; *Ludwig*, Neuregelungen des deutschen Internationalen Insolvenzrechts, 2004, S. 26.

[191] Vgl. hierzu Rdnr. 63 ff.

[192] MünchKommInsO/*Reinhart* Art 102 § 1 EGInsO Rdnr. 11.

[193] Dem Ansatz, in Art. 25 EuInsVO auch eine Zuständigkeitsnorm hineinzulesen, stehen indes schon Wortlaut und systematische Stellung der Vorschrift entgegen; vgl. *Oberhammer*, ZInsO 2004, 761, 764; Duursma-Kepplinger/Duursma/Chalupsky/*Duursma-Kepplinger*, Europäische Insolvenzverordnung, Art 25 Rdnr. 22; *Leible/Staudinger*, KTS 2000, 533, 566; Pannen/*Pannen*, Europäische Insolvenzverordnung, Art. 3 Rdnr. 97; MünchKommInsO/*Reinhart* Art 3 EuInsVO Rdnr. 82. Kritisch auch der BGH in NZI 2003, 545, 546 mit Anmerkungen *Leible*, LMK 2004, 14; *Mankowski*, NZI 2003, 546; *Mörsdorf-Schulte*, IPRax 2004, 31.

[194] Rauscher/*Mankowski*, Europäisches Zivilprozessrecht, Bd. 1, Art 1 Brüssel I-VO Rdnr. 18; *Westpfahl/Goetker/Wilkens*, Grenzüberschreitende Insolvenzen, Rdnr. 204.

[195] Vgl. auch die Darstellung des Meinungsstandes bei BGH ZIP 2007, 1415 ff. mit zahlreichen weiteren Nachweisen.

[196] *Oberhammer*, ZInsO 2004, 761, 764; *Keller/Strempfle*, EWiR 2009, 53; *Leipold* in: Stoll, Vorschläge und Gutachten, 185, 198 f.

[197] EuGH Rs. 133/78 „Gourdain" Slg. 1979, 733.

[198] So *Oberhammer*, ZInsO 2004, 761, 765.

fahrens ergehen und in engem Zusammenhang damit stehen, dem Anwendungsbereich des Brüsseler Übereinkommens entzogen.[199]

Gleichwohl wird vorgeschlagen, die internationale Zuständigkeit für Annexverfahren aus der **Brüssel I-VO** abzuleiten.[200] Der weiten Auslegung des Ausschlusstatbestandes, wie sie durch den *EuGH* in der Entscheidung „Gourdain" vorgenommen wurde, sei die Grundlage – nämlich die Erwartung, die internationale Zuständigkeit für Annexverfahren werde in einem künftigen europäischen Rechtsakt geregelt – entzogen. Mit dem Inkrafttreten der EuInsVO, die eine solche Regelung gerade nicht enthält, sei die Notwendigkeit für die weite Interpretation des Ausschlusstatbestandes entfallen und Art. 1 Abs. 2 lit. b Brüssel I-VO restriktiver auszulegen.[201]

Schließlich wird vertreten, die internationale Zuständigkeit für insolvenzbezogene Annexverfahren nach **Art. 3 Abs. 1 EuInsVO analog** zu bestimmen. Die internationale Zuständigkeit zur Eröffnung des Insolvenzverfahrens soll demnach – über den Wortlaut der Vorschrift hinaus – die internationale Zuständigkeit für Annexverfahren mit umfassen („vis attractiva concursus").[202]

c) Seagon-Entscheidung des EuGH. Der *EuGH* hatte sich im Rahmen einer Vorlagefrage,[203] welche die internationale Zuständigkeit von Insolvenzanfechtungsklagen zum Gegenstand hatte, mit dieser Problematik auseinanderzusetzen. In der Entscheidung zur Rechtssache „Seagon"[204] hat der Gerichtshof die Frage **zugunsten der EuInsVO** gelöst:[205] Art. 3 Abs. 1 EuInsVO sei dahingehend auszulegen, „dass er dem Mitgliedstaat, in dessen Gebiet das Insolvenzverfahren eröffnet worden ist, für Klagen, die unmittelbar aus diesem Verfahren hervorgehen und in engem Zusammenhang damit stehen, auch eine

---

[199] EuGH Rs. 133/78 „Gourdain" Slg. 1979, 733 Rdnr. 3; inzwischen bestätigt durch EuGH Rs. C-292/08 „German Graphics" Slg. 2009, I-8421 Rdnr. 26 NZI 2009, 741= KTS 2010, 195 m. Anm. *Piekenbrock* = IPRax 2010, 355 m. Bspr. *Brinkmann* 324 = DZWIR 2010, 102 m. Bspr. *Cranshaw*; vgl. dazu auch *Dialti*, Dir com int 2010, 202; *Lüttringhaus/Weber*, RIW 2010, 45; *Mankowski*, NZI 2010, 508; *Vallens*, Rec Dalloz 2009, 2782; EuGH Rs. C-111/08 „Alpenblume" Slg. 2009, I-5655 Rdnr. 21 = NZI 2009, 570 m. Anm. *Mankowski* = KTS 2009, 533 m. Anm. *Piekenbrock* = IPRax 2010, 353 m. Bspr. *Oberhammer* 317 = LMK 2009, 289817 (*Piekenbrock*); vgl. dazu auch *Meusburger-Hammerer*, ELR 2010, 19; *Riewe*, NZI 2009, 549.

[200] MünchKommInsO/*Reinhart* Art 3 EuInsVO Rdnr. 87ff; *Schwarz*, NZI 2002, 290, 294; *Thole*, ZIP 2006, 1383, 1386; Schlosser, EU-Zivilprozessrecht, Art 1 Rdnr. 21e ff; Geimer/Schütze/*Geimer*, Europ. ZivilverfahrensR, Art 1 EugVVO Rdnr. 128.

[201] So auch das OLG Frankfurt/M ZIP 2006, 769; kritisch hierzu *Hinkel/Flitsch*, EWiR 2006, 237; *Mankowski/Willemer*, NZI 2006, 650.

[202] Für diesen Ansatz etwa *Carstens*, Die internationale Zuständigkeit im europäischen Insolvenzrecht, 2005, S. 109; Duursma-Kepplinger/Duursma/Chalupsky/*Duursma-Kepplinger*, Europäische Insolvenzverordnung, Art 25 Rdnr. 42; *Eidenmüller*, IPrax, 2001, 2, 7; Haß/Huber/Gruber/Heiderhoff/*Haß/Herweg*, EU-Insolvenzverordnung, Art 3 Rdnr. 23; *Lorenz*, Annexverfahren bei Internationalen Insolvenzen, 2005, S. 114ff; Rauscher/*Mäsch*, Europäisches Zivilprozessrecht, Bd. 2, Art 1 EG-InsVO Rdnr. 7; *Paulus*, Europäische Insolvenzverordnung, Art 25 Rdnr. 21; MünchKommBGB/*Kindler* IntInsR Art. 3 EuInsVO Rdnr. 86ff; Pannen/*Pannen*, Europäische Insolvenzverordnung, Art. 3 Rdnr. 110; *Westpfahl/Goetker/Wilkens*, Grenzüberschreitende Insolvenzen, Rdnr. 221; *Willemer*, Vis attractiva concursus und die Europäische Insolvenzverordnung, 2006, S. 90ff.

[203] Vgl. den Beschluss des BGH vom 21. 6. 2007, abgedruckt in ZIP 2007, 1415 mit Anmerkungen *Cranshaw*, jurisPR-InsR 25/2007 Anm. 2; *Klöhn/Berner*, ZIP 2007, 1418; *Krummer*, jurisPR-BGHZivilR 33/2007 Anm. 1; *Mörsdorf-Schulte*, NZI 2008, 282; *Voss*, EWiR 2007, 751; *Zeuner/Elsner*, DZWIR 2008, 1. Die Frage war Gegenstand der Entscheidung des OLG Frankfurt/M ZIP 2006, 769; vgl. hierzu *Hinkel/Flitsch*, EWiR 2006, 237; *Mankowski/Willemer*, NZI 2006, 650.

[204] EuGH Rs. C-339/07 „Seagon" Slg. 2009 I-767; vgl. hierzu etwa *Cranshaw*, DZWIR 2009, 353, 358; *Dahl*, NJW-Spezial 2009, 246; *Hau*, KTS 2009, 382, 383; *Stürner/Kern*, LMK 2009, 278572; *Mock*, ZInsO 2009, 470; *Mörsdorf-Schulte*, ZIP 2009, 1456; *Müller*, EWiR 2009, 411.

[205] I. d. S. auch schon die Schlussanträge des GA *Colomer*, Rs. C-339/07 „Seagon" Slg. 2009 I-769; vgl. hierzu *Keller/Strempfle*, EWiR 2009, 53; *Mock*, ZInsO 2008, 1381.

internationale Zuständigkeit zuweist".²⁰⁶ Zur Begründung verweist der *EuGH* auf seine frühere Rechtsprechung zum EuGVÜ²⁰⁷ und auf die Erwägungsgründe zur EuInsVO, die als Zweck der Verordnung die Verbesserung der Effizienz und der Beschleunigung der Insolvenzverfahren sowie die Verhinderung des forum shopping im Interesse eines reibungslosen Funktionierens des Binnenmarktes²⁰⁸ festlegen. Zudem unterstreiche Art. 25 Abs. 1 Unterabs. 2 EuInsVO diese Auslegung.

79 Durch die Anwendung des Art. 3 Abs. 1 EuInsVO auf Insolvenzanfechtungsklagen werden auch die Zuständigkeitsregelungen für alle anderen insolvenzrechtlichen Annexverfahren auf den Prüfstand gestellt, sodass bei der Bestimmung der internationalen Zuständigkeit von solchen Zivil- und Handelssachen, die in einem Zusammenhang mit einem Insolvenzverfahren stehen, die Anwendbarkeit der EuInsVO in Erwägung gezogen werden muss.²⁰⁹

80 **d) Örtliche und sachliche Zuständigkeit.** Mit der Entscheidung des *EuGH* ist lediglich die Frage nach der internationalen Zuständigkeit für Annexverfahren beantwortet; diese richtet sich nach Art. 3 Abs. 1 EuInsVO.²¹⁰ Die Festlegung der sachlichen und örtlichen Zuständigkeit bleibt demgegenüber den Mitgliedstaaten überlassen.²¹¹ Für die deutschen Gerichte sind demnach die §§ 12 ff., 1 ZPO i. V. m. § 23 Nr. 1, § 71 GVG maßgebend.

81 Problematisch ist freilich der Fall, dass sich aus diesen Vorschriften kein Gerichtsstand für die **örtliche Zuständigkeit** entnehmen lässt. Besteht nämlich nach Art. 3 Abs. 1 EuInsVO die internationale Zuständigkeit für Annexverfahren, muss ein solcher Gerichtsstand gleichwohl zwingend bestimmt werden.²¹² Die Begründung der örtlichen Zuständigkeit eines deutschen Gerichts kann etwa bei Insolvenzanfechtungsklagen Schwierigkeiten bereiten, wenn der Anfechtungsgegner seinen Sitz im Ausland hat.²¹³ Der *BGH* hat dieses Problem in der Seagon-Folgeentscheidung durch eine analoge Anwendung von § 19a ZPO i. V. m. § 3 InsO, Art. 102 § 1 EGInsO gelöst. Danach ergibt sich der Gerichtsstand des sachlich zuständigen Gerichts am Ort des für das Verfahren zuständigen Insolvenzgerichts, sollten deutsche Gerichte für die Insolvenzanfechtungsklage europarechtlich international zuständig sein, ohne dass nach den allgemeinen deutschen Gerichtsstandsbestimmungen eine örtliche Zuständigkeit begründet wäre.²¹⁴

V. Anwendbares Recht

1. Grundsatz der lex fori concursus

82 **a) Allgemeines.** Nach Erwägungsgrund (23) soll die EuInsVO „für den Insolvenzbereich einheitliche Kollisionsnormen formulieren, die die Vorschriften des internationalen Privatrechts der Mitgliedsstaaten ersetzen". Der Verwirklichung dieses Ziels dienen die Kollisions- und Sachnormen der Art. 4 bis 15 EuInsVO. Ausgangspunkt für die Bestim-

---

²⁰⁶ EuGH Rs. C-339/07 „Seagon" Slg. 2009 I-791, Rdnr. 21.
²⁰⁷ EuGH Rs. 133/78 „Gourdain" Slg. 1979, 733. Vgl. hierzu Rdnr. 75.
²⁰⁸ Erwägungsgründe (2), (4) und (8).
²⁰⁹ So *Mock,* ZInsO 2009, 470, 474; ähnlich auch *Cranshaw,* DZWIR 2009, 353, 362.
²¹⁰ Vgl. Rdnr. 35 ff.
²¹¹ So auch ausdrücklich der EuGH Rs. C-339/07 „Seagon" Slg. 2009 I-791, Rdnr. 27.
²¹² So der BGH NJW 2009, 2215, 2216 in der Folgeentscheidung zu EuGH Rs. C-339/07 „Seagon" Slg. 2009 I-791; ferner *Mock,* ZInsO 2009, 470, 472.
²¹³ *Mock,* ZInsO 2009, 470, 472; *Mörsdorf-Schulte,* ZIP 2009, 1456, 1461.
²¹⁴ BGH NJW 2009, 2215 ff. mit Hinweis auf die Quelle-Folgeentscheidung des VIII. Zivilsenats (BGH NJW 2009, 427); im Ergebnis ebenso *Dahl,* NJW-Spezial 2009, 246; *Keller/Strempfle,* EWiR 2009, 53, 54; *Mörsdorf-Schulte,* ZIP 2009, 1456, 1462; *Riedemann,* EWiR 2009, 505. Für eine Analogie zu Art. 102 § 1 Abs. 3 EgInsO plädiert *Fehrenbach,* IPRax 2009, 492, 498. Eine ausdrücklich gesetzliche Regelung für erforderlich hält *Mock,* ZInsO 2009, 470, 474.

mung des anwendbaren Rechts ist dabei stets Art. 4 EuInsVO.²¹⁵ Danach gilt – vorbehaltlich abweichender Sonderregeln – für das gesamte Insolvenzverfahren das Insolvenzrecht desjenigen Mitgliedstaates, in dem das Verfahren eröffnet wird (Art. 4 Abs. 1 EuInsVO). **Das Insolvenzstatut richtet sich damit grundsätzlich nach der lex fori concursus.** Ausnahmen von diesem Grundsatz formulieren die in den Art. 5 bis 15 EuInsVO enthaltenen Sonderregelungen.²¹⁶

Die Anknüpfung des Insolvenzstatuts an die lex fori concursus führt zu einem **Gleichlauf von internationaler Zuständigkeit und anwendbarem Recht.**²¹⁷ Ob die Gerichte des Staates, in dem das Verfahren eröffnet wurde, ihre internationale Zuständigkeit rechtsfehlerfrei bejaht haben, ist nach dem der EuInsVO zugrunde liegenden Prinzip der automatischen Anerkennung grundsätzlich unbeachtlich.²¹⁸ Das Recht des Staates der Verfahrenseröffnung ist daher auch dann anwendbar, wenn die internationale Zuständigkeit für die Eröffnungsentscheidung zu Unrecht bejaht wurde.

Da Art. 4 Abs. 1 EuInsVO allein auf „das Insolvenzrecht des Mitgliedstaates", nicht aber auf dessen Kollisionsnormen Bezug nimmt, handelt es sich um eine **Sachnorm-**²¹⁹ **und keine Gesamtverweisung.**²²⁰ Etwaige Rück- oder Weiterverweisungen sind folglich unbeachtlich.

b) Anwendungsbereich. Der Grundsatz der lex fori concursus gilt gleichermaßen für **Hauptinsolvenz- wie für Territorialverfahren.**²²¹ Art. 28 EuInsVO stellt dies für das Sekundärinsolvenzverfahren noch einmal ausdrücklich klar. Trotz des Wortlauts der Vorschrift, die – anders als Art. 4 Abs. 1 EuInsVO – nicht auf das „Insolvenzrecht des Mitgliedstaates", sondern allgemeiner auf die „Rechtsvorschriften des Mitgliedstaats" verweist, handelt es sich auch bei Art. 28 EuInsVO um eine Sachnormverweisung.²²² Für Partikularinsolvenzverfahren fehlt eine dem Art. 28 EuInsVO entsprechende Vorschrift. Allerdings ergibt sich bereits aus der systematischen Stellung des Art. 4 EuInsVO im Kapitel I der „Allgemeinen Vorschriften", dass das Recht des Staates der Verfahrenseröffnung auch in Partikularinsolvenzverfahren maßgeblich ist.²²³ Einer analogen Anwendung des Art. 28 EuInsVO bedarf es daher nicht.²²⁴

---

²¹⁵ Vgl. nur MünchKommInsO/*Reinhart* Art 4 EuInsVO Rdnr. 1; *Virgós/Schmit*, Erläuternder Bericht, Rdnr. 88.
²¹⁶ Vgl. hierzu 111 ff.
²¹⁷ Haß/Huber/Gruber/Heiderhoff/*Haß/Herweg*, EU-Insolvenzverordnung, Art 4 Rdnr. 1.
²¹⁸ Vgl. hierzu Rdnr. 61.
²¹⁹ Duursma-Kepplinger/Duursma/Chalupsky/*Duursma-Kepplinger*, Europäische Insolvenzverordnung, Art 4 Rdnr. 2; Haß/Huber/Gruber/Heiderhoff/*Haß/Herweg*, EU-Insolvenzverordnung, Art 4 Rdnr. 2; *Leible/Staudinger*, KTS 2000, 533, 549; *Paulus*, Europäische Insolvenzverordnung, Art 4 Rdnr. 1; *Pinterich*, ZfRV 2008, 221, 229; MünchKommInsO/*Reinhart* Art 4 EuInsVO Rdnr. 1; *Smid*, Deutsches und Europäisches Internationales Insolvenzrecht, Art 4 Rdnr. 1; *Virgós/Schmit*, Erläuternder Bericht, Rdnr. 87.
²²⁰ Nicht durchgesetzt hat sich der Vorschlag von Drobnig, der de lege ferenda für eine Gesamtverweisung plädierte, „um die erwünschte Harmonie mit etwaigen abweichenden Auffassungen des Staates der Verfahrenseröffnung herzustellen", vgl. *Drobnig*, in: H. Stoll (Hrsg.), Stellungnahmen und Gutachten zur Reform des deutschen Internationalen Insolvenzrechts (1992), S. 51, 56.
²²¹ Erwägungsgrund (23), S. 3; *Fritz/Bähr*, DZWIR 2001, 221, 226; *Leible/Staudinger*, KTS 2000, 533, 549; *Virgós/Schmit*, Erläuternder Bericht, Rdnr. 89.
²²² Vgl. z. B. Duursma-Kepplinger/Duursma/Chalupsky/*Duursma-Kepplinger*, Europäische Insolvenzverordnung, Art 4 Rdnr. 4; Pannen/*Herchen*, Europäische Insolvenzverordnung, Art. 28 Rdnr. 4; *Westpfahl/Goetker/Wilkens*, Grenzüberschreitende Insolvenzen, Rdnr. 336.
²²³ Pannen/*Pannen/Riedemann*, Europäische Insolvenzverordnung, Art. 4 Rdnr. 4; MünchKommBGB/*Kindler* IntInsR Art. 4 EuInsVO Rdnr. 2.
²²⁴ Hierzu MünchKommBGB/*Kindler* IntInsR Art. 20 EuInsVO Rdnr. 14; vgl. auch *Paulus*, Europäische Insolvenzverordnung, Art 28 Rdnr. 2, der die Geltung des Art. 28 EuInsVO sowohl für Sekundär- als auch für Partikularinsolvenzverfahren annimmt.

86 Die lex fori concursus regelt nicht nur die Eröffnung, den Ablauf und den Abschluss des Insolvenzverfahrens, sondern gilt auch für **sämtliche verfahrensrechtlichen und materiellen Wirkungen** dieses Verfahrens. Dies ergibt sich sowohl aus dem Wortlaut des Art. 4 Abs. 1 EuInsVO als auch der Begründung des Verordnungsgebers.[225] Dadurch wird das bis heute umstrittene Problem der Unterscheidung zwischen prozess- und materiellrechtlichen Wirkungen des Insolvenzverfahrens elegant umgangen und ein Stück Rechtssicherheit innerhalb des Binnenmarktes geschaffen.[226]

87 In **zeitlicher Hinsicht** gilt für Rechtshandlungen, die der Schuldner vor Inkrafttreten der EuInsVO am 31. 5. 2002 vorgenommen hat, nach Art. 43 EuInsVO weiterhin das Recht, das zum Zeitpunkt der Vornahme anwendbar war.[227]

2. Umfang des Insolvenzstatuts

88 a) **Allgemeines.** Dem Insolvenzstatut unterfallen nach Art. 4 Abs. 1 EuInsVO das „Insolvenzverfahren und seine Wirkungen". Um welche Sachverhalte es sich dabei handelt, ist eine Frage der **Qualifikation.** Ist eine insolvenzrechtliche Qualifikation möglich, beruft Art. 4 EuInsVO die lex fori concursus. Handelt es sich um keinen insolvenzrechtlichen Sachverhalt, richtet sich die Bestimmung des anwendbaren Rechts entweder nach anderen unionsrechtlichen Kollisionsnormen, etwa der Rom I- oder der Rom II-VO, oder nach dem allgemeinen Kollisionsrecht der Mitgliedstaaten. Für die Auslegung des Begriffs „Insolvenzverfahren und seine Wirkungen" gibt Art. 4 Abs. 2 EuInsVO gewisse Anhaltspunkte. Nach Art. 4 Abs. 2 S. 1 EuInsVO werden vom Insolvenzstatut die Verfahrenseröffnung, die Durchführung und die Beendigung des Insolvenzverfahrens erfasst.[228] Zudem enthält Art. 4 Abs. 2 S. 2 EuInsVO einen Katalog von Materien, die stets als insolvenzrechtlich zu qualifizieren sind. Dieser Beispielskatalog ist außerdem eine wichtige Orientierungshilfe für die Zuordnung der von Art. 4 Abs. 2 S. 2 EuInsVO nicht ausdrücklich aufgezählten Bereiche.[229] Die Sonderanknüpfungen in den Art. 5 ff. EuInsVO betreffen solche Fälle, die aus Sicht des Verordnungsgebers zwar insolvenzrechtlich zu qualifizieren sind, aber gleichwohl gar nicht oder nur in begrenztem Umfang dem Insolvenzstatut unterfallen.[230]

89 b) **Beispielskatalog des Art. 4 Abs. 2 S. 2 EuInsVO.** Art. 4 Abs. 2 S. 2 EuInsVO enthält einen nicht abschließenden Beispielskatalog von Materien, die insolvenzrechtlicher Natur und stets nach dem Recht des Eröffnungsstaates zu behandeln sind. Vom Insolvenzstatut erfasst sind insbesondere folgende Bereiche:

90 aa) **Insolvenzfähigkeit.** Nach Art. 4 Abs. 2 S. 2 lit. a EuInsVO bestimmt das Insolvenzstatut darüber, bei welcher Art von Schuldnern ein Insolvenzverfahren zulässig ist, m. a. W. welche Schuldner insolvenzfähig sind und welche nicht. Die Insolvenzfähigkeit ist in den mitgliedstaatlichen Rechtsordnungen nicht einheitlich geregelt.[231] So sind etwa in einigen Mitgliedstaaten öffentlich-rechtliche Körperschaften oder natürliche Personen, die

---

[225] Siehe Erwägungsgrund (23), S. 4: „Die lex concursus regelt alle verfahrensrechtlichen wie materiellen Wirkungen des Insolvenzverfahrens auf die davon betroffenen Personen und Rechtsverhältnisse (…)". Vgl. auch *Virgós/Schmit*, Erläuternder Bericht, Rdnr. 90.

[226] Duursma-Kepplinger/Duursma/Chalupsky/*Duursma-Kepplinger*, Europäische Insolvenzverordnung, Art 4 Rdnr. 9; Haß/Huber/Gruber/Heiderhoff/*Haß/Herweg*, EU-Insolvenzverordnung, Art 4 Rdnr. 7; *Leible/Staudinger*, KTS 2000, 533, 550.

[227] Vgl. hierzu auch Rdnr. 17 f.

[228] So auch Erwägungsgrund (23), S. 4 a. E.

[229] Haß/Huber/Gruber/Heiderhoff/*Haß/Herweg*, EU-Insolvenzverordnung, Art 4 Rdnr. 9; Pannen/*Pannen/Riedemann*, Europäische Insolvenzverordnung, Art. 4 Rdnr. 12; MünchKommInsO/*Reinhart* Art 4 EuInsVO Rdnr. 3; *Virgós/Schmit*, Erläuternder Bericht, Rdnr. 91.

[230] Vgl. dazu Rdnr. 111 ff.

[231] Eine Zusammenfassung der einzelnen mitgliedstaatlichen Regelungen gibt http://ec.europa.eu/civiljustice/bankruptcy/bankruptcy_ger_de.htm (Stand: 23. 9. 2011).

keine Kaufmannseigenschaft besitzen, von Insolvenzverfahren ausgeschlossen.[232] Dies kann dazu führen, dass ein Insolvenzverfahren über das Schuldnervermögen nach Maßgabe der lex fori concursus zulässig ist, obwohl der Schuldner nach den Regelungen seines Heimatrechts nicht insolvenzfähig wäre.[233]

Die Insolvenzfähigkeit in Haupt- und Territorialverfahren ist getrennt zu beurteilen (Art. 4, Art. 28 EuInsVO). Das kann zur Folge haben, dass ein Schuldner nach der lex fori concursus des Hauptverfahrens insolvenzfähig ist, nach der lex fori concursus secundariae aber nicht; gleiches gilt umgekehrt.[234] Ist in dem Staat, in dem der Schuldner den Mittelpunkt seiner hauptsächlichen Interessen hat, ein Insolvenzverfahren mangels Insolvenzfähigkeit nicht möglich, kann es gemäß Art. 3 Abs. 4 lit. a EuInsVO gleichwohl zur Eröffnung eines Partikularinsolvenzverfahrens in einem anderen Mitgliedstaat kommen. Dies setzt voraus, dass der Schuldner nach dem Recht dieses Staates insolvenzfähig ist und dort über eine Niederlassung verfügt (Art. 3 Abs. 2 S. 1 EuInsVO).

Die von einem nach Art. 3 EuInsVO zuständigen Gericht mit der Verfahrenseröffnung implizit festgestellte Insolvenzfähigkeit ist durch die Gerichte der anderen Mitgliedstaaten ohne weiteres anzuerkennen. Das gilt auch dann, wenn nach der inländischen Rechtsordnung der Schuldner nicht insolvenzfähig wäre und ein Insolvenzverfahren nicht eröffnet werden könnte. Art. 16 Abs. 1 S. 2 EuInsVO stellt dies ausdrücklich klar.

bb) Massezugehörigkeit. Das Recht des Staates der Verfahrenseröffnung regelt zudem, welche Vermögenswerte zur Masse gehören und wie die nach der Verfahrenseröffnung vom Schuldner erworbenen Vermögenswerte zu behandeln sind (Art. 4 Abs. 2 S. 2 lit. b EuInsVO). Ebenso wie die Frage der Insolvenzfähigkeit ist auch die der Massezugehörigkeit im Haupt- und Territorialverfahren jeweils getrennt zu beurteilen mit der Konsequenz, dass es in beiden Verfahren zu unterschiedlichen Ergebnissen kommen kann.[235]

cc) Befugnisse des Schuldners und des Verwalters. Nach Art. 4 Abs. 2 S. 2 lit. c EuInsVO bestimmt die lex fori concursus auch über die Befugnisse des Schuldners und des Verwalters. Für die Befugnisse des **Verwalters** bestätigt dies auch Art. 18 Abs. 1 EuInsVO, wonach der Verwalter die Befugnisse, die ihm nach dem Recht des Staates der Verfahrenseröffnung zustehen, grundsätzlich auch in den anderen Mitgliedstaaten ausüben darf. Eine Einschränkung erfahren diese Befugnisse durch die kollisionsrechtliche Sondervorschrift des Art. 18 Abs. 3 EuInsVO. Danach hat der Verwalter bei der Ausübung seiner Befugnisse das Recht des Mitgliedstaates, in dessen Gebiet er handeln will, zu beachten (Art. 18 Abs. 3 S. 1 EuInsVO). Zudem ist es ihm verwehrt, Zwangsmittel anzuwenden oder Rechtsstreitigkeiten oder andere Auseinandersetzungen zu entscheiden (Art. 18 Abs. 3 S. 2 EuInsVO).

Für die Befugnisse des **Schuldners** statuiert Art. 14 EuInsVO eine Ausnahme von der generellen Maßgeblichkeit des Insolvenzstatuts.[236] Für entgeltliche Verfügungen nach Verfahrenseröffnung über unbewegliche Gegenstände oder bestimmte registerpflichtige Rechte ist die lex rei sitae bzw. die lex libri siti ausschlaggebend.

---

[232] Eine Übersicht zur Insolvenzfähigkeit bietet Pannen/*Pannen*, Europäische Insolvenzverordnung, Art. 3 Rdnr. 14.

[233] Duursma-Kepplinger/Duursma/Chalupsky/*Duursma-Kepplinger*, Europäische Insolvenzverordnung, Art 4 Rdnr. 13; Haß/Huber/Gruber/Heiderhoff/*Haß/Herweg*, EU-Insolvenzverordnung, Art 4 Rdnr. 22; Pannen/*Pannen/Riedemann*, Europäische Insolvenzverordnung, Art. 4 Rdnr. 41.

[234] Duursma-Kepplinger/Duursma/Chalupsky/*Duursma-Kepplinger*, Europäische Insolvenzverordnung, Art 4 Rdnr. 13; Haß/Huber/Gruber/Heiderhoff/*Haß/Herweg*, EU-Insolvenzverordnung, Art 4 Rdnr. 22; MünchKommBGB/*Kindler* IntInsR Art. 4 EuInsVO Rdnr. 16.

[235] Duursma-Kepplinger/Duursma/Chalupsky/*Duursma-Kepplinger*, Europäische Insolvenzverordnung, Art 4 Rdnr. 14; Haß/Huber/Gruber/Heiderhoff/*Haß/Herweg*, EU-Insolvenzverordnung, Art 4 Rdnr. 25; MünchKommBGB/*Kindler* IntInsR Art. 4 EuInsVO Rdnr. 18; Pannen/*Pannen/Riedemann*, Europäische Insolvenzverordnung, Art. 4 Rdnr. 46; *Pinterich*, ZfRV 2008, 221, 229.

[236] *Smid*, Deutsches und Europäisches Internationales Insolvenzrecht, Art 14 Rdnr. 1.

96   **dd) Aufrechnung.** Die Voraussetzungen für die Wirksamkeit einer Aufrechnung richten sich gemäß Art. 4 Abs. 2 S. 2 lit. d EuInsVO nach der lex fori concursus. Für Forderungen, die vor der Eröffnung des Insolvenzverfahrens entstanden sind, enthält Art. 6 EuInsVO eine Sonderregelung.[237] Eine weitere Sonderregelung, diesmal für den Bereich der Zahlungs- und Abwicklungssysteme, findet sich in Art. 9 EuInsVO, der in seinem Anwendungsbereich Art. 4 Abs. 2 S. 2 lit. d EuInsVO vorgeht.[238]

97   Art. 4 Abs. 2 S. 2 lit. d EuInsVO, nach dessen Wortlaut die „Voraussetzungen für die Wirksamkeit einer Aufrechnung" der lex fori concursus unterstehen, umfasst nicht nur die insolvenzrechtliche Zulässigkeit der Aufrechnung, sondern darüber hinaus auch deren materielle Wirksamkeit.[239] Eine Beschränkung der Reichweite des Insolvenzstatuts lässt sich auch den Erwägungsgründen der Verordnung nicht entnehmen.[240] Das Inkrafttreten der EuInsVO führt somit zu einer einheitlichen Anknüpfung der Aufrechnung in der Insolvenz.

98   **ee) Laufende Verträge.** Gemäß Art. 4 Abs. 2 S. 2 lit. e EuInsVO entscheidet die lex fori concursus über die Auswirkungen des Insolvenzverfahrens auf laufende Verträge des Schuldners.[241] Nach dem Recht des Staates der Verfahrenseröffnung richten sich demnach die Möglichkeiten des Verwalters zur Aufhebung laufender Verträge oder die des Gläubigers zur erleichterten Lösung vom Vertrag.[242]

99   Für einige Vertragstypen statuiert die EuInsVO Sonderregelungen, die Art. 4 Abs. 2 S. 2 lit. e EuInsVO vorgehen. Nicht der lex fori concursus unterfallen nach Art. 8 EuInsVO Verträge über unbewegliche Gegenstände und nach Art. 10 EuInsVO Arbeitsverträge; eine abweichende Regelung enthält außerdem Art. 7 Abs. 2 EuInsVO für den Kauf unter Eigentumsvorbehalt.

100   **ff) Auswirkungen auf die Rechtsverfolgunsgmaßnahmen.** Das Recht des Staates der Verfahrenseröffnung ist gemäß Art. 4 Abs. 2 S. 2 lit. f EuInsVO auch für die Auswirkungen der Eröffnung des Insolvenzverfahrens auf Rechtsverfolgungsmaßnahmen maßgeblich: Hiervon ausgenommen sind jedoch die Wirkungen des Insolvenzverfahrens auf anhängige Rechtsstreitigkeiten. Diese Ausnahme ist freilich nur deklaratorischer Natur;[243] denn die Wirkung der Verfahrenseröffnung auf anhängige Verfahren ergibt sich bereits aus der Sonderanknüpfung des Art. 15 EuInsVO. Danach gilt das Recht des Mitgliedstaats, in dessen Gebiet der Rechtsstreit anhängig ist (lex fori processus).

101   **gg) Konkurs- und Masseforderungen.** Nach Art. 4 Abs. 2 S. 2 lit. g EuInsVO regelt das Insolvenzstatut auch die Frage, welche Forderungen als Insolvenzforderungen anzumelden und wie Forderungen zu behandeln sind, die nach der Eröffnung des Insolvenzverfah-

---

[237] Vgl. auch Erwägungsgrund (26); hierzu ausführlich unter Rdnr. 120.
[238] Vgl. Rdnr. 125 f.
[239] So auch Duursma-Kepplinger/Duursma/Chalupsky/*Duursma-Kepplinger*, Europäische Insolvenzverordnung, Art 4 Rdnr. 16; *Eidenmüller*, IPrax, 2001, 2, 6 (Fn. 33); *Huber*, ZZP 114 (2001), 133, 161; MünchKommBGB/*Kindler* IntInsR Art. 4 EuInsVO Rdnr. 23; *Leible/Staudinger*, KTS 2000, 533, 555; *Taupitz*, ZZP 111 (1998), 315, 343; *Virgós/Garcimartin*, The European Insolvency Regulation: Law and Practice, Nr. 181; a.A. *Bork*, ZIP 2002, 690, 694; *Ehricke/Ries*, JuS 2003, 313, 316; Haß/Huber/Gruber/Heiderhoff/*Haß/Herweg*, EU-Insolvenzverordnung, Art. 4 Rdnr. 32; Rauscher/*Mäsch*, Europäisches Zivilprozessrecht, Bd. 2, Art. 6 EG-InsVO Rdnr. 10; Pannen/*Pannen/Riedemann*, Europäische Insolvenzverordnung, Art. 4 Rdnr. 51; MünchKommInsO/*Reinhart* Art 4 EuInsVO Rdnr. 22; *von Wilmowsky*, KTS 1998, 343, 357 f.
[240] Vgl. insoweit Erwägungsgrund (23), S. 1 ff.: Hiernach sollen einheitliche Kollisionsnormen geschaffen werden, die an die Stelle der allgemeinen Anknüpfungsregeln in den verschiedenen Mitgliedstaaten treten. Nach dem Willen des Verordnungsgebers greift dabei regelmäßig die lex fori concursus ein.
[241] Angesprochen sind damit insbesondere die in den §§ 103 ff. InsO geregelten Themenbereiche.
[242] Vgl. Duursma-Kepplinger/Duursma/Chalupsky/*Duursma-Kepplinger*, Europäische Insolvenzverordnung, Art 4 Rdnr. 18; Haß/Huber/Gruber/Heiderhoff/*Haß/Herweg*, EU-Insolvenzverordnung, Art 4 Rdnr. 35.
[243] Siehe auch MünchKommInsO/*Reinhart* Art 4 EuInsVO Rdnr. 26.

rens entstehen. Letzteres meint die gegebenenfalls vorrangige Befriedigung bestimmter Gläubiger, wie sie etwa im deutschen Recht in der Unterscheidung von Masse- und Insolvenzforderungen zum Ausdruck kommen.[244]

hh) Anmeldung, Prüfung und Feststellung der Forderungen. Das Recht des Staates der Verfahrenseröffnung regelt auch die Anmeldung, Prüfung sowie Feststellung der Forderungen (Art. 4 Abs. 2 S. 2 lit. h EuInsVO). Die in den Art. 32, 39 bis 42 EuInsVO enthaltenen materiellen Sonderregelungen bleiben hiervon unberührt.[245] Nicht dem Insolvenzstatut unterliegt die materiellrechtliche Vorfrage, ob eine Forderung überhaupt besteht. Ihre Beantwortung richtet sich vielmehr nach dem gemäß den allgemeinen Kollisionsnormen zu bestimmenden, auf die Forderung anwendbaren Recht (lex causae).[246] 102

ii) Verteilung des Erlöses, Rangfolge. Nach der lex fori concursus richtet sich, wie der aus der Verwertung des Vermögens fließende Erlös zu verteilen ist, welchen Rang den Forderungen zukommt und welche Rechte die Gläubiger haben, die nach der Eröffnung des Insolvenzverfahrens aufgrund eines dinglichen Rechts oder infolge einer Aufrechnung teilweise befriedigt wurden, Art. 4 Abs. 2 S. 2 lit. i EuInsVO. Wird neben dem Hauptinsolvenzverfahren ein Territorialverfahren eröffnet, kann es aufgrund des unterschiedlichen Insolvenzstatuts bei derselben Forderung zu unterschiedlichen Rangfolgen kommen.[247] 103

jj) Voraussetzungen und Wirkungen der Verfahrensbeendigung. Das Recht des Eröffnungsstaates entscheidet nach Art. 4 Abs. 2 S. 2 lit. j EuInsVO über die Voraussetzungen und die Wirkung der Beendigung des Insolvenzverfahrens, insbesondere durch Vergleich. Auch kann es aufgrund des unterschiedlichen Insolvenzstatuts zu einem Konflikt zwischen Hauptinsolvenz- und Territorialverfahren kommen.[248] 104

kk) Gläubigerrechte und Verfahrensbeendigung. Nach der lex fori concursus richten sich weiterhin die Rechte der Gläubiger nach Beendigung des Insolvenzverfahrens (Art. 4 Abs. 2 S. 2 lit. k EuInsVO). Angesprochen ist damit insbesondere die Möglichkeit einer Restschuldbefreiung zu Gunsten des Schuldners nach Verfahrensbeendigung.[249] 105

ll) Verfahrenskosten. Nach Art. 4 Abs. 2 S. 2 lit. l EuInsVO gibt das Recht des Staates der Verfahrenseröffnung vor, wer die Kosten des Insolvenzverfahrens einschließlich der Auslagen zu tragen hat. Dies ist eine Konsequenz der Maßgeblichkeit der lex fori für das Verfahren.[250] 106

mm) Gläubigerbenachteiligende Rechtshandlungen. Die lex fori concursus regelt gemäß Art. 4 Abs. 2 S. 2 lit. m EuInsVO, welche Rechtshandlungen nichtig, anfechtbar oder relativ unwirksam sind, weil sie die Gesamtheit der Gläubiger benachteiligen. Damit entscheidet das einzelstaatliche Recht darüber, ob eine Handlung mit Eröffnung des Insolvenzverfahrens automatisch nichtig wird oder auf Nichtigkeit erst geklagt werden muss und 107

---

[244] Duursma-Kepplinger/Duursma/Chalupsky/*Duursma-Kepplinger*, Europäische Insolvenzverordnung, Art 4 Rdnr. 20; *Smid*, Deutsches und Europäisches Internationales Insolvenzrecht, Art 4 Rdnr. 17.

[245] Vgl. etwa *Smid*, Deutsches und Europäisches Internationales Insolvenzrecht, Art 4 Rdnr. 18.

[246] Haß/Huber/Gruber/Heiderhoff/*Haß*/*Herweg*, EU-Insolvenzverordnung, Art 4 Rdnr. 40; Pannen/*Pannen*/*Riedemann*, Europäische Insolvenzverordnung, Art. 4 Rdnr. 59; *Pinterich*, ZfRV 2008, 221, 230.

[247] Duursma-Kepplinger/Duursma/Chalupsky/*Duursma-Kepplinger*, Europäische Insolvenzverordnung, Art 4 Rdnr. 24; Pannen/*Pannen*/*Riedemann*, Europäische Insolvenzverordnung, Art. 4 Rdnr. 61; *Pinterich*, ZfRV 2008, 221, 230; *Virgós*/*Schmit*, Erläuternder Bericht, Rdnr. 91.

[248] Siehe nur Haß/Huber/Gruber/Heiderhoff/*Haß*/*Herweg*, EU-Insolvenzverordnung, Art 4 Rdnr. 42.

[249] Haß/Huber/Gruber/Heiderhoff/*Haß*/*Herweg*, EU-Insolvenzverordnung, Art 4 Rdnr. 44; MünchKommBGB/*Kindler* IntInsR Rdnr. 244; Pannen/*Pannen*/*Riedemann*, Europäische Insolvenzverordnung, Art. 4 Rdnr. 65; MünchKommInsO/*Reinhart* Art 4 EuInsVO Rdnr. 38; *Virgós*/*Schmit*, Erläuternder Bericht, Rdnr. 91. Zu einem Überblick über Regelungsansätze zur Verbraucherinsolvenz und zur Restschuldbefreiung in den Mitgliedstaaten vgl. *Ehricke*, ZVI 2005, 285 ff.

[250] So MünchKommBGB/*Kindler* IntInsR Art. 4 EuInsVO Rdnr. 49.

unter welchen Voraussetzungen und mit welchen Folgen eine entsprechende Handlung angefochten werden kann.²⁵¹

108 Eine Einschränkung erfährt Art. 4 Abs. 2 S. 2 lit. m EuInsVO durch Art. 13 EuInsVO. Danach kommt die lex fori concursus dann nicht zum Zuge, wenn die durch die gläubigerbenachteiligende Handlung begünstigte Person nachweist, dass diese Handlung dem Recht eines anderen Mitgliedstaates als des Staates der Verfahrenseröffnung unterliegt und sie nach diesem Recht in keiner Weise angreifbar ist.²⁵²

109 c) **Qualifikation außerhalb des Beispielskatalogs.** Außerhalb des Beispielkatalogs des Art. 4 Abs. 2 Satz 2 EuInsVO bereitet die Zuordnung eines Sachverhalts oder einer Norm zum Insolvenzstatut Schwierigkeiten. Es gilt die zentrale Frage zu beantworten, **anhand welcher Kriterien ein Sachverhalt als insolvenzrechtlich zu qualifizieren ist.** Feststeht, dass Art. 4 EuInsVO nicht unbeschränkt sämtliche im Rahmen einer Insolvenz auftretenden Sachverhalte erfasst, sondern nur jene, die das Insolvenzverfahren und seine Wirkungen betreffen.²⁵³ Sachverhalte, die zwar im Zusammenhang mit grenzüberschreitenden Insolvenzen stehen, aber keine besondere Wirkung des Insolvenzverfahrens sind und auch nicht mit dessen Organisation eine enge Verbindung aufweisen, unterstellt Art. 4 EuInsVO nicht der lex fori concursus.²⁵⁴ Dies gilt etwa für solche sachen- oder grundbuchrechtlichen Fragestellungen, die zwar oft als Folge des Insolvenzverfahrens auftreten werden, aber für sich keine besondere Wirkung des Insolvenzverfahrens darstellen.²⁵⁵ Erfasst werden von Art. 4 EuInsVO dementsprechend nur solche Sachverhalte, die in einer **besonders engen Verbindung zum Insolvenzverfahren** stehen. Zur Konkretisierung dieser recht unbestimmten Vorgaben ist vor allem auf die Zwecke bzw. die Ziele des Insolvenzverfahrens abzustellen. Der lex fori concursus unterstehen demnach nur solche Vorschriften, die die Ziele des Insolvenzverfahrens verfolgen und dem Zweck des Rechtsinstituts „Insolvenzverfahren" dienen.²⁵⁶

110 Trotz aller Bemühungen ist ein wirklich trennscharfes Abgrenzungskriterium und damit eine befriedigende Lösung der Qualifikationsproblematik bisher nicht gefunden. Insbesondere bei der Bestimmung der Grenzlinie zwischen Insolvenz-, Delikts- und Gesellschaftsstatut bestehen noch beträchtliche Unschärfen. Für Rechtssicherheit in der Praxis wird erst eine von der Rechtsprechung herauszuarbeitende Kasuistik sorgen können.

3. Ausnahmen von der lex fori concursus

111 a) **Sonderregelungen.** Der Verordnungsgeber ging davon aus, dass aufgrund der großen Unterschiede im materiellen Recht ein einziges Insolvenzverfahren mit universaler Geltung für die gesamte Gemeinschaft nicht realisierbar ist.²⁵⁷ Die ausnahmslose Anwen-

---

²⁵¹ Duursma-Kepplinger/Duursma/Chalupsky/*Duursma-Kepplinger*, Europäische Insolvenzverordnung, Art 4 Rdnr. 28; Haß/Huber/Gruber/Heiderhoff/*Haß/Herweg*, EU-Insolvenzverordnung, Art 4 Rdnr. 46; *Virgós /Schmit*, Erläuternder Bericht, Rdnr. 91.

²⁵² Vgl dazu Rdnr. 132 f.

²⁵³ Duursma-Kepplinger/Duursma/Chalupsky/*Duursma-Kepplinger*, Europäische Insolvenzverordnung, Art 4 Rdnr. 6.

²⁵⁴ Haß/Huber/Gruber/Heiderhoff/*Haß/Herweg*, EU-Insolvenzverordnung, Art 4 Rdnr. 10.

²⁵⁵ Duursma-Kepplinger/Duursma/Chalupsky/*Duursma-Kepplinger*, Europäische Insolvenzverordnung, Art 4 Rdnr. 7; Haß/Huber/Gruber/Heiderhoff/*Haß/Herweg*, EU-Insolvenzverordnung, Art 4 Rdnr. 17.

²⁵⁶ Duursma-Kepplinger/Duursma/Chalupsky/*Duursma-Kepplinger*, Europäische Insolvenzverordnung, Art 4 Rdnr. 7; Haß/Huber/Gruber/Heiderhoff/*Haß/Herweg*, EU-Insolvenzverordnung, Art 4 Rdnr. 11; *Mankowski*, RIW 2004, 481, 486 nennt als Zwecke des Insolvenzverfahrens die Gläubigergleichbehandlung, die Realisierung der Haftungsordnung und einen Kontrollwechsel im Management von den Eigen- zu Fremdkapitalgebern; zu den insolvenztypischen Rechtsfolgen *Stummel*, Konkurs und Integration, Konventionsrechtliche Wege zur Bewältigung grenzüberschreitender Insolvenzverfahren (1991), S. 90.

²⁵⁷ Vgl. hierzu Erwägungsgrund (11).

dung des Rechts des Staates der Verfahrenseröffnung würde häufig zu Schwierigkeiten führen, die das Vertrauen der Marktteilnehmer in die Rechtssicherheit des Geschäftsverkehrs erschüttern könnten.[258] Die Sonderregelungen der Art. 5 bis 15 EuInsVO sollen derlei Probleme verhindern und dienen damit der Wahrung des Vertrauensschutzes und der Rechtssicherheit des Geschäftsverkehrs in anderen Staaten als dem der Verfahrenseröffnung.[259] Im Wesentlichen folgen diese Ausnahmevorschriften zwei Regelungstechniken: Entweder bleiben bestimmte Materien von den mit der Eröffnung des Insolvenzverfahrens verbundenen Wirkungen völlig unberührt (Art. 5 bis 7 EuInsVO) oder sie werden dem Recht des Mitgliedstaates unterstellt, zu dem sie eine größere Nähebeziehung aufweisen (Art. 8 bis 15 EuInsVO).

b) Dingliche Sicherungsrechte. Nach Art. 5 Abs. 1 EuInsVO werden dingliche Rechte von Gläubigern oder Dritten an körperlichen oder unkörperlichen, beweglichen oder unbeweglichen Gegenständen des Schuldners, die sich zum Zeitpunkt der Verfahrenseröffnung[260] im Gebiet eines anderen Mitgliedstaates befinden, durch die Eröffnung des Insolvenzverfahrens nicht berührt.[261] Befindet sich der Gegenstand in einem Drittstaat oder wird er nach Eröffnung des Verfahrens von einem Drittstaat in einen Mitgliedstaat gebracht, richtet sich seine Einbeziehung nach dem autonomen internationalen Insolvenzrecht des Staates, in dem das Verfahren eröffnet wurde.[262] **112**

Der sachrechtliche Regelungsgehalt[263] des Art. 5 Abs. 1 EuInsVO besteht darin, dingliche Sicherungsrechte an Gegenständen des Gemeinschuldners in anderen Staaten von den Wirkungen des Art. 17 EuInsVO[264] auszunehmen mit der Folge, dass die betreffenden Gegenstände keinerlei insolvenzrechtlichen Beschränkungen unterliegen. Gläubiger können daher ihre Sicherungsrechte unbeschadet des ausländischen Insolvenzverfahrens ausüben und die Gegenstände verwerten. Unter den Begriff des „Gegenstands" sind nicht nur Sachen, sondern jedweder Vermögensgegenstand zu fassen.[265] **113**

Der belastete Vermögensgegenstand wird dagegen Massebestandteil des ausländischen Insolvenzverfahrens. Verwertet der gesicherte Gläubiger den Gegenstand, hat er etwaige Übererlöse an den ausländischen Insolvenzverwalter herauszugeben.[266] **114**

---

[258] Duursma-Kepplinger/Duursma/Chalupsky/*Duursma-Kepplinger*, Europäische Insolvenzverordnung, Art 4 Rdnr. 31.
[259] Vgl. Erwägungsgrund (11); *Virgós/Schmit*, Erläuternder Bericht, Rdnr. 92.
[260] Vgl. Art. 2 lit. f EuInsVO. Dingliche Rechte, die erst nach Verfahrenseröffnung entstehen, unterfallen vorbehaltlich des Art. 14 EuInsVO (siehe hierzu Rdnr. 134) dem Hauptinsolvenzstatut nach Maßgabe des Art. 4 EuInsVO; vgl. nur *Huber*, ZZP 114 (2001), 133, 156; *Taupitz*, ZZP 111 (1998), 315, 341; *Virgós/Schmit*, Erläuternder Bericht, Rdnr. 96.
[261] Vgl. auch Erwägungsgrund (25).
[262] *Leible/Staudinger*, KTS 2000, 533, 551; *Paulus*, Europäische Insolvenzverordnung, Art 5 Rdnr. 4.
[263] Art. 5 Abs. 1 EuInsVO enthält keine Kollisionsnorm. So auch die h. M.: Duursma-Kepplinger/Duursma/Chalupsky/*Duursma-Kepplinger*, Europäische Insolvenzverordnung, Art 5 Rdnr. 22; MünchKommBGB/*Kindler* IntInsR Art. 5 EuInsVO Rdnr. 22; *Leible/Staudinger*, KTS 2000, 551; *Liersch*, NZI 2002, 15, 16; Rauscher/*Mäsch*, Europäisches Zivilprozessrecht, Bd. 2, Art 5 EG-InsVO Rdnr. 21; Moss/Fletcher/Isaacs/*Moss/Smith*, The EC Regulation on Insolvency Proceedings, Rdnr. 8.86; Pannen/*Ingelmann*, Europäische Insolvenzverordnung, Art. 5 Rdnr. 16; MünchKomm-InsO/*Reinhart* Art 5 EuInsVO Rdnr. 13; *Smid*, Deutsches und Europäisches Internationales Insolvenzrecht, Art 5 Rdnr. 15; a. A. *Fritz/Bähr*, DZWIR 2001, 221, 227; *von Bismarck/Schürmann-Kleber*, NZI 2005, 147, 148; *Flessner*, FS Drobnig, 277, 283; *Kemper*, ZIP 2001, 1609, 1615. Unter Aufgabe seiner früheren Ansicht auch Haß/Huber/Gruber/Heiderhoff/*Huber*, EU-Insolvenzverordnung, Art 5 Rdnr. 25; anders noch *Huber*, ZZP 114 (2001), 133, 158.
[264] Vgl. hierzu Rdnr. 142 ff.
[265] So *Paulus*, Europäische Insolvenzverordnung, Art 5 Rdnr. 5.
[266] Siehe auch Erwägungsgrund (25); ferner *Leible/Staudinger*, KTS 2000, 533, 553; Rauscher/*Mäsch*, Europäisches Zivilprozessrecht, Bd. 2, Art 5 EG-InsVO Rdnr. 24; *Virgós/Schmit*, Erläuternder Bericht, Rdnr. 99.

115 Der Begriff des „dinglichen Rechts" wird in der EuInsVO nicht definiert. Allerdings enthält Art. 5 Abs. 2 EuInsVO einen Beispielskatalog, aus dem sich verordnungsautonom die wesentlichen Charakteristika eines dinglichen Rechts folgern lassen:[267] In Übereinstimmung mit der Brüssel I-VO[268] ist unter einem dinglichen Recht ein absolutes, gegen jedermann wirkendes Recht zu verstehen, das unmittelbar an einen körperlichen Gegenstand oder ein Recht gebunden ist. Die Frage, zu wessen Vermögen die Sache gehört, spielt dabei keine Rolle.[269] Um dingliche Rechte im Sinne des Art. 5 Abs. 1 EuInsVO handelt es sich nicht nur bei Pfandrechten und Hypotheken (Art. 5 Abs. 2 lit. a EuInsVO), sondern auch bei dem ausschließlichen Recht, eine Forderung einzuziehen, insbesondere aufgrund eines Pfandrechts an einer Forderung oder ihrer Sicherungsabtretung (Art. 5 Abs. 2 lit. b EuInsVO). Dinglichen Rechten gleichgestellt sind nach Art. 5 Abs. 3 EuInsVO die in einem öffentlichen Register eingetragenen und gegenüber jedermann wirksamen Rechte. Demzufolge wird auch die Vormerkung (§ 883 BGB) nicht von der Eröffnung eines Insolvenzverfahrens in einem anderen Mitgliedstaat berührt.[270]

116 Die Vorfrage, ob überhaupt ein dingliches Recht besteht, ist unter Rückgriff auf die allgemeinen Anknüpfungsregeln des jeweiligen Eröffnungsstaates zu beantworten. In Deutschland gilt gemäß Art. 43 Abs. 1 EGBGB die lex rei sitae.[271] Der Sonderanknüpfung unterfallen allein dingliche Rechte, die vor Verfahrenseröffnung wirksam entstanden sind; besteht ein Sicherungsrecht aus einem mehraktigen Entstehungstatbestand, muss dieser insgesamt vor jenem Zeitpunkt abgeschlossen sein.[272]

117 Die Ausnahme der dinglichen Rechte von der lex fori concursus **überzeugt nur im Ansatz.** Sie berücksichtigt den Gesichtspunkt des Verkehrsschutzes und vermeidet eine ansonsten drohende Entwertung wohlerworbener lokaler Sicherheiten. Kreditgeber können sich weiterhin darauf verlassen, dass die ihnen eingeräumten Sicherheiten auch in der Insolvenz des Schuldners Bestand haben. Sie müssen nicht damit rechnen, durch die Eröffnung eines ausländischen Verfahrens mit Insolvenzwirkungen konfrontiert zu werden, die sie nicht vorsehen konnten und bei deren Kenntnis sie zur Kreditvergabe nicht oder nur zu anderen Konditionen bereit gewesen wären. Ihr berechtigtes Interesse, sich im Insolvenzfall aus dem Sicherungsgut nach den Regeln des ihnen bekannten und ihrer Abrede zugrunde gelegten nationalen Rechts befriedigen zu können, wird gewahrt.

118 Allerdings **geht der in Art. 5 EuInsVO gewährte Schutz dinglicher Sicherheiten zu weit:**[273] Für einen effektiven Schutz hätte es genügt, Sicherungsrechte an Auslandsver-

---

[267] Rauscher/*Mäsch*, Europäisches Zivilprozessrecht, Bd. 2, Art 5 EG-InsVO Rdnr. 7; a.A. *Virgós/Schmit*, Erläuternder Bericht, Rdnr. 100: Begriffsbestimmung nach der Rechtsordnung, die nach den allgemeinen Kollisionsregeln des Verfahrensstaats berufen ist.

[268] Vgl. hierzu etwa Rauscher/*Mankowski*, Europäisches Zivilprozessrecht, Bd. 1, Art 22 Brüssel I-VO Rdnr. 6.

[269] So auch Duursma-Kepplinger/Duursma/Chalupsky/*Duursma-Kepplinger*, Europäische Insolvenzverordnung, Art 5 Rdnr. 52; Rauscher/*Mäsch*, Europäisches Zivilprozessrecht, Bd. 2, Art 5 EG-InsVO Rdnr. 7; *Pinterich*, ZfRV 2008, 221, 231; MünchKommInsO/*Reinhart* Art 5 EuInsVO Rdnr. 4; *Virgós/Schmit*, Erläuternder Bericht, Rdnr. 103.

[270] *Fritz/Bähr*, DZWIR 2001, 221, 227; *Leible/Staudinger*, KTS 2000, 533, 552; *Smid*, Deutsches und Europäisches Internationales Insolvenzrecht, Art 5 Rdnr. 33.

[271] So die h.M.; vgl. nur *Haas*, FS Gerhardt, 319, 333; Haß/Huber/Gruber/Heiderhoff/*Huber*, EU-Insolvenzverordnung, Art 5 Rdnr. 8; *Leible/Staudinger*, KTS 2000, 533, 551; *Paulus*, Europäische Insolvenzverordnung, Art 5 Rdnr. 7; *Westpfahl/Goetker/Wilkens*, Grenzüberschreitende Insolvenzen, Rdnr. 341; a.A. *Gottwald*, Grenzüberschreitende Insolvenzen, 1997, S. 33; *Herchen*, Das Übereinkommen über Insolvenzverfahren der Mitgliedstaaten der EU, 2000, 117, der auf das Kollisionsrecht der lex rei sitae verweist. In der Regel ergeben sich aus dem Streit jedoch keine unterschiedlichen Ergebnisse.

[272] Haß/Huber/Gruber/Heiderhoff/*Huber*, EU-Insolvenzverordnung, Art 5 Rdnr. 12; *Leible/Staudinger*, KTS 2000, 533, 550.

[273] *Leible/Staudinger*, KTS 2000, 533, 552; kritisch auch *Liersch*, NZI 2006, 15 ff; *v. Wilmowsky*, EWS 1997, 295, 298 ff.

mögen dem Insolvenzrecht des Belegenheitsorts[274] zu unterwerfen, sie im Übrigen aber in das ausländische Hauptinsolvenzverfahren einzubeziehen.

Art. 5 EuInsVO schafft auf den ersten Blick für den Schuldner ein insolvenzrechtliches Schlupfloch, der auf dem Territorium anderer Mitgliedstaaten Vermögensgegenstände hortet. Abgemildert wird die drohende Schlechterstellung der Gläubiger und Auszehrung der Insolvenzmasse allerdings dadurch, dass nur die dinglichen Rechte, nicht jedoch die mit ihnen belasteten Sachen des Schuldners von der ausländischen Insolvenzeröffnung unberührt bleiben. Letztere werden aufgrund der Universalität des Hauptinsolvenzverfahrens selbstverständlich Massebestandteil mit der Folge, dass die nach ihrer Verwertung und der Befriedigung der gesicherten Forderung verbleibenden Überschüsse vom Verwalter auch ohne Eröffnung eines Sekundärinsolvenzverfahrens zur Masse heraus verlangt werden können.

c) Aufrechnung. Eine Ausnahmebestimmung von der allgemeinen Kollisionsnorm enthält Art. 6 EuInsVO für Aufrechnungen. Diese Vorschrift schränkt Art. 4 Abs. 2 S. 2 lit. d EuInsVO ein, demzufolge das Recht des Staates der Verfahrenseröffnung für die Voraussetzungen der Wirksamkeit einer Aufrechnung maßgeblich ist.[275] Nach Art. 6 Abs. 1 EuInsVO wird die Befugnis des Gläubigers, mit seiner Forderung gegen eine Forderung des insolventen Schuldners aufzurechnen, von der Eröffnung des Insolvenzverfahrens nicht berührt, sofern die Aufrechnung nach dem auf die Forderung des Schuldners anwendbaren mitgliedstaatlichen Recht zulässig ist.

Der Verordnungsgeber sieht in Art. 6 EuInsVO eine dem Art. 5 EuInsVO ähnliche Vertrauensschutzvorschrift:[276] Der Gläubiger, der sich gegen mangelnde Zahlungsfähigkeit oder -willigkeit des Schuldners durch die Möglichkeit der Aufrechnung gegen eine Schuldnerforderung auch im Falle der Insolvenz der Schuldners geschützt sah, soll in diesem Vertrauen durch aufrechnungsfeindliche Vorschriften des Insolvenzstatuts nicht enttäuscht werden.[277]

d) Eigentumsvorbehalt. Eine ähnliche Regelung wie die dinglichen Rechte (Art. 5 EuInsVO) hat auch der einfache[278] Eigentumsvorbehalt gefunden. Nach Art. 7 Abs. 1 EuInsVO bleiben die Rechte des Verkäufers aus dem Eigentumsvorbehalt von der Insolvenz des Käufers unberührt, wenn die mit ihm belastete Sache zum Zeitpunkt der Verfahrenseröffnung in einem anderen Mitgliedstaat belegen[279] ist. Umgekehrt rechtfertigt die Insolvenz des Vorbehaltsverkäufers gemäß Art. 7 Abs. 2 EuInsVO weder eine Auflösung oder Beendigung des Kaufvertrages noch steht sie dem Eigentumserwerb des Vorbehaltskäufers entgegen.

Die Unberührbarkeit des Eigentumsvorbehalts steht und fällt allerdings mit der Frage, ob die lex rei sitae ein solches Recht überhaupt anerkennt.[280] In diesem Zusammenhang ist die Zahlungsverzugsrichtlinie zu beachten.[281] Nach ihrem Art. 4 Abs. 1 soll jeder Gläubiger in den Stand gesetzt werden, innerhalb des Binnenmarktes einen einfachen Eigentumsvorbehalt im Sinne des Art. 2 Nr. 3 der Richtlinie geltend zu machen, falls dieser nach den einschlägigen nationalen Vorschriften rechtswirksam vereinbart ist.

---

[274] In Deutschland: den §§ 166 ff. InsO.
[275] *Pinterich*, ZfRV 2008, 221, 232; MünchKommInsO/*Reinhart* Art 6 EuInsVO Rdnr. 1 vgl. zu Art. 4 Abs. 2 S. 2 lit. d EuInsVO auch Rdnr. 96 f.
[276] Vgl. Erwägungsgrund (26), S. 2: „Garantiefunktion" der Aufrechnung; siehe auch *Virgós/Schmit*, Erläuternder Bericht, Rdnr. 107.
[277] So Rauscher/*Mäsch*, Europäisches Zivilprozessrecht, Bd. 2, Art 6 EG-InsVO Rdnr. 1.
[278] Der Begriff des Eigentumsvorbehalts in Art. 7 EuInsVO erfasst weder den erweiterten noch den verlängerten Eigentumsvorbehalt, vgl. Haß/Huber/Gruber/Heiderhoff/*Huber*, EU-Insolvenzverordnung, Art 7 Rdnr. 3.
[279] Vgl. hierzu Art. 2 lit. g 1. Spiegelstrich EuInsVO.
[280] *Eidenmüller*, IPrax, 2001, 2, 6; Pannen/*Ingelmann*, Europäische Insolvenzverordnung, Art. 7 Rdnr. 5; *Leible/Staudinger*, KTS 2000, 533, 553; *Pinterich*, ZfRV 2008, 221, 233.
[281] Richtlinie 2000/735/EG vom 29. 6. 2000 zur Bekämpfung von Zahlungsverzug im Geschäftsverkehr. Vgl. hierzu *Leible/Staudinger*, KTS 2000, 533, 555.

124 **e) Vertrag über einen unbeweglichen Gegenstand.** Die lex fori concursus legt grundsätzlich fest, wie sich das Insolvenzverfahren auf laufende Verträge des Schuldners auswirkt (Art. 4 Abs. 2 S. 2 lit. e EuInsVO). Abweichend hiervon bestimmt jedoch Art. 8 EuInsVO, dass für die Wirkungen des Insolvenzverfahrens auf einen Vertrag, der zum Erwerb oder zur Nutzung eines unbeweglichen Gegenstands berechtigt, ausschließlich das Recht des Mitgliedstaats maßgebend ist, in dessen Gebiet der Gegenstand belegen ist.[282] Diese Sonderanknüpfung beruft die Sachnormen der lex rei sitae zur Anwendung und soll damit den besonderen Interessen des Lagestaates der Immobilie Rechnung tragen.[283]

125 **f) Zahlungssysteme und Finanzmärkte.** Sonderregeln finden sich weiterhin für die Behandlung der Rechte und Pflichten von Mitgliedern eines Zahlungs- oder Abwicklungssystems oder eines Finanzmarktes. Hierfür ist nach Art. 9 Abs. 1 EuInsVO ausschließlich das Recht des Mitgliedstaats maßgebend, das für das betreffende System oder den betreffenden Markt gilt.

126 Von Bedeutung ist in diesem Zusammenhang die Finalitätsrichtlinie,[284] deren Vorschriften Vorrang vor der EuInsVO genießen.[285]

127 **g) Arbeitsvertrag.** Für die Wirkungen des Insolvenzverfahrens auf Arbeitsverhältnisse – insbesondere deren Fortsetzung oder Beendigung – gilt ausschließlich das Recht desjenigen Mitgliedstaates, das auf den Arbeitsvertrag anzuwenden ist (Art. 10 EuInsVO). Dabei handelt es sich um eine Ausnahme von der allgemeinen Regel des Art. 4 Abs. 2 S. 2 lit. e EuInsVO, demzufolge die Auswirkungen des Insolvenzverfahrens auf laufende Verträge des Schuldners grundsätzlich nach dem Insolvenzstatut zu bestimmen sind.

128 Welches Recht anzuwenden ist, ist anhand der allgemeinen Anknüpfungsregeln zu ermitteln. Einschlägig ist Art. 8 Rom I-VO. Über andere insolvenzrechtliche Fragen, etwa nach Vorrechten oder dem Rang von Arbeitnehmerforderungen, entscheidet hingegen das Insolvenzstatut.[286]

129 **h) Wirkung auf eintragungspflichtige Rechte.** Bedürfen Rechte des Schuldners an einem unbeweglichen Gegenstand, einem Schiff oder einem Luftfahrzeug der Eintragung in ein öffentliches Register, so entscheidet nach Art. 11 EuInsVO über die Wirkungen des Insolvenzverfahrens das Recht des Mitgliedstaates, unter dessen Aufsicht das Register geführt wird. Art. 11 EuInsVO beruft damit die lex libri siti zur Anwendung.

130 Zu beachten ist, dass die Vorschrift restriktiver als Art. 8, 9 oder 10 EuInsVO gefasst ist, da das Registerstatut nicht „ausschließlich" maßgebend sein soll, sondern neben der lex fori concursus zur Anwendung gelangt.[287]

---

[282] Im deutschen Recht insbesondere die §§ 108 bis 111 InsO; vgl. auch Rauscher/*Mäsch*, Europäisches Zivilprozessrecht, Bd. 2, Art 8 EG-InsVO Rdnr. 1; *Paulus*, Europäische Insolvenzverordnung, Art 8 Rdnr. 7; Pannen/*Riedemann*, Europäische Insolvenzverordnung, Art. 8 Rdnr. 21.

[283] *Ehricke/Ries*, JuS 2003, 313, 317; Haß/Huber/Gruber/Heiderhoff/*Huber*, EU-Insolvenzverordnung, Art 8 Rdnr. 2; Rauscher/*Mäsch*, Europäisches Zivilprozessrecht, Bd. 2, Art 8 EG-InsVO Rdnr. 1; Moss/Fletcher/Isaacs/*Moss/Smith*, The EC Regulation on Insolvency Proceedings, Rdnr. 8.109; Pannen/*Riedemann*, Europäische Insolvenzverordnung, Art. 8 Rdnr. 1; *Virgós/Schmit*, Erläuternder Bericht, Rdnr. 118.

[284] Richtlinie 1998/26/EG vom 19. 5. 1998 über die Wirksamkeit von Abrechnungen in Zahlungs- sowie Wertpapierliefer- und -abrechnungssystemen.

[285] Erwägungsgrund (27); Duursma-Kepplinger/Duursma/Chalupsky/*Duursma*, Europäische Insolvenzverordnung, Art 9 Rdnr. 1; *Leible/Staudinger*, KTS 2000, 533, 560.

[286] Erwägungsgrund (28); *Virgós/Schmit*, Erläuternder Bericht, Rdnr. 128.

[287] So die ganz h. M., vgl. nur Pannen/*Dammann*, Europäische Insolvenzverordnung, Art. 11 Rdnr. 9; Duursma-Kepplinger/Duursma/Chalupsky/*Duursma-Kepplinger*, Europäische Insolvenzverordnung, Art 11 Rdnr. 7; *Ehricke/Ries*, JuS 2003, 313, 317; MünchKommBGB/*Kindler* IntInsR Art. 11 EuInsVO Rdnr. 9; *Leible/Staudinger*, KTS 2000, 533, 557; *Smid*, Deutsches und Europäisches Internationales Insolvenzrecht, Art 11 Rdnr. 7; *Virgós/Schmit*, Erläuternder Bericht, Rdnr. 130; a. A. MünchKommInsO/*Reinhart* Art 11 EuInsVO Rdnr. 11.

i) Gemeinschaftspatente und -marken. Einer besonderen Regelung unterwirft der Verordnungsgeber in Art. 12 EuInsVO auch Gemeinschaftspatente, -marken sowie vergleichbare durch Gemeinschaftsvorschriften begründete Rechte. Gewerbliche Schutzrechte können danach nur in ein Verfahren nach Art. 3 Abs. 1 EuInsVO einbezogen werden, also nur in ein Verfahren, das in demjenigen Mitgliedstaat eröffnet wurde, in dem der Schuldner den Mittelpunkt seiner hauptsächlichen Interessen hat.

j) Benachteiligende Handlungen. Aus Gründen des Vertrauensschutzes nimmt Art. 13 EuInsVO eine die Gesamtheit der Gläubiger benachteiligende Handlung dann von der Regelanknüpfung aus[288] und unterstellt sie abweichend von Art. 4 Abs. 2 S. 2 lit. m EuInsVO nicht der lex fori concursus, wenn der durch sie begünstigten Person der Nachweis gelingt, dass für diese Handlung das Recht eines anderen Staates als das der Verfahrenseröffnung maßgeblich und die Handlung im konkreten Fall nach diesem Recht „in keiner Weise" angreifbar ist. Die Formulierung „in keiner Weise" macht deutlich, dass Art. 13 EuInsVO nur dann greift, wenn die benachteiligende Handlung weder nach den Insolvenzgesetzen noch nach den allgemeinen Normen der lex causae angefochten werden kann.[289]

Es handelt sich um eine Einrede, die vom Begünstigten sowohl im Haupt- als auch im Territorialverfahren erhoben werden kann.[290] Kann der Anfechtungsgegner das Vorliegen der durch Art. 13 EuInsVO geforderten Voraussetzungen beweisen, ist eine Anfechtung nach der lex fori concursus ausgeschlossen; die gläubigerbenachteiligende Rechtshandlung bleibt dann wirksam.[291]

k) Schutz des Dritterwerbers. Für bestimmte Verfügungen nach Verfahrenseröffnung ist nach Art. 14 EuInsVO und abweichend von Art. 4 Abs. 2 S. 2 lit. c EuInsVO die lex rei sitae bzw. die lex libri siti maßgeblich: Verfügt der Schuldner nach Verfahrenseröffnung entgeltlich über unbewegliche Gegenstände, Schiffe oder Luftfahrzeuge, die der Eintragung in ein öffentliches Register bedürfen, oder über Wertpapiere, deren Existenz von der Registereintragung abhängt, so beurteilt sich die Wirksamkeit derartiger Rechtshandlungen nach dem Recht des Mitgliedstaates, in dessen Gebiet der unbewegliche Gegenstand belegen ist (lex rei sitae) oder unter dessen Aufsicht das Register geführt wird (lex libri siti).

Berufen wird dabei das am Lage- oder Registerort geltende Insolvenzsachrecht samt seiner Regelungen über den Gutglaubensschutz,[292] da Art. 14 EuInsVO nach seiner ratio legis gutgläubige Dritte gegenüber einem ausländischen Insolvenzverfahren in einem anderen Mitgliedstaat nicht schlechter stellen will als in einem inländischen Verfahren.[293]

l) Wirkungen des Insolvenzverfahrens auf anhängige Rechtsstreitigkeiten. Gemäß Art. 4 Abs. 2 S. 2 lit. f EuInsVO regelt die lex fori concursus, wie sich die Eröffnung eines Insolvenzverfahrens auf Rechtsverfolgungsmaßnahmen einzelner Gläubiger auswirkt. Ausgenommen sind jedoch die Wirkungen auf anhängige Verfahren. Für die Wirkungen

---

[288] Vgl. hierzu etwa *Huber*, ZZP 114 (2001), 133, 165; MünchKommBGB/*Kindler* IntInsR Art. 5 EuInsVO Rdnr. 51.

[289] Pannen/*Pannen*/*Riedemann*, Europäische Insolvenzverordnung, Art. 4 Rdnr. 69; *Pinterich*, ZfRV 2008, 221, 231; *Virgós*/*Schmit*, Erläuternder Bericht, Rdnr. 137.

[290] Vgl. nur *Paulus*, Europäische Insolvenzverordnung, Art 13 Rdnr. 3; *Virgós*/*Schmit*, Erläuternder Bericht, Rdnr. 139.

[291] *Pinterich*, ZfRV 2008, 221, 236.

[292] Vgl. für das deutsche Recht § 81 Abs. 1 InsO i.V.m. §§ 892, 893 BGB bzw. §§ 16, 17 des Gesetzes über Rechte an eingetragenen Schiffen und Schiffsbauwerken und §§ 16, 17 des Gesetzes über Rechte an Luftfahrzeugen; § 91 InsO i.V.m. §§ 878, 892, 893 BGB bzw. §§ 3 Abs. 3, 16, 17 des Gesetzes über Rechte an eingetragenen Schiffen und Schiffsbauwerken und §§ 5 Abs. 3, 16, 17 des Gesetzes über Rechte an Luftfahrzeugen und § 20 Abs. 3 der Schifffahrtsrechtlichen Verteilungsordnung.

[293] *Smid*, Deutsches und Europäisches Internationales Insolvenzrecht, Art 14 Rdnr. 1; *Virgós*/*Schmit*, Erläuternder Bericht, Rdnr. 141.

des Insolvenzverfahrens auf einen anhängigen Rechtsstreit über einen Gegenstand oder ein Recht der Masse ist gemäß der Sachnormverweisung[294] in Art. 15 EuInsVO ausschließlich das Recht des Mitgliedstaates maßgeblich, in dem der Rechtsstreit anhängig ist (lex fori processus).

136 In Deutschland bildet insoweit § 240 ZPO die einschlägige Maßstabsnorm. Die Eröffnung eines anzuerkennenden Insolvenzverfahrens in einem Mitgliedstaat unterbricht den betreffenden Inlandsprozess, sofern das ausländische Recht eine ausschließliche Prozessführungsbefugnis des Insolvenzverwalters auch bezüglich des in anderen Staaten belegenen Schuldnervermögens vorsieht.[295]

VI. Gegenseitige Anerkennung von Insolvenzverfahren

137 Das „Herzstück" der EuInsVO bilden die Vorschriften über die Anerkennung des Insolvenzverfahrens (Kapitel II). Die Anerkennung einer Entscheidung über die Eröffnung eines Insolvenzverfahrens ist Gegenstand von Art. 16 ff. EuInsVO. Art. 25 EuInsVO normiert hingegen die Anerkennung und Vollstreckbarkeit sonstiger Entscheidungen, also insbesondere solcher, die zur Durchführung und Beendigung eines Insolvenzverfahrens ergehen.

1. Anerkennung der Eröffnungsentscheidung

138 **a) Voraussetzungen der Anerkennung.** Die Eröffnung eines Insolvenzverfahrens durch ein nach Art. 3 EuInsVO zuständiges Gericht eines Mitgliedstaates wird gemäß Art. 16 Abs. 1 S. 1 EuInsVO in allen übrigen Mitgliedstaaten anerkannt, sobald die Entscheidung im Staat der Verfahrenseröffnung wirksam ist. Das gilt selbst dann, wenn der Schuldner in einem anderen Mitgliedstaat nicht insolvenzfähig ist (Art. 16 Abs. 1 S. 2 EuInsVO). Die Anerkennung erfolgt ipso iure und bedarf keiner besonderen Entscheidung oder eines Anerkennungsverfahrens.[296] Art. 16 EuInsVO **gilt sowohl für Hauptinsolvenz- als auch für Territorialverfahren**. Dies ergibt sich bereits aus der Verweisung des Art. 16 EuInsVO, die alle in einem Mitgliedstaat gemäß Art. 3 EuInsVO eröffneten Verfahren erfasst.[297] Bei Territorialverfahren beschränkt sich die Anerkennungswirkung freilich darauf, dass der auf den Eröffnungsstaat begrenzte Vermögensbeschlag nicht in Frage gestellt wird.[298]

139 Voraussetzung für eine Anerkennung ist zunächst, dass es sich bei der anzuerkennenden Entscheidung um die Eröffnungsentscheidung eines „Insolvenzverfahrens" handelt. Ge-

---

[294] Für eine Sachnormverweisung spricht nicht nur der Wortlaut der Vorschrift, sondern auch die Systematik: Art. 15 EuInsVO durchbricht die Regelanknüpfung nach Art. 4 Abs. 2 S. 2 lit. f EuInsVO, die ihrerseits aber ebenfalls allein eine Sachnormverweisung enthält; vgl. etwa Duursma-Kepplinger/Duursma/Chalupsky/*Duursma-Kepplinger*, Europäische Insolvenzverordnung, Art 15 Rdnr. 6; Haß/Huber/Gruber/Heiderhoff/*Gruber*, EU-Insolvenzverordnung, Art 15 Rdnr. 10; *Leible/Staudinger*, KTS 2000, 533, 558; Rauscher/*Mäsch*, Europäisches Zivilprozessrecht, Bd. 2, Art 15 EG-InsVO Rdnr. 2; MünchKommInsO/*Reinhart* Art 15 EuInsVO Rdnr. 10.

[295] Vgl. hierzu OLG Hamburg OLG-Report Hamburg 2008, 622; OLG Köln ZIP 2007, 2287; OLG München IPRspr 2008 Nr. 233; MünchKommZPO/*Gehrlein*, § 240 Rdnr. 11; *Eyber*, ZInsO 2009, 1225.

[296] So zB EuGH Rs. C-444/07 „Probud" Slg. 0000, I-0000 (= NZI 2010, 156) Rdnr. 26; Rauscher/*Mäsch*, Europäisches Zivilprozessrecht, Bd. 2, Art 16 EG-InsVO Rdnr. 1; ferner AG Duisburg NJW-RR 2003, 556.

[297] So etwa Duursma-Kepplinger/Duursma/Chalupsky/*Duursma-Kepplinger/Chalupsky*, Europäische Insolvenzverordnung, Art 16 Rdnr. 9; Rauscher/*Mäsch*, Europäisches Zivilprozessrecht, Bd. 2, Art 16 EG-InsVO Rdnr. 4; MünchKommInsO/*Reinhart* Art 16 EuInsVO Rdnr. 7; *Virgós/Schmit*, Erläuternder Bericht, Rdnr. 146.

[298] Duursma-Kepplinger/Duursma/Chalupsky/*Duursma-Kepplinger/Chalupsky*, Europäische Insolvenzverordnung, Art 16 Rdnr. 9; Rauscher/*Mäsch*, Europäisches Zivilprozessrecht, Bd. 2, Art 16 EG-InsVO Rdnr. 4; *Westpfahl/Goetker/Wilkens*, Grenzüberschreitende Insolvenzen, Rdnr. 230; vgl. hierzu auch OLG Düsseldorf RIW 2005, 150.

meint sind damit die in Art. 2 lit. a i. V. m. Anhang A EuInsVO abschließend aufgelisteten Verfahren.[299] Zudem muss es sich um die Entscheidung eines Gerichts handeln, die im Eröffnungsstaat nach der lex fori concursus wirksam ist; auf die formelle oder materielle Rechtskraft der Entscheidung kommt es nicht an.[300] Dabei ist unter „Eröffnung eines Insolvenzverfahrens" nicht nur eine Entscheidung zu verstehen, die förmlich für sich in Anspruch nimmt, eine Eröffnungsentscheidung zu sein. Vielmehr reicht auch – wie der *EuGH* nunmehr ausdrücklich entscheiden hat[301] – die Anordnung von Sicherungsmaßnahmen, wenn diese Entscheidung den Vermögensbeschlag gegen den Schuldner zur Folge hat und durch sie ein in Anhang C der Verordnung genannter Verwalter bestellt wird.[302] Der Begriff des „Gerichts" im Sinne der Verordnung ist weit und funktional zu verstehen, wie sich aus der Legaldefinition in Art. 2 lit. d EuInsVO ergibt.[303] Ein Gericht ist danach das Justizorgan oder jede sonstige zuständige Stelle eines Mitgliedstaates, die befugt ist, ein Insolvenzverfahren zu eröffnen oder im Laufe des Verfahrens Entscheidungen zu treffen.

Missverständlich ist hingegen die Formulierung des Art. 16 Abs. 1 S. 1 EuInsVO, wonach die Eröffnung des Verfahrens durch ein nach Art. 3 EuInsVO „zuständiges" Gericht erfolgen muss.[304] Dieser Formulierung kann nicht entnommen werden, die Zuständigkeit des ausländischen Gerichts im Sinne des Art. 3 Abs. 1 EuInsVO sei als Anerkennungsvoraussetzung im Inland überprüfungsfähig, wenn nicht gar -pflichtig.[305] Vielmehr dürfen die Voraussetzungen für die Zuständigkeit des eröffnenden Gerichts im Anerkennungsstaat nicht überprüft werden, da die Anerkennung der Entscheidungen auf dem „Grundsatz des gegenseitigen Vertrauens"[306] fußt.[307] Daraus folgt zugleich, dass die fehlerhafte Beurteilung der internationalen Zuständigkeit auch keinen Verstoß gegen den Ordre public begründen kann, unter dessen Vorbehalt die Anerkennung steht (Art. 26 EuInsVO).[308]

---

[299] Vgl. hierzu auch Rdnr. 27.
[300] *Huber,* ZZP 114 (2001), 133, 145; MünchKommBGB/*Kindler* IntInsR Art. 16 EuInsVO Rdnr. 8; *Leible/Staudinger,* KTS 2000, 533, 545; *Pannen/Pannen/Riedemann,* Europäische Insolvenzverordnung, Art. 16 Rdnr. 11; MünchKommInsO/*Reinhart,* Art 16 EuInsVO Rdnr. 9; *Smid,* Deutsches und Europäisches Internationales Insolvenzrecht, Art 16 Rdnr. 4; *Virgós/Schmit,* Erläuternder Bericht, Rdnr. 147.
[301] EuGH Rs. C-341/04 „Eurofood IFS C Ltd" Slg. 2006, I-3813, Rdnr. 54.
[302] Vgl. zum Streit um die Konsequenzen für das nationale Recht etwa *Freitag/Leible,* RIW 2006, 641, 646; *Kammel,* NZI 2006, 363, 365; *Knof/Mock,* ZIP 2006, 911, 912; *Saenger/Klockenbrink,* EuZW 2006, 363, 365; *Smid,* NZI 2009, 150; ferner auch OLG Innsbruck ZIP 2008, 1647 m. Anm. *Paulus,* EWiR 2008, 653; *Mankowski,* NZI 2008, 700; AG Köln NZI 2009, 133; AG Köln ZIP 2009, 1242; Court d'appel Colmar, Urt. v. 31. 3. 2010, EWiR 2010, 453 (*Mankowski*); LG Patra ZIP 2007, 1875 (Leitsätze) m. Anm. *Paulus,* EWiR 2007, 563.
[303] Siehe nur *Huber,* ZZP 114 (2001), 133, 145; MünchKommInsO/*Reinhart* Art 2 EuInsVO Rdnr. 5; *Smid,* Deutsches und Europäisches Internationales Insolvenzrecht, Art 16 Rdnr. 5.
[304] So auch *Huber,* ZZP 114 (2001), 133, 146; *Pannen/Pannen/Riedemann,* Europäische Insolvenzverordnung, Art. 16 Rdnr. 15.
[305] So aber *Mankowski,* EWiR 2003, 1239, 1240; *ders.,* EWiR 2003, 767, 768; *ders.,* RIW 2004, 587, 597.
[306] Erwägungsgrund (22), S. 3; vgl. dazu auch die Entscheidungen des EuGH: EuGH Rs. C-341/04 „Eurofood IFS C Ltd" Slg. 2006, I-3813, Rdnr. 39, 48; EuGH Rs. C-444/07 „Probud" Slg. 0000, I-0000 (= NZI 2010, 156) Rdnr. 27, 29.
[307] Wie hier die ganz h.M; vgl. etwa *Eidenmüller,* NJW 2004, 3455, 3457; *Freitag/Leible,* RIW 2006, 641, 644; *Huber,* ZZP 114 (2001), 133, 145; *Pannen/Pannen/Riedemann,* Europäische Insolvenzverordnung, Art. 16 Rdnr. 15; Duursma-Kepplinger/Duursma/Chalupsky/*Duursma-Kepplinger/Chalupsky,* Europäische Insolvenzverordnung, Art 16 Rdnr. 14; MünchKommBGB/*Kindler* IntInsR Art. 16 EuInsVO Rdnr. 9; *Leible/Staudinger,* KTS 2000, 533, 545; *Pinterich,* ZfRV 2008, 221, 237; *Smid,* Deutsches und Europäisches Internationales Insolvenzrecht, Art 16 Rdnr. 5; *Virgós/Schmit,* Erläuternder Bericht, Rdnr. 237; *Westpfahl/Goetker/Wilkens,* Grenzüberschreitende Insolvenzen, Rdnr. 74; inzwischen auch der EuGH Rs. C-341/04 „Eurofood IFS C Ltd" Slg. 2006, I-3813, Rdnr. 42. Zum Prioritätsprinzip siehe Rdnr. 12.
[308] Vgl. hierzu auch OGH NZI 2005, 465; ausführlich Rdnr. 166 ff.

141 Art. 16 Abs. 2 EuInsVO stellt klar, dass die Anerkennung des Hauptverfahrens der Eröffnung eines Territorialverfahrens nicht entgegensteht.[309] Die Zulässigkeit paralleler Verfahren ergibt sich indes freilich bereits aus Art. 3 Abs. 2 EuInsVO.

142 **b) Wirkungen der Anerkennung.** Während Art. 16 EuInsVO den allgemeinen Grundsatz sowie die Voraussetzungen einer Anerkennung der Entscheidung über die Eröffnung eines Insolvenzverfahrens ausspricht, beschäftigt sich Art. 17 EuInsVO mit deren Rechtsfolgen, d. h. der Wirkung der Anerkennung. Art. 18 EuInsVO konkretisiert dies dann für die Befugnisse des Insolvenzverwalters. Bei der Reichweite und den Folgen der Anerkennung ist zwischen dem Hauptinsolvenzverfahren gemäß Art. 3 Abs. 1 EuInsVO einerseits und den Territorialverfahren gemäß Art. 3 Abs. 2 EuInsVO andererseits zu differenzieren.[310]

143 **aa) Hauptinsolvenzverfahren.** Die EuInsVO folgt der sogenannten **Theorie der Wirkungserstreckung**:[311] Gemäß Art. 17 Abs. 1 EuInsVO hat ein am Interessenmittelpunkt des Schuldners eröffnetes Hauptinsolvenzverfahren in den übrigen Mitgliedstaaten diejenigen Wirkungen, die ihm der Eröffnungsstaat zumisst.[312] Anzuerkennen ist dabei regelmäßig die Beschlagnahmewirkung des Auslandskonkurses.[313] Sie schließt nicht nur die individuelle Rechtsverfolgung durch einzelne Gläubiger in anderen Mitgliedstaaten aus, sondern verbietet ihnen auch, inländische Arrestverfahren zu betreiben.[314] Insbesondere ist ein Rückgriff auf Art. 31 Brüssel I-VO versperrt.

144 Die Anerkennung erfolgt, „ohne dass es hierfür irgendwelcher Förmlichkeiten bedürfte". Art. 17 Abs. 1 EuInsVO geht demnach vom **Grundsatz der automatischen Anerkennung** aus. Die Eröffnung eines Insolvenzverfahrens ist ipso iure anzuerkennen; eines gesondert vorgeschalteten Exequatur-Verfahrens bedarf es nicht.[315]

145 Der **Hauptinsolvenzverwalter** darf gemäß Art. 18 Abs. 1 EuInsVO in einem anderen Mitgliedstaat grundsätzlich von allen Befugnissen Gebrauch machen, die ihm nach dem Recht des Verfahrenseröffnungsstaates zustehen. Dies ergibt sich freilich schon aus Art. 16 und 17 EuInsVO. Voraussetzung hierfür ist lediglich, dass er seine Bestellung zum Verwalter nachweist.[316] Das geschieht gemäß Art. 19 S. 1 EuInsVO durch Vorlage einer beglaubigten Abschrift der Bestellungsentscheidung; ausreichend ist aber auch jede andere gerichtliche Bescheinigung. Ergänzend zu diesen Dokumenten kann allenfalls die Vorlage ihrer Übersetzung in die Amtssprache(n) des Mitgliedstaates, in dessen Gebiet der Verwalter tätig werden will, verlangt werden (Art. 19 S. 2 EuInsVO). Eine Legalisierung oder sonstige Förmlichkeit, etwa eine Apostille, ist hingegen nicht erforderlich (Art. 19 S. 3 EuInsVO).

---

[309] Vgl. auch *Virgós/Schmit*, Erläuternder Bericht, Rdnr. 146.

[310] Duursma-Kepplinger/Duursma/Chalupsky/*Duursma-Kepplinger/Chalupsky*, Europäische Insolvenzverordnung, Art 17 Rdnr. 1. Vgl. auch *Virgós/Schmit*, Erläuternder Bericht, Rdnr. 150.

[311] Vgl. etwa Haß/Huber/Gruber/Heiderhoff/*Gruber*, EU-Insolvenzverordnung, Art 17 Rdnr. 2; auch *Virgós/Schmit*, Erläuternder Bericht, Rdnr. 153: „Modell der Ausdehnung". Siehe zur Brüssel I-VO auch Rauscher/*Leible*, Europäisches Zivilprozessrecht, Bd. 1, Art 33 Brüssel I-VO Rdnr. 3.

[312] Hierzu auch die Entscheidung des EuGH in der Rs. C-444/07 „Probud" Slg. 0000, I-0000 (= NZI 2010, 156), Rdnr. 45 ff.

[313] Duursma-Kepplinger/Duursma/Chalupsky/*Duursma-Kepplinger/Chalupsky*, Europäische Insolvenzverordnung, Art 16 Rdnr. 30; *Leible/Staudinger*, KTS 2000, 533, 561; Pannen/*Pannen/Riedemann*, Europäische Insolvenzverordnung, Art. 17 Rdnr. 6; *Smid*, Deutsches und Europäisches Internationales Insolvenzrecht, Art 17 Rdnr. 8; *Westpfahl/Goetker/Wilkens*, Grenzüberschreitende Insolvenzen, Rdnr. 267.

[314] Duursma-Kepplinger/Duursma/Chalupsky/*Duursma-Kepplinger/Chalupsky*, Europäische Insolvenzverordnung, Art 16 Rdnr. 35; *Smid*, Deutsches und Europäisches Internationales Insolvenzrecht, Art 17 Rdnr. 10.

[315] MünchKommBGB/*Kindler* IntInsR Art. 17 EuInsVO Rdnr. 10; *Leible/Staudinger*, KTS 2000, 533, 561; Pannen/*Pannen/Riedemann*, Europäische Insolvenzverordnung, Art. 17 Rdnr. 4; *Westpfahl/Goetker/Wilkens*, Grenzüberschreitende Insolvenzen, Rdnr. 265; *Virgós/Schmit*, Erläuternder Bericht, Rdnr. 152.

[316] Vgl. *Leible/Staudinger*, KTS 2000, 533, 561.

Der Hauptinsolvenzverwalter kann – vorbehaltlich der Art. 5 und 7 EuInsVO – insbesondere die zur Masse gehörenden Gegenstände aus dem Gebiet des Mitgliedstaates entfernen, in dem sie sich befinden (Art. 18 Abs. 1 S. 2 EuInsVO). Bei Ausübung seiner Befugnisse hat er dabei nach Art. 18 Abs. 3 EuInsVO das jeweilige Ortsrecht des Mitgliedstaates zu beachten. Das gilt insbesondere für die Art und Weise der Verwertung von Massegegenständen. Aus der Maßgeblichkeit des Ortsrechts folgt außerdem, dass dem Insolvenzverwalter jegliche direkte Anwendung von Zwangsmitteln auf dem Gebiet anderer Mitgliedstaaten untersagt ist und er keine Rechtsstreitigkeiten verbindlich entscheiden darf (Art. 18 Abs. 3 S. 2 EuInsVO). Sind Zwangsmaßnahmen zur Durchsetzung seiner Ansprüche geboten, bleibt der Verwalter auf die Mithilfe der Behörden in dem betreffenden Staat angewiesen.[317] **146**

Die **Wirkungen des Hauptinsolvenzverfahrens müssen eingeschränkt werden**, wenn ein territorial begrenztes Insolvenzverfahren im Sinne von Art. 3 Abs. 2 EuInsVO eröffnet worden ist (Art. 17 Abs. 1 EuInsVO). Gegenstände und Rechtsverhältnisse, die in den Anwendungsbereich solcher räumlich beschränkter Verfahren fallen, unterliegen nicht den Wirkungen des Hauptinsolvenzverfahrens. Insoweit überlagern die Wirkungen des Territorialverfahrens diejenigen des Hauptinsolvenzverfahrens.[318] Entsprechend reduzieren sich in solchen Fällen auch die Befugnisse des Hauptinsolvenzverwalters. Sobald ein Verfahren nach Art. 3 Abs. 2 EuInsVO in einem Mitgliedstaat eröffnet worden ist, hat er auf die dort belegenen Vermögenswerte keinen direkten Zugriff mehr.[319] Gleiches gilt, wenn die Eröffnung eines territorial begrenzten Verfahrens bereits beantragt ist und daraufhin vorläufige Sicherungsmaßnahmen getroffen wurden, die den Befugnissen des Hauptinsolvenzverwalters entgegenstehen (Art. 18 Abs. 1 S. 1 Hs. 2 EuInsVO). Durch die Eröffnung räumlich beschränkter Insolvenzverfahren verliert der Hauptinsolvenzverwalter freilich nicht jeglichen Einfluss auf das im anderen Mitgliedstaat belegene Vermögen des Schuldners. Beide Verfahren verlaufen nicht gänzlich unabhängig voneinander, sondern werden nach Maßgabe der Art. 31 ff. EuInsVO koordiniert.[320] **147**

bb) Territorial begrenzte Insolvenzverfahren. Territorial begrenzte Verfahren erfassen nur die zum Zeitpunkt der Verfahrenseröffnung im betreffenden Mitgliedstaat belegenen[321] Gegenstände und Rechte.[322] Diese gebietsbezogenen Wirkungen können von den anderen Mitgliedstaaten nicht in Frage gestellt werden (Art. 17 Abs. 2 S. 1 EuInsVO). Daraus folgt zunächst, dass es einem Gläubiger nicht untersagt werden darf, an dem Territorialverfahren teilzunehmen.[323] Er darf dabei nicht zur Herausgabe hieraus erlangter Vorteile gezwungen werden, selbst wenn er diese Vorteile nach dem Recht des Hauptverfahrens nicht erlangt hätte.[324] **148**

---

[317] *Leible/Staudinger*, KTS 2000, 533, 562; *Pannen/Kühnle/Riedemann*, NZI 2003, 72, 75; *Virgós/Schmit*, Erläuternder Bericht, Rdnr. 164.

[318] *Beck*, NZI 2006, 609, 610; Duursma-Kepplinger/Duursma/Chalupsky/*Duursma-Kepplinger/Chalupsky*, Europäische Insolvenzverordnung, Art 17 Rdnr. 10; *Huber*, ZZP 114 (2001), 133, 147; *Leible/Staudinger*, KTS 2000, 533, 562; Rauscher/*Mäsch*, Europäisches Zivilprozessrecht, Bd. 2, Art 17 EG-InsVO Rdnr. 9; *Virgós/Schmit*, Erläuternder Bericht, Rdnr. 155.

[319] Haß/Huber/Gruber/Heiderhoff/*Gruber*, EU-Insolvenzverordnung, Art 18 Rdnr. 5; *Leible/Staudinger*, KTS 2000, 533, 562; Rauscher/*Mäsch*, Europäisches Zivilprozessrecht, Bd. 2, Art 18 EG-InsVO Rdnr. 4; *Virgós/Schmit*, Erläuternder Bericht, Rdnr. 163.

[320] Vgl. Erwägungsgründe (12), S. 6 und (20). Hierzu ausführlich unter Rdnr. 174 ff.

[321] Siehe hierzu die Definition in Art. 2 lit. g EuInsVO.

[322] MünchKommBGB/*Kindler* IntInsR Art. 17 EuInsVO Rdnr. 12; *Leible/Staudinger*, KTS 2000, 533, 562; Rauscher/*Mäsch*, Europäisches Zivilprozessrecht, Bd. 2, Art 17 EG-InsVO Rdnr. 12.

[323] Haß/Huber/Gruber/Heiderhoff/*Gruber*, EU-Insolvenzverordnung, Art 17 Rdnr. 8; Rauscher/*Mäsch*, Europäisches Zivilprozessrecht, Bd. 2, Art 17 EG-InsVO Rdnr. 13.

[324] Haß/Huber/Gruber/Heiderhoff/*Gruber*, EU-Insolvenzverordnung, Art 17 Rdnr. 8; Rauscher/*Mäsch*, Europäisches Zivilprozessrecht, Bd. 2, Art 17 EG-InsVO Rdnr. 13.

149 Für den **Verwalter eines räumlich beschränkten Insolvenzverfahrens** folgt aus dem Grundsatz des Art. 17 Abs. 2 S. 1 EuInsVO auch, dass er in jedem anderen Mitgliedstaat die Massezugehörigkeit von Gegenständen, die nach Verfahrenseröffnung aus dem Verfahrens- in einen anderen Mitgliedstaat verbracht worden sind, gerichtlich und außergerichtlich geltend machen darf. Er ist außerdem zur Erhebung einer den Gläubigerinteressen dienenden Anfechtungsklage berechtigt (Art. 18 Abs. 2 EuInsVO).

150 Bereits zuvor in anderen Mitgliedstaaten belegene Vermögenswerte bleiben von der Verfahrenseröffnung hingegen unberührt.[325] Kommt es im Territorialverfahren zu einer Beeinträchtigung von Gläubigerrechten, etwa durch die Gewährung einer Stundung, Schuldbefreiung etc., so entfalten gemäß Art. 17 Abs. 2 S. 2 EuInsVO diese Maßnahmen hinsichtlich des im Gebiet eines anderen Mitgliedstaates belegenen Vermögens nur gegenüber jenen Gläubigern Wirkung, die ihnen zugestimmt haben.[326]

2. Gleichmäßige Gläubigerbefriedigung

151 Ziel der EuInsVO ist es, innerhalb des Binnenmarktes eine einheitliche und gleichmäßige Befriedigung aller Gläubiger ein und desselben Schuldners zu erreichen (par conditio creditorum).[327] Dies geschieht auf zwei Wegen:

152 **a) Herausgabe von Massevermögen.** Aufgrund seiner Universalität werden sämtliche im Anwendungsbereich der EuInsVO belegenen Vermögenswerte des Schuldners in das Hauptinsolvenzverfahren einbezogen.[328] Sie sollen möglichst innerhalb eines Verfahrens verwertet werden, um eine kollektive Befriedigung aller Gläubiger zu ermöglichen.[329] Gläubigern ist es daher verwehrt, sich nach Verfahrenseröffnung individuell – etwa durch Zahlung des Schuldners oder im Wege der Einzelzwangsvollstreckung – aus zur Masse gehörenden und in anderen Mitgliedstaaten befindlichen[330] Vermögensgegenständen des Schuldners zu befriedigen. Tun sie es dennoch, statuiert Art. 20 Abs. 1 EuInsVO als Rechtsfolge einer solchen dem Grundsatz der Gläubigergleichbehandlung widersprechenden Handlung eine Pflicht zur Herausgabe des Erlangten an den Verwalter des Hauptverfahrens an.[331] Ausgenommen bleiben lediglich die durch Verwertung von Rechten im Sinne von Art. 5 und 7 EuInsVO erzielten Erlöse.[332] Solche Gläubiger befriedigen sich nicht

---

[325] Vgl. nur *Leible/Staudinger*, KTS 2000, 533, 563.

[326] Diese Vorschrift steht im Zusammenhang mit Art. 34 Abs. 2 EuInsVO. Art. 17 Abs. 2 S. 2 EuInsVO erfasst allerdings sämtliche Territorialverfahren, während Art. 34 Abs. 2 EuInsVO allein Sekundärinsolvenzverfahren betrifft. Zu beachten ist überdies, dass etwa eine Schuldbefreiung nach Art. 17 Abs. 2 S. 2 EuInsVO nur Wirkung gegenüber denjenigen Gläubigern entfaltet, die einer solchen Maßnahme zugestimmt haben. Indes erfordert Art. 34 Abs. 2 EuInsVO, dass alle betroffenen Gläubiger ihr Einverständnis erklärt haben; hierzu Duursma-Kepplinger/Duursma/Chalupsky/*Duursma-Kepplinger/Chalupsky*, Europäische Insolvenzverordnung, Art 34 Rdnr. 13; MünchKomm-BGB/*Kindler* IntInsR Art. 34 EuInsVO Rdnr. 11; a.A. *Eidenmüller*, IPRax 2001, 2, 9; Pannen/ *Herchen*, Europäische Insolvenzverordnung, Art. 34 Rdnr. 46.

[327] Siehe hierzu Erwägungsgrund (21); vgl. auch MünchKommBGB/*Kindler* IntInsR Vor Art. 1 EuInsVO Rdnr. 17; *Leible/Staudinger*, KTS 2000, 533, 563; Pannen/*Riedemann*, Europäische Insolvenzverordnung, Art. 20 Rdnr. 1; *Virgós/Schmit*, Erläuternder Bericht, Rdnr. 171. Vgl. ausführlich Rdnr. 13.

[328] Vgl. auch Rdnr. 10.

[329] Siehe nur Duursma-Kepplinger/Duursma/Chalupsky/*Duursma-Kepplinger/Chalupsky*, Europäische Insolvenzverordnung, Art 20 Rdnr. 6; *Leible/Staudinger*, KTS 2000, 533, 563.

[330] Zu der Frage, ob ein Gegenstand in einem anderen Mitgliedstaat belegen ist vgl. Art. 2 lit. g EuInsVO.

[331] Duursma-Kepplinger/Duursma/Chalupsky/*Duursma-Kepplinger/Chalupsky*, Europäische Insolvenzverordnung, Art 20 Rdnr. 18.

[332] Dasselbe gilt für den Fall der Aufrechnungsmöglichkeit des Gläubigers (Art. 6 EuInsVO); vgl. *Balz*, ZIP 1996, 948, 952; Haß/Huber/Gruber/Heiderhoff/*Gruber*, EU-Insolvenzverordnung, Art 20 Rdnr. 10; MünchKommInsO/*Reinhart*, Art 20 EuInsVO Rdnr. 11; *Smid*, Deutsches und Europäisches Internationales Insolvenzrecht, Art 20 Rdnr. 14; a.A. MünchKommBGB/*Kindler* IntInsR Art. 20 EuInsVO Rdnr. 13.

auf Kosten der Gläubigergesamtheit, sondern machen nur ihr rechtlich gesichertes Vermögensinteresse geltend;[333] abzuführen ist deshalb allein der die gesicherte Forderung übersteigende Anteil.[334]

b) Anrechnung von Insolvenzquoten. Die EuInsVO lässt eine Parallelität von Hauptinsolvenz- und Territorialverfahren zu (Art. 3 EuInsVO). Jeder Gläubiger, der in einem Mitgliedstaat ansässig ist, kann daher Forderungen in verschiedenen Verfahren anmelden.[335] Wird er in einem Verfahren ganz oder teilweise befriedigt, muss dies natürlich in Parallelverfahren berücksichtigt werden.[336] Art. 20 Abs. 2 EuInsVO[337] sieht vor, dass derjenige, der in einem Insolvenzverfahren bereits eine Quote auf seine Forderung erhalten hat, an der Verteilung im Rahmen eines anderen Verfahrens erst teilnehmen kann, wenn alle Gläubiger desselben Rangs oder derselben Gruppenzugehörigkeit eine vergleichbare Quote erhalten haben.

Der erläuternde Bericht zum EuInsÜ enthält eine Beispielsrechnung, der sich vier Grundprinzipien entnehmen lassen.[338] Danach darf kein Gläubiger mehr als 100% seiner Forderung erhalten. Weiterhin ist die Forderung in jedem Verfahren in voller Höhe anzumelden, also nicht nur in Höhe des unbefriedigten Rests. Drittens wird eine Forderung erst dann berücksichtigt, wenn die Gläubiger desselben Ranges im Rahmen des Verfahrens zum gleichen Prozentsatz befriedigt wurden. Und schließlich ist der Rang einer Forderung für jedes Verfahren nach dem Recht des Staates zu bestimmen, in dem das Insolvenzverfahren eröffnet wurde.

3. Öffentliche Bekanntmachung und Registereintragung

Die Anerkennung der ausländischen Insolvenzverfahrenseröffnung erfolgt ipso iure und ohne das Erfordernis weiterer Förmlichkeiten (Art. 17 EuInsVO). Die extraterritorialen Wirkungen des Insolvenzverfahrens sind demnach weder von seiner öffentlichen Bekanntmachung noch einer Registereintragung abhängig. Allerdings dienen derartige Maßnahmen dem Schutz des Geschäftsverkehrs,[339] der vor Rechtsgeschäften mit einem insolventen Schuldner bewahrt werden soll.[340] Die EuInsVO sieht daher die Möglichkeit vor, die in einem anderen Mitgliedstaat erfolgte Verfahrenseröffnung publik zu machen. Hieran sind überdies bestimmte Folgen für diejenigen Leistungen geknüpft, die nach diesem Zeitpunkt an den Schuldner erbracht werden.

a) Antragsrecht des Insolvenzverwalters. Auf Antrag des Verwalters sind gemäß Art. 21 Abs. 1 S. 1 EuInsVO in jedem anderen Mitgliedstaat der wesentliche Inhalt der Entscheidung über die Verfahrenseröffnung sowie über seine Bestellung zu veröffentlichen. Die Bekanntmachungsform richtet sich nach den Vorschriften des Staates, in dem die Ver-

---

[333] So auch MünchKommBGB/*Kindler* IntInsR Art. 20 EuInsVO Rdnr. 12; *Virgós/Schmit*, Erläuternder Bericht, Rdnr. 172.
[334] *Pannen/Riedemann/Kühnle*, NZI 2002, 303, 306; *Leible/Staudinger*, KTS 2000, 533, 563; MünchKommInsO/*Reinhart* Art 20 EuInsVO Rdnr. 9.
[335] Vgl. Art. 32 Abs. 1, 39 EuInsVO sowie Erwägungsgrund (21).
[336] MünchKommBGB/*Kindler* IntInsR Art. 20 EuInsVO Rdnr. 19; *Leible/Staudinger*, KTS 2000, 533, 564; *Pannen/Riedemann*, Europäische Insolvenzverordnung, Art. 20 Rdnr. 25.
[337] Das dem Art. 20 Abs. 2 EuInsVO zugrunde liegende Prinzip entspricht der sogenannten „hotchpot-rule" des Common Law; vgl. Moss/Fletcher/Isaacs/*Moss/Smith*, The EC Regulation on Insolvency Proceedings, Rdnr. 8.177 mit Verweis auf *Cleaver and Bodden v. Delta American Reinsurance Co.* [2001] CILR 34.
[338] *Virgós/Schmit*, Erläuternder Bericht, Rdnr. 175. Hierzu auch *Beck*, NZI 2007, 1, 6.
[339] Vgl. Erwägungsgrund (29), S. 1.
[340] Duursma-Kepplinger/Duursma/Chalupsky/*Duursma-Kepplinger/Chalupsky*, Europäische Insolvenzverordnung, Art 21 Rdnr. 2; *Leible/Staudinger*, KTS 2000, 533, 564; *Virgós/Schmit*, Erläuternder Bericht, Rdnr. 177.

öffentlichung erfolgt.³⁴¹ Die Einzelheiten regelt für das deutsche Recht Art. 102 § 5 EG-InsO.³⁴²

157 Der Insolvenzverwalter ist nach Art. 22 Abs. 1 EuInsVO außerdem berechtigt, die Eintragung eines Hauptinsolvenzverfahrens in das Grundbuch, das Handelsregister und alle sonstigen öffentlichen Register in den übrigen Mitgliedstaaten zu beantragen.³⁴³ Die deutschen Ausführungsbestimmungen zu dieser Norm finden sich in Art. 102 § 6 EGInsO.³⁴⁴

158 **b) Obligatorische Eintragung.** Jeder Mitgliedstaat, in dessen Gebiet der Schuldner eine Niederlassung im Sinne des Art. 2 lit. h EuInsVO besitzt, kann die Bekanntmachung gemäß Art. 21 Abs. 2 S. 1 EuInsVO zwingend vorschreiben. Der deutsche Gesetzgeber hat von dieser Ermächtigung Gebrauch gemacht: Art. 102 § 5 Abs. 2 S. 1 EGInsO verlangt, dass die Verfahrenseröffnung „von Amts wegen" bekannt zu machen ist, falls der Schuldner im Inland über eine Niederlassung verfügt. Die Mitgliedstaaten sind ferner nicht gehindert, einen obligatorischen Registereintrag zu fordern (Art. 22 Abs. 2 EuInsVO). Eine derartige Pflicht ist in den deutschen Ausführungsbestimmungen zur EuInsVO allerdings nicht enthalten.

159 Die Nichterfüllung derartiger Bekanntmachungs- oder Eintragungserfordernisse steht zwar der Anerkennung des Insolvenzverfahrens nicht entgegen.³⁴⁵ Sie kann jedoch eine Schadenersatzpflicht des Insolvenzverwalters auslösen, falls seine Untätigkeit eine vermeidbare Verringerung der Masse zur Folge hat.³⁴⁶

160 **c) Kosten.** Die Kosten einer Eintragung im Register (Art. 22 EuInsVO) und der öffentlichen Bekanntmachung (Art. 21 EuInsVO) sind gemäß Art. 23 EuInsVO von der Masse zu tragen.

161 **d) Folgen.** Wer in einem Mitgliedstaat an einen Schuldner zahlt, obwohl er angesichts eines in einem anderen Mitgliedstaat bereits eröffneten Insolvenzverfahrens an dessen Verwalter hätte leisten müssen, wird nach Art. 24 Abs. 1 EuInsVO befreit, wenn ihm dieser Umstand nicht bekannt war. Diese Sachnorm³⁴⁷ dient dem Schutz des guten Glaubens eines Drittschuldners.³⁴⁸ Gutgläubig ist nach dem insoweit eindeutigen Wortlaut der Norm jeder, der keine positive Kenntnis von der Verfahrenseröffnung hat.³⁴⁹ Das auswärtige Verfahren kann sowohl ein Haupt- als auch ein Parallelverfahren sein. Erfolgt eine Zahlung vor der öffentlichen Bekanntmachung des ausländischen Insolvenzverfahrens, wird das Nichtwissen des Leistenden gemäß Art. 24 Abs. 2 S. 1 EuInsVO vermutet. Es obliegt dann dem

---

[341] Haß/Huber/Gruber/Heiderhoff/*Gruber*, EU-Insolvenzverordnung, Art 21 Rdnr. 6; *Paulus*, Europäische Insolvenzverordnung, Art 21 Rdnr. 2; *Virgós/Schmit*, Erläuternder Bericht, Rdnr. 181.

[342] Für einen Überblick zu den deutschen Ausführungsbestimmungen zur EuInsVO siehe etwa *Pannen/Riedemann*, NZI 2004, 301 ff.

[343] Nicht eintragungsfähig sind dagegen territorial begrenzte Insolvenzverfahren, da diesen bereits per definitionem keine extraterritorialen (vermögensrechtlichen) Wirkungen zukommen, vgl. hierzu auch MünchKommInsO/*Reinhart*, Art 22 EuInsVO Rdnr. 2.

[344] Vgl. hierzu AG Duisburg ZInsO 2010, 384.

[345] Duursma-Kepplinger/Duursma/Chalupsky/*Duursma-Kepplinger/Chalupsky*, Europäische Insolvenzverordnung, Art 21 Rdnr. 14; *Leible/Staudinger*, KTS 2000, 533, 565; *Smid*, Deutsches und Europäisches Internationales Insolvenzrecht, Art 21 Rdnr. 10; *Virgós/Schmit*, Erläuternder Bericht, Rdnr. 180.

[346] *Leible/Staudinger*, KTS 2000, 533, 565; hierzu auch Haß/Huber/Gruber/Heiderhoff/*Gruber*, EU-Insolvenzverordnung, Art 21 Rdnr. 15 f.

[347] Vgl. nur Haß/Huber/Gruber/Heiderhoff/*Haß/Herweg*, EU-Insolvenzverordnung, Art 24 Rdnr. 1; MünchKommBGB/*Kindler* IntInsR Art. 24 EuInsVO Rdnr. 3; *Paulus*, Europäische Insolvenzverordnung, Art 24 Rdnr. 1; MünchKommInsO/*Reinhart*, Art 24 EuInsVO Rdnr. 1; Pannen/Riedemann, Europäische Insolvenzverordnung, Art. 24 Rdnr. 1.

[348] Erwägungsgrund (30).

[349] So auch die entsprechende Regelung des deutschen Rechts in § 82 InsO.

Verwalter, den entsprechenden Gegenbeweis zu führen.[350] Bei Zahlung nach diesem Zeitpunkt gilt das Gegenteil. Nunmehr muss der Drittschuldner beweisen, dass er trotz der öffentlichen Bekanntmachung keine Kenntnis von der Verfahrenseröffnung hatte (Art. 24 Abs. 2 S. 2 EuInsVO). Die öffentliche Bekanntmachung führt demnach zu einer Beweislastumkehr.

4. Anerkennung und Vollstreckbarkeit sonstiger Entscheidungen

Die Art. 16 bis Art. 24 EuInsVO regeln die Anerkennung der Eröffnungsentscheidung und ihre Wirkungen in den Mitgliedstaaten. Die Anerkennung und Vollstreckbarkeit sonstiger insolvenzrechtlicher Entscheidungen richtet sich hingegen nach Art. 25 EuInsVO. Nach Abs. 1 Unterabs. 1 S. 1 werden alle zur Durchführung und Beendigung eines Insolvenzverfahrens ergangenen insolvenzgerichtlichen Entscheidungen in den übrigen Mitgliedstaaten **ohne besondere Förmlichkeiten – ipso iure – anerkannt.**[351] Gleiches gilt für die insolvenzgerichtliche Bestätigung eines Vergleichs und damit für den sogenannten Insolvenzplan (Art. 25 Abs. 1 Unterabs. 1 S. 1 EuInsVO), unmittelbar insolvenzbezogene Entscheidungen anderer Gerichte[352] (Art. 25 Abs. 1 Unterabs. 2 EuInsVO) sowie nach Insolvenzeröffnung getroffene Sicherungsmaßnahmen (Art. 25 Abs. 1 Unterabs. 3 EuInsVO).

Diese Entscheidungen[353] können in den übrigen Mitgliedstaaten **vollstreckt** werden. Hierfür sieht Art. 25 Abs. 1 Unterabs. 1 S. 2 EuInsVO ein **Exequaturverfahren** vor. Dieses richtet sich nach den Art. 31 bis 51 des Brüsseler Übereinkommens, das mittlerweile durch die seit dem 1. 3. 2002 geltende Brüssel I-VO ersetzt wurde. Gemäß Art. 68 Abs. 2 Brüssel I-VO gelten Verweise auf das EuGVÜ nunmehr als Verweise auf die Brüssel I-VO, sodass anstelle der genannten Vorschriften die Art. 38 ff. Brüssel I-VO zum Tragen kommen.[354] Im Vergleich zu den nationalen Exequaturverfahren handelt es sich dabei um ein vereinfachtes Verfahren.[355] Die entsprechende Einpassungsnorm für Art. 18 Abs. 3 und Art. 25 Abs. 1 EuInsVO findet sich in Art. 102 § 8 EGInsO. Die Regelung hat freilich einen überwiegend repetitiven Charakter.[356]

Der Verordnungsgeber hat allerdings in Art. 25 Abs. 1 Unterabs. 1 S. 2 EuInsVO Art. 34 Abs. 2 EuGVÜ vom Verweis auf die Exequaturregelung ausdrücklich ausgeklammert. Letztere Regelung erlaubt die Verweigerung der Vollstreckbarerklärung aus einem der in Art. 27 und 28 EuGVÜ angeführten Gründe. Diese Anerkennungshindernisse finden sich nunmehr in Art. 34 und 35 Brüssel I-VO. Art. 25 EuInsVO enthält einen Rechtsfolgen- und keinen Rechtsgrundverweis, der so zu verstehen ist, dass die Vollstreckbarerklärung nicht unter Berufung auf den von Art. 45 Abs. 1 Brüssel I-VO[357] vorgegebenen Prüfungsrahmen mit seinem Verweis auf die Art. 34, 35 Brüssel I-VO versagt werden

---

[350] MünchKommBGB/*Kindler* IntInsR Art. 24 EuInsVO Rdnr. 13; *Leible/Staudinger,* KTS 2000, 533, 565.

[351] In diesem Sinne auch der EuGH, vgl. Rs. C-444/07 „Probud" Slg. 0000, I-0000 (= NZI 2010, 156) Rdnr. 46; dazu *J. Schmidt,* EWiR 2010, 77, 78; *Fichtner,* BB 2010, 532; *Mankowski,* NZI 2010, 178; *Werner,* GWR 2010, 42.

[352] Vgl. zur internationalen Zuständigkeit für Annexverfahren Rdnr. 73 ff.

[353] Auch die Vollstreckung der Eröffnungsentscheidung wird durch Art. 25 Abs. 1 Unterabs. 1 EuInsVO geregelt, soweit diese vollstreckbare Inhalte aufweist; vgl. Duursma-Kepplinger/Duursma/Chalupsky/*Duursma-Kepplinger,* Europäische Insolvenzverordnung, Art 25 Rdnr. 4; *Huber,* ZZP 114 (2001), 133, 150.

[354] Siehe etwa MünchKommInsO/*Reinhart,* Art 25 EuInsVO Rdnr. 18; Pannen/*Riedemann,* Europäische Insolvenzverordnung, Art. 25 Rdnr. 37.

[355] Duursma-Kepplinger/Duursma/Chalupsky/*Duursma-Kepplinger,* Europäische Insolvenzverordnung, Art 25 Rdnr. 6; *Huber,* ZZP 114 (2001), 133, 149; *Virgós/Schmit,* Erläuternder Bericht, Rdnr. 192.

[356] So auch MünchKommInsO/*Reinhart,* Art 102 § 8 EGInsO Rdnr. 2.

[357] Art. 45 Abs. 1 S. 1 Brüssel I-VO ist die direkte Nachfolgeregelung zu Art. 34 Abs. 2 EuGVÜ; vgl. nur Rauscher/*Mankowski,* Europäisches Zivilprozessrecht, Bd. 1, Art 45 Brüssel I-VO Rdnr. 1.

kann.³⁵⁸ **Maßgeblich sind allein die in der EuInsVO genannten Ablehnungsgründe.**³⁵⁹ Von Bedeutung ist in diesem Zusammenhang vor allem der in Art. 26 EuInsVO postulierte Ordre public-Vorbehalt.³⁶⁰ Die Anerkennung und Vollstreckung insolvenzgerichtlicher Entscheidungen kann ungeachtet dessen aber gemäß Art. 25 Abs. 3 EuInsVO auch dann abgelehnt werden, wenn damit Einschränkungen der persönlichen Freiheit oder des Postgeheimnisses verbunden sind.

165 Um keine Schutzlücken zwischen dem EuGVÜ bzw. der Brüssel I-VO und der EuInsVO entstehen zu lassen, ordnet Art. 25 Abs. 2 EuInsVO an, dass Entscheidungen, die nicht unter Art. 25 Abs. 1 fallen, nach den Regeln des EuGVÜ – und nunmehr der Brüssel I-VO (Art. 68 Abs. 2 Brüssel I-VO) – anerkannt und für vollstreckbar erklärt werden, soweit der Anwendungsbereich dieses Abkommens eröffnet ist. Auf diese Weise wird ein **lückenloses Ineinandergreifen von EuInsVO und Brüssel I-VO gewährleistet**.³⁶¹ Die neuere Rechtsprechung des *EuGH* deutet darauf hin, dass die Luxemburger Richter geneigt sind, den Anwendungsbereich der EuInsVO eher eng auszulegen und im Zweifel der Brüssel I-VO Vorrang zu gewähren.³⁶²

5. Ordre public

166 Der Ordre public-Vorbehalt des Art. 26 EuInsVO³⁶³ trägt dem Umstand Rechnung, dass sich die mitgliedstaatlichen Verfahrens- und Sachrechte noch deutlich unterscheiden und die Anerkennung der in einem Mitgliedstaat ergangenen Entscheidung in einem anderen Mitgliedstaat zur Ergebnissen führen kann, die mit dessen öffentlicher Ordnung schlechterdings unvereinbar sind.³⁶⁴ Die EuInsVO geht zwar vom Grundsatz des gegenseitigen Vertrauens aus,³⁶⁵ doch zeigt auch ein Blick auf Art. 34 Nr. 1 Brüssel I-VO,³⁶⁶ dass ein solcher Vorbehalt seine Funktion innerhalb des Binnenmarktes noch nicht verloren hat; die Mitgliedstaaten sind derzeit noch nicht bereit, darauf zu verzichten, das ausländische Urteil immerhin auf die Einhaltung ihrer Ansicht nach **rechtsstaatlicher Mindestanforderungen** zu kontrollieren. Somit kann sich gemäß Art. 26 EuInsVO jeder Mitgliedstaat weigern, in einem anderen Mitgliedstaat eröffnete Insolvenzverfahren anzuerkennen oder in solchen Verfahren ergangene Entscheidungen zu vollstrecken, wenn damit eine offensichtliche Verletzung seines ordre public verbunden ist. Es kommt darauf an, ob die Anerkennung oder Vollstreckung zu einem Ergebnis führt, dass im Widerspruch zur öffentlichen

---

³⁵⁸ MünchKommBGB/*Kindler* IntInsR Art. 25 EuInsVO Rdnr. 8; Duursma-Kepplinger/Duursma Chalupsky/*Duursma-Kepplinger*, Europäische Insolvenzverordnung, Art 25 Rdnr. 10; *Leible/Staudinger*, KTS 2000, 533, 566; vgl. dazu bereits *Spellenberg*, Das Verhältnis eines EG-Konkursübereinkommens zum GVÜ und zu anderen Staatsverträgen, in: Kegel/Thieme (Hrsg.), Vorschläge und Gutachten zum Entwurf eines EG-Konkursübereinkommens (1988), S. 391, 394ff.

³⁵⁹ *Leible/Staudinger*, KTS 2000, 533, 566; Rauscher/*Mäsch*, Europäisches Zivilprozessrecht, Bd. 2, Art 25 EG-InsVO Rdnr. 6; *Virgós/Schmit*, Erläuternder Bericht, Rdnr. 192; so nun ausdrücklich auch der EuGH, vgl. EuGH Rs. C-444/07 „Probud" Slg. 0000, I-0000 (= NZI 2010, 156) Rdnr. 30ff; dazu *J. Schmidt*, EWiR 2010, 77, 78; *Fichtner*, BB 2010, 532; *Mankowski*, NZI 2010, 178; *Werner*, GWR 2010, 42.

³⁶⁰ Vgl. hierzu Rdnr. 166ff.

³⁶¹ MünchKommBGB/*Kindler* IntInsR Art. 25 EuInsVO Rdnr. 26; Rauscher/*Mäsch*, Europäisches Zivilprozessrecht, Bd. 2, Art 25 EG-InsVO Rdnr. 16; Moss/Fletcher/Isaacs/*Moss/Smith*, The EC Regulation on Insolvency Proceedings, Rdnr. 8.197; *Virgós/Schmit*, Erläuternder Bericht, Rdnr. 197.

³⁶² In diesem Sinne nun der EuGH Rs. C-292/08 „German Graphics" Slg. 2009, I-8421 Rdnr. 22ff; anders jedoch EuGH Rs. C-292/08 „Alpenblume" Slg. 2009, I-5655; vgl. zum Ganzen auch *Mankowski*, NZI 2010, 508, 510.

³⁶³ Vgl. hierzu auch die Erklärung Portugals zur Anwendung der Artikel 37 und 26 der Verordnung (EG) Nr. 1346/2000 vom 29. 5. 2000 über Insolvenzverfahren, Abl. EG Nr. C 183/1 vom 30. 6. 2000; zum Text siehe unter Fn. 181.

³⁶⁴ Hierzu auch *Virgós/Schmit*, Erläuternder Bericht, Rdnr. 203.

³⁶⁵ Erwägungsgrund (22), S. 3; *Virgós/Schmit*, Erläuternder Bericht, Rdnr. 202.

³⁶⁶ Siehe hierzu Rauscher/*Leible*, Europäisches Zivilprozessrecht, Bd. 1, Art 34 Brüssel I-VO Rdnr. 4ff.

Ordnung, insbesondere den Grundprinzipien oder den verfassungsmäßig garantierten Rechten und Freiheiten des Einzelnen steht.

Voraussetzung für die Verweigerung der Anerkennung oder Vollstreckung ist zunächst, dass die zu beurteilende Entscheidung einen hinreichenden **Inlandsbezug** aufweist, also inländisch geschützte Interessen berührt.[367] Ob die Entscheidung einen Verstoß gegen den Ordre public begründen vermag, kann jeweils nur im Einzelfall entschieden werden. Der Wortlaut des Art. 26 EuInsVO, der einen „offensichtlichen" und somit merklichen Verstoß gegen die öffentliche Ordnung erfordert, verdeutlicht, dass der Ordre public-Vorbehalt als **Ausnahmetatbestand restriktiv zu handhaben** ist.[368] Art. 26 EuInsVO bietet kein Einfallstor, die Entscheidungen inhaltlich zu überprüfen (révision au fond).[369] Sachliche Einwände gegen insolvenzbezogene Entscheidungen können lediglich im Ausgangsverfahren vorgebracht werden. Auch die fehlerhaft bejahte internationale Zuständigkeit durch das ausländische Gericht berechtigt zu keiner Anerkennungs- oder Vollstreckungsverweigerung, sondern ist bereits im Erstverfahren zu rügen.[370] Eine Berufung auf den Ordre public lässt sich schließlich auch nicht auf die fehlende Insolvenzfähigkeit des Schuldners stützen, wie Art. 16 Abs. 1 Unterabs. 1 EuInsVO zeigt.[371] In Betracht kommt indes etwa die Rüge des Betroffenen, nach Einleitung des Insolvenzverfahrens seien grundlegende Verfahrensgarantien – wie beispielsweise der Anspruch auf ein faires Verfahren und/oder die Gewährung rechtlichen Gehörs[372] – missachtet worden.[373]

Der Ordre public-Vorbehalt kann einer Anerkennung oder Vollstreckung sowohl aus **materiell-rechtlichen** als auch aus **verfahrensrechtlichen Erwägungen**[374] entgegengehalten werden.[375]

VII. Sekundärinsolvenzverfahren

Im Kapitel III regelt die EuInsVO in ihren Art. 27 bis 38 EuInsVO detailliert, unter welchen Voraussetzungen neben dem Haupt- ein Sekundärinsolvenzverfahren eröffnet werden kann und in welcher Weise beide Verfahren miteinander zu koordinieren sind. Mit

---

[367] MünchKommBGB/*Kindler* IntInsR Art. 26 EuInsVO Rdnr. 5; Rauscher/*Mäsch*, Europäisches Zivilprozessrecht, Bd. 2, Art 26 EG-InsVO Rdnr. 5; näher dazu *Spellenberg* in Stoll, Stellungnahmen und Gutachten, 191 ff.

[368] Duursma-Kepplinger/Duursma/Chalupsky/*Duursma-Kepplinger*, Europäische Insolvenzverordnung, Art 26 Rdnr. 11; Haß/Huber/Gruber/Heiderhoff/*Gruber*, EU-Insolvenzverordnung, Art 26 Rdnr. 2; *Leible/Staudinger*, KTS 2000, 533, 567; MünchKommInsO/*Reinhart*, Art 26 EuInsVO Rdnr. 7. So auch die Rspr. des EuGH; siehe etwa Rs. C-7/98 „Krombach" Slg. 2000, I-1935, Rdnr. 21 (zu Art. 27 Nr. 1 EuGVÜ); Rs. C-341/04 „Eurofood IFS C Ltd" Slg. 2006, I-3813, Rdnr. 62 (zu Art. 26 EuInsVO).

[369] Duursma-Kepplinger/Duursma/Chalupsky/*Duursma-Kepplinger*, Europäische Insolvenzverordnung, Art 26 Rdnr. 1; MünchKommBGB/*Kindler* IntInsR Art. 26 EuInsVO Rdnr. 2; *Leible/Staudinger*, KTS 2000, 533, 568; *Smid*, Deutsches und Europäisches Internationales Insolvenzrecht, Art 26 Rdnr. 2; *Virgós/Schmit*, Erläuternder Bericht, Rdnr. 202.

[370] AG Düsseldorf, ZIP 2004, 623; OGH NZI 2005, 466; OLG Wien, NZI 2005, 57; Haß/Huber/Gruber/Heiderhoff/*Gruber*, EU-Insolvenzverordnung, Art 26 Rdnr. 5; *Virgós/Schmit*, Erläuternder Bericht, Rdnr. 202.

[371] Rauscher/*Mäsch*, Europäisches Zivilprozessrecht, Bd. 2, Art 26 EG-InsVO Rdnr. 10; *Leible/Staudinger*, KTS 2000, 533, 568.

[372] Siehe hierzu EuGH Rs. C-341/04 „Eurofood IFS C Ltd" Slg. 2006, I-3813, Rdnr. 65 ff.

[373] Haß/Huber/Gruber/Heiderhoff/*Gruber*, EU-Insolvenzverordnung, Art 26 Rdnr. 6; Rauscher/*Mäsch*, Europäisches Zivilprozessrecht, Bd. 2, Art 26 EG-InsVO Rdnr. 10; *Leible/Staudinger*, KTS 2000, 533, 568; MünchKommInsO/*Reinhart* Art 26 EuInsVO Rdnr. 8.

[374] Vgl. hierzu AG Nürnberg „Brochier" ZIP 2007, 81 m. Anm. *Duursma-Kepplinger*, EWiR 2007, 81; AG Düsseldorf IPRax 2004, 431 m Anm. *Herweg/Tschauer*, EWiR 2004, 495.

[375] Duursma-Kepplinger/Duursma/Chalupsky/*Duursma-Kepplinger*, Europäische Insolvenzverordnung, Art 26 Rdnr. 1; MünchKommBGB/*Kindler* IntInsR Art. 26 EuInsVO Rdnr. 9; *Virgós/Schmit*, Erläuternder Bericht, Rdnr. 206.

Ausnahme der Art. 36 und 37 EuInsVO gelten diese Verfahrensvorschriften nur für Sekundärinsolvenzverfahren nach Art. 3 Abs. 3 EuInsVO und nicht für Partikularinsolvenzverfahren im Sinne des Art. 3 Abs. 4 EuInsVO.[376] Bei einem Sekundärinsolvenzverfahren handelt es sich um ein Parallelverfahren nach Art. 3 Abs. 2 EuInsVO, das **nach der Eröffnung des Hauptinsolvenzverfahrens** (Art. 3 Abs. 1 EuInsVO) eröffnet wird.[377]

170 Die Zulassung von Sekundärinsolvenzverfahren bildet die wichtigste **Durchbrechung des von der EuInsVO grundsätzlich angestrebten Universalitätsgrundsatzes**.[378] Seine Wirkungen sind gemäß Art. 3 Abs. 2 S. 2, Art. 27 S. 3 EuInsVO auf das im Gebiet des Eröffnungsstaates belegene Vermögen des Schuldners beschränkt.

1. Verfahrenseröffnung

171 Als Sekundärinsolvenzverfahren kommen nach Art. 3 Abs. 3 S. 2 EuInsVO nur Liquidationsverfahren gemäß Art. 2 lit. c in Verbindung mit Anhang B EuInsVO in Betracht.[379] Dies hebt auch Art. 27 S. 2 EuInsVO noch einmal deutlich hervor. Telos des Liquidationszwanges ist, dass eine Niederlassung nicht einzeln oder getrennt saniert werden kann und die Koordination zwischen Haupt- und Sekundärinsolvenzverfahren mit dem Ziel der Sanierung kompliziert und daher nur schwer durchführbar ist.[380]

172 Nach Art. 29 EuInsVO kann der Hauptinsolvenzverwalter oder jede andere Person, die nach dem Recht des Gerichtsstaates hierzu befugt ist, den Antrag auf Eröffnung eines solchen Verfahrens stellen. Darauf, dass in dem betreffenden Mitgliedstaat ein Insolvenzgrund vorliegt, kommt es nach Art. 27 S. 1 a. E. EuInsVO nicht an.[381] Es genügt, dass ein Hauptinsolvenzverfahren eröffnet worden ist. Dies verdeutlicht die Unterordnung des Sekundärinsolvenzverfahrens unter das Hauptinsolvenzverfahren.[382]

173 Im Einklang mit der Grundregel des Art. 4 Abs. 1 EuInsVO stellt Art. 28 EuInsVO noch einmal klar, dass die Durchführung des Verfahrens sowie seine Wirkungen – vorbehaltlich abweichender Sonderregelungen – dem Recht des Eröffnungsstaates unterliegen. Im Sekundärinsolvenzverfahren findet also die **lex fori concursus secundariae** Anwendung.

2. Verfahrenskoordination

174 Die Koordination des Miteinanders der verschiedenen Verfahren ist eines der Hauptprobleme, wenn man parallele Insolvenzverfahren zulässt.[383] Die Art. 31 ff. EuInsVO enthalten daher Regelungen zur Koordination von Haupt- und Sekundärinsolvenzverfahren, die eine reibungslose und effiziente Abwicklung dieser Verfahren sicherstellen sollen:[384]

---

[376] Siehe auch Haß/Huber/Gruber/Heiderhoff/*Heiderhoff*, EU-Insolvenzverordnung, Art 27 Rdnr. 3; Rauscher/*Mäsch*, Europäisches Zivilprozessrecht, Bd. 2, Art 27 EG-InsVO Rdnr. 3.

[377] Vgl. hierzu Rdnr. 68 f.

[378] So Haß/Huber/Gruber/Heiderhoff/*Heiderhoff*, EU-Insolvenzverordnung, Art 27 Rdnr. 3; vgl. dazu auch Erwägungsgrund (11); zum Universalitätsprinzip siehe Rdnr. 10.

[379] Vgl. dazu bereits Rdnr. 69.

[380] Duursma-Kepplinger/Duursma/Chalupsky/*Duursma-Kepplinger*, Europäische Insolvenzverordnung, Art 27 Rdnr. 76; MünchKommBGB/*Kindler* IntInsR Art. 27 EuInsVO Rdnr. 23; MünchKommInsO/*Reinhart* Art 27 EuInsVO Rdnr. 20; *Virgós/Schmit*, Erläuternder Bericht, Rdnr. 221.

[381] Vgl. hierzu auch AG Köln ZIP 2004, 471.

[382] So MünchKommBGB/*Kindler* IntInsR Art. 27 EuInsVO Rdnr. 20; Moss/Fletcher/Isaacs/*Moss/Smith*, The EC Regulation on Insolvency Proceedings, Rdnr. 8.211; vgl. auch Erwägungsgrund (20), S. 3, der von einer „dominierenden Rolle" des Hauptinsolvenzverfahrens spricht.

[383] So MünchKommInsO/*Reinhart*, Art 31 EuInsVO Rdnr. 1; in diesem Sinne auch *Mankowski*, NZI 2009, 451.

[384] Vgl. Erwägungsgrund (20), S. 1; ferner Duursma-Kepplinger/Duursma/Chalupsky/*Duursma-Kepplinger/Chalupsky*, Europäische Insolvenzverordnung, Art 31 Rdnr. 3; Haß/Huber/Gruber/Heiderhoff/*Heiderhoff*, EU-Insolvenzverordnung, Art 31 Rdnr. 1; MünchKommInsO/*Reinhart*, Art 31 EuInsVO Rdnr. 1.

Art. 31 Abs. 1 und Abs. 2 EuInsVO verpflichten die Verwalter von Haupt- und Sekundärinsolvenzverfahren zur **gegenseitigen Unterrichtung und Zusammenarbeit**. Jeder Verwalter hat im anderen Verfahren die Rechte eines Gläubigers (Art 32 Abs. 3 EuInsVO). Der Verwalter eines Sekundärinsolvenzverfahrens muss dem Hauptinsolvenzverwalter nach Art. 31 Abs. 3 EuInsVO zum gegebenen Zeitpunkt Gelegenheit geben, Vorschläge zur Verwertung oder sonstigen Verwendung der Masse des Sekundärinsolvenzverfahrens zu unterbreiten. Auch diese Regelung, die eine „einseitig überschießende Pflicht"[385] des im Sekundärinsolvenzverfahren bestellten Verwalters statuiert, dokumentiert den Vorrang des Hauptinsolvenzverfahrens vor dem Sekundärinsolvenzverfahren.[386]

Die EuInsVO beschränkt die Pflicht zur Kooperation und Unterrichtung nach Art. 31 EuInsVO auf die Insolvenzverwalter; auf etwaige Informations- und Zusammenarbeitspflichten der **Insolvenzgerichte** nimmt die Vorschrift keinen Bezug.[387] Gleichwohl folgt hieraus nicht im Umkehrschluss, dass eine grenzüberschreitende Zusammenarbeit der Insolvenzgerichte ausgeschlossen sein soll.[388] Die Abstimmung zwischen den Spruchkörpern steht vielmehr im Einklang mit den von der EuInsVO verfolgten Zielen, so dass – für den Fall einer Reform der EuInsVO – eine Erweiterung des Anhangs C sachgerecht erscheint.

Die Dominanz des Hauptinsolvenzverfahrens kommt am deutlichsten in der Vorschrift des Art. 33 Abs. 1 EuInsVO zum Ausdruck.[389] Nach Hs. 1 dieser Vorschrift kann der Hauptinsolvenzverwalter bei dem Insolvenzgericht des Sekundärverfahrens die vollständige oder teilweise Aussetzung der Verwertung beantragen, wenn die Aussetzung für die Gläubiger des Hauptverfahrens von Interesse ist. Der Hauptinsolvenzverwalter erhält so die Möglichkeit, die Zerschlagung des schuldnerischen Unternehmens zu verhindern, um z. B. eine Sanierung mit dem Hauptverfahren abstimmen zu können oder um durch eine Veräußerung des Unternehmens als Ganzes einen besseren Preis zu erzielen.[390] Nach Art. 33 Abs. 1 S. 2 Hs. 2 EuInsVO steht in diesem Fall dem Insolvenzgericht des Sekundärverfahrens das Recht zu, vom Verwalter des Hauptverfahrens alle angemessenen Maßnahmen zum Schutz der Interessen der Gläubiger des Sekundärinsolvenzverfahrens sowie einzelner Gruppen von Gläubigern zu verlangen. Wird auf Antrag des Verwalters eines ausländischen Insolvenzverfahrens in einem in Deutschland eröffneten Sekundärinsolvenzverfahren die Verwertung von Gegenständen ausgesetzt, an denen Absonderungsrechte bestehen, so verlangt Art. 102 § 10 EGInsO als Mindestschutz,[391] dass dem absonderungsberechtigten Gläubiger die geschuldeten Zinsen aus der Insolvenzmasse gezahlt werden.

Im Einklang mit Art. 39 EuInsVO[392] gewährt Art. 32 Abs. 1 EuInsVO jedem Gläubiger das Recht, seine Forderungen sowohl im Haupt- als auch im Sekundärinsolvenzverfahren anzumelden. Die Verwalter haben sogar die Pflicht, die in „ihrem" Verfahren benannten

---

[385] So *Beck*, NZI 2006, 609, 611.
[386] Haß/Huber/Gruber/Heiderhoff/*Heiderhoff*, EU-Insolvenzverordnung, Art 31 Rdnr. 2; MünchKommInsO/*Reinhart* Art 31 EuInsVO Rdnr. 2; kritisch *Mankowski*, NZI 2009, 451.
[387] MünchKommBGB/*Kindler* IntInsR § 341 InsO Rdnr. 7; vgl. aber die Entscheidung des High Court of Justice, Beschl. v. 11. 2. 2009, „Nortel", abgedruckt in ZInsO 2009, 914 mit Anm. *Mankowski*, NZI 2009, 451; Mock, ZInsO 2009, 895.
[388] *Leible/Staudinger*, KTS 2000, 533, 569; *Mankowski*, NZI 2009, 451; ausführlich zur Kommunikation zwischen Gerichten in grenzüberschreitenden Insolvenzen *Busch/Remmert/Rüntz/Vallender*, NZI 2010, 417.
[389] So *Staak*, NZI 2004, 480, 484; vgl. hierzu auch *Sommer*, ZInsO 2005, 1137, 1138.
[390] Landesgericht Leoben NZI 2005, 646 m. Anm. *Paulus*, NZI 2005, 647; Duursma-Kepplinger/Duursma/Chalupsky/*Duursma-Kepplinger/Chalupsky*, Europäische Insolvenzverordnung, Art 33 Rdnr. 4; MünchKommBGB/*Kindler* IntInsR Art. 33 EuInsVO Rdnr. 4; Rauscher/*Mäsch*, Europäisches Zivilprozessrecht, Bd. 2, Art 33 EG-InsVO Rdnr. 2; *Sommer*, ZInsO 2005, 1137, 1138.
[391] MünchKommBGB/*Kindler* IntInsR § 10 EGInsO Rdnr. 2; *Smid*, Deutsches und Europäisches Internationales Insolvenzrecht, Art 102 § 10 Rdnr. 2.
[392] Vgl. dazu unter Rdnr. 185.

Gläubigerforderungen in anderen Verfahren anzumelden, sofern diese Vorgehensweise für die Gläubiger „ihres" Verfahrens zweckmäßig ist (Art. 32 Abs. 2 EuInsVO).[393] Die Verwalter handeln insoweit als gesetzliche Vertreter der Gläubiger.[394]

179 Nach Art. 34 Abs. 2 EuInsVO erstreckt sich eine die Rechte der Gläubiger beschränkende Maßnahme – etwa eine Schuldbefreiung – nur dann auf Vermögenswerte, die nicht vom Sekundärinsolvenzverfahren erfasst werden, wenn die Gesamtheit der betroffenen Gläubiger hierzu ihre Zustimmung erklärt. Die Maßnahme entfaltet dann – entgegen dem Grundsatz der Wirkungsbeschränkung für Sekundärinsolvenzverfahren (Art. 3 Abs. 2 S. 2, Art 27 S. 3 EuInsVO) – auch in anderen Mitgliedstaaten Wirkung.[395]

180 Im Sekundärinsolvenzverfahren eventuell erzielte Überschüsse sind gemäß Art. 35 EuInsVO unverzüglich an den Hauptinsolvenzverwalter auszukehren. Die Vorschrift trägt dem Umstand Rechnung, dass es sich – trotz der Mehrheit von rechtlich selbständigen Insolvenzverfahren – um die Insolvenz nur eines Rechtsträgers handelt.[396] Auch hier wird zudem einmal mehr die Dominanz des Hauptinsolvenzverfahrens gegenüber dem Sekundärinsolvenzverfahren offenbar.[397]

3. Sicherungsmaßnahmen

181 Bereits vor der Eröffnung des Hauptverfahrens besteht ein Bedürfnis, die künftige Insolvenzmasse im Interesse der Gläubiger vor Vermögensverschiebungen zu schützen.[398] Die EuInsVO sieht hierfür mehrere Möglichkeiten vor.

182 Wird am Interessenmittelpunkt des Schuldners ein vorläufiger Verwalter bestellt, kann dieser nach Art. 38 EuInsVO in jedem Mitgliedstaat, in dem der Schuldner eine Niederlassung besitzt,[399] Maßnahmen zur vorläufigen Sicherung des Schuldnervermögens beantragen. Welche Maßnahmen dies im Einzelnen sind, richtet sich nach dem Recht des Staates der Antragstellung.[400]

183 Neben Art. 38 EuInsVO steht dem vorläufigen Verwalter auch der Weg über Art. 25 Abs. 1 Unterabs. 3 EuInsVO offen.[401] Danach sind gerichtliche Sicherungsmaßnahmen, die nach dem Insolvenzantrag, aber vor Eröffnung des Insolvenzverfahrens getroffen worden sind, anzuerkennen und – falls notwendig – auch zu vollstrecken.[402]

---

[393] Siehe auch Pannen/*Herchen*, Europäische Insolvenzverordnung, Art 32 Rdnr. 20; MünchKommBGB/*Kindler* IntInsR Art. 32 EuInsVO Rdnr. 9; *Leible/Staudinger*, KTS 2000, 533, 570.

[394] Rauscher/*Mäsch*, Europäisches Zivilprozessrecht, Bd. 2, Art 32 EG-InsVO Rdnr. 6.

[395] MünchKommBGB/*Kindler* IntInsR Art. 34 EuInsVO Rdnr. 14; kritisch zur Regelung des Art. 34 Abs 2 EuInsVO *Seidl/Paulick*, ZInsO 2010, 125 ff.

[396] Duursma-Kepplinger/Duursma/Chalupsky/*Duursma-Kepplinger/Chalupsky*, Europäische Insolvenzverordnung, Art 35 Rdnr. 1; MünchKommBGB/*Kindler* IntInsR Art. 35 EuInsVO Rdnr. 2.

[397] Duursma-Kepplinger/Duursma/Chalupsky/*Duursma-Kepplinger/Chalupsky*, Europäische Insolvenzverordnung, Art 35 Rdnr. 1; MünchKommBGB/*Kindler* IntInsR Art. 35 EuInsVO Rdnr. 2; *Smid*, Deutsches und Europäisches Internationales Insolvenzrecht, Art 35 Rdnr. 1; *Virgós/Schmit*, Erläuternder Bericht, Rdnr. 252.

[398] *Westpfahl/Goetker/Wilkens*, Grenzüberschreitende Insolvenzen, Rdnr. 517.

[399] Wie hier Duursma-Kepplinger/Duursma/Chalupsky/*Duursma-Kepplinger/Chalupsky*, Europäische Insolvenzverordnung, Art 38 Rdnr. 9; Haß/Huber/Gruber/Heiderhoff/*Heiderhoff*, EU-Insolvenzverordnung, Art 38 Rdnr. 2; MünchKommBGB/*Kindler* IntInsR Art. 38 EuInsVO Rdnr. 8; MünchKommInsO/*Reinhart* Art 38 EuInsVO Rdnr. 8 (unter ausdrücklicher Aufgabe seiner in der Vorauflage vertretenen Auffassung); *Vallender*, KTS 2005, 283, 308; *Virgós/Schmit*, Erläuternder Bericht, Rdnr. 262; a.A. Rauscher/*Mäsch*, Europäisches Zivilprozessrecht, Bd. 2, Art 38 EG-InsVO Rdnr. 8; Moss/Fletcher/Isaacs/*Moss/Smith*, The EC Regulation on Insolvency Proceedings, Rdnr. 8.272; *Smid*, Deutsches und Europäisches Internationales Insolvenzrecht, Art 38 Rdnr. 10: Der Antrag darf in jedem Mitgliedstaat gestellt werden, in dem sich Vermögen des Schuldners befindet.

[400] Vgl. im deutschen Recht die §§ 21 ff. InsO.

[401] Vgl. auch Erwägungsgrund (16).

[402] Vgl. dazu auch Rdnr. 162 ff.

VIII. Gläubigerbenachrichtigung und Forderungsanmeldung

Kapitel IV der EuInsVO (Art. 39 bis 42 EuInsVO) enthält Vorschriften über die Benachrichtigung der Gläubiger und die Anmeldung ihrer Forderungen.

184

1. Forderungsanmeldung

Jeder innerhalb des Binnenmarktes ansässige Gläubiger ist berechtigt, seine Forderungen im Insolvenzverfahren schriftlich anzumelden (Art. 39 EuInsVO). Dieses Recht steht ausdrücklich auch den mitgliedstaatlichen Steuerbehörden sowie Sozialversicherungsträgern zu. Gläubiger aus anderen Mitgliedstaaten dürfen demnach bei der Forderungsanmeldung nicht aufgrund nationaler Vorschriften diskriminiert werden; eine solche Regelung würde von Art. 39 EuInsVO verdrängt.[400]

185

Nach Art. 4 Abs. 2 lit. h EuInsVO richtet sich die Anmeldung, Prüfung und Feststellung von Forderungen nach dem Recht des Staates der Verfahrenseröffnung, also der lex fori concursus.[401] Abweichend von diesem Grundsatz legt Art. 41 EuInsVO bestimmte inhaltliche Kriterien fest, die Gläubiger aus anderen Mitgliedstaaten bei ihrer Forderungsanmeldung berücksichtigen müssen. Weiter reichende nationale Anforderungen sind unbeachtlich.[402] Für eine form- und fristgerechte Forderungsanmeldung genügt es, wenn sie in einer der Amtssprachen des Heimatlandes des Gläubigers erfolgt. Sie muss lediglich die Überschrift „Anmeldung einer Forderung" in der Amtssprache des Eröffnungsstaates tragen (Art. 42 Abs. 2 S. 1, S. 2).

186

2. Gläubigerbenachrichtigung

Sobald in einem Mitgliedstaat ein Insolvenzverfahren eröffnet worden ist, sollen gemäß Art. 40 Abs. 1 EuInsVO das zuständige Gericht oder der Verwalter alle bekannten und innerhalb des Binnenmarktes ansässigen Gläubiger unverzüglich hierüber unterrichten. Dies geschieht durch individuelle Übersendung eines in der Amtssprache des Eröffnungsstaates verfassten Vermerks, der bestimmte Mindestinformationen enthalten muss (Art. 40 Abs. 2 EuInsVO). Hierfür ist nach Art. 42 Abs. 1 EuInsVO ein Formblatt zu verwenden, das in allen Amtssprachen der Organe der EU mit der Überschrift „Aufforderung zur Anmeldung einer Forderung. Etwaige Fristen beachten!" versehen ist.

187

Soweit nach der EuInsVO ein deutsches Insolvenzgericht die ausländischen Gläubiger zu informieren hat, sind diese gemäß Art. 102 § 11 EGInsO auf die in § 177 InsO geregelten nachteiligen Folgen einer Versäumung der Anmeldefrist hinzuweisen.

188

§ 36 Insolvenz in Drittstaaten

Übersicht

	Rdnr.		Rdnr.
I. Einführung	1, 2	c) Versicherungsunternehmen, Kreditinstitute etc.	8, 9
II. Grundlagen	3–9		
1. Prinzip der modifizierten Universalität	3, 4	III. Internationale Zuständigkeit	10, 11
2. Anwendungsbereich	5–9	IV. Anwendbares Recht	12–30
a) Umfang	5	1. Grundsatz der lex fori concursus	12–15
b) Vorrang der EuInsVO	6, 7	2. Umfang des Insolvenzstatuts	16, 17

---

[400] *Balz*, ZIP 1996, 948, 955; Rauscher/*Mäsch*, Europäisches Zivilprozessrecht, Bd. 2, Art 39 EG-InsVO Rdnr. 5.
[401] Vgl. hierzu auch Rdnr. 102.
[402] *Leible/Staudinger*, KTS 2000, 533, 571; MünchKommBGB/*Kindler* IntInsR Art. 41 EuInsVO Rdnr. 2; Rauscher/*Mäsch*, Europäisches Zivilprozessrecht, Bd. 2, Art 41 EG-InsVO Rdnr. 1.

	Rdnr.
3. Ausnahmen von der lex fori concursus	18–30
a) Vertrag über einen unbeweglichen Gegenstand	20–22
b) Arbeitsverhältnis	23, 24
c) Aufrechnung	25, 26
d) Insolvenzanfechtung	27
e) Organisierte Märkte. Pensionsgeschäfte	28–30
V. Wirkungen des ausländischen Insolvenzverfahrens im Inland	31–62
1. Anerkennung des ausländischen Insolvenzverfahrens	32–45
a) Allgemeines	32
b) Gegenstand der Anerkennung	33–38
c) Ausnahmen	39–43
d) Rechtsfolgen der Anerkennung	44–46
2. Durchsetzung des ausländischen Insolvenzverfahrens	47–53
a) Sicherungsmaßnahmen	48
b) Bekanntmachung des ausländischen Insolvenzverfahrens	49
c) Nachweis der Verwalterbestellung und Unterrichtung des Gerichts	50
d) Zuständiges Insolvenzgericht	51
e) Vollstreckbarkeit ausländischer Entscheidungen	52, 53
3. Schutzbestimmungen	54–62
a) Schutz gutgläubiger Dritter	54–57
b) Dingliche Rechte	58–60
c) Unterbrechung und Aufnahme eines Rechtsstreits	61, 62

	Rdnr.
VI. Territorialverfahren	63–86
1. Zweck territorial begrenzter Verfahren	63, 64
2. Allgemeine Zulässigkeitsvoraussetzungen	65–75
a) Keine Zuständigkeit für Hauptinsolvenzverfahren	65
b) Niederlassung oder Vermögen im Inland	66, 67
c) Antragsbefugnis	68–70
d) Insolvenzgrund und Kostendeckung	71–73
e) Zuständigkeit	74, 75
3. Rechtsfolgen	76–78
a) Geltung der lex fori concursus	76
b) Aktivmasse	77
c) Passivmasse	78
4. Restschuldbefreiung und Insolvenzplan	79, 80
5. Sekundärinsolvenzverfahren	81–86
a) Zulässigkeit paralleler Verfahren	81–83
b) Zusammenarbeit der Insolvenzverwalter	84, 85
c) Überschuss bei der Schlussverteilung	86
VII. Forderungsanmeldung und Erlösverteilung	87–93
1. Ausübung von Gläubigerrechten	87–93
a) Allgemeines Anmelderecht	87
b) Anmeldebefugnis und Bevollmächtigung des Insolvenzverwalters	88, 89
2. Verteilung der Erlöse	90–93
a) Herausgabeanspruch	91
b) Quotenanrechnung	92
c) Auskunftsanspruch	93

Schrifttum: *Andres/Leithaus/Dahl,* Insolvenzordnung, Kommentar, 2. Aufl. 2011 (§§ 335 ff.); *Beckmann,* Dingliche Rechte in der grenzüberschreitenden Bankeninsolvenz – einseitiger Universalitätsanspruch des deutschen Insolvenzrechts?, WM 2009, 1592; *Braun* (Hrsg.), Insolvenzordnung, Kommentar, 4. Aufl., 2010 (§§ 335 ff.); *Gebler/Stracke,* Anerkennung des US-Chapter 11-Verfahrens als Insolvenzverfahren, NZI 2010, 13; *Gottwald* (Hrsg.), Insolvenzrechts-Handbuch, 4. Aufl., 2010; *Graf-Schlicker,* Insolvenzordnung, 2. Aufl. 2010; *E. Habscheid,* Konkurs in den USA und seine Wirkungen in Deutschland (und umgekehrt). Unter Berücksichtigung des Gesetzes zur Neuregelung des Internationalen Insolvenzrechts vom 14. 3. 2003, NZI 2003, 238; *ders.,* Das deutsche internationale Insolvenzrecht und die vis attraciva concursus, ZIP 1999, 1113; *Hanisch,* Einheit oder Pluralität oder ein kombiniertes Modell beim grenzüberschreitenden Insolvenzverfahren, ZIP 1994, 1; *Heneweer,* Das forum shopping einer GmbH unter der deutschen Insolvenzordnung und der Europäischen Insolvenzverordnung, 2010; *Heiss/Gölz,* Zur deutschen Umsetzung der Richtlinie 2001/17/EG des Europäischen Parlaments und des Rates vom 19. 3. 2001 über die Sanierung und Liquidation von Versicherungsunternehmen, NZI 2006, 1; *Hergenröder/Gotzen,* Insolvenzrechtliche Anerkennung des US-Chapter 11-Verfahrens, DZWIR 2010, 273; *Hirte/Bücker* (Hrsg.), Grenzüberschreitende Gesellschaften, 2. Aufl., 2006 (§ 17); *Keller,* Zur Verwertung im Ausland belegenen Schuldnervermögens durch deutsche Insolvenzverwalter, 2010; *Kilgus,* Keine Zahlungspflicht unter internationalen Derivaten bei Insolvenz des Vertragspartners?, NZG 2010, 613; *Kirchhof/Lwowski/Stürner* (Hrsg.), Münchener Kommentar zur Insolvenzordnung, Bd. 3, §§ 270–359, Internationales Insolvenzrecht, Insolvenzsteuerrecht, 2. Aufl., 2008; *Kreft* (Hrsg.), Heidelberger Kommentar zur Insolvenzordnung, 5. Aufl., 2008 (§§ 335 ff.); *Kübler/Prütting/Bork*, Kommentar zur Insolvenzordnung, Stand: Aug. 2011 (§§ 335 ff.); *Liersch*, Deutsches Internationales Insolvenzrecht, NZI 2003, 302; *Liersch/Walter*, Geltung und Grenzen der deutsch-schweizerischen Staatsverträge auf dem Gebiet des Insolvenzrechts, ZInsO 2007, 582; *Ludwig*, Neuregelungen des deutschen Internationalen Insolvenzrechts, 2004; *Mankowski*, Konkursgründe beim inländischen Partikularkonkurs, ZIP 1995, 1650; *Paulus*, Grundlagen des neuen Insolvenzrechts – Internationales Insolvenzrecht, DStR 2005, 334; *Podewils*, Zur Anerkennung von Chapter 11 in Deutschland, ZInsO 2010, 209; *Scherber*, Neues autonomes internationales Insolvenzrecht in Spanien im Vergleich zur EuInsVO und zu den neuen §§ 335–358 InsO, IPRax 2005, 160; *Schollmeyer*, Partikularinsolvenzverfahren am Ort der Belegenheit von Massebestandteilen?, IPRax 1995, 150; *Smid*, Deutsches und Europäisches Internationales Insolvenzrecht, 2004; *v. Bismarck/Schümann-Kleber*, Insolvenz eines deutschen Sicherungsgebers – Auswirkungen auf die Verwertung im Ausland belegener Kreditsicherheiten, NZI 2005, 89; *dies.*, Insolvenz eines ausländischen Sicherungsgebers – Anwendung deutscher Vorschriften auf die Verwertung in Deutschland belegener Kreditsicherheiten, NZI 2005, 147; *Wehdeking*, Reform des Internationalen Insolvenzrechts in Deutschland und Österreich, DZWiR 2003, 133; *Westpfahl/Götker/Wilkens*, Grenzüberschreitende Insolvenzen, 2008; *Wilms*, Die Verschleppung der Insolvenz einer „deutschen Ltd.", KTS 2007, 337; *Wimmer* (Hrsg.), Frankfurter Kommentar zur Insolvenzordnung, 6. Aufl., 2011 (§§ 335 ff.); *Worms*, Insolvenzverschleppung bei der „deutschen" Limited, 2009.

I. Einführung

Das autonome deutsche internationale Insolvenzrecht findet sich in den **§§ 335 bis 358 InsO**. Diese Vorschriften wurden als neuer elfter Teil durch das „Gesetz zur Neuregelung des Internationalen Insolvenzrechts",[1] das am 20. 3. 2003 in Kraft trat, in die InsO eingefügt. Sie ersetzen Art. 102 EGInsO a. F., der das Internationale Insolvenzrecht nur sehr lückenhaft regelte.[2] Art. 102 §§ 1 bis 11 EGInsO enthält nunmehr Ausführungs- und Ergänzungsvorschriften zur Verordnung (EG) Nr. 1346/2000 über Insolvenzverfahren (EuInsVO).

Die §§ 335 ff. InsO nehmen sich des **Rechtsverkehrs mit Drittstaaten** an. Im Gegensatz zur EuInsVO sind die Vorschriften des autonomen Rechts freilich nicht vom Grundsatz des gemeinschaftlichen Vertrauens[3] geprägt. Gleichwohl lehnen sie sich eng an das Vorbild der EuInsVO an.[4] Abweichungen ergeben sich vornehmlich dort, wo dies die gegenüber Drittstaaten weniger enge Verbundenheit gebietet.[5]

II. Grundlagen

1. Prinzip der modifizierten Universalität

Wie die EuInsVO gehen auch die §§ 335 ff. InsO vom Grundsatz der modifizierten bzw. begrenzten Universalität aus.[6] Die Eröffnung eines (grenzüberschreitenden) Insolvenzverfahrens soll grundsätzlich das gesamte, d. h. weltweite Vermögen des Schuldners erfassen (§ 35 InsO). Der Insolvenzverwalter soll weltweit tätig werden, um das Vermögen des Schuldners zu verwerten. Berücksichtigt werden sollen sämtliche Forderungen aller Gläubiger, und zwar ungeachtet dessen, welcher Rechtsordnung sie unterliegen, und unabhän-

---

[1] Gesetz vom 14. März 2003 (BGBl. 2003 I, 345).
[2] Vgl. Begründung zum Entwurf eines Gesetzes zur Neuregelung des internationalen Insolvenzrechts, BT-Drucks. 715/02, S. 14.
[3] Siehe auch Erwägungsgrund (22).
[4] Vgl. ausführlich § 35.
[5] *Paulus*, DStR 2005, 334, 339.
[6] Braun/*Liersch*, Insolvenzordnung, vor §§ 335–358 Rdnr. 4; Andres/Leithaus/*Dahl*, Insolvenzordnung, vor §§ 335–358 Rdnr. 19; MünchKommBGB/*Kindler* IntInsR Vor §§ 335 ff. InsO Rdnr. 5; *Westpfahl/Goetker/Wilkens*, Grenzüberschreitende Insolvenzen, Rdnr. 621. Vgl. hierzu auch die Grundsatzentscheidung des BGH NJW 1985, 2897. Zum Prinzip der modifizierten Universalität im Rahmen der EuInsVO siehe auch § 37 Rdnr. 10.

gig davon, in welchem Staat der jeweilige Gläubiger seinen Sitz hat.[7] Der Grundsatz der Universalität kommt auch in § 335 InsO zum Ausdruck. Danach unterliegen das Insolvenzverfahren und seine Wirkungen dem Recht des Staates, in dem das Verfahren eröffnet wird (lex fori concursus).

4 Gleichwohl wird der weltweite Geltungsanspruch des Insolvenzverfahrens in zweifacher Hinsicht **eingeschränkt:**[8] Zum einen sehen die in den §§ 336 ff. InsO enthaltenen **Sonderkollisions- und Sachnormen** aus Gründen des Verkehrsschutzes und der Rechtssicherheit Abweichungen von der lex fori concursus vor.[9] Daneben werden **Territorialverfahren** zugelassen, die nur das im Inland belegene Vermögen des Schuldners erfassen (§§ 354 ff. InsO).[10]

2. Anwendungsbereich

5 **a) Umfang.** Die Regelungen des neuen deutschen autonomen internationalen Insolvenzrechts traten zum 20. 3. 2003 in Kraft. Die §§ 335 ff. InsO erfassen demnach nur Insolvenzverfahren, die nach diesem Datum eröffnet wurden. Für Insolvenzverfahren, die vorher eröffnet worden sind, gilt Art. 102 EGInsO a. F. Dies ergibt sich mangels ausdrücklicher Regelung aus einer entsprechenden Anwendung von Art. 103a EGInsO.[11] Auf reine Binnensachverhalte sind die §§ 335 ff. InsO – ebenso wie die EuInsVO – nicht anwendbar.[12] Der generelle Anwendungsbereich der InsO erfasst neben natürlichen Personen alle juristischen Personen und Gesellschaften ohne Rechtspersönlichkeit sowie bestimmte Sondervermögen (§ 11 InsO).

6 **b) Vorrang der EuInsVO.** Der Anwendungsbereich des autonomen deutschen internationalen Insolvenzrechts ist allerdings durch den Vorrang der EuInsVO[13] stark eingeschränkt. Denn die §§ 335 ff. InsO werden durch die EuInsVO verdrängt, soweit diese Vorschriften enthält, die grenzüberschreitende Sachverhalte abschließend regeln.[14] Der Anwendungsbereich des autonomen Rechts ist demnach aus Sicht der EuInsVO zu bestimmen.[15] Letztere war zwar für den deutschen Gesetzgeber Vorbild bei der Schaffung der §§ 335 ff. InsO, doch sind die Vorschriften der EuInsVO gleichwohl nicht mit denen des autonomen Rechts identisch. Territorial gilt das autonome Recht daher nur für **grenzüberschreitende Insolvenzsachverhalte mit Bezug zu Drittstaaten und Dänemark.**

7 In **zeitlicher Hinsicht** erfasst die EuInsVO nach Art. 42 EuInsVO nur solche Insolvenzverfahren, die nach ihrem In-Kraft-Treten am 31. 3. 2002 (Art. 47 EuInsVO) eröffnet worden sind. Alle anderen Insolvenzverfahren unterfallen dem autonomen internationalen Insolvenzrecht. Insoweit gilt allerdings Art. 102 EGInsO a. F., da die §§ 335 bis 358 InsO nur auf solche Insolvenzverfahren anwendbar sind, die nach dem 20. 3. 2003 eröffnet wurden.[16] Anwendbar sind die §§ 335 ff. InsO zudem, wenn die EuInsVO eine Regelungs-

---

[7] So HKInsO/*Stephan* § 335 Rdnr. 3; Braun/*Liersch*, Insolvenzordnung, vor §§ 335–358 Rdnr. 4; ders., NZI 2003, 302, 303.

[8] Vgl. dazu auch die Begründung zum Entwurf eines Gesetzes zur Neuregelung des internationalen Insolvenzrechts, BT-Drucks. 715/02, S. 30.

[9] Vgl. hierzu Rdnr. 18 ff.

[10] Vgl. hierzu Rdnr. 62 ff.

[11] Braun/*Liersch*, Insolvenzordnung, vor §§ 335–358 Rdnr. 16; MünchKommInsO/*Reinhart* Vor §§ 335 ff. Rdnr. 83.

[12] Hirte/Bücker/*Mock/Schildt*, Grenzüberschreitende Gesellschaften, § 17 Rdnr. 16.

[13] Vgl. hierzu § 35 Rdnr. 14.

[14] Braun/*Liersch*, Insolvenzordnung, vor §§ 335–358 Rdnr. 25; MünchKommInsO/*Reinhart* Vor §§ 335 ff. Rdnr. 84; MünchKommBGB/*Kindler* IntInsR Vor §§ 335 ff. InsO Rdnr. 4.

[15] MünchKommInsO/*Reinhart* Vor §§ 335 ff. Rdnr. 84.

[16] Braun/*Liersch*, Insolvenzordnung, vor §§ 335–358 Rdnr. 16; *Westpfahl/Goetker/Wilkens*, Grenzüberschreitende Insolvenzen, Rdnr. 615.

lücke enthält, sofern diese nicht im Zusammenhang mit den Vorschriften der Verordnung ausgefüllt werden kann.[17]

c) Versicherungsunternehmen, Kreditinstitute etc. Nach ihrem Art. 1 Abs. 2 gilt **8** die EuInsVO nicht für Insolvenzverfahren über das Vermögen von Versicherungsunternehmen, Kreditinstituten, Wertpapierfirmen sowie Organismen für gemeinsame Anlagen.[18] Vorbehaltlich der Anwendbarkeit spezieller Staatsverträge, **gelten** für Insolvenzverfahren über das Vermögen dieser **Unternehmen des Finanzdienstleistungsbereichs die §§ 335 ff. InsO uneingeschränkt.**[19]

Sonderregelungen für Insolvenzverfahren über das Vermögen von Kreditinstituten und **9** Versicherungsunternehmen enthalten die Richtlinie 2001/24/EG vom 4. 4. 2001 über die Sanierung und Liquidation von Kreditinstituten[20] sowie die Richtlinie 2001/17/EG vom 19. 3. 2001 über die Sanierung und Liquidation von Versicherungsunternehmen.[21] Der deutsche Gesetzgeber hat diese Richtlinien bei der Neuregelung der §§ 335 ff. InsO berücksichtigt;[22] diese Vorschriften sind somit richtlinienkonform auszulegen.[23] Es ist allerdings zweifelhaft, ob die Richtlinien in ausreichender Form umgesetzt worden sind.[24]

III. Internationale Zuständigkeit

Die internationale Zuständigkeit deutscher Gerichte bestimmt sich außerhalb des An- **10** wendungsbereichs der EuInsVO nach **§ 3 Abs. 1 InsO analog.** Die Vorschrift ist doppelfunktional. Es kommt dann zunächst auf das Vorhandensein eines allgemeinen Gerichtsstands (§§ 12 ff. ZPO) im Inland an. Liegt allerdings trotz eines inländischen allgemeinen Gerichtsstands der Mittelpunkt einer selbständigen wirtschaftlichen Tätigkeit des Schuldners im Ausland, fehlt es an der erforderlichen internationalen Zuständigkeit der deutschen Gerichte. Umgekehrt sind die deutschen Gerichte jedoch international zuständig, wenn der Schuldner zwar über keinen allgemeinen Gerichtsstand in Deutschland verfügt, hier aber gleichwohl der Mittelpunkt einer selbständigen wirtschaftlichen Tätigkeit von ihm liegt. Angesichts dessen, dass der Anwendungsbereich der EuInsVO bereits bei Vorliegen eines einfachen Auslandsbezugs eröffnet ist,[25] ist die Bedeutung von § 3 InsO zur Bestimmung der internationalen Zuständigkeit deutscher Gerichte freilich gering. Relevanz kommt der Norm vor allem bei Insolvenzen über das Vermögen der nach Art. 1 Abs. 2 EuInsVO vom Anwendungsbereich der EuInsVO ausgenommenen Unternehmen zu.

Wenn die internationale nach § 3 Abs. 1 InsO zu bestimmen ist, ist das Problem einer **11** etwaigen **Doppelzuständigkeit** mit Hilfe von § 3 Abs. 2 InsO zu lösen. Die Norm geht vom Prioritätsprinzip aus, ist allerdings für die Zwecke des Internationalen Insolvenzrechts dahin gehend einzuschränken, dass Priorität nur solchen ausländischen Verfahrenseröffnungen zukommt, die nach § 343 InsO in Deutschland auch anerkennungsfähig sind.[26]

---

[17] Hirte/Bücker/*Mock*/*Schildt*, Grenzüberschreitende Gesellschaften, § 17 Rdnr. 16; MünchKommInsO/*Reinhart* Vor §§ 335 ff. Rdnr. 85; MünchKommBGB/*Kindler* IntInsR Vor §§ 335 ff. InsO Rdnr. 4.
[18] Vgl. auch § 37 Rdnr. 34.
[19] Siehe hierzu MünchKommInsO/*Reinhart* Vor §§ 335 ff. Rdnr. 86 ff.
[20] ABl. EG 2001 L 125, 15.
[21] ABl. EG 2001 L 110, 28.
[22] Vgl. Begründung zum Entwurf eines Gesetzes zur Neuregelung des internationalen Insolvenzrechts, BT-Drucks. 715/02, S. 15.
[23] MünchKommInsO/*Reinhart* Vor §§ 335 ff. Rdnr. 87.
[24] Vgl. dazu Rdnr. 58; kritisch auch Andres/Leithaus/*Dahl*, Insolvenzordnung, vor §§ 335–358 Rdnr. 19; Braun/*Liersch*, Insolvenzordnung, vor §§ 335–358 Rdnr. 30; MünchKommBGB/*Kindler* IntInsR Vor §§ 335 InsO Rdnr. 3; MünchKommInsO/*Reinhart* Vor §§ 335 ff. Rdnr. 87. Zur Umsetzung der Richtlinie 2001/17/EG vgl. *Heiss*/*Gölz*, NZI 2006, 1; zur Umsetzung des Art. 21 der Richtlinie 2001/24/EG durch § 351 InsO vgl. *Beckmann*, WM 2009, 1592 ff.
[25] Vgl. hierzu § 35 Rdnr. 22.
[26] MünchKommInsO/*Reinhart* § 335 Rdnr. 29.

IV. Anwendbares Recht

1. Grundsatz der lex fori concursus

12 Nach § 335 InsO unterliegen – vorbehaltlich abweichender Sonderregelungen – das Insolvenzverfahren und seine Wirkungen dem Recht des Staates der Verfahrenseröffnung. Wie auch Art. 4 EuInsVO[27] beruft § 335 InsO damit die **lex fori concursus**. Dies führt zu einem Gleichlauf von internationaler Zuständigkeit und anwendbarem Recht. Ausnahmen vom Grundsatz der lex fori concursus enthalten die §§ 336 ff. InsO.[28]

13 § 335 InsO ist als **allseitige Kollisionsnorm** ausgestaltet:[29] Sie ordnet bei Eröffnung eines Insolvenzverfahrens im Inland die umfängliche Geltung deutschen Rechts und ebenso bei Insolvenzeröffnung im Ausland die Geltung bzw. Anerkennung ausländischen Rechts im Inland an. Damit folgt auch § 335 InsO dem Universalitätsprinzip.

14 Die lex fori concursus gilt dabei gleichermaßen für **Haupt- wie für Territorialverfahren**.[30]

15 Die Anknüpfung an die lex fori concursus dient zum einen der Verwirklichung des **Grundsatzes der Gläubigergleichbehandlung**[31] und berücksichtigt andererseits das **Prinzip der engsten Verbindung**.[32] Die internationale Zuständigkeit für die Verfahrenseröffnung soll grundsätzlich dem Staat zustehen, zu dem der Schuldner in wirtschaftlicher Hinsicht die engste Beziehung unterhält.

2. Umfang des Insolvenzstatuts

16 Das Recht des Staates der Verfahrenseröffnung gilt gemäß § 335 InsO für das „Insolvenzverfahren und seine Wirkungen". Erfasst ist damit neben der Eröffnung, der Durchführung und der Beendigung des Verfahrens auch das Insolvenzantragsverfahren.[33] Die lex fori concursus gilt ferner sowohl für das Insolvenzverfahrensrecht als auch für das materielle Insolvenzrecht. Das Problem der Abgrenzung zwischen prozess- und materiellrechtlichen Wirkungen des Insolvenzverfahrens ist damit verweisungsrechtlich ohne Belang.[34]

17 Ob es sich um insolvenzrechtliche Fragestellungen handelt, die in den Anwendungsbereich von § 335 InsO fallen, ist eine Frage der **Qualifikation**.[35] Ist ein Sachverhalt nicht insolvenzrechtlich zu qualifizieren, gilt nicht das internationale Insolvenzrecht, sondern allgemeines Kollisions- bzw. Verfahrensrecht.[36] § 335 InsO entspricht Art. 4 EuInsVO, der jedoch in seinem Abs. 2 einen Beispielkatalog von Materien enthält, die insolvenzrechtlicher Natur und stets nach dem Recht des Eröffnungsstaates zu behandeln sind.[37] Im In-

---

[27] Vgl. dazu Rdnr. § 35 Rdnr. 82 ff.
[28] Vgl. hierzu ausführlich Rdnr. 18 ff.
[29] Andres/Leithaus/*Dahl*, Insolvenzordnung, § 335 Rdnr. 1; Gottwald/*Gottwald*, Insolvenzrechts-Handbuch, § 131 Rdnr. 4; Braun/*Liersch*, Insolvenzordnung, § 335 Rdnr. 1; MünchKommBGB/*Kindler* IntInsR § 335 InsO Rdnr. 1; MünchKommInsO/*Reinhart* § 335 Rdnr. 1; HKInsO/*Stephan* § 335 Rdnr. 6.
[30] Braun/*Liersch*, Insolvenzordnung, § 335 Rdnr. 5; HKInsO/*Stephan* § 335 Rdnr. 7.
[31] MünchKommBGB/*Kindler* IntInsR § 335 InsO Rdnr. 1.
[32] Andres/Leithaus/*Dahl*, Insolvenzordnung, § 335 Rdnr. 4; Braun/*Liersch*, Insolvenzordnung, § 335 Rdnr. 2; ders., NZI 2003, 302, 304; MünchKommInsO/*Reinhart* § 335 Rdnr. 4.
[33] Andres/Leithaus/*Dahl*, Insolvenzordnung, § 335 Rdnr. 6; Braun/*Liersch*, Insolvenzordnung, § 335 Rdnr. 6; HKInsO/*Stephan* § 335 Rdnr. 9; Westpfahl/Goetker/*Wilkens*, Grenzüberschreitende Insolvenzen, Rdnr. 702.
[34] FKInsO/*Wenner/Schuster* § 335 Rdnr. 1; MünchKommBGB/*Kindler* IntInsR § 335 InsO Rdnr. 3.
[35] Vgl. hierzu ausführlich Gottwald/*Gottwald*, Insolvenzrechts-Handbuch, § 128 Rdnr. 18 ff.; MünchKommInsO/*Reinhart* Vor §§ 335 ff. Rdnr. 95 ff.
[36] Braun/*Liersch*, Insolvenzordnung, § 335 Rdnr. 7.
[37] Vgl. hierzu § 35 Rdnr. 88.

teresse der Prägnanz wurde jedoch von einer Übernahme der Regelbeispiele in das autonome deutsche Recht abgesehen.[38] Der Beispielskatalog des Art. 4 Abs. 2 EuInsVO kann gleichwohl als Interpretationshilfe herangezogen werden.[39]

3. Ausnahmen von der lex fori concursus

Der Grundsatz der lex fori concursus gilt nach § 335 InsO nur, „soweit nichts anderes bestimmt ist". Angesprochen sind mit dieser Einschränkung die in den §§ 336 ff. InsO enthaltenen Sonderregelungen. Entsprechende Ausnahmevorschriften vom Grundsatz der lex fori concursus finden sich auch in der EuInsVO (Art. 5 bis 15).[40] Die Abweichungen vom Recht des Staates der Verfahrenseröffnung dienen der Wahrung des Verkehrsschutzes und der Rechtssicherheit im Geschäftsverkehr.[41]

Anderweitige Bestimmungen im Sinne des § 335 InsO finden sich zum einen in Form von (einseitigen oder allseitigen) **Kollisionsnormen**.[42] Diese bringen statt des Rechts des Verfahrenseröffnungsstaates alternativ oder kumulativ andere Rechtsordnungen als die lex fori concursus, etwa die lex rei sitae oder die lex causae, zur Anwendung.[43] Darüber hinaus zählen zu den anderweitigen Bestimmungen auch einzelne **Sachnormen,** die nicht als Kollisionsnormen das anwendbare Recht bestimmen, sondern abschließend die sachrechtliche Regelung eines Sachverhalts in grenzüberschreitenden Insolvenzverfahren unmittelbar festlegen.[44]

a) Vertrag über einen unbeweglichen Gegenstand. Eine von § 335 InsO abweichende Sonderanknüpfung sieht § 336 InsO in Anlehnung an Art. 8 EuInsVO[45] für Verträge über unbewegliche Gegenstände (§ 49 InsO) vor. Nach Satz 1 der Vorschrift unterliegen die Wirkungen des Insolvenzverfahrens auf einen Vertrag, der ein dingliches Recht an einem unbeweglichen Gegenstand oder ein Recht zur Nutzung eines unbeweglichen Gegenstandes betrifft, dem Recht des Belegenheitsstaates. Statt der lex fori concursus gilt für die beschriebenen Fälle somit die lex rei sitae. Für eingetragene Schiffe und Luftfahrzeuge ist nach § 336 S. 2 InsO entsprechend das Recht des Staates maßgebend, unter dessen Aufsicht das Register geführt wird (lex libri siti).

§ 336 InsO gilt ausschließlich für vertragliche Rechtsbeziehungen, die vor Eröffnung des Insolvenzverfahrens wirksam begründet wurden. Auf Verträge, die erst nach Eröffnung des Insolvenzverfahrens geschlossen werden, ist § 336 InsO nicht anwendbar.[46]

Gerechtfertigt wird die Sonderanknüpfung mit den sozialen Schutzbedürfnissen der Mieter und Pächter.[47] Überdies trägt sie dem Interesse des Belegenheitsstaates an der Durchsetzung seiner Rechtsordnung Rechnung.[48]

---

[38] Begründung zum Entwurf eines Gesetzes zur Neuregelung des internationalen Insolvenzrechts, BT-Drucks. 715/02, S. 21.
[39] FKInsO/*Wenner/Schuster* § 335 Rdnr. 4; *Westpfahl/Goetker/Wilkens*, Grenzüberschreitende Insolvenzen, Rdnr. 700.
[40] Vgl. hierzu § 35 Rdnr. 111 ff.
[41] HKInsO/*Stephan* § 335 Rdnr. 15.
[42] MünchKommInsO/*Reinhart* § 335 Rdnr. 12.
[43] *Liersch*, NZI 2003, 302, 303; HKInsO/*Stephan* § 335 Rdnr. 4.
[44] MünchKommInsO/*Reinhart* § 335 Rdnr. 15; *Liersch*, NZI 2003, 302, 303; HKInsO/*Stephan* § 335 Rdnr. 4.
[45] Vgl. auch die Begründung zum Entwurf eines Gesetzes zur Neuregelung des internationalen Insolvenzrechts, BT-Drucks. 715/02, S. 21. Vgl. zu Art. 8 EuInsVO § 35 Rdnr. 124.
[46] Allgemeine Meinung; vgl. etwa Andres/Leithaus/*Dahl*, Insolvenzordnung, § 336 Rdnr. 1; Braun/*Liersch/Tashiro*, Insolvenzordnung, § 336 Rdnr. 11; *Smid*, Deutsches und Europäisches Internationales Insolvenzrecht, § 333 InsO Rdnr. 3.
[47] Begründung zum Entwurf eines Gesetzes zur Neuregelung des internationalen Insolvenzrechts, BT-Drucks. 715/02, S. 21; kritisch Braun/*Liersch/Tashiro*, Insolvenzordnung, § 336 Rdnr. 1; MünchKommInsO/*Reinhart* § 336 Rdnr. 2.
[48] *Westpfahl/Goetker/Wilkens*, Grenzüberschreitende Insolvenzen, Rdnr. 718.

23 **b) Arbeitsverhältnis.** Eine Sonderanknüpfung für Arbeitsverhältnisse enthält § 337 InsO. Danach unterliegen die Wirkungen des Insolvenzverfahrens auf ein Arbeitsverhältnis dem Recht, das nach dem EGBGB für Arbeitsverhältnisse maßgebend ist. Dies war nach Art. 30 Abs. 2 EGBGB in der Regel das Recht des Staates, in dem der Arbeitnehmer in Erfüllung des Vertrages gewöhnlich seine Arbeit verrichtet. Eine abweichende Rechtswahl wurde zugelassen, durfte jedoch nicht zur Folge haben, dass dem Arbeitnehmer der Schutz entzogen wird, der ihm durch die zwingenden Bestimmungen des Rechts gewährt wird, das ohne Rechtswahl anzuwenden wäre (Art. 30 Abs. 1 EGBGB). Der Verweis auf das EGBGB geht seit dem 17. 12. 2009 allerdings ins Leere, da mit dem Inkrafttreten der Rom I-VO[49] die Art. 27 bis 37 EGBGB durch Gesetz vom 25. Juni 2009[50] aufgehoben worden sind. Da die Rom I-VO an die Stelle der Art. 27 ff. EGBGB getreten ist, verweist § 337 InsO nunmehr auf Art. 8 Rom I-VO, der keine großen inhaltlichen Unterschiede zu Art. 30 EGBGB aufweist.[51]

24 § 337 ist als allseitige Kollisionsnorm ausgestaltet[52] und soll dem Schutzgedanken des Arbeitsrechts Rechnung tragen:[53] Da das Arbeitsverhältnis für den Arbeitnehmer von existenzieller Bedeutung ist, soll für ihn vorhersehbar sein, wie sich eine Insolvenz seines Arbeitgebers auf seinen Arbeitsplatz auswirkt.[54] Eine entsprechende Regelung enthält die EuInsVO in ihrem Art. 10.[55]

25 **c) Aufrechnung.** Die Insolvenzfestigkeit der Aufrechnung wird von § 338 InsO geregelt. Vorbild für die Vorschrift waren Art. 6 EuInsVO,[56] Art. 23 der Richtlinie über die Sanierung und Liquidation von Kreditinstituten und Art. 22 der Richtlinie über die Sanierung und Liquidation von Versicherungsunternehmen.[57] Der sachrechtliche Regelungsgehalt[58] des § 338 InsO besteht darin, entgegen einer möglichen Unzulässigkeit der Aufrechnung nach der lex fori concursus die Aufrechnungsmöglichkeit des Insolvenzgläubigers aufrechtzuerhalten, wenn dieser nach dem für die Forderung des Schuldners maßgebenden Recht zur Zeit der Eröffnung des Insolvenzverfahrens zur Aufrechnung berechtigt war. Erlaubt die lex fori concursus die Aufrechnung auch in der Insolvenz, kommt der Regelung des § 338 InsO keine Bedeutung zu.

26 Die Frage, ob eine Aufrechnungslage besteht, wird nicht durch § 338 InsO geregelt. Insoweit gelten die allgemeinen kollisionsrechtlichen Regelungen, die auch außerhalb des Insolvenzverfahrens anwendbar sind. Nach Art. 17 Rom I-VO gilt mangels abweichender vertraglicher Vereinbarung für das Recht zur Aufrechnung und damit auch für die Frage

---

[49] Verordnung (EG) Nr. 593/2008 vom 17. Juni 2008 über das auf vertragliche Schuldverhältnisse anzuwendende Recht, ABl. EU 2008 L L 177/6.

[50] BGBl. 2009 I, S. 1574.

[51] Vgl. zu Art. 8 Rom I-VO etwa *Deinert*, RdA 2009, 144; *Kappelhoff*, ArbRB 2009, 342; *Mankowski*, in: Ferrari/Leible (Hrsg.), Rome I Regulation. The Law Apllicable to Contractual Obligations in Europe, 2009, S. 171 ff.; *Mauer/Stadtler*, RIW 2008, 544; *Wurmnest*, EuZA 2009, 481.

[52] Andres/Leithaus/*Dahl*, Insolvenzordnung, § 337 Rdnr. 2; MünchKommInsO/*Reinhart* § 337 Rdnr. 1.

[53] BAG NZI 2008, 122, 125; Andres/Leithaus/*Dahl*, Insolvenzordnung, § 337 Rdnr. 1; MünchKommBGB/*Kindler* IntInsR § 337 InsO Rdnr. 1; HKInsO/*Stephan* § 337 Rdnr. 2.

[54] Begründung zum Entwurf eines Gesetzes zur Neuregelung des internationalen Insolvenzrechts, BT-Drucks. 715/02, S. 21; *Smid*, Deutsches und Europäisches Internationales Insolvenzrecht, § 337 InsO Rdnr. 1.

[55] Vgl. hierzu § 35 Rdnr. 127.

[56] Vgl. hierzu § 35 Rdnr. 120.

[57] Begründung zum Entwurf eines Gesetzes zur Neuregelung des internationalen Insolvenzrechts, BT-Drucks. 715/02, S. 22.

[58] § 338 InsO enthält keine Kollisionsnorm; vgl. etwa Andres/Leithaus/*Dahl*, Insolvenzordnung, § 338 Rdnr. 2; Braun/*Liersch/Tashiro*, Insolvenzordnung, § 338 Rdnr. 1; MünchKommBGB/*Kindler* IntInsR § 338 InsO Rdnr. 1; *Smid*, Deutsches und Europäisches Internationales Insolvenzrecht, § 338 InsO Rdnr. 6; a. A. MünchKommInsO/*Reinhart* § 338 Rdnr. 3: allseitige Kollisionsnorm.

des Bestehens einer Aufrechnungslage das Recht, dem die Forderung unterliegt, gegen die aufgerechnet wird.[59]

d) Insolvenzanfechtung. Die Anfechtbarkeit von Rechtshandlungen richtet sich grundsätzlich nach dem Recht des Staates der Verfahrenseröffnung. Eingeschränkt wird dieser Grundsatz aus Gründen des Verkehrsschutzes durch die in § 339 InsO enthaltene Kollisionsnorm.[60] Im Falle der Angreifbarkeit einer Rechtshandlung nach der lex fori concursus kann der Anfechtungsgegner nach § 339 InsO im Wege der Einrede[61] auf das für die Rechtshandlung maßgebliche Recht verweisen, sofern die Rechtshandlung nach diesem Recht in keiner Weise angreifbar ist. Die Darlegungs- und Beweislast trägt dabei der Anfechtungsgegner.[62] Durch diese „Kumulationslösung"[63] soll das Vertrauen des Rechtsverkehrs in die Gültigkeit seiner Handlungen geschützt werden.[64] § 339 InsO hat seine Entsprechung in Art. 13 EuInsVO.[65]

e) Organisierte Märkte. Pensionsgeschäfte. § 340 InsO enthält eine Sonderanknüpfung für bestimmte Geschäfte über Finanzdienstleistungen, bei denen insbesondere im Interesse des Verkehrsschutzes eine Abweichung von der lex fori concursus geboten ist.[66] Eine ähnliche Regelung findet sich in Art. 9 EuInsVO.[67]

Nach § 340 Abs. 1 InsO unterliegen die Wirkungen des Insolvenzverfahrens auf die Rechte und Pflichten der Teilnehmer an einem organisierten Markt nach § 2 Abs. 5 WpHG dem Recht des Staates, das für diesen Markt gilt. § 340 Abs. 1 InsO beruft somit die lex causae zur Anwendung. Dadurch soll gewährleistet werden, dass es auf diesen Märkten nicht zur Anwendung mehrerer Rechtsordnungen kommt.[68] Im Falle der Insolvenz eines Teilnehmers sollen damit rechtliche Komplikationen vermieden und das Funktionieren des betreffenden Finanzmarktes sichergestellt werden.[69] § 340 Abs. 1 InsO gilt nach § 340 Abs. 3 InsO entsprechend für die Wirkung des Insolvenzverfahrens auf ein System im Sinne des § 1 Abs. 16 KWG.

§ 340 Abs. 2 InsO sieht auch für Pensionsgeschäfte im Sinne des § 340b HGB sowie für Schuldumwandlungsverträge und Aufrechnungsvereinbarungen eine von der lex fori concursus abweichende Sonderanknüpfung vor. Maßgeblich für diese Verträge ist auch hier das Recht des Staates, das nach allgemeinem IPR anwendbar ist (lex causae). Soweit Netting-

---

[59] Näher zur Bestimmung des für die Aufrechnung maßgeblichen Rechts nach der Rom I-VO *Hellner*, in: Ferrari/Leible (Hrsg.), Rome I Regulation. The Law Apllicable to Contractual Obligations in Europe, 2009, S. 251 ff. Zum früheren Verweis auf Art. 32 Abs. 1 Nr. 4 EGBGB vgl. Gottwald/*Gottwald*, Insolvenzrechts-Handbuch, § 131 Rdnr. 66; Braun/*Liersch*/*Tashiro*, Insolvenzordnung, § 338 Rdnr. 2; MünchKommBGB/*Kindler* IntInsR § 338 InsO Rdnr. 3; *Westpfahl*/*Goetker*/*Wilkens*, Grenzüberschreitende Insolvenzen, Rdnr. 734.

[60] Wie hier etwa *Liersch*, NZI 2003, 302, 305; MünchKommBGB/*Kindler* IntInsR § 339 InsO Rdnr. 1; MünchKommInsO/*Reinhart* § 339 Rdnr. 2; HKInsO/*Stephan* § 339 Rdnr. 2; a. A. Andres/Leithaus/*Dahl*, Insolvenzordnung, § 339 Rdnr. 3: Sachnorm.

[61] *Westpfahl*/*Goetker*/*Wilkens*, Grenzüberschreitende Insolvenzen, Rdnr. 737; MünchKommBGB/*Kindler* IntInsR § 339 InsO Rdnr. 7.

[62] Braun/*Liersch*/*Tashiro*, Insolvenzordnung, § 339 Rdnr. 16; MünchKommBGB/*Kindler* IntInsR § 339 InsO Rdnr. 4.

[63] Braun/*Liersch*/*Tashiro*, Insolvenzordnung, § 339 Rdnr. 1.

[64] HKInsO/*Stephan* § 339 Rdnr. 2; *Westpfahl*/*Goetker*/*Wilkens*, Grenzüberschreitende Insolvenzen, Rdnr. 736.

[65] Vgl. hierzu § 35 Rdnr. 132.

[66] Begründung zum Entwurf eines Gesetzes zur Neuregelung des internationalen Insolvenzrechts, BT-Drucks. 715/02, S. 22.

[67] Vgl. hierzu § 35 Rdnr. 125.

[68] Braun/*Liersch*/*Tashiro*, Insolvenzordnung, § 340 Rdnr. 2; *Liersch*, NZI 2003, 302, 305; HKInsO/*Stephan* § 340 Rdnr. 3.

[69] MünchKommInsO/*Reinhart* § 340 Rdnr. 3.

Vereinbarungen Aufrechnungsvereinbarungen enthalten, ist § 338 InsO ergänzend heranzuziehen.[70]

V. Wirkungen des ausländischen Insolvenzverfahrens im Inland

31 Im zweiten Abschnitt des autonomen deutschen Internationalen Insolvenzrechts sind sowohl die Voraussetzungen geregelt, unter denen ein ausländisches Verfahren im Inland anerkannt wird, als auch die Art und Weise, wie die Wirkungen dieses Verfahrens im Inland durchgesetzt werden. Daneben enthalten die §§ 343 ff. InsO auch Einschränkungen, denen die Anerkennung unterliegt.

1. Anerkennung des ausländischen Insolvenzverfahrens

32 **a) Allgemeines.** Gemäß dem **Universalitätsgrundsatz**[71] regelt § 343 InsO die grundsätzliche Anerkennung des ausländischen Insolvenzverfahrens im Inland. Dies entspricht der seit der „Wendeentscheidung" des BGH geltenden Rechtsprechung.[72] Damit wird ausländischen Hoheitsentscheidungen eine Wirkungserstreckung zugebilligt; die den Entscheidungen im Erlassstaat zukommenden Wirkungen werden auf das Inland erstreckt.[73] Welche Wirkungen dies konkret sind, richtet sich nach dem Recht des Staates der Verfahrenseröffnung (§ 335 InsO).[74]

33 **b) Gegenstand der Anerkennung.** Gem. § 343 Abs. 1 InsO ist die Eröffnung eines ausländischen Insolvenzverfahrens grundsätzlich anzuerkennen. Entsprechendes gilt nach § 343 Abs. 2 InsO für Sicherungsmaßnahmen und sonstige Entscheidungen, die zur Durchführung oder Beendigung des anerkannten Insolvenzverfahrens ergangen sind.

34 **aa) Eröffnungentscheidung.** Gegenstand der Anerkennung nach § 343 Abs. 1 InsO ist die Eröffnung eines Insolvenzverfahrens als Einzelentscheidung.[75] Der Hoheitsakt muss nach dem Recht des Staates der Verfahrenseröffnung wirksam sein; auf die formelle Rechtskraft kommt es nicht an.[76] Dass die Verfahrenseröffnung im Ausland allein durch den Antrag des Schuldners, ohne Hinzutreten einer gerichtlichen Entscheidung darüber bewirkt wird, ist unschädlich. Eine förmliche Eröffnung durch ein Gericht ist nicht erforderlich.[77]

35 Der Eröffnungsbeschluss muss sich auf ein „Insolvenzverfahren" beziehen. Welche ausländischen Verfahren Insolvenzverfahren sind, ist eine Frage der Qualifikation.[78] Die InsO

---

[70] Braun/*Liersch*/*Tashiro*, Insolvenzordnung, § 340 Rdnr. 4; *Liersch*, NZI 2003, 302, 305; *v. Wilmowsky*, WM 2002, 2264, 2275; *Westpfahl*/*Goetker*/*Wilkens*, Grenzüberschreitende Insolvenzen, Rdnr. 750.

[71] Vgl. dazu Rdnr. 3.

[72] BGH NJW 1985, 2897.

[73] *Westpfahl*/*Goetker*/*Wilkens*, Grenzüberschreitende Insolvenzen, Rdnr. 646; FKInsO/*Wenner*/*Schuster* § 343 Rdnr. 1; Braun/*Liersch*/*Tashiro*, Insolvenzordnung, § 336 Rdnr. 11.

[74] Zu beachten sind allerdings die in §§ 336 ff. InsO enthaltenen Sonderkollisions- und Sachnormen, vgl. dazu Rdnr. 18.

[75] Andres/Leithaus/*Dahl*, Insolvenzordnung, § 343 Rdnr. 7; FKInsO/*Wenner*/*Schuster* § 343 Rdnr. 2; MünchKommInsO/*Reinhart* § 343 Rdnr. 10.

[76] Andres/Leithaus/*Dahl*, Insolvenzordnung, § 343 Rdnr. 7; Braun/*Liersch*, Insolvenzordnung, § 343 Rdnr. 4; FKInsO/*Wenner*/*Schuster* § 343 Rdnr. 19; HKInsO/*Stephan* § 343 Rdnr. 5; *Smid*, Deutsches und Europäisches Internationales Insolvenzrecht, § 343 Rdnr. 3.

[77] BGH KTS 2010, 327 Rdnr. 20 m. Anm. *Kubis* = ZZP 123 (2010), 243 m. Anm. *Paulus* = LMK 295 925 (*Piekenbrock*) = WuB VI A § 352 InsO 1.10 (*Vallender*) = EWiR 2009, 781 (Rendels/Körner). Vgl. dazu auch *Gebler*/*Stracke*, NZI 2010, 13; *Hergenröder*/*Gotzen*, DZWIR 2010, 273; *Podewils*, ZInsO 2010, 209; *J. Schmidt*, DAJV Newsletter 2010, 54.

[78] Ausführlich zur Qualifikation von Verfahren als Insolvenzverfahren siehe MünchKomm-InsO/*Reinhart* Vor §§ 335 ff. Rdnr. 95 ff.

enthält keine Definition dieses auslegungsbedürftigen Rechtsbegriffes. Nach dem Willen des Gesetzgebers kommt es jedoch darauf an, dass es sich um ein Verfahren handelt, das im Wesentlichen die gleichen Ziele verfolgt wie ein Insolvenzverfahren nach deutschem Recht (§ 1 InsO).[79] Als Auslegungshilfe können dabei die in den Anhängen A und B der EuInsVO aufgezählten Verfahren herangezogen werden.

bb) Nebenentscheidungen. Insbesondere bei grenzüberschreitenden Insolvenzen ist es im Sinne einer effektiven Verwaltung der Insolvenzmasse unerlässlich, zügig Maßnahmen zur Sicherung des schuldnerischen Vermögens zu treffen.[80] § 343 Abs. 2 1. Alt. InsO erstreckt daher die Annerkennungsfähigkeit auch auf Sicherungsmaßnahmen, die nach dem Antrag auf Eröffnung eines Insolvenzverfahrens getroffen werden. Erweitert wird diese Sicherungsmöglichkeit durch § 344 InsO, der einem ausländischen vorläufigen Insolvenzverwalter die Möglichkeit eröffnet, bei dem zuständigen Insolvenzgericht im Inland Maßnahmen nach § 21 InsO zu beantragen. 36

Nach § 343 Abs. 2 2. Alt. InsO werden – wie in Art. 25 Abs. 1 EuInsVO[81] – von der Anerkennung auch Entscheidungen erfasst, die zur Durchführung oder Beendigung des anerkannten Insolvenzverfahrens ergangen sind. Für die Vollstreckung derartiger Entscheidungen ist § 353 InsO maßgeblich. 37

cc) Annexentscheidungen. Die Anerkennung von Entscheidungen, die im Zusammenhang mit Insolvenzverfahren ergehen, aber außerhalb von Eröffnung, Durchführung und Beendigung des Insolvenzverfahrens liegen, richtet sich nicht nach § 343 InsO. Es gelten die allgemeinen Anerkennungsvorschriften, insbesondere § 328 ZPO.[82] 38

c) Ausnahmen. Da die Anerkennungsvoraussetzungen negativ formuliert sind, ist grundsätzlich von einer Anerkennung ausländischer Insolvenzverfahren auszugehen;[83] die in § 343 Abs. 1 S. 2 InsO enthaltenen Versagungsgründe sind gleichwohl **von Amts wegen** zu prüfen.[84] 39

aa) Internationale Zuständigkeit. Die Anerkennungszuständigkeit bestimmt sich spiegelbildlich zur Entscheidungszuständigkeit der deutschen Gerichte,[85] ist also in Anlehnung an § 3 InsO festzustellen.[86] 40

bb) Ordre public. Die Anerkennung des ausländischen Hoheitsakts steht – wie im Anerkennungsrecht üblich[87] – unter dem Vorbehalt des ordre public. Dies hat der BGH für die Anerkennung fremder Auslandskonkurse bereits in seiner „Wendeentscheidung" festgestellt.[88] Damit soll sichergestellt werden, dass im Inland keine ausländischen Entscheidungen anerkannt und vollstreckt werden müssen, die fundamentalen Grundsätzen der deutschen Rechtsordnung widersprechen.[89] 41

Ein Verstoß gegen den deutschen ordre public liegt nach § 343 Abs. 1 S. 2 Nr. 2 InsO vor, wenn die Anerkennung zu einem Ergebnis führen würde, das mit den **wesentlichen** 42

---

[79] Begründung zum Entwurf eines Gesetzes zur Neuregelung des internationalen Insolvenzrechts, BT-Drucks. 715/02, S. 25.
[80] Begründung zum Entwurf eines Gesetzes zur Neuregelung des internationalen Insolvenzrechts, BT-Drucks. 715/02, S. 26; MünchKommBGB/*Kindler* IntInsR § 343 InsO Rdnr. 37; HKInsO/*Stephan* § 343 Rdnr. 14; *Smid*, Deutsches und Europäisches Internationales Insolvenzrecht, § 343 InsO Rdnr. 10.
[81] Vgl. dazu § 35 Rdnr. 162 ff.
[82] Andres/Leithaus/*Dahl*, Insolvenzordnung, § 343 Rdnr. 25; MünchKommInsO/*Reinhart* § 343 Rdnr. 57; FKInsO/*Wenner/Schuster* § 343 Rdnr. 41.
[83] Andres/Leithaus/*Dahl*, Insolvenzordnung, § 343 Rdnr. 9.
[84] Andres/Leithaus/*Dahl*, Insolvenzordnung, § 343 Rdnr. 9; FKInsO/*Wenner/Schuster* § 343 Rdnr. 18; *Smid*, Deutsches und Europäisches Internationales Insolvenzrecht, § 343 InsO Rdnr. 4.
[85] Gottwald/*Gottwald*, Insolvenzrechts-Handbuch, § 132 Rdnr. 24.
[86] BGH KTS 2010, 327 Rdnr. 23; BAG ZIP 2007, 2047 Rdnr. 24.
[87] Vgl. §§ 328 Abs. 1 Nr. 4 ZPO, 16a Nr. 4 FGG.
[88] BGH NJW 1985, 2897, 2900.
[89] *Ludwig*, Neuregelungen des deutschen Internationalen Insolvenzrechts, 2004, S. 83.

Grundsätzen des deutschen Rechts offensichtlich unvereinbar ist. Dies ist namentlich dann der Fall, wenn die Anerkennung Grundrechten zuwider läuft. Der Vorbehalt entspricht inhaltlich im Wesentlichen der Regelung in Art. 26 EuInsVO.[90]

43 In Betracht kommt ein Verstoß sowohl gegen den verfahrensrechtlichen als auch gegen den materiell-rechtlichen ordre public.[91] In erster Linie ist darauf abzustellen, ob bereits die Eröffnung selbst aufgrund verfahrensrechtlicher Mängel gegen den deutschen ordre public verstößt. In einem solchen Fall entfaltet das ausländische Verfahren im Inland keinerlei Wirkungen. Ein Verstoß gegen den deutschen ordre public kann ferner dadurch begründet sein, dass die Anwendung ausländischen Rechts aufgrund von Kollisionsnormen nachgeordnete Folgewirkungen erzeugt, die zwar nicht der Anerkennung der Eröffnung des ausländischen Insolvenzverfahrens insgesamt die Grundlage entziehen, die aber nach der allgemeinen Kollisionsregel (Art. 6 EGBGB) zur Nichtanwendung ausländischer Rechtsnormen führen.[92] Der Vorbehalt des ordre public greift freilich stets nur ein, wenn ein hinreichend starker Inlandsbezug vorhanden ist.[93]

44 **d) Rechtsfolgen der Anerkennung.** Liegen die vorgenannten Voraussetzungen vor, werden die ausländischen Entscheidungen ipso iure anerkannt. Entsprechend §§ 328 ZPO, 108 FamFG gilt das Prinzip der **automatischen Anerkennung**;[94] der Durchführung eines Exequatur-Verfahrens bedarf es somit nicht.

45 Mit der Anerkennung kommt es zu einer vollständigen **Wirkungserstreckung**:[95] Die anzuerkennenden Entscheidungen entfalten im Inland diejenigen insolvenzrechtlichen Wirkungen, die ihnen der Eröffnungsstaat zumisst (§ 343 InsO i. V. m. § 335 InsO). Dem Recht des Staates der Verfahrenseröffnung sind etwa das Verfahrensrecht der Insolvenz und die Befugnisse des Insolvenzverwalters zu entnehmen. Gleiches gilt für die Fragen, welche Vermögensgegenstände zur Masse gehören, welche Gläubiger teilnehmen oder wie die Insolvenzmasse verteilt wird.[96] Eingeschränkt wird der Grundsatz der lex fori consursus allerdings durch die in den §§ 336 ff. InsO enthaltenen Sonderkollisions- und Sachnormen sowie durch die Zulassung von Territorialverfahren.[97]

46 Auch ein ausländisches **Territorialverfahren** ist anzuerkennen. Solche Verfahren beschränken sich jedoch auf das im ausländischen Eröffnungsstaat belegene Vermögen des Schuldners. Die Anerkennung umfasst somit nur diese gebietsbezogenen Wirkungen; diese sind zu respektieren und können nicht in Frage gestellt werden.[98]

---

[90] Vgl. dazu § 35 Rdnr. 166.
[91] Andres/Leithaus/*Dahl*, Insolvenzordnung, § 343 Rdnr. 16; FKInsO/*Wenner/Schuster* § 343 Rdnr. 20; *Ludwig*, Neuregelungen des deutschen Internationalen Insolvenzrechts, 2004, S. 83; ausführlich MünchKommInsO/*Reinhart* § 343 Rdnr. 17 ff.
[92] BGH, KTS 2010, 327 Rdnr. 24 m. Anm. *Kubis* = ZZP 123 (2010), 243 m. Anm. *Paulus* = LMK 295 925 (*Piekenbrock*) = WuB VI A § 352 InsO 1.10 (*Vallender*) = EWiR 2009, 781 (Rendels/Körner). Vgl. dazu auch *Gebler/Stracke*, NZI 2010, 13; *Hergenröder/Gotzen*, DZWIR 2010, 273; *Podewils*, ZInsO 2010, 209; *J. Schmidt*, DAJV Newsletter 2010, 54.
[93] Andres/Leithaus/*Dahl*, Insolvenzordnung, § 343 Rdnr. 17; FKInsO/*Wenner/Schuster* § 343 Rdnr. 22.
[94] Gottwald/*Gottwald*, Insolvenzrechts-Handbuch, § 132 Rdnr. 32; MünchKommBGB/*Kindler* IntInsR § 343 InsO Rdnr. 34; *Ludwig*, Neuregelungen des deutschen Internationalen Insolvenzverfahrensrechts, 2004, S. 71; MünchKommInsO/*Reinhart* § 343 Rdnr. 38; FKInsO/*Wenner/Schuster* § 343 Rdnr. 36.
[95] Braun/*Liersch*, Insolvenzordnung, § 343 Rdnr. 5; MünchKommBGB/*Kindler* IntInsR § 343 InsO Rdnr. 34; MünchKommInsO/*Reinhart* § 343 Rdnr. 37; FKInsO/*Wenner/Schuster* § 343 Rdnr. 36; *Westpfahl/Goetker/Wilkens*, Grenzüberschreitende Insolvenzen, Rdnr. 665.
[96] FKInsO/*Wenner/Schuster* § 343 Rdnr. 37.
[97] Vgl. dazu Rdnr. 3.
[98] Braun/*Liersch*, Insolvenzordnung, § 343 Rdnr. 6; MünchKommBGB/*Kindler* IntInsR § 343 InsO Rdnr. 35.

2. Durchsetzung des ausländischen Insolvenzverfahrens

Zwar wird das ausländische Insolvenzverfahren nach § 343 InsO ipso iure im Inland anerkannt. Um den mit der Anerkennung verbundenen Geltungsanspruch in Deutschland auch effektiv durchsetzen zu können, ist der ausländische Insolvenzverwalter gleichwohl auf die Mitwirkung inländischer Institutionen angewiesen.[99] Die InsO enthält deshalb Regelungen über die Art und Weise, wie die Wirkungen eines ausländischen Insolvenzverfahrens im Inland durchgesetzt werden.

a) Sicherungsmaßnahmen. Im Interesse einer möglichst zügigen Sicherung der Insolvenzmasse sieht § 343 Abs. 2 InsO die Anerkennung ausländischer Sicherungsmaßnahmen vor. Dabei handelt es sich freilich nur um Maßnahmen nach der ausländischen lex fori concursus. Um Schutzlücken zu vermeiden erweitert § 344 InsO – ähnlich wie Art. 38 EuInsVO[100] – die Möglichkeit der Anordnung von Sicherungsmaßnahmen.[101] Danach erhält das zuständige deutsche Insolvenzgericht die Befugnis, auf Antrag des vorläufigen Insolvenzverwalters des ausländischen Hauptinsolvenzverfahrens die Maßnahmen nach § 21 InsO anzuordnen, die zur Sicherung des von einem inländischen Sekundärinsolvenzverfahren erfassten Vermögens erforderlich erscheinen. Hinsichtlich der erforderlichen Maßnahmen steht dem Gericht sowohl ein Entschließungs- als auch ein Auswahlermessen zu.[102] Der vorläufige Verwalter hat das Recht, gegen den Beschluss sofortige Beschwerde einzureichen (§ 344 Abs. 2 InsO).

b) Bekanntmachung des ausländischen Insolvenzverfahrens. Der ausländische Insolvenzverwalter hat zudem die Möglichkeit, Tatsachen der ausländischen Verfahrenseröffnung durch öffentliche Bekanntmachung (§ 345 InsO) und Eintragungen in das Grundbuch oder ähnliche Register (§ 346 InsO) im Inland publik zu machen.[103] Dadurch ist er in der Lage, den guten Glauben an die Verfügungsbefugnis des Schuldners zu zerstören und einen insolvenzfesten Rechtserwerb nach den §§ 349, 350 InsO[104] abzuwenden.[105]

c) Nachweis der Verwalterbestellung und Unterrichtung des Gerichts. Der ausländische Verwalter hat im Inland alle Befugnisse, die ihm nach der lex fori concursus zustehen; eines formalen Anerkennungs- oder Legitimationsaktes bedarf es hierfür nicht.[106] Dennoch ist es erforderlich, dass sich der Verwalter gegenüber Gerichten, anderen inländischen Stellen und Personen, dem Gläubiger und Drittschuldnern ohne größeren Aufwand legitimieren kann, um eine effektive Verwaltung und Verwertung der im Inland belegenen Massegegenstände sicherzustellen.[107] Die Legitimation erfolgt durch eine beglaubigte Abschrift der Entscheidung, durch die der Verwalter bestellt worden ist, oder durch eine andere von der zuständigen Stelle ausgestellte Bescheinigung (§ 347 Abs. 1 S. 1 InsO). Das Insolvenzgericht kann eine Übersetzung verlangen, die von einer hierzu im Staat der Verfahrenseröffnung befugten Person zu beglaubigen ist (§ 347 Abs. 1 S. 2 InsO).

---

[99] *Westpfahl/Goetker/Wilkens*, Grenzüberschreitende Insolvenzen, Rdnr. 666.
[100] Vgl. hierzu § 35 Rdnr. 182.
[101] Braun/*Liersch*, Insolvenzordnung, § 344 Rdnr. 1; MünchKommBGB/*Kindler* IntInsR § 344 Rdnr. 2.
[102] Andres/Leithaus/*Dahl*, Insolvenzordnung, § 344 Rdnr. 8; MünchKommBGB/*Kindler* IntInsR § 344 InsO Rdnr. 9; MünchKommInsO/*Reinhart* § 344 Rdnr. 13; HKInsO/*Stephan* § 344 Rdnr. 12.
[103] *Westpfahl/Goetker/Wilkens*, Grenzüberschreitende Insolvenzen, Rdnr. 679. Vgl. dazu auch AG Duisburg, NZI 2010, 199.
[104] Vgl. hierzu Rdnr. 54 ff.
[105] *Westpfahl/Goetker/Wilkens*, Grenzüberschreitende Insolvenzen, Rdnr. 679; MünchKommBGB/*Kindler* IntInsR § 346 InsO Rdnr. 1.
[106] MünchKommBGB/*Kindler* IntInsR § 347 InsO Rdnr. 3; HKInsO/*Stephan* § 347 Rdnr. 3; *Westpfahl/Goetker/Wilkens*, Grenzüberschreitende Insolvenzen, Rdnr. 693.
[107] MünchKommBGB/*Kindler* IntInsR § 347 InsO Rdnr. 3; HKInsO/*Stephan* § 347 Rdnr. 3; *Smid*, Deutsches und Europäisches Internationales Insolvenzrecht, § 347 InsO Rdnr. 1.

Den ausländischen Insolvenzverwalter, der einen Antrag nach den §§ 344 bis 346 InsO (Sicherungsmaßnahmen, öffentliche Bekanntmachungen und Eintragungsersuchen an das Grundbuch oder ähnliche Register) gestellt hat, trifft die Pflicht, das inländische Insolvenzgericht über alle wesentlichen Änderungen in dem ausländischen Verfahren und über alle ihm bekannten weiteren ausländischen Insolvenzverfahren über das Vermögen des Schuldners zu unterrichten (§ 345 Abs. 2 InsO).

51 **d) Zuständiges Insolvenzgericht.** Die sachliche und örtliche Zuständigkeit des inländischen Gerichts im Hinblick auf die Befugnis des ausländischen Insolvenzverwalters, Sicherungsmaßnahmen (§ 344 InsO), öffentliche Bekanntmachungen (§ 345 InsO) und Eintragungen in das Grundbuch oder ähnliche Register (§ 346 InsO) zu beantragen, richtet sich nach § 348 InsO. Danach ist ausschließlich das Insolvenzgericht zuständig, in dessen Bezirk die Niederlassung oder, wenn eine Niederlassung fehlt, das Vermögen des Schuldners belegen ist. Etwaige (positive) Kompetenzkonflikte werden durch die entsprechende Anwendung des § 3 Abs. 2 InsO nach dem Prioritätsprinzip gelöst.

52 **e) Vollstreckbarkeit ausländischer Entscheidungen.** Die der ZPO zugrunde liegende Unterscheidung zwischen der automatischen Anerkennung einer Entscheidung und ihrer Vollstreckbarerklärung in einem besonderen Exequaturverfahren (§ 722 f. ZPO)[108] gilt auch für das Internationale Insolvenzrecht.[109] Aus einer Entscheidung, die in einem ausländischen Insolvenzverfahren ergeht, findet deshalb die Zwangsvollstreckung nur statt, wenn deren Zulässigkeit durch ein Vollstreckungsurteil ausgesprochen ist (§ 353 Abs. 1 S. 1 InsO). § 722 Abs. 2 ZPO und § 723 Abs. 1 ZPO gelten entsprechend. Somit wird die Gesetzmäßigkeit der Entscheidung im Exequaturverfahren nicht kontrolliert. Geprüft wird lediglich die Anerkennungsfähigkeit der Entscheidung im Inland gemäß § 343 InsO.[110] Einer Rechtskraft der ausländischen Entscheidung bedarf es nicht, da § 723 Abs. 2 ZPO von der Verweisung ausgeschlossen ist. Eine Vollstreckbarerklärung ist nach § 353 Abs. 2 InsO auch für die Anerkennung von Sicherungsmaßnahmen gemäß § 343 Abs. 2 InsO erforderlich.

53 Eine ähnliche Regelung enthält Art. 25 EuInsVO. Allerdings sieht die EuInsVO eine erleichterte Vollstreckung ausländischer Entscheidungen im Inland durch ein vereinfachtes Exequaturverfahren nach Maßgabe der Art. 38 ff. Brüssel I-VO vor.[111] Im Verhältnis zu Drittstaaten ist eine derartige Verfahrenserleichterung jedoch nicht angezeigt.[112]

3. Schutzbestimmungen

54 **a) Schutz gutgläubiger Dritter.** Das autonome deutsche internationale Insolvenzrecht stellt mit §§ 349 und 350 InsO sicher, dass gutgläubige Dritte bei Verfügungen hinsichtlich des mit der Eröffnung eines ausländischen Insolvenzverfahrens regelmäßig verbundenen Insolvenzbeschlags Vertrauensschutz genießen und ihnen so ein insolvenzfester Rechtserwerb ermöglicht wird.[113] Für den Insolvenzverwalter bedeutet dies umgekehrt, dass er möglichst schnell von seiner Befugnis Gebrauch machen sollte, die öffentliche Bekanntmachung der ausländischen Verfahrenseröffnung im Inland zu beantragen, um damit den guten Glauben an die Verfügungsbefugnis des Schuldners zu erschüttern (§§ 345, 346 InsO).[114]

---

[108] Zu dieser Unterscheidung vgl. MünchKommZPO/*Grottwald* § 722 Rdnr. 1 ff.
[109] HKInsO/*Stephan* § 353 Rdnr. 3; MünchKommInsO/*Reinhart* § 353 Rdnr. 1.
[110] Andres/Leithaus/*Dahl*, Insolvenzordnung, § 353 Rdnr. 6; MünchKommBGB/*Kindler* IntInsR § 353 InsO Rdnr. 3; *Liersch*, NZI 2003, 302, 308; *Westpfahl/Goetker/Wilkens*, Grenzüberschreitende Insolvenzen, Rdnr. 698.
[111] Vgl. hierzu § 35 Rdnr. 163.
[112] OLG Frankfurt/M NJOZ 2005, 2532, 2533; *Smid*, Deutsches und Europäisches Internationales Insolvenzrecht, § 353 InsO Rdnr. 1.
[113] *Westpfahl/Goetker/Wilkens*, Grenzüberschreitende Insolvenzen, Rdnr. 761.
[114] Vgl. hierzu Rdnr. 49.

aa) Verfügung über unbewegliche Gegenstände. Ist der Schuldner Inhaber eines 55
Rechts, das im Inland im Grundbuch oder einem anderen Register eingetragen ist, so ist
aufgrund der inländischen Regeln über den gutgläubigen Erwerb ein Rechtserwerb auch
durch Verfügungen nach Eröffnung des Insolvenzverfahrens möglich, solange das entsprechende Register keinen Insolvenzvermerk enthält (§ 349 Abs. 1 InsO). Anders als die entsprechende Regelung in Art. 14 EuInsVO[115] verweist § 349 Abs. 1 InsO nicht generell auf
das Recht des Registerstaates, sondern benennt die entsprechend anwendbaren Vorschriften des deutschen Rechts (§§ 878, 892, 893 BGB; §§ 3 Abs. 3, 16, 17 des Gesetzes über
Rechte an eingetragenen Schiffen und Schiffsbauwerken und §§ 5 Abs. 3, 16, 17 des Gesetzes über Rechte an Luftfahrzeugen) im Einzelnen. Mit dieser vom Grundsatz der lex
fori concursus abweichenden Sonderanknüpfung soll dem Schutz des inländischen Rechtsverkehrs Rechnung getragen werden.[116]

Durch seinen Verweis auf § 106 InsO in Abs. 2 gewährleistet § 349 InsO zudem, dass 56
auch Ansprüche, die durch eine im Inland eingetragene Vormerkung gesichert sind, im
Falle eines ausländischen Insolvenzverfahrens in gleicher Weise durchgesetzt werden wie im
inländischen Verfahren. Sie sind damit vor einer Erfüllungsverweigerung durch den ausländischen Insolvenzverwalter geschützt.[117]

bb) Leistung an den Schuldner. Zum Schutz des gutgläubig leistenden Drittschuld- 57
ners regelt § 350 InsO als Sachnorm die Frage der schuldbefreienden Leistung.[118] Unabhängig vom Insolvenzstatut des Staates der Verfahrenseröffnung wird danach ein Dritter
durch eine Leistung an den Schuldner befreit, obwohl die Verbindlichkeit zur Insolvenzmasse des ausländischen Insolvenzverfahrens zu erfüllen war, wenn er zur Zeit der Leistung
die Eröffnung des Verfahrens nicht kannte (§ 350 S. 1 InsO). Hat der Drittschuldner vor
der öffentlichen Bekanntmachung geleistet, so wird vermutet, dass er die Eröffnung nicht
kannte (§ 350 S. 2 InsO). Eine vergleichbare Regelung enthält die EuInsVO in ihrem
Art. 24.[119]

b) Dingliche Rechte. Eine seit langer Zeit diskutierte und in der Praxis äußerst rele- 58
vante Frage ist die nach der Behandlung dinglicher Sicherungsrechte in grenzüberschreitenden Insolvenzverfahren. Der Gesetzgeber hat sich bei der Neuregelung des autonomen
Rechts an der Lösung der EuInsVO orientiert und in § 351 InsO für dingliche Rechte
eine dem Art. 5 EuInsVO[120] entsprechende Vorschrift geschaffen. Danach wird das Recht
eines Dritten an einem Gegenstand der Insolvenzmasse, der zur Zeit der Eröffnung des
ausländischen Insolvenzverfahrens im Inland belegen war, und das nach inländischem
Recht einen Anspruch auf Aussonderung oder auf abgesonderte Befriedigung gewährt,
von der Eröffnung des ausländischen Verfahrens nicht berührt (§ 351 Abs. 1 InsO). Wie
Art. 5 EuInsVO ist auch die Sachnorm des § 351 Abs. 1 InsO als Einschränkung der – im
autonomen Recht in § 343 InsO enthaltenen – Wirkungserstreckung zu verstehen; die
betroffenen Rechte unterliegen somit keinerlei insolvenzrechtlichen Beschränkungen.[121]

---

[115] Vgl. dazu § 35 Rdnr. 134.
[116] Begründung zum Entwurf eines Gesetzes zur Neuregelung des internationalen Insolvenzrechts,
BT-Drucks. 715/02, S. 28; HKInsO/*Stephan* § 349 Rdnr. 2; MünchKommBGB/*Kindler* IntInsR
§ 349 InsO Rdnr. 2; *Liersch*, NZI 2003, 302, 307.
[117] Begründung zum Entwurf eines Gesetzes zur Neuregelung des internationalen Insolvenzrechts,
BT-Drucks. 715/02, S. 28; Andres/Leithaus/*Dahl*, Insolvenzordnung, § 349 Rdnr. 11; MünchKommBGB/*Kindler* IntInsR § 349 InsO Rdnr. 10; HKInsO/*Stephan* § 349 Rdnr. 9; *Smid*, Deutsches
und Europäisches Internationales Insolvenzrecht, § 349 Rdnr. 3.
[118] MünchKommInsO/*Reinhart* § 350 Rdnr. 1; Braun/*Liersch*, Insolvenzordnung, § 350 Rdnr. 3;
HKInsO/*Stephan* § 350 Rdnr. 3; MünchKommBGB/*Kindler* IntInsR § 350 InsO Rdnr. 2.
[119] Vgl. hierzu § 35 Rdnr. 161.
[120] Vgl. hierzu § 35 Rdnr. 112.
[121] Andres/Leithaus/*Dahl*, Insolvenzordnung, § 351 Rdnr. 9; MünchKommBGB/*Kindler* IntInsR
§ 351 InsO Rdnr. 8; HKInsO/*Stephan* § 351 InsO Rdnr. 6; MünchKommInsO/*Reinhart* § 351 Rdnr. 15.
Kritisch zur Regelung des § 351 InsO Braun/*Liersch*, Insolvenzordnung, § 351 Rdnr. 11 f.; *ders.*, NZI

59 Der Regelungsgehalt der Vorschrift erstreckt sich nur auf ausländische Insolvenzverfahren und im Inland belegene Sachen. Für das in Deutschland eröffnete Insolvenzverfahren ist dagegen § 335 InsO maßgeblich.[122] Damit bleibt § 351 InsO hinter den Vorgaben der Richtlinien über die Sanierung und Liquidation von Kreditinstituten und Versicherungsunternehmen zurück,[123] deren Vorschriften eine allseitige Wirkungsbeschränkung vorsehen.[124] Eine Korrektur dieses Umsetzungsfehlers durch eine richtlinienkonforme Auslegung des Art. 351 Abs. 1 InsO dergestalt, dass man der Vorschrift eine allseitige Wirkungsbeschränkung zubilligt, ist aufgrund ihres eindeutigen Wortlauts nicht möglich.[125]

60 Mit den Wirkungen des ausländischen Insolvenzverfahrens auf Rechte des Schuldners an unbeweglichen Gegenständen, die im Inland belegen sind, befasst sich § 351 InsO in seinem Abs. 2. Diese richten sich – „unbeschadet des § 336 S. 2 InsO" – ausschließlich nach deutschem Recht. Der Hinweis auf § 336 S. 2 InsO stellt klar, dass bei Gegenständen, die in Schiffsregister, Schiffsbauregister und Register für Pfandrechte an Luftfahrzeugen eingetragen sind, die lex libri siti zur Anwendung gelangt.[126]

61 **c) Unterbrechung und Aufnahme eines Rechtsstreits.** Nach § 352 Abs. 1 InsO wird durch die Eröffnung des ausländischen Insolvenzverfahrens ein Rechtsstreit unterbrochen, der zur Zeit der Eröffnung anhängig ist und die Insolvenzmasse betrifft. Die Unterbrechung dauert an, bis der Rechtsstreit von einer Person aufgenommen wird, die nach dem Recht des Staates der Verfahrenseröffnung zur Fortführung des Rechtsstreits berechtigt ist, oder bis das Insolvenzverfahren beendet ist. Gleiches gilt, wenn die Verwaltungs- und Verfügungsbefugnis über das Vermögen des Schuldners durch die Anordnung von Sicherungsmaßnahmen nach § 343 Abs. 2 InsO auf einen vorläufigen Verwalter übergeht (§ 352 Abs. 2 InsO).

62 § 352 InsO überträgt damit die für das inländische Insolvenzverfahren einschlägige Regelung des § 240 ZPO auch auf ausländische Insolvenzverfahren.[127] Die lex fori concursus wird insoweit verdrängt.[128] Es kommt daher auch nicht darauf an, ob das ausländische Insolvenzverfahren nach ausländischem Insolvenzrecht Unterbrechungswirkung hat.[129] Es genügt vielmehr, dass es sich bei dem ausländischen Verfahren um ein Insolvenzverfahren iSv § 343 Abs. 1 S. 1 InsO handelt und kein Anerkennungshindernis nach § 343 Abs. 1 S. 2 InsO vorliegt.

2003, 302, 307; *Westpfahl/Goetker/Wilkens*, Grenzüberschreitende Insolvenzen, Rdnr. 759. Für die Auslegung als Kollisionsnorm *von Bismarck/Schümann-Kleber*, NZI 2005, 147, 150. Zur Kritik an der Parallelvorschrift des Art. 5 EuInsVO vgl. § 35 Rdnr. 117 ff.

[122] Andres/Leithaus/*Dahl*, Insolvenzordnung, § 351 Rdnr. 1–2; *Beckmann*, WM 2009, 1592, 1594, *Heiss/Gölz*, NZI 2006, 1, 3; MünchKommInsO/*Reinhart* § 351 Rdnr. 3; *von Bismarck/Schümann-Kleber*, NZI 2005, 89, 93.

[123] Die Neuregelung des autonomen deutschen internationalen Insolvenzrechts dient der Umsetzung der Richtlinien 2001/17/EG und 2001/24/EG; vgl. Rdnr. 9.

[124] Vgl. Art. 20 der Richtlinie 2001/17/EG und Art. 21 der Richtlinie 2001/24/EG.

[125] So aber FKInsO/*Wimmer*, 4. Aufl. 2006, § 351 Rdnr. 7; wie hier *Beckmann*, WM 2009, 1592, 1594; MünchKommInsO/*Reinhart* § 351 Rdnr. 4; Andres/Leithaus/*Dahl*, Insolvenzordnung, § 351 Rdnr. 3; *von Bismarck/Schümann-Kleber*, NZI 2005, 89, 93.

[126] *Smid*, Deutsches und Europäisches Internationales Insolvenzrecht, § 351 InsO Rdnr. 7; MünchKommBGB/*Kindler* IntInsR § 351 InsO Rdnr. 12; zu § 336 InsO vgl. Rdnr. 20.

[127] Andres/Leithaus/*Dahl*, Insolvenzordnung, § 352 Rdnr. 1; HKInsO/*Stephan* § 352 Rdnr. 3.

[128] Andres/Leithaus/*Dahl*, Insolvenzordnung, § 352 Rdnr. 1; Braun/*Liersch*, Insolvenzordnung, § 352 Rdnr. 1; HKInsO/*Stephan* § 352 Rdnr. 4.

[129] BGH, KTS 2010, 327 Rn. 23 m. Anm. *Kubis* = ZZP 123 (2010), 243 m. Anm. *Paulus* = LMK 295 925 (*Piekenbrock*) = WuB VI A § 352 InsO 1.10 (*Vallender*) = EWiR 2009, 781 (Rendels/Körner). Vgl. dazu auch *Gebler/Stracke*, NZI 2010, 13; *Hergenröder/Gotzen*, DZWIR 2010, 273; *Podewils*, ZInsO 2010, 209; *J. Schmidt*, DAJV Newsletter 2010, 54.

VI. Territorialverfahren

1. Zweck territorial begrenzter Verfahren

Ebenso wie die EuInsVO verfolgt auch das autonome Recht keinen streng universalistischen Ansatz. Vielmehr lässt es unter bestimmten Voraussetzungen neben dem Hauptinsolvenzverfahren weitere, territorial begrenzte Insolvenzverfahren zu. Der Gesetzgeber war der Auffassung, dass zum **Schutz lokaler Gläubiger** sowie des **inländischen Rechtsverkehrs** die in den §§ 336 ff. InsO enthaltenen Sonderkollisions- und Sachnormen alleine nicht ausreichen.[130] Denn ein im Ausland stattfindendes Hauptverfahren kann für den inländischen Gläubiger aufgrund der fremden Sprache und Rechtsordnung mit erheblichen Schwierigkeiten verbunden sein.[131] Die dem lokalen Recht unterliegenden Territorialverfahren eröffnen dem Gläubiger daher eine effektive Möglichkeit zur Durchsetzung seiner Forderungen gegen den Schuldner.[132] Sie erleichtern die inländische Rechtsverfolgung und verhindern, dass der inländische Anspruch auf Justizgewährung leer läuft.[133]

Die auf das Inlandsvermögen beschränkten Verfahren werden von der InsO insgesamt als „Partikularverfahren" bezeichnet (§ 354 Abs. 1 InsO). Für den Fall, dass ein solches Verfahren erst nach der Eröffnung eines ausländischen Hauptverfahrens durchgeführt wird, handelt es sich begrifflich um ein „Sekundärinsolvenzverfahren" (§ 356 Abs. 1 InsO). Für alle Territorialverfahren sind die §§ 354 und 355 InsO zu beachten; für Sekundärinsolvenzverfahren gelten zusätzlich die in §§ 356 bis 358 InsO enthaltenen Sonderregelungen.

2. Allgemeine Zulässigkeitsvoraussetzungen

a) Keine Zuständigkeit für Hauptinsolvenzverfahren. Die Eröffnung eines Territorialverfahrens ist nur zulässig, wenn die internationale Zuständigkeit eines deutschen Gerichts zur Eröffnung eines Hauptinsolvenzverfahrens nicht gegeben ist (§ 354 Abs. 1 InsO). Ob das der Fall ist, ist anhand von Art. 3 EuInsVO zu prüfen. Ein Rückgriff auf § 3 InsO ist aufgrund des Anwendungsvorrangs der EuInsVO nur dann zulässig, wenn Art. 1 Abs. 2 EuInsVO greift.

b) Niederlassung oder Vermögen im Inland. Die Eröffnung eines Territorialverfahrens setzt das Vorhandensein eines **inländischen Anknüpfungspunktes** voraus. Ein solcher Anknüpfungspunkt ist zum einen dann gegeben, wenn der Schuldner im Inland eine Niederlassung unterhält (§ 354 Abs. 1 Alt. 1 InsO). Der Begriff der Niederlassung bestimmt sich nach deutschem Recht und soll daher § 21 ZPO zu entnehmen sein.[134] Überzeugender ist jedoch ein Rückgriff auf Art. 2 lit. h EuInsVO.[135]

Als inländischen Anknüpfungspunkt lässt es das autonome Recht – anders als die EuInsVO – auch genügen, dass sich im Inland sonstige Vermögensgegenstände des Schuldners

---

[130] Begründung zum Entwurf eines Gesetzes zur Neuregelung des internationalen Insolvenzrechts, BT-Drucks. 715/02, S. 30; vgl. auch MünchKommInsO/*Reinhart* § 354 Rdnr. 1.

[131] Gottwald/*Gottwald*, Insolvenzrechts-Handbuch, § 130 Rdnr. 97; *Westpfahl/Goetker/Wilkens*, Grenzüberschreitende Insolvenzen, Rdnr. 770.

[132] *Westpfahl/Goetker/Wilkens*, Grenzüberschreitende Insolvenzen, Rdnr. 770.

[133] Gottwald/*Gottwald*, Insolvenzrechts-Handbuch, § 130 Rdnr. 97.

[134] Zum Niederlassungsbegriff des § 21 ZPO vgl. Musielak/*Heinrich*, ZPO, § 21 Rdnr. 2; MünchKommZPO/*Patzina* § 21 Rdnr. 2 ff.

[135] Wie hier *Albers*, Die Begriffe der Niederlassung und der Hauptniederlassung im internationalen Privat- und Verfahrensrecht, 2010, S. 314 ff.; Andres/Leithaus/*Dahl*, Insolvenzordnung, § 354 Rdnr. 6; MünchKommBGB/*Kindler* IntInsR § 354 InsO Rdnr. 3; Graf-Schlicker/*Kebekus/Sabel*, Insolvenzordnung, § 354 Rdnr. 6; *Smid*, Deutsches und Europäisches Internationales Insolvenzrecht, § 354 InsO Rdnr. 3; a. A. Braun/*Liersch/Delzant*, Insolvenzordnung, § 354 Rdnr. 5; MünchKommInsO/*Reinhart* § 354 Rdnr. 7; *Westpfahl/Goetker/Wilkens*, Grenzüberschreitende Insolvenzen, Rdnr. 776.

befinden (§ 354 Abs. 1 Alt. 2 InsO).[136] Insofern müssen allerdings die erhöhten Anforderungen des § 354 Abs. 2 InsO erfüllt sein.[137]

68 c) **Antragsbefugnis.** Betreibt der Schuldner im Inland eine Niederlassung, so ist gemäß § 354 Abs. 1 InsO **jeder (inländische oder ausländische) Gläubiger antragsbefugt**. Durch die ausschließliche Erwähnung des Gläubigerantrags wird klargestellt, dass – abweichend von der Regel des § 13 Abs. 1 S. 2 InsO – der Schuldner nicht berechtigt ist, ein Partikularverfahren einzuleiten. Dieser soll bei Vorliegen eines Insolvenzgrundes ein Hauptinsolvenzverfahren am Mittelpunkt seiner hauptsächlichen Interessen beantragen und nicht versuchen, „die Unternehmung von ihren Rändern her zu liquidieren".[138]

69 Hat der Schuldner im Inland **keine Niederlassung**, so ist gemäß § 354 Abs. 2 InsO der Antrag eines Gläubigers auf Eröffnung eines Partikularverfahrens nur zulässig, wenn dieser **ein besonderes Interesse an der Eröffnung des Verfahrens** hat. Das „besondere Interesse" geht über ein bloß „rechtliches Interesse" im Sinne des § 14 Abs. 1 InsO hinaus.[139] Als besonderes Interesse des Gläubigers nennt § 354 Abs. 2 InsO beispielhaft den Fall, dass dieser in einem ausländischen Verfahren voraussichtlich erheblich schlechter stehen wird als in einem inländischen Verfahren. Das besondere Interesse ist vom Antragsteller glaubhaft zu machen (§ 354 Abs. 2 S. 2 InsO).

70 Ist im Ausland ein Hauptinsolvenzverfahren eröffnet worden, so ist **auch der ausländische Insolvenzverwalter** berechtigt, ein **Sekundärinsolvenzverfahren** im Inland zu beantragen (§ 356 Abs. 2 InsO).

71 d) **Insolvenzgrund und Kostendeckung.** Das Insolvenzverfahren und seine Wirkungen unterliegen grundsätzlich dem Recht des Staates der Verfahrenseröffnung (§ 335 InsO). Das gilt auch für ein im Inland eröffnetes Territorialverfahren. Demnach setzt die Eröffnung eines Partikularverfahrens das **Vorliegen eines Insolvenzgrundes im Sinne des § 16 InsO** voraus. Bei der Prüfung der Insolvenzgründe ist das **weltweite Vermögen** des Schuldners zu berücksichtigen.[140]

72 Ist im Ausland ein Hauptinsolvenzverfahren eröffnet, ist die **Prüfung eines Insolvenzgrundes bei Eröffnung eines inländischen Sekundärinsolvenzverfahrens** hingegen **entbehrlich** (§ 356 Abs. 3 InsO). Denn die Feststellung, dass der Schuldner insolvent ist, erfolgte dann bereits im Rahmen des zuvor eröffneten Hauptverfahrens.[141]

73 Der Antrag auf Eröffnung eines Territorialverfahrens ist **abzuweisen, wenn keine die Verfahrenskosten deckende Masse vorhanden** ist. Aufgrund der territorialen Beschränkung des Verfahrens können zur Deckung des Verfahrens nur im Inland belegene Vermögenswerte herangezogen werden.[142]

74 e) **Zuständigkeit.** Betreibt der Schuldner im Inland eine Niederlassung, so ist für den Antrag auf Eröffnung eines Partikularverfahrens ausschließlich das Insolvenzgericht zustän-

---

[136] Die Erweiterung der internationalen Zuständigkeit auf den Vermögensgerichtsstand ist rechtspolitisch umstritten; kritisch etwa Braun/*Liersch/Delzant*, Insolvenzordnung, § 354 Rdnr. 6; *Mankowski*, ZIP 1995, 1650, 1659; *Schollmeyer*, IPRax 1995, 150, 151; *Hanisch*, ZIP 1994, 1, 4.
[137] *Paulus*, DStR 2005, 334, 339; vgl. zu diesen Anforderungen Rdnr. 69.
[138] So die Begründung zum Entwurf eines Gesetzes zur Neuregelung des internationalen Insolvenzrechts, BT-Drucks. 715/02, S. 31.
[139] Andres/Leithaus/*Dahl*, Insolvenzordnung, § 354 Rdnr. 9; MünchKommBGB/*Kindler* IntInsR § 354 InsO Rdnr. 7; Kübler/Prütting/Bork/*Kemper/Paulus*, InsO, § 354 Rdnr. 12; MünchKommInsO/*Reinhart* § 354 Rdnr. 35.
[140] HKInsO/*Stephan* § 354 Rdnr. 19; MünchKommBGB/*Kindler* IntInsR § 354 InsO Rdnr. 11; FKInsO/*Wenner/Schuster* § 354 Rdnr. 13; *Mankowski*, ZIP 1995, 1650; ausführlich MünchKommInsO/*Reinhart* § 354 Rdnr. 24 ff.
[141] HKInsO/*Stephan* § 354 Rdnr. 20; *Westpfahl/Goetker/Wilkens*, Grenzüberschreitende Insolvenzen, Rdnr. 814.
[142] Andres/Leithaus/*Dahl*, Insolvenzordnung, § 354 Rdnr. 3; Braun/*Liersch/Delzant*, Insolvenzordnung, § 354 Rdnr. 19; HKInsO/*Stephan* § 341 Rdnr. 18; MünchKommBGB/*Kindler* IntInsR § 354 InsO Rdnr. 12; FKInsO/*Wenner/Schuster* § 354 Rdnr. 14.

dig, in dessen Bezirk sich die Niederlassung befindet. Unterhält der Schuldner keine Niederlassung, ist das Gericht ausschließlich zuständig, in dessen Bezirk Vermögen des Schuldners belegen ist (§ 354 Abs. 3 S. 1 InsO).

Lässt sich die Zuständigkeit mehrerer Gerichte begründen, so ist aufgrund der Verweisung des § 354 Abs. 3 S. 2 InsO auf § 3 Abs. 2 InsO das Gericht zuständig, bei dem der erste Antrag auf Eröffnung des Verfahrens eingegangen ist (Prioritätsprinzip).

3. Rechtsfolgen

a) Geltung der lex fori concursus. Liegen die genannten Voraussetzungen vor, so ist auf Antrag „ein besonderes Insolvenzverfahren über das inländische Vermögen des Schuldners (Partikularverfahren) zulässig" (§ 354 Abs. 1 InsO). Sämtliche verfahrensrechtlichen und materiellrechtlichen Wirkungen des Verfahrens unterliegen nach der Regelanknüpfung des § 335 InsO der **lex fori concursus und damit deutschem Recht**. Es gelten mithin die allgemeinen Vorschriften über das Insolvenzverfahren, soweit die §§ 354 f. InsO und insbesondere die §§ 356 bis 358 InsO für Sekundärinsolvenzverfahren keine abweichenden Bestimmungen treffen.

b) Aktivmasse. Die Wirkungen eines solchen Verfahrens erstrecken sich nur auf das **im Inland belegene Schuldnervermögen**. Die Insolvenzmasse (§ 35 InsO) beschränkt sich somit auf solche Vermögensgegenstände, die zum Zeitpunkt der Verfahrenseröffnung im Inland belegen waren, sowie den Neuerwerb des Schuldners, falls sich dieser im Inland vollzieht.[143]

c) Passivmasse. Hinsichtlich der **Passivmasse** bestehen indes **keine Beschränkungen**; es steht deshalb allen in- wie ausländischen Gläubigern frei, ihre Forderungen geltend zu machen und sich an dem Verfahren zu beteiligen.[144]

4. Restschuldbefreiung und Insolvenzplan

Die **Vorschriften der InsO zur Restschuldbefreiung** (§§ 286 bis 303 InsO) sind in einem **territorial begrenzten Verfahren nicht anwendbar** (§ 355 Abs. 1 InsO). Denn die gesetzliche Restschuldbefreiung kann einem Gläubiger nur zugemutet werden, wenn das gesamte inländische und ausländische Vermögen des Schuldners verwertet worden ist.[145] Die umfassende Schuldenbereinigungswirkung (§ 301 Abs. 1 InsO) soll deshalb einem universalen Hauptinsolvenzverfahren vorbehalten bleiben.

Wie § 355 Abs. 1 InsO liegt auch § 355 Abs. 2 InsO der Gedanke zugrunde, dass eine nicht einvernehmliche Verkürzung der Gläubigerrechte unstatthaft ist, wenn der Gläubiger diese noch durch den Rückgriff auf im Ausland belegene Vermögenswerte befriedigen könnte.[146] Deshalb kann ein **Insolvenzplan**, in dem eine Stundung, ein Erlass oder sonstige Einschränkungen der Rechte der Gläubiger vorgesehen sind, in einem Territorialverfahren nur bestätigt werden, wenn **alle betroffenen Gläubiger dem Plan zugestimmt** haben (§ 355 Abs. 2 InsO).

5. Sekundärinsolvenzverfahren

a) Zulässigkeit paralleler Verfahren. Um Sekundärinsolvenzverfahren handelt es sich bei solchen Verfahren, die erst nach einem gemäß § 343 InsO anzuerkennenden Hauptinsolvenzverfahren eröffnet werden (§ 356 Abs. 1 InsO). Die Zulassung von Sekun-

---

[143] Braun/*Liersch/Delzant*, Insolvenzordnung, § 354 Rdnr. 13; *Westpfahl/Goetker/Wilkens*, Grenzüberschreitende Insolvenzen, Rdnr. 802.

[144] Andres/Leithaus/*Dahl*, Insolvenzordnung, § 354 Rdnr. 16; Braun/*Liersch/Delzant*, Insolvenzordnung, § 354 Rdnr. 15; *Westpfahl/Goetker/Wilkens*, Grenzüberschreitende Insolvenzen, Rdnr. 803.

[145] Begründung zum Entwurf eines Gesetzes zur Neuregelung des internationalen Insolvenzrechts, BT-Drucks. 715/02, S. 31.

[146] Andres/Leithaus/*Dahl*, Insolvenzordnung, § 355 Rdnr. 2.

därinsolvenzverfahren ist eine der wichtigsten **Durchbrechungen des Universalitätsgrundsatzes:** Vermögensgegenstände, die im Staat der Eröffnung des Sekundärinsolvenzverfahrens belegen sind, werden von den Wirkungen des Hauptinsolvenzverfahrens nicht erfasst. Vielmehr kommt es für das Inlandsvermögen durch die Eröffnung eines Sekundärinsolvenzverfahrens zu einem Statutenwechsel.[147] Bis zu diesem Zeitpunkt gilt nach § 335 InsO die lex fori concursus des Hauptverfahrens, anschließend die des Sekundärinsolvenzverfahrens (lex fori secundariae). Ein zunächst als (isolierten) Partikularinsolvenzverfahren eröffnetes Territorialverfahren wandelt sich nach Eröffnung eines nachfolgenden ausländischen Hauptverfahrens automatisch in ein Sekundärinsolvenzverfahren.[148]

82 Aus der Zulässigkeit paralleler Verfahren ergeben sich Folgewirkungen, die bei der Durchführung des Sekundärinsolvenzverfahrens zu beachten sind:[149] So wird die Bestellung des Hauptinsolvenzverwalters anerkannt. Diesem wird daher auch ein Antragsrecht auf Eröffnung eines Sekundärinsolvenzverfahrens eingeräumt (§ 356 Abs. 2 InsO).[150] Zudem wird das Vorliegen eines Insolvenzgrundes aufgrund der Eröffnung des Hauptinsolvenzverfahrens anerkannt (§ 356 Abs. 3 InsO).[151]

83 Bei der Durchführung von Sekundärinsolvenzverfahren sind – neben den §§ 356 und 355 InsO, die für alle Territorialverfahren gelten – die Spezialvorschriften der §§ 356 bis 358 InsO zu beachten. Sie regeln die Zusammenarbeit der Insolvenzverwalter (§ 357 InsO) und den Überschuss bei der Schlussverteilung (§ 358 InsO).

84 **b) Zusammenarbeit der Insolvenzverwalter.** Die Zulässigkeit paralleler Verfahren und die damit verbundene Aufteilung des Schuldnervermögens in mehrere Insolvenzmassen kann dem Verfahrensziel einer optimalen Gläubigerbefriedigung zuwider laufen.[152] Um Effizienzverluste zu vermeiden, müssen deshalb die Verwalter von Haupt- und Sekundärinsolvenzverfahren eng zusammenarbeiten. § 357 InsO dient deshalb der Koordinierung beider Verfahren.

85 Danach hat der inländische Insolvenzverwalter dem ausländischen Verwalter unverzüglich alle Umstände mitzuteilen, die für die Durchführung des ausländischen Verfahrens Bedeutung haben können. Zudem hat er dem ausländischen Verwalter Gelegenheit zu geben, Vorschläge für die Verwertung oder sonstige Verwendung des inländischen Vermögens zu unterbreiten (§ 357 Abs. 1 InsO). Der Hauptinsolvenzverwalter ist außerdem berechtigt, an Gläubigerversammlungen des Sekundärinsolvenzverfahrens teilzunehmen (§ 357 Abs. 2 InsO). Überdies ist gemäß § 357 Abs. 3 InsO ein Insolvenzplan dem ausländischen Verwalter zur Stellungnahme zuzuleiten. Der ausländische Verwalter ist auch berechtigt, selbst einen Insolvenzplan im Sekundärinsolvenzverfahren vorzulegen.

86 **c) Überschuss bei der Schlussverteilung.** Im Sekundärinsolvenzverfahren erzielte Überschüsse (§ 199 InsO) sind gemäß § 358 InsO dem ausländischen Verwalter des Hauptinsolvenzverfahrens herauszugeben. Die Regelung entspricht § 35 EuInsVO. Sie hat jedoch angesichts der Möglichkeit gleichzeitiger Forderungsanmeldung in parallelen Verfahren und der Anrechnungsregel des § 342 Abs. 2 InsO nur geringe praktische Relevanz.[153]

---

[147] *Westpfahl/Goetker/Wilkens,* Grenzüberschreitende Insolvenzen, Rdnr. 805.

[148] Braun/*Liersch/Delzant,* Insolvenzordnung, § 356 Rdnr. 3; *Westpfahl/Goetker/Wilkens,* Grenzüberschreitende Insolvenzen, Rdnr. 808; die EuInsVO ordnet in ihrem Art. 36 in diesem Fall die Anwendbarkeit der für Sekundärinsolvenzverfahren zu beachtenden Sondervorschriften der Art. 31 bis 35 EuInsVO an, soweit dies nach dem Stand des Partikularverfahrens noch möglich ist; vgl. § 35 Rdnr. 67.

[149] MünchKommInsO/*Reinhart* § 356 Rdnr. 2.

[150] Vgl. auch Rdnr. 70.

[151] Vgl. auch Rdnr. 72.

[152] Andres/Leithaus/*Dahl,* Insolvenzordnung, § 357 Rdnr. 1; Braun/*Liersch/Delzant,* Insolvenzordnung, § 357 Rdnr. 1.

[153] Andres/Leithaus/*Dahl,* Insolvenzordnung, § 358 Rdnr. 2; HKInsO/*Stephan* § 358 Rdnr. 3; *Westpfahl/Goetker/Wilkens,* Grenzüberschreitende Insolvenzen, Rdnr. 850.

VII. Forderungsanmeldung und Erlösverteilung

1. Ausübung von Gläubigerrechten

a) Allgemeines Anmelderecht. Die Anmeldung von Forderungen richtet sich grundsätzlich nach der lex fori concursus (§ 335 InsO). Dies gilt insbesondere für die Frist, Form und den Umfang der Anmeldung.[154] In Übereinstimmung mit Art. 32 Abs. 1 EuInsVO steht es nach der Sachnorm des § 341 Abs. 1 InsO indes jedem Gläubiger frei, seine Forderungen im Hauptinsolvenzverfahren und in jedem Sekundärinsolvenzverfahren anzumelden; die Kollisionsnorm des § 335 InsO wird insoweit verdrängt.[155] § 341 Abs. 1 InsO bestätigt somit das Recht der Mehrfachanmeldung und verbessert dadurch die Chance des Gläubigers auf Befriedigung seiner Forderung.[156]

b) Anmeldebefugnis und Bevollmächtigung des Insolvenzverwalters. Neben dem Einzelgläubiger ist nach § 341 Abs. 2 InsO auch der Insolvenzverwalter berechtigt, eine in dem Verfahren, für das er bestellt ist, angemeldete Forderung von Gläubigern in anderen Insolvenzverfahren über das Vermögen dieses Schuldners anzumelden. Da die Dispositionsbefugnis über die Forderung beim Insolvenzgläubiger verbleibt, steht diesem das Recht zu, die Anmeldung im ausländischen Verfahren generell abzulehnen oder eine bereits erfolgte Anmeldung wieder zurückzunehmen (§ 341 Abs. 2 S. 2 InsO). Die Vorschrift soll dem Gläubiger eine vereinfachte Forderungsanmeldung ermöglichen.[157] Eine Pflicht zur Anmeldung im ausländischen Verfahren besteht für den Insolvenzverwalter nicht. Der Insolvenzverwalter hat insofern ein Wahlrecht.[158]

§ 341 Abs. 3 InsO enthält zudem die gesetzliche Fiktion,[159] dass der Insolvenzverwalter bevollmächtigt ist, das Stimmrecht aus einer Forderung, die in einem Verfahren, für das er bestellt worden ist, angemeldet worden ist, in einem anderen Insolvenzverfahren über das Vermögen des Schuldners auszuüben. Die Befugnis zur Stimmrechtsausübung gilt allerdings nur, sofern der Gläubiger keine anderweitige Bestimmung trifft.

2. Verteilung der Erlöse

Im Gesamtvollstreckungsrecht gilt der Grundsatz der einheitlichen und gleichmäßigen Befriedigung aller Gläubiger ein und desselben Schuldners (par conditio creditorum).[160] Die Sachnorm des § 342 InsO soll dem Grundsatz der Gläubigergleichbehandlung durch dreierlei Maßnahmen auch in grenzüberschreitenden Insolvenzsachverhalten zur Geltung verhelfen:[161]

a) Herausgabeanspruch. Das Hauptinsolvenzverfahren umfasst das weltweite Vermögen des Schuldners. Gläubigern ist es aufgrund des Grundsatzes der Gläubigergleichbe-

---

[154] HKInsO/*Stephan* § 341 Rdnr. 3; MünchKommBGB/*Kindler* IntInsR § 341 InsO Rdnr. 4.
[155] Andres/Leithaus/*Dahl*, Insolvenzordnung, § 341 Rdnr. 2; HKInsO/*Stephan* § 348 Rdnr. 2; MünchKommBGB/*Kindler* IntInsR § 348 InsO Rdnr. 1; MünchKommInsO/*Reinhart* § 348 Rdnr. 1.
[156] Gottwald/*Gottwald*, Insolvenzrechts-Handbuch, § 130 Rdnr. 74; MünchKommBGB/*Kindler* IntInsR § 341 InsO Rdnr. 4; MünchKommInsO/*Reinhart* § 341 Rdnr. 8; HKInsO/*Stephan* § 341 Rdnr. 3.
[157] *Liersch*, NZI 2003, 302, 309; HKInsO/*Stephan* § 341 Rdnr. 5; MünchKommBGB/*Kindler* IntInsR § 341 InsO Rdnr. 5.
[158] Wie hier Braun/*Liersch*/*Tashiro*, Insolvenzordnung, § 341 Rdnr. 4; MünchKommBGB/*Kindler* IntInsR § 341 InsO Rdnr. 5; *Liersch*, NZI 2003, 302, 309; a. A. Andres/Leithaus/*Dahl*, Insolvenzordnung, § 341 Rdnr. 7; Gottwald/*Gottwald*, Insolvenzrechts-Handbuch, § 130 Rdnr. 74; Graf-Schlicker/*Kebekus*/*Sabel*, Insolvenzordnung, § 341 Rdnr. 3; für eine Pflicht zur Anmeldung „nur in klar gelagerten Ausnahmefällen" MünchKommInsO/*Reinhart* § 341 Rdnr. 15.
[159] Braun/*Liersch*/*Tashiro*, Insolvenzordnung, § 341 Rdnr. 10; HKInsO/*Stephan* § 341 Rdnr. 8; a. A. Andres/Leithaus/*Dahl*, Insolvenzordnung, § 341 Rdnr. 11.
[160] Vgl. hierzu § 35 Rdnr. 13.
[161] Braun/*Liersch*/*Tashiro*, Insolvenzordnung, § 342 Rdnr. 1; HKInsO/*Stephan* § 342 Rdnr. 3; MünchKommBGB/*Kindler* IntInsR § 342 InsO Rdnr. 2; MünchKommInsO/*Reinhart* § 342 Rdnr. 1; *Smid*, Deutsches und Europäisches Internationales Insolvenzrecht, § 342 InsO Rdnr. 2.

handlung verwehrt, sich im Wege der Einzelzwangsvollstreckung aus zur Masse gehörenden und im Ausland belegenen Gegenständen zu befriedigen. Falls sich ein Gläubiger dennoch durch eine „unzulässige Vorzugsbefriedigung"[162] nach Insolvenzverfahrenseröffnung[163] einen Sondervorteil verschafft, gewährt § 341 Abs. 1 InsO dem Insolvenzverwalter einen im Aufbau dem § 812 Abs. 1 S. 1 BGB verwandten Herausgabeanspruch.[164]

92 **b) Quotenanrechnung.** Nach § 342 Abs. 2 S. 1 InsO darf der Insolvenzgläubiger behalten, was er in einem ausländischen Insolvenzverfahren erlangt hat. Er wird indes bei der Verteilung im inländischen Verfahren erst berücksichtigt, wenn die Forderungen der anderen Gläubiger gleichen Ranges die gleiche Befriedigungsquote erreicht haben (§ 342 Abs. 2 S. 1 InsO). Diese Anrechnungsregel entspricht Art. 20 Abs. 2 EuInsVO.[165]

93 **c) Auskunftsanspruch.** Der Grundsatz der Gläubigergleichbehandlung kann vom Verwalter des inländischen Hauptinsolvenzverfahrens nur durchgesetzt werden, wenn er Kenntnis davon hat, ob und was der Gläubiger außerhalb des Insolvenzverfahrens (§ 342 Abs. 1 InsO) oder innerhalb eines ausländischen Insolvenzverfahrens erlangt hat (§ 342 Abs. 2 InsO).[166] Deshalb räumt ihm § 342 Abs. 3 InsO einen Anspruch auf Auskunft über das Erlangte gegenüber dem Insolvenzgläubiger ein.

---

[162] So HKInsO/*Stephan* § 342 Rdnr. 8; MünchKommBGB/*Kindler* IntInsR § 342 InsO Rdnr. 4.

[163] Gläubigerbenachteiligende Rechtshandlungen oder Verfügungen, durch die ein Gläubiger vor der Eröffnung eines Hauptinsolvenzverfahrens eine bevorzugte Befriedigung erlangt hat, beurteilen sich nach den Regeln der Insolvenzanfechtung; vgl. HKInsO/*Stephan* § 342 Rdnr. 8; *Westpfahl/Goetker/Wilkens*, Grenzüberschreitende Insolvenzen, Rdnr. 863.

[164] Eine entsprechende Regelung enthält die EuInsVO in ihrem Art. 20 Abs. 1; vgl. hierzu § 35 Rdnr. 152.

[165] Vgl. zur Anrechnung dort § 35 Rdnr. 153.

[166] Begründung zum Entwurf eines Gesetzes zur Neuregelung des internationalen Insolvenzrechts, BT-Drucks. 715/02, S. 25; MünchKommInsO/*Reinhart* § 342 Rdnr. 22; HKInsO/*Stephan* § 342 Rdnr. 13; *Smid*, Deutsches und Europäisches Internationales Insolvenzrecht, § 342 InsO Rdnr. 10.

2. Kapitel. Insolvenz und Sanierung deutscher Unternehmen in England

§ 37 Sanierungsmigration

Übersicht

	Rdnr.		Rdnr.
I. Begriff und Hintergründe	1–5	d) Anerkennung und Wirkung des Hauptverfahrens	42–44
II. Vor- und Nachteile einer Sanierungsmigration	6–21	3. Sekundärinsolvenzverfahren und Einschränkungen der lex fori concursus	45–55
1. Differenzierung und Abwägung	6	a) Grundlagen	45–47
2. Mögliche Vorteile	7–16	b) Sekundärinsolvenzverfahren und Anwendbarkeit verschiedener Insolvenzrechte	48–55
3. Mögliche Nachteile	17–21		
III. Migrationsmodelle und -strukturen im Überblick	22–27	V. Gesellschaftsrechtliche Aspekte	56–60
1. Insolvenz- und Gesellschaftsstatut	22–23	1. Grundentscheidung	56–57
2. Migrationsmodelle	24–27	2. Universalsukzession	58–60
a) Identitätsauflösende Migration	24–26	a) Grenzüberschreitender Formwechsel	58
b) Identitätswahrende Migration	27	b) Grenzüberschreitende Verschmelzung	59
IV. Insolvenzrechtliche Aspekte	28–55	c) Anwachsung	60
1. Grundlagen	28–29	VI. Vertrags- und Verkehrsrecht	61–64
2. Bestimmung und Auswirkung des Insolvenzstatuts	30–44	1. Change-of-COMI-Klauseln	61
a) EuGH-Entscheidungen *Eurofood* und *Interedil*	30–35	2. Verkehrsrecht	62–64
b) Für Fremdgläubiger erkennbarer effektiver Verwaltungssitz	36–40		
c) Zeitpunkt	41		

Schrifttum: *Adam,* Zuständigkeitsfragen bei der Insolvenz internationaler Unternehmensverbindungen, 2006; *Bachner,* The Battle over Jurisdiction in European Insolvency Law, ECFR 2006, 310–329; *Bailey/Groves,* Corporate Insolvency, 3. Aufl. 2007; *Baird/Ho,* Company Voluntary Arrangement: The Restructuring Trends, Ins Int 2007, 124–126; *Baird/Westpfahl,* How to Get Through Passport Control, ABI Journal 2007, Vol. XXVI, No. 7, 30–31, 56; *Beisel/Klumpp* (Hrsg.), Der Unternehmenskauf, 6. Aufl. 2009; *Berger,* Die Verwertung von Absonderungsgut – im Spannungsverhältnis von Bürgerlichem Recht, Insolvenzrecht und Europäischem Recht, KTS 2007, 433–450; *Bitter/Laspeyres,* Rechtsträgerspezifische Berechtigungen als Hindernis übertragender Sanierung, ZIP 2010, 1157–1165; *Blasche,* Umwandlungsmöglichkeiten bei Auflösung, Überschuldung oder Insolvenz eines der beteiligten Rechtsträger, GWR 2010, 441–445; *Bork,* Die Unabhängigkeit des Insolvenzverwalters – ein hohes Gut, ZIP 2006, 58–59; *ders.,* Einführung in das Insolvenzrecht, 5. Aufl. 2009; *Brocker,* Die grenzüberschreitende Verschmelzung von Kapitalgesellschaften, BB 2010, 971–977; *Busch/Remmert/Rüntz/Vallender,* Kommunikation zwischen Gerichten in grenzüberschreitenden Insolvenzen – Was geht und was nicht geht, NZI 2010, 417–430; *Buth/Hermanns* (Hrsg.), Restrukturierung, Sanierung, Insolvenz, 3. Aufl. 2009; *Bungert/Schneider,* Grenzüberschreitende Verschmelzung unter Beteiligung von Personengesellschaften, in: Hutter/Gruson (Hrsg.), Gedächtnisschrift für Michael Gruson, 2009, 37–52; *Dawe,* Der Sonderkonkurs des deutschen internationalen Insolvenzrechts, 2005; *Deyda,* Der Konzern im europäischen Internationalen Insolvenzrecht, 2007; *Duursma-Kepplinger,* Aktuelle Entwicklungen zur internationalen Zuständigkeit für Hauptinsolvenzverfahren – Erkenntnisse aus Staubitz-Schreiber und Eurofood, ZIP 2007, 896–903; *Duursma-Kepplinger/Duursma/Chalupsky* (Hrsg.), Europäische Insolvenzverordnung, 2002; *Ehricke,* Konzerninsolvenzrecht, in: Arbeitskreis Insolvenzwesen Köln e. V. (Hrsg.), Kölner Schrift zur Insolvenzordnung, 3. Aufl. 2009, 1037–1066; *Eidenmüller* (Hrsg.), Ausländische Kapitalgesellschaften im deutschen Recht, 2004; *ders.,* Der Markt für internationale Konzerninsolvenzen: Zuständigkeitskonflikte unter der EuInsVO, NJW 2004, 3455–3459;

ders., Finanzkrise, Wirtschaftskrise und das deutsche Insolvenzrecht, 2009; *ders.*, Rechtsmissbrauch im Europäischen Insolvenzrecht, KTS 2009, 137–161; *ders.*, Wettbewerb der Insolvenzrechte?, ZGR 2006, 467–488; *Eidenmüller/Frobenius/Prusko*, Regulierungswettbewerb im Unternehmensinsolvenzrecht: Ergebnisse einer empirischen Untersuchung, NZI 2010, 545–550; *Franz*, Internationales Gesellschaftsrecht und deutsche Kapitalgesellschaften im In- bzw. Ausland, BB 2009, 1250–1259; *Frege/Keller/Riedel*, Insolvenzrecht, 7. Aufl. 2008; *Freundorfer/Festner*, Praxisempfehlungen für die grenzüberschreitende Verschmelzung, GmbHR 2010, 195–199; *Fröhlich/Sittel*, Game over? Auswirkungen der Finanzmarktkrise auf die übertragende Sanierung, ZInsO 2009, 858–862; *Früchtl*, Die Anwachsung gem. § 738 I 1 BGB – Unbeachteter Eckpfeiler und gestaltbares Instrument des Personengesellschaftsrechts, NZG 2007, 368–372; *Gebert/Fingerhut*, Die Verlegung des Ortes der Geschäftsleitung ins Ausland – Steuerliche Fallstricke im Licht aktueller gesellschaftsrechtlicher Entwicklungen, IStR 2009, 445–449; *Geva*, National Policy Objectives from an EU Perspective: UK Corporate Rescue and the European Insolvency Regulation, EBOR 2007, 605–619; *Godfrey*, Current Developments in English Insolvency Law, IILR 2011, 545–554; *Göpfert/Müller*, Englisches Administrationsverfahren und deutsches Insolvenzarbeitsrecht, NZA 2009, 1057–1063; *Goetker/Brünkmans*, Migration als Bestandteil eines Restrukturierungsplanes, Status Recht 2008, 410–411; *Gosch*, Körperschaftsteuergesetz, 2. Aufl. 2009; *Großfeld*, Die Entwicklung der Anerkennungstheorien im internationalen Gesellschaftsrecht, in: *Hefermehl/Gmür/Brox* (Hrsg.), Festschrift für Harry Westermann zum 65. Geburtstag, 1974, 199–222; *Gruschinske*, Die Aufrechnung in grenzüberschreitenden Insolvenzverfahren – Eine Untersuchung anhand der vereinheitlichten europäischen Regelungen des Internationalen Privat- und Zivilverfahrensrechts, EuZW 2011, 171–176; *Hackemann/Fiedler*, Voraussetzungen einer Nichtigkeitsklage gegen den Beschluss der Europäischen Kommission vom 26. 1. 2011 zur Sanierungsklausel, BB 2011, 2972–2977; *Hackemann/Momen*, Sanierungsklausel (§ 8c Abs. 1a KStG) – Analyse der Entscheidungsbegründung der EU-Kommission, BB 2011, 2135–2141; *Hennrichs/Pöschke/von der Laage/Klavina*, Die Niederlassungsfreiheit der Gesellschaften in Europa – Eine Analyse der Rechtsprechung des EuGH und ein Plädoyer für eine Neuorientierung, WM 2009, 2009–2016; *Hess/Laukemann/Seagon*, Europäisches Insolvenzrecht nach Eurofood – Standortbestimmung und praktische Schlussfolgerungen, IPRax 2007, 89–98; *Hirte*, Das Recht der Umwandlung (Teil 1), ZInsO 2004, 353–363; *Hirte/Knof/Mock*, Das Gesetz zur weiteren Erleichterung der Sanierung von Unternehmen (Teil I), DB 2011, 632–643; *dies.*, Das Gesetz zur weiteren Erleichterung der Sanierung von Unternehmen (Teil II), DB 2011, 693–698; *Ho*, Cross-border Fraud and Cross-border Insolvency: Proving COMI and Seeking Recognition under the UK Model Law, JIBFL 2009, 537–542; *Hortig*, Kooperation von Insolvenzverwaltern, 2007; *Hützen/Poertzgen*, Insolvenzgeld für Arbeitnehmer in Deutschland bei ausländischem Insolvenzereignis am Beispiel der Niederlande, ZInsO 2010, 1719–1726; *Jacoby*, Der ordre public-Vorbehalt beim forum shopping im Insolvenzrecht, GPR 2007, 200–206; *Kallmeyer* (Hrsg.), Umwandlungsgesetz, 4. Auflage 2010; *Kammel*, Die Bestimmung der zuständigen Gerichte bei grenzüberschreitenden Konzerninsolvenzen, NZI 2006, 334–338; *Klöhn*, Mittelpunkt der hauptsächlichen Interessen einer Limited bei Einstellung der werbenden Tätigkeit, NZI 2006, 383–386; *Köchling*, Übertragende Sanierung in der Finanzmarktkrise, ZInsO 2009, 641–646; *Köhler-Ma/Burkard*, Deutsches Insolvenzrecht = unflexibel?, DZWIR 2007, 410–413; *Knof/Mock*, Anm. zu EuGH (Staubitz-Schreiber), ZIP 2006, 189–192; *Kolmann*, Werkstatt-Bericht zu international-insolvenzrechtlichen Fragestellungen im BenQ-Fall, in: *Wachter* (Hrsg.), Festschrift für Sebastian Spiegelberger zum 70. Geburtstag, 2009, 796–808; *Laier*, Die stille Sanierung deutscher Gesellschaften mittels eines „Scheme of Arrangement", GWR 2011, 252–255; *Leible/Staudinger*, Die europäische Verordnung über Insolvenzverfahren, KTS 2000, 533–575; *Leithaus/Riewe*, Inhalt und Reichweite der Insolvenzantragspflicht bei europaweiter Konzerninsolvenz, NZI 2008, 598–602; *Leitzen*, Die GmbH mit Verwaltungssitz im Ausland, NZG 2009, 728–733; *Linn*, Generalanwältin Kokott hält Entstrickungsvorschriften für nicht mit der Niederlassungsfreiheit vereinbar, IStR 2011, 817–821; *Lüttringhaus/Weber*, Aussonderungsklagen an der Schnittstelle von EuGVVO und EuInsVO, RIW 2010, 45–51; *Lutter* (Hrsg.), Umwandlungsgesetz, 4. Aufl. 2009; *Mankowski*, Anm. zu AG München *(Hettlage)*, NZI 2004, 450–452; *ders.*, Anm. zu BGH, NZI 2008, 575–576; *ders.*, Anm. zu OLG Wien, NZI 2007, 360–361; *ders.*, Gläubigerstrategien zur Fixierung des schuldnerischen Centre of Main Interests (COMI), ZIP 2010, 1376–1386; *ders.*, Insolvenznahe Verfahren im Grenzbereich zwischen EuInsVO und EuGVVO, NZI 2010, 508–512; *ders.*, Keine Anordnung von Vollstreckungsmaßnahmen nach Eröffnung des Hauptinsolvenzverfahrens in anderem Mitgliedstaat, NZI 2010, 178–179; *ders.*, Klärung von Grundfragen des europäischen Internationalen Insolvenzrechts durch die Eurofood-Entscheidung?, BB 2006, 1753–1758; *Menjucq*, EC-Regulation No 1346/2000 on Insolvency Proceedings and Groups of Companies, ECFR 2008, 135–147; *Meyer-Löwy/Plank*, Entbehrlichkeit des Sekundärinsolvenzverfahrens bei flexibler Verteilung der Insolvenzmasse im Hauptinsolvenzverfahren?, NZI 2006, 622–624; *Mock,* Handlungsoptionen bei ausufernden Sekundärinsolvenzverfahren, ZInsO 2009, 895–902; *Moore,* COMI Migration: The Future, Ins Int 2009, 25–28; *Moss/Fletcher/Isaacs* (Hrsg.), The EC Regulation on Insolvency Proceedings, 2. Aufl. 2009; *Mückl,* Steuerliche Transaktionsrisiken bei Unternehmenssanierungen in der Praxis, GWR 2010, 262–265; *Oberhammer,* Von der EuInsVO zum europäischen Insolvenzrecht, KTS 2009, 27–67; *Omar,* Cross-border Assistance in the Common Law and International Insolvency Texts: An Update, [2009] ICCLR 379–386; *ders.,* Cross-Border Insolvency Law in the United Kingdom: An Embarrassment of Riches, (2006) 22 IL&P 132–136; *Pannen* (Hrsg.), Europäische Insolvenzverordnung, 2007; *Paterson/Elms/Fast,* Assistance to Foreign Courts in Cross-border Insolvencies, CRI 2008, 152–153; *Paulus, Ch. G.,* Anm. zu High Court of Justice London, NZI 2007, 367; *ders.,* Das englische Scheme of Arrangement, ZIP 2011, 1077–1083; *ders.,* Die EuInsVO – wo geht die Reise hin?, NZI 2008, 1–6; *ders.,* Europäische Insolvenzverordnung, 3. Aufl. 2010; *ders.,* Insolvenzverwalter und Gläubigerorgane, NZI 2008, 705–710; *ders.,* Notwendige Änderungen im Insolvenzrecht?, ZIP 2005, 2301–2302; *Paulus, R.,* Die ausländische Sanierung über einen Debt-Equity-Swap als Angriff auf das deutsche Insolvenzrecht, DZWIR 2008, 6–14; *Pogacar,* Rechte und Pflichten des Hauptverwalters im Sekundärverfahren, NZI 2011, 46–51; *Prager/Keller,* Die Einrede des Art. 13 EuInsVO, NZI 2011, 697–701; *Ralli,* The Battle of the Insolvency Practitioners: How does the UNCITRAL Model Law Interpret COMI?, CRI 2009, 196–197; *Reinhart,* Die Bedeutung der EuInsVO im Insolvenzeröffnungsverfahren – Besonderheiten paralleler Eröffnungsverfahren, NZI 2009, 201–208; *ders.,* Die Bedeutung der EuInsVO im Insolvenzeröffnungsverfahren – Verfahren bei internationaler Zuständigkeit nach Art. 102 EGInsO, NZI 2009, 73–79; *Ringe,* Forum Shopping under the EU Insolvency Regulation, EBOR 2008, 579–620; *ders.,* Strategic Insolvency Migration and Community Law, in: *Ringe/Gullifer/Théry* (Hrsg.), Current Issues in European Financial and Insolvency Law, 2009, 71–109; *Rotstegge,* Zuständigkeitsfragen bei der Insolvenz in- und ausländischer Konzerngesellschaften, ZIP 2009, 955–962; *Rumberg,* Entwicklungen der Rescue Culture im englischen Insolvenzrecht, RIW 2010, 358–367; *Rutstein/Bloomberg,* A wind blows through an English brothel, CRI 2010, 156–158; *Saenger/Klockenbrink,* Anerkennungsfragen im internationalen Insolvenzrecht gelöst? – Zugleich Anmerkung zum Urteil des EuGH vom 2. 5. 2006 – Rs. C-341/04 (Eurofood/Parmalat), EuZW 2006, 363–367; *Scheunemann/Hoffmann,* Debt-Equity-Swap, DB 2009, 983–986; *Schmerbach/Staufenbiel,* Die übertragende Sanierung im Insolvenzverfahren, ZInsO 2009, 458–467; *J. Schmidt,* Kurzkommentar zu High Court of Justice London v. 3. 7. 2009 *(Stanford),* EWiR 2009, 571–572; *K. Schmidt,* Gesellschaftsrecht und Insolvenzrecht im ESUG-Entwurf, BB 2011, 1603–1610; *Schnitker/Grau,* Arbeitsrechtliche Aspekte von Unternehmensumstrukturierungen durch Anwachsung von Gesellschaftsanteilen, ZIP 2008, 394–401; *Schwemmer,* Die Verlegung des centre of main interests (COMI) im Anwendungsbereich der EuInsVO, NZI 2009, 355–359; *Semler/Stengel* (Hrsg.), Umwandlungsgesetz mit Spruchverfahrensgesetz, 3. Aufl. 2012; *Steffek,* Gläubigerschutz in der Kapitalgesellschaft, 2011; *ders.,* Insolvenzgründe in Europa – Rechtsvergleich, Regelungsstrukturen und Perspektiven der Rechtsangleichung, KTS 2009, 317–353; *ders.,* Unternehmenssanierung und Unternehmensinsolvenz – Grundzüge, Regelungsprobleme und zukünftige Herausforderungen, in: *Allmendinger/Dorn/Lang/Lumpp/Steffek* (Hrsg.), Corporate Governance nach der Finanz- und Wirtschaftskrise – Vorbilder und Ziele eines modernen Wirtschaftsrechts, 2011, 301–332; *Stoecker/Zschaler,* Internationale Zuständigkeit für Insolvenzanfechtungsklagen: Die Entscheidung Seagon/Deko in der Rechtsprechung deutscher Landgerichte, NZI 2010, 757–761; *Vallender,* Aufgaben und Befugnisse des deutschen Insolvenzrichters in Verfahren nach der EuInsVO, KTS 2009, 283–329; *ders.,* Gefahren für den Insolvenzstandort Deutschland, NZI 2007, 129–137; *Virgós/Schmit,* Erläuternder Bericht zu dem EU-Übereinkommen über Insolvenzverfahren, in: *Stoll* (Hrsg.) Vorschläge und Gutachten zur Umsetzung des EU-Übereinkommens über Insolvenzverfahren im deutschen Recht, 1997, 32–134; *Wagner,* Insolvenzantragstellung nur im EU-Ausland? Zivil- und strafrechtliche Risiken für den GmbH-Geschäftsführer, ZIP 2006, 1934–1941; *Weller,* Die Verlegung des Center of Main Interest von Deutschland nach England, ZGR 2008, 835–866; *ders.,* GmbH-Bestattung im Ausland, ZIP 2009, 2029–2037; *Westpfahl/Goetker/Wilkens,* Grenzüberschreitende Insolvenzen, 2008; *Westpfahl/Janjuah,* Zur Modernisierung des deutschen Sanierungsrechts, Beilage zu ZIP 3/2008; *Westpfahl/Knapp,* Die Sanierung deutscher Gesellschaften über ein englisches Scheme of Arrangement, ZIP 2011, 2033–2047; *Wiedemann,* Kriterien und maßgeblicher Zeitpunkt zur Bestimmung des COMI, ZInsO 2007, 1009–1017; *Willemsen/Rechel,* Das ESUG – wesentliche Änderungen gegenüber dem Regierungsentwurf noch auf der Zielgeraden, BB 2012, 203–206; *Windsor/Müller-Seils/Burg,* Unternehmenssanierungen nach englischem Recht – Das Company Voluntary Arrangement, NZI 2007, 7–12; *Wisskirchen/Bissels,* „Kontrollierte Insolvenz": Arbeitsrechtliche Gestaltungsmöglichkeiten des Insolvenzverwalters, BB 2009, 2142–2147; *Wöhlert,* Umzug von Gesellschaften innerhalb Europas – Eine systematische Darstellung unter Auswertung der Entscheidungen „Cartesio" und „Trabrennbahn", GWR 2009, 161–163; *Ziegenhagen/Thewes,* Die neue Sanierungsklausel in § 8c Abs. 1a KStG, BB 2009, 2116–2120.

I. Begriff und Hintergründe

1 Der Begriff **Sanierungsmigration** bezeichnet die Herbeiführung der Anwendbarkeit einer von der Ursprungsrechtsordnung verschiedenen Zielrechtsordnung zum Zwecke der Sanierung. Bei der Migration zu Sanierungszwecken zieht das Unternehmen aus dem Anwendungsbereich eines Rechtsregimes (Wegzugsstaat) in den Geltungsbereich eines anderen Rechtsregimes (Zuzugsstaat), um dort eine betriebs- oder finanzwirtschaftliche Krise rechtlich zu bewältigen. Die Sanierungsmigration im Sinne der gestaltenden Wahl eines sanierungsgeeigneten Gesellschafts- und/oder Insolvenzrechts kann somit eines von mehreren Elementen eines Sanierungsplans sein.

2 Erleichtert wird die Sanierungsmigration in Europa auf der **Ebene des Insolvenzrechts** durch die Zuständigkeits- und Rechtsanwendungsregeln der Europäischen Insolvenzverordnung (EuInsVO).[1] Die Verordnung erlaubt eine in weiten Teilen rechtssichere Änderung des anwendbaren Insolvenzrechts (Insolvenzstatuts), obwohl sie das sog. Forum Shopping laut Erwägungsgrund 4 gerade verhindern will.[2] Auf der **Ebene des Gesellschaftsrechts** hat der EuGH durch seine Rechtsprechung in Centros,[3] Überseering[4] und Inspire Art[5] die Freizügigkeit der Gesellschaften in Europa gestärkt.[6] In Reaktion darauf hat der deutsche Gesetzgeber das Sitzrecht deutscher Kapitalgesellschaften durch das MoMiG[7] liberalisiert, welches die Wegzugsbeschränkungen in § 4a Abs. 2 GmbHG a.F. und § 5 Abs. 2 AktG a.F. aufgehoben hat.[8]

3 Die Sanierungsmigration hat erst in jüngerer Zeit Einzug in die Sanierungsberatung gehalten. Zu Vorbildern sind Fälle geworden, in denen sowohl die Migration als auch die Sanierung erfolgreich waren. Dazu zählen – mit Bezug auf Deutschland – die bekannt gewordenen Beispiele **Schefenacker** (dazu ausführlich unten § 42 Rdnr. 1 ff.) und **Deutsche Nickel** (dazu eingehend unten § 42 Rdnr. 17 ff.). Allerdings sind auch problematische Migrationen publik geworden, etwa der Fall **Brochier** (dazu näher unten § 42 Rdnr. 33 ff.), und haben die rechtspraktischen Schwierigkeiten der Migration zu Sanierungszwecken vor Augen geführt.

4 In der Regel erfordert eine Sanierungsmigration einen nicht unerheblichen Beratungsaufwand, bringt rechtliche und tatsächliche Strukturänderungen mit sich und setzt eine rechtzeitige Planung voraus.[9] Die Emigration deutscher Kapitalgesellschaften zur Sanierung nach England ist daher zahlenmäßig mit der Immigration englischer Kapitalgesellschaften zum Einsatz in Deutschland nicht vergleichbar. Allerdings wird die Eignung der Sanierungsmigration in Restrukturierungsfällen zunehmend geprüft[10] und der Schritt in die ausländische Rechtsordnung **in spezifischen Situationen** unternommen.

---

[1] Verordnung (EG) Nr. 1346/2000 des Rates vom 29. Mai 2000 über Insolvenzverfahren, Abl. EU L 160 vom 30. 6. 2000, S. 1 ff.

[2] *Eidenmüller* ZGR 2006, 467, 473 ff.; *Mankowski* BB 2006, 1753, 1756.

[3] EuGH NJW 1999, 2027 ff.

[4] EuGH NJW 2002, 3614 ff.

[5] EuGH NJW 2003, 3331 ff.

[6] Siehe aber auch EuGH NJW 1989, 2186 ff. *(Daily Mail)* und EuGH NJW 2009, 569 ff. *(Cartesio).*

[7] Gesetz zur Modernisierung des GmbH-Rechts und zur Bekämpfung von Missbräuchen (MoMiG) vom 23. Oktober 2008, BGBl. 2008, Teil I, Nr. 48 vom 28. 10. 2008, S. 2026 ff., in Kraft getreten am 1. 11. 2008.

[8] *Franz* BB 2009, 1250, 1251.

[9] Ähnlich *Paulus* DZWIR 2008, 6, 7.

[10] *Westpfahl/Goetker/Wilkens* Grenzüberschreitende Insolvenzen S. 305.

Aus Sicht deutscher Unternehmen gilt die Aufmerksamkeit vor allem der Sanierungs- 5
migration in die **englische Rechtsordnung.** Um einen Wegzug aus der deutschen
Rechtsordnung hin zur englischen handelte es sich auch bei den drei genannten Fällen
Schefenacker, Deutsche Nickel und Brochier. Das erklärt sich aus möglichen Vorteilen
einer Sanierung nach englischem Recht gegenüber dem deutschen (dazu und zu möglichen Nachteilen unter Rdnr. 6–21). Entsprechend ihrer rechtspraktischen Bedeutung wird
**hier ausschließlich die Sanierungsmigration von Deutschland nach England be-
handelt.** Darüber ist jedoch nicht zu vergessen, dass grundsätzlich auch eine Sanierungsmigration nach Deutschland in Betracht kommt, etwa mit Blick auf das Insolvenzgeld,
die Eigenverwaltung, das Insolvenzplanverfahren oder die Zusammenführung sämtlicher Konzerngesellschaften in einer Rechtsordnung.[11]

Keine Sanierungsmigration ist der Einsatz ausländischen Rechts zur **Sanierung im
Wege der Rechtswahl im internationalen Schuldvertragsrecht.** Für dieses Vorgehen
stehen beispielhaft die Fälle **La Seda de Barcelona,**[12] **Metrovacesa,**[13] **Tele Columbus**[14]
und **Rodenstock**[15] (dazu ausführlich unten § 42). Bei diesen Sanierungen spanischer bzw.
deutscher Gesellschaften fand auf die relevanten Finanzierungsverträge englisches Recht
Anwendung.[16] Dieser Umstand erlaubte eine Sanierung im Wege eines **scheme of arrangement**[17] nach englischem Recht. Im Unterschied zu einer Sanierungsmigration eröffnet
diese Gestaltung die Nutzung englischen Rechts zur Restrukturierung ohne den vergleichsweise hohen Aufwand einer Migration.[18]

II. Vor- und Nachteile einer Sanierungsmigration

1. Differenzierung und Abwägung

Die **Vor- und Nachteile** einer Sanierungsmigration lassen sich nicht pauschal bestim- 6
men. Sie unterscheiden sich vielmehr je nach **Perspektive,** darunter diejenige der Gesellschafter, der Geschäftsleiter, der Kreditgeber, der Arbeitnehmer und der europäischen Staaten, die im Wettbewerb der Insolvenzrechte[19] stehen. In der konkreten Sanierungssituation
vervielfachen sich regelmäßig die widerstreitenden Interessen wegen unterschiedlicher
Ausgangssituationen innerhalb der Stakeholdergruppen: Einzelne Gesellschafter haben unterschiedliche strategische Interessen, verschiedene Gläubiger sind unterschiedlich besichert, risiko- und sanierungsgeneigt, die beteiligten Mitgliedstaaten weisen unterschiedliche Rechts- und Sanierungskulturen auf, usw.

Zudem ist eine Sanierungsmigration für die Beteiligten niemals nur mit Vor- oder nur
mit Nachteilen verbunden. Vielmehr bedarf es einer **Abwägung** der Kosten und des Nut-
zens mit den zur Verfügung stehenden Alternativen, etwa der Nutzung englischen Rechts
durch Einsatz eines scheme of arrangement ohne Sanierungsmigration, der Restrukturie-

---

[11] Vgl. *Westpfahl/Goetker/Wilkens* Grenzüberschreitende Insolvenzen S. 305 f. zu sanierungsfreund-
lichen Aspekten des deutschen Insolvenzrechts; für einen Zuzugsfall nach Deutschland (PIN Gruppe)
siehe AG Köln NZI 2008, 257 ff.; *Eidenmüller* KTS 2009, 137, 151; *Goetker/Brünkmans* Status Recht
2008, 410.

[12] *Re La Seda De Barcelona SA* [2010] EWHC 1364 (Ch).

[13] Dazu *Westpfahl/Knapp* ZIP 2011, 2033, 2041, 2044.

[14] Vgl. *Trimast Holding Sarl v Tele Columbus GmbH* [2010] EWHC 1944 (Ch).

[15] *Re Rodenstock* [2011] Bus LR 1245 = [2011] EWHC 1104 (Ch); abgedruckt in NZI 2011,
557.

[16] *Westpfahl/Knapp* ZIP 2011, 2033 f.

[17] Dazu § 39 Rdnr. 31–73 ff.

[18] Zur Sanierung deutscher Gesellschaften im Wege eines scheme of arrangement näher § 39
Rdnr. 31–73; außerdem *Westpfahl/Knapp* ZIP 2011, 2033; *Paulus* ZIP 2011, 1077; *Laier* GWR 2011,
252.

[19] *Eidenmüller/Frobenius/Prusko* NZI 2010, 545 ff.; *Ringe* EBOR 2008, 579, 582 ff.; *Eidenmüller*
ZGR 2006, 467, 469; *ders.* KTS 2009, 137, 156 (Missbrauch der EuInsVO durch Mitgliedstaaten und
ihre Gerichte).

rung außerhalb eines Insolvenzverfahrens nach deutschem Recht oder der Sanierung im Rahmen eines Insolvenzplans gem. §§ 217 ff. InsO.[20] Die nähere Zukunft wird zeigen, inwieweit das Gesetz zur weiteren Erleichterung der Sanierung von Unternehmen (ESUG)[21] das rechtliche Umfeld zur Sanierung in Deutschland verbessert hat.[22]

2. Mögliche Vorteile

7   Vorteile einer Sanierungsmigration in die englische Rechtsordnung können sich aus der im Vergleich zum deutschen Recht deutlich **liberaleren Ausgestaltung des englischen Insolvenz- und Kapitalgesellschaftsrechts** ergeben. Das englische Recht räumt in der Krise und Insolvenz der Kapitalgesellschaft größere Gestaltungsspielräume ein. Sie können vor allem von expertise-, kontroll- und verhandlungsstarken Beteiligten genutzt werden, insbesondere Mehrheitsgesellschaftern, Kreditinstituten und anderen krisenerfahrenen Akteuren. Auf der Kehrseite der Medaille finden sich allerdings Gefahren für schlecht informierte und verhandlungsschwache Beteiligte, darunter etwa Minderheitsgesellschafter und Kleingläubiger. Die Frage, ob die höhere Sanierungsfreundlichkeit des englischen Rechts im volkswirtschaftlichen Saldo nützlicher ist als der stärkere individuelle Gläubigerschutz des deutschen Rechts, ist gegenwärtig jedoch noch nicht beantwortet.[23]

8   Die liberale Grundanlage des englischen Insolvenz- und Gesellschaftsrechts findet ihren Ausdruck im **Fehlen zivil- und strafrechtlich sanktionierter Insolvenzantragspflichten** nach dem Modell von § 15a InsO.[24] Die Haftung wegen wrongful trading gem. s. 214 IA 1986 greift regelmäßig erst deutlich nach Eintritt der Überschuldung ein und eröffnet so größere Spielräume für die Sanierung außerhalb eines formellen Insolvenzverfahrens.[25] Auch die **Gesellschafterhaftung** in Krise und Insolvenz der Kapitalgesellschaft ist im englischen Recht weit **weniger streng** als im deutschen. Beispielhaft dafür sei das Fehlen eines funktionalen Haftungsdurchgriffs in der Insolvenz genannt[26] und der Verzicht des englischen Rechts auf den Nachrang von Gesellschafterdarlehen im Sinne von § 39 Abs. 1 Nr. 5 InsO.[27]

9   In der grundsätzlichen Gleichbehandlung von Gesellschafterdarlehen und Drittgläubigerdarlehen[28] kommt zudem ein prägender Strukturunterschied zwischen dem englischen und dem deutschen Recht zum Ausdruck, der in Sanierungssituationen hilfreich sein kann. **Das englische Recht erkennt eher als das deutsche formelle Rechtspositionen an** und unterwirft sie in Anerkennung der gesetzlichen bzw. privatautonomen Entscheidung nur sehr zurückhaltend einer Umqualifizierung.[29] Das englische Recht hat daher dogmatische Strukturen wie die im deutschen Recht bekannten eigenkapitalersetzenden Darlehen

---

[20] In dieselbe Richtung *Westpfahl/Goetker/Wilkens* Grenzüberschreitende Insolvenzen S. 305.

[21] Gesetz vom 7. Dezember 2011, BGBl. 2011, Teil I, Nr. 64 vom 13. 12. 2011, S. 2582 ff., im Wesentlichen in Kraft getreten am 1. 3. 2012.

[22] Einen Überblick über die Reform geben *Hirte/Knof/Mock* DB 2011, 632 ff. (Teil 1), 693 ff. (Teil 2); *Steffek* in *Allmendinger/Dorn/Lang/Lumpp/Steffek* Corporate Governance nach der Finanz- und Wirtschaftskrise S. 301 ff.; *Willemsen/Rechel* BB 2012, 203 ff.

[23] *Steffek* Gläubigerschutz in der Kapitalgesellschaft Kapitel 8.

[24] Zur umstrittenen Frage der Insolvenzantragspflicht bei deutschem Gesellschafts-, aber englischem Insolvenzstatut AG Köln NZI 2005, 564; *Leithaus/Riewe* NZI 2008, 598, 600 f.; *Wagner* ZIP 2006, 1934, 1935 ff.; zur internationalen Verweisung bei Antragstellung zum international unzuständigen Gericht AG Hamburg NZI 2006, 486, 487 (m. krit. Anm. *Mankowski*).

[25] Näher § 41 Rdnr. 1 ff.

[26] Dazu unten § 41 Rdnr. 25 ff.

[27] Siehe eingehend *Steffek* Gläubigerschutz in der Kapitalgesellschaft S. 788 f.; ferner *Weller* ZIP 2009, 2029, 2032.

[28] Dazu im Rahmen von Debt/Equity-Swaps unter § 40 Rdnr. 30.

[29] Die Anerkenntnis formeller Rechtspositionen lässt sich zurückverfolgen zum bekannten Urteil *Salomon v Salomon & Co Ltd* [1897] AC 27, das hinsichtlich der kapitalgesellschaftsrechtlichen Haftungsbeschränkung einen formalistischen Ansatz aufweist und die Behandlung eines Gesellschafterdarlehens gleich einem Drittgläubigerdarlehen zementierte.

oder gesellschaftlichen Treupflichten grundsätzlich nicht oder allenfalls rudimentär ausgebildet.[30] Eine Migration vom deutschen in das englische Insolvenzrecht führt daher häufig zu einer Neuordnung der Gläubigerrangklassen, darunter insbesondere zur relativen Bevorzugung der Gesellschafterdarlehen mangels einer § 39 Abs. 1 Nr. 5 InsO vergleichbaren englischen Norm.[31]

Vor diesem Hintergrund erleichtert das englische Gesellschafts- und Insolvenzrecht einige Transaktionstypen, die bei Sanierungen häufig zum Einsatz kommen. Dazu gehört der **Debt/Equity-Swap**.[32] Hier ermöglicht das englische Recht ein leichteres Hinausdrängen der Altgesellschafter und verringert so sanierungshemmende Blockaden.[33] Das gilt auch für die Rechtslage nach Inkrafttreten des ESUG. Dieses ermöglicht zwar den Debt/Equity-Swap im Rahmen eines Insolvenzplans.[34] Das englische Recht verhindert sanierungshemmende Blockaden von Altgesellschaftern jedoch nicht nur stärker im Insolvenzverfahren sondern auch in Verfahren, die eine stärkere Sanierungsorientierung aufweisen als das deutsche Insolvenzverfahren.[35] Eine weitere Erleichterung ergibt sich daraus, dass dissentierende Altgläubiger in verschiedenen Verfahren mit Mehrheitsentscheidungen in einen Debt/Equity-Swap eingebunden werden können.[36] Dies ist ein möglicher Vorteil des englischen Rechts, der nicht nur im Rahmen eines Debt/Equity-Swap für eine Sanierung entscheidend sein kann.

Das englische Insolvenzrecht erlaubt außerdem die **Einbindung von Gläubigerminderheiten gegen ihren Willen** in einer Vielzahl von Verfahrenskonstellationen. Minderheiten können insbesondere durch ein company voluntary arrangement (CVA)[37] oder ein scheme of arrangement gem. ss. 895 ff. CA 2006[38] durch Gläubigermehrheiten dazu gezwungen werden, einen Beitrag zur Sanierung zu leisten. Aber auch eine administration[39] kann diesen Effekt haben, nämlich wenn der Verwalter aus eigener Kompetenz Verwertungsentscheidungen gegen den Willen und unter bestimmten Umständen sogar ohne Information der Gläubigerminderheit trifft.[40] Insbesondere außergerichtliche Sanierungen scheitern nach deutschem Recht – mit Blick auf die Akkordstörerentscheidung des BGH aus dem Jahr 1991[41] – häufig an der mangelnden Zustimmung von Gläubigerminderheiten.

Sanierungsfördernd kann sich der Umstand auswirken, dass im englischen Insolvenzrecht die **Vorbefasstheit des Insolvenzverwalters** seiner Bestellung zum Verwalter eines Sanierungs- oder Insolvenzverfahrens nicht entgegensteht.[42] Insbesondere bei sog. **pre-packs**[43] ist es deshalb möglich, den Verwalter bereits vor seiner Bestellung in die Restruk-

---

[30] Freilich gibt es Ansätze zur Lösung der damit verbundenen funktionalen Probleme; vgl. etwa s. 215(4) IA 1986 und s. 994 CA 2006.
[31] *Goetker/Brünkmans* Status Recht 2008, 410, 411; zur insolvenzrechtlichen Qualifizierung der Eigenkapitalersatzregeln BGH NZI 2011, 818 ff.; AG Hamburg NJW-RR 2009, 483; jeweils m.w.N. zur a. A. und Diskussion.
[32] Ausführlich zum Debt/Equity-Swap nach englischem Recht § 40.
[33] Näher unter § 40 Rdnr. 16 ff.; weiterhin *Eidenmüller* Finanzkrise, Wirtschaftskrise und das deutsche Insolvenzrecht, S. 36; *Vallender* NZI 2007, 129, 136 f.; *Scheunemann/Hoffmann* DB 2009, 983; siehe aber BGH NJW 2010, 65 zum Ausschluss sanierungsunwilliger Gesellschafter einer GmbH & Co. OHG.
[34] *K. Schmidt* BB 2011, 1603, 1608 ff.; *Steffek* in *Allmendinger/Dorn/Lang/Lumpp/Steffek* Corporate Governance nach der Finanz- und Wirtschaftskrise S. 301, 315 ff.
[35] Näher § 40 Rdnr. 19.
[36] Näher § 40 Rdnr. 26.
[37] Ausführlich unter § 39 Rdnr. 1 ff.
[38] Näher unter § 39 Rdnr. 31 ff.
[39] Dazu § 38 Rdnr. 58 ff.
[40] Dazu im Rahmen von pre-packs § 38 Rdnr. 100.
[41] BGHZ 116, 319 ff. = NJW 1992, 967 ff.
[42] Näher unter § 38 Rdnr. 100; außerdem *Ringe* in *Ringe/Gullifer/Théry* Current Issues in European Financial and Insolvency Law S. 71, 89.
[43] Eingehend unten § 38 Rdnr. 97 ff.

turierungs- und Verkaufsverhandlungen einzubinden. Das ermöglicht dem Verwalter, bereits am Tag seiner Bestellung oder nur kurze Zeit später die vor Verfahrenseröffnung abgestimmten Verhandlungsergebnisse umzusetzen. Dadurch werden die unmittelbaren und mittelbaren Kosten einer Insolvenz minimiert. Im deutschen Insolvenzrecht wurde das Ausschlusskriterium der Vorbefasstheit[44] durch das ESUG zwar etwas gelockert.[45] Der reformierte § 56 Abs. 1 InsO, der gem. § 21 Abs. 2 S. 1 Nr. 1 InsO auch auf die Bestellung eines vorläufigen Insolvenzverwalters Anwendung findet, zieht die Grenzen der Vorbefasstheit jedoch viel enger als das englische Recht. Allerdings ist zu bedenken, dass das liberale englische Recht durch den Verzicht auf das Verbot der Vorbefasstheit für manche Gläubigergruppen erhebliche Gefährdungslagen schafft.

13 Sachlich eng mit diesem Problemkreis verbunden ist die Einflussnahme der Gläubiger auf die Auswahl des Verwalters. Auch hier unterscheidet sich die Rechtslage in England und Deutschland erheblich. Das **englische Insolvenzrecht gestattet die Auswahl des Verwalters durch die Gläubiger** und sogar durch einzelne Großgläubiger. Gem. pp. 14 ff. Sch B1 IA 1986 kann der Inhaber einer qualifying floating charge, das sind in der Praxis vorwiegend Kreditinstitute, ohne Beteiligung des Gerichts den Verwalter einer administration bestellen.[46] Ein weiteres Beispiel ist das company voluntary arrangement (CVA), ein formelles Sanierungsverfahren, dessen Verwalter ebenfalls von Anfang an von den Gläubigern bzw. der Gesellschaft ausgewählt wird.[47] In Deutschland ist eine gesetzlich verbürgte Einflussnahme der Gläubiger auf die Person des vorläufigen Verwalters, welcher die entscheidenden Weichen stellt, zwar durch das ESUG in § 56a InsO neu geschaffen worden. Die Möglichkeiten der Einflussnahme von Gläubigern auf die Verwalterauswahl sind in Deutschland jedoch weiterhin deutlich geringer als in England.

14 Schließlich bietet das englische Recht **formelle Sanierungsverfahren** an, die **nicht mit dem Makel des Insolvenzverfahrens behaftet** sind. Namentlich genannt seien das company voluntary arrangement und das scheme of arrangement. Die Fallstudien zur Sanierung der Schefenacker Gruppe und der Rodenstock GmbH zeigen, dass diese Gestaltungsoptionen praktisch relevant sind. Bei der Sanierung der Schefenacker Gruppe verzichtete man bewusst auf die flankierende Eröffnung eines Insolvenzverfahrens in Form der administration wegen der damit einhergehenden negativen Publizitätswirkungen.[48] Der Fall Schefenacker offenbart noch einen weiteren Vorteil des company voluntary arrangement (CVA). Dessen Bindungswirkung konnte nicht nur für Europa, sondern auch für die USA mittels des dort geltenden Chapter 15-Verfahrens sichergestellt werden.[49] Vor diesem Hintergrund eröffnet sich die Option, eine Sanierungsmigration nach England bei Konzernen derart zu gestalten, dass Konzerngesellschaften aus anderen Rechtsordnungen in die englische Rechtsordnung migrieren, um so die **Anwendbarkeit einer Rechtsordnung für den Gesamtkonzern** zu erreichen.[50] Freilich muss dabei nicht zwingend auf ein CVA zurückgegriffen werden, sondern auch die anderen englischen Verfahrensarten sind grundsätzlich eröffnet.

15 Hinzu kommt, dass das englische Recht **Sanierungsplanverfahren** wie etwa das company voluntary arrangement (CVA) anbietet, bei denen die im Wesentlichen nur **ex post**

---

[44] OLG Celle NZI 2008, 551 f., 553.
[45] Dazu *Steffek* in *Allmendinger/Dorn/Lang/Lumpp/Steffek* Corporate Governance nach der Finanz- und Wirtschaftskrise S. 301, 307 ff.; zur Diskussion *Paulus* NZI 2008, 705, 706 f.; *ders.* ZIP 2005, 2301, 2302; *Westpfahl/Janjuah* Beilage zu ZIP 2008/3, S. 8 ff.; *Bork* ZIP 2006, 58 f.
[46] Dazu näher unter § 38 Rdnr. 59, 62, 71.
[47] Eingehend unter § 39 Rdnr. 10, 24; *Paulus* ZIP 2005, 2301.
[48] Siehe § 42 Rdnr. 9.
[49] Näher § 42 Rdnr. 16.
[50] So geschehen im Zuzugsfall der PIN Gruppe nach Deutschland (dazu AG Köln NZI 2008, 257 ff.; *Goetker/Brünkmans* Status Recht 2008, 410) und der Nortel Gruppe für die europäischen Konzerngesellschaften nach England (dazu *Re Nortel Networks SA* [2009] BCC 343 = NZI 2009, 450 (m. Anm. *Mankowski*); *Mock* ZInsO 2009, 895, 896 ff.).

vorgesehene **Kontrolle durch Gerichte zeitliche Verzögerungen vermeidet**.[51] Die dadurch gestärkte Gläubigerautonomie erleichtert die zügige Durchführung der Verfahren im Unterschied zum deutschen Recht, nach dem die Gerichte das Insolvenzplanverfahren vergleichsweise stärker steuern.[52] So greifen die Wirkungen eines CVA nach erfolgreicher Abstimmung unmittelbar,[53] während das deutsche Recht gem. § 248 InsO die gerichtliche Bestätigung des Insolvenzplans verlangt und weitere zeitliche Verzögerungen durch Rechtsmittel gem. §§ 253, 254 Abs. 1 InsO zulässt. Das ESUG hat ungerechtfertigte Wirksamkeitsverschleppungen von Insolvenzplänen zwar eingeschränkt, ist im Grundansatz aber nicht zu einer Kontrolle ex post übergegangen.[54]

Weitere Vorteile einer Sanierungsmigration nach England können sich aus sog. **soft factors** ergeben, die in ihrer Bedeutung nicht gering zu schätzen sind: die **Vertrautheit von Investoren mit dem englischen Recht**, die **Gängigkeit der englischen Sprache**, die leichte **Verfügbarkeit von Rechtsrat** zum englischen Recht, die **pragmatisch-liberale Reputation** des englischen Wirtschaftsrechts und die **geographische Nähe Englands**. **16**

3. Mögliche Nachteile

In den Abwägungsprozess sind jedoch auch mögliche Nachteile einer Migration in das englische Gesellschafts- bzw. Insolvenzrecht einzustellen. Wenngleich unter den aufgeführten Vorteilen auch solche sind, welche die unmittelbaren und mittelbaren Insolvenzkosten verringern, ist die Migration als solche mit **Kosten für Beratung, Struktur- und Organisationsveränderungen** verbunden. Angesichts mittlerweile vorhandener Erfahrungen der Berater und Gerichte mit Sanierungsmigrationen sind zwar nicht mehr die hohen Kosten der Pioniertage zu erwarten. Dennoch können erhebliche Kosten anfallen, weil die Sanierungsmigration kein Massengeschäft ist und die konkreten Umstände des Einzelfalls zu berücksichtigen sind. Unter Umständen kann der erforderliche **zeitliche und organisatorische Vorlauf** einer Sanierungsmigration als Nachteil empfunden werden, insbesondere wenn die Liquiditätslage sehr angespannt ist. Hinzu können administrative Effizienzverluste aufgrund der Verlegung des effektiven Verwaltungssitzes kommen. **17**

Nachteile können auch durch die **steuerrechtlichen Auswirkungen** einer Sanierungsmigration entstehen. Das gilt besonders dann, wenn sie die Liquiditätslage und die Überschuldungsbilanz beeinträchtigen und so den Sanierungserfolg an sich bedrohen. Die Migration einer Gesellschaft zu Sanierungszwecken führt zu seiner Verlegung des tatsächlichen Verwaltungssitzes i.S.v. § 1 KStG, was wegen des damit verbundenen Wegfalls des Besteuerungsrechts der Bundesrepublik Deutschland gem. § 12 KStG als fiktive Veräußerung bzw. Überlassung unter Besteuerung der stillen Reserven führt.[55] Bei einer EU-internen Migration eröffnet § 12 Abs. 1 KStG i.V.m. § 4g EStG jedoch auf Antrag eine Streckung der Steuerlast über fünf Jahre.[56] In die steuerliche Gesamtbetrachtung sind allerdings auch erzielbare Steuervorteile durch die Sanierungsmigration einzubeziehen. Die relative Sanierungsfeindlichkeit[57] des deutschen Steuerrechts wurde durch die Statuierung **18**

---

[51] Dazu unten § 39 Rdnr. 25 ff.
[52] Zutreffend *Windsor/Müller-Seils/Burg* NZI 2007, 7, 11; die schwächere gerichtliche Kontrolle ex ante führt allerdings zu einem schwächeren Individualschutz.
[53] Dazu unten § 39 Rdnr. 14.
[54] Siehe aber den neuen § 254 Abs. 4 InsO.
[55] Gosch/*Lambrecht* KStG § 12 Rdnr. 35; *Westpfahl/Goetker/Wilkens* Grenzüberschreitende Insolvenzen S. 315; allgemein zu steuerlichen Fragen der Verlegung der Geschäftsleitung in das Ausland *Gebert/Fingerhut* IStR 2009, 445.
[56] *Westpfahl/Goetker/Wilkens* Grenzüberschreitende Insolvenzen S. 315 f. m.w.N.; zur Frage der Vereinbarkeit von § 4g EStG mit dem Europarecht *Linn* IStR 2011, 817, 820; zur Unverhältnismäßigkeit der sofortigen Fälligkeit der Wegzugsbesteuerung EuGH DStR 2011, 2334 *(National Grid)*.
[57] Dazu *Westpfahl/Goetker/Wilkens* Grenzüberschreitende Insolvenzen S. 313; *Mückl* GWR 2010, 262 ff.

einer zeitlich befristeten Sanierungsklausel in § 8c Abs. 1a KStG[58] betreffend Verlustabzüge vorübergehend gemildert, durch das Beitreibungsrichtlinie-Umsetzungsgesetz[59] wegen eines Beschlusses der Europäischen Kommission[60] jedoch wieder eingeschränkt.[61]

19 Zu einer Belastung der Restrukturierung können **rechtliche Unsicherheiten** beitragen. Zwar liegen bereits einige Erfahrungen mit Sanierungsmigrationen vor[62] und die Rechtsprechung hat deren Voraussetzungen auf nationaler[63] und internationaler Ebene[64] weiter geklärt. Dennoch handelt es sich um noch nicht durchweg erschlossenes rechtliches Neuland, was zu Verunsicherungen der Beteiligten samt Transaktionskosten beitragen kann. Mit der Migration nicht einverstandene Beteiligte könnten daher versuchen, die Sanierungsmigration mit der Stellung eines Antrags auf Verfahrenseröffnung im Wegzugsstaat zu erschweren. Überhaupt stellen mögliche **Sekundärinsolvenzverfahren** eine Gefahr für die Sanierung nach englischem Recht dar,[65] da der Insolvenzbeschlag der einem etwaigen deutschen Sekundärinsolvenzverfahren unterliegenden Vermögensbestandteile dazu zwingt, ergänzend die Sanierung nach deutschem Recht zu betreiben.[66]

20 Einen **Missbrauchsvorwurf** (fraus legibus) wegen der gezielten Herbeiführung der Anwendbarkeit eines ausländischen Gesellschafts- bzw. Insolvenzstatuts brauchen die Beteiligten bei Sanierungsversuchen **jedenfalls dann nicht** zu fürchten, wenn Zweck die **Maximierung des Werts der Haftungsmasse im Interesse der Gläubigergesamtheit** ist.[67] Eine andere Beurteilung kann angezeigt sein, wenn die Migration auf die Benachteiligung der Gläubiger allgemein oder einer Gläubigergruppe im Besonderen zu Gunsten der schuldnerischen Gesellschaft oder einer anderen Gläubigergruppe zielt.[68]

21 Bei redlichen Sanierungsversuchen relevanter ist regelmäßig die Frage, ob nicht **Vorteile verloren gehen,** die unter der **deutschen Rechtsordnung** winken. Dabei ist zu denken an das Fortführungsgebot bis zum Gerichtstermin (§§ 22 Abs. 1 S. 2 Nr. 2, 158 InsO), das Insolvenzgeld sowie die Möglichkeit seiner Vorfinanzierung durch die Agentur für Arbeit (§§ 183 Abs. 1, 186 SGB III),[69] die durch das ESUG reformierte Eigenverwaltung

---

[58] Näher *Neumann/Stimpel* Konzern 2009, 409 ff.; *Ziegenhagen/Thewes* BB 2009, 2116 ff.

[59] Gesetz zur Umsetzung der Beitreibungsrichtlinie sowie zur Änderung steuerlicher Vorschriften (Beitreibungsrichtlinie-Umsetzungsgesetz – BeitrRLUmsG) vom 7. Dezember 2011, BGBl. 2011, Teil I, Nr. 64 vom 13. 12. 2011, S. 2592 ff.

[60] Beschluss der Kommission vom 26. 1. 2011 über die staatliche Beihilfe Deutschlands C 7/10 (ex CP 250/09 und NN 5/10) „KStG, Sanierungsklausel", ABl. L 235 vom 10. 9. 2011, 26.

[61] Zur Einschränkung siehe § 34 Abs. 7c KStG; außerdem *Hackemann/Momen* BB 2011, 2135; *Hackemann/Fiedler* BB 2011, 2972.

[62] Vgl. die Fallstudien in § 42.

[63] Siehe für Deutschland nur AG Köln NZI 2008, 257; AG Nürnberg NZI 2007, 185–186 und 186–187; für England nur *Hans Brochier Holdings Ltd v Exner* [2007] BCC 127.

[64] Siehe nur EuGH EuZW 2011, 912 *(Interedil)*; EuGH NZI 2006, 360 *(Eurofood)*.

[65] Vgl. Art. 29 lit. b) EuInsVO, § 14 InsO und den Fall *Brochier* § 42 Rdnr. 33 ff.

[66] Zu den praktisch begrenzten Handlungsoptionen bei (drohenden) Sekundärinsolvenzverfahren *Mock* ZInsO 2009, 895, 897 ff.; näher zum Umgang mit Sekundärinsolvenzverfahren unter Rdnr. 48 ff.

[67] *Eidenmüller* KTS 2009, 137, 145 ff. (betr. die Niederlassungsfreiheit gem. Art. 43, 48 EGV), 147 ff. (betr. die EuInsVO); *Weller* ZGR 2008, 835, 849 ff. (betr. die EuInsVO); ähnlich *Rotstegge* ZIP 2009, 955, 961; *Duursma-Kepplinger* ZIP 2007, 896, 900 f.; vgl. BGH v. 13. 12. 2007, IX ZB 238/06, referiert von *Webel* in EWiR 2008, 181–182; eine Anfechtung der COMI-Verlegung scheidet aus, zutreffend *Weller* ZGR 2008, 835, 851.

[68] *Eidenmüller* KTS 2009, 137, 146 (betr. die Niederlassungsfreiheit gem. Art. 43, 48 EGV), 150 ff. (betr. die EuInsVO).

[69] Beachte aber auch § 183 Abs. 1 S. 2 SGB III, wonach ein ausländisches Insolvenzereignis einen Anspruch auf Insolvenzgeld für im Inland beschäftigte Arbeitnehmer begründet; dazu *Hützen/Poertzgen* ZInsO 2010, 1719 ff.; zur Nichtanwendbarkeit von Art. 10 EuInsVO auf das Insolvenzgeld LAG Essen NZI 2011, 203, 205; zu Abweichungen vom deutschen Arbeitnehmerschutzrecht in der Insolvenz und Gestaltungsmöglichkeiten des Insolvenzverwalters *Wisskirchen/Bissels* BB 2009, 2142 ff.; zum englischen Recht vgl. ss. 182, 186 Employment Rights Act 1996.

(§§ 270 ff. InsO), das ebenfalls durch die Reform modernisierte Insolvenzplanverfahren (§§ 217 ff. InsO) und die gut erprobte übertragende Sanierung.[70]

III. Migrationsmodelle und -strukturen im Überblick

1. Insolvenz- und Gesellschaftsstatut

In Vorbereitung einer Sanierungsmigration ist zuerst die Frage zu beantworten, ob die Migration nur zu einem englischen Insolvenzstatut (näher unten Rdnr. 28 ff.) oder auch zu einem englischen Gesellschaftsstatut (näher unten Rdnr. 56 ff.) führen soll. Das **Insolvenzstatut** bestimmt das anwendbare Insolvenzrecht, insbesondere das Insolvenzverfahren und seine Wirkungen (vgl. Art. 4 Abs. 1 EuInsVO).[71] Das Insolvenzstatut erlangt aber auch schon vor Verfahrenseröffnung Bedeutung, insbesondere für die Insolvenzantragspflichten.[72] Im Anwendungsbereich der EuInsVO, der sich auch auf Deutschland und das Vereinigte Königreich erstreckt,[73] liegt das Insolvenzstatut in demjenigen Mitgliedstaat, in dem die Gesellschaft den Mittelpunkt ihrer hauptsächlichen Interessen hat (Art. 3 Abs. 1 EuInsVO). Außerhalb der Anwendbarkeit der EuInsVO gibt es zwei weitere Rechtsregime im englischen Recht zur Bewältigung internationaler Insolvenzen, nämlich zum einen s. 426 IA 1986 und das UNCITRAL Model Law on Cross Border Insolvency 1997, welches seine Wirkung durch die Cross-Border Insolvency Regulations 2006[74] erlangt hat.[75]

Das **Gesellschaftsstatut** bestimmt demgegenüber das anwendbare Gesellschaftsrecht, und zwar sowohl für das Innen- als auch für das Außenverhältnis (Einheitslehre[76]). Das Gesellschaftsstatut ist bei einem **Zuzug** in die englische Rechtsordnung nach der Gründungstheorie zu ermitteln.[77] Das bedeutet, dass das Gesellschaftsrecht desjenigen Mitgliedstaats Anwendung findet, nach dessen Recht die Gesellschaft gegründet ist. Verbleibt der Sat-

---

[70] Zu einem Vergleich von Debt/Equity-Swap und übertragender Sanierung *Paulus* DZWIR 2008, 6, 7 ff., 10 ff.; zu Grundlagen der übertragenden Sanierung *Schmerbach/Staufenbiel* ZInsO 2009, 458 ff.; zu den Auswirkungen der Finanzmarktkrise auf die übertragende Sanierung *Köchling* ZInsO 2009, 641 ff.; *Fröhlich/Sittel* ZInsO 2009, 858 ff.; zu Problemen bei rechtsträgerspezifischen Berechtigungen *Bitter/Laspeyres* ZIP 2010, 1157 ff.

[71] Zur Rechtsnatur von Art. 4 EuInsVO als Kollisionsnorm EuGH NZI 2009, 741, 743 (Tz. 37) – *German Graphics*.

[72] Zur Relevanz des Insolvenzstatuts für die Insolvenzantragspflichten *Westpfahl/Goetker/Wilkens* Grenzüberschreitende Insolvenzen S. 341; *Leithaus/Riewe* NZI 2008, 598, 599 f.

[73] Näher zum Anwendungsbereich aus englischer Sicht *Fletcher* bzw. *Marks* in *Moss/Fletcher/Isaacs* The EC Regulation on Insolvency Proceedings S. 41 ff.; beachtenswert ist insbesondere die Anwendbarkeit der EuInsVO auf das CVA (aaO, S. 43) einerseits und die Nichtanwendbarkeit auf das administrative receivership, internationale Insolvenzen mit COMI außerhalb der EU und schemes of arrangement gem. s. 895 CA 2006 andererseits (aaO, S. 42 f., 45, 215); zu den Voraussetzungen des grenzüberschreitenden Bezugs AG Hamburg NZI 2009, 343, 344 (Vorhandensein eines Gläubigers in einem anderen Mitgliedstaat genügt); zur Anwendbarkeit auf Gesellschaften mit Satzungssitz außerhalb und COMI innerhalb eines Mitgliedstaats High Court of Justice Leeds ZIP 2004, 1769 = Re *Ci4net.com Inc* [2005] BCC 277, 280.

[74] SI 2006/1030; in Kraft ab 4. 4. 2006.

[75] Dazu *Omar* (2006) 22 IL&P 132 ff. mit tabellarischer Darstellung der geographischen Anwendungsbereiche; siehe weiterhin *ders.* [2009] ICCLR 379 ff. und *Paterson/Elms/Fast* CRI 2008, 152, 153 zu neuerer Rechtsprechung; für einen Überblick zur Rechtslage in Deutschland jenseits der EuInsVO *Bork* Einführung in das Insolvenzrecht S. 244 ff.

[76] BGH DNotZ 2000, 782, 785; zur sachlichen Reichweite des Gesellschaftsstatuts *Leitzen* NZG 2009, 728 f.

[77] Zur Geltung der Gründungstheorie in England *Banque Internationale de Commerce de Petrograd v Goukassow* [1923] 2 KB 682, 691; vgl. ss. 1044 ff. CA 2006 (Overseas Companies); zur Behandlung des Zuzugs aus deutscher Sicht BGH NJW 2005, 1648; MünchKommAktG/*Heider* § 5 Rdnr. 23; allgemein zur Gründungstheorie *Eidenmüller* in: *Eidenmüller* Ausländische Kapitalgesellschaften § 1 Rdnr. 2 f.; Michalski/*Leible* GmbHG Syst. Darst. 2 Rdnr. 7 ff.; zur historischen Entwicklung der Gründungstheorie im englischen Recht *Großfeld* in FS Westermann S. 199, 200 ff. m. w. N.

zungssitz in Deutschland, verweist das englische Recht endgültig[78] auf das deutsche Gesellschaftsstatut zurück.[79] Für den **Wegzug** aus der deutschen Rechtsordnung ist die Rechtlage differenziert zu beurteilen (Verwaltungssitzverlegung, Herausumwandlung, Herausverschmelzung, Anwachsungslösung) und teilweise unklar.[80] Vor dem Hintergrund der Liberalisierung des Sitzrechts deutscher Kapitalgesellschaften durch das MoMiG per Aufhebung der Wegzugsbeschränkungen in § 4a Abs. 2 GmbHG a. F. und § 5 Abs. 2 AktG a. F. sprechen die besseren Gründe für die Zulässigkeit einer Verlegung des Verwaltungssitzes nach England unter Verbleib des Satzungssitzes in Deutschland.[81] Die gegenwärtig bestehenden rechtlichen Unsicherheiten lassen sich jedoch durch Gestaltungslösungen (Verschmelzung, Anwachsung) weitgehend vermeiden.[82] Eine Klärung durch die noch ausstehende Verabschiedung der europäischen Sitzverlegungsrichtlinie[83] und des deutschen Gesetzes zum Internationalen Privatrecht der Gesellschaften, Vereine und juristischen Personen[84] ist allerdings weiterhin wünschenswert.

2. Migrationsmodelle

24 **a) Identitätsauflösende Migration.** Sanierungsmigrationen können weiterhin danach unterschieden werden, ob es sich um eine identitätsauflösende oder eine identitätswahrende Migration handelt. Bei der **identitätsauflösenden Migration** werden die das Unternehmen ausmachenden Vermögensgegenstände (Aktiva und Passiva) auf einen neuen Unternehmensträger, namentlich eine Limited oder plc mit Satzungssitz in England, übertragen. Das kann entweder im Wege der Universal- oder der Singularsukzession geschehen.

25 In der Praxis dominiert die **Universalsukzession**. Rechtstechnisch kommen dafür drei Wege unterschiedlicher Eignung in Betracht (ausführlicher unten Rdnr. 58 ff.):[85] (1) ein grenzüberschreitender Formwechsel gem. §§ 190 ff. UmwG; (2) eine grenzüberschreitende Verschmelzung gem. §§ 122a–122l UmwG auf eine englische Gesellschaft oder (3) die Umwandlung in eine GmbH & Co. KG unter Beteiligung der späteren englischen Gesellschaft als Komplementärin, gefolgt von einer Universalsukzession im Wege der Anwachsung gem. §§ 161 Abs. 2, 105 Abs. 3 HGB, § 738 Abs. 1 S. 1 BGB (englisch: collapse merger) durch Austritt[86] aller Gesellschafter außer der englischen Komplementärin.

26 Weniger gebräuchlich ist die identitätsauflösende Migration im Wege der **Singularsukzession**. Dabei werden die das Unternehmen ausmachenden Vermögensgegenstände (Aktiva und Passiva) im Wege der Einzelrechtsnachfolge auf den neuen Unternehmensträger, etwa eine Limited mit Satzungssitz in England, übertragen. Der ursprüngliche Unternehmensträger wird anschließend liquidiert und aus dem Register gelöscht. Die gesonderte Übertragung der Aktiva wäre jedoch gerade in der Krisensituation wenig praktikabel, wäh-

---

[78] Art. 4 Abs. 1 S. 2 EGBGB.
[79] *Beisel* in *Beisel/Klumpp* Der Unternehmenskauf Rdnr. 82.
[80] Vgl. EuGH NJW 2009, 569 *(Cartesio)*; BGH BGHZ 178, 192 = NJW 2009, 289 *(Trabrennbahn)*; für einen kritischen Überblick *Hennrichs/Pöschke/von der Laage/Klavina* WM 2009, 2009 ff.; *Leitzen* NZG 2009, 728 ff.; *Wöhlert* GWR 2009, 161; näher unten Rdnr. 58 ff.
[81] So auch die Gesetzesbegründung zum RegE MoMiG v. 25. 7. 2007, BT-Drs. 16/6140, S. 29; ebenso *Wöhlert* GWR 2009, 161.
[82] Dazu unter Rdnr. 59 f.
[83] Die Arbeiten an der Richtlinie sind ad calendas graecas verschoben; vgl. Commission Staff Working Document: Impact Assessment on the Directive on the Cross-Border Transfer of Registered Office v. 12. 12. 2007, SEC(2007) 1707.
[84] Aktuell liegt nur ein – anscheinend nicht weiter verfolgter – Referentenentwurf des BMJ von Anfang 2008 vor; dazu *Rotheimer*, Referentenentwurf zum Internationalen Gesellschaftsrecht, NZG 2008, 181–182.
[85] *Westpfahl/Goetker/Wilkens* Grenzüberschreitende Insolvenzen S. 330; *Vallender* NZI 2007, 129, 130 f.
[86] Alternativ durch Übertragung der Anteile der GmbH und des/der Kommanditisten auf die englische Gesellschaft.

rend die Übertragung der Verbindlichkeiten – abgesehen von §§ 613a BGB, 25 HGB – der Zustimmung jedes einzelnen Gläubigers bedürften.[87]

b) Identitätswahrende Migration. Bei der **identitätswahrenden Migration** bleibt 27 der bisherige Unternehmensträger erhalten. Ziel ist mithin die Sanierung der Gesellschaft (im Unterschied zum Unternehmen). Die identitätswahrende Migration ist nur im Wege der Verlegung des tatsächlichen Verwaltungssitzes nach England unter Verbleib des Satzungssitzes in Deutschland möglich. Die zusätzliche oder alleinige Verlegung des Satzungssitzes nach England scheidet wegen § 4a GmbHG und § 5 AktG aus („Ort im Inland"). Danach muss der Satzungssitz zwingend in der Bundesrepublik Deutschland liegen.[88] Da bei der identitätswahrenden Migration das Gesellschaftsstatut also in der deutschen Wegzugsrechtsordnung bleibt und nur das Insolvenzstatut in die englische Zuzugsrechtsordnung verlegt wird,[89] können dabei die Vorteile des englischen Gesellschaftsrechts[90] nicht genutzt werden. In der Praxis wird daher meist die Umwandlung in eine englische Gesellschaftsform bevorzugt.[91]

IV. Insolvenzrechtliche Aspekte

1. Grundlagen

Auf der Ebene des Insolvenzrechts steht bei der Sanierungsmigration die Verlegung des 28 Mittelpunkts der hauptsächlichen Interessen der Gesellschaft i.S.v. Art. 3 Abs. 1 EuInsVO von Deutschland nach England im Vordergrund. Der **Mittelpunkt der hauptsächlichen Interessen** – englisch **centre of main interests (COMI)** – ist gem. Art. 3 Abs. 1 EuInsVO maßgebliches Tatbestandsmerkmal für die internationale Zuständigkeit der Insolvenzgerichte der europäischen Mitgliedstaaten.[92] Gem. Art. 4 Abs. 1 EuInsVO gilt für das Insolvenzverfahren und seine Wirkungen grundsätzlich das Insolvenzrecht des Mitgliedstaats, in dem das Verfahren eröffnet wird. Zur Erreichung eines englischen Insolvenzstatuts als Grundlage der Restrukturierung gilt es also, den COMI nach England zu verlegen.

Die **bloße Verlegung des Satzungssitzes nach England genügt nicht für einen** 29 **englischen COMI**.[93] Zwar wird gem. Art. 3 Abs. 1 S. 2 EuInsVO bei Gesellschaften und juristischen Personen bis zum Beweis des Gegenteils vermutet, dass der Mittelpunkt ihrer hauptsächlichen Interessen der Ort des satzungsmäßigen Sitzes ist. Am Beispiel der fehlgeschlagenen Migration im Fall Brochier wurde jedoch deutlich, dass im Rahmen englischer Insolvenzverfahren zum einen sorgfältige und wahrheitsgemäße Angaben zum COMI zu machen sind, falls dieser vom Satzungssitz abweicht, und zum anderen das englische Insolvenzstatut keinen sicheren Bestand hat, wenn es fehlerhaft unter Hinweis auf den vom COMI abweichenden Satzungssitz begründet wurde.[94]

2. Bestimmung und Auswirkung des Insolvenzstatuts

a) EuGH-Entscheidungen *Eurofood* und *Interedil*. Entscheidend ist mithin, welche 30 **Schritte für die Verlegung des COMI von Deutschland nach England** unternommen werden müssen. Die trennscharfe und rechtssichere Auslegung des COMI bereitete

---

[87] *Westpfahl/Goetker/Wilkens* Grenzüberschreitende Insolvenzen S. 330; *Hirte* ZInsO 2004, 353.
[88] MünchKommGmbHG/*J. Mayer* § 4a Rdnr. 10 (für die GmbH); *Hüffer* AktG § 5 Rdnr. 13 (für die AG).
[89] *Westpfahl/Goetker/Wilkens* Grenzüberschreitende Insolvenzen S. 273 f., 340 ff.
[90] Dazu oben Rdnr. 7 ff.
[91] So in den Sanierungsfällen Schefenacker und Deutsche Nickel; vgl. aber auch AG Köln NZI 2008, 257 zur Migration der Holding der PIN Gruppe nach Deutschland, bei der der Satzungssitz in Luxemburg verblieb.
[92] Zur Zuständigkeit bei Insolvenzanfechtungsklagen gegen Anfechtungsgegner mit Sitz im Ausland EuGH NJW 2009, 2189 *(Deko Marty)*; BGH NJW 2009, 2215; *Stoecker/Zschaler* NZI 2010, 757; keine Anwendung findet die EuInsVO in Dänemark (siehe Erwägungsgrund 33 EuInsVO).
[93] Ebenso *Schwemmer* NZI 2009, 355.
[94] Dazu unter Darstellung der Normzusammenhänge unter § 42 Rdnr. 34 ff.

anfangs noch Schwierigkeiten, hat mittlerweile aber ein handhabbares Niveau erreicht. Hintergrund des Auslegungsbedürfnisses ist, dass die EuInsVO keine Legaldefinition bereithält. Einen gewissen Anhaltspunkt bietet immerhin Erwägungsgrund 13 der EuInsVO, wonach als Mittelpunkt der hauptsächlichen Interessen der Ort gelten sollte, an dem der Schuldner gewöhnlich der Verwaltung seiner Interessen nachgeht, und damit für Dritte feststellbar ist.

31   Die Leitentscheidungen *Eurofood*[95] und *Interedil*[96] des EuGH sowie Entscheidungen nationaler Gerichte haben den Voraussetzungen des COMI mittlerweile verlässliche Konturen gegeben.[97] Danach steht fest, dass der unmittelbar für Art. 3 Abs. 1 EuInsVO und mittelbar für Art. 4 Abs. 1 EuInsVO relevante Anknüpfungstatbestand des COMI **verordnungsautonom** auszulegen ist.[98] Damit gilt im Anwendungsbereich der EuInsVO ein einheitliches Verständnis des COMI; nationale Rechtsvorschriften sind nicht zur Auslegung des Merkmals heranzuziehen.[99] Der COMI ist auch in Konzernsachverhalten **für jede Gesellschaft getrennt** zu bestimmen.[100] Dasselbe gilt für die Erstreckung eines bereits eröffneten Insolvenzverfahrens auf eine zweite Gesellschaft in einem anderen Mitgliedstaat, etwa wegen Vermögensvermischung.[100a]

32   Ausgangspunkt der Rechtsanwendung ist die an den **Satzungssitz** geknüpfte **Vermutung** gem. Art. 3 Abs. 1 S. 2 EuInsVO. Befinden sich die Verwaltungs- und Kontrollorgane einer Gesellschaft am Ort ihres satzungsmäßigen Sitzes und werden die Verwaltungsentscheidungen der Gesellschaft für Dritte feststellbar an diesem Ort getroffen, kommt eine Widerlegung der Vermutung nach der *Interedil*-Entscheidung nicht mehr in Frage.[101] Befindet sich der Ort der Hauptverwaltung einer Gesellschaft aus der Sicht von Dritten hingegen nicht am Ort des satzungsmäßigen Sitzes, kann die Vermutung widerlegt werden.[102] Die Vermutung ist entkräftet, wenn objektive und für Dritte feststellbare Elemente belegen, dass in Wirklichkeit die Lage nicht derjenigen entspricht, die die Verortung der hauptsächlichen Interessen an dem satzungsmäßigen Sitz widerspiegeln soll.[103] Entscheidend ist mithin die **tatsächliche Belegenheit** des COMI, nicht der Satzungssitz.[104]

Das Arrondissementsgericht Amsterdam hat für die Widerlegung der Vermutung verlangt, dass die Aktivitäten in dem anderen Mitgliedstaat diejenigen in dem Sitzstaat umfangmäßig ganz erheblich übersteigen.[105] Der EuGH hat den Abwägungsvorgang in der *Interedil*-Entscheidung offener beschrieben, nämlich als **Gesamtbetrachtung unter Berücksichtigung der Umstände des Einzelfalls**.[106] Auf dieser Linie liegt das englische Leiturteil des Court of Appeal in der Sache *Stanford International Bank*. Danach bemisst sich die Widerlegung der Vermutung danach, ob die hauptsächlichen Interessen unter Berücksichtigung qualitativer und quantitativer Elemente überwiegend nicht im Mitgliedstaat des Satzungssitzes, sondern in einem anderen Mitgliedstaat liegen.[107]

---

[95] NZI 2006, 360 *(Eurofood)*.
[96] EuZW 2011, 912 *(Interedil)*.
[97] Für einen Überblick zur Rechtslage vor *Eurofood* MünchKommInsO/*Reinhart* EuInsVO Art. 3 Rdnr. 7 ff.
[98] EuGH NZI 2006, 360, 361 (Tz. 31); EuGH EuZW 2011, 912, 914 (Tz. 43 f.); EuGH NZI 2012, 147, 149 (Tz. 31); AG Hamburg NZI 2006, 120, 121.
[99] *Weller* ZGR 2008, 835, 854.
[100] EuGH NZI 2006, 360, 361 (Tz. 30); *Moss/Smith* in *Moss/Fletcher/Isaacs* The EC Regulation on Insolvency Proceedings S. 258.
[100a] EuGH NZI 2012, 147, 149 (Tz. 27 ff.) – *Rastelli*.
[101] EuGH EuZW 2011, 912, 915 (Tz. 50).
[102] EuGH EuZW 2011, 912, 915 (Tz. 51).
[103] EuGH NZI 2006, 360, 361 (Tz. 34); EuGH EuZW 2011, 912, 915 (Tz. 51).
[104] Vgl. High Court of Justice Leeds NZI 2005, 467 *(MG Rover)*.
[105] Arrondissementsgericht Amsterdam ZIP 2007, 492 = *BenQ Mobile Holding BV* [2008] BCC 489; dazu *Paulus* EWiR 2007, 143 f.; für eine instruktive Fallstudie zum BenQ-Fall siehe *Kolmann* in *Wachter* Festschrift Spiegelberger S. 796 ff.
[106] EuGH EuZW 2011, 912, 915 (Tz. 52).
[107] *Re Stanford International Bank Ltd* [2011] BCC 211, 257 f. (CA).

Die **Beweislast** für die Widerlegung der Vermutung wird von der englischen Rechtsprechung demjenigen zugewiesen, der die Vermutung widerlegen will.[108] Der aus der deutschen Rechtsordnung bekannte Amtsermittlungsgrundsatz[109] gilt bei Verfahrenseröffnung in England also grundsätzlich nicht.[110] Das Tatbestandsmerkmal des COMI ist zwar verordnungsautonom auszulegen; bei der Feststellung des COMI wenden die Gerichte jedoch das nationale Verfahrensrecht an.[110a] Gelingt der Nachweis, dass der COMI in einem anderen Mitgliedstaat als der Satzungssitz liegt, jedoch nicht, bleibt es bei der Vermutung gem. Art. 3 Abs. 1 S. 2 EuInsVO.[111]

Mit der Entscheidung für **objektive** und **für Dritte feststellbare Kriterien** erteilte der EuGH schon in der *Eurofood*-Entscheidung dem bis dahin teilweise vertretenen mind of management-Ansatz eine Absage.[112] In der *Interedil*-Entscheidung hat der EuGH die Maßgeblichkeit objektiver und zugleich für Dritte feststellbarer Kriterien erneut im Interesse der Rechtssicherheit und Vorhersehbarkeit betont.[113] Folglich ist kein tauglicher Maßstab, an welchem Ort nach der unternehmensinternen Perspektive die Kontrolle über die wesentlichen wirtschaftlichen Entscheidungen (Personal, Finanzen, Strategie, Rechnungslegung, Einkauf, Marketing) ausgeübt wird.[114] Aus den Entscheidungen *Eurofood* und *Interedil* ergibt sich außerdem die Tendenz, nicht auf den Ort der Geschäftstätigkeit abzustellen (business activity-Ansatz).[115] Denn nach der Logik beider Entscheidungen ist es möglich, dass der COMI in einem anderen Mitgliedstaat liegt als in demjenigen, in dem die Gesellschaft ihrer werbenden Tätigkeit nachgeht.[116]

Die Entscheidungen *Eurofood* und *Interedil* gehen vielmehr dahin, den **effektiven Verwaltungssitz**[117] zum maßgeblichen Element zu erklären, d. h. den Ort, an dem die wesentlichen Geschäftsleitungsmaßnahmen durchgeführt werden.[118] Besonders deutlich wird

---

[108] High Court of Justice London ZIP 2009, 1776, 1777 = *Re Stanford International Bank Ltd* [2009] EWHC 1441 (Ch); *Moss/Smith* in *Moss/Fletcher/Isaacs* The EC Regulation on Insolvency Proceedings S. 254; vgl. *Duursma-Kepplinger* ZIP 2007, 896, 899.

[109] BGH NJW 2012, 936 f.; *Paulus* EuInsVO Art. 3 Rdnr. 17; *Klöhn* NZI 2006, 383 f.; ausführlich zum Meinungsbild *Adam* Zuständigkeitsfragen bei der Insolvenz internationaler Unternehmensverbindungen S. 49 ff.; *Deyda* Der Konzern im europäischen internationalen Insolvenzrecht S. 48 ff.

[110] *Bachner* ECFR 2006, 310, 322 f.; *Menjucq* ECFR 2008, 135, 139 f.; vgl. *Re Stanford International Bank Ltd* [2011] BCC 211, 257 (CA).

[110a] BGH NJW 2012, 936 f.

[111] *MünchKommInsO/Reinhart* EuInsVO Art. 3 Rdnr. 5.

[112] Zum mind of management-Ansatz vgl. High Court of Justice Leeds NZI 2004, 219, 221 f. (in deutscher Übersetzung) = *Re Daisytek-ISA Ltd* [2003] BCC 562; High Court of Justice Leeds NZI 2005, 467, 468 f. *(MG Rover)* m. krit. Anm. *Penzlin/Riedemann*; *Eidenmüller* KTS 2009, 137, 158 stellt zu Recht fest, dass es sich bei der Berufung auf das Element der Drittkennbarkeit in *Daisytek* und *MG Rover* jeweils um ein Lippenbekenntnis handelt.

[113] EuGH EuZW 2011, 912, 915 (Tz. 49).

[114] EuGH NZI 2006, 360, 361 (Tz. 36): „reicht die Tatsache allein, dass ihre wirtschaftlichen Entscheidungen von einer Muttergesellschaft mit Sitz in einem anderen Mitgliedstaat kontrolliert werden oder kontrolliert werden können, nicht aus"; dem folgend EuGH NZI 2010, 156, 158 *(MG Probud Gdynia)*; *Re Lennox Holdings* [2009] BCC 155.

[115] Zutreffend *Weller* ZGR 2008, 835, 856 f.; a. A. *Schwemmer* NZI 2009, 355, 356; *Hess/Laukemann/Seagon* IPRax 2007, 89, 90; *Wiedemann*, ZInsO 2007, 1009, 1013; *Kammel* NZI 2006, 334, 336.

[116] Vgl. EuGH NZI 2006, 360, 361 (Tz. 36 f.); EuGH EuZW 2011, 912, 915 (Tz. 52); näher *Weller* ZGR 2008, 835, 856 f.; *Paulus* NZI 2008, 1, 2.

[117] Zur Auslegung dieses Begriffs unten Rdnr. 36 ff.

[118] *Moss/Smith* in *Moss/Fletcher/Isaacs* The EC Regulation on Insolvency Proceedings S. 255; *Moore* Ins Int 2009, 25, 26; *Weller* ZGR 2008, 835, 856; *Ringe* EBOR 2008, 579, 589; *Rotstegge* ZIP 2008, 955, 959; *Goetker/Brünkmans* Status Recht 2007, 410; *Mankowski* BB 2006, 1753, 1755; *Deyda* Der Konzern im europäischen internationalen Insolvenzrecht S. 121 ff.; a. A. *MünchKommInsO/Reinhart* EuInsVO Art. 3 Rdnr. 31 ff. (arg. a maiore ad minus aus Art. 2 lit. h) EuInsVO), siehe aber Rdnr. 35; *Pannen/Pannen* EuInsVO Art. 3 Rdnr. 41 ff.; *Geva* EBOR 2007, 605, 611 f. (Gesamtbetrachtung); für die Anknüpfung an den effektiven Verwaltungssitz bereits vor bzw. unabhängig von der *Eurofood*-

dies in der Interedil-Entscheidung daran, dass eine Widerlegung der Vermutung gem. Art. 3 Abs. 1 S. 2 EuInsVO ausscheidet, wenn sich die Verwaltungs- und Kontrollorgane der Gesellschaft am Ort ihres satzungsmäßigen Sitzes befinden und dort für Dritte feststellbar die Verwaltungsentscheidungen getroffen werden.[119] Im Unterschied zum mind of management-Ansatz muss der effektive Verwaltungssitz jedoch im Interesse der Vorhersehbarkeit und Rechtssicherheit **objektiv und für Dritte feststellbar** sein.

35 Mit Blick auf die Leichtigkeit von **COMI-Verlagerungen** geht der EuGH damit einen **Mittelweg**. Eine COMI-Verlegung setzt einerseits mehr voraus als die bloße Kontrolle durch eine Konzernmutter mit COMI im Zuzugsstaat.[120] Andererseits werden COMI-Verlagerungen selbst für Gesellschaften mit lokal gebundener Geschäftstätigkeit (Betriebs- und Vertriebsstätten, regionale Märkte, Grundeigentum, Finanzierungsverträge etc.) nicht von vornherein ausgeschlossen.[121] In der *Interedil*-Entscheidung wies der EuGH, veranlasst durch den vorgelegten Fall, darauf hin, dass die Gesamtbetrachtung zwar unter anderem zu berücksichtigen habe, an welchen Orten die Schuldnergesellschaft eine wirtschaftliche Tätigkeit ausübe, an welchen Orten sie Vermögenswerte besitze und an welchen Orten Finanzierungsverträge bestünden, sofern diese Orte für Dritte erkennbar seien.[122] Diese Faktoren führten jedoch nur dann zur Widerlegung der Vermutung in Art. 3 Abs. 1 S. 2 EuInsVO, wenn eine Gesamtbetrachtung aller relevanten Faktoren die von Dritten überprüfbare Feststellung zulasse, dass sich der **tatsächliche Mittelpunkt der Verwaltung und der Kontrolle der Gesellschaft** in diesem anderen Mitgliedstaat befinde.[123]

Die Entscheidung des EuGH für den für Dritte anhand objektiver Kriterien erkennbaren effektiven Verwaltungssitz war mangels eines ausdrücklichen Bekenntnisses in der kurz gehaltenen Urteilsbegründung der *Eurofood*-Entscheidung nicht ganz zweifelsfrei und darüber hinaus hinsichtlich der heranzuziehenden Kriterien mit Unsicherheiten belastet.[124] Die *Interedil*-Entscheidung hat die Maßgeblichkeit des anhand objektiver und für Dritte erkennbarer Faktoren zu bestimmenden effektiven Verwaltungssitzes jedoch geklärt. Diese Herangehensweise entspricht auch der **englischen Rechtsprechung** nach *Eurofood* zur Auslegung des COMI-Tatbestands in Art. 3 Abs. 1 EuInsVO.[125] Insbesondere stellt die jüngere englische Rechtsprechung auf den effektiven Verwaltungssitz und nicht auf den Ort der Geschäftstätigkeit ab.[126] Das Tatbestandsmerkmal des COMI ist grundsätzlich zwar verordnungsautonom auszulegen. Bei einer Antragstellung in England entscheiden jedoch die

---

Entscheidung *Bailey/Groves,* Corporate Insolvency Rdnr. 34.7, S. 1303; *Eidenmüller* NJW 2004, 3455, 3457; *Mankowski* NZI 2004, 450, 451 f. (Anm. zu AG München, *Hettlage*); offenlassend *Duursma-Kepplinger* ZIP 2007, 896, 899.

[119] EuGH EuZW 2011, 912, 915 (Tz. 50).

[120] Vgl. *Eidenmüller* KTS 2009, 137, 157 f. zur Entwicklung des mind of management-Ansatzes zur Bewältigung von Konzerninsolvenzen.

[121] *Moss/Smith* in *Moss/Fletcher/Isaacs* The EC Regulation on Insolvency Proceedings S. 258 (im Kontext von Konzerninsolvenzen).

[122] EuGH EuZW 2011, 912, 915 (Tz. 52 f.).

[123] EuGH EuZW 2011, 912, 915 (Tz. 53).

[124] Allgemeine Auffassung; siehe nur *Mankowski* BB 2006, 1753, 1754; *Duursma-Kepplinger* ZIP 2007, 896, 899; *Leithaus/Riewe* NZI 2008, 598, 599.

[125] Vgl. *Re Stanford International Bank Ltd* [2011] BCC 211, 228 ff. (CA); *Re Kaupthing Capital Partners II Master LP Inc* [2011] BCC 338, 341 ff.; *Re European Directories (DH6) BV* [2010] EWHC 3472 (Ch) Rn. 36 ff.; High Court of Justice London ZIP 2009, 1776, 1777 ff. = *Re Stanford International Bank Ltd* [2009] EWHC 1441 (Ch); *Re Lennox Holdings Plc* [2009] BCC 155, 157 f.; High Court of Justice London NZI 2007, 361, 363 f. *(Stojevic)* für den COMI einer natürlichen Person; *Moss/Smith* in *Moss/Fletcher/Isaacs* The EC Regulation on Insolvency Proceedings S. 255 ff. m.w.N. zur englischen Rspr.; *Weller* ZGR 2008, 835, 856; *J. Schmidt* EWiR 2009, 571 f.

[126] *Re Stanford International Bank Ltd* [2011] BCC 211, 257 f. (CA); *Re Kaupthing Capital Partners II Master LP Inc* [2011] BCC 338, 342; High Court of Justice London ZIP 2009, 1776, 1778 f. = *Re Stanford International Bank Ltd* [2009] EWHC 1441 (Ch); vgl. dazu aber auch die kritische Anmerkung von *Ho* JIBFL 2009, 537, 539 ff.

englischen Gerichte nach den dort geltenden Grundsätzen über ihre Zuständigkeit und das Insolvenzstatut.[127] Bei Sanierungsmigrationen nach England ist daher der englischen Rechtsprechung besondere Beachtung zu schenken.

b) Für Fremdgläubiger erkennbarer effektiver Verwaltungssitz. Unter welchen Voraussetzungen liegt der **effektive Verwaltungssitz** nach objektiven und für Dritte erkennbaren Kriterien **in England**? Die Antwort auf diese Frage liefern für Sanierungsmigrationen nach England vor allem die EuGH-Entscheidungen *Eurofood* und *Interedil* sowie die Entscheidungen der englischen Gerichte, soweit sie danach ergangen sind bzw. Bestand haben. Danach muss der Ort der effektiven Hauptverwaltung, d. h. der Ort, an dem die wesentlichen Entscheidungen in Geschäftsleitungsakte umgesetzt werden, in England liegen.[128] Zu den relevanten Geschäftsleitungsakten zählen insbesondere Entscheidungen zur operativen Strategie und zur Finanzierung.[129] Die Hauptverwaltung darf dabei nicht nur vorübergehend nach England verlegt worden sein, sondern sie muss eine gewisse örtliche Beständigkeit in England aufweisen.[130] Konkret bedeutet dies, dass die Gesellschaft ein eigenes, zentrales Büro der Geschäftsleitung in England eingerichtet hat, über welches die Kommunikation (Post, Telefon, etc.) läuft und von dem aus die Gesellschaft im Rechtsverkehr auftritt und Verträge schließt.[131] Eine bloße Briefkastenfirma (letterbox company) in England genügt jedenfalls nicht für eine Verlegung des COMI.[132]

Zudem muss die Mehrheit der **Geschäftsleiter** ihren gewöhnlichen Aufenthalt in England haben und dort muss die Mehrzahl der Sitzungen der Geschäftsleitung stattfinden.[133] Die Bedeutung des Orts der Hauptverwaltung, an dem die Verwaltungs- und Kontrollorgane die Verwaltungsentscheidungen treffen, hat insbesondere die *Interedil*-Entscheidung betont.[134] Relevant hinsichtlich der Geschäftsleiter und ihrer Sitzungen sind allerdings nur diejenigen Aspekte, die der Öffentlichkeit zugänglich sind.[135] Die Staatsbürgerschaft der Geschäftsleiter spielt – zu Recht – keine Rolle.[136] Liegt die effektive Hauptverwaltung in England, schadet dem englischen COMI nicht, dass die Gesellschaft auch in einem anderen Mitgliedstaat werbend tätig ist.[137]

---

[127] Vgl. für den Fall Brochier § 42 Rdnr. 35 ff.
[128] EuGH EuZW 2011, 912, 915 (Tz. 48); *Re Stanford International Bank Ltd* [2011] BCC 211, 257 f. (CA); *Re Kaupthing Capital Partners II Master LP Inc* [2011] BCC 338, 342; High Court of Justice London NZI 2007, 361, 364 *(Stojevic)*; *Duursma-Kepplinger* in *Duursma-Kepplinger/Duursma/Chalupsky* EuInsVO Art. 3 Rdnr. 12; *Rotstegge* ZIP 2008, 955, 959.
[129] Insofern weiterhin zutreffend *Re Lennox Holdings Plc* [2009] BCC 155, 157 f.; zur Relevanz des Urteils nach *Eurofood* siehe High Court of Justice London ZIP 2009, 1776, 1777 = *Re Stanford International Bank Ltd* [2009] EWHC 1441 (Ch).
[130] Insofern weiterhin zutreffend Court of Appeal NZI 2005, 571, 573 und High Court of Justice Leeds ZIP 2004, 1769, 1772 = *Re Ci4net.com Inc* [2005] BCC 277, 285; *Duursma-Kepplinger* ZIP 2007, 896, 899; *Deyda* Der Konzern im europäischen internationalen Insolvenzrecht S. 56 f.; *Rotstegge* ZIP 2008, 955, 959.
[131] *Re Kaupthing Capital Partners II Master LP Inc* [2011] BCC 338, 343; *Weller* ZGR 2008, 835, 860; vgl. AG Hamburg NZI 2009, 343 f.; *Duursma-Kepplinger* ZIP 2007, 896, 899.
[132] EuGH NZI 2006, 360, 361 (Tz. 35).
[133] High Court of Justice London ZIP 2009, 1776, 1778 f. = *Re Stanford International Bank Ltd* [2009] EWHC 1441 (Ch); *Weller* ZGR 2008, 835, 860; vgl. auch *Re Lennox Holdings Plc* [2009] BCC 155, 157 f.; vgl. auch High Court of Justice Leeds ZIP 2004, 1769, 1772 = *Re Ci4net.com Inc* [2005] BCC 277, 285.
[134] EuGH EuZW 2011, 912, 915 (Tz. 48, 50, 53).
[135] High Court of Justice London ZIP 2009, 1776, 1778 f. = *Re Stanford International Bank Ltd* [2009] EWHC 1441 (Ch).
[136] High Court of Justice London ZIP 2009, 1776, 1778 = *Re Stanford International Bank Ltd* [2009] EWHC 1441 (Ch).
[137] EuGH EuZW 2011, 912, 915 (Tz. 52 f.); *Re Lennox Holdings Plc* [2009] BCC 155, 158 ("I am satisfied that its centre of main interests in the sense of its head office functions are carried out within the [English] jurisdiction, notwithstanding that it also carries on business in Spain."); zur Relevanz des

38 Ist die Gesellschaft nicht mehr werbend tätig, sondern in **Abwicklung** begriffen, richtet sich der COMI entsprechend nach dem effektiven Verwaltungssitz der Abwicklung.[138] Der COMI am Mittelpunkt der hauptsächlichen Interessen gem. Art. 3 Abs. 1 S. 1 EuInsVO wirkt nach Auffassung des AG Hamburg auch dann fort, wenn weder werbende noch abwickelnde Tätigkeiten entfaltet werden, und zwar unabhängig davon, ob noch Vermögensgegenstände vorhanden sind oder nicht.[139]

39 Die vom EuGH eingeforderte **objektive Feststellbarkeit für die außenstehenden Gläubiger**[140] bzw. außenstehenden Dritten[141] ist für diejenigen Tatsachen gegeben, die der Öffentlichkeit zugänglich sind und die den Gläubigern im ordentlichen Geschäftsgang mit der Gesellschaft bekannt werden würden.[142] Maßgebend ist, ob die Möglichkeit besteht, sich über den COMI zu informieren, nicht ob diese Möglichkeit im Einzelfall wahrgenommen wird.[143] Das ist etwa der Fall, wenn die Gläubiger, ohne außerordentliche Nachforschungen angestellt zu haben,[144] das Büro der Hauptverwaltung als den Ort kennen, an dem sie die Geschäftsleitung erreichen können, etwa um Schriftstücke wirksam zuzustellen[145] oder wegen der publik gewordenen Krise in Verhandlungen zu treten[146]. Relevant ist dabei die Perspektive eines außenstehenden Gläubigers, wobei sowohl auf die gegenwärtigen als auch die potentiellen Gläubiger abzustellen ist.[147] Eine weitere Klärung der maßgebenden Gläubiger(gruppen) ist noch nicht gelungen.[148]

40 Beispielhaft für die Rechtspraxis sei die Verlegung des COMI im Fall **Damovo** von Luxemburg nach England beschrieben.[149] Hintergrund der Migration war die Restrukturierung der Anleiheschulden im Wege eines pre-pack.[150] Auf einen Beschluss der Geschäftsleiter hin verlegte die Gesellschaft unter anderem ihren effektiven Verwaltungssitz nach England, teilte Zulieferern, Gläubigern und anderen Vertragsgegnern die neue Geschäftsanschrift in England mit, hielt ihre Geschäftsleitersitzungen in England ab und richtete Geschäftskonten in England ein. Diese Schritte wurden anlässlich der Antragstellung dem englischen Gericht mitgeteilt, welches daraufhin bereit war, ein Hauptverfahren durch Er-

---

Urteils nach *Eurofood* siehe High Court of Justice London ZIP 2009, 1776, 1777 = *Re Stanford International Bank Ltd* [2009] EWHC 1441 (Ch).

[138] AG Hamburg NZI 2006, 120, 121; dazu *Klöhn* NZI 2006, 383, 384 ff.

[139] AG Hamburg NZI 2006, 120, 121; a. A. *Runkel* in *Buth/Hermanns* Restrukturierung, Sanierung, Insolvenz § 29 Rdnr. 18 für den Fall, dass keine Abwicklung mehr stattfindet und kein Vermögen mehr vorhanden ist.

[140] EuGH NZI 2006, 360, 361 (Tz. 34); EuGH NZI 2012, 147, 150 (Tz. 33 ff.).

[141] EuGH EuZW 2011, 912, 915 (Tz. 49).

[142] High Court of Justice London ZIP 2009, 1776, 1778 = *Re Stanford International Bank Ltd* [2009] EWHC 1441 (Ch): „What is ascertainable by third parties is what is in the public domain, and what they would learn in the ordinary course of business with the company."

[143] EuGH EuZW 2011, 912, 915 (Tz. 49); *Mankowski* BB 2006, 1753, 1755.

[144] *Re Kaupthing Capital Partners II Master LP Inc* [2011] BCC 338, 343; High Court of Justice London ZIP 2009, 1776, 1777 = *Re Stanford International Bank Ltd* [2009] EWHC 1441 (Ch).

[145] High Court of Justice London NZI 2007, 361, 364 *(Stojevic)*.

[146] *Re Lennox Holdings Plc* [2009] BCC 155, 158; zur Relevanz des Urteils nach *Eurofood* siehe High Court of Justice London ZIP 2009, 1776, 1777 = *Re Stanford International Bank Ltd* [2009] EWHC 1441 (Ch).

[147] EuGH EuZW 2011, 912, 915 (Tz. 49); *Re Kaupthing Capital Partners II Master LP Inc* [2011] BCC 338, 343; *Re Stanford International Bank Ltd* [2009] EWHC 1441 (Tz. 61; dieser Teil des Urteils ist in ZIP 2009, 1776 ff. nicht veröffentlicht); insofern auch nach *Eurofood* zutreffend Court of Appeal NZI 2005, 571, 573; *Mankowski* BB 2006, 1753, 1754.

[148] Vgl. aber High Court of Justice Leeds ZIP 2004, 1769, 1771 = *Re Ci4net.com Inc* [2005] BCC 277, 283 ("the most important […] are the potential creditors. In the case of a trading company the most important groups of potential creditors are likely to be its financiers and its trade suppliers".

[149] *Moore* Ins Int 2009, 25, 27; dort auch zum Folgenden; ganz ähnlich *Re Hellas Telecommunications (Luxembourg) II SCA* [2010] BCC 295; dazu *Rutstein/Bloomberg* CRI 2010, 156 ff.

[150] Ausführlich zu pre-packs unten § 38 Rdnr. 97 ff.

nennung der Insolvenzverwalter zu eröffnen, und seine Zustimmung zur Durchführung des pre-pack erteilte.

c) Zeitpunkt. Maßgeblicher **Zeitpunkt** für die Bestimmung des COMI ist nach der EuGH-Entscheidung in der Sache *Staubitz-Schreiber*[151] der Zeitpunkt der Insolvenzantragstellung.[152] In der *Interedil*-Entscheidung hat der EuGH dies ausdrücklich im Kontext einer Verlegung des COMI vor der Antragstellung bestätigt.[153] Die Vermutung gem. Art. 3 Abs. 1 S. 2 EuInsVO knüpft also auch dann an den Satzungssitz im Zeitpunkt der Antragstellung an, wenn dieser vor der Antragstellung verlegt wurde. Auf die Umstände im Zeitpunkt der Antragstellung ist auch dann abzustellen, wenn die Schuldnergesellschaft in diesem Zeitpunkt schon aus dem Gesellschaftsregister gelöscht ist und jede Tätigkeit eingestellt hat (letzter Mittelpunkt der hauptsächlichen Interessen).[154] Bei denjenigen englischen Insolvenzverfahren, die ohne Antragstellung zu Gericht aufgrund eigener Kompetenz des Schuldners oder Gläubigers ausgelöst werden können, tritt die zur Verfahrenseröffnung führende Handlung an die Stelle der Antragstellung. Die *Staubitz-Schreiber*-Entscheidung zur perpetuatio fori betraf die Konstellation, in der sich COMI-relevante Tatsachen nach Antragstellung geändert hatten. Eine Entscheidung des EuGH für die Situation, in der der COMI tatsächlich erst nach Antragstellung in den Forumstaat verlegt wird, liegt noch nicht vor.[155] Effizienzgründe sprechen hier für die beantragte Verfahrenseröffnung.[156]

Eine Mindestdauer für die Belegenheit des COMI im Forumstaat vor Stellung des Antrags gibt es nicht.[157] In der Krise kann der COMI also auch **kurzfristig** zum Wechsel des Insolvenzstatuts verlegt werden.[158] Solange die Verlegung nicht das Ziel hat, die Gläubigergesamtheit oder einzelne Gläubiger zugunsten des Schuldners oder anderer Gläubiger zu benachteiligen, droht auch kein Missbrauchseinwand.[159]

d) Anerkennung und Wirkung des Hauptverfahrens. Die Eröffnung eines Insolvenzverfahrens durch ein gem. Art. 3 EuInsVO zuständiges Gericht wird gem. Art. 16 Abs. 1 EuInsVO in allen Mitgliedstaaten ohne weiteres anerkannt, sobald die Eröffnungsentscheidung im Staat der Verfahrenseröffnung wirksam ist (**Prioritätsgrundsatz**[160]).[161] Die Verfahrenseröffnung entfaltet gem. Art. 17 EuInsVO in den anderen Mitgliedstaaten – ohne dass es irgendwelcher Förmlichkeiten, etwa eines Exequaturverfahrens, bedürfte – grundsätz-

---

[151] NZI 2006, 153 (m. Anm. *Mankowski*) = ZIP 2006, 188 (m. Anm. *Knof/Mock*); überholt daher z. B. Court of Appeal NZI 2005, 571 (Zeitpunkt der Verfahrenseröffnung).

[152] *Re Hellas Telecommunications (Luxembourg) II SCA* [2010] BCC 295; BGH ZIP 2012, 782, 783; AG Hamburg NZI 2009, 343 f.; AG Celle NZI 2005, 410, 411; *Paulus* EuInsVO Art. 3 Rdnr. 15; *Klöhn* NZI 2006, 383, 384; *Duursma-Kepplinger* ZIP 2007, 896 und 901 f.; vgl. auch BGH NZI 2006, 364 zur Zuständigkeit bei Folgeeröffnungsanträgen.

[153] EuGH EuZW 2011, 912, 915 (Tz. 55 f.).

[154] EuGH EuZW 2011, 912, 915 (Tz. 57 f.); dem folgend BGH NJW 2012, 936, 937 (entsprechend bei Geschäftseinstellung aber Verbleib im Register).

[155] Zur englischen Rechtsprechung anlässlich der Insolvenz einer natürlichen Person *Shierson v Vlieland-Boddy* [2005] 1 WLR 3966; dazu *Ringe* EBOR 2009, 579, 590.

[156] *Mankowski* NZI 2006, 154 (Anm. zu *Staubitz-Schreiber*); *Duursma-Kepplinger* ZIP 2007, 896, 897; vgl. auch *Knof/Mock* ZIP 2006, 189.

[157] *Rumberg* RIW 2010, 358, 362; *Eidenmüller* KTS 2009, 137, 149, 151; *Weller* ZGR 2008, 835, 858 f.; *Duursma-Kepplinger* ZIP 2007, 896, 900; vgl. AG Köln NZI 2008, 257, 259.

[158] Insofern zutreffend Court of Appeal NZI 2005, 571, 572: „there is nothing in that concept which prevents a debtor's centre of main interests from being changed from time to time".

[159] Zu Missbrauchsfragen siehe Rdnr. 62 ff.; weiterhin *Moss/Smith* in *Moss/Fletcher/Isaacs* The EC Regulation on Insolvency Proceedings S. 261 ff.

[160] *Leithaus/Riewe* NZI 2008, 598, 599; *Saenger/Klockenbrink* EuZW 2006, 363, 364 f.

[161] BGH NZI 2008, 572, 573, 574 (m. Anm. *Mankowski*); MünchKommInsO/*Reinhart* EuInsVO Art. 16 Rdnr. 1; *Jacoby* GPR 2007, 200, 201; vgl. beispielhaft AG München NZI 2007, 358, 359 (m. Anm. *Mankowski*); zu (un)mittelbaren Möglichkeiten einer gerichtlichen Entscheidung über die Anerkennungsfähigkeit *Frege/Keller/Riedel* Insolvenzrecht Rdnr. 2666 f., S. 1033.

lich¹⁶² diejenigen Wirkungen, die das Recht des Eröffnungsstaats dem Verfahren beilegt.¹⁶³ Die Normen stehen in inhaltlichem Zusammenhang mit Art. 18 EuInsVO (Befugnisse des Verwalters¹⁶⁴) und Art. 25 EuInsVO (Anerkennung und Vollstreckung sonstiger Entscheidungen),¹⁶⁵ welche die **universale Wirkung des Hauptverfahrens** regeln, wenn und soweit keine gem. Art. 3 EuInsVO zulässigen Sekundärverfahren eröffnet worden sind.¹⁶⁶

Die Anerkennungswirkung erstreckt sich auch auf den **Ausschluss der Einzelzwangsvollstreckung**. Enthält das Recht des Mitgliedstaats, in dem das Hauptverfahren eröffnet wurde, ein Verbot der Einzelzwangsvollstreckung gegen den Schuldner, dann sind Maßnahmen der Einzelzwangsvollstreckung gegen den Schuldner in einem anderen Mitgliedstaat auch dann ausgeschlossen, wenn in dem anderen Mitgliedstaat kein Sekundärinsolvenzverfahren eröffnet worden ist.¹⁶⁷ Etwas anderes kann sich nur aus einer Einschränkung der Anerkennungswirkung gem. Art. 25 Abs. 3 EuInsVO (Einschränkung der persönlichen Freiheit oder des Postgeheimnisses) und Art. 26 EuInsVO (Ordre Public) ergeben oder aus Ausnahmen vom Universalitätsprinzip gem. Art. 5 EuInsVO (dingliche Rechte) und Art. 10 EuInVO (Arbeitsvertrag).

43   Unter **Verfahrenseröffnung** versteht der EuGH „nicht nur eine Entscheidung [...], die in dem für das Gericht, das die Entscheidung erlassen hat, geltenden Recht des Mitgliedstaats förmlich als Eröffnungsentscheidung bezeichnet wird, sondern auch die Entscheidung, die infolge eines auf die Insolvenz des Schuldners gestützten Antrags auf Eröffnung eines in Anhang A der Verordnung genannten Verfahrens ergeht, wenn diese Entscheidung den Vermögensbeschlag gegen den Schuldner zur Folge hat und durch sie ein in Anhang C der Verordnung genannter Verwalter bestellt wird".¹⁶⁸ Relevant ist das Verständnis der Verfahrenseröffnung insbesondere für die Frage, zu welchem Zeitpunkt das Prioritätsprinzip zu einer automatischen Anerkennung eröffneter Verfahren in Europa führt.¹⁶⁹

44   Aus dem Grundsatz des gegenseitigen Vertrauens¹⁷⁰ der Mitgliedstaaten in die Insolvenzrechte der anderen Mitgliedstaaten folgt, dass das gerichtlich eröffnete Hauptinsolvenzverfahren von den Gerichten der übrigen Mitgliedstaaten anzuerkennen ist, ohne dass diese die Zuständigkeit des Gerichts des Eröffnungsstaats überprüfen können.¹⁷¹ Die Eröffnungsentscheidung kann nur **vor den Gerichten des Eröffnungsstaats** nach Maßgabe des dort geltenden nationalen Insolvenzrechts angegriffen werden.¹⁷² Hat das Gericht eines

---

¹⁶² Zu Einschränkungen MünchKommInsO/*Reinhart* EuInsVO Art. 16 Rdnr. 19 f.; *Paulus* EuInsVO Art. 17 Rdnr. 3.
¹⁶³ BGH NZI 2008, 572, 573, 575 (m. Anm. *Mankowski*); zu den Wirkungen aus Sicht des englischen Rechts *Moss/Fletcher/Isaacs* The EC Regulation on Insolvency Proceedings S. 104 f., insbesondere zu Auswirkungen auf Sicherheiten S. 121 ff.
¹⁶⁴ Vgl. EuGH NZI 2009, 570 – *Alpenblume* – (m. Anm. *Mankowski*) zur Rechtslage bei Nichtgeltung bzw. -anwendbarkeit der EuInsVO.
¹⁶⁵ Dazu EuGH NZI 2009, 741 *(German Graphics)*; *Mankowski* NZI 2010, 508; *Lüttringhaus/Weber* RIW 2010, 45.
¹⁶⁶ *Paulus* EuInsVO Art. 16 Rdnr. 1.
¹⁶⁷ EuGH NZI 2012, 156, 158 (Tz. 43 f.) – *MG Probud Gdynia*; dazu *Mankowski* NZI 2010, 178 f.
¹⁶⁸ EuGH NZI 2006, 360, 362 (Tz. 54); dazu *Mankowski* EWiR 2010, 453 f. (unter zutreffender Kritik einer französischen Entscheidung, wonach die vorläufige Insolvenzeröffnung nach § 21 Abs. 2 S. 1 Nr. 2 InsO nicht als Insolvenzeröffnung i. S. v. Art. 16 EuInsVO anerkannt wird); *Reinhart* NZI 2009, 73, 74 f. (Verfahrenseröffnung nach deutschem Recht bereits bei Einsetzung eines sog. schwachen vorläufigen Verwalters; Auslegung von Art. 102 § 2 EGInsO entsprechend der *Eurofood*-Entscheidung); *Saenger/Klockenbrink* EuZW 2006, 363, 365 f.; zu Sicherungsmaßnahmen im Ausland *Reinhart* NZI 2009, 201 ff.
¹⁶⁹ *Mankowski* BB 2006, 1753, 1756 f.; zum Problem rückwirkender Normen *Saenger/Klockenbrink* EuZW 2006, 363, 366.
¹⁷⁰ Näher *Paulus* EuInsVO Einl. Rdnr. 19 ff.
¹⁷¹ EuGH NZI 2006, 360, 361 f. (Tz. 38 ff.); AG München NZI 2007, 358, 359 (m. Anm. *Mankowski*); kritisch *Mankowski* BB 2006, 1753, 1755 f.
¹⁷² *Paulus* EuInsVO Art. 3 Rdnr. 2, Art. 16 Rdnr. 4; *ders.* NZI 2007, 367 (Anm. zu High Court of Justice London); zur Beschwerdebefugnis nach deutschem Recht und zur Abänderung von Zustän-

anderen Mitgliedstaats ein Hauptinsolvenzverfahren eröffnet, ist der vor einem deutschen Gericht gestellte Antrag auf Eröffnung eines zweiten Hauptinsolvenzverfahrens über das zur Insolvenzmasse gehörende Vermögen gem. Art. 102 § 3 Abs. 1 S. 1 EGInsO unzulässig.[173] Allein Art. 26 EuInsVO erlaubt die Nichtanerkennung eines in einem anderen Mitgliedstaat eröffneten Insolvenzverfahrens wegen Unvereinbarkeit mit der öffentlichen Ordnung (**ordre public**), insbesondere mit den verfassungsmäßig garantierten Rechten und Freiheiten des einzelnen.[174] Allerdings kommt der ordre public-Vorbehalt bei Sanierungsmigrationen (negativ gewendet: Forum Shopping) in der Regel nicht als Anerkennungshindernis in Frage.[175] Aus der grundsätzlich exklusiven Zuständigkeit der Gerichte des Eröffnungsstaats des Hauptinsolvenzverfahrens kann sich ein „race to the court" ergeben, wenn Antragsberechtigte in verschiedenen Mitgliedstaaten ein Interesse an der Eröffnung eines Hauptinsolvenzverfahrens haben.[176]

3. Sekundärinsolvenzverfahren und Einschränkungen der lex fori concursus

a) Grundlagen. Im Ausgangspunkt entfaltet das gem. Art. 3 Abs. 1 EuInsVO eröffnete Hauptinsolvenzverfahren materiell- und verfahrensrechtliche Wirkungen im gesamten Anwendungsbereich der EuInsVO (Universalitätsprinzip).[177] Der Grundsatz der Universalität erfährt allerdings Einschränkungen zweierlei Art (modifizierte Universalität[178]). Die **Art. 5 bis 15 EuInsVO** sehen **Ausnahmen von der grundsätzlichen Geltung des Insolvenzrechts des Eröffnungsstaats** gem. Art. 4 EuInsVO vor. Darunter finden sich zahlreiche rechtspraktisch relevante Rechtsbeziehungen, etwa dingliche Rechte Dritter (Art. 5 EuInsVO[179]), Aufrechnung (Art. 6 EuInsVO), Eigentumsvorbehalt (Art. 7 EuInsVO[180]), Arbeitsverträge (Art. 10 EuInsVO[181]) und Anfechtungen (Art. 13 EuInsVO[182]).[183] Verfahrensrechtlich erlaubt **Art. 3 Abs. 2 EuInsVO** die Eröffnung von **Sekundärinsolvenzverfahren**, das sind neben gem. Art. 3 Abs. 1 EuInsVO eröffnete Hauptverfahren tretende weitere Insolvenzverfahren.[184] Davon sind **Partikular-**

---

digkeitsentscheidungen *Reinhart* NZI 2009, 73, 76 ff., 78 f.; zur Zuständigkeit bei Beschwerden ausländischer Gläubiger OLG Köln NZI 2008, 61 (m. Anm. *Mankowski*).

[173] BGH NZI 2008, 572, 573 (m. Anm. *Mankowski*); zu den Konsequenzen einer dennoch erfolgenden Verfahrenseröffnung BGH NZI 2008, 572, 573 ff.; dagegen *Reinhart* NZI 2009, 73, 78 f. (Abänderung der Zuständigkeitsfeststellung statt Einstellung gem. Art. 102 § 4 EGInsO).

[174] AG Düsseldorf ZIP 2004, 866, 867 (dazu Anm. *Westpfahl/Wilkens* EWiR 2004, 909 f.); *Paulus* EuInsVO Art. 3 Rdnr. 2.

[175] *Jacoby* GPR 2007, 200, 203 ff.; ähnlich *Mankowski* BB 2006, 1753, 1757 f.; zur engen Auslegung des ordre-public Vorbehalts EuGH NZI 2006, 360, 363 (Tz. 63 f.); *Knof/Mock* ZIP 2006, 189, 190; *Duursma-Kepplinger* ZIP 2007, 896, 901 mit Hinweis auf die Einzelwirkung von Art. 26 EuInsVO.

[176] *Jacoby* GPR 2007, 200, 202; *Hickmott/Ballmann* LegalWeek.com (22. 2. 2007); kritisch vor dem Hintergrund des Verständnisses des EuGH von der Verfahrenseröffnung *Reinhart* NZI 2009, 73, 75; zum hilfsweisen Antrag der Eröffnung eines Sekundärinsolvenzverfahrens siehe *Mankowski* NZI 2008, 575, 576 (Anm. zu BGH) und AG München NZI 2007, 358 (siehe aber auch S. 360 zur Umdeutung eines Antrags auf Eröffnung eines Hauptinsolvenzverfahrens in einen Antrag auf Eröffnung eines Sekundärinsolvenzverfahrens); zur Bewältigung paralleler Eröffnungsverfahren *Reinhart* NZI 2009, 201, 206 ff.

[177] EuGH NZI 2010, 156 f. *(MG Probud Gdynia); Riedemann* in Pannen EuInsVO Einl. Rdnr. 34 ff.; *Paulus* EuInsVO Art. 3 Rdnr. 21 ff.

[178] *Leible/Staudinger* KTS 2000, 533, 538.

[179] Zur Behandlung von Absonderungsgut *Berger* KTS 2007, 433, 446 ff.

[180] EuGH NZI 2009, 741, 743 (Tz. 35: „materiell-rechtliche Vorschrift") – *German Graphics*.

[181] Zur Anwendbarkeit deutschen Arbeitsrechts in englischen Insolvenzverfahren LAG Essen NZI 2011, 203, 204 f.; *Göpfert/Müller* NZA 2009, 1057.

[182] Dazu *Prager/Keller* NZI 2011, 697.

[183] *Moss/Fletcher/Isaacs* The EC Regulation on Insolvency Proceedings S. 60 ff.; *Menjucq* ECFR 2008, 135, 138 f.

[184] Die Eigenschaft als Sekundärinsolvenzverfahren ergibt sich bei zeitlicher Eröffnung nach dem Hauptverfahren aus Art. 3 Abs. 3 EuInsVO, während Art. 36 f. EuInsVO die Umwandlung eines vor der Eröffnung des Hauptverfahrens eröffneten Partikularverfahrens in ein Sekundärverfahren regeln;

verfahren[185] zu unterscheiden, die vor der Eröffnung eines Hauptverfahrens gem. Art. 3 Abs. 1 EuInsVO nach Maßgabe von Art. 3 Abs. 4 EuInsVO eröffnet werden können. Partikularverfahren kommen danach in Betracht, wenn im Mitgliedstaat der hauptsächlichen Interessen nach den dort geltenden Vorschriften eine Verfahrenseröffnung (noch) nicht möglich ist oder wenn Gläubiger in dem Mitgliedstaat, in dem sich eine Niederlassung befindet, zu dem Hoheitsgebiet dieses Staates eine besondere Verbindung haben.[186]

46 Die Gerichte eines Mitgliedstaats, in dem die Gesellschaft nicht den Mittelpunkt ihrer hauptsächlichen Interessen (COMI) hat, sind gem. Art. 3 Abs. 2 S. 1 EuInsVO nur zur Verfahrenseröffnung befugt, wenn die Gesellschaft dort eine **Niederlassung** hat. Niederlassung ist gem. der Definition in Art. 2 lit. h) EuInsVO „jede[r] Tätigkeitsort, an dem der Schuldner einer wirtschaftlichen Aktivität von nicht vorübergehender Art nachgeht, die den Einsatz von Personal und Vermögenswerten voraussetzt".[187] Erforderlich ist die Existenz einer auf die Ausübung einer wirtschaftlichen Tätigkeit ausgerichteten Struktur mit einem Mindestmaß an Organisation und einer gewissen Stabilität.[188] Die bloße Belegenheit von Vermögen oder etwa eines Bankkontos in einem Mitgliedstaat genügt zur Eröffnung eines Sekundärinsolvenzverfahrens nicht.[189] Erforderlich ist eine nach außen hin wahrnehmbare Aktivität.[190] Wie der COMI ist auch das Bestehen einer Niederlassung im Interesse der Rechtssicherheit und Vorhersehbarkeit auf der Grundlage objektiver und durch Dritte feststellbarer Umstände zu beurteilen.[191] Nach der Eröffnung eines Hauptinsolvenzverfahrens ist gem. Art. 27 S. 1 EuInsVO für die Eröffnung des Sekundärinsolvenzverfahrens die Insolvenz der schuldnerischen Gesellschaft nicht mehr zu prüfen.[192] Antragsberechtigt sind gem. Art. 29 EuInsVO die Verwalter des Hauptinsolvenzverfahrens und jede andere Person oder Stelle, der das Antragsrecht nach dem Recht des Mitgliedstaats zusteht, in dessen Gebiet das Sekundärinsolvenzverfahren eröffnet werden soll.

47 Bei dem Sekundärinsolvenzverfahren muss es sich gem. Art. 27 S. 2 EuInsVO um eines der im Anhang B aufgeführten Liquidationsverfahren handeln.[193] Die **Wirkungen** des Sekundärinsolvenzverfahrens beschränken sich gem. Art. 27 S. 3 EuInsVO auf das im Gebiet des Eröffnungsstaats belegene Vermögen des Schuldners. Zudem wird das Sekundärverfahren gem. Art. 28 EuInsVO im Grundsatz von den **Rechtsvorschriften** des Mitgliedstaats regiert, in dessen Gebiet das Verfahren eröffnet worden ist.[194]

48 **b) Sekundärinsolvenzverfahren und Anwendbarkeit verschiedener Insolvenzrechte. aa) Hintergrund und Effekt von Sekundärverfahren.** Die Möglichkeit von Sekundärinsolvenzverfahren und die Einschränkungen des Insolvenzstatuts des Hauptverfahrens tragen den **teilweise erheblichen Unterschieden im materiellen Recht** der Mitgliedstaaten Rechnung.[195] Die Integration des europäischen Wirtschaftsraums schreitet zwar voran und verlangt langfristig nach einem einheitlichen europäischen Insolvenz-

---

ausführlich zum Sekundärinsolvenzverfahren *Dawe* Der Sonderkonkurs des deutschen Internationalen Insolvenzrechts S. 142 ff.

[185] Eingehend *Dawe* Der Sonderkonkurs des deutschen Internationalen Insolvenzrechts S. 194 ff.; weiterhin KG NZI 2011, 729 f. (m. Anm. *Mankowski*).

[186] Dazu eingehend EuGH NZI 2012, 101, 102 f. (Tz. 18 ff.) – *Zaza Retail*.

[187] Näher AG München NZI 2007, 358, 359 (m. Anm. *Mankowski*); *Deyda* Der Konzern im europäischen internationalen Insolvenzrecht S. 35 ff.; *Leithaus/Riewe* NZI 2008, 598, 599.

[188] EuGH EuZW 2011, 912, 916 (Tz. 62, 64); BGH ZIP 2012, 782, 783.

[189] EuGH EuZW 2011, 912, 916 (Tz. 62); BGH NZI 2011, 120; *Virgós/Schmit* in Stoll Vorschläge und Gutachten zur Umsetzung des EU-Übereinkommens über Insolvenzverfahren im deutschen Recht S. 32, 58 f.

[190] OLG Wien NZI 2005, 56, 57, 60; *Mankowski* NZI 2007, 360, 361 (Anm. zu OLG Wien).

[191] EuGH EuZW 2011, 912, 916 (Tz. 63).

[192] Vgl. AG München NZI 2007, 358, 359 (m. Anm. *Mankowski*).

[193] Näher *Deyda* Der Konzern im europäischen internationalen Insolvenzrecht S. 229 f.

[194] *Re Alitalia Linee Aeree Italiane SpA* [2011] BCC 579, 589 ff.

[195] Vgl. Erwägungsgrund 11 EuInsVO.

recht.[196] Die strenge Durchführung des Universalitätsprinzips würde jedoch – so der Verordnungsgeber[197] – beispielsweise mit Blick auf Sicherungsrechte, Vorrechte einzelner Gläubigergruppen und Arbeitsverträge zu untragbaren Erwartungsenttäuschungen in der Insolvenz führen.

Die Bewertung der Ausnahmen vom Universalitätsprinzip fällt in der Praxis ambivalent aus, was angesichts der unterschiedlichen Interessenlagen der Betroffenen nicht anders zu erwarten ist. Mit Blick auf die Leichtgängigkeit von Sanierungen werden **Sekundärinsolvenzverfahren** als **Störpotential** empfunden, weil die Insolvenzverwalter bzw. Gläubigerorgane des Sekundärinsolvenzverfahrens Maßnahmen treffen können, die zwar der Maximierung der Masse des Sekundärinsolvenzverfahrens dienen, die Sanierung jedoch erschweren.[198] Die **Einschränkungen der Reichweite des Insolvenzstatuts des Hauptverfahrens** wird zwar insofern als beherrschbar angesehen, als es um die Bewältigung ausländischen Rechts geht. Die damit verbundenen Transaktionskosten können jedoch erheblich sein. Hinzu kommt, dass die Eröffnung eines Sekundärverfahrens mit Abweichungen von dem ansonsten geltenden Recht des Hauptverfahrens einhergeht. Friktionen, die von den Betroffenen unterschiedlich bewertet werden, treten insbesondere dann auf, wenn die Befriedigungsrangfolge von Gläubigern nach dem Recht des Mitgliedstaats des Sekundärverfahrens von derjenigen nach dem Recht des Hauptverfahrens abweicht.[199]

bb) Vermeidung von Sekundärverfahren. Der Schlüssel zur Bewältigung unterschiedlicher Interessenlagen bei möglichen bzw. eröffneten Sekundärinsolvenzverfahren ist die **zur Kooperation führende Kommunikation**.[200] Ein transparenter Umgang der Gesellschaft bzw. des Konzerns mit dem betriebswirtschaftlichen und finanziellen Ist-Stand in Kombination mit der zeitnahen Information über Weg und Ziel der Sanierung mag schon ausreichen, dass Gläubiger und andere gem. Art. 29 lit. b) EuInsVO Antragsberechtigte auf die Eröffnung eines Sekundärinsolvenzverfahrens verzichten. Die Chancen dafür stehen besonders dann gut, wenn glaubhaft dargelegt wird, dass die integrierte Sanierung der Gesellschaft bzw. des Konzerns im Hauptinsolvenzverfahren zu höheren Befriedigungsquoten führen wird als bei Eröffnung eines Sekundärinsolvenzverfahrens.[201] Nachdem die ersten Jahre der EuInsVO eher von einem konfrontativen Umgang zwischen den Gerichten und Gläubigern unterschiedlicher Jurisdiktionen gekennzeichnet waren,[202] greift zunehmend eine pragmatischere Herangehensweise Platz.[203] Durch das ESUG wurde ein neuer § 348 Abs. 2 InsO eingeführt, der den deutschen Insolvenzgerichten die Zusammenarbeit, insbesondere die Informationsweitergabe, mit ausländischen Insolvenzgerichten ausdrücklich erlaubt. Ein weiterer Weg zur Vermeidung von Sekundärinsolvenzverfahren kann im Einzelfall die Schließung von Niederlassungen sein, so dass die zentrale Eröffnungsvoraussetzung gem. Art. 3 Abs. 2 S. 1 EuInsVO entfällt.[204]

---

[196] *Steffek* KTS 2009, 317 f., 351 ff.

[197] Erwägungsgrund 11 EuInsVO; vgl. *Virgós/Schmit* in *Stoll* Vorschläge und Gutachten zur Umsetzung des EU-Übereinkommens über Insolvenzverfahren im deutschen Recht S. 32, 38 f.

[198] *Mock* ZInsO 2009, 895 f.; *Oberhammer* KTS 2009, 27, 57 ff., 62 ff.; *Meyer-Löwy/Plank* NZI 2006, 622; vgl. auch Re Nortel Networks SA [2009] BCC 343 = NZI 2009, 450 (m. Anm. *Mankowski*).

[199] Re Alitalia Linee Aeree Italiane SpA [2011] BCC 579, 582 (unterschiedliche Rangfolgen im englischen und italienischen Recht); *Göpfert/Müller* NZA 2009, 1057, 1063 (Rang von Arbeitnehmerforderungen).

[200] Vgl. *Paulus* NZI 2008, 1, 6; zur historischen Kooperationsbereitschaft englischer Gerichte in internationalen Insolvenzverfahren *Omar* [2009] ICCLR 379, 386.

[201] Vgl. *Menjucq* ECFR 2008, 135, 138.

[202] Vgl. nur die Sachverhalte der *Eurofood*-Entscheidung in EuGH NZI 2006, 360 und dem *ISA/Daisytek*-Verfahren in AG Düsseldorf NZI 2004, 269, 270 (zur Bewältigung durch den BGH NZI 2008, 572 ff. m. Anm. *Mankowski*).

[203] In eine ähnliche Richtung *Menjucq* ECFR 2008, 135, 146.

[204] *Mock* ZInsO 2009, 895, 901, mit weiteren Vorschlägen für Sonderkonstellationen (Forderungserfüllung, Verlagerung von Betriebsvermögen).

51 Im Sanierungsverfahren *Collins & Aikman* überzeugten die englischen Insolvenzverwalter die Gläubiger, von Anträgen zur Eröffnung von Sekundärinsolvenzverfahren Abstand zu nehmen, indem sie **versprachen, die finanzielle Stellung der Gläubiger nach dem Insolvenzstatut des nicht eröffneten Sekundärinsolvenzverfahrens** im Rahmen des englischen Verfahrens (einer administration[205]) **zu wahren**.[206] Die englische Chancery Division[207] gestattete den englischen Verwaltern, ihr Versprechen in die Tat umzusetzen und bei den Auszahlungen an die Gläubiger der nicht eröffneten Sekundärinsolvenzverfahren statt der englischen Befriedigungsregeln diejenigen der hypothetischen Sekundärinsolvenzverfahren zu befolgen. Da die Verwalter auf diesem Wege einen geschätzten Mehrerlös von US$ 45 000 000 erzielten und spätere Urteile[208] die grundsätzliche Zulässigkeit dieses Vorgehens festgestellt haben, stehen die Chancen gut, dass ähnliche Lösungsansätze auch in Zukunft Gehör finden.

52 Bei der Sanierung der *Nortel*-Gruppe autorisierten die englischen Gerichte[209] die Versendung von Anträgen an mögliche Gerichte von Sekundärverfahren, die englischen Verwalter über entsprechende Eröffnungsanträge zu informieren, und ermächtigten die Verwalter, die Ausschüttungen an Gläubiger möglicher Sekundärverfahren an den hypothetischen Quoten solcher Sekundärverfahren zu orientieren. Die Chancery Division (High Court London) stützte die Autorisierung der Anträge an die möglichen Gerichte eines Sekundärverfahrens auf Art. 31 Abs. 2 EuInsVO, dehnte dessen Anwendungsbereich also auf den Zeitraum vor Eröffnung eines Sekundärverfahrens aus.[210]

53 cc) **Einbindung beantragter und eröffneter Sekundärverfahren.** Kommt es zur Stellung eines Antrags auf Eröffnung eines Sekundärinsolvenzverfahrens, empfiehlt sich die kooperationsfördernde Kommunikation mit und unter den hinzugekommenen Akteuren. Dadurch mag das über das Sekundärinsolvenzverfahren entscheidende Gericht zu **sanierungsflankierenden (vorläufigen) Anordnungen** angeregt werden, soweit diese nach nationalem Recht zulässig sind. Dazu kann das Gericht zum einen direkt informiert werden. Zum anderen können die beteiligten Gerichte zur Kommunikation untereinander angeregt werden. Dabei ist allerdings zu bedenken, dass die Gerichte im Grundsatz nur ein Kommunikationsrecht, jedoch keine Kommunikationspflicht haben.[211]

54 Wird das Sekundärinsolvenzverfahren eröffnet, greifen die **Informations- und Kooperationspflichten der Verwalter von Haupt- und Sekundärinsolvenzverfahren** gem. Art. 31 EuInsVO.[212] Dazu gehört auch, dass der Verwalter des Sekundärinsolvenzverfahrens dem Verwalter des Hauptinsolvenzverfahrens die Gelegenheit gibt, Vorschläge für die Verwendung bzw. Verwertung der Masse des Sekundärinsolvenzverfahrens zu unterbreiten. Der Verwalter des Hauptverfahrens kann einen gewissen Schutz der Sanierung zudem dadurch erreichen, dass er gem. Art. 33 EuInsVO bei dem Gericht des Sekundärinsolvenzverfahrens die Aussetzung der Verwertung beantragt.[213] Außerdem kann er gem. Art. 34

---

[205] Dazu ausführlich § 38 Rdnr. 58 ff.
[206] *Meyer-Löwy/Plank* NZI 2006, 622 f.; *Vallender* NZI 2007, 129, 134.
[207] *Re Collins & Aikman Europe SA* [2006] BCC 861 = NZI 2006, 654; dazu *Geva* EBOR 2007, 605, 615 ff.; zur Frage, ob eine ähnliche Vorgehensweise nach deutschem Recht möglich ist, *Köhler-Ma/Burkard* DZWIR 2007, 410 ff.; vgl. auch *Re MG Rover Espana SA* [2006] BCC 599; *Re MG Rover Belux SA/NV* [2007] BCC 446.
[208] *Re Nortel Networks SA* [2009] BCC 343 = NZI 2009, 450 (m. Anm. *Mankowski*).
[209] Vgl. *Re Nortel Networks SA* [2009] BCC 343 = NZI 2009, 450 (m. Anm. *Mankowski*); dazu *Omar* [2009] ICCLR 379, 383.
[210] *Re Nortel Networks SA* [2009] BCC 343, 345 = NZI 2009, 450.
[211] Siehe aber Art. 21 EuInsVO; näher – auch zu Insolvenzverwaltungsverträgen und Protocols – *Busch/Remmert/Rüntz/Vallender* NZI 2010, 417 ff.; *Vallender* KTS 2005, 283, 321 ff.; *Paulus* NZI 2008, 1, 6; zur Kooperationspflicht österreichischer Richter *Paulus* EuInsVO Art. 31 Rdnr. 6.
[212] Eingehend *Hortig* Kooperation von Insolvenzverwaltern S. 53 ff.; *Pogacar* NZI 2011, 46, 47 f., 51; kritisch *Oberhammer* KTS 2009, 27, 58 f.
[213] Näher *Deyda* Der Konzern im europäischen internationalen Insolvenzrecht S. 243 ff.

Abs. 1 EuInsVO die Beendigung des Sekundärinsolvenzverfahrens anders als durch Liquidation, etwa durch einen Sanierungsplan oder einen Vergleich, vorschlagen.[214] Die Kooperation kann – je nach Situation – auch durch Insolvenzverwaltungsverträge (sog. Protocols) erleichtert werden.[215] Ob das für Sanierungen bisweilen schädliche Territorialitätsprinzip bei Sekundärinsolvenzverfahren im Wege der Kooperation überwunden werden kann, setzt jedoch zu einem guten Teil die Kooperationswilligkeit der Beteiligten voraus. Die nicht seltenen Fälle – in jüngerer Zeit etwa *Stanford*[216] –, in denen durch den Kompetenzstreit der Verwalter die Masse zu Lasten der Gläubiger aufgezehrt wurde, mahnen jedenfalls zur Kooperation.

dd) Vorteile von Sekundärinsolvenzverfahren. Schließlich sei vermerkt, dass die Eröffnung von Sekundärinsolvenzverfahren auch **Vorteile** für eine Sanierung mit sich bringen kann.[217] Das betrifft etwa den Fall, dass das Vermögen der Gesellschaft in verschiedenen Mitgliedstaaten belegen und dort dinglich besichert ist. Gem. Art. 5 und Art. 7 EuInsVO sind dingliche Rechte Dritter bzw. Rechte aus einem Eigentumsvorbehalt trotz Eröffnung eines Hauptinsolvenzverfahrens keinerlei insolvenzrechtlichen Beschränkungen unterworfen.[218] Durch die Eröffnung eines Sekundärverfahrens und das damit einhergehende Vollstreckungsverbot können solche Gegenstände rechtssicher in die Verwaltung eingebunden werden.[219] Außerdem erschwert die Eröffnung eines Sekundärinsolvenzverfahrens anderen Beteiligten sanierungsfeindliches Forum Shopping, indem für den Mitgliedstaat des Sekundärverfahrens das Insolvenzstatut und das geltende Verfahrensrecht fixiert werden.[220] Je nach Dynamik unter den Beteiligten mag ein lokaler Verwalter auch in einer besseren Ausgangsposition sein, um Sanierungslösungen mit den lokalen Gläubigern zu entwickeln.[221] Der Verwalter des Hauptverfahrens kann sich diese Vorteile zu Nutzen machen, indem er selbst die Eröffnung eines Sekundärinsolvenzverfahrens gem. Art. 29 lit. a) EuInsVO beantragt.[222] Dies setzt allerdings voraus, dass im betreffenden Mitgliedstaat eine Niederlassung eingerichtet ist.

V. Gesellschaftsrechtliche Aspekte

1. Grundentscheidung

Was die Regelungsebene des Gesellschaftsrechts angeht, ist zuerst die Frage zu beantworten, ob es überhaupt eines **Wechsels des Gesellschaftsrechtsstatuts** bedarf, um das Sanierungsziel zu erreichen. Wird die Frage verneint, mag die Herbeiführung der Anwendbarkeit des englischen Insolvenzrechts genügen. Eine Verlegung des Satzungssitzes ist dafür nicht zwingend erforderlich.[223] Eine Migration unter Wahrung der bisherigen Identität der Gesellschaft reicht aus.[224]

---

[214] Dazu ausführlich *Deyda* Der Konzern im europäischen internationalen Insolvenzrecht S. 232 ff.
[215] Dazu *Hortig* Kooperation von Insolvenzverwaltern S. 125 ff., 216 ff.
[216] High Court of Justice London ZIP 2009, 1776 = Re Stanford International Bank Ltd [2009] EWHC 1441 (Ch); dazu *Ralli* CRI 2009, 196 f.; *J. Schmidt* EWiR 2009, 571 f.
[217] Ähnlich *Reinhart* NZI 2009, 201, 205.
[218] H.M.; für einen Meinungsüberblick MünchKommInsO/*Reinhart* EuInsVO Art. 5 Rdnr. 13; *Paulus* EuInsVO Art. 5 Rdnr. 18 ff.; *Oberhammer* KTS 2009, 27, 38; vgl. außerdem EuGH NZI 2009, 741, 743 (Tz. 35: „materiell-rechtliche Vorschrift") – *German Graphics.*
[219] *Menjucq* ECFR 2008, 135, 141; *Duursma-Kepplinger* ZIP 2007, 896, 898.
[220] *Menjucq* ECFR 2008, 135, 142.
[221] *Godfrey* IILR 2011, 545, 549 f.; *Reinhart* NZI 2009, 201, 205.
[222] Die Probleme des Antragsrechts des vorläufigen Insolvenzverwalters (*Reinhart* NZI 2009, 201, 205 f.) stellen sich für englische Verwalter in der Regel nicht; vgl. Re Nortel Networks SA (No.2) [2010] BCC 21.
[223] Siehe auch oben Rdnr. 30 ff.; zu den Schwierigkeiten der Satzungssitzverlegung *Runkel* in Buth/Hermanns Restrukturierung, Sanierung, Insolvenz § 29 Rdnr. 30.
[224] Zu europarechtlichen Fragen der Migration allgemein *Westpfahl/Goetker/Wilkens* Grenzüberschreitende Insolvenzen S. 318 ff.

57 Sollen hingegen Vorteile des englischen Gesellschaftsrechts genutzt werden, ist eine identitätsauflösende Migration erforderlich, an deren Ende die Übertragung der Vermögensgegenstände (Aktiva und Passiva) auf eine englische Limited oder plc mit Satzungssitz in England (bzw. Wales) steht. Dies ist im Wege der **Universal- oder der Singularsukzession** durchführbar. Die Singularsukzession wurde bereits oben dargestellt.[225] Da sie mit den Schwierigkeiten der Einzelrechtsübertragung einhergeht, wird sie hier nicht weiter vertieft. Für die Universalsukzession sind hingegen im Wesentlichen drei Modelle unterschiedlicher Eignung denkbar:[226] ein grenzüberschreitender Formwechsel, eine grenzüberschreitende Verschmelzung oder die Anwachsung. Im Folgenden wird nur noch auf diese näher eingegangen.

2. Universalsukzession

58 **a) Grenzüberschreitender Formwechsel.** Denkbar ist zunächst, das englische Gesellschaftsrecht durch einen grenzüberschreitenden Formwechsel gem. §§ 190 ff. UmwG zur Anwendung zu bringen. Dabei würde die deutsche Gesellschaft in eine englische Gesellschaft, insbesondere eine Limited oder plc, umgewandelt. Zum einen fände eine Änderung der Rechtsform statt, zum anderen würde der Satzungssitz nach England verlegt. Der grenzüberschreitende Formwechsel ist jedoch mit **Schwierigkeiten** behaftet. § 191 UmwG legt abschließend fest, welche Rechtsträger als Zielrechtsform zulässig sind. Eine analoge Anwendung auf ausländische Gesellschaftsformen wird von gewichtigen Stimmen abgelehnt,[227] so dass die daraus erwachsende Unsicherheit den Sanierungserfolg gefährden könnte. Für eine eingehende Behandlung des grenzüberschreitenden Formwechsels wird auf § 54 verwiesen.

59 **b) Grenzüberschreitende Verschmelzung.** Geeigneter als ein grenzüberschreitender Formwechsel ist hingegen eine grenzüberschreitende Verschmelzung nach Maßgabe der §§ 122 a ff. UmwG. Diese Vorschriften beruhen auf der Umsetzung der **Verschmelzungsrichtlinie**[228] in deutsches Recht. Bei der grenzüberschreitenden Verschmelzung würde etwa eine deutsche Kapitalgesellschaft auf eine englische Limited oder plc verschmolzen.[229] Sofern der Anwendungsbereich der §§ 122 a ff. UmwG eröffnet ist, bieten diese ein verlässliches Verfahren. Es ist allerdings mit einigen Förmlichkeiten belastet,[230] die bei knapp bemessener Zeit unter Umständen nur schwer zu erfüllen sein können.[231] Hinzu kommt, dass Gläubiger, die glaubhaft machen, dass die Verschmelzung die Erfüllung ihrer Forderungen gefährdet, gem. § 122 j Abs. 1 UmwG einen Anspruch auf Sicherheitsleistung haben.[232] Auf Seiten des englischen Rechts sind insbesondere die Companies (Cross-Border) Merger Regulations 2007 (SI 2007/2974) zu beachten.[233] Für weitere Einzelheiten der grenzüberschreitenden Verschmelzung wird auf § 53 verwiesen.

60 **c) Anwachsung.** Schließlich lässt sich eine Universalsukzession zum Zwecke der Herbeiführung eines englischen Gesellschaftsrechtsstatus im Wege der Anwachsung be-

---

[225] Siehe Rdnr. 26.
[226] Dazu bereits oben Rdnr. 25.
[227] Siehe nur *Stengel* in Semler/Stengel UmwG § 191 Rdnr. 1, 14 f.; *Decher* in Lutter UmwG § 191 Rdnr. 1; *Meister/Klöcker* in Kallmeyer UmwG § 191 Rdnr. 1, 7 ff.
[228] Richtlinie 2005/56/EG des Europäischen Parlaments und des Rates vom 26. Oktober 2005 über die Verschmelzung von Kapitalgesellschaften aus verschiedenen Mitgliedstaaten, ABl. EU L 310 v. 25. 11. 2005, S. 1–9.
[229] Zur grenzüberschreitenden Verschmelzung von Personengesellschaften *Bungert/Schneider* in Hutter/Gruson* Gedächtnisschrift Gruson S. 37 ff.
[230] Siehe nur *Westpfahl/Goetker/Wilkens* Grenzüberschreitende Insolvenzen S. 334 ff.; *Freundorfer/Festner* GmbHR 2010, 195 ff.; *Brocker* BB 2010, 971 ff.
[231] *Moore* Ins Int 2009, 25, 28.
[232] Zu Umwandlungsmöglichkeiten in der Krise *Blasche* GWR 2010, 441 ff.
[233] Dazu *Re Wood DIY Ltd*, 14. 6. 2011, unreported.

werkstelligen. Dieser Weg wurde beispielsweise in den Sanierungsfällen Schefenacker[234] und Deutsche Nickel[235] erfolgreich beschritten. Dabei wurde jeweils eine deutsche Kapitalgesellschaft in eine GmbH & Co. KG umgewandelt. An der GmbH & Co. KG war die spätere englische Gesellschaft als Komplementärin beteiligt.[236] Durch Austritt sämtlicher Gesellschafter außer der englischen Komplementärin wurde eine Universalsukzession im Wege der **Anwachsung gem. §§ 161 Abs. 2, 105 Abs. 3 HGB, § 738 Abs. 1 S. 1 BGB** (englisch: collapse merger) herbeigeführt.[237] Die die austretende deutsche Komplementärin treffende Nachhaftung gem. § 160 Abs. 1 HGB belastet die Sanierung der verbleibenden englischen Komplementärin nicht. Das Ausscheiden der übrigen Gesellschafter ist nicht als Sacheinlage in die verbleibende Gesellschaft zu qualifizieren.[238] Ein Widerspruchsrecht der Arbeitnehmer gem. § 613a Abs. 6 BGB gegen den Übergang der Arbeitsverhältnisse besteht wegen der Gesamtrechtsnachfolge nicht, es kann jedoch ein wichtiger Grund zur fristlosen Kündigung gem. § 626 Abs. 1 BGB gegeben sein.[239] Anstelle des Austritts sämtlicher Gesellschafter außer der englischen Komplementärin können die Anteile der GmbH und des/der Kommanditisten auch auf die englische Gesellschaft übertragen werden. Ein Vorteil des Anwachsungsmodells ist seine relativ schnelle Durchführbarkeit und der Umstand, dass es sich bereits in der Praxis bewährt hat. Für weitere Einzelheiten des Anwachsungsmodells wird auf § 55 verwiesen.

VI. Vertrags- und Verkehrsrecht

1. Change-of-COMI-Klauseln

Ein Gläubiger, der sich gegen die Migration einer Gesellschaft in ausländische Rechtsordnungen schützen möchte, kann bei entsprechender Verhandlungsmacht eine Change-of-COMI Klausel vereinbaren.[240] Denkbar sind sowohl Klauseln, die sich gegen die **Verlegung des COMI** richten, als auch solche, die einen **Antrag auf Verfahrenseröffnung an einem anderen Ort** als dem gegenwärtigen Satzungs- bzw. Verwaltungssitz verbieten.[241] Anstatt nur die Fortdauer des aktuell bestehenden COMI zu garantieren, empfiehlt sich die Vereinbarung eines Zustimmungsvorbehalts des Kreditgebers.[242] Als Sanktion bei Verstoß gegen die Klausel kommen u. a. Vorfälligkeit der Kreditforderung oder eine Vertragsstrafe in Betracht.[243] Die Wirksamkeit solcher Klauseln ist bislang – soweit ersichtlich – allerdings noch nicht vor deutschen Gerichten behandelt worden. Eine Gerichtsstandsvereinbarung über die Insolvenzzuständigkeit wird in der Literatur unter Hinweis auf § 4 InsO, § 40 Abs. 2 S. 1 Nr. 2 ZPO als unwirksam angesehen.[244]

2. Verkehrsrecht

Noch **kaum geklärt** sind die Rechtsfolgen einer Sanierungsmigration nach dem Verkehrsrecht. Das gilt besonders für jene Fälle, in denen es sich nicht um missbräuchliche GmbH-Bestattungen im Ausland handelt.[245] Hier verbietet sich eine pauschale Betrachtung

---

[234] Siehe § 42 Rdnr. 1 ff.
[235] Siehe § 42 Rdnr. 17 ff.
[236] *Baird/Ho* Ins Int 2007, 124, 125.
[237] BGH NJW 1968, 1964 f.; BGH NJW 2000, 1119; zur steuerrechtlichen Behandlung der Anwachsung *Ege/Klett* DStR 2010, 2463.
[238] *Ege/Klett* DStR 2010, 2463.
[239] BAG NZA 2008, 815, 818; näher zu arbeitsrechtlichen Aspekten der Anwachsung *Schnitker/Grau* ZIP 2008, 394.
[240] *Eidenmüller* KTS 2009, 137, 148 f.; ders. ZGR 2006, 467, 479; *Weller* ZGR 2008, 835, 863 f.
[241] Einen Überblick zu Gestaltungsmöglichkeiten gibt *Mankowski* ZIP 2010, 1376 ff.
[242] *Eidenmüller* KTS 2009, 137, 148.
[243] *Weller* ZGR 2008, 835, 863.
[244] *Uhlenbruck/Uhlenbruck* InsO § 3 Rdnr. 1; *Mankowski* ZIP 2010, 1376, 1377; *Knof/Mock* ZIP 2006, 189.
[245] Dazu instruktiv *Weller* ZIP 2009, 2029 ff.

wegen der Vielgestaltigkeit möglicher Konstellationen. Zu denken ist etwa an Fälle, in denen Kleingläubiger unter der von den maßgeblichen Großkreditgebern getragenen Restrukturierung im Ausland leiden.[246] Probleme kann aber auch die „Entmachtung" von Minderheitsgesellschaftern durch Migration in die englische Rechtsordnung bereiten.[247]

63   Zwar ist es richtig, dass bereits de lege lata zahlreiche Mechanismen missbräuchlichem Forum Shopping vorbeugen.[248] Dazu zählen das Sicherungsrecht der Gläubiger gem. §§ 204, 22 UmwG im Fall der Umwandlung zur Vorbereitung einer Migration im Wege der Anwachsung, der Anspruch auf Sicherheitsleistung gem. § 122j Abs. 1 UmwG bei der grenzüberschreitenden Verschmelzung und die Mitwirkungsrechte zumindest der Mehrheitsgesellschafter bei Strukturänderungen. Die durch den Wechsel des Insolvenz- und ggf. auch Gesellschaftsstatuts verursachten **Friktionen** können die bestehenden Regeln jedoch nicht immer zufriedenstellend bewältigen. Genannt seien nur die Verschiebung von Gläubigerrangklassen bei der Migration von der deutschen in die englische Rechtsordnung[249] und die Möglichkeit, Gläubiger- und Gesellschafterminderheiten nach englischem Recht gegen ihren Willen durch die Sanierung verursachte Verluste aufzuzwingen.[250]

64   Die Rechtsprechung wird hier neben insolvenzrechtlichen Schutznormen (wie dem Insolvenzanfechtungsrecht) die Anwendbarkeit des Verkehrsrechts, insbesondere der vorsätzlichen sittenwidrigen Schädigung gem. **§ 826 BGB**, zu prüfen haben. Dabei sind jedoch die für die Sittenwidrigkeit relevanten hohen Anforderungen an den Missbrauchsvorwurf einer Migration zu beachten.[251] Weiterhin ist die Anwendbarkeit anderer gläubigerschützender Normen auch bei Sanierungsmigrationen nicht aus den Augen zu verlieren, etwa die bereits bei Fahrlässigkeit greifende Insolvenzverschleppungshaftung gem. § 823 Abs. 2 BGB, § 15a Abs. 1 InsO.[252]

§ 38 Insolvenzverfahren

Übersicht

	Rdnr.		Rdnr.
I. Rechtsquellen	1–4	d) Ansatz der Forderungen	21–22
II. Institutionen	5–7	e) Ansatz der Zahlungsmittel	23
III. Insolvenzgründe	8–38	f) Nachweis im Verfahren	24
1. Insolvency und inability to pay debts	8–14	3. Balance sheet insolvency gem. s. 123(2) IA 1986 und s. 214(6) IA 1986 (Überschuldung)	25–32
a) Terminologie und Überblick	8–10	a) Grundlagen	25–26
b) Bedeutung der materiellen Insolvenz	11–12	b) Ansatz der Passiva	27–29
c) Relevanz der Insolvenzgründe	13–14	c) Ansatz der Aktiva	30–31
2. Cash flow insolvency gem. s. 123(1)(e) IA 1986 (Zahlungsunfähigkeit)	15–24	d) Nachweis im Verfahren	32
		4. Statutory demand gem. s. 123(1)(a) IA 1986	33
a) Grundlagen	15–17	5. Erfolglose Vollstreckung gem. s. 123(1)(b) IA 1986	34
b) Relevanter Zeitraum	18–19	6. Zukünftige Insolvenz gem. p. 11(a) Sch B1 IA 1986	35–38
c) Wesentlichkeit	20		

---

[246] Zur maßgeblichen Rolle der Kreditinstitute bei Sanierungsmigrationen *Ringe* EBOR 2008, 579, 604.

[247] Siehe dazu Rdnr. 7.

[248] *Ringe* EBOR 2008, 579, 604 ff.

[249] *Ringe* EBOR 2008, 579, 604 ff.

[250] Dazu §§ 39, 40.

[251] Dazu oben Rdnr. 20.

[252] Zur internationalen Zuständigkeit bei Ansprüchen aus Geschäftsführerhaftung OLG Karlsruhe NJW-RR 2010, 714.

	Rdnr.		Rdnr.
IV. Insolvenzverfahren	39–111	d) Durchführung	76, 77
1. Überblick	39–42	e) Rangfolge	78
2. Company voluntary arrangement (CVA) und scheme of arrangement	43	f) Beendigung	79
		6. Compulsory winding up	80–88
		a) Einführung	80
3. Administrative receivership und floating charge	44–57	b) Eröffnung	81–86
		c) Durchführung und Beendigung	87, 88
a) Floating charge	44–51	7. Löschung aus dem Gesellschaftsregister	89–96
b) Administrative receivership	52–57		
4. Administration	58–68	a) Überblick	89
a) Entstehungs- und Reformgeschichte	58, 59	b) Löschung gem. s. 1000 CA 2006	90
b) Zweck	60		
c) Eröffnung	61, 62	c) Löschung gem. s. 1003 CA 2006	91
d) Durchführung	63–65		
e) Rangfolge	66	d) Wiedereintragung	92
f) Beendigung	67	e) Ausschaltung des insolvenzrechtlichen Gläubigerschutzes durch kalte Liquidation?	93–96
g) Sanierungen im Rahmen einer administration	68		
5. Creditors' voluntary winding up	69–79	8. Pre-packaged sale (pre-pack)	97–111
a) Zweck und praktische Bedeutung	69, 70	a) Einführung	97–99
		b) Durchführung	100–102
b) Eröffnung	71	c) Rolle des administrator	103–106
c) Solvenzerklärung	72–75	d) Anfechtbarkeit	107–111

Schrifttum: *Armour/Bennett,* Vulnerable Transactions in Corporate Insolvency, 2003; *Armour/Deakin,* Norms in Private Insolvency Procedures: The London Approach to the Resolution of Financial Distress, (2001) 1 JCLS 21–52; *Armour/Frisby,* Rethinking Receivership, (2001) OJLS 73–102; *Armour/Mokal,* Reforming the Governance of Corporate Rescue – The Enterprise Act 2002, ESRC Centre for Business Research, University of Cambridge, Working Paper No. 289, 2004; *Association of Business Recovery Professionals,* Pre-packaged Sales ("Pre-packs") – A Survey of R3 Members, May 2009; *dies.,* Statement of Insolvency Practice 16 (SIP 16): Pre-packaged Sales in Administrations, 2009; *Bailey/Groves,* Corporate Insolvency, 3. Aufl. 2007; *Baird/Sidle,* Cash flow insolvency – Ramifications of the Briggs J decision in Re Cheyne Finance, (2008) 3 JIBFL 131–133; *Bebchuk/Fried,* The Uneasy Case for the Priority of Secured Claims in Bankruptcy, 105 Yale L.J. 857–934 (1986); *BIS,* Strike-off, Dissolution, Restoration, 2010; *Bork/Wiese,* Die Rechtsstellung des Insolvency Practitioner, 2011; *Breken/Kemp,* Schoeller Area, Or the Curious Case of the Creeping Pre-pack, CRI 2010, 101–103; *Bromilow,* Creasey v Breachwood Motors: Mistaken Identity Leads to Untimely Death, [1998] CL 198–201; *Citron,* The Incidence of Accounting-Based Covenants in UK Public Debt Contracts: An Empirical Analysis, (1995) 25 ABR 139–150; *Cork Report,* Insolvency Law and Practice, Report of the Review Committee, Chairman: Sir Kenneth Cork, HMSO, Cmnd. 8558, London, vorgelegt Juni 1982, Nachdruck 1990; *Davies,* Insolvency and the Enterprise Act 2002, 2003; *Day/Taylor,* Evidence on the Practice of UK Bankers in Contracting for Medium-term Debt, [1995] JIBL 394–401; *dies.,* Loan Contracting by UK Corporate Borrowers, [1996] JIBL 318–325; *Devaney,* A Step in the Wrong Direction? UK and US Regulators Must Turn their Attention to the Rise of Pre-Packaged Insolvency, 26 IFLR 26–27 (2007); *Doyle,* Insolvency Litigation, 1999; *Eichel/Brenner,* Creditor Protections in Prepackaged Bankruptcy Cases Providing for the Sale of Assets, CRI 2009, 156–159; *Ellis,* The Thin Line in the Sand – Pre-Packs and Phoenixes, Recovery 2006 (Spring), 3; *Finch,* Corporate Insolvency Law, 2. Aufl. 2009; *Fletcher,* The Law of Insolvency, 4. Aufl. 2009; *ders.,* UK Corporate Rescue: Recent Developments – Changes to Administrative Receivership, Administration, and Company Voluntary Arrangements – The Insolvency Act 2000, The White Paper 2001, and the Enterprise Act 2002, EBOR 5 (2004) 119–151; *Franks/Sussmann,* Financial Distress and Bank Restructuring of Small-to-Medium Size UK Companies, CEPR Discussion Paper No. 3915, 2003; *French,* Application to Wind Up Companies, 2. Aufl. 2008; *Frisby,* All Go on the Pre-Pack Front, CLN, Ausgabe 259, 1–4; *dies.,* Judicial Sanction of Insolvency Pre-packs? DKLL Solicitors v HMRC Considered, CLN, Ausgabe 227, 1–4; *dies.,* Pre-packs and the Greater Good: Innovate Logistics Ltd v Sunberry Properties Ltd Considered, CLN, Ausgabe 246, 1–4; *Goode,* Principles of Corporate Insolvency Law, 4. Aufl.

2011; *Gough,* Company Charges, 2. Aufl. 1996; *Granfield/de la Cruz,* The United States Expedited Proceedings: 'Pre-Packaged' Chapter 11 Plans, in: *Olivares-Caminal* (Hrsg.), Expedited Debt Restructuring, 2007, 437–456; *Gullifer,* Goode on Legal Problems of Credit and Security, 4. Aufl. 2008; *dies.,* The Reforms of the Enterprise Act 2002 and the Floating Charge as a Security Device, in: *Ringe/ Gullifer/Théry* (Hrsg.), Current Issues in European Financial and Insolvency Law – Perspectives from France and the UK, 2009, 17–44; *Hannigan,* Company Law, 2. Aufl. 2009; *Häsemeyer,* Insolvenzrecht, 4. Aufl. 2007; *Harris,* The Decision to Pre-Pack, Recovery 2004 (Winter), 26–27; *Ho,* Interrogating and Indulging Prepacks: Re Kayley Vending, CRI 2009, 168–169; *Hyde/White,* Pre-Pack Administrations: Unwrapped, Law and Financial Markets Review 2009, 134–138; *Insolvency Service,* Report on the Operation of Statement of Insolvency Practice 16 – 1 January to 31 December 2010 (2011); *Just,* Die englische Limited in der Praxis, 3. Aufl. 2008; *Keay,* McPherson's Law of Company Liquidation, 2. Aufl. 2009; *ders.,* What Future for Liquidation in the Light of the Enterprise Act Reforms, [2005] JBL 143–158; *Keay/Walton,* Insolvency Law, 2. Aufl. 2008; *Kirschner/Kusnetz/Solarsh/Gatarz,* Prepackaged Bankruptcy Plans: The Deleveraging Tool of the '90s in the Wake of OID and Tax Concerns, 21 Seton Hall L. Rev. 643–677 (1990–1991); *Köster,* Die Bestellung des Insolvenzverwalters – Eine vergleichende Untersuchung des deutschen und englischen Rechts, 2005; *Lingard,* Corporate Rescues and Insolvencies, 2. Aufl. 1989; *Linklater,* New Style Administration: A Substitute for Liquidation, [2005] CL 129; *Mason,* Pre-packs from the Valuer's Perspective, Recovery 2006 (Summer), 19–20; *Mayr,* Enforcing Prepackaged Restructurings of Foreign Debtors under the U.S. Bankruptcy Code, 14 Am. Bankr. Inst. L. Rev. 469–525 (2006); *Milman,* Winding up of Companies: Reflections on Recent Jurisprudence, CLN 2006, Ausgabe 4, 1–4; *Milman/Durrant,* Corporate Insolvency: Law and Practice, 3. Aufl. 1999; *Mokal,* Administrative Receivership and Administration, (2004) 57 CLP 355–392; *Morse* (Hrsg.), Palmer's Company Law: Annotated Guide to the Companies Act 2006, 2007; *ders.,* (Hrsg.), Palmer's Company Law, Loseblattsammlung, London, 25. Aufl., Stand Oktober 2011; *OFT,* The Market for Corporate Insolvency Practitioners, A Market Study: Annexes, 2010; *Parry,* Corporate Rescue, 2008; *Prentice,* Bargaining in the Shadow of the Enterprise Act 2002, EBOR 5 (2004) 153–158; *ders.,* Corporate Insolvency Law, 2. Aufl. 1997; *ders.,* The Genesis of the Floating Charge, (1960) MLR 630–646; *Redeker,* Die Haftung für wrongful trading, 2007; *Schall,* Die Floating Charge im Wettbewerb der Insolvenzrechte, KTS 2009, 69–87; *Sealy/Milman,* Annotated Guide to the Insolvency Legislation 2011, 14. Aufl. 2011; *Sealy/Worthington,* Cases and Materials in Company Law, 9. Aufl. 2010; *Skeel,* Debt's Dominion, 2003; *Standard&Poor's,* A Comparative Analysis of the Recovery Process and Recovery Rates for Private Companies in the UK, France and Germany, 2004; *Steffek,* Gläubigerschutz in der Kapitalgesellschaft, 2011; *ders.,* Insolvenzgründe in Europa – Rechtsvergleich, Regelungsstrukturen und Perspektiven der Rechtsangleichung, KTS 2009, 317–353; *Tashjian/Lease/McConell,* Prepacks – An Empirical Analysis of Prepackaged Bankruptcies, 40 J. of Financial Economics 135–162 (1996); *Vilaplana,* A Pre-Pack Bankruptcy Primer, 44 The Practical Lawyer 33–42 (1998); *Walton,* Pre-packin' in the UK, 18 Int. Insolv. Rev. 85–108 (2009); *Westpfahl/Goetker/ Wilkens,* Grenzüberschreitende Insolvenzen, 2008; *Wood,* Principles of International Insolvency, 2. Aufl. 2007.

I. Rechtsquellen

1   Das englische Insolvenzrecht ist hauptsächlich im **Insolvency Act 1986** geregelt, dessen geläufige Abkürzung **IA 1986** lautet. Der IA 1986 und andere wichtige Rechtsquellen im Bereich des Insolvenzrechts sind auf den Websites des National Archive zusammengestellt und dort elektronisch abrufbar.[1] Der IA 1986 konsolidiert im Wesentlichen den Insolvency Act 1985 und diejenigen Teile des Companies Act 1985 (CA 1985), welche die Insolvenzverfahren des sog. receivership und des winding up regelten. Der Insolvency Act 1985 ist das Ergebnis einer Jahrhundertreform des englischen Insolvenzrechts, die wesentlich durch den sog. Cork Report[2] vorbereitet wurde. Der IA 1986 regelt sowohl die Insolvenz natürlicher Personen als auch diejenige juristischer Personen und sieht dafür getrennte Regeln vor.

2   Reformiert wurde der IA 1986 zum einen durch den Insolvency Act 2000 (abgekürzt als IA 2000), der insbesondere die Regeln des company voluntary arrangement betraf. Zum

---

[1] Die Adresse lautet: www.legislation.gov.uk.
[2] Insolvency Law and Practice, Report of the Review Committee, Chairman: Sir Kenneth Cork, HMSO, Cmnd. 8558, London, vorgelegt Juni 1982, Nachdruck 1990.

anderen ist die Reform durch den **Enterprise Act 2002** (kurz EA 2002) zu nennen, der neue Verfahrensregeln für die administration einführte und diesem Insolvenzverfahren zu gesteigerter praktischer Relevanz verhalf. Die Reform des Gesellschaftsrechts durch den Companies Act 2006 (kurz CA 2006) betraf den IA 1986 hingegen kaum.[3]

Die Regeln des Insolvency Act 1986 werden durch die **Insolvency Rules 1986** konkretisiert. Die Insolvency Rules wurden im Wege eines Statutory Instrument mit der Nr. 1925 im Jahr 1986 erstmals erlassen. Dementsprechend werden sie abgekürzt in Bezug genommen als SI 1986/1925 oder – sehr häufig – als **IR 1986**. Die IR 1986 werden fortlaufend geändert, besonders um die Reformen des IA 1986 nachzuvollziehen. Zahlreiche **Formulare** mit Bezug auf die Sanierungs- und Insolvenzverfahren werden auf den Websites des Gesellschaftsregisters und des Insolvency Service zur Verfügung gestellt.[4] Daneben gibt es weitere Gesetze und Statutory Instruments, die in Insolvenz und Krise von Kapitalgesellschaften relevant werden können. Dazu zählen der bereits genannte CA 2006, der Company Directors Disqualification Act 1986 (CDDA 1986) und die Insolvency Proceedings (Fees) Order 2004 (SI 2004/593).

Gegenwärtig werden Konsultationen zur Frage der **Reformbedürftigkeit des Sanierungs- und Insolvenzrechts** sowie zur Konsolidierung der IR 1986 durchgeführt. Die Internetpräsenz des Insolvency Service[5] informiert in regelmäßigen Abständen über den Konsultations- und ggf. Reformverlauf.

II. Institutionen

Der **Secretary of State for Business, Innovation and Skills**,[6] Kabinettsmitglied und verantwortlich für das Department for Business, Innovation and Skills (BIS),[7] wird durch den IA 1986 mit umfangreichen Kompetenzen zur Rechtssetzung ausgestattet.[8] Zudem ist er berechtigt, unter bestimmten Bedingungen die Abwicklung einer Gesellschaft zu beantragen.[9]

Der **Insolvency Service**,[10] eine Executive Agency des Department for Business, Innovation and Skills, hat den Auftrag, die Umsetzung und Einhaltung des Insolvenzrechts zu besorgen. Dazu gehört unter anderem die Verwaltung und Untersuchung von Insolvenzen von Kapitalgesellschaften, Insolvenzverwaltung durch official receiver in Fällen, in denen kein privater Insolvenzverwalter ernannt wird, Berichterstattung über Fehlverhalten von Direktoren in Krise und Insolvenz, die Betreuung von Verfahren, in denen Personen das Recht zur Bekleidung des Direktorenamtes entzogen wird (Disqualifizierung) und Untersuchungen von Kapitalgesellschaften im öffentlichen Interesse, insbesondere beim Verdacht schwerer Gläubigerschädigungen (company investigations). Der Insolvency Service unterhält zum einen ein Netz von gegenwärtig 42 official receiver offices in England und Wales. Zum anderen bestehen folgende Direktorate und Leitungseinheiten: Enforcement und Investigations Direktorate in London, Birmingham, Manchester und Edinburgh, die Estate Accounts Services in Birmingham, die Redundancy Payments offices in Edinburgh, Birmingham und Watford, der Companies Investigation Branch in London und Manchester

---

[3] Für den IA 1986 bringt im Wesentlichen nur s. 1282 CA 2006 eine Neuerung betreffend die Kosten der Liquidation.

[4] Unter www.companieshouse.gov.uk/forms/insolvencyForms.shtml und www.bis.gov.uk/insolvency/About-us/forms.

[5] Unter www.bis.gov.uk/insolvency.

[6] Früher bekannt unter den Titeln Secretary of State for Business, Enterprise and Regulatory Reform und Secretary of State for Trade and Industry.

[7] Hervorgegangen aus einer Zusammenlegung des Department for Innovation, Universities and Skills (DIUS) und des Department for Business, Enterprise and Regulatory Reform (BERR).

[8] Siehe etwa *Goode* Principles of Corporate Insolvency Law Rdnr. 1-20, S. 21.

[9] Dazu unten Rdnr. 81.

[10] Website: www.bis.gov.uk/insolvency.

sowie Corporate and Business Services in London, Birmingham und Leeds. Der Sitz der Hauptverwaltung ist in London.

7 Die Insolvenzverwaltung ist Aufgabe der **insolvency practitioners**, die in der Regel entweder ausgebildete Wirtschaftsprüfer oder Rechtsanwälte sind.[11] Je nach Verfahrensart übernimmt der insolvency practitioner die Rolle des (vorläufigen) liquidator, administrator, administrative receiver, supervisor oder nominee eines voluntary arrangement.[12] Die Zulassung zum insolvency practitioner liegt in den Händen der staatlich anerkannten Berufsverbände[13] und des Secretary of State.[14] Wer ohne Zulassung als insolvency practitioner handelt, riskiert gem. s. 389 IA 1986 eine Geld- und/oder Freiheitsstrafe.

III. Insolvenzgründe

1. Insolvency und inability to pay debts

8 **a) Terminologie und Überblick.** Englische Gesetze unterscheiden begrifflich zwischen insolvency und inability to pay debts. **Insolvency** und **insolvent** meinen das Stattfinden eines formellen Insolvenzverfahrens.[15] Um den finanzwirtschaftlichen Zustand der Insolvenz zu bezeichnen, verwendet die Gesetzessprache dagegen die Begriffe **inability to pay debts** und **unable to pay debts**.[16] Die englische Fachliteratur hält diese Trennung jedoch nicht durch und verwendet „insolvent" oft im Sinne von „unable to pay debts".

9 Die beiden entscheidenden gesetzlichen Definitionen der inability to pay debts sind:
(1) „the company is unable to pay its debts as they fall due" (der sog. **cash flow test**) in s. 123(1)(e) IA 1986;
(2) „the value of the company's assets is less than the amount of its liabilities" (der sog. **balance sheet test**) in s. 123(2) IA 1986.

10 Der IA 1986 und damit im Zusammenhang stehende Rechtsregeln kennen zwar noch weitere tatbestandliche Umschreibungen der finanzwirtschaftlichen Insolvenz einer Kapitalgesellschaft. Allein der cash flow test und der balance sheet test werden jedoch in den grundlegenden verfahrens-, haftungs- und anfechtungsrechtlichen Regelungen – teils gemeinsam, teils einzeln – in Bezug genommen.[17] Deshalb werden der cash flow und der balance sheet test auch als die beiden primary tests der inability to pay debts bezeichnet.[18] Weitere Insolvenzgründe sind die **statutory demand** gem. s. 123(1)(a) IA

---

[11] Zum Berufsstand der insolvency practitioners *Bork/Wiese* Die Rechtsstellung des Insolvency Practitioner, S. 25 ff.

[12] Vgl. s. 388(1) IA 1986; zur Rechtsstellung innerhalb der einzelnen Verfahren *Bork/Wiese* Die Rechtsstellung des Insolvency Practitioner, S. 59 ff.

[13] Vgl. s. 391 IA 1986; zugelassen sind insbesondere die Insolvency Practitioners Association sowie die Berufsverbände der Wirtschaftsprüfer und Rechtsanwälte.

[14] S. 392(2) IA 1986.

[15] Vgl. ss. 240(3), 247(1) IA 1986; s. 6(2) CDDA 1986; dazu *Goode* Principles of Corporate Insolvency Law Rdnr. 4-01, S. 109 f.; die folgenden Ausführungen zu den englischen Insolvenzgründen und Insolvenzverfahren beruhen auf der ausführlicheren Darstellung in *Steffek* Gläubigerschutz in der Kapitalgesellschaft S. 68 ff., S. 145 ff.

[16] Vgl. ss. 123, 222–224 IA 1986; dazu *Goode* Principles of Corporate Insolvency Law Rdnr. 4-01, S. 109 f.

[17] Siehe s. 122(1)(f) IA 1986 (circumstances in which company may be wound up by the court); s. 123(1)(e) und (2) IA 1986 (definition of inability to pay debts); p. 11(a) Sch B1 IA 1986 (conditions for making [an administration] order); s. 214(6) IA 1986 (wrongful trading); s. 216(7) IA 1986 (restriction on re-use of company names); s. 240(2) IA 1986 (relevant time under ss 238, 239); s. 245(4) IA 1986 (avoidance of certain floating charges); s. 653(4) CA 2006 (liability to creditor in case of omission from list of creditors); s. 6(2)(a) CDDA 1986 (duty of court to disqualify unfit directors of insolvent companies).

[18] *Goode* Principles of Corporate Insolvency Law Rdnr. 4-04, S. 86.

1986,[19] die **erfolglose Vollstreckung** gem. s. 123(1)(b) IA 1986[20] und die **zukünftige Insolvenz** gem. p. 11(a) Sch B1 IA 1986.[21] Diese Insolvenzgründe werden nur in ausgewählten Verfahren bzw. von spezifischen Normen in Bezug genommen.

b) Bedeutung der materiellen Insolvenz. An die bloße materielle Insolvenz einer Kapitalgesellschaft, ihre **inability to pay debts**, knüpft das englische Recht **keine rechtlichen Konsequenzen**.[22] Das überrascht aus Sicht des deutschen Rechts, das gem. § 15a Abs. 1 S. 1 InsO an der Überschuldung und Zahlungsunfähigkeit die Antragspflicht der Mitglieder des Vertretungsorgans der juristischen Person und bei entsprechendem Verstoß die Entstehung von Ansprüchen wegen Insolvenzverschleppung festmacht. Die englische Position erklärt sich zum einen daraus, dass sie kein dogmatisches Äquivalent zur Insolvenzantragspflicht gem. § 15a InsO kennt. Zum anderen setzt die Entstehung und prozessuale Verfolgbarkeit insolvenzrechtlicher Schadensersatz- und Anfechtungsansprüche tatbestandlich die Eröffnung eines formellen Insolvenzverfahrens voraus. Daher ist es per se weder strafrechts- noch zivilrechtswidrig, wenn eine Limited oder plc in den Zustand der inability to pay debts gerät und dennoch weiter am Markt tätig ist. Auch die individuelle Zwangsvollstreckung wird durch die bloße inability to pay debts nicht verhindert und Vermögensverschiebungen werden alleine deshalb nicht unwirksam (void) oder anfechtbar (voidable). Erst die formelle Eröffnung eines Insolvenzverfahrens, terminologisch korrekt also die insolvency der Gesellschaft, eröffnet die Verfolgung **insolvenzrechtlicher** Ansprüche und lässt bestimmte Vermögensverschiebungen unwirksam (void) oder anfechtbar (voidable) werden.[23] Anderes gilt für **gesellschaftsrechtlich** zu qualifizierende Ansprüche, etwa für die unten[24] behandelten Ansprüche nach der West Mercia-Doktrin.[25]

Kommt es zur Eröffnung eines Insolvenzverfahrens, wird die inability to pay debts rechtlich relevant, und zwar nicht nur für die Zeit ab Eröffnung des Verfahrens, sondern auch **rückwirkend** für die Zeit, während der die inability to pay debts bloß faktisch gegeben war. Die inability to pay debts wird dadurch zum tragenden Prinzip des englischen Insolvenzrechts der Kapitalgesellschaften. Der cash flow test entspricht funktional der Zahlungsunfähigkeit i. S. d. § 17 Abs. 2 InsO, während der balance sheet test der Überschuldung i. S. d. § 19 Abs. 2 InsO gleicht. Vor dem Hintergrund des Sprachgebrauchs im deutschen Insolvenzrecht[26] ist es somit gerechtfertigt, hier den Begriff „insolvent" bzw. „Insolvenz" für unable bzw. inability to pay debts zu verwenden. Geht es um insolvency im Sinne der englischen Gesetzessprache, bietet sich dagegen die Bezeichnung „Insolvenzverfahren" an.

c) Relevanz der Insolvenzgründe. Die **inability to pay debts** gewinnt in den folgenden elementaren Sachverhalten an Bedeutung:
1. Sie ist gem. s. 122(1)(f) IA 1986 ausreichender Grund für die gerichtliche Anordnung der Abwicklung (winding up) der Gesellschaft.
2. Wenn das Gericht davon überzeugt ist, dass die Gesellschaft unable to pay debts ist, kann es gem. p. 11(a) Sch B1 IA 1986 das insolvenzrechtliche Verwaltungsverfahren (administration) über die Gesellschaft eröffnen.[27]

---

[19] Dazu unten Rdnr. 33.
[20] Dazu unten Rdnr. 34.
[21] Dazu unten Rdnr. 35 ff.
[22] *Finch* Corporate Insolvency Law, S. 146; *Goode* Principles of Corporate Insolvency Law Rdnr. 4-01, S. 112.
[23] Zum Ganzen *Goode* Principles of Corporate Insolvency Law Rdnr. 4-01, S. 109.
[24] Unter § 41 Rdnr. 13 ff.
[25] Auch die Anfechtungsnorm s. 423 IA 1986 setzt tatbestandlich kein Insolvenzverfahren, ja nicht einmal die Insolvenz der Kapitalgesellschaft, voraus und ist deshalb streng genommen, trotz Verortung im IA 1986, nicht insolvenzrechtlich zu qualifizieren; dazu *Armour* in *Armour/Bennett* Vulnerable Transactions in Corporate Insolvency S. 95.
[26] *Häsemeyer* Insolvenzrecht Rdnr. 1.01, S. 5.
[27] Es genügt auch, dass die Gesellschaft „is likely to become unable to pay its debts" (p. 11(a) Sch B1 IA 1986); dazu unten Rdnr. 35 ff.

3. Die Haftung der Geschäftsleitung wegen wrongful trading setzt gem. s. 214(6) IA 1986 voraus, dass die Gesellschaft in der Abwicklung nicht den balance sheet test besteht.[28]
4. Dasselbe gilt für die Haftung wegen Verstoßes gegen eine restriction on re-use of company names laut s. 216 IA 1986.
5. Die Anfechtungsvorschriften s. 238 IA 1986 (transactions at an undervalue) und s. 239 IA 1986 (preferences) greifen nur, wenn die Gesellschaft gem. s. 240(2) IA 1986 im relevanten Zeitpunkt unable to pay its debts war oder durch die anfechtbare Handlung wurde.
6. Eine floating charge zur Sicherung einer mit der Gesellschaft nicht in qualifizierter Beziehung stehenden Person ist gem. s. 245(4) IA 1986 nur dann nichtig, wenn die Gesellschaft zur Zeit der Bestellung unable to pay debts ist oder durch die Transaktion wird.
7. Die Disqualifizierung eines Direktors wegen Unfähigkeit (unfitness) im Zusammenhang mit der Eröffnung eines Insolvenzverfahrens über eine von ihm geleitete Gesellschaft setzt gem. s. 6(2) CDDA 1986 voraus, dass die Gesellschaft im Insolvenzverfahren den balance sheet test nicht besteht.

14 Zeitlicher Angelpunkt des englischen Insolvenzrechts der Kapitalgesellschaften ist also die inability to pay debts mit den grundlegenden Definitionsausprägungen im cash flow und balance sheet test. Bei der Beschreibung der Verfahrensauslösung wird allerdings noch deutlich werden, dass Kapitalgesellschaften in England bereits vor diesen Zeitpunkten in ein gläubigerschützendes Insolvenzverfahren gezwungen werden können. Gerade die dogmatisch und rechtstatsächlich wichtigsten gläubigerschützenden Normen – genannt seien nur die eben beschriebenen s. 122(1)(f) IA 1986, s. 214 IA 1986 und ss. 238 ff. IA 1986 – greifen jedoch erst, wenn entweder der cash flow oder der balance sheet test erfüllt sind. Sie definieren damit den Zeitpunkt, in dem das englische Insolvenzrecht **spätestens** zum Schutz der Gläubiger eingreift.

2. Cash flow insolvency gem. s. 123(1)(e) IA 1986 (Zahlungsunfähigkeit)

15 **a) Grundlagen.** Section 123(1)(e) IA 1986 enthält den sog. **cash flow test**. Dort ist definiert:

„A company is deemed unable to pay its debts, if it is proved to the satisfaction of the court that the company is unable to pay its debts as they fall due."

16 Immer wenn sich insolvenzrechtliche Normen auf den cash flow test beziehen, ist diese Legaldefinition zur Anwendung berufen. Hin und wieder ist die Klage zu hören, die beiden primary tests seien höchstrichterlich noch nicht ausreichend geklärt.[29] Diesbezüglich ist festzuhalten, dass die wichtigsten Aspekte zumindest so weit durchdrungen sind, dass sie hier dargestellt werden können und der Rechtspraxis einen ausreichend verlässlichen Rechtsrahmen zur Verfügung stellen. Eine **gewisse Unschärfe** ergibt sich allerdings systemimmanent daraus, dass die Spruchpraxis die Besonderheiten des Einzelfalles stark berücksichtigt, so dass bei der Verallgemeinerung von Gerichtsentscheidungen größere Vorsicht angezeigt ist als in manchen kontinentalen Rechtsordnungen. Schließlich hat ein Urteil aus dem Jahr 2007, *Re Cheyne Finance Plc*,[30] eine gewisse Verunsicherung in die Auslegungsgrundsätze der cash flow insolvency gebracht.

17 Ausschlaggebend ist bei allen Elementen der cash flow insolvency eine wirtschaftliche Gesamtschau der Liquidität der Gesellschaft. Die Gerichte setzen nicht technisch-formalistisch an, sondern nehmen eine **an der wirtschaftlichen Realität orientierte Be-**

---

[28] Zur Übereinstimmung der Formulierung in s. 214(6) IA 1986 mit dem balance sheet test aus s. 123(2) IA 1986 siehe *Goode* Principles of Corporate Insolvency Law Rdnr. 4-29, S. 138, Rdnr. 14–30, S. 666.

[29] *Re Cheyne Finance Plc* [2008] BCC 182, 189; *Nicholls L. J.* in *Byblos Bank S. A. L. v Al-Khudhairy* [1987] BCLC 232, 247; *Payne* All England Annual Review 2008, Rdnr. 4.29; *Goode* Principles of Corporate Insolvency Law Rdnr. 4-04, S. 113; *Keay/Walton* Insolvency Law S. 17.

[30] [2008] BCC 182.

wertung der gesellschaftlichen Liquidität vor.[31] Die entscheidende Frage ist, ob die Gesellschaft werbend am Markt tätig bleiben und dabei ihre Schulden begleichen kann.[32] Die wirtschaftliche Gesamtschau kann sich im Vergleich zu einem streng dogmatisch-technischen Ansatz im Ergebnis sowohl verschärfend als auch abschwächend niederschlagen.

b) Relevanter Zeitraum. Eine unmittelbare Auswirkung dieser sog. commercial view betrifft die von den Gerichten betrachtete **Zeitspanne.** Bereits vor dem Urteil *Re Cheyne Finance Plc* war anerkannt, dass die Gerichte auch die Zahlungsfähigkeit in der nahen Zukunft bedenken, anstatt nur auf einen bestimmten Zeitpunkt abzustellen. Die verwendeten Formulierungen[33] – „near future", „immediate future", „immediately foreseeable future" – ließen allerdings offen, wie weit genau dieser Blick in die Zukunft reichen sollte. Im Grundsatz ging die ganz überwiegende Ansicht jedoch dahin, dass das Erfordernis aktueller Illiquidität dadurch nicht allzu stark aufgeweicht wurde.[34] In dieser begrenzten zukünftigen Zeitspanne wurden die Forderungen in ihrer zeitlich gestaffelten Fälligkeit berücksichtigt und danach gefragt, ob die notwendigen Zahlungsmittel im erforderlichen Zeitpunkt vorhanden sein würden.

In *Cheyne Finance*[35] wich der High Court (Chancery Division) von dem etwas aufgeweichten, aber bis dahin im Grundsatz anerkannten Erfordernis aktueller Illiquidität ab und entschied, eine Gesellschaft könne auch dann gem. s. 123(1)(e) IA 1986 zahlungsunfähig sein, wenn die Finanzmittel aktuell zwar noch zur Begleichung der fälligen Forderungen ausreichen, in der näheren Zukunft aber wahrscheinlich nicht mehr. Die Entscheidung ist einerseits zwar eine der wenigen, die sich unmittelbar mit der Auslegung von s. 123(1)(e) IA 1986 befasst, andererseits wird sie durch den spezifischen Entscheidungskontext geprägt. Zum einen ging es um eine Vertragsauslegung und nicht um eine unmittelbare Anwendung von s. 123(1)(e) IA 1986.[36] Eine Besonderheit des Falles war, dass der Vertrag nur auf die cash flow insolvency gem. s. 123(1)(e) IA 1986 und nicht auf die balance sheet insolvency gem. s. 123(2) IA 1986 Bezug nahm, was den entscheidenden Richter wohl zu einer weiten Auslegung der cash flow insolvency bewogen hat.[37] Zum anderen war klar, dass die Gesellschaft abgewickelt wurde,[38] so dass die Normanwendung im Rahmen einer Sanierung nicht thematisiert wurde. Das Urteil lässt wichtige Fragen offen, insbesondere wie weit in die Zukunft der Zeitraum reicht, innerhalb dessen fällig werdende Ansprüche zu berücksichtigen sind.[39] Die Stellungnahmen aus Wissenschaft und Praxis behandeln *Cheyne Finance* mit einer gewissen Zurückhaltung, weisen allerdings darauf hin, dass sich die Beratungspraxis auf das Urteil einzustellen hat.[40] Dafür spricht auch die unkritische und bestätigende Bezugnahme späterer Gerichtsentscheidungen auf *Cheyne Finance*.[41]

---

[31] *Re Cheyne Finance Plc* [2008] BCC 182, 189 ff.; *Re European Life Assurance Society* (1869) LR 9 Eq 122, 127; *Goode* Principles of Corporate Insolvency Law Rdnr. 4–16, S. 122 ff.

[32] *MacPlant Services Limited v Contract Lifting Services (Scotland) Ltd* [2008] CSOH 158 Rdnr. 67.

[33] Vgl. *Goode* Principles of Corporate Insolvency Law Rdnr. 4–16, S. 123; *Keay/Walton* Insolvency Law S. 18.

[34] Vgl. *Keay/Walton* Insolvency Law S. 19; *Baird/Sidle* (2008) 3 JIBFL 131 ff. passim; aber auch *Goode* Principles of Corporate Insolvency Law Rdnr. 4–16, S. 122 ff.

[35] [2008] BCC 182.

[36] *Re Cheyne Finance Plc* [2008] BCC 182, 187 f.

[37] Vgl. *Payne* All England Annual Review 2008, Rdnr. 4.30.

[38] *Re Cheyne Finance Plc* [2008] BCC 182, 193.

[39] *Payne* All England Annual Review 2008, Rdnr. 4.31.

[40] Vgl. *Goode* Principles of Corporate Insolvency Law Rdnr. 4–16, S. 123; *Sealy/Milman* Annotated Guide to the Insolvency Legislation 2011 Anm. zu s. 123(1) IA 1986; *Baird/Sidle* (2008) 3 JIBFL 131; *Payne* All England Annual Review 2008, Rdnr. 4.29.

[41] *Invertec Ltd v De Mol Holding BV* [2009] EWHC 2471 (Ch) Rdnr. 299 f.; *MacPlant Services Limited v Contract Lifting Services (Scotland) Ltd* [2008] CSOH 158 Rdnr. 67.

20 **c) Wesentlichkeit.** Zudem muss die Illiquidität eine gewisse Wesentlichkeitsschwelle überschreiten. Nur **vorübergehende Zahlungsstockungen reichen nicht** aus.[42] Auch die Wesentlichkeitsschwelle wird als Ausfluss der pragmatisch an der wirtschaftlichen Realität orientierten Sichtweise verstanden. Eine verbindliche obergerichtliche Klärung dieses Merkmals steht allerdings noch aus.

21 **d) Ansatz der Forderungen.** Zur Beurteilung der Liquidität werden die **Geldschulden** der Gesellschaft den liquiden und in Liquidität überführbaren Finanzmitteln gegenübergestellt. Die exklusive Berücksichtigung von Geldforderungen bedeutet keinen verkürzten Schutz von Gläubigern, deren Anspruch nicht auf Geldzahlung gerichtet ist. Deren Ansprüche können bei Leistungsstörungen nämlich in Geldschulden übergehen und werden dann zur Feststellung der cash flow insolvency herangezogen. Ob die Aktiva (assets) die Passiva (liabilities) übersteigen, spielt keine Rolle.[43] Selbst wenn Nettovermögen vorhanden ist, kann eine Gesellschaft mithin cash flow insolvent sein.

22 Der Kreis der angesetzten Forderungen wird jedoch eingeschränkt. Die **Kurzformel** lautet: nur due und payable debts. Das beinhaltet drei Beschränkungen:

(1) Nur **debts** werden angesetzt. Debts sind Geldforderungen, die höhenmäßig bestimmt oder bestimmbar sind (auch liquidated claims genannt).[44] Forderungen, die nicht durch Aufstellung einer Rechnung bestimmbar sind, sondern eine Beweisaufnahme oder Abwägung voraussetzen, beispielsweise noch ungeklärte Schadensersatzansprüche, sind dagegen keine debts (sondern sog. unliquidated claims).[45]

(2) Nur **due** debts werden berücksichtigt. Due wird eng als existierend (existing) und sofort fällig (immediately payable) verstanden.[46] Zukünftig fällige und bedingte Verbindlichkeiten werden ausgeblendet.[47] Freilich werden sie insofern angesetzt, als das Gericht die Liquiditätssituation in der Zukunft mit einbezieht.[48]

(3) Die debts müssen **payable** sein.[49] Payable sind debts nur dann, wenn der Gläubiger Erfüllung verlangt hat oder voraussichtlich verlangen wird. Von letzterem ist als Regelfall auszugehen. Ausnahmen können sich für Überziehungskredite oder aus Handelsbräuchen ergeben.[50] Die Beschränkung dürfte nur in wenigen Fällen praktisch relevant werden.

23 **e) Ansatz der Zahlungsmittel.** Den due und payable debts werden die **Zahlungsmittel der Gesellschaft im betrachteten Zeitraum** gegenübergestellt. Es genügt, wenn sich die Gesellschaft die notwendigen Geldmittel im relevanten Beurteilungszeitraum beschaffen kann. Erforderlich ist, dass die Mittel sicher oder wahrscheinlich zur Verfügung stehen werden.[51] Das kann durch Kreditaufnahme oder den Verkauf von Aktiva gesche-

---

[42] *Goode* Principles of Corporate Insolvency Law Rdnr. 4-20, S. 127 f.; *Keay/Walton* Insolvency Law S. 18.

[43] *Finch* Corporate Insolvency Law S. 147.

[44] *Stooke v Taylor* (1880) 5 QB 569, 575; *O'Driscoll v Manchester Insurance Committee* [1915] 3 KB 499.

[45] Für weitere Einzelheiten *Pennington* Corporate Insolvency Law S. 47; die am 1. Juni 2006 in Kraft getretene Neufassung von r. 13.12(2) IR durch SI 2006/1272 hat bisher nicht zu einer großzügigeren Berücksichtigung von deliktischen Ansprüchen im Rahmen von s. 123(1)(e) IA geführt; dazu *Keay* McPherson's Law of Company Liquidation Rdnr. 3.019, S. 109.

[46] *Goode* Principles of Corporate Insolvency Law Rdnr. 4–18, S. 124 f.

[47] Irrelevant sind daher existing debts payable in the future, prospective debts, contingent und prospective liabilities; für Einzelheiten siehe *Goode* Principles of Corporate Insolvency Law Rdnr. 4–18 f., S. 124 ff.; *Bailey/Groves* Corporate Insolvency Rdnr. 14.50, S. 565; *Sealy/Milman* Annotated Guide to the Insolvency Legislation 2011 Anm. zu s. 123(1).

[48] Dazu oben Rdnr. 18 f.

[49] Vgl. *Re Capital Annuities Ltd* [1978] 3 All ER 704, 718.

[50] Für Einzelheiten *Goode* Principles of Corporate Insolvency Law Rdnr. 4-19, S. 126 f.

[51] Vgl. die schottische Entscheidung *MacPlant Services Limited v Contract Lifting Services (Scotland) Ltd* [2008] CSOH 158 (Outer House) Rdnr. 76.

hen.⁵² Unter dem Aspekt der wirtschaftlichen Gesamtschau wird jedoch Liquidität nicht berücksichtigt, die durch einen Kredit beschafft wird, der seinerseits im Fälligkeitszeitpunkt nicht bedient werden kann. Dasselbe gilt für den Verkauf von Aktiva, die für die Fortführung des Unternehmens als going concern unerlässlich sind.⁵³

f) Nachweis im Verfahren. Die Entscheidung über die cash flow insolvency durch das Gericht ist prozessual eine Tatsachenfeststellung (matter of fact).⁵⁴ *Cheyne Finance* lässt sich die Tendenz zur Anwendung des Beweismaßes der **balance of probabilities** entnehmen, d. h. das Vorliegen der cash flow insolvency muss wahrscheinlicher sein als ihr Nichtvorliegen.⁵⁵ Der Beweis wird im Prozess dadurch erleichtert, dass cash flow insolvency widerlegbar angenommen wird, wenn die Gesellschaft eine fällige und unbestrittene Zahlungsforderung nicht erfüllt hat.⁵⁶ Weigert sich eine Gesellschaft wiederholt und ohne Angabe eines vernünftigen Grundes, eine fällige Forderung zu begleichen, wird die Insolvenz selbst dann angenommen, wenn die Gesellschaft allem Anschein nach zahlungsfähig ist.⁵⁷ Diese gläubigerfreundlichen Beweisregeln, vor allem die erstgenannte, werden in der Praxis häufig genutzt, um die Insolvenz einer Kapitalgesellschaft nachzuweisen.⁵⁸

3. Balance sheet insolvency gem. s. 123(2) IA 1986 und s. 214(6) IA 1986 (Überschuldung)

a) Grundlagen. Nach dem **balance sheet test** ist eine englische Kapitalgesellschaft insolvent, wenn ihre Verbindlichkeiten die Aktiva übersteigen. Balance sheet und cash flow test können alternativ oder kumulativ erfüllt sein.⁵⁹ Die Gesetzessprache kennt für die **balance sheet insolvency** zwei verschiedene Formulierungen, die im Ergebnis jedoch keinen Unterschied machen.⁶⁰ Die zentrale, häufig in Bezug genommene Formulierung in s. 123(2) IA 1986 lautet:

„A company is also deemed unable to pay its debts if it is proved to the satisfaction of the court that the value of the company's assets is less than the amount of its liabilities, taking into account its contingent and prospective liabilities."

---

⁵² *Re Capital Annuities Ltd* [1978] 3 All ER 704, 718 (Verkauf von Aktiva); *Re Bond Jewellers Ltd* [1986] BCLC 261, 262 (Kredite von Konzernunternehmen); *Goode* Principles of Corporate Insolvency Law Rdnr. 4-20, S. 127. In *Re Cheyne Finance Plc* [2008] BCC 182 wurde im Zusammenhang mit der Berücksichtigung zukünftig fälliger Verbindlichkeiten nicht geklärt, welche Rolle die Möglichkeit zukünftiger Liquiditätsbeschaffung spielt; dazu *Payne* All England Annual Review 2008, Rdnr. 4.31.

⁵³ *Goode* Principles of Corporate Insolvency Law Rdnr. 4-20, S. 128 unter Bezugnahme auf das australische Urteil *Re Timbatec Pty Ltd* (1974) 24 FLR 30, 37.

⁵⁴ *Sealy/Milman* Annotated Guide to the Insolvency Legislation 2011 Anm. zu s. 123, general note; *Keay/Walton* Insolvency Law S. 19f.

⁵⁵ *Re Cheyne Finance Plc* [2008] BCC 182, 195 entschied, dass die Insolvenzverwalter (receiver) dieses Beweismaß anzuwenden hatten.

⁵⁶ Sog. prima facie evidence; dazu *Goode* Principles of Corporate Insolvency Law Rdnr. 4–21, S. 129; Palmer's Company Law Rdnr. 15.226; *Re Globe New Patent Iron & Steel Co* (1875) LR 20 Eq. 337, 338f.; *Mann v Goldstein* [1968] 2 All ER 769, 773; *Re Capital Annuities Ltd* [1978] 3 All ER 704, 718; *Cornhill Insurance plc v Improvement Services Ltd* [1986] 1 WLR 114, 117f.; *Taylor's Industrial Flooring Ltd v M&H Plant Hire (Manchester) Ltd* [1990] BCLC 216, 219f.

⁵⁷ *Mann v Goldstein* [1968] 2 All ER 769, 773; *Cornhill Insurance plc v Improvement Services Ltd* [1986] 1 WLR 114, 117f.; *Pennington* Corporate Insolvency Law S. 46.

⁵⁸ *Goode* Principles of Corporate Insolvency Law Rdnr. 5-16, S. 166; vgl. auch *Milman/Durrant* Corporate Insolvency Rdnr. 6–11 in Fn. 22, S. 98 zu den Risiken, sich im Prozess nur auf die dargestellten Beweisregeln zu verlassen; zu weiteren Beweiserleichterungen in Sondersituationen *Bailey/Groves* Corporate Insolvency Rdnr. 14.49, S. 565.

⁵⁹ *Re Capital Annuities Ltd* [1978] 3 All ER 704, 718; *Re Globe New Patent Iron and Steel Company* (1875) LR 20 Eq. 337.

⁶⁰ *Goode* Principles of Corporate Insolvency Law Rdnr. 4-29ff., S. 138.

Nach anderen Legaldefinitionen, darunter der für die wrongful trading-Haftung (s. 214(6) IA 1986) relevanten,[61] liegt balance sheet insolvency einer Gesellschaft vor,

„when its assets are insufficient for the payment of its debts and other liabilities and the expenses of the winding up."

26 Trotz des unterschiedlichen Wortlauts erfassen beide Versionen denselben Kreis an Verbindlichkeiten und Aktiva. Die Kosten der Abwicklung einer Gesellschaft werden theoretisch zwar auch erfasst, sofern dies im jeweiligen Regelungssachverhalt in Betracht kommt.[62] In der Spruchpraxis ist dies jedoch nicht der Fall.[63] Für die Berechnung sowohl der Verbindlichkeiten als auch der Aktiva wenden die Gerichte in der Regel die allgemein anerkannten **Rechnungslegungsstandards** (generally accepted accounting principles) an.[64] Davon wird dann abgewichen, wenn die Anwendung dieser Prinzipien ein falsches Bild der Wirklichkeit zeichnen würde.[65] Auch hier wird das Bemühen erkenntlich, die wirtschaftliche Realität so gut als möglich zu berücksichtigen. Dass die Gerichte dazu Wertungen treffen müssen, die in Einzelfällen mit guten Argumenten auch anders ausfallen könnten, bedarf kaum der Erwähnung.

27 **b) Ansatz der Passiva.** Anders als der zuvor beschriebene cash flow test stellt der balance sheet test nicht auf die debts der Gesellschaft ab, sondern auf ihre **liabilities**. Damit ist auf der Passiv-Seite der wichtigste Unterschied zwischen beiden Tatbeständen angesprochen. Liabilities ist der Oberbegriff; er umfasst debts, geht aber weit darüber hinaus. Darin sind sich Rechtsprechung[66] und Literatur[67] einig, wenn auch die Auslegungsregel in r. 13.12(1) der IR 1986 zu Missverständnissen Anlass gibt. Liabilities umfassen sowohl höhenmäßig bestimmte und bestimmbare Verbindlichkeiten (liquidated claims) als auch solche, deren höhenmäßige Bestimmung zuerst eine Beweisaufnahme oder Bewertung voraussetzt (unliquidated claims). Auch der Entstehensgrund begrenzt nicht den Kreis der Verbindlichkeiten. Verbindlichkeiten aus Vertrag (contract), Delikt (tort), Bereicherungsrecht (restitution) oder Schadensersatz wegen Gesetzesverstoßes (damages for breach of statutory duty) etc. werden sämtlich berücksichtigt.[68] Zudem werden bedingte (contingent) und zukünftige (prospective) Verbindlichkeiten erfasst,[69] die beim cash flow test außer Betracht bleiben.

28 Die **weite Auslegung** des Begriffs liabilities wird von r. 13.12 IR 1986 gestützt. Die darin enthaltenen Auslegungsgrundsätze sind gem. r. 13.12(1) IR 1986 zwar nur auf Normen anwendbar, die sich auf die Abwicklung der Gesellschaft beziehen.[70] Darüber hinaus werden sie jedoch auch allgemein für die Auslegung des Begriffs liabilities herangezogen. R. 13.12(3) und (4) IR 1986 – sofern hier relevant – lauten:

„(3) For the purposes of references in any provision of the Act or the Rules about winding up to a [...] liability, it is immaterial whether the [...] liability is present or future, whether it is certain or contingent, or whether its amount is fixed or liquidated, or is capable of being ascertained by fixed rules or as a matter of opinion; and references in any such provision to owing a debt are to be read accordingly.

---

[61] Außerdem s. 6(2)(a) CDDA 1986 betr. die Disqualifizierung; s. 216(7) IA 1986 betr. die Haftung bei Verstoß gegen das Verbot der Wiederverwendung einer Firma.

[62] *Goode* Principles of Corporate Insolvency Law Rdnr. 4-37f., S. 145; *Doyle* Insolvency Litigation Rdnr. 8.28, S. 170.

[63] Eingehend *Steffek* Gläubigerschutz in der Kapitalgesellschaft S. 114, 350.

[64] Vgl. etwa *Colt Telecom Group Plc* [2002] EWHC 2815 Rdnr. 90.

[65] *Goode* Principles of Corporate Insolvency Law Rdnr. 4-32, S. 138 ff. mit Beispielen.

[66] *Re a Debtor (No 17 of 1966)* [1967] Ch 590.

[67] *Keay/Walton* Insolvency Law S. 20; *Goode* Principles of Corporate Insolvency Law Rdnr. 4-23, S. 130.

[68] *Goode* Principles of Corporate Insolvency Law Rdnr. 4-23, S. 131 f.

[69] Ausdrücklich in s. 123(2) IA 1986; *BNY Corporate Trustee Services Ltd v Eurosail-UK 2007-3BL plc* [2010] Bus LR 1731, 1743; vgl. *Goode* Principles of Corporate Insolvency Law Rdnr. 4-26 ff., S. 134 ff.

[70] Vgl. auch *Tottenham Hotspur plc v Edennote plc* [1995] 1 BCLC 65, 68 f.

(4) In any provision of the Act or the Rules about winding up, except in so far as the context otherwise requires, "liability" means (subject to paragraph (3) above) a liability to pay money or money's worth, including any liability under an enactment, any liability for breach of trust, any liability in contract, tort or bailment, and any liability arising out of an obligation to make restitution."

Es wird klar, dass die Gerichte bisweilen vor schwierigen **Wertungsfragen** stehen. Man denke nur an die Ansatzhöhe bedingter oder zukünftiger Verbindlichkeiten.[71]

c) Ansatz der Aktiva. Den so ermittelten Passiva werden die Aktiva (assets) gegenübergestellt. Grundsätzlich werden dabei nur die **Aktiva der Gesellschaft im relevanten Beurteilungszeitpunkt** berücksichtigt. Dazu gehört auch noch nicht eingezahltes Kapital (unpaid capital).[72] Bloße Aussichten auf zukünftige Kapitalzufuhr oder auf den Erwerb weiterer Aktiva werden in die Berechnung hingegen nicht mit einbezogen.[73] Das gilt aber nur für Aktiva, die in keinem Zusammenhang mit zukünftigen oder bedingten Verbindlichkeiten stehen. Aktiva, die erst in der Zukunft erworben werden, aber in sachlichem Zusammenhang zur Eingehung zukünftiger oder bedingter Verbindlichkeiten stehen, werden angesetzt. Die zukünftigen Vermögensbewegungen werden bei innerem Zusammenhang also mit ihrem Netto-Wert verbucht. Eine gerichtliche Klärung dieser Fragen steht allerdings noch aus.[74]

Die Praxis wartet zudem auf gerichtliche Vorgaben darüber, ob die Aktiva je nach den Umständen mit **Zerschlagungs- oder Fortführungswerten** zu buchen sind.[75] Ähnlich der Regelung in § 19 Abs. 2 S. 2 InsO a. F.[76] geht die h. M. dahin, Fortführungswerte zu verwenden, wenn die Fortführung der Gesellschaft im relevanten Zeitpunkt wahrscheinlich erscheint.[77] Ist dagegen mit einer Zerschlagung der Betriebseinheiten zu rechnen, sollen die niedrigeren Zerschlagungswerte zum Ansatz kommen. Diese Vorgehensweise wird teilweise mit der analogen Heranziehung von Rechnungslegungsstandards begründet.[78]

d) Nachweis im Verfahren. Im Verfahren liegt es grundsätzlich am **Kläger (plaintiff) bzw. Antragsteller (applicant)**, die balance sheet insolvency der Gesellschaft zu beweisen, wenn ihm nicht Beweiserleichterungen oder Vermutungsregeln zu Hilfe kommen.[79] Insolvenzverwalter, die Einsicht in die Bücher und Verhältnisse der Gesellschaft haben, sind dazu freilich in einer besseren Ausgangsposition als ein die Insolvenzeröffnung beantragender, außenstehender Gläubiger. Geht es im Prozess um die Frage, ob balance sheet insolvency zu einem bestimmten Zeitpunkt in der Vergangenheit eingetreten war, legen die Richter großen Wert darauf, in die Beurteilung nicht Kenntnisse einfließen zu lassen, welche die Akteure im relevanten Beurteilungszeitpunkt nicht hatten bzw. haben konnten. Das ist nur eines von vielen Beispielen für das beständige Bestreben englischer Gerichte, in Handelssachen nicht der in psychologischen Forschungen[80] bestätigten hindsight bias (sog.

---

[71] Vgl. *BNY Corporate Trustee Services Ltd v Eurosail-UK 2007-3BL plc* [2010] Bus LR 1731, 1743 ff. zur Bewertung bedingter und zukünftiger Verbindlichkeiten.

[72] *Re National Livestock Insurance Co* (1858) 53 ER 855.

[73] *BNY Corporate Trustee Services Ltd v Eurosail-UK 2007-3BL plc* [2010] Bus LR 1731, 1743; *Byblos Bank S. A. L. v Al-Khudhairy* [1987] BCLC 232, 246 ff.

[74] Zum Ganzen *Goode* Principles of Corporate Insolvency Law Rdnr. 4-34, S. 142; *Doyle* Insolvency Litigation Rdnr. 8.28, S. 170; vgl. auch *Lingard* Corporate Rescues and Insolvencies Rdnr. 8.10, S. 120.

[75] *Finch* Corporate Insolvency Law S. 148; vgl. *BNY Corporate Trustee Services Ltd v Eurosail-UK 2007-3BL plc* [2010] Bus LR 1731, 1743.

[76] D. h. vor der Rückkehr zu dem vor Inkrafttreten der InsO geltenden sog. modifizierten zweistufigen Überschuldungsbegriff durch Art. 5 des Finanzmarktstabilisierungsgesetzes (FMStG) v. 17. 10. 2008, BGBl. 2008, Teil I, Nr. 46, S. 1982 ff.

[77] *Lingard* Corporate Rescues and Insolvencies Rdnr. 8.10, S. 120.

[78] *Goode* Principles of Corporate Insolvency Law Rdnr. 4-35, S. 142 ff.

[79] Eine Vermutung enthält etwa die Anfechtungsnorm s. 240(2) IA 1986.

[80] Zuerst *Fischhoff*, Hindsight ≠ Foresight: The Effect of Outcome Knowledge on Judgement under Uncertainty, 1 Journal of Experimental Psychology 288–299 (1975); einen Überblick über experi-

Rückschaufehler) zu erliegen, d.h. der kognitiven Tendenz, die Vorhersehbarkeit eines Geschehensverlaufs im Nachhinein zu überschätzen.[81]

4. Statutory demand gem. s. 123(1)(a) IA 1986

33   Eine statutory demand gem. s. 123(1)(a) IA 1986 ist die schriftliche, am registrierten Sitz der Gesellschaft niedergelegte **Aufforderung eines Gläubigers an die Gesellschaft, eine fällige Schuld in Höhe von mindestens £ 750 zu zahlen**.[82] Als statutory demand gilt eine Zahlungsaufforderung nur, wenn sie die Form- und Informationsvorschriften der rr. 4.4ff. IR 1986 erfüllt und unter Verwendung des vorgeschriebenen Formulars[83] erhoben wird. Danach muss die Gesellschaft in einer statutory demand u.a. darauf hingewiesen werden, dass bei Nichterfüllung ein Insolvenzverfahren eingeleitet werden kann, und in welchem Zeitraum und auf welche Art und Weise die Schuld zu begleichen ist. Bestreitet die Gesellschaft die Schuld gutgläubig mit erheblichen und vernünftigen Gründen oder rechnet sie in derselben Weise auf, sehen die Gerichte s. 123(1)(a) IA 1986 nicht als erfüllt an.[84]

5. Erfolglose Vollstreckung gem. s. 123(1)(b) IA 1986

34   Der Insolvenzgrund der **vergeblichen Vollstreckung** gem. s. 123(1)(b) IA 1986 hat für den Antragsteller den Vorteil, nicht von der Gesellschaft angegriffen werden zu können, auch nicht durch Hinweis auf einen aufrechenbaren Anspruch.[85] Der Insolvenzgrund ist gegeben, wenn aufgrund eines Urteils in das Gesellschaftsvermögen vollstreckt wurde und der zugrunde liegende Anspruch nicht vollständig befriedigt werden konnte.[86] Der erfolglose Vollstreckungsversuch, etwa weil der Vollstreckungsbeamte keinen Zugang zu den Geschäftsräumen erlangte, genügt jedoch nicht.[87]

6. Zukünftige Insolvenz gem. p. 11(a) Sch B1 IA 1986

35   Die Eröffnung des Insolvenzverfahrens der administration durch das Gericht (pp. 10 ff. Sch B1 IA 1986) und die Direktoren (pp. 22 ff. Sch B1 IA 1986) kann nicht nur dann erfolgen, wenn die Gesellschaft unable to pay its debts im Sinne der Insolvenzgründe in s. 123 IA 1986 ist. Das Verfahren kann schon dann eröffnet werden, wenn die Gesellschaft erst **in der Zukunft wahrscheinlich materiell insolvent** werden wird. Der Insolvency

---

mentelle Untersuchungen zu Rückschaufehlern geben *Christensen-Szalanski/Willham*, The Hindsight Bias: A Meta-Analysis, 48 Organizational Behavior and Human Decision Processes 147 f. (1991); zur Bedeutung von Rückschaufehlern für die juristische Normauslegung und -gestaltung *Rachlinski* in *Sunstein* (Hrsg.), Behavioural Law and Economics, 2000, S. 95 ff.

[81] Fälle, in denen Gerichte ausdrücklich auf die Gefahr der hindsight bias bei der Urteilsfindung hinweisen, sind etwa *Re Continental Assurance Company of London plc* [2001] BPIR 733 Rdnr. 109, 151, 159, 163, 340, 355, 422; *Re Barings plc (No 5)* [1999] 1 BCLC 433, 497, 530, 576; *Re Brian D Pierson (Contractors) Ltd* [2001] 1 BCLC 275, 303, 305; *Re Sherborne Associates Ltd* [1995] BCC 40, 54 („there is always the danger of hindsight, the danger of assuming that what has in fact happened was always bound to happen and was apparent").

[82] Ausführlich zur statutory demand und zugehörigem Fallrecht *Bailey/Groves* Corporate Insolvency Rdnr. 14.41 ff., S. 561 ff.; *Pennington* Corporate Insolvency Law S. 42 ff.

[83] Form 4.1 (Statutory Demand under Section 123(1)(a) or 222(1)(a) of the IA 1986); erhältlich auf der Website des Insolvency Service: www.bis.gov.uk/insolvency.

[84] *Re London and Paris Banking Corpn* (1874) LR 19 Eq 444, 446; *Holt Southey Ltd v Catnic Components Ltd* [1978] 2 All ER 276, 278; *Re Great Britain Mutual Life Assurance Society* (1880) 16 Ch 246, 253; *Pennington* Corporate Insolvency Law S. 43 f.; *Lingard* Corporate Rescues and Insolvencies Rdnr. 8.7, S. 118 f.

[85] *Re Douglas Griggs Engineering Ltd* [1963] Ch 19.

[86] *Bailey/Groves* Corporate Insolvency Rdnr. 14.46, S. 563 f.; *Pennington* Corporate Insolvency Law S. 44.

[87] *Re Flagstaff Silver Mining Co of Utah* (1875) LR 20 Eq 268; für ein erfolgreiches Beispiel aus der jüngeren Praxis siehe *El-Ajou v Dollar Land (Manhattan) Ltd* [2007] BCC 953.

Act spricht in p. 11(a) Sch B1 davon, „that the company [...] is likely to become unable to pay its debts."

Das Gesetz sieht den Verfahrensbeginn mithin für einen Zeitpunkt vor, in dem die Kapitalgesellschaft nur in Zukunft wahrscheinlich überschuldet (s. 123(2) IA 1986) oder zahlungsunfähig (s. 123(1)(e) IA 1986) sein wird.[88] Die Besonderheit dieses bereits 1985[89] eingeführten Insolvenzgrundes ist, dass das Insolvenzverfahren **auch gegen den Willen der Direktoren und Gesellschafter** erzwungen werden kann. 36

Wie wird likely to become unable to pay its debts ausgelegt? Im Fall *AA Mutual International Insurance Co Ltd*[90] wurde die Rechtsprechung zur gleichlautenden Vorgängernorm[91] auf die Neufassung in p. 11(a) Sch B1 IA 1986 übertragen. Demnach ist likely als „more probable than not",[92] d. h. als **Wahrscheinlichkeit > 50%**, zu verstehen. Das Gericht erstreckte den prognostisch beurteilten Zeitraum auf etwa **ein Jahr** und entschied, dass die Gesellschaft in diesem Zeitraum wahrscheinlich in die balance sheet insolvency geraten würde.[93] Grundsätzlich sind die Gerichte jedoch sehr zurückhaltend, eine Gesellschaft den Belastungen eines Insolvenzverfahrens auszusetzen, wenn sie noch nicht aktuell unable to pay its debts gem. s. 123 IA 1986 ist.[94] Zudem wird berücksichtigt, dass die Eröffnung eines Insolvenzverfahrens bei positivem Nettovermögen auch zur Belastung für die Gläubiger werden kann,[95] die dadurch an der Einzelvollstreckung gehindert und der Bindung durch Mehrheitsbeschlüsse unterworfen werden. 37

Der Sachverhalt von *AA Mutual International Insurance Co Ltd* war denn auch ein klar zu Tage tretender Sonderfall. Die Limited, eine Versicherungsgesellschaft, hatte ihr Versicherungsgeschäft seit mehr als 15 Jahren eingestellt und wickelte nur noch bereits eingegangene Versicherungsverträge ab. Angesichts der absehbaren zukünftigen Zahlungsverpflichtungen aus noch bestehenden Verträgen, denen keine zu erwartenden Einnahmen gegenüberstanden, erkannte das Gericht auf zukünftige Überschuldung.[96] Der Fall *Colt Telecom*[97] macht zudem deutlich, dass die Rechtsprechung den Tatbestand zukünftiger Insolvenz bei noch **laufender Geschäftstätigkeit** deutlich **zurückhaltender** anwendet. Immerhin, das zeigt *AA Mutual International Insurance,* sind englische Gerichte grundsätzlich bereit, die administration schon vor Eintritt der Überschuldung zu eröffnen. 38

IV. Insolvenzverfahren

1. Überblick

Das englische Insolvenzverfahrensrecht unterscheidet sich ganz erheblich vom deutschen. Anders als die deutsche Insolvenzordnung kennt das englische Recht zahlreiche und verschiedene Sanierungs- und Insolvenzverfahrenstypen. Deren Genese ist weniger das Er- 39

---

[88] Die – streng genommen – gleichfalls in Bezug genommenen Insolvenzgründe in s. 123(1)(a), (b) IA 1986 spielen hier keine nennenswerte Rolle, weil sie funktional s. 123(1)(e) IA 1986 (cash flow insolvency) entsprechen und ihr erst zukünftiges Vorliegen außerdem nicht ohne Weiteres vorstellbar ist.
[89] Zur Geschichte der administration Palmer's Company Law Rdnr. 14.001 ff.
[90] [2004] EWHC 2430 Rdnr. 18 ff.
[91] *Re Colt Telecom Group plc* [2002] EWHC 2815 Rdnr. 21 ff.; *Re Primlaks* [1993] BCLC 734, 741; *Re Harris Simons Construction Ltd* [1989] BCLC 202 jeweils zu s. 8(1)(a) IA a. F.
[92] *AA Mutual International Insurance Co Ltd* [2004] EWHC 2430 Rdnr. 21.
[93] *AA Mutual International Insurance Co Ltd* [2004] EWHC 2430 Rdnr. 23.
[94] *Re Colt Telecom Group plc* [2002] EWHC 2815 Rdnr. 25.
[95] *Re Colt Telecom Group plc* [2002] EWHC 2815 Rdnr. 23.
[96] *AA Mutual International Insurance Co Ltd* [2004] EWHC 2430 Rdnr. 23.
[97] *Re Colt Telecom Group plc* [2002] EWHC 2815 Rdnr. 23. In diesem Fall versuchte ein Hedge-Fonds, eine börsennotierte, solvente Gesellschaft mit positivem Nettovermögen in ein Insolvenzverfahren zu zwingen, um aus Short-Positionen an den Anteilen der Gesellschaft und dem Erwerb diskontierter Schuldverschreibungen spekulativen Gewinn zu ziehen. Dem Hedge-Fonds gelang es nicht, den Richter von substantiellen Insolvenzrisiken zu überzeugen, die über das allgemeine Risiko der Telekommunikationsbranche hinausgingen.

gebnis systematischer Gesetzgebung, sondern erklärt sich vielmehr aus historischen Pfadabhängigkeiten des auf rechtstatsächliche Entwicklungen reagierenden Gesetzgebers. Für Kapitalgesellschaften sind davon im Wesentlichen **sechs Verfahrenstypen** relevant: das **company voluntary arrangement** (CVA),[98] das **arrangement gem. ss. 895 ff. CA 2006**,[99] das **administrative receivership**,[100] die **administration**,[101] das **creditors' voluntary winding up**[102] und das **court ordered winding up**.[103] Das company voluntary arrangement und das arrangement gem. ss. 895 ff. CA 2006 werden hauptsächlich zur Sanierung verwendet. Das administrative receivership dient der Verwertung der spezifischen Sicherheit der floating charge im Interesse des Sicherungsnehmers. Die administration kann sowohl zur Sanierung als auch zur Abwicklung von Gesellschaften eingesetzt werden. Theoretisch gilt das zwar auch für das creditors' und court ordered winding up; praktisch finden diese Verfahren ihren Hauptanwendungsbereich allerdings in der Abwicklung. Hinzu kommt das Verfahren der **Löschung der Kapitalgesellschaft aus dem Gesellschaftsregister**, welches vom Companies House, einer Executive Agency des Department for Business, Innovation and Skills (BIS) durchgeführt wird.

40   Die Fragmentierung der englischen Sanierungs- und Insolvenzverfahren in sechs Verfahrenstypen mit teilweise identischen, teilweise grundverschiedenen Funktionen ist der Grund für eine weitere Eigenheit: die **Kombinierbarkeit verschiedener Verfahren** zur Bewältigung der Krise und Insolvenz einer Kapitalgesellschaft. Typische Kombinationen sind etwa die Verbindung einer administration mit einem winding up oder eines administrative receivership mit einem winding up. In beiden Fällen dient das nachgeschaltete winding up der Abwicklung der Gesellschaft, nachdem etwa die Sanierung im Wege der administration gescheitert ist bzw. die floating charge im Wege des administrative receivership vollstreckt wurde.[104] Die Behandlung sämtlicher Kombinations- und Wechselmöglichkeiten würde den Rahmen dieser Darstellung sprengen; stattdessen wird auf praktisch relevante Verfahrenskombinationen in der folgenden Erläuterung der Verfahrenstypen ausgewählt hingewiesen.

41   Die **statistische Verteilung der Sanierungs- und Insolvenzverfahren** in England und Wales hat sich seit 2004 wie folgt entwickelt.[105] Dabei ist zu beachten, dass die Kombination von Verfahrenstypen zur Bewältigung einer Gesellschaftsinsolvenz in geringerem Umfang zu Doppelzählungen führen kann.

Verfahrenstyp	2004	2005	2006	2007	2008	2009	2010	2011
Company voluntary arrangement	597	604	534	418	587	726	765	767
Administrative receivership	864	590	588	337	867	1468	1309	1397
Administration	1601	2257	3560	2509	4820	4161	2831	2808
Creditors' winding up	7608	7660	7719	7342	10041	13434	11253	11883
Compulsory winding up	4584	5233	5418	5165	5494	5643	4792	4988

[98] Dazu unter § 39 Rdnr. 1 ff.
[99] Dazu unter § 39 Rdnr. 31 ff.
[100] Dazu unter Rdnr. 44 ff.
[101] Dazu unter Rdnr. 58 ff.
[102] Dazu unter Rdnr. 69 ff.
[103] Dazu unter Rdnr. 80 ff.
[104] Vgl. *Goode* Corporate Insolvency Law Rdnr. 1-31, S. 29.
[105] Quelle: The Insolvency Service (www.bis.gov.uk/insolvency); für arrangements gem. ss. 895 ff. CA 2006 werden keine amtlichen Statistiken erhoben.

Neben den formellen Insolvenzverfahren spielt, wie in Deutschland, die **Sanierung außerhalb eines formellen Verfahrens** eine praktisch bedeutende Rolle.[106] Solche sog. Workouts richten sich im Wesentlichen nach **Vertragsrecht**. Sie werden freilich mit Blick auf ein mögliches Scheitern „**im Schatten des Insolvenzrechts**" verhandelt. In den Vertragsverhandlungen mit den Hauptgläubigern werden der Gesellschaft – soweit ihr Geschäftsmodell für Erfolg versprechend gehalten wird – erweiterte Kreditlinien, (teilweiser) Schuldenerlass, spätere Fälligstellung, Debt/Equity-Swaps (Umwandlung von Fremd- in Eigenkapital) etc. eingeräumt. Im Gegenzug verpflichtet sich die Gesellschaft regelmäßig zur Einhaltung bestimmter Bedingungen, etwa der Informationsgewährung, der Zustimmungseinholung bei einzelnen Geschäften, dem Austausch des Managements, der Einhaltung von Finanzkennzahlen, dem Verkauf oder der Abwicklung von Geschäftsbereichen usw.[107]

2. Company voluntary arrangement (CVA) und scheme of arrangement

Das company voluntary arrangement (CVA) ist eines der bedeutendsten Verfahren für die Sanierung von Kapitalgesellschaften. Es kommt in der Praxis häufiger zum Einsatz als das scheme of arrangement gem. ss. 895 ff. CA 2006. Auch bei den publik gewordenen Sanierungsmigrationen wurde auf das company voluntary arrangement zurückgegriffen. Für eine eingehende Darstellung des company voluntary arrangement wird auf **§ 39 Rdnr. 1 ff. in diesem Buch** verwiesen.

Ein weiteres Verfahren zur Sanierung von Kapitalgesellschaften ist das **scheme of arrangement** gem. ss. 895 ff. CA 2006. Es weist gewisse Ähnlichkeiten mit dem company voluntary arrangement auf, wird jedoch wegen seiner Komplexität und Dauer eher bei großen Kapitalgesellschaften, namentlich plcs, eingesetzt.[108] Bekanntheit hat das englische scheme of arrangement in Deutschland dadurch erlangt, dass es auf vertragsrechtlichem Wege zur Sanierung nach englischem Recht eingesetzt werden kann, ohne dass eine Sanierungsmigration in die englische Gesellschaftrechts- bzw. Insolvenzrechtsordnung notwendig ist.[109] Vor diesem Hintergrund wird das scheme of arrangement ebenfalls eingehend in **§ 39 Rdnr. 31 ff. in diesem Buch** behandelt.

3. Administrative receivership und floating charge

a) Floating charge. aa) Grundlagen. Das administrative receivership ist untrennbar mit der floating charge verbunden. Das Verfahren dient der Vollstreckung der floating charge und der Befriedigung ihres Inhabers, des sog. floating charge holder. Die **floating charge** ist eine dem deutschen Recht unbekannte, spezifisch kapitalgesellschaftsrechtliche Sicherheit, die nach den richterrechtlichen Grundsätzen von equity (im Gegensatz zum common law) zu beurteilen ist.[110]

---

[106] Dazu ausführlicher *Goode* Corporate Insolvency Law Rdnr. 1–43, S. 38 f., Rdnr. 1–56, S. 44 f., Rdnr. 12-01, S. 475 ff.; *Finch* Corporate Insolvency Law S. 294 ff.; *Keay/Walton* Insolvency Law S. 193 ff.; zum sog. *London Approach,* der für große Gesellschaften mit mehreren Hausbanken informelle Regeln für die Verhandlungen kodifiziert, siehe *Armour/Deakin* (2001) 1 JCLS 21, 31 ff.; *Finch* Corporate Insolvency Law S. 307 ff.

[107] Vgl. *Armour/Frisby* (2001) OJLS 73, 93; *Finch* Corporate Insolvency Law S. 317 ff.

[108] *Keay/Walton* Insolvency Law S. 196; in der jüngeren Rechtsprechung dokumentierte Fälle sind beispielsweise Re Lehman Brothers International (Europe) [2009] EWCA Civ 1161; Re Bluebrook Ltd [2009] EWHC 2114.

[109] Vgl. Re Rodenstock [2011] Bus LR 1245 = [2011] EWHC 1104 (Ch); abgedruckt in NZI 2011, 557; Trimast Holding Sarl v Tele Columbus GmbH [2010] EWHC 1944 (Ch).

[110] *Gullifer* Goode on Legal Problems of Credit and Security Rdnr. 4-01, S. 123; die umfassendste Behandlung der floating charge leistet *Gough* Company Charges Kapitel 5 ff.; erstmals gerichtlich anerkannt wurde die floating charge vom Court of Appeal in Re Panama, New Zealand & Australian Royal Mail Co (1870) 5 Ch App 318; zur geschichtlichen Entwicklung der floating charge *Pennington,* The Genesis of the Floating Charge, (1960) MLR 630 und *Agnew v Commissioner of Inland Revenue* [2001] 2 BCLC 188.

45 Die floating charge hat drei **charakteristische Merkmale**:[111]
(1) Nach ihrer Einräumung „schwebt" die floating charge zunächst über den gegenwärtigen und zukünftigen Vermögensgegenständen der Gesellschaft, soweit sie vom Sicherungsvertrag erfasst werden. Sie ist noch nicht zum endgültigen dinglichen Sicherungsrecht erstarkt.
(2) In dieser Phase kann die Gesellschaft wirksam Eigentum an den betroffenen Gegenständen an Dritte übertragen und andere dingliche Rechtsänderungen vornehmen (Einräumung von Pfandrechten etc.), ohne dass es dazu der Zustimmung des Sicherungsnehmers bedarf.
(3) Bei Eintritt bestimmter richterrechtlich entwickelter oder vertraglich festgelegter Ereignisse verdichtet sich die floating charge zum vollständigen dinglichen Sicherungsrecht an den in diesem Zeitpunkt im Vermögen der Gesellschaft befindlichen und vom Sicherungsvertrag erfassten Gegenständen. Damit wird die floating charge zur fixed charge. Die englische Rechtssprache bezeichnet diesen Vorgang als crystallisation (Kristallisierung).

46 Die **klassische Beschreibung** einer floating charge stammt von *Lord Macnaghten* in *Illingworth v Houldsworth*:[112] „[A] floating charge [...] is ambulatory and shifting in its nature, hovering over and so to speak floating with the property which it is intended to affect until some event occurs or some act is done which causes it to settle and fasten on the subject of the charge within its reach and grasp."

47 Welche Gegenstände die Sicherheit erfasst, entscheidet sich also erst **im Moment des Sicherungsfalls**. Auf Gegenstände, die **vor** der **crystallisation** aus dem Vermögen der Gesellschaft ausgeschieden sind, kann der Sicherungsnehmer nicht zugreifen. Dafür erfasst die floating charge all jene Gegenstände, die erst **nach Einräumung** der Sicherheit in das Vermögen der Kapitalgesellschaft gelangt sind **und** sich im Augenblick der crystallisation noch dort befinden. Hinzu kommen sämtliche Vermögenswerte, die **nach** Eintritt der crystallisation erworben werden **und** vom Sicherungsvertrag erfasst werden.[113]

48 **bb) Sicherungspraxis.** Bei Sicherungsnehmern erfreut sich die floating charge besonderer Beliebtheit, weil sie gegenwärtige und zukünftige Vermögenswerte der Gesellschaft erfassen kann, ohne dass weitere Rechtshandlungen nach Einräumung der Sicherheit notwendig wären.[114] Zudem gilt kein Bestimmtheitsgrundsatz im Sinne des deutschen Sachenrechts, was die Besicherung schwer abgrenzbarer und zukünftig erworbener Gegenstände erleichtert.[115] Die floating charge bietet sich daher besonders zur Besicherung von Forderungen, Umlaufvermögen und immateriellen Vermögensgegenständen an.[116] Ihre Eigenschaften prädestinieren sie außerdem für die Besicherung des **gesamten (sic!) Aktivvermögens einer Kapitalgesellschaft**.[117]

49 Die Flexibilität hinsichtlich der besicherungsfähigen Gegenstände erklärt auch die häufige Verwendung der floating charge in der Rechtspraxis, obwohl sie im Rang **hinter** der davon zu unterscheidenden fixed charge und anderen dinglichen Sicherheiten (z.B. Eigentumsvorbehalten) steht. Die fixed charge setzt die Individualisierung des Sicherungsgegen-

---

[111] *Gough* Company Charges S. 85.
[112] [1904] AC 355, 358.
[113] *NW Robbie & Co Ltd Witney Warehouse Co Ltd* [1963] 3 All ER 613; *Gullifer* Goode on Legal Problems of Credit and Security Rdnr. 4–29, S. 151.
[114] Zur Besicherung zukünftigen Vermögens *Re Yorkshire Woolcombers Association, Ltd* [1903] 2 Ch 284, 295.
[115] Zum Bestimmtheitsgrundsatz im deutschen Sachenrecht siehe nur Palandt/*Bassenge*, BGB, 71. Aufl. 2012, § 930 Rdnr. 2 ff.; zum Verzicht auf einen solchen Grundsatz im Recht der floating charge vgl. *Re Yorkshire Woolcombers Association, Ltd* [1903] 2 Ch 284, 295; *Agnew v Commissioner of Inland Revenue* [2001] 2 BCLC 188, 192.
[116] *Schall* KTS 2009, 69, 71 f.
[117] *Agnew v Commissioner of Inland Revenue* [2001] 2 BCLC 188, 192.

standes und Registrierung der darauf lastenden fixed charge voraus.[118] Das erschwert die Besicherung zukünftigen Vermögens ungemein. Zwar ist auch die floating charge nur wirksam, wenn sie gem. ss. 860 ff. CA 2006 innerhalb von 21 Tagen **registriert** wird.[119] Es genügt jedoch die einmalige Registrierung bei Einräumung der floating charge. Zukünftig erworbene Gegenstände werden dann zwanglos von der Sicherheit erfasst, während bei der fixed charge jeweils die erneute Individualisierung und Registrierung erforderlich wären.

50 Hinzu kommt, dass der Sicherungsnehmer bei der fixed charge schon im Zeitpunkt der Sicherungsgewährung ein dingliches Recht am Sicherungsgegenstand erwirbt und der Sicherungsgeber, also die Gesellschaft, nur mit seiner Zustimmung über den Sicherungsgegenstand verfügen darf. Die Zustimmung muss wiederum individualisiert sein (keine Globalzustimmung), was die Besicherung von Gegenständen, über welche die Gesellschaft im ordentlichen Geschäftsablauf unbehindert verfügen können muss (z. B. Forderungen, Umlaufvermögen), faktisch ausschließt.[120] Der Vorteil der floating charge aus Sicht der Gesellschaft ist daher die **freie Verfügungsmöglichkeit über die Sicherungsgegenstände**, solange der Sicherungsfall noch nicht eingetreten ist. *Lord Millet* brachte die Attraktivität für Sicherungsgeber (chargor) und Sicherungsnehmer (chargee) in Fall *Agnew v Commissioner of Inland Revenue*[121] auf den Punkt: „The floating charge is capable of affording the creditor, by a single instrument, an effective and comprehensive security upon the entire undertaking of the debtor company and its assets from time to time, while at the same time leaving the company free to deal with its assets and pay its trade creditors in the ordinary course of business without reference to the holder of the charge."

51 Die aus dem deutschen Recht bekannte Problematik der Übersicherung[122] stellt sich im englischen Recht grundsätzlich nicht. Eine floating charge kann theoretisch auch nur über einzelne Vermögensgegenstände bestellt werden.[123] Da Banken und andere Finanzdienstleister üblicherweise eine floating charge über das gesamte Unternehmen verlangen,[124] wird im folgenden nur noch diese Form der floating charge behandelt, die der Insolvency Act als **qualifying floating charge** bezeichnet (legaldefiniert in p. 14(3)(a) Sch B1 IA 1986).

52 **b) Administrative receivership. aa) Eröffnung.** Die floating charge ermöglicht ihrem Inhaber (holder) nicht nur, sämtliche Vermögensgegenstände der Limited zu besichern, sondern verleiht ihm auch das **Recht, bei Eintritt des Sicherungsfalls einen Verwalter, den sog. administrative receiver, zu ernennen,** der die Sicherheit verwertet.[125] Im Zusammenhang dieser Darstellung interessiert nur der administrative receiver gem. der Legaldefinition in s. 29(2) IA 1986, dem der Sicherungsvertrag die Verwaltung des gesamten oder nahezu gesamten Vermögens der Gesellschaft einräumt.[126] Der Zeit-

---

[118] Zwar müssen nur charges, die in s. 860(7) CA 2006 genannt sind, registriert werden. Die enumerative Aufzählung betrifft jedoch fast alle fixed charges, die in der Rechtspraxis eingeräumt werden. Eine Ausnahme bilden fixed charges über Anteile von Tochtergesellschaften; vgl. *Arthur D Little Ltd v Ableco Finance LLC* [2002] 2 BCLC 799.

[119] Relative Unwirksamkeit; für Einzelheiten siehe die Kommentierung der ss. 860 ff. in Palmer's Company Law, Annotated Guide to the Companies Act 2006.

[120] Die Rechtsprechung hatte über das Zustimmungserfordernis häufig anlässlich des Versuchs der Besicherung von Forderungen mit fixed charges zu entscheiden, vgl. *Re Harmony Care Homes Ltd* [2010] BCC 358; *National Westminster Bank Plc v Spectrum Plus Ltd* [2004] EWCA Civ 670; *Agnew v Commissioner of Inland Revenue* [2001] 2 BCLC 188; *Re New Bullas Trading Ltd* [1994] 1 BCLC 485.

[121] [2001] 2 BCLC 188, 192; ähnlich *Nourse LJ* in *Re New Bullas Trading Ltd* [1994] 1 BCLC 485, 487.

[122] Siehe nur Palandt/*Ellenberger*, BGB, 71. Aufl. 2012, § 138 Rdnr. 97.

[123] *Goode* Corporate Insolvency Law Rdnr. 10-09, S. 320 f.

[124] Vgl. *Mokal* (2004) 57 CLP 355 ff. passim.

[125] *Goode* Corporate Insolvency Law Rdnr. 10-02, S. 316.

[126] Zur Abgrenzung und den anderen, praktisch weniger bedeutenden receivers siehe *Goode* Corporate Insolvency Rdnr. 10-06 ff., S. 319 ff. Der Einfachheit und praktischen Relevanz halber wird hier und im Folgenden davon ausgegangen, dass der Sicherungsvertrag die Verwaltung des ganzen Vermögens der Limited vorsieht.

punkt des Eintritts des Sicherungsfalls kann zwischen den Parteien, im Regelfall zwischen dem Sicherungsnehmer und der Limited, frei ausgehandelt werden (Vertragsfreiheit).[127]

53 bb) **Sicherungsfall.** Üblich sind **Klauseln**, die den Sicherungsfall für die Nichterfüllung einer berechtigten Zahlungsaufforderung vorsehen.[128] Außerdem sind Klauseln anzutreffen, wonach der Sicherungsfall mit Eintritt der Überschuldung (balance sheet insolvency), Zahlungsunfähigkeit (cash flow insolvency) oder Verletzung einer Finanzkennzahl (z. B. Mindestwert aller Aktiva) eintritt.[129] Um den Eintritt des Sicherungsfalls rechtzeitig zu erkennen, lassen sich die Sicherungsnehmer üblicherweise vertragliche Informationsrechte und von den Direktoren zu erfüllende Informationspflichten einräumen.[130] Ob der Sicherungsnehmer den administrative receiver bei Eintritt des Sicherungsfalls ernennt, steht ihm frei.[131] Es muss allerdings eine Person sein, die als insolvency practitioner zugelassen ist.[132]

54 cc) **Durchführung.** Nach seiner Ernennung übernimmt der administrative receiver die Geschäftsleitung von den Direktoren und verwertet die Vermögensgegenstände der Gesellschaft. Dabei hat er weitgehende **Geschäftsführungs- und Vertretungsbefugnisse**,[133] allerdings ausgerichtet auf Befriedigung des Sicherungsnehmers. Soweit sich die Befugnisse der Direktoren mit denjenigen des administrative receiver überschneiden, ruhen sie während der Dauer des Verfahrens.[134] Die Liquidation der Sicherungsgegenstände durch Verkauf oder Nutzung geschieht so lange, bis die durch die floating charge gesicherten Ansprüche erfüllt sind. Da die Gesellschaft bei Beginn des receivership in der Regel überschuldet ist, wird sie nach Verwertung der floating charge üblicherweise in ein Liquidationsverfahren (winding up) überführt, in dem die ungesicherten Gläubiger aus der dann noch vorhandenen Masse befriedigt werden.[135]

55 dd) **Rangfolge.** Nach der Aussonderung von Vermögensgegenständen, die im Eigentum Dritter stehen, insbes. aufgrund eines Eigentumsvorbehalts (retention of title), stellt sich die **Rangfolge** folgendermaßen dar, wenn auf das administrative receivership ein winding up folgt:[136]
(1) Legal mortgages (Hypotheken), fixed charges;
(2) Expenses of winding up, s. 176ZA IA 1986;[137]
(3) Expenses of administrative receivership;[138]
(4) Prescribed part[139] für die ungesicherten Gläubiger, s. 176A IA 1986;

---

[127] *Gough* Company Charges S. 233, 238 ff.
[128] Eingehend *Goode* Corporate Insolvency Law Rdnr. 10–29 f., S. 337 ff.
[129] *Gough* Company Charges S. 232 ff.; *Köster* Die Bestellung des Insolvenzverwalters S. 78.
[130] Einblicke in die Vertragspraxis der Banken liefern *Citron* (1995) 25 ABR 139, 144 f.; *Day/Taylor* [1995] JIBL 394 und [1996] JIBL 318; vgl. auch *Wood* International Loans, Bonds, Guarantees, Legal Opinions, 2. Aufl. 2007, Rdnr. 5–007, S. 71 f.
[131] Vgl. *Prentice* EBOR 5 (2004) 153, 155.
[132] Ss. 230(2), 390 f., 388 f. IA 1986; eingehend *Stewart* Administrative Receivers and Administrators, 1987, Rdnr. 202 ff.
[133] Beschrieben in Sch 1 IA 1986; siehe auch *Goode* Corporate Insolvency Law Rdnr. 10–41 ff., S. 346 ff.
[134] *Moss Steamship Co Ltd v Whinney* [1912] AC 254, 263; *Gomba Holdings UK Ltd v Homan* [1986] 3 All ER 94, 98 f.
[135] *Goode* Corporate Insolvency Law Rdnr. 10–40, S. 346; ein seltener Fall, in dem die Gesellschaft nach Befriedigung des floating charge holder nicht insolvent war, ist *Gomba Holdings UK Ltd v Minories Finance Ltd* [1989] 1 All ER 261.
[136] *Sealy/Worthington* Cases and Materials in Company Law S. 743 f.; *Hannigan* Company Law Rdnr. 21-3 ff., S. 566 ff.; wie bisher wird unterstellt, dass sich die floating charge über das gesamte Unternehmen erstreckt; zur Rechtslage in den anderen Fällen siehe *Buchler v Talbot* [2004] 2 AC 298.
[137] Siehe dazu auch die Rechtsprechungsänderung des House of Lords in *Buchler v Talbot* [2004] 2 AC 298; dazu *Linklater* [2005] CL 129; zur bis dahin geltenden Rechtslage *Re Leyland Daf Ltd*, *Buchler v Talbot* [2001] BCLC 419; *Re Portbase Clothing* [1993] BCLC 796.
[138] Siehe dazu auch *Woods v Winskill* [1913] 2 Ch 303.
[139] Zum prescribed part sogleich Rdnr. 57.

(5) Preferential creditors (bevorzugte ungesicherte Gläubiger), ss. 40, 175 IA, s. 754 CA 2006;
(6) Floating charge;
(7) Ungesicherte Gläubiger.

ee) Reform durch den Enterprise Act 2002; prescribed part. Die Reform des Insolvenzrechts durch den Enterprise Act 2002 hat die mit einer floating charge verbundenen Rechte stark verändert.[140] Floating charges, die ab dem 15. September 2003 eingeräumt werden, berechtigen nicht mehr zur Ernennung eines administrative receiver, sondern nur noch zur Ernennung eines administrator, der das anschließend behandelte kollektive Insolvenzverfahren der administration leitet.[141] Die nach altem Recht begründeten floating charges, sog. **grandfathered floating charges**, werden die Rechtswirklichkeit der nächsten Jahre allerdings weiterhin prägen. Zwei umfassende Studien ergaben, dass Hausbanken kleiner und mittelgroßer Limiteds ihre Kredite in 80% bis 90% der Fälle mit einer floating charge absichern.[142] Das führte nach Angaben der beiden Studien dazu, dass in 39% bzw. 55% der Insolvenzen, in denen die Kreditinstitute als Hausbanken der gescheiterten Gesellschaften beteiligt waren, ein administrative receiver ernannt wurde.[143] Die fortbestehende Bedeutung des administrative receivership zeigt sich auch im statistischen Vergleich der eröffneten Insolvenzverfahren seit dem Jahr 2004.[144]

Völlig neu eingeführt wurde s. 176A IA 1986, wonach ein bestimmter Teil (der sog. **prescribed part**) des Realisierungserlöses einer floating charge an die ungesicherten Gläubiger abzuführen ist.[145] Auch diese Regel gilt nur für Sicherheiten, die ab dem 15. 9. 2003 bestellt werden.[146] Von den ersten £ 10 000, die unter der floating charge erlöst werden, erhalten die ungesicherten Gläubiger 50%, vom weiteren Erlös 20% bis zu einer Gesamtsumme von £ 600 000.[147] Die floating charge wurde dadurch teilweise zu einer „Sicherheit zu Gunsten Dritter".

4. Administration

a) Entstehungs- und Reformgeschichte. Das Insolvenzverfahren der administration wurde durch den Insolvency Act 1985, später konsolidiert in Teil II des IA 1986, auf Vorschlag des Cork Komitees[148] erstmals in das englische Insolvenzrecht eingeführt. Zweck der Einführung war die Etablierung eines **kollektiven** Insolvenzverfahrens, das die **Reorganisation** der Schuldenlast und die Rettung des Unternehmens im Interesse der Gläubigerbe-

---

[140] Ausführlich zu den Auswirkungen der Reform auf die floating charge *Gullifer* in *Ringe/Gullifer/Théry* Current Issues in European Financial and Insolvency Law S. 17 ff.

[141] S. 72A IA 1986; Enterprise Act 2002 (Commencement No 4 and Transitional Provisions and Savings) Order 2003, SI 2003/2093.

[142] *Standard&Poor's* A Comparative Analysis of the Recovery Process and Recovery Rates for Private Companies in the UK, France and Germany S. 11, 25 untersuchte 1.418 Limiteds, die im Zeitraum 1997 bis 2003 in die Insolvenz gerieten, und fand in 90% aller Fälle eine floating charge vor. *Franks/Sussmann* CEPR Discussion Paper No. 3915 S. 19 untersuchten die Kreditvergabe zweier englischer Banken an Limiteds, die im Zeitraum 1997–1998 insolvent wurden, und fanden in 91% bzw. 79% die Besicherung mit einer floating charge vor.

[143] *Standard&Poor's* A Comparative Analysis of the Recovery Process and Recovery Rates for Private Companies in the UK, France and Germany S. 11; untersucht wurden 630 bzw. 130 Gesellschaften.

[144] Dazu oben Rdnr. 41.

[145] Interessanterweise wurde Ähnliches von der deutschen Kommission für Insolvenzrecht im Jahre 1985 erwogen; dazu unter ökonomischem Blickwinkel *Bebchuk/Fried* 105 Yale L. J. 857, 909 f. (1986).

[146] IA 1986 (Prescribed Part) Order 2003, SI 2003/2097.

[147] S. 3 IA 1986 (Prescribed Part) Order 2003, SI 2003/2097; gem. s. 176A(3) IA 1986 kann von der Abführung an die ungesicherten Gläubiger abgesehen werden, wenn die floating charge weniger als £ 10 000 erlösen würde und die Kosten der Abführung an die ungesicherten Gläubiger nach Meinung des Insolvenzverwalters unverhältnismäßig gegenüber dem Nutzen wären.

[148] *Cork Report* Insolvency Law and Practice Rdnr. 495 ff., S. 117 ff.

friedigung, aber auch der gesamtgesellschaftlichen Wohlfahrt erleichtert.[149] Im Vergleich zum eben behandelten administrative receivership war das neue Verfahren für die Banken jedoch kaum attraktiv. Auch die Direktoren hatten daran wenig Interesse, da sie die Geschäftsführung an einen Verwalter, den sog. administrator, abzugeben hatten, der obendrein verpflichtet war, ihre etwaige Disqualifizierung zu prüfen. Die administration spielte daher in der Insolvenzpraxis zunächst eine kümmerliche Rolle.[150]

59 Die Reform des Enterprise Act 2002, in Kraft getreten am 15. September 2003,[151] beabsichtigte deshalb, das Nebeneinander des **nicht kollektiv** konzeptionierten administrative receivership und der **kollektiv** angelegten administration zugunsten des letzteren Verfahrens auf lange Sicht zu beenden. Der Vorteil des administrative receivership, nämlich die frühzeitige, externe Insolvenzauslösung durch die verhandlungs- und überwachungsstarken Banken, sollte aber bewahrt und in die administration neuen Zuschnitts überführt werden. Ab dem 15. September 2003 eingeräumte qualifying floating charges, das sind solche, die sich auf das (nahezu) gesamte Vermögen einer Kapitalgesellschaft erstrecken (p. 14 Sch B1 IA 1986), berechtigen gem. s. 72A IA 1986 daher nicht mehr zur Ernennung eines administrative receiver, sondern nur noch zur Ernennung eines administrator.[152] Andererseits sollten die Schwachpunkte des administrative receivership vermieden werden. Der administrator ist daher den Interessen aller Gläubiger verpflichtet, unabhängig davon, wer das Verfahren eingeleitet hat.[153] Die administration wird deswegen zu Recht als Verfahren der Gesamtvollstreckung verstanden.[154]

60 **b) Zweck.** Der Zweck der administration ist in p. 3 Sch B1 IA 1986 **kaskadenartig** definiert.[155] Erste Priorität kommt der Rettung der Gesellschaft als going concern zu. Zweite Priorität hat die Erzielung eines besseren Ergebnisses für die Gläubigergesamtheit als es bei unmittelbarer Abwicklung der Gesellschaft zu erzielen wäre. Die Verfolgung der ersten Priorität darf der administrator nur dann einstellen, wenn ihm entweder die Sanierung der Gesellschaft als going concern bei vernünftiger Betrachtung nicht erreichbar erscheint, oder die Verfolgung der zweiten Priorität ein besseres Ergebnis für die Gläubigergesamtheit verspricht. Nur dann, wenn beides bei vernünftiger Betrachtung nicht machbar erscheint und die Interessen der gesamten Gläubigerschaft nicht unnötig verletzt werden, darf er das Gesellschaftsvermögen liquidieren und Auszahlungen an gesicherte und vorrangige ungesicherte Gläubiger vornehmen.

61 **c) Eröffnung.** Die administration kann auf verschiedenen Wegen eröffnet werden. Sie können in solche unter Einschaltung des Gerichts und solche ohne gerichtliche Beteiligung unterschieden werden. Gem. p. 12(1) Sch B1 IA 1986 können folgende Personen einen **Antrag an das Gericht** auf Eröffnung der administration stellen: die Gesellschaft,[156] die Direktoren,[157] ein oder mehrere Gläubiger und der justices' chief executive des magistrates court (entspricht dem deutschen Amtsgericht). Der Antragsteller muss das Gericht davon

---

[149] *Cork Report* Insolvency Law and Practice Rdnr. 497 f., S. 117.

[150] Das Verhältnis der administrations zur Gesamtzahl der Insolvenzverfahren betrug in den Jahren 1995 bis 2002 nur 2,75%; eigene Berechnung auf Grundlage der Daten des BIS, abrufbar unter www.bis.gov.uk/insolvency.

[151] Die Neuregelung der administration wurde in Kraft gesetzt durch Enterprise Act 2002 (Commencement No 4 and Transitional Provisions and Savings) Order 2003, SI 2003/2093, art. 3. Gem. s. 249(1), (2) Enterprise Act 2002 gilt das alte Recht für bestimmte Gesellschaftstypen weiter.

[152] Zu Ausnahmen, darunter Kapitalmarkttransaktionen und Projektfinanzierungen im Volumen von über £ 50 Mio., siehe ss. 72(A)(6), 72B ff. IA 1986.

[153] P. 3(2) Sch B1 IA 1986.

[154] Vgl. *Fletcher* EBOR 5 (2004) 119, 151.

[155] Ausführlich *Davies* Insolvency and the Enterprise Act 2002 S. 77 ff.; Palmer's Company Law Rdnr. 14.020 ff.

[156] Auf Grundlage eines Gesellschafterbeschlusses; Palmer's Company Law Rdnr. 14.034.

[157] Per Beschluss mit mindestens einfacher Mehrheit, p. 105 Sch B1 IA 1986.

überzeugen, „that the company is or is likely to become unable to pay its debts", p. 11(a) Sch B1 IA 1986. Gemäß p. 111(1) Sch B1 IA 1986 hat der Begriff unable to pay its debts denselben Inhalt wie im Rahmen von s. 123 IA 1986.[158] Das Gericht muss außerdem zur Auffassung gelangen, dass die administration bei vernünftiger Betrachtung geeignet ist, den dargestellten Zweck zu erreichen, p. 11(b) Sch B1 IA.[159]

Die Eröffnung der administration **ohne Antragstellung an das Gericht** ist hingegen nur den Direktoren und dem Inhaber einer qualifying floating charge möglich. Die Bestellung eines administrator durch die Direktoren setzt zuerst einen Beschluss mit einfacher Mehrheit voraus.[160] Dann müssen die Direktoren u. a. eine Erklärung zu Gericht einreichen, „that the company is or is likely to become unable to pay its debts", p. 27(2)(a) Sch B1 IA. Hinsichtlich der finanziellen Situation der Limited gelten also identische Voraussetzungen wie bei der Stellung eines Antrags zu Gericht. Das gilt jedoch nicht für die Bestellung eines administrator durch den Inhaber einer qualifying floating charge, also einer charge, die (nahezu) das gesamte Vermögen der Kapitalgesellschaft erfasst.[161] Der Inhaber kann die administration dann einleiten, sobald der **vertraglich festgelegte Sicherungsfall** eingetreten ist.[162] Die Eröffnung der administration ohne Gerichtsentscheid hat den Vorteil, dass der Berechtigte die Person des administrator **selbst** auswählen kann. Voraussetzung ist allein, dass es sich um einen zugelassenen insolvency practitioner handelt, p. 6 Sch B1 IA 1986.[163] Der Inhaber einer qualifying floating charge hat sogar das Vorrecht, stets die Auswahl des administrator zu beeinflussen, selbst wenn dieser vom Gericht oder den Direktoren ernannt wird, p. 36 Sch B1 IA. 62

d) Durchführung. Mit Beginn der administration geht das seit Verfahrenseinleitung geltende vorläufige Verbot der Einzelvollstreckung (interim moratorium) in ein **endgültiges Vollstreckungsverbot** über (p. 42 f. Sch B1 IA 1986).[164] Es erleichtert Sanierungsbemühungen, indem es die Gesellschaft vor Zugriffen gesicherter Gläubiger und gegen Zwangsvollstreckungen schützt. Der **administrator übernimmt die Verwaltung des Gesellschaftsvermögens** (p. 67 Sch B1 IA) und informiert Öffentlichkeit, sämtliche Gläubiger, Gesellschaftsregister und Gesellschaft von seiner Amtsaufnahme.[165] 63

Auf Grundlage einer Vermögensübersicht, deren Erstellung der administrator u. a. von den Direktoren verlangen kann,[166] entwirft er einen **Vorschlag für die Gläubiger**. Der Vorschlag muss die Prioritätenkaskade des p. 3 Sch B1 IA 1986 befolgen und kann auch den Einsatz eines CVA oder eines scheme of arrangement gem. ss. 895 ff. CA 2006 empfehlen. Die Position von gesicherten und bevorzugten Gläubigern kann dabei nur mit deren Zustimmung beeinträchtigt werden.[167] Wird der Vorschlag von einer einfachen Mehrheit der einzuberufenden Gläubigerversammlung beschlossen,[168] beginnt der administrator mit seiner Umsetzung. Findet der Vorschlag auch modifiziert keine Zustimmung, fällt es 64

---

[158] Dazu ausführlich oben Rdnr. 8 ff.
[159] Daher Ablehnung des Antrags in *Doltable Ltd v Lexi Holdings plc* [2006] 1 BCLC 384.
[160] P. 105 Sch B1 IA 1986.
[161] Siehe p. 14 Sch B1 IA 1986 für Einzelheiten; vgl. auch p. 35 Sch B1 IA 1986, der dem Inhaber einer qualifying floating charge die Möglichkeit eines gerichtlichen Eröffnungsbeschlusses einräumt, für den er nur darzulegen hat, dass er laut Sicherungsvertrag zur Ernennung eines administrator berechtigt ist.
[162] P. 16 Sch B1 IA 1986; zu den Vertragsgestaltungen in der Praxis siehe oben Rdnr. 53.
[163] Dazu rechtsvergleichend *Köster* Die Bestellung des Insolvenzverwalters S. 51 ff.
[164] Zur internationalen Reichweite des Vollstreckungsverbots *Harms Offshore AHT "Taurus" GmbH & Co KG v Bloom* [2010] BCC 822.
[165] P. 46 Sch B1 IA 1986.
[166] P. 47 Sch B1 IA 1986.
[167] P. 73 Sch B1 IA 1986.
[168] Zur Einberufung, der Abstimmung und dem Minderheitenschutz siehe *Revenue & Customs Commissioners v Maxwell* [2010] EWCA Civ 1379; *Hannigan* Company Law Rdnr. 23–73 ff., S. 637 f.

dem Gericht zu, über das weitere Verfahren zu entscheiden.[169] In jüngerer Zeit tendieren die Gerichte dahin, den angemessenen Verwertungsplan des administrator selbst gegen den Willen des ungesicherten Mehrheitsgläubigers aufrecht zu erhalten.[170] Unter Umständen kann also selbst die Mehrheit der ungesicherten Gläubiger gegen ihren Willen in eine Sanierung eingebunden werden. Außerdem kann der Insolvenzverwalter unter bestimmten Bedingungen, insbesondere im Rahmen eines pre-pack,[171] das Gesellschaftsvermögen auch ohne Zustimmung der Gläubiger verwerten.

65   Der administrator hat **weitreichende Geschäftsführungs- und Vertretungskompetenzen**.[172] Er kann die Masse durch insolvenzrechtliche Anfechtung von Rechtsgeschäften anreichern, ist aber nicht berechtigt, zivile Haftungsklagen wegen fraudulent und wrongful trading (ss. 213, 214 IA 1986) zu erheben. Verkauft er das Unternehmen, ist er verpflichtet, den bestmöglichen Preis zu erzielen.[173] Der administrator hat – anders als der liquidator – zwar kein gesetzlich gesichertes Wahlrecht hinsichtlich der Erfüllung schwebender Verträge.[174] Dem jüngeren Urteil *Innovate Logistics*[175] lässt sich jedoch entnehmen, dass der administrator gegen bestehende Verträge verstoßen darf und solche Verstöße unter bestimmten Voraussetzungen der nachträglichen Prüfung durch die Gerichte stand halten können.[176] Die vorrangige Ausrichtung der administration auf Sanierung statt Abwicklung kommt auch darin zum Ausdruck, dass der administrator grundsätzlich nur an gesicherte und vorrangige Gläubiger ausschütten darf, für Auszahlungen an ungesicherte Gläubiger dagegen die Erlaubnis des Gerichts benötigt.[177] Die faire Behandlung von Gläubigern und Gesellschaftern, die schnelle und effiziente Verfahrensführung und die Einhaltung der Treu- und Sorgfaltspflichten durch den administrator fördern pp. 74 f. Sch B1 IA 1986. Dort werden den Gläubigern, Gesellschaftern und später hinzutretenden Insolvenzverwaltern Antrags- und Klagebefugnisse bei Verletzung dieser Grundsätze eingeräumt.

66   e) Rangfolge. Die **Rangsituation** in der administration gestaltet sich nach neuer Rechtslage wie folgt, wenn eine floating charge eingeräumt wurde:[178]
(1) Legal mortgages (Hypotheken), fixed charges;
(2) Preferential creditors (bevorzugte ungesicherte Gläubiger), ss. 40, 175 IA, s. 754 CA 2006;
(3) Expenses of administration (Kosten der administration), p. 99 Sch B1 IA 1986;
(4) Prescribed part[179] für die ungesicherten Gläubiger, s. 176A IA 1986;
(5) Floating charge (abzüglich des prescribed part);
(6) Ungesicherte Gläubiger (nun auch Steuer- und Sozialversicherungsgläubiger), an die auch der prescribed part ausgezahlt wird.

67   f) Beendigung. Das Gesetz kennt eine **Vielzahl von Gründen**, aufgrund derer eine administration beendet werden kann. Die drei wichtigsten sind die Erreichung des Zwecks der administration, die Feststellung, dass der Zweck nicht erreicht werden kann, und ein Beendigungsbeschluss der Gläubigerversammlung.[180] Darüber hinaus gibt es drei Möglich-

---

[169] P. 55 Sch B1 IA 1986.
[170] *DKLL Solicitors v Revenue and Customs Commissioners* [2007] BCC 908; *Frisby* CLN, Ausgabe 227, 2 ff.
[171] Dazu eingehend unten Rdnr. 97 ff.
[172] Pp. 59 ff. Sch B1 IA 1986 und Sch 1 IA 1986.
[173] *Hannigan* Company Law Rdnr. 23–88 ff., S. 642 f.
[174] *Bailey/Groves* Corporate Insolvency Rdnr. 10.71, S. 398; *Re P & C and R & T (Stockport) Ltd* [1991] BCC 98.
[175] *Innovate Logistics Ltd v Sunberry Properties Ltd* [2009] BCC 171 (CA).
[176] *Frisby* CLN, Ausgabe 246, 3 f., dort auch zu möglichen Rechtsfolgen.
[177] P. 65 Sch B1 IA 1986; ungesicherte Gläubiger darf er gem. p. 66 ausnahmsweise dann befriedigen, wenn dies der Erreichung des Zwecks der administration seiner Ansicht nach wahrscheinlich dient.
[178] *Hannigan* Company Law Rdnr. 23–109 ff., S. 647 ff.; *Goode* Corporate Insolvency Law Rdnr. 10–91, S. 454 f.; *Linklater* [2005] CL 129.
[179] Zum prescribed part sogleich bei Rdnr. 68.
[180] Pp. 79 ff. Sch B1 IA 1986.

keiten, die administration durch Eröffnung eines anderen Verfahrens zu beenden: (1) Erwartet der administrator nach Befriedigung der gesicherten und vorrangigen Gläubiger eine Auszahlung an die ungesicherten, kann er die administration durch Benachrichtigung des Gesellschaftsregisters in ein creditors' voluntary winding up überführen.[181] (2) Ist kein Vermögen (mehr) vorhanden, das verteilt werden könnte, kann der administrator die Löschung (dissolution) der Gesellschaft einleiten.[182] Dieser Weg wird in der Praxis vor allem dann beschritten, wenn der administrator nach den Ausschüttungen an die gesicherten und bevorzugten Gläubiger auch sämtliche Ausschüttungen an die ungesicherten Gläubiger vornimmt.[183] (3) Ein Gericht kann auf Antrag gem. s. 124A IA 1986 beschließen, dass die Gesellschaft im öffentlichen Interesse abgewickelt wird.[184] Dies kommt allerdings nur sehr selten vor.[185]

g) Sanierungen im Rahmen einer administration. Das Regelungsgerüst der **administration bietet sich für Sanierungen an**. Das Verbot der Einzelvollstreckung und die Verpflichtung des administrator auf das Wohl der Gläubigergesamtheit eignen sich für ein CVA oder ein scheme of arrangement gem. ss. 895 ff. CA 2006. Das Verfahren ist zudem für Kreditinstitute und andere Finanzdienstleister attraktiv, die sich ab dem 15. September 2003 eine qualifying floating charge haben einräumen lassen. Der administrator handelt zwar nicht wie der administrative receiver hauptsächlich im Interesse des floating charge holder. Immerhin kann der floating charge holder aber die Person des administrator auswählen. Die administration wird in solchen Fällen oft zur Durchgangsstation, in welcher der administrator die Insolvenzmasse möglichst durch Verkauf des Unternehmens als going concern maximiert sowie vorrangige und gesicherte Gläubiger befriedigt.[186] Im Abschluss daran wird die Abwicklung in einer creditors' voluntary liquidation zu Ende geführt, in der den ungesicherten Gläubigern in der Regel zumindest der prescribed part aus der floating charge ausgezahlt wird. Alternativ kann die übrige Abwicklung auch noch innerhalb der administration zu Ende geführt und die Gesellschaft nach der Ausschüttung des Liquidationserlöses an die ungesicherten Gläubiger aus dem Register gelöscht werden.[187]

5. Creditors' voluntary winding up

a) Zweck und praktische Bedeutung. Das creditors' voluntary winding up ist ein auf **Abwicklung** von Kapitalgesellschaften ausgerichtetes Insolvenzverfahren.[188] Gleichbedeutend mit winding up wird auch der Begriff liquidation verwandt. Die gesetzlichen Wurzeln des creditors' voluntary winding up reichen bis zum Winding Up Act 1844[189] zurück. Der Zweck des Verfahrens ist die geordnete Realisierung und Verteilung der gesellschaftlichen Vermögenswerte. Systematisch ist es im IA 1986 für Kapitalgesellschaften vorgesehen, für die eine Chance auf Sanierung nicht (mehr) besteht.[190]

In der **Rechtspraxis** ist es das häufigste aller Insolvenzverfahren. In den zwanzig Jahren von 1992 bis einschließlich 2011 hatte das creditors' voluntary winding up einen vergleichsweise konstanten Anteil von rund 59% an der Gesamtzahl registrierter Insolvenzverfahren; das entspricht im Jahresdurchschnitt rund 9764 Verfahren.[191] Hinzu kommen credi-

---

[181] P. 83 Sch B1 IA 1986; *Re Globespan Airways Ltd* [2012] EWHC 359 (Ch); *Re Agrimarche Ltd* [2010] BCC 775; zum creditors' voluntary winding up ausführlich unten Rdnr. 69 ff.
[182] P. 84 Sch B1 IA 1986.
[183] Vgl. *Re GHE Realisations Ltd* [2006] 1 All ER 357; *Re Preston & Duckworth Ltd* [2006] BCC 133.
[184] Zu dieser Verfahrensart unten Rdnr. 80 ff.
[185] OFT The Market for Corporate Insolvency Practitioners, A Market Study: Annexes S. 10
[186] Vgl. *Armour/Mokal* ESRC Working Paper No. 289 S. 9; *Goode* Corporate Insolvency Law Rdnr. 11–91, S. 454 f.; Palmer's Company Law Rdnr. 14.016, 14.030, 14.095.
[187] *Re GHE Realisations Ltd* [2006] 1 All ER 357; *Re Preston & Duckworth Ltd* [2006] BCC 133.
[188] *Keay* [2005] JBL 143.
[189] 7 & 8 Vict. c. 111.
[190] *Keay* [2005] JBL 143, 156.
[191] Jeweils gerundet; eigene Berechnungen auf Grundlage der Angaben des Insolvency Service unter www.bis.gov.uk/insolvency. Zur Vermeidung von Doppelzählungen sind nur folgende Verfahren

tors' voluntary winding ups im Anschluss an eine administration, die seit der Reform des Enterprise Act 2002 gesondert ausgewiesen werden. Im Achtjahreszeitraum 2004 bis 2011 waren dies durchschnittlich 911 Verfahren mit steigender Tendenz, im Jahr 2011 genau 1127.[192] In diesen zuletzt genannten Fällen war entweder die Sanierung der Gesellschaft entgegen den Erwartungen der Beteiligten fehlgeschlagen, oder die Staffelung der verschiedenen Verfahren diente der Massemaximierung, wobei die Einmündung in das creditors' voluntary winding up von vornherein als Option in Betracht gezogen wurde.[193] Häufig anzutreffen sind auch Fälle, in denen zuerst eine floating charge im Rahmen eines administrative receivership verwertet wird, und die Verteilung der restlichen Vermögenswerte an die ungesicherten Gläubiger dem anschließenden creditors' winding up überlassen wird.

71 **b) Eröffnung.** Die Eröffnung des voluntary winding up setzt einen **Gesellschafterbeschluss** mit Dreiviertel-Mehrheit voraus, s. 84(1)(b) IA 1986.[194] Das winding up (Abwicklung bzw. Liquidation) wird als **voluntary** (freiwillig) bezeichnet, weil Direktoren, Gläubigern und Gerichten kein Auslösungsrecht zusteht. Die Verfahrenseröffnung steht also im freien Willen der Gesellschaftermehrheit. Allerdings muss der Inhaber einer qualifying floating charge, die nach dem 14. September 2003 eingeräumt wurde, vorab informiert werden, um ihm die Möglichkeit der Eröffnung der administration zu geben. Das Verfahren beginnt mit dem Gesellschafterbeschluss, s. 86 IA 1986. Der Geschäftsbetrieb ist einzustellen, soweit seine Aufrechterhaltung nicht für die Maximierung des Realisierungserlöses erforderlich ist, s. 87(1) IA 1986.

72 **c) Solvenzerklärung.** Zum **creditors' voluntary winding up** wird das voluntary winding up gem. s. 90 IA 1986 dann, wenn die Direktoren keine Solvenzerklärung **(declaration of solvency)** gem. s. 89 IA 1986 abgeben. Die Solvenzerklärung der Direktoren hat den Inhalt,

„that they have made a full inquiry into the company's affairs and that, having done so, they have formed the opinion that the company will be able to pay its debts in full, together with interest at the official rate [...], within such period, not exceeding 12 months from the commencement of the winding up, as may be specified in the declaration."

73 Die Erklärung der Geschäftsleiter beinhaltet im Kern die Aussage, dass die Gesellschaft in der Lage sei, spätestens innerhalb eines Jahres nach Beginn der Abwicklung sämtliche Gläubigerforderungen samt gesetzlichen Zinsen zu begleichen. Es handelt sich also um die Aussage, die Gesellschaft sei selbst **unter Berücksichtigung des gesetzlichen Zinssatzes nach Ablauf eines Jahres nicht überschuldet**. Folgerichtig erfolgt die Solvenzerklärung gem. s. 89(2)(b) IA 1986 auf der Grundlage einer Aufstellung der Aktiva und Passiva der Gesellschaft zum spätmöglichsten Zeitpunkt vor der Abgabe der Erklärung.[195] Zudem muss die Solvenzerklärung in dem Zeitraum von fünf Wochen vor dem Abwicklungsbeschluss der Gesellschafter abgegeben werden, s. 89(2)(a) IA 1986. Die Erklärung ist im Anschluss an den Gesellschafterbeschluss zum Gesellschaftsregister einzureichen, s. 89(3), (6) IA 1986.

---

bei der Gesamtzahl der Insolvenzverfahren berücksichtigt: creditors' voluntary winding up, compulsory winding up und die seit Inkrafttreten des Enterprise Act 2002 im Jahr 2003 gesondert ausgewiesenen administrations.

[192] Gerundet; eigene Berechnung auf Grundlage der Insolvenzstatistik des Insolvency Service, abrufbar unter www.bis.gov.uk/insolvency.

[193] Vgl. *Keay* [2005] JBL 143, 144.

[194] I. V. m. s. 283 CA 2006; sieht die Satzung die Auflösung der Gesellschaft bei Eintritt eines bestimmten Ereignisses vor, genügt bei Eintritt der Bedingung ein Beschluss mit einfacher Mehrheit, s. 84(1)(a) IA 1986 i. V. m. s. 282 CA 2006.

[195] Zu den Anforderungen *De Courcy v Clement* [1971] Ch 693.

Ein Direktor, der die Solvenzerklärung abgibt, ohne seine Meinungsbildung auf vernünftige Gründe zu stützen, kann mit Freiheits- und/oder Geldstrafe bestraft werden, s. 89(4) IA 1986. Stellt sich bei der Abwicklung heraus, dass die **Solvenzerklärung unzutreffend** war, greift die gesetzliche Vermutung gem. s. 89(5) IA 1986, wonach der Direktor seine Meinung nicht auf vernünftige Gründe gestützt hat. Die Beweislast liegt damit beim Direktor.[196] Eine zivilrechtliche Haftung bei Abgabe einer falschen Solvenzerklärung ist jedoch nicht vorgesehen. Bemerkt der mit der Abwicklung beauftragte liquidator, dass die Gläubiger trotz einer abgegebenen Solvenzerklärung doch nicht vollständig befriedigt werden können, hat er die Umwandlung des Verfahrens in ein creditors' voluntary winding up zu veranlassen, ss. 95, 96 IA 1986.

Wird die Solvenzerklärung abgegeben, wird die Gesellschaft in der Form eines **members' voluntary winding up** abgewickelt, d.h. in einem Verfahren unter Kontrolle der Gesellschafter, s. 90 IA 1986. Wird die Erklärung nicht erteilt, erfolgt ein **creditors' voluntary winding up**, d.h. die Abwicklung unter Kontrolle der Gläubiger. Der Vorsatz members' bzw. creditors' bezeichnet also nicht den Auslöser der Abwicklung, das sind immer die Gesellschafter, sondern diejenige Personengruppe, denen der IA 1986 Kontroll- und Entscheidungsbefugnisse einräumt. Das englische Gesellschaftsrecht folgt dem – auch das deutsche Recht prägenden – Grundsatz, dass die Kontroll- und Entscheidungsbefugnisse betreffend das Gesellschaftsvermögen grundsätzlich bei den sog. **residual claimants** liegen, d.h. den materiell, aber zuletzt am Liquidationserlös Berechtigten: in der Solvenz bei den Gesellschaftern, in der Insolvenz bei den Gläubigern.[197]

d) Durchführung. Nach der Eröffnung des creditors' voluntary winding up wird eine **Gläubigerversammlung** abgehalten, ss. 98 ff. IA 1986. Vor und während der Versammlung werden die Gläubiger umfassend über die finanzielle Lage der Gesellschaft informiert, ss. 98, 99 IA 1986. Die Gläubigerversammlung kann einen **liquidator** bestellen, s. 100 IA 1986, und ein **Gläubigerkomitee** einrichten, welches seine Rechte in Zukunft wahrnimmt, s. 101 IA 1986. Mit der Ernennung des liquidator enden die Befugnisse der Direktoren, s. 103.[198] Der liquidator stellt die zu befriedigenden Verbindlichkeiten fest und realisiert die Aktiva.[199] Dazu rüstet ihn das Gesetz mit umfassenden Verwaltungs- und Vertretungsbefugnissen aus.[200] Gem. ss. 178 ff. IA 1986 kann der liquidator unvorteilhafte schwebende Verträge beenden und belastendes Eigentum aufgeben.[201]

Die Geschäftstätigkeit hat der liquidator grundsätzlich einzustellen. Er darf die Geschäfte nur fortführen, wenn dies eine höhere Quote für die Gläubiger verspricht.[202] Die Fortführung im Interesse der Gesellschafter, etwa zur Sanierung, ist nicht gestattet. Der Enterprise Act 2002 brachte die Änderung mit sich, dass der liquidator **Klagen** wegen wrongful trading (s. 214 IA 1986) und fraudulent trading (s. 213 IA 1986) nur noch mit Zustimmung der Gläubigerversammlung, des Gläubigerkomitees oder des Gerichts erheben kann.[203] Dasselbe gilt für insolvenzrechtliche Anfechtungsklagen gem. ss. 238, 239, 242, 243 und 423 IA 1986.[204] Dadurch wurde die Erhebung solcher Klagen weiter erschwert. Der liqui-

---

[196] Palmer's Company Law Rdnr. 15.105.
[197] Näher *Steffek* Gläubigerschutz in der Kapitalgesellschaft S. 184.
[198] Den Gläubigern oder dem Gläubigerkomitee steht es aber frei, die Befugnisse der Direktoren teilweise oder vollständig aufrechtzuerhalten.
[199] Zu den Einzelheiten *Finch* Corporate Insolvency Law S. 532 ff.
[200] S. 165 i.V.m. Sch 4 IA 1986.
[201] Näher *Goode* Principles of Corporate Insolvency Law Rdnr. 6-27 ff., S. 200 ff.; dort auch zu den Rechtsfolgen.
[202] S. 87 IA 1986; *Re Wreck Recovery and Salvage Co* (1880) 15 Ch 353; vgl. auch *Re Great Eastern Electric Co Ltd* [1941] Ch 241.
[203] S. 165 i.V.m. Sch 4 IA 1986.
[204] Außerdem für die vollständige Befriedigung einer Gläubigerklasse und den Abschluss eines Vergleichs (compromise bzw. arrangement), pp. 1 und 2 Sch 4 IA 1986.

dator spielt auch eine wichtige Rolle bei der Entdeckung und Dokumentation disqualifizierungs- und strafwürdigen Verhaltens.[205]

78   **e) Rangfolge.** Die **Befriedigungsreihenfolge** bei kristallisierter floating charge entspricht der oben anlässlich des administrative receivership dargestellten.[206] Entfaltet keine floating charge ihre Wirkung, gestaltet sich die Rangfolge folgendermaßen:
(1) Kosten des winding up, s. 115 IA 1986;
(2) Bevorzugte Gläubiger (preferential creditors), s. 175(2)(a) IA 1986;
(3) Ungesicherte Gläubiger (unsecured creditors);
(4) Gesellschafter (falls die Gesellschaft unerwarteter Weise doch nicht überschuldet ist).

79   **f) Beendigung.** Nach Verteilung des Erlöses findet eine letzte Gläubigerversammlung statt, s. 94 IA 1986. Nach weiteren 3 Monaten wird die Gesellschaft **aus dem Gesellschaftsregister gelöscht**, s. 205(2) IA 1986.

6. Compulsory winding up

80   **a) Einführung.** Das **compulsory winding up** ist auch unter dem Namen **compulsory liquidation** bekannt.[207] Das Verfahren weist einige Gemeinsamkeiten mit dem creditors' voluntary winding up auf. In beiden Verfahren wird die Kapitalgesellschaft abgewickelt, Aktiva werden liquidiert, Verbindlichkeiten ranggemäß befriedigt und ggf. verbleibendes Nettovermögen an die Gesellschafter ausgeschüttet.[208] Anschließend wird die Existenz der Gesellschaft durch Löschung aus dem Gesellschaftsregister beendet. Nach dem creditors' voluntary winding up ist das compulsory winding up das zweithäufigste Insolvenzverfahren. In den Jahren 1992 bis einschließlich 2011 kam es in England und Wales in 34% aller Insolvenzen oder durchschnittlich 5636 Mal pro Jahr zum Einsatz.[209] Der Unterschied zum creditors' voluntary winding up besteht im Wesentlichen in dem weiteren Kreis der Auslösungsberechtigten und der intensiveren gerichtlichen Aufsicht im Rahmen des compulsory winding up.

81   **b) Eröffnung. aa) Antragsberechtigung.** Berechtigt zur Stellung eines **Antrags** zu Gericht[210] auf Eröffnung eines compulsory winding up sind gem. ss. 124, 124A IA 1986 u. a. die folgenden Personen bzw. Personenmehrheiten:[211] die Gesellschaft (vertreten durch die Gesellschafterversammlung), die Direktoren (auf Grundlage eines Mehrheitsbeschlusses[212]), die Gläubiger, der administrator gem. p. 21 Sch 1 IA 1986 i. V. m. p. 60 Sch B1 IA 1986, der Verwalter eines CVA gem. s. 7(4)(b), p. 39(5)(b) Sch A1 IA 1986, ein Verwalter gem. Art. 2(b) EuInsVO, ein vorläufiger Verwalter gem. Art. 38 EuInsVO und der Secretary of State.[213]

---

[205] *Goode* Corporate Insolvency Law Rdnr. 5-02, S. 151.
[206] Siehe oben Rdnr. 55; ausführlicher *Sealy/Worthington* Cases and Materials in Company Law S. 773 f.
[207] Der IA 1986 verwendet den umständlichen Ausdruck „winding up by the court".
[208] Ss. 107, 143(1) IA 1986.
[209] Gerundet; eigene Berechnungen anhand der Insolvenzstatistik des Insolvency Service, abrufbar unter www.bis.gov.uk/insolvency; um Doppelzählungen zu vermeiden, sind nur folgende Verfahren bei der Gesamtzahl der Insolvenzverfahren berücksichtigt: creditors' voluntary winding up, compulsory winding up und die seit Inkrafttreten der Reform des Enterprise Act 2002 gesondert ausgewiesenen administrations.
[210] Zur gerichtlichen Zuständigkeit *Just* Die englische Limited in der Praxis Rdnr. 323.
[211] Eingehend *French* Application to Wind Up Companies S. 153 ff.
[212] *Re Equiticorp International Plc* [1989] BCLC 397.
[213] Hinzu kommen: ein contributory (entspricht im Wesentlichen einem Gesellschafter; vgl. aber s. 79 IA 1986), ein justices' chief executive gem. s. 87A Magistrates' Courts Act 1980 und ein official receiver. Außerdem: die Bank of England gem. s. 92 Banking Act 1987 und die Financial Services Authority gem. s. 367 Financial Services and Markets Act 2000. Um die Verständlichkeit der Darstellung nicht zu gefährden, werden diese Antragsberechtigten im Folgenden nicht weiter berücksichtigt. Sie werden ausführlich behandelt in Palmer's Company Law Rdnr. 15.237 ff.

Section 124(1) IA 1986 stellt ausdrücklich klar, dass auch **Gläubiger** einer zukünftig fälligen oder bedingten Forderung antragsberechtigt sind. Auch die Antragsberechtigung umfassend gesicherter Gläubiger steht außer Frage.[214] Wird der Anspruch des Antragstellers von der Gesellschaft in gutem Glauben und mit substantiellen Gründen bestritten, geht die Antragsberechtigung jedoch verloren.[215] Die Insolvenzgerichte klären das Bestehen des Anspruchs im Antragsverfahren nicht abschließend.[216] Das bietet insolventen Gesellschaften die Möglichkeit, die Verfahrenseröffnung durch Bestreiten des Anspruchs merklich zu verzögern. Ein zweites Mittel, dem Antragsteller die Antragsberechtigung zu nehmen, ist die Aufrechnung oder Geltendmachung eines unerfüllten Anspruchs gegenüber dem Antragsteller.[217]

bb) Antragsgründe. Für die Kapitalgesellschaft relevante **Antragsgründe** sind gem. s. 122 IA 1986 die bereits[218] behandelte inability to pay debts gem. s. 123 IA 1986 (statutory demand, erfolglose Vollstreckung, cash flow insolvency und balance sheet insolvency), ein entsprechender Beschluss der Gesellschafterversammlung,[219] das Erliegen der Geschäftstätigkeit für ein Jahr,[220] das Nichtzustandekommen eines CVA nach Ablauf eines Vollstreckungsverbots gem. s. 1A IA 1986 und die Überzeugung des Gerichts, dass es gerecht und fair (just and equitable) ist, die Gesellschaft abzuwickeln.

Der in s. 122(1)(g) IA 1986 normierte Eröffnungsgrund, dass das Gericht zur Auffassung gelangt, die Abwicklung sei gerecht und fair (**just and equitable**), wird zum einen präventiv genutzt, um zu betrügerischen Zwecken gegründete Gesellschaften zwangsweise abzuwickeln.[221] Zum anderen wird der Eröffnungsantrag von Gläubigern wegen inability to pay debts gem. s. 122(1)(f) häufig mit dem just and equitable Eröffnungsgrund in s. 122(1)(g) IA 1986 kombiniert.[222] Das geschieht in dem Kalkül, dem Gericht für den Fall, dass die inability to pay debts nicht bewiesen werden kann, die Möglichkeit zu eröffnen, dennoch aufgrund einer Gesamtschau des Sachverhalts die compulsory liquidation anzuordnen. Die Kombination wird außerdem deshalb vorgenommen, um dem Antrag auf Verfahrenseröffnung mehr Gewicht zu verleihen.

cc) Legitimate interest. Als dritte Voraussetzung eines erfolgreichen Antrags muss ein legitimate interest[223] (ähnlich dem deutschen **Rechtsschutzbedürfnis**) hinzukommen. Ein antragstellender Gläubiger muss dartun, dass ihm die Gesellschaft gegenwärtig mindestens £ 750 schuldet und trotz Aufforderung nicht bezahlt hat.[224] Die Gläubiger bedingter und zukünftig fälliger Forderungen müssen darlegen, warum sie von der gegenwärtigen Insolvenz der Gesellschaft nachteilig betroffen sind.[225]

---

[214] *Re Portsmouth Borough (Kingston, Fratton and Southsea) Tramways Co* [1892] 2 Ch 362; *Moor v Anglo-Italian Bank* (1879) 10 Ch 681.

[215] *Stonegate Securities v Gregory* [1980] Ch 576, 580; *Mann v Goldstein* [1968] 2 All ER 769, 775; *Re Welsh Brick Industries* [1946] 2 All ER 197, 198; *Goode* Corporate Insolvency Law Rdnr. 5-13, S. 163 ff.

[216] Vgl. *Alipour v Ary* [1997] 1 BCLC 557, 564, 568 f.; *Taylors Industrial Flooring Ltd v M. & H. Plant Hire (Manchester) Ltd* [1990] BCLC 216; *Re A Company (No 0012209 of 1991)* [1992] BCLC 865; *Milman* CLN 2006, Ausgabe 4, 2.

[217] *Keay* [2005] JBL 143, 149; *Re Bayoil SA* [1999] 1 WLR 147.

[218] Siehe oben Rdnr. 8 ff.

[219] Palmer's Company Law Rdnr. 15.212.

[220] Palmer's Company Law Rdnr. 15.212.

[221] Vgl. *Secretary of State for Business, Innovation and Skills v PGMRS Ltd* [2010] EWHC 2983 (Ch); *Secretary of State for Business, Enterprise and Regulatory Reform v Amway (UK) Ltd* [2009] BCC 781 (CA); *Re T.E. Brinsmead & Sons* [1897] 1 Ch 45; für weitere Fallgruppen von s. 122(1)(g) IA 1986 siehe Palmer's Company Law Rdnr. 8.3901 ff.

[222] *Goode* Corporate Insolvency Law Rdnr. 5-11, S. 161.

[223] *Goode* Corporate Insolvency Law Rdnr. 5-19, S. 170 ff.

[224] Gestützt wird diese Voraussetzung auf die analoge Anwendung des Betrags der statutory demand gem. s. 123(1)(a) IA 1986; *Re Fancy Dress Balls* [1899] WN 109.

[225] *Re A Company (No 003028 of 1987)* [1988] BCLC 282, 294; *Goode* Corporate Insolvency Law Rdnr. 5-19, S. 171 f.

86   **dd) Beweislast.** Die Beweislast für den Antragsgrund, die Antragsberechtigung und den legitimate interest trägt der **Antragsteller**. Gelingt der Nachweis dieser drei Voraussetzungen, besteht grundsätzlich ein Anspruch auf Anordnung der compulsory liquidation durch das Gericht.[226]

87   **c) Durchführung und Beendigung.** Gibt das Gericht dem Antrag statt, verlieren die Direktoren ihre Geschäftsführungs- und Vertretungsmacht.[227] Die Verwaltung der Insolvenzmasse übernimmt zunächst der sog. official receiver.[228] **Official receiver** sind beamtenähnliche[229] Insolvenzverwalter, die staatlich bestellt und bezahlt werden (ss. 399 ff. IA 1986). Wenn es der official receiver für angezeigt hält, oder 25% der Gläubiger, gemessen an der Forderungssumme, dies fordern, beruft er getrennte Gläubiger- und Gesellschafterversammlungen zur Bestellung eines **privaten liquidator** ein.[230] Jede der beiden Versammlungen ist berechtigt, einen liquidator zu benennen, wobei der Gläubigervorschlag Vorrang hat.[231] Werden keine Versammlungen abgehalten oder bestellt keine der beiden Versammlungen einen privaten liquidator, bleibt der official receiver als liquidator im Amt. In der Verwaltungspraxis findet sich regelmäßig nur dann ein privater liquidator, der zur Übernahme der Abwicklung bereit ist, wenn die Insolvenzmasse zur Bezahlung seiner Dienste ausreicht. Reicht die Masse dafür nicht aus, wickelt der official receiver die Gesellschaft auf Staatskosten ab, soweit die Masse zur Begleichung seiner Kosten und Auslagen nicht genügt.

88   Der **Ablauf** eines compulsory winding up folgt in groben Zügen den Verfahrensschritten eines creditors' voluntary winding up. Der liquidator liquidiert die Aktiva, verteilt sie in derselben Rangfolge wie beim creditors' voluntary winding up und wickelt die Gesellschaft ab.[232] Insbesondere ist er berechtigt, Schadensersatzklagen wegen wrongful und fraudulent trading (ss. 213, 214 IA 1986) sowie insolvenzrechtliche Anfechtungsklagen zu erheben.[233] Wie bei dem creditors' voluntary winding up benötigt er dazu jedoch die Zustimmung des Gerichts oder des liquidation committee, also der fakultativen Gläubigervertretung.[234] Zieht der liquidator den Schluss, dass bei (teilweiser) Fortführung der Geschäfte ein höherer Liquidationserlös erzielt werden könnte, darf er dies – anders als beim creditors' voluntary winding up – nur mit vorheriger Zustimmung des liquidation committee oder des Gerichts tun.[235] Liegen Anhaltspunkte für straf- und disqualifizierungswürdiges Fehlverhalten der Direktoren vor, geht er diesen nach und erstattet gegebenenfalls Meldung.[236] Alt-[237] und Neugläubiger[238] werden im Verfahrensverlauf umfassend informiert und können durch das liquidation committee ihre Kontroll- und Mitbestimmungsrechte[239]

---

[226] *Bowes v Hope Life Insurance Company* (1865) 11 HLC 389, 402; *Re A Company (No 0010382 of 1992) ex p Computer Partnership Ltd* [1993] BCLC 597; *Re Lummus Agricultural Services Ltd* [1999] BCC 953; zum Ermessen des Gerichts vgl. s. 125 IA 1986; für Einzelheiten der Ermessensausübung *Goode* Corporate Insolvency Law Rdnr. 5-11 ff., S. 161 ff. (passim); Palmer's Company Law Rdnr. 15.247 ff.

[227] *Measures Bros Ltd v Measures* [1910] Ch 248; *Finch* Corporate Insolvency Law S. 539.

[228] S. 136 IA 1986; Palmer's Company Law Rdnr. 15.007 ff.

[229] *Köster* Die Bestellung des Insolvenzverwalters S. 71 f.

[230] S. 136(4), (5) IA 1986.

[231] S. 139(2), (3) IA 1986.

[232] Siehe ss. 143(1), 156 IA 1986, r. 4.218 IR 1986 (Kosten der Liquidation); zu den Kompetenzen des liquidator ss. 165, 167, Sch 4 IA 1986.

[233] P. 3A Sch 4 i. V. m. s. 167 IA.

[234] Ss. 141, 167 IA 1986; gem. s. 141(4) IA 1986 übt das liquidation committee seine Rechte allerdings nur dann aus, wenn die Gesellschaft nicht von einem official receiver liquidiert wird.

[235] S. 167(1) i. V. m. p. 5 Sch 4 IA 1986.

[236] Ss. 132, 218 IA 1986; s. 7 CDDA 1986.

[237] Z. B. Part 4, Chapter 7 IR 1986 (information to creditors); s. 146(1)(a) IA 1986 (liquidator's report).

[238] Z. B. Publizität des Gesellschaftsregisters: s. 130(1) IA 1986; öffentliche Bekanntmachung: rr. 4.11 und 4.21(4) IR 1986.

[239] Vgl. s. 167(1), (2) IA 1986.

ausüben. In der Gesamtschau kommt dem Gericht im compulsory winding up eine gewichtigere Rolle zu als im creditors' winding up.[240] Drei Monate nach Abschluss der compulsory liquidation wird die Limited aus dem Gesellschaftsregister gelöscht (s. 205 IA 1986).

7. Löschung aus dem Gesellschaftsregister

a) Überblick. Das englische Gesellschaftsrecht kennt zwei Verfahren, im Wege derer 89 eine Kapitalgesellschaft aus dem Register gelöscht werden kann. S. 1000 CA 2006 eröffnet dem Registerbeamten (**registrar of companies**,[241] kurz: registrar) die Möglichkeit, eine Gesellschaft, die ihre **Geschäftätigkeit eingestellt** hat, aus dem Gesellschaftsregister zu löschen. S. 1003 CA 2006 gestattet die Löschung auf eigenen **Antrag der Gesellschaft**. Ein ordnendes Abwicklungsverfahren kann dem Löschungsverfahren vorangehen. Zwingend vorgeschrieben ist dies jedoch nicht. Die bloße Löschung aus dem Register gem. ss. 1000 und 1003 CA 2006 ist deshalb von Fällen zu unterscheiden, in denen vor der Registerlöschung ein ordentliches Liquidationsverfahren durchgeführt wurde.[242]

b) Löschung gem. s. 1000 CA 2006. Gemäß s. 1000 CA 2006 ist der Registerbeamte 90 ermächtigt, über eine Gesellschaft, die dem Anschein nach jegliche **Geschäftätigkeit eingestellt** hat, ein Löschungsverfahren einzuleiten. Auf die Einstellung der Geschäftätigkeit wird das Register dadurch aufmerksam, dass die Gesellschaft ihren jährlichen Einreichungspflichten trotz wiederholter Aufforderung nicht nachkommt. Selbstverständlich sieht die Vorschrift ein Verfahren vor, nach dem die Gesellschaft informiert wird und ausreichend Zeit für einen Widerspruch hat (mindestens fünf Monate). Die Gläubiger und die Öffentlichkeit erfahren von der geplanten Löschung mindestens drei Monate zuvor durch öffentliche Bekanntmachung in der Gazette.[243]

c) Löschung gem. s. 1003 CA 2006. Gemäß s. 1003 CA 2006 hat die Kapitalgesell- 91 schaft auch selbst die Option, ihre **Löschung aus dem Register** zu **beantragen**. Die Antragstellung ist gem. ss. 1004 f. CA 2006 jedoch verboten, wenn die Gesellschaft in den vorangegangenen drei Monaten operativ tätig war oder ein Sanierungs- bzw. Insolvenzverfahren im Gange oder beantragt ist. Das Löschungsverfahren gem. s. 1003 CA 2006 zielt hauptsächlich auf vermögenslose Gesellschaften. Die Information der Gläubiger über den Löschungsantrag wird auf mehreren Wegen sichergestellt. Zum einen ist der Antrag den Alt- und Neugläubigern in Kopie zu senden bzw. zu übergeben (ss. 1006(1)(c), 1007(2)(c), 1008 CA 2006). Zum anderen wird er öffentlich bekannt gemacht (s. 1003(3)(a) CA 2006) und im Register publiziert.[244] Nach der Bekanntmachung hat jede Person, also auch ein Gläubiger, mindestens drei Monate das Recht, der Löschung unter Angabe von Gründen zu widersprechen (s. 1003(3)(b) CA 2006). Sind dem Registerbeamten solche Gründe nicht ersichtlich, löscht er die Gesellschaft nach Ablauf der Frist aus dem Register.

d) Wiedereintragung. Gleich nach welchem Verfahren eine Gesellschaft gelöscht 92 wurde, können u. a. frühere Direktoren, Gläubiger und der Secretary of State im Zeitraum von 6 Jahren nach der Löschung ihre **Wiedereintragung gerichtlich beantragen**, ss. 1029 f. CA 2006. Die Gerichte stellen keine allzu hohen Anforderungen an die Begründung des Antrags und geben ihm grundsätzlich statt.[245] Für den Fall, dass eine Gesellschaft rechtswidrig wegen Einstellung der Geschäftätigkeit gem. ss. 1000 f. CA 2006 gelöscht

---

[240] *Finch* Corporate Insolvency Law S. 540; vgl. ss. 127(1), 130(2), 167(3), 168, 172 IA 1986.
[241] Legaldefiniert in s. 1060(3) CA 2006.
[242] Gem. s. 1001 CA 2006 findet zwar auch ein Löschungsverfahren statt, wenn ein Liquidationsverfahren eröffnet wurde, aber das Amt des liquidator verwaist ist (s. 1001(1)(a) CA 2006). Faktisch kommt das aber der Nichteröffnung der Liquidation gleich. Entscheidend ist letztlich, dass s. 1000 CA 2006 ein Liquidationsverfahren nicht zwingend verlangt.
[243] S. 1000(3) CA 2006.
[244] BIS Strike-off, Dissolution, Restoration S. 8.
[245] Vgl. zur Rechtslage nach dem CA 1985 *Re Priceland Ltd* [1997] 1 BCLC 467; *Re Blue Note Enterprises Ltd* [2001] 2 BCLC 427; *Re Blenheim Leisure (Restaurants) Limited (No 2)* [2000] BCC 821.

wurde, können die ehemaligen Direktoren und Gesellschafter in einem zweiten Verfahrenstyp gem. ss. 1024 ff. CA 2006 die Wiedereintragung betreiben.

93 **e) Ausschaltung des insolvenzrechtlichen Gläubigerschutzes durch kalte Liquidation?** Der Umstand, dass die Löschung gem. ss. 1000, 1003 CA 2006 kein (insolvenzrechtliches) Liquidationsverfahren voraussetzt, wirft die Frage nach dem **Gläubigerschutz bei kalten Liquidationen** auf. Einige zivilrechtliche Schadensersatzklagen (zum Beispiel wegen fraudulent oder wrongful trading gem. ss. 213, 214 IA 1986) können nur von einem liquidator erhoben werden. Ähnliches gilt für insolvenzrechtliche Anfechtungsklagen, die zudem von einem administrator erhoben werden können. Außerdem verringert sich ohne ordentliches Abwicklungsverfahren die Gefahr der Disqualifizierung und Strafverfolgung. Ohne Liquidation gibt es auch keinen liquidator oder official receiver, der die Umstände der Insolvenz aufklärt und anstößiges Verhalten gegebenenfalls den zuständigen Stellen zur Kenntnis bringt. Außerdem entfällt die geordnete Sicherung, Liquidation und Verteilung der Masse. Regierung, Gerichte und Gesellschaftsregister haben die Problematik kalter Liquidationen zwar erkannt[246] und betonen, das Löschungsverfahren sei nicht als Alternative zum ordnenden Insolvenzverfahren gedacht.[247] Ohne eine straf- und zivilrechtlich sanktionierte Insolvenzantragspflicht haben die staatlichen Organe jedoch erhebliche Schwierigkeiten, kalte Liquidationen aus eigener Initiative heraus zu verhindern.

94 Das englische Recht bemüht sich aber, kalten Liquidationen die Attraktivität aus Sicht der Geschäftsleiter und Gesellschafter zu nehmen. Unabhängig davon, auf welchem Wege eine Gesellschaft aus dem Register getilgt wurde, bleibt die zivil- und strafrechtliche Verantwortung von Geschäftsleitern und Gesellschaftern bestehen (s. 1000(7)(a) und s. 1003(6)(a) CA 2006). Beide Normen fügen hinzu, Ansprüche gegen Direktoren und Gesellschafter könnten verfolgt werden, als ob die Gesellschaft nicht gelöscht worden wäre. Allerdings setzen zentrale insolvenzrechtliche Haftungsansprüche tatbestandlich zwingend die Geltendmachung durch einen liquidator bzw. administrator voraus. Ansprüche wegen fraudulent und wrongful trading können gem. s. 213(2) bzw. s. 214(1) IA 1986 **nur** von einem liquidator gerichtlich durchgesetzt werden. Die Insolvenzanfechtung kann gem. ss. 238(1), (2), 239(2) IA 1986 **nur** ein liquidator oder administrator vor Gericht beantragen. Ohne ordnendes Insolvenzverfahren werden diese Ämter aber nicht besetzt. Bei einer kalten Liquidation einer Gesellschaft, abgeschlossen mit der Löschung aus dem Register, führt der Weg zur Durchsetzung der Ansprüche daher nur über einen Antrag auf Wiedereintragung der Gesellschaft und die anschließende Eröffnung eines Insolvenzverfahrens.[248]

95 Einen gewissen Schutz vor kalten Liquidationen vermitteln auch ss. 1004(5)-(7), 1005(4)-(6), 1006(4)-(7), 1007(4)-(7) CA 2006. Die Normen stellen Pflichtverstöße bei Durchführung des Löschungsverfahrens auf Antrag der Gesellschaft unter **Strafe**. Hinzu kommt, dass die Gläubiger und andere Personen gem. s. 1003(3)(b) CA 2006 vom Register öffentlich und ausdrücklich eingeladen werden, Gründe gegen den Antrag auf Löschung aus dem Register vorzutragen. Da die Gläubiger über den Antrag informiert werden und die Kosten eines Widerspruchs gering sind, ist damit zu rechnen, dass sie das **Widerspruchsrecht** ausüben, wenn dafür ein Anlass besteht. Auf den begründeten Widerspruch folgt die Eröffnung eines Insolvenzverfahrens, i. d. R. eines compulsory winding up, auf Initiative des Secretary of State oder eines Gläubigers. Außerdem kann ein staatliches Untersuchungsverfahren eingeleitet werden, an das sich weitere Sanktionen, etwa die Disqualifizierung, anschließen können.

96 Versagt der Schutz durch das Widerspruchsrecht, beispielsweise weil die notwendigen Informationen zu spät publik wurden, stellt das englische Recht ein zweites Auffangnetz in Form der **Wiedereintragung** bereit. Den Antrag auf Wiedereintragung können die Gläubi-

---

[246] Vgl. *Creasey v Breachwood Motors Ltd* [1993] BCLC 480, 483; *Department of Trade and Industry*, A Review of Company Rescue and Business Reconstruction Mechanisms, London 1999, 5(b).

[247] *BIS* Strike-off, Dissolution, Restoration S. 5.

[248] *Creasey v Breachwood Motors Ltd* [1993] BCLC 480, 486.

ger selbst stellen. Dessen materiellrechtliche Voraussetzungen sind recht niedrig. Für den Fall, dass die Gläubiger die damit verbundenen Kosten[249] scheuen, besteht die Möglichkeit, bei staatlichen Antragsberechtigten die Stellung des Antrags auf Wiedereintragung anzuregen.

8. Pre-packaged sale (pre-pack)

a) Einführung. Im Rahmen eines **pre-packaged sale** (kurz: **pre-pack**[250]) finden bereits vor Eröffnung eines Insolvenzverfahrens Verhandlungen über den Kauf des Unternehmens, einzelner Unternehmensteile oder ausgewählter Vermögensgegenstände statt und der Insolvenzverwalter führt diesen Verkauf am Tag der Amtsübernahme oder kurze Zeit später durch.[251] Die Restrukturierungsverhandlungen werden inhaltlich vor der formellen Verfahrenseröffnung abgeschlossen. Die möglichst kurz gehaltene Durchführung eines formellen Insolvenzverfahrens dient nurmehr der rechtstechnischen Umsetzung des zuvor abgestimmten Sanierungsplans. Wirtschaftlich zielen pre-packs darauf ab, sowohl die Vorteile einer verfahrensexternen als auch diejenigen einer verfahrensinternen Sanierung zu nutzen und deren jeweilige Nachteile zu vermeiden.

Mögliche **Vorteile** eines pre-pack sind die Abkürzung der Dauer eines formellen Insolvenzverfahrens unter Reduktion damit einhergehender unmittelbarer und mittelbarer Insolvenzkosten,[252] die Einbindung dissentierender Gläubiger und damit Vermeidung erpresserischer Gläubigerforderungen sowie die Entbehrlichkeit einer Zwischenfinanzierung wegen der geringen Zeitdauer des formellen Verfahrens.[253] Eine Studie aus dem Jahr 2009 zu 89 pre-packs ergab, dass durch die pre-packs von 5478 gefährdeten Arbeitsplätzen 4846 (88%) gerettet wurden.[254] Zudem wird berichtet, dass die Quote ungesicherter Gläubiger bei pre-packs mit 5% leicht über derjenigen von 4% bei Unternehmens(teil)verkäufen ohne pre-pack liegt.[255] Diese und weitere Vorzüge haben zu einem sprunghaften Anstieg der Verwendung von pre-packaged sales in den letzten Jahren geführt, ähnlich wie dies in den USA in den 1980er und 1990er Jahren bei pre-packaged Chapter 11-Verfahren zu beobachten war.[256] Im Jahr 2010 wurden ca. 27% aller going concern-Verkäufe aus einer administration heraus im Wege eines pre-packaged sale abgewickelt.[257]

Mit der zunehmenden praktischen Relevanz ging jedoch auch eine lauter werdende **rechtspolitische Kritik** an der Praxis der pre-packs einher.[258] Bemängelt werden die fak-

---

[249] Dazu *Bromilow* [1998] CL 198, 201 (auf Grundlage der Rechtslage nach dem CA 1985).
[250] Teilweise auch in der Schreibweise „prepack", vgl. *Re Delberry Ltd* [2008] BCC 653, 655.
[251] Vgl. *Innovate Logistics Ltd v Sunberry Properties Ltd* [2009] BCC 171, 172, 178 (CA); *Re Kayley Vending Ltd* [2009] BCC 578, 579; *DKLL Solicitors v Revenue and Customs Commissioners* [2007] BCC 908, 914; *Association of Business Recovery Professionals* Statement of Insolvency Practice 16 (SIP 16): Pre-packaged Sales in Administrations Rdnr. 1; *Parry* Corporate Rescue S. 15 f.; *Finch* Corporate Insolvency Law S. 454 f.; *Harris* Recovery 2004 (Winter) 26 f.
[252] Zur Entlohnung der Verwalter *Walton* 18 Int. Insolv. Rev. 85, 102 ff. (2009).
[253] Ausführlich House of Commons, Business and Enterprise Committee, The Insolvency Service, Sixth Report of Session 2008-09 (198), Rdnr. 13 f.; *Association of Business Recovery Professionals* Pre-Packaged Sales S. 1 ff; *Finch* Corporate Insolvency Law S. 456 ff.; *Devaney* 26 IFLR 26 f. (2007); *Frisby* CLN, Ausgabe 227, 1; *Ellis* Recovery 2006 (Spring), 3.
[254] *Association of Business Recovery Professionals* Pre-Packaged Sales S. 1.
[255] *Insolvency Service* Improving the Transparency of, and Confidence in, Pre-packaged Sales in Administrations (2010).
[256] Dazu und allgemein zum US-amerikanischen Recht der pre-packs *Skeel* Debt's Dominion S. 227 ff.; *Granfield/de la Cruz* in *Olivares-Caminal* Expedited Debt Restructuring S. 437 ff., 457 ff.; *Vilaplana* 44 The Practical Lawyer 33 ff. (1998); *Kirschner/Kusnetz/Solarsh/Gatarz* 21 Seton Hall L. Rev. 643, 661 ff. (1990–1991); *Tashjian/Lease/McConell* 40 Journal of Financial Economics 135 ff. (1996); *Mayr* 14 Am. Bankr. Inst. L. Rev. 469 ff. (2006); *Eichel/Brenner* CRI 2009, 156 ff.
[257] *Insolvency Service* Report on the Operation of Statement of Insolvency Practice 16 S. 5 f.
[258] Die empirische Untersuchung des *Insolvency Service* Report on the Operation of Statement of Insolvency Practice 16 (2011) kommt allerdings zu dem Ergebnis, dass keine flächendeckenden gravierenden Missbräuche zu erkennen seien.

tisch heimliche Durchführung ehemals öffentlich konzipierter Insolvenzverfahren, die fragwürdige Neutralität des eingeschalteten Insolvenzverwalters, die frustrierten Beteiligungsrechte mancher Gläubiger, die Gefahr zu niedriger Verkaufspreise, die Verzerrung des Wettbewerbs durch die unlautere Abschüttelung von Verbindlichkeiten und die Leichtigkeit, mit der pre-packs missbraucht werden können.[259] Besondere Aufmerksamkeit erregten Fälle, in denen Insider, insbesondere Anteilseigner oder Geschäftsleiter der gescheiterten Gesellschaft, das Unternehmen im Wege eines pre-pack zu einem niedrigen Preis vom Insolvenzverwalter erwarben.[260] Im Jahr 2010 standen auf Erwerberseite in ca. 72% der Fälle Personen, die mit der insolventen Gesellschaft in einer besonderen Beziehung standen (insbesondere Direktoren, Gesellschafter).[261] Die Zulässigkeit von pre-packs per se wird von den Gerichten jedoch nicht in Frage gestellt.[262] Die Association of Business Recovery Professionals hat durch Selbstregulierung mit dem im Jahr 2009 veröffentlichen „Statement of Insolvency Practice 16 (SIP 16): Pre-packaged Sales in Administrations" zu einer geordneteren Durchführung von pre-packs beitragen. Im Jahr 2010 wurden diese Regeln in ca. 75% der pre-packs eingehalten.[263] Anfang 2012 hat der zuständige Minister mitgeteilt, dass die Regierung auf eine besondere Regulierung der pre-packs verzichten werde.[264]

100 b) **Durchführung.** Im äußersten Fall finden die **Verhandlungen** über den Kauf des gesamten oder eines Teils des Unternehmens der in die Krise geratenen Gesellschaft nur zwischen dem zukünftigen Käufer und der Gesellschaft statt. Eine rechtliche Pflicht, die Zustimmung bestimmter Gläubiger bzw. Gläubigergruppen oder des Gerichts vor oder während des formellen Insolvenzverfahrens im Rahmen eines pre-pack einzuholen, gibt es grundsätzlich nicht.[265] Wegen der starken Stellung gesicherter Gläubiger werden diese jedoch zumindest dann an den Verhandlungen beteiligt, wenn ihre Kooperation im später eröffneten Insolvenzverfahren erforderlich ist.[266] Ungesicherte Gläubiger werden vor der Durchführung eines pre-pack häufig nicht informiert.[267] In die Verhandlungen vor Eröffnung des formellen Verfahrens wird zudem der spätere Insolvenzverwalter eingebunden, um dessen Unterstützung des Sanierungsplans zu sichern und dessen Prüfungszeit im formellen Verfahren zu minimieren. Ein Verbot der Vorbefasstheit, wie es im deutschen Recht zu finden ist, kennt das englische Recht nicht.

101 Nimmt die Gesellschaft an einem defined benefit pension scheme (leistungsorientiertes Model der Altersversorgung) teil, kann die Notwendigkeit bestehen, in Verhandlungen mit dem Treuhänder, dem Pensions Regulator und dem Pensions Protection Fund einzutreten.[268] Ein solcher Fall tritt insbesondere ein, wenn der Pensionsfond vom operativen Geschäft abgespalten und in den **Pension Protection Fund** überführt werden soll. Der Pension Protection Fund gewährt Fonds-Mitgliedern unter bestimmten Bedingungen im Fall der Insolvenz des Arbeitgebers Unterstützung.

---

[259] Näher *Re Kayley Vending Ltd* [2009] BCC 578, 581 ff.; *Davies* Recovery 2006 (Summer), 16 ff.; *Parry* Corporate Rescue S. 16; als Reaktion auf die Kritik hat der Insolvency Service eine Reihe von Veröffentlichungen über Probleme der pre-packs herausgeben, dazu CLN, Ausgabe 258, 7 und beispielhaft *Insolvency Service* Report on the Operation of Statement of Insolvency Practice 16 (2011).
[260] Im Missbrauchsfall sog. phoenix pre-pack; *Frisby* CLN, Ausgabe 246, 1.
[261] *Insolvency Service* Report on the Operation of Statement of Insolvency Practice 16 S. 12.
[262] Vgl. nur *Innovate Logistics Ltd v Sunberry Properties Ltd* [2009] BCC 171 (CA).
[263] *Insolvency Service* Report on the Operation of Statement of Insolvency Practice 16 S. 7.
[264] *Davey* Written Ministerial Statement: Pre-packaged Sales in Insolvency (26. 1. 2012).
[265] *DKLL Solicitors v Revenue and Customs Commissioners* [2007] BCC 908, 914; *Re T&D Industries Plc* [2000] 1 WLR 646, 650 ff.; *Re Transbus International Ltd (in liq.)* [2004] 1 WLR 2654, 2655; *Re Kayley Vending Ltd* [2009] BCC 578, 585; *Finch* Corporate Insolvency Law S. 470; *Walton* 18 Int. Insolv. Rev. 85, 90 (2009).
[266] *Frisby* CLN, Ausgabe 227, 1.
[267] *Association of Business Recovery Professionals* Statement of Insolvency Practice 16 (SIP 16): Pre-packaged Sales in Administrations Rdnr. 8.
[268] *Hyde/White* Law and Financial Markets Review 2009, 134, 137.

102 Gesetzliche Regelungen spezifisch betreffend pre-packaged sales gibt es nicht.[269] Die Kaufverhandlungen werden daher im Wesentlichen durch das Recht des später zu eröffnenden Verfahrens geprägt. In der geschichtlichen Entwicklung war dies zunächst das administrative receivership;[270] möglich ist auch die Kombination mit einem CVA oder einem winding up; heute dominiert die **administration**.[271] Die administration bietet sich für pre-packaged sales vor allem deshalb an, weil sie die Bestellung eines Insolvenzverwalters ohne gerichtliche Beteiligung erlaubt,[272] der Verwalter eine starke Stellung hat[273] und das Verfahren nach der Reform durch den Enterprise Act 2002 vergleichsweise einfach beendet werden kann.

103 **c) Rolle des administrator.** Da der Verkauf des Unternehmens bzw. der Unternehmensteile im Rechtsrahmen der administration erfolgt, sind die **Kompetenzen und Pflichten des administrator** von herausgehobener Bedeutung.[274] Wegen der Vorrangigkeit der Rettung der Gesellschaft als going concern gem. p. 3(1)(a) Sch B1 IA 1986 muss der administrator zuerst gem. p. 3(3) Sch B1 IA 1986 zur Auffassung gelangen, dass die Rettung der Gesellschaft (im Unterschied zur Rettung des Unternehmens) bei vernünftiger Betrachtung nicht erreicht werden kann, oder dass der Verkauf für die Gläubigergesamtheit ein besseres Ergebnis verspricht als die Abwicklung im Wege eines winding up. Dafür kann der Umstand sprechen, dass im Wege des pre-packaged sale ein höherer Kaufpreis zugunsten der Gläubiger erzielt wird als bei Rettung der Gesellschaft. Liegen die Bedingungen von p. 3(3) Sch B1 IA 1986 nicht vor, muss der administrator zumindest gem. p. 3(4) Sch B1 IA 1986 zu der Einschätzung gelangen, dass vernünftigerweise weder die Rettung der Gesellschaft möglich noch ein besseres Ergebnis für die Gläubigergesamtheit im Wege eines winding up als durch den pre-packaged sale zu erreichen ist und dass der pre-packaged sale die Gläubigerinteressen nicht unnötig verletzt. Da der pre-packaged sale regelmäßig die Funktion einer Liquidation mit geringeren unmittelbaren und mittelbaren Insolvenzkosten als bei einem winding up erfüllt, fällt diese Argumentation regelmäßig nicht schwer.[275] Allerdings dürfen die Interessen der Gläubigergesamtheit den Interessen einzelner Gläubiger nicht ungebührlich nachgeordnet werden.

104 Dem administrator kommt eine entscheidende Rolle bei der **Bestimmung des angemessenen Kaufpreises** zu. Zwar wird dieser regelmäßig in den Verhandlungen vor Eröffnung der administration fixiert.[276] Die Beteiligten auf Seiten der Gesellschaft stehen dabei vor der Frage, ob sich Publizität und Transparenz in einem höheren (Wettbieten) oder niedrigeren (Verlust von Goodwill, Kunden- und Lieferantenbeziehungen) Kaufpreis niederschlagen wird. Der administrator hat jedoch auch hinsichtlich der Höhe des Kaufpreises seine Pflichtbindung im Interesse der Gläubigergesamtheit gem. p. 3 Sch B1 IA 1986 zu beachten.[277] Die Anstrengungen, welche danach zur Erreichung eines angemessenen Preises unternommen werden müssen, richten sich nach den Umständen des Einzelfalls. Mögliche Vorgehensweisen beinhalten die Dokumentation des Angebots- und Bieterauswahl-

---

[269] *Parry* Corporate Rescue S. 16.
[270] Für ein pre-pack im Gewand eines administrative receivership siehe *Re Delberry Ltd* [2008] BCC 653, 655.
[271] *Finch* Corporate Insolvency Law S. 455; *Parry* Corporate Rescue S. 16.
[272] Dazu oben Rdnr. 62.
[273] *Re T & D Industries* [2000] 1 WLR 646, 651: „Administrators have a more flexible role and their powers are substantially wider than those of a provisional liquidator."
[274] Dazu oben Rdnr. 64 f.; weiterhin *Keay/Walton* Insolvency Law S. 128 ff.; *Finch* Corporate Insolvency Law S. 463 f.; *Walton* 18 Int. Insolv. Rev. 85, 88 ff. (2009).
[275] *Parry* Corporate Rescue S. 17; ein Argumentationsbeispiel aus der Gerichtspraxis dokumentiert *DKLL Solicitors v Revenue and Customs Commissioners* [2007] BCC 908, 911 ff.
[276] *Frisby* CLN, Ausgabe 227, 1.
[277] Vgl. *Association of Business Recovery Professionals* Statement of Insolvency Practice 16 (SIP 16): Pre-packaged Sales in Administrations Rdnr. 7; *Breken/Kemp* CRI 2010, 101, 102.

prozesses[278] oder die Einholung eines privaten Sachverständigengutachtens.[279] Der administrator hat dabei die besonderen Risiken von Kaufangeboten von Insidern (Gesellschafter, Geschäftsleiter) zu berücksichtigen.[280]

105 Die eingeschränkte Beteiligung der Gläubiger, insbesondere der ungesicherten, an einem pre-packaged sale soll nach dem Practice Statement (SIP 16)[281] der Association of Business Recovery Professionals durch **Transparenz ex post** ausgeglichen werden. Das Practice Statement ist streng genommen rechtlich zwar nicht verbindlich, hat für die Praxis aber aus zwei Gründen erhebliche Bedeutung. Zum einen achten die Berufsverbände und der Insolvency Service auf die Einhaltung von SIP 16 unter Androhung von Disziplinarmaßnahmen bis hin zum Zulassungsentzug. Zum anderen deutet sich in der jüngeren Rechtsprechung an, dass die Gerichte das Practice Statement zur Konkretisierung gesetzlicher Normen heranziehen. In *Re Kayley Vending Ltd*[282] hielt das Gericht fest, dass die Informationen, welche der Antragsteller gem. r. 2.4(2)(e) IR 1986 dem Gericht zur Entscheidung über einen Antrag auf Eröffnung einer administration zur Durchführung eines pre-pack zur Verfügung zu stellen hat, regelmäßig die Angaben umfasst, welche SIP 16 verlangt. Das Gericht legte allerdings Wert darauf, damit keine allgemeingültigen Regeln aufzustellen, da jeder Fall anhand seiner tatsächlichen Besonderheiten zu entscheiden sei.[283] Andere Gerichte haben sich in der Folgezeit dem Ansatz in Re Kayley Vending angeschlossen.[284]

106 Laut dem Practice Statement SIP 16 sollen den Gläubigern u. a. folgende **Informationen** zugänglich gemacht werden: Umfang der Beteiligung des administrator vor seiner formellen Ernennung, Marketingaktivitäten der Gesellschaft und des administrator, eingeholte Sachverständigengutachten, erwogene Alternativen, Gründe für ein pre-pack im Unterschied zu einer zeitlich länger gestreckten administration, verkaufte Vermögensgegenstände und Struktur der Transaktion, Kaufpreis und -bedingungen, ausgewählte insiderrelevante Tatsachen. Die Informationen dürfen nur bei außergewöhnlichen Konstellationen zurückgehalten werden, wobei eine solche Sonderkonstellation bei Verkäufen an Insider im Regelfall nicht vorliegt.[285]

107 d) **Anfechtbarkeit.** Die englischen **Gerichte respektieren grundsätzlich wirtschaftliche Entscheidungen eines administrator**, wenn sie auf einer angemessenen Informationsgrundlage getroffen und vernünftig begründet werden.[286] Das gilt zum einen für die Stufe der Eröffnung der administration. Hier ernennt das Gericht den administrator gem. pp. 10 ff. Sch B1 IA 1986, wenn nicht der floating charge holder oder die Gesellschaft selbst ihre Initiativrechte gem. pp. 14 ff. bzw. 22 ff. Sch B1 IA 1986 wahrnehmen.[287] Das Gericht ernennt den administrator gem. p. 11 Sch B1 IA 1986, wenn (a) die Gesellschaft gegenwärtig oder zukünftig überschuldet bzw. zahlungsunfähig ist und (b) der Zweck der

---

[278] *Parry* Corporate Rescue S. 17.
[279] Dazu *Mason* Recovery 2006 (Summer), 19 f.
[280] *Association of Business Recovery Professionals* Statement of Insolvency Practice 16 (SIP 16): Pre-packaged Sales in Administrations Rdnr. 5.
[281] *Association of Business Recovery Professionals* Statement of Insolvency Practice 16 (SIP 16): Pre-packaged Sales in Administrations Rdnr. 9.
[282] [2009] BCC 578, 586; kritisch zur – hier nicht weiter behandelten – Kostenentscheidung des Gerichts *Ho* CRI 2009, 168, 169.
[283] *Re Kayley Vending Ltd* [2009] BCC 578, 580, 587.
[284] Vgl. *Re Halliwells LLP* [2011] BCC 57, 63.
[285] *Association of Business Recovery Professionals* Statement of Insolvency Practice 16 (SIP 16): Pre-packaged Sales in Administrations Rdnr. 10.
[286] *Parry* Corporate Rescue S. 17; *DKLL Solicitors v Revenue and Customs Commissioners* [2007] BCC 908, 913: „the court places great reliance on the expertise and experience of impartial insolvency practitioners".
[287] Für Sonderfälle siehe pp. 35 ff. Sch B1 IA 1986.

administration bei vernünftiger Betrachtung erreicht werden kann.²⁸⁸ Insbesondere was die Zweckerreichung angeht, vertrauen die Gerichte den informierten Beurteilungen der Insolvenzverwalter. Das kann unter bestimmten Umständen selbst dann gelten, wenn sich der Mehrheitsgläubiger dagegen ausspricht.²⁸⁹

Zum anderen erkennen die Gerichte den Beurteilungs- und Ermessensspielraum des administrator auch ex post an, wenn Gläubiger oder Gesellschafter gem. p. 74 Sch B1 IA 1986 wirtschaftliche Entscheidungen der Insolvenzverwaltung, insbesondere den Verkauf des Unternehmens bzw. der Unternehmensteile, angreifen.²⁹⁰ Neuerdings geht die Tendenz der Gerichte sogar dahin, den angemessenen Verwertungsvorschlag des administrator unter Umständen selbst dann aufrecht zu erhalten, wenn der ungesicherte Mehrheitsgläubiger dagegen ist.²⁹¹ Die **verfahrensstrategische Anreizlage hemmt die Überprüfung zweifelhafter pre-packs**. Der unzufriedene Gläubiger muss nämlich zunächst auf eigene Kosten Informationen als Grundlage eines entsprechenden Antrags sammeln, riskiert weitere Kosten bei Klageerhebung und muss damit rechnen, dass die Erträge einer erfolgreichen Klage sämtlichen Gläubigern zugute kommen, d. h. ein nur quotaler Klageertrag anfällt.²⁹²

Bei gravierenden Missbräuchen bzw. Anhaltspunkten dafür ist jedoch mit dem **Einschreiten der Gerichte** auf Antrag zu rechnen.²⁹³ Beispielsweise können unzufriedene Gläubiger gem. p. 88 Sch B1 IA 1986 einen Antrag auf Ernennung eines neuen administrator damit begründen, dass der zunächst ernannte administrator derart eng in die Verhandlungen vor Eröffnung der administration eingebunden war, dass von ihm eine kritische Überprüfung des zu niedrigen Kaufpreises nicht zu erwarten sei.²⁹⁴ Denkbar ist auch, dass der Verkauf des Unternehmens bzw. der Unternehmensteile in einer späteren Liquidation betreffend die Gesellschaft nach den Vorschriften über die Insolvenzanfechtung als transaction at an undervalue gem. s. 238 IA 1986 oder als preference gem. s. 239 IA 1986 angefochten wird.²⁹⁵ Zudem kommt die Anwendung der Anfechtungsnorm s. 423 IA 1986 in Betracht.²⁹⁶ Schließlich ist Fehlverhalten von Direktoren bei der Vorbereitung eines pre-pack im Rahmen einer Disqualifizierung nach dem CDDA möglich,²⁹⁷ ebenso in seltenen Fällen die Untersuchung der Vorgänge im Wege einer company investigation.²⁹⁸

Nach Veröffentlichung des **Practice Statement SIP 16** ist zu erwarten, dass die nachträgliche Anfechtung eines pre-pack dann schwerer fallen wird, wenn die Beteiligten bei der Durchführung den Anforderungen des Practice Statement gerecht geworden sind.²⁹⁹ SIP 16 ist also selbst dann relevant, wenn das Verfahren ohne gerichtliche Beteiligung

---

²⁸⁸ Zu den Zwecken der administration siehe Rdnr. 60; *DKLL Solicitors v Revenue and Customs Commissioners* [2007] BCC 908, 915: „reasonably likely means that the court considers there is a real prospect that the objective will be achieved. A real prospect does not equate to more than a 50 per cent probability".
²⁸⁹ *DKLL Solicitors v Revenue and Customs Commissioners* [2007] BCC 908, 913; siehe aber auch *Clydesdale Financial Services Ltd v Smailes* [2009] BCC 810 (Ch).
²⁹⁰ Vgl. *Parry* Corporate Rescue S. 113 f.
²⁹¹ *DKLL Solicitors v Revenue and Customs Commissioners* [2007] BCC 908; *Frisby* CLN, Ausgabe 227, 2 ff.
²⁹² *Re Kayley Vending Ltd* [2009] BCC 578, 584.
²⁹³ Das gilt auch für die evtl. unterbleibende Beteiligung der Gläubiger an der Verkaufsentscheidung, vgl. *Association of Business Recovery Professionals* Statement of Insolvency Practice 16 (SIP 16): Pre-packaged Sales in Administrations Rdnr. 3.
²⁹⁴ Vgl. *Clydesdale Financial Services Ltd v Smailes* [2009] BCC 810 (Ch).
²⁹⁵ Zur Insolvenzanfechtung im englischen Recht siehe unten § 41 Rdnr. 29 ff.
²⁹⁶ Vgl. *Clydesdale Financial Services Ltd v Smailes* [2009] BCC 810, 821 (Ch).
²⁹⁷ Dazu ausführlich *Steffek* Gläubigerschutz in der Kapitalgesellschaft S. 591–725.
²⁹⁸ Eingehend zu company investigations *Steffek* Gläubigerschutz in der Kapitalgesellschaft S. 727–768.
²⁹⁹ *Frisby* CLN, Ausgabe 259, 1, 2.

durchgeführt wird, etwa wenn die Ernennung des administrator ohne Einschaltung des Gerichts erfolgt.[300]

111 Auf Grundlage der gegenwärtigen Spruchpraxis ist innerhalb dieser Grenzen ein **weiter Gestaltungsspielraum** für pre-packs zu konstatieren.[301] In der Gesamtschau kommt eine vergleichsweise schwache gerichtliche Überprüfung hinzu, insbesondere wenn die Ernennung des administrator ohne Einschaltung des Gerichts erfolgt, so dass die betroffenen Gläubiger auf eine aus ihrer Sicht unattraktive Kontrolle ex post beschränkt sind.

§ 39 Sanierungsverfahren

Übersicht

	Rdnr.		Rdnr.
I. Company voluntary arrangement (CVA)	1–30	7. Umsetzung	24, 25
1. Einführung	1, 2	8. Gerichtliche Anfechtung	26, 27
2. Internationale Aspekte	3	9. Abschluss	28–30
3. Überblick über die Verfahrensschritte	4–9	II. Scheme of arrangement	31–73
		1. Überblick	31–36
a) Bedeutung des selbstständigen moratorium	4	2. Internationale Aspekte	37–53
b) Rolle des Verwalters	5	a) Internationale gerichtliche Zuständigkeit	37–42
c) CVA ohne selbstständiges moratorium	6	b) Anerkennung	43–49
d) CVA mit moratorium, das auf einer administration bzw. einem winding up beruht	7	c) Internationale materiellrechtliche Gestaltungsgrenzen	50–52
		d) Scheme of arrangement und deutsche Insolvenzgründe	53
e) CVA mit selbstständigem moratorium	8	3. Einleitung des Verfahrens	54–59
4. Verfahren	10–13	4. Klassenbildung	60–62
5. Abstimmung und Bindungswirkung	14–19	5. Einberufung der Versammlungen	63–66
		6. Abstimmung	67
		7. Gerichtliche Bestätigung	68–70
6. Inhalt eines CVA	20–23	8. Bindungswirkung	71, 72
		9. Anfechtung	73

Schrifttum: *Arden/Prentice/Richards* (Hrsg.), Buckley on the Companies Acts, Loseblattsammlung, Stand: 22. Ergänzungslieferung, 2011; *Bailey*, Voluntary Arrangements, 2. Aufl. 2007; *Bailey/Groves*, Corporate Insolvency, 3. Aufl. 2007; *Baird/Ho*, Company Voluntary Arrangement: The Restructuring Trends, Ins Int 2007, 124–126; *Bork*, Sanierungsrecht in England und Deutschland, 2011; *Bormann*, Kreditreorganisationsgesetz, ESUG und Scheme of Arrangement, NZI 2011, 892–898; *Chudzick*, Schemes of Arrangement mit Gläubigern nach englischem Kapitalgesellschaftsrecht, 2007; *Clowry*, Debt-for-Equity Swaps, in: *Larkin* (Hrsg.), Restructuring and Workouts, 2009, 27–58; *Cohen/Bridge*, The Consequences of Subordination: Understanding the Junior/Senior Debt Divide, JIBFL 2009, 526–529; *Cork Report*, Insolvency Law and Practice, Report of the Review Committee, Chairman: Sir Kenneth Cork, HMSO, Cmnd. 8558, London, vorgelegt Juni 1982, Nachdruck 1990; *Eidenmüller/Frobenius*, Die internationale Reichweite eines englischen Scheme of Arrangement, WM 2011, 1210–1219; *Elms*, Re Rodenstock: Sanctioning Schemes of Arrangement of Solvent Overseas Companies, CRI 2011, 114–116; *Finch*, Corporate Insolvency Law, 2. Aufl. 2009; *Fletcher*, The Law of Insolvency, 4. Aufl. 2009; *ders.*, UK Corporate Rescue: Recent Developments – Changes to Administrative Receivership, Administration, and Company Voluntary Arrangements – The Insolvency Act 2000, The White Paper 2001, and the Enterprise Act 2002, EBOR 5 (2004) 119–151; *Fletcher/Higham/Trower*, Corporate Administrations and Rescue Procedures, 2. Aufl. 2004; *Gebler*, Ausländische Insolvenzverfahren zur Sanierung deutscher Unternehmen, NZI 2010, 665–669; *Goldring*, Fair Enough?, CRI 2009, 151–152; *Goode*, Principles of Corporate Insolvency Law, 4. Aufl. 2011; *Ho*,

---

[300] Vgl. *Re Kayley Vending Ltd* [2009] BCC 578, 579 f.
[301] Vgl. *Finch* Corporate Insolvency Law S. 477 f.

Judicial Variation of CVA, CRI 2008, 156–158; *ders.,* Making and Enforcing International Schemes of Arrangement, JIBLR 2011, 434–443; *Howard/Hedger,* Restructuring Law and Practice, 2008; *Isaacs,* Case Review: Re Rodenstock GmbH, ICR 2011, 304–308; *Keay/Walton,* Insolvency Law, 2. Aufl. 2008; *Laier,* Die stille Sanierung deutscher Gesellschaften mittels eines Scheme of Arrangement, GWR 2011, 252–255; *Lambrecht,* Das Scheme of Arrangement zur Glaubhaftmachung des Insolvenzgrundes, ZInsO 2011, 124–129; *Lingard,* Corporate Rescues and Insolvencies, 2. Aufl. 1989; *Maier,* Die praktische Wirksamkeit des Scheme of Arrangement in Bezug auf englischrechtliche Finanzierungen, NZI 2011, 305–310; *Mankowski,* Anerkennung englischer Solvent Schemes of Arrangement in Deutschland, WM 2011, 1201–1210; *Meyer-Löwy/Fritz,* Zahlungsfähigkeit und positive Fortführungsprognose auch bei Vorlage eines Scheme of Arrangement, NZI 2011, 662–666; *Milman,* Arrangements and Reconstructions: Recent Developments in UK Company Law, CLN 2006, Ausgaben 21 und 22, 1–5; *ders.,* Schemes of Arrangement and Other Restructuring Regimes under UK Company Law in Context, CLN 2011, Ausgabe 301; *Milman/Durrant,* Corporate Insolvency: Law and Practice, 3. Aufl. 1999; *Morse* (Hrsg.), Palmer's Company Law: Annotated Guide to the Companies Act 2006, 2007; *ders.,* (Hrsg.), Palmer's Company Law, Loseblattsammlung, London, 25. Aufl., Stand Oktober 2011; *Parry* Corporate Rescue, 2008; *Paulus,* Das englische Scheme of Arrangement – Ein neues Angebot auf dem europäischen Markt für außergerichtliche Restrukturierungen, ZIP 2011, 1077–1083; *Petrovic,* Die rechtliche Anerkennung von Solvent Schemes of Arrangement in Deutschland – Eine Chance für die Restrukturierungspraxis, ZInsO 2010, 265–272; Practice Statement (schemes of arrangement, creditor issues) [2002] 3 All ER 96; *Rumberg,* Entwicklungen der Rescue Culture im englischen Insolvenzrecht, RIW 2010, 358–367; *Rutstein,* Roll up! Roll up! Schemes Round-up, CRI 2011, 125–127; *ders.,* Voluntary Arrangements: Contracts or not? Part 2, Ins Int 2000, 11–13; *Schnepp/Janzen,* Rückversicherung: Wirken Solvent Schemes auf deutsche Vertragsbestände? (Teil 1), VW 2007, 1057–1060; *Schümann-Kleber,* Recognition of English solvent schemes of arrangements affecting dissenting creditors of German companies, IILR 2011, 447–459; *Sealy/Milman,* Annotated Guide to the Insolvency Legislation 2011, 14. Aufl. 2011; *Steffek,* Änderung von Anleihebedingungen nach dem Schuldverschreibungsgesetz, in: *Grundmann* et al. (Hrsg.), Festschrift für Klaus J. Hopt – Unternehmen, Markt und Verantwortung, 2010, 2597–2619; *ders.,* Gläubigerschutz in der Kapitalgesellschaft, 2011; *Vorpeil,* Neuere Entwicklungen im englischen Handels- und Wirtschaftsrecht, RIW 2006, 221–233; *Weisgard/Griffiths/Doyle,* Company Voluntary Arrangements and Administrations, 2. Aufl. 2010; *Vallender,* Gefahren für den Insolvenzstandort Deutschland, NZI 2007, 129–137; *Westpfahl/Goetker/Wilkens,* Grenzüberschreitende Insolvenzen, 2008; *Westpfahl/Knapp,* Die Sanierung deutscher Gesellschaften über ein englisches Scheme of Arrangement, ZIP 2011, 2033–2047; *Windsor/Müller-Seils/Burg,* Unternehmenssanierungen nach englischem Recht – Das Company Voluntary Arrangement, NZI 2007, 7–12; *Wood,* Principles of International Insolvency, 2. Aufl. 2007.

I. Company voluntary arrangement (CVA)

1. Einführung

Das company voluntary arrangement (CVA) wurde im Rahmen der großen Insolvenzrechtsreformen Mitte der 1980er Jahre in das englische Recht eingeführt, um **Sanierungen im Verhandlungswege zu erleichtern**.[1] Die Attraktivität des CVA beruht darauf, dass die Geschäftsleitung in den Händen des bisherigen Managements verbleiben kann (debtor in possession).[2] Zudem erlaubt das CVA, dissentierende Gläubigerminderheiten in den Sanierungsplan einzubinden.[3] Weiterhin ist die Beteiligung des Insolvenzgerichts an einem CVA gering,[4] insbesondere wenn es ohne paralleles Gesamtvollstreckungsverfahren betrieben wird. Die Abstimmung der Gläubiger wird im Vergleich zum scheme of arrangement gem. ss. 895 ff. CA 2006 dadurch erleichtert, dass nur eine Gläubigerversammlung einberufen wird, anstatt eine Aufteilung in Gläubigerklassen vorzunehmen.[5] Hinzu kommt, dass sich im Rahmen eines CVA eine Einstellung der Einzelzwangsvoll-

---

[1] Vgl. *Cork Report* Insolvency Law and Practice Rdnr. 400 ff.
[2] *Goode* Corporate Insolvency Law Rdnr. 12–26, S. 494.
[3] Für die Bindungswirkung siehe s. 5(1) IA 1986.
[4] *Vallender* NZI 2007, 129, 133.
[5] *Parry* Corporate Rescue Rdnr. 12-01, S. 173; *Baird/Ho* Ins Int 2007, 124; vgl. *Prudential Assurance Co Ltd v PRG Powerhouse* Ltd [2007] BCC 500, 521.

streckung erreichen lässt.[6] Die europaweite Anerkennung ergibt sich nach den Regeln der EuInsVO.[7]

2 Das CVA ist dasjenige englische Insolvenzverfahren, das dem amerikanischen Chapter 11-Verfahren[8] am nächsten kommt.[9] In der Gesamtschau ist das CVA vergleichsweise weniger sanierungsfreundlich als das Chapter 11-Verfahren; es weist im Vergleich mit deutschen Sanierungsverfahren, insbesondere dem Insolvenzplan, allerdings einige Vorteile auf, die für eine Migration zu Sanierungszwecken sprechen können.[10] Diese Vorteile werden flankiert durch sanierungsfreundliche Normen des allgemeinen Insolvenz- und Kapitalgesellschaftsrechts, etwa das Fehlen einer Insolvenzantragspflicht und die im Vergleich mit dem deutschen Recht weniger strenge zivilrechtliche Haftung der Geschäftsleiter und Gesellschafter in Krise und Insolvenz.[11]

Das **Rechtsregime** eines CVA **variiert je nach verfahrensrechtlicher Einbettung** und Ausgestaltung der Sanierung. Ein CVA kann sowohl selbstständig als auch in Kombination mit einem anderen Insolvenzverfahren, namentlich einer administration oder einem winding up, durchgeführt werden.[12] Einen materiellen Auslösetatbestand kennt das CVA nicht.[13] Greift das **Verbot der Einzelzwangsvollstreckung** (moratorium) nicht ohnehin wegen der Eröffnung der administration oder des winding up, kann ein solches unter bestimmten Voraussetzungen auch bei einem selbstständig durchgeführten CVA erreicht werden.[14] Dann greift allerdings das regulierungsintensivere Normgefüge gem. s. 1A i. V. m. Sch A1 IA 1986. Ansonsten ist das CVA in ss. 1 ff. IA 1986 geregelt.

2. Internationale Aspekte

3 Ein Vorteil des CVA ist seine automatische und geklärte Anerkennung nach der EuInsVO in Europa.[15] Die **internationale gerichtliche Zuständigkeit** und das **anwendbare Recht** richten sich nach den Regeln der EuInsVO, also dem Mittelpunkt der hauptsächlichen Interessen.[16] Daraus ergibt sich, dass der Einsatz eines CVA voraussetzt, dass englisches Insolvenzrecht Anwendung findet. Für deutsche Gesellschaften kann sich daraus die Notwendigkeit einer Sanierungsmigration ergeben.[17]

3. Überblick über die Verfahrensschritte

4 **a) Bedeutung des selbstständigen moratorium.** Entsprechend der Gesetzessystematik und der Bedeutung des Verbots der Einzelzwangsvollstreckung wird unterschieden zwischen einerseits CVA, für die gem. s. 1A i. V. m. Sch A1 IA 1986 ein **eigenständiges moratorium** beantragt wird, und andererseits solchen, die entweder von einem bereits aufgrund einer administration bzw. eines winding up bestehenden moratorium profitieren, oder für die auf die Herbeiführung eines eigenständigen moratorium verzichtet wird.

---

[6] Dazu näher unten Rdnr. 4, 8.
[7] Siehe EuInsVO, Anhang A, United Kingdom, Spiegelstrich 4; *Baird/Ho* Ins Int 2007, 124.
[8] Dazu MünchKommInsO/*Huisman* USA Rdnr. 3 ff.; die empirische Untersuchung von *Warren/Westbrook*, Success of Chapter 11: A Challenge to the Critics, 107 Mich. L. Rev. 603 (2009) weist eine relativ geringe Verfahrensdauer und ansprechende Sanierungserfolgsquoten nach und widerlegt somit geläufige Kritikpunkte am Chapter 11-Verfahren.
[9] *Fletcher* EBOR 5 (2004) 119, 127.
[10] Für einen Überblick der Stärken und Schwächen des Verfahrens *Parry* Corporate Rescue S. 131 f.; *Rumberg* RIW 2010, 358, 364 f.
[11] Allgemein zu möglichen Vor- und Nachteilen einer Sanierungsmigration nach England oben § 37 Rdnr. 6 ff.
[12] Vgl. s. 1(3) IA 1986.
[13] *Bork* Sanierungsrecht in England und Deutschland Rdnr. 8.19, S. 93.
[14] Siehe dazu s. 1A i. V. m. Sch A1 IA 1986.
[15] Siehe EuInsVO, Anhang A, United Kingdom, Spiegelstrich 4; *Baird/Ho* Ins Int 2007, 124.
[16] Zur Bestimmung des Insolvenzrechtsstatus siehe § 37 Rdnr. 30 ff.
[17] Dazu oben § 37 Rdnr. 22 ff.

b) Rolle des Verwalters. Wird das CVA ohne parallel laufende administration bzw. winding up betrieben, wird es in der Regel von einem personenidentischen **Verwalter** begleitet. Zunächst hat dieser eine beratende Funktion, wird dann vorläufig zum nominee, dann zum Vorsitzenden der Versammlungen und endgültig zum supervisor des CVA. Diese Rollen gehen mit unterschiedlichen, funktionsspezifischen Aufgaben und Pflichten einher.

c) CVA ohne selbstständiges moratorium. Soll auf den Antrag eines selbstständigen moratorium verzichtet werden und ist kein anderes Insolvenzverfahren eröffnet, gestaltet sich der **Verfahrensablauf** wie folgt:[18]

(1) Direktoren kontaktieren den Verwalter, der in dieser Phase als Berater fungiert.
(2) Entwicklung eines Sanierungsplans[19] und einer Vermögensübersicht.[20]
(3) Übergabe des Sanierungsplans und der Vermögensübersicht an den Verwalter, der nun als sog. nominee fungiert.[21]
(4) Nominee bewertet in einem Bericht an das Gericht[22] die Erfolgsaussichten des CVA und schlägt ggf. Zeit und Ort für die Gesellschafter- und Gläubigerversammlung vor.[23]
(5) Trifft das Gericht keine abweichende Anordnung, beruft der nominee die Gesellschafter- und Gläubigerversammlung ein.[24]
(6) Gesellschafter- und Gläubigerversammlung, der Verwalter agiert hier als Vorsitzender.[25]
(7) Gesellschafter- und Gläubigerversammlung beschließen den Sanierungsplan, ggf. mit Abänderungen.[26]
(8) Umsetzung des CVA, der Verwalter handelt nun als supervisor, sofern er als solcher bestellt wurde.[27]
(9) Bestimmte Antragsberechtigte, darunter die in der Gläubiger- und Gesellschafterversammlung Stimmberechtigten, können das CVA unter Berufung auf unfaire Benachteiligung oder wesentliche Verfahrensfehler angreifen.[28]
(10) Beendigung des CVA nach vollständiger Umsetzung oder früher, falls inakzeptabel gegen seine Vorgaben verstoßen wurde.[29]

d) CVA mit moratorium, das auf einer administration bzw. einem winding up beruht. Soll ein moratorium einer administration bzw. eines winding up genutzt werden, tritt der **administrator bzw. liquidator an die Stelle der Direktoren und des nominee.**[30] Das Verfahren läuft ansonsten entsprechend ab, wie soeben[31] dargestellt. Die Kombination von CVA und administration geht außerdem mit dem Vorteil einher, dass bei den im CVA vereinbarten Ausschüttungen die Aufrechnungsregeln der administration greifen.[32]

e) CVA mit selbstständigem moratorium. aa) Selbstständiges moratorium. In der Literatur wurde wiederholt kritisiert, dass der IA 1986 in der Verhandlungsphase eines

---

[18] Parry Corporate Rescue Rdnr. 10-03, S. 132; *Windsor/Müller-Seils/Burg* NZI 2007, 7, 8 ff.; für ein Beispiel dieser Verfahrenskonstellation siehe § 42 Rdnr. 1 ff. *(Schefenacker)*.
[19] Gem. s. 1(1) Insolvency Act sog. proposal oder voluntary arrangement.
[20] Statement of affairs gem. s. 2(3)(b) IA 1986.
[21] S. 2(3) IA 1986; nominee ist legaldefiniert in s. 1(2) IA 1986.
[22] S. 2(2) IA 1986.
[23] S. 2(2) IA 1986.
[24] S. 3(1), (3) IA 1986.
[25] R. 1.14 IR 1986.
[26] Ss. 4, 4A IA 1986.
[27] S. 7 IA 1986; gem. s. 4(2) IA 1986 kann auch eine andere Person als supervisor bestellt werden.
[28] S. 6 IA 1986.
[29] Ss. 7A f. IA 1986.
[30] Vgl. ss. 1(3), 3(2), 6(2)(c) IA 1986.
[31] Unter Rdnr. 6.
[32] Vgl. r. 2.85 IR 1986.

CVA kein Verbot der Einzelvollstreckung (moratorium) anordne.[33] Die Reorganisation könne schon vor der Beschlussfassung allein daran scheitern, dass ein einzelner Gläubiger die mit dem CVA-Vorschlag verschickten Informationen zur Stellung eines Insolvenzantrags „missbrauche". Der Insolvency Act 2000 führte daher eine neue s. 1A IA 1986 i. V. m. einem neuen Sch A1 ein, die den Direktoren einer kleinen[34] Kapitalgesellschaft erlauben, ein CVA unter dem Schutz des **Verbots der Einleitung eines anderen Insolvenzverfahrens und der Vornahme von Vollstreckungshandlungen** zu verhandeln.[35] Um denselben Effekt zu erreichen, war die Praxis zuvor gezwungen, zuerst unter Inkaufnahme höherer Kosten eine administration zu eröffnen, um unter dem Schutz des damit in Kraft tretenden moratorium den Beschluss eines CVA zu betreiben.

9   bb) **Verfahrensschritte.** Wird eine Gesellschaft nicht durch ein moratorium einer administration bzw. eines winding up geschützt, bedarf sie aber dennoch des Vollstreckungsschutzes, kommt ein **selbstständiges moratorium** gem. s. 1A i. V. m. Sch A1 IA 1986 in Betracht. Dieses **Verfahren beinhaltet folgende Schritte**:[36]

(1) Direktoren kontaktieren den Verwalter, der in dieser Phase als Berater fungiert. Es wird geprüft, ob die Voraussetzungen eines moratorium gem. pp. 2 bis 5 Sch A1 IA 1986 vorliegen.
(2) Entwicklung eines Sanierungsplans[37] und einer Vermögensübersicht.[38]
(3) Übergabe des Sanierungsplans und der Vermögensübersicht an den Verwalter, der nun als sog. nominee fungiert.[39]
(4) Nominee bewertet in einem Bericht an die Direktoren die Erfolgsaussichten des CVA, die Verfügbarkeit von Liquidität während des moratorium und schlägt ggf. die Einberufung der Gesellschafter- und Gläubigerversammlung vor.[40]
(5) Direktoren reichen folgende Dokumente zu Gericht:[41] Sanierungsplan, Vermögensverzeichnis, Feststellung über die Zulässigkeit des moratorium, Zustimmung des nominee im Rahmen des CVA tätig zu werden und den unter (4) genannten Bericht des nominee.
(6) Mit Einreichung der Dokumente tritt das moratorium in Kraft.[42]
(7) Nominee beruft die Gesellschafter- und Gläubigerversammlung ein.[43]
(8) Gesellschafter- und Gläubigerversammlung, der Verwalter agiert hier als Vorsitzender.[44]
(9) Gesellschafter- und Gläubigerversammlung beschließen den Sanierungsplan, ggf. mit Abänderungen;[45] wird die Zustimmung verweigert, kann das moratorium verlängert werden[46] mit der Option, ein moratorium committee einzusetzen.[47]

---

[33] *Finch* Corporate Insolvency Law S. 498; *Keay/Walton* Insolvency Law S. 142; *Milman/Durrant* Corporate Insolvency S. 52.

[34] Gem. p. 3(2)(a) Sch A1 IA 1986 i. V. m. s. 382(3) CA 2006 (vor Inkrafttreten der Reform s. 247(3) CA 1985); das entspricht in etwa einer kleinen Kapitalgesellschaft gem. § 267 Abs. 1 HGB.

[35] Näher zu den Wirkungen des moratorium *Bork* Sanierungsrecht in England und Deutschland Rdnr. 10.35 ff., S. 150 ff.

[36] *Parry* Corporate Rescue Rdnr. 10-04, S. 133 f.; *Windsor/Müller-Seils/Burg* NZI 2007, 7, 8 ff.

[37] Für den Inhalt siehe p. 1.3 IR 1986.

[38] Für den Inhalt siehe p. 1.5 IR 1986.

[39] P. 6(1) Sch A1 IA 1986.

[40] P. 6(2) Sch A1 IA 1986; r. 1.38 IR 1986.

[41] P. 7 Sch A1 IA 1986; r. 1.39 IR 1986; *Bork* Sanierungsrecht in England und Deutschland Rdnr. 10.33, S. 150.

[42] P. 8(1) Sch A1 IA 1986; hinsichtlich des moratorium gelten die Publizitätspflichten gem. pp. 10 f., 16 Sch A1 IA 1986.

[43] P. 29 Sch A1 IA 1986; r. 1.13 IR 1986.

[44] P. 30 Sch A1 IA 1986; rr. 1.14, 1.48-1.53 IR 1986.

[45] P. 31 Sch A1 IA 1986.

[46] Pp. 32 ff. Sch A1 IA 1986.

[47] P. 35 Sch A1 IA 1986.

(10) Umsetzung des CVA, der Verwalter handelt nun als supervisor, sofern er als solcher bestellt wurde.[48]
(11) Bestimmte Antragsberechtigte, darunter die in der Gläubiger- und Gesellschafterversammlung Stimmberechtigten, können das CVA unter Berufung auf unfaire Benachteiligung oder wesentliche Verfahrensfehler angreifen.[49]
(12) Beendigung des CVA nach vollständiger Umsetzung oder früher, falls inakzeptabel gegen seine Vorgaben verstoßen wurde.

4. Verfahren

Ein CVA kann entweder **selbstständig** oder im Rahmen zweier anderer Insolvenzverfahren, nämlich der **administration** und des **creditors' winding up**, beschlossen werden. Ist noch kein Insolvenzverfahren eröffnet worden, geht der Anstoß zu einem CVA von den Direktoren der Kapitalgesellschaft aus. Gläubiger und Gesellschafter haben kein formelles Vorschlagsrecht.[50] Die Direktoren erstellen einen **Vorschlag** (proposal) und leiten ihn zusammen mit weiteren Angaben, insbes. einer detaillierten **Vermögensübersicht** (statement of affairs) der Gesellschaft, an den **vorläufigen treuhänderischen Verwalter** des CVA (den sog. nominee), i.d.R. ein privater Insolvenzverwalter (insolvency practitioner), weiter.[51]

10

Kommt der **nominee** zur Auffassung, dass der Vorschlag eine vernünftige Chance auf Annahme durch Gläubiger und Gesellschafter sowie auf Umsetzung hat,[52] informiert er das Gericht und **beruft Versammlungen der Gläubiger und Gesellschafter ein**.[53] Mit der Einladung erhalten Gläubiger und Gesellschafter jeweils eine Kopie des Sanierungsvorschlags (proposal), der Vermögensübersicht (statement of affairs) und der Stellungnahme des vorläufigen Verwalters.[54] Der Vorschlag der Direktoren enthält u.a. Angaben über die Aktiva der Gesellschaft und ihren Wert, das Ausmaß der Besicherung, Art und Höhe der Verbindlichkeiten sowie ihre vorgeschlagene Restrukturierung, vermutlich anfechtbare Rechtsgeschäfte im Fall der Abwicklung und den geschätzten Wert des Nettovermögens.[55] Die Vermögensübersicht (statement of affairs) ergänzt die Aussagekraft des Vorschlags durch eine Liste sämtlicher Vermögensgegenstände der Gesellschaft, einschließlich der Schätzung ihres Werts, sowie Informationen über die Identität der Gesellschaftsgläubiger, die Höhe ihrer Ansprüche und die Zusammensetzung des Gesellschafterkreises.[56]

11

Wird ein CVA im Rahmen einer **administration** oder, was seltener vorkommt, eines **winding up** angestrebt, gelten dieselben verfahrens- und materiellrechtlichen Grundsätze, die bisher für das eigenständige CVA beschrieben wurden. Die Erörterung eines CVA im Rahmen dieser beiden Insolvenzverfahren hat den Vorteil, dass nicht nur kleine Kapitalgesellschaften vor Insolvenzanträgen und Einzelvollstreckungen geschützt sind. Der Vorschlag eines CVA wird dann nicht von den Direktoren, sondern den Insolvenzverwaltern unterbreitet, die im Fall seiner Annahme auch regelmäßig die Überwachung und Durchführung übernehmen.[57]

12

---

[48] P. 39 Sch A1 IA 1986; gem. p. 31(2) Sch A1 IA 1986 kann auch eine andere Person als supervisor bestellt werden.
[49] P. 38 Sch A1 IA 1986.
[50] *Bork* Sanierungsrecht in England und Deutschland Rdnr. 7.17, S. 75.
[51] Section 2(3) IA 1986, r. 1.4 IR 1986; zum Inhalt des Vorschlags siehe r. 1.3 IR 1986, außerdem r. 1.5 IR 1986 (statement of affairs), r. 1.6 IR 1986 (additional disclosure); *Windsor/Müller-Seils/Burg* NZI 2007, 7, 8.
[52] Was praktisch immer der Fall ist, da der insolvency practitioner in die Vorbereitung des Vorschlags mit einbezogen wird; *Goode* Corporate Insolvency Law Rdnr. 12–34 ff., S. 498 ff.
[53] Sections 2(2) und 3 IA 1986.
[54] R. 1.9(3) IR 1986.
[55] R. 1.3 IR 1986; für ein Beispiel siehe *Bailey* Voluntary Arrangements Anhang 4.2, S. 465 ff.
[56] R. 1.5 IR 1986.
[57] Für weitere Einzelheiten siehe *Keay/Walton* Insolvency Law S. 147 ff.

13 Je nach Situation können **Aufsichtsbehörden** zu beteiligen sein. In jüngerer Zeit wurde das CVA-Verfahren beispielsweise zur Restrukturierung von Pensionsverbindlichkeiten eingesetzt. Dazu wurden die Pensionsverbindlichkeiten auf eine Zweckgesellschaft (special purpose vehicle, SPV) übertragen. Anschließend wurde auf Ebene der Zweckgesellschaft ein CVA durchgeführt, dessen Umsetzung der Zustimmung des Pension Regulator und des Pension Protection Fund bedurfte.[58]

5. Abstimmung und Bindungswirkung

14 Das CVA entfaltet seine Bindungswirkung nur, wenn es in der **Gläubigerversammlung eine Dreiviertelmehrheit** erreicht, berechnet nach dem Wert der Gläubigerforderungen, und in der **Gesellschafterversammlung eine einfache Mehrheit** erhält, gezählt nach den allgemeinen Beschlussregeln (i. d. R. Kapitalmehrheit).[59] Beschlüsse, die nicht den Inhalt des CVA betreffen, können hingegen mit einfacher Mehrheit gefasst werden.[60] Fasst die Gesellschafterversammlung einen von der Gläubigerversammlung abweichenden Beschluss, geht die Entscheidung der Gläubigerversammlung vor.[61] Im Ergebnis genügt also die **Zustimmung allein der Gläubigerversammlung**.[62] Berechnungsgrundlage für die Mehrheitsfeststellung in der Gläubigerversammlung sind nur die anwesenden und abstimmenden Gläubigerforderungen.[63] Anders als beim scheme of arrangement gem. ss. 895 ff. CA 2006 sind **keine Gläubigerklassen für die Abstimmung** zu bilden. Das CVA leidet daher nicht unter der Unsicherheit einer fehlerhaften Zusammenstellung der Gläubigerklassen.

15 Über die **Zulassung zur Abstimmung** einschließlich des Wertansatzes entscheidet der Vorsitzende der Gläubigerversammlung.[64] Ausgangspunkt des Wertansatzes in der Gläubigerversammlung ist die nominelle Forderungshöhe.[65] Die Forderung kommt jedoch insoweit nicht zum Ansatz als sie besichert ist.[66] Höhenmäßig unbestimmbare Forderungen werden mit £ 1 angesetzt, wenn der Vorsitzende nicht einen höheren Wert bestimmt.[67] In der Gesellschafterversammlung sind die Gesellschafter entsprechend ihrer Stimmrechte nach der Satzung stimmberechtigt.[68]

16 Jeder Beschluss ist ungültig, wenn eine einfache Mehrheit derjenigen **Gläubiger, die in keiner besonderen Beziehung zu der Gesellschaft stehen**, d. h. nicht connected persons i. S. v. s. 249 IA 1986 (nicht verbundene Personen) sind, dagegen stimmt.[69] Dadurch soll verhindert werden, dass Gläubiger, die mit der Gesellschaft verbunden (connected) sind – z. B. Direktoren, Gesellschafter mit einflussreicher Stimmmacht und Konzerngesellschaften – andere Gläubigergruppen zum eigenen Vorteil benachteiligen.

---

[58] *Baird/Ho* Ins Int 2007, 124, 125.

[59] R. 1.19, r. 1.20 IR 1986; für weitere Einzelheiten *Goode* Corporate Insolvency Law Rdnr. 12–41 f., S. 502 ff.; *Lingard* Corporate Rescues and Insolvencies Rdnr. 5.53 f., S. 69 f.; *Windsor/Müller-Seils/Burg* NZI 2007, 7, 10.

[60] R. 1.19(2) IR 1986.

[61] *Vallender* NZI 2007, 129, 133.

[62] Die überstimmten Gesellschafter können in einem solchen Fall gem. s. 4A(3), (4) IA 1986 innerhalb einer Frist von 28 Tagen eine gerichtliche Überprüfung beantragen. Das Gericht kann den Vorrang des Beschlusses der Gesellschafterversammlung anordnen oder andere Regelungen treffen, s. 4A(6) IA 1986.

[63] R. 1.19(1) IR 1986.

[64] Rr. 1.17A(1), (2), 1.50 IR 1986; näher *Parry* Corporate Rescue Rdnr. 12-07 f., S. 177 ff., insbesondere zum Ansatz höhenmäßig nicht bestimmbarer Ansprüche; *Windsor/Müller-Seils/Burg* NZI 2007, 7, 9 f.

[65] R. 1.17(2) IR 1986; *Windsor/Müller-Seils/Burg* NZI 2007, 7, 9.

[66] R. 1.19(3)(b), r. 1.52(4)(b) IR 1986.

[67] Eingehend *Parry* Corporate Rescue Rdnr. 12-08, S. 178 f.; vgl. Re Newlands (Seaford) Educational Trust [2007] BCC 195.

[68] R 1.18(1) IR 1986; *Windsor/Müller-Seils/Burg* NZI 2007, 7, 10.

[69] R 1.19(4) IR 1986.

§ 39. Sanierungsverfahren

Die Gläubiger werden dem CVA nur dann zustimmen, wenn sie mit einer höheren Befriedigungsquote als bei Beschreiten der alternativen Handlungswege (Insolvenzantrag, Einzelvollstreckung) rechnen. Kommen die erforderlichen Mehrheiten zustande, **bindet das CVA gem. s. 5(2) IA 1986 jeden stimmberechtigten Gläubiger und jeden Gesellschafter**, unabhängig davon, ob er ordnungsgemäß geladen wurde und anwesend war.[70] Die Anordnung der Bindungswirkung, unabhängig von der ordnungsgemäßen Ladung, erleichtert die rechtssichere Durchführung eines CVA aus Sicht der sanierungswilligen Beteiligten, geht aber mit einer bedenklichen Rechtsverkürzung für die nicht Geladenen einher. 17

Die Möglichkeit, dissentierende Gläubigerminderheiten im Interesse der Unternehmenssanierung durch Mehrheitsbeschluss zu binden, ist jedoch in mehrfacher Hinsicht beschränkt. **Gesicherte Gläubiger** haben in der Gläubigerversammlung zwar kein Stimmrecht.[71] In der Verwertung der Sicherheit sind sie aber nur dann beschränkt, wenn sie dem CVA zugestimmt haben.[72] Ansonsten können sie die Sicherheit ungehindert realisieren (s. 4(3) IA 1986). Teilweise gesicherte Ansprüche vermitteln das Stimmrecht in Höhe des ungesicherten Teils des Anspruchs.[73] Auch die Rechte **vorrangiger Insolvenzgläubiger** (preferential creditors), das betrifft im Wesentlichen Pensionsfonds und Arbeitnehmeransprüche,[74] können nicht ohne deren Zustimmung nachteilig verändert werden (s. 4(4) IA 1986).[75] Nicht erfasst sind auch Gläubigerpositionen, die in der Vereinbarung des CVA ausdrücklich ausgenommen sind[76] oder nach dessen Inkrafttreten begründet werden. Soweit Gläubigergruppen nicht von der Bindungswirkung eines CVA erfasst sind, können sie Insolvenzanträge stellen oder die Einzelvollstreckung betreiben und so den Restrukturierungserfolg gefährden.[77] In der Verhandlungspraxis ist es deshalb nötig, entweder die Zustimmung solcher Gläubiger zu sichern oder ihre Befriedigung im Rahmen des CVA sicherzustellen. 18

Durch das *Powerhouse*-Urteil[78] ist geklärt, dass durch ein CVA **mittelbar die Freigabe von Sicherheiten erzwungen** werden kann. Die der Chancery Division vorliegende Rechtsfrage war, ob ein CVA gem. s. 5(2) IA 1986 die Gläubiger auch mit Blick auf Sicherheiten Dritter bindet, welche durch das CVA betroffene Forderungen absichern. Konkret ging es um Garantien der Muttergesellschaft für Ansprüche aus einem Mietvertrag, die durch das CVA (teilweise) erlassen wurden. Das Gericht entschied, dass das CVA wirksam vorsehen konnte, dass sowohl die gesicherten Hauptforderungen aus dem Mietvertrag erlassen als auch die Ansprüche aus den Garantien als nicht vollstreckbar gestellt wurden. Die *Powerhouse*-Rechtsprechung erleichtert mithin die Restrukturierung in Konzernsachverhalten insofern, als eine vertragliche Absprache, beispielsweise zwischen garantierender Muttergesellschaft und Gläubigern der Tochter, entbehrlich ist. Relevant kann dies insbesondere für Gläubigerminderheiten sein, die über das CVA der Tochtergesellschaft gegen ihren Willen zum Forderungserlass etc. gezwungen werden.[79] 19

---

[70] Nicht ordnungsgemäß geladene Gläubiger, dazu gehören auch solche, die im Zeitpunkt der Ladung unbekannt sind, werden erst seit dem 1. 1. 2003 aufgrund einer Änderung durch den Insolvency Act 2000 gebunden; dazu *Bailey* Voluntary Arrangements Rdnr. 9.1, S. 151; *Keay/Walton* Insolvency Law S. 156 ff.; siehe aber auch unten Rdnr. 26.

[71] R. 1.19(3)(b) IR 1986.

[72] *Windsor/Müller-Seils/Burg* NZI 2007, 7, 9.

[73] *Calor Gas v Piercy* [1994] BCC 69.

[74] Zum Kreis der vorrangigen Insolvenzgläubiger siehe s. 386 IA 1986; ausführlich *Weisgard/Griffiths/Doyle* Company Voluntary Arrangements and Administrations Rdnr. 6.18 ff., S. 85 ff.

[75] *Windsor/Müller-Seils/Burg* NZI 2007, 7, 9.

[76] *Goode* Corporate Insolvency Law Rdnr. 12–41, S. 502 f.

[77] Näher zu Handlungsoptionen von Gläubigern, die nicht von der Bindungswirkung des CVA erfasst werden, *Ho* CRI 2008, 156, 158.

[78] *Prudential Assurance Co Ltd v PRG Powerhouse* Ltd [2007] BCC 500.

[79] Siehe aber auch die Bedenken des Gerichts mit Blick auf die unterschiedliche Betroffenheit von Gläubigerklassen durch das CVA *Prudential Assurance Co Ltd v PRG Powerhouse* Ltd [2007] BCC 500, 521; die Reaktion der Sanierungspraxis darauf ist teilweise, sicherheitshalber eine 75%-Mehrheit der-

6. Inhalt eines CVA

20 Ob CVAs vertraglicher Natur sind, ist noch nicht ganz geklärt, wird aber zunehmend und überwiegend bejaht.[80] Ihre Bindungswirkung, darüber besteht jedenfalls Einigkeit, beruht auf Gesetz, weshalb sie auch formell zu den Insolvenzverfahren gezählt werden. Rechtsfolge eines CVA ist gem. s. 1(1) IA 1986 entweder der (teilweise) Erlass von Schulden der Gesellschaft (**composition in satisfaction of its debts**)[81] oder ein Vergleich (**scheme of arrangement**),[82] der mannigfaltige Formen annehmen kann. Hinsichtlich des Inhalts eines CVA besteht ein weiter Gestaltungsspielraum.[83] Insbesondere gibt es keinen allgemeingültigen Rechtssatz, wonach sämtliche Gläubiger (proportional) gleich zu behandeln wären.[84] Beispielsweise können unterschiedliche Befriedigungsquoten für verschiedene Gläubigergruppen vorgesehen werden.[85]

21 Zum einen wird die Gesellschaft im Rahmen eines **scheme of arrangement** üblicherweise durch eine oder mehrere der folgenden Maßnahmen entlastet: spätere Fälligstellung von Krediten, Schuldenlass, Freigabe von Sicherheiten, Umwandlung von Fremd- in Eigenkapital,[86] Rangrücktrittserklärungen, Eigenkapitalzufuhr, Abstandnahme von Einzelvollstreckungen und Verzicht auf die Stellung eines Antrags auf Abwicklung der Gesellschaft.[87] Zum anderen wird ein Sanierungsplan verabschiedet, der die (teilweise) Begleichung der betroffenen Verbindlichkeiten im Detail regelt und der Gesellschaft weitere Pflichten auferlegen kann, z.B. die Einhaltung bestimmter Finanzkennzahlen, den Verkauf von Geschäftszweigen, die Inanspruchnahme professioneller Beratung.

22 Soweit das CVA die **Geschäftsleitung** nicht ausnahmsweise dem Verwalter überträgt, bleibt sie in der Hand der (ggf. ausgetauschten) Direktoren. Die meisten CVAs bezwecken nicht den Fortbestand der Limited als Gesellschaft, sondern konzentrieren sich auf die Erhaltung des Unternehmens, um dessen Wert ganz oder in Teilen zu realisieren und an die Gläubiger auszukehren.[88] Entsprechend dem Sanierungsplan wird zwischen trading und assets based CVAs unterschieden.[89] Ein **trading CVA** legt fest, dass die Gesellschaft monatlich einen gewissen Betrag an den treuhänderischen Verwalter des CVA überweist, der ihn quotal an die Gläubiger auskehrt. Ein **assets based CVA** schreibt den Verkauf bestimmter Aktiva vor, deren Erlös wiederum von dem Verwalter verteilt wird. Danach wird die Gesellschaft üblicherweise liquidiert (winding up).[90]

---

jenigen Gläubigergruppe sicherzustellen, die sonst evtl. eine unfaire Benachteiligung (unfair prejudice) im Anfechtungswege geltend machen könnte; dazu *Baird/Ho* Ins Int 2007, 124, 126.

[80] Die überwiegende Ansicht in Rechtsprechung und Literatur bezeichnet sie als „statutory contracts" und weist ihnen damit eine Zwitterstellung zwischen vertraglicher und gesetzlicher Rechtsnatur mit Tendenz zum Vertrag zu; vgl. *Re Kudos Glass Ltd* [2001] 1 BCLC 390; *Johnson v Davies* [1998] 2 BCLC 252; *Re McKeen* [1995] BCC 412; *Davis v Martin-Sklan* [1995] BCC 1122; im Schrifttum *Keay/Walton* Insolvency Law S. 163 ff.; *Weisgard/Griffiths/Doyle* Company Voluntary Arrangements and Administrations Rdnr. 1.11 ff., S. 5; *Rutstein* Ins Int 2000, 11, 12; *Goode* Corporate Insolvency Law Rdnr. 12–26, S. 495 (anders noch 2. Aufl. S. 324).

[81] *Fletcher/Higham/Trower* Corporate Administrations and Rescue Procedures Rdnr. 11.3, S. 261.

[82] Zum Vergleichscharakter des arrangement *Goode* Corporate Insolvency Law Rdnr. 1-46, S. 40.

[83] *Parry* Corporate Rescue Rdnr. 11-01 ff., S. 151 ff.; *Windsor/Müller-Seils/Burg* NZI 2007, 7, 8; zu den Mitwirkungserfordernissen der gesicherten und bevorrechtigten Gläubigern siehe aber oben Rdnr. 18.

[84] *Windsor/Müller-Seils/Burg* NZI 2007, 7, 8; zur Anfechtung wegen unfairer Benachteiligung siehe aber unten Rdnr. 26.

[85] *Prudential Assurance Co Ltd v PRG Powerhouse Ltd* [2007] BCC 500, 521; *Inland Revenue Commissioners v The Wimbledon Football Club Ltd* [2004] BCC 638; *Sealy/Milman* Annotated Guide to the Insolvency Legislation 2011 Anm. zu s. 4(4).

[86] Zum Debt/Equity-Swap siehe § 40.

[87] *Keay/Walton* Insolvency Law S. 144; *Goode* Corporate Insolvency Law Rdnr. 1-46, S. 40.

[88] *Goode* Corporate Insolvency Law Rdnr. 12–26, S. 494 f.

[89] *Keay/Walton* Insolvency Law S. 144.

[90] *Goode* Corporate Insolvency Law Rdnr. 12–33, S. 498.

Im Planungsstadium empfiehlt sich, nicht nur die geplanten Sanierungsschritte in das **23** proposal aufzunehmen, sondern auch Regeln für das Nichterreichen bestimmter Voraussetzungen bzw. das Scheitern einzelner Sanierungsziele zu entwerfen.[91] Die Gerichte versuchen zwar nach Möglichkeit im Wege der Auslegung dem Sinn und Zweck eines CVA zur Durchsetzung zu verhelfen.[92] Grundsätzlich kann aber nur umgesetzt werden, was zuvor mit den notwendigen Zustimmungsmehrheiten vereinbart wurde.[93] Das Gericht hat keine Rechtsmacht, den Inhalt des CVA abzuändern.[94] Ohne vorvereinbarte **Regeln zur Bewältigung von Planabweichungen** kann die Sanierung erheblich erschwert werden.[95] Hier können Sachregeln getroffen werden oder ein Verfahren bestimmt werden, mittels welchem Planabweichungen zu behandeln sind.[96]

Vor diesem Hintergrund können in einem CVA typischerweise folgende Klauseln zum Einsatz kommen:[97]

(1) Bennennung der von dem CVA betroffenen/nicht betroffenen Vermögensgegenstände und Verbindlichkeiten;
(2) Umgang mit späterem Vermögenserwerb der Gesellschaft;
(3) Behandlung gesicherter und bevorzugter ungesicherter Gläubiger;
(4) Behandlung nicht ordentlich geladener Gläubiger und Umgang mit bestrittenen Gläubigerforderungen;
(5) Rangfolge und Anmeldung von Forderungen;
(6) Verwaltung der Gesellschaft (Altgeschäftsleiter, Neugeschäftsleiter, Verwalter);
(7) Beschränkungen der Vertretungsmacht der Geschäftsleiter (Ausschüttungsverbote etc.);
(8) Vermögensgegenstände, die an den Supervisor treuhänderisch übertragen werden;
(9) Moratorium und Forderungsverzicht der beteiligten Gläubiger;
(10) Zahlungen der Gesellschaft an den supervisor, Verwendung dieser Zahlungen zur Bezahlung des supervisor und für Ausschüttungen an die beteiligten Gläubiger;
(11) Umgang mit Überschüssen;
(12) Freistellung von Drittschuldnern;
(13) Erneute Gläubigerversammlung(en) bei späterem Bekanntwerden wesentlicher Altgläubigerforderungen;
(14) Dauer des CVA;
(15) Verfahren bei Scheitern des CVA.

7. Umsetzung

Die Überwachung des CVA liegt in den Händen des treuhänderischen Verwalters, dessen Bezeichnung sich mit Annahme des CVA von nominee zu **supervisor** ändert (s. 7(2) IA 1986). Soweit im CVA nicht anders vorgesehen, verbleibt die Verwaltungs- und Vertretungsmacht in den Händen der **Direktoren**.[98] Wird der supervisor mit der Geschäftsleitung bzw. der Liquidierung von Vermögensgegenständen der Gesellschaft durch das CVA beauftragt, trifft ihn eine Pflicht zur Rechnungslegung und Berichterstattung insbesondere gegenüber den durch das CVA gebundenen Gläubigern und Gesellschaftern.[99] **24**

Gläubiger, die mit Handlungen oder Unterlassungen des supervisor nicht zufrieden sind, können gem. s. 7(3) IA 1986 eine **gerichtliche Überprüfung** beantragen. Dazu gehört **25**

---

[91] *Windsor/Müller-Seils/Burg* NZI 2007, 7, 9.
[92] *Re Brelec Installations Ltd* [2001] BCC 421, 428.
[93] *Re Beloit Walmsley* [2008] EWHC 1888 (Chancery); *Fletcher/Higham/Trower* Corporate Administrations and Rescue Procedures Rdnr. 11.45, S. 294 f.
[94] *Re Beloit Walmsley Ltd* [2009] BCLC 584; *Goode* Corporate Insolvency Law Rdnr. 12–42, S. 505.
[95] Kritisch zur Rechtslage unter Hinweis auf Widersprüche im Richterrecht *Ho* CRI 2008, 156 ff.
[96] Vgl. *Raja v Rubin* [2000] Ch 274, 290.
[97] Anhand der Klauselübersicht von *Goode* Corporate Insolvency Law Rdnr. 12–44, S. 506 ff.
[98] *Goode* Corporate Insolvency Law Rdnr. 12–26, S. 494.
[99] R. 1.26 IR 1986.

auch die Auslegung und Umsetzung des CVA.[100] Das Gericht kann die Handlungen des supervisor bestätigen, aufheben, modifizieren oder ihm Anweisungen erteilen. Umgekehrt kann sich der supervisor bei Bedarf gem. s. 7(4) IA 1986 absichern, indem er von sich aus Anweisungen des Gerichts beantragt.

8. Gerichtliche Anfechtung

26 Der Minderheitenschutz wird dadurch gewährleistet, dass jeder Gebundene mit der Begründung **unfairer Benachteiligung** (unfair prejudice) oder eines **wesentlichen Regelverstoßes** (material irregularity) Einspruch gegen das CVA bei Gericht erheben kann (s. 6(1) IA 1986).[101] Die Fairness wird aus zwei Perspektiven beurteilt: (1) dem Vergleich mit der Situation in der Abwicklung (vertikaler Vergleich) und (2) dem Vergleich mit der Situation anderer Gläubiger oder Gläubigergruppen (horizontaler Vergleich).[102] Bei dem horizontalen Vergleich wird auch berücksichtigt, wie die Situation in einem scheme of arrangement gem. ss. 895 ff. CA 2006 gewesen wäre. Ein wesentlicher Regelverstoß kann insbesondere darin liegen, dass ein Kleingläubiger nicht ordnungsgemäß geladen wurde.[103] Die Beweislast betreffend die unfaire Benachteiligung oder den wesentlichen Regelverstoß liegt beim Antragsteller.[104] Die Anfechtungsfrist beträgt 28 Tage und beginnt mit der Einreichung der angenommenen Vorschläge zu Gericht. Anfechtungen sind in der Sanierungspraxis eher selten anzutreffen.[105] Die Voraussetzungen für eine erfolgreiche Anfechtung sind eher hoch.[106] Der Minderheitenschutz läuft allerdings nicht leer.[107] Ist das Gericht vom Vorliegen eines Anfechtungsgrunds überzeugt, kann es den wirksamen Beschluss des CVA endgültig oder vorübergehend aufheben und/oder weitere Versammlungen anordnen.[108] Außerdem können einzelne Durchführungsmaßnahmen des supervisor gerichtlich angegriffen werden (s. 7(3) IA 1986).

27 Eine generelle gerichtliche Prüfung der Rechtmäßigkeit eines CVA und seiner Implementierung findet jedoch nicht statt.[109] Das Gericht nimmt vielmehr nur eine **passive Rolle** ein und trifft aus eigener Initiative keine eigenen Entscheidungen.[110] Es gibt weder eine gerichtliche Entscheidung über die Verfahrenseröffnung, noch eine Einberufung der Versammlungen durch das Gericht, noch eine gerichtliche Entscheidung anlässlich des moratorium, noch eine Entscheidung des Gerichts als Voraussetzung des Inkrafttretens des CVA.[111]

9. Abschluss

28 Das CVA ist beendet, wenn der Sanierungsplan vollständig umgesetzt wurde, sämtliche Bedingungen des CVA erfüllt sind und der supervisor die letzten Ausschüttungen getätigt hat. Die Sanierungspraxis sieht nicht selten sog. **substantial termination clauses** vor,

---

[100] Vgl. *Gold Fields Mining v Tucker* [2009] EWCA Civ 173.

[101] *Goldring* CRI 2009, 151 f.

[102] *Prudential Assurance Co Ltd v PRG Powerhouse* Ltd [2007] BCC 500, 515; *Bork* Sanierungsrecht in England und Deutschland Rdnr. 17.65, S. 289.

[103] Vgl. *Young v Ladies Imperial Club* [1920] 2 KB 523; *Lingard* Corporate Rescues and Insolvencies Rdnr. 5.59, S. 72; zur Frage, was eine unfaire Benachteiligung (unfair prejudice) gem. s. 6(1)(a) IA 1986 darstellt, *Lingard* Corporate Rescues and Insolvencies Rdnr. 5.60 f., S. 72 ff.; *Keay/Walton* Insolvency Law S. 160 ff.

[104] *Goode* Corporate Insolvency Law Rdnr. 12–26, S. 494 f. (mit Fußnote 190).

[105] *Windsor/Müller-Seils/Burg* NZI 2007, 7, 11.

[106] Vgl. exemplarisch *Re Portsmouth City Football Club Ltd* [2010] EWHC 2013 (Ch); *SISU Capital Fund Ltd v Tucker* [2006] BCC 463.

[107] Vgl. *Mourant & Co Trustees Ltd v Sixty UK Ltd (In Administration)* [2010] EWHC 1890 (Ch); *Re Cotswold Co Ltd* [2009] EWHC 1151 (Ch).

[108] Näher *Goode* Corporate Insolvency Law Rdnr. 12–54, S. 515 f.

[109] Vgl. *Finch* Corporate Insolvency Law S. 494.

[110] *Windsor/Müller-Seils/Burg* NZI 2007, 7, 11.

[111] Näher *Bork* Sanierungsrecht in England und Deutschland Rdnr. 9.31 f., S. 115 f.

nach welchen die Beendigungsvoraussetzungen auch dann als eingetreten gelten, wenn sie im Wesentlichen erfüllt sind.[112]

Scheitert die Erreichung der Ziele des Sanierungsplans und können sich die Gläubiger nicht auf eine Abänderung des CVA einigen, wird die Gesellschaft regelmäßig liquidiert. Enthält das CVA keine Regelungen für den Fall des Scheiterns, kann – abhängig von den Regelungen des gescheiterten CVA – auf die Abwicklung das Recht der Treuhand (trust law) Anwendung finden.[113] Denn Gelder und andere Gegenstände, die im Rahmen eines CVA dem supervisor übertragen werden, hält dieser treuhänderisch für die am CVA beteiligten Gläubiger.[114]

Sowohl bei ordentlicher als auch bei unordentlicher Beendigung des CVA ist der supervisor verpflichtet, das Gericht, das Gesellschaftsregister sowie die gebundenen Gläubiger und Gesellschafter zu informieren und Rechnung abzulegen.[115]

II. Scheme of arrangement

1. Überblick

Ein zweites **Verfahren der Unternehmenssanierung** ist das scheme of arrangement gem. ss. 895 ff. CA 2006. Es wurde im Rahmen der Reform durch den CA 2006 in der Sache im Wesentlichen unverändert aus dem CA 1985 übernommen, wo es in ss. 425 ff. geregelt war. Die Rechtsprechung und Literatur zu ss. 425 ff. CA 1985 ist daher weiterhin gültig.[116] Die Änderungen durch die Reform betreffen den Kreis der Berechtigten, die bei Gericht Anträge stellen können, etwa zur Bestätigung des arrangement, und die Meldepflichten gegenüber dem Gesellschaftsregister.[117]

Ein scheme of arrangement führt regelmäßig über folgende **Verfahrensphasen**:[118] Zuerst bereiten die Beteiligten das Verfahren unter Einbindung der wesentlichen Gläubiger durch Verträge vor. Erst dann wird das Verfahren durch einen Antrag zu Gericht eröffnet, der insbesondere darauf gerichtet ist, die notwendige(n) Versammlung(en) einzuberufen. Nach der Einberufung der Versammlung(en) durch das Gericht entscheidet bzw. entscheiden diese über die Annahme des scheme. Wird das scheme of arrangement angenommen, entscheidet das Gericht über dessen Bestätigung. Mit Einreichung einer Ausfertigung der Bestätigung zum Gesellschaftsregister tritt die Wirksamkeit des scheme of arrangement ein.

Das scheme of arrangement gem. ss. 895 ff. CA 2006 verbindet **nur teilweise Ähnlichkeit mit dem CVA**. Wegen seiner Komplexität und Dauer wird es seltener und eher bei großen Kapitalgesellschaften, oft plcs, verwendet.[119] In der internationalen Sanierungspraxis kommt es vor allem zur Bewältigung komplexer Kapitalstrukturen unter Beteiligung gesicherter oder vorrangiger ungesicherter Gläubiger zum Einsatz.[120] Die Praxis taxiert den notwendigen Zeitraum für die Umsetzung einer Restrukturierung mittels eines scheme of

---

[112] *Parry* Corporate Rescue Rdnr. 15-02, S. 217 f.
[113] Vgl. *Re N T Gallagher & Son Ltd* [2002] BCC 867; *Re Zebra Industrial Products Ltd* [2004] EWHC 549 (Ch).
[114] *Goode* Corporate Insolvency Law Rdnr. 12–52, S. 513 f.
[115] R. 1.29(1) IR 1986.
[116] *Howard/Hedger* Restructuring Law and Practice Rdnr. 7.20, S. 242; Palmer's Company Law, Annotated Guide to the Companies Act 2006, s. 895, note to subsection (1); monographisch zur Rechtslage nach dem CA 1985 *Chudzick* Schemes of Arrangement mit Gläubigern nach englischem Kapitalgesellschaftsrecht (2007).
[117] Palmer's Company Law, Annotated Guide to the Companies Act 2006, s. 895, general note; *Milman* CLN 2006/21 und 22, 4; Explanatory Notes to the Companies Act 2006, S. 176 f.
[118] *Re Hawk Insurance Co Ltd* [2002] BCC 300, 304; *Re British Aviation Insurance Co Ltd* [2006] BCC 14, 27 27 f.; *Westpfahl/Knapp* ZIP 2011, 2033, 2039.
[119] *Goode* Corporate Insolvency Law Rdnr. 1–53, S. 43; *Keay/Walton* Insolvency Law S. 196; *Clowry* in *Larkin* Restructuring and Workouts S. 38; für Beispiele aus jüngerer Zeit siehe *Re Lehman Brothers International (Europe)* [2009] EWCA Civ 1161; *Re Bluebrook Ltd* [2009] EWHC 2114 (Ch); *Re Equitable Life Assurance Society* [2002] EWHC 140.
[120] *Laier* GWR 2011, 252.

arrangement ohne massiven Widerstand auf zweieinhalb bis vier Monate.[121] Eine Beschleunigung des Verfahrens auf Seiten des Gerichts durch die Verkürzung von Verfahrens- und Rechtsmittelfristen sowie von Entscheidungszeiträumen kommt in Betracht, wenn die Gesellschaft zwingende Gründe für eine Beschleunigung, etwa dringend benötigte Liquidität, darlegt.[122] In jüngerer Zeit wird das scheme of arrangement in der Praxis und auch in Deutschland stärker als Restrukturierungsoption wahrgenommen. Fälle, in denen deutsche Gesellschaften das scheme of arrangement genutzt haben, sind Tele Columbus,[123] Rodenstock[124] und PrimaCom.[124a] Für die Sanierung deutscher Gesellschaften bietet das scheme of arrangement einige Vorteile, die im deutschen Recht die Eröffnung eines Insolvenzverfahrens voraussetzen.[125] Wie das CVA ermöglicht auch das scheme of arrangement die Sanierung bei fortbestehender Geschäftsleitung durch das bisherige bzw. erneuerte Management ohne Übernahme der Verwaltung durch einen externen Verwalter (debtor in possession). Ein scheme of arrangement bindet gem. s. 899(3) CA 2006 sämtliche Gläubiger bzw. die relevanten Gläubigergruppen, Gesellschafter bzw. die relevanten Gesellschaftergruppen und die Gesellschaft selbst. Das scheme kann nach der Definition in s. 895(1) CA 2006 jeglichen „compromise or arrangement" vorsehen. Das Tatbestandsmerkmal arrangement umfasst compromise, was dem Vergleich im Sinne der Legaldefinition in § 779 Abs. 1 BGB ähnelt,[126] und wird ebenso weit verstanden wie scheme of arrangement gem. s. 1(1) IA 1986 im Rahmen eines CVA.[127] Ein scheme of arrangement gem. s. 895(1) CA 2006 kann daher die ganze Vielfalt an Sanierungsmechanismen vorsehen, die ein CVA erlaubt, darunter: die Stundung von Krediten, einen Schuldenlass, die Freigabe von Sicherheiten, die Umwandlung von Fremd- in Eigenkapital, Rangrücktrittserklärungen, Eigenkapitalzufuhr, die Abstandnahme von Einzelvollstreckungen und den Verzicht auf die Stellung eines Antrags auf Abwicklung der Gesellschaft.

34 Die Einsatzmöglichkeiten und das Verfahren des scheme of arrangement weisen aber auch **erhebliche Unterschiede zu dem CVA** auf. Schemes gem. ss. 895 ff. CA 2006 werden nicht nur zur Sanierung angeschlagener Gesellschaften verwendet, sondern auch in Verschmelzungs- und Übernahmetransaktionen sowie zur Reorganisation verschiedener Gesellschafterklassen.[128] Auch die Übernahme einer insolventen Gesellschaft[129] und die Restrukturierung von Pensionsverpflichtungen[130] kann mit Hilfe eines scheme of arrangement bewältigt werden. Mit einem scheme of arrangement können sowohl sanierungsstörende Gläubiger- als auch Gesellschafterminderheiten zu Sanierungsbeiträgen gezwungen werden.[131] Anders als ein CVA kann ein scheme auch gesicherte und bevorzugte ungesicherte Gläubigerminderheiten gegen ihren Willen in die Sanierung einbinden.[132] Unter bestimmten Bedingungen können dabei auch die Rechte, die gesicherte Gläubiger gegen

---

[121] *Clowry* in *Larkin* Restructuring and Workouts S. 38 (Minimum von 70 Tagen für typisches scheme); *Westpfahl/Knapp* ZIP 2011, 2033, 2043 (drei bis vier Monate); *Laier* GWR 2011, 252 (zwei Monate ab Einberufung der Gläubigerversammlung); *Maier* NZI 2011, 305, 306 (ca. vier Monate).
[122] *Westpfahl/Knapp* ZIP 2011, 2033, 2043; vgl. *Re Rodenstock GmbH* [2011] Bus LR 1245, 1247.
[123] Vgl. *Trimast Holding Sarl v Tele Columbus GmbH* [2010] EWHC 1944 (Ch).
[124] *Re Rodenstock GmbH* [2011] Bus LR 1245.
[124a] *Re Primacom Holding GmbH* [2011] EWHC 3746 (Ch); *Re Primacom Holding GmbH* [2012] EWHC 164 (Ch).
[125] Näher *Westpfahl/Knapp* ZIP 2011, 2033 ff.
[126] Zur Auslegung von compromise siehe *Sneath v Valley Gold Ltd* [1893] 1 Ch 477; zum Verhältnis von arrangement und compromise *Mercantile Investment and General Trust Co v International Co of Mexico (1891)* [1893] 1 Ch 484, 491.
[127] Zur weiten Auslegung von arrangement in der Vorgängernorm s. 425 CA 1985 *Re T & N Ltd* [2006] EWHC 1447; *Lingard* Corporate Rescues and Insolvencies Rdnr. 5.24 ff., S. 55 f.
[128] *Finch* Corporate Insolvency Law S. 480; *Milman* CLN 2006/21 und 22, 1.
[129] Vgl. *Re Expro International Group Plc* [2008] EWHC 1543 (Ch).
[130] Vgl. *Re Uniq Plc* [2011] EWHC 749 (Ch).
[131] Vgl. *Clowry* in *Larkin* Restructuring and Workouts S. 38.
[132] *Goode* Corporate Insolvency Law Rdnr. 12–13, S. 484.

Dritte haben, namentlich Drittsicherheiten, von den Regelungen des scheme erfasst werden, etwa in der Form von Freigabe- oder Stillhaltevereinbarungen.[133] Weiterhin unterscheidet sich das scheme of arrangement von dem CVA insbesondere durch eine stärkere gerichtliche Beteiligung, einen weiteren Kreis von Auslösungsberechtigten und die Bildung verschiedener Gläubigerklassen.

Während die **Wirksamkeit** eines scheme of arrangement die **vorherige gerichtliche Bestätigung** erfordert, läuft der Rechtsschutz bei dem CVA nach. Aus Sicht der Sanierungsinteressierten macht die vorherige gerichtliche Prüfung das Verfahren einerseits etwas schwerfälliger. Andererseits sind bei einem scheme of arrangement nach der Wirksamkeit des Sanierungsplans weniger nachlaufende Klagen zu erwarten als bei einem CVA.

Das scheme of arrangement bietet nicht die Möglichkeit der Herbeiführung eines eigenständigen **moratorium.** Ein solches ist weder gesetzlich vorgesehen noch steht es im Ermessen des Gerichts.[134] Daher besteht die Gefahr, dass einzelne Gläubiger die Sanierungsbemühungen durch Einzelzwangsvollstreckungen oder gar die Auslösung eines Insolvenzverfahrens frustrieren. Ein gangbarer Weg ist der Abschluss von Stillhaltevereinbarungen mit den relevanten Gläubigern.[135] Eine andere Möglichkeit ist die Kombination des scheme of arrangement mit Verfahren, zu deren Wirkungen ein moratorium gehört. Dazu gehören insbesondere die administration und das creditors' winding up. Selbst die Verbindung eines scheme of arrangement mit einem pre-pack ist möglich.[136] Daher ist es nur folgerichtig, dass der administrator und der liquidator das Recht haben, ein scheme of arrangement zu beantragen. Vor diesem Hintergrund ist stets zu unterscheiden, ob ein scheme selbstständig (sog. **solvent scheme**) oder in Kombination mit einem Insolvenzverfahren (sog. **insolvent scheme**) durchgeführt wird.[137]

2. Internationale Aspekte

a) Internationale gerichtliche Zuständigkeit. Die Frage der internationalen gerichtlichen Zuständigkeit ist von der Frage der Anerkennung eines scheme of arrangement außerhalb des Vereinigten Königreichs zu trennen. Die Regeln der ss. 895 ff. CA 2006 über das scheme of arrangement finden gem. s. 895(2)(b) CA 2006 auf alle Gesellschaften Anwendung, die gemäß dem IA 1986 abgewickelt werden können.

Damit werden erstens sämtliche Gesellschaften mit **englischem Insolvenzstatut** erfasst, insbesondere also Gesellschaften deren Mittelpunkt der hauptsächlichen Interessen gem. Art. 3 Abs. 1 EuInsVO in England liegt. Zweitens erfüllen diejenigen Gesellschaften gemäß s. 117(1) IA 1986 die Anwendbarkeitsvoraussetzung, die **gemäß dem CA 2006 registriert** sind, auch wenn sie kein Vermögen und keine Niederlassung in England haben.[138] Drittens können auch Gesellschaften das scheme of arrangement nutzen, die weder ein englisches Insolvenzstatut haben noch nach englischem Recht registriert sind, dafür aber von dem **Anwendungsbereich der ss. 220 ff. IA 1986** betroffen werden. Die Tatbestände dieser Normen erfassen Gesellschaften, die zwar nicht nach englischem Recht registriert sind, aber als solche behandelt werden. Darunter können auch ausländische, namentlich deutsche Gesellschaften fallen. Die umfangreiche Regelung der ss. 220 ff. IA lässt sich grob dahingehend zusammenfassen, dass die Gesellschaft eine ausreichende Verbindung (sufficient connection) mit England haben muss.[139] Die englischen Gerichte nehmen

---

[133] Dazu *Westpfahl/Knapp* ZIP 2011, 2033, 2041; *Rutstein* CRI 2011, 125, 127; *Re Lehman Brothers International (Europe)* [2009] EWCA Civ 1161 Rdnr. 83; *La Seda De Barcelona SA* [2010] EWHC 1364 (Ch) Rdnr. 12 ff.
[134] *Bork* Sanierungsrecht in England und Deutschland Rdnr. 10.30, S. 149.
[135] *Laier* GWR 2011, 252, 253; beispielhaft *Re Primacom Holding GmbH* [2011] EWHC 3746 (Ch) Rdnr. 23.
[136] Vgl. *Re Bluebrook Ltd* [2009] EWHC 2114 (Ch).
[137] *Eidenmüller/Frobenius* WM 2011, 1210, 1211.
[138] *Goode* Corporate Insolvency Law Rdnr. 16–50, S. 819.
[139] Näher dazu *Goode* Corporate Insolvency Law Rdnr. 16–50 f., S. 819 ff.

ihre Zuständigkeit hinsichtlich der Normauslegung und Anwendung tendenziell großzügig an.[140] Sie verstehen das Tatbestandsmerkmal der ausreichenden Verbindung dabei nicht streng als originäres Element der internationalen Zuständigkeit, sondern als Aspekt, der bei der Ermessensausübung zu berücksichtigen ist.[141]

39   Der bekannte Fall **Re Rodenstock GmbH**[142] ist der dritten Kategorie, also der Anwendbarkeit des scheme of arrangement gem. s. 895(2)(b) CA 2006 i. V. m. ss. 220 ff. IA 1986 zuzurechnen. Die Rodenstock GmbH hatte ihren COMI in Deutschland. In England bestand weder eine Niederlassung noch waren dort Vermögensgegenstände belegen, die von dem scheme betroffen waren. Allerdings hatten ca. 56,5% der Gläubiger, gemessen nach dem der Abstimmung zugrunde gelegten Wert der Ansprüche, ihren Sitz in England. Der restrukturierte Darlehensvertrag war von den Parteien englischem Recht unterstellt worden und enthielt eine Klausel, wonach die ausschließliche Jurisdiktion englischen Gerichten zustehen sollte. Das englische Gericht, die Chancery Division in London, entschied, dass es international für die Bestätigung des scheme of arrangement zuständig sei. Der Zuständigkeit stünden weder die Bestimmungen der EuInsVO, die auf das scheme of arrangement keine Anwendung finde, entgegen noch die Vorschriften in Kapitel 2 der EuGVVO, namentlich nicht Art. 22 Abs. 2.[143] Die vertragliche Wahl englischen Rechts und des ausschließlichen englischen internationalen Gerichtsstands begründeten eine ausreichende Verbindung (sufficient connection) mit England. Das gelte jedenfalls dann, wenn mehr als 50% der Gläubiger ihren Sitz in England hätten.[144] Ein wichtiger Aspekt sei in diesem Zusammenhang aber auch der Umstand, dass die Gläubiger die Wahl des Rechts und Gerichtsstands nicht zufällig und getrennt getroffen hätten, sondern gemeinsam als Gruppe in den Kreditverträgen. In den zeitlich nachfolgenden Entscheidungen in der Sache **Re Primacom Holding GmbH** gab ein anderer Richter der Chancery Division das jedenfalls-Kriterium des Sitzes von mehr als 50% der Gläubiger in England oder Wales für diejenigen Fälle auf, in denen die Kreditverträge die Wahl englischen Rechts und des ausschließlichen englischen Gerichtsstands vorsehen.[144a] Das Gericht sah unter diesen Bedingungen seine internationale Zuständigkeit sowohl auf der Grundlage der EuGVVO als auch des englischen internationalen Privatrechts als gegeben an und verzichtete daher auf eine Festlegung.

40   Die deutsche Literatur,[145] aber auch einzelne Stimmen in England[146] weisen zu Recht darauf hin, dass die Anwendung englischen Rechts durch die englischen Gerichte zur Begründung der internationalen Zuständigkeit verwundert. Stattdessen hat bei der Bestimmung der internationalen gerichtlichen Zuständigkeit das autonome europäische Recht, nämlich die EuInsVO und die EuGVVO, Vorrang.

41   Konsens besteht darüber, dass ein sog. solvent scheme of arrangement, das nicht mit einem Insolvenzverfahren verbunden ist, **nicht in den Anwendungsbereich der EuInsVO** fällt.[147] Das scheme of arrangement ist anders als das company voluntary arrangement nicht in Anhang A der EuInsVO aufgeführt und somit kein Insolvenzverfahren gem.

---

[140] Vgl. *La Seda De Barcelona SA* [2010] EWHC 1364 (Ch) Rdnr. 8 (betreffend eine spanische Gesellschaft).

[141] *Re Rodenstock GmbH* [2011] Bus LR 1245, 1252 (m.w.N. zur Rechtsprechung); zustimmend *Ho* JIBLR 2011, 434 f., siehe aber auch die Kritik auf S. 441 f.

[142] [2011] Bus LR 1245 = [2011] EWHC 1104 (Ch); ebenso *La Seda De Barcelona SA* [2010] EWHC 1364 (Ch); *Re Primacom Holding GmbH* [2011] EWHC 3746 (Ch) Rdnr. 61 ff.; dazu *Rutstein* CRI 2011, 125, 126 f.

[143] Kritisch *Ho* JIBLR 2011, 434, 435 ff.

[144] Dazu auch *Isaacs* ICR 2011, 304, 307.

[144a] *Re Primacom Holding GmbH* [2011] EWHC 3746 (Ch) Rdnr. 63; *Re Primacom Holding GmbH* [2012] EWHC 164 (Ch) Rdnr. 8 ff. (dort auch zum Folgenden).

[145] *Westpfahl/Knapp* ZIP 2011, 2033, 2044.

[146] *Ho* JIBLR 2011, 434, 435 ff.

[147] *Eidenmüller/Frobenius* WM 2011, 1210, 1213 f.; *Westpfahl/Knapp* ZIP 2011, 2033, 2044; *Laier* GWR 2011, 252, 254.

Art. 2a) EuInsVO. Zudem fehlen dem scheme of arrangement die Eigenschaften des in Art. 1 Abs. 1 EuInsVO genannten Gesamtverfahrens wie die zwingende Voraussetzung der Insolvenz des Schuldners, der Vermögensbeschlag oder die Bestellung eines Verwalters.

Maßgeblich ist vielmehr die **EuGVVO**. Eine ausschließliche Zuständigkeit gem. Art. 22 Nr. 2 EuGVVO ist für das scheme of arrangement nicht gegeben, da keine Klage betreffend die dort genannten gesellschaftsrechtlichen Gegenstände vorliegt.[148] Die Sanierungsregelungen des scheme of arrangement betreffen nicht unmittelbar die Gültigkeit, die Nichtigkeit oder die Auflösung der Gesellschaft. Außerdem handelt es sich bei den Beschlüssen der Gläubigerversammlungen des scheme of arrangement nicht um Beschlüsse der Gesellschaftsorgane. Daher kann die Vereinbarung des englischen Gerichtsstands in den Kreditverträgen gem. Art. 23 EuGVVO ihre Wirkung entfalten.[149] Liegt keine wirksame Gerichtsstandsvereinbarung vor, ergibt sich die Schwierigkeit, dass die EuGVVO die internationale Zuständigkeit grundsätzlich am Sitz des Beklagten anknüpft.[150] Das scheme of arrangement kennt zwar kontradiktorische Elemente. Ein Beklagter ist hingegen nicht ohne weiteres auszumachen. *Eidenmüller/Frobenius* sprechen sich auf Grundlage einer autonomen, zweckorientierten Auslegung der EuGVVO dafür aus, die internationale Zuständigkeit an den Sitz der Gesellschaft anzuknüpfen und zwar als nicht ausschließliche Zuständigkeit.[151] Bei der Klärung dieser Frage ist mitzubedenken, dass die internationale gerichtliche Zuständigkeit gem. Art. 35 Abs. 3 S. 1 EuGVVO von Gerichten in anderen Mitgliedstaaten grundsätzlich nicht nachgeprüft werden darf.

b) Anerkennung. aa) Unterscheidung. Eine von der internationalen Zuständigkeit zu unterscheidende Frage ist, ob das von einem englischen Gericht bestätigte **scheme of arrangement in Deutschland anzuerkennen** ist. Hier ist zu **unterscheiden**, ob es sich um ein **solvent scheme** ohne gleichzeitiges Insolvenzverfahren handelt oder ob es um ein **insolvent scheme** geht, das zugleich mit einem englischen Insolvenzverfahren, insbesondere mit einer administration, durchgeführt wird.

bb) Insolvent scheme. Die Anerkennung eines insolvent scheme, also eines scheme of arrangement, das in Verbindung mit einem englischen Insolvenzverfahren durchgeführt wird, ergibt sich aus Art. 25 Abs. 1 EuInsVO.[152] Danach werden die zur Durchführung und Beendigung eines Insolvenzverfahrens ergangenen Entscheidungen eines Gerichts, dessen Eröffnungsentscheidung nach Art. 16 anerkannt wird, ebenfalls ohne weitere Förmlichkeiten anerkannt. Zweck der Norm ist die automatische Anerkennung und Wirkungserstreckung gerichtlicher Entscheidungen, die in einem inneren Zusammenhang mit dem von der EuInsVO erfassten Insolvenzverfahren stehen (vis attractiva concursus).[153] Ebenfalls aus Art. 25 Abs. 1 EuInsVO ergibt sich, dass das scheme of arrangement nach den Art. 31 bis 51 (mit Ausnahme von Art. 34 Abs. 2) der EuGVVO vollstreckt wird.

cc) Solvent scheme. Ob ein solvent scheme of arrangement in Deutschland anzuerkennen ist, darüber geht die Auffassung in der **deutschen Rechtsprechung** bislang auseinander. Die bisher entschiedenen Fälle weisen die Besonderheit auf, dass sie Versicherungsunternehmen betrafen, auf welche die EuInsVO gem. Art. 1 Abs. 2 keine Anwendung findet. Nach Auffassung des OLG Celle ist ein scheme of arrangement betreffend ein Versicherungsunternehmen in Deutschland weder als Insolvenzverfahren nach § 343 InsO noch als Entscheidung nach Art. 32 ff. EuGVVO oder § 328 ZPO anzuerkennen.[154] Der BGH ist dieser Entscheidung insoweit im Revisionsverfahren gefolgt und hat insbesondere darauf hingewiesen, dass einer Anerkennung als Entscheidung gem. Art. 32 EuGVVO bei

---

[148] Im Ergebnis ebenso *Mankowski* WM 2011, 1201, 1206; *Laier* GWR 2011, 252, 253 f.
[149] *Westpfahl/Knapp* ZIP 2011, 2033, 2044.
[150] *Eidenmüller/Frobenius* WM 2011, 1210, 1214; *Westpfahl/Knapp* ZIP 2011, 2033, 2044.
[151] *Eidenmüller/Frobenius* WM 2011, 1210, 1214 f.
[152] *Laier* GWR 2011, 252, 254; *Gebler* NZI 2010, 665, 668.
[153] *Paulus* EuInsVO Art. 25 Rdnr. 1.
[154] OLG Celle ZIP 2009, 1968.

Versicherungsunternehmen jedenfalls Art. 8, 12 Abs. 1, 35 EuGVVO entgegenstehen. Jenseits dieser Normen spricht nach Ansicht des BGH jedoch viel für die Anerkennung gem. Art. 32 f. EuGVVO.[155] Demgegenüber hat das LG Rottweil ein scheme of arrangement betreffend ein Versicherungsunternehmen als Insolvenzverfahren gem. § 343 InsO in Deutschland anerkannt.[156] Das LG Potsdam hält schemes of arrangement zwar grundsätzlich für anerkennungsfähig gem. Art. 32 f. EuGVVO.[157] Da es im zu entscheidenden Fall jedoch ebenfalls um ein Versicherungsunternehmen ging, hielt das LG Potsdam wie der BGH die der Anerkennung entgegenstehenden Regelungen in Art. 35, 12 Abs. 1 EuGVVO für einschlägig. Mit Blick auf die Entscheidungen des BGH und des LG Potsdam ist für solvent schemes of arrangement, die nicht Versicherungsunternehmen betreffen, also eine Tendenz zur Anerkennung in Deutschland gem. Art. 32 f. EuGVVO festzustellen. Die jüngere englische Rechtsprechung geht von der Anerkennung eines solvent scheme, das kein Versicherungsunternehmen betrifft, in Deutschland auf Grundlage der EuGVVO aus.[158] Aus Sicht der englischen Gerichte ist die Anerkennung des scheme in Deutschland vor allem für die Annahme ihrer internationalen Zuständigkeit relevant.[159]

46 Die **Literatur** hält ein englisches scheme of arrangement in Deutschland ganz überwiegend für anerkennungsfähig. Auch hier ist Konsens, dass sich die Anerkennung nicht aus der EuInsVO ergibt.[160] Auch die Anerkennung gem. § 343 InsO wird mit Verweis darauf, dass ein solvent scheme of arrangement nicht den Tatbestand des Insolvenzverfahrens erfülle, abgelehnt.[161] Die Anerkennung des gerichtlich bestätigten scheme of arrangement, jedenfalls soweit es sich um ein solvent scheme handelt, das nicht mit einem Insolvenzverfahren (administration, winding up) verbunden ist, wird überwiegend auf Art. 32 f. EuGVVO gestützt.[162] Aus Art. 33 ergibt sich die Wirkungserstreckung der Bestätigungsentscheidung des englischen Rechts in den anderen Mitgliedstaaten. Dort wird weder die gerichtliche Zuständigkeit noch die inhaltliche Richtigkeit nachgeprüft.[163] Die Art. 32 f. EuGVVO verdrängen in ihrem Anwendungsbereich die nationalen Vorschriften in § 328 ZPO.[164] Dabei wird argumentiert, eine Entscheidung gem. Art. 32 EuGVVO liege deshalb vor, weil die Vorschrift schon ein potenziell kontradiktorisches Verfahren erfasse[165] und das scheme of arrangement in verschiedenen Verfahrensphasen (Einladung, Abstimmung, Anhörung im Bestätigungsverfahren, Berufung) Einwendungen der Gläubiger berücksichtige.[166] Zudem treffe das Gericht bei der Bestätigung des scheme eine eigene Ermessensentscheidung, die

---

[155] BGH ZIP 2012, 740, 742 f.
[156] LG Rottweil ZInsO 2010, 1854.
[157] Urt. vom 22. 10. 2008, Az. 2 O 501/07.
[158] *Re Rodenstock GmbH* [2011] Bus LR 1245, 1259; anders noch *Re DAP Holding NV* [2006] BCC 48, 51; *Re La Mutuelles du Mans Assurances IARD* [2006] BCC 11, 13.
[159] *Re Rodenstock GmbH* [2011] Bus LR 1245, 1263 f.
[160] *Milman* CLN 2011/301, 2; *Westpfahl/Knapp* ZIP 2011, 2033, 2044; *Eidenmüller/Frobenius* WM 2011, 1210, 1213 f.; *Mankowski* WM 2011, 1201, 1202; *Gebler* NZI 2010, 665, 668.
[161] *Bork* Sanierungsrecht in England und Deutschland Rdnr. 6.2, S. 52; *Mankowski* WM 2011, 1201, 1202 f.; *Westpfahl/Knapp* ZIP 2011, 2033, 2044 f.; *Paulus* ZIP 2011, 1077, 1079; *Schümann-Kleber* IILR 2011, 447, 452 ff.
[162] *Bork* Sanierungsrecht in England und Deutschland Rdnr. 6.2, S. 52; *Westpfahl/Knapp* ZIP 2011, 2033, 2045; *Eidenmüller/Frobenius* WM 2011, 1210, 1217; *Laier* GWR 2011, 252, 254 f.; *Mankowski* WM 2011, 1201, 1203 ff.; *Paulus* ZIP 2011, 1077, 1080; *Petrovic* ZInsO 2010, 265, 267 ff.; a. A. *Bormann* NZI 2011, 892, 896; *Schümann-Kleber* IILR 2011, 447, 450 f.; *Gebler* NZI 2010, 665, 668; *Schnepp/Janzen* VW 2007, 1057, 1059.
[163] *Eidenmüller/Frobenius* WM 2011, 1210, 1217.
[164] *Saenger/Dörner* ZPO § 328 Rdnr. 2. Ob ein scheme of arrangement gem. § 328 ZPO anzuerkennen wäre, ist umstritten; dazu etwa *Musielak/Stadler*, ZPO § 328 Rdnr. 5.
[165] Vgl. EuGH Urt. v. 21. 5. 1980 – C-J012/79 Rdnr. 13 *(Bernard Denilauler/SNC Couchet Frères)*; BGH NJW-RR 2007, 1573 f.
[166] *Mankowski* WM 2011, 1201, 1204; *Westpfahl/Knapp* ZIP 2011, 2033, 2045; *Laier* GWR 2011, 252, 255.

Fairness und Angemessenheit des scheme bewerte.[167] In Abgrenzung dazu finde die Vergleiche betreffende Regelung des Art. 58 EuGVVO keine Anwendung, da das Gericht keine bloß beurkundende Funktion wie bei einem Vergleich habe und das scheme of arrangement anders als der Vergleich eine Bindung der nicht zustimmenden Minderheit vorsehe.[168]

Das **Entgegenstehen des deutschen ordre public** gem. Art. 34 Nr. 1 EuGVVO scheidet regelmäßig aus.[169] Ein Verstoß würde voraussetzen, dass das Ergebnis der Anwendung ausländischen Rechts in so starkem Widerspruch zu den Grundgedanken des deutschen Rechts und den darin enthaltenen Gerechtigkeitsvorstellungen steht, dass dies aus inländischer Perspektive unerträglich erscheint.[170] Auch das deutsche Recht erkennt jedoch die Notwendigkeit, in gewissen Krisensituationen Minderheitsgläubiger entgegen ihrem Abstimmungsverhalten zu binden, an. Ein solches Verfahren sieht das Schuldverschreibungsgesetz in §§ 5 ff., § 24 Abs. 2 SchVG[171] vor.[172] § 24 Abs. 2 SchVG erlaubt sogar, dass die Mehrheit der Minderheit eine Verringerung der Hauptforderung aufzwingt, ohne dass dies bei der Ausgabe der Schuldverschreibung absehbar war, weil noch das alte Schuldverschreibungsgesetz von 1899 Anwendung fand, das einen Verzicht auf Kapitalansprüche ausschloss. Das Gesetz zur weiteren Erleichterung der Sanierung von Unternehmen (ESUG)[173] vom 7. 12. 2011 hat die Bindung von Gläubigerminderheiten durch den Insolvenzplan durch eine Erleichterung des Insolvenzplanverfahrens weiter gestärkt. Auch § 19 KredReorgG sieht die Annahme des Reorganisationsplans vor und zwar mit einfacher Kopf- und Summenmehrheit. Zudem stellt das scheme of arrangement in der Gesamtschau einen zumindest ausreichenden Gläubigerschutz sicher.[174] Eine für den ordre public relevante Verletzung von Eigentumsrechten entgegen Art. 14 GG mit Blick auf die Rechtsverluste der Minderheitsgläubiger ist jedenfalls im Ergebnis nicht ersichtlich.[175] Allerdings kommt ein Verstoß gegen den deutschen ordre public wegen Entziehung des gesetzlichen Richters (Art. 101 Abs. 1 S. 2 GG) dann in Betracht, wenn ein englisches Gericht seine Vorlagepflicht betreffend die internationale Reichweite des scheme of arrangement grundsätzlich verkennt, unter bewusster Abweichung von der EuGH-Rechtsprechung nicht vorlegt oder seinen Beurteilungsspielraum bei unvollständiger EuGH-Rechtsprechung unvertretbar überschreitet.[176]

Die Diskussion um die Anerkennung des scheme of arrangement erfährt dadurch eine gewisse Entlastung, dass diejenigen, die die verfahrensrechtliche Anerkennung eines scheme of arrangement in Europa ablehnen, eine **Anerkennung der materiellrechtlichen Wirkungen** nach der Rom I-VO annehmen können.[177] Findet auf die restrukturierten

---

[167] *Westpfahl/Knapp* ZIP 2011, 2033, 2045; *Laier* GWR 2011, 252, 254 f.; *Mankowski* WM 2011, 1201, 1204 f.

[168] *Mankowski* WM 2011, 1201, 1206 f.; *Eidenmüller/Frobenius* WM 2011, 1210, 1217; *Westpfahl/Knapp* ZIP 2011, 2033, 2045; *Bormann* NZI 2011, 892, 896 f.; a.A. *Petrovic* ZInsO 2010, 265, 270.

[169] Ausführlicher *Eidenmüller/Frobenius* WM 2011, 1210, 1217 f.; ähnlich *Laier* GWR 2011, 252, 255; *Mankowski* WM 2011, 1201, 1208 f.; *Petrovic* ZInsO 2010, 265, 269; *Paulus* ZIP 2011, 1077, 1082 (zu Art. 21 Rom I-VO); zweifelnd hinsichtlich eines Verstoßes gegen den ordre public aber letztlich offenlassend OLG Celle ZIP 2009, 1968, 1972 f.; für Art. 21 Rom I-VO einen ordre public-Verstoß annehmend *Bormann* NZI 2011, 892, 897.

[170] BGH NJW 1993, 3269, 3270; OLG Celle ZIP 2009, 1968, 1972.

[171] Gesetz über Schuldverschreibungen aus Gesamtemissionen (Schuldverschreibungsgesetz – SchVG), BGBl. 2009, Teil I, Nr. 50 v. 4. 8. 2009, S. 2512.

[172] Zur Änderung von Anleihebedingungen nach dem Schuldverschreibungsgesetz *Steffek* in FS Hopt, S. 2597 ff.

[173] BGBl. 2011, Teil I, Nr. 64 v. 13. 12. 2011, S. 2582.

[174] Dazu eingehend *Steffek* Gläubigerschutz in der Kapitalgesellschaft S. 133 ff.

[175] Dazu näher *Mankowski* WM 2011, 1201, 1208 f.; *Laier* GWR 2011, 252, 255.

[176] *Eidenmüller/Frobenius* WM 2011, 1210, 1217.

[177] *Mankowski* WM 2011, 1201, 1207; *Laier* GWR 2011, 252, 255; *Westpfahl/Knapp* ZIP 2011, 2033, 2045 f.; *Paulus* ZIP 2011, 1077, 1081 ff. (unter Darstellung auch der Rechtslage vor Inkrafttreten der Rom I-VO); *Maier* NZI 2011, 305, 306 f.; *Bormann* NZI 2011, 892, 897; *Schümann-Kleber*

Kreditverträge englisches Recht Anwendung, insbesondere auf Grundlage einer Rechtswahlklausel, bemisst sich der Geltungsbereich des anzuwendenden Rechts nach Art. 12 Rom I-VO. Das anwendbare Recht ist nach der nicht abschließenden Aufzählung in Art. 12 Abs. 1 Rom I-VO insbesondere maßgebend für die Erfüllung (Buchstabe b), die Folgen der Nichterfüllung (Buchstabe c) und das Erlöschen von Verpflichtungen (Buchstabe d). Findet englisches Recht Anwendung, hat das Gericht die Auswirkungen eines scheme of arrangement insofern nach englischem Recht zu beurteilen.[178] Der deutsche ordre public steht der materiellrechtlichen Anerkennung des scheme of arrangement aus den oben genannten Gründen nicht gem. Art. 21 Rom I-VO entgegen.[179]

49   Die Anerkennung eines scheme of arrangement in den USA ist allgemeiner Konsens.[180] Sie wird im Rahmen des Chapter 15-Verfahrens bewirkt.

50   **c) Internationale materiellrechtliche Gestaltungsgrenzen.** Das internationale Recht gibt dem scheme of arrangement Grenzen privatautonomer Rechtsgestaltung vor. Sinn und Zweck dieser Grenzen ist die **Rechtssicherheit** der Rechtssubjekte dahingehend, nicht überraschend und entgegen der vorherigen privatautonomen Entscheidung durch ein scheme of arrangement zu Sanierungsbeiträgen gezwungen zu werden. Dabei sind unterschiedliche Konstellationen zu bedenken.

51   Für schemes ohne und mit Einbeziehung der Gesellschafter in die Gruppenbildung gelten verschiedene Grundsätze. Werden die **Gesellschafter nicht beteiligt** und wie im Fall Rodenstock nur Kreditforderungen Änderungen unterworfen, ergeben sich die materiellrechtlichen Gestaltungsgrenzen aus dem Vertragsstatut der durch das scheme betroffenen Forderungen.[181] Wie bereits oben erwähnt können die Beteiligten gem. Art. 3 Abs. 1 und 2 Rom I-VO ein englisches Vertragsstatut wählen. Dann richten sich die materiellrechtlichen Auswirkungen eines scheme of arrangement nach englischem Recht.[182] Dem steht nicht entgegen, dass die Wirksamkeit des scheme die gerichtliche Bestätigung voraussetzt. Das verfahrensrechtliche Element führt nicht zu einer anderen Qualifizierung.[183] Aus der Relevanz des Vertragsstatuts folgt aber auch, dass die Gläubiger von Kreditforderungen, die kein englisches Vertragsstatut haben, grundsätzlich nicht gegen ihren Willen durch ein scheme of arrangement zu Sanierungseinbußen gezwungen werden können.[184] Durch ein scheme of arrangement kann die Mehrheit der Minderheit grundsätzlich kein englisches Vertragsstatut aufdrängen. Anderes gilt nur dann, wenn die Rechtsordnung des Vertragsstatuts ein außerinsolvenzrechtliches Sanierungsverfahren kennt, dass dem scheme of arrangement funktional ähnlich ist und insbesondere vergleichbare Eingriffe in Gläubigerrechte ermöglicht.[185] Der deutschen Rechtsordnung ist solch ein Verfahren aber auch nach dem ESUG fremd. Kurz: Wer einer Gesellschaft nach englischem Recht Kredit gibt, muss damit rechnen, als Minderheitsgläubiger in ein scheme of arrangement eingebunden zu werden. Wer einer Gesellschaft nach deutschem Recht Kredit gibt, kann nicht von einem scheme gegen seinen Willen zu Sanierungseinbußen gezwungen werden.

52   Werden die **Gesellschafter als solche in ein scheme of arrangement eingebunden**, ist das scheme (nur) insoweit gesellschaftsrechtlich zu qualifizieren. Das Gesellschafts-

---

IILR 2011, 447, 455; *Petrovic* ZInsO 2010, 265, 271 f.; vgl. *Re Rodenstock GmbH* [2011] Bus LR 1245, 1264; *Re Primacom Holding GmbH* [2011] EWHC 3746 (Ch) Rdnr. 67.

[178] *Mankowski* WM 2011, 1201, 1207 f.

[179] Anders aber *Bormann* NZI 2011, 892, 897; *Schümann-Kleber* IILR 2011, 447, 457 ff.

[180] *Gebler* NZI 2010, 665, 668; *Wood* Principles of International Insolvency Rdnr. 23–063, S. 700; *Elms* CRI 2011, 114, 116.

[181] *Eidenmüller/Frobenius* WM 2011, 1210, 1216.

[182] Für eine ausführlichere Begründung siehe *Eidenmüller/Frobenius* WM 2011, 1210, 1216; *Schümann-Kleber* IILR 2011, 447, 455 f.

[183] *Eidenmüller/Frobenius* WM 2011, 1210, 1216.

[184] Siehe aber *Sea Assets Ltd v PT Garuda Indonesia* [2001] EWCA Civ 1696.

[185] *Eidenmüller/Frobenius* WM 2011, 1210, 1217. Etwas anderes könnte auch gelten, wenn entsprechende vertragliche Sanierungsverfahren vereinbart wurden.

statut umfasst insbesondere die Organisations- und Finanzverfassung, die Mitgliedschaft und die Haftungsstruktur und zwar insbesondere die inneren Angelegenheiten.[186] Das Gesellschaftsstatut richtet sich nach dem Gründungsrecht.[187] Die Einbeziehung der Gesellschafter als solche in ein scheme of arrangement setzt somit ein englisches Gesellschaftsstatut voraus. Eine Gesellschaft mit deutschem Gesellschaftsstatut kann daher die Gesellschafter grundsätzlich nicht als Gruppe in ein scheme mit einbeziehen. Sie kann aber Kreditforderungen mit englischem Vertragsstatut mit Hilfe eines scheme restrukturieren. Ist eine Restrukturierung der Gesellschafterrechte unabdinglich, kommt eine Sanierungsmigration mit der Folge der Anwendung englischen Insolvenz- und/oder Gesellschaftsrechts in Frage.[188]

d) Scheme of arrangement und deutsche Insolvenzgründe. Das Verhältnis des scheme of arrangement zu den deutschen Insolvenzgründen[189] hat als Ausgangspunkt den Umstand anzuerkennen, dass das scheme **keinen materiellen Eröffnungsgrund** wie die Überschuldung oder Zahlungsunfähigkeit voraussetzt. Die Einleitung oder Bestätigung eines scheme genügt daher nicht ohne weiteres zur Glaubhaftmachung (§ 14 Abs. 1 S. 1 InsO) der Überschuldung (§ 19 InsO) oder Zahlungsunfähigkeit (§ 17 InsO). Zwar hat ein scheme unter Einbeziehung der Gläubiger wenig Chancen auf eine Umsetzung, solange die Summe der Aktiva der Gesellschaft höher ist als die Summe ihrer Gläubigerforderungen und die Liquiditätsbeschaffung nicht wesentlich gestört ist. Die Kontrollüberlegung, dass der aktuell geltende deutsche Überschuldungstatbestand wegen des Vorrangs der Fortführungsprognose nicht allein deshalb erfüllt ist, weil die Gesellschaft rechnerisch überschuldet ist, zeigt jedoch, dass es einen sinnvollen Anwendungsbereich für ein scheme gibt, bei dem noch keine Überschuldung gem. § 19 InsO vorliegt. Das gilt insbesondere, weil Sanierungen mit Hilfe eines scheme of arrangement regelmäßig von einer positiven Fortführungsprognose ausgehen.[190] Bei der Fortführungsprognose sind auch die im Vorfeld der Abstimmung über das scheme bereits zugesagten Unterstützungen durch verschiedene Gläubiger(gruppen) zu berücksichtigen. Zudem kann von den in der Dokumentation eines scheme angegebenen Befriedigungsquoten der Gläubiger nicht ohne weiteres auf eine Zahlungsunfähigkeit gem. § 17 InsO geschlossen werden.[191] Denn diese Quoten enthalten keine Aussage über die Fälligkeit der Forderungen, die zur Feststellung der Zahlungsunfähigkeit als Tatbestand der Zeitpunktilliquidität jedoch unabdingbar ist. Hinzu kommen die Stillhaltevereinbarungen, die zur Vorbereitung des scheme häufig abgeschlossen werden.[192] Allerdings steht es den Gläubigern frei, die ihnen im Rahmen des Verfahrens zugänglich gemachten Informationen zur Glaubhaftmachung eines ihnen zur Verfügung stehenden Insolvenzgrundes zu nutzen. Eine insofern ergiebige Informationsquelle ist das explanatory statement, das den Gläubigern zur Verfügung gestellt wird.[193] Für die Gesellschaft kommt präventiv eine bei dem Insolvenzgericht niederzulegende Schutzschrift mit Nachweisen zum Nichtvorliegen der Insolvenzgründe in Betracht.[194]

3. Einleitung des Verfahrens

Vor der formellen Einleitung eines scheme of arrangement können die Beteiligten das Verfahren durch privatautonomes Handeln strukturieren. Typischerweise wird das scheme of arrangement von der Gesellschaft in Abstimmung mit den wesentlichen Gläubigern (ggf. vertreten durch ein Steering Committee) und den Gesellschaftern vorbereitet. In der Praxis

---

[186] *Eidenmüller/Frobenius* WM 2011, 1210, 1216.
[187] Vgl. nur EuGH NJW 1999, 2027 *(Centros)*; EuGH NJW 2002, 3614 *(Überseering)*.
[188] Dazu § 37.
[189] Zur Diskussion siehe *Meyer-Löwy/Fritz* NZI 2011, 662 ff.; *Lambrecht* ZInsO 2011, 124 ff.; *Laier* GWR 2011, 252, 253; *Paulus* ZIP 2011, 1077, 1082 f.; *Maier* NZI 2011, 305, 307 f.
[190] Vgl. OLG Celle ZIP 2009, 1968, 1971.
[191] *Meyer-Löwy/Fritz* NZI 2011, 662 f.
[192] *Maier* NZI 2011, 305, 307.
[193] Zum explanatory statement siehe Rdnr. 64.
[194] Empfohlen von *Maier* NZI 2011, 305, 308.

finden namentlich **Sanierungsgutachten, Term Sheets**, welche die Eckpunkte der Sanierung enthalten, und **Sanierungsverträge** Verwendung. In dem Sanierungsvertrag verpflichten sich die Beteiligten zur Umsetzung von Sanierungsmaßnahmen und insbesondere dazu, für das scheme of arrangement abzustimmen.[195] Der Sanierungsvertrag kann derart beitrittsfähig ausgestaltet werden, dass dadurch bereits diejenigen Mehrheiten beteiligt und gebunden sind, die später bei der Abstimmung über das scheme of arrangement benötigt werden. Die Gestaltung zielt darauf sicherzustellen, dass das scheme im Abstimmungstermin nicht scheitert. Treten wider Erwarten alle Beteiligten, deren Zustimmung für die Sanierung erforderlich ist, dem Sanierungsvertrag bei, kann die Sanierung konsensual durchgeführt und auf das scheme of arrangement verzichtet werden.[196]

55 Der Anstoß zu einem scheme of arrangement kann gem. s. 896(2)(a) und (b) CA 2006 von der **Gesellschaft** selbst, vertreten durch die Direktoren, einem **Gläubiger** oder einem **Gesellschafter** ausgehen. Zudem kann ein scheme of arrangement gem. s. 896(2)(c) CA 2006 auch innerhalb einer administration durch den **administrator** oder innerhalb einer liquidation (winding up) durch den **liquidator** betrieben werden. Der erste Schritt ist die Stellung eines Antrags an das Gericht[197] auf Einberufung der Versammlungen von Gläubigern und Gesellschaftern. Auf die Einberufung der Gesellschafter kann verzichtet werden, wenn ihre Rechte nicht nachteilig durch das scheme betroffen werden.[198] Das kann insbes. der Fall sein, wenn das Nettovermögen der Gesellschaft null (oder negativ) ist und die Gesellschaftsanteile wertlos sind.[199]

56 Für den Antrag zu Gericht auf Einberufung der Versammlung(en) machen die Civil Procedure Rules Part 49 und p. 15 Practice Direction 49A nähere **Vorgaben**. Danach muss der Antrag schriftliche Nachweise enthalten insbesondere betreffend die gesetzlichen Angaben über die Gesellschaft und die Regelungen des vorgeschlagenen scheme of arrangement. Der Antrag ist danach auf folgende drei Verfügungen des Gerichts zu richten: (a) Vorschriften zur Einberufung der Versammlungen der Gläubiger und/oder Gesellschafter, (b) für den Fall, dass das scheme in den Versammlungen beschlossen wird, die Bestätigung durch das Gericht und die Anordnung eines Gerichtstermins zu diesem Zweck und (c) die Anordnung, dass der Antragsteller ein Protokoll des/der Vorsitzenden der Versammlung(en) zu Gericht einreicht. Der Antragsteller ist verantwortlich dafür, dem Gericht mit dem Antrag oder sonst möglichst frühzeitig Umstände, die die Zusammensetzung der Gläubigerversammlung(en) und deren Durchführung betreffen, mitzuteilen.[200] Zu diesem Zweck soll der Antragsteller, sofern nicht gute Gründe dagegensprechen, Beteiligte, die von dem scheme betroffen werden, informieren, dass das scheme betrieben wird, welchen Zweck es verfolgt, welche Gläubigerversammlungen voraussichtlich einberufen und wie diese zusammengesetzt werden sollen.[201]

57 Das scheme of arrangement kennt **keinen materiellen Eröffnungsgrund**. Beurteilt allein anhand der normativen Voraussetzungen kann ein scheme also auch dann beschlossen werden, wenn die Gesellschaft noch nicht in die Krise oder materielle Insolvenz geraten ist. Dennoch kommt dies zu Sanierungszwecken selten vor. Das ergibt sich schon daraus, dass die Gläubiger einem arrangement kaum zustimmen würden, solange die Gesellschaft in der Lage ist, sämtliche Gläubigeransprüche zu befriedigen. Außerdem würde das Gericht die Beschränkung von Gläubigerrechten nur in Sondersituationen bestätigen,

---

[195] Näher *Westpfahl/Knapp* ZIP 2011, 2033, 2038 f.
[196] *Westpfahl/Knapp* ZIP 2011, 2033, 2039.
[197] Zuständig ist in England üblicherweise der Registrar of the Companies Court, bei größeren Gesellschaften ein Richter, vgl. Practice Statement [2002] 3 All ER 96; zur Definition von „court" im Companies Act 2006 siehe dort s. 1156.
[198] Siehe aber auch unten Rdnr. 63.
[199] Palmer's Company Law Rdnr. 12.052 unter Verweis auf *Re Oceanic Steam Navigation Co Ltd* [1939] Ch 41.
[200] Practice Statement [2002] 3 All ER 96.
[201] Practice Statement [2002] 3 All ER 96.

solange das Aktivvermögen die Verbindlichkeiten noch deckt. Die veröffentlichte Rechtsprechung bestätigt, dass das scheme of arrangement regelmäßig erst nach Eintritt der materiellen Insolvenz in Form von balance sheet oder cash flow insolvency zum Einsatz kommt.[202]

Bestehen **mehrere Gläubigergruppen**, kann auch auf die Beteiligung einzelner dieser Gruppen am scheme of arrangement verzichtet werden, wenn diese nicht nachteilig betroffen werden.[203] Die Nichtbetroffenheit kann entweder darauf beruhen, dass die relevanten Gläubigerrechte durch das scheme nicht verändert werden, oder dass die betroffene Gläubigergruppe nicht mehr wirtschaftlich an der Gesellschaft beteiligt ist, so dass die Veränderung ihrer Rechte keinen wirtschaftlichen Nachteil bedeutet.[204] Solange die Entscheidung, bestimmte Gruppen nicht an dem scheme zu beteiligen, wirtschaftlich nachvollziehbar ist, wird dies von den Gerichten akzeptiert.[205] Grundsätzlich zulässig ist es auch, nur ausgewählte Gläubiger einer Gruppe an dem scheme of arrangement zu beteiligen, etwa nur ausgewählte ungesicherte Gläubiger.[206]

In der *Bluebrook*-Entscheidung[207] wehrten sich beispielsweise die Mezzanine-Gläubiger vergeblich dagegen, dass sie nicht am scheme of arrangement zwischen der Gesellschaft und den Senior-Gläubigern beteiligt wurden. Das Gericht stützte seine Entscheidung im Wesentlichen auf den Umstand, dass die Mezzanine-Gläubiger bei einer going concern Bewertung keine Ausschüttungen zu erwarten hätten. Nachrangige Gläubiger, die nicht glaubhaft darlegen können, dass ihre nachrangigen Forderungen noch werthaltig sind, haben daher einen schweren Stand. Ein Ansatz für die nachrangigen Gläubiger, wieder Einfluss auf die Restrukturierung zu gewinnen, kann der Ankauf von vorrangigen Forderungen (senior debt) sein.

4. Klassenbildung

Ein Unterschied des scheme of arrangement im Vergleich zu dem CVA ist das Erfordernis, **verschiedene Gläubigerversammlungen für verschiedene Gläubigerklassen** einzuberufen (s. 896(1) CA 2006). Das Verfahren eröffnet jedoch auch die Einbindung **gesicherter Gläubiger**, wenn für diese eine bzw. mehrere Klassen gebildet werden.[208] Der Zweck der Klassenbildung ist, den Betroffenen angemessene Mitsprache- und Mitentscheidungsrechte zu gewähren.[209] Der Begriff des Gläubigers wird weit verstanden und umfasst auch noch nicht fällige Forderungen, bedingte Forderungen, höhenmäßig unbestimmte Forderungen, gesicherte Forderungen und zukünftige Forderungen, sofern die Umstände, aus denen heraus sich die Forderungen ergeben können, bereits eingetreten sind.[210] Sicherungsgeber für Gesellschaftsschulden sind Gläubiger nur dann und insoweit, als sie die Gesellschafts-

---

[202] *Re Lehman Brothers International (Europe)* [2009] EWCA Civ 1161 (Insolvenz festgestellt in *Re Lehman Brothers International (Europe)* [2009] EWHC 2545 Rdnr. 15); *Re Bluebrook Ltd* [2009] EWHC 2114 Rdnr. 6, 34 (balance sheet und cash flow insolvent); *Re Telewest Communications Plc* [2004] BCC 342, 346 („heavily insolvent"); *Re Hawk Insurance Co Ltd* [2002] BCC 300, 302 = [2001] EWCA Civ 241 (balance sheet insolvency in Höhe von GBP 2,7 Mio.); *Re Polly Peck International Plc* [1996] 2 All ER 433 (balance sheet insolvency); *Re Alabama, New Orleans, Texas and Pacific Junction Rly Co* [1891] 1 Ch 213 (balance sheet insolvency; Entscheidung zur viktorianischen Vorgängernorm s. 2 Joint Stock Companies Arrangement Act 1870).

[203] *Cohen/Bridge* JIBFL 2009, 526, 529.

[204] Näher *Goode* Corporate Insolvency Law Rdnr. 12–22, S. 490.

[205] *SEA Assets Limited v Perusahaan Perseroan (Persero) PT Perusahaan Penerbangan Garuda Indonesia* [2001] EWCA Civ 1696 Rdnr. 23, 32 ff.

[206] Näher *SEA Assets Limited v Perusahaan Perseroan (Persero) PT Perusahaan Penerbangan Garuda Indonesia* [2001] EWCA Civ 1696 Rdnr. 45 ff.

[207] *Re Bluebrook Ltd* [2009] EWHC 2114 (Ch), teilweise auch bekannt unter *Re IMO (UK) Ltd* [2009] EWHC 2114 (Ch).

[208] *Clowry* in *Larkin* Restructuring and Workouts S. 37.

[209] *Re Mytravel Group Plc* [2004] EWCA Civ 1734 Rdnr. 8.

[210] Näher *Goode* Corporate Insolvency Law Rdnr. 12–18, S. 487.

schuld beglichen haben und einen Rückgriffsanspruch gegen die Gesellschaft haben.[211] Allerdings finden nur auf Geldzahlung gerichtete Forderungen Berücksichtigung, so dass beispielsweise treuhänderische Ansprüche auf Herausgabe einer Sache nicht erfasst werden.[212]

61 Die Identifizierung der Gläubigerklassen, in Betracht kommen etwa ungesicherte Gläubiger, vorrangige Insolvenzgläubiger, Inhaber einer floating charge und verschiedene Gruppen gesicherter Gläubiger, obliegt dem Antragsteller.[213] Das Gericht unterstützt den Antragsteller zwar teilweise bei der Einteilung der Gläubigerklassen.[214] Der Antragsteller trägt allerdings das Restrisiko, dass ein Gläubiger nach Beschlussfassung das scheme wegen falscher Einteilung der Gläubigerklassen angreift und zu Fall bringt.[215] Anhaltspunkt für die Klasseneinteilung ist die Frage, ob die **Rechte der betrachteten Personen ausreichend ähnlich** sind ("sufficiently similar"), so dass es ihnen möglich ist, sich untereinander mit Blick auf ein gemeinsames Interesse zu beraten.[216] Maßgeblich sind im Ausgangspunkt die Rechte, nicht die Interessen der Personen.[217]

62 Inhaltlich kann das scheme verschiedene **Gläubigerklassen unterschiedlich behandeln**. Beispielsweise kann Neugläubigern ein Vorrang vor Altgläubigern eingeräumt werden oder vorrangige ungesicherte Gläubiger können anders als nachrangige ungesicherte Gläubiger behandelt werden.[218] Aus der Möglichkeit der ungleichen Behandlung verschiedener Gläubigerklassen ergibt sich die besondere Eignung des scheme of arrangement zur Restrukturierung komplexer Finanzierungen, an denen etwa mehrere, mit unterschiedlichen Rechten ausgestattete Kreditkonsortien beteiligt sind.

5. Einberufung der Versammlungen

63 Nach Eingang des Antrags bei Gericht kann dieses eine Anhörung anordnen, das sog. **meetings hearing**.[219] Dazu können je nach Zweckmäßigkeit die Gläubiger, die Gesellschafter und die Gesellschaft geladen werden. Nach einer summarischen Prüfung, die jedoch keine abschließende Prüfung der Rechtmäßigkeit des scheme darstellt, beruft das **Gericht** die Versammlungen der Gläubigerklassen ein und benennt die Vorsitzenden. Eine Versammlung kann grundsätzlich auch im Ausland abgehalten werden.[220] Bei einem scheme, das von Gläubigerseite beantragt wird, achtet das Gericht bereits im Zeitpunkt der Einberufung darauf, ob die später zur gerichtlichen Bestätigung des scheme erforderliche Zustimmung der Gesellschaft erzielbar ist.[221] Diese spätere Zustimmung der

---

[211] *Goode* Corporate Insolvency Law Rdnr. 12–18, S. 487 f.
[212] *Goode* Corporate Insolvency Law Rdnr. 12–18, S. 488; *Re Lehman Brothers International (Europe)* [2009] EWCA Civ 1161.
[213] Practice Statement [2002] 3 All ER 96; zu den Gläubigerklassen und weiteren Differenzierungen *Lingard* Corporate Rescues and Insolvencies Rdnr. 5.30, S. 57; Palmer's Company Law Rdnr. 12.047 ff.; *Milman* CLN 2006/21 und 22, 2 f. jeweils m. N. zur Rspr.
[214] *Re Hawk Insurance Co Ltd* [2002] BCC 300 wich erstmals vom traditionellen Ansatz der Gerichte, die Klassenaufteilung bei der Einladung von Versammlungen nicht zu prüfen, ab; in diese Richtung auch *Re Telewest Communications plc* [2004] BCC 342; die Klärung der Klassifizierung schon vor Beschlussfassung intendiert auch das Practice Statement [2002] 3 All ER 96. Ausführlich zur Problematik Palmer's Company Law Rdnr. 12.038 ff.
[215] Deshalb scheiterte das scheme of arrangement in *Re British Aviation Insurance Co Ltd* [2006] BCC 14 = [2005] EWHC 1621 (Ch), kurz referiert von *Vorpeil*, Neuere Entwicklungen im englischen Handels- und Wirtschaftsrecht, RIW 2006, 221, 226.
[216] *Re Hawk Insurance Co Ltd* [2002] BCC 300, 310; *Sovereign Life Assurance Company v Dodd* [1892] 2 QB 573, 583; *Re Telewest Communications plc* [2004] BCC 342, 349; *Parry* Corporate Rescue S. 239.
[217] *Re Telewest Communications plc* [2004] BCC 342, 349 ("it is differences in rights, not interests, which are relevant to the composition of classes"); *Re Hawk Insurance Co Ltd* [2002] BCC 300, 310; *Re Primacom Holding GmbH* [2011] EWHC 3746 (Ch) Rdnr. 44 ff.; zur Relevanz der Sanierungsvereinbarung für die Klassenbildung *Westpfahl/Knapp* ZIP 2011, 2033, 2040.
[218] *Goode* Corporate Insolvency Law Rdnr. 12–16, S. 486.
[219] *Parry* Corporate Rescue S. 238; vgl. *Re Primacom Holding GmbH* [2011] EWHC 3746 (Ch).
[220] *Re RMCA Reinsurance Ltd* [1994] BCC 378, 380.
[221] *Goode* Corporate Insolvency Law Rdnr. 12–16, S. 486.

Gesellschaft kann entweder durch die Direktoren oder die Gesellschafterversammlung erteilt werden. Lehnen die Direktoren das scheme bereits in der Einberufungsphase ab und enthält der Vorschlag keine Zustimmungsmöglichkeit der Gesellschafter bzw. ist schon in der Einberufungsphase klar, dass die Gesellschafter dem Vorschlag nicht zustimmen werden, wird das Gericht sein Ermessen regelmäßig dahin ausüben, keine Versammlungen einzuberufen.[222]

Mit der Einladung wird das sog. **explanatory statement** übersandt, in dem gem. s. 897(2) CA 2006 die Auswirkungen des scheme zu erklären und besondere Interessen der Geschäftsleiter, etwa als Gläubiger oder Mitglieder der Gesellschaft, an der Verabschiedung zu nennen sind. Das explanatory statement soll alle wesentlichen Angaben enthalten, welche die Gläubiger für eine wohl informierte Entscheidungsfindung benötigen.[223] Der Informationsumfang richtet sich nach Komplexität und Inhalt des vorgeschlagenen scheme of arrangement.[224] Ändern sich Umstände nach der Versendung des explanatory statement derart, dass vernünftigerweise anzunehmen ist, dass die Veränderung das Abstimmungsverhalten beeinflussen könnte, sind die neuen Informationen den eingeladenen Personen vor der Versammlung mitzuteilen.[225] Andernfalls gerät die spätere Bestätigung des scheme of arrangement durch das Gericht in Gefahr.

Hat das Gericht, insbesondere durch die begleitenden Informationen des Antragstellers, Kenntnis von einem lösungsbedürftigen Problem auf Seiten der Gläubiger erlangt, kann es **begleitende Anordnungen** treffen.[226] Wenn notwendig kann das Gericht die Versammlungen auch verschieben, bis das Problem gelöst ist. Das Gericht kann auch verfügen, dass jeder durch die Einberufung der Versammlungen Betroffene innerhalb eines begrenzten Zeitraums einen Antrag auf Abänderung oder Aufhebung der Einberufung stellen kann. Von den Gläubigern wird erwartet, dass sie Kritik an dem scheme, namentlich den Vorwurf unfairer Behandlung, möglichst vor der Anhörung in dem späteren Bestätigungstermin[227] zur Kenntnis des Gerichts bringen.

Beinhaltet das scheme **besondere Strukturänderungen,** etwa eine Kapitalherabsetzung zur Durchführung eines Debt/Equity-Swap,[228] sind zusätzliche Versammlungen einzuberufen und abzuhalten.[229]

6. Abstimmung

In den Versammlungen benötigt das scheme erstens eine **einfache Mehrheit nach Köpfen** (majority in number) und zweitens eine **Dreiviertelmehrheit** der abgegebenen Stimmen, gezählt nach dem **Wert** der Ansprüche bzw. Beteiligungen (majority in value).[230] Dabei ist die **Zustimmung jeder einzelnen Klasse erforderlich** (s. 899(1) CA 2006).[231]

---

[222] *Re Savoy Hotel Ltd* [1981] 3 All ER 646, 657.
[223] Buckley on the Companies Acts s. 897 CA Rdnr. 107; *Lingard* Corporate Rescues and Insolvencies Rdnr. 5.41, S. 62; *Finch* Corporate Insolvency Law S. 485 („very extensive explanatory statement"); *Re Jessel Trust Ltd* [1985] BCLC 119, 127.
[224] *Re National Bank Ltd* [1966] 1 All ER 1006, 1012 (zur Vorgängernorm von s. 426 CA 1985); das explanatory statement im komplexen Fall *Re Equitable Life Assurance Society* [2002] EWHC 140 war fast 200 Seiten lang (siehe im Urteil Rdnr. 25).
[225] *Re Jessel Trust Ltd* [1985] BCLC 119, 124; vgl. *La Seda De Barcelona SA* [2010] EWHC 1364 (Ch) Rdnr. 9 ff.
[226] Practice Statement [2002] 3 All ER 96; dort auch zum Folgenden.
[227] Dazu unten Rdnr. 68.
[228] Dazu unten § 40.
[229] *Clowry* in *Larkin* Restructuring and Workouts S. 38.
[230] *Bork* Sanierungsrecht in England und Deutschland Rdnr. 6.3, S. 53; *Westpfahl/Knapp* ZIP 2011, 2033, 2037; kritisch zur einfachen Kopfmehrheit *Goode* Corporate Insolvency Law Rdnr. 12–22, S. 491.
[231] Zu Fällen, in denen nur ein Gläubiger an der Abstimmung teilnimmt, *Re Altitude Scaffolding Ltd* [2006] BCC 904.

Ein Mindestquorum besteht nicht.[232] Die Ersetzung der Zustimmung einer Klasse durch gerichtliche Entscheidung ist nicht möglich. Die Vertretung bei der Stimmabgabe ist zulässig.[233] Als Vertreter kann insbesondere der Vorsitzende ermächtigt werden. Die Ermittlung des Abstimmungswerts der Gläubigeransprüche kann im Einzelfall schwierig sein, insbesondere soweit es um zukünftige und bedingte Forderungen geht.[234] Mit der Überwachung der ordnungsgemäßen Stimmabzählung können Dritte, beispielsweise die Wirtschaftsprüfer der Gesellschaft, beauftragt werden, die im Anschluss an die Abstimmung darüber schriftlich Bericht erstatten.[235]

7. Gerichtliche Bestätigung

68 Nachdem das scheme of arrangement in den Versammlungen erfolgreich beschlossen wurde, ist die **Bestätigung des Gerichts** einzuholen (s. 899(2), (3) CA 2006). Die dazu stattfindende Anhörung wird als **sanction hearing** bezeichnet.[236] Die Bestätigung steht im Ermessen des Gerichts. Ein Rechtsanspruch auf Erteilung der Bestätigung besteht nicht.[237] Das Gericht kann die Bestätigung unter die Bedingung stellen, dass sich die Gesellschaft zu einer bestimmten konkretisierenden Durchführung des scheme verpflichtet.[238]

69 Die Bestätigung wird in der Regel gewährt, wenn (1) die gesetzlichen Regeln eingehalten wurden, (2) die jeweilige Klasse in der Versammlung ausgewogen repräsentiert war und die Mehrheit in gutem Glauben abgestimmt hat, ohne die Minderheit entgegen den Interessen der gesamten Klasse auszubeuten, und (3) das arrangement einen Inhalt hat, dem ein „intelligent and honest man" als Mitglied der jeweiligen Klasse im eigenen Interesse vernünftigerweise zustimmen würde.[239] Das Gericht prüft insbesondere, ob die Versammlungen nach seinen Vorgaben einberufen und abgehalten worden sind, ob die erforderlichen Mehrheiten zustande gekommen sind und ob die Interessen der Abwesenden und Nicht-Zustimmenden angemessen berücksichtigt worden sind.[240] Ein wichtiger Gesichtspunkt ist, ob die Gläubiger durch das scheme schlechter stehen als in einer hypothetischen Liquidation.[241] Das Gericht nimmt jedoch keine eingehende wirtschaftliche Prüfung des scheme vor.[242] Bei der Gesamtschau berücksichtigt das Gericht, dass die Bildung von Klassen eine schützende Wirkung hat.[243] Zudem stellt das Gericht die Quantität und Qualität der zur Verfügung gestellten Informationen in die Gesamtabwägung mit ein.[244] Die ausreichende Information der Gläubiger ist also nicht nur strafrechtlich gem. s. 897(5)-(8) CA 2006 abgesichert, sondern darüber hinaus mittelbare Wirksamkeitsvoraussetzung des scheme of

---

[232] *Re Osiris Insurance Ltd* [1999] 1 BCLC 182, 189; *Re British Aviation Insurance Co Ltd* [2006] BCC 14, 41 f.

[233] *Re Mytravel Group Plc* [2004] EWCA Civ 1734 Rdnr. 8.

[234] Dazu *Re British Aviation Insurance Co Ltd* [2006] BCC 14, 40 f.

[235] *Westpfahl/Knapp* ZIP 2011, 2033, 2042.

[236] Vgl. *Re Rodenstock GmbH* [2011] Bus LR 1245, 1246.

[237] *Milman* CLN 2011/301, 1; vgl. *Scottish Lion Insurance Co Ltd v (First) Goodrich Corp* [2010] BCC 650, 663.

[238] *Re Osiris Insurance Ltd* [1999] 1 BCLC 182, 191.

[239] Zum Ganzen *Scottish Lion Insurance Co Ltd v (First) Goodrich Corp* [2010] BCC 650; *Re British Aviation Insurance Co Ltd* [2006] BCC 14; *Re Equitable Life Assurance Society* [2002] EWHC 140, Rdnr. 66; *Re BTR plc* [1999] 2 BCLC 675, 680; *Re Dorman Long & Co Ltd* [1934] Ch 635, 657; *Re Anglo-Continental Supply Co Ltd* [1922] 2 Ch 723, 736; *Re English Scottish and Australian Chartered Bank* [1893] 3 Ch 385, 409; *Re Alabama, New Orleans, Texas and Pacific Junction Rly Co* [1891] 1 Ch 213, 238 f.; Buckley on the Companies Acts s. 899 CA Rdnr. 219 f.; *Lingard* Corporate Rescues and Insolvencies Rdnr. 5.32 ff., S. 58 ff.

[240] *Re Mytravel Group Plc* [2004] EWCA Civ 1734 Rdnr. 8.

[241] *Bork* Sanierungsrecht in England und Deutschland Rdnr. 14.15, S. 230.

[242] *Clowry* in *Larkin* Restructuring and Workouts S. 38; *Re Primacom Holding GmbH* [2012] EWHC 164 (Ch) Rdnr. 4.

[243] Vgl. *Scottish Lion Insurance Co Ltd v (First) Goodrich Corp* [2010] BCC 650, 663 f.

[244] Buckley on the Companies Acts s. 899 CA Rdnr. 219 f.; vgl. *Re Linton Park Plc* [2008] BCC 17.

arrangement. Von Gläubigern, die Kritik an dem scheme erstmals in der Anhörung des Bestätigungstermins äußern, wird erwartet, dass sie gute Gründe für diese späte Äußerung vorbringen.[245]

In *Re Savoy Hotel Ltd*[246] hat die Chancery Division des High Court entschieden, dass ein scheme of arrangement dann nicht die Bestätigung des Gerichts erhalten wird, wenn die Gesellschaft selbst nicht zugestimmt habe. Die **Zustimmung der Gesellschaft** kann entweder durch die Direktoren oder die Gesellschafterversammlung erteilt werden. Befindet sich die Gesellschaft bereits in der administration oder der insolventen Liquidation, kann die Zustimmung der Gesellschaft von dem jeweiligen Verwalter erteilt werden.[247] In diesen Fällen hat ein scheme of arrangement also auch dann Aussicht auf Erfolg, wenn es den Gesellschafterinteressen zuwiderläuft.

8. Bindungswirkung

Bestätigt das Gericht das scheme of arrangement, bindet es gem. s. 899(3)(a) CA 2006 alle Gläubiger bzw. Gläubigergruppen und – soweit beteiligt – Gesellschafter bzw. Gesellschaftergruppen der Gesellschaft, unabhängig davon, ob sie zugestimmt haben, in der Versammlung anwesend waren oder von der Gesellschaft in der Vorbereitungsphase aufgespürt werden konnten.[248] Gebunden ist gem. s. 899(3)(b) CA 2006 außerdem die Gesellschaft bzw. bei einer in Abwicklung befindlichen Gesellschaft der liquidator und die Gesellschafter (contributories[249]). Die Bindungswirkung tritt ein, sobald die entsprechende **gerichtliche Anordnung beim Register eingeht**.[250] Anscheinend wird in der Praxis aber auf die Registrierung bei Gesellschaften, die nur im Ausland registriert sind, verzichtet.[251] **Nicht gebunden** sind Gläubiger, die an dem scheme of arrangement nicht beteiligt sind, sowie Gläubiger, wenn und soweit einzelne ihrer Ansprüche von dem scheme ausgenommen sind.[252] Eine Bindung von überstimmten Gruppen tritt nicht ein.[253] Vielmehr ist das ganze scheme of arrangement nicht wirksam, wenn in einer Gruppe die notwendige Mehrheit nicht erreicht wird.

Wie teilweise von den CVAs bekannt, haben schemes of arrangement den Nachteil, bis zu ihrem erfolgreichen Abschluss anfällig gegen Einzelvollstreckungen und die Stellung eines Insolvenzantrags zu sein. Dem kann auch hier dadurch Abhilfe geschaffen werden, dass das scheme im Rahmen einer administration oder einer liquidation (winding up) erörtert wird.[254] Ein scheme of arrangement kann nachträglich geändert werden, allerdings ist dabei wieder das Gericht einzuschalten.[255]

9. Anfechtung

Die Bestätigung des High Court kann vor dem Court of Appeal angefochten werden.[256] Die Anfechtung allein hat keine aufschiebende Wirksamkeitsbeschränkung. Diese kann aber durch das Gericht angeordnet werden. In Sanierungssituationen ist dies jedoch eher unüblich.[257]

---

[245] Practice Statement [2002] 3 All ER 96.
[246] [1981] 3 All ER 646, 657.
[247] Palmer's Company Law Rdnr. 12.035.
[248] *Lingard* Corporate Rescues and Insolvencies Rdnr. 5.23, S. 55; *Goode* Corporate Insolvency Law Rdnr. 12–24, S. 492; *Clowry* in *Larkin* Restructuring and Workouts S. 37.
[249] Siehe näher s. 1170B CA 2006.
[250] S. 899(4) CA 2006.
[251] *Rutstein* CRI 2011, 125, 127.
[252] Re Marconi Corp Plc [2003] EWHC 1083 (Ch) Rdnr. 18.
[253] *Eidenmüller/Frobenius* WM 2011, 1210, 1212.
[254] *Keay/Walton* Insolvency Law S. 196.
[255] *Clowry* in *Larkin* Restructuring and Workouts S. 39.
[256] *Bork* Sanierungsrecht in England und Deutschland Rdnr. 17.69, S. 291.
[257] *Westpfahl/Knapp* ZIP 2011, 2033, 2043.

§ 40 Debt/Equity-Swap

Übersicht

	Rdnr.		Rdnr.
I. Einführung	1–8	1. Beteiligung der Altgesellschafter	16–25
1. Begriffe und Grundlagen	1–4	a) Grundlagen	16, 17
2. Verhandlungsthemen	5	b) Mitwirkung an Kapitalmaßnahmen	18
3. Vor- und Nachteile	6–8	c) Sanierungsverfahren	19
II. Rechtstechnische Umsetzung	9–15	d) Administration	20
1. Grundlagen	9	e) Vollstreckung von Pfandrechten und Credit Bids	21–24
2. Sachkapitalerhöhung	10, 11	f) Nutzung von Gläubigervereinbarungen	25
3. Übernahme von Anteilen der Altgesellschafter	12	2. Zustimmung der Altgläubiger	26, 27
4. Debt/Asset-Swap	13	a) Grundlagen	26
5. Übernahme von Anteilen einer neu gegründeten Gesellschaft	14	b) Gläubigervereinbarungen	27
6. Hybride Gestaltungen	15	3. Haftung und Eigenkapitalersatz	28–30
III. Einzelheiten zum Debt/Equity-Swap nach englischem Recht	16–31	4. Sonstiges	31

Schrifttum: *Bamforth,* Debt Equity Swaps: Can Banks be Liable for Financial Support Directions, JIBFL 2007, 7–8; *Bay/Seeburg/Böhmer,* Debt-Equity-Swap nach § 225a Abs. 2 Satz 1 des geplanten Gesetzes zur weiteren Erleichterung der Sanierung von Unternehmen (ESUG), ZInsO 2011, 1927–1941; *Bewick/Fennessy/Marks,* Schemes of Arrangement and Company Voluntary Arrangements, in: Olivares-Caminal (Hrsg.), Expedited Debt Restructuring, 2007, 157–256; *Boneham,* Debt Equity Swaps, Tax J. 2009, Issue 984, 16–18; *Born,* Aktuelle Steuerfragen im Zusammenhang mit Debt-Equity-Swap-Transaktionen, BB 2009, 1730–1735; *Buth/Hermanns* (Hrsg.), Restrukturierung, Sanierung, Insolvenz, 3. Aufl. 2009; *Carli/Rieder/Mückl,* Debt-to-Equity-Swaps in der aktuellen Transaktionspraxis, ZIP 2010, 1737–1743; *Chudzick,* Schemes of Arrangements mit Gläubigern nach englischem Kapitalgesellschaftsrecht, 2007; *Clowry,* Debt-for-Equity-Swaps, in: Larkin (Hrsg.), Restructuring and Workouts, 2009, 27–58; *Cohen/Bridge,* The Consequences of Subordination: Understanding the Junior/Senior Debt Divide, JIBFL 2009, 526–529; *Cohen/Maclennan,* Ultimate Turnaround: Debt to Equity Swaps, CRI 2009, 91–93; *Eidenmüller,* Gesellschafterstellung und Insolvenzplan, ZGR 2001, 680–711; *Eidenmüller/Engert,* Reformperspektiven einer Umwandlung von Fremd- in Eigenkapital (Debt-Equity Swap) im Insolvenzplanverfahren, ZIP 2009, 541–554; *Ekkenga,* Sachkapitalerhöhung gegen Schuldbefreiung, ZGR 2009, 581–622; *Ferran,* Principles of Corporate Finance Law, 2008; *Finch,* Corporate Insolvency Law, 2. Aufl. 2009; *Franke,* Debt Equity Swaps – Finanzielle Sanierung von börsennotierten Aktiengesellschaften, 2010; Gore-Browne on Companies, 45. Aufl., Stand März 2012; *Gower/Davies,* Principles of Modern Company Law, 8. Aufl. 2008; *Gullifer/Payne,* Corporate Finance Law – Principles and Policy, 2011; *Hannigan,* Company Law, 2. Aufl. 2009; *Hass/Schreiber/Tschauner,* Sanierungsinstrument „Debt for Equity Swap", in: Hommel/Knecht/Wohlenberg (Hrsg.), Handbuch Unternehmensrestrukturierung, 2006, 841–874; *Just,* Die englische Limited in der Praxis, 3. Aufl. 2008; *Kestler/Striegel/Jesch,* Distressed Debt Investments – Insolvenzrechtliche Instrumentarien der Unternehmenssanierung über Fremdkapital, NZI 2005, 417–424; *Leivesley,* Financial Assistance: Why a Uniq Approach May Overcome Chaston, JBL 2011, 725–736; *Morse* (Hrsg.), Palmer's Company Law, Loseblattsammlung, London, 25. Aufl., Stand Oktober 2011; *Neumann/Stimpel,* Die Sanierungsklausel in § 8c KStG, Konzern 2009, 409–416; *Paape,* Die Regeln des Eigenkapitalersatzes beim Debt-Equity-Swap, DZWIR 2009, 9–14; *Paulus, Roman,* Die ausländische Sanierung über einen Debt-Equity-Swap als Angriff auf das deutsche Insolvenzrecht, DZWIR 2008, 6–14; *Rea,* Restructuring and Debt-for-Equity Swaps, Tax J. 2011, Issue 1081, 16–17; *Redeker,* Kontrollerwerb an Krisengesellschaften: Chancen und Risiken des Debt-Equity-Swap, BB 2007, 673–679; *Scheunemann/Hoffmann,* Debt-Equity-Swap, DB 2009, 983–986; *Simon,* Der Debt Equity Swap nach dem ESUG, CFL 2010, 448–459; *Steffek,* Das englische Recht der Insolvenzanfechtung, KTS 2007, 451–483; *ders.,* Gläubigerschutz in der Kapitalgesellschaft – Krise und Insolvenz im englischen und deutschen Gesellschafts- und Insolvenzrecht, 2011; *Walker,* Cash Box Structures and Convertible Bond Issues, CRI 2009, 211–213; *Weller,* Die Verlegung des Center of Main Interest von Deutschland nach England, ZGR 2008, 835–

866; *Westpfahl,* Debt Equity Swap, in: *Eilers/Koffka/Mackensen* (Hrsg.), Private Equity, 2009, 240–269; *Westpfahl/Goetker/Wilkens,* Grenzüberschreitende Insolvenzen, 2008; *Westpfahl/Janjuah,* Zur Modernisierung des deutschen Sanierungsrechts, Beilage zu ZIP 3/2008; *Wilson,* Debt Equity Swaps: An Alternative Form of Corporate Rescue, CRI 2009, 103–104; *Windsor/Müller-Seils/Burg,* Unternehmenssanierungen nach englischem Recht – Das Company Voluntary Arrangement, NZI 2007, 7–12; *Wittig,* Übernahme der Gesellschafterstellung an Krisenunternehmen als Sanierungsbeitrag der finanzierenden Kreditinstitute, in: *Prütting/Vallender* (Hrsg.), Insolvenzrecht in Wissenschaft und Praxis: Festschrift für Wilhelm Uhlenbruck, 2000, 685–722; *Wood,* Principles of International Insolvency, 2. Aufl. 2007.

I. Einführung

1. Begriffe und Grundlagen

Bei einem **Debt/Equity-Swap**[1] werden (Kredit-)Forderungen der Gesellschaftsgläubiger in Beteiligungen am Eigenkapital der Gesellschaft umgewandelt.[2] Fremdkapital (Debt) wird gegen Eigenkapital (Equity) getauscht (Swap). Die höhenmäßig festgelegten, in der Insolvenz vor den Gesellschafteransprüchen zu befriedigenden Gläubigeransprüche gehen in einen höhenmäßig variablen, aber nachrangigen Anspruch auf Beteiligung am wirtschaftlichen Ertrag der Gesellschaft (realisiert durch Ausschüttungen, Anteilsverkauf, Liquidationserlös etc.) unter (teilweiser) Verdrängung der Altgesellschafter über. Der Strukturwechsel vollzieht den Umstand nach, dass die Altgesellschafter einer insolventen Gesellschaft an einer gedachten Verwertung des Gesellschaftsvermögens nicht partizipieren würden, da dieses durch die vorrangige Befriedigung der Gläubiger erschöpft wäre.

Bei materieller Insolvenz sind bereits vor Eröffnung des Insolvenzverfahrens nicht die Gesellschafter, sondern die Gläubiger prospektiv am Gesellschaftsvermögen berechtigt. Die Gläubiger sind außerdem an einer wertsteigernden Verwaltung des Gesellschaftsvermögens interessiert, weil diese zu einer geringeren Ausfallrate der Insolvenzforderungen führt.[3] In der anglo-amerikanischen Rechtssprache werden sie daher als **residual claimants** bezeichnet. Das sind diejenigen, die als letzte materiell und variabel am Gesellschaftsvermögen wirtschaftlich berechtigt sind und daher das stärkste Interesse an der Maximierung des Vermögenswerts haben.[4] Die Theorie der guten Unternehmensführung lehrt, dass die residual claimants mit Kontroll- und Entscheidungsrechten ausgestattet werden sollten, da sie das stärkste Interesse an der effektiven und wertsteigernden Ausübung dieser Rechte haben.[5]

Bei der Frage, in welchem Verhältnis Fremdkapital gegen Eigenkapital getauscht wird, offenbart sich, dass die gedachte Liquidierung des Gesellschaftsvermögens nicht nur das (teilweise) Ausscheiden der Altgesellschafter rechtfertigt, sondern auch **abgestufte Umtauschverhältnisse** für die teilnehmenden Gläubigergruppen. Zwar gibt es dabei keinen strengen Automatismus, da das Umtauschverhältnis im Verhandlungswege bestimmt wird. Die Verhandlungen werden jedoch „in the shadow of liquidation" geführt, d.h. vor dem Hintergrund einer hypothetischen Abwicklung im Insolvenzverfahren. Daraus ergeben sich Auszahlungserwartungen, welche die Kapitalstruktur nach dem Debt/Equity-Swap insofern prägen als die Beteiligten ihre ggf. erforderliche Zustimmung dann erteilen, wenn der Erwartungswert der Kapitalbeteiligung im Rahmen der Restrukturierung höher ist als die erwartete Ausschüttung im Insolvenzverfahren bzw. bei der Durchsetzung von Sicherheiten.

---

[1] Im Englischen u.a. bezeichnet als „debt-equity swap", „debt equity swap", „debt-for-equity swap" oder „debt/equity conversion".

[2] *Wood* Principles of International Insolvency Rdnr. 21–067, S. 643; *Clowry* in *Larkin* Restructuring and Workouts S. 27; *Knecht/Drescher* in *Buth/Hermanns* Restrukturierung, Sanierung, Insolvenz § 20 Rdnr. 41; *Eidenmüller/Engert* ZIP 2009, 541, 542.

[3] *Hass/Schreiber/Tschauner* in *Hommel/Knecht/Wohlenberg* Handbuch Unternehmensrestrukturierung S. 843, 844.

[4] *Steffek* Gläubigerschutz in der Kapitalgesellschaft S. 268 ff.

[5] *Easterbrook/Fischel,* The Economic Structure of Corporate Law, 1991, S. 69: „The right to vote [...] follows the residual claim."

4 In Abbildung 1 ist die Veränderung der Passivseite durch einen Debt/Equity-Swap beispielhaft dargestellt, wobei hier die strukturverändernde Logik im Vordergrund steht und weniger die Abbildung eines konkreten Falls.[6] Die Höhe und Ausgestaltung der Kapitalstruktur nach dem Debt/Equity-Swap bestimmt sich im Wesentlichen danach, welches **Schuldendeckungspotential** (debt capacity) das reorganisierte Unternehmen hat. Für die einzelnen Gläubiger- bzw. Gesellschaftergruppen bestimmt erstens der sog. **Equity-Cut** bzw. **Value-Break**, in welchem Verhältnis Debt gegen Equity getauscht wird.[7] Üblicherweise erhalten diejenigen Gläubiger(gruppen), die in der formellen Liquidation voraussichtlich einen teilweisen Verlust erleiden würden, die (größten) Equity-Anteile. Fremd- und Eigenkapitalinvestoren, die bei einer gedachten Abwicklung vollständig ausfallen würden und im Rang nach Investoren stehen, die bereits (teilweise) ausfallen, erhalten nach dieser Logik keine Equity-Beteiligung. Praktisch spielen hier Fragen der Unternehmensbewertung eine entscheidende Rolle. Zweitens wird bei der Equity-Beteiligung an der restrukturierten Gesellschaft berücksichtigt, in welchem Umfang die Beteiligten **neue Finanzierung** beitragen.[8]

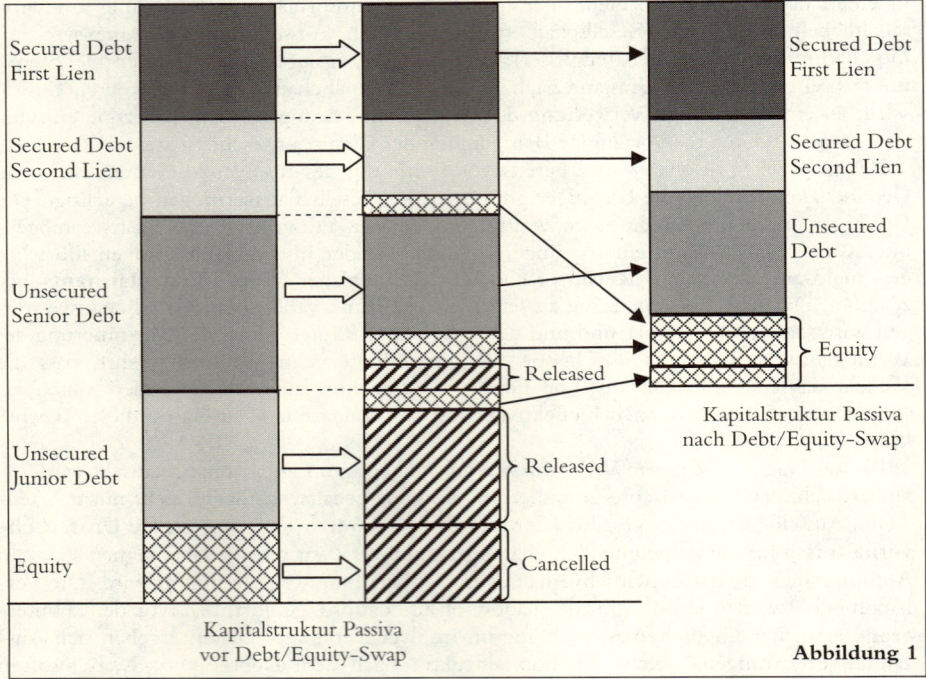

Abbildung 1

2. Verhandlungsthemen

5 Debt/Equity-Swaps entziehen sich wegen der verschiedenen Finanzierungs- und Restrukturierungssituationen der betroffenen Gesellschaften zwar einer allgemeingültigen Beschreibung. Es lassen sich aber Themen identifizieren, die dabei relevant werden können. Dazu zählen:[9]

---

[6] Für eine Einführung in die Gestaltung der Rangfolgen verschiedener Gläubigergruppen durch intercreditor agreements (Gläubigervereinbarungen) siehe *Cohen/Bridge* JIBFL 2009, 526 f.

[7] Vgl. *Clowry* in *Larkin* Restructuring and Workouts S. 30.

[8] Für Beispiele der Verteilung der Anteile an der Gesellschaft nach einem Debt/Equity-Swap aus der Praxis siehe *Cohen/Maclennan* CRI 2009, 91, 93.

[9] Vgl. *Clowry* in *Larkin* Restructuring and Workouts S. 28; *Wilson* CRI 2009, 103 f.; *Cohen/Maclennan* CRI 2009, 91, 92.

(1) Identifizierung der notwendig zu beteiligenden Kapitalgeber (z. B. Anleihegläubiger, Banken und Gesellschafter; die Einbindung von Zulieferern und Kunden kann entbehrlich sein).[10]
(2) Möglichkeit einer konsensualen Vereinbarung mit den Beteiligten versus erzwungene Einbindung insbesondere der Altgesellschafter und Altgläubigerminderheiten.
(3) Bewertung des Unternehmens und der Ansprüche der Altkapitalgeber; Akzeptanz der Bewertungsgrundlage unter den Beteiligten.
(4) Bestimmung der neuen Kapitalstruktur, der dort vertretenen Typen von Fremd- und Eigenkapital und der Umtauschverhältnisse; Eigenkapital kann neben der klassischen Form von Gesellschaftsanteilen auch durch hybride Gestaltungen (quasi-equity) vermittelt werden; auch ein Wechsel zwischen Gläubigerklassen ist möglich.
(5) Beschränkungen der neu erworbenen Eigenkapitalanteile (z. B. Weiterverkauf; tag along- und drag along-Klauseln).
(6) Änderung der Satzung (zusätzlich zu den bereits genannten Themen spielt die Absicherung der neuen Kapitalgeber eine Rolle, z. B. Zustimmungspflichten bei bestimmten Geschäften, Recht zur Bestellung von Direktoren).
(7) Anpassung der Darlehens- und Sicherheitenverträge.
(8) Überführung evtl. vorhandener Gläubiger- und Gesellschaftervereinbarungen (intercreditor agreements, shareholder agreements).
(9) Regelung des Verhältnisses zwischen Gesellschaft und Neugesellschafter(n) mit hoher Beteiligungsquote (relationship agreement).
(10) Begleitende Liquiditätssicherung.
(11) Steuerliche Relevanz.
(12) Rechtstechnische Umsetzung der neuen Kapitalstruktur und sonstigen Vereinbarungen.

3. Vor- und Nachteile

Ein Debt/Equity-Swap ist nur eine von mehreren Techniken der bilanziellen Restrukturierung,[11] so dass sein möglicher Nutzen in der konkreten Situation unter Berücksichtigung anderer Vorgehensweisen **abzuwägen** ist.[12] Wie grundsätzlich in Sanierungssituationen sind die Vor- und Nachteile differenziert für die verschiedenen Beteiligten zu bestimmen.[13]

Mögliche **Vorteile** eines Debt/Equity-Swap ergeben sich aus der verbesserten Finanzierungsstruktur der Gesellschaft. Die Reduktion der Gläubigerverbindlichkeiten kann eine Überschuldung beseitigen bzw. verhindern (Bilanzverkürzung); durch Forderungsverzicht bzw. die Einbringung frischer Liquidität im Zusammenhang mit dem Debt/Equity-Swap kann eine Zahlungsunfähigkeit beseitigt bzw. vermieden werden. Regelmäßig werden zudem die Eigenkapitalquote gestärkt, die Liquidität erhöht, die Finanzierungskosten gesenkt und die Ertragskraft gesteigert. Die Aussichten auf Erfüllung der verbleibenden Verbindlichkeiten steigen. Haftungsgefahren insbesondere für die Geschäftsleiter werden reduziert. Die Erhaltung des Unternehmens als going concern bietet den zu Neugesellschaftern gewordenen Altgläubigern die Chance, statt einer niedrigen Befriedigungsquote in der Liqui-

---

[10] Zu den Interessen verschiedener Gläubigergruppen bei Debt/Equity-Swaps *Wood* Principles of International Insolvency Rdnr. 21–068 ff., S. 643 ff.
[11] Für einen Überblick *Knecht/Drescher* in *Buth/Hermanns* Restrukturierung, Sanierung, Insolvenz § 20 Rdnr. 21 ff.; *Hass/Schreiber/Tschauner* in *Hommel/Knecht/Wohlenberg* Handbuch Unternehmensrestrukturierung S. 843, 844, 857 ff.
[12] Zu Vor- und Nachteilen von Debt/Equity-Swaps vgl. *Wood* Principles of International Insolvency Rdnr. 21–076 ff., S. 645 ff.; *Clowry* in *Larkin* Restructuring and Workouts S. 27 f.; *Finch* Corporate Insolvency Law S. 321 ff.; *Knecht/Drescher* in *Buth/Hermanns* Restrukturierung, Sanierung, Insolvenz § 20 Rdnr. 41 ff.; *Franke*, Debt Equity Swaps, S. 54 ff.; *Wilson* CRI 2009, 103; *Born* BB 2009, 1730, 1731; *Paulus* DZWIR 2008, 6, 7 f.
[13] Dazu bereits oben § 37 Rdnr. 6.

dation vom zukünftig steigenden Fortführungswert zu profitieren. Die Bereitschaft, das damit verbundene Risiko einzugehen, ist insbesondere dann zu erwarten, wenn die Altgläubigerstellung bereits zu einem diskontierten Preis, evtl. sogar mit dem Ziel eines Debt/Equity-Swap, erworben wurde. Mit dem Erwerb der Gesellschafterstellung und der damit verbundenen gesellschafterlichen Verwaltungsrechte (Geschäftsleiterbestellung, Weisungen etc.) erlangen die ehemaligen Gläubiger außerdem eine weiter reichende Kontrolle über die Geschäftsleitung.

8 Mögliche **Nachteile** eines Debt/Equity-Swap ergeben sich für die Altgläubiger zum einen aus dem Verlust der Kreditforderung. Der Vorrang in der Befriedigungsreihenfolge als Fremdkapital- vor den Eigenkapitalgebern geht verloren, das durchsetzbare Recht auf Rückzahlung des Darlehens samt Zinsen weicht einem von der Ertragslage und den Entscheidungen der Gesellschaftsorgane abhängigen Anspruch auf Ausschüttungen und schließlich gehen ggf. bestehende Sicherheiten und regelmäßig auch bestehende Konzerngarantien (group guarantees) nicht auf die aus der Gesellschafterstellung erwachsenden Ansprüche über. Zum anderen können die mit der Position als Gesellschafter verbundenen Verwaltungs- und Kontrollaufgaben von manchen Gläubigern als belastend empfunden werden und die Liquidierung des Investments kann bei Gesellschaftsanteilen (Verkauf) deutlich schwerer werden als bei der ursprünglichen Kreditforderung (Einzug bei Fälligkeit). Je nach Höhe der erworbenen Beteiligung können kapitalmarkts-, gesellschafts-, rechnungslegungs-, insolvenz- oder arbeitsrechtliche Sonderregime greifen.[14] Zum Beispiel sind Pflichten zur Abgabe eines Übernahmeangebots und Konsolidierungspflichten zu bedenken. Weiterhin können die Verhandlungen eines Debt/Equity-Swap kosten- und zeitintensiv sein. Das gilt insbesondere bei der Beteiligung einer Vielzahl von Gläubigern, für börsennotierte Gesellschaften und für schwer erreichbare bondholder. Im Einzelfall können Schwierigkeiten auch aus der unterschiedlichen steuerrechtlichen Behandlung von Gewinnen aus Fremd- und Eigenkapitalinvestitionen, aus dem Eingreifen von Change of Control-Klauseln sowie dem Wettbewerbs-, Übernahme- oder dem Insiderrecht entstehen.

II. Rechtstechnische Umsetzung

1. Grundlagen

9 Die englische Rechtssprache verbindet mit dem Begriff Debt/Equity-Swap keinen eindeutig definierten rechtlichen Vorgang.[15] Die wirtschaftliche Umwandlung von Fremd- in Eigenkapital ist rechtstechnisch – wie im deutschen Recht[16] – vielmehr auf verschiedenen Wegen zu erreichen. Dabei ist zum einen die Rechtsnatur der Gegenstände zu unterscheiden, welche die Gläubiger erwerben. Es kann sich um Stammaktien bzw. gewöhnliche Geschäftsanteile (ordinary shares), Vorzugsaktien bzw. -anteile (preference shares) ggf. in Kombination mit einer Put-Option (redeemable), Vermögensgegenstände der Gesellschaft oder hybride Beteiligungen handeln. Zum anderen können verfahrensrechtlich verschiedene Wege beschritten werden. Der Debt/Equity-Swap kann sowohl außerhalb als auch innerhalb (CVA,[17] scheme of arrangement[18]) eines formellen Verfahrens umgesetzt werden.

2. Sachkapitalerhöhung

10 Ein Debt/Equity-Swap kann mittels einer **Sachkapitalerhöhung** durchgeführt werden. Die notwendige Ermächtigung (authorisation) der Direktoren zur Zuteilung (allotment) neuer Anteile richtet sich nach unterschiedlichen Regeln, je nachdem ob es sich um eine

---

[14] Für einen Überblick kapitalmarkt- und gesellschaftsrechtlicher Normen, die bei Überschreiten bestimmter Beteiligungsschwellen greifen, siehe *Wilson* CRI 2009, 103, 104.
[15] *Cohen/Maclennan* CRI 2009, 91.
[16] Dazu nur *Westpfahl* in *Eilers/Koffka/Mackensen* Private Equity S. 243 ff.; einen Überblick über die Strukturen von Debt/Equity-Swaps in der Praxis geben *Carli/Rieder/Mückl* ZIP 2010, 1737 ff.
[17] Oben § 39 Rdnr. 1 ff.
[18] Oben § 39 Rdnr. 31 ff.

private company oder eine public company handelt.[19] Die Direktoren einer private company mit nur einer Gattung von Geschäftsanteilen sind gem. s. 550 CA 2006 berechtigt, ohne weitere Zustimmung der Anteilsinhaber neue Anteile zuzuteilen, sofern ihnen insofern nicht ausdrückliche Grenzen in der Satzung gezogen werden. In allen anderen Fällen benötigen die Direktoren gem. s. 551 CA 2006 eine Ermächtigung zur Zuteilung neuer Anteile entweder in der Satzung oder durch einen ordentlichen Gesellschafterbeschluss mit einfacher Mehrheit.[20] Grundsätzlich haben die Altgesellschafter Vorkaufsrechte bezüglich der neuen Anteile.[21] Allerdings sind die Vorkaufsrechte einigen Ausnahmetatbeständen ausgesetzt.[22] Insbesondere bestehen bei einer Sachkapitalerhöhung gem. s. 565 CA 2006 keine Vorkaufsrechte der Altgesellschafter. Im Übrigen können die Gesellschafter die Vorkaufsrechte per **special resolution**, das ist ein Beschluss mit besonderen Informations- und Mehrheitserfordernissen (75%),[23] gem. s. 571 CA 2006 ausschließen.

Der Sachkapitalerhöhung geht üblicherweise eine nominelle Kapitalherabsetzung gem. s. 641(4)(i) CA 2006 voraus. Die **Kapitalherabsetzung** erfordert eine special resolution sowie eine gerichtliche Bestätigung.[24] Bei private companies limited by shares, also der in Deutschland bekannten Limited, ist alternativ ein Verfahren ohne gerichtliche Beteiligung gangbar.[25] Dabei genügt ein Gesellschafterbeschluss (ebenfalls special resolution) und eine Solvenzbestätigung (solvency statement) der Geschäftsleiter, s. 641(1)(a) CA 2006.[26]

Die **Altgläubiger erwerben neue Anteile** der Gesellschaft (new shares). Dabei kann es sich um Stammaktien bzw. gewöhnliche Geschäftsanteile (ordinary shares) oder Vorzugsaktien bzw. -anteile mit bevorzugtem Gewinnanspruch (preference shares) handeln.[27] Tritt durch die neuen Anteile eine vergleichsweise geringe Verwässerung der Anteile der Altgesellschafter ein, werden die neuen Anteile bisweilen als stimmrechtslose, im Wege einer Put-Option rückkaufbare, bevorzugt gewinnberechtigte Anteile (non-voting redeemable preference shares) ausgestaltet.[28] Nicht selten sind auch Vorzugsanteile, die der Inhaber in Stammanteile umwandeln kann (convertible preference shares).[29] Weiterhin können die Ausschüttungen an die Neugesellschafter an die in Zukunft erwarteten Erträge unter besonderer Berücksichtigung des Sanierungsaufwands angepasst werden, indem sie variabel oder ansteigend ausgestaltet werden und evtl. zudem an bestimmten Ergebnisfaktoren ausgerichtet werden.[30] Die **Gegenleistung** erfolgt insbesondere durch Erlass der Kreditforderungen (release) oder durch Aufrechnung (set-off) in Höhe des Erwerbspreises.[31]

3. Übernahme von Anteilen der Altgesellschafter

Der Debt/Equity-Swap kann außerdem durch Übernahme von **Anteilen der Altgesellschafter** erfolgen. Auch hier kann eine nominelle Kapitalherabsetzung gem. s. 641(4)(i) CA 2006 vorgeschaltet werden. Das Geschäft über die Veräußerung von Anteilen zwischen dem bzw. den Altgesellschafter(n) und dem erwerbenden Kreditgeber bedarf freilich der

---

[19] Siehe ss. 549 ff. CA 2006; dazu *Gullifer/Payne* Corporate Finance Law S. 120.
[20] Gore-Browne on Companies Rdnr. 22[1]; *Gullifer/Payne* Corporate Finance Law S. 120.
[21] Geregelt in ss. 560 ff. CA 2006; dazu *Hannigan* Company Law Rdnr. 19–36 ff., S. 487 ff.
[22] Näher *Hannigan* Company Law Rdnr. 19–42 ff., S. 488 ff.
[23] Legaldefinition der special resolution in s. 283 CA 2006.
[24] Gem. s. 641(1)(b) CA 2006; näher zum Verfahren *Gower/Davies* Principles of Modern Company Law S. 308 ff.; *Just* Die Limited in der Praxis Rdnr. 226 ff.
[25] Geregelt in ss. 642–644 CA 2006; dazu *Gower/Davies* Principles of Modern Company Law S. 312 ff.; *Wilson* CRI 2009, 103, 104.
[26] Siehe aber s. 641(2) CA 2006.
[27] Eingehend zum Einsatz von preference shares bei Debt/Equity-Swaps *Wilson* CRI 2009, 103 f.
[28] Dazu und zu weiteren Gestaltungsmöglichkeiten *Clowry* in *Larkin* Restructuring and Workouts S. 33 f.; *Wilson* CRI 2009, 103, 104.
[29] *Wilson* CRI 2009, 103.
[30] *Clowry* in *Larkin* Restructuring and Workouts S. 33 f.
[31] *Wood* Principles of International Insolvency Rdnr. 21–067, S. 643; vgl. zum deutschen Recht *Westpfahl* in *Eilers/Koffka/Mackensen* Private Equity S. 245.

Zustimmung des/der Erstgenannten. Die Zustimmung der Altgesellschafter von Tochter- und Enkelgesellschaften ist allenfalls insofern nicht notwendig, als eine Übertragung von Anteilen auf der Ebene einer Holding möglich ist.[32] Im Gegenzug erlässt der Kreditgeber typischerweise Forderungen gegen die Gesellschaft. Bei Übertragung der Anteile einer Holding kann die Freigabe von Sicherheiten durch die Kreditgeber auf Ebene der Tochter- und Enkelgesellschaften notwendig sein.

4. Debt/Asset-Swap

13   Weiterhin kann der Debt/Equity-Swap – wie nach deutschem Recht[33] – als **Debt/Asset-Swap** ausgestaltet werden. Dabei erwerben die Gläubiger direkt Vermögensgegenstände der Gesellschaft oder Anteile an operativen Beteiligungsgesellschaften bzw. einer Zwischenholding. Ein Vorteil dieses Ansatzes kann die Vermeidung von Zustimmungserfordernissen der Altgesellschafter sein, etwa wenn die Transaktion von den Kompetenzen des administrator gedeckt ist.[34]

5. Übernahme von Anteilen einer neu gegründeten Gesellschaft

14   Zudem können die Vermögensgegenstände der Schuldnerin auf eine neu gegründete Zweckgesellschaft übertragen werden. Die Gläubiger erwerben **Anteile an der Zweckgesellschaft**.[35] Diese Vorgehensweise kann insbesondere im Rahmen einer administration genutzt werden, um Widerstände der Altgesellschafter zu überwinden.[36]

6. Hybride Gestaltungen

15   Rechtstechnisch sind schließlich hybride Gestaltungen denkbar, vergleichbar Genussrechten[37] oder atypischen stillen Beteiligungen. Solche Gestaltungen mögen zwar geringere Publizitätserfordernisse aufweisen und schneller rückgängig zu machen sein. Mit dem Verzicht auf den Erwerb einer formellen Gesellschafterstellung können jedoch auch Nachteile verbunden sein (z. B. fehlende Verwaltungsrechte). In der Restrukturierungspraxis kommen beispielsweise **warrants** zum Einsatz, die zum Bezug einer bestimmten Zahl von Aktien bzw. Geschäftsanteilen berechtigen, teilweise gegen einen bestimmten Aufpreis (premium).[38] Die Bezugsrechte können je nach Value-Break für verschiedene (Alt-)Gläubigergruppen unterschiedlich ausgestaltet sein (Erwerbspreis, Fristen).

III. Einzelheiten zum Debt/Equity-Swap nach englischem Recht

1. Beteiligung der Altgesellschafter

16   **a) Grundlagen.** Die notwendige Zustimmung der Altgesellschafter zu den im Rahmen eines Debt/Equity-Swap erforderlichen Kapitalmaßnahmen im deutschen Recht ist seit langem mehrheitlich als reformbedürftig empfunden worden.[39] Als Begründung wird im Wesentlichen auf die **Wertlosigkeit der Geschäftsanteile bzw. Aktien in der materiellen Insolvenz** einerseits und die **wirtschaftliche Eigentümerstellung der Gläubiger** andererseits verwiesen.[40] Das Gesetz zur weiteren Erleichterung der Sanierung von Unternehmen (ESUG)[41] vom 7. 12. 2011 hat zwar die Möglichkeit eröffnet, nun auch

---

[32] *Cohen/Maclennan* CRI 2009, 91.
[33] Dazu *Westpfahl* in *Eilers/Koffka/Mackensen* Private Equity S. 251 f.
[34] Zu den Kompetenzen des administrator siehe § 38 Rdnr. 65 ff.
[35] Vgl. *Windsor/Müller-Seils/Burg* NZI 2007, 7, 9.
[36] Näher unten Rdnr. 20.
[37] Zum Begriff MünchKommBGB/*Habersack* § 793 Rdnr. 24.
[38] *Clowry* in *Larkin* Restructuring and Workouts S. 34.
[39] *Westpfahl/Janjuah* Beilage zu ZIP 2008/3, S. 14 ff.; *Eidenmüller/Engert* ZIP 2009, 541, 543 ff.; *Müller,* Der Verband in der Insolvenz, 2002, S. 401 f.; Bundesministerium der Justiz (Hrsg.), Erster Bericht der Kommission für Insolvenzrecht, 1985, S. 16, 189 ff., 278 ff.
[40] Siehe nur *Eidenmüller* ZGR 2001, 680, 688.
[41] BGBl. 2011, Teil I, Nr. 64 v. 13. 12. 2011, S. 2582.

Gesellschafterminderheiten im Rahmen eines Insolvenzplans gegen ihren Willen in eine Sanierung miteinzubinden. Das schließt Sanierungen durch einen Debt/Equity-Swap mit ein.[42] Zudem hat der BGH anlässlich einer Entscheidung zum Ausschluss sanierungsunwilliger Gesellschafter einer GmbH & Co. OHG die Stellung der Altgesellschafter deutlich geschwächt.[43] Außerhalb des Insolvenzplanverfahrens ist ein Debt/Equity-Swap in Deutschland aber auch weiterhin nur mit Zustimmung der Altgesellschafter durchführbar. Zudem besteht eine, wenn auch beschränkte, Gefahr, dass die Altgesellschafter den Rechtsschutz gegen den Insolvenzplan missbräuchlich zur Obstruktion nutzen.[44]

Vor dem Hintergrund möglicher Sanierungsmigrationen gewinnt die Frage, ob das englische Recht den Altgesellschaftern ebenfalls eine formelle Blockadeposition einräumt, auch für deutsche Gesellschaften erhebliche Bedeutung. Die Antwort fällt für das englische Recht differenziert aus. **Je nachdem, welche Verfahrensgestaltung** gewählt wird, sind die Altgesellschafter zwingend zu beteiligen oder nicht.[45] Der Umstand, dass die Zustimmung der Gesellschafter unter bestimmten Bedingungen entbehrlich sein kann, hat in der Verhandlungssituation weitreichende Konsequenzen. Da die Gläubiger bzw. ihre Vertreter den Altgesellschaftern mit einem Verfahrensweg drohen können, der ihre Beteiligung hinfällig werden lässt, sind die Gesellschafter in England regelmäßig eher zu einer konsensualen Lösung bereit.

b) Mitwirkung an Kapitalmaßnahmen. Wie in Deutschland erfordert auch in England die **nominelle Kapitalherabsetzung** einen Gesellschafterbeschluss.[46] Unabhängig davon, ob die Herabsetzung im Verfahren der gerichtlichen Bestätigung oder des solvency statement durchgeführt wird, ist ein Gesellschafterbeschluss mit besonderen Informations- und Mehrheitserfordernissen (sog. special resolution[47]) erforderlich.[48] Notwendig ist zumindest eine Stimmenmehrheit von 75%.[49] Auch bei der **Kapitalerhöhung** ist mit Blick auf die Ermächtigung der Direktoren und die Bezugsrechte grundsätzlich die Zustimmung der Altgesellschafter einzuholen.[50] Allerdings gibt es Abschwächungen und Ausnahmen.[51] Für einen Beschluss, mit dem die Direktoren zur Ausgabe neuer Anteile ermächtigt werden, genügt eine Stimmenmehrheit von > 50%.[52] Bei einer Limited ohne verschiedene Gesellschafterklassen sind die Direktoren zur Ausgabe von Anteilen ermächtigt, wenn die Satzung nicht etwas anderes vorschreibt.[53] Weiterhin gibt es Ausnahmen bei den gesetzlichen Bezugsrechten der Gesellschafter.[54] Von besonderer Relevanz ist der Ausschluss des Bezugsrechts gem. s. 565 CA 2006 bei der Sachkapitalerhöhung (issue for non-cash consideration).[55] Zudem können die Bezugsrechte mit einer Gesellschaftermehrheit von 75%

---

[42] Dazu *Simon* CFL 2010, 448 ff.; *Steffek* in *Allmendinger/Dorn/Lang/Lumpp/Steffek* Corporate Governance nach der Finanz- und Wirtschaftskrise S. 301, 317 ff.; zur Verfassungsmäßigkeit *Bay/Seeburg/Böhmer* ZInsO 2011, 1927, 1929 ff.

[43] BGH NJW 2010, 65.

[44] *Steffek* in *Allmendinger/Dorn/Lang/Lumpp/Steffek* Corporate Governance nach der Finanz- und Wirtschaftskrise S. 301, 318.

[45] *Cohen/Maclennan* CRI 2009, 91.

[46] Dazu bereits oben Rdnr. 10.

[47] Legaldefiniert in s. 283 CA 2006.

[48] S. 641(1) CA 2006; Palmer's Company Law Rdnr. 4.302.

[49] Für die allgemeinen Stimmregeln siehe ss. 284 ff. CA 2006.

[50] Ss. 549 ff. CA 2006; näher *Ferran* Principles of Corporate Finance S. 131 ff.; vgl. *Cohen/Maclennan* CRI 2009, 91, 92.

[51] Zu Gestaltungslösungen *Wood* Principles of International Insolvency Rdnr. 21–094, S. 648 f.; zur Vermeidung von Bezugsrechten können sog. „cash box structures" verwendet werden; dazu im Zusammenhang mit der Ausgabe von Wandelanleihen (convertible bonds) *Walker* CRI 2009, 211 ff.

[52] S. 551 i. V. m. s. 282 CA 2006.

[53] S. 550 CA 2006.

[54] Siehe ss. 560 ff. CA 2006; eingehend *Ferran* Principles of Corporate Finance S. 134 ff.

[55] Dazu *Gower/Davies* Principles of Modern Company Law S. 837 ff.; beachte aber, dass die Ausnahme beim Debt/Equity-Swap nicht ohne weiteres greift.

ausgeschlossen werden.[56] Für den Fall, dass der Debt/Equity-Swap im Wege einer Übernahme der Anteile der Altgesellschafter durch die Gläubiger strukturiert wird, ist die Zustimmung der Altgesellschafter zur Anteilsübertragung freilich zwingend. Im Zusammenhang mit Kapitalmaßnahmen wird eine auf einer mitgliedschaftlichen Treupflicht basierende Zustimmungspflicht der Gesellschafter im englischen Recht nicht erwogen.

19 **c) Sanierungsverfahren.** Anderes kann gelten, wenn der Debt/Equity-Swap in einem besonderen formellen Verfahren durchgeführt wird. Im Rahmen eines **CVA** greift dessen Bindungswirkung auch dann, wenn nur die Gläubiger, nicht aber die Gesellschafter dem CVA zustimmen.[57] Bei einem **scheme of arrangement** gem. ss. 895ff. CA ist die Beteiligung der Gesellschafter grundsätzlich entbehrlich, wenn ihre Rechte nicht nachteilig durch das Scheme betroffen werden. Bei negativem bzw. nicht existierendem Nettovermögen der Gesellschaft und damit wertlosen Gesellschaftsanteilen ist diese Voraussetzung regelmäßig gegeben.[58] Die Bindungswirkung des scheme erfasst trotz ihrer Nichtbeteiligung dennoch sämtliche Gesellschafter.[59] Ihre Beteiligung kann allerdings im Rahmen der Kapitalherabsetzung bzw. -erhöhung erforderlich sein.[60] Bei börsennotierten Gesellschaften kann die **UK Listing Authority (UKLA)** von der Beteiligung der Altgesellschafter dispensieren.[61]

20 **d) Administration.** Zudem kann das Verfahren der **administration**[62] – ggf. in Kombination mit einem CVA – eingesetzt werden, um das Blockadepotential der Altgesellschafter zu entschärfen. Rechtstechnischer Ankerpunkt ist die grundsätzlich gegebene Kompetenz des administrator, ohne Zustimmung der Gläubiger oder Gesellschafter Vermögensgegenstände durch Verkauf zu liquidieren.[63] Wird das Unternehmen als going concern so an eine neue Gesellschaft verkauft und sind die Gläubiger bereit, statt des Erlöses Anteile an der neuen Gesellschaft zu übernehmen, ist die Möglichkeit eines Debt/Equity-Swaps ohne Beteiligung der Altgesellschafter eröffnet. Die Aussicht auf diese Vorgehensweise wird die Altgesellschafter allerdings oft dazu anregen, bereits im Vorfeld einen marktangemessenen Preis für die (teilweise) Aufgabe ihrer Eigentümerstellung zu akzeptieren.

21 **e) Vollstreckung von Pfandrechten und Credit Bids.** In Situationen, in denen die notwendige Zustimmung der Altgesellschafter nicht zu erreichen und die Einbindung dissentierender Gesellschafter durch eines der gesetzlichen Verfahren nicht möglich ist, kann ein Debt/Equity-Swap im Wege der Vollstreckung von Pfandrechten[64] an Gesellschaftsanteilen gelingen.[65] Der Vorteil dieser Vorgehensweise liegt darin, dass dazu nur die **Zustimmung der Pfandrechtsinhaber** notwendig ist. Unter Umständen kann also selbst die Opposition von Gesellschaftern, Geschäftsleitern und anderen Gläubigern überwunden werden. Zudem kann der Debt/Equity-Swap auf diese Weise mit vergleichsweise wenig Aufsehen und in kurzer Zeit durchgeführt werden.

22 Die Anteile der Altgesellschafter werden nach Vollstreckung der Pfandrechte von den Altgläubigern allerdings nicht unmittelbar erworben. Vielmehr werden sie auf eine Zweckgesellschaft übertragen. Dasselbe gilt, wenn die Altgläubiger zwar keine Pfandrechte an den Anteilen der Holding innehaben, sondern an anderen Gesellschaften des Konzerns, idealerweise an den Gesellschaften unmittelbar unter der Holding. Die Zweckgesellschaft wird

---

[56] Ss. 570f. CA 2006.
[57] *Parry* Corporate Rescue S. 183; dazu auch oben § 39 Rdnr. 14.
[58] *Re Oceanic Steam Navigation Co Ltd* [1939] Ch 41, 47; Palmer's Company Law Rdnr. 12.052.
[59] Palmer's Company Law Rdnr. 12.077.
[60] *Chudzick* Schemes of Arrangements mit Gläubigern nach englischem Kapitalgesellschaftsrecht S. 118ff.
[61] *Bewick/Fennessy/Marks* in *Olivares-Caminal* Expedited Debt Restructuring S. 243.
[62] Eingehend dargestellt oben § 38 Rdnr. 58ff.
[63] Dazu oben § 38 Rdnr. 65.
[64] Bzw. anderer Sicherheiten, die letztlich Eigentum an den Anteilen vermitteln.
[65] *Cohen/Maclennan* CRI 2009, 91; *Clowry* in *Larkin* Restructuring and Workouts S. 54f.; dort auch zum Folgenden.

so zur neuen Holding. Die Altgläubiger (und ggf. weitere zu beteiligende Investoren) können nun **auf Ebene der neuen Holding** die Verteilung von Eigen- und ggf. Fremdkapital samt evtl. abzuschließender neuer Gesellschafter- und Gläubigervereinbarungen verhandeln.

Im Vollstreckungsfall werden die Sicherungsrechte an den Anteilen der Altgesellschafter bzw. der Gesellschaften des zugehörigen Konzerns regelmäßig von einem **receiver**,[66] welcher von dem gemäß dem alten intercreditor agreement bestellten Sicherheitentreuhänder (security trustee) ernannt wird, verwaltet. Um eine Benachteiligung anderer Gläubiger auszuschließen, wird der receiver regelmäßig Bewertungsgutachten einholen müssen, um den Verkaufspreis für die verwerteten Geschäftsanteile an die Zweckgesellschaft zu bestimmen. Um den Erwerbsvorgang durch die Zweckgesellschaft zu beschleunigen, kann die Übertragung der Anteile im Wege eines **pre-pack**[67] vorgenommen werden.

Von zentraler Bedeutung ist die Frage, was der receiver als Gegenleistung für die Übertragung der Anteile verlangt. Der Debt/Equity-Swap wird dann erleichtert, wenn der receiver nicht Zahlung verlangt, sondern sich – zumindest teilweise – mit der Freigabe von Kreditforderungen begnügt **(credit bid)**. Dabei ist auch zu beachten, ob nach dem anwendbaren Recht ein Auktionsverfahren vorgeschrieben ist.[68]

f) Nutzung von Gläubigervereinbarungen. Gläubigervereinbarungen (**intercreditor agreements**) können unter bestimmten Bedingungen von nachrangigen Gläubigern (junior creditors) für einen Debt/Equity-Swap genutzt werden.[69] Diese Rechtstechnik wird insbesondere von Investoren eingesetzt, die Kreditforderungen gezielt zur späteren gesellschafterlichen Kontrollübernahme erwerben („loan to own"). Die intercreditor agreements enthalten dann einen Hebel für einen Debt/Equity-Swap, wenn sie den junior creditors das Recht einräumen, die vorrangigen Kreditforderungen (senior debt) unter bestimmten Bedingungen, etwa der Vollstreckung von Sicherheiten, zu erwerben.

2. Zustimmung der Altgläubiger

a) Grundlagen. Ist die erforderliche Zustimmung von Altgläubigern nicht zu erreichen, stellt sich ebenfalls die Frage nach der Möglichkeit einer zwingenden Einbindung in den Debt/Equity-Swap. Die **Bindung dissentierender Minderheiten** setzt die Eröffnung eines der oben[70] eingehend beschriebenen Verfahren voraus, insbesondere eines CVA oder eines scheme of arrangement gem. ss. 895 ff. CA 2006.[71] Dabei sind die allgemeinen Voraussetzungen zu beobachten (Information, Ladung, ggf. Klasseneinteilung, Abstimmungsmehrheiten, ggf. gerichtliche Bestätigung) sowie die Frage der Anerkennung in anderen Jurisdiktionen.

b) Gläubigervereinbarungen. Bei **intercreditor agreements** ist das Augenmerk auch darauf zu richten, ob die an der Sanierung beteiligten Gläubiger Freigabeklauseln nutzen können, um nicht beteiligten Gläubigern (etwa nachrangigen Gläubigern) Kontroll- bzw. Sicherungsrechte betreffend die Anteile oder Vermögensgegenstände der Konzerngesellschaften zu nehmen. Teilweise kann der Sicherungstreuhänder solche Freigaberechte ausüben. Kann die Freigabe auf diesen Wegen nicht erreicht werden, besteht die Möglichkeit, die Freigabe „abzukaufen", entweder gegen Zahlung oder gegen Einräumung von Gesellschaftsanteilen.

3. Haftung und Eigenkapitalersatz

Die aus dem deutschen Recht bekannten Probleme der **Differenzhaftung**[72] bei fehlerhafter Bewertung der Gläubigerforderungen stellen sich im englischen Recht **regelmäßig**

---

[66] Dazu oben § 38 Rdnr. 52 in Fn. 126.
[67] Dazu § 38 Rdnr. 97 ff.
[68] Näher *Clowry* in *Larkin* Restructuring and Workouts S. 55.
[69] *Clowry* in *Larkin* Restructuring and Workouts S. 54 f.; dort auch zum Folgenden.
[70] In §§ 38, 39.
[71] *Cohen/Maclennan* CRI 2009, 91.
[72] BGHZ 110, 47, 52 ff. = NJW 1990, 982, 983 ff.; *Redeker* BB 2007, 673, 676 f.; *Kestler/Striegel/Jesch* NZI 2005, 417, 422.

nicht. Denn anders als bei der Kapitalaufbringung in GmbH und AG[73] wird die Einlage in Form eines Verzichts auf Forderungen gegen die Gesellschaft regelmäßig als Bareinlage behandelt. Gem. s. 583(3)(c) CA 2006 liegt eine Bareinlage (cash consideration) dann vor, wenn auf eine Forderung gegen die Gesellschaft verzichtet wird (release of a liability), die auf eine bestehende, höhenmäßig bestimmte (oder bestimmbare) Geldzahlung (liquidated sum[74]) geht. Das englische Recht erleichtert Debt/Equity-Swaps dadurch ungemein, dass die Forderung mit ihrem Nominalbetrag als Einlageleistung anerkannt wird.[75] Aus der Regel in s. 580 CA 2006, wonach Anteile nicht gegen einen Abschlag vom Nennwert ausgegeben werden dürfen, ergeben sich deshalb regelmäßig keine Probleme. Selbst wenn die Einlage ausnahmsweise als Sacheinlage qualifiziert werden würde, gälte bei der Limited das im Vergleich zum deutschen Recht weit liberalere Recht der Kapitalaufbringung.[76]

Die Haftung der Neugesellschafter als **faktische Direktoren** (de facto directors) oder **Schattendirektoren** (shadow directors) der zu sanierenden Gesellschaft mag theoretisch bestehen.[77] In der Praxis spielt sie allerdings eine deutlich untergeordnete Rolle.

29 **Alt- und Neugläubiger**, die nach dem Debt/Equity-Swap **gleichzeitig Gesellschafter** sind, haben zu bedenken, dass sie dadurch zu mit der Gesellschaft connected persons (verbundene Personen) werden können. Der Insolvency Act 1986 definiert connected persons in s. 249 i.V.m. s. 435. Im Kern erfassen die Normen Direktoren samt Familienangehörigen und Verwandten, Angestellte der Gesellschaft, Konzerngesellschaften und kontrollierende Gesellschafter.[78] Für connected persons enthalten die Insolvenzanfechtungsnormen in ss. 238 ff. IA 1986 verschärfende Regeln, etwa betreffend das subjektive Element und die Anfechtungsfristen. Das wird insbesondere dann relevant, wenn dem Gläubiger-/Gesellschafter neue Sicherheiten durch die Gesellschaft bestellt werden. In der Praxis wird daher versucht, möglichst Altsicherheiten weiterzuverwenden.[79]

30 Stellt sich die **Finanzierungsbeziehung** zu einem Neugesellschafter als für die Gesellschaft **schlechter als vor dem Debt/Equity-Swap** dar, können sich Haftungs- und Anfechtungsgefahren ergeben. Der Anfechtungsgrund der preference[80] gem. s. 239 IA 1986 kann erfüllt sein, wenn die Gesellschaft einem Altgläubiger durch den Debt/Equity-Swap eine bessere Position verschafft. Handelt es sich bei der schuldnerischen Gesellschaft um eine public limited company (plc), ist im Blick zu behalten, dass die Schuldnergesellschaft den Anteilserwerb nicht im Wege einer gem. ss. 667 ff. CA 2006 verbotenen financial assistance unterstützt.[80a]

Durch die Beteiligung am Eigenkapital entsteht für die Altgläubiger nicht die Gefahr, dass stehenbleibende Kreditforderungen gegen die Gesellschaft in **Eigenkapitalersatz** umqualifiziert werden.[81] Das englische Gesellschaftsrecht kennt eine Finanzierungsfolgenverantwortung nach Art der durch das MoMiG aufgehobenen deutschen Eigenkapitaler-

---

[73] Dazu im Kontext des Debt/Equity-Swap; *Franke,* Debt Equity Swaps, S. 85 ff.; *Redeker* BB 2007, 673 ff.
[74] Zur Auslegung von „liquidated sum" *Keay/Walton* Insolvency Law S. 339; *Truex v Toll* [2009] EWHC 396; *In Re A Debtor (No. 64 of 1992)* [1994] 1 WLR 264:
[75] *Gower/Davies* Principles of Modern Company Law Rdnr. 11–14, S. 276; vgl. *In Re Mercantile Trading Company* (1870-71) LR 11 EQ 131.
[76] Vgl. nur *Re White Star Line Ltd* [1938] Ch 458, 476; *Re Wragg* [1897] 1 Ch 796, 811 ff.; *Park Business Interiors Ltd v Park* 1991 SLT 818, 822.
[77] Zu beiden Rechtsfiguren § 41 Rdnr. 4.
[78] Zu Einzelheiten *Steffek* KTS 2007, 451, 477 f.
[79] *Cohen/Maclennan* CRI 2009, 91, 92.
[80] Dazu näher unter § 41 Rdnr. 36 ff.
[80a] Vgl. *Re Uniq Plc* [2011] EWHC 749 (Ch) Rdnr. 30 ff.
[81] Zur Problematik im deutschen Recht vor Inkrafttreten des MoMiG *Hass/Schreiber/Tschauner* in *Hommel/Knecht/Wohlenberg* Handbuch Unternehmensrestrukturierung S. 843, 845, 848 ff.; zur Rechtslage nach dem MoMiG *Paape* DZWiR 2009, 9, 13; *Scheunemann/Hoffmann* DB 2009, 983, 984 f.

satzregeln ebenso wenig wie den generellen Nachrang von Gesellschafterdarlehen und wirtschaftlich entsprechenden Forderungen in der Insolvenz.[82]

4. Sonstiges

Je nach Konstellation können weitere Aspekte zu beachten sein:[83] Change-of-Control-Klauseln in den Verträgen der Gesellschaft, die Anwendbarkeit wettbewerbs- und übernahmerechtlicher Regeln,[84] die Auslösung eines Pflichtangebots, die Normen des Insiderrechts, Zustimmungsvorbehalte bei convertible bonds, die Pflicht zur bilanzrechtlichen Konsolidierung, die Verantwortlichkeit für Pensionsverpflichtungen nach dem Pensions Act 2004,[85] steuerliche Auswirkungen[86] und Kapitalmarktrecht. Nennenswert sind diesbezüglich insbesondere die Verfahrenspflichten und Zustimmungserfordernisse, die sich bei einer **börsennotierten Gesellschaft** aus Rule 10 der Listing Rules der UK Listing Authority ergeben können.[87]

31

§ 41 Haftung und Insolvenzanfechtung

Übersicht

	Rdnr.		Rdnr.
I. Haftung in der Insolvenz	1–28	II. Insolvenzanfechtung	29–39
1. Geschäftsleiter	1–24	1. Überblick	29–32
a) Zivilrechtliche Haftung	1–19	2. Transactions at an undervalue	33–35
b) Strafrechtliche Haftung	20	3. Preferences	36–38
c) Disqualifizierung	21–24	4. Avoidance of certain floating charges	39
2. Gesellschafter	25–28		

Schrifttum: *Armour/Bennett,* Vulnerable Transactions in Corporate Insolvency, 2003; *Bachner,* Creditor Protection in Private Companies, 2009; *Bailey,* Voluntary Arrangements, 2. Aufl. 2007; *Basedow/Hopt/Zimmermann* (Hrsg.), Handwörterbuch des Europäischen Privatrechts, 2009; *Beissenhirtz,* Die Insolvenzanfechtung in Deutschland und England, 2003; *Bersheda Vucurovic,* Civil Liability of Company Directors and Creditor Protection in the Vicinity of Insolvency, 2007; *BIS,* Statistical Tables on Companies Registration Activities 2009–2010, 2010; *dass.,* Statistical Tables on Companies Registration Activities 2010–2011, 2011; *Borrowdale,* Liability of Directors for Tort – Development in New Zealand, [1998] JBL 96–110; Chitty on Contracts, General Principles (Band 1), 30. Aufl. 2008; *Cooke/Hicks,* Wrongful Trading – Predicting Insolvency, [1993] JBL 338–350; *Cork Report,* Insolvency Law and Practice, Report of the Review Committee, Chairman: Sir Kenneth Cork, HMSO, Cmnd. 8558, London, vorgelegt Juni 1982, Nachdruck 1990; *Deakin/Johnston/Markesinis,* Tort Law, 6. Aufl. 2008; *Doralt,* Managerpflichten in der englischen Limited – Companies Act Kommentar, 2011; *DTI,* Companies in 2004–2005, 2005; *Elwes,* Misrepresentations Made by Directors and the Requirement of Writing, CRI 2011, 175–177; *Finch,* Corporate Insolvency Law, 2. Aufl. 2009; *Goode,* Principles of Corporate Insolvency Law, 4. Aufl. 2011; *Gower/Davies,* Principles of Modern Company Law, 8. Aufl. 2008; *Griffin,* Personal Liability and Disqualification of Company

---

[82] Vgl. *Muscat,* The liability of the Holding Company for the Debts of its Insolvent Subsidiaries, 1996, S. 309 ff.; *Möller,* Die materiell unterkapitalisierte GmbH – Eine Untersuchung unter Berücksichtigung der Rechtsprechung zum existenzvernichtenden Eingriff und aus rechtsvergleichender Sicht, 2005, S. 175 ff.; siehe aber auch s. 3 Partnership Act 1890 i. V. m. r. 12.3(2A) IR 1986.

[83] Näher dazu und zu weiteren Themen *Wood* Principles of International Insolvency Rdnr. 21–088 ff., S. 647 ff.

[84] *Cohen/Maclennan* CRI 2009, 91, 93.

[85] *Leivesley* JBL 2011, 725 ff.; *Bamforth* JIBFL 2007, 7 f.; *Cohen/Maclennan* CRI 2009, 91, 93.

[86] Für einen Überblick zum englischen Steuerrecht bei Debt/Equity-Swaps *Clowry* in *Larkin* Restructuring and Workouts S. 56 ff.; *Rea* Tax J. 2011, Issue 1081, 16 f.; *Boneham* Tax J. 2009, Issue 984, 16 ff.; zur steuerrechtlichen Strukturierung von Debt/Equity-Swaps in Deutschland *Scheunemann/Hoffmann* DB 2009, 983, 985 f.

[87] Einsehbar unter www.fsa.gov.uk/Pages/Doing/UKLA/index.shtml; siehe außerdem *Cohen/Maclennan* CRI 2009, 91, 93.

Directors, 1999; *Grubb* (Hrsg.), The Law of Tort, 2002; *Kamlah,* Die Anfechtung in der Insolvenz von Unternehmen – Dargestellt am deutschen und englischen Recht, 1995; *Keay,* Company Directors' Responsibilities to Creditors, 2007; *ders.*, Directors' Duties, 2009; *ders.*, What Future for Liquidation in the Light of the Enterprise Act Reforms, [2005] JBL 143–158; *Keay/Walton,* Insolvency Law, 2. Aufl. 2008; *Lingard,* Corporate Rescues and Insolvencies, 2. Aufl. 1989; *Leyens,* Anmerkung zu Court of Appeal (England), Urt. v. 5. 3. 2003 – 1465/01 („Morphites v. Bernasconi"/„TMC-Stafette"), EWiR 2004, 79–80; *Lutter* (Hrsg.), Das Kapital der Aktiengesellschaft in Europa, ZGR-Sonderheft 17, 2006; *Marschall,* Ersatz reiner Vermögensschäden in der Geschichte des englischen Rechts am Beispiel der Auskunftshaftung, 2002; *Martin,* Berufsverbote für Geschäftsleiter von Kapitalgesellschaften, 2007; *Milman,* Strategies for Regulating Managerial Performance in the 'Twilight Zone' – Familiar Dilemmas: New Considerations, [2004] JBL 493–514; *Mokal,* Corporate Insolvency Law, 2005; *Mortimore* (Hrsg.), Company Directors – Duties, Liabilities, and Remedies, 2009; *Möser,* Gläubigerschutz durch Berufsverbote für Geschäftsleiter – Eine rechtsvergleichende Untersuchung des englischen und deutschen Kapitalgesellschaftsrechts, 2011; *Parry/Ayliffe/Shivji* (Hrsg.) Transaction Avoidance in Insolvencies, 2. Aufl. 2011; *Payne,* Lifting the Corporate Veil: A Reassessment of the Fraud Exception, [1997] CLJ 284–290; *Redeker,* Die Haftung für wrongful trading, 2007; *Sealy/Milman,* Annotated Guide to the Insolvency Legislation 2011, 14. Aufl. 2011; *Sealy/ Worthington,* Cases and Materials in Company Law, 9. Aufl. 2010; *Steffek,* Das englische Recht der Insolvenzanfechtung, KTS 2007, 451–483; *ders.*, Der subjektive Tatbestand der Gesellschafterhaftung im Recht der GmbH – Zugleich ein Beitrag zum Haftungsdurchgriff, JZ 2009, 77–85; *ders.*, Gläubigerschutz in der Kapitalgesellschaft, 2011; *ders.*, Keine wrongful trading Haftung wegen fehlerhaften Rechtsrats in Krise und Insolvenz unter dem Civil Liability (Contribution) Act 1978, EWiR 2007, 371–372; *ders.*, Wrongful Trading – Grundlagen und Spruchpraxis, NZI 2010, 589–596; *Thole,* Gläubigerschutz durch Insolvenzrecht – Anfechtung und verwandte Regelungsinstrumente in der Unternehmensinsolvenz, 2010; *von Thunen,* Directors' Duty for the Benefit of Creditors, 2011; *Walters/Davis-White,* Directors' Disqualification & Insolvency Restrictions, 3. Aufl. 2010; *Williams,* Disqualification Undertakings – Law, Policy and Practice, 2011; *Willekes/Watson,* Economic Loss and Directors' Negligence, [2001] JBL 217–253.

I. Haftung in der Insolvenz

1. Geschäftsleiter

a) Zivilrechtliche Haftung. aa) Grundlagen. Die zivilrechtliche Haftung der Geschäftsleiter (directors) in Krise und Insolvenz ist **weniger streng als im deutschen Recht**.[1] Rechtshistorisch erklärt sich dies daraus, dass die englische Rechtsordnung erst Ende der 1970er Jahre begann,[2] objektive Sorgfaltspflichten der Geschäftsleiter zu entwickeln, und eine Annäherung an die strengen Standards des deutschen Rechts im Gesetzes- und Richterrecht nur langsam stattfindet. Rechtskulturell liegt der restriktiveren Haftung die Zurückhaltung der englischen Gerichte erstens hinsichtlich der nachträglichen Bewertung unternehmerischer Entscheidungen[3] und zweitens hinsichtlich der Haftungserstreckung auf nicht durch das Parlament geregelte Fälle im Wege des Fallrechts[4] zugrunde. Regelungspolitisch ist das mildere Haftungsrecht im Unterschied zum Regelungsansatz in Deutschland von der Überzeugung getragen, dass die gesamtgesellschaftlichen Kosten eines strengeren und früher greifenden Haftungsregimes wegen verhinderter Sanierungen höher wären als die Effizienzgewinne in Form höherer Gläubigerquoten in der Insolvenz. In der Tendenz ist allerdings festzustellen, dass das Haftungsrecht betreffend Geschäftsleiter in der Insolvenz und auch außerhalb in Gesetzgebung und Rechtsprechung strenger wird.

---

[1] Ausführlich *Steffek* Gläubigerschutz in der Kapitalgesellschaft Kapitel 4.

[2] Angestoßen durch das 1977 gefasste, aber erst mehr als ein Jahrzehnt später vollständig veröffentlichte Urteil *Dorchester Finance Co Ltd v Stebbing* [1989] BCLC 498.

[3] *Re Idessa (UK) Ltd, Burke v Morrison* [2011] EWHC 804 (Ch) Rdnr. 113; *Carlen v Drury* 35 ER 61, 63 (1812); *Sealy/Worthington* Cases and Materials in Company Law S. 595.

[4] *Prudential Assurance v Newman* [1982] Ch 204, 224: „The compulsory regulation of companies is a matter for Parliament"; allgemein *Grubb* The Law of Tort Rdnr. 12.133 f., S. 544.

bb) Wrongful trading. (1) *Haftungseröffnender Tatbestand.* Die Haftung wegen wrongful 2 trading wurde Mitte der 1980er Jahre durch den Insolvency Act 1985 eingeführt[5] und ist heute in **s. 214 IA 1986** zu finden. Die entscheidenden materiellen Tatbestandsmerkmale sind in den Absätzen (2) und (3) enthalten, die Absätze (4) bis (7) geben konkretisierende Auslegungshilfen, Absatz (1) hat prozessrechtliche Bedeutung und räumt dem Gericht ein weites Ermessen hinsichtlich der Rechtsfolgen ein.

Der **haftungseröffnende Tatbestand** in s. 214(2) IA 1986 nennt folgende drei Voraus- 3 setzungen:[6]

„(a) the company has gone into insolvent liquidation,
(b) at some time before the commencement of the winding up of the company, that person knew or ought to have concluded that there was no reasonable prospect that the company would avoid going into insolvent liquidation, and
(c) that person was a director of the company at that time; [...]."

Gem. s. 214(2)(a) IA 1986 ist mithin eine **insolvente Liquidation** erforderlich. Eine 4 solche liegt gem. s. 214(6) IA 1986 vor, wenn zu einem Zeitpunkt, in dem das Vermögen nicht zur Begleichung sämtlicher Verbindlichkeiten und der Verfahrenskosten[7] ausreicht, ein Liquidationsverfahren (winding up) eröffnet wird. **Haftungsadressaten** sind gem. s. 214(2)(c) IA 1986 Direktoren (directors), also insbesondere Geschäftsleiter im Sinne von GmbH-Geschäftsführern und AG-Vorständen. Direktor ist jede wirksam zum Direktor bestellte und zum Gesellschaftsregister gemeldete Person (sog. **de jure director**).[8] Gem. s. 214(7) IA 1986 gehört zu den Direktoren auch der sog. Schattendirektor **(shadow director)**. Schattendirektor ist laut s. 251 IA 1986 eine Person, „with whose directions or instructions the directors of the company are accustomed to act".[9] Schließlich wird unter den Begriff des Direktors auch der faktische Direktor **(de facto director)** subsumiert, auch wenn dieser im Normtext nicht ausdrücklich in Bezug genommen wird.[10] Faktischer Direktor ist eine Person, die tatsächlich Stellung und Funktion eines Direktors übernommen hat.[11]

Hinzu kommt gem. s. 214(2)(b) IA 1986 das Erfordernis, dass der Direktor **zu einem** 5 **Zeitpunkt vor Eröffnung der Liquidation wusste oder hätte wissen müssen, dass keine vernünftige Aussicht darauf bestand, dass die Gesellschaft eine überschuldete Liquidation würde vermeiden können** (sog. **moment of truth**). Anders als das deutsche Recht der Insolvenzverschleppung fragt das englische Recht also nicht nach dem Eintritt der materiellen Insolvenz, sondern nach dem Zeitpunkt, in dem das verfahrensrechtliche Ereignis der überschuldeten Abwicklung als unvermeidbar erscheinen musste.

---

[5] Zugrunde lag eine Empfehlung des Cork Committee aus dem Jahr 1982, *Cork Report* Insolvency Law and Practice Rdnr. 1775 ff., S. 398 ff.

[6] Dazu ausführlicher *Steffek* NZI 2010, 589, 590 ff.

[7] Die Rechtsprechung ignoriert die Verfahrenskosten allerdings weitgehend sowohl auf Tatbestands- als auch auf Rechtsfolgenseite von s. 214 IA 1986; vgl. *Rubin v Gunner* [2004] 2 BCLC 110; *Re Continental Assurance Company of London plc* [2001] BPIR 733; *Re Brian D Pierson (Contractors) Ltd* [2001] 1 BCLC 275; siehe aber neuerdings *Re Kudos Business Solutions Ltd, Earp v Stevenson* [2011] EWHC 1436 (Ch) Rdnr. 63.

[8] Ss. 250, 162 ff. CA 2006; dazu *Doralt* Managerpflichten in der englischen Limited S. 37 ff., 174 f.

[9] Zur Auslegung in der Rechtsprechung *Secretary of State for Trade and Industry v Deverell* [2001] Ch 340; *Secretary of State for Trade and Industry v Becker* [2003] 1 BCLC 555; *Ultraframe (UK) Ltd v Fielding* [2005] EWHC 1638; *Re Mea Corp Ltd* [2007] BCC 288; *Re Hydrodam (Corby) Ltd* [1994] 2 BCLC 180; *Steffek* Gläubigerschutz in der Kapitalgesellschaft S. 400 ff.; weiterhin *Sealy/Milman* Annotated Guide to the Insolvency Legislation 2011 Anm. zu s. 22(5) CDDA 1986 m. w. N. zur Rechtsprechung.

[10] *Re Hydrodam (Corby) Ltd* [1994] 2 BCLC 180, 182; *Re Richborough Furniture Ltd* [1996] 1 BCLC 507, 522; *Griffin* Personal Liability and Disqualification of Company Directors S. 80.

[11] *Re Paycheck Services 3 Ltd, Revenue & Customs Commissioners v Holland* [2010] 1 WLR 2793 (SC); *Re Kaytech International plc* [1999] 2 BCLC 351; *Secretary of State for Trade and Industry v Tjolle* [1998] 1 BCLC 333; *Secretary of State for Trade and Industry v Becker* [2003] 1 BCLC 555; *Re Hydrodam (Corby) Ltd* [1994] 2 BCLC 180.

Eine erkennbare zukünftige oder aktuelle Überschuldung allein löst also noch keine wrongful trading-Haftung aus.[12] Eine Durchsicht der Rechtsprechung zur Bestimmung des moment of truth ergibt, dass dieser in der Spruchpraxis regelmäßig erst bei kumulativem Vorliegen von Überschuldung und Zahlungsunfähigkeit angenommen wird.[13] Das im Vergleich zur Haftung gem. § 823 Abs. 2 BGB, § 15a Abs. 1 S. 1 InsO späte Eingreifen der Haftung wegen wrongful trading ergibt sich aus einer ganzen Reihe von Gründen: Orientierung der in s. 214(4), (5) IA 1986 näher bestimmten Sorgfaltspflichten der Direktoren an den Fähigkeiten eines common man[14] bzw. eines intelligent layman;[15] schwach ausgeprägte Selbstinformationspflichten als Basis der zu treffenden Prognose;[16] Einräumung eines weiten, gerichtlich nur bei offensichtlichen und groben Defiziten überprüfbaren Beurteilungsspielraums im Rahmen der Prognose;[17] enge Auslegung des Prognoseinhalts „no reasonable prospect" als keinerlei vernünftige Aussicht (im Unterschied etwa zu einer Auslegung als wahrscheinlich)[18] und den Darlegungsanforderungen im Prozess.[19]

6 (2) *Einwendungen.* Ist der haftungseröffnende Tatbestand in s. 214(2) IA 1986 erfüllt, wird wrongful trading **widerleglich vermutet**. Der Direktor kann gem. s. 214(3) IA 1986 jedoch einwenden, er habe nach Erreichen des moment of truth **jede Maßnahme ergriffen, um die möglichen Verluste der Gesellschaftsgläubiger zu minimieren** („that person took every step with a view to minimising the potential loss to the company's creditors as […] he ought to have taken"). Mögliche haftungsbefreiende Verhaltensweisen sind: Antrag auf Eröffnung eines Insolvenzverfahrens;[20] Anregung eines Sicherungsgläubigers zur Bestellung eines (administrative) receiver;[21] Erhaltung und Realisierung von Aktiva zu Gunsten der Gläubiger;[22] Einholung und Umsetzung professionellen Rats, z. B. eines Wirt-

---

[12] *Re Cubelock Ltd* [2001] BCC 523, 540; *Re Continental Assurance Company of London plc* [2001] BPIR 733 Rdnr. 248.

[13] Vgl. *Roberts v Frohlich* [2011] EWHC 257 (Ch) Rdnr. 1 f., 18 f., 111; *Singla v Hedman* [2010] EWHC 902 Rdnr. 14 f., 30, 87 f., 91, 98, 100; *Re The Rod Gunner Organisation Ltd* [2004] 2 BCLC 110, 113, 122, 129; *Re Brian D Pierson (Contractors) Ltd* [2001] 1 BCLC 275, 282 ff., 306; *Official Receiver v Doshi* [2001] 2 BCLC 235, 267, 277, 279, 281; *Re Produce Marketing Consortium Ltd (No 2)* [1989] BCLC 520, 523, 531 ff., 551; tabellarische Aufbereitung des Fallmaterials bei *Steffek* Gläubigerschutz in der Kapitalgesellschaft S. 380 f.

[14] *Cooke/Hicks* [1993] JBL 338, 340; vgl. *Re Brian D Pierson (Contractors) Ltd* [2001] 1 BCLC 275, 308, 309 f.; *Official Receiver v Doshi* [2001] 2 BCLC 235, 281.

[15] *Re Continental Assurance Company of London plc* [2001] BPIR 733 Rdnr. 258; etwas schärfer aber in jüngerer Zeit *Singla v Hedman* [2009] EWHC 3510 Rdnr. 15 („reasonably prudent businessman").

[16] Im Leiturteil *Re Produce Marketing Consortium Ltd (No 2)* [1989] BCLC 520, 550 f. wurden den Direktoren die aus der ordentlichen Buchführung ersichtlichen Informationen nicht als Wissen zugerechnet; die jüngere Rechtsprechung verschärft jedoch die Zurechnungsregeln vgl. *Re Kudos Business Solutions Ltd, Earp v Stevenson* [2011] EWHC 1436 (Ch) Rdnr. 40, 59, 62.

[17] *Re Continental Assurance Company of London plc* [2001] BPIR 733 Rdnr. 106; *Re Sherborne Associates Ltd* [1995] BCC 40, 55; *Official Receiver v Doshi* [2001] 2 BCLC 235, 275, 281; *Re Brian D Pierson (Contractors) Ltd* [2001] 1 BCLC 275, 303, 306, 307, 308.

[18] Vgl. nur *Re Sherborne Associates Ltd* [1995] BCC 40, 55, wonach nur ein „fanciful prospect" (wirklichkeitsfremde Aussicht) auf Sanierung nicht mehr genügt hätte.

[19] Anknüpfend an *Re Sherborne Associates Ltd* [1995] BCC 40, 42 muss der Kläger zu Prozessbeginn das Datum des moment of truth bestimmen, kann es im Prozess grundsätzlich nicht abändern und verliert den Prozess, wenn das Gericht zwar überzeugt ist, dass zwar ein moment of truth eingetreten war, aber später als vom liquidator zu Beginn des Prozesses bestimmt. Neuerdings lassen die Gerichte allerdings den Vortrag optionaler Datumsangaben zu, vgl. *Re Kudos Business Solutions Ltd, Earp v Stevenson* [2011] EWHC 1436 (Ch) Rdnr. 53.

[20] *Re Welfab Engineers Ltd* [1990] BCLC 833, 837; *Keay* [2005] JBL 143, 156.

[21] *Re Welfab Engineers Ltd* [1990] BCLC 833, 837; vgl. *Re Joshua Shaw & Sons Ltd* [1989] BCLC 362, 364.

[22] *Re Brian D Pierson (Contractors) Ltd* [2001] 1 BCLC 275, 309; in diese Richtung auch *Re Produce Marketing Consortium Ltd (No 2)* [1989] BCLC 520, 552 (Verkauf bereits eingelagerten Obsts).

schaftsprüfers;²³ Information der Gläubiger über den finanziellen Zustand der Gesellschaft;²⁴ Beschränkung des Neugeschäfts auf ein minimales und vorsichtiges Niveau.²⁵

(3) *Rechtsfolgen und Rechtsdurchsetzung.* Das Gericht hat nach dem Gesetzeswortlaut ein **weites Ermessen** hinsichtlich der Rechtsfolgen.²⁶ Gem. s. 215(2) IA 1986 kann das Gericht ergänzende Anordnungen zur effektiven Durchsetzung des Urteils treffen. Beispielhaft nennt die Norm die Einräumung von Pfandrechten zur Absicherung der Zahlungsverpflichtung des Direktors. Außerdem kann das Gericht gem. s. 215(4) IA 1986 anordnen, dass Forderungen des Direktors gegen die Gesellschaft im Rang hinter alle übrigen Gläubigerforderungen zurücktreten.²⁷

Die **Haftungshöhe** ermitteln die Gerichte im ersten Schritt durch einen Vergleich des hypothetischen Gläubigerausfalls bei Einleitung der Liquidation im moment of truth mit dem später tatsächlich eingetretenen Gläubigerausfall (**„increase in net deficiency"**).²⁸ Davon wird im zweiten Schritt aber nur derjenige Betrag angesetzt, der kausal und normativ zurechenbar auf das wrongful trading zurückzuführen ist.²⁹ Im dritten Schritt wird dieser Betrag unter Berücksichtigung des Verschuldensgrades und des Gesamteindrucks vom Verhalten des Direktors ggf. weiter nach unten korrigiert.³⁰ Die Verurteilung zur Zahlung von Zinsen steht ebenfalls im Ermessen des Gerichts und erfolgt in der Spruchpraxis in der Regel.³¹ Im Konkurrenzverhältnis zu anderen Ansprüchen, insbesondere gem. der West Mercia-Doktrin, vermeiden die Gerichte Doppelinanspruchnahmen auf Grundlage desselben Sachverhalts.³²

Klageberechtigt ist gem. s. 214(1) IA 1986 nur der liquidator persönlich³³ nach Eröffnung eines Liquidationsverfahrens (voluntary winding up oder compulsory winding up). Gem. ss. 165(2), 167(1)(a) i.V.m. Sch 4 Part I IA 1986 darf der liquidator nur mit Zustimmung des Gläubigerkomitees, der Gläubiger oder des Insolvenzgerichts Klage wegen wrongful trading erheben. Nicht legitimiert und prozessführungsbefugt sind die Verwalter einer administration oder eines administrative receivership.³⁴ Nach allgemeinen Regeln hat jede Partei die ihr vorteilhaften Tatbestandsmerkmale zu beweisen. Die **Beweislast** für das Erreichen des moment of truth gem. s. 214(2) IA 1986 liegt beim liquidator,³⁵ für die haftungsbefreienden Einwendungen gem. s. 214(3) IA 1986 trägt sie der beklagte Direktor.³⁶

cc) **Fraudulent trading.** S. 213 IA 1986 und s. 993 CA 2006 regeln die Haftung von Personen, die am fraudulent trading einer Kapitalgesellschaft beteiligt sind. Unter fraudu-

---

[23] *Re DKG Contractors Ltd* [1990] BCC 903, 912f.
[24] *Re Produce Marketing Consortium Ltd (No 2)* [1989] BCLC 520, 552 (betraf einen wichtigen Altgläubiger).
[25] *Re Continental Assurance Company of London plc* [2001] BPIR 733 Rdnr. 107.
[26] *Re Produce Marketing Consortium Ltd (No 2)* [1989] BCLC 520, 553.
[27] Angewandt in *Re Purpoint Ltd* [1991] BCLC 491, 500.
[28] *Re Bangla Television Ltd* [2010] BCC 143, 158f.; *Brian D Pierson (Contractors) Ltd* [2001] 1 BCLC 275, 310; *Re Continental Assurance Company of London plc* [2001] BPIR 733 Rdnr. 297, 372ff.; *Liquidator of Marini Ltd v Dickenson* [2003] EWHC 334 Rdnr. 68; siehe auch *Goode* Corporate Insolvency Law Rdnr. 14.52, S. 680.
[29] *Brian D Pierson (Contractors) Ltd* [2001] 1 BCLC 275, 310f.
[30] *Brian D Pierson (Contractors) Ltd* [2001] 1 BCLC 275, 310f.; *Re Produce Marketing Consortium Ltd (No 2)* [1989] BCLC 520, 553f.; *Griffin* Personal Liability and Disqualification of Company Directors S. 83.
[31] Vgl. *Brian D Pierson (Contractors) Ltd* [2001] 1 BCLC 275, 312.
[32] Näher *Re Idessa (UK) Ltd, Burke v Morrison* [2011] EWHC 804 (Ch) Rdnr. 128ff.
[33] *Sharma v Yardley* [2006] BCC 421, 427; zu Problemen der Klagefinanzierung, die durch die Einfügung von s. 176ZA IA 1986 nur teilweise gelöst wurden, siehe *Keay/Walton* Insolvency Law S. 437ff.
[34] *Lingard* Corporate Rescues and Insolvencies Rdnr. 2.17, S. 18; *Goode* Corporate Insolvency Law Rdnr. 14.30, S. 666; *Griffin* Personal Liability and Disqualification of Company Directors S. 78.
[35] *Official Receiver v Doshi* [2001] 2 BCLC 235, 274f.; *Re Sherborne Associates Ltd* [1995] BCC 40, 47.
[36] *Re Idessa (UK) Ltd, Burke v Morrison* [2011] EWHC 804 (Ch) Rdnr. 24, 113.

lent trading versteht man die **betrügerische Teilnahme am Geschäftsverkehr**. Die zivilrechtliche Haftung regelt s. 213 IA 1986, die strafrechtliche[37] s. 993 CA 2006.

11   Der **Normtext von s. 213 IA 1986** lautet:

„(1) If in the course of the winding up of a company it appears that any business of the company has been carried on with intent to defraud creditors of the company or creditors of any other person, or for any fraudulent purpose, the following has effect.

(2) The court on the application of the liquidator, may declare that any persons who were knowingly parties to the carrying on of the business in the manner abovementioned are to be liable to make such contributions (if any) to the company's assets as the court thinks proper."

12   Der funktionale Anwendungsbereich des fraudulent trading gem. s. 213 IA 1986 geht kaum über denjenigen von s. 214 IA 1986 hinaus.[38] In der Rechtspraxis hat die Norm eine geringe Bedeutung[39] und wird allenfalls in **Sonderkonstellationen** relevant.

13   dd) **Gesellschaftsrechtliche Haftung (West Mercia-Doktrin).** Die detaillierte Formulierung der Direktorenpflichten im CA 2006 enthält eine **Öffnungsklausel** für die Entwicklung gläubigerschützender Direktorenpflichten im Gesetzes- und Richterrecht. Die Pflicht zur Förderung des Erfolgs der Gesellschaft wird in **s. 172(3) CA 2006** für Gläubigerinteressen geöffnet: „The duty imposed by this section has effect subject to any enactment or rule of law requiring directors, in certain circumstances, to consider or act in the interests of creditors of the company."

14   Die Pflicht zur Berücksichtigung von Gläubigerinteressen bei der Erfüllung der rechtstechnisch der Gesellschaft geschuldeten Direktorenpflichten wurde erstmals im Urteil *West Mercia Safetywear*[40] anerkannt (West Mercia-Doktrin). Dogmatisch geht es um die Frage, ob die Interessen der Gläubiger bei der Pflichtenkonkretisierung unter bestimmten Voraussetzungen vor oder wenigstens neben die Interessen der Gesellschafter treten.[41] Die Rechtsentwicklung ist in diesem Bereich stark im Fluss.[42] Als gesichert kann gelten, dass die Direktoren Gläubigerinteressen spätestens mit **Eintritt der materiellen Insolvenz** in Form von balance sheet oder cash flow insolvency berücksichtigen müssen.[43] Anerkannt ist auch, dass es sich um eine gesellschaftsrechtliche Innenhaftung und nicht um eine deliktsrechtliche Außenhaftung handelt.[44]

15   Die West Mercia-Doktrin hat sich bislang weder dogmatisch noch funktional zu einer Grundlage für eine Insolvenzverschleppungshaftung entwickelt. Auch eine vollständige, konsequente Übertragung der auf die Gesellschafterinteressen ausgerichteten Sorgfalts- und Treupflichten in der solventen Gesellschaft auf die Insolvenz derart, dass nun derselbe Pflichtenkanon an den Gläubigerinteressen auszurichten wäre, ist nicht zu konstatieren.

---

[37] Dazu näher unten Rdnr. 20.

[38] Vgl. *Morris v Bank of India* [2004] 2 BCLC 279 (Ch), bestätigt durch den Court of Appeal [2005] BCC 739; *Morphitis v Bernasconi* [2003] Ch 552 (dazu *Leyens* EWiR 2004, 79 f.); *Banque Arabe Internationale d'Investissement SA v Morris* [2001] 1 BCLC 263; *Carman v The Cronos Group SA* [2006] BCC 451.

[39] *Finch* Corporate Insolvency Law S. 697 („virtual obsolence").

[40] *West Mercia Safetywear Ltd v Dodd* [1988] BCLC 250, 252 f.

[41] *Brady v Brady* [1988] BCLC 20, 40; *Re Welfab Engineers Ltd* [1990] BCLC 833, 838; *Gower/Davies* Principles of Modern Company Law S. 519 ff.

[42] Ausführlich zur West Mercia-Doktrin *Keay* Directors' Duties S. 323 ff.; *von Thunen* Directors' Duty for the Benefit of Creditors S. 123 ff.; *Steffek* Gläubigerschutz in der Kapitalgesellschaft S. 263 ff.

[43] *Brady v Brady* [1988] BCLC 20, 40; *West Mercia Safetywear Ltd v Dodd* [1988] BCLC 250, 252 f.; *Yukong Lines Ltd of Korea v Rendsburg Investments Corporation* [1998] 1 Lloyd's Rep 322, 332; *Re Pantone 485 Ltd* [2002] 1 BCLC 266, 286; ausführlich *Keay* Company Directors' Responsibilities to Creditors Kapitel 11–17; *Finch* Corporate Insolvency Law S. 681 ff.

[44] *Yukong Lines Ltd of Korea v Rendsburg Investments Corporation (No 2)* [1998] 1 Lloyd's Rep. 322, 333; *Re Horsley & Weight Ltd* [1982] Ch 442, 454; *Re Pantone 485 Ltd* [2002] 1 BCLC 266, 286 f.; *Sealy/Worthington* Cases and Materials in Company Law S. 307; *Finch* Corporate Insolvency Law S. 683 f.; *Milman* [2004] JBL 493, 498.

Zwar wurde dies in einem jüngeren Urteil angedeutet.[45] Das Urteil trifft jedoch nur Aussagen zu der Pflichtverletzung und nicht zu den Rechtsfolgen. Es ist daher abzuwarten, ob die Rechtsprechung auch auf Rechtsfolgenseite die Sorgfaltspflichten zum Leben erweckt. Die West Mercia-Pflicht bewegt sich dogmatisch und funktional bisher vielmehr im **Umfeld der Insolvenzanfechtung**.[46] Neben den Insolvenzanfechtungsnormen[47] hat die West Mercia-Pflicht bisher eher einen geringen Anwendungsbereich. In den letzten Jahren ist jedoch zu beobachten, dass die West Mercia-Doktrin zunehmend zum Referenzpunkt in Haftungsprozessen wird.[48] Verfahrensrechtlich kann eine Pflichtverletzung im Insolvenzverfahren nach allgemeinen Vertretungsgrundsätzen oder gem. s. 212 IA 1986 geltend gemacht werden.[49]

ee) Delikt. Die englische Rechtsprechung hat im Deliktsrecht (**tort law**) zwei Tatbestände ausgebildet, die bei unrichtiger Information von Vertragspartnern über den finanziellen Zustand der Gesellschaft greifen können: die Haftung wegen deceit,[50] auch fraud genannt (beides untechnisch: Betrug), und wegen negligent misrepresentation bzw. negligent misstatement (beides: fahrlässige Fehlinformation).[51] Für Verstöße gegen Informationspflichten haftet allerdings grundsätzlich nur die Gesellschaft und nicht ihre Repräsentanten, die im Regelfall kein besonderes persönliches Vertrauen für die Solvenz der Gesellschaft in Anspruch nehmen.[52] Die deliktische Haftung der Geschäftsleiter hat daher Ausnahmecharakter.

Die Haftung wegen **deceit** hat die folgenden tatbestandlichen Voraussetzungen:[53] (1) Eine falsche Angabe, (2) über eine gegenwärtige Tatsache, (3) in Kenntnis ihrer Falschheit und der Absicht, dass der Kläger daraufhin handelt, und (4) die Handlung des Klägers – u. a. auf die Falschangabe hin – zu seinem Schaden. Sofern die falsche Angabe von Direktoren zu dem Zweck gemacht wird, dass die Gesellschaft Geld oder Güter (money or goods) auf Kredit erhält, kommt gem. s. 6 Statute of Frauds (Amendment) Act 1828[54] als zusätzliche Voraussetzung (5) hinzu, dass die falsche Angabe schriftlich gemacht werden muss.[55] Statt eines unterschriebenen Schriftstücks, aus dem sich die falsche Angabe über die Geschäftslage ausdrücklich oder zumindest in erheblicher Andeutung konkludent ergibt, soll neuerdings auch eine Email ausreichen, wenn sich daraus der Absender klar ergibt.[56] Auf Rechtsfolgenseite wird grundsätzlich nur Ersatz des negativen Interesses ge-

---

[45] *Roberts v Frohlich* [2011] EWHC 257 (Ch) Rdnr. 83 ff. (Treupflicht), 98 ff. (Sorgfaltspflicht).

[46] Vgl. aus der Rspr. *Re MDA Investment Management Ltd* [2005] BCC 783; *Re Brian D Pierson (Contractors) Ltd* [2001] 1 BCLC 275; *West Mercia Safetywear Ltd (in liq) v Dodd* [1980] BCLC 250; aber auch *Re The Arena Corporation Ltd* [2003] EWHC 3032 (Ch); aus der Literatur *Keay* Company Directors' Responsibilities to Creditors Kapitel 11–17; *Finch* Corporate Insolvency Law S. 681 ff.; *Armour* in *Armour/Bennett* Vulnerable Transactions in Corporate Insolvency S. 324; *Steffek* Gläubigerschutz in der Kapitalgesellschaft Kapitel 4.

[47] Dazu unten Rdnr. 29 ff.

[48] Siehe etwa *GHLM Trading Ltd v Maroo* [2012] EWHC 61 (Ch) Rdnr. 164 ff.; *Roberts v Frohlich* [2011] EWHC 257 (Ch) Rdnr. 85; *Re Idessa (UK) Ltd, Burke v Morrison* [2011] EWHC 804 (Ch) Rdnr. 54.

[49] Für die administration siehe p. 5 Sch 1 i. V. m. p. 60 Sch B1 IA 1986.

[50] Grundlegend *Pasley v Freeman* (1789) 3 Term Rep 51; *Derry v Peek* (1899) 14 App Cas 337.

[51] Allgemeine Einführung bei *Zweigert/Kötz*, Einführung in die Rechtsvergleichung auf dem Gebiete des Privatrechts, 3. Aufl. 1996, S. 607 ff.

[52] *Williams v Natural Life Health Foods Ltd* [1998] 1 WLR 830, 836 ff.

[53] Näher *Deakin/Johnston/Markesinis* Tort Law S. 565 ff.; *Howarth* in *Grubb* The Law of Tort Rdnr. 12.224 f., S. 577 f.; *Lindsay v O'Loughnane* [2010] EWHC 529 (QB) Rdnr. 86; *Contex Drouzhba Ltd v Wiseman* [2008] BCC 301 (CA); *Peek v Gurney* (1873) LR 6 HL 377; *Standard Chartered Bank v Pakistan National Shipping Corp* [2003] 1 AC 959; *Elwes* CRI 2011, 175 ff.; *Marschall* Ersatz reiner Vermögensschäden in der Geschichte des englischen Rechts am Beispiel der Auskunftshaftung S. 8 f.

[54] Bekannt als Lord Tenterden's Act.

[55] *Roder UK Ltd v West* [2011] EWCA Civ 1126 Rdnr. 16.

[56] *Lindsay v O'Loughnane* [2010] EWHC 529 (QB) Rdnr. 95; näher *Elwes* CRI 2011, 175, 177.

schuldet, unter bestimmten Voraussetzungen kann allerdings das positive Interesse verlangt werden.[57]

18 Die Haftung wegen **negligent misrepresentation** wird von den englischen Gerichten wegen ihres Spannungsverhältnisses zur Haftungsbeschränkung zu Recht auf Ausnahmesituationen beschränkt.[58] Dogmatisch gehört sie zur Gruppe der Delikthaftung wegen negligence (fahrlässige unerlaubte Handlung). Die allgemeinen Tatbestandsvoraussetzungen sind heute geklärt:[59] (1) Der Beklagte ist gegenüber dem Kläger zur Sorgfalt verpflichtet (duty of care), (2) verstößt gegen diese Sorgfaltsanforderungen (breach of duty), (3) was auf Seiten des Klägers einen Schaden verursacht (consequential damage). Der Ausnahmecharakter der Haftung ergibt sich zum einen daraus, dass Pflichten zur Offenbarung der materiellen Insolvenz jedenfalls im Fahrlässigkeitsbereich nicht anerkannt sind.[60] Ein Direktor haftet zum anderen nur dann für fahrlässige Fehlinformationen gegenüber Dritten, wenn er derart persönliche Verantwortung für seine Angaben übernommen hat (assumption of responsibility), dass zwischen ihm und dem Dritten eine Sonderrechtsbeziehung entstanden ist (special relationship).[61] Schließlich setzt die Haftung voraus, dass sich der Dritte vernünftigerweise auf die Angabe zur Leistungsfähigkeit der Gesellschaft verlassen durfte und sich tatsächlich darauf verlassen hat.[62]

19 **ff) Haftung bei sog. Phönix-Gesellschaften.** Die in Deutschland unter dem Schlagwort **GmbH-Stafette** bekannte Problematik wird im englischen Recht unter dem Titel Phönix-Gesellschaften (phoenix companies) behandelt. S. 216 IA 1986 enthält ein Verbot für ehemalige Direktoren einer insolvent liquidierten Gesellschaft, in den nächsten fünf Jahren unmittelbar oder mittelbar als Direktor, Gründer oder Manager einer Gesellschaft tätig zu werden, die eine verbotene Firma führt.[63] Verboten ist eine Firma, unter der die insolvente Gesellschaft bekannt war oder die dieser so ähnlich ist, dass ein Zusammenhang zu vermuten ist (s. 216(2) IA 1986). S. 217 Insolvency Act statuiert eine zivilrechtliche, gesamtschuldnerische Haftung für die Schulden der neuen Gesellschaft. Die Haftung erfasst ausschließlich Personen, die unmittelbar oder mittelbar am Management der neuen Gesellschaft beteiligt sind, insbes. ihre Direktoren (s. 217(4) IA 1986).

20 **b) Strafrechtliche Haftung.** Das englische Recht hat im Zuge der zunehmenden Regulierung des Wirtschaftsrechts eine ganze Reihe von Pflichten und Verboten für Direktoren im Bereich des Straf- und Ordnungswidrigkeitenrechts entwickelt, die in Krise, Sanierung und Insolvenz von Kapitalgesellschaften relevant werden können.[64] Dazu gehören etwa folgende **Vorschriften**: s. 89 IA 1986 betreffend die statutory declaration of solvency

---

[57] *Lindsay v O'Loughnane* [2010] EWHC 529 (QB) Rdnr. 141; *Deakin/Johnston/Markesinis* Tort Law S. 569 (die Zurechnungskriterien sind jedoch großzügig).

[58] *Williams v Natural Life Health Foods Ltd* [1998] 1 WLR 830, 835 ff.; *Gower/Davies* Principles of Modern Company Law S. 180 ff.; *Borrowdale* [1998] JBL 96, 98; siehe aber auch *Willekes/Watson* [2001] JBL 217, 218 f.

[59] *Lochgelly Iron and Coal Co v M'Mullan* [1934] AC 1, 25; *Hedley Byrne & Co Ltd v Heller & Partners Ltd* [1964] AC 465; *Deakin/Johnston/Markesinis* Tort Law S. 113 ff., 160 ff.; *Grubb* The Law of Tort Rdnr. 1.24, S. 20; *Marschall* Ersatz reiner Vermögensschäden in der Geschichte des englischen Rechts am Beispiel der Auskunftshaftung S. 37.

[60] Vgl. *Salomon v Salomon & Co Ltd* [1897] AC 27, 40; *Goode* Corporate Insolvency Law Rdnr. 4.01, S. 109; Chitty on Contracts Bd. 1, 6–014, S. 511.

[61] *Williams v Natural Life Health Foods Ltd* [1998] 1 WLR 830, 836, 839 f.; *Hedley Byrne & Co Ltd v Heller & Partners Ltd* [1964] AC 465, 486 ff., 528 f.; vgl. *Fairline Shipping Corp v Adamson* [1975] 2 QB 180, 186, 188.

[62] *Williams v Natural Life Health Foods Ltd* [1998] 1 WLR 830, 838; *Hedley Byrne & Co Ltd v Heller & Partners Ltd* [1964] AC 465, 503, 514.

[63] Näher *Glasgow City Council v Craig* [2008] CSOH; *Ricketts v Ad Valorem Factors Ltd* [2004] 1 BCLC; *Thorne v Silverleaf* [1994] 1 BCLC 637; *Steffek* Gläubigerschutz in der Kapitalgesellschaft S. 556 ff.

[64] Ausführlich *Sibson* in *Mortimore* Company Directors S. 1021 ff.

(Solvenzerklärung bei der gesellschafterinitiierten Liquidation), s. 206 IA 1986 hinsichtlich fraud, etc in anticipation of winding up (Betrug etc. im Vorfeld der Liquidation), s. 210 IA 1986 über material omissions from statement relating to company's affairs (erhebliche Auslassungen im Lagebericht), s. 211 IA 1986 betreffend false representation to creditors (falsche Angaben gegenüber Gläubigern), s. 15 Theft Act 1968 hinsichtlich obtaining property by deception (Vermögenserlangung durch Täuschung) und s. 993 CA 2006 als strafrechtliches Pendant zu s. 213 IA 1986 (fraudulent trading).

c) Disqualifizierung. Mitte der 1980er Jahre wurden die nun im Company Directors Disqualification Act 1986 (CDDA 1986) konsolidierten Regeln über die Disqualifizierung und Ungeeignetheit von Direktoren eingeführt.[65] Hauptzweck der Disqualifizierung ist der Schutz der Gläubiger vor dem Missbrauch beschränkter Haftung aufgrund von **Inkompetenz** oder **Unredlichkeit** der Geschäftsleiter.[66] In der Praxis kommt der Disqualifizierung eine erhebliche Bedeutung zu. Im Zehnjahreszeitraum 1. 4. 2001 bis 31. 3. 2011 wurden pro Jahr allein gem. den Disqualifizierungsgründen in ss. 2 bis 10 CDDA 1986 rund 1.500 Personen disqualifiziert.[67]

Der CDDA 1986 enthält insbesondere folgende **Disqualifizierungsgründe**:[68]
(1) **Ungeeignetheit**, s. 6 und s. 1A CDDA 1986: Wegen Ungeeignetheit (unfitness) wird disqualifiziert, wer Direktor einer insolventen Kapitalgesellschaft war und sich als ungeeignet (unfit) zur Leitung einer Kapitalgesellschaft erwiesen hat. Gem. s. 9(1), (1A) i. V. m. Sch 1 Part 2 CDDA 1986 ist dabei besonders das Verhalten in Krise und Insolvenz zu berücksichtigen, etwa die Verantwortlichkeit für die wirtschaftlichen Gründe der Insolvenz, für die Nichterfüllung von Verträgen, deren Leistung die Gesellschaft erhalten hat, und für insolvenzrechtlich anfechtbare Rechtsgeschäfte.
(2) **Schwere Straftat**, s. 2 CDDA 1986: Wird eine Person wegen einer schweren Straftat (indictable offence) im Kontext der Gründung, Leitung oder Beendigung einer Kapitalgesellschaft verurteilt, kann das Gericht zusätzlich eine Disqualifizierung aussprechen.
(3) **Wiederholter Gesetzesverstoß**, ss. 3 und 5 CDDA 1986: Der wiederholte Verstoß gegen Gesetze (persistent breaches of companies legislation), welche die Einreichung von Dokumenten zum Gesellschaftsregister vorschreiben, kann durch Disqualifizierung sanktioniert werden.
(4) **Betrug**, s. 4 CDDA 1986: Die Disqualifizierung ist eröffnet, wenn eine Person im Rahmen einer Kapitalgesellschaft betrügerische Zwecke, insbesondere zu Lasten von Gläubigern, verfolgt hat (fraudulent trading, s. 993 CA 2006) oder sich während der Leitung bzw. Abwicklung einer Kapitalgesellschaft eines Betruges (fraud) oder einer Pflichtverletzung (breach of duty) schuldig gemacht hat.
(5) **Untersuchung einer Kapitalgesellschaft**, s. 8 CDDA 1986: Erbringt die Untersuchung einer Kapitalgesellschaft (company investigation) den Nachweis, dass ein ehe-

---

[65] Zur Gesetzesgeschichte *Gower/Davies* Principles of Modern Company Law S. 237 f.; *Martin* Berufsverbote für Geschäftsleiter von Kapitalgesellschaften S. 35 ff.
[66] *Re Lo-Line Electric Motors Ltd* [1988] Ch 477, 486, 492; *Re Sevenoaks Stationers (Retail) Ltd* [1991] Ch 164, 170; *Re Westmid Packing Services* [1998] BCLC 646, 654 f.; *Gower/Davies* Principles of Modern Company Law S. 240 f.
[67] Genau 1.464,7; eigene Berechnung auf Grundlage der Daten in BIS, Statistical Tables on Companies Registration Activities 2009–2010, S. 18, sowie 2010–2011, S. 25; DTI, Companies in 2004–2005, S. 23.
[68] Eingehend zum englischen Recht, insbesondere zu weiteren Disqualifizierungsgründen und zur Anwendbarkeit auf andere Gesellschaftsformen als private und public limited companies, *Sealy/Milman* Annotated Guide to the Insolvency Legislation 2011 (2011); *Walters/Davis-White* Directors' Disqualification & Insolvency Restrictions (2010); ausführlich zur Disqualifizierung im deutschen Schrifttum *Möser* Gläubigerschutz durch Berufsverbote für Geschäftsleiter (2011); *Martin* Berufsverbote für Geschäftsleiter von Kapitalgesellschaften (2007); *Steffek* Gläubigerschutz in der Kapitalgesellschaft Kapitel 5.

maliger oder gegenwärtiger Direktor ungeeignet zur Leitung einer Kapitalgesellschaft ist, kann dies seine Disqualifizierung zur Folge haben.

(6) **Wrongful trading**, s. 10 CDDA 1986: Wird ein Direktor gem. s. 214 IA 1986 (wrongful trading) oder s. 213 IA 1986 (fraudulent trading) verurteilt, kann das Gericht zusätzlich eine Disqualifizierung verhängen.

23 Die Disqualifizierung für bis zu 15 Jahren[69] wird entweder im **gerichtlichen Verfahren** verhängt oder im Wege eines **verwaltungsrechtlichen Vertrages** zwischen dem Betroffenen und dem Secretary of State, vertreten durch die Disqualification Unit (eine Abteilung des Insolvency Service), vereinbart.[70] Gem. s. 1(1) und s. 1A(1) CDDA 1986 ist der disqualifizierten Person **verboten**, als Direktor, receiver (z.B. administrative receiver) oder anderweitig direkt oder indirekt an der Gründung oder Leitung einer Kapitalgesellschaft teilzunehmen.[71] Dem Betroffenen ist damit untersagt, als ordentlicher (de jure), faktischer (de facto) oder Schattendirektor (shadow director) tätig zu werden.[72] Darüber hinaus ist auch die Einflussnahme auf andere Weise, etwa mittelbar, auf die zentrale Leitung und Richtliniensetzung der Gesellschaft verboten. Die Disqualifizierungen entfalten ihre Wirkung grundsätzlich nicht in Deutschland.[73]

24 Der **Verstoß gegen die Disqualifizierung** oder die Bedingungen einer Ausnahmeerlaubnis (leave) ist straf- und zivilrechtlich sanktioniert. Die Strafe kann bis zu 2 Jahre Gefängnis und/oder eine Geldstrafe umfassen (s. 13 CDDA 1986). Section 14 CDDA 1986 erweitert die Strafsanktion auf die vorsätzliche oder fahrlässige Umgehung einer Disqualifizierung mittels einer gesellschaftsrechtlichen Struktur. Gem. s. 15 CDDA 1986 haftet ein Disqualifizierter für alle Verbindlichkeiten der Gesellschaft, die während seiner Involvierung in die Geschäftsleitung eingegangen werden.

2. Gesellschafter

25 Die Haftung der Gesellschafter für ihr Verhalten in Krise und Insolvenz ist im englischen zwingenden Recht deutlich schwächer ausgeprägt als im deutschen.[74] Die äußerst **restriktive Gesellschafterverantwortlichkeit** des englischen Kapitalgesellschaftsrechts fußt bis heute auf den bekannten Leiturteilen *Salomon v Salomon*[75] und *Adams v Cape*.[76] Diese etablierten ein formalistisches Verständnis der Haftungsbeschränkung und verwiesen die Insolvenzgläubiger auf Publizitätsvorschriften und Selbstschutz.

26 Als Fallgruppe eines gesellschaftsrechtlichen Haftungsdurchgriffs (im Unterschied zum Zurechnungsdurchgriff) konnte sich deshalb nur die sog. **façade bzw. fraud exception** durchsetzen. Diese hat jedoch einen sehr begrenzten Anwendungsbereich. Sie greift nur, wenn die Gesellschaft zur Vereitelung bereits **ex ante entstandener Rechte Dritter** oder **ex ante bestehender Pflichten** des Gesellschafters gegründet bzw. eingesetzt wird.[77] Der Ausfall von Forderungen gegenüber Kreditinstituten und Handelsgläubigern, welche die Gesellschaft im Rahmen ihrer Geschäftstätigkeit eingegangen ist, wird davon nicht erfasst.

---

[69] Zur Dauer der Disqualifizierung *Re Sevenoaks Stationers (Retail) Ltd* [1991] Ch 164; *Re Grayan Building Services Ltd* [1995] Ch 241; *Re Westmid Packing Services Ltd* [1998] 2 BCLC 646; *Secretary of State for Trade and Industry v Blunt* [2006] BCC 112.

[70] Zu Verfahrensfragen *Finch* Corporate Insolvency Law S. 716 ff.; *Gower/Davies* Principles of Modern Company Law S. 239 ff.; *Martin* Berufsverbote für Geschäftsleiter von Kapitalgesellschaften S. 88 ff.; monographisch zu Disqualifizierungsverträgen *Williams* Disqualification Undertakings (2011).

[71] Außerdem ist das Amt des Insolvenzverwalters verschlossen.

[72] *Goode* Corporate Insolvency Law Rdnr. 14.59, S. 684 f.; siehe auch s. 22(4), (5) CDDA 1986.

[73] *Roth/Altmeppen*, GmbHG, 7. Aufl. 2012, § 6 Rdnr. 20; *Martin* Berufsverbote für Geschäftsleiter von Kapitalgesellschaften S. 82 ff.

[74] Ausführlich *Steffek* Gläubigerschutz in der Kapitalgesellschaft Kapitel 7.

[75] *Salomon v Salomon & Co Ltd* [1897] AC 22.

[76] *Adams v Cape Industries Plc* [1990] Ch 433.

[77] *Payne* [1997] CLJ 284.

Die Leiturteile *Salomon v Salomon*[78] und *Adams v Cape*[79] stellten zudem klar, dass die 27
Strukturmerkmale des Vertretungsrechts (agency), des Treuhandrechts (trust) und des Deliktsrechts (tort) einem funktionalen Haftungsdurchgriff auf die Gesellschafter entgegenstehen. Rechtstatsächlich ist daher bislang **kein Urteil** bekannt, in dem ein Gesellschafter in dieser Funktion zu Beiträgen über den ex ante versprochenen Risikokapitalbeitrag hinaus in der Insolvenz einer Kapitalgesellschaft verurteilt wurde.[80] Anderslautende Ansichten in der deutschen Literatur erklären sich daraus, dass dort Fälle eines funktionalen Zurechnungsdurchgriffs als funktionaler Haftungsdurchgriff behandelt werden.[81]

Als **Haftungsgefahr** bleibt vor diesem Hintergrund das Risiko der Inanspruchnahme als 28
de facto oder shadow director in Verbindung mit den zivilrechtlichen Haftungsnormen für Direktoren oder dem CDDA 1986. In der Rechtsrealität spielt jene eine geringe, dieser aber eine nicht unerhebliche Rolle.

II. Insolvenzanfechtung

1. Überblick

Die englische Rechtssprache bezeichnet in der Insolvenz anfechtbare Rechtshandlungen 29
als **vulnerable transactions** und die Insolvenzanfechtung als **avoidance of transactions in insolvency**.[82] Die englischen Vorschriften gleichen den deutschen darin, dass sie die Gleichbehandlung der Gläubiger sowie den Umfang der Insolvenzmasse schützen. Wie aus dem deutschen Recht bekannt, treten die Rechtsfolgen der englischen Insolvenzanfechtung erst unter der Voraussetzung des Insolvenzverfahrens ein, während die Tatbestände an Handlungen und Unterlassungen bereits vor der Verfahrenseröffnung anknüpfen.

Der IA 1986 enthält folgende **Anfechtungsnormen**: avoidance of property disposi- 30
tions, etc (s. 127 IA 1986); avoidance of attachments, etc (s. 128 IA 1986); transactions at an undervalue (s. 238 IA 1986); preferences (s. 239 IA 1986); extortionate credit transactions (s. 244 IA 1986); avoidance of certain floating charges (s. 245 IA 1986); transactions defrauding creditors (s. 423 IA 1986). Aus dem CA 2006 ist s. 874 relevant: avoidance of certain charges. Schließlich gibt es nur ansatzweise durchdrungenes Richterrecht, schlagwortartig als fraud on creditors bezeichnet, das insbesondere hinsichtlich der Direktorenpflichten der West Mercia-Doktrin teilweise funktionsäquivalent zur Insolvenzanfechtung ist.[83]

Die **zentralen Tatbestände** der Insolvenzanfechtung sind ss. 238, 239 und 245 IA 31
1986 und werden im Folgenden ausführlicher behandelt.[84] S. 238 IA 1986 bezweckt die Erhaltung des Umfangs der Insolvenzmasse, s. 239 IA 1986 will die Bevorzugung eines Gläubigers oder Sicherungsgebers verhindern und s. 245 IA 1986 regelt die Anfechtbarkeit von floating charges. Während ss. 238, 239 und 245 IA 1986 tatbestandlich nur den Zeit-

---

[78] *Salomon v Salomon & Co Ltd* [1897] AC 22.

[79] *Adams v Cape Industries Plc* [1990] Ch 433.

[80] Näher zum Verständnis des funktionalen Haftungsdurchgriffs auf den Gesellschafter *Steffek* JZ 2009, 77, 78 ff.; eingehende Würdigung des englischen Fall- und Gesetzesmaterials in *Steffek* Gläubigerschutz in der Kapitalgesellschaft S. 783 ff.

[81] Zur funktionalen Unterscheidung zwischen Haftungs- und Zurechnungsdurchgriff *Steffek* in *Basedow/Hopt/Zimmermann* Handwörterbuch des Europäischen Privatrechts S. 332 f.

[82] Auch: adjustment of transactions.

[83] Zur West Mercia-Doktrin oben Rdnr. 13 ff.; zum fraud on creditors *Steffek* KTS 2007, 451, 453, 455; grundlegend *Armour* in *Armour/Bennett* Vulnerable Transactions in Corporate Insolvency Rdnr. 7.1 ff., S. 281 ff.

[84] Siehe unter Rdnr. 33 ff., Rdnr. 36 ff. bzw. Rdnr. 39; ausführliche Darstellungen des englischen Anfechtungsrechts bieten *Parry/Ayliffe/Shivji* Transaction Avoidance in Insolvencies (2011); *Armour/Bennett* (Hrsg.) Vulnerable Transactions in Corporate Insolvency (2003); in deutscher Sprache *Thole* Gläubigerschutz durch Insolvenzrecht S. 224 ff.; *Steffek* KTS 2007, 451 ff.

raum bis zur Stellung des Antrags auf Verfahrenseröffnung erfassen,[85] regeln ss. 127 und 128 IA 1986 die Zeitspanne zwischen Antragstellung und Verfahrenseröffnung. Gem. s. 127(1) IA 1986 sind Verfügungen über das Gesellschaftsvermögen in diesem Zeitraum unwirksam, wenn das Insolvenzgericht die Wirksamkeit nicht im Einzelfall anordnet.[86]

32   Gem. s. 128 IA 1986 sind die Rechtsfolgen der Einzelzwangsvollstreckung zwischen Antragstellung und gerichtlicher Verfahrenseröffnung nichtig. S. 244 IA 1986 erlaubt dem Insolvenzverwalter die Anfechtung wucherischer Darlehen, ist wegen ihres verbraucherschützenden Charakters im Kontext der gesellschaftsrechtlichen Insolvenzanfechtungsnormen in ss. 238 ff. IA 1986 systematisch deplatziert und hat bisher keine praktische Bedeutung entfaltet.[87] S. 874 CA 2006 schließlich ordnet die Unwirksamkeit bestimmter Pfandrechte am Gesellschaftsvermögen an, wenn diese nicht gem. s. 870 CA 2006 innerhalb von 21 Tagen nach Bestellung zur Veröffentlichung im Gesellschaftsregister angemeldet werden.[88] Wird ein Insolvenzverfahren nicht eröffnet, schränkt das englische Recht die Gläubigergleichbehandlung, insbesondere die Aufrechterhaltung der im Verfahren vorgesehenen Befriedigungsreihenfolge, noch weiter ein als das deutsche Recht.[89] Im Rahmen der individuellen Rechtsdurchsetzung verbleibt dann als Anfechtungsgrund nur s. 423 IA 1986.[90]

2. Transactions at an undervalue

33   Die Anfechtung unausgewogener Geschäfte (transactions at an undervalue) zu Lasten der Gesellschaft regelt s. 238 IA 1986. Die Vorschrift beschränkt sich auf die **Erhaltung des Verhältnisses der Aktiva zu den Passiva**; die Chancengleichheit der Gläubiger, insbesondere hinsichtlich der Befriedigungsreihenfolge, wird durch diese Norm nicht geschützt.[91]

34   Ein erfolgreicher Klageantrag gem. s. 238 IA 1986 hat folgende **Voraussetzungen**:[92]
(1) Über die Gesellschaft wurde ein winding up (voluntary oder compulsory) oder eine administration eröffnet; s. 238(1) IA 1986.
(2) Die Gesellschaft hat eine undervalue transaction, d. h. ein leistungsmäßig unausgewogenes Geschäft zu ihren Lasten, entweder schuldrechtlich abgeschlossen oder bereits dinglich durchgeführt. Die Legaldefinition der undervalue transaction in s. 238(4) IA 1986 lautet:
„a) the company makes a gift to that person or otherwise enters into a transaction with that person on terms that provide for the company to receive no consideration, or
b) the company enters into a transaction with that person for a consideration the value of which, in money or money's worth, is significantly less than the value, in money or money's worth, of the consideration provided by the company."

---

[85] Vgl. ss. 238(2), 239(2) jeweils i. V. m. s. 240(1)(a), (b), (3)(e) und s. 129(2) IA 1986; zudem s. 245(3)(a), (b), (5)(d) i. V. m. s. 129(2) IA 1986; *Bachner* Creditor Protection in Private Companies S. 533.
[86] Ausführlich dazu *Bennett* in *Armour/Bennett* Vulnerable Transactions in Corporate Insolvency Kapitel 8, S. 331 ff.
[87] *Goode* Corporate Insolvency Law Rdnr. 13.08, S. 528, Rdnr. 13.109, S. 597 f.; *Keay/Walton* Insolvency Law S. 583.
[88] Ausführlicher *Steffek* KTS 2007, 451, 454 f. m. w. N.
[89] *Steffek* KTS 2007, 451, 453; vgl. *Goode* Corporate Insolvency Law Rdnr. 13.06, S. 525 f.
[90] Dazu ausführlicher *Steffek* KTS 2007, 451, 464 ff.
[91] *Armour* in *Armour/Bennett* Vulnerable Transactions in Corporate Insolvency Rdnr. 2.19 ff., S. 42 f., Rdnr. 2.23 ff., S. 43 f.
[92] Beruhend auf *Steffek* KTS 2007, 451, 456; vgl. weiterhin *Goode* Corporate Insolvency Law Rdnr. 13.15, S. 532; *Armour* in *Armour/Bennett* Vulnerable Transactions in Corporate Insolvency Rdnr. 2.2 ff., S. 37 f.; *Parry/Shivji* in *Parry/Ayliffe/Shivji* Transaction Avoidance in Insolvencies Rdnr. 4.02 ff., S. 81 ff.

Entscheidend ist in beiden Varianten ein objektiv unangemessener Leistungsaustausch zu Lasten des Gesellschaftsvermögens. Eine transaction liegt allerdings nur vor, wenn zwischen den Beteiligten eine Übereinkunft besteht.[93] Einseitige Handlungen und Unterlassungen der Gesellschaft werden also grundsätzlich nicht erfasst.[94] Ein Geschäft fällt nur dann in den Anwendungsbereich der Norm, wenn sein Wert durch einen Geldbetrag ausgedrückt werden kann. Bei der Einräumung einer Sicherheit ist das nach der gesicherten Rechtsprechung nicht der Fall.[95] Der Nachweis eines subjektiven Elements auf Seiten der Gesellschaft, ein unausgewogenes Geschäft durchzuführen, ist nicht erforderlich.[96]

(3) Die undervalue transaction fand im relevanten Zeitraum (relevant time) statt, der sich über zwei Jahre erstreckt und mit der Stellung eines erfolgreichen Antrags auf Eröffnung eines winding up oder einer administration bzw. der Fassung eines gesellschafterlichen Liquidationsbeschlusses endet; ss. 238(2), 240(1)(a), (3)(a), (e) i. V. m. s. 129(1), (2) IA 1986.[97]

(4) Die Gesellschaft war (oder wurde durch das Geschäft) unable to pay its debts im Sinne der materiellen Insolvenztatbestände in s. 123 IA 1986, darunter vor allem balance sheet insolvency und cash flow insolvency, wobei die materielle Insolvenz bei Geschäften mit verbundenen Personen (connected persons) vermutet wird; ss. 238(2), 240(1) IA 1986.

(5) Dem Vorteilsempfänger gelingt nicht der Nachweis, dass die Gesellschaft das Geschäft in gutem Glauben zum Zweck der Unternehmensfortführung abgeschlossen hat und gute Gründe für die Annahme vorlagen, dass das Geschäft der Gesellschaft nützen würde; s. 238(5) IA 1986.

(6) Antragsteller ist der allein prozessführungsbefugte liquidator bzw. administrator; s. 238(1) IA 1986.

Auf **Rechtsfolgenseite** hat das Gericht ein weites Ermessen in den Grenzen von s. 241 IA 1986.[98] Gem. s. 238(3) IA 1986 soll grundsätzlich diejenige Lage hergestellt werden, die bestünde, wenn die Gesellschaft das Geschäft nicht abgeschlossen bzw. durchgeführt hätte.[99] In der Spruchpraxis bedeutet das Rückabwicklung des Geschäfts oder Ausgleichszahlung des Geschäftsgegners. Gutgläubige Dritte, die an dem Geschäft nicht unmittelbar beteiligt waren und im Rahmen ihres eigenen Geschäfts eine mit der Annahme von Gutgläubigkeit zu vereinbarende Gegenleistung erbracht haben, dürfen dabei gem. s. 241(2), (2A) IA 1986 nicht nachteilig betroffen werden.[100]

3. Preferences

Die Anfechtbarkeit von Handlungen und Unterlassungen, welche einem Gläubiger oder Sicherungsgeber eine **bessere Position verschaffen** als diejenige, die er ansonsten in der

---

[93] *Re Taylor Sinclair (Capital) Ltd* [2001] 2 BCLC 176, 184; *Mokal* Corporate Insolvency Law S. 312 f.

[94] Ausnahme ist die ausdrücklich genannte Schenkung (gift), die nach traditioneller Dogmatik nicht in jedem Fall einen zweiseitigen Vertrag voraussetzt; *Hill*, The Role of the Donee's Consent in the Law of Gift, (2001) 117 LQR 127 ff.

[95] *Re MC Bacon Ltd (No 1)* [1990] BCLC 324, 340 f.; dem folgend *Re Brabon* [2001] 1 BCLC 11, 36 f.; *Lord v Sinai Securities Ltd* [2005] 1 BCLC 295, 299 f.

[96] *Stanley v TMK Finance Ltd* [2011] Bus LR 93 f.

[97] Zu Besonderheiten bei der administration siehe s. 240(1)(c), (d), (3)(b), (c), (d), s. 129(1A) IA 1986; näher zum relevanten Zeitraum *Armour* in *Armour/Bennett* Vulnerable Transactions in Corporate Insolvency Rdnr. 2.30 ff., S. 47 ff.

[98] *Re Paramount Airways Ltd* [1992] BCLC 710, 721; *Beissenhirtz* Die Insolvenzanfechtung in Deutschland und England S. 188 f.

[99] *Armour* in *Armour/Bennett* Vulnerable Transactions in Corporate Insolvency Rdnr. 2.121, S. 82.

[100] Dazu *Goode* Corporate Insolvency Law Rdnr. 13.68 f., S. 566 ff.; *Re Sonatacus Ltd* [2007] BCC 186.

insolventen Liquidation gehabt hätte, wird in s. 239 IA 1986 geregelt. Die Anfechtungsgründe in s. 238 IA 1986 (transaction at an undervalue) und s. 239 IA 1986 schließen sich nicht gegenseitig aus, sondern können mit Blick auf einen Sachverhalt kumulativ erfüllt sein.[101]

37   Die Anfechtung einer solchen Bevorzugung (preference) hat im Gerichtsverfahren unter folgenden **Voraussetzungen** Erfolg:[102]
(1) Die Gesellschaft befindet sich im Liquidationsverfahren (voluntary oder compulsory winding up) oder in der administration; s. 239(1) i. V. m. s. 238(1) IA 1986.
(2) Die Gesellschaft hat einem (Alt-)Gläubiger oder einer Person, die für eine Gesellschaftsschuld eine Sicherheit bestellt hat, eine bevorzugende Behandlung (preference) dergestalt zukommen lassen, dass der Gläubiger bzw. Sicherungsgeber eine bessere Position erlangt hat, als sie ihm sonst in der insolventen Liquidation zugestanden hätte; s. 239(4) IA 1986.
Beispiele anfechtbarer Bevorzugungen sind: Zahlungen auf Altgesellschaftsschulden, Einräumung von Sicherheiten für Altverbindlichkeiten, Abtretung von Ansprüchen oder Übertragung von Mobilien und Immobilien aus dem Gesellschaftsvermögen zur Begleichung von Altgesellschaftsschulden sowie Zahlungen auf gesicherte Schulden zur Entlastung des Altsicherungsgebers (etwa eines Gesellschafters).[103] Keine anfechtbaren Bevorzugungen sind: Zahlungen an einen am Gesellschaftsvermögen gesicherten Gläubiger, welche den Wert der Sicherheit nicht übersteigen und gesetzlich vorrangige ungesicherte Gläubiger nicht benachteiligen,[104] angemessene Zahlungen im Rahmen einer Miete, Lizenz etc., Einräumung von Sicherheiten im Zusammenhang mit der Begründung neuer werthaltiger Ansprüche der Gesellschaft gegen den Sicherungsnehmer.[105]
(3) Die Gesellschaft war bei der Entscheidung über die Bevorzugung von dem Wunsch (desire) beeinflusst, dem Gläubiger bzw. Sicherungsgeber die bessere Position zu verschaffen; s. 239(5) IA 1986.[106] Dieser subjektive Tatbestand wird im Zusammenhang mit verbundenen Personen (connected persons) vermutet; s. 239(6) IA 1986. Ein subjektives Tatbestandselement auf Seite des Bevorzugten gibt es nicht.
(4) Die bevorzugende Behandlung wurde im relevanten Zeitraum (relevant time) gewährt, der sich bei verbundenen Personen (connected persons)[107] über zwei Jahre, in allen anderen Fällen über 6 Monate, erstreckt und mit der Stellung eines erfolgreichen Antrags auf Eröffnung eines winding up oder einer administration bzw. der Fassung eines gesellschafterlichen Liquidationsbeschlusses endet; ss. 239(2), 240(1)(a), (b), (3)(a), (e) i. V. m. s. 129(1), (2) IA 1986.[108]
(5) Die Gesellschaft war (oder wurde durch die Bevorzugung) unable to pay its debts im Sinne der Insolvenzgründe in s. 123 IA 1986, darunter namentlich balance sheet in-

---

[101] Vgl. *Re HHO Licensing Ltd, Clements v Henry Hadaway Organisation Ltd* [2008] 1 BCLC 223, 242 (Ch).
[102] Dazu bereits *Steffek* KTS 2007, 451, 467; vgl. weiterhin *Goode* Corporate Insolvency Law Rdnr. 13.74, S. 572 f.; *Keay/Walton* Insolvency Law S. 558 f.; *Walters* in *Armour/Bennett* Vulnerable Transactions in Corporate Insolvency Rdnr. 4.3 ff., S. 125 f.; *Parry/Shivji* in *Parry/Ayliffe/Shivji* Transaction Avoidance in Insolvencies Rdnr. 5.12 ff., S. 158 ff.
[103] Weitere Beispiele bei *Goode* Corporate Insolvency Law Rdnr. 13.78, S. 574 f.; *Walters* in *Armour/Bennett* Vulnerable Transactions in Corporate Insolvency Rdnr. 4.28 ff., S. 139 ff.; *Beissenhirtz* Die Insolvenzanfechtung in Deutschland und England S. 120 f.
[104] *Goode* Corporate Insolvency Law Rdnr. 13.93, S. 584 f., dort auch zur Problematik des Kontokorrents.
[105] Weitere Beispiele bei *Goode* Corporate Insolvency Law Rdnr. 13.93 ff., S. 584 ff.
[106] Grundlegend *Re MC Bacon Ltd* (No 1) [1990] BCLC 324.
[107] Ausgenommen Angestellte der Gesellschaft, s. 240(1)(a) IA 1986.
[108] Zu Einzelheiten bei der administration siehe s. 240(1)(c), (d), (3)(b), (c), (d), s. 129(1A) IA 1986; näher zum relevanten Zeitraum *Walters* in *Armour/Bennett* Vulnerable Transactions in Corporate Insolvency Rdnr. 4.87 ff., S. 170 ff.

solvency (Überschuldung) und cash flow insolvency (Zahlungsunfähigkeit), wobei die materielle Insolvenz bei Geschäften mit verbundenen Personen (connected persons) vermutet wird; ss. 239(2), 240(2) IA 1986.

(6) Antragsteller ist der allein prozessführungsbefugte liquidator bzw. administrator; ss. 239(1), 238(1) IA 1986.

Das Vorliegen dieser Voraussetzungen eröffnet das weite richterliche Ermessen hinsichtlich der **Rechtsfolgen**. Ähnlich wie bei s. 238 IA 1986 ist es auf die Wiederherstellung derjenigen Lage gerichtet, die ohne das bevorzugende Verhalten bestanden hätte (status quo ante). Typischerweise wird der bevorzugte Gläubiger zur Rückzahlung der erhaltenen Summe verurteilt oder die rechtswidrig erhaltene Sicherheit wird für nichtig erklärt.[109] Wie bei s. 238 IA 1986 wirken die Rechtsfolgen eines Urteils nicht ex tunc, sondern ex nunc.[110] 38

4. Avoidance of certain floating charges

Die Unwirksamkeit von floating charges[111] in der Insolvenz der Kapitalgesellschaft regelt s. 245 IA 1986 als Spezialtatbestand[112] zu s. 239 IA 1986. Eine floating charge ist gem. s. 245(2) IA 1986 ex nunc[113] unwirksam, wenn und soweit der Gesellschaft bei ihrer Gewährung nicht neues Vermögen (new value) zugeflossen ist.[114] Wie bei ss. 238, 239 IA 1986 endet der für die Anfechtung relevante Zeitraum mit dem Antrag auf Eröffnung eines winding up oder einer administration bzw. dem gesellschafterlichen Abwicklungsbeschluss und erstreckt sich für verbundene Personen (connected persons) auf die vorangehende Zwei-Jahres-Spanne, für nicht verbundene Personen auf die vorangehende Ein-Jahres-Spanne (s. 245(3), (5) i. V. m. s. 129 IA 1986).[115] Bei unverbundenen Personen muss der Insolvenzverwalter zusätzlich nachweisen, dass die Gesellschaft bei Einräumung der floating charge materiell insolvent war (s. 245(4) IA 1986). Beruft sich der Insolvenzverwalter erfolgreich auf s. 245 IA 1986, kann der Gläubiger keine vorrangige Befriedigung vor den ungesicherten Gläubigern auf Grundlage der floating charge verlangen und wird stattdessen als ungesicherter Gläubiger behandelt.[116] 39

§ 42 Fallstudien: Schefenacker, Deutsche Nickel, Brochier und Rodenstock

Übersicht

	Rdnr.		Rdnr.
I. Schefenacker	1–16	3. Sanierungsmigration	5–7
1. Veröffentlichung der Verfahrensakte		a) Gründe und Kosten	5, 6
	1	b) Ablauf	7
2. Ausgangssituation	2–4		

---

[109] Für Beispiele siehe *Re Exchange Travel (Holdings) Ltd (No 3)* [1996] 2 BCLC 524; *Mills v Edict Ltd* [1999] BPIR 391; zu weiteren Einzelheiten, insbes. dem Schutz gutgläubiger Dritter, s. 241 IA 1986 und *Walters* in *Armour/Bennett* Vulnerable Transactions in Corporate Insolvency Rdnr. 4.91 ff., S. 172 ff.; zu Bevorzugungen von Sicherungsgebern *Walters,* aaO, Rdnr. 4.98 ff., S. 176 ff. und *Re Agriplant Services* [1997] 2 BCLC 598.

[110] *Walters* in *Armour/Bennett* Vulnerable Transactions in Corporate Insolvency Rdnr. 4.93, S. 173 f.

[111] Dazu oben § 38 Rdnr. 44 ff.

[112] *Bachner* in *Lutter* Das Kapital der Aktiengesellschaft in Europa S. 537.

[113] Näher zum zeitlichen Eingreifen der Norm *Bennett* in *Armour/Bennett* Vulnerable Transactions in Corporate Insolvency Rdnr. 5.85 ff., S. 212 f.

[114] *Bennett* in *Armour/Bennett* Vulnerable Transactions in Corporate Insolvency Rdnr. 5.45 ff., S. 198 ff.; *Beissenhirtz* Die Insolvenzanfechtung in Deutschland und England S. 143 ff.

[115] Näher *Keay/Walton* Insolvency Law S. 578 f.; *Bennett* in *Armour/Bennett* Vulnerable Transactions in Corporate Insolvency Rdnr. 5.39 ff., S. 197 f.

[116] *Keay/Walton* Insolvency Law S. 577, 581.

	Rdnr.		Rdnr.
4. Sanierung nach englischem Recht	8–15	2. Gescheiterte Verlegung des COMI	34–39
a) Banken (senior secured lenders)	8	a) Ausgangssituation und Migration	34
b) Company voluntary arrangement (CVA)	9–15	b) Centre of main interests	35–37
5. Chapter 15-Verfahren nach US-amerikanischem Recht	16	c) Alternativen	38, 39
II. Deutsche Nickel	17–32	3. Race to the court	40, 41
1. Ausgangssituation	17–19	4. Reaktion auf die zwei eröffneten Hauptinsolvenzverfahren	42–44
2. Fehlschlag des Restrukturierungsversuchs nach deutschem Recht	20–23	5. Gefahr durch Sekundärinsolvenzverfahren	45–47
a) Schuldverschreibungsgesetz 1899	20, 21	IV. Rodenstock	48–65
b) Schuldverschreibungsgesetz 2009	22, 23	1. Einführung	48, 49
3. Migration und gesellschaftsrechtliche Umstrukturierung	24–28	2. Ausgangssituation	50–54
a) Gründe	24	a) Entwicklung des Unternehmens	50–52
b) Ablauf	25–28	b) Situation im Zeitpunkt der Sanierung	53, 54
4. Restrukturierung nach englischem Recht	29–32	3. Vorbereitung des Verfahrens	55, 56
III. Brochier	33–47	4. Inhalt des scheme of arrangement	57
1. Bedeutung für künftige Sanierungsmigrationen	33	5. Einleitung des Verfahrens und Gläubigerversammlung	58, 59
		6. Bestätigung des scheme of arrangement	60–65

Schrifttum: *Baird/Westpfahl,* How to Get Through Passport Control, ABI Journal 2007, Vol. XXVI, No. 7, 30–31, 56; *Eidenmüller,* Rechtsmissbrauch im Europäischen Insolvenzrecht, KTS 2009, 137–161; *Eidenmüller/Frobenius,* Die internationale Reichweite eines englischen Scheme of Arrangement, WM 2011, 1210–1219; *Elms,* Re Rodenstock: Sanctioning Schemes of Arrangement of Solvent Overseas Companies, CRI 2011, 114–116; *Früchtl,* Die Anwachsung gem. § 738 I 1 BGB – Unbeachteter Eckpfeiler und gestaltbares Instrument des Personengesellschaftsrechts, NZG 2007, 368–372; *Geva,* National Policy Objectives from an EU Perspective: UK Corporate Rescue and the European Insolvency Regulation, EBOR 2007, 605–619; *Goetker/Quenby,* The Migration – How German Autoparts Maker Schefenacker Became the Centre of Main Interest, Int. Fin. LR 2007, 48–49; *Griffiths/Hellmig,* Insolvenzkulturen – Kampf oder Harmonisierung? – Eine angelsächsische Perspektive, NZI 2008, 418–420; *Hickmott/Ballmann,* View from Here: Tailored Migration, LegalWeek.com (22. 2. 2007); *Ho,* Making and Enforcing International Schemes of Arrangement, JIBLR 2011, 434–443; *Isaacs,* Case Review: Re Rodenstock GmbH, ICR 2011, 304–308; *Jacoby,* Der ordre public-Vorbehalt beim forum shopping im Insolvenzrecht, GPR 2007, 200–206; *Mallon,* Rodenstock: International Rescue for Schemes of Arrangement, Ins Int 2011, 80; *Mankowski,* Anerkennung englischer Solvent Schemes of Arrangement in Deutschland, WM 2011, 1201–1210; *Mitchell,* The Lessons of Schefenacker, www.globalturnaround.com (August 2007); *Paulus,* Das englische Scheme of Arrangement – Ein neues Angebot auf dem europäischen Markt für außergerichtliche Restrukturierungen, ZIP 2011, 1077–1083; *ders.,* Notwendige Änderungen im Insolvenzrecht?, ZIP 2005, 2301–2302; *Podewils,* Neuerungen im Schuldverschreibungs- und Anlegerschutzrecht, DStR 2009, 1914–1920; *Ringe,* Forum Shopping under the EU Insolvency Regulation, EBOR 2008, 579–620; *ders.,* Strategic Insolvency Migration and Community Law, in: *Ringe/Gullifer/Théry* (Hrsg.), Current Issues in European Financial and Insolvency Law, 2009; *Rutstein,* Roll up! Roll up! Schemes Round-up, CRI 2011, 125–127; *Vallender,* Gefahren für den Insolvenzstandort Deutschland, NZI 2007, 129–137; *Weller,* Die Verlegung des Center of Main Interest von Deutschland nach England, ZGR 2008, 835–866; *Westpfahl/Knapp,* Die Sanierung deutscher Gesellschaften über ein englisches Scheme of Arrangement, ZIP 2011, 2033–2047.

I. Schefenacker

1. Veröffentlichung der Verfahrensakte

1 Die erfolgreiche finanzielle Sanierung der Schefenacker Gruppe nach englischem Recht im Jahr 2007 hat der Sanierungsmigration nach England große Aufmerksamkeit in den Medien beschert und Überlegungen zur Verbesserung des deutschen Sanierungsrechts an-

gestoßen. Der Fall Schefenacker ist nicht nur mittelbar in zahlreichen Publikationen in Zeitungen und Fachzeitschriften dokumentiert. Wegen der Berührung der Sanierung mit dem US-amerikanischen Recht wurden aussagekräftige Dokumente auch unmittelbar aufgrund der Veröffentlichungspraxis der US-amerikanischen Gerichte für die Allgemeinheit zugänglich. Dazu zählt insbesondere die **Gerichtsakte des US-amerikanischen Chapter 15-Verfahrens** (Bankruptcy Code) mit über 100 Aktenteilen.[1] Diese Gerichtsakte wird der folgenden Fallstudie vorrangig zugrunde gelegt; ergänzend wird auf die im Schrifttumsverzeichnis angegebenen Veröffentlichungen zurückgegriffen.

2. Ausgangssituation

Die Schefenacker Gruppe, bestehend aus der **Schefenacker AG** und deren **Tochtergesellschaften**, war in der **Automobilzulieferbranche** tätig und stellte Spiegel und Beleuchtungen her. Die Herstellung von Rück- und Seitenspiegeln erreichte fast 30% der weltweiten Produktion. Die Produktions- und Vertriebsstätten befanden sich in Australien, Deutschland, England, Korea, Slowenien, Ungarn und den USA. Der Sitz der Konzernzentrale war bei Stuttgart. Die Zahl der Beschäftigten erreichte rund 8000 Personen. Für das Jahr 2005 betrug der Umsatz ca. € 930 000 000.

Die **Fremdkapitalseite** der Schefenacker AG enthielt insbesondere die beiden folgenden Positionen: (1) € 205 000 000 **Bankverbindlichkeiten** (senior secured lenders), dinglich und schuldrechtlich besichert durch die Tochtergesellschaften, und (2) € 200 000 000 **Senior Subordinated Notes** (Anleihe) mit einem Kupon von 9,5%, nur schuldrechtlich besichert durch die 16 wichtigsten Tochtergesellschaften und fällig 2014. Für die Anleihe galt ein Treuhandvertrag (indenture) nach dem Recht von New York mit der Bank of New York als Treuhänder (trustee). Die Zahl der Anleihegläubiger wurde auf 2000–3000 geschätzt, darunter zwanzig bis dreißig Großinvestoren und viele Privatkunden mit Sitz in Deutschland und Österreich.

Im August 2006 wuchsen die Sorgen des Vorstands der Schefenacker AG über die Profitabilität des operativen Geschäfts und die Kapitalstruktur der Schefenacker Gruppe. Die Erstellung eines Restrukturierungsplans wurde in Auftrag gegeben; der Plan wurde zum September 2006 fertiggestellt. Darin wurde die **finanzielle Restrukturierung** bis spätestens Anfang 2007 empfohlen. Auf dieser Grundlage begannen Verhandlungen mit den vorrangigen gesicherten Gläubigern (senior secured lenders), den Anleihegläubigern (vertreten durch ein ad hoc Komitee), den wichtigsten Kunden und dem Alleinaktionär Dr. Schefenacker. Ergebnis war ein bindendes **Term Sheet** (Dokumentation von Rahmenkonditionen) vom 6. 2. 2007, das zum einen die sofortige Bereitstellung benötigter kurzfristiger Liquidität für die Schefenacker Gruppe vorsah und zum anderen die Grundlage des company voluntary arrangement (CVA)[2] als Alternative zur Abwicklung festhielt. Rückblickend war die frühzeitige Planung der Sanierungsmigration ein maßgeblicher Faktor für den Erfolg der Restrukturierung als Ganzes.

3. Sanierungsmigration

a) **Gründe und Kosten.** Eine Migration in die englische Rechtsordnung wurde im Fall Schefenacker besonders deshalb in Erwägung gezogen, weil nicht mit der Zustimmung sämtlicher Anleihegläubiger gerechnet wurde. Das englische Recht eröffnete hingegen die **Einbindung der Anleihegläubiger**, wenn eine Zustimmungsmehrheit von 75% zu dem CVA erzielt werden konnte. Hinzu kamen weitere Gründe, etwa die Möglichkeit auf die Person des bzw. der Insolvenzverwalter(s) Einfluss zu nehmen und die **leichtere Durchführbarkeit von Debt/Equity-Swaps**.[3] Wegen der Insolvenznähe wurde außerdem die

---

[1] Die Gerichtsakte liegt dem Autor vor und war unter folgender Adresse einsehbar: http://chapter15.com/bin/chapter15_company_dockets?cid=1185158833&search=all&orderby=docket_num&ordertype=asc&tbl=docket. Mittlerweile hat der Datendienst seinen Service jedoch eingestellt.

[2] Dazu ausführlich § 39 Rdnr. 1 ff.

[3] Dazu eingehend in § 40.

im englischen Recht fehlende Insolvenzantragspflicht und die weniger strenge Insolvenzverschleppungshaftung als vorteilhaft angesehen. Die Eröffnung eines Insolvenzverfahrens hätte nach Einschätzung der Beteiligten zu einem wertzerstörenden Zusammenbruch der Kunden- und Zuliefererbeziehungen geführt. Ein erheblicher Faktor war auch der Umstand, dass **maßgebliche Gläubiger im anglo-amerikanischen Rechtsraum beheimatet** waren, da sich die deutschen Banken aus der Finanzierung teilweise zurückgezogen hatten.

6 Der Nachteil hoher **Beratungskosten** wurde demgegenüber in Kauf genommen.[4] Die Kosten für die Honorare der Sanierungsberater, Anwälte und Investmentbanker lagen bei kolportierten € 40 000 000. Allerdings ist zu bedenken, dass nur ein Teil dieser Kosten durch die Migration selbst verursacht wurde. Für die Entscheidungsfindung bedeutsam ist letztlich das Verhältnis der Kosten zu der durch die Migration erzielbaren Wertschöpfung, die eher bei Unternehmen in der Größenordnung von Schefenacker gegeben sein wird. Wegen der mittlerweile gewonnenen Erfahrungen und vorliegenden gerichtlichen Entscheidungen ist in zukünftigen Fällen tendenziell von geringeren Kosten auszugehen.

7 **b) Ablauf.** Die Sanierungsmigration erfolgte in **folgenden Schritten**; im Wesentlichen waren sie auch im Term Sheet vom 6. 2. 2007 enthalten:
  (1) Zustimmung der Banken (senior secured lenders) zur Migration im Oktober 2006.
  (2) Gründung der Schefenacker plc[5] mit registerlichem Sitz in Portchester (Hampshire, England) am 11. 10. 2006.[6]
  (3) Zustimmung der Anleihegläubiger zu einer notwendigen Änderung des Treuhandvertrags mit einfacher Mehrheit (57,78 %) am 8. 12. 2006.
  (4) Zustimmung des Aktionärs Dr. Schefenacker und der wichtigsten Kunden am 6. 2. 2007.
  (5) Umwandlung der Schefenacker AG in eine deutsche KG, die Schefenacker GmbH & Co. KG.
  (6) Komplementär der Schefenacker GmbH & Co. KG war neben der Schefenacker GmbH die zuvor gegründete Schefenacker plc.
  (7) Übergang der Vermögensgegenstände und Verbindlichkeiten der Schefenacker GmbH & Co. KG auf die Schefenacker plc am 9. 2. 2007 im Wege der Anwachsung[7] gem. §§ 161 Abs. 2, 105 Abs. 3 HGB, § 738 Abs. 1 S. 1 BGB (englisch: collapse merger). Das Term Sheet vom 6. 2. 2007 sah dafür rechtstechnisch zwei Wege vor:
    (a) Austritt der Schefenacker GmbH und des Kommanditisten.
    (b) Übertragung der Anteile der Schefenacker GmbH und des Kommanditisten auf die Schefenacker plc.
  Dem Anwachsungsmodell wurde gegenüber anderen Lösungen, etwa einer grenzüberschreitenden Verschmelzung, der Vorzug gegeben, da es zum einen bereits erprobt und zum anderen in kurzer Zeit umsetzbar war.
  (8) Löschung der Schefenacker GmbH & Co. KG.
  (9) Sicherstellung, dass der centre of main interests (COMI) in England ist.[8]

4. Sanierung nach englischem Recht

8 **a) Banken (senior secured lenders).** Die finanzielle Restrukturierung wurde für **verschiedene Gläubigergruppen** auf **unterschiedlichen Wegen** erreicht. Die Banken (senior secured lenders) stimmten der Sanierungsmigration bereits im Oktober 2006 zu.

---

[4] Zu anderen Vorteilen, aber auch Nachteilen der Sanierungsmigration siehe § 37 Rdnr. 6 ff.
[5] Die Abkürzung plc steht gem. s. 58(1) CA 2006 für public limited company.
[6] Die Gesellschaft wurde mit der Registernummer 5 963 065 gegründet; sie firmierte anschließend als Visiocorp plc, wurde am 6. 3. 2009 einer administration unterstellt und am 10. 12. 2010 aus dem Register gelöscht.
[7] Dazu allgemein *Früchtl* NZG 2007, 368 ff.
[8] Vgl. dazu die kritischen Anmerkungen von *Griffiths/Hellmig* NZI 2008, 418, 419 f.

Außerdem gelang eine konsensuale Einigung über die Sanierungsbeiträge der Banken. Eine Einbindung der Banken über die zwingende Wirkung eines formellen Sanierungsverfahrens wäre wegen der relativ hohen Kreditforderungen in Kombination mit deren dinglichen Sicherung faktisch ohnehin kaum möglich gewesen. Daran wird ersichtlich, dass sich die **konsensuale Einbindung der maßgeblichen Gläubiger bereits im Vorfeld der Migration** empfiehlt.[9] An der restrukturierten Schefenacker plc hielten Banken nach dem Debt/Equity-Swap schließlich ca. 69,6% der ordinary shares (Stammaktien).

b) Company voluntary arrangement (CVA). aa) Motive. Kernstück der Restrukturierung war ein **company voluntary arrangement** (CVA)[10] zur Einbindung der **ungesicherten Gläubiger** und der **Gesellschafter**. Das CVA hatte gegenüber dem scheme of arrangement gem. ss. 895 ff. CA 2006[11] zum einen den Vorteil einer weniger starken Involvierung des Gerichts. Zum anderen war danach die Abstimmung der Gläubiger einfacher zu handhaben, da die ungesicherten Gläubiger ohne Klassenbildung zusammen abstimmen. Auf die Kombination des CVA mit einer administration wurde wegen der befürchteten nachteiligen Publizitätswirkungen verzichtet. Der Markt unterscheidet also zwischen dem Sanierungsverfahren CVA und dem Insolvenzverfahren administration, obwohl das zuletzt genannte Verfahren vom Gesetzgeber sanierungsorientiert ausgestaltet wurde.

bb) Verfahrensschritte. Um den 5. 3. 2007 erklärten sich zwei private Insolvenzpraktiker (insolvency practitioners) bereit, zunächst als vorläufige treuhänderische Verwalter **(nominees)** und dann als gemeinsame Verwalter **(joint supervisors)** des CVA zu fungieren. Die Chancery Division des High Court of Justice in London traf am 6. 3. 2007 Anordnungen, um die ausreichende Information der Anleihegläubiger anlässlich der Gläubiger- und Gesellschafterversammlungen sicherzustellen. Die beiden Verwalter reichten am 9. 3. 2007 ihren Bericht ein, wonach der CVA-Vorschlag ausreichende Aussicht auf Annahme und Umsetzung hätte, und regten die Einberufung der Gläubiger- und Gesellschafterversammlung an. Schefenacker versandte am 9. 3. 2007 den detaillierten CVA-Vorschlag mit einem Umfang von 136 Seiten.

Zu diesem Zeitpunkt zeichnete sich jedoch ab, dass die Anleihegläubiger dem CVA-Vorschlag nicht mit einer Stimmenzahl zustimmen wollten, welche die angestrebte 75%-Mehrheit sicherstellen würde.[12] Die Zeit für die notwendigen **Nachverhandlungen** wurde durch einen Beschluss der Chancery Division gem. r. 12.9(2) IR 1986 vom 29. 3. 2007 gewonnen, wodurch den Verwaltern eine Fristverlängerung zur Verschiebung der Gläubiger- und Gesellschafterversammlungen eingeräumt wurde. Ergebnis der Nachverhandlungen war ein modifizierter CVA-Vorschlag vom 5. 4. 2007.

Am 2. 5. 2007 stimmten die **Gläubiger- und Gesellschafterversammlungen** dem modifizierten CVA-Vorschlag zu. Die gesetzlich verlangten Mehrheiten für die **Bindungswirkung** des CVA sind gem. rr. 1.19(1), 1.20(1) IR 1986 75% der betroffenen, anwesenden und abstimmenden Gläubiger (gemessen nach dem Wert der Ansprüche) und 50% der anwesenden und abstimmenden Gesellschafter (gemessen nach dem Wert der Beteiligung). Zudem ist erforderlich, dass das CVA nicht von mehr als der Hälfte der ungesicherten und mit der Gesellschaft nicht verbundenen Gläubiger abgelehnt wird. Weicht das Abstimmungsergebnis der Gläubiger von dem der Gesellschafter ab, geht der Beschluss der

---

[9] Vgl. *Ringe* in *Ringe/Gullifer/Théry* Current Issues in European Financial and Insolvency Law S. 71, 93.

[10] Ausführlich zum CVA in § 39 Rdnr. 1 ff.

[11] Dazu eingehend § 39 Rdnr. 31 ff.

[12] Üblicherweise und entsprechend der gesetzlichen Ausgangslage wird bei einem CVA zwar nicht in getrennten Klassen abgestimmt (dazu oben § 39 Rdnr. 14). Im Fall Schefenacker wurde sicherheitshalber jedoch auf eine 75%ige Zustimmungsmehrheit der Anleihegläubiger geachtet, um nachträgliche Anfechtungen auszuschließen; dazu *Prudential Assurance Co Ltd v PRG Powerhouse* Ltd [2007] BCC 500, 521; *Baird/Ho* Ins Int 2007, 124, 126.

Gläubiger vor. Im Schefenacker-Fall stimmten 75,9% der Gläubiger in der Versammlung vom 2. 5. 2007 für den CVA-Vorschlag; 56,5% der Anleihegläubiger hatten ihre Stimme abgegeben.

13 Die angenommenen Vorschläge wurden am 4. 5. 2007 zu Gericht gereicht. Dadurch wurde eine **Frist von 28 Tagen** in Lauf gesetzt, innerhalb derer Gläubiger das CVA wegen ungerechtfertigter Benachteiligung (unfair prejudice) oder erheblicher Verfahrensmängel (material irregularity) angreifen konnten. Zum Fristablauf am 1. 6. 2007 wurden keine entsprechenden Anträge eingereicht.

14 cc) **Inhalt.** Der **gestaltende Teil** des CVA hatte insbesondere folgenden Inhalt:
(1) Die **Anleihegläubiger**
verlieren ihre Rechte aus der Anleihe (insbesondere Anspruch auf Zahlung und Sicherheiten)
und erhalten dafür
   (a) 5% der ordinary shares (Stammaktien) der restrukturierten Schefenacker plc (Debt/Equity-Swap),
   (b) eine Zahlung von € 7 500 000 sowie
   (c) Optionsscheine (warrants) zum Erwerb weiterer Aktien der Schefenacker plc.
(2) Der **Gesellschafter** Dr. Schefenacker
   (a) tritt Gesellschafterforderungen i. H. v. etwa € 110 000 000 gegenüber Schefenacker plc an diese Gesellschaft bzw. an dritte Personen zu Gunsten von Schefenacker plc ab,
   (b) überträgt Anteile an Tochtergesellschaften, so dass diese 100%ige Tochter- bzw. Enkelgesellschaften von Schefenacker plc werden,
   (c) trägt € 20 000 000 in Form einer mezzanine finance facility bei,
   und erhält dafür
   25,4% ordinary shares (Stammaktien) der restrukturierten Schefenacker plc.

15 dd) **Bindungswirkung.** Mit Erreichen der notwendigen Mehrheiten entfaltete das CVA seine Wirkung für **alle abstimmungsberechtigten Gläubiger und Gesellschafter**, unabhängig davon, ob sie in den Versammlungen anwesend waren oder für das CVA gestimmt hatten. Entsprechend den gesetzlichen Regeln hat das CVA keine Bindungswirkung für gesicherte oder bevorzugte (preferred) Gläubiger, wenn diese nicht zustimmen. Im Schefenacker-Fall waren mit den **gesicherten Gläubigern getrennte Vereinbarungen** getroffen worden, während man davon ausging, dass keine bevorzugten Gläubiger vorhanden waren. Abgeschlossen wurde die finanzielle Restrukturierung am 29. 6. 2007 mit dem Debt/Equity-Swap und dem Verzicht auf die schuldrechtlich bestellten Sicherheiten der Töchter.

5. Chapter 15-Verfahren nach US-amerikanischem Recht

16 Eine Bedingung der Umsetzung des CVA war seine **Anerkennung in den USA** gem. Chapter 15 des US-amerikanischen Bankruptcy Code. Dadurch sollte erreicht werden, dass das CVA nicht nur nach der EuInsVO, sondern auch nach US-amerikanischem Recht als Hauptverfahren (foreign main proceeding) anerkannt wurde.[13] Zudem wurde die Anerkennung der Verwalter des CVA in den USA als Repräsentanten[14] und die Erstreckung der Bindungswirkung des CVA auf das Gebiet der US-amerikanischen Jurisdiktion beantragt. Grundsätzlich entfaltet ein CVA seine rechtliche Wirkung zwar mit dem Beschluss der Gläubiger, seine Umsetzung kann jedoch von Bedingungen abhängig gemacht werden. Das CVA wurde im Chapter 15-Verfahren am 14. 6. 2007 gerichtlich anerkannt. Im Ergebnis war so sichergestellt, dass Einwendungen gegen das CVA nur in England erhoben werden konnten und von Gerichten in den USA oder anderen EU-Mitgliedstaaten außer England zurückgewiesen worden wären.

---

[13] Gem. s. 1517(b)(1) Bankruptcy Code.
[14] Gem. s. 101(24) Bankruptcy Code.

II. Deutsche Nickel

1. Ausgangssituation

Die erfolgreiche Sanierungsmigration der Deutsche Nickel AG fand bereits im Jahr 2005 statt, also bereits vor der Restrukturierung der Schefenacker Gruppe. Die Deutsche Nickel AG mit Sitz in Schwerte, Nordrhein-Westfalen, war bis zum 23. 12. 2004 eine 100%ige Tochtergesellschaft der börsennotierten VDN Vereinigte Deutsche Nickel-Werke AG mit Sitz in Düsseldorf.[15] Geschäftsbereiche der **Deutsche Nickel AG** und ihrer **17 Tochter- bzw. Enkelgesellschaften** waren die Herstellung von Halbzeugen an Stangen, Drähten und Bändern aus Nickellegierungen sowie die Herstellung von Münzronden, die Herstellung von Munitionshülsen und das Recycling von Edelmetallen. Der Umsatz der Deutsche Nickel AG für 2004 betrug rund € 69 000 000.

Die **Bilanz** weist für 2004 bei einer Bilanzsumme von rund € 176 000 000 auf der Passivseite Eigenkapital im Saldo von rund € 200 000 (bei einem Grundkapital von € 27 000 000 und einem Jahresfehlbetrag von rund € 86 000 000), Rückstellungen von rund € 10 000 000 und Verbindlichkeiten von rund € 166 000 000 aus. Unter den Verbindlichkeiten finden sich die Posten Anleihen i. H. v. € 104 000 000 und Kreditinstitute i. H. v. rund € 24 000 000. Bei der Anleihe handelte es sich um eine 7,125% Inhaber-Teilschuldverschreibung aus dem Jahr 1999.[16] Neben der Deutsche Nickel AG als Emittentin der Anleihe haftete ihre Tochtergesellschaft EuroCoin AG gesamtschuldnerisch für die Anleihe.[17] Im Vergleich zur Schefenacker AG wies die Restrukturierung der Deutsche Nickel AG mithin ein geringeres wirtschaftliches Gewicht auf.

Die Deutsche Nickel AG war 2003 wegen sinkender Nachfrage und hoher Einkaufspreise in eine **wirtschaftliche Schieflage** geraten. Dazu trug auch die Tochtergesellschaft EuroCoin AG bei, die im Zusammenhang mit der Euro-Einführung zunächst ertragsstark war, nach Abschluss der Euro-Einführung das Ergebnis der Gruppe jedoch erheblich belastete. Stand Ende 2004 deutete sich in einer gewissen Belebung des Geschäfts die **Sanierungsgeeignetheit** der Deutsche Nickel Gruppe an. Die Mutter der Deutsche Nickel AG, also die VDN Vereinigte Deutsche Nickel-Werke AG, war im Jahr 2004 wegen Wertberichtigungen bei ihren Beteiligungen zwischenzeitlich in eine bilanzielle Überschuldung geraten, die durch einen befristeten Rangrücktritt der Geschäftsbanken bis Ende März 2005 vorübergehend beseitigt wurde.[18]

2. Fehlschlag des Restrukturierungsversuchs nach deutschem Recht

a) Schuldverschreibungsgesetz 1899. Noch im Jahr 2004 unternahm die Deutsche Nickel AG einen finanziellen Restrukturierungsversuch mit Blick auf die Anleiheverbindlichkeiten i. H. v. € 104 000 000. In der Versammlung der Anleihegläubiger am 12. 8. 2004 wurde jedoch nicht die Zustimmung der Hälfte des Nennwerts der im Umlauf befindlichen Schuldverschreibungen gem. § 11 Abs. 2 S. 2 Schuldverschreibungsgesetz a. F.[19] erreicht.[20]

---

[15] Geschäftsbericht 2004, Deutsche Nickel Technology Group, sowie Geschäftsbericht 2005, DNick Holding plc; dort auch zum Folgenden.

[16] Gehandelt am Amtlichen Markt der Frankfurter Wertpapierbörse und der Börse Düsseldorf unter der ISIN DE 0 002 417 961/WKN 241 796 und im Freiverkehr an der Wertpapierbörse Berlin-Bremen.

[17] Die gesamtschuldnerische Haftung beruhte auf einem Ausgliederungs- und Übernahmevertrag v. 31. 8. 2000, mit dem die Deutsche Nickel AG ihren Geschäftsbetrieb „Münzen und Medaillen" auf die EuroCoin AG ausgegliedert hatte.

[18] Ad-hoc Mitteilung der VDN Vereinigte Deutsche Nickel-Werke AG v. 17. 6. 2004.

[19] Gesetz betreffend die gemeinsamen Rechte der Besitzer von Schuldverschreibungen v. 4. 12. 1899, RGBl. 1899 S. 461; Abdruck unter BGBl. III 4134-1; aufgehoben m. W. v. 5. 8. 2009 durch Art. 8 G. v. 31. 7. 2009 (BGBl. I S. 2512); siehe jetzt das Schuldverschreibungsgesetz – SchVG v. 31. 7. 2009 (BGBl. I S. 2512).

[20] Ad-hoc Mitteilung v. 12. 8. 2004.

Auf der daraufhin für den 3. 9. 2004 angesetzten zweiten Versammlung genügte zwar gem. § 11 Abs. 5 S. 2 Schuldverschreibungsgesetz a. F. eine Mehrheit von mindestens drei Vierteln der abgegebenen Stimmen ohne Rücksicht auf den Betrag der von dieser Mehrheit vertretenen Schuldverschreibungen. Die durch das **Schuldverschreibungsgesetz a. F.** eröffneten Eingriffsmöglichkeiten in die Rechte dissentierender Gläubigerminderheiten waren jedoch beschränkt, etwa auf die Herabsetzung von Zinsen. Ohne die Zustimmung sämtlicher Inhaber war eine **Restrukturierung der Hauptforderungen nur im Rahmen eines Insolvenzplanverfahrens** möglich.

21 Im Ergebnis gelang der Deutschen Nickel AG zwar nach den Regeln des Schuldverschreibungsgesetzes von 1899 eine gewisse bilanzielle Restrukturierung. § 12 Abs. 2 Schuldverschreibungsgesetz 1899, wonach auf die dem Nennwert der Schuldverschreibungen entsprechenden Kapitalansprüche durch bloßen Mehrheitsbeschluss der Versammlung nicht verzichtet werden konnte,[21] schränkte die Sanierungsmöglichkeiten im Fall Deutsche Nickel jedoch zu stark ein. Am 17. 12. 2004 wurde daher bekanntgegeben, dass die für die bilanzielle Restrukturierung **notwendigen Einigungen mit Gläubigern und Investoren nicht erreicht** werden können.[22]

22 **b) Schuldverschreibungsgesetz 2009.** Ob die Restrukturierung in Deutschland nach der heute geltenden Rechtslage ebenfalls gescheitert wäre, muss angesichts der besonderen Dynamik von Sanierungsverhandlungen offen bleiben. Das **neue Schuldverschreibungsgesetz** vom 31. 7. 2009[23] (SchVG) erleichtert aber jedenfalls die Restrukturierung von Anleihen, auf die das Schuldverschreibungsgesetz Anwendung findet.[24] § 5 Abs. 1 SchVG eröffnet die Änderung der Anleihebedingungen durch Mehrheitsbeschluss der Gläubiger, wenn dies in den Anleihebedingungen vorgesehen ist. Nun steht gem. § 5 Abs. 3 Nr. 3 SchVG auch die **Höhe der Hauptforderung** zur Disposition. Außerdem eröffnet § 5 Abs. 3 Nr. 4 SchVG die Umwandlung und den Umtausch der Schuldverschreibungen in Gesellschaftsanteile, andere Wertpapiere oder andere Leistungsversprechen. Somit kommen auch **Debt/Equity-Swaps** in Frage, wobei die Schwierigkeiten durch das Blockadepotential der Altgesellschafter[25] durch das SchVG freilich nicht behoben worden sind.[26]

23 Das SchVG findet in seiner neuen Ausgestaltung gem. § 24 Abs. 1 SchVG zwar grundsätzlich auf Anleihen, die vor dem 5. 8. 2009 ausgegeben wurden, keine Anwendung. Gläubiger solcher Schuldverschreibungen können mit Zustimmung des Schuldners eine **Änderung der Anleihebedingungen** oder den Austausch der Schuldverschreibungen gegen neue Schuldverschreibungen mit geänderten Anleihebedingungen gem. § 24 Abs. 2 SchVG beschließen, um von den in diesem Gesetz gewährten Wahlmöglichkeiten Gebrauch machen zu können. Für die Beschlussfassung gelten dann die Vorschriften des SchVG n. F. entsprechend; der Beschluss bedarf der qualifizierten Mehrheit.

3. Migration und gesellschaftsrechtliche Umstrukturierung

24 **a) Gründe.** Nach der gescheiterten Restrukturierung nach deutschem Recht unternahm die Deutsche Nickel AG einen zweiten Versuch im Wege der Sanierungsmigration in die englische Rechtsordnung. Ausschlaggebende Gründe für den Wechsel der Rechtsordnung waren die Einflussmöglichkeiten bei der Bestellung des Insolvenzverwalters und die schnellere Durchführung von Verfahrensschritten (Eröffnung, Bestellung und Geschäfte eines endgültigen Insolvenzverwalters etc.). Hinzu kamen größere Gestaltungsspielräume

---

[21] Zu Änderungsbeschlüssen nach dem Schuldverschreibungsgesetz 1899 *Bliesener,* Änderungen von Anleihebedingungen in der Praxis, in: *Baum/Fleckner/Hellgardt/Roth* (Hrsg.), Perspektiven des Wirtschaftsrechts, 2008, S. 355, 360 ff.
[22] Ad-hoc Mitteilung v. 17. 12. 2004.
[23] Schuldverschreibungsgesetz v. 31. 7. 2009 (BGBl. I S. 2512).
[24] Zur Änderung von Anleihebedingungen *Steffek* in *Grundmann* (et al.), Festschrift für Klaus J. Hopt, 2010, S. 2597 ff.
[25] Dazu oben § 40 Rdnr. 16.
[26] Dazu auch *Podewils* DStR 2009, 1914, 1915.

hinsichtlich der Sanierungsbeiträge der Gläubiger und die leichtere Durchführbarkeit von Debt/Equity-Swaps. Wie bei der Schefenacker-Restrukturierung standen die wesentlichen Gläubiger hinter der Migration und griffen teilweise auch steuernd in die Verhandlungen mit ein.[27]

b) Ablauf. Am 24. 12. 2004 erwarb die DNick Ltd mit Sitz in London sämtliche Aktien der Deutsche Nickel AG von der VDN Vereinigte Deutsche Nickel-Werke AG.[28] Die DNick Ltd war bereits am 30. 10. 2003 gegründet worden und hatte ihren Sitz in London.[29] Gegenleistung für die Aktien der Deutsche Nickel AG war ein Barkaufpreis von € 1 000 000 sowie der Verzicht auf Forderungen gegen die VDN Vereinigte Deutsche Nickel-Werke AG in Höhe von ca. € 110 000 000. Die DNick Ltd hatte diese Forderungen zuvor von der Deutsche Nickel AG (insgesamt ca. € 90 000 000) sowie von verschiedenen ungesicherten Gläubigerbanken der VDN Vereinigte Deutsche Nickel-Werke AG (insgesamt ca. € 20 000 000) erworben. Daneben wurde der Ergebnisabführungsvertrag zwischen der VDN Vereinigte Deutsche Nickel-Werke AG und der Deutsche Nickel AG von beiden Parteien außerordentlich gekündigt und die Deutsche Nickel AG verzichtete im Rahmen eines Abwendungsvergleichs auf Verlustausgleichsforderungen in Höhe von ca. € 41 000 000 für das Geschäftsjahr 2003 (ca. € 6 000 000 Deutsche Nickel AG; ca. € 35 000 000 EuroCoin AG) gegenüber der VDN Vereinigte Deutsche Nickel-Werke AG. Die **DNick Ltd** wurde so **Alleineigentümerin der Deutsche Nickel AG**, deren Beziehungen zur VDN Vereinigte Deutsche Nickel-Werke AG entflochten worden waren.

Anschließend wurde die **Deutsche Nickel AG in eine Kommanditgesellschaft mit der Firma DNick Ltd & Co. KG umgewandelt**.[30] Einzige Komplementärin war die DNick Ltd; einzige Kommanditistin war die EU Coin Ltd. Diese war ebenfalls eine am 14. 4. 2004 gegründete Vorratsgesellschaft, hatte ihren Sitz in London und wurde später die Rechtsnachfolgerin der EuroCoin AG. Am 22. 3. 2005 trat die EU Coin Ltd aus der DNick Ltd & Co. KG aus. Das hatte – wie bereits im Fall Schefenacker – zur Folge, dass im Wege der **Anwachsung** gem. §§ 161 Abs. 2, 105 Abs. 3 HGB, § 738 Abs. 1 S. 1 BGB sämtliche Vermögensgegenstände und Verbindlichkeiten der DNick Ltd & Co. KG auf die DNick Ltd übergingen. Damit gingen auch die Anteile an den Tochtergesellschaften der ehemaligen Deutsche Nickel AG auf die DNick Ltd über. Unter diesen Tochtergesellschaften befand sich auch die EuroCoin AG. Deren Vermögen und Verbindlichkeiten wurden ebenfalls auf eine Ltd übertragen, nämlich die EU Coin Ltd, und zwar im Wege der Umwandlung in eine Ltd & Co KG, gefolgt von einer Anwachsung infolge Gesellschafteraustritts.

Am 22. 3. 2005 übertrug die DNick Ltd im Wege einer Kapitaleinlage ihre von der Deutsche Nickel AG erworbenen Anteile an sämtlichen anderen Tochtergesellschaften als der EU Coin Ltd auf die Tochtergesellschaft **DNick Holding plc**,[31] eine weitere zwischenzeitlich neu gegründete Tochtergesellschaft der DNick Ltd. Außerdem übertrug die DNick Ltd am 22. 3. 2005 sämtliche Vermögenswerte und Verbindlichkeiten ihres operativen Geschäftsbetriebes an eine durch die DNick Holding plc ebenfalls neu erworbene Vorratsgesellschaft, die **Deutsche Nickel GmbH** mit Sitz in Schwerte. Zu diesen Vermögenswerten gehören auch die Kunden- und Lieferantenverträge. Durch diese Übertragung von Vermögenswerten gingen die Arbeitsverhältnisse der DNick Ltd als Rechtsnachfolgerin der Deutsche Nickel AG kraft Gesetzes auf die Deutsche Nickel GmbH über. Die gesellschaftsrechtliche Umstrukturierung wurde von einer betriebswirtschaftlichen Sanierung begleitet, zu der auch die Veräußerung und Schließung unrentabler Geschäftsbereiche, etwa der Münzrondenfertigung, gehörte.

---

[27] *Hickmott/Ballmann* LegalWeek.com (22. 2. 2007).
[28] Geschäftsbericht 2005 der DNick Holding plc; dort auch zum Folgenden.
[29] Laut Gesellschaftsregister (Companies House) wurde die Gesellschaft mittlerweile, nämlich am 17. 2. 2009, aufgelöst.
[30] Eintragung des Beschlusses in das Handelsregister am 10. 3. 2005.
[31] Gegründet am 18. 3. 2005 mit Sitz in London; die Gesellschaft ist weiterhin aktiv.

28   Hintergrund der Umstrukturierung war die Herbeiführung einer Struktur, aus der heraus die bei der DNick Ltd und der EU Coin Ltd **verbleibenden Gläubiger** in der folgenden finanziellen Restrukturierung durch Anteile an der restrukturierten Gruppe, insbesondere an der DNick Holding plc, befriedigt werden konnten.

4. Restrukturierung nach englischem Recht

29   Am 29. 4. 2005 wurde sowohl über die DNick Ltd als auch die EU Coin Ltd eine **administration**[32] durch Ernennung von zwei administrators eröffnet.[33] Die beiden administrators übernahmen die Verwaltung der DNick Ltd und der EU Coin Ltd gemeinsam. Dies stellte eine einheitliche Geschäftspolitik in der Verwaltung sicher, was nach deutschem Recht schwerer zu bewerkstelligen gewesen wäre. Der Grund dafür, dass im Fall der Deutsche Nickel Gruppe eine administration eröffnete wurde, während dies bei der Schefenacker Gruppe nicht der Fall war, geht auf den Umstand zurück, dass ein Kreditinstitut am 26. 4. 2005 Zahlungen von der DNick Ltd verlangte, deren Höhe die vorhandenen liquiden Mittel überstieg.[34] Die administration sicherte durch das damit einhergehende **moratorium** den Schutz der Restrukturierung vor vollstreckenden Gläubigern.

30   Die administration wurde jeweils mit einem **company voluntary arrangement (CVA)**[35] kombiniert. Zwei Monate nach Eröffnung der administration, am 29. 6. 2005, stimmten die Gläubiger der DNick Ltd und der EU Coin Ltd auf Versammlungen jeweils dem vorgeschlagenen CVA zu. Die Mehrheit betrug jeweils 95%. Die Gläubigerversammlungen fanden in Frankfurt am Main statt.

31   Die beiden CVAs sahen einen Umtausch sämtlicher Verbindlichkeiten der DNick Ltd und der EU Coin Ltd in Aktien an der DNick Holding plc vor. Es handelte sich also nicht um einen **Debt/Equity-Swap** klassischen Typs, da die Gläubiger eine Eigenkapitalbeteiligung an einer anderen Gesellschaft als der schuldenden erhielten. Die Gläubiger nahmen am Umtausch pro rata teil; Stichtag für die Feststellung der Forderungen war der 29. 4. 2005, also der Tag der Eröffnung der jeweiligen administration. Zu den Forderungen gehörten die Bankverbindlichkeiten, die Forderungen aus der ursprünglich von der Deutsche Nickel AG begebenen Anleihe und sonstige Forderungen. Der Nominalbetrag der Verbindlichkeiten aus der Anleihe betrug (inklusive aufgelaufener Zinsen) bei der DNick Ltd und der EU Coin Ltd – wegen der gesamtschuldnerischen Haftung – jeweils € 116 343 240. Der Nominalbetrag der sonstigen Forderungen, die vom administrator anerkannt wurden, belief sich auf rund € 186 000 000. Jeder Gläubiger erhielt in dem gleichen Verhältnis, in dem er an der Gesamtsumme der Verbindlichkeiten der DNick Ltd und der EU Coin Ltd beteiligt war, Aktien an der DNick Holding plc. Insgesamt wurden 5 012 713 Aktien an die Gläubiger übertragen. Eine Aktie verblieb bei der DNick Ltd, da nach englischem Recht zwei Aktionäre vorhanden sein mussten und formal sämtliche über Clearstream gehandelten Aktien von einem nominee für Rechnung der tatsächlichen Aktionäre gehalten wurden. Des Weiteren erhielt die DNick Ltd eine Option zur Ausgabe von bis zu weiteren 160 000 Aktien, um ggf. zusätzliche Ansprüche von Gläubigern der DNick Ltd bedienen zu können.

32   Der Handel der DNick-Anleihe wurde am 24. 3. 2006 ausgesetzt. Am 18. 4. 2006 wurden die Aktien der DNick Holding plc ausgegeben und im Freiverkehr zugelassen. Damit waren die beiden **CVAs abgeschlossen** und die finanzielle Restrukturierung der Gruppe beendet. Die **administration** über die DNick Ltd und die EU Coin Ltd wurde jeweils ein Jahr nach Eröffnung, nämlich am 29. 4. 2006, **beendet**.

---

[32] Ausführlich zur administration oben § 38 Rdnr. 58 ff.
[33] Geschäftsbericht 2005 der DNick Holding plc; dort auch zum Folgenden.
[34] Ad-hoc Mitteilung v. 29. 4. 2005.
[35] Dazu eingehend § 39 Rdnr. 1 ff.; *Paulus* ZIP 2005, 2301, 2302.

III. Brochier

1. Bedeutung für künftige Sanierungsmigrationen

Die **gescheiterte Migration der Hans Brochier GmbH & Co. KG** bietet lehrreiches Anschauungsmaterial für zukünftige Sanierungsmigrationen. Die Aufarbeitung des Falls vor deutschen und englischen Gerichten hat die Voraussetzung einer Verlegung des Mittelpunkts der hauptsächlichen Interessen bzw. des centre of main interests (COMI) gem. Art. 3 Abs. 1 EuInsVO geklärt. Zudem führt der Fall die Pflichten und Handlungsoptionen der Beteiligten vor Augen, wenn die Verlegung des COMI zweifelhaft ist. Schließlich sensibilisieren die Vorgänge in Sachen Brochier für die Gefahren, welche von Sekundärinsolvenzverfahren für internationale Sanierungen ausgehen. Der Sachverhalt ergibt sich aus den veröffentlichten Gerichtsurteilen des AG Nürnberg[36] und der englischen Chancery Division,[37] die der folgenden Fallstudie – soweit nicht anders angegeben – zugrunde gelegt werden.

2. Gescheiterte Verlegung des COMI

a) Ausgangssituation und Migration. Die Hans Brochier GmbH & Co. KG war im Baugewerbe, vor allem im Raum Nürnberg, tätig. Nach einer kleinunternehmerischen Gründung im Jahr 1873 wuchs das Unternehmen während der folgenden Jahrzehnte bis Anfang der 1990er Jahre. Investitionen in Ostdeutschland entpuppten sich wegen des dort abflauenden Wachstums als verlustreich; dasselbe galt für Bauprojekte in Asien und Afrika. Im Jahr 1999 wurde die Abfallentsorgungsgesellschaft Ruhrgebiet mbH (AGR) Eigentümerin der Gesellschaft, vermochte den wirtschaftlichen Niedergang jedoch nicht aufzuhalten. Am 16. 12. 2004 verkaufte die AGR die Gesellschaft an eine Konzerngruppe, geführt von der Aubach Holdings Ltd mit Sitz auf Mauritius. Diese unternahm – jedenfalls dem äußeren Anschein nach[38] – eine **Sanierungsmigration** in die englische Rechtsordnung. Nach dem Vorbild der Migration der Deutsche Nickel Gruppe[39] wurden das Vermögen und die Verbindlichkeiten der Hans Brochier GmbH & Co. KG im Wege der Anwachsung gem. §§ 161 Abs. 2, 105 Abs. 3 HGB, § 738 Abs. 1 S. 1 BGB auf die Hans Brochier Holdings Ltd mit Sitz in England übertragen.

b) Centre of main interests. Wie sich vor den Gerichten in England und Deutschland herausstellte, **blieb der COMI jedoch in Nürnberg**, wobei im Gesellschaftsregister (Companies House) London als Satzungssitz der Hans Brochier Holdings Ltd angegeben war. Die Gesellschaft ging weiterhin in Nürnberg ihrer gewöhnlichen Verwaltung nach. Dort befanden sich die notwendigen Verwaltungseinheiten wie die Buchhaltung, die Dokumentenverwaltung, die Finanz- und die Personalverwaltung. Zudem wurden sämtliche Verbindungen mit Kunden und Lieferanten in Nürnberg abgewickelt und von dort aus koordinierend gesteuert. Auch die für Dritte im Internet nachlesbaren Angaben wiesen zum relevanten Zeitpunkt auf Nürnberg als Sitz der Hauptverwaltung hin. Die im relevanten Zeitpunkt angegebenen Adressen in London waren solche einer Anwaltskanzlei und führten nicht zu Büros der Gesellschaft.

Zwar war im Handelsregister des AG Nürnberg eine Zweigniederlassung eingetragen. Statt derer befanden sich dort aber eine **Hauptniederlassung**, die Hauptverwaltung und nahezu sämtliche Betriebsstätten auf dem Gebiet der Bundesrepublik Deutschland. Dort

---

[36] Beschl. v 15. 8. 2006, NZI 2007, 185–186 und Beschl. v. 1. 10. 2006, NZI 2007, 186–187.
[37] *Hans Brochier Holdings Ltd v Exner* [2007] BCC 127.
[38] Zu den kriminellen Machenschaften eines Beteiligten, die zur Verurteilung wegen Untreue und Insolvenzverschleppung führten, siehe Pressemitteilung 29/07 des OLG Nürnberg v. 16. 8. 2007; Der Spiegel 2007, Heft 12, v. 19. 3. 2007, S. 98 und Nürnberger Nachrichten v. 13. 1. 2009, abrufbar unter www.nn-online.de/artikel.asp?art=949689&kat=3. Die strafrechtlichen Aspekte werden im Folgenden nicht weiter behandelt.
[39] Dazu näher oben Rdnr. 17 ff.

arbeiteten auch fast vollständig die rund 700 Arbeitnehmer der Gesellschaft. Die Steuerung des operativen Geschäfts erfolgte von Deutschland aus; die Werkleistungen wurden mit Ausnahme der Bereiche Abwasser- und Kernkrafttechnik in Deutschland erbracht. Daher waren auch fast alle Betriebsstätten und Betriebsimmobilien auf deutschem Territorium gelegen. Alle aktiven Bankkonten befanden sich bei deutschen Banken, ein Konto in England war wohl vorhanden, wurde aber kaum genutzt. Nahezu sämtliche Gläubiger hatten ihren Sitz in Deutschland und fast alle Vertragsbeziehungen richteten sich nach deutschem Recht.

37 Angesichts dieser Umstände verwundert nicht, dass nach einer gewissen Phase der Verwirrung[40] sowohl das AG Nürnberg[41] als auch die Chancery Division[42] festhielten, dass die Vermutung gem. Art. 3 Abs. 1 S. 2 EuInsVO, wonach der Mittelpunkt der hauptsächlichen Interessen der Ort des satzungsmäßigen Sitzes – hier London – ist, widerlegt sei. Dieses Ergebnis entspricht den Vorgaben des EuGH in *Eurofood*.[43] Danach kann die **Vermutung für den Gleichlauf von Satzungssitz und COMI widerlegt** werden, wenn objektive und für Dritte feststellbare Elemente belegen, dass in Wirklichkeit die Lage nicht derjenigen entspricht, die die Verortung am genannten satzungsmäßigen Sitz widerspiegeln soll.[44] Das ist laut EuGH in *Eurofood* insbesondere dann der Fall, wenn die Gesellschaft – wie die Brochier Holdings Ltd – im Gebiet des Mitgliedstaats, in dem sich ihr satzungsmäßiger Sitz befindet, keiner Tätigkeit nachgeht. Gem. Art. 3 Abs. 1 S. 1 EuInsVO waren für die Eröffnung des Insolvenzverfahrens daher die Gerichte desjenigen Mitgliedstaats zuständig, in dessen Gebiet die Gesellschaft den Mittelpunkt ihrer hauptsächlichen Interessen hatte – hier Nürnberg. Für das Insolvenzverfahren über die Hans Brochier Holdings Ltd galt daher gem. Art. 4 Abs. 1 EuInsVO grundsätzlich das deutsche Insolvenzrecht, so dass die **Migration in die englische Insolvenzrechtsordnung gescheitert** war.

38 **c) Alternativen.** Erforderlich wäre es vielmehr gewesen, nicht nur untergeordnete Geschäftstätigkeiten der Hans Brochier Holdings Ltd tatsächlich an den Satzungssitz in London zu verlagern.[45] Angesichts der verschiedenen Auslegungen des COMI[46] empfiehlt sich dabei eine „**überschießende Verlegung**", um Rechtsanwendungsrisiken zu minimieren. Beispielsweise hätte die Hans Brochier Holdings Ltd für Vertragspartner (insbesondere Gläubiger) und Mitarbeiter erkennbar die **effektive Geschäftsleitung** derart nach London verlegen können, dass die wesentlichen und wichtigen Entscheidungen am Satzungssitz getroffen worden wären. Die Gesellschaft hätte etwa nach London verlegen können: die Leitung der Geschäftspolitik und der Sanierungsplanungen, die Finanz- und Personalverwaltung, die Vertragsabwicklung sowie die Pressearbeit. Entsprechend wäre im Internetauftritt auf London als Sitz der Hauptverwaltung hinzuweisen gewesen und eine Bankverbindung bei einer englischen Bank einzurichten bzw. die bestehende englische Bankverbindung stärker zu nutzen gewesen.

39 Der Umstand, dass die Verlagerung der Geschäftstätigkeiten nach London **nur kurz vor der Verfahrenseröffnung** stattgefunden hätte, wäre der Zuständigkeit des High Court in London grundsätzlich nicht entgegengestanden.[47] Auch die Belegenheit von Betriebsstätten und -immobilien in Deutschland sowie die Anwendbarkeit deutschen Rechts auf die vor Verfahrenseröffnung begründeten Verträge hätte eine Verlegung des COMI nicht ohne

---

[40] Dazu sogleich unter Rdnr. 40 f.
[41] NZI 2007, 186.
[42] *Hans Brochier Holdings Ltd v Exner* [2007] BCC 127, 133; dazu *Geva* EBOR 2007, 605, 610 ff.
[43] Für eine ausführlichere Behandlung des Verständnis des COMI in der Rechtsprechung siehe oben § 37 Rdnr. 28 ff.
[44] EuGH NZI 2006, 360 = NJW 2006, 2682 (nur Leitsätze).
[45] Vgl. AG Köln NZI 2008, 257, 259 f.
[46] Dazu nur Pannen/*Pannen* Europäische Insolvenzverordnung Art. 3 Rdnr. 30 ff. sowie die Anhänge A und B; *Schwemmer* NZI 2009, 355 ff.; eingehend oben § 37 Rdnr. 30 ff.
[47] Vgl. AG Köln NZI 2008, 257, 259; *Eidenmüller* KTS 2009, 137, 149, 151.

weiteres ausgeschlossen. Denn der EuGH tendiert in den Urteilen *Eurofood*[48] und *Interedil*[48a] dazu, auf den **effektiven Verwaltungssitz** und nicht den Ort der werbenden Geschäftstätigkeit (business activity) abzustellen, während die englischen Gerichte[49] diesem Ansatz sogar noch deutlicher folgen.[50] Das *Eurofood*-Urteil ist zudem zutreffend nicht so zu verstehen, dass die Hans Brochier Ltd für eine Verlegung des COMI nach England in Deutschland überhaupt keiner Tätigkeit mehr nachgehen durfte.[51] Hier wäre vielmehr die Frage nach einer Bedrohung der Sanierung durch ein **Sekundärinsolvenzverfahren** nach deutschem Recht relevant geworden.[52] Rechtsmissbrauchsfragen stellen sich bei aufrichtigen COMI-Verlegungen zu Sanierungszwecken im Interesse der Gläubigergesamtheit im Unterschied zu Scheinverlegungen regelmäßig nicht.[53]

3. Race to the court

Die bereits angesprochene Phase der Verwirrung über die Zuständigkeiten der Gerichte in Deutschland und England war entstanden, weil die Gesellschaft in einem **race to the court** gewesen war, **ohne es zu wissen**. Am Freitag, den 4. 8. 2006, um 12.34 Uhr, ernannten die Direktoren der Hans Brochier Holdings Ltd zwei englische administrators ohne gerichtliche Beteiligung gem. p. 22 Sch B1 IA 1986. Dabei gaben sie an, der COMI sei in England. Die administrators stützten sich laut späteren Angaben vor Gericht auf die Registrierung in England sowie zumindest **teilweise falsche Informationen der Direktoren**, wonach die Gläubiger den englischen Satzungssitz kannten, die Konten im United Kingdom geführt wurden, ein Gläubiger eine statutory demand[54] in London gestellt hatte und die Rechnungslegung nun in England stattfinden würde. Da die Zeit – so die Angaben der administrators – wegen streikender Arbeitnehmer und erodierendem Goodwill drängte, unternahmen sie keine eigene Überprüfung der für den COMI relevanten Tatsachen.

Etwa **45 Minuten nach Ernennung der englischen Insolvenzverwalter bestellte das AG Nürnberg auf Antrag deutscher Arbeitnehmer einen vorläufigen Insolvenzverwalter**. Weder die Beteiligten der Eröffnung der administration in England noch das AG Nürnberg wussten von der jeweils anderen (bevorstehenden) Verfahrenseröffnung.[55] Da man auf beiden Seiten des Ärmelkanals davon ausging, im jeweils eigenen Mitgliedstaat liege der COMI, wurden auch **beide Verfahren als Hauptinsolvenzverfahren** eröffnet. Als die Doppelbestellung wenige Stunden später noch am selben Tag an das Licht kam, wurde klar, dass die englischen administrators zuerst ernannt worden waren. Somit konnte nur ein englisches Gericht ihre Abbestellung anordnen.[56] Daran änderte auch die Tatsache nichts, dass einer der administrators wenige Tage später die Zentrale in Nürnberg besuchte und dabei ernstliche Zweifel an der Belegenheit des COMI in England bekam.

---

[48] EuGH NZI 2006, 360, 361 (besonders deutlich in Ziff. 32).
[48a] EuGH EuZW 2011, 912, 915 (Tz. 47 ff.).
[49] *Geveran Trading Company Limited v Skjevesland* [2003] BPIR 73, 88 f. (die Stelle wird zitiert in High Court of Justice London NZI 2007, 361, 363 f.); *Re Stanford International Bank Ltd* [2011] BCC 211, 228 ff. (CA).
[50] Zutreffend *Weller* ZGR 2008, 835, 855 ff., 865; eingehend zum Ganzen oben § 37 Rdnr. 34 ff.
[51] Vgl. AG Köln NZI 2008, 257, 260.
[52] Dazu sogleich unter Rdnr. 45 ff.
[53] Zutreffend AG Köln NZI 2008, 257, 260; *Eidenmüller* KTS 2009, 137, 145 ff. (betr. die Niederlassungsfreiheit gem. Art. 43, 48 EGV), 147 ff. (betr. die EuInsVO); *Weller* ZGR 2008, 835, 849 ff. (betr. die EuInsVO); vgl. BGH v. 13. 12. 2007, IX ZB 238/06, referiert von *Webel* in EWiR 2008, 181–182.
[54] Dazu oben § 38 Rdnr. 33.
[55] *Hickmott/Ballmann* LegalWeek.com (22. 2. 2007); *Baird/Westpfahl* ABI Journal 2007, Vol. XXVI, No. 7, 30, 31.
[56] *Hickmott/Ballmann* LegalWeek.com (22. 2. 2007).

4. Reaktion auf die zwei eröffneten Hauptinsolvenzverfahren

42 Nach der Systematik der EuInsVO hätte die Eröffnung eines Insolvenzverfahrens in England die Bestellung eines vorläufigen Insolvenzverwalters in Deutschland eigentlich ausschließen müssen. Zumindest hätte das deutsche Verfahren nach Bekanntwerden der Doppelbestellung beendet oder in ein Sekundärinsolvenzverfahren überführt werden müssen.[57] Stattdessen erkannte das Nürnberger Gericht die Wirksamkeit der englischen administration unter Verweis auf den **ordre public** nicht an.[58]

43 Aus Sicht des deutschen vorläufigen Insolvenzverwalters war maßgeblich, dass **Insolvenzgeld** nur bezahlt werden würde, wenn das Insolvenzverfahren ein deutsches Hauptverfahren war.[59] Das Insolvenzgeld war aber nötig, um das Unternehmen als going concern zu erhalten und als solchen zu verkaufen. Um also Insolvenzgeld zu erhalten, unternahm der deutsche vorläufige Verwalter den Versuch, das **englische Gericht** davon zu überzeugen, dass die Direktoren von falschen Informationen ausgingen und der COMI in Deutschland war.[60] Ihm kam zu Gute, dass die englischen administrators nach eigener Prüfung schließlich zur Auffassung gelangten, dass der COMI in Deutschland lag.[61] Sie stellten daher mit Erfolg die Anträge festzustellen, dass der COMI in Deutschland lag und dass die administration als Hauptverfahren unwirksam war.

44 Das Gericht entschied zwar im Sinne der administrators, ließ hinsichtlich der **Unwirksamkeit der Eröffnung der administration** jedoch **offen, ob das Verfahren seine Wirkung ex tunc oder ex nunc verlor**.[62] Hintergrund dieser Entscheidung war die mögliche Haftung der Direktoren gem. p. 34 Sch B1 IA 1986. Danach kann das Gericht anordnen, dass derjenige, der die von Anfang an nichtige Bestellung von administrators gem. p. 22 Sch B1 IA 1986 vorgegeben hat, die administrators von daraus erwachsender Haftung freizustellen hat. Die Norm ruft den praktisch wichtigen Umstand in Erinnerung, dass fehlerhafte Angaben und Abwägungen im Zusammenhang mit der Verortung des COMI für die Beteiligten mit **Haftungsfolgen** verbunden sein können.

5. Gefahr durch Sekundärinsolvenzverfahren

45 Die Direktoren gaben sich mit der Entscheidung in der Sache *Hans Brochier Holdings Ltd v Exner*[63] jedoch nicht geschlagen. Sie ernannten ein zweites Mal administrators, nun mit der Begründung, dass es in England eine Niederlassung (establishment) gem. Art. 3 Abs. 2 EuInsVO gebe.[64] Dies zielte auf die Eröffnung eines **Sekundärinsolvenzverfahrens** gem. Art. 3 Abs. 3 EuInsVO ab, in welchem die administrators die Kompetenz hätten, über die Vermögensgegenstände in England zu verfügen.

46 Dagegen ging der deutsche Insolvenzverwalter mit der Begründung vor, dass die Beziehung zu England trotz des registrierten Verwaltungssitzes sehr gering war und nicht einmal ausreiche, unter das Tatbestandsmerkmal der **Niederlassung** subsumiert zu werden.[65] Obwohl es operative Tätigkeit in England gebe, handele es sich kaum um eine selbstständige wirtschaftliche Tätigkeit. Damit überzeugte der deutsche Insolvenzverwalter das englische Gericht, das entschied, dass die Ernennung der zweiten administrators ebenfalls unwirksam war. Schließlich wurden also beide außergerichtlich eröffneten administrations durch das Gericht beendet.

47 Mit Blick auf zukünftige Sanierungsmigrationen weist die Hartnäckigkeit der Direktoren jedoch auf zwei **mögliche Probleme** hin. Zum einen ist damit zu rechnen, dass nicht

---

[57] *Ringe* EBOR 2008, 579, 588 mit Verweis auf Art. 16 Abs. 1 EuInsVO.
[58] *Hans Brochier Holdings Ltd v Exner* [2007] BCC 127, 133 f.
[59] *Hickmott/Ballmann* LegalWeek.com (22. 2. 2007).
[60] *Hickmott/Ballmann* LegalWeek.com (22. 2. 2007).
[61] *Hickmott/Ballmann* LegalWeek.com (22. 2. 2007).
[62] *Hans Brochier Holdings Ltd v Exner* [2007] BCC 127, 133 f.
[63] [2007] BCC 127.
[64] *Hickmott/Ballmann* LegalWeek.com (22. 2. 2007).
[65] *Hickmott/Ballmann* LegalWeek.com (22. 2. 2007); dort auch zum Folgenden.

eingebundene Stakeholder versucht sein können, den Sanierungsprozess durch die fehlerhafte Eröffnung von Haupt- oder Partikularverfahren zu torpedieren. Nach englischem Recht fällt dies deshalb leicht, weil die Verfahrenseröffnung auch ohne gerichtlichen Beschluss möglich ist. Zum anderen ist stets zu prüfen, ob die Voraussetzungen eines Sekundärverfahrens nicht tatsächlich gegeben sind. Dessen Eröffnung kann dazu führen, dass Vermögensgegenstände der im Hauptverfahren angestrebten Sanierung entzogen werden.

IV. Rodenstock

1. Einführung

Die Sanierung der Rodenstock GmbH ist eine der drei bekannten Sanierungen eines deutschen Unternehmens in jüngerer Zeit mittels eines englischen **scheme of arrangement**.[66] Die beiden anderen, in Fachveröffentlichungen und Presse vielfach besprochenen Fälle sind Tele Columbus und PrimaCom. Die Sanierung ausländischer Unternehmen mittels eines englischen scheme of arrangement beschränkt sich nicht auf deutsche Unternehmen. Auch aus anderen Ländern sind ähnliche Restrukturierungen bekannt geworden, beispielsweise aus Spanien La Seda de Barcelona[67] und Metrovacesa.[68] Anders als in den Fällen Schefenacker, Deutsche Nickel und Brochier geht es im Fall Rodenstock um **keine Sanierungsmigration** nach England.[69] Vielmehr verblieb der Mittelpunkt der hauptsächlichen Interessen (centre of main interests – COMI) in Deutschland und die Gesellschaft errichtete auch keine Niederlassung in England.

Der Fall Rodenstock eignet sich für eine Fallstudie nicht nur deshalb besonders gut, weil der High Court (Chancery Division) das scheme of arrangement am 21. April 2011 bestätigt hat, so dass es sich um einen **erfolgreichen Fall** des Einsatzes eines scheme of arrangement handelt. Hinzu kommt der Umstand, dass das Urteil sowohl in England[70] als auch in Deutschland[71] **veröffentlicht** worden und somit allgemein zugänglich ist.[72] Dieses Urteil, das in der englischen Literatur schlicht als die Sache *Rodenstock* zitiert wird, enthält neben der rechtlichen Beurteilung entsprechend den Usancen englischer Gerichtsentscheidungen zahlreiche und ausführliche Angaben zum Sachverhalt. Diese Angaben werden der folgenden Fallstudie ohne weitere Zitierung zugrunde gelegt. Andere Quellen werden ausdrücklich vermerkt.

2. Ausgangssituation

a) Entwicklung des Unternehmens. Nach eigenen Angaben[73] wurde das Unternehmen der heutigen Rodenstock GmbH im Jahr 1877 von Josef Rodenstock in Würzburg gegründet. Der Geschäftsgegenstand umfasste die **Produktion und den Vertrieb von Brillengläsern und -fassungen** sowie von Barometern, Präzisionswaagen und Messinstrumenten. Bereits im Jahr 1882 exportierte Rodenstock nach Österreich, in die Schweiz, die Niederlande, nach Dänemark, nach Italien bis hin nach Russland. Im Jahr 1883 wurde der Sitz nach München verlegt. Das Unternehmen expandierte und die Produktion von Fernrohren, Geräten für Augenoptiker sowie Fotoobjektiven und -linsen kam

---

[66] Eingehend zum scheme of arrangement oben § 39 Rdnr. 31 ff.
[67] Re La Seda De Barcelona SA [2010] EWHC 1364 (Ch); dazu *Rutstein* CRI 2011, 125, 126 f.
[68] Dazu *Westpfahl/Knapp* ZIP 2011, 2033, 2041, 2044.
[69] Ausführlich zur Sanierungsmigration oben § 37.
[70] Re Rodenstock GmbH [2011] Bus LR 1245 (Ch) = [2011] EWHC 1104 (Ch).
[71] Vollständige Wiedergabe in High Court of Justice ZInsO 2011, 1104 = BeckRS 2011, 13128; in Auszügen abgedruckt in High Court of Justice NZI 2011, 557 = ZIP 2011, 1017.
[72] Eine umfangreiche Besprechung des Urteils in englischer Sprache findet sich bei *Ho* JIBLR 2011, 434–443; kürzere bei *Elms* CRI 2011, 114–116; *Isaacs* ICR 2011, 304–308; *Mallon* Ins Int 2011, 80; in deutscher Sprache behandeln das Urteil *Eidenmüller/Frobenius* WM 2011, 1210–1219; *Mankowski* WM 2011, 1201–1210; *Paulus* ZIP 2011, 1077–1083.
[73] Unter www.rodenstock.de; siehe dort auch zur nachfolgend dargestellten Historie.

hinzu. Anfang des 20. Jahrhunderts ging das Unternehmen von einem handwerklichen Fertigungsansatz zu einer industriellen Produktion über. Trotz empfindlicher Umsatzeinbußen während der Weltwirtschaftskrise gelang es entgegen dem Druck der Banken, das Unternehmen in Familienhand zu halten. Nach dem zweiten Weltkrieg wurden die Produktion und die zerstörten Beziehungen nach Europa wieder aufgebaut. Mit der Herstellung von Brillen hatte das Unternehmen Anteil am Wirtschaftswunder. In den 1990er Jahren wurde die bislang in Deutschland angesiedelte Fertigung teilweise nach Thailand und Tschechien verlegt. Seit Ende der 1990er Jahre konzentriert sich das Unternehmen ganz auf das Brillengeschäft.

51   Durch Umwandlung in eine GmbH im Jahr 2002 erlangte das Unternehmen sein heutiges Rechtskleid. Im Jahr 2003 erwarb erstmals die Permira Beteiligungsberatung GmbH als **familienfremder Finanzinvestor** 49% der Geschäftsanteile.[74] Ein Jahr später stockte Permira den Anteil auf 85% auf. Die Familie hielt danach im Jahr 2004 noch 10% der Anteile, das Management 5%. Der Umsatz im Jahr 2005 lag bei ca. € 345 000 000.[75] Ende 2006 übernahm die **Beteiligungsgesellschaft Bridgepoint** die bis dahin von Permira gehaltenen 85% der Anteile an der Rodenstock GmbH.[76] Anfang 2007 erwarb Bridgepoint die 10% der Anteile, die noch im Familienbesitz waren.[77] Somit war die Familie im Jahr 2007, etwa 130 Jahre nach der Gründung, ganz aus dem Eigentümerkreis ausgeschieden. Ein Familienmitglied ist bis heute im Aufsichtsrat der Rodenstock GmbH vertreten.[78] Die Planung von Bridgepoint sah eine weitere Expansion und bevorzugt einen Börsengang im Zeitraum von 3 bis 5 Jahren vor.[79]

52   Probleme im Absatz, aber auch ganz wesentlich die **Schuldenlast** führten Rodenstock jedoch in den folgenden Jahren in die Krise statt an die Börse.[80] Der zwischenzeitlich stagnierende Umsatz konnte den für den Schuldendienst notwendigen Gewinn nicht erwirtschaften. Im Jahr 2008 betrugen die Bankverbindlichkeiten ca. € 300 000 000, die Pensionsrückstellungen ca. € 163 000 000. Demgegenüber betrug der Umsatz im Jahr 2009 ca. € 350 000 000. Die Schulden rührten zu großen Teilen von dem Erwerb durch den Finanzinvestor her. Dieser hatte den Großteil des an die Gründerfamilie zu zahlenden **Kaufpreises auf die übernommene Gesellschaft abgewälzt**. In der Folge übernahmen die Gläubigerbanken 49% der Geschäftsanteile und stellten einen Kredit über € 40 000 000 für die Sanierung bereit. Bridgepoint blieb Mehrheitseigentümer.

53   **b) Situation im Zeitpunkt der Sanierung.** Im Zeitraum der Restrukturierung – so die Angaben des High Court in der Entscheidungsbegründung – war Rodenstock der viertgrößte Hersteller von Brillengläsern und -fassungen in Europa. Der Umsatz der Rodenstock GmbH lag bei ca. € 258 300 000, derjenige des Konzerns bei ca. € 365 500 000. Insgesamt arbeiteten etwa 4000 Menschen für den Konzern.[81] Der **Sitz** der Rodenstock GmbH und die Konzernzentrale befanden sich in **München**. Die Herstellung fand im Wesentlichen in Europa und Thailand statt. Der Vertrieb erfolgte weltweit über Tochtergesellschaften der Rodenstock GmbH. Der **COMI** lag in **Deutschland**. In England bestand weder eine Niederlassung der Rodenstock GmbH noch waren in England Vermögensgegenstände belegen, die durch das später durchgeführte scheme betroffen wurden. Die Ro-

---

[74] Diese sowie die folgenden Beteiligungsangaben stammen aus www.manager-magazin.de/unternehmen/artikel/0,2828,431595,00.html.

[75] Angaben aus www.manager-magazin.de/unternehmen/artikel/0,2828,459502,00.html.

[76] Angabe aus http://www.handelsblatt.com/unternehmen/industrie/brillenhersteller-permira-verkauft-rodenstock-wieder/2748804.html.

[77] Angabe aus www.manager-magazin.de/unternehmen/artikel/0,2828,459502,00.html.

[78] Information von www.rodenstock.de.

[79] Angaben aus www.manager-magazin.de/unternehmen/artikel/0,2828,459502,00.html.

[80] http://www.handelsblatt.com/unternehmen/industrie/brillenhersteller-rodenstock-ist-gerettet/3735174.html; dort auch zu den folgenden Informationen.

[81] Eigene Angabe von Rodenstock unter www.rodenstock.de (Stand 1. 5. 2012). Die finanzielle Restrukturierung hat die Zahl der Mitarbeiter nicht wesentlich verändert.

denstock GmbH selbst hatte nur sieben bedeutende Abnehmer in England mit einem Jahresumsatz von insgesamt ca. € 4 000 000.[82]

Rodenstock **schuldete** den vorrangigen Gläubigern (senior lenders) ca. **€ 305 000 000**. Die ursprünglich vereinbarten Zinssätze lagen für € 300 000 000 bei 2,375% und für € 5 000 000 bei 2,00%. Der zugrundeliegende Darlehensvertrag enthielt eine **Rechtswahl zugunsten des englischen Rechts** und eine **ausschließliche Gerichtsstandsvereinbarung zugunsten der englischen Gerichte**. Die Gerichtsstandsvereinbarung war einseitig zugunsten der Kreditgeber ausgestaltet. Das bedeutet, dass die Kreditgeber selbst durch die Gerichtsstandsvereinbarung nicht daran gehindert wurden, in einer anderen Jurisdiktion Klage zu erheben. Die Sanierung sollte nur die vorrangigen Gläubiger (senior lenders) und keine anderen Gläubiger betreffen. 56,5% der vorrangigen Gläubiger hatten ihren Sitz in England, der Rest in anderen Ländern Europas. Die Rodenstock GmbH hatte die Kreditbedingungen (covenants) aus den Verträgen mit den vorrangigen Gläubigern im 2. Quartal 2009 verletzt. In der Folge hatten die vorrangigen Gläubiger mit Blick auf die Vertragsverletzungen mehrere Befreiungen (waivers) erteilt. Die im Moment der gerichtlichen Anhörung am 19. April 2011 betreffend die Bestätigung des scheme of arrangement aktuellen Befreiungen liefen noch bis zum 30. April 2011. **Danach** hätte die Fälligkeit der Darlehensrückzahlungsansprüche zur **materiellen Insolvenz** der Gesellschaft geführt, mit der Folge dass die Geschäftsführer Insolvenzantrag stellen müssten.

3. Vorbereitung des Verfahrens

Am 6. Dezember 2010 wurden die vorrangigen Gläubiger über die folgenden **Handlungsoptionen** informiert, für den Fall, dass das scheme of arrangement nicht angenommen würde: (1) Sollten die Gläubiger die Vollstreckung der Pfandrechte an den Geschäftsanteilen ohne die Stellung eines Insolvenzantrags betreiben, müssten die Geschäftsführer mangels verfügbarer Liquidität dennoch ihrerseits Insolvenzantrag stellen; (2) die Vollstreckung der Pfandrechte gefolgt von einem gläubigerinitiierten Insolvenzverfahren hätte zur Folge, dass der Insolvenzverwalter die Aktiva im Interesse der Gläubiger verwerten würde; (3) Vollstreckung der Pfandrechte samt Insolvenzverfahren und übertragender Sanierung; (4) Vollstreckung der Pfandrechte, gefolgt von einem Insolvenzverfahren, in dem versucht würde, das Unternehmen im Wege eines Insolvenzplans zu sanieren.

Zu diesem Zeitpunkt gelang es der Gesellschaft **nicht**, einen Sanierungsvorschlag vorzustellen, der die **Zustimmung aller vorrangigen Gläubiger** fand. Vor diesem Hintergrund vereinbarte eine Gruppe vorrangiger Gläubiger einen **Sanierungsvertrag** (restructuring agreement) mit dem Inhalt, die Sanierung im Wege eines scheme of arrangement zu unterstützen, solange nicht eine wesentliche Verschlechterung (material adverse change) der Umstände einträte. Der Sanierungsvertrag war so ausgestaltet, dass dem Vertrag nach dem Abschluss weitere Gläubiger beitreten konnten.

4. Inhalt des scheme of arrangement

Das scheme of arrangement sah eine Änderung der Bedingungen des **Darlehensvertrags** zwischen der Rodenstock GmbH und den vorrangigen Gläubigern (senior lenders) sowie des **Vertragsverhältnisses zwischen den Gläubigern** (intercreditor agreement) vor. Im Wesentlichen hatten das scheme und die damit zusammenhängenden Verträge folgenden Inhalt:
(1) Die **vorrangigen Gläubiger** (senior lenders)
– gewähren der Rodenstock GmbH neue, höchstrangige (super senior) Darlehen in Höhe von € 40 000 000;
– verzichten auf die zusätzlichen Zinsforderungen, die im Zusammenhang mit den Befreiungen (waivers) zusätzlich zu den ursprünglichen Zinssätzen bezüglich der Altdarlehen vereinbart worden waren;

---

[82] Hinzu kam der Umsatz der Tochtergesellschaften.

- akzeptieren eine Anpassung der Bedingungen (covenants) der Kreditverträge an die veränderte Finanzierungslage;
  - akzeptieren einen bedingten Rangrücktritt für den Fall der zukünftigen Rückkehr zum alten Überschuldungstatbestand in Deutschland, um eine dadurch ausgelöste Überschuldung der Gesellschaft zu vermeiden.

(2) Die **Rodenstock GmbH**
  - zahlt den vorrangigen Gläubigern einen um 2 (bei Geldleistung) bzw. 3 Prozentpunkte (bei Sachleistung) höheren Zins als für die Altdarlehen i. H. v. € 305 000 000 ursprünglich vereinbart;
  - führt unter Nutzung der neuen, höchstrangigen Darlehen Altdarlehensschulden zurück;
  - gewährt den vorrangigen Gläubigern Optionen zum Erwerb von 44% der Geschäftsanteile; bei voller Ausübung der Optionen würde sich das Verhältnis der Geschäftsanteile folgendermaßen darstellen: 44% vorrangige Gläubiger, 46% aktueller Mehrheitsgesellschafter (Bridgepoint), 10% Management;
  - gewährt den vorrangigen Gläubigern ein Eintrittsrecht (step-in right) bei Verletzung von Basisliquiditätsanforderungen;
  - wandelt ein bestehendes Darlehen in ein hybrides Finanzierungsinstrument zur Stärkung des bilanziellen Eigenkapitals der Gruppe um;
  - führt ein neues Anreizmodell für das Management ein;
  - hebt den Vertrag über ein nicht in Anspruch genommenes Darlehen auf.

Das scheme wurde von einem **Sanierungsgutachten** einer Wirtschaftsprüfungsgesellschaft begleitet, in dem diese bestätigte, dass die Rodenstock GmbH sanierungsfähig war und die vorgeschlagene Restrukturierung geeignet war, die Sanierung zu erreichen.

5. Einleitung des Verfahrens und Gläubigerversammlung

58   Der Antrag auf formelle Eröffnung des Verfahrens wurde bei Gericht am 22. März 2011 eingereicht. Wegen der absehbaren Liquiditätsschwierigkeiten der Rodenstock GmbH ordnete das Gericht die **Einberufung der Gläubigerversammlung** bereits einen Tag später mit Beschluss vom 23. März 2011 an. Für sämtliche vorrangige Gläubiger wurde nur eine einzige Versammlung einberufen. Diese fand am 14. April 2011 statt. Alle vorrangigen Gläubiger stimmten entweder persönlich oder im Wege der Vertretung ab. Das scheme erreichte die notwendigen Mehrheiten: 88,6% der Köpfe und 93,36% des Werts der Forderungen stimmten für das scheme of arrangement.

59   Die **Gläubiger, die gegen das scheme stimmten**, wurden sämtlich von Alchemy Special Opportunities LLP (im Folgenden: Alchemy) vertreten. Alchemy hatte zuvor einen Sanierungsvorschlag unterbreitet, der weder die Zustimmung der Gläubigermehrheit noch der Geschäftsleiter fand. Zunächst kündigten die ablehnend votierenden Gläubiger an, in der Anhörung anlässlich der Entscheidung über die Bestätigung des scheme Einwendungen gegen die Zuständigkeit, die Ermessensausübung des Gerichts und die Sinnhaftigkeit des scheme vorzutragen. Vor der Anhörung zog diese Gläubigergruppe ihren Widerstand gegen das scheme zwar zurück, billigte das scheme aber nicht ausdrücklich. Vor diesem Hintergrund entschied das Gericht, eingehend zur Zuständigkeit und der Ermessensausübung Stellung zu nehmen.

6. Bestätigung des scheme of arrangement

60   Die **Anhörung** anlässlich der Entscheidung über die Bestätigung des scheme fand am 19. April 2011 statt. Auch diese Anhörung hatte das Gericht wegen der Liquiditätsprobleme kurzfristig anberaumt. Die Zeitspanne zwischen formeller Verfahrenseröffnung und Anhörung zur Bestätigung betrug also weniger als einen Monat. Die Gläubiger, die in der Versammlung zunächst noch gegen das scheme abgestimmt hatten, widerriefen vor der gerichtlichen Bestätigung des scheme ihre Einwände. Wegen der **Eilbedürftigkeit** bestätigte das Gericht das scheme bereits 2 Tage nach der Anhörung am 21. April 2011 unter

Verschiebung der schriftlichen Begründung der Entscheidung auf einen späteren Zeitpunkt. Die schriftliche Begründung erfolgte am 6. Mai 2011.

In der Begründung setzt sich das Gericht zunächst ausführlich mit seiner **Zuständigkeit** 61 auseinander. Der Ausgangspunkt seiner Überlegungen ist nicht die internationale Zuständigkeit nach europäischen Rechtsnormen.[83] Stattdessen setzt das Gericht bei der nationalen Zuständigkeitsvorschrift in s. 895(2)(b) CA 2006 an, die allerdings auch eine internationale Dimension hat. Danach ist das englische Gericht dann zuständig, wenn die betreffende Gesellschaft nach den Regeln des Insolvency Act 1986 abgewickelt werden kann. Mangels Registrierung der Gesellschaft in England wendet das Gericht die auf nicht registrierte Gesellschaften zugeschnittenen ss. 220 f. IA 1986 an. Dort wird die Zuständigkeit der englischen Gerichte weder mit Blick auf die Solvenz der Gesellschaft noch durch eine Anforderung an das Gründungsstatut, den COMI oder eine Niederlassung beschränkt. Das Gericht entnimmt der bisherigen Rechtsprechung zur Abwicklungszuständigkeit jedoch **drei Voraussetzungen der Zuständigkeit**: (1) eine ausreichend enge Verbindung (sufficiently close connection) der Gesellschaft mit England, üblicherweise, aber nicht notwendig, in der Form von in England gelegenem Vermögen, (2) eine vernünftigerweise anzunehmende Möglichkeit (reasonable possibility), dass die Gläubiger von einer Abwicklungsanordnung des Gerichts profitieren würden und (3) die Zuständigkeit der englischen Gerichte für zumindest eine Person, die an der Verteilung des Vermögens der abzuwickelnden Gesellschaft ein Interesse hat. Zweck der ersten Voraussetzung sei die Vermeidung einer exorbitant weit reichenden internationalen Zuständigkeit. Zweck der zweiten und dritten Voraussetzung sei sicherzustellen, dass die Abwicklungsanordnung einem sinnvollen Resultat diene. Abschließend setzt sich das Gericht mit der bisher ungeklärten Frage auseinander, ob das Gericht bei einem Mangel der drei Voraussetzungen ohne weiteres seine Zuständigkeit zu verneinen habe oder ob das Gericht den Mangel nur als einen Aspekt seiner **Ermessensausübung** bei der Bestätigung des scheme zu berücksichtigen habe. Zumindest in Fällen, in denen sich wie hier keine Beschränkung aus der EuInsVO ergebe, entscheidet sich das Gericht für den zuletzt genannten Ansatz.

Danach widmet sich das Gericht eingehend der Frage, welche Auswirkungen die **Eu-** 62 **InsVO** und die **EuGVVO** auf die internationale Zuständigkeit englischer Gerichte zur Bestätigung von schemes of arrangement haben. Das Gericht kommt zu dem Ergebnis, dass die in s. 895(2)(b) CA 2006 umschriebene (internationale) Zuständigkeit der englischen Gerichte für schemes of arrangement weder durch die EuInsVO noch durch die EuGVVO beschränkt wird. Zwar fielen Verfahren zur gerichtlichen Bestätigung eines scheme of arrangement grundsätzlich in den Anwendungsbereich der EuGVVO. Die Verordnung beschränke jedoch nicht die englische internationale Zuständigkeit. Insbesondere finde Art. 22 Abs. 2 EuGVVO keine Anwendung. Eine Einschränkung der englischen internationalen Zuständigkeit für schemes of arrangement sei weder dem Zweck der EuInsVO oder EuGVVO noch dem Willen des historischen europäischen oder englischen Gesetzgebers zu entnehmen. Wegen der grundsätzlichen Anwendbarkeit der EuGVVO auf schemes of arrangement stelle sich letztlich die Frage, unter welcher Norm in Kapitel 2 EuGVVO das scheme of arrangement zu verorten sei. Das sei deswegen schwierig, weil das Verfahren zwar (potentiell) kontradiktorisch angelegt sei, es aber keinen ohne weiteres zu bestimmenden Beklagten gebe. Zwei Wege seien denkbar. Entweder könnten die Mitgliedstaaten ohne Beschränkung durch die EuInsVO ihr internationales Privatrecht anwenden oder man könne versuchen, das scheme of arrangement unter eine Norm in Kapitel 2 EuGVVO zu subsumieren und dann beispielsweise die durch das scheme gebundenen Gläubiger als Beklagte verstehen. Eine Entscheidung zwischen diesen Alternativen sei im vorliegenden Fall jedoch nicht nötig, da – gemessen am Wert – mehr als 50% der betroffenen Gläubiger ihren Sitz in England hätten. Diese Frage müsse in einem zukünftigen Fall nur dann geklärt werden, wenn keiner der betroffenen Gläubiger seinen Sitz in Eng-

---

[83] Dazu oben § 39 Rdnr. 37 ff.

land habe.⁸³ᵃ Die Rodenstock GmbH sei also eine Gesellschaft, die in den Anwendungsbereich von s. 895(2)(b) CA 2006 und damit in die internationale Zuständigkeit der englischen Gerichte falle.

63 Abschließend begründet das Gericht, warum es sein **Ermessen** dahingehend ausgeübt hat, das scheme of arrangement zu bestätigen. Dabei behandelt es drei Themen: die ausreichende Verbindung zu England, die Wirksamkeit des scheme und die formelle wie materielle Rechtmäßigkeit des scheme. Entsprechend der Verortung der Zuständigkeitsproblematik als Ermessensfrage geht das Gericht zuerst auf die notwendige **ausreichende Verbindung** (sufficient connection) zur englischen Jurisdiktion ein. Diese liegt nach Ansicht des Gerichts vor. Dafür genüge bereits die Wahl des englischen Rechts und der Zuständigkeit der englischen Gerichte in den betroffenen Darlehensverträgen. Ein wichtiger Aspekt sei jedoch der Umstand, dass die vorrangigen Gläubiger diese Wahl nicht zufällig und getrennt getroffen hätten, sondern gemeinsam als Gruppe in den sie verbindenden Verträgen.

64 Anschließend behandelt das Gericht die **Wirksamkeit** des scheme als weiteren Aspekt der Ermessensausübung. Die Wirksamkeit setzt voraus, dass die Gläubiger nicht in Deutschland ihre Darlehensforderungen ohne Beachtung der Änderungen durch das scheme einklagen können. Die Frage stellt sich insbesondere deshalb, weil die Wahl der internationalen Zuständigkeit der englischen Gerichte in den Kreditverträgen nur einseitig zu Gunsten der Gläubiger erfolgt ist und diesen die Möglichkeit der Klage in anderen Jurisdiktionen nicht verwehrt. Zweifel an der Wirksamkeit des scheme in Deutschland im Wege einer automatischen Anerkennung hegt das Gericht mit Blick auf die Entscheidung des OLG Celle⁸⁴, das einem scheme betreffend eine Versicherungsgesellschaft in Deutschland die Wirksamkeit versagt hat. Der englische High Court folgt jedoch der Ansicht zweier Expertengutachten, welche die Gesellschaft in das Verfahren eingebracht hat, insofern, als das scheme in Deutschland jedenfalls nach der Rom I-VO materiellrechtliche Wirkung entfalten würde.⁸⁵

65 Schließlich geht das Gericht auf die **formelle und materielle Rechtmäßigkeit des scheme** selbst ein. Keine Bedenken hat das Gericht an der rechtmäßigen Einberufung, der Zusammenfassung aller Gläubiger in einer Gruppe zur Abstimmung und der Erreichung der notwendigen Mehrheiten, so dass es die formelle Rechtmäßigkeit als gegeben sieht. Die materielle Rechtmäßigkeit misst das Gericht daran, ob die Gläubiger in gutem Glauben in ihrem Interesse und ohne Nötigung der Minderheit abgestimmt haben, und ob das scheme aus objektiver und vernünftiger Sicht die Zustimmung eines intelligenten und rechtschaffenen Gläubigers, der im eigenen Interesse handelt, finden würde. Diese letzte Voraussetzung sieht das Gericht insbesondere aus fünf Gründen erfüllt: (1) Das scheme ist der Abschluss längerer Verhandlungen, in denen praktikable Alternativen analysiert und den vorrangigen Gläubigern in ihren Konsequenzen vermittelt worden sind. (2) Kein alternativer Sanierungsvorschlag und insbesondere nicht die Vorschläge von Alchemy kamen in die Nähe einer Mehrheit unter den vorrangigen Gläubigern. (3) Das scheme hat hohe Kopf- und Wertmehrheiten bei der Abstimmung erreicht und es bestehen keine Anhaltspunkte dafür, dass die abstimmenden vorrangigen Gläubiger dabei von anderen Beweggründen geleitet worden sind als einer unabhängigen und sorgfältigen Wahrnehmung ihrer wirtschaftlichen Interessen. (4) Die Alternativen zu einem scheme liefen letztlich auf ein Insolvenzverfahren hinaus, in dem die Gesamtschau von Vorteil und Risiko für die von dem scheme betroffenen Gläubiger nachteilhafter sei. (5) Der Vortrag der Gläubiger, die sich gegen das scheme gewandt haben, wonach diese ohne Veränderung ihrer Rechte besser stünden, sei nicht nur unsubstantiiert geblieben sondern widerspreche sogar den vorliegenden Beweismitteln.

---

⁸³ᵃ Dazu näher § 39 Rdnr. 39.
⁸⁴ OLG Celle ZIP 2009, 1968; die Entscheidung im Revisionsverfahren vor dem BGH (ZIP 2012, 740) stand zu diesem Zeitpunkt noch aus.
⁸⁵ Ähnliche Gutachten kamen auch in *Re Primacom Holding GmbH* [2012] EWHC 164 (Ch) Rdnr. 18 sowie in den Fällen Tele Columbus und Metrovacesa zum Einsatz, *Elms* CRI 2011, 114, 116.

Teil 3. Internationale Unternehmensmobilität

1. Kapitel. Grenzüberschreitende Verflechtungen von Gesellschaften

§ 43 Joint Venture

Übersicht

	Rdnr.		Rdnr.
I. Überblick	1–9	III. Typische Vertragsregelungen	33–65
1. Einleitung	1–2	1. Joint Venture-Vertrag	34–61
2. Joint Venture Strukturen	3–7	a) Gegenstand und Ziele	35
3. Besonderheiten bei einem internationalen Joint Venture	8–9	b) Aufgaben und Rechte der Joint Venture Partner	36–39
II. Joint Venture Vertragssystem	10–32	c) Struktur des Gemeinschaftsunternehmens	40–48
1. Der Joint Venture-Vertrag	11–20	d) Stimmbindungsvereinbarungen	49–51
a) Allgemeines	11	e) Vinkulierung und Erwerbsvorrechte	52–57
b) Form	12	f) Geheimhaltung	58
c) Kollisionsrecht	13–16	g) Kündigungsrechte	59–61
d) Internationale Zuständigkeit	17–20	2. Gesellschaftsvertrag	62–65
2. Der Gesellschaftsvertrag	21–27	a) Einziehungsregeln	63
a) Allgemeines	21–22	b) Wettbewerbsverbote	64
b) Rechtsform des Gemeinschaftsunternehmens	23–25	c) Stimmverbote	65
c) Kollisionsrecht	26	IV. Kartellrecht	66–75
d) Internationale Zuständigkeit	27	1. Fusionskontrolle	67–69
3. Leistungsverträge	28–30	2. Kartellverbot	70–75
a) Allgemeines	28	V. Das Gemeinschaftsunternehmen im Konzern	76–77
b) Kollisionsrecht	29		
c) Internationale Zuständigkeit	30		
4. Verhältnis der Verträge zueinander	31–32		

Schrifttum: *Barth/Lock,* Rechtliche Rahmenbedingungen für Investitionen in der Volksrepublik China, RIW 2008, 337; *Baumanns/Wirbel,* Joint Venture, Münchener Handbuch des Gesellschaftsrechts, Band 1, 2009, § 28; *Ebenroth* Das Verhältnis zwischen joint venture-Vertrag, Gesellschaftssatzung und Investitionsvertrag, JZ 1987, 265; *Göthel,* Internationales Privatrecht des Joint Venture, RIW 1999, 566; *Hoffmann-Becking,* Der Einfluss schuldrechtlicher Gesellschaftsvereinbarungen auf die Rechtsbeziehungen in der Kapitalgesellschaft, ZGR 1994, 442; *Langenfeld/Wirth,* Joint Venture im internationalen Wirtschaftsverkehr, 1990; *Pfeiffer,* Neues Internationales Vertragsrecht, EuZW 2008, 622; *Schaumburg,* Internationale Joint Venture, 1999; *Schulte/Pohl,* Joint-Venture-Gesellschaften, 2008; *Schulte/Schwindt/Kuhn,* Joint Venture, 2009; *Stengel,* Joint Venture, Beck'sches Handbuch der Personengesellschaften, 2009, § 21.

I. Überblick

1. Einleitung

Der Begriff „Joint Venture" wird für eine Vielzahl verschiedener Fallgestaltungen verwendet. Eine **Definition** dieses Begriffs ist daher nur abstrakt möglich und wird zusätzlich durch die vielfältige Verwendung anderer Begriffe für gleichartige Sachverhalte erschwert. So bezeichnen beispielsweise die im Deutschen benutzten Begriffe „Kooperation" und „Konsortium" häufig Sachverhalte, die auch zutreffend mit „Joint Venture" bezeichnet werden könnten. In einem sehr abstrakten Sinn ist der Begriff „Joint Venture" eine Sam-

1

melbezeichnung für unterschiedliche Formen der Kooperation von zwei oder mehr Unternehmen.[1] Von einem **internationalen Joint Venture** spricht man in der Regel, wenn die beteiligten Unternehmen den Rechtsordnungen verschiedener Länder unterliegen oder das Joint Venture nicht im Herkunftsland der beteiligten Unternehmen tätig ist.

2 Ebenso vielschichtig wie die Begrifflichkeit sind die **Motive** für das Eingehen eines Joint Venture. Oftmals soll insbesondere ein internationales Joint Venture zumindest für einen Partner die Möglichkeit eröffnen, in einem anderen Land geschäftlich tätig zu werden und neue Märkte zu erschließen. Dies ist nicht selten staatlichen Vorgaben geschuldet, die eine Kooperation mit einem lokalen Partner vorschreiben. Die Volksrepublik China, die in bestimmten Branchen die Gründung einer hundertprozentigen Tochtergesellschaft ausländischer Unternehmen nicht erlaubt, ist in diesem Zusammenhang ein besonders anschauliches Beispiel.[2] Weitere Motive für ein Joint Venture können in der Zusammenführung von Ressourcen, der Verteilung von Risiken und Kosten sowie lokaler Expertise und Marktzugang eines Partners liegen.

Da mit einem Joint Venture in aller Regel auch **Risiken** verbunden sind, bedarf es einer sorgfältigen wirtschaftlichen Vorbereitung und detaillierten rechtlichen Vertragsgestaltung, um eine für alle beteiligten Parteien gewinnbringende Zusammenarbeit zu gewährleisten.

2. Joint Venture Strukturen

3 **Strukturell** können Joint Venture in solche unterschieden werden, bei denen die beteiligten Unternehmen durch eine rechtlich selbständige Gesellschaft (auch „**Gemeinschaftsunternehmen**" genannt) tätig werden (auch als „**Equity Joint Venture**" bezeichnet) und solche, bei denen im Rahmen des Joint Venture lediglich vertragliche Beziehungen zwischen den Joint Venture Partnern bestehen (auch als „**Contractual Joint Venture**" bezeichnet).[3] Die Zusammenarbeit in einem Contractual Joint Venture wird häufig zur Durchführung inhaltlich und zeitlich begrenzter Projekte angestrebt.

4 Gilt deutsches Recht, entsteht durch das Joint Venture regelmäßig eine **BGB-Gesellschaft** zwischen den Partnern. Bei dem Contractual Joint Venture erstreckt sich diese BGB-Gesellschaft auf die Zusammenarbeit im Rahmen des Joint Venture; beim Equity Joint Venture kommt die Absicht der Parteien hinzu, ein Gemeinschaftsunternehmen zu gründen. Ob diese BGB-Gesellschaft eine reine Innengesellschaft oder auch eine BGB-Außengesellschaft ist, hängt davon ab, ob sie als solche im Geschäftsverkehr nach außen auftritt.[4] Im Regelfall wird lediglich eine BGB-Innengesellschaft vorliegen. Bei einem Equity Joint Venture haben die Gesellschafter des Gemeinschaftsunternehmens daher eine Doppelstellung als Gesellschafter der BGB-Gesellschaft und Gesellschafter des Gemeinschaftsunternehmens (dieses zweistufige Gebilde wird auch „**Doppelgesellschaft**" genannt).[5]

5 **Kartellrechtlich** wird bei Gemeinschaftsunternehmen zwischen sog. **Vollfunktions-Gemeinschaftsunternehmen** und **Teilfunktions-Gemeinschaftsunternehmen** unterschieden. Erstere zeichnen sich dadurch aus, dass die Joint Venture Partner dem von ihnen gegründeten Gemeinschaftsunternehmen auf Dauer alle Funktionen einer selbständigen wirtschaftlichen Einheit übertragen.[6] Sog. Teilfunktions-Joint Venture übernehmen hingegen nur ausgewählte Funktionen für die Joint Venture Partner.

---

[1] *Gansweid* S. 21 f.; *Stengel* in: Beck'sches Handbuch der Personengesellschaften § 21 Rdnr. 1.
[2] *Barth/Lock* RIW 2008, 337 ff.; *Violetta* RIW 1996, 117 ff.
[3] MünchHdb. GesR I/*Baumanns/Wirbel* § 28 Rdnr. 2; *Schulte* in: Schulte/Schwindt/Kuhn Joint Ventures § 1 Rdnr. 1; *Stengel* in: Beck'sches Handbuch der Personengesellschaften § 21 Rdnr. 7.
[4] MünchKommBGB/*Ulmer* § 705 Rdnr. 253; Palandt/*Sprau* § 705 Rdnr. 33; Staudinger/*Habermeier* BGB § 705 Rdnr. 58.
[5] MünchHdb. GesR I/*Baumanns/Wirbel* § 28 Rdnr. 2; *Schulte* in: Schulte/Schwindt/Kuhn Joint Ventures § 1 Rdnr. 9; *Stengel* in: Beck'sches Handbuch der Personengesellschaften § 21 Rdnr. 7.
[6] Definition laut Mitteilung der Kommission über den Begriff des Vollfunktions-Gemeinschaftsunternehmens, Abl. C66 vom 2. 3. 1998.

Bei einem **Equity Joint Venture** lassen sich – bei allen Unterschieden im Einzelfall – in der Regel **drei Gruppen** von Verträgen unterscheiden: Die Abreden unter den Joint Venture Partnern, die in einem sog. **Joint Venture-Vertrag** oder auch Konsortialvertrag enthalten sind, der **Gesellschaftsvertrag** des Gemeinschaftsunternehmens sowie Verträge des Gemeinschaftsunternehmens mit einem oder mehreren seiner Gesellschafter (sog. „**Leistungsverträge**"). 6

Bei einem **Contractual Joint Venture** gründen die Joint Venture Partner für die Zwecke des Joint Venture neben der BGB-(Innen-)Gesellschaft keine eigene Gesellschaft; das Joint Venture besteht daher lediglich aus schuldrechtlichen Absprachen zwischen den Joint Venture Partnern. Auch beim Contractual Joint Venture lassen sich verschiedene Gruppen von Verträgen unterscheiden: Im Zentrum stehen wiederum die vertraglichen Abreden unter den Joint Venture Partnern über die Ausgestaltung der Zusammenarbeit, die in einem Joint Venture-Vertrag niedergelegt sind. Diese Abreden können durch Leistungsverträge ergänzt werden, wenn ein Joint Venture Partner besondere Leistungen im Rahmen des Contractual Joint Venture erbringt, die nicht im Joint Venture-Vertrag abschließend geregelt werden können oder sollen. Zu denken ist hier beispielsweise an die Lizenzierung geistigen Eigentums für Zwecke des Joint Venture. 7

Im Fokus der nachstehenden Ausführungen steht das Equity Joint Venture. Die Ausführungen zu dem Joint Venture-Vertrag und den Leistungsverträgen können jedoch größtenteils auf das Contractual Joint Venture übertragen werden.

3. Besonderheiten bei einem internationalen Joint Venture

Die Grundstruktur eines internationalen Joint Venture ähnelt der oben beschriebenen. Bei einem **internationalen Joint Venture** wollen aber in der Regel entweder Unternehmen aus verschiedenen Ländern kooperieren oder Unternehmen aus demselben Land in einem anderen Land tätig werden. Dies bringt im Vergleich zu einem nationalen Joint Venture Unterschiede mit sich – etwa bei der Wahl der Rechtsform des Gemeinschaftsunternehmens oder dem auf dieses und den Joint Venture-Vertrag anwendbaren Recht. Da es ein „Recht des internationalen Joint Venture" nicht gibt, unterliegt ein internationales Joint Venture einer „Mixtur" von Rechtsordnungen.[7] 8

Bei nationalen, mehr noch aber bei internationalen Joint Venture sind öffentlich-rechtliche Pflichten (z.B. Meldepflichten oder Genehmigungserfordernisse) zu beachten, welche oft eine Kooperation mit Behörden unumgänglich machen und die Einholung von Genehmigungen erfordern. Insbesondere in sensiblen Wirtschaftsbereichen, wie beispielsweise der Waffenproduktion oder im Verkehrsbereich, sind staatliche Beschränkungen zu beachten.[8] 9

II. Das Joint Venture Vertragssystem

Bei einem Equity Joint Venture lassen sich drei **Gruppen** von Verträgen unterscheiden: Der **Joint Venture-Vertrag,** der häufig auch als Konsortialvertrag bezeichnet wird; der **Gesellschaftsvertrag** sowie **Leistungsverträge** zwischen den Joint Venture Partnern oder dem Gemeinschaftsunternehmen und seinen Gesellschaftern. Diese drei Gruppen von Verträgen werden im folgenden Abschnitt zunächst in einem Überblick zu ausgewählten Themen, wie Kollisionsrecht und Gerichtszuständigkeit, dargestellt. In Abschnitt III. erfolgt eine eingehende Darstellung des Joint Venture-Vertrags und der Satzung eines Gemeinschaftsunternehmens. 10

1. Joint Venture-Vertrag

a) Allgemeines. Der Joint Venture-Vertrag stellt das Herzstück eines Joint Venture dar, in dem die Partner die wesentlichen Eckpunkte des Joint Venture und die Rechte und 11

---

[7] *Stephan* in: Schaumburg Internationale Joint Ventures S. 130.
[8] Siehe z.B. für die Beteiligung Gebietsfremder an deutschen Unternehmen in der Waffenproduktion § 7 Abs. 2 Nr. 5 AWG, der eine Anmeldepflicht voraussetzt.

Pflichten der Joint Venture Partner festlegen.[9] Parteien des Joint Venture-Vertrags sind daher in der Regel alle Unternehmen, die auch am Joint Venture beteiligt sind. Bei einem Equity Joint Venture müssen aber nicht alle Joint Venture Partner auch Gesellschafter des Gemeinschaftsunternehmens sein. Dieser Fall kann etwa eintreten, wenn Nichtgesellschafter wesentliche Parameter des Joint Venture oder einen Joint Venture Partner kontrollieren und aus diesem Grund in die vertraglichen Grundlagen des Joint Venture eingebunden werden sollen, ohne jedoch dauerhaft Gesellschafter des Gemeinschaftsunternehmens zu werden. Da der Joint Venture-Vertrag die wesentlichen Abreden der Beteiligten im Rahmen des Joint Venture enthält, ist er häufig sehr ausführlich. Er eignet sich besonders für die **vertraulichen Absprachen** zwischen den Joint Venture Partnern, da er in aller Regel keinen gesetzlichen Publizitätspflichten unterliegt und sich dadurch häufig vom Gesellschaftsvertrag des Gemeinschaftsunternehmens unterscheidet.[10] Meist vereinbaren die Parteien des Joint Venture-Vertrags, diesen streng vertraulich zu behandeln.

12   b) **Form.** Der Joint Venture-Vertrag kann grundsätzlich **formfrei** abgeschlossen werden. Gilt deutsches Recht, macht auch die durch den Abschluss des Joint Venture-Vertrags entstehende BGB-Gesellschaft die Einhaltung besonderer Formvorschriften nicht erforderlich. Enthält der Joint Venture-Vertrag jedoch Regelungen, die ihrerseits zur wirksamen Begründung die Einhaltung bestimmter Formvorschriften, z.B. **notarielle Beurkundung**, erfordern, kann dies auf den gesamten Joint Venture-Vertrag ausstrahlen.[11] Wenn der Joint Venture-Vertrag beispielsweise die Verpflichtung zum Erwerb von GmbH-Geschäftsanteilen (notarielle Form des § 2 Abs. 1 GmbHG) oder Grundstücken (notarielle Beurkundung gem. § 311b Abs. 1 Satz 1 BGB) vorsieht, ist er aus diesem Grund insgesamt notariell zu beurkunden, wenn die entsprechenden Regelungen in einem untrennbaren Zusammenhang mit den übrigen Regelungen des Joint Venture-Vertrags stehen. Dies kann auch dazu führen, dass im Rahmen der weiteren Joint Venture Dokumentation separate Verträge, die ihrem Inhalt nach eigentlich formfrei abgeschlossen werden könnten, nur unter Beachtung einer strengeren Form, z.B. notarieller Beurkundung, wirksam abgeschlossen werden können, da sie mit anderen formbedürftigen Abreden eine untrennbare Einheit bilden.[12] Aus Gründen der Beweisführung wird der Joint Venture-Vertrag davon unabhängig aber regelmäßig zumindest in schriftlicher Form abgeschlossen.

13   c) **Kollisionsrecht.** Bei einem **internationalen Joint Venture** stellt sich regelmäßig die Frage nach dem für den Joint Venture-Vertrag **maßgeblichen Recht.** Der Joint Venture-Vertrag ist zu allererst eine schuldrechtliche Vereinbarung, so dass für ihn grundsätzlich das nach dem **Vertragsstatut** ermittelte Recht gilt. Da es bei der Geltung deutschen Rechts zu der bereits angesprochenen Gründung einer BGB-Innengesellschaft durch den Joint Venture-Vertrag kommt, stellt sich die Frage, ob das auf diese Regelungen anwendbare Recht nach dem **Gesellschafts-** anstelle des **Vertragsstatuts** zu ermitteln ist.[13] Richtigerweise wird danach zu differenzieren sein, ob der Joint Venture-Vertrag bereits eine nach außen hervortretende Organisation – also eine BGB-Außengesellschaft – begründet, mit der Folge, dass an das Gesellschaftsstatut anzuknüpfen wäre.[14] Dies wird jedoch in aller Re-

---

[9] *Ebenroth* JZ 1987, 265, 266; MünchHdb. GesR I/*Baumanns/Wirbel* § 28 Rdnr. 29; *Schulte* in: Schulte/Schwindt/Kuhn Joint Ventures § 4 Rdnr. 1; *Stephan* in: Schaumburg Internationale Joint Ventures S. 102.

[10] So muss beispielsweise der Gesellschaftsvertrag einer deutschen GmbH gem. § 8 GmbHG bei der Anmeldung mit eingereicht werden und ist in den Registerakten einsehbar.

[11] Grundlegend zum Formerfordernis bei einem GmbH-Vorgründungsvertrag entsprechend § 2 GmbHG BGH DB 1988, 223; BGH ZIP 1988, 89; BGH WM 1973, 67, 68; Baumbach/Hueck GmbHG/*Hueck/Fastrich* § 2 Rdnr. 33; Scholz/*Emmerich* GmbHG § 2 Rdnr. 83 m.w.N.

[12] Siehe BGHZ 78, 346, 349 zu § 311b BGB; BGHZ 84, 322; Palandt/*Ellenberger* § 125 Rdnr. 9.

[13] Zur Anwendbarkeit des Gesellschaftsstatuts auf die GbR siehe MünchHdb. GesR VI/*Thölke* § 1 Rdnr. 44; *Ebenroth* JZ 1988, 265, 266.

[14] Vgl. MünchHdb. GesR VI/*Thölke* § 1 Rdnr. 46; MünchKommBGB/*Kindler* IntGesR Rdnr. 547; Palandt/*Thorn* Anh zu Art. 12 EGBGB Rdnr. 10, wonach für einen Vorvertrag, der die Mo-

gel weder beim Equity Joint Venture noch beim Contractual Joint Venture der Fall sein, so dass das Vertragsstatut anwendbar bleiben wird.

Das auf den Joint Venture-Vertrag nach dem Vertragsstatut anwendbare Recht bestimmte sich für deutsche Gerichte bis zum Inkrafttreten der Rom I Verordnung[15] nach den Art. 27 ff. EGBGB, die von dem Grundsatz ausgingen, dass die **Parteien** das maßgebliche Recht **selbst bestimmen** können. Nur wenn keine Rechtswahl getroffen wurde, musste bestimmt werden, zu welcher Rechtsordnung der Vertrag die engsten Verbindungen aufwies (Art. 28 Abs. 1 EGBGB). Hinsichtlich der Form des Vertrages war Art. 11 EGBGB zu beachten. Hiernach war der Vertrag formwirksam, wenn er den Formerfordernissen des Geschäftsrechts (vorliegend dem Vertragsstatut) oder des Ortsrechts (Recht des Staates, in dem das Rechtsgeschäft vorgenommen wird) entsprach.[16] 14

Inhaltlich haben sich im deutschen Internationalen Privatrecht auch nach Inkrafttreten der Rom I Verordnung im Bereich des vertraglichen Kollisionsrechts keine wesentlichen Änderungen ergeben.[17] Art. 3 der Rom I Verordnung geht ebenfalls von dem Grundsatz der Rechtswahlfreiheit aus. Sollte es an einer ausdrücklichen oder konkludenten Rechtswahl fehlen, finden sich in den Art. 4 ff. der Rom I Verordnung Anknüpfungsmomente für bestimmte Vertragstypen.[18] Für die Formgültigkeit eines Vertrages verlangt Art. 11 der Rom I Verordnung, wie sein Pendant Art. 11 EGBGB, dass der Vertrag den Formvorschriften des Geschäfts- oder des Ortsrechts genügt.[19] 15

Bei einem Equity Joint Venture enthält der Joint Venture-Vertrag in aller Regel auch **Nebenabreden,** die das Gemeinschaftsunternehmen betreffen.[20] Insbesondere wenn als Gemeinschaftsunternehmen eine Kapitalgesellschaft fungieren soll, enthalten diese Nebenabreden häufig außerhalb der Satzung getroffene Vereinbarungen, die für die gesamte Dauer des Gemeinschaftsunternehmens maßgeblich sind. Sind sämtliche Gesellschafter des Gemeinschaftsunternehmens zugleich Vertragspartner des Joint Venture-Vertrags, hat sich der BGH in mehreren Entscheidungen über die Trennung der beiden Rechtssphären hinweggesetzt und eine unmittelbare Geltung der schuldrechtlichen Gesellschaftervereinbarungen auf der Ebene der Gesellschaft angenommen (z. B. eine Absprache aller Gesellschafter, dass die Abberufung eines Gesellschafters aus seiner Stellung als Geschäftsführer nur mit Zustimmung aller Gesellschafter erfolgen könne).[21] Aus diesem Grund wird teilweise vertreten, das auf solche Nebenabreden anwendbare Recht bestimme sich nach dem Gesellschaftsstatut des Gemeinschaftsunternehmens und nicht nach dem Vertragsstatut.[22] Dem ist zuzustimmen. Es ist aber im Einzelfall genau zu untersuchen, welche Vereinbarungen im Joint Venture-Vertrag in Bezug auf das Gemeinschaftsunternehmen getroffen werden. Denn nicht jede Regelung in Bezug auf das Gemeinschaftsunternehmen kann dazu führen, dass das Gesellschaftsstatut des Gemeinschaftsunternehmens insoweit auch für den Joint Venture-Vertrag maßgeblich ist. Soweit die Gesellschafter schuldrechtliche Vereinbarungen treffen, die nicht in die Struktur der Gesellschaft eingreifen, bleibt das Vertragsstatut maß- 16

---

dalitäten für die Gründung einer Gesellschaft regelt, grundsätzlich das Vertragsstatut gilt. Das Gesellschaftsstatut kann daher allenfalls dann maßgeblich sein, wenn der Joint Venture-Vertrag bereits den Gesellschaftsvertrag der BGB-Gesellschaft darstellt.

[15] Verordnung (EG) Nr. 593/2008 vom 17. 6. 2008 über das auf vertragliche Schuldverhältnisse anzuwendende Recht; in Kraft getreten am 17. 12. 2009.

[16] *Kroppholler* Internationales Privatrecht § 41 III 5; MünchKommBGB/*Spellenberg* Art. 11 EGBGB Rdnr. 69; Palandt/*Thorn* Art. 11 EGBGB Rdnr. 6.

[17] Eine Synopse der Vorschriften des EGBGB und der Rom I-VO befindet sich bei *Kindler* IPRax 2008, 365 f.

[18] *Pfeiffer* EuZW 2008, 622, 625.

[19] *Kindler* IPRax 2008, 365 f.

[20] MünchHdb. GesR I/*Baumanns/Wirbel* § 28 Rdnr. 29; *Göthel* RIW 1999, 566, 568; *Stengel* in: Beck'sches Handbuch der Personengesellschaften § 21 Rdnr. 115.

[21] BGHZ 29, 385, 391; BGH, NJW 1983, 1910; BGH, NJW 1987, 1890.

[22] *Ebke* IPRax 1983, 18, 21 f.; *Göthel* RIW 1999, 566, 569; *Mäsch* NJW 1996, 54, 55.

geblich.²³ Nur solche Absprachen, welche die Struktur der Gesellschaft betreffen, sind nach dem Gesellschaftsstatut anzuknüpfen.²⁴

17 **d) Internationale Zuständigkeit.** Ein wichtiger Aspekt, den besonders die Partner eines internationalen Joint Venture zu berücksichtigen haben, ist die **internationale Zuständigkeit** von Gerichten.²⁵ Die internationale Zuständigkeit wird grundsätzlich dadurch bestimmt, ob ein streitiger Sachverhalt einen sog. Inlandsbezug aufweist, der es rechtfertigt, dass der Rechtsstreit von den Gerichten eines Landes entschieden wird.²⁶ Die Bestimmung der internationalen Zuständigkeit eines Gerichts erfolgt in der EU nach den Regeln der Verordnung über die gerichtliche Zuständigkeit und die Anerkennung und Vollstreckung von Entscheidungen in Zivil- und Handelssachen (sog. **„EuGVVO"**).²⁷

18 In der Praxis treffen die Joint Venture Partner regelmäßig eine sog. **Gerichtsstandsvereinbarung,** legen also fest, welches Gericht bei Streitigkeiten aus dem Joint Venture-Vertrag entscheiden soll. Ergänzt wird eine Gerichtsstandsvereinbarung häufig durch eine sog. **Schiedsvereinbarung,** wonach Streitigkeiten aus dem Joint Venture-Vertrag zur Entscheidung an ein Schiedsgericht – und nicht an staatliche Gerichte – verwiesen werden.²⁸ Die Schiedsvereinbarung kann jedoch nicht zugleich eine stillschweigende Gerichtsstandsvereinbarung beinhalten, welche die internationale Zuständigkeit des Staates begründen soll, in dem der Schiedsverfahrensort liegt (bei Geltung deutschen Rechts § 1043 ZPO).²⁹

19 Die Voraussetzungen für eine wirksame Gerichtsstandsvereinbarung normiert Art. 23 EuGVVO. Danach können die Parteien vereinbaren, dass ein Gericht oder die Gerichte eines Mitgliedstaats über bereits entstandene oder über künftig aus einem bestimmten Rechtsverhältnis entstehende Rechtsstreitigkeiten entscheiden sollen. Partei einer solchen Vereinbarung muss aber mindestens ein Unternehmen im Sinne des Art. 60 EuGVVO mit Sitz in einem EU-Mitgliedstaat sein.³⁰ Ferner muss die Gerichtsstandsvereinbarung formell den Anforderungen des Art. 23 Abs. 1 S. 3 lit. a) bis c) EuGVVO genügen.³¹ Sofern die Parteien nichts anderes vereinbart haben, begründet die Gerichtsstandsvereinbarung eine **ausschließliche Zuständigkeit** des gewählten Gerichts.

20 Treffen die Parteien keine Gerichtsstandsvereinbarung, normiert Art. 2 Abs. 1 EuGVVO den **Grundsatz,** wonach das Gericht international zuständig ist, in dessen Mitgliedstaat der Beklagte seinen Wohnsitz hat. Bei Gesellschaften und juristischen Personen wird diese Anknüpfung an den Wohnsitz dahingehend modifiziert, dass alternativ der satzungsmäßige Sitz, die Hauptverwaltung oder die Hauptniederlassung maßgeblich sind (Art. 60 EuGVVO). Sollte der Beklagte keinen Sitz im Hoheitsgebiets eines Mitgliedsstaats haben, richtet sich die internationale Zuständigkeit gem. Art. 4 Abs. 1 EuGVVO nach den nationalen

---

²³ *Ebke* IPRax 1983, 18, 21 f.; *Göthel* RIW 1999, 566, 569; *Mäsch* NJW 1996, 54, 55.
²⁴ Für Beispiele von Absprachen die in die Struktur der Gesellschaft eingreifen siehe *Göthel* RIW 1999, 566, 569.
²⁵ Siehe für Einzelheiten zur internationalen Zuständigkeit nach der EuGVVO *Kropholler* Europäisches Zivilprozessrecht Einl. EuGVVO Rdnr. 1 ff.; Rauscher/*Staudinger* Einl Brüssel I-VO Rdnr. 1 ff.;
²⁶ *von Hoffmann/Thorn* Internationales Privatrecht § 3 Rdnr. 28; *Kropholler* Internationales Privatrecht § 58 I S. 606 f.
²⁷ VO (EG) 44/2001 vom 22. 12. 2000.
²⁸ Ausführlich zu Schiedsvereinbarungen MünchKommBGB/*Martiny* Vorb. Art. 1 Rom I-VO Rdnr. 80 ff. Vorb. Art. 27 EGBGB Rdnr. 107 ff.; *Kuhn* in: Schulte/Schwindt/Kuhn Joint Ventures § 8 Rdnr. 32 ff.; zum Verhältnis EuGVVO zur Schiedsgerichtsbarkeit siehe *Kropholler* Europäisches Zivilprozessrecht Art. 1 EuGVVO Rdnr. 41 ff.
²⁹ Österr. OGH IPRax 2003, 64; Geimer/Schütze/*Geimer* Art. 23 EuGVVO Rdnr. 14.
³⁰ Geimer/Schütze/*Geimer* Art. 23 EuGVVO Rdnr. 16 f.; Rauscher/*Mankowski* Art. 23 Brüssel I-VO Rdnr. 2; zum Begriff des Sitzes von Gesellschaften und juristischen Personen *Kropholler* Europäisches Zivilprozessrecht Art. 60 EuGVVO Rdnr. 2.
³¹ Für Details siehe Geimer/Schütze/*Geimer* Art. 23 EuGVVO, Rdnr. 95 ff; *Kropholler* Europäisches Zivilprozessrecht Art. 23 EuGVVO Rdnr. 30 ff.; Rauscher/*Mankowski* Art. 23 Brüssel I-VO Rdnr. 14 ff.

Vorschriften des Staates, dessen Gericht angerufen wird, sofern keine ausschließliche Zuständigkeit nach Art. 22, 23 EuGVVO vorliegt. Keine Anwendung findet in diesem Fall jedoch die Zuständigkeitsregel des Art. 22 Nr. 2 EuGVVO.[32] Weil die mit dem Joint Venture-Vertrag einhergehende Gründung einer Innengesellschaft regelmäßig keine hinreichend festgefügte Organisation und Teilnahme am Rechtsverkehr aufweist, handelt es sich hierbei nicht um eine Gesellschaft oder juristische Person im Sinne dieser Vorschrift. In Deutschland wird nach ganz h. M. in den gesetzlich nicht geregelten Fällen[33] die internationale Zuständigkeit aufgrund der vergleichbaren Interessenlage in analoger Anwendung der Regeln über die **örtliche Zuständigkeit** ermittelt. Die örtliche Zuständigkeit indiziert insoweit die internationale Zuständigkeit.[34]

2. Gesellschaftsvertrag

a) **Allgemeines.** Bei einem Equity Joint Venture ist zusätzlich zu dem Joint Venture-Vertrag der Gesellschaftsvertrag bzw. die Satzung des Gemeinschaftsunternehmens von Bedeutung. Dieser enthält die gesellschaftsrechtlichen Bestimmungen zur Verfassung des Gemeinschaftsunternehmens und unterliegt in aller Regel bestimmten gesetzlichen Vorgaben. Häufig enthält der Gesellschaftsvertrag des Gemeinschaftsunternehmens auch Regelungen, die der **Umsetzung** von im Joint Venture-Vertrag getroffenen Vereinbarungen dienen. Ein typisches Beispiel sind Regelungen betreffend die Übertragung von Anteilen am Gemeinschaftsunternehmen, Mehrheitserfordernisse für Beschlüsse in Organen des Gemeinschaftsunternehmens, Regelungen zu den Kompetenzen einzelner Gesellschaftsorgane und zu deren Zusammensetzung. In vielen Fällen wird der Gesellschaftsvertrag des Gemeinschaftsunternehmens in einer **Anlage** des Joint Venture-Vertrags bereits **ausformuliert.** So lässt sich vor Gründung des Joint Venture bereits verbindlich festlegen, welche Regelungen zusätzlich zu den gesetzlichen Mindestinhalten in den Gesellschaftsvertrag aufgenommen werden sollen. Aufgrund häufig bestehender gesetzlicher **Publizitätspflichten** für den Gesellschaftsvertrag verzichten die Joint Venture Partner oft darauf, vertrauliche Regelungen, wie beispielsweise Stimmbindungen oder Finanzierungs- und Budgetfragen, in den Gesellschaftsvertrag selbst aufzunehmen. Diese finden sich dann nur im Joint Venture-Vertrag. 21

Bei **Errichtung** und **Ausstattung** des Gemeinschaftsunternehmens sind viele **Gestaltungsvarianten** denkbar. Die Joint Venture Partner können Betriebe, Teilbetriebe oder einzelne Vermögensgegenstände in einem von ihnen beherrschten Gemeinschaftsunternehmen zusammenführen. Das Gemeinschaftsunternehmen kann jedoch auch lediglich Leistungen auf vertraglicher Grundlage von den Joint Venture Partnern beziehen oder als Holding fungieren, in welche die Partner Beteiligungen an anderen Gesellschaften einbringen. **Mischformen,** bei denen beispielsweise das Gemeinschaftsunternehmen selbst operative Aufgaben wahrnimmt, zugleich aber über Tochtergesellschaften verfügt, kommen in der Praxis häufig vor.[35] Welche Gestaltung im Einzelfall am sinnvollsten ist, müssen die Joint Venture Partner anhand der von ihnen verfolgten Ziele entscheiden. 22

b) **Rechtsform des Gemeinschaftsunternehmens.** Große Bedeutung hat die Wahl der für das Joint Venture am besten geeigneten **Rechtsform** des Gemeinschaftsunternehmens. Bevorzugt werden dabei Rechtsformen, welche größtmöglichen Gestaltungsspielraum, insbesondere hinsichtlich der **Einflussmöglichkeiten** der Gesellschafter auf die Geschäftsleitung der Gesellschaft, erlauben sowie einfach und rechtssicher zu verwalten 23

---

[32] Art. 22 Nr. 2 EuGVVO erklärt für Klagen, die die Gültigkeit, Nichtigkeit oder Auflösung einer Gesellschaft oder juristischen Person bzw. die Gültigkeit von Beschlüssen ihrer Organe zum Gegenstand haben, das Gericht des Mitgliedstaats für ausschließlich zuständig, in dessen Hoheitsgebiet die Gesellschaft oder juristische Person ihren Sitz hat.

[33] Regelungen über die internationale Zuständigkeit finden sich in §§ 121 ff. FamFG, §§ 169 ff. FamFG.

[34] *Von Hoffmann/Thorn* Internationales Privatrecht § 3 Rdnr. 38; *Kropholler* Internationales Privatrecht § 56 III S. 589.

[35] Zu den Gestaltungsmöglichkeiten siehe *Schulte/Pohl* Joint-Venture-Gesellschaften Rdnr. 12 ff.

sind. Die Wahl der Rechtsform des Gemeinschaftsunternehmens und die genaue Ausgestaltung des Gesellschaftsvertrages hängt davon ab, in welchem Land und nach welchem Recht das Gemeinschaftsunternehmen gegründet wird und welche Rechtsformen danach zur Verfügung stehen.[36]

24 In Deutschland wird als Rechtsform für ein Gemeinschaftsunternehmen häufig die **GmbH** oder die **GmbH & Co. KG** gewählt. Letzteres ist darin begründet, dass mit der GmbH & Co. KG steuerrechtliche Vorteile einer Personengesellschaft mit der Haftungsbeschränkung einer Kapitalgesellschaft kombiniert werden können.[37] Die Rechtsform der Aktiengesellschaft (AG) oder die vergleichbare Rechtsform der Kommanditgesellschaft auf Aktien (KGaA) finden hingegen weniger Zuspruch. Der Grund dafür liegt im Wesentlichen darin, dass die AG im Vergleich zur GmbH oder GmbH & Co. KG weniger flexibel bei der Ausgestaltung des Verwaltungssystems ist und weniger Einfluss der Gesellschafter auf die Geschäftsleitung ermöglicht.[38] Auch die Verwaltung der AG und KGaA erfordert in der Regel mehr Aufwand als die der GmbH bzw. GmbH & Co. KG.[39] Eine offene Handelsgesellschaft (OHG) hat gegenüber der GmbH und der GmbH & Co. KG wiederum den Nachteil, dass die regelmäßig von den Partnern angestrebte Haftungsbegrenzung im Außenverhältnis nicht erreicht wird. Die GmbH ihrerseits hat zunächst den Vorteil, dass grundsätzlich die persönliche Haftung der Gesellschafter ausgeschlossen ist (§ 13 Abs. 2 GmbHG). Die GmbH ist wie die AG körperschaftlich organisiert, doch sind die Strukturen flexibler, beispielsweise ist es der Gesellschafterversammlung der GmbH möglich, bindende Weisungen an die Geschäftsführer zu erteilen.[40] Auch der Kapitalschutz ist bei der GmbH weniger streng ausgestaltet als bei der AG. Da die Partner des Joint Venture in der Regel die Anteile an der Gesellschaft halten, können sie aufgrund des umfassenden Weisungsrechts der Gesellschafterversammlung (§ 37 Abs. 1 GmbHG) in hohem Maß direkt Einfluss auf die Geschäftsführung einer GmbH nehmen, wenn dies erforderlich sein sollte. Zudem lässt sich der **Gesellschaftsvertrag** einer GmbH weitgehend **flexibel** ausgestalten. So können neben den gesetzlich vorgesehenen Organen der Gesellschaft weitere Organe mit bindenden Entscheidungskompetenzen in der Satzung der GmbH geschaffen werden. Das bei der AG geltende Gebot der Satzungsstrenge (§ 23 Abs. 5 AktG) gilt für die GmbH nicht. Weitere Flexibilität wurde für die GmbH jüngst dadurch geschaffen, dass die Regelungen über die Mindesteinlage und Teilbarkeit von Geschäftsanteilen geändert wurden. Vor Inkrafttreten des Gesetzes zur Modernisierung des GmbH-Rechts und zur Bekämpfung von Missbräuchen (MoMiG)[41] musste die Einlage eines GmbH Gesellschafters mindestens 100 € betragen und durch 50 teilbar sein. Aufgrund des neu gefassten § 5 Abs. 2 S. 1 GmbHG muss der Nennbetrag jedes Geschäftsanteils nur noch auf volle Euro lauten; der Mindestnennbetrag beträgt nun 1 Euro. Als in der Praxis nachteilig wird häufig das für den Gesellschaftsvertrag und die Übertragung von GmbH-Anteilen geltende Beurkundungserfordernis gesehen.[42] Dies kann neben steuerrechtlichen Aspek-

---

[36] Zu den möglichen Rechtsformen in verschiedenen Ländern vgl. MünchHdb. GesR VI/*Süß* § 48.
[37] *Schulte* in: Schulte/Schwindt/Kuhn Joint Ventures § 2 Rdnr. 116; *Stengel* in: Beck'sches Handbuch der Personengesellschaften § 21 Rdnr. 93.
[38] Mehr Flexibilität besteht bei der Ausgestaltung der Satzung einer KGaA, da für die Ausgestaltung des Verhältnisses der Gesellschafter untereinander dieselben Vorschriften wie für die KG gelten (§ 278 Abs. 2 AktG); § 23 Abs. 5 AktG findet insoweit keine Anwendung, vgl. etwa *Hüffer*, AktG, § 278 Rdnr. 18.
[39] Ein Überblick über die einzelnen Gesellschaftsformen und ihre Vor- und Nachteile findet sich bei *Schulte* in: Schulte/Schwindt/Kuhn Joint Ventures § 2 Rdnr. 16 ff.
[40] Siehe § 37 Abs. 1 GmbHG.
[41] Gesetz zur Modernisierung des GmbH Rechts und zur Bekämpfung von Missbräuchen vom 23. 10. 2008, BGBl. I, S. 2026.
[42] Formbedürftig ist die Übertragung von KG-Anteilen nur dann, wenn diese zusammen mit den GmbH-Anteilen veräußert werden BGH NJW 1986, 2642, 2643; *Watermeyer* in: Beck'sches Handbuch der Personengesellschaften § 12 Rdnr. 105 f.

ten einen weiteren Vorteil der GmbH & Co. KG darstellen, deren Gesellschaftsvertrag grundsätzlich nicht der notariellen Beurkundung bedarf (anders ist dies bei der Gründung der Komplementär-GmbH) und auch nicht beim Handelsregister eingereicht werden muss.[43]

Neue Möglichkeiten für die Wahl der Rechtsform eines Gemeinschaftsunternehmens bieten die **supranationalen Gesellschaftsformen.** Als alternative Rechtsformen für ein Gemeinschaftsunternehmen kommen die bereits angesprochene Europäische Gesellschaft **(SE)** und möglicherweise in Zukunft auch die Europäische Privatgesellschaft **(SPE)** in Betracht. Bei der SE handelt es sich um eine Kapitalgesellschaft mit einem in Aktien zerlegten Grundkapital von mindestens 120 000 €. Ein großer Vorteil der SE ist die Möglichkeit der grenzüberschreitenden Sitzverlegung in einen anderen Mitgliedstaat der EU, ohne dass die Auflösung der Gesellschaft droht oder es einer Neugründung bedarf.[44] Ähnlich wie die AG wird die SE aber nur in Ausnahmefällen als Rechtsform für ein Gemeinschaftsunternehmen taugen.[45] Dagegen sprechen die bereits zur AG aufgeführten Erwägungen wie das hohe Grundkapital sowie die strengen Formvorschriften und Formalien, die für Satzung und Verwaltung der SE ebenso wie bei der AG zu beachten sind. Noch nicht verabschiedet ist das Statut der SPE.[46] Die SPE soll insbesondere kleinen und mittelständischen Unternehmen ermöglichen, in allen Mitgliedstaaten nach den gleichen einfachen und flexiblen Vorschriften eine SPE zu gründen; Details sind noch unklar.

c) Kollisionsrecht. Bei einem internationalen Joint Venture ist neben der Wahl der passenden Gesellschaftsform auch das **Kollisionsrecht** zu beachten. Dies gilt besonders dann, wenn die Joint Venture Partner das Gemeinschaftsunternehmen nicht in dem Land errichten wollen, in dem es tätig werden soll. Bei der Bestimmung, welches Gesellschaftsstatut auf eine Gesellschaft Anwendung findet, stehen sich zwei Theorien gegenüber. Nach der sog. **Sitztheorie** findet auf eine Gesellschaft das Recht des Staates Anwendung, in dem diese ihren Verwaltungssitz – also den Ort ihrer tatsächlichen Geschäftsleitung – hat.[47] Innerhalb von EU und EWR ist die Sitztheorie aufgrund der **Niederlassungsfreiheit** von Unternehmen, die nach dem Recht eines EU Mitgliedstaates gegründet wurden, nur noch eingeschränkt anwendbar.[48] Der Sitztheorie steht die sog. **Gründungstheorie** gegenüber, wonach auf eine Gesellschaft – unabhängig von ihrem tatsächlichen Verwaltungssitz – das Recht ihres Gründungsstaates Anwendung findet. Die Gründungstheorie hat durch die jüngere Rechtsprechung des EuGH in EU und EWR erheblich an Bedeutung gewonnen.[49] Die auf Basis der europäischen Niederlassungsfreiheit (Art. 49, 54 AEUV) ergangenen Entscheidungen führen dazu, dass Gesellschaften, die nach dem Recht eines EU- bzw. EWR-Mitgliedstaates gegründet wurden, aufgrund der Niederlassungsfreiheit ihren Verwaltungssitz in jeden anderen Mitgliedstaat der EU bzw. des EWR verlegen dürfen, wenn das Recht ihres Gründungsstaates dies erlaubt.[50] Für Gesellschaften, die nach dem Recht eines Nicht-EU- bzw. EWR-Staates **(Drittstaat)** gegründet wurden, bleibt der Meinungs-

---

[43] *Schulte* in: Schulte/Schwindt/Kuhn Joint Ventures § 2 Rdnr. 117; *Watermeyer* in: Beck'sches Handbuch der Personengesellschaften § 12 Rdnr. 10 ff.

[44] *Kuhn* in: Schulte/Schwindt/Kuhn Joint Ventures § 3 Rdnr. 106; MünchKommAktG/*Oechsler* Vorb vor Art. 1 VO (EG) 2157/2001 Rdnr. 9; *Wenz* AG 2003, 185, 194.

[45] Zur genaueren Struktur eines Gemeinschaftsunternehmens in der Form der SE *Brandi* NZG 2003, 889, 895.

[46] Siehe dazu *Drinhausen* Finanzplatz Nr. 5/2009, S. 16.

[47] BGHZ 97, 269, 272; *Ebenroth* JZ 1987, 265, 267; MünchHdb. GesR VI/*Thölke* § 1 Rdnr. 61.

[48] Ausführlich zu Sitz- und Gründungstheorie und der Rechtsprechung des EuGH zur Niederlassungsfreiheit Semler/Stengel/*Drinhausen* Einl. C Rdnr. 7 ff.

[49] Semler/Stengel/*Drinhausen* Einl. C Rdnr. 7 ff.

[50] Dem Gründungsstaat ist es nach der Rechtsprechung des EuGH jedoch gestattet, die Verlegung des Verwaltungssitzes unter Beibehaltung der Gründungsrechtsform zu verbieten, siehe EuGH NJW 2009, 569 („Cartesio"); dazu *Frobenius* DStR 2009, 487, 488; *Kindler* IPRax 2009, 189, 192; *Sethe/Winter* WM 2009, 536, 538.

streit allerdings bis auf Weiteres relevant.[51] In Deutschland ist nach Änderung von § 4a GmbHG und § 5 AktG, die für die GmbH, AG und KGaA nunmehr einen Verwaltungssitz im Ausland zulassen, davon auszugehen, dass die Sitztheorie nach dem Willen des Gesetzgebers weitgehend zu Gunsten der Gründungstheorie aufgegeben ist.[52] Abzuwarten bleibt, ob durch den neu gefassten § 4a GmbHG die GmbH ähnlich wie die englische Limited eine über die nationalen Grenzen hinweg genutzte Gesellschaftsform wird.

27 **d) Internationale Zuständigkeit.** Für die internationale Zuständigkeit von Gerichten gilt hinsichtlich des Gesellschaftsvertrages die ausschließliche Zuständigkeit des Art. 22 Nr. 2 EuGVVO. Das Gemeinschaftsunternehmen ist regelmäßig eine juristische Person oder besitzt zumindest eine hinreichend festgefügte Organisation und tritt selbständig im Rechtsverkehr auf.[53] Im Interesse einer Konzentrierung aller den Status einer Gesellschaft bzw. juristischen Person betreffenden Streitigkeiten gewährt Art. 22 Nr. 2 EuGVVO den Gerichten des EU-Mitgliedstaats, in dem die juristische Person bzw. Gesellschaft ihren Sitz hat, die international ausschließliche Zuständigkeit für die Entscheidung von Klagen betreffend (i) die Gültigkeit oder Nichtigkeit einer Gesellschaft oder juristischen Person, (ii) die Auflösung einer Gesellschaft oder juristischen Person sowie (iii) die Gültigkeit oder Nichtigkeit der Beschlüsse von Organen einer Gesellschaft oder juristischen Person.[54] In diesen Bereichen haben gem. Art. 23 Abs. 5 EuGVVO Gerichtsstandsvereinbarungen keine rechtliche Wirkung.

3. Leistungsverträge

28 **a) Allgemeines.** Zwischen dem Gemeinschaftsunternehmen und den Partnern des Joint Venture bestehen häufig Leistungsverträge. Typische Beispiele für solche Leistungsverträge sind Finanzierungs-, Lizenz-, Dienstleistungs-, Liefer- und Abnahmeverträge zwischen dem Gemeinschaftsunternehmen und den Joint Venture Partnern.[55] Die Ausgestaltung dieser ergänzenden Vereinbarungen hängt von den konkret mit dem Joint Venture verfolgten Zielen ab und ist oft von hoher Bedeutung für dessen wirtschaftlichen Erfolg. Besonders wichtige Leistungsverträge werden häufig zu Bestandteilen des Joint Venture-Vertrags gemacht und dort bereits hinsichtlich Inhalt und Umfang verbindlich festgelegt.

---

[51] Vgl. zu den Argumenten für und wider die einzelnen Theorien MünchHdb. GesR VI/ *Thölke* § 1 Rdnr. 61 ff., BGH NJW 2009, 289 zu Schweizer Gesellschaft; Nach Art. XXV des deutsch-amerikanischen Freundschaftsvertrags (BGBl. II 1956, 487 ff. *Sartorius II* Nr. 660) gelten Gesellschaften, die gemäß den Gesetzen und sonstigen Vorschriften des einen Vertragsteils in dessen Gebiet errichtet sind als Gesellschaft dieses Vertragsteils und werden im Gebiet des anderen Vertragsteils anerkannt. Diese Regelung, die auf der Gründungstheorie aufbaut, geht der Sitztheorie vor. Siehe auch unter www.bmj.de den Referentenentwurf eines Gesetzes zum Internationalen Privatrecht der Gesellschaften, Vereine und juristischen Personen, in dessen Zuge in den Art 10 ff. EGBGB ein Gesellschaftskollisionsrecht kodifiziert werden soll, dessen grundsätzliches Anknüpfungsmerkmal der Registrierungsort einer Gesellschaft sein soll.

[52] *Hoffmann* ZIP 2007, 1581, 1586; *Kuhn* in: Schulte/Schwindt/Kuhn Joint Ventures § 3 Rdnr. 17; *Seibert* RWS- Dokumentation 23, 56; a. A. *Kindler* IPRax 2009, 189, 197; Siehe auch unter www.bmj.de den Referententwurf eines Gesetzes zum Internationalen Privatrecht der Gesellschaften, Vereine und juristischen Personen, in dessen Zuge in den Art 10 ff. EGBGB ein Gesellschaftskollisionsrecht kodifiziert werden soll, dessen grundsätzliches Anknüpfungsmerkmal der Registrierungsort einer Gesellschaft sein soll. Zur fortwährenden Anwendung der Sitztheorie zur Bestimmung des Gesellschaftsstatuts von Unternehmen, die außerhalb von EU und EWR gegründet wurden, siehe aber jüngst BGH NJW 2009, 289 („Trabrennbahn"), wonach eine nach Schweizer Recht gegründete Aktiengesellschaft nach Verlegung ihres Verwaltungssitzes nach Deutschland als Personengesellschaft deutschen Rechts zu behandeln ist.

[53] Zu den Grundsätzen der EuGVVO siehe Rdnr. 20.

[54] Geimer/Schütze/*Geimer* Art. 22 EuGVVO, Rdnr. 138 f; *Kropholler* Europäisches Zivilprozessrecht Art. 22 EuGVVO Rdnr. 33 ff.; Rauscher/*Mankowski* Art. 22 Brüssel I-VO Rdnr. 28 ff.

[55] *Schulte/Pohl* Joint-Venture-Gesellschaften Rdnr. 99.

b) Kollisionsrecht. Bei einem internationalen Joint Venture ist kollisionsrechtlich zwischen dem Leistungsvertrag und dessen Durchführung zu differenzieren. Das auf den Leistungsvertrag anwendbare Recht ist nach dem **Vertragsstatut** zu ermitteln. Bei deliktischen Ansprüchen ist die Rom II Verordnung[56] zu beachten, die in ihrem Anwendungsbereich den anderen Regeln vorgeht. Sollte eine Partei durch einen Leistungsvertrag verpflichtet sein, dem Gemeinschaftsunternehmen Eigentum an einer Sache zu übertragen, sind die sachenrechtlichen Kollisionsnormen der Art. 43ff. EGBGB zu beachten.[57] Das Gesellschaftsstatut des Gemeinschaftsunternehmens kann bei der Klärung von Vorfragen relevant werden, z.B. bei Ermittlung des anwendbaren Rechts auf die Frage, ob Verträge für das Gemeinschaftsunternehmen von dazu befugten Personen abgeschlossen wurden.[58]

c) Internationale Zuständigkeit. Hinsichtlich der internationalen Zuständigkeit von Gerichten gelten für Leistungsverträge die bereits für den Joint Venture-Vertrag dargestellten Grundsätze.[59] Auf die entsprechenden Ausführungen kann daher verwiesen werden.

4. Verhältnis der Verträge zueinander

Die einzelnen im Rahmen eines Joint Venture abgeschlossenen Verträge sind häufig formell voneinander unabhängig, geben aber regelmäßig nur in ihrer Gesamtheit den rechtlichen Bindungswillen der Partner wieder. Aufgrund dessen sollte das Verhältnis der einzelnen Verträge zueinander ausdrücklich geregelt werden, z.B. durch Festlegung von Auslegungsregeln oder einer „Vertragshierarchie": Beispielsweise können Laufzeit oder Rechtswirksamkeit eines Vertrages an die Rechtswirksamkeit bzw. die Laufzeit eines anderen Vertrages gebunden werden.[60] Es empfiehlt sich, das **Verhältnis** der einzelnen Verträge zueinander im Joint Venture-Vertrag zu regeln, da dieser regelmäßig sämtliche Abreden der Joint Venture Partner enthält. Häufig wird im Joint Venture-Vertrag festgelegt, dass dessen Regelungen Vorrang vor denen anderer Verträge im Rahmen der Joint Venture Dokumentation haben.[61] Dies kann beispielsweise dadurch abgesichert werden, dass sich die Joint Venture Partner zur Änderung anderer Verträge verpflichten, soweit ein Widerspruch zu den im Joint Venture-Vertrag getroffenen Abreden zu Tage tritt. Ihre Grenzen erreicht eine solche Regelung aber, wenn nach dem Joint Venture-Vertrag vorgesehene Regelungen nach dem Recht des Gemeinschaftsunternehmens nicht in dessen Satzung verankert werden können. Die Verknüpfung der Gesellschafterstellung mit Rechten und Pflichten aus dem Joint Venture-Vertrag lässt sich durch Vereinbarung eines außerordentlichen Kündigungsrechts des Joint Venture-Vertrags für den Fall des Ausscheidens eines Gesellschafters aus dem Gemeinschaftsunternehmen erreichen.[62] Im umgekehrten Fall des Ausscheidens eines Gesellschafters des Gemeinschaftsunternehmens als Partei des Joint Venture-Vertrags wird regelmäßig die zwangsweise Einziehung des von diesem Gesellschafter an dem Gemeinschaftsunternehmen gehaltenen Anteils in der Satzung des Gemeinschaftsunternehmens vorgesehen.[63]

Während Joint Venture-Vertrag und Satzung des Gemeinschaftsunternehmens regelmäßig in dem vorstehenden Sinn eng miteinander verzahnt sind, kommt es bei Leistungsverträgen auf den Einzelfall an. Ist eine Verknüpfung für einzelne oder alle Leistungsverträge von den Joint Venture Partnern gewünscht, lässt sie sich durch die Vereinbarung außeror-

---

[56] Verordnung (EG) Nr. 864/2007 über das auf außervertragliche Schuldverhältnisse anzuwendende Recht.
[57] Dazu ausführlich MünchHdb. GesR VI/*Thölke* § 1 Rdnr. 60.
[58] Siehe zum Umfang des Gesellschaftsstatuts BGHZ 25, 134, 144; MünchKommBGB/*Kindler* IntGesR Rdnr. 6; MünchHdb. GesR VI/*Thölke* § 1 Rdnr. 60.
[59] Siehe Rdnr. 17.
[60] *Langenfeld/Wirth* in: Langenfeld/Wirth Teil IV.9 S. 146.
[61] *Hoffmann-Becking* ZGR 1994, 442, 445; *Langenfeld/Wirth* in: Langenfeld/Wirth Teil IV.9 S. 145.
[62] Siehe dazu Rdnr. 61.
[63] Siehe dazu Rdnr. 63.

dentlicher Kündigungsrechte für den Fall, dass der leistungsverpflichtete Joint Venture Partner aus dem Joint Venture ausscheidet, erreichen.

III. Typische Vertragsregelungen

33 In dem folgenden Abschnitt werden typische Regelungen des Joint Venture-Vertrags und der Satzung des Gemeinschaftsunternehmens behandelt.

1. Joint Venture-Vertrag

34 Allgemein gültige Aussagen, welche Punkte in einem Joint Venture-Vertrag zwingend geregelt werden sollten, lassen sich nur sehr eingeschränkt treffen. Der Joint Venture-Vertrag soll seiner Funktion nach alle wichtigen Aspekte der künftigen Zusammenarbeit der Joint Venture Partner regeln. Je nachdem, welcher Zweck mit dem Joint Venture verfolgt wird und wie die Zusammenarbeit konkret ausgestaltet werden soll, sind entsprechend auch die zu regelnden Inhalte unterschiedlich. Im Folgenden werden typische Regelungen eines Joint Venture-Vertrags dargestellt.

35 **a) Gegenstand und Ziele.** In vielen Fällen bietet es sich an, Gegenstand und Ziele des Joint Venture in einem separaten Passus eingangs des Joint Venture-Vertrags zu beschreiben. Eine solche Beschreibung hat allerdings Vor- und Nachteile, da sie im Rahmen der Auslegung des Joint Venture-Vertrags als sog. „Geschäftsgrundlage" herangezogen werden kann.[64] Sie ist daher in jedem Fall – ebenso wie die übrigen Passagen des Joint Venture-Vertrags – sehr sorgfältig abzufassen.

36 **b) Aufgaben und Rechte der Joint Venture Partner.** Regelmäßig werden im Joint Venture-Vertrag die Aufgaben und Rechte der Joint Venture Partner detailliert festgelegt. Zu den in diesem Zusammenhang zu regelnden Aspekten gehören insbesondere die Folgenden:

37 **aa) Ausstattung des Joint Venture.** Die **Ausstattung** des Joint Venture ist eng verknüpft mit dessen Struktur. In einem weiteren Sinne zählt dazu die Festlegung, welche Leistungen und Vermögenswerte jeder Joint Venture Partner im Rahmen des Joint Venture beizusteuern hat. Für den wirtschaftlichen Erfolg des Joint Venture und die reibungsfreie Zusammenarbeit der Joint Venture Partner ist es von großer Bedeutung, dass diese Regelungen so präzise und vollständig wie möglich gefasst werden. Erfolgt die Zusammenarbeit der Joint Venture Partner im Rahmen eines zu gründenden Gemeinschaftsunternehmens, beinhalten die Regelungen zur Ausstattung des Joint Venture regelmäßig auch die Festlegung der Vermögensgegenstände, die von jedem Joint Venture Partner in das Gemeinschaftsunternehmen einzubringen sind und wie dies zu erfolgen ist.

38 **bb) Finanzierung.** Von besonderer Bedeutung ist die Frage der Finanzierung des Joint Venture, die im weiteren Sinne auch zu dessen Ausstattung gezählt werden kann. In der Regel wird ein sog. **Business Plan** erstellt, der die erwarteten Erträge und Kosten des Joint Venture in den ersten 3 bis 5 Jahren enthält. Auf Basis dieses Business Plans wird vereinbart, welche Finanzierungsbeiträge die Parteien zu leisten haben, ob es sich um Bar- oder Sachleistungen handeln soll und auf welche Weise sie zu erbringen sind, beispielsweise als Einlage in das Gemeinschaftsunternehmen oder als Darlehen. Werden einem Gemeinschaftsunternehmen Sachleistungen gegen Gewährung von Anteilen am Gemeinschaftsunternehmen gewährt, müssen nationale Regelungen zur Kapitalaufbringung beachtet werden (bspw. § 5 Abs. 4 GmbHG für die deutsche GmbH).

39 Auch **Nachschusspflichten** der Gesellschafter sollten geregelt werden, damit bei Auftreten von Mehrkosten gegenüber dem Business Plan deren Verteilung bereits im Vorhinein geregelt ist. Neben der Regelung des Ob von Nachschusspflichten bietet sich an, im

---

[64] Zur Bedeutung der Geschäftsgrundlagen und ihr Verhältnis zur Vertragsauslegung bei Geltung deutschen Rechts siehe Erman/*Hohloch* BGB § 313 Rdnr. 33; MünchKommBGB/*Roth* § 313 Rdnr. 131 ff.; Palandt/*Grüneberg* § 313 Rdnr. 10.

Joint Venture-Vertrag auch zu regeln, wie weitere Mittel zur Verfügung gestellt werden sollen. Angesichts der vielfältigen Konstellationen, in denen ein Joint Venture weitere Mittel benötigen kann, lassen sich im Joint Venture-Vertrag allerdings lediglich Rahmenbedingungen für Nachschusspflichten festlegen. In der Praxis erfolgt die Zuführung weiterer Liquidität an ein Gemeinschaftsunternehmen durch deren Gesellschafter in der Regel entweder über die Bereitstellung eines – ggf. mit Rangrücktritt versehenen – Darlehens, als Einzahlung in die Kapitalrücklage des Gemeinschaftsunternehmens oder im Wege der Zeichnung neuer Anteile an dem Gemeinschaftsunternehmen. Jede Form der Finanzierung hat Vor- und Nachteile und insbesondere auch Auswirkungen auf das Verhältnis der Joint Venture Partner untereinander. Erfolgt beispielsweise die Zuführung weiterer Liquidität durch Zeichnung neuer Anteile nur seitens eines Joint Venture Partners, führt dies in der Regel zur Verschiebung des Stimmengewichts zu dessen Gunsten, wenn nicht stimmrechtslose Anteile gewährt werden (die im Gegenzug z. B. einen Gewinnvorzug bieten, wie etwa stimmrechtslose Vorzugsaktien bei der deutschen AG). Diese Fragen sind im Einzelfall sorgfältig zu regeln; bei der möglichen Ausgestaltung sind Vorgaben des Gesellschaftsstatuts des Gemeinschaftsunternehmens zu beachten.

c) Struktur des Gemeinschaftsunternehmens. Wird ein Joint Venture über ein Gemeinschaftsunternehmen geführt, gehören die Regelungen zur Struktur des Gemeinschaftsunternehmens zu den zentralen Bereichen des Joint Venture-Vertrags.

aa) Gründung. Regelmäßig enthält der Joint Venture-Vertrag Regelungen zur **Gründung** des Gemeinschaftsunternehmens. Es wird beispielsweise festgelegt, wer für die Einholung der erforderlichen behördlichen Genehmigungen zuständig ist (ein wichtiger Aspekt bei einem Joint Venture in China)[65] und wie die Kosten der Gründung verteilt werden. Auch die Frage, ob die Joint Venture Partner vor Gründung des Gemeinschaftsunternehmens bereits für dieses handeln dürfen und die interne Haftungsverteilung bei Bestehen einer Handelndenhaftung im Gründungsstadium, sollte ausdrücklich geregelt werden.[66]

bb) Verfassung des Gemeinschaftsunternehmens. Eng verbunden mit den Regelungen zur Gründung des Gemeinschaftsunternehmens sind die zu dessen **Verfassung** (Corporate Governance). Darunter fallen insbesondere Regelungen zur Besetzung der Geschäftsleitungs- und Aufsichtsorgane des Gemeinschaftsunternehmens und Regelungen zu den für deren Beschlussfassung erforderlichen Mehrheiten. Im ersten Fall steht im Mittelpunkt der Regelung des Joint Venture-Vertrags die Frage, ob einzelne oder mehrere Joint Venture Partner das Recht haben sollen, Personen in Organe des Gemeinschaftsunternehmens zu entsenden. Dies kann entweder durch satzungsmäßig verankerte Entsenderechte geregelt werden (soweit das Recht des Gemeinschaftsunternehmens dies zulässt) oder außerhalb der Satzung im Wege einer Stimmbindungsvereinbarung unter den Gesellschaftern des Gemeinschaftsunternehmens.[67] Die Regelung in der Satzung des Gemeinschaftsunternehmens hat insbesondere den Vorteil, dass die entsprechenden Satzungsregeln automatisch auch Erwerber einer Beteiligung an dem Gemeinschaftsunternehmen binden. Da die Satzung des Gemeinschaftsunternehmens jedoch wiederum häufig zwingenden gesetzlichen Publizitätspflichten unterliegt, werden trotz dieses Vorteils viele Joint Venture so ausgestaltet, dass die Hauptabreden im Joint Venture-Vertrag enthalten sind, während die Satzung des Gemeinschaftsunternehmens nur die nicht vertraulichen Abreden enthält.

Regelungen zu den für Beschlüsse von Organen der Gesellschaft erforderlichen Mehrheiten sind üblicherweise eng verknüpft mit einem Katalog von Beschlussgegenständen. In der Regel gilt: Je geringere Bedeutung ein Beschlussgegenstand hat, desto eher kann der entsprechende Beschluss auch gegen den Willen einzelner Joint Venture Partner gefasst

---

[65] Siehe *Barth/Lock* RIW 2008, 337.
[66] Ausführlich zur Handelndenhaftung bei der GmbH *Ziemons* in: Oppenländer/Trölitzsch § 21 Rdnr. 23 ff.; bei der AG MünchKommAktG/*Pentz* § 41 Rdnr. 55 ff.
[67] Siehe dazu Rdnr. 49.

werden. Für besonders **wichtige Entscheidungen,** beispielsweise Bestellung und Abberufung der Mitglieder von Geschäftsleitungs- und Aufsichtsorganen, Beschlussfassung über Budgets, Satzungsänderungen, Kapitalerhöhungen und – soweit das Recht des Gemeinschaftsunternehmens dies zulässt – Geschäftsordnungen für Aufsichts- und Geschäftsleitungsorgane, wird häufig Einstimmigkeit vereinbart.

44 Wie mit **Gewinnen** des Gemeinschaftsunternehmens verfahren werden soll, kann ebenfalls schon im Joint Venture-Vertrag festgelegt werden. Es ist empfehlenswert, die Ausschüttungspolitik abstrakt zu regeln. In der Praxis finden sich Regelungen von Vollausschüttung bis zu vollständiger Thesaurierung. Regelmäßig bietet es sich aber an, die verschiedenen Möglichkeiten zu kombinieren, beispielsweise in der Weise, dass erst ab einer gewissen Gewinnschwelle oder Kapitalisierung des Gemeinschaftsunternehmens eine Ausschüttung erfolgen soll. Letzteres ist insbesondere während der Anlaufzeit des Joint Venture empfehlenswert.

45 **cc) Beteiligungsverhältnisse und Auflösung von Patt-Situationen.** Ebenso eng verbunden mit der Gründung des Gemeinschaftsunternehmens wie Regelungen zu dessen Verfassung sind die Abreden zu den Beteiligungsverhältnissen am Gemeinschaftsunternehmen sowie zur Auflösung von Patt-Situationen. Sind die Beteiligungsverhältnisse so ausgestaltet, dass es bei Beschlüssen zu Patt-Situationen (auch **„Deadlocks"** genannt) kommen kann, sollte der Joint Venture-Vertrag Regelungen zu deren Auflösung enthalten. Patt-Situationen entstehen typischerweise, wenn zwei Joint Venture Partner gleich hohe Beteiligungen an dem Gemeinschaftsunternehmen übernehmen. Ebenso können Patt-Situationen aber eintreten, wenn Entscheidungen Einstimmigkeit erfordern, wie dies gerade für wichtige Entscheidungen oft vereinbart wird.[68] Solche Gestaltungen begründen für die Joint Venture Partner einen Zwang zur Einigung, geben jedoch jedem einzelnen Partner im Gegenzug eine sehr starke, einem Vetorecht gleichkommende Rechtsposition. Sofern die Joint Venture Partner nicht allein auf die Wirkung eines solchen Einigungszwangs vertrauen wollen, ist es erforderlich, Regelungen zur Auflösung derartiger Patt-Situationen in den Joint Venture-Vertrag aufzunehmen. Keine der in der Praxis verwendeten Regelungen schafft es jedoch, derartige Patt-Situationen in allen Fällen wirklich überzeugend aufzulösen.

46 Verbreitet finden sich zunächst Regelungen, wonach der im Patt befindliche Beschlussgegenstand durch eine Reihe paritätisch mit Vertretern der Joint Venture Partner besetzter Gremien eskaliert wird. Diese Gremien sind üblicherweise auf höheren Eskalationsebenen durch immer höherrangigere Vertreter der Joint Venture Partner besetzt. Diesem Mechanismus liegt die Erwartung zugrunde, dass mit zunehmender Distanz der befassten Entscheidungsträger zum Joint Venture und dem daraus resultierenden Streitgegenstand neue Einigungsmöglichkeiten eröffnet werden. Derartige Regelungen haben sich in vielen Fällen in der Praxis bewährt, geraten jedoch oft an ihre Grenzen, wenn die aufzulösende Patt-Situation grundlegende Entscheidungen über das Joint Venture betrifft. In diesen Fällen wird häufig versucht, die Patt-Situation durch einen Dritten auflösen zu lassen, der entweder als Schiedsrichter agiert oder in einem auch mit Vertretern der Joint Venture Partner besetzten Gremium über die ausschlaggebende Stimme verfügt. Angesichts der regelmäßig grundlegenden Bedeutung solcher Entscheidungen, sind die dazu berufenen neutralen Dritten mit dieser Rolle jedoch oft überfordert.

47 Lassen sich entstandene Patt-Situationen auf den vorstehenden Wegen nicht auflösen, bleibt nur, sie entweder dauerhaft – häufig zum Nachteil des Joint Venture – fortbestehen zu lassen oder das Joint Venture selbst aufzulösen. Zu diesem Zweck werden vielfach sog. **„Buy-Sell-Optionen"** vereinbart (auch bekannt unter den etwas martialischen Begriffen „Shotgun Option" oder „Russisches Roulette"). Diese funktionieren letztlich nach einem einheitlichen Muster: Die Gesellschafter des Gemeinschaftsunternehmens vereinbaren, dass

---

[68] Siehe dazu näher MünchHdb. GesR I/*Baumanns/Wirbel* § 28 Rdnr. 59 ff.; *Schulte* in: Schulte/Schwindt/Kuhn Joint Ventures § 4 Rdnr. 174 ff.

bei wiederholtem Vorliegen einer unauflöslichen Patt-Situation ein Joint Venture Partner berechtigt sein soll, sämtliche Anteile an dem Gemeinschaftsunternehmen zu übernehmen. In der Regel ist das Durchlaufen eines langwierigen und formalisierten Schlichtungsverfahrens Voraussetzung für das Eingreifen einer solchen Bestimmung. Um Meinungsverschiedenheiten über den zum Ankauf berechtigten Joint Venture Partner und die Höhe des Kaufpreises zu vermeiden, wird vorgesehen, dass ein Joint Venture Partner einen Preis vorschlägt, zu dem er bereit ist, seine Beteiligung an dem Gemeinschaftsunternehmen zu verkaufen bzw. die Beteiligung des anderen Joint Venture Partners zu erwerben. Der andere Joint Venture Partner hat sodann das Recht zu entscheiden, ob er kaufen oder verkaufen will. Bei Gemeinschaftsunternehmen mit mehr als zwei Gesellschaftern funktionieren derartige Ankaufs-Verkaufs-Vereinbarungen mit einigen Abweichungen grundsätzlich ebenfalls. Die entscheidende Schwäche dieser Klauseln liegt aber darin, dass sie letztlich nur bei annähernd gleich starken und in gleichem Umfang an dem Gemeinschaftsunternehmen interessierten Parteien ihre Wirksamkeit entfalten.

dd) Rechtsform und Sitz. Bei einem internationalen Joint Venture wird der tatsächliche **Verwaltungssitz** des Gemeinschaftsunternehmens meist in dem Land gewählt, in dem das Gemeinschaftsunternehmen tätig werden soll. Die Parteien müssen deshalb entscheiden, ob das Gemeinschaftsunternehmen nach der Rechtsordnung dieses Landes oder nach einer anderen Rechtsordnung gegründet werden soll. Zu berücksichtigen ist dabei zum einen, ob die entsprechende Jurisdiktion eine für die Durchführung des Joint Venture geeignete Rechtsform bereit hält; dies dürfte jedoch in der Regel der Fall sein. Bedeutender ist die Frage, in welchem Umfang das entsprechende Land die Beteiligung ausländischer Gesellschafter an einem inländischen Unternehmen zulässt und welche Anforderungen insoweit erfüllt werden müssen.[69] Die Möglichkeit, eine ausländische Rechtsform zu nutzen – also das Gemeinschaftsunternehmen nicht nach der Rechtsordnung des Ziellandes zu gründen – besteht nur, wenn dies sowohl der Verwaltungssitzstaat als auch der Gründungsstaat erlauben.[70] Auch wenn danach die Verwendung einer ausländischen Rechtsform zulässig ist, sind eventuelle Beschränkungen des Verwaltungssitzstaates in Bezug auf das Tätigwerden von Auslandsgesellschaften zu beachten (z. B. besondere Firmenzusätze, die deutlich machen, dass es sich um eine ausländische Rechtsform handelt).[71] Soll sich der Verwaltungssitz des Gemeinschaftsunternehmens beispielsweise in Deutschland befinden, kann das Gemeinschaftsunternehmen jede Rechtsform haben, die nach dem Recht eines EU- bzw. EWR-Mitgliedstaates zur Verfügung steht, vorausgesetzt, der betreffende Staat erlaubt seinen Gesellschaften, ihren Verwaltungssitz in einem anderen Mitgliedstaat zu nehmen. Entsprechendes gilt für Gesellschaften, die nach dem Recht eines US-Bundesstaates gegründet sind und ihren Verwaltungssitz in Deutschland haben.[72]

d) Stimmbindungsvereinbarungen. Der Joint Venture-Vertrag enthält regelmäßig **Stimmbindungsvereinbarungen** in Bezug auf definierte Beschlussgegenstände, beispielsweise die Besetzung von Geschäftsleitungs- und Aufsichtsorganen des Gemeinschaftsunternehmens, Satzungsänderungen, Kapitalerhöhungen sowie grundlegende Strukturän-

---

[69] So werden bspw. Investitionsgenehmigungen in China nur in Bezug auf einen festgelegten Geschäftszweck erteilt. Ausländische Investitionen können in Abhängigkeit von der Branche in Form einer ausschließlich vorübergehenden Repräsentanz, eines Gemeinschaftsunternehmens oder eines vollständig ausländisch investierten Unternehmens (Wholly Foreign Owned Enterprise (WFOE)) erfolgen. Siehe hierzu *Barth/Lock* RIW 2008, 337. Siehe zu Investitionsmöglichkeiten in Indien *Parameswaran* RIW 2009, 356 ff.

[70] Vgl. dazu bereits oben Rdnr. 26.

[71] Solche Beschränkungen dürften jedoch grundsätzlich nur noch bei Wahl eines Drittstaates als Verwaltungssitzstaat oder bei Wahl der Rechtsform eines Drittstaates in Betracht kommen, nicht hingegen für eine Gesellschaft in der Rechtsform eines EU- bzw. EWR-Mitgliedstaates, die ihren Verwaltungssitz in einem anderen EU-/EWR-Mitgliedstaat nimmt, vgl. EuGH Rs. C-212/97 (*Centros*) Slg. 1999, I-1459.

[72] Siehe Art. XXV des deutsch-amerikanischen Freundschaftsvertrags (BGBl. II 1956, 487 ff.).

derungen des Gemeinschaftsunternehmens, wie beispielsweise Umwandlungen oder auch dessen Börsengang. In aller Regel legen die Joint Venture Partner einen Katalog der Entscheidungen fest, bei denen die Stimmbindungsvereinbarung eingreifen soll. Ergänzt werden solche Stimmbindungsvereinbarungen durch entsprechende Regelungen in der Satzung des Gemeinschaftsunternehmens, die für einen Katalog von Beschlussgegenständen bestimmte Mehrheiten vorsehen.

50 Stimmbindungsvereinbarungen sind jedenfalls nach deutschem Recht zulässig und formlos wirksam.[73] Führen Stimmbindungsvereinbarungen jedoch zu Verstößen gegen zwingende gesetzliche Regelungen, insbesondere gesellschaftsrechtliche **Stimmverbote** (für die GmbH § 47 Abs. 4 GmbHG), sind sie unzulässig und bei Geltung deutschen Rechts damit auch nichtig.[74] Stimmbindungsvereinbarungen können in Konflikt zu den **Treuepflichten** der Gesellschafter treten, beispielsweise wenn in der Person eines Mitglieds des Verwaltungs- oder Aufsichtsorgans des Gemeinschaftsunternehmens ein wichtiger Grund für dessen Abberufung vorliegt, die Stimmbindungsvereinbarung jedoch zugleich die Verpflichtung begründet, diese Person nicht abzuberufen. Gilt deutsches Recht, geht in solchen Fällen die gesellschaftsrechtliche Treuepflicht der Stimmbindungsvereinbarung vor.[75]

51 Probleme bereitet regelmäßig die Durchsetzung von Stimmbindungsvereinbarungen, da diese lediglich vertragliche Abreden darstellen und daher jeder Gesellschafter grundsätzlich nicht gehindert ist, sein Stimmrecht auch in Verletzung bestehender Stimmbindungsvereinbarungen wirksam auszuüben. Etwas anderes gilt nur, wenn in der Satzung des Gemeinschaftsunternehmens Mehrheitserfordernisse für entsprechende Beschlüsse verankert sind, die aufgrund der erforderlichen Mehrheit sicherstellen, dass derartige Beschlüsse nicht unter Verletzung einer Stimmbindungsvereinbarung gefasst werden können.[76] Zur Durchsetzung von Stimmbindungsvereinbarungen stehen den Beteiligten daher in aller Regel lediglich die allgemeinen prozessualen Wege der Klageerhebung und des einstweiligen Rechtsschutzes zur Verfügung.[77] Insbesondere der einstweilige Rechtsschutz ist in der Praxis von besonderer Bedeutung, da gerichtliche Entscheidungen im Streitfall regelmäßig zu spät kommen werden. Gilt deutsches Recht für das Gemeinschaftsunternehmen, ist anerkannt, dass einem Gesellschafter die Ausübung seines Stimmrechts auch im Wege der einstweiligen Verfügung untersagt werden kann.[78]

52 **e) Vinkulierung und Erwerbsvorrechte.** Sollte ein Joint Venture Partner in Betracht ziehen, seine Anteile an dem Gemeinschaftsunternehmen an einen Dritten zu veräußern, haben die anderen Partner ein Interesse daran, dass dies nur mit ihrer Zustimmung geschieht. Deshalb vereinbaren die Parteien in der Praxis oft, dass die Beteiligung an dem Gemeinschaftsunternehmen nur mit Zustimmung der übrigen Gesellschafter übertragen werden darf (sog. **Vinkulierung**).[79] Diese Beschränkung wird regelmäßig in der Satzung des Gemeinschaftsunternehmens verankert.

53 Ergänzt werden Vinkulierungsbestimmungen in der Regel durch **Erwerbsvorrechte** zugunsten der nicht ausscheidenden Joint Venture Partner. Vinkulierung und Erwerbsvor-

---

[73] Siehe jedoch Ausführungen zur Formbedürftigkeit des Joint Venture-Vertrags; BGHZ 48, 169; BGH ZIP 1983, 432; WM 1987, 10, 11.

[74] BGHZ 48, 163, 166f.; 108, 21, 29; *Lübbert* Abstimmungsvereinbarungen 1971, S. 154ff.; Hachenburg/*Hüffer* GmbHG § 48 Rdnr. 77; Scholz/*K. Schmidt* GmbHG § 47 Rdnr. 39.

[75] Siehe hierzu *Lutter/Hommelhoff* GmbHG § 47, Rdnr. 17; Scholz/*K. Schmidt* GmbHG § 47 Rdnr. 41.

[76] Siehe dazu bereits vorstehend Rdnr. 49.

[77] Siehe dazu ausführlich BGHZ 48, 163, 169ff.; *Lutter/Hommelhoff* GmbHG § 47 Rdnr. 18ff.; MünchHdb. GesR I/*Weipert* § 34 Rdnr. 85ff.; Scholz/*K. Schmidt* GmbHG § 47 Rdnr. 55ff.

[78] OLG Hamburg NJW 1992, 186; LG München ZIP 1994, 1858f.; MünchHdb. GesR I/*Weipert* § 34 Rdnr. 91; *v. Gerkan* ZGR 1985, 167, 187ff.

[79] *Stephan* in: Schaumburg Internationale Joint Ventures S. 122; allgemein zur Vinkulierung bei der GmbH *Lutter/Hommelhoff* GmbHG § 15, Rdnr. 57ff.; bei der AG MünchKommAktG/*Bayer* § 68 Rdnr. 34ff.

rechte dienen gemeinsam dazu, Veränderungen des Gesellschafterkreises im Rahmen des Joint Venture nicht ohne Zustimmung der übrigen Joint Venture Partner stattfinden zu lassen. Wegen der häufig für die Satzung des Gemeinschaftsunternehmens geltenden gesetzlichen Publikationspflichten werden Erwerbsvorrechte in aller Regel in den Joint Venture-Vertrag und nicht in die Satzung des Gemeinschaftsunternehmens aufgenommen. Hierbei ist zu beachten, dass solche Erwerbsvorrechte zu ihrer wirksamen Vereinbarung die Einhaltung bestimmter Formvorschriften erfordern können und dies auf den Joint Venture Vertrag im Ganzen ausstrahlen kann.[80] Beziehen sich Erwerbsvorrechte beispielsweise auf den Erwerb von Geschäftsanteilen einer GmbH, sind sie nach § 15 Abs. 4 GmbHG nur mit notarieller Beurkundung wirksam.

Im Rahmen der Ausgestaltung der Erwerbsvorrechte ist zunächst eine genaue Festlegung der Tatbestände erforderlich, bei denen das Erwerbsvorrecht eingreifen soll. Häufigster Anwendungsfall von Erwerbsvorrechten ist der Fall des veräußerungswilligen Joint Venture Partners. In der Regel nicht als Erwerbsvorrechte ausgestaltet werden dagegen Kontrollwechsel und Insolvenz eines Joint Venture Partners, die regelmäßig Gegenstand von in der Satzung des Gemeinschaftsunternehmens verankerten Einziehungsklauseln sind.[81]

Strukturell werden Erwerbsvorrechte entweder über ein **Vorkaufsrecht** der verbleibenden Joint Venture Partner oder über eine sog. **Andienungspflicht** geregelt. Ein Vorkaufsrecht[82] greift grundsätzlich erst ein, wenn der veräußerungswillige Joint Venture Partner einen Kaufvertrag über die Veräußerung der Anteile an dem Gemeinschaftsunternehmen mit einem Dritten abgeschlossen hat. Die übrigen Joint Venture Partner haben dann im Rahmen des Vorkaufsrechts die Möglichkeit, innerhalb einer vereinbarten Frist die verkauften Anteile selbst zu den mit dem Dritten vereinbarten Bedingungen zu erwerben. Die Vereinbarung eines Vorkaufsrechts hat für die verbliebenen Joint Venture Partner den Nachteil, dass ihr Erwerbsvorrecht erst zu einem sehr späten Zeitpunkt eingreift (nach Abschluss eines Kaufvertrages) und der erwerbsbereite Dritte daher in aller Regel bereits detaillierte Informationen über das Joint Venture erhalten hat; ferner sind sie an die mit dem Dritten vereinbarten Erwerbskonditionen gebunden.

Eine solche Situation kann durch die Vereinbarung von Andienungspflichten vermieden werden. Diese verpflichten einen veräußerungswilligen Joint Venture Partner dazu, seinen Anteil an dem Gemeinschaftsunternehmen zunächst den übrigen Joint Venture Partnern zum Kauf zu vereinbarten Konditionen anzubieten. Da eine Andienungspflicht nur dann ihren Zweck erfüllt, wenn die Konditionen des Ankaufs bereits verbindlich vereinbart sind, enthalten die entsprechenden Klauseln detaillierte Regelungen über die Festlegung des Kaufpreises für die anzudienenden Anteile am Gemeinschaftsunternehmen. Komplettiert werden sie häufig mit Schiedsgutachterabreden, wonach im Streitfall ein neutraler Dritter zur Entscheidung berufen wird. Nehmen die übrigen Joint Venture Partner ihr Recht zum Ankauf der angedienten Anteile am Gemeinschaftsunternehmen nicht innerhalb der vereinbarten Frist wahr, ist der veräußerungswillige Joint Venture Partner berechtigt, die angedienten Anteile an einen Dritten zu verkaufen. Die übrigen Gesellschafter des Gemeinschaftsunternehmens sind in diesem Fall regelmäßig verpflichtet, ihre Zustimmung zur Veräußerung der Anteile an den Dritten zu erteilen. Zur Absicherung der verbliebenen Joint Venture Partner kann dem Andienungsverfahren ein Vorkaufsrecht nachgelagert werden, unter dem die verbliebenen Joint Venture Partner das Recht haben, zu den mit dem erwerbswilligen Dritten vereinbarten Konditionen die Anteile am Gemeinschaftsunternehmen doch noch zu erwerben.

Andienungspflichten, aber auch Ankaufsrechte, werden darüber hinaus auch vereinbart, um einzelnen Joint Venture Partnern den Ausstieg aus dem Joint Venture zu ermöglichen bzw. einem Joint Venture Partner das Recht einzuräumen, seinerseits sämtliche Anteile des

---

[80] Siehe dazu auch Rdnr. 12.
[81] Siehe dazu Rdnr. 63.
[82] Bei Geltung deutschen Rechts siehe die Regelungen in §§ 463 ff. BGB.

Gemeinschaftsunternehmens an sich zu ziehen. Solche Andienungsrechte und -pflichten werden in der Regel als Put- bzw. Call-Optionen ausgestaltet. In Einzelfällen werden auch sog. Mitnahme- oder Mitgehrechte (auch als **„Drag Along Right"** bzw. **„Tag Along Right"** bezeichnet) vereinbart. Drag Along Rights berechtigen einen Gesellschafter, der in der Regel Mehrheitsgesellschafter des Gemeinschaftsunternehmens ist, die übrigen Gesellschafter zur Veräußerung ihrer Anteile zu denselben Konditionen zu verpflichten, zu denen er seine Anteile an dem Gemeinschaftsunternehmen veräußert; umgekehrt erlauben es Tag Along Rights Minderheitsgesellschaftern, ihre Anteile zu den vom Mehrheitsgesellschafter für sich ausgehandelten Konditionen mit zu verkaufen. Wirtschaftlich dienen derartige Regelungen dazu, für den Berechtigten jeweils einen optimalen Verkaufspreis für seine Anteile zu ermöglichen.

58 f) **Geheimhaltung.** Eine **Geheimhaltungsklausel** (auch englisch „Non-Disclosure Klausel") im Joint Venture-Vertrag ist Standard. Dort regeln die Joint Venture Partner, welche Informationen über das Joint Venture an Außenstehende weitergegeben werden dürfen und wie dies zu geschehen hat. Üblich ist ferner eine Regelung über die vertrauliche Behandlung der im Rahmen des Joint Venture von anderen Joint Venture Partnern erhaltenen Informationen. Üblicherweise wird in der Geheimhaltungsklausel auch festgelegt, dass die Geheimhaltungsverpflichtung für eine bestimmte Zeit nach Beendigung des Joint Venture fortgelten soll.

59 g) **Kündigungsrechte.** Wenige Joint Venture sind von Beginn an auf eine bestimmte Zeit befristet und enden damit durch Zeitablauf. Der Joint Venture-Vertrag muss daher Regelungen über **Laufzeit** und **Kündigung** des Joint Venture enthalten. Unterliegt der Joint Venture-Vertrag deutschem Recht, gilt dies umso mehr, weil dieser zur Gründung einer BGB-Innengesellschaft führt und daher ohne entsprechende Regelung für jede Partei gem. § 723 Abs. 1 BGB jederzeit kündbar wäre. Auch bei Geltung ausländischen Rechts empfiehlt es sich jedoch, detaillierte Regelungen über Laufzeit und Kündigung des Joint Venture in den Joint Venture-Vertrag aufzunehmen.

60 Bei einem Equity Joint Venture ist das Gemeinschaftsunternehmen üblicherweise in seiner Dauer nicht befristet. Um einen Gleichlauf von Joint Venture-Vertrag und Gemeinschaftsunternehmen zu erreichen, empfiehlt es sich, in den Joint Venture-Vertrag eine lange Festlaufzeit aufzunehmen, in der die ordentliche Kündigung des Joint Venture-Vertrags ausgeschlossen ist. Gilt deutsches Recht, wurde von der Rechtsprechung eine Festlaufzeit von 30 Jahren als unbedenklich akzeptiert, die jedoch durch entsprechende Formulierungen in einer salvatorischen Klausel dahin abgesichert werden sollte, dass der Joint Venture-Vertrag jedenfalls für die längste rechtlich zulässige Dauer abgeschlossen ist.[83] Nach den meisten Rechtsordnungen lässt sich allerdings das Recht zur außerordentlichen Kündigung aus wichtigem Grund nicht beschränken.[84]

61 Ergänzt wird die lange Festlaufzeit des Joint Venture-Vertrags durch die Vereinbarung außerordentlicher Kündigungsrechte. Diese sollen in der Regel eingreifen, wenn ein Joint Venture Partner als Gesellschafter des Gemeinschaftsunternehmens ausscheidet. Wird ein vormals unabhängiger Joint Venture Partner ein von einem anderen Unternehmen im konzernrechtlichen Sinn abhängiges Unternehmen oder erleidet er einen sog. Kontrollwechsel (auch als „Change of Control" bezeichnet) – verändert sich also die Beherrschungssituation des betroffenen Joint Venture Partners – wird ebenfalls in aller Regel ein außerordentliches Kündigungsrecht der übrigen Joint Venture Partner vereinbart. Soweit außerordentliche Kündigungsrechte nicht bereits durch das Ausscheiden des Joint Venture Partners als Gesellschafter des Gemeinschaftsunternehmens ausgelöst werden, werden sie regelmäßig durch Regelungen über den Ausschluss des jeweiligen Joint Venture Partners aus dem Gemein-

---

[83] RGZ 136, 236, 240; BGH WM 1967, 315, 316; a. A. *Gersch* BB 1987, 871 m. w. N.
[84] Zum deutschen Recht siehe MünchHdb. GesR I/*Baumanns*/*Wirbel* § 28 Rdnr. 63 ff.; *Schulte* in: Schulte/Schwindt/Kuhn Joint Ventures § 4 Rdnr. 56; siehe auch MünchKommBGB/*Kramer* Einl. vor § 241 Rdnr. 101; Palandt/*Grüneberg* § 314 Rdnr. 3.

schaftsunternehmen ergänzt. Dies kann über in der Satzung verankerte Einziehungsklauseln oder über Ankaufsrechte der übrigen Joint Venture Partner geschehen.[85]

2. Gesellschaftsvertrag

Der Gesellschaftsvertrag – oder auch Satzung – des Gemeinschaftsunternehmens ist der zweite wesentliche Bestandteil der Dokumentation eines Equity Joint Venture. Abhängig von der Rechtsform des Gemeinschaftsunternehmens muss der Gesellschaftsvertrag bestimmte **Mindestangaben** enthalten. Die Satzung einer GmbH deutschen Rechts muss beispielsweise die Mindestangaben des § 3 GmbHG enthalten. Über die Mindestangaben hinaus enthält die Satzung des Gemeinschaftsunternehmens regelmäßig Regelungen, die der Umsetzung von im Joint Venture-Vertrag getroffenen Vereinbarungen dienen. Hierbei kann es sich beispielsweise um die Festlegung von Mehrheitserfordernissen für besondere Beschlussgegenstände, Regelungen über die Besetzung von Organen des Gemeinschaftsunternehmens oder zur Ausschüttungspolitik des Gemeinschaftsunternehmens handeln.

a) Einziehungsregeln. Von besonderer Bedeutung sind Regelungen über die Einziehung von Geschäftsanteilen am Gemeinschaftsunternehmen. Die Satzung des Gemeinschaftsunternehmens sieht häufig die Möglichkeit vor, bei Vorliegen definierter Voraussetzungen Geschäftsanteile eines Gesellschafters gegen dessen Willen einzuziehen. Dies wird besonders häufig für den Fall des Kontrollwechsels bei einem Gesellschafter oder des Eintritts der Insolvenz eines Gesellschafters vereinbart. Der Aufnahme weiterer Einziehungsgründe, wie z. B. der schwerwiegenden Verletzung von Verpflichtungen aus dem Joint Venture-Vertrag, stehen keine grundsätzlichen Bedenken entgegen.[86] Die Zwangseinziehung von Geschäftsanteilen am Gemeinschaftsunternehmen erfolgt regelmäßig gegen eine Einziehungsvergütung, deren Höhe jedoch in aller Regel unter dem Wert der eingezogenen Anteile liegt.[87]

b) Wettbewerbsverbote. Die Satzung des Gemeinschaftsunternehmens enthält häufig ein ausdrückliches Wettbewerbsverbot für die Gesellschafter des Gemeinschaftsunternehmens. Gilt deutsches Recht, können sich Einschränkungen für den zulässigen Umfang eines solchen Wettbewerbsverbots nach § 1 GWB und § 138 BGB ergeben.[88] Auch ohne ausdrückliche Vereinbarung eines Wettbewerbsverbots ergibt sich bei Geltung deutschen Rechts ein ungeschriebenes Wettbewerbsverbot der Gesellschafter aus der allgemeinen gesellschaftsrechtlichen Treuepflicht.[89] Die Befreiung von einem ausdrücklichen oder stillschweigend vereinbarten Wettbewerbsverbot erfordert einen Gesellschafterbeschluss, dessen Mehrheitserfordernisse ausdrücklich in der Satzung geregelt sein sollten. Ist dies nicht gewünscht, kann im Einzelfall die Befreiung von einem Wettbewerbsverbot nur im Wege der Änderung der Satzung des Gemeinschaftsunternehmens beschlossen werden, so dass der entsprechende Beschluss den Anforderungen an einen satzungsändernden Beschluss genügen muss.

---

[85] *Langenfeld/Wirth* in: Langenfeld/Wirth Teil IV. 14 S. 157; *Schulte* in: Schulte/Schwindt/Kuhn Joint Ventures § 4 Rdnr. 172 f.

[86] Zu den Grenzen bei Geltung deutschen Rechts im Falle einer GmbH BGH ZIP 1995, 567; BGH ZIP 2003, 759, OLG Celle, GmbHR 1998, 140, 142; OLG Dresden, NZG 2001, 809; Scholz/*Westermann* GmbHG § 34 Rdnr. 16. Siehe für die AG *Hüffer* § 237 Rdnr. 12 ff. m. w. N.

[87] Zu Schranken bei der Zulässigkeit von Bestimmungen, die Einziehung unter Verkehrswert vorsehen siehe BGHZ 32, 151, 155 f.; BGHZ 65, 22, 28 f.; BGHZ 116, 359, 374; BGHZ 144, 365, 366; Baumbach/Hueck GmbHG *Hueck/Fastrich* § 34 Rdnr. 25 ff.; Scholz/*Westermann* GmbHG § 34 Rdnr. 29 ff.

[88] Siehe zum Konkurrenzverbot der GmbH-Gesellschafter und § 1 GWB BGH ZIP 1988, 1080; *Ivens* DB 1988, 215 ff.; siehe zur Vereinbarkeit eines Wettbewerbsverbots mit § 138 BGB *von der Osten* GmbHR 1989, 450, 451.

[89] BGHZ 89, 162, 166; BGH GmbHR 1988, 334, 335; MünchHdb. GesR I/*Baumanns/Wirbel* § 28 Rdnr. 73; *von der Osten* GmbHR 1989, 450, 451 f.

65 **c) Stimmverbote.** Da die meisten Gesellschaftsrechte das Rechtsinstitut eines Stimmverbots kennen, empfiehlt sich die Regelung von Stimmverboten in der Satzung des Gemeinschaftsunternehmens. Andernfalls können Stimmverbote erhebliche Auswirkungen haben. Gilt beispielsweise deutsches Recht, unterliegt der mehrheitlich an einem Gemeinschaftsunternehmen in der Rechtsform der GmbH beteiligter Joint Venture Partner nach § 47 Abs. 4 GmbHG einem Stimmverbot bei Beschlussfassung über Verträge des Gemeinschaftsunternehmens mit dem Mehrheitsgesellschafter bzw. mit ihm verbundenen Unternehmen.[90]

IV. Kartellrecht

66 In Rahmen eines Joint Venture sind die geltenden kartellrechtlichen Bestimmungen zu beachten. Die Gründung eines Gemeinschaftsunternehmens stellt fusionskontrollrechtlich einen Zusammenschluss der Joint Venture Partner dar. Unter den Voraussetzungen der einschlägigen Bestimmungen ist dieser bei den zuständigen Kartellbehörden anzumelden und bedarf deren Freigabe. Für Gemeinschaftsunternehmen, die von Joint Venture Partnern aus Mitgliedstaaten der EU gegründet werden bzw. die in der EU tätig werden sollen finden die Vorschriften der **Fusionskontrollverordnung**[91] (**„FK-VO"**) und ggf. das Kartellverbot des **Art. 101** AEUV i. V. m. mit der Verordnung (EG) 1/2003 Anwendung.

1. Fusionskontrolle

67 In den **Anwendungsbereich** der FK-VO fallen Zusammenschlüsse von gemeinschaftsweiter Bedeutung (Art. 1 Abs. 2 FK-VO). Ein **Zusammenschluss** im Sinne der FK-VO liegt vor, (i) wenn zwei oder mehr bisher voneinander unabhängige Unternehmen oder Unternehmensteile fusionieren (Art. 3 Abs. 1 lit a) FK-VO) oder (ii) bei Erwerb der unmittelbaren oder mittelbaren Kontrolle über die Gesamtheit oder über Teile eines oder mehrerer anderer Unternehmen, wobei der Kontrollerwerb durch den Erwerb von Anteils- oder Vermögensrechten erfolgen kann (Art. 3 Abs. 1 lit. b) FK-VO). Indes unterfällt die Gründung eines Gemeinschaftsunternehmens im Rahmen eines Equity Joint Venture nur dann dem Anwendungsbereich der FK-VO, wenn das Gemeinschaftsunternehmen auf Dauer alle Funktionen einer selbständigen wirtschaftlichen Einheit erfüllt (Art. 3 Abs. 4 FK-VO). Bei einem **„Gemeinschaftsunternehmen"** im Sinne des Art. 3 Abs. 4 FK-VO handelt es sich um Unternehmen, die von zwei oder mehreren Unternehmen gemeinsam kontrolliert werden.[92] Eine gemeinsame Kontrolle des Gemeinschaftsunternehmens liegt vor, wenn die Muttergesellschaften bei allen wichtigen Entscheidungen, die das Gemeinschaftsunternehmen betreffen, Übereinstimmungen erzielen müssen. Das Merkmal der **selbständigen wirtschaftlichen Einheit** erfüllt das Gemeinschaftsunternehmen, wenn es als selbständiger Anbieter und Nachfrager am Markt auftritt (auch **Vollfunktionsgemeinschaftsunternehmen** genannt).[93] Sogenannte Teilfunktionsgemeinschaftsunternehmen, die lediglich Hilfsfunktionen für ihre Gesellschafter übernehmen (z. B. Forschung und Entwicklung), haben ausschließlich kooperativen Charakter und unterliegen der Kontrolle des Art. 101 AEUV. Ob der Zusammenschluss **gemeinschaftsweite Bedeutung** hat, bestimmt sich nach den in Art. 1 Abs. 2 und Abs. 3

---

[90] BGHZ 68, 107, 112; allgemein zum Stimmverbot eines Gesellschafters siehe Scholz/*K. Schmidt* GmbHG § 47 Rdnr. 99 f; BGHZ 56, 47; BGHZ 80, 69; BGHZ 97, 28.

[91] VO (EG) Nr. 139/2004 vom 20. 1. 2004 über die Kontrolle von Unternehmenszusammenschlüssen.

[92] Definition laut Mitteilung der Kommission über den Begriff des Vollfunktionsgemeinschaftsunternehmens, ABl. C 66 vom 2. 3. 1998.

[93] Immenga/Mestmäcker/*Immenga*/*Körber* Art. 3 FKVO Rdnr. 112 ff.; Loewenheim/Meesen/Riesenkampf/*Lindemann* Art. 3 FKVO Rdnr. 43; *Schwindt* in: Schulte/Schwindt/Kuhn § 6 Rdnr. 30.

FK-VO festgelegten Schwellenwerte des Gesamtumsatzes der beteiligten Unternehmen. Ein Überschreiten der Schwellenwerte hat aber dann keine gemeinschaftsweite Bedeutung, falls die beteiligten Unternehmen jeweils mehr als zwei Drittel ihres gemeinschaftsweiten Umsatzes in ein und demselben Mitgliedstaat erzielen (Art. 1 Abs. 2 und Abs. 3 a. E. FK-VO). Sollte keine gemeinschaftsweite Bedeutung vorliegen, dann kann aber immer noch das nationale Kartellrecht der Mitgliedstaaten zu beachten sein (Art. 21 Abs. 3 FK-VO).

Im Rahmen der materiellen Fusionskontrolle wird festgestellt, ob der Zusammenschluss **68** mit dem gemeinsamen Markt vereinbar ist (Art. 2 Abs. 1 FK-VO). Nach Art. 2 Abs. 2 und Abs. 3 FK-VO ist Prüfungsmaßstab der sog. **SIEC-Test („Significant Impediment to Effective Competition).**[94] Hiernach ist die Errichtung eines Gemeinschaftsunternehmens zu untersagen, wenn dies den wirksamen Wettbewerb im gemeinsamen Markt oder in einem wesentlichen Teil desselben erheblich beeinträchtigen würde, insbesondere infolge der Begründung oder Verstärkung einer marktbeherrschenden Stellung. Bei der Gründung eines Gemeinschaftsunternehmens sind die modifizierten Bewertungsmaßstäbe des Art. 2 Abs. 4 und Abs. 5 FK-VO zugrunde zu legen.

Sollte die FK-VO formell und materiell einschlägig sein, ist das Joint Venture bei der **69** EU-Kommission anzumelden und der Zusammenschluss bzw. die Gründung des Gemeinschaftsunternehmens darf solange nicht vollzogen werden bis er für vereinbar mit dem Gemeinsamen Markt erklärt worden ist (Art. 7 Abs. 1 FK-VO).

2. Kartellverbot

Anders als Vollfunktionsgemeinschaftsunternehmen unterliegen **Teilfunktionsgemein-** **70** **schaftsunternehmen** nicht der FK-VO, sondern müssen den Anforderungen des Art. 101 AEUV gerecht werden.[95] Nach Art. 101 Abs. 1 AEUV sind alle Vereinbarungen zwischen Unternehmen, Beschlüsse von Unternehmensvereinigungen und aufeinander abgestimmte Verhaltensweisen, welche den Handel zwischen den EG-Mitgliedstaaten zu beeinträchtigen geeignet sind und eine Verhinderung, Einschränkung oder Verfälschung des Wettbewerbs innerhalb des Binnenmarktes bezwecken, mit dem Binnenmarkt unvereinbar.

Mit der Zeit haben sich gewisse **Fallgruppen** herauskristallisiert, bei denen es zu einer **71** Beeinträchtigung des Marktes kommen kann.[96] Eine praktisch sehr relevante Fallgruppe ist der sogenannte Gruppeneffekt, bei dem die Muttergesellschaften auf dem gemeinsamen Markt mit dem Gemeinschaftsunternehmen zusammenarbeiten und auf dieses Rücksicht nehmen.[97] Aber auch einfache Neben- und Zusatzabreden zwischen den Joint Venture Partnern und dem Gemeinschaftsunternehmen können mit Art. 101 Abs. 1 AEUV unvereinbar sein.

Voraussetzung dafür, dass Absprachen oder Handlungen zwischen den Joint Venture **72** Partnern und dem Gemeinschaftsunternehmen Art. 101 Abs. 1 AEUV zuwider laufen ist, dass die Wettbewerbsbeschränkung an sich spürbar ist und dass von der Wettbewerbsbeschränkung spürbare Auswirkungen auf den Handel zwischen den Mitgliedstaaten ausgehen. Folglich bedarf es einer **zweistufigen Prüfung.** Eine spürbare Beeinträchtigung des zwischenstaatlichen Handels scheidet nach den NAAT-Regeln („No Appreciciable Affection Trade") der Kommission dann aus, wenn der gemeinsame Marktanteil der Parteien auf keinem der betroffenen relevanten Märkte innerhalb der Gemeinschaft 5% überschreitet und der Jahresumsatz, der mit der Vereinbarung erfassten Produkte erzielt wird,

---

[94] Immenga/Mestmäcker/*Immenga/Körber* Art. 2 FKVO, Rdnr. 183 ff.; Loewenheim/Meesen/Riesenkampff/*Riesenkampff/Lehr* Art. 2 FKVO, Rdnr. 1; *Schwindt* in: Schulte/Schwindt/Kuhn § 6 Rdnr. 35.
[95] Loewenheim/Meesen/Riesenkampff/*Lindemann* Art. 3 FKVO Rdnr. 43; Immenga/Mestmäcker/ *Zimmer* Art. 81 Abs. 1 EGV Rdnr. 380.
[96] Siehe Immenga/Mestmäcker/*Zimmer* Art. 81 Abs. 1 EGV Rdnr. 301 ff.
[97] Immenga/Mestmäcker/*Zimmer* Art. 81 Abs. 1 EGV Rdnr. 378; Loewenheim/Meessen/Riesenkampff/*Lindemann* GU Rdnr. 16 ff.

nicht den Betrag von 40 Mio. € übersteigt.⁹⁸ Der Bekanntmachung der Kommission über die Definition des relevanten Marktes im Sinne des Wettbewerbsrechts der Gemeinschaft⁹⁹ folgend, kombiniert der **relevante Markt** den sachlich und den räumlich relevanten Markt. Ein sachlich **relevanter Produktmarkt** umfasst sämtliche Erzeugnisse und/oder Dienstleistungen, die von den Verbrauchern hinsichtlich ihrer Eigenschaft, Preise und ihres vorgesehenen Verwendungszwecks als austauschbar oder substituierbar angesehen werden.¹⁰⁰ Ein **geografisch relevanter Markt** umfasst das Gebiet, in dem die beteiligten Unternehmen die relevanten Produkte oder Dienstleistungen anbieten und in dem die Wettbewerbsbedingungen hinreichend homogen sind.¹⁰¹

73 Nach Feststellung einer spürbaren Beeinträchtigung des zwischenstaatlichen Handels ist zu prüfen, ob die aus der Vereinbarung resultierende Wettbewerbsbeschränkung an sich spürbar ist. Dies ist eine Einzelfallfrage. Zur Orientierung wann eine spürbare Wettbewerbsbeschränkung vorliegt, kann die Bekanntmachung der Kommission über Vereinbarungen von geringer Bedeutung¹⁰² zu Rate gezogen werden.

74 **Ausnahmen** vom Kartellverbot finden sich in Art. 101 Abs. 3 AEUV. Hiernach können Maßnahmen die gegen Art. 101 Abs. 1 AEUV verstoßen, von der Nichtigkeitsfolge des Art. 101 Abs. 2 AEUV ausgenommen werden, wenn sie zur Verbesserung der Warenerzeugung oder -verteilung oder zur Förderung des technischen oder wirtschaftlichen Fortschritts beitragen. An dem dadurch entstehenden Gewinn müssen die Verbraucher angemessen beteiligt werden. Für die Praxis ebenfalls von Relevanz sind die von der Kommission erlassenen Gruppenfreistellungsverordnungen.¹⁰³ Des Weiteren ging mit der VO (EG) 1/2003 ein Systemwechsel einher. Früher bestand ein System der grundsätzlichen Anmelde- und Genehmigungspflicht für wettbewerbsbeschränkende Maßnahmen im Sinne des Art. 101 Abs. 1 AEUV. Aus Art. 1 Abs. 2 VO (EG) 1/2003 ergibt sich jetzt das **Prinzip der Selbstveranlagung,** wonach die Unternehmen nun selbst prüfen müssen ob ihre Vereinbarungen mit dem unmittelbar anwendbaren Art. 101 Abs. 3 AEUV in Einklang stehen.¹⁰⁴ Einer vorherigen Genehmigung bedarf es nicht mehr.

75 Als **Rechtsfolge** sieht Art. 101 Abs. 2 AEUV eine Kraft Gesetzes eintretende Nichtigkeit der verbotenen Vereinbarungen oder Beschlüsse ex-tunc vor. Die Gesamtnichtigkeit des Joint Venture-Vertrags kann aber nur dann eintreten, wenn der gesamte Vertragsinhalt gegen das Kartellverbot des Art. 101 AEUV verstößt oder sich die verbotswidrigen Regelungen nicht von den übrigen vertraglichen Bestimmungen trennen lassen oder dem verbotswidrigen Vertrag dient.¹⁰⁵ Aber auch Gesellschaftsverträge und Leistungsverträge, welche lediglich der Durchführung oder Absicherung der Kartellabsprachen dienen, können von der ex-tunc Nichtigkeit betroffen sein.¹⁰⁶

---

[98] Immenga/Mestmäcker/*Emmerich* Art. 81 Abs. 1 EGV Rdnr. 185ff.; *Schwindt* in Schulte/Schwindt/Kuhn § 6 Rdnr. 57.
[99] ABl. C 372/5 vom 9. 12. 1997.
[100] KOM v. 22. 7. 1969, ABl. EG 1669 Nr. 195/1 „Clima Chapée/Buderus"; Immenga/Mestmäcker/*Emmerich* Art. 81 Abs. 1 EGV Rdnr. 208; Loewenheim/Meessen/Riesenkampff/*Gonzales Díaz* Art. 81 Abs. 1 EGV Rdnr. 167.
[101] Immenga/Mestmäcker/*Emmerich* Art. 81 Abs. 1 EGV Rdnr. 218; Loewenheim/Meessen/Riesenkampff/*Gonzales Díaz* Art. 81 Abs. 1 EGV Rdnr. 167.
[102] ABl. C 368 vom 22. 12. 2001.
[103] Beispiele für Gruppenfreistellungsverordnungen in Immenga/Mestmäcker/*Ellger* Art. 81 Abs. 3 EGV Rdnr. 356ff.
[104] Immenga/Mestmäcker/*Ellger* Art. 81 Abs. 3 EGV Rdnr. 14; Loewenheim/Meessen/Riesenkampff/*Meesen* Art. 81 Abs. 3 EG Rdnr. 3.
[105] EuGH, Rs. 22–71 (*Beguelin*) Slg. 1971, 949, 962; EuGH, Rs. 319/82 (*Zementimport*) Slg. 1983, 4173, 4184; EuGH Rs. 10/86 (*VAG France/Magne*) Slg. 1986, 4071, 4088; Immenga/Mestmäcker/*K. Schmidt* Art. 81 Abs. 2 EGV Rdnr. 5.
[106] Immenga/Mestmäcker/*K. Schmidt* Art. 81 Abs. 2 EGV Rdnr. 34ff.; Loewenheim/Meessen/Riesenkampff/*Jaeger* Art. 81 Abs. 2 EG Rdnr. 22.

V. Das Gemeinschaftsunternehmen im Konzern

Im deutschen Konzernrecht ist allgemein anerkannt, dass ein Gemeinschaftsunternehmen von mehreren Unternehmen im Sinne des § 17 AktG abhängig sein kann. Voraussetzung ist, dass eine ausreichend sichere Grundlage für die gemeinsame Herrschaft durch die Mütter geschaffen worden ist.[107] Hierfür kommen insbesondere vertragliche oder organisatorische Regelungen in Betracht.[108] Über das Gemeinschaftsunternehmen herrschend sind nach allgemeiner Meinung[109] die Unternehmen selbst und nicht etwa eine GbR, die aufgrund der Vereinbarung der Mütter entsteht, dass diese ein Gemeinschaftsunternehmen gründen wollen.[110] Die Abhängigkeit kann dann gegenüber jedem der beteiligten Unternehmen vorliegen, mit der Folge, dass die an Abhängigkeit anknüpfenden gesellschaftsrechtlichen Rechtsfolgen auf die Beziehung des Gemeinschaftsunternehmens zu jeder der Mütter Anwendung finden.[111] Gilt deutsches Recht für das Gemeinschaftsunternehmen, stellt sich die Frage der Anwendbarkeit deutschen Konzernrechts, wenn das Gemeinschaftsunternehmen durch ein ausländisches Unternehmen beherrscht wird.[112]

76

Eine **mehrfache Konzernbindung** wird anders als eine Mehrmütterherrschaft nach überwiegender Ansicht abgelehnt.[113] Lediglich im Bereich der Mitbestimmung ist nach der Rechtsprechung das Rechtskonstrukt des „Konzern im Konzern" beachtlich.[114] Allgemein anerkannt ist hingegen die Möglichkeit **mehrstufiger Konzernverhältnisse**. Dies ist der Fall, wenn die Konzernspitze sowohl die Tochter- als auch die Enkelunternehmen leitet. Gilt deutsches Recht, wird die Feststellung einer einheitlichen Leitung dadurch erleichtert, dass diese bei Abhängigkeit der Tochter- und Enkelgesellschaft von der Mutter gemäß § 18 Abs. 1 S. 3 AktG vermutet wird.[115]

77

§ 44 Internationales Konzernrecht

Übersicht

	Rdnr.
I. Einführung	1–5
1. Grundlagen	1, 2
2. Deutsche Regelungen zum internationalen Konzernrecht	3
3. Regelungen zum Konzernrecht auf EU-Ebene	4, 5
II. Grenzüberschreitender Unterordnungskonzern	6–32
1. Kollisionsrechtliche Grundregeln	7–10
2. Bestimmung des Gesellschaftsstatuts der beteiligten Unternehmen	11–14
3. Grenzüberschreitende Beherrschungs- und Gewinnabführungsverträge	15–24
a) Deutsches beherrschtes Unternehmen	15–20
b) Deutsches herrschendes Unternehmen	21–24
4. Andere grenzüberschreitende Unternehmensverträge	25–29
5. Grenzüberschreitender faktischer Unterordnungskonzern	30–32

---

[107] BGHZ 62, 193, 199.
[108] Zu Details MünchKommAktG/*Bayer* § 17 Rdnr. 78 ff.
[109] BGHZ 62, 193, 196; *Emmerich/Habersack* AG/GmbH-KonzernR § 17 Rdnr. 32.
[110] Siehe zur Struktur eines Joint Ventures unter Gründung eines Gemeinschaftsunternehmens Rdnr. 4.
[111] *Emmerich/Habersack* AG/GmbH-KonzernR § 17 Rdnr. 32.
[112] Siehe zum Kollisionsrecht grenzüberschreitender Unternehmensverbindungen MünchHdb. GesR VI/*Drinhausen* § 43 Rdnr. 3 ff.
[113] *Hüffer* § 18 Rdnr. 14; *Emmerich/Habersack* AG/GmbH-KonzernR § 18 Rdnr. 18; MünchKommAktG/*Bayer* § 18 Rdnr. 42.
[114] BAGE 34, 230, 233 ff.; MünchKommAktG/*Gach* § 5 MitbestG Rdnr. 24 ff.
[115] Siehe zum Problemkreis des Konzerns im Konzern und mehrstufiger Konzernverhältnisse MünchHdb. GesR IV/*Krieger* § 68 Rdnr. 75 ff.

§ 44 1, 2   1. Kapitel. Grenzüberschreitende Verflechtungen von Gesellschaften

	Rdnr.		Rdnr.
III. Grenzüberschreitender Gleichordnungskonzern	33–35	4. Nichtigkeit bestimmter Stimmbindungsverträge	44
IV. Wechselseitig beteiligte Unternehmen	36	5. Zeichnungs-, Erwerbs- und Besitzverbote	45
V. Eingegliederte Gesellschaften	37	VII. Internationale Gerichtszuständigkeit	46–64
VI. Sonstige Regelungen zu verbundenen Unternehmen	38–45	1. Allgemeines	48–50
1. Mitteilungspflichten	38	2. Konzerninnenhaftung	51–57
2. Aufsichtsratbestellung	39–41	3. Konzernaußenhaftung	58–63
3. Mitbestimmung der Arbeitnehmer in Gesellschaftsorganen	42, 43	4. Organhaftung	64

Schrifttum: *Bärwaldt/Schabacker,* Wirksamkeitserfordernisse grenzüberschreitender Unternehmensverträge i. S. d. § 291 AktG, AG 1998, 182; *Bauschatz,* Internationale Beherrschungs- und Gewinnabführungsverträge, Der Konzern 2003, 805; *Bayer,* Der Anwendungsbereich des Mitbestimmungsgesetzes, ZGR 1977, 173; *Beitzke,* Zur Entwicklung des internationalen Konzernrechts, ZHR 138 (1974), 533; *Brandi,* Die Europäische Aktiengesellschaft im deutschen und internationalen Konzernrecht, NZG 2003, 889; *Clemm,* Die Grenzen der Weisungsfolgepflicht des Vorstands der beherrschten AG bei bestehendem Beherrschungsvertrag, ZHR 141 (1977), 197; *Duden,* Zur Mitbestimmung in Konzernverhältnissen nach dem Mitbestimmungsgesetz, ZHR 141 (1977), 145; *Emmerich/Habersack* Aktien- und GmbH-Konzernrecht, Kommentar, 6. Aufl. (2010); *Emmerich/Habersack,* Konzernrecht, 9. Auflage, 2008; *Habersack,* Das Konzernrecht der „deutschen" SE, ZGR 2003, 725; *Hahn,* Grenzüberschreitende Gewinnabführungs- und Beherrschungsverträge, IPRax 2002, 107; *Harbarth,* Dual Headed Companies, AG 2004, 573; *Hopt,* Konzernrecht: Die europäische Perspektive, ZHR 171 (2007), 199; *Jaecks/Schönborn,* Die Europäische Aktiengesellschaft, das Internationale und das deutsche Konzernrecht, RIW 2003, 254; *Kindler,* Münchener Kommentar zum BGB, Band 11, Internationales Wirtschaftsrecht 5. Aufl. (2010); *ders.,* Hauptfragen des Konzernrechts in der internationalen Diskussion, ZGR 1997, 449; *Kronke,* Grenzüberschreitende Personengesellschaftskonzerne – Sachnormen und Internationales Privatrecht ZGR 1989, 473; *Lange,* Der grenzüberschreitende Vertragskonzern im Recht der Personenhandelsgesellschaften, IPRax 1998, 438; *Lutter,* Der Anwendungsbereich des Mitbestimmungsgesetzes, ZGR 1977, 195; *Maul,* Probleme im Rahmen von grenzüberschreitenden Unternehmensverbindungen NZG 1999, 741; *dies.,* Konzernrecht der „deutschen" SE – Ausgewählte Fragen zum Vertragskonzern und den faktischen Unternehmensverbindungen, ZGR 2003, 743; *Michalski,* GmbHG, 2. Aufl. (2010); *Schiessel,* Haftung im grenzüberschreitenden Konzern, RIW 1988, 951; *Schilling,* Bemerkungen zum Europäischen Konzernrecht, ZGR 1978, 415; *Selzner/Sustmann,* Der grenzüberschreitende Beherrschungsvertrag, Der Konzern 2004, 85; *Spahlinger/Wegen,* Internationales Gesellschaftsrecht in der Praxis, 2005, S. 99 ff.; *Spickhoff,* Der verbotswidrige Rückerwerb eigener Aktien – Internationales Privatrecht und europäische Rechtsangleichung, BB 1997, 2593; *Teichmann,* ECLR Die Einführung der Europäischen Aktiengesellschaft, ZGR 2002, 383; *Ulrich,* Gewinnabführungsverträge im GmbH-Konzern, GmbHR 2004, 1000.

I. Einführung

1. Grundlagen

1   Ein Konzern zeichnet sich dadurch aus, dass mehrere Unternehmen unter einheitlicher Leitung stehen. Zu differenzieren ist zwischen Unter- und Gleichordnungskonzern. Bei einem **Unterordnungskonzern** gemäß § 18 Abs. 1 Satz 1 AktG stehen ein herrschendes und mindestens ein abhängiges Unternehmen unter einheitlicher Leitung. Bei einem **Gleichordnungskonzern** (§ 18 Abs. 2 AktG) hingegen, stehen zwei Unternehmen unter einheitlicher Leitung, ohne dass ein Unternehmen von dem anderen abhängig ist. Unterordnungs- und Gleichordnungskonzerne können durch vertragliche Vereinbarung (sog. Vertragskonzern) oder aufgrund tatsächlicher Verhältnisse (sog. faktischer Konzern) entstehen.

2   Regelungen zum **deutschen Konzernrecht** finden sich im AktG in den §§ 15 bis 22 AktG und §§ 291 bis 328 AktG. Die Vorschriften der §§ 15 bis 19 AktG werden teilweise

auch als der „allgemeine Teil" des Konzernrechts verstanden.[1] Dieses Begriffsverständnis beruht darauf, dass die §§ 291 ff. AktG unmittelbar nur anwendbar sind, wenn das abhängige Unternehmen die Rechtsform der AG oder KGaA (§ 278 AktG) besitzt. Die in den §§ 15 ff. AktG enthaltenen Regelungen können indes im Grundsatz auch auf den GmbH-Konzern und andere Gesellschaftsformen, wie beispielsweise die Personenhandelsgesellschaften, übertragen werden. Die Regelungen der §§ 291 ff. AktG werden ihrerseits teilweise analog auf Unternehmensverbindungen angewandt, bei denen das abhängige Unternehmen keine AG oder KGaA ist.[2]

2. Deutsche Regelungen zum internationalen Konzernrecht

Internationales Konzernrecht bezieht sich auf Unternehmensverbindungen mit Auslandsbezug, also auf Unternehmensgruppen, deren Unternehmen unterschiedlichen Gesellschaftsstatuten[3] unterliegen. Solche Unternehmensverbindungen sind aufgrund der mittlerweile weitreichenden globalen wirtschaftlichen Vernetzung in der Praxis eher die Regel als die Ausnahme. So besitzen viele deutsche Unternehmen im Ausland Tochtergesellschaften. Auch der umgekehrte Fall, dass deutsche Unternehmen Tochtergesellschaften ausländischer Mütter sind, ist keine Seltenheit. Diese grenzüberschreitenden Unternehmensverbindungen werfen Fragen nach dem anwendbaren Konzernrecht auf, weil die beteiligten Gesellschaften unterschiedlichen nationalen Rechten unterliegen.[4] Trotz seiner praktischen Bedeutung enthält das deutsche Recht keine kodifizierten Kollisionsnormen, welche die Anwendbarkeit des deutschen Konzernrechts im Falle der Beteiligung eines inländischen Unternehmens an grenzüberschreitenden Unternehmensverbindungen regeln. Es ist daher Aufgabe der Rechtsprechung und Wissenschaft, kollisions- und sachrechtliche Grundsätze für grenzüberschreitende Unternehmensverbindungen auf der Basis des kodifizierten Konzernrechts und des Internationalen Privatrechts zu entwickeln.

3. Regelungen zum Konzernrecht auf EU-Ebene

Innerhalb der Europäischen Union (EU) bzw. des Europäischen Wirtschaftsraums (EWR) kommt der Bildung von Unternehmensgruppen besondere Bedeutung zu. Ohne die Möglichkeit, Tochtergesellschaften im Ausland zu errichten oder zu erwerben, wären Unternehmen bei der Ausübung ihres Rechts auf freie Niederlassung in anderen Mitgliedstaaten gemäß Art. 49 ff. AEUV stark eingeschränkt.[5] Abgesehen von der Harmonisierung der Konzernrechnungslegung[6] sind jedoch bisher alle Versuche, ein einheitliches Regelwerk für Unternehmensverbindungen unter Beteiligung von Gesellschaften aus verschiedenen EU-Mitgliedstaaten zu schaffen, gescheitert.[7] Ein Grund dafür ist, dass in den einzelnen Mitgliedstaaten eine unterschiedliche Betrachtungsweise hinsichtlich der Notwendigkeit von Regelungen betreffend Unternehmensverbindungen besteht. Kodifikationen eines Rechts der Unternehmensverbindungen finden sich lediglich in Portugal und Deutschland.[8] Über Teilkodifikationen verfügen Italien, Slowenien, Kroatien, Tschechien, Belgien und Ungarn.[9]

---

[1] *Emmerich/Habersack* KonzernR § 2 Rdnr. 1.

[2] *Emmerich/Habersack* KonzernR § 2 Rdnr. 4; MünchHdb. GesR IV/*Krieger* § 68 Rdnr. 4.

[3] Zur Bestimmung des Gesellschaftsstatuts siehe MünchHdb. GesR VI/*Thölke* § 1 Rdnr. 6 f.; Semler/Stengel/*Drinhausen* Einl. C Rdnr. 7 ff.

[4] *Emmerich/Habersack* KonzernR § 11 Rdnr. 29.

[5] Vgl. Forum Europaeum Konzernecht ZGR 1998, 672, 675.

[6] Richtlinie 83/349/EWG vom 13. 6. 1983, welche durch das Bilanzrichtlinien-Gesetz vom 19. 12. 1985 (BGBl. I, S. 2355) in den §§ 290 ff. HGB in deutsches Recht umgesetzt wurde.

[7] Siehe zu den verschiedenen Versuchen einer einheitlichen Regelung *Emmerich/Habersack* KonzernR § 1 Rdnr. 44 ff. Zum Vorentwurf einer Konzernrechtsrichtlinie, die über dieses Stadium aber nicht herauskam *Hopt* ZHR 171 (2007), 199 ff.; *Schilling* ZGR 1978, 415 ff.

[8] Forum Europaeum Konzernrecht ZGR 1998, 672, 675; *Blaurock* ZEuP 1998, 460, 479; *Lutter/Overrath* ZGR 1991, 394 ff.; *Steinhauer* EuZW 2004, 364, 367.

[9] *Emmerich/Habersack* KonzernR § 1 Rdnr. 42 mit vorheriger Übersicht über rechtsvergleichende Quellen; Kölner KommAktG/*Koppensteiner* Vorb. § 291 Rdnr. 115 ff.

5 Mit der **Societas Europaea (SE)** wurde eine supranationale „europäische" Rechtsform geschaffen, die multinational agierenden Unternehmen eine Alternative zu den herkömmlichen Formen der Unternehmensverbindung bieten soll.[10] Maßgebliche Vorschriften für die SE finden sich in der SE-VO.[11] Obwohl bei einzelnen Gründungswegen der SE (beispielsweise bei SE-Gründung im Wege einer sog. Holding-Gründung)[12] die Schaffung einer grenzüberschreitenden Konzernstruktur unvermeidlich ist, finden sich in der Verordnung selbst keine Regelungen zu verbundenen Unternehmen unter Beteiligung einer SE. Ausweislich der Erwägungsgründe zur SE-VO hat der Verordnungsgeber die Schaffung von Sonderregelungen für das Konzernrecht der SE nicht für erforderlich gehalten.[13] Stattdessen geht er davon aus, dass die „allgemeinen Vorschriften und Grundsätze" auch für das Konzernrecht der SE gelten, insbesondere der kollisionsrechtliche Grundsatz, dass hinsichtlich des Schutzes von Minderheitsgesellschaftern und Dritten in Bezug auf das beherrschte Unternehmen das Konzernrecht des beherrschten Unternehmens Anwendung findet.[14] Die SE als herrschendes bzw. beherrschtes Unternehmen in einem Konzern unterliegt daher denselben Regelungen wie eine Aktiengesellschaft ihres Sitzstaates.[15] Mangels entsprechender Ermächtigung in der SE-VO enthält auch das deutsche SE-Ausführungsgesetz[16] (SEAG) keine Sonderregelungen zum Recht der verbundenen Unternehmen unter Beteiligung einer SE. In § 49 SEAG ist lediglich geregelt, dass die konzernrechtlichen Pflichten des Vorstands einer abhängigen oder eingegliederten Gesellschaft nach den §§ 308 bis 327 AktG bei der monistisch verfassten SE für die geschäftsführenden Direktoren gelten.

II. Grenzüberschreitender Unterordnungskonzern

6 Der grenzüberschreitende Unterordnungskonzern ist dadurch gekennzeichnet, dass mindestens eines der abhängigen Unternehmen des Unterordnungskonzerns der Rechtsordnung eines anderen Staates unterliegt als das herrschende Unternehmen. Wie auch der nationale Unterordnungskonzern kann der grenzüberschreitende Unterordnungskonzern grundsätzlich als Vertragskonzern (Beherrschungs- bzw. Gewinnabführungsvertrag (vgl. § 291 AktG); sonstige Unternehmensverträge (vgl. § 292 AktG)) oder faktischer Konzern aufgrund Mehrheitsbeteiligung entstehen.[17]

1. Kollisionsrechtliche Grundregeln

7 Ein einheitliches Konzern-Kollisionsrecht existiert nicht.[18] In Rechtsprechung und Literatur hat sich in Bezug auf grenzüberschreitende Unterordnungskonzerne jedoch die Grundregel herausgebildet, dass die konzernrechtlichen Vorschriften des **Gesellschaftsstatuts des abhängigen Unternehmens** anzuwenden sind.[19]

---

[10] *Monti* WM 1997, 607; *Schwarz* Einl. SE-VO Rdnr. 163.
[11] Verordnung (EG) Nr. 2157/2001 des Rates vom 8. 10. 2001 über das Statut der Europäischen Gesellschaft (SE).
[12] Vgl. Art. 2 Abs. 2, 32 ff. SE-VO.
[13] Erwägungsgrund 16 der SE-VO.
[14] Vgl. Erwägungsgründe 15 und 16 der SE-VO.
[15] Art. 10 SE-VO, vgl. auch Erwägungsgrund 17 der SE-VO. Siehe zum Konzernrecht der SE *Habersack* ZGR 2003, 724 ff.; *Van Hulle/Maul/Drinhausen/Maul* 8. Abschnitt sowie *Hommelhoff* AG 2003, 179 ff., der davon ausgeht, dass eine SE in einem Unterordnungskonzern nur herrschendes, nicht aber abhängiges Unternehmen sein könne, da die hiermit verbundene Suspendierung der aktienrechtlichen Kapitalerhaltungsvorschriften gegen Art. 5 SE-VO verstoße.
[16] Gesetz zur Ausführung der Verordnung (EG) Nr. 2157/2001 über das Statut der Europäischen Gesellschaft (SE) vom 22. Dezember 2004, BGBl I S. 3675.
[17] Zu den Grenzen grenzüberschreitender Unternehmensverbindungen siehe Rdnr. 15.
[18] GroßkommAktG/*Windbichler* Vor § 15 Rdnr. 70; MünchKommAktG/*Altmeppen* Einl. §§ 291 ff. Rdnr. 35; *Spahlinger/Wegen* C XII Rdnr. 366.
[19] BGH NZG 2005, 214, 215; GroßkommAktG/*Windbichler* Vor § 15 Rdnr. 71; MünchKommBGB/*Kindler* IntGesR Rdnr. 756 m. w. N.; *Michalski/Leible* Syst. Darst. 2 Rdnr. 218.

Die Begründungen für diese Anknüpfung divergieren.[20] Das ausschlaggebende Argument ist, dass viele Regelungen des Konzernrechts primär den Schutz der abhängigen Gesellschaft, ihrer Minderheitsgesellschafter und ihrer Gläubiger bezwecken. Bei der Regelanknüpfung handelt es sich um eine allseitige Kollisionsnorm, deren Anwendung sich nicht auf deutsche abhängige Unternehmen beschränkt, sondern auch im Fall von ausländischen abhängigen Gesellschaften gilt.[21] Gleiches gilt für die mehrfache Abhängigkeit eines Gemeinschaftsunternehmens im Verhältnis zu jeder Mutter.[22]

Die Anknüpfung an das Gesellschaftsstatut des beherrschten Unternehmens gilt indes nur im Verhältnis der Konzernunternehmen zueinander. Für Rechtsverhältnisse des herrschenden Unternehmens zu seinen Organen und Aktionären ist hingegen das Gesellschaftsstatut des herrschenden Unternehmens maßgeblich.[23] Soweit also konzernrechtliche Vorschriften dem Schutz des beherrschten Unternehmens, dessen Gesellschaftern und Gläubigern dienen oder das Konzernorganisationsrecht der Obergesellschaft betreffen, sind die konzernrechtlichen Bestimmungen des Gesellschaftsstatuts der herrschenden Gesellschaft maßgeblich.[24] Aus diesem Grund kann beispielsweise die Zustimmung der Hauptversammlung einer deutschen Aktiengesellschaft,[25] die ein ausländisches Unternehmen beherrscht, nach den Grundsätzen der „Holzmüller"-[26]/„Gelatine"-Rechtsprechung[27] erforderlich sein, wenn in dem ausländischen Unternehmen Strukturmaßnahmen anstehen.[28] Ferner kann die Zustimmung der Hauptversammlung einer deutschen herrschenden Gesellschaft unter den Voraussetzungen des § 293 Abs. 2 AktG unabhängig davon erforderlich sein, ob das Gesellschaftsstatut der ausländischen beherrschten Gesellschaft ebenfalls die Zustimmung der Gesellschafter verlangt.[29]

Nicht dem Konzern-Kollisionsrecht unterliegt die allgemeine Deliktshaftung des herrschenden Unternehmens. Diese ist grundsätzlich selbständig anzuknüpfen, auch soweit sie in gesellschaftsrechtlichen Gesetzen (z.B. § 117 Abs. 1 AktG) geregelt ist.[30] Konzernrechtlich zu qualifizieren und damit nach dem Gesellschaftsstatut des abhängigen Unternehmens anzuknüpfen sind jedoch auf dem Konzernverhältnis beruhende Schädigungsverbote und Haftungsnormen, die dem Schutz des beherrschten Unternehmens im Konzern bzw. dem Schutz von dessen Anteilseignern und Gläubigern dienen. Daher finden z.B. die §§ 311, 317 AktG Anwendung, wenn eine deutsche Aktiengesellschaft, SE oder KGaA von einem ausländischen Unternehmen beherrscht wird, ohne dass ein Beherrschungsvertrag besteht.[31]

2. Bestimmung des Gesellschaftsstatuts der beteiligten Unternehmen

Um die auf eine grenzüberschreitende Unternehmensverbindung anwendbaren konzernrechtlichen Vorschriften und Grundsätze zu ermitteln, muss zunächst das jeweilige Ge-

---

[20] Siehe zu den einzelnen dogmatischen Begründungen MünchKommBGB/*Kindler* IntGesR Rdnr. 763 ff.
[21] OLG Frankfurt AG 1988, 267, 272; MünchKommAktG/*Altmeppen* Einl. §§ 291 ff. Rdnr. 40; *Spahlinger/Wegen* C XII Rdnr. 365.
[22] Siehe dazu auch MünchHdb. GesR VI/*Drinhausen* § 42 Rdnr. 76 f.
[23] *Bungert* AG 1995, 489, 507 unter Verweis auf *Ebenroth* Konzernbildungs- und Konzernleitungskontrolle, S. 68 f. und 84 ff.
[24] *Bauschatz* Der Konzern 2003, 805; MünchKommBGB/*Kindler* IntGesR Rdnr. 756; *Spahlinger/Wegen* C XII Rdnr. 366.
[25] Dies gilt auch für die KGaA und für die SE mit Sitz in Deutschland.
[26] BGHZ 83, 122 = BGH NJW 1982, 1703 („Holzmüller").
[27] BGHZ 159, 30; BGH NZG 2004, 571, 574 („Gelatine I"); BGH NZG 2004, 575, 578 („Gelatine II").
[28] MünchKommAktG/*Altmeppen* Einl. §§ 291 ff. Rdnr. 41; *Spahlinger/Wegen* C XII Rdnr. 366.
[29] *Spahlinger/Wegen* C XII Rdnr. 366; siehe dazu näher Rdnr. 24.
[30] Kassationsgericht Zürich SZIER 2000, 367, 371; MünchKommBGB/*Kindler* IntGesR Rdnr. 756.
[31] Kölner KommAktG/*Koppensteiner* Vorb. § 291 Rdnr. 184; *Maul* NZG 1999, 741; MünchKommAktG/*Altmeppen* § 317 Rdnr. 112.

sellschaftsstatut der am Konzern beteiligten Unternehmen bestimmt werden. Die Feststellung ist unproblematisch, wenn die Gesellschaft ihren Satzungssitz und ihren tatsächlichen Verwaltungssitz im Staat ihrer Gründung hat.[32] Gesellschaftsstatut ist dann das Recht dieses Staats.

12 Die Bestimmung des maßgeblichen Gesellschaftsstatuts ist ungleich schwieriger, wenn Satzungs- und Verwaltungssitz bei einem beteiligten Unternehmen auseinanderfallen. In Betracht kommt dann eine Anknüpfung an den Satzungssitz, also den Gründungsstaat des Unternehmens **(Gründungstheorie)**, oder an den Verwaltungssitz **(Sitztheorie)**.[33]

13 In Deutschland gehen Gerichte im Grundsatz weiterhin von der Sitztheorie, also der Anknüpfung des Gesellschaftsstatuts an den tatsächlichen Verwaltungssitz der Gesellschaft, aus.[34] Im Anwendungsbereich der europäischen Niederlassungsfreiheit (Art. 49, 54 AEUV) ist es Gesellschaften jedoch erlaubt, ihren Verwaltungssitz unter Wahrung ihrer Identität als Gesellschaft ausländischen Rechts in einen anderen EU-Mitgliedstaat zu verlegen, vorausgesetzt, das Recht des Gründungsstaates der Gesellschaft erlaubt eine solche Verwaltungssitzverlegung.[35] Gleiches gilt aufgrund des Freundschafts-, Handels- und Schifffahrtsvertrages zwischen der BRD und den Vereinigten Staaten von Amerika auch für den Zuzug einer in den USA gegründeten Gesellschaft.[36] Der Gegenauffassung, nach der auch in diesen Fällen das Konzernrecht des Staates Anwendung findet, in dem sich der Verwaltungssitz der Gesellschaft befindet,[37] kann aufgrund der gefestigten Rechtsprechung des EuGH nicht gefolgt werden, da Gesellschaftsstatut – und damit auch Konzernstatut – dieser Gesellschaften ihr Gründungsrecht ist. Deutsches Konzernrecht ist auf eine nach ausländischem Recht gegründete Gesellschaft daher dann anwendbar, wenn diese ihren tatsächlichen Verwaltungssitz in Deutschland hat und nicht nach dem Recht eines EU-Mitgliedstaates oder US-Recht gegründet wurde.[38] Gleiches gilt, wenn das Recht des Gründungsstaats der ausländischen Gesellschaft seinerseits die Verlegung des Verwaltungssitzes in ein anderes Land nicht zulässt. Gegen die Anwendbarkeit deutschen Konzernrechts auf Gesellschaften, die nach ausländischem Recht gegründet wurden und eine – vom deutschen Recht anzuerkennende – ausländische Rechtsform haben, spricht auch, dass die sachrechtlichen Normen des deutschen Konzernrechts auf Aktiengesellschaften und KGaA zugeschnitten sind und sich nicht ohne weiteres auf Gesellschaften ausländischer Rechtsform und dementsprechend anderer Organisationsverfassung übertragen lassen.[39]

14 Mit der Änderung des § 5 AktG und des § 4a GmbHG durch das MoMiG[40] wurde vom deutschen Gesetzgeber die Möglichkeit geschaffen, dass eine als deutsche AG, KGaA oder GmbH gegründete Gesellschaft ihren Verwaltungssitz im Ausland nehmen darf. Vorausset-

---

[32] *Bauschatz* Der Konzern 2003, 805, 807.

[33] Siehe eingehend zu den beiden Theorien; Semler/Stengel/*Drinhausen* Einl. C Rdnr. 7 ff.

[34] Bestätigt durch BGH NJW 2009, 289; siehe dazu auch ausführlich § 42 Rdnr. 26.

[35] EuGH Rs. C-212/97 „Centros" Slg. 1999 I-1459; EuGH Rs. C-208/00 „Übersering" Slg. 2002 I-9919; EuGH Rs. C-167/01 „Inspire Art" Slg. 2003 I-10155.

[36] Nach Art. XXV des deutsch-amerikanischen Freundschaftsvertrags (BGBl. II 1956, 487 ff.; Sartorius II Nr. 660) gelten Gesellschaften, die gemäß den Gesetzen und sonstigen Vorschriften des einen Vertragsteils in dessen Gebiet errichtet sind als Gesellschaft dieses Vertragsteils und werden im Gebiet des anderen Vertragsteils anerkannt.

[37] *Altmeppen* NJW 2004, 97, 103; *Emmerich/Habersack* AG/GmbH-KonzernR § 291 Rdnr. 35; *Hüffer* AktG § 291 Rdnr. 8. Die dort aufgeführten Fußnotenverweise zu BGH NZG 2005, 214, 215 betreffen allerdings einen Sachverhalt, in dem eine deutsche GmbH von einer ausländischen Gesellschaft beherrscht wurde und äußern sich folglich nicht zu der Frage, ob deutsches Konzernrecht auch für eine nach ausländischem Recht gegründete abhängige Gesellschaft gilt.

[38] In dieser Konstellation hält die deutsche Rechtsprechung bislang an der Sitztheorie fest, siehe BGH NJW 2009, 289.

[39] Vgl. *Selzner/Sustmann*, Der Konzern 2003, 85, 91, wonach es sich bei der abhängigen Gesellschaft im Sinne der §§ 291 ff. AktG um eine deutsche Gesellschaft handeln muss.

[40] Gesetz zur Modernisierung des GmbH-Rechts und zur Bekämpfung von Missbräuchen (MoMiG) vom 23. 10. 2008 BGBl. I S. 2026.

zung ist, dass die Gesellschaft eine Geschäftsanschrift im Inland im Register eintragen lässt und aufrechterhält. Die Intention dieser Änderungen liegt darin, gleiche Ausgangsbedingungen gegenüber Auslandsgesellschaften zu schaffen, deren Gesellschaftsstatute bereits akzeptieren, dass Satzungs- und Verwaltungssitz in unterschiedlichen Ländern liegen können.[41] Kollisionsrechtlich besteht indes kein Anlass, von der Grundregel abzuweichen. Dementsprechend ist deutsches Konzernrecht maßgeblich, wenn eine nach deutschem Recht gegründete Gesellschaft mit ausländischem Verwaltungssitz abhängiges Unternehmen ist. Insbesondere im faktischen Konzern wird damit verhindert, dass durch eine Sitzverlegung ins Ausland die auf den Schutz einer abhängigen AG oder KGaA konzipierten Regelungen der §§ 311 ff. AktG umgangen werden können.[42]

3. Grenzüberschreitende Beherrschungs- und Gewinnabführungsverträge

a) Deutsches beherrschtes Unternehmen. aa) Zulässigkeit grenzüberschreitender Beherrschungs- und Gewinnabführungsverträge. Die sachrechtliche Zulässigkeit von Beherrschungs- und Gewinnabführungsverträgen einer ausländischen Obergesellschaft mit einer beherrschten Gesellschaft, die deutschem Recht unterliegt, wurde in der älteren Literatur bestritten. Zur Begründung wurde hauptsächlich angeführt, dass bei einem grenzüberschreitenden Beherrschungsvertrag die deutsche Mitbestimmung unterlaufen werde, da ein ausländisches herrschendes Unternehmen der deutschen Mitbestimmung nicht unterliegt und auf diese Weise die Einflussmöglichkeiten der Arbeitnehmer in der Konzernspitze abgeschnitten werden.[43] Ferner bestünden Risiken hinsichtlich der prozessualen Durchsetzbarkeit von Minderheiten- und Gläubigerschutzvorschriften, weil es an einer effektiven ausländischen Vollstreckungshilfe fehle und ein ausländisches Gericht möglicherweise nicht zur Anwendbarkeit des deutschen Konzernrechts gelange.[44] Die Rechtsprechung und die heute überwiegende Ansicht in der Literatur halten grenzüberschreitende Beherrschungs- und/oder Gewinnabführungsführungsverträge hingegen sowohl mit deutschen Unternehmen als beherrschter Gesellschaft als auch als herrschender Gesellschaft für zulässig.[45] Hierfür spricht zum einen, dass der Gesetzgeber selbst nicht von einer lückenlosen Mitbestimmung auf Konzernebene ausgegangen ist.[46] Dem Argument der mangelnden Durchsetzbarkeit von Minderheiten- und Gläubigerrechten ist wiederum entgegenzuhalten, dass mit der EuGVVO[47] inzwischen ein Gesetzeswerk besteht, das die Anerkennung ausländischer Urteile im EU-Raum einheitlich regelt[48] und sich oftmals ohnehin ein inländischer Gerichtsstand ergeben wird[49] (siehe dazu Rdnr. 48). Schließlich steht das Diskriminierungsverbot des Art. 18 AEUV jedenfalls einer Nichtanerkennung grenzüberschreitender Beherrschungs- und Gewinnabführungsverträge zwischen Gesellschaften deutschen Rechts und Unternehmen entgegen, die dem Recht eines EU-Mitgliedstaates unterliegen.[50] Auch das Aktiengesetz setzt die Möglichkeit grenzüberschreiten-

---

[41] RegBegr MoMiG BT-Drucks. 16/6140 v. 25. 7. 2007 S. 65; *Wälzholz* GmbHR 2008, 841, 849.
[42] *Emmerich/Habersack* AG/GmbH-KonzernR § 311 Rdnr. 21; MünchHdb. GesR IV/*Krieger* § 69 Rdnr. 68;
[43] Vgl. etwa *Däubler* RabelsZ 39 (1975), 444, 466 ff.; *Duden* ZHR 141 (1977), 145, 180 ff.
[44] Vgl. *Beitzke* ZHR 138 (1974), 533, 537 f.; *Meilicke* FS Hirsch 1968, 99, 118 ff.
[45] BGHZ 119, 1; *Bärwaldt/Schabacker* AG 1998, 182, 186; *Emmerich/Habersack* AG/GmbH-KonzernR § 291 Rdnr. 37 a; GroßkommAktG/*Assmann* Einl. Rdnr. 641; MünchKommBGB/*Kindler* IntGesR Rdnr. 776 ff.; *Jaecks/Schönborn* RIW 2003, 25, 264 jeweils m. w. N.; *Michalski/Leible* Syst. Darst. 2 Rdnr. 222.
[46] Dies ergibt sich aus § 5 Abs. 3 MitbestG; siehe MünchKommBGB/*Kindler* IntGesR Rdnr. 751 ff.
[47] Verordnung (EG) Nr. 44/2001 des Rates vom 22. Dezember 2000 über die gerichtliche Zuständigkeit und die Anerkennung und Vollstreckung von Entscheidungen in Zivil- und Handelssachen.
[48] *Selzner/Sustmann* Der Konzern 2003, 85, 94 f.
[49] *Emmerich/Habersack* AG/GmbH-KonzernR § 291 Rdnr. 37 a; MünchKommAktG/*Altmeppen* Einf. § 291 Rdnr. 47.
[50] *Emmerich/Habersack* AG/GmbH-KonzernR § 291 Rdnr. 37 a; *Selzner/Sustmann* Der Konzern 2003, 85, 96.

der Beherrschungsverträge zumindest innerhalb der EU und des EWR voraus: § 305 Abs. 2 Nr. 1 und Nr. 2 AktG enthalten besondere Vorgaben für die Ausgestaltung der Abfindungsregelung im Vertrag für den Fall, dass das herrschende Unternehmen „eine Aktiengesellschaft oder Kommanditgesellschaft auf Aktien mit Sitz in einem Mitgliedstaat der Europäischen Union oder in einem anderen Vertragsstaat des Abkommens über den Europäischen Wirtschaftsraum ist".[51]

16 bb) **Kollisionsrecht.** Von entscheidender Bedeutung für die Bestimmung des auf grenzüberschreitende Beherrschungs- und Gewinnabführungsverträge anwendbaren Rechts ist die Rechtsnatur solcher Verträge. Da mit dem Abschluss von Beherrschungs- und Gewinnabführungsverträgen organisationsrechtliche Änderungen, insbesondere für die Geschäftsleitung des beherrschten Unternehmens, eintreten, geht die ganz überwiegende Meinung davon aus, dass es sich um **Organisationsverträge mit satzungsänderndem Charakter** handelt.[52] Beherrschungs- und Gewinnabführungsverträge sind auf der Ebene des Kollisionsrechts als gesellschaftsrechtliche und nicht als schuldrechtliche Verträge zu qualifizieren. Die kollisionsrechtlichen Regelungen zu schuldrechtlichen Verträgen (Art. 3 ff. Rom-I-Verordnung) finden daher keine Anwendung. Stattdessen gelten die Grundsätze des internationalen Konzernrechts, wonach im Falle einer beherrschten deutschen Gesellschaft deutsches Konzernrecht maßgeblich ist, soweit es dem Schutz der deutschen Gesellschaft, deren Minderheitsbeteiligten oder Gläubigern dient (siehe Rdnr. 9). Aufgrund der gesellschaftsrechtlichen Qualifikation des Beherrschungs- und Gewinnabführungsvertrags ist eine Rechtswahl nicht zulässig; eine entsprechende Klausel wäre unwirksam.[53]

17 cc) **Deutsches Sachrecht.** Die Voraussetzungen und Rechtsfolgen von grenzüberschreitenden Beherrschungs- bzw. Gewinnabführungsverträgen, die deutschem Recht unterliegen, entsprechen grundsätzlich denen für Beherrschungs- und Gewinnabführungsverträge zwischen deutschen Gesellschaften. Dies hat zur Folge, dass im Falle einer abhängigen AG, KGaA (§ 278 AktG) oder SE mit Sitz in Deutschland (Art. 9 Abs. 1 lit. c) ii), Art. 10 SE-VO) die §§ 293 ff. AktG anzuwenden sind. Für den Abschluss des Beherrschungs- und Gewinnabführungsvertrages bedarf es gemäß § 293 Abs. 1 AktG der Zustimmung der Hauptversammlung der verpflichteten Gesellschaft. Ob eine Zustimmung der Anteilseignerversammlung der herrschenden ausländischen Gesellschaft erforderlich ist, richtet sich nach deren Gesellschaftsstatut; die Regelung des § 293 Abs. 2 AktG bezweckt nur den Schutz der Gesellschafter einer deutschem Recht unterstehenden herrschenden Gesellschaft und gilt folglich nicht für eine ausländische herrschende Gesellschaft.[54] Der Abschluss des Beherrschungs- bzw. Gewinnabführungsvertrags sowie der Name bzw. die Firma des ausländischen herrschenden Unternehmens sind in das Handelsregister der deutschen beherrschten Gesellschaft einzutragen (§ 294 AktG). Soweit die Regelungen des Aktienkonzernrechts auf beherrschte GmbH und Personenhandelsgesellschaften entsprechende Anwendung finden,[55] gilt dies auch bei Beherrschung durch ein ausländisches Unternehmen.

18 Inhaltlich muss der Beherrschungs-/Gewinnabführungsvertrag einen angemessenen Ausgleich (§ 304 AktG) und einen Abfindungsanspruch (§ 305 AktG) für außenstehende Aktionäre der beherrschten Gesellschaft vorsehen. Darauf, dass die Rechtsordnung des

---

[51] Zu den Auswirkungen der Verpflichtung des § 305 Abs. 2 AktG beim grenzüberschreitenden Beherrschungs- bzw. Gewinnabführungsvertrag siehe Rdnr. 18.
[52] BGH NJW 1989, 295; *Emmerich/Habersack* AG/GmbH-KonzernR § 291 Rdnr. 25; MünchKommAktG/*Altmeppen* § 291 Rdnr. 25; *Spahlinger/Wegen* C XII Rdnr. 370; *Selzner/Sustmann* Der Konzern 2003, 85, 88; *Ulrich* GmbHR 2004, 1000, 1003.
[53] *Bärwaldt/Schabacker* AG 1998, 182, 186; MünchKommBGB/*Kindler* IntGesR Rdnr. 774; *Michalski/Leible* Syst. Darst. 2 Rdnr. 221; *Spahlinger/Wegen* C XII Rdnr. 370.
[54] *Hüffer* AktG § 293 Rdnr. 18; KölnerKommAktG/*Koppensteiner* § 293 Rdnr. 43; MünchKommBGB/Kindler IntGesR Rdnr. 756; *Spahlinger/Wegen* C XII Rdnr. 371.
[55] Siehe MünchHdb. GesR II §§ 67 ff.; MünchHdb. GesR IV §§ 68 ff.; zu Personengesellschaften siehe *Kronke* ZGR 1998, 473 ff.; *Lange* IPRax 98, 438 ff.

herrschenden Unternehmens ebenfalls solche Regelungen kennt, kommt es nicht an.[56] Zu beachten ist dabei insbesondere § 305 Abs. 2 Nr. 1 und Nr. 2 AktG: Danach müssen zwingend Aktien des herrschenden Unternehmens als Abfindung angeboten werden, wenn das herrschende Unternehmen seinen Sitz in einem Mitgliedstaat der EU bzw. des EWR und eine der AG oder KGaA entsprechende Rechtsform hat[57] sowie nicht von einem anderen Unternehmen abhängig (im Sinne des § 17 AktG) ist oder im Mehrheitsbesitz eines anderen Unternehmens (im Sinne des § 16 AktG) steht (§ 305 Abs. 2 Nr. 1 AktG); dem Aktionär kann aber angeboten werden, nach seiner Wahl auch eine Barabfindung zu beziehen.[58] Wenn das herrschende Unternehmen (unabhängig von seiner eigenen Rechtsform und seinem Sitz)[59] seinerseits von einer der AG oder KGaA entsprechenden Gesellschaft mit Sitz innerhalb von EU/EWR abhängig ist oder in ihrem Mehrheitsbesitz steht, müssen nach Wahl des herrschenden Unternehmens entweder Aktien seiner Obergesellschaft oder eine Barabfindung angeboten werden (§ 305 Abs. 2 Nr. 2 AktG). Die Verpflichtung zur Gewährung von Aktien erstreckt sich also ausdrücklich auch auf ausländische herrschende Gesellschaften, die ihren Sitz in der EU bzw. dem EWR haben. Daraus folgt zugleich, dass herrschende Gesellschaften mit Sitz in einem Drittstaat nicht verpflichtet sind, den Aktionären einer beherrschten Gesellschaft deutschen Rechts eine Abfindung in Aktien anzubieten, auch wenn sie eine der AG oder KGaA entsprechende ausländische Rechtsform haben; für sie gilt vielmehr – wie für herrschende Unternehmen in allen übrigen Rechtsformen – die Verpflichtung zur Barabfindung gemäß § 305 Abs. 2 Nr. 3 AktG.[60]

Teilweise wird vertreten, in dem Beherrschungs-/Gewinnabführungsvertrag einer deutschen Gesellschaft mit einem herrschenden ausländischen Unternehmen müsse zudem ausdrücklich festgelegt werden, dass der Vertrag deutschem Sachrecht unterliegt (sog. **Loyalitätsklausel** oder Loyalitätserklärung des ausländischen herrschenden Unternehmens); anderenfalls sei der Vertrag unwirksam.[61] Die Loyalitätsklausel soll verhindern, dass sich eine Vertragspartei vor einem ausländischen Gericht auf eine – aus Sicht des deutschen Rechts unwirksame – Rechtswahl berufen kann, wenn der ausländische Richter den aus deutscher Sicht gesellschaftsrechtlich zu qualifizierenden Vertrag als schuldrechtlichen Vertrag ansieht und die Rechtswahl deshalb für zulässig hält.[62] Nach wohl überwiegender und zutreffender Auffassung kann eine Loyalitätsklausel zwar zweckmäßig sein, um Rechtsunsicherheiten und Schwierigkeiten bei der Durchsetzung deutschen Konzernrechts vor ausländischen Gerichten zu vermeiden, sie ist aber nicht zwingend erforder-

---

[56] So zu verstehen MünchKommBGB/*Kindler* IntGesR Rdnr. 759; *Spahlinger/Wegen* C XII Rdnr. 378 die davon ausgehen, dass die Vorschriften zum Schutz der abhängigen Gesellschaft ohne Vorbehalte Anwendung finden.

[57] Dies sind z. B. die in Art. 1 der Publizitätsrichtlinie (Erste Richtlinie 68/151/EWG des Rates vom 9. März 1968, veröffentlicht in ABl. EG Nr. L 65 vom 14. 3. 1968, S. 8) aufgelisteten Rechtsformen, vgl. Schmidt/Lutter/*Stephan* AktG § 305 Rdnr. 37. Heranziehen lässt sich auch die Auflistung von Aktiengesellschaften im Anhang I der SE-VO (Verordnung (EG) Nr. 2157/2001 des Rates vom 8. Oktober 2001 über das Statut der Europäischen Gesellschaft (SE), veröffentlicht in ABl. EG Nr. L 294 vom 10. 11. 2001, S. 1). Da eine SE gemäß Art. 10 SE-VO wie eine Aktiengesellschaft ihres Sitzstaates zu behandeln ist, gelten die Verpflichtungen des § 305 Abs. 2 Nr. 1 und Nr. 2 AktG auch für SE sowohl mit Sitz in Deutschland als auch in einem anderen EU- bzw. EWR-Mitgliedstaat.

[58] Bürgers/Körber/*Schenk* AktG § 305 Rdnr. 14; *Emmerich/Habersack* AG/GmbH-KonzernR § 305 Rdnr. 12; *Hüffer* AktG § 305 Rdnr. 14.

[59] *Emmerich/Habersack* AG/GmbH-KonzernR § 305 Rdnr. 14; *Hüffer* AktG § 305 Rdnr. 9; MünchHdb. GesR IV/*Krieger* § 70 Rdnr. 119.

[60] Bürgers/Körber/*Schenk* AktG § 305 Rdnr. 15; *Hüffer* AktG § 305 Rdnr. 10; MünchHdb. GesR IV/*Krieger* § 70 Rdnr. 119.

[61] *Einsele* ZGR 1996, 40, 47; *Michalski/Leible* Syst. Darst. Rdnr. 222; *Selzner/Sustmann* Der Konzern 2003, 85, 95; Staudinger/*Großfeld* IntGesR Rdnr. 575.

[62] *Selzner/Sustmann* Der Konzern 2003, 85, 95 f., nach deren Ansicht allerdings das Fehlen einer Loyalitätsklausel nicht zur Unwirksamkeit des Unternehmensvertrags führt.

lich.⁶³ Zunächst steht das Erfordernis der Aufnahme einer solchen Klausel im Widerspruch zur Unzulässigkeit einer Rechtswahl im (grenzüberschreitenden) Unternehmensvertrag; das deutsche Recht kann nicht einerseits eine Rechtswahl in Unternehmensverträgen für unwirksam halten, andererseits aber die Aufnahme einer – unwirksamen – Rechtswahlklausel zugunsten des deutschen Rechts zur Wirksamkeitsvoraussetzung des Vertrages machen. Ferner enthält das deutsche Sachrecht keine Grundlage für die Unwirksamkeit eines Unternehmensvertrags, der eine derartige Klausel nicht enthält, da weder gesetzliche Vorschriften noch allgemeine Rechtsgrundsätze existieren, die besagen, dass Verträge unwirksam sind, wenn sie keine Regelungen enthalten, die gewährleisten, dass zwingendes deutsches Sachrecht auch von ausländischen Gerichten beachtet wird und durchsetzbar ist.⁶⁴

20 Im Rahmen von grenzüberschreitenden Beherrschungsverträgen wird verbreitet angenommen, dass die Geschäftsleitung der deutschen abhängigen Gesellschaft nachteilige Weisungen im Sinne von § 308 Abs. 1 Satz 2 AktG nur ausführen darf, wenn die herrschende ausländische Gesellschaft Vermögen im Inland besitzt oder sich verpflichtet hat, die Vollstreckung rechtskräftiger Urteile über Ansprüche der abhängigen Gesellschaft aus dem Vertrag hinzunehmen.⁶⁵ Dagegen ließe sich zwar anführen, dass § 308 Abs. 2 AktG eine Ausnahme von der Folgepflicht ausdrücklich nur für den Fall vorsieht, dass die für die beherrschte Gesellschaft nachteilige Weisung offensichtlich nicht den Belangen des herrschenden Unternehmens bzw. des Konzerns dient und im Übrigen eine uneingeschränkte Folgepflicht statuiert. Dennoch ist der genannten Ansicht im Grundsatz zu folgen: Die Regelungen zur Folgepflicht und ihren Ausnahmen in § 308 Abs. 1 und Abs. 2 AktG beruhen letztlich auf dem Verständnis, dass mögliche Nachteile der beherrschten Gesellschaft infolge der Ausführung von Weisungen durch die Ausgleichspflichten des herrschenden Unternehmens nach den §§ 302 ff. AktG ausgeglichen werden.⁶⁶ Daher nimmt die herrschende Meinung auch bei Beherrschungsverträgen zwischen deutschen Unternehmen an, dass die Folgepflicht nicht mehr besteht, wenn die Fähigkeit des herrschenden Unternehmens zur Erfüllung von Ausgleichsansprüchen wegfällt oder gefährdet erscheint.⁶⁷ Ist dementsprechend bei einem grenzüberschreitenden Beherrschungsvertrag nicht sichergestellt, dass Ausgleichsansprüche gegen die herrschende Gesellschaft auch durchsetzbar sind – etwa, weil ein inländischer Vollstreckungstitel im Ausland nicht anerkannt wird oder ein ausländisches Gericht die Ausgleichspflichten des deutschen Konzernrechts nicht anerkennt –, kann ebenfalls keine Folgepflicht bestehen.

21 **b) Deutsches herrschendes Unternehmen.** Im Falle eines deutschen herrschenden Unternehmens unterliegt der Beherrschungs- bzw. Gewinnabführungsvertrag grundsätzlich den konzernrechtlichen Regelungen des **Gesellschaftsstatuts der abhängigen Gesellschaft**. Das ausländische Sachrecht bestimmt auch, ob der Beherrschungs- bzw. Gewinnabführungsvertrag überhaupt **zulässig** ist.⁶⁸ Ferner richten sich die **Grenzen der Leitungsmacht** nach diesem Recht, ebenso eine eventuelle Durchgriffshaftung.⁶⁹ Dem deutschen Vertragskonzernrecht ähnliche Regelungen existieren in Slowenien,⁷⁰ Kroa-

---

⁶³ *Hüffer* AktG § 291 Rdnr. 13; KölnerKommAktG/*Koppensteiner* Vorb. § 291 Rdnr. 195; MünchKommAktG/*Altmeppen* Einl. §§ 291 ff. Rdnr. 49; *Neumayer* ZVglRWiss 83 (1984), 129, 153 f.; *Spahlinger/Wegen* C XII Rdnr. 374; im Ergebnis auch *Selzner/Sustmann* Der Konzern 2003, 85, 95 f.
⁶⁴ Vgl. *Bärwaldt/Schabacker* AG 1998, 182, 185; *Selzner/Sustmann* Der Konzern 2003, 85, 96.
⁶⁵ MünchKommAktG/*Kindler* IntGesR Rdnr. 786; Spindler/Stilz/*Veil* AktG Vor § 291 Rdnr. 49; Staudinger/*Großfeld* IntGesR Rdnr. 577.
⁶⁶ Vgl. MünchKommAktG/*Altmeppen* § 308 Rdnr. 104.
⁶⁷ MünchKommAktG/*Altmeppen* § 302 Rdnr. 38 und § 308 Rdnr. 122; *Clemm* ZHR 141 (1977), 179, 203, 206; *Emmerich/Habersack* AG/GmbH-KonzernR § 308 Rdnr. 64; wohl auch Schmidt/Lutter/*Langenbucher* AktG § 308 Rdnr. 34; a. A. Kölner KommAktG/*Koppensteiner* § 308 Rdnr. 49.
⁶⁸ Spindler/Stilz/*Veil* AktG Vor § 291 Rdnr. 50.
⁶⁹ *Bärwaldt/Schabacker* AG 1998, 182, 187; MünchKommBGB/*Kindler* IntGesR Rdnr. 787.
⁷⁰ Art. 467 f. GWG.

tien,⁷¹ Portugal⁷² Brasilien⁷³ und Taiwan.⁷⁴ Andere Rechtsordnungen gehen grundsätzlich von der Akzeptanz solcher Unternehmensverträge aus, wollen aber keine Leitungsmacht des herrschenden Unternehmens akzeptieren, da es insofern an Regelungen fehlt, die eine besondere Ausgleichspflicht statuieren.⁷⁵

Problematisch sind Fallkonstellationen, in denen zwischen einer herrschenden inländischen Gesellschaft und einer ausländischen Gesellschaft ein Beherrschungs- und/oder Gewinnabführungsvertrag abgeschlossen werden soll, die maßgebliche Rechtsordnung des abhängigen Unternehmens solche Verträge nicht kennt und die die ausländische Rechtsordnung deshalb auch keine besonderen Vorschriften zum Schutz der Gläubiger und Gesellschafter der abhängigen oder der herrschenden Gesellschaft vorsieht.⁷⁶ Eine Qualifikation nach der lex fori führt zu dem Ergebnis, dass zwischen den Parteien ein Vertrag geschlossen wurde, der es als solcher nach der maßgeblichen Rechtsordnung jedoch nicht geben kann. In diesen Fällen kann eine funktionale Auslegung weiterhelfen. In Fällen, in denen der deutschen Rechtsterminologie entnommene Begriffe sich im ausländischen Recht nicht wiederfinden, ist ergänzend eine **funktionale Auslegung** der Sammel- und Normengruppenbegriffe der Kollisionsnorm möglich.⁷⁷ Diese mittlerweile von Rechtsprechung⁷⁸ und Lehre akzeptierte Ergänzung zu der lex-fori Qualifikation sieht vor, dass sich die in den Kollisionsnormen verwendeten Begriffe der deutschen Rechtsterminologie auf Vorgänge und die sie regelnden ausländischen Normen erstrecken, die in der ausländischen Sozial- und Rechtsordnung vergleichbare Ordnungszwecke verfolgen, wie es bei den deutschen Begriffen der Fall ist.⁷⁹ Kennt beispielsweise die Rechtsordnung des ausländischen abhängigen Unternehmens keine konzernrechtlichen Regelungen, besteht im Rahmen der funktionalen Auslegung die Möglichkeit, in sogenannten „Randzonen" des Kernbereichs des betreffenden Ordnungsziels nach einschlägigen Normen zu suchen.⁸⁰ Als ein solcher Randbereich ist das „allgemeine" Gesellschaftsrecht der Rechtsordnung des abhängigen Unternehmens anzusehen. So kann bspw. auf Grund eines vermeintlichen Gewinnabführungsvertrags Geld an die deutsche „Muttergesellschaft" geflossen sein. Sollte diese Gesellschafterin des ausländischen Unternehmens gewesen sein, dann müssen diese Zahlungen bspw. mit den Kapitalerhaltungsregeln der ausländischen Rechtsordnung in Einklang stehen, deren Ordnungsziel, ebenso wie die konzernrechtliche Grundanknüpfung, der Gläubiger- und Aktionärsschutz ist.⁸¹

Wenn die herrschende deutsche Gesellschaft eine AG, KGaA oder SE (mit Sitz in Deutschland)⁸² ist, stellt sich die Frage, ob **§ 293 Abs. 2 AktG** (entsprechend) anwendbar ist mit der Folge, dass der Unternehmensvertrag nur wirksam wird, wenn die Hauptversammlung der Gesellschaft ihm zugestimmt hat. Die **überwiegende Ansicht** hält die Zustimmung der Hauptversammlung gemäß § 293 Abs. 2 AktG nur für erforderlich, wenn

---

⁷¹ Art. 473 ff. kroatisches HGG.
⁷² Siehe zu Art. 493 ff. des Gesetzbuch der Handelsgesellschaften *Lutter/Overrath* ZGR 1991, 394, 406.
⁷³ Siehe zu Kapitel XXI des brasilianischen Aktiengesetzes *Comporato* in Lutter, Konzernrecht im Ausland, S. 42 ff.
⁷⁴ *Hopt* EuZW 1999, 577; *Kalss* ZHR 171 (2007), 147.
⁷⁵ Bezogen auf Italien und Österreich vgl. *Oelkers* Der Konzern 2007, 570, 572 FN 18.
⁷⁶ Siehe zu den konzernrechtlichen Regelungen in einzelnen Ländern *Lutter* Konzernrecht im Ausland.
⁷⁷ MünchKommBGB/*Sonnenberger* Einl. vor Art. 3 EGBGB Rdnr. 501; *v. Hoffman/Thorn* § 6 Rdnr. 27.
⁷⁸ BGHZ 47, 324, 330 ff.; BGHZ 44, 121 ff.; BGH NJW 1967, 1177.
⁷⁹ MünchKommBGB/*Sonnenberger* Einl. vor Art. 3 EGBGB Rdnr. 501.
⁸⁰ MünchKommBGB/*Sonnenberger* Einl. vor Art. 3 EGBGB Rdnr. 502.
⁸¹ Siehe hierzu mit Länderbeispielen *Kalss* ZHR 171 (2007), 146, 174 ff.
⁸² Für eine SE mit Sitz in Deutschland gelten die §§ 291 ff. AktG gemäß Art. 9 Abs. 1 lit. c) ii) SE-VO ebenso wie für eine AG, siehe dazu bereits oben Rdnr. 17.

das maßgebliche Konzernrecht der ausländischen Gesellschaft oder der Vertrag Regelungen vorsieht, die den §§ 302 bis 305 AktG entsprechen.[83]

24 § 293 Abs. 2 AktG dient dem Schutz der Aktionäre einer herrschenden AG oder KGaA vor den Auswirkungen, die der Abschluss eines Beherrschungs- bzw. Gewinnabführungsvertrags für die herrschende Gesellschaft mit sich bringt, also in erster Linie den Ausgleichspflichten der §§ 302 ff. AktG. Nach den oben (Rdnr. 9) dargestellten Grundsätzen finden, neben dem Konzernrecht der beherrschten Gesellschaft, stets auch solche konzernrechtlichen Vorschriften des Gesellschaftsstatuts der herrschenden Gesellschaft Anwendung, die diese, ihre Anteilseigner oder Gläubiger schützen. Daher ist von der grundsätzlichen Anwendbarkeit des § 293 Abs. 2 AktG auszugehen, wenn eine AG, KGaA oder SE deutschen Rechts als herrschende Gesellschaft an einem grenzüberschreitenden Beherrschungs- bzw. Gewinnabführungsvertrag beteiligt ist. Für den Abschluss von Beherrschungs- und Gewinnabführungsverträgen zwischen nationalen Gesellschaften gilt das Zustimmungserfordernis jedoch unabhängig davon, ob der herrschenden Gesellschaft eine Inanspruchnahme aus diesen Vorschriften droht.[84] Dementsprechend kann hinsichtlich des Zustimmungserfordernisses auch beim grenzüberschreitenden Beherrschungs- bzw. Gewinnabführungsvertrag nicht danach differenziert werden, ob das ausländische Konzernrecht oder der Vertrag den §§ 302 ff. AktG gleichwertige Ausgleichsvorschriften zulasten der herrschenden Gesellschaft vorsieht. Überzeugender erscheint, die Zustimmung der Hauptversammlung einer herrschenden AG, KGaA oder SE mit Sitz im Inland zu einem grenzüberschreitenden Beherrschungs- und Gewinnabführungsvertrag unabhängig davon zu verlangen, ob der Vertrag der herrschenden Gesellschaft den §§ 302 ff. AktG entsprechende Verpflichtungen auferlegt. Dies dient auch der Rechtssicherheit, da sich ansonsten stets die Frage stellen wird, ab welchem Maß an Verpflichtungen eine Hauptversammlungszustimmung zur Wirksamkeit des Vertrags erforderlich wird; in der Praxis dürfte dies regelmäßig dazu führen, dass die Zustimmung im Zweifel aus Vorsichtsgründen eingeholt wird, um eine Nichtigkeit des Vertrags zu vermeiden.

4. Andere grenzüberschreitende Unternehmensverträge

25 Im Ergebnis, aber mit unterschiedlichen Begründungen, nimmt die überwiegende Ansicht an, dass auf grenzüberschreitende Unternehmensverträge, die nicht Beherrschungs- oder Gewinnabführungsverträge sind (also etwa die in § 292 AktG aufgeführten Arten von Unternehmensverträgen) grundsätzlich das Gesellschaftsstatut des Unternehmens Anwendung findet, das die **vertragstypische Leistung** erbringt.[85] Bei Verträgen im Sinne

---

[83] *Hüffer* AktG § 293 Rdnr. 18 (mit der Maßgabe, dass die deutsche Obergesellschaft die Beibringungslast für die „ungefährliche" ausländische Rechtslage trage); Kölner KommAktG/*Koppensteiner* § 293 Rdnr. 43; MünchHdb. GesR IV/*Krieger* § 70 Rdnr. 22; ablehnend MünchKommAktG/*Altmeppen* § 293 Rdnr. 121, der den Grund für die Zustimmungsbedürftigkeit darin sieht, dass eine AG/KGAA als herrschende Gesellschaft verpflichtet sein kann, außenstehende Aktionäre der beherrschten Gesellschaft in Aktien abzufinden (§ 305 Abs. 2 AktG), was bei grenzüberschreitenden Beherrschungsverträgen selten der Fall sein dürfte; offen gelassen bei *Emmerich/Habersack* AG/GmbH-KonzernR § 293 Rdnr. 6 a.

[84] *Emmerich/Habersack* AG/GmbH-KonzernR § 293 Rdnr. 8.

[85] Spindler/Stilz/*Veil* Vor § 291 Rdnr. 52; im Ergebnis auch MünchKommAktG/*Altmeppen* Einl. §§ 291 ff. Rdnr. 52 f. und *Spahlinger/Wegen* C XII Rdnr. 388, die dies allerdings daraus ableiten, dass die vertragstypische Leistung im Rahmen der Unternehmensverträge im Sinne des § 292 AktG in der Regel von einem beherrschten Unternehmen zu erbringen sei, so dass dessen Gesellschaftsstatut auf das gesamte Konzernverhältnis schon nach allgemeinen Grundsätzen Anwendung finde; ferner Kölner KommAktG/*Koppensteiner* Vorb. § 291 Rdnr. 190, der eine Zuordnung zum Gesellschaftsstatut ablehnt und das Ergebnis auf eine Sonderanknüpfung stützt. Dies sei erforderlich, da die Normen im Rahmen des Unternehmensvertrags, die zum Schutz der Gesellschaft, ihrer Anteilseigner und Gläubiger dienen, einen international nicht austauschbaren Normenkomplex darstellten, weil ihr materieller Anwendungsbereich sich stets nur auf inländische Gesellschaften beschränke. Die Verweisung des Kollisionsrechts auf das fremde Recht laufe daher aufgrund fehlender Anwendbarkeit seines Sachrechts auf die Gesellschaft stets ins Leere.

von § 292 AktG gilt also grundsätzlich das Recht des Unternehmens, das sich verpflichtet, einen Teil seines Gewinns abzuführen oder seinen Betrieb zu verpachten. Nach der Gegenansicht sollen diese Unternehmensverträge nicht gesellschaftsrechtlich, sondern vertragsrechtlich anzuknüpfen sein, also nach Art. 3 ff. der Rom I Verordnung,[86] da der Gesetzgeber die in § 292 AktG genannten Unternehmensverträge als normale Austauschverträge angesehen habe.[87]

Der h. M. ist grundsätzlich zu folgen, da auch die in § 292 AktG genannten Arten von Unternehmensverträgen strukturändernde Wirkung für die verpflichtete Gesellschaft entfalten und in die Leitungsmacht der Geschäftsführung bzw. die Gewinnverwendung eingreifen. Daher sind diese Unternehmensverträge kollisionsrechtlich ebenso zu qualifizieren wie Beherrschungs- und Gewinnabführungsverträge und folglich dem Gesellschaftsstatut des verpflichteten Unternehmens zu unterstellen. Eine Rechtswahl ist daher nicht möglich. Dies gilt unabhängig davon, ob das verpflichtete Unternehmen zugleich – sei es durch Mehrheitsbeteiligung oder durch einen Beherrschungsvertrag – von dem anderen Unternehmen beherrscht wird.[88]

Verpflichtet sich also eine inländische AG, KGaA oder SE zur Teilgewinnabführung im Sinne von § 292 Abs. 1 Nr. 2 AktG oder zur Verpachtung oder Überlassung ihres Betriebs im Sinne von § 292 Abs. 1 Nr. 3 AktG an ein ausländisches Unternehmen, sind die Vorschriften der §§ 293 ff. AktG über den Abschluss, die Änderung und Beendigung von Unternehmensverträgen anzuwenden. Insbesondere bedarf es zur Wirksamkeit der Verträge der Zustimmung der Hauptversammlung der AG, KGaA oder SE (§ 293 Abs. 1 AktG). Ob eine Zustimmung der Anteilseignerversammlung des ausländischen Unternehmens erforderlich ist, richtet sich nach dessen Gesellschaftsstatut.

Verpflichtet sich umgekehrt ein ausländisches Unternehmen zu entsprechenden Leistungen gegenüber einem Unternehmen deutschen Rechts, gelten die den §§ 293 ff. AktG entsprechenden ausländischen Vorschriften. Handelt es sich bei dem deutschen Unternehmen um eine AG, KGaA oder SE, ist die Zustimmung ihrer Hauptversammlung zum Abschluss des Unternehmensvertrags gemäß § 293 Abs. 2 AktG erforderlich.

Bei Gewinngemeinschaften im Sinne von § 292 Abs. 1 Nr. 1 AktG erbringen beide Vertragsteile die vertragstypische Leistung. Sie begründet eine BGB-Gesellschaft zwischen den beteiligten Unternehmen.[89] Da diese BGB-Gesellschaft in der Regel keine Außenwirkung haben, sondern es sich um eine bloße Inngesellschaft handeln wird, könnte die Gewinngemeinschaft statt dem Gesellschaftsstatut auch dem Vertragsstatut unterstellt werden.[90] Die beteiligten Unternehmen könnten somit nach Maßgabe der Art. 3 ff. der Rom I Verordnung[91] das anwendbare Recht wählen. Da die Gewinngemeinschaft vom deutschen (Sach)Recht als Unternehmensvertrag qualifiziert wird, erscheint es jedoch überzeugender, sie auch auf kollisionsrechtlicher Ebene nicht als bloßen schuldrechtlichen Vertrag, sondern als Unternehmensvertrag zu qualifizieren und somit wie bei Unternehmensverträgen allgemein an das Gesellschaftsstatut anzuknüpfen. Anderenfalls könnten die konzernrechtlichen Schutzbestimmungen zugunsten von (Minderheits-)Gesellschaftern und Dritten, die bei Abschluss eines Gewinngemeinschaftsvertrags zwischen inländischen Gesellschaften zu beachten wären, im Fall der Gewinngemeinschaft mit einer Auslandsgesellschaft durch Wahl eines Rechts, das keine vergleichbaren Bestimmungen enthält, unterlaufen werden. Da bei der Gewinngemeinschaft beide Vertragsteile die vertragstypische Leistung erbringen, müssen allerdings die konzernrechtlichen Schutzvorschriften beider Gesellschaftsstatute

---

[86] VO (EG) 593/2008, ABl. EG Nr. L 177/6 v. 17. Juni 2008.
[87] *Einsele* ZGR 1996, 40, 50; *Neumayer* ZVglRWiss. 83 (1984), 129, 160 ff.
[88] Ebenso Spindler/Stilz/*Veil* Vor § 291 Rdnr. 52.
[89] *Hüffer* AktG § 292 Rdnr. 4; MünchKommAktG/*Altmeppen* § 292 Rdnr. 12.
[90] Vgl. zur vertragsrechtlichen Anknüpfung bei Innengesellschaften MünchHdb. GesR VI/*Thölke* § 1 Rdnr. 41.
[91] VO (EG) 593/2008, ABl. EG Nr. L 177/6 v. 17. Juni 2008.

kumulativ angewendet werden.[92] Aufgrund der gesellschaftsrechtlichen Anknüpfung ist auch hier eine Rechtswahl zugunsten eines Gesellschaftsstatuts oder einer „dritten" Rechtsordnung nicht möglich.

5. Grenzüberschreitender faktischer Unterordnungskonzern

30   Das deutsche Konzernrecht des faktischen Konzerns sieht zum Schutz der abhängigen Gesellschaft ein System des Einzelausgleichs für nachteilige Maßnahmen vor (§§ 311 ff. AktG).[93] Beim faktischen Unterordnungskonzern gilt folglich ebenfalls die **Grundregel,** dass das Konzernrecht der abhängigen Gesellschaft maßgeblich ist.[94] Die Rechte des Mehrheitsaktionärs bestimmen sich nach dem Statut der Gesellschaft, deren Aktionär er ist.[95] Zu beachten ist hinsichtlich der Regelungen der §§ 311 bis 318 AktG, dass diese nur Anwendung finden, wenn eine AG, KGaA oder SE (mit Sitz in Deutschland) beherrscht wird.[96] Sollte eine deutsche GmbH oder Personenhandelsgesellschaft von einem ausländischen Unternehmen aufgrund einer Mehrheitsbeteiligung faktisch beherrscht werden, unterliegt das Konzernverhältnis gleichfalls deutschem Konzernrecht.[97]

31   Hinsichtlich solcher Regelungen, die den Schutz der ausländischen Obergesellschaft oder deren Minderheitsgesellschafter bezwecken, ist ausländisches Recht anwendbar. So ist beispielsweise das Erfordernis einer Zustimmung der Anteilseignerversammlung der Obergesellschaft nach deren Personalstatut zu beurteilen.[98] Wenn die Obergesellschaft eine AG, KGaA oder SE (mit Sitz in Deutschland) ist, kann daher die Zustimmung ihrer Hauptversammlung zu Strukturmaßnahmen in der Untergesellschaft nach den Grundsätzen der „Holzmüller"-/„Gelatine"-Rechtsprechung des BGH[99] erforderlich sein.[100] Die Obergesellschaft darf in diesem Fall ohne die Zustimmung ihrer Hauptversammlung die Umsetzung der Strukturmaßnahme nicht veranlassen.

32   Ferner gilt das Verbot des Anteilserwerbs gemäß § 71d Satz 2 AktG auch für ausländische Tochtergesellschaften einer AG, KGaA oder SE (mit Sitz in Deutschland), da die Vorschrift dem Kapitalschutz der AG/KGaA bzw. SE dient.[101] Daher darf ein im Sinne von § 17 AktG abhängiges oder im Sinne von § 16 AktG im Mehrheitsbesitz der AG, KGaA oder SE stehendes Unternehmen Aktien der AG, KGaA oder SE nur unter den Voraussetzungen des § 71 Abs. 1 Nr. 1 bis 5, 7 und 8, Abs. 2 AktG erwerben und besitzen.

III. Grenzüberschreitender Gleichordnungskonzern

33   Ein grenzüberschreitender Gleichordnungskonzern liegt vor, wenn sich zwei rechtlich selbständige Unternehmen unterschiedlicher Rechtsordnung unter einheitlicher Leitung zusammenschließen, ohne dass ein Unternehmen von dem anderen abhängig ist (vgl. § 18 Abs. 2 AktG).[102] Aufgrund der vielfältigen Gestaltungsmöglichkeiten, eine einheitliche Leitung zu konzipieren, und der geringen Anzahl an Regelungen, die sich unmittelbar

---

[92] Vgl. Kölner KommAktG/*Koppensteiner* Vorb. § 291 Rdnr. 192 und allgemein zum Gleichordnungskonzern Rdnr. 43.
[93] *Brandi* NZG 2003, 889, 893.
[94] BGH NZG 2005, 214, 215.
[95] MünchKommBGB/*Kindler* IntGesR Rdnr. 788.
[96] *Emmerich/Habersack* AG/GmbH-KonzernR § 311 Rdnr. 21.
[97] Siehe dazu Rdnr. 17.
[98] MünchKommBGB/*Kindler* IntGesR Rdnr. 789.
[99] BGH NZG 2004, 571, 574 („Gelatine I"); BGH NZG 2004, 575, 578 („Gelatine II"); BGH NJW 1982, 1703 („Holzmüller").
[100] MünchKommAktG/*Altmeppen* Einl. §§ 291 ff. Rdnr. 41 und § 293 Rdnr. 122.
[101] Vgl. MünchKommAktG/*Oechsler* § 71 Rdnr. 64; *Spickhoff* BB 1997, 2593; Spindler/Stilz/*Cahn* § 71d Rdnr. 31.
[102] *Spahlinger/Wegen* C XII Rdnr. 396.

auf den Gleichordnungskonzern beziehen,[103] ist die **Entwicklung einer allgemeingültigen Kollisionsregel nicht möglich.**

Im Rahmen eines vertraglichen Gleichordnungskonzerns unterstellen sich die Parteien freiwillig auf vertraglicher Grundlage einer einheitlichen Leitung. Der Vertragsschluss führt in Deutschland zunächst zur Gründung einer BGB-Innengesellschaft.[104] In der Praxis werden aber in den Gleichordnungsvertrag regelmäßig weitergehende Regelungen aufgenommen. Der Vertrag kann vorsehen, dass eine Gesellschaft geschaffen werden soll, in der die Geschäftspolitik der beiden Unternehmen koordiniert wird (sog. Leitungsgesellschaft/Zentralgesellschaft). Im Fall einer reinen BGB-Innengesellschaft können die beteiligten Unternehmen gemäß den Vorgaben der Rom I-Verordnung[105] grundsätzlich das anzuwendende Recht für diese Gesellschaft bestimmen.[106] Begrenzt ist die Parteiautonomie durch die Vorgaben des Gesellschaftsstatuts der gleichgeordneten Gesellschaften selbst, soweit sich der Gleichordnungsvertrag auf die Struktur der Gesellschaften auswirkt.[107]

Wird durch den dem Gleichordnungskonzern zugrunde liegenden Vertrag hingegen eine Außengesellschaft begründet, ist deren Gesellschaftsstatut maßgeblich.[108]

IV. Wechselseitig beteiligte Unternehmen

Die Regelungen über wechselseitig beteiligte Unternehmen gemäß §§ 19 Abs. 1, 328 AktG finden bei wechselseitigen Beteiligungen ausländischem und deutschem Recht unterliegenden Unternehmen keine Anwendung.[109] Die Beschränkungen des § 328 AktG i.V.m. § 19 Abs. 1 AktG[110] setzen voraus, dass zwei inländische Unternehmen mindestens 25% der Anteile an dem jeweils anderen Unternehmen halten. Bei wechselseitigen Beteiligungen eines ausländischen und eines inländischen Unternehmen kommt primär die Anwendung der §§ 15 bis 18 AktG in Betracht, sofern die an der Unternehmensverbindung beteiligte deutsche Gesellschaft im Mehrheitsbesitz einer ausländischem Recht unterliegenden Gesellschaft steht oder von dieser abhängig ist.[111] Die Rechtsfolgen entsprechen dann weitgehend denen des §§ 19 Abs. 2 und Abs. 3 AktG.[112] Einer inländischen Aktiengesellschaft gleichgestellt ist die SE mit Sitz im Inland.[113]

V. Eingegliederte Gesellschaften

Die Regelungen der §§ 319 ff. AktG haben für grenzüberschreitende Unternehmensverbindungen keine Relevanz, da die Eingliederung voraussetzt, dass die einzugliedernde Gesellschaft die Rechtsform einer Aktiengesellschaft deutschen Rechts (oder einer SE mit

---

[103] Unmittelbare Bezugnahme auf den Gleichordnungskonzern nur in den §§ 18 Abs. 2 und Abs. 3 AktG.

[104] MünchKommAktG/*Altmeppen* § 291 Rdnr. 212; *Spahlinger/Wegen* C XII Rdnr. 400. Vgl. auch MünchHdb. GesR VI/*Drinhausen* § 42 Rdnr. 4 zum Internationalen Joint Venture, bei dem der Joint Venture-Vertrag regelmäßig eine BGB-Innengesellschaft begründet.

[105] VO (EG) 593/2008, ABl. EG Nr. L 177/6 v. 17. Juni 2008.

[106] MünchHdb. GesR VI/*Thölke* § 1 Rdnr. 44; anders aber bei der Gewinngemeinschaft im Sinne von § 292 Abs. 1 Nr. 1 AktG, siehe dazu oben Rdnr. 26.

[107] MünchKommAktG/*Altmeppen* Einl. §§ 291 ff. Rdnr. 43; MünchKommBGB/*Kindler* IntGesR Rdnr. 797.

[108] *Michalski/Leible* Syst. Darst. 2 Rdnr. 224; *Spahlinger/Wegen* C XII Rdnr. 404; Staudinger/*Großfeld* IntGesR Rdnr. 560.

[109] Vgl. Kölner KommAktG/*Koppensteiner* Vorb. § 15 Rdnr. 114.

[110] Siehe zu Details *Emmerich/Habersack* AG/GmbH-KonzernR § 328 Rdnr. 1.

[111] *Emmerich/Habersack* AG/GmbH-KonzernR § 19 Rdnr. 26; Kölner KommAktG/*Koppensteiner* § 19 Rdnr. 31.

[112] Siehe zu den Rechtsfolgen *Emmerich/Habersack* AG/GmbH-KonzernR § 19 Rdnr. 14 und 18.

[113] Art. 9 Abs. 1 lit. c) ii) SE-VO; vgl. auch *Schwarz* Einl. Rdnr. 198.

Sitz im Inland)[114] hat; Gleiches gilt gemäß § 319 Abs. 1 Satz 1 AktG für die künftige Hauptgesellschaft.[115]

VI. Sonstige Regelungen zu verbundenen Unternehmen

1. Mitteilungspflichten

38 § 20 Abs. 1 AktG statuiert für Unternehmen, die mehr als 25% der Anteile einer Aktiengesellschaft oder KGaA (bei letzterer i. V. m. § 278 Abs. 3 AktG) deutschen Rechts halten, die Pflicht, dies der Gesellschaft schriftlich mitzuteilen. Zur Mitteilung verpflichtet sind sowohl inländische als auch ausländische Unternehmen. Die Einbeziehung ausländischer Unternehmen ist nach allgemeiner Meinung dadurch gerechtfertigt, dass es sich um eine mitgliedschaftliche Informationspflicht handelt, für die das **Personalstatut der inländischen Gesellschaft** maßgeblich ist.[116] Die Mitteilungspflichten des § 21 Abs. 1 und Abs. 2 AktG hingegen finden nach überwiegender Ansicht auf grenzüberschreitende Konzernverbindungen keine Anwendung, weil Adressat der Regelung nur eine deutschem Recht unterliegende Aktiengesellschaft, KGaA oder eine SE mit Sitz im Inland sein kann, die Anteile an einer Kapitalgesellschaft (Abs. 1) bzw. einem Unternehmen (gleich welcher Rechtsform, Abs. 2) hält, das zumindest seinen Verwaltungssitz im Inland hat.[117] Weitere praxisrelevante Mitteilungspflichten ergeben sich aus den §§ 21 ff. WpHG. Bei Erreichen gewisser Schwellenwerte an einer börsennotierten inländischen Gesellschaft ist der Erwerber der Beteiligungen danach verpflichtet, der Gesellschaft selbst und der BaFin Mitteilung zu machen. Ohne Belang sind dabei die Herkunft bzw. das Gesellschaftsstatut des Erwerbers.

2. Aufsichtsratbestellung

39 § 100 Abs. 2 AktG enthält Beschränkungen für die Bestellung von Aufsichtsratsmitgliedern einer deutschen Aktiengesellschaft, die auch im Rahmen grenzüberschreitender Konzernverbindungen Bedeutung erlangen können. Gemäß Art. 47 Abs. 2 lit. a) SE-VO gelten diese Beschränkungen auch für den Aufsichtsrat einer SE mit Sitz in Deutschland, ferner gemäß § 278 Abs. 3 für die KGaA (für deren Aufsichtsrat gilt zusätzlich § 287 Abs. 3 AktG). Für die Besetzung des Aufsichtsrats einer **Konzerngesellschaft, die ausländischem Recht unterliegt,** findet § 100 AktG keine Anwendung, stattdessen gelten allein die Vorschriften des ausländischen Gesellschaftsstatuts.

40 Im Rahmen der **Höchstzahl von Aufsichtsratsmandaten** gemäß § 100 Abs. 2 Satz 1 Nr. 1 AktG ist bei grenzüberschreitenden Unternehmensverbindungen zu beachten, dass Mandate in Aufsichtsgremien ausländischer Gesellschaften nicht mitzuzählen sind; erfasst sind nur Mandate in Aufsichtsgremien inländischer Rechtsformen, die kraft Gesetzes zu bilden sind.[118]

41 Nach § 100 Abs. 2 Satz 1 Nr. 2 AktG ist es dem gesetzlichen Vertreter eines abhängigen Unternehmens untersagt, Mitglied im Aufsichtsrat der Obergesellschaft zu sein. Die Intention dieser Regelung ist die effektive Erfüllung der Überwachungsfunktion durch den Aufsichtsrat.[119] Die Regelung dient dem Schutz der Obergesellschaft.[120] Bei grenzüberschreitenden Unternehmensverbindungen ist dementsprechend das **Personalstatut der**

---

[114] *Emmerich/Habersack* AG/GmbH-KonzernR Einl. Rdnr. 45.
[115] Vgl. MünchKommAktG/*Grunewald* Vor § 319 Rdnr. 5 und § 319 Rdnr. 1.
[116] Statt vieler MünchKommBGB/*Kindler* IntGesR Rdnr. 803.
[117] *Emmerich/Habersack* AG/GmbH-KonzernR § 21 Rdnr. 8; *Hüffer* AktG § 21 Rdnr. 3; MünchHdb. GesR IV/*Krieger* § 68 Rdnr. 144; a. A. Kölner KommAktG/*Koppensteiner* § 21 Rdnr. 4.
[118] *Hüffer*, AktG § 100 Rdnr. 3; MünchHdb. GesR IV./*Hoffmann-Becking* § 30 Rdnr. 7 a; a. A. MünchKommAktG/*Habersack* § 100 Rdnr. 16.
[119] MünchHdb. GesR IV/*Hoffmann-Becking* § 30 Rdnr. 10; *Spahlinger/Wegen* XII Rdnr. 414; Spindler/Stilz/*Spindler* § 100 Rdnr. 23.
[120] MünchKommBGB/*Kindler* IntGesR Rdnr. 812.

herrschenden Gesellschaft maßgeblich. Einem Mitglied der Geschäftsleitung eines ausländischen abhängigen Unternehmens ist es folglich verwehrt, Aufsichtsratsmitglied einer deutschen Obergesellschaft zu sein.[121] Entsprechendes gilt gemäß § 100 Abs. 2 Satz 1 Nr. 2 AktG für Mitglieder der Geschäftsleitung eines in- oder ausländischen Unternehmens, dessen Aufsichtsorgan ein Vorstand/geschäftsführender Direktor der inländischen AG, KGaA oder SE angehört (sog. Überkreuz-Verflechtung).

3. Mitbestimmung der Arbeitnehmer in Gesellschaftsorganen

Hinsichtlich der Arbeitnehmermitbestimmung in Gesellschaftsorganen gelten grundsätzlich für jedes Konzernunternehmen die Vorschriften ihres Gesellschaftsstatuts. Für Unternehmen, die deutschem Recht unterliegen, gelten daher die deutschen Mitbestimmungsgesetze (Drittelbeteiligungsgesetz, Mitbestimmungsgesetz, Montanmitbestimmungsgesetz, Mitbestimmungsergänzungsgesetz oder das MgVG,[122] für die SE ferner das SEBG). Mit Ausnahme des MgVG und des SEBG gewähren die deutschen Mitbestimmungsgesetze grundsätzlich nur im Inland beschäftigten Arbeitnehmern einer deutschem Recht unterliegenden Gesellschaft Mitbestimmungsrechte. Bei einem grenzüberschreitenden Konzern werden daher einer deutschen Konzernspitze zur Ermittlung der Schwellenwerte der Mitbestimmungsgesetze Arbeitnehmer, die von ihren ausländischen Tochtergesellschaften im Ausland beschäftigt werden, grundsätzlich nicht zugerechnet.[123] Eine Zurechnung der (im Inland beschäftigten) Arbeitnehmer von Unternehmen ausländischer Rechtsform an eine deutsche Konzernspitze soll jedoch ausnahmsweise dann stattfinden, wenn das Unternehmen ausländischer Rechtsform seinen Verwaltungssitz im Inland hat.[124] Ebenfalls zugerechnet werden im Inland beschäftigte Arbeitnehmer von deutschen „Enkelgesellschaften" der deutschen Konzernspitze, und zwar auch dann, wenn die Tochtergesellschaft ihrerseits ausländischem Recht unterliegt.[125] Die Mitbestimmung nach den deutschen Mitbestimmungsgesetzen beschränkt sich ferner auf Unternehmen, die eine der in dem jeweils einschlägigen Mitbestimmungsgesetz aufgelisteten inländischen Rechtsformen haben; Unternehmen ausländischer Rechtsform unterliegen also nicht den deutschen Mitbestimmungsgesetzen.[126] Nach herrschender und zutreffender Auffassung gilt dies auch dann, wenn das Unternehmen ausländischer Rechtsform seinen Verwaltungssitz in Deutschland hat.[127] Ob eine Konzernobergesellschaft ausländischer Rechtsform verpflichtet ist, einen mitbestimmten Aufsichtsrat einzurichten, und ob in Deutschland beschäftigten Arbeitnehmern des Konzerns Mitbestimmungsrechte zustehen, richtet sich daher ausschließlich nach

---

[121] *Hüffer* AktG § 100 Rdnr. 5; MünchKommBGB/*Kindler* IntGesR Rdnr. 812; Spindler/Stilz/*Spindler* § 100 Rdnr. 24.

[122] Gesetz zur Umsetzung der Regelungen über die Mitbestimmung der Arbeitnehmer bei einer Verschmelzung von Kapitalgesellschaften aus verschiedenen Mitgliedstaaten vom 21. Dezember 2006, BGBl. I S. 3332 ff.

[123] Vgl. *Ulmer/Habersack* in Ulmer/Habersack/Henssler, Mitbestimmungsrecht, § 1 MitbestG Rdnr. 6 und § 5 MitbestG Rdnr. 55. Umstritten ist, ob dies auch für Arbeitnehmer gilt, die die ausländischen Konzernuntergesellschaften in inländischen Betrieben oder Zweigniederlassungen beschäftigen: Gegen deren Einbeziehung *Bayer* ZGR 1977, 173, 178; *Lutter* ZGR 1977, 195, 208; *Ulmer/Habersack* in Ulmer/Habersack/Henssler, Mitbestimmungsrecht, § 5 MitbestG Rdnr. 55; für Einbeziehung *Duden* ZHR 141 (1977), 145, 185; MünchKommAktG/*Gach* § 5 MitbestG Rdnr. 10; GroßkommAktG/*Oetker* § 5 MitbestG Rdnr. 33. Zur Einbeziehung von nur vorübergehend im Ausland beschäftigten Arbeitnehmern siehe *Henssler* in Ulmer/Habersack/Henssler, Mitbestimmungsrecht, § 3 MitbestG Rdnr. 38.

[124] *Ulmer/Habersack* in Ulmer/Habersack/Henssler, Mitbestimmungsrecht, § 5 MitbestG Rdnr. 55.

[125] *Ulmer/Habersack* in Ulmer/Habersack/Henssler, Mitbestimmungsrecht, § 5 MitbestG Rdnr. 55.

[126] GroßkommAktG/*Oetker* § 1 MitbestG Rdnr. 8; *Ulmer/Habersack* in Ulmer/Habersack/Henssler, Mitbestimmungsrecht, § 1 MitbestG Rdnr. 6.

[127] GroßkommAktG/*Oetker* § 1 MitbestG Rdnr. 10; MünchKommAktG/*Gach* § 1 MitbestG Rdnr. 14; *Ulmer/Habersack* in Ulmer/Habersack/Henssler, Mitbestimmungsrecht, § 1 MitbestG Rdnr. 6 m. w. N.

den Vorgaben ihres Gesellschaftsstatuts. Zu beachten ist im Fall einer ausländischen Konzernspitze allerdings § 5 Abs. 3 MitbestG, wonach einer Teilkonzernspitze in der Rechtsform einer AG, KGaA oder GmbH die in Deutschland beschäftigten Arbeitnehmer ihrer Tochtergesellschaften zugerechnet werden, so dass bei der deutschen Teilkonzernspitze u. U. ein mitbestimmter Aufsichtsrat einzurichten ist.[128]

43 Modifikationen erfährt die Mitbestimmung im Fall einer SE oder einer Gesellschaft, die an einer grenzüberschreitenden Verschmelzung im Sinne der §§ 122a ff. UmwG beteiligt war, als Konzernobergesellschaft. Im Fall der SE unterliegt die Mitbestimmung der Arbeitnehmer entweder einer Vereinbarung, die die Unternehmensleitungen der Gründungsgesellschaften mit einem besonderen Verhandlungsgremium der Arbeitnehmer abgeschlossen haben, oder den §§ 34 ff. SEBG. Entsprechendes gilt für die Mitbestimmung in einer AG, KGaA oder GmbH, die aus einer grenzüberschreitenden Verschmelzung durch Neugründung entstanden ist oder an einer grenzüberschreitenden Verschmelzung durch Aufnahme als aufnehmende Gesellschaft beteiligt war: Die Mitbestimmung der Arbeitnehmer unterliegt wiederum entweder einer Vereinbarung oder den Vorschriften der §§ 23 ff. MgVG. Im Gegensatz zu den übrigen deutschen Mitbestimmungsgesetzen sehen sowohl die §§ 34 ff. SEBG als auch die §§ 23 ff. MgVG die Beteiligung von im Ausland beschäftigten Arbeitnehmern der Gesellschaft selbst sowie ihrer Tochtergesellschaften an der Mitbestimmung vor. In grenzüberschreitenden Konzernen mit einer SE oder einer Gesellschaft, die an einer grenzüberschreitenden Verschmelzung beteiligt war, als Konzernspitze kann daher der Kreis der an der Mitbestimmung zu beteiligenden Arbeitnehmer wesentlich größer sein als bei einer nationalen Rechtsform als Konzernobergesellschaft. Im Gegenzug wird allerdings der Grad der Mitbestimmung – also der Anteil der Arbeitnehmervertreter im Aufsichts- oder Verwaltungsorgan – nach den Auffangregelungen des SEBG und des MgVG grundsätzlich auf dem Stand „eingefroren", der zum Zeitpunkt der SE-Gründung bzw. des Wirksamwerdens der grenzüberschreitenden Verschmelzung maßgeblich war.[129] Ein späteres Über- oder Unterschreiten von Schwellenwerten der Mitbestimmungsgesetze führt daher in diesen Fällen nicht zu einer Anhebung oder Absenkung des Mitbestimmungsgrades.

4. Nichtigkeit bestimmter Stimmbindungsverträge

44 Gemäß § 136 Abs. 2 Satz 1 AktG sind Verträge nichtig, durch die sich ein Aktionär verpflichtet, nach Weisung der Gesellschaft, des Vorstands oder des Aufsichtsrats der Gesellschaft oder nach Weisung eines abhängigen Unternehmens sein Stimmrecht in der Hauptversammlung auszuüben. Schutzzweck der Regelung ist es, die von der Verwaltung unabhängige Ausübung der Aktionärsrechte in der Hauptversammlung zu sichern.[130] Die Regelung gilt für alle Aktionäre einer deutschen Aktiengesellschaft, KGaA oder SE mit Sitz in Deutschland unabhängig davon, ob es sich um aus- oder inländische Aktionäre handelt. Sie findet daher auch im Rahmen grenzüberschreitender Konzernverbindungen unter Beteiligung einer deutschen Aktiengesellschaft, KGaA oder SE mit Sitz im Inland Anwendung. Die Zulässigkeit von Stimmbindungsverträgen über die Ausübung von Stimmrechten in Unternehmen, die ausländischem Recht unterliegen, richtet sich hingegen allein nach deren Gesellschaftsstatut, § 136 Abs. 2 AktG findet auf Unternehmen ausländischer Rechtsform keine Anwendung.

5. Zeichnungs-, Erwerbs- und Besitzverbote

45 Praxisrelevante Zeichnungs-, Erwerbs- und Besitzverbote bezüglich Aktien einer deutschen Aktiengesellschaft, KGaA oder SE mit Sitz im Inland sind in § 56 Abs. 2 und § 71d

---

[128] GroßkommAktG/*Oetker* § 5 MitbestG Rdnr. 43 ff.; *Ulmer/Habersack* in Ulmer/Habersack/Henssler, Mitbestimmungsrecht, § 5 MitbestG Rdnr. 68 ff.

[129] Siehe § 35 Abs. 1 SEBG für die SE und § 24 Abs. 1 MgVG für die grenzüberschreitende Verschmelzung.

[130] *Hüffer* § 136 Rdnr. 25; MünchKommAktG/*Schröer* § 136 Rdnr. 17.

Satz 2 AktG statuiert. Gemäß § 56 Abs. 2 Satz 1 AktG ist es einem abhängigen Unternehmen untersagt, Aktien der herrschenden Aktiengesellschaft, KGaA oder SE als Gründer oder Zeichner oder in Ausübung eines bei einer bedingten Kapitalerhöhung eingeräumten Umtausch- oder Bezugsrechts zu übernehmen. Gleiches gilt für ein in Mehrheitsbesitz stehendes Unternehmen im Verhältnis zu der an ihm mit Mehrheit beteiligten Gesellschaft. Nach § 71d Satz 2 AktG darf ein abhängiges oder in Mehrheitsbesitz stehendes Unternehmen oder ein Dritter, der für Rechnung des abhängigen oder in Mehrheitsbesitz stehenden Unternehmens handelt, Aktien an der Obergesellschaft nur dann erwerben oder besitzen, wenn dies der Obergesellschaft selbst nach § 71 Abs. 1 Nr. 1 bis 5, 7 und 8 und Abs. 2 AktG gestattet ist. Mit dieser Regelung soll verhindert werden, dass das Verbot des Erwerbs eigener Aktien gemäß § 71 AktG umgangen wird. Die Vorschriften dienen dem Schutz der herrschenden Gesellschaft und sind daher auch im Rahmen grenzüberschreitender Unternehmensverbindungen anwendbar, wenn eine deutsche Aktiengesellschaft, KGaA oder SE mit Sitz im Inland ein ausländisches Unternehmen beherrscht.[131] Wenn für die abhängige Gesellschaft das deutsche Gesellschaftsstatut maßgeblich ist, während für die Obergesellschaft ein ausländisches Statut gilt, kommen die §§ 56 Abs. 2 und 71d Satz 2 AktG nach überwiegender und zutreffender Auffassung dementsprechend nicht zur Anwendung.[132] Folglich bestimmen sich Zeichnungs- und Erwerbsverbote für Geschäftsanteile an der Obergesellschaft in diesem Fall allein nach ausländischem Recht.

VII. Internationale Gerichtszuständigkeit

46 Bei Rechtsstreitigkeiten im Rahmen internationaler Unternehmensverbindungen stellt sich die Frage, welche Gerichte für die Entscheidung des Rechtsstreits zuständig sind. Dies bestimmt sich nach den Regelungen über die internationale Zuständigkeit von Gerichten.[133]

47 Relevant wird die Frage der internationalen Gerichtszuständigkeit im Rahmen der grenzüberschreitenden Unternehmensverbindung insbesondere im Zusammenhang mit der Durchsetzung von Haftungsansprüchen. Dabei ist zwischen der Konzerninnenhaftung, der Konzernaußenhaftung und der konzernspezifischen Organhaftung zu differenzieren.[134] Für diese Ansprüche können neben dem allgemeinen Gerichtsstand des Beklagten nach Art. 2 Abs. 1 EuGVVO[135]/EuGVÜ[136]/LugÜ[137] bzw. §§ 12, 17 ZPO weitere besondere Gerichtsstände eröffnet sein.

1. Allgemeines

48 Ausgangspunkt der Prüfung eines inländischen Gerichts, ob es zur Entscheidung des Rechtsstreits international zuständig ist, ist die EuGVVO, die als europäische Verordnung unmittelbar in den Mitgliedstaaten Anwendung findet (Art. 288 AEUV) und Vorrang vor

---

[131] Vgl. MünchKommAktG/*Oechsler* § 71 Rdnr 64; *Spickhoff* BB 1997, 2593; Spindler/Stilz/*Cahn* § 71d Rdnr. 31.

[132] MünchKommAktG/*Oechsler* § 71 Rdnr 64; *Spahlinger/Wegen* C XII Rdnr. 411; Spindler/Stilz/*Cahn* § 71d Rdnr. 31; Staudinger/*Großfeld* IntGesR Rdnr. 587.

[133] Vgl. *Von Hoffmann/Thorn* § 3 Rdnr. 28.

[134] MünchKommBGB/*Kindler* IntGesR Rdnr. 843ff.; *Spahlinger/Wegen* C XII Rdnr. 426ff.

[135] VO (EG) Nr. 44/2001 des Rates über die gerichtliche Zuständigkeit und die Anerkennung und Vollstreckung von Entscheidungen in Zivil- und Handelssachen vom 22. Dezember 2000 ABl. EG Nr. L 12/1.

[136] Durch das Abkommen zwischen der EU und dem Königreich Dänemark über die gerichtliche Zuständigkeit und die Anerkennung und Vollstreckung von Entscheidungen in Zivil- und Handelssachen vom 19. 10. 2005, ABl. (EG) L 299/62 gilt auch Dänemark als Mitgliedstaat i.S.d. EuGVVO. Art. 1 Abs. 3 EuGVVO findet keine Anwendung mehr. Vgl. *Musielak/Lackmann* Art. 1 EuGVVO Rdnr. 10.

[137] Luganer Übereinkommen über die gerichtliche Zuständigkeit und die Vollstreckung gerichtlicher Entscheidungen in Zivil- und Handelssachen vom 16. 9. 1988 (BGBl. 1994 II 2658).

nationalen Gesetzen genießt. Gemäß Art. 3 Abs. 1 EuGVVO sind für Klagen gegen einen Beklagten, der seinen Sitz[138] innerhalb des räumlichen Anwendungsbereichs der EuGVVO hat, grundsätzlich die Gerichte dieses Sitzstaates international zuständig. Eine internationale Zuständigkeit der Gerichte eines anderen Staates kann sich in diesem Fall nur aus den besonderen Zuständigkeitsvorschriften der Art. 5 bis 24 EuGVVO ergeben; Zuständigkeitsvorschriften aus nationalen Prozessrechten finden daneben keine Anwendung.[139] Die Normen der ZPO sind daher gegenüber den in der EuGVVO – ebenso wie in bi- bzw. multilateralen Abkommen[140] – enthaltenen Vorgaben über die internationale Zuständigkeit nachrangig.[141]

49 Sind keine supranationalen Vorschriften anwendbar, ist die internationale Zuständigkeit anhand der nationalen prozessrechtlichen Vorschriften zu ermitteln. Die deutsche Rechtsprechung folgt dabei dem Grundsatz, dass bei Fehlen einer ausdrücklichen Regelung zur internationalen Zuständigkeit[142] den Regeln über die örtliche Zuständigkeit eine Doppelfunktion zukommt; die örtliche Zuständigkeit indiziert in diesem Fall die internationale Zuständigkeit.[143]

50 Ergibt sich ein inländischer Gerichtsstand, findet ausschließlich inländisches Verfahrensrecht Anwendung (Maßgeblichkeit der **lex fori**).[144]

2. Konzerninnenhaftung

51 Konzerninnenhaftungsansprüche betreffen das interne Verhältnis eines Konzerns, insbesondere Ansprüche zwischen abhängigem und herrschendem Unternehmen. Hierzu zählen im deutschen Recht – das zur Anwendung kommt, wenn die abhängige Gesellschaft deutschem Recht unterliegt – insbesondere die Ansprüche der abhängigen Gesellschaft gegen das herrschende Unternehmen gemäß § 302 AktG (Verlustübernahme), § 311 AktG (Pflicht zum Nachteilsausgleich im faktischen Konzern) und § 317 AktG (Schadensersatzpflicht im faktischen Konzern).

52 Für diese Ansprüche kann sich eine internationale Zuständigkeit der Gerichte des **Sitzstaates der abhängigen Gesellschaft** aus besonderen Zuständigkeitsregelungen ergeben:

53 Bei Ansprüchen im **Vertragskonzern** kann sich die internationale Zuständigkeit der Gerichte des Sitzstaates der abhängigen Gesellschaft zunächst aus den Regelungen über den Gerichtsstand des Erfüllungsortes ergeben, also aus Art. 5 Abs. 1 Nr. 1 lit. a) EuGVVO, wenn die beklagte Gesellschaft ihren Sitz in einem EU-Mitgliedstaat hat, bzw. aus § 29 ZPO, wenn das beklagte herrschende Unternehmen seinen Sitz in einem Drittstaat hat (und kein vorrangiges bi- oder multilaterales Abkommen eine andere Regelung vorsieht). Erfüllungsort ist im Rahmen eines Vertragskonzerns grundsätzlich der Sitz der abhängigen Gesellschaft, denn dort hat das herrschende Unternehmen sämtliche Verpflichtungen gegenüber dem abhängigen Unternehmen zu erfüllen.[145] Streitig ist in Literatur und Rechtsprechung, ob sich eine internationale Zuständigkeit am Sitz der abhängigen Gesellschaft aus Art. 5 Nr. 1 EuGVVO bzw. § 29 ZPO auch im faktischen Konzern ergeben kann. Die Recht-

---

[138] Zum Sitz von juristischen Personen siehe Art. 60 EuGVVO.

[139] Zöller/*Geimer* Art. 3 EuGVVO Rdnr. 6. Vgl. auch Art. 3 Abs. 2 EuGVVO, der die Anwendung bestimmter weitgefasster nationaler Zuständigkeitsvorschriften ausschließt. Unerheblich ist der Sitz des Klägers, so dass die Vorgaben der EuGVVO auch dann abschließend sind, wenn der Kläger seinen Sitz außerhalb ihres Geltungsbereichs hat, vgl. *Kropholler* Art. 3 EuGVVO Rdnr. 1.

[140] Siehe Art. 71 EuGVVO zum Vorrang solcher Abkommen vor der EuGVVO. Eine Liste solcher Abkommen ist abgedruckt bei *Kropholler* Art. 71 EuGVVO Rdnr. 3.

[141] Vgl. BGH NJW 1997, 397, 398.

[142] Ausdrückliche Regelungen befinden sich in den §§ 38, 40 ZPO, §§ 121 ff., 169 ff. FamFG.

[143] BGH NJW 1999, 1395, 1396; BGH NJW 1997, 2245; BGH NJW 1997, 657; BGH NJW 1991, 3092, 3093; BGH NJW 1985, 2090; Zöller/*Geimer*, IZPR Rdnr. 37.

[144] BGH NJW 1985, 552, 553; Zöller/*Geimer* IZPR Rdnr. 1.

[145] MünchKommBGB/*Kindler* IntGesR Rdnr. 625, 843.

sprechung verneint dies unter Berufung auf die Rechtsprechung des EuGH,[146] wonach „Ansprüche aus einem Vertrag" im Sinne von Art. 5 Nr. 1 EuGVÜ (der Vorgängernorm zu Art. 5 Nr. 1 EuGVVO) nur vorliegen, wenn eine Partei gegenüber der anderen freiwillig eine Verpflichtung eingegangen ist; dies sei im faktischen Konzern jedoch nicht der Fall.[147]

Die internationale Zuständigkeit am Sitz der abhängigen Gesellschaft kann im **faktischen Konzern** auf § 22 ZPO (Gerichtsstand der Mitgliedschaft) gestützt werden,[148] der in einer Doppelfunktion sowohl die örtliche wie auch die internationale Zuständigkeit regelt.[149] Gemäß § 22 ZPO besteht für Klagen einer Gesellschaft gegen ihre Mitglieder aus der Mitgliedschaft ein besonderer Gerichtsstand am Sitz der Gesellschaft und setzt daher voraus, dass das herrschende Unternehmen Anteilseigner der abhängigen Gesellschaft ist. § 22 ZPO ist jedoch nur anwendbar, wenn das beklagte herrschende Unternehmen seinen Sitz nicht im Anwendungsbereich der EuGVVO oder eines **Drittstaates** hat, mit dem ein vorrangiges bi- oder multilaterales Abkommen besteht. Die **EuGVVO** enthält hingegen keine gegenüber § 22 ZPO vorrangige Regelung zur internationalen Zuständigkeit für Rechtsstreitigkeiten aus der Mitgliedschaft, da die ausschließliche internationale Zuständigkeit gemäß Art. 22 Nr. 2 EuGVVO sich nur auf Klagen bezieht, deren Gegenstand die Gültigkeit, Nichtigkeit oder die Auflösung einer juristischen Person oder Gesellschaft oder von Beschlüssen ihrer Organe ist.[150] Hat die Obergesellschaft ihren Sitz daher im Anwendungsbereich der EuGVVO, bleibt es bei der internationalen Zuständigkeit der Gerichte ihres Sitzstaates gemäß Art. 2 Abs. 1, Art. 60 EuGVVO.

Schließlich kann die internationale Zuständigkeit auch durch eine **Gerichtsstandsvereinbarung,** die etwa im Unternehmensvertrag enthalten sein kann, geregelt werden (Art. 23 EuGVVO bzw. § 38 ZPO).[151]

Sofern Konzernhaftungsansprüche auf deliktischer Grundlage beruhen, gelten für die internationale Zuständigkeit Art. 5 Nr. 3 EuGVVO bzw. § 32 ZPO. In Betracht kommen dürfte der Gerichtsstand der unerlaubten Handlung insbesondere für die Haftung der herrschenden Gesellschaft im faktischen Konzern, wenn man mit der Rechtsprechung davon ausgeht, dass der Gerichtsstand im Zusammenhang mit Vertragsverhältnissen (Art. 5 Abs. 1 EuGVVO) in diesem Fall keine Anwendung findet. Art. 5 Nr. 3 EuGVVO bzw. subsidiär § 32 ZPO weisen die internationale Zuständigkeit für Rechtsstreitigkeiten aus Delikt dem Gericht des Ortes zu, an dem das ursächliche Geschehen stattgefunden hat (Handlungsort) oder das schädigende Ereignis eingetreten ist (Erfolgsort).[152] Grundsätzlich nicht erfasst ist der Schadensort, d.h. der Ort, wo sogenannte Folgeschäden oder mittelbare Schäden eintreten.[153] Dies gilt nicht für unerlaubte Handlungen, die sich unmittelbar und allein gegen das Vermögen des Geschädigten wenden z.B. § 826 BGB. Die Ausführungen zu Art. 5 Nr. 3 EuGVVO können auf § 32 ZPO übertragen werden.[154]

Ist der Rechtsstreit von keiner der angeführten besonderen Zuständigkeitsregelungen erfasst, sind die Gerichte des Sitzstaates des herrschenden Unternehmens aufgrund der allgemeinen Zuständigkeit des Sitzes des Beklagten international zuständig (Art. 2 Abs. 1,

---

[146] EuGH Slg 1992, I-3967.
[147] BGH DStR 1997, 503 m. Anm. *Goette,* ebenso die Vorinstanz OLG Düsseldorf IPRax 1998, 210f., jeweils zu Art. 5 Nr. 1 EuGVÜ als Vorgängernorm von Art. 5 Nr. 1 EuGVVO; a. A. wohl MünchKommBGB/*Kindler* IntGesR Rdnr. 843.
[148] *Maul,* NZG 1999, 741, 742f.; MünchKommBGB/*Kindler* IntGesR Rdnr. 843; *Spahlinger/Wegen* XII C Rdnr. 427.
[149] MünchKommZPO/*Patzina,* § 22 Rdnr. 11; vgl. auch bereits Rdnr. 49.
[150] Vgl. MünchKommZPO/*Patzina,* § 22 Rdnr. 11.
[151] MünchKommBGB/*Kindler* IntGesR Rdnr. 844.
[152] EuGH („Mines de Potasse") EuGHE 1976, 1735 = NJW 1977, 493; Musielak/*Lackmann* Art. 5 EuGVVO Rdnr. 24; *Von Hein* IPRax 2005, 17.
[153] EuGH („Marinari") EuGHE 1995, I 2719; EuGHE 2004, I 6009 („Kronhofer"); Geimer/Schütze/*Geimer* Art. 5 A. 1 Rdnr. 254; Musielak/*Lackmann* Art. 5 EuGVVO Rdnr. 24.
[154] Siehe Musielak/*Heinrich* § 32 ZPO Rdnr. 15ff.

Art. 60 EuGVVO, wenn das herrschende Unternehmen seinen Sitz in einem EU-Mitgliedstaat hat;[155] § 17 ZPO, wenn es seinen Sitz in einem Drittstaat hat, mit dem kein vorrangiges Abkommen über die internationale Zuständigkeit besteht).

3. Konzernaußenhaftung

58 Die Konzernaußenhaftung betrifft Ansprüche von außerhalb des Konzerns stehenden Gläubigern gegenüber Konzernunternehmen. Die Frage nach der internationalen Zuständigkeit kann sich stellen, wenn die Gläubiger einer abhängigen Gesellschaft eines grenzüberschreitenden Konzerns Ansprüche gegenüber der herrschenden Gesellschaft am Gerichtsstand des abhängigen Unternehmens geltend machen wollen. Ist abhängiges Unternehmen eine deutsche Gesellschaft, kann die Frage im Zusammenhang mit Ansprüchen gemäß § 303 Abs. 1 AktG auftreten, wenn ein Gläubiger der abhängigen Gesellschaft unter den dort genannten Voraussetzungen[156] von dem ausländischen herrschenden Unternehmen bei Beendigung eines Beherrschungs- oder Gewinnabführungsvertrags Sicherheitsleistung begehrt. Ebenso kann sie sich bei der Durchsetzung von Ausfallhaftungsansprüchen der Gläubiger gegen die Obergesellschaft analog §§ 303 Abs. 1, 322 AktG für den Fall, dass die Untergesellschaft als Gläubiger wegfällt, stellen.[157]

59 In diesen Fällen wird die internationale Zuständigkeit in der Regel bei den Gerichten des Sitzstaates des herrschenden Unternehmens als allgemeiner Gerichtsstand am Sitz des Beklagten liegen (Art. 2 Abs. 1, Art. 60 EuGVVO, § 17 ZPO).

60 Eine internationale Zuständigkeit der Gerichte des Sitzstaates der abhängigen Gesellschaft wird sich seltener begründen lassen:

61 Weder im Vertragskonzern noch im faktischen Konzern anwendbar ist der **Vertragsgerichtsstand** gemäß Art. 5 Abs. 1 EuGVVO bzw. § 29 ZPO, da keine vertraglichen Beziehungen zwischen den Gesellschaftsgläubigern und dem herrschenden Unternehmen bestehen.[158] Ein Gerichtsstand aus unerlaubter Handlung (Art. 5 Nr. 3 EuGVVO, § 32 ZPO) lässt sich allein aufgrund einer konzernrechtlichen Durchgriffshaftung nicht begründen, da die Haftung des herrschenden Unternehmens für Ansprüche eines Dritten gegen ein abhängiges Unternehmen nicht auf einer unerlaubten Handlung, sondern auf dem Missbrauch der Leitungsmacht beruht. Der **Gerichtsstand der unerlaubten Handlung** kann daher nur eröffnet sein, wenn das herrschende Unternehmen zugleich gegenüber dem Dritten einen deliktischen Haftungstatbestand erfüllt hat, so dass dieser neben dem konzernrechtlichen Durchgriffsanspruch unmittelbare Ansprüche aus Deliktsrecht gegen das herrschende Unternehmen selbst hat (z. B. aus § 826 BGB).[159]

62 **Im Anwendungsbereich der EuGVVO** kann sich die internationale Zuständigkeit der Gerichte des Sitzstaates der abhängigen Gesellschaft im Einzelfall aus Art. 5 Nr. 5 EuGVVO ergeben, wenn es sich bei der abhängigen Gesellschaft um eine **Niederlassung** der Obergesellschaft handelt. „Niederlassung" im Sinne von Art. 5 Nr. 5 EuGVVO kann ausnahmsweise auch eine rechtlich selbständige Gesellschaft sein, wenn sie als Außenstelle des herrschenden Unternehmens im Rechtsverkehr auftritt.[160] Eine weitere Mög-

---

[155] Zur Definition des Sitzes im Sinne der EuGVVO siehe Art. 60 EuGVVO.
[156] Vgl. *Hüffer* AktG § 303 Rdnr. 2 ff.; Spindler/Stilz/*Veil* AktG § 300 Rdnr. 5 ff.
[157] Vgl. etwa BGH NJW 2002, 3024 ff.; MünchKommBGB/*Kindler* IntGesR Rdnr. 845.
[158] OLG Düsseldorf IPrax 1998, 210; *Goette*, DStR 1997, 503, 504 f.; MünchKommBGB/*Kindler* IntGesR Rdnr. 846; *Spahlinger/Wegen* C XII Rdnr. 431.
[159] Vgl. MünchKommBGB/*Kindler* IntGesR Rdnr. 847.
[160] EuGH NJW 1988, 625 zu einer deutschen Gesellschaft, die im Namen ihrer – gleichnamigen und mit identischer Geschäftsführung ausgestatteten – französischen Tochtergesellschaft Vertragsverhandlungen führte, Verträge abschloss und abwickelte. Der EuGH qualifiziert in diesem Fall die deutsche Muttergesellschaft als „Niederlassung" ihrer französischen Tochtergesellschaft und hielt daher eine internationale Zuständigkeit am Sitz der Muttergesellschaft gem. Art. 5 Nr. 5 EuGVÜ (Vorgängernorm zu Art. 5 Nr. 5 EuGVVO) für eröffnet. Siehe ferner *Kropholler* Art. 5 EuGVVO Rdnr. 107; MünchKommBGB/*Kindler* IntGesR Rdnr. 848; *Spahlinger/Wegen* C XII Rdnr. 433.

lichkeit, die internationale Zuständigkeit der Gerichte im Sitzstaat der abhängigen Gesellschaft zu begründen, kann der **Gerichtsstand der Streitgenossenschaft** gemäß Art. 6 Nr. 1 EuGVVO sein.[161] Dies kommt insbesondere in Betracht, wenn herrschendes und abhängiges Unternehmen als Gesamtschuldner haften. Gemäß Art. 6 Nr. 1 EuGVVO können, wenn mehrere Personen gemeinsam verklagt werden, beide Klagen am Ort des Sitzes eines der Beklagten erhoben werden, wenn zwischen den Klagen ein so enger Sachzusammenhang besteht, dass eine gemeinsame Verhandlung und Entscheidung geboten erscheint, um widersprechende Entscheidungen zu vermeiden. Verklagt der Gläubiger also das herrschende und das abhängige Unternehmen gemeinsam, kann er in der Regel beide Klagen am Sitz des abhängigen Unternehmens erheben.

Schließlich kann die internationale Zuständigkeit am Sitz der abhängigen Gesellschaft aus einer entsprechenden **Gerichtsstandsvereinbarung** gemäß Art. 23 EuGVVO bzw. § 38 ZPO zwischen der abhängigen Gesellschaft und dem Gläubiger folgen, die grundsätzlich auch gegen das herrschende Unternehmen als Zweitschuldner wirkt.[162] 63

4. Organhaftung

Für Ansprüche des abhängigen Unternehmens gegen Organe des herrschenden Unternehmens[163] wird regelmäßig der **Gerichtsstand der unerlaubten Handlung** am Sitz der abhängigen Gesellschaft gemäß Art. 5 Nr. 3 EuGVVO bzw. § 32 ZPO gegeben sein. Bei beiden Haftungstatbeständen kommen auch Konzerninnenhaftungsansprüche gegen die Obergesellschaft selbst in Betracht,[164] die in der Regel eine internationale Zuständigkeit am Sitz der abhängigen Gesellschaft eröffnen werden.[165] Aufgrunddessen wird innerhalb des Anwendungsbereichs der EuGVVO regelmäßig eine internationale Zuständigkeit auch für den Organhaftungsanspruch am Sitz der abhängigen Gesellschaft über den **Gerichtsstand der Streitgenossenschaft** gemäß Art. 6 Nr. 1 EuGVVO begründet werden können.[166] 64

§§ 45, 46 *(einstweilen unbelegt)*

---

[161] MünchKommBGB/*Kindler* IntGesR Rdnr. 849; *Spahlinger/Wegen* C XII Rdnr. 434.

[162] MünchKommBGB/*Kindler* IntGesR Rdnr. 851; *Spahlinger/Wegen* C XII Rdnr. 436.

[163] Z.B. gemäß den §§ 317 Abs. 3, 309 Abs. 2 AktG, wenn das abhängige Unternehmen deutschem Recht unterliegt.

[164] Bei § 317 AktG ergibt sich das aus Abs. 1. Zu § 309 AktG siehe *Hüffer* AktG § 309 Rdnr. 26 ff.

[165] Zur internationalen Zuständigkeit bei Konzerninnenhaftung siehe Rdnr. 52.

[166] MünchKommBGB/*Kindler* IntGesR Rdnr. 852; *Spahlinger/Wegen* C XII Rdnr. 437. Vgl. zum Gerichtsstand der Streitgenossenschaft Rdnr. 62.

2. Kapitel. Ausländische Gesellschaftsformen

§ 47. Gesellschaftsformen ausgewählter Staaten

Übersicht

	Rdnr.
A. Belgien	1–32
I. Überblick	1–4
1. Grundlagen	1
2. Handelsregister	2
3. Verschmelzung und Spaltung von Gesellschfaten	3
4. Internationales Gesellschaftsrecht	4
II. Personengesellschaften	5, 6
III. Die Aktiengesellschaft	7–19
1. Gründung	7, 8
2. Stammkapital	9, 10
3. Aktien	11, 12
4. Die Hauptversammlung	13, 14
5. Der Verwaltungsrat	15–17
6. Persönliche Haftung der Gesellschafter	18
7. Die Liquidation	19
IV. Die GmbH	20–32
1. Gründung	20
2. Grundkapital	21, 22
3. Geschäftsanteile und Gesellschafter	23–26
4. Die Gesellschafterversammlung	27–29
5. Die Geschäftsführung	30, 31
6. Die Starter-Gesellschaft	32
B. Volksrepublik China	33–66
I. Allgemeines	33–37
1. Überblick	33, 34
2. Das Handelsregister	35
3. Umwandlung von Gesellschaften	36
4. Internationales Gesellschaftsrecht	37
II. Personengesellschaften	38–42
1. Die Offene Handelsgesellschaft	38–40
2. Die Kommanditgesellschaft	41
3. Die Partnerschaftsgesellschaft	42
III. Die GmbH	43–58
1. Gründung	43–45

	Rdnr.
2. Stammkapital	46–48
3. Anteile	49–52
4. Die Gesellschafterversammlung	53, 54
5. Der Vorstand	55, 56
6. Die Geschäftsführung	57
7. Der Aufsichtsrat	58
IV. Die Aktiengesellschaft	60–63
1. Gründung	60, 61
2. Organisation	62
3. Aktien	63
V. Sonderrecht der ausländisch investierten Unternehmen	65, 66
C. Dänemark	67–93
I. Überblick	67–71
II. Personengesellschaften	72–76
III. Die GmbH	77–86
1. Gründung	78, 79
2. Stammkapital	80
3. Anteile und Gesellschafter	81, 82
4. Die Gesellschafterversammlung	83
5. Die Geschäftsführung der ApS	84–86
IV. Die Aktiengesellschaft	87–93
1. Allgemeines	87
2. Gründung	88
3. Stammkapital	89
4. Aktien	90
5. Leitung der A/S	91–93
D. Frankreich	94–150
I. Allgemeines	94–100
1. Überblick	94, 95
2. Handelsregister	96
3. Arbeitnehmermitbestimmung	97
4. Umwandlung von Gesellschaften	98
5. Internationales Gesellschaftsrecht	99, 100
II. Personengesellschaften	101–111
1. Die bürgerliche Gesellschaft	101–106

	Rdnr.
2. Die handelsrechtlichen Personengesellschaften	107–111
III. Die GmbH	112–130
1. Gründung	112–115
2. Stammkapital	116–118
3. Anteile	119, 120
4. Die Gesellschafterversammlung	121–123
5. Persönliche Haftung der Gesellschafter	124, 125
6. Die Geschäftsführung	126–129
7. Die Liquidation	130
IV. Die Aktiengesellschaft	131–147
1. Gründung	131
2. Stammkapital	132–135
3. Aktien	136, 137
4. Die Hauptversammlung	138, 139
5. Die Geschäftsführung	140–146
a) Allgemeines	140
b) Monistisches System	141–144
c) Dualistisches System	145
d) Haftung der Direktoren	146
6. Die Liquidation	147
V. Die „Vereinfachte Aktiengesellschaft"	148–150
E. Großbritannien	151–267
I. Überblick	151–161
1. Die Gesellschaftsformen des englischen Rechts	151–154
2. Internationale Bedeutung des englischen Rechts	155
3. Der Registrar of Companies	156–158
4. Umwandlung und Verschmelzung von Gesellschaften	159, 160
5. Internationales Gesellschaftsrecht	161
II. Personengesellschaften	162–184
1. Die Partnership	162–169
2. Die Limited Partnership	170–174
3. Die Limited Liability Partnership	175–184
a) Charakteristika der LLP	175–177
b) Gründung einer LLP	178
c) Die innere Organisation der LLP	179–183
d) Mitgliedschaft in der LLP	184
III. Die Private Company Limited by Shares	185–261
1. Rechtsgrundlagen	185–189
2. Gründung	190–195
3. Die Vorgesellschaft	196

	Rdnr.
4. Firma	197–199
5. Stammkapital	200–204
a) Festsetzung des Stammkapitals	200, 201
b) Kapitalaufbringung und Kapitalerhaltung	202–204
6. Aktien	205–211
7. Die Hauptversammlung	212–220
8. Persönliche Haftung der Gesellschafter	221
9. Das Board of *Directors*	222–234
a) Funktion	222
b) Qualifikation der Direktoren	223, 224
c) Bestellung und Abberufung der *directors*	225–227
d) shadow *director*	228
e) Pflichten der *directors*	229–231
f) Insolvenzrechtliche Haftung der *directors*	232–234
10. Geschäftsführung und Vertretung der Gesellschaft	235–246
a) Geschäftsführung	235
b) Vertretung der Gesellschaft beim Abschluss von Verträgen	236, 237
c) Statutarische Beschränkungen der Vertretungsmacht	238, 239
d) Selbstkontrahieren	240–242
e) Erhebliche Vermögenstransaktionen	243
f) Geschäftsführer-Anstellungsvertrag	244
g) Kreditverträge	245
h) Verträge mit dem Alleingesellschafter-*director*	246
11. Rechnungslegung und Publizität	247–253
12. Die Liquidation einer company	254–259
13. Die Löschung einer Company	260, 261
IV. Besonderheiten bei der Public Limited Company	262–267
F. Italien	268–317
I. Allgemeines	268–271
1. Überblick	268
2. Das Handelsregister	269
3. Umwandlung von Gesellschaften	270
4. Internationales Gesellschaftsrecht	271

§ 47. Gesellschaftsformen ausgewählter Staaten § 47

	Rdnr.
II. Personengesellschaften	272–277
1. Die bürgerliche Gesellschaft	272, 273
2. Die Offene Handelsgesellschaft	274–276
3. Die Kommanditgesellschaft	277
III. Die GmbH	278–303
1. Gründung	278–280
2. Stammkapital	281–287
3. Geschäftsanteile	288–292
4. Die Gesellschafterversammlung	293–295
5. Persönliche Haftung der Gesellschafter	296–298
6. Die Geschäftsführung	299–302
7. Kontrollorgan	303
IV. Die Aktiengesellschaft	304–317
1. Gründung	304
2. Stammkapital	305, 306
3. Aktien	307–309
4. Die Hauptversammlung	310–312
5. Geschäftsführung und Aufsicht	313
a) Traditionelles System	314, 315
b) Dualistisches System	316
c) Monistisches System	317
G. Japan	318–344
I. Überblick	318–323
1. Allgemeines	318–320
2. Das Handelsregister	321
3. Umwandlungsrecht	322
4. Internationales Gesellschaftsrecht	323
II. Personengesellschaften	324–329
1. Die Zivilrechtliche Gesellschaft	324
2. Die Offene Handelsgesellschaft	325, 326
3. Die Kommanditgesellschaft	327
4. Die Limited Liability Company – LLC	328
5. Die Limited Liability Partnership – LLP	329
III. Die Aktiengesellschaft	330–344
1. Gründung	330, 331
2. Stammkapital	332–334
3. Aktien	335
4. Die Hauptversammlung	336
5. Die Leitung der Aktiengesellschaft	337–344
a) Allgemeines	337–339
b) Dualistisches System	340, 341
c) Monistisches System	342

	Rdnr.
d) Erleichterungen bei mittelgroßen und kleinen großen Gesellschaften	343
IV. Die GmbH	344
H. Liechtenstein	345–359
I. Allgemeines	345–347
II. Die Personengesellschaften	348
III. Die Aktiengesellschaft	349–355
IV. Die GmbH	356
V. Treuunternehmen und Anstalt	357–359
J. Luxemburg	360–383
I. Einführung	360–362
1. Überblick	360
2. Handelsregister	361
3. Internationales Gesellschaftsrecht	362
II. Personengesellschaften	363, 364
III. Die Aktiengesellschaft	365–377
1. Gründung	365, 366
2. Stammkapital	367–370
3. Aktien	371, 372
4. Die Hauptversammlung	373, 374
5. Der Verwaltungsrat	375–377
IV. Die GmbH	378–383
1. Gründung	378
2. Stammkapital	379
3. Geschäftsanteile	380, 381
4. Die Geschäftsführung	382, 383
K. Niederlande	384–431
I. Überblick	384–393
1. Rechtsquellen	384
2. Das Handelsregister	385
3. Die Umwandlung von Gesellschaften	386–388
4. Arbeitnehmermitbestimmung	389–391
5. Entquêterecht	392
6. Internationales Gesellschaftsrecht	393
II. Die Personengesellschaften	394–398
1. Bisherige Regelung	395, 396
2. Künftiges Recht	397, 398
III. Die GmbH	399–424
1. Einleitung	399
2. Gründung	400–403
3. Stammkapital	404–406
4. Anteile	407–411
5. Die Gesellschafterversammlung	412–415

	Rdnr.
6. Persönliche Haftung der Gesellschafter	416, 417
7. Die Geschäftsführung	418–422
8. Der Aufsichtsrat	423, 424
IV. Die Aktiengesellschaft	425–431
1. Gründung	426
2. Stammkapital	427, 428
3. Aktien	429, 430
4. Die Leitung der N. V.	431
L. Österreich	432–477
I. Überblick	432–439
1. Überblick	432
2. Handelsregister	433
3. Mitbestimmung	434
4. Umwandlung von Gesellschaften	435–438
5. Internationales Gesellschaftsrecht	439
II. Die Personengesellschaften	440–444
1. Die bürgerliche Gesellschaft	440
2. Die im Firmenbuch eingetragenen Personengesellschaften	441–444
III. Die GmbH	445–467
1. Gründung	445, 446
2. Stammkapital	447–450
3. Anteile	451–455
4. Die Gesellschafterversammlung	456, 457
5. Persönliche Haftung der Gesellschafter	458–460
6. Die Geschäftsführung	461–464
7. Der Aufsichtsrat	465–467
IV. Die Aktiengesellschaft	468–477
1. Gründung	468
2. Stammkapital	469
3. Aktien	470, 471
4. Die Hauptversammlung	472–474
5. Der Vorstand	475, 476
6. Der Aufsichtsrat	477, 478
M. Schweiz	479–530
I. Allgemeines	479–485
1. Überblick	479, 480
2. Handelsregister	481
3. Umwandlung von Gesellschaften	482, 483
4. Arbeitnehmermitbestimmung	484
5. Internationales Gesellschaftsrecht	485
II. Personengesellschaften	486–490

	Rdnr.
1. Die Einfache Gesellschaft	486, 487
2. Die Kollektivgesellschaft	488, 489
3. Die Kommanditgesellschaft	490
III. Die Aktiengesellschaft	491–514
1. Gründung	491, 492
2. Stammkapital	493–498
3. Aktien	499–501
4. Die Hauptversammlung	502–504
5. Die Geschäftsführung	505–509
6. Die Revision	510–514
IV. Die GmbH	515–526
1. Allgemeines	515
2. Gründung	516, 517
3. Stammkapital	518–520
4. Gesellschaftsanteile	521–523
5. Die Gesellschafterversammlung	524, 525
6. Die Geschäftsführung	526–530
N. Spanien	531–579
I. Allgemeines	531–539
1. Überblick	531, 532
2. Handelsregister	533
3. Umwandlung von Gesellschaften	534
4. Mitbestimmung und Arbeitnehmergesellschaften	535, 536
5. Internationales Gesellschaftsrecht	537, 538
6. Sonderregeln für Freiberufler-Gesellschaften	539
II. Personengesellschaften	540–544
1. Die bürgerliche Gesellschaft	540, 541
2. Die handelsrechtlichen Personengesellschaften	542–544
III. Die GmbH	545–562
1. Gründung	545–549
2. Stammkapital	550, 551
3. Anteile	552–555
4. Die Gesellschafterversammlung	556, 557
5. Persönliche Haftung der Gesellschafter	558
6. Die Geschäftsführung	559–562
IV. Die Blitzgesellschaft (Sociedad Limitada Nueva Empresa)	563–566
V. Die Aktiengesellschaft	567–579
1. Gründung	567
2. Stammkapital	568, 569
3. Aktien	570–574
4. Die Hauptversammlung	575–578
5. Die Geschäftsführung	579

§ 47. Gesellschaftsformen ausgewählter Staaten – Belgien 1 § 47

	Rdnr.		Rdnr.
O. USA	580–634	IV. Die business corporation	605–634
I. Überblick	580–585	1. Arten der corporation	605–607
1. Gesetzgebung	580, 581	2. Rechtliche Grundlagen der corporation	608, 609
2. Handelsregister	582	3. Gründung einer corporation	610
3. Formwechsel und Verschmelzung	583	4. Das Kapital der corporation	611–615
4. Internationales Gesellschaftsrecht	584, 585	5. Aktien	616–619
II. Personengesellschaften	586–596	6. Die Geschäftsführung	620–624
1. Die General Partnership	586–589	7. Die Hauptversammlung	625–629
2. Die Limited Partnership	590–594	8. Haftungsdurchgriff	630–632
3. Die Limited Liability Partnership (LLP)	595, 596	V. Der business-trust	633, 634
III. Die Limited Liability Company (LLC)	597–604		

A. Belgien

Schrifttum: *Beysen,* Corporate Governance im belgischen Gesellschaftsrecht, RIW 2006, 114; *Bervoets,* Belgien, in: *Kalss* (Hrsg.), Die Übertragung von GmbH-Geschäftsanteilen in 14 Rechtsordnungen Europas, Wien 2004, S. 141; *Blaurock/Jung* (Hrsg.), Das belgische Kapitalgesellschaftsrecht, 2. Aufl. 1999; *Fischer,* Genossenschaftsrecht in Belgien, 1999; *Demeyre,* Corporate Governance in Belgien, RIW 2003, 913; *Geens,* in: *Bocken/de Bondt,* Introduction to Belgian Law, Brüssel 2001, Chapter 12; *Grigat,* Die Vertretung verselbständigter Rechtsträger in europäischen Ländern, Belgien und Luxemburg, 2000; *Hoffmann,* Grundzüge des belgischen Handels-, Gesellschafts- und Wirtschaftsrechts, 1996; *Kocks/Hennes,* Belgien, in: Süß/Wachter, GmbH International, 2. Aufl. 2011, S. 465; *Philippe/Hering,* Die neuen Regelungen im belgischen Aktiengesellschaftsrecht, RIW 1997, 380; *Wymeersch,* Die Sitzverlegung nach belgischem Recht, ZRG 1999, 126; *Wymeersch,* Das neue belgische Gesetz über „Corporate Governance", ZGR 2004, 53; *Wymeersch,* Gestaltungsfreiheit und Gesellschaftsrecht in Belgien, ZGR Sonderheft Nr. 13, 1998, S. 152.

I. Überblick

1. Grundlagen

Die bis dahin über verschiedene Gesetze – wie das ZGB, das Gesetz über die Handelsgesellschaften und andere – verstreuten gesellschaftsrechtlichen Regeln wurden am 7. 5. 1999 im **Gesetzbuch über die Gesellschaften** (GGB) *(Code des Sociétés/Wetboek van Vennootschappen)* konsolidiert, welches zuletzt im Jahre 2004 erheblich überarbeitet wurde. Dieses Gesetz vereint nun Personen- und Kapitalgesellschaften, zivil- und handelsrechtliche Gesellschaften. Neben den supranationalen Rechtsformen auf EU-Ebene (SE, SCE und EWIV) kennt das belgische Recht damit folgende Rechtsformen als Gesellschaften ohne Rechtspersönlichkeit (Art. 2 § 1 GGB): 1

– die bürgerliche Gesellschaft *(société de droit commun/maatschap)*;
– die für ein einzelnes Projekt gegründete „Arbeitsgemeinschaft" bzw. joint venture *(société momentanée/tijdelijke vennootschap)*;
– die stille Gesellschaft *(société interne/stille vennootschap)* als reine Innengesellschaft;
als handelsrechtliche Personengesellschaften mit Rechtspersönlichkeit:
– die Offene Handelsgesellschaft *(société en nom collectif/vennootschap onder firma)*;
– die Kommanditgesellschaft *(société en commandite simple/gewone commanditaire vennootschap)*;

– die Kommanditgesellschaft auf Aktien *(société en commandite par actions/commanditaire vennootschap op andeelen);*
– die Genossenschaft *(société coopérative/coöperative vennootschap);*[1]

und schließlich als Kapitalgesellschaften:

– die Aktiengesellschaft *(société anonyme/naamloze vennootschap);* und
– die GmbH *(société privée à responsabilité limitée/besloten vennootschap met beperkte aansprakelijkheid).*

Am praktisch bedeutendsten sind hiervon die Aktiengesellschaft, die GmbH und die Genossenschaft. Personengesellschaften dagegen sind im Handelsregister zahlenmäßig verschwindend gering vertreten.

2. Handelsregister

2   Durch das Gesetz vom 16. 1. 2003 das Unternehmensregister geschaffen, das als „Zentrale Datenbank der Unternehmen" *(Banque-Carrefour des Entreprises/Kruispuntbank van Ondernemingen; „BCE/KBO")* bezeichnet wird. Das Handelsregister wird nun von den sog. „Unternehmensschaltern" geführt. Das Handelsregister kann auch online eingesehen werden.[2] Es ist insoweit mit dem belgischen Staatsanzeiger *(Moniteur Belge)* verlinkt, dessen Bekanntmachungen für den Schutz des guten Glaubens maßgeblich sind.

3. Verschmelzung und Spaltung von Gesellschaften

3   Die **Spaltung** und **Verschmelzung** von Gesellschaften kann sowohl zur Aufnahme als auch zur Neugründung erfolgen. Dies gilt für sämtliche Gesellschaftsformen. Die **formwechselnde Umwandlung** *(transformation)* steht gem. Art. 774 GGB allen Handelsgesellschaften offen.

4. Internationales Gesellschaftsrecht

4   Gem. Art. 110 des belgischen Gesetzbuchs über das Internationale Privatrecht vom 16. 7. 2004 (CODIP) wird das Gesellschaftsstatut an den tatsächlichen Sitz der Hauptverwaltung der Gesellschaft *(voornaamste vestiging/établissement principal)* angeknüpft. Es gilt in Belgien daher die **Sitztheorie** und nicht die Gründungstheorie. Die Verlegung des tatsächlichen Verwaltungssitzes in einen anderen Staat ist möglich, soweit beide Rechtsordnungen die Sitzverlegung zulassen. Dabei lässt das belgische materielle Gesellschaftsrecht den Wegzug zu. Die Gesellschaft bleibt also bestehen, wenn der Zuzugsstaat auf das belgische Gründungsrecht zurück verweist (in diesem Fall bleibt die Gesellschaft belgischem Recht unterworfen) oder aber das Fortbestehen der Gesellschaft nach dem Recht des neuen Sitzstaates möglich ist (in diesem Fall wird die belgische in eine ausländische Gesellschaft umgewandelt). Das belgische materielle Gesellschaftsrecht erlaubt also sowohl die Verlegung des tatsächlichen Hauptverwaltungssitzes als auch die **Verlegung des Satzungssitzes** in das Ausland.

II. Personengesellschaften

5   Als Eigenheit des belgischen Rechts besitzen auch die handelsrechtlichen Personengesellschaften (nicht aber die zivilrechtliche Gesellschaft) **Rechtspersönlichkeit.** Erforderlich für den Erwerb der Rechtspersönlichkeit ist gem. Art. 2 § 4 GGB bei allen Personengesellschaften die Einreichung des Gesellschaftsvertrags beim zuständigen Handelsgericht (Art. 68 GGB). Die Gesellschafter können also durch Vermeidung der Einreichung die Gesellschaft auch die Form einer OHG ohne Rechtspersönlichkeit wählen. Die zivilrechtlichen Gesellschaften können – ohne ihre Eigenschaft als zivilrechtliche Gesellschaft zu verlieren – die Form einer handelsrechtlichen Gesellschaft annehmen und durch Eintra-

---

[1] Die Genossenschaft wird im belgischen Recht unter die Personengesellschaften eingeordnet. Dabei haben die Genossen die Wahl, ob sie die Genossenschaft mit beschränkter oder mit unbeschränkter Haftung konstituieren, Art. 352 GGB.

[2] Unter: http://kbopub.economie.fgov.be/kbopub/zoekwoordenform.html.

gung im Handelsregister die Rechtspersönlichkeit erwerben, Art. 3 § 4 GGB *(burgerlijke vennootschap met handelsvorm / société civile à forme commerciale)*. Bei den nicht registrierten Gesellschaften wird das Gesellschaftskapital Miteigentum aller Gesellschafter. Es steht einem Zugriff der privaten Gläubiger der Gesellschafter nur mittelbar über die vorherige Pfändung des Gesellschaftsanteils zur Verfügung.

Auch **juristische Personen können Gesellschafter einer Personengesellschaft** werden. Zur Verwaltung und Vertretung der Gesellschaft können die Gesellschafter einen oder mehrere Gesellschafter zu Direktoren ernennen.

III. Die Aktiengesellschaft

1. Gründung

Die Gründung einer Aktiengesellschaft *(société anonyme – SA / naamloze vennootschap – NV)* erfolgt durch **Beurkundung des Gründungsvertrags** und der Satzung durch einen belgischen Notar, Art. 450 GGB. Die Sprache des Gesellschaftsvertrags ist gesetzlich zwingend eine der belgischen Amtssprachen. Daher kann in der deutschsprachigen Region auch auf Deutsch gegründet werden. Erforderlich sind mindestens zwei Gründer – die Ein-Mann-Gründung führt zur Nichtigkeit der Gesellschaft, 454 Nr. 4 GGB. Ein Auszug aus dem Gesellschaftsvertrag wird vom Notar beim Handelsregister hinterlegt, das daraufhin die Veröffentlichung im belgischen Amtsblatt und die Registrierung im elektronischen Unternehmensregister veranlasst. Die Gesellschaft entsteht als juristische Person zwar bereits mit Hinterlegung des Gesellschaftsvertrags beim zuständigen Handelsregisterbeamten des Registergerichts, Art. 2 Abs. 4 GGB. Dritten gegenüber ist die Gesellschaft aber erst mit positiver Kenntnis bzw. der Publikation im Unternehmensregister oder dem Amtsblatt entstanden, Art. 76 GGB. Bei Beurkundung des Gesellschaftsvertrags ist dem Notar auch ein **Finanzplan** für die Gesellschaft zu übergeben (vgl. hierzu unten, Rdnr. 9).

Rechtsgeschäfte, die vor Entstehung der Gesellschaft im Namen der **Vorgesellschaft** eingegangen werden, binden die Gesellschaft nur, wenn die Gesellschaft innerhalb von zwei Jahren durch Hinterlegung der Gründungsurkunde beim Gericht rechtlich entsteht und danach innerhalb von zwei Monaten das Rechtsgeschäft übernimmt, Art. 60 GGB.

2. Stammkapital

Das **Mindestkapital** der Aktiengesellschaft beträgt 61 500 EURO, Art. 439 GGB. Der Betrag des Stammkapitals muss in einen Finanzplan, der dem Notar bei Gründung zu überreichen ist, gerechtfertigt werden, Art. 440 GGB. Bei Gründung ist auf jede Aktie zumindest ein Viertel ihres Nennwerts einzuzahlen, Art. 448 GGB. Insgesamt müssen aber bei der Gründung einer Aktiengesellschaft zumindest die 61 500 EURO Mindeststammkapital gem. Art. 439 GGB eingezahlt werden. Das Stammkapital kann in bar durch Einzahlung bei einer belgischen Bank oder als Sacheinlage aufgebracht werden. Im letzteren Fall ist gem. Art. 444 GGB zur Prüfung der Werthaltigkeit ein Gründungsprüfer zu bestellen. **Nachgründungsregeln** *(quasi-apport)* gelten für die Dauer von zwei Jahren, Art. 445 GGB. Arbeit oder Dienste können nicht als Sachleistung eingebracht werden.

Der **Erwerb eigener Aktien** durch die Gesellschaft ist zwar aufgrund eines Beschlusses der Hauptversammlung möglich, kann jedoch nur mit freien Rücklagen erfolgen (vgl. die engen Voraussetzungen in Art. 620 GGB). Überkreuzbeteiligungen sind auf 10% des Aktiennennwerts der Objektgesellschaft begrenzt, Art. 631 GGB. **Dividenden** dürfen erst ausgeschüttet werden, soweit das durch die Bilanz ermittelte Aktivvermögen der Gesellschaft den Betrag des eingezahlten Kapitals, zzgl. der gesetzlichen Rücklagen übersteigt, Art. 617 GGB, und zuvor 5% des Gewinns einer gesetzlichen Rücklage zugeführt worden sind.

3. Aktien

Aktien können als verbriefte **Inhaber-** bzw. als **Namensaktien** wie auch als „körperlose" Aktien ausgegeben werden, Art. 460 Abs. 2 GGB. Sie lauten üblicherweise alle auf den gleichen Nennwert. Möglich ist aber auch die Ausgabe nennwertloser Aktien, Art. 476 GGB. Der Wert der Kapitalbeteiligung ergibt sich dann aus dem Anteil der Aktien an der Gesamtzahl der **Stückaktien**, die für den entsprechenden Teil des Stammkapitals ausgegeben worden sind. Statt Stammaktien können auch Vorzugsaktien mit vollem Stimmrecht oder **Aktien ohne Stimmrecht** (zwingend mit Vorzugsdividende, Art. 480 GGB) ausgegeben werden.

12 Die **Übertragung** von Aktien erfolgt bei Inhaberpapieren bei Vorliegen eines entsprechenden Anspruchs durch Übergabe der Aktienurkunde, Art. 504 Abs. 2 GGB. Bei Namensaktien genügt der Abschluss des Kaufvertrages bzw. sonstigen Kausalgeschäfts. Zum Nachweis des Übergangs der Gesellschaft und Dritten gegenüber verlangt Art. 504 Abs. 1 GGB jedoch die Eintragung des Erwerbers im Aktienbuch der Gesellschaft oder die schriftliche Benachrichtigung der Gesellschaft i. S. v. Art. 1690 belg. code civil. Zu beachten sind Veräußerungsbeschränkungen, die sich aus der Satzung der Gesellschaft ergeben können, wie z. B. Zustimmungserfordernisse des Verwaltungsrats oder Vorkaufsrechte der Mitgesellschafter, Art. 510 GGB.

4. Die Hauptversammlung

13 Die Hauptversammlung *(assemblée générale/Algemene vergadering)* ist das oberste Organ der Aktiengesellschaft. Die **ordentliche Hauptversammlung** muss vom Verwaltungsrat mindestens ein Mal jährlich zu dem in der Satzung bestimmten Ort und Zeitpunkt einberufen werden, Art. 552 GGB – jedenfalls aber innerhalb von 6 Monaten nach Ende des Geschäftsjahres. Daneben gibt es **außerordentliche Hauptversammlungen** für Satzungsänderungen und Versammlungen aus besonderen Anlässen, wie die Wahl eines neuen Verwaltungsrates. Aufgabe der ordentlichen Hauptversammlung ist es vor allem, den Jahresabschluss zu genehmigen, den Verwaltungsrat zu entlasten und über die Verwendung des Jahresgewinns zu entscheiden. Die Hauptversammlung entscheidet auch über die Wahl und Entlassung von Mitgliedern des Verwaltungsrats. In einem solchen Fall sind die Aktionäre über diesen Tagesordnungspunkt vor der Versammlung gesondert zu informieren.

14 Die Versammlung entscheidet durch Stimmenmehrheit. Eine **Satzungsänderung** bedarf eines mit mindestens ¾ der Stimmen gefassten Beschlusses, Art. 558 GGB. Der Beschluss über die Satzungsänderung ist notariell zu beurkunden, Art. 66 Abs. 3 GGB.

5. Der Verwaltungsrat

15 Der Verwaltungsrat *(conseil d'administration/Raad van bestuur)* ist das Geschäftsführungs- und Vertretungsorgan der Gesellschaft. Es sind **zumindest drei Verwalter** zu bestellen, Art. 518 Abs. 1 GGB. Wenn die Gesellschaft von zwei Personen gegründet worden ist, ist ausnahmsweise eine Besetzung des Rates mit nur zwei Verwaltern zulässig. In diesem Fall ist aber spätestens in der Hauptversammlung, die der Erhöhung der Zahl der Aktionäre auf mindestens drei folgt, ein drittes Mitglied zu bestellen. Die Bestellung erfolgt durch einfachen Mehrheitsbeschluss der Hauptversammlung. Eine Bestellung bereits in der Gründungsurkunde ist nicht möglich. Die Amtsdauer der Verwalter ist bei Ernennung festzulegen. Sie darf sechs Jahre nicht übersteigen. Die Wiederwahl ist aber unbeschränkt zulässig, Art. 520 GGB. Die Abberufung eines Verwalters durch die Hauptversammlung ist jederzeit durch einfachen Mehrheitsbeschluss möglich, Art. 518 § 3 GGB.

16 Da der Verwaltungsrat als Kollektivorgan die Geschäftsführung der Gesellschaft wahrnimmt, können die Verwalter grundsätzlich nur gemeinschaftlich handeln. Insbesondere **vertreten** sie die Gesellschaft **gemeinschaftlich**, Art. 522 GGB. Ein im Namen der Gesellschaft abgeschlossener Vertrag muss also zumindest von der Mehrheit der Mitglieder des Verwaltungsrates unterschrieben worden sein. Die Satzung kann Abweichendes bestimmen und die Vertretungsmacht einem oder einzelnen Mitgliedern des Verwaltungsrates übertragen, so dass diese die Gesellschaft einzeln oder gemeinsam vertreten. Darüber hinaus kann die Vertretung der Gesellschaft in den Angelegenheiten des täglichen Geschäftsverkehrs *(gestion journalière)* auf einen beauftragten Direktor *(administrateur délégué/gedelegeerd*

bestuurder) oder Geschäftsführer *(directeur général/algemeen directeur)* übertragen werden, Art. 525 GGB.

Wenngleich das belgische Recht mit dem Verwaltungsrat dem monistischen Modell folgt, eröffnet es durch die Möglichkeit, in der Satzung der Gesellschaft einen **Verwaltungsausschuss** *(comité de direction)* zu schaffen auch die Option für eine dualistische Struktur. In diesem Fall wird die tägliche Geschäftsführung dem Verwaltungsausschuss übertragen – dem auch Mitglieder des Verwaltungsrates angehören können *(administrateurs délégué/ afgevaardigd bestuurders)*, Art. 524bis ff. GGB. Der Ausschuss ist auch für die Vertretung der Gesellschaft nach außen zuständig. Der Verwaltungsrat bleibt dagegen für die Aufsicht über die Geschäftsführung, ggf. die Festlegung der langfristigen Geschäftspolitik zuständig.

6. Persönliche Haftung der Gesellschafter

Die Gesellschafter haften grundsätzlich beschränkt auf den Betrag des gezeichneten Kapitals, der noch nicht eingelegt worden ist. Darüber hinaus sieht Art. 456 Nr. 4 GGB eine gesamtschuldnerische Haftung der Gründer vor, wenn die Gesellschaft innerhalb von drei Jahren nach Gründung in Konkurs geht und das Stammkapital offensichtlich nicht ausreichend war, um die normale Durchführung des geplanten Betriebs für eine Dauer von mindestens zwei Jahren sicher zu stellen **(Unterkapitalisierung)**.[3]

7. Die Liquidation

Die Liquidation der Gesellschaft tritt mit einem Liquidationsbeschluss ein, der mit satzungsändernder Mehrheit getroffen werden muss, Art. 645 GGB. Hat die Gesellschaft drei Jahre hintereinander ihren Abschluss nicht hinterlegt, kann der Staatsanwalt gem. Art. 182 § 1 GGB die Auflösung durch gerichtlichen Beschluss von Amts wegen beantragen. Die Hauptversammlung ernennt die Liquidatoren, die die Gesellschaft abzuwickeln haben. Nach Abschluss der Liquidation und Prüfung des Liquidationsberichts wird die Auflösung publiziert, Art. 195 GGB. Ab diesem Zeitpunkt ist die Gesellschaft erloschen.

IV. Die GmbH

1. Gründung

Die GmbH *(société privée à responsabilité limitée – SPRL/besloten vennootschap met beperkte aansprakelijkheid – BVBA)* wird gem. Art. 66 Abs. 2 GGB durch **notarielle Beurkundung** des Gesellschaftsvertrags errichtet. Es gilt das gleiche Verfahren, wie für die Gründung einer Aktiengesellschaft (s. o. Rdnr. 7). Die Gründung kann auch durch eine einzige natürliche oder juristische Person erfolgen (zu den Haftungsfolgen der Ein-Personen-GmbH s. Rdnr. 26).

2. Grundkapital

Das **Mindestkapital** einer GmbH beträgt 18 550 EURO. Jeder Gesellschafter muss bei Gründung mindestens ein Fünftel der von ihm übernommenen Kapitalsumme auf ein Konto bei einer belgischen Bank eingezahlt haben. Zumindest muss bei Gründung aber ein Betrag von 6200 EURO, bei Ein-Mann-Gründung von 12 400 EURO, eingelegt sein, Art. 214, 223 GGB. Die Einlage kann in bar, als Sacheinlage oder auch in Form einer sog. Nachgründung erfolgen (vgl. o. Rdnr. 9). Bei der Sachgründung ist jedoch gem. Art. 219 GGB ein Wirtschaftsprüfer zu benennen, der die Werthaltigkeit der Einlage bestätigt.

Zur Erhaltung des Kapitals sind vom jährlichen Gewinn so lange jeweils 5% einer **gesetzlichen Rücklage** zuzuführen, bis diese 10% des Gesellschaftskapitals erreicht, Art. 319 GGB. Der unmittelbare oder mittelbare **Erwerb eigener Anteile** durch Treuhänder oder eine Tochtergesellschaft ist unwirksam, Art. 217 GGB. Sind die Nettoaktiva in einer Verlustsituation unter die Hälfte des statutarischen Kapitals gesunken, müssen die Geschäftsfüh-

---

[3] An dieser Stelle zeigt sich die Bedeutung des bei Gründung abzuliefernden Finanzplans, s. o. Rdnr. 7.

rer eine Gesellschafterversammlung einberufen, die über Sanierungsmaßnahmen bzw. die Liquidation der GmbH entscheidet.

3. Geschäftsanteile und Gesellschafter

23 Das **Kapital der GmbH** teilt sich gem. Art. 238 GGB in gleich große und unteilbare Anteile auf. Diese können auf einen Nennbetrag lauten oder nicht (nennwertlose Anteile). Möglich sind auch stimmrechtslose Anteile. Alle Anteile haben aber ein gleiches Recht auf Gewinnbeteiligung, Art. 239 GGB. Die Anteile können sogar verbrieft werden, Art. 242 GGB. Die Anteile werden durchnumeriert und lauten zwingend auf den Inhaber, Art. 232 Abs. 2 GGB. Anteile und Inhaber sind in einem von der Gesellschaft zu führenden Gesellschafterbuch genau zu verzeichnen, Art. 233 GGB.

24 Während die äußere Ausgestaltung der Geschäftsanteile somit weitgehend der Aktie entspricht, zeigt sich der personalistische Charakter der GmbH bei der **Übertragung der Anteile:** Diese bedarf gem. Art. 249 GGB der Zustimmung der Hälfte der Gesellschafter und (kumulativ) von $^2/_3$ des Gesellschaftskapitals – soweit nicht der Gesellschaftsvertrag noch strengere Bedingungen enthält. Ausgenommen vom Zustimmungserfordernis sind Übertragungen an Mitgesellschafter, Ehegatten, Abkömmlinge oder andere, im Gesellschaftsvertrag bezeichnete Personen, Art. 239 GGB. Gleichartige Beschränkungen gelten für die Vererbung der Anteile, Art. 252 GGB.

25 Einer besonderen **Form** bedarf die Übertragung nicht. Üblich ist die private Schriftform. Dem Erwerber der Anteile ist gem. Art. 235 Abs. 2 GGB nach seiner Eintragung im Gesellschafterbuch durch die Geschäftsführung eine Bestätigung seiner Gesellschafterstellung auszustellen. Der Gesellschaft gegenüber wird die Abtretung mit Eintragung im Gesellschafterbuch wirksam.

26 Die **Gesellschafter haften** grundsätzlich nur auf den Betrag der Einlage, soweit diese noch nicht voll eingezahlt wurde. Eine natürliche Person, die **Alleingesellschafterin** ist, haftet aber für die Verbindlichkeiten einer weiteren von ihr errichteten GmbH unbeschränkt, solange sie dort ebenfalls Alleingesellschafterin ist, Art. 212 GGB. Gem. Art. 213 § 2 GGB haftet eine juristische Person als Alleingesellschafterin einer GmbH stets unbeschränkt – solange bis eine weitere Person der Gesellschaft beitritt. Die belgische GmbH ist daher aufgrund der mangelhaften Haftungsbeschränkung für Konzernstrukturen ungeeignet. Schließlich greift auch bei der GmbH die Haftung für **Unterkapitalisierung** ein, wenn diese innerhalb der ersten drei Jahre nach Gründung in Konkurs geht, Art. 229 Nr. 5 GGB (vgl. oben Rdnr. 18).

4. Die Gesellschafterversammlung

27 Die Gesellschafterversammlung *(assemblée générale/algemene vergadering van vennoten)* ist gem. Art. 266 GGB das oberste Organ der GmbH. Sie ist gem. Art. 282 GGB mindestens ein Mal im Jahr einzuberufen. Die Versammlung beschließt insb. über die Bestellung und Abberufung der Geschäftsführer und der Prüfer, die Genehmigung des Jahresabschlusses, die Entlastung der Geschäftsführer, die Entscheidung über die Ausschüttung, und schließlich über Satzungsänderungen, Kapitalerhöhungen und -herabsetzungen.

28 Die Versammlung entscheidet mit einfacher **Stimmenmehrheit**. Dabei gewährt jeder Anteil eine Stimme, Art. 275 GGB. Mehrstimmrechte sind nicht zulässig – wohl aber können stimmrechtslose Anteile ausgegeben werden, Art. 238 GGB.

29 Für **Satzungsänderungen** bedarf es eines Quorums von mindestens 50% des Gesellschaftskapitals und eines Beschlusses mit mindestens $^3/_4$ der (anwesenden) Stimmen, Art. 286 GGB. Der Beschluss ist notariell zu beurkunden

5. Die Geschäftsführung

30 Von der Gesellschafterversammlung oder im Gesellschaftsvertrag sind eine oder mehrere Personen zu **Geschäftsführern** *(gerant/zaakvoerder)* der GmbH zu ernennen, Art. 255 GGB. Dabei kann auch eine juristische Person Geschäftsführer werden. Die Ernennung

erfolgt auf unbestimmte Zeit. Eine Abberufung ist jederzeit durch einfachen Mehrheitsbeschluss der Gesellschafterversammlung möglich. Ist der Geschäftsführer bereits in der Satzung bestellt worden, kann die Abberufung nur durch satzungsändernden Beschluss erfolgen. Art. 256 Abs. 2 GGB. Vorbehaltlich abweichender Regelung im Gesellschaftsvertrag **vertritt** jeder Geschäftsführer die Gesellschaft allein.

Eine **persönliche Haftung** der Geschäftsführer kommt insbesondere bei Vornahme unerlaubter Handlungen oder Verstößen gegen das Gesellschaftsrecht in Betracht. Z.B. statuiert Art. 265 GGB eine persönliche Haftung der Geschäftsführer für den Fall, dass die Masse im Konkursfall nicht zur Befriedigung der Gläubiger ausreicht und ein schwerer Fehler des Geschäftsführers zum Konkurs beigetragen hat. 31

6. Die Starter-Gesellschaft

Seit dem 1. Juni 2010 kann eine GmbH gem. Art. 211bis GGB auch als „Existenzgründergesellschaft" (*société privée à responsabilité limitée starter* – abgekürzt: SPRL-S) gegründet werden. Für diese Gesellschaften besteht gem. Art. 214 § 3 GGB kein Mindestkapital. Es reicht also ein **Stammkapital von 1 EURO.** Als Gründer kommen eine oder mehrere ausschließlich natürliche Personen in Betracht, die an keiner anderen GmbH mit mehr als 5% der stimmberechtigten Anteile am Gesellschaftskapital beteiligt sind. Auch die Abtretung der Anteile an eine juristische Person ist nicht zulässig, Art. 249 GGB. Es dürfen nicht mehr als fünf Personen auf Vollzeitbasis beschäftigt werden. Gem. Art. 212bis GGB haftet der Gesellschafter einer Starter-Gesellschaft persönlich gesamtschuldnerisch für die Verbindlichkeiten jeder weiteren Starter-Gesellschaft, die er gründet – so lange bis die Gesellschaft das gesetzliche Mindestkapital erreicht. Die Gesellschafter können die Beschränkungen, die sich für die Starter-Gesellschaft ergeben wieder abstreifen, indem sie das Kapital der Gesellschaft auf das gesetzliche Mindestkapital erhöhen. 32

B. Volksrepublik China[4]

Schrifttum: *Barth/Lock,* Rechtliche Rahmenbedingungen für Investitionen in der Volksrepublik China, RIW 2008, 337; *Blaucrock,* Die neue „Corporate Governance" im chinesischen Gesellschaftsrecht. Ein Kommentar aus deutscher Sicht, ZChinR 2009, 1; *Brown,* China Company Law Guide, Den Haag 2005; *Bu* (Hrsg.), Chinese Business Law, München 2010; *Bu,* Einführung in das Recht Chinas, 2009; *Bu,* Wettbewerbsverbote für Manager und Gesellschafter im chinesischen Gesellschafts- und Investitionsrecht, RIW 2009, 439; *Comberg,* Organisationsverfassung der Aktiengesellschaft in China, 2000; *Deipenbrock,* Grundüberlegungen zum neuen chinesischen Gesellschaftsrecht und seinen Anwendungsvoraussetzungen aus der Sicht ausländischer Investoren, RIW 2007, 771; *Dickinson/Vietz,* Das neue GmbH-Recht der VR China, GmbHR 2006, 245; *Feuerstein,* Erwerb inländischer Unternehmen durch ausländische Investoren in China, ZChinR 2004, 19; *Gu, Minkang,* Understanding Chinese Company Law, 2. Aufl. Hongkong 2010; *Jiang, Ge,* Das GmbH-Recht Chinas aus rechtsvergleichender Sicht, Frankfurt 2010; *Kroymann,* Das Kapitalgesellschaftsrecht der VR China, 2009; *Kroymann,* Die Reform des Chinesischen Gesellschaftsgesetzes, RIW 2006, 429; *Liu,* Chinese Company and Securities Law, Den Haag 2008; *Liu Junhai,* The Science of Corporate Law, Beijing 2008; *Liu Xiaoxiao,* Partnerschaftsunternehmen als neues Vehikel für Auslandsinvestitionen in China, ZChinR 2010, 37; *Münzel,* Das revidierte Gesellschaftsgesetz der VR China: Eine Übersicht über die wichtigeren Änderungen und Übersetzung des Gesetzes, ZChinR 2006, 287 + S. 290; *Münzel,* Einige Anmerkungen zur Revision des Partnerschaftsunternehmensgesetzes und Übersetzung des Gesetzes, ZChinR 2006, 405 und S. 407; *Peters,* Das neue Insolvenzgesetz in der Volksrepublik China, RIW 2008, 112; *Pißler,* Chinesisches Kapitalmarktrecht, 2004; *Pißler,* Die Entwicklung des chinesischen Kapitalmarktrechts, ZChinR 2005, 196; *Pißler,* Die Gründung ausländischer Partnerschaftsunternehmen in China nach den neuen Registrierungsbestimmungen: Konkretisierungen, Antworten,

---

[4] Die wichtigsten Gesetze der VR China sind in deutscher Übersetzung durch *Frank Münzel* erhältlich unter www.chinas-Recht.de. Die Hefte der Zeitschrift für Chinesisches Recht – ZChinR – werden von der Deutsch-Chinesischen Juristenvereinigung e.V. herausgegeben und sind im Internet kostenfrei einsehbar unter http://www.zchinr.de/index.php.

Einschränkungen und neue Fragen, ZChinR 2010, 125; *Pißler/von Hippel,* Auflösung und Liquidation von Gesellschaftern in China, ZChinR 2008, 206; *Qiao-Süß,* Entwurf eines neuen Gesellschaftsgesetzes in China, IWB Fach 6 Gruppe 3 S. 57; *Raiser/Wei,* Gesellschaftsrecht in der Volksrepublik China, 1996; *Scheil,* China, in: Süß/Wacher, Handbuch des internationalen GmbH-Rechts, 2. Aufl. 2011; S. 551; *Schürmann,* Erste Erfahrungen mit chinesischen Personengesellschaften, IStR-LB 21/2010, S. 90; *Steinmann/Tümmel/Zhang,* Kapitalgesellschaften in China, 1995; *Towfigh/Yang,* Grundlagen des Kapitalgesellschaftsrechts, in: Shao/Drewes, Chinesisches Zivil- und Wirtschaftsrecht, 2001, S. 95; *Wolff,* Das internationale Wirtschaftsrecht der VR China, 2. Aufl. 2005; *Wolff,* Mergers and Acquisitions in China, 3. Aufl. Hongkong 2009; *Yang,* Das Vertretungssystem der Aktiengesellschaft, 2005.

I. Allgemeines

1. Überblick

33 Das Gesellschaftsrecht ist in der VR China ein recht **junges Rechtsgebiet** und weiterhin im Aufbau begriffen. Erste Anfänge während der bürgerlichen Republik wurde nach der kommunistischen Machtübernahme 1949 zunichte gemacht. In den 50er Jahren geschaffene gesellschaftsrechtliche Verordnungen verloren ihre Bedeutung, als die gesamte Wirtschaft kollektiviert wurde. Erst als 1979 die Gründung chinesisch-ausländischer Joint Ventures zugelassen wurde, kam es zum Erlass gesellschaftsrechtlicher Regelungen. Diese stellten zunächst ausschließlich für ausländische Investitionen die erforderlichen rechtlichen „Vehikel" bereit. Gegen Mitte der 80er Jahre verlangten auch die rasch expandierenden inländischen Privatunternehmen, die sich längst nicht mehr ausschließlich als Einzelunternehmen organisieren ließen, gesellschaftsrechtliche Rechtsformen, um geeignete Strukturen zu ermöglichen. Verschiedene Experimente mit lokalen Regelungen mündeten in das Gesetz über die Kapitalgesellschaften (公司法 – *gongsifa*) vom 29. 12. 1993, das im Jahre 2005 vollständig überarbeitet wurde und das Gesetz über die Personenhandelsgesellschaften *(*合伙企业法 *– hehuo qiyefa)* vom 13. 2. 1997, das im Jahre 2006 neu erlassen wurde (PersGG).[5] Die Überarbeitung bewirkte insb. den Übergang vom Konzessionssystem zum Normativsystem und senkte die Mindestkapitalschwellen erheblich ab. Schließlich verlangte die Modernisierung der großen Industrieunternehmen, die bis dahin als staatliche „Anstalten" geführt wurden nach einer Möglichkeit, diese in eigenständige Aktiengesellschaften umzuwandeln um ihnen die Beschaffung von Kapital an der Börse zu eröffnen.

34 In letzter Zeit ist die Absicht der Regierung zu erkennen, das sich in diesen drei Bereichen (ausländische, private und staatliche Unternehmen) parallel entwickelnde Gesellschaftsrecht zusammenzuführen und zu konsolidieren. Die Art. Art. 65 ff. des am 1. 1. 2006 in Kraft getretenen Neufassung des **Gesetzes über die Kapitalgesellschaften** (KapGG – 公司法)[6] enthalten einen Abschnitt mit Sonderregeln für Gesellschaften in staatlichem Besitz, die das Zusammenspiel von *„corporate governance"* mit der staatlichen Vermögensverwaltung regeln und letztlich die Hauptversammlung ersetzen.[7] Art. 218 KapGG bestimmt ausdrücklich, dass das KapGG auch für ausländisch investierte Unternehmen gilt (s. u. Rdnr. 65). Somit ist damit zu rechnen, dass nach Beendigung des steuerlichen Sonderregimes für ausländisch investierte Unternehmen irgendwann auch die gesellschaftsrechtlichen Sonderregeln für ausländisch investierte Unternehmen fallen werden.

2. Das Handelsregister

35 Das Handelsregister (企业登记机关 – *qiye dengji jiguan*) wird auf der Basis der Regeln zur Registrierung von juristischen Unternehmenspersonen vom 1. 7. 1988 von den staatlichen

---

[5] Text und Übersetzung von *Münzel* in ZChinR 2006, 407.

[6] Text und Übersetzung von *Münzel* in ZChinR 2006, 290. Zu diesem Gesetz sind bereits am 5. 5. 2008 Auslegungsregeln der Obersten Volksgerichts erlassen worden, die sich mit der Auflösungsklage befassen (deutsche Übersetzung in ZChinR 2008, 249).

[7] Insoweit ergeben sich Parallelen zu den französischen *sociétés d'économie mixte* – vgl. hierzu oben § 47 Rn. 95 und *Sonnenberger/Dammann,* Französisches Handels- und Wirtschaftsrecht, 3. Aufl. S. 230 ff.

Verwaltungsbehörden für Industrie und Handel *(gongshang guanli ju – State Administration of Industrie and Commerce)* geführt. Anträge zur Eintragung sind schriftlich zu stellen. Eine öffentliche Beglaubigung der Unterschriften ist nicht erforderlich. Das Register ist öffentlich. Die Eintragung einer Kapitalgesellschaft im Handelsregister ist für die Entstehung der Rechtspersönlichkeit konstitutiv. Der Nachweis der Gründung einer Gesellschaft und ihres gesetzlichen Repräsentanten erfolgt regelmäßig durch die vom Amt für Industrie und Handel ausgestellte Gewerbebescheinigung *(营业执照 – yingye zhizhao)*. Änderungen in Bezug auf die dort eingetragenen Umstände sind dem Amt sofort zu melden, das dann die alte Bescheinigung einzieht und eine neue Bescheinigung ausstellt, Art. 7 KapGG.

3. Umwandlung von Gesellschaften

Kapitalgesellschaften können gem. Art. 73 KapGG zur Neugründung und zur Aufnahme miteinander verschmolzen werden *(合并 – hebing)*. Auch die Spaltung ist möglich, Art. 176 KapGG *(分立 – fenli)*. Nach Spaltung haften die Nachfolger für die vor der Spaltung begründeten Verbindlichkeiten gesamtschuldnerisch, Art. 177 KapGG. Schließlich ist die formwechselnde Umwandlung einer GmbH in eine Aktiengesellschaft und umgekehrt möglich, Art. 9 Abs. 2 KapGG. Sämtliche Umwandlungsmaßnahmen werden erst mit Eintragung in das Handelsregister wirksam.

4. Internationales Gesellschaftsrecht

Die Anknüpfung des Gesellschaftsstatuts erfolgt in China traditionell auf der Basis der Gründungstheorie. Grenzüberschreitende Verschmelzungen oder die Verlegung des Satzungssitzes über die Grenze sind nicht möglich.

II. Personengesellschaften

1. Die Offene Handelsgesellschaft

Die Gründung einer Offenen Handelsgesellschaft *(普通合伙企业 – putong hehuo qiye)* erfolgt durch **schriftlichen Vertrag,** dessen Mindestinhalt in Art. 18 PersGG vorgegeben ist. Die Eintragung der Gesellschaft im Handelsregister führt nicht zur Verleihung der Rechtspersönlichkeit. Die Gesellschaft darf vor Eintragung dennoch nicht unternehmerisch tätig werden, Art. 11 PersGG.

Die **Beteiligung von Kapitalgesellschaften** an einer Personengesellschaft wurde bis zur Reform des PersGG vom 27. 8. 2008 nicht zugelassen. Nunmehr wird sie allgemein erlaubt. Allerdings ist die Übernahme einer persönlich haftenden Gesellschafterstellung durch eine Kapitalgesellschaft nur aufgrund einer sondergesetzlichen Regelung möglich, Art. 3 PersGG, § 15 KapGG.

Die **Geschäftsführung** obliegt allen Gesellschaftern gleichberechtigt – soweit sie nicht einvernehmlich einem der Gesellschafter übertragen wurde, Art. 26 PersGG. Die Gesellschafter haften für die Verbindlichkeiten der Gesellschaft gesamtschuldnerisch. Die **Haftung** ist aber im Verhältnis zu Gesellschaft insoweit subsidiär, als die Gesellschaft die Verbindlichkeiten zunächst aus dem Gesellschaftsvermögen begleichen muss, Art. 38 PersGG.

2. Die Kommanditgesellschaft

In der Kommanditgesellschaft *(有限合伙企业 – youxian hehuo qiye)* haften die Kommanditisten *(有限合伙人 – youxian hehuoren)* nur mit der von ihnen übernommenen Einlage. Einlagen der Kommanditisten können als Bar- und Sachleistungen erfolgen, nicht jedoch durch Arbeitsleistungen, Art. 64 PersGG. Die Kommanditbeteiligung ist frei vererblich und veräußerlich. Die Anzahl der Gesellschafter ist jedoch auf eine Höchstzahl von 50 Personen beschränkt, Art. 61 PersGG. Die Geschäftsführung wird ausschließlich von den Komplementären *(普通合伙人 – putonghehuoren)* wahrgenommen, Art. 67 PersGG. Im Übrigen gelten subsidiär die Vorschriften zur OHG. Verbreitet ist diese Rechtsform für die Gestaltung von Risikokapitalfonds, wobei dann die Fondsgesellschaft die Komplementärstellung übernimmt.[8]

3. Die Partnerschaftsgesellschaft

42 Mit der „Handelsgesellschaft besonderer Art" (特殊的普通合伙企业 – *teshude putong hehuo qiye* bzw. „LLP") hat die Reform des PersGG von 2006 eine neue Rechtsform „für die geschäftsmäßige Bereitstellung von qualifizierten Dienstleistungen" – wie z. B. Wirtschaftsprüfung – geschaffen. Hierbei ist die Haftung der Gesellschafter für die ohne Vorsatz oder grobe Fahrlässigkeit herbeigeführten Schäden Dritter wie bei der OHG unbeschränkt; für vorsätzlich bzw. durch einen der Partner grob fahrlässig herbeigeführte Schäden haften nur die handelnden Partner persönlich und unbeschränkt, während die übrigen Partner beschränkt auf das Vermögen der Gesellschaft haften, Art. 57 PersGG. Zur Absicherung der Gläubiger muss die Gesellschaft Rücklagen bilden und eine Berufshaftpflichtversicherung abschließen. Auch für die Partnerschaftsgesellschaft gelten subsidiär die Vorschriften zur OHG.

III. Die GmbH

1. Gründung

43 Die Gründung einer GmbH (有限责任公司 – *youxian zeren gongsi*) erfolgt gem. Art. 23 KapGG durch Abschluss des Gesellschaftsvertrages in schriftlicher Form und die Erbringung der Einlagen. Satzung, Prüfungsbescheinigung über die Erbringung der Einlagen (s. u. Rdnr. 47), Genehmigungsbescheide und weitere erforderliche Unterlagen sind dem Amt für Industrie und Handel vorzulegen, damit dieses die Registrierung der Gesellschaft vornimmt. Nach Registrierung stellt das Amt eine Gewerbelizenz aus, Art. 7 KapGG. Damit gilt die Gesellschaft als juristische Person entstanden.

44 Die Vorwirkungen der Eintragung auf den vor der Registrierung liegenden Zeitraum und ein Handeln im Namen der **Vorgesellschaft** sind umstritten.

45 Die GmbH kann seit dem 1. 1. 2006 auch von einem alleinigen Gesellschafter gegründet werden. Die Art. 58 bis 64 KapGG enthalten für die Ein-Personen-GmbH (一人有限责任公司 – *yiren youxian zeren gongsi*) jedoch einige Sondervorschriften in Bezug auf Mindestkapital, Kapitalaufbringung und Rechnungsprüfung. Im Handelsregister und auf der Gewerbelizenz ist ausdrücklich zu vermerken, dass es sich um eine Ein-Personen-GmbH handelt. Der Gesellschafter einer Ein-Personen-GmbH darf keine weitere Ein-Personen-GmbH gründen. Auch kann die Ein-Personen-GmbH keine weitere Ein-Personen-GmbH errichten, Art. 59 Abs. 2 KapGG. Besonderheiten bestehen bei einer staatseigenen GmbH. Die Höchstzahl der Gesellschafter einer GmbH beträgt 50, Art. 24 KapGG.

2. Stammkapital

46 Das **Mindestkapital** für die GmbH ist durch die Reform von 2005 von – je nach Geschäftsbereich vormals RMB 100 000 bis RMB 500 000 – auf nunmehr RMB 30 000 reduziert worden, Art. 26 Abs. 2 KapGG.[9] Das Kapital muss jetzt nicht vollständig vor Eintragung der Gesellschaft eingezahlt werden. Vielmehr sind bei Gründung lediglich 20% des Gesellschaftskapitals, zumindest aber das gesetzliche Mindestkapital, sofort fällig. Der Rest ist gem. Art. 26 Abs. 1 S. 2 KapGG innerhalb eines Zeitraums von zwei Jahren ab Gründung einzuzahlen.

47 Das Kapital kann nach Maßgabe des Gesellschaftsvertrags in bar, aber auch durch **Sacheinlagen** wie Sachen, gewerbliche Schutzrechte, Landnutzungsrechte sowie übertragbare und geldwerte Rechte aufgebracht werden. Sacheinlagen sind angemessen zu bewerten. Bei deutlicher Überbewertung haften alle Gesellschafter gesamtschuldnerisch auf die Diffe-

---

[8] *Bu* Einführung in das Recht Chinas § 17 Rdnr. 19.
[9] Das entspricht grob umgerechnet EURO 3000.

renz zum deklarierten Wert, Art. 31 KapGG. Mindestens 30% des Gesellschaftskapitals müssen in bar aufgebracht werden, Art. 27 KapGG. Die Leistung der Einlage ist durch die hierfür zuständige Behörde zu prüfen und zu bescheinigen, Art. 29 KapGG. Diese Bescheinigung ist dann bei der Registrierung der Gesellschaft dem Handelsregister vorzulegen, Art. 30 KapGG.

Im Fall der **Einpersonen-Gründung** erhöht sich gem. Art. 59 KapGG das gesetzliche Mindestkapital auf RMB 100 000. Die gesamte Einlage ist bei Gründung der Gesellschaft sofort fällig.

3. Anteile

Das Kapital der GmbH teilt sich in die einzelnen Geschäftsanteile auf. Die Gesellschaft hat jedem Gesellschafter ein Zertifikat über seine Einlage ausstellen, Art. 32 KapGG. Die Gesellschafter sind in eine Gesellschafterliste der Gesellschaft aufzunehmen und **dem Gesellschaftsregister zu melden,** Art. 33 KapGG.

Die **Übertragung eines** Teils des oder des gesamten **Geschäftsanteils** erfolgt durch schriftlichen Vertrag. Dabei ist die Übertragung auf einen Mitgesellschafter von Beschränkungen frei, Art. 72 Abs. 1 KapGG. Die Übertragung auf eine Person, die noch nicht Gesellschafter ist, bedarf der Zustimmung mindestens der Hälfte der anderen Mitgesellschafter, Art. 72 Abs. 2 KapGG. Auch haben die Mitgesellschafter ein gesetzliches Vorkaufsrecht, Art. 72 Abs. 3 KapGG. Im Verhältnis zur Gesellschaft gilt der Erwerber erst dann als Gesellschafter, wenn er bei der Gesellschaft in die Gesellschafterliste eingetragen ist. Dem Erwerber ist dann ein neuer Nachweis über die Einlage auszustellen. Im Verhältnis zu Dritten ist die Abtretung erst dann wirksam, wenn der Erwerber im staatlichen Gesellschaftsregister eingetragen ist, Art. 33 KapGG. Die Vererbung wird gem. Art. 76 KapGG ausdrücklich zugelassen – vorbehaltlich abweichender Satzungsbestimmungen.

Einen **Haftungsdurchgriff** in Form einer gesamtschuldnerischen Haftung der Gesellschafter der GmbH und einer AG sieht Art. 20 Abs. 3 KapGG ausdrücklich für den Fall vor, dass ein Gesellschafter die Rechtspersönlichkeit der Gesellschaft und die Haftungsbeschränkung der Gesellschaft dazu missbraucht, um eigene Verbindlichkeiten zu umgehen und dadurch die Interessen der Gläubiger der Gesellschaft schwerwiegend schädigt.

Der Gesellschafter einer **Ein-Personen-GmbH** haftet gesamtschuldnerisch für die Verbindlichkeiten der GmbH, wenn er nicht nachweisen kann, dass das Gesellschaftsvermögen von seinem eigenen Vermögen unabhängig ist, Art. 64 KapGG. Hier kann es also zu einer Beweislastumkehr kommen. Ein **Konzernrecht** gibt es in China weiterhin noch nicht.

4. Die Gesellschafterversammlung

Die Gesellschafterversammlung (股东会 – *gudonghui*) ist das formal oberste Organ der GmbH – wenngleich sie aufgrund des schwach ausgeprägten personalistischen Charakters der chinesischen GmbH eher die Stellung einer Hauptversammlung hat. Die Gesellschafterversammlung ist vom Vorstand unter Einhaltung einer Frist von 15 Tagen einzuberufen. Die Abstimmung erfolgt nach Kapitalanteilen. Dabei ist für Satzungsänderungen, Kapitalmaßnahmen und Umwandlungsmaßnahmen eine Mehrheit von $^2/_3$ der abgegebenen Stimmen erforderlich, Art. 44 KapGG.

Die Gesellschafterversammlung beschließt gem. Art. 38 KapGG über den Investitionsplan und die Geschäftsstrategie der Gesellschaft, bestellt die Mitglieder des Vorstands und des Aufsichtsrats, prüft Planungen und Berichte von Vorstand und Aufsichtsrat und entscheidet über die Strukturmaßnahmen der GmbH wie Satzungsänderungen, Formwechsel, Verschmelzung und Spaltung. Abgesehen von der Vorgabe des Investitionsplans und der Geschäftsstrategie hat die Gesellschafterversammlung aber keinen Einfluss auf die konkrete Geschäftsführung. Insbesondere kann sie der Geschäftsführung keine Weisungen erteilen. Bei einer staatseigenen GmbH gibt es keine Gesellschafterversammlung, es übernimmt das Amt für die Verwaltung des Staatseigentums die Aufgaben der Gesellschafterversammlung.

Süß

5. Der Vorstand

55 Der Vorstand der GmbH *(董事会 – dongshihui)* besteht aus mindestens drei und höchstens dreizehn unmittelbar von der Gesellschafterversammlung gewählten Mitgliedern, Art. 45 KapGG. In einer GmbH mit wenigen Gesellschaftern oder mit einem kleinen Umfang kann statt des Vorstands eine einzelne Person zum **„geschäftsführenden Direktor"** *(zhixing dongshi)* ernannt werden, Art. 51 KapGG, der die Aufgaben des Vorstands allein wahrnimmt.

56 Der Vorstand ist für die Geschäfts- und Investitionsplanung zuständig, er bereitet die Gesellschafterversammlung vor, beruft sie ein, erstattet ihr Bericht und ist für die Umsetzung der Gesellschafterbeschlüsse verantwortlich, Art. 47 KapGG. Der Vorstandsvorsitzende (董事长 – *dongshizhang*) bzw. der geschäftsführende Direktor sind die gesetzlichen Repräsentanten der Gesellschaft, soweit nicht die Satzung der GmbH diese Position auf einen Manager überträgt, Art. 13 KapGG.

6. Die Geschäftsführung

57 Die tägliche Geschäftsführung der GmbH obliegt regelmäßig einem oder mehreren vom Vorstand bestellten Managern *(公司经理 – jingli)*. Dabei können sowohl Angestellte der GmbH als auch Mitglieder des Vorstands bzw. der geschäftsführende Direktor zu Managern ernannt werden. Der Haupt-Manager und die weiteren Manager (公司副经理 *gongsi fu jingli*) sind – wie ein CEO in einer US-amerikanischen *corporation* – für die Leitung der Produktion und Geschäfte zuständig, setzen die Pläne und Entscheidung des Vorstands um, heuern das Personal an etc. Der Manager bzw. Hauptmanager kann in der Satzung zum gesetzlichen Vertreter der Gesellschaft ernannt werden, Art. 13 KapGG.

7. Der Aufsichtsrat

58 Die GmbH hat schließlich einen regelmäßig aus mindestens drei Mitgliedern zusammengesetzten Aufsichtsrat (监事会 – *jianshihui*). Kleine Gesellschaften mit wenigen Gesellschaftern oder kleinem Umfang können statt einem Aufsichtsrat einen oder zwei „Aufseher" (监事 – *jianshi*) bestellen, Art. 52 KapGG. Mindestens ein Drittel der Aufsichtsräte müssen von den **Arbeitnehmern** der Gesellschaft gewählt sein. Die übrigen Mitglieder werden von der Gesellschafterversammlung bestellt.

59 Aufgabe des Aufsichtsrats ist die Prüfung der Finanzen und die Kontrolle über die Geschäftsführung, um Schäden der Gesellschaft zu vermeiden. Die Mitglieder des Aufsichtsrats können an den Vorstandssitzungen teilnehmen, Art. 55 KapGG.

IV. Die Aktiengesellschaft

1. Gründung

60 Die Gründung einer Aktiengesellschaft (股份有限公司 – *gufen youxian gongsi* bzw. *gufen gongsi*) erfolgt im Wege der **Einheitsgründung** oder im Wege einer Art **Stufengründung**. Seit der Reform 2005 sind nur noch zwei Gründer erforderlich. Die Ein-Personen-Gründung ist aber weiterhin unzulässig, Art. 79 KapGG. Eine Ausnahme gilt allein für den Fall der staatseigenen Aktiengesellschaften. Mindestens die Hälfte der Gründer muss ihren Wohnsitz in China haben. Der Abschluss des Gründungsvertrages und die Feststellung der Satzung bedarf allein der Schriftform, Art. 80 KapGG.

61 Das **Mindestkapital** der AG beträgt seit dem 1. 1. 2006 RMB 5 Mio. Hiervon müssen bei der Einheitsgründung bei Anmeldung zum Handelsregister mindestens 20% eingelegt sein und der Rest innerhalb von zwei Jahren geleistet werden; bei der Stufengründung ist das Stammkapital mit dem bis dahin tatsächlich eingezahlten Betrag identisch, Art. 81 KapGG. Für Rechtsgeschäfte, die vor Eintragung im Namen der künftigen Gesellschaft abgeschlossen worden sind, gilt mangels Anerkennung der Vor-AG das Gleiche wie für die GmbH in Gründung.

2. Organisation

Die Aktiengesellschaft hat eine **Hauptversammlung** (股东大会 – *gudongdahui*), die gem. § 101 KapGG mindestens ein Mal jährlich abzuhalten ist. Der **Vorstand** (董事会 – *dongshihui*) besteht aus mindestens fünf und höchstens 19 Mitgliedern. Die Bestellung eines Managers (*jingli*) durch den Vorstand ist in der Aktiengesellschaft zwingend, Art. 114 KapGG. Der **Aufsichtsrat** besteht aus mindestens drei Mitgliedern. Dabei verweisen die Vorschriften für die Organisation der AG ergänzend auf die Vorschriften zur GmbH. Weitere Sonderregeln enthalten die Art. 121 ff. KapGG für börsennotierte Gesellschaften (上市公司 – *shangshi gongsi*). So müssen in den Vorstand einer börsennotierten Gesellschaft **unabhängige Vorstandsmitglieder** (独立董事 – *duli dongshi*) gewählt werden, die (neben dem in der Praxis häufig ineffektiven) Aufsichtsrat die Geschäftsführung durch die geschäftsführenden Vorstandsmitglieder kontrollieren.

3. Aktien

Aktien müssen sämtlich auf den gleichen Nennwert lauten, Art. 126 KapGG. Gem. Art. 127 haben Aktien gleicher Art gleiche Rechte. Da Art. 167 Abs. 4 KapGG auf der Basis der Satzung eine von der Kapitalbeteiligung abweichende Gewinnverteilung zulässt, ist auch wohl die Ausgabe von Vorzugsaktien möglich. Stückaktien ohne Nennwert sind noch nicht anerkannt. Aktien können verbrieft oder unverbrieft, als Inhaber- oder als Namensaktien ausgegeben werden. Die Übertragung erfolgt bei Inhaberaktien durch Übergabe, bei Namensaktien durch Indossament, Art. 140 f. KapGG. Die Übertragung nicht verbriefter Aktien regelt das KapGG nicht.

Eine Besonderheit des chinesischen Aktienrechts ist weiterhin die Unterscheidung der Aktien in verschiedene **Aktionärsgruppen,** je nachdem, wer die Anteile erwerben kann und wo sie gehandelt werden. So gibt es die ausschließlich an Inländer ausgegebenen und auf RMB-Währung lautenden *A-shares* (内资股 – *neizigu*), die wiederum staatliche Aktien, ausschließlich anderen chinesischen juristischen Personen zustehende Aktien oder frei handelbare Einzelpersonenaktien sein können. Die an Devisen-Ausländer ausgegebenen *B-shares* (外资股 – *waizigu*) lauten ebenfalls auf RMB-Währung, werden aber gegen ausländische Währung ausgegeben und gehandelt. *B-shares* werden nicht nur an den beiden chinesischen Börsen in Shanghai und Shenzhen, sondern auch an ausländischen Börsen gehandelt. Bei diesen – zwingend als Namensaktien auszugebenden – Anteilen spricht man dann je nach Zulassung zur Börse in New York, London oder Hongkong von *N-, L-* oder *H-shares*.

V. Sonderrecht der ausländisch investierten Unternehmen

Vollständig durch einen ausländischen Unternehmer investierte Gesellschaften *(*外商独资企业 – *waishang duzi qiye – wholly foreign owned enterprises)* und chinesisch-ausländisch gemeinschaftlich finanzierte Gesellschaften *(*中外合资经营企业 – *zhongwai hezi jingying qiye – equity joint ventures)* haben regelmäßig die Rechtsform einer GmbH. Die Errichtung einer Personengesellschaft als sog. *cooperative joint venture* (中外合作经营企业 – *zhongwai hezuo jingying qiye*) ist zwar rechtlich möglich, spielte für Investitionen aus dem westlichen Ausland aber bislang keine Rolle. Trotz des Beitritts der VR China zur WTO werden weiterhin gem. dem sog. *Foreign Investment Industries Guidance Catalogue* Industriesparten unterschieden, in denen ausländisches Investment „untersagt", „beschränkt", „gefördert" oder einfach „zulässig" ist.[10] Der Gründung eines *Foreign Invested Enterprise* *(*外商投资企业 – *FIE)* geht daher stets ein umfangreiches Verwaltungsverfahren bei den für die Wirtschaftsverwaltung zuständigen Behörden voraus.[11] Dabei sind je nach Art und Investitionssumme des Projekts die Behörden auf lokaler, Provinz- oder der Ebene der

---

[10] Die aktuelle Fassung datiert vom 31. 10. 2007, ausführlich hierzu *Wei*, in: *Bu*, Chinese Business Law, Chapter 3 Rdnr. 19 ff.
[11] Vgl. dazu z. B. *Scheil* in: Süß/Wachter Internationales GmbH-Recht, China Rn. 13 ff.

Zentralregierung (Staatsrat) zuständig. Im Übrigen sind die Sonderregeln für FIE aber zunehmend im Rückgang begriffen. So wurde z.B. 2006 durch ein einheitliches Körperschaftsteuergesetz die steuerliche Sonderregelung ausländischer Investitionen abgeschafft. Auf dem Gebiet des Gesellschaftsrechts bestimmt Art. 218 KapGG, dass die Bestimmungen des KapGG – vorbehaltlich von Sonderbestimmungen der Gesetze für ausländische Investitionen – auch für GmbH und Aktiengesellschaften mit ausländischem Kapitalanteil gelten.[12] Neueste Entwicklung auf diesem Gebiet ist der Erlass der „Verwaltungsmethode für die Errichtung von Partnerschaftsunternehmen im chinesischen Gebiet durch ausländische Unternehmen oder Einzelpersonen am 25. 11. 2009,[13] die nun auch die Rechtsformen der Personenhandelsgesellschaft für ausländische Investoren öffnen – und zwar auch in Form einer Personengesellschaft zwischen ausschließlich ausländischen Investoren.[14]

C. Dänemark

Schrifttum: *Andersen*, Das Konzernrecht in Skandinavien, ZGR 2002, 96; *Carsten*, Dänemark, in: Behrens, Die GmbH im internationalen und ausländischen Recht, 2. Aufl. 1997, S. 758; *Gomard*, Das dänische Gesetz über Aktiengesellschaften, 3. Aufl. 1991; *de Groot/Hansen/Seikel*, Die Vertretung verselbständigter Rechtsträger in europäischen Ländern, Teil III: Dänemark, Niederlande und Schweiz, 1998; *Hansen*, Nordic Company Law, Kopenhagen 2003; *Kjellegaard Jensen*, Neuer Entwicklungen im dänischen Wirtschafts- und Gesellschaftsrecht, RIW 2006, 280; *Kusznier*, Dänisches Kapitalgesellschaftsrecht, Wien 2003; *Kusznier*, Die Übertragung von Anteilen an einer dänischen GmbH, in: Kalss, Die Übertragung von Geschäftsanteilen in 14 europäischen Rechtsordnungen, Wien 2003, S. 175; *Ring/Olsen-Ring*, Einführung in das Skandinavische Recht, 1999, S. 184 ff.; *Ring/Olsen-Ring*, Das Personengesellschaftsrecht Dänemarks, IWB Gruppe 3 S. 91 (26. 11. 2003); *Ring/Olsen-Ring*, Das Kapitalgesellschaftsrecht Dänemarks, IWB Gruppe 3 S. 101 (23. 6. 2004); *Ring/Olsen-Ring*, Das neue dänische Gesellschaftsgesetz, IWB 2010, 865; *Ring/Olsen-Ring*, Dänemark, in: Süß/Wachter, Handbuch des Internationalen GmbH-Rechts, 2. Aufl. 2011, S. 581; *Schütte*, Das dänische GmbH-Recht, 1993; *Wahlgren* (Hrsg.), Scandinavian Studies in Law: Company Law, Stockholm 2003.

I. Überblick

67   Besonderheit des dänischen Rechts ist die grundsätzliche Geltung der **Vertragsfreiheit auch im Gesellschaftsrecht**. Anstelle der Typengesetzlichkeit und eines *numerus clausus* der Gesellschaftsformen tritt die freie Schöpfung von Gesellschaftsformen. Dies wird dadurch gefördert, dass nur die GmbH und die Aktiengesellschaft gesetzlich geregelt sind. Diese waren zunächst in separaten Gesetzen geregelt. Seit dem 1. März 2010 trat zunächst in Teilen sukzessive ist das **„Gesetz über die Aktiengesellschaft und die Gesellschaft mit beschränkter Haftung"** in Kraft *(lov om aktie- og anpartselskaber [selskabsloven] – SEL)*.[15] Dieses Gesetz enthält eine umfassende Neukodifikation des Rechts der Kapitalgesellschaften. Dabei werden die Gesellschaften nicht mehr getrennt behandelt, sondern – wie im englischen und im neuen spanischen Recht – als verschiedene Ausprägungen einer einheitlichen Kapitalgesellschaft, für die in den charakteristischen Bereichen jeweils Sondervorschriften gelten. Anerkannt ist aber, dass neben der GmbH und AG in freier Ver-

---

[12] Einzelheiten bei *Bu*, Einführung in das Recht Chinas, § 20, insb. S. 201; zu den Problemen *Wei* in: *Bu* Chinese Business Law Chapter 3 Rdnr. 36 ff.
[13] Deutsche Übersetzung von *Liu Xiaoxiao* in ZChinR 2010, 73. Deutsch-Chinesische Synopse der Ausführungsbestimmungen vom 29. 1. 2010 in ZChinR 2010, 140.
[14] Zu ersten Erfahrungen mit chinesischen Personengesellschaften *Schürmann*, IStR-LB 21/2010, S. 90.
[15] Gesetz Nr. 470 vom 12. 6. 2009. Eine von der Regierung des Königreichs erstellte englische Übersetzung des gesamten Gesetzes ist im Internet einsehbar unter http://www.dcca.dk/sw63085.asp.

tragsgestaltung weitere Typen von rechtsfähigen und haftungsbeschränkten Kapitalgesellschaften *(selskaber med begrænset ansvar)* kreiert werden können.[16]

Die **Verschmelzung** *(fusion)* und Spaltung *(spaltning)* von Kapitalgesellschaften (GmbH und AG) ist zur Aufnahme und zur Neugründung möglich. Auch kann eine GmbH formwechselnd in eine AG umgewandelt werden und umgekehrt. Schließlich sind gem. Art. 291 SEL transnationale Spaltungen unter Beteiligung weiterer EU- bzw. EWR-Gesellschaften möglich. Die grenzüberschreitende Verschmelzung von Kapitalgesellschaften im Rahmen der EU und des EWR ist in den Art. 271 ff. SEL geregelt.

Das Gesellschaftsregister wird zentral beim Gewerbe- und Gesellschaftsamt *(Erhvervs- og Selskabsstyrelsen)* in Kopenhagen[17] geführt. Das Register ist öffentlich. Insbesondere können durch Einsichtnahme bzw. durch einen Registerauszug die Existenz und Vertretung der Gesellschaft nachgewiesen werden.

Die **Arbeitnehmermitbestimmung** setzt bei dänischen Gesellschaften gem. Art. 140 SEL bereits bei 35 Mitarbeitern ein. Ein Drittel der Mitglieder von Verwaltungsrat bzw. Aufsichtsrat in der Aktiengesellschaft bzw. GmbH können dann von den Arbeitnehmern bestellt. Das System ist nicht obligatorisch. Die Arbeitnehmer können also weniger Vertreter entsenden oder auf die Mitbestimmung vollständig verzichten

Im **internationalen Gesellschaftsrecht** wird traditionell an das Gründungsstatut der Gesellschaft angeknüpft. So wurde bekanntlich im Fall „*Centros*"[18] die ausschließlich in Dänemark tätige englische *limited company* grundsätzlich nach englischem Recht anerkannt und ihr erst unter dem Vorwurf der Rechtsumgehung die Eintragung der Zweigniederlassung verweigert. In Dänemark registrierte Gesellschaften müssen ihren Satzungssitz in Dänemark einrichten und beibehalten – auch wenn sie ihren tatsächlichen Hauptverwaltungssitz ins Ausland verlegt haben. Die Verlegung des Satzungssitzes über die Grenze ins Ausland ist nun offenbar im Raum der EU und des EWR zulässig (vgl. Art. 5 Ziff. 11 SEL).

II. Personengesellschaften

Das Recht der Personengesellschaften ergibt sich in Dänemark aus rechtlicher Übung, Fallrecht der Gerichte und aus der Rechtswissenschaft. Eine zusammenhängende gesetzliche Regelung gibt es nicht – allenfalls einzelne Bestimmungen im allgemeinen Handelsrecht etc. die auf Personengesellschaften Bezug nehmen.

Grundform der Personengesellschaft ist die **interessentskab** *(I/S)*. Da keine generelle Unterscheidung zwischen zivil- und handelsrechtlichen Personengesellschaften getroffen wird, handelt es sich hierbei um das dänische Gegenstück sowohl zur GbR als auch zur OHG deutschen Rechts. Die Gründung einer I/S erfolgt durch Vertrag. Dabei können einer I/S sowohl natürliche als auch juristische Personen beitreten. Eine Verpflichtung zur Eintragung des I/S im Gesellschaftsregister ergibt sich nur dann, wenn ausschließlich Kapitalgesellschaften beteiligt sind.

Die I/S ist nach dänischem Recht **juristische Person**, sie kann Vertragspartner werden und unter ihrem Namen Grundstücke erwerben. Der Gesellschafter haften unmittelbar persönlich und gesamtschuldnerisch für die Verbindlichkeiten der Gesellschaft. Auch steuerlich wird sie nicht als gesondertes Rechtssubjekt behandelt, sondern gilt als „transparent".

Die **Geschäftsführung** obliegt vorbehaltlich einer Regelung im Gesellschaftsvertrag allen Gesellschaftern, wobei diese grundsätzlich einstimmig entscheiden. Bei Handlungen geringerer Bedeutung und des täglichen Geschäfts können die Gesellschafter die Gesellschaft nach außen allein vertreten. In der Praxis wird zumeist – in Adaption des für die

---

[16] S. *Ring/Olsen-Ring*, in Handbuch GmbH international, Dänemark Rdnr. 124 ff.
[17] Internetadresse: www.eogs.dk. Suchfunktion unter: www.cvr.dk/Site/Forms/CompanySearch/CompanySearch.aspx.
[18] EuGH C 212/97, NJW 1999, 2017.

Kapitalgesellschaften geltenden Modells – die Geschäftsführung einem Vorstand und Geschäftsführern übertragen.

76 Daneben wird auch die **Kommanditgesellschaft** *(kommanditselskab – K/S)* anerkannt. Diese kommt in der Praxis weit überwiegend in der Form vor, dass eine Kapitalgesellschaft die Funktion des persönlich haftenden Gesellschafters übernimmt. Die Attraktivität dieser Gesellschaftsform beruht offenbar auf der steuerlich transparenten Behandlung. Die Gründung der K/S erfolgt durch Vertrag. Der Eintragung der K/S in das Handelsregister bedarf es aber dann, wenn als Komplementäre ausschließlich Kapitalgesellschaften oder Personengesellschaften, bei denen keine natürliche Person persönlich haftet, auftreten. Die Geschäftsführung und Vertretung obliegt grundsätzlich den Komplementären. Es wird allerdings auch hier oft durch Gesellschaftsvertrag Vorstand und Geschäftsführung eingesetzt. Schließlich gibt es die **Kommanditgesellschaft auf Aktien** *(kommanditaktieselskab* oder *partnerselskab: P/S)*. Hierfür gelten gem. Art. 358 SEL die Regeln des SEL zur Aktiengesellschaft entsprechend.

III. Die GmbH

77 Die **GmbH** wurde erstmalig mit Wirkung vom 1. 1. 1974 durch Erlass des *Anpartsselskabsloven* in Dänemark eingeführt. Hintergrund dafür war der Beitritt Dänemarks zur EG und die damit notwendig werdende Umsetzung der für die vornehmlich auf die Aktiengesellschaft bezogenen strengen gesellschaftsrechtlichen Richtlinien. Seitdem hat die GmbH starke Verbreitung gefunden und ist nun die am weitesten verbreitete Gesellschaftsform für kleine und mittlere Unternehmen. Aktuell findet sich die gesetzliche Regelung der GmbH in dem neuen Gesetz über die Kapitalgesellschaften *(selskabsloven – SEL)*.

1. Gründung

78 Die GmbH *(Anpartsselskab – ApS)* wird durch Abschluss des Gesellschaftsvertrags, dem die Satzung beizufügen ist, in **Schriftform** gegründet, Art. 25 SEL. Die Ein-Personen-Gründung ist zulässig, Art. 24 Abs. 1 SEL. Eine Höchstzahl von Gesellschaftern ist nicht vorgesehen. Die ApS entsteht als juristische Person erst mit Eintragung in das Gesellschaftsregister, Art. 41 Abs. 1 SEL. Die Anmeldung kann auch elektronisch erfolgen. Die Eintragung erfolgt dann innerhalb weniger Minuten.

79 Eine **Vorgesellschaft** gibt es nicht. Für Handlungen im Namen der Gesellschaft nach Unterzeichnung der Gründungsurkunde haften die Handelnden gesamtschuldnerisch. Allerdings gehen mit Eintragung der Gesellschaft Rechte und Pflichten automatisch auf die Gesellschaft über, Art. 41 Abs. 3 ApS L.

2. Stammkapital

80 Das Mindestkapital einer ApS beträgt jetzt nur noch 80 000 DKK, Art. 4 Abs. 2 SEL.[19] Das Kapital kann statt in dänischen Kronen auch in EURO festgesetzt werden, Art. 4 Abs. 1 SEL, oder in einer anderen vom Gesellschaftsamt festgesetzten Währung, Art. 4 Abs. 3 SEL. Die Einlagen können in bar und als Sacheinlagen erbracht werden, Art. 35 SEL. Eine Verpflichtung zur Ausführung einer Arbeit oder Diensten und Forderungen gegen Gründer kann nicht eingebracht werden. Sacheinlagen sind im Gesellschaftsvertrag zu vereinbaren und gem. Art. 36 SEL durch einen Bewertungsexperten auf Werthaltigkeit zu prüfen. Das Kapital ist vor Anmeldung der Gesellschaft zum Handelsregister zu mindestens 25% (allerdings nicht weniger als 80 000 DKK) aufzubringen und nachzuweisen, Art. 33 SEL. Der Erwerb von eigenen Anteilen ist nunmehr gem. Art. 197 SEL zulässig, wenn die Anteile durch Rücklagen oder Gewinne finanziert werden, die ausgeschüttet werden dürften.

---

[19] Entspricht etwa 10 700 EURO. Bis Inkrafttreten des SEL: 125 000 DKK, Art. 1 Abs. 3 ApS L.

3. Anteile und Gesellschafter

Die Geschäftsanteile an einer ApS sind frei übertragbar. Die Satzung kann aber Vorkaufs- 81 rechte der Mitgesellschafter vorsehen oder die Wirksamkeit der Abtretung von einer Zustimmung abhängig machen, Art. 67, 68 SEL. Die **Übertragung** bedarf keiner besonderen Form. Sie ist gem. Art. 65 SEL der Gesellschaft und Dritten gegenüber aber nicht wirksam, bevor die Gesellschaft von der Abtretung benachrichtigt worden ist. Der Erwerber ist dann im Gesellschafterbuch einzutragen, welches von der Geschäftsführung geführt wird, Art. 50 SEL. Der Erwerb einer erheblichen Stimmbeteiligung (von 5% der stimmberechtigten Anteile) und deren Änderung müssen gem. Art. 55 SEL der Gesellschaft gesondert mitgeteilt werden.

Eine persönliche **Haftung der Gesellschafter** ist gesetzlich nicht vorgesehen. In der 82 Rechtsprechung wird ein Durchgriff nur äußerst selten angenommen (so in krassen Fällen der Vermögensvermischung). Die Literatur ist bei der Bestimmung von Durchgriffstatbeständen offenbar großzügiger.

4. Die Gesellschafterversammlung

Die Gesellschafterversammlung *(generalvorsamling)* beschließt mit einfacher Mehrheit, 83 Art. 104 f. SEL. Satzungsänderungen bedürfen kumulativ einer Mehrheit von zwei Dritteln der abgegebenen Stimmen und des vertretenen Kapitals, Art. 106 Abs. 1 SEL. Bestimmte Satzungsänderungen, die in die Rechte der Gesellschafter eingreifen, müssen mit Zustimmung aller Gesellschafter gefasst werden, Art. 107 Abs. 1 SEL.

5. Die Geschäftsführung der ApS

Die Gesellschafter haben gem. Art. 111 SEL die Wahl zwischen drei verschiedenen Mo- 84 dellen für die Organisation der Geschäftsführung:
– Sie können die Geschäftsführung allein einem Verwaltungsrat *(bestyrelse)* anvertrauen, Art. 111 Abs. 1 Nr. 1 SEL **(monistisches System).** Diesem obliegt dann die globale und strategische Leitung der Gesellschaft. Für die tägliche Verwaltung der Gesellschaft muss der Verwaltungsrat dagegen einen „geschäftsführenden Ausschuss" *(direktion)* ernennen. Dieser kann aus Mitgliedern des Verwaltungsrates und/oder anderen Personen bestehen. Die Direktoren unterliegen den Weisungen des Vorstands. Der Verwaltungsrat entscheidet weiterhin über Geschäfte außergewöhnlicher Art oder erheblicher Bedeutung bzw. muss für solche Geschäfte seine Einwilligung erteilen.
– Die Geschäftsführung kann auch ausschließlich aus einem oder mehreren **Geschäftsführern** *(direktører)* bestehen, Art. 111 Abs. 1 Nr. 2 S. 1 SEL. Beschränkungen ergeben sich hier bei mitbestimmten Gesellschaften (Art. 140 SEL – s. u.).
– Die Gesellschafter können schließlich einen Aufsichtsrat *(tilsynsråd)* und eine Geschäftsführung *(direktion)* einsetzen **(dualistisches System)** Art. 111 Abs. 1 Nr. 2 S. 2 SEL.

Hat die Gesellschaft in den letzten drei Jahren im Durchschnitt mehr als 35 Mitarbeiter 85 beschäftigt, so greifen die Regeln über die **Arbeitnehmermitbestimmung** ein. Es ist dann auf Verlangen der Arbeitnehmer gem. Art. 140 SEL entweder ein Verwaltungsrat oder ein Aufsichtsrat einzurichten, zu dem dann ein Drittel der Mitglieder, mindestens aber zwei Personen, von den Arbeitnehmern zu wählen sind..

Die organschaftliche **Vertretung der Gesellschaft** gegenüber Dritten erfolgt entweder 86 durch den Verwaltungsrat (dessen Mitglieder dann als Kollegialorgan gemeinschaftlich handeln) oder einen einzelnen der Direktoren, Art. 135 Abs. 1 SEL. Der Gesellschaftsvertrag kann die Alleinvertretungsbefugnis der Mitglieder dieser Organe einschränken und z.B. vorsehen, dass die Gesellschaft durch einen Geschäftsführer und ein Mitglied des Verwaltungsrates gemeinschaftlich vertreten wird (Gesamtvertretung). Bei Prozessen oder Rechtsgeschäften mit Mitgliedern der Geschäftsführung im dualistischen System, bei denen die Mitglieder vom Handeln ausgeschlossen sind, wird die Gesellschaft – soweit vorhanden – vom Aufsichtsrat vertreten. Gem. Art. 127 Abs. 1 SEL dürfen die Geschäftsführer keine Rechtsgeschäfte vornehmen, die offenbar einzelnen Gesellschaftern oder Dritten unangemessene Vorteile verschaffen. Verträge mit dem Alleingesellschafter müssen in einer Weise fixiert werden, dass sie später nachvollzogen werden können.

IV. Die Aktiengesellschaft

1. Allgemeines

87 Die gesetzliche Regelung der Aktiengesellschaft *(Aktieselskab* – A/S) befindet sich nun nicht mehr im *Aktieselskabloven (AS L)* von 1996, sondern gemeinsam mit der GmbH im SEL. Durch die einheitliche Regelung werden die A/S und die ApS noch weiter einander angeglichen also bisher. Nicht zuletzt wegen der Umsetzung der Europäischen Richtlinien ergibt sich aber, dass für die A/S zusätzliche Regeln gelten und weniger Gestaltungsmöglichkeiten verbleiben. Die folgenden Ausführungen beschränken sich auf einige Besonderheiten der A/S gegenüber der ApS.

2. Gründung

88 Die Gründung einer A/S erfolgt weitgehend wie bei der ApS durch Abschluss eines schriftlichen Gesellschaftsvertrages und Eintragung im Gesellschaftsregister, Art. 25 SEL. Die Ein-Personen-Gründung ist zulässig.

3. Stammkapital

89 Das Stammkapital der A/S beträgt mindestens 500 000 DKK,[20] Art. 4 Abs. 2 SEL. Das Kapital kann statt in dänischen Kronen auch in EURO festgesetzt werden, Art. 4 Abs. 1 SEL. Zulässig ist auch die Vereinbarung von Sacheinlagen. Das Kapital ist noch vor Eintragung der Gesellschaft vollständig aufzubringen.

4. Aktien

90 Aktien können als Inhaber- und als Namensaktien ausgegeben werden. Über Namensaktien und unverbriefte Aktien muss die Gesellschaft ein Aktienbuch führen. Aktien können, was die Dividendenberechtigung angeht, mit unterschiedlichen Rechten ausgestattet werden. Auch können Mehrstimmrechtsaktien mit bis zu 10-fachem Stimmrecht ausgegeben werden. Stimmrechtslose Aktien sind jetzt ebenfalls zulässig, Art. 46 SEL. Die Übertragung erfolgt bei Inhaberaktien durch Übergabe, bei Namensaktien durch Indossament und bei unverbrieften Aktien durch eine schriftliche Abtretungsvereinbarung, die der Gesellschaft zur Eintragung des Erwerbers in das Aktienbuch vorgelegt wird. Besondere Regeln gelten für den Erwerb börsennotierter oder zentral verwahrter Aktien.

5. Leitung der A/S

91 Die Leitung der A/S unterliegt grundsätzlich den gleichen Modellen wie bei der ApS. Es gibt allerdings Einschränkungen: So muss – um die Unabhängigkeit des Verwaltungsrates nicht zu beeinträchtigen – der Verwaltungsrat mehrheitlich aus Personen bestehen, die nicht der Geschäftsführung *(direktion)* angehören, Art. 111 Abs. 1 Ziff. 1 S. 4 SEL. Auch darf kein Mitglied der Geschäftsführung Präsident oder Stellvertretender Präsident des Verwaltungsrates werden.

92 Die Bestellung ausschließlich von Direktoren ist bei der A/S nicht möglich.

93 Im dualistischen System müssen dem Aufsichtsrat der A/S mindestens drei Personen angehören, Art. 111 Abs. 2 SEL.

D. Frankreich

Schrifttum: *Arlt,* Französische Aktiengesellschaft, Wien 2006; *Arlt,* in: Kalss, Die Übertragung von GmbH-Geschäftsanteilen in 14 Rechtsordnungen Europas, Wien 2004, S. 90; *Becker,* Baldiges neues

---

[20] Entspricht grob gerechnet 67 050 EURO.

Gründungsverfahren in Frankreich: Die französische „Blitz-S. A. R. L.", GmbHR 2003, 706; *Berger-Walliser,* Das Ende der „goldenen Handschläge" in Frankreich?, RIW 2008, 583; *Chaussade-Klein,* Gesellschaftsrecht in Frankreich, 2. Aufl. 1997; *Conac,* The New French Preferred Shares: Moving towards More Liberal Approach, ECFR 2005, 487; *Cozian/Viandier/Deboissy,* Droit des sociétés, 22. Aufl. 2009; *Dammann,* Das neue französische Insolvenzrecht, RIW 2006, 16; *Deckert/Sangiovanni,* Der GmbH-Geschäftsführer in Italien, Frankreich und Deutschland, ZVglRWiss 107 (2008) 164; *Frank/Wachter,* Neuere Entwicklungen im französischen GmbH-Recht, RIW 2002, 11; *Frey,* Die Vertretung verselbständigter Rechtsträger in den europäischen Ländern, Frankreich, 2003; *Hartmann,* Die französische Société par Actions Simplifiée, WM 2000, 1530; *Henssler,* Das französische Recht der Anwaltsgesellschaften, NJW 2010, 1425; *Hövermann/Klein,* Corporate Governance im französischen Gesellschaftsrecht, RIW 2006, 277; *Hübner/Constantinesco,* Einführung in das französische Recht, 4. Aufl. 2001; *Karst,* Frankreich, in: Süß/Wacher, Handbuch des internationalen GmbH-Rechts, 2. Aufl. 2011, S. 973; *Karst,* Die GmbH französischen Rechts, NotBZ 2006, 119; *Karst,* Risiken bei der Bestellung von Kreditsicherheiten durch eine Aktiengesellschaft französischen Rechts, IWB 2005, Fach 5 Gr. 3 S. 645; *Kern,* Das Einzelunternehmen mit begrenzter Haftung (EIRL), IStR-LB 21/2010 S. 91. *Klein,* Rechtliche Aspekte des Unternehmenskaufs in Frankreich, RIW 2002, 348; *Klein,* Frankreichs Insolvenzrechtsreform setzt auf Vorbeugung, RIW 2006, 13; *Klein,* Frankreichs kleine und mittlere Unternehmen sollen gestärkt werden, RIW 2008, 770; *Klein,* Die Haftung der Geschäftsleitung in Frankreich, RIW 2010, 352; *Lamy,* Sociétés commerciales, 2007; *Leutner/Tillmanns,* „Confusions des patrimoines" nach Art. 1844-5 Code Civil. Ausweg bei deutsch-französischen Verschmelzungen, RIW 2004, 264; *Maul,* Geschäftsführer einer französischen SARL – Bestellung, Kompetenzen, Vergütung und Haftung, RIW 2000, 364; *Maul,* Übertragung von Geschäftsanteilen einer französischen SARL, RIW 1999, 675; *Menjucq,* The Company Law Reform in France, RabelsZ 69 (2005) 698; *Meyer/Ludwig,* Französische GmbH-Reform 2003/2004: Gründungserleichterungen und „Vereinfachung des Rechts", GmbHR 2005, 346 und 459; *Meyer/Gros,* Die französische Geschäftsleiterhaftung nach der Insolvenzrechtsreform 2005, GmbHR 2006, 1009 und 1091; *Nitschke,* Das Recht der Personengesellschaften in Deutschland und Frankreich, 2001; *Pariente,* The Evolution of the Concept of „Corporate Group" in France, ECFR 2007, 317; *Pfeifer,* Das Recht der Kapitalgesellschaften in Frankreich, 2009; *Pfeifer,* Finanz- und Haftungsverfassung der SARL, GmbHR 2007, 1208; *Pfeifer,* Die Reform der Haftungsbeschränkung im französischen Recht – Einführung des entrepreneur individuel à responsbilité limitée (EIRL), GmbHR 2010, 972; *Pfeifer,* Gründung und Führung einer Einpersonen-S. A. R. L. französischen Rechts, GmbHR 2009, 1145; *Prüfer,* Rechtliche Besonderzeiten bei Unternehmenskäufen im deutsch-französischen Kontext, NZG 1998, 49 und 86; *Recq/Hoffmann,* Die französische S. A. R. L. als GmbH-Ersatz?, GmbHR 2004, 1070; *Recq/Smyrek,* Die französische S. A. R. L., GmbHR Sonderheft 2006, 54; *Seseke/Fangmann,* Reform des französischen Gesellschaftsrechts, IStR 2002, 851; *Siems,* Deutsche und französische Rechtsanwaltskanzleien als LLPs, ZVglRWiss 107 (2008) 60; *Sonnenberger/Dammann,* Französisches Handels- und Wirtschaftsrecht, 3. Aufl. 2008; *Storp,* Reform des französischen Unternehmensrechts, RIW 2002, 409; *Storck,* Corporate Governance à la Française, ECFR 2004, 36; *Urbain-Parleani,* Das Kapital der Aktiengesellschaft in Frankreich, ZGR Sonderheft 17 (2006) S. 575; *Vidal,* Droit des sociétés, 7. Aufl. Paris 2010; *Witt,* Modernisierung der Gesellschaftsrechte in Europa, ZGR 2009, 872.

I. Allgemeines

1. Überblick

Das Gesellschaftsrecht ist in Frankreich seit der umfassenden Reform des **Handelsgesetzbuchs** für alle Handelsgesellschaften im *Code de Commerce* **(CCom)**[21] geregelt. Allein die bürgerliche Gesellschaft *(société civile)* bleibt im Code civil (CC) beheimatet. Bedeutendste Gesellschaftsformen sind die Aktiengesellschaft, die GmbH und die Genossenschaft. Die handelsrechtlichen Personengesellschaften spielen dagegen im Wirtschaftsleben keine große Rolle.

Eine Spezialität des französischen Rechts sind die **Gesellschaften**, deren Anteile sich mehrheitlich **in öffentlicher Hand** *(sociétés d'économie mixte)* befinden. Hier ergibt sich eine komplizierte Gemengelage aus den gesellschaftsrechtlichen Normen – zumeist wird

---

[21] Das Gesetz ist online einsehbar über www.legifrance.gouv.fr. Dort ist auch englische Übersetzung des gesamten CCom zugänglich.

die Rechtsform der Aktiengesellschaft verwandt – und verwaltungsrechtlichen Sonderregeln, die z. B. die Kontrolle der Gesellschaft durch staatliche Kommissare vorsehen, Verfügungen über den öffentlichen Anteil beschränken etc.[22]

2. Handelsregister

96 Das **Handelsregister** *(registre de commerce et des sociétés – RCS)* wird in Frankreich von den Rechtspflegern *(greffiers)* bei den Handelsgerichten geführt. Dabei werden die eingereichten Unterlagen im Wesentlichen nur auf formale Ordnungsmäßigkeit geprüft – zu einer intensiven inhaltlichen Gründungsprüfung wäre der *greffier* schon von seiner Ausbildung her nicht in der Lage. Erfahrungsgemäß werden auch Kapitalgesellschaften daher schon innerhalb weniger Tage eingetragen. Vor Eintragung sind zahlreiche Formalitäten, wie Anmeldungen bei Behörden etc. vorzunehmen. Zur Erleichterung der Gründung von Gesellschaften hat man die sog. *centres de formalité des entreprises* geschaffen, die es ermöglichen, sämtliche Anträge etc. zu den verschiedenen Verwaltungsbehörden und auch zum Handelsregister bei einer einzigen Stelle abzugeben. Handelsregisterauszüge *(extrait Kbis)* können unmittelbar beim zuständigen *greffier* oder über Internet (www.infogreffe.fr) angefordert werden. Ein kostenfreier Zugriff auf Unternehmensdaten ist über www.societe.com möglich.

3. Arbeitnehmermitbestimmung

97 Eine institutionalisierte Arbeitnehmermitbestimmung gibt es nicht. Bei mehr als 50 Arbeitnehmern ist ein *comité d'entreprise* einzurichten, das dem „Betriebsrat" deutschen Rechts vergleichbar ist. Eine darüber hinausgehende Beteiligung der Arbeitnehmer in Form der *cogestion* durch Beteiligung von Arbeitnehmervertretern im Kontrollorgan (Verwaltungs- bzw. Aufsichtsrat) ist nur in verstaatlichten Unternehmen zwingend. In einer privaten SA kann die *cogestion* von der Hauptversammlung freiwillig eingeführt, aber auch jederzeit wieder beendet werden.

4. Umwandlung von Gesellschaften

98 Die **Aufspaltung** *(scission)*, **Abspaltung** *(apport partiel d'actif)* und **Verschmelzung** *(fusion)* von Gesellschaften kann sowohl zur Aufnahme als auch zur Neugründung erfolgen. Dies gilt für sämtliche Gesellschaftsformen. Die Verschmelzung führt zur Gesamtrechtsnachfolge. Die Wirkungen treten dabei bereits mit Fassung des Verschmelzungsbeschlusses bei sämtlichen betroffenen Gesellschaften ein. Die Eintragung im Handelsregister ist nur bei der Verschmelzung zur Neugründung konstitutiv, Art. L. 236-4 CCom. Die **formwechselnde Umwandlung** *(transformation)* erfolgt durch Satzungsänderung, die (mit deklaratorischer Wirkung) im Handelsregister einzutragen ist.

5. Internationales Gesellschaftsrecht

99 Gem. Art. L. 210-3 CCom unterliegen alle Gesellschaften, deren Verwaltungssitz *(siège social)* sich in Frankreich befindet, dem französischen Recht. Allerdings können sich Dritte der Gesellschaft gegenüber auf deren statutarischen Sitz berufen, die Gesellschaft aber nicht, wenn ihr tatsächlicher Verwaltungssitz sich in einem anderen Staat befindet. Hieraus wird deutlich, dass das Gesellschaftsstatut eigentlich an den tatsächlichen Sitz der Gesellschaft angeknüpft wird. Ausländische Kapitalgesellschaften werden aber auch bei Geltung ausländischen Gesellschaftsstatuts nicht unbedingt automatisch anerkannt. Eine Anerkennung auf Basis der Gründungstheorie ist im Verhältnis zu Gesellschaften aus anderen EU-Mitgliedstaaten nun schon aufgrund der Niederlassungsfreiheit garantiert.

100 Die Verlegung des statutarischen Sitzes einer französischen Gesellschaft ins Ausland und der damit einhergehende Wechsel des Personalstatuts ist aus französischer Sicht auf einstimmigen Beschluss der Gesellschafter zulässig, soweit das Recht des Zuzugsstaates den

---

[22] Übersicht bei *Sonnenberger/Dannemann* Französisches Handels- und Wirtschaftsrecht, S. 230 ff.

Zuzug gestattet, Art. L. 222-9, 223-30, 225–97 CCom. Die Gesellschaft erfährt auf diese Weise einen **grenzüberschreitenden Formwechsel**.

II. Personengesellschaften

1. Die bürgerliche Gesellschaft

Die bürgerliche Gesellschaft (*société civile*) ist in den Art. 1832 ff. CC in der Neufassung von 1978 geregelt. Besonderheit ist dabei, dass die durch schriftlichen Vertrag gegründete und eingetragene *société civile* **Rechtspersönlichkeit** besitzt. Zuständig für die Eintragung ist das Handelsregister, das für die *société civile* die spezielle „Abteilung D" führt. Da die *société civile* als juristische Person Inhaber aller Rechte und Pflichten ist, besteht insoweit kein Bedürfnis nach einer Gesamthand. Die Haftung der Gesellschafter ist unbeschränkt, Art. 1857 CC. Die persönliche Inanspruchnahme der Gesellschafter erfordert aber, dass der Gläubiger zunächst erfolglos Zahlung von der Gesellschaft verlangt hat, Art. 1858 CC. Der Rechtsformzusatz lautet *„et compagnie"*. **101**

Die Einsatzmöglichkeiten der *société civile* sind sehr weit. Die *société civile immobilière* (SCI) wird zum Erwerb und Halten von Grundstücken eingesetzt. Als *société civile professionelle* (SCP) ist die *société civile* Grundlage für den Zusammenschluss von Angehörigen freier Berufe (Rechtsanwälte,[23] Notare, Wirtschaftsprüfer, Ärzte etc.). Ergänzende Regeln hierzu enthalten das *loi sur les sociétés civiles professionelles* und die Zusatzregeln für einzelne Berufsgruppen. **102**

Die Vertretung und Geschäftsführung der *société civile* obliegt – vorbehaltlich abweichender Bestimmungen im Gesellschaftsvertrag – einem von den Gesellschaftern gewählten Geschäftsführer *(gerant)*, der nicht Gesellschafter sein muss. Dieser ist auch im Handelsregister einzutragen. **103**

Gem. Art. 1870 CC wird beim Tod eines Gesellschafters – anders als bei den Personengesellschaften des Handelsrechts – die Gesellschaft nicht aufgelöst, sondern vorbehaltlich abweichender Bestimmungen im Gesellschaftsvertrag mit dessen Erben fortgesetzt. Auch wenn das französische Recht grundsätzlich die Ein-Personen-Personengesellschaft nicht anerkennt, hat die Vereinigung sämtlicher Anteile an der Gesellschaft in einer Hand nicht *ipso iure* das Erlöschen der Gesellschaft zur Folge. Gem. Art. 1844-5 CC muss ein Gericht vor Auflösung dem Alleingesellschafter Gelegenheit zur Behebung des Mangels geben. **104**

Lassen die Gesellschafter die Gesellschaft nicht im Handelsregister eintragen, so liegt in der Form *société en participation* **(SEP)** eine reine Innengesellschaft ohne Rechtsfähigkeit vor, Art. 1871 ff. CC. **105**

Die Möglichkeit einer Art **Partnerschaftsgesellschaft** mit Haftungsbeschränkung wurde ausschließlich für Rechtsanwälte durch Dekret von 2007 in Form der *association d'avocats à responsabilité professionelle individuelle* (AARPI) geschaffen.[24] **106**

2. Die handelsrechtlichen Personengesellschaften

Personengesellschaften des Handelsrechts sind die **Offene Handelsgesellschaft** (*société en nom collectif – SNC*) und die **Kommanditgesellschaft** (*société en commandite simple – SCS*). Die **Kommanditgesellschaft auf Aktie**n (*société en commandite par actions – SCA*) ist dagegen als Kapitalgesellschaft zu qualifizieren. **107**

Beide Gesellschaften entstehen mit Eintragung im Handelsregister als juristische Personen. Dabei haften die persönlich haftenden Gesellschafter zwar gesamtschuldnerisch, aber im Verhältnis Dritten nur subsidiär, nachdem diese die Gesellschaft selbst zur Zahlung aufgefordert haben, Art. L. 221-1 CCom. Seit der Reform des Gesellschaftsrechts von 1966 **108**

---

[23] Zur Anwaltsgesellschaft in Frankreich: *Henssler* NJW 2010, 1425; *Siems* ZVglRWiss 107 (2008) 60.
[24] Dazu *Henssler* NJW 2010, 1425. *Siems* (ZVglRWiss 2008, 71 Fn. 52) weist darauf hin, dass die *association* als „Verein" nach französischem Recht nicht der Gewinnerzielung dienen darf, so dass allenfalls eine Art „Bürogemeinschaft" organisiert werden könne.

können auch Handelsgesellschaften – einschließlich der Personengesellschaften – Gesellschafter einer Personengesellschaft sein. In diesem Fall trifft die Haftung als Geschäftsführer gem. Art. L. 221-3 CCom auch die Geschäftsführer der Gesellschafterin, die die Geschäftsführung des Personengesellschaft wahrnimmt. Die Verwaltung und Vertretung der Gesellschaft obliegt den Gesellschaftern. Sie können aber auch einen oder mehrere Gesellschafter bzw. Dritte zu Direktoren ernennen.

109 Reine Innengesellschaft ohne Rechtsfähigkeit ist die *société en participation (SEP)*, die am ehesten der **Stillen Gesellschaft** des deutschen Rechts vergleichbar ist (s. o. Rdnr. 105).

110 Die **Wirtschaftliche Interessenvereinigung** (*groupement d'interêt économique – GIE*) ist eine Sonderform der Personengesellschaft, die zwischen ziviler und Handelsgesellschaft steht, da sie nicht direkt auf Gewinnerzielung gerichtet ist, sondern die wirtschaftliche Tätigkeit ihrer Mitglieder fördern soll, Art. 251-1 CCom. Insoweit ist sie das nationale Gegenstück zur EWIV. Mögliches Anwendungsbeispiel ist der Zusammenschluss der Unternehmer zur Verwaltung eines Einkaufszentrums. Auch die GIE ist erst mit Eintragung im Handelsregister rechtsfähig. Sie hat einen Geschäftsführer, ggf. auch ein Kontrollorgan.

111 Keine Gesellschaft stellt der *entrepreneur individuel à responsbilité limitée* (EIRL) dar. Hierbei handelt es sich um ein **Geschäftsvermögen mit beschränkter Haftung,** das einem Einzelkaufmann zuzurechnen ist. Die Haftungsbeschränkung ist hiermit einem Alleinunternehmer also jetzt auch ohne Gründung einer Ein-Personen-Kapitalgesellschaft in der Rechtsform einer EURL oder einer SASU möglich. Die Neuregelung in den Art. 526–6 ff. CCom. trat zum 1. 1. 2011 in Kraft.[25]

III. Die GmbH

1. Gründung

112 Die GmbH *(société à responsabilité limitée – SARL)* ist die zahlenmäßig weit überwiegende Gesellschaftsform in Frankreich.[26] Sie wird gegründet, indem der Gesellschaftsvertrag von den Gründern unterschrieben wird, wobei „Stempelpapier" *(papier timbré)* zu verwenden ist.[27] Die notarielle Beurkundung des Gesellschaftsvertrags ist erst dann gesetzlich erforderlich, wenn sich ein Beurkundungserfordernis aus anderen Gründen – z.B. Sacheinlage eines Grundstücks – ergibt.

113 Die SARL kann seit 1985 auch von einem **alleinigen Gesellschafter** gegründet werden *(entreprise unipersonelle à responsabilité limitée)*. Solche Gesellschaften sind am Rechtsformzusatz „EURL" erkennbar. Es gelten für die EURL zusätzlich zu den Regeln für die normale SARL eine Reihe von Sondervorschriften.[28] Die Gründung einer EURL ist auch durch eine juristische Person möglich. Allerdings darf eine EURL gem. Art. L. 223-5 CCom keine Ein-Personen-GmbH als alleinige Gesellschafterin haben. Bei einem Verstoß gegen diese Regel ist sie zu liquidieren. Für eine vom Alleingesellschafter als Geschäftsführer geleitete EURL existiert ab dem 1. 1. 2009 eine durch Verordnung festgesetzte Mustersatzung, Art. 223-1 S. 3 CCom.[29]

114 Bei der SARL ist **Anzahl der Gesellschafter** der Höhe nach gesetzlich beschränkt. Übersteigt die Anzahl der Gesellschafter 100, so ist die Gesellschaft nach Ablauf eines Jahres aufzulösen, wenn nicht innerhalb des Jahres die Zahl unter 100 reduziert oder die SARL in

---

[25] Dazu z.B. *Kern,* Das Einzelunternehmen mit begrenzter Haftung (EIRL), IStR-LB 21/2010 S. 91; *Pfeifer,* Die Reform der Haftungsbeschränkung im französischen Recht – Einführung des entrepreneur individuel à responsbilité limitée (EIRL), GmbHR 2010, 972.

[26] Als Rechtsanwalts-GmbH firmiert die Gesellschaft unter dem Rechtsformzusatz SELARL – *société d'exercice libéral à responsabilité limitée.*

[27] *Peifer* GmbHR 2009, 1147. Aus diesem Grund scheidet auch ein Abschluss des Gesellschaftsvertrags in elektronischer Form aus.

[28] Zu neueren Änderungen: *Pfeifer* GmbHR 2009, 1145.

[29] *Klein* RIW 2008, 771.

eine passende Rechtsform umgewandelt wird, Art. L. 223-3 CCom.[30] Praktisch am ehesten kommt hier der Formwechsel in eine SA bzw. eine SAS in Betracht.

Die Gesellschaft entsteht erst mit Eintragung im Handelsregister. Wer während des davor liegenden Gründungsstadiums im Namen der **Gründungsgesellschaft** handelt, haftet für die eingegangenen Verbindlichkeiten persönlich, Art. L. 210-6 Abs. 2 CCom, so lange bis die Gesellschaft eingetragen worden ist und die Verbindlichkeiten übernimmt *(reprise)*, es sei denn, dass die Verbindlichkeiten schon in einen Anhang zur Satzung aufgenommen worden sind. In diesem Fall gehen mit der Eintragung der SARL auch die im Namen der Gesellschaft erworbenen Rechte von dem Handelnden auf die Gesellschaft über.

2. Stammkapital

Das Mindestkapital für die GmbH ist durch Gesetz vom 1. 8. 2003 abgeschafft worden. Praktisch genügt jetzt 1 EURO **(1-EURO-SARL)**. Bei Gründung der SARL müssen die Gesellschafter lediglich ein Fünftel der von ihnen übernommenen Bareinlagen *(apport en numéraire)* sofort leisten. Den Restbetrag müssen sie nach Aufforderung durch den Geschäftsführer innerhalb von fünf Jahren einzahlen. Art. L. 223-7 Abs. 1 CCom. Sacheinlagen *(apport en nature)* dagegen werden mit Abschluss des Gesellschaftsvertrages unmittelbar in voller Höhe fällig, Art. L. 223-7 Abs. 1 S. 2 CCom. Dafür sorgt auch der im französischen Recht geltende Grundsatz des reinen Konsensprinzips, der das Eigentum an dem betroffenen Gegenstand unmittelbar mit Abschluss des schuldrechtlichen Kausalgeschäfts (hier: der Gesellschafts- bzw. Übernahmevertrag) übergehen lässt. Der von einem unabhängigen Sachverständigen erstellte Sachgründungsbericht ist als Anlage zum Gesellschaftsvertrag zu nehmen, Art. L. 223-9 CCom. Übersteigt die Sacheinlage nicht den Betrag von EURO 7500 und nicht die Hälfte des Gesellschaftskapitals, kann der Gesellschafter die Bewertung selber vornehmen. Die Einlage kann gem. Art. L. 223-7 Abs. 2 CCom auch in Form von **Arbeitsleistungen** *(apport en industrie)* erbracht werden.

Schließlich kann eine SARL auch mit **unbestimmten Kapital** gegründet werden. Es kann das Kapital dann durch neue Einlagen, Zulassung neuer Gesellschafter oder durch Rückgewähr von Einlagen innerhalb des gesellschaftsvertraglich vorgegebenen Rahmens ohne formalen Gesellschafterbeschluss erhöht und gemindert werden, Art. L. 231-1 CCom. In diesem Fall firmiert die Gesellschaft mit dem weiteren Zusatz „à capital variable", Art. L. 231-2 CCom.[31]

Der **Erwerb eigener Anteile** durch die Gesellschaft ist ausschließlich zur Vorbereitung einer Kapitalherabsetzung zulässig, Art. L. 223-34 Abs. 4 S. 1, 223-14 CCom. Hat die Gesellschaft 50% ihres Stammkapitals verloren, so hat dies gem. Art. L. 223-42 CCom zwingend die Auflösung der SARL zur Folge, soweit nicht die Gesellschafter bis zur Genehmigung des zweiten darauf folgenden Jahresabschlusses eine entsprechende Kapitalherabsetzung beschließen.

3. Anteile

Das **Kapital der SARL** teilt sich gem. Art. L. 223-2 CCom in **Anteile mit gleichem Nennwert**. Die Aufteilung ist auch bei der EURL zwingend. Nennwertlose Anteile und stimmrechtslose Anteile gibt es nicht. Die Anteile dürfen nicht verbrieft werden.

Die **Übertragung der Anteile** auf den Ehegatten oder eine in gerader Linie verwandte Person sowie auf eine Person, die schon Gesellschafter der SARL ist, ist uneingeschränkt möglich, Art. L. 223-16, 223-13 CCom und wird *inter partes* mit Abschluss des Kausalgeschäfts wirksam. Im Verhältnis zur Gesellschaft wird die Abtretung mit dem Zeitpunkt wirksam, in dem der in einer privatschriftlichen oder notariellen Urkunde niedergelegte Vertrag der Gesellschaft angezeigt worden ist, Art. L. 223-17, 221-14 CCom. Die Abtretung an fremde Personen muss vorab der Gesellschaft und allen Gesellschaftern mitgeteilt werden. Zur Wirksamkeit bedarf sie der Zustimmung der Mehrheit der anwesenden Ge-

---

[30] Früher betrug die Obergrenze 50 Gesellschafter.
[31] Vgl. *Frank/Wachter* RIW 2002, 11, 21.

sellschafter in der Gesellschafterversammlung, und zwar der Mehrheit sowohl nach Köpfen als auch nach Kapitalanteilen – soweit nicht der Gesellschaftsvertrag noch strengere Bedingungen enthält, Art. L. 223-14 CCom. Verweigern die Gesellschafter die Zustimmung, so müssen sie dem Veräußerungswilligen seinen Anteil abkaufen.

4. Die Gesellschafterversammlung

121   Die Gesellschafterversammlung *(assemblée ordinaire annuelle)* ist das oberste Organ der SARL. Da die Gesellschafterversammlung gem. Art. L. 223-26 CCom den **Jahresabschluss** innerhalb von sechs Monaten genehmigen muss, ist sie notwendigerweise ein Mal im Jahr einzuberufen. Die Einberufung erfolgt grundsätzlich durch die Geschäftsführer. Die Gesellschafterversammlung beschließt darüber hinaus über die Bestellung und Abberufung der Geschäftsführer und der Wirtschaftsprüfer, die Entlastung der Geschäftsführer, die Ausschüttungen, und schließlich über Satzungsänderungen, Umwandlungsvorgänge aller Art, Kapitalerhöhungen und Kapitalherabsetzungen.

122   Die Versammlung entscheidet mit der **Mehrheit des Kapitals** – wobei nicht das präsente, sondern das vorhandene Kapital zugrunde gelegt wird, Art. L. 223-29 Abs. 1 CCom. Erst dann, wenn eine Entscheidung nicht erreicht wird und die Gesellschafterversammlung ein zweites Mal einberufen worden ist, kann mit der Mehrheit der abgegebenen Stimmen entschieden werden, Art. L. 223-29 Abs. 2 CCom.

123   Für **Satzungsänderungen**, Kapitalerhöhungen etc. bedarf es bei nach dem 4. August 2005 gegründeten SARL einer qualifizierten Mehrheit von drei Vierteln des präsenten Kapitals, wenn mindestens 25% des Kapitals (Quorum) vertreten sind, Art. L. 223-30 CCom (strengere Quoten gelten für Gesellschaften, die vor 2005 gegründet worden sind). Einstimmigkeit verlangen bestimmte Entscheidungen, wie z.B. über die Verlegung des Sitzes der SARL in das Ausland oder die formwechselnde Umwandlung, Art. L. 223-43 CCom.

5. Persönliche Haftung der Gesellschafter

124   Die Haftung der Gesellschafter ist grundsätzlich auf den Betrag der übernommenen Einlage beschränkt. Eine darüber hinausgehende persönliche **Durchgriffshaftung** kommt in den beiden, von der Rechtsprechung herausgebildeten und restriktiv gehandhabten Tatbeständen der Vermögensvermischung *(confusion des patrimoines)* und der „Scheingesellschaft" in Betracht. Ein Fall der Scheingesellschaft wird in den Konstellationen angenommen, dass eine Gesellschaft bewusst gegründet wird, um in betrügerischer Weise die Haftungsbeschränkung zum Nachteil der Gläubiger auszunutzen.

125   Darüber hinaus kann die insolvenzrechtliche Haftung des Geschäftsführers für Managementfehler bei Überschuldung der Gesellschaft und materieller Unterkapitalisierung der Gesellschaft gem. Art. L. 651-2 CCom (s. u. Rdnr. 129) auch einen Gesellschafter treffen, wenn dieser als *de facto*-**Geschäftsführer** *(dirigeant de fait)* einzustufen ist.

6. Die Geschäftsführung

126   Die Leitung der SARL obliegt den **Geschäftsführern** *(gerants)*. Die Anzahl der Geschäftsführer kann im Gesellschaftsvertrag frei bestimmt werden. Diese werden regelmäßig von der Gesellschafterversammlung durch einfachen Mehrheitsbeschluss bestellt, ggf. auch schon im Gesellschaftsvertrag, Art. L. 223-18 CCom. Zu Geschäftsführern können ausschließlich natürliche Personen bestellt werden. Die Ernennung erfolgt auf unbestimmte Zeit. Eine Abberufung ist jederzeit durch einfachen Mehrheitsbeschluss der Gesellschafterversammlung möglich, Art. L. 223-25 CCom. Eine Abberufung ohne ausreichenden Grund berechtigt den Geschäftsführer ggf. zu Schadensersatz. Damit auch ein Mehrheitsgesellschafter-Geschäftsführer auf Betreiben der Minderheit abberufen werden kann, ermöglicht Art. L. 223-25 Abs. 2 CCom die Abberufung durch gerichtliche Entscheidung auf Antrag eines einzelnen Gesellschafters.

127   Vorbehaltlich abweichender Regelung im Gesellschaftsvertrag vertritt jeder Geschäftsführer die Gesellschaft allein. Die **Vertretungsbefugnis** ist nach außen unbeschränkt,

selbst wenn die Geschäftsführer jeweils nur für einzelne Ressorts zuständig sind, Art. L 223-18 Abs. 6 CCom. Überschreitet der Geschäftsführer den Gesellschaftszweck, so wird aber nur der gutgläubige Dritte geschützt.

Ein Verbot des **Insichgeschäfts** besteht nicht. Gem. Art. L. 223-19 CCom müssen die Geschäftsführer jedoch der Gesellschafterversammlung einen von einem Wirtschaftsprüfer erstellten Bericht über alle Geschäfte vorlegen, die mittelbar oder unmittelbar zwischen der Gesellschaft und ihren Geschäftsführern oder Gesellschaftern abgeschlossen worden sind. Ausnahmen gelten für Geschäfte mit dem Alleingesellschafter, Art. L. 223-19 Abs. 3 CCom. Verweigern die Gesellschafter die erforderliche Genehmigung, so hat dies regelmäßig nur die Haftung des Geschäftsführers, nicht aber die Unwirksamkeit des Geschäfts zur Folge. Unwirksamkeit sind aber Kreditgeschäfte mit der Gesellschaft, Art. L. 223-21 CCom.

Die **Geschäftsführer haften** gem. Art. L. 223-22 Abs. 1 CCom der Gesellschaft und Dritten für Gesetzesverletzungen und schuldhafte Fehler bei der Geschäftsführung *(faute de gestion)*. Eine Freistellung oder Entlastung der Geschäftsführer hiervon ist auch durch Gesellschafterbeschluss nicht möglich, Art. L. 223-22 Abs. 5, 6 CCom. Der Anspruch der Gesellschaft kann durch einen einzelnen Gesellschafter gegen den Geschäftsführer eingeklagt werden, Art. L. 223-22 Abs. 3 CCom *(action sociale)*. Darüber hinaus kommt eine Ausfallhaftung der Geschäftsführer im Insolvenzfall in Betracht, wenn der Geschäftsführer durch Managementfehler zur Überschuldung der Gesellschaft beigetragen hat *(action en comblement du passiv)*, Art. L. 651-2 CCom. Das betrifft auch die Fälle der massiven materiellen Unterkapitalisierung.[32]

7. Die Liquidation

Die Gesellschaft ist mit Ablauf der gesellschaftsvertraglich vorgesehenen Frist, mit Fassung eines einstimmigen Auflösungsbeschlusses, mit Eröffnung des Insolvenzverfahrens und kraft Gesetzes spätestens nach Ablauf von 99 Jahren aufgelöst, Art. L. 210-2 CCom.

IV. Die Aktiengesellschaft

1. Gründung

Die Gründung einer Aktiengesellschaft *(société anonyme – SA)* erfordert mindestens **sieben Gründer**. Die Ein-Mann-Gründung ist also nicht zulässig, Art. L. 225-1 S. 2 CCom. Die Gründung erfolgt durch Abschluss des Gesellschaftsvertrags in notariell beurkundeter oder privatschriftlicher Form. Sie kann im Wege der Einheitsgründung oder im Wege der Stufengründung erfolgen, Art. L. 225-2 ff. bzw. 225-12 ff. CCom Die Gesellschaft entsteht erst mit Eintragung im Handelsregister. Für Rechtsgeschäfte, die vor Eintragung im Namen der Gesellschaft abgeschlossen worden sind, gilt das Gleiche wie für die SARL in Gründung, Art. L. 210-6 CCom.[33]

2. Stammkapital

Das **Mindestkapital** der börsennotierten Aktiengesellschaft beträgt 225 000 EURO. Für „normale" Gesellschaften genügen 37 000 EURO, Art. L. 224-2 CCom. Das Stammkapital kann in bar oder als Sacheinlage aufgebracht werden. Arbeit oder Dienste können nicht als Sachleistung eingebracht werden, Art. L. 225-3 Abs. 4 CCom. Bareinlagen sind zumindest zu 50% des Nennwerts sofort bei Ausgabe der Aktien zu bewirken, Art. L. 225-3 CCom. Sacheinlagen sind sofort in voller Höhe zu bewirken, durch einen Wirtschaftsprüfer zu bewerten und in der Satzung aufzuführen, Art. L. 225-14 CCom.

Der Erwerb eigener Aktien ist grundsätzlich unzulässig. Ausnahmsweise kommt der Erwerb zur Durchführung einer Kapitalherabsetzung, aufgrund einer Ermächtigung durch

---

[32] Dazu *Meyer/Gros* GmbHR 2006, 1036.
[33] Vgl. oben Rdnr. 115.

die Hauptversammlung (bis zu 10% des Kapitals) und zur Vorbereitung einer Arbeitnehmerbeteiligung in Betracht, Art. L. 225-208 f. CCom.

134 Hat die Gesellschaft 50% ihres Stammkapitals verloren, so hat dies gem. Art. L. 225–248 CCom zwingend die Auflösung der SA zur Folge, soweit nicht die Gesellschafter bis zur Genehmigung des zweiten Jahresabschlusses darauf eine dem Verlust entsprechende Kapitalherabsetzung beschließen.

135 Eine **Kapitalerhöhung** kann sowohl durch Ausgabe neuer Aktien als auch durch Erhöhung des Nennwerts der vorhandenen Aktien erfolgen, Art. L. 225-127 CCom. Besondere Vorschriften gelten für die Kapitalerhöhung mittels Sacheinlagen, Art. L. 225-147 CCom. Die **Kapitalherabsetzung** ist möglich, soweit nicht die Gesellschaftsgläubiger Widerspruch einlegen, Art. L. 225-204 CCom. Für beide Maßnahmen ist der Beschluss einer außerordentlichen Hauptversammlung erforderlich.

3. Aktien

136 Aktien können sowohl als **Inhaber-** wie auch als **Namensaktien** ausgegeben werden, Art. L. 228-1 CCom. Hat der Aktionär die von ihm übernommene Bareinlage noch nicht vollständig geleistet, erhält er zwingend eine Namensaktie, Art. L. 228-9 CCom. Die Ausgabe nennwertloser Aktien ist nicht möglich. Aktien können gem. Art. L. 228-11 CCom auf entsprechender Satzungsgrundlage auf Beschluss der außerordentlichen Hauptversammlung auch als **Vorzugsaktien** *(actions de préférence)* – mit oder ohne Stimmrecht – ausgegeben werden.[34]

137 Die Übertragung von Namensaktien erfolgt regelmäßig, indem der Inhaber ein entsprechendes Formular *(ordre de mouvement)* ausfüllt, das anschließend im Aktienregister zu registrieren ist. Die Satzung kann die **Übertragung von Aktien** von der Genehmigung durch den Verwaltungsrat abhängig machen. Zu beachten ist, dass der Erwerb sämtlicher Aktien durch einen einzigen Gesellschafter zur Auflösung der Gesellschaft führt – und nicht etwa zum automatischen Entstehen einer „SASU".[35]

4. Die Hauptversammlung

138 Die **ordentliche Hauptversammlung** *(assemblée générale)* muss vom Verwaltungsrat (Art. L. 225-103 CCom) mindestens ein Mal jährlich innerhalb der ersten sechs Monate nach Schluss des Geschäftsjahres einberufen werden. Sie entscheidet über den Jahresabschluss, die Ausschüttung und die Verwendung des Jahresgewinns und wählt die Mitglieder des Verwaltungsrates bzw. (beim monistischen Modell) des Aufsichtsrates. Für die Beschlussfähigkeit ist ein Quorum von 20% der stimmberechtigten Aktien erforderlich. Wird dieses Quorum nicht erreicht, so ist eine zweite Versammlung einzuberufen, die ohne Erreichen eines bestimmten Quorums beschlussfähig ist, Art. L. 225-98 CCom. Die Satzung kann insoweit strengere Regeln vorsehen. Die Entscheidungen der ordentlichen Hauptversammlung werden mit einer Mehrheit von 50% der präsenten Stimmen getroffen, Art. L. 255-98 Abs. 3 CCom. Die Beurkundung der ordentlichen Hauptversammlung ist nicht erforderlich.

139 Die **außerordentliche Hauptversammlung** *(assemblée générale extraordinaire)* kann jederzeit einberufen werden. Hier beträgt das Quorum gem. Art. L. 225-96 CCom 25% der stimmberechtigten Aktien. Die außerordentliche Hauptversammlung – und nur sie – kann Satzungsänderungen, Kapitalerhöhungen und -herabsetzungen, Verschmelzungen, Sitzverlegungen und andere Maßnahmen, die die Struktur der Gesellschaft berühren, entscheiden. Sie beschließt mit einer Mehrheit von zwei Dritteln der präsenten Stimmen. Auch diese Beschlüsse können ohne notarielles Protokoll wirksam gefasst werden.

---

[34] Zur Neuregelung der Vorzugsaktien durch Verordnung vom Juni 2004 und zur Einführung der stimmrechtslosen Aktien *Conac* ECFR 2005, 487.
[35] *Pfeifer* GmbHR 2009, 1145 Fußnote 8.

5. Die Geschäftsführung

a) Allgemeines. Seit der Gesellschaftsrechtsreform 1966 stellt das französische Recht für die Geschäftsführung einer AG zwei Organisationsmuster bereit: Das traditionelle Muster mit einem Verwaltungsrat, dem einzelne geschäftsführende Mitglieder angehören (monistisches System) und das dualistische System nach deutschem Vorbild, welches die Leitung in Vorstand und Aufsichtsrat aufteilt. Allerdings findet das „germanische System" in der Praxis wenig Akzeptanz. Ein Grund mag darin liegen, dass das monistische System flexibler ist und ebenfalls die personelle Trennung von Geschäftsführung und Aufsicht ermöglicht.[36]

b) Monistisches System. Der Verwaltungsrat *(conseil d'administration)* ist das Geschäftsführungs- und Vertretungsorgan der Gesellschaft. Er besteht aus einer in der Satzung bestimmten Anzahl - mindestens drei und höchstens 18 – von Mitgliedern *(administrateurs)*, Art. L. 224-17 CCom. Die ordentlichen Mitglieder werden von der Hauptversammlung für eine Amtszeit von höchstens sechs Jahren bestellt, wobei die Wiederwahl möglich ist, Art. L. 224-18 CCom. Das Erfordernis, dass nur Aktionäre zu Mitgliedern bestellt werden können, ist zum 1. 1. 2009 aufgehoben worden. Grundsätzlich kann eine Person gleichzeitig nur in fünf Gesellschaften dem Verwaltungsrat angehören. Für Konzerngesellschaften gelten aber Ausnahmen, Art. L. 225-21 CCom. Es kann auch eine juristische Person in den Verwaltungsrat berufen werden. Diese muss dann einen ständigen Vertreter ernennen, der persönlich haftet, Art. L. 225-20 CCom. Die Bestellung der Mitglieder erfolgt bei Gründung des SA in der Satzung, später durch einfachen Mehrheitsbeschluss der Hauptversammlung. Um die Anzahl der unabhängigen Mitglieder *(administrateurs indépendants)* zu erhöhen, bestimmt Art. L. 225-22 Abs. 2 CCom, dass höchstens ein Drittel der Mitglieder Angestellte der Gesellschaft sein dürfen (ausgenommen sind die in den Verwaltungsrat im Rahmen der Mitbestimmung[37] entsandten Arbeitnehmervertreter). Ausgefallene Mitglieder können auch durch den Verwaltungsrat durch Kooptation bestimmt werden – bedürfen dann aber der Bestätigung durch die darauffolgende Hauptversammlung, Art. L. 225-25 CCom. Eine Abberufung einzelner Mitglieder durch die Hauptversammlung ist jederzeit durch einfachen Mehrheitsbeschluss möglich, Art. L. 225-18 CCom.

Dem Verwaltungsrat als Ganzem obliegt zum einen die Festlegung der Leitlinien der Geschäftsführung. Zum anderen hat er die Aufsicht über die Geschäftsführung. Schließlich bedürfen bestimmte Maßnahmen der Geschäftsführung seiner Zustimmung (s. u. Rdnr. 144).

Die tägliche Geschäftsführung und die rechtsgeschäftliche Vertretung der Gesellschaft obliegt nicht sämtlichen Mitgliedern des Verwaltungsrates, sondern den sog *directeurs généraux* (Generaldirektoren). Ein *directeur général* muss eine natürliche Person sein. Er braucht nicht Mitglied des Verwaltungsrates sein. Wird der Vorsitzende des Verwaltungsrates *(président)* zum *directeur général* bestellt, so spricht man vom *président directeur général (PDG)*. Zu seiner Unterstützung können bis zu fünf weitere Personen zu *directeurs délégués* (beigeordnete Direktoren) ernannt werden, Art. L. 225-53 CCom. Seit 2003 ist es allerdings nicht mehr zwingend, dass der *président* zugleich zum *directeur général* bestellt wird.[38]

Die *directeurs généraux* können gem. Art. L. 225-56 CCom für die Gesellschaft in jeder Hinsicht handeln. Insbesondere können sie, die Gesellschaft allein und uneingeschränkt vertreten – selbst außerhalb des Gesellschaftszwecks, soweit der Dritte nicht bösgläubig war. Bestimmte Rechtsgeschäfte sind allerdings ohne vorherige Zustimmung des gesamten Verwaltungsrates unwirksam. Dies gilt vor allem für
– Patronatserklärungen und Garantieversprechen im Namen der Gesellschaft, Art. L. 225-35 Abs. 4 CCom.

---

[36] Zu den Möglichkeiten, die sich durch die personelle Trennung von *président* und *directeur géneral* ergeben *Witt* ZGR 2009, 927.
[37] Hierzu oben Rdnr. 97.
[38] *Klein* RIW 2010, 352.

– Rechtsgeschäfte zwischen der Gesellschaft und einem ihrer Generaldirektoren, einem Gesellschafter mit mehr als 10%-Beteiligung, einer diesen verbundenen Person oder einer von diesen organschaftlich vertretenen Person, Art. L. 225-38 CCom. Das betroffene Mitglied des Verwaltungsrates ist hier bei der Abstimmung ausgeschlossen. Vor der Abstimmung ist ein Bericht des Wirtschaftsprüfers vorzubereiten, Art. L. 225-40 CCom. Bei Missachtung dieses Verfahrens kann die Gesellschaft nachteilige Verträge innerhalb einer Frist von drei Jahren anfechten, Art. L. 225-42 CCom. Ausgenommen von diesem Verfahren sind die sog *opérations courantes*, die laufenden Geschäfte zu allgemeinen Bedingungen, Art. L. 225-39 CCom.

– Stets unwirksam sind die Gewährung von Darlehen durch die Gesellschaft an einen Direktor, die Gestellung von Sicherheiten für seine Verbindlichkeiten gegenüber Dritten und die Vereinbarung eines Kontokorrents – soweit es sich nicht bei der Gesellschaft um ein Kreditinstitut handelt, Art. L. 225-43 CCom.

– Grundsätzlich unzulässig ist auch der Abschluss von Dienstverträgen und Vergütungsvereinbarungen zwischen der Gesellschaft und einem Mitglied des Verwaltungsrates, Art. L. 225-44 ff. CCom.

145 c) **Dualistisches System.** Die Gesellschafter können in der Satzung gem. Art. L. 225-57 CCom für das System von Vorstand und Aufsichtsrat optieren. In diesem Fall wählt die Hauptversammlung lediglich die Mitglieder des Aufsichtsrates *(conseil de surveillance)*. Diesem gehören im Rahmen der *cogestion* ggf. von der Arbeitnehmerseite bestimmte Delegierte an. Die Geschäftsführung und Vertretung obliegt dem Vorstand *(directoire)*, das aus höchstens fünf Mitgliedern, bei börsennotierten Gesellschaften aus bis zu sieben, bei Gesellschaften mit einem Stammkapital von bis zu 150 000 EURO auch aus einem einzigen Direktor *(directeur général unique)* bestehen kann, Art. L. 225-58 CCom. Die Mitglieder des Vorstands sowie der Vorsitzende des Vorstands werden vom Aufsichtsrat berufen und von der Hauptversammlung abberufen, Art. L. 225-59, 61 CCom. Die Vertretung der Gesellschaft obliegt dem alleinigen Vorstandsmitglied *(directeur général unique)* bzw. dem Vorsitzenden des Vorstands *(président du directoire)*, und den ggf. bestellten *directeurs généraux*, jeweils allein, Art. L. 225-66 CCom.

146 d) **Haftung der Direktoren.** Für die Haftung der Direktoren bei Gesetzesverletzungen bzw. Managementfehlern *(faute de gestion)*[39] enthalten die Art. L. 225–251 ff. CCom eine Art. L. 223-22 CCom (dazu oben, Rdnr. 129) entsprechende Regelung.

6. Die Liquidation

147 Die Liquidation der Aktiengesellschaft tritt mit einem Liquidationsbeschluss ein, der mit satzungsändernder Mehrheit getroffen werden muss. Der Beschluss ist zu fassen, wenn die Zahl der Aktionäre unter Sieben sinkt, oder wenn das Netto-Kapital der Gesellschaft über die Dauer von mehr als zwei Geschäftsjahren weniger als die Hälfte des Stammkapitals betragen hat. Die Hauptversammlung ernennt die Liquidatoren, die die Gesellschaft abzuwickeln haben. Nach Abschluss der Liquidation und Prüfung des Liquidationsberichts wird die Auflösung von der Hauptversammlung beschlossen, Art. L. 237-9 CCom. Damit ist die Gesellschaft erloschen.

V. Die „Vereinfachte Aktiengesellschaft"

148 Die 1994 eingeführte SAS *(société par actions simplifiée)* kann – anders als die normale SA – uneingeschränkt auch durch einen **Alleingesellschafter** gegründet werden *(société anonyme simplifiée unipersonelle)*. Die Gesellschaft firmiert dann als **SASU**. Nachteilige Folgen in Bezug auf die Haftungsbeschränkung ergeben sich daraus nicht. Damit eignet sich diese Rechtsform besonders für den Konzernaufbau.

---

[39] Ausführlich *Klein* RIW 2010, 353 ff.

Das Mindeststammkapital betrug bislang SA 37000 EURO. Seit dem 1. 1. 2009 ist aber **149**
– wie bei der SARL – auch die Gründung einer Ein-EURO-Gesellschaft möglich.[40] Die
Einlage kann auch als Sacheinlage in Form von Arbeits- und Dienstleistungen erfolgen
(apport en industrie).

Im Vergleich zur SA ist die *organisatorische Ausgestaltung* der SAS sehr frei und der Sat- **150**
zung überlassen. Dies gilt insbesondere auch für die Organisation der Hauptversammlung
und der Geschäftsführung. So bestimmt Art. L. 227-6 CCom lediglich, dass die Geschäftsführung einen *Président* aufweisen muss und dieser die Gesellschaft nach außen hin uneingeschränkt vertreten kann. Im Übrigen bleibt es der Gestaltung der Satzung der SAS überlassen, ob diese nach dem monistischen, nach dem dualistischen oder einem anderen
Muster ausgestaltet wird. Denkbar ist also auch, dass der *Président* alleiniges Exekutivorgan
ist.

E. Großbritannien

Schrifttum: *von Bernstorf,* Einführung in das englische Recht, 3. Aufl. 2006; *Heinemann,* Die engli-
sche Partnership, 2002; *Henrich/Huber,* Einführung in das englische Privatrecht, 3. Aufl. 2003; *Kilian,*
Modernes Gesellschaftsrecht Off-Shore – Im Blickpunkt: Neue Gesellschaftsformen im Recht der
Crown Dependancies, RIW 2000, 896; *Triebel/Hodgson/Kellenter/Müller,* Englisches Handels- und
Wirtschaftsrecht, 2. Aufl. 1995.

I. Überblick

1. Die Gesellschaftsformen des englischen Rechts[41]

Als Personengesellschaften kennt das englische Recht die *partnership*, die *limited partners-* **151**
hip (14000 Registrierungen) und die *limited liablility company* (24000 Registrierungen).
Keine Gesellschaft ist der sog. *sole trader* bzw. die *sole proprietorship*. Hierbei handelt es sich
um den Einzelkaufmann. Gesetzliche Grundlage für das Recht der Personengesellschaften
sind der *Partnership Act 1890* und der *Limited Partnership Act 1907*. Das „allgemeine Gesellschaftsrecht" der *unincorporated associations* dagegen ist Teil des nicht kodifizierten Rechts.

Einzige Form der Kapitalgesellschaft ist in England die *Company*. Die einzelnen Arten **152**
der Kapitalgesellschaften *(incorporated companies)* können im englischen Recht auf verschiedene Weisen unterschieden werden: In Bezug auf die Haftungsverfassung gibt es zunächst
die *companies limited by shares*, bei denen die Haftung der Gesellschafter auf die vereinbarte
Einlage begrenzt ist. Die *companies limited by guarantee* haben kein Stammkapital. Die Gesellschafter sind stattdessen verpflichtet, im Falle der Liquidation einen bestimmten Geldbetrag zu leisten, Sect. 3 (1) CA 2006. *Companies limited by guarantee* finden allenfalls karitativen oder in anderen nicht-kommerziellen Bereichen tätig. In der (äußerst seltenen) *unlimited company* haften die Gesellschafter mit ihrem gesamten Vermögen.[42] Gesellschaften, die
wie eine Aktiengesellschaft ihre Anteile öffentlich anbieten können, firmieren als *public
companies (PLC)*, die anderen als *private companies*. Schließlich kann man danach unterscheiden, ob die Gesellschaft ein Stammkapital aufweist.

Unter Zugrundelegung dieser Differenzierungskriterien ergeben sich im englischen **153**
Recht folgende Formen der Kapitalgesellschaft:
– die *public limited company (PLC);*
– die *private company limited by shares* mit einem Stammkapital *(Ltd.);*
– die *private company limited by guarantee;*
– die *private unlimited company*.

---

[40] Dazu *Klein* RIW 2008, 770 – der allerdings auch darauf hinweist, dass dann eine Haftung der
Geschäftsführer aus „offensichtlicher und unangemessener Unterkapitalisierung" gem. Art. L. 651-2
CCom droht; *Witt* ZGR 2009, 923.

[41] Sämtliche englischen Gesetze sind im Internet einsehbar unter: http://www.opsi.gov.uk.

[42] Praktisches Beispiel ist die insolvente Lehman Brothers Europe.

154 Praktisch am weitesten verbreitete Rechtsform ist die *private company limited by shares* (Ltd.). Bei einer Gesamtzahl von ca. 2,6 Mio. registrierten Gesellschaften für England und Wales (Stand: November 2009)[43] waren hiervon nur 10 800 *public companies (PLC)* registriert – was zahlenmäßig weniger 0,5% der Gesamtzahl ausmacht. Freilich ist hierbei zu berücksichtigen, dass die *PLC* die Rechtsform für die großen gewerblich aktiven Gesellschaften ist und diese Rechtsform daher ungeachtet der geringen Anzahl von wirtschaftlich erheblicher Bedeutung ist. 33 000 Gesellschaften vereinigen auf sich 99% des gesamten Stammkapitals.

2. Internationale Bedeutung des englischen Gesellschaftsrechts

155 Das englische Gesellschaftsrecht hat kurzfristig in Deutschland durch die Verbreitung der Ltd. als Vehikel für Kleininvestitionen erhebliche Bedeutung erhalten. Die besondere Bedeutung des englischen Rechts liegt aber darin, dass dieses nicht nur in Großbritannien, sondern auch in vielen Teilen des alten *Commonwealth of Nations* weitgehend fortgilt (z. B. Australien, Indien, Israel, Jamaika, Kanada, Kenia, Neuseeland, Nigeria, Pakistan, in Europa vor allem in Irland, Malta und Zypern).[44] Während im Recht der Kapitalgesellschaften in diesen Ländern zumeist Vorgängergesetze des CA 1985 übernommen und dort weiterentwickelt wurden, sind im Personengesellschaftsrecht die aus dem Jahren 1890 und 1907 stammenden englischen Gesetze über die *partnership* und die *limited partnership* in vielen ehemaligen Kolonien weiterhin unverändert in Kraft. Es handelt sich also um in vielen Ländern auf der ganzen Welt geltende gesellschaftsrechtliche Grundsätze

3. Der Registrar of Companies

156 Zuständig für die Registrierung von Gesellschaften ist der *Registrar of Companies*. Der *Registrar of companies* für England und Wales hat sein Büro im walisischen Cardiff.[45] Der schottische *Registrar* in Edingburgh und der *Registrar* für Gesellschaften in Nordirland in Belfast. Die Zuständigkeit richtet sich danach, wo die künftige *company* ihr *registered office* haben soll, Sect. 9 (6) CA 2006.

157 Anmeldungen zum *Registrar* können in Schriftform durch einfachen Brief erfolgen. Fax wird nicht akzeptiert. Auf der Website können für alle erforderlichen Anmeldungen Formulare heruntergeladen werden. Seit kurzem ist auch die Meldung online mittels einer bestimmten Software und als WebFiling möglich. Das Fehlen eines allgemeinen Erfordernisses der öffentlichen Beglaubigung hat in der Vergangenheit zu Betrügereien mit gefälschten Anmeldungen *(company hijacking)* geführt. Zur Erschwerung von gefälschten Mitteilungen kann die Gesellschaft zur ausschließlichen Übermittlung per *Protected Online Filing* mit elektronischem code (PROOF) optieren.

158 Vor Eintragung werden bestimmte Umstände, wie die Zulässigkeit der Firma, die Disqualifikation des *director's*, die Vollständigkeit der Unterlagen etc. geprüft. Eine allgemeine inhaltliche Prüfung der Gründung findet aber nicht statt. Nicht nur Änderungen der Satzung, der Organmitglieder, Umwandlungen und andere gesellschaftsrechtliche Maßnahmen sowie die Jahresabschlüsse etc. werde beim Register eingereicht und publiziert. Auch durch die Gesellschaft bestellte Realsicherheiten *(charges)* müssen innerhalb von 21 Tagen zum Register gemeldet werden, damit sie Dritten gegenüber wirksam sind.

4. Umwandlung und Verschmelzung von Gesellschaften

159 Die Verschmelzung *(merger)* und Spaltung *(division)* von *companies* ist in Abteilung 27 (Sect. 902 ff.) des CA 2006 geregelt. Schon aus dem Standort wird deutlich, dass es sich hierbei um Instrumente handelt, die vornehmlich der Verwertung insolventer Gesellschaf-

---

[43] Daten aus der Monatsstatistik des Companies House, einsehbar unter: www.companies-house.gov.uk.
[44] *Klein* RIW 1971, 503
[45] Anschrift: Companies House, Crown Way, Cardiff CF14 3UZ.

ten dienen. Für den Erwerb von Unternehmen und die Umgestaltung von Unternehmensgruppen zieht Praxis vor, die Objektgesellschaften durch den Erwerb von Mehrheitsbeteiligungen „wirtschaftlich einzugliedern". Hinzu kommt, dass das Verfahren der Verschmelzung und Spaltung auf *public companies* beschränkt ist. Daher spielt die Verschmelzung in England keine praktische Rolle. Interessant ist, dass bei Umsetzung der EG-Richtlinie über die **grenzüberschreitende Verschmelzung** von Kapitalgesellschaften durch die *Companies (Cross-Border Mergers) Regulations 2007* auch die *private limited* company in den Kreis der verschmelzungsfähigen Rechtsträger einbezogen wurde.[46] Eine Ltd. kann daher auf eine deutsche GmbH, nicht aber auf eine andere englische *Company* verschmolzen werden (!).

Ein **Formwechsel** durch Neu-Registrierung *(re-registration)* ist nur innerhalb des Kreises der *companies* möglich. Eine *company* kann also nicht *partnership* werden, und eine *partnership* nicht in eine *company* wechseln. Sect. 89–111 CA 2006 enthalten eine detaillierte Regelung des Verfahrens. Praktisch bedeutender Anwendungsfall ist die Umwandlung einer *limited* in eine *PLC* – z.B. wenn das Unternehmen sich zum *Going Public* entschließt (Sect. 90 ff. CA 2006). Eingeleitet wird der Formwechsel durch eine *special resolution* der Hauptversammlung mit 75% der Stimmen. Nachdem alle Voraussetzungen erfüllt sind (neue *articles of association*, Erhöhung des Stammkapitals, Wechsel der Firma, Ernennung eines *company secretary* etc.) erteilt der *registrar* ein neues *certificate of incorporation* (Sect. 96 CA 2006).

5. Internationales Gesellschaftsrecht

Maßgeblich für die Bestimmung des Gesellschaftsstatut ist im englischen IPR das *domicile* der Gesellschaft. Dieses wird durch die Inkorporation bestimmt **(Gründungstheorie)**.[47] Ein Wechsel des *domicile* durch Inkorporation in einer anderen Rechtsordnung ist grundsätzlich ausgeschlossen und kann nur ausnahmsweise durch *Act of Parliament* erfolgen. Dagegen kann der tatsächliche Sitz der Hauptverwaltung frei verlegt werden, ohne dass sich hierbei irgendwelche gesellschaftsrechtlichen Beschränkungen ergeben.[48] Auch in diesem Fall muss allerdings das *registered office* als Zustellungsadresse im Geltungsbereich des englischen Rechts erhalten bleiben.

II. Personengesellschaften

1. Die Partnership

Die *general partnership* kann als Grundform der gewinnorientierten Personengesellschaft angesehen werden. Sie findet ihre gesetzliche Grundlage im *Partnership Act 1890*.[49] Der *Partnership Act 1890* unterscheidet nicht danach, ob die Gesellschaft kaufmännisch tätig ist oder nicht. Vielmehr werden sämtliche Fälle erfasst, in denen mehrere Personen ein Gewerbe *(business)* oder eine berufliche Tätigkeit *(profession)* gemeinsam in der Absicht der Gewinnerzielung betreiben, ohne inkorporiert zu sein (Sect. 1 *Partnership Act 1890*). Ein Zusammenschluss zu einem gemeinsamen Zweck, der weder ein Gewerbe *(business)* noch eine berufliche Tätigkeit *(profession)* darstellt, wird dagegen als *association* bezeichnet.

Der Gesellschaftsvertrag kann **in jeder Form** abgeschlossen werden. Insbesondere braucht er nicht schriftlich abgeschlossen zu werden. Zur Begründung einer *partnership* ist es auch nicht erforderlich, dass die *partnership* in ein Register eingetragen ist. Allerdings genügt auch nicht der reine Abschluss des Gesellschaftsvertrages. Hinzutreten muss die Aufnahme des Geschäftsbetriebs. Die *partnership* kommt also erst dann zustande, wenn die

---

[46] *Tebben/Tebben* DB 2007, 2355.
[47] *Höfling*, Das englische internationale Gesellschaftsrecht, 2002.
[48] In dem Sachverhalt, der der Entscheidung des EuGH in der Rechtssache Daily Mail (NJW 1989, 2186) zugrunde lag, scheiterte der Wegzug der *Daily Mail Ltd.* in die Niederlande ausschließlich an der erforderlichen öffentlichrechtlichen Zustimmung des Finanzministeriums.
[49] http://www.opsi.gov.uk/acts/acts1890/pdf/ukpga_18900039_en.pdf.

Partner entsprechend den Vereinbarungen im Gesellschaftsvertrag den Betrieb des Geschäfts aufnehmen.[50]

164 Die Gründung einer *partnership* schafft **keine juristische Person.** Nur in Schottland stellt die *partnership* eine von ihren Gesellschaftern unabhängige juristische Person dar, Sect. 4 (2) *Partnership Act*. In einem Bericht einer *Law Commission* zum Personengesellschaftsrecht wurde vorgeschlagen, dass die *partnership* juristische Person werden solle.[51] Dieser Vorschlag wurde allerdings von der Regierung nicht aufgenommen.

165 **Gesellschafter** einer *partnership* können nicht nur natürliche, sondern auch juristische Personen sein. Die Gesellschafter haften gem. Sect. 9 *Partnership Act* für sämtliche während der Dauer ihrer jeweiligen Mitgliedschaft entstandenen Verbindlichkeiten der *partnership* gesamtschuldnerisch und unbeschränkt.

166 Die *partnership* kann eine eigene **Firma** *(firm name)* annehmen, unter der sie ihr Geschäft betreibt, Art. 4 (1) *Partnership Act*. Üblicherweise besteht die Firma aus dem Namen eines Gesellschafters und dem auf weitere Gesellschafter hinweisenden Zusatz „*and Company*" oder „*& Co.*".

167 Die **Geschäftsführung und Vertretung** der *partnership* obliegen allen Gesellschaftern, Sect. 24 (5) *Partnership Act*. Gem. Sect. 5 *Partnership Act* kann jeder Gesellschafter im Rahmen des Geschäftsgegenstands der *partnership* die *partnership* nach außen wirksam vertreten und die *partnership* und die *partner* verpflichten. Das bedeutet zugleich, dass eine Vertretungshandlung außerhalb des gewöhnlichen Geschäftsbetriebs der *partnership* von dieser Vertretungsmacht nicht erfasst wird. Der Ausschluss einiger Gesellschafter von der Geschäftsführung hat Dritten gegenüber Wirkung, wenn diese die Beschränkung kannten, Sect. 8 *Partnership Act*. Für ihre Tätigkeit erhalten die Gesellschafter keine gesonderte Vergütung, sondern ausschließlich ihre Gewinnbeteiligung.

168 Die **Gesellschafter haften** für die Verbindlichkeiten der *partnership* gemeinsam *(jointly)* zusammen neben der Gesellschaft. Ausgenommen von der Haftung sind allein die Verbindlichkeiten, die vor dem Eintritt und nach dem Ausscheiden des Gesellschafters begründet wurden, Sect. 12 *Partnership Act*.

169 Gem. Sect. 24 (7) *Partnership Act* kann kein Gesellschafter allein einen neuen Gesellschafter in die Gesellschaft einführen. Die **Aufnahme eines Gesellschafters** bedarf vielmehr der Zustimmung sämtlicher Gesellschafter. Ohne entsprechende Zustimmung kann ein Gesellschafter mithin allein die ihm aus seiner Gesellschafterstellung zukommenden Vermögensrechte (Beteiligung am Gewinn und am Kapital) an einen Dritten abtreten.

2. Die Limited Partnership

170 Rechtsgrundlage für die *limited partnership* ist der **Limited Partnership Act 1907.**[52] Da sich aus dem *Limited Partnership Act 1907* nur einzelne Sonderregeln für die *limited partnership* ergeben, gelten für die dort nicht geregelten Fragen die ergänzend Regeln des *Partnership Act 1890*, hilfsweise die Regeln des englischen allgemeinen Personengesellschaftsrechts, Sect. 7 *Limited Partnership Act*.

171 Während bei der *partnership* nach dem Gesetz von 1890 sämtliche Gesellschafter unbeschränkt haften, kann nach dem *Limited Partnership Act 1907* die Haftung einzelner Gesellschafter höhenmäßig begrenzt werden. Voraussetzung für die **Haftungsbeschränkung** ist jedoch, dass die Gesellschaft vom *registrar of companies* registriert worden ist. Wie bei der Kommanditgesellschaft gibt es auch bei der *limited partnership* einen oder mehrere Gesellschafter, die unbeschränkt haften *(general partners)*, während die übrigen Gesellschafter *(limited partners)* bei Eintritt in die Gesellschaft einen bestimmten Kapitalbeitrag, darüber hinaus aber keine weiteren Beiträge leisten müssen, um die Schulden und Verbindlichkeiten der

---

[50] *Khan v Miah* [2000] 1 WLR 2123.
[51] „Should have seperate legal personality". Law Commission, Partnership Law (Law Com. No. 283, Cm 6215), London 2003.
[52] http://www.opsi.gov.uk/RevisedStatutes/Acts/ukpga/1907/cukpga_19070024_en_1.

Gesellschaft zu begleichen (Sect. 4 (2) *Limited Partnership Act*). Im Gegenzug dazu haben die *limited partners* keine Befugnisse, die Gesellschaft rechtlich zu verpflichten, Sect. 6 *Limited Partnership Act*. Nimmt ein *limited partner* dennoch an der Verwaltung der Gesellschaft teil bzw. handelt er in ihrem Namen, so haftet er wie ein *general partner* für die hierbei eingegangenen Verbindlichkeiten (Sect. 6 (1) *Limited Partnership Act*). Darüber hinaus haftet bei Versäumen der Eintragung der *limited partnership* im Register of Companies auch der *limited partner* wie ein *general partner* unbeschränkt, Sect. 5 *Limited Partnership Act*. Die Haftungsbeschränkung geht auch dann verloren, wenn sich ein *limited partner* direkt oder mittelbar seine Einlage zurückgewähren lässt – in Höhe des zurückgewährten Betrages, Sect. 4 (3) *Limited Partnership Act*.

Die *limited partners* können ihre **Anteile** an der Gesellschaft vorbehaltlich einer abweichenden Vereinbarung im Gesellschaftsvertrag nur mit Zustimmung der *general partners* abtreten, Sect. 6 (5) (b) *Limited Partnership Act*. Dagegen können die *general partners* ohne Zustimmung der *limited partners* neue Gesellschafter aufnehmen, Sect. 6 (5) (d) *Limited Partnership Act*. Die Abtretung und die Aufnahme eines neuen Gesellschafters ist gem. Sect. 9 *Limited Partnership Act* innerhalb einer Woche von der Gesellschaft dem *Register of Companies* anzuzeigen und im zuständigen Amtsblatt (in England: die London Gazette) anzuzeigen, Sect. 10 *Limited Partnership Act*. Bis zur Veröffentlichung gilt Abtretung eines Anteils eines *limited partner* bzw. der Wechsel eines *general partners* zum *limited partner* als nicht wirksam. 172

Die **Anzahl der Gesellschafter** (*general partners* und *limited partners* zusammen) ist auf 20 begrenzt, Sect. 4 (2) *Limited Partnership Act*. Da nicht nur natürliche, sondern auch juristische Personen Gesellschafter einer *partnership* werden können (Sect. 4 (4) *Limited Partnership Act*), lässt das englische Recht auch eine der deutschen „Kapitalgesellschaft und Co. KG" entsprechende Gestaltung zu. 173

Im November 2009 gab es in England nur ca. 14 000 eingetragene *limited partnerships*. Während die *limited partnership* als Rechtsform für gewerbliche Unternehmen ungebräuchlich ist, stellt sie ein beliebtes Vehikel für Private Equity Fonds und Immobilienfonds dar. Als *general partner* tritt dann eine haftungsbeschränkte Fondsgesellschaft auf. Grund für die Beliebtheit ist die steuerliche „Transparenz", die die Zuweisung von steuerlichen Verlusten der Gesellschaft an die *limited partner* ermöglicht. Ähnlich wie in Deutschland hat auch der englische Steuergesetzgeber versucht, Missbräuche mit Abschreibungsgesellschaften einzudämmen und z.B. die anerkennungsfähigen Verluste auf den Betrag der Einlage begrenzt und die Verrechnung mit Gewinnen aus anderen Quellen ausgeschlossen. 174

3. Die Limited Liability Partnership

Schrifttum: *Bank,* Die britische Limited Liability Partnership: Eine attraktive Organisationsform für Freiberufler?, 2006; *Eilers,* Der Weg in die LLP, IStR 2008, 32; *Henssler/Mansel,* Die Limited Liability Partnership als Organisationsform anwaltlicher Berufsausübung, NJW 2007, 1393; *Kilian,* Die Limited Liability Partnership, NZG 2000, 1008; *Rehm,* Private Haftung der Gesellschafter einer LLP mit Verwaltungssitz in Deutschland, BB Special 3 (zu BB 2010, Heft 49), S. 10; *Schnittger/Bank,* Die englische Limited Liability Partnership (LLP) in der Praxis, 2008; *Siems,* Deutsche und französische Rechtsanwaltskanzleien als LLP, ZVglRWiss 107 (2008) 60; *Schnittker,* Steuerliche Behandlung der LLP mit Verwaltungssitz in Deutschland, BB Special 3 (zu BB 2010, Heft 49), S. 20; *Triebel/Karsten,* Limited Liability Partnerships Act 2000 – maßgeschneiderte Rechtsform für freie Berufe?, RIW 2001, 1; *Triebel/Otte/Kimpel,* Die englische Limited Liability Partnership in Deutschland: Eine attraktive Rechtsform für deutsche Beratungsgesellschaften?, BB 2005, 1233; *Weller/Kienle,* Die Anwalts-LLP in Deutschland, Anerkennung – Postulationsfähigkeit – Haftung, DStR 2005, 1060 und S. 1102.

a) Charakteristika der LLP. Bei der *Limited Liability Partnership* (LLP) handelt es sich um eine durch den *Limited Liability Partnerships Act 2000* (LLPA) neu geschaffene Rechtsform einer **Personengesellschaft für berufliche Zwecke**. Dabei steht die LLP zwar allen geschäftlichen Zwecken offen – das Gesetz nennt Handel, freie Berufe (*profession*) und andere Tätigkeiten (*occupation*), Sect. 18 LLPA. In der Praxis wird die LLP aber insbeson- 175 dere für **freiberufliche Tätigkeiten** (vor allem Rechtsberatung, Steuerberatung und Wirtschaftsprüfung, aber auch Architektur) verwandt und ist in Deutschland insbesondere als Rechtsform international tätiger Anwaltskanzleien bekannt. Im November 2009 waren bereits 39000 LLP registriert. Im Vergleich zum deutschen Partnerschaftsrecht ergeben sich zwei rechtliche Besonderheiten, die die LLP für die Verwendung im Inland im Vergleich zu vergleichbaren Rechtsformen des deutschen Rechts besonders interessant machen: Die eigene Rechtspersönlichkeit des LLP (dazu unten Rdnr. 176) und die im Vergleich zur deutschen Partnerschaftsgesellschaft noch weiter gehende Haftungsabschirmung (Rdnr. 181) bei weitgehender Beibehaltung der Flexibilität einer Personengesellschaft. Auf außerrechtlicher Ebene ist vor allem für international tätige Beratungsunternehmen das mit dem international anerkannten Rechtsformzusatz verbundene Prestige nicht zu unterschätzen.

176 Anders als bei der *partnership* handelt es sich bei der LLP englischen Rechts[53] um eine Gesellschaft mit eigener **Rechtspersönlichkeit** (*a body corporate* – Sect. 1 (2) LLPA). Diese entsteht wie eine Kapitalgesellschaft durch Eintragung durch den *Registrar of Companies* im Gesellschaftsregister (konstitutive Eintragung). Die Beziehungen der Mitglieder untereinander werden durch den LLPA nur äußerst rudimentär geregelt. Insoweit kommt es also darauf an, dass die Mitglieder der LLP die Organisation im Gesellschaftsvertrag individuell festlegen. Soweit keine individuellen Festlegungen getroffen wurden, greifen die Regeln in der *Limited Liability Partnerships Regulation* (LLP-Reg.), die vom *Secretary of State* gemäß der Ermächtigungsgrundlage in Sect. 17 LLPA in Form einer Rechtsverordnung erlassen worden ist.[54] Die allgemeinen personengesellschaftsrechtlichen Regeln des *Partnership Act 1890* kommen nur äußerst hilfsweise zur Anwendung, wenn der LLPA eine ausdrückliche Verweisung auf das Recht der *partnership* enthält.

177 Bei der LLP handelt es sich also um eine in gewisser Weise „**hybride**" **Struktur:** Zwar ist die Gesellschaft – wie eine Kapitalgesellschaft – juristische Person. Sie ist vom Bestand und Wechsel ihrer Mitglieder unabhängig, kann unter ihrem Namen Rechte erwerben und schirmt die Mitglieder gegen Haftung ab. Zugleich bleibt die Struktur aber in mancher Weise dem Personengesellschaftsrecht verhaftet (z.B. die Selbstorganschaft). So werden z.B. auch für die Zwecke des Besteuerungsverfahrens in England der Gewinn und das Vermögen der Gesellschaft unmittelbar den Gesellschaftern zugerechnet (transparente Gesellschaft) und es erfolgt keine separate Besteuerung auf der Ebene der Gesellschaft (wie bei einer Kapitalgesellschaft).

178 **b) Gründung einer LLP.** Die **Gründung** einer LLP setzt das Vorhandensein von mindestens zwei Gesellschaftern voraus, die sich zu einem gemeinsamen Geschäft mit der Absicht der Gewinnerzielung zusammen getan haben, Sect. 2 (1) LLPA. Als Gesellschafter kommen sowohl natürliche als auch juristische Personen in Betracht.[55] Nicht teilnehmen an der Gründung dürfen solche Personen, die Aufgrund des *Company Directors Disqualification Act (CDDA)* durch gerichtlichen Beschluss vom Amt eines *director* für eine *company* ausgeschlossen sind.[56] Zur Gründung müssen die Gesellschafter eine Gründungsurkunde *(incorporation document)* mit der Firma, dem offiziellen Sitz, den Namen sämtlicher Partner etc. (Sect. 2 (2) LLPA) unterzeichnen und zum *Registrar of Companies* (s.o. Rdnr. 156) einreichen.[57] Des Weiteren ist die Bescheinigung des mit der Gründung befassten Rechtsanwalts oder irgendeines der Gesellschafter beizulegen, dass die Voraussetzungen für die Er-

---

[53] Dies unterscheidet die englische LLP von der LLP im Recht der US-Staaten, die dort keine juristische Person ist, sondern eine Form der *partnership* darstellt.

[54] Statutory Instrument 2001 No. 1090, im Internet unter: http://www.opsi.gov.uk/S I/si2001/20011090.htm.

[55] Das ergibt sich aus dem LLPA nicht unmittelbar – wohl aber mittelbar daraus, dass gem. Sect. 4 (3) LLPA neben dem Tod auch die Liquidation die Mitgliedschaft in der LLP beendet.

[56] Dazu unten Rdnr. 224.

[57] Die Vordrucke für die einschlägigen Formulare unter http://www.companieshouse.gov.uk/forms/formsOnline.shtml#LLPs.

richtung der Gründungsurkunde eingehalten worden sind *(statement of compliance)*, Sect. 2 (1)(c) LLPA. Entsprechen die eingereichten Unterlagen diesen formellen Anforderungen, so muss der *Registrar* die LLP in das Register eintragen und stellt hierüber eine von ihm selbst unterschriebene oder mit seinem Siegel versehene Bescheinigung *(certificate of incorporation)* aus, Sect. 3 (1), (3) LLPA.

c) Die innere Organisation der LLP. Die **Geschäftsführung** und Vertretung in der LLP obliegt grundsätzlich allen Mitglieder der LLP (Sect. 6 (1) LLPA). Sie sind insoweit gesetzliche Vertreter *(agents)* der Gesellschaft. Dies gilt gegenüber gutgläubigen Dritten auch dann, wenn das Mitglied z. B. aufgrund des Gesellschaftsvertrags nicht zur Vertretung des LLP befugt ist oder wenn es bereits aus der LLP ausgeschieden ist, Sect. 6 (2), (3) LLPA. **179**

Gem. Sect. 2 (1) (f) LLPA muss bereits bei der Gründung der LLP dem *Registrar of Companies* angezeigt werden, wer die **designated members** in der LLP sind bzw. dass sämtliche Partner der LLP zugleich auch *designated members* der LLP sind. Die *designated members* der Gesellschaft haben eine Funktion, die der Aufgabe des *company secretary* in einer *limited company* entspricht. Sie sind also dafür verantwortlich – und begehen bei Versäumnis einen strafrechtlich relevanten Verstoß *(offence)* – dass Änderungen bei den Mitgliedern, der Geschäftsführung, den *designated members* etc. dem *Registrar of companies* unverzüglich (regelmäßig innerhalb von 14 bzw. 28 Tagen) angezeigt werden, Sect. 9 LLPA. **180**

Die Ausgestaltung der LLP als **juristische Person** hat zur Folge, dass diese wie eine GmbH für sämtliche Verbindlichkeiten haftet, die ihre Mitglieder im Rahmen der Geschäftsführung für die LLP vertraglich oder auf Delikt begründet haben. Nach ausdrücklicher Kundgabe des englischen Gesetzgebers[58] haftet grundsätzlich ausschließlich die LLP für eine fehlerhafte Beratungsleistung etc., denn allein diese ist Vertragspartner der Empfängers der Beratungsleistung. Neben diese Haftung der LLP tritt in besonderen Fällen eine **persönliche Haftung des Mitglieds** der Gesellschaft, das für diese gehandelt hat. Eine solche deliktisrechtliche Eigenhaftung des Handelnden aus vorsätzlichem oder fahrlässigem Handeln *(tort of negligence)* wird jedoch nur ausnahmsweise vorliegen. Verlangt wird (kumulativ) die Verletzung einer Pflicht, die den Handelnden deswegen trifft, weil er eine persönliche Leistungsverantwortung für die Vertragserfüllung übernommen hat *(assumption of personal responsibility)*, dass sich der Vertragspartner der LLP auf die Übernahme der persönlichen Verantwortung verlassen hat und dass dieses Vertrauen schließlich auch vernünftigerweise gerechtfertigt war.[59] **181**

Die nicht handelnden Mitglieder werden dagegen vollständig gegen eine Haftung nach außen abgeschirmt. Eine persönliche Haftung kommt für sie allenfalls nach den allgemeinen Grundsätzen der gesellschaftsrechtlichen **Durchgriffshaftung** *(facade test* – dazu unten Rdnr. 221) in Frage. Der Insolvenzverwalter hat die Möglichkeit, für innerhalb der letzten zwei Jahre vor Beginn der Liquidation von den Mitgliedern getätigte Entnahmen Schadensersatz zu verlangen *(adjustment of withdrawals*, Sect. 214A IA 1986). Schließlich kommen auch im Fall der insolventen LLP Ansprüche aus *fraudulent trading* (Sect. 213 IA 1986) und *wrongful trading* (Sect. 214 IA 1986) in Betracht.[60] **182**

Wird eine englische LLP über eine **Zweigniederlassung in Deutschland**[61] tätig, so fragt sich, wie diese auf deliktsrechtlicher Grundlage begründete persönliche Eigenhaftung **183**

---

[58] Ziffer 10 und 14 der sog. Explanatory Notes.
[59] Dazu *Weller/Kienle*, DStR 2005, 1063; *Triebel/Otte/Kimpel*, BB 2005, 1235.
[60] Zu diesen Haftungsgrundlagen im Rahmen der Ltd. unten, Rdnr. 232.
[61] Eine entsprechende Zweigniederlassung wäre – wenn die LLP kein Handelsgewerbe i. S. v. § 1 HGB ausübt – gem. Art. 5 Abs. 2 PartGG zum deutschen Partnerschaftsregister anzumelden und einzutragen (vgl. *Weller/Kienle*, DStR 2005, 1103). Bei gewerblicher Tätigkeit ist unsicher, ob die Zweigniederlassung im Handelsregister Abteilung A oder Abteilung B einzutragen ist. Regelmäßig ist wohl Abteilung A maßgeblich. Sollte die Gesellschaft aber durch den Gesellschaftsvertrag weitgehend körperschaftlich strukturiert worden sein, so wird die Eintragung in Abteilung B Favorisiert (*Schnittker/Blank*, LLP, Rdnr. 59).

der Mitglieder zu qualifizieren ist. Bei deliktsrechtlicher Qualifikation ergäbe sich über die Anknüpfung an den Erfolgsort bzw. in akzessorischer Anknüpfung an das deutsche Vertragsstatut über Art. 4 Abs. 1 Rom II-VO die Geltung deutschen Deliktsrechts, welches eine entsprechende Eigenhaftung nicht kennt, da in der Partnerschaftsgesellschaft z. B. die Eigenhaftung schon kraft Gesellschaftsrecht besteht und in der Anwalts-GmbH eine Absicherung über das Eigenkapital der Gesellschaft erfolgt.[62] Die Kombination von englischem Gesellschafts- und deutschem Deliktsstatut würde hier also dazu führen, dass dem Vertragspartner weder die von der englischen noch die von der deutschen Rechtsordnung in dieser Situation zugestandenen Direktansprüche gegen den handelnden Gesellschafter zuständen. Dieser teleologische Widerspruch (Situation des „Normenmangels") lässt sich nur durch eine kollisionsrechtliche Anpassung lösen.[63] Am sachgerechtesten wäre es dabei, die englischen Haftungsgrundsätze ungeachtet ihrer Verortung im englischen *tort law* gesellschaftsrechtlich zu qualifizieren und damit gemeinsam mit dem englischen Gesellschaftsstatut anzuwenden.[64] Auf diese Weise wird die Einheit der englischen Haftungsverfassung gewahrt, was sowohl den Interessen der Mitglieder der LLP als auch den Erwartungen der mit ihnen kontrahierenden Dritten entspricht.

184 d) **Mitgliedschaft in der LLP.** Da die LLP kein Kapital hat, ist auch die **Mitgliedschaft** nicht an eine Beteiligung an einem Kapital gebunden. Daher erfolgt der Eintritt in die Gesellschaft durch Unterzeichnung der Gründungsurkunde oder später durch Vertrag mit den Partnern, Sect. 4 (1), (2) LLPA. Die Mitgliedschaft endet durch Kündigung der Mitgliedschaft durch den Gesellschafter, Sect. 4 (3) LLPA durch Tod bzw. Liquidation (letzteres im Fall einer korporativen Mitglieds) und durch Kündigung aus vernünftigem Grund. Jeden Wechsel in der Person eines Gesellschafters oder seiner Anschrift muss die LLP innerhalb von 14 Tagen dem *Registrar of Companies* anzeigen, Sect. 9 (1) LLPA.

III. Die Private Company Limited by Shares

Schrifttum zum CA 2006: *Campos Nave*, Die reformierte Limited, NWB Fach 18 S. 4639 (7. 4. 2008); *Davies/Rickford*, An Introduction to the New UK Companies Act, ECFR 2008, 48 (Teil 1) und S. 239 (Teil 2); *Gloeger/Goette/van Hut*, Die neue Rechtsprechung zur Existenzvernichtungshaftung mit Ausblick in das englische Recht Teil II, DStR 2008, 1194; *Hannigan and Prentice*, The Companies Act 2006 – A Commentary, 2007; *Grohmann/Gruschinske*, Der Companies Act 2006: Eine Reform und ihre Auswirkungen – Ein Überblick, Der Konzern 2007, 797; *Heckschen*, Private Limited Company – Gründung, Führung, Besteuerung in Deutschland, 2. Aufl. 2007; *Herrler/Schneider*, Von der Limited zur GmbH – Verschmelzung der Limited mit deutscher Zweigniederlassung auf eine GmbH. Recht und Steuern, 2010; *Herrler/Schneider*, Go ahead, come back – von der Limited (zurück) zur GmbH – Zivil- und teuerrechtliche Grundlagen mit Erfahrungsbericht, DStR 2009, 2433; *Jänig*, Die Company Law Reform Bill: Zur Reform des Gesellschaftsrechts im Vereinigten Königreich, RIW 2006, 270; *Just*, Die englische Limited in der Praxis, 3. Aufl. 2008; *Kadel*, UK Company Law Reform Bill – Geplante Reform bei der englischen private limited company, MittBayNot 2006, 111; *Ladiges/Pegel*, Neue Pflichten für *directors* einer Limited durch den Companies Act 2006, DStR 2007, 2071; *Leible/Lehmann*, Auswirkungen der Löschung einer Private Limited Company auf in Deutschland belegenes Vermögen, GmbHR 2007, 1095; *Lembeck*, UK Company Law Reform – Ein Überblick, NZG 2003, 956; *Meyer*, Der englische Companies Act 2006 – Stand der Inkraftsetzung, RIW 2007, 645; *Micheler*, Gläubigerschutz im englischen Gesellschaftsrecht – Reformvorschläge mit Implikationen für Europa, ZGR 2004, 324; *Morse/Davies/Worthington*, Palmer's Company Law: Annotated Guide to the Companies Act 2006, London 2007; *Möser*, Die Vertretung der britischen „Company" nach Inkrafttreten des Companies Act 2006, RIW 2010, 850; *Jessica Schmidt*, Die Private Limited Company in der deutschen Bankenpraxis, WM 2007, 2093; *Steffel*, Geschäftsleiterpflichten

---

[62] Vgl. die Ausführungen von *Henssler/Mansel*, NJW 2007, 1396.
[63] Dazu *Kegel/Schurig*, Internationales Privatrecht, 9. Aufl. 2004, § 8 II 2, S. 359.
[64] So der Vorschlag von *Henssler/Mansel* NJW 2007, 1397; *dies.*, FS Horn S. 419. **Anders** dagegen *Triebel/Otte/Kimpel* BB 2005, 1235 und *Weller/Kienle* DStR 2005, 1107, die keine Korrektur des Ergebnisses im Wege der Anpassung vornehmen, sondern das Haftungsprivileg für Zweigniederlassungen in Deutschland als Ergebnis ihrer Prüfung hinstellen.

im englischen Kapitalgesellschaftsrecht – Kodifizierung der director's duties im Companies Act 2006, GmbHR 2007, 810; *Tal*, Das Verbot der Financial Assistance im englischen Gesellschaftsrecht, GmbHR 2007, 254; *Tebben/Tebben*, Der Weg aus der Limited: Die grenzüberschreitende Verschmelzung auf eine GmbH, DB 2007, 2355; *Thole*, Die binnengesellschaftlichen Pflichten des Direktors einer englischen Gesellschaft nach dem neuen Companies Act 2006, RIW 2008, 606; *Thole*, Gesellschafterhaftung in England, Der Konzern 2008, 402; *Torwegge*, UK Company Law Reform Bill – Thing Small First, GmbHR 2006, 919; *Torwegge*, UK Company Companies Act 2006 – (Almost entirely) Enacted!, GmbHR 2007, 195; *Zimmer/Naendrup*, For Whom the Bell Tolls – Folgen einer Nichtbeachtung englischer Publizitätsgebote durch in Deutschland aktive Limited Companies, ZGR 2007, 789.

Älteres Schrifttum (Auswahl): *Apfelbaum*, Der gesellschaftsrechtliche Gläubigerschutz im Recht der englischen private limited company, NotBZ 2007, 153; *Bachner*, Creditor Protection through insolvency law in England, in: Lutter (Hrsg.), Legal Capital in Europe, 2006, S. 427; *Dreibus*, Die Vertretung verselbständigter Rechtsträger in den europäischen Ländern, Vereinigtes Königreich von Großbritannien und Nordirland, 2000; *Ehricke/Köster/Müller-Seils*, Neuerungen im englischen Unternehmensinsolvenzrecht durch den Enterprise Act 2002, NZI 2003, 409; *Festner*, Interessenkonflikte im deutschen und englischen Vertretungsrecht, 2006; *Fleischer*, Gläubigerschutz in der kleinen Kapitalgesellschaft: Deutsche GmbH versus englische private limited company, DStR 2000, 1015; *Fleischer*, Deliktische Geschäftsführerhaftung gegenüber außenstehenden Dritten im englischen Gesellschaftsrecht – Vergleichende Betrachtungen zu einer aktuellen Grundsatzentscheidung des House of Lords, ZGR 2000, 152; *Fritz/Hermann* (Hrsg.), Die Private Limited Company in Deutschland, 2007; *Grundmann*, Information und ihre Grenzen im Europäischen und neuen englischen Gesellschaftsrecht, in: Festschrift für Marcus Lutter, 2000, S. 61; *Habersack/Verse*, Wrongful Trading – Grundlage einer europäischen Insolvenzverschleppungshaftung?, ZHR 2004, 174; *Heckschen*, Private Limited Company, 2. Aufl. 2007; *Hirt*, The Wrongful Trading Remedy in UK Law: Classification, Application and Practical Significance, ECFR 2004, 71; *Höfling*, Das englische internationale Gesellschaftsrecht, 2002; *Kasolowsky/Schall*, Die Private Limited Company – England und Wales, in: Hirte/Bücker, Grenzüberschreitende Gesellschaften, 2. Aufl. 2006, § 4; *Kadel*, Die englische Limited, MittBayNot 2006, 102; *Lembeck*, Die Übertragung von Anteilen an englischen private companies, in: Kalss (Hrsg.) Die Übertragung von GmbH-Geschäftsanteilen in 14 Rechtsordnungen Europas, Wien 2004, S. 223; *Micheler*, Gläubigerschutz im englischen Gesellschaftsrecht, ZGR 2004, 324; *Mühlens*, Der sogenannte Haftungsdurchgriff im deutschen und im englischen Recht, 2006; *Römermann* (Hrsg.), Private Limited Company in Deutschland 2006; *Römermann*, Die Limited in Deutschland – eine Alternative zur GmbH, NJW 2006, 2065; *Schall*, Anspruchsgrundlagen gegen Direktoren und Gesellschafter einer Limited nach englischem Recht, DStR 2006, 1229; *Schall*, Nochmals: In-sich-Geschäfte bei englischen private limited companies, NZG 2006, 54; *Jessica Schmidt*, Deutsche vs. britische Societas Europaea (SE), 2006; *Spellenberg*, Lifting the Corporate Veil in England, GS Sonnenschein 2003, S. 719; *Triebel/von Hase/Melerski*, Die Limited in Deutschland, 2006; *Wachter*, Insichgeschäfte bei englischen private limited companies, NZG 2005, 338.

1. Rechtsgrundlagen

Wesentliche gesetzliche Grundlage des Rechts der englischen Kapitalgesellschaften ist der *Companies Act 2006 (CA 2006)* vom 8. 11. 2006. Es handelt sich um eine komplette Neufassung des *Companies Act 1985 (CA 1985)*. Wegen des Umfangs des Gesetzes und der Vielzahl der Änderungen im Gesellschaftsrecht handelt es sich um das wohl umfangreichste Gesetzgebungsverfahren der englischen Geschichte.[65] Sein Geltungsbereich erstreckt sich über England und Wales sowie Schottland und seit dem 1. 10. 2009 auch auf Nordirland. Im Vergleich mit den Bestimmungen des deutschen Rechts fällt auf, dass die Regelungen äußerst ausführlich und detailliert sind. Der englischen Gesetzgebungstechnik entsprechend werden alle Eventualfälle ausdrücklich geregelt, um möglichst wenig Raum für die Rechtsfortbildung durch die Richter zu lassen. Diese orientieren sich erfahrungsgemäß häufig weniger an der vom Gesetz vorgegebenen Systematik, als an den hergebrachten Grundsätzen des englischen Fallrechts. So umfasst der CA 2006 ca. 1300 Paragraphen auf 635 Textseiten (ohne Anhänge zum Gesetz). Das ist selbst dann umfangreich, wenn man berücksichtigt, dass der CA 2006 funktionell eine Zusammenfassung der Regelungen darstellt, die

---

[65] *Torwegge* GmbHR 2007, 195.

186 Die Reform durch den CA 2006 hat den CA 1985 zum Teil grundlegend umgebaut, ergänzt und das Gesellschaftsrecht – insbesondere der „kleinen" *companies (private limited companies)* – vereinfacht und entbürokratisiert. Stichwortartig zusammengefasst handelt es sich im Wesentlichen um folgende Anliegen:

– Während im CA 1985 noch die *public company* – also die börsenzugelassene „große" Form der Company – das gesetzliche Grundmodell war und sich für die „kleinen" *companies (private companies)* Erleichterungen in Form von Ausnahmevorschriften ergaben, ist nun dieses Regel-Ausnahme-Verhältnis umgedreht worden und die *private company* – in der Praxis die Rechtsform von über 99% aller Gesellschaften[66] – auch gesetzlich das Grundmodell. Damit wird das Verständnis und die Lesbarkeit des Gesetzes erheblich erleichtert *(think small first approach)*.

– Ergab sich die Verfassung der Gesellschaft bisher aus zwei Dokumenten, dem *memorandum of association* (Gründungsurkunde) und den *articles of association* (der Satzung), so ist nunmehr nur noch ein einziges Dokument *(articles of association)* erforderlich und zulässig.

– Vergleichbares gilt auch für die von der Regierung erlassene Mustersatzung. Während Table A zum CA 1985 noch vorrangig die *public companies* im Blick hatte, sind nun gesonderte *Muster-Articles* für die *public company* und die *limited company* ausgearbeitet werden. Das Angebot der Mustersatzungen wird feiner differenziert.

– Die Einsatzfähigkeit solcher Mustersatzungen wird dadurch erhöht, dass nunmehr für die Gesellschaft kein konkreter Gesellschaftszweck mehr anzugeben ist, sondern *companies* nunmehr für „Geschäfte aller Art" gegründet werden können. Ist satzungsmäßig keine Einschränkung vorgesehen, so gilt der Gegenstand der Gesellschaft kraft Gesetzes als unbeschränkt, Sect. 31 (1) CA 2006.

– Desgleichen wird für *limited companies* das Erfordernis eines *company secretary* abgeschafft.

– Wenngleich es weiterhin möglich ist, eine juristische Person zum *director* zu bestellen, so muss nun zumindest ein *director* eine natürliche Person sein.

– Die Treuepflichten der *directors*, die bislang durch die Rechtsprechung konkretisiert waren, werden nun gesetzlich normiert, indem die Rechtsprechung in gesetzliche Normen gegossen wurde.

– Die Möglichkeiten schriftlicher Hauptversammlungen wurden erweitert.

– Das Internetangebot des *Registrar of Companies* soll weiter ausgebaut werden. So wird jetzt eine Online-Gründung *(web incorporation)* angeboten.

187 Die Bestimmungen des CA 2006 traten nicht alle zum gleichen Zeitpunkt in Kraft, sondern zeitlich gestaffelt. Ursprünglich war vorgesehen, die letzte Staffel zum 1. Oktober 2008 in Kraft treten zu lassen. Wegen der gewaltigen Arbeitsanfalls durch die Umstellung beim *Companies House* mit der rechtzeitigen Umsetzung wurde der Zeitpunkt des Inkrafttreten in Bezug auf den größten Teil des CA 2006 noch im Dezember 2007 auf den 1. Oktober 2009 hinausgeschoben.[67] Damit ist das Gesetz nun vollständig umgesetzt.

188 Auch wenn die Neufassung des CA 2006 zahlreiche Regelungslücken geschlossen hat, gilt subsidiär weiterhin das englische Fallrecht *(common law und equity)*. Dies konkretisierte bislang vor allem die Sorgfaltspflichten der *directors (fiduciary duties)*, die nun in den Sect. 170–179 CA 2006 kodifiziert sind. Richterliche Rechtsschöpfung bleibt aber auch in diesem Bereich weiterhin möglich.

189 Ergänzend zum CA 2006 tritt die Mustersatzung in Table A,[68] einen durch Verordnung geschaffenen Anhang zum CA 2006. Die Bestimmungen des *Table A* greifen ein, wenn für keine individuellen *Articles* beschlossen wurden oder eine bestimmte Frage in der Muster-

---

[66] Dazu oben Rdnr. 154.
[67] S. http://www.berr.gov.uk/bbf/co-act-2006/index.html – eingesehen am 13. 3. 2008.
[68] The Companies (Tables A to F)(Amdnemend) Regluations 2008 (Statutory Instrument 2008/739).

satzung, nicht aber in den individuellen *Articles* geregelt sind. Der Mustersatzung kommt damit praktisch die Funktion dispositiven Gesetzesrechts zu. Für vor dem 1. 10. 2008 gegründete *companies* gilt noch der alte Table A zum CA 1985 – soweit nicht die Gesellschafterversammlung durch *special resolution* den neuen Table A angenommen hat.

2. Gründung

Die *company* entsteht mit Registrierung beim Zuständigen *Registrar of Companies* (s. o. Rdnr. 156). Die örtliche Zuständigkeit richtet sich nach dem *registered office* der Gesellschaft, Sect. 9 (6) CA 2006. Die Einrichtung eines *registered office* der *company* ist für jede *company* obligatorisch und ist der Ort, an den die Post und die behördlichen Mitteilungen zugesandt werden können, Sect. 86 CA 2006. Ein Geschäftsbetrieb der *company* muss sich dort nicht befinden. **190**

Nach Sec. 9 (2) CA 2006 muss zur Registrierung einer neuen *company* dem *registrar* ein Antragsformular[69] mit folgenden Informationen vorgelegt werden: **191**
– Der Name (die **Firma**) der Gesellschaft.
– Der Teil des Vereinigten Königreichs, in dem das *registered office* liegen soll und die vollständige **Adresse** des *registered office*, Sect. 9 (5) CA 2006.
– Die Angabe, dass die Gesellschafter auf den Betrag ihrer *shares* **beschränkt haften.**
– Ob es sich um eine *private company* oder um eine *public company* handelt.

Dem Antrag auf Eintragung sind folgende Unterlagen beizufügen (Sect. 9 CA 2006): **192**
– Die **Gründungsurkunde** *(memorandum of association),*[70] in dem die Gründungsgesellschafter durch ihre Unterschrift bestätigen, dass und mit welchem Betrag an der *company* beteiligt sein wollen, Sect. 7 (1) CA 2006. Das *memorandum of association* muss von jedem Subskribenten einer Aktie in Gegenwart eines Zeugen unterschrieben werden, der ebenfalls als Zeuge unterschreiben muss.
– Die **Satzung** der Gesellschaft *(articles of association)*. Sollten sich die Gesellschafter auf keine von Table A abweichende Satzung entschlossen haben, ist keine Einreichung einer individuellen Satzung erforderlich. Da Table A die Bestellung von mindestens zwei *directors* verlangt, dürfte allerdings bei Ein-Personen-Limitedes Table A unangemessen sein.
– Eine Mitteilung über den Betrag des **Stammkapitals** und die bei Gründung ausgegebenen Aktien. Gem. Sect. 10 (2) CA 2006 sind die Zahl der übernommenen Aktien, die Summe der Nominalbeträge und der Betrag der zu leistenden Einlage – ggf. auch der noch ausstehenden Einlagen – aufzuführen *(statement of capital)*, des weiteren für jeden der Gründer Name, die Zahl der übernommenen Anteile und die Einlagen *(statement of initial shareholdings).*
– Die Namen der ersten Organmitglieder der Gesellschaft *(directors* und ggf. der *secretary)*, Sect. 12 CA 2006, mit Wohnanschrift und Zustimmung der entsprechenden Personen **(Form 10)**.
– Ein *statement of compliance* gem. Sect. 13 CA 2006 **(Form 12)**, in dem ein *director* oder der *secretary* bzw. ein Rechtsanwalt bestätigt, dass die gesetzlichen Voraussetzungen für die Registrierung der *company* erfüllt sind. Das Formular muss durch einen *commissioner for oaths*, Notar, einen *Solicitor* oder eine andere dazu zuständige Person beglaubigt sein.
– Die Eintragungsgebühr von £ 20 für schriftliche und £ 15 für elektronische Eintragungsanträge. Für **Blitzanträge** (Eintragung noch am selben Tag bei Einreichung bis 15 Uhr) beträgt die Gebühr £ 50 bzw. £ 30.

Die Gründung ist durch jede natürliche und juristische Person möglich. **Für Ausländer bestehen keine Beschränkungen.** Seit 1992 ist auch die Ein-Personen-Gründung zuge- **193**

---

[69] 18-Seitiges Formular online erhältlich unter: http://www.companieshouse.gov.uk/forms/general Forms/IN01_application_to_register_a_company.pdf.
[70] Nicht zu verwechseln mit dem *memorandum of association* nach dem bis zum Inkrafttreten des CA 2006 geltenden Recht, welches wichtige Teile der Satzung (Firma, Stammkapital, Gegenstand etc.) enthielt. Diese sind nun Inhalt der *articles*.

lassen *(single member company)*.[71] Die früher bestehende Beschränkung der Gesellschafteranzahl wurde bereits 1980 aufgegeben.

194 Der *registrar* ist zur Eintragung der *company* verpflichtet, wenn er überzeugt ist, dass die gesetzlichen Voraussetzungen für die Eintragung erfüllt sind, Sect. 14 CA 2006. Dabei darf er das *statement of compliance* (s. o. Rdnr. 192) als Beweis dafür annehmen, dass alle Voraussetzungen für die Eintragung erfüllt sind, Sect. 13 (2) CA 2006. Er vergibt für die *company* eine Kennziffer *(registered number)*, Sect. 1066 CA 2006 und stellt die Gründungsbescheinigung *(certificate of incorporation)* aus, Sect. 15 CA 2006. Das *certificate of incorporation* ist unwiderleglicher Beweis dafür, dass alle Voraussetzungen für die Gründung vorlagen und die Gesellschaft wirksam gegründet worden ist, Sect. 15 (4) CA 2006.

195 Auch wenn das Verfahren der Gründung durch Bereitstellen aller erforderlichen Formulare durch das *companies house*, das Fehlen besonderer Formerfordernisse und den Verzicht auf ein nennenswertes Kapital der Gesellschaft weitmöglichst vereinfacht worden ist, schätzt man, dass ca. 60% der Gründungen durch Dienstleister erfolgen, die diese Gesellschaften anschließend als Vorratsgesellschaften veräußern.[72] Die entstehenden Kosten, die in diesen Fällen trotz der fehlenden Individualisierung der Satzung regelmäßig über denen der Beurkundungs- und Registrierungsgebühren für eine GmbH in Deutschland liegen, scheinen in diesen Fällen offenbar keine Rolle zu spielen.

3. Die Vorgesellschaft

196 Die *company* erwirbt ihre Rechtsfähigkeit erst mit der Eintragung im *Register* durch den *Registrar of Companies*. Bis dahin – und das unterstreicht den Charakter der *limited company* als reine Kapitalgesellschaft mit nur schwach ausgeprägten personalistischen Zügen – besteht **keinerlei Organisation zwischen den Gesellschaftern**, die als Vorläufer der späteren *company* angesehen werden kann. Ein Vertrag, der vor Eintragung im Namen der späteren Gesellschaft abgeschlossen wurde, ist für die später eingetragene Gesellschaft ohne rechtliche Bindung. Sie hat allein die Option, diesen Vertrag an sich zu ziehen *(to adopt the contract)*, soweit der Vertrag ein entsprechendes Optionsrecht enthält. In allen anderen Fällen bleibt der *company* nichts anderes, als den Vertrag nach ihrer Eintragung neu abzuschließen *(novation)*. Bis dahin haftet statt der Gesellschaft der Handelnde – vorbehaltlich einer abweichenden Vereinbarung[73] – dem Vertragspartner, Sect. 51 (1) CA 2006. Er hat aber auch grundsätzlich die Möglichkeit, die Erfüllung des Vertrags an sich selbst zu verlangen.[74] Die persönliche Haftung der Handelnden kann durch Vereinbarung mit dem Dritten ausgeschlossen werden. Unklar ist, ob hierfür eine reine Freizeichnung des Handelnden im Vertrag ausreichend ist oder ob diese nur unter der aufschiebenden Bedingung erfolgen kann, dass die *company* später einen entsprechenden Vertrag mit dem Dritten abschließt.[75]

4. Firma

197 Die Firma *(company name)* kann grundsätzlich frei gewählt werden. Es sind nur wenige gesetzliche Vorgaben zu beachten. So muss z. B. die Firma einer *private limited company* stets mit dem **Rechtsformzusatz** „*limited*" bzw. „*ltd.*" enden (Sect. 59 (1) CA 2006). Eine Gesellschaft mit *registered office* in Wales kann stattdessen den Zusatz „*cyfyngedig*" bzw. „*cyf.*" verwenden.

---

[71] Anlass war die Europäische Gesellschaftsrechtliche Richtlinie 89/667/EWG.
[72] *Company Law Review Steering Group*, Modern Company law for a Competitive Economy, London 2000, Rz. 11.32.
[73] *Phonogram Ltd v Lane* [1982] QB 938.
[74] *Braymist Ltd v. Wise Finance Co Ltd* [2002] Ch 273.
[75] Zu den sich hier aus dem englischen Vertragsrecht ergebenden Problemen *Mayson, French & Ryan* Rdnr. 19.6.2, S. 597. Soweit freilich der Vertrag gem. Art. 3, 4 Rom I-VO dem deutschen Vertragsstatut unterliegt, dürfte es unproblematisch sein, dass die Beteiligten den Vertrag unter der aufschiebenden Bedingung abschließen, dass dieser von der Company nach Eintragung ratifiziert wird.

Die Firma kann in jeder Schrift einer der offiziellen Sprachen der Europäischen Union **198** geschrieben werden. Zulässig sind damit auch griechische (Griechenland, Zypern) und kyrillische (Bulgarien) Lettern. Die Länge ist auf 160 Zeichen begrenzt. Beschränkungen bestehen in zahlreichen Gesetzen für bestimmte geschützte Begriffe, wie z. B. solche, die auf eine staatliche Organisation hinweisen. Eine Aufstellung der unzulässigen Firmenbezeichnungen kann auf der Internetseite des *Companies House* eingesehen werden.[76] Auch kann die Verwendung einer Firma untersagt werden, wenn sie nach Ansicht des *Secretary of State* anstößig ist, Sect. 53 (b) CA 2006. Untersagt ist auch die Verwendung einer Firma, die mit der einer anderen bereits beim *Companies House* registrierten Gesellschaft identisch ist. Wegen der Zuständigkeit des *Registrar* für ganz England werden also identische Firmen landesweit verhindert. Zum Vergleich – und auch als Service für die Gründer bei Auswahl der Firma – unterhält der *Registrar* gem. Sect. 1099 CA 2006 ein öffentlich zugängliches Register der bestehenden Firmen.[77] Freilich werden nur identische Firmen ausgeschlossen sowie Firmen mit bestimmten, genau definierten Abweichungen (etwa abweichende Verwendung eines Artikels, der Akzente). Ferner kann der *Secretary of State* bei Ähnlichkeit mit der Firma einer bereits registrierten Gesellschaft gem. Sect. 67 CA 2006 noch bis zu 12 Monate nach Eintragung einer Gesellschaft verlangen, dass die Firma der neu eingetragenen Gesellschaft geändert wird.

Die Firma einer Company kann durch *special resolution* der Hauptversammlung geändert **199** werden, Sect. 77 CA 2006. Die Änderung ist dem *registrar of companies* binnen 14 Tagen anzuzeigen, der ein neues *certificate of incorporation* mit dem geänderten Namen ausstellt.

5. Stammkapital

a) Festsetzung des Stammkapitals. Anders als bei der *PLC* besteht bei der *Ltd*. kein **200** Mindestkapital. Das Kapital kann sogar in fremder Währung lauten bzw. auf fremde Währung umgestellt werden.[78] Nach dem CA 1985 musste das *memorandum of association* eine Summe angeben, bis zu der die *directors* befugt waren, Aktien auszugeben *(authorised capital)*. Dies gilt nach dem CA 2006 nicht mehr. Soweit die *articles* (bei einer einzigen Klasse von Aktien) keine Beschränkungen vorsehen bzw. eine entsprechende Ermächtigung enthalten, können die *directors* gem. Sect. 550, 551 CA 2006 nach Belieben und Bedarf neue Aktien ausgeben *(allotment of shares)* und damit das Kapital erhöhen. Die neuen Anteile müssen zunächst den aktuellen Gesellschaftern im Verhältnis ihrer bisherigen Beteiligung angeboten werden, Sect. 561 CA 2006. Diese haben also vor neuen Investoren ein Vorkaufsrecht. Der Gesamt-Nennbetrag der ausgegebenen Aktien wird als *issued share capital* bezeichnet.

Der Betrag des Stammkapitals kann jederzeit wieder geändert werden. Eine **Kapi-** **201** **talherabsetzung** erfolgt gem. Sect. 641 CA 2006 durch *special resolution* (dazu unten Rdnr. 216), nachdem alle *directors* ein *solvency statement* unterzeichnet haben, in dem sie bestätigen, dass die Gesellschaft ihre Verbindlichkeiten begleichen kann oder wenn die Herabsetzung vom Gericht bestätigt wird.[79] Es kann die Gesellschaft auch sog. rückerwerbbare Aktien *(redeemable shares)* einziehen, Sect. 684 CA 2006[80] oder Anteile zurückkaufen. In letzterem Fall sind die besonderen Bedingungen für den Erwerb eigener Anteile in den Sect. 690 ff. CA 2006 zu beachten.[81] In beiden Fällen bleibt das Stammkapital aber unberührt.

b) Kapitalaufbringung und Kapitalerhaltung. Aktien können zum Nominalwert **202** oder mit Agio *(share premium)* ausgegeben werden. Unter-Pari-Emissionen sind gem.

---

[76] Ausführliche Broschüre zur Gründung einer company unter: http://www.companieshouse.gov.uk/about/pdf/gp1.pdf.
[77] www.companieshouse.gov.uk unter: webCHeck.
[78] Re Scandinavian Bank Group plc. [1988] Ch 87. Vgl. nun Sect. 617 (4), 622 (1) CA.
[79] Im Fall einer PLC ist die Kapitalherabsetzung nur mit gerichtlicher Genehmigung zulässig.
[80] Zu *redeemable shares* im englischen Recht: *Grechenig/Lembeck/Oelkers* ZfRV 2004, 143.
[81] Bei einer PLC darf das Geld für den Rückkauf nur aus ausschüttungsfähigen Gewinnen oder aus den Einnahmen aus der Ausgabe von neuen Aktien stammen, Sect. 692, 724 CA.

Sect. 580 (1) CA 2006 unzulässig. Die Einlage erfolgt regelmäßig in bar, kann aber auch durch geldwerte Leistung erbracht werden. Das gilt insb. auch für die Übertragung von *goodwill* und *know-how* (Sect. 582 CA 2006). Das Kapital kann auch durch Dienstleistungen aufgebracht werden. Die **Bewertung der Einlage erfolgt durch die** *directors* der *company* nach deren Ermessen, ohne dass eine Püfung durch eine unabhängige Person vorgesehen ist. Bei Überbewertungen ist zwar theoretisch der Fehlbetrag nachzuzahlen. Die Gerichte akzeptieren aber regelmäßig die von der Geschäftsführung getroffenen Wertansätze, soweit sie nicht vorsätzlich übertrieben worden sind.

203 Die für die Übernahme der Aktien erforderliche Einlage braucht nicht sofort eingezahlt werden, sondern erst nach Aufforderung durch das *board (uncalled share capital)*. Selbst **eingefordertes Kapital** *(called up capital)* muss nicht unbedingt eingezahlt worden sein *(paid up share capital)*. Durch Kapitalherabsetzung kann die Verpflichtung zur Kapitaleinzahlung wieder beseitigt werden, Sect. 641 CA 2006. Nur bei einer *PLC* muss mindestens ein Viertel des Nennbetrags der Aktien schon bei oder vor der Zuteilung der Aktien eingezahlt werden, Sect. 586 CA 2006.

204 **Dividenden** dürfen ausschließlich aus konsolidierten und realisierten Gewinnen gezahlt werden, Sect. 830 CA 2006. Diese Gewinne sind gem. Sect. 836 ff. CA 2006 anhand des geprüften Jahresabschlusses der Gesellschaft zu ermitteln – soweit die Gesellschaft nicht als „kleine Gesellschaft"[82] von der Prüfung ausgenommen ist, Sect. 837 (3) CA 2006. Bei ungerechtfertiger Ausschüttung ist der bösgläubige Gesellschafter zur Erstattung verpflichtet, Sect. 847 (2) CA 2006.[83] Die *directors*, die die Zahlung genehmigt haben, haften der Gesellschaft ebenfalls auf Rückzahlung.[84]

6. Aktien

205 Die Anteile an einer *limited company* sind zu verbriefen. Innerhalb von zwei Monaten nach Zuteilung der Aktien muss die Gesellschaft dem Gesellschafter Aktienurkunden ausstellen – soweit nicht die Übernahmevereinbarung Anderes vorsieht, Sect. 769 CA 2006. Es handelt sich bei der Ltd. nicht um Inhaberaktien *(bearer shares)*, sondern um **Namensaktien** *(registered shares)*. Sämtliche Aktionäre sind von der Gesellschaft in einem **Aktienbuch** *(register of members)* mit Anschrift, Anzahl und Art der Aktien sowie dem Betrag der gezahlten Einlage aufzuführen, Sect. 113 CA 2006.[85] Das Aktienbuch ist am *registered office* der Gesellschaft aufzubewahren und steht jedem zur Einsicht offen, Sect. 116 CA 2006.

206 Das englische Recht kennt neben den Stammaktien weitere Arten von Aktien *(classes of shares)*:
- **Vorzugsaktien** *(preference shares)* geben dem Inhaber ein Recht auf eine jährliche Dividende in Höhe eines bestimmten Betrags. Der Inhaber bleibt stimmberechtigt.
- **Nachrangige Aktien** *(deferred shares)* dagegen gewähren ihrem Inhaber eine Dividende erst dann, wenn die einfachen Aktionäre aus dem Gewinn der Gesellschaft bereits eine Dividende in bestimmter Höhe erhalten haben.
- **Stimmrechtslose Aktien** *(non-voting shares)* gewähren nur eine Dividende, kein Stimmrecht.
- **Rückerwerbbare Aktien** *(redeemable shares)* können von der Gesellschaft ohne spezielle Satzungsermächtigung[86] ausgegeben werden und unter bestimmten Voraussetzungen zurückgekauft werden, Sect. 684 CA 2006 (s. o. Rn. 201).

---

[82] Zu dieser Einteilung unten Rdnr. 250.
[83] Vgl. hierzu *Schall* DStR 2006, 1254.
[84] *Re National Funds Assurance Co* (1878) 10 ChD 118.
[85] Diese Verpflichtung besteht nicht für unverbriefte Aktien an einer plc., die an der Börse über das elektronische Handelssystem CREST gehandelt werden *(uncertificated shares)*.
[86] Art. 21 (2) *draft model articles* enthält sogar bereits eine entsprechende Ermächtigung an die *directors*.

Aktien lauten zwingend auf einen bestimmten **Nennwert**. Dieser kann auch in ausländischer Währung lauten. Stückaktien bzw. Quotenaktien *(no-par value shares)* kennt das englische Recht nicht.

Gemäß Sec. 770 (1) CA 2006 darf eine *limited company* die **Übertragung von Aktien** nicht registrieren, bevor ein bestimmtes Formular *(proper instrument of transfer)* vorgelegt wurde. Durch diese speziellen Formerfordernisse soll sichergestellt werden, dass bei der Übertragung eine Urkunde ausgestellt wird, die der englischen **Stempelsteuer** *(stamp duty reserve tax)* unterliegt. Regelmäßig wird insoweit das Formular verwandt, welches sich in Anhang 1 zum *Stock Transfer Act 1963* befindet.

Zur Übertragung seiner Anteile übergibt der Gesellschafter das von ihm unterschriebene Abtretungsformular gemeinsam mit der Aktie dem Erwerber. Der Erwerber zahlt dann die Stempelsteuer und sendet die Übertragungsurkunde und die Aktienurkunde an die Gesellschaft. Dort wird er im Aktionärsbuch *(register of members)* als neuer Gesellschafter registriert.

Wird nur ein Teil der durch eine Aktienurkunde verbrieften Anteile übertragen oder werden in einer Aktienurkunde verbrieften Anteile an mehrere Erwerber übertragen, kann der Gesellschafter die Aktienurkunde mit sämtlichen Übertragungsurkunden der Gesellschaft zusenden. Diese bescheinigt dann auf den Übertragungsurkunden, dass der übertragende Gesellschafter die Aktienurkunde vorgelegt hat und wird anschließend die entsprechenden Übertragungsurkunden den Erwerbern weiterleiten. Soweit der übertragende Gesellschafter einen Teil der verbrieften Aktien für sich selber zurückhalten will, erhält er von der Gesellschaft ein so genannten *balance ticket*, welches einen provisorischen Nachweis seiner Aktionärsstellung für die zurückbehaltenen Aktien darstellt.

Die Übertragung wird abgeschlossen, indem die neuen Gesellschafter im Aktionärsbuch der Gesellschaft registriert werden und ihnen über die entsprechenden Anteile **neue Aktienurkunden** ausgestellt werden.

7. Die Hauptversammlung

Unter dem CA 2006 können Gesellschafterbeschlüsse einer Limited[87] regelmäßig statt auf Gesellschafterversammlungen (Sect. 301 ff. CA 2006), auch im **schriftlichen Umlaufverfahren** (Sect. 288 ff. CA 2006) gefasst werden. Unzulässig ist das Umlaufverfahren nur im Fall vorzeitiger Abberufungen von *directors* und Wirtschaftsprüfern (Sect. 288 (2) CA 2006). Selbst eine Satzungsänderung kann daher im Umlaufverfahren erfolgen.

Im **Umlaufverfahren** wird der Beschlussvorschlag allen Gesellschaftern in Schriftform, elektronisch (z.B. e-Mail oder Fax) oder über eine Webseite zugesandt, Sect. 291 CA 2006. Der Beschluss ist gefasst, wenn er innerhalb von 28 Tagen die Zustimmung der für den Beschluss erforderlichen der Mehrheit aller Aktionäre (dazu unten Rdnr. 216) erhalten hat, Sect. 296 (4) CA 2006.

Die Hauptversammlung wird durch die *directors* einberufen, Sect. 302 CA 2006. Zu laden sind alle Gesellschafter – auch die nicht stimmberechtigten. Die **Ladung** erfolgt durch Brief, e-Mail, Fax oder auf der Website der Gesellschaft, Sect. 308 CA 2006. Die Frist für die Ladung beträgt – vorbehaltlich einer längeren Ladungsfrist in den *articles* – 14 Tage (Sect. 307 CA 2006). Für eine PLC gilt eine Frist von 21 Tagen.[88] Eine kürzere Ladung kann mit Zustimmung von 90% der Stimmen[89] auf der Hauptversammlung erfolgen. Der Ladung für eine Hauptversammlung, auf der eine *special resolution* gefasst werden soll, ist der Text des Beschlussvorschlags beizufügen, Sect. 283 (6) CA 2006. Die Hauptversammlung muss nicht in England stattfinden, sondern kann auch im Ausland abgehalten werden – vorrangig sind hier die Vorgaben der *articles* zu beachten.

---

[87] Bei einer PLC ist das schriftliche Umlaufverfahren ausgeschlossen, Sect. 281 (2), 336 ff. CA.
[88] Bei der Berechnung der Frist *(clear day rule)* werden der Tag der Absendung und der Tag der Versammlung nicht mitgezählt, Sect. 360 CA.
[89] Bei der PLC: mit 95% der Stimmen, Sect. 307 (6) CA.

215 Für die Abstimmung in der Hauptversammlung müssen – außer im Fall der Ein-Personen-Gesellschaft – mindestens zwei Aktionäre anwesend sein *(quorum,* Sect. 308 CA 2006). Die Abstimmung erfolgt bei Hauptversammlungen üblicherweise durch Handaufheben, wobei jeder Gesellschafter – ungeachtet der Anzahl seiner Aktien – eine Stimme hat. Die Benennung von Vertretern an der Hauptversammlung ist zulässig *(proxy).* Bei schriftlicher Stimmabgabe *(poll)* oder bei Beschlussfassung im Umlaufverfahren werden die Stimmen anhand der Anzahl der Aktien gewichtet, Sect. 284 CA 2006. Daher kann auch noch nach Beendigung einer Abstimmung durch Handaufheben eine qualifizierte Anzahl von Aktionären die erneute Abstimmung durch schriftliche Stimmabgabe verlangen.

216 Ein Beschluss ist bei einer Hauptversammlung gefasst, wenn die Mehrheit der abgegebenen Stimmen für den Antrag stimmt, *ordinary resolution* Sect. 282 CA 2006. Für besondere Beschlüsse **(special resolution)** ist eine Drei-Viertel-Mehrheit erforderlich (soweit nicht die *articles* eine höhere Mehrheit verlangen). Das gilt z. B. für **Kapitalerhöhungen und -herabsetzungen, Formwechsel,** den Rückkauf von Aktien, die Liquidation der Gesellschaft etc.

217 Daneben können bei informellen Zusammenkünften aller Aktionäre **(Vollversammlung)** einfache Gesellschafterbeschlüsse[90] gefasst werden *(unanimous assent).* So liegt z. B. ein Gesellschafterbeschluss vor, wenn die beiden *directors*, die gleichzeitig die alleinigen Aktionäre sind, sich gegenseitig die Bezüge bewilligen.[91] Erforderlich ist hierfür aber die „Vollversammlung", auch 99% des Aktienkapitals genügen nicht.[92] Der Alleingesellschafter kann jederzeit ohne Einberufung einen Beschluss schriftlich fassen, wenn er der Gesellschaft anschließend ein schriftliches Protokoll zukommen lässt, Sect. 357 CA 2006.

218 Gem. Sect. 355 CA 2006 muss jede Gesellschaft Aufzeichnungen aller Gesellschafterbeschlüsse für die Dauer von mindestens 10 Jahren aufbewahren. Dies gilt auch für die vom Alleingesellschafter getroffenen Entscheidungen, soweit sie bei einer Mehrpersonengesellschaft Gesellschafterbeschlüsse wären, Sect. 357 CA 2006. Sämtliche *special resolutions* und bestimmte andere Beschlüsse, vor allem solche, die die Rechte der Aktionäre betreffen, sind innerhalb von 15 Tagen **dem *companies house* mitzuteilen**.

219 Gem. Sect. 21 (1) CA 2006 kann eine *company* ihre **articles of association ändern.** Erforderlich ist hierfür eine mit 75% der Stimmen gefasste *special resolution*. Der Beschluss mit der Änderung der *articles* muss innerhalb von 15 Tagen nach Beschlussfassung zum *Companies House* angemeldet werden, Sect. 30 CA 2006. Desgleichen muss dem *Companies House* innerhalb von 15 Tagen nach Inkrafttreten eine Neufassung der *articles* zugesandt werden, Sect. 26 CA 2006. Die Änderung wird dann gem. Sect. 1078 CA 2006 in dem Amtsblatt *(Gazette)* bzw. einem entsprechenden elektronischen Medium (Sect. 1116 CA 2006) bekannt gemacht.

220 Die Satzung kann vorsehen, dass bestimmte **Satzungsklauseln nicht geändert werden** dürfen *(provision for entrenchment).* Die Änderung einer derartig abgesicherten Klausel ist nur durch einstimmigen Beschluss möglich.

8. Persönliche Haftung der Gesellschafter

221 Die Haftung der Gesellschafter ist grundsätzlich auf die noch nicht geleisteten Einlagen bzw. die Rückzahlung unzulässig gewährter Dividenden beschränkt. In Extremfällen haftet ein Gesellschafter im Wege der **fraud exception,** wenn er die Gesellschaft als eine „Fassade" missbraucht hat, um Dritte zu täuschen.[93] Erfasst werden auf diese Weise Betrugsfälle handgreiflicher Sittenwidrigkeit. Im Übrigen wird aus der Leitentscheidung *Salomon v Salomon*[94] weiterhin eine sehr **weitgehende Haftungsabschirmung** hergeleitet. Bei der

---

[90] Das gilt nicht für satzungsändernde *special resolutions, Re Barry Artist Ltd* [1985] 1 WLR 1305 oder andere Beschlüsse, bei denen ein bestimmtes Verfahren einzuhalten ist.
[91] *Re Duomatic Ltd* [1969] 2 Ch 365.
[92] *Re d'Jan of London Ltd* [1994] 1 BCLC 561.
[93] *Adams v Cape Industries* [1990] Ch.D. 433. Hierzu *Schall* DStR 2006, 1235.
[94] *Salomon v Salomon* [1897] AC 22.

company – und das unterstreicht ihren kapitalistischen Charakter – haften daher in Wirklichkeit allein die *directors* für Verletzungen ihrer Pflichten (s. u. Rdnr. 232). Übt ein Gesellschafter faktisch dauerhaft beherrschenden Einfluss auf die Geschäftsführung aus, so kann er aber als *shadow director* wie ein ordentlich bestellter *director* haften (dazu unten Rdnr. 228).

9. Das Board of *Directors*

a) Funktion. Das *board of directors* ist oberstes und einziges Geschäftsführungs- und Exekutivorgan der *company*. Besonderheit des englischen Rechts ist dabei die Zusammenfassung von Leitung und Aufsicht in einem einheitlichen Organ *(monistisches System)* statt der Aufteilung in Vorstand und Aufsichtsrat. Dennoch kann das *board* nicht nur als reines Geschäftsführungsorgan eingerichtet werden, sondern sowohl mit geschäftsführenden *(executive directors)* als auch mit aufsichtsführenden *directors (non-executive directors)* besetzt werden. 222

b) Qualifikation der Direktoren. Gem. Sect. 157 CA 2006 kann jede mindestens 16 Jahre alte Person zum *director* ernannt werden. Auch juristische Personen können zu *directors* bestellt werden (sog. *corporate directors*). Gem. Sect. 155 CA 2006 muss jetzt aber zumindest ein *director* natürliche Person sein. Beschränkungen für die Ernennung können sich für ausländische Personen, die weder Angehörige eines EU noch eines EWR-Staates sind aus dem englischen Ausländerrecht ergeben. 223

Der *Company Directors Disqualification Act 1986* **(CDDA 1986)** sieht vor, unter welchen Umständen eine Person vom Amt des *directors* ausgeschlossen ist oder durch Beschluss *(disqualification order)* gesperrt werden kann. Gründe sind insbesondere eine Insolvenz, die Verurteilung wegen bestimmter Vermögensstraftaten, der wiederholte Verstoß gegen Mitteilungspflichten zum *companies house*, erwiesene Ungeeignetheit (z. B. anhand eines Konkurses einer vom ihm geleiteten *company*), Verurteilung wegen *wrongful trading*, etc. Eine Liste der Personen ist auf der Homepage des *companies house* öffentlich einsehbar. Nach Sect. 1182 ff. CA 2006 kann der *secretary of state* durch Verordnung nun auch bestimmen, unter welchen Voraussetzungen ein ausländischer Ausschluss von der Ausübung einer Organstellung in England zu beachten ist. 224

c) Bestellung und Abberufung der *directors*. Das *board* einer *private company* kann auch mit einer einzigen Person *(sole director)* besetzt werden (Sect. 138 (1) CA 2006). Der CA 2006 bestimmt nicht, wer die *directors* bestellt. Die *articles* übertragen die Befugnis regelmäßig den Gesellschaftern.[95] Die ersten *directors* der Gesellschaft müssen bei Gründung der *company* von den Gründern angemeldet werden, Sect. 12 CA 2006.[96] Die *articles* können vorsehen, dass die Mehrheit der Inhaber von Aktien einer bestimmten Klasse (die einem einzigen Gesellschafter oder einem Stamm von Aktionären zustehen) unmittelbar eine bestimmte Anzahl von *directors* bestellen können **(nominee directors)**. Lücken im *board of directors* können gem. Art. 17 (1) (b) Table A durch die Mitglieder des *board* selber (auch den alleinigen *director*) gefüllt werden. Ein *alternate director* wird von einem *director* als sein Stellvertreter ernannt. Er hat – wie ein Unterbevollmächtigter – die gleichen Befugnisse wie der *director*, den er vertritt. 225

Eine zeitliche **Befristung des Amts** des *directors* ist nicht vorgesehen. Art. 18 Table A sieht vor, dass das Amt u. a. endet, wenn der *director* insolvent oder geschäftsunfähig ist oder er seinen Rücktritt erklärt hat. Die Gesellschafter können gem. Sect. 168 CA 2006 einen *director* ungeachtet einer entgegenstehenden Vereinbarung mit der Gesellschaft jederzeit durch einfachen Gesellschafterbeschluss abberufen. 226

Die Bestellung des *directors* ist in das **register of directors** der Gesellschaft einzutragen, welches am *registered office* der Gesellschaft öffentlich einsehbar ist. Des weiteren ist die Ernennung eines neuen *directors* innerhalb von 14 Tagen dem *companies house* zu melden, Sect. 167 (1) CA 2006. Dabei wird in der Mitteilung der Ernennung eine Zusicherung an 227

---

[95] S. schon *Woolf v East Nigel Gold Mining Co Ltd* (1905) 21 TLR 660; nun: Sect. 17 Table A.
[96] Art. 20 *draft model articles* sieht für die plc. vor, dass das Amt der Gründungsdirektoren mit der ersten Hauptversammlung automatisch endet.

die Öffentlichkeit gesehen, die die Gesellschaft selbst – im Fall der Unrichtigkeit – nicht bestreiten darf.[97]

228 d) **shadow** *director.* Bei der Figur des shadow *director* handelt es sich um eine Rechtsfortbildung der Gerichte, um die Haftung solcher Personen z.B. aus *wrongful trading* zu begründen, die – ohne *de jure director* – zu sein, faktisch die Geschäfte der Gesellschaft bestimmten. Als *shadow director* wird nunmehr in Sec. 251 (1) CA 2006 eine Person definiert, nach deren Anweisungen und Vorgaben die eigentlichen *directors* einer Gesellschaft gewohnt sind, zu handeln. Das kann z.B. auf die Muttergesellschaft in einem straff organisierten Konzern zutreffen. Für den *shadow directors* gelten insb. die in Sect. 171–177 CA 2006 bestimmten Treuepflichten – einschließlich der Sanktionen bei Verletzung.

229 e) **Pflichten der** *directors.* Der *director* wird nach englischem Rechtsverständnis als **Treuhänder** für die Gesellschaft tätig. Als solcher ist er zur Loyalität verpflichtet. Dabei kann das englische Recht auf eine lange Tradition von Entscheidungen zur Loyalitätspflicht zurückblicken, da diese schon immer Inhalt des *trust*-Verhältnisses gewesen sind. Die Art. 170–179 CA 2006 enthalten nun eine ausführliche Zusammenfassung der Sorgfaltspflichten, die bislang Inhalt des richterrechtlichen *common law* waren. Die Pflichten eines *director* sind hier aber auch weiterhin nicht abschließend geregelt. Gem. Sect. 170 (5) CA 2006 treffen diese Pflichten ebenfalls einen *shadow director*.

230 Als wichtigste Pflichten sind die Folgenden zu nennen:
– **Duty to act within powers:** Gem. Sec. 171 CA 2006 muss der *director* in Übereinstimmung mit der Satzung handeln und darf seine Befugnisse nur für die Zwecke ausüben, für die sie ihm gewährt worden sind. Nachdem die *ultra vires rule* nicht mehr im Verhältnis zu Dritten gilt, wird weiterhin dennoch im internen Verhältnis der *director* auf die Einhaltung des in den *articles of association* spezifizierten Gesellschaftsgegenstands verpflichtet. Bei Überschreitung haften die *directors* der Gesellschaft auf Schadensersatz. So wird aus dieser Pflicht abgeleitet, dass ein *director* nicht die Ausgabe von Aktien so steuern darf, dass ausschließlich ihm günstig gesinnte Personen Aktien erwerben. Vor allem darf er nicht zum Nachteil der Gesellschafter eine „feindliche Übernahme" verhindern.
– **Duty to promote the success of the company:** Sec. 172 (1) CA 2006 verpflichtet den *director*, nach Treu und Glauben so zu handeln, dass seine Tätigkeit den Erfolg der Gesellschaft zu Gunsten der Gesamtheit der Gesellschafter am wahrscheinlichsten fördert. Dabei muss der *director* unter anderem beachten:
  – die langfristigen Konsequenzen jeder Entscheidung;
  – die Interessen der Arbeitnehmer;
  – die Förderung und Pflege des Verhältnisses der Gesellschaft zu Lieferanten, Kunden und sonstigen Personen;
  – die Auswirkungen der betrieblichen Tätigkeit der Gesellschaft auf das Gemeinwesen und die Umwelt;
  – die Notwendigkeit, die Gesellschafter fair und gleich zu behandeln.
Fraglich ist, ob sich aus der gleichzeitigen Verweisung auf so gegensätzliche Interessen wie die der Gesellschafter, der Arbeitnehmer und der Umwelt konkrete Richtlinien – wie z.B. nach dem klassischen *shareholder value*-Konzept – ableiten lassen. Zweck der Bestimmung sollte ein „abgemildertes *shareholder value*-Konzept sein.[98] Das heißt, dass die Interessen der Gesellschafter weiterhin Priorität haben. Eine Folge ist, dass der *director* auch eine von ihm begangene Verletzung der Treupflichten offenbaren muss.[99]
– **Duty to exercise independent judgement:** Ein *director* ist zur unabhängigen Entscheidungsfindung und Beurteilung verpflichtet (Sect. 173 (1) CA 2006). Er darf sich

---

[97] *Mayson, French & Ryan*, Company Law, 15.7.2.
[98] An enlightened shareholder value formula, s. Davies/Rickford ECFR 2008, 65.
[99] *Fulham Football Club (1987) Ltd v Tigana* [2004] EWHC 2585 (QB), LTL 17/11/2004; *Item Software (UK) Ltd v Fassih* [2004] EWCA Civ 1244.

also nicht in ein Verhältnis begeben, dass ihn in irgendeiner Weise dazu zwingt, sein Amt als *director* in einer bestimmten Weise auszuüben.

- **Duty to exercise reasonable care, skill and diligence:** Der *director* muss die Geschäfte mit der angemessenen Sorgfalt und nach den besten Fähigkeiten gewissenhaft führen (174 (1) CA 2006). Während hier früher eher auf die individuellen Fähigkeiten des *directors* abgestellt wurde (subjektiver Maßstab), hat sich in der Zwischenzeit ein objektiver Maßstab durchgesetzt. Maßgeblich ist die Sorgfalt, die von einer Person in der Position eines *director* im Allgemeinen erwartet werden kann.[100]
- **Duty to avoid conflicts of interest:** Sect. 175 Abs. 1 CA 2006 verpflichtet einen *director*, Situationen vermeiden, in denen seine persönlichen Interessen in direkter oder in indirekter Weise mit denen der Gesellschaft kollidieren oder kollidieren könnten. Das gilt für typische Fälle des Insichgeschäfts und der Doppelvertretung,[101] darüber hinaus aber auch für Fälle der rein wirtschaftlichen Interessenkollision. Gemäß Sect. 177 (1) CA 2006 muss ein *director* bei einem persönlichen Interesse an einer zukünftigen Vereinbarung Art und den Umfang seines Interesses den übrigen *directors* mitteilen.

Verletzt ein *director* seine Pflichten, haftet er gemäß Sect. 178 (1) CA 2006 der Gesellschaft auf Schadensersatz. Nach den Sect. 260 ff. CA 2006 können Gesellschafter gegen einen *director*, der seine gesetzlichen Pflichten verletzt hat, mit einer sog. *derivative-claim* im Namen der Gesellschaft gerichtlich vorgehen *(actio pro socio)*. Anders als nach dem bislang geltenden extrem restriktiven Grundsätzen des *common law*[102] kann nun jeder Gesellschafter klagen. Um missbräuchlichen Klagen und der Gefahr einer Prozesslawine entgegenzuwirken, ist der Klage eine Art Zulassungsverfahren vorgeschaltet, in dem u. a. geprüft wird, ob die streitgegenständliche Handlung des *directors* gebilligt oder genehmigt worden ist, ob und warum die Gesellschaft die Verfolgung der Ansprüche abgelehnt hat sowie ob der Kläger tatsächlich gutgläubig die Interessen der Gesellschaft verfolgt (vgl. Sect. 261, 263 CA 2006).

f) Insolvenzrechtliche Haftung der *directors*. Gem. Sect. 214 IA 1986 *(wrongful trading)* kann ein *director* (bzw. ein *shadow director*) einer insolventen Gesellschaft zur Zahlung von Schadensersatz an die Gesellschaft verurteilt werden, wenn er
(1.) die unabwendbare Zahlungsunfähigkeit kannte oder zumindest hätte voraussehen können, und
(2.) nicht alles getan hat, um Verluste der Gesellschaftsgläubiger zu vermindern.

Die Haftung ist ausgeschlossen, wenn er vernünftigerweise annehmen konnte, dass trotz einer finanziellen Verlustphase die Gesellschaft künftig Gewinne machen kann *(sunshine test)*.[103]

Eine Haftung wegen **fraudulent trading** kommt gem. Sect. 213 IA 1986 und Sect. 993 CA 2006 in Betracht, wenn eine Person die Geschäfte der Gesellschaft mit der Absicht geführt hat, die Gläubiger der Gesellschaft zu betrügen. Rechtsfolge des *fraudulent trading* ist, dass im Liquidationsverfahren auf Antrag des Liquidators die entsprechende Person eine vom Gericht bestimmte Zahlung an die Gesellschaft leisten muss und u. U. eine *disqualification order* (s. o. Rdnr. 224) ergeht. Die englischen Gerichte sind bisher allerdings in Bezug auf die Anwendung eher zurückhaltend, zumal die Betrugsabsicht nur schwer nachzuweisen ist.[104]

---

[100] *Re D'Jan of London Ltd* [1994] 1 BCLR 561.
[101] Dazu unten, Rdnr. 240.
[102] Nach der *Foss v Harbottle* (1843) 2 Hare 461 zugrunde liegenden Doktrin führt das Missverhalten der *directors* zu einem Schaden der Gesellschaft, so dass – grob gesagt – auch ausschließlich diese, vertreten durch ihre zuständigen Organe also das *(board of directors)*, zu einer Klage gegen die Schädiger befugt ist.
[103] *Secretary of State for Trade and Industry v Taylor* [1997] 1 WLR 407, 414. Vgl. auch *Fleischer*, DStR 2000, 1018; Habersack/Verse ZHR 168 (2004) 174; Hirt ECFR 2004, 71; Schall ZIP 2005, 965.
[104] Vgl. *Fleischer*, DStR 2000, 1017.

10. Geschäftsführung und Vertretung der Gesellschaft

235 **a) Geschäftsführung.** Die Geschäftsführung und Vertretung der Gesellschaft nach außen obliegt den *directors* des Gesellschaft, Art. 3 Table A. Dabei können die *directors* grundsätzlich nur gemeinsam als *board* handeln. Einem einzelnen *director* kommen keine Befugnisse zu – es sei den, dass die *articles* der Gesellschaft ihm solche Befugnisse verleihen bzw. ihm auf der Grundlage der *articles* solche Befugnisse verliehen wurden.[105] Ist nur ein einziger *director* vorhanden, vertritt dieser die Gesellschaft (als „Ein-Personen-Vorstand") notwendigerweise allein. Art. 5 Table A erlaubt die Delegation von Befugnissen des *board* durch das *board* auf andere Personen. Liegt keine entsprechende Delegation vor, und wird die entsprechende Maßnahme auch nicht später durch einen Beschluss des *board* genehmigt, so ist ein von einem einzelnen *director* (bei einem aus mehreren Personen bestehenden *board*) vorgenommenes Rechtsgeschäft unwirksam.[106]

236 **b) Vertretung der Gesellschaft beim Abschluss von Verträgen.**[107] Ein Dokument gilt gem. Sect. 44 (1) (a) CA 2006 als von der Gesellschaft wirksam ausgestellt, wenn das Siegel der Gesellschaft (*common seal,* Sect. 45 CA 2006) angebracht worden ist. Praktisch bedeutender ist die in Sect. 44 (1) (b), (2), (3), (4) CA 2006 erwähnte Methode, wonach auch die Unterschrift im Namen der Gesellschaft durch zwei *directors* oder aber durch einen *director* und den *company secretary* (soweit ein *secretary* bestellt worden ist) genügt. Das *common seal* kann ersetzt werden, indem ein *director* allein in Gegenwart eines Zeugen unterschreibt, der die Unterschriftleistung bezeugt, Sect. 44 (1) (b) CA 2006. Die letztgenannte Möglichkeit wird insbesondere bei Gesellschaften ohne *company secretary* und mit einem alleinigen *director* (und ohne *common seal*) die einzige Möglichkeit sein, Dokumente auszufertigen. Anstelle des *company secretary* kann nun jeder Angestellte der Gesellschaft die Unterschrift bezeugen.[108] Bei Beglaubigung oder Beurkundung der Unterschrift durch einen Notar in Deutschland wird der beglaubigende bzw. beurkundende Notar wohl als „Zeuge" i. S. v. Art. 44 (1) (b) CA 2006 gelten, so dass in diesen Fällen die Unterschrift durch einen *director* allein von Gesetzes wegen ausreichend sein wird.

237 In größeren Gesellschaften kommen die Regeln über die Anscheinsvollmacht (*ostensible authority*) zum Einsatz, wonach eine Person, die als Angestellter der Gesellschaft (*officer*) eine bestimmte Funktion in dem Unternehmen erfüllt, die im Allgemeinen mit dem Abschluss bestimmter Verträge verbunden ist, zum Abschluss der damit verbundenen Geschäfte als befugt gilt.[109] Eine solche Anscheinsvollmacht kommt z. B. dem *company secretary* in Bezug auf die mit der Verwaltung der Gesellschaft verbundenen Angelegenheiten zu (wie z. B. der Anmietung von Autos).[110]

238 **c) Statutarische Beschränkungen der Vertretungsmacht.** Zum Schutz der Gesellschafter galt in England noch lange die sog. *ultra vires rule,* wonach Verträge nur innerhalb des statutarischen Gesellschaftszwecks abgeschlossen werden können. Erst Sect. 108 (1) CA 1985 (nun: Sect. 39 CA 2006) hat diese Regel in Umsetzung von Art. 9 Abs. 2 der Publizitätsrichtlinie[111] eingeschränkt. Desgleichen schließt Sect. 40 CA 2006 aus, dass Beschränkungen der Vertretungsmacht der *directors* Dritten gegenüber eingewandt werden.

---

[105] So schon *Re Marseilles Extension Railway Co., ex parte Crédit Foncier and Mobilier of England* (1871) LR 7 Ch App 161.

[106] Vgl. *Mitchell and Hobbs (UK) Ltd. v. Mill* [1996] 2 BCLC 102. Dort wurde die Beauftragung eines Rechtsanwalt mit der Einleitung eines Zivilverfahrens durch einen einzelnen von zwei *directors* für unwirksam gehalten, weil nicht nachgewiesen werden könnte, dass dieser *director* durch Beschluss des gesamten *board* hierzu ermächtigt worden war.

[107] Zu den Grundlagen ausführlich *Nanwadekar* The law of Agency as applied in Company Transactions, ECFR 2008, 280.

[108] *Vorpeil* RIW 2008, 442.

[109] *Armagas Ltd v Mundogas SA* [1986] AC 717.

[110] *Panorama Developments (Guildfort) Ltd v Fidelis Furnishing Fabrics Ltd* [1971] 2 QB 711.

[111] Erste Gesellschaftsrechtliche Richtlinie 68/151/EWG.

Freilich bleiben Reste erhalten: Bösgläubige Dritte werden nicht geschützt. Auch die *directors* selber und mit ihnen verbundene Personen werden vom Schutz ausgenommen. Sonderregeln gelten des weiteren für die stiftungsähnlichen *Charities* (Sect. 42 CA 2006). Die satzungswidrigen Rechtsgeschäfte sind aber nicht *ipso iure* nichtig, sondern anfechtbar *(voidable)*, Sect. 41 (2) CA 2006.

d) Selbstkontrahieren. Selbstkontrahieren bzw. Insichgeschäfte als solche behandelt das englische Recht weder in den allgemeinen zivilrechtlichen Grundsätzen noch im Gesellschaftsrecht. Für die typischen Fälle des Interessenkonflikts zwischen einem *director* und der Gesellschaft hat jedoch der CA 2006 eine ausführliche Regelung darüber getroffen, wie sich der *director* verhalten muss. Dies betrifft zum einen die allgemeinen Fälle der Befangenheit (*conflict of interest*, Sect. 175 ff. CA 2006 – dazu oben Rdnr. 230) und zum anderen bestimmte Fälle der Interessenkollision (*substantial property transactions*, Sect. 190 CA 2006 – s. u. Rdnr. 243) und Anstellungsverträge (*Directors' long-term service contracst*, Sect. 188 CA 2006).

Folge eines unzulässigen Insichgeschäfts ist nicht die Nichtigkeit des vom *director* abgeschlossenen Geschäfts (z. B. Sect. 195 (2); 231 (6) CA 2006). Soweit der *director* auch seine Sorgfaltspflichten verletzt hat, kann die Gesellschaft das Geschäft nach den allgemeinen Grundsätzen (auf die Sect. 178 CA 2006 verweist) anfechten (vgl. auch Sect. 195 (2) CA 2006). War ein Dritter Partei des Geschäfts, so muss die Gesellschaft bei der Anfechtung beweisen, dass der Dritte die Pflichtverletzung kannte bzw. bösgläubig war.[112] Das Gesetz ordnet in bestimmten Fällen die Strafbarkeit des *director* an (Sect. 183 (2) CA 2006).

Hat ein *director* in irgendeiner Weise **ein unmittelbares oder mittelbares eigenes Interesse** an einer vorgeschlagenen Maßnahme der Gesellschaft, so muss er noch vor Durchführung dieser Maßnahme bzw. Abschluss des Vertrages die anderen *directors* von Art und Ausmaß des Eigeninteresses unterrichten. Das gilt nicht, wenn dies den anderen offensichtlich oder schon bekannt ist, Sect. 177 CA 2006 oder der *director* alleiniger *director* der Gesellschaft ist. Ein entsprechendes kollidierendes Interesse liegt nicht nur bei Verträgen mit dem *director* selber vor, sondern kann z. B. auch bei Verträgen mit einer anderen Gesellschaft, an der der *director* als Gesellschafter beteiligt ist gegeben sein,[113] oder bei Verträgen mit einer Person, mit der der *director* familiär verbunden ist.

e) Erhebliche Vermögenstransaktionen. Während bei den einfachen Geschäften der *director* seine Eigeninteressen nur den anderen *directors* gegenüber offenlegen muss, bedarf es für bestimmte Geschäfte der Genehmigung durch Beschluss der Hauptversammlung. Gem. Sect. 190 (1) CA 2006 bedarf ein Vertrag oder eine andere Vereinbarung (*arrangement*) der Genehmigung, wenn einer der *directors* dieser Gesellschaft oder ihrer Holdinggesellschaft oder eine mit diesem verbundene Person von der Gesellschaft einen erheblichen nicht in Geld bestehenden Vermögenswert erhält (Sect. 190 (1) (a) CA 2006) oder die Gesellschaft einen solchen Vermögenswert von dieser Person erhält (Sect. 190 (1) (b) CA 2006). Der Vermögenswert ist erheblich, wenn er entweder den Betrag von 100 000 £ oder 10% des Aktivvermögens *(net assets)* der Gesellschaft übersteigt.

f) Geschäftsführer-Anstellungsvertrag. Der Abschluss eines Anstellungsvertrags mit dem *director* und mit einer vertraglichen Mindestdauer von 2 Jahren bedarf einer Genehmigung durch die Hauptversammlung, Sect. 188 CA 2006. Den Gesellschaftern muss zuvor der Text des Vertrages vollständig zugänglich gemacht werden. Bei Zuwiderhandlung ist der Vertrag jederzeit frei kündbar, Sect. 189 CA 2006.

g) Kreditverträge. Der Genehmigung der Hauptversammlung bedürfen auch Kredite an einen *director* und die Besicherung einem *director* durch Dritte gewährter Kredite, Sect. 197 (1) CA 2006. Das gilt auch für den *director* einer Muttergesellschaft, Sect. 197 (2) CA 2006. Ausgenommen sind übliche Geschäfte, wie die Vergabe eines Darlehen bis zu

---

[112] *Armstrong v Jackson* [1917] 2 KB 822.
[113] *Re British America Corporation Ltd* (1903) 19 TLR 662.

10 000 £, andere Kreditgeschäfte bis zu 15 000 £ sowie Darlehen etc. durch Gesellschaften, für die solche Geschäfte geschäftsüblich sind (Einzelheiten in Sect. 197 CA 2006).

246 **h) Verträge mit dem Alleingesellschafter-director.** Bei Abschluss eines Vertrags des Alleingesellschafters einer *limited company* mit sich selbst als alleiniger *director* der *company* bestimmt Sect. 231 CA 2006,[114] dass der alleinige Gesellschafter und *director* den Vertrag – soweit es sich nicht um einen Vertrag im Rahmen des gewöhnlichen Geschäftsgangs *(ordinary course of the company's business)* handelt – in Schriftform abschließen muss oder hierüber ein schriftliches Protokoll errichten muss. Ein Verstoß gegen diese Regel berührt nicht die Wirksamkeit des Vertrags (Sect. 231 (6) CA 2006), hat aber die Strafbarkeit aller verantwortlichen Angestellten der Gesellschaft zur Folge, Sect. 231 (4) CA 2006.

11. Rechnungslegung und Publizität

247 Um die Geschäftshandlungen der Gesellschaft zu dokumentieren und den Jahresabschluss vorzubereiten, muss jede *company* gemäß Sec. 386 CA 2006 Bücher zu führen. Diese müssen von den *directors* innerhalb einer Frist von 9 Monaten nach Ablauf des Geschäftsjahres beim *Companies House* eingereicht werden, Sect. 441, 442 CA 2006. Bei verspäteter Einreichung können die *directors* gem. Sect. 451 CA 2006 zu einer Strafe verurteilt werden. Beim *Companies House* müssen jährlich der **annual return,** die Jahresabschlüsse der Gesellschaft **(annual account)** und der Bericht der Geschäftsführung **(directors report)** vorgelegt werden. Über die Website des *Companies House* sind diese öffentlich einsehbar.

248 Der Jahresabschluss (*annual accounts*) ist gem. Sect. 394 CA 2006 zu erstellen und soll nicht nur Gläubiger, sondern auch die Gesellschafter schützen und ihnen die Kontrolle der Geschäftsführer ermöglichen. Er setzt sich aus der Bilanz sowie der Gewinn- und Verlustrechnung zusammen. Dabei muss die Bilanz einen getreuen Einblick *(true and fair view)* in die Lage der Gesellschaft am Ende des Geschäftsjahres geben. Konsolidierte Bilanzen sind von Muttergesellschaften zu erstellen, es sei denn, dass diese unter das Regime für „kleine Gesellschaften" (s. u.) fallen (sog. *group accounts,* Sect. 399 CA 2006). Von den *directors* der Gesellschaft – hilfsweise der Hauptversammlung (Sect. 485 CA 2006) – sind Wirtschaftsprüfer (*auditors*) zu bestellen, die über den Jahresabschluss einen Prüfungsbericht erstellen. Die Prüfung ist allerdings bei kleinen Gesellschaften ausgeschlossen, soweit nicht Gesellschafter mit mindestes 10% des gezeichneten Stammkapitals gem. Sect. 476 CA 2006 die Prüfung verlangen.

249 Keine Bilanzen sind für sog. **dormant companies** aufzustellen, Sect. 480 CA 2006. Das sind *limited companies*, bei denen sich im Geschäftsjahr keine buchungspflichtigen Geschäftsvorfälle ereignet haben (Sect. 1169 CA 2006).

250 Eine **vereinfachte Berichtspflicht** besteht für kleine und mittelgroße Unternehmen. Das sind Gesellschaften, die mindestens zwei der drei folgenden Kriterien[115] erfüllen (Sect. 382 CA 2006):[116]
– Umsatz höchstens £ 5,6 Mio. (klein) bzw. £ 22,8 Mio. (mittelgroß);
– Bilanzsumme höchstens £ 2,8 Mio. (klein) bzw. £ 11,4 Mio. (mittelgroß);
– nicht mehr als 50 (klein) bzw. 250 (mittelgroß) Arbeitnehmer.

251 Diese Unternehmen sind nicht verpflichtet, sich an die Rechnungslegungsgrundsätze des *Accounting Standards Board* zu halten und müssen weniger detaillierte Jahresberichte einreichen.

252 Der **annual return** spiegelt die Management- und Kapitalstruktur der Gesellschaft wider und wird vom *Companies House* anhand der Angaben aus dem letzten *return* ausgefüllt

---

[114] Diese Vorschrift geht offensichtlich auf Art. 5 der Zwölften Gesellschaftsrechtlichen Richtlinie (89/667/EWG – Einpersonengesellschaftsrichtlinie) zurück.

[115] Die Differenzierung geht zurück auf Art. 11, 27 EG Richtlinie 78/660/EWG (Vierte Gesellschaftsrechtliche Richtlinie – „Jahresabschlussrichtlinie").

[116] Bei den geldbezogenen Schwellenbeträgen hat sich durch den CA 2006 eine Verdoppelung der Beträge ergeben.

und an die Gesellschaft geschickt. Diese muss eventuelle Fehler korrigieren und das Formular zurücksenden. Der *annual return* erfasst im ersten Teil die Adresse des *registered office*, die Anschrift des Registers, wo die Gesellschaft eingetragen ist, und die Hauptgeschäftsaktivitäten der Limited. Im zweiten Teil sind Namen und Privatadressen der *directors* und *secretaries* enthalten, bei den *directors* zusätzlich Geburtsdatum, Staatsangehörigkeit und Beruf. Im dritten Teil sind das insgesamt tatsächlich ausgegebene Grundkapital mit Nominalwert und die Anzahl der Anteile sowie die Anteilsgattungen anzugeben. Schließlich werden die Gesellschafter mit ihren Privatadressen und den Anteilen verzeichnet. Der *annual return* muss spätestens ein Jahr und 28 Tage nach Gründung bzw. nach der letzten Vorlage des *annual return* beim *Companies House* eingereicht werden.

Der **directors report** gem. Sect. 415 ff. CA 2006 enthält für die Anleger Informationen über die Geschäftsentwicklung der Gesellschaft und die *directors*. Schließlich enthält er einen Vorschlag zur Höhe der Dividende. Er ist von sämtlichen *directors* zu genehmigen.

12. Die Liquidation einer company[117]

Das englische Recht kennt zahlreiche Verfahren zur Abwicklung von Kapitalgesellschaften. Die meisten davon betreffen die Auflösung aufgrund gerichtlichen Beschlusses oder andere Verfahren, die wegen Zahlungsunfähigkeit eingeleitet worden sind (wie z. B. die *administrative receivership*, die *administration*, das *winding up by the court* und die Ernennung eines *personal liquidator*). Daher sind in England Auflösung und Abwicklung einer *company* nicht im CA 2006 geregelt, sondern im *Insolvency Act 1986* **(IA 1986)**. Das gilt auch für das *member's vonluntary winding up*, also die Auslösung und Abwicklung einer Gesellschaft aufgrund Beschlusses der Hauptversammlung (auch wenn es sich hierbei nicht notwendigerweise um ein Insolvenzverfahren handelt).

Die Auflösung der Gesellschaft beginnt mit einem **Auflösungsbeschluss** der Gesellschafter *(resolution for voluntary winding up)*, Sect. 84 (1), (2) IA 1986. Soweit nicht die Gesellschaft aufgrund satzungsgemäßen Zeitablaufs oder Zweckerreichung beendet ist, ist für die Auflösung eine mit Dreiviertelmehrheit gefasste *special resolution* erforderlich, Sect. 84 (1) IA 1986.

Eine Fortführung als freiwillige Abwicklung ist nur dann möglich, wenn innerhalb von fünf Wochen *vor* dem Auflösungsbeschluss eine Mehrheit der *directors* der Gesellschaft im Rahmen einer Sitzung des *board* eine strafbewehrte Erklärung *(statutory declaration)* darüber abgegeben haben, dass sie nach einer vollständigen Prüfung der Gesellschaft festgestellt haben, dass die Gesellschaft zahlungsfähig ist und insbesondere innerhalb eines bestimmten Zeitraums von nicht mehr als 12 Monaten sämtliche Schulden (einschließlich Zinsen) zahlen können wird **(declaration of solvency)**, Sect. 89 IA 1986. Die Erklärung muss eine Aufstellung der Aktiva und Verbindlichkeiten der Gesellschaft zu einem möglichst nahen Zeitpunkt enthalten, aus dem sich die Vermögenslage erkennen lässt. Die *statutory declaration* kann nach dem Auflösungsbeschluss nicht mehr nachgeholt werden. Sie muss innerhalb von 15 Tagen nach dem Auflösungsbeschluss beim *Registrar of Companies* eingereicht werden.

Zeitgleich mit dem Auflösungsbeschluss müssen die Gesellschafter auch eine oder mehrere Personen zu Liquidatoren *(liquidators)* der Gesellschaft ernennen, Sect. 91 (1) IA 1986. Mit der **Ernennung der Liquidatoren** verlieren die *directors* ihre Kompetenzen, soweit nicht der Auflösungsbeschluss einzelnen oder allen von ihnen gestattet, ihre bisherigen Befugnisse ganz oder teilweise weiterhin auszuüben, Sect. 90 (2) IA 1986. Haben die Gesellschafter keine Liquidatoren ernannt, so sind die *directors* dennoch von der weiteren Ge-

---

[117] Hierbei gilt es auf eine sprachliche Verwirrung hinzuweisen: die Auflösung bzw. Liquidation wird – insbesondere in Dokumenten der EU – in England häufig mit „Dissolution" bzw. „dissolved" übersetzt. Tatsächlich verwendet man für den Prozess der Liquidation aber den Begriff des „winding up". Als „dissolved" wird dagegen eine *company* behandelt, wenn diese im Register „gelöscht" ist und damit ihre rechtliche Existenz zumindest vorläufig verloren hat.

schäftsführung ausgeschlossen – außer dringlichen Maßnahmen zum Schutz des Vermögens der Gesellschaft, wie der Verwertung leicht verderblicher Waren etc., Art. 114 IA 1986.

258 Aufgabe des Liquidators ist der Erfüllung aller Verbindlichkeiten der Gesellschaft. Nach Abschluss der Liquidation ist das Vermögen der Gesellschaft gem. Sect. 107 IA 1986 nach den Bestimmungen des Gesellschaftsvertrags unter den Gesellschaftern zu verteilen.

259 Wird von den *directors* keine *statutory declaration* abgegeben, so handelt es sich um ein **creditor's vonluntary windig up** (Sect. 90 IA 1986). In diesem Fall ist spätestens am 15. Tag nach dem Tag des Auflösungsbeschlusses eine Versammlung der Gläubiger der Gesellschaft abzuhalten. Die Gläubiger können eine andere, als die von den Gesellschaftern gewählte Person zum Liquidator zu ernennen, Sect. 98, 100 IA 1986. In diesem Fall können die Gläubiger auch bis zu fünf Personen für einen Ausschuss ernennen *(liquidation committee)*, der mit dem *liquidator* zusammenarbeitet, Sect. 101 IA 1986.

13. Die Löschung einer Company

260 Nach Abschluss der Liquidation können die *directors* die Löschung der *company* beantragen (Sect. 1003 CA 2006). Diese erfolgt nach Ablauf von 3 Monaten auf eine entsprechende Anzeige des *Registrars* im Amtsblatt des *Companies House (Gazette)*. Mit Veröffentlichung der Löschung in der *Gazette* ist die Gesellschaft vollständig aufgelöst, Sect. 1003 (5) CA 2006. Da die Gesellschaft mit der Löschung ihre Rechtsfähigkeit verliert, wird das Vermögen herrenlos und fällt als sog. *bona vacantia* der Krone zu, Sect. 1012 CA 2006 – sofern nicht der *Treasury Solicitor* innerhalb von 3 Jahren gem. Sect. 1013 CA 2006 den Anfall ausschlägt.

261 Hat der *Registrar* vernünftigen Anlass zu der Vermutung, dass die Gesellschaft keine Geschäfte mehr betreibt, so kann er gem. Sect. 1000 CA 2006 die Gesellschaft von Amts wegen anschreiben, ob sie noch Geschäfte betreibt. Erhält er innerhalb eines Monats keine Antwort, so muss er innerhalb von 2 Wochen in einem weiteren eingeschriebenen Brief ankündigen, dass er drei Monate nach einer entsprechenden Ankündigung in der Gazette die Gesellschaft löschen wird.

IV. Besonderheiten bei der Public Limited Company

Schrifttum: *Jungmann*, The Effectiveness of Corporate Governance in One-Tier and Two-Tier Board Systems – Evidence from the UK and Germany, ECFR 2006, 426; *Kasolowsky/Schall*, Die Public Limited Company – England und Wales, in: Hirte/Bücker, Grenzüberschreitende Gesellschaften, 2. Aufl. 2006, § 5; *Schmidt*, „Deutsche" vs. „britische" Soecietas Europaea (SE) – Gründung, Verfassung, Kapitalstruktur, 2007.

262 Für die *public limited company (public company* bzw. *PLC)* gelten die Vorschriften für die *private limited company* grundsätzlich ebenfalls. Allerdings ergibt sich für die PLC ein erheblich umfangreicherer Normenapparat. Zunächst sind die Sondervorschriften des CA 2006 zu erwähnen, die sich allein auf die PLC beziehen (bspw. für die Bewertung von Sacheinlagen). Das Kapitalmarktrecht für öffentlich gehandelte Anteile ist im *Financial Services and Markets Act 2000 (FSAMA 2000)* enthalten; für Übernahmen gilt der *City Code on Takeovers and Mergers*.[118] Nur auf die PLC werden die Regeln in EG-Richtlinien über die „Aktiengesellschaft" angewandt, während die *private company* als „GmbH" gilt.

263 Die Firma einer *public company* muss den Rechtsformzusatz „*public limited company*" bzw. die Abkürzung „*p.l.c.*" enthalten. Eine PLC mit Sitz in Wales kann stattdessen „*cwmni cyfyngedig cyhoeddus*" bzw. „*c.c.c.*" verwenden, Sect. 58 CA 2006.

264 Anders als die Limited muss die PLC ein **Mindestkapital** haben, und zwar von £ 50 000 bzw. 65 000 €, Sect. 736 CA 2006. Ein Viertel hiervon müssen sofort eingezahlt werden. Das Mindestkapital kann nur entweder insgesamt in EURO oder in Pfund Sterling aufgebracht werden. Weitere Beträge können in jeder anderen Währung einbezahlt wer-

---

[118] Einsehbar unter www.thetakeoverpanel.org.uk.

den. Werden Sacheinlagen aufgebracht, so muss dem *Registrar* ein Nachweis über die Werthaltigkeit (Sect. 593 CA 2006) erbracht werden. Erst dann stellt der *Registrar* das *trading certificate* aus, ohne das die PLC keine Geschäftätigkeit aufnehmen darf. Die Erleichterungen bei der Rechnungslegung für mittlere und kleine Gesellschaften gelten für eine PLC nicht, Sect. 384, 467 CA 2006. Die Anteile an eine PLC dürfen öffentlich angeboten werden (Sect. 75 CA 2006) und an der Börse gehandelt werden. Sie werden dann als unverbriefte Anteile über das elektronische System CREST gehandelt.

Die Mindestanzahl von Gesellschafter betrug ursprünglich sieben, und wurde 1980 auf zwei reduziert. Ab dem 1. 10. 2009 ist die Gründung als Ein-Personen-PLC möglich.

Bei einer PLC müssen mindestens zwei *directors* ernannt sein. Typisch für die PLC ist das Vorhandensein von *non-executive directors* – also solchen Mitgliedern des *board,* die lediglich die Aufsicht über die Gesellschaft zur Aufgabe haben. Dabei verlangt der *Combined Code* für *listed companies*, dass das *board* nicht nur zu gleichen Teilen aus *executive* und *non-executive directors* zusammengesetzt ist, sondern dass es sich bei den *non-executive directors* um *independent directors* handelt, die tatsächlich zur Überwachung in der Lage sind.

Mindestens eine Person muss als *secretary* ernannt sein. Qualifiziert als *secretary* sind z. B. britische Rechtsanwälte und in bestimmten Kammern organisierte Bilanzbuchhalter.

F. Italien

Schrifttum: *Bader*, Die neue società a responsabilità limitata in Italien, GmbHR 2005, 1474; *Bader*, Aktuelle Entwicklungen im italienischen Kapitalgesellschaftsrecht, Jahrbuch für Italienisches Recht 19 (2006) 37; *Barth,* Die Reform des Rechts der italienischen GmbH, MittBayNot 2006, 1; *Buenger,* Die Reform des italienischen Gesellschaftsrechts, RIW 2004, 249; *Buse,* Reform des italienischen Gesellschaftsrechts, RIW 2002, 676; *Casper/Reiß,* Die Haftung des Vorstands einer italienischen Aktiengesellschaft nach neuem Recht, RIW 2004, 428; *Catania,* Die neue Organisation der italienischen GmbH unter besonderer Berücksichtigung der Geschäftsführerhaftung, RIW 2007, 367; *Deckert/Sangiovanni,* Der GmbH-Geschäftsführer in Italien, Frankreich und Deutschland, ZVglRWiss 107 (2008) 164; *Fasciani/Pesares,* Italien, in: Süß/Wacher, Süß/Wacher, Handbuch des internationalen GmbH-Rechts, 2. Aufl. 2011, S. 947; *Fellmeth,* Zur Vertretung verselbständigter Rechtsträger. Deutschland, Italien und Spanien, 1997; *Felsner,* Managerhaftung in Auslandsgesellschaften in Italien, IWB Fach 5 Gruppe 3 Seite 131 (2004); *Ferrarini/Giudici/Richter,* Company Law Reform in Italy: Real Progress?, RabelsZ 69 (2005) 658; *Grundmann/Zaccaria,* Einführung in das italienische Recht, 2007; *Haas,* Die Subordination von Gesellschafterdarlehen im deutschen und italienischen GmbH-Recht, GmbHR 2004, 557; *Hartl,* Reform des italienischen Gesellschaftsrechts, NZG 2003, 667; *Hilpold* (Hrsg.), Die Reform des italienischen Gesellschaftsrechts im europäischen Kontext, 2004; *Hilpold/Perathoner/Steinmair* (Hrsg.), Die Reform des italienischen Gesellschaftsrechts, Innsbruck 2006; *Hirte,* Die Reform der Anfechtungsklage im italienischen Recht: Vorbild für das UMAG?, ZIP 2004, 1091; *Hofmann,* Gesellschaftsrecht in Italien, 3. Aufl. 2006; *Kalss,* Die Übertragung des Geschäftsanteils nach italienischem Recht, in: Kalss, Die Übertragung von GmbH-Geschäftsanteilen in 14 Rechtsordnungen Europas, Wien 2004, S. 127; *Kindler,* Italienisches Handels- und Wirtschaftsrecht, 2002; *Kindler,* Einführung in das italienische Recht, 2. Aufl. 2008; *Kindler,* Italienisches Gesellschaftsrecht in der deutschen notariellen Praxis, Jahrbuch für Italienisches Recht 15/16 (2002/2003) 35; *Kindler/Bader,* Neue Gestaltungsmöglichkeiten im italienischen Aktienrecht: Das Zweckvermögen zur Verfolgung besonderer Geschäftsvorhaben, RIW 2004, 29; *Lorenzetti/Strnad,* Umfassende Reform des GmbH-Rechts in Italien, GmbHR 2004, 731; *Magelli/Masotto,* Organe der Società per Azioni nach der Reform des italienischen Gesellschaftsrechts, RIW 2004, 903; *Magelli/Masotto,* Reform des italienischen Gesellschaftsrechts: Kapitalmaßnahmen in italienischen Gesellschaften mit beschränkter Haftung, RIW 2003, 575; *Magrini,* Italienisches Gesellschaftsrecht, 2004; *Miola,* Legal Capital Rules in Italian Company Law and the EU-Perspective, in: *Lutter* (Hrsg.), Legal Capital in Europe, 2006, S. 515; *Muthers,* Società tra professionisti – zur Entwicklung der gemeinschaftlichen Berufsausübung von Anwälten in Italien, RIW 2003, 245; *Padovini,* Die neueste Gesetzesnovelle des italienischen Gesellschaftsrechts, ZfRV 2004, 138; *Patti* (Hrsg.), Italienisches Zivilgesetzbuch – Gesetzestext, 2008; *Sangiovanni,* Stärkung der Minderheitsrechte notierter Gesellschaften im italienischen Recht, RIW 2003, 248; *Sangiovanni,* Die Zusammensetzung des Aufsichtsrates der Gesellschaft mit notierten Aktien in Italien, RIW 2005, 112; *Sangiovanni*, Die Haftung der GmbH-Geschäftsführer gegenüber der Gesellschaft in Italien, GmbHR 2007, 584; *Sangiovanni*, Das Kontrollrecht der GmbH-Gesellschafter und die Satzungsautonomie in Italien, GmbHR 2008, 978; *Schaper*, Das Gesellschaftskollisionsrecht in Italien, JbItalR 21 (2008) S. 135; *Steinhauer*, Die Reform des Gesellschaftsrechts in Italien, EuZW 2004, 364; *Strnad*, Neue Konzernhaftung in Italien, RIW 2004, 255; *Tombari*, The New Italien Company Law: An Emerging European Model?, Festschrift Erik Jayme 2004, S. 1589; *Ventoruzzi*, Cross-border Mergers, Change of Applicable Corporate Laws and Protection of Dissenting Shareholders; Withdrawal Rights under Italian Law, ECFR 2007, 47.

I. Allgemeines

1. Überblick

268   Das italienische Gesellschaftsrecht ist seit der Vereinigung von Handels- und Zivilrecht in Italien im Jahre 1942 in einem einheitlichen Kodex in Buch 5 des italienischen Zivilgesetzbuchs *(Codice Civile, c. c.)* geregelt.[119] Eine umfassende Reform des Gesellschaftsrechts erfolgte zuletzt durch aufgrund Ermächtigungsgesetz erlassene Verordnung vom 17. Januar 2003, die am 1. Januar 2004 in Kraft trat (Reform 2004). Diese hat vor allem das GmbH-Recht aus dem Schattendasein einer aus zahlreichen Verweisungen auf das Aktienrecht bestehenden „kleinen Schwester der Aktiengesellschaft" befreit und der GmbH durch eine eigenständige Regelung Autonomie verliehen. Vor allem wurde die GmbH den Personengesellschaften dadurch angenähert, dass der personalistische Charakter der GmbH gestärkt und die aktienrechtliche Satzungsstrenge zugunsten der Gestaltungsfreiheit zurückgedrängt wurde.

2. Das Handelsregister

269   Das Handelsregister *(registro delle imprese)* wird seit 1995 von den Handelskammern unter der Aufsicht eines vom Präsidenten des örtlichen Landgerichts abgeordneten Richters sowie eines Registerführers geführt. Das Handelsregister und die eingereichten Unterlagen sind öffentlich zugänglich, jedermann hat ein Einsichtsrecht.[120] Die Existenz der Gesellschaft und die Vertretungsverhältnisse können durch Einsicht der entsprechenden Unterlagen beim Handelsregister oder durch Handelsregisterauszug belegt werden.

3. Umwandlung von Gesellschaften

270   Das italienische Recht lässt grundsätzlich für alle Gesellschaften die formwechselnde Umwandlung *(trasformazione)*, die Verschmelzung *(fusione)* und die Spaltung *(scissione)* zu. **Spaltung, Abspaltung** und **Verschmelzung** können sowohl zur Aufnahme als auch zur Neugründung erfolgen. Die Verschmelzung und Spaltung bewirken die Gesamtrechtsnachfolge. Nach Aufstellung eines Verschmelzungsplanes, Verschmelzungsberichts, Prüfung und Verschmelzungsbeschlusses schließen die geschäftsführenden Organe der beteiligten Gesellschaften den Verschmelzungsvertrag ab, der gem. Art. 2504 c.c. notariell zu beurkunden ist. Dieser wird zunächst bei dem für die übertragenden und nach erfolgter Hinterlegung dort bei dem für die aufnehmenden bzw. für die aus der Verschmelzung hervorgehenden Gesellschaft zuständigen Handelsregister zur Eintragung hinterlegt. Die Verschmelzung wird mit der letzten Eintragung wirksam, Art. 2504bis c. c.

4. Internationales Gesellschaftsrecht

271   Gem. Art. 25 des italienischen Gesetzes über die Reform des Internationalen Privatrechts vom 31. Mai 1995 unterliegen Gesellschaften dem Recht des Staates, in dem sie gegründet worden sind. Daraus ergibt sich, dass eine nach italienischem Recht errichtete Gesellschaft ihren tatsächlichen Verwaltungssitz in das Ausland verlegen kann, ohne ihre Rechtsfähigkeit nach italienischem Recht zu verlieren. Die Möglichkeit, den statutarischen

---

[119] Deutsche Übersetzung z. B. bei *Patti* (Hrsg.), Italienisches Zivilgesetzbuch – Gesetzestext, 2008.

[120] Zugang über Internet unter www.itkam.de oder www.infocamere.it. Dort können auch entgeltlich Auszüge angefordert werden.

Sitz ins Ausland zu verlegen, also das Statut zu wechseln, wird italienischen Gesellschaften gesetzlich nicht zuerkannt. In der Rechtsprechung scheint sich allerdings eine Aufweichung dieses Verbots zu ergeben.[121] Auf eine nach ausländischem Recht gegründete Gesellschaft wird aber italienisches Recht angewandt, wenn diese ihren Verwaltungssitz oder ihre Hauptverwaltung in Italien hat. Diese Regel weicht wohl allein in Bezug auf EU-Gesellschaften vor den Grundsätzen der Niederlassungsfreiheit zurück.

II. Personengesellschaften

1. Die bürgerliche Gesellschaft

Die Gründung einer Gesellschaft bürgerlichen Rechts *(società semplice – s.s.)* erfolgt durch grundsätzlich privatschriftlich zu errichtenden Vertrag. Die Gesellschaft muss innerhalb von 30 Tagen nach Abschluss des Gesellschaftsvertrags in eine besondere Abteilung des Handelsregisters bei der Handelskammer, die der Registrierung kleiner Unternehmen, landwirtschaftlicher Betriebe und Handwerksbetrieben dient, eingetragen werden.

Die s.s. darf nur Tätigkeiten betreiben, die kein Handelsgewerbe darstellen, wie z.B. einen landwirtschaftlichen Betrieb, freiberufliche Tätigkeit oder die Verwaltung von Immobilienvermögen. Eine erhebliche Einschränkung des Einsatzbereichs ergibt sich daraus, dass die Bildung von Gesellschaften solchen Freiberuflern verboten ist, die in ein spezielles Register oder Verzeichnis einzutragen sind und bei denen der Grundsatz der höchstpersönlichen Leistungserbringung mit der gemeinsamen Zweckverfolgung kollidiert. Rechtsanwälten wurde mittlerweile allerdings durch Schaffung einer der **Partnerschaftsgesellschaft** vergleichbaren Rechtsform – der *società tra professionisti (s.t.p.)* – die Sozietätsbildung ermöglicht.[122]

2. Die Offene Handelsgesellschaft

Die **Gründung** einer Offenen Handelsgesellschaft *(società in nome collettivo – s.n.c.)* kann durch formfreien Vertrag erfolgen. Faktisch muss sie jedoch in öffentlich beglaubigter Form – also durch notarielle Urkunde – erfolgen, da die Einhaltung dieser Form Voraussetzung für die **Eintragung der Gesellschaft im Handelsregister** ist. Die mangelnde Eintragung lässt eine sog. *società irregolare* entstehen, für die strengere Haftungsregeln gelten, als für eine im Handelsregister eingetragene Gesellschaft. Auch die Eintragung der Personengesellschaft im Handelsregister führt nicht zur Verleihung der Rechtspersönlichkeit. Dennoch ist anerkannt, dass die Personengesellschaft selbst Eigentümerin des Gesellschaftsvermögens wird.[123]

Die Gesellschafter haften für die Verbindlichkeiten der Gesellschaft gesamtschuldnerisch und unbegrenzt. Die **Haftung** ist aber im Verhältnis zu Gesellschaft insoweit subsidiär, als ein Gesellschafter den Gläubiger zunächst auf die Vollstreckung in das Gesellschaftsvermögen verweisen kann, Art. 2268 c.c. Gem. Art. 2304 c.c. haften die Gesellschafter erst nach erfolgloser Vollstreckung in das Gesellschaftsvermögen. Die Offene Handelsgesellschaft kann sowohl einen gewerblichen als auch einen nicht gewerblichen Zweck verfolgen.

Die Möglichkeit der **Beteiligung von Kapitalgesellschaften** an einer Personengesellschaft wurde lange Zeit von der Rechtsprechung (gegen den Widerstand der Literatur)[124] verneint, da auf diese Weise die Disposition über das Vermögen der Kapitalgesellschaft von den Organen der Kapitalgesellschaft auf andere Personen verlagert und damit das Organisationsgefüge der Kapitalgesellschaft unterlaufen werde. Der durch die Reform von 2003

---

[121] So wurde eine italienische s.r.l., die ihren statutarischen Sitz auf die British Virgin Islands verlegt hatte, nach dem dort geltenden Recht die Verfahrensfähigkeit anerkannt, Cass. Civile 28. 9. 2005, n. 18944, zitiert bei *Ventoruzzi* ECFR 2007, 56. Im Verhältnis zu den EU-Staaten ergibt sich dies nun ohnehin aus der Cartesio-Entscheidung des EuGH.
[122] *Kindler*, Einführung in das italienische Recht, § 7 Rdnr. 7; *Muthers* RIW 2003, 245.
[123] *Kindler* Italienisches Handels- und Wirtschaftsrecht, § 4 Rdnr. 22.
[124] Vgl. zu der Situation vor 2003 *Kindler* a.a.O. § 4 Rdnr. 46.

eingeführte Art. 2361 Abs. 2 c.c. hat dies nun ausdrücklich für die Aktiengesellschaft durchbrochen, indem er für die Beteiligung einen Beschluss der Hauptversammlung verlangt.[125] Analog gilt dies wohl auch für die GmbH.[126]

3. Die Kommanditgesellschaft

277 In der Kommanditgesellschaft *(società in accomandita semplice – s.a.s.)* haften die Kommanditisten nur mit der von ihnen übernommenen bzw. eingezahlten Einlage. Dies gilt sogar dann, wenn die Gesellschaft noch nicht im Handelsregister eingetragen ist, es sich also um eine sog. *società irregolare* handelt, Art. 2317 Abs. 2 c.c. Die Geschäftsführung wird ausschließlich von den Komplementären wahrgenommen. Nimmt ein Kommanditist die Geschäftsführung wahr, so führt dies zum Verlust seiner Haftungsbeschränkung, Art. 2320 Abs. 1 c.c.

III. Die GmbH

1. Gründung

278 Die GmbH *(società a responsabilità limitata – s.r.l.)* ist die mittlerweile zahlenmäßig am weitesten verbreitete Gesellschaftsform in Italien. Die Gründung erfolgt gem. Art. 2463 c.c. durch Abschluss des Gründungsvertrags in zwingend notariell beurkundeter Form. Der Vertrag ist vom Notar beim Handelsregister zu hinterlegen. Als juristische Person entsteht die s.r.l. erst mit Eintragung im Handelsregister, Art. 2463 Abs. 1 i.V.m. 2331 c.c. Dabei darf das Handelsregister gem. Art. 2330 Abs. 3 S. 2 c.c. die Richtigkeit der Urkunden nur in formaler Hinsicht prüfen. Die Prüfung der materiellen Voraussetzungen für die Gründung bleibt damit Aufgabe des Notars.

279 Wer während des vor der Eintragung der s.r.l. liegenden Gründungsstadiums im Namen der **Gründungsgesellschaft** handelt, haftet für die eingegangenen Verbindlichkeiten unbeschränkt und gesamtschuldnerisch persönlich, Art. 2463 Abs. 3 i.V.m. 2331 Abs. 2 c.c. Mit ihm haften die Gründungsgesellschafter, wenn diese in der Gründungsurkunde oder einer anderen Urkunde in das Handeln eingewilligt oder es genehmigt haben. Wenn die Gesellschaft nach Eintragung im Handelsregister die Verbindlichkeiten übernimmt, so haftet auch die Gesellschaft selber und ist verpflichtet, die Handelnden freizustellen, Art. 2463 Abs. 1 i.V.m. 2331 Abs. 3 c.c. Der Handelnde und die Gesellschafter werden durch die Genehmigung durch die Gesellschaft aber nicht von ihrer gesamtschuldnerischen Haftung befreit.

280 Die s.r.l. kann auch von einem alleinigen Gesellschafter gegründet werden. Die Gründung der **Ein-Personen-s.r.l.** erfolgt durch einseitige Erklärung *(atto unilaterale)*. Zwar war die Ein-Personen-s.r.l. auch schon vor der Reform 2004 anerkannt. Die Reform hat jedoch die gesamtschuldnerische Haftung des Alleingesellschafters im Insolvenzfall beseitigt.[127] Eine Obergrenze für die Anzahl der Gesellschafter gibt es nicht.

2. Stammkapital

281 Das **Mindestkapital** der s.r.l. beträgt seit der Reform vom Januar 2003 10000 EURO, Art. 2463 Abs. 2 Nr. 4 c.c. Bei Gründung einer Mehrpersonen-s.r.l. müssen die Gesellschafter lediglich 25% der jeweils von ihnen übernommenen **Bareinlage** sowie das komplette Agio sofort durch Einzahlung bei einer Bank leisten, Art. 2464 Abs. 4 c.c. Die Einzahlung kann durch eine Bankgarantie oder Versicherung ersetzt werden. Im Fall der Ein-Personen-Gründung ist dagegen die gesamte Einlage sofort fällig. Der Notar hat die erfolgte Einzahlung bei Beurkundung des Gründungsvertrages zu prüfen. Der Geschäftsführer darf hierüber nicht verfügen, bevor er die Eintragung der s.r.l. im Handelsregister nachgewiesen hat, Art. 2463 Abs. 3 i.V.m. 2331 c.c.

---

[125] Vgl. *Grundmann/Massari* in: Grundmann/Zaccaria, S. 392.
[126] Vgl. *Witt* ZGR 2009, 922; Art. 111[duodecies] des Durchführungsbestimmungen zum c.c.
[127] Zu den sich bei der Ein-Personen-s.r.l. ergebenden Publizitätserfordernisse s.u. Rdnr. 297.

Das Kapital kann nach Maßgabe des Gesellschaftsvertrags auch durch **Sacheinlagen** *(conferimento di beni in natura)* aufgebracht werden. Gegenstand und Wert der Sacheinlage sind im Gesellschaftsvertrag aufzuführen. Einlagefähig ist jedes vermögenswerte Recht. So können Forderungen – auch gegen den Gesellschafter selber –, Know-how und seit der Gesellschaftsrechtsreform von 2003 auch eigene **Arbeitsleistungen und Dienste** *(prestazione d'opera o di servizi)* eingelegt werden. Sacheinlagen werden mit Abschluss des Gesellschaftsvertrages unmittelbar in voller Höhe fällig, Art. 2464 Abs. 5 S. 2 c.c. – wobei auch hier die Einlage durch eine Bankbürgschaft vorläufig ersetzt werden kann. Der von einem Sachverständigen oder einen Wirtschaftsprüfer erstellte Prüfungsbericht zur Bewertung der Einlage ist als Anlage zum Gesellschaftsvertrag zu nehmen, Art. 2465 c.c.

Gem. Art. 2465 Abs. 2 c.c. gelten die Bestimmungen über Sacheinlagen entsprechend für Rechtsgeschäfte, mit denen die Gesellschaft innerhalb von zwei Jahren nach Eintragung von einem Gesellschafter einen Gegenstand zu einem Gegenwert von mindestens einem Zehntel des Gesellschaftskapitals erwirbt **(Nachgründung)**. Bei Verstoß hiergegen ist der Vertrag zwar wirksam, der Gesellschafter und die Verwalter haften der Gesellschaft aber auf Schadenersatz.

Kapitalerhöhungen erfolgen durch Gesellschafterbeschluss mit satzungsändernder Mehrheit. Alternativ kann der Gesellschaftsvertrag die Geschäftsführer zur Durchführung einer Kapitalerhöhung ermächtigen **(genehmigtes Kapital,** Art. 2481 c.c.). Die Gesellschafter sind im Verhältnis ihrer Kapitalbeteiligung vorrangig berechtigt, die Geschäftsanteile aus einer Kapitalerhöhung zu übernehmen. Für die Kapitalaufbringung im Rahmen einer Bar- und Sachkapitalerhöhung gelten die Regeln über die Kapitalaufbringung im Rahmen der Gründung einer s.r.l. entsprechend. Eine **Kapitalherabsetzung** ist nur möglich, wenn Gläubiger der Gesellschaft hiergegen nicht innerhalb von drei Monaten nach Eintragung des Beschlusses über die Kapitalherabsetzung in das Handelsregister Widerspruch erhoben haben.

Vermindert sich das Gesellschaftskapital aufgrund von **geschäftlichen Verlusten** um mehr als ein Drittel, so muss die Geschäftsführung eine Gesellschafterversammlung einberufen. Bleiben die dort beschlossenen Maßnahmen bis nach Ablauf des folgenden Geschäftsjahres ohne Erfolg, so müssen die Gesellschafter zur Behebung eine Kapitalherabsetzung, eine Kapitalerhöhung oder andere Maßnahme beschließen, Art. 2482bis c.c. Fällt das tatsächliche Kapital unter den Betrag des gesetzlichen Mindestkapitals, so müssen sich die Gesellschafter entscheiden, ob sie diesen Zustand durch ein Kapitalherabsetzung mit anschließender Erhöhung über den gesetzlichen Mindestbetrag beheben oder die s.r.l. in eine Gesellschaft anderer Rechtsform umwandeln, Art. 2482ter c.c.

Ansprüche der Gesellschafter auf Rückzahlung einer der s.r.l. gewährten Fremdfinanzierung sind gem. Art. 2467 c.c. nachrangig gegenüber den Forderungen anderer Gläubiger, wenn angesichts der finanziellen Situation der Gesellschaft bzw. des Verhältnisses von Eigen- und Fremdkapital der Gesellschaft zum Zeitpunkt Gewährung der Finanzierung eigentlich eine Kapitaleinlage angebracht gewesen wäre *(finanziamenti dei soci* – **eigenkapitalersetzendes Darlehen**). Eine dennoch erfolgte Rückzahlung muss der Gesellschafter der s.r.l. erstatten, wenn die Rückzahlung an den Gesellschafter innerhalb eines Jahres vor der Eröffnung des Konkursverfahrens über das Vermögen der Gesellschaft erfolgt war.

Der **Erwerb eigener Anteile** durch die Gesellschaft ist ausgeschlossen, Art. 2474 c.c.

3. Geschäftsanteile

Das Kapital der s.r.l. teilt sich gem. Art. 2468 c.c. in die den einzelnen Gesellschafter zustehenden **Geschäftsanteile** *(quote)* auf. Die Anteile müssen auf volle EURO lauten. Jeder Gesellschafter kann nur einen einzigen Anteil halten. Beschränkungen in Bezug auf eine Mindestgröße oder nennwertlose Anteile und stimmrechtslose Anteile gibt es nicht. Die Anteile dürfen nicht verbrieft werden.

Vereinigt sich das gesamte Kapital der Gesellschaft in einer Hand oder wechselt der Alleingesellschafter, so haben die Geschäftsführer gem. Art. 2470 Abs. 4 c.c. bestimmte Angaben über den Alleingesellschafter beim Handelsregister zur Eintragung zu hinterlegen. Die Tatsache, dass es sich um eine **Ein-Personen-s.r.l.** handelt, ist also publizitätspflichtig. Verstöße gegen die Publizität führen u. U. zum Verlust der Haftungsbeschränkung des Alleingesellschafters (s. u. Rdnr. 297).

290 Die im Jahre 2004 in Kraft getretene Gesellschaftsrechtsreform hat die Regel, dass die Beteiligung der Gesellschafter sich nach dem Verhältnis der Einlage bestimmt, dahingehend eingeschränkt, dass sie nur nach Maßgabe der Satzung gilt, also dispositiv ist, Art. 2468 Abs. 2 S. 2 c.c. Es kann also jetzt z. B. einem Gründer trotz niedriger Einlage ein Kapitalanteil zugewiesen werden, der die Mehrheit des Kapital (und damit z. B. auch der Stimmen) verkörpert. Es ist lediglich darauf zu achten, dass die Summe der Einlagen den Betrag des Gesellschaftskapitals erreicht, Art. 2464 c.c. Auch können bestimmten Gesellschaftern **Sonderrechte** in Bezug auf Gewinnbeteiligung oder die Verwaltung (Stimmrechte, Bestellung des Geschäftsführers, Widerspruchsrecht gegen bestimmte Maßnahmen der Geschäftsführung etc.) zugewiesen werden, Art. 2468 Abs. 3 c.c.[128]

291 Die **Übertragung der Geschäftsanteile** erfolgt aufgrund des im italienischen Zivilrecht geltenden dinglichen Konsensprinzips[129] mit Wirkung *inter partes* bereits durch Abschluss des Schuldvertrags. Dieser bedarf gem. Art. 2469 c.c. zwar keiner besonderen Form. Im Verhältnis zur Gesellschaft gilt der Erwerber aber erst dann als Inhaber der Anteile, wenn er in die Gesellschafterliste *(libro dei soci)* eingetragen ist, Art. 2470 Abs. 1 c.c. Das wiederum setzt voraus, dass der Titel über den Erwerb der Anteile beim Handelsregister hinterlegt worden ist. Diese Hinterlegung verlangt die öffentliche Form des Titels oder aber zumindest den Abschluss des Vertrags mit einer elektronischen Signatur durch beide Vertragspartner.[130] Die Realisierung der Rechte des Erwerbers macht es also praktisch unumgänglich, dass der Vertrag, der die Übertragung zum Gegenstand hat, notariell beurkundet wird oder zumindest in privater Schriftform mit öffentlich beglaubigten Unterschriften abgefasst wird.[131] Bei mehrfacher Übertragung des selben Anteils durch den selben Gesellschafter an mehrere Erwerber erwirbt derjenige die Beteiligung, der als erster seine Eintragung im Handelsregister erwirkt hat, Art. 2470 Abs. 3 c.c.

292 Die Übertragung der Anteile unterliegt gem. Art. 2469 c.c. **keinen gesetzlichen Beschränkungen.** Insbesondere kann ein Anteil durch Übertragung an mehrere Personen geteilt werden. Allerdings kann die Satzung der GmbH die Übertragung einschränken, ausschließen oder von der Zustimmung bestimmter Personen – sogar Dritter – abhängig machen bzw. Vorkaufsrechte der Gesellschafter vorsehen. In diesem Fall hat der übertragungswillige Gesellschafter ggf. ein Austrittsrecht gem. Art. 2473, 2469 Abs. 2 c.c.

4. Die Gesellschafterversammlung

293 Die Gesellschafterversammlung ist das oberste Organ der s.r.l. Sie beschließt gem. Art. 2479 c.c. insbesondere über die Genehmigung des Jahresabschlusses und die Verwendung des Gewinns, die Bestellung und Abberufung der Geschäftsführer und (ggf.) der Mitglieder des Kontrollorgans, die Auswahl des Wirtschaftsprüfers, und schließlich über Änderungen des Gesellschaftsvertrags, Umwandlungsvorgänge aller Art, Kapitalerhöhungen und Kapitalherabsetzungen.

294 Die **Einberufung und Ablauf der Gesellschafterversammlung** regelt gem. Art. 2479bis c.c. der Gesellschaftsvertrag. Eine Gesellschafterversammlung ist gem. Art. 2479bis Abs. 5 c.c. auch beschlussfähig, wenn das gesamte Kapital vertreten ist und sämtliche Mitglieder der Geschäftsführung anwesend sind. Eine Gesellschafterversammlung kann gem. Art. 2479 Abs. 3 c.c. bei entsprechender Zulassung im Gesellschaftsvertrag schließlich im schriftlichen Umlaufverfahren abgehalten werden, soweit nicht über

---

[128] Hierzu *Barth* MittBayNot 2006, 6.
[129] Vgl. Art. 1376 c.c.; *Grundmann* in: Grundmann/Zaccaria S. 227.
[130] Vgl. *Kunze*, MittBayNot 2009, 213 unter Verweisung auf einen Vortrag von *Genghini*.
[131] Das Erfordernis der öffentlichen Form wurde in Italien erst 1993 aus Gründen der Beweissicherung und Publizität eingeführt, *Barth* MittBayNot 2006, 7.

Änderungen des Gesellschaftsvertrages oder Kapitalerhöhungen etc. entschieden werden soll.

Die Versammlung ist beschlussfähig, wenn ein **Quorum** von mindestens der Hälfte des Kapitals vertreten ist, Art. 2479bis c. c. Einfache Beschlüsse werden mit der absoluten Mehrheit der abgegebenen Stimmen getroffen. Für Satzungsänderungen, Kapitalerhöhungen etc. bedarf es der Zustimmung von mindestens der Hälfte des Kapitals.

5. Persönliche Haftung der Gesellschafter

Die persönliche Haftung der Gesellschafter ist grundsätzlich auf den Betrag der übernommenen Einlage beschränkt. Eine weitergehende Haftung trifft ggf. Gründungsgesellschafter für im Namen der Vorgesellschaft eingegangene Verbindlichkeiten – auch noch nach Übernahme der Verbindlichkeiten durch die Gesellschaft (s. o. Rdnr. 279). Darüber hinaus bestimmt Art. 2476 Abs. 7 c.c. eine solidarische Haftung der Gesellschafter für **Managementfehler,** wenn der betreffende Gesellschafter in der Gesellschafterversammlung absichtlich der Gesellschaft oder Dritte schädliche Handlungen beschlossen oder genehmigt hat.

Der **Alleingesellschafter** einer Ein-Personen-s. r. l. haftet gem. Art. 2462 c.c. im Fall der Insolvenz für alle Verbindlichkeiten der s. r. l., die während des Zeitraums der Ein-Personen-s. r. l. entstanden sind, solange wie die Kapitaleinlagen nicht vollständig geleistet waren oder die gem. Art. 2470 c.c. verlangte Bekanntmachung des Alleingesellschafters nicht erfolgt war.

Schließlich statuieren die durch die Reform 2004 eingeführten Art. 2497 ff. c. c. eine Art **Konzernhaftung.** Gesellschaften, die eine Leitung oder Steuerung über eine andere Gesellschaft ausüben und dabei im eigenen oder fremden Interesse die Grundsätze einer ordnungsgemäßen Geschäftsführung verletzen, haften den Gesellschaftern der betroffenen Gesellschaft und deren Gläubigern für den dadurch entstandenen Schaden.

6. Die Geschäftsführung

Die Geschäftsführung der s. r. l. obliegt einem oder mehreren Gesellschaftern, die durch Gesellschafterbeschluss oder auch schon im Gesellschaftsvertrag (Art. 2463 Abs. 2 Nr. 8 c.c.) zu **Geschäftsführern** *(amministratori)* bestellt worden sind, Art. 2475 c.c. Gesellschafterfremde Dritte können nur dann zu Geschäftsführern bestellt werden, wenn dies im Gesellschaftsvertrag ausdrücklich vorbehalten wurde. Werden mehrere Personen zu Geschäftsführern bestellt, so soll der Gesellschaftsvertrag regeln, in welcher Weise diese für die Gesellschaft handeln. Grundsätzlich bilden diese – wie bei der s. p. a. – einen Verwaltungsrat *(consiglio di amministrazione),* handeln also grundsätzlich gemeinsam (s. u. Rdnr. 314). Der Gesellschaftsvertrag kann aber vorsehen, dass diese wie die Gesellschafter einer s. n. c. einzeln handeln, sie in Bezug auf bestimmte Geschäfte gemeinschaftlich handeln, etc.

Den Geschäftsführern steht die **Vertretung der Gesellschaft** zu, Art. 2475bis c. c. Der Alleingeschäftsführer *(amministratore unico)* vertritt Gesellschaft allein. Bei einer Mehrheit von Geschäftsführern regelt der Gesellschaftsvertrag, ob diese allein oder gemeinschaftlich vertreten. Andere Beschränkungen der Vertretungsbefugnis sind gegenüber Dritten selbst bei Publikation im Handelsregister unbeachtlich, es sei denn, dass diese bewusst zum Schaden der Gesellschaft gehandelt haben.

Ein Verbot des **Insichgeschäfts** kennt das italienische Recht nicht. Die Gesellschaft kann jedoch gem. Art. 2475ter Abs. 1 c.c. ein Geschäft anfechten, das ein Geschäftsführer, der sich mit der Gesellschaft in einer Interessenkollision befindet, auf eigene oder auf Rechnung Dritter im Namen der Gesellschaft abgeschlossen hat, wenn die Interessenkollision dem Dritten zumindest erkennbar gewesen ist.

Die **Geschäftsführer haften** der Gesellschaft (Art. 2392 c.c.), den einzelnen Gesellschaftern und Dritten (Art. 2395 c.c.) und solchen Gläubigern der Gesellschaft, die im Fall der Überschuldung mit einem Teil ihrer Forderungen ausfallen, wegen einer Verletzung der Pflicht zur Bewahrung des Gesellschaftsvermögens (Art. 2394 c.c.) auf Schadensersatz.

7. Kontrollorgan

303 Ein Kontrollorgan *(collegio sindicale)* – entsprechend der Organisation der s.p.a. beim traditionellen System (s.u., Rdnr. 315) – ist gem. Art. 2477 c.c. auch bei der s.r.l. einzurichten, wenn das Gesellschaftskapital das für die s.p.a. vorgeschriebene Mindestkapital von 120 000 EURO erreicht hat oder wenn die Gesellschaft zwei der für die vereinfachte Form des Jahresabschlusses maßgeblichen Schwellenwerte (Bilanzvolumen 3,125 Mio. EURO; Umsatz 6,25 Mio. EURO; durchschnittliche Beschäftigtenanzahl 20 Personen, vgl. Art. 2435bis c.c.) überschreitet.

IV. Die Aktiengesellschaft

1. Gründung

304 Die Gründung einer Aktiengesellschaft *(società per azioni – s.p.a.)* kann im Wege der Einheitsgründung und im Wege einer Art Stufengründung *(sostituzione per pubblica sottoscrizione)* erfolgen. Letztere Gründungsvariante wird allerdings wegen ihrer Kompliziertheit praktisch kaum verwandt. Die Gründung erfolgt durch **Abschluss des Gründungsvertrages** und die Feststellung der Satzung. Beide bedürfen der Form der notariellen Beurkundung. Seit der Reform 2004 ist auch die Ein-Personen-Gründung zulässig. Die Gesellschaft entsteht mit Eintragung im Handelsregister. Für Rechtsgeschäfte, die vor Eintragung im Namen der künftigen Gesellschaft abgeschlossen worden sind, gilt mangels Anerkennung der Vorgesellschaft das Gleiche wie für die s.r.l. in Gründung, Art. 2331 c.c. (s.o. Rdnr. 279).

2. Stammkapital

305 Das **Mindestkapital** der s.p.a. beträgt 120 000 EURO, Art. 2327 c.c.[132] Das Stammkapital kann in bar oder als Sacheinlage aufgebracht werden. Dabei müssen Bareinlagen bei Gründung zu einem Viertel, Sacheinlagen und Bareinlagen des alleinigen Gründers vollständig aufgebracht worden sein, Art. 2342 c.c. Strengere Regelungen gelten für die Ein-Personen-s.p.a. Arbeit oder Dienste können bei der s.p.a nicht eingebracht werden, Art. 2342 c.c.

306 Eine Neuerung des italienischen Rechts stellt das sog. **Zweckvermögen** i.S.v. Art. 2447bis–2447^{decies} c.c. *(patrimonio destinato ad uno specifico affare)* dar. Hierdurch kann eine s.p.a. durch Beschluss eine oder mehrere Vermögensmassen „abspalten" und einem bzw. mehreren bestimmten Geschäftszweigen bzw. Zwecken widmen. Dieses Zweckvermögen ist dann in Bezug auf Buchführung, Rechnungslegung und Haftung als eine selbständige Einheit zu behandeln.[133]

3. Aktien

307 Die Aktien müssen grundsätzlich alle auf den gleichen **Nennwert** lauten und sind unteilbar, Art. 2347 c.c. Seit dem 1.1.2004 können auch Stückaktien ohne Nennwert ausgegeben werden, Art. 2346 Abs. 3 c.c. Aktien können auf entsprechender Satzungsgrundlage auch mit bestimmten Sonderrechten, wie Vorzugsrechten in Bezug auf die Dividendenberechtigung oder mit begrenztem bzw. ohne Stimmrecht verbunden werden, Art. 2348 c.c. Ebenfalls neu sind die rückerwerbbaren Aktien *(azioni riscattabili* – Art. 2437^{sexies} c.c.) und die sog. Spartenaktien *(azioni correlate,* Art. 2350 Abs. 2 c.c.).

308 Aktien von börsennotierten Gesellschaften werden nicht verbrieft, sondern in einem elektronischen System gehandelt (dematerialisierte Aktien). Seit der Reform von 2003 können auch die Satzungen anderer Aktiengesellschaften die **Verbriefung** ausschließen, Art. 2354 Abs. 6 c.c. Auch wenn Art. 2354 Abs. 1 c.c. den Gründern die Wahl zwischen Inhaber- und Namensaktien lässt, kommen Namensaktien *(azioni nominative)* aufgrund eines königlichen Dekrets von 1941 in der Praxis kaum vor.[134]

---

[132] Bis zur Reform 2005 galt ein Betrag von EURO 100 000.
[133] Ausführlich *Kindler* RIW 2004, 29.
[134] Vgl. *Magrini* Italienisches Gesellschaftsrecht, S. 59.

Die **Übertragung** der im elektronischen System gehandelten Aktien erfolgt durch entsprechenden Buchungsvorgang. Inhaberaktien *(azioni al portatore)* werden durch Übergabe des Titels übertragen. Die Übertragung von Namensaktien erfolgt durch öffentlich beglaubigtes Indossament *(girata autenticata)*, Art. 2355 Abs. 2 c.c. Der Gesellschaft gegenüber gilt der Erwerber erst dann als Gesellschafter, wenn er im Aktienbuch eingetragen ist. Alternativ dazu kann die Abtretung durch Eintragung des Erwerbers im Aktienbuch der Gesellschaft, verbunden mit der Ausstellung eines neuen Aktienpapiers erfolgen, Art. 2355 Abs. 4, 2022 c.c. Die Satzung kann die Übertragung von Aktien für die Dauer von bis zu fünf Jahren ausschließen oder von der Genehmigung durch den Verwaltungsrat abhängig machen, Art. 2355bis c. c.

4. Die Hauptversammlung

Die Aufgaben der **Hauptversammlung** *(assemblea)* hängen zum Teil davon ab, ob die Aufsicht über die Geschäftsführung nach dem traditionellen oder nach dem dualistischen Modell organisiert ist. Im traditionellen System genehmigt die Hauptversammlung u. a. den Jahresabschluss, bestellt die Mitglieder des Verwaltungsrates und des Kontrollorgans sowie die Wirtschaftsprüfer und entscheidet über die Vergütung und Haftung der Organmitglieder (Art. 2364 c.c.). Die Hauptversammlung ist vom Verwaltungsrat bzw. vom Vorstand einzuberufen und die Einberufung in der *Gazetta Ufficiale* bekanntzumachen. Für die Beschlussfähigkeit der ordentlichen Hauptversammlung *(assemblea ordinaria)* ist ein Quorum von 50% des stimmberechtigten Kapitals erforderlich. Sie entscheidet mit der Mehrheit der präsenten Stimmen, Art. 2368 c.c.

Das Protokoll der ordentlichen Hauptversammlung kann, muss aber nicht notariell beurkundet werden, Art. 2375 Abs. 1 c.c.

Die **außerordentliche Hauptversammlung** *(assemblea straordinaria)* entscheidet über Satzungsänderungen, Kapitalerhöhungen und Kapitalherabsetzungen, Verschmelzungen, Sitzverlegungen und andere Maßnahmen, die die Struktur der Gesellschaft berühren. Dazu gehören auch die Liquidation und die Ernennung sowie Abberufung der Liquidatoren. Diese Versammlung beschließt mit einer Mehrheit von 50% des Gesellschaftskapitals, Art. 2368 Abs. 2 c.c. Das Protokoll des außerordentlichen Hauptversammlung muss von einem Notar aufgenommen werden, Art. 2375 Abs. 2 c.c.

5. Geschäftsführung und Aufsicht

Seit der Gesellschaftsrechtsreform 2004 stellt das italienische Recht für die s. p. a. drei Organisationsmuster bereit, die sich im Wesentlichen nicht in der Ausgestaltung der eigentlichen Geschäftsführung, sondern in der **Organisation der Kontrolle über die Geschäftsführung** unterscheiden: Das traditionelle Muster mit Verwaltungsrat und Kontrollorgan, das dualistische System nach deutschem Vorbild mit Vorstand und Aufsichtsrat und das monistische System. In der Praxis freilich überwiegt weiterhin das traditionelle Modell mit Verwaltungsrat und Kontrollorgan. Gem. Art. 2380 c.c. gilt dies von Gesetzes wegen, wenn die Satzung keine abweichende Option enthält.

a) Traditionelles System. Im traditionellen System obliegt die Geschäftsführung dem von der Hauptversammlung gewählten **Verwaltungsrat** *(consiglio di amministratione)*, Art. 2380 c.c. Die Anzahl der Mitglieder des Verwaltungsrats wird in der Satzung, hilfsweise durch die Hauptversammlung festgelegt, Art. 2380bis c. c. Der Verwaltungsrat kann auch mit einem einzigen Verwalter besetzt werden. Der Verwaltungsrat muss grundsätzlich als Kollegium handeln. Aufgrund entsprechender Ermächtigung durch die Satzung kann er aber die Geschäftsführung an einen geschäftsführenden Ausschuss *(comitato esecutivo)* oder einzelne Mitglieder *(amministratori delegati)* delegieren. Auch die Vertretung der s. p. a. kann vom Gesetz abweichend geregelt werden. Üblicherweise obliegt diese dem vom Verwaltungsrat gewählten Vorsitzenden *(presidente)* und einzelnen zu geschäftsführenden Mitgliedern bestellten Mitgliedern des Verwaltungsrates, wobei dann die Satzung Einzel- und Gesamtvertretungsbefugnis anordnen kann.

315   Die Aufsicht über die Ordnungsmäßigkeit und Legalität der Geschäftsführung obliegt im traditionellen System gem. Art. 2397 ff. c. c. einem **Kontrollorgan** (collegion sindicale). Dieses besteht aus einem Vorsitzenden und zwei oder vier weiteren Mitgliedern sowie zwei Ersatzmitgliedern, die alle direkt von der Hauptversammlung gewählt werden. Mindestens ein Mitglied muss als Wirtschaftsprüfer zugelassen sein. Besondere Anforderungen an die Qualifikation der Mitglieder ergeben sich für börsennotierte Gesellschaften.

316   **b) Dualistisches System.** Beim dualistischen System (sistema dualistico) obliegt die Geschäftsführung und Vertretung der Gesellschaft dem **Vorstand** (consiglio di gestione), der aus mindestens zwei Mitgliedern besteht, Art. 2409^{novies} c. c. Für den Vorstand gelten weitgehend die Regeln für den Verwaltungsrat beim traditionellen System entsprechend, Art. 2409^{undecies} c. c. Die Mitglieder des Vorstands werden vom Aufsichtsrat berufen. Der **Aufsichtsrat** (consiglio di solveglianza) besteht aus einer von der Satzung des Gesellschaft festgelegten Anzahl von mindestens drei Mitgliedern und wird von der Hauptversammlung bestellt, Art. 2409^{duodecies} c. c. Die Stellung des Aufsichtsrates ist sehr stark und weitgehend mit seinem Pendant im deutschen Aktienrecht vergleichbar. So entscheidet der Aufsichtsrat auch über die Genehmigung des Jahresabschlusses.

317   **c) Monistisches System.** Im monistischen System (sistema monistico) wird die Aufsicht über die Geschäftsführung des Verwaltungsrats – entsprechend dem anglo-amerikanischen board-System – nicht von einem anderen Gesellschaftsorgan ausgeübt, sondern von einzelnen Mitgliedern des Verwaltungsrat selber bzw. von einem aus seiner Mitte gebildeten Ausschuss (comitato per il controllo sulla gestione), Art. 2409^{sexiesdecies}.

G. Japan

Schrifttum: *Arnold*, Silent Partnership in Japan and Germany, ZJapanR 13 (2002) 210; *Assmann/Förster*, Gesellschaftsrechtsreform, Corporate Governance und Corporate Governance-Kodizes in Japan, FS Yamauchi, 2006, S. 1; *Baum/Bälz*, Handbuch japanisches Handels- und Wirtschaftsrecht, 2011; *Bälz*, Die Spaltung im japanischen Gesellschaftsrecht, 2005; *Bälz*, Liberalized Rules for the Restructuring of Japanese Companies, ZJapanR 11 (2006) 19; *Dernauer*, Die japanische Gesellschaftsrechtsreform 2005/2006, ZJapanR 10 (2005) 123; *Eisele*, Holdinggesellschaften in Japan, 2004; *Kaiser*, Die Regelung der Hybridgesellschaft (gôdô kaisha) im japanischen Gesellschaftsgesetz, RIW 2007, 16; *Kansaku/Bälz*, Gesellschaftsrecht, in: *Baum/Bälz*, Handbuch japanisches Handels- und Wirtschaftsrecht, 2011, S. 63 ff.; *Kawamoto/Kishida/Morita/Kawaguchi*, Gesellschaftsrecht in Japan (deutsche Übersetzung von *Marutschke*), 2004; *Ködderitzsch*, Änderungen des Handelsgesetzes mit Wirkung zum 1. Oktober 2001, ZJapanR 12 (2001) 139; *Marutschke*, Einführung in das japanische Recht, 2. Aufl. 2010; *Menkhaus*, Allgemeines Gesellschaftsrecht in Japan, FS Yamauchi, 2006, 229; *Menkhaus/Pawlowski*, Japan, in: Süß/Wacher, Handbuch des internationalen GmbH-Rechts, 2. Aufl. 2011, S. 995; *Maruyama*, Historischer Überblick über das Aktienrecht Japans, ZVglRWiss 94 (1995) 283; *Menkhaus*, Allgemeines Gesellschaftsrecht in Japan, FS Yamauchi 2006, S. 229; *Oda*, The „Americanisation" of Japanes Coporate Law?, American Freedom, Japanese Discipline, RabelsZ 69 (2005) 47; *Okuda*, The Legal Status of Foreign Companies in Japan's New Company Law, ZJapanR 12 (2007) 115; *Saito*, Zur anstehenden Novellierung des Gesellschaftsrechts, ZJapanR 9 (2004), 210; *Takahashi*, Der Gleichbehandlungsgrundsatz im japanischen Aktienrecht als Aufgabe der Rechtswissenschaft, ZVglRWiss 108 (2009) 105; *Takahashi*, Japanese Corporate Groups under the New Legislation, ECFR 2006, 287; *Takahashi*, Japanische Corporate Governance unter dem Gesellschaftsgesetz von 2005, AG 2007, 476; *Takahashi*, Konzern und Unternehmensgruppe in Japan, 1994; *Takahashi*, Die Reform der Corporate Governance in Japan, FS Immenga 2004, 761; *Takahashi/Shimizu*, The Future of Japanese Corporate Governance: The 2005 Reform, ZJapanR 10 (2005) 35; *Takahashi/Sakamoto*, Japanese Corporate Law: Important Cases in 2006, ZJapanR 12 (2007) 251; *Westhoff*, Formen und Bedingungen unternehmerischer Tätigkeit in Japan, in: *Baum/Bälz*, Handbuch japanisches Handels- und Wirtschaftsrecht, 2011, S. 183 ff.; *Witty*, Das neue Gesellschaftsrecht in Japan, ZJapanR 12 (2007) 185; *Yamauchi*, Gesellschaftsstatut und Durchgriffshaftung in der internationalprivatrechtlichen Gerichtspraxis Japans, ZVglRWiss 109 (2010) 42.

I. Überblick

1. Allgemeines

Am 1. Mai 2006 ist in Japan ein neues Gesetz in Kraft getreten, das in 979 Artikeln die als juristische Person organisierten Formen der Handelsgesellschaften (会社 – *kaisha*) regelt (会社法 – *kaishahô* – **Gesellschaftsgesetz, GesG**).[135] Nachdem schon in den Jahren seit 1990 zahlreiche Änderungen des Gesellschaftsrechts stattgefunden hatten und dieses zunehmend „dereguliert" wurde, ergaben sich durch den Erlass des GesG weitere erhebliche Änderungen u. a. daraus, dass das japanische GmbH-Gesetz ersatzlos aufgehoben und die GmbH aus dem japanischen Recht entfernt wurde (hierzu unten, Rdnr. 344). Auch wurde mit der *Limited Liability Company* (unten Rdnr. 328) nach der *Limited Liability Partnership* (hierzu Rdnr. 329) eine weitere, vom US-amerikanischen Gesellschaftsrecht inspirierte Gesellschaftsform eingeführt, die das ursprünglich vom „kontinentaleuropäischen" Recht geprägte japanische Recht bislang nicht kannte. Die Ausgliederung des Gesellschaftsrechts aus dem japanischen HGB in ein eigenes Gesetz hat die formale Nabelschnur zum deutschen Recht durchtrennt und den Weg für eine eigenständiges japanisches System des Gesellschaftsrechts freigemacht.

Das GesG unterscheidet bei den Formen der *kaisha* zwischen der Aktiengesellschaft (株式会社 *kabushiki kaisha* – KK), die nunmehr die einzige Form der Kapitalgesellschaft darstellt, und den „Anteilsgesellschaften" *(*持分会社 – *mochibun kaisha),* die als „Personengesellschaften des Handelsrechts mit Rechtspersönlichkeit" klassifiziert werden können. Als Anteilsgesellschaften werden die OHG, die Kommanditgesellschaft und die durch das GesG neu geschaffene 合同会社 – (*gôdô kaisha* – *Limited Liability Company* – LLC) verstanden und geregelt.

Ein gesetzliches **Mitbestimmungssystem** für die Arbeitnehmer ist in Japan nicht bekannt.

2. Das Handelsregister

Das **Handelsregister** ist im Handelsregistergesetz (商業登記法 – *shôgyô tôkihô*) in der Neufassung vom 31. 3. 2008[136] geregelt. Danach werden die Handelsregister unter der Ägide des Justizministeriums von den Justizbehörden geführt. Anmeldungen können mit elektronischer Signatur auch online erfolgen. Den Inhalt des Handelsregisters bestimmen nun die Art. 911 ff. GesG für jede der im GesG geregelten Gesellschaften individualisiert im Detail.

3. Umwandlungsrecht

Verschmelzungen (合併 – *gappei*) und Spaltungen *(*会社分割 – *kaisha bunkatsu)* sind sowohl zwischen mehreren AG sowie zwischen mehreren Anteilsgesellschaften unter sich als auch zwischen Aktiengeselslchaften und Anteilsgesellschaften möglich. Verschmelzung und Spaltung sind jeweils zur Aufnahme wie auch zur Neugründung zulässig. Das gleiche gilt für die formwechselnde Umwandlung *(*組織変更 – *soshiki henkô).* Ausgenommen von diesem Regelungsbereich ist jedoch die LLP, da es sich hierbei um keine *kaisha* i. S. d. GesG handelt.

4. Internationales Gesellschaftsrecht

Das internationale Kollisionsrecht für das Recht der Handelsgesellschaften ist in Japan weiterhin nicht gesetzlich fixiert.[137] Eine Regelung war im Rahmen des Erlasses des Geset-

---

[135] Gesetz 86/2006 vom 26. 7. 2005, Im Original unter http://law.e-gov.go.jp/htmldata/H17/H17HO086.html. Eine Übersetzung in die deutsche Sprache ist noch nicht bekannt. Eine von Regierungsseite erstellte japanisch-englische Synopse ist einsehbar unter http://www.cas.go.jp/jp/seisaku/hourei/data/CA1_4.pdf (Teil 1) und http://www.cas.go.jp/jp/seisaku/hourei/data/CA5_8.pdf (Teil 2).

[136] Im Internet unter: http://law.e-gov.go.jp/htmldata/S 38/S38HO125.html. Englisch-japanische Synopse unter http://www.japaneselawtranslation.go.jp/law/detail/?id=1863&vm=04&re=02.

[137] Grundzüge z. B. bei *Großfeld/Yamauchi* Internationales Gesellschaftsrecht in Japan, AG 1985, 229.

Süß

zes über die Rechtsanwendung vom 21. 6. 2006[138] geplant gewesen, dann aber wegen der Komplexität der Sache wieder aufgegeben worden.[139] Ausländische Gesellschaften werden in Japan grundsätzlich auf der Basis der **Gründungstheorie** anerkannt. Will eine ausländische Gesellschaft aber dauerhaft in Japan tätig werden, so muss sie sich dort zuvor im Handelsregister eintragen lassen, Art. 933 GesG, und eine Person mit Wohnsitz in Japan zum Repräsentanten ernennen, Art. 817 GesG.[140] Eine nach ausländischem Recht gegründete Gesellschaft, die ihren Hauptsitz in Japan hat oder deren Hauptzweck die Geschäftstätigkeit in Japan ist (擬似外国会社 – *giji gaikoku kaisha* – *pseudo foreign company*), darf in Japan dagegen nicht dauerhaft geschäftlich tätig werden. Bei Verstoß gegen dieses Verbot haften die Handelnden für die Verbindlichkeiten der Gesellschaft gem. Art. 821 GesG persönlich und gesamtschuldnerisch. Auf diese Weise soll verhindert werden, dass das japanische Gesellschaftsrecht durch „Import" von Gesellschaften aus Staaten mit großzügigem Gesellschaftsrecht umgangen wird.

II. Personengesellschaften

1. Die Zivilrechtliche Gesellschaft

324   Grundform der Personengesellschaft ist weiterhin die in den Art. 667–688 ZGB geregelte bürgerlichrechtliche Gesellschaft (組合 – *kumiai*). Hierbei handelt es sich um eine sehr lockere Organisation, da die *kumiai* weder rechtsfähig ist noch ein gesamthänderisches Verhältnis zustande kommt. Unmittelbare praktische Bedeutung kommt der *kumiai* nicht zu. Dies liegt nicht zuletzt auch daran, dass für die Zusammenschlüsse von Freiberuflern (Rechtsanwälte, Wirtschaftsprüfer) etc. besondere Rechtsfiguren (z.B. die 弁護士法人 – *bengoshi hōjin* – Juristische Person für Rechtsanwälte gem. Art. 30-2 ff. des japanischen Rechtsanwaltsgesetzes) kreiert wurden.

2. Die Offene Handelsgesellschaft

325   Die OHG (合名会社 – *gōmei kaisha*) war im japanischen HGB weitgehend nach dem französischen Vorbild organisiert. Insbesondere ist die OHG nach Eintragung in das Handelsregister **juristische Person** (Art. 3 GesG). Auf steuerlicher Ebene hat das zur Folge, dass die OHG eigenes Steuersubjekt ist und wie eine Körperschaft besteuert wird. Dieser Nachteil bescherte der OHG ein Schattendasein im japanischen Wirtschaftsleben.

326   Anders als der vormals geltende Art. 55 HGB lässt das neue GesG nun die Beteiligung juristischer Personen, insbesondere von Kapitalgesellschaften, an einer OHG zu. Ob damit die in Deutschland beliebte **Typenmischung** damit auch in Japan Einzug hält, bleibt aber fraglich. Möglich ist nach dem GesG nun auch die Gründung einer Ein-Personen-OHG durch einen einzigen Gesellschafter.[141]

3. Die Kommanditgesellschaft

327   Auch die Kommanditgesellschaft (合資会社 – *gōshi kaisha*) erwirbt mit Eintragung im Handelsregister die Rechtspersönlichkeit. Da es bei der Kommanditgesellschaft beschränkt (有限責任社員 – *yūgen sekinin shain*) und unbeschränkt haftende Gesellschafter (無限責任社員 – *mugen sekinin shain*) geben muss, sind für die Gründung mindestens zwei Gesellschafter erforderlich. Besonderheit des neuen japanischen Rechts ist dabei, dass – vorbehaltlich einer abweichenden Vereinbarung im Gesellschaftsvertrag – in gleicher Weise wie die Komplementäre auch die Kommanditisten zur Geschäftsführung und Vertretung der Gesellschaft befugt sind. Sie haften aber unbeschränkt, wenn sie Dritten gegenüber den Eindruck erwecken, Komplementäre zu sein, Art. 588 GesG.

---

[138] Das ist das Gesetz, das in Japan das internationale Privatrecht regelt.
[139] Dazu *Yamauchi* ZVglRWis 109 (2010) 43.
[140] Ausführlich zur neuen Rechtslage: *Okuda* ZJapanR 12 (2007) 115.
[141] So *Dernauer* ZJapanR 20, 156; *Menkhaus,* FS Yamauchi, S. 247.

4. Die Limited Liability Company – LLC

Während bei der OHG alle Gesellschafter und bei der KG nur einige Gesellschafter persönlich haften, ist bei der durch das GesG zum 1. Mai 2006 in das japanische Recht neu eingeführten LLC *(*合同会社 *– gôdô kaisha)* die Haftung sämtlicher Gesellschafter auf den Betrag der von ihnen jeweils übernommenen Einlage beschränkt. Wie bei den anderen Anteilsgesellschaften kann hier die Einlage in bar und in anderen Vermögenswerten erfolgen, nicht aber in Form von eigenen Arbeitsleistungen, Art. 576 Abs. 1 Nr. 6 GesG. Die Gründung erfolgt durch privatschriftlichen Vertrag. Die Gesellschaft entsteht als juristische Person aber erst mit Eintragung im Handelsregister, Art. 579 GesG. Die Geschäftsführung und Vertretung obliegen grundsätzlich allen Gesellschaftern. Sie handeln grundsätzlich einzeln. Durch Gesellschaftsvertrag kann sie auch einem oder mehreren einzelnen Gesellschaftern übertragen werden. Die Fremdorganschaft ist dagegen nicht möglich.

5. Die Limited Liability Partnership – LLP

Die 有限責任事業組合 *(yûgen sekinin jigyô kumiai* – Unternehmensgesellschaft mit beschränkter Haftung – LLP) ist nicht im GesG geregelt, sondern in einem bereits 2005 erlassenen Sondergesetz.[142] Auch hier ist die Haftung sämtlicher Gesellschafter auf die übernommene Einlage beschränkt. Anders als die LLC ist die LLP aber keine *kaisha*. Sie ist also nur rechtsfähig, nicht aber juristische Person. Selbst wenn die Eintragung in ein spezielles LLP-Register vorgeschrieben ist, entsteht die LLP bereits mit Abschluss des Gesellschaftsvertrages. Auch steuerlich ist sie kein eigenes Rechtssubjekt. Verluste und Erträge werden vielmehr steuerlich unmittelbar den Gesellschaftern zugerechnet. Die LLP erscheint daher insbesondere für Entwicklungsprojekte mit erheblichen Anlaufverlusten attraktiv. Die Gründung erfolgt durch mindestens zwei Personen. Die Organisation der LLP ist sehr frei. Die meisten gesetzlichen Regeln sind dispositiv. Ein Nachteil für Projekte mit möglicherweise längerfristiger Perspektive ist, dass ein Formwechsel in irgendeine Form der *kaisha* ausgeschlossen ist.

III. Die Aktiengesellschaft

1. Gründung

Die Gründung einer Aktiengesellschaft kann gem. Art. 25 GesG im Verfahren der Einheitsgründung erfolgen, bei dem die Gründer sämtliche Aktien übernehmen, wie auch im Verfahren der Stufengründung, indem die Übernahme eines Teils der Aktien öffentlich ausgeschrieben wird. Die Satzung wird errichtet, indem sie von allen Gründern unterschrieben und gesiegelt, sowie durch einen Notar beurkundet wird, Art. 30 GesG. Seit 1990 ist auch die Ein-Personen-Gründung einer Aktiengesellschaft zulässig. Ebenso möglich ist die Errichtung in elektronischer Form, Art. 26 GesG. Erst nach Leistung aller Einlagen werden der erste Vorstand und der Aufsichtsrat gewählt.

Die Gesellschaft entsteht als juristische Person mit Eintragung im Handelsregister, Art. 49 GesG. Vom Zeitpunkt der Übernahme der Aktien bis zur Eintragung besteht eine (nicht rechtsfähige) **Gesellschaft in Gründung.** Im Namen der Gesellschaft in Gründung begründete Rechte und Pflichten gehen mit Eintragung der Gesellschaft im Handelsregister auf die Gesellschaft über.[143]

2. Stammkapital

Das nach dem alten HGB vorgeschriebene gesetzliche **Mindestkapital** – von zuletzt 20 Mio. JPY – besteht nach dem GesG nicht mehr. Es genügt daher die Einlage von

---

[142] Englischsprachige regierungsamtliche Übersetzung unter http://www.cas.go.jp/jp/seisaku/ hourei/data/LLPA.pdf.

[143] *Kawamoto/Kishida/Morita/Kawaguchi,* Gesellschaftsrecht in Japan, Rdnr. 11.

1 JPY.¹⁴⁴ In der Praxis wird aber häufig ein Stammkapital über 3 Mio. JPY bestimmt. Grund ist, dass erst dann Dividenden ausgeschüttet werden können, wenn das Nettokapital der Gesellschaft 3 Mio. Yen erreicht hat, Art. 458 GesG.

333 Das Kapital kann in bar oder auch als Sacheinlage geleistet werden. **Sacheinlagen** können in Form von beweglichen und unbeweglichen Sachen, wie auch in Form immaterieller Schutzrechte geleistet werden. Nicht aber können Arbeitsleistungen oder Forderungen eingelegt werden. Eine Prüfung der Sacheinlagen ist nicht erforderlich, wenn diese weder 20% des Stammkapitals noch den Betrag von 5 Mio JPY übersteigen, oder wenn öffentlich gehandelte Wertpapiere zum aktuellen Börsenkurs eingelegt werden oder die Bewertung von einem Rechtsanwalt, einem Notar oder Wirtschaftsprüfer als angemessen bestätigt worden sind. In den übrigen Fällen erfolgt eine Prüfung der Werthaltigkeit durch einen vom Gericht bestellten Gründungsprüfer, Art. 33 Abs. 10 GesG. Die Einlagen sind in voller Höhe unverzüglich nach Zeichnung der Aktien aufzubringen, Art. 34 GesG. Erst nach Prüfung durch einen gerichtlich bestellten Prüfer kann die Gesellschaft eingetragen werden.

334 Die **Gesellschafter haften** ausschließlich für eine ordnungsgemäße Erbringung der Einlage, Art. 104 GesG. Bei erheblicher Überbewertung von Sacheinlagen haften sämtliche Gründer gem. Art. 52 GesG für den Minderbetrag solidarisch, soweit die Sacheinlage nicht durch einen gerichtlich bestellten Gründungsprüfer geprüft worden sind. Ein **Haftungsdurchgriff** auf einen Gesellschafter mit einer beherrschenden Stellung wird von der Rechtsprechung ausnahmsweise dann bejaht, wenn die Gesellschaft zu rechtswidrigen oder unlauteren Zwecken missbraucht wurde (z. B. Gründung zur Umgehung eines Wettbewerbsverbots des Gesellschafters oder zum Erwerb der Aktiva einer zahlungsunfähigen Gesellschaft) oder wenn die juristische Person „ausgehöhlt" wurde (Fälle der Vermögensvermischung).¹⁴⁵

3. Aktien

335 Die Reform 2001 hat die Nennwertaktien abgeschafft. Seitdem gibt es in Japan nur noch **Stückaktien.** Die Übertragung von Aktien erfolgt bei verbrieften Aktien nach Abschluss des Kausalgeschäfts durch Übergabe. Der Gesellschaft gegenüber gilt der Erwerber allerdings erst mit Eintragung im Aktienbuch als Gesellschafter, Art. 130 GesG. Sind sämtliche Aktien vinkuliert und ist ihre Übertragung von der Zustimmung der Hauptversammlung oder des Vorstands abhängig, so gilt die Gesellschaft als „geschlossene Gesellschaft" (譲渡制限株式会社 – *jôto seigen kabushiki kaisha*, Art. 2 Nr. 17 GesG). Ist dagegen zumindest bei einem Teil der Aktien die Veräußerung frei, so handelt es sich um eine „offene Gesellschaft" (公開会社 *kôkai kaisha*, Art. 2 Nr. 5 GesG).

4. Die Hauptversammlung

336 Die Hauptversammlung (株主総会 – *kabunushi sôkai*) ist jährlich einzuberufen. Sie entscheidet gem. Art. 309 GesG grundsätzlich mit einfacher Mehrheit. Für besondere Beschlüsse (z. B. Satzungsänderungen etc.) ist eine Anwesenheit der Mehrheit der Stimmrechte in der Versammlung (Quorum) und eine Stimmenmehrheit von zwei Dritteln der abgegebenen Stimmen erforderlich. Selbst satzungsändernde Hauptversammlungsbeschlüsse bedürfen keiner notariellen Beurkundung.

5. Die Leitung der Aktiengesellschaft

337 **a) Allgemeines.** Nachdem 1899 in dem HGB zunächst aus Deutschland das dualistische Modell von Vorstand *(torishimari yakkai)* und Aufsichtsrat *(kansa yakkai)* übernommen worden war, wurde die Verfassung der AG nach dem Ende des Zweiten Weltkriegs unter formaler Beibehaltung der bisherigen Organbezeichnungen und des zu einem „internen Kontrollorgan" degenerierten Aufsichtsrats inhaltlich weitgehend dem amerikanischen

---

¹⁴⁴ Entspricht ca. 0,007 EURO.
¹⁴⁵ *Kawamoto/Kishida/Morita/Kawaguchi*, Gesellschaftsrecht, Rdnr. 184.

Board-Modell angenähert.[146] Die Reform im Jahr 2002 hat die Corporate Governance erheblich flexibilisiert und stellt den Gesellschaftern nun verschiedene Modelle zur Wahl. Die Option für ein bestimmtes Modell erfolgt in der Satzung.

Welche der gesetzlichen Modelle sich anbieten, entscheidet sich danach, ob es sich um eine sog. „große Gesellschaft" (大会社 – *dai kaisha* = mind. 500 Mio. JPY Eigenkapital bzw. 20 Mrd. JPY Passiva, Art. 2 Nr. 6 GesG) oder um eine diese Schwellenwerte nicht erreichende „mittlere bzw. kleine Gesellschaft" (*chûshô kaisha*) handelt, sowie ob es sich um eine „Publikumsgesellschaft" (公開会社 – *kôkai kaisha*) handelt bzw. oder um eine „geschlossene Gesellschaft" mit ausschließlich vinkulierten Aktien. **338**

Als Organ wird nun auch der Abschlussprüfer *(kaikei kansanin)* gezählt, also der Wirtschaftsprüfer, der den Jahresabschluss prüft. Kleine und mittelgroße geschlossene AG können stattdessen einen Wirtschaftsprüfer bzw. Steuerberater zum „Rechnungslegungsberater" *(*会計参与 – *kaikei sanyo)* ernennen, der gemeinsam mit dem Vorstand den Jahresabschluss etc. erstellt, Art. 374 ff. GesG. **339**

b) Dualistisches System. Die allermeisten Gesellschaften folgen dem traditionellen dualistischen Modell. Große Publikumsgesellschaften haben danach einen Vorstand (取締役会 – *torishimari yakkai*), einen mit mehreren Personen bestückten Aufsichtsrat (監査役会 – *kansa yakkai*) und müssen einen Abschlussprüfer bestellen. Die Mitglieder des Vorstands werden unmittelbar von der Hauptversammlung bestellt. Der Vorstand entscheidet grundsätzlich als Kollegialorgan. Nur bestimmte vom Gesamtvorstand gewählte Mitglieder (代表取締役 – *daihyô torishimari yaku*, „executive directors") agieren auch als die gesetzlichen Vertreter der Gesellschaft, Art. 349 GesG. Große AG mit einem umfangreichen Vorstand haben zudem häufig einen Ausschuss für wichtige Vermögensangelegenheiten *(juyô zaisan iinkai)* eingerichtet, der über größere Transaktionen entscheidet. Eine besondere Machtfülle kommt regelmäßig dem Vorstandsvorsitzenden (社長 – *shachô*, President) zu. Der Vorstand kann bei kleinen geschlossenen Gesellschaft auch mit einer einzigen Person als Einzelvorstand besetzt werden, Art. 326 GesG. **340**

Auch die **Aufsichtsräte** (監査役 – *kansa yaku*, „interne Prüfer") werden von der Hauptversammlung gewählt. In großen Gesellschaften müssen mindestens drei Personen zu Aufsichtsräten ernannt werden, in kleinen und mittelgroßen Gesellschaften genügt ein Einzel-Aufsichtsrat. Aufgabe der Aufsichtsräte ist die Kontrolle der Rechnungslegung und der Ordnungsmäßigkeit der Geschäftsführung, Art. 381 GesG (während die Zweckmäßigkeit der Geschäftsführungsmaßnahmen vom Gesamtvorstand geprüft wird). **341**

c) Monistisches System. Alternativ zu dem System von Vorstand und Aufsichtsrat besteht die Option zugunsten eines **Vorstands mit Ausschussstruktur** (委員会設置会社 – *iinkai setchi kaisha*). Da hier wie beim anglo-amerikanischen Board-Modell (vgl. Rdnr. 222 u. Rdnr. 620) neben dem Vorstand kein Aufsichtsrat besteht, spricht man vom monistischen System. Hier werden für bestimmte Aufgaben vom Gesamtvorstand verschiedene Ausschüsse eingesetzt, die aus mindestens drei Vorstandsmitgliedern bestehen – darunter mindestens die Hälfte externe Vorstandsmitglieder, Art. 401 GesG. So sind gesetzlich ein Aufsichts-, ein Prüfungs- sowie ein Vergütungsausschuss vorgesehen. Die Geschäftsführung und Vertretung der Gesellschaft obliegt nicht dem Vorstand, sondern einem oder mehreren vom Vorstand eingesetzten Geschäftsführern (執行役 – *shikkô yaku*) sowie vertretungsberechtigten Geschäftsführern (代表執行役 – *daihyô shikkô yaku*), Art. 420 GesG. Zu Geschäftsführern können dabei sowohl Mitglieder des Vorstands als auch Angestellte der Gesellschaft und Dritte ernannt werden. **342**

---

[146] Dies hat dazu geführt, dass in der deutschen Literatur statt von „Vorstand" nun von „Verwaltungsrat" bzw. „Board" die Rede ist, und der „Aufsichtsrat" mit „gesellschaftsinterner Prüfer" übersetzt wird. Wenngleich eine einheitliche deutsche Übersetzung der japanischen Organbezeichnungen wünschenswert ist (ausführlich *Marutschke* in Kawamoto u. a., S. VIII), so ist m. E. dennoch zu respektieren, dass der japanische Gesetzgeber formal weiterhin an der vom deutschen Recht geprägten Terminologie festgehalten hat. Im Folgenden ist daher weiterhin von „Vorstand" und „Aufsichtsrat" die Rede.

343   d) Erleichterungen bei mittelgroßen und kleinen Gesellschaften. Bei kleinen und mittelgroßen geschlossenen Gesellschaften können statt eines Vorstands als Kollegialorgan auch ein **Einzelvorstand** bzw. einzelne Vorstände bestellt werden, Art. 326 GesG. Diese handeln dann als gesetzliche Vertreter der Gesellschaft jeweils einzeln, Art. 349 GesG. Ist kein Mehrpersonenvorstand eingerichtet, so muss auch kein Aufsichtsrat eingerichtet werden, Art. 327 Abs. 2 GesG. Ein Abschlussprüfer wiederum kann nur dann bestellt werden, wenn auch ein Aufsichtsrat bestellt wurde. Eine kleine geschlossene Gesellschaft kann daher auf den Aufsichtsrat und/oder den Wirtschaftsprüfer verzichten und damit nur einen Vorstand bzw. einen Einzelvorstand bestellen. Bei einer Gesellschaft, deren Aktien zumindest zum Teil frei handelbar sind (offene Gesellschaft), ist dagegen als Vorstand ein aus zumindest drei Personen bestehender Vorstand und (soweit nicht für das monistische System aus Vorstand mit Ausschüssen und Abschlussprüfer optiert wird, welches seit Erlass des GesG auch kleinen und mittelgroßen Gesellschaften offen steht) ein Aufsichtsrat zu bestellen. Bei kleinen „offenen" Gesellschaften ist die Aufgabe der Aufsichtsräte dann aber auf die Prüfung der Rechnungslegung beschränkt.

IV. Die GmbH

344   Die 1938 nach dem Vorbild des deutschen Rechts in Japan eingeführte GmbH *(yûgen kaisha)* wurde durch das GesG wieder abgeschafft – obwohl es sich um die in Japan zahlenmäßig am weitesten verbreitete Gesellschaftsform handelte. Bis zum Inkrafttreten des GesG gegründete GmbH werden weder automatisch aufgelöst noch in eine andere Rechtsform umgewandelt, sondern werden als „Sonder-GmbH" fortgeführt und geduldet.[147] Auf diese *tokurei yûgen kaisha* findet allerdings nicht mehr das aufgehobene GmbHG Anwendung, sondern es gelten die Regeln des GesG für die Aktiengesellschaft. Die Gesellschafter haben jederzeit die Option, die alte GmbH in eine andere Gesellschaftsform – bevorzugt die AG – formwechselnd umzuwandeln. Eine vollständige Umwandlung und Anpassung an das Recht der AG ist spätestens dann unumgänglich, wenn bei der GmbH eine Strukturmaßnahme – wie z.B. eine Kapitalerhöhung – durchgeführt werden soll.

H. Liechtenstein[148]

Schrifttum: *Ettinger/Bauer,* Die Reform des Stiftungsrechts in Liechtenstein, RIW 2008, 445; *Kulms,* 75 Jahre Liechtensteinische Treuhänderschaften – Die Art. 897 ff. PGR im Lichte europäischer Grundsätze zum Trustrecht, ZEuP 2001, 653; *Marxer,* Streifzug durch das liechtensteinische Privatrecht, insbesondere das Stiftungs- und Gesellschaftsrecht, ZEuP 2004, 477; *Marxer* (Hrsg.), Gesellschaften und Steuern in Liechtenstein, 11. Aufl. Vaduz 2003; *Marxer,* Die personalistische Aktiengesellschaft im liechtensteinischen Recht, Zürich 2007; *Müller/Bösch,* in: Richter/Wachter, Handbuch des internationalen Stiftungsrechts, 2007, S. 1063; *Rehm,* Vom Außenseiter zum Liebling? Liechtensteinische Gesellschaften mit deutschem Verwaltungssitz als unternehmerische Gestaltungsoption, Der Konzern 2006, 166; *Schauer,* Das neue liechtensteinische Stiftungsrecht, ZEuP 2010, 338; *Tamm,* Die liechtensteinische privatrechtliche Anstalt im Todesfall des Gründers unter besonderer Berücksichtigung der deutsch-liechtensteinischen Rechtsbeziehungen, 2003; *Unkrüer,* Die privatrechtliche Anstalt in Liechtenstein im Spannungsfeld zwischen Erbrecht und Gesellschaftsrecht, RIW 1998, 205; *Wagner/Dermühl,* Gesellschaftsrecht in der Schweiz und in Liechtenstein – Eine Einführung mit vergleichenden Tabellen, 3. Aufl. 2007; *Wagner/Dermühl/Plüss,* Handels- und Wirtschaftsrecht in der Schweiz und in Liechtenstein, 3. Aufl. 2006; *Wagner/Schwärzler,* Liechtenstein, in: Süß/Wacher, Handbuch des internationalen GmbH-Rechts, 2. Aufl. 2011, S. 1109; *Wagner/Schwärzler,* Verantwortlichkeit im liechtensteinischen Gesellschaftsrecht, RIW 2008, 45; *Wanger,* Liechtensteinisches Wirtschafts- und Gesellschaftsrecht, 3. Aufl. Vaduz 1998; *Wanger,* Die Liechtensteinische Anstalt: Im Span-

---

[147] *Menkhaus* in Handbuch GmbH International, Japan Rdnr. 14.
[148] Zur liechtensteinischen Stiftung s. die rechtsvergleichenden Ausführungen von *Jakob* in: Münch. Hdb. GesR Bd. V § 119.

nungsfeld zwischen Aktiengesellschaft und Stiftung, Berlin 2010; *Wanger*, Liechtensteinisches Stiftungsrecht: Ein Kompendium für Richter, Staatsanwälte, Beamte und Praktiker, 6. Aufl. Berlin 2010.

I. Allgemeines

Das liechtensteinische Gesellschaftsrecht ist im **Personen und Gesellschaftsrecht (PGR)** des Fürstentums Liechtenstein vom 20. 2. 1926[149] enthalten. Dieses enthält in der Zweiten Abteilung das Recht der privatrechtlichen Juristischen Personen (Verbandspersonen). Charakteristikum des PGR ist der Versuch, Entsprechendes für die Rechtsinstitute aus allen großen Rechtsordnungen bereitzustellen und durch große Flexibilität der Regelungen möglichst weite Gestaltungsfreiheit zu geben. Der Beitritt Liechtensteins zum EWR bedingte in Bezug auf Publizität etc. eine Anpassung an die einschlägigen gesellschaftsrechtlichen EG-Richtlinien.

Für die Registrierung der Gesellschaften ist das **Öffentlichkeitsregister** zuständig, das beim Grundbuch- und Öffentlichkeitsregisteramt geführt wird. 2004 ist die elektronische Registerführung eingeführt worden. Mittlerweile ist jedoch über Internet eine beschränkte Einsichtnahme möglich.[150] Detaillierte Auszüge können gegen Entgelt angefordert werden.

Gemäß Art. 232 Abs. 1 Satz 1 PGR findet **in internationalprivatrechtlicher Hinsicht** auf eine „Verbandsperson" das Recht Anwendung, nach dem diese organisiert ist. Es gilt damit die **Gründungstheorie**. Auf dieser Grundlage beruhen auch die sog. **Sitzunternehmungen**, die nach liechtensteinischem Recht gegründet worden sind, jedoch in Liechtenstein keine geschäftliche oder kommerzielle Tätigkeit ausüben und deswegen gesellschaftsrechtlich und steuerlich privilegiert sind. Die Anerkennung liechtensteinischer Gesellschaften in Deutschland auf der Basis der Gründungstheorie ist wegen des Beitritts Liechtensteins zum EWR gesichert.[151]

II. Die Personengesellschaften

Die Personengesellschaften regelt das PGR in der 3. Abteilung unter dem Titel „Gesellschaften ohne Persönlichkeit", woraus deutlich wird, dass eine Personengesellschaft keine juristische Person ist. Geregelt werden die einfache Gesellschaft (entspricht der GbR im deutschen Recht), die Kollektivgesellschaft/Offene Gesellschaft (entspricht der OHG), die Kommanditgesellschaft (KG), die Gelegenheitsgesellschaft (ARGE), die stille Gesellschaft und die Gemeinderschaft (eine Art fortgesetzte Erbengemeinschaft). Die Beteiligung einer Kapitalgesellschaft als Gesellschafterin an einer Personengesellschaft ist zwar nicht gesetzlich ausgeschlossen. Eine entsprechende „Typenvermischung" ist aber praktisch ungebräuchlich.

III. Die Aktiengesellschaft

Die Gründung einer AG kann sowohl im Wege der Einheitsgründung (Simultangründung) als auch durch Stufengründung (Sukzessivgründung) erfolgen. In beiden Fällen ist die Abfassung der Statuten **in beurkundeter Form** erforderlich (vgl. Art. 288 PGR). Ihre Rechtspersönlichkeit erwirbt die AG – wie alle anderen Verbandspersonen auch – erst mit Eintragung im Öffentlichkeitsregister, Art. 106 PGR. Haben Personen für die Gesellschaft in Gründung gehandelt, so haften diese persönlich, solange die Gesellschaft die Handlungen nicht innerhalb von drei Monaten nach Eintragung übernimmt, Art. 108 PGR.

Das **Mindestkapital** der AG beträgt 50 000 CHF. Lautet das Kapital auf EURO oder US-Dollar, so ist der nominell gleiche Betrag in der jeweils anderen Währung erforderlich, Art. 122 PGR. Das Kapital kann in bar oder durch Sacheinlagen aufgebracht werden. Bei

---

[149] Die liechtensteinischen Gesetze können im Internet unter www.gesetze.li eingesehen werden. Das PGR findet sich z. B. unter: http://www.gesetze.li/Seite 1.jsp?LGBlm=1 926 004.
[150] www.oera.li.
[151] Z. B. BGH NJW 2005, 3351; OLG Frankfurt IPRax 2004, 56; LG Nürnberg DB 2003, 2765.

der Gründung müssen grundsätzlich nur 20% des Stammkapitals sofort einbezahlt werden. Zumindest in Höhe des gesetzlichen Mindestkapitals muss es aber sofort voll aufgebracht werden, Art. 122 Abs. 2 PGR. Die Übernahme von Inhaberaktien kann erst nach einer Einzahlung erfolgen, die durch die Satzung nicht unter 50% des Ausgabebetrages abgesenkt werden kann, Art. 323 PGR.

351 Die Anteile werden als Inhaberaktien oder in Namensaktien verbrieft, Art. 323 PGR. Diese können auf den Nennwert oder eine Quote (Nennwertlose Aktie bzw. **Quotenaktie**) lauten, Art. 262 PGR. Zulässig ist auch die Ausgabe von Aktien mit bevorzugtem Stimm- oder Bezugsrecht (Vorzugsaktien).

352 Die **Generalversammlung der Aktionäre** ist das oberste Organ der AG. Sie beschließt insb. über den Jahresabschluss, die Änderung der Statuten und wählt die Mitglieder der Verwaltung und der Kontrollstelle, Art. 338 PGR.

353 Einen **Gesellschafter** trifft eine persönliche Haftung dann, wenn er als „Großanteilshaber" (mit mehr als 10% Beteiligung) die Mitglieder der Verwaltung zu einem Sorgfaltsverstoß veranlasst hat, Art. 221 PGR oder er als „faktisches Organ" zu qualifizieren ist.

354 Die Geschäftsführung und Vertretung der Gesellschaft obliegt der **Verwaltung** (Vorstand, Geschäftsführer o.a.). Diese besteht nach Maßgabe der Satzung aus einer oder mehreren natürlichen oder juristischen Personen, Art. 180 PGR. Zu beachten sind Residenzerfordernisse (Staatsangehörigkeit oder Wohnsitz in Liechtenstein) für einen gesetzlich bestimmten Mindestanteil der Mitglieder der Verwaltung (z. B. Art. 180a PGR).

355 Die **Kontrollstelle** – regelmäßig ein Wirtschaftsprüfer – prüft die Buchführung etc. auf Ordnungsmäßigkeit und Richtigkeit, Art. 159 PGR. Ein **Aufsichtsrat** ist als fakultatives Organ zulässig, Art. 199 PGR. Ein **Repräsentant** ist gem. Art. 239 PGR bei „Briefkastengesellschaften" zu bestellen, damit in Liechtenstein mindestens eine Person greifbar ist, die gegenüber den Behörden und Gericht Erklärungen abgeben und entgegennehmen kann. Eine darüber hinausgehende gesellschaftsrechtliche Organfunktion kommt dem Repräsentanten aber nicht zu.[152]

IV. Die GmbH

356 Die Gründung einer GmbH erfolgt gem. Art. 390 PGR durch Abfassung der öffentlich beurkundeten Statuten und Eintragung in das Öffentlichkeitsregister.[153] Das Mindestkapital beträgt 30 000 Franken, wobei im Fall der Denomination in EURO oder USD jeweils derselbe Betrag gilt, Art. 122 Abs. 1a PGR. Die Stammeinlage eines jeden Gesellschafters muss mindestens 50 CHF betragen (Art. 391 Abs. 1 PGR). Geschäftsführung und Vertretung der Gesellschaft obliegen den Geschäftsführern.

V. Treuunternehmen und Anstalt

357 Bei der in den Art. 897 ff. PGR ausdrücklich geregelten **Treuhänderschaft** (Salmannenrecht) handelt es sich um keine Gesellschaft oder juristische Person, sondern um ein Treuhandverhältnis, welches unter Rückgriff auf gemeinsame germanisch-rechtliche Wurzeln weitgehend dem englischen *trust* nachgebildet ist.[154] Dieses Institut ist daher besonders bei Investoren aus dem anglophonen Rechtskreis beliebt. Die Treuhänderschaft wird durch Abschluss der Treuhandvereinbarung zwischen Treugeber und Treuhänder (*trustee*/ Salmann) sowie Übertragung des Treuguts auf den Treuhänder begründet. Darüber hinaus ist die Treuhänderschaft mit deklaratorischer Wirkung in das Öffentlichkeitsregister einzutragen, Art. 900 PGR.

---

[152] Am ehesten vergleichbar etwa dem *registered agent* in den Oasenstaaten, Delaware und in England.

[153] Da in Liechtenstein kein Notariat besteht, wird bei Beurkundung in Liechtenstein dort ein Richter, Rechtspfleger oder ein Mitarbeiter des Öffentlichkeitsregisters tätig.

[154] Ausführlich *Kulms*, ZEuP 2001, 666.

Das **Treuunternehmen** dagegen kann als eigenständige juristische Person gegründet werden. Die Geschäftsführung obliegt dann dem Treuhänderrat bzw. einem einzelnen Treuhänder als Verwaltungsorgan. Die einschlägigen Regeln der §§ 1–170 des Gesetzes über das Treuunternehmen (TreuUG) befinden sich unter Art. 932a PGR. Das Treuunternehmen entsteht gem. § 7 TrUG mit Eintragung im Öffentlichkeitsregister.

Bei der (privatrechtlichen) **Anstalt** handelt es sich um ein rechtlich verselbständigtes und organisiertes Vermögen, welches dauerhaft einem bestimmten wirtschaftlichen oder anderen Zweck gewidmet ist, das einen Bestand von sachlichen Mitteln aufweist und keine andere Form der Verbandsperson darstellt, Art. 534 PGR. Die Errichtung einer Anstalt wird durch Registrierung im Öffentlichkeitsregister abgeschlossen. Oberstes Organ der Anstalt ist der Inhaber der Gründerrechte, der die Verwaltung ernennt und Statutenänderungen vornehmen kann. Die Gründerrechte können abgetreten und vererbt, aber nicht verpfändet oder belastet werden, Art. 541 PGR. Das Mindestkapital beträgt 30 000 Franken. Konkrete gesetzliche Vorgaben für die Ausgestaltung der Anstalt bestehen nicht.[155] Insoweit wird der Fantasie und den Vorstellungen des Gründers vorbehaltlos Raum gegeben. Bezeichnend ist folgende Charakterisierung: „Die Ausgestaltung der Anstalt ist so vielgestaltig, dass sie jedem wirtschaftlichen Bedürfnis und jedem Unternehmerwunsch Rechnung tragen kann."[156]

J. Luxemburg

Literatur: *Behrens,* Luxemburg, in: *Behrens,* Die GmbH im internationalen und ausländischen Recht, 2. Aufl. 1997, S. 570; *Corbisier,* Droit des Sociétés, Tableau Comparatif des Droits Luxembougeois, Belge et Français et Textes Légaux Luxembougeois, Brüssel 2000; *Grigat,* Die Vertretung verselbständigter Rechtsträger in europäischen Ländern, Belgien und Luxemburg, 2000; *Halla-Villa Jimenez,* Eine rechtsvergleichende Analyse der Holdingstandorte Spanien, Deutschland, Österreich und Luxemburg, RIW 2003, 589; *Heuschmid/Schmidt,* Die europäische Aktiengesellschaft auf dem Weg in die Karibik – Eine rechtliche Würdigung der Sitzverlagerungen europäischer Aktiengesellschaften von Luxemburg auf die Cayman Islands, NZG 2007, 54; *Putz,* Die luxemburgische société anonyme, in: *Hirte/Bücker,* Grenzüberschreitende Gesellschaften, S. 262; *Putz,* Die luxemburgische société à responsabilité limitée (s.à.r.l.), in: *Hirte/Bücker,* Grenzüberschreitende Gesellschaften, S. 293; *Schwachtgen,* Luxemburg, in: Süß/Wacher, Handbuch des internationalen GmbH-Rechts, 2. Aufl. 2011, S. 1157; *Winandy,* Manuel de droit des sociétés, Luxemburg, 2008.

I. Einführung

1. Überblick

Das Recht der luxemburgischen Handelsgesellschaften ist im Wesentlichen im *Loi concernant les Sociétés Commerciales* vom 10. August 1915 (Gesetz über die Handelsgesellschaften – HGesG)[157] enthalten, welches sich an das damalige gleichlautende belgische Gesetz von 1913 anlehnt, in der Zwischenzeit aber vielfach überarbeitet wurde. Das HGesG regelt als handelsrechtliche Personengesellschaften die Offene Handelsgesellschaft *(société en nom collectif/S. e. n. c.),* die Kommanditgesellschaft *(société en commandite simple/S. e. c.s)* und die Kommaditgesellschaft auf Aktien *(société en commandite par actions/S. c. a.).* Als Kapitalgesellschaften sind die Aktiengesellschaft *(société anonyme/S. A.)* und die GmbH *(société à responsabilité limitée/S. à. r. l.)* anerkannt. Lediglich die Gesellschaft bürgerlichen Rechts *(société civi-*

---

[155] Zur Anerkennung in Deutschland s. OLG Frankfurt NJW 1964, 2355 (unzutreffenderweise ablehnend) und BGH WM 1980, 714 (bejahend).
[156] *Wanger* Liechtensteinisches Wirtschafts- und Gesellschaftsrecht, S. 85.
[157] Die luxemburgischen Gesetze sind verfügbar unter: http://www.legilux.public.lu. Das Gesetz über die Handelsgesellschaften findet sich unter http://www.legilux.public.lu/leg/textescoordonnes/compilation/recueil_lois_speciales/SOCIETES.pdf.

le/S. C.) ist im Code Civil[158] geregelt. Praktisch am häufigsten vorkommende Gesellschaftsform ist die Aktiengesellschaft, mit deutlichem Abstand auch die GmbH. Im Juni 2007 wurde von der Luxemburgischen Regierung ein Vorschlag zu einer umfassenden Modernisierung des Gesellschaftsrechts vorgelegt. Dieser sieht unter anderem auch die Einführung eine „kleinen Aktiengesellschaft *(Société par actions simplifié – S.A.S.)* und weitgehende Möglichkeiten zu einer formwechselnden Umwandlung vor.

2. Handelsregister

361 Im Jahre 2002 wurde in Luxemburg ein zentrales elektronisch geführtes Handelsregister *(Registre de Commerce et des Sociétés)* geschaffen.[159] Anträge sind weiterhin in Schriftform einzureichen. Das Handelsregister ist für zuvor angemeldete Nutzer aber kostenfrei online einsehbar.[160] Auch wenn die Eintragung im Register nicht konstitutiv, sondern lediglich deklaratorisch wirkt, ergibt sich aus dem Erfordernis der entsprechenden Registernachweise und den Ordnungsstrafen für die Vernachlässigung der gesetzlichen Publizitätserfordernisse faktisch ein Zwang zur Registrierung. Die zur Registrierung eingereichten Unterlagen (nicht die Eintragungen im Register) werden im luxemburgischen Amtsblatt *(Mémorial)* veröffentlicht.[161]

3. Internationales Gesellschaftsrecht

362 Das Gesellschaftsstatut wird grundsätzlich an den **Hauptverwaltungssitz** der Gesellschaft *(principal établissement)* angeknüpft, Art. 159 HGesG. Dabei lässt das luxemburgische Recht ausdrücklich den Wechsel des Gesellschaftsstatuts **(Wegzug)** einer luxemburgischen Gesellschaft durch einstimmigen Beschluss der Gesellschafterversammlung über die Verlegung des statutarischen Sitzes der Gesellschaft ins Ausland zu, Art. 67-1, 199 HGesG. Auch der **Zuzug** ausländischer Gesellschaften durch Verlegung des statutarischen Gesellschaftssitzes nach Luxemburg wird anerkannt und im luxemburgischen Handelsregister vollzogen.

II. Personengesellschaften

363 Eine Gesellschaft bürgerlichen Rechts *(société civile)* kann gem. Art. 1832 ff. lux. code civil (c.c.) durch zwei oder mehrere Personen gegründet werden. Die Gründung erfordert den Abschluss eines schriftlichen Vertrages, Art. 1834 c.c.

364 Gem. Art. 2 Abs. 2 HGesG bilden alle handelsrechtlichen Gesellschaften – und damit auch die handelsrechtlichen Personengesellschaften (Offene Handelsgesellschaft und Kommanditgesellschaft) – eine von ihren Gesellschaftern gesonderte rechtliche Einheit **(juristische Personen)**. Der Gesellschaftsvertrag ist gem. Art. 4 HGesG ist notarieller Urkunde oder privatschriftlich abzufassen. Ein Auszug des Gesellschaftsvertrags unterliegt der Publizität im Handelsregister und im staatlichen Amtsblatt *(Mémorial)*. Da auch andere juristische Personen Gesellschafter einer Personengesellschaft werden können, kommt – vor allem aus steuerlichen Motiven – bisweilen auch die Kommanditgesellschaft mit ausschließlich einer S.à.r.l. als Komplementärin praktisch vor.

---

[158] Code Civil im Internet unter: http://www.legilux.public.lu/leg/textescoordonnes/codes/code_civil/CodeCivil_PageAccueil.pdf.

[159] Unter: www.rcsl.lu.

[160] Zugang in deutscher Sprache unter: https://www.rcsl.lu/mjrcs/index.do?isFromIndex=true&time=1227561337209.

[161] Eine online-Recherche im Mémorial ist möglich unter: http://www.legilux.public.lu/entr/search/index.php.

III. Die Aktiengesellschaft

1. Gründung

Die Gründung einer Aktiengesellschaft ist seit 2006 auch durch einen **einzigen Gründer** möglich, Art. 26 HGesG. Sie erfolgt durch Beurkundung des Gründungsvertrags und der Satzung durch einen luxemburgischen Notar, Art. 26 HGesG. Die Art. 29 ff. HGesG ermöglichen auch eine Stufengründung. Die Gesellschaft erlangt bereits mit Unterzeichnung der Gründungsurkunde durch den Notar Rechtsfähigkeit. Hinterlegung und Eintragung im Handelsregister haben also lediglich deklaratorische Bedeutung. Ein Auszug aus dem Gesellschaftsvertrag wird vom Notar beim Handelsregister hinterlegt, das die Veröffentlichung im *Mémorial* und die Registrierung veranlasst.

Für Rechtsgeschäfte, die vor Entstehung der Gesellschaft in deren Namen eingegangen werden, haften die Handelnden solange persönlich, bis die Gesellschaft diese innerhalb von zwei Monaten nach Gründung übernimmt, Art. 12bis HGesG. Da die Gesellschaft aber bereits durch Abschluss der Beurkundung gegründet ist, kommt dieser Regelung über die **Vor(gründungs)gesellschaft** praktisch nur geringe Bedeutung zu.

2. Stammkapital

Das Mindestkapital der Aktiengesellschaft beträgt 30 986,69 EURO, Art. 26 HGesG. Bei der Einheitsgründung sind noch vor der Beurkundung für jede der gezeichneten Aktien 25% des jeweiligen Nennbetrags zzgl. Agio zu hinterlegen und die Hinterlegung zugunsten der Gesellschaft dem Notar bei Gründung durch Bankbescheinigung nachzuweisen. Das Stammkapital kann auch als Sacheinlage aufgebracht werden. Sacheinlagen sind spätestens innerhalb von fünf Jahren nach Gründung vollständig zu leisten. Sie sind durch einen unabhängigen Wirtschaftsprüfer noch vor Beurkundung der Satzung zu prüfen.

Die Kapitalerhöhung erfolgt durch Gesellschafterbeschluss in Form einer Satzungsänderung. Gem. Art. 32 Abs. 2 HGesG können die Statuten den Verwaltungsrat für die Dauer von fünf Jahren ermächtigen, das Kapital durch Ausgabe von neuen Aktien bis zu einem bestimmten Betrag zu erhöhen **(genehmigtes Kapital)**. Den Aktionären steht bei Ausgabe neuer Aktien gegen Bareinlage – vorbehaltlich einer abweichenden Satzungsregel – stets anteilig zu ihrer bisherigen Beteiligung ein Vorkaufsrecht zu, Art. 32-3 HGesG.

Der **Erwerb eigener Aktien** durch die Gesellschaft ist gem. Art. 49-1 HGesG grundsätzlich ausgeschlossen. Ausnahmen gelten für zeitlich befristete Erwerbe, Art. 49-2 HGesG, die Vorbereitung einer Kapitalherabsetzung, einen unentgeltlichen Erwerb oder Erwerbe im Rahmen einer Universalsukzession etc., Art. 49-3 HGesG.

Von dem jährlichen Gewinn sind 5% einer gesetzlichen Rücklage zuzuführen, solange bis 10% des Stammkapital erreicht werden, Art. 72 HGesG. Gem. Art. 72-2 HGesG können in der zweiten Hälfte des Geschäftsjahres Vorabdividenden auf der Basis einer Zwischenbilanz gezahlt werden.

3. Aktien

Aktien können sowohl als **Inhaber-** wie auch als **Namensaktien** ausgegeben werden, Art. 37 HGesG. Sie lauten alle auf den gleichen Wert. Möglich ist aber auch die Ausgabe nennwertloser Aktien, Art. 37 Abs. 1 HGesG. Bis zu 50% des Stammkapitals können in Form von Vorzugsaktien ohne Stimmrecht ausgegeben werden, Art. 44 HGesG.

Die **Übertragung** der Aktien ist grundsätzlich frei, soweit die Satzung keine Beschränkungen vorsieht. Sie erfolgt bei Inhaberpapieren durch Übergabe der Aktienurkunde, Art. 42 HGesG. Bei Namensaktien genügt der Abschluss des Kaufvertrages bzw. der Übertragungsurkunde. Der Gesellschaft gegenüber ist die Übertragung der Namensaktie jedoch erst nach Eintragung des Erwerbers im Aktienbuch der Gesellschaft wirksam, Art. 40 Abs. 3 HGesG.

4. Die Hauptversammlung

373 Die Hauptversammlung *(l'assemblée générale)* ist das oberste Organ der Aktiengesellschaft. Sie muss vom Verwaltungsrat mindestens ein Mal jährlich zu dem in der Satzung bestimmten Ort und Zeitpunkt einberufen werden, Art. 70 HGesG. Die Hauptversammlung entscheidet über die Wahl und Entlassung der Mitglieder des Verwaltungsrats, Satzungsänderungen, die Auswahl des Wirtschaftsprüfers, den Jahresabschluss und die Verwendung des Gewinns.

374 Die Versammlung entscheidet durch **Stimmenmehrheit** bei einem Quorum von 50% des Kapitals bei der ersten Einberufung. Für **Satzungsänderungen** bedarf es eines mit mindestens ²/₃ der Stimmen gefassten Beschlusses, Art. 67-1 Abs. 2 HGesG. Der satzungsändernde Beschluss ist notariell zu beurkunden, Art. 11 HGesG.

5. Der Verwaltungsrat

375 Geschäftsführungsorgan der Aktiengesellschaft ist der Verwaltungsrat *(conseil d'administration)*. Die Hauptversammlung muss zumindest **drei natürliche oder juristische Personen zu Verwaltern** bestellen, Art. 51 HGesG. Die Amtszeit der Verwalter darf sechs Jahre nicht übersteigen – wobei aber die Wiederwahl zulässig ist. Die Bestellung kann schon in der Gründungsurkunde erfolgen.

376 Der Verwaltungsrat ist für alle Handlungen zuständig, die zur Erreichung des Gesellschaftszwecks erforderlich sind, Art. 53 HGesG. Auch gegenüber Dritten vertritt der gesamte Verwaltungsrat die Gesellschaft grundsätzlich gemeinschaftlich. Die Satzung kann aber bestimmen, dass ein oder mehrere Mitglieder des Verwaltungsrats die Gesellschaft allein oder gemeinsam vertreten, Art. 53 Abs. 4 HGesG. Daneben kann das Tagesgeschäft *(gestion journalière)* auf der Basis der Satzung oder eines Hauptversammlungsbeschlusses einem oder mehreren Mitgliedern des Verwaltungsrats, einzelnen Direktoren, Geschäftsführern oder anderen Vertretern übertragen werden, Art. 60 HGesG.

377 Durch Gesetz vom 25. August 2006 wurde – wie im französischen Recht – auch die Option zugunsten eines dualistischen Verwaltungssystems mit Vorstand und (Rdnr. 145) Aufsichtsrat *(directoire et conseil de surveillance)* geschaffen.

IV. Die GmbH

1. Gründung

378 Die GmbH *(société privée à responsabilité limitée – S.à.r.l.)* wurde erst durch 1933 in das luxemburgische Recht eingeführt und ist nun in den Art. 179–202 HGesG geregelt. Die Ein-Personen-Gründung ist seit 1992 möglich. Die Anzahl der Gesellschafter aber nach oben auf 40 begrenzt, Art. 181 Abs. 1 GesG. Auch die S.à.r.l. entsteht bereits durch notarielle Beurkundung des Gesellschaftsvertrags, Art. 4 HGesG. Es gilt das gleiche Verfahren, wie für die Gründung einer Aktiengesellschaft (s. o. Rdnr. 365).

2. Stammkapital

379 Das Mindestkapital der S.à.r.l. beträgt 12 394,68 EURO (vormals: 500 000 LUF), Art. 182 GesG. Das Kapital muss bei Gründung vollständig eingezahlt sein und die Einzahlung dem beurkundenden Notar durch Bankbescheinigung nachgewiesen werden, Art. 183 HGesG. Sacheinlagen müssen durch einen Sachverständigen geschätzt werden. Es ist aber keine Prüfung durch einen Sachverständigen erforderlich, Art. 184 Abs. 1 HGesG. Der Betrag des Stammkapitals muss auf allen Geschäftsbriefen der Gesellschaft etc. angegeben werden, Art. 187 Nr. 5 HGesG.

3. Geschäftsanteile

380 Das Kapital der GmbH teilt sich gem. Art. 182 GesG in gleich große Anteile. Diese können auf einen Betrag lauten. Durch Gesetz vom 21. Dezember 2006 sind nennwertlose

Anteile zugelassen worden. Es können auch stimmrechtslose Anteile ausgegeben werden. Anteile und Inhaber sind im Gesellschafterbuch und im Handelsregister zu verzeichnen, Art. 185 HGesG.

Die **Übertragung der Anteile** an Personen, die nicht schon Gesellschafter sind, bedarf gem. Art. 189 HGesG der Zustimmung der Gesellschafterversammlung mit einer Mehrheit von ³/₄ des Gesellschaftskapitals. Die Vererbung der Anteile an den Ehegatten oder pflichtteilsberechtigte Personen ist von dem Zustimmungserfordernis befreit. Die Übertragung erfolgt durch notarielle Urkunde oder in privater Schriftform, Art. 190 GesG. Der Gesellschaft mit mehr als einem einzigen Gesellschafter gegenüber wird die Abtretung mit Eintragung im Gesellschafterregister wirksam, Art. 190 HGesG.

4. Die Geschäftsführung

Eine oder mehrere Personen werden von der Gesellschafterversammlung oder im Gesellschaftsvertrag zu **Geschäftsführern** (gerants) ernannt, Art. 191 HGesG. Dabei kann auch eine juristische Person Geschäftsführer werden. Die Ernennung erfolgt auf unbestimmte Zeit. Eine Abberufung ist jederzeit durch einfachen Mehrheitsbeschluss der Gesellschafterversammlung möglich.

Dem Geschäftsführer obliegt die gerichtliche und außergerichtliche Vertretung der Gesellschaft. Vorbehaltlich abweichender Regelung im Gesellschaftsvertrag vertritt jeder Geschäftsführer die Gesellschaft allein, Art. 191bis HGesG. Eine gesetzliche Beschränkung für Insichgeschäfte und Mehrfachvertretung gibt es nicht.[162]

K. Niederlande

Schrifttum: *Bervoerts*, Die Übertragung von Anteilen einer niederländischen GmbH, in: Kalss, Die Übertragung von GmbH-Geschäftsanteilen in 14 Rechtsordnungen Europas, Wien 2004, S. 155; *Bervoerts*, Die Haftung von Vorstandsmitgliedern niederländischer Kapitalgesellschaften, in: Kalss, Vorstandshaftung in 15 europäischen Ländern, Wien 2004, S. 593; *van Efferink/Ebert/Levedag*, Die zugezogene niederländische B. V. als Rechtsformalternative zur deutschen GmbH für in- und ausländische Investoren in Deutschland, GmbHR 2004, 880; *Gernoth/Meinema*, Niederländisches Enquêterecht: Vorbild für das deutsche Sonderprüfungsrecht?, RIW 2000, 844; *Glozbach*, Die Gesellschaft mit beschränkter Haftung in Europa – Eine rechtsvergleichende Studie zum Recht der GmbH in Deutschland, den Niederlanden und Frankreich, diss. iur. 2008, im Internet einsehbar unter: http://arno.unimaas.nl/show.cgi?fid=13 445; *Gotzen*, Niederländisches Handels- und Wirtschaftsrecht, 2. Aufl. 2000; *de Groot/Hansen/Seikel*, Die Vertretung verselbständigter Rechtsträger in europäischen Ländern, Teil III: Dänemark, Niederlande und Schweiz, 1998; *Haarhuis*, Gesellschaftsrecht in den Niederlanden, 1995; *de Kluiver/Rammeloo*, Capital and Capital Protection in The Netherlands: A Doctrine in Flux, in: *Lutter* (Hrsg.), Legal Capital in Europe, 2006, S. 558; *de Kluiver*, Towards a Simpler and More Flexible Law of Private Companies, ECFR 2006, 45; *de Kluiver/Rameloo*, Die niederländische Besloten Vennootschap (B.V.) und Naamloze Vennootschap (N.V.), in: Hirte/Bücker, Grenzüberschreitende Gesellschaften, 2. Aufl. 2006; *Leithaus*, Die Regelung des Erwerbs eigener Aktien in Deutschland und den Niederlanden, 2000; *Nieper/Westerdijk*, Niederländisches Bürgerliches Gesetzbuch Band 2, 1998; *Rademakers/de Vries*, Niederlande, in: Süß/Wacher, Handbuch des internationalen GmbH-Rechts, 2. Aufl. 2011, S. 1191; *van Schilfgaarde* (bearb. von *Winter*), Van de B.V. en de NV, 15. Aufl. Deventer 2009; *Timmerman*, Sitzverlegung von Kapitalgesellschaften nach niederländischem Recht und die 14. EU-Richtlinie, ZGR 1999, 147; *Timmerman/Spanjaard*, Arbeitnehmermitbestimmung in den Niederlanden, ZHR 2004 Beiheft Nr. 72, S. 75 ff.; *de Vries/Efferink*, Die niederländische B. V., GmbHR, Sonderheft September 2006 S. 48; *Westerdijk*, Die GmbH & Co. KG im niederländischen Gesellschaftsrecht, 1998; *Wetzel/Wetzel*, Die Gründung und Führung der niederländischen B. V. in Theorie und Praxis, 1997.

---

[162] *Schwachtgen* in: Süß/Wacher Handbuch internationale GmbH, Luxemburg Rdnr. 85.

I. Überblick

1. Rechtsquellen

384 Das Recht der Handelsgesellschaften war in den Niederlanden ursprünglich insgesamt im Handelsgesetzbuch von 1838 *(Wetboek van Koophandel – WvK)* geregelt. Mit der stückweisen Einführung des reformierten Neuen Zivilgesetzbuchs **(Nieuw Burgerlijk Wetboek – NBW)** sind zunächst die Aktiengesellschaft und weitere Juristische Personen des Zivilrechts (wie die Stiftung, die Genossenschaft und der Verein) aus dem WvK in das Buch 2 NBW überführt worden.[163] Die Personenhandelsgesellschaften sind dagegen weiterhin im WvK geregelt. Eine vollständige Neuregelung des Rechts der Personengesellschaften im Rahmen eines neugeschaffenen Titel 13 in Buch 2 NBW war zwar Gegenstand der Beratungen in der Ersten Kammer des Parlaments, ist aber zwischenzeitlich gescheitert.

2. Das Handelsregister

385 Das Handelsregister wird in den Niederlanden von den 21 regionalen und autonomen Handelskammern *(Kamer van Koophandel en Fabrieken)* geführt. Rechtliche Grundlage sind das *Handelsregisterwet (Hrw)* und die dazu ergangene Handelsregisterverordnung *(Handelsregisterbesluit – Hrb)*. Das Handelsregister ist öffentlich und kann gegen eine geringe Gebühr nach Anmeldung online eingesehen werden.[164] Eintragungen in das Register haben negative und positive Publizitätswirkungen, Art. 18 Hrw. Beglaubigte Handelsregisterauszüge *(uittreksel)* werden in deutsche und in englischer Sprache ausgestellt und geben einen zuverlässigen Nachweis von Existenz und Vertretung der Gesellschaft.

3. Die Umwandlung von Gesellschaften

386 Die **formwechselnde Umwandlung** – ausschließlich zwischen den unterschiedlichen Formen von juristischen Personen – erfolgt gem. Art. 2:18 NBW durch einen Umwandlungsbeschluss (der bei Wechsel zwischen N.V. und B.V. nicht einmal mit satzungsändernder Mehrheit gefasst werden muss), Satzungsänderung und Ausstellung einer notariellen Urkunde mit der Neufassung der Satzung. Wie bei der Gründung (s.u. Rdnr. 402, 426) ist auch bei der Umwandlung in eine B.V. oder N.V. die Unbedenklichkeitsbescheinigung des Justizministeriums erforderlich, Art. 2:183 NBW.

387 Gem. Art. 2:310 NBW können sich auch an einer **Verschmelzung** *(Fusie)* nur juristische Personen (also keine Personenhandelsgesellschaften ohne Rechtsfähigkeit) beteiligen. Grundsätzlich können auch nur juristische Personen gleicher Rechtsform miteinander verschmolzen werden. Die N.V. und die B.V. gelten jedoch als juristische Personen gleicher Rechtsform in diesem Sinne, so dass diese miteinander verschmolzen werden können, ohne dass zuvor eine formwechselnde Umwandlung erforderlich ist. Die Verschmelzung kann sowohl zur Aufnahme als auch zur Neugründung erfolgen. Sie führt zur Gesamtrechtsnachfolge. Die Wirkungen der *fusie* treten bereits mit Fassung des notariellen beurkundeten Verschmelzungsbeschlusses bei den betroffenen Gesellschaften ein, Art. 2:318 NBW. Die anschließende Eintragung im Handelsregister hat allein deklaratorische Wirkungen.

388 Die **Spaltung** in Form der Aufspaltung *(zuivere splitsing)* und der Abspaltung *(afsplitsing)* ist im niederländischen Recht nun in den Art. 2:234a ff. NBW gesetzlich geregelt.

---

[163] Die stückweise Erneuerung des BW führt dazu, dass – vergleichbar dem deutschen SGB – jedes der einzelnen Bücher des NBW eine eigene Zählung hat (der erste Artikel des Zweiten Buches wird also als „Art. 2:1 NBW" zitiert). Das Buch 2 ist online einsehbar unter http://wetten.overheid.nl.

[164] http://www.kvk.nl/handelsregister/zoekenframeset.asp. englische Version unter http://www.kvk.nl/english/traderegister.

4. Arbeitnehmermitbestimmung

Eine **Arbeitnehmermitbestimmung** gibt es in Form der *ondernemingsraden*. In Betrieben mit mehr als 50 Arbeitnehmern ist unabhängig von der Rechtsform des Unternehmens ein *ondernemingsraad* einzurichten, der von Organisation und Funktion am ehesten dem „Betriebsrat" deutschen Rechts vergleichbar ist.[165]

Eine darüber hinausgehende Beteiligung der Arbeitnehmer an der Unternehmensleitung sieht das Sonderrecht für „große Kapitalgesellschaften" *(grote vennootschapen)* in Form einer Drittelbeteiligung von Arbeitnehmervertretern im Aufsichtsrat der Gesellschaft vor (s. u. Rdnr. 431). Diese Sonderregeln *(structuurregime)* greifen ein, wenn

– die Gesellschaft in der Bilanz ein Kapital (gezeichnetes Kapital zzgl. Kapitalrücklagen) hat, das einen bestimmten, durch Verordnung festgesetzten Betrag (derzeit 16 Mio. EURO) übersteigt;
– bei ihr oder einer Tochtergesellschaft aufgrund Gesetzes (s. o. Rdnr. 389) ein Betriebsrat eingerichtet worden ist; und
– die Gesellschaft zusammen mit ihren Tochtergesellschaften mindestens 100 Personen in den Niederlanden beschäftigt (Art. 2:263 Abs. 1 NBW (BV) bzw. 2:153 Abs. 2 NBW (NV).

Die vorgenannten Voraussetzungen müssen kumulativ erfüllt sein, und zwar über eine Dauer von mindestens drei Jahren, bevor die Sonderregelung eingreift, Art. 2:153 und Art. 2:263 NBW. Ausnahmen vom *structuurregime* bestehen für einige Fälle, wie z. B. Holdinggesellschaften, die mehr Arbeitnehmer im Ausland als in den Niederlanden beschäftigen, Art. 2:263 Abs. 3 lit. b NBW.

5. Entquêterecht

Eine Besonderheit des niederländischen Rechts ist das *Entquêterecht*. Gesellschafter mit einer Beteiligung, die einen bestimmten Mindestbetrag überschreitet, der Generalstaatsanwalt und Arbeitnehmerorganisationen können gem. Art. 2:345 NBW bei einer am *Gerechtshof Amsterdam* eingerichteten speziellen Kammer *(ondernehmingskamer)* eine gerichtliche Untersuchung der Geschäftsführung beantragen, wenn begründeter Anlass zur Vermutung eines Falls von „Mismanagement" *(wanbeleid)* besteht. Die *ondernemingskamer* kann nach eigenem Ermessen in weitem Rahmen Maßnahmen anordnen, auch schon als einstweilige Verfügungen an die Geschäftsführung, Art. 2:349 a NBW.

6. Internationales Gesellschaftsrecht

Das internationale Gesellschaftsrecht ist für die Kapitalgesellschaften seit dem 1. 1. 2012 nicht mehr im **Gesetz über das Kollisionsrecht der Körperschaften** *(Wet Conflictenrecht Corporaties – WCC)* vom 17. 12. 1997 geregelt. Dessen Regeln sind nun in das neue Buch 10 des Burgerlijk Wetboek – IPR – überführt worden. Dieses beruht auf der **Gründungstheorie** Art. 10:118 NBW. Das durch das Urteil des EuGH in der Rechtssache *Inspire Art*[166] bekanntgewordene „Gesetz über formal ausländische Gesellschaften"[167] findet zumindest auf solche im Ausland errichtete Gesellschaften, die nicht unter die europarechtliche Freizügigkeitsregelung fallen und ihren tatsächlichen Hauptsitz in den Niederlanden haben, weiterhin Anwendung.[168] Eine nach niederländischem Recht errichtete Kapitalgesellschaft kann zwar ihren Hauptverwaltungssitz ins Ausland verlegen und dort ihre Geschäfte betreiben. Sie muss aber stets ihren statutarischen Sitz in den Niederlanden beibehalten Art. 10:120 NBW. Eine Verlegung des Satzungssitzes in das Ausland und ein Formwechsel in eine ausländische Gesellschaften ist für niederländische Gesellschaft ebenso

---

[165] Ausführlich *Rademakers/de Vries*, in: Süß/Wacher, Internationale GmbH, Niederlande Rdnr. 304 ff.
[166] NJW 2003, 3331.
[167] *Wet op de formeel buitenlands vennootschappen – WFBV* vom 17. Dezember 1997
[168] *Bervoets*, in: Kalss, Vorstandshaftung in 15 europäischen Ländern, Wien 2005, S. 649

wenig zulässig, wie die Verlegung des statutarischen Sitzes einer ausländischen Kapitalgesellschaft in die Niederlande.

II. Die Personengesellschaften

394 Das Recht der Personengesellschaften war in den Niederlanden seit langer Zeit in der Reform begriffen. Im September 2011 wurde der Entwurf des Justizministeriums allerdings unter dem Vorwand zurückgezogen, es bestehe für die Reform kein Bedarf der Unternehmer. Damit gilt die bisherige – unbefriedigende – Regelung für unabsehbare Zeit fort.

1. Geltende Regelung

395 Die bürgerliche Gesellschaft (*maatschap*) ist in den Art. 1655 ff. des (alten) *Burgerlijk Wetboek (BW)* geregelt. Die Struktur der *maatschap* ist sehr lose. Diese ist weder juristische Person noch rechtsfähig. Das Vermögen steht den Gesellschaftern unmittelbar zu Bruchteilen zu. Die handelsrechtlichen Personengesellschaften *Vennootschap onder Firma* (V.O.F. – **Offene Handelsgesellschaft** und *Commanditaire Vennootschap* (C.V. – **Kommanditgesellschaft**) werden im WvK geregelt. Für das Innenverhältnis verweist Art. 15 WvK weitgehend auf die Regelungen über die *maatschap*. Es können nicht nur natürliche Personen, sondern auch juristische Personen und Kapitalgesellschaften Gesellschafter werden. Die V.O.F. kann kein eigenes Vermögen erwerben. Das Vermögen steht vielmehr den Gesellschaftern als Sondervermögen zu. Bei der C.V. sind die Komplementäre gemeinschaftlich Eigentümer des Gesellschaftsvermögens nach sachenrechtlichen Regeln. Schließlich gibt es die Stille Gesellschaft (*stille maatschap*) als Innengesellschaft.

396 Die Verbreitung von V.O.F. und C.V. im niederländischen Handelsverkehr ist gering. In Deutschland treten dagegen bisweilen niederländische Immobilienfonds in Form einer C.V. unter Beteiligung einer B.V. als Komplementärin auf („GmbH & Co. KG niederländischen Rechts"). Wegen der besonderen Vermögensstruktur wird die Komplementär-B.V. Alleineigentümerin des Vermögens und ist als Eigentümerin im deutschen Grundbuch einzutragen.

2. Inhalt der gescheiterten Reform

397 Durch die einheitliche Neuregelung sämtlicher Personengesellschaften im Rahmen des NBW fällt zunächst die Unterscheidung zwischen handelsrechtlichen und bürgerlichrechtlichen Gesellschaften dahin. Die neuen Rechtsformen sollten allen Unternehmen offen stehen, ohne dass es z. B. darauf ankommt, ob ein kaufmännischer Betrieb oder ein freiberufliches Unternehmen Gegenstand der Gesellschaft ist.

398 Systematisch werden stattdessen die Personengesellschaften in drei Gruppen unterteilt: Die **stille vennootschap** ist eine Innengesellschaft ohne eigenes Vermögen. Die **openbare vennootschap zonder rechtspersoonlijkheid (OV)** stellt eine Außengesellschaft dar, der wie den Personengesellschaften nach dem aktuellen Recht die Rechtspersönlichkeit fehlt. Der Beitritt neuer und das Ausscheiden alter Gesellschafter lässt nunmehr aber ausdrücklich den Bestand der Gesellschaft unberührt. Wichtigste Neuerung wäre die Einführung der als juristische Person ausgestalteten Personengesellschaft mit Rechtspersönlichkeit *(openbare vennootschap met rechtspersoonlijkheid – OVR)* gewesen. Diese wird durch Abschluss des Gesellschaftsvertrags in notarieller Form gegründet. Im Rahmen der Übergangsregelung sollen die bisherigen handelsrechtlichen Gesellschaften V.O.F. und C.V. automatisch in die der OVR übergeleitet werden. Gemeinsam ist der OV und der OVR, dass die Gesellschafter sowohl der OV als auch der rechtsfähigen OVR persönlich unbeschränkt und gesamtschuldnerisch haften. Ausgenommen sind die Kommanditisten einer Kommanditgesellschaft, die wahlweise mit (OVR) und ohne (OV) Rechtsfähigkeit gegründet werden können sollte.

III. Die GmbH

1. Einleitung

Die GmbH *(besloten vennootschap met beperkte aansprakelijkheid – B. V.)* wurde erst 1971 in das niederländische Recht eingeführt. Anlass für die Einführung war der Erlass der EG-Richtlinien, die an die Aktiengesellschaft wachsende Anforderungen stellten, die die bis dahin ausschließlich als Aktiengesellschaft organisierten kleinen und geschlossenen Kapitalgesellschaften kaum einhalten konnten. Mittlerweile ist die B. V. die wirtschaftlich und zahlenmäßig eindeutig dominierende Gesellschaftsform in den Niederlanden.[169] Nach Überführung des Rechts der Kapitalgesellschaften in das NBW wurde die bei Einführung der B. V. benutzte Technik der Verweisung auf die Vorschriften zur N. V. aufgegeben und ein eigenständiger und vollständiger Regelungskomplex für die B. V. erstellt. Auch wenn dessen Regeln immer noch in weiten Teilen die Regeln zur N. V. wörtlich wiederholen, so ist damit zumindest die Basis für eine dogmatische Emanzipation der B. V. vom Recht der N. V. gelegt. Im Jahre 2004 wurde eine im Auftrag des Justizministeriums erstellte Studie unter dem Titel „Vereinfachung und Flexibilisierung des GmbH-Rechts" vorgelegt.[170] Diese sieht z. B. die Abschaffung des Mindestkapitals und der Kapitalaufbringungsregeln zugunsten eines „nachgelagerten Gläubigerschutzes" sowie die Erweiterung der Gestaltungsmöglichkeiten in der Satzung vor. Die Umsetzung dieser Vorschläge würde die Eigenständigkeit der B. V. gegenüber der N. V. weiter erhöhen.[171] Ein entsprechender **Gesetzesentwurf zur Vereinfachung und Flexibilisierung des BV-Rechts** wurde bereits am 15. 12. 2009 von der Zweiten Kammer des niederländischen Parlaments verabschiedet. Das Inkrafttreten war für den 1. Juli 2012 geplant. Möglicherweise wird der Termin aber verschoben werden. Damit ist das Datum des Inkrafttreten noch ungewiss.

2. Gründung

Die B. V. kann von einer einzigen natürlichen oder juristischen Person gegründet werden, Art. 2:175 Abs. 1 NBW. Auch die Gründung ausschließlich durch ausländische Personen ist möglich. Beschränkungen bei der **Ein-Personen-Gesellschaft** kennt das niederländische Recht nicht mehr. Allerdings sind im Fall einer Ein-Personen-Gesellschaft die Personalien des Alleingesellschafters gem. Art. 14g Hrb in das Handelsregister einzutragen. Eine Obergrenze für die Anzahl der Gesellschafter ist ebenfalls nicht vorgesehen.

Die B. V. wird gem. Art. 2:175 Abs. 2 NBW durch die notarielle Beurkundung des **Gesellschaftsvertrags** und der Satzung *(statuten)* errichtet. Die Beurkundung der Statuten kann ausschließlich durch einen Notar mit Amtssitz in den Niederlanden erfolgen. Die Urkunde ist zwingend in niederländischer Sprache abzufassen, Art. 2:176 Abs. 1 NBW. Dabei ist die Beurkundung des Gesellschaftsvertrags für die Entstehung der B. V. als Rechtsperson konstitutiv. Die anschließende Eintragung der B. V. in das Handelsregister des Bezirks, in dem sich der Sitz der B. V. befindet, hat lediglich deklaratorische Bedeutung. Jedoch haften die B. V. und die Geschäftsführer für alle Verbindlichkeiten gesamtschuldnerisch, die nach Gründung und vor Eintragung der B. V. im Handelsregister im Namen der Gesellschaft eingegangen worden sind, Art. 180 Abs. 2 lit. a NBW.

Noch vor dem notariellen Gründungsakt mussten die Gründer beim niederländischen Justizministerium eine sogenannte ministerielle **„Unbedenklichkeitsbescheinigung"**

---

[169] Vgl. die Gegenüberstellung von 633 000 B. V. gegenüber 4400 NV. zum Stand Oktober 2005 bei *Riemer/Sijna* in van Hulle/Gesell, European Corporate Law, 2006, S. 271.

[170] Im Internet auf der Homepage des Ministeriums unter www.flexbv.ez.nl. Anlass für diese Studie war offenbar das Scheitern des niederländischen Versuchs, importierte englische Limiteds und andere ausländische Gesellschaften den niederländischen Kapital- und Kapitalaufbringungsregeln zu unterwerfen, vor dem EuGH in der Sache Inspire Art am 30. 9. 2003, NJW 2003, 3331.

[171] Hierzu *de Kluiver*, ECFR 2006, 45; *Rademakers*/de Vries in Süß/Wachter, Internationale GmbH, Niederlande Rdnr. 14.

(*verklaring van geen bezwaar*) einholen, Art. 2:179 NBW. Das Erfordernis der Unbedenklichkeitsbescheinigung ist bereits im Jahre 2011 aufgehoben worden.

403 Da die Gesellschaft bereits mit Beurkundung des Gesellschaftsvertrags ihre Rechtsfähigkeit erwirbt, bestand eine **Gründungsgesellschaft** *(besloten vennootschap in oprichting – B.V. i.o.)* nur so lange, wie Beurkundung und Unbedenklichkeitsbescheinigung noch nicht vorliegen. Die während dieser Zeit im Namen der B.V. i.o. (nach deutschem Verständnis: Vorgründungsgesellschaft) vorgenommenen Rechtsgeschäfte binden die spätere B.V. nur, soweit die Gesellschaft diese nach Abschluss der Gründung genehmigt, Art. 2:203 NBW. Die Handelnden werden mit der Genehmigung frei, wenn sie nach Außen erkennbar im Namen der B.V. i.o. aufgetreten sind. Nach der Rechtsprechung kann auch eine B.V. i.o. schon in das Handelsregister eingetragen werden.[172] Diese Gesellschaft hat dann den Status einer Personengesellschaft.

3. Stammkapital

404 Das **Mindestkapital** der B.V. wird nicht unmittelbar vom Gesetz festgelegt, sondern aufgrund einer Verordnung, die regelmäßig an die Geldentwertung angepasst werden sollte, Art. 2:178 Abs. 2 NBW. Seit dem 1. September 2000 beträgt das Mindestkapital 18 000 EURO. Nach Entwurf des Gesetzes zur Flexibilisierung des Rechts der BV[173] wird das gesetzliche Mindestkapital für die B.V. vollständig abgeschafft werden. Die Einlagen sind grundsätzlich in bar aufzubringen. Sacheinlagen können nach Vereinbarung mit den Gesellschaftern erfolgen und machen einen Prüfungsberichts durch einen Wirtschaftsprüfer erforderlich, Art. 2:204a NBW. Das Erfordernis des Prüfungsberichts soll allerdings ebenfalls mit dem Flexibilisierungsgesetz aufgehoben werden. Arbeit oder Dienste können nicht als Sachleistung eingebracht werden, Art. 2:191b Abs. 1 S. 2 NBW – allenfalls Geldforderungen, die aufgrund der B.V. bereits erbrachter Dienste entstanden sind.

405 Der Zeitpunkt und der Umfang der **Kapitalaufbringung** steht den Gesellschaftern grundsätzlich frei. Gem. Art. 2:69 NBW haften die Geschäftsführer der Gesellschaft jedoch gesamtschuldnerisch für alle Handlungen, die im Namen der Gesellschaft vorgenommen wurden, solange der Betrag des aufgebrachten Kapitals nicht den gesetzlichen Mindestkapitalbetrag und 25% des zum Zeitpunkt der Gründung ausgegebenen Kapitals erreicht, Art. 2:180 Abs. 2 NBW. Das Flexibilisierungsgesetz soll den Schutz der Gläubiger der Gesellschaft verbessern. Werden Dividenden ausgeschüttet, obwohl die finanzielle Situation der Gesellschaft dies nicht gestattet, so sollen Geschäftsführer und Gesellschafter künftig haften.

406 Ein **Erwerb eigener Anteile** durch die Gesellschaft ist jederzeit möglich, soweit die Anteile voll eingezahlt sind und der Erwerb unentgeltlich erfolgt. Ein entgeltlicher Erwerb voll eingezahlter eigener Anteile in Höhe von bis zu 50% des gezeichneten Kapitals ist nach Gestattung durch die Satzung und die Gesellschafterversammlung möglich. Die Zahlung des Kaufpreises darf aber den Bestand des eingezahlten Kapitals einschließlich der ausstehenden Einlagen, der gesetzlichen und der von der Satzung vorgesehenen Rücklagen nicht antasten, Art. 2:207 NBW.

4. Anteile

407 Bei der Bewertung des Kapitals ist zu beachten, dass das Gesellschaftskapital *(maatschapelijk kapitaal)* nur die Summe der Anteile bezeichnet, die die B.V. ausgeben kann (Art. 2:178 NBW), und somit nicht den Betrag des eingezahlten bzw. übernommenen, sondern allenfalls des „genehmigten" Kapitals wiedergibt. Das **tatsächlich gezeichnete Kapital** *(geplaatst kapital)* muss mindestens 20% des Gesellschaftskapitals ausmachen, Art. 2:178 Abs. 4 NBW. Nur dieser Betrag spiegelt die tatsächliche Haftsumme wider.

---

[172] *Gotzen*, Niederländisches Handels- und Wirtschaftsrecht, Rdnr. 285 m.w.N.
[173] S.o. Rdnr. 399.

Die Anteile **lauten zwingend auf den Nennwert,** Art. 2:178 NBW. Das Flexibilisierungsgesetz sieht vor, dass Geschäftsanteile der B. V. auf au einen anderen Nennwert als in EURO lauten können. Wie bei der Aktiengesellschaft muss nicht jedem Gesellschafter ein einziger Anteil in Höhe des von ihm übernommenen Kapitals ausgestellt werden, sondern kann auch eine Vielzahl von Anteilen mit gleicher Stückelung ausgegeben werden. Die Anteile können ausschließlich als auf den Namen lautende registrierte Anteile ausgegeben werden, Art. 2:175 NBW. Die Anteile dürfen nach aktuellem Recht nicht verbrieft werden. Möglich ist allein die Ausstellung von Zertifikaten, mit denen z.B. das Dividendenbezugsrecht abgespalten und getrennt vom Stimmrecht übertragen werden kann.[174] Das Flexibilisierungsgesetz wird das Verbot, Geschäftsanteile zu verbriefen aber aufheben.

Die **Übertragung der Geschäftsanteile** ist bei der B. V. in mehrfacher Hinsicht beschränkt. Die dadurch erreichte Geschlossenheit des Gesellschafterkreises ist das Wesensmerkmal der B. V. und der hauptsächliche Unterschied zur N. V. Die Satzung der B. V. muss nach dem noch geltenden Recht zwingend **Veräußerungsbeschränkungen** *(blokkeringsregeling)* enthalten, Art. 2:175 Abs. 1 S. 2 NBV. Die Veräußerungsbeschränkungen können in dem Erfordernis einer Zustimmung (z.B. durch die Geschäftsführung oder die Gesellschafterversammlung) oder in einem Vorkaufsrecht der Mitgesellschafter bestehen. Ausgenommen von den Beschränkungen sind aber Veräußerungen an den Ehegatten, Verwandte in gerader Linie und in der Seitenlinie bis zum zweiten Grad sowie Mitgesellschafter – soweit die Satzung nicht die Beschränkungen ausdrücklich auch auf diese Fälle erstreckt Art. 2:195 Abs. 1 NBV. Verweigert die Gesellschaft die Zustimmung zur Veräußerung, so muss sie dies mit der Nennung eines alternativen Erwerbers für die Geschäftsanteile verbinden. Anderenfalls gilt die Zustimmung als erteilt, Art. 2:195 Abs. 3 NBV. Das Flexibilisierungsgesetz hebt dieses Gebot auf, so dass eine Satzung auch ohne *blokkeringsregeling* verfasst werden kann und die Veräußerung der Geschäftsanteile keinen statutarischen Beschränkungen unterliegt.

Die Abtretung der Geschäftsanteile an einer B. V. bedarf der **notariellen Beurkundung** durch einen Notar mit Amtssitz in den Niederlanden, Art. 2:196 NBV. Das schließt die Beurkundung durch einen niederländischen Konsul und erst recht durch einen ausländischen Notar aus. Der deutsche Notar kann also allenfalls das schuldrechtliche Grundgeschäft für die Übertragung und die Vollmacht zur Erklärung der Abtretung vor dem niederländischen Notar beurkunden. Die Rechte aus der Abtretung können der Gesellschaft gegenüber erst nach Mitteilung geltend gemacht werden. Soweit daher die Gesellschaft nicht schon bei der Beurkundung der Abtretung selbst beteiligt war und diese genehmigt hat, ist eine notarielle Abschrift der Abtretungserklärung der Gesellschaft gem. Art. 2:196 b NBW zuzustellen.

Die Anteile müssen nicht alle die gleichen Rechte haben. So können **Vorzugsanteile** ausgegeben werden, die z.B. einen Vorzug beim Gewinnbezug gewähren *(preferente aandelen)*. Anteile können aber auch mit einem Vorzugsstimmrecht oder dem Recht auf den Vorschlag zu einem bestimmten Amt in der Gesellschaft ausgestattet werden *(prioriteitsaandelen)*. Üblich ist es, bei Gesellschaften mit mehreren Gesellschafterstämmen die Anteile in verschiedene Gruppen einzuteilen. Gesellschafter einer bestimmten Gruppe – regelmäßig durch einen gemeinsamen Buchstaben bezeichnet – haben dann z.B. das Recht, einen der Geschäftsführer zu bestellen. Stimmrechtslose Anteile können dagegen nicht ausgegeben werden. Das Flexibilisierungsgesetz schafft die Möglichkeit, auch **stimmrechtslose Geschäftsanteile** und Anteile ohne Gewinnbezugsrecht auszugeben.

5. Die Gesellschafterversammlung

Der Gesellschafterversammlung *(algemene vergadering van andeelhouders)* sind die anderen Gesellschaftsorgane nicht untergeordnet, sie ist daher nicht das formal höchste Organ der

---

[174] *Gotzen*, Niederländisches Handels- und Wirtschaftsrecht, Rdnr. 313.

BV. Die Gesellschafterversammlung ist aber ausschließlich für Entscheidungen über die Verfassung der Gesellschaft zuständig.

413 Die Gesellschafterversammlung ist gem. Art. 2:218 NBW mindestens ein Mal im Jahr einzuberufen. Da sie den Jahresabschluss genehmigen muss, erfolgt dies innerhalb von sechs Monaten nach Ende des Geschäftsjahres. Die Einberufung erfolgt grundsätzlich durch die Geschäftsführer. Die Gesellschafterversammlung beschließt darüber hinaus über die Bestellung und Abberufung der Geschäftsführer und der Wirtschaftsprüfer, die Entlastung der Geschäftsführer, die Ausschüttung und andere Verwendung von Gewinnen, und schließlich über Satzungsänderungen, Liquidation, Verschmelzung, Formwechsel und Spaltung, Kapitalerhöhungen und Kapitalherabsetzungen.

414 Die Gesellschafterversammlung ist zwingend **in den Niederlanden abzuhalten,** Art. 2:226 NBW. Beschlüsse können aber auch außerhalb einer Versammlung – und damit im Ausland – gefasst werden, wenn dass das gesamte gezeichnete Kapital gegenwärtig oder vertreten ist (Vollversammlung). Das Flexibilisierungsgesetz schafft die Möglichkeit, Gesellschafterversammlungen im Ausland abzuhalten – soweit nicht die Satzung bestimmt, dass diese an einem bestimmten Ort in den Niederlanden stattfinden.

415 Beschlüsse werden mit einer **Mehrheit** der abgegebenen Stimmen gefasst. Ist das Kapital in Anteile von gleichen Nennbeträgen aufgeteilt, so gewährt jeder Anteil eine Stimme. Haben die Anteile unterschiedliche Beträge, so werden die Stimmen nach der Größe des Anteils gewichtet. Der kleinste Anteil gewährt dann eine Stimme. Größere Anteile gewähren so viele Stimmen, wie sie ein Vielfaches des kleinsten Anteils übersteigen. Restbeträge verfallen, Art. 2:228 NBW. **Satzungsänderungen,** Kapitalerhöhungen etc. bedürfen lediglich einer absoluten Mehrheit der abgegebenen Stimmen (vgl. Art. 2:231 NBW). Allerdings kann der Gesellschaftsvertrag hier ein strengeres Mehrheitserfordernis vorsehen. Die Satzungsänderung bedarf des Weiteren der Errichtung einer notariellen Urkunde in niederländischer Sprache, Art. 2:234 NBW und wird erst mit Erteilung der ministeriellen Unbedenklichkeitsbescheinigung (vgl. schon zur Gründung oben Rdnr. 402) wirksam, Art. 2:235 NBW.

6. Persönliche Haftung der Gesellschafter

416 Die persönliche Haftung der Gesellschafter ist grundsätzlich auf den Betrag der übernommenen Einlage beschränkt, Art. 2:192 NBW. Allerdings haften nach Art. 2:203 Abs. 3 NBW die für die **(Vor-)Gründungsgesellschaft** handelnden Personen der Gesellschaft für die Schäden, die Dritten aus einer Insolvenz der späteren B.V. entstanden sind, wenn die Gründer die Zahlungsunfähigkeit voraussehen konnten. Diese Kenntnis wird vermutet, wenn die Gesellschaft innerhalb eines Jahres nach Gründung in Konkurs fällt.

417 **Gesellschafterdarlehen** haben grundsätzlich den gleichen Rang wie Darlehensforderungen gesellschaftsfremder Dritter. Der Umstand, dass ein Gesellschafter dominanten Einfluss auf die Geschäftsführung hat, führt noch nicht zu einer persönlichen Haftung. Die Rechtsprechung hat eine Eigenhaftung aber dann bejaht, wenn der Gesellschafter die Kreditwürdigkeit der Gesellschaft vorgespiegelt hat oder wenn er durch Ausschüttungen oder Gewährung einer bevorzugten Gläubigerposition den Fremdgläubigern gegenüber unangemessen bevorzugt wurde.[175]

7. Die Geschäftsführung

418 Die Leitung der B.V. obliegt den **Geschäftsführern** *(bestuurders),*[176] Art. 2:239 NBW. Nicht nur eine natürliche, auch eine juristische Person kann zum Geschäftsführer bestellt werden. Gerne wird zur Haftungsbeschränkung eine andere B.V. zum Geschäftsführer bestellt um die persönliche Haftung aus der Geschäftsführung zu vermeiden. Die Anzahl der Geschäftsführer kann im Gesellschaftsvertrag frei bestimmt werden. Die ersten Geschäfts-

---

[175] Vgl. *Riemer/Sijna,* Netherlands, in: van Hulle/Gesell, European Corporate Law, 2006, Netherlands Rdnr. 33.
[176] Im englischsprachigen HR-Auszug: „director".

führer werden in der Gründungsurkunde bestellt. Spätere Ernennungen erfolgen durch die Gesellschafterversammlung (Art. 2:242 NBW) – soweit nicht ein Aufsichtsrat vorgeschrieben ist (s. u. Rdnr. 423).

Grundsätzlich vertreten die Geschäftsführer die Gesellschaft einzeln, Art. 2:240 Abs. 2 S. 1 NBW. Dies gilt allerdings vorbehaltlich abweichender Regelung im Gesellschaftsvertrag, der die Vertretung einzelnen Geschäftsführern zuweisen kann oder bestimmen kann, dass ein Geschäftsführer die Gesellschaft nur zusammen mit weiteren Geschäftsführern vertreten kann (Gesamtvertretungsbefugnis), Art. 2:240 Abs. 2 S. 2 NBW. Die **Vertretungsbefugnis** ist nach außen nicht ganz unbeschränkt. Gem. Art. 2:7, 2:240 Abs. 3 NBW kann die Gesellschaft Dritten gegenüber einwenden, dass das Geschäft den statutarischen Geschäftsgegenstandes überschreite (**Handeln** *ultra vires*) und deshalb das Geschäft anfechten. Voraussetzung dafür ist allerdings, dass der Dritte die Zwecküberschreitung entweder kannte oder ohne eigene Nachforschungen davon wissen musste.

Ein Verbot des **Insichgeschäfts** besteht nicht. Allerdings sind gem. Art. 2:256 NBW die Geschäftsführer von der Vertretung der Gesellschaft ausgeschlossen, wenn ein Geschäftsführer an der Angelegenheit ein eigenes Interesse hat, welches den Interessen der Gesellschaft entgegen steht. Soweit die Satzung für diesen Fall keine Befreiung vorsieht, wird die Gesellschaft in diesem Fall vom Aufsichtsrat vertreten. Stets aber – vor allem auch in den Fällen, in denen kein Aufsichtsrat eingerichtet ist – kann die Gesellschafterversammlung für diese Fälle eine andere Person mit der Vertretung betrauen.

Die Geschäftsführer sind gem. Art. 2:9 NBW der Gesellschaft gegenüber zur ordnungsgemäßen Erfüllung der ihnen übertragenen Aufgaben verpflichtet. Eine **persönliche Haftung der Geschäftsführer**[177] besteht zunächst im Gründungsstadium So haften die Geschäftsführer gem. Art. 2:80 Abs. 2 NBW gesamtschuldnerisch mit der B. V. für alle Rechtsgeschäfte, die im Namen der Gesellschaft eingegangen worden sind, bevor diese im Handelsregister eingetragen worden ist und bevor in die Gesellschaft ein Viertel des gezeichneten Kapitals mindestens aber der Betrag des bei Gründung vorgeschriebenen gesetzlichen Mindestkapitals eingezahlt worden ist. Darüber hinaus kommt eine persönliche Haftung der Geschäftsführer in Betracht, wenn der Geschäftsführung ein schwerwiegender Pflichtverstoß vorgeworfen werden kann.[178]

Darüber hinaus kommt eine **persönliche Haftung des Geschäftsführers im Insolvenzfall** in Betracht, wenn der Geschäftsführer offenbare Managementfehler begangen hat und anzunehmen ist, dass diese einen wichtigen Grund für die Überschuldung der Gesellschaft darstellen, Art. 2:248 NBW. Als „wichtiger Grund" in diesem Sinne gilt dabei schon kraft Gesetzes stets der Verstoß gegen die Buchführungs- und Publizitätsobliegenheiten. Auch wird ein Verschulden vermutet, wenn innerhalb eines Jahres nach Gründung ein Insolvenzverfahren über die Gesellschaft eröffnet wird, weil dann davon ausgegangen wird, dass die Geschäftsführer die Zahlungsunfähigkeit hätten voraussehen müssen, Art. 2:244 NBW. Die gleiche Haftung trifft gem. Art. 2:11 NBW in dem Fall, dass eine andere B. V. Geschäftsführer ist, den Geschäftsführer dieser B. V. Die Geltendmachung der Ansprüche gegen die Geschäftsführung obliegt dem Aufsichtsrat. Ist kein Aufsichtsrat bestellt, handelt die Gesellschafterversammlung, Art. 2:256 NBW.

8. Der Aufsichtsrat

Der Aufsichtsrat *(raad van commissarissen)*[179] ist in der B. V. grundsätzlich kein obligatorisches, sondern lediglich fakultatives Organ. Damit ist auch seine Ausgestaltung weitgehend dispositiv. Allerdings sind die Einrichtung eines Aufsichtsrates verpflichtend und seine Kompetenzen verbindlich, wenn die B. V. so groß ist, dass die Vorschriften über *structuur-*

---

[177] Zur persönlichen Haftung im Fall des Handelns im Namen der Gründungsgesellschaft oben Rdnr. 403.
[178] *de Kluiver/Rammeloo*, a. a. O., Rdnr. 28 unter Verweisung auf eine Entscheidung des niederländischen Höchstgerichts (HR) vom 10. 1. 1997 NJ 1997, 360.
[179] Im englischsprachigen HR-Auszug: „*supervising director*".

vennotschappen eingreifen (s. o. Rdnr. 390). Der **obligatorische Aufsichtsrat** besteht aus mindestens drei Mitgliedern, Art. 2:268 Abs. 3 NBW. Der satzungsmäßig eingerichtete Aufsichtsrat kann aus einem einzigen Mitglied bestehen, Art. 2:250 NBW. Die Mitglieder werden auf Vorschlag des Aufsichtsrats durch die Gesellschafterversammlung gewählt. Die Arbeitnehmervertreter werden dem Aufsichtsrat zu diesem Zweck durch den Betriebsrat benannt. Anders als die Geschäftsführung kann der Aufsichtsrat nur mit natürlichen Personen besetzt werden. Angestellte der Gesellschaft oder einer von ihr abhängigen Gesellschaft können gem. Art. 2:270 NBW ebenfalls nicht in den Aufsichtsrat berufen werden.

424 Der Aufsichtsrat überwacht die Leitlinien der Geschäftsführung und den allgemeinen Gang der Angelegenheiten der Gesellschaft. Der Aufsichtsrat **bestellt die Geschäftsführer** und beruft sie ab, Art. 2:272 NBW. Er ist für die Genehmigung in Art. 2:274 Abs. 1 lit. a – l NBW aufgezählter Entscheidungen der Geschäftsführung – vor allem auch für die Ausgabe neuer Anteile, Kapitalherabsetzung, den Erwerb von Unternehmen, der Abschluss von Unternehmensverträgen etc. – zuständig.

IV. Die Aktiengesellschaft

425 Die Regeln des NBW zur Aktiengesellschaft und zur B. V. entsprechen sich weiterhin in großen Teilen wörtlich. Daher wird im Folgenden im Wesentlichen nur auf einige Besonderheiten der Aktiengesellschaft im Vergleich zur B. V. hingewiesen. Im Übrigen können ergänzend die Ausführungen zur B. V. herangezogen werden.

1. Gründung

426 Die Gründung einer Aktiengesellschaft *(Naamloze Vennootschap – N. V.)* erfolgt weitgehend identisch, wie die Gründung einer B. V. (notariell zu beurkundende Gründungsurkunde in niederländischer Sprache, Art. 2:65 NBW, Erfordernis einer ministeriellen Unbedenklichkeitsbescheinigung, Art. 2:68 etc.). Die Ein-Mann-Gründung ist auch bei der N. V. möglich, Art. 2:64 Abs. 2 S. 1 NBW. Da sich jeder Gründer gem. Art. 2:64 Abs. 2 S. 2 NBW sofort am Kapital beteiligen muss, ist eine Gründung im Wege der Stufengründung ausgeschlossen.

2. Stammkapital

427 Das **Mindestkapital** der Aktiengesellschaft ist derzeit auf 45 000 EURO festgesetzt.[180] Dieser Mindestbetrag muss auch bei der N. V. sofort eingezahlt und stets erhalten bleiben. Die Subskribenten von Inhaberaktien müssen den gesamten Nennbetrag der von ihnen gezeichneten Anteile sofort entrichten. Bei Namensaktien können die 25% des Nennbetrags übersteigenden Einlagen erst später eingefordert werden (soweit nur das tatsächlich eingezahlte Kapital den gesetzlichen Mindestkapitalbetrag erreicht).

428 Hat die Gesellschaft 50% ihres Stammkapitals verloren, so muss die Geschäftsführung innerhalb von drei Monaten eine Hauptversammlung einberufen, die über mögliche Reaktionen entscheidet, Art. 2:108 a NBW.

3. Aktien

429 Aktien können sowohl als **Inhaber-** wie auch als **Namensaktien** ausgegeben werden, Art. 2:82 Abs. 1 NBW. Inhaberaktien werden – soweit sie verbrieft sind – durch Übergabe des Papiers übertragen. Nicht verbriefte Inhaberaktien werden durch Umbuchung bei der für die Sammelverfahrung zuständigen Stelle übertragen – *Nederlands Central Instituut voor Giraal Effectenverkeer B. V.* („Euroclear Netherlands") in Amsterdam. Namensaktien, die von einer nicht börsennotierten N. V. ausgegeben worden sind, werden wie Anteile an einer B. V. durch eine von einem niederländischen Notar beurkundete Vereinbarung übertragen, Art. 2:86 Abs. 1 NBW. Die Ausgabe nennwertloser Aktien ist nicht vorgesehen.

---

[180] Wie bei der BV. ist dieser Betrag nicht unmittelbar durch Gesetz, sondern aufgrund einer entsprechenden Verordnung festgesetzt – s. o. Rdnr. 404.

Veräußerungsbeschränkungen, wie Zustimmungserfordernisse der Gesellschaft oder Vorkaufsrechte der Mitgesellschafter, können in der Satzung der Gesellschaft nur für Namensaktien, nicht aber für Inhaberaktien angeordnet werden, Art. 2:87 NBW.

4. Die Leitung der N. V.

Die Geschäftsführung und Vertretung obliegt in gleicher Weise wie in der B. V. den **Geschäftsführern** *bestuurders)* der N. V., Art. 2:129 ff. NBW. Der **Aufsichtsrat** *(raad van commissarissen)* ist auch in der N. V. grundsätzlich nur fakultatives Gesellschaftsorgan und nur dann zwingend einzurichten, wenn die Gesellschaft die Größenverhältnisse einer „großen N.V." *(stuctuurvennootschap)* erfüllt, Art. 2:153 NBW.

L. Österreich

Schrifttum: *Althuber/Krüger,* Squeeze-out in Österreich, AG 2007, 194; *Arnold,* Die GmbH und die GmbH & Co. KG im österreichischen Recht – ein Update, GmbHR 2004, 43; *Beer,* Österreich, in: Süß/Wacher, Handbuch des internationalen GmbH-Rechts, 2. Aufl. 2011, S. 1263; *Blöse,* Das österreichische Eigenkapitalersatzgesetz: Vorbild für den deutschen Gesellgeber?, GmbHR 2004, 412; *Doralt,* Österreichischer OGH zur verschmelzenden Umwandlung über die Grenze nach Deutschland, NZG 2004, 396; *Doralt,* die „Private" Aktiengesellschaft in Österreich, AG 1995, 538; *Doralt/Nowotny/Kalss,* Kommentar zum Aktiengesetz, Wien 2003; *Doralt/Nowotny/Kalss/Schauer,* Grundriss des österreichischen Gesellschaftsrechts, 6. Aufl. Wien 2008; *Duursma/Duursma-Kepplinger/Roth,* Handbuch zum Gesellschaftsrecht, Wien 2007; *Eckert,* Internationales Gesellschaftsrecht – Das internationale Privatrecht grenzüberschreitend tätiger Gesellschaften, Wien 2010; *Fritz,* Gesellschaftsrecht in Österreich, 2000; *Fritz,* GmbH-Praxis I, Vertragsmuster und Eingaben, Wien 2003; *Fritz,* Wichtige Grundlagen für Geschäftsführer einer österreichischen GmbH, GmbHR 2005, 1339; *Fritz,* Vom Handelsgesetzbuch zum Unternehmensgesetzbuch in Österreich: Die wichtigsten Änderungen für GmbH und GmbH & Co., GmbHR 2007, 34; *Frizberg/Frizberg,* Die GmbH – Systematischer Überblick und sämtliche Musterverträge, Wien 1999; *Gellis/Feil,* Kommentar zum GmbH-Gesetz, 7. Aufl. Wien 2009; *Heidinger/Schneider,* Aktiengesetz Kommentar, Wien 2007; *Herrler/Schneider,* Grenzüberschreitende Verschmelzungen von Gesellschaften zwischen Deutschland und Österreich, GmbHR 2011, 795; *Jabornegg/Strasser,* Kommentar zum Aktiengesetz, 4. Aufl. Wien 2006; *Kalss,* Der Aufsichtsrat der börsennotierten Gesellschaft nach österreichischem Recht, NZG 2003, 374; *Kalls,* Handkommentar zur Verschmelzung – Spaltung – Umwandlung, Wien 1997; *Kalss/Nowotny/Schauer,* Österreichisches Gesellschaftsrecht, Wien 2008; *Kalss/Eckert,* Zentrale Fragen des GmbH-Rechts, Wien 2004; *Karollus/Geist,* Das österreichische Übernahmegesetz, NZG 2000, 1145; *Koppensteiner,* GmbH-Gesetz Kommentar, 3. Aufl. Wien 2008; *Krejci,* Gesellschaftsrecht Band I: Allgemeiner Teil und Personengesellschaften, Wien 2005; *Krejci,* Gesellschaftsrecht Band II: Kapitalgesellschaften, Wien 2009; *Nowotny,* Gesellschaftsrecht, 3. Aufl. 2007; *Nowotny/Winkler,* Wiener Vertragshandbuch Bd. III: Kapitalgesellschaften, Wien 2006; *Mader,* Kapitalgesellschaften, 6. Aufl. Wien 2008; *Reich-Rohrwig,* Grundsatzfragen der Kapitalerhaltung bei der AG, GmbH sowie GmbH & Co KG Wien 2004; *Schenk/Scheibeck,* Vereinfachte Möglichkeit der Übertragung des Unternehmens einer österreichischen Tochter- auf eine deutsche Muttergesellschaft, RIW 2004, 673; *Schummer,* Personengesellschaften, 6. Aufl. Wien 2006; *Umfahrer,* Die Gesellschaft mit beschränkter Haftung, Handbuch für die Praxis, 6. Aufl. Wien 2008; *Straube,* Wiener Kommentar zum GmbH-Gesetz, Wien 2008; *Weber,* Aktienoptionen nach dem österreichischen Aktienoptionengesetz, WM 2002, 367.

I. Überblick

1. Überblick

Die handelsrechtlichen Gesellschaften waren ursprünglich – wie in Deutschland – im Handelsgesetzbuch geregelt, welches seit dem 1. 1. 2007 durch das **Unternehmensgesetzbuch** (UGB) ersetzt worden ist. Die GmbH ist im Gesetz über die Gesellschaften mit beschränkter Haftung von 1906 (öGmbHG), die Aktiengesellschaft im Aktiengesetz von 1965 (öAktG) geregelt.[181] Die am weitesten verbreitete Gesellschaftsform ist die GmbH.

---

[181] Sämtliche Gesetze online unter http://www.ris2.bka.gv.at/Bundesrecht/.

120 000 GmbH stehen ca. 65% aller im Firmenbuch eingetragenen Gesellschaften.[182] In Reaktion auf die „Limited-Welle", die auch in die Alpenrepublik schwappte, bereitet man im österreichischen Justizministerium eine Novelle zur Flexibilisierung des GmbH-Rechts vor. Allerdings gehen die Eingriffe in die bestehende Regelung erheblich weniger weit, als das deutsche MoMiG. Ein Termin für die Umsetzung ist noch nicht fest.

2. Handelsregister

433 Das Handelsregister wird als **Firmenbuch** bezeichnet. Es wird bei den Landesgerichten geführt. Das Firmenbuch besteht aus dem Hauptbuch, in dem die Firmenbucheintragungen enthalten sind und aus der sog. Urkundensammlung mit den zum Firmenbuch eingereichten Unterlagen. Das Hauptbuch des Firmenbuchs wird zentral elektronisch geführt. Die Urkundensammlungen und die Anmeldung sollen ebenfalls digitalisiert werden. Öffentlich beglaubigte Firmenbuchauszüge können über jedes mit Firmenbuchsachen betraute Gericht und jeden Notar beschafft werden (und zwar landesweit auch über in anderen Bezirken registrierte Gesellschaften). Die online-Einsicht in das elektronisch geführte Firmenbuch erfolgt über sogenannte Verrechnungsstellen, bei denen sich der Nutzer zum Zweck der Gebührenerhebung zuvor anmelden muss.[183] Anmeldungen zum Handelsregister sind teilweise öffentlich zu beglaubigen. Sie werden vor der Eintragung auf Vollständigkeit und Gesetzmäßigkeit geprüft. Die Eintragung im Handelsregister hat zum Teil – z.B. die Neueintragung, Satzungsänderungen und Umwandlungsakte – konstitutive Wirkung.

3. Mitbestimmung

434 Eine Mitbestimmung der Arbeitnehmer gibt es zum einen in Form des **Betriebsrates**, der gem. §§ 89 ff. Arbeitsverfassungsgesetz (ArbVG) in Betrieben mit mindestens fünf Arbeitnehmern einzurichten ist. Dieser hat ähnliche Funktionen wie der Betriebsrat im deutschen Recht. Hat eine Kapitalgesellschaft mehr als 300 Angestellte, so werden **Arbeitnehmervertreter in den Aufsichtsrat** entsandt. Im Fall einer reinen GmbH & Co. KG ist die Kommanditgesellschaft zwar von der Mitbestimmung ausgenommen – der Komplementär-GmbH werden dann aber die Arbeitnehmer der KG zugerechnet, § 29 Abs. 1 Ziff. 4 öGmbHG.

4. Umwandlung von Gesellschaften

435 Die **formwechselnde Umwandlung** erfolgt gem. §§ 239 ff. öAktG entweder durch Umwandlung einer Aktiengesellschaft in eine GmbH oder (§§ 345 ff. öAktG) einer GmbH in eine Aktiengesellschaft.

436 Bei der **übertragenden Umwandlung** dagegen geht das Vermögen der umgewandelten Kapitalgesellschaft im Wege der Gesamtrechtsnachfolge auf einen anderen Rechtsträger über: Im Wege der **verschmelzenden Umwandlung** gem. §§ 2 ff. des Bundesgesetzes über die Umwandlung von Handelsgesellschaften (öUmwG) geht das Gesellschaftsvermögen auf einen „Hauptgesellschafter" über, d.h. eine juristische oder natürliche Person mit mindestens 90% Kapitalanteil. Da es sich insoweit aus österreichischer Sicht systematisch um eine Umwandlung und keine „Verschmelzung" handelt, hatte der OGH die verschmelzende Umwandlung einer österreichischen Gesellschaft auf ihre deutsche Mutter-GmbH ausschließlich nach österreichischem Gesellschaftsrecht behandelt – und damit bereits vor der Umsetzung der EU-Verschmelzungsrichtlinie die Möglichkeit einer grenzüberschreitenden Hinaus-Verschmelzung geschaffen.[184] Im Wege der **errichtenden Um-**

---

[182] Stand: 2009.
[183] Eine Aufstellung im Internet mit den entsprechenden links unter http://www.justiz.gv.at/internet/html/default/2c9484852308c2a601240b693e1c0860.de.html;jsessionid=D4C6D02AC07126 7EF0F2F24D9CE0F62A. Dabei kann z.B. unter www.firmenbuch.at auch ein online-Auszug ohne vorherige Anmeldung – allerdings gegen höhere Gebühr – angefordert werden.
[184] Österreichischer OGH, Urteil vom 20. 3. 2003, ZIP 2003, 378.

wandlung wird dagegen gem. § 5 UmwG das Vermögen der Kapitalgesellschaft auf eine zugleich damit errichtete Personenhandelsgesellschaft (OG bzw. KG) übertragen.

Die **Verschmelzung** von Kapitalgesellschaften – durch Aufnahme wie auch zur Neugründung – wird dagegen in den §§ 220–234 öAktG geregelt – auf die § 96 Abs. 2 öGmbHG für die Verschmelzung einer GmbH im Wesentlichen Bezug nimmt. Diese Regeln sehen das Erlöschen der übertragenden Gesellschaft und den Übergang des gesamten Vermögens auf die übernehmende Gesellschaft vor. Die Einbeziehung von Personengesellschaften und Einzelkaufleuten in diesen Prozess ist nicht vorgesehen.

Die **Spaltung** von GmbH und AG ist auf der Basis des Spaltungsgesetzes von 1996 in Form der Aufspaltung – bei der die betroffene Gesellschaft vollständig aufgelöst wird – und in der Form der Abspaltung möglich. Maßgeblich sind die Vorschriften des Spaltungsgesetzes. Die steuerliche Behandlung regelt das Umgründungssteuergesetz.

5. Internationales Gesellschaftsrecht

Das österreichische Bundesgesetz über das Internationale Privatrecht von 1978 (IPRG) bestimmt in § 10 zwar ausdrücklich die Anknüpfung des Gesellschaftsstatuts an den tatsächlichen Sitz der Hauptverwaltung (**Sitztheorie**). Dennoch hat der österreichische OGH schon sehr bald nach der Entscheidung des EuGH in Sachen *Centros* und *Inspire Art* den Schwenk zur Gründungstheorie vollzogen. Auch bei der Hinaus-Verschmelzung österreichischer GmbH auf deutsche Gesellschaften – nun geregelt im EU-Verschmelzungsgesetz[185] – hatten sich die österreichischen Gericht schon lange viel kooperativer gezeigt, als die deutschen Gerichte im umgekehrten Fall.[186] Eine direkte grenzüberschreitende Verlegung des Satzungssitzes scheint jedoch nicht möglich zu sein.

II. Die Personengesellschaften

1. Die bürgerliche Gesellschaft

§ 1175 ABGB definiert die Gesellschaft bürgerlichen Rechts (GbR) als eine durch Vertrag begründete Gesellschaft von mindestens zwei Personen, welche sich zu einem gemeinschaftlichen Zweck zusammenschließen. Die GbR besitzt **keine Rechtsfähigkeit.** Die praktischen Anwendungsfälle liegen z.B. bei Arbeitsgemeinschaften im Bauwesen (ARGE), Konsortien und Syndikatsverträgen, sowie bei Sozietäten von Freiberuflern (soweit diese keine im Firmenbuch eingetragene OG gründen – s.u. Rdnr. 441).

2. Die im Firmenbuch eingetragenen Personengesellschaften

Das Recht der Personengesellschaften war bislang von einer gewissen Dichotomie geprägt: Für die Kaufleute galt das HGB mit der Offenen Handelsgesellschaft und der Kommanditgesellschaft. Für Nicht-Kaufleute und Freiberufler, aber auch für reine Holdingzwecke (z.B. den Grundstückserwerb) stellte das Erwerbsgesellschaftsgesetz (EEG) bis dahin die Eingetragenen Erwerbsgesellschaften in den Formen der Offenen Erwerbsgesellschaft (OEG) und der Kommanditerwerbsgesellschaft (KEG) zur Verfügung. Diese Dichotomie handelsrechtlicher und nicht kaufmännischer Gesellschaften ist durch das Inkrafttreten des Unternehmensgesetzbuchs am 1.1.2007 beseitigt worden. Die Regeln des UGB über Personengesellschaften gelten nun nicht nur für Unternehmer i.S.v. § 1 UGB, sondern ausdrücklich auch für Freiberufler und land- und forstwirtschaftliche Zwecke (§ 105 S. 3 UGB). Darüber hinaus wird die Errichtung einer OG und KG für rein vermögensverwaltende Zwecke für zulässig gehalten. Das EEG wurde zugleich (da nun gegenstandslos) aufgehoben. Aufgrund dieser Ausweitung des Anwendungsbereichs heißt die bisherige Offene Handelsgesellschaft im UGB nun **Offene Gesellschaft** (OG).

---

[185] Bundesgesetz über die grenzüberschreitende Verschmelzung von Kapitalgesellschaften in der Europäischen Union (EU-Verschmelzungsgesetz – EU-VerschG). Ausführlich zur Verschmelzung deutscher mit österreichischen GmbH: *Herrler/Schneider*, GmbHR 2011, 795.

[186] Über den Fall der Verschmelzung einer deutschen auf eine österreichische GmbH vor der EuGH-Entscheidung in Sachen *Sevic Systems* kann wohl allein *Wenglorz* (BB 2004, 1061) berichten.

442 Die OG und KG erklärt das UGB ausdrücklich für **rechtsfähig**, § 105 S. 2 UGB. Die OG und KG entstehen mit Eintragung im Firmenbuch (konstitutive Eintragung), § 123 UGB. Im Übrigen entsprechen die Regeln weitgehend dem deutschen HGB.

443 Bei den Personengesellschaften sind auch **Mischformen** möglich. Insbesondere die Kommanditgesellschaft mit allein einer GmbH oder einer AG als Komplementärin (GmbH & Co. KG) ist praktisch verbreitet. Anerkannt ist dabei auch die Ausgestaltung als Einheitsgesellschaft, bei der die KG Alleingesellschafterin der Komplementär-GmbH ist.[187]

444 Die **Stille Gesellschaft** ist wie im deutschen Recht eine reine Innengesellschaft. Die Einlage geht in das Eigentum des Geschäftsinhabers über, so dass kein Gesellschaftsvermögen entsteht, sondern der Stille lediglich einen Anspruch auf eine Gewinnbeteiligung erhält. Auch wird die Stille Gesellschaft nicht in das Firmenbuch eingetragen, § 179 UGB.

III. Die GmbH

1. Gründung

445 Die Gründung der GmbH erfolgt durch Abschluss des Gesellschaftsvertrages (Statut, Satzung) in Form eines **Notariatsaktes,** § 4 Abs. 3 S. 1 öGmbHG. Im Fall der – seit 1996 zugelassenen – Ein-Personen-Gründung tritt die Erklärung über die Errichtung der Gesellschaft an die Stelle des Gesellschaftsvertrags. Auch die Vollmacht zum Abschluss des Vertrags bedarf der öffentlich beglaubigten Form. Ob der Gesellschaftsvertrag im Ausland wirksam beurkundet werden kann, ist umstritten. Jedenfalls aber für die Beurkundung in Deutschland bejahen die Gerichte, dass diese die von § 4 öGmbHG verlangte Form einhält.[188] Offenbar nicht ausreichend ist aber wohl der Rückgriff auf das Recht eines ausländischen Abschlussortes, das eine weniger strenge Form ausreichen lässt.

446 Die GmbH **entsteht erst mit Eintragung im Firmenbuch.** Wird nach Gründung und vor der Eintragung im Namen der Vor-GmbH gehandelt, so haften gem. § 2 Abs. 1 öGmbHG die Handelnden (nicht aber die Gesellschafter) im Außenverhältnis persönlich als Gesamtschuldner. Von dieser Haftung werden sie erst befreit, wenn die Gesellschaft eingetragen wird und die Gesellschaft diese Verbindlichkeiten innerhalb von drei Monaten nach Gründung durch einseitige Erklärung gegenüber dem Gläubiger übernimmt oder die Rechtsgeschäfte im Gesellschaftsvertrag der GmbH Deckung finden. Die neuere Lehre nimmt hier eine Gesamtrechtsnachfolge an.[189]

2. Stammkapital

447 Das **Mindestkapital** der GmbH beträgt 35 000 EURO, § 6 Abs. 1 öGmbHG. In der rechtspolitischen Diskussion wird erörtert, den Betrag herabzusetzen, um den Zugang zu einer haftungsbeschränkten Rechtsform zu erleichtern. So soll der Mindesteinlagebetrag auf 10 000 EURO gesenkt werden. Stammkapital und Stammeinlage müssen auf einen in EURO bestimmten Nennbetrag lauten. Anlässlich der Einführung des EURO in Österreich hat man das Erfordernis „runder Kapitalbeträge" aufgegeben. Daher werden „krumme Beträge" nicht nur vorübergehend aufgrund der Umrechnung von Schilling in EURO toleriert. Diese können auch von Anfang an so gebildet werden und brauchen nicht angepasst zu werden. Sie müssen nicht einmal auf volle EURO lauten.

448 **Sacheinlagen** und Sachübernahmen (also Sacheinbringungen, die gegen eine Bareinlage verrechnet werden) müssen im Gesellschaftsvertrag gem. § 6 Abs. 4 öGmbHG genau und vollständig festgelegt werden. Mindestens die Hälfte der Stammeinlage muss in bar aufgebracht werden, § 6a Abs. 1 öGmbHG. Der Zeitpunkt der Fälligkeit der Einlagen ist im Gesellschaftsvertrag festzusetzen. Für den Fall der Absenkung des gesetzlichen Mindest-

---

[187] S. *Beer,* in Süß/Wachter Internationale GmbH, Länderbericht Österreich Rdnr. 16.
[188] OGH SZ 62/28; s. *Beer,* a. a. O. Rdnr. 18.
[189] S. *Mader,* Kapitalgesellschaften, S. 16.

kapitals auf 10 000 EURO ist zugleich geplant, den Mindestbetrag der sofort fälligen Bareinlage auf 10 000 EURO festzusetzen. Dies gilt nicht, wenn für die Sacheinlage eine Gründungsprüfung nach den Regeln des Aktienrechts vorgenommen wird, § 6a Abs. 4 öGmbHG oder wenn die GmbH der Fortführung eines mindestens 5 Jahre bestehenden Unternehmens dient. Sacheinlagen sind bei Gründung sofort vollständig einzubringen, § 10 Abs. 3 öGmbHG.

Auf die in bar zu leistenden Einlagen muss bei Gründung eine **Mindesteinlage** von insgesamt 17 500 EURO eingezahlt werden, § 10 Abs. 1 öGmbHG. Jeder Gesellschafter muss bei der Gründung mindestens ein Viertel der von ihm übernommenen Bar-Einlage, zumindest aber den Betrag von 70 EURO einzahlen (es sei denn, seine Bar-Einlage erreicht den Betrag von 70 EURO nicht). Die Höhe der geleisteten Einzahlungen wird in das Firmenbuch eingetragen. Die Geschäftsführer haben bei Anmeldung der GmbH zum Firmenbuch zu versichern, dass die bar zu leistenden Einlagen erbracht sind und sich in freier Verfügung der Geschäftsführung befinden, § 10 Abs. 3 öGmbHG. 449

Ein **Erwerb eigener Anteile** durch die Gesellschaft ist grundsätzlich unzulässig, § 81 GmbH. Ausnahmsweise ist der Erwerb voll eingezahlter eigener Anteile z.B. dann wirksam, wenn dieser unentgeltlich erfolgt. 450

3. Anteile

Die Anteile **lauten zwingend auf einen Nennwert.** Gem. § 6 Abs. 3 öGmbHG darf ein Gesellschafter bei Errichtung der Gesellschaft nur eine einzige Stammeinlage übernehmen. Übernimmt ein Gesellschafter nach Errichtung der Gesellschaft eine weitere Stammeinlage, so wird sein bisheriger Geschäftsanteil in dem der erhöhten Stammeinlage entsprechenden Verhältnis erhöht, § 75 Abs. 2 S. 2 öGmbHG. Der Betrag der Stammeinlage kann für die einzelnen Gesellschafter verschieden bestimmt werden. Er muss mindestens 70 EURO betragen, § 6 Abs. 1 öGmbHG. 451

Die Geschäftsanteile sind übertragbar und vererblich, sie dürfen aber nicht in Wertpapieren verbrieft werden, § 75 Abs. 3 öGmbHG. Die Übertragung kann im Gesellschaftsvertrag von der Zustimmung der Gesellschaft abhängig gemacht werden. Die **Abtretung von Geschäftsanteilen** bedarf gem. § 76 Abs. 2 S. 1 öGmbHG der Form des Notariatsaktes. Gem § 76 Abs. 2 S. 2 öGmbHG muss darüber hinaus auch eine Vereinbarung, die die Verpflichtung eines Gesellschafters zur künftigen Abtretung eines Geschäftsanteils enthält, in der Form eines Notariatsaktes errichtet werden. Hieraus leitet die h.M. in der österreichischen Literatur und die österreichische Rechtsprechung ab, dass nicht nur das Verfügungsgeschäft, sondern auch das Verpflichtungsgeschäft in Bezug auf Anteile an einer GmbH der Form eines Notariatsakts bedarf. 452

Umstritten war lange Zeit, ob diese Form des Notariatsaktes mit der **Beurkundung durch einen deutschen Notar** substituiert wird. Der österreichische OGH hat durch Urteil vom 23. 2. 1989[190] entschieden, dass bei einem Distanzgeschäft über die Abtretung eines Geschäftsanteils an einer österreichischen GmbH die in Deutschland abgegebene und durch einen deutschen Notar beurkundete Willenserklärung die Erfordernisse des § 76 öGmbHG erfülle. Da der OGH insoweit zur Begründung anführt, dass eine notarielle Beurkundung nach dem deutschen BeurkG die nach § 76 Abs. 2 öGmbHG geforderte Notariatsaktform ersetze, wird hieraus überwiegend gefolgert, dass auch die vollständige Beurkundung beider Willenserklärungen des Übertragungsgeschäfts durch einen deutschen Notar aus österreichischer Sicht wirksam sei.[191] 453

Die Geschäftsführer sind gem. § 26 Abs. 1 öGmbHG verpflichtet, den neuen Gesellschafter **zum Firmenbuch anzumelden.** Der neue Gesellschafter gilt im Ver- 454

---

[190] IPRax 1990, 252.
[191] Z.B. *Kralik*, IPRax 1990, 255; *Koppensteiner*, GmbHG, § 76 Rdnr. 24; *Schwind*, Internationales Privatrecht, Wien 1990, Rdnr. 411 Fn. 3; *Beer*, in: Süß/Wachter, Handbuch des internationalen GmbH-Rechts, Österreich, Rdnr. 135.

hältnis zur Gesellschaft erst mit Eintragung im Firmenbuch als Gesellschafter, § 78 öGmbHG – hat also erst nach Eintragung Anspruch darauf, an der Generalversammlung teilzunehmen.

455　Das Gesetz über den Ausschluss von Minderheitsgesellschaftern von 2006[192] sieht nun die Möglichkeit vor, dass auf Verlangen eines Mehrheitsgesellschafters mit mindestens 90%-iger Beteiligung die Generalversammlung den Ausschluss der übrigen Gesellschafter gegen angemessene Barabfindung **(squeeze out)** beschließt.

4. Die Gesellschafterversammlung

456　Der **Generalversammlung** ist das formal oberste Organ der GmbH. Die Generalversammlung ist für Entscheidungen über die Verfassung der Gesellschaft, wie Satzungsänderungen, Liquidation, Verschmelzung, Formwechsel und Spaltung ausschließlich zuständig. Sie prüft und stellt den Jahresabschluss fest und entscheidet über die Verwendung des Jahresgewinns. Die Generalversammlung prüft und überwacht die Geschäftsführung, wählt Geschäftsführung und Aufsichtsrat, erteilt ihr Entlastung und beruft sie ab, § 35 öGmbHG. Die Gesellschafterversammlung kann gem. § 20 öGmbHG den Geschäftsführern Weisungen erteilen.

457　Die Gesellschafterversammlung ist gem. § 36 Abs. 2 öGmbHG mindestens ein Mal im Jahr einzuberufen. Beschlüsse werden mit der **Mehrheit** der abgegebenen Stimmen gefasst, wobei jede volle 10 EURO Stammeinlage eine Stimme gewähren. Erfolgen Abstimmungen im schriftlichen Umlaufverfahren, ist der Beschluss gefasst, soweit er die Mehrheit der vorhandenen Stimmen auf sich vereint, § 34 Abs. 2 öGmbHG. **Satzungsänderungen**, Verschmelzungen, Kapitalerhöhungen etc. bedürfen grundsätzlich einer ³/₄-Mehrheit der abgegebenen Stimmen, §§ 50 Abs. 1, 98 öGmbHG. Die Änderung des Unternehmensgegenstandes und die Veräußerung des Unternehmens können nur einstimmig beschlossen werden, § 50 Abs. 3 öGmbHG. Der satzungsändernde Beschluss ist notariell zu beurkunden und in das Firmenbuch einzutragen, § 49 öGmbHG.

5. Persönliche Haftung der Gesellschafter

458　Die Gesellschafter haften grundsätzlich beschränkt auf den Betrag der von ihnen jeweils übernommenen Stammeinlage, § 61 Abs. 2 öGmbHG. Gerät ein Gesellschafter mit der Zahlung seiner ausstehenden Einlage in Verzug, so kann er nach fruchtloser Androhung der Gesellschafter unter Verlust sämtlicher Rechte (auch bereits geleisteter Einlagen) gem. § 66 öGmbHG ausgeschlossen werden **(Kaduzierung)**. Im Gesellschaftsvertrag bzw. durch einstimmigen Beschluss kann auch eine **Nachschusspflicht** vereinbart werden, §§ 72 ff. öGmbHG.

459　Hat ein beherrschender Gesellschafter der GmbH in einer Krisensituation (Kreditunwürdigkeit oder Sanierungsbedarf) Kredite gewährt, so werden diese wie Eigenkapital behandelt, so dass die Rückzahlung während der Krise eine unzulässige Einlagenrückzahlung i. S. v. §§ 82 f. öGmbHG darstellt. Diese richterliche Rechtsfortbildung ist seit dem 1. 1. 2004 im **Eigenkapitalersatz**-Gesetz (EKEG) geregelt.

460　Eine „**Durchgriffshaftung**" wird für bestimmte Fallgruppen angenommen, wie z.B. die Fälle der Vermögensvermischung, der missbräuchlichen Verwendung der juristischen Person (Aschenputtelfälle), und der qualifizierten Unterkapitalisierung, bei der die Gesellschaft mit einem Kapital ausgestattet wird, welches angesichts des Umfangs des Geschäftsumfangs von Anfang an unzureichend ist, um die künftigen Verbindlichkeiten zu begleichen. Schließlich trifft die Haftung des Geschäftsführers wegen unterlassener Einleitung des Unternehmensreorganisationsverfahrens gem. § 25 S. 2 URG auch die Gesellschafter, wenn diese den Geschäftsführer zur Unerlassung angewiesen haben bzw. die zur Einleitung des Verfahrens erforderliche Genehmigung versagt haben.

---

[192] GesAusG öst. BGB. I 2006/75.

6. Die Geschäftsführung

Die Leitung der GmbH obliegt den **Geschäftsführern.** Zu Geschäftsführern können **461** nur natürliche Personen bestellt werden. Die Bestellung erfolgt durch Beschluss der Gesellschafterversammlung oder schon im Gesellschaftervertrag. Zulässig sind auch statutarische Entsendungsrechte und ein gesellschaftsvertragliches Sonderrecht auf Geschäftsführung für bestimmte Gesellschafter. Die Abberufung des Geschäftsführers ist jederzeit durch einfachen Gesellschafterbeschluss möglich, § 16 öGmbHG. Der Gesellschafter-Geschäftsführer darf bei der Abberufung mitstimmen, § 39 Abs. 5 öGmbHG. Aus diesem Grunde haben Minderheitsgesellschafter gem. § 16 Abs. 2 öGmbHG die Möglichkeit einer Abberufungsklage wegen grober Pflichtverletzung.

Mehrere Geschäftsführer vertreten vorbehaltlich abweichender Regelung im Gesell- **462** schaftsvertrag die Gesellschaft gemeinsam, § 18 Abs. 2 öGmbHG **(Gesamtvertretungsbefugnis).** Für außergewöhnliche Geschäfte (Unternehmensverträge, Erteilung einer Prokura, Erwerb von Beteiligungen etc.) haben die Geschäftsführer die Zustimmung der Generalversammlung einzuholen, § 35 Abs. 1 öGmbHG.

Insichgeschäfte sind nur zulässig, wenn die GmbH, vertreten durch den Aufsichtsrat **463** oder – mangels eines solchen – die anderen Geschäftsführer zustimmt, § 25 Abs. 4 öGmbHG. Das Geschäft ist ebenfalls wirksam, wenn durch das Insichgeschäft die Interessen des Vertretenen nicht gefährdet werden können. Bei der Ein-Personen-GmbH sind gem. § 18 Abs. 5 öGmbHG über Rechtsgeschäfte, die der Gesellschafter-Geschäftsführer mit sich selbst abschließt unverzüglich Urkunden zu errichten. Zwar sind nicht notwendigerweise öffentliche Urkunden erforderlich. Der mit der Dokumentation verfolgte Beweis des Abschlusstages lässt sich aber nur durch Hinzuziehung von Zeugen oder eines Notars erreichen. Im Gesellschaftsvertrag kann eine allgemeine Befugnis des Geschäftsführers zur Vornahme von Insichgeschäften erteilt werden. Die österreichische Rechtsprechung lehnt es aber ab, die Befreiung im Firmenbuch einzutragen.

Eine **persönliche Haftung der Geschäftsführer** kommt z. B. bei falschen oder verzö- **464** gerten Anmeldungen zum Firmenbuch in Betracht, § 26 Abs. 2 öGmbHG, oder bei Verstoß gegen die Konkursantragspflicht, § 69 KO. Gem. § 22 URG haftet der Geschäftsführer, wenn er nicht rechtzeitig einen Jahresabschluss erstellt hat oder trotz Hinweis des Abschlussprüfers kein Reorganisationsverfahren eingeleitet hat und das Unternehmen innerhalb von zwei Jahren in Konkurs gegangen ist. Letzteres gilt aber nicht, wenn der Geschäftsführer auf Weisung der Generalversammlung bzw. des Aufsichtsrats gehandelt hat, § 25 S. 2 URG.

7. Der Aufsichtsrat

Der Aufsichtsrat ist in der GmbH grundsätzlich kein obligatorisches, sondern lediglich **465** **fakultatives Organ.** Er ist daher nur dann einzurichten, wenn ihn der Gesellschaftsvertrag vorsieht. Obligatorisch ist die Einrichtung eines Aufsichtsrates aber, wenn die GmbH mehr als 50 Gesellschafter und (kumulativ) ein Kapital von mehr als 70 000 EURO hat oder wenn die GmbH im Durchschnitt mehr als 300 Arbeitnehmer hat, § 29 Abs. 1 öGmbHG.

Der Aufsichtsrat besteht aus mindestens drei von den Gesellschaftern gewählten natürli- **466** chen Personen, Art. 30 öGmbHG. Der Gesellschaftsvertrag kann auch einzelnen Gesellschaftern ein Entsendungsrecht zubilligen, § 30c öGmbHG. Hinzu kommen die nach § 110 ArbVG vom Betriebsrat entsandten Vertreter **(Drittelparität).** Dieses Entsendungsrecht besteht auch dann, wenn es sich um einen fakultativen Aufsichtsrat handelt, das ArbVG also die Einrichtung des Aufsichtsrats gar nicht verlangt.

Der Aufsichtsrat überwacht die Geschäftführung. Er erhält quartalsweise einen Bericht **467** der Geschäftsführer und kann jederzeit Einblick in die Unterlagen der Geschäftsführung verlangen. Bedeutende Maßnahmen der Geschäftsführung (wie der Erwerb und die Veräußerung von Beteiligungen und Liegenschaften, die Festlegung allgemeiner Grundsätze der Geschäftspolitik etc.) bedürfen der Zustimmung des Aufsichtsrats. Der Aufsichtsrat vertritt die Gesellschaft bei Rechtsgeschäften der Gesellschaft mit ihren Geschäftsführern und kann die Gesellschafterversammlung einberufen, §§ 30j, 301 öGmbHG. Für die Bestellung und Abberufung der Geschäftsführer ist er aber nicht zuständig.

IV. Die Aktiengesellschaft

1. Gründung

468 Eine Aktiengesellschaft kann sowohl im Wege der Einheitsgründung als auch im Wege der Stufengründung errichtet werden, § 30 öAktG. Seit dem 1. 10. 2004 ist die Gründung einer Aktiengesellschaft durch einen einzigen Gründer zulässig, § 2 Abs. 2 öAktG. Die Gründung erfolgt gem. § 16 Abs. 1 öAktG durch notarielle Beurkundung der Satzung. Von den Gründern wird durch notariell beurkundeten Beschluss der erste Aufsichtsrat bestellt (der den ersten Vorstand benennt), § 23 öAktG. Nach Übernahme der Aktien muss die Mindesteinlage auf die Bareinlage geleistet werden. Die Satzung wird gemeinsam mit dem Gründungsbericht sowie einer Liste der Mitglieder von Vorstand und Aufsichtsrat zur Eintragung zum Firmenbuch übermittelt. Zugleich ist die Bestätigung eines österreichischen Kreditinstituts über die Einzahlung der Mindesteinlage auf das Gesellschaftskonto einzureichen, § 28 öAktG. Im Fall der Ein-Personen-Gründung ist auch der Alleingesellschafter zur Eintragung anzumelden, § 35 öAktG. Die Gesellschaft entsteht erst mit Eintragung. Für die vor der Eintragung im Namen der Gesellschaft begründeten Verbindlichkeiten haften die Handelnden so lange persönlich, bis die eingetragene Gesellschaft diese ausdrücklich übernimmt, § 34 öAktG.

2. Stammkapital

469 Das **Mindestkapital** der Aktiengesellschaft beträgt gem. § 7 öAktG 70 000 EURO. Bei Gründung der Gesellschaft muss gem. §§ 28, 28a öAktG mindestens ein Viertel des Nennbetrags der ausgegebenen Aktien zzgl. eines Agio – also zumindest 17 500 EURO – bar eingezahlt werden. Sacheinlagen sind bei Gründung sofort in vollem Umfang zu bewirken, § 28a Abs. 1 öAktG.

3. Aktien

470 Aktien werden regelmäßig als **Inhaberaktien** ausgegeben, können aber auch als **Namensaktien** ausgegeben werden, § 10 Abs. 1 öAktG. Lauten die Aktien auf einen Nennwert, so muss dieser auf volle Euro lauten, § 8 Abs. 2 öAktG. Die Ausgabe nennwertloser Aktien **(Stückaktien)** ist ebenfalls möglich. Die Ausgabe von Nennbetrags- und Stückaktien nebeneinander ist aber ausgeschlossen, § 8 Abs. 1 Abs. 2 öAktG. Vorzugsaktien ohne Stimmrecht können nur über einen Betrag von bis zu einem Drittel des Stammkapitals ausgegeben werden, § 115 öAktG.

471 Inhaberaktien dürfen erst nach vollständiger Einzahlung der darauf entfallenden Einlage ausgegeben werden. Die Übertragung von Inhaberaktien erfolgt durch Übereignung des Papiers nach den Regeln für den Erwerb beweglicher Sachen. Namensaktien und Zwischenscheine werden durch Indossament abgetreten, § 61 öAktG. Ist für den Anteil nicht einmal ein Zertifikat ausgegeben, so genügt ein Eintrag im elektronischen Aktienregister.

4. Die Hauptversammlung

472 Die Hauptversammlung bedarf der Niederschrift durch **notarielles Protokoll**, § 111 öAktG. Beschlüsse werden gem. § 113 öAktG mit der Mehrheit der abgegebenen Stimmen gefasst. Satzungsänderungen bedürfen einer Mehrheit von drei Vierteln des präsenten Kapitals, § 146 öAktG. Die Satzungsänderung ist in der Ladung zur Hauptversammlung anzukündigen und – mit konstitutiver Wirkung, § 148 Abs. 3 öAktG – in das Firmenbuch einzutragen,

473 Die Hauptversammlung entscheidet des Weiteren über die Bestellung der Abschlussprüfer, die Entlastung von Vorstand und Aufsichtsrat, die Gewinnverteilung, Auflösung, Ver-

schmelzung, Spaltung und Umwandlung der Gesellschaft. Die Satzung kann der Hauptversammlung weitere Kompetenzen zuweisen. Die Geschäftsführung bleibt jedoch vorbehaltlich einer Entscheidung des Vorstands ausschließlich Angelegenheit des Vorstands, § 103 öAktG.

Der **Jahresabschluss** wird grundsätzlich nicht von der Hauptversammlung, sondern vom Aufsichtsrat festgestellt, es sei denn, Aufsichtsrat und Vorstand delegieren die Feststellung an die Hauptversammlung oder der Aufsichtsrat verweigert die Billigung des Abschlusses, § 125 öAktG.

5. Der Vorstand

Der Vorstand besteht aus einer oder mehreren Personen, § 70 Abs. 2 öAktG. Die **Bestellung und Abberufung** der Mitglieder des Vorstands erfolgt durch den Aufsichtsrat, § 75 öAktG. Berufen werden können ausschließlich natürliche Personen. Die Amtszeit beträgt höchstens fünf Jahre. Wiederbestellungen sind aber zulässig, § 75 Abs. 1 öAktG. Die Abberufung ist gem. § 75 Abs. 4 öAktG nur aus wichtigem Grund zulässig.

Der Vorstand leitet die Aktiengesellschaft unter eigener Verantwortung (§ 70 öAktG) und vertritt die Gesellschaft nach außen. Vorbehaltlich einer abweichenden Satzungsbestimmung oder Anordnung des Aufsichtsrats verwalten und vertreten die Mitglieder eines mehrgliedrigen Vorstands die Gesellschaft **gemeinschaftlich,** § 71 Abs. 2 öAktG.

6. Der Aufsichtsrat

Die Mitglieder des Aufsichtsrats werden von der Hauptversammlung für eine Amtszeit von höchstens fünf Jahren gewählt, § 87 Abs. 2 öAktG. Die Anzahl der Mitglieder des Aufsichtsrats wird – bei einem Minimum von drei und einer Höchstzahl von größenabhängig bis zu 20 Personen – in der Satzung der Aktiengesellschaft bestimmt, § 86 öAktG. Für je zwei von der Hauptversammlung bestellte Aufsichtsratsmitglieder entsendet der Betriebsrat ein weiteres Mitglied in den Aufsichtsrat (Drittelparität), § 110 ArbVG.

Aufgabe des Aufsichtsrats ist vor allem anderen die Aufsicht über die Geschäftsführung durch den Vorstand, die Prüfung und Genehmigung der Jahresbilanz und (insoweit mächtiger als der Aufsichtsrat der GmbH) die Bestellung der Vorstandsmitglieder. Schließlich bedarf der Vorstand für einige wichtige, in § 95 Abs. 5 öAktG aufgeführte Maßnahmen der Geschäftsführung – z.B. den Erwerb von Beteiligungen, die Schließung von Niederlassungen, die Aufnahme von Darlehen, aber auch die Erteilung einer Prokura oder die Verfügung über Grundstücke – vorab der Genehmigung durch den Aufsichtsrat. Bei Rechtsgeschäften der Gesellschaft mit einem Mitglied des Vorstands oder Geltendmachung von Haftungsansprüchen gegen den Vorstand kann auch der Aufsichtsrat die Gesellschaft vertreten, § 97 öAktG.

M. Schweiz

Schrifttum: *Abrell,* Die Schweiz ermöglicht privatschriftliche Verfügungen über Geschäftsanteile, NZG 2007, 60; *Ammann,* Die Reform des Schweizerischen GmbH-Rechts, RIW 2007, 735; *Bärtschli,* Neues GmbH-Recht in der Schweiz, NotBZ 2008, 50; *Böckli,* Aktienrecht, 4. Aufl., Zürich 2009; *Drenkham,* Die Schweizer GmbH-Reform 2007, GmbHR 2006, 1190; *Druey,* Die personalistische Aktiengesellschaft in der Schweiz, AG 1995, 545; *Eckert,* GmbH-Anteilsübertragung in der Schweiz, in: Kalss, Die Übertragung von GmbH-Geschäftsanteilen in 14 Rechtsordnungen Europas, Wien 2004, S. 57; *Forstmoser,* Monistisch oder dualistische Unternehmensverfassung? Das Schweizer Konzept, ZGR 2003, 688; *de Groot/Hansen/Seikel,* Die Vertretung verselbständigter Rechtsträger in europäischen Ländern, Teil III. Dänemark, Niederlande und Schweiz, 1998; *Guhl/Koller/Schnyder/Druey,* Obligationenrecht, 9. Aufl., Zürich 2000; *Honsell/Vogt/Watter,* Kommentar zum Obligationenrecht (Basler Kommentar) Band 2, 3. Aufl. Basel 2008; *Meyer-Hayoz/Forstmoser,* Schweizerisches Gesellschaftsrecht, 10. Aufl. 2007; *Nobel,* Unternehmensfinanzierung und gesetzliches Garantiekapital in der Schweiz, AG 1998, 354; *Ronge/Peroulaz,* Umwandlungen in der Schweiz und ihre steuerlichen

Folgen in Deutschland nach dem SEStEG, IStR 2007, 422; *Schnyder*, Europäisches Gesellschaftsrecht und dessen „Nachvollzug" durch die Schweiz, FS Drobnig 1998, S. 155; *Schindler/Töndury*, Schweiz, in: Süß/Wachter, Handbuch des internationalen GmbH-Rechts, 2. Aufl. 2011, S. 1495; *Vischer*, Kommentar zum Fusionsgesetz, Zürich 2004; *Wachter*, Reform des Stiftungsrechts in der Schweiz, ZErb 2004, 378; *Wagner*, Gesellschaftsrecht in der Schweiz und Liechtenstein, 2. Aufl. 2000; *Wagner/Plüss*, Handels- und Wirtschaftsrecht in der Schweiz und in Liechtenstein, 3. Aufl. 2007; *Wagner/Plüss*, Entwicklungen im schweizerischen Gesellschafts- und Steuerrecht, RIW 2004, 416; *Wagner/Dermühl/Plüss*, Entwicklungen im schweizerischen Wirtschafts- und Steuerrecht, RIW 2006, 651; *Wagner/Plüss*, Entwicklungen im schweizerischen Gesellschafts- und Steuerrecht, RIW 2008, 205; *Witt*, Modernisierung der Gesellschaftsrechte in Europa, ZGR 2009, 872.

I. Allgemeines

1. Überblick

479   Das Schweizer Gesellschaftsrecht ist im Wesentlichen im „Bundesgesetz betreffend die Ergänzung des Schweizerischen Zivilgesetzbuchs (Fünfter Teil: **Obligationenrecht**)" vom 30. 3. 1911 (OR) geregelt.[193] Da das OR das bürgerliche und das zivile Schuld- und Gesellschaftsrecht vereint, werden dort die Handelsgesellschaften unmittelbar anschließend an die Einfache (bürgerlichrechtliche) Gesellschaft im Dritten Titel geregelt. Auffällig ist die ursprünglich geringe Regelungsdichte der gesetzlichen Vorschriften im Gesellschaftsrecht, die aber insb. bei der AG zwischenzeitlich „aufgefüllt" wurde. Das Recht der Handelsgesellschaften wurde zuletzt durch die Aktienrechtsreform 1992 und die GmbH-Reform vom 16. 12. 2005, in Kraft getreten am 1. 1. 2008 (die auch im Aktienrecht einige wichtige Änderungen brachte), erheblich umgestaltet. Eine weitere Reform des Aktienrechts, insbesondere im Bereich der *Corporate Governance*, ist in Vorbereitung.

480   Zahlenmäßig ist in der Schweiz weiterhin die **Aktiengesellschaft die dominierende Gesellschaftsform**.[194] Nach der Aktienrechtsreform 1992, vor der nur wenige tausend GmbH registriert waren, hat die GmbH jedoch wegen der erheblich gesteigerten Anforderungen an Kapital und Organisation einer AG einen sprunghaften Zuwachs erfahren. Die jüngste Reform des GmbH-Rechts von 2005, die die weitere Flexibilisierung der GmbH zum Gegenstand hat, hat diese Tendenz weiter verstärkt. Damit ist auch in der Schweiz die in der EU anzutreffende Tendenz zu erkennen, dass die Aktiengesellschaft im Bereich der mittelgroßen Gesellschaften von der GmbH verdrängt wird.

2. Handelsregister

481   Das Handelsregister wird dezentral von den einzelnen Kantonen geführt. Bundeseinheitliche Rechtsgrundlage ist die **Handelsregisterverordnung** (HregVO) vom 7. 6. 1937, welche mit Wirkung zum 1. 1. 2008 eine „Totalrevision" erfahren hat. Eintragungen erfolgen auf öffentlich beglaubigten Antrag. Dem Antrag sind entsprechende Belege im Original oder beglaubigter Abschrift beizufügen, damit vor Eintragung die vorgeschriebene inhaltliche Prüfung erfolgen kann. Die Anmeldung erfolgt in der im jeweiligen Kanton geltenden Amtssprache, es kann aber auch die in einem anderen Kanton geltende Amtssprache zugelassen werden. Ein kostenfreier Zugriff auf Unternehmensdaten ist über www.handelsregister.ch und über www.zefix.ch möglich. Existenz und Vertretung einer Gesellschaft können auf diese Weise sehr schnell und zuverlässig nachgeprüft werden. Beglaubigte Handelsregisterauszüge können auch über Internet bestellt werden.

---

[193] Alle Schweizer Bundesgesetze online einsehbar unter: http://www.admin.ch/ch/d/as/index.html.

[194] Bei der Betriebszählung 2005 ergaben sich (gerundet) je 145 000 Einzelunternehmen, 9000 Kollektivgesellschaften, 1500 Kommanditgesellschaften, 83 000 AG und 45 000 GmbH (Eidgenössisches Bundesamt für Statistik, Stand 30. 6. 2007). Als eingetragene Gesellschaften wurden 174 000 AG und 84 000 GmbH gezählt. Mittlerweile hat die Anzahl der GmbH die Marke von 120 000 überschritten – bei 190 000 Aktiengesellschaften, vgl. *Schindler/Töndury*, in: Süß/Wachter, Schweiz Rn. 3.

3. Umwandlung von Gesellschaften

Die Verschmelzung, Spaltung, Umwandlung und Vermögensübertragung von Gesellschaften regelt das am 1. 7. 2004 in Kraft getretene Fusionsgesetz (FusG).[195] Bei der **Verschmelzung** unterscheidet man zwischen der Verschmelzung zur Übernahme *(Absorptionsfusion)* und der Verschmelzung zur Neugründung *(Kombinationsfusion)*. Kapitalgesellschaften können danach untereinander fusionieren. Mit Kollektiv- und Kommanditgesellschaften kann eine Kapitalgesellschaft nur als übernehmende Gesellschaft fusionieren, Art. 4 FusG.

Die **Spaltung** von Kapitalgesellschaften ist als Aufspaltung und als Abspaltung möglich, Art. 29 FusG. Im Wege des **Formwechsels** (Umwandlung) kann eine im Handelsregister eingetragene Personengesellschaft in eine Form der Personengesellschaft oder Kapitalgesellschaft umgewandelt werden. Eine Kapitalgesellschaft kann in eine andere Form der Kapitalgesellschaft oder Genossenschaft wechseln, nicht aber in eine Personengesellschaft, Art. 54 FusG. Bei einer **Vermögensübertragung** können durch Abschluss eines schriftlichen Übertragungsvertrages im Handelsregister eingetragene Gesellschaften oder Einzelunternehmen ihr Vermögen mit allen Aktiva und Passiva oder Teile davon im Wege der Gesamtrechtsnachfolge auf einen anderen Rechtsträger des Privatrechts übertragen, Art. 69 FusG.

4. Arbeitnehmermitbestimmung

Die Mitwirkungsrechte der Arbeitnehmer ergeben sich aus dem Bundesgesetz über die Information und Mitsprache der Arbeitnehmerinnen und Arbeitnehmer in den Betrieben **(Mitwirkungsgesetz)**. Dieses Gesetz gilt für alle Betriebe, die Arbeitnehmer beschäftigen – von dem ersten Beschäftigten an. Das Gesetz verlangt – ähnlich wie bei einem deutschen Betriebsrat – die Information und Konsultation der Arbeitnehmer in bestimmten für sie wichtigen Fragen. In Betrieben mit mehr als 50 Mitarbeitern können diese hierfür eine aus mindestens drei Personen bestehende Arbeitnehmervertretung wählen. Darüber hinausgehende Mitwirkungsbefugnisse der Arbeitnehmer bestehen nicht. Insbesondere ist nicht vorgesehen, dass Arbeitnehmer in Gesellschaftsorganen mitwirken.

5. Internationales Gesellschaftsrecht

Das internationale Gesellschaftsrecht ist in den Art. 150 ff. des Bundesgesetzes über das Internationale Privatrecht (IPRG) vom 18. 12. 1987 geregelt. Gem. Art. 154 IPRG unterstehen Gesellschaften dem Recht des Staates, nach dessen Vorschriften sie organisiert sind **(Gründungstheorie)**. Erfüllt eine Gesellschaft dessen Voraussetzungen nicht, so untersteht sie dem Recht des Staates, in dem sie tatsächlich verwaltet wird. Diese Verweisung auf das Gründungsstatut ist unausweichlich, damit die Schweiz Standort für Domizilgesellschaften bleiben kann. Insbesondere wird auch die Verlegung des faktischen Verwaltungssitzes einer Schweizer Gesellschaft ins Ausland toleriert. Aber auch grenzüberschreitende Umwandlungsakte werden großzügig gestattet: So die Umwandlung einer ausländischen in eine inländische Gesellschaft *(Immigration*, Art. 161 IPRG), der umgekehrte Wegzug Schweizer Gesellschaften *(Emigration*, Art. 163 IPRG) und die Verschmelzung von Schweizer mit ausländischen Gesellschaften *(Immigrationsfusion* nach Art. 163a IPRG und *Emigrationsfusion* gem. Art. 163b IPRG). Voraussetzung für alle diese Umwandlungsvorgänge ist aber, dass das für die anderen beteiligten Gesellschaften jeweils maßgebliche ausländische Gesellschaftsstatut (also des Zuzugs- bzw. Wegzugsstaates bzw. das für die an der Fusion beteiligten anderen Gesellschaften geltende Gesellschaftsstatut) die Maßnahme zulässt.[196]

---

[195] Bundesgesetz über Fusion, Spaltung, Umwandlung und Vermögensübertragung vom 3. Oktober 2003.
[196] Hierzu *Girsberger/Rodriguez*, in: Basler Kommentar zum IPRG, 2. Aufl. 2007 Art. 161 ff.

II. Personengesellschaften

1. Die Einfache Gesellschaft

486   Die Einfache Gesellschaft *(Société simple, Società semplice)* ist die vertragsmäßige Verbindung von zwei oder mehr Personen zur Erreichung eines gemeinsamen Zwecks mit gemeinsamen Kräften oder Mitteln und bildet damit das Schweizer Gegenstück zur Gesellschaft bürgerlichen Rechts. Sobald die Gesellschaft ein Gewerbe betreibt, wird sie eine Kollektivgesellschaft (s. u.). Die Einfache Gesellschaft ist in den Art. 530–551 OR geregelt. Die praktische Bedeutung dieser Regeln resultiert daraus, dass die Einfache Gesellschaft die **Auffangform** bildet, wenn keine andere Gesellschaftsform in Frage kommt. Auch gelten die Regeln zur einfachen Gesellschaft subsidiär für die Kollektivgesellschaft (Art. 557 Abs. 2 OR) und die Kommanditgesellschaft (598 Abs. 2 OR).

487   Der Gesellschaftsvertrag der Einfachen Gesellschaft bedarf keiner bestimmten Form. Er ist von praktisch erheblicher Bedeutung, denn die gesetzliche Regelung ist sehr allgemein und weitgehend dispositiv. Sowohl natürliche als auch juristische Personen können Gesellschafter werden. Die Gesellschaft wird in kein Register eingetragen. Sie hat **keine Rechtsfähigkeit**. Vielmehr sind die Gesellschafter in gesamthänderischer Verbundenheit Eigentümer des Vermögens. Für die Verbindlichkeiten haften sie persönlich gesamtschuldnerisch und unbeschränkt.

2. Die Kollektivgesellschaft

488   Die Kollektivgesellschaft *(société en nom collective, Società in nome collectivo)* (Art. 552–593 OR) ist eine Gesellschaft, in der zwei oder mehr Personen ohne Beschränkung ihrer Haftung sich zu dem Zweck vereinigen, unter einer gemeinsamen Firma ein Handels-, Fabrikations- oder anderes nach kaufmännischer Art geführtes Gewerbe zu betreiben, Art. 552 Abs. 1 OR. Es handelt sich also um das Gegenstück zur OHG deutschen Rechts. Die Gesellschaft muss in das Handelsregister eingetragen werden. Konstitutiv für die Entstehung als Kollektivgesellschaft ist die Eintragung gem. Art. 553 OR aber nur bei solchen Gesellschaften, die kein nach kaufmännischer Art geführtes Gewerbe betreiben.

489   Gesellschafter einer Kollektivgesellschaft können gem. Art. 552 Abs. 1 OR **nur natürliche Personen** werden. Die Beteiligung einer juristischen Person führt zur Entstehung einer Einfachen Gesellschaft i. S. v. Art. 530 ff. OR. Auch die Kollektivgesellschaft ist keine juristische Person, sondern gesamthänderisch organisiert. Steuerlich bildet sie kein eigenes Subjekt, besteuert werden allein die Gesellschafter.

3. Die Kommanditgesellschaft

490   Eine Kommanditgesellschaft *(société en commandite, Società in accomandita)* ist eine Gesellschaft, in der zwei oder mehr Personen sich zum Zwecke vereinigen, ein Gewerbe in der Weise zu betreiben, dass wenigstens ein Mitglied unbeschränkt, eines oder mehrere andere aber als Kommanditäre nur bis zum Betrag einer bestimmten Vermögenseinlage haften, Art. 594 OR. Da juristische Personen nicht als unbeschränkt haftende Gesellschafter sondern nur als „Kommanditäre" beitreten können, ist die „GmbH & Co. KG" nach Schweizer Recht nicht zulässig. Die Haftungsbeschränkung zugunsten der Kommanditäre greift gem. Art. 606 OR erst ab Eintragung der Gesellschaft im Handelsregister. Betreibt die Gesellschaft kein Handelsgewerbe, entsteht sie trotzdem mit Eintragung im Handelsregister als Kommanditgesellschaft.

III. Die Aktiengesellschaft

1. Gründung

491   Die Gründung einer Aktiengesellschaft *(société anonyme – SA; Società anonima – SA)* erfolgte bislang durch mindestens drei Gründer. Seit Inkrafttreten der Gesellschaftsrechtsreform vom 16. 12. 2005 am 1. 1. 2008 ist auch die **Ein-Personen-Gründung** durch eine

einzige natürliche bzw. juristische Person oder eine andere Handelsgesellschaft zulässig, Art. 625 OR. Die Gründung erfordert den Abschluss des Gesellschaftsvertrags in notariell beurkundeter Form Art. 629 OR. Die Gründer können sich bei der Gründung vertreten lassen. Die Vollmacht bedarf ebenfalls der beurkundeten Form. Die Gründung kann ausschließlich im Wege der Simultangründung erfolgen, indem also die Gründer bei Gründung sämtliche Aktien übernehmen Art. 629 OR. Die Aktiengesellschaft erwirbt die Rechtspersönlichkeit mit Eintragung im Handelsregister Art. 643 OR.

Für die **Zeit vor Eintragung der Gesellschaft** im Handelsregister gelten die Regeln über die Einfache Gesellschaft (oben Rdnr. 486). Rechte und Pflichten aus einem Handeln im Namen der späteren Gesellschaft gehen aber nach Eintragung auf die Aktiengesellschaft über, soweit sie vom Verwaltungsrat innerhalb von drei Monaten nach der Eintragung ausdrücklich oder stillschweigend übernommen werden, Art. 645 Abs. 2 OR.

2. Stammkapital

Das **Mindestkapital** der Aktiengesellschaft beträgt 100 000 CHF, Art. 621 OR. Bei der Gründung muss die Einlage für mindestens 20% des Nennwertes jeder Aktie geleistet *(liberiert)* sein. Jedenfalls muss aber die Summe der geleisteten Einlagen mindestens 50 000 CHF erreichen, Art. 632 OR. Der Betrag ist vor der Anmeldung der Gesellschaft zum Handelsregister auf ein Schweizer Bankkonto der Gesellschaft einzuzahlen, das bis zur Eintragung der Gesellschaft gesperrt ist, Art. 633 OR. Das Stammkapital kann auch in Form einer **Sacheinlage** aufgebracht werden. Sacheinlagen müssen aufgrund eines schriftlichen Sacheinlagevertrags erfolgen, sind sofort in voller Höhe zu bewirken und machen einen Gründungsbericht samt Prüfungsbestätigung erforderlich, Art. 634 OR. Der Bericht ist zusammen mit der Anmeldung der Gründung zum Handelsregister einzureichen. Sollen mit eingelegtem Geld Vermögenswerte von einem Gesellschafter übernommen werden, liegt eine **Sachübernahme** vor. Diese muss in den Statuten erwähnt werden, Art. 628 Abs. 2 OR.

Der **Erwerb eigener Aktien** ist gem. Art. 659 OR nur zulässig, soweit verwendbares Eigenkapital in der Höhe der dafür nötigen Mittel vorhanden ist und der gesamte Nennwert dieser Aktien 10% des Aktienkapitals nicht übersteigt. Vorübergehend können im Zusammenhang mit einer Übertragungsbeschränkung Namensaktien bis zu 20% des Kapitals erworben werden, Art. 659 Abs. 2 OR.

Hat die Gesellschaft **50% ihres Stammkapitals** (einschließlich der gesetzlichen Rücklagen) **verloren,** so muss der Verwaltungsrat gem. Art. 725 OR eine außerordentliche Generalversammlung einberufen und Maßnahmen für eine finanzielle Restrukturierung (Aufdeckung bzw. Realisierung stiller Reserven, Kapitalherab- und -heraufsetzung etc.), vorschlagen.

Eine **Kapitalerhöhung** erfolgt durch Beschluss der Generalversammlung oder aufgrund statutarischer Ermächtigung (genehmigte Kapitalerhöhung) durch den Verwaltungsrat, Art. 650, 651 OR. Eine Kapitalerhöhung kann auch als bedingte Kapitalerhöhung durch Ausgabe von Wandel- oder Optionsrechten an Anleihegläubiger erfolgen, Art. 653 ff. OR.

Die **Kapitalherabsetzung** ist aufgrund Beschlusses der Generalversammlung möglich, soweit durch einen besonderen Revisionsbericht festgestellt wurde, dass die Forderungen der Gesellschaftsgläubiger voll gedeckt bleiben, Art. 732 OR. Gesellschaftsgläubiger können binnen zwei Monaten nach Bekanntgabe der Kapitalherabsetzung Befriedigung oder Sicherstellung ihrer Forderungen verlangen, Art. 732 OR.

Jeder Aktionär hat Anspruch auf einen seiner Beteiligung entsprechenden Anteil an den Gewinnen der Gesellschaft. Über die Feststellung und die Verwendung des im Jahresabschluss ausgewiesenen Gewinns der Gesellschaft entscheidet die Generalversammlung. Zuvor sind aber die gesetzlich und statutarisch vorgeschriebenen **Rücklagen** zu bilden. So sind gem. Art. 671 Abs. 1 OR 5% des Jahresgewinnes der allgemeinen Reserve zuzuweisen, bis diese 20% des einbezahlten Aktienkapitals erreicht. Gem. Art. 671 Abs. 2 Ziff. 3 OR sind darüber hinaus der Rücklage 10% einer Jahresausschüttung, soweit sie über eine 5%ige Dividende hinausgeht, zuzuführen. Die Zahlung von Zwischendividenden ist nicht zulässig – allenfalls als „Vorschuss" auf eine künftige Dividende, die ggf. zurückzuzahlen ist.

3. Aktien

499 Aktien können sowohl als **Inhaber-** wie auch als **Namensaktien** ausgegeben werden, Art. 622 Abs. 1 OR. Die Ausgabe von Inhaberaktien ist aber erst zulässig, soweit der auf sie entfallende Kapitalbetrag vollständig eingezahlt (liberiert) ist, Art. 683 OR. Der Mindestbetrag einer Aktie beläuft sich auf 0,01 CHF. Die Ausgabe nennwertloser Aktien ist nicht möglich, Art. 622 Abs. 4 OR.

500 Aktien können gem. Art. 656 OR auch als **Vorzugsaktien** ausgegeben werden – insbesondere mit Vorrechten beim Gewinnbezug. Bis zum doppelten Betrag des Aktienkapitals können auch sog. **Partizipationsscheine** ausgegeben werden, die ausschließlich ein Gewinnbezugsrecht, aber kein Stimm- und Informationsrecht in der Generalversammlung gewähren, Art. 565a ff. OR. Namensaktien mit gegenüber den anderen Aktien reduziertem Nennbetrag aber gleichem Stimmrecht können als sog. **Stimmrechtsaktien** (mit einem bis zu zehnfachen Stimmrecht gemessen am Kapitalanteil) ausgegeben werden, Art. 693 OR.

501 Die Übertragung von Inhaberaktien erfolgt durch Abschluss eines Schuldvertrags und Übergabe der Aktienurkunde, Art. 967 OR. Namensaktien müssen indossiert werden und die Übertragung der Gesellschaft zur Eintragung in das Aktienbuch gemeldet werden, Art. 684 OR. Die Statuten können die **Übertragung von Namensaktien** von der Genehmigung durch den Verwaltungsrat abhängig machen, Art. 685a OR.

4. Die Hauptversammlung

502 Die ordentliche Generalversammlung der Aktionäre ist vom Verwaltungsrat mindestens ein Mal jährlich innerhalb der ersten sechs Monate nach Schluss des Geschäftsjahres einzuberufen, Art. 699 OR. Die Frist für die Einberufung beträgt 20 Tage. Die Versammlung kann im Ausland abgehalten werden. Wirksam ist auch die Universalversammlung ohne ordnungsgemäße Einberufung, Art. 701 OR. Versammlungen im Umlaufverfahren oder *via Internet* sind nicht zulässig. Die Versammlung entscheidet über den Jahresabschluss, die Ausschüttungen und die Verwendung des Jahresgewinns, sowie wählt und entlastet die Mitglieder des Verwaltungsrates und der Revisionsstelle (s. u. Rdnr. 510).

503 **Beschlüsse** der Generalversammlung werden mit einer Mehrheit von 50% der präsenten Stimmen getroffen, Art. Art. 703 OR. Grundsätzlich gewährt jede Aktie ein Stimmrecht anteilig zu der auf sie entfallenden Kapitalbeteiligung. Die Statuten können vorschreiben, dass ein Gesellschafter nicht mehr als eine bestimmte Quote der gesamten Stimmrechte ausüben kann, Art. 692 Abs. 2 S. 2 OR (Höchststimmrechte). Die Beurkundung der ordentlichen Generalversammlung ist nicht erforderlich.

504 Die Generalversammlung beschließt auch über eine **Änderung der Statuten.** Dieser Beschluss muss notariell protokolliert und ins Handelsregister eingetragen werden, Art. 647 OR. Die Eintragung beim Handelsregister ist für die Wirksamkeit gegenüber Dritten erforderlich. Statutenänderungen mit reiner Innenwirkung werden aber unmittelbar nach Beschlussfassung für alle Aktionäre wirksam. Auch ein statutenändernder Beschluss kann mit der Hälfte der präsenten Stimmen gefasst werden. Eine Mehrheit von mindestens zwei Dritteln der vertretenen Stimmen und der absoluten Mehrheit der vertretenen Aktiennennwerte wird nur für bestimmte Änderungen der Statuten, wie z.B. die Änderung des Gesellschaftsgegenstands oder des Gesellschaftssitzes, Kapitalerhöhungen, die Auflösung der Gesellschaft ohne Liquidation etc. verlangt, Art. 704 OR.

5. Die Geschäftsführung

505 Der **Verwaltungsrat** ist das oberste Geschäftsführungs- und Vertretungsorgan der Gesellschaft. Er besteht aus mindestens einem Mitglied, Art. 707 OR. Die Mitglieder des Verwaltungsrates werden von der Generalversammlung für eine Amtszeit von drei Jahren gewählt, Art. 710 OR. Eine Wiederwahl ist möglich. Eine juristische Person kann nicht zum Mitglied bestellt werden (*arg. ex* Art. 707 Abs. 3 OR). Die Mitglieder des Verwaltungsrats können von der Generalversammlung jederzeit abberufen werden, Art. 705 OR. Das Erfordernis, dass nur Aktionäre in den Verwaltungsrat gewählt werden können und dem Verwaltungsrat mehrheitlich Schweizerbürger angehören müssen, ist seit dem 1. 1. 2008 aufgehoben. Mindestens ein vertretungsbefugtes Mitglied des Verwaltungsrates oder ein Direktor der Gesellschaft aber muss seinen Wohnsitz in der Schweiz haben, Art. 718 Abs. 4 OR.

Dem Verwaltungsrat obliegt zwingend die Organisation und die Aufsicht über die Geschäftsführung sowie die **Oberleitung der Gesellschaft,** Art. 716a OR. Nach Maßgabe der Statuten überträgt der Verwaltungsrat die Geschäftsführung regelmäßig ganz oder teilweise an einzelne Mitglieder des Verwaltungsrats oder an sonstige Angestellte der Gesellschaft (Direktoren, Geschäftsleitung), Art. 716b OR. Auf diese Weise kann das monistische System in eine dualistische Struktur umgewandelt werden, bei der der Verwaltungsrat im Wesentlichen die Oberleitung und die Aufsicht über die Geschäftsführung wahrnimmt. **506**

Die **organschaftliche Vertretung** der Gesellschaft obliegt sämtlichen Mitgliedern des Verwaltungsrates. Bestimmen die Statuten nichts anderes, so steht die Vertretungsbefugnis jedem Mitglied einzeln zu, Art. 718 Abs. 1 OR. Der Verwaltungsrat kann die Vertretung einem oder mehreren Mitgliedern des Verwaltungsrats (*Delegierte*) oder anderen Personen (*Direktoren*) übertragen. Mindestens ein Mitglied des Verwaltungsrates muss zur Vertretung befugt bleiben. **507**

Anders als das deutsche Recht kennt das schweizerische Aktienrecht kein ausdrückliches gesetzliches Verbot des **Selbstkontrahierens** bzw. der **Doppelvertretung** für die vertretungsberechtigten Mitglieder des Verwaltungsrates einer Aktiengesellschaft. Auch im allgemeinen Zivilrecht bzw. den Vorschriften zu den anderen Gesellschaftsformen ist eine entsprechende Einschränkung nicht enthalten. Dennoch leitet die schweizerische Rechtsprechung und die herrschende Lehre aufgrund ihrer Kompetenz zur Rechtsfortbildung (Art. 1 ZGB) aus den besonderen Gefahren, die Insichgeschäfte in sich bergen her, dass das Selbstkontrahieren wegen der regelmäßig vorhandenen Interessenkollision und der daraus resultierenden Gefahren für den Vertretenen grundsätzlich unzulässig sei und das Geschäft ungültig mache. Eine Ausnahme greife dort Platz, wo die Natur des Geschäftes die Gefahr der Benachteiligung des Vertretenen ausschließe, wo der Vertretene den Vertreter zum Geschäftsabschluss besonders ermächtigt oder diese nachträglich genehmigt habe. Eine entsprechende Ermächtigung kann z.B. in den Statuten erfolgen. Auch wird im Verhältnis zwischen Konzerngesellschaften oder beim Handeln des alleinigen Gesellschafters mit der Gesellschaft das Vorliegen einer entsprechenden stillschweigenden Ermächtigung unterstellt.[197] Eine ausdrückliche Formvorschrift enthält nun Art. 718b OR: Wird die Gesellschaft beim Abschluss eines Vertrages durch die Person vertreten, mit der sie den Vertrag abschließt, so muss der Vertrag schriftlich abgefasst werden. Ausgenommen sind Verträge des laufenden Geschäftslaufs, bei denen die Leistung der Gesellschaft den Wert von 1000 CHF nicht übersteigt. **508**

Gem. Art. 754 OR **haften die Mitglieder** des Verwaltungsrates und alle mit der Geschäftsführung befassten Personen sowohl der Gesellschaft als auch den Aktionären und Gesellschaftsgläubigern für eine vorsätzliche oder fahrlässige Verletzung ihrer Pflichten. Dabei wird ein eigener Schadensersatzanspruch der Aktionäre und Gesellschaftsgläubiger in den Fällen ausgeschlossen, in denen der Schaden der Gesellschaft entstanden ist, so dass die Aktionäre und Gläubiger nur mittelbar geschädigt sind. Eine unmittelbare Schädigung der Aktionäre und Gläubiger wird dagegen z.B. dann bejaht, wenn die Bilanz verfälscht wurde (da die Fälschung der Gesellschaft selber keinen Schaden zufügt). Art. 756 OR gestattet den Aktionären, einen Schadensersatzanspruch der Gesellschaft für diese einzuklagen (*actio pro socio*). **509**

---

[197] BGE 127 III, S. 332; *Wernli* in: Honsell/Vogt/Watter, Baseler Kommentar zum schweizerischen Recht, Obligationenrecht, 2. Aufl. 2002, Art. 707 OR Rdnr. 43.

6. Die Revision

510 Die zum 1. 1. 2008 in Kraft getretene Reform hat auch das Recht der Prüfung der Aktiengesellschaften (Revision) geändert. danach wird zwischen der ordentlichen Revision und der eingeschränkten Revision unterschieden:

511 Der **ordentlichen Revision** unterliegen gem. Art. 727 OR Publikumsgesellschaften und Gesellschaften, die in zwei aufeinander folgenden Geschäftsjahren zwei der folgenden drei Größenmerkmale überschreiten: Bilanzsumme von CHF 10 Mio; Umsatzerlös von CHF 20 Mio.; 50 Vollzeitstellen im Jahresdurchschnitt.

512 Die übrigen Gesellschaften unterliegen der **eingeschränkten Revision,** soweit nicht Aktionäre mit mindestens 10% des Aktienkapitals die ordentliche Revision verlangen *(opting up)*, Art. 727a, 727 Abs. 2 S. 2 OR. Bei der eingeschränkten Revision beschränkt sich die Prüfung im Wesentlichen auf die vorgelegten Unterlagen.

513 Hat eine der eingeschränkten Revision unterliegende Gesellschaft höchstens 10 Vollzeitstellen, so können die Aktionäre durch einstimmigen Beschluss selbst auf die eingeschränkte Revision verzichten *(opting out)* oder die eingeschränkte Revision weiter einschränken *(opting down)*, Art. 727a Abs. 2 OR.

514 Die **Revisionsstelle** (Wirtschaftsprüfer) wird von der Generalversammlung gewählt, Art. 700 OR. Dabei werden die Gesellschaften und Experten vom Staat unterschiedlich danach zur Revision klassifiziert, ob sie Publikumsgesellschaften, andere zur ordentlichen Revision verpflichtete Gesellschaften oder Gesellschaften, die zur eingeschränkten Revision verpflichtet sind prüfen dürfen, Art. 727a, 727b OR. Die Revisionsstelle wird auch im Handelsregister eingetragen.

IV. Die GmbH

1. Allgemeines

515 Die GmbH wurde in der Schweiz erst 1936 durch Gesetz eingeführt. Daraus mag ihre lange Zeit geringe Popularität resultieren, die bis zur Aktienrechtsreform 1992 dauerte. Die damals beschlossene Verdoppelung des Mindeststammkapitals der AG von CHF 50000 auf CHF 100000 und die – an den Europäischen Richtlinien orientierten – erhöhten formellen Anforderungen an die AG verstärkten die Position der GmbH. Die Flexibilisierung durch die am 1. 1. 2008 in Kraft getretene GmbH-Reform von 2005 hat die Attraktivität der GmbH weiter erhöht (Abschaffung der höhenmäßigen Begrenzung des Stammkapitals, Erleichterung der Abtretung von Geschäftsanteilen etc.). Im Vergleich zum deutschen Recht auffällig ist die wesentlich stärkere Ausprägung des personalistischen Elements der GmbH in der Schweiz, wie sich z.B. an der Selbstorganschaft zeigt.

2. Gründung

516 Die GmbH *(société à responsabilité limitée – SARL; Società a garanzia limitata – Sagl)* wird gem. Art. 777 OR gegründet, indem die Gründer **in notarieller Urkunde** die Statuten festlegen und die Organe der Gesellschaft bestellen. Im Errichtungsakt zeichnen die Gründer die Stammanteile und stellen fest, dass sämtliche Stammanteile gültig gezeichnet und die Einlagen geleistet sind. Die Urkunde ist von den Gründern persönlich oder durch einen Vertreter mit schriftlicher Vollmacht zu unterzeichnen. Bis zur GmbH-Reform 2005 waren mindestens zwei Gründer erforderlich – was in der Praxis dazu führte, dass vielfach Strohmänner eingeschaltet wurden. Der aktuelle Art. 775 OR bestimmt, dass eine GmbH durch eine oder mehrere natürliche oder juristische Personen oder andere Handelsgesellschaften gegründet werden kann.

517 Die Gesellschaft entsteht erst mit Eintragung im Handelsregister, Art. 779 OR. Wer während des davor liegenden Gründungsstadiums im Namen der **Gründungsgesellschaft** handelt, haftet für die eingegangenen Verbindlichkeiten persönlich und gesamtschuldnerisch. Die Gesellschaft kann aber binnen drei Monaten nach Eintragung in das Handelsregister die in ihrem Namen eingegangenen Verbindlichkeiten übernehmen. In diesem Fall gehen Rechte und Pflichten auf die GmbH über, Art. 779a OR.

3. Stammkapital

Das **Mindestkapital** der GmbH beträgt 20 000 CHF, Art. 773 OR. Die bis zum 1. 1. 2008 bestehende Begrenzung auf höchstens 2 Mio. CHF ist durch die Reform 2005 aufgehoben worden. Das Kapital ist bei der Gründung – anders als vor der Reform – durch die Gründer sofort vollständig aufzubringen (vgl. Art. 777c Abs. 1 OR). Im Gegenzug wurde die subsidiäre Solidarhaftung der Gesellschafter für die Kapitalaufbringung durch die Mitgesellschafter aufgegeben werden. Die Statuten können Nachschusspflichten bis höchstens zum doppelten Nennwert des jeweiligen Stammanteils vorsehen, Art. 795 OR. Für **Sacheinlagen** und Sachübernahmen gelten die Vorschriften des Aktienrechts (dazu oben, Rdnr. 493) entsprechend, einschließlich der Prüfung des Sachgründungsberichts durch einen Revisor, Art. 777c Abs. 2 OR.

Der **Erwerb eigener Anteile** durch die GmbH ist bis zum Betrag von 10% des Stammkapitals zulässig, wenn die Gesellschaft über das dafür erforderliche frei verwendbare Eigenkapital verfügt; vorübergehend ist ein Erwerb von 35% bei einem Austritt oder Ausschluss eines Gesellschafters gestattet, Art. 783 OR. Die Rückgewähr von Einlagen ist unzulässig, Art. 793 Abs. 2 OR. Vorschläge, Regeln über eigenkapitalersetzende Darlehen in das Gesetz aufzunehmen, konnten politisch nicht durchgesetzt werden.[198]

Ist die Hälfte des Stammkapitals verloren, so gelten über Art. 817 OR die aktienrechtlichen Regeln über die Einberufung einer außerordentlichen Hauptversammlung (Art. 725 OR, oben Rdnr. 495). Die ordentliche **Revision** tritt bei der GmbH zwingend unter den selben Voraussetzungen ein wie bei der AG.

4. Gesellschaftsanteile

Der **Nennwert** eines Stammanteils an der GmbH muss mindestens CHF 100 (bis zum 1. 1. 2008: CHF 1000) betragen. Eine Ausnahme gilt für die Herabsetzung des Nennwerts im Sanierungsfall (Mindestnennwert: CHF 1). Die bis zum 1. 1. 2008 geltende Beschränkung, dass jeder Gesellschafter nur einen einzigen Anteil halten kann, ist inzwischen ebenfalls aufgegeben worden, Art. 774 OR. Name und Wohnort eines jeden Gesellschafters, ebenso wie die Höhe seiner Stammeinlage werden nicht nur im Anteilbuch der Gesellschaft, sondern auch im Handelsregister eingetragen und im Handelsregisterauszug vermerkt, Art. 781 OR. Nennwertlose Anteile und stimmrechtslose Anteile gibt es bei der GmbH nicht. Die Reform 2005 hat aber die Möglichkeit geschaffen, **Vorzugsstammanteile** auszugeben, Art. 799 OR. Der Vorzug kann sich auf die Dividende, einen Anteil am Liquidationserlös oder den Bezug neuer Stammanteile beziehen. Auch **Genussscheine** sind nun in der GmbH entsprechend den aktienrechtlichen Regeln möglich, Art. 774a OR. Neu eingeführt durch die Reform 2005 ist, dass gem. Art. 784 OR über Stammanteile eine Urkunde als Beweisurkunde oder **Namenpapier** ausgestellt werden kann.

Aufsehenerregendste Neuerung der GmbH-Reform 2005 ist die Abschaffung des Beurkundungserfordernisses für die **Abtretung von Geschäftsanteilen.** Art. 785 Abs. 1 OR lässt nun für Verpflichtungsgeschäft und Abtretung die private Schriftform genügen. In den Abtretungsvertrag müssen aber gem. Art. 785 Abs. 2 OR Hinweise auf statutarische Pflichten aufgenommen werden, wie Nachschusspflichten, Nebenleistungspflichten, Konkurrenzverbote, Vorkaufs- und Ankaufsrechte der Gesellschafter und Konventionalstrafen. Die Gesellschaft muss den Erwerber gem. Art. 791 OR mit Namen, Wohnsitz und Heimatort sowie mit der Anzahl und dem Nennwert seiner Stammanteile zur Eintragung ins Handelsregister anmelden. Die Eintragung ist aber für den Erwerb der Rechte aus der Beteiligung nicht konstitutiv.

Die Abtretung der Anteile bedarf vorbehaltlich einer abweichenden Bestimmung in den Statuten gem. Art. 786 OR der **Genehmigung durch die Gesellschafterversamm-**

---

[198] Hierzu *Drenckhan* GmbHR 2006, 1194.

lung. Die Gesellschafterversammlung kann die Zustimmung ohne Angabe von Gründen verweigern. § 808 b OR sieht qualifizierte Mehrheitserfordernisse für die Zustimmung zur Abtretung vor, so dass eine Zustimmung von zwei Dritteln der vertretenen Stimmen sowie der absoluten Mehrheit des gesamten Stammkapitals erforderlich ist. Die Statuten können aber strengere Mehrheitserfordernisse für die Zustimmung aufstellen oder die Abtretbarkeit ausschließen, Art. 786 Abs. 2 OR, bzw. die Abtretung freistellen.

5. Die Gesellschafterversammlung

524 Die Gesellschafterversammlung ist das oberste Organ der GmbH, Art. 804 OR. Sie wird spätestens 20 Tage vor dem Termin durch die Geschäftsführer einberufen, Art. 804 Abs. 1 OR. Die Gesellschafterversammlung beschließt unter anderem über die Bestellung und Abberufung der Prokuristen und der Revisionsstelle, die Entlastung der Geschäftsführer, die Befreiung eines Gesellschafters von einem Konkurrenzverbot, die Ausschüttungen, und natürlich auch über Satzungsänderungen, Umwandlungsvorgänge aller Art, Kapitalerhöhungen und Kapitalherabsetzungen etc. (vgl. die Aufstellung in Art. 804 Abs. 2 OR).

525 Statt der persönlichen Versammlung kann eine Abstimmung auch auf schriftlichem Wege (**Umlaufverfahren**) erfolgen, Art. 805 Abs. 4 OR. Die Versammlung entscheidet mit der Mehrheit der vertretenen Stimmen, Art. 806 OR. Der personalistische Einschlag der GmbH zeigt sich darin, dass jeder Gesellschafter mindestens eine Stimme haben muss und die Satzung Höchststimmrechte vorsehen kann, Art. 806 OR. Anderseits lässt Art. 806 Abs. 2 OR auch die Begründung von Mehrstimmrechten zu. Einer Mehrheit von mindestens zwei Dritteln der vertretenen Stimmen sowie der absoluten Mehrheit des gesamten Stammkapitals bedarf es für bestimmte Beschlüsse, wie die Änderung des Gesellschaftszwecks, die Zustimmung zur Abtretung von Stammanteilen oder eine Kapitalerhöhung, Art. 808 b OR. Andere **Statutenänderungen** sind daher – vorbehaltlich abweichender Satzungsbestimmungen – mit einfacher Mehrheit wirksam. Der Beschluss über die Statutenänderung bedarf der notariellen Beurkundung und der Eintragung im Handelsregister, Art. 780 OR.

6. Die Geschäftsführung

526 Die besondere personalistische Prägung der GmbH Schweizer Rechts zeigt sich weiterhin daran, dass die Geschäftsführung grundsätzlich von den Gesellschaftern gemeinsam ausgeübt wird **(Selbstorganschaft)**, Art. 809 Abs. 1 OR. Die Statuten können Abweichendes anordnen, insbesondere auch die Bestellung anderer Personen zu Geschäftsführern. Als Geschäftsführer können – auch bei Kapitalgesellschaften als Gesellschaftern – nur natürliche Personen bestellt werden. Die Abberufung von der Gesellschafterversammlung gewählter Geschäftsführer ist jederzeit durch Beschluss der Gesellschafterversammlung möglich, Art. 815 OR.

527 Die Geschäftsführer sind zuständig für die **Oberleitung** und die Organisation der Gesellschaft, die Buchführung, die Einberufung der Gesellschafterversammlung etc., Art. 810 OR. An Weisungen der Gesellschafterversammlung ist der Geschäftsführer nur gebunden, wenn die Satzung ausdrücklich die Genehmigung der Geschäftsführungsmaßnahmen durch die Gesellschafterversammlung ermöglicht oder erfordert, Art. 811 OR („Paritätstheorie"). Die Geschäftsführer entscheiden gemeinsam. Bei Abstimmungen hat der durch die Gesellschafterversammlung bestimmte Vorsitzende einen Stichentscheid, Art. 809 Abs. 4 OR.

528 Vorbehaltlich abweichender Regelung im Gesellschaftsvertrag **vertritt jeder Geschäftsführer** die Gesellschaft allein. Die Gesellschaft muss durch zumindest eine Person (Geschäftsführer oder Direktor) vertreten werden können, die ihren Wohnsitz in der Schweiz hat, Art. 814 OR. Die Ernennung anderer vertretungsberechtigter Personen, wie von Direktoren, Prokuristen und Handlungsbevollmächtigten obliegt der Gesellschafterversammlung, Art. 804 Abs. 3 OR.

529 Ein ausdrückliches Verbot des **Insichgeschäfts** besteht nicht. Gem. Art. 814 Abs. 4 OR gelten die Regeln für die Aktiengesellschaft (s. o. Rdnr. 508), vor allem das durch die GmbH-Reform 2005 eingefügte Schriftformerfordernis, entsprechend.

Die **Haftung der Geschäftsführer** unterliegt gem. Art. 827 OR den aktienrechtlichen Regeln (Art. 754 ff. OR).

N. Spanien

Schrifttum: *Adomeit/Frühbeck*, Einführung in das spanische Recht, 3. Aufl. 2007; *Bascopé/Hering*, Die spanische Gesellschaft mit beschränkter Haftung. Errichtung, Organisation, Liquidation und Besteuerung, GmbHR 2005, 609; *Bilz*, Die spanische GmbH, in: Löber/Wicke/Huzel (Hrsg.), Aktuelles spanisches Handels- und Wirtschaftsrecht, 2. Aufl. 2008; *Cohnen*, Spanisches Internationales Gesellschaftsrecht: Stand 2004, IPRax 2005, 467; *Embid Irujo*, Capital Protection in Spanish Company Law, in: *Lutter* (Hrsg.), Legal Capital in Europe, 2006, S. 582; *Embid Irujo*, Eine spanische „Erfindung" im Gesellschaftsrecht: Die „Sociedad limitada nueva empresa" – die neue unternehmerische GmbH, RIW 2004, 760; *Fischer*, Das spanische Gesetz 3/2009 über strukturelle Änderungen der Handelsgesellschaften, RIW 2009, 435; *Fröhlingsdorf*, Die neue spanische GmbH: Neues Unternehmen, RIW 2003, 584; *Funke/Gavilá*, Die spanische S.L. und ihre Sonderform S.L.N.E., GmbHR Sonderheft 2006, 59; *Fuentes*, Corporate Groups and Creditors Protection: An Approach from a Spanish Company Law Perspective, ECFR 2007, 529; *Grechenig*, Spanisches Aktien- und GmbH-Recht, Wien 2005; *Grechenig*, Die Übertragung von Geschäftsanteilen einer spanischen GmbH, in: Kalss, Die Übertragung von Geschäftsanteilen in 14 europäischen Rechtsordnungen, Wien 2003, S. 107; *Haas*, Der Durchgriff im deutschen und spanischen Gesellschaftsrecht, 2003; *Haneke*, Veräußerung und Vererbung von GmbH-Anteilen im spanischen und im deutschen Recht, 2000; *Juan-Mateu*, The Private Company in Spain: Some Recent Developments, ECFR 2004, 60; *Kilian/Brubowski*, Regulierungsansätze für ein berufsspezifisches Gesellschaftsrecht: Die spanische Sociedad Profesional als zukunftweisendes Modell?, RIW 2007, 669; *Lindner*, Abtretung und Verpfändung von Aktien und GmbH-Geschäftsanteilen nach spanischem Recht, RIW 2007, 503; *Löber/Lozano/Steinmetz/Garcia Alcázar/Gahle*, Das neue Recht der spanischen Kapitalgesellschaften, RIW 2011, 587; *Löber/Wicke/Huzel*, Handels- und Gesellschaftsrecht in Spanien, 2. Aufl. 2008; *Löber/Lozano/Steinmetz*, Spanien, in: Süß/Wachter, Handbuch des internationalen GmbH-Rechts, 2. Aufl. 2011, S. 1651; *Löber/Wendland/Bilz/Lozano*, Die neue spanische GmbH, 3. Aufl. 2006; *Martinez-Pujalte/Rentsch*, Die Treuepflichten der Vorstände und Geschäftsführer im spanischen Kapitalgesellschaftsrecht, RIW 2008, 29; *Nele Rades*, Die Sociedad Limitada Nueve Empresa, 2008; *Ochs*, Die Haftung der GmbH-Geschäftsführers im deutschen und spanischen Recht, 2008; *Otto*, Verwalterhaftung im Gründungs- und Auflösungsstadium nach spanischem GmbH-Recht, RIW 2002, 27; *Sánchez Weickgenannt*, Eingriffsbefugnis der Gesellschafterversammlung in die Geschäftsführung der spanischen Sociedad de Responsabilidad Limitada, RIW 2000, 192; *Sánchez Weickgenannt*, Unternehmensverwaltung und Corporate Governance der spanischen Aktiengesellschaft, in: Löber/Wicke/Huzel (Hrsg.), Aktuelles spanisches Handels- und Wirtschaftsrecht, 2. Aufl. 2008; *dies.*, Rechte der Minderheitsgesellschafter in der spanischen Sociedad de Responsabilidad Limitada, RIW 2002, 101; *dies.*, Ausnahmen des Gleichbehandlungsgrundsatzes der Gesellschaftsanteile einer spanischen GmbH: die Schaffung von Vorzugsanteilen, RIW 2003, 581; *dies.*, Zivilrechtliche Haftungsrisiken der Mitglieder der Geschäftsführung spanischer GmbH, GmbHR 2003, 760; *Sandrock*, Spanische Gesellschaften in Deutschland, deutsche Gesellschaften in Spanien: kollisionsrechtliche Probleme, RIW 2006, 658; *Schmidt/Abegg*, Die spanische GmbH & Co. KG bei der internationalen Steuerplanung (Sociedad Limitada y Compañía, Sociedad Comanditaria), GmbHR 2005, 1602; *Stepholt/Bascopé*, Spanien: Harmonisierung der grenzüberschreitenden innergemeinschaftlichen Verschmelzung durch Umsetzung der Verschmelzungsrichtlinie, IStR-LB 2009, 39; *Vietz*, Die neue „Blitz-GmbH" in Spanien, GmbHR 2003, 26; *Vietz*, Verabschiedung des Gesetzes über die neue Blitz-GmbH in Spanien, GmbHR 2003, 523; *von Wolfersdorff*, Neue Pflichten und strengere Haftung für Verwalter spanischer Kapitalgesellschaften, RIW 2006, 586.

I. Allgemeines

1. Überblick

Gesetzliche Grundlage der Handelsgesellschaften war ursprünglich das **Handelsgesetzbuch** (*Código de Comercio* (CCom)), das mittlerweile nur noch das Recht der Personenhandelsgesellschaften regelt. Die beiden praktisch wichtigsten Gesellschaftsformen, die GmbH und die Aktiengesellschaft, waren bis vor kurzemGegenstand von Sondergesetzen.[199] Durch das **Gesetz über die Kapitalgesellschaften** (Ley de Sociedades de Capital – LSC) vom 2. Juli 2010,[200] in Kraft getreten am 1. September 2010, sind die Gesetze über die GmbH und die Aktiengesellschaft aufgehoben wurden. Zweck des neuen Gesetzes war die Harmonisierung der Regelungen zu beiden Gesellschaftsformen und die Aufhebung von Widersprüchen. Interessant ist dabei, dass der spanische Gesetzgeber den genau entgegengesetzten Weg gegangen ist, wie der italienische: Während der italienische Gesetzgeber durch Reform von 2004 der GmbH eine eigene vollständige Regelung verschaffte, um sie so aus der durch Verweisungen geschaffenen Abhängigkeit vom Aktienrecht zu befreien,[201] hat der spanische mit dem neuen Gesetz quasi eine einheitliche Kapitalgesellschaft geschaffen, bei der – wie auch in den englischen Company Acts – jeweils nur in Detailfragen für die AG und die GmbH Sonderregelungen vorgesehen sind.

532 Zu dieser Kodifikation ist schon am 3. Dezember 2010 durch das „Wachstumsbeschleunigungsgesetz" eine Novelle geschaffen worden.[202] Diese sieht insbesondere die erweiterte Möglichkeit der „Blitzgründung" einer GmbH mittels Erstellung der Gründungsurkunde auf telematischem Wege vor und die Reduzierung der Notarkosten auf 150 EURO.

2. Handelsregister

533 Gesetzliche Grundlage des Handelsregisters ist das *Reglamento del Registro Mercantil* (Handelsregisterverordnung – RRM) vom 19. 7. 1996. Die Eintragung ist für die Entstehung der Rechtspersönlichkeit von Handelsgesellschaften, Umwandlungen u. a. Vorgänge konstitutiv. Das Handelsregister kann nach einfacher Registrierung und Angabe der Kreditkartennummer online eingesehen werden.[203] Hierfür wird sogar eine deutschsprachige Maske zur Verfügung gestellt.

3. Umwandlung von Gesellschaften

534 Das Recht der Umwandlung und Verschmelzung ist nun nicht mehr in den einzelnen gesellschaftsrechtlichen Gesetzen geregelt, sondern im Umwandlungsgesetz vom 3. April 2009 (LME) konzentriert.[204] Dieses enthält insb. auch eine verspätete Umsetzung der Europäischen Verschmelzungsrichtlinie. Die **formwechselnde Umwandlung** (transformación) ist zwischen allen Formen der handelsrechtlichen Gesellschaften, also auch zwischen Personen- und Kapitalgesellschaften, möglich. Eine **Verschmelzung** (fusión) ist in der Form der Verschmelzung zur Neugründung und zur Aufnahme zulässig. Die Verschmelzung von Kapitalgesellschaften erfolgt durch mit qualifizierter Mehrheit gefassten und notariell beurkundeten Verschmelzungsbeschluss der beteiligten Gesellschaften und abschließende Eintragung der Verschmelzung im Handelsregister. Gleiches gilt für die **Spaltung** (escisión) von Kapitalgesellschaften, welche in der Form der Aufspaltung und der Abspaltung möglich ist. Die Ausführungsregeln für die grenzüberschreitende Verschmelzung von Kapitalgesellschaften innerhalb der EU enthalten nun die Art. 54 ff. LME.[205]

---

[199] So das GmbH-Gesetz (Ley de Sociedades de Responsibilidad Limitada) – zuletzt in der Neufassung vom 23. 3. 1995 und das Gesetz über die Aktiengesellschaften (Ley de Sociedades Anónimas).

[200] Boletín Oficial del Estado 2010 I, 58 472 vom 3. Juli 2010. Im Internet unter http://boe.es/boe/dias/2010/07/03/pdfs/BOE-A-2010–10544.pdf.

[201] S. o. Rdnr. 268.

[202] Real Decreto Ley 13/2010 de actuaciones en el ámbito fiscal, laboral y liberalizadores para fomentar la inversión y la creación de empleo, Boletín Oficial del Estado 2010 I, 101 055 vom 3. Dezember 2010.

[203] Unter über http://www.registradores.org.

[204] *Ley 3/2009, de 3 de abril, sobre modificaciones estructurales de las sociedades mercantiles.* Im Internet einsehbar unter : http://www.boe.es/boe/dias/2009/04/04/pdfs/BOE-A-2009–5614.pdf. Damit hat Spanien mit erheblicher Verspätung und erst nach Einleitung eines Vertragsverletzungsverfahrens durch die EU-Kommission die Europäische Verschmelzungsrichtlinie umgesetzt, *Stepholt/Bascopé* IStR-LB 2009, 39.

[205] *Fischer*, RIW 2009, 437; *Stepholt/Bascopé* IStR-LB 2009, 39.

4. Mitbestimmung und Arbeitnehmergesellschaften

Eine Mitbestimmung der Arbeitnehmer in Gesellschaftsorganen ist nicht generell vorgesehen. Es gibt aber **Betriebsräte** *(comité de empresa)* in Betrieben mit mehr als 50 Arbeitnehmern.

Die sogenannten **Arbeitnehmergesellschaften** (als GmbH: *sociedad limitada laboral – S.L.L.*, als Aktiengesellschaft: *sociedad anónima laboral – S.A.L.*[206]) stehen zu mindestens 51% im Eigentum der Arbeitnehmer. Hierbei handelt es sich um Auffanggesellschaften, mit denen die Arbeitnehmer ein in die Krise geratenes Unternehmen übernommen haben, um ihre Arbeitsplätze zu sichern. Die Arbeitnehmer müssen hier zwingend auch im Verwaltungsrat vertreten sein.

5. Internationales Gesellschaftsrecht

Art. 8 LSC bestimmt die spanische *nacionalidad* einer Kapitalgesellschaft und damit die Anwendbarkeit des LSC in Anknüpfung das *domicilio* der Gesellschaft auf dem spanischen Territorium. Das *domicilio* wiederum bestimmt sich gem. Art. 9 LSC danach, wo die Gesellschaft ihren effektiven Hauptverwaltungssitz hat. Das spanische internationale Gesellschaftsrecht geht damit weiterhin von der **Sitztheorie** aus.

Die **grenzüberschreitende Sitzverlegung** einer spanischen Handelsgesellschaft in das Ausland regeln nun die Art. 92 ff. LME. Voraussetzung für den Wegzug ist, dass der Zuzugsstaat für die Gesellschaft den Fortbestand der Rechtspersönlichkeit anerkennt, Art. 93 Abs. 1 LME. Das Verfahren ist vergleichbar mit dem (nationalen) Formwechsel geregelt.[207] Eine ausländische Gesellschaft, die ihren statutarischen Sitz aus dem Ausland nach Spanien verlegt (Zuzug) muss die Anforderungen an die Gründung einer entsprechenden Gesellschaft nach dem spanischen Recht einhalten und die Satzung entsprechend an das spanische Recht anpassen, Art. 94 LME.

6. Sonderregeln für Freiberufler-Gesellschaften

Durch Gesetz vom 15.3.2007 wurden die *sociedades profesionales* in das spanische Recht eingeführt.[208] Hierbei handelt es sich um Gesellschaften, deren Zweck kein Handelsgewerbe ist, sondern die Erbringung von Dienstleistungen durch Berufsträger, die zu ihrer Berufsausübung eines Universitätsabschlusses und einer Eintragung in ein Register von Berufsträgern bedürfen, Art. 1 Abs. 1 S. 2 *Ley de sociedades profesionales*. Gedacht ist hier vor allem an Rechtsanwälte, Steuerberater, Wirtschaftsprüfer und Architekten. Das Gesetz konstituiert keine eigene neue Gesellschaftsform, sondern verweist auf die durch andere Gesetze vorgesehenen gesellschaftsrechtlichen Rechtsformen und beschränkt sich darauf, hierzu Sondervorschriften zu treffen. Unabhängig von der Rechtsform der Gesellschaft haften die Berufsträger, die in der Sache für die Gesellschaft tätig geworden sind, für die deliktischen und vertraglichen Ansprüche persönlich und gesamtschuldnerisch neben der Gesellschaft, Art. 11 Abs. 2 *Ley de sociedades profesionales*.

II. Personengesellschaften

1. Die bürgerliche Gesellschaft

Die Gründung einer bürgerlichrechtlichen Gesellschaft *(sociedad civil)* i.S.v. Art. 1665 ff. Código Civil (CC) ist grundsätzlich durch formlosen Vertrag möglich – soweit sich nicht wegen der Verpflichtung zur Einlage eines Grundstücks oder aus anderem Grund eine Formbedürftigkeit ergibt. Das Vermögen der Gesellschaft steht den Gesellschaftern nach ihren Anteilen zu. Sie haften für die Verbindlichkeiten persönlich, gesamtschuldnerisch und

---

[206] Text des Gesetzes im Internet unter: http://www.derecho.com/l/boe/ley-15-1986-sociedades-anonimas-laborales.
[207] Vgl. *Fischer*, RIW 2009, 438.
[208] Text des Gesetzes im Internet unter: http://www.derecho.com/l/boe/ley-2-2007-sociedades-profesionales/pdf.html.

unbeschränkt. Einen praktischen Anwendungsfall stellt die **Unión Temporal de Empresas** (U.T.E.) dar, zu der sich – wie bei der Arbeitsgemeinschaft deutschen Rechts – mehrere Unternehmen befristet zusammenschließen, um ein einzelnes Projekt durchzuführen.

541 Eine Eigenart des spanischen Rechts ist, dass die bürgerliche Gesellschaft gem. Art. 1670 CC auch als *sociedad en comandita* oder *sociedad colectiva* in das **Handelsregister** eingetragen werden kann. Wenn der Gegenstand nicht handelsrechtlicher Art ist, so bleibt sie Gesellschaft bürgerlichen Rechts, wird aber juristische Person. Voraussetzung für die Eintragung im Handelsregister ist aber die notarielle Beurkundung des Gesellschaftsvertrags.

2. Die handelsrechtlichen Personengesellschaften

542 Die *sociedad colectiva* (Offene Handelsgesellschaft, Art. 125 ff. CCom) wird – wie die übrigen Handelsgesellschaften spanischen Rechts – durch Abschluss des Gesellschaftsvertrages in notariell beurkundeter Form *(Escritura Pública)* und Eintragung der Urkunde im Handelsregister gegründet. Mit der Eintragung im Handelsregister erlangt die Gesellschaft Rechtspersönlichkeit. Wird die notarielle Form oder die Eintragung im Handelsregister nicht beachtet, so entsteht eine *sociedad irregular* – eine Art Innengesellschaft, die nur zwischen den Gesellschaftern, nicht aber Dritten gegenüber Wirksamkeit entfaltet. Wegen der unbeschränkten Haftung ihrer Gesellschafter ist die Verbreitung der *Sociedad colectiva* gering.

543 Die *sociedad en comandita* (Kommanditgesellschaft, Art. 145 ff. CCom) hat einen persönlich haftenden Komplementär *(socio gestor)* und den beschränkt auf seine Einlage haftenden Kommanditisten *(socio comanditario)*. Sie firmiert unter dem Namen eines oder mehrerer Komplementäre mit dem Zusatz „*Sociedad en Comandita*" oder „*y Compañía*".

544 Möglich ist auch die Beteiligung juristischer Personen als Gesellschafter an einer Personengesellschaft. Daher kennt das spanische Recht auch die Mischform der „GmbH & Co. KG" *(Sociedad Limitada y Compañía)*. Die besonderen steuerlichen Vorteile, die in Deutschland zur Erfindung der GmbH & Co. KG geführt haben, lassen sich dadurch in Spanien aber nicht erreichen, da dort die Personengesellschaften des Handelsrechts wegen ihrer Rechtspersönlichkeit steuerlich wie Kapitalgesellschaften behandelt und der Körperschaftsteuer unterworfen werden.[209]

III. Die GmbH

1. Gründung

545 Die GmbH (Sociedad de Responsabilidad Limitada bzw. Sociedad Limitada abgekürzt S.R.L. bzw. S.L.) ist zahlenmäßig die in Spanien eindeutig **am weitesten verbreitete Gesellschaftsform**. Die GmbH wurde erstmals durch Gesetz vom 1953 in das spanische Recht eingeführt. Die Umsetzung zahlreicher EG-Richtlinien machte den Erlass eines neuen GmbH-Gesetzes vom 23. 3. 1995 *(Ley de Sociedades de Responsabilidad Limitada – LSRL)*[210] erforderlich, welches mit Wirkung ab dem 1. September 2010 durch das LSC ersetzt worden ist.

546 Die GmbH wird gem. Art. 19 LSC gegründet, indem die Gründer den Gesellschaftsvertrag und die Satzung der künftigen Gesellschaft erstellen lassen und unterschreiben. Diese Gründung erfolgt gem. Art. 20 LSC in Form einer notariellen Urkunde *(Escritura pública de constitución)*. Anschließend ist die S.R.L. beim Handelsregister anzumelden und einzutragen. Der Anmeldung ist ein Nachweis über die vollständige Einzahlung der Bareinlage und eine sog. Negativbescheinigung des Zentralen Handelsregisters über die Verfügbarkeit der gewünschten Firma der S.R.L. beizufügen. Die Gesellschaft kommt als juristische Unternehmensperson aber erst mit **Eintragung beim Handelsregister** zustande, Art. 33 LSC.

---

[209] Vgl. *Schmidt/Abegg* GmbHR 2005, 1604 – dort auch weitere Überlegungen zur steuerlichen Optimierung.

[210] Deutsche Übersetzung in *Löber/Wendland/Bilz/Lozano*, Die neue spanische GmbH, 3. Aufl. 2006.

Durch das Gesetz zur Förderung von Wachstum und Beschäftigung vom 3. Dezember 2010[211] wurde die Möglichkeit einer „Blitz-Gründung" geschaffen. Wenn das Kapital der GmbH nicht 3100 EURO übersteigt und die Gesellschaftssatzung nach einem der vom Jusitzministerium genehmigten Mustersatzungen[212] entworfen worden ist, so muss der Notar die Gründungsurkunde noch am selben Tag beurkunden und das Handelsregister muss die Gründungsurkunde innerhalb von 7 Stunden nach telematischer Übersendung der Unterlagen durch den Notar eintragen. Das ganze kostet dann 60 EURO beim Notar und 40 EURO beim Handelsregister.

Eine **Höchstzahl der Gesellschafter** ist nicht vorgesehen. Die S.R.L. kann auch von einem **alleinigen Gesellschafter** – auch einer einzigen juristischen Person – gegründet werden (*sociedad unipersonal de responsabilidad limitada*). Für diese Gesellschaften und solche S.R.L., bei denen sich nachträglich alle Geschäftsanteile in einer Person vereinigen, gelten die Sonderregeln in den Art. 12ff. LSC. Die Gründung wie auch das nachträgliche Entstehen der Ein-Personen-Gesellschaft ist in einer öffentlichen Urkunde festzuhalten, in das Handelsregister einzutragen und auf jeglicher Korrespondenz der Gesellschaft zu vermerken, Art. 14 LSC. Wird die Eintragung im Handelsregister versäumt, so haftet nach Ablauf von sechs Monaten der Alleingesellschafter für alle während der Alleingesellschafterstellung begründeten Verbindlichkeiten der Gesellschaft persönlich, gesamtschuldnerisch und unbeschränkt, Art. 14 LSC.

Die Gesellschaft entsteht erst mit Eintragung im Handelsregister. Diese muss gem. Art. 83, 39 RRM innerhalb von 15 Tagen nach Einreichung der Unterlagen vorgenommen werden. Wer während des davor liegenden Gründungsstadiums im Namen der **Gründungsgesellschaft** (*Sociedad en formación*) handelt, haftet für die eingegangenen Verbindlichkeiten gesamtschuldnerisch, Art. 36 LSC, solange bis die Gesellschaft eingetragen worden ist und die Verbindlichkeiten übernimmt. Im Fall der Übernahme gehen mit der Eintragung auch die im Namen der Gesellschaft erworbenen Rechte von dem Handelnden auf die Gesellschaft über.

2. Stammkapital

Das Mindestkapital für die S.R.L. beträgt **3000 EURO** (Art. 4 LSC, vormals: 500 000 Ptas). Das Stammkapital (*capital social*) ist in der Satzung zu bezeichnen. Es ist schon vor der Beurkundung der Satzung vollständig aufzubringen. Das Kapital kann nicht nur als Bareinlage (*aportaciones dinerarias*), sondern auch in Form von Sacheinlagen (*aportaciones no dinerarias*) aufgebracht werden. Eine erhebliche Erleichterung für die Gründer der S.R.L. ergibt sich im Vergleich zur S.A. daraus, dass bei der S.R.L. kein Sachgründungsbericht durch einen unabhängigen Sachverständigen (Art. 67 LSC) verlangt wird. Die Gründer bezahlen den Verzicht auf den Bericht aber damit, dass sie der Gesellschaft und dritten Gläubigern gegenüber fünf Jahre lang gesamtschuldnerisch für die Werthaltigkeit der Sacheinlagen haften, Art 73 LSC. Arbeit und Dienstleistungen können gen. Art. 58 Abs. 2 SRL ausdrücklich nicht als Sacheinlage geleistet werden.

Der **Erwerb eigener Anteile** oder von Anteilen an einer beherrschenden Gesellschaft durch die Gesellschaft ist gem. Art. 134 LSC grundsätzlich ausgeschlossen. Ausnahmsweise ist er gem. Art. 140 LSC zulässig, wenn er im Wege der Gesamtrechtsnachfolge, als unentgeltlicher Erwerb, zur Vorbereitung einer Kapitalherabsetzung oder mit Genehmigung der Gesellschafterversammlung unter Verwendung von Rücklagen bzw. Gewinnen erfolgt.[213]

3. Anteile

Das Kapital der S.R.L. teilt sich gem. Art. 90 LS C in unteilbare **Anteile mit bestimmtem Nennwert** (*participaciones sociales*). Die Anteile sind kumulierbar – ein Grün-

---

[211] Real Decreto-ley 13/2010 de actuaciones en el ámbito fiscal, laboral y liberalizadoras para fomentar la inversión y la creación de empleo, Boletín Oficial del Estado (BOE) Nr. 293 Seite 101 055.
[212] Z.B. Boletín Oficial del Estado Nr. 301 vom 11. Dezember 2010, S. 102 642.
[213] Dazu *Lindner* RIW 2005, 758.

der kann daher mehr als einen einzigen Anteil übernehmen. Die Anteile müssen dennoch nicht unbedingt alle auf den gleichen Nennwert lauten. Auch ist kein gesetzlicher Mindestwert vorgesehen. Zur Vermeidung von Verwechslungen sind die Anteile durchzunumerieren. Die Anteile dürfen nicht verbrieft werden, Art. 92 Abs. 2 LSC. Stattdessen muss die Gesellschaft über alle Anteile ein Register *(Libro registro de socios)* führen, Art. 104 LSC.

553 Anteile mit **Mehrstimmrechten** sind zulässig *(participaciones de valor plural)*. Seit 2003 gibt es auch stimmrechtslose Anteile *(participaciones sin voto)* – bis zur Hälfte des Gesellschaftskapitals, Art. 98 LSC.

554 Die **Übertragbarkeit** von Geschäftsanteilen darf gem. Art. 107, 108 LSC durch die Satzung nicht vollständig freigestellt werden. Soweit die Bestimmungen des Gesellschaftsvertrages keine abweichende Regelung enthalten, muss die Gesellschafterversammlung der Übertragung durch Gesellschafterbeschluss zuvor zustimmen. Ohne Einschränkungen ist allein die Abtretung von Gesellschaftsanteilen an Mitgesellschafter, bestimmte Familienangehörige (Ehegatte, Abkömmlinge, Eltern etc.) und innerhalb des Konzerns zulässig. Die Übertragung der Anteile erfolgt in **öffentlicher Urkunde** *(documento público)*, Art. 106 Abs. 1 LSC. Überwiegend wird angenommen, dass die Beurkundung durch einen deutschen Notar insoweit formwahrend ist.[214] Die Abtretung der Anteile ist der Gesellschaft (also der Geschäftsführung) zur Eintragung in die Gesellschafterliste *(libro registro de socios)* mitzuteilen. Vor Mitteilung der Übertragung ist der Erwerber von der Ausübung seiner mitgliedschaftlichen Rechte ausgeschlossen. Eine Eintragung des Erwerbers in das Handelsregister ist jedoch grundsätzlich nicht erforderlich.

555 Vereinigen sich die Anteile durch die Abtretung in einer Hand, so dass sich die S.R.L. in eine Ein-Personen-Gesellschaft verwandelt, sind die Sondervorschriften zur Publizität der **Ein-Personen-Gesellschaft** *(Sociedad unipersonal de Responsabilidad Limitada)* zu beachten (s. o. Rdnr. 548), um die Haftungsfolgen zu vermeiden.

4. Die Gesellschafterversammlung

556 Die Gesellschafterversammlung *(junta general)* ist das oberste Organ der S.R.L. Die **Einberufung** erfolgt grundsätzlich durch die Geschäftsführer. Die Gesellschafterversammlung ist spätestens innerhalb von sechs Monaten nach Ablauf eines Geschäftsjahres einzuberufen. Die Gesellschafterversammlung beschließt z.B. über die Entlastung der Geschäftsführung, über die Bestellung und Abberufung der Verwalter, die Ausschüttungen, und schließlich über Satzungsänderungen, Umwandlungsvorgänge aller Art, Kapitalerhöhungen und Kapitalherabsetzungen und die Auflösung der Gesellschaft.

557 Die Versammlung entscheidet mit der einfachen **Mehrheit** der wirksam abgegebenen Stimmen, welche mindestens ein Drittel der insgesamt vorhandenen Stimmen erreichen müssen – wobei Stimmenthaltungen nicht mitgezählt werden, Art. 198 LSC. Dabei gewährt jeder Gesellschaftsanteil grundsätzlich eine Stimme. Ausnahmen bestehen für stimmrechtslose Anteile und Mehrstimmrechtsanteile (s.o., Rdnr. 553). Kapitaländerungen und Satzungsänderungen bedürfen der Zustimmung der Hälfte der vorhandenen Stimmen, Art. 199 lit. a LSC. Umwandlungsvorgänge und der Ausschluss von Gesellschaftern benötigen eine qualifizierte Mehrheit von zwei Dritteln der vorhandenen Stimmen, Art. 199 lit. b LSC. Einige besondere Beschlüsse – wie z.B. die Begründung von neuen Verpflichtungen für die Gesellschafter oder Satzungsänderungen, die die individuellen Rechte einzelner Geselschafter betreffen, bedürfen der Zustimmung aller betroffenen Gesellschafter, Art. 291, 292 LSC. Satzungsänderungen und eine Reihe von anderen, zu ihrer Wirksamkeit in das Handelsregister einzutragende Beschlüsse (ausgenommen ist z.B. die Bestellung von Verwaltern) sind in Form eines notariellen Protokolls *(Escritura pública)* zu treffen, Art. 94 RRM.

---

[214] Vgl. nur *Haneke* Veräußerung und Vererbung von GmbH-Anteilen im spanischen Recht, 2000, S. 223 m.w.N.

5. Persönliche Haftung der Gesellschafter

Die Haftung der Gesellschafter ist grundsätzlich auf die übernommene Einlage beschränkt. Eine darüber hinausgehende persönliche Haftung wird von der Rechtsprechung insbesondere in Fällen der **Unterkapitalisierung,** der Vermögensvermischung und in Konzerngestaltungen angenommen.[215] Besondere Haftungstatbestände bestehen für den Alleingesellschafter, wenn dieser nicht die gem. Art. 14 LSC verlangten Publizitätserfordernisse erfüllt (s. o. Rdnr. 548).

6. Die Geschäftsführung

Die Leitung der S.R.L. obliegt den **Verwaltern** *(administradores)*. Die Verwalter werden durch die Gesellschafterversammlung aus dem Kreis der Gesellschafter oder Fremder ernannt und können von ihr jederzeit abberufen werden, Art. 214 LSC. Zum Verwalter können nicht nur geschäftsfähige natürliche Personen, sondern auch juristische Personen ernannt werden, Art. 212 LSC.

Für die Organisation der Geschäftsführung stellt das Gesetz mehrere Modelle zur Verfügung. Die Entscheidung für eines dieser Modelle erfolgt im Gesellschaftsvertrag, Art. 210 LSC:
– Die Gesellschafterversammlung kann einen einzigen Verwalter *(administrador único)* ernennen. Diesem obliegt dann die Alleinvertretung der Gesellschaft, Art. 233 Abs. 2 lit. a LSC.
– Werden mehrere Verwalter bestellt, so können diese jeder für sich *(administradores solidarios)* mit der Verwaltung und Vertretung der Gesellschaft betraut werden. In diesem Fall ist jeder von ihnen zur Vertretung der Gesellschaft befugt. Bestimmungen in der Satzung oder Beschlüsse der Gesellschafterversammlung über die Aufgabenverteilung haben hier allenfalls interne Wirkung, Art. 233 Abs. 2 lit. b LSC.
– Mehrere Verwalter können auch gemeinschaftlich *(administradores mancomunados)* bestellt werden. In diesem Fall können sie nur gesamthänderisch handeln, und zwar jeweils mindestens zwei Verwalter gemeinsam. Art. 233 Abs. 2 lit. c LSC.
– Werden mindestens drei (und höchstens zwölf) Verwalter bestellt, kann aus diesen ein Verwaltungsrat *(consejo de administración)* gebildet werden (Art. 242 LSC), der die Geschäftsführung – vorbehaltlich abweichender Satzungsregeln – kollektiv wahrnimmt. Der Verwaltungsrat kann – wie bei der Aktiengesellschaft – die Geschäftsführung und Vertretung der Gesellschaft auf einen oder mehrere geschäftsführende Verwalter *(consejeros delegados)* oder einen geschäftsführenden Ausschuss *(comisión ejecutiva)* delegieren, Art. 233 Abs. 2 lit. d LSC.

Eine ausdrückliches Regelung zur Zulässigkeit von **Insichgeschäften** der Verwalter mit der Gesellschaft enthält das LSC nicht. Der Abschluss von Dienst- und Werkverträgen mit einem Verwalter bedurfte nach dem alten GmbH-Gesetz der Einwilligung durch die Gesellschafterversammlung, Art. 67 LSRL. Die Rechtsprechung hat darüber hinaus jedes Selbstkontrahieren für unzulässig erklärt, wenn die Möglichkeit eines Interessenkonflikts besteht. Art. 229 Abs. 1 LSC bestimmt insoweit, dass ein Verwalter in jedem Fall eines möglichen direkten oder mittelbaren Konfliktes mit den Interessen der Gesellschaft hiervon den Verwaltungsrat, mangels eines solchen die anderen Verwalter, und wenn er der einzige Verwalter ist, die Gesellschafterversammlung informieren muss. Der betroffene Verwalter muss sich dann sich einer Mitwirkung an den Vereinbarungen oder Beschlüssen, die sich auf die Angelegenheit beziehen, enthalten. In der Ein-Personen-GmbH sind Verträge mit dem Alleingesellschafter wirksam, wenn sie schriftlich abgeschlossen und in einem speziellen Verzeichnis der Gesellschaft eingetragen worden sind, Art. 16 LSC.

Für Pflichtverstöße **haften die Verwalter** gem. Art. 236 LSC der Gesellschaft. Dabei befreit nicht einmal die Genehmigung der schädlichen Handlung durch die Gesellschafterversammlung von der Haftung. Gem. Art. 239 und 240 LSC können bei Untätigbleiben

---

[215] S. *Sáinz/Ramírez* in van Hulle/Gesell European Corporate Law, 2006, Spain Rdnr. 14.

der Gesellschaft auch eine Minderheit der Gesellschafter oder die Gläubiger der überschuldeten Gesellschaft im Rahmen einer *actio pro socio* den Schadensersatzanspruch der Gesellschaft gegen den oder die haftenden Verwalter geltend machen.

IV. Die Blitzgesellschaft (Sociedad Limitada Nueva Empresa)

563 Seit dem 3. 6. 2003 ist in Spanien die Gründung einer sog. Blitzgesellschaft *Sociedad Limitada Nueva Empresa* – S.L.N.E.) möglich (Art. 434 ff. LSC – zuvor geregelt in den Art. 130 ff. LSRL). Hierbei handelt es sich um eine **Sonderform der GmbH,** die besonders einfach und schnell gegründet werden kann. Darüber hinaus bestehen formelle Erleichterungen für die Buchführung und Rechnungslegung.

564 Die Gesellschaft kann innerhalb einer Frist von 48 Stunden gegründet werden. Das Verfahren beginnt mit der Beantragung einer Firma für die Gesellschaft bei einer für die Gründung vorgesehenen besonderen Zentralstelle (PAIT). Anschließend erfolgt die Beurkundung des Gesellschaftsvertrags beim Notar. Um die Gründung der S.L.N.E. zu beschleunigen, wird die Gründung in einigen Pilotregionen ausschließlich durch elektronisches Dokument durchgeführt – die Satzung vom Notar also mit einer elektronischen Signatur versehen.

565 Die Errichtung einer S.L.N.E. ist mit einigen Besonderheiten versehen (Art. 437 LSC):
– Die Satzung muss einer Mustersatzung entsprechen, die ausschließlich *in puncto* Grundkapital, Firma und Sitz individualisiert und geändert werden darf. Dies lässt keinen Raum für individuelle Gestaltung.
– Die Firma der S.L.N.E. besteht obligatorisch aus dem Vor- und Nachnamen eines der Gesellschafter, dem ein behördlich zugewiesener Nummerncode (ID-CIRCE) angefügt wird. Abschließend ist als Rechtsformzusatz „*Sociedad Limitada Nueva Empresa*" bzw. „S.L.N.E." anzubringen. Diese Regelung erspart eine aufwendige Prüfung der Firma im Eintragungsverfahren auf die handelsrechtliche Zulässigkeit oder Verwechslungsgefahr und trägt damit zur Beschleunigung des Verfahrens bei. Andererseits bewirkt der Nummerncode eine Stigmatisierung der Gesellschaft im Handelsverkehr. Diese kann mit dieser Firma allenfalls als vermögensverwaltende Holding- oder Vermögensanlagegesellschaft tätig werden.
– Zu Geschäftsführern können ausschließlich Gesellschafter der S.L.N.E. bestellt werden. Die Einrichtung eines Verwaltungsrats ist nicht zulässig, Art. 447 LSC.
– Die Gründung ist durch höchstens fünf Gründer möglich, die sämtlich natürliche Personen sein müssen. Die spätere Teilung der Anteile oder Aufnahme weiterer Gesellschafter ist aber zulässig.
– Das Gesellschaftskapital beträgt höchstens 120 202 EURO. Das Kapital kann ausschließlich in bar aufgebracht werden, eine Sachgründung scheidet also aus.

566 Diese Besonderheiten haben wohl dazu beigetragen, dass die S.L.N.E. in der Praxis bei weitem nicht die Verbreitung gefunden hat, die man von dem Projekt erwartet hatte.[216] Den Todesstoß mag ihr nun wohl das Gesetz vom 3. Dezember 2010 versetzt haben, welches auch für die reguläre GmbH eine „Blitz-Gründung" vorsieht.[217] Einen Ausweg aus diesen Beschränkungen bietet z.B. die formwechselnde Umwandlung der S.L.N.E. in eine gewöhnliche S.R.L. durch notarielle beurkundete Satzungsänderung, Art. 454 LSC.

V. Die Aktiengesellschaft

1. Gründung

567 Die Gründung einer Aktiengesellschaft *(Sociedad Anónima – S.A.)* kann im Wege der Einheitsgründung und im Wege einer Art Stufengründung geschehen, Art. 19 Abs. 2, 41 ff. LSC. Die Einheitsgründung erfolgt im Wesentlichen wie die Gründung einer GmbH

---

[216] Immerhin soll vom Zeitpunkt der Einführung des S.L.N.E. im Jahre 2003 an bis zum Beginn des Jahres 2008 die Zahl von 3848 Gründungen erreicht worden sein.
[217] Dazu oben, 547.

(s.o. Rdnr. 546). Die Stufengründung kommt wegen ihrer Kompliziertheit praktisch kaum vor. Auch die S.A. kann als Ein-Personen-Gesellschaft gegründet werden. Es gelten dann die Regeln wie bei der GmbH (s.o. Rdnr. 548).

2. Stammkapital

Das **Mindestkapital** der S.A. beträgt 60 000 EURO, Art. 4 Abs. 2 LSC (vormals: 10 Mio. Ptas). Das Stammkapital kann in bar oder als Sacheinlage aufgebracht werden. Sacheinlagen müssen durch einen vom Handelsregister benannten unabhängigen Sachverständigen auf Werthaltigkeit geprüft werden, Art. 67 ff. LSC. Arbeit oder Dienste können nicht als Sacheinlage eingebracht werden, Art. 58 Abs. 2 LSC.

Der **Erwerb eigener Aktien** ist grundsätzlich unzulässig, Art. 134 LSC. Ausnahmsweise kommt der Erwerb zur Durchführung einer Kapitalherabsetzung, zur Einziehung von Aktien, die Widerspruch gegen einen Verkauf vinkulierter Aktien, aufgrund spezieller Ermächtigung durch die Hauptversammlung (bis zu 10% des Kapitals) oder zur Arbeitnehmerbeteiligung in Betracht, Art. 140 LSC.

3. Aktien

Aktien können als Stammaktien und gem. Art. 99 LSC als stimmrechtslose Aktien mit Vorzug auf den Jahresgewinn (Vorzugsaktien – *acciones sin voto*) ausgegeben werden.

Aktien werden gem. Art. 113 LSC in Form von Titeln, d.h. als Aktienurkunden ausgegeben oder durch Bucheintragung (*anotaciones en cuenta*, Art. 92 und 118 LSC) dargestellt. **Aktienurkunden** wiederum können als Inhaberaktien und als Namensaktien ausgegeben werden, Art. 113 Abs. 1 LSC. Letzteres ist z.B. dann zwingend, wenn die Einlage nicht vollständig geleistet worden ist, statutarische Vorkaufsrechte bestehen oder die freie Veräußerung in anderer Weise durch die Satzung eingeschränkt ist.

Aktien sind grundsätzlich **frei übertragbar**, Art. 123 LSC. Die Satzung kann die Abtretbarkeit aber einschränken, indem Zustimmungserfordernisse, Vorkaufsrechte oder bestimmte Anforderungen an den Erwerber eingeführt werden. Die Beschränkungen sind auf der Aktienurkunde zu vermerken. Satzungsregeln, die faktisch zum vollständigen Ausschluss einer Veräußerung der Aktien führen, sind aber unzulässig und nichtig.

Die Übertragung von Aktien erfolgt – auch wenn ein entsprechendes gesetzliches Formerfordernis nicht besteht – üblicherweise auf der Grundlage eines notariell beurkundeten Kausalgeschäfts. Für die Übertragung von **Inhaberaktien** genügt die Übergabe des Briefs. **Namensaktien** werden gem. Art. 120 Abs. 2 LSC durch ein den Vorschriften des Gesetzes über Wechsel und Schecks entsprechendes Indossament übertragen. Anschließend ist der Erwerber durch die Verwaltung im Aktienbuch der Gesellschaft einzutragen, Art. 116 Abs. 2 LSC. Vor Eintragung kann der Erwerber der Gesellschaft gegenüber keine Rechte geltend machen.

Solange der Anteil **nicht durch Aktienurkunde verbrieft** ist, wird er nach den Regeln über die Abtretung von Forderungen übertragen, Art. 120 Abs. 1 LSC. Gem. Art. 1526 CC ist die Abtretung der Gesellschafterrechte der Gesellschaft gegenüber erst ab dem Zeitpunkt an wirksam, in dem die Abtretung der Gesellschaft angezeigt worden ist, soweit der Zeitpunkt nicht durch eine öffentliche Urkunde gem. Art. 1216 CC nachgewiesen wird. **Börsengehandelte Aktien** werden durch Registrierung im elektronischen Börsenhandelssystem übertragen.

4. Die Hauptversammlung

Die Einberufung einer Hauptversammlung muss mindestens 1 Monat (nach dem LSA noch: 15 Tage) vorab im Amtsblatt des Handelsregisters und einer örtlichen Zeitung angekündigt werden, Art. 176 Abs. 1 LSC. Für die Beschlussfähigkeit der Versammlung ist bei der ersten Einberufung ein **Quorum** von 25% der stimmberechtigten Aktien erforderlich, Art. 193 Abs. 1 LSC. Wird dieses Quorum nicht erreicht, so ist eine zweite Hauptversammlung einzuberufen, die dann in jedem Fall beschlussfähig ist, Art. 193 Abs. 2 LSC.

Normale Beschlüsse werden mit einer einfachen **Stimmenmehrheit** von 50% der präsenten Stimmen getroffen, Art. 201 LSC.

576 Für bestimmte Beschlüsse wie die Ausgaben von Schuldverschreibungen, Kapitaländerungen, Umwandlungen, Verschmelzungen, die Liquidation oder andere **Satzungsänderungen** ist ein Quorum von 50% der stimmberechtigten Aktien erforderlich, Art. 194 LSC. Die Beschlüsse können nur mit einer Mehrheit von 2/3 der präsenten Stimmen gefasst werden, Art. 201, 288 Abs. 2 LSC (bei einer zweiten Einberufung der Hauptversammlung: Quorum von 25% der vorhandenen Stimmen, Beschlussfassung mit mindestens 25% der gezeichneten stimmberechtigten Anteile). Bestimmte Beschlüsse, die für Aktionäre neue Verpflichtungen begründen, können nur mit Zustimmung der betroffenen Aktionäre gefasst werden, Art. 291 LSC.

577 Über die Hauptversammlung kann gem. Art. 203 LSC ein **notarielles Protokoll** erstellt werden. Zur Wirksamkeit ist dies aber nicht erforderlich – es sei denn, dass Gesellschafter, die mindestens 1% des Stammkapitals vertreten, die Hinzuziehung eines Notars verlangt haben. Satzungsändernde Beschlüsse dagegen, einschließlich Kapitalerhöhungen und Kapitalherabsetzungen, Firmenänderungen etc., bedürfen gem. Art. 290 Abs. 1 LSC zur Wirksamkeit zwingend der notariellen Beurkundung *(escritura pública)*, der Eintragung im Handelsregister und der Veröffentlichung im Amtsblatt des Handelsregisters *(Boletín Oficial des Registro Mercantil)*.

578 Gem. Art. 182 LSC kann nun die Hauptversammlung auch im Internet durchgeführt werden *(assistencia telematica)*. Voraussetzung dafür ist, das die Satzung dies gestattet und dass die genaue Identifikation der Gesellschafter technisch gewährleistet ist.

5. Die Geschäftsführung

579 Die Geschäftsführung kann wie bei der GmbH (s. o. Rdnr. 560) einem alleinigen Verwalter oder mehreren gemeinschaftlich bzw. einzeln handelnden Verwaltern anvertraut werden. Häufigster Fall in der Praxis aber ist die gemeinschaftliche Bestellung mehrerer Personen als Kollegialorgan, aus denen zusammen ein **Verwaltungsrat** *(consejo de administración)* gebildet wird. Dessen Mitglieder sind gesamtvertretungsberechtigt. Sie können aber auch die Befugnisse im Rahmen der Satzung durch Beschluss einem geschäftsführenden Ausschuss *(comisión ejecutiva)*, einem oder mehreren geschäftsführenden Mitgliedern *(consejeros delegados)* oder aber dritten Personen übertragen (Art. 242 ff. LSC).

O. USA

Schrifttum: *von Arnim,* US-Corporation und Aktiengesellschaft im Rechtsvergleich, NZG 2000, 1001; *Böckmann,* Gläubigerschutz bei GmbH und close corporation, 2005; *von Bonin,* Die Corporation und die Limited Liability Company nach dem Recht des US-Staates Delaware, in: Hirte/Bücker, Grenzüberschreitende Gesellschaften, § 10; *Booth,* Capital Requirements in United States Corporation Law, in: *Lutter* (Hrsg.), Legal Capital in Europe, 2006, S. 620; *Broichhausen,* Majority Voting im US-amerikanischen Gesellschaftsrecht, RIW 2007, 839; *Bungert,* Gesellschaftsrecht in den USA, 3. Aufl. 2003; *Bungert,* Die GmbH im US-amerikanischen Recht: Close Corporation, 1993; *Drouven/Mödl,* US-Gesellschaften mit Hauptverwaltungssitz in Deutschland im deutschen Recht, NZG 2007, 7; *Ebke,* Gesellschaften aus Delaware im Vormarsch: Der BGH macht es möglich, RIW 2004, 740; *Eisenberg,* Die Sorgfaltspflicht im amerikanischen Gesellschaftsrecht, Der Konzern 2004, 386; *Elsing/van Alstine,* US-amerikanisches Handels- und Wirtschaftsrecht, 2. Aufl. 1999; *Endres/Schreiber,* Investitions- und Steuerstandort USA, 2008; *Engert,* Life without Legal Capital in: Lutter (Hrsg.), Legal Capital in Europe, 2006, S. 646; *Fischer,* Existenz- und Vertretungsnachweise bei US Corporations, ZNotP 1999, 352; *Gerber,* USA, in: Süß/Wachter, Handbuch des internationalen GmbH-Rechts, 2. Aufl. 2011, S. 1989; *Gregory/Reuschlein,* The Law of Agency and partnership, 3. Aufl. St. Paul 2001; *Göthel,* Delaware bestätigt Gründungstheorie und schützt Pseudo-Foreign Corporations, RIW 2006, 41; *Göthel,* Entwicklung des US-amerikanischen Kapitalgesellschaftsrechts in den Jahren 2006/2007, RIW 2007, 570; *Göthel,* Entwicklung des US-amerikanischen Kapitalgesellschaftsrechts in den

Jahren 2007/2009, RIW 2009, 342; *Günther,* GmbH und US-amerikanische Limited Liability Company, 2007; *Heidmeier,* Die Gesellschaftsformen des US-amerikanischen Rechts, IWB 2003, F. 8 USA Gr. 3 S. 341; *Hay,* US-Amerikanisches Recht, 4. Aufl. 2008; *Hamilton/Booth,* Corporations, 5. Aufl., St. Paul/Minnesota 2005; *von Hein,* Zur Rolle des US-amerikanischen CEO gegenüber dem Board of Directors, RIW 2002, 501; *Henn/Alexander,* Laws of Corporations and other Business Enterprises, 3. Aufl. St. Paul/Minnesota 1983; *Kaut,* Übertragungsbeschränkungen im deutschen und US-amerikanischen Gesellschaftsrecht, 2009; *Klöhn,* Organpflichten von Direktoren einer Delaware-Gesellschaft in Insolvenz und Insolvenznähe, RIW 2008, 37; *Laeger,* Anerkennung US-amerikanischer Gesellschaften in Deutschland, DAJV Newsletter 2009, 62; *Leyendecker,* Die Anwendung der US-amerikanischen Durchgriffshaftung auf amerikanische Gesellschaften mit Verwaltungssitz in Deutschland, RIW 2008, 273; *Leyens,* Deutscher Aufsichtsrat und US-Board: ein- oder zweistufiges Verwaltungssystem?, RabelsZ 67 (2003) 57; *Marx,* Der Solvenztest zur Regulierung von Ausschüttungen im amerikanischen Recht, DZWiR 2006, 401; *Mensching,* Die Limited Liability Company (LLC) im Minenfeld zwischen deutschem, innerstaatlichen Steuerrecht und Abkommensrecht – Zugleich eine Kommentierung des Gerichtsbescheides des Finanzgerichtes Baden-Württemberg vom 17. 3. 2008, IStR 2008, 685; *Merkt/Göthel,* US-amerikanisches Gesellschaftsrecht, 2. Aufl. 2006; *Nahr,* Publizitätspflicht in den USA, RIW 2003, 115; *Rehm,* Die Corporation nach dem Recht des US-Staates Delaware, in: Eidenmüller, Ausländische Kapitalgesellschaften im deutschen Recht, 2004, S. 352; *Reimann,* Einführung in das US-amerikanische Privatrecht, 2. Aufl. 2004; *Reiss/Schneider,* Die Delaware Series Limited Liability Company – eine Einführung, RIW 2007, 10; *Rieckers,* Zur Wirksamkeit von deal-protection Klauseln in der Rechtsprechung Delawares, RIW 2003, 668; *Shade,* Business Associations in a Nutshell, St. Paul/Minnesota, 3. Aufl. 2010; *Wolfram,* Voting trust: Steuerungs- und Kontrollinstument im US-Gesellschaftsrecht, RIW 2001; 676; *Weisner,* Dead-hand-Bestimmungen in der US-amerikanischen Rechtsprechung – ein Überblick, RIW 2001, 191.

I. Überblick

1. Gesetzgebung

580 In den USA gibt es kein einheitliches Gesellschaftsrecht. Vielmehr fällt die Regelung des Gesellschaftsrechts in die Legislativkompetenz der einzelnen US-Staaten und ist dementsprechend in allen 50 US-Staaten unterschiedlich geregelt. Erheblich intensiver als in den zivilrechtlichen Bereich haben die sich einzelstaatlichen Gesetzgeber aber im Handels- und Gesellschaftsrecht von Wissenschaftlern ausgearbeiteten Modellgesetzen angelehnt – wie z. B. den von der *American Bar Association.* Hinzu kommt, dass die großen Wirtschaftskanzleien und Konzerne bundesweit agieren und damit dafür sorgen, dass erfolgreiche gesellschaftsrechtliche Gestaltungen landesweit einheitlich umgesetzt werden. Daher sind die Strukturen im Gesellschaftsrecht – bei stets möglichen Abweichungen im Detail – trotz allem weitgehend vergleichbar. Bedeutsam sind insoweit die Gesetze der ökonomisch bedeutsamen US-Staaten New York und Kalifornien, die zu den wichtigsten Inkorporationsstaaten der USA gehören.

581 Sie alle aber werden in tatsächlicher Hinsicht geschlagen von Delaware, nach dessen Recht ca. 90% aller Gesellschaften, deren Anteile im Jahre 2007 in den USA öffentlich gehandelt wurden, und 64% der Fortune 500-Gesellschaften organisiert sind. Die Zahl der in Delaware registrierten Gesellschaften übersteigt seit 2008 die der Einwohner. Die für die Verwaltung der Gesellschaft zuständige Behörde *(Division of Corporations)* wies in ihrem Jahresbericht 2007 stolz darauf hin, dass die Einnahmen aus den Gesellschaften, allem voran die jährlich anfallende Registersteuer *(franchise tax),* mit 22% zum staatlichen Budget von Delaware beiträgen. Dabei wird betont, dass dies nicht allein auf einem wirtschaftsfreundlichen (also Investoren und Managern günstigen, aber Anlegern und Gläubigern nicht ganz so vorteilhaften) Gesellschaftsrecht beruhe, sondern auch auf dem hervorragenden Service der für die Gesellschaften zuständigen Behörden. So wird als besonderer Service eine beschleunigte Bearbeitung der Eintragungsanträge angeboten – gegen entsprechende Zusatzgebühr sogar in zwei oder gar innerhalb einer einzigen Stunde. Hinzu komme die Qualität der Gesetzgebung und der Präjudizien, die zu einer relativ sicheren Rechtslage im Bereich des Gesellschaftsrechts führe.[218] Nicht ganz ohne Bedeutung für die Konzentration in einem einzigen Gründungsstaat scheint hier das praktische Bedürfnis nach bundesweiter Einheitlichkeit zu sein, dem der in den USA bestehende gesellschaftsrechtliche Pluralismus entgegensteht.

2. Handelsregister

582　In den meisten US-Staaten ist der *Secretary of State* (in einigen Staaten, wie z.B. New York: *Department of State*) als zentrale Regierungsbehörde für die Registrierung und administrative Betreuung der Gesellschaften zuständig. Die Registrierung ist wie bei einem Handelsregister für die Entstehung der Gesellschaft als Körperschaft konstitutiv. Dennoch bestehen erhebliche Differenzen zum Handelsregister in unserem Sinne. So werden die eingereichten Unterlagen nur auf formelle Mängel geprüft und inhaltliche Fehler allenfalls bei Offensichtlichkeit gerügt. Auch fehlt die Publizitätsfunktion. Die Organmitglieder (*directors, secretary* etc.) sind in den meisten Staaten jährlich zu melden, sie sind zumeist aber nicht öffentlich registriert.[219] Gleiches gilt für die Jahresabschlüsse. Falschen oder unvollständigen Eintragungen kommen aber keine Publizitätswirkungen zu.

3. Formwechsel und Verschmelzung

583　Bei der Verschmelzung von *corporations* untereinander wird zwischen der Verschmelzung zur Aufnahme *(statutory merger)*, bei der der Verschmelzungsbeschluss entfällt, wenn die übernehmende Gesellschaft mindestens 90% der Anteile der übertragenden Gesellschaft hält *(short form merger)* und der Verschmelzung zur Neugründung *(statutory consolidation)* unterschieden. Beide Formen führen zu einer Gesamtrechtsnachfolge. Zulässig sind auch Verschmelzungen mit Gesellschaften aus einem anderen US-Staat und aus dem Ausland. Gem. Sect. 264 DGCL ist eine Verschmelzung nicht nur zwischen *corporations*, sondern auch zwischen einer *corporation* und einer LLC möglich. Die Verschmelzung einer *corporation* mit einer der unterschiedlichen Formen der *partnership* ist jedoch offensichtlich nicht möglich.

4. Internationales Gesellschaftsrecht

584　In den USA hat die gesellschaftsrechtliche Gründungstheorie lange Tradition. Gesellschaftsstatut ist das Recht des Gründungsstaates *(state of incorporation)*, also des Staates, nach dessen Recht die Gesellschaft ihre Rechtspersönlichkeit erlangt hat und in dem sie inkorporiert wurde. Dabei gilt die Sitztheorie nicht nur für die Anerkennung von Gesellschaften aus dem Ausland, sondern auch im Verhältnis zu den anderen Einzelstaaten der USA. Dieser liberale Grundsatz wird aber vielfach durch Ausnahmen eingeschränkt. So gilt nicht nur für den Bereich des Kapitalmarktrechts, der Zulassungsvoraussetzungen zur Börse etc. das am Börsenplatz geltende Recht. Will die in einem US-Staat gegründete Gesellschaft in einem anderen US-Staat tätig werden, so muss sie dort ein Zulassungsverfahren durchlaufen, um ein sog. *certificate of qualification* zu erlangen. Gesellschaften, die den überwiegenden Teil der Geschäfte diesem Staat ausüben, aber dennoch nach dem Recht eines fremden Staates gegründet wurden (sog. *pseudo foreign corporations*), werden in einigen Staaten (insbesondere New York, Kalifornien, Texas und Maryland) sog. *outreach statutes* unterworfen. Diese *outreach statutes* verlangen, dass trotz der Geltung des Gründungsstatuts diese Gesellschaften zusätzlich bestimmte Vorschriften aus dem Gesellschaftsrecht des tatsächlichen Tätigkeitsstaates einhalten. Diese Vorschriften verfolgen meist den Schutz von Minderheitsgesellschaftern und Gläubigern und betreffen z.B. die Haftung der Direktoren, Informationsrechte der Aktionäre, Regeln bei Unternehmensübernahmen etc.[220] Im Ergebnis kommt es also zu einer „Überlagerung" des Gründungsrechts durch das Gesellschaftsrecht

---

[218] Jahresbericht 2008 einsehbar unter http://www.corp.delaware.gov/2007AR.pdf.
[219] Ausnahmen z.B. Florida www.sunbiz.org; in Kalifornien unter http://www.sos.ca.gov/business/be/service-options.htm; in New York unter http://www.dos.state.ny.us/corps/index.html.
[220] *Merkt/Göthel*, US-amerikanisches Gesellschaftsrecht, Rdnr. 193 ff.

des tatsächlichen Sitzstaates.[221] Von einigen Autoren werden Zweifel an der Vereinbarkeit der *outreach statutes* mit der Bundsverfassung geäußert. Diese Zweifel betreffen dann aber nur die Anwendung der *outreach statutes* auf Gesellschaften aus einem anderen US-Staat, nicht aber ausländische Gesellschaften.

Große und bundesweit tätige Gesellschaften können sich diesen Sonderregeln regelmäßig durch Verweisung auf ihre Tätigkeit in anderen US-Staaten entziehen. Es sind daher die Großgesellschaften, für die es sich lohnt, einen attraktiven Inkorporationsstaat zu wählen, während sich kleinere Gesellschaften nicht zuletzt wegen der geringeren Transaktionskosten vielfach im Sitzstaat inkorporieren.

II. Personengesellschaften

1. Die General Partnership

Die *general partnership* ist in sämtlichen US-Staaten gesetzlich geregelt. Die Regelungen gehen zumeist auf den *Uniform Partnership Act von 1916 (UPA 1916)* bzw. die Neufassung im **Revised Uniform Partnership Act** von 1992 zurück, der zuletzt 1997 geändert wurde *(UPA 1997).*[222] Die *partnership* erfüllt wegen der fehlenden Differenzierung zwischen zivil- und handelsrechtlichen Personengesellschaften teilweise auch die Rolle, die im deutschen Recht die GbR einnimmt. Dennoch ist sie ist am ehesten mit der deutschen OHG vergleichbar. Sie ist ein Zusammenschluss von mindestens zwei Personen mit dem Ziel, einem Geschäft nachzugehen, um Gewinne zu erzielen. Während die *partnership* im UPA 1916 noch als Zusammenkunft der Gesellschafter ohne eigene Rechtspersönlichkeit behandelt wurde *(aggregate theorie)*, sieht der UPA 1997 nun vor, dass die *general partnership* eigenständiges Subjekt mit Rechtspersönlichkeit sei *(entity theorie)*. Auf diese Weise soll verhindert werden, dass bei einem Wechsel der Gesellschafter die Identität der *partnership* verloren geht.

Eine *general partnership* kann durch **formlosen Vertrag** gegründet werden, u. U. aber schon durch konkludentes Verhalten oder nach Rechtsscheinsgrundsätzen entstehen. Eine Registeranmeldung oder ein anderes Verfahren sind einzuhalten.

In der *partnership* sind sämtliche Gesellschafter gleichermaßen zur **Geschäftsführung** befugt, soweit der Gesellschaftsvertrag nicht Abweichendes vorsieht. Beschlüsse im Rahmen der gewöhnlichen Geschäftstätigkeit werden mit einfacher Mehrheit, andere einstimmig gefasst. Nach außen kann jeder der Gesellschafter die Gesellschaft im gewöhnlichen Geschäftsbetrieb rechtsgeschäftlich allein vertreten. Die Gesellschafter haften für die vertraglichen und deliktischen Verbindlichkeiten der *partnership* persönlich, gesamtschuldnerisch und unbeschränkt.

Die **Aufnahme neuer Gesellschafter** bedarf eines einstimmigen Beschlusses der *partner*. Das gilt auch für die Abtretung einer Gesellschafterposition. Während Insolvenz, Tod oder Ausscheiden eines *partners* aus der *partnership* aus einem anderen Grund nach dem UPA 1916 die Auflösung der *partnership* zur Folge hatten, besteht die *partnership* nach dem UPA 1997 in diesen Fällen weiter fort, soweit die Gesellschafter nicht die Auflösung beschließen.[223] Die Mitgliedschaft einer juristischen Person ist zwar möglich – zu beachten ist jedoch, dass einige wenige US-Staaten einer *corporation* die Beteiligung an einer *partnership* nicht erlauben.

2. Die Limited Partnership

Die *limited partnership* (LP) ist in etwa das Gegenstück zur Kommanditgesellschaft deutschen Rechts. Während die *general partners* persönlich haften und für die Geschäftsführung

---

[221] Zur „Überlagerungstheorie" bereits grundlegend *Sandrock* Ein amerikanisches Lehrstück für das Kollisionsrecht der Kapitalgesellschaften, RabelsZ 42 (1977) 227.
[222] Einsehbar unter: http://www.law.upenn.edu/bll/archives/ulc/fnact99/1990s/upa97fa.pdf.
[223] Sect. 801 UPA 1997.

und Vertretung der *limited partnership* verantwortlich sind, haften die *limited partners* beschränkt auf ihre Hafteinlage und sind von der Geschäftsführung ausgeschlossen. Grundbesitzgesellschaften werden gerne als *limited partnership* strukturiert, weil diese steuerlich „transparent" sind, so dass sich auf steuerlicher Ebene Verluste zurechnen lassen. Basis der gesetzlichen Regelung der *limited partnership* ist in mittlerweile fast allen US-Staaten der **Revised Uniform Limited Partnerships Act** aus dem Jahre 1976 (RULPA), der zuletzt 1985 überarbeitet wurde.[224] Im Jahre 2001 wurde von der *National Conference of Commissioners on Uniform State Laws* ein neues Mustergesetz für *limited partnerships* verabschiedet,[225] das aber bislang nur in wenigen US-Staaten umgesetzt wurde.

591 Juristische Person können ebenfalls *partner* werden, insb. auch als *general partner* agieren. Damit lässt auch das Recht der US-Staaten die Errichtung einer „GmbH & Co. KG" zu.

592 Zur Gründung einer *limited partnership* schließen die Gesellschafter einen Gesellschaftsvertrag ab. In der Regel ist das ein schriftliches limited partnership agreement. Die Haftungsbegrenzung der *Limited Partner* kommt aber erst dann zustande, wenn eine spezielle beschworene Erklärung *(certificate of partnership)* mit dem Namen der Gesellschaft, ihrer Geschäftsadresse, sowie Namen und Adressen der *general partner* bei der für die Registrierung der *partnership* zuständigen Regierungsbehörde (in den meisten Staaten der *Secretary of State*) eingereicht worden ist. Die *limited partner* sind dagegen nicht anzumelden und bleiben damit nach Außen anonym.

593 Die *limited partner* sind von der Geschäftsführung und Vertretung ausgeschlossen, sie haben allerdings Informations- und Kontrollrechte sowie Mitbestimmungsrechte in grundlegenden Angelegenheiten der Gesellschaft. Nimmt ein *limited partner* dennoch Aufgaben der Geschäftsführung wahr, so läuft er Gefahr, seine Haftungsbeschränkung insgesamt zu verlieren, oder zumindest den Personen gegenüber, bei denen er den Eindruck erweckt hat, er sei *general partner*. Die Vertretungs- und Geschäftsführungsbefugnisse der *general partner* entsprechen den Regelungen bei der *general partnership*. Der Gewinn wird im Verhältnis der Einlagen der *limited partner* verteilt.

594 Eine neugeschaffene Sonderform der *limited partnership* stellt die **limited liability limited partnership (LLLP)** dar. Diese Rechtsform ist erst in wenigen US-Staaten gesetzlich geregelt und zulässig. Es handelt sich um eine *limited partnership* mit *general partners* und *limited partners*. Besonderheit ist, dass hier auch die Haftung der *general partners* nicht allgemein sondern beschränkt ist.

3. Die Limited Liability Partnership (LLP)

595 Die *limited liability partnership (LLP)* ist eine Sonderform der *general partnership*. Sie wird daher auch im UPA geregelt. Insbesondere gelten bis auf die Regeln über die Haftungsbeschränkung die gesetzlichen Regeln zur *general partnership* ebenfalls für die LLP. Gem. Sect. 306 (c) UPA 1997 **haftet keiner der Partner** der LLP allein aufgrund seiner Gesellschafterstellung persönlich für die Verpflichtungen der LLP aus Delikt, Vertrag oder einem anderen Rechtsgrund. Eine unbeschränkte Haftung trifft daher ausschließlich die LLP mit ihrem Vermögen und ggf. den Partner, der einen deliktischen Haftungstatbestand persönlich verwirklicht hat. Insoweit entspricht die LLP am ehesten der Partnerschaftsgesellschaft deutschen Rechts. Aufgrund dieser Haftungsbeschränkung wird die LLP insbesondere als Rechtsform für Sozietäten von Freiberuflern wie Ärzten, Rechtsanwälten,[226] Steuerberatern und Wirtschaftsprüfern gewählt.

596 In Bezug auf den Umfang der **Haftungsbeschränkung** greifen die Regelungen der einzelnen US-Staaten noch sehr unterschiedlich weit: Einige Gesetze sehen vor, dass die Haftungsbeschränkung nur für fahrlässiges Handeln gilt. Teilweise wird die Haftungsbeschränkung vom Abschluss einer Haftpflichtversicherung abhängig gemacht. Die Haf-

---

[224] http://www.law.upenn.edu/bll/archives/ulc/fnact99/1980s/ulpa7685.pdf.
[225] http://www.law.upenn.edu/bll/archives/ulc/ulpa/final2001.pdf.
[226] Speziell zur Rechtsanwaltsgesellschaft in Form der LLP: *Hallweger* NZG 1998, 531.

tungsbeschränkung wird erst wirksam, sobald ein *certificate of qualification* mit Angaben zur Firma, Adresse etc. der Gesellschaft bei der zuständigen Registrierungsbehörde eingereicht worden ist, Sect. 1001 UPA 1997. Angaben zu den Partnern sind nach dem UPA bei der Registrierung nicht zu machen.

III. Die Limited Liability Company (LLC)

Die *Limited Liability Company* ist eine neu geschaffene Gesellschaftsform, die erstmals im Jahre 1977 in Wyoming gesetzlich eingeführt wurde. Mittlerweile ist sie in allen US-Staaten durch spezielle *Limited Liability Company Acts* geregelt. Anlass zur Schaffung dieses neuen Rechtstypus war das Bedürfnis der Wirtschaft, die Haftungsabschirmung der *corporation* mit der steuerlichen Transparenz der *partnership* zu verbinden (**Hybrid**) – was also in Deutschland, Österreich und einigen anderen Ländern durch die gerichtliche Anerkennung der GmbH & Co. KG erreicht worden ist. Anders als bei der S-Corporation (s. u. Rdnr. 607) ist die Möglichkeit, zur einstufigen Besteuerung mit der Folge einer steuerlichen Zurechnung von Gewinnen und Verlusten an die Gesellschafter (*check the box*-Verfahren) zu optieren, nicht an die Anzahl der Gesellschafter und Ansässigkeitskriterien gebunden.[227] Der Erfolg dieser Gesellschaftsform lässt sich z. B. an den **rapide steigenden Zahlen** der Neuanmeldungen erkennen: So wurden im Jahre 2008 in Delaware 81 923 neue LLC angemeldet, nach 111 820 (2007) 96 831 (2006) und 87 630 (2005) in den Jahren davor. Die *corporation* mit einer Zahl von 29 501 Neugründungen im Jahre 2008 (im Jahre 2007 noch 35 700 Gründungen) spielt jetzt zahlenmäßig eine nur noch sekundäre Rolle. Dennoch bleibt zu beachten, dass die LLC das Vehikel für **kleinere und vom persönlichen Einsatz geprägte Investments** ist, während für größere Investitionen wegen der stärkeren Trennung von Kapital und Verwaltung weiterhin allein die *corporation* den geeigneten rechtlichen Rahmen bietet und daher wirtschaftlich gesehen die wichtigere Gesellschaftsform bleiben wird.[228]

Die gesetzlichen Regelungen der meisten US-Staaten beruhen überwiegend auf dem **Uniform Limited Liability Company Act** von 1996 (ULLCA) der *National Conference of Commissioners on Uniform State Laws*[229] bzw. auf dem im Dezember 2006 publizierten *Revised Uniform Limited Liability Company Act* (RULLCA).[230] Freilich ist der ULLCA nur in ganz wenigen Staaten komplett übernommen worden. In den verbleibenden Rechtsordnungen bestehen z. T. selbst in grundlegenden Punkten erhebliche Abweichungen von diesem Modell, so dass stets ein genaues Studium der jeweils einschlägigen *statutes* unverzichtbar bleibt.

Die Gründung einer LLC erfolgt durch Feststellung der Satzung. Diese besteht aus den **Articles of Organization,** die in wenigen Punkten das Außenverhältnis regeln (Firma, Sitz, Zustellungsagent der Gesellschaft, Namen der Gründer etc.) und regelmäßig zusätzlich dem **Operating Agreement,** das ausführlich das Verhältnis der Gesellschafter untereinander regelt (Organisation der Geschäftsführung, Gesellschafterversammlung, Beiträge und Einlagen der Gesellschafter etc.). Dabei kann die Errichtung der LLC nach dem ULLCA auch durch eine einzige Person erfolgen. Einige US-Staaten verlangen die Gründung

---

[227] Allerdings ist die steuerliche Qualifikation der LLC in Deutschland unabhängig davon, wie die US-Finanzbehörden die Gesellschaft eingeordnet haben. Die Option zur Besteuerung als Personengesellschaft in den USA bewirkt also nicht zwingend die Freistellung als US-Betriebsstätte, sondern lässt die Besteuerung der Gewinne als Dividenden beim deutschen Gesellschafter offen: BFH Urteil vom 20. 8. 2008 – I R 34/08 – DStR 2008, 2151; BMF Schreiben BStBl. 2004 I, S. 411. Dazu z. B. *Mensching* IStR 2008, 687; *Wittkowski/Kleinknecht* Die US-Limited Liability Company IWB 2009 F. 3 Gr. 2 S. 1403.
[228] S. den Delaware Division of Corporations 2008 Annual Report, unter: http://www.corp.delaware.gov/2008AR.pdf.
[229] Im Internet unter: http://www.law.upenn.edu/bll/archives/ulc/fnact99/1990s/ullca96.htm.
[230] Im Internet unter: http://www.law.upenn.edu/bll/archives/ulc/ullca/2006act_final.doc.

durch mindestens zwei Personen – lassen aber die spätere Anteilsvereinigung in einer Person zu. Neben natürlichen Personen können auch *corporations* und *partnerships* eine LLC gründen. Anschließend ist die Gesellschaft bei der zuständigen staatlichen Behörde – regelmäßig dem *Secretary of State* – zu registrieren. Hierzu reicht – je nach den Anforderungen des jeweiligen Einzelstaates – die Einreichung (*Filing*) der *Articles of Organization* bzw. eines *certificate of formation*, so dass die genauen Verhältnisse der Gesellschafter im Verborgenen bleiben. Die Gesellschaft erhält ihre Rechtsfähigkeit erst mit dem *filing*. Dieser Zeitpunkt kann z. B. durch einen entsprechenden Vermerk inkl. Datum und Uhrzeit auf dem eingereichten *Certificate of Incorporation* bzw. dem *certificate of formation* nachgewiesen werden.

600 Die **Geschäftsführung und Vertretung** war ursprünglich nach dem Grundsatz der Selbstorganschaft organisiert. Das heißt, dass vorbehaltlich abweichender Satzungsregelung jeder Gesellschafter geschäftsführungs- und alleinvertretungsbefugt ist (*member-managed company*). Gewöhnlich wurde dieser Grundsatz aber im *Operating Agreement* abbedungen und die Geschäftsführung und Vertretung auf einzelne Gesellschafter oder zu ernennende *manager* übertragen (*manager-managed company*). Der RULLCA statuiert daher nun die *manager-managed LLC* als gesetzliches Regelmodell. Die Art und Weise, in welcher die *manager* die LLC vertreten, ist im *operating agreement* genauer darzulegen.

601 Ein **Mindestkapital** ist für die LLC nicht vorgesehen. Als Einlagen können Bareinlagen, Sacheinlagen und Dienste vereinbart werden. Gewinn und Verlust werden nach Vereinbarung der Gesellschafter geteilt. Mangels Vereinbarung wird im Verhältnis der Kapitaleinlagen geteilt. Zum Schutz des Kapitals bestimmt Sect. 406 ULLCA, dass eine Ausschüttung nicht erfolgen darf, soweit die Gesellschaft anschließend nicht mehr in der Lage wäre, ihre laufenden Verbindlichkeiten zu erfüllen oder soweit das Vermögen der Gesellschaft die Verbindlichkeiten zuzüglich der Kosten für eine Abwicklung nicht mehr decken würde. Bei Verstoß gegen diese Ausschüttungsgrenze haften die (bösgläubigen) Gesellschafter und ggf. die verantwortlichen Manager der Gesellschaft auf Erstattung des unzulässig ausgeschütteten Betrages, Sect. 407 ULLCA.

602 Für die Verbindlichkeiten der LLC **haften** kraft Gesetzes weder die Gesellschafter noch die *manager* persönlich. Allenfalls insoweit, wie die *articles of organization* der LLC solches ausdrücklich vorsehen, kommt eine über ihre Pflicht zur Leistung der Einlage hinausgehende persönliche Haftung der Gesellschafter in Betracht. Unklar ist, inwieweit die Regeln zum Haftungsdurchgriff bei *corporations* (s. u. Rdnr. 630) auch auf die LLC anwendbar sind.

603 Die Mitgliedschaft in der LLC ist grundsätzlich nicht übertragbar. **Überträgt ein Gesellschafter** seine Position auf einen Dritten, so scheidet er aus der Gesellschaft zwar aus, der Erwerber erwirbt aber zunächst vom Abtretenden nur die diesem zustehenden Vermögensrechte, Sect. 502, 503 ULLCA. Die vollen gesellschaftlichen Mitverwaltungsrechte kann er erst ausüben, nachdem alle Gesellschafter der Abtretung zugestimmt haben oder andere im *operating agreement* vorgesehene Bedingungen eingehalten worden sind.

604 Das Ausscheiden eines Gesellschafters durch Tod, Ausschluss oder Insolvenz bzw. aus anderem Grund hat – vorbehaltlich abweichender Regeln in den *articles of organization* – die **Auflösung der LLC** zur Folge. (Sect. 601 ULLCA). Die überlebenden Gesellschafter können aber die Gesellschaft fortsetzen, wenn sie den Anteil des ausgeschiedenen Gesellschafters auskaufen.

IV. Die business corporation

1. Arten der corporation

605 Im Wirtschaftsleben der USA weiterhin dominierende Rechtsform ist die *corporation*. Immer noch ca. 90% aller US-amerikanischen Unternehmen werden in dieser Rechtsform geführt. Bei Neugründungen von personalistisch strukturierten Unternehmen wird aber seit einiger Zeit der neu geschaffenen Rechtsform der LLC (s. o. Rdnr. 597) der Verzug gegenüber der *close corporation* gegeben, so dass langfristig die *close corporation* wohl ihre dominierende Rolle einbüßen wird.

Da die *corporation* die einzige Form Kapitalgesellschaft darstellt, übernimmt sie wirtschaftlich die Funktion nicht nur der Aktiengesellschaft, sondern auch der GmbH. Daraus ergibt sich die Notwendigkeit, zwischen den „großen" Gesellschaften mit einer anonymen Vielzahl von Aktionären und öffentlich gehandelten Anteilen (*publicly held corporation*, **public corporation**) und „kleinen Aktiengesellschaften" mit einem überschaubaren Kreis persönlich miteinander verbundener Anteilseigner (*closely held corporation*, **close corporation**) zu differenzieren. Enthält die Satzung einer *close corporation* eine der gesetzlich vorgesehenen Klauseln zur Vinkulierung der Aktien und überschreitet die Anzahl der Aktionäre nicht eine bestimmte Höchstanzahl (in Delaware: 30; in Kalifornien: 35), so kommt sie als sog. *statutory close corporation* in den Genuss bestimmter Ausnahmen von eigentlich auf Publikumsgesellschaften gemünzten Vorschriften. 606

Corporations werden für steuerliche Zwecke in die gewöhnlichen **C-corporations** und die **S-corporations** unterteilt. Als *S-corporations (small corporations)* sind dabei gem. Sect. 136 (b) (1) des *Internal Revenue Code (IRC)* nur solche *corporations* qualifiziert, die höchstens 75 Aktionäre haben, die sämtlich natürliche Personen sind und entweder US-Bürger sind oder einen Wohnsitz in den USA haben. Es darf nur eine Gattung von Aktien ausgeben sein. *S-corporations* haben die gesetzliche Option, auf Antrag wie eine *partnership* besteuert zu werden, mit der Folge, dass die Gesellschaft nicht als eigenes Steuersubjekt behandelt wird, sondern Einkommensteuer ausschließlich auf der Ebene der Gesellschafter erhoben wird. 607

2. Rechtliche Grundlagen der corporation

Modellregelungen enthalten der **Model Business Corporation Act** von 1969 (MBCA), der in zahlreichen Einzelstaaten umgesetzt wurde. Es folgte der *Revised Modell Business Corporation Act* von 1984 (*RMBCA*), der in 25 US-Staaten – zumindest in wesentlichen Teilen – die Gesetzgebung prägte. Die einzelstaatlichen Regelungen mit praktisch größter Bedeutung sind die Gesetze von Delaware (*Delaware General Corporation Law 1967 – DGCL*),[231] von New York (*New York Business Corporation Law – NYBCL*)[232] und in Kalifornien (*California Corporations Code – CalCC*).[233] 608

Rangmäßig unter dem Gesetz stehen die **articles of incorporation**.[234] Diese enthalten einen gesetzlich bestimmten Mindestinhalt von Rahmendaten für die Gesellschaft, insbesondere solche, die für das Außenverhältnis von Bedeutung sind, wie die Firma, Sitz und Gegenstand der Gesellschaft, Kapital und Aktien, sowie Namen und Anschrift der Gründer, u. U. auch der Gründungsdirektoren *(initial directors)*. Das eigentliche Organisationsstatut der Gesellschaft stellen die **bylaws** dar. Diese beinhalten wichtige Regeln für die interne Organisation der Gesellschaft, insbesondere zu den Kompetenzen und dem Verfahren der einzelnen Gesellschaftsorgane. Vorteil der Trennung von *articles* und *bylaws* ist, dass die *bylaws* nicht anzumelden oder zu publizieren sind und von der Hauptversammlung jederzeit formlos geändert werden können. Die *articles of incorporation* können sogar die Befugnis zur Änderung der *bylaws* dem *board of directors* übertragen. Die *bylaws* dürfen den *articles* aber inhaltlich nicht widersprechen. Schließlich besteht die Möglichkeit von **Gesellschaftervereinbarungen** *(shareholder agreements)* zwischen den Gesellschaftern oder innerhalb einzelner Gesellschaftergruppen. 609

---

[231] Abdruck z. B. bei *Merkt/Göthel*, US-amerikanisches Gesellschaftsrecht, Anhang I; sowie im Internet unter: http://delcode.delaware.gov/title8/c001/index.shtml#P-1_0.

[232] Im Internet unter: http://public.leginfo.state.ny.us/menugetf.cgi?COMMONQUERY=LAWS.

[233] Im Internet unter: http://www.leginfo.ca.gov/cgi-bin/calawquery?codesection=corp&codebody=&hits=20.

[234] In Delaware: certificate of incorporation.

3. Gründung einer corporation

610 Die Gründung einer *corporation* erfolgt durch Einreichung der *articles of incorporation* (in einigen Staaten: *charter of incorporation* bzw. *certificate of incorporation*) bei der zuständigen Behörde – regelmäßig dem *Secretary of State*. Als Gesellschaftszweck wird häufig nicht mehr ein konkreter Zweck angegeben, sondern eine sog. *catch-all-clause*[235] verwandt, um vor allem auch das *board of directors* gegen das Risiko von Schadensersatzansprüchen aus Überschreitung des Gesellschaftszwecks freizuhalten. Die *articles* müssen von den Gründern – häufig handelt es sich hierbei um Treuhänder – unterschrieben sein. Die Unterschriften müssen öffentlich beglaubigt werden. Mittlerweile erkennen die meisten Staaten die Ein-Personen-Gründung an, wie auch die Gründung durch eine alleinige juristische Person.[236] Der Zeitpunkt der Einreichung der *articles* gilt als Gründungsdatum der Gesellschaft. In der anschließenden Gründungsversammlung werden die ersten *directors* und der *secretary* bestellt und die Aktien übernommen. Schließlich werden die *bylaws*[237] beschlossen.

4. Das Kapital der corporation

611 In mittlerweile fast allen US-Staaten ist kein gesetzliches **Mindestkapital** für die Gründung einer *corporation* mehr vorgesehen. Theoretisch ist daher die Gründung auch mit einem einzigen US-Cent möglich. Zwar nennt das *certificate of incorporation*, mit dem die *corporation* später – vergleichbar dem Handelsregisterauszug – ihre rechtliche Existenz nachweist – wie viele Aktien die Gesellschaft zu welchem Nennwert ausgegeben hat. Der Aussagewert ist aber gering, denn zum einen werden dort die *authorized shares*, also der Höchstbetrag, bis zu dem das *board of directors* ohne weitere Genehmigung zur Ausgabe weiterer Aktien ermächtigt ist – genannt, nicht aber das tatsächlich übernommene und eingezahlte Kapital *(issued shares)*. Zum anderen können ausschließlich Stückaktien *(no-par value shares)* ausgegeben worden sein, so dass aus der Anzahl der Aktien noch nicht auf den Kapitalbetrag rückgeschlossen werden kann.

612 Nach dem RMBCA, dem NYBCL und dem CalCC ist ein auf einen bestimmten Nennwert lautendes Kapital nicht mehr erforderlich. Nicht nur die Aktien sondern auch das Stammkapital sind dann **nennwertlos**.[238] Der Ausgabebetrag der Aktien wird in diesem Fall vom *board of directors* nach eigenem Ermessen festgelegt.

613 Die Regeln über die **Kapitalaufbringung** sind in Delaware sehr großzügig: Seit 2004 sind nicht nur Geld und Sachen sowie geleistete Dienste einlagefähig, sondern – abweichend von der Regelung in den anderen US-Staaten – *„any benefit to the corporation"*[239] – also z.B. auch künftig zu erbringende Dienstleistungen. Die Bewertung von Sacheinlagen steht im pflichtgemäßen Ermessen des *board of directors (good faith rule)*. Werden Anteile vor vollständiger Leistung der Einlage ausgegeben, so haftet der Zeichner der Anteile bei Teileinzahlung oder Ausgabe *unter pari* für den Differenzbetrag.

614 Zur **Kapitalerhaltung** gilt in allen Staaten der sog. *equity insolvency test*. Ausschüttungen sind also nur insoweit möglich, dass die Gesellschaft nach der Ausschüttung in der Lage bleibt, ihre Verbindlichkeiten fristgerecht zu erfüllen. Auch darf die Ausschüttung nicht dazu führen, dass die Gesamtverbindlichkeiten das Gesamtvermögen übersteigen *(balance sheet surplus test)*. Während in den meisten Staaten Ausschüttungen nur aus den Gewinnrücklagen *(earned surplus)* erfolgen darf, gestatten einzeln Rechte auch die Ausschüttung aus Kapitalrücklagen *(capital surplus)*. Die Direktoren haften bei schuldhaftem Verstoß gegen diese Ausschüttungsregeln – wobei allerdings der für die persönliche Haftung erforderliche Grad des Verschuldens (nur Vorsatz oder auch Fahrlässigkeit) je nach Gliedstaat variiert. Die

---

[235] Beispielsweise: „*the purpose of the corporation is to engage in any lawful act or business activity*".

[236] Gem. Sect. 401 NYBCL kann die Gründung in New York ausschließlich durch volljährige natürliche Personen erfolgen.

[237] Hierzu oben Rdnr. 609.

[238] Hierzu *Engert* Life without Legal Capital in *Lutter* (Hrsg.) Legal Capital in Europe, 2006, S. 646.

[239] Sect. 152 DGCL.

Gesellschafter können auf Rückzahlung der Dividende in Anspruch genommen werden, wenn die Gesellschaft durch die Ausschüttung zahlungsunfähig wurde.

Kapitalerhöhungen können zumeist durch das *board of directors* in eigener Regie durchgeführt werden, da regelmäßig der in den *articles of incorporation* genannte Höchstbetrag von Aktien *(authorized capital)* noch nicht vollständig ausgegeben und gezeichnet sein wird. Erst wenn die Emission hierüber hinaus gehen soll, ist die Änderung der *articles* durch entsprechenden Beschluss der Hauptversammlung erforderlich. Vorrangige Bezugsrechte der Gesellschafter sind in diesem Fall vom Gesetz nicht vorgesehen. Dennoch werden Minderheitsgesellschafter gegen eine Beeinträchtigung ihrer Position durch die sog. *fiduciary duties* des Mehrheitsgesellschafters geschützt, die ein Hinausdrängen von Minderheitsgesellschaftern aus der Gesellschaft „auf kaltem Wege" *(freeze out)* verbieten (vgl. a. Rdnr. 629).

5. Aktien

Es können Aktien unterschiedlicher Arten *(classes of shares)* gebildet werden. Voraussetzung dafür ist, dass diese *classes* in den *articles of incorporation* aufgeführt werden. So können neben Stammaktien mit vollem Stimm- und Dividendenrecht *(common shares)* auch Vorzugsaktien *(preferred stock)* mit Vorrechten bei der Gewinnausschüttung oder der Verteilung des Liquidationsergebnisses ausgegeben werden. Auch ist die Ausgabe stimmrechtsloser Aktien *(non voting stock)* möglich. Das *preferred stock* ist also mit dem Verlust des Stimmrechts nicht zwingend verbunden. Aktien können auch mit dem Recht der *corporation* auf Rückerwerb *(redeemable shares)* oder mit dem Recht des Aktionärs auf Rückgabe *(convertible stock)* versehen werden. Es entstehen dann eigene Anteile der Gesellschaft *(treasury stock)* ohne Stimm- und Dividendenrecht.

Die Anteile können durch Aktienurkunde verbrieft oder unverbrieft ausgegeben werden. Die **Abtretung** ist regelmäßig nicht in den Gesetzen zum Gesellschaftsrecht geregelt, sondern in den Vorschriften des allgemeinen Handelsrechts (regelmäßig Article 8 *Uniform Commercial Code – UCC*) zur Übertragung von Wertpapieren *(transfer of securities)*. Unverbriefte Anteile werden durch Registrierung der Abtretung übertragen. Die Registrierung erfolgt durch eine spezielle Abteilung der Gesellschaft oder durch einen Angestellten der Gesellschaft *(transfer clerk)*. In einer kleinen Gesellschaft wird diese Aufgabe von dem *secretary* oder dem *treasurer* wahrgenommen. Zur Eintragung im Aktienbuch bedarf es einer *transfer instruction* durch den registrierten Inhaber der Geschäftsanteile. Diese *transfer instruction* kann in schriftlicher Form mit Unterschrift durch den eingetragenen Inhaber der Anteile erfolgen oder in einer anderen Form, die zwischen der Gesellschaft und dem Inhaber der Anteile schriftlich vereinbart worden ist (vgl. § 8–308 (5) UCC).[240]

Verbriefte Geschäftsanteile hingegen werden durch Übergabe *(delivery)* der Urkunde zusammen mit einer Abtretungserklärung übertragen. Die Abtretungserklärung kann den Namen des Erwerbers nennen oder blanko erfolgen. Gewöhnlich erfolgt sie durch Indossament. Die Aktienurkunden enthalten zumeist auf ihrer Rückseite einen Vordruck für eine derartige Abtretungserklärung. Freilich kann die Abtretungserklärung auch auf einem gesonderten Schriftstück erfolgen. Zwar genügt nach § 8–307 UCC für die Übertragung der Geschäftsanteile die Übereignung der Urkunde. Das Indossament ist jedoch Voraussetzung dafür, dass ein *bona-fide*-Erwerb stattfinden kann. Nach der *common-law*-Tradition muss der Erwerber anschließend unter Vorlage der indossierten Aktienurkunde bei der Gesellschaft die Eintragung in das Aktienbuch der Gesellschaft beantragen. Der Erwerber hat einen Anspruch auf Eintragung, soweit die Urkunde durch die Person indossiert worden ist, die in der Aktienurkunde als Inhaber genannt ist oder durch Indossament als solche bezeichnet worden ist, das Indossament echt und wirksam ist, kein Verstoß gegen einschlägige Steuerbestimmungen vorliegt und der Erwerb entweder rechtmäßig war oder die Voraussetzungen für einen *bona-fide*-Erwerb vorlagen (§ 8–401 (1) UCC).

---

[240] *Gruson/Hutter* Acquisition of Shares in a Foreign Country, London 1993, S. 440.

619 In einer *close corporation* muss die freie Übertragung in der Satzung eingeschränkt sein, wie z.B. durch ein Vorkaufsrecht der Gesellschafter, ein Optionsrecht der Gesellschaft zu einem bestimmten Preis, das Erfordernis der Zustimmung durch das *board of directors* oder die Gesellschafterversammlung, ein Rückkaufsrecht der Gesellschaft oder gar ein absolutes Veräußerungsverbot. Der gutgläubige Erwerber wird insoweit geschützt, als die Eintragung der Übertragungsbeschränkung auf dem Anteilsschein zwingend ist.

6. Die Geschäftsführung

620 Das *board of directors* – der Vorstand der Gesellschaft – stellt das zentrale Leitungsorgan der Gesellschaft dar. Seine Mitglieder werden von der Hauptversammlung gewählt. Das *board* trifft alle für die Gesellschaft wesentlichen Entscheidungen. Ihm obliegt die Geschäftsführung der Gesellschaft. Dabei wird in der Praxis nur bei kleineren Gesellschaften von allen *directors* die tägliche Geschäftsführung durchgeführt. Hier ergibt sich häufig die Einheit von Gesellschaftern, *directors* und Geschäftsführern der Gesellschaft.

621 Das *board* vertritt die Gesellschaft nach außen. Den Direktoren steht grundsätzlich **Gesamtvertretungsmacht** zu. Ist das *board* ausnahmsweise mit einem einzigen Direktor besetzt, so vertritt dieser die Gesellschaft notwendigerweise alleine. In den USA hat sich noch relativ lang die *ultra vires doctrine*[241] gehalten, wonach im Namen der Gesellschaft abgeschlossene Rechtsgeschäfte nichtig sind, wenn diese den Gesellschaftszweck überschreiten. Mittlerweile ist diese Folge in allen Staaten gesetzlich abgeschafft – so dass ein entsprechendes Handeln ggf. unzulässig ist und einen Schadensersatzanspruch gegen den *director* begründet, im Verhältnis zu dritten Vertragspartnern aber wirksam ist.

622 Die *directors* haften der Gesellschaft für jeden Verstoß gegen ihre Sorgfaltspflichten *(duty of care)*, soweit nicht bereits im *certificate of incorporation* die Haftung für fahrlässiges Handeln ausgeschlossen wurde. Faktisch eingeschränkt wird die Haftung dadurch, dass die Gerichte eine Prüfung unternehmerischer Entscheidungen grundsätzlich ablehnen und die Prüfung darauf beschränken, ob der Prozess der Entscheidungsfindung (Informationsbeschaffung etc.) auf grob fahrlässiges Handeln hindeutet *(business judgement rule)*. Weigert sich das *board*, einen Anspruch der Gesellschaft gegen einen *director* durchzusetzen, so kann ein Gesellschafter eine *actio pro socio (shareholders' derivative suite)* im Namen der Gesellschaft anstrengen.

623 Bei mittelgroßen und großen Gesellschaften wird die Geschäftsführung regelmäßig durch die *bylaws* oder Beschluss des *board* den leitenden Angestellten **(executive officers)** der Gesellschaft übertragen. Diese sind für die laufenden Geschäfte ausschließlich zuständig. Die *officers* übernehmen dann die Geschäftsführung, während das *board* lediglich die *officers* ernennt, Leitlinien der Geschäftspolitik vorgibt, über wichtige Projekte entscheidet (soweit diese nicht in die Zuständigkeit der Hauptversammlung fallen) und die Tätigkeit der *officers* überwacht. Bei dieser Organisation kommt die Tätigkeit des *board* der eines (mit Weisungsfunktionen ausgestatteten) Aufsichtsrats nach deutschem Verständnis nahe. Sind einige der *directors* zugleich *officers* mit Dienstvertrag (sog. *inside directors*), so obliegt die Aufsichtsfunktion den übrigen Mitgliedern des *board* (*independent directors*), das dann Vorstand und Aufsichtsrat in sich vereint.

624 Unter den *executive officers* unterscheidet man in der Praxis üblicherweise den **chief executive officer (CEO)**, der quasi den Hauptgeschäftsführer darstellt. Ist der CEO als Angestellter der Gesellschaft zugleich Mitgliedes des *board*, so spricht man vom **president** der Gesellschaft. Daneben gibt es evt. einen oder mehrere *vice presidents*, einen *officer* für die Finanzangelegenheiten *(treasurer)* und den **secretary**. Letzterer ist gerade in rechtlicher Hinsicht bedeutsam, führt er doch die Protokolle bei Hauptversammlungen und *board-meetings* und muss bestimmte rechtlich bedeutsame Dokumente der Gesellschaft gegenzeichnen. Die Vertretungsbefugnis dieser *officers* besteht in ihrem Aufgabenbereich. Gerade beim *president* und dem *secretary* besteht eine Anscheinsvollmacht für alle laufenden Geschäfte der Gesellschaft.

---

[241] Ausführlich *Merkt/Göthel* US-amerikanisches Gesellschaftsrecht Rdnr. 295 f.

7. Die Hauptversammlung

Die Hauptversammlung ist zwingend ein Mal im Jahr abzuhalten *(annual shareholders' meeting)*. Sie kann in vielen US-Staaten auch im schriftlichen **Umlaufverfahren**, in einigen nun sogar über das Internet stattfinden. Hauptaufgabe der Jahreshauptversammlung ist die Abberufung des alten und die Wahl eines neuen *board of directors*. Es können auch außerordentliche Hauptversammlungen *(special shareholders' meeting)* einberufen werden. Die Hauptversammlung entscheidet über alle wichtigen Angelegenheiten der Gesellschaft, wie die Änderung der *articles of incorporation* und der *bylaws*, die Genehmigung bestimmter zustimmungspflichtiger Entscheidungen des *board of directors* und die Entscheidung über wichtige Angelegenheiten (Fusion, Liquidation, Veräußerung wesentlicher Teile des Gesellschaftsvermögens etc.). 625

Zur Beschlussfähigkeit der Hauptversammlung sehen die meisten Gesetze ein **Quorum** von 50% der stimmberechtigten Anteile vor. Dabei gewähren grundsätzlich alle Aktien eine Stimme. Es können aber auch stimmrechtslose *(non voting shares)* und Aktien mit Mehrfachstimmrechten ausgegeben werden *(multiple voting shares)*. Auch kann die Satzung die auf einen Aktionär entfallenden Stimmen begrenzen (Höchststimmrechte). 626

Zur Beschlussfassung genügt regelmäßig die **Mehrheit** der abgegebenen Stimmen – soweit nicht die *articles* oder die *bylaws* eine höhere Mehrheit verlangen. Für besondere Beschlüsse, wie z. B. die Änderung der *articles of incorporation* (also eine Satzungsänderung) verlangen die Gesetze einiger Staaten die Mehrheit der vorhandenen Stimmen.[242] Bei der Wahl von Mitgliedern des *board* wird häufig die Stimmenhäufung *(cumulative voting)* zugelassen, um auch Minderheitsgesellschaftern die Möglichkeit zu geben, einen eigenen Kandidaten in das *board* zu wählen. 627

Über die **Ausschüttung von Dividenden** entscheidet nicht die Hauptversammlung, sondern das *board of directors*. Dabei kann es im Rahmen der durch die Loyalitätspflichten gezogenen Grenzen relativ frei über die Verwendung des Jahresgewinns entscheiden *(business judgement rule)*. 628

Der Mehrheitsgesellschafter wird bestimmten **Treuepflichten** unterworfen. So darf er seine Mehrheitsposition nicht dazu einsetzen, mit der Gesellschaft einen Vertrag abzuschließen, der unter Ausschluss der Minderheitsaktionäre ausschließlich ihm einen Vorteil zum Nachteil der Gesellschaft verschafft. 629

8. Haftungsdurchgriff

Grundlage des Rechts der *corporation* ist die beschränkte Haftung der Gesellschafter. Allerdings nimmt der Durchgriff durch die Gesellschaft auf die Gesellschafter – *piercing the corporate veil* – anders als in England in der amerikanischen Rechtsprechung und Literatur eine bedeutende Position ein. Gesetzliche Regelungen fehlen. Ausschließliche Grundlage ist daher die Rechtsprechung, die in den einzelnen US-Staaten sehr unterschiedlich ist. So haben sich die Gerichte in Delaware für eine zurückhaltende Handhabung des Durchgriffs ausgesprochen: „Under Delaware law, the corporate veil may be pierced ony in the interest of justice, when such matters as fraud, contravention of law or contract, public wrong … are involved"[243] – also nur wenn die Gerechtigkeit dies wegen Betrugs, Gesetzes- oder Vertragsumgehung oder Verstoßes gegen die öffentlichen Interessen verlangt. Dagegen gilt die Rechtsprechung in New York als „durchgriffsfreundlicher".[244] Die Aussichten einer Klage gegen den Gesellschafter hängen also auch davon ab, ob man sie vor dem richtigen Gericht anzubringen vermag. 630

Haftungstatbestände sind u. a.
– der **alter ego-Vorwurf:** Eine *corporation* wird ausschließlich zu dem Zweck zwischengeschaltet, um ein den Gesellschafter persönlich treffendes Verbot zu umgehen; 631

---

[242] Z. B. Sect. 803 NYBCL.
[243] Gadsden v. Home Pres. Co, 2004 Del. Ch LEXIS 14 – zitiert nach *Leyendecker* RIW 2008, 279.
[244] Vgl. *Fleischer*, RIW 2005, 97.

- die **Unterkapitalisierung**: Die Kapitalausstattung der Gesellschaft ist in Anbetracht des Gesellschaftszwecks entweder grob unangemessen *(grossly inadequate)* oder praktisch bedeutungslos *(purely nominal)* – wobei nur die anfängliche Kapitalausstattung zugunde gelegt wird, nicht aber die spätere Entwicklung;
- die Missachtung von gesellschaftsrechtlichen Verfahrensregeln *(corporate formalities)*: Hierbei handelt es sich um den praktisch bedeutendsten Tatbestand. Der Begriff der *corporate formalities* ist relativ weit und kommt bei unvollständiger Durchführung des Gründungsverfahrens, der mangelhaften Kapitaleinzahlung, der Verwendung des Gesellschaftsvermögens für private Zwecke, unterlassener Buchführung und anderen Fällen der Vermögensvermischung *(commingling of funds and assets)* zum Einsatz.[245]

632   Generell lässt sich feststellen, dass der Haftungsdurchgriff in der Praxis ausschließlich bei *close corporations* durchgeführt wird. Urteile, die einen Durchgriff auf Aktionäre einer *public corporation* bejahten, sind nicht bekannt geworden.[246] Bei deliktischen Ansprüchen neigen die Gerichte eher dazu, den Durchgriff bejahen, als bei vertraglichen, da der Vertragsgläubiger im Gegensatz zum Deliktsgläubiger Gelegenheit gehabt habe, seinen Schuldner zu prüfen. Auch seien die Gerichte bei einem Durchgriff auf eine Muttergesellschaft im Konzernverhältnis großzügiger bei der Bejahung des Durchgriffs, während sie bei der Inanspruchnahme hinter der Gesellschaft stehender natürlicher Personen zurückhaltender sind.[247]

V. Der business-trust

633   Der **Trust** wird häufig im Zusammenhang mit dem Gesellschaftsrecht behandelt. Allerdings handelt es sich bei dem *trust* um keine Gesellschaft, sondern um ein Treuhandverhältnis mit einer dem *common law* eigenen **Verselbständigung des Treuhandvermögens**.[248] Mit dem *trust* werden in den USA unterschiedlichste Ziele verfolgt. Von der wirtschaftlichen Zwecksetzung und der rechtlichen Gestaltung her vergleichbare Rechtskonstrukte im deutschen Recht sind z.B. die unselbständige Stiftung oder die Kapitalanlagegesellschaft.

634   Beim **Business Trust** bzw. **Massachusetts Trust** halten die Treuhänder (*trustees*) die entsprechenden Vermögensgegenstände im eigenen Namen für die Begünstigten (*beneficiaries*). Zur Gründung wird eine schriftliche *declaration of trust* erstellt, die Rechte und Pflichten der *trustees* und *beneficiaries* festlegt. In manchen US-Staaten ist eine staatliche Registrierung des *Business Trust* obligatorisch. Der *trust* erhält damit Rechtspersönlichkeit. Den *beneficiaries* werden über ihre Anteile am Trust-Vermögen Anteilsscheine bzw. Zertifikate ausgestellt. Die Haftung ist aus Sicht der *beneficiaries* auf das *trust*-Vermögen beschränkt. Die für das *trust*-Vermögen im eigenen Namen und auf fremde Rechnung handelnden *trustees* können im Außenverhältnis unter bestimmten Voraussetzungen ihre persönliche Haftung vertraglich ausschließen.

---

[245] Vgl. die Aufzählung bei *Leyendecker*, RIW 2008, 276 und *Merkt/Göthel*, US-amerikanisches Gesellschaftsrecht, Rdnr. 392.
[246] *von Bonin* in Hirte/Bücker, Grenzüberschreitende Gesellschaften, § 10 Rdnr. 70.
[247] *Merkt/Göthel*, US-amerikanisches Gesellschaftsrecht, Rdnr. 397.
[248] S. die rechtsvergleichenden Ausführungen von *Jakob* in: Münch. Hdb. GesR Bd. V, 3. Aufl. 2009, § 119 Rdnr. 56.

3. Kapitel. Supranationale Gesellschaftsformen

§ 48. Die Europäische wirtschaftliche Interessenvereinigung (EWIV)

Übersicht

	Rdnr.		Rdnr.
I. Grundlagen	1–6	2. Geschäftsführer	36, 37
1. Geschichte und Bedeutung	1	3. Geschäftsführung und Vertretung	38–42
2. Rechtsgrundlagen: EWIV-VO und nationales Recht	2–5	IV. Mitgliedschaft	43–64
3. Rechtnatur der EWIV	6	1. Mitgliederwechsel	43–51
II. Gründung	7–30	a) Allgemeine Fragen	43–45
1. Gründer	8–13	b) Eintritt neuer Mitglieder	46, 47
a) Gesellschaften und andere „juristische Einheiten"	9–11	c) Ausscheiden von Mitgliedern	48–51
b) Natürliche Personen	12, 13	2. Die Rechtsstellung der Mitglieder	52–64
2. Grenzüberschreitender Bezug	14	a) Rechte	52–55
3. Gründungsvertrag	15–21	b) Pflichten	56, 57
a) Formfreiheit	15	c) Haftung	58–64
b) Mindestinhalt	16, 17	V. Sitzverlegung	65–68
c) Unternehmensgegenstand	18, 19	1. Identitätswahrende Sitzverlegung	65
d) Sitz der Vereinigung	20, 21	2. Sitzverlegung ohne Wandel des anwendbaren Rechts	66
4. Rechtslage vor und nach der Eintragung	22, 23	3. Sitzverlegung mit Wandel des anwendbaren Rechts	67, 68
5. Publizitätsregeln	24–28	VI. Beendigung der EWIV	69–74
6. Gründungsprüfung	29	1. Auflösung	70, 71
7. Eintragung von Niederlassungen	30	2. Abwicklung	72
III. Organisationverfassung (Art. 16 EWIV-VO)	31–42	3. Nichtigkeit	73
1. Die Mitglieder und ihre Willensbildung	32–35	4. Insolvenz	74
		VII. Besteuerung der EWIV	75

Schrifttum: *Abmeier,* Die Europäische Wirtschaftliche Interessenvereinigung und nationales Recht, NJW 1986, 2987; *Autenrieth,* Die inländische Europäische Wirtschaftliche Interessenvereinigung (EWIV) als Gestaltungsmittel, BB 1989, 305; *Baumbach/Hopt,* Handelsgesetzbuch, 34. Aufl., 2010; *Delp,* Besteuerungsprobleme der Europäischen Wirtschaftlichen Interessenvereinigung (EWIV), in: Grotherr (Hrsg.), Handbuch der internationalen Steuerplanung, 2. Aufl., 2003, 1299; *Dorresteijn/Monteiro/Teichmann/Werlauff,* European Corporate Law, 2nd edition, 2009; *Drinhausen/Nohlen,* The Limited Freedom of Establishment of an SE, European Company Law (ECL) 2009, 14; *Gleichmann,* Europäische Wirtschaftliche Interessenvereinigung, ZHR 1985, 633; *Ganske,* Die Europäische wirtschaftliche Interessenvereinigung (EWIV), Beilage 20/95, DB 1985; *Ganske,* Das Recht der Europäischen wirtschaftlichen Interessenvereinigung (EWIV), 1988; *Gloria/Karbowski,* Die Europäische Wirtschaftliche Interessenvereinigung (EWIV) – Rechtsgrundlagen, Zweck und Unternehmensgegenstand sowie Gründung einer EWIV mit Sitz in der Bundesrepublik, WM 1990, 1313; *Grüninger,* Die deutsche Rechtsanwaltssozietät als Mitglied einer Europäischen wirtschaftlichen Interessenvereinigung (EWIV), DB 1990, 1449; *Grundmann,* Europäisches Gesellschaftsrecht, 2. Aufl., 2011; *Habersack/Verse,* Europäisches Gesellschaftsrecht, 4. Aufl., 2011; *Hartard,* Die Europäische wirtschaftliche Interessenvereinigung im deutschen, englischen und französischen Recht, 1991; *Hauschka/von Saalfeld,* Die Europäische wirtschaftliche Interessenvereinigung (EWIV), DStR 1991, 1083; *Heinz,* Beteiligung deutscher Notare an einer multijurisdiktionellen EWIV – Vision oder (bald) Realität?, RIW 2001, 176; *Kersting*, Die Vorgesellschaft im europäischen Gesellschaftsrecht, 2000; *Kommission der Europäischen Gemeinschaft*, Mitteilung zur Beteiligung von Europäischen Wirtschaftlichen Interessenvereinigungen (EWIV) an öffentlichen Aufträgen und öffentlich finanzierten Programmen, ABl. EG v. 20. 9. 1997, Nr. C 285/17; *Leible/Hoffmann*, Cartesio – fortgeltende Sitztheorie, grenzüberschreitender Formwechsel und Verbot materiell-rechtlicher Wegzugsbeschränkungen, BB 2009, 58; *Lenz*, Die Europäische wirtschaftliche Interessenvereinigung mit dem Sitz in der Bundesrepublik Deutschland vor Eintragung, 1997; *Meyer-Landrut*, Die Europäische Wirtschaftliche Interessenvereinigung, 1988; *Scriba*, Die Europäische Wirtschaftliche Interessenvereinigung, 1987; *Müller-Gugenberger*, EWIV – Die neue europäische Gesellschaftsform, NJW 1989, 1440; *Ringe*, Die Sitzverlegung der Europäischen Aktiengesellschaft, 2006; *Selbherr/Manz*, Kommentar zur Europäischen Wirtschaftlichen Interessenvereinigung (EWIV), 1995; *Teichmann*, Binnenmarktkonformes Gesellschaftsrecht, 2006; *Teichmann*, Cartesio: Die Freiheit zum formwechselnden Wegzug, ZIP 2009, 393; *von der Heydt/von Rechenberg* (Hrsg.), Die Europäische Wirtschaftliche Interessenvereinigung, 1991; *von Rechenberg*, Die EWIV – Ihr Sein und Werden, ZGR 1992, 299; *Zahorka*, Die Teilnahme von Drittlandsunternehmen an einer EWIV, EuWZ 1994, 201; *Zuck*, Die Europäische Wirtschaftliche Interessenvereinigung als Instrument anwaltlicher Zusammenarbeit, NJW 1990, 954.

I. Grundlagen

1. Geschichte und Bedeutung

1   Die Europäische Wirtschaftliche Interessenvereinigung (EWIV) ist als erste supranationale Rechtsform der Gemeinschaft im Jahre 1985 eingeführt worden. Gesetzgeberisches Vorbild war das französische „groupement d'intérêt économique".[1] Die EWIV soll dazu dienen, Personen, Gesellschaften und anderen juristischen Einheiten die grenzüberschreitende Zusammenarbeit zu erleichtern.[2] Sie soll dazu beitragen, psychologische Hindernisse abzubauen, die gerade bei kleineren und mittleren Unternehmen dadurch entstehen, dass im Falle einer europäischen Kooperation zumindest einer der Beteiligten eine für ihn fremde Rechtsordnung akzeptieren muss.[3] **Zahlenmäßig** betrachtet hat die EWIV eher geringe Bedeutung erlangt;[4] das dürfte an dem eingeschränkten Unternehmensgegenstand (Rdnr. 18 f.) und der persönlichen Haftung der Mitglieder (Rdnr. 58 ff.) liegen.[5] Die meisten EWIV existieren in Belgien (431), gefolgt von Deutschland (280), Frankreich (277), und Großbritannien (201).[6] In Deutschland hat sich die Rechtsform der EWIV vor allem für die grenzüberschreitende Kooperation von **Freiberuflern** als attraktiv erwiesen.[7] Rechtliche Schwierigkeiten haben sich offenbar bei der Bewerbung um öffentliche Aufträge ergeben. Die Kommission nahm dies zum Anlass einer Mitteilung, in der sie die Wesenszüge der EWIV erläuterte und ihre Eignung zur Teilnahme an öffentlichen Aufträgen bekräftigt.[8]

---

[1] Zur Entstehungsgeschichte der EWIV: *Ganske*, EWIV, S. 14 ff.; *Gleichmann*, ZHR 149 (1985), 633, 634; *Meyer-Landrut*, EWIV, S. 1 ff; MünchHdb. GesR I/*Salger/Neye*, § 94 Rdnr. 3; *Scriba*, EWIV, S. 24 ff.; *Selbherr/Manz*, EWIV-Kommentar, Vorb. Rdnr. 1 ff. (S. 6).

[2] Siehe erster Erwägungsgrund der EWIV-VO.

[3] *Gleichmann*, ZHR 149 (1985), 633; vgl. Erwägungsgrund 2 der EWIV-VO.

[4] Vgl. die regelmäßig aktualisierte Statistik unter www.libertas-institut.com, die eine Zahl von 1922 EWIV-Gründungen ausweist (Stand: 23. 1. 2009).

[5] Vergleichbare Einschätzung bei *Grundmann* Europ. GesR, § 30 I 2 (Rdnr. 1106, S. 665), *Habersack/Verse*, Europ. GesR, § 12 I 3 Rdnr. 6 (S. 409 ff.) und *Schlüter*, EuZW 2002, 589, 592.

[6] Vgl. www.libertas-institut.com (Stand: 23. 1. 2009). Die Häufung der EWIV in Belgien führt *Schlüter*, EuZW 2002, 589, 592 auf die Nähe zu den europäischen Institutionen zurück.

[7] MünchHdb. GesR I/*Salger/Neye*, § 94 Rdnr. 29; *Schlüter*, EuZW 2002, 589, 592. Allerdings darf die EWIV selbst, da sie lediglich die Tätigkeit ihrer Mitglieder fördern soll, gegenüber Dritten nicht freiberuflich tätig werden (vgl. Erwägungsgrund 5 der EWIV-VO). Näher zur Verwendung der EWIV in der anwaltlichen Zusammenarbeit *Grüninger*, DB 1990, 1449 ff. und *Zuck*, NJW 1990, 954 ff.

[8] *Europäische Kommission*, ABl. EG, 20. 9. 1997, Nr. C 285/17.

2. Rechtsgrundlagen: EWIV-VO und nationales Recht

Europäische Rechtsgrundlage für die EWIV ist die in allen Mitgliedstaaten unmittelbar anwendbare Verordnung (EWG) Nr. 2137/85 (**EWIV-VO**).[9] Die Verordnung befasst sich in erster Linie mit der inneren Ordnung der EWIV, ergänzend gilt mitgliedstaatliches Recht.[10] Art. 2 Abs. 1 EWIV-VO verweist für den Gründungsvertrag und die innere Verfassung der Vereinigung auf das innerstaatliche Recht des Staates, in dem die Vereinigung ihren im Gründungsvertrag festgelegten Sitz hat. Dies betrifft beispielsweise die Frage der Gültigkeit und Auslegung des Gründungsvertrages.[11] Dieser Verweis auf **innerstaatliches** Recht führt direkt in das mitgliedstaatliche Sachrecht und vermeidet die Anwendung des IPR.[12] Damit hat die Festlegung des Sitzes (Rdnr. 20 f.) durch die Gründer ein Element der Rechtswahl.

Soweit nicht auf innerstaatliches Recht verwiesen wird, gilt das **einzelstaatliche** Recht. Dieser Begriff schließt das IPR mit ein.[13] Das betrifft beispielsweise den Personenstand, die Rechts-, Geschäfts- und Handlungsfähigkeit natürlicher Personen sowie die Rechts- und Handlungsfähigkeit juristischer Personen.[14] Nicht von der Verordnung erfasst sind Rechtsbereiche außerhalb des Gesellschaftsrechts, wie etwa das Sozial- und Arbeitsrecht, das Wettbewerbsrecht oder das Recht des geistigen Eigentums.[15] Hier gilt das allgemeine **nationale Recht** der Mitgliedstaaten,[16] dessen Regeln die EWIV als teilrechtsfähige Vereinigung (Rdnr. 6) ebenso unterworfen ist wie andere dort agierende Rechtsträger.

Die Verordnung enthält Ermächtigungen und Verpflichtungen zum Erlass von Ausführungsvorschriften.[17] In Deutschland ist insoweit das **EWIV-Ausführungsgesetz** zu beachten.[18] Soweit weder die Verordnung noch das Ausführungsgesetz eine Frage regeln, gilt für eine EWIV mit Sitz in Deutschland ergänzend das **Recht der OHG** (§ 1 EWIV-AusfG). Solche Ergänzungen durch das nationale Recht führen ungeachtet des supranationalen Charakters der Rechtsform in den einzelnen Mitgliedstaaten zu teilweise erheblich voneinander abweichenden Erscheinungsformen der EWIV.[19]

---

[9] ABl. EG Nr. L 199/1 vom 31. 7. 1985. Die Verordnung gilt seit dem 1. Juli 1989 (vgl. Art. 43 EWIV-VO). Gemeinschaftsrechtliche Kompetenzgrundlage ist Art. 352 AEUV (ex-Art. 308 EGV). Diese Vorschrift ist als Rechtsgrundlage zur Schaffung supranationaler Rechtsformen mittlerweile auch vom EuGH bestätigt worden (EuGH, 2. 5. 2006, Slg. 2006, I-3733 ff. zur Europäischen Genossenschaft).

[10] Vgl. dazu im Überblick *Abmeier*, NJW 1986, 2987 ff.

[11] *Gloria/Karbowski*, WM 1990, 1313, 1315.

[12] *Ganske*, EWIV, S. 37; *Scriba*, EWIV, S. 50; *Dorresteijn/Monteiro/Teichmann/Werlauff*, European Corporate Law, 2009, Kapitel 4, Textziffer 4.01 a; *Selbherr/Manz*, EWIV-Kommentar, Vorb. Rdnr. 16, Art. 2 Rdnr. 3.

[13] *Ganske*, EWIV, S. 37; *Scriba*, EWIV, S. 50; *Selbherr/Manz*, EWIV-Kommentar, Vorb. Rdnr. 17, Art. 2 Rdnr. 4; *Teichmann*, Binnenmarktkonformes Gesellschaftsrecht, 2006, S. 309 f.; *Dorresteijn/Monteiro/Teichmann/Werlauff*, European Corporate Law, 2009, Kapitel 4, Textziffer 4.01 a.

[14] Dies alles ist vom Verweis des Art. 2 Abs. 1 EWIV-VO ausdrücklich ausgenommen. Dass insoweit einzelstaatliches Recht gelten soll, bringt Erwägungsgrund 11 zum Ausdruck. Weitere wichtige Verweise auf einzelstaatliches Recht: Art. 9 Abs. 1 für die Drittwirkung von Bekanntmachungen, Art. 24 Abs. 1 Satz 2 für die Folgen der Gesellschafterhaftung, Art. 35 Abs. 2 für die Abwicklung und Art. 36 Satz 1 für das Insolvenzrecht.

[15] Vgl. Erwägungsgrund 15 der EWIV-VO.

[16] *Meyer-Landrut*, EWIV, S. 22; *Scriba*, EWIV, S. 51.

[17] Beispiele für Ermächtigungen: Art. 4 Abs. 3 und 4, Art. 14 Abs. 4, Art. 19 Abs. 2, Art. 28 Abs. 1, Art. 32 Abs. 3, Art. 38. Verpflichtungen finden sich in: Art. 1 Abs. 3 und Art. 39.

[18] Gesetz zur Ausführung der EWG-Verordnung über die Europäische wirtschaftliche Interessenvereinigung (EWIV-Ausführungsgesetz); am 1. 1. 1989 in Kraft getreten. Zur Umsetzung in den anderen Mitgliedstaaten siehe die Länderberichte bei *von der Heydt/von Rechenberg* (Hrsg.), EWIV, S. 227 ff. und *Selbherr/Manz*, EWIV-Kommentar, S. 223 ff.

[19] *Habersack/Verse* Europ. GesR, § 12 Rdnr. 4 (S. 409).

5 Bei der Gestaltung ihrer vertraglichen Beziehungen sowie der inneren Verfassung der Vereinigung genießen die Mitglieder weitgehende **Gestaltungsfreiheit**.[20] Die EWIV-VO macht nur wenige zwingende Vorgaben. Auch das ergänzend anwendbare Recht der OHG ist geprägt vom Grundsatz der Vertragsfreiheit.[21] Zwingendes nationales Recht tritt zurück, wenn das EWIV-Statut in einer bestimmten Frage ausdrücklich Vertragsfreiheit gewährt.[22]

3. Rechtnatur der EWIV

6 Die EWIV ist zwar **keine juristische Person**, besitzt im Rechtsverkehr aber **Geschäfts- und Handlungsfähigkeit**. Insoweit entspricht die Rechtslage derjenigen bei der OHG. Gemäß Art. 1 Abs. 2 EWIV-VO kann die EVIW unter ihrem Namen Träger von Rechten und Pflichten sein, Verträge abschließen oder andere Rechtshandlungen vornehmen und vor Gericht stehen. Die Mitgliedstaaten bestimmen, ob die EWIV Rechtspersönlichkeit hat (Art. 1 Abs. 3 EWIV-VO).[23] Deutschland hat sich durch Verweis auf das Recht der OHG (§ 1 EWIV-AusfG) für die dort geltende Gesamthandskonstruktion entschieden. In den meisten anderen Mitgliedstaaten ist die EWIV juristische Person.[24] Die EWIV darf sich nicht an den Kapitalmarkt wenden (Art. 23 EWIV-VO). Die EWIV gilt als **Handelsgesellschaft** im Sinne des HGB (§ 1 EWIV-AusfG).

II. Gründung

7 Die Gründer der EWIV (Rdnr. 8 ff.) müssen einen Vertrag schließen und die Vereinigung im Register eintragen lassen (Rdnr. 24). Ihre rechtliche Handlungsfähigkeit erlangt die EWIV erst mit der Eintragung (vgl. Art. 1 Abs. 2 EWIV). Deklaratorischer Natur ist die nach Art. 8 EWIV-VO i. V. m. § 1 EWIV-AusfG, § 10 HGB vorgesehene nationale Bekanntmachung. Hinzu kommt die Bekanntmachung im Amtsblatt der EU nach Art. 11 EWIV-VO. Ein Mindestkapital ist nicht vorgesehen.

1. Gründer

8 Die EWIV hat **mindestens zwei** Mitglieder und muss einen **grenzüberschreitenden** Bezug (Rdnr. 14) aufweisen. Darin spiegelt sich die Zielsetzung der Rechtsform als Instrument der grenzüberschreitenden Zusammenarbeit wieder. Mitglied der EWIV können sowohl natürliche Personen (Rdnr. 12 f.) als auch Gesellschaften und andere juristische Einheiten (Rdnr. 9 ff.) sein. Die Mitglieder müssen einen Bezug zum Gebiet der Gemeinschaft aufweisen und ihre Hauptverwaltung oder Haupttätigkeit in verschiedenen Mitgliedstaaten haben (Rdnr. 10, 14). Die näheren Einzelheiten regelt **Art. 4 EWIV-VO**.

9 a) **Gesellschaften und andere „juristische Einheiten".** Gesellschaften im Sinne des **Art. 54 Abs. 2 AEUV** können Mitglied einer EWIV sein.[25] Das sind „Gesellschaften des bürgerlichen und des Handelsrechts einschließlich der Genossenschaften und die sonstigen juristischen Personen des öffentlichen und privaten Rechts mit Ausnahme derjenigen, die keinen Erwerbszweck verfolgen."[26] Erfasst ist damit auch die BGB-Gesellschaft, wenn sie einen Erwerbszweck verfolgt.[27] Zugelassen sind auch „andere juristische Einheiten" des öffentlichen oder des Privatrechts. Damit ist die EWIV auch für Rechtsformen, die keinen

---

[20] Vgl. Erwägungsgrund 4 der EWIV-VO.
[21] Vgl. Baumbach/Hopt HGB/*Hopt*, § 109 Rdnr. 2.
[22] *Grundmann* Europ. GesR, § 30 I 1 b (Rdnr. 1102, S. 663).
[23] Mit dieser Formulierung berücksichtigt der europäische Gesetzgeber das unterschiedliche Verständnis von Rechtspersönlichkeit in den einzelnen Mitgliedstaaten (*Selbherr/Manz*, EWIV-Kommentar, Art. 1 Rdnr. 21 (S. 25)).
[24] Siehe die Länderberichte in von der Heydt/von Rechenberg (Hrsg.), EWIV, S. 227 ff.
[25] Art. 4 Abs. 1 lit. a EWIV-VO.
[26] Art. 48 Abs. 2 (ex Art. 58 Abs. 2) EG-Vertrag.
[27] *Gleichmann*, ZHR 149 (1985), 633, 638; Habersack/Verse Europ. GesR, § 11 Rdnr. 11 (S. 412).

Erwerbszweck verfolgen, offen;[28] irgendeine Art von wirtschaftlicher Tätigkeit ist allerdings erforderlich, da die Vereinigung nach Art. 3 Abs. 1 EWIV-VO den Zweck hat, die wirtschaftliche Tätigkeit ihrer Mitglieder zu unterstützen.[29]

Die Gesellschaften oder anderen juristischen Einheiten müssen nach dem Recht eines Mitgliedstaats gegründet worden sein und ihren satzungsmäßigen oder gesetzlichen **Sitz und** ihre **Hauptverwaltung** in der Gemeinschaft haben.[30] Wenn es nach dem Recht des betreffenden Mitgliedstaats keinen satzungsmäßigen oder gesetzlichen Sitz gibt, genügt es, wenn die Hauptverwaltung in der Gemeinschaft liegt. Gesellschaften aus Drittstaaten, also beispielsweise eine Delaware Corporation, können nicht Mitglied einer EWIV sein.[31] **10**

Eine EWIV-Gründung durch formwechselnde **Umwandlung** hält die überwiegende Auffassung nicht für möglich.[32] Zwar sehen einige nationale Ausführungsgesetze eine solche Umwandlung vor.[33] Die EWIV-VO erteilt dafür aber keine Regelungskompetenz. Vielmehr wird die EWIV „unter den Voraussetzungen, in der Weise und mit den Wirkungen gegründet, die in dieser Verordnung vorgesehen sind" (Art. 1 Abs. 1 S. 1 EWIV-VO). Ein bestehendes Unternehmen kann daher allenfalls in eine EWIV eingebracht werden, nachdem diese gegründet wurde. **11**

b) Natürliche Personen. Natürliche Personen können Mitglied einer EWIV sein, wenn sie eine gewerbliche, kaufmännische, handwerkliche, landwirtschaftliche oder freiberufliche Tätigkeit **in der Gemeinschaft** ausüben oder dort andere Dienstleistungen erbringen.[34] Es ist ausreichend, wenn sie nur einen Teil ihrer Tätigkeit in der Gemeinschaft entfalten.[35] Mitglieder, die eine **freiberufliche Tätigkeit** ausüben, sind nach dem eindeutigen Wortlaut des Textes zugelassen. Allerdings darf die EWIV wegen ihres nur unterstützenden Charakters nicht selbst einen freien Beruf ausüben.[36] Auch darf sie nicht einer etwaigen Umgehung von Rechts- oder Standesvorschriften dienen.[37] **12**

Nach Art. 4 Abs. 3 EWIV-VO kann ein Mitgliedstaaten vorsehen, dass die in seinen Registern eingetragenen Vereinigungen nicht mehr als zwanzig Mitglieder haben dürfen. Weiter ist jeder Mitgliedstaat nach Art. 4 Abs. 4 EWIV-VO ermächtigt, bestimmte Gruppen von natürlichen Personen, Gesellschaften und anderen juristischen Einheiten aus **13**

---

[28] Etwa gemeinnützige Organisationen oder Regiebetriebe (*Dorresteijn/Monteiro/Teichmann/Werlauff*, European Corporate Law, 2nd edition, 2009, Chapter 4, no. 4.09; *Ganske*, EWIV, S. 34; *ders.*, DB-Beilage 20/85, S. 4; *Müller-Gugenberger*, NJW 1989, 1449, 1456; *Selbherr/Manz*, EWIV-Kommentar, Art. 4 Rdnr. 4f.).

[29] *Gloria/Karbowski*, WM 1990, 1313, 1318.

[30] Art. 4 Abs. 1 lit. a EWIV-VO stellt insoweit etwas strengere Voraussetzungen auf als Art. 54 Abs. 1 AEUV, der es für die Anwendung der Niederlassungsfreiheit ausreichen lässt, dass eine Gesellschaft ihren satzungsmäßigen Sitz, ihre Hauptverwaltung *oder* ihre Hauptniederlassung innerhalb der Gemeinschaft hat. Zu den dahinter stehenden rechtspolitischen Erwägungen *Selbherr/Manz*, EWIV-Kommentar, Art. 4 Rdnr. 6.

[31] *Dorresteijn/Monteiro/Teichmann/Werlauff*, European Corporate Law, 2nd edition, 2009, Chapter 4, no. 4.09; *Müller-Gugenberger*, NJW 1989, 1449, 1453; *Scriba*, EWIV, S. 76; *Selbherr/Manz*, EWIV-Kommentar, Art. 4 Rdnr. 13; kritische Bewertung dieser Einschränkung bei *Schlüter*, EuWZ 2002, 589, 593; vgl. auch die Gegenauffassung von *Autenrieth*, BB 1989, 305, 308, der im Ausschluss von Drittstaaten einen Verstoß gegen völkerrechtliche Freihandelsabkommen sieht.

[32] *Meyer-Landrut*, EWIV, S. 126; *Scriba*, EWIV, S. 95.

[33] Darauf verweisen *Selbherr/Manz*, EWIV-Kommentar, Art. 1 Rdnr. 2 (S. 20).

[34] Art. 4 Abs. 1 lit. b EWIV-VO. Die Aufzählung entspricht weitgehend derjenigen in Art. 50 EG-Vertrag (zur Dienstleistungsfreiheit); auf dessen Verständnis kann daher auch für die Interpretation der EWIV-VO zurückgegriffen werden (*Selbherr/Manz*, EWIV-Kommentar, Art. 4 Rdnr. 10).

[35] *Grundmann* Europ. GesR, § 30 I 3a (Rdnr. 1108, S. 665).

[36] Vgl. Erwägungsgrund 5 EWIV-VO. Ausführlich zur „Anwalts-EWIV" *Selbherr/Manz*, EWIV-Kommentar, Art. 4 Rdnr. 23 ff. und *Zuck*, NJW 1990, 954 ff. Zur Beteiligung deutscher Notare an einer EWIV siehe *Heinz*, RIW 2001, 176 ff.

[37] Vgl. Erwägungsgrund 6 EWIV-VO.

Gründen seines öffentlichen Interesses von der Beteiligung an einer Vereinigung auszuschließen oder diese Beteiligung Einschränkungen zu unterwerfen. Das deutsche Ausführungsgesetz hat von diesen Optionen keinen Gebrauch gemacht.[38]

2. Grenzüberschreitender Bezug

14 Das grenzüberschreitende Element der EWIV kommt darin zum Ausdruck, dass Hauptverwaltung (bei Gesellschaften) oder Haupttätigkeit (bei natürlichen Personen) der Mitglieder **in verschiedenen Mitgliedstaaten** liegen müssen (Art. 4 Abs. 2 EWIV-VO).[39] Besteht die EWIV aus mindestens einer Gesellschaft und einer natürlichen Person, müssen Hauptverwaltung der Gesellschaft und Haupttätigkeit der natürlichen Person in verschiedenen Mitgliedstaaten liegen. Auf die Staatsangehörigkeit der beteiligten natürlichen Personen kommt es nicht an.[40]

3. Gründungsvertrag

15 **a) Formfreiheit.** Ein gesetzliches Formerfordernis für den Gründungsvertrag besteht nicht. Ebenso wie der Gesellschaftsvertrag einer OHG[41] kann auch derjenige einer EWIV **formfrei** abgeschlossen werden. Allerdings muss der EWIV-Gesellschaftsvertrag beim zuständigen Handelsregister hinterlegt werden (Art. 7 EWIV-VO). Daraus wurde früher ein Schriftformerfordernis abgeleitet.[42] Mittlerweile gilt aber für alle Anmeldungen und Einreichungen zum Handelsregister die elektronische Form (§ 12 Abs. 2 HGB).[43] Zwar erfasst die hierfür maßgebliche Richtlinie[44] nur Kapitalgesellschaften. Es obliegt aber mit Bezug auf die EWIV den Mitgliedstaaten, die Bedingungen für die Hinterlegung von Urkunden festzulegen (Art. 39 Abs. 1 S. 2 EWIV-VO); daher kann § 12 HGB auch auf die EWIV Anwendung finden.

16 **b) Mindestinhalt.** Art. 5 EWIV-VO gibt den Mindestinhalt des Gründungsvertrages vor.[45] Er bezieht sich zum einen auf die **Vereinigung** selbst: Name der Vereinigung mit den voran- oder nachgestellten Worten „Europäische wirtschaftliche Interessenvereinigung" oder der Abkürzung „EWIV", es sei denn, dass sie bereits im Namen enthalten sind;[46] Sitz und Unternehmensgegenstand der Vereinigung;[47] Dauer der Vereinigung, sofern sie nicht auf unbestimmte Dauer gegründet wird. Zum anderen muss der Gründungs-

---

[38] *Gloria/Karbowski*, WM 1990, 1313, 1319; MünchHdb. GesR I/*Salger/Neye*, § 96 Rdnr. 9. Zu anderen Staaten siehe *Selbherr/Manz*, EWIV-Kommentar, Art. 4 Rdnr. 17 ff.

[39] Der Satzungssitz der Mitglieder kann in demselben Mitgliedstaat liegen; es genügt, wenn die Hauptverwaltungen in verschiedenen Mitgliedstaaten liegen (*Scriba*, EWIV, S. 82; *Selbherr/Manz*, EWIV-Kommentar, Art. 4 Rdnr. 16).

[40] *Habersack/Verse* Europ. GesR, § 12 Rdnr. 12 (S. 412).

[41] Zur Formfreiheit des OHG-Gesellschaftsvertrags Baumbach/Hopt HGB/*Hopt*, § 105 Rdnr. 54.

[42] *Europäische Kommission*, ABl. EG, 20. 9. 1997, Nr. C 285/19; *Gleichmann*, ZHR 149 (1985), 633, 641; *Gloria/Karbowski*, WM 1990, 1313, 1320; MünchHdb. GesR I/*Salger/Neye*, § 95 Rdnr. 2; *Selbherr/Manz*, EWIV-Kommentar, Art. 1 Rdnr. 8 (S. 21); *von Rechenberg*, ZGR 1992, 299, 302.

[43] Richtlinie 2003/58/EG vom 15. 7. 2003, ABl. EU Nr. L 221/13 v. 4. 9. 2003, umgesetzt durch das sog. EHUG v. 1. 1. 2007; zur Praxis des elektronischen Rechtsverkehrs mit dem Handelsregister *Mödl/Schmidt*, ZIP 2008, 2332 ff.

[44] Richtlinie 2003/58/EG vom 15. 7. 2003, ABl. EU Nr. L 221/13 v. 4. 9. 2003 zur Änderung der Richtlinie 68/151/EWG.

[45] Die Einhaltung dieser Vorgaben ist vom Registergericht zu überprüfen (*Meyer-Landrut*, EWIV, S. 135; *Selbherr/Manz*, EWIV-Kommentar, Art. 5 Rdnr. 11).

[46] Für die übrigen Bestandteile der Firma gilt das innerstaatliche Recht des Staates, in dem die EWIV ihren Sitz hat (EuGH, Rs. 402/96 [European Information Technology Observatory], Slg. 1997, I-7521 = EuZW 1998, 117).

[47] Als Unternehmensgegenstand kommen alle denkbaren Zweckbestimmungen in Betracht, sofern sie sich in den Grenzen des Art. 3 EWIV-VO (s. o. Rdnr. 18 f.) bewegen und nicht dem ordre public des Sitzstaates widersprechen (MünchHdb. GesR I/*Salger/Neye*, § 95 Rdnr. 5).

vertrag Angaben zu den **Mitgliedern** der EWIV enthalten:[48] Name, Firma, Rechtsform, Wohnsitz oder Sitz sowie gegebenenfalls die Nummer und den Ort der Registereintragung.

Abgesehen von den nachfolgend (Rdnr. 18 ff.) angesprochenen Einschränkungen ist die EWIV-VO vom Grundgedanken der **Vertragsfreiheit** geprägt.[49] Über den Mindestinhalt hinaus können die Mitglieder daher weitere Regelungen in den Gründungsvertrag aufnehmen und die innere Verfassung der Vereinigung weitgehend frei regeln. Nach dem Generalverweis des Art. 2 Abs. 1 EVIW-VO gilt insoweit das innerstaatliche Recht des Mitgliedstaats, in dem die EWIV ihren Sitz hat, in Deutschland also das Recht der OHG (§ 1 EWIV-AusfG). 17

c) Unternehmensgegenstand. Bei der Wahl ihres im Gründungsvertrag festzulegenden Geschäftszwecks unterliegt die EWIV gewissen Beschränkungen.[50] Die EWIV übt eine **Hilfstätigkeit** mit Bezug auf die wirtschaftliche Tätigkeit ihrer Mitglieder aus.[51] Sie hat gemäß Art. 3 Abs. 1 EWIV-VO den Zweck, die wirtschaftliche Tätigkeit ihrer Mitglieder zu erleichtern oder zu entwickeln sowie die Ergebnisse dieser Tätigkeit zu verbessern oder zu steigern. Sie hat nicht den Zweck, Gewinne für sich selbst zu erzielen. Das bedeutet nicht, dass sie ohne Gewinnerzielungsabsicht tätig wäre. Vielmehr ist mit der Ausrichtung auf die „wirtschaftliche" Tätigkeit der Mitglieder typischerweise auch die Absicht der **Gewinnerzielung** verbunden. Es handelt sich dabei aber um Gewinne, die den Mitgliedern zugute kommen sollen.[52] Soweit daher bei der EWIV Gewinne anfallen, gelten sie als Gewinne der Mitglieder und sind unter diese zu verteilen (Art. 21 Abs. 1 EWIV-VO). Der Charakter der EWIV als Hilfsinstrument wird üblicherweise nicht allzu eng interpretiert.[53] Er wird insbesondere nicht so verstanden, dass die Vereinigung nur untergeordnete und unbedeutende Nebentätigkeiten verrichten darf, sondern bedeutet lediglich, dass ein Bezug zur Tätigkeit der Unternehmensgegenstände der Mitglieder bestehen muss.[54] Der Unternehmensgegenstand der EWIV darf zwar nicht identisch mit demjenigen ihrer Mitglieder sein; er kann aber Teilfunktionen übernehmen, welche die Mitglieder zum Zweck der Kooperation auf die EWIV auslagern.[55] 18

Über die Vorgabe der Hilfstätigkeit hinaus enthält Art. 3 Abs. 2 EWIV-VO einzelne ausdrückliche **Verwendungsbeschränkungen**: Die EWIV darf weder unmittelbar noch mittelbar die Leitungs- oder Kontrollmacht über die Tätigkeiten ihrer Mitglieder oder an- 19

---

[48] Sie dienen angesichts der persönlichen Haftung (Art. 24 EWIV-VO) vor allem dem Gläubigerschutz (*Selbherr/Manz*, EWIV-Kommentar, Art. 5 Rdnr. 9).

[49] *Europäische Kommission*, ABl. EG, 20. 9. 1997, Nr. C 285/19; *Ganske*, EWIV, S. 32; *ders.*, DB-Beilage 20/85, S. 5; *Meyer-Landrut*, EWIV, S. 29; *Müller-Gugenberger*, NJW 1989, 1449, 1456; *Scriba*, EWIV, S. 110; *Selbherr/Manz*, EWIV-Kommentar, Art. 1 Rdnr. 12 (S. 22 f.). Vgl. Erwägungsgrund 4 der EWIV-VO: „... weitgehende Freiheit bei der Gestaltung ihrer vertraglichen Beziehungen sowie der inneren Verfassung der Vereinigung ...". Weiterhin zeigt Art. 5 EWIV-VO durch das Wort „mindestens", dass der Inhalt des Gründungsvertrages damit nicht abschließend festgelegt ist.

[50] Sie gründen entstehungsgeschichtlich in der Sorge, die EWIV könne benutzt werden, um nationales Gesellschafts- oder Umwandlungsrecht zu umgehen (vgl. *Müller-Gugenberger*, NJW 1989, 1449, 1453).

[51] MünchHdb. GesR/*Salger/Neye*, § 94 Rdnr. 28; *Gloria/Karbowski*, WM 1990, 1313, 1316 und *Habersack/Verse* Europ. GesR, § 12 Rdnr. 13 (S. 413) sprechen von „dienender Funktion". Die Regelung folgt dem Vorbild des französischen Groupement d'intérêt économique (*Selbherr/Manz*, EWIV-Kommentar, Art. 3 Rdnr. 2).

[52] In diesem Sinne auch *Hartard*, EWIV, S. 11.

[53] *Dorresteijn/Monteiro/Teichmann/Werlauff*, European Corporate Law, 2nd edition, 2009, Chapter 4, no. 4.08; *Ganske*, EWIV, S. 28. So auch die *Europäische Kommission*, ABl. EG, 20. 9. 1997, Nr. C 285/19.

[54] So *Gleichmann*, ZHR 149 (1985), 633, 635 f.; *Gloria/Karbowski*, WM 1990, 1313, 1316; *Selbherr/Manz*, EWIV-Kommentar, Art. 3 Rdnr. 6 ff.

[55] *Ganske*, DB-Beilage 20/85, S. 3; *Scriba*, EWIV, S. 58 f.; *Selbherr/Manz*, EWIV-Kommentar, Art. 3 Rdnr. 7 ff.

derer Unternehmen ausüben (sog. Konzernleitungsverbot[56]). Sie darf weder mittelbar noch unmittelbar Anteile oder Aktien an einem Mitgliedunternehmen halten (sog. Holdingverbot[57]); Anteile oder Aktien an einem anderen Unternehmen dürfen gehalten werden, wenn dies notwendig ist, um das Ziel der Vereinigung zu erreichen und für Rechnung ihrer Mitglieder geschieht. Die EWIV darf nicht mehr als **fünfhundert Arbeitnehmer** beschäftigen; damit soll das Problem der Mitbestimmung ausgeklammert bleiben.[58] Die EWIV darf von einer Gesellschaft nicht dazu benutzt werden, einem Leiter der Gesellschaft oder einer mit ihm verbundenen Person ein Darlehen zu gewähren, wenn dies nach den für die Gesellschaft geltenden nationalen Gesetzen einer Einschränkung oder Kontrolle unterliegt (sog. Kreditgewährungsverbot[59]); auch zur Übertragung eines Vermögensgegenstandes zwischen einer Gesellschaft und einem Leiter oder einer mit ihm verbundenen Person darf die EWIV nur eingesetzt werden, soweit es nach nationalem Recht zulässig ist. Schließlich kann eine EWIV nicht Mitglied einer anderen EWIV sein (sog. Beteiligungsverbot[60]). Die **Sanktion** für einen Verstoß gegen Art. 3 kann gem. Art. 32 Abs. 1 EWIV-VO in letzter Konsequenz eine gerichtlichen Auflösung der Vereinigung sein, sofern der Mangel nicht behoben wird. Ergänzend bestimmt Art. 23 EWIV-VO, dass sich die Vereinigung nicht öffentlich an den Kapitalmarkt wenden darf. Außerdem kann ein Mitgliedstaat eine bestimmte Tätigkeit der EWIV untersagen, wenn sie gegen sein öffentliches Interesse verstößt (Art. 38 EWIV-VO).[61]

20 d) **Sitz der Vereinigung.** Der im Gründungsvertrag festgelegte Sitz der EWIV unterliegt nicht der völlig freien Disposition der Mitglieder. Der Sitz muss in der Gemeinschaft liegen (Art. 12 S. 1 EWIV-VO). Und er muss einen realen Bezug zu der Vereinigung haben: Als Sitz ist entweder der Ort zu bestimmen, an dem die Vereinigung ihre **Hauptverwaltung** hat, oder an dem eines der Mitglieder seine Hauptverwaltung oder Haupttätigkeit hat, sofern auch die EWIV dort eine Tätigkeit ausübt (Art. 12 S. 2 EWIV-VO). Der vertragliche Sitz der EWIV ist Anknüpfungspunkt für die in Art. 2 Abs. 1 EWIV-VO geregelte Verweisung auf das subsidiär anwendbare innerstaatliche Recht; er bestimmt außerdem den Gerichtsstand und das zuständige Registergericht.[62] Die Sitzwahl kann vom Registergericht überprüft werden;[63] ein nachträgliches Abweichen von den Vorgaben des Art. 12 EWIV-VO kann ein Auflösungsgrund sein (Art. 32 Abs. 1 EWIV-VO).

21 Eine Sitzkoppelung (vertraglicher Sitz und realer Sitz) wie in Art. 12 EWIV-VO findet sich vergleichbar auch bei anderen supranationalen Rechtsformen.[64] Sie soll verhindern, dass durch willkürliche Festlegung des Sitzes völlig frei über das subsidiär anwendbare

---

[56] *Dorresteijn/Monteiro/Teichmann/Werlauff*, European Corporate Law, 2nd edition, 2009, Chapter 4, no. 4.08; *Gloria/Karbowski*, WM 1990, 1313, 1317; MünchHdb. GesR I/*Salger/Neye*, § 94 Rdnr. 31; *Scriba*, EWIV, S. 60ff. Diese Einschränkung dient insbesondere dazu, eine Umgehung der deutschen Mitbestimmung zu verhindern (*Selbherr/Manz*, EWIV-Kommentar, Art. 3 Rdnr. 16).

[57] *Gloria/Karbowski*, WM 1990, 1313, 1317; MünchHdb. GesR I/*Salger/Neye*, § 94 Rdnr. 32; *Scriba*, EWIV, S. 64f.

[58] Vgl. *Dorresteijn/Monteiro/Teichmann/Werlauff*, European Corporate Law, 2nd edition, 2009, Chapter 4, no. 4.08; *Gloria/Karbowski*, WM 1990, 1313, 1317; *Grundmann* Europ. GesR, § 30 I 4 d (Rdnr. 1089, S. 511); *Habersack/Verse* Europ. GesR, § 12 Rdnr. 15 (S. 413); *Scriba*, EWIV, S. 65ff.; *Selbherr/Manz*, EWIV-Kommentar, Art. 3 Rdnr. 28.

[59] *Gloria/Karbowski*, WM 1990, 1313, 1317; MünchHdb. GesR I/*Salger/Neye*, § 94 Rdnr. 34. Diese Einschränkung geht auf einen Wunsch Englands zurück (vgl. *Dorresteijn/Monteiro/Teichmann/Werlauff*, European Corporate Law, 2nd edition, 2009, Chapter 4, no. 4.08a, *Ganske*, EWIV, S. 31, *Scriba*, EWIV, S. 68, und *Selbherr/Manz*, EWIV-Kommentar, Art. 3 Rdnr. 33).

[60] *Gloria/Karbowski*, WM 1990, 1313, 1317; MünchHdb. GesR I/*Salger/Neye*, § 94 Rdnr. 35; *Scriba*, EWIV, S. 70ff.

[61] Gemeint ist damit der Fall, in dem eine EWIV ihre Tätigkeit nicht in dem Staat ausübt, in dem sie ihren Sitz hat (*Selbherr/Manz*, EWIV-Kommentar, Art. 38 Rdnr. 1).

[62] *Selbherr/Manz*, EWIV-Kommentar, Art. 12 Rdnr. 1.

[63] *Selbherr/Manz*, EWIV-Kommentar, Art. 12 Rdnr. 7.

[64] Art. 7 S. 1 SE-VO, Art. 6 SCE-VO.

Recht disponiert werden kann.⁶⁵ Teilweise werden diese Regelungen mit Blick auf die primärvertragliche **Niederlassungsfreiheit** kritisch gesehen.⁶⁶ Seit der *Cartesio*-Entscheidung ist aber davon auszugehen, dass sie nicht gegen das europäische Primärrecht verstoßen.⁶⁷

4. Rechtslage vor und nach der Eintragung

Die Gründung der EWIV vollzieht sich in zwei Schritten: Abschluss des Gründungsvertrages und Eintragung der EWIV im zuständigen Register.⁶⁸ Die Eintragung hat **konstitutive Wirkung**⁶⁹ für die gemäß Art. 1 Abs. 2 EWIV-VO verliehene rechtliche Handlungsfähigkeit. Die Vorschrift über das anwendbare Recht (Art. 2 Abs. 1 EWIV-VO) erfasst allerdings auch den Zeitraum vor der Eintragung.⁷⁰ Demnach findet auf den Gründungsvertrag einerseits die Verordnung und andererseits das Recht des Staates Anwendung, in dem die EWIV nach dem Gründungsvertrag ihren Sitz hat.⁷¹ Vor Abschluss des Gründungsvertrages gilt allgemeines Vertragsrecht einschließlich des IPR.⁷² **Nach** Abschluss des **Gründungsvertrages** und **vor Eintragung** gilt der allgemeine Verweis auf das Recht der OHG (§ 1 EWIV-AusfG). Deren Entstehung regelt § 123 HGB. Mit Abschluss des Gesellschaftsvertrages entsteht jedenfalls eine BGB-Gesellschaft, bei Aufnahme eines Handelsgeschäfts eine OHG.⁷³ Im Innenverhältnis gilt das Recht der EWIV, soweit es nicht die Eintragung voraussetzt.⁷⁴ Personen, die vor Eintragung der EWIV bereits in deren Namen tätig werden, unterliegen der **Handelndenhaftung** des Art. 9 Abs. 2 EWIV-VO.⁷⁵ Haftungsbegründend ist nur ein Handeln im Namen der Vereinigung, die bloße Zustimmung zum Tätigwerden genügt nicht.⁷⁶ Die Haftung entfällt, wenn die Vereinigung nach der Eintragung die sich aus den Handlungen ergebenden Pflichten übernimmt.⁷⁷

---

⁶⁵ Vgl. *Ringe*, Sitzverlegung, S. 77 ff. zur SE.
⁶⁶ Jüngst *Drinhausen/Nohlen*, ECL 2009, 14 ff.
⁶⁷ EuGH, Rs. C-210/06, Urteil v. 16. 12. 2008, ZIP 2009, 24 (dazu – jeweils m. w. N. – *Leible/Hoffmann*, BB 2009, 58 ff. und *Teichmann*, ZIP 2009, 393 ff.).
⁶⁸ Vgl. Art. 1 Abs. 1 S. 2 EWIV-VO: „Zu diesem Zweck müssen diejenigen, die eine Vereinigung gründen wollen, einen Vertrag schließen und die Eintragung nach Artikel 6 vornehmen lassen."
⁶⁹ *Ganske*, EWIV, S. 41; *Gloria/Karbowski*, WM 1990, 1313, 1321 f.; *Grundmann* Europ. GesR, § 30 I 3 c (Rdnr. 1081, S. 509); *Habersack/Verse* Europ. GesR, § 12 Rdnr. 18 (S. 414); *Lenz*, EWIV vor Eintragung, S. 62; MünchHdb. GesR I/*Salger/Neye*, § 95 Rdnr. 12; *Selbherr/Manz*, EWIV-Kommentar, Art. 1 Rdnr. 17 (S. 24).
⁷⁰ *Lenz*, EWIV vor Eintragung, S. 51.
⁷¹ *Selbherr/Manz*, EWIV-Kommentar, Art. 2 Rdnr. 14.
⁷² *Meyer-Landrut*, EWIV, S. 129; *Scriba*, EWIV, S. 101 ff.; *Selbherr/Manz*, EWIV-Kommentar, Art. 2 Rdnr. 11; von der Heydt/von Rechenberg/*von Rechenberg*, S. 41. Tendenziell für Anwendung des Art. 2 Abs. 1 EWIV-VO hingegen *Ganske*, DB-Beilage 20/1985, S. 12.
⁷³ Vgl. Baumbach/Hopt HGB/*Hopt*, § 123 Rdnr. 9 ff. Es entsteht noch keine EWIV, denn dafür ist gemäß Art. 1 Abs. 2 EWIV-VO die Eintragung nötig (ausführlich *Lenz*, EWIV vor Eintragung, S. 62 ff.).
⁷⁴ *Lenz*, EWIV vor Eintragung, S. 168 ff.; *Meyer-Landrut*, EWIV, S. 158 ff.; MünchHdb. GesR I/*Salger/Neye*, § 95 Rdnr. 12; *Selbherr/Manz*, EWIV-Kommentar, Art. 1 Rdnr. 14 (S. 23); von der Heydt/von Rechenberg/*von Rechenberg*, S. 42.
⁷⁵ Das gilt auch dann, wenn ausdrücklich im Namen der noch nicht bestehenden EWIV gehandelt und damit offengelegt wird, dass diese noch nicht besteht (*Lenz*, EWIV vor Eintragung, S. 277 f.; *Kersting*, Vorgesellschaft, S. 269).
⁷⁶ *Selbherr/Manz*, EWIV-Kommentar, Art. 9 Rdnr. 6.
⁷⁷ *Selbherr/Manz*, EWIV-Kommentar, Art. 9 Rdnr. 15. Die andere Auffassung (*Scriba*, EWIV, S. 107), wonach der Handelnde die Einrede der Vorausklage habe, überzeugt nicht; denn Art. 9 Abs. 2 EWIV-VO ordnet keine subsidiäre, wie diejenige eines Bürgen, sondern eine direkte Haftung des Handelnden an, die voraussetzt, dass die EWIV die Verpflichtungen nicht übernimmt.

23 Im deutschen Schrifttum wird für das Gründungsstadium der EWIV vielfach die Lehre von der **Vorgesellschaft** herangezogen.[78] Nach dieser Konzeption gehen Rechte und Pflichten der Vorvereinigung bei Eintragung der EWIV automatisch auf diese über, für eine Handelndenhaftung bleibt kein Raum.[79] Dieses Verständnis der EWIV-Gründung als formwechselnde Umwandlung, bei der die EWIV automatisch mit den Verbindlichkeiten belastet wird, die im Namen der Vor-EWIV begründet wurden, widerspricht dem europäischen Rechtstext.[80] Gemäß Art. 9 Abs. 2 EWIV-VO entscheidet die EWIV selbst, ob sie Verbindlichkeiten übernimmt, die vor ihrer Eintragung begründet wurden. Einem europäisch-autonomen Verständnis der Norm kann nicht das deutsche Konzept der Vorgesellschaft entgegen gesetzt werden, das viele andere Rechtsordnungen nicht kennen.[81]

5. Publizitätsregeln

24 Die EWIV ist bei dem Gericht, in dessen Bezirk sie ihren im Gründungsvertrag genannten Sitz hat, zur Eintragung in das Handelsregister anzumelden (§ 2 Abs. 1 EWIV-AusfG).[82] Funktional zuständig ist nach § 3 Nr. 2 d) RPflG grundsätzlich der Rechtspfleger. Die **Anmeldung zum Handelsregister** ist von den Geschäftsführern vorzunehmen (§ 3 Abs. 1 EWIV-AusfG). § 2 Abs. 2 EWIV-AusfG regelt, welche Angaben die Anmeldung zu enthalten hat. Dazu gehört neben den bereits in Art. 5 EWIV-VO geregelten Mindestangaben aus dem Gesellschaftsvertrag die Angabe der Geschäftsführer mit Namen, Beruf und Wohnsitz sowie mit der Angabe, welche Vertretungsbefugnis sie haben. Weitere Anmeldepflichten ergeben sich aus dem Generalverweis auf das OHG-Recht (§ 2 Abs. 4 EWIV-AusfG); beispielsweise ist die Erteilung einer Prokura eintragungspflichtig.[83]

25 Art. 7 EWIV-VO regelt, welche späteren **Veränderungen** in den Rechtsverhältnissen der Vereinigung eintragungspflichtig sind:[84] Änderungen des Gründungsvertrages, Errichtung und Aufhebung von Niederlassungen, Gerichtsentscheidungen über die Nichtigkeit der Vereinigung (Rdnr. 73), Bestellung und Abberufung der Geschäftsführer (Rdnr. 36 ff.), Abtretung einer EWIV-Beteiligung (Rdnr. 43 ff.), Auflösung durch Mitgliederbeschluss (Rdnr. 70), Bestellung und Abberufung der Abwickler, Schluss der Abwicklung (Rdnr. 72), Sitzverlegungsplan (Rdnr. 65 ff.), Haftungsfreizeichnungsklausel für neu eintretende Mitglieder (Rdnr. 62).

26 Die Mitgliedstaaten müssen sicher stellen, dass die beim Register zu hinterlegenden Urkunden von jedermann einsehbar sind und dass in einem geeigneten nationalen Mitteilungsblatt die notwendigen **Bekanntmachungen** veröffentlicht werden (Art. 39 EWIV-

---

[78] *Habersack/Verse* Europ. GesR, § 12 Rdnr. 18 (S. 414 f.); *Meyer-Landrut*, EWIV, S. 161; MünchHdb. GesR I/*Salger/Neye*, § 95 Rdnr. 12; *von Rechenberg*, ZGR 1992, 299, 305.

[79] *Habersack/Verse*, Europ. GesR, § 12 Rdnr. 18 (S. 415); *Lenz*, EWIV vor Eintragung, S. 283 ff.

[80] Ebenso *Hartard*, EWIV, S. 132; die Problematik erörtert auch *Lenz*, EWIV vor Eintragung, S. 283, hält den Übergang der Verbindlichkeiten jedoch „auf Grund der Identität des Rechtsträgers vor und nach Eintragung" für die allein sachgerechte Lösung. Diese Identität ergibt sich aber nur aus Sicht des deutschen Rechts (s. Fn. 81) und kann daher für die Auslegung der EWIV-VO nicht maßgebend sein.

[81] Vgl. den ausführlichen Rechtsvergleich bei *Kersting*, Vorgesellschaft, S. 7 ff., mit dem Ergebnis, dass jedenfalls Italien (S. 139) und Großbritannien (S. 172) keine dem deutschen Recht vergleichbare Rechtsfigur kennen. Für die Anwendung der Ersten Richtlinie, die gleichfalls eine Handelndenhaftung vorsieht, mag anderes gelten, da eine Richtlinie ihrer Natur nach einer Umsetzung in nationales Recht bedarf und dabei einen gewissen Gestaltungsfreiraum bietet. Die in Fn. 78 genannten Autoren unterstellen zumeist einen Gleichlauf von Erster Richtlinie und EWIV-VO; differenzierend hingegen *Kersting*, Vorgesellschaft, S. 291.

[82] Nach Art. 39 Abs. 1 EWIV-VO bestimmen die Mitgliedstaaten das oder die Register der Eintragung.

[83] MünchHdb. GesR I/*Salger/Neye*, § 95 Rdnr. 10.

[84] Da die EWIV-VO unmittelbar anwendbar ist, hat die inhaltsgleiche Aufzählung des § 2 Abs. 3 EWIV-AusfG rechtlich keine eigenständige Bedeutung.

VO).⁸⁵ Zwingend bekanntzumachen sind (Art. 8 EWIV-VO):⁸⁶ der von Art. 5 EWIV-VO vorgegebene Mindestinhalt des Gründungsvertrages und dessen Änderungen; Nummer, Tag und Ort der Eintragung der Vereinigung sowie gegebenenfalls deren Löschung; die in Art. 7 EWIV-VO geregelten nach der Gründung eintretenden eintragungspflichtigen Vorgänge (Rdnr. 25). Für die Bekanntmachungen gilt ergänzend § 10 HGB. Das Registergericht veranlasst außerdem eine Anzeige im Amtsblatt der Europäischen Union.⁸⁷

Obwohl die EWIV als Gesellschaftstyp mehr Parallelen zur OHG aufweist, wird sie im Bereich der Publizität weitgehend den Kapitalgesellschaften gleichstellt.⁸⁸ Die EWIV-VO regelt daher nicht nur umfangreiche Hinterlegungs- und Bekanntmachungspflichten, sondern verweist für die **Drittwirkung** der Publizität auch auf die einschlägigen Vorschriften der gesellschaftsrechtlichen Publizitätsrichtlinie (Art. 9 EWIV-VO).⁸⁹ In Deutschland gilt daher für die nach der EWIV-VO bekanntmachungspflichtigen Urkunden und Angaben die positive und negative Handelsregisterpublizität des § 15 HGB.⁹⁰ 27

Schriftstücke wie Briefe oder Bestellscheine müssen den Namen der EWIV, den Ort des zuständigen Registers, die Nummer der Eintragung und die Anschrift der Vereinigung enthalten (Art. 25 EWIV-VO). Soweit diese Fälle vorliegen, ist auch auf eine gemeinschaftliche Vertretungsbefugnis der Geschäftsführer sowie auf die Einleitung der Abwicklung hinzuweisen. Diese Pflichtangaben gelten auch für Schriftstücke einer EWIV-Niederlassung in einem anderen Mitgliedstaat (Art. 25 S. 2 EWIV-VO). 28

6. Gründungsprüfung

Die Verordnung trifft keine ausdrücklichen Regelungen zum Umfang der Gründungsprüfung durch das zuständige Register. Allerdings kann die Sanktion für einen Verstoß gegen verschiedene bei der Gründung relevante Vorschriften in einer späteren Auflösung der EWIV bestehen; das gilt insbesondere für den grenzüberschreitenden Bezug⁹¹ und das Gebot der Sitzkoppelung⁹². Folglich hat das zuständige Register auch schon bei der Gründung die Kompetenz, diese Verstöße zumindest dann zu rügen, wenn dafür Anhaltspunkte vorliegen. 29

7. Eintragung von Niederlassungen

Eine EWIV kann innerhalb und außerhalb der Gemeinschaft Zweigniederlassungen errichten.⁹³ Für innerstaatliche Niederlassungen gilt das nationale Registerrecht des Sitzstaates, in Deutschland also die §§ 13 und 13c HGB.⁹⁴ Die Eintragung einer grenzüberschreitenden Niederlassung innerhalb der Gemeinschaft regelt Art. 10 EWIV-VO: Die EWIV hinterlegt bei dem zuständigen Register eine Abschrift der Unterlagen, deren Hinterlegung 30

---

⁸⁵ Hinterlegung und Bekanntmachung haben allerdings nur deklaratorischen Charakter (*Selbherr/Manz*, EWIV-Kommentar, Art. 7 Rdnr. 1).
⁸⁶ Teilweise sind diese Vorgaben inhaltsgleich auch in § 4 EWIV-AusfG enthalten, wegen der unmittelbaren Anwendbarkeit der Verordnung ist dies aber ohne eigenständige rechtliche Relevanz.
⁸⁷ Art. 11 i. V. m. Art. 39 Abs. 2 EWIV-VO sowie § 4 Abs. 2 EWIV-AusfG. Diese Bekanntmachung ist nur deklaratorischer Natur (*Abmeier*, NJW 1986, 2987, 2990).
⁸⁸ *Grundmann* Europ. GesR, § 30 I 3 c (Rdnr. 1112, S. 666).
⁸⁹ Das Bestreben einer weitreichenden Offenlegung zum Schutze Dritter wird auch in Erwägungsgrund 10 der EWIV-VO deutlich hervorgehoben.
⁹⁰ *Ganske*, EWIV, S. 42; *Selbherr/Manz*, EWIV-Kommentar, Art. 9 Rdnr. 4.
⁹¹ Sind die Bedingungen des Art. 4 Abs. 2 EWIV-VO (= grenzüberschreitender Bezug) nicht mehr erfüllt, kommt eine Auflösung durch Gesellschafterbeschluss (Art. 31 Abs. 3 EWIV-VO) oder Gerichtsentscheidung (Art. 32 Abs. 1 EWIV-VO) in Betracht.
⁹² Bei Verstoß kann es gemäß Art. 32 Abs. 1 EWIV-VO zu einer Auflösung durch die zuständige Behörde kommen.
⁹³ MünchHdb. GesR I/*Salger/Neye*, § 95 Rdnr. 28; *Selbherr/Manz*, EWIV-Kommentar, Art. 10 Rdnr. 1.
⁹⁴ MünchHdb. GesR I/*Salger/Neye*, § 95 Rdnr. 30; *Selbherr/Manz*, EWIV-Kommentar, Art. 10 Rdnr. 5.

bei dem Register des Mitgliedstaats des Sitzes vorgeschrieben ist, gegebenenfalls zusammen mit einer Übersetzung entsprechend den Gepflogenheiten bei dem Register der Eintragung der Niederlassung. Die Errichtung oder Aufhebung einer Niederlassung ist zudem im Register der EWIV selbst eintragungspflichtig.[95]

III. Organisationverfassung (Art. 16 EWIV-VO)

31   Obligatorische Organe der EWIV sind die gemeinschaftlich handelnden Mitglieder (Rdnr. 32 ff.) und der oder die Geschäftsführer (Rdnr. 36 f.). Der Gründungsvertrag kann fakultativ weitere Organe vorsehen und deren Befugnisse festlegen (Art. 16 Abs. 1 S. 2 EWIV-VO). In Betracht kommt namentlich die Einführung eines Beirats oder eines Aufsichtsrats.[96]

1. Die Mitglieder und ihre Willensbildung

32   Oberstes Organ der Vereinigung sind die **gemeinschaftlich handelnden Mitglieder**.[97] Sie können jeden Beschluss zur Verwirklichung des Unternehmensgegenstandes der Vereinigung fassen (Art. 16 Abs. 2 EWIV-VO). Nicht erforderlich ist dafür die Abhaltung einer Versammlung. Die Beschlussfassung kann auf jede denkbare Weise erfolgen, auch unter Verwendung moderner Kommunikationsmittel.[98] Grundsätzlich fordert die EWIV-VO einstimmige Beschlussfassung (vgl. Art. 17 Abs. 3 EWIV-VO). Jedes Mitglied hat dabei eine Stimme (vgl. Art. 17 EWIV-VO). Der Gründungsvertrag kann einzelnen Mitgliedern auch Mehrfachstimmrechte einräumen, solange diese dadurch nicht die Stimmenmehrheit erhalten (Art. 17 Abs. 1 S. 2 EWIV-VO). Auf Verlangen eines Geschäftsführers oder eines Mitglieds muss eine Beschlussfassung über einen bestimmten Gegenstand herbeigeführt werden (Art. 17 Abs. 4 EWIV-VO). Darüber hinaus kann der Gründungsvertrag allgemeine Verfahrensregelungen für die Beschlussfassung treffen.[99]

33   Über die folgenden in Art. 17 Abs. 2 EWIV-VO genannten Gegenstände müssen die Mitglieder zwingend **einstimmig** Beschluss fassen: Änderung des Unternehmensgegenstandes der Vereinigung; Änderungen der Stimmenzahl eines jeden Mitglieds; Änderungen der Bedingungen für die Beschlussfassung; Verlängerung der Dauer der Vereinigung über den im Gründungsvertrag festgelegten Zeitpunkt hinaus; Änderungen des Beitrags jedes Mitglieds oder bestimmter Mitglieder zur Finanzierung der Vereinigung; Änderungen jeder anderen Verpflichtung eines Mitglieds, es sei denn, dass der Gründungsvertrag etwas anderes bestimmt; jede nicht in Art. 17 Abs. 2 EWIV-VO bezeichnete Änderung des Gründungsvertrages, es sei denn, dass dieser etwas anderes bestimmt. Darüber hinaus sieht die Verordnung auch an einigen anderen Stellen Einstimmigkeit vor.[100]

34   Soweit die Verordnung keine Einstimmigkeit vorsieht oder sie ausdrücklich zur Disposition des Gründungsvertrages stellt,[101] kann der **Gründungsvertrag** abweichende Rege-

---

[95] Vgl. Art. 7 S. 2 lit. b EWIV-VO; *Selbherr/Manz*, EWIV-Kommentar, Art. 10 Rdnr. 3.

[96] Näher zur Möglichkeit weitere Organe einzusetzen *Selbherr/Manz*, EWIV-Kommentar, Art. 16 Rdnr. 6 ff.

[97] *Gleichmann*, ZHR 149 (1985), 633, 642; *Grundmann* Europ. GesR, § 30 I 4a (Rdnr. 1083, S. 509); *Scriba*, EWIV, S. 113; *Selbherr/Manz*, EWIV-Kommentar, Art. 16 Rdnr. 1.

[98] Vgl. *Dorresteijn/Monteiro/Teichmann/Werlauff*, European Corporate Law, 2nd edition, 2009, Chapter 4, no. 4.10; *Ganske*, EWIV, S. 48; *Gleichmann*, ZHR 149 (1985), 633, 643; *Habersack/Verse* Europ. GesR, § 12 Rdnr. 20 (S. 415); MünchHdb. GesR I/*Salger/Neye*, § 96 Rdnr. 17; *Selbherr/Manz*, EWIV-Kommentar, Art. 17 Rdnr. 11.

[99] *Selbherr/Manz*, EWIV-Kommentar, Art. 17 Rdnr. 14.

[100] Vgl. Art. 14 Abs. 1 S. 3 (Sitzverlegung), 19 Abs. 3 (Ernennung und Entlassung von Geschäftsführern), Art. 22 Abs. 1 und Abs. 2 (Abtretung und Belastung der EWIV-Beteiligung), Art. 26 Abs. 1 (Aufnahme neuer Mitglieder), Art. 27 Abs. 1 S. 1 (Kündigung), Art. 28 Abs. 2 (Aufnahme eines Rechtsnachfolgers), Art. 31 Abs. 1 (Auflösung).

[101] Dispositiv gestellt ist das Einstimmigkeitserfordernis in folgenden Vorschriften: Art. 19 Abs. 3, Art. 28 Abs. 2, Art. 31 Abs. 1 EWIV-VO.

lungen zu Beschlussfähigkeit und Beschlussmehrheiten treffen (Art. 17 Abs. 3 EWIV-VO). Soll dabei von einem ausdrücklich vorgeschriebenen Einstimmigkeitserfordernis abgewichen werden, muss der betreffende Beschlussgegenstand im Gründungsvertrag ausdrücklich genannt werden.[102] Für alle übrigen Fälle – beispielsweise für Weisungen an Geschäftsführer – genügt eine allgemeine Mehrheitsklausel.[103]

Einstimmigkeit setzt die Zustimmung aller Mitglieder voraus.[104] Bei einer **Stimmenthaltung** kommt daher kein einstimmiger Beschluss zustande.[105] Soweit ein einzelnes Mitglied durch unbegründetes Fernbleiben oder Nichtabstimmen die Funktionsfähigkeit der Vereinigung gefährdet,[106] kann sich aus dem Gedanken der Treuepflicht eine Zustimmungspflicht ergeben.[107]

2. Geschäftsführer

Die Geschäftsführer einer EWIV mit Sitz in Deutschland müssen **natürliche Personen** sein.[108] Anders als in der deutschen OHG gilt in der EWIV der Grundsatz der Fremdorganschaft, die Geschäftsführer müssen also nicht Mitglied der Vereinigung sein.[109] Personen, die nach nationalem Recht nicht Geschäftsführer einer Gesellschaft sein können, sind auch als Geschäftsführer einer EWIV ausgeschlossen.[110] Der Formulierung der EWIV-VO („Verwaltungs- oder Leitungsorgan von Gesellschaften") zufolge, sind damit **Bestellungshindernisse** gemeint, die im nationalen Recht für Geschäftsführer einer GmbH (vgl. § 6 GmbHG) oder Vorstände einer Aktiengesellschaft (vgl. § 76 Abs. 3 AktG) gelten.[111]

Geschäftsführer werden durch den Gründungsvertrag oder durch Beschluss der Mitglieder **bestellt** (Art. 19 Abs. 1 EWIV-VO). Von der organschaftlichen Bestellung ist die **Anstellung** im Wege des Dienstvertrages zu unterscheiden. Diese richtet sich nach dem allgemeinen Vertragsstatut einschließlich des IPR.[112] Der Gründungsvertrag – oder ein einstimmiger Beschluss der Mitglieder – legt die Bedingungen für die Bestellung und Entlassung der Geschäftsführer sowie deren Befugnisse fest (Art. 19 Abs. 3 EWIV-VO). Regelt der Gründungsvertrag kein Mehrheitserfordernis, ist der Bestellungsbeschluss einstimmig

---

[102] *Ganske*, EWIV, S. 49; *Meyer-Landrut*, EWIV, S. 44; MünchHdb. GesR I/*Salger/Neye*, § 96 Rdnr. 15; *Selbherr/Manz*, EWIV-Kommentar, Art. 17 Rdnr. 9.
[103] *Ganske*, EWIV, S. 50; *Meyer-Landrut*, EWIV, S. 44.
[104] So *Ganske*, EWIV, S. 49.
[105] Differenzierend *Scriba*, EWIV, S. 125: sofern ein Mitglied die Möglichkeit hatte abzustimmen, soll Enthaltung für das Gesamtergebnis unerheblich sein.
[106] So die Bedenken bei *Hartard*, EWIV, S. 64.
[107] *Meyer-Landrut*, EWIV, S. 76.
[108] Von der Option des Art. 19 Abs. 2 EWIV-VO, auch juristische Personen zuzulassen, hat Deutschland keinen Gebrauch gemacht. Zur Umsetzung in anderen Staaten: *Selbherr/Manz*, EWIV-Kommentar, Art. 19 Rdnr. 3.
[109] *Habersack/Verse* Europ. GesR, § 12 Rdnr. 21 (S. 415 f.); *Selbherr/Manz*, EWIV-Kommentar, Art. 16 Rdnr. 2.
[110] Art. 19 Abs. 1 S. 2: „Geschäftsführer einer Vereinigung können nicht Personen sein, die
– nach dem auf sie anwendbaren Recht oder
– nach dem innerstaatlichen Recht des Staates des Sitzes der Vereinigung oder
– aufgrund einer in einem Mitgliedstaat ergangenen oder anerkannten gerichtlichen Entscheidung oder Verwaltungsentscheidung
dem Verwaltungs- oder Leitungsorgan von Gesellschaften nicht angehören dürfen, Unternehmen nicht leiten dürfen oder nicht als Geschäftsführer einer Europäischen Wirtschaftlichen Interessenvereinigung handeln dürfen."
[111] A.A. *Meyer-Landrut*, EWIV, S. 42, der hier die Verweisung auf das Recht der OHG für einschlägig hält. Die englische („administrative or management body of a company") und die französische Sprachfassung („l'organe d'administration ou de direction d'une société") zeigen jedoch, dass in Art. 19 EWIV-VO ein Verweis auf das Recht der Kapitalgesellschaften enthalten ist. Auch *Müller-Gugenberger*, NJW 1989, 1449, 1457, geht von einer Anwendbarkeit der §§ 6 Abs. 2 GmbHG, 76 AktG aus.
[112] *Meyer-Landrut*, EWIV, S. 58; *Selbherr/Manz*, EWIV-Kommentar, Art. 19 Rdnr. 11.

zu fassen (Art. 17 Abs. 3 EWIV-VO). Die Bestellung wird wirksam, wenn der Betreffende mit ihr sein Einverständnis erklärt hat.[113] Die Bestellung kann durch Mitgliederbeschluss jederzeit **widerrufen** werden (§ 4 EWIV-AusfG), soweit nicht der Gründungsvertrag oder der Bestellungsbeschluss etwas anderes regeln.[114] Ein Mitglied ist bei der Abstimmung auch dann stimmberechtigt, wenn es um seine eigene Bestellung oder Abberufung als Geschäftsführer geht.[115] Den einseitigen **Rücktritt** sieht die Verordnung zwar nicht vor, er ist aber als zulässig anzusehen.[116]

3. Geschäftsführung und Vertretung

38 Die Geschäfte der EWIV werden von den Geschäftsführern geführt (Art. 19 Abs. 1 S. 1 EWIV-VO). Ihre Pflichtenstellung findet in § 5 EWIV-AusfG nähere Ausgestaltung: Geschäftsführer haben die **Sorgfalt** eines ordentlichen und gewissenhaften Geschäftsleiters anzuwenden. Sie müssen über vertrauliche Angaben und Geheimnisse der Vereinigung, die ihnen durch ihre Tätigkeit bekannt geworden sind, Stillschweigen bewahren. Für Pflichtverletzungen haften Geschäftsführer gegenüber der Vereinigung als Gesamtschuldner auf Schadensersatz. Vorgaben des Gründungsvertrages und **Mitgliederbeschlüsse** muss der Geschäftsführer beachten, allerdings wirkt diese Bindung nur im Innenverhältnis (unten Rdnr. 42).[117]

39 Neben der allgemein in Art. 19 Abs. 1 S. 1 EWIV-VO festgelegten Geschäftsführungsbefugnis sind folgende **Geschäftsführungsaufgaben** ausdrücklich im Gesetz genannt: Vornahme der Anmeldungen zur Eintragung in das Handelsregister (§ 3 Abs. 1 EWIV-AusfG), Sorge für ordnungsgemäße Buchführung und Aufstellung des Jahresabschlusses (§ 6 EWIV-AusfG), Abwicklung der Vereinigung in den Fällen der Auflösung mit Ausnahme des Insolvenzverfahrens (§ 10 Abs. 1 S. 1 EWIV-AusfG), Stellung des Antrags auf Eröffnung des Insolvenzverfahrens im Falle des § 130a HGB (§ 11 S. 2 EWIV-AusfG). § 12 EWIV-AusfG nimmt die Geschäftsführer zudem ausdrücklich in die Verantwortung für die Richtigkeit der nach Art. 25 EWIV-VO vorgeschriebenen Angaben auf Briefen, Bestellscheinen und ähnlichen Schriftstücken.

40 Die **Geschäftsführerhaftung** ist in der Verordnung nicht geregelt. § 5 EWIV-AusfG hat sich für eine Anlehnung an die Haftungsregel der Kapitalgesellschaften entschieden. Da die EWIV nicht der Selbstorganschaft unterliegt, passt die Haftung für eigenübliche Sorgfalt nicht, die im Recht der OHG gilt.[118] § 5 EWIV-AusfG entspricht in seinem Wortlaut weitgehend der seinerzeit geltenden Fassung des § 93 AktG.[119] Die in jüngerer Zeit eingeführte „business judgment rule" (§ 93 Abs. 1 S. 2 AktG)[120] findet sich in § 5 EWIV-AusfG nicht, lässt sich aber gleichwohl als allgemeine Aussage zur Ausübung unternehmerischen Ermessens auch auf die Geschäftsführer einer EWIV sinngemäß anwenden.

41 Die **Vertretung** der Vereinigung gegenüber Dritten regelt Art. 20 EWIV-VO: Die EWIV wird durch ihre Geschäftsführer vertreten. Daneben ist rechtsgeschäftliche Vertretung möglich.[121] Sie richtet sich in Deutschland nach § 1 EWIV-AusfG i. V. m. §§ 164 ff.

---

[113] *Selbherr/Manz*, EWIV-Kommentar, Art. 19 Rdnr. 21.
[114] *Meyer-Landrut*, EWIV, S. 57.
[115] *Selbherr/Manz*, EWIV-Kommentar, Art. 19 Rdnr. 15.
[116] *Selbherr/Manz*, EWIV-Kommentar, Art. 19 Rdnr. 25.
[117] *Selbherr/Manz*, EWIV-Kommentar, Art. 16 Rdnr. 4.
[118] Vgl. dazu Baumbach/Hopt HGB/*Hopt*, § 109 Rdnr. 5.
[119] Zur Anlehnung an § 93 AktG siehe nur den Hinweis bei *Müller-Gugenberger*, NJW 1989, 1449, 1457.
[120] Der im Jahre 2005 eingeführten Neufassung des § 93 AktG wird auch für das Aktienrecht vor allem deklaratorische Bedeutung – mit Blick auf den zuvor schon anerkannten unternehmerischen Ermessensspielraum des Vorstands – beigemessen (*Krieger/Sailer* in: Schmidt/Lutter (Hrsg.), Aktiengesetz-Kommentar, 2. Aufl., 2010, § 93 Rdnr. 10).
[121] *Habersack/Verse* Europ. GesR, § 12 Rdnr. 22 (S. 416); *Meyer-Landrut*, EWIV, S. 54; *Selbherr/Manz*, EWIV-Kommentar, Art. 20 Rdnr. 11.

BGB, §§ 48ff. HGB. Die EWIV-Verordnung folgt für die Vertretungsmacht der Geschäftsführer dem Grundsatz der Einzelvertretung. Der Gründungsvertrag kann Gesamtvertretung regeln; diese muss aber ordnungsgemäß eingetragen und bekannt gemacht worden sein, bevor sie Dritten entgegen gehalten werden kann (oben Rdnr. 27).[122] Eine unechte Gesamtvertretung (Geschäftsführer mit Prokuristen) lässt die Verordnung nicht zu; Art. 20 Abs. 1 EWIV-VO weist die organschaftliche Vertretungsmacht „ausschließlich" den Geschäftsführern zu.[123]

42 Die Vertretungsmacht der Geschäftsführer ist nach außen **unbeschränkt** und unbeschränkbar.[124] Die EWIV wird auch dann wirksam vertreten, wenn ein Geschäft nicht zum Unternehmensgegenstand der Vereinigung gehört, es sei denn, der Dritte wusste dies oder hätte es wissen müssen.[125] Eine Beschränkung der Geschäftsführungsbefugnisse durch den Gründungsvertrag oder durch Beschluss der Mitglieder kann Dritten nicht entgegengesetzt werden, selbst wenn sie bekanntgemacht worden ist (Art. 20 Abs. 1 S. 3 EWIV-VO). Ebenso wie bei Überschreitung des Unternehmensgegenstandes wird man aber den Beweis zulassen müssen, dass der Dritte von der internen Beschränkung Kenntnis hatte oder diese für ihn evident war.[126] Änderungen der Vertretungsverhältnisse müssen dem Register angezeigt werden (Art. 7 EWIV-VO); Dritte können sich bis zur Eintragung auf die **Publizität des Handelsregisters** stützen (oben Rdnr. 24ff.).

IV. Mitgliedschaft

1. Mitgliederwechsel

43 **a) Allgemeine Fragen.** Die EWIV ist als Rechtsform personalistisch ausgestaltet. Eine Veränderung im Mitgliederbestand setzt daher im Regelfall die **Zustimmung aller Mitglieder** voraus. Das gilt für die Übertragung der Mitgliedschaft (Art. 22 Abs. 1 EWIV-VO), die Aufnahme neuer Mitglieder (Art. 26 Abs. 1 EWIV-VO), die Kündigung einzelner Mitglieder (Art. 27 Abs. 1 EWIV-VO) und für das Nachrücken eines Erben in die Mitgliedschaft eines verstorbenen Mitglieds (Art. 28 Abs. 2 EWIV-VO).

44 Zu beachten sind die **Publizitätsregeln** (oben Rdnr. 24ff.): Jede Änderung der Zusammensetzung ist unter Einreichung der betreffenden Unterlagen dem zuständigen Register mitzuteilen (Art. 7 S. 2 lit. a EWIV-VO) und in Form einer vollständigen Wiedergabe bekannt zu machen (Art. 8 S. 2 EWIV-VO). Die Geschäftsführer unterrichten außerdem die übrigen Mitglieder vom Ausscheiden eines Mitglieds (Art. 29 EWIV-VO).[127] Im Verhältnis zu Dritten (vgl. Art. 9 Abs. 1 EWIV-VO) ist die Registerpublizität vor allem wegen der **Haftung** von Bedeutung: Ein neu eintretendes Mitglied kann die Haftung für Altschulden ausschließen (unten Rdnr. 62), ein austretendes Mitglied haftet nicht für Neuschulden (unten Rdnr. 63).

---

[122] Art. 20 Abs. 2 i. V. m. Art. 9 Abs. 1 EWIV-VO. Zudem ist die gemeinschaftliche Vertretungsmacht auf dem Geschäftspapier der EWIV zu vermerken (Art. 25 S. 1 lit. d EWIV-VO).
[123] Ebenso *Selbherr/Manz*, EWIV-Kommentar, Art. 20 Rdnr. 8; a. A. *Meyer-Landrut*, EWIV, S. 54f. Differenzierend *Ganske*, EWIV, S. 61: unechte Gesamtvertretung sei zulässig, fehlende Mitwirkung des Prokuristen könne einem Dritten aber nicht entgegengehalten werden.
[124] Auch darin liegt eine Angleichung der EWIV an das Recht der Kapitalgesellschaften (s. Art. 9 Erste gesellschaftsrechtliche Richtlinie); vgl. *Dorresteijn/Monteiro/Teichmann/Werlauff*, European Corporate Law, 2nd edition, 2009, Chapter 4, no. 4.10a und *Selbherr/Manz*, EWIV-Kommentar, Art. 20 Rdnr. 9.
[125] Die Vereinigung trägt dafür die Beweislast; der Hinweis auf die Bekanntmachung des Unternehmensgegenstandes im Register reicht als Beweis nicht aus (Art. 20 Abs. 1 S. 2 EWIV-VO).
[126] Auch im parallel gelagerten Fall von Art. 9 der Publizitätsrichtlinie geht die Literatur davon aus, dass die Grundsätze des Missbrauchs der Vertretungsmacht Anwendung finden (*Habersack/Verse*, Europ. GesR, § 5 Rdnr. 33 [S. 108f.]).
[127] Die Pflichten nach Art. 7 und 8 EWIV-VO können auch von jedem anderen „Beteiligten" erfüllt werden (Art. 29 S. 2 EWIV-VO, vgl. auch § 3 Abs. 2 S. 1 EWIV-AusfG); gemeint sind damit wohl die übrigen Mitglieder. Eine Pflicht zum Tätigwerden besteht allerdings nur für Geschäftsführer.

45 Die personalistische Prägung der EWIV ist im Gründungsvertrag nur teilweise abdingbar. Ausdrücklich zugelassen sind abweichende vertragliche Regelungen – also ein Verzicht auf die Zustimmung aller Mitglieder – bei der Bestellung von Sicherheiten an der Mitgliedschaft (Art. 22 Abs. 2 EWIV-VO), der Kündigung der Mitgliedschaft (Art. 27 Abs. 1 EWIV-VO) und bei der Nachfolge von Todes wegen (Art. 28 Abs. 2 EWIV-VO). Der Gründungsvertrag kann jedoch **nicht** generell die **freie Übertragbarkeit** der Mitgliedschaft ohne Zustimmung der übrigen Mitglieder vorsehen; denn nach Text und Systematik der Verordnung ist das Einstimmigkeitserfordernis des Art. 22 Abs. 1 EWIV-VO nicht abdingbar.[128] Nach Art. 17 Abs. 3 EWIV-VO gilt der Grundsatz, dass von einer in der Verordnung geregelten Einstimmigkeit vertraglich nicht abgewichen werden kann. Soweit die Einstimmigkeit dennoch abdingbar sein soll, ist das in den einschlägigen Vorschriften speziell geregelt. Bei Übertragung der Mitgliedschaft ist eine solche Verzichtsmöglichkeit nicht vorgesehen. Das lässt sich mit der besonderen Zweckbindung der EWIV erklären. Ihre Tätigkeit muss zwingend im Zusammenhang mit der wirtschaftlichen Tätigkeit ihrer Mitglieder stehen (Art. 3 Abs. 1 S. 2 EWIV-VO). Im Wechsel der Mitglieder kann daher im Einzelfall eine **Zweckänderung** liegen. Dies rechtfertigt das zwingende Einstimmigkeitserfordernis des Art. 22 Abs. 1 EWIV-VO.[129]

46 **b) Eintritt neuer Mitglieder.** Der Eintritt neuer Mitglieder kann sich durch **Übertragung** einer bestehenden Mitgliedschaft oder durch **Aufnahme** eines neuen Mitglieds vollziehen. In beiden Fällen müssen alle Mitglieder zustimmen (Art. 26 Abs. 1, Art. 27 Abs. 1 EWIV-VO). Der Gesellschaftsvertrag kann von diesem Einstimmigkeitserfordernis nicht abweichen (s. o. Rdnr. 45).[130] Die Mitgliedschaft kann auch **teilweise** übertragen werden (Art. 22 Abs. 1 EWIV-VO). Gemeint ist die Aufteilung einer bestehenden Mitgliedschaft in Bruchteile, nicht die Abspaltung einzelner Rechte.[131] Einzelne Ansprüche gegen die Vereinigung können nach allgemeinem Zivilrecht abgetreten werden, dies begründet aber mangels Stimmberechtigung keine Mitgliedschaft.[132] Die Abtretung einzelner Vermögensrechte fällt nicht unter Art. 22 Abs. 1 EWIV-VO;[133] es besteht kein Grund, dafür eine Zustimmung aller Mitglieder zu verlangen.[134] Die Belastung der Mitgliedschaft ist möglich, bedarf aber der Zustimmung aller übrigen Mitglieder, soweit der Gründungsvertrag nichts anderes regelt (Art. 22 Abs. 2 EWIV-VO). Die Sicherheitenbestellung als solche folgt dem nationalen Recht. Der Sicherungsnehmer wird nicht Mitglied der Vereinigung (Art. 22 Abs. 2 S. 2 EWIV-VO).

47 Soll nach dem **Tod eines Mitglieds** ein Dritter dessen Mitgliedschaft übernehmen, ist auch dafür die Zustimmung aller verbleibenden Mitglieder erforderlich (Art. 28 Abs. 2

---

[128] Ebenso *Ganske*, EWIV, S. 55; *Grundmann* Europ. GesR, § 30 I 4b (Rdnr. 1085, S. 510) mit Gegenschluss aus Art. 27 EWIV-VO; weiterhin *Meyer-Landrut*, EWIV, S. 91; *Selbherr/Manz*, EWIV-Kommentar, Art. 21 Rdnr. 13. Für die Möglichkeit der freien Übertragbarkeit hingegen *Habersack/Verse* Europ. GesR, § 12 Rdnr. 23 (S. 416 f.).

[129] Die Zweckänderung wird auch im deutschen Personengesellschaftsrecht zum Kernbereich dessen gezählt, worüber die Gesellschafter einstimmig beschließen müssen (MK-*Ulmer*, BGB, 5. Aufl., 2009, § 709 Rdnr. 93; MünchHdb. GesR I/*Happ*, § 47 Rdnr. 84). Auch die *Europäische Kommission*, ABl. EG, 20. 9. 1997, Nr. C 285/19, geht offenkundig davon aus, dass zwingend Einstimmigkeit herrscht wegen des „sehr personenbezogenen Charakter(s)" der EWIV.

[130] *Dorresteijn/Monteiro/Teichmann/Werlauff*, European Corporate Law, 2nd edition, 2009, Chapter 4, no. 4.10.; *Selbherr/Manz*, EWIV-Kommentar, Art. 26 Rdnr. 1.

[131] Vgl. die französische („fraction") und die englische („proportion") Sprachfassung. Vgl. auch *Selbherr/Manz*, EWIV-Kommentar, Art. 21 Rdnr. 9 ff.

[132] *Selbherr/Manz*, EWIV-Kommentar, Art. 21 Rdnr. 10.

[133] A. A. *Hartard*, EWIV, S. 72 und *Scriba*, EWIV, S. 116, die unter einer „teilweisen" Abtretung der Mitgliedschaft die Abtretung einzelner Vermögensrechte verstehen. Ebenso wohl auch *von Rechenberg*, ZGR 1992, 299, 308.

[134] Auch die nach Art. 7 S. 2 lit. e i. V. m. Art. 8 EWIV-VO geforderte öffentliche Bekanntmachung passt nicht für die Abtretung einzelner Vermögensrechte.

EWIV-VO). Abweichende Regelungen im Gründungsvertrag lässt Art. 28 Abs. 2 EWIV-VO zu. Denkbar sind beispielsweise die aus dem deutschen OHG-Recht bekannten Nachfolgeklauseln.

c) **Ausscheiden von Mitgliedern.** Ein Mitglied scheidet kraft Gesetzes aus, wenn es die in Art. 4 Abs. 1 EWIV-VO festgelegten allgemeinen **Mitgliedschaftsvoraussetzungen** (oben Rdnr. 9 ff.) nicht mehr erfüllt oder wenn über sein Vermögen das **Insolvenzverfahren** eröffnet wird (§ 8 EWIV-AusfG).[135] Ein Mitglied, das natürliche Person ist, scheidet mit dem **Tod** aus der Vereinigung aus (Art. 28 Abs. 1 S. 1 EWIV-VO). Dem Tod einer natürlichen Person ist die Vollbeendigung einer Gesellschaft oder sonstigen juristischen Einheit gleichzustellen.[136]

Die **Kündigung** (Art. 27 Abs. 1 EWIV-VO) durch ein Mitglied ist grundsätzlich nur möglich, wenn alle übrigen Mitglieder zustimmen.[137] Der Gründungsvertrag kann Anderweitiges regeln, also auch die einseitige Kündigung zulassen. Eine Kündigung aus wichtigem Grund ist immer denkbar. Der „wichtige Grund" ist in der Verordnung nicht näher definiert. In Ermangelung näherer Anhaltspunkt im europäischen Rechtstext empfiehlt sich eine Orientierung an der deutschen Rechtsprechung.[138]

Den **Ausschluss** von Mitgliedern regelt Art. 27 Abs. 2 EWIV-VO. Der Ausschluss bedarf einer gerichtlichen Entscheidung auf mehrheitlichen Antrag der übrigen Mitglieder; er setzt voraus, dass das auszuschließende Mitglied grob gegen seine Pflichten verstoßen hat oder schwere Störungen der Arbeit der Vereinigung verursacht oder zu verursachen droht. Der Ausschluss ist somit als ultima ratio gedacht, die eingreift, wenn ein Mitglied die gedeihliche Zusammenarbeit der Vereinigung gefährdet.[139] Der **Gründungsvertrag** kann eine eigene Regelung treffen, insbesondere die Ausschlussgründe und das Ausschlussverfahren abweichend von der Verordnung festlegen. Dabei wird man den Mitgliedern keine völlige Gestaltungsfreiheit zugestehen können. Ein im Gründungsvertrag festgelegter Ausschlussgrund und das hierzu geregelte Verfahren sollten sich am Wesen einer personalistischen Vereinigung orientieren, dem entsprechend Konflikte vorrangig auf andere Weise als durch den Ausschluss eines Mitglieds zu lösen sind.[140]

Rechtsfolgen des Ausscheidens: Das ausscheidende Mitglied hat Anspruch auf ein Auseinandersetzungsguthaben (Rdnr. 55). Seine persönliche Haftung für bereits entstandene Verbindlichkeiten der Vereinigung bleibt bestehen (Rdnr. 63). Das Ausscheiden eines Mitglieds führt nicht zur Auflösung der EWIV, sondern zum Fortbestehen unter den im Gründungsvertrag vorgesehenen oder in einem einstimmigen Beschluss festgelegten Bedingungen zwischen den verbleibenden Mitgliedern, sofern der Gründungsvertrag nicht etwas anderes bestimmt (Art. 30 EWIV-VO). Bei in Deutschland ansässigen Vereinigungen wächst der Anteil gemäß dem subsidiär anwendbaren OHG-Recht den übrigen Mitgliedern zu.[141] Der Mitgliederwechsel unterliegt der Publizität gemäß Art. 7 und 8 EWIV-VO (Rdnr. 24).

---

[135] Siehe dazu die entsprechende Regelungsermächtigung in Art. 28 Abs. 1 S. 2 EWIV-VO.

[136] Vgl. MünchHdb. GesR I/*Salger/Neye*, § 96 Rdnr. 24. Ebenso für den Fall der Verschmelzung *Ganske*, EWIV, S. 54 f.

[137] Nach Auffassung von *Ganske*, EWIV, S. 52, kommt darüber hinaus die Kündigung durch den Privatgläubiger eines Mitglieds in Betracht (§ 1 EWIV-AusfG, § 135 HGB). Zudem setzt § 9 EWIV-AusfG diese Möglichkeit implizit voraus.

[138] Der EuGH würde in diese Einzelfallbetrachtung voraussichtlich nicht eingreifen. Vgl. dazu seine zurückhaltende Rechtsprechung zu missbräuchlichen AGB-Klauseln (EuGH, NJW 2004, 1647).

[139] Vgl. *Selbherr/Manz*, EWIV-Kommentar, Art. 27 Rdnr. 20 ff.

[140] So in der Tendenz auch die Literatur, wobei umstritten ist, ob dieses Ergebnis durch systematische Auslegung der EWIV-VO (*Meyer-Landrut*, EWIV, S. 104 ff.) oder durch Rückgriff auf nationales Recht (*Selbherr/Manz*, EWIV-Kommentar, Art. 27 Rdnr. 24) zu gewinnen ist.

[141] *Habersack/Verse* Europ. GesR, § 12 Rdnr. 25 (S. 417); *Selbherr/Manz*, EWIV-Kommentar, Art. 33 Rdnr. 4.

2. Rechtsstellung der Mitglieder

52 **a) Rechte.** Zentrales Verwaltungsrecht der Mitglieder ist das in Art. 17 EWIV-VO geregelte **Stimmrecht**:[142] Jedes Mitglied hat eine Stimme (Abs. 1 S. 1). Der Gründungvertrag kann einzelnen Mitgliedern mehrere Stimmen gewähren, sofern dadurch nicht ein einziges Mitglied die Stimmenmehrheit erhält (Abs. 1 S. 2). Beschlüsse sind grundsätzlich einstimmig zu fassen (Abs. 3 S. 2). Der Gründungvertrag kann abweichende Bedingungen für Beschlussfähigkeit und Beschlussmehrheit festlegen, soweit nicht die Verordnung vorsieht, dass ein Beschluss einstimmig gefasst werden muss (Abs. 3 S. 1). Auf Veranlassung eines Geschäftsführers oder auf Verlangen eines Mitglieds haben der oder die Geschäftsführer eine Anhörung der Mitglieder durchzuführen, damit diese einen Beschluss fassen (Abs. 4).[143]

53 Jedes Mitglied hat ein individuelles und vertraglich nicht abdingbares **Informationsrecht** (Art. 18 EWIV-VO).[144] Es kann von den Geschäftsführern Auskünfte über die Geschäfte der Vereinigung verlangen und kann in den Geschäftsräumen Einsicht in die Bücher und Geschäftsunterlagen nehmen.[145] Ein Recht auf Informationsverweigerung gibt es nur in Missbrauchsfällen. Grundsätzlich haben die Mitglieder – als Korrelat der persönlichen Haftung – ein Recht auf umfassende Information.[146]

54 **Vermögensrechte** der Mitglieder beziehen sich in erster Linie auf den Gewinn. Der Gewinn aus der Tätigkeit der EWIV gilt als Gewinn der Mitglieder und ist unter diesen zu gleichen Teilen aufzuteilen, soweit der Gründungvertrag kein anderes Verteilungsverhältnis vorsieht (Art. 21 Abs. 1 EWIV-VO). Die Gewinnermittlung richtet sich nach dem nationalen Recht.[147] Darüber hinaus besteht ein Anspruch auf Aufwendungsersatz,[148] ein Entnahmerecht[149] und ein Recht auf Beteiligung an schwebenden Geschäften.[150]

55 Ferner hat ein Mitglied, das aus einem anderen Grund als dem der Abtretung seiner Rechte aus der Vereinigung ausscheidet (s. Rdnr. 48 ff.), nach Art. 33 Abs. 1 EWIV-VO Anspruch auf das **Auseinandersetzungsguthaben**. Dieser Anspruch ist schuldrechtlicher Natur. Dinglich bleiben die Vermögenswerte der EWIV zugeordnet; der Anteil des ausscheidenden Mitglieds geht im Wege der Anwachsung auf die anderen Mitglieder über.[151] Der Wert der Ansprüche und Verbindlichkeiten des ausscheidenden Mitglieds darf nicht im Voraus pauschal bestimmt werden (Art. 33 S. 2 EWIV-VO). Diese Vorschrift schließt nicht aus, ein bestimmtes Verfahren zur Ermittlung der Höhe des Auseinandersetzungsguthabens zu vereinbaren. Deshalb ist auch eine Buchwertklausel zulässig, sofern das ergänzend anwendbare nationale Recht sie zulässt.[152]

56 **b) Pflichten.** Die Mitglieder haben eine **Beitragspflicht**. In Ermangelung einer anderen Vereinbarung im Gesellschaftsvertrag haben die Mitglieder gleiche Beiträge zu leisten.[153] Die Beitragspflicht besteht nicht zwingend in der Aufbringung von Kapi-

---

[142] Siehe auch zur Beschlussfassung der Mitglieder oben Rdnr. 32 ff.
[143] Diese Anhörung muss nicht zwingend in einer Versammlung erfolgen, sondern ist auch schriftlich oder in anderer Weise denkbar (*Ganske*, EWIV, S. 48).
[144] MünchHdb. GesR I/*Salger/Neye*, § 96 Rdnr. 18; *Selbherr/Manz*, EWIV-Kommentar, Art. 18 Rdnr. 1.
[145] *Selbherr/Manz*, EWIV-Kommentar, Art. 18 Rdnr. 9.
[146] *Ganske*, EWIV, S. 44; *Selbherr/Manz*, EWIV-Kommentar, Art. 18 Rdnr. 10.
[147] *Selbherr/Manz*, EWIV-Kommentar, Art. 21 Rdnr. 2.
[148] Art. 2 Abs. 1 EWIV-VO, § 1 EWIV-AusfG, § 110 HGB (*Ganske*, EWIV, S. 45).
[149] Art. 2 Abs. 1 EWIV-VO, § 1 EWIV-AusfG, § 122 HGB (*Ganske*, EWIV, S. 45).
[150] Art. 2 Abs. 1 EWIV-VO, § 1 EWIV-AusfG, §§ 105 Abs. 3 HGB, 740 BGB (*Ganske*, EWIV, S. 45; MünchHdb. GesR I/*Salger/Neye*, § 96 Rdnr. 20).
[151] Das ergibt sich aus § 1 EWIV-AusfG i. V. m. §§ 105 Abs. 3 HGB, 738 BGB (*Ganske*, EWIV, S. 44; MünchHdb. GesR I/*Salger/Neye*, § 96 Rdnr. 20; *Selbherr/Manz*, EWIV-Kommentar, Art. 33 Rdnr. 10).
[152] So *Habersack/Verse* Europ. GesR, § 12 Rdnr. 26 (S. 417); *Selbherr/Manz*, EWIV-Kommentar, Art. 33 Rdnr. 12.
[153] Art. 2 Abs. 1 EWIV-VO, § 1 EWIV-AusfG, § 105 Abs. 3 HGB, § 706 Abs. 1 BGB (*Ganske*, EWIV, S. 46).

tal.¹⁵⁴ Übersteigen allerdings die Ausgaben der EWIV die Einnahmen, besteht eine Pflicht zur **Verlustbeteiligung** (Art. 21 Abs. 2 EWIV-VO).¹⁵⁵

Zwischen den Mitgliedern der EWIV besteht die allgemeine gesellschaftsrechtliche **Treupflicht**. Diese Pflicht wird weder in der Verordnung noch im EWIV-Ausführungsgesetz eigens normiert, jedoch von Art. 27 Abs. 2 EWIV-VO vorausgesetzt.¹⁵⁶ Sie ist zudem Teil des subsidiär anwendbaren OHG-Rechts. Über § 1 EWIV-AusfG findet außerdem das OHG-rechtliche Wettbewerbsverbot (§§ 112, 113 HGB) Anwendung.¹⁵⁷ Bei Sorgfaltspflichtverletzungen gilt im Innenverhältnis der Mitglieder wegen der engen persönlichen Verbundenheit der Haftungsmaßstab des § 708 BGB.¹⁵⁸

c) Haftung. Die Vereinigung ist selbst Träger von Rechten und Pflichten und kann eigene Vermögenswerte erwerben. Daneben haften die Mitglieder **unbeschränkt** und **gesamtschuldnerisch** für alle Verbindlichkeiten der EWIV (Art. 24 Abs. 1 S. 1 EWIV-VO). Die Haftung ist im Außenverhältnis nicht beschränkbar.¹⁵⁹ Erwägungsgrund 10 der EWIV-VO stellt allerdings klar, dass es der Vereinigung freisteht, durch besondere Vereinbarung mit dem Dritten die Haftung eines oder mehrerer ihrer Mitglieder für eine bestimmte Verbindlichkeit auszuschließen oder zu beschränken.

Das einzelstaatliche Recht bestimmt die **Haftungsfolgen** (Art. 24 Abs. 1 S. 2 EWIV-VO). Für Vereinigungen mit Sitz in Deutschland sind daher ergänzend die §§ 128 ff. HGB heranzuziehen. Die Haftung der Mitglieder ist somit im Verhältnis zur Haftung der Vereinigung akzessorisch.¹⁶⁰ Regressansprüche bestehen gegenüber der Vereinigung aus § 110 HGB und gegenüber den anderen Mitgliedern aus Gesamtschuldnerausgleich.¹⁶¹

Die Haftung der EWIV-Mitglieder besteht – anders als bei der OHG – lediglich **subsidiär**.¹⁶² Gläubiger müssen ihre Forderungen zunächst gegenüber der EWIV geltend machen (Art. 24 Abs. 2 EWIV-VO). Erst wenn diese innerhalb einer angemessenen Frist nicht gezahlt hat, kann die Forderung auch gegenüber den Mitgliedern geltend gemacht werden. Ausreichend ist die bloße Zahlungsaufforderung gegenüber der EWIV; nicht erforderlich ist die Erhebung einer Klage oder gar der Versuch einer Zwangsvollstreckung.¹⁶³

Teilweise wird für die Haftung der Mitglieder die aus dem Recht der OHG bekannte Erfüllungstheorie zugrundegelegt, wonach die Mitglieder die Verbindlichkeit der EWIV in der Form zu erfüllen haben, wie sie von der EWIV geschuldet wird.¹⁶⁴ Dafür spricht zwar der Wortlaut des Art. 24 Abs. 1 S. 1 EWIV-VO („haften … für deren Verbindlichkeiten jeder Art"). Art. 24 Abs. 2 EWIV-VO, der die Subsidiarität der Haftung anordnet, spricht aber nur von „Zahlungen". Es wäre unlogisch, die Subsidiarität nur bei Geldforderungen, nicht aber bei Forderungen anderer Art anzuordnen.¹⁶⁵ Folglich

---

¹⁵⁴ MünchHdb. GesR I/*Salger/Neye*, § 96 Rdnr. 21.
¹⁵⁵ Die anderslautende Regelung des deutschen Rechts (§§ 105 Abs. 2 HGB, 707 BGB) wird durch die europäische Vorschrift verdrängt (*Selbherr/Manz*, EWIV-Kommentar, Art. 21 Rdnr. 4). Gem. Art. 33 Abs. 1 EWIV-VO kann auch beim Ausscheiden eines Mitglieds anstelle eines Auseinandersetzungsguthabens des Mitglieds eine Verlustausgleichsforderung der EWIV bestehen.
¹⁵⁶ So MünchHdb. GesR I/*Salger/Neye*, § 96 Rdnr. 22; ebenso *Ganske*, EWIV, S. 47.
¹⁵⁷ *Ganske*, EWIV, S. 47; für eine differenzierende Anwendung mit Blick auf die im Vergleich zur OHG größeren Verselbständigung der EWIV *Meyer-Landrut*, EWIV, S. 80.
¹⁵⁸ *Ganske*, EWIV, S. 48.
¹⁵⁹ *Gleichmann*, ZHR 149 (1985), 633, 646; *Habersack/Verse* Europ. GesR, § 12 Rdnr. 29 (S. 418 f.); *Selbherr/Manz*, EWIV-Kommentar, Art. 24 Rdnr. 4.
¹⁶⁰ *Habersack/Verse* Europ. GesR, § 12 Rn. 28, 30 (S. 418 f.).
¹⁶¹ Vgl. Baumbach/Hopt HGB/*Hopt*, § 128 Rdnr. 25 ff.
¹⁶² *Habersack/Verse* Europ. GesR, § 12 Rdnr. 28 (S. 418).
¹⁶³ *Habersack/Verse* Europ. GesR, § 12 Rdnr. 31 (S. 419); *Selbherr/Manz*, EWIV-Kommentar, Art. 24 Rdnr. 10.
¹⁶⁴ *Habersack/Verse* Europ. GesR, § 12 Rdnr. 32 (S. 420); *von Rechenberg*, ZGR 1992, 299, 306; zur Rechtslage bei der OHG: Baumbach/Hopt HGB/*Hopt*, § 128 Rdnr. 8 ff.
¹⁶⁵ So zu Recht *Hartard*, EWIV, S. 136.

ist anzunehmen, dass die Verordnung generell nur von einer **Haftung auf Zahlung** ausgeht.[166]

62 **Neue Mitglieder** haften für die bis zu ihrem Eintritt begründeten Verbindlichkeiten der Vereinigung (Art. 26 Abs. 2 EWIV-VO). Diese Vorschrift gilt für den Fall der Anteilsveräußerung ebenso wie für die originäre Begründung einer neuen Mitgliedschaft.[167] Die Haftung für **Altverbindlichkeiten** ist abdingbar durch entsprechende Regelung im Gründungsvertrag oder im Rechtsakt, der die Aufnahme des neuen Mitglieds begründet. Dritten kann diese Haftungsbeschränkung nur entgegengesetzt werden, wenn sie ordnungsgemäß eingetragen und bekannt gemacht worden ist.[168] Der Haftungsausschluss ist nur möglich für Verbindlichkeiten, die vor dem Beitritt bereits entstanden waren, nicht jedoch für solche, bei denen lediglich der Rechtsgrund bestanden hat.[169]

63 **Ausscheidende Mitglieder** unterliegen einer **Nachhaftung** für die Verbindlichkeiten, die sich aus der Tätigkeit der Vereinigung vor ihrem Ausscheiden ergeben (Art. 34 EWIV-VO).[170] Dritten kann das Ausscheiden erst von der Bekanntmachung an entgegengehalten werden (oben Rdnr. 44); bis dahin kann auch für nach dem Ausscheiden entstandene Ansprüche noch eine persönliche Haftung bestehen.[171] Ansprüche gegen das ausscheidende Mitglied verjähren spätestens fünf Jahre nach der Bekanntmachung des Ausscheidens (Art. 37 Abs. 1 EWIV-VO). Kürzere Fristen des nationalen Rechts bleiben unberührt. Eine kürzere **Verjährungsfrist** der maßgeblichen Forderung kann das ausgeschiedene Mitglied gemäß § 129 HGB geltend machen. Weiterhin gilt die fünfjährige Ausschlussfrist des § 160 HGB.[172] Sie kann bereits mit der Kenntnis des Gläubigers vom Ausscheiden beginnen[173] und daher früher ablaufen als diejenige des Art. 37 Abs. 1 EWIV-VO, die Bekanntmachung nach Art. 8 EWIV-VO voraussetzt. Gegenstand der Verjährungsfrist des Art. 37 Abs. 1 EWIV-VO sind nicht nur Verbindlichkeiten, die vor der Bekanntmachung des Ausscheiden des betreffenden Mitglieds bereits entstanden sind, sondern auch solche, deren Rechtgrund zu diesem Zeitpunkt bereits gelegt war, denn auch bei ihnen handelt es sich um Verbindlichkeiten, „die sich aus der Tätigkeit der Vereinigung vor seinem Ausscheiden ergeben".[174]

64 Nach dem **Schluss der Abwicklung** der Vereinigung können Gläubiger ihre Forderungen unmittelbar gegenüber den Mitgliedern geltend machen, die Subsidiarität der Haftung entfällt (Art. 24 Abs. 2 EWIV-VO). Es gilt von diesem Zeitpunkt an eine Verjährungsfrist von maximal fünf Jahren (Art. 37 Abs. 2 EWIV-VO). Kürzere Verjährungsfristen des einzelstaatlichen Rechts bleiben unberührt. In Deutschland ist § 159 HGB zu beachten, der im Grundsatz auch eine fünfjährige Verjährungsfrist vorsieht, diese aber bereits mit der Auflösung – und nicht erst mit dem Schluss der Abwicklung – beginnen lässt.[175]

---

[166] In diesem Sinne: *Ganske*, EWIV, S. 65; *Hartard*, EWIV, S. 136; MünchHdb. GesR I/*Salger/Neye*, § 96 Rdnr. 31; *Scriba*, EWIV, S. 160; *Selbherr/Manz*, EWIV-Kommentar, Art. 24 Rdnr. 7.

[167] *Habersack/Verse* Europ. GesR, § 12 Rdnr. 33 (S. 420).

[168] Art. 26 Abs. 2 S. 3 i. V. m. Art. 9 Abs. 1 und Art. 8 EWIV-VO.

[169] *Habersack/Verse* Europ. GesR, § 12 Rdnr. 34 (S. 420). Darauf lässt die unterschiedliche Formulierung in Art. 26 Abs. 2 S. 1 und S. 2 EWIV-VO schließen: Das neue Mitglied haftet für Verbindlichkeiten, die sich aus der Tätigkeit vor seinem Beitritt „ergeben"; ein Haftungsausschluss ist möglich für die vor seinem Beitritt „entstandenen" Verbindlichkeiten. Die Differenzierung ist auch sachgerecht, da ein Mitglied für Verbindlichkeiten, die nach seinem Beitritt entstehen, schon unmittelbar aus Art. 24 EWIV-VO haftet und diese Haftung nicht abdingbar ist. Insoweit handelt es sich noch um eine Auslegungsfrage der Verordnung. Unter welchen Voraussetzungen eine Verbindlichkeit entsteht, ist hingegen eine Frage des nationalen Rechts (vgl. dazu *Hartard*, EWIV, S. 152 ff.).

[170] Die Verbindlichkeiten müssen bei Ausscheiden des Mitglieds noch nicht fällig gewesen sein (näher *Selbherr/Manz*, EWIV-Kommentar, Art. 34 RDNR. 4 ff.).

[171] *Selbherr/Manz*, EWIV-Kommentar, Art. 33 Rdnr. 8.

[172] *Ganske*, EWIV, S. 66; MünchHdb. GesR I/*Salger/Neye*, § 96 Rdnr. 34.

[173] Siehe BGH 24. 9. 2007, II ZR 284/05, m. Anm. *Teichmann/Heise*, JR 2009, 423 ff.

[174] So *Habersack/Verse* Europ. GesR, § 12 Rdnr. 36 (S. 421), dort auch zur Gefahr der Endloshaftung; vgl. die in Fn. 169 enthaltene Textanalyse zu Art. 26 Abs. 2 EWIV-VO.

[175] *Habersack/Verse* Europ. GesR, § 12 Rdnr. 37 (S. 421 f.).

V. Sitzverlegung

1. Identitätswahrende Sitzverlegung

Die EWIV kann ihren Sitz innerhalb der Gemeinschaft verlegen (Art. 13 EWIV-VO). **65** Die Sitzverlegung ist identitätswahrend, führt also nicht zur Auflösung.[176] Es handelt sich um eine Änderung des Gründungsvertrages; mit Abänderung des vertraglichen Sitzes ändert sich in der Regel das zuständige Registergericht.[177] Das Verfahren der Sitzverlegung hängt im übrigen davon ab, ob sich dabei das nach Art. 2 Abs. 1 EWIV-VO subsidiär anwendbare Recht ändert. Führt die Sitzverlegung zu einem Wandel des anwendbaren Rechts, sind die in Art. 14 EWIV-VO geregelten Verfahrensschritte zu beachten.

2. Sitzverlegung ohne Wandel des anwendbaren Rechts

Ändert sich das nach Art. 2 Abs. 1 EWIV-VO subsidiär anwendbare Recht nicht, folgt **66** das Verlegungsverfahren dem **Gründungsvertrag**. Art. 13 EWIV-VO setzt hierzu lediglich voraus, dass ein Verlegungsbeschluss gefasst werden muss. Der Beschluss über die Sitzverlegung ist grundsätzlich einstimmig zu fassen, der Gründungsvertrag kann aber auch einen Mehrheitsbeschluss vorsehen (vgl. Art. 17 Abs. 2 lit. g EWIV-VO).[178]

3. Sitzverlegung mit Wandel des anwendbaren Rechts

Führt die Sitzverlegung dazu, dass sich das nach Art. 2 EWIV-VO anwendbare Recht **67** ändert, ist das in Art. 14 Abs. 1 EWIV-VO geregelte **Verlegungsverfahren** zu beachten: Es muss ein Verlegungsplan erstellt, hinterlegt und bekannt gemacht werden. In Deutschland genügt für die Bekanntmachung ein Hinweis auf die Einreichung des Verlegungsplans beim Handelsregister (§ 4 Abs. 1 EWIV-AusfG). Frühestens zwei Monate nach Bekanntmachung des Verlegungsplans kann über die Verlegung Beschluss gefasst werden. Er bedarf der **Einstimmigkeit** der Mitglieder.[179] Die Verlegung wird wirksam, wenn die Vereinigung im zuständigen Register des neuen Sitzstaates eingetragen wird.[180] Die Eintragung setzt einen Nachweis über die Bekanntmachung des Verlegungsplans voraus. Bei Nachweis der Eintragung im neuen Sitzstaat kann die Vereinigung im Register des früheren Sitzes gelöscht werden (Art. 14 Abs. 2 EWIV-VO).

Vor der Eintragung kann der neue Sitz **Dritten** nicht **entgegengesetzt** werden, weil **68** die Eintragung gemäß Art. 14 Abs. 1 S. 4 EWIV-VO konstitutive Wirkung hat. Mit Bekanntgabe der Eintragung kann der neue Sitz Dritten nach Maßgabe des Artikel 9 Abs. 1 EWIV-VO entgegengehalten werden (Art. 14 Abs. 3 Hs. 1 EWIV-VO). Darin liegt ein Verweis auf Vorschriften der europäischen Publizitätsrichtlinie, die Deutschland in § 15 HGB umgesetzt hat.[181] Innerhalb von fünfzehn Tagen nach Bekanntgabe muss ein Dritter sich den neuen Sitz nicht entgegenhalten lassen, sofern er beweist, dass er ihn nicht kannte und auch nicht kennen musste (vgl. § 15 Abs. 2 S. 2 HGB). Weiterhin können sich Dritte noch auf den alten Sitz berufen, solange die Löschung der Eintragung im Register des früheren Sitzes nicht bekannt gemacht worden ist, es sei denn, dass die Vereinigung beweist, dass dem Dritten der neue Sitz bekannt war (Art. 14 Abs. 3 Hs. 2 EWIV-VO).

VI. Beendigung der EWIV

Die EWIV kann durch Mitgliederbeschluss oder Gerichtsurteil aufgelöst werden **69** (Rdnr. 70f.). In seltenen Fällen ist auch eine Nichtigkeitserklärung durch gerichtliche Ent-

---

[176] *Grundmann* Europ. GesR, § 30 I 3d (Rdnr. 1113, S. 666); *Habersack/Verse* Europ. GesR, § 12 Rdnr. 4 (S. 409); *Selbherr/Manz*, EWIV-Kommentar, Art. 13 Rdnr. 2.
[177] Zuständig ist gemäß § 2 Abs. 1 EWIV-AusfG das Gericht, in dessen Bezirk die EWIV ihren im Gründungsvertrag genannten Sitz hat.
[178] *Selbherr/Manz*, EWIV-Kommentar, Art. 13 Rdnr. 4.
[179] Die Regelung ist zwingend (vgl. Art. 17 Abs. 3 EWIV-VO); *Selbherr/Manz*, EWIV-Kommentar, Art. 14 Rdnr. 3.
[180] Beachte auch die Regelung des Art. 14 Abs. 4 EWIV-VO.
[181] MünchHdb. GesR I/*Salger/Neye*, § 95 Rdnr. 25.

scheidung denkbar (Rdnr. 73). Weiterhin kann ein Insolvenzverfahren zur Beendigung der Vereinigung führen (Rdnr. 74). Auflösung und Abwicklung der EWIV unterliegen der **Publizität** gemäß Art. 7 und 8 EWIV-VO (oben Rdnr. 24 ff.).[182]

1. Auflösung

70 Die Mitglieder können **freiwillig** die Auflösung der Vereinigung beschließen. Der Beschluss muss einstimmig gefasst werden, sofern der Gründungsvertrag nichts anderes bestimmt (Art. 31 Abs. 1 EWIV-VO). Ein **zwingender** Grund für die Auflösung kann sich aus dem **Gründungsvertrag** ergeben (z.B. Ablauf der vertraglich festgelegten Dauer oder anderer Auflösungsgrund, Unternehmensgegenstand abschließend verwirklicht oder nicht mehr zu erreichen). Sind nach Eintritt eines solchen Auflösungsgrundes mehr als drei Monate abgelaufen, ohne dass ein Beschluss gefasst wurde, kann jedes Mitglied die gerichtliche Auflösung beantragen (Art. 31 Abs. 2 EWIV-VO).

71 Zwingende **gesetzliche Auflösungsgründe** sind der Wegfall der Mehrstaatlichkeit im Sinne des Art. 4 Abs. 2 EWIV-VO (Art. 31 Abs. 3 EWIV-VO) sowie Verstöße gegen Art. 3 (Zweckbegrenzung) oder Art. 12 (Sitzkoppelung) der Verordnung. In diesen Fällen kann neben den Mitgliedern auch jeder Beteiligte sowie eine zuständige Behörde die gerichtliche Auflösung beantragen, es sei denn, die Mängel werden vor der Sachentscheidung des Gerichts behoben (Art. 32 Abs. 1 EWIV-VO). Der Begriff des Beteiligten ist weit auszulegen und umfasst Geschäftsführer, Arbeitnehmervertreter, einzelne Arbeitnehmer, beherrschte Unternehmen, Darlehensgeber und Mitglieder der betroffenen oder einer anderen EWIV.[183] Das Gericht kann auf Antrag eines Mitglieds auch die Auflösung der Vereinigung aus **wichtigem Grund** aussprechen (Art. 32 Abs. 2 EWIV-VO).[184] Darüber hinaus führt auch ein Insolvenzverfahren zur Auflösung der Vereinigung (Art. 36 S. 1 EWIV-VO i.V.m. § 131 Abs. 1 Nr. 3 HGB).[185] Von der Möglichkeit des Art. 32 Abs. 3 EWIV-VO, die Auflösung einer EWIV bei einem Verstoß gegen das öffentliche Interesse vorzusehen, hat Deutschland keinen Gebrauch gemacht.[186]

2. Abwicklung

72 Mit Auflösung der Vereinigung tritt sie in das Abwicklungsstadium, das in **Art. 35 EWIV-VO** näher geregelt ist. Die Abwicklung und ihr Schluss unterliegen dem nationalen Recht. Für Vereinigungen, auf die deutsches Recht anwendbar ist, sind dies die §§ 145 ff. HGB.[187] Davon abweichend bestimmt § 10 Abs. 1 EWIV-AusfG allerdings, dass die Abwicklung den Geschäftsführern obliegt, wenn sie nicht durch den Gründungsvertrag oder durch Beschluss der Mitglieder der Vereinigung anderen Personen übertragen ist. Die Abwickler haben die ihnen nach Art. 7 und 8 obliegenden Publizitätspflichten zu erfüllen. Die (Teil-) Rechtsfähigkeit der Vereinigung i.S.d. Art. 1 Abs. 2 EWIV-VO besteht bis zum Schluss der Abwicklung fort. Zum Erlöschen der Vereinigung kommt es erst mit Beendigung der Abwicklung, wobei der Bekanntmachung nach Art. 35 Abs. 4 EWIV-VO nur deklaratorische Wirkung zukommt.[188] Für die Nachhaftung der Mitglieder gilt als Verjährungsfrist eine Höchstgrenze von fünf Jahren (o. Rdnr. 63).

---

[182] Vgl. Art. 7 S. 2 lit. f-h, Art. 8 S. 1 lit. c, Art. 31 Abs. 4, Art. 35 Abs. 4 EWIV-VO.

[183] *Ganske*, EWIV, S. 68; MünchHdb. GesR I/*Salger/Neye*, § 99 Rdnr. 6; *Selbherr/Manz*, EWIV-Kommentar, Art. 31/32 Rdnr. 34.

[184] Der Begriff des „wichtigen Grundes" ist ein europäischer Rechtsbegriff, bei dessen Auslegung aber nationale Erfahrungen durchaus herangezogen werden können (vgl. *Selbherr/Manz*, EWIV-Kommentar, Art. 31/32 Rdnr. 18 ff.).

[185] MünchHdb. GesR I/*Salger/Neye*, § 99 Rdnr. 9.

[186] MünchHdb. GesR I/*Salger/Neye*, § 99 Rdnr. 8.

[187] *Habersack/Verse* Europ. GesR, § 12 Rdnr. 39 (S. 423); MünchHdb. GesR I/*Salger/Neye*, § 99 Rdnr. 11.

[188] *Habersack/Verse* Europ. GesR, § 12 Rdnr. 39 (S. 422).

3. Nichtigkeit

Nach Art. 15 Abs. 1 EWIV-VO muss die Nichtigkeit der Vereinigung stets durch gerichtliche Entscheidung festgestellt oder ausgesprochen werden. Die Nichtigkeitsgründe ergeben sich aus dem innerstaatlichen Recht.[189] Die Nichtigkeit führt zur Abwicklung gemäß Art. 35 EWIV-VO (Art. 15 Abs. 2 EWIV-VO). Die Wirksamkeit bereits eingegangener Verpflichtungen bleibt davon unberührt (Art. 15 Abs. 3 S. 2 EWIV-VO). Für die Bewältigung der Rechtsfolgen bei einer bereits in Vollzug gesetzten EWIV kann im Übrigen auf die Grundsätze der fehlerhaften Gesellschaft zurückgegriffen werden.[190] Dritten kann die Nichtigkeitsentscheidung unter den in Art. 9 Abs. 1 EWIV-VO genannten Voraussetzungen entgegengehalten werden (Art. 15 Abs. 3 S. 1 EWIV-VO).

4. Insolvenz

Nach Art. 36 S. 1 EWIV-VO unterliegen die Vereinigungen dem nationalen Recht über Zahlungsunfähigkeit und Zahlungseinstellung; für Vereinigungen mit satzungsmäßigem Sitz in Deutschland gilt die Insolvenzordnung.[191] Das nationale Recht wird insbesondere in Fragen der internationalen Zuständigkeit und des anwendbaren Rechts verdrängt durch die Europäische Insolvenzverordnung;[192] dies gilt auch für die Insolvenz einer EWIV.[193] Ein Unterschied zur OHG liegt in der Fremdorganschaft. Daher stellt § 11 S. 1 EWIV-AusfG klar, dass den Antrag auf Eröffnung des Insolvenzverfahrens auch die Geschäftsführer stellen können. Nach § 11 S. 2 EWIV-AusfG sind im Falle der entsprechenden Anwendung des § 130a HGB die Geschäftsführer und Abwickler verpflichtet, den Antrag zu stellen. Ein Verstoß gegen diese Vorschrift ist nach § 15 EWIV-AusfG strafbewehrt. Nach Art. 36 S. 2 EWIV-VO hat die Eröffnung eines Verfahrens gegen eine Vereinigung wegen Zahlungsunfähigkeit oder Zahlungseinstellung nicht von Rechts wegen zur Folge, dass ein solches Verfahren auch gegen die Mitglieder dieser Vereinigung eröffnet wird.

VII. Besteuerung der EWIV

Das Ergebnis der Tätigkeit der EWIV wird nur bei ihren Mitgliedern besteuert (Art. 40 EWIV-VO). Diese Lösung folgt dem **Transparenzprinzip**, die Vereinigung selbst unterliegt weder der Einkommen- noch der Körperschaftsteuer.[194] Der Erwägungsgrund 14 der EWIV-VO stellt klar, dass im Übrigen das einzelstaatliche Steuerrecht anzuwenden ist, und zwar insbesondere in Bezug auf Gewinnverteilung, Steuerverfahren und alle Verpflichtungen, die durch die einzelstaatlichen Steuervorschriften auferlegt werden. Die EWIV ist in dieser Hinsicht, jedenfalls soweit sie zumindest als Nebenzweck auch der **Gewinnerzielung** dient,[195] der OHG gleichzustellen.[196] Für die Gewerbesteuer trifft § 5

---

[189] Zum Begriff „innerstaatliches Recht" oben Rdnr. 2. Zu den denkbaren Nichtigkeitsgründen *Meyer-Landrut*, EWIV, S. 147 ff.

[190] *Ganske*, EWIV, S. 67; *Meyer-Landrut*, EWIV, S. 151 ff.; MünchHdb. GesR I/*Salger/Neye*, § 99 Rdnr. 1.

[191] *Habersack/Verse* Europ. GesR, § 12 Rdnr. 40 (S. 423); vgl. auch § 11 Abs. 2 Nr. 1 InsO, welcher die EWIV ausdrücklich zu den Gesellschaften ohne Rechtspersönlichkeit zählt, über die ein Insolvenzverfahren eröffnet werden kann.

[192] Verordnung (EG) 1346/2000 v. 29. 5. 2000.

[193] *Grundmann* Europ. GesR, § 30 I 5 (Rdnr. 1121, S. 669).

[194] *Delp*, HdB Int. Steuerplanung, S. 1299, 1302; MünchHdb. GesR I/*Salger/Neye*, § 98 Rdnr. 1.

[195] Die Gewinnerzielung darf zwar nicht von der Erwerbstätigkeit der Mitglieder separierter Zweck der EWIV sein (o. Rdnr. 18), ist aber häufig ein Nebenzweck; denn die EWIV dient gem. Art. 3 Abs. 1 EWIV-VO dazu, die *wirtschaftliche* (also typischerweise auf Gewinnerzielung gerichtete) Tätigkeit ihrer Mitglieder zu unterstützen. Zur steuerrechtlichen Relevanz dieses Kriteriums ausführlich *Delp*, HdB Int. Steuerplanung, S. 1299, 1306 ff.

[196] Näher *Delp*, HdB Int. Steuerplanung, S. 1299, 1303 ff.; *Hauschka/von Saalfeld*, DStR 1991, 1083, 1085 ff.; MünchHdb. GesR I/*Salger/Neye*, § 98 Rdnr. 3 ff.

GewStG eine abweichende Regelung und bestimmt die Mitglieder zu Gesamtschuldnern der Gewerbesteuer.

§ 49. Die Societas Europaea (SE)

Übersicht

	Rdnr.		Rdnr.
I. Grundlagen	1–5	5. Gründung einer Tochter-SE	48–52
1. Entstehungsgeschichte und praktische Bedeutung	1, 2	a) Gründung der Tochter-SE durch Rechtsträger nationalen Rechts (Art. 2 Abs. 3 SE-VO)	49–51
2. Rechtsgrundlagen	3–5		
II. Gründung der SE	6–52		
1. Allgemeine Fragen	7–16	b) Gründung der Tochter-SE durch bestehende SE (Art. 3 Abs. 2 SE-VO)	52, 53
a) Numerus clausus der Gründungsformen	7–11		
b) Anwendbares Recht	12	III. Leitungssystem der SE	54–95
c) Verhandlungen über Arbeitnehmerbeteiligung	13, 14	1. Systematik: Dualismus, Monismus, Gemeinsame Vorschriften	54
d) Vorgesellschaft und Handelndenhaftung	15, 16	2. Das dualistische Leitungsmodell	55–66
2. SE-Gründung durch Verschmelzung	17–34	a) Leitungsorgan	56–58
a) Beteiligte Gesellschaften	18	b) Aufsichtsorgan	59–66
b) Anwendbares Recht	19	3. Das monistische Leitungsmodell	67–90
c) Verfahrensarten	20	a) Der Verwaltungsrat (Verwaltungsorgan)	68–78
d) Verfahrensablauf in den Gründungsgesellschaften	21–29	b) Die geschäftsführenden Direktoren	79–90
e) Rechtmäßigkeitsprüfung und Eintragung	30–34	4. Die Hauptversammlung	91–95
3. Gründung einer Holding-SE	35–43	a) Zuständigkeiten der SE-Hauptversammlung	92, 93
a) Rechtspraktische Bedeutung	35, 36	b) Organisation und Ablauf	94, 95
b) Beteiligte Gründungsgesellschaften	37	IV. Konzernrecht	96–98
c) Erste Gründungsphase: Beschlussfassung in den Gründungsgesellschaften	38–40	V. Grenzüberschreitende Sitzverlegung	99–106
		1. Kontinuität des Rechtsträgers	99
d) Zweite Gründungsphase: Anteilstausch	41	2. Verlegungsverfahren	100–104
e) Dritte Gründungsphase: Entstehung der SE	42	3. Einzelfragen der Sitzverlegung	105, 106
f) Besondere Probleme der SE-Holdinggründung	43	VI. Umwandlung der SE	107, 108
4. Formwechselnde Umwandlung	44–47	VII. Weitere in der SE-VO ungeregelte Bereiche	109, 110

Schrifttum: *Abu Taleb*, Die Haftungsverhältnisse bei der Gründung einer Europäischen Aktiengesellschaft (SE) in Deutschland und England, 2008; *Arbeitskreis Aktien- und Kapitalmarktrecht (AAK)*, Die 8 wichtigsten Änderungsvorschläge zur SE-VO, ZIP 2009, 698; *Arbeitskreis Europäisches Unternehmensrecht*: Thesen zum Erlass einer europäischen Sitzverlegungsrichtlinie, NZG 2011, 98; *Austmann*, Größe und Zusammensetzung des Aufsichtsrats einer deutschen SE, in: Hoffmann-Becking/Hommelhoff/von Westphalen (Hrsg.), FS Hellwig, 2010, S. 105; *Bachmann*, Der Verwaltungsrat der monistischen SE, ZGR 2008, 779; *Bauer*, Organstellung und Organvergütung in der monistisch verfassten Europäischen Aktiengesellschaft (SE), 2008; *Becker/Julien-Saint-Amand/Zehetner*, Fünf Jahre Europäische Aktiengesellschaft (SE) – Ergebnisse einer Studie im Auftrag der EU-Kommission, GES 2010, 204; *Blanke*, Europäische Aktiengesellschaft ohne Arbeitnehmerbeteiligung?, ZIP 2006, 789; *Blanquet*, Das

§ 49. Die Societas Europaea (SE) § 49

Statut der Europäischen Aktiengesellschaft (Societas Europaea „SE"), ZGR 2002, 20; *Brandes*, Europäische Aktiengesellschaft: Juristische Person als Organ?, NZG 2004, 642; *ders.*, Cross Border Merger mittels der SE, AG 2005, 177; *Brandi*, Die Europäische Aktiengesellschaft im deutschen und internationalen Konzernrecht, NZG 2003, 889; *Brandt*, Die Hauptversammlung der Europäischen Aktiengesellschaft (SE), 2004; *Brandt/Scheifele*, Die Europäische Aktiengesellschaft und das anwendbare Recht, DStR 2002, 547; *Casper*, Der Lückenschluß im Statut der Europäischen Aktiengesellschaft, FS Ulmer, 2003, S. 51; *ders.*, Numerus Clausus und Mehrstaatlichkeit bei der SE-Gründung, AG 2007, 97; *ders.*, Vor-SE – nationale oder europäische Vorgesellschaft?, Der Konzern 2007, 244; *ders.*, Erfahrungen und Reformbedarf bei der SE – Gesellschaftsrechtliche Reformvorschläge, ZHR 173 (2009), 181; *Casper/Weller*, Mobilität und grenzüberschreitende Umstrukturierung der SE, NZG 2009, 681; *Drees*, Die Gründung der Europäischen Aktiengesellschaft (SE) in Deutschland und ihre rechtliche Behandlung vor Eintragung (Vor-SE), 2006; *Drinhausen/Keinath*, Kapitaländerungen der übernehmenden Gesellschaft nach Beschlussfassung über die Verschmelzung durch Aufnahme zur Gründung einer Europäischen Gesellschaft (SE), FS Maier-Reimer, 2010, S. 89; *Drinhausen/Nohlen*, Festlegung der Amtsdauer von SE-Organmitgliedern in der Satzung nach Art. 46 Abs. 1 SE-VO, ZIP 2009, 1890; *dies.*, The limited freedom of establishment of an SE, European Company Law 2009, 14; *Eder*, Die monistisch verfasste Societas Europaea – Überlegungen zur Umsetzung eines CEO-Modells, NZG 2004, 544; *Eidenmüller/Engert/Hornuf*, Vom Wert der Wahlfreiheit: Eine empirische Analyse der Societas Europaea (SE) als Rechtsformalternative, AG 2009, 845; *Empt*, Zur Anwendbarkeit von § 17 Abs. 2 UmwG bei einer SE-Gründung durch Verschmelzung auf eine deutsche AG, NZG 2010, 1013; *Fischer*, Monistische Unternehmensverfassung, 2010; *Fleischer*, Der Einfluß der Societas Europaea auf die Dogmatik des deutschen Gesellschaftsrechts, AcP 204 (2004), 502; *Forst*, Die Beteiligungsvereinbarung nach § 21 SEBG, 2010; *ders.*, Zur Größe des mitbestimmten Organs einer kraft Beteiligungsvereinbarung mitbestimmten SE, AG 2010, 350; *Gößl*, Die Satzung der Europäischen Aktiengesellschaft (SE) mit Sitz in Deutschland, 2010; *Götze/Winzer/Arnold*, Unternehmerische Mitbestimmung – Gestaltungsoptionen und Vermeidungsstrategien, ZIP 2009, 245; *Grambow*, Sozialversicherungspflicht von Vorständen der AG und geschäftsführenden Direktoren der SE, AG 2010, 477; *Gruber/Weller*, Societas Europaea: Mitbestimmung ohne Aufsichtsrat?, NZG 2003, 297; *Habersack*, Das Konzernrecht der deutschen SE, ZGR 2003, 724; *ders.*, Schranken der Mitbestimmungsautonomie in der SE, AG 2006, 345; *ders.*, Konstituierung des ersten Aufsichts- oder Verwaltungsorgans der durch Formwechsel entstandenen SE und Amtszeit seiner Mitglieder, Der Konzern 2008, 67; *Heckschen*, Die Europäische AG aus notarieller Sicht, DNotZ 2003, 251; *ders.*, Die SE als Option für den Mittelstand, FS Westermann, 2008, S. 999; *ders.*, Europäische Gesellschaft (SE), in: Widmann/Mayer, Umwandlungsrecht, 2011; *Henssler*, Unternehmerische Mitbestimmung in der Societas Europaea, FS Ulmer, 2003, S. 193; *Heuschmid/Schmidt*, Die europäische Aktiengesellschaft – auf dem Weg in die Karibik?, NZG 2007, 54; *Hirte*, Die Europäische Aktiengesellschaft, NZG 2002, 1; *Hörtig*, Gründungs- und Umstrukturierungsmöglichkeiten bei der Europäischen Aktiengesellschaft (SE), 2011; *Hoffmann-Becking*, Organe: Strukturen und Verantwortlichkeiten, insbesondere im monistischen System, ZGR 2004, 355; *Hoger*, Kontinuität beim Formwechsel nach dem UmwG und der grenzüberschreitenden Verlegung des Sitzes einer SE, 2008; *Hommelhoff*, Gesellschaftsrechtliche Fragen im Entwurf eines SE-Statuts, AG 1990, 422; *ders.*, Einige Bemerkungen zur Organisationsverfassung der Europäischen Aktiengesellschaft, AG 2001, 279; *ders.*, Zum Konzernrecht in der Europäischen Aktiengesellschaft, AG 2003, 179; *ders.*, Satzungsstrenge und Gestaltungsfreiheit in der Europäischen Aktiengesellschaft, FS Ulmer, 2003, S. 267; *Ihrig*, Die geschäftsführenden Direktoren in der monistischen SE: Stellung, Aufgaben und Haftung, ZGR 2008, 809; *Jaecks/Schönborn*, Die Europäische Aktiengesellschaft, das Internationale und das deutsche Konzernrecht, RIW 2003, 254; *Jannott/Frodermann* (Hrsg.), Handbuch der Europäischen Aktiengesellschaft, Heidelberg 2005; *Kallmeyer*, Europa-AG: Strategische Optionen für deutsche Unternehmen, AG 2003, 197; *ders.*, Das monistische System der SE mit Sitz in Deutschland, ZIP 2003, 1531; *Kalss*, Der Minderheitenschutz bei Gründung und Sitzverlegung der SE nach dem Diskussionsentwurf, ZGR 2003, 593; *Kalss/Hügel* (Hrsg.), Europäische Aktiengesellschaft – SE-Kommentar 2004; *Kersting*, Societas Europaea: Gründung und Vorgesellschaft, DB 2001, 2079; *Kiefner/Friebel*, Zulässigkeit eines Aufsichtsrats mit einer nicht durch drei teilbaren Mitgliederzahl bei einer SE mit Sitz in Deutschland, NZG 2010, 537; *Kiem*, SE-Aufsichtsrat und Teilbarkeitsgrundsatz, Der Konzern 2010, 275; *ders.*, Der Evaluierungsbericht der EU-Kommission zur SE-Verordnung, Corporate Finance 2011, 134; *Koke*, Die Finanzverfassung der Europäischen Aktiengesellschaft (SE) mit Sitz in Deutschland, 2005; *Kowalski*, Praxisfragen bei der Umwandlung einer Aktiengesellschaft in eine Europäische Gesellschaft (SE), DB 2007, 2243; *Krause*, Die Mitbestimmung der Arbeitnehmer in der Europäischen Gesellschaft (SE), BB 2005, 1221; *Krieger/Schneider*, Handbuch Managerhaftung, 2. Aufl., 2010; *Lächler*,

§ 49 3. Kapitel. Supranationale Gesellschaftsformen

Das Konzernrecht der Europäischen Gesellschaft (SE), unter besonderer Berücksichtigung der Mitgliedstaaten Deutschland, Frankreich, England und Polen, 2007; *Lind*, Die Europäische Aktiengesellschaft – Eine Analyse der Rechtsanwendungsvorschriften, 2004; *Limmer* (Hrsg.), Handbuch der Unternehmensumwandlung, 3. Aufl., 2007; *Lutter*, Europäisches Unternehmensrecht, 4. Aufl., 1996; *Lutter/Hommelhoff* (Hrsg.), Die Europäische Gesellschaft, 2005; *Lutter/Hommelhoff* (Hrsg.), SE-Kommentar, 2008; *Lutter/Kollmorgen/Feldhaus*, Muster-Geschäftsordnung für den Verwaltungsrat einer SE, BB 2007, 509; *Mävers*, Die Mitbestimmung der Arbeitnehmer in der Europäischen Aktiengesellschaft, 2002; *Manz/Mayer/Schröder* (Hrsg.), Europäische Aktiengesellschaft – SE, 2. Aufl., 2010; *Marsch-Barner*, Zur monistischen Führungsstruktur einer deutschen Europäischen Gesellschaft (SE), GS Bosch, 2006, S. 99; *Maul*, Konzernrecht der „deutschen" SE – Ausgewählte Fragen zum Vertragskonzern und den faktischen Unternehmensverbindungen, ZGR 2003, 743; *Mauch*, Das monistische Leitungssystem in der Europäischen Aktiengesellschaft, 2008; *Merkt*, Die monistische Unternehmensverfassung für die Europäische Aktiengesellschaft aus deutscher Sicht, ZGR 2003, 650; *Messow*, Die Anwendbarkeit des Deutschen Corporate Governance Kodex auf die Societas Europaea (SE), 2008; *Metz*, Die Organhaftung bei der monistisch strukturierten Europäischen Aktiengesellschaft mit Sitz in Deutschland, 2009; *Middendorf/Fahrig*, Die Sozialversicherungspflicht der Leitungsorgane der Europäischen Aktiengesellschaft (SE), BB 2010, 54; *Mock*, Sonderprüfungen bei der Europäischen Aktiengesellschaft, Der Konzern 2010, 455; *Münchener Handbuch des Gesellschaftsrechts*, Bd. 4 (Aktiengesellschaft), 3. Aufl., 2007; *Münchner Kommentar zum Aktiengesetz*, Bd. 9/2: SE-VO, SEBG, 2. Aufl., 2006; *Neye/Teichmann*, Der Entwurf für das Ausführungsgesetz zur Europäischen Aktiengesellschaft, AG 2003, 169; *Oechsler*, Der praktische Weg zur Societas Europaea (SE)- Gestaltungsspielraum und Typenzwang, NZG 2005, S. 697; *ders.*, Die Sitzverlegung der Europäischen Aktiengesellschaft nach Art. 8 SE-VO, AG 2005, 373; *Oetker*, Unternehmensmitbestimmung in der SE kraft Vereinbarung, ZIP 2006, 1113; *Oplustil*, Selected problems concerning formation of a holding SE (societas europaea), (2003) 4 GLJ 107; *Oplustil/Schneider*, Zur Stellung der Europäischen Aktiengesellschaft im Umwandlungsrecht, NZG 2003, 13; *Oplustil/Teichmann* (Hrsg.), The European Company – all over Europe, 2004; *Raiser/Veil*, Recht der Kapitalgesellschaften, 4. Aufl., 2006; *Reichert*, Die SE als Gestaltungsinstrument für grenzüberschreitende Umstrukturierungen, Der Konzern 2006, 821; *Reiner*, Formwechsel einer SE in eine KGaA und „vernünftige" Zweifel an der Auslegung des Art. 66 SE-VO, Der Konzern 2011, 135; *Reinhard*, Anmerkung zum AG Hamburg Beschluss 66 AR 76/05 v. 28. 6. 2005, LG Hamburg Beschluss 417 T 15/05 v. 30. 9. 2005, RIW 2006, 68; *Ringe*, die Sitzverlegung der Europäischen Aktiengesellschaft, 2006; *ders.*, Mitbestimmungsrechtliche Folgen einer SE-Sitzverlegung, NZG 2006, 931; *Roelofs*, Shelf SEs and Employee Participation, European Company Law 2010, 120; *Roitsch*, Auflösung, Liquidation und Insolvenz der Europäischen Aktiengesellschaft (SE) mit Sitz in Deutschland, 2006; *Roth*, Die unternehmerische Mitbestimmung in der monistischen SE, ZfA 2004, 431; *Schäfer*, Das Gesellschaftsrecht (weiter) auf dem Weg nach Europa am Beispiel der SE-Gründung, NZG 2004, 785; *Scheifele*, Die Gründung der Europäischen Aktiengesellschaft (SE), 2004; *Schindler*, Die Europäische Aktiengesellschaft, 2002; *Schmidt*, „Deutsche" vs. „britische" Societas Europaea (SE), 2006; *Schönborn*, Die monistische Societas Europaea in Deutschland im Vergleich zum englischen Recht, 2007; *Schroeter*, Vinkulierte Namensaktien in der Europäischen Aktiengesellschaft (SE), AG 2007, 854; *Schulz/Geismar*, Die Europäische Aktiengesellschaft, Eine kritische Bestandsaufnahme, DStR 2001, 1078; *Schumacher*, Vertretung in Organsitzungen der Societas Europaea (SE), NZG 2009, 697; *Schwarz*: SE-VO Kommentar, 2006; *Seibt*, Arbeitnehmerlose Societas Europaea, ZIP 2005, 2248; *ders.*, Größe und Zusammensetzung des Aufsichtsrats in der SE, ZIP 2010, 1057; *Seitz*, Die Geschäftsführer einer monistischen Societas Europaea (SE) mit Sitz in der Bundesrepublik Deutschland, 2010; *Siems*, Befangenheit bei Verwaltungsratsmitgliedern einer Europäischen Aktiengesellschaft, NZG 2007, 129; *Teichmann*, Die Einführung der Europäischen Aktiengesellschaft, ZGR 2002, 383 ff.; *ders.*, Minderheitenschutz bei Gründung und Sitzverlegung der SE, ZGR 2003, 367; *ders.*, Gestaltungsfreiheit im monistischen Leitungssystem der Europäischen Aktiengesellschaft, BB 2004, 53; *ders.*, Austrittsrecht und Pflichtangebot bei Gründung einer Europäischen Aktiengesellschaft, AG 2004, 67; *ders.*, Binnenmarktkonformes Gesellschaftsrecht, 2006; *ders.*, Gestaltungsfreiheit in Mitbestimmungsvereinbarungen, AG 2008, 797; *ders.*, Neuverhandlung einer SE-Beteiligungsvereinbarung bei „strukturellen Änderungen", FS Hellwig, 2010, S. 347; *Thamm*, Der Organisationsautonomie der monistischen Societas Europaea bezüglich ihrer geschäftsführenden Direktoren, NZG 2008, 132; *Theisen/Wenz* (Hrsg.), Die Europäische Aktiengesellschaft, 2. Aufl., 2005; *Thiergart/Olbertz*, Börsengang leicht gemacht? – Übernahme und Verschmelzung eines Zielunternehmens auf die SPAC in der Rechtsform der SE, BB 2010, 1547; *Van Hulle/Maul/Drinhausen* (Hrsg.), Handbuch zur Europäischen Gesellschaft (SE), 2007; *Veil*, Das Konzernrecht der Europäischen Aktiengesellschaft, WM 2003, 2169; *Velte*, Corporate Governance in der monistischen Societas Europaea, WM 2010, 1635; *Vinçon*, Die grenzüberschreitende Sitzverlegung der Europäischen Aktiengesellschaft, 2008; *Vossius*, Gründung und Umwandlung der deutschen Europäischen Gesellschaft (SE), ZIP 2005, 741; *Walden/Meyer-Landrut*, Die grenzüberschreitende Verschmelzung zu einer Europäischen Gesellschaft: Planung und Vorbereitung, DB 2005, 2119, 2619; *Werlauff*, SE – The Law of the European Company, 2003; *Wollburg/Banerjea*, Die Reichweite der Mitbestimmung in der Europäischen Gesellschaft, ZIP 2005, 277; *Zang*, Sitz und Verlegung des Sitzes einer Europäischen Aktiengesellschaft mit Sitz in Deutschland, 2005; *Zimmer*, Das „Koppelungsgebot" der SE-VO auf dem Prüfstand, EWS 2010, 222.

I. Grundlagen

1. Entstehungsgeschichte und praktische Bedeutung

Die Societas Europaea (SE) ist in ihrer heutigen rechtlichen Ausgestaltung nur vor dem Hintergrund ihrer langen und wechselvollen Entstehungsgeschichte verständlich.[1] Der erste Vorschlag der Europäischen Kommission stammt aus dem Jahre 1970, ihm folgte 1975 ein zweiter Vorschlag.[2] Diese frühen Texte zielten auf ein vollständiges Aktienrecht, das auch noch das Konzernrecht und die unternehmerische Mitbestimmung enthalten sollte. Dieser ambitionierte Ansatz war politisch nicht erfolgreich. Die nach langer Verhandlungspause vorgelegten Entwürfe der Jahre 1989 und 1991 fielen deutlich kürzer aus und verwiesen ergänzend auf das nationale Aktienrecht, das allerdings zwischenzeitlich in mancherlei Hinsicht europäisch harmonisiert worden war. Die Streitfrage der Beteiligungsrechte der Arbeitnehmer wurde in eine separate Richtlinie ausgelagert.[3] So kam es im Jahre 2001 zu der Verabschiedung einer äußerst **lückenhaften SE-Verordnung**, die durch eine SE-Richtlinie hinsichtlich der Beteiligungsrechte der Arbeitnehmer ergänzt wurde.

Die rechtspraktische Bedeutung der SE hat einerseits nicht die hochgespannten Hoffnungen der Anfangsjahre erfüllt, andererseits aber auch die kurz vor ihrer Einführung geäußerte Einschätzung widerlegt, es werde sich um eine Totgeburt handeln.[4] Gerade in Deutschland haben große börsennotierte Unternehmen (Allianz, BASF, Fresenius, Porsche) die Vorteile entdeckt, die sich mit der SE im Bereich der **Mitbestimmung** verbinden:[5] Der Aufsichtsrat kann verkleinert, die Arbeitnehmerbank international besetzt werden. Mittelständische Unternehmen nutzen bisweilen die Gelegenheit, mit Hilfe der SE die Mitbestimmung auf dem bestehenden Niveau (typischerweise Drittelparität) „einzufrieren".[6] Auch das mit der SE erstmals im deutschen Aktienrecht verfügbare **monistische Leitungsmodell** vermag gerade auf mittelständische Unternehmen einen gewissen Reiz auszuüben.[7] Dass wegen der Lückenhaftigkeit der SE-Verordnung in vielen Sachfragen ergänzend das deutsche Aktienrecht gilt, lässt sich auch als ein Umstand bewerten, der das **europäische Label** auf vorteilhafte Weise mit der Rechtssicherheit des gewohnten Aktienrechts verbindet. Zur europaweiten Verbreitung der SE wurde Ende 2009 eine von der Europäischen Kommission beauftragte Studie vorgelegt, die eine Häufung von SE in Deutschland und Tschechien ausweist, wobei es sich bei den tschechischen SE überwie-

---

[1] Dazu etwa: *Blanquet*, ZGR 2002, 20 ff.; Lutter/Hommelhoff/*Lutter*, SE-Kommentar, Einl. SE-VO Rdnr. 7 ff.; *Teichmann*, Binnenmarktkonformes Gesellschaftsrecht, S. 234 ff.

[2] Zu dieser Phase umfassend das Sammelwerk von *Lutter* (Hrsg.), Die Europäische Aktiengesellschaft, 2. Aufl., 1978.

[3] Dazu monographisch *Mävers*, Die Mitbestimmung der Arbeitnehmer in der Europäischen Aktiengesellschaft, 2002.

[4] Vgl. etwa den Überblick bei Lutter/Hommelhoff/*Lutter*, SE-Kommentar, Einl. SE-VO Rdnr. 32 ff. sowie die bei *Reichert*, Konzern 2006, 821 ff. angeführten Gestaltungsmöglichkeiten.

[5] Empirische Analysen (*Eidenmüller/Engert/Hornuf*, AG 2009, 845 ff.) erweisen die spezifischen Mitbestimmungsregeln der SE als wesentliches Motiv für deren Verwendung in Deutschland.

[6] Siehe nur *Götze/Winzer/Arnold*, ZIP 2009, 245, 251.

[7] Zu den Gestaltungsmöglichkeiten im monistischen System *Teichmann*, BB 2004, 53 ff.; mit Blick auf den Mittelstand auch *Heckschen*, FS Westermann, 2008, 999, 1008 ff.

gend um Vorratsgesellschaften handelt.[8] Die Verwendung einer Vorrats-SE hat durchaus praktische Vorteile, weil auf diese Weise das komplexe SE-Gründungsverfahren von der wirtschaftlichen Transaktion entkoppelt werden kann.[9]

2. Rechtsgrundlagen

3   Primäre Rechtsgrundlage für die SE ist die in allen Mitgliedstaaten unmittelbar anwendbare **SE-Verordnung** (SE-VO).[10] Sie enthält Ermächtigungen und Verpflichtungen zum Erlass von Ausführungsvorschriften, die im deutschen **SE-Ausführungsgesetz** (SEAG) enthalten sind. SE-VO und SEAG regeln Fragen des Gesellschaftsrechts, in erster Linie die Gründung und das Leitungsmodell der SE. Soweit die Verordnung selbst keine Regelung trifft und dem nationalen Gesetzgeber keine SE-spezifischen Ausführungsbestimmungen ausdrücklich aufgetragen oder gestattet hat, gilt das **allgemeine Aktienrecht**. Rechtlicher Anknüpfungspunkt dafür ist zunächst die Generalverweisung des Art. 9 Abs. 1 lit. c) SE-VO; hinzu kommen Spezialverweisungen, die über den gesamten Rechtstext verstreut sind. Dem nationalen Aktienrecht unterliegen damit so wichtige Materien wie das Kapital der SE (Art. 5 SE-VO) sowie Ablauf und Organisation der Hauptversammlung (Art. 52 SE-VO). Verwiesen wird jeweils auf das nationale Recht am **Sitz der SE**; unter dem „Sitz" ist hier nach der Terminologie der SE-VO der satzungsmäßige Sitz zu verstehen.[11] Die **Satzungsautonomie** der SE richtet sich nach dem nationalen Recht, soweit nicht die SE-VO selbst Satzungsautonomie gewährt (z. B. in Art. 38 SE-VO bei der Wahl des Leitungsmodells, s. Rdnr. 54).[12] Der **Deutsche Corporate Governance Kodex** ist zwar kein Gesetz im förmlichen Sinne. Er gilt aber für die börsennotierte SE ebenso wie für nationale Aktiengesellschaften, weil die Erklärungspflicht des § 161 AktG über die Generalverweisung des Art. 9 Abs. 1 lit. c) SE-VO auch auf die SE Anwendung findet.[13]

4   Der rechtliche Charakter der Verweisungen ist umstritten. Mehrheitlich wird darin eine **Sachnormverweisung** gesehen.[14] Die Verweisung führt demnach direkt in das Sachrecht des Staates, in dem die SE ihren satzungsmäßigen Sitz hat; eine Zwischenschaltung des Internationalen Privatrechts entfällt. Befürworter dieser Auffassung sehen in der Zwischenschaltung des IPR eine unnötige Verkomplizierung und streben einen Entscheidungseinklang der Gerichte verschiedener Mitgliedstaaten an. Vorzugswürdig ist indessen ein Verständnis als **Gesamtnormverweisung**.[15] Denn die Prüfung des IPR ist keine unnötige

---

[8] Vgl. Studie von Ernst&Young unter: http://ec.europa.eu/internal_market/company/se/index_de.htm. Informationen über die Aufteilung der SEs nach Ländern finden sich auf S. 178 ff. der Studie. Eine Zusammenfassung der Studie liefert der in Österreich erschienene Beitrag von *Becker/Julien-Saint-Amand/Zehetner*, GES 2010, 204 ff. Allgemein zum Reformbedarf in der SE *Casper*, ZHR 173 (2009), 181 ff.

[9] Vgl. unten Rdnr. 48 ff. zur Gründung der SE als Tochtergesellschaft. Die Vorrats-SE wird mittlerweile sogar als börsengängige Special Purpose Aqcuisition Company (SPAC) empfohlen (*Thiergart/Olbertz*, BB 2010, 1547 ff.).

[10] Verordnung (EG) Nr. 2157/2001 des Rates über das Statut der Europäischen Gesellschaft (SE) vom 8. 10. 2001, Abl. EG Nr. L 294, S. 1. Die Verordnung ist am 8. 10. 2004 in Kraft getreten (vgl. Art. 70 SE-VO).

[11] Lutter/Hommelhoff/*Zimmer/Ringe*, SE-Kommentar, Art. 7 Rdnr. 6.

[12] Zur Satzungsautonomie der SE *Hommelhoff*, FS Ulmer, S. 267 ff. Vgl. auch die ausführliche Analyse der einzelnen Gestaltungsmöglichkeiten bei *Gößl*, SE-Satzung, S. 87 ff.

[13] *Messow*, Corporate Governance Kodex, S. 208 ff. mit ausführlicher Analyse der Anwendung einzelner Kodex-Empfehlungen auf die SE. Dabei ergibt sich für die monistische SE erheblicher Anpassungsbedarf (zusammenfassend ebda., S. 293 ff.). Dieser wurde bislang praktisch noch nicht relevant, weil das monistische SE-Modell für Großunternehmen wegen der paritätischen Mitbestimmung nicht attraktiv ist (unten Rdnr. 68).

[14] Münch. Hdb. AG/*Austmann*, § 82 Rdnr. 15; *Brandt/Scheifele*, DStR 2002, S. 547 ff.; *Lächler*, Konzernrecht, S. 91 f.; MünchKommAktG/*Schäfer*, Art. 9 SE-VO, Rdnr. 7; *Scheifele*, SE-Gründung, S. 32 ff.

[15] Manz/Mayer/*Schröder*, Europäische Aktiengesellschaft, Art. 9 Rdnr. 23; Lutter/Hommelhoff/*Hommelhoff/Teichmann*, SE-Kommentar, Art. 9 Rdnr. 28 ff.

Verkomplizierung, sondern hat bei grenzüberschreitenden Sachverhalten ihren guten Sinn. Ein Entscheidungseinklang besteht auch bei einer Gesamtnormverweisung, da gemäß der Verweisung stets allein das IPR des Staates zur Anwendung gelangt, in dem die SE ihren satzungsmäßigen Sitz hat. Im praktischen Ergebnis ist der Streit momentan ohne große Relevanz. Denn nach Art. 7 S. 1 SE-VO muss der satzungsmäßige Sitz der SE in dem Staat liegen, in dem sich ihre Hauptverwaltung befindet. Damit führen die gängigen kollisionsrechtlichen Theorien (Sitz- und Gründungstheorie)[16] zum gleichen Ergebnis; es kommt also letztlich nicht darauf an, ob das IPR zwischengeschaltet wird oder nicht. Das kann sich ändern, wenn die anstehende Revision der SE-VO dazu führt, dass die Sitzkoppelung aufgegeben wird.[17]

Die Beteiligungsrechte von Arbeitnehmern sind in einer eigenen **SE-Richtlinie** geregelt (SE-RL).[18] Ihrer Rechtsnatur gemäß bedurfte sie der Transformation in nationales Recht. Dem dient das deutsche **SE-Beteiligungsgesetz** (SEBG). Die SE verfügt damit sowohl bei den Unterrichtungs- und Anhörungsrechten der Arbeitnehmer als auch im Bereich der unternehmerischen Mitbestimmung über eine eigene gesetzliche Regelung.[19] Diese verdrängt sowohl das Gesetz über den Europäischen Betriebsrat als auch die deutschen Mitbestimmungsgesetze (DrittelparitätG und MitbG).[20] Zu den Einzelheiten sei in Ergänzung der nachstehenden Ausführungen auf die §§ 57 und 58 in diesem Werk über die Mitbestimmung bei grenzüberschreitenden Umstrukturierungen (*Brandes*) verwiesen.

II. Gründung der SE

Zur Gründung der SE sollen zunächst einige allgemeine Frage behandelt werden (*unter 1.*), anschließend die einzelnen Gründungsformen: Verschmelzung (*unter 2.*), Holding-SE (*unter 3.*), Formwechsel in die SE (*unter 4.*) und Tochter-SE (*unter 5.*). In der Praxis werden auch zunehmend Vorrats-SE angeboten (unten Rdnr. 52).[21] Soll die SE nach dem monistischen System organisiert sein (dazu unten Rdnr. 67 ff.), ist für Anmeldung und Eintragung § 21 SEAG zu beachten.

1. Allgemeine Fragen

a) Numerus clausus der Gründungsformen. Eine SE kann nicht „ex nihilo" gegründet werden, sondern geht immer aus bereits bestehenden Gesellschaften hervor.[22] Art. 2 SE-VO eröffnet dazu vier **primäre** Gründungswege, wobei zu beachten ist, dass jeder Gründungsweg nur den ausdrücklich bezeichneten Rechtsformen offensteht:
– **Verschmelzung** von zwei Aktiengesellschaften (Art. 2 Abs. 1, Art. 17 ff. SE-VO);
– Gründung einer **Holding-SE** durch mehrere Aktiengesellschaften oder GmbHs (Art. 2 Abs. 2, Art. 32 ff. SE-VO);
– Gründung einer **Tochter-SE** durch Gesellschaften im Sinne des Art. 54 Abs. 2 AEUV (ex Art. 48 Abs. 2 EGV) sowie sonstige juristische Personen des öffentlichen oder privaten Rechts (Art. 2 Abs. 3, Art. 35 f. SE-VO);
– **Umwandlung** einer Aktiengesellschaft in eine SE (Art. 2 Abs. 4, Art. 37 SE-VO).

---

[16] Zu diesen ausführlich § 1 (*Thölke/Spranger*).
[17] Dafür plädieren *Casper/Weller*, NZG 2009, 681, 683, und *Zimmer*, EWS 2010, 222, 228.
[18] Richtlinie 2001/86/EG des Rates zur Ergänzung des Statuts der Europäischen Gesellschaft hinsichtlich der Beteiligung der Arbeitnehmer vom 8. 10. 2001, ABl. EG Nr. L 294, S. 22. Sie war bis zum 8. 10. 2004 umzusetzen (Art. 14 Abs. 1 SE-RL).
[19] Zur Mitbestimmung bei grenzüberschreitenden Umstrukturierungen ausführlich §§ 57, 58 (*Brandes*).
[20] *Krause*, BB 2005, 1221; Van Hulle/Maul/Drinhausen/*Kölkü*, HdB SE, S. 173 (Rdnr. 1).
[21] Die Studie von Ernst&Young ermittelte, dass zum Stichtag 15. 4. 1009 (vgl. ebda., S. 11) knapp 38% der SEs Vorratsgesellschaften waren.
[22] Zum numerus clausus der Gründungsformen vgl. *Casper*, AG 2007, 97 ff.; *Hörtig*, Gründungs- und Umstrukturierungsmöglichkeiten, 2011, S. 33 ff.; MünchKommAktG/*Oechsler* Art. 2 SE-VO Rdnr. 1–4; *Oechsler*, NZG 2005, 697 ff.; *Schwarz*, SE-Kommentar, Art. 2 Rdnr. 10 m. w. N.

8 Im Wege der **sekundären** Gründung kann eine bestehende SE ihrerseits SE-Tochtergesellschaften gründen (Art. 3 Abs. 2 SE-VO).

9 Jede Gründung muss ein Element der **Mehrstaatlichkeit** aufweisen. Art. 2 SE-VO unterscheidet hier je nach der Gründungsform: Bei der Verschmelzung müssen von den beteiligten Aktiengesellschaften zumindest zwei dem Recht verschiedener Mitgliedstaaten unterliegen. Bei Holding-SE und Tochter-SE müssen die beteiligten Rechtsträger dem Recht verschiedener Mitgliedstaaten unterliegen oder seit mindestens zwei Jahren eine dem Recht eines anderen Mitgliedstaats unterliegende Tochtergesellschaft oder eine Zweigniederlassung in einem anderen Mitgliedstaat haben. Die formwechselnde Umwandlung ist nur Aktiengesellschaften eröffnet, die seit mindestens zwei Jahren eine dem Recht eines anderen Mitgliedstaats unterliegende Tochtergesellschaft haben. Die sekundäre SE-Gründung bedarf keiner Mehrstaatlichkeit; hier ergibt sich der europäische Bezug aus der Beteiligung der bereits existierenden SE.

10 Insgesamt sollte man die Mehrstaatlichkeit in einem **formalen** Sinne verstehen, die keine materielle Überprüfung veranlasst.[23] Es ist beispielsweise nicht als Umgehung anzusehen, wenn eine Aktiengesellschaft, die sich in eine SE umwandeln will und noch nicht seit zwei Jahren über eine ausländische Tochtergesellschaft verfügt, zur Abkürzung des Verfahrens den Weg der Verschmelzung mit einer ausländischen Aktiengesellschaft wählt, selbst wenn die ausländische Gesellschaft allein für diesen Zweck errichtet worden sein sollte.[24] Nachdem bereits zahlreiche SE existieren, lassen sich im Wege der sekundären Gründung ohnehin weitere SE gründen,[25] ohne dass es auf eine Mehrstaatlichkeit noch ankäme.

11 Rechtsträger, die eine SE gründen wollen, müssen außerdem einen Bezug zur Europäischen Gemeinschaft aufweisen. Dieser **Gemeinschaftsbezug** ergibt sich daraus, dass sie nach dem Recht eines Mitgliedstaates gegründet worden sind und ihren Sitz sowie ihre Hauptverwaltung in der Gemeinschaft haben (Art. 2 Abs. 1 bis 4 SE-VO). Gleichgestellt sind Rechtsträger aus Staaten des Europäischen Wirtschaftsraums (EWR).[26] Die Mitgliedstaaten können regeln, dass auch Rechtsträger, die ihre Hauptverwaltung nicht in der Gemeinschaft haben, an einer SE-Gründung teilnehmen können (Art. 2 Abs. 5 SE-VO). Deutschland hat von dieser Option keinen Gebrauch gemacht.[27]

12 b) Anwendbares Recht. Für die Ermittlung des **anwendbaren Rechts** lässt sich das Gründungsverfahren in zwei Stufen unterteilen:[28] (1) Verfahrensschritte in den **Gründungsgesellschaften**, beispielsweise die vorbereitende Beschlussfassung, folgen dem auf diese Gesellschaften anwendbaren Recht.[29] Bei der primären Gründung (oben Rdnr. 7) ist dies das auf die nationalen Gründungsgesellschaften anwendbare Recht, bei der sekundären Gründung (oben Rdnr. 8) die SE-VO. (2) Rechtsfragen, welche die neu **entstehende SE** betreffen, richten sich nach der SE-VO. Art. 15 Abs. 1 SE-VO verweist auch hier weitgehend in das nationale Recht; es gilt die Rechtsordnung des künftigen Sitzstaates der SE.

---

[23] *Casper*, AG 2007, 97, 99. Eventuellen Missbrauchsfällen muss mit den Mechanismen des allgemeinen Gesellschaftsrechts begegnet werden; näher Van Hulle/Maul/Drinhausen/*Teichmann*, HdB SE, S. 51 (Rdnr. 11); zu verschiedenen Umgehungsfällen: Widmann/Mayer/*Heckschen*, Anh. 14, Rdnr. 128 ff.

[24] *Casper*, AG 2007, 97, 101; *Hörtig*, Gründungs- und Umstrukturierungsmöglichkeiten, 2011, S. 104; *Reichert*, Der Konzern 2006, 821, 829; *Scheifele*, SE-Gründung, S. 138; *Teichmann*, ZGR 2002, 383, 410 ff.

[25] Vgl. unten Rdnr. 52 f. zur Gründung einer Tochter-SE durch bereits bestehende SE.

[26] Näher dazu Theisen/Wenz/*Schindler*/*Teichmann*, Europäische Aktiengesellschaft, S. 757 ff.

[27] Zu den Gründen dafür Theisen/Wenz/*Teichmann*, Europäische Aktiengesellschaft, S. 700.

[28] Siehe nur: Münch. Hdb. AG/*Austmann*, § 83 Rdnr. 2; *Schwarz*, SE-Kommentar, Art. 15 Rdnr. 10 ff.; Van Hulle/Maul/Drinhausen/*Teichmann*, HdB SE, 3. Abschnitt, Rdnr. 6.

[29] Daher findet auch die Vorschrift des § 17 Abs. 2 UmwG, wonach der übertragende Rechtsträger eine höchstens acht Monate Bilanz vorlegen muss, nicht auf eine ausländische Gesellschaft Anwendung, die zur SE-Gründung auf eine inländische AG verschmolzen wird (zutreffend *Empt*, NZG 2010, 1013 ff.).

Eine eigenständig europäische Regelung findet sich hingegen zur Handelndenhaftung (dazu sogleich Rdnr. 16).

c) Verhandlungen über Arbeitnehmerbeteiligung. Die Eintragung der SE setzt voraus, dass die **Verhandlungen mit den Arbeitnehmern** zu einem regulären Abschluss gelangt sind (Art. 12 Abs. 2 SE-VO).[30] Problematisch sind insoweit Fälle einer **arbeitnehmerlosen SE**. Auf den ersten Blick fehlt hier der Verhandlungspartner. Indessen geht die SE-Richtlinie davon aus, dass in solchen Fällen mit den Arbeitnehmern der Gründungsgesellschaften verhandelt wird.[31] Auf Verhandlungen kann daher nur verzichtet werden, wenn auch die Gründungsgesellschaften keine Arbeitnehmer – bzw. weniger als die zehn Arbeitnehmer, die benötigt werden, um ein Besonderes Verhandlungsgremium zu konstituieren (vgl. § 5 Abs. 1 SEBG) – beschäftigen.[32] Die in der Literatur geäußerte Auffassung, eine SE ohne Arbeitnehmer sei generell unzulässig,[33] vermag nicht zu überzeugen. Dem von der SE-Richtlinie intendierten Arbeitnehmerschutz wird dadurch hinreichend Genüge getan, dass die Verhandlungen später nachgeholt werden.[34]

Das SE-Beteiligungsgesetz regelt das **Verhandlungsverfahren** und den **Inhalt** der Vereinbarung.[35] Die Verhandlungen beziehen sich auf Unterrichtung und Anhörung der Arbeitnehmer – typischerweise durch Einrichtung eines SE-Betriebsrats – und auf die unternehmerische Mitbestimmung (vgl. § 21 SEBG). Angesichts unterschiedlicher Mitbestimmungssysteme in Europa sollen die Verhandlungen der SE ein maßgeschneidertes Beteiligungsmodell ermöglichen. Die in Deutschland vorherrschende Literaturmeinung lässt dies allerdings nur bedingt zu, da sie die Vereinbarung im Bereich der Mitbestimmung der deutschen Satzungsstrenge unterwirft.[36]

d) Vorgesellschaft und Handelndenhaftung. Entsteht die SE im Zuge der Gründung als neue Gesellschaft,[37] stellt sich die Frage nach ihrer Rechtsnatur vor der Eintragung. Über den Verweis des Art. 15 Abs. 1 SE-VO gelangt das nationale Aktienrecht zur Anwendung. Damit gilt für eine SE, die ihren Sitz in Deutschland haben soll, das Rechtsinstitut der Vorgesellschaft.[38] Die **Vor-SE** ist als Rechtsträger sui generis rechtsfähig. Die geleisteten Einlagen gehen in ihr Eigentum über. Die Gesellschafter unterliegen der Ver-

---

[30] Ausführlich zum Verhandlungsverfahren § 58 *(Brandes)*.
[31] Korrekt daher LG Hamburg, ZIP 2005, 2017: Verweigerung der Eintragung, solange kein Nachweis über die Durchführung von Verhandlungen geliefert wird. Zustimmend Lutter/Hommelhoff/ *Oetker*, SE-Kommentar, § 1 SEBG Rdnr. 9; *Seibt*, ZIP 2005, 2248; ablehnend *Reinhard*, RIW 2006, 68, 69.
[32] OLG Düsseldorf, ZIP 2009, 918; Lutter/Hommelhoff/*Oetker*, SE-Kommentar, § 1 SEBG Rdnr. 10; *Seibt*, ZIP 2005, 2248, 2250; *Thiergart/Olbertz*, BB 2010, 1547 f.
[33] *Blanke*, ZIP 2006, 789 ff.
[34] In diesem Sinne auch OLG Düsseldorf, ZIP 2009, 918, 920 f. *Roelofs*, ECL 2010, 120, 125, hält die Grundgedanken dieser Entscheidung auch in anderen Rechtsordnungen für tragfähig, da sie der effektiven Umsetzung der Richtlinie dienen. Zum Diskussionsstand *Teichmann*, FS Hellwig, S. 347, 367 f. sowie *Hörtig*, Gründungs- und Umstrukturierungsmöglichkeiten, 2011, S. 140 ff. (der nachgeholte Verhandlungen im Ergebnis ablehnt).
[35] Ausführlich §§ 57 und 58 *(Brandes)*.
[36] Dazu § 57 Rdnr. 42 ff. *(Brandes)* m.w.N. Diese restriktive Auffassung ist allerdings abzulehnen. Die gemeinschaftsrechtlich gewährte Parteiautonomie hat Vorrang vor der nationalen Satzungsstrenge (*Teichmann*, AG 2009, 797, 800 ff.).
[37] Also bei Verschmelzung zur Neugründung, bei Holding-SE und Tochter-SE sowie bei der sekundären SE-Gründung; hingegen stellt sich das Problem der Vorgesellschaft nicht, wenn die SE durch Verschmelzung zur Aufnahme oder im Wege der Umwandlung entsteht (näher Lutter/Hommelhoff/*Bayer*, SE-Kommentar, Art. 16 Rdnr. 12 ff.).
[38] Lutter/Hommelhoff/*Bayer*, SE-Kommentar, Art. 16 Rdnr. 6 ff.; *Casper*, Der Konzern 2007, 244, 247 ff.; *Schäfer*, NZG 2004, 785, 791; in der Begründung a.A. *Kersting*, DB 2001, 2079, 2081 f., nach dessen Auffassung sich die Existenz der Vor-SE bereits aus dem europäischen Recht ergibt (zumindest mit Blick auf die Holding-SE lässt sich das gut vertreten; vgl. *Drees*, Gründung der SE und Vor-SE, 2006, S. 89 ff.). Gegen die Annahme einer Vor-SE spricht sich *Vossius*, ZIP 2005, 741, 742, aus.

lustdeckungs- und Unterbilanzhaftung. Mit Eintragung wandelt sich die Vorgesellschaft ipso jure und mit allen Aktiva und Passiva in eine SE um.

16 Zusätzlich ordnet Art. 16 Abs. 2 SE-VO eine **Handelndenhaftung** an. Personen, die vor der Eintragung im Namen der SE handeln, haften persönlich für die dadurch entstehenden Verpflichtungen, sofern sie die SE nicht nach ihrer Eintragung übernimmt. Die Vorschrift ist europäisch-autonom auszulegen.[39] Das deutsche Verständnis der Handelndenhaftung, das implizit die Existenz einer Vorgesellschaft voraussetzt, lässt sich nicht ohne weiteres auf die SE übertragen. Andere Rechtsordnungen kennen die Vorgesellschaft nicht; sie ist auch zur Konstruktion des Gründungsvorganges nicht zwingend erforderlich.[40] Die Handelndenhaftung ist daher ihrem europäischen Wortlaut nach weit zu verstehen. Jede natürliche oder juristische Person, die im Namen der SE tätig wird, kann ihr unterliegen.[41] Zeitlich setzt die Haftung voraus, dass der Gründungsvorgang bereits begonnen hat.[42] Die Haftung endet, wenn die SE die Verpflichtungen übernimmt. Das geschieht in vielen Fällen ipso jure mit der Eintragung:[43] bei wirksam für die Vor-SE begründeten Verpflichtungen sowie bei Gründungsformen, in denen ein bereits existierender Rechtsträger die Rechtsform der SE annimmt (Verschmelzung, Umwandlung). Trat der Handelnde ohne Vertretungsmacht auf, kann die SE die daraus entstandenen Verpflichtungen rechtsgeschäftlich übernehmen.[44] Die Handelndenhaftung kann im Wege der Individualvereinbarung mit dem einzelnen Vertragspartner ausgeschlossen werden.[45]

2. SE-Gründung durch Verschmelzung

17 Eine SE kann durch Verschmelzung von Aktiengesellschaften entstehen, wenn zumindest zwei von ihnen dem Recht verschiedener Mitgliedstaaten unterliegen (Art. 2 Abs. 1 SE-VO). Vor Implementierung der Zehnten Richtlinie[46] handelte es sich um den einzig gangbaren Weg zu einer grenzüberschreitenden Verschmelzung.[47] Denkbar ist eine Verschmelzung durch Aufnahme, bei der die aufnehmende Gesellschaft zur SE wird, oder eine Verschmelzung zur Neugründung, bei der die neu entstehende Gesellschaft eine SE ist (Art. 17 Abs. 2 SE-VO).

18 **a) Beteiligte Gesellschaften.** An der SE-Verschmelzung können sich nur **Aktiengesellschaften** beteiligen.[48] Mindestens zwei von ihnen müssen dem Recht verschiedener

---

[39] So der zutreffende Ausgangspunkt bei Lutter/Hommelhoff/*Bayer*, SE-Kommentar, Art. 16 Rdnr. 18 ff.

[40] Ausführlich *Abu Taleb*, Haftungsverhältnisse bei der SE-Gründung, 2008, S. 78 ff. mit Hinweis auf das englische Recht, nach dessen Verständnis die Einlagen erst nach Erlangung der Rechtsfähigkeit geleistet werden (ebda. S. 120).

[41] *Abu Taleb*, Haftungsverhältnisse bei der SE-Gründung, 2008, S. 126; Lutter/Hommelhoff/*Bayer*, SE-Kommentar, Art. 16 Rdnr. 21; enger *Schäfer*, NZG 2004, 785, 791 (nur natürliche Personen).

[42] Vergleichbar Lutter/Hommelhoff/*Bayer*, SE-Kommentar, Art. 16 Rdnr. 19. Ausführlich begründet bei *Abu Taleb*, Haftungsverhältnisse bei der SE-Gründung, 2008, S. 96 ff., mit dem Hinweis auf die allein für das Gesellschaftsrecht gegebene Regelungskompetenz bei der Publizitätsrichtlinie (an deren Art. 7 sich Art. 16 Abs. 2 SE-VO anlehnt) und mit der Erwägung, dass allein im Rahmen der Handelndenhaftung die Verbindlichkeit ohne Zustimmung der Gläubiger auf die SE übergeht, der Anwendungsbereich daher im Gläubigerinteresse einer Eingrenzung bedarf. Zu eng jedoch: *Schwarz*, SE-Kommentar, Art. 16 Rdnr. 17, und *Kersting*, DB 2001, 2079, 2081 (Handelndenhaftung erst mit Entstehung einer Vor-SE).

[43] Lutter/Hommelhoff/*Bayer*, SE-Kommentar, Art. 16 Rdnr. 27.

[44] Lutter/Hommelhoff/*Bayer*, SE-Kommentar, Art. 16 Rdnr. 28.

[45] Lutter/Hommelhoff/*Bayer*, SE-Kommentar, Art. 16 Rdnr. 29; Van Hulle/Maul/Drinhausen/*Teichmann*, HdB SE, 4. Abschnitt, § 1 Rdnr. 13.

[46] Richtlinie 2005/56/EG vom 26. Oktober 2005, ABl. L 310, S. 1 ff., umgesetzt in §§ 122a ff. UmwG und MgVG; vgl. § 53 über die grenzüberschreitende Verschmelzung (*Hoffmann*).

[47] Die Möglichkeit, sich mit der italienischen RAS über die Grenze zu verschmelzen, dürfte einer der Hauptgründe dafür sein, dass sich die deutsche Allianz AG seinerzeit für die SE entschieden hat.

[48] Demgegenüber steht die grenzüberschreitende Verschmelzung nach §§ 122a ff. UmwG auch der GmbH offen.

Mitgliedstaaten unterliegen (Art. 2 Abs. 1 SE-VO). Die Verschmelzung ist auch dann zulässig, wenn eine der beteiligten Gesellschaften **Mutter- oder Tochtergesellschaft** einer anderen beteiligten Gesellschaft ist. Darin liegt keine Umgehung der Zwei-Jahresfrist des Art. 2 Abs. 4 SE-VO,[49] denn es handelt sich um verschiedene Gründungsarten. Zudem lässt Art. 31 SE-VO Konzernverschmelzungen ausdrücklich zu. Auch eine bereits bestehende **SE** kann gemäß Art. 3 Abs. 1 SE-VO an einer SE-Verschmelzung teilnehmen, allerdings nur als übertragende Gesellschaft. Soll die SE aufnehmende Gesellschaft sein, ist die Verschmelzung nach SE-VO nicht das passende Verfahren, weil es voraussetzt, dass die SE durch die Verschmelzung erst entsteht.[50] Die SE kann aber wie eine nationale Aktiengesellschaft an der nationalen oder grenzüberschreitenden Verschmelzung nach dem UmwG teilnehmen.[51] Eine **KGaA** soll sich nach überwiegender Auffassung nicht zur SE verschmelzen können.[52] Das überzeugt allerdings nicht. Es handelt sich bei der KGaA um eine Sonderform der AG.[53] Sie ist damit vom Begriff der „Aktiengesellschaft" gemäß Anhang I SE-VO erfasst.[54]

b) Anwendbares Recht. Für das Vorbereitungs- und Entscheidungsverfahren in den Gründungsgesellschaften gilt gemäß Art. 18 SE-VO das nationale Recht, soweit nicht ausnahmsweise die **SE-VO** in den Artikeln 20 bis 31 eine eigene Regelung trifft. In der Rechtspraxis finden damit auf eine sich verschmelzende deutsche AG in weitem Umfang die Vorschriften des **AktG** und des **UmwG** Anwendung.[55] Hinzu kommen Vorschriften des **SEAG** (§§ 5 bis 8), die insbesondere den Schutz von Minderheitsaktionären und Gläubigern regeln. Zu beachten sind außerdem die Regelungen des **SEBG** über die Verhandlungen mit den Arbeitnehmern.[56] Weiterhin gilt für die neu entstehende SE gemäß Art. 15 SE-VO das Recht ihres künftigen Sitzstaates (oben Rdnr. 12). **19**

c) Verfahrensarten. Um den geforderten Mehrstaatlichkeitsbezug zu gewährleisten, müssen mindestens zwei der Gründungsgesellschaften dem Recht verschiedener Mitgliedstaaten unterliegen. Durch Verschmelzung kann eine in Deutschland eingetragene SE demnach auf zwei verschiedene Weisen entstehen: Einerseits durch Verschmelzung mindestens einer Aktiengesellschaft aus einem anderen Mitgliedstaat auf eine deutsche AG (**Verschmelzung durch Aufnahme** gemäß Art. 17 Abs. 2 S. 1 lit. a SE-VO), andererseits durch Verschmelzung mindestens zweier Aktiengesellschaften aus mindestens zwei verschiedenen Mitgliedstaaten auf eine dadurch neu gegründete deutsche SE (**Verschmelzung durch Neugründung**, Art. 17 Abs. 2 S. 1 lit. b SE-VO).[57] Für die **Konzernverschmelzung** regelt Art. 31 SE-VO ein vereinfachtes Verfahren. **20**

d) Verfahrensablauf in den Gründungsgesellschaften. Die Leitungs- oder Verwaltungsorgane der sich verschmelzenden Gesellschaften stellen einen **Verschmelzungsplan** auf. Dieser muss spätestens einen Monat vor der Hauptversammlung dem Betriebsrat zuge- **21**

---

[49] So aber *Hirte*, NZG 2002, 1, 3; demgegenüber für eine Verschmelzungsgründung auch zwischen Mutter- und Tochtergesellschaft Jannott/Frodermann Hdb. SE/*Jannott* 3. Kap. Rdnr. 7 Fn. 20; MünchKommAktG/*Oechsler* Art. 2 SE-VO Rdnr. 14.

[50] Jannott/Frodermann Hdb. SE/*Jannott* 3. Kap. Rdnr. 7 Fn. 16.

[51] Zur grenzüberschreitenden Verschmelzung § 53 *(Hoffmann)*.

[52] Lutter/Hommelhoff/*Bayer*, SE-Kommentar, Art. 2 Rdnr. 8.; MünchKommAktG/*Schäfer* Art. 17 SE-VO Rdnr. 8.

[53] Spindler/Stilz/*Bachmann*, AktG, § 278 Rdnr. 1; *Raiser/Veil*, § 23 Rdnr. 3.

[54] So auch, mit Umkehrschluss aus Anhang II SE-VO, MünchKommAktG/*Oechsler* Art. 2 SE-VO Rdnr. 24.

[55] *Brandes*, AG 2005, 177, 170.

[56] Dazu ausführlich § 58 *(Brandes)*.

[57] Denkbar ist sogar, dass beide Gründungsgesellschaften nicht dem deutschen Recht unterliegen, während die neu entstehende SE ihren Sitz in Deutschland hat (Lutter/Hommelhoff/*Bayer*, SE-Kommentar, Art. 17 Rdnr. 3).

leitet werden.[58] Der SE-Verschmelzungsplan enthält gemäß **Art. 20 Abs. 1 SE-VO** zwingend die folgenden Punkte:

a) die Firma und den Sitz der sich verschmelzenden Gesellschaften sowie die für die SE vorgesehene Firma und ihren geplanten Sitz (vgl. die Parallelregelung zur grenzüberschreitenden Verschmelzung in § 122c Abs. 2 Nr. 1 UmwG),

b) das Umtauschverhältnis der Aktien und gegebenenfalls die Höhe der Ausgleichsleistung (Parallelregelung: § 122c Abs. 2 Nr. 2 UmwG),

c) die Einzelheiten hinsichtlich der Übertragung der Aktien der SE (Parallelregelung: § 122c Abs. 2 Nr. 3 UmwG),

d) den Zeitpunkt, von dem an diese Aktien das Recht auf Beteiligung am Gewinn gewähren, sowie alle Besonderheiten in Bezug auf dieses Recht (Parallelregelung: § 122c Abs. 2 Nr. 5 UmwG),

e) den Zeitpunkt, von dem an die Handlungen der sich verschmelzenden Gesellschaften unter dem Gesichtspunkt der Rechnungslegung als für Rechnung der SE vorgenommen gelten (Parallelregelung: § 122c Abs. 2 Nr. 6 UmwG),

f) die Rechte, welche die SE den mit Sonderrechten ausgestatteten Aktionären der Gründungsgesellschaften und den Inhabern anderer Wertpapiere als Aktien gewährt, oder die für diese Personen vorgeschlagenen Maßnahmen (Parallelregelung: § 122c Abs. 2 Nr. 7 UmwG),

g) jeder besondere Vorteil, der den Sachverständigen, die den Verschmelzungsplan prüfen, oder den Mitgliedern der Verwaltungs-, Leitungs-, Aufsichts- oder Kontrollorgane der sich verschmelzenden Gesellschaften gewährt wird (Parallelregelung: § 122c Abs. 2 Nr. 8 UmwG),

h) die Satzung der SE (Parallelregelung: § 122c Abs. 2 Nr. 9 UmwG),[59]

i) Angaben zu dem Verfahren, nach dem die Vereinbarung über die Beteiligung der Arbeitnehmer gemäß der Richtlinie 2001/86/EG geschlossen wird (Parallelregelung: § 122c Abs. 2 Nr. 10 UmwG).

22 Die sich verschmelzenden Gesellschaften können dem Verschmelzungsplan weitere Punkte hinzufügen (Art. 20 Abs. 2 SE-VO). Die Rechts- und Gestaltungsfragen des Verschmelzungsplanes entsprechen denjenigen bei der grenzüberschreitenden Verschmelzung nach §§ 122c ff. UmwG. Zu den Einzelheiten kann daher auf § 53 Rdnr. 36 ff. (*Hoffmann*) verwiesen werden.

23 Soll die SE ihren Sitz im Ausland haben, so muss ein übertragender Rechtsträger, der deutschem Recht unterliegt, den widersprechenden Minderheitsaktionären den Erwerb ihrer Aktien gegen Zahlung einer angemessenen **Barabfindung** anbieten; das Angebot ist in den Verschmelzungsplan aufzunehmen (§ 7 Abs. 1 SEAG).[60] Dieser Minderheitsschutz des deutschen SEAG berücksichtigt, dass die SE im Ausland wegen der zahlreichen Verweise auf nationales Recht (oben Rdnr. 3) nicht nur eine andere Rechtsform, sondern auch weitgehend einer anderen Rechtsordnung unterworfen ist.[61]

24 Rechtsdogmatisch umstritten ist, ob Art. 20 SE-VO einen gemeinsamen Verschmelzungsplan der beteiligten Gesellschaften[62] oder nur gleich lautende Verschmelzungspläne[63]

---

[58] Das folgt aus Art. 18 SE-VO i. V. m. § 5 Abs. 3 UmwG (Lutter/Hommelhoff/*Bayer*, SE-Kommentar, Art. 21, Rdnr. 11; *Schmidt*, Deutsche und britische SE, S. 194 f.; *Teichmann*, ZGR 2002, S. 383, 421).

[59] Die Satzung enthält auch die Grundkapitalziffer. Zur Problematik einer nachträglichen Änderung der Grundkapitalziffer vor Eintragung der Verschmelzung: *Drinhausen/Keinath*, FS Maier-Reimer, S. 89 ff.

[60] Nähere Einzelheiten zum Schutz der Minderheitsaktionäre im Abschnitt über die grenzüberschreitende Verschmelzung, § 53 Rdnr. 85 ff. (*Hoffmann*).

[61] Zu diesem Grundgedanken der gesetzlichen Regelung, *Teichmann*, ZGR 2003, 367, 382 f.; ausführliche Diskussion auch bei *Kalss*, ZGR 2003, 593, 624 ff.

[62] So *Scheifele*, SE-Gründung, S. 141 f.; *Schwarz*, SE-Kommentar, Art. 20 Rdnr. 10.

[63] Lutter/Hommelhoff/*Bayer*, SE-Kommentar, Art. 20 Rdnr. 2; Widmann/Mayer/*Heckschen* Anh. 14, Rdnr. 152.

fordert. Unstreitig müssen die beteiligten Gesellschaften am Ende einem **gleich lautenden** Verschmelzungsplan zugestimmt haben. Dies zu prüfen, ist der zuständigen Behörde ausdrücklich aufgetragen (Art. 26 Abs. 3 SE-VO). Für die rechtspraktischen Einzelfragen (Sprache und Form des Verschmelzungsplans) gelangen beide Auffassungen ohnehin zu demselben Ergebnis: Sowohl die Sprache als auch die Form richten sich über Art. 18 SE-VO nach dem nationalen Recht der beteiligten Gesellschaften. Der Verschmelzungsplan ist demnach für die beteiligte deutsche Gesellschaft **notariell zu beurkunden**.[64] Die Beurkundung kann in einer Fremdsprache erfolgen, soweit der Notar dieser Sprache mächtig ist.[65] Allerdings wird spätestens für die Einreichung beim Handelsregister auch eine **deutsche Sprachfassung** benötigt.[66] Rechtspraktisch sollte daher von vornherein mit einer mehrsprachigen Fassung gearbeitet werden.

Die Vertretungsorgane der beteiligten Gesellschaften erstellen außerdem einen **Verschmelzungsbericht**.[67] Er dient der rechtlichen und wirtschaftlichen Erläuterung der Verschmelzung unter Einbeziehung der grenzüberschreitenden Aspekte.[68] Soll ein gemeinsamer Verschmelzungsbericht der beteiligten Gesellschaften verfasst werden, müssen die Berichtpflichten der verschiedenen Rechtsordnungen beachtet werden.[69] § 8 Abs. 1 S. 1 Hs. 2 UmwG lässt eine **gemeinsame** Berichterstattung zu. Sie kann ungeachtet des hohen Koordinierungsaufwandes vorteilhaft sein, um Informationsdivergenzen und eine darauf gestützte Beschlussanfechtung zu vermeiden.[70] Ein **Verzicht** auf einen Verschmelzungsbericht ist gemäß Art. 18 SE-VO i. V. m. § 8 Abs. 3 S. 1 UmwG in notarieller Form möglich, wenn alle Aktionäre der Gründungsgesellschaften zustimmen. Ob darin ein allgemeiner Rechtsgedanke liegt, der auch für andere Rechtsordnungen Gültigkeit hat,[71] ist zweifelhaft, nachdem die reformierte Verschmelzungsrichtlinie insoweit nur ein Mitgliedstaatenwahlrecht vorsieht.[72] In der Praxis sollte man jeweils klären, ob die zuständige ausländische Stelle, die über die Verschmelzung eine Rechtmäßigkeitsbescheinigung auszustellen hat (Art. 26 Abs. 1 SE-VO), den Verzicht akzeptieren wird.

25

Der Verschmelzungsplan unterliegt der **Prüfung** durch Sachverständige.[73] Diese richtet sich über Art. 18 SE-VO nach den nationalen Vorschriften (§§ 9 ff. UmwG). Auf die Prüfung kann einvernehmlich verzichtet werden (§ 9 Abs. 3 i. V. m. § 8 Abs. 3 UmwG); dies ist

26

---

[64] Münch. Hdb. AG/*Austmann*, § 83 Rdnr. 8; Lutter/Hommelhoff/*Bayer*, SE-Kommentar, Art. 20, Rdnr. 6; *Scheifele*, SE-Gründung, S. 171 ff.; *Schwarz*, SE-Kommentar, Art. 20 Rdnr. 51. Weiterhin *Heckschen*, DNotZ 2003, 251, 257 ff.; Jannott/Frodermann Hdb. SE/*Jannott* 3. Kap. Rdnr. 38. A. A. *Schulz/Geismar* DStR 2001, 1078, 1080, mit Hinweis auf den abschließenden Charakter des Art. 19 SE-VO; dieser hat jedoch Formfragen nicht zum Regelungsgegenstand.

[65] Limmer/*Limmer*, Unternehmensumwandlung, Rdnr. 3084. Zur umstrittenen Frage, ob auch ein ausländischer Notar die Beurkundung vornehmen kann: § 53 Rdnr. 53 *(Hoffmann)*.

[66] MünchKommAktG/*Schäfer*, Art. 20 SE-VO, Rdnr. 5. Vgl. auch *Scheifele*, SE-Gründung, S. 177, und *Schwarz*, SE-Kommentar, Art. 20 Rdnr. 54, wonach der Verschmelzungsplan in allen Sprachen abzufassen sei, die in den von der Verschmelzung betroffenen Rechtsordnungen Verfahrens- und Gerichtssprache sind.

[67] Die SE-VO regelt dies nicht. Über Art. 18 SE-VO gelangt daher § 8 UmwG zur Anwendung. Vgl. dazu Lutter/Hommelhoff/*Bayer*, SE-Kommentar, Art. 20 Rdnr. 29; *Teichmann*, ZGR 2002, 383, 423. Für eine mittelbare Ableitung der Berichtpflicht aus Art. 31 Abs. 2 Unterabs. 2 SE-VO: *Schwarz*, SE-Kommentar, Art. 20 Rdnr. 57.

[68] Vgl. die Erläuterungen im Kapitel über die grenzüberschreitende Verschmelzung: § 53 Rdnr. 59 ff. *(Hoffmann)*.

[69] *Schwarz*, SE-Kommentar, Art. 20 Rdnr. 59.

[70] Münch. Hdb. AG/*Austmann*, § 83 Rdnr. 15.

[71] In diesem Sinne Münch. Hdb. AG/*Austmann*, § 83 Rdnr. 16.

[72] Gemäß Art. 9 Abs. 3 der reformierten Verschmelzungsrichtlinie (Richtlinie 2009/109/EG, ABl.EU v. 2. 10. 2009, L 259/14) können die Mitgliedstaaten vorsehen, dass der Verschmelzungsbericht entbehrlich ist, wenn alle Gesellschafter darauf verzichtet haben.

[73] Vgl. dazu auch die Ausführungen im Kapitel über die grenzüberschreitende Verschmelzung: § 53 Rdnr. 69 ff. *(Hoffmann)*.

mittlerweile auch europaweit geltendes Recht.[74] Für die SE-Verschmelzung können die beteiligten Gesellschaften gem. Art. 22 S. 1 SE-VO gemeinsame Prüfer bestellen; diese haben einen Auskunftsanspruch gegenüber jeder beteiligten Gesellschaft.

27 Die **Hauptversammlung** jeder beteiligten Gesellschaft muss dem Verschmelzungsplan zustimmen (Art. 23 Abs. 1 SE-VO). Einberufung, Vorbereitung und Durchführung der Hauptversammlung richten sich über Art. 18 SE-VO nach nationalem Aktienrecht. In einer deutschen AG erfordert der Beschluss somit eine Mehrheit von mindestens drei Viertel des bei der Beschlussfassung vertretenen Grundkapitals (§ 65 Abs. 1 S. 1 UmwG).[75] Ergänzend sind die Pflichten zur öffentlichen Bekanntmachung gemäß Art. 21 SE-VO i. V. m. § 5 SEAG zu beachten.

28 Die Hauptversammlung kann sich das Recht **vorbehalten**, dass die mit den Arbeitnehmern ausgehandelte SE-Beteiligungsvereinbarung ausdrücklich von ihr genehmigt wird (Art. 23 Abs. 2 S. 2 SE-VO).[76] Teilweise wird diese Kompetenz für nicht delegierbar erachtet; es sei gerade der Sinn der Vorschrift, den Eigentümern die endgültige Entscheidung zu sichern.[77] In der Praxis wird allerdings von dem Vorbehalt zumeist kein Gebrauch gemacht, weil die Einberufung einer weiteren Hauptversammlung zu aufwändig erscheint. Ein Zustimmungsvorbehalt zu Gunsten des Aufsichtsrats, dessen Zulässigkeit sich für eine deutsche AG schon aus § 111 Abs. 4 S. 2 AktG ergibt, vermag insoweit die Interessen der Aktionäre besser zu schützen als das Unterbleiben jeglicher ex-post Kontrolle.[78]

29 Für die **konzerninterne Verschmelzung** sieht Art. 31 SE-VO bestimmte Verfahrenserleichterungen vor. Ist die aufnehmende Gesellschaft Inhaberin sämtlicher Stimmrechte bei der übertragenden Gesellschaft (Art. 31 Abs. 1 SE-VO),[79] entfallen im Verschmelzungsplan die Angaben nach Art. 20 Abs. 1 lit. b, c und d SE-VO (vgl. oben Rdnr. 21).[80] Damit entfällt auch die Notwendigkeit einer Verschmelzungsprüfung.[81] Der nach Art. 23 SE-VO in den beteiligten Gesellschaften erforderliche Hauptversammlungsbeschluss ist nicht entbehrlich.[82] Die in Art. 31 Abs. 2 SE-VO angesprochenen Er-

---

[74] Art. 10 der dritten gesellschaftsrechtlichen Richtlinie wurde durch Richtlinie 2007/63/EG entsprechend geändert.

[75] In vielen anderen Staaten ist lediglich eine Stimmenmehrheit von zwei Dritteln erforderlich; dies ist auch der untere Wert, den Art. 7 Abs. 1 der dritten gesellschaftsrechtlichen Richtlinie vorgibt.

[76] Eine solche Regelung findet sich auch bei der grenzüberschreitenden Verschmelzung, vgl. dazu die Ausführungen in § 53 Rdnr. 76 ff. *(Hoffmann)*.

[77] Münch. Hdb. AG/*Austmann*, § 83 Rdnr. 23; Lutter/Hommelhoff/*Bayer*, SE-Kommentar, Art. 23 Rdnr. 21.

[78] Für eine Delegierbarkeit daher MünchKommAktG/*Schäfer*, Art. 23 SE-VO, Rdnr. 2; *Scheifele*, SE-Gründung, S. 218; sowie bereits *Teichmann*, ZGR 2002, 383, 430.

[79] Die Vorschrift erfasst damit nur den sog. upstream merger: Lutter/Hommelhoff/*Bayer*, SE-Kommentar, Art. 31 Rdnr. 3; sie berücksichtigt nur die stimmberechtigten Anteile, greift also auch dann, wenn die übertragende Gesellschaft stimmrechtslose Aktien ausgegeben hat, die sich nicht in der Hand der übernehmenden Gesellschaft befinden (Münch. Hdb. AG/*Austmann*, § 83 Rdnr. 25; MünchKommAktG/*Schäfer*, Art. 31 SE-VO, Rdnr. 3; *Schwarz*, SE-Kommentar, Art. 31 Rdnr. 6).

[80] Weiterhin entfällt die Anordnung des Art. 29 Abs. 1 lit. b SE-VO, wonach die Aktionäre der übertragenden Gesellschaft Aktien der übernehmenden Gesellschaft erwerben. Die Muttergesellschaft erwirbt demnach keine eigenen Aktien (Lutter/Hommelhoff/*Bayer*, SE-Kommentar, Art. 31 Rdnr. 8).

[81] Art. 31 Abs. 1 SE-VO erklärt daher den Art. 22 SE-VO, der eine gemeinsame Prüferbestellung zulässt, für nicht anwendbar. Hintergrund: Nach Art. 24 der dritten gesellschaftsrechtlichen Richtlinie entfällt die Verschmelzungsprüfung; für eine gemeinsame Prüfung bleibt also kein Anwendungsbereich. Die Literatur nimmt teilweise an, dieser Ausschluss der Prüfungspflicht sei Art. 31 Abs. 1 SE-VO direkt zu entnehmen (Lutter/Hommelhoff/*Bayer*, SE-Kommentar, Art. 31 Rdnr. 10, m.w.N.). Es wäre indessen aus Sicht des SE-Gesetzgebers widersinnig, eine Prüfungspflicht aufheben zu wollen, die nach dem harmonisierten nationalen Recht, auf das Art. 18 SE-VO für diese Zwecke verweist, gar nicht besteht.

[82] So die h. M. mit dem überzeugenden Hinweis, dass die Verschmelzung auch einen Formwechsel in die SE bedeutet (Lutter/Hommelhoff/*Bayer*, SE-Kommentar, Art. 31 Rdnr. 10; MünchKommAktG/*Schäfer*, Art. 31 SE-VO, Rdnr. 7; *Scheifele*, SE-Gründung, S. 286). Die a. A. versteht den Ver-

leichterungen für Verschmelzungen, bei denen die aufnehmende Gesellschaft mindestens 90% der stimmberechtigten Anteile hält, sind auf deutsche Gründungsgesellschaften nicht anwendbar.[83]

e) Rechtmäßigkeitsprüfung und Eintragung. Der Zweistufigkeit des Verfahrens **30** und des anwendbaren Rechts (oben Rdnr. 12) entsprechend unterliegt die SE-Gründung einer **zweistufigen** Rechtmäßigkeitsprüfung (Art. 25 und Art. 26 SE-VO). Die für die jeweilige Gründungsgesellschaft zuständige Stelle prüft die Verfahrensabschnitte, die nach dem für diese Gesellschaft geltenden nationalen Recht vollzogen worden sind, und stellt darüber eine **Rechtmäßigkeitsbescheinigung** aus (Art. 25 Abs. 2 SE-VO).[84] Die Bescheinigung muss binnen sechs Monaten der Stelle vorgelegt werden, die im Staat der SE-Gründung für die Rechtmäßigkeitskontrolle zuständig ist (Art. 26 Abs. 2 SE-VO). Die nach Art. 26 SE-VO prüfende Stelle ist grundsätzlich an die Bescheinigung gebunden,[85] darf allerdings gegenüber evidenten Mängeln nicht die Augen verschließen.[86]

Liegt der Sitz der künftigen SE im Ausland, können die **Gläubiger** der deutschem **31** Recht unterliegenden Gründungsgesellschaft Sicherheiten verlangen, sofern sie glaubhaft machen, dass durch die Sitzverlegung die Erfüllung ihrer Forderungen gefährdet wird (§ 8 i. V. m. § 13 SEAG).[87] Die Zwischenbescheinigung nach Art. 25 Abs. 2 SE-VO wird nur ausgestellt, wenn die Vorstandsmitglieder der übertragenden Gesellschaft versichern, dass allen Gläubigern, die hierauf ein Recht haben, eine angemessene Sicherheit geleistet wurde (§ 8 S. 2 SEAG). Liegt der Sitz der künftigen SE im Inland, richtet sich der Gläubigerschutz wie bei einer rein nationalen Verschmelzung nach § 22 UmwG.[88]

In Deutschland ist das Amtsgericht als **Registergericht** für diese Prüfungsaufgaben zu- **32** ständig (§ 4 S. 1 SEAG). Stellt es eine Bescheinigung i. S. d. Art. 25 Abs. 2 SE-VO aus, richtet sich das Verfahren nach den §§ 16, 17 UmwG.[89] Ist es für die Gründungsprüfung i. S. d. Art. 26 SE-VO zuständig, gilt Art. 15 SE-VO i. V. m. § 36 UmwG.[90] Zu prüfen ist dann weiterhin, ob der Mehrstaatlichkeitsbezug (oben Rdnr. 9) besteht, ob die Gründungsgesellschaften einem gleich lautenden Verschmelzungsplan zugestimmt haben und ob das Verfahren der Arbeitnehmerbeteiligung (oben Rdnr. 13 f.) zum Abschluss gebracht wurde (vgl. Art. 26 Abs. 3 SE-VO).[91]

Die **Rechtsmittel** gegen den Verschmelzungsbeschluss der deutschem Recht unterlie- **33** genden Gründungsgesellschaft richten sich nach dem nationalen Aktienrecht. Den Aktionären stehen also die Anfechtungs- und die Nichtigkeitsklage zu Gebote. Die Anfech-

---

weis auf nationales Recht in Art. 31 Abs. 1 S. 2 SE-VO als einen umfassenden Verweis (so noch *Teichmann*, ZGR 2002, 383, 431; weiterhin *Werlauff*, SE, S. 57); dann wäre für Deutschland § 62 UmwG zur Anwendung berufen.

[83] Es fehlt die in Art. 31 Abs. 2 SE-VO geforderte Parallelregelung im nationalen Verschmelzungsrecht; vgl. Lutter/Hommelhoff/*Bayer*, SE-Kommentar, Art. 31 Rdnr. 19.

[84] Zur vergleichbaren Regelung im Recht der grenzüberschreitenden Verschmelzung ausführlich: § 53 Rdnr. 98 ff. *(Hoffmann)*.

[85] Lutter/Hommelhoff/*Bayer*, SE-Kommentar, Art. 26 Rdnr. 16; *Schmidt*, Deutsche und britische SE, S. 257.

[86] Mit dieser Einschränkung auch Münch. Hdb. AG/*Austmann*, § 83 Rdnr. 31 sowie Widmann/Mayer/*Heckschen*, Anh. 14, Rdnr. 266.

[87] Für die verfahrenstechnischen Einzelheiten sei auf den Abschnitt über die grenzüberschreitende Verschmelzung verwiesen, § 53 Rdnr. 88 ff. *(Hoffmann)*. Zur rechtsdogmatischen Diskussion, ob die SE-VO eine Ermächtigungsgrundlage für die gläubigerschützende Norm des § 8 SEAG enthalte, Lutter/Hommelhoff/*Bayer*, SE-Kommentar, Art. 24 Rdnr. 15 m. w. N.

[88] Lutter/Hommelhoff/*Bayer*, SE-Kommentar, Art. 24 Rdnr. 7.

[89] Lutter/Hommelhoff/*Bayer*, SE-Kommentar, Art. 25 Rdnr. 11.

[90] Näher Lutter/Hommelhoff/*Bayer*, SE-Kommentar, Art. 26 Rdnr. 9 f.

[91] Entgegen dem zu engen Wortlaut („Vereinbarung … geschlossen") muss es wie bei Art. 12 Abs. 2 SE-VO auch genügen, wenn die Verhandlungen regelgerecht begonnen und abgebrochen wurden (Lutter/Hommelhoff/*Bayer*, SE-Kommentar, Art. 26 Rdnr. 12; *Scheifele*, SE-Gründung, S. 275).

tungsklage kann jedoch gemäß § 6 Abs. 1 und § 7 Abs. 5 SEAG nicht darauf gestützt werden, dass das Umtauschverhältnis oder die angebotene Barabfindung (oben Rdnr. 23) nicht angemessen sei.[92] Diese Fragen sind im **Spruchverfahren** zu klären.[93] Ist an der SE-Gründung eine ausländische Gesellschaft beteiligt, deren Rechtsordnung das Spruchverfahren nicht kennt,[94] müssen gemäß Art. 25 Abs. 3 SE-VO die Aktionäre der ausländischen Gründungsgesellschaft der Durchführung des Spruchverfahrens vorher zustimmen. Wird die Zustimmung nicht erteilt, entfällt der in § 6 Abs. 1 und § 7 Abs. 5 SEAG geregelte Ausschluss der Anfechtungsklage.[95] Aus dem Verweis des Art. 25 Abs. 1 SE-VO folgt die Anwendung der §§ 16, 17 UmwG. Der Vorstand der deutschen Gründungsgesellschaft muss also entweder eine Negativerklärung i. S. d. § 16 Abs. 2 UmwG abgeben können oder ein Freistellungsverfahren nach § 16 Abs. 3 UmwG anstrengen.

34 Mit **Eintragung** der SE wird die Verschmelzung wirksam (Art. 27 Abs. 1 SE-VO).[96] Die **Wirkungen** der Verschmelzung durch Aufnahme (oder Neugründung) regelt Art. 29 SE-VO: Gesamtrechtsnachfolge der übernehmenden (oder neu gegründeten) Gesellschaft in das Aktiv- und Passivvermögen jeder übertragenden Gesellschaft; Aktionäre der übertragenden Gesellschaft(en) werden Aktionäre der übernehmenden (oder neu gegründeten) Gesellschaft; Erlöschen der übertragenden Gesellschaft(en); die übernehmende (oder neu gegründete) Gesellschaft nimmt die Rechtsform der SE an. Die Verschmelzung genießt nach der Eintragung **Bestandsschutz** gemäß Art. 30 SE-VO: Sie kann nicht mehr für nichtig erklärt werden; allenfalls kann das Fehlen der Rechtmäßigkeitskontrolle einen Auflösungsgrund darstellen.

3. Gründung einer Holding-SE

35 **a) Rechtspraktische Bedeutung.** Zweites Gründungsverfahren der SE-VO ist die Errichtung einer Holding-SE durch zwei nationale Gründungsgesellschaften in Form der AG oder GmbH (Art. 2 Abs. 2 SE-VO). Ziel ist die Errichtung einer SE, die jeweils die Mehrheit der Anteile an den Gründungsgesellschaften hält. Die bisherigen Anteilsinhaber der Gründungsgesellschaften erhalten im Tausch Aktien an der SE. Die Gründungsgesellschaften bestehen als Tochtergesellschaften der SE fort. Die Gründung der Holding-SE (Art. 32 ff. SE-VO) orientiert sich rechtstechnisch am **Verschmelzungsverfahren**: Es sind ein Gründungsplan und ein Gründungsbericht zu erstellen; die Gesellschafter der Gründungsgesellschaften müssen über die Holding-Gründung Beschluss fassen; §§ 9 ff. SEAG regeln Maßnahmen des Minderheitenschutzes in Anlehnung an das Verschmelzungsrecht (Kontrolle des Umtauschverhältnisses, Austrittsrecht gegen Barabfindung). Erst nach der Beschlussphase beginnt der eigentliche Anteilstausch.

36 Der gemäß Art. 32 Abs. 6 SE-VO notwendige **Gesellschafterbeschluss** lässt sich rechtsdogmatisch zwar als Konzerneingangskontrolle erklären;[97] die unzähligen offenen Streitfragen (unten Rdnr. 43) lassen das Verfahren aber rechtspraktisch nicht empfehlenswert erscheinen. Soweit ersichtlich wurde von dem Verfahren der Holding-Gründung in der Praxis bislang auch noch kein Gebrauch gemacht. Soll die Obergesellschaft eines Konzerns die Rechtsform der SE erhalten, bieten sich dafür andere Wege: Eine bereits bestehende Holdinggesellschaft kann im Wege des Formwechsels (unten Rdnr. 44 ff.) die

---

[92] Zur Diskussion darüber, ob die minderheitenschützenden Regeln der §§ 6 und 7 SEAG von der SE-VO gedeckt sind, Lutter/Hommelhoff/*Bayer*, SE-Kommentar, Art. 26 Rdnr. 25 ff. (m.w.N.).
[93] Vgl. die ausführlichen Erläuterungen zur Überprüfung von Umtauschverhältnis und Barabfindung im Kapitel über die grenzüberschreitende Verschmelzung: § 53 Rdnr. 80 ff. *(Hoffmann)*.
[94] Das dürfte der Regelfall sein. Ein dem deutschen Recht vergleichbares Spruchverfahren ist soweit ersichtlich nur in Österreich und Tschechien bekannt (vgl. *Arlt/Grechenig/Kalss* in Oplustil/Teichmann (Hrsg.), European Company, S. 18 ff. sowie *Pelikánová/Čech* für Tschechien, ebda. S. 51).
[95] Zu diesem Zusammenhang *Teichmann*, ZGR 2002, 383, 482.
[96] Vgl. auch die Ausführungen zur Eintragung der grenzüberschreitenden Verschmelzung bei § 53 Rdnr. 108 ff. *(Hoffmann)*.
[97] Ausführlich *Teichmann*, AG 2004, 67, 70 ff.

Rechtsform der SE annehmen. Oder die Aktien an einer bereits bestehenden SE werden den Gesellschaftern der künftigen Tochtergesellschaften zum Tausch angeboten.

b) Beteiligte Gründungsgesellschaften. Gründungsgesellschaften einer Holding-SE 37 können eine **AG** oder **GmbH** sein. Auch eine bereits bestehende SE kann sich an der Gründung beteiligen (vgl. Art. 3 Abs. 1 SE-VO). Mindestens zwei der Gründungsgesellschaften müssen dem Recht verschiedener Mitgliedstaaten unterliegen oder seit mindestens zwei Jahren eine dem Recht eines anderen Mitgliedstaats unterliegende Tochtergesellschaft[98] oder eine Zweigniederlassung in einem anderen Mitgliedstaat haben (Art. 2 Abs. 2 SE-VO).[99]

c) Erste Gründungsphase: Beschlussfassung in den Gründungsgesellschaften. 38 Die Leitungs- oder Verwaltungsorgane der Gründungsgesellschaften erstellen einen gleich lautenden **Gründungsplan** (Art. 32 Abs. 2 SE-VO).[100] Dieser enthält im Wesentlichen dieselben Angaben wie ein Verschmelzungsplan nach Art. 20 SE-VO (vgl. den Verweis in Art. 32 Abs. 2 S. 3 SE-VO). Er gibt insbesondere das Umtauschverhältnis an, zu dem die Gesellschafter der Gründungsgesellschaften Aktien an der Holding-SE erwerben können. Weiterhin setzt er einen (über 50% liegenden) Mindestprozentsatz der Anteile fest, der eingebracht werden muss, damit die Holding-SE entstehen kann. Zeitgleich mit der Offenlegung des Gründungsplans sind mit den Arbeitnehmern **Verhandlungen** über ihre Beteiligungsrechte in der künftigen SE aufzunehmen (vgl. § 4 Abs. 2 SEBG).[101]

Gemäß Art. 32 Abs. 2 S. 2 SE-VO enthält der Gründungsplan einen **Bericht**, in dem 39 die Gründung aus rechtlicher und wirtschaftlicher Sicht zu erläutern ist. Auch darin liegt eine Parallele zum Verschmelzungsrecht mit seinem Verschmelzungsbericht.[102] Gründungsplan und Gründungsbericht unterliegen der **Prüfung** durch unabhängige Sachverständige (Art. 32 Abs. 4 SE-VO). Deren Bericht muss auf besondere Bewertungsschwierigkeiten hinweisen und erklären, ob das Umtauschverhältnis der Anteile angemessen ist; er muss weiterhin angeben, nach welchen Methoden es bestimmt worden ist und ob diese Methoden im vorliegenden Fall angemessen sind (Art. 32 Abs. 5 SE-VO).

Der Gründungsplan ist offenzulegen und sodann der **Gesellschafterversammlung** in 40 den beteiligten Gründungsversammlungen zum Beschluss vorzulegen (Art. 32 Abs. 6 SE-VO). Die Beschlussfassung richtet sich nach dem auf die jeweilige Gesellschaft anwendbaren nationalen Recht.[103] Der Beschluss bedarf in einer deutschen AG einer Mehrheit von

---

[98] Der Begriff der „Tochtergesellschaft" wird in der SE-VO nicht definiert. Entscheidend ist ein beherrschender Einfluss, der vermutet wird, wenn die AG die Mehrheit des Kapitals oder der Stimmrechte innehat oder mehr als die Hälfte des Verwaltungs-, Leitungs- oder Aufsichtsorgans bestellen kann (Lutter/Hommelhoff/*Seibt*, SE-Kommentar, Art. 37 Rdnr. 15; siehe auch *Bayer*, ebda., Art. 2 Rdnr. 16 sowie *Vossius*, ZIP 2005, 741, 745). Es kann sich auch um mittelbare Beteiligungen handeln (zutreffend Münch. Hdb. AG/*Austmann*, § 83 Rdnr. 1, Fn. 6; *Kowalski*, DB 2007, 2243, 2244).

[99] Entgegen *Hommelhoff* (AG 2001, 279, 281) und *Kallmeyer* (AG 2003, 197, 199) genügt es nicht, wenn nur ein beteiligter Rechtsträger eine Tochtergesellschaft oder Zweigniederlassung im Ausland hat. Dazu überzeugend mit Hinweis auf Wortlaut und Systematik des Art. 2 Abs. 2 SE-VO *Scheifele*, SE-Gründung, S. 118 f. (sowie aus der sonstigen Literatur etwa Lutter/Hommelhoff/*Bayer*, SE-Kommentar, Art. 2 Rdnr. 15; Spindler/Stilz/*Casper*, Art. 2 SE-VO, Rdnr. 11; MünchKommAktG/ *Oechsler*, Art. 2 Rdnr. 33).

[100] Hierzu besteht die Paralleldiskussion zur Verschmelzung (vgl. oben Rdnr. 24), ob es sich um einen gemeinsamen Plan der beteiligten Gesellschaften handeln muss (siehe Lutter/Hommelhoff/*Bayer*, SE-Kommentar, Art. 32 Rdnr. 21 m. w. N.).

[101] Vgl. zu den Verhandlungen oben Rdnr. 13.

[102] Allerdings ist der Verschmelzungsbericht nicht Teil des Verschmelzungsplans, so dass sich speziell für die Holding-Gründung die Frage stellt, ob mit dem Gründungsplan auch der Bericht offenzulegen ist (dazu Lutter/Hommelhoff/*Bayer*, SE-Kommentar, Art. 32 Rdnr. 48; außerdem Spindler/Stilz/ *Casper*, Art. 32 SE-VO Rdnr. 17).

[103] Zwar fehlt eine Art. 18 SE-VO entsprechende Verweisungsnorm; Art. 9 und Art. 15 SE-VO schließen die Lücke nicht, weil sie erst für die künftige SE gelten. Die Anwendung nationalen Rechts lässt sich jedoch mit einer Analogie zu Art. 18 SE-VO begründen (Lutter/Hommelhoff/*Bayer*, SE-

drei Vierteln des bei der Beschlussfassung vertretenen Grundkapitals, in einer GmbH von drei Vierteln der abgegebenen Stimmen (§ 10 Abs. 1 SEAG).[104] Das deutsche SEAG regelt ebenso wie bei der Verschmelzung zum **Schutz der Minderheitsgesellschafter** eine Kontrolle des Umtauschverhältnisses und ein Barabfindungsangebot.[105] Bei Anmeldung der Holding-SE müssen die Vertretungsorgane eine § 16 Abs. 2 UmwG vergleichbare Negativerklärung abgeben. Ein Freigabeverfahren (wie in § 16 Abs. 3 UmwG) ist nicht vorgesehen.[106]

41 **d) Zweite Gründungsphase: Anteilstausch.** Nach der endgültigen Festlegung des Gründungsplans[107] verfügen die Gesellschafter über eine Frist von **drei Monaten,** um ihrer Gesellschaft mitzuteilen, ob sie ihre Anteile gegen Aktien der Holding-SE tauschen wollen (Art. 33 Abs. 1 SE-VO). Voraussetzung für die erfolgreiche Gründung der SE ist das Erreichen der im Gründungsplan vorgegebenen Mindestumtauschquote (Art. 33 Abs. 2 SE-VO). Wurden die Gründungsbedingungen erfüllt, verfügen die Gesellschafter, die bislang keine Umtauschabsicht bekundet hatten, über eine **weitere Frist von einem Monat,** um ihre Anteile doch noch zum Umtausch anzubieten (Art. 33 Abs. 3 SE-VO).

42 **e) Dritte Gründungsphase: Entstehung der SE.** Die **Eintragung** der SE setzt voraus, dass die Formalitäten nach Art. 32 SE-VO (insb. Gründungsplan, Prüfung und Gesellschafterbeschluss) erfüllt sind und die notwendige Umtauschquote erreicht wurde. Gemäß Art. 15 SE-VO gilt für die neu entstehende SE das nationale Aktienrecht, es kommt also das Gründungsverfahren der §§ 32 ff. AktG zur Anwendung. Da die SE durch Einbringung der Anteile an den Gründungsgesellschaften entsteht, handelt es sich um eine **Sachgründung.**[108] Die Rechtmäßigkeit des gesamten Gründungsverfahrens wird von der Stelle geprüft, welche die SE einträgt.[109] Eine Zwischenbescheinigung, vergleichbar derjenigen nach Art. 25 Abs. 2 SE-VO, ist nicht vorgesehen.

43 **f) Besondere Probleme der SE-Holdinggründung.** Das Verfahren der SE-Holdinggründung findet im deutschen Recht keine Parallele und ist in der SE-VO nur bruchstückhaft geregelt. Dementsprechend verbinden sich mit ihm zahlreiche ungeklärte rechtspraktische und -dogmatische Schwierigkeiten: Schon die Anwendung des nationalen Rechts auf die Gründungsgesellschaften kann sich nicht auf den Rechtstext der SE-VO stützen, sondern lässt sich nur im Wege der Analogie begründen.[110] Unklar ist auch, wer als „**Gründer**" im Sinne der hier anwendbaren (oben Rdnr. 42) Sachgründungsvorschriften des AktG anzusehen ist: Das Kapital der SE bringen die Anteilseigner der Gründungsgesellschaften durch ihren Anteilstausch ein; dennoch sieht die überwiegende Auffassung aus rechtspraktischen Gründen und in Parallele zur Verschmelzung die Gründungsgesellschaf-

---

Kommentar, Art. 32 Rdnr. 7; Spindler/Stilz/*Casper*, Art. 32 SE-VO Rdnr. 4) und entspricht der allgemeinen Systematik des europäischen Rechts der Strukturmaßnahmen (*Oplustil*, GLJ 2003, 107, 108 f.; *Teichmann*, ZGR 2002, 383, 434).

[104] Zur rechtspolitischen und rechtsdogmatischen Diskussion über die zutreffende Beschlussmehrheit: Lutter/Hommelhoff/*Bayer*, SE-Kommentar, Art. 32 Rdnr. 65 ff.; *Oplustil*, GLJ 2003, 107, 116 ff.; *Schmidt*, Deutsche und britische SE, S. 295 ff.; *Teichmann*, ZGR 2002, 383, 435.

[105] § 9 und § 11 SEAG, gestützt auf die Ermächtigung des Art. 34 SE-VO.

[106] Dabei hat es nach h. M. sein Bewenden (Lutter/Hommelhoff/*Bayer*, SE-Kommentar, Art. 33 Rdnr. 54, m. w. N.); teilweise wird aber auch eine analoge Anwendung von § 16 Abs. 3 UmwG befürwortet (Spindler/Stilz/*Casper*, Art. 33 SE-VO Rdnr. 18).

[107] Das ist in der Regel der zustimmende Gesellschafterbeschluss, es sei denn, die Gesellschafterversammlung hat sich noch eine Zustimmung zur SE-Beteiligungsvereinbarung vorbehalten (vgl. Lutter/Hommelhoff/*Bayer*, SE-Kommentar, Art. 33 Rdnr. 13).

[108] Näher Lutter/Hommelhoff/*Bayer*, SE-Kommentar, Art. 33 Rdnr. 38 ff.

[109] Lutter/Hommelhoff/*Bayer*, SE-Kommentar, Art. 33 Rdnr. 43; Spindler/Stilz/*Casper*, Art. 33 SE-VO Rdnr. 17.

[110] Vgl. die Nachweise in Fn. 103.

ten als die Gründer an.[111] Auch die rechtliche Konstruktion der **Anteilseinbringung** ist klärungsbedürftig: Die Anteilsinhaber erklären zunächst nur ihre Tauschabsicht (Art. 33 Abs. 1 SE-VO), die Gründung der SE hängt andererseits davon ab, dass die Anteile auch wirklich eingebracht werden (Art. 33 Abs. 2 SE-VO). Handhaben lässt sich die Problematik, wenn man die Absichtserklärung schuldrechtlich versteht und die Frage der Einbringung über Art. 15 SE-VO nach dem nationalen Gründungsrecht behandelt.[112] Problematisch ist des weiteren, dass in der Satzung der künftigen SE die konkrete **Kapitalziffer** noch nicht angegeben wird, da offen ist, wie viele Gesellschafter ihre Anteile einbringen werden. Andererseits muss die künftige Satzung bereits im Gründungsplan enthalten sein. Um dies zu bewältigen, wird eine Treuhänder-Lösung vorgeschlagen.[113] Problematisch ist nicht zuletzt auch die **Rechtsmäßigkeitskontrolle** bei Eintragung der Holding-SE. Da keine Zwischenbescheinigung erstellt wird (oben Rdnr. 42), muss das eintragende Registergericht im Grunde auch das gesellschaftsrechtliche Beschlussverfahren in der ausländischem Recht unterliegenden Gründungsgesellschaft in vollem Umfang mit prüfen. Die h.M. lehnt eine solche Pflicht aus Gründen der Praktikabilität ab.[114] In der Praxis sorgt die Negativerklärung des § 10 Abs. 2 SEAG dafür, dass kein Bedürfnis für eine umfassende Kontrolle entsteht. Viel diskutiert ist schließlich das Verhältnis des SE-Gründungsverfahrens zum **Übernahmerecht** nach WpÜG. Überwiegend wird die Anwendbarkeit des WpÜG bejaht, eine Doppelung von Schutzmechanismen solle gegebenenfalls durch Befreiung nach § 37 WpÜG verhindert werden.[115] Alles in allem weist die Holding-Gründung so viele ungeklärte Fragen auf, dass ihr in der Praxis bislang kein Erfolg beschieden war.

4. Formwechselnde Umwandlung

Die Möglichkeit, eine bestehende Gesellschaft in eine SE umzuwandeln, steht **nur Aktiengesellschaften** zur Verfügung. Diese müssen nach dem Recht eines Mitgliedstaates gegründet worden sein, ihren Sitz und ihre Hauptverwaltung in der Gemeinschaft haben und seit mindestens zwei Jahren eine dem Recht eines anderen Mitgliedstaates unterliegende Tochtergesellschaft haben (Art. 2 Abs. 4 SE-VO).[116] Die Umwandlung in eine SE hat gemäß Art. 37 Abs. 2 SE-VO weder die Auflösung der Gesellschaft noch die Gründung einer neuen juristischen Person zur Folge.[117] Es handelt sich nach deutscher Terminologie um einen **Formwechsel**.[118] Anlässlich der Umwandlung darf keine Sitzverlegung gemäß Art. 8 SE-VO stattfinden (Art. 37 Abs. 3 SE-VO).[119]

44

---

[111] Lutter/Hommelhoff/*Bayer*, SE-Kommentar, Art. 32 Rdnr. 11; Spindler/Stilz/*Casper*, Art. 32 SE-VO Rdnr. 1; *Oplustil*, GLJ 2003, 107, 121; *Scheifele*, SE-Gründung, S. 307 ff.; *Schmidt*, Deutsche und britische SE, S. 311; *Teichmann*, ZGR 2003, 367, 392 f.

[112] Lutter/Hommelhoff/*Bayer*, SE-Kommentar, Art. 33 Rdnr. 15 ff.

[113] *Scheifele*, SE-Gründung, S. 380; zu weiteren Lösungsmodellen (z.B. genehmigtes Kapital): Lutter/Hommelhoff/*Bayer*, SE-Kommentar, Art. 32 Rdnr. 31 ff.; Manz/Mayer/*Schröder*, Europäische Aktiengesellschaft, Art. 32 Rdnr. 49 ff.

[114] Lutter/Hommelhoff/*Bayer*, SE-Kommentar, Art. 33 Rdnr. 48 (allenfalls Evidenzprüfung); *Scheifele*, SE-Gründung, S. 376 f.; für eine vollumfängliche Prüfungspflicht hingegen Widmann/Mayer/*Heckschen*, Anh. 14, Rdnr. 334.

[115] Lutter/Hommelhoff/*Bayer*, SE-Kommentar, Art. 32 Rdnr. 18 ff.; Spindler/Stilz/*Casper*, Art. 32 SE-VO Rdnr. 6; *Oplustil*, GLJ 2003, 107, 124 ff.; *Schmidt*, Deutsche und britische SE, S. 326 ff.; *Teichmann*, AG 2004, 67, 77 ff.

[116] Zum Begriff der Tochtergesellschaft oben Fn. 98.

[117] Art. 37 Abs. 9 SE-VO ist demnach missverständlich formuliert, wenn von einem Rechtsübergang der Rechte und Pflichten aus dem Arbeitsverhältnis gesprochen wird.

[118] Lutter/Hommelhoff/*Seibt*, SE-Kommentar, Art. 37 Rdnr. 3.

[119] Die französische Fassung („à l'occasion de") entspricht der deutschen. Die englische Fassung ist enger und untersagt nur gleichzeitigen Formwechsel und Sitzverlegung („at the same time"). Angesichts dessen ist davon abzuraten, mit dem Formwechsel auch schon eine unmittelbar nachfolgende Sitzverlegung zu beschließen (Lutter/Hommelhoff/*Seibt*, SE-Kommentar, Art. 37 Rdnr. 4, hält dies für zulässig). Hintergrund der Regelung ist die Befürchtung einer Flucht aus der Mitbestimmung (näher *Scheifele*, SE-Gründung, S. 398).

45 Zur Vorbereitung der Umwandlung erstellt der Vorstand einen Umwandlungsplan und einen Umwandlungsbericht (Art. 37 Abs. 4 SE-VO). Der **Umwandlungsplan** dient der vorhergehenden Information der Aktionäre, er ist nach Art. 37 Abs. 5 SE-VO mindestens einen Monat vor dem Tag der Hauptversammlung offen zu legen. Den konkreten Inhalt des Umwandlungsplans regelt Art. 37 SE-VO nicht. Einigkeit besteht darin, dass er folgende **Mindestinformationen** enthalten muss, über deren rechtliche Herleitung allerdings Streit besteht:[120] künftige Firma und Sitz der SE; Angaben zu den Aktien der SE; Angaben zu eventuellen Sonderrechten einzelner Aktionäre und zu besonderen Vorteilen für Sachverständige, Vorstands- oder Aufsichtsratsmitglieder; die Satzung der SE;[121] Folgen der Umwandlung für die Arbeitnehmer und ihre Vertretungen.[122] Der Umwandlungsplan bedarf nach überwiegender Ansicht nicht der notariellen Form.[123]

46 Der Vorstand erstellt außerdem einen **Umwandlungsbericht**, der die rechtlichen und wirtschaftlichen Aspekte der Umwandlung erläutert und begründet sowie deren Auswirkungen für Aktionäre und Arbeitnehmer darlegt (Art. 37 Abs. 4 SE-VO).[124] Rechtspraktisch kann man sich an den Erfahrungen mit dem Umwandlungsbericht nach § 192 Abs. 1 UmwG orientieren.[125] Die Auffassung, wonach der Umwandlungsbericht (in Entsprechung zu § 192 Abs. 2 UmwG) entbehrlich ist, wenn alle Anteilseigner auf ihn verzichten,[126] überzeugt nicht. Denn anders als der Umwandlungsbericht nach § 192 Abs. 1 UmwG enthält der SE-Umwandlungsbericht auch Informationen, die an die Arbeitnehmer gerichtet sind und daher nicht zur Disposition der Anteilseigner stehen.[127]

47 Die Hauptversammlung muss dem Umwandlungsplan zustimmen und die Satzung der SE genehmigen (Art. 37 Abs. 7 SE-VO). Mindestens einen Monat vorher muss der Um-

---

[120] Vertreten wird eine Orientierung an Art. 20 SE-VO (*Scheifele*, SE-Gründung, S. 405 ff.; *Schindler*, S. 39; Lutter/Hommelhoff/*Seibt*, SE-Kommentar, Art. 37 Rdnr. 33) oder an Art. 8 SE-VO (*Kalss*, ZGR 2003, 593, 613). Überzeugender ist ein Rückgriff auf mitgliedstaatliches Recht (Spindler/Stilz/*Casper*, Art. 37 SE-VO Rdnr. 9; van Hulle/Maul/*Drinhausen*, HdB SE, S. 108 [Rdnr. 12]; Widmann/Mayer/*Heckschen*, Anh. 14, Rdnr. 377; *Lind*, S. 123), also auf §§ 194, 243 UmwG, denn es geht um die Beschlussvorbereitung in einer AG nationalen Rechts (vgl. o. Rdnr. 12 zum anwendbaren Recht in der Gründungsphase).

[121] Gemäß Art. 37 Abs. 7 SE-VO muss die Hauptversammlung dem Umwandlungsplan zustimmen und die Satzung genehmigen. Das könnte dafür sprechen, dass die Satzung nicht Bestandteil des Umwandlungsplanes ist (so van Hulle/Maul/*Drinhausen*, HdB SE, S. 109 [Rdnr. 15]). Ungeachtet dessen gehört sie zu den Gründungsdokumenten, die vor der Hauptversammlung erstellt werden müssen, und es dürfte unschädlich sein, wenn sie in den Text des Umwandlungsplans mit aufgenommen wird. Um Art. 37 Abs. 7 SE-VO gerecht zu werden, sollte der Beschluss zweiteilig formuliert werden (Zustimmung zum Umwandlungsplan und Genehmigung der Satzung) oder über beide Fragen getrennt abgestimmt werden.

[122] Diese Angaben werden teilweise für entbehrlich gehalten (siehe nur Lutter/Hommelhoff/*Seibt*, SE-Kommentar, Art. 37 Rdnr. 34), sollten aber mit Blick auf § 194 Abs. 1 Nr. 7 UmwG aufgenommen werden, weil es sich bei der formwechselnden Gesellschaft bis zur Eintragung als SE um eine Gesellschaft nationalen Rechts handelt (vgl. oben Fn. 120).

[123] Spindler/Stilz/*Casper*, Art. 37 SE-VO Rdnr. 10; van Hulle/Maul/*Drinhausen*, HdB SE, S. 109 f. (Rdnr. 18 ff.); Lutter/Hommelhoff/*Seibt*, SE-Kommentar, Art. 37 Rdnr. 36. A.A. *Scheifele*, SE-Gründung, S. 408, und *Schwarz*, SE-Kommentar, Art. 37 Rdnr. 29, die eine Parallele zur Verschmelzung ziehen. Überzeugender ist hier wie oben (s. Fn. 120) die Orientierung am Recht des Formwechsels (§§ 194 ff. UmwG).

[124] Der Umwandlungsbericht ist hier, anders als bei der Gründung einer Holding-SE (Art. 32 Abs. 2 S. 2 SE-VO), nicht Teil des Umwandlungsplans.

[125] So auch van Hulle/Maul/*Drinhausen*, HdB SE, S. 111 (Rdnr. 26). Näher zum Berichtsinhalt: Manz/Mayer/Schröder, Europäische Aktiengesellschaft, Art. 37 Rdnr. 25 ff.; Lutter/Hommelhoff/*Seibt*, SE-Kommentar, Art. 37 Rdnr. 41 ff.

[126] van Hulle/Maul/*Drinhausen*, HdB SE, S. 111 (Rdnr. 27); MK-AktG/*Schäfer*, Art. 37 SE-VO Rdnr. 17; *Scheifele*, SE-Gründung, S. 410; *Schwarz*, SE-Kommentar, Art. 37 Rdnr. 35.

[127] Zu demselben Ergebnis gelangen: Spindler/Stilz/*Casper*, Art. 37 SE-VO Rdnr. 11; Jannott/Frodermann, HdB SE, S. 94 (Rdnr. 238); Lutter/Hommelhoff/*Seibt*, SE-Kommentar, Art. 37 Rdnr. 48.

wandlungsplan **offen gelegt** werden (Art. 37 Abs. 5 SE-VO).[128] Den Umwandlungsbericht nennt Art. 37 Abs. 5 SE-VO nicht. Er gehört aber zu den Unterlagen, die den Aktionären nach nationalem Aktienrecht zur Vorbereitung der Hauptversammlung zugänglich zu machen sind.[129] Nach der Offenlegung des Umwandlungsplans sind die Verhandlungen mit den Arbeitnehmern einzuleiten (vgl. o. Rdnr. 13f.). Außerdem muss vor der Hauptversammlung von einem oder mehreren unabhängigen Sachverständigen bescheinigt werden, dass die **Nettovermögenswerte** der Gesellschaft mindestens ihrem gezeichneten Kapital zuzüglich der kraft Gesetz oder Satzung nicht ausschüttungsfähigen Rücklagen entsprechen (Art. 37 Abs. 6 SE-VO).[130] Vorbereitung und Durchführung der **Hauptversammlung** in der umzuwandelnden AG richten sich nach dem deutschen Aktiengesetz. Die Hauptversammlung beschließt über die Umwandlung mit qualifizierter Mehrheit von drei Vierteln des bei der Beschlussfassung vertretenen Grundkapitals.[131] Eine Zustimmung des Aufsichtsrats ist nicht erforderlich.[132] Ebensowenig haben widersprechende Aktionäre Anspruch auf eine Barabfindung.[133] Für die **Eintragung** der SE gelten über den Verweis des Art. 15 SE-VO die Vorschriften des nationalen Aktien- und Umwandlungsrechts.[134] Außerdem muss gemäß Art. 12 Abs. 2 SE-VO das Verfahren zur Beteiligung der Arbeitnehmer abgeschlossen sein (vgl. o. Rdnr. 13f.).

5. Gründung einer Tochter-SE

Die Gründung einer Tochter-SE ist auf zweierlei Wegen möglich: Zwei Gesellschaften nationalen Rechts können gemeinsam eine Tochter-SE gründen (Art. 2 Abs. 3 SE-VO). Wesentlich unkomplizierter und in der Praxis gebräuchlicher ist die Gründung einer Tochter-SE durch eine bereits bestehende SE (Art. 3 Abs. 2 SE-VO). 48

a) Gründung der Tochter-SE durch Rechtsträger nationalen Rechts (Art. 2 Abs. 3 SE-VO). Die Gründung einer Tochter-SE steht allen Rechtsträgern offen, die „Gesellschaft" im Sinne des Art. 54 Abs. 2 AEUV (ex. Art. 48 Abs. 2 EGV) sind. Gemeint ist damit – von der Kapitalgesellschaft bis zu Personengesellschaften und Genossenschaften – jeder Rechtsträger, der einen Erwerbszweck verfolgt.[135] Die Vorgaben zum 49

---

[128] Der Umwandlungsplan ist hierfür beim zuständigen Handelsregister einzureichen, das die nötige Bekanntmachung vornimmt (siehe nur: van Hulle/Maul/*Drinhausen*, HdB SE, S. 110 [Rdnr. 23]; Lutter/Hommelhoff/*Seibt*, SE-Kommentar, Art. 37 Rdnr. 38f.).

[129] Für die Vorbereitung der Hauptversammlung in der umzuwandelnden AG gilt nationales Aktienrecht (van Hulle/Maul/*Drinhausen*, HdB SE, S. 112 [Rdnr. 32]; Lutter/Hommelhoff/*Seibt*, SE-Kommentar, Art. 37 Rdnr. 59; *Teichmann*, ZGR 2002, 383, 440), also insb. die Vorschriften §§ 121 ff. AktG.

[130] Diese spezielle Regelung zur Werthaltigkeitsprüfung verdrängt die Gründungsprüfung nach §§ 32, 33 AktG (van Hulle/Maul/*Drinhausen*, HdB SE, S. 115 [Rdnr. 44ff.]; *Scheifele*, SE-Gründung, S. 427; Lutter/Hommelhoff/*Seibt*, SE-Kommentar, Art. 37 Rdnr. 78; a. A. Lutter/Hommelhoff/*Bayer*, Europäische Gesellschaft, S. 64).

[131] Art. 37 Abs. 7 S. 2 SE-VO verweist für die Beschlussmehrheit auf die Vorschriften, die in Umsetzung der Verschmelzungsrichtlinie erlassen wurden. Das führt zur Anwendung des § 65 UmwG.

[132] Art. 37 Abs. 8 SE-VO ermächtigt die Mitgliedstaaten, die Umwandlung von der Zustimmung eines Organs abhängig zu machen, in dem die Mitbestimmung der Arbeitnehmer vorgesehen ist. Deutschland hat von dieser Ermächtigung keinen Gebrauch gemacht (zu den dahinter stehenden rechtspolitischen Überlegungen siehe Theisen/Wenz/*Teichmann*, Europäische Aktiengesellschaft, S. 691, 715f.).

[133] Die Regelung des § 207 UmwG ist nicht anwendbar (siehe nur: van Hulle/Maul/*Drinhausen*, HdB SE, S. 116f. [Rdnr. 47ff.]; Lutter/Hommelhoff/*Seibt*, SE-Kommentar, Art. 37 Rdnr. 66; *Teichmann*, ZGR 2003, 367, 395).

[134] Zu den Einzelheiten: van Hulle/Maul/*Drinhausen*, HdB SE, S. 113ff. (Rdnr. 39f.); Lutter/Hommelhoff/*Seibt*, SE-Kommentar, Art. 37 Rdnr. 79ff.

[135] Art. 54 Abs. 2 AEUV lautet: „Als Gesellschaften gelten die Gesellschaften des bürgerlichen Rechts und des Handelsrechts einschließlich der Genossenschaften und die sonstigen juristischen Personen des öffentlichen und privaten Rechts mit Ausnahme derjenigen, die keinen Erwerbszweck verfolgen."

grenzüberschreitenden Bezug (Art. 2 Abs. 3 SE-VO) entsprechen denjenigen bei der Holding-SE (dazu oben Rdnr. 37). Für das Gründungsverfahren der Tochter- SE trifft die SE-VO keine eigene Regelung, sondern beschränkt sich auf Verweise in das nationale Recht. Dabei ist die Zweistufigkeit des Gründungsverfahrens zu beachten (oben Rdnr. 12), die im Zusammenspiel von Art. 15 und Art. 36 SE-VO zum Ausdruck kommt:[136]

50 Das **Gründungsverfahren der SE** richtet sich nach dem Aktienrecht des Staates, in dem die SE ihren Sitz begründet (Art. 15 Abs. 1 SE-VO).[137] Dazu gehören für eine in Deutschland zu gründende SE die Feststellung der Satzung (§ 23 AktG), Bestellung von Aufsichtsrat, Vorstand und Abschlussprüfer (§ 30 AktG), Gründungsbericht und Gründungsprüfung (§§ 32, 33 AktG), Leistung der Einlagen (§ 36a AktG), Anmeldung (§§ 36, 37 AktG), und schließlich Prüfung und Eintragung durch das Registergericht (§§ 38, 39 AktG).

51 Das Verfahren in den beteiligten **Gründungsgesellschaften** richtet sich nach derjenigen Rechtsordnung, der sie selbst unterliegen. Anzuwenden sind die Verfahrensvorschriften, die für die Beteiligung an der Gründung einer Tochtergesellschaft in Form einer Aktiengesellschaft gelten (Art. 36 SE-VO). Da der Kreis der Rechtsformen, die sich an der Gründung einer Tochter-SE beteiligen können, sehr weit gefasst ist (s. oben Rdnr. 49), können die jeweils anwendbaren nationalen Regelungen hier nicht im Einzelnen untersucht werden. Die entscheidende Frage wird in der Regel darin bestehen, ob die Beteiligung an der Tochtergesellschaft eine reine Geschäftsführungsmaßnahme ist oder ob sie der Zustimmung der Gesellschafter bedarf.[138]

52 **b) Gründung der Tochter-SE durch bestehende SE (Art. 3 Abs. 2 SE-VO).** Eine bestehende SE kann ihrerseits eine Tochter-SE gründen (Art. 3 Abs. 2 SE-VO). Bei dieser Gründungsvariante ergibt sich der europäische Bezug bereits aus der SE als Gründungsgesellschaft. Die in Art. 2 SE-VO geregelten Mehrstaatlichkeitskriterien gelten hier nicht.[139] Aus diesem Grund ist die Gründung einer Tochter-SE durch eine bereits bestehende SE rechtspraktisch die einfachste Form der SE-Gründung.[140] Viele solcher SE-Töchter werden zunächst als **Vorratsgesellschaften** gegründet und anschließend veräußert.

53 Das **Gründungsverfahren** ist wiederum zweistufig zu betrachten:[141] Die SE selbst unterliegt dem für sie geltenden Recht, einschließlich der zahlreichen Verweise auf nationales Aktienrecht (o. Rdnr. 3). Bei einer in Deutschland ansässigen SE wird die Gründung der Tochter-SE in aller Regel eine bloße Geschäftsführungsmaßnahme sein, wenn nicht die Dimensionen der „Holzmüller/Gelatine"-Rechtsprechung erreicht werden.[142] Für die neu zu gründende SE gilt über Art. 15 SE-VO weitgehend das nationale Aktienrecht des für sie geplanten Sitzstaates (vgl. bereits oben Rdnr. 50 für die Gründung einer Tochter-SE nach Art. 36 SE-VO).[143] Sofern weder die Gründungsgesellschaft noch die Tochter-SE über Arbeitnehmer verfügen, muss bei dieser Gründung kein Verhandlungsverfahren nach SEBG durchgeführt werden; es ist nachzuholen, wenn die Vorrats-SE aktiviert wird (vgl. o. Rdnr. 13).

---

[136] Dazu auch Lutter/Hommelhoff/*Bayer*, SE-Kommentar, Art. 36 Rdnr. 8.
[137] Unter „Sitz" ist der Registersitz zu verstehen (s. oben Rdnr. 3).
[138] In der AG entscheiden grundsätzlich die Geschäftsführungsorgane, soweit nicht nach der Holzmüller/Gelatine-Rechtsprechung (BGHZ 83, 122, BGHZ 159, 30) eine Mitwirkung der Gesellschafter geboten ist oder ein Zustimmungsvorbehalt des Aufsichtsrats besteht. In der GmbH wäre eine entsprechende Satzungsregelung denkbar; zudem könnten die Gesellschafter im Wege des Weisungsrechts (§ 37 Abs. 1 GmbHG) Einfluss nehmen.
[139] Lutter/Hommelhoff/*Bayer*, SE-Kommentar, Art. 3 Rdnr. 10.
[140] Ebenso *Vossius*, ZIP 2005, 741, 748.
[141] Lutter/Hommelhoff/*Bayer*, SE-Kommentar, Art. 3 Rdnr. 11.
[142] Zur Anwendung dieser Rechtsprechungsgrundsätze auf die SE s. unten Rdnr. 93.
[143] Lutter/Hommelhoff/*Bayer*, SE-Kommentar, Art. 3 Rdnr. 13.

III. Leitungssystem der SE

1. Systematik: Dualismus, Monismus, gemeinsame Vorschriften

Art. 38 SE-VO überlässt der SE-Satzung die Entscheidung, ob die Gesellschaft dem dualistischen oder dem monistischen Leitungssystem folgt.[144] Dieses originär europäische **Wahlrecht** genießen auch SE mit Sitz in Deutschland. Das **dualistische** System (Art. 39 ff. SE-VO) entspricht weitgehend dem Modell des deutschen Aktienrechts mit Leitungsorgan (Vorstand) und Aufsichtsorgan (Aufsichtsrat). Das **monistische** System (Art. 43 ff. SE-VO) kennt als Organ der Oberleitung nur den Verwaltungsrat. Ihm sind nach § 40 SEAG die geschäftsführenden Direktoren unterstellt; eine Entsprechung für den Aufsichtsrat gibt es im Monismus nicht. Die Überwachungsfunktion kommt rechtspraktisch den nichtgeschäftsführenden Mitgliedern des Verwaltungsrats zu. Diese interne Arbeitsteilung hat sich bislang in all denjenigen Rechtsordnungen herausgebildet, die schon länger dem monistischen System folgen.[145] Gemeinsame Vorschriften für **beide** Leitungssysteme enthalten die Art. 46 ff. SE-VO. Hier ist insbesondere auf Art. 50 SE-VO hinzuweisen, der die Regeln der **Beschlussfassung** teilweise abweichende vom deutschen Aktienrecht regelt und zugleich satzungsdispositiv stellt. Auf diese Weise kann die Satzung für die Organe einer SE auch qualifizierte Mehrheiten festlegen und damit Minderheiten faktisch ein Veto-Recht verleihen.[146] Regeln über die **Hauptversammlung** finden sich in den Art. 52 ff. SE-VO.

2. Das dualistische Leitungsmodell

Das dualistische Leitungsmodell erfährt in **SE-VO und SEAG** keine vollständige und abschließende Regelung. Die Befugnis, zusätzliche Vorschriften in Bezug auf die SE zu erlassen, gewährt Art. 39 Abs. 5 SE-VO nur denjenigen Mitgliedstaaten, deren nationales Recht ein dualistisches System nicht kennt. Daher bleibt es für die in Deutschland registrierte SE bei Anwendung der konkreten SE-spezifischen Regelungen in SE-VO und SEAG, für alle dort nicht geregelten Fragen findet das allgemeine **deutsche Aktienrecht** Anwendung (vgl. den Generalverweis des Art. 9 Abs. 1 lit. c) SE-VO).

a) Leitungsorgan. Dem Leitungsorgan obliegt in der dualistisch strukturierten SE die **Geschäftsführung** in eigener Verantwortung (Art. 39 Abs. 1 S. 1 SE-VO).[147] Für die Beschlussfassung im Leitungsorgan gilt – in Abweichung vom deutschen Aktienrecht (§ 77 Abs. 1 S. 2 AktG) – das **Mehrheitsprinzip** mit Stichentscheid des Vorsitzenden (Art. 50 Abs. 2 SE-VO). Von diesem Grundsatz kann in der Satzung abgewichen werden.[148] Das Leitungsorgan ist nicht an Weisungen anderer Gesellschaftsorgane gebunden.[149] Es müssen lediglich zustimmungsbedürftige Geschäfte dem Aufsichtsorgan vorgelegt wer-

---

[144] Die SE-VO stellt damit die Divergenz der nationalen Systeme in Rechnung (ausführlich und rechtsvergleichend *Teichmann*, Binnenmarktkonformes Gesellschaftsrecht, S. 530 ff.), übernimmt sie aber nicht unverändert, sondern bildet ihr eigenes „monistisches" und „dualistisches" System heraus, das sich erst mit Blick auf die konkret anwendbaren Normen der SE-VO erschließt (dazu *Teichmann*, ebda., S. 592 ff.).

[145] Zusammenfassend *Teichmann*, Binnenmarktkonformes Gesellschaftsrecht, S. 588 ff.

[146] *Reichert*, Der Konzern 2006, 821, 823; vgl. außerdem *Schumacher*, NZG 2009, 697 ff. zum Sonderproblem der Vertretung von Organmitgliedern bei Organsitzungen.

[147] Die in Art. 39 Abs. 1 S. 2 SE-VO vorgesehene Möglichkeit, zusätzlich vorzusehen, dass ein oder mehrere Geschäftsführer die laufenden Geschäfte führen, ist für Deutschland nicht einschlägig (vgl. Theisen/Wenz/*Teichmann*, SE, S. 691, 726 f.).

[148] Denkbar ist insbesondere ein Vetorecht des Vorsitzenden (*Reichert*, Der Konzern 2006, 821, 823; Lutter/Hommelhoff/*Teichmann*, SE-Kommentar, Art. 50 Rdnr. 8).

[149] Zwar ist fraglich, ob Art. 39 Abs. 1 S. 1 SE-VO im Lichte des deutschen Verständnisses (siehe § 76 Abs. 1 AktG) gelesen werden kann (vgl. dazu *Lächler*, Konzernrecht, S. 183 ff.). Jedenfalls aber ist die Weisungsunabhängigkeit aus dem Gesamt-Kompetenzgefüge (keine Berechtigung von Aufsichtsorgan und Hauptversammlung zur Geschäftsführung) systematisch ableitbar (*Schwarz*, SE-Kommentar, Art. 39 Rdnr. 27 f.; Lutter/Hommelhoff/*Seibt*, SE-Kommentar, Art. 39 Rdnr. 5).

den (unten Rdnr. 64); in „Holzmüller"-Fällen muss die Hauptversammlung zustimmen (unten Rdnr. 93). Für die **Haftung** der Mitglieder des Leitungsorgans gilt § 93 AktG, da Art. 51 SE-VO insoweit auf nationales Recht verweist.[150]

57 Die Mitglieder des Leitungsorgans werden vom Aufsichtsorgan **bestellt** und abberufen (Art. 39 Abs. 2 S. 1 SE-VO).[151] Soweit die Satzung keine Einschränkungen vorsieht, können Mitglieder des Leitungsorgans einmal oder mehrmals für den in der Satzung festgelegten Zeitraum **wiederbestellt** werden (Art. 46 Abs. 2 SE-VO). Die Voraussetzungen der **Abberufung** regelt die SE-VO nicht, es gilt daher § 84 Abs. 3 AktG.[152] Der **Zeitraum** der Bestellung wird in der Satzung festgelegt, er darf sechs Jahre nicht übersteigen (Art. 46 Abs. 1 SE-VO).[153] Vielfach wird angenommen, es reiche – wie im deutschen Aktienrecht – aus, in der Satzung lediglich eine Höchstgrenze festzulegen.[154] Der Wortlaut des Art. 46 Abs. 1 SE-VO ist allerdings eindeutig. Er fordert einen „in der Satzung festgelegten Zeitraum".[155] Auch der systematische Vergleich innerhalb der SE-VO zeigt, dass die Satzungsautonomie des Art. 46 SE-VO nicht an das Aufsichts- oder Verwaltungsorgan delegierbar ist.[156] Dem rechtspraktisch einsichtigen Bedürfnis nach einer Staffelung der Amtszeiten, das die SE-VO nicht berücksichtigt, muss anderweitig Rechnung getragen werden.[157]

58 **Mitglied** des Leitungsorgans können nur natürliche Personen sein.[158] Bestellungshindernisse richten sich über Art. 47 Abs. 2 SE-VO nach den nationalen Vorschriften (§ 76 Abs. 3 AktG). Mitglieder des Aufsichtsorgans dürfen nicht zugleich dem Leitungsorgan angehören (Art. 39 Abs. 3 S. 1 SE-VO). Sie können allenfalls kommissarisch für höchstens ein Jahr als Mitglied des Leitungsorgans abgestellt werden.[159] Die Mitglieder des SE-Leitungsorgans sind hinsichtlich der Sozialversicherungspflicht wie der Vorstand einer deutschen AG zu behandeln.[160] Die **Zahl** der Mitglieder des Leitungsorgans oder die Regeln für ihre Festlegung werden durch die Satzung bestimmt (Art. 39 Abs. 4 SE-VO). Bei Ge-

---

[150] Näher Krieger/Schneider/*Teichmann*, HdB Managerhaftung, § 5 Rdnr. 17 ff. (S. 106).

[151] Sieht das nationale Aktienrecht eine Bestellung durch die Hauptversammlung vor, kann dies gemäß Art. 39 Abs. 2 S. 2 SE-VO auch für die SE vorgesehen werden. Für Deutschland passt diese Regelungsoption nicht, es findet sich daher im SEAG keine Regelung dazu (vgl. Theisen/Wenz/*Teichmann*, SE, 691, 727).

[152] Lutter/Hommelhoff/*Seibt*, SE-Kommentar, Art. 39 Rdnr. 24.

[153] Münch. Hdb. AG/*Austmann*, § 85 Rdnr. 4; Lutter/Hommelhoff/*Teichmann*, SE-Kommentar, Art. 46 Rdnr. 3 f.

[154] Spindler/Stilz/*Eberspächer*, AktG, Art. 46 SE-VO Rdnr. 5; *Drinhausen/Nohlen*, ZIP 2009, 1890 ff.; *Gößl*, SE-Satzung, S. 209; MK-AktG/*Reichert/Brandes*, Art. 46 Rdnr. 3; *Schwarz*, SE-Kommentar, Art. 46, Rdnr. 13. A. A.: Münch. Hdb. AG/*Austmann*, § 85 Rdnr. 4; *Manz*/Mayer/Schröder, Europäische Aktiengesellschaft, Art. 46 Rdnr. 2; Lutter/Hommelhoff/*Teichmann*, SE-Kommentar, Art. 46 Rdnr. 3 f.

[155] Über die Enge des Wortlautes ist man sich in der Literatur einig (siehe etwa Spindler/Stilz/*Eberspächer*, AktG, Art. 46 SE-VO, Rdnr. 5; *Gößl*, SE-Satzung, S. 208; *Schwarz*, SE-Kommentar, Art. 46, Rdnr. 13 ff.; Lutter/Hommelhoff/*Teichmann*, SE-Kommentar, Art. 46 Rdnr. 4). *Drinhausen/Nohlen*, ZIP 2009, 1890 ff. wenden ein, die SE-VO habe Rücksicht auf das nationale aktienrechtliche Kompetenzgefüge nehmen wollen; das ist zwar im Grundsatz richtig, gilt aber gerade nicht in den Bereichen, in denen die Verordnung selbst eine eigenständige Regelung trifft, ohne auf nationales Recht zu verweisen.

[156] Ausführlich Lutter/Hommelhoff/*Teichmann*, SE-Kommentar, Art. 46 Rdnr. 4.

[157] Bei der Bestellung kann der Beginn des Mandats auf verschiedene Zeitpunkte gelegt werden. Die Satzung kann die Amtszeiten differenziert festlegen, soweit es dafür sachliche Gründe – etwa Vorstandsvorsitz oder Erstanstellung, vgl. Ziffer 5.1.2 DtCorpGov-Kodex – gibt (*Schwarz*, SE-Kommentar, Art. 46, Rdnr. 11; Lutter/Hommelhoff/*Teichmann*, SE-Kommentar, Art. 46 Rdnr. 4).

[158] Die in Art. 47 Abs. 1 SE-VO vorgesehene Möglichkeit, juristische Personen zu Organmitgliedern zu bestellen, ist für SE mit Sitz in Deutschland nicht anwendbar (Lutter/Hommelhoff/*Teichmann*, SE-Kommentar, Art. 47 Rdnr. 2 ff.); de lege ferenda für eine Zulassung juristischer Personen *Brandes*, NZG 2004, 642 ff.

[159] Das folgt aus Art. 39 Abs. 3 Sätze 2 bis 5 SE-VO i. V. m. § 15 SEAG.

[160] *Middendorf/Fahrig*, BB 2010, 54, 56.

sellschaften mit einem Grundkapital von mehr als 3 Mio. Euro muss das Leitungsorgan aus mindestens zwei Personen bestehen, sofern die Satzung nicht regelt, dass es aus einer Person bestehen soll (§ 16 S. 1 SEAG).[161] Unterliegt die Gesellschaft der gesetzlichen **Mitbestimmung** gemäß den §§ 34 ff. SEBG, muss das Leitungsorgan aus mindestens zwei Personen bestehen, von denen eine für den Bereich Arbeit und Soziales zuständig ist (§ 38 Abs. 2 S. 2 SEBG).

b) Aufsichtsorgan. aa) Bestellung und Zusammensetzung. Die Mitglieder des Aufsichtsorgans werden durch die Hauptversammlung **bestellt** (Art. 40 Abs. 2 S. 1 SE-VO). Die Mitglieder des ersten Aufsichtsorgans können durch die Satzung bestellt werden (Art. 40 Abs. 2 S. 2 SE-VO).[162] Entsendungsrechte, die sich aus nationalen Rechtsvorschriften ergeben, gelten auch für die SE.[163] Unterliegt die SE der Mitbestimmung kraft Gesetzes (§§ 34 ff. SEBG), so bestellt die Hauptversammlung auch die **Arbeitnehmervertreter**. Sie ist dabei an den Vorschlag der Arbeitnehmer, der gemäß § 36 Abs. 2 und 3 SEBG ermittelt wird, gebunden (§ 36 Abs. 4 S. 2 SEBG). 59

Über die **Zahl der Mitglieder** des Aufsichtsorgans oder die Regeln für ihre Festlegung entscheidet die Satzung (Art. 40 Abs. 3 S. 1 SE-VO). Diese Vorschrift erlaubt es einer in Deutschland eingetragenen SE, die Größe des Aufsichtsrats in Abweichung von den Vorgaben des Mitbestimmungsgesetzes festzulegen.[164] Die Zahl der Aufsichtsratsmitglieder muss durch drei teilbar sein (§ 17 Abs. 1 S. 3 SEAG). Weiterhin sind in Abhängigkeit vom Grundkapital bestimmte Höchstzahlen zu beachten (§ 17 Abs. 1 S. 4 SEAG).[165] 60

Die **Beteiligung der Arbeitnehmer** nach dem SEBG bleibt unberührt (§ 17 Abs. 2 SEAG), die Vorgaben des § 17 Abs. 1 SEAG zu Höchstzahlen und Teilbarkeit treten also zurück, soweit sich nach Maßgabe des SEBG andere Zahlen ergeben.[166] Die Reichweite dieses Vorbehalts ist umstritten.[167] Zu unterscheiden sind im SEBG die gesetzliche Mitbestimmung (§§ 35 ff. SEBG) und die vereinbarte Mitbestimmung (§ 21 SEBG). Im Bereich der **gesetzlichen Mitbestimmung** enthält das SEBG keine Vorgaben zur Größe des Aufsichtsrats.[168] Zuständig für deren Festlegung bleibt der Satzungsgeber (Art. 40 Abs. 3 S. 1 SE-VO) unter Beachtung der Vorgaben des § 17 Abs. 1 SEAG (einschließlich der Teilbarkeit durch drei).[169] Höchst umstritten ist das Verständnis des § 17 Abs. 2 SEAG für die **vereinbarte Mitbestimmung.** Teilweise wird den Verhandlungspartnern nur zugestanden, den *relativen Anteil* der Arbeitnehmervertreter im Aufsichtsorgan zu vereinbaren. Die Gesamtgröße des Organs ergibt sich dann aus der Satzung, die an § 17 Abs. 1 SEAG (insb. die Teilbarkeit durch drei) gebunden 61

---

[161] Die Regelung stützt sich auf das Mitgliedstaatenwahlrecht des Art. 39 Abs. 4 S. 2 SE-VO und entspricht inhaltlich § 76 Abs. 2 S. 2 AktG.

[162] Zu Konstituierung und Amtszeit des ersten Aufsichtsorgans ausführlich *Habersack*, Der Konzern 2008, 67 ff.

[163] Vgl. Art. 47 Abs. 4 SE-VO sowie Art. 40 Abs. 2 S. 3 SE-VO.

[164] Siehe nur: Lutter/Hommelhoff/*Drygala*, SE-Kommentar, Art. 40 Rdnr. 18; KK-AktG/*Paefgen*, 3. Aufl., Art. 40 Rdnr. 99.

[165] Die Höchstzahlen gemäß § 17 Abs. 1 S. 4 SEAG betragen: neun Mitglieder bei Gesellschaften mit einem Grundkapital von bis zu 1 500 000 Euro, fünfzehn Mitglieder bei einem Grundkapital von mehr als 1 500 000 Euro und einundzwanzig Mitglieder bei einem Grundkapital von mehr als 10 000 000 Euro.

[166] Der Gesetzgeber hat sich dabei an der Parallelnorm des § 95 S. 4 AktG orientiert, vgl. dazu die Gesetzesbegründung zu § 17 SEAG, BT-Drs. 15/3405, S. 36.

[167] Vgl. die Diskussion aus Anlass der Entscheidung LG Fürth, 8. 2. 2010, 1 HKO 8471/09, BB 2010, 1113; zustimmend *Manz*/Mayer/Schröder, Europäische Aktiengesellschaft, Art. 40 Rdnr. 32; *Kiefner/Friebel*, NZG 2010, 537 ff.; *Seibt*, ZIP 2010, 1057 ff. und *Teichmann*, BB 2010, 1114 f.; ablehnend *Forst* AG 2010, 350 ff. und *Kiem*, Der Konzern 2010, 275 ff.

[168] § 35 SEBG sichert nur das Mitbestimmungsniveau in Form des relativen Anteils, den die Arbeitnehmervertreter am Gesamtorgan beanspruchen können.

[169] Ebenso *Kiem*, Der Konzern 2010, 275, 280; a. A. *Seibt*, ZIP 2010, 1057, 1062.

bleibt.[170] Richtig ist, dass gerade der relative Anteil der Arbeitnehmervertreter zentraler Verhandlungsgegenstand ist. Es gehört zum Wesen der Mitbestimmung, dass die Arbeitnehmer einen Teil der Mitglieder des Aufsichtsorgans bestellen oder empfehlen können;[171] dies muss also zulässiger Verhandlungsgegenstand sein. Zusätzlich können die Parteien aber auch die *konkrete Zahl* der Arbeitnehmervertreter festlegen. Das ergibt sich aus dem eindeutigen Wortlaut von SEBG und SE-RL.[172] Die Gegenauffassung, die den Parteien diesen Verhandlungsgegenstand versagen will,[173] verstößt gegen den von der SE-RL vorgegebenen Wortlaut des § 21 Abs. 3 S. 2 Nr. 1 SEBG.[174] Kein unmittelbarer Verhandlungsgegenstand ist die absolute Größe des Aufsichtsrats.[175] Die Parteien können aber mittelbar darauf Einfluss nehmen, indem sie eine bestimmte Quote und eine bestimmte Zahl von Arbeitnehmervertretern festlegen. Sie sind dabei gemäß § 17 Abs. 2 SEAG nicht an die Vorgaben des § 17 Abs. 1 SEAG gebunden.[176] Auf diese Weise kann die Notwendigkeit entstehen, die Satzung an das Verhandlungsergebnis anzupassen (vgl. Art. 12 Abs. 4 SE-VO), sofern die dort festgelegte Gesamtgröße dem Verhandlungsergebnis entgegensteht.[177]

---

[170] Für diese Auffassung siehe *Habersack*, AG 2006, 345, 352 und *Kiem*, Der Konzern 2010, 275, 280.

[171] Dies lässt sich zwar nicht zwingend aus § 2 Abs. 12 SEBG ableiten (überzeugend *Forst*, Beteiligungsvereinbarung, 2010, S. 263, mit Hinweis auf unterschiedliche Sprachfassungen der SE-RL). Aber dass für das Mitbestimmungsniveau nicht allein die konkrete Zahl der Arbeitnehmervertreter, sondern deren relativer Anteil zum Gesamtorgan entscheidend ist, versteht sich im Grunde von selbst. Auch in der gesetzlichen Auffangregelung bestimmt sich das Niveau von Mitbestimmung nach dem Anteil der Arbeitnehmervertreter am Gesamtorgan (vgl. § 35 SEBG).

[172] Gemäß § 21 Abs. 3 S. 2 Nr. 1 SEBG soll in einer Vereinbarung über die Mitbestimmung „die Zahl der Mitglieder des Aufsichts- oder Verwaltungsorgans der SE" vereinbart werden, „welche die Arbeitnehmer wählen oder bestellen können". Die Vorschrift dient der Umsetzung von Art. 4 Abs. 2 lit. g) SE-RL; auch dort wird die „Zahl" der Arbeitnehmervertreter ausdrücklich als Inhalt der Vereinbarung genannt. Nicht überzeugend ist die häufig vertretene Auffassung (siehe nur KK-AktG/ *Paefgen*, 3. Aufl., Art. 40 Rdnr. 102, mit ausführlichen Nachweisen), § 2 Abs. 12 SEBG wolle mit seiner Definition von Mitbestimmung den Inhalt der Vereinbarung abschließend regeln. Dass eine allgemeine Norm die speziellere verdrängt, ist methodisch kaum begründbar. So haben die allgemeinen Definitionen des § 2 SEBG auch nicht die Funktion, spezielle Regelungen des SEBG zu verdrängen, die für eine bestimmte Sachfrage konkrete inhaltliche Regelungen treffen. Regelungsort für den Vereinbarungsinhalt ist § 21 SEBG. Dort ist die Zahl der Arbeitnehmervertreter in § 21 Abs. 3 S. 2 Nr. 1 SEBG ausdrücklich als Vereinbarungsgegenstand genannt. Der in § 2 Abs. 12 SEBG definierte Oberbegriff von „Mitbestimmung" ändert daran nichts. Der Sprachvergleich (dazu *Forst*, AG 2010, 350, 355) zeigt überdies, dass die Definition wenig trennscharf ist.

[173] So etwa *Kiem*, Der Konzern 2010, 275, 280 und *Forst*, AG 2010, 350, 356, wonach die Vereinbarung lediglich den Anteil der Arbeitnehmervertreter regeln dürfe. Im Ergebnis aber auch *Habersack*, AG 2006, 345, 352, nach dessen Auffassung, die Vereinbarung an der satzungsmäßig festgelegten Gesamtgröße nichts ändern kann – sodass im Ergebnis nur über die Quote verhandelt werden kann, nicht aber über die konkrete Zahl der die Arbeitnehmer vertretenden Mitglieder.

[174] Auf die allgemeine Diskussion über die angesprochenen Grenzen der Vereinbarungsautonomie (siehe nur *Teichmann*, AG 2008, 797, 800ff. einerseits und *Kiem*, Der Konzern 2010, 275, 276ff. andererseits) kommt es hier nicht an, weil die Zahl der Arbeitnehmervertreter in SEBG und SE-RL ausdrücklich als Vereinbarungsinhalt genannt ist.

[175] So auch *Forst*, AG 2010, 350, 356. Von einigen Autoren wird die Aufsichtsratsgröße als verhandelbar angesehen, etwa: Lutter/Hommelhoff/*Drygala*, SE-Kommentar, Art. 40 Rdnr. 20; *Oetker*, ZIP 2006, 1113, 1115; *Seibt*, ZIP 2010, 1057, 1060.

[176] LG Fürth, 8. 2. 2010, 1 HKO 8471/09, BB 2010, 1113ff. (m. zust. Anm. *Teichmann*); *Oetker*, ZIP 2006, 1113, 1120; *Seibt*, ZIP 2010, 1057, 1059ff.; *Schwarz*, SE-Kommentar, Art. 40 Rdnr. 82. Verdrängt wird jedenfalls das Prinzip der Teilbarkeit durch drei (insoweit zustimmend *Austmann*, FS Hellwig, S, 105, 110ff.). § 17 Abs. 2 SEAG bezieht sich aber auf den gesamten § 17 Abs. 1 SEAG, so dass auch die dort genannten Höchstgrenzen entfallen (in diesem Punkt a. A. *Austmann*, a. a. O., S. 116).

[177] Instruktiv der Fall LG Fürth, 8. 2. 2010, 1 HKO 8471/09, BB 2010, 1113ff. (m. zust. Anm. *Teichmann*): Die Satzung hatte eine Zahl von neun Mitgliedern festgelegt. Verhandlungsergebnis war eine Quote von 4/10, die sich innerhalb der existierenden Satzungsregelung nicht verwirklichen ließ. Die Satzung musste entsprechend angepasst werden

Das aktienrechtliche **Statusverfahren** (§§ 97 ff. AktG) dient der Klärung der Zusammensetzung des Aufsichtsorgans. In der SE ist für dieses Verfahren auch der SE-Betriebsrat antragsbefugt (§ 17 Abs. 3 SEAG). Das Statusverfahren setzt allerdings eine bestehende Gesellschaft voraus und kann daher bei Gründung der SE noch keine Anwendung finden.[178] Die SE-Gründung ist gemäß Art. 12 Abs. 2 SE-VO mit dem Abschluss des SE-Beteiligungsverfahrens verknüpft. Zweifelsfragen müssen daher mit den Rechtsbehelfen des Eintragungsverfahrens geklärt werden.[179] **62**

bb) Überwachungsfunktion und innere Organisation. Das Aufsichtsorgan bestellt die Mitglieder des Leitungsorgans (Art. 39 Abs. 2 SE-VO) und **überwacht** dessen Geschäftsführung (Art. 40 Abs. 1 S. 1 SE-VO). Das Aufsichtsorgan ist nicht berechtigt, selbst die Geschäfte der SE zu führen (Art. 40 Abs. 1 S. 2 SE-VO). Es wird vom Leitungsorgan mindestens alle drei Monate über den Gang der Geschäfte der SE und deren voraussichtliche Entwicklung unterrichtet (Art. 41 Abs. 1 SE-VO). Auch außerhalb der regelmäßigen **Unterrichtung** muss das Leitungsorgan das Aufsichtsorgan über Ereignisse unterrichten, die sich auf die Lage der SE spürbar auswirken können (Art. 41 Abs. 2 SE-VO). Das Aufsichtsorgan kann auch selbst Initiative ergreifen und vom Leitungsorgan jede Information verlangen, die für die Ausübung seiner Kontrollfunktion erforderlich ist (Art. 41 Abs. 3 S. 1 SE-VO). Ein solches Informationsverlangen können auch einzelne Organmitglieder aussprechen, die Information ist dann aber an das Aufsichtsorgan insgesamt zu richten (§ 18 SEAG).[180] Weiterhin hat das Aufsichtsorgan die allgemeine Kompetenz, alle zur Erfüllung seiner Aufgaben wichtigen Überprüfungen vorzunehmen oder vornehmen zu lassen (Art. 41 Abs. 4 SE-VO). **63**

Die Satzung der SE legt die Arten von Geschäften fest, die der **Zustimmung** des Aufsichtsorgans bedürfen (Art. 48 Abs. 1 SE-VO). Außerdem kann das Aufsichtsorgan selbst bestimmte Arten von Geschäften von seiner Zustimmung abhängig machen (§ 19 SEAG). Einen gesetzlich vorgesehenen Zustimmungskatalog gibt es nicht.[181] **64**

Zur **inneren Organisation** des Aufsichtsorgans enthält die SE-VO nur wenige Regelungen. Jedes Mitglied kann von allen Informationen, die dem Organ übermittelt werden, Kenntnis nehmen (Art. 41 Abs. 5 SE-VO). Das Aufsichtsorgan wählt aus seiner Mitte einen **Vorsitzenden** (Art. 42 S. 1 SE-VO). Wird die Hälfte der Mitglieder des Aufsichtsorgans von den Arbeitnehmern bestellt, darf nur ein von der Hauptversammlung bestelltes Mitglied zum Vorsitzenden gewählt werden (Art. 42 S. 2 SE-VO). Gemeint ist damit ein Vertreter der Anteilseignerseite.[182] Die Vorschrift steht in Zusammenhang mit Art. 50 **65**

---

[178] *Habersack*, Der Konzern 2008, 67, 73; enger *Kiem*, Der Konzern 2010, 275, 282, wonach das Statusverfahren auch in der bestehenden SE keine Anwendung finden soll, weil es nur den Streit über zwingende mitbestimmungsrechtliche Regeln erfasse. Das überzeugt nicht, weil in der SE das SEBG (einschließlich seiner Verhandlungslösung) gerade an die Stelle des zwingenden Mitbestimmungsrechts tritt. Das Statusverfahren dient hier ebenso wie in der AG dazu, bei einem Wechsel der rechtlichen Grundlagen unter Wahrung von Kontinuität (vgl. § 96 Abs. 2 AktG) Rechtssicherheit herzustellen.

[179] Zwar findet bei einem Formwechsel nach UmwG ein Statusverfahren statt, damit die Gesellschafter den Umwandlungsbeschluss in Kenntnis der Regeln, nach denen sich der Aufsichtsrat zusammensetzen wird, fassen können (vgl. Lutter/*Decher*, UmwG, § 203 Rdnr. 11 ff.). Für die SE-Gründung passt dies jedoch nicht, weil die Regeln, nach denen sich der Aufsichtsrat zusammensetzt, möglicherweise erst im Zeitpunkt der Eintragung feststehen (näher *Habersack*, Der Konzern 2008, 67, 73).

[180] Die Regelung stützt sich auf Art. 41 Abs. 3 S. 2 SE-VO und orientiert sich inhaltlich an § 90 Abs. 3 S. 2 AktG (dazu Theisen/Wenz/*Teichmann*, SE, 691, 730).

[181] Art. 48 Abs. 2 SE-VO gibt den Mitgliedstaaten zwar die Kompetenz, einen solchen Katalog aufzustellen. Deutschland hat darauf aber verzichtet, um einen Gleichlauf mit § 111 Abs. 4 AktG herzustellen.

[182] Nach § 36 Abs. 4 SEBG werden auch die Arbeitnehmervertreter durch die Hauptversammlung bestellt. Art. 42 S. 2 SE-VO ist daher so zu verstehen, dass der Vorsitzende nicht aus dieser Gruppe kommen soll (näher Lutter/Hommelhoff/*Drygala*, SE-Kommentar, Art. 42 Rdnr. 4; siehe auch ebda., Rdnr. 5 ff., zur Gefahr einer Pattsituation bei der Wahl des Vorsitzenden).

Abs. 2 S. 2 SE-VO (Zweitstimme des Vorsitzenden) und soll auch bei paritätischer Mitbestimmung das leichte Übergewicht der Anteilseignerseite sicherstellen. Ein stellvertretender Vorsitzender kann zwar aus den Reihen der Arbeitnehmervertreter kommen, das Zweitstimmrecht des Vorsitzenden geht aber bei dessen Abwesenheit nicht auf ihn über.[183]

66   Art. 50 SE-VO regelt die **Beschlussfassung** in den SE-Organen teilweise in Abweichung vom deutschen Aktienrecht: Beschlussfähigkeit liegt vor, wenn die Hälfte der Mitglieder anwesend ist oder vertreten wird; Beschlüsse werden mit der Mehrheit der anwesenden oder vertretenen Mitglieder gefasst (Art. 50 Abs. 1 SE-VO). Für die Einsetzung beschließender Ausschüsse empfiehlt sich eine Satzungsregelung.[184] Bei Stimmengleichheit im Aufsichtsorgan gibt die Stimme des Vorsitzenden bereits bei der ersten Abstimmung den Ausschlag (Art. 50 Abs. 2 S. 1 SE-VO).[185]

3. Das monistische Leitungsmodell

67   Ein monistisches Leitungsmodell ist dem heutigen deutschen Aktienrecht unbekannt.[186] Daher konnte und musste der deutsche Gesetzgeber, gestützt auf die Ermächtigungsnorm des Art. 43 Abs. 4 SE-VO, hierzu eigene Regelungen erlassen (§§ 20 ff. SEAG). Sie definieren die Aufgaben und Rechte des Verwaltungsrats (§ 22 SEAG) und stellen ihm einen oder mehrere geschäftsführende Direktoren zur Seite (§ 40 SEAG).

68   **a) Der Verwaltungsrat (Verwaltungsorgan). aa) Bestellung und Zusammensetzung.** Die Mitglieder des Verwaltungsorgans werden von der Hauptversammlung **bestellt** (Art. 43 Abs. 3 S. 1 SE-VO, § 28 Abs. 1 SEAG).[187] Entsendungsrechte des nationalen Aktienrechts bleiben unberührt (Art. 43 Abs. 3 S. 3 i. V. m. Art. 47 Abs. 4 SE-VO, § 28 Abs. 2 SEAG). Die Bestellung von Stellvertretern ist nicht möglich, wohl aber diejenige von Ersatzmitgliedern (§ 28 Abs. 3 SEAG). Zur Eintragung im Handelsregister werden nur der Vorsitzende und der stellvertretende Vorsitzende des Verwaltungsrats angemeldet (§ 46 Abs. 1 S. 3 SEAG).[188] In der mitbestimmten SE greifen entweder eine Vereinbarung über die Mitbestimmung oder die gesetzlichen Vorschriften der §§ 34 ff. SEBG.[189] Der Verwaltungsrat besteht aus drei Mitgliedern, soweit die Satzung keine andere **Mitgliederzahl** bestimmt (Art. 43 Abs. 2 S. 1 SE-VO, § 23 Abs. 1 SEAG).[190] Die Beteiligung der Arbeitnehmer nach dem SEBG bleibt unberührt (§ 23 Abs. 2 SEAG). Insoweit gilt das zu § 17 Abs. 2 SEAG Gesagte entsprechend: Im Wege der Vereinbarung können der relative Anteil und die konkrete Zahl der Arbeitnehmervertreter frei festgelegt werden.[191] Kommt es zur

---

[183] So überzeugend Lutter/Hommelhoff/*Drygala*, SE-Kommentar, Art. 42 Rdnr. 8, entgegen anderslautenden Stimmen, die – überschießend – einen stellvertretenden Vorsitz durch Arbeitnehmervertreter von vornherein nicht zulassen wollen (so etwa *Schwarz*, SE-Kommentar, Art. 42 Rdnr. 21, und MK-AktG/*Reichert/Brandes*, Art. 42 Rdnr. 19).

[184] Fehlt eine Satzungsregelung, droht der Beschluss daran zu scheitern, dass der Ausschuss nicht das gemäß Art. 50 Abs. 1 SE-VO nötige Quorum der Beschlussfähigkeit (mindestens die Hälfte aller Organmitglieder) erreicht; näher Lutter/Hommelhoff/*Teichmann*, SE-Kommentar, Art. 50 Rdnr. 21 ff.

[185] Anders die Regelung des deutschen Rechts: Nach § 29 Abs. 2 MitbestG bedarf es einer erneuten Abstimmung.

[186] Historisch betrachtet ist allerdings das monistische Modell dem deutschen Aktienrecht keineswegs fremd, s. dazu nur: *Fleischer*, AcP 2004, 502, 523 ff.; *Teichmann*, Binnenmarktkonformes Gesellschaftsrecht, S. 545 ff.

[187] Zu Nichtigkeit oder Anfechtbarkeit der Wahl vgl. §§ 31 ff. SEAG.

[188] Dass Verwaltungsratsmitglieder generell nicht angemeldet werden, liegt daran, dass sie keine Vertretungsmacht haben (vgl. Lutter/Hommelhoff/*Teichmann*, SE-Kommentar, Anh. Art. 43, § 21 SEAG Rdnr. 14). Verwaltungsratsmitglieder, die zugleich geschäftsführende Direktoren sind, werden in dieser Eigenschaft angemeldet (§ 40 Abs. 1 S. 3 SEAG).

[189] Bei Anwendung der gesetzlichen Mitbestimmungsregeln bestellt die Hauptversammlung auf Vorschlag der Arbeitnehmer deren Vertreter im Verwaltungsorgan (§ 36 Abs. 4 SEBG).

[190] Zusätzlich bestimmt § 23 Abs. 1 S. 3 SEAG bestimmte Höchstgrenzen (vgl. zur insoweit gleich lautenden Parallelnorm im dualistischen System oben Fn. 166).

[191] Im Einzelnen ist hier vieles umstritten (vgl. die Nachweise oben Text bei Fn. 168 ff.).

gesetzlichen **Mitbestimmung** gemäß §§ 34 ff. SEBG, erstreckt sich die Parität auf das gesamte Verwaltungsorgan;[192] aus diesem Grund erweist sich das monistische Modell in paritätisch mitbestimmten Großunternehmen als wenig attraktiv.[193]

Für die Mitgliedschaft im Verwaltungsorgan gelten die **Bestellungshindernisse** des § 76 Abs. 3 AktG entsprechend (vgl. Art. 47 Abs. 2 SE-VO);[194] außerdem legt § 27 SEAG Höchstgrenzen für Mehrfachmandate fest. Für die **Vergütung** der Verwaltungsratsmitglieder gilt § 113 AktG entsprechend, für Kredite und sonstige Verträge mit Verwaltungsratsmitgliedern gelten die §§ 114, 115 AktG entsprechend (§ 38 SEAG). Entsprechende Anwendung bedeutet eine Berücksichtigung der spezifischen Aufgabenstellung des Verwaltungsrats, der anders als ein Aufsichtsrat auch originäre Leitungsaufgaben wahrzunehmen hat.[195] Für Fragen der Sozialversicherungspflicht sind die Verwaltungsratsmitglieder ebenso zu behandeln wie der Vorstand einer deutschen AG.[196]

Für die Amtszeit der Verwaltungsratsmitglieder gilt Art. 46 SE-VO (vgl. oben Rdnr. 57). Die Hauptversammlung kann diejenigen Mitglieder, die sie ohne Bindung an Wahlvorschläge bestellt hat,[197] vorzeitig **abberufen**; der entsprechende Beschluss bedarf einer Dreiviertelmehrheit (§ 29 Abs. 1 SEAG). Ein Mitglied des Verwaltungsrats kann darüber hinaus auch immer aus wichtigem Grund gerichtlich abberufen werden (§ 29 Abs. 3 SEAG).

Ist der Verwaltungsrat unvollständig besetzt, kann er durch gerichtliche Entscheidung auf die zur Beschlussfähigkeit nötige Zahl ergänzt werden (§ 30 SEAG). Sollten sich die vertraglichen oder gesetzlichen Vorschriften ändern, nach denen der Verwaltungsrat zusammengesetzt ist, findet das aktienrechtliche **Statusverfahren** Anwendung, das in den §§ 24 ff. SEAG eine eigenständige Regelung erfahren hat, die abgesehen von den notwendigen Anpassungen an die Besonderheiten des monistischen Systems weitgehend derjenigen in §§ 95 ff. AktG entspricht.[198]

bb) Aufgaben. Der Verwaltungsrat ist im monistischen System das Organ der **Oberleitung der Gesellschaft**. Art. 43 Abs. 1 S. 1 SE-VO bringt dies zum Ausdruck, indem er dem Verwaltungsorgan die Geschäftsführung zuweist. Dies wird konkretisiert in der Aufgabenbeschreibung des § 22 Abs. 1 SEAG: Der Verwaltungsrat leitet die Gesellschaft, bestimmt die Grundlinien ihrer Tätigkeit und überwacht deren Umsetzung. Die geschäftsführenden Direktoren (§ 40 SEAG) sollen den Verwaltungsrat nicht verdrängen, sondern

---

[192] Vorzugswürdig wäre eine allein auf die nicht-geschäftsführenden Mitglieder bezogene Parität (so etwa: *Henssler*, FS Ulmer, S. 193, 209; *Manz/Mayer/Schröder*, Europäische Aktiengesellschaft, Art. 43 Rdnr. 133; *Mauch*, Das monistische Leistungssystem, S. 116 ff.; *Roth*, ZfA 2004, 431, 445 ff.; *Teichmann*, BB 2004, 53, 56 f.). Diese Auffassung hat sich aber nicht durchsetzen können (siehe nur *Bachmann*, ZGR 2008, 779, 800 ff. m. w. N.).

[193] Eine Verlagerung wesentlicher Entscheidungsbefugnisse auf Ausschüsse, an denen die Arbeitnehmervertreter nicht beteiligt werden (vgl. den Vorschlag von *Gruber/Weller*, NZG 2003, 297 ff., einen Exekutivausschuss und einen unternehmerischen Planungsausschuss einzurichten) ist problematisch, weil die Arbeitnehmervertreter kraft europäischen Rechts dieselben Rechte und Pflichten haben wie die Vertreter der Anteilseigner (näher zur Ausschussbildung im mitbestimmten Verwaltungsrat: Lutter/Hommelhoff/*Teichmann*, SE-Kommentar, Anh. Art. 43, § 34 SEAG Rdnr. 23 ff.).

[194] Dazu näher Lutter/Hommelhoff/*Teichmann*, SE-Kommentar, Anh. Art. 43, § 27 SEAG Rdnr. 2 ff.

[195] Daher sollte beispielsweise die Gewährung von Aktienoptionen bei allen Verwaltungsratsmitgliedern zulässig sein (siehe nur *Bachmann*, ZGR 2008, 797, 795 f. sowie Lutter/Hommelhoff/*Teichmann*, SE-Kommentar, Anh. Art. 43, § 22 SEAG Rdnr. 44). Demgegenüber plädiert *Koke*, Finanzverfassung der SE, S. 165 ff. für eine Beschränkung auf die geschäftsführenden Mitglieder des Verwaltungsrats.

[196] *Grambow*, AG 2010, 477, 482; *Middendorf/Fahrig*, BB 2010, 54, 57.

[197] Die Abberufungsregel erfasst somit nicht diejenigen Mitglieder, die auf Vorschlag der Arbeitnehmer bestellt wurden (vgl. oben Fn. 89). Mitglieder, die auf Grund von Entsendungsrechten bestellt wurden, können nur vom Entsendungsberechtigten abberufen werden (§ 29 Abs. 2 SEAG).

[198] Ebenso wie im dualistischen System (dazu oben bei Fn. 179) setzt das Statusverfahren aber auch hier eine bestehende SE voraus.

unterstehen seiner Oberleitung.[199] Sie werden vom Verwaltungsrat bestellt (§ 40 Abs. 1 S. 1 SEAG) und können von ihm jederzeit wieder abberufen werden (§ 40 Abs. 5 S. 1 SEAG). Sie vertreten zwar im Außenverhältnis die Gesellschaft (§ 41 Abs. 1 S. 1 SEAG), sind aber im Innenverhältnis verpflichtet, Anweisungen und Beschränkungen zu beachten, die ihnen der Verwaltungsrat auferlegt (§ 44 Abs. 2 SEAG). Somit ist der Verwaltungsrat im Kompetenzgefüge der monistischen SE das eigentliche Leitungsorgan.[200] Der Begriff der Leitung umfasst hier auch denjenigen der Geschäftsführung (vgl. Art. 43 Abs. 1 S. 1 SE-VO), die geschäftsführenden Direktoren werden also im Kompetenzbereich des Verwaltungsrats tätig, der in Geschäftsführungsfragen das letzte Wort behält.

73 Entsprechend seiner Leitungsfunktion weist das SEAG dem Verwaltungsrat explizit verschiedene **Aufgaben und Pflichten** zu, die im dualistischen System der Vorstand wahrnimmt. Dazu gehören die Einberufung der Hauptversammlung in krisenhaften Situationen (§ 22 Abs. 2 und Abs. 5 SEAG) sowie die Verantwortung für das Führen der Handelsbücher und die Einrichtung eines Risikofrüherkennungssystems (§ 22 Abs. 3 SEAG). Weiterhin obliegt dem Verwaltungsrat die Prüfung und Feststellung des Jahresabschlusses (§ 47 Abs. 3 und 5 SEAG) sowie die Einberufung der ordentlichen Hauptversammlung (§ 48 SEAG). Soweit gesetzlich nicht anders geregelt,[201] sind dem Verwaltungsrat zudem alle gesetzlichen Rechte und Pflichten zuzuordnen, die im dualistischen System Vorstand oder Aufsichtsrat zukommen (§ 22 Abs. 6 SEAG). Dadurch fehlt zwar partiell das kontrollierende Gegengewicht, das im Dualismus der Aufsichtsrat bildet.[202] Dies ist aber als Wesensmerkmal des Monismus hinzunehmen[203] und erfährt eine gewisse Abmilderung durch die Vorgabe, dass nur eine Minderheit der Verwaltungsratsmitglieder zugleich geschäftsführende Direktoren sein darf (§ 40 Abs. 1 S. 2 SEAG).[204]

74 Für die **Haftung** der Verwaltungsratsmitglieder verweist § 39 SEAG entsprechend ihrer Leitungsfunktion auf § 93 AktG, der die Haftung des Vorstands regelt. Die dort enthaltene Generalklausel ist hinreichend flexibel, um sich den Besonderheiten des monistischen Verwaltungsrats anzupassen.[205] Ein Teil seiner Mitglieder ist regelmäßig im Nebenamt tätig (vgl. nur Art. 44 Abs. 1 SE-VO, der lediglich vier Sitzungen im Jahr vorsieht), was bei der Konkretisierung des Sorgfaltsmaßstabs zu bedenken ist.[206] Unter den Bedingungen eines **arbeitsteilig organisierten Monismus** obliegt dem Verwaltungsrat die Oberleitung der Gesellschaft. Diese konkretisiert sich in der Organisationverantwortung bezüglich einer sinnvollen Arbeitsteilung mit den geschäftsführenden Direktoren und in einer laufenden Überwachungspflicht gegenüber diesen.[207]

---

[199] Die geschäftsführenden Direktoren sind keine Geschäftsführer im Sinne des Art. 43 Abs. 1 S. 2 SE-VO, die die laufenden Geschäfte in eigener Verantwortung führen. Ihre Einführung durch das SEAG stützt sich vielmehr auf die allgemeine Ermächtigungsnorm des Art. 43 Abs. 4 SE-VO (Lutter/Hommelhoff/*Teichmann*, SE-Kommentar, Anh. Art. 43, § 40 SEAG Rdnr. 9).

[200] Ausführlich Lutter/Hommelhoff/*Teichmann*, SE-Kommentar, Anh. Art. 43, § 20 SEAG, Rdnr. 5 ff., siehe weiterhin *Schwarz*, SE-Kommentar, Anh. Art. 43, Rdnr. 43 ff.

[201] Diese Einschränkung betrifft vor allem diejenigen Kompetenzen, die ausdrücklich den geschäftsführenden Direktoren zugewiesen sind.

[202] Vgl. die Kritik bei Janott/*Frodermann*, HdB Europäische Aktiengesellschaft, S. 170 (Rdnr. 171) und *Kallmeyer*, ZIP 2003, 1531, 1533. In der kapitalmarktorientierten SE verstärkt sich das Kontrolldefizit, da nicht sichergestellt ist, dass der Prüfungsausschuss allein aus nicht-geschäftsführenden Direktoren besteht (*Velte*, WM 2010, 1635, 1640 f.).

[203] Ungeachtet einer faktisch festzustellenden Konvergenz der Systeme bleiben monistisches und dualistisches System auch rechtsvergleichend unterscheidbar (zusammenfassend *Teichmann*, Binnenmarktkonformes Gesellschaftsrecht, S. 565 ff.) und müssen in der SE schon kraft europäischer Vorgabe (Wahlrecht des Art. 38 SE-VO) unterschiedlich ausgestaltet sein.

[204] Zu den damit verbundenen gesetzgeberischen Überlegungen *Neye/Teichmann*, AG 2003, 169, 176 ff.

[205] Krieger/Schneider/*Teichmann*, HdB Managerhaftung, § 5 Rdnr. 21 ff. (S. 107). Eingehend zur Thematik der Haftung *Metz*, Organhaftung, 2009.

[206] *Metz*, Organhaftung, S. 138 ff.

[207] Krieger/Schneider/*Teichmann*, HdB Managerhaftung, § 5 Rdnr. 26 ff. (S. 108 ff.).

cc) Innere Ordnung. Der Verwaltungsrat tritt in den durch die Satzung bestimmten Abständen zusammen, mindestens aber alle drei Monate (Art. 44 Abs. 1 SE-VO). Jedes Mitglied kann von allen Informationen, die dem Organ übermittelt werden, Kenntnis nehmen (Art. 44 Abs. 2 SE-VO). Der Verwaltungsrat wählt aus seiner Mitte einen **Vorsitzenden**,[208] der bei paritätischer Mitbestimmung ein von der Hauptversammlung bestelltes Mitglied sein muss (Art. 45 SE-VO).[209] Weitere Ausgestaltung erfährt die **innere Ordnung** des Verwaltungsrats durch §§ 34–37 SEAG. Die Vorschriften lehnen sich an die §§ 107 ff. AktG über die innere Ordnung des Aufsichtsrates an,[210] so dass hierauf bezogene Rechtsprechung und Literatur herangezogen werden kann. Gemäß § 34 Abs. 2 SEAG kann sich der Verwaltungsrat eine Geschäftsordnung geben;[211] Einzelfragen dazu kann auch die Satzung regeln.

Die Einberufung von **Verwaltungsratssitzungen** obliegt dem Vorsitzenden, einzelne Mitglieder können unter Angabe von Zweck und Gründen eine Einberufung verlangen (§ 37 SEAG). An den Sitzungen sollen nur Mitglieder des Verwaltungsrats teilnehmen; Ausnahmen von diesem Grundsatz regelt § 36 SEAG. Über die Sitzungen des Verwaltungsrats ist eine Niederschrift anzufertigen (§ 34 Abs. 3 SEAG).

Die **Beschlussfassung** im Organ regelt Art. 50 SE-VO: Der Verwaltungsrat ist demnach beschlussfähig, wenn mindestens die Hälfte der Mitglieder anwesend ist oder vertreten wird. Er beschließt mit der Mehrheit der anwesenden oder vertretenen Mitglieder. Ergänzend regelt § 35 SEAG die Teilnahme an der Beschlussfassung durch schriftliche Stimmabgabe. Schriftliche, fernmündliche oder andere vergleichbare Formen der Beschlussfassung sind möglich, wenn kein Mitglied widerspricht oder sich eine entsprechende Regelung in der Satzung findet (§ 35 Abs. 2 SEAG). Bei Stimmengleichheit gibt die Stimme des Vorsitzenden den Ausschlag; die Satzung kann anderes regeln, soweit nicht der Verwaltungsrat zur Hälfte aus Arbeitnehmervertretern besteht (Abs. 50 Abs. 2 SE-VO). Ist ein Mitglied des Verwaltungsrats zugleich geschäftsführender Direktor, wächst seine Stimme dem Vorsitzenden zu, sofern das Mitglied selbst aus rechtlichen Gründen an der Stimmabgabe gehindert ist (§ 35 Abs. 3 SEAG).[212]

---

[208] Zur Wahl eines Stellvertreters siehe § 34 Abs. 1 SEAG. Er kann aus den Reihen der Arbeitnehmervertreter kommen, übernimmt dann aber nicht den Stichentscheid des Vorsitzenden aus Art. 50 Abs. 2 S. 1 SE-VO (Lutter/Hommelhoff/*Teichmann*, SE-Kommentar, Anh Art. 43, § 34 SEAG Rdnr. 9).

[209] Da nach der – insoweit etwas unglücklichen Umsetzungsregelung im deutschen SEBG – auch die Arbeitnehmervertreter von der Hauptversammlung bestellt werden, muss der Vorsitzende im paritätisch besetzten Organ ein Mitglied sein, das von der Hauptversammlung ohne Bindung an einen Wahlvorschlag der Arbeitnehmer bestellt wurde (Lutter/Hommelhoff/*Teichmann*, SE-Kommentar, Art. 45 Rdnr. 11).

[210] Die Parallele zum Aufsichtsrat besteht zwar nicht in der Aufgabenstellung (insoweit steht der Verwaltungsrat dem Vorstand näher), wohl aber in der Arbeitsweise des Organs, weil der Verwaltungsrat ebenso wie der Aufsichtsrat ein Kollegialorgan mit typischerweise nur im Nebenamt tätigen Mitgliedern ist. Vielfach (z. B. Ausschussbildung) handelt es sich ohnehin um allgemeine Funktionsbedingungen von Kollegialorganen (Lutter/Hommelhoff/*Teichmann*, SE-Kommentar, Anh. Art. 43, § 34 SEAG Rdnr. 3).

[211] Vgl. dazu die Muster-Geschäftsordnung von *Lutter/Kollmorgen/Feldhaus*, BB 2007, 509.

[212] Die Vorschrift soll im mitbestimmten Verwaltungsrat das Überwachungsdefizit ausgleichen, das entsteht, wenn Anteilseignervertreter zugleich geschäftsführende Direktoren sind und damit die Arbeitnehmervertreter unter den nicht-geschäftsführenden Direktoren die Mehrheit bilden (z. B. bei der Erteilung von Weisungen). Die Vorschrift verfehlt allerdings ihren eigentlichen Zweck, da der geschäftsführende Direktor insb. bei der Erteilung von Weisungen gerade nicht „aus rechtlichen Gründen" an der Stimmabgabe gehindert ist, sondern als vollwertiges Organmitglied mit abstimmen darf (*Siems*, NZG 2007, 129, 131; Lutter/Hommelhoff/*Teichmann*, SE-Kommentar, Anh. Art. 43, § 35 SEAG Rdnr. 12 ff.; vgl. auch *Bauer*, Organstellung und Organvergütung, S. 78 ff.: kein Stimmverbot bei Bestellung und Abberufung als geschäftsführender Direktor; enger *Marsch-Barner*, GS Bosch, S. 99, 109, der bei Weisungen von einem Stimmverbot ausgeht).

78 Der Verwaltungsrat kann aus seiner Mitte vorbereitende oder beschließende **Ausschüsse** bestellen (§ 34 Abs. 4 S. 1 SEAG). In der Einsetzung von **beschließenden** Ausschüssen liegt eine Abweichung von Art. 50 Abs. 1 SE-VO, sie bedarf daher einer Grundlage in der Satzung.[213] Die Kernkompetenzen der unternehmerischen Oberleitung können einem Ausschuss nicht zur Beschlussfassung übertragen werden (vgl. § 34 Abs. 4 S. 2 SEAG, insbesondere den dortigen Hinweis auf § 22 Abs. 1 und 3 SEAG).

79 **b) Die geschäftsführenden Direktoren. aa) Bestellung und Zusammensetzung.** Der Verwaltungsrat bestellt einen oder mehrere geschäftsführende Direktoren (§ 40 Abs. 1 S. 1 SEAG).[214] In dringenden Fällen ist eine gerichtliche Bestellung möglich (§ 45 SEAG). Die geschäftsführenden Direktoren sind zum Handelsregister anzumelden (§ 40 Abs. 1 S. 3 SEAG) und auf Geschäftsbriefen zu nennen (§ 43 SEAG). In der mitbestimmten SE gibt es mindestens zwei geschäftsführende Direktoren, von denen einer für den Bereich Arbeit und Soziales zuständig ist (§ 38 Abs. 2 SEBG). Zu geschäftsführenden Direktoren können außenstehende **Dritte** oder **Mitglieder des Verwaltungsrats** bestellt werden.[215] Die persönlichen Bestellungsvoraussetzungen regeln sich nach § 76 Abs. 3 AktG, soweit Dritte zu geschäftsführenden Direktoren bestellt werden (§ 40 Abs. 1 S. 4 SEAG); für Mitglieder des Verwaltungsrats gelten die bereits erörterten Bestellungsvoraussetzungen (oben Rdnr. 69).[216]

80 Neben der organschaftlichen Bestellung kann ein **Anstellungsvertrag** abgeschlossen werden, der den allgemeinen zivilrechtlichen Regeln folgt (vgl. § 40 Abs. 5 S. 2 SEAG). Für die Sozialversicherungspflicht der geschäftsführenden Direktoren existiert keine ausdrückliche Regelung; die für den Vorstand einer AG geltenden Ausnahmeregeln dürften auf sie wegen ihrer anders gearteten (weisungsabhängigen) Stellung nicht anwendbar sein.[217] In Bezug auf Vergütung, Wettbewerbsverbot und Kreditgewährung werden geschäftsführende Direktoren dem aktienrechtlichen Vorstand gleichgestellt (§ 40 Abs. 7 SEAG verweist auf §§ 87–89 AktG),[218] was vor allem in ihrer hauptamtlichen Betätigung für die Gesellschaft begründet liegt.

81 **bb) Interne Corporate Governance.** Die Bestellung von externen und internen Direktoren bietet die typischen **Gestaltungsmöglichkeiten** eines monistischen Systems, von der Kompetenzbündelung bei einem „chief executive officer" auf der einen Seite bis hin zur strikten personellen Trennung von Geschäftsführung und Oberleitung auf der anderen.[219] Wenn zumindest ein Teil der geschäftsführenden Direktoren zugleich dem Verwaltungsrat angehört, kann dies den Informationsfluss und die Umsetzung der Leitungsent-

---

[213] Lutter/Hommelhoff/*Teichmann*, SE-Kommentar, 2008, Anh. Art. 43, § 34 SEAG Rdnr. 20.

[214] In der Verpflichtung, geschäftsführende Direktoren zu bestellen, sehen manche Autoren einen Verstoß gegen die SE-VO (ausführlich begründet etwa bei *Schönborn*, Monistische SE, S. 192 ff.). Die SE-VO überlässt es jedoch in Art. 43 Abs. 4 SE-VO den Mitgliedstaaten, das monistische System näher auszugestalten (näher Lutter/Hommelhoff/*Teichmann*, SE-Kommentar, Art. 43 Rdnr. 26 ff.). In praktischer Hinsicht ist der Streit ohne große Relevanz, weil die Handlungen der geschäftsführenden Direktoren selbst bei unterstellter Europarechtswidrigkeit in aller Regel wirksam wären (im Einzelnen *Bachmann*, ZGR 2008, 797, 785 ff.).

[215] Die Imkompatibilitätsregel des § 105 Abs. 1 AktG (für die SE: Art. 39 Abs. 3 SE-VO) ist charakteristisch für das dualistische System und findet im Monismus keine Entsprechung.

[216] Ausführlich zu den Bestellungsvoraussetzungen: *Seitz*, Geschäftsführer der monistischen SE, S. 158 ff. sowie Lutter/Hommelhoff/*Teichmann*, SE-Kommentar, Anh. Art. 43, § 40 SEAG Rdnr. 19 ff. und Art. 47 Rdnr. 12 ff.

[217] *Grambow*, AG 2010, 477, 482; *Middendorf/Fahrig*, BB 2010, 54, 58.

[218] Ausführlich zu diesen Fragen Lutter/Hommelhoff/*Teichmann*, SE-Kommentar, Anh. Art. 43, § 40 SEAG Rdnr. 52 ff.

[219] Zu den Gestaltungsmöglichkeiten im Einzelnen: *Bachmann*, ZGR 2008, 779, 787 ff.; *Eder*, NZG 2004, 544; Lutter/Hommelhoff/*Teichmann*, SE-Kommentar, Anh. Art. 43, § 40 SEAG Rdnr. 19 ff.; *Teichmann*, BB 2004, 53 ff.; *Thamm*, NZG 2008, 132 ff. Der Vorschlag, zumindest für die kapitalmarktorientierte SE das „CEO-Modell" gesetzlich auszuschließen, konnte sich nicht durchsetzen (dazu *Velte*, WM 2010, 1635, 1640).

scheidungen verbessern.[220] Die Personenidentität kann andererseits zu einem Kontrolldefizit führen, weil auf diese Weise einige Mitglieder des Verwaltungsrats nicht die nötige Distanz zu den täglichen Geschäftsführungsangelegenheiten haben.[221] In diesem Spannungsverhältnis, das dem Monismus wesensimmanent ist,[222] muss der Verwaltungsrat bei Bestellung der geschäftsführenden Direktoren eine Entscheidung nach pflichtgemäßem Ermessen treffen.[223] Die Grenze bestimmt das Gesetz: Der Verwaltungsrat muss jedenfalls in seiner **Mehrheit** aus **nicht geschäftsführenden** Mitgliedern bestehen (§ 40 Abs. 1 S. 2 SEAG).

Auch wenn durch die nicht-geschäftsführende Mehrheit eine gewisse **interne Kontrolle** erreicht wird, bleibt sie doch hinter dem dualistischen System zurück. Das ist im Grundsatz als Wesensmerkmal des Monismus hinzunehmen. Andererseits unterliegt die SE in weiten Teilen der Anwendung des allgemeinen Aktienrechts, die sich aus Art. 9 SE-VO oder anderen Verweisungen ergibt; die Anwendung dieser Normen kann im monistischen System zu Friktionen führen.

Ein Beispiel ist die Ausübung von **genehmigtem Kapital**, über die gemäß § 204 Abs. 1 S. 2 AktG der Vorstand mit Zustimmung des Aufsichtsrats entscheidet. Übernimmt der Verwaltungsrat hier die Funktion des Vorstandes (§ 22 Abs. 6 SEAG), fehlt das kontrollierende Gegengewicht, das sonst der Aufsichtsrat bildet. Es ist daher in einem solchen Fall zumindest zu fordern, dass der Verwaltungsrat als Gesamtorgan einen **ausdrücklichen Beschluss** fasst, damit auf diese Weise auch die nicht-geschäftsführenden Mitglieder eingebunden werden[224]

Ein weiteres in der Literatur erörtertes Beispiel ist die Zustimmung der Gesellschaft zur Veräußerung **vinkulierter Namensaktien**:[225] § 68 Abs. 2 AktG gestattet eine Satzungsregelung, wonach der Vorstand entscheidet; alternativ kann die Entscheidung dem Aufsichtsrat oder der Hauptversammlung zugewiesen werden. Da es sich hier nicht um eine gesetzliche Kompetenzzuweisung (i. S. d. § 22 Abs. 6 SEAG) handelt, sondern um die Eröffnung von Satzungsautonomie (i. S. d. Art. 9 Abs. 1 lit. c) iii) SE-VO), sind für die Satzung der monistischen SE alle Varianten gestattet, die sich im Rahmen der Satzungsautonomie bewegen:[226] Denkbar ist eine Delegation auf die geschäftsführenden Direktoren, den Verwaltungsrat oder die Hauptversammlung.[227]

---

[220] Aus diesen Gründen kann es sich empfehlen, zumindest ein Mitglied des Verwaltungsrats zugleich zum geschäftsführenden Direktor zu bestellen (vgl. Lutter/Hommelhoff/*Teichmann*, SE-Kommentar, Anh. Art. 43, § 22 Rdnr. 8.

[221] Insoweit zu Recht gegen eine allgemeine Regel, wonach es stets interne geschäftsführende Direktoren geben müsse, *Ihrig*, ZGR 2008, 809, 812. Andererseits kann die personelle Überschneidung im monistischen System den Organisationsbedürfnissen mittelständisch geprägter Gesellschaften besonders entgegen kommen (dazu *Heckschen*, FS Westermann, S. 999, 1009).

[222] Rechtsvergleichender Überblick bei Lutter/Hommelhoff/*Teichmann*, SE-Kommentar, Art. 38 Rdnr. 14 ff.

[223] Krieger/Schneider/*Teichmann*, Handbuch Managerhaftung, § 5 Rdnr. 34.

[224] *Koke*, Finanzverfassung der SE, S. 194.

[225] *Schroeter*, AG 2007, 854, 858.

[226] Die Grenze liegt darin, dass keine kumulative Zustimmung mehrerer Organe gefordert werden darf, um die Übertragung der Aktien nicht übermäßig zu erschweren (*Schroeter*, AG 2007, 854, 858 m. w. N.).

[227] Anders als von *Schroeter*, AG 2007, 854, 858, vertreten, besteht hier kein Spielraum für eine Satzungsauslegung anhand von Größe oder Unternehmensgegenstand der SE. Wenn die Satzung lediglich eine Zustimmung der Gesellschaft regelt, ohne ein Organ zu benennen, sind nach dem Sinn und Zweck des § 68 Abs. 2 S. 2 AktG die geschäftsführenden Direktoren zuständig. Denn die Zuständigkeit des Vorstands wird dort angeordnet, um die Verkehrsfähigkeit der Namensaktie nicht durch weiträumige Sitzungsfrequenz anderer Organe zu beeinträchtigen (*Hüffer*, AktG, § 68 Rdnr. 15). Dieser Regelungszweck führt im Monismus zu einer Zuständigkeit der geschäftsführenden Direktoren, weil der Verwaltungsrat gemäß Art. 44 Abs. 1 SE-VO nicht häufiger als viermal im Jahr tagen muss. Will die Satzung eine Zuständigkeit des Verwaltungsrats begründen, muss sie dies ausdrücklich regeln.

85 Für den Sonderfall des **Konzernrechts** schreibt § 49 SEAG ausdrücklich eine Funktionstrennung vor: Hier übernehmen die geschäftsführenden Direktoren die konzernrechtlichen Pflichten (insb. Erstellung des Abhängigkeitsberichts), die nach Aktienrecht dem Vorstand zugewiesen sind. Der Verwaltungsrat fungiert insoweit als Kontrollinstanz, da ihm gemäß § 22 Abs. 6 SEAG automatisch die Aufgaben des Aufsichtsrats zugewiesen sind. Die Vorschrift des § 308 Abs. 3 AktG ist insoweit auf das monistische System anzupassen: Ist abhängige Gesellschaft eine monistische SE, erfasst § 308 Abs. 3 AktG diejenigen Geschäfte, die in der abhängigen Gesellschaft eines ausdrücklichen Beschlusses des Verwaltungsrats bedürfen; ist die monistische SE herrschendes Unternehmen, muss dort der Verwaltungsrat zustimmen, um ggf. die fehlende Aufsichtsrats-/Verwaltungsratszustimmung in der abhängigen Gesellschaft zu überwinden.[228]

86 **cc) Aufgabenstellung im Verhältnis zum Verwaltungsrat.** Den vom Verwaltungsrat zu bestellenden geschäftsführenden Direktoren obliegen **Geschäftsführung und Vertretung** der SE (§§ 40 Abs. 2 S. 1, 41 Abs. 1 S. 1 SEAG).[229] Mehrere geschäftsführende Direktoren führen die Geschäfte gemeinschaftlich, soweit Satzung oder Geschäftsordnung nichts anderes regeln (§ 40 Abs. 2 S. 2 SEAG).[230] Sie vertreten die Gesellschaft auch gemeinschaftlich, vorbehaltlich abweichender Satzungsregelung; für die Passivvertretung genügt die Abgabe von Willenserklärungen gegenüber einem geschäftsführenden Direktor (§ 41 Abs. 2 SEAG). Weiterhin können Einzelne von ihnen zur Vornahme bestimmter Geschäfte oder Arten von Geschäften ermächtigt werden (§ 41 Abs. 4 SEAG). Die Vertretungsbefugnis der geschäftsführenden Direktoren kann im Außenverhältnis nicht beschränkt werden (§ 44 Abs. 1 SEAG). Im Innenverhältnis sind Anweisungen und Beschränkungen von Verwaltungsrat und Hauptversammlung zu beachten (§ 44 Abs. 2 SEAG).[231] Der Verwaltungsrat vertritt die Gesellschaft soweit es um das Rechtsverhältnis zu den geschäftsführenden Direktoren geht (§ 41 Abs. 5 SEAG). Er vertritt außerdem die Gesellschaft im Falle der Führungslosigkeit (§ 41 Abs. 1 S. 2 SEAG).

87 Die geschäftsführenden Direktoren haben im Kompetenzgefüge der SE nicht dieselbe Stellung wie ein Vorstand im dualistischen Modell; vielmehr übernimmt der Verwaltungsrat im Wesentlichen die Leitungsaufgaben des Vorstands (vgl. oben Rdnr. 72). Gesetzlich dem Verwaltungsrat zugewiesene Aufgaben können nicht auf geschäftsführende Direktoren übertragen werden (§ 40 Abs. 2 S. 3 SEAG). Rechtsvorschriften, die außerhalb des SEAG dem Vorstand Aufgaben zuweisen, werden gemäß § 22 Abs. 6 SEAG auf den Verwaltungsrat bezogen, soweit nicht das SEAG eine andere Regelung trifft. In folgenden Bereichen sind spezifische Kompetenzzuweisungen an die geschäftsführenden Direktoren zu beachten: Anmeldungen und Einreichung von Unterlagen zum **Handelsregister** (§ 40 Abs. 2 S. 4 und § 46 SEAG); Erstellung des **Jahresabschlusses** und Vorlage an den Verwaltungsrat mit Vorschlag für die Gewinnverwendung (§ 47 Abs. 1 SEAG);[232] Erstellung des **Abhängigkeitsberichts** im faktischen Konzern (§ 49 Abs. 1 SEAG).

---

[228] *Marsch-Barner*, GS Bosch, S. 99, 111; *Maul*, ZGR 2003, 743, 749; Lutter/Hommelhoff/ *Teichmann*, SE-Kommentar, Anh. Art. 43, § 49 SEAG Rdnr. 5.

[229] Entgegen teilweise vertretener Auffassung (*Hoffmann-Becking*, ZGR 2004, 355, 369) ergibt sich die Vertretungsmacht nicht aus der SE-VO und bedarf daher einer mitgliedstaatlichen Regelung (Lutter/Hommelhoff/*Teichmann*, SE-Kommentar, Art. 43 Rdnr. 17 ff.).

[230] Vgl. zur Geschäftsordnung bei mehreren geschäftsführenden Direktoren § 40 Abs. 4 SEAG.

[231] Da der Hauptversammlung in Geschäftsführungsfragen nur selten eine Entscheidungskompetenz zusteht, bewirkt die Vorschrift des § 44 Abs. 2 SEAG vor allem eine Unterordnung der geschäftsführenden Direktoren im Verhältnis zum Verwaltungsrat.

[232] Der Verwaltungsrat stellt den Jahresabschluss fest (§ 47 Abs. 5 SEAG) oder überlässt die Feststellung der Hauptversammlung (§ 47 Abs. 6 SEAG). Allgemein trägt der Verwaltungsrat auch die Verantwortung dafür, dass Handelsbücher geführt werden (§ 22 Abs. 3 S. 1 SEAG), kann sich dabei aber auf eine Überwachung der geschäftsführenden Direktoren beschränken.

88 Teilweise wird vertreten, die geschäftsführenden Direktoren seien allgemein auf die Führung der **laufenden Geschäfte** beschränkt.[233] Für diese Einschränkung bietet der Wortlaut des Gesetzes (§ 40 Abs. 2 S. 1 SEAG) jedoch keinen Anhaltspunkt. Art. 43 Abs. 1 S. 2 SE-VO, auf den sich die restriktive Auffassung beruft, betrifft den deutschen Gesetzgeber nicht.[234] Die Abgrenzung der weniger wichtigen laufenden Geschäfte von den Maßnahmen, mit denen er sich als Organ der Oberleitung befassen sollte, trifft der Verwaltungsrat nach eigenem pflichtgemessen Ermessen.[235] Sie kann nicht durch einen richterlich abzugrenzenden Rechtsbegriff der „laufenden Geschäfte" geleistet werden.[236] Umgekehrt ist auch kein Kernbereich der Geschäftsführung anzuerkennen, in den der Verwaltungsrat nicht eingreifen dürfe.[237] Dem Verwaltungsrat muss auf Grund seiner zentralen Stellung in der Unternehmensverfassung und der damit verbundenen Verantwortlichkeit auch in jeder Geschäftsführungsangelegenheit, die er für wichtig hält, ein Weisungsrecht zustehen.[238]

89 In der **Weisungsunterworfenheit** (§ 44 Abs. 2 SEAG) und der jederzeitigen **Abberufbarkeit** der geschäftsführenden Direktoren (§ 40 Abs. 5 S. 1 SEAG)[239] manifestiert sich die Oberleitung der SE durch den Verwaltungsrat. Die Direktoren haben eine dem GmbH-Geschäftsführer vergleichbare Stellung, deren Spielraum im Innenverhältnis durch die vom Verwaltungsrat erlassene Geschäftsordnung und sonstige Beschlüsse und Anweisungen begrenzt wird. Zulässig sind auch konkrete Weisungen in Einzelfragen. Ein weisungsfrei gestellter Kompetenzbereich der geschäftsführenden Direktoren ist abzulehnen, er verträgt sich nicht mit der Gesamtverantwortung des Verwaltungsrats für die Geschicke der Gesellschaft.

90 Die geschäftsführenden Direktoren unterliegen einer regelmäßigen **Berichtspflicht** gegenüber dem Verwaltungsrat. Dafür orientiert sich § 40 Abs. 6 SEAG an § 90 AktG (Berichtspflichten des Vorstands an den Aufsichtsrat), soweit Satzung oder Geschäftsordnung nichts anderes vorsehen. Die Direktoren haben dem Vorsitzenden des Verwaltungsrats in jedem Fall unverzüglich zu berichten, wenn ein Verlust in der Hälfte des Grundkapitals droht oder bereits entstanden ist oder wenn die Gesellschaft zahlungsunfähig oder überschuldet ist (§ 40 Abs. 3 SEAG).

4. Die Hauptversammlung

91 Die Zuständigkeiten der Hauptversammlung sind in der SE-VO nur lückenhaft geregelt, ergänzend ist das nationale Aktienrecht im Sitzstaat der SE heranzuziehen (Art. 52 SE-

---

[233] *Schwarz*, SE-Kommentar, Anh Art. 43 Rdnr. 276; Manz/Mayer/Schröder, Europäische Aktiengesellschaft, Art. 43 Rdnr. 36; *Seitz*, Geschäftsführer einer monistischen SE, S. 135 ff.; wohl auch *Mauch*, Das monistische Leitungssystem, S. 57 ff.

[234] Ausführlich: *Bauer*, Organstellung und Organvergütung, S. 51 ff.; sowie Lutter/Hommelhoff/ *Teichmann*, SE-Kommentar, Art. 43 Rdnr. 30 ff.

[235] Mit *Bauer*, Organvergütung und Organvergütung, S. 87 ließe sich der Kompetenzbereich der geschäftsführenden Direktoren als die verbleibende Restmenge gegenüber der zwingend dem Verwaltungsrat zugewiesenen Oberleitung definieren. Auch diese Unterscheidung wäre jedoch kaum justiziabel (so auch *Bauer*, ebda., S. 88), ihre Konkretisierung obliegt letztlich dem pflichtgemäßen Ermessen des Verwaltungsrats.

[236] Das österreichische SE-Gesetz beschränkt die Kompetenz der geschäftsführenden Direktoren auf die laufenden Geschäfte. Die Kommentarliteratur (Kalss/Hügel/*Kalss*/*Greda*, SE-Kommentar, § 56 SEG Rdnr. 6) dazu konstatiert allerdings, dass eine „allgemein gültige Definition bzw abschließende Umschreibung der laufenden Geschäfte" nicht möglich sei.

[237] Teilweise wird ein solches „Aushöhlungsverbot" vertreten (so etwa *Mauch*, Das monistische Leitungssystem, S. 65), ohne dass die Grenzen dieses Kernbereichs der Geschäftsführung klar konturierbar erscheinen.

[238] *Marsch-Barner*, GS Bosch, S. 99, 105; Lutter/Hommelhoff/*Teichmann*, SE-Kommentar, Anh. Art. 43, § 44 SEAG Rdnr. 10.

[239] Diese ist allerdings satzungsdispositiv (*Bauer*, Organstellung und Organvergütung, S. 69; *Seitz*, Geschäftsführer der monistischen SE, S. 183; Lutter/Hommelhoff/*Teichmann*, SE-Kommentar, Anh. Art. 43, § 40 Rdnr. 48).

VO). Auch Organisation und Ablauf der Hauptversammlung richten sich – mit Ausnahme einzelner Vorschriften zu den Mehrheitserfordernissen (Art. 57–60 SE-VO) – weitgehend nach nationalem Recht (Art. 53 SE-VO). Eine unmittelbar europäische Regelung erfahren Minderheitenrechte zur Einberufung oder Ergänzung der Tagesordnung (Art. 55 und 56 SE-VO).

92 a) **Zuständigkeiten der SE-Hauptversammlung.** Bei Bestimmung der Zuständigkeiten sind zunächst die speziellen **Regelungen der SE-VO** zu beachten (vgl. Art. 52 Unterabs. 1 lit. a) SE-VO). So ist in der SE ein Hauptversammlungsbeschluss nötig, wenn sie sich ihrerseits an der Gründung einer neuen SE beteiligt.[240] In der SE-VO geregelt sind außerdem die Zuständigkeit für die Bestellung der Mitglieder des Aufsichts- oder Verwaltungsorgans (Art. 40 Abs. 2 S. 1 sowie Art. 43 Abs. 3 S. 1 SE-VO und § 36 Abs. 4 SEBG),[241] für die Satzungsänderung (Art. 59 SE-VO), für die grenzüberschreitende Sitzverlegung (Art. 8 Abs. 4 SE-VO) und für die Umwandlung der SE in eine nationale Aktiengesellschaft (Art. 66 Abs. 6 SE-VO).

93 Ergänzend greift das **nationale Aktienrecht** (Art. 52 Unterabs. 2 SE-VO).[242] Somit ergeben sich weitere Hauptversammlungszuständigkeiten aus § 119 AktG[243] und aus den Vorschriften des Umwandlungsgesetzes[244]. Darüber hinaus erfasst die Verweisung auf das nationale Recht auch das ungeschriebene Richterrecht.[245] Daher gilt für die SE-Hauptversammlung die ungeschriebene Zuständigkeit in Geschäftsführungsfragen nach der „Holzmüller/Gelatine"-Rechtsprechung des BGH.[246] Im Übrigen setzt die aktienrechtliche **Satzungsstrenge**, die auch in der SE gilt (Art. 9 Abs. 1 lit. b und lit. c iii SE-VO),[247] den Gestaltungsmöglichkeiten der Hauptversammlung enge Grenzen.

94 b) **Organisation und Ablauf.** Für Organisation und Ablauf der SE-Hauptversammlung finden sich in der **SE-Verordnung** nur wenige Sonderregeln. Die Hauptversammlung tritt gemäß Art. 54 Abs. 1 SE-VO mindestens einmal im Kalenderjahr binnen sechs

---

[240] Art. 2 Abs. 1 i. V. m. Art. 3 Abs. 1 SE-VO für die Verschmelzung, Art. 2 Abs. 2 i. V. m. Art. 3 Abs. 1 SE-VO für die Holding-SE. Die Gründung einer Tochter-SE (vgl. Art. 3 Abs. 2 SE-VO) bedarf grundsätzlich keines Hauptversammlungsbeschlusses (anders nur, wenn die Gründung die Voraussetzungen der „Holzmüller/Gelatine"-Rechtsprechung erfüllt, vgl. unten Rdnr. 93). Die Gründungsform der Umwandlung (Art. 2 Abs. 4 SE-VO) kommt für eine bereits bestehende SE nicht in Betracht.

[241] Für die Abberufung von Mitgliedern des Aufsichtsorgans gilt Art. 52 Unterabs. 2 SE-VO i. V. m. § 103 AktG, für die Abberufung von Mitgliedern des Verwaltungsorgans gilt § 29 SEAG; zur Abberufung von Arbeitnehmervertretern siehe § 37 SEBG.

[242] Gemein ist das Recht des „Sitzstaates" der SE. Unter dem „Sitz" versteht die Verordnung hier den Registersitz (vgl. oben Rdnr. 3). Somit führt der Verweis für eine SE, die in Deutschland im Handelsregister eingetragen ist, zur Anwendung derjenigen Vorschriften, die in Deutschland für Aktiengesellschaften gelten. Hier sind mit Blick auf Hauptversammlungszuständigkeiten insbesondere das Aktiengesetz und das Umwandlungsgesetz relevant.

[243] Aus Art. 52 Unterabs. 2 SE-VO i. V. m. § 119 Abs. 1 AktG ergeben sich somit folgende Zuständigkeiten: Beschluss über die Verwendung des Bilanzgewinns (siehe aber für die monistische SE § 48 SEAG, näher dazu Lutter/Hommelhoff/*Spindler*, SE-Kommentar, Art. 52 Rdnr. 28), Entlastung der Mitglieder von Vorstand, Aufsichtsrat und Verwaltungsrat, Bestellung des Abschlussprüfers, Maßnahmen der Kapitalbeschaffung und Kapitalherabsetzung, Bestellung von Sonderprüfern, Auflösung der Gesellschaft.

[244] Siehe allerdings unten Rdnr. 108 die Diskussion über die Anwendbarkeit des Umwandlungsgesetzes auf die SE.

[245] *Casper*, FS Ulmer, S. 51, 68 f.; *Teichmann*, ZGR 2002, 383, 398.

[246] Siehe nur Lutter/Hommelhoff/*Spindler*, SE-Kommentar, Art. 52 Rdnr. 46 f.; a. A. *Brandt*, Hauptversammlung, S. 105 ff. sowie S. 123 ff., wonach der SE-VO ein Prinzip der Nebenordnung der Organe zu entnehmen sei, das die Anwendung ungeschriebener HV-Kompetenzen in Geschäftsführungsfragen ausschließe.

[247] Grundlegend *Hommelhoff*, FS Ulmer, S. 267 ff.

Monaten nach Abschluss des Geschäftsjahres zusammen.[248] Gemäß Art. 54 Abs. 2 SE-VO können Leitungs-, Aufsichts- oder Verwaltungsorgan, jedes andere Organ oder jede zuständige Behörde nach den für nationale Aktiengesellschaften geltenden Vorschriften die Hauptversammlung einberufen. Diese Vorschrift wird teilweise so verstanden, dass *alle* dort genannten Organe eine originär europäische Kompetenz hätten, *jederzeit* die Hauptversammlung einzuberufen, und zudem noch zwingend eine *Behörde* benannt werden müsste, die zur Einberufung der Hauptversammlung berechtigt sein soll.[249] Dass der Verordnungsgeber dies gemeint hat, ist aber kaum anzunehmen. In einer früheren Fassung der SE-VO (1991) sollte nur das Leitungs- bzw. das Verwaltungsorgan die Hauptversammlung einberufen.[250] Dass anschließend ein Verweis auf das nationale Recht in den Rechtstext aufgenommen wurde, entsprach der allgemeinen Tendenz, eigenständig europäische Regelungen durch Verweise auf nationales Recht zu ersetzen.[251] Für eine Parallelkompetenz mehrerer Organe und Behörden, jederzeit die Hauptversammlung einzuberufen, gibt es, soweit ersichtlich, in keinem Mitgliedstaat ein Regelungsvorbild; für eine originäreuropäische Lösung dieser Art bestand in der Schlussphase des Gesetzgebungsprozesses kein Anlass und keine Bereitschaft.[252] Folglich richtet sich die **Einberufung** der SE-Hauptversammlung nach nationalem Aktienrecht: im dualistischen System ist grundsätzlich der Vorstand zuständig (§ 121 Abs. 2 AktG), im monistischen der Verwaltungsrat (§ 48 SEAG).

Eine **Aktionärsminderheit,** deren Anteil am Grundkapital mindestens 5% beträgt, kann die Einberufung der Hauptversammlung und eine Ergänzung der Tagesordnung verlangen (Art. 55 und 56 SE-VO i. V. m. § 50 Abs. 1 SEAG).[253] Die Satzungsautonomie des § 122 Abs. 1 AktG hinsichtlich der Form des Einberufungsverlangens findet auch auf die SE Anwendung.[254] Außerdem besteht über die Anwendung des allgemeinen Aktienrechts (§ 142 Abs. 1 AktG) die Möglichkeit für eine Aktionärsminderheit von mindestens 1% (oder: 100.000 Euro), bei Gericht eine Sonderprüfung über einen Vorgang bei der Gründung oder Geschäftsführung der Gesellschaft zu beantragen.[255]

IV. Konzernrecht

Zu Fragen des Konzernrechts findet sich in der SE-VO **keine** eigenständige **Regelung.** Die ursprünglich dafür vorgesehenen Bestimmungen wurden im Verlauf der Entstehungs-

---

[248] Die SE-VO ist mit der Frist von *sechs* Monaten strenger als das deutsche Aktienrecht (§ 175 Abs. 1 S. 2 AktG), das eine Einberufung in den ersten *acht* Monaten des Geschäftsjahres vorschreibt. Anders als von MK-*Kubis*, Art. 54 SE-VO Rdnr. 3, vertreten, darf es nach der klaren Vorgabe der SE-VO auch bei einem vom Kalenderjahr abweichenden Geschäftsjahr jedenfalls nicht zu einem Kalenderjahr ohne Hauptversammlung kommen (wie hier Lutter/Hommelhoff/*Spindler*, SE-Kommentar, Art. 54 Rdnr. 7, Fn. 10).

[249] Grundlegend *Brandt*, SE-Hauptversammlung, S. 179 ff.; ihm folgend Lutter/Hommelhoff/*Spindler*, SE-Kommentar, Art. 54 Rdnr. 11 ff.

[250] Art. 82 Abs. 2 VO-Vorschlag von 1991, abgedruckt in *Lutter*, Europäisches Unternehmensrecht, S. 724 ff.

[251] Der Verweis auf das nationale Recht, der sich am Ende des Absatzes findet, kann sprachlich durchaus auf alle davorstehenden Textteile bezogen werden. Vgl. auch den Sprachenvergleich bei Manz/*Mayer*/Schröder, Europäische Aktiengesellschaft, Art. 54 Rdnr. 7, Fn. 8.

[252] Unstimmig ist daher auch die Mittelmeinung, die eine „gespaltene" Auslegung vertritt: Originär europäische Einberufungskompetenz für alle Organe, hingegen Zuständigkeiten von Behörden nur, wenn das nationale Recht dies vorsieht (so aber: Manz/*Mayer*/Schröder, Europäische Aktiengesellschaft, Art. 54 Rdnr. 7 ff.; Spindler/Stilz/*Eberspächer*, Art. 54 SE-VO Rdnr. 3).

[253] Die Ergänzung der Tagesordnung kann auch eine Minderheit verlangen, deren Anteil am Grundkapital den Betrag von 500 000 Euro erreicht (§ 50 Abs. 2 SEAG). In der Literatur wird allerdings bezweifelt, ob diese Regelung von der SE-VO gedeckt ist (*Gößl*, SE-Satzung, S. 280).

[254] *Gößl*, SE-Satzung, S. 280 f.

[255] Zu den damit verbundenen SE-spezifischen Fragen siehe *Mock*, Der Konzern 2010, 455.

geschichte wieder fallen gelassen.[256] Zwar enthält das Verfahren der Holding-Gründung Elemente eines Konzerneingangsschutzes.[257] Fraglich ist aber, ob auf eine **abhängige** SE mit Sitz in Deutschland die Regelungen des deutschen Konzernrechts (§§ 311 ff. AktG) Anwendung finden. Die Diskussion hierzu ist unübersichtlich und folgt verschiedenen Begründungslinien, die hier nicht im Einzelnen nachgezeichnet werden können.[258] Im Kern geht es um die Themen Kapitalverfassung und Weisungsfreiheit des Leitungsorgans. Hier stellt sich jeweils die Frage, ob der europäische Gesetzgeber mit dem Verzicht auf eine eigene Regelung die Anwendung nationalen Konzernrechts in all seinen Facetten gebilligt hat, so dass die Vorschriften der SE-VO gegebenenfalls auch davon verdrängt werden können, oder ob er das Eindringen von nationalem Sonderrecht nur insoweit zulassen wollte, wie es mit den explizit getroffenen Regelungen der SE-VO zu vereinbaren ist.[259]

97 Für die **Kapitalverfassung** der SE gelten über Art. 5 SE-VO die Regelungen der §§ 57, 58 und 60 AktG. Diese werden im faktischen Konzern durch die Möglichkeit der Nachteilszufügung (§ 311 AktG) zumindest eingeschränkt und im Vertragskonzern durch § 291 Abs. 3 AktG explizit außer Kraft gesetzt. Die herrschende Meinung geht davon aus, dass eine Anwendung dieser deutschen Regelungen auf die SE zulässig sei.[260] Die Gegenauffassung hält jedenfalls die Einbindung in einen Vertragskonzern für unzulässig.[261]

98 Nach Abschluss eines Beherrschungsvertrages besteht ein Weisungsrecht des herrschenden Unternehmens gegenüber dem Vorstand der abhängigen Gesellschaft (§ 308 Abs. 1 AktG). Die gemäß § 76 Abs. 1 AktG bestehende **Weisungsfreiheit** des Vorstands wird damit durchbrochen. Diese Weisungsfreiheit ergibt sich nach einhelliger Auffassung aus der Formulierung, dass der Vorstand die Gesellschaft „unter eigener Verantwortung" zu leiten hat.[262] Dieselbe Formulierung findet sich in Art. 39 Abs. 1 S. 1 SE-VO für das Leitungsorgan der SE. Dennoch nimmt die herrschende Meinung an, das deutsche Konzernrecht könne diese Regelung der SE-VO verdrängen.[263] Die Gegenauffassung hat hier eine etwas stärkere Position als bei der Kapitalverfassung, da bei der Kapitalverfassung die SE-VO selbst auf nationales Recht verweist (Art. 5 SE-VO), während die SE-VO das Leitungssystem der SE eigenständig regelt (Art. 38 ff. SE-VO).[264] Der deutsche Gesetzgeber unterstellt in § 49 SEAG (o. Rdnr. 85) die Anwendbarkeit des deutschen Konzernrechts auf die SE; allerdings gilt diese Vorschrift nur für das monistische Leitungsmodell, bei dem auch in der SE-VO nicht explizit von Geschäftsleitung „in eigener Verantwortung" die Rede ist.[265]

---

[256] Vgl. den Überblick zur Entstehungsgeschichte bei *Lächler*, Konzernrecht, S. 48 ff.

[257] *Lächler*, Konzernrecht, S. 53 ff.; *Teichmann*, AG 2004, 67, 70 ff.

[258] Vgl. stattdessen *Lächler*, Das Konzernrecht der SE, mit ausführlichen Nachweisen.

[259] Erwägungsgrund 15 der SE-VO beruft für konzernrechtliche Fragen die allgemeinen Grundsätze des Internationalen Privatrechts zur Anwendung. Aber diese geben nur Auskunft darüber, aus welcher nationalen Rechtsordnung bei grenzüberschreitenden Konzernstrukturen die konzernrechtlich relevanten Regeln entnommen werden, nicht aber darüber, inwieweit sie gegenüber Sachnormen der SE-VO den Vorrang haben.

[260] *Brandi*, NZG 2003, 889 ff.; *Habersack*, ZGR 2003, 724 ff.; *Jaecks/Schönborn*, RIW 2003, 254 ff.; *Veil*, WM 2003, 2169 ff.

[261] Ausführlich *Lächler*, Konzernrecht, S. 150 ff., gestützt auf die Prämisse, dass das deutsche Konzernrecht insoweit gegen die zweite gesellschaftsrechtliche Richtlinie verstoße. Weitergehend *Hommelhoff*, AG 2003, 179, 183: in einer SE seien sowohl Nachteilszufügung gemäß § 311 AktG als auch Einbindung in die Kapitalverfassung des Vertragskonzerns unzulässig.

[262] Siehe nur *Hüffer*, Aktiengesetz, § 76 Rdnr. 10.

[263] Vgl. die in Fn. 260 genannten Autoren. Zu den Folgefragen, die damit verbunden sind, die deutschen Regelungen in das Regelungsumfeld der SE einzufügen: *Maul*, ZGR 2003, 743 ff.

[264] *Lächler*, Konzernrecht, S. 181 ff. hält das Weisungsrecht des § 308 Abs. 1 AktG für nicht vereinbar mit der Organisationsverfassung der SE-VO.

[265] *Hommelhoff*, AG 2003, 179, 182, sieht das monistische System weisungsoffen. *Lächler*, Konzernrecht, S. 190 ff., sieht in der Weisungsfreiheit ein allgemeines Strukturmerkmal, das auch für die monistische SE gelte, so dass die Anwendung des § 308 Abs. 1 AktG in beiden Systemen gegen die Vorgaben der SE-VO verstoße (S. 197 ff.).

V. Grenzüberschreitende Sitzverlegung

1. Kontinuität des Rechtsträgers

Art. 8 SE-VO regelt ein Verfahren der Sitzverlegung in andere Mitgliedstaaten. Unter dem Sitz ist hier der Satzungssitz zu verstehen.[266] Die SE kann also ihren satzungsmäßigen Sitz in einen anderen Mitgliedstaat verlegen[267] und sich dort im Handelsregister eintragen lassen, ohne sich dabei auflösen und neu gründen zu müssen (**identitätswahrende Sitzverlegung**).[268] Diese Option steht Aktiengesellschaften nationalen Rechts bislang nicht offen.[269] Die kürzlich vorgelegte europaweite SE-Studie zeigt denn auch, dass die Rechtsform der SE immerhin in etwa 10% der Fälle für eine Verlegung des Sitzes über die Grenze genutzt wird.[270] Zu beachten ist, dass Satzungssitz und Hauptverwaltung in demselben Mitgliedstaat liegen müssen (Art. 7 S. 1 SE-VO).[271] Bei Verlegung des Satzungssitzes muss auch die Hauptverwaltung verlegt werden,[272] andernfalls droht die Auflösung der SE (Art. 64 SE-VO, § 52 SEAG).[273]

2. Verlegungsverfahren

Das Verlegungsverfahren beginnt mit der Erstellung eines **Verlegungsplans** durch das Leitungs- oder Verwaltungsorgan (Art. 8 Abs. 2 SE-VO).[274] Er enthält einerseits die bisherige Firma, Sitz und Registernummer der SE, andererseits Angaben über die SE nach der Verlegung: neuer Sitz der SE, die vorgesehene Satzung und ggf. die neue Firma, die Folgen der Verlegung für die Beteiligung der Arbeitnehmer, den Zeitplan der Verlegung sowie etwaige Schutzrechte für Aktionäre und/oder Gläubiger.

Das Leitungs- oder Verwaltungsorgan erstellt außerdem einen **Verlegungsbericht** (Art. 8 Abs. 3 SE-VO), der die rechtlichen und wirtschaftlichen Aspekte der Verlegung erläutert und begründet. Er legt außerdem die Auswirkungen der Verlegung für die Aktionäre, die Gläubiger und die Arbeitnehmer dar. Bei der Abfassung des Berichts empfiehlt sich eine Orientierung an den Vorgaben, die im deutschen Recht für den Formwechsel (§§ 190 ff. UmwG) entwickelt wurden.[275]

---

[266] *Ringe*, Sitzverlegung, S. 29; *Vinçon*, Sitzverlegung, S. 51; *Zang*, Sitz der SE, S. 42.
[267] Die Verlegung in Drittstaaten ist nicht möglich (Manz/Mayer/*Schröder*, Europäische Aktiengesellschaft, Art. 8 Rdnr. 12), in einem praktischen Fall aber offenbar bereits in Richtung auf die Cayman Islands unternommen worden (dazu *Heuschmid/Schmidt*, NZG 2007, 54 ff.).
[268] Art. 8 Abs. 1 S. 2 SE-VO: „Diese Verlegung führt weder zur Auflösung der SE noch zur Gründung einer neuen juristischen Person."
[269] Zu diesem Wettbewerbsvorteil der SE siehe *Fleischer*, AcP 2004, 502, 518 ff. In der *Cartesio*-Entscheidung des EuGH deutet sich zwar an, dass diese Möglichkeit auch nationalen Gesellschaften offenstehen muss (näher *Teichmann*, ZIP 2009, 393 ff.). Es fehlt aber an einer rechtssicheren Regelung der dafür anwendbaren Verfahrensschritte. Dafür bedarf es der bislang nicht verabschiedeten Sitzverlegungsrichtlinie (dazu kürzlich *Arbeitskreis Europäisches Unternehmensrecht*, NZG 2011, 98 ff.).
[270] Vgl. Ernst & Young-Studie (o. Fn. 8), S. 182.
[271] Entgegen teilweise vertretener Auffassung (*Drinhausen/Nohlen*, ECL 2009, 14 ff.) ist diese Regelung als primärrechtskonform anzusehen (so bereits *Teichmann*, ZGR 2003, 367, 399 f.; ebenso mit Hinweis auf die *Cartesio*-Entscheidung des EuGH *Casper/Weller*, NZG 2009, 681, 683).
[272] Die Hauptverwaltung muss bereits vor Eintragung der Sitzverlegung im neuen Sitzstaat der SE angesiedelt werden (Van Hulle/Maul/Drinhausen/*Teichmann*, HdB SE, S. 251 [Rdnr. 10], im Anschluss an *Schwarz*, SE-Kommentar, Art. 8 Rdnr. 52, und *Zang*, Sitz der SE, S. 234 f.).
[273] Dazu *Roitsch*, Auflösung, Liquidation und Insolvenz der SE, S. 55 ff.; *Zimmer*, EWS 2010, 222, 223 ff.
[274] Näher dazu: Van Hulle/Maul/Drinhausen/*Teichmann*, HdB SE, S. 255 ff. (Rdnr. 23 ff.); *Vinçon*, Sitzverlegung, S. 109 ff.; *Zang*, Sitz der SE, S. 106 ff.
[275] Van Hulle/Maul/Drinhausen/*Teichmann*, HdB SE, S. 257 (Rdnr. 28).

102 Der Verlegungsplan ist mindestens zwei Monate vor der Hauptversammlung, die über die Verlegung beschließen soll (Art. 8 Abs. 6 S. 1 SE-VO), beim Handelsregister einzureichen und von diesem **offen zu legen** (Art. 8 Abs. 2 S. 1 SE-VO).[276] Verlegungsplan und -bericht müssen außerdem für die Aktionäre vor der Hauptversammlung, die über die Sitzverlegung beschließen soll, am Sitz der SE mindestens einen Monat lang zur Einsicht und Aushändigung bereitstehen (Art. 8 Abs. 4 SE-VO).

103 Der **Verlegungsbeschluss** der Hauptversammlung ist mit satzungsändernder Mehrheit zu fassen (Art. 8 Abs. 6 S. 2 i.V.m. Art. 59 SE-VO). Die SE-VO (Art. 59 Abs. 1) sieht dafür eine Mehrheit von mindestens zwei Dritteln der abgegebenen Stimmen vor, soweit nicht das nationale Recht eine größere Mehrheit vorsieht. Für die SE mit Sitz in Deutschland gilt daher die Mehrheit von drei Vierteln des bei der Beschlussfassung vertretenen Grundkapitals (§ 179 Abs. 2 AktG).[277]

104 Die grenzüberschreitende Sitzverlegung erfordert eine Zusammenarbeit der nationalen Register. Art. 8 SE-VO regelt insoweit eine **zweistufige Rechtmäßigkeitsprüfung,** bei der die beteiligten Register jeweils die Einhaltung der nach dem eigenen Recht nötigen Rechtshandlungen und Formalitäten überprüfen. Im Wegzugsstaat stellt das Handelsregister eine Bescheinigung aus, die bestätigt, dass die der Verlegung vorangegangenen Rechtshandlungen und Formalitäten durchgeführt wurden (Art. 8 Abs. 8 SE-VO). Dazu gehört für eine SE, die ihren bisherigen Sitz in Deutschland hat, auch die sog. Negativerklärung, dass Klagen gegen die Wirksamkeit des Verlegungsbeschlusses nicht oder nicht fristgemäß erhoben oder rechtskräftig abgewiesen oder zurückgenommen worden sind (§ 14 SEAG). Im Zuzugsstaat wird nach Vorlage der Bescheinigung die neue Eintragung vorgenommen, soweit die für die Eintragung in dem neuen Sitzstaat erforderlichen Formalitäten erfüllt wurden (Art. 8 Abs. 9 SE-VO). Dazu gehört auch die Prüfung, ob die Satzung der SE dem Aktienrecht des neuen Sitzstaates angepasst wurde.[278] Eine aktienrechtliche Gründungsprüfung findet hingegen nicht statt.[279]

3. Einzelfragen der Sitzverlegung

105 Die rechtlichen Auswirkungen der Sitzverlegung betreffen die Gesellschaft selbst, aber auch ihre Aktionäre, Gläubiger und Arbeitnehmer. Zunächst ist zu bedenken, dass die besondere Regelungstechnik der SE-VO in hohem Maße von **Verweisungen in nationales Recht** lebt (o. Rdnr. 3). Anwendbar ist dabei das Recht des Sitzstaates, das für die dort gegründeten Aktiengesellschaften gilt. Mit der Verlegung des Sitzes in einen anderen Mitgliedstaat ändert sich also das subsidiär anwendbare nationale Recht, auf das die Verweisungen Bezug nehmen **(Statutenwechsel).**[280] Das betrifft etwa so wichtige Bereiche wie Organisation und Ablauf der Hauptversammlung (o. Rdnr. 94) oder die Regeln über das

---

[276] Art. 8 Abs. 2 S. 1 SE-VO verweist insoweit auf Art. 13 SE-VO, der nationales Recht zur Anwendung beruft. Da deutsches Recht die grenzüberschreitende Sitzverlegung nicht regelt, liegt eine analoge Anwendung des § 61 UmwG nahe (Widmann/Mayer/*Heckschen*, Anh. 14, Rdnr. 418; Van Hulle/Maul/Drinhausen/*Teichmann*, HdB SE, S. 257 [Rdnr. 26]; Lutter/Hommelhoff/*Zimmer/Ringe*, SE-Kommentar, Art. 8 Rdnr. 21).

[277] Zwar lässt sich argumentieren, dass § 179 Abs. 2 AktG nicht anwendbar ist, weil Art. 59 Abs. 2 SE-VO nur gegenüber höheren Stimmenmehrheiten zurücktritt (Van Hulle/*Maul*/Drinhausen, HdB SE, S. 166 (Rdnr. 68); a.A. *Gößl*, SE-Satzung, S. 301 ff.; für eine Klarstellung der Vorschrift plädiert daher der *Arbeitskreis Aktien- und Kapitalmarktrecht*, ZIP 2009, 689, 699). Rechtspraktisch empfiehlt sich aber die Einhaltung der Kapitalmehrheit des § 179 Abs. 2 AktG.

[278] Van Hulle/Maul/Drinhausen/*Teichmann*, HdB SE, S. 261 (Rdnr. 41); Manz/Mayer/*Schröder*, Europäische Aktiengesellschaft, Art. 8 Rdnr. 98; *Vinçon*, Sitzverlegung, S. 179; *Zang*, Sitz der SE, S. 235.

[279] Van Hulle/Maul/Drinhausen/*Teichmann*, HdB SE, S. 261 (Rdnr. 42); Manz/Mayer/*Schröder*, Europäische Aktiengesellschaft, Art. 8 Rdnr. 96; *Vinçon*, Sitzverlegung, S. 280; Lutter/Hommelhoff/ *Zimmer/Ringe*, SE-Kommentar, Art. 8 Rdnr. 70.

[280] Van Hulle/Maul/Drinhausen/*Teichmann*, HdB SE, S. 253 (Rdnr. 16); Manz/Mayer/*Schröder*, Europäische Aktiengesellschaft, Art. 8 Rdnr. 18; *Vinçon*, Sitzverlegung, S. 67 ff.; Lutter/Hommelhoff/ *Zimmer/Ringe*, SE-Kommentar, Art. 8 Rdnr. 8.

Gesellschaftskapital (vgl. Art. 5 SE-VO). Die Sitzverlegung kann zudem eine Änderung der Satzung (über die Änderung des Satzungssitzes hinaus) erforderlich machen, weil Reichweite und Inhalt der **Satzungsautonomie** einer SE mittelbar (über Art. 9 Abs. 1 lit. c) iii) SE-VO) auch vom nationalen Aktienrecht geprägt werden.

Für die **Aktionäre** kann die Sitzverlegung daher eine erhebliche Veränderung ihrer Rechtsposition bedeuten. Aus diesem Grund regelt § 12 SEAG ein Barabfindungsangebot zugunsten derjenigen Aktionäre, die der Sitzverlegung widersprochen haben. **Gläubiger** der SE können eine Sicherheitsleistung verlangen, wenn sie glaubhaft machen, dass durch die Sitzverlegung die Erfüllung ihrer Forderung gefährdet wird (§ 13 SEAG).[281] Streitig ist, ob eine mit den **Arbeitnehmern** getroffene SE-Beteiligungsvereinbarung anlässlich der Sitzverlegung neu verhandelt werden muss.[282] Nach § 18 Abs. 3 SEBG sind bei „strukturellen Änderungen" neue Verhandlungen aufzunehmen. Mit Blick darauf wird vielfach vertreten, dass die SE-Beteiligungsvereinbarung nicht aus Anlass der Sitzverlegung, sondern nur dann neu zu verhandeln ist, wenn sich darüber hinaus die Struktur der SE verändert (insb. wenn das Leitungsmodell wechselt).[283] Andererseits vertreten zahlreiche Autoren die Auffassung, dass die Vereinbarung über die Mitbestimmung in der SE an die nationale Satzungsautonomie gebunden sei.[284] Wollte man dem folgen, müsste man die Vereinbarung bei einer Sitzverlegung daraufhin überprüfen, ob sie mit dem nach der Sitzverlegung anwendbaren Aktienrecht kompatibel ist.

VI. Umwandlung der SE

Eine bestehende SE kann in eine nationale Aktiengesellschaft umgewandelt werden. Das **Umwandlungsverfahren** regelt Art. 66 SE-VO:[285] Das Leitungs- oder Verwaltungsorgan der SE erstellt einen Umwandlungsplan und einen Umwandlungsbericht (Art. 66 Abs. 3 SE-VO); der Umwandlungsplan ist offen zu legen (Art. 66 Abs. 4 SE-VO); es ist ein Sachverständigengutachten darüber einzuholen, dass die SE über Vermögenswerte verfügt, die ihr Kapital decken (Art. 66 Abs. 5 SE-VO); die Hauptversammlung beschließt über die Umwandlung und genehmigt die Satzung der künftigen AG (Art. 66 Abs. 6 SE-VO). Vor einer solchen Umwandlung ist eine **Sperrfrist** von zwei Jahren einzuhalten (Art. 66 Abs. 1 SE-VO). Dadurch soll verhindert werden, dass eine SE zur Umgehung nationaler Schutzvorschriften (insb. Mitbestimmung) genutzt und nach einer Sitzverlegung ins Ausland dort wieder in eine Aktiengesellschaft nationalen Rechts (mit geringerem Schutzniveau) umgewandelt wird.[286]

---

[281] Eine solche Gefährdung dürfte nur in Ausnahmefällen bestehen, da innerhalb der Europäischen Union Forderungen auch grenzüberschreitend eingeklagt und vollstreckt werden können. Zudem kommt den Gläubigern die Sitzfiktion des Art. 8 Abs. 10 SE-VO zugute (dazu: *Hoger*, Formwechsel und SE-Sitzverlegung, 2008, S. 281 ff.; Manz/Mayer/*Schröder*, Europäische Aktiengesellschaft, Art. 8 Rdnr. 130 ff.; Lutter/Hommelhoff/*Zimmer/Ringe*, SE-Kommentar, Art. 8 Rdnr. 95 ff.).

[282] Zum Meinungsstand: *Teichmann*, AG 2008, 797, 801.

[283] Van Hulle/Maul/Drinhausen/*Köklü*, HdB SE, S. 202 (Rdnr. 105); *Ringe*, NZG 2006, 931, 934; Lutter/Hommelhoff/*Zimmer/Ringe*, SE-Kommentar, Art. 8 Rdnr. 13. Gänzlich gegen Neuverhandlungen sprechen sich *Wollburg/Banerjea*, ZIP 2005, 277, 283, aus. Auch Lutter/Hommelhoff/*Oetker*, SE-Kommentar, § 18 Rdnr. 21, sieht jedenfalls für die kraft Vereinbarung etablierte Mitbestimmungsregelung keinen neuen Verhandlungsbedarf; dieser könne sich aber aus der Minderung von Beteiligungsrechten auf Ebene des Betriebsverfassungsrechts ergeben. *Oechsler*, AG 2005, 373, 377, erwägt für den Fall der Sitzverlegung einen Wegfall der Geschäftsgrundlage mit der Folge einer Vertragsanpassungspflicht der Parteien; kritisch dazu Lutter/Hommelhoff/*Zimmer/Ringe*, SE-Kommentar, Art. 8 Rdnr. 14.

[284] Siehe dazu die Ausführungen in § 57 Rdnr. 44 (*Brandes*). Für die Gegenauffassung, die sich für die Reichweite der Parteiautonomie insb. auf Art. 4 SE-Richtlinie stützt, siehe *Teichmann*, AG 2008, 797, 800 ff.

[285] Vgl. Lutter/Hommelhoff/*Seibt*, SE-Kommentar, Art. 66 Rdnr. 21 ff.

[286] *Oplustil/Schneider*, NZG 2003, 13, 14.

108 Die Sonderregelung des Art. 66 SE-VO führt zu der Frage, ob sich eine SE an **anderen Umwandlungsmaßnahmen** des nationalen Rechts (z. B. Verschmelzungen, Spaltungen) beteiligen kann oder zuvor auf die Umwandlung nach Art. 66 SE-VO verwiesen ist.[287] Nach dem Sinn und Zweck der Regelung reicht es aus, die Sperrwirkung von zwei Jahren zu generalisieren, der SE im Übrigen aber (nach Ablauf von zwei Jahren) alle Umwandlungsmöglichkeiten zu eröffnen, die das nationale Recht anbietet.[288] Diese finden Anwendung über die Generalverweisung des Art. 9 SE-VO (o. Rdnr. 3), wonach die SE in allen Bereichen, die nicht oder nur teilweise von der SE-VO geregelt sind, einer Aktiengesellschaft nationalen Rechts gleichgestellt ist.

VII. Weitere in der SE-VO ungeregelte Bereiche

109 Aufgrund des fragmentarischen Charakters der SE-VO (o. Rdnr. 3) bleiben viele Bereiche der Anwendung nationalen Rechts überlassen. Dazu gehört die gesamte **Rechnungslegung** (Art. 61 SE-VO verweist auf nationales Recht). Auch für die Rechtsfragen der **Auflösung, Liquidation und Insolvenz** verweist Art. 63 SE-VO auf nationales Recht.[289] Zudem liegen viele für die Praxis wichtige Rechtsfragen gänzlich außerhalb des Regelungsbereichs der Verordnung. Das gilt insbesondere für das **Steuerrecht**,[290] das Arbeitsrecht (mit Ausnahme der Beteiligungsrechte gemäß SEBG) und das Wettbewerbsrecht.[291] Gemäß Art. 10 SE-VO gilt für die SE auch in all denjenigen Bereichen, die nicht in der SE-VO geregelt sind, der Grundsatz der **Gleichbehandlung** mit nationalen Aktiengesellschaften.

110 SE-spezifische Rechtsfragen können sich in den ungeregelten Bereichen vor allem dann ergeben, wenn die SE das **monistische Leitungsmodell** gewählt hat, für das es im deutschen Recht keine Entsprechung gibt. So ist im Bereich der Rechnungslegung die Zuständigkeitsregelung des § 47 SEAG (o. Rdnr. 87) zu beachten. Mit Blick auf das Insolvenzrecht war zeitweise umstritten, ob der Verwaltungsrat oder die geschäftsführenden Direktoren den Insolvenzantrag gemäß § 15a InsO zu stellen haben.[292] Mittlerweile hat der Gesetzgeber die Frage in § 22 Abs. 5 S. 2 SEAG klargestellt: Zuständig ist der Verwaltungsrat.[293] Bei einer regulären Liquidation ist der Verwaltungsrat kraft Gesetzes zum Abwickler bestimmt (§§ 22 Abs. 6 SEAG, 265 Abs. 1 AktG).[294] Für die dafür nötigen Ausführungshandlungen bedient er sich der Mithilfe der geschäftsführenden Direktoren, welche die SE auch weiterhin vertreten.[295]

---

[287] Für ein weitgehendes Umwandlungsverbot (außerhalb des Art. 66 SE-VO) sprechen sich aus: MK-AktG/*Schäfer*, Art. 66 Rdnr. 1; Jannott/Frodermann/*Veil*, HdB SE, S. 336 (Rdnr. 17 ff.). Eingehend zur Problematik jüngst *Reiner*, der Konzern 2011, 135 ff., sowie *Hörtig*, Gründungs- und Umstrukturierungsmöglichkeiten, 2011, S. 191 ff.

[288] *Oplustil/Schneider*, NZG 2003, 13, 15 ff.; Manz/Mayer/*Schröder*, Europäische Aktiengesellschaft, Art. 66 Rdnr. 9; Lutter/Hommelhoff/*Seibt*, SE-Kommentar, Art. 66 Rdnr. 3 f. Für eine klarstellende Regelung (de lege ferenda) plädiert der *Arbeitskreis Aktien- und Kapitalmarktrecht*, ZIP 2009, 698.

[289] Monographisch *Roitsch*, Auflösung, Liquidation und Insolvenz der SE, 2006. Zum Sonderfall der Auflösung bei Auseinanderfallen von Hauptverwaltung und Satzungssitz (Art. 64 SE-VO) o. Rdnr. 99.

[290] Zur Stellung der SE im Steuerrecht siehe etwa: Manz/Mayer/Schröder/*Preißer*, Europäische Aktiengesellschaft, Teil D (S. 881 ff.); Lutter/Hommelhoff/*Schön/Schindler*, SE-Kommentar, S. 1069 ff. Monographisch befassen sich mit steuerlichen Fragen der SE beispielsweise *Eggers*, Gründung einer SE und ihre Sitzverlegung aus ertragsteuerlicher Sicht, 2006, und *Ruhwinkel*, Gründung einer Europäischen Aktiengesellschaft (SE) durch Verschmelzung oder durch Anteilstausch, 2004.

[291] Vgl. Erwägungsgrund 20 der SE-VO.

[292] Zur Diskussion *Ihrig*, ZGR 2008, 809, 817.

[293] Vgl. dazu auch: *Roitsch*, Auflösung, Liquidation und Insolvenz der SE, S. 134 ff.; Krieger/Schneider/*Teichmann*, HdB Managerhaftung, § 5 Rdnr. 39.

[294] *Roitsch*, Auflösung, Liquidation und Insolvenz der SE, S. 80 ff.

[295] *Roitsch*, Auflösung, Liquidation und Insolvenz der SE, S. 83, 87.

§ 50 Die Europäische Privatgesellschaft (Societas Privata Europaea – SPE)

Übersicht

	Rdnr.		Rdnr.
I. Stand der Gesetzgebung	1–4	c) Formwechsel	28–32
II. Anwendbares Recht	5–20	d) Nachfolgende Umwandlungen der SPE	33
1. Vollstatut für Gesellschaftsrecht	5–8	3. Gründungsverfahren bis zur Eintragung	34–38
2. Regelung des anwendbaren Rechts (Art. 4 SPE-VOE-II)	9–11	4. Sitz der Gesellschaft	39
3. Satzungsautonomie und Regelungsaufträge	12–20	IV. Kapital- und Finanzverfassung	40–46
a) Fakultative und obligatorische Regelungsaufträge	12–14	1. Das Kapital der SPE	40–43
b) Lückenfüllung im Gesellschaftsvertrag	15–17	2. Ausschüttungen an die Gesellschafter	44–46
c) Inhaltskontrolle des Gesellschaftsvertrags	18–20	V. Organisationsverfassung	47–51
III. Gründung der SPE	21–39	VI. Die Rechtsstellung der SPE-Gesellschafter	52–55
1. Grenzüberschreitender Bezug	21–24	VII. Mitbestimmung der Arbeitnehmer	56–59
2. Gründungsformen	25–33	VIII. Grenzüberschreitende Sitzverlegung	60, 61
a) Neugründung „ex nihilo"	26	IX. Auflösung der SPE	62
b) Verschmelzung	27		

Schrifttum: *Anzinger*, Die Europäische Privatgesellschaft – vom Vollstatut zum tragfähigen Kompromiss, BB 2009, 2606; *ders.*, Fällt der Schlagbaum für das Europäische Gesellschaftsrecht?, AG 2009, 739; *Arbeitskreis Europäisches Unternehmensrecht*, Thesen zum Vorschlag einer Europäischen Privatgesellschaft (SPE), NZG 2008, 897; *Arens*, Zweifelsfragen „in SPE" – Die Gründung einer „Societas Privata Europaea" (SPE) durch Umwandlung bestehender Gesellschaften, Der Konzern 2010, 395; *Beier*, Der Regelungsauftrag als Gesetzgebungsinstrument im Gesellschaftsrecht, 2000; *Bormann/Böttcher*, Vermeidungsstrategien der unternehmerischen Mitbestimmung in der SPE auf der Grundlage des ungarischen Kompromissvorschlags, NZG 2011, 411; *Bormann/König*, Der Weg zur Europäischen Privatgesellschaft, RIW 2010, 111; *Boucourechliev/Hommelhoff* (Hrsg.), Vorschläge für eine Europäische Privatgesellschaft – Strukturelemente einer kapitalmarktfernen europäischen Gesellschaftsform, 1999; *Braun*, The European Private Company: A Supranational Company Form for Small and Medium-sized Enterprises?, German Law Journal (GLJ) 2004, 1393; *Brems/Cannivé*, Die Europäische Privatgesellschaft (SPE) als Baustein des internationalen Konzerns, Der Konzern 2008, 629; *Bücker*, Die Organisationsverfassung der SPE, ZHR 2009, 281; *Cannivé/Seebach*, Unternehmergesellschaft (haftungsbeschränkt) versus Europäische Privatgesellschaft (SPE): Wettbewerb der Ein-Euro-Gesellschaften?, GmbHR 2009, 519; *Cerioni*, The possible introduction of a European private company, The European Legal Forum, 2005, 137; *Davies*, The European Private Company (SPE): Uniformity, flexibility, competition and the persistence of national law, FS Hopt 2010, S. 479; *Duuren/Vermeulen*, Société Privée Européenne – a European private company, Notarius International 2001, 83; *Ehricke*, Konzeptionelle Probleme der Europäischen Privatgesellschaft, KSzW 2010, 6; *de Erice/Gaude*, Societas Privata Europaea – Unternehmensleitung und Haftung, DStR 2009, 857; *Fischer*, Brücken zur Europäischen Privatgesellschaft, ZEuP 2004, 737; *Freudenberg*, Mindestkapital und Gründungshaftung in der SPE nach dem schwedischen Kompromissentwurf, NZG 2010, 527; *Frischhut*, Recent Developments and Issues in European Company Law: The European Private Company, Kyung Hee Law Journal, 2008, 421; *Frischhut/Geymayer*, Die Societas Privata Europaea, ecolex 2008, 970; *Habighorst*, Europäische Privatgesellschaft (SPE) Einführung und Ausblick, § 76, Münchener Handbuch des Gesellschaftsrechts Bd. 3 (Gesellschaft mit beschränkter Haftung) 3. Aufl., 2009; *Greulich/Rau*, Zum fakultativen Solvenztest für die Societas Privata Europaea, DB 2008, 2691; *Hadding/Kießling*, Die Europäische Privatgesellschaft (Societas Privata Europaea – SPE), WM 2009, 145; *Handelsrechtsausschuss des Deutschen Anwaltvereins*, Stellungnahme zum Vorschlag der Kommission für eine Verordnung des Rates über das Statut der Europäischen Privatgesellschaft, NZG 2009, Beilage zu Heft 7; *Helms*, Die Europäische

Privatgesellschaft, 1998; *Hommelhoff,* Die „Société fermée européenne", WM 1997, 2101; *ders.,* SPE-Mitbestimmung: Strukturen, Wertungen und rechtspolitische Kompromisslinien, ZEuP 2011, 7; *ders.,* Zur SPE-Sitzaufspaltung, FS Roth, 2011, S. 269; *ders.,* SPE-Mitbestimmung bei grenzüberschreitenden Sitzverlegungen nach dem schwedischen Verordnungsentwurf, FS Schneider, 2011, S. 547; *ders.,* Zum Formwechsel bei der Europäischen Privatgesellschaft (SPE), FS Loewenheim, 2009, S. 591; *ders.,* Die Europäische Privatgesellschaft (SPE): Auswirkungen auf die nationale GmbH, GesRZ 2008, 337; *ders.,* Bruchstellen im Kommissionsentwurf für eine SPE-Verordnung, FS Schmidt, 2009 S. 671; *ders.,* Unternehmensfinanzierung in der Europäischen Privatgesellschaft (SPE), ZHR 173 (2009), 255; *Hommelhoff/Helms* (Hrsg.), Neue Wege in die Europäische Privatgesellschaft, 2001; *Hommelhoff/Krause/Teichmann,* Arbeitnehmer-Beteiligung in der Europäischen Privatgesellschaft (SPE) nach dem Verordnungsvorschlag: Zehn Empfehlungen zu seiner Fortschreibung, GmbHR 2008, 1191; *Hommelhoff/Teichmann,* Auf dem Weg zur Europäischen Privatgesellschaft (SPE), DStR 2008, 925; *dies.,* Eine GmbH für Europa: Der Vorschlag der EU-Kommission zur Societas Privata Europaea (SPE), GmbHR 2008, 897; *dies.,* Die SPE vor dem Gipfelsturm – Zum Kompromissvorschlag der schwedischen EU-Ratspräsidentschaft, GmbHR 2010, 337; *dies.,* Der SPE-Formwechsel nach dem schwedischen Kompromissvorschlag, FS Hopt, 2010, 849; *Hügel,* Zur Europäischen Privatgesellschaft: Internationale Aspekte, Sitzverlegung, Satzungsgestaltung und Satzungslücken, ZHR 2009, 309; *P. Jung,* Paradigmenwechsel im EG-Gesellschaftsrecht – Der Vorschlag der EU-Kommission für ein Statut der Societas Privata Europaea, FS von Büren, 2009, S. 103; *St. Jung,* Die „schwedische" Societas Privata Europaea, BB 2010, 1233; *dies.,* Welche SPE braucht Europa? DStR 2009, 1700; *Kaiser,* Die Europäische Privatgesellschaft und die spanische Sociedad de Responsabilidad Limitada, 2008; *Koberski/Heuschmid,* Die Beteiligung der Arbeitnehmer in der Europäischen Privatgesellschaft – Eine kritische Zwischenbilanz, RdA 2010, 207; *Kornack,* The European Private Company – Entering the Scene or Lost in Discussion?, German Law Journal 2009, 1321; *Krejci,* Societas Privata Europaea (SPE) – Zum Kommissionsvorschlag einer Europäischen Privatgesellschaft, 2008; *Kuck,* Die Europäische Privatgesellschaft nach dem Votum des Europäischen Parlaments, Der Konzern 2009, 131; *Kuck/Weiss,* Der Initiativbericht des Europäischen Parlaments für eine Europäische Privatgesellschaft, Der Konzern 2007, 498; *Lanfermann/Richard,* Kapitalschutz der Europäischen Privatgesellschaft, BB 2008, 1610; *Lehne,* Die Europäische Privatgesellschaft nach dem Parlamentsvotum, GmbHR 2009, R145; *Limmer,* Die Europäische Privatgesellschaft – Eine Kapitalgesellschaft ohne Notar, notar 1999, 138; *Maschke,* Gläubigerschutz im Recht der Societas Privata Europaea in seiner gesetzgeberischen Entwicklung, 2011; *ders.,* Die Societas Privata Europaea im Rahmen von Unternehmenstransaktionen, BB 2011, 1027; *Matyk,* Die Europäische Privatgesellschaft – vom Race to the bottom zum Qualitätslabel? Einige rechtspolitische Gedanken zum Vorschlag der Europäischen Kommission, GPR 2009, 2; *Mock,* Gläubigerschutz in der Europäischen Privatgesellschaft zwischen Gesellschafts- und Insolvenzrecht, Der Konzern 2008, 539; *Münch/Franz,* Die passende Rechtsform für deutsche Unternehmen im Ausland, BB 2010, 2707; *Neye,* Die Europäische Privatgesellschaft: Uniformes Recht ohne Harmonisierungsgrundlage?, FS Hüffer, 2010, S. 717; *Omlor,* Die Europäische Privatgesellschaft als neue Gesellschaftsrechtsform, in: Jahrbuch Junger Zivilrechtswissenschaftler 2010, 2011, S. 303; *Oplustil,* Die SPE aus Sicht der mittel- und osteuropäischen Beitrittsstaaten, in: Teichmann (Hrsg.), Europa und der Mittelstand, 2010, 157; *Peters/Wüllrich,* Grenzenlose gesellschaftsrechtliche Flexibilität – die Societas Privata Europaea (SPE), NZG 2008, 807; *dies.,* Gesellschaftsrechtliche Einigung Europas durch die Societas Privata Europaea (SPE), DB 2009, 2179; *Pfennig,* Gläubigerschutz bei der Europäischen Privatgesellschaft, 2011; *Radwan et al.,* European Private Company – A View from the New Europe, European Business Law Review (EBLR) 2007, 772; *Ries,* „Rule Britannia", NZG 2009, 1052; *Salomon,* Regelungsaufträge in der Societas Privata Europaea, 2010; *Sandberg/Skog,* SPE – a company law dead-end?, AG 2010, 580; *Schmidt,* Der Vorschlag für eine Verordnung über die europäische Privatgesellschaft (SPE) – eine europäische Rechtsform speziell für KMU, EWS 2008, 455; *Sick,* Die Europäische Privatgesellschaft – Damoklesschwert für die Mitbestimmung?, AuR 2011, 155; *Siems/Rosenhäger/Herzog,* Aller guten Dinge sind zwei: Lehren aus der Entwicklung der SE für die EPG, Der Konzern 2008, 393; *Steiner,* Societas Privata Europaea – Perspektiven einer neuen supranationalen Rechtsform, 2009; *Teichmann,* Binnenmarktkonformes Gesellschaftsrecht, 2006; *ders.,* Die Europäische Privatgesellschaft (SPE) – Wissenschaftliche Grundlegung, in VGR (Hrsg.), Gesellschaftsrecht in der Diskussion 2008, 2009, S. 55; *ders.,* Die Societas Privata Europaea (SPE) als ausländische Tochtergesellschaft, RIW 2010, 120; *Teichmann/Limmer,* Die Societas Privata Europaea (SPE) aus notarieller Sicht – eine Zwischenbilanz nach dem Votum des Europäischen Parlaments, GmbHR 2009, 537; *Völter,* Der Lückenschluss im Statut der Europäischen Privatgesellschaft, 2000; *Vossius,* Die Europäische Privatgesellschaft – Societas Europaea Privata, EWS 2007, 438; *Weber-Rey,* Praxisfragen der Europäischen Privatgesellschaft, in: VGR (Hrsg.), Gesellschaftsrecht in der Diskussion 2008, 2009, S. 77; *Wedemann*, Die Europa-GmbH ante portas, EuZW 2010, 534; *Wicke*, Die Euro-GmbH im „Wettbewerb der Rechtsordnungen, GmbHR 2006, 356; *ders.*, Grundelemente einer Europäischen Privatgesellschaft, GmbHR 2011, 566; *Zaman/Schwarz/Lennarts/de Kluiver/Dorresteijn* (Hrsg.), The European Private Company (SPE) – A critical Analysis of the EU Draft Statute, 2009.

I. Stand der Gesetzgebung

Mit der SPE (Societas Privata Europaea) plant die Europäische Union nach der Europäischen Aktiengesellschaft (SE)[1] die Einführung einer zweiten supranationalen Kapitalgesellschaft. Sie ist als kapitalmarktferne Gesellschaft für einen kleinen Gesellschafterkreis gedacht und steht somit konzeptionell der deutschen GmbH nahe.[2] Rechtspolitische Zielgruppe sind vor allem **kleine und mittlere Unternehmen** (KMU). Aber ebenso wie die deutsche GmbH wird auch die SPE ein „Allzweckmöbel"[3] sein und für vielfältige Verwendungen in Betracht kommen, etwa als internationales Joint-Venture[4] oder als Konzernbaustein in grenzüberschreitend tätigen Unternehmensgruppen.[5] Zwar wird immer wieder eingewandt, es gebe bereits hinreichend Gestaltungsmöglichkeiten im europäischen Gesellschaftsrecht (SE, grenzüberschreitende Verschmelzung, Verwendung nationaler Rechtsformen).[6] Diese können aber für eine supranationale **„Europa-GmbH",** wie die SPE es sein soll, keinen adäquaten Ersatz bieten.[7] Daher dringt insbesondere die mittelständische Wirtschaft seit vielen Jahren auf die Einführung der SPE.[8] Auch für die Beitrittsstaaten aus Mittel- und Osteuropa entfaltet die SPE einen besonderen Reiz, weil diese kaum damit rechnen können, dass ihre eigenen nationalen Rechtsformen im Ausland bekannt sind.[9]

1

Die Idee einer geschlossenen Kapitalgesellschaft für den Binnenmarkt geht auf umfangreiche wissenschaftliche Vorarbeiten zurück.[10] Unter Federführung des französischen Unternehmerverbandes MEDEF und des Forschungsinstituts der Pariser Industrie- und Handelskammer (CREDA) entstand ein erster wissenschaftlicher Entwurf, der 1998 veröffentlicht wurde.[11] Der Abschlussbericht der auf europäischer Ebene eingesetzten *High Level*

2

---

[1] Dazu § 49 (*Teichmann*).

[2] *Hommelhoff/Teichmann*, GmbHR 2008, 897. Der Zusatz „Privata" verweist auf den geschlossenen Gesellschafterkreis (siehe nur *Hommelhoff/Teichmann*, DStR 2008, 925, 928 f.; *de Erice/Gaude*, DStR 2009, S. 857).

[3] So zur GmbH *Wiedemann*, JZ 1970, 592, 596.

[4] Dazu *Hellwig* in: Hommelhoff/Helms, Neue Wege in die EPG, S. 89 ff.

[5] *Brems/Cannivé*, Der Konzern 2008, 629 ff.; *Hommelhoff/Teichmann*, GmbHR 2008, 897; *Goette*, WPg 2008, Editorial; *Teichmann*, RIW 2010, 120 ff. Zu den Einsparungsmöglichkeiten bei Gründung ausländischer Tochtergesellschaften siehe auch die von Baker&McKenzie durchgeführte Studie (abrufbar unter: www.europeanprivatecompany.eu als „working paper").

[6] Kritisch zum Bedarf für die SPE *Bormann/König*, RIW 2010, 111, 112.

[7] Dazu ausführlich *Hommelhoff/Teichmann*, DStR 2008 2008, 925 ff. sowie *Weber-Rey*, VGR 2008, S. 77 ff.; vgl. auch *Teichmann*, RIW 2010, 120 ff. zu den Schwierigkeiten mittelständischer Unternehmensgruppen, ihre ausländischen Tochtergesellschaften effizient zu führen. Siehe dazu auch den Erfahrungsbericht der süddeutschen *Schunk GmbH&Co. KG* bei einer Anhörung vor dem Europäischen Parlament, in: European Company Law (ECL) 2006, 275 f.

[8] Für den exportorientierten deutschen Maschinenbau vgl. die Stellungnahme des VDMA-Justiziars *Steinberger*, BB-Spezial 2006, S. 27. Weitere Stellungnahmen der Wirtschaft finden sich als „working paper" unter www.europeanprivatecompany.eu.

[9] *Oplustil* in: Teichmann, Europa und der Mittelstand, S. 157, 160; *Radwan et al.*, EBLR 2007, 772 ff.

[10] Grundlegend *Hommelhoff*, WM 1997, 2101, die Beiträge in *Boucourechliev/Hommelhoff*, Vorschläge für eine EPG, sowie die Monographie von *Helms*, EPG. Siehe außerdem den Tagungsband *Hommelhoff/Helms*, Neue Wege in die EPG, und dazu den Tagungsbericht von *Limmer*, notar 1999, 138.

[11] Abgedruckt in *Boucourechliev/Hommelhoff*, Vorschläge für eine EPG, S. 281 ff. Nachzulesen in französischer, englischer und deutscher Sprache bei CREDA unter: www.etudes.ccip.fr/dossiers/spe/de/textde.htm. Zu den Vorarbeiten auch *Drury*, EBLR 1998, S. 24 (24); *ders.*, ICCLJ 2001, S. 231 (232 f.). Vgl. weiterhin die fortgeschriebene Version des Entwurfes bei *Teichmann*, European Company Law (ECL) 2006, 279 ff.

Group of Company Law Experts empfahl daraufhin der Europäischen Kommission, eine Durchführbarkeitsstudie einzuholen.[12] Diese wurde im Jahre 2005 vorgelegt, lieferte aber keine eindeutigen Ergebnisse. Anfang 2007 verabschiedete das Europäische Parlament einen Initiativbericht und forderte darin die Europäische Kommission zum Tätigwerden auf.[13] Die Kommission unterbreitete daraufhin am 25. 6. 2008 einen **Vorschlag für eine EU-Verordnung** über das Statut der Europäischen Privatgesellschaft (**"SPE-VOE-I"**).[14]

3   Der Entwurf bedarf nach Art. 352 AEUV der Zustimmung aller Mitgliedstaaten. Er wurde unter der französischen und tschechischen Ratspräsidentschaft intensiv behandelt.[15] Das Europäische Parlament nahm den Entwurf der Kommission mit einigen Änderungsvorschlägen am 10. 3. 2009 mit großer Mehrheit an.[16] Aktuelle Grundlage der Diskussion ist mittlerweile der durch die **schwedische Ratspräsidentschaft** überarbeitete Entwurf (**"SPE-VOE-II"**), der seit dem 9. 11. 2009 vorliegt.[17] Im Dezember 2009 war versucht worden, über diesen Vorschlag Einigkeit zu erzielen, was jedoch nicht gelang. Offen sind insbesondere noch die Punkte Sitzaufspaltung und Mitbestimmung der Arbeitnehmer.[18] In Deutschland erfordert die Verordnung ein Zustimmungsgesetz.[19] Nachdem sich die Fraktionen von CDU/CSU und FDP positiv zum aktuellen Verhandlungsstand geäußert hatten,[20] bestand zunächst Hoffnung, dass die SPE diese Zustimmung auch erhalten wird. Ein Vorstoß der ungarischen Ratspräsidentschaft scheiterte Ende Juni 2011 allerdings an der ablehnenden Haltung der deutschen Bundesregierung.[21]

4   Das weitere Schicksal der SPE ist unklar. In Deutschland findet sie nach wie vor in Politik und Wirtschaft breite Unterstützung. Die offenen Punkte (insb. Sitzaufspaltung und Mitbestimmung) sind lösbar. Die kommenden Ratspräsidentschaften werden allerdings ohne eindeutige Signale aus Deutschland, dass man sich hierzulande über die eigene Position klar geworden sei, kaum einen neuen Anlauf wagen. Als Alternative ist auf europäischer Ebene das **Verfahren der verstärkten Zusammenarbeit** (Art. 20 Vertrag über die Europäische Union) im Gespräch, das einzelnen Mitgliedstaaten (mindestens neun) die Möglichkeit bietet, die SPE auch ohne einstimmigen Beschluss bei sich selbst einzuführen.

---

[12] Der Abschlussbericht der High Level Group (dort zur EPG S. 123 ff.) vom 4. 11. 2002 ist abrufbar als „working paper" unter www.europeanprivatecompany.eu.

[13] Unter: www.europeanprivatecompany.eu ist der Initiativbericht des Europäischen Parlaments vom 1. 2. 2007 als „working paper" abrufbar Siehe außerdem: http://ec.europa.eu/internal_market/company/epc/index_de.htm. Zum Initiativbericht auch *Kuck/Weiß*, Der Konzern 2007, 498 ff.

[14] Abrufbar unter: http://ec.europa.eu/internal_market/company/epc/index_de.htm Der Vorschlag für eine EPG-Verordnung ist Teil des sog. Small Business Act (vgl. http://ec.europa.eu/enterprise/policies/sme/small-business-act/index_en.htm). Der Entwurf wurde im Schrifttum intensiv diskutiert. Siehe nur: *Bormann/König*, RIW 2010, 111; *Hommelhoff/Teichmann*, GmbHR 2008, 897 ff.; *Krejci*, SPE, 2008; *Matyk*, GPR 2009, 2 ff.; *Peters/Wüllrich*, NZG 2008, 807 ff.; *Schmidt*, EWS 2008, 455 ff.; *Steiner*, SPE, 2009; *Zaman/Schwarz/Lennarts/de Kluiver/Dorresteijn*, SPE, 2009.

[15] Zu den rechtspolitischen Hürden auch *Neye*, FS Hüffer, S. 717 ff. Zum Zwischenstand nach der tschechischen Ratspräsidentschaft *Jung*, DStR 2009, 1700 ff., im Hinblick auf die Kapitalverfassung.

[16] Abrufbar unter: www.europeanprivatecompany.eu (in der Rubrik „legal texts"); dazu *Kuck*, Der Konzern 2009, 131, und *Teichmann/Limmer*, GmbHR 2009, 537.

[17] Abrufbar unter www.europeanprivatecompany.com (in der Rubrik „legal texts"). Eine Analyse des schwedischen Entwurf findet sich bei *Hommelhoff/Teichmann*, GmbHR 2010, 337 ff., *Jung*, BB 2010, 1233 ff., und *Wicke*, GmbHR 2011, 566. Die ungarische Ratspräsidentschaft hat in der ersten Jahreshälfte 2011 nur wenige Veränderungen am Text vorgenommen (abrufbar unter www.europeanprivatecompany.eu).

[18] Vgl. das Memorandum der schwedischen Ratspräsidentschaft vom 27. 11. 2009, abrufbar in der Rubrik „legal texts" unter www.europeanprivatecompany.eu

[19] Dazu *Anzinger*, AG 2009, 739 ff.

[20] Vgl. Presseberichte in FAZ (8. 12. 2010) und Handelsblatt (9. 12. 2010).

[21] Vgl. FAZ vom 29. 6. 2011.

II. Anwendbares Recht

1. Vollstatut für Gesellschaftsrecht

Leitbild der SPE-Gesetzgebung ist ein **europäisches Vollstatut** in Fragen des Gesellschaftsrechts.[22] Gründung, Finanzverfassung und innere Organisation der SPE sollen in einer europäischen Verordnung geregelt werden, die möglichst ohne Rückgriff auf nationales Recht auskommt. Dem Regelungskonzept der SPE liegt die Unterscheidung von Innen- und Außenverhältnis zu Grunde. Das **Innenverhältnis** einer geschlossenen Gesellschaft kann weitgehend der Vertragsfreiheit überlassen bleiben. Auf zwingendes Recht soll in diesem Bereich nach Möglichkeit verzichtet werden. Demgegenüber ist im **Außenverhältnis**, also beispielsweise bei der Vertretungsregelung und dem Gläubigerschutz, ein Mindestbestand an zwingenden Normen unerlässlich.

Nach diesem Konzept bleibt die innere Organisation der Gesellschaft weitgehend der Regelung durch **Gesellschaftsvertrag** überlassen.[23] Um sicherzustellen, dass der Gesellschaftsvertrag in wesentlichen Sachfragen keine Lücken enthält, arbeiten die SPE-Entwürfe mit dem Instrument des **Regelungsauftrags**.[24] Er bezeichnet regelungsbedürftige Fragen, zu denen der Vertrag eine Aussage enthalten sollte, ohne jedoch inhaltliche Vorgaben bezüglich der konkreten Ausgestaltung zu machen.[25] Auf diese Weise könnten die Gesellschafter beispielsweise ihre aus dem nationalen Recht gewohnten Abläufe bei der Beschlussfassung der Gesellschafterversammlung in die Satzung aufnehmen. Im Fall eines Joint-Ventures können die Partner eigenständige Verfahrensregeln entwickeln.[26] Werden SPE als Konzernbausteine eingesetzt, kann die Muttergesellschaft in den Satzungen ihrer zahlreichen Auslandstöchter jeweils dieselbe interne Organisationsstruktur vorgeben und dadurch die konzerninternen Abläufe verbessern.[27] Zu Recht wird allerdings darauf hingewiesen, dass die Satzungsgestaltung auf Basis der Regelungsaufträge qualifizierten Rechtsrat erforderlich macht.[28]

Zum Außenverhältnis gehören insbesondere Fragen des **Gläubigerschutzes**. Diese sind naturgemäß zwischen den Mitgliedstaaten besonders umstritten, weil die nationalen GmbH-Systeme hier erhebliche Unterschiede aufweisen. So herrscht noch keine Klarheit darüber, ob die SPE ein Mindestkapital haben wird (unten Rdnr. 40). Diskutiert werden allerdings nur Beträge von bis zu 10 000 Euro, die bei keiner der in Rede stehenden Verwendungsmöglichkeiten ein ernsthaftes Hindernis darstellen sollten. Ein recht strenges Regime ist für Ausschüttungen an Gesellschafter vorgesehen (unten Rdnr. 44 ff.). Sie sollen bei einem weiten Ausschüttungsbegriff jedenfalls einem Bilanztest unterliegen. Diskutiert wird darüber hinaus eine fakultative oder zwingende Ergänzung um einen Solvenztest (unten Rdnr. 46). Im Insolvenzfall wird die SPE dem nationalen Insolvenzrecht unterliegen.[29] Für eine Gesamtbetrachtung des Gläubigerschutzes sind daher auch die insolvenzrechtlich qualifizierten Schutzinstrumente einzubeziehen, auf denen jedenfalls im deutschen GmbH-Recht seit der Reform von 2008 ein wichtiger Schwerpunkt liegt.[30]

---

[22] *Anzinger*, BB 2009, 2606 ff.; *Maul/Röhricht*, BB 2008, 1574 f.; *Steiner*, SPE, S. 56 ff.; *Wicke*, GmbHR 2006, 356, 357. Monographisch zu den damit verbundenen Fragen: *Völter*, Lückenschluss im Statut der EPG.

[23] Vgl. zur inneren Organisation der SPE *Bücker*, ZHR 2009, 281 ff. und zu den Fragen der SPE-Satzungsgestaltung *Hügel*, ZHR 2009, 309 ff. Eine Überforderung der Satzungsautonomie fürchtet *Krejci*, SPE, S. 115 ff., vergleichbar äußert sich *Salomon*, Regelungsauftrag, S. 61 ff.

[24] Monographisch dazu *Beier*, Regelungsauftrag, sowie *Salomon*, Regelungsauftrag.

[25] Vgl. *Hommelhoff/Teichmann*, GmbH 2008, 897, 898.

[26] Zur SPE als Joint-Venture *Hellwig* in: Hommelhoff/Helms, Neue Wege in die EPG, S. 89 ff.

[27] *Teichmann*, RIW 2010, 120 ff.

[28] *Bormann/König*, RIW 2010, 111, 113. Zur Beratungsfunktion der Notare mit Bezug auf die SPE *Hommelhoff*, FS K. Schmidt, S. 671, 675 ff.

[29] Zu den Schnittstellen von Gesellschafts- und Insolvenzrecht *Mock*, Der Konzern 2008, 539 ff. sowie *Kaiser*, EPG und SRL, S. 135 ff.

[30] Genannt sei nur der Insolvenzantrag gemäß § 15 a InsO, der rechtsformneutral formuliert wurde und damit potenziell alle Kapitalgesellschaften in- und ausländischer Provenienz erfasst. An die Verzöge-

8 Die Verhandlungen über den SPE-Entwurf der EU-Kommission haben bedauerlicherweise zu einem Anwachsen der **Verweise auf nationales Recht** geführt.[31] So sollen die Haftung der Geschäftsführer, die Anteilsübertragung, der Ausschluss oder Austritt von Gesellschaftern und manch andere Rechtsfrage dem nationalen Recht im Sitzstaat der SPE überlassen bleiben. Die Attraktivität der SPE als Rechtsform, ja im Grunde sogar die Notwendigkeit einer weiteren europäischen Kapitalgesellschaft, hängen wesentlich davon ab, dass diese Verweise die Ausnahme bleiben. Zentrale Voraussetzung für die sinnvolle Verwendung der SPE (oben Rdnr. 1) bleibt die freie Ausgestaltung des Innenverhältnisses, die bislang weitgehend bewahrt werden konnte.

2. Regelung des anwendbaren Rechts (Art. 4 SPE-VOE-II)

9 Als supranationale Rechtsform muss die SPE, auch wenn sie ihre Grundlage in einer unmittelbar anwendbaren europäischen Verordnung findet, mit dem nationalen Recht verzahnt werden.[32] Denn eine europäische Verordnung zur Einführung der SPE kann nicht alle Lebensbereiche regeln, in denen sich die künftige SPE bewegen wird. Wichtige Voraussetzung für ihre Integration in die mitgliedstaatlichen Rechtssysteme ist die europäisch verliehene **Rechtsfähigkeit** (Art. 3 Abs. 1 SPE-VOE-II). Die SPE kann auf dieser Basis in allen EU-Mitgliedstaaten Verträge abschließen, Rechte und Pflichten erwerben, vor Gericht klagen und verklagt werden. Zweites Element der Integration in die mitgliedstaatlichen Rechtssysteme ist die zwingend angeordnete **Gleichstellung** der SPE mit einer nationalen GmbH (vgl. Art. 4 Abs. 2b SPE-VOE-II), die für alle Rechtsbereiche relevant ist, die in der SPE-Verordnung keine Regelung erfahren. Zu denken ist dabei etwa an das Steuerrecht oder das Wettbewerbsrecht.

10 Soweit es um Fragen des Gesellschaftsrechts geht, entscheidet **Art. 4 SPE-VOE-II** über die Ermittlung des anwendbaren Rechts. Die Vorschrift stellt in Anlehnung an Art. 9 SE-VO (vgl. § 49 Rdnr. 3) eine Normenpyramide der anwendbaren Rechtsregeln auf. Die SPE unterliegt in erster Linie den Regelungen der **Verordnung**.[33] Diese hat Vorrang gegenüber nationalem Recht. Für die SPE gilt außerdem der Gesellschaftsvertrag. Auch hier greift ein Vorrang gegenüber nationalem Recht, soweit der Gesellschaftsvertrag von Gestaltungsmöglichkeiten Gebrauch macht, die ihm in der SPE-Verordnung eingeräumt werden **(europäische Satzungsautonomie)**.[34] Ist ein Bereich nicht oder nur teilweise durch die Verordnung geregelt und auch nicht in Artikel 8 oder Anhang I als Regelungsauftrag für die Satzung genannt, so bleibt nur die Anwendung nationalen Rechts in folgender Reihenfolge: Erstens die Rechtsvorschriften, die die Mitgliedstaaten im Zusammenhang mit der SPE-Verordnung erlassen haben, um deren wirksame Anwendung zu gewährleisten; zweitens die innerstaatlichen Rechtsvorschriften einschließlich derjenigen zur Umsetzung des Gemeinschaftsrechts, die der Sitzmitgliedstaat der SPE für Privatgesellschaften mit beschränkter Haftung erlassen hat.[35] Art. 4 Abs. 2 SPE-VOE-II definiert diese Regelungen

---

rung des Insolvenzantrags knüpft sich eine persönliche Haftung des Geschäftsführers aus § 823 Abs. 2 BGB.

[31] Dies beruht auf den Schwierigkeiten, sich vor dem Hintergrund unterschiedlicher Rechtstraditionen auf eine einheitliche Regelung zu einigen. Zu dieser Verhandlungssituation etwa *Neye*, FS Hüffer, S. 717 ff. und *Sandberg/Skog*, AG 2010, 580 ff.

[32] Zur Einbindung supranationaler Rechtsformen in die mitgliedstaatlichen Rechtsordnungen *Teichmann*, Binnenmarktkonformes Gesellschaftsrecht, S. 435 ff.

[33] Art. 4 Abs. 2 SPE-VOE-II: Auf nationales Recht darf nur zurückgegriffen werden bezüglich der Bereiche, die nicht oder nur teilweise durch die Verordnung geregelt werden.

[34] Art. 4 Abs. 2 SPE-VOE-II: Von dem Verweis auf nationales Recht ausgenommen sind die „Bereiche, die in Artikel 8 oder Anhang I genannt sind". Damit sind die Regelungsaufträge an den Satzungsgeber gemeint. Dieser soll bei Ausgestaltung der Satzung nicht dem nationalen Recht unterworfen sein.

[35] In Anhang II der Verordnung sollen die „Privatgesellschaften" der Mitgliedstaaten aufgelistet werden. Diese Aufzählung dient dem Zweck die vergleichbare Rechtsform festzulegen (in Deutschland: GmbH), deren Rechtsregeln gegebenenfalls ergänzend heranzuziehen sind.

als „**innerstaatliches Recht**". Die Formulierung „innerstaatliches Recht" wird an einigen anderen Stellen der Verordnung verwendet und ist jeweils gemäß der Legaldefinition des Art. 4 Abs. 2 zu interpretieren.[36]

Die Verweisungen werden teilweise als international-privatrechtliche Kollisionsnormen verstanden, die unter Umgehung des Internationalen Privatrechts der Mitgliedstaaten direkt auf die **Sachnormen** des Sitzstaates der SPE verweisen.[37] Dies entspricht auch der herrschenden Auffassung bei der vergleichbaren Regelung in der SE-VO.[38] Vorzugswürdig ist aber ein Verständnis als **Gesamtnormverweisung**.[39] Sollte für die betreffende Sachfrage ein grenzüberschreitender Bezug vorliegen (Beispiel: Eine Anteilsübertragung wird im Ausland protokolliert), ist es sinnvoll, eine kollisionsrechtliche Prüfung vorzuschalten. Allein dies entspricht auch dem gesetzgeberischen Ziel, die SPE in allen europäisch nicht geregelten Bereichen einer nationalen GmbH gleichzustellen. Die Rechtssicherheit wird dadurch nicht beeinträchtigt, denn der Verweis richtet sich auf den Sitzstaat der SPE, also den Mitgliedstaat, in dem die Gesellschaft registriert ist.[40] Folglich findet allein das Kollisionsrecht dieses Staates Anwendung bei der Bestimmung der subsidiär anwendbaren Sachregeln.

3. Satzungsautonomie und Regelungsaufträge

a) Fakultative und obligatorische Regelungsaufträge. Das Konzept der Satzungsautonomie, die durch Regelungsaufträge strukturiert wird, hat vom SPE-VOE-I (Europäische Kommission) zum SPE-VOE-II (schwedische Ratspräsidentschaft) eine wichtige Änderung erfahren: Der SPE-VOE-I enthielt in Anhang I eine lange Liste von Regelungsaufträgen, ohne danach zu unterscheiden, ob es sich um obligatorische oder fakultative Regelungsaufträge handelt. Der Eingangssatz zu **Anhang I** der SPE-VOE-I deutet darauf hin, dass alle Regelungsaufträge obligatorisch sein sollten. Andererseits waren in der Aufzählung Regelungsaufträge enthalten, deren Umsetzung nicht für jede Gesellschaft notwendig erscheint (z. B. Vinkulierung der Anteile). Um dem europäischen Auftrag gerecht zu werden, hätte man in jede SPE-Satzung zahlreiche „Negativanzeigen" aufnehmen müssen, um zu signalisieren, dass man den Regelungsauftrag zwar erwogen, eine inhaltliche Satzungsregelung aber nicht gewollt habe. Angesichts dessen war angeregt worden, im europäischen Rechtstext klar zwischen fakultativen und obligatorischen Regelungsaufträgen zu unterscheiden.[41] Diese Richtung schlägt nun der SPE-VOE-II ein. In **Artikel 8 SPE-VOE-II** findet sich eine recht umfangreiche Liste von Satzungsbestandteilen, die zwingend in der Satzung enthalten sein müssen. Anhang I wurde entsprechend verkürzt und enthält nur noch fakultative Regelungsaufträge.

Zum **Mindestinhalt** der SPE-Satzung gehören gemäß Art. 8 Abs. 1 SPE-VOE: Firma und Sitz der SPE, der Unternehmensgegenstand, das Geschäftsjahr, das Kapital, Angaben zu den Geschäftsanteilen, die Organe der SPE, Name und Anschrift der Gründungsgesellschafter, die von den Gesellschaftern zu leistende Bar- oder Sacheinlage, Personalien der ersten Geschäftsführer und des ersten Abschlussprüfers.

Fakultativer Satzungsinhalt sind insbesondere die in Anhang I genannten Punkte. Soweit der Gesellschaftsvertrag hierzu eine Regelung trifft, wird nationales Recht verdrängt (Art. 8 Abs. 1a SPE-VOE-II). Unbeschadet der Verordnung und des maßgebenden nationalen Rechts können in der Satzung weitere Bereiche geregelt werden. Allerdings muss der

---

[36] Die aktuell vorliegende deutsche Version des SPE-VOE-II folgt der Terminologie leider nicht immer konsequent. Sie sollte insoweit vor Verabschiedung der SPE-Verordnung noch bereinigt werden.
[37] So verstehen *de Erice/Gaude*, DStR 2009, 857, die Vorschrift.
[38] § 49 Rdnr. 4.
[39] Vgl. für die SE § 49 Rdnr. 4. Für die SPE gleichfalls zu einer Gesamtverweisung neigend *Rammeloo* in: Zaman u. a., SPE, S. 31, 37.
[40] Vgl. Art. 4 Abs. 1 SPE-VOE-II.
[41] *Arbeitskreis Europäisches Unternehmensrecht*, NZG 2008, 897, 898; vgl. auch *Salomon*, Regelungsauftrag, S. 96 ff.

Satzungsgeber in diesen über Anhang I hinausgehenden Rechtsbereichen eventuelle Gestaltungsgrenzen des nationalen Rechts beachten.

15 **b) Lückenfüllung im Gesellschaftsvertrag.** Den Gesellschaftern wird mit dem Instrument der Regelungsaufträge eine nicht unerhebliche Eigenverantwortung zugewiesen. Für die Funktionsfähigkeit der Gesellschaft ist entscheidend, dass der Gesellschaftsvertrag keine nennenswerten Regelungslücken enthält.[42] Das Risiko einer lückenhaften Ausgestaltung des Gesellschaftsvertrages wird zunächst dadurch reduziert, dass die SPE-Verordnung Regelungsaufträge formuliert, die darauf hinweisen, welche Rechtsfragen als regelungsbedürftig anzusehen sind. Möglicherweise kann den Gesellschaftern die Satzungsgestaltung darüber hinaus auch durch **Mustersatzungen** erleichtert werden.[43]

16 Über den rechtlichen Stellenwert derartiger Muster herrscht allerdings keine Einigkeit.[44] In der Frühphase der Diskussion wurde vorgeschlagen, der SPE-Verordnung eine oder mehrere Mustersatzungen beizufügen, auf deren Bestimmungen immer dann zurückgegriffen werden könne, wenn die Gesellschafter selbst keine Regelung getroffen haben.[45] Diese Mustersatzungen hätten neben dem Zweck, der Vertragsgestaltung eine Orientierung zu bieten, auch die Funktion der Lückenfüllung gehabt. Die Bemühungen, auf Basis der Regelungsaufträge des SPE-VOE-I eine Mustersatzung zu konzipieren, zeigten allerdings, dass ein solches Muster nicht in dem Sinne vollständig und abschließend sein kann, dass es sich zur Lückenfüllung eignen würde.[46] Hinzu kommt, dass ein Gesellschaftsvertrag mitunter auch Rücksichten auf landesspezifische Besonderheiten nehmen muss – und sei es nur, um nach dem Willen der Gesellschafter Regelungen aufzugreifen, die sie aus ihrem nationalen Recht gewohnt sind. Es wird daher voraussichtlich allenfalls **inoffizielle und landesspezifische** Mustersatzungen geben. Eventuell wird die SPE-Verordnung den Mitgliedstaaten die Möglichkeit eröffnen, für die in ihrem Staatsgebiet registrierten SPE Mustersatzungen anzubieten. Zur Erleichterung der Gründung können die Mitgliedstaaten dann eine Modellsatzung entwerfen, wobei die Verwendung dieser Satzung nicht zwingend vorgeschrieben werden darf.[47] In Ländern mit stark ausgeprägter kautelarjuristischer Tradition wie Deutschland wird man die Formulierung von Musterverträgen auch in den bewährten Händen der Notare und Fachanwälte belassen können. Für die Verwendung der SPE als Konzernbaustein liegt der besondere Reiz der Gestaltungsfreiheit ohnehin darin, eine maßgeschneiderte und grenzüberschreitend einsetzbare Mustersatzung individuell an die Bedürfnisse der internen Konzernleitung anpassen zu können.[48]

17 Um dem Problem der Lückenfüllung Herr zu werden, ist vielfach vorgeschlagen worden, die SPE-Verordnung müsse **dispositives Recht** enthalten, um eventuelle Regelungslücken im Gesellschaftsvertrag rechtssicher schließen zu können.[49] Die Erkenntnisse der Rechtsvergleichung und die ersten Erfahrungen mit den Verhandlungen über die SPE-Entwürfe legen jedoch die Vermutung nahe, dass die Mitgliedstaaten über den Inhalt solcher dispositiver Rechtsnormen ähnlich lange debattieren würden wie sie es bei der SE getan haben,[50] weil die nationalen Traditionen auch in diesem Bereich zu stark vonei-

---

[42] Siehe zum Problem der Lückenfüllung *Ehricke*, KSzW 2010, 6, 9 ff. und *Hügel*, ZHR 2009, 309, 334 ff.
[43] *Peters/Wüllrich*, DB 2008, 2179, 2185; *Teichmann*, VGR 2008, S. 55, 69 f.
[44] Kritisch gegenüber dem Nutzen von offiziellen Mustersatzungen *Bormann/König*, RIW 2010, 111, 113, und *Wicke*, GmbHR 2006, 356, 360. Siehe weiterhin *Ehricke*, KSzW 2010, 6, 8.
[45] Vgl. *Helms* in: Hommelhoff/Helms, Neue Wege in die EPG, S. 259 ff. In diese Richtung weist auch der Vorschlag des Europäischen Parlaments (dazu *Teichmann/Limmer*, GmbHR 2009, 537, 539 f.).
[46] Der auf den Kommissionsvorschlag bezogene Entwurf einer Mustersatzung ist abrufbar unter www.europeanprivatecompany.eu („working papers").
[47] Vgl. Erwägungsgrund 8 a SPE-VOE-II.
[48] *Brems/Cannivé*, Der Konzern 2008, 629; *Teichmann*, RIW 2010, 120 ff.
[49] *Wicke*, GmbHR 2006, 353; *Vossius*, EWS 2007, 438, 441, spricht gar von Schlechterfüllung des Gesetzgebers, wenn dieser auf dispositives Recht verzichte.
[50] Die Entstehung der SE zog sich über mehr als dreißig Jahre hin (vgl. § 49 Rdnr. 1).

nander abweichen.[51] Der SPE-VOE-II löst das Dilemma, indem er auf der letzten Stufe der Normenhierarchie für alle Bereiche, die zwar in Anhang I genannt werden (also von Regelungsaufträgen abgedeckt sind), zu denen sich aber im Gesellschaftsvertrag keine Regelung findet, auf das innerstaatliche Recht im Sitzstaat der SPE verweist.[52]

c) Inhaltskontrolle des Gesellschaftsvertrages. Ungeklärt sind die Maßstäbe, die bei einer eventuellen Inhaltskontrolle des Gesellschaftsvertrages anzuwenden wären. **Rechtsquelle** der Satzungsautonomie ist die **europäische** SPE-Verordnung. Damit wäre es nicht zu vereinbaren, eine darauf gestützten Vertragsklausel an den Maßstäben des nationalen Rechts zu messen. Verwendet beispielsweise ein französisches Unternehmen die SPE als Rechtsform für seine in Deutschland registrierte Tochtergesellschaft, wird man einem deutschen Gericht nicht die Befugnis zusprechen können, die Einberufungsregelung in dem SPE-Gesellschaftsvertrag allein deshalb als unzulässig zu verwerfen, weil sie vom Leitbild des deutschen GmbH-Gesetzes abweicht, das eine Einberufung durch eingeschriebenen Brief verlangt. Bei einer solchen national gefärbten Inhaltskontrolle von SPE-Satzungsklauseln wäre die Rechtsform nicht mehr europaweit einsetzbar. Die europäische Satzungsautonomie soll auch nach Vorstellung der Entwurfsverfasser durchaus zulassen, dass die Gesellschafter Punkte, für die ihnen die Verordnung eine Regelungskompetenz zuweist, in einer Weise regeln dürfen, die von den materiell-rechtlichen Vorschriften dieser Verordnung abweicht.[53]

Andererseits ist gerade aus der deutschen Gerichtspraxis wohlbekannt, dass Gesellschaftsverträge unausgewogene Klauseln enthalten können, die dem Rechtsgefühl diametral zuwiderlaufen. Eine **richterliche Inhaltskontrolle** wird sich daher nicht gänzlich ausschließen lassen. Nach dem Mechanismus des Art. 4 SPE-VOE-II wird man dazu auf das nationale Recht im Sitzstaat der SPE zurückgreifen müssen, sofern die Satzung nichts anderes regelt. Denn dies wären auch die Regeln, die bei einer eventuellen Lückenfüllung heranzuziehen wären. Es entspricht insoweit dem Grundkonzept der SPE-Verordnung, den Gesellschaftern auch in diesem Punkt eine Gestaltungsmöglichkeit anzubieten. Da ein wesentliches Ziel der SPE-Verordnung darin liegt, eine grenzüberschreitend einheitlich zu behandelnde Rechtsform bereitzustellen, wird man den Gesellschaftern der SPE zumindest das Recht zugestehen müssen, sich im Sinne einer **Rechtswahlklausel** dafür zu entscheiden, welche nationale Rechtsordnung zur Lückenfüllung und Inhaltskontrolle herangezogen werden soll. Um unerwünschte Umgehungen zu vermeiden, kann dies mit der Voraussetzung verbunden werden, dass ein realer Bezug zu der gewählten Rechtsordnung bestehen muss.

Typisches Beispiel für eine solche Rechtswahlklausel wäre die **SPE-Tochtergesellschaft**, die in eine grenzüberschreitende Unternehmensgruppe eingebunden ist. Hier besteht ein legitimes Interesse an einheitlichen Gesellschaftsverträgen, die dann auch bei Lückenfüllung und Inhaltskontrolle einheitlich zu behandeln sind. Die Muttergesellschaft sollte daher das Recht haben, in den Satzungen ihrer Tochter-SPEs die subsidiäre Geltung der für sie selbst maßgeblichen Heimatrechtsordnung festzulegen. Eine deutsche GmbH könnte auf diese Weise erreichen, dass für ihre Tochter-SPE im Ausland das deutsche GmbH-Recht als subsidiäres Auffangrecht gilt. Ebenso könnte eine französische Société à responsabilité limitée für ihre in Deutschland registrierte SPE einen Verweis auf französisches Recht implementieren.

III. Gründung der SPE

1. Grenzüberschreitender Bezug

Der Entwurf der Europäischen Kommission verzichtet darauf, für die Gründung der SPE einen grenzüberschreitenden Bezug zu fordern. Hintergrund sind die **Erfahrungen**

---

[51] Vgl. die Erfahrungsberichte von *Neye*, FS Hüffer, S. 717 ff. und *Sandberg/Skog*, AG 2010, 580 ff.
[52] Dafür hatte bereits *Hügel*, ZHR 2009, 309, 353, plädiert.
[53] Erwägungsgrund 6 SPE-VOE-II; für eine Auslegung und Inhaltskontrolle nach einem einheitlichen europäischen Maßstab *Salomon*, Regelungsauftrag, S. 74 ff.

mit der SE-Verordnung. Dort findet sich ein Numerus Clausus von Gründungsformen, die alle zwingend einen grenzüberschreitenden Bezug aufweisen müssen.[54] Diese Vorgaben haben sich als formalistischer Ballast erwiesen, dem häufig keine Substanz entspricht. Ob die im Ausland nachzuweisende Niederlassung oder Tochtergesellschaft irgendeine Tätigkeit entfaltet, wird nicht überprüft und ließe sich mit vertretbarem Aufwand auch kaum prüfen; die entsprechende Anforderung der SE-VO läuft daher im Grunde leer. Zudem muss der grenzüberschreitende Bezug nur bei der Gründung vorliegen und kann später entfallen. Die weithin gebräuchliche Verwendung einer Vorrats-SE lässt den grenzüberschreitenden Bezug ohnehin zu Makulatur werden.

22 Der Verzicht der Europäischen Kommission auf einen grenzüberschreitenden Bezug bei der SPE hat dennoch Kritik erfahren.[55] Erstens bestehen Zweifel, ob die Europäische Union überhaupt die **Gesetzgebungskompetenz** für eine neue Rechtsform hat, wenn ihr kein grenzüberschreitender Bezug innewohnt.[56] Zweitens fürchten zahlreiche Mitgliedstaaten die SPE als **Konkurrenzprodukt** zu ihren nationalen Rechtsformen.[57] In den Verhandlungen über den SPE-Rechtstext befördert das die Neigung, Schutzregeln des nationalen Rechts in die SPE-Verordnung zu implementieren, um dadurch die Attraktivität der SPE gegenüber der vergleichbaren nationalen Rechtsform zu verringern. Eine solche Kumulierung verschiedenster nationaler Schutzvorschriften würde die Praktikabilität der SPE allerdings nicht unbedingt verbessern.

23 Diese Überlegungen haben die schwedische Ratspräsidentschaft dazu veranlasst, für die SPE-Gründung einen grenzüberschreitenden Bezug vorzuschlagen (**Art. 3 Abs. 3 SPE-VOE-II**). Der grenzüberschreitende Bezug kann demnach auf folgende Weise hergestellt werden:
a) die SPE beabsichtigt, in einem anderen Mitgliedstaat als dem ihrer Eintragung Geschäfte zu betreiben oder
b) die Satzung der SPE nennt einen grenzüberschreitenden Gesellschaftszweck oder
c) die SPE besitzt eine Zweigniederlassung oder eine Tochtergesellschaft in einem anderen Mitgliedstaat als dem ihrer Eintragung oder
d) ein oder mehrere Gesellschafter sind in mehr als einem Mitgliedstaat zumindest aber in einem anderen Mitgliedstaat als dem der Eintragung der SPE eingetragen bzw. wohnhaft.

24 Zwar haben diese Kriterien nicht alle die gleiche Substanz. Insbesondere die mit a) und b) verbundene bloße Absicht einer grenzüberschreitenden Betätigung liefert nur einen schwachen grenzüberschreitenden Bezug. Andererseits zeigen die Erfahrungen mit der SE, dass letztlich jede Form des grenzüberschreitenden Bezuges auf formale Anforderungen beschränkt bleiben muss, die auf ihre materielle Substanz hin nicht überprüfbar sind. Wollte man die Liste der Kriterien reduzieren, sollten die Buchstaben c) und d) aber auf jeden Fall beibehalten werden. Sie decken die wichtigsten Einsatzmöglichkeiten der SPE im grenzüberschreitenden Rechtsverkehr ab (o. Rdnr. 1).

2. Gründungsformen

25 Für die Gründung einer SPE bieten sich verschiedene Möglichkeiten (Art. 5 SPE-VOE-II). Sie kann „ex nihilo" durch eine oder mehrere natürliche oder juristische Personen neu gegründet werden. Sie kann auch aus bereits existierenden Rechtsträgern im Wege einer Umwandlungsmaßnahme (Verschmelzung oder Formwechsel) entstehen. Der Entwurf der

---

[54] Vgl. § 49 Rdnr. 7 ff.
[55] Zur Diskussion *Ehricke*, KSzW 2010, 6, 11 ff.
[56] *Hommelhoff/Teichmann*, DStR 2008, 925, 928 f.; *Krejci*, SPE, S. 15; *Matyk*, GPR 2009, 2 f.; *Steiner*, SPE, S. 41 ff.
[57] *Hommelhoff*, FS K. Schmidt, S. 671, 673 sowie *ders,*. GesRZ 2008, 337 ff. Vgl. auch die Gegenüberstellung von Unternehmergesellschaft und EPG bei *Cannivé/Seebach*, GmbHR 2009, 519 ff. Nach Auffassung von *Davies*, FS Hopt, S. 479 ff., haben die Mitgliedstaaten aufgrund des drohenden Wettbewerbs ein gesteigertes Interesse, die SPE unattraktiv auszugestalten.

Europäischen Kommission hatte noch die Gründung durch Spaltung vorgesehen. Diese Gründungsvariante ist zu Recht fallen gelassen worden.[58]

a) Neugründung „ex-nihilo". Detailregelungen zu einer SPE-Neugründung enthält **Art. 5a SPE-VOE-II**. Die SPE kann gemäß Art. 5a I SPE-VOE-II durch eine oder mehrere natürliche oder juristische Personen des öffentlichen oder privaten Rechts unter den Voraussetzungen der SPE-Verordnung gegründet werden. Die Einpersonengründung kommt beispielsweise für Unternehmen in Betracht, die die SPE als Tochtergesellschaft nutzen wollen.[59] Die Gesellschafter der SPE müssen für die Neugründung eine Satzung aufstellen und unterzeichnen und die SPE beim zuständigen Register anmelden (Art. 5a Abs. 2 SPE-VOE-II).

b) Verschmelzung. Auf die Gründung durch Verschmelzung wurde entgegen anderslautender Anregung[60] nicht verzichtet. Für die praktischen Bedürfnisse hätten die Gründung „ex nihilo" und der Formwechsel bzw. Umwandlung genügt. Die Einzelheiten der Verschmelzungsgründung richten sich nach mitgliedstaatlichem Recht **(Art. 5 lit. (c) SPE-VOE-II)**.

c) Formwechsel. Der Entwurf der Europäischen Kommission sah noch keinen Formwechsel vor. Die schwedische Ratspräsidentschaft hat diese Gründungsvariante zu Recht aufgenommen, weil nach Einführung der SPE vielerorts das **praktische Bedürfnis** entstehen wird, bereits existierende Gesellschaften nationalen Rechts in eine SPE umzuwandeln.[61] Daran wird besonders in grenzüberschreitenden Konzernstrukturen ein nachvollziehbares Interesse bestehen.

Das Verfahren des Formwechsels regelt Art. 5b SPE-VOE-II.[62] Es handelt sich um eine **identitätswahrende Umwandlung**. Die Gründungsgesellschaft nationalen Rechts wird also nicht aufgelöst und verliert auch nicht ihre Rechtsfähigkeit. Sie nimmt lediglich eine andere Rechtsform an. Der Formwechsel in die SPE ist jedenfalls denjenigen nationalen Gesellschaften zu gestatten, die der SPE entsprechen (Privatgesellschaften im Sinne des Anhangs II der SPE-Verordnung). Anderen juristischen Personen ist der Formwechsel in die SPE gestattet, wenn das innerstaatliche Recht ihre Umwandlung in Privatgesellschaften mit beschränkter Haftung zulässt.

Um die bestehenden Rechte von Gesellschaftern, Gläubigern, Arbeitnehmern und Dritten zu schützen, darf anlässlich des Formwechsels keine Sitzverlegung vorgenommen werden (Art. 5b Abs. 2 SPE-VOE-II).[63] Das Geschäftsführungsorgan der umzuwandelnden Gesellschaft erstellt einen **Umwandlungsplan**.[64] Dieser enthält die wesentlichen Punkte, über die später in der Gesellschafterversammlung Beschluss zu fassen ist (vgl. Art. 5b Abs. 8 SPE-VOE-II): Firma und Sitz der umzuwandelnden Gesellschaft, Firma und Sitz der künftigen SPE,[65] Satzung der SPE, Zeitplan der Umwandlung, voraussichtliche Folgen

---

[58] Kritisch gegenüber der Gründung einer SPE durch Spaltung *Hommelhoff/Teichmann*, GmbHR 2008, 897, 901.
[59] Bei der im Oktober 2007 durch die EU durchgeführten Befragung erklärten 29% der sich für die SPE aussprechenden Unternehmen, dass sie eine SPE als alleiniger Anteileigner gründen würden: http://ec.europa.eu/yourvoice/ebtp/consultations/epc/epc_de.pdf.
[60] *Hommelhoff/Teichmann*, GmbHR 2008, 897, 901.
[61] *Arens*, Der Konzern 2010, 395, 397; *Hommelhoff*, FS Loewenheim, S. 591, 596.
[62] Näher dazu *Arens*, Der Konzern 2010, 395, 399ff. sowie *Hommelhoff/Teichmann*, FS Hopt, 849ff.
[63] Vgl. Erwägungsgrund 7a SPE-VOE-II.
[64] Art. 5b Abs. 4 SPE-VOE-II spricht in der deutschen Fassung vom „Umwandlungsvorschlag". Entsprechend der allgemein üblichen Terminologie (vgl. für die SE Art. 37 Abs. 4 SE-VO) ist aber ein „Umwandlungsplan" gemeint, der Grundlage für den Umwandlungsbeschluss der Gesellschafter ist.
[65] Wobei zu beachten ist, dass der Sitz anlässlich des Formwechsels nicht in einen anderen Mitgliedstaat verlegt werden darf (Art. 5b Abs. 2 SPE-VOE-II). Eine vergleichbare Regelung enthält Art. 37 Abs. 3 SE-VO. Eine Sitzverlegung nach Abschluss der Gründung bleibt möglich.

der Umwandlung für die Arbeitnehmer und diesbezüglich vorgeschlagene Maßnahmen, Schutzrechte zu Gunsten der Gesellschafter und Gläubiger.[66]

31 Außerdem erstellt das Geschäftsführungsorgan einen **Umwandlungsbericht**. Dieser erläutert und begründet die rechtlichen und wirtschaftlichen Aspekte der vorgeschlagenen Umwandlung und legt die Auswirkungen auf die Gesellschafter, die Gläubiger und die Arbeitnehmer dar (Art. 5b Abs. 5 SPE-VOE-II). Der Bericht muss den Gesellschaftern und Arbeitnehmervertretern vorgelegt werden. Eine eventuelle Stellungnahme der Arbeitnehmer ist dem Bericht beizufügen (Art. 5b Abs. 6 SPE-VOE-II).[67] Der Bericht soll außerdem den Gläubigern zur Verfügung gestellt werden.[68]

32 Über die Umwandlung muss ein **Gesellschafterbeschluss** mit einer Mehrheit von mindestens zwei Dritteln der gesamten Stimmrechte der umzuwandelnden Gesellschaft gefasst werden (Art. 5b Abs. 8 SPE-VOE-II). Höhere Mehrheitserfordernisse des mitgliedstaatlichen Rechts finden Anwendung.

33 **d) Nachfolgende Umwandlungen der SPE.** Gemäß Art. 40 SPE-VOE-II unterliegen die Umwandlung, Verschmelzung und Spaltung einer bereits existierenden SPE dem maßgebenden einzelstaatlichen Recht. Das folgt im Grunde bereits aus Art. 4 SPE-VOE-II, der für alle in der Verordnung nicht geregelten Bereiche auf das nationale Recht verweist. Dennoch ist die **Klarstellung** des Art. 40 zu begrüßen, weil bei der SE Streit darüber besteht, ob und unter welchen Voraussetzungen sie Umwandlungen nach nationalem Umwandlungsrecht durchführen kann.[69]

3. Gründungsverfahren bis zur Eintragung

34 Die SPE erhält ihre **Rechtspersönlichkeit** konstitutiv durch Eintragung in das jeweils zuständige Register (Art. 10 Abs. 2 SPE-VOE-II). Die Zuständigkeit des Registers und das Registerverfahren richten sich nach nationalem Recht (Art. 10 Abs. 1 SPE-VOE-II). Dieser Verweis auf nationales Recht ist relativ unproblematisch, weil die Offenlegung von Gesellschaftsinformationen durch die Publizitätsrichtlinie bereits angeglichen ist und die SPE insoweit keine eigenen Wege gehen sollte.

35 Werden vor Eintragung der SPE Handlungen im Namen der SPE vorgenommen, soll dafür das nationale Recht gelten (Art. 12 SPE-VOE-II). Anders als bei der SE (Art. 16 Abs. 2 SE-VO) wird hier also auf eine eigenständige Regelung der **Handelndenhaftung** verzichtet. Das ist indessen kein Manko, weil in dieser Frage durch die Publizitätsrichtlinie ein europaweit angeglichener Rechtszustand besteht. Der klare Verweis auf nationales Recht führt bei einer in Deutschland gegründeten SPE dazu, dass nicht nur die Handelndenhaftung (§ 11 Abs. 2 GmbHG), sondern auch die Rechtsgrundsätze der **Vorgesellschaft** auf die SPE entsprechende Anwendung finden.[70]

36 Das **Eintragungsverfahren** wird in der SPE-Verordnung nur teilweise geregelt. Die bei der Anmeldung anzugebenden Informationen und vorzulegenden Dokumente zählt Art. 9 Abs. 2 SPE-VOE-II abschließend auf. Ein Teil der dort genannten Angaben wird sich bereits aus der ohnehin einzureichenden Satzung ergeben. Darüber hinaus ist insbesondere

---

[66] Diese richten sich nach mitgliedstaatlichem Recht (vgl. Art. 5b Abs. 9 SPE-VOE-II).

[67] Dies mag den Sinn haben, dass eventuelle Anregungen oder Bedenken der Arbeitnehmervertreter in die Willensbildung der Gesellschafterversammlung einfließen können (*Hommelhoff/Teichmann*, FS Hopt, 849, 857 ff.).

[68] Der Sinn dieser Formalie ist unklar, weil die Gläubiger durch die Offenlegung der Umwandlung ohnehin informiert werden (Bekanntmachung gemäß Art. 5b Abs. 7 lit. b SPE-VOE-II). Eine persönliche Unterrichtung aller Gläubiger ist nicht praktikabel (*Arens*, Der Konzern 2010, 395, 402; *Hommelhoff/Teichmann*, GmbHR 2010, 337, 338). Auf die Regelung sollte daher in der Endfassung der SPE-Verordnung verzichtet werden.

[69] Vgl. § 49 Rdnr. 107 f.

[70] Anders als bei der SE (vgl. § 49 Rdnr. 15) dürfte dies hier keinen Anlass zu Meinungsverschiedenheiten bieten, weil die SPE-Verordnung auf eine eigenständig europäische Regelung der Materie von vornherein verzichtet. Zur Haftung in der Vor-SPE *Freudenberg*, NZG 2010, 527, 529 ff. Eingehend zur Vor-SPE auf Basis des wissenschaftlichen Entwurfs *Kaiser*, EPG und SRL, S. 69 ff.

ein Gesellschafterverzeichnis einzureichen und eine Erklärung der Geschäftsführer über die Leistung der Einlagen abzugeben. Ist die SPE durch Umwandlung entstanden (Formwechsel oder Verschmelzung), sind Nachweise darüber erforderlich, dass das Umwandlungsverfahren ordnungsgemäß durchgeführt wurde.

Die **Rechtskontrolle** der einzureichenden Unterlagen richtet sich nach dem mitgliedstaatlichen Recht (Art. 9 Abs. 4 SPE-VOE-II). Der Vorschlag der Europäischen Kommission hatte noch zwingend vorgegeben, dass es nur eine Kontrollstufe geben dürfe. Das läuft jedoch dem System derjenigen Mitgliedstaaten zuwider, die eine notarielle Beurkundung vorsehen.[71] Diese enthält bereits ein Element der Rechtskontrolle und wird ergänzt durch eine Rechtsprüfung von Seiten des Handelsregisters. Diese zweistufige Kontrolle wollten die betreffenden Staaten nicht aufgeben. Daher ist Art. 9 Abs. 4 SPE-VOE-II offener formuliert: Die Kontrolle kann insbesondere durch einen Notar erfolgen. Unnötige Kontrollen sind zu vermeiden. Die eingespielte Zusammenarbeit von Notar und Register nach deutschem Modell wird man als System der wechselseitigen Ergänzung ansehen dürfen, bei dem keines der beiden Prüfungselemente „unnötig" ist. Das mitgliedstaatliche System der Rechtskontrolle gilt auch für spätere **Änderungen** der eingereichten Dokumente (Art. 9a SPE-VOE-II). Folglich muss bei einer SPE mit Sitz in Deutschland nicht nur die Gründungssatzung notariell beurkundet werden, sondern auch eine spätere Satzungsänderung.

Die **Bekanntmachung** der Eintragung und der gegebenenfalls offenzulegenden Dokumente richtet sich nach nationalem Recht (Art. 11 SPE-VOE-II).[72] Auch hier verweist die SPE-Verordnung auf einen Rechtsbereich, der durch die europäische Publizitätsrichtlinie bereits europaweit angeglichen ist.

4. Sitz der Gesellschaft

Nach dem Vorschlag der Europäischen Kommission konnten Registersitz und Hauptverwaltung der SPE in verschiedenen Mitgliedstaaten liegen (Art. 7 SPE- VOE-I). Der SPE sollten dadurch dieselben Freiheiten eröffnet werden, wie sie nationale Gesellschaften bereits auf der Basis der jüngeren EuGH-Rechtsprechung besitzen.[73] Diese Regelung weckt bei einigen Mitgliedstaaten die Sorge, die **Sitzaufspaltung** könne zur Umgehung nationaler Schutzregelungen missbraucht werden.[74] Andererseits kann es gerade bei einer SPE, die als Teil einer europaweit aufgestellten Unternehmensgruppe agiert, legitime Gründe für die Sitzaufspaltung geben.[75] Um jedoch die Zustimmung aller Mitgliedstaaten zur SPE-Verordnung zu erlangen, wird hier ein Kompromiss nötig sein. Art. 7 Abs. 1 Unterabs. 2 SPE-VOE-II sieht dafür momentan noch eine recht komplizierte Regelung vor: Für die ersten zwei Jahre nach dem Inkrafttreten der Verordnung soll eine SPE ihren Sitz und ihre Hauptverwaltung in ein und demselben Mitgliedstaat haben. Nach Ablauf dieser Übergangsfrist gilt das mitgliedstaatliche Recht. Dann wird entscheidend sein, ob das nationale Recht im Sitzstaat der SPE seinen eigenen Privatgesellschaften eine Sitzaufspaltung gestattet oder verbietet.

IV. Kapital und Finanzverfassung

1. Das Kapital der SPE

Die Vorschläge zur SPE-Verordnung verzichten bislang auf ein zwingendes **Mindestkapital** bzw. legen dieses auf 1 Euro fest (vgl. Art. 19 Abs. 3 SPE-VOE-II: „Das Stamm-

---

[71] Kritisch gegenüber der nur einstufigen Kontrolle beispielsweise *Bormann/König*, RIW 2010, 111, 114, *Krejci*, SPE, S. 54 ff., *Matyk*, GPR 2009, 2, 3, und *Ries*, NZG 2009, 1052, 1053. In der Tendenz positiver hingegen *Hadding/Kießling*, WM 2009, 145, 155.

[72] Vgl. außerdem Art. 11 Abs. 2 SPE-VOE-II zu den nötigen Angaben auf Briefbögen und Bestellformularen.

[73] *Hommelhoff/Teichmann*, GmbHR 2008, 897, 901; *Peters/Wüllrich*, DB 2008, 2179, 2180.

[74] *Bormann/König*, RIW 2010, 111, 117, fürchten ein Unterlaufen der Rechnungslegungs- und Registerpublizität. Kritisch auch *Krejci*, SPE, Rdnr. 140.

[75] Dazu eingehend *Hommelhoff*, FS Roth, S. 269 ff.

kapital der SPE beträgt mindestens 1 Euro."). Das wird in der Literatur teilweise kritisch gesehen. Einerseits wegen der Funktion des Mindestkapitals als „Seriositätsschwelle"[76] oder „Verlustpuffer".[77] Andererseits auch wegen der negativen Signalwirkung, die davon für die künftige Reputation der SPE als neuer Rechtsform ausgehen könnte.[78] Der Entwurf der schwedischen Ratspräsidentschaft versucht einen Kompromiss, indem er den Mitgliedstaaten die Möglichkeit einräumen will, den in ihrem Hoheitsgebiet eingetragenen SPE ein Mindestkapital von maximal 8000 Euro vorzuschreiben (Art. 19 Abs. 3 Unterabs. 2 SPE-VOE-II).[79]

41 Im Hinblick auf das ganz fehlende Mindestkapital hatte der Kommissionsentwurf die **Kapitalaufbringung** in der SPE weitgehend der Ausgestaltung durch die Gesellschafter überlassen. Der Entwurf der schwedischen Ratspräsidentschaft hat einiges davon zurückgenommen (Art. 20 SPE-VOE-II): Bareinlagen müssen bei Übernahme des Anteils zu mindestens 25% erbracht werden, Sacheinlagen müssen vollständig geleistet werden. Auch ein mitgliedstaatlich vorgeschriebenes Mindestkapital muss in voller Höhe erbracht werden. Die Mitgliedstaaten können bei Sacheinlagen eine Schätzung durch unabhängige Sachverständige vorsehen. Arbeits- und Dienstleistungen sind als Sacheinlage nicht zulässig. Außer bei einer Kapitalherabsetzung können die Gesellschafter nicht von ihren Einlagepflichten befreit werden.

42 Eine **Kapitalherabsetzung** (Art. 24 SPE-VOE-II) kann dazu dienen, Verluste auszugleichen oder Ausschüttungen an die Gesellschafter zu ermöglichen. Das Kapital darf nicht unter das von den Mitgliedstaaten gegebenenfalls festgelegte Mindestkapital herabgesetzt werden. Wenn die Kapitalherabsetzung für die Zwecke einer Ausschüttung an die Gesellschafter vorgenommen wird, sind die bekannten Gläubiger der Gesellschaft davon zu informieren. Diese haben einen Anspruch auf Leistung einer angemessenen Sicherheit, wenn sie glaubhaft machen, dass die Kapitalherabsetzung die Befriedigung ihrer Forderung gefährdet.[80]

43 Für die **Kapitalerhöhung** findet sich keine eigenständige Regelung mit Ausnahme der Zuständigkeitsnorm des Art. 28 Abs. 1 lit. h SPE-VOE-II, wonach hierüber ein Beschluss der Gesellschafterversammlung zu fassen ist. Der Beschluss muss mit einer Mehrheit von mindestens zwei Dritteln der Stimmrechte gefasst werden (Art. 28 Abs. 2 SPE-VOE-II). Die oben genannten Regeln über die Kapitalaufbringung (Art. 20 SPE-VOE-II) sind allerdings ihrem Wortlaut nach nicht auf die Gründung beschränkt, sondern beziehen sich auf die Übernahme von Geschäftsanteilen. Sie erfassen demnach auch die Ausgabe neuer Geschäftsanteile im Wege der Kapitalerhöhung.

2. Ausschüttungen an Gesellschafter

44 Eine **Legaldefinition** der Ausschüttung findet sich in Art. 2 Abs. 2 lit. c SPE-VOE-II. Ausschüttung ist jeder finanzielle Vorteil, den ein Gesellschafter aufgrund der von ihm gehaltenen Geschäftsanteile direkt oder indirekt aus der SPE zieht, einschließlich der Über-

---

[76] *Hadding/Kießling*, WM 2009, 145, 157; *Krejci*, SPE, S. 71. *Lanfermann/Richard*, BB 2008, 1610, 1611, relativieren allerdings insoweit mit Blick auf die unterschiedliche Kaufkraft in den EU-Mitgliedstaaten den Wert einer europaweit einheitlichen Schwelle. Positiv daher zum Kompromissvorschlag des EU-Parlaments, Mindestkapital und Solvenztest als Alternativen zu konzipieren, *Hommelhoff*, ZHR 173 (2009), 255, 263.

[77] *Bormann/König*, RIW 2010, 111, 117; *Hadding/Kießling*, WM 2009, 145, 157. Demgegenüber halten *Peters/Wüllrich*, DB 2008, 2179, 2182 (ihnen folgend *Steiner*, SPE, S. 100), die Regelung einer Unterkapitalisierungshaftung für sinnvoller.

[78] *Freudenberg*, NZG 2010, 527, 528; *Hommelhoff*, FS K. Schmidt, S. 671, 672; *Hommelhoff/Teichmann*, GmbHR 2008, 897, 904; *Matyk*, GPR 2009, 2, 6.

[79] Der Europäischen Kommission soll ein Prüfauftrag erteilt werden, die Auswirkungen dieser Regelung zwei Jahre nach Inkrafttreten der Verordnung zu überprüfen (Art. 19 Abs. 3 a SPE-VOE-II).

[80] Art. 24 Abs. 2 a SPE-VOE-II. Die Mitgliedstaaten können die Regelung noch verschärfen und den Anspruch auf Sicherheitsleistung unabhängig von der Glaubhaftmachung einer Gefährdung zulassen.

tragung von Geld oder Immobilien. Ausschüttungen können in Form einer Dividende durch Immobilienerwerb oder -verkauf, durch Rücknahme oder eine andere Art des Erwerbs von Geschäftsanteilen durch die SPE, sowie auf jedem anderen Wege erfolgen. Diese weite Begriffsdefinition soll offene und verdeckte Vermögensverschiebungen zum Nachteil der Gläubiger verhindern.[81]

Die weite Definition sorgt allerdings für Unklarheiten darüber, ob und inwieweit **Verkehrsgeschäfte** zwischen der Gesellschaft und ihren Gesellschaftern selbst dann als Ausschüttung zu qualifizieren sind, wenn sie zu marktüblichen Konditionen erfolgen. Eine entsprechende Klarstellung, die diese Geschäfte aus dem Begriff herausnehmen würde, wäre wünschenswert und wurde insbesondere vom Europäischen Parlament empfohlen.[82] In Anlehnung an die deutsche GmbH-Reform wird der Zusatz angeregt, dass es um finanzielle Vorteile geht, die nicht durch einen vollwertigen Gegenleistungs- oder Rückgewähranspruch ausgeglichen sind. Andererseits wird man auch im Wege der Auslegung dazu gelangen, dass marktübliche Verkehrsgeschäfte nicht gemeint sind. Denn ein Verkehrsgeschäft, das ebenso gut mit einem Dritten hätte abgeschlossen werden können, verschafft dem Gesellschafter keinen finanziellen Vorteil „aufgrund der von ihm gehaltenen Gesellschafterstellung".[83]

45

Art. 21 SPE-VOE-II regelt Ausschüttungsgrenzen, die sich in der Summe zu einem strengen Ausschüttungsregime aufaddieren. Gemäß der **Ausschüttungssperre** des Art. 21 Abs. 1 SPE-VOE-II darf das Nettoaktivvermögen der SPE nach der Ausschüttung den Betrag des Stammkapitals zuzüglich der nicht ausschüttungsfähigen Rücklagen nicht unterschreiten.[84] Die Berechnung soll auf Grundlage der letzten festgestellten Bilanz erfolgen.[85] Art. 21 Abs. 2 SPE-VOE-II legt außerdem fest, dass der Betrag der Ausschüttung das letzte **Jahresergebnis** nicht überschreiten darf. Zusätzlich können die Mitgliedstaaten nach Art. 21 Abs. 3 SPE-VOE-II vorschreiben, dass vom Geschäftsführungsorgan der SPE eine **Solvenzbescheinigung** ausgestellt wird.[86] Die Bestimmungen des Art. 21 SPE-VOE-II sind entsprechend anwendbar, wenn die SPE **eigene Geschäftsanteile** erwirbt (Art. 23 Abs. 2 SPE-VOE-II). Unberechtigte Ausschüttungen können von den Gesellschaftern zurückverlangt werden, sofern ihnen der Verstoß gegen Art. 21 SPE-VOE-II bekannt war oder hätte bekannt sein müssen (Art. 22 SPE-VOE-II).

46

V. Organisationsverfassung

Die SPE hat zwei notwendige Organe, das Geschäftsführungsorgan und die Gesellschafterversammlung (vgl. Art. 27 Abs. 1 a/c SPE-VOE-II).[87] Die SPE hat ein Wahlrecht zwischen einer **dualistischen oder monistischen Unternehmensverfassung**. Eine SPE kann demnach entweder allein durch ein Geschäftsführungsorgan geleitet werden oder zusätzlich einen Aufsichtsrat einrichten. Nach Erwägungsgrund 13 SPE-VOE-II besteht

47

---

[81] *Barneveld* in: Zaman u. a., SPE, S. 81, 92; *Hommelhoff/Teichmann*, GmbHR 2008, 897, 906.

[82] Quelle siehe oben Fn. 16. Vgl. auch *Maul/Röhricht*, BB 2008, 1574, 1576 f. Eingehend insbesondere zur Zulässigkeit eines Cash poolings im SPE-Regelwerk *Hommelhoff*, ZHR 173 (2009), 355, 271 ff.

[83] *Hommelhoff/Teichmann*, GmbHR 2008, 897, 906 f.

[84] Die Formulierung wurde präzisiert gegenüber dem insoweit unzureichenden Text in Art. 21 SPE-VOE-I (vgl. nur die Kritik daran bei *Hommelhoff/Teichmann*, GmbHR 2008, 897, 906).

[85] Die an den Bilanztest geknüpfte Ausschüttungsregelung ist insbesondere aus Perspektive der Gesellschafter wegen der damit verbundenen Rechtssicherheit positiv zu bewerten; siehe *Lanfermann/Richard*, BB 2008, 1610, 1612.

[86] Mitgliedstaaten können damit ein Schutzsystem implementieren, das insgesamt höheren Schutz bieten würde als das Kapitalerhaltungsregime in der GmbH. Dazu etwa: *Brems/Cannivé*, Der Konzern 2008, 629, 635; *Greulich/Rau*, DB 2008, 2691 ff.; *Lanfermann/Richard*, BB 2008, 1610, 1613. Problematisch erscheint, dass die Ermächtigung nur die Erstellung einer Solvenzbescheinigung anspricht, aber nicht die daraus resultierende Haftung bei Bescheinigung. Nach dem Sinn und Zweck der Regelung wird eine solche Haftungsregel aber wohl noch von der Ermächtigung erfasst sein.

[87] Vgl. die Definition des Begriffes „Geschäftsführungsorgan" in Art. 2 Abs. 1 lit. e SPE-VOE-II.

das Wahlrecht zwischen den beiden Unternehmensverfassungen, damit sich die Gesellschaft eine ihren Bedürfnissen und ihrer Größe angepasste Struktur geben kann. Die bei der Gründung festgelegte Organisationsstruktur kann durch spätere Satzungsänderung abgewandelt werden.[88]

48 **Geschäftsführer** einer SPE können nur natürliche Personen sein (Art. 31 Abs. 1 SPE-VOE-II). Wer nach einzelstaatlichem Recht aufgrund eines Gerichtsurteils oder einer Verwaltungsentscheidung ungeeignet für die Position eines Geschäftsführers nach nationalem Recht ist, kann auch nicht Geschäftsführer einer SPE werden (Art. 31 Abs. 3 SPE-VOE-II). Über die Bestellung und Abberufung der Geschäftsführer entscheidet die Gesellschafterversammlung mit einfacher Mehrheit (Art. 28 Abs. 1 lit. i SPE-VOE-II). Ob die SPE-Geschäftsführer Weisungen der Gesellschafterversammlung befolgen müssen, lässt sich dem Text nicht eindeutig entnehmen, wäre aber wohl jedenfalls durch Satzungsbestimmung regelbar.[89]

49 Das Geschäftsführungsorgan ist zugleich **Vertretungsorgan** (Art. 34 SPE-VOE-II). Seine Handlungen binden die SPE auch dann, wenn sie außerhalb des Unternehmensgegenstandes liegen. Grundsätzlich gilt Einzelvertretungsbefugnis; die Satzung kann anderes regeln. Beschränkungen der Vertretungsmacht sind gegenüber Dritten nicht wirksam, selbst wenn sie offen gelegt wurden. Das Geschäftsführungsorgan kann Dritte zur Vertretung der Gesellschaft bevollmächtigen, sofern die Satzung nichts anderes bestimmt.

50 Fragen der Sorgfaltspflichtverletzung und **Haftung** von Geschäftsführern waren in Art. 31 SPE-VOE-I noch eigenständig geregelt. Darin wurden die Geschäftsführer auf das Eigeninteresse der SPE verpflichtet. In den Verhandlungen traten hinsichtlich der Haftungsfragen jedoch derart unterschiedliche Vorstellungen zutage, dass der SPE-VOE-II auf jegliche Regelung dieser Frage verzichtet.[90] Es greift damit über Art. 4 SPE-VOE-II (oben Rdnr. 9 ff.) das nationale Recht.

51 Der Kompetenzbereich der **Gesellschafterversammlung** ist in Art. 28 Abs. 1 SPE-VOE-II geregelt. Der Zuständigkeitskatalog erfasst überwiegend Grundlagenbeschlüsse, die mit einer Mehrheit von mindestens zwei Dritteln der Stimmrechte zu fassen sind (Art. 28 Abs. 2 SPE-VOE-II). Die Beschlussfassung muss nicht notwendig in einer Gesellschafterversammlung stattfinden (Art. 28 Abs. 3 SPE-VOE-II). Die Satzung kann nähere Regelungen dazu treffen, auf welche Art Beschlüsse gefasst werden können.[91] Für die Beschlussanfechtung gilt – wegen der engen Verzahnung mit dem Prozessrecht verständlich – das nationale Recht (Art. 28 Abs. 4 SPE-VOE-II).

VI. Die Rechtsstellung der SPE-Gesellschafter

52 Die **Satzung** der SPE bestimmt, welche Vermögens- und Verwaltungsrechte und welche Verpflichtungen an die SPE-Geschäftsanteile geknüpft sind (Art. 8 Abs. 1 lit. ea SPE-VOE-II). Auf einen Geschäftsanteil ist entweder eine Bar- oder eine Sacheinlage zu leisten (vgl. oben Rdnr. 41). Die Geschäftsanteile sind in ein **Gesellschafterverzeichnis** aufzunehmen (Art. 14 Abs. 1 SPE-VOE-II). Art. 15 Abs. 1 a SPE-VOE-II regelt, welche Angaben in das Gesellschafterverzeichnis aufzunehmen sind.[92]

53 Die **Übertragung** von Geschäftsanteilen richtet sich nach dem nationalen Recht (Art. 16 SPE-VOE-II).[93] Die Satzung kann Beschränkungen der Anteilsübertragung (Vin-

---

[88] Gemäß Art. 28 Abs. 1 lit. o i. V. m. Abs. 2 SPE-VOE-II ist dafür ein Beschluss mit qualifizierter Mehrheit von mindestens zwei Dritteln der Stimmrechte erforderlich.

[89] *Bücker*, ZHR 2009, 281, 291; *Krejci*, SPE, S. 119 f.; *Schwarz* in: Zaman u. a., SPE, S. 103, 110; *Teichmann*, RIW 2010, 120, 125.

[90] Erwägungsgrund 14 a SPE-VOE-II.

[91] Das „Verfahren für die Vorlage und Fassung von Gesellschafterbeschlüssen" gehört laut Anhang I zu den fakultativen Regelungsaufträgen.

[92] Für eine aussagekräftige Gesellschafterliste sprachen sich zuvor schon aus: *Bormann/König*, RIW 2010, 111, 115; *Krejci*, SPE, S. 58.

[93] Der Kommissionsentwurf hatte dazu noch eine eigene Regelung vorgesehen (vgl. Art. 16 SPE-VOE-I). Ausführlich zu diesem Fragenkreis *Omlor*, JJZ 2010, S. 303 ff.

kulierungen) regeln.⁹⁴ Ein entsprechender satzungsändernder Beschluss bedarf der Zustimmung aller betroffenen Gesellschafter (Art. 16 Abs. 2 SPE-VOE-II). Die SPE darf keine **eigenen Geschäftsanteile** zeichnen, kann sie aber nachträglich erwerben (Art. 23 SPE-VOE-II). Dabei sind die Vorschriften über Ausschüttungen an Gesellschafter einzuhalten (vgl. oben Rdnr. 44 ff.). Die mit den eigenen Anteilen verbundenen Rechte ruhen, solange die SPE Inhaberin der Anteile ist (Art. 23 Abs. 3 SPE-VOE-II).

Zu **Ausschluss und Austritt** von Gesellschaftern findet sich im aktuellen Entwurf keine Regelung mehr. Wegen der großen nationalen Unterschiede in diesem Bereich sollen diese Fragen dem nationalen Recht vorbehalten bleiben.⁹⁵ Art. 17 und 18 des SPE-VOE-I wurden daher gestrichen. Der Sache nach war die dortige Regelung im Ansatz keineswegs verfehlt, wenngleich die abschließende Aufzählung von Fallgruppen durch eine Generalklausel („wichtiger Grund") hätte erweitert werden müssen.⁹⁶ **54**

Die Anteilseigner haben ein individuelles **Informationsrecht** über alle wichtigen Angelegenheiten im Zusammenhang (Art. 29 Abs. 1 SPE-VOE-II). Die Geschäftsführer können die Antwort verweigern, wenn das Interesse der SPE es erfordert (Art. 29 Abs. 2 SPE-VOE-II). Gesellschafter, die mindestens 5% der an die Geschäftsanteile geknüpften Stimmrechte besitzen, haben das Recht, beim Geschäftsführungsorgan die Vorbereitung einer Beschlussfassung zu verlangen (Art. 30 Abs. 1 SPE-VOE-II). Eine **Minderheit** von mindestens 10% kann die Einberufung einer Gesellschafterversammlung verlangen (Art. 30 Abs. 2 SPE-VOE-II). **55**

VII. Mitbestimmung der Arbeitnehmer

Die Arbeitnehmermitbestimmung entwickelt sich wie schon in der SE (vgl. § 49 Rdnr. 1 ff.) so auch bei der SPE zum entscheidenden Prüfstein für den Gang der Verhandlungen auf europäischer Ebene. Der **Entwurf der Europäischen Kommission** hat auf Arbeitnehmerseite die durchaus nachvollziehbare Sorge geweckt, die SPE könne der Umgehung nationaler Mitbestimmungsstandards dienen.⁹⁷ Nach Art. 35 Abs. 1 SPE-VOE-I sollte die SPE im Bereich der Mitbestimmung den Regeln des Staates unterliegen, in dem sie ihren eingetragenen Sitz hat. Die gemäß Art. 7 SPE-VOE-I zulässige Aufspaltung von Hauptverwaltung und Registersitz hätte daher die Gestaltungsmöglichkeit geboten, die SPE in einem Land mit niedrigem Mitbestimmungsniveau zu registrieren und die Hauptverwaltung mit der Mehrzahl der Arbeitnehmer in einem Land mit hohem Mitbestimmungsniveau einzurichten, ohne die dort geltenden Mitbestimmungsregeln einhalten zu müssen. **56**

Das Europäische Parlament schlug vor, für die SPE auf das bewährte europäische **Verhandlungsverfahren** zurückzugreifen (vgl. §§ 57 und 58 in diesem Band).⁹⁸ Die weiteren Verhandlungen drehen sich um die Frage, inwieweit das von der SE-Gründung bekannte Verfahren verbessert und auf die besonderen Bedürfnisse der SPE zugeschnitten werden kann. **57**

Die Zielgruppe der kleinen und mittleren Unternehmen liegt sehr häufig unterhalb der Größenordnung, die eine Mitbestimmung auslösen (in Deutschland: 500 Arbeitnehmer gem. § 1 DrittelbetG). Dem würde es widersprechen, bei jeder SPE-Gründung zwingend ein Verhandlungsverfahren vorzusehen.⁹⁹ Art. 35 Abs. 1a SPE-VOE-II schlägt daher die **58**

---

⁹⁴ Die Einschränkung oder das Verbot der Übertragung von Geschäftsanteilen gehört zu den fakultativen Regelungsaufträgen in Anhang I.
⁹⁵ Erwägungsgrund 14a SPE-VOE-II.
⁹⁶ *Hommelhoff/Teichmann*, GmbHR 2008, 897, 903 f.
⁹⁷ Ausführlich zu den mitbestimmungsrelevanten Schwächen des Entwurfs: *Hommelhoff/Krause/Teichmann*, GmbHR 2008, 1193, 1194 ff. Siehe weiterhin *Koberski/Heuschmid*, RdA 2010, 207 ff.
⁹⁸ Legislative Entschließung vom 10. März 2009 (Quelle oben Fn. 16). Vgl. die Würdigung dieses Vorschlags bei *Hommelhoff*, ZEuP 2011, 7, 15 ff.
⁹⁹ Eingehend zu den mitbestimmungsrelevanten Fallgestaltungen in der SPE (Gründung, Strukturveränderungen, Sitzverlegung und Konzernsachverhalte): *Hommelhoff*, ZEuP 2011, 7, 11 ff.

Einleitung von Verhandlungen vor, wenn die SPE innerhalb von drei Monaten mindestens **500 Arbeitnehmer** beschäftigt, von denen mindestens die Hälfte in einem Mitgliedstaat arbeiten, der ein höheres Niveau der Mitbestimmung vorsieht als der Sitzmitgliedstaat der SPE. Zweiter auslösender Tatbestand für Verhandlungen soll die Sitzverlegung sein, wenn ein Drittel der Arbeitnehmer im Wegzugsstaat tätig ist und dieser ein höheres Mitbestimmungsniveau bietet als der Zuzugsstaat.

59 Für die Verhandlungen wird ein **Besonderes Verhandlungsgremium** der Arbeitnehmer gebildet, das sich repräsentativ aus Arbeitnehmervertretern der beteiligten Mitgliedstaaten zusammensetzt (Art. 35a SPE-VOE-II).[100] Den weiteren Verfahrensgang regelt Art. 35b SPE-VOE-II. Die Verhandlungen münden günstigenfalls in eine **Vereinbarung** über die Arbeitnehmermitbestimmung (Art. 35c SPE-VOE-II). Andernfalls greift eine gesetzliche **Auffangregelung**, die im Grundsatz einen Bestandsschutz für das höhere Mitbestimmungsniveau vorsieht (Art. 35d SPE-VOE-II).

VIII. Grenzüberschreitende Sitzverlegung

60 Die SPE kann ihren eingetragenen Sitz in einen anderen Mitgliedstaat verlegen (Art. 36 SPE-VOE-II). Sie wird dabei nicht aufgelöst und behält ihre Rechtspersönlichkeit **(identitätswahrende Sitzverlegung).** Die Sitzverlegung wird mit Eintragung im neuen Sitzstaat der SPE wirksam. Auch wenn die SPE weiterhin der europäischen SPE-Verordnung unterworfen bleibt, hat die Sitzverlegung in einen anderen Mitgliedstaat doch Auswirkungen auf das subsidiär anwendbare Recht, das sich nach dem jeweiligen Registersitz bestimmt (oben Rdnr. 10f.). Je mehr Verweise auf nationales Recht in die SPE-Verordnung aufgenommen werden, umso bedeutsamer wird später der mit einer grenzüberschreitenden Sitzverlegung verbundene Wechsel des nationalen Rechtsumfeldes sein.

61 Das **Verlegungsverfahren** (Art. 37 SPE-VOE-II) ist eng an Art. 8 SE-VO angelehnt:[101] Das Geschäftsführungsorgan erstellt einen Sitzverlegungsplan und einen Sitzverlegungsbericht. Die Gesellschafterversammlung muss über die Sitzverlegung mit qualifizierter Mehrheit Beschluss fassen. Die Rechtmäßigkeitskontrolle verteilt sich auf die zuständigen Behörden der beteiligten Mitgliedstaaten (Art. 38 SPE-VOE-II). Die zuständige Behörde des Wegzugsstaates stellt eine Bescheinigung über die ordnungsgemäße Durchführung der Formalien aus. Dazu können auch Regelungen über den Schutz von widersprechenden Minderheitsgesellschaftern oder Gläubigern der SPE gehören.[102]

IX. Auflösung der SPE

62 Auflösung, Liquidation und Insolvenz der SPE richten sich nach nationalem Recht (Art. 41 SPE-VOE-II). **Auflösungsgründe** sind gemäß Art. 41 Abs. 1 SPE-VOE-II: der Ablauf des Zeitraums, für den die Gesellschaft gegründet wurde; ein Auflösungsbeschluss der Gesellschafter; andere in der Satzung oder dem nationalen Recht vorgesehene Fälle. Für die **Nichtigkeit** der SPE gilt nationales Recht, das in Umsetzung der Publizitätsrichtlinie angeglichen ist (Art. 42 SPE-VOE-II).

---

[100] Vgl. dazu §§ 57 und 58 (in diesem Band) zum Verhandlungsverfahren, das bei Gründung einer SE und bei der grenzüberschreitenden Verschmelzung Anwendung findet.

[101] Vgl. die Ausführungen zur Sitzverlegung der SE: § 49 Rdnr. 99ff. Zur SPE-Sitzverlegung auch *Krejci*, SPE, S. 175ff., *Peters/Wüllrich*, NZG 2008, 807, 811, *Steiner*, SPE, S. 129ff. sowie *van den Braak* in: Zaman u.a., SPE, S. 175ff.

[102] Vgl. insoweit den Verweis auf das Recht der Mitgliedstaaten in Art. 37 Abs. 5 SPE-VOE-II.

§ 51. Die Europäische Genossenschaft (SCE)

Übersicht

	Rdnr.		Rdnr.
I. Grundlagen	1–6	2. Leitungssystem der SCE	19–23
1. Entstehungsgeschichte und praktische Bedeutung	1–4	a) Gemeinsame Vorschriften	19
		b) Dualistisches System	20, 21
2. Rechtsgrundlagen	5, 6	c) Monistisches System	22, 23
II. Gründung	7–14	3. Arbeitnehmerbeteiligung	24
1. Handelndenhaftung und Vorgesellschaft	7	4. Sonstige Organe	25
2. Allgemeine Gründungsvoraussetzungen	8–10	IV. Kapitalverfassung	26–29
		V. Mitgliedschaft	30–38
3. Neugründung	11	VI. Sitzverlegung	39
4. Umwandlungsgründung	12–14	VII. Beendigung	40, 41
III. Organisationsverfassung	15–25	VIII. Jahresabschluss, Lagebericht, Besteuerung	42, 43
1. Die Generalversammlung	16–18		

Literatur: *Albert*, Europäische Unternehmensverbindungen, Sitzverlegungen und Fusionen, 2007; *Avsec*, Die Europäische Genossenschaft innerhalb des Europäischen Wirtschaftsraumes, 2009; *Beuthien*, Genossenschaftsgesetz, 14. Auflage, 2004; *Beuthien/Dierkes/Wehrheim*, Die Genossenschaft – mit der Europäischen Genossenschaft, 2008; *El Mahdi*, Die Europäische Genossenschaft, DB 2004, S. 967 ff.; *Fischer*, Die Europäische Genossenschaft, 1995; *Friis Hansen*, Die Europäische Stiftung – Gemeinnützige Organisation und Europäisches Recht, in: Müller-Graff/Teichmann (Hrgs.), Europäisches Gesellschaftsrecht auf neuen Wegen, 2010, 209; *Galle*, The Societas Cooperativa Europaea (SCE) and National Cooperatives in Comparative Perspective, European Company Law (ECL) 2006, 255; *Gschwandtner/Helios*, Neues Recht für die eingetragene Genossenschaft, NZG 2006, S. 691 ff.; *Habersack*, Europäisches Gesellschaftsrecht, 3. Auflage 2006, § 13; *Hagen-Eck*, Die Europäische Genossenschaft, 1995; *Heilmeier*, Die Kapitalverfassung der Europäischen Genossenschaft (SCE), EuZW 2010, 887; *Heß*, Die Europäische Genossenschaft und die Reform des Genossenschaftsrechts in Deutschland, 2008; *Hirte*, Das neue Genossenschaftsrecht (Teil II), DStR 2007, S. 2215 ff.; *Hirte*, Kapitalgesellschaftsrecht, 6. Auflage 2009; *Korts*, Die Europäische Genossenschaft, 2007; *Krimphove*, Brauchen wir die Europäische Genossenschaft?, EuZW 2010, 892; *Lang/Weidmüller*, Genossenschaftsgesetz, 36. Auflage 2008; *Lutter/Hommelhoff* (Hrsg.), SE-Kommentar, 2008; *Nagel/Freis/Kleinsorge*, Beteiligung der Arbeitnehmer in Unternehmen auf Grundlage des europäischen Rechts, 2. Auflage 2009; *Neye*, Kein neuer Stolperstein für die Europäische Aktiengesellschaft, ZGR 2002, 377; *Pöhlmann/Fandrich/Bloehs*, Genossenschaftsgesetz, 3. Auflage 2007; *Saenger/Merkelbach*, Die investierende Mitgliedschaft im deutschen Genossenschaftsrecht – eine interessante Beteiligungsmöglichkeit für Genossenschaften und Investoren?, BB 2006, S. 566 ff.; *Schmidt/Lutter* (Hrsg.), Aktiengesetz, 2. Aufl., 2010; *Schulze*, die europäische Genossenschaft (SCE), NZG 2004, S. 792; *Schulze*, Europäische Genossenschaft, 2004; *Schwarz*, Europäisches Gesellschaftsrecht, 2000; *Teichmann*, Binnenmarktkonformes Gesellschaftsrecht, 2006; *Spangemacher/Zimmermann/Zimmermann-Hübner*, Handels- und Gesellschaftsrecht, 10. Auflage 2009, Kapitel 2.15; *Wagner*, Der Europäische Verein – eine Gesellschaftsform europäischen oder mitgliedstaatlichen Rechts?, 1999; *Wiese*, Die Europäische Genossenschaft im Vergleich zur eingetragenen Genossenschaft deutschen Rechts, 2006.

I. Grundlagen

1. Entstehungsgeschichte und praktische Bedeutung

Die Societas Cooperativa Europaea (SCE) steht auf Basis der europäischen SCE-Verordnung („SCE-VO") seit dem 18. August 2006[1] europaweit zur Verfügung. Ihre Entstehungsgeschichte ist eng mit derjenigen der SE verknüpft, insbesondere war hier wie dort

---

[1] Termin für das Inkrafttreten der Verordnung (EG) Nr. 1435/2003 des Rates vom 22. Juli 2003, ABl. EU Nr. L 207 vom 18. 8. 2003, S. 1 ff., geregelt in Art. 80 der Verordnung.

die Frage der Arbeitnehmerbeteiligung lange umstritten (dazu § 49 Rdnr. 1).[2] Gegen die SCE-VO erhob das Europäische Parlament, das sich gegenüber der SE-Verordnung noch Zurückhaltung auferlegt hatte,[3] erfolglos eine **Nichtigkeitsklage**; nach Auffassung des EuGH ist Art. 308 EG-Vertrag (alte Fassung) die zutreffende Rechtsgrundlage für die Einführung supranationaler Rechtsformen.[4] Neben der SCE sind als Teil der sog. **Économie Sociale**[5] auch ein Europäischer Verein und eine Europäische Gegenseitigkeitsgesellschaft geplant.[6] Außerdem wird derzeit der Bedarf für eine Europäische Stiftung geprüft.[7]

2 Die SCE wird wegen ihrer flexiblen **Gründungsmöglichkeiten** – auch durch natürliche Personen – und ihres geringen Mindestkapitals von 30 000 € als geeignete Rechtsform für den Zusammenschluss von kleinen und mittleren Unternehmen ebenso wie von Sparkassen oder Genossenschaften auf dem Gebiet des Kredit- und Wohnungswesens angesehen.[8] Auch für die öffentliche Hand in Grenzgemeinden mindestens zweier Mitgliedstaaten bietet sich die SCE als kooperative Rechtsform zum Zwecke öffentlicher Bedarfsdeckung an.[9] Die SCE ist als solche rechtsfähig (Art. 1 Abs. 5 SCE-VO) und hat nach der SCE-VO sowohl personalistische (z. B. veränderliche Mitgliederzahl) als auch kapitalistische (z. B. in Geschäftsanteile zerlegtes Grundkapital) Züge.[10] Die Haftung der Mitglieder ist grundsätzlich auf ihren Anteil beschränkt, dies muss durch den Zusatz „mit beschränkter Haftung" kenntlich gemacht werden.[11] Da ihr Kapital in Anteile zerlegt ist, bietet die SCE in Deutschland auch eine Alternative zur genossenschaftlichen Aktiengesellschaft.[12] Verglichen mit der deutschen Genossenschaft bestehen auch weitergehende Finanzierungsmöglichkeiten durch Ausgabe von Schuldverschreibungen und Wertpapieren (Art. 64 SCE-VO).[13]

3 **Hauptzweck** der SCE ist es (Art. 1 Abs. 3 SCE-VO), den Bedarf ihrer Mitglieder zu decken und/oder deren wirtschaftliche und/oder soziale Tätigkeiten zu fördern.[14] Der Zusammenschluss kann daher dazu dienen, neue Märkte zu erschließen, Größenvorteile zu erlangen oder auch gemeinsame Großprojekte auf europäischer Ebene durchzuführen.[15] Ein Zwang, für die Ausübung der oben genannten Tätigkeiten eine SCE zu verwenden,

---

[2] Die wechselvolle Entstehungsgeschichte der SCE wird berichtet bei *Fischer*, Europäische Genossenschaft, S. 23 ff., *Hagen-Eck*, Europäische Genossenschaft, S. 28 ff., und *Heß*, Europäische Genossenschaft, S. 3 ff.

[3] Vgl. *Neye*, ZGR 2002, 377 ff.

[4] EuGH, Rs. C–436/03 vom 2. 5. 2006, Slg. 2006, I-3733 (3769) Rdnr. 46. Vgl. *Heß*, Europäische Genossenschaft, S. 64 ff.; zur Diskussion über diese für alle supranationalen Rechtsformen relevante Frage siehe *Teichmann*, Binnenmarktkonformes Gesellschaftsrecht, S. 192 ff.

[5] Zum Begriff *Schwarz*, Europäisches Gesellschaftsrecht, 2000, S. 707 ff.

[6] Vgl. *Wagner*, Der Europäische Verein, 1999.

[7] Vgl. *Friis Hansen* in: Müller-Graff/Teichmann, Europäisches Gesellschaftsrecht, S. 209 ff.

[8] Vgl. *Nagel* in *Nagel/Freis/Kleinsorge*, Beteiligung der Arbeitnehmer, GesR SCE Rdnr. 7; *El Mahdi*, DB 2004, S. 967; *Habersack*, Europäisches Gesellschaftsrecht, § 13 Rdnr. 2; den Erfolg der SCE anzweifelnd *Schaffland/Schulte* in *Lang/Weidmüller*, Genossenschaftsgesetz, Einf Rdnr. 44; *Fandrich* in *Pöhlmann/Fandrich/Bloehs*, Genossenschaftsgesetz, Einführung GenG Rdnr. 17; *Gschwandtner/Helios*, NZG 2006, S. 691.

[9] Vgl. *Alfandari/Piot* in *Schulze*, Europäische Genossenschaft, S. 78; *Heß*, Die Europäische Genossenschaft und die Reform des Genossenschaftsrechts in Deutschland, S. 93.

[10] Siehe nur Art. 1 Abs. 2 SCE-VO; weitere Merkmale bei *Beuthien*, Genossenschaftsgesetz, Art. 1 SCE-VO Rdnr. 1.

[11] Vgl. Art. 1 Abs. 2 Unterabs. 3 SCE-VO.

[12] *Hirte*, DStR 2007, S. 2215, 2217.

[13] *Hirte*, DStR 2007, S. 2215, 2217.

[14] Zur Zulässigkeit verschiedener Arten von Genossenschaften wie Produktiv- bzw. Konsumgenossenschaften *Schulze* in *Schulze*, Europäische Genossenschaft, 2004, S. 6; *Cusa* in *Schulze*, Europäische Genossenschaft, S. 136 f. Zu den Funktionsprinzipien der SCE *Schulze* in *Schulze*, Europäische Genossenschaft, S. 6 ff.

[15] Vgl. *Nagel* in *Nagel/Freis/Kleinsorge*, Beteiligung der Arbeitnehmer, GesR SCE Rdnr. 16.

besteht jedoch nicht.¹⁶ Der europäische Charakter der SCE folgt aus der zwingend **grenzüberschreitenden Gründung** (Art. 2 Abs. 1 SCE-VO). Die Tätigkeit der SCE muss nicht grenzüberschreitend erfolgen.¹⁷ Die SCE darf auch nichtförderwirtschaftliche und drittnützige Ziele verfolgen, solange hierdurch ihr Hauptzweck nicht zu einem von mehreren verfolgten gleichgewichtigen (Neben-)Zwecken degradiert wird.¹⁸ Die Satzung kann gestatten, dass auch außenstehende Dritte von der Tätigkeit der SCE profitieren können (Art. 1 Abs. 4 SCE-VO). In diesem Fall kann die Geschäftsleitung das **Nichtmitgliedergeschäft** sogar als Hauptzweck verfolgen.¹⁹

In ganz Europa existierten mehr als drei Jahre nach Inkrafttreten der SCE-VO, soweit ersichtlich, lediglich sechs SCE.²⁰ Die erste deutsche SCE gab auf Rückfrage an, dass für sie das Attribut „europäisch" entscheidend gewesen sei. Blickt man auf die **geringe Zahl** von SCE, scheint ein großer Bedarf, nationale Grenzen durch europäische Rechtsformen zu überwinden, im genossenschaftlichen Bereich nicht zu bestehen.²¹

2. Rechtsgrundlagen

Rechtsgrundlage der SCE sind die **SCE-Verordnung** und die gleichzeitig verabschiedete **SCE-Richtlinie**²² hinsichtlich der Beteiligung der Arbeitnehmer. Auf nationaler Ebene kommen das **SCE-Ausführungsgesetz** (SCEAG),²³ das die Verordnung ergänzt, und das **SCE-Beteiligungsgesetz** (SCEBG), das die Richtlinie transformiert, hinzu.²⁴ Verordnung und Richtlinie sind in ihrem Inhalt weitgehend der SE-VO und der SE-RL vergleichbar, wenn auch die SCE tendenziell stärker europäisch geprägt ist als die SE.²⁵ So befasst sich die SCE-VO nicht nur mit Gründung und innerer Organisation der Genossenschaft,²⁶ sondern behandelt auch die Ausgabe von Wertpapieren,²⁷ die Verwendung des Betriebsergebnisses,²⁸ die Erstellung des Jahresabschlusses und eines konsolidierten Abschlusses, die Umwandlung und Auflösung einer SCE, sowie Fragen der Liquidation, der

---

¹⁶ Vgl. 20. Erwägungsgrund der SCE-VO; *Hirte*, DStR 2007, S. 2215.
¹⁷ Das folgt ebenso wie bei der SE, für die mittlerweile sogar die Vorratsgründung anerkannt ist (oben § 49 Rdnr. 52), daraus, dass der historische Gesetzgeber auf materielle Anforderungen verzichtet und einen lediglich formal grenzüberschreitenden Charakter angeordnet hat. Zutreffend *Heß*, Europäische Genossenschaft, S. 83; *Ebers* in Schulze, Europäische Genossenschaft, S. 46; *Wiese*, Europäische Genossenschaft, S. 70; a. A. *Beuthien*, Genossenschaftsgesetz, Art. 2 SCE Rdnr. 1; *Schaffland/Schulte* in *Lang/Weidmüller*, Genossenschaftsgesetz, Einf Rdnr. 46; *Fandrich* in *Pöhlmann/Fandrich/Bloehs*, Genossenschaftsgesetz, Einführung GenG Rdnr. 20.
¹⁸ Ähnlich *Beuthien*, Genossenschaftsgesetz, Art. 1 SCE Rdnr. 4.
¹⁹ *Hirte*, DStR 2007, 2215; *ders.*, Kapitalgesellschaftsrecht, Rdnr. 10.71; kritisch zum Umfang des Nichtmitgliedergeschäfts m. w. N. *Wiese*, Europäische Genossenschaft, S. 66 f.
²⁰ Stand Januar 2010: FEUVA SCE (Ungarn), Europäisches Prüfinstitut Wellness & SPA SCE (Deutschland); Campus ReDesign SCE (Schweden), Nova SCE (Italien), Galleon SCE (Slowakei), Cassia CO-OP SCE (Niederlande).
²¹ Zweifelnd an Erfolg der SCE z. B. *Schaffland/Schulte* in Lang/Weidmüller, Genossenschaftsgesetz, Einf. Rdnr. 44, da man ausländische Mitglieder auch in eine deutsche eG aufnehmen könne. Skeptisch auch *Krimphove*, EuZW 2010, 892 ff.
²² Richtlinie 2003/72/EG des Rates vom 22. Juli 2003 zur Ergänzung des Statuts der Europäischen Genossenschaft hinsichtlich der Beteiligung der Arbeitnehmer, ABl. EU Nr. L 207 vom 18. 8. 2003, S. 25 ff.
²³ BGBl. I, 2006, S. 1911 ff.
²⁴ BGBl. I, 2006, S. 1917 ff. Zu den Motiven des deutschen Gesetzgebers bei Schaffung des SCEAG *Schaffland/Schulte* in *Lang/Weidmüller*, Genossenschaftsgesetz, Einf Rdnr. 44 a.E.; zur Gesetzgebungsgeschichte in Deutschland *Kleinsorge* in *Nagel/Freis/Kleinsorge*, Beteiligung der Arbeitnehmer, Einf SCE Rdnr. 18 ff; am 5. 12. 2009 machte die Kommission die Vergabe eines Auftrags zur Erstellung einer Studie über die Umsetzung der SCE-VO bekannt, ABl. 2009/S 235–335590.
²⁵ Näher dazu *Teichmann*, Binnenmarktkonformes Gesellschaftsrecht, S. 266 ff.
²⁶ Kapitel II SCE-VO: Gründung, Kapital, Kapitel III SCE-VO: Aufbau der SCE.
²⁷ Kapitel IV SCE-VO.
²⁸ Kapitel V SCE-VO.

Zahlungsunfähigkeit und Zahlungseinstellung.[29] Zudem gewährt die SCE-VO in nicht unerheblichem Maße Satzungsautonomie; auf deren Basis hat die SCE-Satzung dann auch Vorrang vor zwingenden Regeln des nationalen Rechts.[30] Nicht geregelt sind hingegen das Steuerrecht, das Wettbewerbsrecht, das Recht des geistigen Eigentums und das Insolvenzrecht.[31] Hier und in allen anderen ungeregelten Rechtsbereichen (außerhalb des Genossenschaftsrechts) ist die SCE der **nationalen** Genossenschaft gleichzustellen (Art. 9 SCE-VO) und damit den allgemeinen Regeln des nationalen und europäischen Rechts unterworfen.

6 Ebenso wie die SE-VO enthält auch die SCE-VO eine zentrale **Rechtsanwendungsnorm** (Art. 8 SCE-VO): Eine SCE unterliegt zunächst der SCE-VO und, sofern diese Satzungsautonomie gewährt, den Bestimmungen ihrer Satzung.[32] In Bezug auf die nicht oder nur teilweise durch die SCE-VO geregelten Bereiche sind **ergänzend** heranzuziehen: erstens die auf SCE-VO oder SCE-RL gestützten mitgliedstaatlichen Rechtsvorschriften, zweitens die mitgliedstaatlichen Rechtsvorschriften, die für eine nationale Genossenschaft im Sitzstaat der SCE gelten,[33] drittens Satzungsbestimmungen unter den gleichen Voraussetzungen wie im Fall einer nach dem Recht des SCE-Sitzstaats gegründeten Genossenschaft. Gemäß Art. 8 Abs. 2 SCE-VO findet auf die SCE das nationale Aufsichtsrecht uneingeschränkte Anwendung.[34] Art. 8 SCE-VO gilt für die bestehende SCE. Im Stadium der Gründung ist gemäß Art. 17 Abs. 1 SCE-VO vorbehaltlich anderweitiger Bestimmungen der SCE-VO das für Genossenschaften geltende Recht desjenigen Mitgliedstaats anwendbar, in dem die SCE ihren Sitz nehmen will.

II. Gründung

1. Handelndenhaftung und Vorgesellschaft

7 Wer im Namen der SCE vor ihrer Eintragung Rechtshandlungen vornimmt, haftet gemäß Art. 18 Abs. 2 SCE-VO persönlich für die daraus entstehenden Verbindlichkeiten, sofern nicht die SCE nach Eintragung diese Verbindlichkeiten übernimmt.[35] Der deutsche Rechtsgedanke der Vorgesellschaft (-genossenschaft) ist wegen der Verweisung auf nationales Gründungsrecht (Art. 17 Abs. 1 SCE-VO) auf die SCE übertragbar.[36] Wurde mit Vertretungsmacht für die SCE gehandelt, greift die Handelndenhaftung des Art. 18 Abs. 2 SCE-VO nicht. Denn zwischen Vor-SCE und SCE nach Eintragung besteht Rechtsträgeridentität; die SCE tritt also bereits mit den Verbindlichkeiten ins Leben, die im Stadium der Vor-SCE in ihrem Namen wirksam begründet wurden.[37] Fehlte die Vertretungsmacht,

---

[29] Kapitel VI, VII Art. 73 ff. SCE-VO.
[30] *Galle*, ECL 2006, 255, 257. Siehe auch die Auflistung der Satzungsautonomie einräumenden Vorschriften bei *Beuthien*, Genossenschaftsgesetz, Art. 8 SCE Rdnr. 2.
[31] Vgl. den 16. Erwägungsgrund der SCE-VO. Nach den Erwägungsgründen 18. und 19. SCE-VO sind außerdem die Regelungen der ersten, vierten, siebten, achten und elften gesellschaftsrechtlichen Richtlinie, sowie der für Banken und Versicherungen geltenden Richtlinien 86/635/EWG und 92/49/EWG auch für die SCE geeignet; insoweit gelten also die nationalen Vorschriften, die in Umsetzung der Richtlinien ergangen sind.
[32] Dazu bereits oben Fn. 30.
[33] Der Sitz ist hier ebenso wie bei der SE (§ 49 Rdnr. 3) als Registersitz zu verstehen (vgl. die Terminologie in Art. 6 SCE-VO, der „Sitz" und „Hauptverwaltung" begrifflich unterscheidet).
[34] Zu denken ist insb. an das Bankaufsichtsrecht bei den Genossenschaftsbanken.
[35] Die Vorschrift entspricht Art. 16 Abs. 2 SE-VO, auf die Erläuterungen in § 49 Rdnr. 16 wird verwiesen. Aus dem genossenschaftlichen Schrifttum zur Handelndenhaftung: *Ebers* in *Schulze*, Europäische Genossenschaft, S. 72 f.; *Wiese*, Europäische Genossenschaft, S. 87 f.; *Beuthien*, Genossenschaftsgesetz, Art. 19 SCE Rdnr. 6.
[36] Siehe zur gleich gelagerten Frage bei der SE: § 49 Rdnr. 15.
[37] So im Ergebnis auch Teile des genossenschaftsrechtlichen Schrifttums (*Wiese*, Europäische Genossenschaft, S. 84 ff.; *Heß*, Die Europäische Genossenschaft und die Reform des Genossenschafts-

greift die Handelndenhaftung. Die SCE[38] müsste dann, um den Handelnden aus der Haftung zu entlassen, die Verpflichtung ausdrücklich übernehmen.[39]

2. Allgemeine Gründungsvoraussetzungen

Soweit die SCE-Verordnung keine eigenständige Regelung trifft, gilt für die Gründung ergänzend das Genossenschaftsrecht im künftigen Sitzstaat der SCE (Art. 17 Abs. 1 SCE-VO). Die SCE erlangt Rechtspersönlichkeit mit **Eintragung** (Art. 18 Abs. 1 SCE-VO). Sie wird entsprechend den für Aktiengesellschaften geltenden Vorschriften in das Genossenschaftsregister eingetragen (Art. 11 Abs. 1 SCE-VO, § 3 SCEAG).[40] Der Anmeldung zur Eintragung ist die Bescheinigung des Prüfverbandes beizufügen, dass die SCE zum Beitritt zugelassen ist, § 3 S. 2 SCEAG. Für die **Gründungskontrolle** gelten §§ 32ff. AktG (Art. 5 Abs. 3 SCE-VO i. V.m. § 2 SCEAG); ist dabei eine Prüfung durch Gründungsprüfer erforderlich, ist diese nach § 54 GenG durch den Prüfungsverband durchzuführen, dem die SCE nach Art. 71 SCE-VO angehören muss.[41] Der satzungsmäßige **Sitz** und die Hauptverwaltung der SCE müssen in demselben Mitgliedstaat liegen (Art. 6 SCE-VO). Ein Verstoß gegen diese Vorgabe kann zur Auflösung des SCE führen (§ 10 SCEAG).

Art. 2 Abs. 1 SCE-VO regelt einen **numerus clausus** der Gründungsformen: Die Gründung der SCE ist als Neugründung (durch natürliche oder juristische Personen) oder als Umwandlung (Verschmelzung oder Formwechsel) möglich.[42] In allen Fällen muss ein **grenzüberschreitender Bezug** vorliegen,[43] indem die Gründer ihren Wohnsitz in verschiedenen Mitgliedstaaten haben, dem Recht verschiedener Mitgliedstaaten unterliegen oder eine Genossenschaft sich in eine SCE umwandelt, die seit mindestens zwei Jahren eine ausländische Niederlassung oder Tochter hat.[44] Als Gründer sind außerdem nur natürliche oder juristische Personen zugelassen, die ihren Wohnsitz in der Gemeinschaft haben bzw. dem Recht eines EU-Mitgliedstaats unterliegen.[45] Natürliche oder juristische Personen auch aus Nichtmitgliedstaaten können in der Satzung als investierende Mitglieder zugelassen werden (§ 4 SCEAG, Art. 14 Abs. 1 UA 4 SCE-VO).[46] Der europäisch-grenzüberschreitende Bezug muss während des Bestehens der SCE erhalten bleiben,[47] sein Fehlen kann zur Auflösung der SCE führen (Art. 73 Abs. 1 SCE-VO).

---

rechts in Deutschland, S. 84 f.). A.A. *Beuthien/Dierkes/Wehrheim*, Die Genossenschaft, S. 101, *Ebers* in *Schulze*, Europäische Genossenschaft, S. 70 ff. und *Beuthien*, Genossenschaftsgesetz, Art. 18 SCE Rdnr. 7, welche die Rechtsidentität von Vor-SCE und SCE nicht anerkennen wollen.

[38] Es handelt sich um eine Maßnahme der Geschäftsführung, zuständig ist daher das Leitungs-/Verwaltungsorgan.

[39] Es handelt sich dann um eine Genehmigung i. S. d. § 184 BGB.

[40] Zuständig zur Eintragung ist das Gericht am Sitz der SCE, § 3 SCEAG iVm §§ 14, 36 Abs. 1 AktG.

[41] *Korts*, Europäische Genossenschaft, S. 5.

[42] Anders als bei der SE (Art. 2 Abs. 3 SE-VO) gibt es keine SCE-Sekundärgründung durch eine bereits existierende SCE, auch wenn Art. 1 Abs. 3 a. E. SCE-VO der SCE gestattet, ihre Tätigkeit über Tochtergesellschaften auszuüben (*Korts*, Europäische Genossenschaft, S. 5 f.).

[43] Vgl. 2., 11., 12. und insbesondere 13. Erwägungsgrund der SCE-VO, Art. 2 Abs. 1 SCE-VO; *Hirte*, DStR 2007, S. 2215.

[44] Dies schließt für Neugründungen auch eine bereits existierende SCE oder SE als Gründungsmitglied ein. Demgegenüber ist die Umwandlungsgründung nur für Genossenschaften möglich, die nach dem Recht eines Mitgliedstaats gegründet worden sind; eine Bestimmung, die auch die SCE zulassen wollte, wurde vor Verabschiedung der SCE-VO wieder gestrichen (vgl. *Heß*, Europäische Genossenschaft, S. 75).

[45] Von der Möglichkeit, Gesellschaften, die nach dem Recht eines Mitgliedstaats gegründet wurden und ihre Hauptverwaltung nicht in der Gemeinschaft haben, als Gründungsmitglied einer SCE zuzulassen (Art. 2 Abs. 2 SCE-VO), hat Deutschland keinen Gebrauch gemacht.

[46] A. A. *Schulze*, NZG 2004, S. 792, 794: keine juristischen Personen aus Nichtmitgliedstaaten.

[47] Um dies sicherzustellen, wurde eigens die Auflösungsmöglichkeit des Art. 73 Abs. 1 SCE-VO in den Rechtstext aufgenommen (vgl. *Heß*, Europäische Genossenschaft, S. 75).

10 Vor der Eintragung muss das **Verhandlungsverfahren** mit den Arbeitnehmern durchgeführt werden (Art. 11 Abs. 2 SCE-VO). Dieses richtet sich nach dem SCE-Beteiligungsgesetz, das in Umsetzung der SCE-Richtlinie erlassen wurde. Für die Einzelheiten kann auf die allgemeine Darstellung des europäischen Verhandlungsverfahrens in §§ 57 und 58 verwiesen werden. Für die SCE ist lediglich auf eine Besonderheit hinzuweisen: Wird eine SCE nur von natürlichen Personen oder nur von einer einzigen juristischen Person mit natürlichen Personen zusammen gegründet, greift die Verhandlungslösung erst dann, wenn die Gründer in mindestens zwei Mitgliedstaaten insgesamt mindestens 50 Arbeitnehmer beschäftigen (Art. 8 Abs. 1 SCE-RL, § 41 SCEBG).[48]

3. Neugründung

11 Mindestens fünf natürliche Personen aus mindestens zwei verschiedenen Mitgliedstaaten können eine SCE neu gründen; an dieser Neugründung können sich auch „Gesellschaften" (im umfassenden Sinne des Art. 48 Abs. 2 EG a. F./Art. 54 Abs. 2 AEUV n. F.) beteiligen. Die Gründer der SCE müssen auf die Geschäftsanteile **mindestens 30 000 Euro** einzahlen (Art. 3 Abs. 2 SCE-VO). In dieser Höhe ist das Grundkapital auch gegen Rückzahlungen an ausscheidende Mitglieder geschützt (Art. 3 Abs. 4 SCE-VO). Geschäftsanteile können gegen Bareinlage (Einzahlung mindestens 25%) oder gegen Sacheinlage (vollständige Erbringung) ausgegeben werden (Art. 4 Abs. 4 und 5 SCE-VO). Die Gründungsmitglieder müssen außerdem eine Satzung mit dem in Art. 5 Abs. 4 SCE-VO geregelten Mindestinhalt erstellen.[49] Die Satzung bedarf der Schriftform (Art. 5 Abs. 2 S. 2 SCE-VO).[50]

4. Umwandlungsgründung

12 Eine SCE kann auch durch Verschmelzung oder Formwechsel entstehen. Für diese Arten der Gründung sind ausschließlich Genossenschaften nationalen Rechts zugelassen (Art. 2 Abs. 1 SCE-VO).[51] Bezüglich Grundkapital und Satzung gelten dieselben Regeln wie bei der Neugründung. Hinzu kommen spezielle Verfahrensvorschriften für Verschmelzung (Art. 19–34 SCE-VO) und Formwechsel (Art. 35 SCE-VO).

13 Die Regeln über die grenzüberschreitende **Verschmelzung** zur SCE entsprechen weitgehend denjenigen in SE-VO und zehnter Richtlinie (dazu näher § 53 sowie § 49 Rdnr. 17 ff.).[52] Ebenso wie in Art. 18 SE-VO verweist hier Art. 20 SCE-VO für das Verfahren in den Gründungsgenossenschaften auf das jeweilige nationale Recht.[53] Eine Beson-

---

[48] Die Verhandlungen sind gegebenenfalls zu einem späteren Zeitpunkt aufzunehmen (vgl. § 41 Abs. 3 SCEBG).

[49] Ausführlich zum zwingenden und fakultativen Satzungsinhalt *Heß*, Europäische Genossenschaft, S. 89 ff.; vgl. auch die Mustersatzungen bei *Korts*, Europäische Genossenschaft, S. 10 ff., 16 ff.

[50] Es gilt derselbe Satzungsbegriff wie bei der SE-VO. Dort wird als Gründungsurkunde auch der Verschmelzungsplan (Art. 22 SCE-VO) sowie der Umwandlungsplan (Art. 35 SCE-VO) angesehen. Eines eigenen Gründungsvertrages bei Neugründungen bedarf es nicht, vgl. *Schulte* in *Lang/Weidmüller*, Genossenschaftsgesetz, § 5 Rdnr. 1; a. A. *Beuthien/Dierkes/Wehrheim*, Die Genossenschaft – mit der Europäischen Genossenschaft, S. 100.

[51] Vgl. oben Fn. 44.

[52] Vgl. nachfolgend die jeweilige Parallelnorm der SE-VO: Art. 19 SCE-VO/Art. 17 SE-VO, Art. 20 SCE-VO/Art. 18 SE-VO, Art. 21 SCE-VO/Art. 19 SE-VO, Art. 22 SCE-VO/Art. 20 SE-VO, Art. 24 SCE-VO/Art. 21 SE-VO, Art. 27 SCE-VO/Art. 23 SE-VO, Art. 28 SCE-VO/Art. 24 SE-VO, Art. 29 SCE-VO/Art. 25 SE-VO, Art. 30 SCE-VO/Art. 26 SE-VO, Art. 31 SCE-VO/Art. 27 SE-VO, Art. 32 SCE-VO/Art. 28 SE-VO, Art. 33 SCE-VO/Art. 29 SE-VO, Art. 34 SCE-VO/Art. 30 SE-VO. Art. 23 SCE-VO (Verschmelzungsbericht) und Art. 26 SCE-VO (Verschmelzungsprüfung) haben in der SE-VO keine Entsprechung; die Notwendigkeit von Verschmelzungsbericht und -prüfung ergibt sich dort über den Verweis des Art. 18 SE-VO auf das nationale Recht (Lutter/Hommelhoff/*Bayer*, SE-Kommentar, Art. 20 Rdnr. 29, Art. 22 Rdnr. 3).

[53] Z. B. Verschmelzungsbeschluss der Generalversammlung mit Dreiviertelmehrheit (§ 84 S. 1, bzw. § 96 UmwG). *Beuthien/Dierkes/Wehrheim*, Die Genossenschaft, S. 102, stützen sich insoweit auf Art. 8 Abs. 1 lit c SCE-VO; dieser gilt aber nur für eine bestehende SCE, nicht für die nationalem Recht unterliegenden Gründungsgenossenschaften.

derheit findet sich in Art. 25 SCE-VO, der europäisch-autonom ein Einsichtsrecht der Gesellschafter der nationalen Gründungsgenossenschaft in die Verschmelzungsdokumentation regelt. Ergänzende Verfahrensregeln finden sich in §§ 5 bis 9 SCEAG. Dazu gehört das Spruchverfahren zur Verbesserung des Umtauschverhältnisses (§ 7 SCEAG) und ein Recht auf Ausschlagung der neuen Anteile, wenn die SCE ihren Sitz im Ausland haben soll (§ 8 SCEAG).[54]

Den **Formwechsel** (die SCE-VO spricht von „Umwandlung") einer nationalen Genossenschaft in die SCE regelt Art. 35 SCE-VO.[55] Die Umwandlung hat weder die Auflösung der Genossenschaft noch die Gründung einer neuen juristischen Person zur Folge.[56] Einem Rückgriff auf das deutsche Umwandlungsrecht könnte die Anwendungsschranke des § 258 Abs. 1 UmwG entgegenstehen. Der Wille des deutschen Gesetzgebers, eine Umwandlung nur in eine Kapitalgesellschaft zuzulassen (§ 258 Abs. 1 UmwG), wird jedoch durch die insoweit vorrangige SCE-VO überlagert, die eine Umwandlung in eine SCE ausdrücklich zulässt. Auch der deutsche Gesetzgeber unterstellte bei Abfassung des SCEAG als selbstverständlich die Anwendung des UmwG auf den Formwechsel.[57]

III. Organisationsverfassung

Die SCE verfügt über eine Generalversammlung der Mitglieder und – nach Wahl der Satzung (Art. 36 lit. b SCE-VO) – entweder über ein Verwaltungsorgan (monistisches System) oder über ein Aufsichtsorgan und ein Leitungsorgan (dualistisches System).

1. Die Generalversammlung

Soweit sich nicht aus der SCE-VO **Zuständigkeiten** der Generalversammlung ergeben,[58] gilt ergänzend das nationale Genossenschaftsrecht (Art. 52 SCE-VO). Zu den europäisch geregelten Zuständigkeiten gehören die Wahl der Mitglieder des Aufsichts- (Art. 39 Abs. 2 SCE-VO) oder Verwaltungsorgans (Art. 42 Abs. 3 SCE-VO) sowie bestimmte Entscheidungen über Erhöhungen des Grundkapitals[59] der SCE (Art. 4 Abs. 8, Art. 67 Abs. 2 SCE-VO). Außerdem ist die Generalversammlung für alle Satzungsänderungen zuständig, vgl. Art. 61 Abs. 4 SCE-VO.[60] Weitere Zuständigkeiten finden sich im SCEAG.[61] Für große Genossenschaften eröffnet Art. 63 SCE-VO iVm § 31 SCEAG die Möglichkeit, in der Satzung Sektor- oder Sektionsversammlungen einzuführen.

---

[54] Zu beidem findet sich eine Parallele im SE-Ausführungsgesetz (siehe oben § 49 Rdnr. 23 und 33).

[55] Die Regelung entspricht weitgehend Art. 37 SE-VO.

[56] Daher handelt es sich um einen bloßen Wechsel der Rechtsform (*Spangemacher/Zimmermann/Zimmermann-Hübner*, Handels- und Gesellschaftsrecht, Kapitel 2.15, S. 356).

[57] Zitat von § 259 UmwG in BT-Drs. 16/1025, S. 55.

[58] Nach SCE-VO bestehen insbesondere folgende Zuständigkeiten: Erhöhung des Grundkapitals durch Umwandlung der Rücklagen (Art. 4 Abs. 8 UA 2), Erhöhung des Nennwerts der Geschäftsanteile (Art. 4 Abs. 9 S. 2), Zustimmung zur Übertragung der Geschäftsanteile unter den satzungsmäßigen Bedingungen (Art. 4 Abs. 11), Sitzverlegung über die Grenze (Art. 7 Abs. 4, 6), Entscheidung über einen Einspruch gegen die Ablehnung des Erwerbs der Mitgliedschaft (Art. 14 Abs. 1 Unterabs. 1 S. 2), Aufnahme nicht nutzender Mitglieder (Art. 14 Abs. 1, Unterabs. 2 S. 2), Anfechtung von Ausschließungsbeschlüssen (Art. 15 Abs. 3 S. 2), Genehmigung des Jahresabschlusses (Art. 54 Abs. 3), Verwendung des Betriebsergebnisses (Art. 67 Abs. 2), Auflösung (Art. 72) oder Rückumwandlung in eine nationale Genossenschaft (Art. 76 Abs. 6).

[59] *Cusa* in *Schulze*, Europäische Genossenschaft, S. 151.

[60] *Heß*, Europäische Genossenschaft, S. 114.

[61] Falls satzungsmäßig geregelt, die Wahl und Abberufung der Mitglieder des Leitungsorgans (§ 12 SCEAG), Abberufung von Mitgliedern des Verwaltungsrates (§ 20 SCEAG). Trotz der Ermächtigung in Art. 52 lit. b SCE-VO hat der deutsche Gesetzgeber im SCEBG keine zusätzlichen Zuständigkeiten der Generalversammlung begründet.

17 Für Organisation und **Ablauf der Generalversammlung** finden sich einzelne Regelungen in der Verordnung,[62] im Übrigen gilt auch hier (gemäß Verweisung in Art. 53 SCE-VO) das nationale Recht (§§ 43 ff. GenG). Die Generalversammlung tritt mindestens einmal im Kalenderjahr binnen sechs Monaten nach Abschluss des Geschäftsjahres zusammen (Art. 54 Abs. 1 SCE-VO). Sie kann überdies jederzeit von den hierfür zuständigen Organen einberufen werden (Art. 54 Abs. 2 SCE-VO).[63] Eine Minderheit von mindestens 5.000 Mitgliedern oder solchen, die mindestens zehn Prozent der Stimmrechte halten,[64] kann die Einberufung (Art. 55 S. 1 SCE-VO) oder die Aufnahme neuer Tagesordnungspunkte (Art. 57 S. 1 SCE-VO) verlangen. Die **Einberufung** erfolgt schriftlich mit einer Frist von mindestens 30 Tagen (Art. 56 Abs. 1 und 3 SCE-VO).[65] Jedes Mitglied der SCE hat auf der Generalversammlung **Teilnahme- und Stimmrecht** (Art. 58 Abs. 1 SCE-VO). Eine Vertretung ist möglich und in der Satzung entsprechend auszugestalten (Art. 58 Abs. 3 SCE-VO).[66] Die Satzung kann Abstimmung in schriftlicher oder elektronischer Form vorsehen (Art. 58 Abs. 4 SCE-VO). Das Stimmrecht bemisst sich grundsätzlich nach Köpfen (Art. 59 Abs. 1 SCE-VO), die Satzung kann aber das Stimmrecht im Rahmen des § 29 SCEAG iVm § 43 Abs. 3 S. 3 GenG auch nach Maßgabe der Kapitalbeteiligung gewichten (Art. 59 Abs. 2 SCE-VO).[67] Weiterhin gewährt die Verordnung den Mitgliedern in der Generalversammlung ein individuelles Informationsrecht (Art. 60 SCE-VO).

18 Die Generalversammlung beschließt grundsätzlich mit der **Stimmenmehrheit** der anwesenden oder vertretenen Mitglieder (Art. 61 Abs. 2 SCE-VO); die Satzung trifft Regelungen zu Beschlussfähigkeit und Mehrheitserfordernissen einer ordentlichen Generalversammlung (Art. 61 Abs. 3 SCE-VO). Für Satzungsänderungen gelten besondere Regeln über die Beschlussfähigkeit und ein Mehrheitserfordernis von mindestens zwei Dritteln der gültigen Stimmen (Art. 61 Abs. 4 SCE-VO); höhere Mehrheiten des nationalen Rechts (insb. § 16 Abs. 2 GenG: Mehrheit von drei Viertel der abgegebenen Stimmen) finden Anwendung. Über die Versammlung ist eine Niederschrift anzufertigen (Art. 61 SCE-VO).

2. Leitungssystem der SCE

19 **a) Gemeinsame Vorschriften.** Die SCE-VO lässt der einzelnen SCE die Wahl, sich in der Satzung für das monistische oder für das dualistische Leitungssystem zu entscheiden. In der SCE-VO finden sich zudem gemeinsame Vorschriften für beide Systeme (Art. 45 bis 51 SCE-VO). Art. 45 SCE-VO regelt die **Amtsdauer** der Organmitglieder[68] und die Möglichkeit ihrer Wiederbestellung. Für die persönlichen Voraussetzungen einer Organmitgliedschaft verweist Art. 46 Abs. 2 SCE-VO auf nationales Recht. Art. 47 SCE-VO regelt die Vertretungsmacht: Bei Bestellung mehrerer Personen gilt im Zweifel Gesamtvertretung (Abs. 1); weiterhin gilt der Grundsatz der unbeschränkten und unbeschränkbaren Vertretungsmacht (Abs. 2 und 3).[69] Die Vorschriften der SCE-VO zu den zustim-

---

[62] Erwähnenswert ist hier die Möglichkeit der elektronischen Stimmabgabe in der Generalversammlung, was die Abhaltung von Generalversammlungen über das Internet eröffnet, *Heß*, Europäische Genossenschaft, S. 115.
[63] Gemäß § 28 SCEAG ist auch eine Einberufung durch den Prüfungsverband möglich.
[64] Die Satzung kann niedrigere Prozentsätze vorsehen (Art. 55 S. 2 und Art. 57 S. 2 SCE-VO).
[65] Beachte auch Art. 56 Abs. 2 SCE-VO zum zwingenden Mindestinhalt der Einberufung.
[66] Vgl. *Wiese*, Europäische Genossenschaft, S. 101 f.
[67] *Wiese*, Europäische Genossenschaft, S. 103 f; die Bestimmung bringt den personalen Charakter der Genossenschaft zum Ausdruck (*Galle*, ECL 2006, 255, 258). Zum Stimmrecht von investierenden Mitgliedern siehe § 30 SCEAG. Eine zusätzliche Abschichtung ist bei Geschäftsanteilen im Hinblick auf die Einräumung unterschiedlicher Rechte bei der Verteilung des Ergebnisses möglich, vgl. Art. 4 Abs. 1 Unterabs. 2 SCE-VO.
[68] Zum gleichlautenden Art. 46 SE-VO ist umstritten, ob die Satzung eine feste Amtsdauer vorgeben oder lediglich eine Höchstdauer festlegen muss (vgl. § 49 Rdnr. 57). Im genossenschaftlichen Schrifttum wird die Frage, soweit ersichtlich, bislang nicht diskutiert.
[69] *Habersack*, Europäisches Gesellschaftsrecht, § 13 S. 506, Rdnr. 12. Eine nationale Ausnahmeregelung gestattet Art. 47 Abs. 2 Unterabs. 2 SCE-VO den Mitgliedstaaten, die der „ultra-vires"-Lehre,

mungsbedürftigen Geschäften (Art. 48), zu Vertraulichkeit (Art. 49) und Beschlussfassung der Organe (Art. 50) entsprechen der SE-VO.[70]

b) Dualistisches System. Das **Leitungsorgan** führt die Geschäfte in eigener Verantwortung und vertritt die SCE gegenüber Dritten (Art. 37 SCE-VO), es entspricht damit dem Vorstand deutschen Rechts. Die Mitglieder des Leitungsorgans werden vom Aufsichtsorgan bestellt und abberufen (Art. 37 Abs. 2 SCE-VO). Diese Kompetenz kann durch Satzung der Generalversammlung übertragen werden (§ 12 SCEAG).[71] Niemand darf zugleich Mitglied des Aufsichts- und des Leitungsorgans sein (Art. 37 Abs. 3 SCE-VO).[72] Das Leitungsorgan der deutschen SCE muss aus mindestens zwei Mitgliedern bestehen, eine Höchstzahl ist nicht vorgeschrieben (§ 14 SCEAG). Es wählt gemäß den Satzungsbestimmungen aus seiner Mitte einen Vorsitzenden (Art. 38 Abs. 1 SCE-VO). Für die Haftung des Leitungsorgans gilt nationales Recht (Art. 51 SCE-VO iVm § 34 GenG).

Das **Aufsichtsorgan** überwacht die Geschäftsführung (Art. 39 SCE-VO) und bildet somit das Pendant zum deutschen Aufsichtsrat. Ihm stehen für seine Überwachungsaufgabe umfassende Informations- und Überprüfungsrechte zu (Art. 40 SCE-VO, § 16 SCEAG). Es ist nicht berechtigt, die Geschäfte selbst zu führen (Art. 39 Abs. 1 S. 1, 2 SCE-VO). Es vertritt ausnahmsweise die SCE beim Abschluss von Verträgen oder bei Rechtsstreitigkeiten mit Mitgliedern des Leitungsorgans (Art. 39 Abs. 1 S. 4 SCE-VO). Die Anzahl seiner Mitglieder bestimmt sich nach der Satzung, muss aber mindestens drei Personen betragen (Art. 39 Abs. 4 SCE-VO, § 15 Abs. 1 S. 1 SCEAG). Entsprechend der Regelung über die Beschränkung des Stimmrechts nicht nutzender Mitglieder (vgl. Art. 59 Abs. 3 SCE-VO) darf höchstens ein Viertel der Mitglieder des Aufsichtsorgans von nicht nutzenden Mitgliedern gestellt werden (Art. 39 Abs. 3 SCE-VO). Überdies ist § 15 SCEAG mit seinem Verweis auf aktienrechtliche Vorschriften hinsichtlich der Zusammensetzung des Aufsichtsrates zu beachten. Besondere Regelungen über die Wahl des Aufsichtsorganvorsitzenden enthält Art. 41 SCE-VO. Für die Haftung des Aufsichtsorgans gilt nationales Recht (Art. 51 SCE-VO iVm § 41 GenG).

c) Monistisches System. Das dem deutschen Recht fremde monistische System regelt der deutsche Gesetzgeber mit den §§ 17–27 SCEAG, welche die Art. 42–44 SCE-VO als unmittelbar geltendes Recht ergänzen. Das Verwaltungsorgan, im SCEAG als **Verwaltungsrat** bezeichnet, führt die Geschäfte der SCE (Art. 42 Abs. 1 SCE-VO). Ihm obliegt gemäß § 18 SCEAG die Bestimmung der Grundlinien der Tätigkeit der SCE und die Überwachung deren Umsetzung.[73] Der Verwaltungsrat besteht bei einer deutschen SCE, die nicht mehr als 20 Mitglieder hat, aus mindestens drei, ansonsten aus mindestens 5 Personen (§ 19 Abs. 1 SCEAG). Er tritt in den durch Satzung bestimmten Abständen, mindestens aber alle drei Monate zusammen, um über den Gang der Geschäfte und voraussichtliche Entwicklungen zu beraten. Hierzu stehen den Verwaltungsräten umfassende Informationsrechte zu (Art. 43 SCE-VO). Die Haftung der Verwaltungsräte folgt nationalem Recht (Art. 51 SCE-VO, § 21 SCEAG, § 34 GenG).

Die gerichtliche und außergerichtliche Vertretung der SCE obliegt den vom Verwaltungsrat zu bestellenden **geschäftsführenden Direktoren**, die sofern die Satzung nichts

---

d. h. der Beschränkung der Vertretungsmacht auf den Unternehmensgegenstand, anhängen (z. B. England).

[70] Vgl. insoweit § 49 Rdnr. 54 ff.

[71] In diesem Fall verringert sich in deutschen Genossenschaften mit mehr als 2000 Arbeitnehmern, die in die Rechtsform der SCE wechseln, die Einflussnahme der Arbeitnehmer aus § 31 MitbestG; *Nagel* in *Nagel/Freis/Kleinsorge*, Beteiligung der Arbeitnehmer, GesR SCE Rdnr. 8.

[72] Vgl. zur ausnahmsweisen Abbestellung eines Aufsichtsratsmitglieds zur Notgeschäftsführung Art. 37 Abs. 3 S. 2 SCE-VO, § 13 SCEAG sowie *Beuthien/Dierkes/Wehrheim*, Die Genossenschaft, S. 106.

[73] Weitergehend *Korts*, Die Europäische Genossenschaft, S. 9, die eine allgemeine Überwachungspflicht annimmt.

Abweichendes regelt, nur gemeinschaftlich zur Geschäftsführung und Vertretung befugt sind (§§ 22, 23 SCEAG).[74] Weitere Aufgabe der geschäftsführenden Direktoren ist die Erstellung des Jahresabschlusses und Lageberichts (§ 27 Abs. 1 SCEAG). Mangels abweichender Satzungsregelung gilt der Grundsatz der Gesamtverantwortung, aus welchem gegenseitige Überwachungs- und Kontrollpflichten resultieren.[75] Die Haftung der geschäftsführenden Direktoren für begangene Pflichtverletzungen regelt Art. 51 SCE-VO, § 22 Abs. 6 SCEAG, § 34 GenG.

3. Arbeitnehmerbeteiligung

24 Das die Arbeitnehmerbeteiligungsrichtline umsetzende SCEBG folgt weitgehend dem SEBG.[76] Insoweit kann auf die allgemeinen Ausführungen zur europäischen Beteiligungsregelung für Arbeitnehmer verwiesen werden (§§ 57 und 58). Besonders hervorzuheben sind die §§ 40 und 41 SCEBG. Sie ergänzen die Lücken der Arbeitnehmerbeteiligung für den Fall der SCE-Gründung durch mindestens 2 juristische Personen zusammen mit natürlichen Personen (§ 40 SCEBG) und für den Fall der Gründung durch ausschließlich natürliche Personen bzw. unter Beteiligung einer juristischen Person (§ 41 SCEBG).[77]

4. Sonstige Organe

25 Art. 54 Abs. 2 SCE-VO zeigt, dass weitere Organe eingerichtet werden können. Das deutsche Recht, das über Art. 8 Abs. 1 lit c) ii SCE-VO Anwendung findet, kennt derlei freiwillige Organe in Form von Genossenschaftsbeiräten oder besonderen Verwaltungsausschüssen. Ihnen dürfen jedoch nur solche Befugnisse zugewiesen werden, die nicht schon kraft Gesetzes zwingend vorgeschriebenen Organen zustehen.[78] Darüber hinaus gesteht Art. 54 Abs. 2 SCE-VO diesen freiwilligen Organen als originäre Befugnis das Recht zur Einberufung der Hauptversammlung zu.

IV. Kapitalverfassung

26 Die Kapitalverfassung der SCE regelt die SCE-VO nur in Teilen.[79] Art. 4 SCE-VO behandelt Fragen der Kapitalaufbringung, Art. 3 SCE-VO regelt rudimentär die Kapitalerhaltung. Beide stellen notwendige Gegenstücke für die von der SCE-VO als selbstverständlich vorausgesetzte Tatsache[80] dar, dass die SCE als juristische Person für ihre Verbindlichkeiten nur mit dem Genossenschaftsvermögen haftet.[81]

27 Hinsichtlich der Kapitalaufbringung und -erhaltung unterscheidet die SCE-VO zwischen Grund- und Mindestkapital. Während das in Geschäftsanteile zerlegte Grundkapital variabel ist (Art. 3 Abs. 5 Unterabs. 2, Art. 4 Abs. 1 SCE-VO), beträgt das gesetzliche Mindestkapital € 30 000 und muss vollständig eingezahlt sein (Art. 3 Abs. 2 SCE-VO).[82]

---

[74] Ihnen gegenüber vertritt der Verwaltungsrat die SCE gerichtlich und außergerichtlich (§ 23 Abs. 5 SCEAG).
[75] Vgl. zur Gesamtverantwortung des Vorstands (Überwachungsverschulden) von Genossenschaften *Beuthien*, Genossenschaftsgesetz, 14. Auflage, 2004, § 34 Rdnr. 14; zur parallel laufenden Gesamtverantwortung des Vorstands von AGs *Krieger/Sailer* in *Schmidt/Lutter*, AktG, § 93 Rdnr. 27.
[76] Vgl. die Übersicht von Lutter/Hommelhoff/*Oetker*, SE-Kommentar, Vor § 1 SEBG, S. 871 ff.
[77] S. a. *Kleinsorge* in *Nagel/Freis/Kleinsorge*, Beteiligung der Arbeitnehmer, Einf SCE Rdnr. 24 ff.; sowie die ausführliche Kommentierung in *Nagel/Freis/Kleinsorge*, Beteiligung der Arbeitnehmer, S. 290 ff.
[78] *Beuthien*, Genossenschaftsgesetz, § 9 Rdnr. 2.
[79] Anders als Art. 5 und 15 SE-VO verweist die SCE-VO aber nicht auf nationales Recht. Ausführlich zur Thematik *Heilmeier*, EuZW 2010, 887 ff.
[80] *Beuthien*, Genossenschaftsgesetz, Art. 1 SCE Rdnr. 6.
[81] So für die AG *Fleischer* in *Schmidt/Lutter*, AktG, § 57 Rdnr. 1; für die Gründungsprüfung *Wiese*, Europäische Genossenschaft, S. 72.
[82] Hierfür spricht die andernfalls drohende Auflösung, Art. 73 Abs. 1 SCE-VO, der Wortlaut des Art. 65 Abs. 2 Unterabs. 2 SCE-VO und die mit der Einführung des Mindestkapitals bezweckte Erhöhung der Kreditfähigkeit der SCE; vgl. m. w. N. *Schulze*, NZG 2004, S. 792, 794; *Fandrich* in Pöhl-

Hinsichtlich der **Kapitalerhaltung** ist die Regelung des Art. 3 Abs. 4 S. 3 SCE-VO zu 28
beachten. Solange die Rückzahlung des Geschäftsguthabens ausscheidender Mitglieder an
diese ein Absinken des Grundkapitals unter das satzungsmäßige Mindestkapital zur Folge
hätte, wird der Auszahlungsanspruch der Gesellschafter nach Art. 16 Abs. 1 SCE-VO ausgesetzt.[83] Die Regelung findet ihren Ursprung in den International Accounting Standards
(IAS 32). Sie will eine Bilanzierung des Mindestkapitals dauerhaft als Eigenkapital ermöglichen.[84] Der Gesetzgeber sah in der Parallelregelung des § 8a Abs. 1 GenG eine aufschiebende Bedingung des Auszahlungsanspruches.[85] Vorzugswürdig ist es, in Art. 3 Abs. 4 S. 3
SCE-VO materiell-rechtlich ein an § 30 GmbHG angelehntes Auszahlungsverbot zu erkennen. Die gleichzeitig weiterhin notwendige bilanzielle Deutung des Art. 3 Abs. 4 S. 3
SCE-VO kann durch Betrachtung dieser Vorschrift als bilanzielle Fiktion gelöst werden.
Rückforderungsansprüche verbotswidrig ausgezahlter Leistungen der Gesellschaft können
dann über eine Analogie zu § 31 Abs. 1 GmbHG im nationalen Genossenschaftsrecht, welcher mit § 8a GenG dasselbe Problem aufweist und über Art. 8 lit c ii SCE-VO auch auf
die SCE Anwendung fände, gelöst werden.[86]

Art 64 Abs. 1 SCE-VO ermöglicht die Ausgabe von **Wertpapieren,** die keine Geschäftsanteile sind, sowie von Schuldverschreibungen, deren Inhaber kein Stimmrecht besitzen.[87] Der Erwerb dieser Papiere ist unabhängig von der Mitgliedschaft möglich. Inhaber 29
von durch die SCE ausgegebenen Wertpapieren dürfen an der Generalversammlung ohne
Stimmrecht teilnehmen (Art. 58 Abs. 2 SCE-VO). Die Bildung von **Rücklagen** richtet
sich nach den Art. 65 ff. SCE-VO. Dabei ist vorgesehen, dass eine gesetzliche Rücklage in
Höhe des Mindestkapitals gebildet werden muss (Art. 53 Abs. 2 SCE-VO).

V. Mitgliedschaft

Die SCE kennt zwei **Arten von Mitgliedern.** Nutzende und nicht nutzende Mitglieder.[88] Die Satzung kann eine Höchst- oder Mindestzahl der Mitglieder vorse- 30

---

mann/Fandrich/Bloehs, Genossenschaftsgesetz, Einführung GenG Rdnr. 21; *Schaffland/Schulte* in *Lang/Weidmüller,* Genossenschaftsgesetz, Einf Rdnr. 48; *Wiese,* Europäische Genossenschaft, S. 72, 120, wohl ebenfalls *Hirte,* DStR 2007, S. 2215, 2217; a. A. *Nagel* in *Nagel/Freis/Kleinsorge,* Beteiligung der Arbeitnehmer, GesR SCE Rdnr. 12; *El Mahdi,* DB 2004, S. 967, 971, *Beuthien,* Genossenschaftsgesetz, Art. 3 SCE Rdnr. 1, der wegen der 25%igen Mindesteinzahlungspflicht aus Art. 4 Abs. 4 SCE-VO für Art. 3 SCE-VO keine eigenständige Mindesteinlagepflicht im Rahmen der Gründung annehmen will.

[83] Unklar bzgl. des Begriffs des „Aussetzens" *Schaffland/Schulte* in *Lang/Weidmüller,* Genossenschaftsgesetz, Einf Rdnr. 48.

[84] *Wiese,* Europäische Genossenschaft, S. 121; *Schaffland/Schulte* in *Lang/Weidmüller,* Genossenschaftsgesetz, Einf. Rdnr. 48; ausführlich *Schulte* in *Lang/Weidmüller,* Genossenschaftsgesetz, § 8a Rdnr. 3.

[85] BT-Drucks. 16/1025, S. 82 re. Sp.

[86] Dass es sich hier nicht um eine *Einrede* handeln kann, ergibt sich aus dem Wortlaut des Art. 3 Abs. 4 S. 3 SCE-VO, welcher einen gesetzmäßigen Automatismus voraussetzt: „Der Anspruch … wird ausgesetzt, …". Zudem wäre in diesem Fall die Kondiktion regelwidriger Leistungen nach § 813 BGB ausgeschlossen. Gegen eine Einordnung als Schutzgesetz im Sinne des § 823 Abs. 2 BGB spricht neben dem Wortlaut, dass auf diese Weise die Auszahlungsansprüche der Gesellschafter weiterhin bestünden und daher nach IAS nicht in Eigenkapital umqualifiziert werden könnten. Gegen eine andere, von *Beuthien,* Genossenschaftsgesetz, Art. 3 Rdnr. 3 vertretene Auffassung mit dem Inhalt, dass die Aussetzung des Anspruchs eine *aufschiebende Bedingung* darstelle, spricht, dass die Auszahlungsvoraussetzungen auch nachträglich wegfallen können. Eine aufschiebende Bedingung könnte in diesen Fällen nur angenommen werden, wenn die Aussetzung ex tunc wirkte. Hiergegen und für eine Ex-nunc-Wirkung spricht aber bereits die Wortwahl „wird ausgesetzt" in Art. 3 SCE-VO.

[87] Dazu *Wiese,* Europäische Genossenschaft, S. 125 ff.

[88] Inwieweit über diese beiden Gattungen hinaus weitere Mitgliedsarten mit besonderen Rechten und auch Pflichten geschaffen werden können, vgl. Art. 5 Abs. 4 6. Spiegelstrich SCE-VO, erscheint im Lichte des 7. und 10. Erwägungsgrundes äußerst zweifelhaft. Wenn darüber hinaus bereits die

hen.[89] Unterschiede zwischen den beiden Arten der Mitglieder bestehen im Umfang ihrer Rechte und in der Rechtsgrundlage ihrer Mitgliedschaft.[90] Über die Mitglieder ist ein alphabetisches **Mitgliederverzeichnis** zu errichten, das Name, Anschrift sowie die Anzahl und gegebenenfalls die Art ihrer Geschäftsanteile bezeichnet. Alle späteren Vorgänge, welche die Mitgliedschaft verändern und zu einer veränderten Kapitalverteilung oder zu einer Erhöhung oder Verringerung des Kapitals führen, sind spätestens im auf den verändernden Vorgang folgenden Monat im Mitgliederverzeichnis einzutragen (Art. 14 Abs. 5 SCE-VO). Diese Vorgänge werden im Innen- und Außenverhältnis erst ab Eintragung in das Mitgliederverzeichnis wirksam (Art. 14 Abs. 6 SCE-VO).[91] Hieraus folgt, dass in das Mitgliederverzeichnis auch das Datum der Eintragung aufzunehmen ist. Ein Anspruch auf Einsichtnahme in das Verzeichnis besteht nur bei Geltendmachung eines unmittelbaren berechtigten Interesses, das über ein allgemeines Informationsinteresse hinausgehen und die Verfolgung schutzwürdiger Zwecke erkennen lassen muss (vgl. Art. 14 Abs. 4 S. 2 SCE-VO).[92]

31 Die **Begründung** der Mitgliedschaft kann **originär** durch Beitrittserklärung oder **derivativ** durch Übertragung von Geschäftsanteilen erfolgen (vgl. Art. 4 Abs. 11, Art. 14 Abs. 1, Art. 15 Abs. 1, 3. Spiegelstrich SCE-VO). Aus der Satzung ergibt sich, welches die Mindestanzahl von Geschäftsanteilen ist, die benötigt wird, um die Mitgliedschaft in einer SCE zu erwerben, Art. 4 Abs. 7 SCE-VO, und ob weitere Bedingungen an den Erwerb der Mitgliedschaft gestellt werden, Art. 4 Abs. 11 SCE-VO.[93]

32 Für beide Arten des Erwerbs der Mitgliedschaft bedarf es einer **Zustimmung** des Leitungs- oder Verwaltungsorgans, welche die Satzung an weitere Bedingungen knüpfen kann (Art. 14 Abs. 1, 2 SCE-VO). Falls die Zustimmung verweigert wird, kann hiergegen Einspruch bei der Generalversammlung eingelegt werden (vgl. Art. 14 Abs. 1 SCE-VO). Wollen Personen als nicht nutzende Mitglieder aufgenommen werden, hat grundsätzlich die Generalversammlung mit Drei-Viertel-Mehrheit[94] zu entscheiden, sofern diese Kompetenz nicht durch Satzung oder Beschluss der Generalversammlung auf ein anderes Organ übertragen worden ist (Art. 14 Abs. 1 Unterabs. 2 SCE-VO).

33 Zu den **Mitgliedschaftsrechten** gehört gemäß Art. 60 Abs. 1 SCE-VO ein Auskunftsrecht über diejenigen Angelegenheiten, die auf der Tagesordnung der Generalversammlung stehen oder die von einer Minderheit nach Art. 57 SCE-VO auf die Tagesordnung gesetzt wurden.[95] Das diese Auskunft bedingende Teilnahme- und Rederecht bestimmt sich nach Art. 58 SCE-VO. Grundsätzlich steht jedem Mitglied eine Stimme zu, unabhängig von der Anzahl seiner Geschäftsanteile (Art. 59 Abs. 1 SCE-VO, § 31 SCEAG). Allerdings können

---

Schaffung verschiedener Geschäftsanteilskategorien iRd Art. 4 Abs. 1 Unterabs. 2 SCE-VO zur Entstehung neuer Mitgliedschaftsgattungen führte (so aber *Beuthien*, Genossenschaftsgesetz, Art. 5 SCE Rdnr. 3; *Wiese*, Europäische Genossenschaft, S. 98 andererseits aber S. 123), würde z.B. ein nutzendes Mitglied, das Geschäftsanteile zweier verschiedener Kategorien hielte, gleichzeitig Mitglied zweier Mitgliedschaftsgattungen. Das ist begrifflich aber ausgeschlossen, da die Gattungszugehörigkeit eine ausschließliche ist. Eine neue Mitgliedergattung kann daher nur dann entstehen, wenn ausgeschlossen ist, dass ein Mitglied verschiedene Kategorien von Geschäftsanteilen besitzen kann. Dies führt im Hinblick auf Art. 5 Abs. 4 6. Spiegelstrich SCE-VO zu erheblichem Mehraufwand.

[89] *Schulze* in *Schulze*, Europäische Genossenschaft, S. 3.
[90] Vgl. dazu jeweils im folgenden Text.
[91] Unzutreffend vom Gesetzeswortlaut abweichend *Alfandari/Piot* in *Schulze*, Europäische Genossenschaft, S. 85.
[92] *Beuthien*, Genossenschaftsgesetz, Art. 14 SCE-VO Rdnr. 5.
[93] Zu beachten ist dabei der 10. Erwägungsgrund, 6. Spiegelstrich „Es sollte keine künstlichen Beitrittsschranken geben".
[94] Art. 8 Abs. 1 lit c) ii SCE-VO iVm § 16 Abs. 2 Nr. 11 GenG.
[95] Näher hierzu *Schulze* in *Schulze*, Europäische Genossenschaft, S. 119; Weitere Informationsrechte gewähren bei Sitzverlegungen Art. 7 Abs. 4 SCE-VO, bei Verschmelzungen Art. 25 Abs. 1 SCE-VO, sowie Art. 60 Abs. 4 SCE-VO als Einsichtsrecht für die Dauer von zehn Tagen vor der Generalversammlung in Bilanz, GuV mit Anlagen, Lagebericht, Ergebnisse der Rechnungsprüfung sowie in den konsolidierten Abschluss.

§ 51. Die Europäische Genossenschaft (SCE)

nach Maßgabe der Art. 59 Abs. 2 SCE-VO, § 29 SCEAG, § 43 Abs. 3 S. 3 GenG Mehrstimmrechte eingerichtet, d.h. bis zu maximal fünf Stimmen auf ein Mitglied vereinigt werden. Nicht nutzenden Mitgliedern dürfen nach Art. 59 Abs. 3 SCE-VO, § 30 SCEAG nicht mehr als 25% der gesamten Stimmrechte zustehen.[96]

Daneben stehen den Mitgliedern **weitere Rechte** zu. So folgt aus dem Förderzweck der SCE (vgl. oben Rdnr. 3) ein Förderanspruch der Mitglieder.[97] Darüber hinaus kann die Satzung vorsehen, den Mitgliedern eine Rückvergütung entsprechend dem Umfang der von der SCE mit ihnen getätigten Geschäfte oder der von ihnen geleisteten Arbeit zu erstatten, Art. 66 SCE-VO, soweit der Jahresüberschuss nicht nach Art. 65 SCE-VO für die Bildung einer gesetzlichen Rücklage zu verwenden ist.[98] Aus der Mitgliedschaft resultiert im Übrigen für den Fall, dass die Satzung Geschäftsanteilsübertragungen zulässt, der Anspruch des veräußernden Mitglieds, aus dem Mitgliederverzeichnis gelöscht zu werden. Spiegelbildlich muss dem den Geschäftsanteil erwerbenden, künftigen Mitglied ein Anspruch auf Eintragung zustehen, vgl. Art. 14 Abs. 5 SCE-VO. 34

Abgesehen von dem ordentlichen, nicht näher in der SCE-VO geregelten **Kündigungsrecht**[99] steht bei Sitzverlegung einer SCE wegen Art. 7 Abs. 5 SCE-VO denjenigen Mitgliedern, die gegen die Sitzverlegung in der Generalversammlung gestimmt hatten, ein auf zwei Monate befristetes Austrittsrecht zu. Gleiches gilt für Mitglieder, die in der Generalversammlung als Minderheit gegen eine Satzungsänderung gestimmt haben, mit der neue Verpflichtungen in Bezug auf Einzahlungen oder andere Leistungen eingeführt worden sind, die bestehenden Verpflichtungen der Mitglieder erheblich ausgeweitet worden sind, oder die Kündigungsfrist für den Austritt aus der SCE auf über fünf Jahre verlängert worden ist (Art. 15 Abs. 2 SCE-VO). 35

Zu den **Pflichten** eines Mitglieds gehört es (Art. 15 Abs. 1, 2. Spiegelstrich, 2. Alt. SCE-VO), nicht gegen die Interessen der SCE zu handeln.[100] Darüber hinaus müssen die Mitglieder ihren Einlageverpflichtungen nachkommen, wie sich aus Art. 8 Abs. 1 lit c) ii SCE-VO iVm § 15a GenG[101] sowie den Bestimmungen über das Mindestkapital ergibt.[102] 36

Die **Haftung** der Mitglieder ist grundsätzlich auf die Höhe der von ihnen übernommenen Geschäftsanteile beschränkt (siehe oben Rdnr. 2),[103] sofern nicht durch die Satzung etwas anderes, z.B. eine Nachschusspflicht, vorgesehen ist (Art. 1 Abs. 2, Unterabs. 3 SCE-VO). 37

Art. 15 Abs. 1 SCE-VO listet die Fälle der **Beendigung** der Mitgliedschaft auf. Dies sind Austritt, Ausschluss,[104] Übertragung aller Geschäftsanteile, Tod, Konkurs, die Auflösung eines Mitglieds, das keine natürliche Person ist, sowie die in der Satzung festgelegten Fälle, bzw. die Fälle, in denen das GenG ein Ende der Mitgliedschaft[105] vorsieht. Die Mit- 38

---

[96] Zur Auslegung des insoweit unklaren Wortlauts des Art. 59 Abs. 3 SCE-VO *Wiese*, Europäische Genossenschaft, S. 96 f.
[97] *Beuthien/Dierkes/Wehrheim*, Die Genossenschaft – mit der Europäischen Genossenschaft, S. 103 f.; *Wiese*, Europäische Genossenschaft, S. 106 f.
[98] *Beuthien/Dierkes/Wehrheim*, Die Genossenschaft – mit der Europäischen Genossenschaft, S. 104.
[99] Dazu *Beuthien*, Genossenschaftsgesetz, Art. 15 SCE Rdnr. 1.
[100] Hierunter ist bereits der ernsthafte Versuch zu verstehen, die wirtschaftlichen Belange oder das Ansehen der SCE durch z.B. Verrat von Geschäftsgeheimnissen oder die Erstattung einer unberechtigten Strafanzeige gegen Organmitglieder zu schädigen (*Beuthien*, Genossenschaftsgesetz, Art. 15 SCE Rdnr. 4).
[101] Hierzu *Wiese*, Europäische Genossenschaft, S. 93.
[102] *Nagel* in *Nagel/Freis/Kleinsorge*, Beteiligung der Arbeitnehmer, GesR SCE Rdnr. 4; *Hirte*, DStR 2007, S. 2215, 2216; so auch *El Mahdi*, Die Europäische Genossenschaft, DB 2004, S. 967.
[103] In diesem Fall trägt die SCE den Zusatz mit beschränkter Haftung, Art. 1 Abs. 2 UA 3 S. 2 SCE-VO.
[104] Hierzu *Wiese*, Europäische Genossenschaft, S. 114 f.
[105] Dies sind § 65 GenG (Kündigung des Mitglieds), § 66 GenG (Kündigung durch die Gläubiger eines Mitglieds), § 67a GenG (außerordentliche Kündigung, soweit nicht durch Art. 15 Abs. 2 SCE-VO überlagert), § 67 GenG (Aufgabe des Wohnsitzes). Desweiteren müssten nach den allgemeinen

gliedschaft endet ebenfalls durch Ausübung der besonderen Austrittsrechte nach Art. 7 Abs. 5 SCE-VO und Art. 15 Abs. 2 SCE-VO (siehe oben Rdnr. 35).

VI. Sitzverlegung

39 Die SCE kann gemäß Art. 7 SCE-VO ihren Satzungssitz in einen anderen Mitgliedstaat verlegen. Das Verfahren entspricht demjenigen der SE-Verordnung (§ 49 Rdnr. 99 ff.).[106]

VII. Beendigung

40 Hinsichtlich der Auflösung, Liquidation, Zahlungsunfähigkeit, Zahlungseinstellung und ähnlicher Verfahren verweist Art. 72 SCE-VO auf das nationale Recht.[107] Zusätzliche **Auflösungsgründe** sind gemäß Art. 73 Abs. 1 SCE-VO: Verstöße gegen Art. 2 Abs. 1 SCE-VO (Mehrstaatlichkeit der Gründungsmitglieder), Art. 3 Abs. 2 SCE-VO (Volleinzahlung des Mindestkapitals) sowie Art. 34 SCE-VO (fehlende Rechtmäßigkeitskontrolle der Verschmelzung). Liegen Hauptverwaltung und Satzungssitz in verschiedenen Mitgliedsstaaten, kann dies nach § 10 SCEAG zur Löschung der SCE führen.

41 Der identitätswahrende **Formwechsel**[108] einer SCE in eine Genossenschaft als weitere Möglichkeit der Beendigung einer SCE darf erst zwei Jahre nach Eintragung der SCE und nach Genehmigung der ersten beiden Jahresabschlüsse beschlossen werden (Art. 76 SCE-VO). Eine Spaltung in mehrere nationale Genossenschaften ist wegen Art. 79 lit. c) SCE-VO jedenfalls bis zum 18. August 2011 nicht möglich.

VIII. Jahresabschluss, Lagebericht, Besteuerung

42 Hinsichtlich der Erstellung ihres **Jahresabschlusses** und gegebenenfalls ihres konsolidierten Abschlusses einschließlich des Lageberichts, sowie hinsichtlich der Kontrolle und Offenlegung dieser Abschlüsse unterliegt die SCE gem. Art. 68 Abs. 1 SCE-VO, § 32 Abs. 1 SCEAG den §§ 336 bis 338 HGB. Für Kreditinstitute gelten die §§ 340 bis 340j HGB. Für die Offenlegung des Jahresabschlusses findet § 339 HGB Anwendung, bei Kreditinstituten gelten die §§ 340 l und 340 o HGB entsprechend (§ 33 SCEAG). Die **Prüfung** der SCE geschieht durch den zuständigen genossenschaftlichen Prüfungsverband (§ 34 Abs. 1 SCEAG iVm §§ 53–64c GenG). Für Kreditinstitute gilt § 340 k Abs. 1, 2 HGB.

43 Eine SCE mit Sitz in Deutschland unterliegt dem deutschen **Steuerrecht**. Bei Verfolgung sozialer oder kultureller Zwecke kann u. U. Steuerfreiheit durch Gemeinnützigkeit eintreten, §§ 51 ff. AO.[109] Auf die Besteuerung einer grenzüberschreitenden Sitzverlegung in einen anderen Mitgliedstaat findet § 12 Abs. 1 KStG Anwendung.[110]

Regeln der Abschluss eines Aufhebungsvertrages bzw. der Eintritt einer auflösenden Bedingung ebenfalls möglich sein.

[106] *Habersack*, Europäisches Gesellschaftsrecht, § 13 S. 503 Rdnr. 7; *El Mahdi*, Die Europäische Genossenschaft, DB 2004, S. 967, 971.

[107] Zu beachten sind lediglich zusätzlich die Verfahrensregeln in Art. 74 und Art. 75 SCE-VO.

[108] Vgl. *Beuthien*, Genossenschaftsgesetz, Art. 76 Rdnr. 2.

[109] *Korts*, Die Europäische Genossenschaft, 2007, S: 20; näher zur parallel zu behandelnden Genossenschaft *Gschwandtner/Helios*, NZG 2006, S. 691, 692 f.

[110] Zur Sitzverlegung vgl. nur *Frotscher* in Frotscher/Maas, KStG UmwStG, 91. Lfg. 3/2008, § 12 Rdnr. 15, 89 ff.; ungenau *Fandrich* in Pöhlmann/Fandrich/Bloehs, Genossenschaftsgesetz, Einführung GenG Rdnr. 20.

4. Kapitel. Grenzüberschreitende Umstrukturierungen

§ 52. Verwaltungssitzverlegung

Übersicht

	Rdnr.		Rdnr.
I. Begriff und Erscheinungsformen	1	III. Wegzugsfälle	12–26
II. Zuzugsfälle	2–11	1. Der Einfluss der Niederlassungsfreiheit	13–17
1. Zuzug aus einem EG-Mitgliedstaat	3–7	a) Rechtsprechung des EuGH	14
a) EG-Primärrecht, Niederlassungsfreiheit	3	b) Stellungnahme	15
b) Begriff der Gesellschaft iSd Art. 48 EG	4	c) Autonomes deutsches Recht	16
		d) Weitere Lösungen für die Praxis	17
c) Verwaltungssitzverlegung als Ausübung der primären Niederlassungsfreiheit	5	2. Autonomes deutsches Recht	18–26
		a) AG und GmbH	19–23
d) EuGH-Rechtsprechung	6	b) Andere Gesellschaftsformen	24–26
e) Praktische Einzelfragen	7	IV. Verlegung des Verwaltungssitzes von einem ausländischen Staat in einen anderen	27
2. Zuzug aus EWR/EFTA-Staaten	8	V. Reform des deutschen und europäischen internationalen Gesellschaftsrechts	28
3. Zuzug aus Drittstaaten	9–11		
a) Autonomes Kollisionsrecht	9		
b) Vorrangig zu beachtende Staatsverträge – USA	10	VI. Verwaltungssitzverlegung und internationale Zuständigkeit	29–31
c) Referentenentwurf Internationales Gesellschaftsrecht	11	1. EuGVVO	29
		2. LugÜ	30
		3. ZPO	31

Schrifttum: *Altmeppen*, Schutz vor „europäischen" Kapitalgesellschaften, NJW 2004, 97 ff.; *Altmeppen/Wilhelm*, Gegen die Hysterie um die Niederlassungsfreiheit der Scheinauslandsgesellschaft, DB 2004, 1083; *Arbeitskreis Europäisches Unternehmensrecht*, Thesen zum Erlass einer europäischen Sitzverlegungsrichtlinie, NZG 2011, 92 f.; *Audit*, Droit international privé, 4. Auflage, Paris 2006; *Barthel*, Die Niederlassungsfreiheit der Gesellschaften nach EuGH „Cartesio" – die Suche nach dem Gleichgewicht zwischen Wettbewerb im Binnenmarkt und nationalstaatlicher Regelungsautonomie, EWS 2010, 316 ff.; *Baudenbacher/Buschle*, Niederlassungsfreiheit für EWR-Gesellschaften nach Überseering, IPRax 2004, 26 ff.; *Behme*, Der Weg deutscher Aktiengesellschaften ins Ausland – Goldene Brücke statt Stolperpfad, BB 2008, 70 ff.; *Behme/Nohlen*, Zur Wegzugsfreiheit von Gesellschaften – Der Schlussantrag von Generalanwalt Maduro in der Rechtssache Cartesio, NZG 2008, 496 ff.; *Behrens*, Gemeinschaftsrechtliche Grenzen der Anwendung inländischen Gesellschaftsrechts auf Auslandsgesellschaften nach Inspire Art, IPRax 2004, 20 ff.; *Binge/Thölke*, „Everything goes!"? – Das deutsche Internationale Gesellschaftsrecht nach Inspire Art, DNotZ 2004, 21 ff.; *Bollacher*, Keine Verletzung der Niederlassungsfreiheit durch nationale Beschränkungen des Wegzugs von Gesellschaften, RIW 2009, 150 ff.; *Bollacher*, Referentenentwurf zur Regelung des Internationalen Gesellschaftsrechts, RIW 2008, 200 ff.; *Brakalova/Barth*, Nationale Beschränkungen des Wegzugs von Gesellschaften innerhalb der EU bleiben zulässig, DB 2009, 213 ff.; *Bungert*, Sitzanknüpfung für Rechtsfähigkeit von Gesellschaften gilt auch nicht mehr im Verhältnis zu den USA, DB 2003, 1043 ff.; *Bürgers/Körber* (Hrsg.), Aktiengesetz, Heidelberg 2008; *Cains*, Case Note on Cartesio Decision by the European Court of Justice, Case C-210/06, Cartesio Oktató és Szolgáltató, European Review of Private Law 2010, 569 ff.; *Clausnitzer*, Die Novelle des Internationalen Gesellschaftsrechts, NZG 2008, 321 ff.; *Däubler/Heuscheid*, Cartesio und MoMiG – Sitzverlagerung ins Ausland und Unternehmensmitbestimmung, NZG 2009, 493 ff.; *Dejmek*, Das künftige Europa und die Europäische Privatgesellschaft, NZG 2001, 878 ff.; *Eidenmüller*, Ausländische Kapitalgesellschaften im deutschen Recht, München 2004; *Erauw* (Hrsg.), Het wetboek internationaal privaatrecht becommentarieerd/Le Code de droit international

§ 52   4. Kapitel. Grenzüberschreitende Umstrukturierungen

privé commenté, Antwerpen 2006; *Fingerhutz/Rumpf*, MoMiG und die grenzüberschreitende Sitzverlegung – Die Sitztheorie ein (lebendes) Fossil?, IPRax 2008, 90 ff.; *Fleischer/Schmolke*, Deutsches internationales Gesellschaftsrecht seit 1991, JZ 2008, 233 ff.; *Franz/Laeger*, Die Mobilität deutscher Kapitalgesellschaften nach Umsetzung des MoMiG unter Einbeziehung des Referentenentwurfs zum internationalen Gesellschaftsrecht, BB 2008, 678 ff.; *Frenzel*, Immer noch keine Wegzugsfreiheit für Gesellschaften im Europäischen Binnenmarkt – die Cartesio-Entscheidung des EuGH, EWS 2009, 158 ff.; *Geyrhalter/Gänßler*, „Inspire Art" – Briefkastengesellschaften „on the Move", DStR 2003, 2167 ff.; *Gottschalk*, Beschränkungen für schweizerische Aktiengesellschaften mit Sitz in Deutschland gelten fort, ZIP 2009, 948 ff.; *Grohmann/Gruschinske*, Beschränkungen des Wegzugs von Gesellschaften innerhalb der EU – die Rechtssache Cartesio, EuZW 2008, 463 ff.; *Grundmann*, Europäisches Gesellschaftsrecht, 2. Auflage, Heidelberg, 2011; *Hellgardt/Illmer*, Wiederaufstehung der Sitztheorie?, NZG 2009, 94 ff.; *Hirte*, Die „Große GmbH-Reform" – Ein Überblick über das Gesetz zur Modernisierung des GmbH-Rechts und zur Bekämpfung von Missbräuchen (MoMiG), NZG 2008, 761 ff.; *Hoffmann*, Die stille Bestattung der Sitztheorie durch den Gesetzgeber, ZIP 2007, 1581 ff.; *Hommelhoff/Teichmann*, Auf dem Weg zur Europäischen Privatgesellschaft (SPE), DStR 2008, 925 ff.; *Horn*, Deutsches und europäisches Gesellschaftsrecht und die EuGH-Rechtsprechung zur Niederlassungsfreiheit – Inspire Art, NJW 2004, 893 ff.; *Kaulen*, Die Anerkennung von Gesellschaften unter Artikel XXV Abs. 5 S. 2 des deutsch-US-amerikanischen Freundschafts-, Handels- und Schifffahrtsvertrags von 1954, Frankfurt a. M. [u. a.] 2008; *Kieninger*, Internationales Gesellschaftsrecht nach „Centros", „Überseering" und „Inspire Art" – Antworten, Zweifel und offene Fragen, ZEuP 2004, 685 ff.; *Kieninger*, The law applicable to corporations in the EC, RabelsZ 2009, S. 607 ff.; *Kindler*, „Inspire Art" – Aus Luxemburg nichts Neues zum internationalen Gesellschaftsrecht, NZG 2003, 1086 ff.; *Kindler*, Ende der Diskussion der Wegzugsfreiheit, NZG 2009, 130 ff.; *Kindler*, Internationales Gesellschaftsrecht 2009: MoMiG, Trabrennbahn, Cartesio und die Folgen, IPRax 2009, 189 ff.; *Knof/Mack*, Anmerkungen zum Urteil Cartesio, ZIP 2009, 30 ff.; *Korom/Metzinger*, Freedom of Establishment for Companies: the European Court of Justice confirms and refines its Daily Mail Decision in the Cartesio Case C-210/06, ECFR 2009, 124 ff.; *Krause*, Unternehmensmobilität in Europa – Anmerkungen zur grenzüberschreitenden Verschmelzung und Sitzverlegung. in: Müller-Graff/Teichmann (Hrsg.), Europäisches Gesellschaftsrecht auf neuen Wegen, 2010; *Kußmaul/Richter/Ruiner*, Grenzenlose Mobilität?! – Zum Zuzug und Wegzug von Gesellschaften in Europa, EWS 2009, 1 ff.; *Laeger*, Deutsch-amerikanisches Internationales Gesellschaftsrecht, Franfurt a. M. 2008; *Leible/Hoffmann*, „Überseering" und das deutsche Gesellschaftskollisionsrecht, ZIP 2003, 925 ff.; *Leible/Hoffmann*, Cartesio – fortgeltende Sitztheorie, grenzüberschreitender Formwechsel und Verbot materiellrechtlicher Wegzugsbeschränkungen**,** BB 2009, 58 ff.; *Lutter*, Europäische Auslandsgesellschaften in Deutschland, Köln 2005; *Magnus/Mankowski*, Brussels I Regulation, München 2007; *Mayer/Heuzé*, Droit International Privé, 9. Auflage, Paris 2007; *Michalski*, Kommentar zum Gesetz betreffend die Gesellschaften mit beschränkter Haftung (GmbH-Gesetz), Band 1, 2. Auflage, München, 2010; *Mörsdorf*, Beschränkung der Mobilität von EU-Gesellschaften im Binnenmarkt – eine Zwischenbilanz, EuZW 2009, 97 ff.; *Mülsch/Nohlen*, Die ausländische Kapitalgesellschaft und Co. KG mit Verwaltungssitz im EG-Ausland, ZIP 2008, 1358 ff.; *Paefgen*, „Deutsche" Corporations im System des Gesellschaftskollisionsrechts, Deutsche Zeitschrift für Wirtschaftsrecht (DZWiR) 2003, 441 ff.; *Paefgen*, „Cartesio": Niederlassungsfreiheit minderer Güte – Zum Urteil des EuGH vom 16. 12. 2008 („Cartesio"), WM 2009, 529 ff.; *Peters*, Verlegung des tatsächlichen Verwaltungssitzes der GmbH ins Ausland – Aufgabe der Sitztheorie durch das MoMiG?, GmbHR 2008, 245 ff.; *Pießkalla*, Anmerkung zum Urteil Cartesio, EuZW 2009, 81 ff.; *Preuß*, Die Wahl des Satzungssitzes im geltenden Gesellschaftsrecht und nach dem MoMiG-Entwurf, GmbHR 2007, 57 ff.; *Ratka/Rauter*, Cartesio und das ius vitae necisque des Wegzugsstaates, wbl 2009, 62 ff.; *Rauscher*, Europäisches Zivilprozess- und Kollisionsrecht, EuZPR/EuIPR Kommentar, München 2011; *Roth*, Eine europäische Initiative zur Kodifizierung der Gründungstheorie, RdW 2007, 206 ff.; *Rotheimer*, Referentenentwurf zum Internationalen Gesellschaftsrecht, NZG 2008, 181 ff.; *Sandrock*, Niederlassungsfreiheit und Internationales Gesellschaftsrecht, EWS 2005, 529 ff.; *Schwarz*, Europäisches Gesellschaftsrecht, 1. Auflage, Baden-Baden 2000; *Sethe/Winzer*, Der Umzug von Gesellschaften in Europa nach dem Cartesio-Urteil, WM 2009, 536 ff.; *Sonnenberger* (Hrsg.), Vorschläge und Berichte zur Reform des europäischen und deutschen internationalen Gesellschaftsrecht, Tübingen 2007; *Sonnenberger/Bauer*, Vorschlag des Deutschen Rates für Internationales Privatrecht für eine Regelung des Internationalen Gesellschaftsrechts auf europäischer/nationaler Ebene, RIW Beilage 2006 Nr. 1, 1–24; *Spahlinger/Wegen*, Internationales Gesellschaftsrecht in der Praxis, München 2005; *Süß/Wachter* (Hrsg.), Handbuch des internationalen GmbH-Rechts, 2. Auflage, Bonn 2011; *Szydlo*, Emigration of Companies under the EC Treaty:

§ 52. Verwaltungssitzverlegung

Some Thoughts on the Opinion of the Advocate General in the Cartesio Case, European Review of Private Law 2008, 973 ff.; *Teichmann*, Cartesio: Die Freiheit zum formwechselnden Wegzug, ZIP 2009, 393 ff.; *ders./Ptak*, Die grenzüberschreitende Sitzverlegung aus deutsch-polnischer Perspektive, RIW 2010, 817 ff.; *Thölke*, Anerkennung der Rechtspersönlichkeit einer US-amerikanischen Gesellschaft, DNotZ 2005, 141 ff.; *Thölke*, Die Entstehungssitztheorie, Berlin 2003; *Triebel/von Hase*, Wegzug und grenzüberschreitende Umwandlungen deutscher Gesellschaften nach „Überseering" und „Inspire Art", BB 2003, 2409 ff.; *Wagner/Timm*, Der Referentenentwurf eines Gesetzes zum Internationalen Privatrecht der Gesellschaften, Vereine und juristischen Personen, IPRax 2008, 81 ff.; *Weng*, die Rechtssache Cartesio – Das Ende Daily Mails?, EWS 2008, 264 ff.; *Werlauff*, Relocating a Company within the EU, European Company Law, 2008, 136 ff.; *Zimmer/Naendrup*, Das Cartesio-Urteil des EuGH: Rück- oder Fortschritt für das internationale Gesellschaftsrecht?, NJW 2009, 545 ff.; *Zimmer/Naendrup*, For Whom the Bell Tolls – Folgen einer Nichtbeachtung englischer Publizitätsgebote durch in Deutschland aktive Limited Companies, ZGR 2007, 789 ff.

I. Begriff und Erscheinungsformen

Unter Verwaltungssitzverlegung versteht man die **Verlegung des Hauptverwaltungssitzes** über die Grenze einer Rechtsordnung ohne gleichzeitigen Wechsel des Satzungssitzes bzw. Registrierungsortes. Zum Begriff der Hauptverwaltung siehe § 1 Rdnr. 72 ff. Zu unterscheiden ist die Verwaltungssitzverlegung von der Satzungssitzverlegung, zu letzterer vgl. § 54 Rdnr. 1. Verwaltungssitzverlegung und Satzungssitzverlegung können kombiniert werden.

Die Verwaltungssitzverlegung kann sich **rein tatsächlich** vollziehen, so etwa in dem Sachverhalt, der der EuGH-Entscheidung *Überseering*[1] zugrundelag. Dort waren die Gesellschaftsanteile einer B.V. niederländischen Rechts an zwei Gesellschafter mit Wohnsitz in Düsseldorf veräußert worden, woraus der BGH eine Verlegung des Verwaltungssitzes von den Niederlanden nach Deutschland schloss.[2] Meist aber wird der Verwaltungssitzverlegung ein entsprechender **Beschluss** der zuständigen Organe zugrundeliegen. Die ökonomischen und rechtlichen Gründe für eine solchen Beschluss sind vielfältig. Eine Verwaltungssitzverlegung kann aus ökonomischen Gründen sinnvoll oder notwendig sein, z.B. um eine größere Nähe zu Produktionsstätten oder Absatzmärkten herzustellen. Sie kann aber auch attraktiv sein, um günstigere steuerliche oder sonstige öffentlich-rechtliche Regulierungen auszunutzen, die an den tatsächlichen Verwaltungssitz der Gesellschaft anknüpfen. Zu beachten ist jedoch, dass das **dauerhafte Auseinanderfallen von Satzungs- und Verwaltungssitz** rechtliche und tatsächliche Schwierigkeiten mit sich bringen und kostensteigernd wirken kann. Hierbei ist insbesondere die potentielle Verdoppelung von Buchführungs- und Rechnungslegungspflichten zu nennen[3] sowie die Vermehrung der Gerichtspflichtigkeit, denn nach Art. 2 Abs. 1, Art. 60 Abs. 1 EuGVVO können Gesellschaften und juristische Personen nach Wahl des Klägers sowohl in dem Mitgliedstaat verklagt werden, in dem sich ihr Hauptverwaltungssitz oder ihre Hauptniederlassung befindet, als auch im Mitgliedstaat des Satzungssitzes. Für Beschlussmängelstreitigkeiten besteht dagegen eine ausschließliche Zuständigkeit am Satzungssitz.[4]

Bei der rechtlichen Beurteilung ist zwischen Fällen zu unterscheiden, in denen eine bisher im Ausland (real) ansässige Gesellschaft ihren Verwaltungssitz nach Deutschland verlegt **(Zuzugsfälle)**, und solchen, in denen eine bisher in Deutschland (real) ansässige Gesellschaft ihren Verwaltungssitz ins Ausland verlegt **(Wegzugsfälle)**. Der EuGH behandelt beide Konstellationen wegen seines partiellen Festhaltens an der Entscheidung *Daily Mail*[5]

---

[1] EuGH, Urteil vom 5. 11. 2002, C-208/00, Überseering BV/Nordic Construction Company Baumanagement GmbH (NCC), NJW 2002, 3614 ff. – *Überseering*.

[2] BGH, Vorlagebeschluss vom 30. 3. 2000, Az. VII ZR 370/98, EuZW 2000, 412 ff.

[3] Vgl. *Zimmer/Naendrup*, For Whom the Bell Tolls – Folgen einer Nichtbeachtung englischer Publizitätsgebote durch in Deutschland aktive Limited Companies, ZGR 2007, 789.

[4] BGH 12. 7. 2011, II ZR 28/10, NZG 2011, 1114.

[5] EuGH, Urteil vom 27. 9. 1988, C-81/87, The Queen/H. M. Treasury und Commissioners of inland revenue, NJW 1989, 2186 ff. – *Daily Mail*.

unterschiedlich (vgl. *Inspire Art*[6] und *Cartesio*[7]). Ein dritte Variante der Verwaltungssitzverlegung sind Umzüge von einem ausländischen Staat in einen anderen.

Des weiteren ist, ebenso wie bei der grundsätzlichen Anknüpfung des Gesellschaftsstatuts (vgl. § 1 Rdnr. 94 ff.), zwischen dem Zuzug aus oder dem Wegzug in **EU- und EWR-Mitgliedstaaten** und **Drittstaaten** zu unterscheiden, wobei sich letztere nochmals aufteilen in solche, mit denen besondere völkervertragliche Vereinbarungen bestehen (Beispiel USA[8], siehe Rdnr. 10, und solche, bei denen das nicht der Fall ist (Beispiel Schweiz[9], siehe Rdnr. 9. Die rechtlichen Folgen der Verwaltungssitzverlegung unterscheiden sich grundlegend, je nachdem, ob die Weg- und Zuzugsstaaten der Sitz- oder der Gründungsanknüpfung folgen. Während die Verwaltungssitzverlegung unter Anwendung der Gründungstheorie das Gesellschaftsstatut unberührt lässt, so dass die Gesellschaft weiterhin nach dem Recht beurteilt werden kann, nach dem sie errichtet worden ist, löst die Verwaltungssitzverlegung unter der Sitztheorie einen **Statutenwechsel** aus, der zur Auflösung und Neugründung zwingen kann.

II. Zuzugsfälle

2   Entscheidend für die gesellschaftsrechtliche Beurteilung der zuziehenden Gesellschaft ist ihre Herkunft. Nach den Anwendungskriterien des Art. 54 AEUV genießen solche Gesellschaften Niederlassungsfreiheit, die ihren satzungsmäßigen Sitz, ihre Hauptverwaltung oder Hauptniederlassung in einem EU-Mitgliedstaat haben (vgl. § 1 Rdnr. 94 ff.). Gleichgestellt sind die Mitgliedstaaten des EWR (§ 1 Rdnr. 100, und unten Rdnr. 8). Mit einigen Drittstaaten (insbesondere den USA) bestehen besondere völkerrechtliche Übereinkommen, die ebenfalls Vorrang vor dem autonomen deutschen Recht beanspruchen (§ 1 Rdnr. 104 f. und unten, Rdnr. 10). Gegenüber Gesellschaften aus sonstigen Drittstaaten (z. B. Schweiz) ist das autonome Kollisionsrecht anzuwenden (unten Rdnr. 9).

1. Zuzug aus einem EG-Mitgliedstaat

3   **a) EG-Primärrecht, Niederlassungsfreiheit.** Nach Art. 49 Abs. 1 S. 1 iVm Art. 54 Abs. 1 AEUV genießen Gesellschaften, die die Kriterien des Art. 54 AEUV erfüllen, ebenso Niederlassungsfreiheit wie natürliche Personen.[10] Die Vorschriften sind unmittelbar anwendbar, d. h. sie bedürfen nicht der vorherigen Umsetzung durch einen Sekundärrechtsakt.[11] Zwar hat der EuGH in der Entscheidung *Daily Mail* noch anklingen lassen, dass sich die Freiheit der Sitzverlegung nicht unmittelbar aus der Niederlassungsfreiheit ableiten lasse, sondern der Lösung im Wege der Rechtssetzung bedürfe;[12] diese Rechtsprechungslinie hat er indes mit der Entscheidungstrias *Centros*,[13] *Überseering*[14] und *Inspire*

---

[6] EuGH, Urteil vom 30. 9. 2003, C-167/01, Kamer van Koophandel en Fabrieken voor Amsterdam/Inspire Art Ltd., NJW 2003, 3333 – *Inspire Art*, Tz. 102 f.

[7] EuGH, Urteil vom 16. 12. 2008, C-210/06, Cartesio Oktató és Szolgáltató bt, NJW-Spezial, 2009, 48 – *Cartesio*, Tz 104.

[8] Freundschafts-, Handels- und Schifffahrtsvertrag zwischen der Bundesrepublik Deutschland und den Vereinigten Staaten von Amerika vom 29. 10. 1954, BGBl. 1956 II, S. 488; BGH, Urteil vom 29. 1. 2003, Az. VIII ZR 155/02, NJW 2003, 1607 ff.; BGH, Urteil vom 5. 7. 2004, Az. II ZR 389/02, NJW-RR 2004, 1618 ff.

[9] BGH, Urteil vom 27. 10. 2008, Az. II ZR 158/06, NJW 2009, 289 ff. = NZG 2009, 68 ff. – *Trabrennbahn*.

[10] *Spahlinger/Wegen*, Internationales Gesellschaftsrecht in der Praxis, B Rdnr. 139.

[11] EuGH Rs. 2/74, Slg. 1974, 631, 650 ff. Rz. 10 ff. – *Reyners*.

[12] EuGH, Urteil vom 27. 9. 1988, C-81/87, The Queen/H. M. Treasury und Commissioners of inland revenue, NJW 1989, 2186 ff. – *Daily Mail*, Tz. 23.

[13] EuGH, Urteil vom 9. 3. 1999, C-212/97, Centros Ltd/Erhevervs- og Selskabsstyrelsen, NJW 1999, 2027 ff. = NZG 1999, 298 – *Centros*.

[14] EuGH, Urteil vom 5. 11. 2002, C-208/00, Überseering BV/Nordic Construction Company Baumanagement GmbH (NCC), NJW 2002, 3614 ff. – *Überseering*.

Art[15] aufgegeben. Ebenso wie die anderen Grundfreiheiten hat der EuGH auch die Niederlassungsfreiheit darüber hinaus zum **Beschränkungsverbot** ausgeweitet.[16] Dies bedeutet, dass nicht nur mittelbare und unmittelbare Diskriminierungen verboten sind, sondern auch jede unterschiedslose Maßnahme, die geeignet ist, die Niederlassungsfreiheit im Binnenmarkt zu behindern.[17] Nicht diskriminierende Maßnahmen können aber nicht nur nach Art. 52 AEUV, sondern auch dann gerechtfertigt sein, wenn sie ein **zwingendes Allgemeininteresse**, wie beispielsweise den Gläubigerschutz,[18] in nicht diskriminierender Weise verfolgen und hierzu geeignet und erforderlich sind.

b) Begriff der Gesellschaft iSd Art. 54 AEUV.[19] Gem. Art. 54 Abs. 2 AEUV sind **4** unter den Begriff der Gesellschaften alle Wirtschaftssubjekte zu subsumieren, die keine natürlichen Personen sind, d. h. Gesellschaften, Vereine, Stiftungen und juristische Personen des öffentlichen Rechts.[20] Allerdings müssen diese Gesellschaften einen Erwerbszweck verfolgen. Für Idealvereine gilt die Niederlassungsfreiheit folglich nicht. Art. 54 Abs. 1 AEUV verlangt, dass die Gesellschaft nach den Rechtsvorschriften eines Mitgliedstaats gegründet wurde und ihren Satzungssitz, ihre Hauptverwaltung oder ihre Hauptniederlassung innerhalb der Gemeinschaft hat. Unter einer Niederlassung ist eine feste und dauerhafte Einrichtung in einem Mitgliedstaat zu verstehen. Der Umfang der tatsächlichen Benutzung der Einrichtung muss auf eine Niederlassung schließen lassen. Fehlt es an einer festen und dauerhaften Einrichtung, ist der örtliche Schwerpunkt einer ständig ausgeübten wirtschaftlichen Tätigkeit heranzuziehen.[21]

c) Verwaltungssitzverlegung als Ausübung der primären Niederlassungsfrei- **5** **heit.** Die Verwaltungssitzverlegung ist eine Form der Ausübung der **primären Niederlassungsfreiheit** (Art. 49 Abs. 1 S. 1, 54 AEUV). Darunter ist ein Übersiedlungsvorgang zu verstehen, der mit der Neuaufnahme einer Tätigkeit verbunden ist und im Herkunftsland entweder keine oder nur eine von der neu gegründeten Hauptform der Gesellschaft abhängige Betriebsstätte verbleiben lässt.[22] Folglich muss das Entscheidungszentrum eines Unternehmens in den Zuzugsstaat übersiedeln. In Abgrenzung dazu spricht man von der sekundären Niederlassungsfreiheit (Art. 49 Abs. 1 S. 2, 54 AEUV), wenn die neu gegründete Wirtschaftseinheit von dem Haupthaus im Herkunftsland rechtlich abhängig ist. Erfasst werden hier bspw. die Gründung von Zweigniederlassungen und Agenturen[23] (vgl. zum Begriff der Zweigniederlassung auch § 45 Rdnr. 1 ff.).

d) EuGH-Rechtsprechung. Im Fall *Überseering,*[24] dem eine Verwaltungssitzverlegung **6** einer niederländischen Gesellschaft (B.V.) nach Deutschland zugrundelag, interpretierte der EuGH die Niederlassungsfreiheit dahingehend, dass die Gerichte des Mitgliedstaates, in den die Gesellschaft zuzieht, verpflichtet sind, die Gesellschaft als solche des Herkunftsmitgliedstaates zu achten. Der BGH ist daher in seiner Abschlussentscheidung jedenfalls in

---

[15] EuGH, Urteil vom 30. 9. 2003, C-167/01, Kamer van Koophandel en Fabrieken voor Amsterdam/Inspire Art Ltd., NJW 2003, 3333 – *Inspire Art*.

[16] *Schwarz*, Europäisches Gesellschaftsrecht, S. 89; *Bröhmer* in Calliess/Ruffert (Hrsg.), EUV/AEUV Kommentar, Art. 49 AEUV Rdnr. 19 ff.

[17] *Streinz*, Europarecht, Rdnr. 797, 803.

[18] Centros (vgl. Rdnr. 12) Tz. 34 f.; Überseering (vgl. Rdnr. 13) Tz. 92; Inspire Art (vgl. Rdnr. 14) Tz. 132, 133, 135.

[19] Vgl. auch § 1 Rdnr. 95 ff.

[20] *Kotzur* in: Geiger/Khan/Kotzur (Hrsg.) EUV/AEUV Kommentar, Art. 54 AEUV Rdnr. 2.

[21] *Tiedje/Troberg* in von der Groeben/Schwarze (Hrsg.), Vertrag über die Europäische Union und Vertrag zur Gründung der Europäischen Gemeinschaft, Art. 43 EG, Rdnr. 7.

[22] *Bröhmer* in Calliess/Ruffert (Hrsg.), EUV/AEUV Kommentar, Art. 49 Rdnr. 17 f.; *Schwarz*, S. 83; *Weng*, die Rechtssache Cartesio – Das Ende Daily Mails?, EWS 2008, 264, 270.

[23] *Bröhmer* in: Calliess/Ruffert (Hrsg.), EUV/AEUV Kommentar, Art. 49 Rdnr. 17.

[24] EuGH, Urteil vom 5. 11. 2002, C-208/00, Überseering BV/Nordic Construction Company Baumanagement GmbH (NCC), NJW 2002, 3614 ff. – *Überseering*.

Bezug auf die Parteifähigkeit der zugezogenen Gesellschaft vor deutschen Gerichten von der Anwendung der Gründungstheorie ausgegangen.[25] Die Auffassung, wonach die B. V. in Deutschland als parteifähige bürgerlich-rechtliche Gesellschaft oder OGH zu betrachten sei (sog. modifizierte oder **neue Sitztheorie**)[26] lehnt der VIII. BGH-Senat ab.[27] Unter dem Eindruck der EuGH-Entscheidung *Inspire Art*[28] bekennt sich mittlerweile auch der II. Senat des BGH[29] sowie die deutsche instanzgerichtliche Rechtsprechung[30] zur **Gründungstheorie**.[31] Dies gilt nicht nur für Fragen der Rechts- und Parteifähigkeit, sondern für alle vom Gesellschaftsstatut erfassten Fragen.[32] Daraus folgt, dass die zugezogene Gesellschaft einheitlich nach ihrem Gründungsrecht zu beurteilen ist, auch wenn sie ihren Verwaltungssitz nach Deutschland verlegt; die Umdeutung in eine Personengesellschaft, die die persönliche Haftung der Gesellschafter nach sich ziehen würde, ist nach dem Urteil *Inspire Art*[33] nicht mehr möglich.[34] Neben der wirksamen Gründung der Gesellschaft nach dem Recht eines EU-Mitgliedstaates ist weitere Voraussetzung nur, dass der Gründungs-

---

[25] BGH, Urteil vom 13. 3. 2003, Az. VII ZR 370/98, NJW 2003, 1461.
[26] *Spahlinger/Wegen*, B Rdnr. 43 f., 54 ff.; *Behrens*, Gemeinschaftsrechtliche Grenzen der Anwendung inländischen Gesellschaftsrechts auf Auslandsgesellschaften nach Inspire Art, IPRax 2004, 20, 21; *Peters*, Verlegung des tatsächlichen Verwaltungssitzes der GmbH ins Ausland – Aufgabe der Sitztheorie durch das MoMiG?, GmbHR 2008, 245, 255; *Hellgardt/Illmer*, Wiederaufstehung der Sitztheorie?, NZG 2009, 94.
[27] BGH, Urteil vom 13. 3. 2003, Az. VII ZR 370/98, NJW 2003, 1461.
[28] EuGH, Urteil vom 30. 9. 2003, C-167/01, Kamer van Koophandel en Fabrieken voor Amsterdam/Inspire Art Ltd., NJW 2003, 3333 – *Inspire Art*.
[29] Urteil vom 14. 3. 2005 – II ZR 5/03, NJW 2005, 1648 ff. = BB 2005, 1016 = RIW 2005, 542 (Anm. *Leible/Hoffmann*); vgl. dazu auch *Sandrock*, Niederlassungsfreiheit und Internationales Gesellschaftsrecht, EWS 2005, 529 ff.; BGH, Urteil vom 19. 9. 2005, Az. II ZR 372/03, NJW 2005, 3351, Urteil vom 27. 10. 2008 II ZR 158/06 (*Trabrennbahn*), NJW 2009, 289; Urteil vom 12. 7. 2011, II ZR 28/10, NZG 2011, 1114.
[30] BayObLG 19. 12. 2002, NZG 2003, 290 (Anm. *Leible/Hoffmann*, a. a. O., 259); OLG Hamburg 30. 3. 2007 – 11 U 231/04, NJW-Spezial 2007, 415; OLG Celle 10. 12. 2002, IPRax 2003, 245; OLG Zweibrücken 26. 3. 2003, BB 2003, 864; im Ausgangspunkt ebenso AG Hamburg 14. 5. 2003, NZG 2003, 732 = IPRax 2003, 534 (Besprechungsaufsatz *Weller*, a. a. O. 520); KG Berlin 18. 11. 2003, BB 2003, 2644; *Behrens* in GmbHG-Großkommentar Einl. B Rdnr. 39; AG Bad Segeberg 24. 3. 2005 – 17 C 289/04, NZI 2005, 411; LG Hannover, Beschluss vom 2. 7. 2003 – 20 T 39/03, NZG 2003, 1072 verneint konsequenterweise die persönliche Haftung von Gesellschaftern einer Limited, die ihren tatsächlichen Verwaltungssitz ins Inland verlegt hat; OLG Hamm 27. 1. 2006 – 12 U 108/05, NJW-RR 2006, 1631, lehnt auch die Handelndenhaftung eines Gesellschafters einer englischen Limited ab.
[31] Ebenso die h. A. in der Lit., vgl. *Leible/Hoffmann*, „Überseering" und das deutsche Gesellschaftskollisionsrecht, ZIP 2003, 925, 926; *Horn*, Deutsches und europäisches Gesellschaftsrecht und die EuGH-Rechtsprechung zur Niederlassungsfreiheit – Inspire Art, NJW 2004, 893, 894; *Geyrhalter/Gänßler*, „Inspire Art" – Briefkastengesellschaften „on the Move", DStR 2003, 2167; *Kußmaul/Richter/Ruiner*, Grenzenlose Mobilität?! – Zum Zuzug und Wegzug von Gesellschaften in Europa, EWS 2009, 1, 5; *Behrens*, IPRax 2004, 20, 25; a. A. soweit ersichtlich nur noch *Kindler*, „Inspire Art" – Aus Luxemburg nichts Neues zum internationalen Gesellschaftsrecht, NZG 2003, 1086; (siehe aber *Kindler* in MünchKomm, IntGesR Rdnr. 145 f.), sowie in abgeschwächter Form *Altmeppen,* Schutz vor „europäischen" Kapitalgesellschaften, NJW 2004, 97 und *ders./Wilhelm*, Gegen die Hysterie um die Niederlassungsfreiheit der Scheinauslandsgesellschaft, DB 2004, 1083.
[32] Zur Reichweite vgl. *Eidenmüller* in: Sonnenberger (Hrsg.), Vorschläge und Berichte zur Reform des europäischen und deutschen internationalen Gesellschaftsrecht, S. 469 ff.; siehe auch § 1 Rdnr. 60 ff. und 94.
[33] EuGH, Urteil vom 30. 9. 2003, C-167/01, Kamer van Koophandel en Fabrieken voor Amsterdam/Inspire Art Ltd., NJW 2003, 3333 – *Inspire Art*.
[34] *Eidenmüller*, Ausländische Kapitalgesellschaften im deutschen Recht, § 4 Rdnr. 16; *Spahlinger/Wegen*, B. I. Rdnr. 217; *Altmeppen*, Münchener Kommentar zum Aktienrecht, Europäisches Aktienrecht, B. Rdnr. 62; *Binge/Thölke*, „Everything goes!"? – Das deutsche Internationale Gesellschaftsrecht nach Inspire Art, DNotZ 2004, 21, 24.

staat nach wie vor die Rechts- und Parteifähigkeit der Gesellschaft anerkennt, obwohl diese ihren Verwaltungssitz ins EU-Ausland verlegt hat.[35]

e) Praktische Einzelfragen. Die zugezogene ausländische Gesellschaft ist weiterhin nach ihrem ausländischen Gesellschaftsstatut zu beurteilen; sie kann aber nicht in das deutsche Handelsregister eingetragen werden.[36] Möglich ist allerdings die Eintragung als Komplementärin einer inländischen Kommanditgesellschaft.[37] Folgen der anzuerkennenden Rechtsfähigkeit sind weiterhin die Grundbuchfähigkeit[38] und die Insolvenzfähigkeit[39] der ausländischen Gesellschaft mit inländischem Verwaltungssitz. Für weitere Einzelfragen der Behandlung ausländischer Gesellschaften mit inländischem Verwaltungssitz vgl. §§ 19–28.

2. Zuzug aus EWR/EFTA-Staaten

Auch gegenüber Gesellschaften, die nach dem Recht eines **EWR/EFTA-Mitgliedstaats** (Liechtenstein, Island, Norwegen)[40] gegründet sind, gilt nach Auffassung des BGH die Niederlassungsfreiheit und damit die europarechtlich induzierte Gründungstheorie,[41] denn nach Art. 31 und 34 EWR-Abkommen gilt die Niederlassungsfreiheit für die Angehörigen von EWR-/EFTA-Staaten in gleicher Weise wie innerhalb der EU. Mitgliedstaatliche Gerichte sind aus Art. 7 EWRA und dem Protokoll 35 verpflichtet, dem EWR-Recht Anwendungsvorrang vor dem nationalen Recht zu gewähren.

3. Zuzug aus Drittstaaten

a) Autonomes Kollisionsrecht. Vorbehaltlich anderslautender staatsvertraglicher Regelungen, wie sie insbesondere mit den USA bestehen (vgl. Rdnr. 10), ist das Gesellschaftsstatut nach **autonomem Kollisionsrecht** zu bestimmen. Gewohnheitsrechtlich gilt nach wie vor die **Sitztheorie**,[42] d. h. es ist das Recht des Staates anzuwenden, in dem die Gesellschaft ihren effektiven Verwaltungssitz hat.[43]

Die Verwaltungssitzverlegung nach Deutschland hat somit zur Folge, dass ab der Durchführung des Verlegungsbeschlusses und der Etablierung der Hauptverwaltung im Inland

---

[35] *Altmeppen*, Münchener Kommentar zum Aktiengesetz, Europäisches Aktienrecht, 2. Kapitel, Rdnr. 18. Der EuGH hat hervorgehoben, die Sitzverlegung habe aus der Sicht des Gründungsstaates nicht zum Verlust der Rechtspersönlichkeit geführt, vgl. EuGH Slg. 2002, I-9919 Rdnr. 63 S. 2 u. 3, 80 S. 2 = NJW 2002, 3614 – „*Überseering*"; *Kindler*, IntGesR, Rdnr. 134; a. A. *Frenzel*, Immer noch keine Wegzugsfreiheit für Gesellschaften im Europäischen Binnenmarkt – die Cartesio-Entscheidung des EuGH, EWS 2009, 158, 160.
Rs. C-378/10, eingereicht am 28. 7. 2010, ABl. EU Nr. C 317 vom 20. 11. 2010, S. 13 ff. – *Vale*.

[36] *Lutter*, Europäische Auslandsgesellschaften in Deutschland, S. 2. Vgl. zum Verständnis das deutsch-polnische Beispiel bei *Teichmann/Ptak*, Die grenzüberschreitende Sitzverlegung aus deutsch-polnischer Perspektive, RIW 2010, 817, 819 ff.

[37] LG Bielefeld, Beschluss vom 11. 8. 2005, 24 T 19/05, NJW-Spezial 2006, 318 f.

[38] BayObLG, Beschluss vom 19. 12. 2002 – 2 Z BR 7/02, DStR 2003, 653.

[39] AG Hamburg, Beschluss vom 14. 5. 2003 – 67 g IN 358/02, NZI 2003, 442.

[40] Vgl. auch § 1 Rdnr. 100. Die Schweiz ist, obwohl EFTA-Mitglied, kein Mitgliedstaat des EWR-Abkommens, und daher in die Gewährleistung der Niederlassungsfreiheit nicht einbezogen, vgl. BGH 27. 10. 2008, NJW 2009, 289, 290 (Anm. *Kieninger*).

[41] BGH, Urteil vom 19. 9. 05, Az. II ZR 372/03, NJW 2005, 3351 ff., vgl. dazu auch *Fleischer/Schmolke*, Deutsches internationales Gesellschaftsrecht seit 1991, JZ 2008, 233, 237; auch das Urteil des OLG Frankfurt a. M. vom 28. 5. 2003 stellt einen Export von Überseering in das EWR-Recht dar, *Baudenbacher/Buschle*, Niederlassungsfreiheit für EWR-Gesellschaften nach Überseering, IPRax 2004, 26, 29.

[42] BGH 27. 10. 2008, NJW 2009, 289, 290 (Anm. *Kieninger*); BGH, Urteil vom 30. 1. 1970, Az. V ZR 139/68, WM 1970, 279 f., *Kußmaul/Richter/Ruiner*, EWS 2009, 1 ff. Allerdings sympathisierte das OLG Hamburg im Fall einer Isle of Man-limited offen mit der Gründungstheorie, OLG Hamburg, Urteil vom 30. 3. 2007 – II U 231/04, NZG 2007, 597.

[43] Vgl. umfassend *Thölke*, § 1 Rdnr. 61 ff., zum Begriff der Hauptverwaltung und der Bestimmung des effektiven Verwaltungssitzes siehe § 1 Rdnr. 72 ff.

deutsches Gesellschaftsrecht anzuwenden ist. War auf die Gesellschaft zuvor das Recht eines anderen Staates anwendbar, so bewirkt die Sitzverlegung einen **Statutenwechsel.** Obwohl bei der reinen Verwaltungssitzverlegung – im Gegensatz zur formwechselnden Umwandlung – kein Rechtsformwechsel intendiert ist, kommt es in diesen Fällen aus Sicht des deutschen Rechts von Gesetzes wegen zu einer Umwandlung in eine Personengesellschaft, also je nach Gesellschaftszweck und gegebenenfalls Eintragung im Handelsregister in eine rechtsfähige und damit aktiv und passiv parteifähige **BGB-Gesellschaft oder OHG** (modifizierte oder neue Sitztheorie, vgl. auch § 1 Rdnr. 129).[44] Wollen die Gesellschafter diese Rechtsfolge, insbesondere die daraus fließende persönliche Haftung für Gesellschaftsschulden (§ 128 HGB)[45] vermeiden, müssen sie die Gesellschaft als deutsche Kapitalgesellschaft neu gründen oder sie nach §§ 190 ff. UmwG in eine deutsche Kapitalgesellschaft umwandeln (siehe § 54 Rdnr. 11 – formwechselnde Umwandlung).[46] Insgesamt ist die Verwaltungssitzverlegung ohne förmliche Umwandlung in eine Gesellschaft deutschen Rechts mit gravierenden **Folgeproblemen** behaftet. Die Gesellschaft besteht unter ihrem alten Statut fort; zusätzlich ist eine Personengesellschaft nach deutschem Recht entstanden. Außer der persönlichen Haftung der Gesellschafter für deren Schulden ergeben sich Folgeprobleme auch hinsichtlich der Geschäftsführung und Vertretung. So ist nach Personengesellschaftsrecht keine gesetzliche Vertretungsmacht von Fremdgeschäftsführern möglich. Ob die gesetzliche Vertretungsmacht mit dem Statutenwechsel in eine rechtsgeschäftliche Generalvollmacht umzudeuten ist, erscheint unklar.[47]

Die Sitztheorie gilt entgegen einer anderslautenden, vom BGH[48] aber aufgehobenen Entscheidung des OLG Hamm[49] auch gegenüber der **Schweiz**. Nach Auffassung des BGH kann die Sitztheorie nicht fallweise, gegenüber einzelnen Drittstaaten durch die Gründungstheorie abgelöst werden. Eine Änderung der grundsätzlichen Anknüpfung müsse dem Gesetzgeber vorbehalten bleiben.[50] Mangels Ratifikation des EWR-Abkommens durch die Schweiz gilt die Niederlassungsfreiheit im Verhältnis zur Schweiz nicht.

10 **b) Vorrangig zu beachtende Staatsverträge – USA.** Zwischen Deutschland und den USA ist Art. XXV Abs. 5 S. 2 des Handels-, Schifffahrts- und Freundschaftsvertrags vom 29. 10. 1954[51] zu beachten. Die Vorschrift lautet in der deutschen Fassung: „*Gesellschaften, die gemäß den Gesetzen und sonstigen Vorschriften des einen Vertragsteils in dessen Gebiet errichtet sind, gelten als Gesellschaften dieses Vertragsteils; ihr rechtlicher Status wird in dem Gebiet des anderen Vertragsteils anerkannt*". Dieser Artikel stellt eine staatsvertragliche Kollisionsnorm dar, die gem. Art. 3 Nr. 2 EGBGB als völkervertragliches IPR dem autonomen IPR vor-

---

[44] BGH 1. 7. 2002 – II ZR 380/00, NJW 2002, 3539. Bis zu diesem Urteil wurden ausländische Gesellschaften mit effektivem Verwaltungssitz im Inland von der Rechtsprechung als ein ‚rechtliches Nullum' qualifiziert, da die ausländische Gesellschaft die Voraussetzungen der Gründung einer inländischen Gesellschaft nicht erfüllt habe, vgl. BayObLG, Beschluss vom 26. 8. 1998, 3 Z BR 78/98, IPRax 1999, 364, 365; *Behrens*, IPRax 2004, 20, 21, 22; *Peters*, GmbHR 2008, 245, 246.

[45] *Peters*, GmbHR 2008, 245, 247.

[46] Allerdings ist an der persönlichen Haftung bis zur Umwandlung nicht zu rütteln. Vgl. *Leible/Hoffmann*, Cartesio – fortgeltende Sitztheorie, grenzüberschreitender Formwechsel und Verbot materiellrechtlicher Wegzugsbeschränkungen, BB 2009, 58 ff.

[47] Vgl. *Hellgardt/Illmer*, NZG 2009, 94 ff.; *Gottschalk*, Beschränkungen für schweizerische Aktiengesellschaften mit Sitz in Deutschland gelten fort, ZIP 2009, 948, 950 f.

[48] BGH, Urteil vom 27. 10. 2008, Az. II ZR 158/06, NJW 2009, 289 (Anm. *Kieninger*); siehe auch § 1 Rdnr. 103.

[49] OLG Hamm 26. 5. 2006, ZIP 2006, 1822 – *Trabrennbahn*. Vgl. dazu *Fleischer/Schmolke*, JZ 2008, 233, 237.

[50] Vgl. dazu *Hellgardt/Illmer*, NZG 2009, 94.

[51] BGBl. 1956 II, S. 487, 763; siehe auch § 1 Rdnr. 104. Vgl. dazu BGH 29. 1. 2003, VIII ZR 155/02, BB 2003, 810 (Anm. *Kindler*) = NJW 2003, 1607 ff. = NZG 2003, 531; siehe dazu *Bungert*, Sitzanknüpfung für Rechtsfähigkeit von Gesellschaften gilt auch nicht mehr im Verhältnis zu den USA, DB 2003, 1043; *Paefgen*, „Deutsche" Corporations im System des Gesellschaftskollisionsrechts, Deutsche Zeitschrift für Wirtschaftsrecht (DZWiR) 2003, 441.

geht. Angeknüpft wird an den Staat, nach dessen Vorschriften die Gesellschaft errichtet ist, so dass im deutsch-amerikanischen Verhältnis die Gründungstheorie gilt.[52] Ob ein *„genuine link"* zu den USA erforderlich ist, hat der BGH bisher offen gelassen. Jedenfalls aber stellt er daran nur minimale Anforderungen; auch eine geringfügige geschäftliche Aktivität in den USA genügt.[53] Verlegt eine nach dem Recht eines US-Bundesstaates[54] gegründete corporation ihren Verwaltungssitz nach Deutschland, so ist daher weiterhin das Gründungsrecht anwendbar. Voraussetzung ist lediglich, dass die Gesellschaft in den USA wirksam gegründet wurde und im Zeitpunkt der Verwaltungssitzverlegung noch fortbesteht.[55] Der Anwendungsbereich des Gründungsrechts erstreckt sich nicht nur auf die Rechts- und Parteifähigkeit der Gesellschaft, sondern auf alle vom Gesellschaftsstatut erfassten Fragen, insbesondere die Haftung für Gesellschaftsschulden.[56] Bei der Kollisionsnorm handelt es sich um eine **Sachnormverweisung,** weil dies dem Charakter eines Staatsvertrages entspricht. Eine mögliche Rück- oder Weiterverweisung durch deutsches oder US-amerikanisches Kollisionsrecht im Anwendungsbereich des Freundschaftsvertrags ist unbeachtlich.

Diskutiert wird die Erweiterung dieser Rechtsprechungslinie auf andere bi- oder multilaterale Staatsverträge mit Meistbegünstigungsklauseln, vgl. § 1 Rdnr. 105.

c) **Referentenentwurf Internationales Gesellschaftsrecht.** Auf der Grundlage der 11 Vorschläge des Deutschen Rates für Internationales Privatrecht[57] hat die Bundesregierung am 7. Januar 2008 einen Referentenentwurf für ein Gesetz zum Internationalen Privatrecht der Gesellschaften, Vereine und juristischen Personen (EGBGB-RefE)[58] vorgelegt. Mit Art. 10 EGBGB RefE würde das autonome deutsche Kollisionsrecht zur Gründungstheorie wechseln (vgl. § 1 Rdnr. 89 ff.), und zwar unabhängig davon, ob die betreffende Gesellschaft in einem EU-/EWR-Mitgliedstaat oder in einem Drittstaat registriert ist.[59] Der Wegfall der gegenwär-

---

[52] So die h. M. in Rechtsprechung und Literatur, vgl. BGH 29. 1. 2003, VIII ZR 155/02, NJW 2003, 1607 ff. = NZG 2003, 531; BGH 5. 7. 2004, II ZR 389/02 NJW-RR 2004, 1618 = NZG 2004, 1001; BGH 13. 10. 2004, I ZR 245/01, NZG 2005, 44; BGH 4. 5. 2004, XI ZR 40/03, NZG 2004, 863; *Kaulen,* Die Anerkennung von Gesellschaften unter Artikel XXV Abs. 5 S. 2 des deutsch-US-amerikanischen Freundschafts-, Handels- und Schifffahrtsvertrags von 1954, S. 112; *Kindler* IntGesR Rdnr. 344. A. A. *Großfeld* in: Staudinger, IntGesR Rdnr. 210; *Laeger,* Deutschamerikanisches Internationales Gesellschaftsrecht, S. 124 f.

[53] BGH 5. 7. 2004, II ZR 389/02 NJW-RR 2004, 1618 = NZG 2004; BGH 13. 10. 2004, I ZR 245/01, NZG 2005, 44.

[54] Vgl. zur Ausdehnung auf von den USA abhängige Gebiete *Thölke,* Anerkennung der Rechtspersönlichkeit einer US-amerikanischen Gesellschaft, DNotZ 2005, 141, 142.

[55] BGH 29. 1. 2003, VIII ZR 155/02, NJW 2003, 1607 ff. = NZG 2003, 531; *Spahlinger/Wegen,* B. I. Rdnr. 235.

[56] BGH 23. 4. 2002, XI ZR 36/01, NJW-RR 2002, 1359 f.; BGH 5. 7. 2004, II ZR 389/02, NJW-RR 2004, 1618 = NZG 2004, 1001.

[57] Umfassende Dokumentation der Gesetzgebungsvorschläge mit Begründung (in deutscher, englischer und französischer Sprache), sowie der vorbereitenden Referate und der Sitzungsberichte in *Sonnenberger* (Hrsg.), Vorschläge und Berichte zur Reform des europäischen und deutschen internationalen Gesellschaftsrechts (2006).

[58] Referentenentwurf für ein Gesetz zum Internationalen Privatrecht der Gesellschaften, Vereine und juristischen Personen, abrufbar unter http://www.bmj.bund.de/files//2751/RefE%20Gesetz%20zum%20Internationalen%20Privatrecht%20der%20Gesellschaften,%20Vereine%20und%20juristischen%20Personen.pdf.; Siehe dazu *Wagner/Timm,* Der Referentenentwurf eines Gesetzes zum Internationalen Privatrecht der Gesellschaften, Vereine und juristischen Personen, IPRax 2008, 81.

[59] Kritisch zur Gleichbehandlung von EU-/EWR-Gesellschaften und drittstaatlichen Gesellschaften *Roth,* Eine europäische Initiative zur Kodifizierung der Gründungstheorie, RdW 2007, 206, 207; *Clausnitzer,* Die Novelle des Internationalen Gesellschaftsrechts, NZG 2008, 321. Zustimmend dagegen *Bollacher,* Referentenentwurf zur Regelung des Internationalen Gesellschaftsrechts, RIW 2008, 200, 204; *Kieninger,* The law applicable to corporations in the EC, RabelsZ 2009, 607, 620 ff.; *Rotheimer,* Referentenentwurf zum Internationalen Gesellschaftsrecht, NZG 2008, 181, 182.

tigen Differenzierungen zwischen Zuzugs- und Wegzugsfällen sowie zwischen EU-/EWR-Mitgliedstaaten und Drittstaaten mit oder ohne besondere staatsvertragliche Regelung würde zu einer erheblichen Vereinfachung der Rechtsanwendung führen. Die bloße Verlegung des Verwaltungssitzes hätte in keinem Fall mehr einen Statutenwechsel oder eine von Gesetzes wegen angeordnete Umwandlung in eine Personengesellschaft zur Folge. Ob und wann der RefE vom Gesetzgeber wieder aufgegriffen werden wird, ist derzeit freilich ungewiss.[60]

III. Wegzugsfälle

12   Da der EuGH den Wegzug des Verwaltungssitzes bisher nicht unter den Schutz der Niederlassungsfreiheit stellt (unten Rdnr. 13 ff.), wird im Folgenden nach Rechtsquellen differenziert. Nach dem gegenwärtigen Stand der EuGH-Rechtsprechung unterscheidet sich die gesellschaftsrechtliche Behandlung des Wegzugs in einen anderen EU-/EWR-Mitgliedstaat nicht von der des Wegzugs in einen Drittstaat.

1. Der Einfluss der Niederlassungsfreiheit

13   Da der unter II. behandelte Zuzug einer Gesellschaft automatisch aus der Perspektive des bisherigen Sitzstaats zu einem Wegzug führt, läge es nahe, Zuzug und Wegzug als einen einheitlichen, unter dem Schutz der **Niederlassungsfreiheit** stehenden Vorgang zu betrachten mit der Folge, dass der bisherige Ansässigkeitsstaat den Wegzug ebenso wenig beschränken kann wie der neue Ansässigkeitsstaat den Zuzug. Das ist indes nach der Rechtsprechung des EuGH nicht der Stand des gegenwärtigen Gemeinschaftsrechts.

14   **a) Rechtsprechung des EuGH.** Seit der Entscheidung *Daily Mail*[61] betrachtet der Gerichtshof eine Gesellschaft als Geschöpf derjenigen Rechtsordnung, die sie geschaffen hat.[62] Daraus leitet er die Freiheit jedes Mitgliedstaates ab, die grenzüberschreitende Hinausverlegung nach autonomem Recht zu beurteilen und die Gesellschaft beispielsweise im Falle einer grenzüberschreitenden Hinausverlegung des Verwaltungssitzes als aufgelöst zu betrachten. In *Centros*,[63] *Überseering*[64] und *Inspire Art*[65] hat der EuGH zwar zentrale Argumente der *Daily Mail*-Entscheidung aufgegeben, so insbesondere den Vorbehalt, dass die Durchsetzung der Niederlassungsfreiheit für Gesellschaften einer vorherigen Lösung durch Sekundärrecht oder Staatsvertrag bedürfe und nicht aus Art. 49, 54 AEUV gefolgert werden könne. Gleichwohl hat er in *Überseering* und *Inspire Art* Zuzugs- und Wegzugsfälle unterschieden[66] und für letztere *obiter* an *Daily Mail* festgehalten.

Trotz der anderslautenden Schlussanträge des Generalanwalts[67] und entgegen der überwiegenden Auffassung in der Literatur[68] hält der EuGH in seiner Entscheidung *Carte-*

---

[60] Vgl. auch BGH 27. 10. 2008 II ZR 158/06, NJW 2009, 289 (Anm. *Kieninger*).

[61] EuGH, Urteil vom 27. 9. 1988, C-81/87, The Queen/H. M. Treasury und Commissioners of inland revenue, NJW 1989, 2186 ff. – *Daily Mail*.

[62] In der Literatur wurde daraufhin der Begriff ‚Geschöpftheorie' geprägt, *Eidenmüller*, § 2 Rdnr. 61; *Frenzel*, EWS 2009, 158, 161; *Kindler*, Ende der Diskussion der Wegzugsfreiheit, NZG 2009, 130, 131.

[63] EuGH, Urteil vom 9. 3. 1999, C-212/97, Centros Ltd/Erhevervs- og Selskabsstyrelsen, NJW 1999, 2027 ff. = NZG 1999, 298 – *Centros*.

[64] EuGH, Urteil vom 5. 11. 2002, C-208/00, Überseering BV/Nordic Construction Company Baumanagement GmbH (NCC), NJW 2002, 3614 ff. – *Überseering*.

[65] EuGH, Urteil vom 30. 9. 2003, C-167/01, Kamer van Koophandel en Fabrieken voor Amsterdam/Inspire Art Ltd., NJW 2003, 3333 – *Inspire Art*.

[66] Überseering Tz. 62, Inspire Art Tz. 103.

[67] EuGH GA *Poiares Maduro*, Schlussanträge v. 22. 5. 2008 – Rs. C-210/06 *Cartesio*, ZIP 2008, 1067 = EWiR Art. 43 EG 1/08, 397 (*Teichmann*); vgl. dazu *Behme/Nohlen*, Zur Wegzugsfreiheit von Gesellschaften – Der Schlussantrag von Generalanwalt Maduro in der Rechtssache Cartesio, NZG 2008, 496; *Grohmann/Gruschinske*, Beschränkungen des Wegzugs von Gesellschaften innerhalb der EU – die Rechtssache Cartesio, EuZW 2008, 463.

[68] *Grohmann/Grumschinske*, EuZW 2008, 463, 464; *Mörsdorf*, Beschränkung der Mobilität von EU-Gesellschaften im Binnenmarkt – eine Zwischenbilanz, EuZW 2009, 97, 98 ff.; *Otte*, EWS 2009, 38,

sio[69] die Differenzierung zwischen Zuzug und Wegzug aufrecht. Der EuGH erklärt es für mit der Niederlassungsfreiheit vereinbar, dass das ungarische Handelsregistergericht die Eintragung der Verlegung des Verwaltungssitzes der *Cartesio bt* (Kommanditgesellschaft nach ungarischem Recht) nach Italien ablehnte. Art. 49, 54 AEUV seien beim gegenwärtigen Stand des Gemeinschaftsrechts dahin auszulegen, dass sie Rechtsvorschriften eines Mitgliedstaates nicht entgegenstehen, die es einer nach dem nationalen Recht dieses Mitgliedstaats gegründeten Gesellschaft verwehren, ihren Sitz in einen anderen Mitgliedstaat zu verlegen und dabei ihre Eigenschaft als Gesellschaft des nationalen Rechts des Mitgliedstaats, nach dessen Recht sie gegründet wurde, zu behalten. Ein Mitgliedstaat habe die Befugnis, für die nach seinem Recht gegründeten Gesellschaften einen tatsächlichen Sitz im Inland zu fordern. Eine Korrektur sei nur möglich durch Sekundärrecht, welches aber noch zu schaffen sei.[70] Der EuGH hält folglich an der sogenannten „Geschöpftheorie" fest.[71] Für Wegzugsfälle können die Mitgliedstaaten daher nach wie vor die Sitztheorie anwenden und den Wegzugsbeschluss in einen Auflösungsbeschluss umdeuten.[72]

In einem *obiter dictum*[73] gewährt der EuGH allerdings das Recht auf **formwechselnden Wegzug** (dazu näher § 54 Rdnr. 3 ff.).[74] Er stellt fest, dass es gegen die Niederlassungsfreiheit gem. Art. 49, 54 AEUV verstoße, wenn ein Mitgliedstaat durch materiell-rechtliche Normen eine Gesellschaft daran hindere, sich in eine Gesellschaft nach dem nationalen Recht des Zuzugstaates umzuwandeln.[75] Dies gelte freilich nur, wenn der Zuzugsstaat die Umwandlung erlaube.[76] Der Wegzugsstaat könne in einem solchen Fall weder die Auflösung noch die Liquidation verlangen.[77] Die anderslautende Entscheidung des OLG München vom 4. 10. 2007,[78] wonach eine deutsche GmbH mit der grenzüberschreitenden Verlegung ihres Satzungs- und Verwaltungssitzes ihre Rechtsfähigkeit auf der Grundlage ihres bisherigen Personalstatuts verliere und eine identitätswahrende Auswanderung ausgeschlossen sei, ist daher mit der Entscheidung Cartesio nicht vereinbar.

Zur Rechtslage nach Inkrafttreten des MoMiG siehe Rdnr. 19 ff.

---

[39] *Szydlo*, Emigration of Companies under the EC Treaty: Some Thoughts on the Opinion of the Advocate General in the Cartesio Case, European Review of Private Law 2008, 973, 993; *Kußmaul/Richter/Ruiner*, EWS 2009, 1, 5; *Sethe/Winzer*, Der Umzug von Gesellschaften in Europa nach dem Cartesio-Urteil, WM 2009, 536, 539 sieht die Differenzierung nur in rechtspolitischer Hinsicht als fragwürdig. Zur Frage der Vereinbarkeit der *Cartesio*-Entscheidung mit EuGH 11. 3. 2004, C-9/02, *Hughes de Lasteyrie du Saillant: Teichmann*, Cartesio: Die Freiheit zum formwechselnden Wegzug, ZIP 2009, 393, 396; *Zimmer/Naendrup*, Das Cartesio-Urteil des EuGH: Rück- oder Fortschritt für das internationale Gesellschaftsrecht? NJW 2009, 545, 546.

[69] EuGH, Urteil vom 16. 12. 2008, C-210/06, Cartesio Oktató és Szolgáltató bt, NJW 2009, 569 ff. = NZG 2009, 61 ff. = EWS 2009, 31 ff. – *Cartesio*; Vgl. dazu *Leible/Hoffmann*, BB 2009, 58; *Bollacher*, Keine Verletzung der Niederlassungsfreiheit durch nationale Beschränkungen des Wegzugs von Gesellschaften, RIW 2009, 150, 153; *Zimmer/Naendrup*, NJW 2009, 545; *Teichmann*, ZIP 2009, 393; *Ratka/Rauter*, Cartesio und das ius vitae necisque des Wegzugsstaates, wbl 2009, 62; *Mörsdorf*, EuZW 2009, 97, 98; *Frenzel*, EWS 2009, 158; *Kußmaul/Richter/Ruiner*, EWS 2009, 1, 6; *Kieninger*, in Basedow/Wurmnest (Hrsg.), Unternehmen auf offenen Märkten, 2011, 25 ff.

[70] *Behrens*, Cartesio bestätigt, aber korrigiert, EuZW 2009, V (Gastkommentar); *Pießkalla*, Anmerkung zum Urteil Cartesio, EuZW 2009, 81, 82.

[71] *Frenzel*, EWS 2009, 158, 160 f.; ebenso GA *Jääskinen*, Schlussanträge v. 15. 12. 2011, Rs. C-378/10 *VALE*, Tz. 64.

[72] *Paefgen*, „Cartesio": Niederlassungsfreiheit minderer Güte – Zum Urteil des EuGH vom 16. 12. 2008 („Cartesio"), WM 2009, 529.

[73] *Bollacher*, RIW 2009, 150, 152. Dagegen: *Kindler*, NZG 2009, 130, 132.

[74] Fn. 69 – *Cartesio*, Tz. 110 ff.

[75] Vgl. *Mörsdorf*, EuZW 2009, 97, 99 ff.

[76] Fn. 69 – *Cartesio*, Tz. 112; bisher hält lediglich das portugiesische Recht solche Regelungen bereit, vgl. *Leible/Hoffmann*, BB 2009, 58 ff.

[77] Vgl. zum Verständnis das deutsch-polnische Beispiel bei *Teichmann/Ptak*, RIW 2010, 817, 819 ff.

[78] ZIP 2007, 2124, dazu *Frenzel*, EWS 2008, 130.

15 b) Stellungnahme. Die Entscheidung *Cartesio* ist in der Literatur überwiegend auf Kritik gestoßen.[79] In der Tat ist die Differenzierung zwischen Wegzugs- und Zuzugsperspektive unhaltbar, da ein einheitlicher, durch die Niederlassungsfreiheit nach ihrem Sinn und Zweck geschützter Sachverhalt willkürlich in zwei Aspekte aufgespalten wird. Für die Übersiedlung des Verwaltungssitzes von einem Mitgliedstaat in einen anderen, also einen Vorgang, der geradezu den Kern der Niederlassungsfreiheit der Gesellschaften ausmacht, ist es gleichgültig, ob der Wegzugsstaat die Gesellschaft an der Grenze als aufgelöst betrachtet oder der Zuzugsstaat der Gesellschaft die Anerkennung verweigert. Warum der EuGH den Mitgliedstaaten die Nichtanerkennung verbietet, den Totschlag an der Grenze aber gestattet, bleibt sein Geheimnis. Die Gründe, die der Gerichtshof in *Cartesio* anführt, überzeugen jedenfalls nicht. Zwar mag es sein, dass eine Gesellschaft „jenseits der nationalen Rechtsordnung, die ihre Gründung und Existenz regelt, keine Realität hat";[80] diese Tatsache rechtfertigt aber nicht, einer einmal nach einer nationalen Rechtsordnung gegründeten und damit in den Schutzbereich der Niederlassungsfreiheit getretenen Gesellschaft die Existenz wieder zu entziehen, nur weil sie von einer durch das Primärrecht gewährten Freiheit Gebrauch machen will.[81] Die Unterschiede zwischen den Mitgliedstaaten hinsichtlich der Anknüpfung des Gesellschaftsstatuts, die der EuGH in den Erwägungsgründen 105 ff. nennt, können die Unterscheidung zwischen Wegzugs- und Zuzugsfällen ebenso wenig legitimieren. Sie haben den Gerichtshof nicht davon abgehalten, die Mitgliedstaaten trotz anderslautender autonomer Kollisionsnormen dazu zu verpflichten, zuziehende Gesellschaften nach ihrem Gründungsrecht zu beurteilen, im Ergebnis also die Gründungstheorie anzuwenden. Der in Erwägungsgrund 108 wieder zum Leben erweckte Vorbehalt zugunsten einer sekundärrechtlichen oder staatsvertraglichen Lösung widerspricht nicht nur der Entscheidungstrias *Centros*, *Überseering* und *Inspire Art*,[82] sondern auch der gesamten Rechtsprechung des EuGH zu den Grundfreiheiten seit *Dassonville* und *Cassis de Dijon*.[83] Schließlich ist nicht einzusehen, warum der EuGH den schlichten Verwaltungssitzwechsel nicht unter den Anwendungsbereich der Art. 49, 54 AEUV fasst, wohl aber die formwechselnde Sitzverlegung.[84]

16 c) Autonomes deutsches Recht. Aufgrund der *Cartesio*-Entscheidung richten sich die Folgen der Hinausverlegung des Verwaltungssitzes einer deutschen Gesellschaft nach dem autonomen Recht. Es gibt folglich aus gesellschaftsrechtlicher Sicht keinen Unterschied zwischen der Sitzverlegung in einen anderen EU-/EWR-Mitgliedstaat und in einen Drittstaat. Das autonome deutsche Recht erlaubt aufgrund der Gesetzesänderungen seit

---

[79] *Paefgen* in: Westermann/Wertenbruch (Hrsg.), Handbuch der Personengesellschaften Band II, § 60 Rdnr. 4129; *Frenzel*, EWS 2009, 158; *Kieninger* (Fn. 68); *Knof/Mack*, Anm. *Cartesio*, ZIP 2009, 30; *Grohmann/Gruschinske*, EuZW 2008, 463, 464; *Brakalova/Barth*, Nationale Beschränkungen des Wegzugs von Gesellschaften innerhalb der EU bleiben zulässig, DB 2009, 213, 217; *Leible/Hoffmann*, BB 2009, 58 ff.; *Mörsdorf*, EuZW 2009, 97, 98; *Otte*, EWS 2009, 38, 39; *Pießkalla*, EuZW 2009, 81, 82; *Szydlo*, European Review of Private Law 2008, 973, 992. Zustimmend dagegen *Kindler*, Internationales Gesellschaftsrecht 2009: MoMiG, Trabrennbahn, Cartesio und die Folgen, IPRax 2009, 189; *Bollacher*, RIW 2009, 150. Differenzierend *Teichmann*, ZIP 2009, 393. A.A. *Barthel*, Die Niederlassungsfreiheit nach EuGH „Cartesio", EWS 2010, 316, 320 ff., der begrüßt, dass die Regelungsautonomie der Gründungsstaaten gegenüber den eigenen Gesellschaften höher gewichtet wird, als die Regelungsautonomie der Zuzugstaaten gegenüber fremden Gesellschaften.

[80] Fn. 69 – *Cartesio*, Tz. 104.

[81] *Frenzel*, EWS 2009, 158, 160.

[82] EuGH, Urteil vom 9. 3. 1999, C-212/97, Centros Ltd/Erhevervs- og Selskabsstyrelsen, NJW 1999, 2027 ff. = NZG 1999, 298 – *Centros*; EuGH, Urteil vom 5. 11. 2002, C-208/00, Überseering BV/Nordic Construction Company Baumanagement GmbH (NCC), NJW 2002, 3614 ff. – *Überseering*; EuGH, Urteil vom 30. 9. 2003, C-167/01, Kamer van Koophandel en Fabrieken voor Amsterdam/Inspire Art Ltd., NJW 2003, 3333 – *Inspire Art*; vgl. *Frenzel*, EWS 2009, 158, 162.

[83] EuGH, Urteil vom 11. 7. 1974, 8/74, NJW 1975, 515 – *Dassonville*; EuGH, Urteil vom 20. 2. 1979, 120/78, NJW 1979, 1766 – *Cassis de Dijon*.

[84] *Knof/Mock*, Anm. *Cartesio*, ZIP 2009, 30, 32.

dem MoMiG einer GmbH oder AG die Verlegung des Verwaltungssitzes aus Deutschland hinaus; sie wird nicht mehr mit Auflösung und Liquidation sanktioniert (siehe Rdnr. 18 ff.). Dadurch hat die *Cartesio*-Entscheidung für den größeren Teil der deutschen Gesellschaften keine praktischen Auswirkungen.

d) Weitere Lösungen für die Praxis. Soweit bereits bei der Gründung der Gesellschaft eine spätere Verwaltungssitzverlegung in Betracht gezogen wird, bietet sich als Lösung auch die Gründung einer SE an, denn nach Art. 8 Abs. 1 SE-VO kann der Verwaltungssitz der SE ohne Weiteres verlegt werden,[85] wobei freilich zu beachten ist, dass sich die zur Lückenfüllung heranzuziehenden, nationalen Ausführungsvorschriften zur SE-VO[86] durchaus unterscheiden.[87] In Zukunft könnte die Europäische Privatgesellschaft eine ähnliche Lösung bieten.[88] Die Gründung einer Zielgesellschaft im Zuzugsstaat und die nachfolgende Fusion der bestehenden Gesellschaft gemäß den nationalen Umsetzungsvorschriften zur Fusionsrichtlinie[89] ist eine weitere Alternative.[90] Wirtschaftlich kann der Sitz auch dadurch verlegt werden, dass die deutsche Gesellschaft zur Tochter einer ausländischen Gesellschaft gemacht wird.[91] Schließlich ist stets genau zu prüfen, welche Sanktion der Wegzugsstaat an den Sitzverlegungsbeschluss knüpft, und ob er den Verweis auf den tatsächlichen Sitz der Gesellschaft als Gesamtnormverweis auffasst, einem Renvoi (vgl. § 1 Rdnr. 27) also Folge leisten würde. Da kraft der Rechtsprechung des EuGH alle Mitgliedstaaten verpflichtet sind, zuziehende Gesellschaften nach ihrem Gründungsrecht zu beurteilen (Rdnr. 6; § 1 Rdnr. 94 ff.), ist insoweit stets die Gründungstheorie anzuwenden. Wenn folglich der Wegzugsstaat an den tatsächlichen Sitz anknüpft, aber den Renvoi zulässt, so gelangt kraft Rückverweisung das Recht des bisherigen Verwaltungssitzes als Gründungsrecht auch nach einer Sitzverlegung zur Anwendung.[92] Damit unterbleibt der Statutenwechsel. Freilich setzt diese Lösung voraus, dass der Wegzugsstaat die Gesellschaft nicht kraft des Sitzverlegungsbeschlusses als aufgelöst betrachtet.

2. Autonomes deutsches Recht

Seit Inkrafttreten des Gesetzes zur Modernisierung des GmbH-Rechts und zur Bekämpfung von Missbräuchen (MoMiG)[93] am 1. November 2008 muss zwischen der AG und GmbH einerseits und sonstigen Gesellschaftsformen andererseits differenziert werden.

a) AG und GmbH. aa) Aktuelle Rechtslage nach dem MoMiG. (1) Kollisionsrechtlicher Gehalt der Änderungen durch das MoMiG. Die Streichung von § 5 Abs. 2 AktG, § 4a Abs. 2 GmbHG durch das am 1. 11. 2008 in Kraft getretene MoMiG führt nach h. M. dazu, dass eine im deutschen Handelsregister eingetragene GmbH oder

---

[85] *Werlauff*, Relocating a Company within the EU, European Company Law 2008, 136 ff.; *Pießkalla*, Anm. *Cartesio*, EuZW 2009, 81, 83.
[86] In Deutschland: SEAG.
[87] Vgl. *Frenzel*, EWS 2009, 158, 161 f.
[88] *Pießkalla*, Anm. *Cartesio*, EuZW 2009, 81, 83. Zur Europäischen Privatgesellschaft vgl. *Hommelhoff/Teichmann*, Auf dem Weg zur Europäischen Privatgesellschaft (SPE), DStR 2008, 925 ff.; *Dejmek*, Das künftige Europa und die Europäische Privatgesellschaft, NZG 2001, 878 ff.
[89] RL 2005/56 v. 26. 10. 2005, ABl. EU Nr. L 310 v. 25. 10. 2005, S. 1 ff.; deutsche Umsetzungsvorschriften: §§ 122 a ff. UmwG.
[90] *Otte*, EWS 2009, 38, 39; *Frenzel*, EWS 2009, 158, 162.
[91] *Krause*, Unternehmensmobilität in Europa – Anmerkungen zur grenzüberschreitenden Verschmelzung und Sitzverlegung –, in: Müller-Graff/Teichmann (Hrsg.), Europäisches Gesellschaftsrecht auf neuen Wegen, S. 103, 120 ff.
[92] Vgl. *Kieninger*, Internationales Gesellschaftsrecht nach „Centros", „Überseering" und „Inspire Art" – Antworten, Zweifel und offene Fragen, ZEuP 2004, 685, 695; *Triebel/von Hase*, Wegzug und grenzüberschreitende Umwandlungen deutscher Gesellschaften nach „Überseering" und „Inspire Art", BB 2003, 2409, 2411 f.; in diesem Sinne *obiter* OLG Hamm 1. 2. 2001, NZG 2001, 563, 564.
[93] BGBl. I, S. 2026.

AG ihren Verwaltungssitz im Ausland haben kann.[94] Es ist das erklärte Ziel des Gesetzgebers, deutsche Gesellschaftsformen insoweit nicht länger gegenüber ausländischen Konkurrenten zu benachteiligen, denn während bspw. eine englische ltd. nach der in England herrschenden Gründungstheorie seit jeher ihren Verwaltungssitz außerhalb Englands unterhalten konnte, war dies deutschen Gesellschaften vor Inkrafttreten des MoMiG verwehrt.[95] Da der Gesetzgeber die Änderung allerdings nur im materiellen Recht vollzogen hat, ist umstritten, ob ihr auch ein kollisionsrechtlicher Gehalt zukommt.[96] Der BGH hat sich in der Entscheidung *Trabrennbahn* nur dagegen ausgesprochen, dem MoMiG Folgen für die Anerkennung von drittstaatlichen Gesellschaften mit Verwaltungssitz in Deutschland zu entnehmen,[97] sich also zu der hier interessierenden Frage der kollisionsrechtlichen Behandlung von deutschen Gesellschaften mit ausländischem Verwaltungssitz nicht geäußert.[98] Sie muss daher gegenwärtig als offen betrachtet werden.

20 Die besseren Argumente sprechen allerdings dafür, der Neuregelung auch einen kollisionsrechtlichen Gehalt zuzumessen, denn anders ist das Ziel des Gesetzgebers, deutsche Gesellschaften mit ausländischem Verwaltungssitz zu ermöglichen, nicht zu erreichen. Würde kollisionsrechtlich an der Sitztheorie festgehalten, so hinge die Anwendbarkeit des deutschen Rechts, und damit auch des MoMiG, auf eine nach deutschem Recht gegründete, hier eingetragene und mit einem inländischen Satzungssitz versehene GmbH oder AG davon ab, ob das ausländische, am tatsächlichen Sitz der Gesellschaft herrschende, Recht seinerseits der Gründungstheorie folgt.[99] Befände sich der Verwaltungssitz dagegen in einem Sitztheoriestaat, so wäre, wenn man dem MoMiG keinen kollisionsrechtlichen Gehalt zuspräche, das Recht am neuen Verwaltungssitz anwendbar, nicht hingegen das MoMiG, das den ausländischen Verwaltungssitz erlauben soll. Folglich könnte deutsches Sachrecht, also die durch das MoMiG intendierte Änderung, nur kraft Rückverweisung zum Tragen kommen, wenn sich der Verwaltungssitz in einem Gründungstheoriestaat befände. Nimmt man keinen kollisionsrechtlichen Gehalt des MoMiG an, so hätte der deutsche Gesetzgeber die Verwirklichung seiner Ziele folglich ganz in die Hand des ausländischen IPR gelegt. Dass dies seine Absicht war, geht aus der Gesetzesbegründung in keiner Weise hervor. Dies räumen auch die Kritiker eines kollisionsrechtlichen Verständnisses ein.[100] Billigt man der Neufassung durch das MoMiG dagegen auch einen kollisionsrechtli-

---

[94] BR-Drucks. 345/07, S. 65; *Hoffmann*, Die stille Bestattung der Sitztheorie durch den Gesetzgeber, ZIP 2007, 1581, 1582; *v. Hoffmann/Thorn*, Internationales Privatrecht, § 7 Rdnr. 32 a; *Peters*, Verlegung des tatsächlichen Verwaltungssitzes der GmbH ins Ausland – Aufgabe der Sitztheorie durch das MoMiG?, GmbHR 2008, 245, 247; *Hirte*, Die „Große GmbH-Reform" – Ein Überblick über das Gesetz zur Modernisierung des GmbH-Rechts und zur Bekämpfung von Missbräuchen (MoMiG), NZG 2008, 761, 766; *Fingerhutz/Rumpf*, MoMiG und die grenzüberschreitende Sitzverlegung – Die Sitztheorie ein (lebendes) Fossil?, IPRax 2008, 90; *Korom/Metzinger*, Freedom of Establishment for Companies: the European Court of Justice confirms and refines its Daily Mail Decision in the Cartesio Case C-210/06, ECFR 2009, 124, 159, Berichte von Befürchtungen, dass der Gesetzgeber das MoMiG zurücknehmen könnte, um einem Insolvenz-,forum shopping' zuvor zu kommen.
[95] BT-Drucks. 16/6140, S. 29.
[96] Für einen kollisionsrechtlichen Gehalt *Hüffer*, AktG § 5 Rdnr. 3; *Leible* in Michalski (Hrsg.), GmbHG-Kommentar, Sys. Darst. 2, Rdnr. 177 f.; *Hoffmann*, ZIP 2007, 1581; *Däubler/Heuscheid*, Cartesio und MoMiG – Sitzverlagerung ins Ausland und Unternehmensmitbestimmung, NZG 2009, 493, 494; *Fingherhut/Rumpf*, IPRax 2008, 90, 92; *Mülsch/Nohlen*, Die ausländische Kapitalgesellschaft und Co.KG mit Verwaltungssitz im EG-Ausland, ZIP 2008, 1358, 1360; *Weng*, EWS 2008, 264, 267; a. A. *Peters*, GmbHR 2008, 245, 249; *Franz/Laeger*, Die Mobilität deutscher Kapitalgesellschaften nach Umsetzung des MoMiG unter Einbeziehung des Referentenentwurfs zum internationalen Gesellschaftsrecht, BB 2008, 678, 681 f.; *Preuß*, Die Wahl des Satzungssitzes im geltenden Gesellschaftsrecht und nach dem MoMiG-Entwurf, GmbHR 2007, 57, 62; *Kindler*, IPRax 2009, 189, 193 ff.
[97] BGH, Urteil vom 27. 10. 2008, Az. II ZR 158/06, NJW 2009, 289, 291 (Tz. 22).
[98] A. A. *Kindler*, IPRax 2009, 189, 198.
[99] Vgl. *Hoffmann*, ZIP 2007, 1581, 1583.
[100] *Kindler*, IPRax 2009, 189, 198.

chen Gehalt zu, so ist, soweit der Anwendungsbereich reicht, auf Gesellschaften in der Rechtsform der GmbH oder AG deutsches Recht als Gesellschaftsstatut anzuwenden, sofern sie nach deutschem Recht gegründet sind und einen inländischen Satzungssitz haben.[101] Der Ort des Verwaltungssitzes spielt für die Bestimmung des Gesellschaftsstatuts in Bezug auf diese Gesellschaften keine Rolle mehr.

(2) Auswirkungen des MoMiG auf die Verwaltungssitzverlegung. Nimmt man mit der hier vertretenen Auffassung (Rdnr. 20) einen kollisionsrechtlichen Gehalt der Streichung von §§ 5 Abs. 2 AktG und 4a Abs. 2 GmbHG durch das MoMiG an, so kann eine GmbH oder AG ihren Verwaltungssitz aus der Sicht des deutschen Rechts in einen anderen EU-/EWR-Mitgliedstaat oder Drittstaat verlegen, ohne dadurch ihre Existenz als GmbH oder AG deutschen Rechts zu verlieren.[102] Der Verlegungsbeschluss ist nicht länger nichtig oder als Auflösungsbeschluss zu werten (vgl. zur alten Rechtslage, Rdnr. 23).[103] Wie das ausländische Kollisions- und Sachrecht die real zugezogene GmbH oder AG beurteilt, ist seine Sache;[104] EU-/EWR-Staaten sind allerdings seit den EuGH-Entscheidungen *Überseering*[105] und *Inspire Art*[106] verpflichtet, die Gesellschaft grundsätzlich nach ihrem Gründungsrecht, also nach deutschem Recht, zu beurteilen, näher Rdnr. 6.[107]

Spricht man dagegen der Änderung nur einen materiellrechtlichen Gehalt zu, so hängt das Schicksal der Gesellschaft davon ab, ob sie ihren Verwaltungssitz in einen Sitz- oder einen Gründungstheoriestaat verlegt.[108] Im ersten Fall wäre nach der Sitzverlegung nur noch das ausländische Recht des Zuzugsstaates anzuwenden, so dass die Gesellschaft nicht als deutsche GmbH oder AG fortbestehen könnte.[109] Verlegt sie ihren Sitz dagegen in einen Gründungstheoriestaat, so verweist dessen IPR auf das Gründungsrecht, also deutsches Recht, zurück. Das deutsche IPR fasst dies als Sachnormverweisung auf, Art. 4 Abs. 1 S. 2 EGBGB, so dass deutsches materielles Recht, einschließlich der neugefassten §§ 5 AktG, 4a GmbHG anzuwenden ist. Da hiernach ein inländischer Verwaltungssitz entbehrlich ist, ist die GmbH bzw. AG nicht aufzulösen, sondern besteht mit dem ausländischen Verwaltungssitz fort. Zu beachten ist bei dieser Auffassung jedoch, dass nach richtiger Ansicht (vgl. Rdnr. 6 ff.)[110] Mitgliedstaaten der EU bzw. des EWR infolge der Rechtsprechung des EuGH auf die zuziehende Gesellschaft die Gründungstheorie anzuwenden haben.[111] Daraus folgt, dass auf eine GmbH oder AG, die ihren Sitz in einen EU-/EWR-Mitgliedstaat verlegt, selbst nach der Gegenansicht zu Rdnr. 21 f. stets deutsches Recht kraft Rückverweisung anzuwenden ist. Die von *Kindler* gebildeten Beispielsfälle zu Belgien und Frankreich wären daher bei richtiger Anwendung der EuGH-Rechtsprechung zur Niederlassungsfreiheit ebenso zu lösen wie Verwaltungssitzverlegungen in Gründungstheoriestaaten. Freilich ist zu beachten, dass das ausländische Recht, einschließlich des IPR stets so anzuwenden ist, wie dies Rechtsprechung und Literatur des betreffenden Landes handhaben.[112] Bisher wird der Einfluss der Niederlassungsfreiheit auf das internationale Gesell-

---

[101] Zustimmend: *Hüffer*, AktG § 5 Rdnr. 3; *Leible* in Michalski (Hrsg.), GmbHG Kommentar, Sys. Darst. 2, Rdnr. 177 f.
[102] *Mülsch/Nohlen*, ZIP 2008, 1358, 1360; *Däubler/Heuschmid*, NZG 2009, 493, 494; *Fingerhut/Rumpf*, IPax 2008, 90, 92; *Teichmann*, ZIP 2009, 393, 401.
[103] *Hirte*, NZG 2008, 761, 766.
[104] vgl. *Teichmann*, ZIP 2009, 393, 401.
[105] EuGH, Urteil vom 5. 11. 2002, C-208/00, Überseering BV/Nordic Construction Company Baumanagement GmbH (NCC), NJW 2002, 3614 ff. – *Überseering*.
[106] EuGH, Urteil vom 30. 9. 2003, C-167/01, Kamer van Koophandel en Fabrieken voor Amsterdam/Inspire Art Ltd., NJW 2003, 3333 – *Inspire Art*.
[107] *Fingerhuth/Rumpf*, IPRax 2008, 90, 92.
[108] *Kindler*, IPRax 2009, 189, 197 f.; *Peters*, GmbHR 2008, 245, 248.
[109] *Kindler*, IPRax 2009, 189, 199.
[110] A. A. *Kindler*, IPRax 2009, 189.
[111] *Peters*, GmbHR 2008, 245, 248.
[112] Vgl. *Sonnenberger* in MüKo, EinlIPR Rdnr. 628.

schaftsrecht in manchen EU-Mitgliedstaaten, die traditionell der Sitztheorie folgen (Belgien, Frankreich), teilweise noch ignoriert.[113]

23 **bb) Alte Rechtslage.** Da sie für Altfälle noch von Bedeutung sein kann, ist noch kurz auf die Rechtslage vor dem MoMiG einzugehen.

Nach der Sitztheorie[114] musste eine GmbH oder AktG einen Sitz im Inland haben,[115] welcher im Gesellschaftsvertrag anzugeben war, §§ 3 Abs. 1 Nr. 1 GmbHG, 23 Abs. 3 Nr. 1 AktG. Die Verwaltungssitzverlegung ins Ausland hatte die Zwangsauflösung der Gesellschaft und Aberkennung der Rechtsfähigkeit zur Folge.

Umstritten war die Begründung der Auflösung der Gesellschaft, da der Verlegungsbeschluss kein gesetzlicher Auflösungsgrund war. In Literatur und Rechtsprechung ging man teilweise von der Existenz eines ungeschriebenen Auflösungsgrundes durch Rechtsfortbildung aus;[116] dieser sollte aber nach a.A. am verfassungsrechtlichen Gesetzesvorbehalt scheitern.[117] Diskutiert wurde weiter, ob mit dem Verlegungsbeschluss des Verwaltungssitzes ins Ausland konkludent ein Auflösungsbeschluss getroffen wurde.[118] Dagegen spricht, dass die Gesellschafter in der Regel keine Auflösung, sondern gerade das Fortbestehen der Gesellschaft wollten. Daher wurde vorgeschlagen, dass der Verlegungsbeschluss selbst die Nichtigkeit – weil auf etwas rechtlich Unmögliches gerichtet – zur Folge haben müsse.[119]

In Bezug auf die Durchführung der Liquidation bestand Einigkeit darin, dass die Gesellschaft mit der Auflösung ihre Rechtspersönlichkeit verlieren und sich im Ausland neu gründen müsse.[120] Die Auflösung und Liquidation mussten ins Handelsregister eingetragen werden. Ein Fortsetzungsbeschluss der Gesellschafter hatte aufgrund der Sitztheorie rechtlich keine Bedeutung. Fraglich war dagegen die praktische Durchführung. Teilweise wurde eine Auflösung nach ex § 142 FGG oder ex § 144a FGG[121] oder ein Verfahren nach § 65 Abs. 1 S. 1 GmbHG bzw. §§ 262 Abs. 2, 263 S. 1 AktG gefordert.[122]

24 **b) Andere Gesellschaftsformen. aa) Allgemeines.** Da das MoMiG nur die GmbH und die AG erfasst, bleibt es für die übrigen Gesellschaftsformen bei der gewohnheitsrechtlich geltenden Sitztheorie, die nach dem bisherigen Stand des Gemeinschaftsrechts nicht durch die Niederlassungsfreiheit überlagert wird (vgl. EuGH *Cartesio*, dazu Rdnr. 14). Grundsätzlich ist festzustellen, dass die Gesellschaft nur dann fortbesteht, wenn altes und neues Statut die Verlegung des Verwaltungssitzes billigen.[123] Im Übrigen folgt aufgrund der Sitztheorie aus der Verwaltungssitzverlegung die Auflösung der Gesellschaft. Es liegt ein

---

[113] Vgl. zu Belgien Art. 110 IPR-Gesetz 2004, dazu *Tubeuf*, in: J. Erauw et al. (Hrsg.), Het wetboek internationaal privaatrecht becommentarieerd/Le Code de droit international privé commenté, Art. 110, S. 575 ff. mit Nachweisen zur Diskussion der EuGH-Rechtsprechung in Belgien (S. 575, Fn. 18); vgl. zu Frankreich *Mayer/Heuzé*, Droit International Privé, Nr. 1038; *Audit*, Droit international privé, Nr. 1124. Siehe auch *Kieninger*, RabelsZ 2009, 607, 611 f.

[114] *Behme*, Der Weg deutscher Aktiengesellschaften ins Ausland – Goldene Brücke statt Stolperpfad, BB, 2008, 70, 71.

[115] BGHZ 19, 102, 105.

[116] *Hoffmann* in: AnwKBGB, Anh zu Art. 12 EGBGB Rdnr. 54; *Hoffmann* in Süß/Wachter (Hrsg.), Handbuch des internationalen GmbH-Rechts, § 4 Rdnr. 5.

[117] *Thölke*, Die Entstehungssitztheorie, S. 268 ff.

[118] OLG Hamm, NJW 2001, 2183 f.; BayObLG, DNotZ 1993, 187; *Großfeld* in Staudinger, IntGesR, Rdnr. 631; a. A. *Hüffer*, AktG, § 5 Rdnr. 12.

[119] *Achilles*/Ensthaler/Schmidt, Kommentar zum GmbH-Gesetz, § 4a Rdnr. 12; *Hoffmann* in Süß/Wachter (Hrsg.), § 4 Rdnr. 5; *Großfeld* in Staudinger, IntGesR, Rdnr. 633.

[120] *Behme*, BB 2008, 70.

[121] *Westermann* in Bürgers/Körber (Hrsg.), Aktiengesetz, § 5 Rdnr. 3.

[122] Vgl. umfassend hierzu *Thölke*, Die Entstehungssitztheorie, S. 272 ff.; *Zimmer* in Schmidt/Lutter (Hrsg.), AktG, § 5 Rdnr. 22, 25.

[123] Nur in Portugal ist die transnationale Sitzverlegung normiert. Sofern der Zuzugstaat den Zuzug unter Wahrung der Identität der Gesellschaft billigt, wird nach portugiesischem Recht der Wegzug anerkannt, vgl. *Schwarz*, Europäisches Gesellschaftsrecht, Rdnr. 171.

zwingender Grund für die Liquidation der Gesellschaft vor.[124] Während über dieses Ergebnis weitgehend Einigkeit herrscht,[125] ist seine dogmatische Herleitung umstritten, vgl. Rdnr. 23 (oben (a)).

bb) Genossenschaft, e. V. und Partnerschaft. Der Verlegungsbeschluss hat die Zwangauflösung zur Folge. Das Verfahren ist jedoch unklar: Denkbar ist das Vorgehen deutscher Behörden gem. § 81 GenG, § 43 Abs. 2 BGB. Bei der Genossenschaft kommt auch ein Amtslöschungsverfahren nach §§ 6, 95, 97 GenG, 397 f. FamFG in Betracht. Beim e. V. richtet sich das Amtslöschungsverfahren nach § 395 FamFG. Bei der Partnerschaft ist an eine Löschung gem. §§ 2 Abs. 2 PartGG, 31 Abs. 2 HGB, 393 Abs. 6 FamFG zu denken. Mit der Zwangsauflösung ist die Liquidation aber nicht sichergestellt.

cc) Personenhandelsgesellschaften. Gem. § 106 HGB (i. V. m. § 161 Abs. 2 HGB) ist der Sitz bei der Eintragung in das Handelsregister anzugeben. Dieser Sitz wird als der Verwaltungssitz verstanden.[126] Eine Verlegung dieses Sitzes müsste beim Handelsregister angemeldet werden. Ein ausländischer Sitz kann aber nicht eingetragen werden. Als Rechtsfolge könnte sich ein Formwechsel in eine GbR ergeben oder es besteht eine nicht eingetragene Personenhandelsgesellschaft fort. Danach würde keine Liquidation notwendig werden. Es ist aber eher davon auszugehen, dass ein ungeschriebener Auflösungsgrund vorliegt, da ein inländischer Verwaltungssitz eine ungeschriebene Voraussetzung für den Fortbestand ist. Die Auflösung wäre nach § 143 Abs. 1 S. 1 HGB zur Eintragung ins Handelsregister anzumelden. Allerdings kann wiederum die Liquidation nicht erzwungen werden.

dd) GbR und nicht rechtsfähiger Verein. Ein inländischer Verwaltungssitz ist notwendige Voraussetzung für das Entstehen und Fortbestehen einer GbR und eines nicht rechtsfähigen Vereins. Es ist von einem ungeschriebenen Auflösungsgrund auszugehen, wenn die GbR oder der nicht rechtsfähige Verein den Verwaltungssitz ins Ausland verlegt. Allerdings ist wieder unklar, inwieweit die Liquidation durchgesetzt oder erzwungen werden kann.[127]

IV. Verlegung des Verwaltungssitzes von einem ausländischen Staat in einen anderen

Ob die Verwaltungssitzverlegung zu einer Änderung des Gesellschaftsstatuts führt, hängt vom Kollisionsrecht der beteiligten Rechtsordnungen ab. Wendet der Wegzugsstaat die Sitztheorie an, so ist zu prüfen, welche Folgen das materielle Recht des Wegzugsstaates an die Sitzverlegung knüpft. Meist wird dies die Auflösung der Gesellschaft oder die Nichtigkeit des Sitzverlegungsbeschlusses sein. In solchen Fällen ist die Verwaltungssitzverlegung ausgeschlossen; es bleibt nur die Liquidation und Neugründung. Folgt der Wegzugsstaat dagegen der Gründungstheorie, so ist die Verwaltungssitzverlegung aus seiner Sicht für die Bestimmung des anwendbaren Rechts unbeachtlich; es bleibt bei der Anwendung des Rechts des Gründungsstaates. In einem solchen Fall hängt es von dem Zuzugsstaat ab, ob die Sitzverlegung ohne Auflösung gelingt. Wendet der Zuzugsstaat ebenfalls das Gründungsrecht an, so steht einer Verwaltungssitzverlegung aus gesellschaftsrechtlicher Sicht nichts im Wege.[128] Das ist aufgrund der Rechtsprechung des

---

[124] OLG Hamm, 30. 4. 1997 – 15 W 91/97, EWS 1998, 470 f.; *Großfeld* in Staudinger, IntGesR, Rdnr. 610.
[125] *Kindler*, IntGesR, Rdnr. 525 ff. stimmt nur insoweit zu, als der Zuzugsstaat der Sitztheorie folgt. Liegt dem Zuzugsstaat die Gründungstheorie zugrunde, komme ein Auflösungszwang nur in Betracht, wenn gleichzeitig der Satzungssitz verlegt wird oder die Beibehaltung des Satzungssitzes nicht durch das Vorhandensein eines inländischen Betriebs gerechtfertigt ist.
[126] BGH, WM 1957, 999, 1000; *Langhein* in Münchener Kommentar, HGB, § 106 Rdnr. 26.
[127] Vgl. *Thölke*, Die Entstehungssitztheorie, S. 281 ff.
[128] *Großfeld* in Staudinger, IntGesR Rdnr. 648; *Kindler*, IntGesR, Rdnr. 537.

EuGH[129] jedenfalls dann der Fall, wenn eine Gesellschaft ihren Verwaltungssitz von einem EU-/EWR-Mitgliedstaat in einen anderen verlegt. Folgt der Zuzugsstaat dagegen der Sitztheorie, so ist sein materielles Recht daraufhin zu prüfen, ob es Mechanismen zur identitätswahrenden Umwandlung der Gesellschaft in eine solche des neuen Sitzstaates enthält. Falls nicht, wird der neue Sitzstaat die tatsächlich zugezogene Gesellschaft je nach kollisionsrechtlicher Regel (strenge Sitztheorie, modifizierte Sitztheorie) als rechtliches Nullum[130] oder als eine Gesellschaftsform nationalen Rechts behandeln, für die keine Gründungsformalitäten einzuhalten sind.

V. Reform des deutschen und europäischen internationalen Gesellschaftsrechts

28 Der gegenwärtige Rechtszustand, insbesondere die Aufspaltung in Zuzugs- und Wegzugsfälle und die Unterscheidung zwischen verschiedenen Gesellschaftsformen bei der Frage der Hinausverlegung des Verwaltungssitzes aus Deutschland können nicht überzeugen.[131] Sie erschweren die Rechtsanwendung unnötigerweise und können dazu führen, dass eine Gesellschaft in verschiedenen Staaten unterschiedlich qualifiziert wird (z.B. als Kapital- und Personengesellschaft, als rechts- und parteifähig oder als „Nullum", sog. hinkende Rechtsverhältnisse). Daher wird auf verschiedenen Ebenen an Reformen gearbeitet. Nach dem im Januar 2008 vorgelegten, gegenwärtig (Dezember 2011) aber nicht weiter verfolgten Referentenentwurf des BMJ[132] würde ein neu in das EGBGB eingeführter Art. 10 das Gesellschaftsstatut an den Registrierungsort, hilfsweise an das Recht des Staates, nach dem die Gesellschaft organisiert ist, anknüpfen. In Deutschland würde damit die Gründungstheorie eingeführt, so dass das Kollisionsrecht einer Verwaltungssitzverlegung aus oder nach Deutschland nicht mehr im Wege stünde.

Aufgrund der Unterschiede in der Rezeption der EuGH-Rechtsprechung in den einzelnen Mitgliedstaaten und weil der Gerichtshof den Wegzug bislang anders behandelt als den Zuzug (Rdnr. 1)[133] wäre eine einheitliche, europäische Lösung einer nationalen Reform vorzuziehen.[134] Eine solche ist aber gegenwärtig nicht in Sicht. Der Entwurf für eine Vierzehnte gesellschaftsrechtliche Richtlinie (Sitzverlegungsrichtlinie) vom 20. 4. 1997[135] ist durch die Rechtsprechung des EuGH überholt. Seither gab es verschiedene öffentliche Konsultationen,[136] aber keinen neuen Vorschlag. Die Arbeiten an der Richtlinie sind bis auf Weiteres eingestellt.[137]

---

[129] EuGH, Urteil vom 5. 11. 2002, C-208/00, Überseering BV/Nordic Construction Company Baumanagement GmbH (NCC), NJW 2002, 3614 ff. – *Überseering*; EuGH, Urteil vom 30. 9. 2003, C-167/01, Kamer van Koophandel en Fabrieken voor Amsterdam/Inspire Art Ltd., NJW 2003, 3333 – *Inspire Art*.

[130] In diesem Fall erkennt auch Deutschland die ausländische Gesellschaft nicht an, *Spahlinger/Wegen*, Internationales Gesellschaftsrecht in der Praxis, B Rdnr. 39; *Großfeld* in Staudinger, IntGesR Rdnr. 649.

[131] *Fingerhuth/Rumpf*, IPRax 2008, 90, 94.

[132] Fn. 58. Siehe dazu *Wagner/Timm*, IPRax 2008, 81. Der Entwurf basiert weitgehend auf Vorschlägen des Deutschen Rates für IPR, vgl. *Sonnenberger*, Vorschläge und Berichte zur Reform des europäischen und deutschen internationalen Gesellschaftsrechts; siehe auch *Sonnenberger/Bauer*, Vorschlag des Deutschen Rates für Internationales Privatrecht für eine Regelung des Internationalen Gesellschaftsrechts auf europäischer/nationaler Ebene, RIW Beilage 2006 Nr. 1, 1–24.

[133] Vgl. *Kieninger*, RabelsZ 2009, 607, 615 f.

[134] *Cains*, Case Note on Cartesio Decision by the European Court of Justice, European Review of Private Law 2010, 569, 577.

[135] Abgedruckt in ZIP 1997, 1721 ff.; vgl. *Teichmann* in Süß/Wachter (Hrsg.), § 4 Rdnr. 61; *Schwarz*, Rdnr. 807 ff.

[136] Dokumentiert unter http://ec.europa.eu/internal_market/company/seat-transfer/index_en.htm.

[137] Vgl. European Commission, Staff Working Document, Impact assessment on the Directive on the cross-border transfer of registered office of 12 December 2007, SEC (2007) 1707. Das Euro-

VI. Verwaltungssitzverlegung und internationale Zuständigkeit

1. EuGVVO[138]

Im Anwendungsbereich der EuGVVO kann eine Gesellschaft gem. Art. 2 Abs. 1, 60 Abs. 1 EuGVVO an ihrem allgemeinen Gerichtsstand verklagt werden. Die EuGVVO bestimmt autonom, was unter dem Begriff ‚Wohnsitz' gemeint ist. Gesellschaften und juristische Personen können nach Wahl des Klägers in dem Staat verklagt werden, in dem sich ihr satzungsmäßiger Sitz, ihre Hauptverwaltung oder ihre Hauptniederlassung befindet. Im Fall der Verwaltungssitzverlegung verdoppelt sich damit der allgemeine Gerichtsstand, falls Satzungs- und Verwaltungssitz auseinanderfallen. Die Begriffe Hauptverwaltung und -niederlassung sind autonom auszulegen. Unter der Hauptverwaltung (lit. b) versteht man den Ort, an dem die Willensbildung und die eigentliche unternehmerische Leitung der Gesellschaft geschieht.[139] Dies ist meist der Sitz der Organe.[140] Die Hauptniederlassung (lit. c) wird definiert als der tatsächliche Geschäftsschwerpunkt, bei einer Fabrik die zentrale Produktionsstätte oder sonst ein Ort, wo sich die wesentlichen personellen oder Sachmittel konzentrieren.[141] Aufgrund der alternativen Gerichtsstände können auch Gesellschaften, die ihren Verwaltungssitz aus Deutschland oder einem anderen EU-Staat in einen Drittstaat verlegt haben, weiterhin in der EU verklagt werden, sofern sich der Satzungssitz noch in einem Mitgliedstaat befindet. Die internationale Zuständigkeit nach der EuGVVO ist auch maßgeblich für weitere Rechtsakte der EU im Bereich des internationalen Verfahrensrechts (EuZVO, EuBVO, EuVTVO, EuGFVO).[142] Sie alle sind anwendbar, sofern sich **Verwaltungssitz oder Satzungssitz** innerhalb der EU befinden.

2. LugÜ[143]

Parallel zur EuGVVO sind im Anwendungsbereich des LugÜ für den allgemeinen Gerichtsstand Art. 2 Abs. 1, 60 Abs. 1 LugÜ heranzuziehen. Während nach der a. F. des LugÜ

---

päische Parlament hat die Kommission allerdings in einer Entschließung vom 10. 3. 2009 (2008/2196 (INI)) aufgefordert, bis zum 31. 3. 2009 einen neuen Vorschlag für eine 14. Richtlinie zu unterbreiten. Vgl. zur Entwicklung in der Literatur *Arbeitskreis Europäisches Unternehmensrecht*, Thesen zum Erlass einer europäischen Sitzverlegungsrichtlinie, NZG 2011, 98 f.; *Grundmann*, Europäisches Gesellschaftsrecht, § 24 Rdnr. 835 ff.

[138] Verordnung (EG) Nr. 44/2001 des Rates über die gerichtliche Zuständigkeit und die Anerkennung und Vollstreckung von Entscheidungen in Zivil- und Handelssachen vom 22. Dezember 2000 (ABl. EG 2001 Nr. L12, S. 1), abgedruckt in Jayme/Hausmann Nr. 160.

[139] *Kropholler*, Europäisches Zivilprozeßrecht, Kommentar, Art. 60 Rdnr. 2; *Staudinger* in Rauscher, EuZPR/EuIPR, Kommentar, Art. 60 Brüssel I-VO, Rdnr. 1, Staudinger verweist für die autonome Begriffsbestimmung auch allgemein auf Art. 48 EG; *Tiedje/Troberg* in von der Groeben/Schwarze (Hrsg.), Art. 48 EG, Rdnr. 9; *Vlas* in Magnus/Mankowski (Hrsg.), Brussels I Regulation, Art. 60 Rdnr. 5.

[140] *Kropholler*, Europäisches Zivilprozeßrecht, Art. 60 Rdnr. 2; *Staudinger* in Rauscher (Hrsg.), Europäisches Zivilprozeßrecht, Art. 60 Brüssel I-VO, Rdnr. 1.

[141] *Kropholler*, Europäisches Zivilprozeßrecht, Art. 60 Rdnr. 2; *Staudinger* in Rauscher (Hrsg.), EuZPR/EuIPR, Art. 60 Brüssel I-VO, Rdnr. 1; *Tiedje/Troberg* in von der Groeben/Schwarze (Hrsg.), Art. 48 EG, Rdnr. 10; *Vlas* in Magnus/Mankowski (Hrsg.), Brussels I Regulation, Art. 60 Rdnr. 6.

[142] Verordnung (EG) Nr. 1393/2007 des Europäischen Parlaments und des Rates über die Zustellung gerichtlicher und außergerichtlicher Schriftstücke in Zivil- oder Handelssachen in den Mitgliedstaaten („Zustellung von Schriftstücken") und zur Aufhebung der Verordnung (EG) Nr. 1348/2000 des Rates; Verordnung (EG) Nr. 1206/2001 des Rates über die Zusammenarbeit zwischen den Gerichten der Mitgliedstaaten auf dem Gebiet der Beweisaufnahme in Zivil- oder Handelssachen; Verordnung (EG) Nr. 805/2004 des Europäischen Parlaments und des Rates zur Einführung eines europäischen Vollstreckungstitels für unbestrittene Forderungen; Verordnung (EG) Nr. 861/2007 des Europäischen Parlaments und des Rates zur Einführung eines europäischen Verfahrens für geringfügige Forderungen.

[143] Luganer Übereinkommen über die gerichtliche Zuständigkeit und die Vollstreckung gerichtlicher Entscheidungen in Zivil- und Handelssachen vom 30. 10. 2007 (ABl. EU 2009, Nr. L 147, S. 5).

die Begriffe Satzungssitz und Sitz der Hauptverwaltung bzw. -niederlassung nicht autonom, sondern nach dem jeweils anwendbaren IPR zum 1. 1. 2011 bzw. 1. 1. 2010 hat die Neufassung des LugÜ,[144] die zu bestimmen waren, in Kraft getreten ist, diesen Unterschied zur EuGVVO beseitigt, vgl. Art. 60 LugÜ n. F.

3. ZPO

31 Ist die EuGVO in Ermangelung eines Beklagtenwohnsitzes in einem Mitgliedstaat nicht anwendbar, so sind die nationalen Vorschriften der ZPO in doppelfunktionaler Hinsicht anzuwenden, um die internationale Zuständigkeit zu ermitteln. § 17 I 1 ZPO konkretisiert den allgemeinen Gerichtsstand der §§ 12, 13 ZPO, der für natürliche Personen gilt, für juristische Personen. Erfasst werden aber nicht nur die juristischen Personen i. e. S., sondern auch Personen- und Personenhandelsgesellschaften.[145] Gem. § 17 Abs. 1 S. 1 ZPO bestimmt sich der allgemeine Gerichtsstand grundsätzlich nach dem Sitz der Gesellschaft. Der Begriff Sitz bestimmt sich nach dem materiellen Recht. Juristische Personen des Privatrechts legen ihren Sitz durch Satzung fest, §§ 278 AktG, 3 Abs. 1 GmbHG, 24, 57 BGB, 6 Nr. 1 GenG, 18 VAG. Die OHG und die KG melden ihren Sitz beim Handelsregister an, § 106 Abs. 2 HGB (i. V. m. § 161 Abs. 2 HGB). Bei ausländischen juristischen Personen (außerhalb des Anwendungsbereichs der vorrangigen EuGVVO) ist primär auf den Satzungssitz abzustellen. Lässt sich dieser nicht ermitteln, ist der tatsächliche Verwaltungssitz als Anknüpfungsmerkmal heranzuziehen. Subsidiär ist gem. § 17 Abs. 1 S. 2 ZPO an den Verwaltungssitz anzuknüpfen. Diese Vorschrift kommt insbesondere bei einer GbR zum Tragen, da sie keinen Satzungssitz hat. Der Verwaltungssitz liegt an dem Ort, an dem der Mittelpunkt der geschäftlichen Oberleitung liegt. Konkret ist der Ort maßgebend, an dem die laufenden grundlegenden Geschäftsführungsakte der dazu berufenen Vertretungsorgane vorgenommen werden.[146] Im Falle des Auseinanderfallens von Satzungs- und Verwaltungssitz aufgrund einer Verwaltungssitzverlegung sollte in der Praxis primär am Satzungssitz geklagt werden. Würde am Gericht des Verwaltungssitzes geklagt, besteht die Gefahr einer Fristversäumung, falls das Gericht eine Verweisung vornimmt, da nach seiner Ansicht (doch) ein Satzungssitz zu ermitteln ist.

§ 53 Grenzüberschreitende Verschmelzung

Übersicht

	Rdnr.		Rdnr.
I. Kollisionsrechtliche Grundlagen und grundsätzliche Zulässigkeit der grenzüberschreitenden Verschmelzung	1–19	5. Die Richtlinie 2005/56/EG über die Verschmelzung von Kapitalgesellschaften aus verschiedenen Mitgliedstaaten	18, 19
1. Begriff der grenzüberschreitenden Verschmelzung	1–3	II. Grenzüberschreitende Verschmelzungen von Kapitalgesellschaften nach §§ 122a ff. UmwG	20–116
2. Kollisionsrechtliche Grundlagen	4–8	1. Überblick	20
3. Grenzüberschreitende Verschmelzung und der Wortlaut des § 1 UmwG	9, 10	2. Sachlicher Anwendungsbereich (§ 122a UmwG)	21–24
4. Grenzüberschreitende Verschmelzung und Niederlassungsfreiheit	11–17	3. International verschmelzungsfähige Gesellschaften (§ 122b UmwG)	25–35

---

[144] Vom 30. 10. 2007, ABlEU Nr. L 339 v. 21. 12. 2007, S. 3.
[145] *Heinrich* in Musielak, ZPO-Kommentar, § 17 Rdnr. 3.
[146] *Heinrich* in Musielak, ZPO-Kommentar, § 17 Rdnr. 10.

§ 53. Grenzüberschreitende Verschmelzung   § 53

	Rdnr.		Rdnr.
a) Verschmelzungsfähige Rechtsformen	28–30	9. Verbesserung des Umtauschverhältnisses (§ 122h UmwG)	80–84
b) Anforderungen des Art. 54 Abs. 1 AEUV	31	10. Abfindungsangebot im Verschmelzungsplan (§ 122i UmwG)	85–87
c) Ausnahmen (§ 122b Abs. 2 UmwG)	32–34	11. Schutz der Gläubiger der übertragenden Gesellschaft § 122j UmwG	88–97
d) Zusammenfassung	35	12. Verschmelzungsbescheinigung (§ 122k UmwG)	98–107
4. Verschmelzungsplan (§ 122c UmwG)	36–54	13. Eintragung der grenzüberschreitenden Verschmelzung § 122l UmwG	108–114
a) Begriff und Rechtsnatur	36, 37	14. Zeitpunkt der Wirksamkeit der Verschmelzung	115, 116
b) Aufstellen durch die Vertretungsorgane	38	III. Grenzüberschreitende Verschmelzung von Personengesellschaften und mit Drittstaatenbezug	117–125
c) Inhalt des Verschmelzungsplanes (§ 122c Abs. 2 UmwG)	39–47	1. Personengesellschaften	117–120
d) Insbesondere: Umtauschverhältnis der Gesellschaftsanteile und bare Zuzahlung	48–50	2. Grenzüberschreitende Verschmelzung mit Drittstaatenbezug	121–125
e) Notarielle Beurkundung (§ 122c Abs. 4 UmwG)	51–54	a) Zulässigkeit aufgrund europa- oder völkerrechtlicher Normen	121–123
5. Einreichung und Bekanntmachung des Verschmelzungsplans (§ 122d UmwG)	55–58	b) Zulässigkeit nach deutschem Sachrecht	124, 125
6. Verschmelzungsbericht (§ 122e UmwG)	59–68		
7. Verschmelzungsprüfung (§ 122f UmwG)	69–74		
8. Zustimmung der Anteilsinhaber (§ 122g UmwG)	75–79		

Schrifttum: *Audretsch*, Die grenzüberschreitende Verschmelzung von Personengesellschaften, 2006; *Baum*, Verschmelzung mit Hilfe von Tochtergesellschaften in FS Zöllner, 1999, S. 65; *Bayer/Schmidt*, Die neue Richtlinie über die grenzüberschreitende Verschmelzung von Kapitalgesellschaften – Inhalt und Anregungen zur Umsetzung, NJW 2006, 401; *Bayer/Schmidt*, Der Regierungsentwurf zur Änderung des Umwandlungsgesetzes – Eine kritische Stellungnahme, NZG 2006, 841; *Bayer/Schmidt*, Der Schutz der grenzüberschreitenden Verschmelzung durch die Niederlassungsfreiheit, ZIP 2006, 210; *Bayer/Schmidt*, Grenzüberschreitende Sitzverlegung und grenzüberschreitende Restrukturierungen nach MoMiG, Cartesio und Trabrennbahn, ZHR 173 (2009), 735; *Behme/Nohlen*, BB-Kommentar, BB 2009, 13; *Beul*, Zulässigkeit internationaler Fusionen, IStR 2003, 737; *Behrens*, Die Umstrukturierung von Unternehmen durch Sitzverlegung oder Fusion über die Grenze im Lichte der Niederlassungsfreiheit im Europäischen Binnenmarkt, ZGR 1994, 1; *Behrens*, Anerkennung, internationale Sitzverlegung und grenzüberschreitende Umstrukturierung von Gesellschaften nach dem Centros-Urteil des EuGH, JBl 2001, 341; *Beutel*, Der neue rechtliche Rahmen grenzüberschreitender Verschmelzungen in der EU, 2008; *Bollacher*, Referentenentwurf zur Regelung des Internationalen Gesellschaftsrechts, RIW 2008, 200; *Brakalova/Barth*, Nationale Beschränkungen des Wegzugs von Gesellschaften innerhalb der EU bleiben zulässig, DB 2009, 213; *Bungert,* Entwicklung im internationalen Gesellschaftsrecht Deutschlands, AG 1995, 489; *Bungert,* Grenzüberschreitende Verschmelzungsmobilität – Anmerkung zur Sevic-Entscheidung des EuGH, BB 2006, 53; *Campos Nave*, Das Ende der gegenwärtigen Wegzugsbesteuerung – Der zweite Blick auf Cartesio, BB 2009, 870; *Däubler/Heuschmid*, Cartesio und MoMiG – Sitzverlagerung ins Ausland und Unternehmensmitbestimmung NZG 2009, 493; *Decher*, Grenzüberschreitende Umstrukturierungen jenseits von SE und Verschmelzungsrichtlinie, Der Konzern 2006, 805; *Doralt*, Österreichischer OHG zur verschmelzenden Umwandlung über die Grenze nach Deutschland, NZG 2004, 396; *Dorr/Stukenborg*, „Going to the Chapel": Grenzüberschreitende Ehen im Gesellschaftsrecht – Die ersten transnationalen Verschmelzungen nach dem UmwG, Der Konzern 2003, 647; *Drinhausen/Keinath*, Die grenzüberschreitende Verschmelzung inländischer Gesellschaften nach Erlass der Richtlinie zur grenzüberschreitenden Verschmelzung von Kapitalgesellschaften in Europa, RIW 2006, 81; *Drinhausen/Keinath*, Referentenentwurf eines Zweiten Gesetzes zur Änderung des Umwandlungsgesetzes – Erleichterung grenzüberschreitender Verschmelzungen für deutsche Kapitalgesellschaften?, BB 2006, 725; *Drygala*, Die Mauer bröckelt – Bemerkungen zur Bewegungsfreiheit deutscher Unternehmen in Deutschland, ZIP 2005, *Drygala*, Zur grenzüberschreitenden Verschmelzung, EWiR 2006, 25; 1995; *Eckert*, Internationales Gesellschaftsrecht, 2010; *Forsthoff*, Internationale Verschmelzungsrichtlinie: Verhältnis zur Niederlassungsfreiheit und Vorwirkung; Handlungszwang für Mitbestimmungsreform, DStR 2006, 613; *Frenzel*, Grenzüberschreitende Verschmelzungen von Kapitalgesellschaften, 2008; *Frenzel*, Immer noch keine Wegzugsfreiheit für Gesellschaften im Europäischen Binnenmarkt – die Cartesio-Entscheidung des EuGH, EWS 2009, 158; *Freundorfer*, Praxisempfehlung für die grenzüberschreitende Verschmelzung, GmbHR 2010, 195; *Frobenius*, „Cartesio": Partielle Wegzugsfreiheit für Gesellschaften in Europa, DStR, 2009, 487; *Geyrhalter/Weber*, Transnationale Verschmelzungen – im Spannungsfeld zwischen SEVIC Systems und der Verschmelzungsrichtlinie, DStR 2006, 146; *Geyrhalter/Weber*, Die Schlussanträge des Generalanwalts in Sachen SEVIC Systems AG, NZG 2005, 837; *Goette,* Auslandsbeurkundungen im Kapitalgesellschaftsrecht, DStR 1996, 709; *Grohmann*, Grenzüberschreitende Mobilität von Gesellschaften nach der Rechtsprechung des EuGH – von Daily Mail bis Cartesio, DZWiR 2009, 322; *Grohmann/Gruschinske*, Grenzüberschreitende Mobilität von Kapitalgesellschaften in Europa – die Richtlinie zur grenzüberschreitenden Verschmelzung von Kapitalgesellschaften, GmbHR 2006, 191; *Großfeld*, Internationales Umwandlungsrecht, AG 1996, 302; *Großfeld/Jasper*, Identitätswahrende Sitzverlegung und Fusion von Kapitalgesellschaften in die Bundesrepublik Deutschland, RabelsZ 53 (1989), 52; *Grunewald*, Der Gläubigerschutz bei grenzüberschreitenden Verschmelzungen nach dem Entwurf eines zweiten Gesetzes zur Änderung des Umwandlungsgesetzes, Der Konzern 2007, 106; *Haritz/von Wolff*, Internationalisierung des deutschen Umwandlungsrechts. – Zum Entwurf eines Zweiten Gesetzes zur Änderung des Umwandlungsgesetzes, GmbHR 2006, 340; *Heckschen*, Die Reform des Umwandlungsrechts, DNotZ 2007, 444; *Heckschen*, Ist das deutsche Umwandlungsrecht gemeinschaftsrechtswidrig?, NotBZ 2005, 315; *Heinrichs*, Die Niederlassungsfreiheit der Gesellschaften in Europa – Eine Analyse der Rechtsprechung des EuGH und ein Plädoyer für eine Neuorientierung, WM 2009, 2009; *Hennrichs/Klavina/Pöschke/Laage*, Die Niederlassungsfreiheit der Gesellschaften in Europa, WM 2009, 2009; *Herrler*, Ermöglichung grenzüberschreitender Verschmelzungen von Kapitalgesellschaften durch Änderungen des Umwandlungsgesetzes – Umsetzung der Verschmelzungsrichtlinie unter Vernachlässigung der primärrechtlichen Rahmenbedingungen, EuZW 2007, 295; *ders.,* Gewährleistung des Wegzugs von Gesellschaften durch Art. 43, 48 EG nur in Form der Herausumwandlung, DNotZ 2009, 484; *Herrler/Schneider*, Von der Limited zur GmbH, 2010; *Hirte*, Die „Große GmbH-Reform" – Ein Überblick über das Gesetz zur Modernisierung des GmbH-Rechts und zur Bekämpfung von Missbräuchen (MoMiG), NZG 2008, 761; *Hoffmann*, Die Bildung der Aventis S. A.-ein Lehrstück des europäischen Gesellschaftsrechts, NZG 1999, 1077 ff.; *Horn*, Internationale Unternehmenszusammenschlüsse, ZIP 2000, 473; *Hoffmann*, Die stille Bestattung der Sitztheorie durch den Gesetzgeber, ZIP 2007, 1581; *Jung*, Hereinverschmelzung durch Aufnahme und Niederlassungsfreiheit: Anmerkung zum Vorlagebeschluss des LG Koblenz vom 16. 9. 2003, 4 HK.T 1/03, GPR 2004, 87; *Kallmeyer*, Das neue Umwandlungsgesetz, ZIP 1994, 1746; *Kallmeyer*, Grenzüberschreitende Verschmelzungen und Spaltungen, ZIP 1996, 535; *ders.*, Verschmelzungen und Spaltungen nach SEVIC und der EU-Verschmelzungsrichtlinie, AG 2006, 224; *ders.*, Vor- und Nachteile der englischen Limited im Vergleich zur GmbH oder GmbH & Co. KG, DB 2004, 636; *ders.*, Der gemeinsame Verschmelzungsplan für grenzüberschreitende Verschmelzungen, AG 2007, 472; *ders.*, Umwandlungsgesetz, 2009; *Kallmeyer/Kappes*, Grenzüberschreitende Verschmelzungen und Spaltungen nach SEVIC Systems und der EU-Verschmelzungsrichtlinie, AG 2006, 224; *Kiem*, Die Regelung der grenzüberschreitenden Verschmelzung im deutschen Umwandlungsgesetz, WM 2006, 1091; *ders.*, Die Ermittlung der Verschmelzungswertrelation bei der grenzüberschreitenden Verschmelzung, ZGR 2007, 542; *Kindler*, Der Wegzug von Gesellschaften in Europa, Der Konzern 2006, 811; *ders.*, Grundzüge des neuen Kapitalgesellschaftsrechts, NJW 2008, 3249; *ders.*, Ende der Diskussion über die so genannte Wegzugsfreiheit, NZG 2009, 130; *Klein*, Grenzüberschreitende Verschmelzungen von Kapitalgesellschaften, RNotZ 2007, 565; *Kloster*, EU-grenzüberschreitende Verschmelzungen sind (steuerneutral) durchführbar – Zugleich Anmerkungen zu LG Koblenz v. 16. 9. 2003 – 4 HK.T 1/03, GmbHR 2003, 1413; *Knapp*, Am Vorabend zur Anerkennung grenzüberschreitender Umwandlungen, DNotZ 2005, 723; *Knop*, Die Wegzugsfreiheit nach dem Cartesio-Urteil des EuGH, DZWir 2009, 147; *Kobelt*, Internationale Optionen deutscher Kapitalgesellschaften nach MoMiG, „Cartesio" und „Trabrennbahn" – zur Einschränkung der Sitztheorie, GmbHR 2009, 808; *Dauner-Lieb/Simon*, Kölner Kommentar zum Umwandlungsgesetz, 2009*; Kranel/Mense/Wind*, Praxisfragen der grenzüberschreitenden Verschmelzung, Der Konzern 2011, 541; *Krause/Kulpa*, Grenzüberschreitende Verschmelzungen – Vor dem Hintergrund der „Sevic"-Entscheidung und der Reform des deutschen Umwandlungsrechts ZHR 171(2007), 38; *Kronke*, Deutsches Gesellschaftsrecht und grenzüberschreitende Strukturänderungen, ZGR 1994, 26; *Kulenkamp*, Die grenzüberschreitende Verschmelzung von Kapitalgesellschaften in der EU, 2008; *Kuntz*, Zur Möglichkeit grenzüberschreitender Fusionen – Die Schlussanträge in Sachen SEVIC Systems Aktiengesellschaft, EuZW 2005, 524; *ders.*, Internationales Umwandlungsrecht – zugleich eine Besprechung des Urteils „Sevic Systems", IStR 2006, 224; *Kußmaul/Richter/Ruiner*, Grenzenlose Mobilität?! – Zum Zuzug und Wegzug von Gesellschaften in Europa, EWS 2009, 1; *Leible/Hoffmann*, Cartesio – fortgeltende Sitztheorie, grenzüberschreitender Formwechsel und Verbot materiellrechtlicher Wegzugsbeschränkungen, BB 2009, 58; *dies.*, Grenzüberschreitende Verschmelzungen im Binnenmarkt nach Sevic, RIW 2006, 161; *Leuering*, Von Scheinauslandsgesellschaften hin zu Gesellschaften mit Migrationshintergrund, ZRP 2008, 73; *Limmer*, Grenzüberschreitende Umwandlungen nach dem Sevic-Urteil des EuGH und den Neuregelungen des UmwG (Teil 1), ZNotP 2007, 242; *ders.*, Grenzüberschreitende Umwandlungen nach dem Sevic-Urteil des EuGH und den Neuregelungen des UmwG (Teil 2), ZNotP 2007, 282; *Louven/Dettmeier/Pöschke/Weng*, Optionen grenzüberschreitender Verschmelzungen innerhalb der EU – gesellschafts- und steuerrechtliche Grundlagen, BB-Special 3/2006 1 f.; *Louven*, Umsetzung der Verschmelzungsrichtlinie, ZIP 2006, 2021; *Lutter*, Umstrukturierung von Unternehmen über die Grenze: Versuch eines Resümees, ZGR 1994, 87; *Lutter/Drygala*, Internationale Verschmelzungen in Europa, JZ 2006, 770; *Lutter/Winter*, Umwandlungsgesetz, 2008; *Lutz*, Hinweise für den Vertragsgestalter bei einer grenzüberschreitenden Verschmelzung unter dem besonderen Gesichtspunkt der Hinausverschmelzung, BWNotZ 2010, 23; *Mankowski*, Entwicklungen im Internationalen Privat- und Prozessrecht 2003/2004, RIW 2004, 481; *Meilicke/Rabback*, Die EuGH-Entscheidung in der Rechtssache Sevic und die Folgen für das deutsche Umwandlungsrecht nach Handels- und Steuerrecht, GmbHR 2006, 123; *Mock*, Spruchverfahren im europäischen Zivilverfahrensrecht, IPRax 2009, 271; *Mörsdorf*, Beschränkung der Mobilität von EU-Gesellschaften im Binnenmarkt – eine Zwischenbilanz, EuZW 2009, 97; *Müller H.-F*, Die grenzüberschreitende Verschmelzung nach dem neuen Richtlinienentwurf der EU-Kommission, ZIP 2004, 1790; *ders*, Internationalisierung des deutschen Umwandlungsrechts: Die Regelung der grenzüberschreitenden Verschmelzung, ZIP 2007, 1081; *ders.*, Die grenzüberschreitende Verschmelzung nach dem Referentenentwurf des Bundesjustizministeriums, NZG 2006, 286; *ders.*, Der Schutz der Minderheitsgesellschafter bei der Grenzüberschreitenden Verschmelzung, Der Konzern 2007, 81; *Müller-Bonanni/Müntefering*, Grenzüberschreitende Verschmelzung ohne Arbeitnehmerbeteiligung? – Praxisfragen zum Anwendungsbereich und Beteiligungsverfahren des MgVG, NJW 2009, 2347; *Nagel*, Die Richtlinie zur grenzüberschreitenden Verschmelzung, NZG 2006, 97; *Neye*, Die neue Richtlinie zur grenzüberschreitenden Verschmelzung von Kapitalgesellschaften, ZIP 2005, 1893; *Neye/Timm*, Mehr Mobilität für die GmbH in Europa; GmbHR 2007, 561; *Nießer*, Die internationale Zuständigkeit im Spruchverfahren, NZG 2006, 441; *Oechsler*, Die Richtlinie 2005/56/EG über die Verschmelzung von Kapitalgesellschaften aus verschiedenen Mitgliedstaaten NZG 2006, 161; *Otte/Rietschel*, Freifahrschein für den grenzüberschreitenden Rechtsformwechsel nach „Cartesio"?, GmbHR 2009, 983; *Paefgen*, Umwandlung über die Grenze – ein leichtes Spiel, IPRax 2004, 132; *ders.*, Umwandlung, europäische Grundfreiheiten und Kollisionsrecht, GmbHR 2004, 463; *ders.*, „Cartesio", Niederlassungsfreiheit minderer Güte – Zum Urteil des EuGH vom 16. 12. 2008 („Cartesio"), WM 2009, 529; *Passarge/Strakk*, Gläubigerschutz bei grenzüberschreitenden Verschmelzungen nach dem Zweiten Gesetz zur Änderung des Umwandlungsgesetzes, GmbHR 2007, 803; *Picot/Land*, Der internationale Unternehmenskauf, DB 1998, 1601; *Raiser/Veil*, Recht der Kapitalgesellschaften, 2010; *Reimann*, Nachfolgeplanung bei internationalen Verschmelzungen, ZEV 2009, 586; *Ringe*, Verstoß gegen die Niederlassungsfreiheit durch Verbot grenzüberschreitender Verschmelzungen, DB 2005, 2806; *Schaumburg*, grenzüberschreitende Umwandlungen, GmbHR 1996, 501; *Samson/Flindt*, Internationale Unternehmenszusammenschlüsse, NZG 2006, 290; *Schmidt/Maul*, Zur Frage der Zulässigkeit einer grenzüberschreitenden Verschmelzung in das nationale Handelsregister, BB 2006, 13; *Schmitt/Hörtnagel/Stratz*, Umwandlungsgesetz – Umwandlungssteuergesetz, 2010; *Schneider*, Internationales Gesellschaftsrecht vor der Kodifizierung, BB 2008, 566; *Schott*, Grenzüberschreitende Verschmelzungen von Kapitalgesellschaften, 2009; *Schultze-Lauda*, Cartesio bestätigt, aber korrigiert Daily Mail EuZW 2009, 74; *Semler/Stengel*, Umwandlungsgesetz, 2007; Siems, SEVIC: Der letzte Mosaikstein im Internationalen Gesellschaftsrecht der EU?, EuZW 2006, 135; *Simon/Rubner*, Die Umsetzung der Richtlinie über grenzüberschreitende Verschmelzungen ins deutsche Recht, Der Konzern 2006, 835; *Simon*, Unterrichtung der Arbeitnehmer und ihrer Vertretungen bei grenzüberschreitenden Verschmelzungen, NZA 2008, 391; *Sine-*

we, Eintragungsfähigkeit grenzüberschreitender Verschmelzungen, DB 2005, 2061; *Spahlinger/Wegen*, Deutsche Gesellschaften in grenzüberschreitenden Umwandlungen nach „Sevic" und der Verschmelzungsrichtlinie in der Praxis, NZG 2006, 721; *Teichmann*, Binnenmarktmobilität von Gesellschaften nach „Sevic", ZIP 2006, 355; *Teichmann*, Cartesio: Die Freiheit zum formwechselnden Wegzug, ZIP 2009, 393; *Triebel/von Hase*, Wegzug und grenzüberschreitende Umwandlungen deutscher Gesellschaften nach „Überseering" und „Inspire Art", BB 2003, 2409; *Vetter*, Die Regelung der grenzüberschreitenden Verschmelzung im UmwG, AG 2006, 613; *Wachter*, Zur grenzüberschreitenden Verschmelzung, EWiR 2005, 581; *Wagner/Timm*, Der Referentenentwurf eines Gesetzes zum Internationalen Privatrecht der Gesellschaften, Vereine und juristischen Personen, IPRax 2008, 81; *Weppner*, Internationale Zuständigkeit für die spruchverfahrensrechtliche Durchsetzung von Zuzahlungs- und Barabfindungsansprüchen bei grenzüberschreitender Verschmelzung von Kapitalgesellschaften, RIW 2011, 144; *ders.*, Der gesellschaftsrechtliche Minderheitenschutz bei grenzüberschreitender Verschmelzung von Kapitalgesellschaften, 2010; *Werner*, Das deutsche Internationale Gesellschaftsrecht nach „Cartesio" und Trabrennbahn, GmbHR 2009, 191; *Widmann/*Mayer, Kommentar zur Umwandlung von Unternehmen nach neuestem Handels- und Steuerrecht, 2007; *Wilhelmi*, Der Wegzug von Gesellschaften im Lichte der Rechtsprechung des EuGH zur Niederlassungsfreiheit, DB 2008, 1611; *Winter*, Grenzüberschreitende Verschmelzungen – ein Update, GmbHR 2008, 532; *Zimmer/Naendrup*, Das Cartesio-Urteil des EuGH: Rück- oder Fortschritt für das internationale Gesellschaftsrecht?, NJW 2009, 545.

I. Kollisionsrechtliche Grundlagen und grundsätzliche Zulässigkeit der grenzüberschreitenden Verschmelzung

1. Begriff der grenzüberschreitenden Verschmelzung

1 Unter einer **Verschmelzung** ist ein gesellschaftsrechtlicher Vorgang zu verstehen, durch den eine oder mehrere Gesellschaften ihr gesamtes Aktiv- und Passivvermögen im Wege der Auflösung ohne Abwicklung entweder auf eine andere, bestehende Gesellschaft (**Verschmelzung durch Aufnahme**) oder auf eine Gesellschaft, die erst durch den Vorgang neu gegründet wird (**Verschmelzung durch Neugründung**) übertragen. In beiden Fällen erfolgt die Vermögensübertragung gegen Gewährung von Anteilen an dem aufnehmenden Rechtsträger an die Gesellschafter der übertragenden Rechtsträger.[1]

2 Als **grenzüberschreitend** ist eine solche Verschmelzung zu bezeichnen, sofern zumindest zwei der an ihr beteiligten Rechtsträger **unterschiedliche Gesellschaftsstatute** haben.[2] Auf den tatsächlichen Sitz oder die Ansässigkeit in unterschiedlichen Staaten kommt es dagegen für den grenzüberschreitenden Charakter nicht an, da die spezifischen rechtlichen Probleme der grenzüberschreitenden Verschmelzung aus dem Zusammentreffen der unterschiedlichen Gesellschaftsstatute (und damit der verschiedenen Umwandlungsrechte) resultieren. Ebenso irrelevant ist ferner die Belegenheit des Vermögens der beteiligten Rechtsträger. Auch eine Verschmelzung zwischen einer deutschen GmbH und einer Ltd. englischen Rechts, die beide ihren tatsächlichen Sitz im Inland haben, ist daher als grenzüberschreitende Verschmelzung anzusehen, während eine Verschmelzung zweier deutscher GmbHs, die (infolge der Neufassung des § 4a GmbHG durch das MoMiG, näher: § 52 Rdnr. 18 ff.) in tatsächlicher Hinsicht ausschließlich im Ausland und in unterschiedlichen Staaten ansässig sind, nicht als grenzüberschreitend, sondern vielmehr als interner, ausschließlich deutschem Umwandlungsrecht unterliegender Vorgang anzusehen wäre.

---

[1] Vgl. die Begriffbestimmungen in Art. 3 Abs. 1 und Art. 4 Abs. 1 der Verschmelzungsrichtlinie 78/855/EWG sowie Art. 2 Nr. 2 der Richtlinie 2005/56/EG. Zum Begriff vgl. auch *Frenzel*, Grenzüberschreitende Verschmelzungen von Kapitalgesellschaften, 2008, S. 123; Lutter/*Bayer* § 122a Rdnr. 19; *Kulenkamp*, Die grenzüberschreitende Verschmelzung von Kapitalgesellschaften in der EU, 2008, S. 40 ff.; *Limmer*, ZNotP 2007, 242/249; *K. Schmidt* ‚Gesellschaftsrecht' § 13 III 1a Schmitt/Hörtnagl/Stratz/*Stratz* § 2 Rdnr. 10 ff.; Semler/Stengel/*Stengel* § 2 Rdnr. 2 f.; *Kallmeyer*, ZIP 1994, 1746 (1747).

[2] Vgl. die Begriffsbestimmung in Art. 1 der Richtlinie 2005/56/EG; ferner *Kulenkamp*, Die grenzüberschreitende Verschmelzung von Kapitalgesellschaften in der EU, 2008, S. 41; Raiser/*Veil* § 48 Rdnr. 1; Schmitt/Hörtnagl/Stratz/*Stratz* § 2 Rdnr. 13; Semler/Stengel/*Stengel* § 2 Rdnr. 28 ff.

Darüber hinaus ist zwischen grenzüberschreitenden Verschmelzungen innerhalb der EU **3** und solchen unter Beteiligung drittstaatlicher Rechtsträger zu unterscheiden. Insoweit kommt es zur Abgrenzung auf die Anforderungen des Art. 54 AEUV (dazu ausführlich § 1 Rdnr. 94 ff.) an: Von einer **Verschmelzung innerhalb der EU** kann nur gesprochen werden, soweit alle beteiligten Rechtsträger (einschließlich des ggf. neu zu gründenden) in den Anwendungsbereich der Niederlassungsfreiheit fallen. Diese Differenzierung ist für die Zulässigkeit wesentlich, da nur Verschmelzungen innerhalb der EU von der Richtlinie 2005/56/EG (Rdnr. 18 f.) und den Anforderungen der Niederlassungsfreiheit nach Maßgabe der Rechtsprechung des EuGH (Rdnr. 11 ff.) erfasst werden. Die Zulässigkeit von Verschmelzungen unter Beteiligung drittstaatlicher Rechtsträger erscheint im deutschen Recht derzeit als weitgehend ungeklärt (näher unten Rdnr. 121 ff.).

2. Kollisionsrechtliche Grundlagen

Die **Zulässigkeit grenzüberschreitender Verschmelzungen** war lange Zeit umstritten[3] und ist auch heute nur für Kapitalgesellschaften und nur für Vorgänge innerhalb der EU abschließend geklärt (Rdnr. 18 f.). Für das Verständnis der Problematik ist es zunächst erforderlich, auf den Unterschied zwischen sachrechtlicher und kollisionsrechtlicher Ebene hinzuweisen. Während das Kollisionsrecht nur die Frage beantwortet, welche Rechtsordnung auf den Vorgang bzw. einzelne Aspekte des Vorgangs anwendbar ist, regelt das materielle Umwandlungsrecht Zulässigkeit und Voraussetzungen der Verschmelzung. Es ist heute allgemein anerkannt, dass das Kollisionsrecht der Durchführbarkeit grenzüberschreitender Umwandlungen nicht entgegensteht, sondern mögliche Hindernisse aus der Gestaltung des Sachrechts einschließlich miteinander inkompatibler Regelungen in den beteiligten Umwandlungsrechten resultieren.[4] **4**

Kollisionsrechtlich ist zunächst das Gesellschaftsstatut der beteiligten Gesellschaften bezüglich Zulässigkeit, Voraussetzungen und Verfahren zu befragen.[5] Für jede Gesellschaft ist also getrennt zu ermitteln, welche Voraussetzungen für die Durchführung der Verschmelzung zu erfüllen sind, welche Minderheits- und Gläubigerrechte zu beachten sind und ob der Vorgang überhaupt zugelassen wird. Nach dieser **Kombinationslehre** (oder **Vereinigungstheorie**) ist also ein Zusammenwirken beider Rechtsordnungen erforderlich, wobei der Vorgang nur gelingen kann, wenn er auf beiden Seiten materiellrechtlich zugelassen wird, entsprechende Vorschriften bereitgestellt werden und diese nicht zueinander inkompatibel sind, etwa durch völlig unterschiedliche Wirkungen. Es bedarf also zumindest auf der Rechtsfolgenseite einer **Mindestübereinstimmung der Rechtsordnungen**.[6] Dieser Ansatz ist inzwischen nicht nur in der Literatur allgemein anerkannt, er liegt auch sowohl dem Referentenentwurf zur Kodifikation des deutschen internationalen Gesellschaftsrechts[7] **5**

---

[3] Ausführlich: *Kulenkamp*, Die grenzüberschreitende Verschmelzung von Kapitalgesellschaften in der EU, 2008, S. 49 ff.

[4] Statt vieler: Ulmer/*Behrens*, GmbHG, Einl. Rdnr. B 125.

[5] So grundlegend *Beitzke*, in: FS Hallstein 1966, S. 14 ff.; *Koppensteiner*, S. 255 ff.; ferner: Michalski/*Leible*, GmbHG, Bd. 1, 2. Aufl. 2010, Syst. Darst. 2 Rdnr. 204; MüKo/*Kindler*, Bd. 11, 4. Aufl. 2006, IntGesR, Rdnr. 874 ff.; Staudinger/*Großfeld*, Int. GesR, Rdnr. 683; *Behrens*, ZGR 1994, 1, 13; *Horn*, ZIP 2000, 473, 477; *Hoffmann*, NZG 1999, 1077, 1078; *Dorr/Stukenborg*, DB 2003, 647, 648; *Picot/Land*, DB 1998, 1601, 1605 f.

[6] öOGH, IPRax 2004, 128 (mit Nachw. aus der österreichischen Lit.); dazu *Doralt*, NZG 2004, 396; *Paefgen*, IPRax 2004, 132; ferner: MüKo/*Kindler*, Bd. 11, 4. Aufl. 2006, IntGesR, Rdnr. 879 ff.; Staudinger/*Großfeld*, Int. GesR, Rdnr. 685; Michalski/*Leible*, GmbHG, Bd. 1, 2. Aufl. 2010, Syst. Darst. 2 Rdnr. 209; *Großfeld/Jasper*, RabelsZ 53 (1989), 52; *Behrens*, ZGR 1994, 1, 13 ff.; *Grundmann*, Europäisches Gesellschaftsrecht, Rdnr. 782.

[7] Vgl. Art. 10a EGBGB-E; dazu näher: *Leuering*, ZRP 2008, 73; *Wagner/Timm*, IPRax 2008, 81; *Schneider*, BB 2008, 566; *Bollacher*, RIW 2008, 200; *Kindler*, Status: Recht 2008, 68. Der Entwurf selbst ist über den Internetauftritt des BMJ (www.bmj.de) verfügbar.

als auch der Richtlinie 2005/56/EG über die Verschmelzung von Kapitalgesellschaften aus verschiedenen Mitgliedstaaten zugrunde.[8]

6 Diese kollisionsrechtliche Lage zeigt, dass die entstehende gesellschaftsrechtliche Gemengelage nicht gegen die Durchführbarkeit der Verschmelzung spricht, sofern anwendbare Umwandlungsvorschriften überhaupt bestehen und der Vorgang nicht gezielt von einem der Rechte unterbunden wird. Ein **Inkompatibilität der beteiligten Umwandlungsrechte** wäre dagegen im Einzelfall festzustellen, wobei die Harmonisierung des nationalen Sachrechts innerhalb der EU schon vor der Richtlinie 2005/56/EG eine solche Situation ausgeschlossen hat. Denn das materielle Verschmelzungsrecht wurde bereits durch die Dritte gesellschaftsrechtliche Richtlinie 78/855/EWG[9] zumindest für die Aktiengesellschaft angeglichen. Soweit die darin enthaltenen Regelungen als Modell auch das Verschmelzungsrecht anderer Gesellschaftsformen prägen, erleichtert die materiellrechtliche Harmonisierung auch außerhalb ihres Anwendungsbereichs die grenzüberschreitende Verschmelzung.

7 Für die **Konkretisierung der Kombinationslehre** kann heute – auch über ihren Anwendungsbereich hinaus – auf die positivrechtliche Ausgestaltung in der Richtlinie über die Verschmelzung von Kapitalgesellschaften aus verschiedenen Mitgliedstaaten zurückgegriffen werden. In Anwendung des Rechtsgedankens des Art. 4 Abs. 1 lit. b der Richtlinie 2005/56/EG muss also jede Gesellschaft die nach ihrem Gesellschaftsstatut erforderlichen „Formalitäten" erledigen und die für die Verschmelzung geltenden Vorschriften einhalten. Allein nach dem Gesellschaftsstatut bemisst sich insbesondere die **Verschmelzungsfähigkeit** eines Rechtsträgers (Rechtsgedanke des Art. 4 Abs. 1 lit. a der Richtlinie 2005/56/EG). Soweit diese „Formalitäten" durch die Gesellschaften nur gemeinsam und einheitlich erledigt werden können – was insbesondere für den aufzustellenden Verschmelzungsplan Bedeutung hat – sind beide Rechte in dem Sinne kombiniert anzuwenden, dass alle Anforderungen beider Rechte kumuliert erfüllt werden müssen. Dieses Prinzip bedeutet, dass sich das **strengere Recht** durchsetzt – wobei jedoch auch alle zusätzlichen Anforderungen des grundsätzlich weniger strengen Rechts erfüllt werden müssen.[10]

8 Auch die **Rechtsfolgen der Verschmelzung** sind zunächst kollisionsrechtlich anzuknüpfen, wobei kein einheitliches Rechtsfolgenstatut bestimmt werden kann, sondern beide beteiligten Rechte auf unterschiedliche Aspekte anwendbar sind. So kann das Erlöschen des übertragenden Rechtsträgers nur von dessen Gesellschaftsstatut ausgesprochen werden, während andererseits dasselbe für die Anteilsgewährung durch den übernehmenden Rechtsträger gilt. Der gemeinsam aufgestellte Verschmelzungsplan kann dabei nur durchgeführt werden, wenn die jeweils relevante Rechtsordnung die erforderlichen Rechtsfolgen auch so anordnet, wie es der Plan vorsieht. Daraus folgt nicht nur, dass bei der Gestaltung des Plans auf die unterschiedlichen Rechtsfolgen Rücksicht genommen werden muss, sondern auch, dass es denkbar ist, dass die Unterschiede die Durchführbarkeit tatsächlich ausschließen. In solchen Fällen bedarf es im Anwendungsbereich der Niederlassungsfreiheit des AEUV (dazu Rdnr. 11 ff.) einer Korrektur im Wege der **europarechtskonformen Auslegung,** was heute allerdings nur außerhalb des Anwendungsbereichs der Richtlinien 78/855/EWG und 2005/56/EG noch Bedeutung haben kann.

3. Grenzüberschreitende Verschmelzung und der Wortlaut des § 1 UmwG

9 Nach dem Wortlaut des § 1 Abs. 1 UmwG können nur **„Rechtsträger mit Sitz im Inland"** umgewandelt werden. Ergänzt wird diese Vorschrift noch durch das Analogieverbot des § 1 Abs. 2 UmwG, wonach eine Umwandlung nur aufgrund einer ausdrücklichen

---

[8] Richtlinie 2005/56/EG vom 26. 10. 2005 über die Verschmelzung von Kapitalgesellschaften aus verschiedenen Mitgliedstaaten, ABl. EU L 310, S. 1 ff.
[9] ABl. EG 1978, L 395, S. 36 ff.
[10] MüKo/*Kindler*, IntGesR Rdnr. 882; Michalski/*Leible*, GmbHG, Syst. Darst. 2 Rdnr. 204 ff.; *Geyrhalter/Weber*, DStR 2006, 146, 147.

gesetzlichen Regelung zulässig ist. In der Vergangenheit war in Hinblick auf diese Formulierung einerseits umstritten, ob die Norm den Verwaltungs- oder den Satzungssitz meint, sowie, ob sie grenzüberschreitende Umwandlungen grundsätzlich ausschließt. Zur ersten Frage wurde früher (ua durch den Verfasser[11]) vertreten, dass die Norm auf den Verwaltungssitz abstellt und dadurch – auf der Grundlage der Sitztheorie – gewährleistet, dass das UmwG grundsätzlich alle Gesellschaften deutschen Gesellschaftsstatuts erfasst, aber keine weitergehenden Anforderungen formuliert.[12] In Hinblick auf die weitgehende Abkehr des deutschen Rechts von der Sitztheorie und die seit dem MoMiG 2008 weithin anerkannte Möglichkeit, den Verwaltungssitz ohne Verlust des deutschen Gesellschaftsstatuts ins Ausland zu verlegen,[13] bleibt für eine solche Auslegung des § 1 Abs. 1 UmwG heute kein Raum mehr. Vielmehr ist davon auszugehen, dass die Vorschrift allein den **Satzungssitz** meint. Nur hierdurch kann die Anwendbarkeit des UmwG auf die Gesellschaften deutschen Gesellschaftsstatuts sichergestellt werden.[14] Darüber hinaus ist festzuhalten, dass § 1 Abs. 1 UmwG jedenfalls heute als **reine Sachnorm** anzusehen ist und somit das deutsche Gesellschaftsstatut bereits voraussetzt,[15] so dass das Erfordernis des Satzungssitzes im Inland zusätzlich zum deutschen Gesellschaftsstatut besteht – wobei zumindest für Kapitalgesellschaften auch nach den heutigen Fassungen der §§ 5 AktG, 4a GmbHG der inländische Satzungssitz ohnehin Voraussetzung der Beibehaltung des deutschen Gesellschaftsstatuts ist.

Die Frage, ob § 1 Abs. 1 UmwG die **Umwandlung unter Beteiligung ausländischer Rechtsträger** untersagt, wird ebenso seit vielen Jahren diskutiert[16] und ist in Hinblick auf Neuregelungen der jüngeren Vergangenheit heute ebenfalls neu zu bewerten. Die Unsicherheit in dieser Frage führte dazu, dass die Ergebnisse internationaler Verschmelzungen über Umwege herbeigeführt wurden.[17] Zunächst ist darauf hinzuweisen, dass der Wortlaut der Vorschrift es keinesfalls gebietet, grenzüberschreitende Umwandlungen als unzulässig anzusehen.[18] Zwar schließt die Formulierung die Anwendung des UmwG auf eine Gesellschaft mit ausländischem Satzungssitz aus. Jedoch ist das Umwandlungsrecht **Teil des Gesellschaftsstatuts**, so dass es nach der Kombinationslehre auf die Verschmelzung ohnehin nur anzuwenden ist, soweit eine Gesellschaft deutschen Rechts betroffen ist. Schon kollisionsrechtlich kommt die Anwendung des UmwG auf ausländische Rechtsträger also nicht in Betracht, was aber eine grenzüberschreitende Verschmelzung nicht ausschließt, da der Vorgang zusätzlich einem weiteren Umwandlungsrecht unterliegen kann. Die Auffassung, dass § 1 Abs. 1 UmwG grenzüberschreitende Umwandlungen ausschließt, beruht lediglich auf einer **historischen Auslegung** in Hinblick auf Äußerungen des Gesetzgebers bei Erlass des UmwG 1994.[19] Während der Gesetzgeber zum damaligen Zeit-

---

[11] *Hoffmann*, NZG 1999, 1077, 1082 f.
[12] Zuletzt noch *Samson/Flindt*, NZG 2006, 290, 292; früher ferner *Großfeld*, AG 1996, 302; Kallmeyer/*Kallmeyer*, UmwG, § 1 Rdnr. 14 (nur bis zur 2. Aufl.).
[13] Dafür: *Hoffmann*, ZIP 2007, 1585; *Teichmann*, ZIP 2009, 393; *Paefgen*, WM 2009, 529; Michalski/*Leible*, GmbHG, Syst. Darst. 2 Rdnr. 8; dagegen aber: Münchener Kommentar z. GmbHG/*Weller*, Einl. Rdnr. 384 (tatsächlicher Auslandssitz unter Beibehaltung des Gesellschaftsstatuts nur bei Rückverweisung möglich); *Kindler*, NJW 2008, 3249; wohl auch Hirte, NZG 2008, 761.
[14] Zutreffend Semler/Stengel/*Drinhausen*, UmwG, Einl. C Rdnr. 20; Kallmeyer/*Kallmeyer*, UmwG, 3. Aufl., § 1 Rdnr. 11; MüKo/*Kindler*, IntGesR Rdnr. 912.
[15] Lutter/*Drygala*, UmwG, § 1 Rdnr. 15; Semler/Stengel/*Drinhausen*, UmwG, Einl. C Rdnr. 5; *Siems*, EuZW 2006, 135, 137.
[16] Näher zu dieser Diskussion: Ulmer/*Behrens*, GmbHG, Einl. B Rdnr. B 127; MüKo/*Kindler*, IntGesR Rdnr. 904 ff. jew. m. w. N.
[17] Vgl. hierzu beispielhaft *Hoffmann*, NZG 1999, 1077 ff. (zu Aventis); *Baums*, in: FS Zöllner, 65, 68 (zu DaimlerChrysler).
[18] Zutreffend Ulmer/*Behrens*, GmbHG, Einl. B Rdnr. B 127.
[19] Vgl. BT-Drucks. 12/6690, S. 80; BT-Drucks. 12/7945, S. 4; näher: *Hoffmann*, in: Süß/Wachter, HdB des internationalen GmbH-Rechts, § 5 Rdnr. 8.

punkt grenzüberschreitende Umwandlungsvorgänge zivilrechtlich noch nicht für durchführbar hielt, hat er inzwischen durch Einfügung der Normen zur grenzüberschreitenden Verschmelzung in §§ 122a ff. UmwG (ohne Anpassung des Wortlauts des § 1 Abs. 1 UmwG) deutlich gemacht, dass ein Ausschluss grenzüberschreitender Umwandlungen nicht beabsichtigt ist, sondern das UmwG auch in solchen Fällen Anwendung finden soll. Aus den Materialien zu dieser Gesetzesänderung ergibt sich auch deutlich, dass der Gesetzgeber dies nicht auf den Anwendungsbereich der neuen Vorschriften beschränken wollte, sondern vielmehr eine kollisionsrechtliche Lösung für „alle im Anwendungsbereich des Artikel 48 EG (heute: Art. 54 AEUV) europaweit denkbaren Umwandlungen" anstrebt.[20] Eine solche kollisionsrechtliche Lösung – gemeint ist letztlich eine Kodifikation der Kombinationslehre – setzt voraus, dass das **UmwG auf grenzüberschreitende Umwandlungen anwendbar ist,** soweit der Vorgang sich kollisionsrechtlich nach deutschem Recht bemisst. Daher lässt sich festhalten, dass § 1 Abs. 1 UmwG heute so auszulegen ist, dass die Vorschrift einer Anwendung des UmwG auf deutsche Gesellschaften auch dann nicht entgegen steht, wenn an dem Vorgang Rechtsträger ausländischen Rechts beteiligt sind.[21] Unzweifelhaft ist dieses Ergebnis jedenfalls, soweit die Niederlassungsfreiheit des AEUV (dazu sogleich Rdnr. 11 ff.) die Zulässigkeit eines Umwandlungsvorgangs gebietet, da insoweit auch das Gebot der **europarechtskonformen Auslegung** ein solches Ergebnis fordert (zur Zulässigkeit von Verschmelzungen unter Beteiligung drittstaatlicher Gesellschaften vgl. unten Rdnr. 121 ff.).

4. Grenzüberschreitende Verschmelzung und Niederlassungsfreiheit

11   Lange Zeit umstritten war ferner, ob die **restriktive Auslegung** des UmwG bezüglich grenzüberschreitender Verschmelzungen innerhalb der EU mit der **Niederlassungsfreiheit des AEUV** vereinbar ist. Vor allem *Lutter*[22] plädierte dafür, das UmwG europarechtskonform dahin auszulegen, dass es sowohl der Durchführung von Herein- wie auch von Herausverschmelzungen[23] nicht entgegensteht. Durch die EuGH-Entscheidungen „SEVIC Systems" und „Cartesio" ist in dieser Frage inzwischen eine weitgehende Klärung eingetreten.

12   In der Entscheidung **„SEVIC Systems"** aus dem Jahr 2005[24] hatte der EuGH erstmals Gelegenheit, sich zu den Auswirkungen der Niederlassungsfreiheit auf das Umwandlungsrecht, insbesondere in Hinblick auf grenzüberschreitende Umwandlungen zu äußern. Die deutsche SEVIC Systems AG schloss im Jahr 2002 mit einer luxemburgischem Recht

---

[20] BR-Drucks. 548/06, S. 20.

[21] In diesem Sinn auch Lutter/*Drygala*, UmwG, § 1 Rdnr. 5 ff.; Semler/Stengel/*Drinhausen*, UmwG, Einl. C Rdnr. 3 (mit umfassenden Nachweisen in Fn. 10) sowie ausführlich Rdnr. 26 ff.; *Bungert*, BB 2006, 53, 55; *Kallmeyer/Kappes*, AG 2006, 224, 234; *Siems*, EuZW 2006, 135, 137; *Teichmann*, ZIP 2006, 355, 358; *Vetter*, AG 2006, 613, 615; zuvor schon Ulmer/*Behrens*, GmbHG, Einl. B Rdnr. B 127; *Kallmeyer*, DB 2004, 636, 638; weiterhin aA aber MüKo/*Kindler*, IntGesR Rdnr. 909 ff.

[22] Lutter/*Lutter*, UmwG, 2. Aufl. 2000, Bd. 1, § 1 Rdnr. 9 ff.; *ders.*, ZGR 1994, 87, 90; ausf. *Lennerz*, S. 66 ff.; ferner: *Kallmeyer*, UmwG, 2. Aufl. 2001, § 1 Rdnr. 12 f.; *ders.*, ZIP 1996, 535, 537; *Dorr/Stukenborg*, DB 2003, 647, 648; *Kronke*, ZGR 1994, 26, 30; *Horn*, ZIP 2000, 473, 477; *Bungert*, Die AG 1995, 489, 502; dagegen aber Semler/Stengel, UmwG, 2003, Einl. A Rdnr. 114; auf der Grundlage der „Daily Mail"-Rspr. noch *Hoffmann*, NZG 1999, 1077, 1083; MüKo/*Kindler*, Bd. 11, 4. Aufl. 2006, IntGesR, Rdnr. 688; *Behrens*, ZGR 1994, 1, 20 ff.; *ders.*, JBl 2001, 341, 355.

[23] Unter einer Hereinverschmelzung ist eine Verschmelzung zu verstehen, bei der die überlebende Gesellschaft deutschem Recht unterliegt, unter der Herausverschmelzung ein Vorgang mit überlebender Auslandsgesellschaft.

[24] EuGH, NJW 2006, 425 = BB 2006, 11. – Sevic; vgl. dazu auch Leible/*Hoffmann*, RIW 2006, 161; *Bayer/Schmidt*, ZIP 2006, 210; *Bungert*, BB 2006, 53; *Drygala*, EWiR 2006, 25; *Ringe*, DB 2005, 2806; *Schmidt/Maul*, BB 2006, 13; *Kuntz*, IStR 2006, 224. Vgl. auch die ausführlichen Schlussanträge des GA Poiares Maduro v. 7. 7. 2005, ZIP 2005, 1227; dazu *Drygala*, ZIP 2005, 1995; *Geyrhalter/Weber*, NZG 2005, 837; *Heckschen*, NotBZ 2005, 315; *Knapp*, DNotZ 2005, 723; *Kuntz*, EuZW 2005, 524; *Sinewe*, DB 2005, 2061; *Wachter*, EWiR 2005, 581.

unterliegenden Aktiengesellschaft (SA) einen Verschmelzungsvertrag, in dem eine Verschmelzung zur Aufnahme (§ 2 Nr. 1 UmwG) der Auslandsgesellschaft in die deutsche AG vereinbart wurde. Das Amtsgericht Neuwied wies den Antrag auf Eintragung der Verschmelzung in das Handelsregister mit der Begründung zurück, dass § 1 Abs. 1 Nr. 1 UmwG nur die Verschmelzung von Rechtsträgern mit Sitz in Deutschland vorsehe. Das LG Koblenz legte dem EuGH im Rahmen des Beschwerdeverfahrens die Frage zur Vorabentscheidung vor, ob die Artikel 49 und 54 AEUV dahin auszulegen sind, dass es im Widerspruch zur Niederlassungsfreiheit für Gesellschaften steht, wenn einer ausländischen europäischen Gesellschaft die Eintragung ihrer angestrebten Verschmelzung mit einer deutschen Gesellschaft in das deutsche Handelsregister versagt wird, weil § 1 Abs. 1 UmwG nur eine Umwandlung von Rechtsträgern mit Sitz im Inland vorsieht.[25] Zu entscheiden war somit die Frage, ob ein **genereller Ausschluss grenzüberschreitender Verschmelzungen** (als Konsequenz einer restriktiven Auslegung des § 1 Abs. 1 UmwG[26]) mit der Niederlassungsfreiheit vereinbar ist, wenn eine vergleichbare Inlandsumwandlung (also hier die Verschmelzung zweier deutscher Aktiengesellschaften) zugelassen wird.

Etwas überraschend stellte der EuGH für die Beantwortung der Frage nicht auf die Beschränkung der Mobilität selbst, sondern auf die **Diskriminierung im Vergleich zu den Inlandsumwandlungen** ab. Der EuGH ging davon aus, dass die unterschiedliche Behandlung der Auslandsgesellschaften, denen die grenzüberschreitenden Umwandlungsmöglichkeiten mit deutschen Gesellschaften nicht zur Verfügung stehen, diese davon abhalten können, von der Niederlassungsfreiheit Gebrauch zu machen.[27] Dieser ausdrückliche Hinweis auf die unterschiedliche Behandlung macht deutlich, dass der EuGH hier (nur) eine Gleichbehandlung fordert, so dass die Niederlassungsfreiheit es nicht gebietet, bestimmte Umwandlungsmöglichkeiten erstmals einzuführen. Jedoch dürfen die im Inland bestehenden gesetzlichen Möglichkeiten nicht auf Inlandsumwandlungen beschränkt werden, vielmehr sind diese auf grenzüberschreitende Sachverhalte zu erstrecken. Allerdings gilt auch dies nur insoweit, als die Ungleichbehandlung nicht anhand **zwingender Gründe des Allgemeininteresses** gerechtfertigt werden kann und die Maßnahme geeignet und erforderlich für die Erreichung des verfolgten Ziels ist.[28] Hiermit bedurfte es indes keiner näheren Auseinandersetzung, da sich der EuGH auf die Aussage beschränken konnte, dass eine Rechtfertigung anhand zwingender Gründe des Allgemeininteresses (z. B. Gläubiger- und Minderheitenschutz, Arbeitnehmerinteressen, Wirksamkeit der Steueraufsicht) zwar denkbar ist, zumindest die hier betroffene generelle Verhinderung grenzüberschreitender Verschmelzungen aber keinesfalls als erforderlich angesehen werden kann. Es ist darauf hinzuweisen, dass der EuGH in der Entscheidung trotz der Diskriminierung bezüglich der Rechtfertigung nicht auf Art. 52 AEUV, sondern auf das Vorliegen zwingender Gründe des Allgemeininteresses abstellt. Damit dürfte sich der EuGH von der traditionellen Differenzierung auf der Rechtfertigungsebene und dem **Erfordernis einer „nichtdiskriminierenden Anwendung"** als Rechtfertigungsvoraussetzung[29] entfernt haben.

Für die grenzüberschreitende Verschmelzung von Kapitalgesellschaften ist das „SEVIC"-Urteil heute nur noch von begrenztem Interesse, da durch die Umsetzung der Richtlinie über die Verschmelzung von Kapitalgesellschaften aus verschiedenen Mitgliedstaaten

---

[25] LG Koblenz, NZG 2003, 1124; vgl. dazu *Beul*, IStR 2003, 737; *Jung*, GPR 2004, 87; *Kloster*, GmbHR 2003, 1413; *Mankowski*, EWiR 2004, 139.
[26] Zu dieser Auslegungsfrage vgl. Rdnr. 9 f.; ferner ausführlich *Drinhausen*, in: Semler/Stengel, UmwG, 2. Aufl. 2007, Einl. C Rdnr. 21 ff.; *Lutter/Drygala*, in: Lutter, UmwG, 4. Aufl. 2009, § 1 Rdnr. 4 ff.
[27] EuGH, NJW 2006, 425, 426, Tz. 22.
[28] EuGH, NJW 2006, 425, 426, Tz. 23, 28 ff.
[29] Nach bisherigem Verständnis, das insbesondere der sog. „Gebhard-Formel" zugrunde liegt, setzte eine Rechtfertigung außerhalb des Art. 52 AEUV die nichtdiskriminierende Anwendung der Beschränkung voraus, vgl. EuGH NJW 1996, 579 – „Gebhard". Näher zu diesem Aspekt der „SEVIC"-Entscheidung vgl. *Leible/Hoffmann*, RIW 2006, 161.

§ 53 15   4. Kapitel. Grenzüberschreitende Umstrukturierungen

inzwischen eine **spezielle gesetzliche Regelung** für diese Fälle geschaffen worden ist (§§ 122a ff. UmwG, dazu ausführlich unten Rdnr. 20 ff.). Allerdings lässt sich die (auch in den Formulierungen sehr allgemein gehaltene) Argumentation des EuGH auch auf andere Arten von Umwandlungen übertragen, so dass „SEVIC Systems" letztlich gebietet, dass **alle Umwandlungsmöglichkeiten des UmwG auch grenzüberschreitend eröffnet werden.** Lediglich zum Schutz genau bestimmter zwingender Gründe des Allgemeininteresses können in diesen Fällen besondere Verpflichtungen vorgesehen, keinesfalls aber kann die Umwandlung gänzlich ausgeschlossen werden. Praktische Bedeutung hat dies heute einerseits für die **Verschmelzung von Personengesellschaften** (die nicht von der Richtlinie erfasst werden), andererseits für die grenzüberschreitende Spaltung (dazu § 56, Rdnr. 14 ff.) und den grenzüberschreitenden Formwechsel (dazu § 54, Rdnr. 2 ff.). Die zunächst in der Literatur diskutierte Frage,[30] ob die „SEVIC"-Entscheidung die Mitgliedstaaten nur dazu verpflichtet, eine Hineinumwandlung auf einen inländischen Rechtsträger zuzulassen, oder ob auch den nach eigenem Recht gegründeten Gesellschaften (in Fortführung der „Daily Mail"-Doktrin[31]) die Herausumwandlung auf einen Rechtsträger ausländischen Rechts zu erlauben ist, dürfte sich in Hinblick auf die Entscheidung „Cartesio" (dazu sogleich Rdnr. 15 f.) erledigt haben, da der EuGH hierin auch den statutenwechselnden Wegzug einer Inlandsgesellschaft als von der Niederlassungsfreiheit umfasst angesehen hat – letztlich also den grenzüberschreitenden Formwechsel. Für ein **Verbot der Herausumwandlung** bleibt vor diesem Hintergrund kein Raum mehr, da auch dieser Vorgang zu einem Verlassen des Gründungsrechts führt.

15   Das vorerst letzte Puzzleteil fügte der EuGH seiner Rechtsprechung zur Niederlassungsfreiheit der Gesellschaften mit der Entscheidung **„Cartesio"** vom 16. 12. 2008 hinzu.[32] Der Sachverhalt der Entscheidung „Cartesio" vom 16. 12. 2008[33] betraf eine Kommanditgesellschaft ungarischen Rechts, die ihren tatsächlichen Sitz, also ihre Hauptverwaltung, unter Beibehaltung des ungarischen Gesellschaftsstatuts von Ungarn nach Italien verlegen wollte und die Eintragung dieser Sitzänderung in das Handelsregister begehrte. Das ungarische Gericht legte dem EuGH die Frage vor, ob die Niederlassungsfreiheit der Verweigerung einer solchen Sitzverlegung entgegen steht. Damit war die Fortgeltung der „Daily Mail"-Doktrin[34] unmittelbar angesprochen, also die Frage, ob die Unterbindung des Wegzugs durch den Gründungsstaat auch nach der Neuorientierung der EuGH-Rechtsprechung noch immer als europarechtskonform eingestuft wird. Insbesondere nach einer entsprechenden Stellungnahme des Generalanwalts[35] war in Fachkreisen eine Abkehr von dieser mobili-

---

[30] Vgl. etwa *Leible/Hoffmann*, RIW 2006, 161.

[31] EuGH, Urteil vom 29. 9. 1988 – RS 81/87, Slg. 1988, 5483; NJW 1989, 2186.

[32] EuGH NJW 2009, 569 = BB 2009, 11; vgl. dazu *Knop*, DZWir 2009, 147; *Frobenius*, DStR 2009, 487; *Sethe/Winzer*, WM 2009, 536; *Heuschmid/Däubler*, NZG 2009, 493; *Campos Nave*, BB 2009, 870; *Leible/Hoffmann*, BB 2009, 58; *Zimmer/Naendrup*, NJW 2009, 545; *Paefgen*, WM 2009, 529; *Grohmann*, DZWiR 2009, 322; *Kindler*, NZG 2009, 130; *ders.* IPRax 2009, 189; *Teichmann*, ZIP 2009, 393; *Otte/Rietschel*, GmbHR 2009, 983; *Behme/Nohlen*, BB 2009, 13; *Bayer/Schmidt*, ZHR 173 (2009), 735; *Mörsdorf*, EuZW 2009, 97; *Hennrichs/Klavina/Pöschke/Laage*, WM 2009, 2009; *Kobelt*, GmbHR 2009, 808; *Brakalova/Barth*, DB 2009, 213; *Frenzel*, EWS 2009, 158; *Werner*, GmbHR 2009, 191; *Herrler*, DNotZ 2009, 484.

[33] EuGH NJW 2009, 569 = BB 2009, 11; vgl. dazu *Knop*, DZWir 2009, 147; *Frobenius*, DStR 2009, 487; *Sethe/Winzer*, WM 2009, 536; *Heuschmid/Däubler*, NZG 2009, 493; *Campos Nave*, BB 2009, 870; *Leible/Hoffmann*, BB 2009, 58; *Zimmer/Naendrup*, NJW 2009, 545; *Paefgen*, WM 2009, 529; *Grohmann*, DZWiR 2009, 322; *Kindler*, NZG 2009, 130; *ders.* IPRax 2009, 189; *Teichmann*, ZIP 2009, 393; *Otte/Rietschel*, GmbHR 2009, 983; *Behme/Nohlen*, BB 2009, 13; *Bayer/Schmidt*, ZHR 173 (2009), 735; *Mörsdorf*, EuZW 2009, 97; *Hennrichs/Klavina/Pöschke/Laage*, WM 2009, 2009; *Kobelt*, GmbHR 2009, 808; *Brakalova/Barth*, DB 2009, 213; *Frenzel*, EWS 2009, 158; *Werner*, GmbHR 2009, 191; *Herrler*, DNotZ 2009, 484.

[34] EuGH, Urteil vom 29. 9. 1988 – RS 81/87, Slg. 1988, 5483; NJW 1989, 2186.

[35] Schlußanträge des GA Poiares Maduro, NZG 2008, 498 (in Tz. 36); vgl. hierzu *Wilhelmi*, DB 2008, 1611; *Grohmann/Gruschinske*, EuZW 2008, 496; *Behme/Nohlen*, NZG 2008, 496.

tätsfeindlichen Doktrin erwartet worden. Dennoch entschied sich der EuGH für eine Beibehaltung der bisherigen Sichtweise und hielt eine solche „Einmauerung" für zulässig, soweit die betroffene Gesellschaft an ihrem Personalstatut festhalten will. In einem (wiederum etwas überraschenden) obiter dictum führte der EuGH darüber hinaus jedoch aus, dass die Niederlassungsfreiheit dagegen sehr wohl die **Sitzverlegung unter Änderung des anwendbaren Rechts** erfasst, so „dass der Gründungsmitgliedstaat die Gesellschaft dadurch, dass er ihre Auflösung und Liquidation verlangt" nicht daran hindern darf, „sich in eine Gesellschaft nach dem nationalen Recht dieses anderen Mitgliedstaats umzuwandeln, soweit dies nach diesem Recht möglich ist."[36] In dieser Eröffnung der Möglichkeit einer identitätswahrenden Umwandlung in eine Auslandsgesellschaft liegt die eigentliche Bedeutung der Entscheidung: Soweit die Zuzugsrechtsordnung dies ermöglicht, muss auch das bisherige Gesellschaftsstatut einen solchen **grenzüberschreitenden Formwechsel** hinnehmen. Beschränkungen müssen sich am Maßstab zwingender Gründe des Allgemeininteresses, der Geeignetheit und der Erforderlichkeit messen lassen, so dass ein genereller Ausschluss jedenfalls ausscheidet. Die üblichen umwandlungsrechtlichen Schutzinstrumente (insbes. zum Minderheiten- und Gläubigerschutz) können dagegen regelmäßig gerechtfertigt werden. Da diese Umwandlungsmöglichkeit auch ohne gesetzliche Regelung anzuerkennen ist, müssen derartige Schutzinstrumente (bis zu einer Regelung durch den Gesetzgeber) im Wege der Rechtsfortbildung aus dem geltenden Recht heraus entwickelt werden. Da der EuGH somit der Niederlassungsfreiheit ein Recht auf das Verlassen der Gründungsrechtsordnung entnommen hat, bleibt auch in Hinblick auf die Entscheidung „SEVIC" für eine **Differenzierung zwischen Hinein- und Hinausumwandlungen** kein Raum mehr.

Da der EuGH ausdrücklich darauf abgestellt hat, dass der Zuzugsstaat die formwechselnde Umwandlung in eine Gesellschaft des Zuzugsrechts ermöglicht, kann man „Cartesio" keine Verpflichtung des Zuzugsstaats entnehmen, diese Möglichkeit zu schaffen. Allerdings ist zu bedenken, dass nach der Entscheidung „SEVIC" die Mitgliedstaaten grenzüberschreitende Umwandlungsmöglichkeiten im selben Umfang zu eröffnen haben wie sie **innerstaatliche Umwandlungen** zulassen. Da der Wechsel des Gesellschaftsstatuts einem innerstaatlichen Formwechsel vergleichbar ist, kann man die EuGH-Rechtsprechung durchaus so interpretieren, dass auch die grenzüberschreitende Hineinumwandlung eröffnet werden muss, wenn im nationalen Recht der Formwechsel in einer vergleichbaren Konstellation (zB zwischen zwei verschiedenen Formen der Kapitalgesellschaft) zugelassen wird.[37] Die „SEVIC"-Entscheidung zwingt dann also den Zuzugsstaat zur Schaffung der Hineinumwandlungsmöglichkeit, während „Cartesio" den Vorgang im Verhältnis zum Wegzugsstaat eröffnet. Noch deutlicher ist dies für die grenzüberschreitende Verschmelzung, die von „SEVIC" direkt betroffen wurde: Jeder Mitgliedstaat hat die Hineinverschmelzung niederlassungsberechtigter Gesellschaften zu ermöglichen, soweit auch die innerstaatliche Verschmelzung zugelassen wird, darf zugleich aber die Hinausverschmelzung nicht unterbinden, da diese – ebenso wie der grenzüberschreitende Formwechsel – zum Verlust des bisherigen Gesellschaftsstatuts führt und das Verlassen der Gründungsrechtsordnung nach „Cartesio" ebenfalls von der Niederlassungsfreiheit eröffnet wird. Dies zeigt, dass **grenzüberschreitende Verschmelzungen** auch außerhalb des Anwendungsbereichs der Richtlinie 2005/56/EG bereits **in weitem Umfang von der Niederlassungsfreiheit eröffnet werden,** wenn spezielle Vorschriften für ihre Durchführung weder im Wegzugs- noch im Zuzugsstaat bestehen. Um die Durchführbarkeit auch in solchen Fällen zu gewährleisten, bedarf es einer **europarechtskonformen Fortbildung der mitgliedstaatlichen Umwandlungsrechte,** insbesondere durch analoge Anwendung der Umsetzungsvorschriften zur Richtlinie 2005/56/EG.

---

[36] EuGH EuZW 2009, 75, 80, Tz. 112.
[37] *Teichmann,* ZIP 2009, 393, 402; *Zimmer/Naendrup,* NJW 2009, 545, 548; *Otte/Rietschel,* GmbHR 2009, 983, 984; *Frobenius,* DStR 2009, 487, 490; *Behme/Nohlen,* BB 2009, 13, 14; Michalski/*Leible,* GmbHG, 2. Aufl. 2010, Syst. Darst. 2 Rdnr. 35.

17 Zusammenfassend lässt sich demnach festhalten, dass nach der Rechtsprechung des EuGH die Mitgliedstaaten dazu verpflichtet sind, sowohl die **Herausverschmelzung** von Gesellschaften eigenen Gesellschaftsstatuts auf Rechtsträger anderer Mitgliedstaaten, als auch die **Hineinverschmelzung** EU-ausländischer Gesellschaften auf inländische Rechtsträger zuzulassen, soweit auch eine vergleichbare innerstaatliche Verschmelzungsmöglichkeit besteht. Beschränkungen bedürfen der Rechtfertigung anhand des Maßstabs zwingender Gründe des Allgemeininteresses. Dies gilt zwar auch für die Anwendung der umwandlungsrechtlichen Schutzvorschriften zugunsten von Gläubigern und Minderheitsgesellschaftern, jedoch erscheint die Rechtfertigung insoweit als unproblematisch, soweit sich die Schutzmechanismen im Rahmen der Erforderlichkeit halten. Diese primärrechtlich begründete Umwandlungsmöglichkeit ist – im Gegensatz zur sekundärrechtlichen Harmonisierung der Richtlinie 2005/56/EG (sogleich Rdnr. 18 f.) – nicht auf Kapitalgesellschaften beschränkt, sondern erfasst alle Gesellschaften im Sinne von Art. 54 AEUV, und ist bei Normenmangel durch europarechtskonforme Rechtsfortbildung zu gewährleisten.

5. Die Richtlinie 2005/56/EG über die Verschmelzung von Kapitalgesellschaften aus verschiedenen Mitgliedstaaten

18 Für die Praxis hat die Frage der Niederlassungsfreiheit ihre Bedeutung durch die unionsweite Umsetzung der **Richtlinie 2005/56/EG** über die Verschmelzung von Kapitalgesellschaften aus verschiedenen Mitgliedstaaten[38] inzwischen allerdings weitgehend verloren, da die Umsetzungsvorschriften (in Deutschland §§ 122 a ff. UmwG, dazu ausführlich sogleich Rdnr. 20 ff.) hierfür nunmehr spezielle Vorschriften enthalten. Die Richtlinie basiert prinzipiell auf der **Kombinationslehre,** regelt also die grenzüberschreitende Verschmelzung weitgehend kollisionsrechtlich, während einheitliche materiellrechtliche Regelungen nur ergänzend vorgesehen sind.[39] Zulässigkeit, Schutzvorschriften und „Formalitäten" der Verschmelzung bemessen sich nach Art. 4 Abs. 1 der Richtlinie nach dem Gesellschaftsstatut jeder beteiligten Gesellschaft, lediglich der Wirksamkeitszeitpunkt bemisst sich einheitlich nach dem Statut des aufnehmenden Rechtsträgers (Art. 12). Ihr Anwendungsbereich ist nach Art. 1 auf die **Verschmelzung von Kapitalgesellschaften** beschränkt, wobei dieser Begriff in Art. 2 Nr. 1 vorrangig (jedoch nicht abschließend) durch Verweis auf die Aufzählung in Art. 1 der Publizitätsrichtlinie[40] definiert wird (näher unten Rdnr. 25 ff.). Personengesellschaften und juristische Personen, die auf Mitgliedschaft und nicht auf Kapitalanteilen beruhen (insbes. Vereine) werden nicht erfasst. Bemerkenswert ist, dass die Richtlinie keine Verpflichtung der Mitgliedstaaten enthält, die Verschmelzung aller Kapitalgesellschaften zuzulassen – nur wenn eine Gesellschaft innerstaatlich verschmelzungsfähig ist, muss auch die grenzüberschreitende Verschmelzung ermöglicht werden (Art. 4 Abs. 1a der Richtlinie). Außerhalb des Anwendungsbereichs der Verschmelzungsrichtlinie 78/855/EWG (insbesondere für GmbH), steht es den Mitgliedstaaten weiterhin offen, über die **Verschmelzungsfähigkeit ihrer Rechtsträger** frei zu entscheiden. Europäisches Primär- und Sekundärrecht verlangen nur, dass interne und grenzüberschreitende Verschmelzungsfähigkeit einheitlich geregelt werden.

19 Zusätzlich zu dem beschriebenen kollisionsrechtlichen Ansatz enthält die Richtlinie in beschränktem Umfang **materiellrechtliche Harmonisierungen,** insbesondere in Hinblick auf die Rechtsfolgen der Verschmelzung, die in Art. 14 der Richtlinie einheitlich geregelt werden, und die endgültige Wirksamkeit der Verschmelzung nach ihrer Eintragung (Art. 17). Darüber hinaus werden einzelne Aspekte des Verschmelzungsverfahrens

---

[38] ABl. EG 2005, L 310, S. 1 ff.
[39] Zu der Richtlinie vgl. näher: *Neye,* ZIP 2005, 1893; *Kiem,* WM 2006, 1091; *Bayer/Schmidt,* NJW 2006, 401; *Kallmeyer/Kappes,* AG 2006, 224; *Kallmeyer,* ZIP 2007, 472; *Krause/Kulpa,* ZHR 171 (2007), 39; *Nagel,* NZG 2006, 97; *Oechsler,* NZG 2006, 161.
[40] Richtlinie 68/151/EWG, ABl. EG 1968, L 65, S. 8 ff.

harmonisiert (insbesondere bezüglich des Verschmelzungsplans, den Berichtspflichten und der Kontrolle). Durch die Umsetzung dieser Richtlinie[41] ist inzwischen gewährleistet, dass europaweit nicht nur die für die Kombinationslehre erforderliche **Mindestübereinstimmung der Rechtsordnungen** gegeben ist, sondern auch, dass ein spezifischer rechtlicher Rahmen für diese Vorgänge zur Verfügung steht und somit Rechtssicherheit geschaffen worden ist.

II. Grenzüberschreitende Verschmelzungen von Kapitalgesellschaften nach §§ 122 a ff. UmwG

1. Überblick

Zur Umsetzung der Richtlinie 2005/56/EG hat der deutsche Gesetzgeber im zweiten Teil des zweiten Buchs des UmwG durch das „Zweite Gesetz zur Änderung des UmwG" vom 19. April 2007[42] einen neuen zehnten Abschnitt eingefügt (§§ 122 a ff. UmwG). Diese Vorschriften enthalten **keine eigenständige Kodifikation** des Rechts der grenzüberschreitenden Verschmelzung, sondern schaffen nur punktuelle Sonderregelungen, soweit dies für die Umsetzung der Richtlinie als erforderlich erschien. Ansonsten gelten aufgrund der klarstellenden Verweisung in § 122 a Abs. 2 UmwG ergänzend die allgemeinen und die rechtsformspezifischen Vorschriften des Verschmelzungsrechts auch für grenzüberschreitende Vorgänge.[43] Die nachfolgende Darstellung beschränkt sich auf die Besonderheiten grenzüberschreitender Verschmelzungen, während für das allgemeine Verschmelzungsrecht auf das umfangreiche umwandlungsrechtliche Schrifttum zu verweisen ist.[44]

2. Sachlicher Anwendungsbereich (§ 122 a UmwG)

Der sachliche Anwendungsbereich der Vorschriften zur grenzüberschreitenden Verschmelzung wird in § 122 a UmwG definiert.[45] Nach § 122 a UmwG liegt eine grenzüberschreitende Verschmelzung vor, wenn zumindest eine an dem Vorgang beteiligte Gesellschaft dem **Recht eines Mitgliedstaates der EU bzw. des EWR** unterliegt. Dieser internationale Bezug dient zur Abgrenzung von rein nationalen Verschmelzungen, die nur den allgemeinen Vorschriften unterliegen,[46] sowie von Verschmelzungen unter Beteiligung drittstaatlicher Gesellschaften, die im UmwG nicht besonders geregelt sind, jedenfalls aber nicht in den direkten Anwendungsbereich der §§ 122 a ff. UmwG fallen (zur Zulässigkeit solcher Verschmelzungen vgl. unten Rdnr. 121 ff.).[47] Die Beteiligung einer deutschen Gesellschaft ist zwar im Wortlaut des § 122 a Abs. 1 UmwG nicht erwähnt, da das Umwandlungsrecht aber als Teil des Gesellschaftsstatuts anzusehen ist, kommt das UmwG schon kollisionsrechtlich nur zur Anwendung, soweit eine beteiligte Gesellschaft deutschem Recht unterliegt (oben Rdnr. 4 ff.). Dem Wortlaut der Verweisungsvorschrift des § 122 a Abs. 2 UmwG lässt sich ferner entnehmen, dass den Vorschriften – trotz bislang fehlender positivrechtlicher Regelung – in Übereinstimmung mit den Vorgaben der Richtlinie die **Kombinationslehre** (Rdnr. 18) zugrunde liegt, da die Regelungen nur auf die Beteiligung einer deutschen Kapitalgesellschaft i. S. v. § 3 Abs. 1 Nr. 2 UmwG anzuwenden

---

[41] Zum Umsetzungsstand in den Mitgliedstaaten vgl. *Winter*, GmbHR 2008, 532.
[42] BGBl. 2007 I, S. 542 ff.
[43] Dazu: Kallmeyer/*Marsch-Barner* § 122 a Rdnr. 5; KölnKomm/*Simon/Rubner* § 122 a Rdnr. 20; Lutter/*Bayer* § 122 a Rdnr. 27; Schmitt/Hörtnagl/Stratz/*Hörtnagl* § 122 a Rdnr. 12 ff.; Semler/Stengel/*Drinhausen* § 122 a Rdnr. 14; Widmann/Mayer/*Heckschen* § 122 b Rdnr. 90 ff.
[44] Für eine Darstellung aus Sicht des österreichischen Rechts vgl. *Eckert*, Internationales Gesellschaftsrecht, S. 675 ff.
[45] *Drinhausen/Keinath*, BB 2006, 725; Kallmeyer/*Marsch-Barner* § 122 a Rdnr. 1, *Kiem*, WM 2006, 1091; Lutter/*Bayer* § 122 a Rdnr. 1; *Kiem* WM 2006, 1091; Schmitt/Hörtnagl/Stratz/*Hörtnagl* § 122 a Rdnr. 1; Semler/Stengel/*Drinhausen* § 122 a Rdnr. 2.
[46] Kallmeyer/*Marsch-Barner* § 122 a Rdnr. 2; Lutter/*Bayer* § 122 a Rdnr. 21.
[47] *Bayer/Schmidt*, NJW 2006, 401; Lutter/*Bayer* § 122 a Rdnr. 3; Schmitt/Hörtnagl/Stratz/*Hörtnagl* § 122 a Rdnr. 7.

sind. Die Beteiligung der Auslandsgesellschaft wird also vom deutschen Recht nicht geregelt.

22 Für den Anwendungsbereich der Vorschriften sind somit die Gesellschaftsstatute der beteiligten Gesellschaften und damit die **kollisionsrechtliche Anknüpfung** entscheidend. Obwohl diese Frage aus Sicht des deutschen Rechts zu beantworten ist, spielt die Sitztheorie hier keine Rolle: Während die niederlassungsberechtigten EU-Auslandsgesellschaften schon aufgrund der „Überseering"-Rechtsprechung des EuGH anhand der europarechtlichen Gründungstheorie anzuknüpfen sind (dazu § 1 Rdnr. 88 ff.) unterliegen in Deutschland ins Handelsregister eingetragene Kapitalgesellschaften seit dem MoMiG dem deutschen Recht, solange sie einen inländischen Satzungssitz aufweisen (strittig, näher: § 52 Rdnr. 18 ff.). Im Ergebnis kommt es somit auch für die Anwendung der §§ 122 a ff. UmwG in keinem Fall auf den tatsächlichen Sitz an.

23 Nicht beschränkt ist der Anwendungsbereich ferner in Hinblick auf die Art der Verschmelzung. In Übereinstimmung mit Art. 2 Nr. 2 der Richtlinie 2005/56/EG werden sowohl die grenzüberschreitende **Verschmelzung zur Aufnahme** (§ 2 Nr. 1 UmwG) als auch **zur Neugründung** (§ 2 Nr. 2 UmwG) erfasst, jeweils sowohl in der Variante der **Hinein- als auch der Hinausverschmelzung.** Erfasst wird ferner auch die Verschmelzung mit einer aufnehmenden Kapitalgesellschaft, die alleiniger Anteilseigner der übertragenden Gesellschaft ist. Hierin sieht das deutsche Recht (anders als Art. 2 Nr. 2c der Richtlinie 2005/56/EG) keinen gesondert zu regelnden Fall, vielmehr können auch solche Vorgänge unter die allgemeine Definition der Verschmelzung (§ 2 UmwG) gefasst werden. Den Besonderheiten der Fallgruppe wird lediglich durch punktuelle Sonderregelungen (etwa in § 122 g Abs. 2 UmwG) Rechnung getragen.

24 Eine Einschränkung des sachlichen Anwendungsbereichs ergibt sich allerdings aus Art. 2 Abs. 1, 17 ff. SE-VO[48] i. V. m. §§ 5 ff. SEAG, die die Gründung einer SE durch Verschmelzung abschließend regeln.[49] Auf eine Verschmelzung zur Neugründung sind die Vorschriften daher nicht anwendbar, sofern der neu gegründete Rechtsträger die Rechtsform einer SE haben soll. Das bedeutet indes nicht, dass die §§ 122 a ff. UmwG nicht auf **Verschmelzungen unter Beteiligung von SE** anwendbar wären. Vielmehr ist zwischen beiden Fällen zu differenzieren: Nur die Gründung einer SE durch Verschmelzung wird von der SE-VO abschließend geregelt, während Umwandlungen unter Beteiligung einer bestehenden SE nicht besonders geregelt sind.[50] Insoweit ist auf die SE vielmehr gemäß Art. 9 Abs. 1c ii) SE-VO das nationale Umwandlungsrecht ebenso anwendbar wie auf die Aktiengesellschaften mitgliedstaatlichen Rechts, einschließlich der Vorschriften zur grenzüberschreitenden Verschmelzung. Allerdings versteht die SE-VO unter einer Gründung nicht nur die Verschmelzung zur Neugründung einer SE, sondern ebenso den Fall einer Verschmelzung zur Aufnahme, soweit die aufnehmende Gesellschaft die Form einer SE annimmt (Art. 17 Abs. 1 UAbs. 2 S. 1 SE-VO). Da auch eine SE selbst an der Gründung einer SE durch Verschmelzung beteiligt sein kann (Art. 3 Abs. 1 SE-VO), stellt sich die Frage, ob der Vorrang der SE-VO auch für Verschmelzungen durch Aufnahme mit einer SE als übernehmendem Rechtsträger gilt. Hierbei handelt es sich aber nicht um einen Gründungsvorgang, durch den erstmals eine SE entsteht, da es keines nach Art. 17 Abs. 2 UABs. 2 S. 1 SE-VO notwendigen Rechtsformwechsels bedarf. Daher unterfällt die Verschmelzung zur Aufnahme in eine SE nicht der SE-VO,[51] sondern den §§ 122 a ff.

---

[48] Verordnung-EG Nr. 2157/2001 über das Statut der Europäischen Gesellschaft, ABl. 2001, L 294, S. 1 ff.

[49] *Drinhausen/Keinath,* BB 2006, 725/726; *Heckschen,* DNotZ 2007, 444; Kallmeyer/*Marsch-Barner* § 122 b Rdnr. 3; KölnKomm/*Simon/Rubner* § 122 b Rdnr. 9; Lutter/*Bayer* § 122 b Rdnr. 7; Schmitt/Hörtnagl/Stratz/*Hörtnagl* § 122 b Rdnr. 7; Semler/Stengel/*Drinhausen* § 122 b Rdnr. 5; Widmann/Mayer/*Heckschen* § 122 b Rdnr. 66.

[50] KölnKomm/*Simon/Rubner* § 122 b Rdnr. 11; Widmann/Mayer/*Heckschen* § 122 b Rdnr. 72.

[51] Zutreffend Lutter/Hommelhoff/*Bayer,* SE-Kommentar, Art. 2 Rdnr. 2.

UmwG.⁵² Praktisch bedeutet dies, dass auch eine SE mit einer GmbH (bzw. einer vergleichbaren Rechtsform ausländischen Rechts) zur Aufnahme in die SE verschmolzen werden kann, was aufgrund der Beschränkung des Art. 2 Abs. 1 SE-VO auf Aktiengesellschaften bei Vorrang der SE-VO nicht möglich wäre. Trotz des grundsätzlichen Vorrangs der SE-VO verbleibt also auch für §§ 122a ff. UmwG ein erheblicher Anwendungsbereich bei Beteiligung von SE, insbesondere wenn die **SE als übertragender Rechtsträger** auf eine andere Rechtsform verschmolzen wird, wenn die bestehende SE selbst aufnehmender Rechtsträger ist oder wenn die Verschmelzung durch Neugründung einer anderen Rechtsform erfolgt.⁵³ Selbst die Verschmelzung zweier SE kann also den §§ 122a ff. UmwG unterliegen, soweit sie durch Aufnahme und nicht durch Neugründung erfolgt. Nur bei Verschmelzungen durch Neugründung einer SE (Art. 17 Abs. 2b SE-VO) ist stets der Vorrang der SE-VO zu beachten, auch wenn an dem Vorgang eine oder mehrere SE beteiligt sind.

3. International verschmelzungsfähige Gesellschaften (§ 122b UmwG)

Ob sich eine Gesellschaft an einer grenzüberschreitenden Verschmelzung beteiligen **25** kann, die von den §§ 122a ff. Umw erfasst wird, regelt § 122b UmwG. Die Vorschrift ist insoweit bemerkenswert, als sie nicht nur regelt, welche Gesellschaften deutschen Rechts (auf die also das UmwG kollisionsrechtlich Anwendung findet) **international verschmelzungsfähig** sind, sondern auch, welche Anforderungen eine Auslandsgesellschaft erfüllen muss, damit sich eine deutsche Gesellschaft mit ihr verschmelzen kann. Zwar kann das deutsche Recht die Verschmelzungsfähigkeit ausländischer Gesellschaften nicht direkt regeln, jedoch sind die Normen der §§ 122a ff. UmwG auf die Beteiligung deutscher Gesellschaften nur anwendbar, soweit auch die ausländischen Beteiligten den Anforderungen des § 122b UmwG genügen. Damit wird sichergestellt, dass die Möglichkeiten grenzüberschreitender Verschmelzungen nicht durch eine überobligatorische Umsetzung (insbesondere bezüglich Art. 3 der Richtlinie 2005/56/EG) durch einen anderen Mitgliedstaat erweitert werden.

Gesellschaften, die den Anforderungen des § 122b UmwG nicht genügen (insbeson- **26** dere Personengesellschaften⁵⁴), sowie solche aus Drittstaaten⁵⁵ können nicht in direkter Anwendung der §§ 122a ff. UmwG mit deutschen Gesellschaften verschmolzen werden. In Betracht kommt indes eine **analoge Anwendung**, insbesondere in Hinblick auf Personengesellschaften aus einem anderen EU-Mitgliedstaat, da die Niederlassungsfreiheit eine europarechtskonforme Auslegung des Umwandlungsrechts gebietet (unten Rdnr. 117 ff.).

Theoretisch ist ferner zu prüfen, ob die konkrete Kombination von Gesellschaftsformen **27** auch als innerstaatliche Verschmelzung zugelassen wäre.⁵⁶ Diese Prüfung dient der Umsetzung von Art. 4 Abs. 1 a) der Richtlinie 2005/56/EG, wonach „grenzüberschreitende Verschmelzungen nur zwischen Gesellschaften solcher Rechtsformen möglich (sind), die sich nach dem innerstaatlichen Recht der jeweiligen Mitgliedstaaten verschmelzen dürfen." In Übereinstimmung mit der Entscheidung „SEVIC Systems" soll hierdurch gewährleistet wer-

---

⁵² Kallmeyer/*Marsch-Barner* § 122b Rdnr. 3; KölnKomm/*Simon/Rubner* § 122b Rdnr. 12; *Kulenkamp*, Die grenzüberschreitende Verschmelzung von Kapitalgesellschaften in der EU, 2008, S. 152 ff.; Lutter/*Bayer* § 122b Rdnr. 7; Semler/Stengel/*Drinhausen* § 122b Rdnr. 5; Widmann/Mayer/*Heckschen* § 122b Rdnr. 72.

⁵³ Kallmeyer/*Marsch-Barner* § 122b Rdnr. 3; KölnKomm/*Simon/Rubner* § 122b Rdnr. 14; Lutter/*Bayer* § 122b Rdnr. 7; Semler/Stengel/*Drinhausen* § 122b Rdnr. 5; Widmann/Mayer/*Heckschen* § 122b Rdnr. 72.

⁵⁴ Kallmeyer/*Marsch-Barner* § 122b Rdnr. 6; *Klein* RNotZ 2007, 565/575 f.; Lutter/*Bayer* § 122b Rdnr. 3; *Lutz* BWNotZ 2010, 23/26.

⁵⁵ *Forsthoff*, DStR 2006, 613/614; Kallmeyer/*Marsch*-Barner § 122a Rdnr. 3; Lutter/*Bayer* § 122b Rdnr. 11; *Müller, H.-F.*, NZG 2006, 286; Widmann/Mayer/*Heckschen* § 122b Rdnr. 81 ff.

⁵⁶ Vgl. Lutter/*Bayer*, § 122b Rdnr. 12: „Kombinationsfähigkeit".

den, dass die grenzüberschreitende Verschmelzung nur soweit zugelassen wird, wie auch die innerstaatliche Umwandlungsmöglichkeit reicht. Beschränkungen in Hinblick auf zulässige Kombinationen von Gesellschaftsformen sind also auch grenzüberschreitend beachtlich. Aus Sicht des deutschen Rechts sind insoweit indes wegen der **uneingeschränkten Kombinationsmöglichkeiten** für Kapitalgesellschaften (§ 3 UmwG) keine Einschränkungen zu beachten, so dass eine Umsetzung unterbleiben konnte. Eine Prüfung auch von Einschränkungen aus dem ausländischen Recht bedarf es dagegen nicht, da im Rahmen der Kombinationslehre das Auslandsrecht ohnehin über die Verschmelzungsfähigkeit seiner Gesellschaft zu entscheiden hat, diese Frage also dem ohnehin kumulativ anzuwendenden ausländischen Umwandlungsrecht überlassen werden kann. Der Anerkennung einer ungeschriebenen Voraussetzung, die im Rahmen des deutschen Rechts zu prüfen wäre, bedarf es daher nicht.[57]

28 **a) Verschmelzungsfähige Rechtsformen.** An einer grenzüberschreitenden Verschmelzung können nach § 122b Abs. 1 UmwG ausschließlich Kapitalgesellschaften beteiligt sein. Während § 122a Abs. 2 UmwG (wo es nur um Gesellschaften deutschen Rechts geht) insoweit auf die Definition in § 3 Abs. 1 Nr. 2 UmwG verweisen kann, regelt § 122b Abs. 1 UmwG auch die **Beteiligung der Auslandsgesellschaft** und muss daher eine international geeignete Begriffsbestimmung heranziehen. Anstelle einer eigenständigen Formulierung nimmt der Gesetzgeber hier schlicht die Definition der Kapitalgesellschaft in Art. 2 Nr. 1 der Richtlinie 2005/56/EG in Bezug. Es ist zuzugeben, dass durch diese (inzwischen häufig genutzte) Regelungstechnik die Gefahr von Umsetzungsdefiziten minimiert wird, jedoch leidet die Verständlichkeit des deutschen Gesetzestextes, der aus sich selbst heraus nicht mehr verständlich ist. Solche gesetzlichen Verweisungen auf das Richtlinienrecht sollten daher generell nur sparsam verwendet werden, da sie die Rechtsfindung für den Nicht-Spezialisten deutlich erschweren. Dies gilt vor allem, wenn auch (wie hier) die in Bezug genommene Richtlinie auf einen weiteren Sekundärrechtsakt verweist.

29 Die Definition in Art. 2 Nr. 1 der Richtlinie umfasst zwei verschiedene Tatbestände. Vorrangig werden die in **Art. 1 der Publizitätsrichtlinie 68/151/EWG** aufgelisteten Gesellschaften erfasst, was den Vorteil hat, dass eine sichere Bestimmung möglich ist, ob eine Rechtsform erfasst wird.[58] Für das deutsche Recht werden dort (in Übereinstimmung mit § 3 Abs. 1 Nr. 2 UmwG) die AG, die KGaA und die GmbH genannt, wobei auch die Unternehmergesellschaft (haftungsbeschränkt) als lediglich einigen Sonderregeln unterliegende Spielart der GmbH ohne weiteres erfasst wird. Eine vergleichbare Aufzählung der Kapitalgesellschaftsformen enthält die Vorschrift für jeden EU-Mitgliedstaat.

30 Erweitert wird diese Defintion in lit. b ferner um jede andere Gesellschaft, die Rechtspersönlichkeit besitzt und über ein gesondertes Gesellschaftskapital verfügt, das allein für die Verbindlichkeiten der Gesellschaft haftet und die nach dem für sie maßgeblichen innerstaatlichen Recht Schutzbestimmungen i. S. d. Publizitäts-RL[59] im Interesse der Gesellschaft sowie Dritter einzuhalten hat. Der Anwendungsbereich der Richtlinie soll dadurch auf alle in den Mitgliedstaaten bestehenden, auch atypischen Formen von Körperschaften erweitert werden, die nicht nur die **wesentlichen Charakteristika der Kapitalgesellschaft** aufweisen, sondern die der nationale Gesetzgeber auch der handelsrechtlichen Publizität unterworfen hat. Zusätzlich erfasst werden von dieser Definition aus Sicht des

---

[57] AA Lutter/*Bayer*, § 122b Rdnr. 12.

[58] Vgl. hierzu *Drinhausen/Keinath*, RIW 2006, 81; *Drinhausen/Keinath*, BB 2006, 725/726; *Heckschen*, DNotZ 2007, 444/455; Kallmeyer/*Marsch-Barner* § 122b Rdnr. 2; KölnKomm/*Simon/Rubner* § 122b Rdnr. 6; Lutter/*Bayer* § 122b Rdnr. 3; *Reimann*, ZEV 2009, 586/588; Schmitt/Hörtnagl/Stratz/*Hörtnagl* § 122b Rdnr. 5; Semler/Stengel/*Drinhausen* § 122b Rdnr. 4; *Spahlinger/Wegen*, NZG 2006, 721/723.

[59] Richtlinie 68/151/EWG.

deutschen Rechts die SE und grundsätzlich auch die Genossenschaft.[60] Ob der **Versicherungsverein auf Gegenseitigkeit** und der **eingetragene Verein** erfasst werden, ist in Hinblick darauf, dass diese aus Mitgliedern, nicht Kapitaleignern, bestehen und über kein festes Grundkapital verfügen, umstritten.[61] Die Definition verlangt indes nur ein „gesondertes Gesellschaftskapital", worunter aus europäischer Sicht wohl kein Grundkapital zu verstehen ist, sondern ein vom Vermögen der Anteilseigner getrenntes Gesellschaftsvermögen – sonst würde nicht einmal die englische Ltd. unter die Definition fallen. Hierfür spricht auch die englische Sprachfassung, die von „separate assets" spricht, also von Vermögen. Ferner ist auch in Hinblick auf die Definition der „Gesellschaft" in Art. 54 AEUV anerkannt, dass Vereine (soweit sie einen Erwerbszweck zumindest als Nebenzweck verfolgen) dem europarechtlichen Begriff der Gesellschaft unterfallen können.[62] Man wird daher danach zu differenzieren haben, inwieweit Vereine den Publizitätsvorschriften im Sinne der Publizitätsrichtlinie unterliegen: Da der „große" VVaG nach § 16 S. 1 VAG der handelsrechtlichen Publizität unterliegt, wird er von der Definition erfasst, nicht dagegen der „kleine" VVaG, auf den nach § 53 VAG der § 16 S. 1 VAG nicht anwendbar ist. Der eingetragene Verein unterliegt dagegen schon grundsätzlich nicht den erforderlichen Schutzbestimmungen, da die durch das Vereinsregister herbeigeführte Publizität nicht an den Anforderungen der Publizitätsrichtlinie orientiert ist und insbesondere keine Offenlegung der Rechnungslegung verlangt.

b) Anforderungen des Art. 54 Abs. 1 AEUV. Weitere Voraussetzung für die Beteiligung des ausländischen Verschmelzungspartners ist, dass dieser nach dem Recht eines anderen EU-Mitgliedstaats gegründet worden ist und seinen satzungsmäßigen Sitz, seine Hauptverwaltung oder seine Hauptniederlassung in der EU hat. Diese Voraussetzung entspricht praktisch wörtlich der Formulierung in Art. 54 Abs. 1 AEUV, so dass nichts anderes gemeint ist, als dass die Kapitalgesellschaft **niederlassungsberechtigt** sein muss. Da die Kapitalgesellschaftsrechte der EU grundsätzlich vorschreiben, dass der satzungsmäßige Sitz (bzw. das „registered office" der englischen Sprachfassung) im Gründungsstaat belegen sein muss, fallen beide Anforderungen praktisch zusammen. Ein über den satzungsmäßigen Sitz hinausgehender tatsächlicher Bezug zum Gründungsstaat ist indes nicht erforderlich.[63] Näher zu den Anforderungen des Art. 54 AEUV vgl. § 1, Rdnr. 94 ff.

c) Ausnahmen (§ 122 b Abs. 2 UmwG). Genossenschaften unterfallen als Handelsgesellschaften (§ 17 Abs. 2 GenG) mit eigener Rechtspersönlichkeit (§ 17 Abs. 1 GenG) und Haftungsprivileg (§ 2 GenG) grundsätzlich der Definition einer Kapitalgesellschaft nach Art. 2 Abs. 1 b der Richtlinie 2005/56/EG (Rdnr. 18 f.)[64] jedoch ist ihre Verschmelzungsfähigkeit ausdrücklich gemäß § 122 b Abs. 2 Nr. 1 UmwG ausgeschlossen. Damit hat der deutsche Gesetzgeber von der **„opt out"-Option** in Art. 3 Abs. 2 der Richtlinie 2005/56/EG Gebrauch gemacht, der es zulässt, Genossenschaften von der internationalen Verschmelzung auszunehmen.[65]

---

[60] Kallmeyer/*Marsch-Barner* § 122 b Rdnr. 2; KölnKomm/*Simon/Rubner* § 122 b Rdnr. 6; Lutter/*Bayer* § 122 b Rdnr. 3; Schmitt/Hörtnagl/Stratz/*Hörtnagl* § 122 b Rdnr. 5; Semler/Stengel/*Drinhausen* § 122 b Rdnr. 4.
[61] Kallmeyer/*Marsch-Barner* § 122 b Rdnr. 4; *Louven* ZIP 2006, 2021/2024; Lutter/*Bayer* § 122 b Rdnr. 6; Schmitt/Hörtnagl/Stratz/*Hörtnagl* § 122 b Rdnr. 6; Semler/Stengel/*Drinhausen* § 122 b Rdnr. 6; Widmann/Mayer/*Heckschen* § 122 b Rdnr. 73.
[62] Statt vieler: Streinz/*Müller-Graff*, EUV/EGV, Art. 48 EGV Rdnr. 4.
[63] EuGH, Slg. 1999, I-1459 ff. „Centros" = IPRax 1999, 364 = NJW 1999, 2027 = NZG 1999, 297 mit Anm. *Leible*.
[64] Kallmeyer/*Marsch-Barner* § 122 b Rdnr. 7; Semler/Stengel/*Drinhausen* § 122 b Rdnr. 10.
[65] Dazu: *Herrler*, EuZW 2007, 295/296; Kallmeyer/*Marsch-Barner* § 122 b Rdnr. 7; *Klein*, RNotZ 2007, 565/575; KölnKomm/*Simon/Rubner* § 122 b Rdnr. 17; Lutter/*Bayer* § 122 b Rdnr. 15; *Neye*, ZIP 2005, 1893/1894; Schmitt/Hörtnagl/Stratz/*Hörtnagl* § 122 b Rdnr. 5; Semler/Stengel/*Drinhausen* § 122 b Rdnr. 10; Widmann/Mayer/*Heckschen* § 122 b Rdnr. 97.

33 Die Vorschrift verweigert nicht nur deutschen **Genossenschaften** die grenzüberschreitende Verschmelzungsfähigkeit, vielmehr wird auch die Beteiligung ausländischer Genossenschaften (unabhängig von deren Verschmelzungsfähigkeit nach ihrem Gesellschaftsstatut) in Übereinstimmung mit der Richtlinie ausgeschlossen.[66] Selbst wenn das Heimatrecht der ausländischen Genossenschaft also die grenzüberschreitende Verschmelzung ausdrücklich eröffnet, soll eine Verschmelzung mit einer deutschen Gesellschaft ausgeschlossen werden. Soweit die Genossenschaft indes (wie regelmäßig) einen Erwerbszweck im Sinne von Art. 54 Abs. 2 AEUV verfolgt, gebietet es bereits die Niederlassungslassungsfreiheit auch grenzüberschreitende Verschmelzungen zuzulassen, da die Verschmelzung von Genossenschaften auch innerstaatlich zugelassen ist (§ 3 Nr. 3 UmwG). Insoweit stellen sich dieselben Fragen wie in Hinblick auf die Personengesellschaften (Rdnr. 117 ff.).

34 Nach § 122b Abs. 2 Nr. 2 UmwG, der der Umsetzung der zwingenden Ausschlussnorm in Art. 3 Abs. 3 der Richtlinie 2005/56/EG dient, sind die Regelungen auf Organismen für gemeinsame Anlagen in Wertpapieren (OGAW) nicht anwendbar.[67] Erfasst werden von dieser Regelung **Kapitalanlagegesellschaften** (§ 6 InvG) und **Investmentaktiengesellschaften** (§ 96 InvG). Allerdings wird hiermit kein dauerhaftes Verbot der grenzüberschreitenden Verschmelzung von OGAW beabsichtigt, vielmehr sollen für solche Vorgänge spezielle Regelungen geschaffen werden, die insbesondere die Beteiligung der Aufsichtsbehörden sicherstellt. Ein entsprechender Rechtsrahmen ist inzwischen (sowohl für die innerstaatliche wie für die grenzüberschreitende Verschmelzung) durch die Richtlinie 2009/65/EG[68] geschaffen worden. Die grundsätzliche Zulässigkeit auch grenzüberschreitender Verschmelzungen von OGAW wird in Art. 38 dieser Richtlinie anerkannt und in den weiteren Vorschriften des Kapitel VI näher ausgestaltet. Diese Vorgaben waren bis zum 1. Juli 2011 in nationales Recht umzusetzen (Art. 116 der Richtlinie) und finden sich nunmehr in den §§ 40 ff. InvG.[69]

35 **d) Zusammenfassung.** Im Ergebnis sind somit folgende deutsche Gesellschaftsformen nach § 122b UmwG **international verschmelzungsfähig:**[70]
– Aktiengesellschaft
– SE
– Kommanditgesellschaft auf Aktien
– Gesellschaft mit beschränkter Haftung
– Unternehmergesellschaft (haftungsbeschränkt)

Zusätzlich stellt das deutsche Recht die Normen nur bereit, wenn auch der ausländische Verschmelzungspartner den Anforderungen des § 122b UmwG genügt, also einer diesen Formen vergleichbaren Rechtsform des EU-ausländischen Rechts unterliegt.

4. Verschmelzungsplan (§ 122 c UmwG)

36 **a) Begriff und Rechtsnatur.** Nach § 122c UmwG bedarf es zur Durchführung einer grenzüberschreitenden Verschmelzung der Aufstellung eines **gemeinsamen Verschmelzungsplans** der beteiligten Gesellschaften. Hierbei handelt es sich um einen neuen Begriff

---

[66] Kallmeyer/*Marsch-Barner* § 122b Rdnr. 7; KölnKomm/*Simon/Rubner* § 122b Rdnr. 17; Schmitt/Hörtnagl/Stratz/*Hörtnagl* § 122b Rdnr. 14; Widmann/Mayer/*Heckschen* § 122b Rdnr. 97.
[67] Drinhausen/*Keinath*, RIW 2006, 81/83; Kallmeyer/*Marsch-Barner* § 122b Rdnr. 8; *Klein* RNotZ 2007, 565/576; KölnKomm/*Simon/Rubner* § 122b Rdnr. 18 ff.; Lutter/*Bayer* § 122b Rdnr. 16; Schmitt/Hörtnagl/Stratz/*Hörtnagl* § 122b Rdnr. 15; Semler/Stengel/*Drinhausen* § 122b Rdnr. 12; Widmann/Mayer/*Heckschen* § 122b Rdnr. 101.
[68] ABl. EG 2009, L 302, S. 32 ff.
[69] Eingefügt durch das OGAW-IV-UmsetzungsG vom 22. 6. 2011, BGBl. 2011 I, S. 1126 ff.
[70] Grohmann/*Gruschinske*, GmbHR 2006, 191/192; Kallmeyer/*Marsch-Barner* § 122b Rdnr. 3; KölnKomm/*Simon/Rubner* § 122b Rdnr. 6; Lutter/*Bayer* § 122b Rdnr. 3 ff.; *Lutz* BWNotZ 2010, 23/26; Semler/Stengel/*Drinhausen* § 122b Rdnr. 4 ff.

im Verschmelzungsrecht, der funktional dem Verschmelzungsvertrag (§ 4 UmwG) bei der innerstaatlichen Verschmelzung entspricht. Der Unterschied ist mehr terminologischer als sachlicher Art, wie schon der Blick auf die europäischen Grundlagen zeigt: Sowohl in Art. 5 der innerstaatlichen Verschmelzungsrichtlinie 78/855/EWG als auch in Art. 5 der Richtlinie 2005/56/EG ist vom Verschmelzungsplan die Rede. Im Rahmen des § 4 UmwG konnte der Gesetzgeber diese Vorgabe in Form eines Vertrags ausgestalten, da insoweit alle beteiligten Gesellschaften demselben Recht unterliegen. Da bei der grenzüberschreitenden Verschmelzung in Hinblick auf die Kombinationslehre (Rdnr. 4ff.) gewährleistet sein muss, dass die Aufstellung eines gemeinsamen Plans durch einheitliche Regelungen ermöglicht wird, bedurfte es hier einer engeren Orientierung an den Vorgaben. Hieraus folgt aber, dass Verschmelzungsvertrag und -plan eine unterschiedliche Rechtsnatur haben. Während der Verschmelzungsvertrag sowohl als organisationsrechtlicher wie als schuldrechtlicher Vertrag angesehen wird[71] und daher Grundlage von Erfüllungs- und Sekundäransprüchen sein kann,[72] hat der gemeinsame Verschmelzungsplan **keine schuldrechtliche Wirkung,** sondern stellt sich als rein **gesellschaftsrechtlicher Organisationsakt** dar.[73] Erfüllungs- und Sekundäransprüche nach vertragsrechtlichen Grundsätzen können sich hieraus nicht ergeben, und auch andere vertragsrechtliche Instrumente (zB Nichtigkeits- und Anfechtungsgründe) können auf den gemeinsamen Verschmelzungsplan nicht angewendet werden.[74] Eine weitere Folge des Unterschieds ist ferner, dass es keines Vertragsschlusses bedarf, wohl aber einer gemeinsamen Aufstellung durch die Vertretungsorgane (Rdnr. 38), womit notwendig die Mitwirkung der Organe aller beteiligten Gesellschaften verbunden ist – so dass die Anforderungen sich praktisch nicht vom Vertragsschluss unterscheiden. Zur notariellen Beurkundung vgl. unten Rdnr. 51ff.

Unbenommen bleibt es den beteiligten Rechtsträgern jedoch, bei Gelegenheit der Aufstellung des Verschmelzungsplans zusätzliche schuldrechtliche Verpflichtung im Rahmen eines **separaten Vertragsverhältnisses** zu begründen.[75] Derartige Verträge („Business Combination Agreement") scheinen auch in der internationalen Verschmelzungspraxis üblich zu sein,[76] wobei indes durch solche Verträge nicht in die Kompetenz der Anteilseignerversammlung nach § 13 UmwG eingegriffen werden kann. Eine schuldrechtliche Verpflichtung zur Durchführung einer Verschmelzung kann daher gesellschaftsrechtlich nur mit der Zustimmung nach § 13 UmwG wirksam werden, ohne die die Gesellschaft insoweit nicht wirksam vertreten werden kann. Soweit der Vertrag deutschem Recht unterliegt, ist ferner der Nichtigkeitsgrund des § 311b Abs. 2 BGB zu beachten, so dass eine **Verpflichtung zur Durchführung der Verschmelzung** nicht vorgesehen werden kann. Das Privileg nach § 4 Abs. 1 Satz 2 UmwG gilt für einen solchen, außerhalb des Umwandlungsrechts abgeschlossenen schuldrechtlichen Vertrag gerade nicht. In der Praxis empfiehlt sich daher die Rechtswahl zugunsten einer Rechtsordnung, die keine vergleichbare Vorschrift enthält. 37

b) Aufstellen durch die Vertretungsorgane. Nach § 122c Abs. 1 UmwG wird der gemeinsame Verschmelzungsplan von den Vertretungsorganen der beteiligten Gesellschaf- 38

---

[71] Vgl. Semler/Stengel/*Schröer*, UmwG, § 4 Rdnr. 4ff. Lutter/*Drygala*, UmwG, § 4 Rdnr. 4ff.
[72] Näher: Semler/Stengel/*Schröer*, UmwG, § 4 Rdnr. 45ff.
[73] *Frenzel*, Grenzüberschreitende Verschmelzungen von Kapitalgesellschaften, 2008, S. 198ff.; Kallmeyer/*Marsch-Barner* § 122c Rdnr. 4; Lutter/*Bayer* § 122c Rdnr. 3; Widmann/Mayer/*Mayer* § 122c Rdnr. 15.
[74] Kallmeyer/*Marsch-Barner* § 122c Rdnr. 4.
[75] Hierzu: *Beutel*, Der neue rechtliche Rahmen grenzüberschreitender Verschmelzungen in der EU, 2008, S. 159; *Frenzel*, Grenzüberschreitende Verschmelzungen von Kapitalgesellschaften, 2008, S. 202; Kallmeyer/*Marsch-Barner* § 122c Rdnr. 4; KölnKomm/*Simon/Rubner* § 122c Rdnr. 6; Lutter/*Bayer* § 122c Rdnr. 4; Semler/Stengel/*Drinhausen* § 122c Rdnr. 6.
[76] *Beutel*, Der neue rechtliche Rahmen grenzüberschreitender Verschmelzungen in der EU, 2008, S. 159; Lutter/*Bayer* § 122c Rdnr. 4; Semler/Stengel/*Drinhausen* § 122c Rdnr. 6.

ten zusammen aufgestellt. Ein solches gemeinsames Aufstellen setzt zwar nicht voraus, dass die Vertretungsorgane bei der Aufstellung tatsächlich zusammengewirkt haben, so dass die Fertigung des Entwurfs einer Seite überlassen werden kann. Erforderlich ist aber jedenfalls, dass alle Vertretungsorgane dem Plan übereinstimmend zustimmen. Auch wenn diese Erklärungen nicht zu einem Vertragsschluss führen (Rdnr. 36), sind sie doch auf die Herbeiführung von Rechtsfolgen gerichtet, so dass in der Zustimmung zum Verschmelzungsplan eine für die Gesellschaft abgegebene Willenserklärung zu sehen ist. Folgerichtig hat der deutsche Gesetzgeber (in leichter Abweichung vom Richtlinienwortlaut) auch nur die **Zuständigkeit des Vertretungsorgans** vorgesehen. Zuständig ist daher bei der AG nach § 78 AktG der Vorstand, bei der KGaA nach § 278 Abs. 2 AktG die Komplementäre, bei der GmbH und der Unternehmergesellschaft (haftungsbeschränkt) nach § 35 GmbHG die Geschäftsführer, bei der dualistischen SE das Leitungsorgan und bei der monistischen SE die geschäftsführenden Direktoren.[77]

39 c) **Inhalt des Verschmelzungsplanes (§ 122 c Abs. 2 UmwG).** Der Verschmelzungsplan hat die in § 122 c Abs. 2 UmwG im Einzelnen aufgeführten Angaben zu enthalten. Diese entsprechen teilweise den Angaben, die nach § 5 UmwG bei der innerstaatlichen Verschmelzung im Verschmelzungsvertrag vorgesehen sind, gehen aber zum Teil auch darüber hinaus. Hier ist nur auf die Besonderheiten der grenzüberschreitenden Verschmelzung einzugehen, im Übrigen aber auf das Schrifttum zu § 5 UmwG zu verweisen.

40 Nach § 122 c Abs. 2 Nr. 3 UmwG muss im Verschmelzungsplan die Art und Weise der Übertragung der Gesellschaftsanteile angegeben werden. Zwar entspricht diese Angabe der nach § 5 Abs. 1 Nr. 4 UmwG erforderlichen, im grenzüberschreitenden Kontext ist allerdings für den Fall der Beteiligung einer Aktiengesellschaft umstritten, wie die Übertragung abzuwickeln ist. Insoweit geht es um die Frage, in welchen Fällen es der **Bestellung eines Treuhänders** für den Empfang der Aktien und der baren Zuzahlung nach § 71 UmwG bedarf.[78] Dahinter steht die Frage, ob diese Vorschrift, die die Abwicklung der Transaktion zwischen den Beteiligten regelt, im Rahmen der Kombinationslehre dem Gesellschaftsstatut des übertragenden oder der übernehmenden Gesellschaft zuzuordnen ist. Teilweise wird angenommen, dass diese Frage deutschem Recht unterliegt, wenn eine deutsche Gesellschaft als übernehmender Rechtsträger beteiligt ist, da die Vorschrift die Erfüllung der Verpflichtungen des übernehmenden Rechtsträgers regelt.[79] Richtigerweise ist die Norm indes dem **Gesellschaftsstatut des übertragenden Rechtsträgers** zuzuordnen, so dass § 71 UmwG nur anzuwenden ist, wenn eine deutsche Aktiengesellschaft übertragender Rechtsträger ist.[80] Hierfür spricht nicht nur, dass der Treuhänder gerade von dem übertragenden Rechtsträger zu bestellen ist, sondern auch, dass die Zwischenschaltung eines Treuhänders dem Schutz der Aktionäre der übertragenden Aktiengesellschaft dient. Solche Schutzvorschriften unterliegen nach der Kombinationslehre gerade dem Gesellschaftsstatut des übertragenden Rechtsträgers.

41 Nach § 122 c Abs. 2 Nr. 4 UmwG sind Angaben darüber in den Plan aufzunehmen, welche **Auswirkungen** die Verschmelzung voraussichtlich **auf die Beschäftigung** haben wird. Diese im Vergleich zu § 5 Abs. 1 Nr. 9 UmwG vereinfachte Regelung umfasst nicht die Auswirkungen für die Arbeitnehmer und ihre Vertretungen, insbesondere nicht für den

---

[77] *Frenzel*, Grenzüberschreitende Verschmelzungen von Kapitalgesellschaften, 2008, S. 213 f.; Widmann/Mayer/*Mayer* § 122 c Rdnr. 22; einer richtlinienkonformen Auslegung bedarf es mE hier zur Anerkennung einer Beteiligung des Verwaltungsrats nicht, da nach dem deutschen Modell einer monistischen SE der Verwaltungsrat durch eine Anweisung nach § 44 Abs. 2 SEAG mitwirken kann, die Anerkennung einer konkurrierenden Kompetenz im Außenverhältnis aber völlig systemfremd wäre, aA Semler/Stengel/*Drinhausen* § 122 c Rdnr. 9.

[78] Kallmeyer/*Willemsen* § 122 c Rdnr. 14; Lutter/*Bayer* § 122 c Rdnr. 17; Semler/Stengel/*Drinhausen* § 122 c Rdnr. 18; Widmann/Mayer/*Mayer* § 122 c Rdnr. 93.

[79] Semler/Stengel/*Drinhausen* § 122 c Rdnr. 18; Widmann/Mayer/*Mayer* § 122 c Rdnr. 93.

[80] *Kulenkamp*, Die grenzüberschreitende Verschmelzung von Kapitalgesellschaften in der EU, 2008, S. 180; Lutter/*Bayer* § 122 c Rdnr. 17.

Betriebsrat.[81] Auch eine Zuleitung des Verschmelzungsplanes an die Arbeitnehmervertretungen ist nicht erforderlich, da diese ausreichend im Verschmelzungsbericht nach § 122e UmwG informiert werden.[82] Eine analoge Anwendung von § 5 Abs. 3 UmwG scheidet aus, da der Gesetzgeber hier nur die Richtlinienvorgaben (Art. 5 lit. d Richtlinie 2005/56/EG) genau umsetzen wollte und es somit an einer planwidrigen Lücke fehlt.[83] Da die Angaben somit einen im Vergleich zu § 5 Abs. 1 Nr. 9 UmwG unterschiedlichen Adressatenkreis haben, sind nur die Informationen und Zahlen in den Verschmelzungsplan aufzunehmen, die für die Anteilseigner von Interesse sind.[84]

Nach § 122c Abs. 2 Nr. 9 UmwG ist die **Satzung der übernehmenden oder neuen Gesellschaft** beizufügen, um die Gesellschafter der übertragenden Gesellschaften über die für sie neue Satzung ausreichend zu informieren.[85] Im Vergleich zu §§ 5, 37 UmwG fällt insoweit auf, dass im innerstaatlichen Kontext die Satzung nur bei der Verschmelzung durch Neugründung in den Verschmelzungsvertrag aufzunehmen ist, in grenzüberschreitenden Fällen indes auch bei der Verschmelzung durch Aufnahme. Es ist ausreichend, die Satzung dem Verschmelzungsplan als Anlage beizufügen.[86]

Der Verschmelzungsplan hat gemäß § 122c Abs. 2 Nr. 10 UmwG „gegebenenfalls" Angaben zum Verfahren zu enthalten, nach dem die Einzelheiten über die **Arbeitnehmermitbestimmung** in der neuen Gesellschaft geregelt werden.[87] Einer solchen Angabe bedarf es, soweit die Voraussetzungen des § 5 MgVG vorliegen, da es nur dann zu dem Verhandlungsverfahren bezüglich der unternehmerischen Mitbestimmung kommt.[88] Aufgrund der näheren Informationen im Verschmelzungsbericht, können sich die Angaben im Verschmelzungsplan auf die Grundzüge beschränken, insbesondere bezüglich der grundsätzlichen Anwendbarkeit dieser Regelungen. Soweit die Verhandlungen mit dem besonderen Verhandlungsgremium der Arbeitnehmer bei Aufstellen des Verschmelzungsplans noch nicht begonnen haben, sollten die Gesetzeslage, die Art und Weise der Bildung des Verhandlungsgremiums sowie die aktuelle Regelung der Mitbestimmung in den einzelnen beteiligten Gesellschaften dargestellt werden.[89] Soweit von §§ 23 ff. MgVG Gebrauch gemacht werden soll, ist dies im Verschmelzungsplan zu berücksichtigen, in allen anderen Fällen kann auf eine Strategiedarstellung verzichtet werden.[90] Falls schon Zwischenergebnisse vorliegen, sind diese knapp darzustellen.[91] Sollte bereits ein Endergebnis vorliegen,

---

[81] *Kulenkamp*, Die grenzüberschreitende Verschmelzung von Kapitalgesellschaften in der EU, 2008, S. 181; Lutter/*Bayer* § 122c Rdnr. 19; Widmann/Mayer/*Mayer* § 122c Rdnr. 95.

[82] Kallmeyer/*Willemsen* § 122c Rdnr. 18; KölnKomm/*Simon*/*Rubner* § 122c Rdnr. 16; Lutter/*Bayer* § 122c Rdnr. 19; *Kranel/Mansel/Wind*, Der Konzern 2010, 541, 544.

[83] Kallmeyer/*Willemsen* m.w.N. zum Streit über die analoge Anwendung von § 5 UmwG; Lutter/*Bayer* § 122c Rdnr. 19.

[84] *Klein* RNotZ 2007, 565/581; KölnKomm/*Simon*/*Rubner* § 122c Rdnr. 16; *Kulenkamp*, Die grenzüberschreitende Verschmelzung von Kapitalgesellschaften in der EU, 2008, S. 183; Lutter/*Bayer* § 122c Rdnr. 19.

[85] Kallmeyer/*Marsch-Barner* § 122c Rdnr. 26; *Klein* RNotZ 2007, 565/581; KölnKomm/*Simon*/*Rubner* § 122c Rdnr. 20; *Kulenkamp*, Die grenzüberschreitende Verschmelzung von Kapitalgesellschaften in der EU, 2008, S. 193; Lutter/*Bayer* § 122c Rdnr. 24; Semler/Stengel/*Drinhausen* § 122c Rdnr. 30; Widmann/Mayer/*Mayer* § 122c Rdnr. 118ff.

[86] Kallmeyer/*Marsch-Barner* § 122c Rdnr. 26; *Klein* RNotZ 2007, 565/581; Lutter/*Bayer* § 122c Rdnr. 24; Semler/Stengel/*Drinhausen* § 122c Rdnr. 31; Widmann/Mayer/*Mayer* § 122c Rdnr. 121.

[87] Dazu: Kallmeyer/*Marsch-Barner* § 122c Rdnr. 27ff.; *Klein* RNotZ 2007, 565/581 f.; KölnKomm/*Simon*/*Rubner* § 122c Rdnr. 21ff.; *Kulenkamp*, Die grenzüberschreitende Verschmelzung von Kapitalgesellschaften in der EU, 2008, S. 194; Lutter/*Bayer* § 122c Rdnr. 25; Semler/Stengel/*Drinhausen* § 122c Rdnr. 31; Widmann/Mayer/*Mayer* § 122c Rdnr. 125ff.

[88] Kallmeyer/*Willemsen* § 122c Rdnr. 27; KölnKomm/*Simon*/*Rubner* § 122c Rdnr. 21ff.; *Müller-Bonanni/Müntefering*, NJW 2009, 2347/2348ff.; Widmann/Mayer/*Mayer* § 122c Rdnr. 126ff.

[89] KölnKomm/*Simon*/*Rubner* § 122c Rdnr. 24.

[90] Kallmeyer/*Willemsen* § 122c Rdnr. 29; KölnKomm/*Simon*/*Rubner* § 122c Rdnr. 25.

[91] Kallmeyer/*Willemsen* § 122c Rdnr. 29; KölnKomm/*Simon*/*Rubner* § 122c Rdnr. 26.

ist dieses anzugeben und kurz zu erläutern.[92] Für die Einzelheiten zur unternehmerischen Mitbestimmung bei der grenzüberschreitenden Verschmelzung vgl. § 57, Rdnr. 23 ff.

44 Gemäß § 122c Abs. 2 Nr. 11 UmwG sind im Verschmelzungsplan die **Bewertungsmethoden** bezüglich des Aktiv- und Passivvermögens anzugeben.[93] Dieser Angabe bedarf es, da bilanzrechtlich unterschiedliche Methoden als zulässig erscheinen und daher die Einschätzung der Angemessenheit der Bewertung nicht ohne Kenntnis der angewandten Methode möglich ist. In Betracht kommt die Bewertung zu Anschaffungskosten, Zeit-, Buch- oder Zwischenwerten.[94] Ein Hinweis im Verschmelzungsplan, dass die abschließende Bestimmung der Bewertung im Jahresabschluss der übernehmenden Gesellschaft erfolgt, ist nicht ausreichend.[95] Nicht erforderlich ist dagegen die Angabe konkreter Wertansätze bezüglich einzelner Gegenstände des Anlagevermögens, vielmehr geht es nur um allgemeine Angaben zur Methode.

45 In engem Zusammenhang zur Angabe der Bewertungsmethoden nach Nr. 11 steht ferner die nach § 122c Abs. 2 Nr. 12 UmwG erforderliche Angabe des **Stichtags** derjenigen **Bilanzen,** die für die „Festlegung der Bedingungen", also die Ermittlung der Umtauschverhältnisse, herangezogen wurden.[96] Die Regelung trägt der erheblichen wirtschaftlichen Bedeutung des Bewertungszeitpunkts Rechnung und sorgt vor allem in solchen Fällen für Transparenz, in denen in Hinblick auf unterschiedliche Stichtage möglicherweise die Angemessenheit der Umtauschverhältnisse in Frage steht. Nach dem eindeutigen Wortlaut der Norm ist die Aufnahme der Bilanz selbst nicht erforderlich.[97]

46 Über den in § 122c Abs. 2 UmwG geregelten Mindestinhalt hinaus ergibt sich bei Beteiligung einer deutschen Gesellschaft als übertragendem Rechtsträger aus § 122i UmwG, dass auch das nach dieser Vorschrift erforderliche **Abfindungsangebot** zugunsten opponierender Anteilseigner bereits im Verschmelzungsplan enthalten sein muss.[98]

47 Bei einer Verschmelzung einer **100 %igen Tochter auf die Muttergesellschaft** sind die Angaben nach § 122c Abs. 2 Nr. 2, 3, 5 UmwG im Verschmelzungsplan gemäß § 122c Abs. 3 UmwG entbehrlich. Die Angaben sind in diesem Fall bedeutungslos, da kein Aktientausch stattfindet.[99]

48 **d) Insbesondere: Umtauschverhältnis der Gesellschaftsanteile und bare Zuzahlung.** Als wichtigster Bestandteil des Verschmelzungsplanes[100] ist die gemäß § 122c Abs. 2

---

[92] Kallmeyer/*Willemsen* § 122c Rdnr. 29.
[93] Dazu: Kallmeyer/*Müller* § 122c Rdnr. 31 ff.; *Klein* RNotZ 2007, 565/582; KölnKomm/*Simon*/*Rubner* § 122c Rdnr. 29 ff.; *Kulenkamp,* Die grenzüberschreitende Verschmelzung von Kapitalgesellschaften in der EU, 2008, S. 196 ff.; Lutter/*Bayer* § 122c Rdnr. 26 ff.; Semler/Stengel/*Drinhausen* § 122c Rdnr. 32 ff.; Widmann/Mayer/*Mayer* § 122c Rdnr. 136 ff.
[94] Kallmeyer/*Müller* § 122c Rdnr. 32; Lutter/*Bayer* § 122c Rdnr. 26; Semler/Stengel/*Drinhausen* § 122c Rdnr. 35; Widmann/Mayer/*Mayer* § 122c Rdnr. 138.
[95] Semler/Stengel/*Drinhausen* § 122c Rdnr. 36; Kallmeyer/*Müller* § 122c Rdnr. 34.
[96] Kallmeyer/*Müller* § 122c Rdnr. 36 ff.; KölnKomm/*Simon*/*Rubner* § 122c Rdnr. 34 ff.; *Kulenkamp,* Die grenzüberschreitende Verschmelzung von Kapitalgesellschaften in der EU, 2008, S. 199 f.; Lutter/*Bayer* § 122c Rdnr. 28; Semler/Stengel/*Drinhausen* § 122c Rdnr. 37; Widmann/Mayer/*Mayer* § 122c Rdnr. 139 ff.
[97] Kallmeyer/*Müller* § 122c Rdnr. 36; Lutter/*Bayer* § 122c Rdnr. 28; Semler/Stengel/*Drinhausen* § 122c Rdnr. 37; für eine Aufnahme der Bilanz in den Verschmelzungsplan aber *Haritz/von Wolff,* GmbHR 2006, 340/341.
[98] *Frenzel,* Grenzüberschreitende Verschmelzungen von Kapitalgesellschaften, 2008, S. 342 f.; *Klein* RNotZ 2007 565/583; *Kulenkamp,* Die grenzüberschreitende Verschmelzung von Kapitalgesellschaften in der EU, 2008, S. 201; Lutter/*Bayer* § 122c Rdnr. 29; Widmann/Mayer/*Mayer* § 122c Rdnr. 144 ff.
[99] Kallmeyer/*Müller* § 122c Rdnr. 39; KölnKomm/*Simon*/*Rubner* § 122c Rdnr. 34; Lutter/*Bayer* § 122c Rdnr. 31; Semler/Stengel/*Drinhausen* § 122c Rdnr. 40; Widmann/Mayer/*Mayer* § 122c Rdnr. 144 ff.
[100] Kallmeyer/*Müller* § 122c Rdnr. 12; *Kiem* ZGR 2007, 542, 543; Lutter/*Bayer* § 122c Rdnr. 15; Semler/Stengel/*Drinhausen* § 122c Rdnr. 14.

Nr. 2 UmwG erforderliche Angabe des **Umtauschverhältnisses der Gesellschaftsanteile** anzusehen, ggf. in Verbindung mit der Angabe einer baren Zuzahlung. Diese Regelung setzt Art. 5 lit. b der Richtlinie 2005/56/EG um, entspricht aber praktisch der Vorschrift des § 5 Abs. 1 Nr. 3 UmwG bei innerstaatlichen Verschmelzungen.[101] Auch wenn diese Angaben selbst also keine Besonderheiten aufweisen, wirft doch die **Ermittlung des Umtauschverhältnisses** bei grenzüberschreitenden Verschmelzungen im Vergleich zum nationalen Kontext erhebliche Schwierigkeiten auf, die durch die Richtlinie nicht einmal ansatzweise geregelt worden sind. Eine über die Angabe hinausgehende Erläuterung des Umtauschverhältnisses oder die Angabe der Grundlagen seiner Berechnung hat im Verschmelzungsplan nicht zu erfolgen, da diese Erläuterung dem Verschmelzungsbereich (§§ 122e, 122a Abs. 2, 8 UmwG) vorbehalten ist.[102]

Die zentrale Bedeutung des Umtauschverhältnisses beruht darauf, dass es festlegt, welche Gegenleistung die Anteilsinhaber der übertragenden Gesellschaft(en) für das übertragene Vermögen erhalten, was „wirtschaftlich dem entspricht, was die Kaufpreisbemessung für den Kauf darstellt."[103] Trotz dieser Bedeutung enthält das UmwG **keine Regelungen** zur Ermittlung des Umtauschverhältnisses, wobei es indes allgemein anerkannt ist, dass dieses aus der **Verschmelzungswertrelation,** mithin auf der Grundlage einer Berechnung des Unternehmenswerts der beteiligten Rechtsträger zu ermitteln ist. Auch zur Methode der Unternehmensbewertung schweigen Richtlinie und UmwG indes. Während im nationalen Kontext die fehlende rechtliche Regelung durch einen auf der Ertragswertmethode beruhenden privaten Standard (IdW-Standard 1)[104] faktisch ersetzt worden ist, der auch in der Gerichtspraxis anerkannt ist (wenn auch nicht als allein zulässige Methode),[105] lässt sich eine allgemein anerkannte Bewertungsmethode international nicht feststellen. Vielmehr bestehen in Europa **sehr unterschiedliche Bewertungstraditionen.**[106] Hinzu kommt, dass nach der Rechtsprechung des BVerfG bei der Bewertung (zumindest zur Ermittlung angemessener Abfindungsbeträge) der Börsenwert nicht unberücksichtigt bleiben darf und als Untergrenze der Bewertung anzusehen ist.[107] Die Leitungsorgane der beteiligten Gesellschaften stehen somit im Rahmen der Aufstellung des Verschmelzungsplans vor der Herausforderung, trotz der international bestehenden Unterschiede das Umtauschverhältnis aufgrund einer Bewertungsmethode zu ermitteln, die in allen beteiligten Rechtsordnungen anerkannt ist, da ansonsten eine Anfechtung des Verschmelzungsbeschlusses oder eine nachträgliche Verbesserung nach §§ 122h Abs. 1, 15 UmwG (oder vergleichbaren Vorschriften des ausländischen Rechts) droht. Aus Sicht deutscher Gesellschaften stellt sich hier vor allem das **Problem der Dominanz der Ertragswertmethode** in der Praxis – auch wenn diese Methode niemals für allein maßgeblich erklärt worden ist, dürfte Rechtssicherheit in Deutschland auf anderer Grundlage kaum zu erreichen sein.[108] Selbst wenn sich eine Bewertung nach der Ertragswertmethode gegenüber dem ausländischen Verschmelzungspartner durchsetzen lässt, wirft auch die konkrete Anwendung im internationalen

---

[101] Kallmeyer/*Müller* § 122c Rdnr. 10; KölnKomm/*Simon/Rubner* § 122c Rdnr. 14; Lutter/*Bayer* § 122c Rdnr. 14; *Schott,* Grenzüberschreitende Verschmelzung von Kapitalgesellschaften, 2009, S. 120; Widmann/Mayer/*Mayer* § 122c Rdnr. 83.

[102] Semler/Stengel/*Drinhausen* § 122c Rdnr. 15; Widmann/Mayer/*Mayer* § 122c Rdnr. 87.

[103] Treffend *Kiem,* ZGR 2007, 542, 543.

[104] Der Standard wird vom Institut der Wirtschaftsprüfer in Deutschland herausgegeben und ist abgedruckt in WP-Handbuch, Bd. II, 2008.

[105] Vgl. aus der umfangreichen Rechtsprechung zB BGH NJW 2003, 3272; OLG Stuttgart, NZG 2007, 112; OLG Stuttgart, Die AG 2006, 420; hierzu statt vieler: *Emmerich,* in: Emmerich/Habersack, Aktien- und GmbH-Konzernrecht, § 305 Rdnr. 51 ff. mit umfangreichen Nachweisen.

[106] Vgl. die instruktiven rechtsvergleichenden Ausführungen bei *Kiem,* ZGR 2007, 542, 554 ff.

[107] BVerfG NJW 1999, 3769 (seither ständige Rechtsprechung); zu den umstrittenen Konsequenzen dieser Rechtsprechung vgl. ausführlich *Emmerich,* in: Emmerich/Habersack, Aktien- und GmbH-Konzernrecht, § 305 Rdnr. 42 ff. mit umfangreichen Nachweisen.

[108] *Kiem,* ZGR 2007, 542, 566.

Kontext besondere Probleme auf, etwa in Hinblick auf die Berücksichtigung steuerrechtlicher Unterschiede oder die Anwendung einheitlicher Basiszinssätze und Risikozuschläge, die üblicherweise aus dem nationalen Kapitalmarktumfeld heraus ermittelt werden.[109] Für die Praxis ist zur Lösung dieser Problematik die Empfehlung von *Kiem*[110] zu unterstützen, sich bei der Bewertung soweit möglich am Börsenwert zu orientieren, da insofern nach dessen aufschlussreicher Untersuchung international die größte Akzeptanz besteht. Nicht in Betracht kommt dagegen die Anwendung unterschiedlicher Methoden auf die beteiligten Gesellschaften, da nur eine einheitliche Methodik zu vergleichbaren Ergebnissen führen kann **(Grundsatz der Methodengleichheit)**.[111] Langfristig bedarf es indes der internationalen Anerkennung einheitlicher Bewertungsmethoden durch den Gesetzgeber, oder die **gegenseitige Anerkennung** aller in der EU nach mitgliedstaatlichem Recht zugelassenen Bewertungsmethoden durch die Rechtsprechung. Für einen solchen Grundsatz streitet auch die Niederlassungsfreiheit, da die Unterschiede der Bewertungsmethodik nicht zu einer wirtschaftlichen Beschränkung grenzüberschreitender Verschmelzungen führen darf.

50 Im Verschmelzungsplan ist zudem anzugeben, ob eine **bare Zuzahlung** gewährt wird und ggf. in welcher Höhe.[112] Auch insoweit bedarf es keiner weiteren Erläuterung, da diese ebenfalls im Verschmelzungsbericht zu erfolgen hat. Nach deutschem Umwandlungsrecht ist die Höhe der baren Zuzahlung auf 10% des Nennwerts (bzw. anteiligen Kapitalbetrags) der gewährten Aktien beschränkt (§§ 54 Abs. 4, 68 Abs. 3 UmwG), während nach den dem Verschmelzungsrecht zugrunde liegenden Richtlinien die Mitgliedstaaten auch höhere Zuzahlungen zulassen können.[113] Hieraus resultiert die Frage, ob bei der Beteiligung einer Gesellschaft deutschen Rechts an einer grenzüberschreitenden Verschmelzung entgegen der §§ 54 Abs. 4, 68 Abs. 3 UmwG eine **höhere Zuzahlung** gewährt werden darf.[114] Zu unterscheiden ist insoweit zwischen der Beteiligung der deutschen Gesellschaft als übertragender und als übernehmender Gesellschaft, da es im Rahmen der Kombinationslehre letztlich um die Frage geht, dem Gesellschaftsstatut welches Rechtsträgers solche Beschränkungen unterliegen.[115] Hierfür ist auf den Zweck der 10%-Beschränkung abzustellen.[116] Richtigerweise bezweckt die Regelung nicht den Schutz der Anteilsinhaber der übertragenden Gesellschaft gegen eine Beeinträchtigung ihrer relativen Anteilshöhe, sondern den Schutz der Kapitalbasis der übernehmenden Gesellschaft.[117] Dies wird schon aus dem systematischen Standort der deutschen Vorschriften im Kontext des Kapitalschutzes deutlich, ferner ist auch bei der innerstaatlichen Verschmelzung anerkannt, dass die Begrenzung nur bei der Beteiligung einer AG (§ 68 Abs. 3 UmwG) oder GmbH (§ 54 Abs. 4 UmwG) als übernehmender Gesellschaft anwendbar ist.[118] Da die Begrenzung somit dem Gesellschaftsstatut der übernehmenden bzw. neu gegründeten Gesellschaft zuzurechnen ist, kommen §§ 54 Abs. 4, 68 Abs. 3 UmwG nur bei der **Hineinverschmelzung** auf eine deutsche Kapitalgesellschaft zur Anwendung, während bei der **Hinausverschmelzung** auch eine

---

[109] Ausführlich zu dieser Problematik: *Kiem*, ZGR 2007, 542, 561 ff.
[110] *Kiem*, ZGR 2007, 542, 566 f.
[111] Lutter/*Bayer* § 122c Rdnr. 15; *Kiem*, ZGR 2007, 542, 565.
[112] Hierzu: *Kulenkamp*, Die grenzüberschreitende Verschmelzung von Kapitalgesellschaften in der EU, 2008, S. 179; Lutter/*Bayer* § 122c Rdnr. 16; Semler/Stengel/*Drinhausen* § 122c Rdnr. 15; Widmann/Mayer/*Mayer* § 122c Rdnr. 88 f.
[113] Vgl. Art. 30 der Richtlinie 78/855/EWG sowie Art. 3 Abs. 1 der Richtlinie 2005/56/EG.
[114] Kallmeyer/*Müller* § 122c Rdnr. 13; KölnKomm/*Simon/Rubner* § 122c Rdnr. 15; Lutter/*Bayer* § 122c Rdnr. 16; Widmann/Mayer/*Mayer* § 122c Rdnr. 91 ff.
[115] KölnKomm/*Simon/Rubner* § 122c Rdnr. 15 (für eine Anwendung der Beschränkung sowohl bei Hinein- als auch bei Hinausverschmelzung); Lutter/*Bayer* § 122c Rdnr. 16.
[116] KölnKomm/*Simon/Rubner* § 122c Rdnr. 15; Lutter/*Bayer* § 122c Rdnr. 16.
[117] Kallmeyer/*Müller* § 122c Rdnr. 13; *Kulenkamp*, Die grenzüberschreitende Verschmelzung von Kapitalgesellschaften in der EU, 2008, S. 178; Lutter/*Bayer* § 122c Rdnr. 16.
[118] Semler/Stengel/*Reichert*, UmwG, § 54 Rdnr. 3.

höhere bare Zuzahlung im Verschmelzungsplan festgesetzt werden kann, soweit das Gesellschaftsstatut der aufnehmenden Gesellschaft dies zulässt.

e) Notarielle Beurkundung (§ 122 c Abs. 4 UmwG). Gemäß § 122 c Abs. 4 UmwG **51** bedarf der Verschmelzungsplan für seine Wirksamkeit der notariellen Beurkundung. Nach der Kombinationslehre sind auf den Verschmelzungsplan die formalen Anforderungen aller beteiligten Rechtsordnungen kombiniert anzuwenden, so dass sich – soweit Formalia nur einheitlich erfüllt werden können – stets die höchsten bzw. strengsten Anforderungen durchsetzen bzw. unterschiedliche Voraussetzungen kumulativ erfüllt werden müssen. Daraus folgt zunächst, dass es bei Beteiligung einer deutschen Gesellschaft der **notariellen Beurkundung** grundsätzlich unabhängig von den Anforderungen des Auslandsrechts bedarf, dessen Regelungen ggf. zusätzlich eingehalten werden müssen.[119]

Als fraglich erscheint es indes, worauf sich das Beurkundungserfordernis des § 122 c Abs. 4 **52** UmwG bezieht. Auf den ersten Blick ergibt sich aus dem Wortlaut zweifelsfrei, dass der Verschmelzungsplan selbst zu beurkunden ist, woraus man schließen könnte, dass lediglich der Mindestinhalt nach § 36 BeurkG zu beurkunden ist. Um einen „Verschmelzungsvertrag" handelt es sich bei grenzüberschreitenden Verschmelzungen ja gerade nicht![120] Zweifelsfrei dürfte indes auch sein, dass der gemeinsam aufzustellende Plan den beteiligten Gesellschaften nur zugerechnet werden kann, soweit das Vertretungsorgan diesen mit „aufgestellt" hat, was zumindest voraussetzt, dass die Vertretungsorgane dem Plan mit Wirkung für die Gesellschaft zugestimmt haben. Obwohl also kein Vertrag mit schuldrechtlichen Wirkungen vorliegt, bedarf es für die gemeinsame Aufstellung des Plans doch entsprechender Willenserklärungen, wobei der Plan nur wirksam aufgestellt ist, wenn derartige **„Aufstellungserklärungen" aller beteiligten Vertretungsorgane** vorliegen. Für die Beurkundung folgt hieraus, dass der Verschmelzungsplan nicht nach § 36 BeurkG beurkundet werden kann, sondern es vielmehr auf die Beurkundung der auf die Aufstellung des Plans gerichteten Willenserklärungen ankommt, die nach §§ 8 ff. BeurkG zu erfolgen hat. Der Wortlaut des § 122 c Abs. 4 UmwG verlangt darüber hinaus die Beurkundung des Verschmelzungsplans selbst, nicht nur der auf die Aufstellung gerichteten Erklärung der Inlandsgesellschaft. Da die wirksame Aufstellung des Plans die Erklärungen aller beteiligten Gesellschaften voraussetzt, unterliegen diese auch alle dem Beurkundungserfordernis des deutschen Rechts. Eine wirksame Beurkundung des Verschmelzungsplans setzt daher die Beurkundung der Aufstellungserklärungen der Vertretungsorgane aller beteiligten Gesellschaften voraus. Da der Verschmelzungsplan somit **vertragähnlich** zu beurkunden ist, bedarf es nicht der gleichzeitigen Beurkundung der Aufstellungserklärungen, diese können auch nacheinander und an unterschiedlichen Orten beurkundet werden (§ 128 BGB analog).

Trotz der Anwendbarkeit des Beurkundungserfordernisses des § 122 c Abs. 4 UmwG **53** bedarf es indes nicht immer einer **Beurkundung durch einen inländischen Notar,** da nach Art. 11 EGBGB die Form von Rechtsgeschäften alternativ anzuknüpfen ist und ferner das Erfordernis notarieller Beurkundung nicht bedeutet, dass diese zwingend im Inland zu erfolgen hätte. Danach ist ein Rechtsgeschäft als formwirksam anzusehen, wenn es entweder den Anforderungen des Wirkungsstatuts, nach der Kombinationslehre hier also beider Gesellschaftsstatute kumulativ, oder der Ortsform, hier also der am Ort der Aufstellung des Verschmelzungsplans hierfür geltenden Formvorschrift, genügt. Eine (im Schrifttum vielfach vertretene[121]) **teleologische Reduktion des Art. 11 EGBGB** oder analoge

---

[119] Kallmeyer/*Müller* § 122 c Rdnr. 40; *Klein* RNotZ 2007, 565/584; *Lutter*/*Bayer* § 122 c Rdnr. 7; Widmann/Mayer/*Mayer* § 122 c Rdnr. 26.

[120] Dies verkennt *Klein*, RNotZ 2007, 565, 587, der bezüglich des Beurkundungsverfahrens von „Verschmelzungsvertrag" spricht und daher ohne weitere Begründung zum Ergebnis einer Beurkundung nach §§ 8 ff. BeurkG kommt.

[121] Vgl. Münchener Kommentar z. BGB/*Kindler*, IntGesR Rdnr. 884 (für Umwandlungen), Rdnr. 557 (allgemein); Ulmer/*Behrens*, GmbHG, Einl. Rdnr. B 136; *Goette*, DStR 1996, 709, 711; *Kranel*/*Mensel*/*Wind*, Der Konzern 2011, 541, 543.

Anwendung des Art. 11 Abs. 4 EGBGB für Rechtsgeschäfte, die die Verfassung von Körperschaften betreffen, ist abzulehnen.[122] Ferner genügt für die Wahrung der notariellen Form auch die Beurkundung durch einen ausländischen Notar, soweit die **Gleichwertigkeit** mit einer Inlandsbeurkundung festgestellt werden kann (Substitution).[123] Dass insbesondere die allgemeinen Grundsätze zur Substitution durch eine ausländische Urkundsperson auch für grenzüberschreitende Verschmelzungspläne gelten sollen, kommt in den Gesetzgebungsmaterialien deutlich zum Ausdruck.[124] Nach der hier vertretenen Ansicht kann dem Formerfordernis daher nicht nur durch eine notarielle Beurkundung im Inland genügt werden, sondern ebenso durch eine bezüglich Qualifikation des Notars und Verfahren gleichwertige Auslandsbeurkundung, oder durch die Aufstellung des Verschmelzungsplans an einem Ort, an dem hierfür geringere formale Anforderungen gelten. Insbesondere erscheint es als möglich, dass die Aufstellungserklärungen der beteiligten Gesellschaften bei Gleichwertigkeit der Beurkundung **jeweils im Heimatstaat beurkundet** werden. Ausführlich zur Problematik der Auslandsbeurkundung im Gesellschaftsrecht: § 5 Rdnr. 1 ff.

54 Weder die §§ 122a ff. UmwG noch die Richtlinie 2005/56/EG enthalten Vorgaben bezüglich der **Sprache des Verschmelzungsplanes.** Jedoch besteht aufgrund der Pflicht zur notariellen Beurkundung (§ 5 BeurkG) und der Einreichung zum deutschen Handelsregister (§ 184 GVG) regelmäßig die Notwendigkeit, den Verschmelzungsplan zumindest auch in deutscher Sprache vorzulegen.[125] Da vergleichbare Vorschriften insbesondere zur Gerichtssprache auch in anderen Mitgliedstaaten bestehen, dürfte es meist erforderlich sein, den Verschmelzungsplan in allen Sprachen der Heimatstaaten der beteiligten Unternehmen zu erstellen, auch für die Einholung der Zustimmung der Anteilseigner wird dies regelmäßig notwendig sein.[126] Da der Verschmelzungsplan in allen Sprachversionen den gleichen Inhalt haben muss, ist bei der **Übersetzung** besonderes Augenmerk auf die Übereinstimmung zu legen, will man nicht das Risiko eingehen, dass die Eintragung der Verschmelzung an einer **unbeabsichtigten Diskrepanz** scheitert.[127] Es ist zu beachten, dass das Registergericht insbesondere zu prüfen hat, dass die Beschlüsse der Anteileigner sich auf einen „**gleichlautenden**" Verschmelzungsplan beziehen (§ 122l Abs. 2 UmwG).

5. Einreichung und Bekanntmachung des Verschmelzungsplans (§ 122d UmwG)

55 Der Verschmelzungsplan muss einen Monat vor der Versammlung der Anteilsinhaber beim zuständigen Registergericht eingereicht werden. Sinn und Zweck dieser Regelung ist nicht nur die **Information der Anteilsinhaber** zur sachgerechten Vorbereitung der Beschlussfassung, sondern auch der **Gläubiger,** da im grenzüberschreitenden Kontext nach § 122d S. 2 Nr. 4 UmwG – anders als nach § 61 UmwG für innerstaatliche Sachverhalte und zur Umsetzung der Vorgabe des Art. 6 Abs. 2 lit. c der Richtlinie 2005/56/EG – auch Informationen zu den **Modalitäten des Gläubigerschutzes** aufzunehmen sind.[128]

---

[122] OLG Stuttgart, NZG 2001, 40; Münchener Kommentar z. BGB/*Spellenberg,* Art. 11 EGBGB Rdnr. 131 ff.; Michalski/*Leible,* GmbHG, Syst. Darst. 2 Rdnr. 98; Michalski/*Hoffmann,* GmbHG, § 53 Rdnr. 81 ff. mwN.

[123] Hierzu ausführlich: Michalski/*Leible,* GmbHG, Syst. Darst. 2 Rdnr. 103 ff.

[124] Vgl. die Begründung des RegE, BR-Drucks. 548/06, S. 31: „Für die Erfüllung dieses Formerfordernisses im Wege der Substitution durch Beurkundungen im Ausland gelten die allgemeinen Regeln."

[125] KölnKomm/*Simon/Rubner* § 122c Rdnr. 38 ff.; *Klein* RNotZ 2007, 565/588; *Kulenkamp,* Die grenzüberschreitende Verschmelzung von Kapitalgesellschaften in der EU, 2008, S. 209 f.; Lutter/*Bayer* § 122c Rdnr. 10; Widmann/Mayer/*Mayer* § 122c Rdnr. 24 f.

[126] *Kulenkamp,* Die grenzüberschreitende Verschmelzung von Kapitalgesellschaften in der EU, 2008, S. 209 f.; Lutter/*Bayer* § 122c Rdnr. 10.

[127] KölnKomm/*Simon/Rubner* § 122c Rdnr. 39; Lutter/*Bayer* § 122c Rdnr. 10.

[128] Kallmeyer/*Marsch-Barner* § 122d Rdnr. 2; KölnKomm/*Simon/Rubner* § 122d Rdnr. 3; Lutter/*Bayer* § 122d Rdnr. 1; *Müller, H.-F.* NZG 2006 286/288; Semler/Stengel/*Drinhausen* § 122d Rdnr. 2 f.; Widmann/Mayer/*Mayer* § 122d Rdnr. 4.

Das **Amtsgericht am Satzungssitz der Gesellschaft** ist nach §§ 376, 377 Abs. 1 **56** FamFG i. V. m. § 23 a Abs. 1 Nr. 2, Abs. 2 Nr. 3 GVG i. V. m. §§ 5, 14 AktG bzw. §§ 4a, 7 Abs. 1 GmbHG das zuständige Gericht, bei dem der Verschmelzungsplan von der deutschen Gesellschaft einzureichen ist.[129] Dabei sind dem Gericht die Angaben gemäß § 122 d S. 2 Nr. 2–4 UmwG mitzuteilen. Die Einreichung des Verschmelzungsplans hat nach § 12 Abs. 2 HGB in elektronischer Form zu erfolgen.[130] Für die Berechnung der Monatsfrist gelten die allgemeinen Vorschriften der §§ 187 ff. BGB.[131] Auffällig ist, dass § 122 d S. 1 UmwG die Monatsfrist auf die Einreichung des Plans beim Registergericht bezieht, während Art 6 Abs. 1 der Richtlinie 2005/56/EG auf die Bekanntmachung durch das Registergericht abstellt, was als (wenig schwerwiegendes) **Umsetzungsdefizit** anzusehen ist.[132]

Die **Bekanntmachung** erfolgt gemäß § 10 HGB durch das Registergericht in elektro- **57** nischer Form. Neben dem Hinweis auf die Einreichung (§ 122 d S. 2 Nr. 1 UmwG), der Nennung von Rechtsform, Firma und Gesellschaftssitz (§ 122 d S. 2 Nr. 2 UmwG) sowie der Bekanntmachung der Register, in denen die beteiligten Gesellschaften eingetragen sind, und den Registernummern (§ 122 d S. 2 Nr. 3 UmwG) hat auch ein Hinweis auf die Modalitäten für die Ausübung der **Gläubiger- und Minderheitsgesellschafterrechte** nebst Angabe einer Adresse für die Einholung vollständiger Auskünfte (§ 122 d S. 2 Nr. 4 UmwG) zu erfolgen.[133] Eine Email-Adresse genügt dieser Anforderung nicht und kann zur elektronischen Auskunftserteilung nur zusätzlich zu einer Postanschrift angegeben werden.[134] Die Bekanntmachung über die Modalitäten der Ausübung der Rechte von Gläubigern und Minderheitsgesellschaftern des § 122 d S. 2 Nr. 4 UmwG erfasst aufgrund des Wortlauts der Vorschrift (die von „beteiligten Gesellschaften" spricht)[135] nicht nur die Informationen bezüglich der deutschen, sondern auch der beteiligten ausländischen Gesellschaft.[136]

Auf die Bekanntmachung kann von Seiten der Gesellschafter **nicht verzichtet** werden, **58** da diese nicht ausschließlich dem Gesellschafterschutz dient, sondern auch dem Gläubigerschutz.[137] Ein **Verzicht auf die Monatsfrist** ist dagegen möglich, da diese nur den Zweck

---

[129] *Frenzel*, Grenzüberschreitende Verschmelzung von Kapitalgesellschaften, 2008, S. 229; Lutter/*Bayer* § 122 d Rdnr. 3.

[130] *Klein* RNotZ 2007, 565/589; Lutter/*Bayer* § 122 d Rdnr. 5; Semler/Stengel/*Drinhausen* § 122 d Rdnr. 7; Widmann/Mayer/*Mayer* § 122 d Rdnr. 2.

[131] Lutter/*Bayer* § 122 d Rdnr. 7; Semler/Stengel/*Drinhausen* § 122 d Rdnr. 10.

[132] *Louven*, ZIP 2006, 2021/2025; Lutter/*Bayer* § 122 d Rdnr. 7; *Müller*, ZIP 2007, 1081/1084; Simon/*Rubner*, Der Konzern 2006, 835/839. Widmann/Mayer/*Mayer* § 122 d Rdnr. 8; aA Kallmeyer/*Marsch-Barner* § 122 d Rdnr. 1; *Kulenkamp*, Die grenzüberschreitende Verschmelzung von Kapitalgesellschaften in der EU, 2008, S. 217 f.

[133] Dazu: *Drinhausen/Keinath*, BB 2006, 725/727; *Grunewald*, Der Konzern 2007,106/107; Kallmeyer/*Marsch-Barner* § 122 d Rdnr. 2; *Klein* RNotZ 2007, 565/589; KölnKomm/*Simon/Rubner* § 122 d Rdnr. 6 ff.; *Kulenkamp*, Die grenzüberschreitende Verschmelzung von Kapitalgesellschaften in der EU, 2008, S. 213 ff.; Lutter/*Bayer* § 122 d Rdnr. 9; Semler/Stengel/*Drinhausen* § 122 d Rdnr. 14 ff.; Widmann/Mayer/*Mayer* § 122 d Rdnr. 10 ff.

[134] Kallmeyer/*Marsch-Barner* § 122 d Rdnr. 2; KölnKomm/*Simon/Rubner* § 122 d Rdnr. 15; *Kulenkamp*, Die grenzüberschreitende Verschmelzung von Kapitalgesellschaften in der EU, 2008, S. 215; Lutter/*Bayer* § 122 d Rdnr. 16; a. A. Semler/Stengel/*Drinhausen* § 122 d Rdnr. 18.

[135] Dieser Formulierung entspricht auch die Vorgabe in Art. 6 Abs. 2 lit. c der Richtlinie 2005/56/EG, die ebenfalls so zu verstehen ist, dass die Informationen bezüglich beider Gesellschaften in beiden beteiligten Mitgliedstaaten bekannt zu machen sind.

[136] Für eine Pflicht zur Auskunft über alle beteiligten Gesellschaften: Kallmeyer/*Marsch-Barner* § 122 d Rdnr. 2; KölnKomm/*Simon/Rubner* § 122 d Rdnr. 11; Semler/Stengel/*Drinhausen* § 122 d Rdnr. 18; Widmann/Mayer/*Mayer* § 122 d Rdnr. 13; a. A.: Lutter/*Bayer* § 122 d Rdnr. 14.

[137] Kallmeyer/*Marsch-Barner* § 122 d Rdnr. 3; *Klein* RNotZ 2007, 565/589; KölnKomm/*Simon/Rubner* § 122 d Rdnr. 26; *Kulenkamp*, Die grenzüberschreitende Verschmelzung von Kapitalgesellschaften in der EU, 2008, S. 216; Lutter/*Bayer* § 122 d Rdnr. 17; Semler/Stengel/*Drinhausen* § 122 d Rdnr. 11, 13; Widmann/Mayer/*Mayer* § 122 d Rdnr. 30.

hat, den Gesellschaftern eine ausreichende Vorbereitungszeit zu gewährleisten.[138] Von dieser Frist ist der Gläubigerschutz nicht betroffen, da die für die Gläubiger relevante Frist von § 122j Abs. 1 S. 2 UmwG mit der Bekanntmachung beginnt und in ihrem Ablauf von der Beschlussfassung der Anteilseigner unabhängig ist.[139]

6. Verschmelzungsbericht (§ 122e UmwG)

59 Der **Verschmelzungsbericht** ist die wichtigste Informationsquelle für die Anteilseigner, da wesentlicher Bestandteil die **Erläuterung des Umtauschverhältnisses** und damit des wirtschaftlich bedeutendsten Punkts für die Anteilseigner ist. Die Vorschrift des § 122e UmwG regelt nur einige Besonderheiten des Verschmelzungsberichts im grenzüberschreitenden Kontext, verweist grundsätzlich aber auf § 8 UmwG. Wesentliche Besonderheit ist, dass der grenzüberschreitende Verschmelzungsbericht (in Umsetzung des Art. 7 der Richtlinie 2005/56/EG) auch die **Auswirkungen auf die Gläubiger und Arbeitnehmer** zu beschreiben hat. Insbesondere in Hinblick auf die Information der Arbeitnehmer und ihrer Vertretung zeigt sich hier das unterschiedliche Konzept im Vergleich zur innerstaatlichen Verschmelzung: Während im nationalen Kontext die relevanten Informationen im Verschmelzungsvertrag enthalten sind (§ 5 Abs. 1 Nr. 9 UmwG) und dieser demnach auch dem Betriebsrat zuzuleiten ist (§ 5 Abs. 3 UmwG), übernimmt diese Funktion in grenzüberschreitenden Fällen der Verschmelzungsbericht.

60 Nach §§ 122a Abs. 2, 8 Abs. 1 UmwG ist der „ausführliche" Verschmelzungsbericht schriftlich von dem Vertretungsorgan der beteiligten deutschen Gesellschaft zu erstellen, wobei die beteiligten Gesellschaften (ebenso wie bei der innerstaatlichen Verschmelzung) auch einen **gemeinsamen Verschmelzungsbericht** erstellen können, soweit die anwendbaren Umwandlungsrechte aller beteiligten Gesellschaften dies zulassen und der gemeinsame Bericht den Anforderungen aller beteiligten Rechtsordnungen genügt.[140]

61 Der **Inhalt des Verschmelzungsberichtes** bestimmt sich grundsätzlich nach § 8 UmwG,[141] zusätzlich sind die Auswirkungen für Arbeitnehmer und Gläubiger zu erläutern.[142] Dies bedeutet, dass der Bericht den Ablauf der Verschmelzung, den Inhalt des Verschmelzungsplans im Einzelnen (insbesondere das Umtauschverhältnis und die Grundlagen seiner Ermittlung, wie etwa die angewandte Bewertungsmethode) sowie die Höhe einer möglichen Barabfindung erläutern und begründen muss.[143] Besondere Schwierigkeiten bei der Bewertung, auf die ausdrücklich hinzuweisen ist,[144] können sich speziell aufgrund der internationalen Unterschiede in der Bewertungspraxis ergeben, so dass diese Hinweispflicht speziell bei der grenzüberschreitenden Verschmelzung Bedeutung hat. Nicht erforderlich sind Angaben über die Mitgliedschaft, da die internationale Verschmelzung nach den §§ 122a ff. UmwG ausschließlich Kapitalgesellschaften offensteht und diese Angaben nur

---

[138] Kallmeyer/*Marsch-Barner* § 122d Rdnr. 3; KölnKomm/*Simon*/*Rubner* § 122d Rdnr. 27; Lutter/*Bayer* § 122d Rdnr. 18; Semler/Stengel/*Drinhausen* § 122d Rdnr. 12.

[139] KölnKomm/*Simon*/*Rubner* § 122d Rdnr. 27; Lutter/*Bayer* § 122d Rdnr. 18; Semler/Stengel/*Drinhausen* § 122d Rdnr. 12.

[140] Kallmeyer/*Marsch-Barner* § 122e Rdnr. 3; KölnKomm/*Simon*/*Rubner* § 122e Rdnr. 9; Lutter/*Bayer* § 122e Rdnr. 4; Semler/Stengel/*Drinhausen* § 122e Rdnr. 5; Widmann/Mayer/*Mayer* § 122e Rdnr. 35f.

[141] *Drinhausen*/*Keinath*, BB 2006, 725/728; Kallmeyer/*Marsch-Barner* § 122e Rdnr. 8; *Klein* RNotZ 2007, 565/590; KölnKomm/*Simon*/*Rubner* § 122e Rdnr. 6; *Kulenkamp*, Die grenzüberschreitende Verschmelzung von Kapitalgesellschaften in der EU, 2008, S. 219; Lutter/*Bayer* § 122e Rdnr. 5; Semler/Stengel/*Drinhausen* § 122e Rdnr. 6; Widmann/Mayer/*Mayer* § 122e Rdnr. 22ff.

[142] Dazu *Heckschen*, DNotZ 2007, 444/459; Kallmeyer/*Marsch-Barner* § 122e Rdnr. 8; KölnKomm/*Simon*/*Rubner* § 122e Rdnr. 7; Lutter/*Bayer* § 122e Rdnr. 7; Semler/Stengel/*Drinhausen* § 122e Rdnr. 9; Widmann/Mayer/*Mayer* § 122e Rdnr. 30.

[143] Kallmeyer/*Marsch-Barner* § 122e Rdnr. 7; KölnKomm/*Simon*/*Rubner* § 122e Rdnr. 6; Lutter/*Bayer* § 122e Rdnr. 6; Semler/Stengel/*Drinhausen* § 122e Rdnr. 7; Widmann/Mayer/*Mayer* § 122e Rdnr. 28.

[144] Kallmeyer/*Marsch-Barner* § 122e Rdnr. 7; Lutter/*Bayer* § 122e Rdnr. 6.

bei einer Personengesellschaft erforderlich sind.[145] Für die allgemeinen Anforderungen des § 8 UmwG ist im Übrigen auf das allgemeine umwandlungsrechtliche Schrifttum zu verweisen.

Der grenzüberschreitende Verschmelzungsbericht hat darüber hinaus Erläuterungen zu den **Auswirkungen** der Verschmelzung auf die **Gläubiger und Arbeitnehmer** der beteiligten Gesellschaften zu berücksichtigen.[146] Insoweit ist fraglich, ob Ausführungen zu allen beteiligten Gesellschaften erforderlich sind[147] oder ob die Gesellschaft ausschließlich die Auswirkungen für die eigenen Gläubiger und Arbeitnehmer zu erläutern hat.[148] Es ist zu berücksichtigen, dass die beteiligten Gesellschaften grundsätzlich **Einzelberichte** erstellen, die sich nur an die Gläubiger und Arbeitnehmer der einzelnen beteiligten Gesellschaft richten und demnach auch nur die Auswirkungen auf diesen Adressatenkreis darzustellen haben. Diese Sicht wird zudem durch den Wortlaut des § 122e UmwG gestützt, der von der „beteiligten Gesellschaft" spricht und nicht von „beteiligten Gesellschaften".[149]

In Hinblick auf die Auswirkungen auf die Gläubiger bedarf es zunächst einer Erläuterung der rechtlichen Grundlagen der jeweils anwendbaren **Gläubigerschutzregeln.** Da der umwandlungsrechtliche Gläubigerschutz nach der Kombinationslehre dem Gesellschaftsstatut der jeweiligen Schuldnergesellschaft unterliegt, ist zu differenzieren: Soweit die beteiligte deutsche Gesellschaft aufnehmender Rechtsträger ist, bestimmt sich der Gläubigerschutz nach der allgemeinen Vorschrift des § 22 UmwG, dessen Voraussetzungen zu erläutern sind, während bei einer deutschen übertragenden Gesellschaft auf die spezielle Vorschrift des § 122j UmwG abzustellen ist.[150] Soweit durch die Verschmelzung ein **Wechsel des Schuldners** eintritt, ist auch die Rechtsform der übernehmenden Gesellschaft anzugeben und sind die auf sie anwendbaren Haftungsregelungen zu erläutern.[151] Während es in der Bekanntmachung nach § 122d S. 2 Nr. 4 UmwG nur eines Hinweises auf die Modalitäten des Gläubigerschutzes bedarf, sind diese im Verschmelzungsbericht näher zu erläutern. Da der Bericht den Gläubigern selbst nicht zugänglich zu machen, sondern dieser vielmehr nur für Anteilsinhaber und Arbeitnehmer vorgesehen ist, wird der Sinn dieses Berichtsteils nicht deutlich. Für die nähere Information der Gläubiger ist § 122d S. 2 Nr. 4 UmwG die Verpflichtung zu entnehmen, die dort angesprochenen **„vollständigen Auskünfte"** über den Gläubigerschutz zu erteilen, was inhaltlich den Anforderungen des Verschmelzungsberichts entsprechen dürfte. Beabsichtigt ist offenbar, dass auch die Anteilsinhaber über den Gläubigerschutz informiert werden, da die hiermit verbundene wirtschaftliche Belastung (insbesondere durch Sicherheitsleistungen) ein für die Beschlussfassung relevanter Aspekt ist.[152]

In Hinblick auf die Auswirkungen auf die Arbeitnehmer sind sowohl die Konsequenzen für das **individuelle Arbeitsverhältnis** (z.B. ein mit der Verschmelzung verbundener Wechsel des Arbeitgebers für die Arbeitnehmer der übertragenden Gesellschaft) als auch die für die **kollektiven Rechte der Arbeitnehmer** und ihrer Vertretungen darzustel-

---

[145] Lutter/*Bayer* § 122e Rdnr. 6.
[146] Kallmeyer/*Marsch-Barner* § 122e Rdnr. 8; KölnKomm/*Simon*/*Rubner* § 122e Rdnr. 7; *Kulenkamp,* Die grenzüberschreitende Verschmelzung von Kapitalgesellschaften in der EU, 2008, S. 221 ff.; Lutter/*Bayer* § 122e Rdnr. 7; Semler/Stengel/*Drinhausen* § 122e Rdnr. 9; *Simon* NZA 2008, 391/393; Widmann/Mayer/*Mayer* § 122e Rdnr. 30.
[147] Semler/Stengel/*Drinhausen* § 122e Rdnr. 10.
[148] Kallmeyer/*Marsch-Barner* § 122e Rdnr. 8; Lutter/*Bayer* § 122e Rdnr. 7.
[149] Kallmeyer/*Marsch-Barner* § 122e Rdnr. 8; Lutter/*Bayer* § 122e Rdnr. 7.
[150] *Beutel,* Der neue rechtliche Rahmen grenzüberschreitender Verschmelzungen in der EU, 2008, S. 180 f.; KölnKomm/*Simon*/*Rubner* § 122e Rdnr. 8; Lutter/*Bayer* § 122e Rdnr. 7; Semler/Stengel/*Drinhausen* § 122e Rdnr. 10; *Simon,* NZA 2008, 391/393; Widmann/Mayer/*Mayer* § 122e Rdnr. 31 ff.
[151] Lutter/*Bayer* § 122e Rdnr. 8; Semler/Stengel/*Drinhausen* § 122e Rdnr. 10.
[152] In diesem Sinn Lutter/*Bayer,* § 122e Rdnr. 8.

len.¹⁵³ Daher sind insbesondere die Auswirkungen auf die betriebliche Mitbestimmung, geplante Standortverlegungen und ihre Auswirkungen für die Arbeitnehmer, geplante Betriebsschließungen und deren Auswirkungen (einschließlich beabsichtigter Sozialpläne) sowie mögliche Auswirkungen auf Tarifverträge und die unternehmerische Mitbestimmung darzustellen und zu erläutern.¹⁵⁴

65 In Abweichung von § 8 Abs. 3 UmwG ist es den Anteilsinhabern nach § 122e S. 3 UmwG nicht möglich, auf den Verschmelzungsbericht zu verzichten. Mitunter wird in Hinblick auf den Zweck, zusätzlich die Arbeitnehmer zu informieren, angenommen, dass ein **Verzicht** dennoch möglich ist, wenn der Betriebsrat und alle Arbeitnehmer auf den Verschmelzungsbericht verzichten,¹⁵⁵ oder eine Gesellschaft keine Arbeitnehmer beschäftigt.¹⁵⁶ Aufgrund des gezielten Ausschlusses des § 8 Abs. 3 UmwG erscheint dies als zweifelhaft, insbesondere, da auch die Formvorschrift für die Verzichtserklärungen (§ 8 Abs. 3 S. 2 UmwG) nicht anwendbar ist und der Gesetzgeber sich durch die Richtlinie 2005/56/EG zum Ausschluss des § 8 Abs. 3 UmwG verpflichtet gesehen hat.¹⁵⁷ In Hinblick auf § 122e S. 3 UmwG bedarf es – abweichend vom Recht der innerstaatlichen Verschmelzung – eines Verschmelzungsberichts auch bei der Verschmelzung einer 100%igen Tochtergesellschaft auf die Mutter.¹⁵⁸

66 Der Verschmelzungsbericht ist nach § 122e S. 2 UmwG den Anteilsinhabern und dem Betriebsrat (bzw. bei dessen Fehlen allen Arbeitnehmern) einen Monat vor der beschlussfassenden Gesellschafterversammlung **zugänglich zu machen**.¹⁵⁹ Für die bei innerstaatlichen Verschmelzungen rechtsformspezifisch (z.B. für die GmbH in § 47 UmwG) geregelte Art der Zugänglichmachung verweist die Vorschrift allein auf die (im innerstaatlichen Kontext nur auf die AG anzuwendende) Vorschrift des § 63 I Nr. 4 UmwG, so dass es – sowohl bezüglich der Anteilsinhaber als auch der Arbeitnehmer – nach dem Wortlaut lediglich der Auslage zur **Einsicht in den Geschäftsräumen** der Gesellschaft bedarf.¹⁶⁰ Der Verweis nur auf die Auslage dürfte indes nicht als abschließende Regelung gemeint sein, sondern vielmehr als Ergänzung zu den über § 122a Abs. 2 UmwG anwendbaren Normen, der primär für die Arbeitnehmer von Bedeutung ist, denen bei der innerstaatlichen Verschmelzung der Bericht nicht zugänglich zu machen ist. Auch bei der grenzüberschreitenden Verschmelzung einer AG ist somit § 63 UmwG anwendbar, so dass die Aktionäre Abschriften verlangen können (§ 63 Abs. 3 UmwG), soweit der Bericht nicht im Internet zugänglich ist (§ 63 Abs. 4 UmwG).¹⁶¹ Soweit von der Möglichkeit des § 63 Abs. 4 UmwG Gebrauch

---

¹⁵³ Kallmeyer/*Marsch-Barner* § 122e Rdnr. 8; KölnKomm/*Simon/Rubner* § 122e Rdnr. 7; Lutter/*Bayer* § 122e Rdnr. 9; Semler/Stengel/*Drinhausen* § 122e Rdnr. 11; *Simon* NZA 2008, 391, 393.

¹⁵⁴ Kallmeyer/*Marsch-Barner* § 122e Rdnr. 8; KölnKomm/*Simon/Rubner* § 122e Rdnr. 8; Lutter/*Bayer* § 122e Rdnr. 9; Semler/Stengel/*Drinhausen* § 122e Rdnr. 11.

¹⁵⁵ *Beutel*, Der neue rechtliche Rahmen grenzüberschreitender Verschmelzungen in der EU, 2008, S. 183; Kallmeyer/*Marsch-Barner* § 122e Rdnr. 11; Semler/Stengel/*Drinhausen* § 122e Rdnr. 13.

¹⁵⁶ *Beutel*, Der neue rechtliche Rahmen grenzüberschreitender Verschmelzungen in der EU, 2008, S. 183; Kallmeyer/*Marsch-Barner* § 122e Rdnr. 11; *Klein* RNotZ 2007, 565/592; *Kulenkamp*, Die grenzüberschreitende Verschmelzung von Kapitalgesellschaften in der EU, 2008, S. 228; Semler/Stengel/*Drinhausen* § 122e Rdnr. 13.

¹⁵⁷ BR-Drucks. 548/06, S. 32.

¹⁵⁸ Kallmeyer/*Marsch-Barner* § 122e Rdnr. 12; KölnKomm/*Simon/Rubner* § 122e Rdnr. 10; Lutter/*Bayer* § 122e Rdnr. 14; Semler/Stengel/*Drinhausen* § 122e Rdnr. 13; Widmann/Mayer/*Mayer* § 122e Rdnr. 37.

¹⁵⁹ Dazu: Kallmeyer/*Marsch-Barner* § 122e Rdnr. 4; *Klein* RNotZ 2007 565/591; KölnKomm/*Simon/Rubner* § 122e Rdnr. 16ff.; *Kulenkamp*, Die grenzüberschreitende Verschmelzung von Kapitalgesellschaften in der EU, 2008, S. 229f.; Lutter/*Bayer* § 122e Rdnr. 15ff.; Semler/Stengel/*Drinhausen* § 122e Rdnr. 16f.; Widmann/Mayer/*Mayer* § 122e Rdnr. 11ff.

¹⁶⁰ *Herrler*, EuZW 2007, 295/296; Kallmeyer/*Marsch-Barner* § 122e Rdnr. 4; KölnKomm/*Simon/Rubner* § 122e Rdnr. 16; Lutter/*Bayer* § 122e Rdnr. 15; Semler/Stengel/*Drinhausen* § 122e Rdnr. 17; Widmann/Mayer/*Mayer* § 122e Rdnr. 11.

¹⁶¹ Kallmeyer/*Marsch-Barner* § 122e Rdnr. 4; Lutter/*Bayer* § 122e Rdnr. 16.

gemacht wird, befreit dies die Gesellschaft indes nicht von der Auslagepflicht zugunsten der Arbeitnehmer, da die Vorschrift für diese nicht anwendbar ist.[162] Bei einer beteiligten GmbH ist der Verschmelzungsbericht dagegen gemäß §§ 122a Abs. 2, 47 UmwG den Gesellschaftern zu übersenden.[163] Nach dem Gesetzeswortlaut ist es allerdings nicht erforderlich, dem Betriebsrat den Verschmelzungsbericht zukommen zu lassen oder diesem eine kostenlose Abschrift zu erteilen.[164] Diese Rechtslage scheint auf die Zugänglichmachung für alle Arbeitnehmer ausgerichtet zu sein, überzeugt aber bei Bestehen eines Betriebsrats nicht. Auch bei der innerstaatlichen Verschmelzung, bei der der Verschmelzungsvertrag die Funktion der Arbeitnehmerinformation erfüllt, bedarf es nach § 5 Abs. 3 UmwG einer Zuleitung des relevanten Dokuments an den zuständigen **Betriebsrat.** Diese Vorschrift ist im grenzüberschreitenden Kontext **analog auf den Verschmelzungsbericht** anzuwenden, so dass es auch hier einer Zuleitung eines Exemplars an den Betriebsrat richtigerweise bedarf.

Die Pflicht zur Zugänglichmachung erfasst nur den Verschmelzungsbericht der jeweiligen Gesellschaft, nicht auch den **korrespondierenden Bericht** des ausländischen Verschmelzungspartners.[165] Allerdings sind (nur) bei Beteiligung einer deutschen AG nach §§ 122a Abs. 2, 63 Abs. 1 Nr. 4 UmwG auch die Verschmelzungsberichte der anderen beteiligten Gesellschaften zur Vorbereitung der Hauptversammlung zur Einsicht der Aktionäre auszulegen.[166] Ansonsten – also bei Beteiligung einer deutschen GmbH – muss nur wenn ein **gemeinsamer Verschmelzungsbericht** erstellt worden ist der gesamte Bericht zugänglich gemacht werden, nicht nur die Teile, die die deutsche Gesellschaft betreffen. Auch in diesem Fall bedarf es aber der Vorlage des Berichts in **deutscher Sprache,** da er der Information der inländischen Anteilseigner und Arbeitnehmer dient.[167]

67

Der Verschmelzungsbericht muss gemäß § 122e S. 1 UmwG spätestens **einen Monat vor Versammlung der Anteilsinhaber** ausgelegt werden. Die Berechnung der Monatsfrist erfolgt nach den allgemeinen Vorschriften der §§ 187ff. BGB.[168] Die Auslegungspflicht endet erst mit der Versammlung der Anteilsinhaber,[169] nicht schon mit einer früheren Mitbestimmungsvereinbarung.[170] Die Information der Arbeitnehmer oder des Betriebsrats geht schließlich weit über die Mitbestimmungsfrage hinaus und erfasst auch die Auswirkungen auf das individuelle Arbeitsverhältnis, so dass das Informationsbedürfnis nicht durch eine Lösung der Mitbestimmungsfrage beseitigt wird.

68

7. Verschmelzungsprüfung (§ 122 f UmwG)

Nach § 122f UmwG ist der Verschmelzungsplan durch nach §§ 9ff. UmwG durch einen oder mehrere **Verschmelzungsprüfer** zu prüfen. Die Regelung verweist weitgehend auf die allgemeinen umwandlungsrechtlichen Vorschriften und wirft nur wenige spezifische Fragen bezüglich der grenzüberschreitenden Verschmelzung auf, so dass auf das allgemeine umwandlungsrechtliche Schrifttum verwiesen werden kann. Die Vorschrift enthält zunächst eine **rechtsformunabhängige Prüfungsanordnung** und bringt durch den Ausschluss des § 48 UmwG zum Ausdruck, dass rechtsformspezifische Beschränkungen des Prüfungserfordernisses bei der grenzüberschreitenden Verschmelzung nicht anwendbar sind. Eine

69

---

[162] Kallmeyer/*Marsch-Barner* § 122e Rdnr. 6.
[163] Kallmeyer/*Marsch-Barner* § 122e Rdnr. 4; KölnKomm/*Simon/Rubner* § 122e Rdnr. 17; Lutter/*Bayer* § 122e Rdnr. 16.
[164] Kallmeyer/*Marsch-Barner* § 122e Rdnr. 4; KölnKomm/*Simon/Rubner* § 122e Rdnr. 16; Lutter/*Bayer* § 122e Rdnr. 16; Semler/Stengel/*Drinhausen* § 122e Rdnr. 17.
[165] Kallmeyer/*Marsch-Barner* § 122e Rdnr. 4; Lutter/*Bayer* § 122e Rdnr. 16; Semler/Stengel/*Drinhausen* § 122e Rdnr. 16; Widmann/Mayer/*Mayer* § 122e Rdnr. 11.
[166] Hierzu näher: Lutter/*Bayer*, § 122g Rdnr. 8.
[167] Lutter/*Bayer*, § 122g Rdnr. 15.
[168] Lutter/*Bayer* § 122e Rdnr. 17.
[169] Lutter/*Bayer* § 122e Rdnr. 19; KölnKomm/*Simon/Rubner* § 122e Rdnr. 16.
[170] So wohl Widmann/Mayer/*Mayer* § 122e Rdnr. 15.

Prüfung ist nur verzichtbar, wenn eine 100%-ige Tochter auf ihre Muttergesellschaft verschmolzen wird.[171]

70 Den beteiligten Gesellschaften steht es nach Art. 8 Abs. 2 der Richtlinie 2005/56/EG offen, anstelle getrennter Prüfungen eine **gemeinsame Prüfung** durchführen zu lassen.[172] Danach können die beteiligten Gesellschaften in jedem Mitgliedstaat, in dem zumindest eine Gesellschaft ihren Sitz hat, einen Antrag auf gemeinsame Prüfung stellen, für die das von den beteiligten Gesellschaften für die Antragstellung ausgewählte Gericht allein die Prüfer bestellt.[173] Einen speziellen Umsetzungsbedarf für dieses Verfahren hat der deutsche Gesetzgeber in Hinblick auf § 10 Abs. 1 S. 2 und § 12 Abs. 1 S. 2 UmwG nicht gesehen,[174] so dass diese Vorschriften dahingehend auszulegen sind, dass sie auch eine gemeinsame grenzüberschreitende Verschmelzungsprüfung zulassen. Aus Sicht des deutschen Rechts bedeutet dies nicht nur, dass ein zuständiges deutsches Gericht nach § 10 Abs. 1 S. 2 UmwG einen gemeinsamen Prüfer bestellen kann, sondern auch, dass eine Prüfung durch einen ausländischen Prüfer anzuerkennen ist, soweit dieser auf gemeinsamen Antrag der beteiligten Gesellschaften durch ein zuständiges ausländisches Gericht (bzw. Behörde) bestellt worden ist. Da die Gesellschaften nach Art. 8 Abs. 2 der Richtlinie 2005/56/EG das Recht haben, diesen Antrag in jedem Mitgliedstaat zu stellen, dessen Recht ein beteiligter Rechtsträger unterliegt, bedarf es bei richtlinienkonformer Auslegung über die (dem Wortlaut der deutschen Vorschriften nicht direkt zu entnehmende) **Anerkennung ausländischer Prüfungen** hinaus auch der Schaffung einer **gerichtlichen Zuständigkeit für die Prüferbestellung** bei allen grenzüberschreitenden Verschmelzungen unter Beteiligung einer deutschen Gesellschaft. Da § 10 Abs. 2 UmwG auch dies nicht gewährleistet (sogleich Rdnr. 72) ist die Aussage des Gesetzgebers, dass insoweit kein Umsetzungsbedarf bestünde, kritisch zu sehen.

71 Als problematisch erscheint in Hinblick auf die gemeinsame Verschmelzungsprüfung vor allem, welche Wirkung die Prüferbestellung in einem Mitgliedstaat auf das der **Prüfung zugrunde liegende Recht** hat. Unstrittig ist insoweit, dass durch die gemeinsame Antragstellung eine **Rechtswahl** bezüglich des **Rechts der Prüferbestellung** einschließlich der Prüferqualifikation, des Rechtsverhältnisses des Prüfers zu den beteiligten Gesellschaften und der Vergütung erfolgt.[175] Der gemeinsame Antrag kann daher zweifelsfrei genutzt werden, um durch die Wahl einer Rechtsordnung mit günstigeren Vergütungen die Kosten der Prüfung zu minimieren. Darüber hinaus wird zum Teil angenommen, dass durch die Antragstellung auch eine **Rechtswahl bezüglich Prüfungsumfang und -maßstab** erfolgt, so dass die Prüfung auch bezüglich des materiellen Umwandlungsrechts allein nach dem Recht des bestellenden Mitgliedstaates erfolgt.[176] Begründet wird diese Auffassung damit, dass die kumulative Anwendung der Umwandlungsrechte dem mit der gemeinsamen Prüfung verfolgten Zweck der Vereinfachung widersprechen würde und in Hinblick auf die Harmonisierung des Verschmelzungsrechts der Mindeststandard der Prüfung ohne-

---

[171] *Frenzel*, Grenzüberschreitende Verschmelzungen von Kapitalgesellschaften, 2008, S. 257; Kallmeyer/*Müller* § 122f Rdnr. 3; *Klein* RNotZ 2007, 565/594; KölnKomm/*Simon/Rubner* § 122f Rdnr. 14; Lutter/*Bayer* § 122f Rdnr. 15; Semler/Stengel/*Drinhausen* § 122f Rdnr. 8; Widmann/Mayer/*Mayer* § 122f Rdnr. 26.

[172] *Frenzel*, Grenzüberschreitende Verschmelzungen von Kapitalgesellschaften, 2008, S. 264; Kallmeyer/*Müller* § 122f Rdnr. 6f.; KölnKomm/*Simon/Rubner* § 122f Rdnr. 4f.; *Kulenkamp*, Die grenzüberschreitende Verschmelzung von Kapitalgesellschaften in der EU, 2008, S. 231f.; Lutter/*Bayer* § 122f Rdnr. 2; *Müller H.-F.*, ZIP 2004, 1790/1793; Schmitt/Hörtnagl/Stratz/*Hörtnagl* § 122f Rdnr. 3; Semler/Stengel/*Drinhausen* § 122f Rdnr. 5; Widmann/Mayer/*Mayer* § 122f Rdnr. 1f.

[173] Lutter/*Bayer* § 122f Rdnr. 3; Semler/Stengel/*Drinhausen* § 122f Rdnr. 5; Widmann/Mayer/*Mayer* § 122f Rdnr. 11.

[174] BR-Drucks. 548/06, S. 32.

[175] Lutter/*Bayer* § 122f Rdnr. 3; Semler/Stengel/*Drinhausen* § 122f Rdnr. 5; Widmann/Mayer/*Mayer* § 122f Rdnr. 11.

[176] Lutter/*Bayer* § 122f Rdnr. 3.

hin einheitlich ist, so dass keine Umgehung strengerer Anforderungen befürchtet werden muss.[177] Dagegen ist allerdings einzuwenden, dass der (jedenfalls nach deutschem Recht) zentrale Prüfungspunkt die Angemessenheit des Umtauschverhältnisses ist (§ 12 Abs. 2 S. 1 UmwG), so dass vor allem die Bewertungsfragen zu prüfen sind. Die Bewertungsmethoden sind in der EU gerade nicht harmonisiert, so dass in diesem zentralen Punkt nicht von einem europäischen Standard die Rede sein kann. Aufgrund der dargestellten speziellen Bewertungsproblematik bei der grenzüberschreitenden Verschmelzung (insbesondere aufgrund der unterschiedlichen Bewertungstraditionen, Rdnr. 48 ff.) muss die Verschmelzungsprüfung sicherstellen, dass das Umtauschverhältnis den Anforderungen aller beteiligten Rechtsordnungen genügt, sonst könnte die Prüfung nicht ihren Zweck erfüllen, die Anteilsinhaber zu schützen. Daher sind auch bei der gemeinsamen Verschmelzungsprüfung die **Anforderungen aller beteiligten Umwandlungsrechte** kumulativ anzuwenden und zu prüfen.[178]

Als problematisch erscheinen darüber hinaus die Regelungen zur **gerichtlichen Zuständigkeit.** Die Prüferbestellung erfolgt in Deutschland (sowohl bei der getrennten Prüfung als auch bei der gemeinsamen Prüfung, soweit der gemeinsame Antrag in Deutschland gestellt wird) nach den §§ 122f, 10, 11 UmwG. Nach § 10 Abs. S. 1, Abs. 2 S. 1 UmwG ist für die Prüferbestellung das Landgericht zuständig, in dessen Bezirk ein übertragender Rechtsträger seinen Sitz hat.[179] Unproblematisch sind danach nur die Fälle, bei denen es sich um eine Hinausverschmelzung eines übertragenden deutschen Rechtsträgers handelt, da in diesem Fall § 10 Abs. 1 S. 1, Abs. 2 S. 1 UmwG unmittelbar Anwendung findet und somit in Deutschland eine örtliche Zuständigkeit für die Prüferbestellung besteht.[180] Dagegen besteht nach der gesetzlichen Regelung bei einer **Hineinverschmelzung,** bei der die deutsche Gesellschaft als aufnehmender Rechtsträger beteiligt ist, **keine inländische Gerichtszuständigkeit.**[181] In Hinblick auf Art. 8 der Richtlinie 2005/56/EG bedarf es zur Vermeidung eines Umsetzungsdefizits allerdings der Schaffung einer inländischen Zuständigkeit, da sowohl die getrennte als auch die gemeinsame Prüfung in jeder beteiligten Rechtsordnung gewährleistet werden muss, wozu es nach der Konzeption des deutschen Rechts einer Gerichtszuständigkeit bedarf. Da der Gesetzgeber die Richtlinie vollständig umsetzen wollte, ist insoweit von einer planwidrigen Regelungslücke auszugehen, die durch Annahme der Zuständigkeit des Landgericht am Sitz auch einer übernehmenden Gesellschaft analog § 10 Abs. 2 S. 1 UmwG zu schließen ist.[182]

Gemäß §§ 122f S. 1, 12 Abs. 1 UmwG haben die Verschmelzungsprüfer einen **schriftlichen Prüfungsbericht** zu erstellen, so dass sich im grenzüberschreitenden Zusammenhang die Frage stellt, in welcher **Sprache** dieser zu erstellen ist. Eine ausdrückliche Regelung fehlt zwar, dennoch wird man grundsätzlich davon auszugehen haben, dass ein von einem deutschen Gericht im Rahmen eines deutschen Registerverfahrens bestellter Bericht nur in deutscher Sprache erstellt werden kann (§ 184 GVG).[183] Dies gilt sowohl bei der getrennten Prüfung als auch bei gemeinsamen Prüfung durch einen von einem deutschen

---

[177] Lutter/*Bayer* § 122f Rdnr. 3.
[178] So im Ergebnis auch Semler/Stengel/*Drinhausen*, § 122f Rdnr. 5.
[179] Dazu: Kallmeyer/*Müller* § 122f Rdnr. 6f.; KölnKomm/*Simon/Rubner* § 122f Rdnr. 4f.; *Kulenkamp*, Die grenzüberschreitende Verschmelzung von Kapitalgesellschaften in der EU, 2008, S. 238; Lutter/*Bayer* § 122f Rdnr. 5; Semler/Stengel/*Drinhausen* § 122f Rdnr. 4; Widmann/Mayer/*Mayer* § 122f Rdnr. 13f.
[180] *Kulenkamp*, Die grenzüberschreitende Verschmelzung von Kapitalgesellschaften in der EU, 2008, S. 238; Lutter/*Bayer* § 122f Rdnr. 5.
[181] KölnKomm/*Simon/Rubner* § 122f Rdnr. 4, Kallmeyer/*Müller* § 122f Rdnr. 8; *Kulenkamp*, Die grenzüberschreitende Verschmelzung von Kapitalgesellschaften in der EU, 2008, S. 238; Lutter/*Bayer* § 122f Rdnr. 5; Semler/Stengel/*Drinhausen* § 122f Rdnr. 4.
[182] Lutter/*Bayer* § 122f Rdnr. 5, Kallmeyer/*Müller* § 122f Rdnr. 8, KölnKomm/*Simon/Rubner* § 122f Rdnr. 4, Semler/Stengel/*Drinhausen* § 122f Rdnr. 4.
[183] Semler/Stengel/*Drinhausen*, § 122f Rdnr. 6.

Gericht bestellten Prüfer. Bei einer gemeinsamen Prüfung durch einen im Ausland bestellten Prüfer wird der Prüfungsbericht dagegen regelmäßig nicht in deutscher Sprache abgefasst sein. In diesem Fall bedarf es der Vorlage einer vom Prüfer selbst erstellten **deutschen Sprachfassung** oder einer **Übersetzung** analog § 142 Abs. 3 ZPO. Da auch in diesem Fall der Prüfungsbericht zum Zweck der Durchführung des Registerverfahrens bei dem deutschen Registergericht einzureichen ist, erscheint die deutsche Fassung nicht als verzichtbar.

74 Soweit alle Anteilsinhaber, also sowohl die Anteilsinhaber der deutschen als auch der ausländischen Gesellschaft, zustimmen, können sie auf die **Verschmelzungsprüfung** selbst oder auch nur die Erstellung des **Prüfungsberichts** gemäß §§ 122f S. 1, 9 Abs. 3, 12 Abs. 3, 8 Abs. 3 S. 1 UmwG **verzichten**.[184] Nach deutschem Recht bedarf es gemäß § 8 Abs. 3 S. 2 UmwG in beiden Fällen der **notariellen Beurkundung** der Verzichtserklärungen.[185] Dieses Formerfordernis gilt jedenfalls für die Anteilseigner der deutschen Gesellschaft. Dagegen bedarf es einer solchen Beurkundung durch die Anteilsinhaber der beteiligten ausländischen Gesellschaft richtigerweise nicht, da die Form des Verzichts im Rahmen der Kombinationslehre dem Gesellschaftsstatut unterliegt und § 8 Abs. 3 S. 2 UmwG daher nur auf beteiligte deutsche Gesellschaften anzuwenden ist.[186] Zwar erfasst das Beurkundungserfordernis ausdrücklich die „Anteilsinhaber aller beteiligten Rechtsträger", jedoch ist diese Formulierung an der Vorstellung einer innerstaatlichen Verschmelzung ausgerichtet. Kollisionsrechtlich ist daher nicht nur die Form der Verzichtserklärung, sondern auch das **Einstimmigkeitserfordernis** für die beteiligten Gesellschaften getrennt anzuknüpfen – wegen der Vorgabe in Art. 8 Abs. 4 der Richtlinie 2005/56/EG ist allerdings gewährleistet, dass die anderen Mitgliedstaaten ebenfalls eine Zustimmung aller Anteilseigner verlangen. Zu erinnern ist ferner daran, dass es selbst für Anteilsinhaber deutscher Gesellschaften nicht immer einer notariellen Beurkundung bedarf, da Art. 11 EGBGB über die Form des Wirkungsstatuts (hier des Gesellschaftsstatuts) hinaus auch die **Ortsform** genügen lässt. Soweit die Verzichtserklärung also im Ausland abgegeben wird, genügt auch die Form, die dieser Staat für einen solchen Verzicht vorsieht. Wollte man – entgegen der hier vertretenen Ansicht – das deutsche Formerfordernis auch auf die Anteilsinhaber der Auslandsgesellschaft anwenden, wäre es in Hinblick auf die Ortsform ohnehin ausgeschlossen, dass die ausländischen Anteilseigner eine andere Form als nach dem Gesellschaftsstatut ihrer Gesellschaft ohnehin vorgeschrieben zu beachten haben. Eine „unangemessene" Erschwernis der grenzüberschreitenden Verschmelzung ist daher auch selbst auf Grundlage der Gegenansicht nicht zu befürchten.[187]

8. Zustimmung der Anteilsinhaber (§ 122 g UmwG)

75 Bezüglich der Zustimmung der Anteilseigner ist für die grenzüberschreitende Verschmelzung in § 122g Abs. 1 UmwG speziell lediglich geregelt, dass diese ihre Zustimmung von

---

[184] Hierzu: *Herrler*, EuZW 2007, 295/297; Kallmeyer/*Müller* § 122f Rdnr. 4; *Klein* RNotZ 2007, 565/594; KölnKomm/*Simon*/*Rubner* § 122f Rdnr. 12; *Kulenkamp*, Die grenzüberschreitende Verschmelzung von Kapitalgesellschaften in der EU, 2008, S. 245 f.; Lutter/*Bayer* § 122f Rdnr. 16; Semler/Stengel/*Drinhausen* § 122f Rdnr. 7; Widmann/Mayer/*Mayer* § 122f Rdnr. 24 f.

[185] *Herrler*, EuZW 2007, 295/297; Kallmeyer/*Müller* § 122f Rdnr. 4; KölnKomm/*Simon*/*Rubner* § 122f Rdnr. 13; *Kulenkamp*, Die grenzüberschreitende Verschmelzung von Kapitalgesellschaften in der EU, 2008, S. 246; Lutter/*Bayer* § 122f Rdnr. 17; Semler/Stengel/*Drinhausen* § 122f Rdnr. 7; Widmann/Mayer/*Mayer* § 122f Rdnr. 25.

[186] *Klein* RNotZ 2007, 565/594; KölnKomm/*Simon*/*Rubner* § 122f Rdnr. 13; *Kulenkamp*, Die grenzüberschreitende Verschmelzung von Kapitalgesellschaften in der EU, 2008, S. 246; Lutter/*Bayer* § 122f Rdnr. 17; aA Semler/Stengel/*Drinhausen* § 122f Rdnr. 7.

[187] AA offenbar Semler/Stengel/*Drinhausen*, § 122f Rdnr. 7, der daher Erleichterungen bezüglich der Substitution vorschlägt. Dies basiert offenbar darauf, dass der teilweise vertretene Ausschluss der Ortsform im Gesellschaftsrecht so weit gezogen wird, dass sogar eine solche Verzichtserklärung erfasst wird.

einer ausdrücklichen Bestätigung der nach der Verschmelzung anwendbaren **Modalitäten der Arbeitnehmermitbestimmung** abhängig machen können. Abs. 2 regelt ferner eine Ausnahme vom Zustimmungserfordernis bei konzerninternen Verschmelzungen. Das grundsätzliche **Zustimmungserfordernis** der Haupt- bzw. Gesellschafterversammlung ergibt sich demgegenüber aus §§ 122a Abs. 2, 13 Abs. 1 UmwG, woraus auch folgt, dass eine satzungsmäßige Kompetenzübertragung auf ein anderes Organ nicht statthaft ist.[188] Für den Beschluss gelten grundsätzlich dieselben Regelungen wie bei der innerstaatlichen Verschmelzung, so dass weitgehend auf das allgemeine umwandlungsrechtliche Schrifttum verwiesen werden kann. Dies gilt insbesondere für die **Mehrheitserfordernisse,** die sich auch für die grenzüberschreitende Verschmelzung aus § 65 Abs. 1 UmwG (für die AG), § 50 Abs. 1 (für die GmbH) und § 78 S. 3 UmwG (für die KGaA) ergeben.

Die Vorschrift des § 122g Abs. 1 UmwG gilt sowohl für eine übertragende als auch für eine übernehmende deutsche Gesellschaft[189] und ermöglicht eine **Beschlussfassung** über die Verschmelzung **vor Abschluss einer Mitbestimmungsvereinbarung** (§ 22 MgVG), ohne dass die Anteilseigner dadurch bereits einer noch gar nicht bekannten Mitbestimmungsregelung zustimmen müssten. Bezüglich der übrigen Aspekte kann dagegen bereits eine Entscheidung herbeigeführt und somit eine gewisse Sicherheit bezüglich der Durchführung der Verschmelzung erreicht werden. Obwohl die Anteilsinhaber nicht an den Verhandlungen und der Festlegung der Arbeitnehmermitbestimmung beteiligt sind, können sie sich so die letzte Entscheidung vorbehalten.[190] Hintergrund dieser Regelung ist, dass das komplizierte und zeitaufwändige Verhandlungsverfahren des MgVG regelmäßig erst mit der Offenlegung des Verschmelzungsplanes eingeleitet wird, dann erst das besondere Verhandlungsgremium in der 10-Wochen-Frist des § 13 Abs. 1 MgVG eingesetzt werden muss und sich noch die Verhandlungsfrist von grundsätzlich 6 Monaten nach § 21 MgVG anschließt.[191] Allerdings können die Anteilseigner auf diese Möglichkeit auch verzichten und der **Verschmelzung vorbehaltslos zustimmen,** wodurch die Mitbestimmungsregelung dann in der Hand der Leitungsorgane (§ 2 Abs. 5 MgVG) liegt.[192]

Sofern der Vorbehalt erklärt wurde, ist der Verschmelzungsbeschluss als **schwebend unwirksam** anzusehen, solange die Anteilseigner keinen **Bestätigungsbeschluss** gefasst haben.[193] Im Ergebnis führt dies zum Stillstand des Verschmelzungsvorganges, da eine Eintragung in das Register vor der Bestätigung nicht möglich ist.[194] Die Anteilsinhaber müssen der Mitbestimmungsregelung durch Beschlussfassung ausdrücklich bestätigen,[195] wofür jedenfalls bei der AG eine weitere Hauptversammlung erforderlich ist.[196] Bei der GmbH kann der Bestätigungsbeschluss auch im Umlaufverfahren nach § 48 Abs. 2 GmbHG gefasst werden, da die Sonderregelung für den Verschmelzungsbeschluss (§ 13 Abs. 1 S. 2 UmwG) hier nicht eingreift.

Umstritten sind die **Mehrheitserfordernisse** bezüglich der Erklärung des Vorbehalts und der Bestätigung der Mitbestimmungsregelung. Für die Erklärung des Vorbehaltes wird

---

[188] *Krause/Kulpa,* ZHR 171(2007), 38/65; *Lutter/Bayer* § 122g Rdnr. 5.
[189] *Kallmeyer/Zimmermann* § 122g Rdnr. 25; *Klein* RNotZ 2007, 565/594; *Semler/Stengel/Drinhausen* § 122g Rdnr. 1.
[190] *KölnKomm/Simon/Rubner* § 122g Rdnr. 13; *Lutter/Bayer* § 122g Rdnr. 27; *Semler/Stengel/Drinhausen* § 122g Rdnr. 8; *Widmann/Mayer/Heckschen* § 122g Rdnr. 106.
[191] *Semler/Stengel/Drinhausen* § 122g Rdnr. 8.
[192] *Kallmeyer/Zimmermann* § 122g Rdnr. 16; *KölnKomm/Simon/Rubner* § 122g Rdnr. 15; *Lutter/Bayer* § 122g Rdnr. 29; *Semler/Stengel/Drinhausen* § 122g Rdnr. 8.
[193] *Kallmeyer/Zimmermann* § 122g Rdnr. 17.
[194] *Lutter/Bayer* § 122g Rdnr. 31.
[195] *Kallmeyer/Zimmermann* § 122g Rdnr. 18 ff.; *KölnKomm/Simon/Rubner* § 122g Rdnr. 19 ff.; *Lutter/Bayer* § 122g Rdnr. 32; *Semler/Stengel/Drinhausen* § 122g Rdnr. 11; *Widmann/Mayer/Heckschen* § 122g Rdnr. 113.
[196] *Kallmeyer/Zimmermann* § 122g Rdnr. 18; *KölnKomm/Simon/Rubner* § 122g Rdnr. 19; *Semler/Stengel/Drinhausen* § 122g Rdnr. 11; *Widmann/Mayer/Heckschen* § 122g Rdnr. 113.

teilweise angenommen, dass dieser keiner besonderen Mehrheit bedarf, da diesbezüglich im UmwG keine expliziten Regelungen getroffen wurden, und es somit ausreicht, wenn der Vorbehalt mit einfacher Stimmenmehrheit erklärt wird.[197] Auch für den Bestätigungsbeschluss wird eine einfache Mehrheit vielfach als ausreichend angesehen.[198] Eine qualifizierte Mehrheit nach §§ 65 Abs. 1 S. 1, 50 UmwG wird nicht als erforderlich angesehen, da die Entscheidung über die Arbeitnehmermitbestimmung keine grundsätzliche Bedeutung für die Verschmelzung hat.[199] Richtigerweise wird man die Erklärung des Vorbehalts allerdings nicht als gesonderten Beschluss, sondern vielmehr als dem **Verschmelzungsbeschluss beigelegte aufschiebende Bedingung** anzusehen haben, die als unselbständiger Teil des Verschmelzungsbeschlusses anzusehen ist. Das bedeutet, dass hierüber nicht gesondert abzustimmen ist, sondern dass der Vorbehalt im Verschmelzungsbeschluss selbst enthalten sein muss. Dieser einheitliche Beschluss unterliegt dann dem qualifizierten Mehrheitserfordernis, so dass sich eine vorbehaltlose Zustimmung zu der Verschmelzung nicht gegen die Sperrminorität durchsetzen lässt. Die Interpretation als aufschiebende Bedingung wirkt sich auch auf den Bestätigungsbeschluss aus: Da die Vorschrift die erforderliche Mehrheit für die Bestätigung nicht vorgibt, spricht nichts dagegen, dass die aufschiebende Bedingung im Verschmelzungsbeschluss selbst konkretisiert wird. Es erscheint daher als zulässig, dass das erforderliche Mehrheitserfordernis von den Anteilseignern selbst definiert wird. Fehlt es an einer solchen Konkretisierung, ist für die Bestätigung die **einfache Mehrheit** der §§ 133 AktG, 47 GmbHG als ausreichend anzusehen.

79 Die Einholung der Zustimmung der Anteilsinhaber der übertragenden Gesellschaft ist nach § 122g Abs. 2 UmwG entbehrlich, wenn eine **100%-ige Tochter auf ihre Muttergesellschaft** verschmolzen wird.[200] Kollisionsrechtlich ist diese Vorschrift nur anzuwenden, soweit die übertragende Tochtergesellschaft deutschem Recht unterliegt. Im umgekehrten Fall einer deutschen Aktiengesellschaft als aufnehmendem Rechtsträger bei einer Konzernverschmelzung kommt die Erleichterung nach § 62 UmwG auch bei der grenzüberschreitenden Verschmelzung zur Anwendung.[201] In Hinblick auf Art. 9 Abs. 3 der Richtlinie 2005/56/EG bedarf es insoweit keiner richtlinienkonformen Auslegung. Zwar ist eine Ausnahme vom Zustimmungserfordernis danach nur zulässig, wenn die Voraussetzungen des Art. 8 der Richtlinie 78/855/EWG vorliegen – in den Fällen des § 62 UmwG ist aber nicht ersichtlich, dass die Voraussetzungen dieser Vorschrift nicht vorlägen.[202]

9. Verbesserung des Umtauschverhältnisses (§ 122h UmwG)

80 Die Vorschrift des § 122h UmwG steht in Zusammenhang mit § 122i UmwG und hat die Funktion, den **Minderheitenschutz** bei der grenzüberschreitenden Verschmelzung zu regeln, aber zugleich eine Art „**Waffengleichheit**" zwischen den Anteilseignern der verschiedenen beteiligten Gesellschaften herbeizuführen. Diese Gestaltung wurde weitgehend

---

[197] Lutter/*Bayer* § 122g Rdnr. 30; Semler/Stengel/*Drinhausen* § 122g Rdnr. 10; a. A. Kallmeyer/ *Zimmermann* § 122g Rdnr. 16; KölnKomm/*Simon/Rubner* § 122g Rdnr. 16.

[198] Lutter/*Bayer* § 122g Rdnr. 33; Semler/Stengel/*Drinhausen* § 122g Rdnr. 11.; zustimmend Köln-Komm/*Simon/Rubner* § 122g Rdnr. 17 für den Fall einer Aufnahme einer Regelung im Vorbehaltsbeschluss, dass eine einfache Mehrheit genügt; a. A. Kallmeyer/*Zimmermann* § 122g Rdnr. 21; Widmann/Mayer/*Heckschen* § 122g Rdnr. 137.

[199] Lutter/*Bayer* § 122g Rdnr. 33; Semler/Stengel/*Drinhausen* § 122g Rdnr. 11.

[200] Kallmeyer/*Zimmermann* § 122g Rdnr. 27; *Klein* RNotZ 2007, 565/596; KölnKomm/*Simon/Rubner* § 122g Rdnr. 24 f.; *Kulenkamp*, Die grenzüberschreitende Verschmelzung von Kapitalgesellschaften in der EU, 2008, S. 264; Lutter/*Bayer* § 122g Rdnr. 35 f.; Semler/Stengel/*Drinhausen* § 122g Rdnr. 14 ff.; Widmann/Mayer/*Heckschen* § 122g Rdnr. 142 ff.

[201] Semler/Stengel/*Drinhausen* § 122g Rdnr. 15; *Frenzel*, Grenzüberschreitende Verschmelzungen von Kapitalgesellschaften, 2008, S. 278; a. A. Lutter/*Bayer* § 122g Rdnr. 36.

[202] Die Gegenmeinung (Lutter/*Bayer* § 122g Rdnr. 36) bezieht sich darauf, dass § 62 UmwG der Umsetzung des Art. 27 der Richtlinie 78/855/EWG dient – der Unterschied zu Art. 8 ist aber nur marginal und betrifft nur die auszulegenden Unterlagen.

§ 53. Grenzüberschreitende Verschmelzung

von Art. 10 Abs. 3 der Richtlinie 2005/56/EG vorgegeben, der ein „Verfahren zur Kontrolle und Änderung des Umtauschverhältnisses" nur unter der Voraussetzung der Zustimmung der anderen beteiligten Gesellschaften ohne Spruchverfahren zulässt, und hat ein Vorbild in §§ 6 und 7 SEAG. Die Regelung ist nicht nur sehr kompliziert, sie führt darüber hinaus auch zu einer weitgehenden **Einschränkung von Anfechtungsausschluss** (§ 14 Abs. 2 UmwG) und **Verfügbarkeit des Spruchverfahrens** (§ 15 UmwG) für eine Verbesserung des Umtauschverhältnisses durch bare Zuzahlung. Dies bewirkt, dass – entgegen der sonst mit diesen Normen verfolgten Zielsetzung, an Bewertungsstreitigkeiten die Durchführung einer Verschmelzung nicht scheitern zu lassen – die deutschen Minderheitsgesellschafter dazu gezwungen werden, den Verschmelzungsbeschluss auch dann anzufechten, wenn lediglich die Angemessenheit des Umtauschverhältnisses streitig ist. Soweit nach § 122h UmwG die Vorschriften der §§ 14 Abs. 2, 15 UmwG anwendbar sind, ist für deren Wirkung auf das allgemeine umwandlungs- und spruchverfahrensrechtliche Schrifttum zu verweisen.

Nach § 122h Abs. 1 UmwG sind auf eine deutsche übertragende Gesellschaft die §§ 14 Abs. 2, 15 UmwG nur dann anwendbar, wenn entweder alle beteiligten Gesellschaftsstatute ein Verfahren zur Kontrolle und Anpassung des Umtauschverhältnisses vorsehen, oder aber die Anteilsinhaber der Gesellschaften, deren Recht ein solches Verfahren nicht vorsieht, der **Anwendbarkeit des deutschen Spruchverfahrens zustimmen.**[203] Ersteres kommt derzeit wohl nur bei einer Verschmelzung auf eine österreichische Gesellschaft in Betracht. Letzteres dürfte dagegen nur selten Bedeutung erlangen, da die Anteilseigner der aufnehmenden Gesellschaft einen Anreiz für eine solche Zustimmung – durch die sie lediglich wirtschaftliche Nachteile erleiden können – allenfalls dann haben können, wenn es ihnen entscheidend auf die Beschleunigung der Abwicklung und daher auf den Anfechtungsausschluss ankommt. Da die Zustimmung „im Verschmelzungsbeschluss ausdrücklich" (§ 122h Abs. 1 UmwG) erfolgen muss, wird es regelmäßig sogar erforderlich sein, die Zustimmung schon zu erteilen, bevor überhaupt bekannt ist, ob in der deutschen übertragenden Gesellschaft Streitigkeiten bezüglich der Angemessenheit des Umtauschverhältnisses auftreten. Um auch nachträglich den Anfechtungsausschluss noch herbeiführen zu können, ist die Möglichkeit anzuerkennen, die Zustimmung auch in einem **separaten Beschluss nachzuholen,**[204] der derselben Mehrheit wie der Verschmelzungsbeschluss nach dem Gesellschaftsstatut der betroffenen Auslandsgesellschaft bedarf.[205] Soweit dies erst nach Erhebung der **Anfechtungsklage** erfolgt, wird diese dadurch **nachträglich unzulässig,** so dass diese einseitig für erledigt erklärt werden kann. Dies ermöglicht sodann die Eintragung der grenzüberschreitenden Verschmelzung, in deren Anschluss sodann nach § 4 Abs. 1 Nr. 5 SpruchG das Spruchverfahren eingeleitet werden kann.

Die **Durchführung des Spruchverfahrens** nach dem SpruchG setzt allerdings – über die Voraussetzungen des § 122h UmwG hinaus – das Bestehen der internationalen Zuständigkeit der deutschen Gerichtsbarkeit voraus. Da das Verfahren erst nach der Eintragung (und damit grundsätzlich der Wirksamkeit, dazu unten Rdnr. 115 f.) durchgeführt wird und der Antrag gegen den übernehmenden Rechtsträger zu richten ist (§ 5 Nr. 4 SpruchG), stellt sich bei der grenzüberschreitenden Verschmelzung das Problem, dass **Antragsgegner eine Auslandsgesellschaft mit Sitz im Ausland ist.** Die nach deutschem Recht zu beurteilende örtliche Zuständigkeit ist zwar unproblematisch, da die Zu-

---

[203] *Forsthoff*, DStR 2006, 613/614; Kallmeyer/*Marsch-Barner* § 122h Rdnr. 2; KölnKomm/*Simon/Rubner* § 122h Rdnr. 6; *Kulenkamp*, Die grenzüberschreitende Verschmelzung von Kapitalgesellschaften in der EU, 2008, S. 342; Semler/Stengel/*Drinhausen* § 122h Rdnr. 2f.; Lutter/*Bayer* § 122h Rdnr. 5f; Widmann/Mayer/*Heckschen* § 122h Rdnr. 1.

[204] Lutter/*Bayer* § 122h Rdnr. 11, Kallmeyer/*Marsch-Barner* § 122h Rdnr. 3, Semler/Stengel/*Drinhausen* § 122h Rdnr. 6.

[205] Kallmeyer/*Marsch-Barner* § 122h Rdnr. 3; KölnKomm/*Simon/Rubner* § 122h Rdnr. 8; Lutter/*Bayer* § 122h Rdnr. 12; Semler/Stengel/*Drinhausen* § 122h Rdnr. 6.

ständigkeit am Sitz der Gesellschaft der antragsberechtigten Anteilseigner nach § 2 Abs. 1 SpruchG auch nach der Wirksamkeit der Verschmelzung erhalten bleibt.[206] Für die **internationale Zuständigkeit** ist dagegen umstritten, ob Art. 3 Abs. 1 EuGVVO einem Verfahren vor deutschen Gerichten entgegensteht, da hiernach grundsätzlich – wenn auf keinen anderen Gerichtsstand der EuGVVO zurückgegriffen werden kann – die Gerichte am Sitz des Antragsgegners zuständig wären. Anzumerken ist zunächst, dass Art. 10 Abs. 3 der Richtlinie 2005/56/EG die Gerichtszuständigkeit im Mitgliedstaat des übertragenden Rechtsträgers voraussetzt („bei dem Gericht, das für diese Gesellschaft zuständig ist"), aber keine eigenständige Regelung der Zuständigkeit enthält – und mangels Verpflichtung der Mitgliedstaaten, von der Option nach Art. 10 Abs. 3 der Richtlinie Gebrauch zu machen, wird man kaum davon ausgehen können, dass durch die Richtlinie eine abweichende Regelung im Sinne von Art. 67 EuGVVO getroffen werden sollte.[207] Es macht eher den Eindruck, dass der Richtliniengeber das Bestehen einer internationalen Zuständigkeit im Sitzstaat als selbstverständlich angenommen hat. Richtigerweise ist diese Problematik durch eine sachgerechte Auslegung der EuGVVO zu lösen: Da das Spruchverfahren für eine bestimmte Art von Beschlussmängeln an die Stelle der Anfechtungsklage tritt, erscheint es als sachgerecht, die für Anfechtungsklagen geltende Vorschrift des **Art. 22 Nr. 2 EuGVVO analog auf das Spruchverfahren** anzuwenden, so dass sich eine ausschließliche Zuständigkeit des Sitzstaats der betroffenen Gesellschaft ergibt, der von der nachfolgenden Wirksamkeit der Verschmelzung nicht mehr berührt wird.[208] Die Regelung des Art. 10 Abs. 3 der Richtlinie 2005/56/EG ist aber insoweit für das Spruchverfahren noch von Bedeutung, als es die **Anerkennung der inter omnes-Wirkung** eines zulässigerweise durchgeführten Spruchverfahrens von allen Mitgliedstaaten verlangt.

83 Soweit die deutsche Gesellschaft als aufnehmender Rechtsträger beteiligt ist, findet § 122h UmwG keine Anwendung, was sich daraus erklärt, dass die Regelungen der §§ 14 Abs. 2, 15 UmwG auch bei der innerstaatlichen Verschmelzung nur für die Gesellschafter des übertragenden Rechtsträgers gelten. Dagegen sind die **Gesellschafter des übernehmenden Rechtsträgers,** soweit sie das Umtauschverhältnis für unangemessen halten, ohnehin auf die Anfechtung des Verschmelzungsbeschlusses beschränkt.

84 Nach der eigenartigen Bestimmung des § 122h Abs. 2 UmwG sollen auch die **Anteilsinhaber einer übertragenden Auslandsgesellschaft** die Möglichkeit haben, das deutsche Spruchverfahren zu nutzen. Die Vorschrift hat lediglich prozessuale Bedeutung, so dass sich die eingeforderten materiellen Ansprüche zur Verbesserung des Umtauschverhältnisses nach dem Gesellschaftsstatut der übertragenden Gesellschaft bemessen.[209] Voraussetzung ist ferner, dass das Gesellschaftsstatut ein dem deutschen Spruchverfahren ähnliches Verfahren vorsieht und deutsche Gerichte für die Geltendmachung international zuständig sind.[210] Hierdurch könnte grundsätzlich die entstehende Lücke bezüglich des Gerichts-

---

[206] Unstr., vgl. Spindler/Stilz/*Drescher*, AktG, 2. Aufl., § 2 SpruchG Rdnr. 5.
[207] A. A. offenbar die ganz h. M.: Kallmeyer/*Marsch-Barner* § 122h Rdnr. 8; KölnKomm/*Simon/Rubner* § 122h Rdnr. 9 ff.; *Kulenkamp*, Die grenzüberschreitende Verschmelzung von Kapitalgesellschaften in der EU, 2008, S. 349; Lutter/*Bayer* § 122h Rdnr. 21; Semler/Stengel/*Drinhausen* § 122h Rdnr. 10.
[208] Sehr umstritten, vgl. hierzu insbesondere die (zu einem Squeeze out-Fall ergangene) ausführliche Entscheidung des öOGH vom 18. 2. 2010 (BeckRS 2010, 09128), der inhaltlich zwar zuzustimmen ist, die aber unter eklatantem Verstoß gegen die Vorlagepflicht nach Art. 267 AEUV („keine Zweifel" an der Auslegung des Art. 22 Nr. 2 EuGVVO) ergangen ist; zur Problematik vgl. ferner: Nießen, NZG 2006, 441; *Mock*, IPRax 2009, 271; Spindler/Stilz/*Drescher*, AktG, 2. Aufl. § 2 SpruchG Rdnr. 7; Hüffer, AktG, § 2 SpruchG Rdnr. 3; Kölner Kommentar z. SpruchG/*Wasmann*, § 2 SpruchG Rdnr. 3; *Weppner*, RIW 2011, 144; *ders.*, Der gesellschaftsrechtliche Minderheitenschutz, S. 95 ff.
[209] *Frenzel*, Grenzüberschreitende Verschmelzungen von Kapitalgesellschaften, 2008, S. 319 f.; Kallmeyer/*Marsch-Barner* § 122h Rdnr. 7; Lutter/*Bayer* § 122h Rdnr. 27.
[210] Kallmeyer/*Marsch-Barner* § 122h Rdnr. 7; *Klein* RNotZ 2007, 565/599; KölnKomm/*Simon/Rubner* § 122h Rdnr. 14; *Kulenkamp*, Die grenzüberschreitende Verschmelzung von Kapitalge-

stands geschlossen werden, die entstünde, wenn man davon ausginge, dass Art. 3 EuGVVO nach Wirksamkeit der Verschmelzung einer Zuständigkeit für die Durchführung eines solchen Verfahrens im Sitzstaat des übertragenden Rechtsträgers entgegenstünde (vgl. soeben Rdnr. 82). Auf der Grundlage der hier vertretenen Ansicht, wonach Art. 22 Nr. 2 EuGVVO analog auf das Spruchverfahren anzuwenden ist, bleibt für § 122h Abs. 2 UmwG allerdings **keinerlei Anwendungsbereich** mehr, da die Gerichte im Sitzstaat des übertragenden Rechtsträgers ausschließlich zuständig sind. Wegen Art. 23 Abs. 5 EuGVVO kann der Vorschrift – auf Grundlage der hier vertretenen Ansicht – nicht einmal durch eine Gerichtsstandsvereinbarung ein Anwendungsbereich verschafft werden.

10. Abfindungsangebot im Verschmelzungsplan (§ 122i UmwG)

Nach § 122i UmwG ist den opponierenden Anteilsinhabern einer deutschen übertragenden Gesellschaften eine **Barabfindung** stets dann anzubieten, wenn die neue oder die übernehmende Gesellschaft nicht dem deutschen Recht unterliegt. Der hierdurch geschaffene Minderheitenschutz fügt sich widerspruchslos in das allgemeine umwandlungsrechtliche System ein, das auch bei der innerstaatlichen Verschmelzung auf eine Gesellschaft anderer Rechtsform ein Abfindungsangebot vorsieht (§ 29 UmwG). Da § 122i Abs. 1 S. 1 und S. 2 UmwG dem § 29 Abs. 1 S. 1 UmwG inhaltlich entspricht und S. 2 ferner die weiteren Normen zur Ausgestaltung des Abfindungsangebots für anwendbar erklärt, erschöpft sich die Bedeutung des § 122i Abs. 1 UmwG in der Anordnung, dass die grenzüberschreitende Hinausverschmelzung bezüglich des Abfindungsangebots ebenso zu behandeln ist wie die **Verschmelzung auf eine andere Rechtsform.** Die Beschränkung auf die Gesellschafter einer übertragenden deutschen Gesellschaft beruht darauf, dass sich nach der Kombinationslehre der Minderheitenschutz allein nach dem Gesellschaftsstatut bemisst, und dass auch im innerstaatlichen Recht keine Abfindung zugunsten der Gesellschafter einer übernehmenden Gesellschaft vorgesehen ist. Für die Einzelheiten kann daher auf das allgemeine umwandlungsrechtliche Schrifttum verwiesen werden.

Eine Besonderheit in Hinblick auf die grenzüberschreitende Verschmelzung ist allerdings, dass hier die übertragende deutsche Gesellschaft die **Barabfindung anzubieten** hat, nicht wie im nationalen Kontext die übernehmende Gesellschaft.[211] Dies dürfte darauf beruhen, dass die Ansprüche so noch im Rahmen des deutschen Gesellschaftsstatuts entstehen können. Wirtschaftlich mit der Abfindungszahlung belastet wird auch die übernehmende Gesellschaft, da die Verpflichtung der übertragenden Gesellschaft im Wege der Universalsukzession mit Wirksamkeit der Verschmelzung auf die übernehmende Gesellschaft übergeht[212] und das Angebot nach §§ 122i Abs. S. 2, 31 UmwG erst nach der Bekanntmachung der Eintragung der Verschmelzung angenommen werden kann. Da der **Anspruch** aber schon **nach deutschem Recht entstanden** ist, kann er vom Wechsel des Gesellschaftsstatuts nicht mehr berührt werden und besteht auch dann, wenn die ausländische Rechtsordnung einen solchen Anspruch nicht vorsieht.[213]

Für die Vorschrift des § 122i Abs. 2 UmwG, die sich mit **Anfechtungsausschluss und Verfügbarkeit des Spruchverfahrens** befasst, kann auf die Ausführungen zu § 122h UmwG (Rdnr. 80ff.) verwiesen werden, da die Voraussetzungen in beiden Normen identisch sind. Auch bezüglich § 122i Abs. 2 S. 2 UmwG gilt, dass die Vorschrift in Hinblick auf die hier vertretene analoge Anwendbarkeit des Art. 22 Nr. 2 EuGVVO (Rdnr. 82) keinen Anwendungsbereich hat.

---

sellschaften in der EU, 2008, S. 348; Lutter/*Bayer* § 122h Rdnr. 26ff.; Semler/Stengel/*Drinhausen* § 122h Rdnr. 10; Widmann/Mayer/*Heckschen* § 122h Rdnr. 60ff.

[211] *Herrler*, EuZW 2007, 295/297; Kallmeyer/*Marsch-Barner* § 122i Rdnr. 4; KölnKomm/*Simon/Rubner* § 122i Rdnr. 6; Lutter/*Bayer* § 122i Rdnr. 15; Semler/Stengel/*Drinhausen* § 122i Rdnr. 7.

[212] BR-Drucks. 548/06, S. 35.

[213] Lutter/*Bayer* § 122i Rdnr. 18; a.A. Semler/Stengel/*Drinhausen* § 122i Rdnr. 8.

11. Schutz der Gläubiger der übertragenden Gesellschaft (§ 122j UmwG)

88 In § 122j UmwG ist der Schutz der Gläubiger bei der grenzüberschreitenden Verschmelzung einer übertragenden deutschen Gesellschaft geregelt. Der § 122j UmwG regelt als lex specialis für die grenzüberschreitende Verschmelzung einen Anspruch auf Sicherheitsleistung, der sich vor allem dadurch von der Regelung des § 22 UmwG für innerstaatliche Verschmelzungen unterscheidet, dass die **Sicherheitsleistung** bereits **vor dem Vollzug der Verschmelzung** verlangt werden kann und die Erfüllung des Anspruchs Voraussetzung des registergerichtlichen Vollzugs ist (§ 122k Abs. 1 Satz 2 UmwG).[214] Der Anspruch aus § 22 UmwG könnte dagegen erst nach der Eintragung der Umwandlung geltend gemacht werden, so dass bei einer grenzüberschreitenden Verschmelzung der Anspruch ggf. gegen einen ausländischen übernehmenden Rechtsträger nach deutschem Recht im Ausland durchgesetzt werden müsste. Die Sonderregelung schützt also die Gläubiger einer übertragenden Inlandsgesellschaft davor, ihre Rechte im Ausland verfolgen zu müssen.[215] An der Regelung wurde in der Literatur heftige rechtspolitische Kritik geübt, da sie für die Unternehmen mit hohen Kosten verbunden ist und – in Hinblick auf den Zusammenhang mit der Registereintragung – ein **Erpressungspotential** für „räuberische Gläubiger" gesehen wird, die unangemessene Sicherheitsleistungen verlangen könnten.[216] Dieser Kritik sollte bei der Auslegung der Vorschrift Rechnung getragen werden.

89 In Hinblick auf die beschränkende Wirkung der Regelung ist in der Literatur umstritten, ob die Regelung in § 122j UmwG als **richtlinienkonform** anzusehen ist.[217] Eine Sicherheitsleistung ist in der Richtlinie 2005/56/EG nicht ausdrücklich vorgesehen, vielmehr regelt Art. 4 Abs. 1 b), Abs. 2 lediglich, dass auf den Gläubigerschutz bei jeder beteiligten Gesellschaft das Gesellschaftsstatut anzuwenden ist. Der deutsche Gesetzgeber entnimmt dieser Gestaltung offenbar, dass er für die Gestaltung des Gläubigerschutzes freie Hand hat und auch von den Regelungen bei der nationalen Verschmelzung abweichen kann. Dagegen wird vorgebracht, dass Art. 4 Abs. 2 nur die Anwendung derjenigen Regelungen zulässt, die auch innerstaatlich gelten. Es geht also letztlich um die (auch aus Sicht der Niederlassungsfreiheit relevante) Frage, wie weit die Verpflichtung zur Gleichbehandlung innerstaatlicher und grenzüberschreitender Verschmelzungen reicht. Im Ergebnis ist indes davon auszugehen, dass die Vorschrift jedenfalls als richtlinienkonform anzusehen ist, da die Richtlinie nicht untersagt, spezifische Regelungen für die grenzüberschreitende Verschmelzung zu erlassen – auch solche Vorschriften sind schließlich Teil des „geltenden innerstaatlichen Rechts". Die im Vergleich zur innerstaatlichen Verschmelzung hiermit verbundene **Diskriminierung** muss sich indes zusätzlich an der **Niederlassungsfreiheit** nach Maßgabe der Entscheidung „SEVIC Systems" (Rdnr. 12 f.) messen lassen. Eine Ungleichbehandlung bedarf daher der Rechtfertigung anhand zwingender Gründe des Allgemeininteresses, als der auch der Gläubigerschutz anerkannt ist. Hier stellt sich indes die

---

[214] Näher: Semler/Stengel/*Drinhausen*, UmwG, § 122j Rdnr. 1 ff.; Lutter/*Bayer*, UmwG, § 122j Rdnr. 1 ff.; Kallmeyer/*Marsch-Barner* § 122j Rdnr. 1; KölnKomm/*Simon/Rubner* § 122j Rdnr. 1; *Kulenkamp*, Die grenzüberschreitende Verschmelzung von Kapitalgesellschaften in der EU, 2008, S. 311; Lutter/*Bayer* § 122j Rdnr. 1; *Neye/Timm*, DB 2006, 488/492.

[215] Vgl. BT-Drucks. 16/2919, S. 17.

[216] *Grunewald*, Der Konzern 2007, 106, 107; Kallmeyer/*Marsch-Barner* § 122j Rdnr. 2; KölnKomm/*Simon/Rubner* § 122j Rdnr. 17; Lutter/*Bayer* § 122j Rdnr. 4.

[217] Gegen eine Richtlinienkonformität: *Bayer/Schmidt*, NJW 2006, 401/405; *Beutel*, Der neue rechtliche Rahmen grenzüberschreitender Verschmelzungen in der EU, 2008, S. 275 f.; *Grunewald*, Der Konzern 2007,106 ff..; *Herrler*, EuZW 2007, 295/297; Kallmeyer/*Marsch-Barner* § 122j Rdnr. 3; Lutter/*Bayer* § 122j Rdnr. 4 ff.; Semler/Stengel/*Drinhausen* § 122j Rdnr. 3 FN 5. Für eine Richtlinienkonformität: *Frenzel*, Grenzüberschreitende Verschmelzungen von Kapitalgesellschaften, 2008, S. 358 f.; KölnKomm/*Simon/Rubner* § 122j Rdnr. 17 ff.; *Krause/Kulpa*, ZHR 171 (2007), 38/75; *Müller*, NZG 2006, 286/289; *Müller*, Der Konzern, 2007, 81/87; *Passarge/Stark*, GmbHR 2007, 803.

Frage, ob die Ungleichbehandlung, also der vorgeschaltete Schutz, in Hinblick auf die Besonderheiten der grenzüberschreitenden Verschmelzung für den Gläubigerschutz erforderlich ist. Man wird dies noch bejahen können, da die Rechtsverfolgung im Ausland, die durch die Regelung vermieden werden soll, eine faktische Belastung darstellt, mit der die Gläubiger nicht rechnen konnten und die bei der innerstaatlichen Verschmelzung nicht auftreten kann, was die Differenzierung als erforderlich erscheinen lässt. Im Ergebnis ist die Vorschrift daher als **europarechtskonform** anzusehen.

In Hinblick auf den Anwendungsbereich der Vorschrift wird in der Literatur erwogen, bei Verschmelzungen einer deutschen Gesellschaft auf eine inländische Auslandsgesellschaften, deren Hauptverwaltung in Deutschland liegt, eine **teleologische Reduktion des § 122j UmwG** mit der Folge einer Anwendbarkeit des § 22 UmwG anzunehmen.[218] In Hinblick auf den in diesen Fällen weiterhin verfügbaren inländischen Gerichtsstand (Art. 2 i.V.m. Art. 60 EuGVVO) entfällt in diesen Fällen die Rechtfertigung für die Sonderbehandlung der grenzüberschreitenden Verschmelzung, so dass dieser Auffassung zuzustimmen ist. Im umgekehrten Fall einer formal innerstaatlichen Verschmelzung auf eine Gesellschaft deutschen Rechts mit tatsächlichem Sitz im Ausland[219] wird dagegen eine **analoge Anwendung des § 122j UmwG** vorgeschlagen.[220] Eine solche Analogie ist indes abzulehnen, da nach Art. 60 EuGVVO auch in diesen Fällen ein inländischer Gerichtsstand aufgrund des Satzungssitzes erhalten bleibt und der Gesetzgeber durch das Erfordernis einer inländischen Geschäftsanschrift (§§ 8, 10 GmbHG, 37, 39 AktG) auch in diesen Fällen für eine Möglichkeit der Rechtsverfolgung im Inland Sorge getragen hat.

Voraussetzung für das Verlangen einer Sicherheitsleistung ist das **Bestehen eines Anspruchs**, dessen fristgerechte **Anmeldung** sowie die **Glaubhaftmachung** einer konkreten **Gefährdung des Anspruches** „durch die Verschmelzung".[221] Diese Voraussetzungen entsprechen – abgesehen vom Anmeldezeitraum – den Voraussetzungen des § 22 UmwG, so dass ergänzend auf das allgemeine umwandlungsrechtliche Schrifttum verwiesen werden kann.

Die **Anmeldung des Anspruches** muss bei der übertragenden Gesellschaft in schriftlicher Form gemäß § 126 BGB erfolgen.[222] Dabei sind sowohl Anspruchshöhe als auch Anspruchsgrund anzugeben.[223] Die Sicherheitsleistung kann gemäß § 122j Abs. 2 UmwG nur für Forderungen verlangt werden, welche vor oder 15 Tage nach der Bekanntmachung des Verschmelzungsplanes gemäß § 122d UmwG entstanden sind.[224] Gläubiger später entstandener Forderungen können keine Sicherheitsleistung verlangen, da sie die geplante Verschmelzung zu kennen haben und aus diesem Grund keines besonderen Schutzes bedürfen.[225] Der Anspruch muss entstanden sein, darf aber noch nicht fällig sein, da sonst der Anspruch

---

[218] Lutter/*Bayer* § 122j Rdnr. 9; Widmann/Mayer/*Vossius* § 122j Rdnr. 17f.
[219] Diese Konstellation ist in Hinblick auf die Neufassung der §§ 4a GmbHG, 5 AktG inzwischen möglich, dazu ausführlich § 52, Rdnr. 18ff.
[220] Kallmeyer/*Marsch-Barner* § 122j Rdnr. 4; Lutter/*Bayer* § 122j Rdnr. 10.
[221] Kallmeyer/*Marsch-Barner* § 122j Rdnr. 5ff.; Klein RNotZ 2007, 565/601; KölnKomm/*Simon/Rubner* § 122j Rdnr. 11ff.; *Kulenkamp*, Die grenzüberschreitende Verschmelzung von Kapitalgesellschaften in der EU, 2008, S. 312ff.; Lutter/*Bayer* § 122j Rdnr. 11; Semler/Stengel/*Drinhausen* § 122j Rdnr. 6ff.; Widmann/Mayer/*Vossius* § 122j Rdnr. 21ff.
[222] Kallmeyer/*Marsch-Barner* § 122j Rdnr. 5; KölnKomm/*Simon/Rubner* § 122j Rdnr. 11; Lutter/*Bayer* § 122j Rdnr. 12; Semler/Stengel/*Drinhausen* § 122j Rdnr. 7; Widmann/Mayer/*Vossius* § 122j Rdnr. 25.
[223] KölnKomm/*Simon/Rubner* § 122j Rdnr. 12; *Kulenkamp*, Die grenzüberschreitende Verschmelzung von Kapitalgesellschaften in der EU, 2008, S. 317; Lutter/*Bayer* § 122j Rdnr. 12; Semler/Stengel/*Drinhausen* § 122j Rdnr. 6; Widmann/Mayer/*Vossius* § 122j Rdnr. 26.
[224] Kallmeyer/*Marsch-Barner* § 122j Rdnr. 5; KölnKomm/*Simon/Rubner* § 122j Rdnr. 12; Lutter/*Bayer* § 122j Rdnr. 15; Semler/Stengel/*Drinhausen* § 122j Rdnr. 7, 13; Widmann/Mayer/*Vossius* § 122j Rdnr. 28.
[225] Lutter/*Bayer* § 122j Rdnr. 15.

selbst durchgesetzt werden kann.²²⁶ Die Anmeldung der Forderung muss gemäß § 122j Abs. 1 S. 2 UmwG innerhalb einer **Ausschlussfrist von zwei Monaten** nach Bekanntmachung des Verschmelzungsplanes oder seines Entwurfes erfolgen.²²⁷ Soweit ein Gläubiger schon früher Kenntnis von der geplanten Verschmelzung erhält, kann die Forderung auch bereits vor der Bekanntmachung angemeldet werden.²²⁸

93 Die übertragende Gesellschaft ist zur Sicherheitsleistung verpflichtet, wenn der Gläubiger eine **konkrete Gefährdung des Anspruchs** glaubhaft machen kann. Diese Gefährdung muss gerade auf der Durchführung der Verschmelzung beruhen, nicht notwendigerweise indes auf ihrem grenzüberschreitenden Charakter.²²⁹ Es ist nicht ausreichend, dass die Gefährdung lediglich mit Verweis auf den ausländischen Sitz der neuen oder übernehmenden Gesellschaft begründet wird, da eine hinreichend effiziente Rechtsverfolgung innerhalb der EU grundsätzlich gewährleistet ist.²³⁰ In Betracht kommen als **konkrete Gefährdungsgründe** aber hohe Bilanzverluste der ausländischen Gesellschaft,²³¹ lange Verfahrensdauern in der betroffenen Rechtsordnung,²³² ein Prozesskostenrisiko im Ausland auch im Falle des Obsiegens²³³ oder fehlende Solvenz der übernehmenden Gesellschaft.²³⁴ Gesellschaftsrechtliche Unterschiede, etwa bezüglich des Kapitalschutzes oder der Vermögensbindung, können für sich genommen – also ohne hierauf beruhende konkrete Gefährdungsumstände – nicht als ausreichend angesehen werden.²³⁵

94 Aufgrund der **Vorverlagerung des Gläubigerschutzes** besteht der Anspruch nicht gegen die neue oder übernehmende ausländische Gesellschaft, sondern ausschließlich gegen die übertragende deutsche Gesellschaft.²³⁶ Solange die deutsche Gesellschaft den Anspruch auf Sicherheitsleistung nicht erfüllt hat, wird das deutsche Registergericht die Verschmelzungsbescheinigung nach § 122k UmwG nicht erteilen, so dass die Verschmelzung nicht wirksam werden kann.²³⁷ Abgesichert wird dies durch das Erfordernis einer Versicherung des Vertretungsorgans gegenüber dem Registergericht, dass allen berechtigten Gläubigern angemessene Sicherheit geleistet worden ist (§ 122k Abs. 1 S. 3 UmwG). Eine falsche Abgabe dieser Erklärung ist nach § 314a UmwG strafbar und verpflichtet die handelnden Organmitglieder nach § 823 Abs. 2 BGB zum Schadensersatz. Wird die Verschmelzung in

---

²²⁶ *Frenzel*, Grenzüberschreitende Verschmelzungen von Kapitalgesellschaften, 2008, S. 364; Kallmeyer/*Marsch-Barner* § 122j Rdnr. 6; Lutter/*Bayer* § 122j Rdnr. 16; Semler/Stengel/*Drinhausen* § 122j Rdnr. 7.

²²⁷ Kallmeyer/*Marsch-Barner* § 122j Rdnr. 5; KölnKomm/*Simon/Rubner* § 122j Rdnr. 5; *Klein* RNotZ 2007, 565/602; *Kulenkamp*, Die grenzüberschreitende Verschmelzung von Kapitalgesellschaften in der EU, 2008, S. 316; Lutter/*Bayer* § 122j Rdnr. 13; Semler/Stengel/*Drinhausen* § 122j Rdnr. 8; Widmann/Mayer/*Vossius* § 122j Rdnr. 22.

²²⁸ Kallmeyer/*Marsch-Barner* § 122j Rdnr. 5; Lutter/*Bayer* § 122j Rdnr. 13; Semler/Stengel/*Drinhausen* § 122j Rdnr. 8.

²²⁹ Kallmeyer/*Marsch-Barner* § 122j Rdnr. 7; KölnKomm/*Simon/Rubner* § 122j Rdnr. 13; *Kulenkamp*, Die grenzüberschreitende Verschmelzung von Kapitalgesellschaften in der EU, 2008, S. 317 ff.; Lutter/*Bayer* § 122j Rdnr. 14; Semler/Stengel/*Drinhausen* § 122j Rdnr. 9; Widmann/Mayer/*Vossius* § 122j Rdnr. 30 ff.

²³⁰ Kallmeyer/*Marsch-Barner* § 122j Rdnr. 7; KölnKomm/*Simon/Rubner* § 122j Rdnr. 13; *Kulenkamp*, Die grenzüberschreitende Verschmelzung von Kapitalgesellschaften in der EU, 2008, S. 317 ff.; Lutter/*Bayer* § 122j Rdnr. 14; Semler/Stengel/*Drinhausen* § 122j Rdnr. 9; Widmann/Mayer/*Vossius* § 122j Rdnr. 32.

²³¹ Kallmeyer/*Marsch-Barner* § 122j Rdnr. 7.

²³² Lutter/*Bayer* § 122j Rdnr. 14; Widmann/Mayer/*Vossius* § 122j Rdnr. 32.

²³³ KölnKomm/*Simon/Rubner* § 122j Rdnr. 13; Widmann/Mayer/*Vossius* § 122j Rdnr. 32.

²³⁴ Kallmeyer/*Marsch-Barner* § 122j Rdnr. 7.

²³⁵ Lutter/*Bayer* § 122j Rdnr. 14; Semler/Stengel/*Drinhausen* § 122j Rdnr. 9; Widmann/Mayer/*Vossius* § 122j Rdnr. 32.

²³⁶ KölnKomm/*Simon/Rubner* § 122j Rdnr. 7; Lutter/*Bayer* § 122j Rdnr. 19; Semler/Stengel/*Drinhausen* § 122j Rdnr. 11; Widmann/Mayer/*Vossius* § 122j Rdnr. 21.

²³⁷ Lutter/*Bayer* § 122j Rdnr. 19; Semler/Stengel/*Drinhausen* § 122j Rdnr. 11.

Hinblick auf die falsche Erklärung wirksam, bleibt der Anspruch auf Sicherheitsleistung bestehen und richtet sich gegen die neue oder übernehmende ausländische Gesellschaft.[238] Im Übrigen gelten für die Sicherheitsleistung die §§ 232 ff. BGB.[239]

Aufgrund dieser Ausgestaltung erscheint das **Erpressungspotential für räuberische Gläubiger** als überschaubar. Da es registerrechtlich keiner Erklärung der Gläubiger bedarf und diesen auch kein Rechtsbehelf zur Verhinderung der Erteilung der Verschmelzungsbescheinigung zur Verfügung steht, bedarf es lediglich einer **gewissenhaften Prüfung** der geltend gemachten Ansprüche durch das Vertretungsorgan. Werden die Ansprüche als ungerechtfertigt angesehen, kann die Erklärung gegenüber dem Registergericht abgegeben werden. Die Mitglieder des Vertretungsorgans tragen also nur das Risiko einer (zivil- und strafrechtlich sanktionierten) Fehleinschätzung, das indes (auch bezüglich des Verschuldens) durch eine sachgerechte Dokumentation der Entscheidungsgrundlage und die Beiziehung kompetenter Rechtsberatung minimiert werden kann.

Im Gegensatz zu § 22 Abs. 2 UmwG ist der Anspruch auf Sicherheitsleistung nach § 122j UmwG nicht ausgeschlossen, wenn der Gläubiger im Insolvenzfall einen Anspruch auf vorzugsweise Befriedigung aus einer **staatlich überwachten Deckungsmasse** hat, da eine entsprechende Regelung fehlt.[240] Allerdings kann dies im Einzelfall eine konkrete Gefährdung ausschließen.[241] Ebenso wird eine solche Gefährdung regelmäßig auszuschließen sein, soweit der Gläubiger bereits über eine **wirtschaftlich gleichwertige Sicherheit** verfügt.[242]

Die Inhaber von Sonderrechten **(Wandelschuldverschreibungen, Gewinnschuldverschreibungen und Genussrechten)** sind nicht als Gläubiger i. S. v. § 122j UmwG anzusehen, vielmehr sind ihnen gemäß §§ 122a Abs. 2, 23 UmwG in der neuen oder übernehmenden ausländischen Gesellschaft gleichwertige Sonderrechte einzuräumen.[243] Soweit im ausländischen Recht diese Sonderrechte nicht bekannt oder anders ausgestaltet sind, also nicht gleichwertig ersetzt werden können,[244] stellt sich die Frage, wie die Inhaber dieser Rechte zu kompensieren sind. Dieses Problem tritt allerdings auch bei innerstaatlichen Umwandlungen unter Beteiligung unterschiedlicher Gesellschaftsformen auf, da zB das GmbH-Recht ebenfalls keine bedingte Kapitalerhöhung zur Bedienung von solchen Bezugsrechten kennt. Die für diese Problematik entwickelte Lösung lässt sich auf die grenzüberschreitende Verschmelzung übertragen: Stehen die rechtlichen Unterschiede der Bedienung der Umtausch- und Bezugsrechte entgegen, ist den Inhabern eine **angemessene Abfindung analog § 29 UmwG** anzubieten, deren Höhe von den Berechtigten im Wege des Spruchverfahrens überprüft werden kann (§ 34 UmwG analog).[245] Da vorrangig allerdings gleichwertige Rechte zu gewähren sind, kommt dies nur bei **Unmöglichkeit der Gewährung** solcher Rechte in Betracht.

---

[238] Lutter/*Bayer* § 122j Rdnr. 19; Semler/Stengel/*Drinhausen* § 122j Rdnr. 11; Widmann/Mayer/*Vossius* § 122j Rdnr. 21.

[239] Kallmeyer/*Marsch-Barner* § 122j Rdnr. 8; KölnKomm/*Simon/Rubner* § 122j Rdnr. 15; Lutter/*Bayer* § 122j Rdnr. 20; Semler/Stengel/*Drinhausen* § 122j Rdnr. 12; Widmann/Mayer/*Vossius* § 122j Rdnr. 34 f.

[240] Kallmeyer/*Marsch-Barner* § 122j Rdnr. 6; KölnKomm/*Simon/Rubner* § 122j Rdnr. 14; Semler/Stengel/*Drinhausen* § 122j Rdnr. 14; a. A. *Frenzel*, Grenzüberschreitende Verschmelzungen von Kapitalgesellschaften, 2008, S. 366; Lutter/*Bayer* § 122j Rdnr. 18.

[241] Semler/Stengel/*Drinhausen* § 122j Rdnr. 14.

[242] Vgl. zu § 22 UmwG Kallmeyer/*Marsch-Barner*, § 22 Rdnr. 10; Semler/Stengel/*Maier-Reimer*, § 22 Rdnr. 60.

[243] *Forsthof*, DStR 2006, 613/615; *Frenzel*, Grenzüberschreitende Verschmelzungen von Kapitalgesellschaften, 2008, S. 369 f.; Lutter/*Bayer* § 122j Rdnr. 21 ff.

[244] Lutter/*Bayer* § 122j Rdnr. 23.

[245] In diesem Sinne Lutter/*Grunewald*, UmwG, § 23 Rdnr. 17; Semler/Stengel/*Kalss*, UmwG, § 23 Rdnr. 15.

12. Verschmelzungsbescheinigung (§ 122k UmwG)

98 Die Richtlinie 2005/56/EG schreibt ein **zweistufiges Kontrollverfahren** vor dem Wirksamwerden der grenzüberschreitenden Verschmelzung vor:[246] Nach Art. 10 wird die Rechtmäßigkeit der dem jeweiligen Gesellschaftsstatut unterliegenden Verfahrensabschnitte in jedem Mitgliedstaat kontrolliert und hierüber eine Vorabbescheinigung ausgestellt, während Art. 11 eine abschließende Kontrolle der Rechtmäßigkeit der Durchführung der Verschmelzung im Mitgliedstaat der aufnehmenden oder neuen Gesellschaft vorschreibt. Das deutsche Recht hat dieses Verfahren in §§ 122k und l UmwG umgesetzt und für den Fall der Herausverschmelzung die **Verschmelzungsbescheinigung** als Nachweis der Kontrolle auf der ersten Stufe eingeführt. Dagegen werden beide Stufen der Kontrolle, soweit sie nach deutschem Recht erfolgen, bei der Hereinverschmelzung in einem einheitlichen Verfahren nach § 122l UmwG zusammengefasst.[247] Im Gegensatz zur Konzeption der Richtlinie bedarf es daher bei der Hereinverschmelzung keiner vorherigen Erteilung einer Verschmelzungsbescheinigung (dazu sogleich Rdnr. 101).

99 Da die Vorlage der Verschmelzungsbescheinigung für die Kontrolle auf der zweiten Stufe erforderlich ist, ist ihre Erteilung bei der Herausverschmelzung Voraussetzung für den Fortgang des Verschmelzungsprozesses. Voraussetzungen der Erteilung durch das Registergericht sind eine ordnungsgemäße **Anmeldung** der Verschmelzung nach § 122k Abs. 1 UmwG, die rechtmäßige und vollständige **Durchführung des Verschmelzungsverfahrens,** soweit es deutschem Recht unterliegt, und die **Erklärung** der Mitglieder des Vertretungsorgans der übertragenden deutschen Gesellschaft, durch die versichert wird, dass die nach § 122j UmwG erforderlichen Sicherheiten ordnungsgemäß geleistet wurden. Mit der Erteilung der Verschmelzungsbescheinigung wird die Verschmelzung in das **Handelsregister** mit dem Vermerk **eingetragen,** dass diese erst „unter den Voraussetzungen des Rechts des Staates, dem die übernehmende oder neue Gesellschaft unterliegt, wirksam wird" (§ 122k Abs. 2 S. 3 UmwG). Dieser Vermerk ist indes nur in die Registereintragung, nicht in die Bescheinigung aufzunehmen.

100 Der zuständigen Stelle des Staates der übernehmenden oder neuen Gesellschaft ist die Verschmelzungsbescheinigung zusammen mit dem Verschmelzungsplan gemäß § 122k Abs. 3 UmwG innerhalb von 6 Monaten vorzulegen. Nach der **Eintragung der Verschmelzung** im Register des ausländischen Staates (über die das ausländische Gericht nach Art. 13 der Richtlinie dem inländischen Registergericht Meldung zu machen hat) hat das deutsche Registergericht den Tag der Wirksamkeit zu vermerken und der zuständigen ausländischen Stelle die gespeicherten elektronischen Daten zu übermitteln (§ 122k Abs. 4 UmwG).

101 In der Literatur wird teilweise die **Richtlinienkonformität von § 122k UmwG** angezweifelt, da die Vorschrift nur für die Herausverschmelzung gilt, aber bei der Hereinverschmelzung für die aufnehmende deutsche Gesellschaft die Erteilung einer Verschmelzungsbescheinigung ausgeschlossen ist, während Art. 10 Abs. 2 der Richtlinie 2005/56/EG die Erteilung für „jede der sich verschmelzenden Gesellschaften" vorsieht.[248] Im Ergebnis ist diese rein formale Sichtweise indes abzulehnen, da das von der Richtlinie verfolgte Ziel einer umfassenden Rechtmäßigkeitskontrolle auch von der deutschen Gestaltung erreicht wird.[249]

---

[246] Dazu: *Drinhausen/Keinath*, RIW 2006, 81/84; *Drinhausen/Keinath*, BB 2006, 725/729; *Grohmann/Gruschinske*, GmbHR 2006, 191/193; *Kallmeyer/Kappes*, AG 2006, 224/233; *Lutter/Bayer* § 122k Rdnr. 1 ff.; *Neye*, ZIP 2005, 1893/1896; Semler/Stengel/*Drinhausen* § 122k Rdnr. 2; Widmann/Mayer/*Vossius* § 122k Rdnr. 3.

[247] *Lutter/Bayer* § 122k Rdnr. 6; Semler/Stengel/*Drinhausen* § 122k Rdnr. 5.

[248] *Louven*, ZIP 2006, 2021/2027; Semler/Stengel/*Drinhausen* § 122k Rdnr. 5.

[249] *Frenzel*, Grenzüberschreitende Verschmelzungen von Kapitalgesellschaften, 2008, S. 374 f.; *Krause/Kulpa*, ZHR 171(2007), 38, 67; *Louven*, ZIP 2006, 2021, 2027; *Lutter/Bayer* § 122k Rdnr. 6; a. A. *Beutel*, Der neue rechtliche Rahmen grenzüberschreitender Verschmelzungen in der EU, 2008, S. 217; *Haritz/von Wolff*, GmbHR 2006, 341, 343.

Der Unterschied erklärt sich wohl daraus, dass es nach der Richtlinie möglich wäre, für beide Stufen der Rechtmäßigkeitsprüfung unterschiedliche Stellen für zuständig zu erklären. In einem solchen Fall hätte die Verschmelzungsbescheinigung die Funktion, den Nachweis gegenüber der für die zweite Stufe zuständigen Stelle desselben Staates zu führen. Sobald aber – wie nach § 122l UmwG – für beide Stufen dieselbe Stelle zuständig ist, wäre die Erteilung einer zusätzlichen Bescheinigung eine sinnlose Förmelei.[250] Daher ist die Gestaltung des deutschen Rechts trotz der Abweichung als richtlinienkonform anzusehen.

102 Auf die nach § 122k Abs. 1 UmwG erforderliche **Anmeldung** des Vorliegens der Voraussetzungen der internationalen Verschmelzung sind zunächst die allgemeinen Vorschriften (§§ 16 Abs. 2 und 3, 17 UmwG) anwendbar, so dass insoweit auf das umwandlungsrechtliche Schrifttum zu verweisen ist. Insbesondere ist also bei Anfechtung des Verschmelzungsbeschlusses auch das **Freigabeverfahren nach § 16 Abs. 3 UmwG** im Rahmen der Erteilung der Verschmelzungsbescheinigung anwendbar.

103 Besonderheiten der grenzüberschreitenden Verschmelzung bestehen in zweierlei Hinsicht: Sofern die Anteilsinhaber dem Verschmelzungsplan nur unter dem Vorbehalt der Bestätigung der Arbeitnehmermitbestimmungsregelungen gemäß § 122g UmwG zugestimmt haben, liegen die Voraussetzungen erst mit der Bestätigung vor, so dass nicht nur der Verschmelzungs-, sondern auch der **Bestätigungsbeschluss** der Anmeldung beizufügen ist.[251] Ferner haben alle Mitglieder des Vertretungsorganes – nicht nur eine vertretungsberechtigte Anzahl, wie es sonst für die Anmeldung erforderlich ist – gemäß § 122k Abs. 1 S 3 UmwG eine **Versicherung** abzugeben, dass allen Gläubigern, denen ein Anspruch auf Sicherheitsleistung zusteht, eine **angemessene Sicherheitsleistung** gewährt wurde.[252] Hierdurch wird der Anspruch auf vorweggenommenen Gläubigerschutz nach § 122j UmwG abgesichert. Soweit keine Gläubiger Ansprüche fristgerecht angemeldet haben oder die Voraussetzungen nach § 122j UmwG nach Auffassung des Vertretungsorgans nicht vorliegen, ist dies entsprechend zu erklären.[253] Vor Ablauf der Zweimonatsfrist des § 122j Abs. 1 S. 2 UmwG kann diese Erklärung nur abgegeben werden, wenn feststeht (etwa weil keine Gläubiger existieren oder alle in Betracht kommenden Gläubiger einen ausdrücklichen Verzicht erklärt haben), dass keine Ansprüche mehr angemeldet werden.[254] Soweit die Anmeldung schon vorher erfolgen soll, kann die Versicherung auch nachgereicht werden.[255] Die Abgabe einer **falschen Versicherung** erfüllt den Straftatbestand des § 314a UmwG.[256]

104 Nicht der Anmeldung beizufügen ist dagegen die schriftliche **Vereinbarung über die Arbeitnehmermitbestimmung** nach § 22 MgVG, da die Mitbestimmungsregelung erst Gegenstand der zweiten Stufe der Rechtmäßigkeitsprüfung ist, in den Fällen des § 122k UmwG also nur im Mitgliedstaat der aufnehmenden bzw. neuen Gesellschaft geprüft wird.[257]

---

[250] *Frenzel*, Grenzüberschreitende Verschmelzungen von Kapitalgesellschaften, 2008, S. 374 f.; *Krause/Kulpa*, ZHR 171(2007), 38/67; *Louven*, ZIP 2006, 2021, 2027; Lutter/*Bayer* § 122k Rdnr. 6.

[251] Kallmeyer/*Zimmermann* § 122k Rdnr. 11; KölnKomm/*Simon/Rubner* § 122k Rdnr. 12; Schmitt/Hörtnagl/Stratz/*Hörtnagl* § 122k Rdnr. 9; Semler/Stengel/*Drinhausen* § 122k Rdnr. 11.

[252] Kallmeyer/*Zimmermann* § 122k Rdnr. 8; *Klein* RNotZ 2007, 565/604; KölnKomm/*Simon/Rubner* § 122k Rdnr. 18; *Kulenkamp*, Die grenzüberschreitende Verschmelzung von Kapitalgesellschaften in der EU, 2008, S. 279; Lutter/*Bayer* § 122k Rdnr. 15; Schmitt/Hörtnagl/Stratz/*Hörtnagl* § 122k Rdnr. 11; Semler/Stengel/*Drinhausen* § 122k Rdnr. 12; Widmann/Mayer/*Vossius* § 122k Rdnr. 30 ff.

[253] Lutter/*Bayer* § 122k Rdnr. 15.

[254] Kallmeyer/*Zimmermann* § 122k Rdnr. 8; Lutter/*Bayer* § 122k Rdnr. 15; Schmitt/Hörtnagl/Stratz/*Hörtnagl* § 122k Rdnr. 11.

[255] Kallmeyer/*Zimmermann* § 122k Rdnr. 8; Widmann/Mayer/*Vossius* § 122k Rdnr. 31.

[256] Kallmeyer/*Zimmermann* § 122k Rdnr. 9; KölnKomm/*Simon/Rubner* § 122k Rdnr. 18; Lutter/*Bayer* § 122k Rdnr. 16; Schmitt/Hörtnagl/Stratz/*Hörtnagl* § 122k Rdnr. 11; Semler/Stengel/*Drinhausen* § 122k Rdnr. 12.

[257] KölnKomm/*Simon/Rubner* § 122k Rdnr. 16; Lutter/*Bayer* § 122k Rdnr. 13; a. A. Widmann/Mayer/*Vossius* § 122k Rdnr. 22.

105 Bevor das Registergericht die Verschmelzungsbescheinigung erteilt, hat es zu prüfen, ob aus Sicht des deutschen Rechts die Voraussetzungen der grenzüberschreitenden Verschmelzung bezüglich der übertragenden deutschen Gesellschaft vorliegen. Die Vorgänge bei der aufnehmenden ausländischen Gesellschaft spielen für die Erteilung der Verschmelzungsbescheinigung dagegen keine Rolle.[258] Die übertragende Gesellschaft hat bei ordnungsgemäßer Durchführung des Verschmelzungsverfahrens einen Anspruch auf die **Erteilung der Verschmelzungsbescheinigung**.[259] Die Anhängigkeit eines Spruchverfahrens steht ihrer Ausstellung und der Eintragung nicht entgegen, dies ist nach § 122k Abs. 2 S. 5 UmwG lediglich in der Verschmelzungsbescheinigung anzugeben.[260]

106 Nach § 122k Abs. 2 S. 2 UmwG gilt die **Nachricht über die Registereintragung** der Verschmelzung als Verschmelzungsbescheinigung, was in einem gewissen Spannungsverhältnis zu der Richtlinienvorgabe steht, dass aus der Bescheinigung zweifelfrei hervorgehen muss, dass das Verschmelzungsverfahren ordnungsgemäß abgewickelt worden ist (Art. 10 Abs. 2 der Richtlinie 2005/56/EG).[261] Ein Umsetzungsdefizit wird man auch hierin nicht sehen können, da zumindest bei Kenntnis der rechtlichen Situation in Deutschland keine Zweifel an der Bedeutung bestehen können. Zur Erleichterung für die ausländischen Registergerichte wäre es indes zumindest wünschenswert, die Nachricht mit einer entsprechenden Erklärung zu versehen, ferner wird man das deutsche Registergericht auf Verlangen der übertragenden Gesellschaft als zur Ausstellung einer förmlichen Bescheinigung mit einer entsprechenden Erklärung verpflichtet anzusehen haben, was insbesondere Bedeutung erlangen kann, soweit die Nachricht im Einzelfall von einem ausländischen Gericht nicht als Verschmelzungsbescheinigung anerkannt wird.

107 Die Verschmelzungsbescheinigung ist zusammen mit dem Verschmelzungsplan von dem Vertretungsorgan der übertragenden Gesellschaft der Behörde oder dem Gericht vorzulegen, die im Staat der neuen oder übernehmenden Gesellschaft für die **Prüfung der Verschmelzung auf der zweiten Stufe** zuständig ist.[262] Diese Stelle ist bezüglich der Voraussetzungen des deutschen Rechts an die Bescheinigung gebunden und besitzt diesbezüglich keine eigene Prüfungskompetenz.[263] Eine Vorlage von Amts wegen durch das Registergericht erfolgt nicht.[264] Die Vorlage hat gemäß § 122k Abs. 3 UmwG innerhalb von sechs Monaten nach Ausstellung der Verschmelzungsbescheinigung zu erfolgen.[265] Umstritten ist, welche Rechtsfolge eine **verspätete Einreichung der Verschmelzungsbescheinigung** hat, da zwar die Frist, nicht aber die Folge der Versäumnis in der Richtlinie geregelt ist.[266] Aus der fehlen-

---

[258] Kallmeyer/*Zimmermann* § 122k Rdnr. 13; *Klein* RNotZ 2007, 565, 604; *Kulenkamp*, Die grenzüberschreitende Verschmelzung von Kapitalgesellschaften in der EU, 2008, S. 279; Lutter/*Bayer* § 122k Rdnr. 18; Schmitt/Hörtnagl/Stratz/*Hörtnagl* § 122k Rdnr. 14; Semler/Stengel/*Drinhausen* § 122k Rdnr. 14.

[259] Kallmeyer/*Zimmermann* § 122k Rdnr. 14; Lutter/*Bayer* § 122k Rdnr. 20.

[260] KölnKomm/*Simon/Rubner* § 122k Rdnr. 23; Lutter/*Bayer* § 122k Rdnr. 20; Semler/Stengel/*Drinhausen* § 122k Rdnr. 19.

[261] Vgl. Kallmeyer/*Zimmermann* § 122k Rdnr. 15; KölnKomm/*Simon/Rubner* § 122k Rdnr. 25; Lutter/*Bayer* § 122k Rdnr. 21; Schmitt/Hörtnagl/Stratz/*Hörtnagl* § 122k Rdnr. 16; Semler/Stengel/*Drinhausen* § 122k Rdnr. 19; Widmann/Mayer/*Vossius* § 122k Rdnr. 51 ff.

[262] Kallmeyer/*Zimmermann* § 122k Rdnr. 18; *Klein* RNotZ 2007, 565, 605; KölnKomm/*Simon/Rubner* § 122k Rdnr. 26; *Kulenkamp*, Die grenzüberschreitende Verschmelzung von Kapitalgesellschaften in der EU, 2008, S. 283; Lutter/*Bayer* § 122k Rdnr. 23; Semler/Stengel/*Drinhausen* § 122k Rdnr. 20; Widmann/Mayer/*Vossius* § 122k Rdnr. 64 ff.

[263] Lutter/*Bayer* § 122k Rdnr. 22.

[264] Kallmeyer/*Zimmermann* § 122k Rdnr. 18; Schmitt/Hörtnagl/Stratz/*Hörtnagl* § 122k Rdnr. 21.

[265] Kallmeyer/*Zimmermann* § 122k Rdnr. 18; KölnKomm/*Simon/Rubner* § 122k Rdnr. 26; Lutter/*Bayer* § 122k Rdnr. 23; Schmitt/Hörtnagl/Stratz/*Hörtnagl* § 122k Rdnr. 21; Semler/Stengel/*Drinhausen* § 122k Rdnr. 20; Widmann/Mayer/*Vossius* § 122k Rdnr. 65.

[266] Lutter/*Bayer* § 122k Rdnr. 23; Schmitt/Hörtnagl/Stratz/*Hörtnagl* § 122k Rdnr. 21; Semler/Stengel/*Drinhausen* § 122k Rdnr. 21.

den Harmonisierung folgt, dass die Verschmelzungsbescheinigung durch das Fristversäumnis grundsätzlich nicht unwirksam wird.[267] Vielmehr obliegt die Entscheidung über die Anerkennung einer derart verfristeten Bescheinigung dem Recht des Mitgliedstaats des aufnehmenden Rechtsträgers.[268]

13. Eintragung der grenzüberschreitenden Verschmelzung § 1221 UmwG

§ 1221 UmwG betrifft die Prüfung und Eintragung durch das Registergericht, soweit eine deutsche Gesellschaft als aufnehmender bzw. neuer Rechtsträger an der grenzüberschreitenden Verschmelzung beteiligt ist.[269] Im Rahmen des von der Richtlinie 2005/56/EG vorgegebenen **zweistufigen Prüfungsverfahrens** hat die Vorschrift eine doppelte Bedeutung: Einerseits regelt sie die Kontrolle der Durchführung der Verschmelzung auf der zweiten Stufe (Art. 11 der Richtlinie), zugleich umfasst sie aber auch die erste Stufe der Kontrolle (Art. 10) bezüglich der Verschmelzungsvoraussetzungen des deutschen Rechts für die übernehmende Gesellschaft (zur Richtlinienkonformität dieser Lösung vgl. bereits oben Rdnr. 101). Das Registergericht prüft also **in einem Schritt** sowohl die Voraussetzungen bei der deutschen Gesellschaft als auch die auf den Gesamtvorgang bezogenen Voraussetzungen. An der Zweistufigkeit des Verfahrens ändert das indes nichts, da die erste Stufe der Prüfung natürlich auch im Ausland stattfindet und das Vorliegen der ausländischen Verschmelzungsbescheinigung zum Prüfungsumfang nach § 1221 UmwG gehört. **108**

Nach § 1221 I UmwG bedarf es zunächst der **Anmeldung** bei dem Registergericht am Sitz der übernehmenden bzw. neuen Gesellschaft.[270] Hierauf sind die allgemeinen Vorschriften (§§ 16, 17 UmwG) grundsätzlich anwendbar, soweit das deutsche Recht den Vorgang regelt. Neben den hier angesprochenen Besonderheiten der grenzüberschreitenden Verschmelzung sind also alle Anforderungen des deutschen Rechts an die jeweilige Verschmelzungsform zu erfüllen und die erforderlichen Nachweise beizufügen, wofür auf das allgemeine umwandlungsrechtliche Schrifttum zu verweisen ist. **109**

Die Anmeldung hat – neben den nach § 17 UmwG erforderlichen Unterlagen bezüglich der übernehmenden deutschen Gesellschaft[271] – gemäß § 1221 Abs. 1 S. 2 UmwG die **Verschmelzungsbescheinigungen** aller übertragenden Gesellschaften, den gemeinsamen **Verschmelzungsplan** sowie ggf. die **Mitbestimmungsvereinbarung** zu umfassen.[272] Ferner ist, soweit die Gesellschafter der aufnehmenden Gesellschaft von der Möglichkeit des § 122g UmwG Gebrauch gemacht haben, der **Bestätigungsbeschluss** beizufügen. Zu den Fragen der Mitbestimmung nach dem MgVG vgl. im Übrigen ausführlich § 57, Rdnr. 50 ff. **110**

Die Verschmelzungsbescheinigung der ausländischen Gesellschaft darf gemäß § 122k Abs. 1 S. 3 erster Halbsatz UmwG **nicht älter als sechs Monate** sein. Wie angesprochen **111**

---

[267] *Drinhausen/Keinath*, BB 2006, 725, 730; Kallmeyer/*Zimmermann* § 122k Rdnr. 6; Semler/Stengel/*Drinhausen* § 122k Rdnr. 21; a. A. Lutter/*Bayer* § 122k Rdnr. 23.

[268] *Drinhausen/Keinath*, BB 2006, 725/730; Kallmeyer/*Zimmermann* § 122k Rdnr. 6; Semler/Stengel/*Drinhausen* § 122k Rdnr. 21.

[269] Kallmeyer/*Zimmermann* § 1221 Rdnr. 1; KölnKomm/*Simon/Rubner* § 1221 Rdnr. 1; Lutter/*Bayer* § 1221 Rdnr. 1; Semler/Stengel/*Drinhausen* § 1221 Rdnr. 1; Widmann/Mayer/*Vossius* § 1221 Rdnr. 3.

[270] Kallmeyer/*Zimmermann* § 1221 Rdnr. 2; *Klein* RNotZ 2007, 565/606; KölnKomm/*Simon/Rubner* § 1221 Rdnr. 3; *Kulenkamp*, Die grenzüberschreitende Verschmelzung von Kapitalgesellschaften in der EU, 2008, S. 283; Lutter/*Bayer* § 1221 Rdnr. 5; Semler/Stengel/*Drinhausen* § 1221 Rdnr. 5; Widmann/Mayer/*Vossius* § 1221 Rdnr. 8.

[271] Kallmeyer/*Zimmermann* § 1221 Rdnr. 16; KölnKomm/*Simon/Rubner* § 1221 Rdnr. 9; Lutter/*Bayer* § 1221 Rdnr. 9.

[272] Kallmeyer/*Zimmermann* § 1221 Rdnr. 15 ff.; KölnKomm/*Simon/Rubner* § 1221 Rdnr. 6 ff.; Lutter/*Bayer* § 1221 Rdnr. 7 ff.; Semler/Stengel/*Drinhausen* § 1221 Rdnr. 6 ff.; Widmann/Mayer/*Vossius* § 1221 Rdnr. 14.

ist die Rechtsfolge eines Versäumnis der 6-Monats-Frist nicht in der Richtlinie geregelt und kann daher von den Mitgliedstaaten bestimmt werden (Rdnr. 107), für das deutsche Recht lässt sich § 122k Abs. 1 S. 3 erster Halbsatz UmwG entnehmen, dass älteren Verschmelzungsbescheinigungen die Anerkennung zu versagen ist.[273] Ob es in diesem Fall einer Wiederholung der Verfahrensschritte im Ausland bedarf, oder ob das ausländische Gericht eine neue Bescheinigung ausstellt, ist eine Frage des betroffenen Auslandsrechts.

112 Der **Prüfungsumfang des Registergerichtes** bemisst sich nach § 122l Abs. 2 UmwG. Danach ist insbesondere zu prüfen, ob die Anteilsinhaber aller an der grenzüberschreitenden Verschmelzung beteiligten Gesellschaften einem gemeinsamen, gleichlautenden Verschmelzungsplan zugestimmt haben und ob gegebenenfalls eine Mitbestimmungsvereinbarung geschlossen wurde. Da in § 122l Abs. 2 UmwG ein „insbesondere" aufgenommen ist, bedeutet dies, dass auch weitere Aspekte des Verschmelzungsvorganges überprüft werden können, also eine **umfängliche Rechtmäßigkeitskontrolle** zu erfolgen hat.[274] Dies schließt insbesondere die Prüfung auf der ersten Stufe ein, also der Rechtmäßigkeit und Vollständigkeit des Verschmelzungsverfahrens in der deutschen aufnehmenden Gesellschaft, einschließlich aller Voraussetzungen der erforderlichen Zustimmung der Anteilseigner nach §§ 122a Abs. 2, 13 UmwG.

113 § 122l Abs. 1 S. 3 letzter Halbsatz bringt zum Ausdruck, dass das deutsche Gericht die Auslandsprüfung auf der ersten Stufe nicht wiederholen darf. Die Rechtmäßigkeit des Verschmelzungsvorganges bei der übertragenden Gesellschaft wurde schließlich bereits von dem zuständigen ausländischen Gericht geprüft, das die Verschmelzungsbescheinigung ausgestellt hat.[275] Diese **Verschmelzungsbescheinigung** ist für das Registergericht am Sitz der übernehmenden oder neuzugründenden Gesellschaft **bindend**.[276] Lediglich in formeller Hinsicht ist die Bescheinigung selbst durch das deutsche Registergericht zu prüfen, da sie nur anzuerkennen ist, soweit aus ihr „zweifelsfrei hervorgeht", dass alle Voraussetzungen des ausländischen Rechts erfüllt sind.[277] Darüber hinaus ist lediglich die Zuständigkeit der die Bescheinigung ausstellenden Behörde zu prüfen.[278] Bezüglich der Prüfung der Zustimmung der Anteilsinhaber aller beteiligten Gesellschaften (§ 122l Abs. 2 UmwG) ist in Hinblick auf die übertragenden Auslandsgesellschaften daher auch nicht die Rechtmäßigkeit der Beschlussfassung selbst zu prüfen (z.B. das Erreichen des Mehrheitserfordernisses oder die nach dem Gesellschaftsstatut erforderliche Form), sondern lediglich die **inhaltliche Übereinstimmung aller Verschmelzungsbeschlüsse,** die nur wirksam sind, wenn sie sich auf einen gleich lautenden Verschmelzungsplan beziehen.

114 Soweit die Prüfung des Registergerichtes ergibt, dass alle Voraussetzungen der grenzüberschreitenden Verschmelzung erfüllt sind, hat das es die grenzüberschreitende Verschmelzung einzutragen[279] und allen Registergerichten bzw. -behörden, die bislang für die übertragenden Gesellschaften zuständig waren, von Amts wegen umgehend mitzuteilen, dass und an welchem Tag die grenzüberschreitende **Verschmelzung eingetragen** wurde.[280] Wichtig ist dies, da nach deutschem Recht mit der Eintragung die **Wirksamkeit**

---

[273] KölnKomm/*Simon/Rubner* § 122l Rdnr. 6; Lutter/*Bayer* § 122l Rdnr. 7; *Limmer*, ZNotP 2007, 282/286; Semler/Stengel/*Drinhausen* § 122l Rdnr. 6; Widmann/Mayer/*Vossius* § 122l Rdnr. 18.

[274] Lutter/*Bayer* § 122l Rdnr. 13; Semler/Stengel/*Drinhausen* § 122l Rdnr. 11.

[275] *Drinhausen/Keinath*, BB 2006, 725/730; Lutter/*Bayer* § 122l Rdnr. 9; Widmann/Mayer/*Vossius* § 122l Rdnr. 25.

[276] *Bayer/Schmidt*, NJW 2006, 401, 404; *Frenzel*, Grenzüberschreitende Verschmelzungen von Kapitalgesellschaften, 2008, S. 384; Lutter/*Bayer* § 122l Rdnr. 9, 19.

[277] Lutter/*Bayer* § 122l Rdnr. 20; Widmann/Mayer/*Vossius* § 122l Rdnr. 27f.

[278] *Herrler*, EuZW 2007, 295, 298; Kölner KölnKomm/*Simon/Rubner* § 122l Rdnr. 14.

[279] Kallmeyer/*Zimmermann* § 122l Rdnr. 24f.; KölnKomm/*Simon/Rubner* § 122l Rdnr. 18; Lutter/*Bayer* § 122l Rdnr. 21; Schmitt/Hörtnagl/Stratz/*Hörtnagl* § 122l Rdnr. 14.

[280] Kallmeyer/*Zimmermann* § 122l Rdnr. 27f.; *Klein* RNotZ 2007, 565, 607; KölnKomm/*Simon/Rubner* § 122l Rdnr. 18, *Kulenkamp*, Die grenzüberschreitende Verschmelzung von Kapitalgesell-

§ 53. Grenzüberschreitende Verschmelzung 115–117 § 53

der Verschmelzung eintritt (sogleich Rdnr. 116). Das Registergericht am Sitz der neuen oder übernehmenden Gesellschaft hat ferner gemäß §§ 122a Abs. 2, 19 Abs. 3 UmWG, 10 HGB **bekannt zu machen,** dass die Eintragung der internationalen Verschmelzung erfolgt ist.[281]

14. Zeitpunkt der Wirksamkeit der Verschmelzung

Nach Art. 12 der Richtlinie 2005/56/EG bestimmt sich der **Wirksamkeitszeitpunkt der grenzüberschreitenden Verschmelzung** nach dem Gesellschaftsstatut der aufnehmenden bzw. neuen Gesellschaft. Diese Vorschrift, die insoweit die Kombinationslehre konkretisiert, wurde in Deutschland nur indirekt in § 122k Abs. 2 S. 3 UmwG für die Herausverschmelzung umgesetzt, da sich aus dem dort vorgeschriebenen Registervermerk ergibt, dass die Wirksamkeit auch aus Sicht des deutschen Rechts von den Voraussetzungen des beteiligten Auslandsrechts abhängen soll. Für die Hereinverschmelzung wurde offenbar gar kein Umsetzungsbedarf gesehen, da sich hier die Wirksamkeit ohnehin nach deutschem Recht bestimmt und somit einfach die allgemeinen Regelungen, die auch die Rechtsfolgen der Verschmelzung ausreichend regeln, zur Anwendung kommen. **115**

Für den Zeitpunkt der Wirksamkeit ist somit zwischen der Hinein- und der Herausverschmelzung zu differenzieren: Bei der Herausverschmelzung hat die Registereintragung nach § 122k UmwG keine konstitutive Wirkung, vielmehr verweist das Kollisionsrecht insoweit auf das Recht des übernehmenden bzw. neuen Rechtsträgers, so dass der Wirksamkeitszeitpunkt nur in Anwendung der **Vorschriften des Auslandsrechts** bestimmt werden kann. Bei der Hereinverschmelzung auf einen deutschen übernehmenden bzw. neuen Rechtsträger wird die grenzüberschreitende Verschmelzung dagegen gemäß §§ 122a Abs. 2, 20 I UmwG mit der **Eintragung ins Handelsregister** nach § 122l UmwG **wirksam**.[282] **116**

III. Grenzüberschreitende Verschmelzung von Personengesellschaften und mit Drittstaatenbezug

1. Personengesellschaften

Nach dem klaren Gesetzeswortlaut sind Personengesellschaften nicht nach § 122b UmwG umwandlungsfähig, so dass die speziellen Vorschriften für die grenzüberschreitende Verschmelzung jedenfalls nicht direkt anwendbar sind. Zugleich wurde indes festgestellt (Rdnr. 14), dass auch die **Personengesellschaften** zweifelsfrei als **niederlassungsberechtigte** Gesellschaften im Sinne von Art. 54 AEUV anzusehen sind, so dass die vom EuGH in der Entscheidung „SEVIC Systems" entwickelten Grundsätze auch insoweit anwendbar sind. Das bedeutet letztlich, dass eine grenzüberschreitende Verschmelzung von Personengesellschaften im selben Umfang zuzulassen ist wie dies auch bei innerstaatlichen Verschmelzungen der Fall ist. Aufgrund der insoweit bestehenden Möglichkeiten des deutschen Rechts (§ 3 Nr. 1 UmwG) bleibt aus deutscher Sicht breiter Raum für solche Verschmelzungen, soweit diese auch im beteiligten Auslandsrecht zugelassen werden. Wie **117**

---

schaften in der EU, 2008, S. 285; Lutter/*Bayer* § 122l Rdnr. 22; Schmitt/Hörtnagl/Stratz/*Hörtnagl* § 122l Rdnr. 16; Semler/Stengel/*Drinhausen* § 122l Rdnr. 14f.; Widmann/Mayer/*Vossius* § 122l Rdnr. 33.

[281] Kallmeyer/*Zimmermann* § 122l Rdnr. 26; KölnKomm/*Simon/Rubner* § 122l Rdnr. 18; Lutter/*Bayer* § 122l Rdnr. 22; Semler/Stengel/*Drinhausen* § 122l Rdnr. 16.

[282] *Drinhausen/Keinath,* RIW 2006, 81, 85; *Frenzel,* Grenzüberschreitende Verschmelzungen von Kapitalgesellschaften, S. 390; *Heckschen,* DNotZ 2007, 444, 465; *Kallmeyer/Kappes* AG 2006, 224, 234; *Klein* RNotZ 2007, 565, 607; *Kulenkamp,* Die grenzüberschreitende Verschmelzung von Kapitalgesellschaften in der EU, 2008, S. 287f.; Lutter/*Bayer* § 122l Rdnr. 24; Widmann/Mayer/*Heckschen* § 122a Rdnr. 192; *Herrler/Schneider,* Von der Limited zur GmbH, Rdnr. 62.

eine solche **grenzüberschreitende Verschmelzung von Personengesellschaften** durchzuführen ist, erscheint bislang als weitgehend ungeklärt.[283]

118 Eine vollumfängliche analoge Anwendung der §§ 122a ff. UmwG stößt auf die Schwierigkeit, dass von einer planwidrigen Regelungslücke nicht die Rede sein kann, da in § 122b UmwG ausdrücklich geregelt ist, dass nur Kapitalgesellschaften erfasst werden sollen. Der Regelungsplan des Gesetzgebers wurde insoweit von der Richtlinie 2005/56/EG geprägt, die die Personengesellschaften nicht erfasst. Zugleich ist allerdings festzuhalten, dass der Gesetzgeber auch nicht beabsichtigte, eine grenzüberschreitende Verschmelzung von Personengesellschaften primärrechtswidrig zu verhindern. Daher erscheint eine vorsichtige analoge Anwendung von Einzelnormen im Rahmen einer **europarechtskonformen Rechtsfortbildung** als zulässig, soweit dies für die Durchführung einer von der Niederlassungsfreiheit gedeckten Verschmelzung als erforderlich erscheint.

119 Aufgrund der hier vertretenen Auslegung des § 1 UmwG (Rdnr. 9f.) steht das deutsche Recht der Durchführung einer grenzüberschreitenden Verschmelzung ohnehin nicht entgegen. Vielmehr können in Anwendung der allgemeinen und rechtsformspezifischen Vorschriften des deutschen Umwandlungsrechts auf der Grundlage der **Kombinationslehre** (Rdnr. 4ff.) auch grenzüberschreitende Verschmelzungen durchgeführt werden. Für die Konkretisierung der Kombinationslehre kann auch insoweit auf die Konzeption der Richtlinie zurückgegriffen werden. Lediglich für die registerrechtliche Kontrolle, also das Zusammenwirken der Registergerichte unterschiedlicher Mitgliedstaaten, erscheint ein zweistufiges Verfahren und damit eine **analoge Anwendung der §§ 122k und l UmwG** als erforderlich. Die sonstigen Sondervorschriften erscheinen dagegen bei Personengesellschaften als verzichtbar. Im Interesse der inländischen Gläubiger wäre allenfalls noch an eine analoge Anwendung des § 122j UmwG zu denken, was allerdings zweifelsfrei aus Sicht der Niederlassungsfreiheit nicht erforderlich ist, sondern lediglich der vergleichbaren Interessenlage Rechnung tragen würde.

120 In Hinblick auf die erhebliche **Rechtsunsicherheit,** die in Hinblick auf die Personengesellschaften besteht, ist der Gesetzgeber indes dringend aufgerufen, eine klare Regelung zu treffen.

2. Grenzüberschreitende Verschmelzung mit Drittstaatenbezug

121 a) Zulässigkeit aufgrund europa- oder völkerrechtlicher Normen. Weitgehend ungeklärt ist ferner die Frage der Zulässigkeit grenzüberschreitender Verschmelzungen unter Beteiligung von **Gesellschaften, die dem Recht eines Nicht-EU/EWR-Mitgliedstaats** unterliegen. Eine direkte Anwendung der §§ 122a ff. UmwG scheidet jedenfalls aus, da solche Gesellschaften nicht in den Anwendungsbereich des § 122b UmwG fallen.[284] Dies gilt auch dann, wenn mit deren Heimatstaaten Staatsverträge über die gegenseitige Anerkennung bestehen. Soweit solche Vorschriften (wie etwa Art. XXV Abs. 5 des Deutsch-Amerikanischen Freundschafts-, Handels- und Schifffahrtsvertrags, dazu § 1, Rdnr. 104f.) nur die Anerkennung der nach fremdem Recht gegründeten Gesellschaften fordern, enthält dies keine den Vorschriften des AEUV vergleichbare, auch ein Recht auf grenzüberschreitende Umwandlungen einschließende Niederlassungsfreiheit.[285] Völkerrechtliche Regelungen, die diese Frage spezifisch betreffen, sind dagegen nicht ersichtlich.

122 Es verbleibt somit die Frage, ob Art. 63 AEUV die Zulässigkeit grenzüberschreitender Verschmelzungen mit drittstaatlichen Gesellschaften fordert. Bekanntlich liberalisiert Art. 63 AEUV nicht nur den innergemeinschaftlichen Kapitalverkehr, sondern auch den **Kapital-**

---

[283] Zum Ganzen: *Bayer/Schmidt,* ZHR 173 (2009), 735, 766 ff.
[284] Siehe hierzu Rdnr. 30.
[285] *Drinhausen/Keinath,* BB 2006, 725, 726; *Frenzel,* Grenzüberschreitende Verschmelzungen von Kapitalgesellschaften, 2008, S. 170; Lutter/*Bayer* § 122b Rdnr. 11; Semler/Stengel/*Drinhausen* § 122b Rdnr. 9; a. A. *Kiem* WM 2006, 1091, 1093.

verkehr aus und nach Drittstaaten.[286] Soweit also die grenzüberschreitende Verschmelzung als **Vorgang des Kapitalverkehrs** aufzufassen ist, käme es in Betracht, eine Verpflichtung der Mitgliedstaaten auch zur Ermöglichung solcher Vorgänge mit Drittstaaten anzunehmen, soweit der beteiligte Drittstaat dies ebenfalls zulässt (wozu ihn der AEUV natürlich nicht verpflichten kann).

Auf der Grundlage der Rechtsprechung des EuGH dürfte eine solch weit reichende Auslegung der Kapitalverkehrsfreiheit jedoch nicht anzuerkennen sein. Zwar ist davon auszugehen, dass Verschmelzungen grundsätzlich auch als Vorgang des Kapitalverkehrs aufzufassen sind, da es zur Übertragung von Vermögenswerten, aber regelmäßig auch Anteilen an den beteiligten Gesellschaften, zwischen in unterschiedlichen Staaten ansässigen Rechtsträgern kommt, so dass der sachliche **Anwendungsbereich der Kapitalverkehrsfreiheit** durchaus eröffnet wäre. Allerdings ist zu berücksichtigen, dass der EuGH beim Zusammentreffen von Niederlassungs- und Kapitalverkehrsfreiheit heute eine restriktive Position einnimmt: So hat der EuGH (zum Verhältnis von Dienstleistungs- und Kapitalverkehrsfreiheit) entschieden, dass er „die in Rede stehende Maßnahme grundsätzlich nur im Hinblick auf eine dieser beiden Freiheiten (prüft), wenn sich herausstellt, dass unter den Umständen des Einzelfalls eine der beiden Freiheiten der anderen gegenüber völlig zweitrangig ist und ihr zugeordnet werden kann."[287] Dieses Prinzip nutzte der EuGH in „Fidium Finanz AG" insbesondere, um zu verhindern, dass eine drittstaatliche Gesellschaft, die sich nur auf die Kapitalverkehrs-, nicht aber die Dienstleistungsfreiheit berufen kann, Finanzdienstleistungen ohne Inlandsniederlassung in den Binnenmarkt hinein erbringen kann, indem der Kapitalverkehr bei der Darlehensgewährung als völlig zweitrangig gegenüber der Dienstleistungskomponente angesehen worden ist. Es ist zu erwarten, dass der EuGH im Fall von gesellschaftsrechtlichen Niederlassungsvorgängen (wie insbesondere grenzüberschreitenden Umwandlungen) ebenso den **Aspekt des Kapitalverkehrs als völlig zweitrangig** gegenüber der Niederlassungsfreiheit einstufen wird, so dass eine Berufung auf die Kapitalverkehrsfreiheit ausscheidet. Nur so kann die vom AEUV offensichtlich beabsichtigte Differenzierung zwischen den niederlassungsberechtigten mitgliedstaatlichen Gesellschaften und den drittstaatlichen Gesellschaften, die gerade nicht das selbe Maß an Freiheit in der EU genießen sollen, aufrecht erhalten werden. Auch wenn diese Erwägung das Ergebnis wertungsmäßig als nachvollziehbar erscheinen lässt, erscheint es dogmatisch als wenig überzeugend, dass eine vorbehaltlos gewährte Freiheit des AEUV durch eine andere Freiheitsnorm eingeschränkt wird, die noch dazu auf den Sachverhalt gar nicht anwendbar ist. Im Ergebnis besteht aber wenig Zweifel daran, dass der EuGH für die drittstaatlichen Gesellschaften keine der Rechtslage aufgrund der Niederlassungsfreiheit vergleichbaren grenzüberschreitenden Umwandlungsmöglichkeit anerkennen würde.[288]

b) Zulässigkeit nach deutschem Sachrecht. Es wurde bereits dargelegt, dass die Zulässigkeit grenzüberschreitender Verschmelzungen nach deutschem Recht von der Auslegung des § 1 Abs. 1 UmwG abhängt. Geht man davon aus, dass diese Vorschrift – wie bereits dargelegt (Rdnr. 9f.) – einer grenzüberschreitenden Verschmelzung innerhalb der EU schon grundsätzlich nicht entgegensteht, stellt sich lediglich die Frage, ob die Norm in Hinblick auf **Verschmelzungen mit Drittstaatenberührung anders auszulegen** ist. Hiervon wäre aber allenfalls auszugehen, wenn das Ergebnis nur aufgrund einer unionsrechtskonformen Auslegung zu begründen wäre. Das ist indes nicht der Fall, vielmehr wurde dieser Aspekt nur ergänzend herangezogen. Grundsätzlich geht der gesetzgeberische Wille heute indes dahin, die Problematik der grenzüberschreitenden Umwandlung kollisionsrechtlich zu lösen (Rdnr. 10). Es ist nicht erkennbar, dass der Gesetzgeber insoweit zwischen Sachverhalten innerhalb und außerhalb des Anwendungsbereichs der Niederlassungs-

---
[286] Eingehend *Ohler*, Europäische Kapital- und Zahlungsverkehrsfreiheit, Art. 56 Rdnr. 205 ff.
[287] EuGH EuZW 2006, 689, 690, Tz. 35 – „Fidium Finanz AG".
[288] In diesem Sinn auch *Germelmann*, EuZW 2008, 596.

freiheit differenzieren wollte, und auch der Wortlaut des § 1 Abs. 1 UmwG lässt **keinerlei Raum** für eine derart **unterschiedliche Auslegung**.

125 Es ist daher heute davon auszugehen, dass diese Vorschrift auch bei Beteiligung drittstaatlicher Gesellschaften nur noch zum Ausdruck bringt, dass das UmwG auf den Vorgang lediglich anwendbar ist, soweit das deutsche Gesellschaftsstatut den Vorgang beherrscht. Ansonsten kommt es auch in diesen Fällen auf das Umwandlungsrecht des weiteren beteiligten Rechtsträgers an, so dass eine **grenzüberschreitende Verschmelzung unter Beteiligung drittstaatlicher Gesellschaften nach deutschem Recht möglich ist,** wenn auch das Auslandsrecht den Vorgang zulässt und die Rechtsordnungen eine hinreichende Übereinstimmung aufweisen, um den Vorgang zu ermöglichen.[287] Für die konkrete Durchführung wird man insoweit – ähnlich wie in Hinblick auf die Personengesellschaften – grundsätzlich nach der Kombinationslehre die allgemeinen umwandlungsrechtlichen Vorschriften anzuwenden haben, die punktuell durch eine **analoge Anwendung der §§ 122 a ff. UmwG** ergänzt werden können, insbesondere zur Ermöglichung eines zweistufigen Prüfungsverfahrens, soweit im betroffenen Auslandsrecht ein vergleichbares Register bzw. eine vergleichbare Kontrollbehörde besteht. Ist letzteres nicht der Fall, dürfte es grundsätzlich an der erforderlichen Mindestübereinstimmung der Verschmelzungsrechte fehlen.

§ 54. Grenzüberschreitender Formwechsel

Übersicht

	Rdnr.		Rdnr.
I. Begriff des grenzüberschreitenden oder internationalen Formwechsels	1	III. Durchführung des grenzüberschreitenden Formwechsels aus Sicht des deutschen Rechts	10–23
II. Zulässigkeit des grenzüberschreitenden Formwechsels innerhalb der EU	2–9	1. Kollisionsrechtliche Grundlagen und analog anzuwendende Normen	10, 11
1. Frühere Sichtweise des deutschen Rechts	2	2. Voraussetzungen, Verfahren und Schutz der Anteilseigner	12, 13
2. Die EuGH-Entscheidung „Cartesio"	3, 4	3. Anfechtung des Umwandlungsbeschlusses und Spruchverfahren	14
3. Zulässigkeit des grenzüberschreitenden Formwechsels einer deutschen Gesellschaft	5, 6	4. Gläubigerschutz	15–17
4. Zulässigkeit des grenzüberschreitenden Formwechsels in eine deutsche Gesellschaftsform	7–9	5. Eintragung und Zeitpunkt des Wirksamwerdens	18–21
		6. Firma	22, 23

Schrifttum: *Bayer,* Die EuGH-Entscheidung Inspire Art und die deutsche GmbH im Wettbewerb der europäischen Rechtsordnungen, BB 2003, 2357; *Bayer/Schmidt,* Der Schutz der grenzüberschreitenden Verschmelzung durch die Niederlassungsfreiheit, ZIP 2006, 210; *dies.,* Grenzüberschreitende Sitzverlegung und grenzüberschreitende Restrukturierungen nach MoMiG, Cartesio und Trabrennbahn, ZHR 173 (2009), 735; *Behrens,* Die grenzüberschreitende Sitzverlegung von Gesellschaften in der EWG, IPRax 1989, 354; *ders.,* Die Umstrukturierung von Unternehmen durch Sitzverlegung oder Fusion über die Grenze im Lichte der Niederlassungsfreiheit im Europäischen Binnenmarkt, ZGR 1994, 1; *ders.,* Gemeinschaftsrechtliche Grenzen der Anwendung inländischen Gesellschaftsrechts auf Auslandsgesellschaften, IPRax 2004, 20; *Behme,* Der Weg deutscher Aktiengesellschaften ins Ausland – Goldene Brücke statt Stolperpfad, BB 2008, 70; *Behme/Nohlen,* Zur Wegzugsfreiheit von Gesellschaften – Der Schlussantrag von Generalanwalt Maduro in der Rechtssache Cartesio (C-210/06), NZG 2008, 497; *dies.,* BB-Kommentar, BB 2009, 13; *Binz/Mayer,* Die ausländische Kapitalgesellschaft & Co KG im Aufwind?, GmbHR 2003, 249; *Brakalova/Barth,* Nationale Beschrän-

---

[287] AA etwa Semler/Stengel/*Drinhausen,* UmwG, Einl. C Rdnr. 26; MüKo/*Kindler,* IntGesR Rdnr. 909.

kungen des Wegzugs von Gesellschaften innerhalb der EU bleiben zulässig, DB 2009, 213; *Bungert,* Grenzüberschreitende Verschmelzungsmobilität – Anmerkung zur Sevic-Entscheidung des EuGH, BB 2006, 53; *Campos Nave,* Die Liberalisierung der Wegzugsfreiheit in Europa, BB 2008, 1410; ders., Das Ende der gegenwärtigen Wegzugsbesteuerung – Der zweite Blick auf Cartesio, BB 2009, 870; *Deininger,* Körperschaftsteuerrechtliche Auswirkungen der Überseering-Entscheidung des EuGH, IStR 2003, 214; *Drygala,* Zur grenzüberschreitenden Verschmelzung, EWiR 2006, 25; *Ebenroth/Eyles,* Die innereuropäische Verlegung des Gesellschaftssitzes als Ausfluß der Niederlassungsfreiheit, DB 1989, 363; *Eckert,* Internationales Gesellschaftsrecht, 2010; *Eidenmüller,* Wettbewerb der Gesellschaftsrechte in Europa, ZIP 2002, 2233; *Eidenmüller/Rehm,* Niederlassungsfreiheit versus Schutz des inländischen Rechtsverkehrs: Konturen des Europäischen Internationalen Gesellschaftsrechts, ZGR 2004, 159; *Elser/Dürrschmidt,* Die deutsche Immobilien-GmbH mit Geschäftsleitung im Ausland, IStR 2010, 79; *Fingerhuth/Rumpf,* MoMiG und die grenzüberschreitende Sitzverlegung – Die Sitztheorie ein (lebendes) Fossil?, IPRax 2008, 90; *Forsthoff,* EuGH fördert Vielfalt im Gesellschaftsrecht, DB 2002, 2471; *Franz,* Internationales Gesellschaftsrecht und deutsche Kapitalgesellschaften im In- bzw. Ausland, BB 2009, 1250; *Franz/Laeger,* Die Mobilität deutscher Kapitalgesellschaften nach Umsetzung des MoMiG unter Einbeziehung des Referentenentwurfs zum int. GesR, BB 2008, 678; *Frenzel,* Immer noch keine Wegzugsfreiheit für Gesellschaften im Europäischen Binnenmarkt – die Cartesio-Entscheidung des EuGH, EWS 2009, 158; *Frobenius,* „Cartesio": Partielle Wegzugsfreiheit für Gesellschaften in Europa, DStR 2009, 487; *Geyrhalter/Gänßler,* „Inspire Art" – Briefkastengesellschaft „on the move", DStR 2003, 2167; *Grohmann,* Grenzüberschreitende Mobilität von Gesellschaften nach der Rechtsprechung des EuGH – von Daily Mail bis Cartesio, DZWiR 2009, 322; *Großerichter,* Ausländische Kapitalgesellschaften im deutschen Rechtsraum: Das deutsche Internationale Gesellschaftsrecht und seine Perspektiven nach der Entscheidung „Überseering", DStR 2003, 159; *Großfeld/Jasper,* Identitätswahrende Sitzverlegung und Fusion von Kapitalgesellschaften in die Bundesrepublik Deutschland, RabelsZ 53 (1989), 52; *Heidenhain,* Ausländische Gesellschaften mit Verwaltungssitz in Deutschland, NZG 2002, 1141; *Hennrichs/Klavina/Pöschke/Laage,* Die Niederlassungsfreiheit der Gesellschaften in Europa, WM 2009, 2009; *Herrler,* Gewährleistung des Wegzugs von Gesellschaften durch Art. 43, 48 EG nur in Form der Herausumwandlung, DNotZ 2009, 484; *Heuschmid/Däubler,* Cartesio und MoMiG – Sitzverlagerung ins Ausland und Unternehmensmitbestimmung, NZG 2009, 493; *Hirsch/Britain,* Artfully Inspired – Werden deutsche Gesellschaften englisch?, NZG 2003, 1100; *Hirte,* Die „Große GmbH-Reform" – Ein Überblick über das Gesetz zur Modernisierung des GmbH-Rechts und zur Bekämpfung von Missbräuchen (MoMiG), NZG 2008, 761; *Hoffmann,* Die stille Bestattung der Sitztheorie durch den Gesetzgeber, ZIP 2007, 1581; *Horn,* Deutsches und europäisches Gesellschaftsrecht und die EuGH-Rechtsprechung zur Niederlassungsfreiheit – Inspire Art, NJW 2004, 893; *Kallmeyer,* Tragweite des Überseeringurteils vom EuGH vom 5.11.2002 zur grenzüberschreitenden Sitzverlegung, DB 2002, 2521; *Kallmeyer/Kappes,* Grenzüberschreitende Verschmelzungen und Spaltungen nach SEVIC Systems und der EU-Verschmelzungsrichtlinie, AG 2006, 224; *Kanzleiter,* „Inspire Art" – die Konsequenzen, DNotZ 2003, 885; *Kersting,* Rechtswahlfreiheit im Europäischen Gesellschaftsrecht nach „Überseering" – Ein Richtlinienvorschlag, NZG 2003, 9; *Kersting/Schindler,* Die EuGH-Entscheidung „Inspire Art" und ihre Auswirkungen auf die Praxis, RdW 2003, 621; *Kleinert/Probst,* Endgültiges Aus für Sonderanknüpfungen bei (Schein-) Auslandsgesellschaften, DB 2003, 2217; dies., Scheinauslandsgesellschaften – Erneute Betonung der Niederlassungsfreiheit durch den EuGH, MDR 2003; *Kindler,* Auf dem Weg zur Europäischen Briefkastengesellschaft, NJW 2003, 1073; ders., „Inspire Art" – Aus Luxemburg nichts Neues zum internationalen Gesellschaftsrecht, NZG 2003, 1086; ders., GmbH-Reform und internationales Gesellschaftsrecht, AG 2007, 721; ders., Grundzüge des neuen Kapitalgesellschaftsrechts, NJW 2008, 3249; ders., Ende der Diskussion über die so genannte Wegzugsfreiheit, NZG 2009, 130; ders., Internationales Gesellschaftsrecht 2009: MoMiG, Trabrennbahn, Cartesio und die Folgen, IPRax 2009, 189; *Knapp,* Überseering: Zwingende Anerkennung von ausländischen Gesellschaften, DNotZ 2003, 85; *Knof/Morck,* Niederlassungsfreiheit und Wegzugsbeschränkungen, ZIP 2009, 30; dies., Das MoMiG und die Auslandsinsolvenz haftungsbeschränkter Gesellschaften, GmbHR 2007, 852; *Knop,* Die Wegzugsfreiheit nach dem Cartesio-Urteil des EuGH, DZWir 2009, 147; *Kobelt,* Internationale Optionen deutscher Kapitalgesellschaften nach MoMiG, „Cartesio" und „Trabrennbahn" – zur Einschränkung der Sitztheorie, GmbHR 2009, 808; *Koch/Eickmann,* Gründungs- oder Sitztheorie? Eine „never ending story"?, AG 2009, 73; *Kronke,* Deutsches Gesellschaftsrecht und grenzüberschreitende Strukturänderungen, ZGR 1994, 26; *Kuntz,* Internationales Umwandlungsrecht – zugleich eine Besprechung des Urteils „Sevic Systems" –, IStR 2006, 224; *Lamsa,* Die Firma der Auslandsgesellschaft, 2011; *Leible/Hoffmann,* Überseering und das (vermeintliche) Ende der Sitztheorie, RIW 2002, 925;

dies., Wie inspiriert ist „Inspire Art"?, EuZW 2003, 677; dies., Grenzüberschreitende Verschmelzungen im Binnenmarkt nach Sevic, RIW 2006, 161; dies., Cartesio – fortgeltende Sitztheorie, grenzüberschreitender Formwechsel und Verbot materiellrechtlicher Wegzugsbeschränkungen, BB 2009, 58; *Leitzen*, Die GmbH mit Verwaltungssitz im Ausland, NZG 2009, 728; *Lieder/Kliebisch*, Nichts Neues im Internationalen Gesellschaftsrecht: Anwendbarkeit der Sitztheorie auf Gesellschaften aus Drittstaaten?, BB 2009, 338; *Lutter*, Überseering und die Folgen, BB 2003, 7; *Lutter/Bayer*, Umwandlungsgesetz, 4. Aufl. 2009; *Maul/Schmidt*, Inspire Art – Quo vadis Sitztheorie?, BB 2003, 2297; *Mörsdorf*, Beschränkung der Mobilität von EU-Gesellschaften im Binnenmarkt – eine Zwischenbilanz, EuZW 2009, 97; *Müller-Bonanni*, Unternehmensmitbestimmung nach „Überseering" und „Inspire Art", GmbHR 2003, 1235; *Otte/Rietschel*, Freifahrschein für den grenzüberschreitenden Rechtsformwechsel nach „Cartesio"?, GmbHR 2009, 983; *Paefgen*, Auslandsgesellschaften und Durchsetzung deutscher Schutzinteressen nach Überseering, DB 2003, 487; *ders.*, Gezeitenwechsel im Gesellschaftskollisionsrecht, WM 2003, 561; *ders.*, Cartesio: Niederlassungsfreiheit minderer Güte, WM 2009, 529; *Peters*, Verlegung des tatsächlichen Verwaltungssitzes der GmbH ins Ausland, GmbHR 2008, 245; *Ringe*, Verstoß gegen die Niederlassungsfreiheit durch Verbot grenzüberschreitender Verschmelzungen, DB 2005, 2806; *Roth*, Internationales Gesellschaftsrecht nach Überseering, IPRax 2003, 117; *Sack*, Auswirkungen der Artt. 52, 58 EWGV auf das internationale Gesellschaftsrecht, JuS 1990, 352; *Sandrock*, Die Schrumpfung der Überlagerungstheorie, ZVglRWiss 102 (2003), 447; *Sandrock/Austmann*, Das Internationale Gesellschaftsrecht nach der Daily Mail-Entscheidung des EuGH: Quo vadis?, RIW 1989, 249; *Schanze/Jüttner*, Anerkennung und Kontrolle ausländischer Gesellschaften – Rechtslage und Perspektiven nach der Überseering-Entscheidung des EuGH, Die AG 2003, 30; *dies.*, Die Entscheidung für Pluralität: Kollisionsrecht und Gesellschaftsrecht nach der EuGH-Entscheidung „Inspire Art", Die AG 2003, 661; *Schmidt/Maul*, Zur Frage der Zulässigkeit einer Eintragung einer grenzüberschreitenden Verschmelzung in das nationale Handelsregister, BB 2006, 13; *Schulze/Sester*, Höchstrichterliche Harmonisierung der Kollisonsregeln im europäischen Gesellschaftsrecht, EWS 2002, 545; *Semler/Stengel*, Umwandlungsgesetz, 2. Aufl. 2007; *Sethe/Winzer*, Der Umzug von Gesellschaften in Europa nach dem Cartesio-Urteil, WM 2009, 536; *Spindler/Berner*, Inspire Art – Der europäische Wettbewerb um das Gesellschaftsrecht ist endgültig eröffnet, RIW 2003, 949; *Teichmann*, Cartesio: Die Freiheit zum formwechselnden Wegzug, ZIP 2009, 393; *Triebel/von Hase*, Wegzug und grenzüberschreitende Umwandlung deutscher Gesellschaften nach „Überseering" und „Inspire Art", BB 2003, 2409; *Ulmer*, Gläubigerschutz bei Scheinauslandsgesellschaften, NJW 2004, 1201; *von Halen*, Das internationale Gesellschaftsrecht nach dem Überseering-Urteil des EuGH, WM 2003, 571; *Wachter*, Errichtung, Publizität, Haftung und Insolvenz von Zweigniederlassungen ausländischer Kapitalgesellschaften nach „Inspire Art", GmbHR 2003, 1254; *Weller*, „Inspire Art": Weitgehende Freiheiten beim Einsatz ausländischer Briefkastengesellschaften, DStR 2003, 1800; *Werner*, Das deutsche Internationale Gesellschaftsrecht nach „Cartesio" und Trabrennbahn, GmbHR 2009, 191; *Wilhelmi*, Der Wegzug von Gesellschaften im Lichte der Rechtsprechung des EuGH zur Niederlassungsfreiheit, DB 2008, 1611; *Ziemons*, Freie Bahn für den Umzug von Gesellschaften nach Inspire Art?!, ZIP 2003, 1913; *Zimmer*, Wie es euch gefällt? Offene Fragen nach dem Überseering-Urteil des EuGH, BB 2003, 1; *ders.*, Nach „Inspire Art": Grenzenlose Gestaltungsfreiheit für deutsche Unternehmen?, NJW 2003, 3585; *Zimmer/Naendrup*, Das Cartesio-Urteil des EuGH: Rück- oder Fortschritt für das internationale Gesellschaftsrecht?, NJW 2009, 545.

I. Begriff des grenzüberschreitenden oder internationalen Formwechsels

1 Unter einem Formwechsel im Sinne von § 190 Abs. 1 UmwG ist grundsätzlich die Änderung der Rechtsform eines Rechtsträgers unter Beibehaltung seiner rechtlichen und wirtschaftlichen Identität zu verstehen.[1] Ein grenzüberschreitender oder **internationaler Formwechsel** liegt vor, wenn der Formwechsel zwischen Rechtsformen unterschiedlicher Rechtsordnungen stattfindet, also mit einem **Wechsel des Gesellschaftsstatuts** verbunden ist. Dies gilt auch, wenn es sich um einen Formwechsel zwischen sich entsprechenden Gesellschaftsformen (zB GmbH deutschen und österreichischen Rechts) handelt. Zu unterscheiden ist aus Sicht des deutschen Rechts zwischen dem Hereinformwechsel eines ausländischen Rechtsträger in eine inländische Rechtsform, und dem Herausformwechsel

---
[1] *Stengel/Schwanna*, in: Semler/Stengel, UmwG § 190 Rdnr. 3.

eines deutschen Rechtsträgers in eine ausländische Rechtsform. In beiden Fällen ist es grundsätzlich erforderlich, zugleich den Satzungssitz in den Zuzugsstaat zu verlegen, da die materiellen Gesellschaftsrechte regelmäßig einen inländischen Satzungssitz verlangen (vgl. § 4a GmbHG, § 5 AktG). Daher wird der Begriff der **Satzungssitzverlegung** häufig synonym zum Begriff des grenzüberschreitenden Formwechsels verwendet. Für die weitere Darstellung soll das bisherige Gesellschaftsstatut als Wegzugsrecht, das neue Gesellschaftsstatut dagegen als Zuzugsrecht bezeichnet werden.[2]

II. Zulässigkeit des grenzüberschreitenden Formwechsels innerhalb der EU

1. Frühere Sichtweise des deutschen Rechts

Aufgrund der restriktiven Auslegung des § 1 Abs. 1 UmwG, dem lange Zeit entnommen wurde, dass das UmwG für grenzüberschreitende Umwandlungen nicht zur Verfügung steht, wurden grenzüberschreitende Formwechsel vor der EuGH-Entscheidung „Cartesio" für das deutsche Recht überwiegend als **unzulässig** angesehen.[3] Zwar ist auch insoweit schon früher diskutiert worden, ob der Formwechsel ebenfalls von der **Niederlassungsfreiheit** gedeckt ist[4], wobei aber überwiegend zumindest der nicht mit einer Verlegung auch des tatsächlichen Sitzes verbundene Formwechsel als nicht von der Niederlassungsfreiheit erfasst angesehen wurde. In Kombination mit der „Daily Mail"-Doktrin (dazu näher § 52, Rdnr. 13ff.), wonach die Niederlassungsfreiheit auch kein Recht auf Verlegung des tatsächlichen Sitzes aus dem Gründungsstaat heraus gewährt,[5] führte diese Sichtweise dazu, dass die Mitgliedstaaten als berechtigt angesehen wurden, den ihrem Recht unterliegenden Gesellschaften den Grenzübertritt vollständig zu verweigern. Erst durch die EuGH-Entscheidung „Cartesio" trat insoweit ein Umdenken ein.

2. Die EuGH-Entscheidung „Cartesio"

Erstmalig hat sich der EuGH zur Frage, ob ein formwechselnder Grenzübertritt von der Niederlassungsfreiheit der Gesellschaften gedeckt ist, in der Entscheidung **„Cartesio"** vom 16. 12. 2008 geäußert.[6] Der Sachverhalt betraf eine Kommanditgesellschaft ungarischen Rechts, die ihren tatsächlichen Sitz, also ihre Hauptverwaltung, unter Beibehaltung des ungarischen Gesellschaftsstatuts von Ungarn nach Italien verlegen wollte und die Eintragung dieser Sitzänderung in das Handelsregister begehrte. Das ungarische Gericht legte dem EuGH die Frage vor, ob die Niederlassungsfreiheit der Verweigerung einer solchen Sitzverlegung entgegen steht. Damit war die **Fortgeltung der „Daily Mail"-Doktrin**

---

[2] Für eine umfassende Darstellung der hier behandelten Problematik aus Sicht des österreichischen Rechts vgl. *Eckert*, Internationales Gesellschaftsrecht, S. 541 ff.

[3] *Stengel/Schwanna*, in: Semler/Stengel, UmwG § 190 Rdnr. 11; *Drinhausen*, in: Semler/Stengel, UmwG, Einl. C Rdnr. 34.

[4] ZB *Großfeld/Jasper*, RabelsZ 53 (1989), 52, 58 ff.; *Behrens*, ZGR 1994, 1, 23; *Kronke*, ZGR 1994, 26, 31; näher zur früheren Diskussion: Ulmer/*Behrens*, GmbHG, Einl. Rdnr. B 114 ff.; Staudinger/*Großfeld*, BGB, IntGesR Rdnr. 608 ff.

[5] EuGH, Rs. 81/87, Slg. 1988, 5483 ff., 5512, Tz 12 – „Daily Mail"; dazu: *Behrens*, IPRax 1989, 354; *Ebenroth/Eyles*, DB 1989, 363 und 413; *Sack*, JuS 1990, 352; *Sandrock/Austmann*, RIW 1989, 249.

[6] EuGH NJW 2009, 569 = BB 2009, 11; vgl. dazu *Knop*, DZWir 2009, 147; *Frobenius*, DStR 2009, 487; *Sethe/Winzer*, WM 2009, 536; *Heuschmid/Däubler*, NZG 2009, 493; *Campos Nave*, BB 2009, 870; *Leible/Hoffmann*, BB 2009, 58; *Zimmer/Naendrup*, NJW 2009, 545; *Paefgen*, WM 2009, 529; *Grohmann*, DZWiR 2009, 322; *Kindler*, NZG 2009, 130; *ders*. IPRax 2009, 189; *Teichmann*, ZIP 2009, 393; *Otte/Rietschel*, GmbHR 2009, 983; *Behme/Nohlen*, BB 2009, 13; *Bayer/Schmidt*, ZHR 173 (2009), 735; *Mörsdorf*, EuZW 2009, 97; *Hennrichs/Klavina/Pöschke/Laage*, WM 2009, 2009; *Kobelt*, GmbHR 2009, 808; *Brakalova/Barth*, DB 2009, 213; *Frenzel*, EWS 2009, 158; *Werner*, GmbHR 2009, 191; *Herrler*, DNotZ 2009, 484.

unmittelbar angesprochen, also die Frage, ob die Unterbindung des Wegzugs durch den Gründungsstaat auch nach der Neuorientierung der EuGH-Rechtsprechung (insbesondere in den Entscheidungen „Überseering"[7] und „Inspire Art"[8]) noch immer als europarechtskonform eingestuft wird. Insbesondere nach einer entsprechenden Stellungnahme des Generalanwalts[9] war in Fachkreisen eine Abkehr von dieser mobilitätsfeindlichen Doktrin erwartet worden. Dennoch entschied sich der EuGH für eine Beibehaltung der bisherigen Sichtweise und hielt eine solche „Einmauerung" für zulässig, soweit die betroffene Gesellschaft an ihrem Personalstatut festhalten will. In einem (wiederum etwas überraschenden) obiter dictum führte der EuGH allerdings aus, dass die Niederlassungsfreiheit dagegen sehr wohl die Sitzverlegung unter **Änderung des anwendbaren Rechts** erfasst, so „dass der Gründungsmitgliedstaat die Gesellschaft dadurch, dass er ihre Auflösung und Liquidation verlangt" nicht daran hindern darf, „sich in eine Gesellschaft nach dem nationalen Recht dieses anderen Mitgliedstaats umzuwandeln, soweit dies nach diesem Recht möglich ist."[10]

4 Die Konsequenzen der Entscheidung beschränken sich für das internationale Gesellschaftsrecht zunächst darauf, dass infolge der **Bestätigung der „Daily Mail"-Doktrin** die Anwendung der Sitztheorie durch die Mitgliedstaaten auf Gesellschaften, die nach eigenem Recht gegründet worden sind, weiterhin zulässig bleibt. Die Niederlassungsfreiheit steht also einer Entziehung des Gesellschaftsstatuts infolge des tatsächlichen Grenzübertritts der Hauptverwaltung nicht entgegen. Nicht zulässig ist dagegen eine über den Entzug des Statuts hinausgehende materiellrechtliche Zwangsauflösung, da dies eine Fortführung als Gesellschaft ausländischen Rechts verhindern würde. In der Eröffnung der Möglichkeit einer identitätswahrenden **Umwandlung in eine Auslandsgesellschaft** liegt denn auch die eigentliche Bedeutung der Entscheidung: Soweit die Zuzugsrechtsordnung dies ermöglicht, muss auch das bisherige Gesellschaftsstatut einen solchen grenzüberschreitenden Formwechsel hinnehmen. Beschränkungen müssen sich am Maßstab **zwingender Gründe des Allgemeininteresses, der Geeignetheit und der Erforderlichkeit** messen lassen, so dass ein genereller Ausschluss jedenfalls ausscheidet. Die üblichen umwandlungsrechtlichen Schutzinstrumente (insbes. zum Minderheiten- und Gläubigerschutz) können dagegen regelmäßig gerechtfertigt werden. Da diese Umwandlungsmöglichkeit auch ohne gesetzliche Regelung anzuerkennen ist, müssen derartige Schutzinstrumente (bis zu einer Regelung durch den Gesetzgeber) im Wege der Rechtsfortbildung aus dem geltenden Recht heraus entwickelt werden (unten Rdnr. 10 ff.). Da eine materiellrechtliche Auflösung „an der Grenze" von der Niederlassungsfreiheit untersagt wird, ergibt sich als weitere

---

[7] EuGH, Slg. I-2002, 9919 – „Überseering" = IPrax 2003, 65 = NJW 2002, 3614 = EuZW 2002, 754 m. Anm. *Wernicke* = IStR 2002, 809 m. Anm. *Sedemund* und *Schnitger* = EWS 2002, 569 m. Anm. *Hirte* = MDR 2003, 96 m. Anm. *Haack* = JA 2003, 267 m. Anm. *Timme/Hülk*; vgl. auch die Besprechungsaufsätze von *Binz/Mayer*, GmbHR 2003, 249; *Deininger*, IStR 2003, 214; *Eidenmüller*, ZIP 2002, 2233; *Forsthoff*, DB 2002, 2471; *Großerichter*, DStR 2003, 159; *von Halen*, WM 2003, 571; *Heidenhain*, NZG 2002, 1141; *Kallmeyer*, DB 2002, 2521; *Kersting*, NZG 2003, 9; *Kindler*, NJW 2003, 1073; *Knapp*, DNotZ 2003, 85; *Leible/Hoffmann*, RIW 2002, 925; *Lutter*, BB 2003, 7; *Paefgen*, DB 2003, 487; ders., WM 2003, 561; *Roth*, IPRax 2003, 117; *Schanze/Jüttner*, AG 2003, 30; *Schulze/Sester*, EWS 2002, 545; *Zimmer*, BB 2003, 1.
[8] EuGH, IPRax 2004, 46 = NJW 2003, 3331 – „Inspire Art". Dazu: *Altmeppen*, NJW 2004, 97; *Behrens*, IPRax 2004, 20; *Bayer*, BB 2003, 2357; *Eidenmüller/Rehm*, ZGR 2004, 159; *Geyrhalter/Gänßler*, DStR 2003, 2167; *Hirsch/Britain*, NZG 2003, 1100; *Horn*, NJW 2004, 893; *Kanzleiter*, DNotZ 2003, 885; *Kersting/Schindler*, RdW 2003, 621; *Kindler*, NZG 2003, 1086; *Kleinert/Probst*, DB 2003, 2217; dies., MDR 2003, 1265; *Leible/Hoffmann*, EuZW 2003, 677; *Maul/Schmidt*, BB 2003, 2297; *Müller-Bonanni*, GmbHR 2003, 1235; *Sandrock*, ZVglRWiss 102 (2003), 447; *Schanze/Jüttner*, Die AG 2003, 661; *Spindler/Berner*, RIW 2003, 949; *Triebel/v. Hase*, BB 2003, 2409; *Ulmer*, NJW 2004, 1201; *Wachter*, GmbHR 2003, 1254; *Weller*, DStR 2003, 1800; *Ziemons*, ZIP 2003, 1913; *Zimmer*, NJW 2003, 3585.
[9] Schlußanträge des GA Poiares Maduro, NZG 2008, 498 (in Tz. 36); vgl. hierzu *Wilhelmi*, DB 2008, 1611; *Grohmann/Gruschinske*, EuZW 2008, 496; *Behme/Nohlen*, NZG 2008, 496.
[10] EuGH EuZW 2009, 75, 80, Tz. 112 – „Cartesio".

Konsequenz, dass ein Wegzug in einen Gründungstheoriestaat auch ohne formwechselnde Umwandlung möglich ist: Hier kommt es aus Sicht des Sitztheoriestaates zu einer **Rückverweisung,** die – soweit sie angenommen wird – einem Statutenwechsel auch aus Sicht des Sitztheoriestaates entgegensteht. Auch diesen Vorgang wird man nunmehr als von der Niederlassungsfreiheit gedeckt anzusehen haben.[11]

3. Zulässigkeit des grenzüberschreitenden Formwechsels einer deutschen Gesellschaft

Wie bereits dargelegt hat der EuGH in der Entscheidung „Cartesio" (soeben Rdnr. 3 f.) ein Recht der Gesellschaften anerkannt, ihren Gründungsstaat unter Wechsel des Gesellschaftsstatuts zu verlassen, soweit der Zuzugsstaat dies identitätswahrend (also ohne Liquidation und Neugründung) ermöglicht. Da es bei einem solchen Vorgang einer Anpassung der Satzung bedarf und üblicherweise ein Satzungssitz im Zuzugsstaat erforderlich ist, kann man diesen Vorgang als **grenzüberschreitende Satzungssitzverlegung,** oder – wegen des damit verbundenen Erwerbs einer ausländischen Rechtsform – von einem **grenzüberschreitenden Formwechsel.** Zunächst bedeutet dies nur, dass der Herkunftsstaat den identitätswahrenden Wegzug nicht durch materiellrechtliche Hindernisse (wie etwa die Auflösung bei Grenzübertritt oder die Annahme der Nichtigkeit der Satzungssitzverlegung ins Ausland) unterbinden darf, wie es das deutsche Recht bisher getan hat.[12] Beschränkungen, etwa durch die **Anwendung umwandlungsrechtlicher Vorschriften,** bedürfen einer Rechtfertigung anhand zwingender Gründe des Allgemeininteresses, wobei insbesondere der Minderheiten- und der Gläubigerschutz hier als solche Allgemeininteressen in Betracht kommen und die Anwendung der typischen umwandlungsrechtlichen Schutzinstrumente grundsätzlich wird rechtfertigen können. Eine davon zu trennende Frage ist ferner, ob die Mitgliedstaaten dazu verpflichtet sind, nicht nur den Wegzug, sondern auch den **identitätswahrenden Zuzug** zu ermöglichen. Während sich die Entscheidung „Cartesio" selbst keine Verpflichtung zur Schaffung einer Zuzugsmöglichkeit entnehmen lässt, ist zu beachten, dass die Satzungssitzverlegung zugleich als Formwechsel und damit als Umwandlung aufzufassen ist. Ebenso wie die Spaltung (§ 56, Rdnr. 14 ff.) unterliegt auch der Formwechsel dem in der Entscheidung „SEVIC Systems" entwickelten Grundsatz, dass grenzüberschreitende Umwandlungen im selben Umfang zuzulassen sind wie entsprechende innerstaatliche Vorgänge vorgesehen sind.[13] Wenn also ein Mitgliedstaat den Formwechsel zwischen verschiedenen nationalen Kapitalgesellschaftsformen zulässt, muss zur Vermeidung einer Diskriminierung ausländischer Gesellschaften auch der Formwechsel einer ausländischen in eine inländische Kapitalgesellschaft zugelassen werden.[14]

Für das deutsche Recht ergeben sich hieraus eine Reihe von Konsequenzen:[15] Erforderlich ist zunächst die Aufhebung **materiellrechtlicher Wegzugsbeschränkungen,** um deutschen Gesellschaften nicht nur die Verwaltungssitzverlegung,[16] sondern auch den Formwechsel in die Rechtsform eines Mitgliedstaates zu erlauben, der dies ermöglicht. Zur Wahrung von Minderheits-, Arbeitnehmer- und Gläubigerinteressen bedarf es dabei der **analogen Anwendung des UmwG,** wobei grundsätzlich von den Vorschriften des Formwechsels (§§ 190 ff. UmwG) auszugehen ist, diese indes – ähnlich wie im Fall der

---

[11] Ausführlich: *Leible/Hoffmann,* BB 2009, 58, 61.
[12] Vgl. nur BayObLG DStR 2004, 1224 (wo die Eintragung einer Satzungssitzverlegung nach Portugal abgelehnt worden ist, obwohl dort ein identitätswahrender, statutenändernder Zuzug möglich ist).
[13] *Zimmer/Naendrup,* NJW 2009, 545, 548; *Hennrichs/Pöschke/Laage/Klavina,* WM 2009, 2009, 2012; *Bayer/Schmidt,* ZHR 173 (2009), 735, 759 f.
[14] Zu dieser Frage ist derzeit ein Vorlageverfahren beim EuGH anhängig, vgl. EuGH, Rs. C-378/10, ZIP 2010, 1956 – VALE; dazu Neye, EWiR 2010, 625; vgl. auch die Schlussanträge des GA v. 15. 12. 2011, ZIP 2012, 465; dazu *Behrens,* EuZW 2012, 121.
[15] Näher: *Bayer/Schmidt,* ZHR 173 (2009), 735, 761 ff.; *Leible/Hoffmann,* BB 2009, 58, 62 f.
[16] Dazu § 52, Rdnr. 14 f.

Spaltung (dazu: § 56, Rdnr. 46 ff.) – zur Berücksichtigung der besonderen Situation beim Wechsel in eine ausländische Rechtsform um Vorschriften der §§ 122a ff. UmwG vorsichtig zu ergänzen sind. Die Diskussion um die konkrete Ausgestaltung dieses Formwechsels und der Grenzen, die die Niederlassungsfreiheit der analogen Anwendung des UmwG zieht, steht noch ganz am Anfang.[17] Aus Gründen der Rechtssicherheit wäre jedenfalls eine gesetzliche Lösung vorzuziehen. Zur Durchführung eines solchen Formwechsels aus Sicht des deutschen Rechts vgl. unten Rdnr. 10 ff.

4. Zulässigkeit des grenzüberschreitenden Formwechsels in eine deutsche Gesellschaftsform

7   Da der EuGH in Tz. 112 der Entscheidung „Cartesio" ausdrücklich darauf abgestellt hat, dass der formwechselnde Zuzug nach dem Zuzugsrecht „möglich" sein muss, kann man dieser Entscheidung direkt keine Verpflichtung des Zuzugsstaats entnehmen, eine solche Möglichkeit zu schaffen. Allerdings ist zu bedenken, dass nach der Entscheidung „SEVIC Systems"[18] die Mitgliedstaaten grenzüberschreitende Umwandlungsmöglichkeiten im selben Umfang zu eröffnen haben wie sie innerstaatliche Umwandlungen zulassen. In dieser Entscheidung ging es um die Frage, ob ein genereller Ausschluss grenzüberschreitender Verschmelzungen (als Konsequenz einer restriktiven Auslegung des § 1 Abs. 1 UmwG[19]) mit der Niederlassungsfreiheit vereinbar ist, wenn eine vergleichbare Inlandsumwandlung (konkret die Verschmelzung zweier deutscher Aktiengesellschaften) zugelassen wird. Etwas überraschend stellte der EuGH für die Beantwortung der Frage nicht auf die Beschränkung der Mobilität selbst, sondern auf die Diskriminierung im Vergleich zu den Inlandsumwandlungen ab. Der EuGH ging davon aus, dass die **unterschiedliche Behandlung der Auslandsgesellschaften,** denen die grenzüberschreitenden Umwandlungsmöglichkeiten mit deutschen Gesellschaften nicht zur Verfügung stehen, diese davon abhalten können, von der Niederlassungsfreiheit Gebrauch zu machen.[20] Dieser ausdrückliche Hinweis auf die unterschiedliche Behandlung macht deutlich, dass der EuGH hier (nur) eine Gleichbehandlung fordert, so dass die Niederlassungsfreiheit es nicht gebietet, bestimmte Umwandlungsmöglichkeiten erstmals einzuführen. Jedoch dürfen die im Inland bestehenden gesetzlichen Möglichkeiten **nicht auf Inlandsumwandlungen beschränkt** werden, vielmehr sind diese auf grenzüberschreitende Sachverhalte zu erstrecken. Allerdings gilt auch dies nur insoweit, als die Ungleichbehandlung nicht anhand zwingender Gründe des Allgemeininteresses gerechtfertigt werden kann und die Maßnahme geeignet und erforderlich für die Erreichung des verfolgten Ziels ist.[21] Hiermit bedurfte es indes keiner näheren Auseinandersetzung, da sich der EuGH auf die Aussage beschränken konnte, dass eine Rechtfertigung anhand zwingender Gründe des Allgemeininteresses (z.B. Gläubiger- und Minderheitenschutz, Arbeitnehmerinteressen, Wirksamkeit der Steueraufsicht) zwar denkbar ist, zumindest die hier betroffene generelle Verhinderung grenzüberschreitender Verschmelzungen aber keinesfalls als erforderlich angesehen werden kann.

8   Da der Wechsel des Gesellschaftsstatuts einem innerstaatlichen Formwechsel vergleichbar ist, kann man den genannten Entscheidungen entnehmen, dass auch der **grenzüberschreitende Hinein-Formwechsel** eröffnet werden muss, wenn im nationalen Recht der Formwechsel in einer vergleichbaren Konstellation (zB zwischen zwei verschiedenen For-

---

[17] Vgl. nur *Hennrichs/Pöschke/Laage/Klavina*, WM 2009, 2009, 2015; *Bayer/Schmidt*, ZHR 173 (2009), 735, 762 f.; *Paefgen*, WM 2009, 529, 533; *Teichmann*, ZIP 2009, 393, 403.
[18] EuGH, NJW 2006, 425 = BB 2006, 11. – Sevic; vgl. dazu auch *Leible/Hoffmann*, RIW 2006, 161; *Bayer/Schmidt*, ZIP 2006, 210; *Bungert*, BB 2006, 53; *Drygala*, EWiR 2006, 25; *Ringe*, DB 2005, 2806; *Schmidt/Maul*, BB 2006, 13; *Kuntz*, IStR 2006, 224.
[19] Zu dieser Auslegungsfrage vgl. ausführlich *Drinhausen*, in: Semler/Stengel, UmwG, 2. Aufl. 2007, Einl. C Rdnr. 21 ff.; *Lutter/Drygala*, in: Lutter, UmwG, 4. Aufl. 2009, § 1 Rdnr. 4 ff.
[20] EuGH, NJW 2006, 425, 426, Tz. 22.
[21] EuGH, NJW 2006, 425, 426, Tz. 23, 28 ff.

men der Kapitalgesellschaft) zugelassen wird.[22] Die „SEVIC Systems" – Entscheidung zwingt dann also den Zuzugsstaat zur Schaffung der Hinein-Umwandlungsmöglichkeit, während „Cartesio" den Vorgang im Verhältnis zum Wegzugsstaat eröffnet. Dies zeigt, dass grenzüberschreitende Formwechsel auch dann bereits **in weitem Umfang von der Niederlassungsfreiheit erfasst** werden, wenn spezielle Vorschriften für ihre Durchführung weder im Wegzugs- noch im Zuzugsstaat bestehen. Dagegen lässt sich der Entscheidung nicht entnehmen, dass die Niederlassungsfreiheit auch einen grenzüberschreitenden Formwechsel ohne **Verlegung des Verwaltungssitzes** erfassen würde.[23] Die Mitgliedstaaten können diese also zur Voraussetzung des Herausformwechsels machen – ohne dass sie freilich bei einem Wechsel in das Recht eines Gründungstheoriestaates die sofortige Rückkehr aufgrund der Entscheidung „Überseering"[24] verhindern könnten.

Für das deutsche Recht hat diese Auslegung der Niederlassungsfreiheit erhebliche Konsequenzen: Da § 191 UmwG den Formwechsel in die verschiedenen Kapitalgesellschaftsformen (aber auch in andere Rechtsformen) weitgehend zulässt, gebietet es die Niederlassungsfreiheit, auch ausländischen Gesellschaften den **formwechselnden Zuzug** zu ermöglichen. Auch insoweit sollten umwandlungsrechtliche Vorschriften des Formwechsels sowie – soweit erforderlich – der grenzüberschreitenden Verschmelzung analog angewendet werden,[25] wobei zu berücksichtigen ist, dass der Vorgang bis zur Wirksamkeit des Formwechsels allein dem bisherigen Gesellschaftsstatut unterliegt. Das deutsche Recht hat also das Verfahren und die Voraussetzungen des **Erwerbs der deutschen Rechtsfähigkeit** durch analoge Anwendung zu regeln, nicht aber für den Minderheits- und Gläubigerschutz zu sorgen. Letzteres ist vielmehr Sache des Herkunftsrechts, das entsprechende Schutzvorschriften vorsehen bzw. analog anwenden kann. Soweit der Zuzug in der Rechtsform der AG, KGaA oder GmbH erfolgen soll, verlangt das deutsche Gesellschaftsrecht auch **keinen gleichzeitigen Zuzug des tatsächlichen Sitzes,** da es für den Erwerb des deutschen Gesellschaftsstatuts nach § 4a GmbHG, § 5 AktG genügt, wenn der Satzungssitz in Deutschland belegen ist. Dies ist Konsequenz der (freilich umstrittenen) Interpretation dieser Vorschriften als versteckte, einseitige Kollisionsnormen nach ihrer Neufassung durch das MoMiG.[26] Zur Durchführung des Zuzugs nach deutschem Recht vgl. sogleich Rdnr. 10 ff.

---

[22] *Teichmann*, ZIP 2009, 393, 402; *Zimmer/Naendrup*, NJW 2009, 545, 548; *Otte/Rietschel*, GmbHR 2009, 983, 984; *Frobenius*, DStR 2009, 487, 490; *Behme/Nohlen*, BB 2009, 13, 14; Michalski/*Leible*, GmbHG, 2. Aufl. 2010, Syst. Darst. 2 Rdnr. 35; zu dieser Frage ist derzeit ein Vorlageverfahren beim EuGH anhängig, vgl. EuGH, Rs. C-378/10, ZIP 2010, 1956 – VALE; dazu *Neye*, EWiR 2010, 625; vgl. auch die Schlussanträge des GA v. 15. 12. 2012, ZIP 2012, 465; dazu *Behrens*, EuZW 2012, 121.

[23] Michalski/*Leible*, GmbHG, 2. Aufl. 2010, Syst. Darst. 2 Rdnr. 35; *Ringe* ZIP 2008, 1072, 1074; aA *Teichmann*, ZIP 2009, 392, 404.

[24] EuGH, Slg. I-2002, 9919 – „Überseering" = IPrax 2003, 65 = NJW 2002, 3614.

[25] *Bayer/Schmidt*, ZHR 173 (2009), 735, 764.

[26] Zu dieser Frage vgl. näher § 52, Rdnr. 18 ff. Für eine solche kollisionsrechtliche Interpretation: Michalski/*Leible*, GmbHG, Syst. Darst. 2 Rdnr. 177; Lutter/Hommelhoff/*Bayer*, GmbHG, § 4 Rdnr. 15; *Hüffer*, AktG, § 5 Rdnr. 3; Baumbach/Hueck/*Fastrich*, GmbHG, § 4a Rdnr. 12; MüKo GmbHG/*Mayer*, § 4a Rdnr. 74; Spindler/Stilz/*Müller*, AktG, 2. Aufl. 2010, IntGesR Rdnr. 9; Spindler/Stilz/*Drescher*, AktG, 2. Aufl. 2010, § 5 Rdnr. 10; Bamberger/Roth/*Mäsch*, BGB, Art. 12 EGBGB Rdnr. 91; Michalski/*Hoffmann*, § 53 Rdnr. 118; *Wicke*, GmbHG, § 4a Rdnr. 13; Ring/Grziwotz/*Ring*, GmbHG, § 4a Rdnr. 5 ff.; Handelsrechtsausschuss des DAV, NZG 2007, 211, 212; *Bayer/Schmidt*, ZHR 173 (2009), 735, 746 ff.; *Knof/Morck*, GmbHR 2007, 852, 856; *dies.*, ZIP 2009, 30, 32; *Elser/Dürrschmidt*, IStR 2010, 79; *Leitzen*, NZG 2009, 728; *Fingerhuth/Rumpf*, IPrax 2008, 90; *Däubler/Heuschmid*, NZG 2009, 493, 494; *Hoffmann*, ZIP 2007, 1581; *Kobelt*, GmbHR 2009, 808, 811; *Leible/Hoffmann*, BB 2009, 58, 62; *Paefgen*, WM 2009, 529, 531; *Sethe/Winzer*, WM 2009, 536, 540; *Barkalova/Barth*, DB 2009, 213, 216; *Koch/Eickmann*, AG 2009, 73; *Behme*, BB 2008, 70, 72; *Campos Nave*, BB 2008, 1410; wohl auch *Hirte*, NZG 2008, 761, 766; für eine rein sachrechtliche Bedeutung der Änderung aber *Kindler*, AG 2007, 721, 722; *ders.*, NJW 2008, 3249, 3251; *ders.*, IPrax 2009, 189; *ders.*, NZG 2009, 130, 132; Michalski/*Funke*, GmbHG, § 4a Rdnr. 34; Scholz/*Emmerich*, GmbHG, Nachtrag MoMiG § 4a Rdnr. 7; MüKo GmbHG/*Weller*, Einl. Rdnr. 384; *Peters*, GmbHR

III. Durchführung des grenzüberschreitenden Formwechsels aus Sicht des deutschen Rechts

1. Kollisionsrechtliche Grundlagen und analog anzuwendende Normen

10 In kollisionsrechtlicher Hinsicht wirft der grenzüberschreitende Formwechsel nur geringe Schwierigkeiten auf, da der Vorgang nur eine Gesellschaft betrifft. Zwar sind auch hier verschiedene Rechtsordnungen als Gesellschaftsstatute beteiligt, jedoch nicht gleichzeitig (wie bei grenzüberschreitenden Verschmelzungen oder Spaltungen), sondern nacheinander. Grundsätzlich ist auch für den grenzüberschreitenden Formwechsel die **Kombinationslehre**[27] als Kollisionsnorm in dem Sinn maßgeblich, dass es einer kombinierten Anwendung des Wegzugs- und des Zuzugsrechts bedarf. Das Zuzugsrecht entscheidet dabei indes lediglich über die Voraussetzungen des Erwerbs des Gesellschaftsstatuts und die zukünftigen Rechtsverhältnisse der Gesellschaft, während die Voraussetzungen des Wegzugs und damit insbesondere die im Vorfeld der Umwandlung relevanten Schutzmechanismen sich allein nach dem Wegzugsrecht bestimmen. Dies gilt insbesondere für den Schutz der Anteilseigner und der Gläubiger der Gesellschaft. Daher liegt der Schwerpunkt der Anwendung umwandlungsrechtlicher Vorschriften im Wegzugsrecht, während das Zuzugsrecht erst mit der Wirksamkeit des Formwechsels anwendbar ist. Auch in Hinblick auf die bei grenzüberschreitenden Umwandlungen kritischen Rechtsfolgen wirft der Formwechsel keine besonderen Probleme auf, da es nicht zu einer Vermögensübertragung kommt, sondern der Vorgang identitätswahrend erfolgt, so dass der Rechtsträger, dem das Vermögen zugeordnet ist, nicht wechselt. Dies gilt ebenso für die Verbindlichkeiten, die stets derselben Gesellschaft zugeordnet bleiben. Vielmehr erschöpfen sich die **Wirkungen des Formwechsels** im Wechsel des anwendbaren Rechts (und damit der Rechtsform) und der grundsätzlichen Fortsetzung der Mitgliedschaft im Umfang der bisherigen Beteiligungsquote. Zwar können auch diese Wirkungen nur eintreten, wenn beide Rechtsordnungen sie übereinstimmend anordnen, jedoch sind insoweit keine Inkompatibilitäten zu befürchten. Das Ausscheiden gegen Barabfindung (wie etwa in § 207 UmwG vorgesehen) unterliegt dagegen (auch wenn es zeitlich erst mit dem Formwechsel wirksam wird) allein dem Wegzugsrecht. Machen die Anteilseigner von einer solchen Möglichkeit keinen Gebrauch, bemessen sich ihr Status und der Umfang ihrer Rechte nach dem Formwechsel allein nach dem neuen Gesellschaftsstatut. Lediglich für die bereits zum Wirksamkeitszeitpunkt entstandenen Rechte gilt weiterhin das Wegzugsrecht (etwa in Hinblick auf Ansprüche auf bare Zuzahlung nach § 196 UmwG). Die kollisionsrechtliche Situation lässt daher – auch ohne materiellrechtliche Harmonisierung – keine Hindernisse für die Durchführung es Formwechsels erwarten. Ein Zusammenwirken beider Rechtsordnungen ist aber in Hinblick auf das Umwandlungsverfahren erforderlich. Zur Gewährleistung der von der Niederlassungsfreiheit verlangten Umwandlungsmöglichkeiten bedarf es daher Normen (bzw. einer Rechtsfortbildung), die sicherstellt, dass die **verfahrensmäßige Durchführung** des Vorgangs in Hinblick auf erforderliche Eintragungen und die Prüfung der Rechtmäßigkeit ermöglicht wird.

11 Aus Sicht des deutschen Rechts ist zunächst festzustellen, dass **spezielle Vorschriften für den grenzüberschreitenden Formwechsel** nicht bestehen, während der interne Formwechsel in §§ 190 ff. UmwG ausführlich geregelt ist und weitgehend für zulässig erklärt wird. Da diese Vorschriften speziell auf die Interessenlage des Formwechsels ausgerichtet sind, erscheint es als nahe liegend, sie im hier interessierenden Zusammenhang analog heranzuziehen und ergänzend auf die Vorschriften zur grenzüberschreitenden Verschmelzung (§§ 122 a ff. UmwG) zurückzugreifen, soweit es um die spezifischen Aspekte

---

2008, 245; *Werner*, GmbHR 2009, 191, 195; *Lieder/Kliebisch*, BB 2009, 338, 343; *Franz/Laeger*, BB 2008, 678, 681 f.; *Franz*, BB 2009, 1250, 1251.

[27] Hierzu näher: Münchener Kommentar z. BGB/*Kindler*, IntGesR Rdnr. 857 ff.; Ulmer/*Behrens*, GmbHG, Einl. Rdnr. B 125 ff.; Michalski/*Leible*, GmbHG, Syst. Darst. 2 Rdnr. 204 ff.; *Kallmeyer/Kappes*, AG 2006, 224 ff.

des Grenzübertritts geht.[28] Daneben wurde auch vorgeschlagen, die Regelung in Art. 8 SE-VO, wo die **Sitzverlegung der SE** unter Wechsel des ergänzend anwendbaren Rechts geregelt ist, analog heranzuziehen.[29] Der Unterschied zwischen den Auffassungen wird dadurch relativiert, dass die für den Grenzübertritt wesentlichen Vorschriften der Richtlinie 2005/56/EG (zu deren Umsetzung die §§ 122a ff. UmwG dienen) den Vorschriften des SE-Statuts weitgehend nachgebildet sind und auch die Vorschriften der §§ 12 ff. SEAG, insbesondere durch die Verweisung in § 12 Abs. 2 SEAG, die Sitzverlegung ganz ähnlich der Verschmelzung ausgestalten. Allerdings sind die Vorschriften des SE-Rechts spezifisch auf die Situation der SE zugeschnitten, bei der es nicht um einen wirklichen Formwechsel, sondern nur um einen Wechsel des ergänzenden nationalen Rechtskleids der SE geht. Diese Vorschriften gehen daher von einer weitgehenden Vergleichbarkeit der Gesellschaft vor und nach dem Wechsel aus, die bei einem grenzüberschreitenden Formwechsel nicht immer gegeben sein muss. Wichtigste Konsequenz daraus ist, dass eine bare Zuzahlung zwar für den Formwechsel vorgesehen ist (§ 196 UmwG), nicht aber im SE-Recht. Hierfür besteht indes auch beim grenzüberschreitenden Formwechsel ein Bedürfnis, etwa wenn die Regelungen bezüglich der Bildung von Geschäftsanteilen einen verhältniswahrenden Formwechsel verhindern, oder wenn bestimmte Sonderrechte im Zuzugsrecht nicht aufrecht erhalten werden können. Auch eine spezielle Vorschrift zu Firmenfortführung und Änderung des Rechtsformzusatzes (§ 200 UmwG) fehlt, da hierfür im SE-Recht ebenfalls kein Bedarf besteht. Dies zeigt, dass für den grenzüberschreitenden Formwechsel die Vorschriften des UmwG für den Formwechsel (§§ 190 ff. UmwG), ergänzt um die speziell auf den Grenzübertritt ausgerichteten Vorschriften zur grenzüberschreitenden Verschmelzung (§§ 122a ff. UmwG), als besser geeignet erscheinen und daher analog heranzuziehen sind. Das Analogieverbot des § 1 Abs. 2 UmwG steht dem nicht entgegen, da die Rechtsfortbildung im Wege der **europarechtskonformen Rechtsfortbildung** zur Gewährung der Niederlassungsfreiheit als geboten erscheint.

2. Voraussetzungen, Verfahren und Schutz der Anteilseigner

Nach dem Gesagten unterliegen die Voraussetzungen des Wegzugs sowie der Schutz der Anteilseigner allein dem bisherigen Gesellschaftsstatut. Für den **Wegzug einer Gesellschaft deutschen Rechts** bedeutet dies, dass das **Verfahren der §§ 192 ff. UmwG** einzuhalten ist. Da die Niederlassungsfreiheit es nach „Cartesio" (Rdnr. 3 f.) gebietet, den grenzüberschreitenden Formwechsel zu ermöglichen, wenn das Zuzugsrecht die Gesellschaft aufnimmt, kann § 191 UmwG die Möglichkeiten eines Formwechsels nicht beschränken. Vielmehr ist der Formwechsel auch über die in § 191 UmwG geregelten Fälle hinaus **allen niederlassungsberechtigten (Art. 54 AEUV) Gesellschaften deutschen Rechts in alle Rechtsformen ausländischen Rechts** zu ermöglichen. Die Reichweite der Umwandlungsmöglichkeiten wird somit vom Zuzugsrecht bestimmt. Das Zuzugsrecht ist darüber hinaus aber nur relevant, soweit in dem Umwandlungsbeschluss nach § 194 UmwG darauf Bezug genommen werden muss. Da der Umwandlungsbeschluss die rechtlichen Auswirkungen des Formwechsels beschreibt, hat das Zuzugsrecht hierfür die größte Relevanz. Da auch der Schutz der Anteilseigner dem deutschen Recht unterliegt, sind nicht nur die Verfahrensvorschriften für die Beschlussfassung einschließlich der Mehrheitserfordernisse des deutschen Rechts (§§ 193, 217, 233, 240 UmwG) anzuwenden, sondern auch die Regelungen zur baren Zuzahlung (§ 196 UmwG) sowie zum Angebot der Barabfindung (§ 204 UmwG). Das deutsche Recht bleibt auf die hieraus resultierenden Ansprüche auch **nach Wirksamkeit des Formwechsels weiter anwendbar,** so dass die Annahme des Barabfindungsangebots auch später noch (in den Fristen des § 209 UmwG) erklärt werden kann. Die Voraussetzungen des Zuzugs, etwa die Gestaltung der zukünftigen Satzung, unterliegt dagegen allein dem Zuzugsrecht.

---

[28] *Bayer/Schmidt*, ZHR 173 (2009), 735, 764.
[29] Lutter/*Drygala*, UmwG, § 1 Rdnr. 19.

13 Bei einem **Zuzug nach Deutschland** sind die Voraussetzungen dagegen dem § 191 UmwG zu entnehmen, so dass ein Zuzug nur in einer der Rechtsformen des § 191 Abs. 2 UmwG zulässig ist und ferner die ausländische Rechtsform als einer der Formen des § 191 Abs. 1 UmwG äquivalent anzusehen sein muss. Darüber hinaus ist das deutsche Recht nur in Hinblick auf die Voraussetzungen des Zuzugs von Interesse, was nach § 197 UmwG konkret bedeutet, dass die **Gründungsvorschriften der deutschen Rechtsform** anzuwenden sind. Die Einhaltung aller Gründungsvorschriften ist also Voraussetzung für den Formwechsel in eine deutsche Rechtsform. Dazu gehört insbesondere eine an den Vorgaben des deutschen Rechts orientierte **Satzung**, für einen Wechsel in die Rechtsform der GmbH, AG oder KGaA ist dagegen keine Verlegung auch des tatsächlichen Sitzes nach Deutschland vorgeschrieben (Rdnr. 9).

3. Anfechtung des Umwandlungsbeschlusses und Spruchverfahren

14 Eine **Anfechtung des Umwandlungsbeschlusses** ist schon grundsätzlich nur nach dem Recht des Wegzugsstaats, dem auch der Beschluss selbst unterliegt (soeben Rdnr. 12), denkbar. Nur beim Wegzug einer deutschen Gesellschaft kommen insoweit die Vorschriften des deutschen Gesellschaftsrechts (§ 195 Abs. 1 UmwG), aber auch die Anfechtungsausschlüsse der §§ 195 Abs. 2, 210 UmwG zur Anwendung. Soweit danach die Anfechtung des Umwandlungsbeschlusses ausgeschlossen ist, steht den Anteilsinhabern auch beim grenzüberschreitenden Formwechsel das **Spruchverfahren** (§§ 196 S. 2, 212 UmwG) offen. Die inländische Gerichtszuständigkeit am bisherigen Gesellschaftssitz bleibt auch nach Wirksamkeit des Formwechsels (und der damit verbundenen Sitzverlegung) bestehen, da die Zuständigkeit nach § 2 SpruchG von der Umwandlung stets unberührt bleibt. Für eine Einschränkung des Spruchverfahrens analog §§ 122h, 122i Abs. 2 UmwG bleibt hier kein Raum, da schon der diesen Normen zugrunde liegende Konflikt zwischen Anteilsinhabern unterschiedlicher beteiligter Gesellschaften beim Formwechsel nicht besteht.

4. Gläubigerschutz

15 Da der **Schutz der vorhandenen Gläubiger** der Gesellschaft allein dem Wegzugsrecht unterliegt, können die entsprechenden Vorschriften des UmwG nur beim Wegzug einer deutschen Gesellschaft angewendet werden. Im Fall des Zuzugs ist dagegen allein das ausländische Recht berufen, für einen angemessenen Schutz zu sorgen. Dasselbe gilt für den Schutz der **Inhaber von Sonderrechten** i.S.v. § 23 UmwG (z.B. Genussrechte oder Gewinnschuldverschreibungen).

16 Nach dem Gesagten haben die Gläubiger einer deutschen Gesellschaft im Fall des grenzüberschreitenden Formwechsels **Anspruch auf Sicherheitsleistung** für ihre noch nicht fälligen Forderungen. Fraglich ist insoweit lediglich, ob die Sicherheitsleistung analog zu den allgemeinen Vorschriften (§§ 204, 22 UmwG) oder analog § 122j UmwG zu verlangen ist. Der § 122j UmwG regelt als lex specialis für die grenzüberschreitende Verschmelzung einen Anspruch auf Sicherheitsleistung, der sich vor allem dadurch von der allgemeinen Regelung unterscheidet, dass die Sicherheitsleistung bereits vor dem Vollzug der Umwandlung verlangt werden kann und die Erfüllung des Anspruchs Voraussetzung des registergerichtlichen Vollzugs ist (§ 122k Abs. 1 Satz 2 UmwG).[30] Der Anspruch aus § 22 UmwG kann dagegen erst nach der Eintragung der Umwandlung geltend gemacht werden, so dass bei einer grenzüberschreitenden Spaltung der Anspruch ggf. gegen einen ausländischen übernehmenden Rechtsträger nach deutschem Recht im Ausland durchgesetzt werden müsste. Die Sonderregelung schützt also die Gläubiger einer übertragenden Inlandsgesellschaft davor, ihre Rechte im Ausland verfolgen zu müssen.[31] Dieser Zweck zeigt, dass die Regelung nicht verschmelzungsspezifisch ist, sondern vielmehr auf die Sondersituation der grenzüberschreitenden Umwandlung ausgerichtet ist und für diese Fälle

---

[30] Näher: Semler/Stengel/*Drinhausen*, UmwG, § 122j Rdnr. 1 ff.; Lutter/*Bayer*, UmwG, § 122j Rdnr. 1 ff.

[31] Vgl. BT-Drucks. 16/2919, S. 17.

verallgemeinert werden kann.³² Hierfür spricht ferner, dass auch die Regelung der Sicherheitsleistung bei der Sitzverlegung einer SE in § 13 SEAG fast wörtlich der Regelung des § 122j UmwG entspricht. Daher besteht der Anspruch auf Sicherheitsleistung für Verbindlichkeiten einer deutschen Gesellschaft auch beim grenzüberschreitenden Formwechsel **analog § 122j UmwG,** nicht analog §§ 204, 22 UmwG.

Der Schutz nach Maßgabe des deutschen Rechts gilt beim Wegzug einer deutschen Gesellschaft auch für die Inhaber von stimmrechtslosen **Sonderrechten iSv §§ 204, 23 UmwG.** Gemäß §§ 204, 23 UmwG haben diese Rechtsinhaber einen Anspruch auf Begründung „gleichwertiger Rechte in dem übernehmenden Rechtsträger", im Kontext des Formwechsels also im formwechselnden Rechtsträger unter dem neuen Gesellschaftsstatut. Insoweit erscheint vor allem die Gewährung „gleichwertiger" Rechte als problematisch, soweit gesellschaftsrechtliche Unterschiede die Gewährung bestimmter Rechte ausschließen. Insbesondere kann dies bei **Umtausch- oder Bezugsrechten** aus den in § 221 AktG geregelten Instrumenten auftreten, soweit derartige Rechte im Auslandsrecht nicht bekannt sind. Dieses Problem tritt allerdings auch bei innerstaatlichen Umwandlungen unter Beteiligung unterschiedlicher Gesellschaftsformen auf, da zB das GmbH-Recht ebenfalls keine bedingte Kapitalerhöhung zur Bedienung von solchen Bezugsrechten kennt. Die für diese Problematik entwickelte Lösung lässt sich auf den grenzüberschreitenden Formwechsel übertragen: Stehen die rechtlichen Unterschiede der Bedienung der Umtausch- und Bezugsrechte entgegen, ist den Inhabern eine **angemessene Abfindung analog § 207 UmwG** anzubieten, deren Höhe von den Berechtigten im Wege des Spruchverfahrens überprüft werden kann (§ 212 UmwG analog).³³ Da vorrangig allerdings gleichwertige Rechte zu gewähren sind, kommt dies nur bei Unmöglichkeit der Gewährung solcher Rechte in Betracht. Solange die Gleichwertigkeit gewährleistet werden kann, ist der Rechtsinhaber also nicht allein aufgrund des Formwechsels berechtigt, Abfindung zu verlangen.

5. Eintragung und Zeitpunkt des Wirksamwerdens

Im grenzüberschreitenden Kontext wirft vor allem der **Ablauf des Prüfungs- und Eintragungsverfahrens** Schwierigkeiten auf, da gewährleistet sein muss, dass eine behördliche bzw. gerichtliche Prüfung (und – soweit im nationalen Recht vorgeschrieben – Eintragung) in beiden beteiligten Rechtsordnungen stattfindet und die Wirksamkeit des Formwechsels nach Maßgabe des Zuzugsrechts nicht eintritt, bevor das entsprechende Verfahren des Wegzugsrechts abgeschlossen ist. Andernfalls würde der Rechtsträger im Zuzugsstaat bereits entstehen, aber zugleich im Wegzugsstaat noch fortbestehen. Umgekehrt darf aber auch die Wirksamkeit im Wegzugsstaat nicht vor der im Zuzugsstaat eintreten, da sonst die Gesellschaft inexistent werden würde. Die Niederlassungsfreiheit gebietet es, dass die beteiligten Rechtsordnungen das Verfahren so koordinieren, dass zur Ermöglichung des Vorgangs diese Voraussetzungen eingehalten werden. Zweifelsfrei unterliegen Prüfung und Eintragung dem jeweiligen Gesellschaftsrecht, so dass im Wegzugsstaat die Prüfung anhand des Wegzugsrechts, im Zuzugsstaat anhand des Zuzugsrechts erfolgt. Der **Zeitpunkt der Wirksamkeit** ist anhand der Kombinationslehre durch kombinierte Anwendung beider beteiligten Rechte zu ermitteln, so dass der Formwechsel erst wirksam wird, wenn die **Wirksamkeit nach beiden Rechtsordnungen** gegeben ist.

Aus Sicht des deutschen Rechts handelt es sich beim grenzüberschreitenden Formwechsel stets um einen mit einer Sitzverlegung verbundenen Formwechsel i. S. v. § 198 Abs. 2 S. 2, 2. Alt. UmwG, so dass es einer Anmeldung und einer Eintragung aus deutscher Sicht sowohl im Register des Wegzugs- wie des Zuzugsstaats bedarf (§ 198 Abs. 2 S. 3 UmwG). Der Zeitpunkt der Wirksamkeit bestimmt sich indes allein aufgrund der **konstitutiven**

---

³² Für die Spaltung vgl. auch § 56, Rdnr. 51 ff.
³³ In diesem Sinne Lutter/*Grunewald*, UmwG, § 23 Rdnr. 17; Semler/Stengel/*Kalss*, UmwG, § 23 Rdnr. 15.

Registereintragung im Register der „neuen Rechtsform" (§ 202 UmwG), während die Eintragung im Register des Wegzugsstaats nach § 198 Abs. 2 S. 4 UmwG noch nicht zur Wirksamkeit führt.

20 Für den grenzüberschreitenden Formwechsel ist daraus aus Sicht des deutschen Rechts folgendes zu schließen: Beim Zuzug einer Auslandsgesellschaft nach Deutschland bedarf es analog § 198 UmwG der **Anmeldung des Formwechsels** beim Registergericht des neuen Satzungssitzes. Der Eintragung im deutschen Register kommt aus Sicht des deutschen Rechts nach § 202 UmwG konstitutive Wirkung zu, so dass die Eintragung erst vorzunehmen ist, wenn gewährleistet ist, dass auch die Wirksamkeit nach dem Wegzugsrecht spätestens mit der Eintragung in das deutsche Register eintritt. Letzteres ist erforderlich, um eine Fehlinformation durch die Registereintragung zu vermeiden, wenn der Wirksamkeitszeitpunkt nach dem ausländischen Recht später anzusetzen ist. Da die Wirksamkeit nach ausländischem Recht also **Eintragungsvoraussetzung** in Deutschland ist, bedarf es eines Verfahrens für den Nachweis des Abschlusses des Wegzugsverfahrens (einschließlich des behördlichen bzw. gerichtlichen Prüfungsverfahrens) im Wegzugsstaat (dazu sogleich Rdnr. 21). Beim Wegzug einer deutschen Gesellschaft bedarf es einer Anmeldung und Eintragung mit dem **Vermerk des § 198 Abs. 2 S. 4 UmwG** im Register des bisherigen Satzungssitzes. Da die Wirksamkeit aus Sicht des deutschen Rechts indes erst mit der Eintragung im Register des Zuzugsstaats eintritt, hängt der Wirksamkeitszeitpunkt nach deutschem Recht von einer **Auslandseintragung** (bzw. sonstigen Offenlegung im Sinne der Publizitätsrichtlinie, die im Wege der Substitution an die Stelle der Registereintragung tritt[34]) ab. Mit der Eintragung (oder Offenlegung) im Zuzugsstaat wird daher der Formwechsel auch aus Sicht des deutschen Rechts wirksam, soweit die Wirksamkeit auch nach dem Auslandsrecht bereits eingetreten ist.

21 Für die Koordinierung der Eintragungs- und Prüfungsverfahren in beiden Rechtsordnungen bedarf es zusätzlich eines Rückgriffs auf das für die grenzüberschreitende Verschmelzung in §§ 122k und l UmwG geschaffene Verfahren, das auf den grenzüberschreitenden Formwechsel analog anzuwenden ist. Da diese Vorschriften der Umsetzung der Richtlinie 2005/56/EG dienen, sind vergleichbare Vorschriften in allen Mitgliedstaaten vorhanden und können durch analoge Anwendung zur Ermöglichung des grenzüberschreitenden Formwechsels nutzbar gemacht werden. Hieraus folgt, dass beim Wegzug einer deutschen Gesellschaft das deutsche Registergericht mit der Registereintragung eine **„Wegzugsbescheinigung"** analog § 122k Abs. 2 UmwG auszustellen hat, die das Vertretungsorgan der Gesellschaft der zuständigen Stelle des Zuzugsstaats vorzulegen hat (§ 122k Abs. 3 UmwG analog). Beim Zuzug einer ausländischen Gesellschaft nach Deutschland ist dagegen die **„Wegzugsbescheinigung" der ausländischen Stelle analog § 122l Abs. 1 UmwG** vorzulegen und die Eintragung nur bei deren Vorlage zulässig. Nach erfolgter Eintragung hat ferner das deutsche Registergericht analog § 122l Abs. 3 UmwG der zuständigen Stelle des Wegzugsstaats das Eintragungsdatum mitzuteilen.[35]

6. Firma

22 Nach ganz h. M. ist das Firmenrecht (einschließlich des Namensrechts einer Gesellschaft) gesellschaftsrechtlich zu qualifizieren, so dass das Gesellschaftsstatut darüber entscheidet, welche Firma bzw. welcher Name der Gesellschaft zusteht.[36] Dies gilt insbesondere für den Rechtsformzusatz, der nicht nur die Rechtsform selbst anzeigt, sondern auch einen Hin-

---

[34] Zutreffend MüKo/*Kindler*, IntGesR Rdnr. 885.
[35] Eine analoge Anwendung des Art. 8 der SE-Verordnung würde zu einer weitestgehend vergleichbaren Rechtslage führen, da auch Art. 8 Abs. 8 SE-Verordnung eine solche „Wegzugsbescheinigung" vorsieht.
[36] RGZ 117, 215 (218); BGH NJW 1958, 17f.; BayObLG NJW 1986, 3029; Baumbach/Hopt, HGB, 34. Aufl. 2010, § 17 Rdnr. 48; *Michalski*, NZG 1998, 762, 763; Michalski/*Leible*, GmbHG, Bd. 1, 2. Aufl. 2010, Syst. Darst. 2 Rdnr. 133; a. A. MüKo/*Kindler*, Bd. 11, 4. Aufl. 2006, Int. GesR, Rdnr. 229 ff.; differenzierend *Lamsa*, Die Firma der Auslandsgesellschaft, 2011, S. 252 ff.

weis auf das Gesellschaftsstatut gibt.³⁷ Mit dem grenzüberschreitenden Formwechsel ändert sich somit auch das anwendbare Firmenrecht, so dass es ggf. einer **Anpassung der Firma** an das neue Gesellschaftsstatut bedarf.

Da das Wegzugsrecht nach dem Formwechsel somit keine Bedeutung mehr für die Firmenbildung hat, kann auch die die **Firmenfortführung** betreffende Vorschrift des § 200 UmwG nur beim Zuzug nach Deutschland zur Anwendung kommen. Mit Ausnahme des Rechtsformzusatzes, der ausnahmslos an die deutsche Rechtsform angepasst werden muss (§ 200 Abs. 1 S. 2, Abs. 2 UmwG), darf daher beim formwechselnden Zuzug die nach ausländischem Recht zulässigerweise gebildete Firma grundsätzlich in Deutschland fortgeführt werden. Da § 200 UmwG allerdings auf die Situation beim internen Formwechsel zugeschnitten ist und damit eine ursprünglich nach deutschem Recht gebildete Firma voraussetzt. Daher kann das Recht zur Firmenfortführung im grenzüberschreitenden Kontext nicht uneingeschränkt gewährt werden. Zugleich wäre ein **Zwang zur Umfirmierung** indes als Beschränkung der Niederlassungsfreiheit anzusehen, da der Verzicht auf eine eingeführte Firma den Wegzug zweifelsfrei weniger attraktiv macht und erschwert. Die Verweigerung der Firmenfortführung im Inland ist daher nur zulässig, soweit sie am Maßstab zwingender Gründe des Allgemeininteresses gerechtfertigt werden können. Insoweit wird man die Maßstäbe übertragen können, die für die Begrenzung der Anwendung des ausländischen Firmenrechts im Fall der Auslandsgesellschaft mit tatsächlichem Sitz im Inland durch den inländischen *ordre public* anerkannt sind: Dieser ist verletzt, soweit die Firmierung zu **wesentlichen Fehlvorstellungen** über die Rechtsverhältnisse der Gesellschaft führt. Jedenfalls der Kerngehalt des deutschen Firmenrechts gehört demnach zum *ordre public*, soweit der Verkehrsschutz dies erfordert.³⁸ Bezogen auf § 200 UmwG bedeutet dies, dass beim grenzüberschreitenden Formwechsel das Recht auf Firmenfortführung nur anzuerkennen ist, soweit die Firma nicht gegen den **Kerngehalt des deutschen Firmenrechts** verstößt und nicht zu wesentlichen Fehlvorstellungen über die Rechtsverhältnisse der Gesellschaft führt.

23

§ 55. Alternative Gestaltungsmöglichkeiten des Grenzübertritts

Übersicht

	Rdnr.		Rdnr.
I. Anwachsungsmodelle: Grundgedanke und Anwendungsbereich	1, 2	III. Einfaches Anwachsungsmodell	6–9
II. International-gesellschaftsrechtliche Voraussetzungen der Anwachsungsmodelle	3–5	IV. Erweitertes Anwachsungsmodell	10, 11

Schrifttum: *Audretsch*, Die grenzüberschreitende Verschmelzung von Personengesellschaften, 2008; *Beutel*, Der neue rechtliche Rahmen grenzüberschreitender Verschmelzungen in der EU, 2008; *Kallmeyer*, Die Auswirkungen des neuen Umwandlungsrechts auf die mittelständische GmbH, GmbHR 1993, 461 ff.; *Kindler*, „Anerkennung" der Scheinauslandsgesellschaft und Niederlassungsfreiheit, IPRax 2003, 41; *Leible/Hoffmann*, Vom „Nullum" zur Personengesellschaft – Die Metamorphose der Scheinauslandsgesellschaft im deutschen Recht, DB 2002, 2203; *Orth*, Komplementärvergütung einer GmbH & Co. KG – Abgrenzung zwischen Sondervergütung und Gewinnvorab, DStR 1999, 105 ff.; *Schmidt*, Formwechsel zwischen GmbH und GmbH & Co. KG, GmbHR 1995, 693; *Schmitt/Hörtnagl/Stratz*, UmwG, UmwStG, 5. Aufl., 2009; *Schwedhelm*, Die Unternehmensumwandlung, 6. Aufl. 2008; *Semler/Stengel*, UmwG, 2. Aufl., 2007; *Winter*, Planung und Vorbereitung einer grenzüberschreitenden Verschmelzung, Der Konzern 2007, 24 ff.

---

³⁷ EuGH EuZW 2003, 687 ff.; dazu näher: *Leible/Hoffmann*, EuZW 2003, 677, 680 f.
³⁸ MüKo HGB/*Heidinger*, 2. Aufl. 2005, Vor § 17 Rdnr. 70; Michalski/*Leible*, GmbHG, Bd. 1, 2. Aufl. 2010, Syst. Darst. 2 Rdnr. 134; i. E. MüKo/*Kindler*, Bd. 11, 4. Aufl. 2006, Int. GesR, Rdnr. 232 ff. (der dieses Ergebnis indes durch eine gebietsbezogene Anknüpfung ohne Rückgriff auf den ordre public erreicht).

I. Anwachsungsmodelle: Grundgedanke und Anwendungsbereich

1 Insbesondere vor Einführung der grenzüberschreitenden Verschmelzung von Kapitalgesellschaften (§§ 122a ff. UmwG)[1] hat sich die Praxis mit Hilfskonstruktionen beholfen, um außerhalb des UmwG vergleichbare Rechtsfolgen herbeiführen zu können.[2] Im Mittelpunkt standen insoweit insbesondere die sog. **Anwachsungsmodelle,** bei denen die Regelung des § 738 BGB genutzt wurde, um die Übertragung aller Aktiva und Passiva auf den übernehmenden Rechtsträger zu bewirken.[3] Nach § 738 BGB kommt es beim Ausscheiden eines Gesellschafters zur Anwachsung des Gesamthandsanteils bei den übrigen Gesellschaftern. Diese Folge tritt nicht nur bei Fortbestehen der Gesellschaft ein, sondern auch bei Ausscheiden des vorletzten Gesellschafters.[4] Soweit dies im Gesellschaftsvertrag vereinbart ist,[5] kommt es in diesem Fall zur „liquidationslosen Vollbeendigung der Gesellschaft und zur Anwachsung des Gesellschaftsvermögens bei dem letzten verbliebenen Gesellschafter".[6] Dies gilt nicht nur für die Gesellschaft bürgerlichen Rechts, sondern über §§ 105 Abs. 3 und 161 Abs. 2 HGB auch für die Personenhandelsgesellschaften. Insbesondere die grenzüberschreitende Zusammenführung der Aktiva und Passiva einer deutschen Personengesellschaft mit denen einer ausländischen Gesellschaft lässt sich daher dadurch bewirken, dass die Auslandsgesellschaft der Personengesellschaft beitritt und nachfolgend die bisherigen Gesellschafter austreten. Einer Zustimmung der Gläubiger der Personengesellschaft bedarf diese Vorgehensweise nicht, da das Ausscheiden die **Haftung der bisherigen Gesellschafter** grundsätzlich unberührt lässt.[7] Die Zusammenführung einer Auslandsgesellschaft mit einer GmbH ist auf diesem Weg ebenfalls möglich, wenn die GmbH zunächst in eine **GmbH & Co. KG** umgewandelt wird und die Auslandsgesellschaft sodann der KG beitritt.

2 Weitere Rechtsfolge des Ausscheidens ist die Entstehung eines **Abfindungsanspruchs** der ausscheidenden Gesellschafter. Dies bedeutet jedoch nicht, dass es stets einer Barabfindung bedarf. Vielmehr kann ein der Verschmelzung vergleichbares Ergebnis, nämlich die Beteiligung der früheren Gesellschafter der Personengesellschaft an der übernehmenden Gesellschaft, durch eine **Einbringung des Abfindungsanspruchs** in die übernehmende Gesellschaft erreicht werden. Soweit es sich hierbei um eine Kapitalgesellschaft handelt, bedarf es dazu entweder einer Kapitalerhöhung gegen Sacheinlage unter Beachtung der hierfür relevanten Regelungen des Gesellschaftsstatuts der übernehmenden Gesellschaft oder einer Ausgabe eigener Anteile, die die Gesellschaft zuvor für diesen Zweck – soweit nach ihren Gesellschaftsstatut zulässig – erworben hat, als Abfindung. Derartige Konstruktionen werden als **erweiterte Anwachsungsmodelle** bezeichnet (näher unten Rdnr. 10 f.).

II. International-gesellschaftsrechtliche Voraussetzungen der Anwachsungsmodelle

3 Die Vorschrift des § 738 BGB als Grundlage der Anwachsungsmodelle kann nur herangezogen werden, soweit **deutsches Recht als Gesellschaftsstatut** der betroffenen Personen-

---

[1] Dazu ausführlich § 53, Rdnr. 20 ff.
[2] Nicht betrachtet werden sollen hier Konstruktionen, die die Zusammenführung der Aktiva außerhalb des Gesellschaftsrechts durch Übertragung der Vermögenswerte (Asset-Einbringung) bezwecken oder die lediglich zu einer internationalen Konzernstruktur, nicht aber zur verschmelzungsähnlichen Zusammenführung der Aktiva, Passiva und Gesellschafterkreise führen (Share-Einbringung). Dazu näher: *Beutel,* Der neue rechtliche Rahmen grenzüberschreitender Verschmelzungen in der EU, 2008, S. 24 ff.
[3] Zur Abwägung zwischen der heute bestehenden Möglichkeit einer grenzüberschreitenden Verschmelzung und den Anwachsungsmodellen vgl. *Winter,* Der Konzern 2007, 24 ff.
[4] Ständige Rspr., zuletzt BGH NJW 2008, 2992.
[5] Näher: Münchener Kommentar z. BGB/*Ulmer/Schäfer,* § 730 Rdnr. 68 ff.
[6] BGH NJW 2008, 2992, Leitsatz 1.
[7] Zur Begrenzung der Nachhaftung vgl. aber § 160 HGB, § 736 Abs. 2 BGB.

gesellschaft anwendbar ist. Dabei ist zwischen der Personengesellschaft und der übernehmenden Gesellschaft zu differenzieren: Die Anwachsung ist eine Rechtsfolge, die im Rahmen des Gesellschaftsstatuts der Personengesellschaft eintritt, aber nicht voraussetzt, dass auch die übernehmende Gesellschaft deutschem Recht unterliegt. Deren Gesellschaftsstatut ist somit für die Rechtsfolgen des Ausscheidens des vorletzten Gesellschafters, also Anwachsung und Abfindung, irrelevant. Soll ein Grenzübertritt daher mit Hilfe des Anwachsungsmodells erfolgen, muss darauf Bedacht genommen werden, dass die Personengesellschaft deutschem Recht unterliegt – oder einem Recht, das eine vergleichbare Rechtsfolge kennt.[8]

Nach überwiegender Auffassung bestimmt sich das Gesellschaftsstatut der Personengesellschaften in Deutschland grundsätzlich nach der **Sitztheorie,** wobei allerdings für die Gesellschaften aus EU/EWR-Staaten dieselben Modifikationen in Hinblick auf die Niederlassungsfreiheit anerkannt werden wie bei den Kapitalgesellschaften.[9] Will man also die Anwachsung nach deutschem Recht nutzen, muss die Personengesellschaft grundsätzlich nur ihren **tatsächlichen Sitz in Deutschland** nehmen. Unproblematisch ist dies nur dann, wenn der übernehmende Rechtsträger die Auslandsgesellschaft sein soll, da es dann genügt, wenn die Auslandsgesellschaft der ohnehin in Deutschland ansässigen Personengesellschaft beitritt und sodann die bisherigen Gesellschafter ausscheiden.[10] Soll dagegen die deutsche Gesellschaft übernehmender Rechtsträger sein, müsste zunächst das Vermögen der Auslandsgesellschaft zum Gesellschaftsvermögen einer deutschen Personengesellschaft werden. Geht man davon aus, dass hierfür eine Umwandlungsmöglichkeit nach dem UmwG nicht zur Verfügung steht,[11] bedarf es einer andersartigen Überführung des Vermögens. Neben der aufwändigen Einzelrechtsübertragung im Rahmen der Sacheinlage in eine neu gegründete Personengesellschaft ließe sich dieses Ziel auch mit Hilfe der Sitztheorie erreichen: Die Auslandsgesellschaft könnte sich ggf. zunächst nach ihrem Heimatrecht in eine Personengesellschaft umwandeln und sodann ihren tatsächlichen Sitz nach Deutschland verlegen. Geht man von der Fortgeltung der Sitztheorie für die Personengesellschaften aus, kommt es dadurch zu einem **Statutenwechsel,** so dass die Gesellschaft anschließend deutschem Recht unterliegt. Dieser nunmehr deutschen Gesellschaft kann sodann die ursprüngliche Inlandsgesellschaft als Gesellschafter beitreten, woraufhin die bisherigen Gesellschafter aus der Personengesellschaft ausscheiden. Die Rechtsfolge ist dann die Anwachsung des Gesellschaftsvermögens bei der übernehmenden Inlandsgesellschaft. Auch die erforderliche Behandlung der EU/EWR-ausländischen Gesellschaften nach ihrem Gründungsrecht, die sich aus der Niederlassungsfreiheit ergibt (ausführlich § 1, Rdnr. 94 ff.), steht einer solchen Vorgehensweise nicht entgegen. Denn da die Personengesellschaft deutschen Rechts keinen formalisierten Gründungsvoraussetzungen unterliegt, wird man den Gesellschaftern kaum aufgrund der **Niederlassungsfreiheit** verweigern können, ihre Gesellschaft mit der Sitzverlegung freiwillig (etwa durch Satzungsänderung oder formwechselnde Umwandlung) deutschem Recht zu unterstellen.[12]

---

[8] So soll etwa das französische Recht eine vergleichbare Rechtsfolge grundsätzlich vorsehen, vgl. *Audretsch,* Die grenzüberschreitende Verschmelzung von Personengesellschaften, 2008, S. 67 f.
[9] Dazu ausführlich: § 1, Rdnr. 39 ff.; ferner: MünchKomm z. BGB/*Kindler,* IntGesR Rdnr. 282 ff. mwN; zur differenzierteren Sichtweise des Verfassers vgl. NomosKomm z. BGB/*Hoffmann,* Anh zu Art. 12 EGBGB Rdnr. 158 ff.; neuerdings umfassend: *Schall,* in: Heidel/Schall, HGB, Anh. Int. PersGesR Rdnr. 1 ff.
[10] Näher zur Gestaltung vgl. sogleich Rdnr. 6 ff.
[11] Zu denken wäre in Hinblick auf die Cartesio-Entscheidung des EuGH indes an einen grenzüberschreitenden Formwechsel in die Rechtsform einer Personengesellschaft in analoger Anwendung der Vorschriften des UmwG, da für deutsche Kapitalgesellschaften auch der Formwechsel in eine Personengesellschaft vorgesehen ist, vgl. § 226 UmwG.
[12] Es ist darauf hinzuweisen, dass der Verfasser (vgl. NomosKomm z. BGB/*Hoffmann,* Anh zu Art. 12 EGBGB Rdnr. 158 ff.) in Hinblick auf die Niederlassungsfreiheit ohnehin nicht für eine Gründungsanknüpfung, sondern für eine Pflicht zur Achtung der Rechtsform durch die Anerken-

5 Noch einfacher können ferner **Kapitalgesellschaften aus Drittstaaten** außerhalb von EU und EWR durch Anwachsung auf eine übernehmende Inlandsgesellschaft übertragen werden, da – vorbehaltlich besonderer staatsvertraglicher Regelungen (dazu oben § 1, Rdnr. 104 ff.) – diese nach einer Verlegung des Verwaltungssitzes in Deutschland als **Personengesellschaften deutschen Rechts** anerkannt werden.[13] Einer vorherigen Umwandlung der Kapitalgesellschaft bedarf es nicht, da zumindest aus Sicht des deutschen Rechts die Gesellschaft allein aufgrund der Sitzverlegung zur Personengesellschaft deutschen Rechts wird und dabei Aktiva und Passiva der Auslandsgesellschaft ohne weiteres übernimmt. Insoweit ist lediglich Vorsicht geboten, wenn der Herkunftsstaat diese Folge nicht anerkennt, sondern die Gesellschaft weiterhin als **Kapitalgesellschaft** (zumindest als Liquidationsgesellschaft) **eigenen Rechts** fortbestehend ansieht. In diesem Fall könnte das Eigentum an den im Herkunftsstaat belegenen (wohl aber an den in Deutschland belegenen) Vermögensgegenständen nicht durch Anwachsung erworben werden, so dass es insoweit einer Einzelübertragung bedürfte.

III. Einfaches Anwachsungsmodell

6 Das sog. **einfache Anwachsungsmodell** stellt die Grundform derartiger Gestaltungen dar. Wie bereits erläutert (Rdnr. 1) kommt es wirtschaftlich zu einem der Verschmelzung ähnlichen Ergebnis, indem die übernehmende Gesellschaft zunächst Gesellschafterin der zu übernehmenden Personengesellschaft wird und anschließend die bisherigen Gesellschafter austreten. Deren Anteil wächst sodann dem einzigen verbleibenden Gesellschafter, der übernehmenden Gesellschaft, an, ohne dass es hierfür auf deren Gesellschaftsstatut oder Ansässigkeit im Inland ankäme. Vielmehr ist nur erforderlich, dass die übertragende Personengesellschaft deutschem Recht unterliegt.

7 Das einfache Anwachsungsmodell kann nicht nur von deutschen Personengesellschaften, sondern ebenso von deutschen Kapitalgesellschaften genutzt werden, soweit in einem ersten Schritt zunächst die Umwandlung in eine Personengesellschaft erfolgt. Hierfür kommt insbesondere ein **Formwechsel der Kapitalgesellschaft in eine GmbH & Co. KG** in Betracht (§§ 190, 191, 226, 228 UmwG), damit keine persönliche Haftung der Gesellschafter für die Gesellschaftsverbindlichkeiten entsteht. Erforderlich ist für eine solche Umwandlung indes, dass zunächst eine Komplementär-GmbH gegründet und diese selbst Gesellschafterin der umzuwandelnden GmbH (oder zumindest der KG zum Zeitpunkt des Formwechsels) wird.[14] In diesem Fall genügt es, wenn die übernehmende Auslandsgesellschaft erst nach dem Formwechsel der KG beitritt. Im Gesellschaftsvertrag der KG, der durch den Umwandlungsbeschluss festgestellt wird (§ 234 Nr. 3 UmwG), sollte ferner eine **Austrittsklausel**, ein **Übernahmerecht** des verbleibenden Gesellschafters ohne Liquidation und eine (mit der übernehmenden Gesellschaft zuvor abgestimmte) **Abfindungsregelung** vorgesehen werden. Die übernehmende Gesellschaft kann sowohl als Komplementärin als auch als Kommanditistin in die KG aufgenommen werden, da eine gesellschaftsvertraglich vorgesehene Übernahme des Handelsgeschäfts (unter Anwachsung des Gesellschaftsvermögens) auch durch den Kommanditisten erfolgen kann.[15] Dies zeigt, dass diese Gestaltung durch die nur kurzfristig genutzte Komplementär-GmbH relativ aufwändig ist.

8 Alternativ zur Umwandlung in eine GmbH & Co. KG kann das Anwachsungsmodell indes auch durch eine Umwandlung in eine **ausländische Kapitalgesellschaft & Co.**

---

nung von Rechtswahlfreiheit plädiert, was den Gesellschaften ohne weiteres ermöglicht, sich mit Zuzug dem deutschen Personengesellschaftsrecht zu unterwerfen, also vom Recht auf Beibehaltung des ursprünglichen Statuts keinen Gebrauch zu machen.

[13] BGH NJW 2002, 3539; dazu *Leible/Hoffmann*, DB 2002, 2203; *Kindler*, IPRax 2003, 41.

[14] Ob auch der erst mit dem Formwechsel wirksam werdende Beitritt der Komplementär-GmbH zur KG als zulässig anzusehen ist (so etwa *K. Schmidt*, GmbHR 1995, 693) ist in der Rechtsprechung bislang nicht geklärt, vgl. näher zu dieser Frage Semler/Stengel/*Ihrig*, UmwG, § 228 Rdnr. 23 ff.

[15] Vgl. Ebenroth/Boujong/Joost/Strohn/*Weipert*, HGB, 2. Aufl. 2007, § 162 Rdnr. 30.

KG und den Austritt der Kommanditisten aus dieser realisiert werden. Hierzu bedarf es des Erwerbs eines Geschäftsanteils an der übertragenden GmbH (entweder nach § 15 Abs. 3 GmbHG oder im Zuge einer Kapitalerhöhung nach § 55 Abs. 2 GmbHG) bzw. von Aktien der übertragenden AG durch die übernehmende Auslandsgesellschaft bereits vor dem Formwechsel. Dies ermöglicht die unmittelbare Übernahme der Komplementärsstellung durch die übernehmende Auslandsgesellschaft, während die übrigen Gesellschafter bzw. Aktionäre sich als Kommanditisten beteiligen können. Dies hat nicht nur den Vorteil, dass auf die Gründung einer Komplementär-GmbH verzichtet werden kann, vielmehr wird auch sichergestellt, dass der Umwandlungsbeschluss (der den die Abfindungsregelung enthaltenden Gesellschaftsvertrag der KG enthält, § 234 Nr. 3 UmwG) nur mit Zustimmung der übernehmenden Gesellschaft gefasst werden kann (§ 233 Abs. 2 Satz 3 UmwG).

Der (neben steuerlichen Aspekten, die hier nicht zu behandeln sind[16]) wesentliche **9** Nachteil des einfachen Anwachsungsmodells liegt darin, dass es zum **Ausscheiden der bisherigen Anteilsinhaber** der übernommenen Gesellschafter gegen Barabfindung führt. Grundsätzlich gewährt § 738 Abs. 1 Satz 2 BGB lediglich einen Abfindungsanspruch, nicht aber die mit einer Verschmelzung nach dem UmwG verbundene Möglichkeit, Anteile an der übernehmenden Gesellschaft zu erwerben. Es kommt daher nicht zu einer Zusammenführung der Gesellschafterkreise beider Gesellschaften, sondern zum Ausscheiden einer Gruppe. Nur im **Sonderfall der Beteiligungsidentität** zwischen übernehmender und übernommener Gesellschaft kommt es nicht zu einer Verschiebung der Beteiligung. Das einfache Anwachsungsmodell ist daher nur in diesem Ausnahmefall geeignet, um wirtschaftlich ein der Verschmelzung vergleichbares (mit Ausnahme der Belastung der Gesellschaft mit den Abfindungsansprüchen) Ergebnis zu erreichen. Es kann aber genutzt werden, wenn die Gesellschafter der übernommenen Gesellschaft ohnehin ausscheiden sollen oder diesen erst in einem zweiten, zeitlich nachfolgenden Schritt die Möglichkeit gegeben werden soll, sich an der übernehmenden Gesellschaft unter Einsatz des ausgezahlten Abfindungsbetrags (z.B. im Wege der Kapitalerhöhung nach den Regeln des Gesellschaftsstatuts der übernehmenden Gesellschaft) zu beteiligen. Sollen Ausscheiden und Beteiligung in einem Schritt erfolgen, kann dies durch das sog. erweiterte Anwachsungsmodell realisiert werden.

IV. Erweitertes Anwachsungsmodell

Beim **erweiterten Anwachsungsmodell** werden nicht nur die Aktiva und Passiva der **10** Gesellschaften zusammengeführt, sondern zugleich auch die Gesellschafterkreise. Es führt dazu, dass jeder Gesellschafter einer der beiden Gesellschaften eine Beteiligung an der übernehmenden Gesellschaft entsprechend dem Wert seiner bisherigen Beteiligung erhält. Erreicht wird dies dadurch, dass die Gesellschafter der übertragenden Gesellschaft die **Anteile an der Personengesellschaft** in die übernehmende Gesellschaft gegen Anteilsgewährung einbringen.[17] Die Gesellschafter erklären nicht ihr Ausscheiden aus der Personengesellschaft und lösen dadurch Abfindungsansprüche aus, sondern übertragen vielmehr ihre Gesellschaftsanteile auf die übernehmende Gesellschaft, bei der dann mit dem Zusammenfallen aller Anteile in einer Person die Anwachsung stattfindet.[18] Dies setzt eine Zulassung der Anteilsübertragung im Gesellschaftsvertrag der Personengesellschaft voraus, die Übertragung selbst erfolgt dann durch Abtretung (§§ 398, 413 BGB).[19] Im Gegenzug werden den bisherigen Gesellschaftern der Personengesellschaft neue Aktien bzw. Geschäftsanteile an der übernehmenden Gesellschaft gewährt. Erforderlich ist hierfür eine zeitgleich mit dem Ausscheiden aus der Personengesellschaft durchgeführte **Kapitalerhöhung gegen**

---

[16] Vgl. dazu: *Schmitt*, in: Schmitt/Hörtnagl/Stratz, UmwStG Rdnr. 198; *Orth*, DStR 1999, 1053, 1055 f.

[17] *Kallmeyer*, GmbHR 1993, 461, 463; *Decher*, in: *Lutter*, § 190 UmwG Rdnr. 17.

[18] Zu den (auch steuerlichen) Vorteilen des Modells vgl. *Schwedhelm*, Die Unternehmensumwandlung, 6. Aufl. 2008, Rdnr. 1550 ff., insbes. Rdnr. 1560.

[19] Heute allgM, vgl. statt vieler: *Schäfer*, in: Staub, HGB, § 105 Rdnr. 291 mwN.

Sacheinlage in der übernehmenden Gesellschaft, da die Gesellschaftsanteile als Sacheinlagen in die übernehmende Gesellschaft eingebracht werden müssen.

11 International-gesellschaftsrechtlich erfolgt die Sachkapitalerhöhung im Rahmen des Gesellschaftsstatuts der übernehmenden Gesellschaft, während sich die Übertragung der Gesellschaftsanteile nach deutschem Recht als dem Gesellschaftsstatut der Personengesellschaft bemisst. Voraussetzungen und Verfahren der Sacheinlage unterliegen also nur dann deutschem Recht, wenn die übernehmende Gesellschaft eine Inlandsgesellschaft ist. Ansonsten ist zu beachten, dass die beiden Teilaspekte des Vorgangs **zwei unterschiedlichen Rechtsordnungen** unterliegen und das erweiterte Anwachsungsmodell daher nur möglich ist, wenn beide beteiligten Rechte die erforderliche Gestaltung aufweisen. Insbesondere müssen die Vorschriften des ausländischen Gesellschaftsstatuts bezüglich der Frage beachtet werden, ob Sacheinlagen überhaupt zulässig sind und welche Schutzvorschriften zur Sicherung der Kapitalaufbringung ggf. zu beachten sind. Diese (zumindest für die Aktiengesellschaft innerhalb der EU harmonisierten[20]) Schutzvorschriften lassen das erweiterte Anwachsungsmodell als aufwändig und u. U. sogar gefährlich erscheinen. Aufwändig ist insbesondere das bei Sachkapitalerhöhung in der AG in der Kapitalrichtlinie vorgesehene Verfahren, das zwingend eine Prüfung des Sachgründungsberichts und damit eine **Überprüfung der Werthaltigkeit** der eingebrachten Anteile verlangt. Die Freiheit der Parteien, die Wertrelation frei zu vereinbaren, wird dadurch begrenzt. Soweit die Sachkapitalerhöhung im Rahmen einer GmbH deutschen Rechts erfolgt, ergeben sich ferner gewisse Haftungsgefahren in Hinblick auf §§ 56 Abs. 2, 9 GmbHG für den Fall einer Überbewertung der übertragenen Gesellschaftsanteile.[21]

§ 56. Grenzüberschreitende Spaltung

Übersicht

	Rdnr.		Rdnr.
I. Begriff der grenzüberschreitenden oder internationalen Spaltung	1–11	III. Zulässigkeit der grenzüberschreitenden Spaltung unter Beteiligung drittstaatlicher Gesellschaften	29–36
1. Begriff der Spaltung	1–3	1. Zulässigkeit aufgrund europa- oder völkerrechtlicher Normen	29–34
2. Grenzüberschreitende oder internationale Spaltung	4–10	2. Zulässigkeit nach deutschem Sachrecht	35, 36
3. Das internationale Privatrecht der grenzüberschreitenden Spaltung	11	IV. Die Durchführung der grenzüberschreitenden Spaltung innerhalb der EU	37–63
II. Zulässigkeit der internationalen Spaltung innerhalb der EU	12–28	1. Kollisionsrechtliche Grundlagen und europarechtskonforme Rechtsanwendung	37–45
1. Grenzüberschreitende Spaltung und der Wortlaut des § 1 Abs. 1 UmwG	12, 13	2. Voraussetzungen, Verfahren und Schutz der Anteilseigner	46–48
2. Grenzüberschreitende Spaltung und Niederlassungsfreiheit	14–28	3. Anfechtung des Spaltungsbeschlusses und Spruchverfahren	49, 50
a) Anwendbarkeit der Niederlassungsfreiheit auf Spaltungen	14–16	4. Gläubigerschutz	51–53
b) Hinein- und Hinausspaltungen zur Aufnahme	17–19	5. Eintragung und Zeitpunkt des Wirksamwerdens	54–59
c) Hinein- und Hinausspaltungen zur Neugründung	20–22	6. Rechtsfolgen	60–63
d) Konsequenzen	23		
e) Niederlassungsfreiheit und Anwendung des Spaltungsrechts	24–28		

---

[20] Vgl. Art. 10 der Zweiten gesellschaftsrechtlichen Richtlinie (Kapitalrichtlinie) 77/91/EWG, ABl. EG 1977, L 26, S. 1 ff.
[21] Zur steuerlichen Behandlung des erweiterten Anwachsungsmodells im deutschen Steuerrecht vgl. *Orth*, DStR 1999, 1053, 1055 ff.

§ 56. Grenzüberschreitende Spaltung § 56

Schrifttum: *Baudenbacher/Buschle,* Niederlassungsfreiheit für EWR-Gesellschaften nach Überseering, IPRax 2004, 26; *Bayer/Schmidt,* Der Schutz der grenzüberschreitenden Verschmelzung durch die Niederlassungsfreiheit, ZIP 2006, 210; *dies.,* Grenzüberschreitende Sitzverlegung und grenzüberschreitende Restrukturierungen nach MoMiG, Cartesio und Trabrennbahn, ZHR 173 (2009), 735; *Behme/Nohlen,* BB-Kommentar, BB 2009, 13; *Behrens,* Das internationale Gesellschaftsrecht nach dem Überseering-Urteil des EuGH und den Schlussanträgen zu Inspire Art, IPRax 2003, 193; *Brakalova/Barth,* Nationale Beschränkungen des Wegzugs von Gesellschaften innerhalb der EU bleiben zulässig, DB 2009, 213; *Bungert,* Grenzüberschreitende Verschmelzungsmobilität – Anmerkung zur Sevic-Entscheidung des EuGH, BB 2006, 53; *Campos Nave,* Das Ende der gegenwärtigen Wegzugsbesteuerung – Der zweite Blick auf Cartesio, BB 2009, 870; *Drygala,* Die Mauer bröckelt – Bemerkungen zur Bewegungsfreiheit deutscher Unternehmen in Europa, ZIP 2005, 1995; *ders.,* Zur grenzüberschreitenden Verschmelzung, EWiR 2006, 25; *Eidenmüller,* Wettbewerb der Gesellschaftsrechte in Europa, ZIP 2002, 2233; *Freitag,* Der Wettbewerb der Rechtsordnungen im internationalen Gesellschaftsrecht, EuZW 1999, 267; *Frenzel,* Immer noch keine Wegzugsfreiheit für Gesellschaften im Europäischen Binnenmarkt – die Cartesio-Entscheidung des EuGH, EWS 2009, 158; *Frobenius,* „Cartesio": Partielle Wegzugsfreiheit für Gesellschaften in Europa, DStR 2009, 487; *Germelmann,* Konkurrenz von Grundfreiheiten und Missbrauch von Gemeinschaftsrecht – Zum Verhältnis von Kapitalverkehrs- und Niederlassungsfreiheit in der neueren Rechtsprechung, EuZW 2008, 596; *Geyrhalter/Weber,* Die Schlussanträge des Generalanwalts in Sachen SEVIC Systems AG, NZG 2005, 837; *dies.,* Transnationale Verschmelzungen – im Spannungsfeld zwischen SEVIC Systems und der Verschmelzungsrichtlinie, DStR 2006, 146, 150; *Grohmann,* Grenzüberschreitende Mobilität von Gesellschaften nach der Rechtsprechung des EuGH – von Daily Mail bis Cartesio, DZWiR 2009, 322; *Großfeld,* Internationales Umwandlungsrecht, AG 1996, 302; *Hennrichs/Klavina/Pöschke/Laage,* Die Niederlassungsfreiheit der Gesellschaften in Europa, WM 2009, 2009; *Herrler,* Gewährleistung des Wegzugs von Gesellschaften durch Art. 43, 48 EG nur in Form der Herausumwandlung, DNotZ 2009, 484; *Heuschmid/Däubler,* Cartesio und MoMiG – Sitzverlagerung ins Ausland und Unternehmensmitbestimmung, NZG 2009, 493; *Hirte,* Die „Große GmbH-Reform" – Ein Überblick über das Gesetz zur Modernisierung des GmbH-Rechts und zur Bekämpfung von Missbräuchen; *Hoffmann,* Die Bildung der Aventis S. A. – Ein Lehrstück des Europäischen Gesellschaftsrechts, NZG 1999, 1077; *ders.,* Die stille Bestattung der Sitztheorie durch den Gesetzgeber, ZIP 2007, 1581; *ders.,* in: Süß/Wachter, Handbuch des internationalen GmbH-Rechts, 2006; *Kallmeyer,* Umwandlungsgesetz, Spaltung und Formwechsel bei Handelsgesellschaften, 4. Auflage 2010; *ders.,* Vor- und Nachteile der englischen Limited im Vergleich zur GmbH oder GmbH & Co. KG, DB 2004, 636; *Kallmeyer/Kappes,* Grenzüberschreitende Verschmelzungen und Spaltungen nach SEVIC Systems und der EU-Verschmelzungsrichtlinie, AG 2006, 224; *Kappes,* Zulässigkeit grenzüberschreitender Verschmelzungen, NZG 2006, 101; *Kindler,* Auf dem Weg zur Europäischen Briefkastengesellschaft, NJW 2003, 1073; *ders.,* Ende der Diskussion über die so genannte Wegzugsfreiheit, NZG 2009, 130; *ders.,* Grundzüge des neuen Kapitalgesellschaftsrechts, NJW 2008, 3249; *ders.,* Internationales Gesellschaftsrecht 2009: MoMiG, Trabrennbahn, Cartesio und die Folgen, IPRax 2009, 189; *ders.,* Niederlassungsfreiheit für Scheinauslandsgesellschaften, NJW 1999, 1993; ; *Knapp,* Am Vorabend zur Anerkennung grenzüberschreitender Umwandlungen, DNotZ 2005, 723; *Knop,* Die Wegzugsfreiheit nach dem Cartesio-Urteil des EuGH, DZWir 2009, 147; *Kobelt,* Internationale Optionen deutscher Kapitalgesellschaften nach MoMiG, „Cartesio" und „Trabrennbahn" – zur Einschränkung der Sitztheorie, GmbHR 2009, 808; *Krause/Kulpa,* Grenzüberschreitende Verschmelzungen, ZHR 171 (2007), 38; *Kuntz,* Internationales Umwandlungsrecht – zugleich eine Besprechung des Urteils „Sevic Systems"-, IStR 2006, 224; *ders.,* Zur Möglichkeit grenzüberschreitender Fusionen, EuZW 2005, 524; *Leible/Hoffmann,* Cartesio – fortgeltende Sitztheorie, grenzüberschreitender Formwechsel und Verbot materiellrechtlicher Wegzugsbeschränkungen, BB 2009, 58; *dies.,* Grenzüberschreitende Verschmelzungen im Binnenmarkt nach Sevic, RIW 2006, 161; *dies.,* Überseering und das (vermeintliche) Ende der Sitztheorie, RIW 2002, 925; *Louven,* Umsetzung der Verschmelzungsrichtlinie, ZIP 2006, 2021; *Lutter/Winter* (Hrsg.), Umwandlungsgesetz, 4. Aufl. 2009; *Meilicke/Rabback,* Die EuGH-Entscheidung in der Rechtssache Sevic und die Folgen für das deutsche Umwandlungsrecht nach Handels- und Steuerrecht, GmbHR 2006, 123; *Mörsdorf,* Beschränkung der Mobilität von EU-Gesellschaften im Binnenmarkt – eine Zwischenbilanz, EuZW 2009, 97; *Oechsler,* Die Zulässigkeit grenzüberschreitender Verschmelzungen – Die Sevic-Entscheidung des EuGH, NJW 2006, 812; *Ohler,* Europäische Kapital- und Zahlungsverkehrsfreiheit, Kommentar zu den Artikeln 56 bis 60 EGV der Geldwäscherichtlinie und Überweisungsrichtlinie, 2002; *Otte/Rietschel,* Freifahrschein für den grenzüberschreitenden Rechtsformwechsel nach „Cartesio"?, GmbHR 2009, 983; *Paefgen,* Cartesio: Niederlassungsfreiheit minderer Güte, WM 2009, 529; *Prüm*, Die grenzüberschreitende Spaltung, 2006; *Ringe*, Verstoß gegen die Niederlassungsfreiheit durch Verbot grenzüberschreitender Verschmelzungen, DB 2005, 2806; *Samson/Flindt*, Internationale Unternehmenszusammenschlüsse, NZG 2006, 290; *Schmidt/Maul*, Zur Frage der Zulässigkeit einer Eintragung einer grenzüberschreitenden Verschmelzung in das nationale Handelsregister, BB 2006, 13; *Semler/Stengel*, Umwandlungsgesetz mit Spruchverfahrensgesetz, 2. Aufl. 2007; *Sethe/Winzer*, Der Umzug von Gesellschaften in Europa nach dem Cartesio-Urteil, WM 2009, 536; *Siems*, SEVIC: Der letzte Mosaikstein im Internationalen Gesellschaftsrecht der EU?, EuZW 2006, 135; *Sinewe*, Eintragungsfähigkeit grenzüberschreitender Verschmelzungen, DB 2005, 2061; *Spahlinger/Wegen*, Deutsche Gesellschaften in grenzüberschreitenden Umwandlungen nach „Sevic" und der Verschmelzungsrichtlinie in der Praxis, NZG 2006, 721; *Teichmann*, Binnenmarktmobilität von Gesellschaften nach „Sevic", ZIP 2006, 355; *ders.*, Cartesio: Die Freiheit zum formwechselnden Wegzug, ZIP 2009, 39; *Vetter*, Die Regelung der grenzüberschreitenden Verschmelzung im UmwG?, AG 2006, 613; *Werner*, Das deutsche Internationale Gesellschaftsrecht nach „Cartesio" und Trabrennbahn, GmbHR 2009, 191; *Zimmer*, Mysterium Centros, ZHR 164 (2000), 23; *Zimmer*, Wie es euch gefällt? Offene Fragen nach dem Überseering-Urteil des EuGH, BB 2003, 1; *Zimmer/Naendrup*, Das Cartesio-Urteil des EuGH: Rück- oder Fortschritt für das internationale Gesellschaftsrecht?, NJW 2009, 545.

I. Begriff der grenzüberschreitenden oder internationalen Spaltung

1. Begriff der Spaltung

1   Unter einer Spaltung versteht man einen Vorgang, durch den das einheitliche Vermögen einer Gesellschaft auf mindestens zwei Rechtsträger aufgeteilt wird, wobei keine Gegenleistung an die Gesellschaft erbracht wird, sondern vielmehr Anteile der übernehmenden Rechtsträger direkt an die Gesellschafter ausgeschüttet werden. Zu unterscheiden ist insoweit zwischen den beiden Formen der **Aufspaltung** und der **Abspaltung.** Unter einer Aufspaltung versteht das UmwG eine Spaltung unter liquidationsloser Auflösung des bisherigen Rechtsträgers, so dass insgesamt das gesamte Vermögen auf neu gegründete **(Spaltung zur Neugründung)** oder bestehende **(Spaltung zur Aufnahme)** übernehmende Rechtsträger übertragen wird (§ 123 Abs. 1 UmwG). Die Anteilseigner verlieren also die Anteile an der bisherigen Gesellschaft und erhalten dafür Anteile an diesen verschiedenen übernehmenden Rechtsträgern. Unter einer Abspaltung versteht das UmwG dagegen die Übertragung von Teilen des Vermögens des übertragenden Rechtsträgers auf einen (neu gegründeten oder bestehenden) übernehmenden Rechtsträger, so dass der übertragende Rechtsträger weiterhin über Vermögen verfügt und fortbesteht (§ 123 Abs. 2 UmwG). Auch in diesem Fall werden Anteile am übernehmenden Rechtsträger an die Anteilseigner des übertragenden Rechtsträgers ausgeschüttet, die also zusätzlich zu ihren (durch die Vermögensübertragung weniger wertvollen) bisherigen Anteilen weitere Anteile an dem übernehmenden Rechtsträger erhalten.

2   Im deutschen Recht ist die Spaltung in §§ 123 ff. UmwG geregelt. Inhaltlich gehen diese Normen auf die sog. **Spaltungsrichtlinie 82/891/EWG**[1] zurück. Im Gegensatz zu den deutschen Vorschriften, die eine Spaltung allen Kapital- und Personenhandelsgesellschaften ermöglichen (§ 124 iVm § 3 Abs. 1 UmwG), gelten die Vorschriften der Richtlinie dagegen nur für die Spaltung von Aktiengesellschaften. Ferner verlangt die Richtlinie nicht zwingend die Einführung der Spaltung im nationalen Gesellschaftsrecht. Vielmehr bleiben die Mitgliedstaaten frei bezüglich der Entscheidung, ob die Möglichkeit der Spaltung eingeführt wird – nur wenn dies erfolgt, besteht eine Verpflichtung, für die Spaltung von Aktiengesellschaften das von der Richtlinie vorgesehene Verfahrensrecht umzusetzen. Trotz der europäischen Harmonisierung ist daher nicht gewährleistet, dass in allen Mitgliedstaaten eine vergleichbare Rechtslage besteht.

3   Als dritte Form der Spaltung regelt das deutsche UmwG ferner die **Ausgliederung** (§ 123 Abs. 3 UmwG), die ebenfalls zur Aufnahme oder zur Neugründung durchgeführt

---

[1] Sechste gesellschaftsrechtliche Richtlinie betreffend die Spaltung von Aktiengesellschaften 82/891/EWG v. 17. 12. 1982, ABl. EG Nr. L 378, 47.

werden kann. Der Unterschied besteht darin, dass bei der Ausgliederung der übertragende Rechtsträger notwendig bestehen bleibt und selbst die für das Vermögen gewährten Anteile erhält. Es handelt sich also regelmäßig um einen Konzern begründenden Vorgang. Für die Ausgliederung gelten grundsätzlich dieselben Regeln wie für die anderen Spaltungsfälle, so dass auf diese Fälle hier nicht gesondert eingegangen wird.

2. Grenzüberschreitende oder internationale Spaltung

Von einer grenzüberschreitenden oder internationalen Spaltung kann gesprochen werden, wenn übertragender und (mindestens ein) übernehmender Rechtsträger **unterschiedliche Gesellschaftsstatute** haben.[2] Anders als die interne Spaltung, die sich einheitlich nach den Vorschriften des UmwG vollzieht, setzt dies ein Zusammenwirken des deutschen Rechts mit einer anderen Rechtsordnung voraus. Der Vorgang kann nur dann vollzogen werden, wenn ihn sowohl das Gesellschaftsstatut des übertragenden als auch des übernehmenden bzw. neuen Rechtsträgers grundsätzlich ermöglicht und deren Regelungen nicht in dem Sinne miteinander unvereinbar sind, dass ihren Anforderungen nicht gleichzeitig genügt werden kann. Die beiden Gesellschaftsstatute müssen also miteinander kompatible Regelungen aufweisen.[3]

Aus Sicht des deutschen Rechts kommen dabei die Konstellationen der **Hinein- als auch der Hinausspaltung** in Betracht: Von einer Hineinspaltung kann gesprochen werden, wenn der bzw. ein übernehmender Rechtsträger deutschem und der übertragende Rechtsträger einem ausländischen Recht unterliegt, was bei Auf- und Abspaltung gleichsam möglich ist. Von einer Hinausspaltung kann dagegen gesprochen werden, wenn der übertragende Rechtsträger deutschem und mindestens ein übernehmender Rechtsträger ausländischem Recht unterliegt. Auch diese Variante kann sowohl als Auf- wie als Abspaltung gestaltet werden. Während bei der **Hinaus-Abspaltung** zumindest gewährleistet ist, dass der übertragende Rechtsträger im Inland verbleibt, kann die **Hinaus-Aufspaltung** auch dazu führen, dass kein inländischer Rechtsträger aus der Spaltung hervorgeht, also alle übernehmenden Rechtsträger ausländischem Recht unterliegen. Dies zeigt, dass speziell diese Form dazu genutzt werden kann, eine Inlandsgesellschaft dem Zugriff des deutschen Rechts zu entziehen. Eine Wertgrenze für das zu übertragende oder das verbleibende Vermögen ist nicht vorgesehen, so dass die Spaltung auch dazu genutzt werden kann, praktisch das gesamte Vermögen auf einen neuen, ausländischem Recht unterliegenden Rechtsträger zu übertragen, während lediglich unbedeutendes Restvermögen beim übertragenden Rechtsträger verbleibt. Denkbar wäre ferner eine **Aufspaltung zur Neugründung** auf zwei Auslandsgesellschaften, die sich anschließend nach dem Umwandlungsrecht des Zuzugsrechts wieder verschmelzen. Solche möglichen (wenn auch aufwändigen) Gestaltungen machen deutlich, dass die grenzüberschreitende Spaltung dazu genutzt werden kann, das Ergebnis eines grenzüberschreitenden Formwechsels zu erreichen. In Hinblick auf die Bestimmung der Zulässigkeit dieser Vorgänge (insbesondere aufgrund der Niederlassungsfreiheit) sollten Wertungswidersprüche daher vermieden werden.

In Hinblick auf die Niederlassungsfreiheit des AEUV bedarf es ferner der Differenzierung zwischen **grenzüberschreitenden Spaltungen innerhalb der EU** und solchen unter Beteiligung von **drittstaatlichen Gesellschaften**.[4] Nur im ersten Fall unterfällt der Vorgang der Niederlassungsfreiheit (näher: Rdnr. 14 ff.), so dass beide Fälle durch die Voraussetzungen des Art. 54 AEUV voneinander abzugrenzen sind: Nur wenn alle an der Spaltung als übernehmende oder übertragende Rechtsträger beteiligten Gesellschaften als niederlassungsberechtigt anzusehen sind, kann daher von einer innereuropäischen Spaltung gesprochen werden. Ausschlaggebend ist danach primär die Gründung nach mitgliedstaatlichem Recht, während das zweite Kriterium (satzungsmäßiger Sitz, Hauptniederlassung

---

[2] Ausführlich: *Prüm*, Die grenzüberschreitende Spaltung, S. 15 ff.

[3] Michalski/*Leible*, GmbHG, Syst. Darst. 2 Rdnr. 203, 209.

[4] Zur Spaltung unter Beteiligung drittstaatlicher Gesellschaften vgl. *Prüm*, Die grenzüberschreitende Spaltung, S. 206 ff.

oder Hauptverwaltung) zumindest bei Kapitalgesellschaften regelmäßig schon dadurch gegeben ist, dass nach dem materiellen Gesellschaftsrecht der Mitgliedstaaten der Satzungssitz zwingend im Staat des Gesellschaftsstatut belegen sein muss (zu den Anforderungen des Art. 54 AEUV näher § 1, Rdnr. 94 ff.). Die Belegenheit von Hauptverwaltung und Hauptniederlassung ist bei Vorliegen des Satzungssitzes in der EU nicht mehr relevant.[5]

7   Bei der Spaltung werden zwar Vermögensgegenstände übertragen, dies erfolgt indes nicht im Wege sachenrechtlicher Übertragungsakte, sondern auf der gesellschaftsrechtlichen Ebene im Wege der (partiellen) **Gesamtrechtsnachfolge**.[6] International-privatrechtlich bedeutet dies, dass die Belegenheit der betroffenen Vermögenswerte (an die das internationale Sachenrecht anknüpft) für die rechtliche Behandlung der Spaltung irrelevant ist. Da der gesamte Vorgang sich im Rahmen des Gesellschaftsstatuts abspielt, kommt es für den grenzüberschreitenden Charakter nur darauf an, dass Gesellschaften verschiedener Rechtsordnungen beteiligt sind. Hieraus folgt, dass grenzüberschreitende Spaltungen auch dann möglich sind, wenn das betroffene **Vermögen nur in einem Staat belegen** ist, da beispielsweise ein Teil des deutschen Vermögens einer AG auf eine britische Limited abgespalten werden könnte. Als Folge der „Überseering"-Rechtsprechung[7] (ausführlich § 52, Rdnr. 6f.) wäre es nicht einmal erforderlich, dass die Auslandsgesellschaft zusätzliches Vermögen oder gar ihren tatsächlichen Sitz in ihrem Herkunftsstaat hat. Andererseits wäre auch eine rein interne Spaltung denkbar, obwohl ausschließlich Auslandsvermögen betroffen ist. So wäre es seit dem MoMiG etwa möglich, das Auslandsvermögen einer AG zur Neugründung auf eine deutsche AG abzuspalten, da § 5 AktG es nunmehr zulässt, dass eine deutsche AG ihren tatsächlichen Sitz im Ausland begründet und lediglich den Satzungssitz in Deutschland behält[8] (näher: § 52, Rdnr. 28 ff.). Gesellschaftsrechtlich wäre an diesem Vorgang allein deutsches Recht beteiligt, so dass es sich nicht um eine grenzüberschreitende Spaltung handeln würde.

8   Ebenso ist der grenzüberschreitende Charakter bei der Ausgliederung zu bestimmen. Da der Unterschied zu den anderen Formen der Spaltung im Wesentlichen darin liegt, dass die Anteile an den übertragenden Rechtsträger, nicht dessen Anteilseigner ausgeschüttet werden, kann von einer **grenzüberschreitenden Ausgliederung** nur dann gesprochen werden, wenn die beteiligten Gesellschaften unterschiedlichen Gesellschaftsstatuten unterliegen. Ansonsten unterliegt – unabhängig von der Belegenheit des ausgegliederten Vermögens – der Vorgang einem einheitlichen Recht und wirft die speziellen Fragen grenzüberschreitender Umwandlungen nicht auf.

9   Grenzüberschreitende Spaltungen sind aus gesellschaftsrechtlicher Sicht mit erheblichen **Gefahren für Gläubiger und Minderheitsgesellschafter** verbunden und bedürfen daher eines auf diese abgestimmten Regelungsrahmens. Als problematisch erscheint aus dieser Perspektive insbesondere die mit der grenzüberschreitenden Spaltung verbundene Anwendbarkeit eines anderen Gesellschaftsstatuts. Die Gesellschafter erwerben als Folge der Spaltung Anteile an einer Gesellschaft ausländischen Rechts, das den Umfang ihrer Rechte zukünftig bestimmt, während den Gläubigern ein Schuldner ausländischen Rechts und mit Sitz im Ausland aufgezwungen wird. Dies zeigt, dass den Aspekten des Gläubiger- und Minderheitenschutzes bei der Ausgestaltung des rechtlichen Rahmens der grenzüberschreitenden Spaltung besondere Bedeutung zukommt.

---

[5] Vgl. EuGH NJW 1999, 2027; dazu (statt vieler): *Freitag*, EuZW 1999, 267; *Kindler*, NJW 1999, 1993; *Zimmer*, ZHR 164 (2000), 23.

[6] Semler/Stengel/*Kübler*, UmwG, 2. Aufl. 2007, § 131 Rdnr. 2.

[7] EuGH NJW 2002, 3614; dazu (statt vieler): *Leible/Hoffmann*, RIW 2002, 925; *Behrens*, IPRax 2003, 193; *Eidenmüller*, ZIP 2002, 2233; *Kindler*, NJW 2003, 1073; *Zimmer*, BB 2003, 1.

[8] Vgl. zur (umstrittenen) kollisionsrechtlichen Wirkung des MoMiG einerseits *Hoffmann*, ZIP 2007, 1585; *Teichmann*, ZIP 2009, 393; *Paefgen*, WM 2009, 529; Michalski/*Leible*, GmbHG, Syst. Darst. 2 Rdnr. 8; andererseits *Kindler*, NJW 2008, 3249; *Hirte*, NZG 2008, 761; MüKo GmbHG/*Weller*, Einl. Rdnr. 384.

Eine besondere **gesetzliche Regelung der grenzüberschreitenden Spaltung** existiert – anders als bezüglich der grenzüberschreitenden Verschmelzung (dazu § 53, Rdnr. 20 ff.) – nicht. Das UmwG enthält zwar Regelungen für die Spaltung, jedoch weder spezielle Regelungen für die grenzüberschreitende Spaltung noch eine eindeutige Aussage bezüglich deren Zulässigkeit, so dass diese Fragen durch Auslegung und unter Berücksichtigung der Niederlassungsfreiheit zu beantworten sind.

3. Das internationale Privatrecht der grenzüberschreitenden Spaltung

Kollisionsrechtlich ist die internationale Spaltung ebenso wie andere Formen grenzüberschreitender Umwandlungen anhand der **Kombinationslehre** zu behandeln.[9] Das bedeutet zunächst, dass bezüglich Zulässigkeit, Voraussetzungen und Verfahren der Spaltung das jeweilige Gesellschaftsstatut der beteiligten Rechtsträger anzuwenden ist.[10] Für jede Gesellschaft ist also getrennt zu ermitteln, welche Voraussetzungen für die Durchführung der Spaltung zu erfüllen sind, welche Minderheits- und Gläubigerrechte zu beachten sind und ob der Vorgang überhaupt zugelassen wird. Bei der Spaltung zur Neugründung bedeutet dies auch, dass das in Aussicht genommene Gesellschaftsstatut der neu zu gründenden Gesellschaft über die Voraussetzungen der Neugründung, letztlich also der erstmaligen Verleihung der Rechtspersönlichkeit, entscheidet, einschließlich der Zulässigkeit einer Neugründung im Rahmen eines Spaltungsvorgangs. Nach dieser Kombinationslehre ist also ein **Zusammenwirken aller beteiligten Rechtsordnungen** erforderlich, wobei der Vorgang nur gelingen kann, wenn er auf allen Seiten materiell-rechtlich zugelassen wird, entsprechende Vorschriften bereitgestellt werden und diese nicht zueinander inkompatibel sind, etwa aufgrund unterschiedlicher Wirkungen. Es bedarf also zumindest auf der Rechtsfolgenseite einer Mindestübereinstimmung der Rechtsordnungen.[11] Diese kollisionsrechtliche Lage zeigt, dass die entstehende gesellschaftsrechtliche Gemengelage nicht gegen die Durchführbarkeit spricht, sofern anwendbare Umwandlungsvorschriften zur Spaltung überhaupt bestehen und der Vorgang nicht gezielt von einem der Rechte unterbunden wird. Ein Inkompatibilität der beteiligten Umwandlungsrechte wäre dagegen im Einzelfall festzustellen, wobei die Harmonisierung des nationalen Sachrechts durch die Spaltungsrichtlinie eine solche Situation innerhalb ihres Anwendungsbereichs ausschließt. Insoweit kommt also nur eine gezielte Untersagung grenzüberschreitender Spaltungen oder die mangelnde Verfügbarkeit einer Regelung zur Spaltung insgesamt in Betracht.[12] Derartige mitgliedstaatliche Spaltungshindernisse sind indes am Maßstab der Niederlassungsfreiheit zu messen.

II. Zulässigkeit der internationalen Spaltung innerhalb der EU

1. Grenzüberschreitende Spaltung und der Wortlaut des § 1 Abs. 1 UmwG

Nach dem Wortlaut des § 1 Abs. 1 UmwG können nur **„Rechtsträger mit Sitz im Inland"** umgewandelt werden. Ergänzt wird diese Vorschrift noch durch das Analogieverbot des § 1 Abs. 2 UmwG, wonach eine Umwandlung nur aufgrund einer ausdrücklichen gesetzlichen Regelung zulässig ist. In der Vergangenheit war in Hinblick auf diese Formulierung einerseits umstritten, ob die Norm den Verwaltungs- oder den Satzungssitz meint, sowie, ob sie grenzüberschreitende Umwandlungen grundsätzlich ausschließt. Zur ersten Frage wurde früher (ua durch den Verfasser[13]) vertreten, dass die Norm auf den Verwal-

---

[9] Münchener Kommentar z. BGB/*Kindler*, IntGesR Rdnr. 856; Ulmer/*Behrens*, GmbHG, Einl. Rdnr. B 125; Michalski/*Leible*, GmbHG, Syst. Darst. 2 Rdnr. 203; *Kallmeyer/Kappes*, AG 2006, 224, 230, 234; vgl. ausführlich *Prüm*, Die grenzüberschreitende Spaltung, S. 55 ff.
[10] Lutter/*Drygala*, UmwG, 4. Aufl. 2009, § 1 Rdnr. 21 ff.
[11] Ulmer/*Behrens*, GmbHG, Einl. Rdnr. B 125.
[12] Es ist hier daran zu erinnern, dass die Spaltungsrichtlinie nicht vorschreibt, dass Spaltungen zugelassen werden müssen, vielmehr wird der rechtliche Rahmen nur für den Fall harmoniert, dass die Spaltung zugelassen wird.
[13] *Hoffmann*, NZG 1999, 1077, 1082 f.

tungssitz abstellt und dadurch – auf der Grundlage der Sitztheorie – gewährleistet, dass das UmwG grundsätzlich alle Gesellschaften deutschen Gesellschaftsstatuts erfasst, aber keine weitergehenden Anforderungen formuliert.[14] In Hinblick auf die weitgehende Abkehr des deutschen Rechts von der Sitztheorie und die seit dem MoMiG 2008 weithin anerkannte Möglichkeit, den Verwaltungssitz ohne Verlust des deutschen Gesellschaftsstatuts ins Ausland zu verlegen,[15] bleibt für eine solche Auslegung des § 1 Abs. 1 UmwG heute kein Raum mehr. Vielmehr ist davon auszugehen, dass die Vorschrift allein den **Satzungssitz** meint. Nur hierdurch kann die Anwendbarkeit des UmwG auf die Gesellschaften deutschen Gesellschaftsstatuts sichergestellt werden.[16] Darüber hinaus ist festzuhalten, dass § 1 Abs. 1 UmwG jedenfalls heute als **reine Sachnorm** anzusehen ist und somit das deutsche Gesellschaftsstatut bereits voraussetzt,[17] so dass das Erfordernis des Satzungssitzes im Inland zusätzlich zum deutschen Gesellschaftsstatut besteht – wobei zumindest für Kapitalgesellschaften auch nach den heutigen Fassungen der §§ 5 AktG, 4a GmbHG der inländische Satzungssitz ohnehin Voraussetzung der Beibehaltung des deutschen Gesellschaftsstatuts ist.

13 Die Frage, ob § 1 Abs. 1 UmwG die Umwandlung unter Beteiligung ausländischer Rechtsträger **untersagt,** wird ebenso seit vielen Jahren diskutiert[18] und ist in Hinblick auf Neuregelungen der jüngeren Vergangenheit heute ebenfalls neu zu bewerten. Zunächst ist darauf hinzuweisen, dass der **Wortlaut der Vorschrift** es keinesfalls gebietet, grenzüberschreitende Umwandlungen als unzulässig anzusehen.[19] Zwar schließt die Formulierung die Anwendung des UmwG auf eine Gesellschaft mit ausländischem Satzungssitz aus. Jedoch ist das Umwandlungsrecht Teil des Gesellschaftsstatuts, so dass es nach der Kombinationslehre auf die Spaltung ohnehin nur anzuwenden ist, soweit eine Gesellschaft deutschen Rechts betroffen ist. Schon kollisionsrechtlich kommt die Anwendung des UmwG auf ausländische Rechtsträger also nicht in Betracht, was aber eine grenzüberschreitende Spaltung nicht ausschließt, da der Vorgang zusätzlich einem weiteren Umwandlungsrecht unterliegen kann. Die Auffassung, dass § 1 Abs. 1 UmwG grenzüberschreitende Umwandlungen ausschließt, beruht lediglich auf einer historischen Auslegung in Hinblick auf Äußerungen des Gesetzgebers bei Erlass des UmwG 1994.[20] Während der Gesetzgeber zum damaligen Zeitpunkt grenzüberschreitende Umwandlungsvorgänge zivilrechtlich noch nicht für durchführbar hielt, hat er inzwischen durch Einfügung der Normen zur grenzüberschreitenden Verschmelzung (ohne Anpassung des Wortlauts des § 1 Abs. 1 UmwG) deutlich gemacht, dass ein Ausschluss grenzüberschreitender Umwandlungen nicht beabsichtigt ist, sondern das UmwG auch in solchen Fällen Anwendung finden soll. Aus den Materialien zu dieser Gesetzesänderung ergibt sich auch deutlich, dass der Gesetzgeber dies nicht auf die grenzüberschreitende Verschmelzung beschränken wollte, sondern vielmehr eine **kollisionsrechtliche Lösung** für „alle im Anwendungsbereich des Artikel 48 EG (heute: Art. 54 AEUV) europaweit denkbaren Umwandlungen" anstrebt.[21] Eine solche kol-

---

[14] Zuletzt noch *Samson/Flindt*, NZG 2006, 290, 292; früher ferner *Großfeld*, AG 1996, 302; Kallmeyer/*Kallmeyer*, UmwG, § 1 Rdnr. 14 (nur bis zur 2. Aufl.).

[15] Dafür: *Hoffmann*, ZIP 2007, 1585; *Teichmann*, ZIP 2009, 393; *Paefgen*, WM 2009, 529; Michalski/*Leible*, GmbHG, Syst. Darst. 2 Rdnr. 8; dagegen aber: Münchener Kommentar z. GmbHG/*Weller*, Einl. Rdnr. 384 (tatsächlicher Auslandssitz unter Beibehaltung des Gesellschaftsstatuts nur bei Rückverweisung möglich); *Kindler*, NJW 2008, 3249; wohl auch *Hirte*, NZG 2008, 761.

[16] Zutreffend Semler/Stengel/*Drinhausen*, UmwG, Einl. C Rdnr. 20; Kallmeyer/*Kallmeyer*, UmwG, 3. Aufl., § 1 Rdnr. 11; MüKo/*Kindler*, IntGesR Rdnr. 912.

[17] Lutter/*Drygala*, UmwG, § 1 Rdnr. 15; Semler/Stengel/*Drinhausen*, UmwG, Einl. C Rdnr. 5; *Siems*, EuZW 2006, 135, 137.

[18] Näher zu dieser Diskussion: Ulmer/*Behrens*, GmbHG, Einl. B Rdnr. B 127; MüKo/*Kindler*, IntGesR Rdnr. 867 jew. m. w. N.

[19] Zutreffend Ulmer/*Behrens*, GmbHG, Einl. B Rdnr. B 127.

[20] Vgl. BT-Drucks. 12/6690, S. 80; BT-Drucks. 12/7945, S. 4; näher: *Hoffmann*, in: Süß/Wachter, HdB des internationalen GmbH-Rechts, § 5 Rdnr. 8.

[21] BR-Drucks. 548/06, S. 20.

lisionsrechtliche Lösung – gemeint ist letztlich eine Kodifikation der Kombinationslehre – setzt voraus, dass das UmwG auf grenzüberschreitende Umwandlungen anwendbar ist, soweit der Vorgang sich kollisionsrechtlich nach deutschem Recht bemisst. Daher lässt sich festhalten, dass § 1 Abs. 1 UmwG heute so auszulegen ist, dass die Vorschrift einer Anwendung des UmwG auf deutsche Gesellschaften auch dann nicht entgegen steht, wenn an dem Vorgang Rechtsträger ausländischen Rechts beteiligt sind.[22] Unzweifelhaft ist dieses Ergebnis jedenfalls, soweit die Niederlassungsfreiheit des AEUV (dazu sogleich Rdnr. 14 ff.) die Zulässigkeit eines Umwandlungsvorgangs gebietet, da insoweit auch das **Gebot der europarechtskonformen Auslegung** ein solches Ergebnis fordert (zur Zulässigkeit von Spaltungen unter Beteiligung drittstaatlicher Gesellschaften vgl. unten Rdnr. 29 ff.).

2. Grenzüberschreitende Spaltung und Niederlassungsfreiheit

a) Anwendbarkeit der Niederlassungsfreiheit auf Spaltungen. Bezüglich der Anwendung der Artt. 49, 54 AEUV auf Spaltungsvorgänge innerhalb der EU ist heute grundsätzlich weitgehend anerkannt, dass auch Spaltungen in den **Anwendungsbereich der Niederlassungsfreiheit** des AEUV fallen und die Mitgliedstaaten dementsprechend grenzüberschreitende Spaltungen innerhalb der EU nicht grundsätzlich untersagen dürfen.[23] Diese Auffassung beruht insbesondere auf der EuGH-Entscheidung „SEVIC Systems",[24] in der der EuGH entschieden hat, dass grenzüberschreitende Verschmelzungen von der Niederlassungsfreiheit erfasst werden. Auch wenn diese Entscheidung nicht direkt den Fall der Spaltung betrifft, lassen sich die Erwägungen des EuGH doch weitgehend übertragen. Denn ebenso wie die Verschmelzung stellt auch die Spaltung „ein wirksames Mittel zur Umwandlung von Gesellschaften dar, das es im Rahmen eines einzigen Vorgangs ermöglicht, eine bestimmte Tätigkeit in neuer Form und ohne Unterbrechung auszuüben, so dass Komplikationen sowie Zeit- und Kostenaufwand verringert werden, die andere Formen der Umgestaltung von Gesellschaften mit sich bringen, etwa die ... Gründung einer neuen Gesellschaft unter Übertragung der einzelnen Vermögensgegenstände auf diese."[25] Diese Erwägung des EuGH zeigt deutlich, dass die Grundsätze des „SEVIC"-Urteils sich auf **andere Formen der Umwandlung** übertragen lassen.[26]

Die **Beschränkung der Niederlassungsfreiheit** liegt allerdings nicht bereits in der Verweigerung der grenzüberschreitenden Umwandlung, sondern in der „unterschiedlichen Behandlung" gegenüber der innerstaatlichen Umwandlung. Das bedeutet letztlich, dass die Niederlassungsfreiheit es nicht gebietet, bestimmte Umwandlungsmöglichkeiten erstmals zu schaffen. Vielmehr müssen lediglich die **für innerstaatliche Vorgänge bestehenden**

---

[22] In diesem Sinn auch Lutter/*Drygala*, UmwG, § 1 Rdnr. 5 ff.; Semler/Stengel/*Drinhausen*, UmwG, Einl. C Rdnr. 3 (mit umfassenden Nachweisen in Fn. 10) sowie ausführlich Rdnr. 26 ff.; *Bungert*, BB 2006, 53, 55; *Kallmeyer/Kappes*, AG 2006, 224, 234; *Siems*, EuZW 2006, 135, 137; *Teichmann*, ZIP 2006, 355, 358; *Vetter*, AG 2006, 613, 615; zuvor schon Ulmer/*Behrens*, GmbHG, Einl. B Rdnr. 127; *Kallmeyer*, DB 2004, 636, 638; weiterhin aA aber MüKo/*Kindler*, IntGesR Rdnr. 909 ff.

[23] Lutter/*Drygala*, UmwG, § 1 Rdnr. 11; Ulmer/*Behrens*, GmbHG, Einl. Rdnr. B 130; Semler/Stengel/*Drinhausen*, UmwG, Einl. V Rdnr. 28; Lutter/Hommelhoff/*Schmidt*, GmbHG, Anh II zu § 4a GmbHG Rdnr. 59; *Kallmeyer/Kappes*, AG 2006, 224, 234; *Bayer/Schmidt*, ZHR 173 (2009), 735, 768; *Krause/Kulpa*, ZHR 171 (2007), 38, 46; *Leible/Hoffmann*, RIW 2006, 161, 165; *Spahlinger/Wegen*, NZG 2006, 721, 725.

[24] EuGH, NJW 2006, 425 = BB 2006, 11. – „SEVIC Systems"; vgl. dazu auch *Leible/Hoffmann*, RIW 2006, 161; *Bayer/Schmidt*, ZIP 2006, 210; *Bungert*, BB 2006, 53; *Drygala*, EWiR 2006, 25; *Ringe*, DB 2005, 2806; *Schmidt/Maul*, BB 2006, 13; *Kuntz*, IStR 2006, 224. Vgl. auch die ausführlichen Schlussanträge des GA Poiares Maduro v. 7. 7. 2005, ZIP 2005, 1227; dazu *Drygala*, ZIP 2005, 1995; *Geyrhalter/Weber*, NZG 2005, 837; *Knapp*, DNotZ 2005, 723; *Kuntz*, EuZW 2005, 524; *Sinewe*, DB 2005, 2061.

[25] EuGH, NJW 2006, 425, Tz. 21 – „SEVIC Systems".

[26] *Bayer/Schmidt*, ZHR 173 (2009), 735, 768.

Vorschriften auch für die grenzüberschreitende Umwandlung zur Verfügung gestellt werden.[27] Für das deutsche Recht folgt daraus, dass das breite Spektrum von Umwandlungsmöglichkeiten des UmwG auch für grenzüberschreitende Vorgänge zur Verfügung gestellt werden muss. Soweit also die Spaltung von Rechtsträgern im UmwG vorgesehen ist, sind dieselben Möglichkeiten auch in Hinblick auf die grenzüberschreitende Spaltung zu gewähren.

16 Ausgehend von diesem Grundsatz ist indes noch zwischen der **Hinein- und der Hinausspaltung** sowie zwischen der **Spaltung zur Neugründung und zur Aufnahme** zu unterscheiden.

17 **b) Hinein- und Hinausspaltungen zur Aufnahme.** Bei der **Hineinspaltung zur Aufnahme** kommt es dazu, dass es (unter Fortbestehen der übertragenden Auslandsgesellschaft) lediglich zu einer Übertragung von Vermögen von einer Auslands- auf eine Inlandsgesellschaft kommt, oder aber die Auslandsgesellschaft zugleich aufgelöst wird. Beide Fälle sind wertungsmäßig der grenzüberschreitenden **Hineinverschmelzung vergleichbar,** da jeweils eine ordnungsgemäß nach deutschem Recht gegründete Gesellschaft deutschen Rechts um Aktiva und Passiva einer Auslandsgesellschaft vergrößert wird. Hierauf lässt sich demnach die Wertung des Urteils „SEVIC Systems" ohne weiteres übertragen. Da dieses gerade den Fall der Hineinverschmelzung betraf und deren Ermöglichung im selben Umfang wie bei internen Verschmelzungen verlangte, ist hieraus zu schließen, dass die Hineinspaltung zur Aufnahme ebenfalls von der Niederlassungsfreiheit erfasst wird und daher durch die Mitgliedstaaten zuzulassen ist, soweit diese die interne Spaltung zur Aufnahme ermöglichen.[28]

18 Bei der **Hinausspaltung zur Aufnahme** kann es (im Fall der Aufspaltung) dazu kommen, dass die inländische Gesellschaft unter Übertragung ihres Vermögens auf Auslandsgesellschaften aufgelöst wird, so dass der Rechtsträger dem Zugriff des deutschen Rechts ebenso entzogen wird, wie dies auch bei der Herausverschmelzung der Fall ist. In der Diskussion um die „SEVIC"-Entscheidung wurde zunächst (ua vom Verfasser) vertreten, dass in Hinblick auf die sog. „Daily Mail"-Doktrin des EuGH[29] zur Vermeidung von Wertungswidersprüchen das Urteil so zu verstehen ist, dass nur die verfahrensgegenständliche Hineinverschmelzung erfasst wird.[30] Die Hinausverschmelzung sollte dagegen – ebenso wie die Sitzverlegung – anhand der „Daily Mail"-Doktrin zu würdigen sein, solange der EuGH an dieser festhält. An dieser Deutung der Reichweite des „SEVIC"-Urteils kann infolge der Entscheidung „Cartesio"[31] nicht mehr festgehalten werden, da der EuGH hierin die „Daily Mail"-Doktrin dahingehend klargestellt hat, dass die Mitgliedstaaten nur den Wegzug unter Beibehaltung des Gesellschaftsstatuts verbieten können, nicht aber den formwechselnden Wegzug, wenn der Zuzugsstaat der Gesellschaft identitätswahrend ein neues Gesellschaftsstatut verleiht (dazu näher § 52, Rdnr. 14 f.). Da die Gesellschaft sich durch die Hinausumwandlung gerade dem Recht des Zuzugsstaats unterstellt, ist zur Vermeidung

---

[27] Vgl. *Leible/Hoffmann*, RIW 2006, 161; *Hoffmann*, in: Süß/Wachter, HdB des internationalen GmbH-Rechts, § 5 Rdnr. 14; *Meilicke/Rabback*, GmbHR 2006, 123, 126.

[28] *Meilicke/Rabback*, GmbHR 2006, 123, 126; *Geyrhalter/Weber*, DStR 2006, 146, 150; *Bungert*, BB 2006, 53, 55.

[29] Dazu ausführlich oben § 52, Rdnr. 14 f.

[30] Vgl. *Hoffmann*, in: Süß/Wachter, HdB des internationalen GmbH-Rechts, § 5 Rdnr. 21 ff.; *Leible/Hoffmann*, RIW 2006, 161; *Kappes*, NZG 2006, 101; *Oechsler*, NJW 2006, 812, 813.

[31] EuGH NJW 2009, 569 = BB 2009, 11; vgl. dazu *Knop*, DZWir 2009, 147; *Frobenius*, DStR 2009, 487; *Sethe/Winzer*, WM 2009, 536; *Heuschmid/Däubler*, NZG 2009, 493; *Campos Nave*, BB 2009, 870; *Leible/Hoffmann*, BB 2009, 58; *Zimmer/Naendrup*, NJW 2009, 545; *Paefgen*, WM 2009, 529; *Grohmann*, DZWiR 2009, 322; *Kindler*, NZG 2009, 130; ders. IPRax 2009, 189; *Teichmann*, ZIP 2009, 393; *Otte/Rietschel*, GmbHR 2009, 983; *Frobenius*, DStR 2009, 487; *Behme/Nohlen*, BB 2009, 13; *Bayer/Schmidt*, ZHR 173 (2009), 735; *Mörsdorf*, EuZW 2009, 97; *Hennrichs/Klavina/Pöschke/Laage*, WM 2009, 2009; *Kobelt*, GmbHR 2009, 808; *Brakalova/Barth*, DB 2009, 213; *Frenzel*, EWS 2009, 158; *Werner*, GmbHR 2009, 191; *Herrler*, DNotZ 2009, 484.

von Wertungswidersprüchen nunmehr jedenfalls davon auszugehen, dass auch die **Hinausumwandlung grundsätzlich von der Niederlassungsfreiheit** eröffnet wird.[32] Voraussetzung ist indes, dass der Zuzugsstaat den Vorgang eröffnet und so die übernehmende Gesellschaft seinem Recht als Gesellschaftsstatut unterstellt, so dass der Zuzugsstaat die Voraussetzungen bestimmen kann. Allerdings handelt es sich aus dessen Sicht um eine Hereinumwandlung, so dass auch insoweit die Anforderungen der Niederlassungsfreiheit in Hinblick auf die Gleichbehandlung inländischer und grenzüberschreitender Umwandlungen nach Maßgabe des „SEVIC"-Urteils zu beachten sind. Für die **Hinausspaltung zur Aufnahme** bedeutet dies, dass einerseits der Herkunftsmitgliedstaat des sich spaltenden Rechtsträgers die Hinausspaltung nicht untersagen kann, soweit der Herkunftsstaat des aufnehmenden Rechtsträgers die Hineinspaltung zulässt. Andererseits ist daran zu erinnern (Rdnr. 17), dass der Herkunftsstaat des aufnehmenden Rechtsträgers diesen Vorgang als (aus seiner Sicht) Hineinspaltung zur Aufnahme auch nicht untersagen kann, soweit die Spaltungsmöglichkeit für den entsprechenden inländischen Vorgang gewährt wird.

Im Ergebnis bedeutet dies, dass aufgrund der Übertragung der Grundsätze der Entscheidungen „SEVIC Systems" und „Cartesio" **grenzüberschreitende Spaltungen zur Aufnahme** zwischen zwei Mitgliedstaaten der EU von der **Niederlassungsfreiheit** gedeckt sind und nur dann nicht ermöglicht werden müssen, wenn der Herkunftsstaat des aufnehmenden Rechtsträgers auch eine vergleichbare Inlandsspaltung nicht zulässt. Dies zeigt, dass für grenzüberschreitende Spaltungen nunmehr ein breiter Anwendungsbereich verbleibt.

c) Hinein- und Hinausspaltungen zur Neugründung. Schwieriger stellt sich die Frage der Reichweite der Niederlassungsfreiheit indes für den Fall der Spaltung zur Neugründung dar. Diese Form der Spaltung setzt schließlich voraus, dass ein neuer Rechtsträger entsteht und diesem – zumindest im praktisch im Vordergrund stehenden Fall der Kapitalgesellschaft – durch seinen Gründungsstaat erstmals Rechtspersönlichkeit verliehen werden muss. Den Entscheidungen „Daily Mail" und „Cartesio" lässt sich indes entnehmen, dass die Mitgliedstaaten das Recht haben, die Anforderungen an die Gründung und Existenz der Gesellschaften ihres Rechts frei zu bestimmen, da „eine auf Grund einer nationalen Rechtsordnung gegründete Gesellschaft jenseits der nationalen Rechtsordnung, die ihre Gründung und Existenz regelt, keine Realität hat."[33] Auch der formwechselnde Zuzug wird daher von „Cartesio" nur insoweit eröffnet, als der Zuzugsstaat diesen zulässt und der Gesellschaft existenzwahrend die Rechtsfähigkeit nach seinem Recht verleiht.[34] Für die Fallgruppe der Spaltung zur Neugründung bedeutet dies, dass eine **Vergleichbarkeit** im Gegensatz zur Spaltung zur Aufnahme nicht mit dem Fall der grenzüberschreitenden Verschmelzung besteht, sondern vielmehr mit der **Fallgruppe des grenzüberschreitenden Formwechsels,** da der Zuzugsstaat zur Ermöglichung des Vorgangs in beiden Fällen einem aus der grenzüberschreitenden Umwandlung hervorgehenden Rechtsträger erstmals Rechtspersönlichkeit verleihen muss. Damit ist indes nicht gesagt, dass der Vorgang nicht von der Niederlassungsfreiheit erfasst wäre. Überträgt man die Wertungen zum grenzüberschreitenden Formwechsel, ist vielmehr wieder zwischen der **Hinausspaltung** und der **Hineinspaltung** zur Neugründung zu unterscheiden. In Hinblick auf die Hinausspaltung lassen sich die Aussagen der Entscheidung „Cartesio" ohne weiteres übertragen. Dem Recht auf existenzwahrenden, formwechselnden Wegzug entspricht ein Recht auf Hinausspaltung, das allerdings vom EuGH ausdrücklich nur gewährt wird, soweit dies nach dem Recht des Zuzugsstaats möglich ist.[35] Soweit also der Zuzugsstaat die Hinein-

---

[32] Semler/Stengel/*Drinhausen*, UmwG, Einl.C Rdnr. 32; Lutter/*Drygala*, UmwG, § 1 Rdnr. 11; *Siems*, EuZW 2006, 135, 139; *Geyrhalter/Weber*, DStR 2006, 146, 150; *Bayer/Schmidt*, ZHR 173, (2009), 735, 768.
[33] EuGH, Slg. 1988, 5483, Tz. 19 = NJW 1989, 2186 – „Daily Mail"; NZG 2009, 61, Tz. 104 – „Cartesio".
[34] Vgl. *Leible/Hoffmann*, BB 2009, 58, 61.
[35] EuGH, NZG 2009, 61, Tz. 112 – „Cartesio".

spaltung zur Neugründung eröffnet, stellt es eine **Beschränkung der Niederlassungsfreiheit** dar, wenn der Herkunftsmitgliedstaat die Hinausspaltung zur Neugründung untersagt.

21 In Hinblick auf die Hineinspaltung zur Neugründung ist die relevante Wertung dagegen wiederum der Entscheidung „SEVIC Systems" zu entnehmen, wonach es als unterschiedliche Behandlung von Gesellschaften und damit als Beschränkung der Niederlassungsfreiheit anzusehen ist, wenn Umwandlungsmöglichkeiten nur innerstaatlich gewährt werden. Vorbehaltlich der Rechtfertigung einer Beschränkung sind die Mitgliedstaaten also dazu verpflichtet, die für innerstaatliche Umwandlungen zur Verfügung stehenden Möglichkeiten auch den Auslandsgesellschaften für grenzüberschreitende Vorgänge zur Verfügung zu stellen (oben Rdnr. 17). Dieser Grundsatz erfasst richtigerweise auch die Fälle, in denen erstmals die **Rechtspersönlichkeit vom Zuzugsstaat verliehen** werden muss.[36] Dieser kann zwar die Voraussetzungen bestimmen, an die die Verleihung und Beibehaltung der Rechtspersönlichkeit geknüpft wird (also beispielsweise vorschreiben, dass die durch die Spaltung neu entstehende Gesellschaft ihren tatsächlichen Sitz im Inland nimmt), nicht aber die Umwandlungsmöglichkeit selbst ausschließen, soweit diese auch für Inlandsgesellschaften eröffnet wird.[37]

22 Es sei noch einmal daran erinnert, dass weder die Spaltungsrichtlinie[38] noch die Niederlassungsfreiheit es gebieten, die Spaltung zur Neugründung überhaupt in ihrem nationalen Recht vorzusehen – nur wenn diese Möglichkeit nationalen Gesellschaften eröffnet wird, verlangt die Niederlassungsfreiheit die **Gleichbehandlung der grenzüberschreitenden Spaltung.** Das Recht jedes Mitgliedstaats, den erforderlichen Bezug der neu gegründeten Gesellschaft nationalen Rechts zum eigenen Territorium zu definieren, insbesondere also einen inländischen Satzungs- und/oder Verwaltungssitz zu verlangen, wird dadurch indes nicht eingeschränkt.

23 **d) Konsequenzen.** Zusammengefasst bedeuten die vorstehenden Ausführungen, dass – trotz eines fehlenden spezifischen EuGH-Urteils zur Spaltung – auch grenzüberschreitende Spaltungen weitgehend vom **Schutzbereich der Niederlassungsfreiheit** erfasst werden. Da – soweit jeweils die entsprechenden Inlandsspaltungen zugelassen werden – weder der Herkunfts- noch der Zuzugsstaat die grenzüberschreitende Spaltung untersagen dürfen, ist im Ergebnis davon auszugehen, dass nunmehr breiter Raum für grenzüberschreitende Spaltungen besteht. Zwar können hierauf bezogene Beschränkungen der Niederlassungsfreiheit durchaus in Hinblick auf **zwingende Gründe des Allgemeininteresses** (wie insbesondere den Gläubiger- und Minderheitenschutz) gerechtfertigt sein, jedoch ist davon auszugehen, dass eine generelle Verweigerung der grenzüberschreitenden Umwandlung zum Schutz dieser Interessen nicht erforderlich ist, da man einerseits deren Schutz durch spezielle verfahrensrechtliche Vorschriften hinreichend gewährleisten kann, andererseits aber eine generelle Verweigerung auch dann eingreift, wenn solche Interessen im Einzelfall gar nicht bedroht sind.[39] Eine Rechtfertigung genereller Verbote grenzüberschreitender Spaltungen scheidet daher aus.

24 **e) Niederlassungsfreiheit und Anwendung des Spaltungsrechts.** Für das deutsche Recht ist aus Art. 54 AEUV somit zu schließen, dass auch das Erfordernis **europarechtskonformer Auslegung** des § 1 Abs. 1 UmwG gebietet, die Vorschrift so auszulegen, dass das UmwG auf grenzüberschreitende Spaltungen grundsätzlich anzuwenden ist, soweit das

---

[36] Zu dieser Frage ist derzeit ein Vorabentscheidungsverfahren beim EuGH anhängig, vgl. EuGH, Rs. C-378/10, ZIP 2010, 1956 – VALE; dazu Neye, EWiR 2010, 625; vgl. auch die Schlussanträge des GA v. 15. 12. 2011, ZIP 2012, 465; dazu *Behrens*, EuZW 2012, 121.

[37] In diesem Sinn auch *Teichmann*, ZIP 2009, 393, 402; *Zimmer/Naendrup*, NJW 2009, 545, 548; *Otte/Rietschel*, GmbHR 2009, 983, 984; *Frobenius*, DStR 2009, 487, 490; *Behme/Nohlen*, BB 2009, 13, 14; Michalski/*Leible*, GmbHG, 2. Aufl. 2010, Syst. Darst. 2 Rdnr. 35.

[38] Vgl. Art. 1 Abs. 2 der Richtlinie 82/891/EWG, ABl. EG 1982, L 378, 47.

[39] EuGH NJW 2006, 425 = BB 2006, 11, Tz. 30 – „SEVIC Systems".

deutsche Gesellschaftsstatut den Vorgang regelt.⁴⁰ Allerdings wirkt sich die Niederlassungsfreiheit nicht nur auf die Frage der grundsätzlichen Zulässigkeit aus, sondern auch auf die konkrete Anwendung der umwandlungsrechtlichen Normen. Das UmwG muss zunächst so angewendet werden, dass seine Normen effektiv die **Durchführung der grenzüberschreitenden Spaltung** im Zusammenspiel mit den Normen des weiteren beteiligten Umwandlungsrechts **ermöglichen.** Soweit erforderlich sind die Vorschriften des UmwG unionsrechtskonform auszulegen, um ggf. noch vorhandene Inkompatibilitäten zu beseitigen.⁴¹

Die materiellrechtliche Harmonisierung durch die **Spaltungsrichtlinie** dürfte allerdings ohnehin dafür sorgen, dass die im Rahmen der Kombinationslehre (Rdnr. 11) besonders kritischen Rechtsfolgen europaweit harmonisiert sind, soweit die Niederlassungsfreiheit reicht: Zwar müssen die Vorgaben nur umgesetzt werden, wenn in einem Mitgliedstaat eine bestimmte Form der Spaltung überhaupt zugelassen wird. Fehlt es hieran aber für die innerstaatliche Spaltung, verlangt die Niederlassungsfreiheit es insoweit auch nicht, eine vergleichbare grenzüberschreitende Spaltung zuzulassen. Wird die Spaltung aber zugelassen, besteht auch eine Umsetzungspflicht bezüglich der in Art. 17 der Spaltungsrichtlinie harmonisierten **Rechtsfolgen der Spaltung.** Nur wenn im Einzelfall trotz der Harmonisierung die kombinierte Anwendung beider Rechtsordnungen noch zu mit der Niederlassungsfreiheit unvereinbaren Ergebnissen führen würde, bedürfte es einer Anpassung im Wege einer unionsrechtskonformen Anwendung der beteiligten Umwandlungsrechte.

Über die Beseitigung verbleibender Inkompatibilitäten hinaus gebietet die Niederlassungsfreiheit es auch, dass das Umwandlungsrecht so angewendet wird, dass die grenzüberschreitende Spaltung keinen weiter gehenden Beschränkungen ausgesetzt wird, als eine vergleichbare innerstaatliche Spaltung. Schließlich liegt die Beschränkung der Niederlassungsfreiheit gerade in der **ungleichen Behandlung** der grenzüberschreitenden im Vergleich zur innerstaatlichen Umwandlung.⁴² Nur sofern also die kombinierte Anwendung der unterschiedlichen Umwandlungsrechte oder spezielle Regelungen für die grenzüberschreitende Spaltung eine beschränkende Wirkung haben, bedarf es einer **Rechtfertigung anhand zwingender Gründe des Allgemeininteresses.** Allerdings ist dies nicht schon aufgrund der Tatsache der Fall, dass sich bei der Kombination der beteiligten Umwandlungsrechte im Ergebnis das **strengere Recht** durchsetzt.⁴³ Zwar trifft es zu, dass dies die Folge der Kombinationslehre für alle umwandlungsrechtlichen Teilaspekte ist, die nicht einem der Gesellschaftsstatute zugewiesen sind, sondern für beide Rechtsträger nur einheitlich gewürdigt werden können, zB der notwendige Inhalt des Spaltungsvertrags. Der zitierten Ansicht ist ebenfalls zuzugeben, dass es durch die kombinierte Anwendung beider Rechte dazu kommen kann, dass für die grenzüberschreitende Spaltung **restriktivere Anforderungen** gelten als für die Inlandsspaltung. Allerdings ist zu berücksichtigen, dass diese Beschränkungen unterschiedlichen Rechtsordnungen entstammen und jeder Mitgliedstaat nur dafür verantwortlich ist, im Rahmen seiner eigenen Rechtsordnung keine weitergehenden Beschränkungen als für Inlandsspaltungen zu verankern. Eine Beschränkung der Niederlassungsfreiheit könnte also nur darauf gestützt werden, dass der Mitgliedstaat mit dem weniger strengen Recht (in dem also geringere Anforderungen an die Spaltung gestellt werden) im Rahmen der Kombinationslehre die Erfüllung der weitergehenden Voraussetzungen des Auslandsrechts verlangt. Letztlich würde die Beschränkung also aus der Gestaltung des Kollisionsrechts resultieren. Eine derart weitreichende Anwendung des Beschränkungstatbestandes vermag allerdings nicht zu überzeugen. Denn letztlich ist die Kombinationslehre nur kollisionsrechtlicher Ausdruck des Prinzips, wonach grenzüberschreitende Vorgänge die Mitwirkung beider beteiligten Rechtsordnungen bedürfen. Die-

---

⁴⁰ *Bayer/Schmidt*, ZHR 173 (2009), 735, 769; Semler/Stengel/*Drinhausen*, UmwG, Einl. C Rdnr. 35; Lutter/*Drygala*, UmwG, § 1 Rdnr. 11.
⁴¹ Dazu Lutter/*Drygala*, UmwG, § 1 Rdnr. 17 ff.
⁴² EuGH NJW 2006, 425 = BB 2006, 11 – „SEVIC Systems".
⁴³ So aber *Kallmeyer/Kappes*, AG 2006, 224, 235.

ses Prinzip scheint auch der EuGH anzuerkennen, wenn er etwa in „Cartesio" das Recht auf statutenwechselnden Wegzug davon abhängig macht, dass der Zuzugsstaat sich zur Aufnahme bereit erklärt.[44] Ob die Voraussetzungen einer solchen Mitwirkung mit der Niederlassungsfreiheit in Übereinstimmung stehen, kann daher nur für beide Mitgliedstaaten getrennt gewürdigt werden. Jeder Mitgliedstaat hat daher das **eigene Umwandlungsrecht diskriminierungsfrei** anzuwenden, ist aber nicht dazu verpflichtet, zur Vermeidung von Ungleichbehandlungen von dem Erfordernis der Mitwirkung des Auslandsrechts abzusehen. Die beschränkenden, aber nicht-diskriminierenden Inlandsregelungen sowie die sich aus der kombinierten Anwendung beider Rechte ergebenden Restriktionen sind dagegen nur am Maßstab der Rechtfertigung in Hinblick auf **zwingende Gründe des Allgemeininteresses** zu messen. Ein Verstoß gegen die Niederlassungsfreiheit liegt demnach nicht schon dann vor, wenn die kombinierte Anwendung zu einer Erschwerung der Spaltung im Vergleich zur Inlandsspaltung in einer der Rechtsordnungen führt, sondern erst dann, wenn die aus der Kombination resultierenden Hindernisse der grenzüberschreitenden Spaltung in Hinblick auf den Maßstab der „Gebhard"-Formel[45] nicht zu rechtfertigen sind.

27 Hieraus ergibt sich, dass es zwar einer europarechtskonformen Anwendung des Umwandlungsrechts bedarf, um eine aus der Kombinationslehre resultierende grundsätzliche Unmöglichkeit (oder eine nicht zu rechtfertigende Beschränkung) einer in beiden Rechtsordnungen vorgesehenen Spaltung zu verhindern, nicht aber, um jede über das inländische Recht jedes beteiligten Staates hinausgehende Erschwernis zu beseitigen. Die Niederlassungsfreiheit gebietet es auch nicht, **jede Form der Spaltung** (zB Spaltung zur Neugründung, Spaltung zur Übernahme), die das nationale Recht kennt, für alle grenzüberschreitenden Spaltungen sicherzustellen. Vielmehr hängt die Zulässigkeit auch insoweit von der **Mitwirkung des Auslandsrechts** in Hinblick auf die gewählte Form ab. Die Niederlassungsfreiheit gebietet also nur die Eröffnung solcher Spaltungen, die in beiden beteiligten Rechtsordnungen übereinstimmend zugelassen werden.

28 Vor allem anhand der **Hinausspaltung zur Neugründung** lässt sich zeigen, dass diese Sicht eigentlich alternativlos ist: Da in Deutschland die Spaltung zur Neugründung im Inland zugelassen ist (§ 123 Abs. 1 Nr. 2, Abs. 2 Nr. 2 UmwG), gebietet es die Niederlassungsfreiheit grundsätzlich, dass das deutsche Recht diese Form auch für die grenzüberschreitende Spaltung zur Verfügung stellt. Kennt aber das Zuzugsrecht, das der abgespaltenen Gesellschaft die Rechtspersönlichkeit verleihen müsste, die Spaltung zur Neugründung für Inlandsfälle nicht, verpflichtet es auch die Niederlassungsfreiheit nicht zur Mitwirkung an dem Vorgang. Da das deutsche Recht keinerlei Möglichkeit hat, die Neugründung nach dem Recht des Zuzugsstaates zu bewirken, wäre auch eine dahin gehende Verpflichtung sinnlos. Zugleich kann aber auch das Zuzugsrecht nicht zur Mitwirkung verpflichtet sein, da es einerseits selbst die Voraussetzungen des Erwerbs der Rechtsfähigkeit frei bestimmen kann, andererseits aber auch diskriminierungsfrei gestaltet ist. Dieses Beispiel zeigt, dass die Niederlassungsfreiheit nicht zu weit interpretiert werden sollte, sondern vielmehr anzuerkennen ist, dass infolge der erforderlichen Mitwirkung des Zuzugsstaates eine **völlige Gleichbehandlung mit den Inlandsumwandlungen nicht erreicht werden kann** und vom EuGH – trotz der weitgehenden Aussagen in „SEVIC Systems" – auch nicht beabsichtigt wird.

III. Zulässigkeit der grenzüberschreitenden Spaltung unter Beteiligung drittstaatlicher Gesellschaften

1. Zulässigkeit aufgrund europa- oder völkerrechtlicher Normen

29 Eine Zulässigkeit grenzüberschreitender Spaltungen unter Beteiligung drittstaatlicher Gesellschaften (also aus Nicht-EU-Mitgliedstaaten) kann sich mitunter aufgrund völkerrechtlicher Normen ergeben, darüber hinaus ist die Frage aufzuwerfen, ob ein solcher Vor-

---

[44] EuGH EuZW 2009, 75, 80, Tz. 112 f. – „Cartesio".
[45] Vgl. EuGH NJW 1996, 579, Tz. 37 – „Gebhard".

gang der **Kapitalverkehrsfreiheit (Art. 63 AEUV)** unterfällt und daher bereits europarechtlich auch im Verhältnis zu Drittstaaten gewährleistet wird.

Unzweifelhaft ist zunächst, dass auch die Gesellschaften aus den **Mitgliedstaaten des EWR,** die nicht zugleich der EU angehören (heute nur noch Liechtenstein, Island und Norwegen), aufgrund der Vorschriften in Art. 31 und 34 des EWR-Abkommens in den EU-Mitgliedstaaten eine ebenso weit reichenden Niederlassungsfreiheit genießen wie nach Art. 54, 58 AEUV. Die fast wortgleichen Vorschriften von AEUV und EWR-Abkommen sind einheitlich auszulegen,[46] so dass auch in Hinblick auf die Spaltung dieselben Grundsätze wie bei innergemeinschaftlichen Vorgängen (Rdnr. 14 ff.) anzuwenden sind. **30**

Darüber hinaus kann man nicht davon ausgehen, dass Vorschriften **völkerrechtlicher Verträge** die Zulässigkeit grenzüberschreitender Umwandlungen regeln. Soweit solche Vorschriften (wie etwa Art. XXV Abs. 5 des Deutsch-Amerikanischen Freundschafts-, Handels- und Schifffahrtsvertrags, dazu § 1, Rdnr. 104 f.) nur die Anerkennung der nach fremdem Recht gegründeten Gesellschaften fordern, enthält dies keine den Vorschriften des AEUV vergleichbare, auch ein Recht auf grenzüberschreitende Umwandlungen einschließende Niederlassungsfreiheit. Völkerrechtliche Regelungen, die diese Frage spezifisch betreffen, sind dagegen nicht ersichtlich. **31**

Es verbleibt somit die Frage, ob Art. 63 AEUV eine Erstreckung der zur innereuropäischen Spaltung herausgearbeiteten Grundsätze auch auf internationale Spaltungen mit Drittstaaten fordert. Bekanntlich liberalisiert Art. 63 AEUV nicht nur den innergemeinschaftlichen Kapitalverkehr, sondern auch den **Kapitalverkehr aus und nach Drittstaaten.**[47] Soweit also die grenzüberschreitende Spaltung als Vorgang des Kapitalverkehrs aufzufassen ist, käme es in Betracht, eine Verpflichtung der Mitgliedstaaten auch zur Ermöglichung solcher Vorgänge mit Drittstaaten anzunehmen, soweit der beteiligte Drittstaat dies ebenfalls zulässt (wozu ihn der AEUV natürlich nicht verpflichten kann). **32**

Auf der Grundlage der Rechtsprechung des EuGH dürfte eine solch weit reichende Auslegung der Kapitalverkehrsfreiheit jedoch nicht anzuerkennen sein. Zwar ist davon auszugehen, dass Spaltungen grundsätzlich auch als Vorgang des Kapitalverkehrs aufzufassen sind, da es zur Übertragung von Vermögenswerten, aber regelmäßig auch Anteilen an den beteiligten Gesellschaften, zwischen in unterschiedlichen Staaten ansässigen Rechtsträgern kommt, so dass der **sachliche Anwendungsbereich der Kapitalverkehrsfreiheit** durchaus eröffnet wäre. Allerdings ist zu berücksichtigen, dass der EuGH beim Zusammentreffen von Niederlassungs- und Kapitalverkehrsfreiheit heute eine restriktive Position einnimmt: So hat der EuGH (zum Verhältnis von Dienstleistungs- und Kapitalverkehrsfreiheit) entschieden, dass er „die in Rede stehende Maßnahme grundsätzlich nur im Hinblick auf eine dieser beiden Freiheiten (prüft), wenn sich herausstellt, dass unter den Umständen des Einzelfalls eine der beiden Freiheiten der anderen gegenüber **völlig zweitrangig** ist und ihr zugeordnet werden kann."[48] Dieses Prinzip nutzte der EuGH in „Fidium Finanz AG" insbesondere, um zu verhindern, dass eine drittstaatliche Gesellschaft, die sich nur auf die Kapitalverkehrs-, nicht aber die Dienstleistungsfreiheit berufen kann, Finanzdienstleistungen ohne Inlandsniederlassung in den Binnenmarkt hinein erbringen kann, indem der Kapitalverkehr bei der Darlehensgewährung als völlig zweitrangig gegenüber der Dienstleistungskomponente angesehen worden ist. Es ist zu erwarten, dass der EuGH im Fall von gesellschaftsrechtlichen Niederlassungsvorgängen (wie insbesondere grenzüberschreitenden Umwandlungen) ebenso den Aspekt des **Kapitalverkehrs als völlig zweitrangig** gegenüber der Niederlassungsfreiheit einstufen wird, so dass eine Berufung auf die Kapitalverkehrsfreiheit ausscheidet. Nur so kann die vom AEUV offensichtlich beabsichtigte Differenzierung zwischen den niederlassungsberechtigten mitgliedstaatlichen Gesellschaften und **33**

---

[46] BGHZ 164, 148 = NJW 2005, 3551; vgl. auch OLG Frankfurt, IPRax 2004, 56; *Baudenbacher/Buschle,* IPRax 2004, 26.
[47] Eingehend *Ohler,* Europäische Kapital- und Zahlungsverkehrsfreiheit, Art. 56 Rdnr. 205 ff.
[48] EuGH EuZW 2006, 689, 690, Tz. 35 – „Fidium Finanz AG".

den drittstaatlichen Gesellschaften, die gerade nicht das selbe Maß an Freiheit in der EU genießen sollen, aufrecht erhalten werden. Auch wenn diese Erwägung das Ergebnis wertungsmäßig als nachvollziehbar erscheinen lässt, erscheint es dogmatisch als wenig überzeugend, dass eine vorbehaltlos gewährte Freiheit des AEUV durch eine andere Freiheitsnorm eingeschränkt wird, die noch dazu auf den Sachverhalt gar nicht anwendbar ist. Im Ergebnis besteht aber wenig Zweifel daran, dass der EuGH für die drittstaatlichen Gesellschaften keine der Rechtslage aufgrund der Niederlassungsfreiheit vergleichbaren grenzüberschreitenden Umwandlungsmöglichkeit anerkennen würde.[49]

34 Da es somit an spezifischen europa- oder völkerrechtlichen Vorgaben für die grenzüberschreitende Spaltung unter Beteiligung drittstaatlicher Gesellschaften fehlt, bemisst sich die Zulässigkeit aus deutscher Sicht allein nach dem **deutschen Sachrecht**.

2. Zulässigkeit nach deutschem Sachrecht

35 Es wurde bereits dargelegt, dass die Zulässigkeit grenzüberschreitender Spaltungen nach deutschem Recht von der Auslegung des § 1 Abs. 1 UmwG abhängt. Geht man davon aus, dass diese Vorschrift – wie bereits dargelegt (Rdnr. 12 f.) – einer grenzüberschreitenden Spaltung innerhalb der EU nicht entgegensteht, stellt sich lediglich die Frage, ob die Norm in Hinblick auf Spaltungen mit Drittstaatenberührung anders auszulegen ist. Hiervon wäre aber allenfalls auszugehen, wenn das Ergebnis nur aufgrund einer unionsrechtskonformen Auslegung zu begründen wäre. Das ist indes nicht der Fall, vielmehr wurde dieser Aspekt nur ergänzend herangezogen. Grundsätzlich geht der gesetzgeberische Wille heute indes dahin, die Problematik der grenzüberschreitenden Umwandlung kollisionsrechtlich zu lösen (Rdnr. 13). Es ist nicht erkennbar, dass der Gesetzgeber insoweit zwischen Sachverhalten innerhalb und außerhalb des Anwendungsbereichs der Niederlassungsfreiheit differenzieren wollte, und auch der **Wortlaut des § 1 Abs. 1 UmwG** lässt keinerlei Raum für eine derart unterschiedliche Auslegung. Es ist daher heute davon auszugehen, dass diese Vorschrift auch bei Beteiligung drittstaatlicher Gesellschaften nur noch zum Ausdruck bringt, dass das UmwG auf den Vorgang lediglich anwendbar ist, soweit das deutsche Gesellschaftsstatut den Vorgang beherrscht. Ansonsten kommt es auch in diesen Fällen auf das Umwandlungsrecht des weiteren beteiligten Rechtsträgers an, so dass eine grenzüberschreitende **Spaltung unter Beteiligung drittstaatlicher Gesellschaften** nach deutschem Recht möglich ist, wenn auch das Auslandsrecht den Vorgang zulässt und die Rechtsordnungen eine hinreichende Übereinstimmung aufweisen, um den Vorgang zu ermöglichen.[50]

36 Damit ist indes nicht gesagt, dass für grenzüberschreitende Spaltungen im Verhältnis zu Drittstaaten ebenso viel Raum ist wie für unionsinterne Vorgänge. Hierfür sind drei Gründe relevant, die insgesamt dazu führen, dass sich über die Durchführbarkeit grenzüberschreitender Spaltungen im Drittstaatenverhältnis keine allgemeinen Aussagen treffen lassen, sondern es stets einer Einzelfallbetrachtung bedarf. Erster Unterschied zur unionsinternen Spaltung ist, dass der **Drittstaat nicht an die Niederlassungsfreiheit** gebunden ist und daher selbst frei ist, ob er grenzüberschreitende Spaltungen überhaupt zulassen will und hierfür Normen bereitstellt. Wie gezeigt steht einer solchen freien Entscheidung in den EU-Mitgliedstaaten die Niederlassungsfreiheit zumindest dann entgegen, wenn die innerstaatliche Spaltung zugelassen wird. Der zweite Unterschied liegt in den **materiell-rechtlichen Rahmenbedingungen**. Wie gezeigt setzt die grenzüberschreitende Spaltung eine Mindestübereinstimmung der beteiligten Rechtsordnungen insbesondere auf der Rechtsfolgenseite voraus. Innerhalb der EU wird diese Mindestübereinstimmung durch die Spaltungsrichtlinie gewährleistet, während Drittstaaten hiervon abweichende Regelungen treffen können, die mit den deutschen bzw. europäischen Regelungen keine hinreichende Übereinstimmung aufweisen. Der dritte Unterschied besteht zuletzt darin, dass der AEUV

---

[49] In diesem Sinn auch *Germelmann*, EuZW 2008, 596.
[50] AA etwa Semler/Stengel/*Drinhausen*, UmwG, Einl. C Rdnr. 26; MüKo/*Kindler*, IntGesR Rdnr. 909 ff.

es auch gebietet, das **nationale Recht so auszulegen,** dass es der Niederlassungsfreiheit nicht entgegen steht. Soweit also im nationalen Recht trotz der materiellrechtlichen Harmonisierung noch Hindernisse für eine unionsinterne Spaltung bestehen, sind die Gerichte und Behörden dazu verpflichtet, soweit möglich die Vorgaben der Niederlassungsfreiheit durch Auslegung umzusetzen. Auch eine solche Verpflichtung besteht im Verhältnis zu Drittstaaten nicht. Trotz der Offenheit des deutschen Rechts für grenzüberschreitende Spaltungen mit Drittstaaten kann man daher nicht davon ausgehen, dass insoweit ähnlich weitgehende Möglichkeiten bestehen wie es unionsintern der Fall ist. Vielmehr ist die Durchführbarkeit in jedem Einzelfall zu prüfen.

IV. Die Durchführung der grenzüberschreitenden Spaltung innerhalb der EU

1. Kollisionsrechtliche Grundlagen und europarechtskonforme Rechtsanwendung

In Hinblick auf die praktische Durchführung der somit zumindest innerhalb der EU eröffneten grenzüberschreitenden Spaltung ist zu klären, wie weit im Rahmen der **Kombinationslehre** jedes der beteiligten Gesellschaftsrechte anzuwenden ist und welche praktischen Probleme sich aus der Kombination ergeben. Da – wie gezeigt (Rdnr. 26) – die kombinierte Anwendung unterschiedlicher Anforderungen auf denselben Aspekt nicht bereits als Beschränkung der Niederlassungsfreiheit anzusehen ist, stehen insbesondere die **Rechtsfolgen** im Mittelpunkt des Interesses, da diese notwendig einheitlich zu bestimmen sind. Zumindest für die Spaltung von Aktiengesellschaften werden die Rechtsfolgen zwar durch die Spaltungsrichtlinie harmonisiert, jedoch enthalten deren Vorschriften nicht für alle relevanten Fragestellungen abschließende Regelungen. Die grundlegenden Rechtsfolgen des Art. 17 der Spaltungsrichtlinie werden zwar vereinheitlicht, andere Aspekte werden aber gänzlich dem nationalen Recht übertragen (etwa der Zeitpunkt des Wirksamwerdens der Spaltung, Art. 15) oder es werden unterschiedliche Optionen geschaffen (insbesondere für den Gläubigerschutz nach Art. 12). Insoweit ist sicherzustellen, dass die **materiellrechtlichen Unterschiede** weder zu einer vollständigen Verhinderung noch zu einer nicht zu rechtfertigenden Beschränkung des Vorgangs führen, soweit beide Rechtsordnungen den konkreten Vorgang auch innerstaatlich ermöglichen. Die Logik der Kombinationslehre gebietet es grundsätzlich, dass **Voraussetzungen kumulativ erfüllt** werden müssen, während es bei den gläubigerschutzbezogenen **Rechtsfolgen** als unumgänglich erscheint, diese einem **bestimmten Recht** zuzuweisen (Rdnr. 51 ff.).

Eine weitergehende Problematik ergibt sich ferner daraus, dass die **materiellrechtliche Harmonisierung** nach der Spaltungsrichtlinie nur die Aktiengesellschaften direkt betrifft,[51] während die Mitgliedstaaten zB für die GmbH auch andere Regelungen schaffen können. Insoweit kann man also nicht ohne weiteres voraussetzen, dass die mitgliedstaatlichen Umwandlungsrechte die durch die Spaltungsrichtlinie bedingte grundsätzliche Übereinstimmung aufweisen. Allerdings wird dies dennoch häufig der Fall sein, soweit die Spaltungsrichtlinie als Modell für das Umwandlungsrecht anderer juristischer Personen herangezogen wurde (wie es etwa aufgrund der weitgehend rechtsformunabhängigen Regelungstechnik beim deutschen UmwG der Fall ist). Wie gezeigt gebietet es indes die Niederlassungsfreiheit auch bei den verbleibenden problematischen Fällen den Vorgang zu ermöglichen, soweit eine entsprechende innerstaatliche Spaltung in beiden betroffenen Gesellschaftsrechtsordnungen vorgesehen ist. Hierfür bedarf es ggf. einer **europarechtskonformen Rechtsanwendung** (dazu sogleich Rdnr. 42 ff.).

Für die Konkretisierung der Kombinationslehre muss man zwischen der **Spaltung zur Aufnahme** und der **Spaltung zur Neugründung** differenzieren. Der Unterschied zwischen beiden Fällen liegt darin, dass an der Spaltung zur Aufnahme von vornherein min-

---

[51] Vgl. Art. 1 der Richtlinie 82/891/EWG iVm Art. 1 Abs. 1 der Richtlinie 78/855/EWG.

destens zwei Rechtsträger unterschiedlichen Rechts beteiligt sind, während bei der Spaltung zur Neugründung zunächst nur ein Rechtsträger beteiligt ist, während der oder die weiteren Rechtsträger anderen Rechts erst im Zuge des Spaltungsvorgangs zu gründen sind.

40 Für die Spaltung zur Aufnahme kann man sich zunächst weitgehend an der **Rechtslage zur grenzüberschreitenden Verschmelzung** orientieren. In Anwendung des Rechtsgedankens des Art. 4 Abs. 1 lit. b der Richtlinie 2005/56/EG muss also jede Gesellschaft die nach ihrem Gesellschaftsstatut erforderlichen **„Formalitäten"** erledigen und die für die Spaltung geltenden Vorschriften einhalten. Allein nach dem Gesellschaftsstatut bemisst sich insbesondere die Spaltungsfähigkeit eines Rechtsträgers (Rechtsgedanke des Art. 4 Abs. 1 lit. a der Richtlinie 2005/56/EG). Insoweit ist daran zu erinnern, dass aus dem Urteil „SEVIC Systems" nur folgt, dass die internationale Spaltung im selben Umfang zuzulassen ist wie die innerstaatliche Spaltung, nicht aber ein Recht auf Spaltungsfähigkeit. Beschränkungen des Gesellschaftsstatuts bezüglich der innerstaatlichen Spaltungsfähigkeit können daher auch im grenzüberschreitenden Kontext angewendet werden. Soweit diese „Formalitäten" durch die Gesellschaften nur gemeinsam und einheitlich erledigt werden können – was insbesondere für den aufzustellenden **Spaltungsplan** (bzw. „Spaltungs- und Übernahmevertrag" in der Terminologie des § 126 UmwG) Bedeutung hat – sind beide Rechte in dem Sinne kombiniert anzuwenden, dass alle Anforderungen beider Rechte kumuliert erfüllt werden. Dieses Prinzip bedeutet, dass sich das **strengere Recht** durchsetzt – wobei jedoch auch alle zusätzlichen Anforderungen des grundsätzlich weniger strengen Rechts erfüllt werden müssen.[52] Nur soweit die Anforderungen in dem Sinn miteinander inkompatibel sind, dass sie tatsächlich oder wirtschaftlich nicht gleichzeitig erfüllt werden können, bedarf es einer Korrektur im Wege der europarechtskonformen Auslegung (dazu sogleich Rdnr. 42 ff.). Auch die Rechtsfolgen der Spaltung sind zunächst kollisionsrechtlich anzuknüpfen, wobei **kein einheitliches Rechtsfolgenstatut** bestimmt werden kann, sondern beide beteiligten Rechte auf unterschiedliche Aspekte anwendbar sind. So kann das Erlöschen des übertragenden Rechtsträgers nur von dessen Gesellschaftsstatut ausgesprochen werden, während andererseits das selbe für die Anteilsgewährung durch den übernehmenden Rechtsträger gilt. Der gemeinsam aufgestellte Spaltungsplan kann dabei nur durchgeführt werden, wenn die jeweils relevante Rechtsordnung die erforderlichen Rechtsfolgen auch so anordnet, wie es der Plan vorsieht. Daraus folgt nicht nur, dass bei der Gestaltung des Plans auf die unterschiedlichen Rechtsfolgen Rücksicht genommen werden muss, sondern auch, dass es denkbar ist, dass die Unterschiede die Durchführbarkeit tatsächlich ausschließen (dazu Rdnr. 60 ff.). In solchen Fällen bedarf es ebenfalls einer Korrektur im Wege der **europarechtskonformen Auslegung** (dazu sogleich Rdnr. 42 ff.).

41 Im Unterschied zur Spaltung zur Aufnahme entsteht bei der **Spaltung zur Neugründung** der übernehmende Rechtsträger erst mit der Wirksamkeit der Spaltung. Kollisionsrechtlich folgt hieraus, dass das Gesellschaftsstatut des übernehmenden Rechtsträgers den Vorgang selbst nicht regeln kann, sondern nur die Voraussetzungen der Entstehung des neuen Rechtsträgers. Obwohl das Verfahren der Spaltung somit weitgehend im Rahmen des **Gesellschaftsstatuts des übertragenden Rechtsträgers** abläuft sind die praktischen Unterschiede zur Spaltung zur Aufnahme doch gering, da hieraus nicht folgt, dass das Spaltungsrecht des übernehmenden Rechtsträgers nicht anwendbar wäre. Vielmehr ist zu fragen, inwieweit die Anforderungen dieses Rechts als **Voraussetzungen der Neugründung** anzusehen sind und daher von der übertragenden Gesellschaft zu beachten sind. Verdeutlicht wird dies etwa durch die Regelungen bezüglich des Spaltungsplans: Zwar kann dieser nur von der übertragenden Gesellschaft aufgestellt und beschlossen werden, so dass er zweifelsfrei den Anforderungen von deren Gesellschaftsstatut genügen muss. Zugleich wird man es als Voraussetzung der Neugründung anzusehen haben, dass die Vorgaben des zukünfti-

---

[52] MüKo/*Kindler*, IntGesR Rdnr. 874; Michalski/*Leible*, GmbHG, Syst. Darst. 2 Rdnr. 204 ff.; *Geyrhalter/Weber*, DStR 2006, 146, 147 (jew. mit Blick auf die Verschmelzung); ausführlich zur spezifischen Situation bei der Spaltung: *Prüm*, Die grenzüberschreitende Spaltung, S. 54 ff.

gen Gesellschaftsstatuts eingehalten werden, so dass auch hier gilt, dass der Vorgang nur erfolgreich sein kann, wenn die **kumulierten Anforderungen** beider Rechtsordnungen erfüllt werden. Im Ergebnis setzen sich somit auch bei der Spaltung zur Neugründung die Anforderungen des strengeren Rechts durch.

Soweit diese kollisionsrechtlichen Grundsätze dazu führen, dass die Spaltung trotz grundsätzlicher Zulässigkeit in allen beteiligten Rechtsordnungen tatsächlich oder wirtschaftlich undurchführbar wird, bedarf es einer Korrektur im Wege der **europarechtskonformen Auslegung der Umwandlungsrechte.** In Betracht kommt eine solche Korrektur einerseits in den Fällen einer **Inkompatibilität** der Spaltungsvorschriften, andererseits aber auch in Hinblick darauf, dass die nationalen Regelungen nicht auf die besondere **Situation der grenzüberschreitenden Spaltung** ausgerichtet sind.

Insbesondere in Hinblick auf die materiellrechtliche Angleichung durch die Spaltungsrichtlinie dürfte der erste Fall eher theoretische Bedeutung haben (dazu unten Rdnr. 60 ff.). Aufzulösen wäre ein solcher Konflikt, der aus der unterschiedlichen Gestaltung des materiellen Spaltungsrechts resultiert, durch **Nichtanwendung der inkompatiblen Vorschriften** und die Ausfüllung der hieraus resultierenden Regelungslücke unter Rückgriff auf die **europarechtliche Konzeption der Spaltung** auch außerhalb des Anwendungsbereichs der Spaltungsrichtlinie. Letztlich bedeutet dies, dass die (auf Aktiengesellschaften bezogenen) Umsetzungsvorschriften der nationalen Umwandlungsrechte (soweit erforderlich) analog auf die grenzüberschreitende Spaltung unter Beteiligung anderer Gesellschaftsformen anzuwenden wären, um die Hindernisse für die Durchführung zu beseitigen.

Als praktisch wichtiger erscheint dagegen der zweite Fall **fehlender Eignung zur Regelung grenzüberschreitender Vorgänge,** der trotz der materiellrechtlichen Harmonisierung auch im Anwendungsbereich der Spaltungsrichtlinie auftreten kann. Im Mittelpunkt stehen insoweit **verfahrensrechtliche Abläufe.** Da Umwandlungsvorgänge regelmäßig der Offenlegung in den Registern aller beteiligten Gesellschaften bedürfen (vgl. Art. 16 der Spaltungsrichtlinie), enthalten die nationalen Rechte Regeln für die Reihenfolge der Registereintragungen und die Kooperation der Register. Im nationalen Kontext können diese Regeln anders gestaltet werden als bei grenzüberschreitenden Sachverhalten, da die Kooperation zweier nationaler Gerichte (bzw. Behörden) geregelt werden kann, während derartige Vorschriften Gerichte oder Behörden aus anderen Mitgliedstaaten nicht zur Mitwirkung verpflichten können. Dadurch kann es etwa dazu kommen, dass eine Eintragung nur deshalb verweigert wird, weil der nach nationalem Recht erforderliche Eintragungsnachweis in dem anderen Mitgliedstaat nicht erhältlich ist oder eine nach nationalem Recht erforderliche Direktinformation von Behörde zu Behörde grenzüberschreitend nicht durchzuführen ist. Auch hier gebietet die Niederlassungsfreiheit es, die Kooperation bei der Eintragung trotz unterschiedlicher Gestaltungen sicherzustellen. Die Grundsätze der Spaltungsrichtlinie führen auch nicht weiter, da diese das Eintragungsverfahren nicht harmonisiert, sondern nur das grundsätzliche Offenlegungserfordernis (Art. 16). Zurückzugreifen ist daher auf die **Grundsätze der grenzüberschreitenden Verschmelzungsrichtlinie,** die zur Lösung dieses Problems ein europaweit einheitliches Verfahren für den Nachweis der erforderlichen Eintragung geschaffen hat, das auf der Erteilung einer Vorabbescheinigung und einer Kontrolle durch die Gerichte oder Behörden des Staates des übernehmenden Rechtsträgers beruht (Artt. 10 und 11 der Richtlinie 2005/56/EG).[53] Dieses Verfahren lässt sich ohne weiteres auf die Situation bei der grenzüberschreitenden Spaltung übertragen, so dass die entsprechenden Umsetzungsvorschriften der nationalen Umwandlungsgesetze **analog auf Spaltungen** anzuwenden sind.

Zur Korrektur einer zur Undurchführbarkeit grenzüberschreitender Spaltungen führenden Rechtslage ist daher immer dann auf die **Grundsätze der grenzüberschreitenden Verschmelzungsrichtlinie** zurückzugreifen, wenn das Hindernis darauf beruht, dass das

---

[53] Zu diesem Verfahren vgl. § 53 Rdnr. 98 ff. näher Semler/Stengel/*Drinhausen*, UmwG, § 122 k Rdnr. 1 ff., § 122 l Rdnr. 1 ff.; Lutter/*Bayer*, UmwG, § 122 k Rdnr. 1 ff., § 122 l Rdnr. 1 ff.

nationale Recht nur auf innerstaatliche Sachverhalte ausgerichtet ist. Beruht das Hindernis dagegen auf Besonderheiten des materiellen Spaltungsrechts, ist zur Korrektur auf die **Grundsätze der Spaltungsrichtlinie** zurückzugreifen. In beiden Fällen kommt es zur analogen Anwendung der jeweiligen Umsetzungsvorschriften.

2. Voraussetzungen, Verfahren und Schutz der Anteilseigner

46 Aufgrund dieser kollisionsrechtlichen Grundlagen lassen sich jetzt einige Aussagen zum Ablauf einer grenzüberschreitenden Spaltung, insbesondere unter Beteiligung deutscher Gesellschaften, treffen. Wie bereits festgestellt sind Voraussetzungen, einzuhaltendes Verfahren und Schutzvorschriften zugunsten der Anteilseigner für die an die Spaltung beteiligten Gesellschaften getrennt anhand ihres Gesellschaftsstatuts zu bestimmen (Rdnr. 11). Aus Sicht einer deutschen Gesellschaft richtet sich somit zunächst die **Spaltungsfähigkeit allein nach § 124 UmwG,** wobei allerdings zu beachten ist, dass nur eine der zulässigen Inlandsspaltung vergleichbare grenzüberschreitende Spaltung zuzulassen ist. Das bedeutet, dass anhand von § 124 UmwG auch zu prüfen ist, ob der ausländische Rechtsträger eine Rechtsform hat, die eine Beteiligung an dem Vorgang ermöglichen würde, wenn es sich um eine deutsche Gesellschaft handeln würde. Aufgrund der weiten Regelung der Spaltungsfähigkeit wird dies regelmäßig unproblematisch sein, jedoch wäre zB eine Abspaltung auf einen übernehmenden ausländischen wirtschaftlichen Verein unzulässig, da diese Rechtsform nach § 124 Abs. 1 UmwG nur als übertragender Rechtsträger spaltungsfähig ist. Insoweit geht es nicht um die Anwendung des UmwG auf den ausländischen Rechtsträger, sondern um die Frage der Zulässigkeit der Beteiligung des inländischen Rechtsträgers an dem konkreten Spaltungsvorgang.

47 Auf das gesellschaftsinterne **Verfahren zur Durchführung der Spaltung** kommt das deutsche Recht in weitgehend unveränderter Art zur Anwendung, soweit es etwa um die Berichtspflicht (§ 127 UmwG), die Prüfungspflicht (§§ 125, 9 ff. UmwG) die Information der Arbeitnehmervertretung (§ 126 Abs. 3 UmwG) oder die Beschlussfassung durch die Anteilseigner (§§ 13, 128 UmwG) geht. Besonderheiten sind in Hinblick auf Spaltungsvertrag bzw. -plan zu beachten: Zwar genügt es aus deutscher Sicht, wenn den Anforderungen der §§ 126, 136 UmwG genügt wird, jedoch ist der **Spaltungsvertrag bzw. -plan** notwendigerweise einheitlich zu gestalten, so dass die Anforderungen beider beteiligten Rechte kumulativ zu erfüllen sind. Insbesondere bei Unterschieden bezüglich des **Mindestinhalts** kann dies praktisch relevant werden. In Hinblick auf die **Form** ist bei der grenzüberschreitenden Spaltung nicht notwendigerweise die in §§ 125, 6 UmwG vorgesehene notarielle Form zu beachten, soweit die Beurkundung im Ausland erfolgt. Zwar ist es grundsätzlich Folge der Kombinationslehre, dass sich die strengere Formvorschrift durchsetzt, jedoch genügt bei einer Beurkundung im Ausland nach Art. 11 EGBGB die Beachtung der **Ortsform,** also des am Ort der Beurkundung für einen Spaltungsvertrag bzw. -plan vorgesehenen Formerfordernisses. Eine (im Schrifttum vielfach vertretene[54]) teleologische Reduktion des Art. 11 EGBGB oder analoge Anwendung des Art. 11 Abs. 4 EGBGB für Rechtsgeschäfte, die die Verfassung von Körperschaften betreffen, ist abzulehnen.[55] Ferner genügt für die Wahrung der notariellen Form auch die Beurkundung durch einen ausländischen Notar, soweit die Gleichwertigkeit mit einer Inlandsbeurkundung festgestellt werden kann **(Substitution).**[56]

48 Auch der Schutz opponierender Anteilseigner gegen die Spaltung unterliegt für jede beteiligte Gesellschaft dem Gesellschaftsstatut. Dies betrifft nicht nur die an die erforderliche **Zustimmung der Anteilseigner** anknüpfenden Schutzinstrumente (zB das Zustimmungs-

---

[54] Vgl. Münchener Kommentar z. BGB/*Kindler*, IntGesR Rdnr. 884 (für Umwandlungen), Rdnr. 557 (allgemein); Ulmer/*Behrens*, GmbHG, Einl. Rdnr. B 136; *Goette*, DStR 1996, 709, 711.

[55] OLG Stuttgart, NZG 2001, 40; Münchener Kommentar z. BGB/*Spellenberg*, Art. 11 EGBGB Rdnr. 131 ff.; Michalski/*Leible*, GmbHG, Syst. Darst. 2 Rdnr. 98; Michalski/*Hoffmann*, GmbHG, § 53 Rdnr. 81 ff. mwN.

[56] Hierzu ausführlich: Michalski/*Leible*, GmbHG, Syst. Darst. 2 Rdnr. 103 ff.

erfordernis nach § 128 UmwG und das qualifizierte Mehrheitserfordernis nach §§ 125, 13, 65 UmwG), sondern auch **Ansprüche auf bare Zuzahlung** (§§ 125, 15 UmwG) und **Abfindung** (§§ 125, 29 UmwG). Besonderheiten sind in Hinblick auf die gerichtliche Durchsetzung solcher Ansprüche zu beachten (dazu sogleich Rdnr. 49 ff.). Für die Anwendung der §§ 125, 29 UmwG auf die grenzüberschreitende Spaltung stellt sich die Frage, ob es sich bei einer Auslandsgesellschaft auch bei entsprechender Gesellschaftsform stets um einen **„Rechtsträger anderer Rechtsform"** handelt. Dies ist zu bejahen, soll die Vorschrift den Anteilseigner doch davor schützen, gegen seinen Willen der Geltung anderer gesellschaftsrechtlicher Regelungen ausgesetzt zu werden. Bei dem Wechsel in eine ausländische Rechtsform ist dieser Schutzzweck in besonderem Maße betroffen. Da man dieses Ergebnis durch Auslegung des Wortlauts des § 29 UmwG erzielen kann – eine SA ist unzweifelhaft im Vergleich zur AG eine „andere Rechtsform" – bedarf es einer analogen Anwendung des § 122i Abs. 1 UmwG (der die Frage für die grenzüberschreitende Verschmelzung im selben Sinne ausdrücklich regelt) nicht.

3. Anfechtung des Spaltungsbeschlusses und Spruchverfahren

In Hinblick auf den **Rechtsschutz von opponierenden Anteilseignern** ist es zunächst evident, dass dieser nur nach Maßgabe des Gesellschaftsstatuts der betroffenen Gesellschaft gewährt werden kann. Jeder Anteilsinhaber kann somit grundsätzlich die Rechtsbehelfe geltend machen, die die Rechtsordnung der Gesellschaft, an der er beteiligt ist, vorsieht. Für das deutsche Recht bedeutet dies im Ausgangspunkt, dass die opponierenden Anteilsinhaber grundsätzlich die Möglichkeit einer **Anfechtung des Spaltungsbeschlusses** haben (§ 243 AktG), aber die Anfechtung weder auf die Unangemessenheit der angebotenen Barabfindung (§§ 125, 32 UmwG) noch auf die Unangemessenheit des Umtauschverhältnisses (§§ 125, 14 Abs. 2 UmwG) gestützt werden kann. Dafür steht den Anteilsinhabern die Möglichkeit offen, in den Fällen des § 15 UmwG die angemessene Höhe der baren Zuzahlung und in den Fällen des § 29 UmwG die angemessene Abfindungshöhe im Wege des **Spruchverfahrens** festsetzen zu lassen.

Für grenzüberschreitende Spaltungen stellt sich insoweit das Problem, dass in den Fällen des Spruchverfahrens **keine „Waffengleichheit"** zwischen den Anteilseignern beteiligter deutscher und ausländischer Rechtsträger besteht, soweit das betroffene Auslandsrecht kein vergleichbares Verfahren kennt. Im Rahmen der grenzüberschreitenden Verschmelzung hat der Gesetzgeber diesen Konflikt dadurch aufgelöst, dass in einer solchen Konstellation das Spruchverfahren (einschließlich Anfechtungsausschluss) nur eröffnet wird, wenn die Anteilseigner der betroffenen Auslandsgesellschaft dem zustimmen (§§ 122h, 122i Abs. 2 UmwG, Art. 10 Abs. 3 der Richtlinie 2005/56/EG). Insoweit stellt sich die Frage, ob diese Vorschriften analog auf die Spaltung zur Aufnahme angewendet werden sollten. Es ist zuzugeben, dass das Spruchverfahren zu nicht unerheblichen Verschiebungen zu Lasten der Anteilseigner der Auslandsgesellschaften führen kann und daher aus Sicht des europäischen Gesetzgebers das Ziel der Herbeiführung von „Waffengleichheit" als nachvollziehbar erscheint. Die Niederlassungsfreiheit gebietet dies jedoch sicher nicht, beruht die Ungleichbehandlung doch lediglich auf der **autonomen Gestaltung des ausländischen Rechts.** Ferner ist auch nicht zu befürchten, dass allein die Verfügbarkeit des Spruchverfahrens zu einer Benachteiligung der Anteilsinhaber der Auslandsgesellschaft führt, ist es doch gerade das Ziel dieses Verfahrens, Abfindung und bare Zuzahlung in angemessener Höhe festzusetzen, die die Interessen der fremden Anteilsinhaber in vollem Umfang berücksichtigt. Darüber hinaus ist es indes nicht die Aufgabe des deutschen Gesetzgebers oder der deutschen Rechtsprechung, für einen Anteilseignerschutz zu sorgen, den das ausländische Gesellschaftsstatut verweigert. Soweit die dadurch entstehende Situation als problematisch angesehen wird, kann jedes Gesellschaftsrecht die Interessen der eigenen Anteilseigner durch die Einführung eines entsprechenden Verfahrens schützen. Die Regelungslücke besteht somit allein im Auslandsrecht, und es kann nicht Sache der deutschen Rechtsanwendung sein, eine solche Auslandslücke zu schließen. Eine analoge Anwendung der genannten Vorschriften ist daher abzulehnen.

4. Gläubigerschutz

51 Auch der **umwandlungsrechtliche Gläubigerschutz** unterliegt dem Gesellschaftsstatut des Rechtsträgers, der Schuldner der betroffenen Verbindlichkeit ist.[57] Bei der Spaltung steht insoweit der Schutz der Gläubiger des übertragenden Rechtsträgers im Mittelpunkt. Unterliegt ein übertragender Rechtsträger also deutschem Recht, tritt auch bei der grenzüberschreitenden Spaltung die gesamtschuldnerische Haftung nach § 133 UmwG ein, ferner kann bei Gefährdung der Erfüllung grundsätzlich Sicherheitsleistung verlangt werden.

52 Fraglich ist insoweit lediglich, ob die **Sicherheitsleistung** nach den allgemeinen Vorschriften (§§ 125, 22 UmwG) oder **analog § 122j UmwG** zu verlangen ist. Der § 122j UmwG regelt als lex specialis für die grenzüberschreitende Verschmelzung einen Anspruch auf Sicherheitsleistung, der sich vor allem dadurch von der allgemeinen Regelung unterscheidet, dass die Sicherheitsleistung bereits vor dem Vollzug der Umwandlung verlangt werden kann und die Erfüllung des Anspruchs Voraussetzung des registergerichtlichen Vollzugs ist (§ 122k Abs. 1 Satz 2 UmwG).[58] Der Anspruch aus § 22 UmwG kann dagegen erst nach der Eintragung der Umwandlung geltend gemacht werden, so dass bei einer grenzüberschreitenden Spaltung der Anspruch ggf. gegen einen ausländischen übernehmenden Rechtsträger nach deutschem Recht im Ausland durchgesetzt werden müsste. Die Sonderregelung schützt also die Gläubiger einer übertragenden Inlandsgesellschaft davor, ihre **Rechte im Ausland verfolgen** zu müssen.[59] Dieser Zweck zeigt, dass die Regelung nicht verschmelzungsspezifisch ist, sondern vielmehr auf die Sondersituation der grenzüberschreitenden Umwandlung ausgerichtet ist und für diese Fälle verallgemeinert werden kann. Daher besteht der Anspruch auf Sicherheitsleistung für Verbindlichkeiten einer übertragenden deutschen Gesellschaft **auch bei der Spaltung analog § 122j UmwG,** während es in den übrigen Fällen (insbesondere also bei einem übernehmenden deutschen Rechtsträger) bei den allgemeinen Regelungen (§§ 125, 22 UmwG) bleibt.

53 Der Schutz nach Maßgabe des Gesellschaftsstatuts des übertragenden Rechtsträgers gilt auch für die Inhaber von **stimmrechtslosen Sonderrechten** iSv §§ 125, 23 UmwG. Bei einer deutschen übertragenden Gesellschaft entsteht also nach §§ 125, 23 UmwG ein Anspruch auf Begründung „gleichwertiger Rechte in dem übernehmenden Rechtsträger", für deren Erfüllung die beteiligten Gesellschaften dann nach § 133 Abs. 2 UmwG gesamtschuldnerisch haften. Im internationalen Kontext erscheint insoweit vor allem die Gewährung „gleichwertiger" Rechte als problematisch, soweit gesellschaftsrechtliche Unterschiede die Gewährung bestimmter Rechte ausschließen. Insbesondere kann dies bei Umtausch- oder Bezugsrechten aus den in § 221 AktG geregelten Instrumenten auftreten, soweit derartige Rechte im Auslandsrecht nicht bekannt sind. Dieses Problem tritt allerdings auch bei innerstaatlichen Umwandlungen unter Beteiligung unterschiedlicher Gesellschaftsformen auf, da zB das GmbH-Recht ebenfalls keine bedingte Kapitalerhöhung zur Bedienung von solchen Bezugsrechten kennt. Die für diese Problematik entwickelte Lösung lässt sich auf die grenzüberschreitende Spaltung übertragen: Stehen die rechtlichen Unterschiede der Bedienung der Umtausch- und Bezugsrechte entgegen, ist den Inhabern eine **angemessene Abfindung analog § 29 UmwG** anzubieten, deren Höhe von den Berechtigten im Wege des Spruchverfahrens überprüft werden kann (§ 34 UmwG analog).[60] Da vorrangig allerdings gleichwertige Rechte zu gewähren sind, kommt dies nur bei Unmöglichkeit der Gewährung solcher Rechte in Betracht. Im Fall der Abspaltung ist das wegen § 133 Abs. Satz 2 UmwG nur der Fall, wenn die Aufrechterhaltung der Rechte gegenüber dem übertragenden Rechtsträger wirtschaftlich nicht als gleichwertig anzusehen ist.

---

[57] Michalski/*Leible*, GmbHG, Syst. Darst. 2, Rdnr. 202.
[58] Näher: Semler/Stengel/*Drinhausen*, UmwG, § 122j Rdnr. 1 ff.; Lutter/*Bayer*, UmwG, § 122j Rdnr. 1 ff.
[59] Vgl. BT-Drucks. 16/2919, S. 17.
[60] In diesem Sinne Lutter/*Grunewald*, UmwG, § 23 Rdnr. 17; Semler/Stengel/*Kalss*, UmwG, § 23 Rdnr. 15.

5. Eintragung und Zeitpunkt des Wirksamwerdens

Wie bereits angedeutet ist das Eintragungsverfahren des deutschen Rechts für die Durchführung einer grenzüberschreitenden Spaltung nur bedingt geeignet, da sichergestellt werden muss, dass die Reihenfolge der deklatorischen und konstitutiven Eintragungen (§ 130 Abs. 1 UmwG) eingehalten wird. Letzteres setzt nicht nur eine Informationsmöglichkeit über die Voreintragungen voraus, sondern auch, dass alle eintragenden Gerichte bzw. Behörden das selbe Recht anwenden. Daher erscheint es als vorzugswürdig, das speziell für die grenzüberschreitende Verschmelzung geschaffene **Eintragungsverfahren der §§ 122k und l UmwG analog** auf die grenzüberschreitende Spaltung anzuwenden.[61] Dadurch wird gewährleistet, dass eine formalisierte **„Spaltungsbescheinigung"**, die bei Vornahme der früheren (deklaratorischen) Eintragungen ausgestellt wird und dem Gericht bzw. der Behörde der späteren (in Deutschland konstitutiven) Eintragung vorzulegen ist, die grenzüberschreitende Information ermöglicht. Darüber hinaus kann auch nur im Wege der analogen Anwendung des § 122k Abs. 1 Satz 3 UmwG die Sicherheitsleistung im Vorfeld der Verschmelzung analog § 122j UmwG abgesichert werden (dazu bereits Rdnr. 52). Auch die **grenzüberschreitende Information ausländischer Registergerichte bzw. -behörden** wird durch die (im Gegensatz zu § 130 Abs. 2 UmwG) spezifisch hierauf zugeschnittene Vorschrift des § 122l Abs. 3 UmwG gewährleistet. Da dieses Verfahren auf der Umsetzung der Richtlinie 2005/56/EG beruht, finden sich in allen Mitgliedstaaten entsprechende Umsetzungsvorschriften, die zur Sicherstellung der Durchführbarkeit der Spaltung analog angewendet werden können.

Allerdings ist zu berücksichtigen, dass bei der Spaltung die **Reihenfolge der Eintragungen** im Vergleich zur Verschmelzung gemäß § 130 UmwG umgekehrt ist, also die Eintragung im Register des übertragenden Rechtsträgers zuletzt erfolgt. Diese Gestaltung geht indes nicht auf europarechtliche Vorgaben zurück, sondern trägt dem Umstand Rechnung, dass bei der Spaltung (im Gegensatz zur Verschmelzung) zwar mehrere übernehmende, aber nur ein übertragender Rechtsträger beteiligt sein können.[62] In Hinblick auf die konstitutive Wirkung dieser Eintragung wird so sichergestellt, dass es sich tatsächlich um die letzte erforderliche Eintragung handelt. Dies spricht auf den ersten Blick dafür, dass die **analoge Anwendung der §§ 122k und l UmwG ebenfalls umgekehrt** erfolgen sollte, so dass die Verschmelzungsbescheinigungen der übernehmenden Gesellschaften beim Eintragungsantrag bezüglich der übertragenden Gesellschaft vorzulegen wären.

Allerdings ist zu bedenken, dass das Verfahren nur funktionieren kann, wenn es von den beteiligten Rechtsordnungen einheitlich angewendet wird. Löst man sich von der Vorstellung einer konstitutiven Registereintragung, wie sie dem deutschen Recht zugrunde liegt, spricht auch nichts dagegen, die Eintragungen in einer anderen Reihenfolge durchzuführen. Das Verfahren wird aber scheitern, wenn **beide Rechtsordnungen die Vorlage einer Spaltungsbescheinigung fordern,** aber nicht bereit sind, diese zu erteilen, weil beide sich erst in der zweiten Stufe der Rechtmäßigkeitsprüfung für zuständig halten. So sieht etwa § 122k Abs. 1 UmwG die Erteilung einer solchen Bescheinigung nur für übertragende Gesellschaften vor.[63] Eine europaweit einheitliche Verfahrenslösung ist aber wohl nur denkbar, wenn man sich bei der Analogie ohne Rückgriff auf nationale Vorstellungen konsequent an den Vorgaben der Richtlinie 2005/56/EG orientiert. Das bedeutet einerseits, dass die nationalen Registergerichte bzw. -behörden gemäß Art. 10 der Richtlinie dazu verpflichtet sind, **für alle beteiligten Gesellschaften Spaltungsbescheinigungen** auszustellen, und dass die Zuständigkeit für die zweite Stufe der Rechtmäßigkeitsprüfung bei den Gerichten oder Behörden der neu gegründeten oder aufnehmenden Gesellschaften

---

[61] Zu diesem Verfahren vgl. näher Semler/Stengel/*Drinhausen*, UmwG, § 122k Rdnr. 1 ff, § 122l Rdnr. 1 ff.; Lutter/*Bayer*, UmwG, § 122k Rdnr. 1 ff., § 122l Rdnr. 1 ff.

[62] Semler/Stengel/*Schwanna*, UmwG, § 130 Rdnr. 8.

[63] Die Richtlinienkonformität der Regelung wird aus diesem Grund auch bezweifelt, vgl. *Louven*, ZIP 2006, 2021, 2027.

liegt (Art. 11). Dass es hierbei zu einer **mehrfachen Prüfung** kommen kann, dürfte nicht problematisch sein, da die Erfüllung der Voraussetzungen des nationalen Rechts durch eine aufnehmende Gesellschaft bereits auf der ersten Stufe in Zusammenhang mit der Erteilung der Spaltungsbescheinigung zu prüfen ist. Die weitere Prüfung erstreckt sich dann nur noch auf die „Durchführung", insbesondere der allseitigen Zustimmung zu einem einheitlichen Spaltungsplan. Nur auf diese Weise lässt sich wohl die Durchführbarkeit sicherstellen.

57 Eine eng hiermit zusammenhängende Frage betrifft den **Zeitpunkt der Wirksamkeit** der grenzüberschreitenden Spaltung. Im deutschen Recht ist die Wirksamkeit an die konstitutive Registereintragung im Register des übertragenden Rechtsträgers gebunden, die aufgrund des Verfahrens analog §§ 122k und l UmwG weder als letzter Verfahrensschritt noch aufgrund einer Prüfung des Gesamtvorgangs erfolgt. Isoliert betrachtet erscheint dieser Zeitpunkt bei der grenzüberschreitenden Spaltung daher eher als ungeeignet.

58 Kollisionsrechtlich stellt sich indes die Frage, nach welchem Recht der Wirksamkeitszeitpunkt zu bestimmen ist. Dieser Zeitpunkt kann bei Beteiligung mehrerer Rechtsordnungen nur einheitlich bestimmt werden, da auch die Rechtsfolgen nur einheitlich eintreten können. Nach der Kombinationslehre wäre davon auszugehen, dass die grenzüberschreitende Spaltung erst wirksam wird, wenn die **Wirksamkeit nach allen beteiligten Rechten** eingetreten ist. Letztlich setzt sich also die Rechtsordnung durch, die den spätesten Wirksamkeitszeitpunkt bestimmt. Art. 12 der Richtlinie 2005/56/EG sieht dagegen vor, dass sich die Wirksamkeit nach dem Recht des aufnehmenden Rechtsträgers bestimmt.[64] Es erschiene daher als nahe liegend, diese Vorschrift auch im Rahmen der Spaltung zur Konkretisierung des ungeschriebenen Kollisionsrechts heranzuziehen. Letzteres würde vor allem dann keine eindeutige Zuordnung ermöglichen, wenn mehrere aufnehmende Rechtsträger unterschiedlichen Rechts an der Spaltung beteiligt wären. Das bei der Verschmelzung mit der Norm verfolgte Ziel einer einheitlichen Anknüpfung ließe sich also bei der Spaltung nicht erreichen. Daher erscheint es als vorzugswürdig, auf die **Kombinationslehre** zurückzugreifen, so dass die Wirksamkeit erst eintritt, wenn die Spaltung nach allen beteiligten Rechtsordnungen wirksam ist. Die Zeitpunkte sind also für alle Rechtsordnungen **getrennt zu ermitteln und kumuliert anzuwenden**.

59 Ist eine deutsche Gesellschaft aufnehmender Rechtsträger, ist noch darauf hinzuweisen, dass der für das deutsche Recht relevante Zeitpunkt nicht durch eine Inlandseintragung bestimmt wird, da es nach § 130 UmwG auf die Eintragung im Register des übernehmenden Rechtsträgers ankommt. Hier bestimmt also die **Auslandseintragung** (bzw. Offenlegung iSv Art. 16 der Spaltungsrichtlinie, die im Wege der Substitution an die Stelle der Registereintragung tritt[65]) den Wirksamkeitszeitpunkt nach deutschem Recht. Mit der deutschen Vorstellung einer konstitutiven inländischen Registereintragung ist diese Rechtslage in der Regel nicht vereinbar.

6. Rechtsfolgen

60 Nach der Kombinationslehre sind in Hinblick auf die Rechtsfolgen der Spaltung die beteiligten Rechte kombiniert anzuwenden, so dass es einer Mindestübereinstimmung der Rechtsfolgen bedarf.[66] Kombinierte Anwendung bedeutet indes nur, dass man beide Rechte anzuwenden hat, soweit sie den Sachverhalt überhaupt regeln. Verdeutlichen lässt sich das bezüglich der typischen Rechtsfolgen der Spaltung, wie sie in Art. 17 der Spaltungsrichtlinie geregelt sind: Während das **Erlöschen des übertragenden Rechtsträgers** (bei der Aufspaltung) nur von dessen Gesellschaftsstatut geregelt werden kann, wird man

---

[64] Die Spaltungsrichtlinie enthält für dieses Problem keine relevante Vorschrift, da sie lediglich in Art. 15 bestimmt, dass die Rechtsvorschriften der Mitgliedstaaten den Wirksamkeitszeitpunkt bestimmen.

[65] Zutreffend MüKo/*Kindler*, IntGesR Rdnr. 885.

[66] MüKo/*Kindler*, IntGesR Rdnr. 874 ff.; Ulmer/*Behrens*, GmbHG, Einl. Rdnr. B 125.

nur das Gesellschaftsstatut des aufnehmenden Rechtsträgers für die Regelung des **Anteilserwerbs** als zuständig ansehen können. Die **Übertragung von Vermögen** erfolgt dagegen nach dem Recht des übertragenden Rechtsträgers, die indes ins Leere geht, wenn das Gesellschaftsstatut des übernehmenden Rechtsträgers keinen entsprechenden Erwerbstatbestand kennt.[67] Die Spaltung ist nur durchführbar, wenn die Kombination der Rechtsfolgen aus den unterschiedlichen Rechtsordnungen dazu führt, dass die zur Durchführung des Spaltungsplans erforderlichen Rechtsfolgen so eintreten, wie dies im Spaltungsplan vorgesehen ist. Ansonsten kann man von einer Inkompatibilität der Rechtsordnungen sprechen, die zur Gewährleistung der Niederlassungsfreiheit jedenfalls dann im Wege **europarechtskonformer Auslegung** zu korrigieren ist, wenn die rechtlichen Unterschiede die Aufstellung eines (rechtlich und tatsächlich) durchführbaren Spaltungsplans verhindern. Ansonsten liegt es in der Verantwortung der beteiligten Rechtsträger, den Spaltungsplan (bzw. -vertrag) an den rechtlichen Rahmenbedingungen auszurichten.

Allerdings dürften solche Fälle der **Inkompatibilität** eher theoretische Bedeutung haben, da die der Spaltungsrichtlinie zugrunde liegende Konzeption in Europa (auch über ihren Anwendungsbereich hinaus) weit verbreitet ist. Man darf auch nicht vorschnell von einer solchen Inkompatibilität ausgehen, sondern muss zunächst prüfen, ob es sich nicht um einen Fall handelt, in dem eine bestimmte Art der Spaltung von einem der beteiligten Umwandlungsrechte zulässigerweise (da auch innerstaatlich) nicht zur Verfügung gestellt wird. Die Mitgliedstaaten sind schließlich nur dazu verpflichtet, die auch innerstaatlich bestehenden Spaltungsmöglichkeiten grenzüberschreitend zur Verfügung zu stellen[68] – nicht aber dazu, alle denkbaren Spielarten der Spaltung zu eröffnen. Eine Korrektur der Rechtsfolgen ist nur angezeigt, soweit die Undurchführbarkeit nicht auf der Ausnutzung eines solchen gesetzgeberischen Spielraums beruht.

Dieses Prinzip lässt sich anhand von zwei Beispielen verdeutlichen: Sieht eine Rechtsordnung zwar die Spaltung zur Aufnahme, nicht aber die Spaltung zur Neugründung vor, gebietet eine hierauf beruhende Unvereinbarkeit der Rechtsfolgen der Spaltung auch dann keine Korrektur, wenn die Neugründung einem anderen Recht unterliegt, das diese zulässt. Da auch die Spaltungsrichtlinie ausdrücklich vorsieht, über die Einführung beider Arten der Spaltung getrennt zu entscheiden (Art. 1), handelt es sich hierbei im Sinne der „SEVIC Systems"-Entscheidung[69] um **unterschiedliche Umwandlungsmöglichkeiten**. Dasselbe gilt, wenn eine Rechtsordnung nur die Abspaltung, nicht aber die Aufspaltung kennt, da auch hier die Spaltungsrichtlinie von einer getrennten Entscheidung über die Zulässigkeit und damit unterschiedlichen Umwandlungsmöglichkeiten ausgeht. Auch außerhalb des Anwendungsbereichs der Richtlinie wird man diese Wertung zu berücksichtigen haben.

Problematisch wird es daher erst, wenn zwar Umwandlungsmöglichkeiten eröffnet, aber unterschiedlich ausgestaltet werden. Ein solcher Fall wäre denkbar, wenn das Recht des übertragenden Rechtsträgers (außerhalb des Anwendungsbereichs der Spaltungsrichtlinie) keinen Übergang von Verbindlichkeiten vorsehen, also nur die Abspaltung von Vermögen regeln würde, während das Recht des übernehmenden Rechtsträgers zwingend die Übertragung auch von Verbindlichkeiten verlangen würde. Kein solcher Konflikt tritt auf, wenn das Recht des übernehmenden Rechtsträgers die Übertragung von Verbindlichkeiten nur vorsieht, da dann die Spaltung ohne Übertragung von Verbindlichkeiten zumindest möglich wäre. Nur in einem solchen – eher theoretischen – Fall bedürfte es einer **Korrektur der Rechtsfolgen** im Wege der europarechtskonformen Auslegung. Ein Rückgriff auf die europarechtliche Ausgestaltung der Spaltung erscheint aber als schwierig, da die Inkompatibilität gerade darauf zurückzuführen ist, dass beide Rechtsordnungen in miteinander unvereinbarer Weise von der Ausgestaltung der Spaltungsrichtlinie (die zwar die Übertragung

---

[67] MüKo/*Kindler*, IntGesR Rdnr. 887 f.; Ulmer/*Behrens*, GmbHG, Einl. Rdnr. B 125.
[68] EuGH, NJW 2006, 425 = BB 2006, 11. – „SEVIC Systems".
[69] EuGH, NJW 2006, 425 = BB 2006, 11. – „SEVIC Systems".

von Verbindlichkeiten vorsieht, aber nicht zwingend vorschreibt) abweichen. Wendet man also zur Korrektur die Lösung der Spaltungsrichtlinie an, erhalten die Gesellschaften **mehr Gestaltungsspielraum** als sie es unter jedem einzelnen Recht hätten, da so über die Übertragung von Verbindlichkeiten frei zu entscheiden wäre. Dennoch würde man die Korrektur in diesem theoretischen Fall so durchzuführen haben, da sich andernfalls beide Rechtsordnungen auf den Standpunkt stellen könnten, dass die Beschränkung des jeweils anderen Rechts zurücktreten muss. Die hieraus resultierenden Folgeprobleme sind dann im nationalen Recht zu lösen, ggf. durch **analoge Anwendung der Umsetzungsvorschriften zur Spaltungsrichtlinie** oder durch Rückgriff auf allgemeine Rechtsgrundsätze. Im hier diskutierten Beispiel wäre es etwa wahrscheinlich, dass im Recht des übertragenden Rechtsträgers kein auf die Übertragung von Verbindlichkeiten ausgerichtetes Gläubigerschutzsystem besteht. Diese Lücke müsste in Übereinstimmung mit Art. 12 Abs. 2 der Spaltungsrichtlinie durch **Fortbildung des nationalen Rechts** geschlossen werden.

5. Kapitel. Mitbestimmung bei grenzüberschreitenden Umstrukturierungen

§ 57. Gestaltungsfreiheit und Bestandsschutz

Übersicht

	Rdnr.		Rdnr.
I. Grundzüge	1–18	b) Regelungen hinsichtlich Ausschussbildung und Zusammensetzung	49
1. Verhandlungslösung statt gesetzgeberischer Anordnung	3, 4		
2. Schutz erworbener Rechte	5–18	IV. Mitbestimmung kraft Gesetzes	50–59
a) Auffanglösung	6–8	1. Voraussetzungen	51
b) Qualifizierte Mehrheitserfordernisse	9, 10	a) Vereinbarung	52
		b) Scheitern der Verhandlungen	53
c) Sperrwirkung beim Formwechsel in die SE	11, 12	c) Verzicht auf Verhandlungen	54
d) Sperrfristen	13–17	2. Vorher-/Nachher-Prinzip	55–59
e) Missbrauchsverbot	18	V. Gestaltungsmöglichkeiten und -grenzen	60–97
II. Europäisches Mitbestimmungsregime	19–31	1. Verkleinerung des Aufsichtsrats	64, 65
1. Verdrängung des nationalen Mitbestimmungsrechts bei der SE	21, 22	2. „Einfrieren" des Mitbestimmungsniveaus	66
2. Verdrängung des nationalen Mitbestimmungsrechts bei grenzüberschreitenden Verschmelzungen gemäß §§ 122a ff. UmwG	23–28	3. Verlagerungen des Unternehmenssitzes ins Ausland	67–69
		4. Nutzung von Vorratsgesellschaften	70–75
		5. Pflicht zur Nachverhandlung bei strukturellen Änderungen	76–85
3. Anwendbarkeit der Teilkonzernregelung des § 5 Abs. 3 MitbestG	29–31	a) Strukturelle Änderung	77–80
III. Verhandelte Mitbestimmung	32–49	b) Minderung von Beteiligungsrechten	81–85
1. Rechtsnatur der Mitbestimmungsvereinbarung	33–35	6. Gestaltungsmissbrauch	86–97
2. Abschlusskompetenz	36–41	a) Entzug oder Vorenthaltung von Beteiligungsrechten	88–90
3. Reichweite der Mitbestimmungsautonomie	42–49	b) Missbrauch der SE	91–93
a) Regelungen zur Größe des Aufsichts- oder Verwaltungsrats	45–48	c) Rechtsfolgen eines Missbrauchs der SE	94–97

Schrifttum: *Brandes,* Mitbestimmungsvermeidung mittels grenzüberschreitender Verschmelzung, ZIP 2008, 2193 ff.; *Casper/Schäfer,* Die Vorrats-SE – Zulässigkeit und wirtschaftliche Neugründung, ZIP 2007, 653 ff.; *Drinhausen/Keinath,* Verwendung der SE zur Vermeidung von Arbeitnehmermitbestimmung – Abgrenzung zulässiger Gestaltungen vom Missbrauch gemäß § 43 SEBG, BB 2011, 2699 ff.; *Forst,* Beteiligung der Arbeitnehmer in der Vorrats-SE, RdA 2010, 55 ff.; *ders.,* Zur Größe des mitbestimmten Organs einer kraft Beteiligungsvereinbarung mitbestimmten SE, AG 2010, 350 ff.; *Funke,* Die Arbeitnehmerbeteiligung im Rahmen der Gründung einer SE, NZA 2009, 412 ff.; *Habersack,* Schranken der Mitbestimmungsautonomie in der SE. Dargestellt am Beispiel der Größe und inneren Ordnung des Aufsichtsorgans, AG 2006, 345 ff.; *ders.,* Konzernrechtliche Aspekte der Mitbestimmung in der Societas Europaea, Der Konzern 2006, 1055 ff.; *ders.,* Grundsatzfragen der Mitbestimmung in SE und SCE sowie bei grenzüberschreitender Verschmelzung, ZHR 171 (2007), 613 ff.; *Henssler,* Bewegung in der deutschen Unternehmensmitbestimmung, RdA 2005, 330 ff.; *Hinrichs/Plitt,* Die Wahl der Mitglieder des besonderen Verhandlungsgremiums in betriebsratslosen Gesellschaften bei SE-Gründung/grenzüberschreitender Verschmelzung, NZA 2010, 204 ff.; *Hoops,* Die Mitbestimmungsvereinbarung in der Europäischen Aktiengesellschaft (SE), 2009; *Jacobs,* Privatautonome Unternehmensmitbestimmung in der SE, FS Karsten Schmidt, 2009, S. 795 ff.; *Kiefner/Friebel,* Zulässigkeit eines Aufsichtsrats mit einer nicht durch drei teilbaren Mitgliederzahl bei einer SE mit

Sitz in Deutschland, NZG 2010, 537 ff.; *Kiem*, SE-Aufsichtsrat und Dreiteilbarkeitsgrundsatz, Der Konzern 2010, 275 ff.; *Müller-Bonanni/Müntefering*, Arbeitnehmerbeteiligung bei SE-Gründung und grenzüberschreitender Verschmelzung im Vergleich, BB 2009, 1699 ff.; *dies.*, Grenzüberschreitende Verschmelzung ohne Arbeitnehmerbeteiligung? – Praxisfragen zum Anwendungsbereich und Beteiligungsverfahren des MgVG, NJW 2009, 2347 ff.; *Nikoleyczik/Führ*, Mitbestimmungsgestaltung im grenzüberschreitenden Konzern unter besonderer Berücksichtigung der SE und grenzüberschreitender Verschmelzungen, DStR 2010, 1743 ff.; *Oetker*, Unternehmensmitbestimmung in der SE kraft Vereinbarung. Grenzen der Vereinbarungsautonomie im Hinblick auf die Größe des Aufsichtsrats, ZIP 2006, 1113 ff.; *Schubert*, Die Bestellung der Arbeitnehmervertreter im Aufsichts- und Verwaltungsorgan bei grenzüberschreitenden Verschmelzungen, ZIP 2009, 791 ff.; *Seibt*, Größe und Zusammensetzung des Aufsichtsrats in der SE, ZIP 2010, 1057 ff.; *Teichmann*, Gestaltungsfreiheit in Mitbestimmungsvereinbarungen, AG 2008, 797 ff.; *ders.*, Mitbestimmung und grenzüberschreitende Verschmelzung, Der Konzern 2007, 89 ff.; *ders.*, Verhandelte Mitbestimmung für Auslandsgesellschaften, ZIP 2009, 1787 ff.; *ders.*, Neuverhandlung einer SE-Beteiligungsvereinbarung bei „strukturellen Änderungen", FS Hans-Jürgen Hellwig, 2010, S. 347 ff.; *Ziegler/Gey*, Arbeitnehmermitbestimmung im Aufsichtsrat der Europäischen Gesellschaft (SE) im Vergleich zum Mitbestimmungsgesetz, BB 2009, 1750 ff.

I. Grundzüge

1   Das Mitbestimmungsregime, das bei grenzüberschreitenden Umstrukturierungen (SE-Gründung, grenzüberschreitende Verschmelzung nach den §§ 122a ff. UmwG) zur Anwendung kommt, beruht auf einem politischen Kompromiss. Die in den Mitgliedstaaten geltenden Systeme der Arbeitnehmerbeteiligung werden nicht übernommen. Statt dessen wird die Ausgestaltung der Arbeitnehmerbeteiligung Verhandlungen zwischen den an der grenzüberschreitenden Umstrukturierung beteiligten Unternehmensorganen einerseits und einem besonderen Verhandlungsgremium der Arbeitnehmer andererseits vorbehalten. Für den Fall der Nichteinigung greift eine gesetzliche Auffanglösung, die den Status quo ante zementiert. Der Kompromiss ist in der Richtlinie 2001/86/EG des Rates vom 8. Oktober 2001 „zur Ergänzung des Status der Europäischen Gesellschaft hinsichtlich der Beteiligung der Arbeitnehmer"[1] enthalten. Versuche, die nationalen Mitbestimmungssysteme zu harmonisieren[2] oder ein einheitliches Mitbestimmungsregime für die SE zu schaffen,[3] waren zuvor gescheitert. Die Richtlinie 2005/56/EG des Europäischen Parlaments und des Rates vom 26. Oktober 2005 über die Verschmelzung von Kapitalgesellschaften aus verschiedenen Mitgliedstaaten[4] greift auf den Kompromiss bei der SE zurück und verweist in Artikel 16 hinsichtlich der Mitbestimmung auf die SE-Beteiligungsrichtlinie.

2   In Deutschland sind die SE-Beteiligungsrichtlinie und die Vorgaben von Artikel 16 der Verschmelzungsrichtlinie durch die Bestimmungen des SE-Beteiligungsgesetzes (SEBG) und des Gesetzes über die Mitbestimmung der Arbeitnehmer bei einer grenzüberschreitenden Verschmelzung (MgVG) in nationales Recht umgesetzt worden.[5]

---

[1] ABl. EG L 294/22 vom 10. November 2001 (nachfolgend „SE-Beteiligungsrichtlinie").

[2] Geänderter Vorschlag der 5. Richtlinie über die Struktur der Aktiengesellschaft sowie die Befugnisse und Verpflichtungen ihrer Organe, Amtsblatt EG Nr. C 240 vom 9. September 1983.

[3] Vorschläge für eine Verordnung (EWG) des Rates über das Statut der Europäischen Aktiengesellschaft und für eine Richtlinie des Rates zur Ergänzung des SE-Status hinsichtlich der Stellung der Arbeitnehmer, Amtsblatt EG Nr. C 263 vom 16. Oktober 1989, S. 41, 69; Vorschlag für eine Richtlinie des Rates zur Ergänzung des SE-Status hinsichtlich der Stellung der Arbeitnehmer, Amtsblatt EG Nr. C 138 vom 19. Mai 1991, S. 8.

[4] Amtsblatt EG L 310, S. 1 (nachfolgend „Verschmelzungsrichtlinie").

[5] Daneben existiert ein inhaltlich ebenfalls weitgehend identisches Gesetz über die Beteiligung der Arbeitnehmer und Arbeitnehmerinnen einer Europäischen Genossenschaft (SCEBG) vom 14. 8. 2006, BGBl. I S. 1917; dieses geht zurück auf die Richtlinie vom 22. 7. 2003 zur Ergänzung des Statuts der Europäischen Genossenschaft hinsichtlich der Beteiligung der Arbeitnehmer, Richtlinie 2003/72/EG Amtsbl. Nr. L 207/25, das wiederum die Vorschriften der Verordnung über das Statut der Europäischen Genossenschaft (SCE) vom 22. 7. 2003, VO (EG) 1435/2003, Amtsbl. Nr. L 207/1

1. Verhandlungslösung statt gesetzgeberischer Anordnung

Das europäische Mitbestimmungsregime überlässt die konkrete Ausgestaltung der Mitbestimmung im Unternehmen in erster Linie der freien Verhandlung zwischen der Unternehmensführung und einem eigens zu konstituierenden Verhandlungsgremium der Arbeitnehmer. Beschließen die Organe einer Gesellschaft die Gründung einer SE oder eine grenzüberschreitende Verschmelzung, so haben sie im Anschluss an die Offenlegung des Verschmelzungs-, Gründungs- oder Umwandlungsplanes so rasch wie möglich die erforderlichen Schritte für die Aufnahme von Verhandlungen mit den Arbeitnehmervertretern der beteiligten Gesellschaften über die zukünftige Ausgestaltung der Mitbestimmung herbeizuführen (§§ 4 SEBG, 6 MgVG). Die Verhandlungen über die Einbindung der Arbeitnehmer in die unternehmerischen Entscheidungsprozesse werden auf Seiten des Unternehmens durch die Vertretungsorgane, auf Seiten der Arbeitnehmer durch ein von ihnen zu bildendes „besonderes Verhandlungsgremium" geführt. Die zuständigen Organe der beteiligten Gesellschaften und das besondere Verhandlungsgremium verhandeln gemäß Artikel 4 Abs. 1 der SE-Beteiligungsrichtlinie „mit dem Willen zur Verständigung, um zu einer Vereinbarung über die Beteiligung der Arbeitnehmer innerhalb der SE zu gelangen".

Inhaltlich ist den Vertretungsorganen und dem Verhandlungsgremium Gestaltungsfreiheit eingeräumt. Die Verhandlungspartner können grundsätzlich auch eine Regelung vereinbaren, die in einem der beteiligten Rechtsträger – oder sogar in beiden – zu einer Minderung der bestehenden Mitbestimmungsrechte führt. Sie können auf unternehmerische Mitbestimmung sogar ganz verzichten.[6]

2. Schutz erworbener Rechte

Die den Verhandlungsparteien hinsichtlich der Ausgestaltung der Mitbestimmung eingeräumte Vertragsfreiheit wird beschränkt durch den Grundsatz des Schutzes erworbener Rechte. Nach dem 18. Erwägungsgrund der SE-Beteiligungsrichtlinie ist die Sicherung erworbener Rechte der Arbeitnehmer über ihre Beteiligung an Unternehmensentscheidungen „fundamentaler Grundsatz und erklärtes Ziel dieser Richtlinie". Die vor der Gründung der SE bestehenden Rechte der Arbeitnehmer seien „Ausgangspunkt auch für die Gestaltung ihrer Beteiligungsrechte in der SE (Vorher-/Nachher-Prinzip)".

a) **Auffanglösung.** Für den Gedanken, die konkrete Ausgestaltung der Arbeitnehmerbeteiligung in der SE freien Verhandlungen zwischen der Unternehmensführung und einem besonderen Verhandlungsgremium der Arbeitnehmer zu überlassen, hatte die am 22. September 1994 verabschiedete Richtlinie über die europäischen Betriebsräte[7] Pate gestanden.[8] Im Gegensatz zu jener schränkt die SE-Beteiligungsrichtlinie die Verhandlungsfreiheit der Vertragsparteien erheblich ein. Im Falle des Scheiterns der Verhandlungen greift eine Auffanglösung, die unter Berücksichtigung der bisherigen Mitbestimmungssituation in den beteiligten Gesellschaften bestimmte Mindeststandards hinsichtlich der Beteiligung der Arbeitnehmer vorschreibt. Bei der Gründung einer SE besteht die Auffanglösung aus Re-

---

flankiert; zur Europäischen Genossenschaft *Schulze*, NZG 2004, 792 ff.; *ders.* (Hrsg.), Europäische Genossenschaft: SCE, Handbuch 2004; auf die Europäische Genossenschaft wird im Folgenden nicht näher eingegangen.

[6] *Henssler*, Festschrift Ulmer, 2001, S. 193, 197; *Herfs-Röttgen*, NZA 2002, 358, 363; *Kallmeyer*, AG 2003, 197, 200; *Reichert/Brandes*, ZGR 2003, 767, 774; *Jacobs*, in: MünchKomm AktG, § 21 SEBG Rdnr. 13; nicht möglich ist ein Verzicht auf Mitbestimmung dagegen gemäß § 21 Abs. 6 SEBG beim Formwechsel in die SE; auch ein Verzicht auf Unterrichtungs- und Anhörungsrechte kann nicht vereinbart werden, *Jacobs*, in: MünchKomm AktG, § 21 SEBG Rdnr. 12.

[7] Richtlinie 94/95/EG des Rates vom 22. September 1994 über die Einsetzung eines europäischen Betriebsrats oder die Schaffung eines Verfahrens zur Unterrichtung und Anhörung der Arbeitnehmer in gemeinschaftsweit operierenden Unternehmen und Unternehmensgruppen, Amtsblatt Nr. L 254 vom 30. September 1994, S. 64 ff.

[8] Zur Historie *Heinze*, ZGR 2002, 66, 70 f.; *Kolvenbach*, NZA 1998, 1323 ff.; *Neye*, ZGR 2003, 377 ff.; *Reichert/Brandes*, ZGR 2003, 667, 671.

gelungen über die Mitbestimmung kraft Gesetzes (§§ 34 bis 38 SEBG) und den SE-Betriebsrat kraft Gesetzes (§§ 22 bis 33 SEBG). Bei der grenzüberschreitenden Verschmelzung bezieht sich die Auffanglösung nur auf die Mitbestimmung in den Unternehmensorganen (§§ 23 bis 28 MgVG). Auf die zwangsweise Einrichtung eines europäischen Betriebsrates wurde verzichtet.

7 Die Auffanglösung zementiert den bisherigen Arbeitnehmeranteil im Aufsichtsrat (§§ 35 SEBG, 24 MgVG). Die Arbeitnehmerbank wird allerdings nicht mehr nur mit deutschen Mitgliedern besetzt; vielmehr werden die Sitze, gewichtet nach der Anzahl der Beschäftigten, auf verschiedene Länder aufgeteilt (§§ 36 Abs. 1 und 2 SEBG, 25 Abs. 1 und 2 MgVG).

8 Der Schutz erworbener Rechte durch die Auffanglösung wird nicht nur im Gründungsstadium einer SE gewährleistet, sondern auch bei nachfolgenden strukturellen Veränderungen einer bereits gegründeten SE. Geschützt werden in diesem Falle nicht nur die Arbeitnehmer der SE, sondern auch die Arbeitnehmer der von den strukturellen Veränderungen betroffenen Gesellschaften (18. Erwägungsgrund der SE-Beteiligungsrichtlinie). Kommt es zu strukturellen Änderungen, die geeignet sind, Beteiligungsrechte der Arbeitnehmer zu mindern, so schreibt § 18 Abs. 3 SEBG Neuverhandlungen über die Mitbestimmung vor. Im Falle von deren Scheitern greift erneut die gesetzliche Auffanglösung (zu Einzelheiten nachfolgend Rdnr. 76 ff.).

9 **b) Qualifizierte Mehrheitserfordernisse.** Eine Verhandlungslösung, die zumindest bei einem Teil der beteiligten Arbeitnehmer zu einer Minderung von Mitbestimmungsrechten führt, bedarf der Zustimmung einer qualifizierten Mehrheit (§§ 15 Abs. 3 SEBG, 17 Abs. 3 MgVG) der Mitglieder des besonderen Verhandlungsgremiums (vgl. Rdnr. 3). Diese Hürde entfällt nur, wenn die Mitbestimmung vor Durchführung der Strukturmaßnahme eine Minderheit der Arbeitnehmer der beteiligten Gesellschaften erfasste. Bei der Verschmelzung liegt die Schwelle bei 25% der Gesamtzahl der Arbeitnehmer der beteiligten Gesellschaften und der betroffenen Tochtergesellschaften, bei der Gründung einer Holding oder einer Tochter-SE bei 50%. Bei dem in Europa am weitesten verbreiteten Repräsentationsmodell liegt eine Minderung von Mitbestimmungsrechten vor, wenn der Anteil der Arbeitnehmervertreter im Aufsichtsrat gegenüber dem Status quo ante reduziert wird (§§ 15 Abs. 4 Ziff. 1 SEBG, 17 Abs. 4 Ziff. 1 MgVG).

10 Ebenfalls einer qualifizierten Mehrheit bedarf ein Beschluss des besonderen Verhandlungsgremiums, Verhandlungen nicht aufzunehmen oder abzubrechen (§§ 16 SEBG, 18 MgVG). Ein solcher Beschluss hat nämlich zur Konsequenz, dass die Vorschriften über die Mitbestimmung kraft Gesetzes (§§ 34 bis 38 SEBG) und über den SE-Betriebsrat kraft Gesetzes (§§ 22 bis 33 SEBG) nicht eingreifen.

11 **c) Sperrwirkung beim Formwechsel in die SE.** Bei der Umwandlung eines bestehenden Rechtsträgers in eine SE räumt der europäische Normgeber dem Bestandsschutzziel stärkeres Gewicht ein als bei den übrigen Formen der Gründung. Eine Absenkung des Mitbestimmungsniveaus kann mit dem besonderen Verhandlungsgremium nicht vereinbart werden (§ 15 Abs. 5 SEBG). Auch die Möglichkeit der Nichtaufnahme oder des Abbruchs von Verhandlungen ist dem besonderen Verhandlungsgremium beim Formwechsel verwehrt (§ 16 Abs. 2 SEBG). Gemäß § 21 Abs. 6 SEBG muss die zwischen der Arbeitnehmerseite und den beteiligten Unternehmensorganen ausgehandelte Vereinbarung in Bezug auf alle Komponenten der Arbeitnehmerbeteiligung mindestens die gleichen Rechte gewährleisten, die bei dem formwechselnden Rechtsträger bestehen.[9] Scheitern die Verhandlungen und greift die Auffanglösung ein, so haben auch hier alle Komponenten der Mitbestimmung der Arbeitnehmer, die vor der Umwandlung galten, Bestand (§ 35 Abs. 1 SEBG).

12 Mit dem weitreichenden Bestandsschutz trägt der europäische Normgeber insbesondere den politischen Bedenken hinsichtlich einer „Flucht aus der Mitbestimmung" Rechnung.

---

[9] Dazu *Nagel*, ArbuR 2007, 329 ff.

Die Befürchtung, dass Unternehmen aus Staaten mit stark ausgebildeten Mitbestimmungssystemen ihren Sitz in andere Mitgliedstaaten verlegen, um so den Beteiligungsrechten der Arbeitnehmer in den Unternehmen zu entgehen, war für die Diskussion um die Beteiligung der Arbeitnehmer in der SE wesensbestimmend.[10]

d) Sperrfristen. Nach Artikel 10 SE-VO wird eine SE in ihrem Sitzstaat wie eine Aktiengesellschaft behandelt, die nach dem Recht des Sitzstaats der SE gegründet wurde. Grundsätzlich kann jede SE nach den Rechtsvorschriften des Sitzstaates in eine nationale Rechtsform umgewandelt werden.[11] Eine SE kann zudem ihren Satzungssitz frei ins Ausland verlagern (Artikel 8 SE-VO). Das unterscheidet sie von den nationalen Rechtsformen der meisten Länder, in denen die Verlagerung des Satzungssitzes ins Ausland zur Liquidation führt.[12] Dadurch eröffnen sich Gestaltungsspielräume bei der Mitbestimmung. Wandelt sich eine deutsche AG in eine SE um, verlagert ihren Satzungssitz anschließend ins Vereinigte Königreich und vollzieht sodann eine Rückumwandlung in eine Kapitalgesellschaft des britischen Rechts, so lässt sich eine bestehende Mitbestimmung beseitigen.

Diese Gefahr ist bei Einführung der SE durchaus erkannt worden. Artikel 66 Abs. 1 SE-VO verbietet die Rückumwandlung in eine Gesellschaftsform des nationalen Rechts innerhalb von zwei Jahren nach Eintragung der SE oder nach Genehmigung der ersten beiden Jahresabschlüsse. Weiteren Schutz gewährt Artikel 37 Abs. 3 SE-VO. Er bestimmt, dass der Sitz des formwechselnden Rechtsträgers „anlässlich der Umwandlung" in die SE nicht gemäß Artikel 8 in einen anderen Mitgliedstaat verlegt werden darf. Das bedeutet, dass Sitzverlegung und Formwechsel in die SE nicht uno acto erfolgen dürfen. Eine Sitzverlegung der SE kommt frühestens in Betracht, nachdem die durch Formwechsel gegründete SE eingetragen und damit wirksam geworden ist.[13] Zulässig ist es aber, wenn die Hauptversammlung gleichzeitig über den Formwechsel nach Artikel 37 Abs. 7 und eine anschließende Sitzverlegung nach Artikel 8 SE-VO beschließt. Die Sitzerlegung muss dann unter der aufschiebenden Bedingung der Eintragung des Formwechsels in das Handelsregister stehen.[14]

Ähnliche Gefahren für die Mitbestimmung wie die Sitzverlegung mit anschließendem Formwechsel birgt eine Verschmelzung auf einen ausländischen Rechtsträger. Dieser könnte anschließend auf einen weiteren – mitbestimmungsfreien – Rechtsträger ausländischen Rechts weiterverschmolzen werden. Artikel 66 SE-VO steht einer solchen Weiterverschmelzung einer SE auf einen Rechtsträger nationalen Rechts nicht entgegen.[15] Führt die grenzüberschreitende Verschmelzung zur Gründung einer SE, wirft dies die Frage auf, ob Artikel 66 Abs. 1 SE-VO bei der anschließenden Weiterverschmelzung analog anzuwenden ist.[16] Dagegen spricht, dass Artikel 66 Abs. 1 SE-VO ausschließlich nur die Umwandlung nennt. Die Gefahren für die Mitbestimmung sind nach der erkennbaren Ein-

---

[10] Dazu *Hopt*, ZGR 1992, 265, 278; *Heinze*, ZGR 2002, 66, 69; *Reichert/Brandes*, ZGR 2003, 767, 776.

[11] *Casper*, AG 2007, 97, 102; *Drygala*, in: Lutter, § 3 UmwG Rdnr. 14; *Vossius*, in: Widmann/Mayer, UmwR, § 20 UmwG Rdnr. 423; *Seibt*, in: Lutter/Hommelhoff, SE-Kommentar, Artikel 66 SE-VO Rdnr. 3; *Marsch-Barner*, in: Kallmeyer, Umwandlungsgesetz, Anh. Rdnr. 128 f.; a. A. *Veil*, in: Jannot/Frodermann, Handbuch Europäische Aktiengesellschaft, Rdnr. 10–13 ff.

[12] Derartige Wegzugsbeschränkungen verstoßen nach der Rechtsprechung des *EuGH* (Urteil v. 16. 12. 2008 – Rs C-210/06 „Cartesio", ZIP 2009, 24; Urteil v. 27. 9. 1988 Rs 81/87 „Daily Mail"; Slg 1988, 5505) nicht gegen die Niederlassungsfreiheit.

[13] *Schäfer*, in: MünchKomm AktG, Artikel 37 SE-VO Rdnr. 3.

[14] *Seibt*, in: Lutter/Hommelhoff, SE-Kommentar, Artikel 37 SE-VO Rdnr. 4.

[15] *Seibt*, in: Lutter/Hommelhoff, SE-Kommentar, Artikel 66 SE-VO Rdnr. 3 ff.; *Schwarz*, Artikel 66 SE-VO Rdnr. 29; *Marsch-Barner*, in: Kallmeyer, UmwG, Anh. Rdnr. 129; a. A. *Veil*, in: Jannot/Frodermann, Handbuch Europäische Aktiengesellschaft Rdnr. 10–13 ff.

[16] Dafür spricht sich die h. M. aus; vgl. *Seibt*, in: Lutter/Hommelhoff, SE-Kommentar, Artikel 66 SE-VO Rdnr. 4; *Casper*, AG 2007, 97, 104; *Oplustil/Schneider*, NZG 2003, 13, 16; *Schwarz*, Artikel 66 SE-VO Rdnr. 31; *Schäfer*, in: MünchKomm AktG, Artikel 66 Rdnr. 14.

schätzung des europäischen Normgebers beim Formwechsel besonders groß. Das folgt – neben Artikel 66 Abs. 1 SE-VO – auch daraus, dass der europäische Normgeber dem „Schutz erworbener Rechte" beim Formwechsel ein höheres Gewicht eingeräumt hat als bei den übrigen Formen der SE-Gründung (vgl. vorstehend Rdnr. 11 f.). Der europäische Normgeber hat eine Sperrfrist ausdrücklich nur bei der Umwandlung vorgesehen. Bei einer Verschmelzung hat er die schützenswerten Belange der Arbeitnehmer nicht als hinreichend gewichtig angesehen, um die Vertragsfreiheit in ähnlicher Weise zu beschränken. Es fehlt mithin an einer planwidrigen Regelungslücke.[17]

16 War eine AG aufnehmender Rechtsträger bei einer grenzüberschreitenden Verschmelzung nach den Bestimmungen der §§ 122a ff. UmwG, so gelten keine Sperrfristen. Der Schutz vor einer „Flucht aus der Mitbestimmung" wird hier auf andere Weise bewirkt: Das nach Durchführung der grenzüberschreitenden Verschmelzung anwendbare Mitbestimmungsregime bleibt auch bei einer Weiterverschmelzung auf einen anderen Rechtsträger für drei Jahre erhalten und wird dem aufnehmenden Rechtsträger quasi „übergestülpt" (§ 30 MgVG).[18] Ist der Aufsichtsrat der AG nach dem europäischen Regime mitbestimmt und wird die AG beispielsweise anschließend auf eine GmbH verschmolzen, so ist in der GmbH für die Dauer von mindestens drei Jahren ebenfalls ein mitbestimmter Aufsichtsrat einzurichten. § 24 Abs. 2 MgVG kann hier analog herangezogen werden. Fraglich ist, wie dem Postulat des § 30 MgVG im Falle einer Verschmelzung auf eine Personenhandelsgesellschaft Rechnung getragen werden soll.[19] Sind alle persönlich haftenden Gesellschafter natürliche Personen, so kann ein mitbestimmter Aufsichtsrat nicht eingerichtet werden. In diesem Fall läuft § 30 MgVG ins Leere.

17 § 30 MgVG geht auf Artikel 16 Abs. 7 der Verschmelzungsrichtlinie zurück. Wird eine mitbestimmte deutsche AG auf einen ausländischen Rechtsträger verschmolzen, so kann nach Ablauf der Dreijahresfrist durch anschließende Weiterverschmelzung auf einen mitbestimmungsfreien ausländischen Rechtsträger die Mitbestimmung beendet werden.[20]

18 **e) Missbrauchsverbot.** Gemäß Artikel 11 der SE-Beteiligungsrichtlinie sollen die Mitgliedstaaten Maßnahmen treffen, um zu verhindern, dass eine SE dazu missbraucht wird, Arbeitnehmern Beteiligungsrechte zu entziehen oder vorzuenthalten. § 43 SEBG verbietet den „Missbrauch" der SE zur Verkürzung oder zum Vorenthalten von Arbeitnehmerrechten. Ein solcher Missbrauch wird gemäß § 43 S. 2 SEBG vermutet, wenn es innerhalb eines Jahres zu einer strukturellen Veränderung kommt, ohne dass gemäß § 18 Abs. 3 SEBG Neuverhandlungen über die Mitbestimmung aufgenommen werden. Der Missbrauch ist gemäß § 45 Abs. 1 Ziff. 2 SEBG unter Strafe gestellt (zu Einzelheiten vgl. nachfolgend Rdnr. 86 ff.).

II. Europäisches Mitbestimmungsregime

19 Das nationale Mitbestimmungsrecht findet auf eine SE oder einen aus einer grenzüberschreitenden Verschmelzung hervorgehenden Rechtsträger grundsätzlich keine Anwendung. Es ist dennoch nicht ohne Einfluss auf die Mitbestimmung. Grund dafür ist das „Vorher-Nachher-Prinzip". Die gesetzliche Auffanglösung (vgl. Rdnr. 50 ff.) führt dazu, dass sich das höchste Mitbestimmungsniveau in den an der grenzüberschreitenden Umstrukturierung beteiligten Unternehmen im Regelfall durchsetzen wird. Vereinfacht gesprochen bedeutet das: Der Anteil der Arbeitnehmervertreter im Aufsichts- oder Verwaltungsrat des aus der grenzüberschreitenden Umstrukturierung hervorgehenden Rechtsträgers ist prozentual genauso hoch wie in demjenigen an der grenzüberschreitenden Umstrukturierung beteiligten Unternehmen, das das höchste Mitbestimmungsniveau aufwies.

---

[17] Im Ergebnis ebenso *Vossius*, ZIP 2005, 741, 748.
[18] Dazu *Habersack*, ZHR 171 (2007), 613, 638; *Teichmann*, Der Konzern 2007, 89, 96; *Schubert*, RdA 2007, 9, 16.
[19] Zu dieser Problematik de lege ferenda *Habersack*, ZHR 171 (2007), 613, 638 f.
[20] *Wisskirchen/Bissels/Dannhorn*, DB 2007, 2258, 2263.

Erhalten bleibt aber nur der prozentuale Anteil der Arbeitnehmervertreter im Aufsichtsrat; alles andere richtet sich mit Wirksamwerden der Umstrukturierung nach dem europäischen Regime.

Für einen Rechtsträger mit Sitz in Deutschland heißt das, dass die Vorschriften des Mitbestimmungsgesetzes und des DrittelbG keine Anwendung finden. Sie werden durch diejenigen des SEBG und des MgVG verdrängt. Bei einer SE mit Sitz in Deutschland werden ferner die Vorschriften des EBRG durch die einschlägigen Bestimmungen des SEBG ersetzt. Auf die betriebliche Mitbestimmung und Verfassung wirkt sich das europäische Mitbestimmungsregime im Übrigen nicht weiter aus.

1. Verdrängung des nationalen Mitbestimmungsrechts bei der SE

Bei der SE ist das Verhältnis von nationalem Mitbestimmungsrecht und europäischem Regime klar geregelt. § 47 SEBG bestimmt, dass das nationale Mitbestimmungsrecht, insbesondere das Betriebsverfassungsrecht, durch die Vorschriften des SEBG nicht berührt wird. Verdrängt werden dagegen die Vorschriften über die unternehmerische Mitbestimmung (§ 47 Abs. 1 Ziff. 1 SEBG) und über den europäischen Betriebsrat (§ 47 Abs. 1 Ziff. 2 SEBG). § 47 Abs. 2 SEBG stellt klar, dass Arbeitnehmervertretungen in einer deutschen Gesellschaft, die infolge einer SE-Gründung durch grenzüberschreitende Verschmelzung erlischt, nach Eintragung der SE fortbestehen.

Für den Fall der Gründung einer SE durch Formwechsel soll der Status quo der umzuwandelnden Gesellschaft in der SE erhalten bleiben. Dementsprechend sollen bei einer Gründung durch Formwechsel „alle Komponenten der Mitbestimmung der Arbeitnehmer weiterhin Anwendung finden" (Teil 3 des Anhangs der SE-Beteiligungsrichtlinie) bzw. soll die vor der Umwandlung bestehende „Regelung zur Mitbestimmung" erhalten bleiben (§ 35 Abs. 1 SEBG). Im Schrifttum besteht Uneinigkeit, inwieweit infolge dieser Formulierung über die Erhaltung des Anteils der Arbeitnehmervertreter im Aufsichtsrat hinaus weitere Komponenten der nationalen Mitbestimmung innerhalb der SE fortgelten. Insbesondere gilt das für die durch § 7 MitbestG vorgeschriebenen Mindestzahlen an Aufsichtsratsmitgliedern sowie für die prozentuale Verteilung der Sitze auf Gewerkschaften und leitende Angestellte. Die herrschende Meinung[21] geht davon aus, dass auch beim Formwechsel nur der Anteil der Arbeitnehmervertreter, nicht aber deren absolute Zahl erhalten bleibt. Auch die durch die deutschen Mitbestimmungsgesetze vorgegebene Zusammensetzung der Arbeitnehmerschaft wird durch § 35 Abs. 1 SEBG nicht perpetuiert. Das folgt daraus, dass die §§ 36 ff. SEBG für die Zusammensetzung der Arbeitnehmerschaft abschließende Sonderregelungen enthalten, ohne dass eine Ausnahme für den Formwechsel in die SE vorgesehen ist.[22]

2. Verdrängung des nationalen Mitbestimmungsrechts bei grenzüberschreitenden Verschmelzungen gemäß §§ 122 a ff. UmwG

Im Unterschied zu einer SE-Gründung bleiben die Vorschriften hinsichtlich des europäischen Betriebsrates bei einer grenzüberschreitenden Verschmelzung nach §§ 122 a ff. UmwG unberührt. Im Gegensatz zur SE-Beteiligungsrichtlinie ist kein eigenständiges Vertretungsorgan auf europäischer Ebene vorgesehen. Entsprechend fehlt im MgVG auch eine

---

[21] *Grobys*, NZA 2005, 84, 90; *Habersack*, in: Ulmer/Habersack/Henssler, § 35 SEBG Rdnr. 6; *ders.*, Der Konzern 2006, 105, 106 f.; *ders.*, AG 2006, 345, 347 f.; *Jacobs*, in: MünchKomm AktG, § 35 SEBG Rdnr. 9; *Oetker*, in: Lutter/Hommelhoff, SE-Kommentar, § 35 SEBG Rdnr. 8; *Müller-Bonanni/Melot de Beauregard*, GmbHR 2005, 195, 197; *Scheibe*, Die Mitbestimmung der Arbeitnehmer in der SE unter besonderer Berücksichtigung des monistischen Systems, 2007, 174 ff.; *Schwarz*, Einl. SE-VO Rdnr. 311.

[22] *Oetker*, in: Lutter/Hommelhoff, SE-Kommentar, § 35 SEBG Rdnr. 9; *Jacobs*, in: MünchKomm AktG, § 35 SEBG Rdnr. 9; a. A. *Köstler*, in: Theisen/Wenz, Europäische Aktiengesellschaft, S. 331, 360 f.; abweichend auch *Nagel*, ArbuR 2007, 329, 331 ff. mit Blick auf die durch § 21 Abs. 6 SEBG vorgegebenen Schranken der Vereinbarungsautonomie.

dem § 47 Abs. 1 Ziff. 2 SEBG entsprechende Verdrängungsnorm. Hinsichtlich der Mitbestimmung verweist die Verschmelzungsrichtlinie in weitem Umfang auf die einschlägigen Bestimmungen der SE-Beteiligungsrichtlinie. Die Verdrängung der einzelstaatlichen Vorschriften über die Mitbestimmung durch das europäische Regime ist bei einer grenzüberschreitenden Verschmelzung aber weniger offensichtlich als bei einer SE-Gründung. Eine erste Lektüre der Verschmelzungsrichtlinie verleitet sogar zu dem Trugschluss, dass das europäische Mitbestimmungsregime nur ausnahmsweise anwendbar ist. Artikel 16 Abs. 1 der Richtlinie geht im Grundsatz eigentlich vom Sitzstaatsprinzip aus. Tatsächlich ist das Regelausnahmeverhältnis jedoch in sein Gegenteil verkehrt.[23] Artikel 16 Abs. 2 der Richtlinie benennt die Fälle, in denen das Sitzstaatsprinzip durchbrochen wird. Artikel 16 Abs. 2 lit. b erklärt das europäische Mitbestimmungsregime für anwendbar, wenn das Recht des Sitzstaats Arbeitnehmer aus anderen Mitgliedstaaten benachteiligt. Diskriminierung ausländischer Arbeitnehmer bei der Mitbestimmung ist in Europa der Regelfall. Deutschland bildet da keine Ausnahme. Gemäß Artikel 16 Abs. 5 der Richtlinie gilt der Vorrang der europäischen Mitbestimmung so lange, bis die Mitgliedstaaten die in ihren Mitbestimmungsgesetzen vorgesehenen Teilnahmerechte auf ausländische Arbeitnehmer ausweiten.[24]

24 Der deutsche Gesetzgeber hat die Vorgaben der Verschmelzungsrichtlinie nahezu wortgetreu in das MgVG übernommen. Das von der SE bekannte Mitbestimmungsregime findet auf den aufnehmenden Rechtsträger nur Anwendung, wenn die in § 5 MgVG genannten Voraussetzungen erfüllt sind. Anderenfalls bleibt es gemäß § 4 MgVG bei der Anwendbarkeit des deutschen Mitbestimmungsrechts.

25 Das europäische Mitbestimmungsregime findet gemäß § 5 Nr. 1 MgVG zunächst Anwendung, wenn in den sechs Monaten vor der Veröffentlichung des Verschmelzungsplans mindestens eine der beteiligten Gesellschaften durchschnittlich mehr als 500 Arbeitnehmer beschäftigt und in dieser Gesellschaft ein System der unternehmerischen Mitbestimmung bestand.[25] Eine Zurechnung konzernrechtlich verbundener Unternehmen findet nicht statt. Beteiligte Gesellschaften sind gemäß § 2 Abs. 2 MgVG nur die unmittelbar an der Verschmelzung beteiligten Rechtsträger.

26 § 5 Nr. 2 MgVG führt zur europäischen Mitbestimmung, „wenn das für die aus einer grenzüberschreitenden Verschmelzung hervorgehende Gesellschaft maßgebende innerstaatliche Recht nicht mindestens den gleichen Umfang an Mitbestimmung der Arbeitnehmer vorsieht, wie er in den jeweiligen an der Verschmelzung beteiligten Gesellschaften bestand". Die grenzüberschreitende Verschmelzung muss also aus Sicht der Arbeitnehmer des ausländischen Rechtsträgers zu einer Beschneidung ihrer Mitbestimmungsrechte führen. Das träfe beispielsweise zu, wenn eine drittelmitbestimmte österreichische Gesellschaft auf ein deutsches Unternehmen verschmolzen wird, das bislang nicht der Mitbestimmung unterlag.

27 Verdrängt wird das deutsche Mitbestimmungsrecht durch das europäische Regime ferner, wenn „das für die aus einer grenzüberschreitenden Verschmelzung hervorgehende Gesellschaft maßgebende innerstaatliche Recht für Arbeitnehmer in Betrieben dieser Gesellschaft, die sich in anderen Mitgliedstaaten befinden, nicht den gleichen Anspruch auf Ausübung von Mitbestimmung vorsieht, wie sie den Arbeitnehmern in demjenigen Mitgliedstaat gewährt werden, in dem die aus der grenzüberschreitenden Verschmelzung her-

---

[23] *Krause/Janko*, BB 2007, 2194, 2195, stellen fest, dass Artikel 16 Abs. 2 der Richtlinie das Sitzstaatsprinzip „bis zur Unkenntlichkeit aufweicht".

[24] Vgl. dazu Stellungnahme des Wirtschafts- und Sozialausschusses zu dem ursprünglichen Kommissionsentwurf, in dem die in Artikel 16 Abs. 2 lit. b) der Richtlinie normierte Regelung zunächst nicht enthalten war, Amtsblatt 2004 C 177, S. 43, 46.

[25] Dabei spielt keine Rolle, ob das Mitbestimmungssystem auf gesetzlicher Anordnung beruht oder von den Unternehmen freiwillig eingeführt wurde; so auch die Begründung des Vorschlags der EU-Kommission vom 18. 11. 2003 – 2003/0277/COD, S. 7; anders die Regierungsbegründung des deutschen Gesetzgebers, die davon ausgeht, § 5 Nr. 1 MgVG greife nur im Fall gesetzlich angeordneter Mitbestimmung vgl. BR-Drucks. 540/06, S. 42.

vorgehende Gesellschaft ihren Sitz hat" (§ 5 Nr. 3 MgVG). Die Norm verhindert, dass ausländische Arbeitnehmer bei den Wahlen zum Aufsichtsrat benachteiligt werden. Das im deutschen Mitbestimmungsrecht geltende Territorialitätsprinzip führt grundsätzlich immer zur Diskriminierung im Ausland ansässiger Arbeitnehmer. Diese sind bei der Wahl zum Aufsichtsrat nicht stimmberechtigt.[26] § 5 Nr. 3 MgVG ist aus diesem Grund bei Verschmelzungen auf eine deutsche Gesellschaft immer einschlägig.[27]

Es kommt nicht darauf an, ob der aufnehmende Rechtsträger vor Wirksamwerden der Verschmelzung mitbestimmt war.[28] Anders als § 5 Nr. 1 MgVG, der sich ausdrücklich auf den konkreten Zustand der Mitbestimmung in einem bestimmten Zeitraum vor Wirksamwerden der Verschmelzung bezieht, ist Nr. 3 einschlägig, wenn das Recht des Sitzstaats ausländische Arbeitnehmer abstrakt-generell diskriminiert. Nr. 3 ist damit im Gegensatz zu Nr. 1 vom konkreten Zustand der Mitbestimmung im Zeitpunkt des Wirksamwerdens der Verschmelzung unabhängig. Sie ist auch einschlägig, wenn der aufnehmende Rechtsträger vor Wirksamwerden der Verschmelzung nicht mitbestimmt war. Anderenfalls hätte § 5 Nr. 3 MgVG gegenüber Nr. 1 keinen eigenen Anwendungsbereich. Es kommt aufgrund des abstrakt-generellen Wortlauts von § 5 Nr. 3 MgVG auch nicht darauf an, ob der aufnehmende Rechtsträger oder der untergehende ausländische Rechtsträger im Zeitpunkt des Wirksamwerdens der Verschmelzung ausländische Arbeitnehmer beschäftigt.[29] Der Durchbrechung des Sitzstaatsprinzips durch § 5 Nr. 3 MgVG steht schließlich auch nicht entgegen, dass das Recht des untergehenden ausländischen Rechtsträgers seinerzeit ausländische Arbeitnehmer diskriminierte.[30] Weder der Wortlaut noch die Gesetzesmaterialien setzen eine solche Gegenseitigkeit voraus. Im Gegenteil: Das Ziel des europäischen Normgebers, die Mitgliedstaaten zu animieren, die Diskriminierung ausländischer Arbeitnehmer abzustellen, würde durchkreuzt. Gegenwärtig werden ausländische Arbeitnehmer bei den Aufsichtsratswahlen in allen Mitgliedstaaten, die unternehmerische Mitbestimmung kennen, benachteiligt. § 5 Nr. 3 MgVG käme also nie zur Anwendung.

3. Anwendbarkeit der Teilkonzernregelung des § 5 Abs. 3 MitbestG

Umstritten ist, ob die Teilkonzernregelung des § 5 Abs. 3 MitbestG auf die Konzernebene anwendbar ist, die einer gegründeten SE oder einem aus einer grenzüberschreitenden Verschmelzung hervorgehenden Rechtsträger nachgelagert ist.[31] Für Anwendbarkeit der Norm spricht, dass die Konzernspitze in beiden Fällen ein „anderes als ein in Abs. 1 oder 2 bezeichnetes Unternehmen" ist. Die SE gehört nicht zu den in § 1 Abs. 1 Nr. 1 MitbestG genannten Unternehmen. Das gleiche gilt – entgegen dem Wortlaut – auch für einen Rechtsträger, der aus einer grenzüberschreitenden Verschmelzung hervorgeht. Selbst wenn dieser eine der in § 1 Abs. 1 Ziff. 1 MitbestG genannten Rechtsformen hat, findet das MitbestG auf ihn keine Anwendung (vgl. oben Rdnr. 23 ff.).

Besonders im Falle eines Formwechsels einer mitbestimmten deutschen AG in eine SE ist eine Anwendung der Teilkonzernregelung allerdings sinnwidrig. Das Mitbestimmungs-

---

[26] Bericht des 11. BT-Ausschusses, BT-Drucks. 7/4845, S. 4; LG Düsseldorf, DB 1979, 1451; kritisch *Henssler*, in: Ulmer/Habersack/Henssler, Mitbestimmungsrecht, 2. Aufl., 2006, § 3 MitbestG Rdnr. 36 f.; *ders.*, RdA 2005, 330, 331.
[27] So explizit *Kleinsorge*, NWB 2007, 1877, 1880; ähnlich Regierungsbegründung zu § 5 Nr. 3 MgVG, BR-Drucks. 540/06, S. 42, die davon ausgeht, dass Nr. 3 „regelmäßig einschlägig sein" werde; zustimmend *Winter*, Der Konzern 2007, 24, 32; *Habersack*, ZHR 171 (2007), 613, 622; *Brandes*, ZIP 2008, 2193, 2196.
[28] So aber – allerdings jeweils ohne Begründung – *Lunk/Hinrichs*, NZA 2007, 773, 774; *Louven/Dettmeier/Pöschke/Weng*, BB 2006, 1, 15.
[29] *Brandes*, ZIP 2008, 2193, 2196.
[30] So aber *Schubert*, RdA 2007, 9, 11.
[31] Dies bejahend *Müller-Bonanni/Melot de Beauregard*, GmbHR 2005, 195, 198; ablehnend *Habersack*, Der Konzern 2006, 105, 111; *Schäfer*, in: Rieble/Junker, Vereinbarte Mitbestimmung in der SE, S. 13, 23.

regime der SE gleicht hier wegen §§ 21 Abs. 6, 35 Abs. 1 SEBG im Wesentlichen dem der Gründungsgesellschaft. Die SE ist also im Ergebnis durchaus eine nach deutschem Recht mitbestimmte Gesellschaft, nur eben nicht nach dem Mitbestimmungsgesetz.[32] Die Arbeitnehmer der nachgelagerten Konzernebene werden – genauso wie vor dem Formwechsel – an den Wahlen zum Aufsichtsrat beteiligt. Gleiches gilt wegen des Prinzips der Bestandssicherung, dem die gesetzliche Auffangregelung folgt, auch für die übrigen Gründungsformen.[33] § 5 Abs. 3 MitbestG bedarf in diesen Fällen der teleologischen Reduktion.

31 Eine andere Sichtweise ist freilich angezeigt, wenn ein mitbestimmtes Unternehmen erst nach Abschluss des Gründungsaktes, ohne dass es gemäß § 18 Abs. 3 SEBG zu Neuverhandlungen über die Mitbestimmung (dazu Rdnr. 76 ff.) kommt, in den Konzern eintritt, der von der SE oder dem aus der grenzüberschreitenden Verschmelzung hervorgegangenen Rechtsträger geleitet wird. Ist die SE selbst nicht mitbestimmt, so muss den Arbeitnehmern der neu erworbenen Gesellschaft ihre Mitbestimmung erhalten bleiben. § 5 Abs. 3 MitbestG findet Anwendung. Das gleiche gilt, wenn ein aus einer grenzüberschreitenden Verschmelzung hervorgehender Rechtsträger, auf den das europäische Regime Anwendung findet, ein Unternehmen hinzuerwirbt. Hier existiert eine dem § 18 Abs. 3 SEBG entsprechende Pflicht zur Durchführung von Neuverhandlungen von vornherein nicht (vgl. nachfolgend Rdnr. 76 ff.).

III. Verhandelte Mitbestimmung

32 Die Mitbestimmung in einer SE oder einem aus einer grenzüberschreitenden Verschmelzung hervorgehenden Rechtsträger ist nach den Vorstellungen des europäischen Normgebers in erster Linie das Ergebnis von Verhandlungen zwischen den Unternehmensorganen der an der Umstrukturierung beteiligten Rechtsträger und dem besonderen Verhandlungsgremium der Arbeitnehmer.

1. Rechtsnatur der Mitbestimmungsvereinbarung

33 Die Rechtsnatur der Mitbestimmungsvereinbarung ist nach Artikel 6 der SE-Beteiligungsrichtlinie und Artikel 16 Abs. 3 lit. d der Verschmelzungsrichtlinie eine Frage des nationalen Rechts. Einigkeit besteht heute darüber, dass es sich bei der Vereinbarung weder um einen Tarifvertrag noch um eine Betriebsvereinbarung handelt.[34]

34 Die Mitbestimmungsvereinbarung ist ein Kollektivvertrag, weil sie auf Arbeitnehmerseite von einem Interessenrepräsentationsorgan abgeschlossen wird.[35] Für die betriebliche Mitbestimmung regelt sie die Konstituierung des SE-Betriebsrats unmittelbar, ohne dass es hierzu weiterer Umsetzungsakte bedürfte. Insofern trägt die Mitbestimmungsvereinbarung den Charakter einer normativ geltenden betriebsverfassungsrechtlichen Strukturvereinbarung, vergleichbar § 3 BetrVG.[36]

35 Hinsichtlich der unternehmerischen Mitbestimmung bedarf es dagegen der Umsetzung durch den Satzungsgeber. Soweit allerdings Art. 12 Abs. 4 SE-VO der Mitbestimmungsver-

---

[32] Zutreffend *Habersack*, Der Konzern 2006, 105, 111; *Schäfer*, in: Rieble/Junker, Vereinbarte Mitbestimmung in der SE, 13, 23.

[33] *Schäfer*, in: Rieble/Junker, Vereinbarte Mitbestimmung in der SE, 13, 23; *Habersack*, Der Konzern 2006, 105, 111 f.

[34] *Henssler*, in: Ulmer/Habersack/Henssler, Mitbestimmungsrecht, Einleitung SEBG Rdnr. 153; *Kienast*, in: Jannott/Frodermann, Kapitel 13 Rdnr. 352; *Jakobs*, in: MünchKomm AktG, § 21 SEBG Rdnr. 6 f.; *Herfs-Röttgen*, NZA 2002, 358, 364; *Kraushaar*, BB 2003, 1614, 1619; KK-AktG/*Feuerborn* § 21 SEBG Rdnr. 13 f.; *Habersack*, ZHR 171 (2007), 613, 627; *Oetker*, Festschrift Konzen, 2006, 635, 642 f.

[35] *Kienast*, in: Jannott/Frodermann, Kapitel 13, Rdnr. 352; *Henssler*, in: Ulmer/Habersack/Henssler, Einleitung SEBG Rdnr. 153; *Herfs-Röttgen*, NZA 2002, 358, 363 f.; *Kraushaar*, BB 2003, 1614, 1619; *Oetker*, Festschrift Konzen, 2006, 635, 642 f.; *Rieble*, in: Rieble/Junker, Vereinbarte Mitbestimmung in der SE, 73, 80; *Schwarz*, Einl. SE-VO Rdnr. 285; *Oetker*, FS Konzen, 2006, 635, 643.

[36] *Rieble*, in: Rieble/Junker, Vereinbarte Mitbestimmung in der SE, 73, 80.

§ 57. Gestaltungsfreiheit und Bestandsschutz

einbarung Vorrang vor der Satzung einräumt (zum Verhältnis zwischen Satzung und Mitbestimmungsvereinbarung vgl. nachfolgend Rdnr. 44), ist der Satzungsgeber an die Vorgaben der Vereinbarung gebunden. Deshalb ist es folgerichtig, ihr auch insoweit normativen Charakter zuzusprechen.[37] Die Mitbestimmungsvereinbarung erzeugt normativ einen Anspruch des besonderen Verhandlungsgremiums (oder des SE-Betriebsrats) gegen die SE zur Satzungsanpassung. Der Anspruch ist vor den Arbeitsgerichten im Beschlussverfahren geltend zu machen (§ 2a Abs. 1 Nr. 3e ArbGG). Da es sich bei der Satzungsänderung um eine unvertretbare Handlung handelt, wird nach § 85 Abs. 1 ArbGG i. V. m. 888 ZPO vollstreckt. § 894 ZPO ist nicht anwendbar. Der arbeitsgerichtliche Beschluss kann den Hauptversammlungsbeschluss als solchen nicht ersetzen.[38] Im Gründungsstadium wird dies kaum relevant werden, da das Handelsregister eine SE oder eine grenzüberschreitende Verschmelzung, bei der die Mitbestimmungsvereinbarung in Widerspruch zur Satzung steht, nicht in das Handelsregister eintragen wird. Von Bedeutung ist die Anpassungspflicht der Hauptversammlung daher vor allem bei solchen Mitbestimmungsvereinbarungen, die aufgrund struktureller Veränderungen (§ 18 Abs. 3 SEBG; vgl. dazu nachfolgend Rdnr. 76 ff.) abgeschlossen werden.

2. Abschlusskompetenz

Auf Seiten der Arbeitnehmer wird die Mitbestimmungsvereinbarung von dem besonderen Verhandlungsgremium als Interessenrepräsentationsorgan der Arbeitnehmer abgeschlossen;[39] die an der grenzüberschreitenden Umstrukturierung beteiligten Gesellschaften werden durch ihre Leitungen vertreten (§§ 21 Abs. 1 SEBG, 22 Abs. 1 MgVG). Im Falle nachfolgender struktureller Veränderungen einer SE tritt an die Stelle der Leitungen der Gründungsgesellschaften bei Nachverhandlungen die Leitung der SE (§ 18 Abs. 4 SEBG).

Auf Seiten des besonderen Verhandlungsgremiums muss der Abschluss der Vereinbarung auf einem wirksamen Beschluss beruhen (zur Entscheidungsfindung vgl. nachfolgend § 58 Rdnr. 30 ff.). Ohne diesen ist die Vereinbarung unwirksam.[40] Das gilt selbst dann, wenn der Vorsitzende des besonderen Verhandlungsgremiums die Vereinbarung unterzeichnet hat. Die Vertretungsmacht des Vorsitzenden[41] ist insoweit auf die von dem besonderen Verhandlungsgremium gefassten Beschlüsse beschränkt und kann diese nicht ersetzen.

Die Leitungen handeln bei Abschluss der Mitbestimmungsvereinbarung in Ausübung ihrer organschaftlichen Vertretungsmacht. Im Innenverhältnis sind sie dabei freilich Beschränkungen unterworfen. Bei Aushandlung der Mitbestimmung handeln sie nämlich nicht in Wahrnehmung ihrer Geschäftsführungsaufgaben, sondern als Sachwalter der Hauptversammlungen der an dem Gründungs- oder Verschmelzungsvorhaben beteiligten Rechtsträger.[42] Deutlich wird das bereits an Artikel 23 Abs. 2 Satz 2, 32 Abs. 6 Unterabs. 2 SE-VO, § 122g Satz 2 UmwG. Danach kann die Hauptversammlung sich das Recht vorbehalten, die Eintragung der grenzüberschreitenden Umstrukturierung davon abhängig zu machen, dass eine Beteiligungs- oder Mitbestimmungsvereinbarung von ihr ausdrücklich genehmigt wird.

Macht die Unternehmensleitung in den offenzulegenden Gründungsdokumenten (Verschmelzungsplan, Gründungsplan, Umwandlungsplan, Gründungsbericht, Umwandlungsbericht) Angaben darüber, welches Verhandlungsziel sie bei den Verhandlungen über die

---

[37] *Rieble*, in: Rieble/Junker, Vereinbarte Mitbestimmung in der SE, 73, 81.
[38] *Rieble*, in: Rieble/Junker, Vereinbarte Mitbestimmung in der SE, 73, 81.
[39] Dazu *Hinrichts/Plitt*, NZA 2010, 204 ff.
[40] *Oetker*, in: Lutter/Hommelhoff, SE-Kommentar, § 21 SEBG Rdnr. 7; *Jacobs*, in: MünchKomm AktG, § 21 SEBG Rdnr. 4; KK-AktG/*Feuerborn* § 21 SEBG Rdnr. 6 ff.
[41] Dazu *Oetker*, in: Lutter/Hommelhoff, SE-Kommentar, § 12 Rdnr. 16; ebenso (zum EBRG) *Blanke*, EBRG, § 13 Rdnr. 7; *Müller*, EBRG, § 13 Rdnr. 1.
[42] *Schäfer*, in: Rieble/Junker, Vereinbarte Mitbestimmung in der SE, 13, 35; im Ergebnis ähnlich *Kiem*, ZHR 171 (2007), 713, 719 ff.

Mitbestimmung verfolgt,[43] so darf sie von diesen selbst gesteckten Vorgaben nur abweichen, wenn sie von der Hauptversammlung dazu ausdrücklich ermächtigt wurde.[44] Eine entsprechende Ermächtigung kann vorsehen, dass der Vorstand angewiesen wird, das Gründungs- oder Verschmelzungsvorhaben nur dann zum Handelsregister anzumelden, wenn bestimmte Vorgaben, die die Hauptversammlung macht, eingehalten sind. Derartige Vorgaben sind unabhängig von der Rechtsform der Gründungsgesellschaften zulässig. Insbesondere der Grundsatz der eigenverantwortlichen Leitung (§ 76 Abs. 1 AktG) steht nicht entgegen.

40 Hat die Hauptversammlung keine entsprechende Weisung erteilt, geht das in den Verhandlungen erzielte Ergebnis aber über die in den Gründungsdokumenten offengelegten Zielvorgaben der Leitungen hinaus, so dürfen diese das Gründungs- bzw. Verschmelzungsvorhaben nur dann zum Handelsregister anmelden, wenn sie zuvor entsprechend § 119 Abs. 2 AktG die Zustimmung der Hauptversammlung einholen. Gleiches gilt, wenn die im Wege der Verhandlungen der Arbeitnehmerseite eingeräumte betriebliche oder unternehmerische Mitbestimmung über das in der gesetzlichen Auffanglösung garantierte Maß hinausgeht. Eine weitere als die durch die gesetzliche Auffanglösung garantierte Mitbestimmung dürfen die Unternehmensorgane ohne Zustimmung der beteiligten Anteilseignerversammlungen nicht vereinbaren.[45]

41 Überschreiten die Organe ihr Verhandlungsmandat und melden das Gründungs- bzw. Verschmelzungsvorhaben zum Handelsregister an und wird dieses eingetragen, so steht dies der Wirksamkeit der Gründung bzw. Verschmelzung nicht entgegen;[46] die Organe machen sich aber gegenüber der Gesellschaft schadensersatzpflichtig (§ 93 AktG). Ein genereller Zustimmungsvorbehalt zugunsten der Hauptversammlung entsprechend den in der „Holzmüller"-Doktrin des BGH[47] entwickelten Grundsätzen ist abzulehnen.[48] Er wäre nicht damit zu vereinbaren, dass die SE-Beteiligungsrichtlinie die Zuständigkeit für den Abschluss der Mitbestimmungsvereinbarung grundsätzlich in die Hände des Leitungsorgans legt und dass die Begründung eines Zustimmungsvorbehaltes zugunsten der Hauptversammlung gemäß Artikel 23 Abs. 2 Satz 2, 32 Abs. 6 Unterabs. 2 SE-VO (ebenso § 122g Satz 2 UmwG) eine ausdrückliche Beschlussfassung der Hauptversammlung, also eine Initiative der Hauptversammlung, erfordert.

3. Reichweite der Mitbestimmungsautonomie

42 Zu den Grundprinzipien des europäischen Mitbestimmungsregimes zählt, dass die Verhandlungsparteien den Inhalt der Mitbestimmungsvereinbarung frei bestimmen können. Artikel 4 Abs. 2 der SE-Beteiligungsrichtlinie räumt den Verhandlungspartnern ausdrücklich Vertragsfreiheit ein. Verbunden wird dies mit einem Regelungsauftrag hinsichtlich derjenigen Punkte, die nach Auffassung des europäischen Normgebers den Mindestinhalt der Vereinbarung ausmachen. Der entsprechende Regelungskatalog ist in §§ 21 SEBG, 22 MgVG in deutsches Recht umgesetzt. Soweit im Aufsichts- oder Verwaltungsrat der SE oder des aus der grenzüberschreitenden Verschmelzung hervorgehenden Rechtsträgers unternehmerische Mitbestimmung vorgesehen ist, sind gemäß §§ 21 Abs. 3 SEBG, 22 Abs. 1 MgVG die Zahl der auf die Arbeitnehmer entfallenden Sitze, das Verfahren zu deren Benennung sowie deren Rechte zu regeln.

---

[43] Solche Angaben sind in der Praxis nicht selten, vgl. *Kiem*, ZHR 171 (2007), 713, 727, aber nicht zwingend.

[44] Zu einer entsprechenden Ermächtigung durch die Hauptversammlung *Schäfer*, in: Rieble/Junker, Vereinbarte Mitbestimmung in der SE, 13, 33 ff.

[45] Ebenso *Henssler*, in: Ulmer/Haberack/Henssler, Einleitung SEBG Rdnr. 185.

[46] Wie hier *Kiem*, ZHR 171 (2007), 713, 721 ff.; *Schwarz*, Artikel 23 SE-VO Rdnr. 25; a. A. *Seibt*, AG 2005, 413, 418.

[47] BGHZ 83, 122; BGHZ 153, 47 „Macrotron"; BGH ZIP 2004, 993 – „Gelatine I"; BGH ZIP 2004, 1001 = NZG 2004, 575 – „Gelatine II"; vgl. hierzu *Reichert*, AG 2005, 150 ff.; *Liebscher*, ZGR 2005, 1 ff.; *Habersack*, AG 2005, 137 ff., jeweils mit umfangreichen Nachweisen.

[48] *Kiem*, ZHR 171 (2007), 713, 723.

Vertragsfreiheit bedeutet, dass die Verhandlungspartner in der Mitbestimmungsvereinbarung grundsätzlich alles regeln können, was einen hinreichenden Bezug zu dem Recht der Arbeitnehmer aufweist, einen Teil der Mitglieder des Aufsichts- oder Verwaltungsrats der juristischen Person zu bestellen.[49] Ist ein solcher Bezug nicht gegeben, kommt den entsprechenden Regelungen nicht gemäß Artikel 12 Abs. 4 SE-VO Vorrang vor der Satzung zu. Normativ bleibt ein solch überschießender Regelungsgehalt der Mitbestimmungsvereinbarung mithin ohne Wirkung.[50]

Weitere Schranken ergeben sich aus der Satzungsautonomie. Entgegenstehende Bestimmungen der Satzung vermag die Mitbestimmungsvereinbarung nicht zu verdrängen. Das folgt aus Artikel 12 Abs. 4 Unterabs. 1 SE-VO (der für die grenzüberschreitende Verschmelzung in Artikel 16 Abs. 3 der Verschmelzungsrichtlinie in Bezug genommen wird): Die Satzung darf zu keinem Zeitpunkt im Widerspruch zu der ausgehandelten Vereinbarung stehen. Im Falle eines solchen Widerspruches ist die Satzung entsprechend anzupassen. Damit bringt der Verordnungsgeber zum Ausdruck, dass es eines Nachvollzugs der Vereinbarung auf Satzungsebene bedarf.[51] In die Satzungsgebungskompetenz der Hauptversammlung können die Verhandlungsparteien mithin nicht eingreifen.[52] Die Satzungsautonomie ist vielmehr notwendige Voraussetzung für die Mitbestimmungsautonomie.[53] Die Vereinbarung darf also nur Regelungen zur Unternehmensmitbestimmung enthalten, die auch in der Satzung geregelt werden könnten.[54]

a) Regelungen zur Größe des Aufsichts- oder Verwaltungsrats. Hoch umstritten in Praxis und Schrifttum ist vor allem die Frage, ob die Mitbestimmungsvereinbarung neben dem prozentualen Anteil der Arbeitnehmervertreter im Aufsichts- oder Verwaltungsrat auch die absolute Größe dieses Organs bestimmen kann. Nach heute herrschender Auffassung ist die Bestimmung der Größe des Aufsichts- oder Verwaltungsrats von der Mitbestimmungsautonomie nicht erfasst.[55] Sie ist vielmehr Sache des Satzungsgebers (§§ 95 Abs. 1 Satz 2 AktG, 17 Abs. 1 SEAG), „Mitbestimmung" im Sinne des § 2 Abs. 12 Nr. 1 SEBG (§ 2 Abs. 7 MgVG) bedeutet lediglich die Festsetzung des prozentualen Anteils der Arbeitnehmervertreter im Aufsichts- bzw. Verwaltungsrat. Dies folgt schon aus einem Umkehrschluss aus Artikel 40 Abs. 2 Satz 3, 43 Abs. 3 Satz 3 SE-VO. Diese Bestimmungen enthalten eine ausdrückliche Ermächtigung, in der Mitbestimmungsvereinbarung Rege-

---

[49] *Habersack*, ZHR 171 (2007), 613, 630; *Oetker*, ZIP 2006, 1113, 1116; *ders.*, FS Konzen, 637 f., 649; *Lunk/Hinrichs*, NZA 2007, 773, 778; *Seibt*, AG 2005, 413, 416; *Reichert/Brandes*, MünchKomm AktG, Artikel 40 SE-VO Rdnr. 71; für weiterreichende Regelungskompetenzen dagegen *Teichmann*, Der Konzern 2007, 89, 95; *ders.* AG 2008, 707 ff.

[50] A. A. *Teichmann*, a. a. O.

[51] *Habersack*, ZHR 171 (2007), 613, 628; *ders.*, AG 2006, 345, 348; *Hommelhoff*, in: Lutter/Hommelhoff, Die Europäische Gesellschaft (2005), S. 5, 16; *Oetker*, FS Konzen, S. 635, 643; *Teichmann*, Der Konzern 2007, 89, 94.

[52] *Drinhausen*, Semler/Stengel, UmwG, § 122, § 122g Rdnr. 11; 13, spricht sich für die Möglichkeit der Ermächtigung des Vertretungsorgans durch die Anteilseigner zur Satzungsanpassung sowie einer analogen Anwendung der §§ 97 ff. AktG aus.

[53] *Habersack*, ZHR 171 (2007), 613, 629 ff.; *ders.*, AG 2006, 345, 348; *Austmann*, in: Münchener Handbuch AG, § 85 Rdnr. 37; *Lunk/Hinrichs*, NZA 2007, 773, 778; grundlegend a. A. *Teichmann*, Der Konzern 2007, 89, 95; *ders.*, AG 2008, 797 ff.

[54] *Schäfer*, in: Rieble/Junker, Vereinbarte Mitbestimmung in der SE, 13, 28.

[55] *Habersack*, AG 2006, 345, 350 ff.; *ders.*, ZHR 171 (2007), 613, 632 ff.; *Reichert/Brandes*, in: MünchKomm AktG, Artikel 40 SE-VO Rdnr. 68; *Austmann*, in: Münchener Handbuch des Gesellschaftsrechts, Band 4, § 85 Rdnr. 37; *Kallmeyer*, AG 2003, 197, 199; *Müller-Bonanni/Melot de Beauregard*, GmbHR 2005, 195, 197; *Steinberg*, Mitbestimmung in der Europäischen Aktiengesellschaft, 2006, S. 212 ff.; *Windbichler*, Festschrift Canaris, 2007, Band 2, 1423, 1429 f.; *Schäfer*, in: Rieble/Junker, Vereinbarte Mitbestimmung in der SE, 13, 32; a. A. *Oetker*, ZIP 2006, 1113 ff.; *ders.*, Festschrift Konzen, 2006, 635, 650 f.; *Schwarz*, SE-VO, Artikel 40 SE-VO Rdnr. 82; *Kienast*, in: Jannott/Frodermann, Kapitel 13, Rdnr. 386; *Teichmann*, Der Konzern 2007, 89, 94 f.; *ders.*, AG 2008, 797 ff.; *Köstler*, Mitbestimmung 6/2007, S. 54; *Kiefner/Friebel*, NZG 2010, 537, 538 f.; *Seibt*, ZIP 2010, 1057 ff.

lungen hinsichtlich der Bestellung der Arbeitnehmervertreter im Aufsichts- oder Verwaltungsorgan der SE zu treffen, die von der eigentlichen Bestellkompetenz der Hauptversammlung bzw. des Satzungsgebers abweichen.

46 Nichts anderes sagt § 17 Abs. 2 SEAG, demzufolge „die Beteiligung der Arbeitnehmer nach dem SE-Beteiligungsgesetz" unberührt bleibt. Damit wird lediglich zum Ausdruck gebracht, dass der Satzungsgeber an die in der Mitbestimmungsvereinbarung getroffene Festlegung des prozentualen Anteils der Arbeitnehmervertreter im Aufsichts- bzw. Verwaltungsrat gebunden ist. Schreibt die Mitbestimmungsvereinbarung paritätische Mitbestimmung vor, muss die Anzahl der Aufsichts- bzw. Verwaltungsratsmitglieder nicht nur durch drei (§ 17 Abs. 1 SEAG),[56] sondern auch durch zwei teilbar sein. Im Ergebnis kann der Satzungsgeber entsprechend den Vorgaben der Mitbestimmungsvereinbarung die Größe des Aufsichts- oder Verwaltungsrats also nur auf sechs,[57] zwölf oder achtzehn Mitglieder festlegen.[58]

47 Auch aus dem Wortlaut der §§ 21 Abs. 3 Satz 1 Nr. 1 SEBG, 22 Abs. 1 Nr. 3 MgVG folgt nichts anderes.[59] Danach ist in der Mitbestimmungsvereinbarung zwar die „Zahl" der Arbeitnehmervertreter anzugeben. Die Bestimmungen sind jedoch im Zusammenhang mit der Definition der „Mitbestimmung" in §§ 2 Nr. 12 Nr. 1 SEBG, 2 Abs. 7 MgVG zu lesen. Daraus folgt, dass mit der „Zahl der Arbeitnehmervertreter" lediglich deren Anzahl in Relation zu der durch die Satzung vorgegebenen absoluten Größe des mitbestimmten Organs gemeint ist.[60]

48 In der Praxis enthalten einzelne Mitbestimmungsvereinbarungen gleichwohl Bestimmungen hinsichtlich der absoluten Größe des mitbestimmten Organs. Diese sind wirksam, wenn sie vom Satzungsgeber entsprechend umgesetzt werden. Eine Bindung des Satzungsgebers oder gar eine Verpflichtung, die Satzung entsprechend den Vorgaben der Vereinbarung anzupassen, kann aus derartigen Bestimmungen jedoch nicht hergeleitet werden.

49 **b) Regelungen hinsichtlich Ausschussbildung und Zusammensetzung.** Strittig ist weiter, ob die Mitbestimmungsvereinbarung Regelungen hinsichtlich der Bildung und Zusammensetzung von Ausschüssen vorsehen kann. Im Aktienrecht ist die Bildung und Zusammensetzung von Ausschüssen eine Frage der Organisationshoheit des Aufsichts- bzw. Verwaltungsrats (§§ 107 Abs. 1, 3 AktG, 34 SEAG).[61] Nach herrschender und zutreffender Auffassung im Schrifttum vermag die Mitbestimmungsvereinbarung in diese nicht einzugreifen.[62] Dafür spricht auch, dass es insbesondere in der dualistisch verfassten Gesellschaft dem Grundsatz der Funktionentrennung fundamental zuwiderliefe, könnte das Leitungsorgan gemeinsam mit dem besonderen Verhandlungsgremium auf die Organisation des Aufsichtsrats (etwa über die Bildung und Zusammensetzung des Prüfungs- oder Personalausschusses) Einfluss nehmen.[63]

---

[56] A. A. LG Nürnberg-Fürth, NZG 2010, 547; zustimmend *Teichmann*, BB 2010, 1113, 1115; *Kiefner/Friebel*, NZG 2010, 537 ff.; *Seibt*, ZIP 2010, 1057 ff.

[57] Zu Unrecht für Unzulässigkeit eines sechsköpfigen paritätisch mitbestimmten Aufsichtsrates *Köstler*, Mitbestimmung 6/2007, S. 54.

[58] Wie hier *Habersack*, AG 2006, 345, 350 ff.; *ders.*, ZHR 171 (2007), 613, 633; *Reichert/Brandes*, in: MünchKomm AktG, Artikel 40 SE-VO Rdnr. 68.

[59] A. A. *Oetker*, ZIP 2006, 1113, 1114 f.

[60] Dazu mit ausführlicher und überzeugender Begründung Habersack, AG 2006, 345, 352 f.; *ders.*, ZHR 171 (2007), 613, 633 f.; ebenso bereits *Reichert/Brandes*, in: MünchKomm AktG, Artikel 40 SE-VO Rdnr. 68; a. A. *Teichmann*, Der Konzern 2007, 89, 95; *ders.*, AG 2008, 797 ff.

[61] Vgl. dazu *Hüffer*, AktG, 8. Aufl., § 107 Rdnr. 3, 16.

[62] *Habersack*, AG 2006, 345, 348 ff.; *ders.*, ZHR 171 (2007), 613, 631 f.; zustimmend *Austmann*, Münchener Handbuch Gesellschaftsrecht, Band 4, § 85 Rdnr. 37; *Windbichler*, Festschrift Canaris, 2007, Band 2, S. 1423, 1430 ff.; a. A. *Heinze/Seifert/Teichmann*, BB 2005, 2524, 2528; *Teichmann*, Der Konzern 2007, 89, 94 f.; *ders.*, AG 2008, 797 ff.

[63] *Habersack*, ZHR 171 (2007), 613, 631; *ders.*, AG 2006, 345, 354; *Schäfer*, in: Rieble/Junker, Vereinbarte Mitbestimmung in der SE, 13, 32.

IV. Mitbestimmung kraft Gesetzes

Die Regelungen zur „Mitbestimmung kraft Gesetzes" (§§ 22, 34 bis 39 SEBG, 23 bis 28 MgVG) dienen der Umsetzung der in Artikel 7 der SE-Beteiligungsrichtlinie genannten und im Teil 3 von deren Anhang näher gestalteten „Auffangregelung für die Mitbestimmung". Diese legt fest, welchen Anteil an Arbeitnehmervertretern das zukünftige Verwaltungs- oder Aufsichtsorgan des aus der grenzüberschreitenden Umstrukturierung hervorgehenden Rechtsträgers zu enthalten hat und wie die Sitze der Arbeitnehmerbank auf die verschiedenen Mitgliedstaaten zu verteilen sind.

1. Voraussetzungen

§§ 22, 34 SEBG, 23 MgVG bestimmen, unter welchen Voraussetzungen die Mitbestimmung kraft Gesetzes Anwendung findet.

a) Vereinbarung. Die Leitungen der an der grenzüberschreitenden Umstrukturierung beteiligten Gesellschaften und das besondere Verhandlungsgremium können die Anwendbarkeit der Auffanglösung vereinbaren (§§ 22 Abs. 1 Ziff. 1 SEBG, 23 Abs. 1 Ziff. 1 MgVG). Sind die Verhandlungsparteien sich einig, dass sie die Mitbestimmung kraft Gesetzes wollen, so lässt sich das sechsmonatige Verhandlungsverfahren durch eine entsprechende Vereinbarung erheblich abkürzen.

b) Scheitern der Verhandlungen. Kommt innerhalb der sechsmonatigen (§§ 20 Abs. 1 SEBG, 21 Abs. 1 MgVG) Verhandlungsfrist keine Vereinbarung zustande, so können die Verhandlungsparteien einvernehmlich die Verhandlungsfrist für maximal ein weiteres halbes Jahr verlängern (§§ 20 Abs. 2 SEBG, 21 Abs. 1 MgVG). Tun sie dies nicht und sind die Verhandlungen auch nicht seitens des besonderen Verhandlungsgremiums abgebrochen worden (§§ 16 SEBG, 18 MgVG), ist das Verhandlungsverfahren gescheitert. Verfolgen die Gründungsgesellschaften die Gründung der SE gleichwohl weiter, so gilt ab Eintragung der SE ins Handelsregister die Mitbestimmung kraft Gesetzes (§§ 22 Abs. 1 Ziff. 2 SEBG, 23 Abs. 1 Ziff. 2 MgVG). Voraussetzung ist, dass bereits die Gründungsgesellschaften in bestimmtem Umfang der unternehmerischen Mitbestimmung unterlagen. Bei einem Formwechsel in die SE muss der formwechselnde Rechtsträger bereits mitbestimmt gewesen sein (§ 34 Abs. 1 Ziff. 1 SEBG). Bei einer SE-Gründung durch Verschmelzung (§ 34 Abs. 1 Ziff. 2 SEBG) muss einer der beteiligten Rechtsträger mitbestimmt gewesen sein, wobei sich diese Mitbestimmung auf mindestens 25% der Gesamtzahl der Arbeitnehmer der durch die Verschmelzung entstehenden SE einschließlich ihrer Tochtergesellschaften und Betriebe in den Staaten der EU und des EWR bezogen haben muss. Ist dieser Schwellenwert nicht erreicht, so findet die Mitbestimmung kraft Gesetzes nur Anwendung, wenn das besondere Verhandlungsgremium einen entsprechenden Beschluss fasst (§ 34 Abs. 2 SEBG). Bei der Gründung einer Holding- oder Tochter-SE sowie einer grenzüberschreitenden Verschmelzung nach den Bestimmungen der §§ 122 a ff. UmwG gilt das gleiche, wobei das entsprechende Maßgeblichkeitsquorum nicht bei 25 Prozent, sondern bei 50 Prozent (bei Holding- und Tochter-SE; § 34 Abs. 1 Ziff. 3 SEBG) bzw. 33 Prozent der Gesamtzahl der Konzernarbeitnehmer (bei grenzüberschreitender Verschmelzung; § 23 Abs. 1 Satz 2 MgVG) liegt.

c) Verzicht auf Verhandlungen. Im Gegensatz zu einer SE-Gründung können bei einer grenzüberschreitenden Verschmelzung nach den §§ 122a ff. UmwG die beteiligten Unternehmen einseitig auf Verhandlungen mit den Arbeitnehmern verzichten und sofort die gesetzliche Auffanglösung wählen (§ 23 Abs. 1 Satz 1 Nr. 3 MgVG).[64] Dadurch lassen sich Kosten senken und die Transaktionsdauer erheblich vermindern[65] (zu Einzelheiten § 58 Rdnr. 34 ff).

---

[64] Laut *Wiesner*, BB 2005, 91, 92, geht dies auf einen britischen Vorschlag zurück.
[65] *Teichmann*, Der Konzern 2007, 89, 92; *Drinhausen/Keinath*, RIW 2006, 81, 85.

2. Vorher-/Nachher-Prinzip

55 Die gesetzliche Auffanglösung besteht im Falle der Gründung einer SE aus Regeln über die Mitbestimmung kraft Gesetzes (§§ 35 bis 38 SEBG) und die Einrichtung eines SE-Betriebsrates kraft Gesetzes (§§ 22 bis 33 SEBG). Im Falle einer grenzüberschreitenden Verschmelzung nach den §§ 122a ff. UmwG wird kein Betriebsrat mit grenzüberschreitender Kompetenz kraft Gesetzes gebildet. In diesem Falle enthält die Auffanglösung lediglich Regelungen hinsichtlich der Mitbestimmung kraft Gesetzes (§§ 23 bis 28 MgVG), die im Wesentlichen den Regelungen bei der SE nachempfunden sind.

56 „Mitbestimmung" ist gemäß §§ 2 Abs. 12 SEBG, 2 Abs. 7 MgVG die „Einflussnahme der Arbeitnehmer auf die Angelegenheiten einer Gesellschaft durch entweder (i) „die Wahrnehmung des Rechts, einen Teil der Mitglieder des Aufsichts- oder Verwaltungsorgans der Gesellschaft zu wählen oder zu bestellen", oder (ii) „die Wahrnehmung des Rechts, die Bestellung eines Teils oder aller Mitglieder des Aufsichts- oder Verwaltungsorgans der Gesellschaft zu empfehlen oder abzulehnen". Es geht also um Mitwirkung der Arbeitnehmer in den Unternehmensorganen. Dabei wird zwischen dem in Deutschland und in den meisten anderen europäischen Staaten üblichen Repräsentationsmodell und dem vor allem aus dem niederländischen Recht bekannten Kooptationsmodell unterschieden. Inhaltlich wird sichergestellt, dass in dem aus der grenzüberschreitenden Umstrukturierung hervorgehenden Rechtsträger derselbe Umfang der Mitbestimmung gewährleistet ist wie in demjenigen an der Umstrukturierung beteiligten Rechtsträger, der das höchste Mitbestimmungsniveau aufwies (§§ 35 SEBG, 24 MgVG). Weiter bewirkt das europäische Regime, dass an der Mitbestimmung nicht nur diejenigen Arbeitnehmer teilhaben, die aus dem Sitzstaat des aus der grenzüberschreitenden Umstrukturierung hervorgehenden Rechtsträgers stammen, sondern alle europäischen Arbeitnehmer. Entsprechend bestimmt das Gesetz, wie die auf die Arbeitnehmerbank entfallenden Sitze auf die verschiedenen Mitgliedstaaten zu verteilen sind (§§ 36 SEBG, 25 MgVG) (vgl. dazu § 58 Rdnr. 47ff.). Ferner enthält das gesetzliche Regelungsprogramm Bestimmungen zur Abberufung der Arbeitnehmervertreter (§§ 37 SEBG, 26 MgVG) und zu deren Rechtsstellung (§§ 38 SEBG, 27 MgVG) (vgl. dazu § 58 Rdnr. 57f.). Tendenzunternehmen bleiben auch unter Geltung des europäischen Regimes mitbestimmungsfrei (§§ 39 SEBG, 28 MgVG).

57 Nach dem 18. Erwägungsgrund der SE-Beteiligungsrichtlinie sollen die vor Gründung einer SE bestehenden Rechte der Arbeitnehmer Ausgangspunkt auch für die Gestaltung ihrer Beteiligungsrechte in der SE sein (Vorher-/Nachher-Prinzip). Nach Teil 3 der Auffangregelung richtet sich daher die Zahl der Arbeitnehmervertreter im Aufsichts- oder Verwaltungsorgan der SE nach „dem höchsten maßgeblichen Anteil in den beteiligten Gesellschaften vor Eintragung der SE". Nach Artikel 16 Abs. 3 lit. h) der Richtlinie über die Verschmelzung von Kapitalgesellschaften aus verschiedenen Mitgliedstaaten gilt dies auch im Falle einer grenzüberschreitenden Verschmelzung nach den §§ 122a ff. UmwG. Bei Beteiligung mehrerer mitbestimmter Gesellschaften setzt sich damit hinsichtlich des Umfangs der Mitbestimmung diejenige Gesellschaft durch, die den Arbeitnehmern die weitestgehenden Mitbestimmungsrechte gewährt (§§ 35 Abs. 2 SEBG, 24 Abs. 1 MgVG). Beim Formwechsel in die SE bleibt das Mitbestimmungsniveau des formwechselnden Rechtsträgers erhalten (§ 35 Abs. 1 SEBG).

58 Unerheblich ist die Organisationsverfassung des aus der grenzüberschreitenden Umstrukturierung hervorgehenden Rechtsträgers. Sind an der Gründung nur dualistisch verfasste Gesellschaften beteiligt, verfügt dagegen der aus der grenzüberschreitenden Umstrukturierung hervorgehende Rechtsträger über eine monistische Verfassung, so ist der Verwaltungsrat mit dem sich aus §§ 35 Abs. 2 Satz 2 SEBG, 24 Abs. 1 Satz 2 MgVG ergebenden, bei den Gründungsgesellschaften auf den Aufsichtsrat bezogenen Anteil an Arbeitnehmervertretern zu besetzen.[66]

---

[66] *Habersack*, in: Ulmer/Habersack/Henssler, § 35 SEBG Rdnr. 12f.; *Oetker*, in: Lutter/Hommelhoff, SE-Kommentar, § 35 SEBG Rdnr. 11ff.; beide auch mit weiteren Nachweisen zu den mit Blick

59 Sind an der grenzüberschreitenden Umstrukturierung zwei mitbestimmte Gesellschaften mit unterschiedlichen Mitbestimmungssystemen beteiligt, so ist zunächst zu klären, welches Mitbestimmungssystem auf den aus der grenzüberschreitenden Umstrukturierung hervorgehenden Rechtsträger Anwendung finden wird. Wird beispielsweise eine nach dem niederländischen Kooptationsmodell organisierte NV auf eine dem Mitbestimmungsgesetz unterliegende deutsche AG verschmolzen, so bemisst sich der Anteil der Arbeitnehmervertreter nach demjenigen der inländischen Gründungsgesellschaft.[67] Ist keine inländische Gesellschaft, deren Arbeitnehmer Mitbestimmungsrechte zustehen, beteiligt, findet die Form der Mitbestimmung Anwendung, die sich auf die höchste Zahl der in den beteiligten Gesellschaften beschäftigten Arbeitnehmer erstreckt (§§ 34 Abs. 2 S. 3 SEBG, 23 Abs. 2 S. 3 MgVG).

V. Gestaltungsmöglichkeiten und -grenzen

60 Als die SE als neue Rechtsform eingeführt wurde, war das Urteil des wissenschaftlichen Schrifttums[68] in Deutschland kritisch. Heute ist es gerade das europäische Mitbestimmungsregime, das der SE aufgrund der damit verbundenen Gestaltungsmöglichkeiten in Deutschland zu ungeahnter Popularität verholfen hat. Um einer „Flucht aus der AG" zu begegnen, hat ein aus sieben unabhängigen Hochschullehrern bestehender „Arbeitskreis Unternehmerische Mitbestimmung" unlängst einen Gesetzesvorschlag entwickelt, der eine Verhandlungslösung auch für die AG und die GmbH zulässt.[69]

61 Das europäische Mitbestimmungsregime kennt weder gesetzliche Schwellenwerte noch eine Konzernzurechnung von Arbeitnehmern. Gegen den Zugriff der deutschen Mitbestimmung ist ein aus einer grenzüberschreitenden Umstrukturierung hervorgehender Rechtsträger immun. Die Besitzstandswahrung der Auffanglösung ist ausgerichtet auf dasjenige Mitbestimmungsniveau, das in der Sekunde des Wirksamwerdens der Umstrukturierung erreicht war. Die Auffanglösung inkorporiert nicht die deutschen Mitbestimmungsgesetze und ihre auf Unternehmensgrößen abstellende Dynamik.[70] Das eröffnet Unternehmen die Möglichkeit, durch grenzüberschreitende Umstrukturierungen die Mitbestimmung auf niedrigem Niveau „einzufrieren".

62 Weitere Gestaltungsspielräume hinsichtlich der Mitbestimmung ergeben sich aus der Möglichkeit, einen deutschen Rechtsträger grenzüberschreitend auf einen ausländischen Rechtsträger zu verschmelzen oder – im Falle der SE – den Satzungssitz in einen anderen Mitgliedstaat zu verlagern. De facto haben Unternehmen die Möglichkeit, durch Nutzung grenzüberschreitender Verschmelzungen oder durch Sitzverlegung einer SE ins Ausland und anschließenden Formwechsel in das Rechtskleid einer ausländischen Rechtsordnung zu schlüpfen, das keine Mitbestimmung kennt. Vorbehaltlich der zeitlichen Beschränkungen, die Artikel 37 Abs. 3, 66 Abs. 1 SE-VO, § 30 MgVG den Unternehmen dabei auferlegen (vgl. vorstehend Rdnr. 13 ff.), können Unternehmen sich mit Hilfe der durch das europäische Gesellschaftsrecht geschaffenen Möglichkeiten einer bestehenden Mitbestimmung entledigen. Darüber hinaus ermöglicht die Nichtanwendbarkeit der Vorschriften des Mitbestimmungsgesetzes die Verkleinerung der Organe.

63 Freilich sind der Gestaltungsfreiheit auch Grenzen gesetzt. Der europäische Normgeber hat durchaus erkannt, dass das statische Schutzkonzept des „Vorher-Nachher-Prinzips" im

---

auf eine paritätische Mitbestimmung im Verwaltungsrat geäußerten europarechtlichen und verfassungsrechtlichen Bedenken.

[67] *Habersack*, in: Ulmer/Habersack/Henssler, § 35 SEBG Rdnr. 13; *Jacobs*, in: MünchKomm AktG, § 35 SEBG Rdnr. 13; *Reichert/Brandes*, ZGR 2003, 767, 784 ff.

[68] Kritisch etwa *Heinze*, ZGR 2002, 66; *Henssler*, in: Festschrift Ulmer, 2003, S. 193 ff.; *Reichert/Brandes*, ZGR 2003, 767, 780.

[69] Arbeitskreis „Unternehmerische Mitbestimmung", Entwurf einer Regelung zur Mitbestimmungsvereinbarung sowie zur Größe des mitbestimmten Aufsichtsrats, ZIP 2009, 885 ff.

[70] *Rieble*, BB 2006, 2018, 2021.

Vergleich zu dem auf die Unternehmensgröße abstellenden dynamischen Konzept des deutschen Mitbestimmungsrechts Schwächen aufweist und Umgehungspotentiale eröffnet. Er hat daher im 18. Erwägungsgrund der SE-Beteiligungsrichtlinie die Mitgliedstaaten aufgefordert, die „erworbenen Rechte der Arbeitnehmer über ihre Beteiligung an Unternehmensentscheidungen" nicht nur im Stadium der Gründung einer SE, sondern auch bei nachfolgenden strukturellen Veränderungen einer bereits gegründeten SE zu sichern. Darüber hinaus sollen die Mitgliedstaaten gemäß Artikel 11 der SE-Beteiligungsrichtlinie Maßnahmen treffen, um zu verhindern, dass eine SE dazu missbraucht wird, Arbeitnehmern Beteiligungsrechte zu entziehen oder vorzuenthalten. Dass SEBG normiert in § 18 Abs. 3 eine Pflicht zur Neuverhandlung der Mitbestimmung, wenn es zu strukturellen Veränderungen kommt, die Beteiligungsrechte der Arbeitnehmer mindern. § 43 SEBG verbietet den „Missbrauch" der SE zur Verkürzung von Arbeitnehmerrechten. Dieser ist zudem gemäß § 45 Abs. 1 Ziff. 2 SEBG unter Strafe gestellt. Im MgVG fehlen entsprechende Bestimmungen.

1. Verkleinerung des Aufsichtsrats

64 Bei einigen SE-Gründungen in Deutschland hat die Verkleinerung des mitbestimmten Aufsichtsrats eine Rolle gespielt oder war gar deren entscheidendes Motiv. Die Vorschriften des Mitbestimmungsgesetzes, und damit auch die viel kritisierten Mindestgrößen, die § 7 MitbestG vorschreibt, finden auf eine SE keine Anwendung. An ihre Stelle treten die Bestimmungen des SE-Beteiligungsgesetzes (§ 47 Abs. 1 lit. 1 SEBG).[71]

65 Auch auf einen aus einer grenzüberschreitenden Verschmelzung nach den §§ 122a ff. UmwG hervorgehenden Rechtsträger finden die Vorschriften des Mitbestimmungsgesetzes, und damit insbesondere des § 7 MitbestG, keine Anwendung mehr.[72] Unternehmen, die ihre mitbestimmten Aufsichtsräte verkleinern wollen, müssen also nicht mehr zwingend auf die Rechtsform der SE zurückgreifen.[73]

2. „Einfrieren" des Mitbestimmungsniveaus

66 Hinlänglich bekannt und unumstritten ist mittlerweile, dass mit Hilfe des europäischen Mitbestimmungsregime das Mitbestimmungsstatut dergestalt eingefroren werden kann, dass späteres Wachstum eines Unternehmens nicht mehr zur Intensivierung der Mitbestimmung führt. Hat ein Unternehmen in Deutschland mehr als 2.000 Arbeitnehmer, muss ein Aufsichtsrat gebildet werden, der sich zur Hälfte aus Arbeitnehmervertretern und zur Hälfte aus Anteilseignern zusammensetzt (§§ 1 Abs. 1, 5 Abs. 1 MitbestG). Die Drittelmitbestimmung ist bereits erreicht, wenn das Unternehmen mehr als 500 inländische Arbeitnehmer beschäftigt (§ 1 Abs. 1 DrittelbG). Für die Berechnung werden die Arbeitnehmer von Tochtergesellschaften dem herrschenden Unternehmen zugerechnet (§ 5 Abs. 1 MitbestG). Bei der Drittelmitbestimmung gilt das nur, wenn ein Beherrschungsvertrag besteht oder die Tochtergesellschaft eingegliedert ist (§ 2 Abs. 2 DrittelbG). Bei SE und grenzüberschreitender Verschmelzung wird der bisherige Arbeitnehmeranteil im Aufsichtsrat durch die Bestimmungen der Auffanglösung zementiert (§§ 35 SEBG, 24 MgVG). Die Auffanglösung ist ausgerichtet auf das Mitbestimmungsniveau, das in der Sekunde der Errichtung

---

[71] So konnten beispielsweise Allianz und BASF ihre früheren 20-Mann-Aufsichtsräte auf nunmehr je 12 Mitglieder verkleinern, vgl. Mitbestimmungsvereinbarung der Allianz SE vom 20. 9. 2006 und Mitbestimmungsvereinbarung der BASF SE vom 15. 11. 2007.

[72] Vgl. dazu näher *Brandes*, ZIP 2008, 2193, 2194 ff.; *Götze/Winzer/Arnold*, ZIP 2009, 245, 249; *Nagel*, NZG 2007, 57, 58; *Habersack*, ZHR 171 (2007), 613, 623, verbucht dies zu Recht „unter rechtspolitischen Gesichtspunkten eindeutig auf der Ertragsseite"; ähnlich Henssler, RdA 2005, 330, 335.

[73] Zu den Erleichterungen, die eine grenzüberschreitende Verschmelzung im Vergleich zu einer SE-Gründung bringt, vgl. *Brandes*, ZIP 2008, 2193 ff.; vgl. auch *Schäfer*, in: Rieble/Junker, Vereinbarte Mitbestimmung in der SE, 13, 15.

der SE erreicht war.[74] Dieses System bleibt dauerhaft bestehen. Das Überschreiten der Schwellenwerte nach MitbestG oder DrittelbG lässt die Mitbestimmung an der SE oder dem aus der grenzüberschreitenden Verschmelzung hervorgehenden Rechtsträger unberührt.[75]

3. Verlagerungen des Unternehmenssitzes ins Ausland

Das „Einfrieren" des Mitbestimmungsniveaus (vgl. oben 2.) zielt darauf ab, eine Ausweitung der Mitbestimmung durch zukünftiges Unternehmenswachstum zu vermeiden. Mittels SE-Gründung und grenzüberschreitender Verschmelzung kann aber auch ein bestehendes Mitbestimmungsniveau verringert oder die Mitbestimmung gar ganz abgeschafft werden. Zwar enthalten die europäischen Statuten zahlreiche Normen, die dazu dienen, einer „Flucht aus der Mitbestimmung" vorzubeugen. Gemeinsam ist diesen Regelungen jedoch, dass sie ein Zurückdrängen der Mitbestimmung lediglich erschweren, nicht aber gänzlich verhindern.[76]

Zu einer Verringerung oder Abschaffung eines bestehenden Mitbestimmungsniveaus führen eine Verlagerung des Satzungssitzes ins Ausland und die anschließende Transformation in einen Rechtsträger nationalen Rechts, bei dem es entweder keine oder nur geringere Formen von Mitbestimmung gibt. Folgende Konstellationen sind denkbar:

– Umwandlung einer deutschen Gesellschaft in eine SE; daran anschließend Sitzverlegung (Artikel 8 SE-VO) in einen anderen EU-Mitgliedstaat; anschließend (Art. 37 Abs. 3 SE-VO) Verschmelzung auf oder – nach Ablauf der Wartefrist gemäß Artikel 66 Abs. 2 SE-VO – Formwechsel in einen Rechtsträger nationalen Rechts;[77]

– Grenzüberschreitende Verschmelzung des deutschen Rechtsträgers auf einen ausländischen Rechtsträger nach §§ 122a ff. UmwG; anschließend Weiterverschmelzung auf oder Formwechsel in einen anderen ausländischen Rechtsträger. Bei der Weiterverschmelzung gilt Artikel 16 Abs. 7 der Verschmelzungsrichtlinie und die darauf beruhenden Normen der ausländischen Rechtsordnung.[78] Konsequenz ist, dass die bei der grenzüberschreitenden Verschmelzung ausgehandelte oder aufgrund der Auffanglösung anwendbare Mitbestimmung auch nach der Weiterverschmelzung bei dem aufnehmenden Rechtsträger noch für einen Zeitraum von drei Jahren fortbesteht.[79] Danach kann sie abgeschafft werden.

4. Nutzung von Vorratsgesellschaften

Der Gründung einer Vorrats-SE stehen weder mitbestimmungsrechtliche noch gesellschaftsrechtliche Gründe entgegen. Die meisten Vorrats-SE werden in der Praxis als Tochter-SE gegründet. Die Unzulässigkeit einer Vorrats-SE lässt sich insbesondere weder aus

---

[74] Unstrittig; *Rieble*, BB 2006, 2018, 2021; *Henssler*, in: Ulmer/Habersack/Henssler, Mitbestimmungsrecht, Einleitung SEBG, Rdnr. 193 ff.; *ders.*, RdA 2005, 330, 336; *Jakobs*, in: MünchKomm AktG, § 18 SEBG Rdnr. 18; *Müller-Bonanni/Melot de Beauregard*, GmbHR 2005, 197; *Reichert*, AG 2006, 821, 824; *Habersack*, Der Konzern 2006, 105, 108.

[75] Das Gleiche gilt freilich auch dann, wenn die Schwellenwerte durch Mitarbeiterschwund unterschritten werden; *Rieble*, BB 2006, 2018, 2021; *Müller-Bonanni/Melot de Beauregard*, GmbHR 2005, 197, 198; *Habersack*, Der Konzern 2006, 105, 108.

[76] Artikel 66 Abs. 1 SE-VO verbietet die Rückumwandlung in eine Gesellschaftsform des nationalen Rechts innerhalb von zwei Jahren nach Eintragung der SE oder nach Genehmigung der ersten beiden Jahresabschlüsse; gemäß Artikel 37 Abs. 3 SE-VO darf bei einem Formwechsel der Sitz des formwechselnden Rechtsträgers nicht „anlässlich der Umwandlung" in einen anderen Mitgliedstaat verlegt werden; nach § 30 MgVG bleibt das nach Durchführung der grenzüberschreitenden Verschmelzung anwendbare Mitbestimmungsregime auch bei einer Weiterverschmelzung auf einen Rechtsträger nationalen Rechts für drei Jahre erhalten und wird dem aufnehmenden Rechtsträger quasi „übergestülpt".

[77] Strittig ist, ob Artikel 66 Abs. 2 SE-VO auf eine Verschmelzung einer SE auf einen ausländischen Rechtsträger analog anwendbar ist; vgl. dazu vorstehend Rdnr. 15.

[78] *Habersack*, ZHR 171 (2007), 613, 638.

[79] *Wisskirchen/Bissels/Dannhorn*, DB 2007, 2258, 2263.

dem numerus clausus der Gründungsformen noch dem Mehrstaatlichkeitserfordernis ableiten.[80] Artikel 12 Abs. 2 SE-VO, der bei Gründung der SE die Durchführung des Mitarbeiterbeteiligungsverfahrens vorschreibt, wird im Falle der Gründung einer Vorrats-SE durch arbeitnehmerlose Gesellschaften teleologisch reduziert. Solche Vorrats-SE-Gründungen sind, da in Ermangelung von Arbeitnehmern das Mitarbeiterbeteiligungsverfahren nicht durchgeführt werden kann, auch ohne die Durchführung des Verfahrens möglich.[81] Gleiches gilt auch dann, wenn die Gründungsgesellschaften zwar nicht arbeitnehmerlos sind, zusammen aber nicht über die erforderliche Mindestanzahl von 10 Arbeitnehmern zur Bildung eines besonderen Verhandlungsgremiums verfügen (§ 5 SEBG).[82]

71   Der Verzicht auf die Durchführung des Arbeitnehmerbeteiligungsverfahrens in der Gründungsphase beschwört die Gefahr herauf, dass die Arbeitnehmer durch den Einsatz von Vorrats-SE's um ihre Beteiligungsrechte gebracht werden. Wird beispielsweise anstelle der Durchführung eines Formwechsels (Art. 2 Abs. 4, 37 ff. SE-VO) eine AG deutschen Rechts auf eine bereits bestehende Vorrats-SE verschmolzen, so ist nach dem Buchstaben des Gesetzes ein Mitarbeiterbeteiligungsverfahren nur dann durchzuführen, wenn die Voraussetzungen des § 18 Abs. 3 SEBG erfüllt sind, die mit der Verschmelzung verbundene „strukturelle Änderung"[83] also zu einer „Minderung von Beteiligungsrechten" führt. Zu einer Minderung von Beteiligungsrechten (§ 2 Abs. 9 SEBG) kommt es aber nur, wenn der übertragende Rechtsträger vor der Verschmelzung mitbestimmt war und/oder über einen europäischen Betriebsrat verfügte (letzterer geht gemäß § 47 Abs. 1 Ziff. 1 SEBG mit Eintragung der SE in das Handelsregister unter). Wären die Verhandlungen dagegen bereits im Gründungsstadium durchgeführt worden, so hätten die Arbeitnehmer über die Bestimmungen der §§ 22 ff. SEBG zumindest Anspruch auf Einrichtung eines SE-Betriebsrates gehabt, unabhängig davon, ob vor der Durchführung des Formwechsels ein solcher existierte oder nicht. Noch weitreichender sind die Folgen bei der Gründung einer Holding- oder Tochter-SE. Erwirbt die als Tochter-SE gegründete Vorratsgesellschaft nach Eintragung im Handelsregister ein Unternehmen, so stellt dieser Vorgang noch nicht einmal eine „strukturelle Änderung" i.S. des § 18 Abs. 3 SEBG dar,[84] mit der Konsequenz, dass nach dem Gesetzeswortlaut überhaupt kein Arbeitnehmerbeteiligungsverfahren durchzuführen wäre.

72   Um derartigen Umgehungen der vom europäischen Normgeber beabsichtigten zwingenden Durchführung eines Mitarbeiterbeteiligungsverfahrens entgegenzuwirken, wird im Schrifttum – und nunmehr auch in der Rechtsprechung –[85] zunehmend die Meinung vertreten, dass das Mitarbeiterbeteiligungsverfahren nachzuholen ist, sobald die Vorrats-SE

---

[80] OLG Düsseldorf, FGPrax 2009, 124 f.; *Casper*, in: Spindler/Stilz, Artikel 2 SE-VO Rdnr. 27; *Schäfer*, in: MünchKomm AktG, Artikel 16 SE-VO Rdnr. 12; *Casper*, AG 2007, 97, 99; *Casper/Schäfer*, ZIP 2007, 653 ff.; *Bayer*, in: Lutter/Hommelhoff, Artikel 2 SE-VO Rdnr. 28; *Kienast*, in: Jannott/Frodermann, Handbuch Europäische Gesellschaft, § 13 Rdnr. 210; *Müller-Bonanni/Melot de Beauregard*, GmbHR 2005, 195, 200; *Oechsler*, in: MünchKomm AktG, Artikel 2 SE-VO Rdnr. 1; *Reichert*, Der Konzern 2007, 821, 829 ff.; *Seibt*, ZIP 2005, 2248, 2250; *Vossius*, ZIP 2006, 741, 746, 748.

[81] OLG Düsseldorf, FGPrax 2009, 124 f.; AG München, ZIP 2006, 1300 ff.; *Schäfer*, in: MünchKomm AktG, Artikel 16 SE-VO Rdnr. 13; KK-AktG/*Feuerborn* § 1 SEBG Rdnr. 9; *Jacobs*, in MünchKomm AktG, § 3 SEBG Rdnr. 2a; *Casper*, in Spindler/Stilz, Artikel 2, 3 SE-VO Rdnr. 27 ff.; *Bayer*, in: Lutter/Hommelhoff, Artikel 2 SE-VO Rdnr. 30; *Kienast*, in: Jannott/Frodermann, Handbuch Europäische Gesellschaft, § 13 Rdnr. 212; *Reichert*, Der Konzern 2006, 821, 828 ff.; *Reinhart*, RIW 2006, 68, 69; *Seibt*, ZIP 2005, 2248 ff.; *Casper*, AG 2007, 97, 99 ff.; *Noack*, EWiR 2005, 905 ff.; *Frodermann/Jannott*, ZIP 2005, 2251; *Casper/Schäfer*, ZIP 2007, 653 ff.; *Staats*, ZIP 2006, 1301; *Forst*, RdA 2010, 55 ff.; *Schubert*, ZESAR 2006, 340, 341 ff.; a.A. *Blanke*, ZIP 2006, 789 ff., welcher die Gründung einer Vorrats-SE durch arbeitnehmerlose Gesellschaften für ausgeschlossen hält.

[82] *Casper/Schäfer*, ZIP 2007, 653, 654.

[83] *Jacobs*, in: MünchKomm AktG, § 18 SEBG Rdnr. 11 f.

[84] *Jacobs*, in: MünchKomm AktG, § 18 SEBG Rdnr. 13 f.

[85] OLG Düsseldorf, FGPrax 2009, 124 f.

durch die Aufnahme eines Geschäftsbetriebs und die Beschäftigung von Mitarbeitern aktiviert und damit die Durchführung des Mitarbeiterbeteiligungsverfahrens ermöglicht wird.[86] Dem ist zuzustimmen. Nach dem 6. Erwägungsgrund der SE-Beteiligungsrichtlinie sollen zumindest Unterrichtungs- und Anhörungsverfahren auf grenzüberschreitender Ebene „in allen Fällen der Gründung einer SE" gewährleistet sein. Anders als bei der Mitbestimmung, wo es auf die „Sicherung erworbener Rechte der Arbeitnehmer über ihre Beteiligung an Unternehmensentscheidungen" (18. Erwägungsgrund) ankommt, soll ein SE-Betriebsrat nach dem Willen des europäischen Normgebers also auch dann eingerichtet werden, wenn bei den Gründungsgesellschaften kein entsprechendes Gremium existierte. Insofern ist es konsequent,[87] wenn Art. 12 Abs. 2 SE-VO grundsätzlich bei allen SE-Gründungen die Durchführung des Arbeitnehmerbeteiligungsverfahrens vorschreibt.

Kann das Verfahren im Gründungsstadium nicht durchgeführt werden, weil nicht genügend betroffene Arbeitnehmer vorhanden sind, so ist es folgerichtig, dass das Verfahren nachgeholt wird, sobald dieses Hindernis beseitigt ist. Das ist der Fall, sobald die SE, ihre Tochtergesellschaften und Betriebe zusammengenommen mehr als 10 Arbeitnehmer beschäftigen. Die Pflicht zur Nachverhandlung ist eine Folgewirkung der auf Artikel 12 Abs. 2 SE-VO, §§ 4ff. SEBG beruhenden Pflicht, bei Gründung einer SE ein Verhandlungsverfahren durchzuführen. Verhandlungspartner sind aber nicht mehr die Leitungen der Gründungsgesellschaften, sondern diejenige der SE.[88] Daher überzeugt es, die Nachverhandlungspflicht dogmatisch auf eine Analogie zu § 18 Abs. 3 SEBG zu stützen.[89] Das bedeutet indessen nicht, dass Neuverhandlungen nur dann durchzuführen sind, wenn das Überschreiten der erforderlichen Arbeitnehmeranzahl auf eine „strukturelle Änderung" zurückzuführen ist und zu einer „Minderung von Beteiligungsrechten" führt. Das Ziel des europäischen Normgebers, in allen Fällen der Gründung einer SE Unterrichtungs- und Anhörungsverfahren auf grenzüberschreitender Ebene zu gewährleisten, würde sonst zumindest in den oben (Rdnr. 71) genannten Fallkonstellationen vereitelt.

Systematisch nicht restlos zu überzeugen vermag die auf die Vermutungsregel in § 43 S. 2 SEBG und die dort genannte Jahresfrist gestützte Rechtsauffassung, der zufolge das Beteiligungsverfahren nur dann nachzuholen sei, wenn schon im Zeitpunkt der wirtschaftlichen Neugründung geplant gewesen sei, dass binnen eines Jahres wenigstens 10 Arbeitnehmer eingestellt werden.[90] Die Nachholung des Beteiligungsverfahrens bei wirtschaftlicher Neugründung ist eben gerade kein Fall der Missbrauchsbekämpfung. Der Praxis ist hier eher zu empfehlen, möglichst frühzeitig mit einem noch überschaubaren Kreis von Arbeitnehmern eine Beteiligungsvereinbarung hinsichtlich der Unterrichtungs- und Anhörungsrechte abzuschließen, die dann auch im Falle späteren Unternehmenswachstums Bestand hat.

Wird das Arbeitnehmerbeteiligungsverfahren nachgeholt, so ist das Mitbestimmungsniveau im Zeitpunkt der wirtschaftlichen Neugründung gem. § 35 SEBG maßgeblich für die Zusammensetzung des Aufsichts- oder Verwaltungsorgans der SE. In dem Beispiel der Verschmelzung einer AG auf eine Vorrats-SE ist das der Zeitpunkt der Eintragung der Verschmelzung in das Handelsregister der SE (§§ 19 Abs. 1, 20 UmwG). Die Eintragung der für eine wirtschaftliche Neugründung typischen Strukturmaßnahmen in das Handelsregis-

---

[86] *Schäfer*, in: MünchKomm AktG, Artikel 12 SE-VO Rdnr. 7; *Casper*, in Spindler/Stilz, Artikel 2, 3 SE-VO Rdnr. 31; *Forst*, RdA 2010, 55 ff.; *Casper/Schäfer*, ZIP 2007, 653, 658 ff.; in der Tendenz zustimmend *Noack*, EWiR 2005, 905, 906; zurückhaltend *Seibt*, ZIP 2005, 2248, 2250; *Bayer*, in: Lutter/Hommelhoff, Artikel 2 SE-VO Rdnr. 30; *Wisskirchen/Bissels/Dannhorn*, BB 2007, 2258, 2262; *Henssler*, RdA 2005, 330, 335.
[87] Wenn auch möglicherweise rechtspolitisch verfehlt; vgl. *Henssler*, RdA 2005, 330, 334; *Casper/Schäfer*, ZIP 2007, 653.
[88] *Casper/Schäfer*, ZIP 2007, 653, 658 ff.
[89] *Schäfer*, in MünchKomm AktG, Artikel 16 SE-VO Rdnr. 13; *Forst*, RdA 2010, 55, 58; *Casper/Schäfer*, ZIP 2007, 658 ff.; *Casper*, in: Spindler/Stilz, Artikel 2, 3 SE-VO Rdnr. 31.
[90] *Casper/Schäfer*, ZIP 2007, 660; *Casper*, in: Spindler/Stilz, Artikel 2, 3 SE-VO Rdnr. 28.

ter ist ihrerseits nicht analog Artikel 12 Abs. 2 SE-VO vom Nachweis eines bereits durchgeführten Verhandlungsverfahrens abhängig;[91] vielmehr bietet das aktienrechtliche Statusverfahren (§§ 97 ff. AktG, 25 ff. SEAG) bzw. das arbeitsgerichtliche Beschlussverfahren (§ 2a Abs. 1 Nr. 3e, §§ 80 ff. ArbGG) einen hinreichenden Rechtsschutz. Das Beteiligungsverfahren kann also nach Eintragung der wirtschaftlichen Neugründung im Handelsregister durchgeführt werden.

5. Pflicht zur Nachverhandlung bei strukturellen Änderungen

76 Nach dem 18. Erwägungsgrund der SE-Beteiligungsrichtlinie soll das zum Schutz der Arbeitnehmerrechte eingeführte „Vorher-Nachher-Prinzip" nicht nur für die Neugründung einer SE, sondern auch für „strukturelle Änderungen einer bereits gegründeten SE und die von den strukturellen Änderungsprozessen betroffenen Gesellschaften" gelten. Entsprechend bestimmt § 1 Abs. 4 SEBG, dass die auf die Gründung der SE anwendbaren Grundsätze, insbesondere der Grundsatz der Sicherung erworbener Beteiligungsrechte der Arbeitnehmer, auch für strukturelle Änderungen einer SE sowie für deren Auswirkungen auf die betroffenen Gesellschaften und ihre Arbeitnehmer gelten. Verwirklicht wird der Schutz von Arbeitnehmerrechten bei strukturellen Änderungsprozessen durch § 18 Abs. 3 SEBG. Dieser schreibt Neuverhandlungen über die Beteiligung der Arbeitnehmer vor, wenn „strukturelle Änderungen der SE" geplant und geeignet sind, „Beteiligungsrechte der Arbeitnehmer zu mindern". Das Scheitern dieser Neuverhandlungen führt zur gesetzlichen Auffanglösung. Eine Verletzung des § 18 Abs. 3 SEBG begründet gemäß § 43 SEBG die Vermutung eines „Missbrauchs der SE", welcher nach § 45 Abs. 1 Nr. 2 SEBG mit Freiheitsstrafe von bis zu zwei Jahren oder mit Geldstrafe bedroht ist.

77 **a) Strukturelle Änderung.** Der Wortlaut des 18. Erwägungsgrundes der SE-Beteiligungsrichtlinie legt nahe, dass als „strukturelle Änderungen" i. S. des § 18 Abs. 3 SEBG nur Vorgänge mit gründungsähnlichem Charakter anzusehen sind.[92] Für ein derart restriktives Verständnis des Begriffes der „strukturellen Änderung" spricht zudem auch die Verknüpfung von § 18 Abs. 3 SEBG mit der Strafvorschrift des § 45 Abs. 1 Nr. 2 SEBG über die in § 43 S. 2 SEBG enthaltene Vermutung.[93]

78 Als „strukturelle Änderung" ist insbesondere die Verschmelzung einer mitbestimmten Gesellschaft auf eine bestehende SE anzusehen.[94] Auch die Einbringung einer Mehrheitsbeteiligung an einer mitbestimmten Gesellschaft in eine SE im Wege der Sachkapitalerhöhung ist strukturelle Änderung.[95] Sie ist mit der Gründung einer Holding-SE vergleichbar. Gleiches muss gelten, wenn ein der Mitbestimmung unterliegender Rechtsträger ein Unternehmen oder einen Unternehmensteil im Wege der Sachkapitalerhöhung in eine SE einbringt und im Gegenzug die Mehrheit der Gesellschaftsanteile der SE erhält. Ein solcher Vorgang ähnelt der Gründung einer Tochter-SE. Wird das vorgenannte Ergebnis im Wege der Abspaltung nach den §§ 123 ff. UmwG erreicht, gilt das Gleiche.

---

[91] *Casper/Schäfer*, ZIP 2007, 653, 661.
[92] H.M.; vgl. *Jacobs*, in MünchKomm AktG, § 18 SEBG Rdnr. 12; *Wollburg/Banerjea*, ZIP 2005, 277, 278; *Braun*, Die Sicherung der Unternehmensmitbestimmung im Lichte des Europäischen Rechts, 2005, S. 105; *Henssler*, in: Ulmer/Habersack/Henssler, Einleitung SEBG Rdnr. 209; *Habersack*, ZHR 171 (2007), 613, 640 f.; *ders.*, Der Konzern 2006, 105, 109 f.; *Rieble*, BB 2006, 2018, 2022; *Schäfer*, in: Rieble/Junker, Vereinbarte Mitbestimmung in der SE, 12, 22; *Kienast*, in: Jannott/Frodermann, Handbuch Europäische Gesellschaft, Kapitel 13, Rdnr. 192; *Krause*, BB 2005, 1221, 1228; *Seibt*, AG 2005, 413, 427; a. A. *Oetker*, in: Lutter/Hommelhoff, SE-Kommentar, § 18 SEBG Rdnr. 16; *Köstler*, in: Theisen/Wenz, Europäische Aktiengesellschaft, S. 331, 370; – KK-AktG/*Feuerborn* § 18 SEBG Rdnr. 25 f.
[93] *Jacobs*, in MünchKomm AktG, § 18 SEBG Rdnr. 12; *Wollburg/Banerjea*, ZIP 2005, 277, 278.
[94] In der Gesetzesbegründung wird als Beispielsfall genannt, dass eine nichtbestimmte SE ein mitbestimmtes Unternehmen mit einer größeren Zahl von Arbeitnehmern aufnimmt; BT-Drucks. 15/3405, S. 50, zu § 18 Abs. 3 SEBG.
[95] *Wollburg/Banerjea*, ZIP 2005, 277, 280.

Keine Strukturänderung liegt dagegen vor, wenn ein Unternehmen oder Unternehmensteil im Wege eines Asset-Kaufs erworben wird. Die Beteiligungsrechte der hier ggf. von einem Betriebsübergang gemäß § 613a BGB betroffenen Arbeitnehmer werden nicht geschützt. Dem Wortlaut sowohl des 18. Erwägungsgrundes der SE-Beteiligungsrichtlinie als auch des § 1 Abs. 4 SEBG lässt sich entnehmen, dass der Schutz von Beteiligungsrechten von Arbeitnehmern bei strukturändernden Maßnahmen ausschließlich auf „von den strukturellen Änderungsprozessen betroffene Gesellschaften" beschränkt ist. Von „betroffenen Betrieben" ist in diesem Zusammenhang, obwohl der Begriff im SEBG an anderer Stelle Verwendung findet und in § 2 Abs. 4 SEBG legal definiert ist, nicht die Rede.[96]

Keine strukturelle Änderung liegt ferner dann vor, wenn eine SE die Mehrheit der Anteile an einem anderen Rechtsträger erwirbt,[97] der Sitz einer SE aus einem anderen Mitgliedstaat nach Deutschland[98] verlegt wird, sowie die nach den – auf die SE nicht mehr anwendbaren – deutschen Mitbestimmungsgesetzen maßgeblichen Schwellenwerte von 500 bzw. 2 000 Arbeitnehmern[99] über- oder unterschritten werden.

b) Minderung von Beteiligungsrechten. Weitere Voraussetzung der Verpflichtung zur Wiederaufnahme von Verhandlungen ist gemäß § 18 Abs. 3 SEBG, dass die strukturelle Änderung der SE geeignet ist, „Beteiligungsrechte der Arbeitnehmer zu mindern". Beteiligungsrechte der Arbeitnehmer sind in § 2 Abs. 9 SEBG legal definiert als „Rechte, die den Arbeitnehmern und ihren Vertretern im Bereich der Unterrichtung, Anhörung, Mitbestimmung und der sonstigen Beteiligung zustehen", wobei hierzu auch die Wahrnehmung dieser Rechte in den Konzernunternehmen der SE gehört. Eine Neuverhandlungspflicht kann sich also nicht nur dann ergeben, wenn sich die strukturelle Änderung auf die Mitbestimmungsrechte von Arbeitnehmern in den Unternehmensorganen auswirken, sondern auch dann, wenn betriebliche Mitbestimmungsrechte betroffen sind.[100]

Geschützt sind nicht nur die Rechte der Arbeitnehmer der SE, sondern auch die der Arbeitnehmer der „von den strukturellen Änderungsprozessen betroffenen Gesellschaften" (18. Erwägungsgrund),[101] die in Zukunft Arbeitnehmer der SE, ihrer Tochtergesellschaften und Betriebe sein werden.

Eine Minderung von Beteiligungsrechten liegt beispielsweise dann vor, wenn bei einer Verschmelzung zur Aufnahme der mitbestimmte Aufsichtsrat des übertragenden Rechts-

---

[96] *Wollburg/Banerjea*, ZIP 2005, 277, 282; *Jacobs*, in MünchKomm AktG, § 18 SEBG Rdnr. 18; *Müller-Bonanni/Melot de Beauregard*, GmbHR 2005, 195, 200; *Henssler*, RdA 2005, 330, 335; *Seibt*, AG 2005, 413, 427; a. A. *Oetker*, in: Lutter/Hommelhoff, SE-Kommentar, § 18 SEBG Rdnr. 22.

[97] *Jacobs*, in MünchKomm AktG, § 18 SEBG Rdnr. 17; *Wollburg/Banerjea*, ZIP 2005, 277, 280 ff.; *Müller-Bonanni/Melot de Beauregard*, GmbHR 2005, 199 ff.; a. A. *Oetker*, in: Lutter/Hommelhoff, SE-Kommentar, § 18 SEBG Rdnr. 16.

[98] *Jacobs*, in MünchKomm AktG, § 18 SEBG Rdnr. 17; KK-AktG/*Feuerborn* § 18 SEBG Rdnr. 22; *Wollburg/Banerjea*, ZIP 2005, 277, 283; *Freis*, in: Nagel/Freis/Kleinsorge, § 18 Rdnr. 11; *Hunger*, in: Jannott/Frodermann, Handbuch Europäische Gesellschaft, § 9 Rdnr. 37; *Kienast*, in: Jannott/Frodermann, Handbuch Europäische Gesellschaft, § 13 Rdnr. 193, 200; *Oechsler*, in: MünchKomm AktG, Artikel 8 SE-VO Rdnr. 13; *Ringe*, NZG 2006, 931, 932; anders § 228 Abs. 2 ArbVG (Österreich); *Oetker*, in: Lutter/Hommelhoff, SE-Kommentar, § 18 SEBG Rdnr. 21.

[99] *Jacobs*, in MünchKomm AktG, § 18 SEBG Rdnr. 18; KK-AktG/*Feuerborn* § 18 SEBG Rdnr. 23; *Oetker*, in: Lutter/Hommelhoff, SE-Kommentar, § 18 SEBG Rdnr. 17; *Grobys*, NZA 2005, 85, 91; *Kienast*, in: Jannott/Frodermann, Handbuch Europäische Aktiengesellschaft, Kapital 13 Rdnr. 191; *Krause*, BB 2005, 1221, 1228; *Seibt*, AG 2005, 413, 427; *Wollburg/Banerjea*, ZIP 2005, 277, 282 ff.; *Rieble*, BB 2006, 2018, 2022; *Müller-Bonanni/Melot de Beauregard*, GmbHR 2005, 195, 197 ff.; einschränkend *Köstler*, in Theisen/Wenz, Europäische Aktiengesellschaft, S. 331, 370 ff.

[100] *Oetker*, in: Lutter/Hommelhoff, SE-Kommentar, § 18 SEBG Rdnr. 19; *Jacobs*, in MünchKomm AktG, § 18 SEBG Rdnr. 15; a. A. *Grobys*, NZA 2005, 91; *Kallmeyer*, ZIP 2004, 1444.

[101] *Jacobs*, in MünchKomm AktG, § 18 SEBG Rdnr. 14; *Oetker*, in: Lutter/Hommelhoff, SE-Kommentar, § 18 SEBG Rdnr. 20; *Wollburg/Banerjea*, ZIP 2005, 277, 279; *Henssler*, in: Ulmer/Habersack/Henssler, Einleitung SEBG, Rdnr. 212.

trägers untergeht und die aufnehmende SE eine Beteiligung der Arbeitnehmer an den Entscheidungen der Unternehmensorgane nicht in gleichem Maße gewährleistet wie das beim übertragenden Rechtsträger der Fall war. In betriebsverfassungsrechtlicher Hinsicht kann eine Minderung von Beteiligungsrechten vorliegen, wenn ein Betriebsrat entfällt, weil beispielsweise ein ausländischer Rechtsträger auf eine deutsche SE verschmolzen wird und eine Betriebsstätte im Ausland nicht beibehalten wird.

84   Keine Minderung von Beteiligungsrechten liegt dagegen vor, wenn lediglich das Recht der Arbeitnehmer der von einer strukturellen Änderung „betroffenen Gesellschaft" entfällt, an den Wahlen zum Aufsichtsrat einer Konzernobergesellschaft mitzuwirken. Dieses Recht gehört nicht zu den vom europäischen Mitbestimmungsregime geschützten Beteiligungsrechten.[102] Einen Schutz erworbener Mitbestimmungsrechte sieht das SEBG vielmehr nur dann vor, wenn bei den an der Gründung unmittelbar beteiligten Rechtsträgern „eine oder mehrere Formen der Mitbestimmung bestanden" (§ 34 Abs. 1 Ziff. 2 lit. a, Ziff. 3 lit. a SEBG). Schutzmaßstab ist ausschließlich der höchste Anteil an Arbeitnehmervertretern, der in den Organen der „beteiligten Gesellschaften" vor Eintragung der SE bestanden hat (§ 35 Abs. 2 SEBG). Die Mitbestimmungsrechte in den Obergesellschaften eines Konzerns, zu dem die an der Gründung beteiligten Gesellschaften gehören, sind sowohl hinsichtlich der Voraussetzungen für das Eingreifen der Auffanglösung als auch mit Blick auf deren konkrete Ausgestaltung irrelevant. Wird im Beispielsfall eine nichtbestimmte Gesellschaft auf eine ebenfalls nicht mitbestimmte SE verschmolzen, so finden Neuverhandlungen über die Mitbestimmung selbst dann nicht statt, wenn der übertragende Rechtsträger vor der Verschmelzung abhängiges Unternehmen in einem Konzern war und seinen Arbeitnehmern im Aufsichtsrat der ursprünglichen Konzernobergesellschaft Mitbestimmungsrechte zustanden.[103]

85   Bei einem Rechtsträger, der aus einer grenzüberschreitenden Verschmelzung nach den §§ 122 a ff. UmwG hervorgegangen ist und auf den das europäische Regime Anwendung findet, müssen keine Neuverhandlungen über die Mitbestimmung durchgeführt werden, wenn es nach Wirksamwerden der Umstrukturierung zu einer strukturellen Änderung im vorgenannten Sinne kommt.[104] Eine dem § 18 Abs. 3 SEBG entsprechende Norm enthält das dem SEBG im Übrigen weitgehend nachgebildete MgVG nicht. Das schließt eine analoge Anwendung von § 18 Abs. 3 SEBG aus. Etwas anderes gilt nur dann, wenn die Parteien gemäß § 22 Abs. 2 MgVG in der Mitbestimmungsvereinbarung festgelegt haben, wie bei strukturellen Änderungen zu verfahren ist.

6. Gestaltungsmissbrauch

86   Gemäß § 43 S. 1 SEBG darf eine SE nicht dazu missbraucht werden, den Arbeitnehmern Beteiligungsrechte zu entziehen oder vorzuenthalten. Ein solcher Missbrauch wird gemäß § 43 S. 2 SEBG vermutet, wenn ohne Durchführung eines Verfahrens nach § 18 Abs. 3 innerhalb eines Jahres nach Gründung der SE strukturelle Änderungen stattfinden, die bewirken, dass den Arbeitnehmern Beteiligungsrechte vorenthalten oder entzogen werden. Gemäß § 45 Abs. 1 Nr. 2 SEBG ist der Missbrauch unter Strafe gestellt.

87   Die Regeln gehen auf Artikel 11 der SE-Beteiligungsrichtlinie zurück, der die Mitgliedstaaten verpflichtet, „im Einklang mit den gemeinschaftlichen Rechtsvorschriften geeignete Maßnahmen" zu treffen, „um zu verhindern, dass eine SE dazu missbraucht wird, Arbeitnehmern Beteiligungsrechte zu entziehen oder vorzuenthalten".

88   **a) Entzug oder Vorenthaltung von Beteiligungsrechten.** Im Gegensatz zu § 18 Abs. 3 SEBG, der bereits bei einer „Minderung" von Beteiligungsrechten infolge struk-

---

[102] *Wollburg/Banerjea*, ZIP 2005, 277, 279; *Jacobs*, in MünchKomm AktG, § 18 SEBG Rdnr. 14; *Henssler*, in: Ulmer/Habersack/Henssler, Einleitung SEBG, Rdnr. 212; *Habersack*, Der Konzern, 2006, 105, 109 ff.; a. A. *Oetker*, in: Lutter/Hommelhoff, SE-Kommentar, § 18 SEBG Rdnr. 22.

[103] Im Ergebnis ebenso *Henssler*, RdA 2005, 330, 334.

[104] *Habersack*, ZHR 171 (2007), 613, 636.

tureller Änderungen Neuverhandlungen vorschreibt, kann ein Missbrauch nur dann vorliegen, wenn die Beteiligungsrechte vollständig „entzogen" werden.[105] Führt eine strukturelle Änderung beispielsweise dazu, dass den Arbeitnehmern statt einer ursprünglich vorhandenen paritätischen Mitbestimmung nur noch eine Drittelbeteiligung im Aufsichtsrat der SE zusteht, so kann dies bereits per definitionem kein „Missbrauch" i. S. des § 43 SEBG sein, da Mitbestimmungsrechte nur gemindert, aber nicht vollständig entzogen werden.

Die Bedeutung des Tatbestandsmerkmals des „Vorenthaltens" von Mitbestimmungsrechten dürfte begrenzt sein. Zu denken ist hier an Fälle, in denen Arbeitnehmern vor Gründung der SE zwar eigentlich Beteiligungsrechte zustanden, die ihnen jedoch tatsächlich nicht gewährt wurden und nun durch Gründung der SE (endgültig) vorenthalten werden. Ein Beispiel wäre ein Rechtsträger, der bereits seit geraumer Zeit die Schwellenwerte des Mitbestimmungsgesetzes überschritten hat, bei dem aber noch kein mitbestimmter Aufsichtsrat existiert, weil Arbeitnehmer und Unternehmensorgane im Rahmen eines Statusverfahrens schon seit Jahren über dessen Einrichtung streiten. Da nach § 96 Abs. 2 AktG der mitbestimmte Aufsichtsrat erst mit rechtskräftigem Abschluss des Statusverfahrens entstünde, könnte es missbräuchlich sein, wenn das Unternehmen nun vor dessen Abschluss noch schnell in eine SE umgewandelt wird, um auf diese Weise den mitbestimmungsfreien Status zu zementieren.

War dagegen in dem vorgenannten Beispielsfall der einschlägige Schwellenwert nach den Mitbestimmungsgesetzen noch nicht überschritten, so werden den Arbeitnehmern umgekehrt Beteiligungsrechte nicht allein dadurch vorenthalten, dass ihnen infolge des mit dem Formwechsel verbundenen „Einfrierens" der Mitbestimmung (vgl. vorstehend Rdnr. 66), das Recht auf Einrichtung eines mitbestimmten Aufsichtsrats verloren geht, wenn in Zukunft der Schwellenwert überschritten wird. Die SE-Beteiligungsrichtlinie schützt die Rechte der Arbeitnehmer, die im Zeitpunkt der Gründung der SE bestanden. Ein Schutz zukünftiger, im Zeitpunkt der Gründung der SE noch gar nicht bestehender Rechte ist nicht beabsichtigt und kann auch aus dem Merkmal des „Vorenthaltens" von Rechten nicht herausgelesen werden.[106]

b) Missbrauch der SE. Ein Missbrauch der SE liegt nur dann vor, wenn der Entzug oder das Vorenthalten von Beteiligungsrechten gerade Zweck der Gründung oder strukturellen Änderung ist. Können von den Leitungen der Gründungsgesellschaften andere, unternehmerische Motive für die Durchführung der SE-Gründung oder strukturellen Änderung angeführt werden, so liegt kein Missbrauch vor.[107] Bei der Konkretisierung des Missbrauchsbegriffs ist insbesondere zu berücksichtigen, dass die SE-Verordnung gerade die grenzüberschreitende wirtschaftliche Tätigkeit erleichtern wollte.[108] Die Nutzung der vorgesehenen Handlungsmöglichkeiten allein kann daher den Vorwurf des Missbrauchs nicht begründen.[109] Widerlegen die Gründungsgesellschaften die in § 43 S. 2 SEBG enthaltene Missbrauchsvermutung durch den Vortrag von Gründen, die mit der Minderung der Beteiligungsrechte nichts zu tun haben, so ist die damit verbundene unternehmerische Entscheidung nach der Rechtsprechung des BGH im ARAG-Garmenbeck-Urteil von 1997[110] von den Gerichten allenfalls daraufhin überprüfbar, ob die Grenzen des unternehmerischen Ermessens im Einzelfall überschritten wurden.

Der Missbrauch muss sich insbesondere aus der missbräuchlichen Verwendung der Rechtsform der SE selbst ergeben. Daraus folgt, dass ein Missbrauch ausscheidet, wenn alternative Gestaltungen ohne Verwendung einer SE zum gleichen Ergebnis geführt hätten.

---

[105] *Oetker*, in: Lutter/Hommelhoff, SE-Kommentar, § 43 SEBG Rdnr. 5.
[106] Ebenso *Rieble*, BB 2006, 2018, 2022; *Henssler*, RdA 2005, 330, 334; *Drinhausen/Keinath*, BB 2011, 2699, 2704; einschränkend *Rehberg*, ZGR 2005, 859, 880.
[107] *Oetker*, in: Lutter/Hommelhoff, SE-Kommentar, § 43 SEBG Rdnr. 6.
[108] So auch die Reg. Begr., BR-Drucks. 438/04, S. 143.
[109] *Jacobs*, in MünchKomm AktG, § 43 SEBG Rdnr. 2.
[110] BGHZ 135, 244.

Lassen die Gesellschafter einer paritätisch mitbestimmten GmbH & Co. KG die GmbH als persönlich haftende Gesellschafterin austreten und stattdessen eine von ihnen gegründete, mitbestimmungsfreie SE eintreten, so geht die Mitbestimmung unter. Die SE gehört nicht zu den in § 1 Abs. 1 Nr. 1 MitbestG bezeichneten Unternehmen und kann deswegen auch nicht Adressat einer Zurechnung nach § 4 Abs. 1 MitbestG sein. Ein Missbrauch liegt gleichwohl nicht vor, da die Gesellschafter der SE das gleiche Ergebnis durch Eintritt einer britischen Limited oder einer anderen, mitbestimmungsfreien ausländischen Rechtsform hätten erzielen können.[111]

93 Ein Missbrauch scheidet ferner auch dann aus, wenn strukturelle Maßnahmen nach Ablauf der in der SE-VO zum Schutze von Beteiligungsrechten vorgesehenen zeitlichen Schranken (Artikel 66 Abs. 1, 37 Abs. 3 SE-VO) vorgenommen werden.[112] Diese Bestimmungen sind mit Blick auf den Schutz von Beteiligungsrechten von Arbeitnehmern als abschließend anzusehen. Verlegt eine in eine SE umgewandelte mitbestimmte deutsche Gesellschaft ihren Sitz nach Großbritannien und wandelt sich dann nach Ablauf der zweijährigen Sperrfrist gemäß Artikel 66 Abs. 1 SE-VO in eine mitbestimmungsfreie Rechtsform des britischen Rechts um, so stellt der damit verbundene Entzug der Mitbestimmungsrechte selbst dann keinen Gestaltungsmissbrauch dar, wenn dieser von Anfang an (mit-)beabsichtigt war.

94 **c) Rechtsfolgen eines Missbrauchs der SE.** § 43 Abs. 1 SEBG entfaltet nicht die Kraft, die rechtliche Existenz einer in das Handelsregister eingetragenen SE zu beseitigen. Das ergibt sich auch aus der Gesetzesbegründung zu der Strafbestimmung in § 45 Abs. 1 Nr. 2 SEBG.[113]

95 Am naheliegendsten ist es, § 43 SEBG als eine Bestimmung auszulegen, die dem Umgehungsschutz dient. Liegt ein Missbrauch vor, so sind diejenigen Vorschriften einschlägig, die umgangen werden sollen bzw. diejenigen Bestimmungen nicht anzuwenden, deren Geltung erschlichen werden sollte.[114] Kommt es in dem oben genannten Beispielsfall (Rdnr. 89) im Rahmen des Statusverfahrens zu der Feststellung, das ein paritätisch mitbestimmter Aufsichtsrat hätte eingerichtet werden müssen, so bedeutet das für die Anwendung der Auffanglösung im Rahmen des Formwechsels, dass hinsichtlich der Mitbestimmung im Aufsichtsrat der SE nicht auf das tatsächliche Mitbestimmungsniveau im Zeitpunkt des Wirksamwerdens des Formwechsels abzustellen ist, sondern der hypothetische Zustand zugrunde zu legen ist, der eingetreten wäre, hätten die Unternehmensleitungen nach Einleitung des Statusverfahrens die Vorschriften, nach denen sich der Aufsichtsrat der AG vor Wirksamwerden des Formwechsel zusammensetzte, von vornherein zutreffend angegeben. In diesem Fall hätte bei Wirksamwerden des Formwechsels in der AG bereits ein paritätisch mitbestimmter Aufsichtsrat bestanden, mit der Konsequenz, dass ein solcher im Falle des Eingreifens der Auffanglösung dann auch in der SE einzurichten wäre.

96 Liegen die tatbestandlichen Voraussetzungen eines Missbrauchs vor, so kommt gemäß § 45 Abs. 1 Nr. 2 SEBG eine Freiheitsstrafe bis zu zwei Jahren oder Geldstrafe in Betracht.

97 In das MgVG hat der Gesetzgeber keine den §§ 43, 45 Abs. 1 Ziff. 2 SEBG entsprechende Bestimmung aufgenommen.[115] Eine analoge Anwendung scheidet mangels planwidriger Regelungslücke aus. Gesellschaftsrechtlich zulässige Gestaltungen nach den §§ 122a ff. UmwG können daher nicht dadurch unzulässig werden, dass sie auf den Entzug oder das Vorenthalten von Beteiligungsrechten abzielen.

---

[111] Vgl. dazu mit Rechtsprechungs- und Praxisbeispielen *Wisskirchen/Bissels/Dannhorn*, DB 2007, 2258, 2260; *Henssler*, RdA 2005, 330, 332.
[112] *Drinhausen/Keinath*, BB 2011, 2699, 2704.
[113] Reg. Begr. BT-Drucks. 15/3405, S. 57; *Oetker*, in: Lutter/Hommelhoff, SE-Kommentar, § 43 SEBG Rdnr. 8.
[114] *Henssler*, in Ulmer/Habersack/Henssler, SEBG Einleitung Rdnr. 217; *Rehberg*, ZGR 2005, 859, 877 ff.
[115] *Habersack*, ZHR 171 (2007), 613, 636; *Müller-Bonanni/Müntefering*, BB 2009, 1699, 1703.

§ 58. Verfahren bei grenzüberschreitender Mitbestimmung

Übersicht

	Rdnr.		Rdnr.
I. Information der Arbeitnehmer	1–12	1. Einseitiger Verzicht der Leitungsorgane	35–39
1. Adressaten	2, 3	a) Voraussetzungen	36
2. Inhalt	4–6	b) Entbehrlichkeit des besonderen Verhandlungsgremiums	37–39
3. Durchführung der Information	7–9		
4. Weitere Informationen	10–12	2. Einseitiger Verzicht des besonderen Verhandlungsgremiums	40–45
II. Bildung des besonderen Verhandlungsgremiums	13–23	V. Wahl der Mitglieder des mitbestimmten Aufsichtsrats	46–58
1. Sitzverteilung	13–18	1. Sitzverteilung im Aufsichtsrat und Bestellung der Arbeitnehmervertreter	46–56
2. Bestellung der Mitglieder	19–21		
3. Konstitution des besonderen Verhandlungsgremiums	22, 23	a) Verteilung der Sitze auf die einzelnen Mitgliedstaaten	47–50
III. Durchführung der Verhandlungen	24–33	b) Wahl der Arbeitnehmervertreter	51–56
1. Dauer der Verhandlungen	24, 25		
2. Häufigkeit und Organisation der Sitzungen	26–29	2. Rechtsstellung der Aufsichtsratsmitglieder	57, 58
3. Entscheidungsfindung	30–33		
IV. Verzicht auf Verhandlungen	34–45		

I. Information der Arbeitnehmer

Das Mitarbeiterbeteiligungsverfahren lässt sich in drei Phasen gliedern: In der ersten **1** Phase sammeln die Leitungen der an der grenzüberschreitenden Umstrukturierung beteiligten Unternehmen die erforderlichen Daten zur Information der Arbeitnehmer und fordern diese zur Bildung eines besonderen Verhandlungsgremiums auf. Die Arbeitnehmer haben dann in der zweiten Phase zehn Wochen Zeit, um in den einzelnen Mitgliedstaaten die Delegierten in das besondere Verhandlungsgremium zu wählen. Die dritte Phase ist die eigentliche Verhandlungsphase. Sie dauert bis zu sechs Monate und kann einvernehmlich bis zu einem Jahr verlängert werden.

1. Adressaten

Gemäß §§ 4 Abs. 2 SEBG, 6 Abs. 2 MgVG informieren die Leitungsorgane der an der **2** grenzüberschreitenden Umstrukturierung beteiligten Gesellschaften unaufgefordert und unverzüglich nach Offenlegung des Gründungsdokuments[1] die Arbeitnehmervertretungen und Sprecherausschüsse in den beteiligten Gesellschaften, betroffenen Tochtergesellschaften und betroffenen Betrieben über das Umstrukturierungsvorhaben. Für den Begriff der Arbeitnehmervertretung ist die Legaldefinition in §§ 2 Abs. 6 SEBG, 2 Abs. 6 MgVG maßgeblich. Für die betroffenen Tochtergesellschaften und betroffenen Betriebe gelten §§ 2 Abs. 4 SEBG, 2 Abs. 4 MgVG. Anderen als den in §§ 4 Abs. 2 S. 1 SEBG, 6 Abs. 2 S. 1 MgVG genannten Vertretungen der Arbeitnehmer steht kein aus dem SEBG bzw. dem MgVG abzuleitender Anspruch auf die dort aufgezählten Informationen zu.[2] Besteht keine Arbeitnehmervertretung, erfolgt die Information unmittelbar gegenüber den Arbeitnehmern. Die Informationspflichten der an der grenzüberschreitenden Umstrukturierung

---

[1] Verschmelzungsplan, Gründungsplan, Umwandlungsplan; bei der Gründung einer Tochter-SE ist die Offenlegung eines entsprechenden Gründungsdokuments beim Handelsregister nicht vorgesehen. Hier erfolgt die Information sinngemäß, sobald die Gründungsgesellschaften den Beschluss zur Gründung einer Tochter-SE gefasst haben.

[2] *Oetker*, in: Lutter/Hommelhoff, SE-Kommentar, § 4 SEBG Rdnr. 16; *Jacobs*, in: MünchKomm AktG, § 4 SEBG Rdnr. 13.

beteiligten Unternehmen gegenüber ausländischen Arbeitnehmervertretungen ergeben sich jeweils aus dem für das betroffene Land maßgeblichen Recht.³

3 Es besteht weitgehend Einigkeit darüber, dass die Information auch schon vor Offenlegung der Gründungsdokumente erfolgen kann.⁴ Dies kann sich anbieten, um im Einvernehmen mit den Akteuren auf Arbeitnehmerseite das Prozedere der Gründung zu beschleunigen.⁵ Die Zehn-Wochenfrist für die Bildung des besonderen Verhandlungsgremiums (§ 11 Abs. 1 Satz 1 SEBG) beginnt hierdurch aber nicht zu laufen, weil die vorgenannte Bestimmung für den Fristbeginn ausdrücklich auf die nach § 4 Abs. 2 und 3 SEBG zu gewährenden Informationen abstellt.⁶

2. Inhalt

4 Der Inhalt der Information wird durch §§ 4 Abs. 3 SEBG, 6 Abs. 3 MgVG geregelt. Danach erstreckt sich die Information insbesondere auf:
– Identität und Struktur der beteiligten Gesellschaften, betroffenen Tochtergesellschaften und betroffenen Betriebe und deren Verteilung auf die Mitgliedstaaten;
– die in diesen Gesellschaften und Betrieben bestehenden Arbeitnehmervertretungen;
– die Zahl der in diesen Betrieben jeweils beschäftigten Arbeitnehmer sowie die daraus zu errechnende Gesamtzahl der in einem Mitgliedstaat beschäftigten Arbeitnehmer;
– die Zahl der Mitarbeiter, denen Mitbestimmungsrechte in den Organen dieser Gesellschaften zustehen.

5 Darüber hinaus sind weitere Informationen zu erteilen, die für die von der Umstrukturierung betroffenen Arbeitnehmer mit Blick auf die Bildung des besonderen Verhandlungsgremiums und die daraus folgenden Verhandlungen bedeutsam sind.⁷ Für die Praxis empfiehlt es sich, über die in §§ 4 Abs. 3 SEBG, 6 Abs. 3 MgVG genannten Informationen hinaus kurz das Verfahren der beabsichtigten grenzüberschreitenden Umstrukturierung (Verschmelzung, Holdinggründung, Tochtergründung) bis zur Eintragung in das Handelsregister, insbesondere die Durchführung des Mitarbeiterbeteiligungsverfahrens, zu beschreiben. Darüber hinaus sollte knapp unter Zusammenfassung der gesetzlichen Regelungen der notwendige Inhalt der Mitarbeiterbeteiligungsvereinbarung sowie der Inhalt der gesetzlichen Auffanglösung dargelegt werden. Ferner empfiehlt es sich, die Rechtsfolgen der beabsichtigten grenzüberschreitenden Umstrukturierung für die Arbeitnehmer darzustellen. Das gilt insbesondere für die SE-Gründung durch grenzüberschreitende Verschmelzung, da der Verschmelzungsplan einer SE (Artikel 20 SE-VO) entsprechende Angaben im Gegensatz zum Gründungsplan einer Holding-SE (Artikel 32 Abs. 2 SE-VO), zum Umwandlungsplan bei einem Formwechsel in die SE (Artikel 37 Abs. 4 SE-VO) und zum Verschmelzungsplan nach § 122c UmwG (§ 122c Abs. 2 Ziff. 4 UmwG) nicht enthält. Das Gleiche gilt für die Gründung einer Tochter-SE, da dort ein Gründungsplan überhaupt nicht vorgesehen ist.

6 Soweit ausländische Arbeitnehmervertretungen zu informieren sind, müssen für den Inhalt der Informationen die nach dem Recht des betroffenen Landes jeweils maßgeblichen Bestimmungen beachtet werden. Da die ausländischen Informationsbestimmungen ebenso wie §§ 4 Abs. 3 SEBG, 6 Abs. 3 MgVG auf Artikel 3 Abs. 1 der SE-Beteiligungsrichtlinie

---

³ *Oetker*, in: Lutter/Hommelhoff, SE-Kommentar, § 4 SEBG Rdnr. 8; *Seibt/Reinhard*, Der Konzern 2005, 407, 417; *Köklü*, in: van Hulle/Maul/Drinhausen, Handbuch SE, § 6 Rdnr. 14.
⁴ *Oetker*, in: Lutter/Hommelhoff, SE-Kommenar, § 4 SEBG Rdnr. 11, 23; *Seibt/Reinhard*, Der Konzern 2005, 407, 417.
⁵ *Oetker*, in: Lutter/Hommelhoff, SE-Kommentar, § 4 SEBG Rdnr. 11.
⁶ *Oetker*, in: Lutter/Hommelhoff, SE-Kommentar, § 4 SEBG Rdnr. 11.
⁷ *Oetker*, in: Lutter/Hommelhoff, SE-Kommentar, § 4 SEBG Rdnr. 25; KK-AktG/*Feuerborn* § 4 SEBG Rdnr. 22; *Jacobs*, in: MünchKomm AktG, § 4 SEBG Rdnr. 14; *Henssler*, in: Ulmer/Habersack/Henssler, Mitbestimmungsrecht, Einleitung SEBG Rdnr. 158; *Kienast*, in: Jannott/Frodermann, Handbuch Europäische Aktiengesellschaft, Kapitel 13 Rdnr. 108; *Krause*, BB 2005, 1221, 1223; *Grobys*, NZA 2005, 84, 86; *Köklü*, in: van Hulle/Maul/Drinhausen, Handbuch SE, Kapitel 6 Rdnr. 15.

zurückgehen, ist davon auszugehen, dass die Informationsbestimmungen der Mitgliedstaaten im Kern deckungsgleich sind. Für die Praxis empfiehlt sich, für sämtliche beteiligten Länder ein einheitliches Informationsschreiben zu verfassen, dass den Anforderungen aller betroffenen EU/EWR-Mitgliedstaaten Rechnung trägt. Dadurch wird für alle Arbeitnehmer ein im Wesentlichen gleicher Informationsstand gewährleistet. Angesichts der Größe des Aufwands, der erforderlich ist, um sowohl sämtliche Adressaten als auch den erforderlichen Inhalt der Information zu ermitteln, empfiehlt es sich, mit diesen Ermittlungen frühzeitig zu beginnen.

3. Durchführung der Information

Die Information der Arbeitnehmer ist verbunden mit der an diese gerichteten Aufforderung, ein besonderes Verhandlungsgremium zu bilden (§§ 4 Abs. 1 S. 1 SEBG, 6 Abs. 1 S. 1 MgVG). Diese hat schriftlich zu erfolgen. Für die Information selbst schreibt das Gesetz keine besondere Form vor. In der Praxis hat es sich aber durchgesetzt, die Information der Arbeitnehmer und die Aufforderung zur Bildung des besonderen Verhandlungsgremiums in einem einheitlichen, schriftlichen Dokument zusammenzufassen.

Ist eine Vereinbarung über die Beteiligung der Arbeitnehmer im Gründungsstadium einer SE nicht zustandegekommen, so hat das Registergericht gemäß Artikel 12 Abs. 2 SE-VO zu prüfen, ob die sechsmonatige Verhandlungsfrist abgelaufen ist. Beginn der Verhandlungsfrist ist gemäß §§ 20 Abs. 1 S. 2 SEBG, 21 Abs. 1 S. 2 MgVG der Tag, zu dem die Leitung zur konstituierenden Sitzung des besonderen Verhandlungsgremiums eingeladen hat. Gemäß §§ 12 Abs. 1 SEBG, 14 Abs. 1 MgVG kann die Ladung erst erfolgen, wenn die zehnwöchige Frist für die Bildung des besonderen Verhandlungsgremiums abgelaufen ist. Die Zehn-Wochen-Frist wiederum wird gemäß §§ 11 Abs. 1 S. 1 SEBG, 13 Abs. 1 S. 1 MgVG durch die Information der Arbeitnehmer in Gang gesetzt. Daraus folgt, dass das Registergericht im Rahmen der Prüfung nach Artikel 12 Abs. 2 SE-VO Nachweise über die Information der Arbeitnehmer verlangen kann. Schon aus diesem Grunde ist eine schriftliche Dokumentation dringend zu empfehlen.[8] Zu einer ordnungsgemäßen Dokumentation gehört auch der Nachweis, dass den vom Gesetz genannten Adressaten die Information (Rdnr. 4 ff.) zugegangen ist. Erfolgt die Information gegenüber einer Arbeitnehmervertretung oder einem Sprecherausschuss, empfiehlt es sich, sich den Empfang des Arbeitnehmerinformationsschreibens quittieren zu lassen. Werden die Arbeitnehmer mangels Vorhandenseins einer Arbeitnehmervertretung direkt informiert, so reicht es aus, das Arbeitnehmerinformationsschreiben im Betrieb auszulegen und über entsprechende Aushänge an den üblichen Stellen darauf hinzuweisen. Ein Einzelzuleitungsnachweis kann in diesem Falle nicht verlangt werden.[9] Bei der Information von Arbeitnehmern ausländischer Gesellschaften und Betriebe sind die in dem jeweiligen EU/EWR-Mitgliedstaat geltenden Gepflogenheiten zu beachten.

Bei einer unmittelbaren Unterrichtung der Arbeitnehmer muss für diese die zumutbare Möglichkeit der Kenntnisnahme bestehen. Insbesondere bei der Wahl der Sprache ist darauf zu achten, dass diese für die Adressaten verständlich ist. Regelmäßig wird dies dazu führen, die Mitarbeiter in der Sprache ihres Mitgliedstaates zu unterrichten.[10]

4. Weitere Informationen

Bei einer grenzüberschreitenden Verschmelzung nach den §§ 122a ff. UmwG haben die Vertretungsorgane der Gesellschaften – zusätzlich zu der Information nach § 6 MgVG –

---

[8] *Oetker*, in: Lutter/Hommelhoff, SE-Kommentar, § 4 SEBG Rdnr. 24; *Kienast*, in: Jannott/Frodermann, Handbuch Europäische Aktiengesellschaft, Kapitel 13 Rdnr. 105.
[9] *Jacobs*, in: MünchKomm AktG, § 4 SEBG Rdnr. 17; *Kienast*, in: Jannott/Frodermann, Handbuch Europäische Aktiengesellschaft, Kapitel 13 Rdnr. 105 (in Fn. 88); vgl. auch Gegenäußerung der Bundesregierung zur Stellungnahme des Bundesrates zum Regierungsentwurf des SEEG (BT-Drucks. 15/3656), zu § 4 SEBG.
[10] *Grobys*, NZA 2005, 84, 86; *Oetker*, in: Lutter/Hommelhoff, SE-Kommentar, § 4 SEBG Rdnr. 24.

gemäß §§ 122c, 122e UmwG dem Betriebsrat bzw. den von der Verschmelzung betroffenen Arbeitnehmern den Verschmelzungsbericht zugänglich zu machen. Anders als bei der Verschmelzung nach nationalem Recht hat der Verschmelzungsbericht bei der grenzüberschreitenden Verschmelzung arbeitsrechtliche Angaben zu enthalten.[11] Ein Verzicht auf die Erstattung eines Verschmelzungsberichts ist nicht möglich (§ 122e Satz 3 UmwG). Verzichtbar sind allerdings die Verschmelzungsprüfung und der Verschmelzungsprüfungsbericht (§ 122f, 9 Abs. 3, 12 Abs. 3 UmwG).[12]

11 Nicht eindeutig geklärt ist, ob darüber hinaus eine Zuleitung des Verschmelzungsplans an den Betriebsrat gemäß § 5 Abs. 3 UmwG erforderlich ist. Artikel 7 Abs. 2 der Verschmelzungsrichtlinie bestimmt eine Zuleitungspflicht nur für den Verschmelzungsbericht. Entsprechend hat der Gesetzgeber in § 122e UmwG auch nur eine Zuleitungspflicht für den Verschmelzungsbericht statuiert. Eine darüber hinausgehende Zuleitungspflicht auch für den Verschmelzungsplan ergibt sich nicht aus der Generalverweisung in § 122a Abs. 2 UmwG. Vielmehr wird § 5 Abs. 3 UmwG durch §§ 122c Abs. 2, 122e UmwG verdrängt.[13] In der Praxis werden gleichwohl häufig beide Dokumente zugeleitet, um bestehenden Rechtsunsicherheiten aus dem Weg zu gehen.[14]

12 Bei der Gründung einer SE ist die Zuleitung des Verschmelzungs- bzw. Umwandlungsplanes an die zuständigen Betriebsräte dagegen erforderlich. Die §§ 5 Abs. 3, 194 Abs. 2 UmwG werden insbesondere nicht durch § 4 SEBG verdrängt. Die Anwendbarkeit von § 5 Abs. 3 UmwG bei der SE-Gründung durch Verschmelzung ergibt sich aus der Verweisungsnorm in Artikel 18 SE-VO; bei der SE-Gründung im Wege des Formwechsels verweist Artikel 15 Abs. 1 SE-VO auf § 194 Abs. 2 UmwG. Bei der Gründung einer Holding- oder Tochter-SE ist eine Zuleitung an den Betriebsrat mangels einschlägiger Verweisungsnorm dagegen nicht erforderlich.

II. Bildung des besonderen Verhandlungsgremiums

1. Sitzverteilung

13 Die Verteilung der Sitze im besonderen Verhandlungsgremium auf die einzelnen Mitgliedstaaten, in denen die an der grenzüberschreitenden Umstrukturierung beteiligten Gesellschaften, betroffenen Tochtergesellschaften und betroffenen Betriebe Arbeitnehmer beschäftigen, ist für einen aus einer grenzüberschreitenden Umstrukturierung hervorgehenden Rechtsträger, der seinen Sitz in Deutschland hat, in §§ 5 Abs. 1 SEBG, 7 Abs. 1 MgVG geregelt. Die Sitzverteilung unterliegt folgender Grundregel:[15]

14 – Jeder Mitgliedstaat (einschließlich der EWR-Staaten), in denen die beteiligten Gesellschaften, betroffenen Tochtergesellschaften und betroffenen Betriebe Arbeitnehmer beschäftigen, erhält mindestens einen Sitz;

15 – die Anzahl der einem Mitgliedstaat zugewiesenen Sitze erhöht sich jeweils um einen weiteren Sitz, soweit die Anzahl der in diesem Mitgliedstaat beschäftigten Arbeitnehmer jeweils die Schwelle von 10%, 20%, 30% usw. aller europäischen Arbeitnehmer der betroffenen Gesellschaften, betroffenen Tochtergesellschaften und betroffenen Betriebe übersteigt.

16 Daraus folgt, dass das besondere Verhandlungsgremium mindestens 10 Mitglieder haben muss. Problematisch ist dies bei der Gründung von Vorrats-SE's durch arbeitnehmerlose Gesellschaften (vgl. § 57 Rdnr. 70 ff.).

---

[11] *Simon/Hinrichs*, NZA 2008, 391, 395; *Vetter*, AG 2006, 613, 620; *Bayer/Schmidt*, NJW 2006, 401, 403.

[12] Zum Verfahren *Drinnhausen/Keinath*, RIW 2006, 81; *Vetter*, AG 2006, 613; *Kiem*, WM 2006, 1091.

[13] *Simon/Hinrichs*, NZA 2008, 391, 392; *Simon/Rubner*, Der Konzern 2006, 835, 837; *Vetter*, AG 2006, 613, 620; *Kiem*, WM 2006, 1091, 1096; a.A. *Müller*, ZIP 2007, 1081, 1083; *Drinnhausen/Keinath*, BB 2006, 725, 727; *Krause/Kulpa*, ZHR 171 (2007), 38, 60 f.

[14] *Simon/Hinrichs*, NZA 2008, 391, in FN 12.

[15] Vgl. auch *Ziegler/Gey*, BB 2009, 1750, 1751 ff.

Die Sitzverteilung lässt sich anhand des nachfolgenden Berechnungsbeispiels illustrieren:

Mitgliedstaat	ArbN-Zahl	Proz.-Anteil	Anzahl der Sitze im BVG
GB	10 000	24,3%	3
F	9 000	22,0%	3
I	7 500	18,3%	2
NL	6 000	14,6%	2
A	4 500	11,0%	2
D	4 000	9,8%	1
Σ	41 000	100%	13

Für die Verschmelzung gilt eine Sonderregelung. Verliert eine Gesellschaft infolge der Verschmelzung ihre Rechtspersönlichkeit, muss diese mit mindestens einem Sitz im besonderen Verhandlungsgremium vertreten sein (§§ 5 Abs. 2 SEBG, 7 Abs. 2 MgVG). Ist das nicht gewährleistet, muss ein zusätzliches Mitglied in das besondere Verhandlungsgremium entsandt werden. Die Anzahl der derart zusätzlich zu entsendenden Mitglieder ist allerdings gemäß §§ 5 Abs. 3 SEBG, 7 Abs. 3 MgVG begrenzt.[16]

17

Verändern sich die Arbeitnehmerzahlen in den einzelnen Mitgliedstaaten derart, dass sich rechnerisch Veränderungen der Sitzverteilung auf die einzelnen Mitgliedstaaten ergäben, ist das besondere Verhandlungsgremium gemäß §§ 5 Abs. 4 SEBG, 7 Abs. 4 MgVG neu zusammenzusetzen.

18

2. Bestellung der Mitglieder

Die Wahl bzw. Bestellung der Mitglieder des besonderen Verhandlungsgremiums richtet sich gemäß §§ 7 Abs. 1 SEBG, 8 Abs. 1 MgVG nach den jeweiligen nationalen Bestimmungen der Mitgliedstaaten.

19

Für die deutschen Mitglieder des besonderen Verhandlungsgremiums regeln §§ 7 Abs. 2 bis 5 SEBG, 9 Abs. 2 bis 5 MgVG die Verteilung der Sitze, die §§ 6, 8 ff. SEBG, 8, 10 ff. MgVG die persönlichen Voraussetzungen und die Wahl der deutschen Mitglieder des besonderen Verhandlungsgremiums. Als Wahlgremium ist danach der Konzern-, Gesamt- oder einfache Betriebsrat vorgesehen. Zur Urwahl durch die Arbeitnehmer kommt es nur, wenn überhaupt keine Arbeitnehmervertretung in den Gründungsgesellschaften existiert.

20

Gemäß §§ 8 Abs. 1 SEBG, 10 Abs. 1 MgVG ist jedes dritte Mitglied des besonderen Verhandlungsgremiums auf Vorschlag einer Gewerkschaft zu bestellen. Die Gruppe der leitenden Angestellten hat grundsätzlich keinen Anspruch, in dem besonderen Verhandlungsgremium vertreten zu sein. Nur in den eher seltenen Fällen, in denen das besondere Verhandlungsgremium mehr als sechs inländische Mitglieder hat, muss gemäß §§ 6 Abs. 4 SEBG, 8 Abs. 4 SEBG mindestens jedes siebte Mitglied ein leitender Angestellter sein.

21

3. Konstitution des besonderen Verhandlungsgremiums

Nach Benennung aller Mitglieder des besonderen Verhandlungsgremiums, spätestens aber nach Ablauf der Zehn-Wochen-Frist, laden die Vertretungsorgane der an der grenzüberschreitenden Umstrukturierung beteiligten Gesellschaften zur konstituierenden Sitzung des besonderen Verhandlungsgremiums ein (§§ 12 Abs. 1 SEBG, 14 Abs. 1 MgVG). Gemäß §§ 11 Abs. 1 SEBG, 13 Abs. 1 MgVG hat das besondere Verhandlungsgremium den Vertretungsorganen der an der grenzüberschreitenden Umstrukturierung beteiligten Rechtsträger rechtzeitig die Namen der Mitglieder des besonderen Verhandlungsgremiums, ihre Anschriften sowie ihre jeweilige Betriebszugehörigkeit mitzuteilen. Mit dem in der Ladung

22

---

[16] Berechnungsbeispiel bei *Oetker*, in: Lutter/Hommelhoff, SE-Kommentar, § 5 SEBG Rdnr. 12 ff.

festgelegten Datum der konstituierenden Sitzung beginnt die sechsmonatige Frist für die Verhandlungen (§§ 20 Abs. 1 SEBG, 21 Abs. 1 MgVG).

23 Diese können nach Ablauf der Zehn-Wochen-Frist grundsätzlich auch dann aufgenommen werden, wenn das Verhandlungsgremium noch nicht vollständig zusammengesetzt ist (§§ 11 Abs. 2 S. 1 SEBG, 13 Abs. 2 S. 1 MgVG). Eine Ausnahme gilt nur dann, wenn die Fristüberschreitung von der Arbeitnehmerseite nicht zu vertreten ist. Dann ist die konstituierende Sitzung zu verschieben.[17] Ist das besondere Verhandlungsgremium nicht vollständig zusammengesetzt, so können weitere Mitglieder später hinzugewählt werden. Die Zehn-Wochen-Frist steht dem nicht entgegen. Die zugewählten oder neu bestellten Mitglieder können sich jederzeit an dem Verhandlungsverfahren beteiligen. Sie müssen aber den Stand der Gespräche im Zeitpunkt ihres Eintritts akzeptieren (§§ 11 Abs. 2 S. 2, 15 Abs. 1 S. 2 SEBG, 13 Abs. 2 S. 2, 17 Abs. 1 S. 2 MgVG). Solange aus einem Mitgliedstaat keine Mitglieder in das besondere Verhandlungsgremium gewählt oder bestellt sind, gelten die betroffenen Arbeitnehmer als nicht vertreten (§ 15 Abs. 1 Satz 2 SEBG).

III. Durchführung der Verhandlungen

1. Dauer der Verhandlungen

24 Gemäß §§ 20 Abs. 1 SEBG, 21 Abs. 1 MgVG beginnen die Verhandlungen mit dem Zeitpunkt, zu dem die Vertretungsorgane der an der grenzüberschreitenden Umstrukturierung beteiligten Gesellschaften zu der konstituierenden Sitzung des besonderen Verhandlungsgremiums geladen haben. Dabei bleibt es auch, wenn die konstituierende Sitzung – aus welchen Gründen auch immer – an einem anderen Tag stattfindet.[18]

25 Gemäß §§ 20 SEBG, 21 MgVG können die Verhandlungen bis zu sechs Monate dauern. Für den Ablauf der Frist gelten die §§ 187, 188 BGB. Gemäß §§ 20 Abs. 2 SEBG, 21 Abs. 2 MgVG können die Parteien einvernehmlich beschließen, die Verhandlungen über den Sechs-Monatszeitraum hinaus bis zu insgesamt einem Jahr fortzusetzen.

2. Häufigkeit und Organisation der Sitzungen

26 Gemäß §§ 12 Abs. 1 S. 2 SEBG, 14 Abs. 1 S. 2 MgVG wählt das besondere Verhandlungsgremium aus seiner Mitte einen Vorsitzenden und mindestens zwei Stellvertreter. Der Erlass einer Geschäftsordnung ist gemäß §§ 12 Abs. 1 S. 3 SEBG, 14 Abs. 1 S. 3 MgVG freigestellt.

27 Gemäß §§ 13 Abs. 1 S. 2 SEBG, 15 Abs. 1 S. 2 MgVG sind das besondere Verhandlungsgremium und die Leitungen zur vertrauensvollen Zusammenarbeit verpflichtet. Während der Verhandlungen kann das besondere Verhandlungsgremium von den Leitungen der beteiligten Gesellschaften alle erforderlichen Auskünfte und Einblicke in die erforderlichen Unterlagen verlangen, insbesondere solche, die das Gründungsvorhaben und den Verlauf des Verfahrens betreffen (§§ 13 Abs. 2 SEBG, 15 Abs. 2 MgVG).

28 Häufigkeit und Ort der Verhandlungen werden zwischen den Leitungen und dem besonderen Verhandlungsgremium einvernehmlich festgelegt (§§ 13 Abs. 2 S. 3 SEBG, 15 Abs. 2 S. 3 MgVG). Gemäß §§ 12 Abs. 2 SEBG, 14 Abs. 2 MgVG kann der Vorsitzende des besonderen Verhandlungsgremiums weitere Sitzungen einberufen. Diese dienen insbesondere der Vorbereitung auf die Verhandlungen mit den Leitungen sowie der internen Abstimmung innerhalb des besonderen Verhandlungsgremiums.[19] Dabei ist das besondere Verhandlungsgremium allerdings verpflichtet, sich auf das unbedingt erforderliche Maß zu

---

[17] *Freis*, in Nagel/Freis/Kleinsorge, § 11 SEBG Rdnr. 8; *Jacobs*, in: MünchKomm AktG, § 11 SEBG Rdnr. 4; KK-AktG/*Feuerborn* § 11 SEBG Rdnr. 6; *Kienast*, in: Jannott/Frodermann, Handbuch Europäische Aktiengesellschaft, Kapitel 13 Rdnr. 151; *Wisskirchen/Prinz*, DB 2004, 2639.

[18] Reg. Begr. zu § 20 SEBG, BT-Drucks. 15/3405 S. 51; *Freis*, in Nagel/Freis/Kleinsorge, § 20 SEBG Rdnr. 2; *Jacobs*, in: MünchKomm AktG, § 20 SEBG Rdnr. 2; *Oetker*, in: Lutter/Hommelhoff, SE-Kommentar, § 20 SEBG Rdnr. 6.

[19] Reg. Begr. zu § 12 SEBG, BT-Drucks. 15/3405, S. 48 ff.

beschränken, da die Kostentragungspflicht der Leitungen bzw. der SE gemäß §§ 19 SEBG, 20 MgVG[20] auf die erforderlichen Kosten beschränkt ist.

Gemäß §§ 14 Abs. 1 S. 1 SEBG, 16 Abs. 1 S. 1 MgVG hat das besondere Verhandlungsgremium die Möglichkeit, sich bei den Verhandlungen durch Sachverständige seiner Wahl unterstützen zu lassen. Sachverständige können auch Vertreter einschlägiger Gewerkschaftsorganisationen sein. Die Sachverständigen können gemäß §§ 14 Abs. 1 S. 2 SEBG, 16 Abs. 1 S. 2 MgVG auf Beschluss des besonderen Verhandlungsgremiums auch an den Verhandlungen in beratender Funktion teilnehmen. Die Kosten der Sachverständigen tragen die die grenzüberschreitende Umstrukturierung betreibenden Unternehmen im erforderlichen Umfang (§§ 19 SEBG, 20 MgVG). 29

3. Entscheidungsfindung

Die Beschlussfassung erfolgt gemäß §§ 15 Abs. 2 SEBG, 17 Abs. 2 MgVG mit der absoluten Mehrheit der Mitglieder, sofern diese auch die absolute Mehrheit der im besonderen Verhandlungsgremium repräsentierten Arbeitnehmer vertritt.[21] 30

Für die absolute Mehrheit kommt es nicht auf die Zahl der Mitglieder an, die dem besonderen Verhandlungsgremium nach §§ 5 SEBG, 7 MgVG angehören müssen, sondern auf die Zahl derjenigen Mitglieder, aus denen das Gremium im Zeitpunkt der Beschlussfassung tatsächlich besteht.[22] Mitglieder, die erst nach Ablauf der für die Bildung des konstituierenden Verhandlungsgremiums maßgeblichen Zehn-Wochen-Frist hinzugewählt werden, entfallen also bei der Berechnung. Haben in dem obigen Beispiel (Rdnr. 16) die italienischen und die niederländischen Arbeitnehmer noch keine Vertreter in das besondere Verhandlungsgremium entsandt, so hat dieses neun Mitglieder, die insgesamt 27 500 Arbeitnehmer repräsentieren. Die französischen und die österreichischen Arbeitnehmer hätten in diesem Falle zwar die absolute Mehrheit der Stimmen im besonderen Verhandlungsgremium (fünf von neun Sitzen), könnten aber gleichwohl allein keine Mehrheitsbeschlüsse fassen, da sie nicht die Mehrheit der im besonderen Verhandlungsgremium repräsentierten Arbeitnehmer vertreten (13 500 von 27 500 Arbeitnehmern). 31

Abweichend von §§ 15 Abs. 2 SEBG, 17 Abs. 2 MgVG gilt ein qualifiziertes Mehrheitserfordernis, wenn die ausgehandelte Vereinbarung zu einer Minderung von Mitbestimmungsrechten führen würde. In diesem Fall ist für die Beschlussfassung eine Mehrheit von zwei Dritteln der bestellten Mitglieder des besonderen Verhandlungsgremiums erforderlich, die mindestens zwei Drittel der vertretenen Arbeitnehmer in mindestens zwei Mitgliedstaaten repräsentieren müssen. 32

Bei einem Formwechsel in die SE ist eine Minderung von Mitbestimmungsrechten unzulässig (§ 15 Abs. 5 SEBG) (vgl. dazu § 57 Rdnr. 11 f.). 33

IV. Verzicht auf Verhandlungen

Dem Regelungskonzept von SEBG und MgVG entspricht eine beiderseitige Verhandlungspflicht.[23] Bei einer grenzüberschreitenden Verschmelzung nach den §§ 122 a ff. UmwG können die Leitungen aber auch einseitig auf die Durchführung von Verhandlungen verzichten und sofort für die Anwendbarkeit der gesetzlichen Auffanglösung optieren. Bei der Gründung einer SE besteht diese Möglichkeit nicht. Das besondere Verhandlungsgremium hat seinerseits sowohl im Falle der SE-Gründung als auch bei einer grenzüberschreitenden 34

---

[20] *Köklü*, in: van Hulle/Maul/Drinhausen, Handbuch SE, § 6 Rdnr. 44.
[21] *Freis*, in Nagel/Freis/Kleinsorge, § 15 SEBG Rdnr. 5; *Jacobs*, KK-AktG/*Feuerborn* § 15 SEBG Rdnr. 6 in: MünchKomm AktG, § 15 SEBG Rdnr. 3; *Oetker*, in: Lutter/Hommelhoff, SE-Kommentar, § 15 SEBG Rdnr. 11 ff; a. A. Reg. Begr. zu § 15 SEBG, BT-Drucks. 15/3405, S. 49, die augenscheinlich von der Mehrheit der abgegebenen Stimmen ausgeht.
[22] *Oetker*, in: Lutter/Hommelhoff, SE-Kommentar, § 15 SEBG Rdnr. 12.
[23] *Kienast*, in: Jannott/Frodermann, Handbuch Europäische Aktiengesellschaft, Kapitel 13 Rdnr. 310; *Henssler*, in Ulmer/Habersack/Henssler, Einleitung SEBG, Rdnr. 181.

Verschmelzung nach dem UmwG das Recht, die Nichtaufnahme oder den Abbruch von Verhandlungen zu beschließen.

1. Einseitiger Verzicht der Leitungsorgane

35 Die den Leitungen der beteiligten Unternehmen einer grenzüberschreitenden Verschmelzung nach den §§ 122a ff. UmwG eingeräumte Möglichkeit, einseitig auf die Durchführung von Verhandlungen zu verzichten und sofort die gesetzliche Auffanglösung zu wählen (§ 23 Abs. 1 S. 1 Nr. 3 MgVG), führt zu einer erheblichen Erleichterung gegenüber der SE-Gründung, da sich auf diese Weise Kosten senken lassen und die Transaktionsdauer wesentlich vermindern lässt.[24]

36 **a) Voraussetzungen.** Entgegen dem Wortlaut von § 23 Abs. 1 Satz 2 MgVG besteht das Recht der sich verschmelzenden Gesellschaften, auf die Durchführung von Verhandlungen über die Arbeitnehmerbeteiligung zu verzichten, auch dann, wenn die Maßgeblichkeitsschwelle von einem Drittel der betroffenen Konzernarbeitnehmer nicht erreicht ist. Die mit dem Gesetzeswortlaut verbundene Einschränkung des Rechts zum Verzicht auf Verhandlungen durch den deutschen Gesetzgeber ist nicht richtlinienkonform. Der europäische Normgeber hat das Recht zum Verzicht auf Verhandlungen in Artikel 16 Abs. 4 lit. a) der Richtlinie über grenzüberschreitende Verschmelzungen ausdrücklich geregelt und nicht von der Erreichung eines Quorums abhängig gemacht. Das Quorum zielt auf den Fall, dass die Verhandlungen über die Mitbestimmung in der SE scheitern und die Gründungsgesellschaften dann zwangsweise – eben „kraft Gesetzes" – die Auffanglösung akzeptieren müssen. Das Quorum trägt dem Gedanken Rechnung, dass ein Zwangseingriff des Gesetzgebers in die Satzungsautonomie durch das Interesse der Arbeitnehmer an einem Schutz erworbener Rechte nur gerechtfertigt ist, wenn ein nicht ganz unerheblicher Anteil der Arbeitnehmer im Genuss solcher Rechte stand. Verzichten die Unternehmensorgane bei der grenzüberschreitenden Verschmelzung auf Verhandlungen über die Mitbestimmung, bedeutet das, dass sie sich freiwillig für die Auffanglösung entscheiden. Eine Notwendigkeit, die Anwendbarkeit dieser Normen gleichwohl an ein Quorum zu binden, besteht nicht. Artikel 16 Abs. 4 lit. a) der Richtlinie stellt die Entscheidung für die Auffanglösung allein in das Belieben der Unternehmensorgane.[25]

37 **b) Entbehrlichkeit des besonderen Verhandlungsgremiums.** Der Verhandlungsverzicht bedeutet nicht nur Verzicht auf die sechsmonatigen (§ 21 Abs. 1 MgVG) Verhandlungen; auch die zeit- und kostspielige Bildung des besonderen Verhandlungsgremiums erübrigt sich. Wo es nichts zu verhandeln gibt, ergibt die Bildung eines besonderen Verhandlungsgremiums der Arbeitnehmer keinen Sinn.[26]

38 § 25 MgVG, wonach das besondere Verhandlungsgremium auch für die Verteilung der Sitze im Aufsichtsrat und die Ernennung ausländischer Aufsichtsratsmitglieder zuständig ist, steht nicht entgegen.[27] § 25 MgVG ist in dem Fall, in dem die Leitungen auf Durchführung von Verhandlungen verzichtet haben, im Interesse einer europarechtskonformen Auslegung teleologisch zu reduzieren.[28] Ein besonderes Verhandlungsgremium allein für die Verteilung der Sitze im Aufsichtsrat und die Ernennung ausländischer Aufsichtsratsmitglieder zu bilden, stünde in Widerspruch zu dem von der Verschmelzungsrichtlinie angestrebten Ziel der Verfahrensvereinfachung. Der europäische Normgeber wollte den Unternehmen mit der sofor-

---

[24] *Teichmann*, Der Konzern 2007, 89, 92; *Drinhausen/Keinart*, RIW 2006, 81, 85; zu Einzelheiten *Brandes*, ZIP 2008, 2193, 2197.
[25] *Brandes*, ZIP 2008, 2193, 2197, *Schubert*, RdA 2007, 9, 14.
[26] *Brandes*, ZIP 2008, 2193, 2197.
[27] A. A. *Schubert*, RdA 2007, 9, 14; *dies*, ZIP 2009, 791
[28] *Schubert*, ZIP 2009, 791, 792 stellt fest, dass der Gesetzgeber die Auffangregelung nicht an die durch § 23 Abs. 1 Nr. 3 MgVG geschaffene Verfahrensvereinfachung angepasst hat, hält aber einen weiteren Eingriff des Gesetzgebers für erforderlich, um die Bildung eines besonderen Verhandlungsgremiums trotz Verhandlungsverzichtes der Leitungen obsolet zu machen.

tigen Wahl der Auffanglösung die Möglichkeit verschaffen, Zeit und Kosten zu sparen. Dieses Ziel würde vereitelt, wenn die zeit- und kostenintensive Bildung des besonderen Verhandlungsgremiums erforderlich wäre, obwohl überhaupt nicht verhandelt wird.[29]

Eine gesetzliche Anordnung, auch bei Verzicht auf Verhandlung ein besonderes Verhandlungsgremium zu bilden, hat keine Grundlage in der SE-Beteiligungsrichtlinie. § 25 Abs. 2 MgVG beruht allein auf einer Initiative des deutschen Gesetzgebers. Nach Unterabsatz 3 von Teil III des Anhangs der SE-Beteiligungsrichtlinie, auf die in Artikel 16 Abs. 3 lit. a der Verschmelzungsrichtlinie verwiesen wird, entscheidet über die Verteilung der Sitze im Verwaltungs- und Aufsichtsorgan der SE „das Vertretungsorgan". Damit ist nach der SE-Beteiligungsrichtlinie aber nicht das besondere Verhandlungsgremium, sondern der SE-Betriebsrat gemeint (Artikel 2 lit. f der SE-Beteiligungsrichtlinie). In der Parallelnorm des SEBG, die die Sitzverteilung im Aufsichtsrat regelt (§ 36 SEBG), obliegt die Sitzverteilung demgemäß dem SE-Betriebsrat. Diese Regelung konnte für das MgVG nicht übernommen werden. Bei der grenzüberschreitenden Verschmelzung klammert die Auffanglösung – anders als bei der SE – die betriebliche Mitbestimmung aus. Der Gesetzgeber konnte auch nicht ohne weiteres davon ausgehen, dass in dem aufnehmenden Rechtsträger ein – dem SE-Betriebsrat funktional vergleichbarer – europäischer Betriebsrat existiert. Er hat daher die Zuständigkeit für die Sitzverteilung dem besonderen Verhandlungsgremium zugewiesen. Diese Lösung mag pragmatisch sein, wenn das besondere Verhandlungsgremium ohnehin gebildet wurde. Verzichten die Leitungen auf die Durchführung von Verhandlungen und erübrigt sich damit die Bildung des Gremiums, ist anders zu verfahren. Ist der aus einer grenzüberschreitenden Verschmelzung hervorgehende Rechtsträger mit Sitz in Deutschland mitbestimmt, so haben die Leitungen unverzüglich ein Statusverfahren nach den §§ 97 ff. AktG einzuleiten. Das gilt auch, wenn der aufnehmende Rechtsträger eine GmbH ist (§ 24 Abs. 2 MgVG). Denn der Aufsichtsrat setzt sich dann nicht mehr nach den zuvor maßgeblichen Vorschriften des DrittelbG oder des MitbestG, sondern nach den §§ 24 ff. MgVG zusammen. In der Bekanntmachung nach § 97 Abs. 1 AktG haben die Leitungen gemäß § 97 Abs. 1 S. 2 AktG die ihrer Ansicht nach „maßgebenden gesetzlichen Vorschriften anzugeben". Das schließt die Bekanntgabe ein, welcher Anteil der Aufsichtsratssitze von den Arbeitnehmern zu besetzen ist und wie sich diese Sitze auf die Mitgliedstaaten aufteilen. Die Angaben müssen so vollständig sein, dass auf ihrer Grundlage der Aufsichtsrat bestellt werden kann. Sie müssen gewährleisten, dass der Aufsichtsrat auf ihrer Grundlage zusammengesetzt wird, wenn nicht die Anrufung des Gerichts gemäß §§ 98 ff. AktG erfolgt. Damit steht ein auch aus Sicht der Arbeitnehmer hinreichend sicheres Verfahren zur Bestimmung der Sitzverteilung auf die einzelnen Länder zur Verfügung. Einer Bildung eines besonderen Verhandlungsgremiums extra zu diesem Zwecke bedarf es nicht.[30]

2. Einseitiger Verzicht des besonderen Verhandlungsgremiums

Gemäß §§ 16 Abs. 1 SEBG, 18 MgVG kann das besondere Verhandlungsgremium auch beschließen, keine Verhandlungen aufzunehmen oder bereits aufgenommene Verhandlungen abzubrechen. Unzulässig ist dies nur bei einem Formwechsel in die SE (§ 16 Abs. 3 SEBG).

Die Rechtsfolgen sind, je nachdem, ob die Gründung einer SE oder die Durchführung einer grenzüberschreitenden Verschmelzung nach den §§ 122a ff. UmwG beabsichtigt ist, unterschiedlich. Bei der SE führt der Beschluss dazu, dass weder ein mitbestimmter Aufsichtsrat noch ein SE Betriebsrat gebildet wird. Ein eventuell bestehender europäischer Betriebsrat bleibt bestehen (§§ 16 Abs. 2, 47 Abs. 1 lit. 2 SEBG). Auf Antrag von mindestens 10% der Arbeitnehmer der SE, ihrer Tochtergesellschaften und Betriebe bzw. von deren Vertretern können die Verhandlungen über die Arbeitnehmerbeteiligung gemäß § 18 Abs. 1 SEBG frühestens zwei Jahre nach dem Abbruch oder Verzichtsbeschluss des be-

---

[29] *Brandes*, ZIP 2008, 2193, 2197.
[30] *Brandes*, ZIP 2008, 2193, 2198.

sondern Verhandlungsgremiums wieder aufgenommen werden. Gemäß § 18 Abs. 1 S. 2 SEBG kann eine frühere Wiederaufnahme der Verhandlungen mit den an der Gründung beteiligten Gesellschaften vereinbart werden.

42 Führen die wiederaufgenommen Verhandlungen zu keinem Ergebnis, findet die gesetzliche Auffanglösung gemäß § 18 Abs. 2 SEBG allerdings keine Anwendung. Die wiederaufgenommenen Verhandlungen werden gemäß § 18 Abs. 4 SEBG zwischen dem besonderen Verhandlungsgremium und dem Leitungsorgan der SE geführt.

43 Bei einer grenzüberschreitenden Verschmelzung nach den Vorschriften der §§ 122a ff. UmwG führt die Nichtaufnahme oder der Abbruch der Verhandlungen gemäß § 18 S. 2 MgVG zur Anwendbarkeit der nationalen Mitbestimmungsvorschriften. Bei einer aus einer grenzüberschreitenden Verschmelzung mit Sitz in Deutschland hervorgehenden Gesellschaft gelten im Zweifel also die Vorschriften des DrittelbG bzw. des MitbestG.

44 Haben allerdings bereits zuvor die Leitungsorgane der die grenzüberschreitende Verschmelzung betreibenden Gesellschaften gemäß § 23 Abs. 1 S. 1 Nr. 3 MgVG auf die Durchführung von Verhandlungen verzichtet und stattdessen die gesetzliche Auffanglösung gewählt, so ist für einen Verhandlungsverzicht seitens des besonderen Verhandlungsgremiums gemäß § 18 MgVG kein Raum mehr. Das Recht der Unternehmensleitung, unter Verzicht auf Verhandlungen für die Auffanglösung zu votieren, geht dem Recht der Arbeitnehmerschaft, ihrerseits durch einen solchen Verzicht das nationale Mitbestimmungsrecht zur Anwendung zu bringen, vor.[31] Das folgt aus der systematischen Stellung der beiden Verzichtsmöglichkeiten in § 16 Abs. 4 lit. a und lit. b der Verschmelzungsrichtlinie.

45 Sowohl bei der SE-Gründung als auch bei der grenzüberschreitenden Verschmelzung setzt die Nichtaufnahme von Verhandlungen bzw. ihr Abbruch einen Beschluss des besonderen Verhandlungsgremiums mit einer Mehrheit von zwei Dritteln der Mitglieder voraus, die mindestens zwei Drittel der Arbeitnehmer in mindestens zwei Mitgliedstaaten vertreten (§ 16 Abs. 1 S. 2 SEBG, 18 S. 1 MgVG).

V. Wahl der Mitglieder des mitbestimmten Aufsichtsrats

1. Sitzverteilung im Aufsichtsrat und Bestellung der Arbeitnehmervertreter

46 §§ 36 Abs. 1 SEBG, 25 Abs. 1 MgVG verteilen im Interesse einer angemessenen und diskriminierungsfreien Repräsentanz aller Arbeitnehmer die Sitze der Arbeitnehmervertreter im Aufsichts- oder Verwaltungsorgan auf die von der Gründung betroffenen Mitgliedstaaten. Der grenzüberschreitende Charakter soll sich in dem Aufsichts- oder Verwaltungsorgan widerspiegeln.[32] Die Gesamtzahl der auf die Arbeitnehmerbank entfallenden Sitze ist aus der durch die Satzung festgelegten (§ 57 Rdnr. 45) Gesamtgröße des Organs einerseits und den durch §§ 35 Abs. 2 Satz 2 SEBG, 24 Abs. 1 Satz 2 MgVG bestimmten prozentualen Anteil der Arbeitnehmervertreter andererseits zu ermitteln. Steht der gesetzlich vorgeschriebene Anteil an Arbeitnehmervertretern im Widerspruch zu der durch die Satzung festgelegten Größe des Organs, so ist die Satzung gemäß Artikel 12 Abs. 4 SE-VO, § 24 Abs. 3 MgVG anzupassen. Das ist beispielsweise dann der Fall, wenn die Satzung eine ungerade Zahl von Aufsichtsrats- oder Verwaltungsratsmitgliedern bestimmt, der aus der grenzüberschreitenden Umstrukturierung hervorgehende Rechtsträger aufgrund der gesetzlichen Bestimmungen aber paritätisch mitbestimmt sein soll. In diesem Fall muss die Satzung zwingend eine gerade Anzahl an Aufsichts- oder Verwaltungsratsmitgliedern festlegen (vgl. § 57 Rdnr. 46).

47 **a) Verteilung der Sitze auf die einzelnen Mitgliedstaaten.** Die so festgestellte Anzahl der Sitze für Arbeitnehmervertreter ist auf die Mitgliedstaaten zu verteilen. Dabei findet das d'Hondtsche Höchstzahlverfahren Anwendung (§§ 7 Abs. 4 SEBG, 9 Abs. 4

---

[31] *Brandes*, ZIP 2008, 2193, 2197.
[32] *Henssler*, in: Ulmer/Habersack/Henssler, § 36 SEBG Rdnr. 6.

MgVG). Bei einem Aufsichtsrat mit zwölf Mitgliedern würde dies beispielsweise[33] zu folgender Sitzverteilung führen:

Land	ArbN	ArbN bei Teilung					Höchstzahlen	
GB	10 000	10 000	5000	3333	2300	2000	1667	10 000	5000
F	9 000	9 000	4500	3000	2250	1800	1500	9 000	4500
I	7 500	7 500	3750	2500	1875	1500	1250	7 500	
NL	6 000	6 000	3000	2000	1500	1250	1000	6 000	
A	4 500	4 500	2250	1500	1125	900	750	4 500	
D (Sitz)	4 000	4 000	2000	1333	1000	800	667		

In dem Beispielsfall erhalten die britischen Arbeitnehmer zwei Sitze, die französischen, italienischen und niederländischen Arbeitnehmer jeweils einen Sitz. Der letzte zu verteilende Sitz wäre nach dem Höchstzahlverfahren entweder den Franzosen oder den Österreichern zuzuweisen. Die §§ 36 Abs. 1 Satz 3 SEBG, 24 Abs. 1 Satz 3 MgVG bestimmen, dass der letzte zu verteilende Sitz einem bisher unberücksichtigten Mitgliedstaat zuzuweisen ist, wenn bei der anteiligen Verteilung nicht alle Mitgliedstaaten berücksichtigt werden können. Haben mehrere Mitgliedstaaten noch keinen Sitz erhalten, so wird der Staat mit den meisten Arbeitnehmern berücksichtigt. Das wäre im Beispielsfall Österreich. §§ 36 Abs. 1 Satz 4, 24 Abs. 1 Satz 4 MgVG machen davon allerdings wieder eine Ausnahme: Soweit angemessen, ist der letzte Sitz dem Mitgliedstaat zuzuweisen, in dem die SE ihren Sitz hat, auch wenn nach dem Anteil der Arbeitnehmer dieses Mitgliedstaates dort eigentlich kein Arbeitnehmervertreter zu wählen wäre.[34] Im Beispielsfall wäre das Deutschland.

48

Land	ArbN	Sitze im AR
GB	10 000	2
F	9 000	1
I	7 500	1
NL	6 000	1
A	4 500	0
D (Sitz)	4 000	1

Inwieweit es „angemessen" ist, die Arbeitnehmer des Sitzstaates gegenüber einer eigentlich höheren Arbeitnehmerzahl aus einem anderen Mitgliedstaat zu privilegieren, leuchtet nicht ohne weiteres ein.[35] Eine restriktive Handhabung dürfte daher empfehlenswert sein.[36]

Bei einer SE-Gründung obliegt die Verteilung der Sitze auf die Mitgliedstaaten dem SE-Betriebsrat (§ 36 Abs. 1 Satz 1 SEBG); bei der grenzüberschreitenden Verschmelzung nach den §§ 122a ff. UmwG hat der Gesetzgeber die Zuständigkeit in Ermangelung eines SE-Betriebsrates dem besonderen Verhandlungsgremium der Arbeitnehmer übertragen (§ 24 Abs. 1 Satz 1 MgVG). Ein eigenes Ermessen steht dem Gremium bei der Verteilung der

49

---

[33] Weitere Berechnungsbeispiele bei *Oetker*, in: Lutter/Hommelhoff, SE-Kommentar, § 36 Rdnr. 6 ff.; *Henssler*, in: Ulmer/Habersack/Henssler, § 36 SEBG Rdnr. 9 ff.

[34] *Henssler*, in: Ulmer/Habersack/Henssler, § 36 SEBG Rdnr. 11; *Nagel*, DB 2004, 1302; *Niklas*, NZA 2004, 1204.

[35] Kritisch auch *Henssler*, in: Ulmer/Habersack/Henssler, § 36 SEBG Rdnr. 13.

[36] *Henssler*, in: Ulmer/Habersack/Henssler, § 36 SEBG Rdnr. 12; *Nagel/Freis/Kleinsorge*, § 36 SEBG Rdnr. 4.

Sitze nicht zu. Die Entscheidung muss streng den mathematischen Regeln folgen. Einen eigenen Beurteilungsspielraum gewährt das Gesetz nur bei der Bewertung der Angemessenheit einer potentiellen Privilegierung des Sitzstaates.[37]

50 Maßgeblicher Zeitpunkt für die Verteilung der Sitze auf die Mitgliedstaaten ist der Zeitpunkt der Informationserteilung nach §§ 4 SEBG, 6 MgVG. Bei jeder Neuwahl von Arbeitnehmervertretern im Aufsichtsrat ist die Anzahl der Arbeitnehmer in den entsprechenden Mitgliedstaaten neu zu ermitteln und ggf. eine Neuverteilung vorzunehmen. Eine Neuverteilung während der Wahlperiode kommt allerdings nicht in Betracht.[38]

51 **b) Wahl der Arbeitnehmervertreter.** Die Wahl der Arbeitnehmervertreter, die auf die einzelnen Mitgliedstaaten entfallen, richtet sich in jedem Mitgliedstaat nach dessen nationalem Recht. Der deutsche Gesetzgeber hat sich für einen Verweis auf die Wahlvorschriften für die Benennung der deutschen Mitglieder des besonderen Verhandlungsgremiums entschieden (§§ 36 Abs. 3 SEBG, 25 Abs. 3 MgVG). In denjenigen Mitgliedstaaten, in denen es keine gesetzlichen Bestimmungen zur Wahl der Arbeitnehmervertreter gibt, werden diese im Falle einer SE-Gründung durch den SE-Betriebsrat, im Falle einer grenzüberschreitenden Verschmelzung durch das besondere Verhandlungsgremium bestimmt (§§ 36 Abs. 2 SEBG, 25 Abs. 2 MgVG).

52 Anders als nach den Bestimmungen des Mitbestimmungsgesetzes und des DrittelbG werden die Arbeitnehmervertreter bei der Gründung einer SE nicht direkt von den Arbeitnehmern gewählt. Hierfür ist – vorbehaltlich einer abweichenden Regelung in der Mitbestimmungsvereinbarung[39] – gemäß § 36 Abs. 4 SEBG die Hauptversammlung der SE zuständig.[40] Die von den Arbeitnehmern gemäß § 36 Abs. 2, Abs. 3 SEBG nominierten Arbeitnehmervertreter sind der Hauptversammlung gemäß § 124 Abs. 3 Satz 1 AktG zur Wahl vorzuschlagen. Bezüglich der Arbeitnehmervertreter ist der Wahlvorschlag bindend. Das bedeutet, dass kein Bewerber durch die Hauptversammlung gewählt werden darf, der nicht von der Arbeitnehmerschaft nach den Bestimmungen des § 36 Abs. 2, 3 SEBG vorgeschlagen wurde. Im Schrifttum zu § 6 MontanMitbestG ist darüber diskutiert worden, ob die Hauptversammlung einen Vorgeschlagenen mit der Begründung ablehnen dürfe, er erscheine ihr als Aufsichtsratsmitglied nicht geeignet.[41] Dagegen spricht, dass anders als § 8 Abs. 2 MontanMitbestG für die Wahl des „neutralen" Mitglieds weder § 36 Abs. 4 SEBG noch § 6 Abs. 6 MontanMitbestG ein Ablehnungsrecht der Hauptversammlung vorsehen.[42] Prozessual kann die Hauptversammlung als Wahlorgan zur Wahl des Vorgeschlagenen aller-

---

[37] *Henssler*, in: Ulmer/Habersack/Henssler, § 36 SEBG Rdnr. 17; *Oetker*, in: Lutter/Hommelhoff, SE-Kommentar, § 36 SEBG Rdnr. 8; *Jacobs*, in: MünchKomm AktG, § 36 SEBG Rdnr. 2 f.

[38] *Henssler*, in: Ulmer/Habersack/Henssler, § 36 SEBG Rdnr. 18.

[39] Artikel 40 Abs. 2 Satz 2, 43 Abs. 3 Satz 2 SE-VO ermächtigen die Verhandlungsparteien, in der Mitbestimmungsvereinbarung eine von der Bestellungskompetenz der Hauptversammlung abweichende Regelung zu treffen; vgl. *Reichert/Brandes*, in: MünchKomm AktG, Artikel 40 SE-VO Rdnr. 26; Artikel 43 SE-VO Rdnr. 26; *Drygala*, in: Lutter/Hommelhoff, SE-Kommentar, Artikel 40 SE-VO Rdnr. 7; *Teichmann*, in: Lutter/Hommelhoff, SE-Kommentar, Artikel 43 SE-VO Rdnr. 52 ff.

[40] *Schwarz*, Artikel 47 SE-VO Rdnr. 55 und Rdnr. 58, hält die Regelung des § 36 Abs. 4 SEBG für europarechtswidrig und zieht daraus die Konsequenz, dass bereits die Benennung der Kandidaten durch SE-Betriebsrat oder Wahlgremium konstitutive Wirkung habe, *Schwarz*, Artikel 43 SE-VO Rdnr. 108; vgl. dagegen jedoch überzeugend *Teichmann*, in: Lutter/Hommelhoff, Artikel 43 SE-VO Rdnr. 56.

[41] *Boldt*, Mitbestimmungsgesetz Eisen und Kohle, 1952, § 6 MontanMitbestG Anm. 5; *Kötter*, Mitbestimmungsrecht, 1952, § 6 MontanMitbestG Rdnr. 29; *Müller/Lehmann*, Kommentar zum Mitbestimmungsgesetz, Bergbau und Eisen, 1925, § 6 MontanMitbestG Rdnr. 57; a.A. *Wissmann*, in: Münchener Handbuch des Arbeitsrechts, § 381 Rdnr. 11; *Oetker*, in: Erfurter Kommentar, 3. Aufl., § 6 MontanMitbestG Rdnr. 14.

[42] *Oetker*, in: Erfurter Kommentar, § 6 MontanMitbestG Rdnr. 14; *ders.*, in: Großkomm. AktG, § 6 MontanMitbestG Rdnr. 12.

dings nicht gezwungen werden, auch nicht über eine gegen die SE zu richtende Klage. Es besteht auch keine Begründungspflicht für eine Nichtwahl.[43]

Bei einem ablehnenden Hauptversammlungsbeschluss kommt eine gerichtliche Notbestellung einer von der Arbeitnehmerseite vorgeschlagenen Ersatzperson für den nicht gewählten Arbeitnehmervertreter gemäß § 104 AktG in Betracht.[44] Bereits aus der Tatsache, dass ein der Arbeitnehmerseite zustehender Posten im Aufsichtsrat nicht besetzt ist, folgt beim paritätisch mitbestimmten Aufsichtsrat in entsprechender Anwendung von § 104 Abs. 3 Ziff. 2 AktG die Dringlichkeit einer gerichtlichen Zuständigkeit.

Bestellt die Hauptversammlung unter Verstoß gegen § 36 Abs. 4 SEBG eine nicht vorgeschlagene Person zum Mitglied des Aufsichtsrats, so ist die Wahl nichtig. Im SEBG ist das zwar nicht ausdrücklich angeordnet, doch ergibt sich aus § 17 Abs. 3 Satz 2 SEAG, dass § 250 Abs. 1 Ziff. 2 AktG, der über die Generalverweisung in Artikel 9 Abs. 1 lit. c) (ii) auch für die SE gilt, entsprechend anwendbar ist.[45]

Bei der grenzüberschreitenden Verschmelzung nach den §§ 122a ff. UmwG fehlt eine dem § 36 Abs. 4 SEBG entsprechende Bestimmung. Deshalb werden die Arbeitnehmervertreter – anders als bei der SE-Gründung – bei einer grenzüberschreitenden Verschmelzung nicht von der Hauptversammlung, sondern direkt von den Arbeitnehmern gewählt. Das Wahlverfahren ist im Übrigen identisch.

Die Abberufung von Arbeitnehmervertretern richtet sich nach §§ 37 Abs. 1 SEBG, 26 Abs. 1 MgVG. Die Wahlanfechtung ist in §§ 37 Abs. 2 SEBG, 26 Abs. 2 MgVG geregelt.

2. Rechtsstellung der Aufsichtsratsmitglieder

Die Rechtsstellung der Arbeitnehmervertreter im Aufsichts- oder Verwaltungsrat entspricht gemäß §§ 38 Abs. 1 SEBG, 27 Abs. 1 MgVG derjenigen der Anteilseignervertreter. Die Arbeitnehmervertreter dürfen also nicht aufgrund ihrer Arbeitnehmereigenschaft benachteiligt werden. Von praktischer Bedeutung ist das bei der Bildung und Zusammensetzung von Ausschüssen.[46] Das bedeutet indessen nicht, dass Ausschüsse in einer die Verhältnisse im Gesamtorgan widerspiegelnden Weise zusammengesetzt sein müssen.[47] Ungeachtet des in Abs. 1 in Erinnerung gerufenen Gleichbehandlungsgrundsatzes begegnet es keinen Bedenken, wenn aus sachlichen, an den Aufgaben des jeweiligen Ausschusses und den Qualifikationen der Organmitglieder orientierten Erwägungen von dem im Gesamtorgan bestehenden Anteil der Arbeitnehmervertreter abgewichen wird. Unzulässig wäre es umgekehrt, Arbeitnehmervertreter allein deshalb von einem Leitungsentscheidungen des Verwaltungsrat im monistischen System vorbereitenden Exekutiv- oder Planungsausschuss auszuschließen, weil sich die Mitbestimmung nach deutschem Recht bislang nur auf den Aufsichtsrat und damit gerade nicht auf Leitungsentscheidungen bezog.[48]

Gemäß §§ 38 Abs. 2 SEBG, 27 Abs. 2 MgVG müssen in dem aus der grenzüberschreitenden Umstrukturierung hervorgehenden Rechtsträger mindestens zwei Vorstandsmit-

---

[43] Für die SE *Reichert/Brandes*, Artikel 40 SE-VO Rdnr. 30; für die AG *Mertens*, in: Kölner Kommentar, Anh. § 117 C MontanMitbestG Rdnr. 21 (zu § 6 Abs. 6 MontanMitbestG); *Oetker*, in: Großkomm AktG, § 6 MontanMitbestG Rdnr. 12; a. A. offenbar *Henssler*, in: Ulmer/Habersack/Henssler, § 36 SEBG Rdnr. 51.

[44] *Reichert/Brandes*, Artikel 40 SE-VO Rdnr. 31; für die AG *Oetker*, in: Großkomm AktG, § 6 MontanMitbestG Rdnr. 12.

[45] *Reichert/Brandes*, Artikel 40 SE-VO Rdnr. 32.

[46] Für den Aufsichtsrat der AG BGHZ 83, 106, 113; 122, 342, 358; zur SE *Reichert/Brandes*, in: MünchKomm AktG, Artikel 44 SE-VO Rdnr. 56; *Habersack*, in: Ulmer/Habersack/Henssler, § 38 SEBG Rdnr. 38; *Oetker*, in: Lutter/Hommelhoff, SE-Kommentar, § 38 SEBG Rdnr. 6.

[47] *Reichert/Brandes*, ZGR 2003, 793 ff.; *Habersack*, in: Ulmer/Habersack/Henssler, § 38 SEBG Rdnr. 38.

[48] *Reichert/Brandes*, in: Münchkomm AktG, Artikel 44 SE-VO Rdnr. 58 ff.; *Habersack*, in: Ulmer/Habersack/Henssler, § 38 SEBG Rdnr. 38; *Gruber/Weller*, NZG 2003, 300; *Kallmeyer*, ZIP 2003, 1535.

glieder bzw. geschäftsführende Direktoren bestellt werden. Einer dieser beiden muss für den Bereich Arbeit und Soziales zuständig sein. Damit wird die in §§ 33 MitbestG, 13 MontanMitbestG vorgesehene Funktion des Arbeitsdirektors aufgegriffen. Die Befugnisse des für den Bereich Arbeit und Soziales zuständigen Vorstands oder geschäftsführenden Direktors entsprechen denen eines Arbeitsdirektors nach § 33 MitbestG. Im Gegensatz zu § 33 Abs. 1 MitbestG gebieten es §§ 38 Abs. 2 SEBG, 27 Abs. 2 MgVG allerdings nicht, den Arbeitsdirektor als „gleichberechtigtes Mitglied" des Leitungsorgans zu bestellen. Anders als dem Vorstandsvorsitzenden einer dem Mitbestimmungsgesetz unterliegenden Aktiengesellschaft kann dem Vorsitzenden des Leitungsorgans daher ein Vetorecht eingeräumt werden.[49]

---

[49] *Habersack*, in: Ulmer/Habersack/Henssler, § 38 SEBG Rdnr. 43; *Reichert/Brandes*, in: MünchKomm AktG, Artikel 50 SE-VO Rdnr. 31.

6. Kapitel. Steuerliche Implikationen grenzüberschreitender Umstrukturierungen

§ 59. Umstrukturierungen im Geltungsbereich des UmwStG

Übersicht

	Rdnr.		Rdnr.
I. Umstrukturierungsvorgänge und UmwStG	1–6	VI. Auf- und Abspaltung von Kapitalgesellschaften auf Kapitalgesellschaften	79–87
1. UmwStG als lex specialis	1–2	1. Entsprechende Anwendung der §§ 11–13 UmwStG	80
2. Europäisierung des UwStG	3–5	2. (Doppeltes) Teilbetriebserfordernis	81–82
3. Fallgruppen grenzüberschreitender Umstrukturierungen	6	3. Missbrauchsvermeidungsvorschriften	83–86
II. Anwendungsbereich des UmwStG	7–35	4. Minderung von Verlustpositionen	87
1. Umwandlung von Körperschaften (Zweiter bis Fünfter Teil des UmwStG)	10–22	VII. Auf- und Abspaltung von Kapitalgesellschaften auf Personengesellschaften	88–90
a) Sachlicher Anwendungsbereich	10–16	VIII. Einbringung von Unternehmensteilen in Kapitalgesellschaften und Anteilstausch	91–115
b) Persönlicher Anwendungsbereich	17–22	1. Einbringung von Betrieben, Teilbetrieben und Mitunternehmeranteilen	93–105
2. Einbringungsvorgänge (Sechster bis Achter Teil des UmwStG)	23–35	a) Ansatz und Bewertung des eingebrachten Betriebsvermögens durch den übernehmenden Rechtsträger	93–103
a) Sachlicher Anwendungsbereich	25–30	b) Veräußerungspreis und Ansatz der als Gegenleistung gewährten Gesellschaftsanteile	104–105
b) Persönlicher Anwendungsbereich	31–35	2. Anteilstausch	106–111
III. Verschmelzung von Kapitalgesellschaften auf Personengesellschaften	36–54	a) Ansatz und Bewertung der eingebrachten Anteile durch den übernehmenden Rechtsträger	106–107a
a) Steuerliche Konsequenzen auf der Ebene der übertragenden Körperschaft	37–43	b) Veräußerungspreis und Ansatz der als Gegenleistung gewährten Gesellschaftsanteile	108–111
b) Steuerliche Konsequenzen auf der Ebene der übernehmenden Personengesellschaft bzw. auf der Ebene der Gesellschafter	44–54	3. Rückwirkende Besteuerung der Einbringung	112–115
IV. Formwechsel von Kapitalgesellschaften in Personengesellschaften	55–56	IX. Einbringung von Betriebsvermögen in Personengesellschaften	116–120
V. Verschmelzung von Kapitalgesellschaften auf Kapitalgesellschaften	57–77	1. Ansatz und Bewertung des eingebrachten Betriebsvermögens durch den übernehmenden Rechtsträger	118
a) Steuerliche Konsequenzen auf der Ebene der übertragenden Körperschaft	58–67		
b) Steuerliche Konsequenzen auf der Ebene der übernehmenden Körperschaft	68–71		
c) Steuerliche Konsequenzen auf der Ebene der Anteilseigner	72–78		

	Rdnr.		Rdnr.
2. Rechtsfolgen für den Einbringenden	119	X. Formwechsel von Personengesellschaften in Kapitalgesellschaften	121–122
3. Rückwirkende Besteuerung bei Einbringung von Anteilen an Kapitalgesellschaften	120	XI. Steuerliche Rückwirkung bei grenzüberschreitenden bzw. ausländischen Umwandlungen	123–128

Schrifttum: *Baumbach/Hopt*, HGB, 34. Auflage 2010; *Benecke/Schnitger*, Neuregelung des UmwStG und der Entstrickungsnormen durch das SEStEG, IStR 2006, 769; *Benecke/Schnitger*, Letzte Änderungen der Neuregelungen des UmwStG und der Entstrickungsnormen durch das SEStEG – Beschlussempfehlung und Bericht des Finanzausschusses, IStR 2007, 25; *Benz/Rosenberg*, Einbringungsvorgänge nach dem Regierungsentwurf des SEStEG, BB-Spezial 8/2006, S. 51; *Debatin/Wassermeyer*, Doppelbesteuerung, Band I (einschließlich 108. Ergänzungslieferung); *Dötsch/Pung*, SEStEG: Änderungen des UmwStG (Teil I), DB 2006, 2704; *Dötsch/Patt/Pung/Möhlenbrock*, Umwandlungssteuerrecht, 6. Auflage 2007; *Förster/Wendland*, Einbringung von Unternehmensteilen in Kapitalgesellschaften, BB 2007, 631; *Frotscher*, Internationalisierung des Ertragsteuerrechts, 2007; *Hahn*, Formwechsel und Sitzverlegung nach dem künftigen Gesetz über steuerliche Begleitmaßnahmen zur Einführung der Europäischen Gesellschaft und zur Änderung weiterer steuerrechtlicher Vorschriften, IStR 2005, 677; *Gsell/Krömker*, DB 2007, 679; *Haritz/Menner*, Umwandlungssteuergesetz, 3. Auflage 2010; *Herlinghaus*, Sacheinbringungen nach dem SEStEG: Verschaffung des wirtschaftlichen Eigentums fällt unter §§ 1 Abs. 3, 20 Abs. 1 UmwStG, FR 2007, 286; *Kallmeyer/Kappes*, Grenzüberschreitende Verschmelzungen und Spaltungen nach SEVIC Systems und der EU-Verschmelzungsrichtlinie, AG 2006, 224; *Ley*, Einbringung nach §§ 20, 24 UmwStG in der Fassung des SEStEG, FR 2007, 109, 114; *Pricewaterhouse Coopers AG*, Reform des Umwandlungssteuerrechts, 2007; *Rasche*, Stellt eine das gesamte Nennkapital einer Kapitalgesellschaft umfassende Beteiligung einen (fiktiven) Teilbetrieb i. S. d. § 24 Abs. 1 UmwStG dar?, GmbHR 2007, 793; *Rödder/Herlinghaus/van Lishaut*, UmwStG, 2008; *Rödder/Schumacher*, Das kommende SEStEG Teil II – Das geplante neue Umwandlungssteuerrecht – Der Regierungsentwurf eines Gesetzes über steuerliche Begleitmaßnahmen zur Einführung der Europäischen Gesellschaft und zur Änderung weiterer steuerrechtlicher Vorschriften, DStR 2006, 1526; *Schaflitzl/Widmayer*, Die Besteuerung von Umwandlungen nach dem Regierungsentwurf des SEStEG, BB Beilage 8/2006, 36; *Schmitt/Hörtnagl/Stratz*, UmwG UmwStG, 5. Auflage 2009; *Schönherr/Lemaitre*, Grundzüge und ausgewählte Aspekte bei Einbringungen in Kapitalgesellschaften nach dem SEStEG, GmbHR 2007, 459; *Weiss/Wöhlert*, WM 2007, 580; *Widmann/Mayer*, Umwandlungsrecht; *Winkeljohann/Fuhrmann*, Handbuch Umwandlungssteuerrecht, 2007

I. Umstrukturierungsvorgänge und UmwStG

1. UmwStG als lex specialis

1   In Deutschland gibt es kein in sich geschlossenes Umstrukturierungssteuerrecht. Vielmehr bestimmen sich die Konsequenzen von Umstrukturierungsvorgängen grundsätzlich nach den allgemeinen Steuergesetzen. Das UmwStG enthält allerdings ergänzende Sondervorschriften zum Einkommen-, Körperschaft- und Gewerbesteuergesetz,[1] durch die bestimmte Umstrukturierungen steuerlich im Wesentlichen in der Form privilegiert werden, dass unter bestimmten Voraussetzungen auf die (sofortige) Aufdeckung stiller Reserven verzichtet wird. Dies ist auf das ursprünglich durch den Gesetzgeber mit dem UmwStG 1995 verfolgte Ziel zurückzuführen, betriebswirtschaftlich erwünschte und handelsrechtlich mögliche Umstrukturierungen nicht durch steuerliche Folgen zu verhindern, die ohne die besonderen Regelungen des Umwandlungssteuerrechts eintreten würden.[2] Insoweit ist das UmwStG also **lex specialis** und die Eröffnung seines Anwendungsbereichs im Rahmen der Planung inländischer wie grenzüberschreitender Umstrukturierungen vorab zu prüfen. Ist er nicht eröffnet, sind die allgemeinen steuerlichen Vorschriften einschlägig.[3]

---

[1] BMF BStBl. I 2011 S. 1314 Tz. 01.01.
[2] BR-Drs. 132/94 Allg. Teil.
[3] Vgl. § 60 Grenzüberschreitende Umstrukturierung außerhalb des Geltungsbereichs des UmwStG.

Allen Fallgruppen des UmwStG ist gemein, dass das übergehende Vermögen im Regelfall zwingend ein Betrieb, Teilbetrieb, Mitunternehmeranteil oder eine (qualifizierte) Beteiligung an einer Kapitalgesellschaft sein muss. Hingegen sind die auf den Ausschluss oder die Beschränkung des deutschen Besteuerungsrechts zurückzuführenden steuerlichen Konsequenzen der Übertragung einzelner Wirtschaftsgüter (Ausnahme Anteile an Kapitalgesellschaften) vom Inland in das Ausland (sog. Entstrickung, vgl. § 4 Abs. 1 Sätze 3–5 EStG bzw. § 12 Abs. 1 KStG) oder die sich umgekehrt aus der Begründung deutschen Steuersubstrats (sog. Verstrickung, vgl. § 4 Abs. 1 Satz 8 Hs. 2 EStG) ergebenden Steuerfolgen nicht im UmwStG geregelt. Gleiches gilt für die Verlagerung von betrieblichen Funktionen ins Ausland (vgl. § 1 Abs. 3 Satz 9 ff. AStG).

2. Europäisierung des UmwStG

Der Anwendungsbereich des UmwStG ist durch das Gesetz über die steuerlichen Begleitmaßnahmen zur Einführung der Europäischen Gesellschaft und zur Änderung weiterer steuerlichen Vorschriften vom 7. 12. 2006 (**SEStEG**)[4] europäisiert worden. Vor den Änderungen durch das SEStEG deckte das UmwStG, von wenigen Ausnahmen (insbesondere § 23 UmwStG a. F. für bestimmte Einbringungsvorgänge) abgesehen, lediglich rein inländische Umstrukturierungsvorgänge ab.

Ursächlich für die Neufassung waren in erster Linie verschiedene **europarechtliche Entwicklungen.** Neben dem Wirksamwerden der SE-VO[5] am 8. 10. 2004, die als eine der zulässigen Formen der Gründung einer SE die grenzüberschreitende Verschmelzung vorsieht (vgl. Art. 2 Abs. 1 SE-VO), der damit einhergehenden Änderung und Notwendigkeit der umfassenden Umsetzung der Fusionsrichtlinie[6] sowie der zu diesem Zeitpunkt bevorstehenden, ebenfalls auf EU-Recht zurückgehenden[7] gesellschaftsrechtlichen Regelung der grenzüberschreitenden Verschmelzung von Kapitalgesellschaften innerhalb der EU durch das Zweite Gesetz zur Änderung des Umwandlungsgesetzes[8] hat auch die Rechtsprechung des EuGH (insbesondere in den Entscheidungen „X und Y",[9] „Hughes de Lasteyrie du Saillant",[10] „Sevic"[11] und „N"[12]) die Überarbeitung des Gesetzes erforderlich gemacht.

Unter bestimmten Bedingungen fallen nun neben inländischen auch **grenzüberschreitende Umwandlungen mit Bezug zu EU/EWR-Staaten** in den Anwendungsbereich des UmwStG (vgl. § 1 UmwStG). § 24 UmwStG hat über die Europäisierung hinaus sogar einen globalen Anwendungsbereich. Mit dieser Ausweitung gegenüber der ursprünglichen Gesetzesfassung im UmwStG 1995 hat sich allerdings die damalige Zielsetzung des Gesetzgebers, betriebswirtschaftlich sinnvolle Restrukturierungen nicht durch den Zwang zur Aufdeckung stiller Reserven zu verhindern, relativiert. Die Neufassung des UmwStG ist nun auch durch das Ziel des Gesetzgebers geprägt, den Zugriff des deutschen Fiskus auf im Inland verhaftetes Steuersubstrat zu sichern.[13] Daraus ergibt sich, dass den Regelungen der beschränkten Steuerpflicht (insbesondere § 49 EStG) und den jeweiligen von Deutschland abgeschlossenen Doppelsteuerungsabkommen (DBA) auch im Zusammenhang mit Umstrukturierungen besondere Bedeutung zukommt.

3. Fallgruppen grenzüberschreitender Umstrukturierungen

Der Auslandsbezug von in den Geltungsbereich des UmwStG fallenden Umwandlungen kann verschiedenartig sein. Bei **Inlandsumwandlungen mit Auslandsbezug** kann er in

---

[4] BGBl. I 2006 S. 2782.
[5] ABl EG Nr L 294 S. 1.
[6] Richtlinie 2005/19/EG ABl. EU Nr. L 58 S. 19.
[7] Richtlinie 2005/56/EG ABl. EU Nr. L 310 S. 1.
[8] BGBl. I 2007 S. 542.
[9] EuGH DStRE 2003, 400.
[10] EuGH DStR 2004, 551.
[11] EuGH DStR 2006, 49.
[12] EuGH DStR 2006, 1691.
[13] BT-Drs. 16/2710 S. 1.

Gestalt von ausländischen Anteilseignern oder ausländischem Betriebsvermögen auftreten. Grenzüberschreitende Umwandlungen unter Beteiligung inländischer Rechtsträger zeichnen sich dadurch aus, dass entweder ein inländischer Rechtsträger auf einen ausländischen umgewandelt wird **(Hinausumwandlung)** oder ein ausländischer auf einen inländischen **(Hereinumwandlung).** Weiter erfasst das UmwStG auch bestimmte **rein ausländische Umwandlungen.** Hier lässt sich weiter differenzieren zwischen innerstaatlichen Auslandsumwandlungen, also Umwandlungen zwischen solchen Rechtsträgern, die aus deutscher Sicht in einem ausländischen Staat ansässig sind, und grenzüberschreitenden Auslandsumwandlungen. Damit das deutsche UmwStG bei ausländischen Umwandlungen Anwendung findet, ist allerdings ein Inlandsbezug erforderlich. Dieser kann wiederum in Form von inländischen Anteilseignern oder inländischem Betriebsvermögen gegeben sein. Nachdem alle erwähnten Fallgruppen Anknüpfungspunkte sowohl im In- wie auch im Ausland voraussetzen, kann aus der steuerlichen Perspektive insoweit auch von grenzüberschreitenden Umwandlungen im weiteren Sinn gesprochen werden.

II. Anwendungsbereich des UmwStG

7   Die Anwendungsbereiche von **UmwStG und UmwG** sind nicht deckungsgleich.[14] Zwar knüpft das UmwStG vor allem im Bereich der Umwandlung von Körperschaften (Zweiter bis Fünfter Teil des UmwStG) an die Umwandlungsformen des UmwG an. Zusätzlich regelt das UmwStG jedoch auch Vorgänge, die auf Vermögensübertragungen im Wege der Einzelrechtsnachfolge beruhen können (z. B. Einbringungen, vgl. § 1 Abs. 4 Nr. 4 UmwStG) und für das sich kein Pendant im UmwG findet. Darüber hinaus verdeutlicht sich der abweichende Geltungsbereich des UmwStG u. a. auch daran, dass explizit auch den Umwandlungsarten des UmwG vergleichbare ausländische Vorgänge einbezogen werden (vgl. § 1 Abs. 1, 3 UmwStG). Umgekehrt sind bestimmte Umstrukturierungsvorgänge, wie etwa die Spaltung einer Personenhandelsgesellschaft auf eine Personenhandelsgesellschaft, nur im UmwG geregelt.[15]

8   **Zentralnorm** für die Bestimmung des Anwendungsbereichs des UmwStG ist § 1 UmwStG.[16] Hier erfolgt die entscheidende „Weichenstellung", ob ein Umstrukturierungsvorgang unter die Sonderregelungen des UmwStG zu subsumieren oder nach den allgemeinen steuerlichen Grundsätzen zu beurteilen ist, regelmäßig also als Veräußerungs- und Anschaffungsvorgang bzw. als Liquidation. Als Konsequenz der Europäisierung des UmwStG ist die Vorschrift deutlich komplizierter geworden. Sie enthält eine Vielzahl an sachlichen (Art der Umstrukturierung) und persönlichen Anforderungen (Voraussetzungen im Hinblick auf die beteiligten Rechtsträger sowie teilweise deren Anteilseigner).[17]

9   **Systematisch** unterscheidet § 1 UmwStG (abgesehen von den in Abs. 5. enthaltenen Definitionen) zwischen zwei Bereichen. Die erste Kategorie (Abs. 1 und 2 betreffend den Zweiten bis Fünften Teil des UmwStG) umfasst im Wesentlichen[18] die Umwandlung von Körperschaften in Gestalt einer Verschmelzung, einer Spaltung (Ausnahme Ausgliederung) oder eines Formwechsels in eine Personengesellschaft nach UmwG bzw. eines vergleichbaren ausländischen Vorgangs. Ebenso einbezogen ist die Gründung einer SE/SCE durch Verschmelzung. Der zweite Bereich (Abs. 3 und 4 betreffend den Sechsten bis Achten Teil des UmwStG) bezieht sich unabhängig von der zivilrechtlichen Ausgestaltung als Einzel-

---

[14] *Widmann*/Mayer Umwandlungsrecht Vor § 1 UmwStG Rdnr. 2 ff.; *Rödder*/Herlinghaus/van Lishaut UmwStG Einführung Rdnr. 45 ff.
[15] Zu weiteren Beispielen vgl. *Widmann*/Mayer Vor § 1 UmwStG Rdnr. 5.
[16] *Widmann*/Mayer § 1 UmwStG Rdnr. 1.
[17] Schmitt/*Hörtnagl*/Stratz UmwG UmwStG D § 1 UmwStG Rdnr. 1.
[18] Nicht weiter eingegangen wird auf die steuerliche Behandlung wenig praxisrelevanter in anderen als dem UmwG vorgesehener Umwandlungen, die durch Bundes- oder Landesgesetz geregelt sind (§ 1 Abs. 1 Nr. 3 UmwStG i. V. m. § 1 Abs. 2 UmwG) bzw. Vermögensübertragungen (§ 1 Abs. 1 Nr. 4 UmwStG i. V. m. § 174 UmwG).

oder Gesamt- bzw. Sonderrechtsnachfolge in sachlicher Hinsicht auf inländische, grenzüberschreitende und ausländische Einbringungsvorgänge. Unter den originär steuerrechtlichen Begriff der Einbringung,[19] der generell verstanden wird als die Übertragung von Vermögen im Austausch für eine Gegenleistung, die zumindest teilweise in der Gewährung von (neuen) Anteilen an dem übernehmenden Rechtsträger besteht,[20] fallen neben bestimmten Vermögensübertragungen im Wege der Einzelrechtsnachfolge vor allem die Verschmelzung, Aufspaltung, Abspaltung und der Formwechsel einer Personengesellschaft sowie sämtliche Ausgliederungskonstellationen (jeweils einschließlich vergleichbarer ausländischer Vorgänge).

1. Umwandlung von Körperschaften (Zweiter bis Fünfter Teil des UmwStG)

a) Sachlicher Anwendungsbereich. aa) Körperschaften. Gemeinsames Merkmal der in den Zweiten bis Fünften Teil des UmwStG fallenden Umwandlungsvorgänge ist, dass als übertragender bzw. umzuwandelnder Rechtsträger eine inländische oder ausländische Körperschaft beteiligt sein muss. Die möglichen inländischen Rechtsformen ergeben sich unproblematisch aus der Bezugnahme zum UmwG. Ob auch ein ausländischer Rechtsträger aus der allein entscheidenden Sicht der inländischen Qualifikationsmerkmale als Körperschaft einzuordnen ist, ist anhand eines Typenvergleichs festzustellen.[21] Wesentliche **Kriterien,** anhand derer im Einzelfall entsprechend den ausländischen Gesetzesbestimmungen und den Vereinbarungen im Gesellschaftsvertrag die Vergleichbarkeit mit einer inländischen Körperschaft zu untersuchen sind, stellen hierbei
– die beschränkte Haftung der Gesellschafter,
– die fehlende Nachschusspflicht der Gesellschafter,
– die freie Übertragbarkeit der Anteile,
– die unbegrenzte Lebensdauer,
– die Unabhängigkeit der Gesellschaft vom Gesellschafterbestand,
– das Prinzip der Fremdorganschaft sowie
– die konstitutive Wirkung des Eintrags in ein dem Handelsregister vergleichbares Register dar.[22]
Die steuerliche Einordnung des ausländischen Rechtsträgers im Staat seiner Ansässigkeit hingegen ist nicht entscheidend.[23] In Hinblick auf die entsprechende Einordnung als Kapital- oder Personengesellschaft bilden die Anlagetabellen 1 und 2 des Betriebsstättenerlasses[24] eine wichtige Orientierungshilfe.

bb) Verschmelzung, Auf- und Abspaltung nach UmwG oder vergleichbare ausländische Vorgänge. Die praxisrelevanten im Zweiten bis Fünften Teil des UmwStG geregelten Umwandlungsvorgänge betreffen zunächst die Verschmelzung und Auf- und Abspaltung i. S. der §§ 2, 123 Abs. 1 und 2 des UmwG sowie vergleichbare ausländische Vorgänge (§ 1 Abs. 1 Nr. 1, 1.–4. Alt. UmwStG). Die ersten drei Alternativen verdeutlichen die im Hinblick auf die Umwandlung von Körperschaften insoweit immer noch geltende Stellung des UmwStG als Annex zum UmwG.[25] Zu den Verschmelzungen i. S. v. § 2 UmwG gehören auch die **grenzüberschreitenden Verschmelzungen nach §§ 122a ff.**

---

[19] *Rödder*/Herlinghaus/van Lishaut UmwStG Einführung Rdnr. 47.
[20] *Widmann*/Mayer Umwandlungsrecht § 1 UmwStG Rdnr. 68.
[21] Dötsch/Patt/Pung/*Möhlenbrock* Umwandlungssteuerrecht § 1 Rdnr. 78; Rödder/Herlinghaus/van Lishaut/*Trossen* § 1 Rdnr. 35; Schmitt/*Hörtnagl*/Stratz D § 1 UmwStG Rdnr. 17; *Widmann*/Mayer § 1 UmwStG Rdnr. 85.
[22] BMF BStBl. I 2004 S. 411; Dötsch/Patt/Pung/*Möhlenbrock* § 1 Rdnr. 79; Rödder/Herlinghaus/van Lishaut/*Trossen* § 1 Rdnr. 35; Schmitt/*Hörtnagl*/Stratz D § 1 UmwStG Rdnr. 18; *Widmann*/Mayer § 1 UmwStG Rdnr. 85.
[23] Dötsch/Patt/Pung/*Möhlenbrock* § 1 Rdnr. 81; *Widmann*/Mayer § 1 UmwStG Rdnr. 89.
[24] BMF BStBl. I 1999 S. 1076. Zu aktualisierten Fassungen der Tabellen vgl. *Widmann*/Mayer § 1 UmwStG Rdnr. 85; Winkeljohann/Fuhrmann, Handbuch Umwandlungssteuerrecht, S. 718 ff.
[25] Schmitt/*Hörtnagl*/Stratz D § 1 UmwStG Rdnr. 13.

UmwG.[26] Trotz fehlender Regelung durch das UmwG müssen zudem aufgrund der europäischen Grundfreiheiten auch **grenzüberschreitende Auf- und Abspaltungen** möglich[27] und ebenfalls, auch im Lichte der (steuerlichen) Fusionsrichtlinie, die u. a. grenzüberschreitende Auf- oder Abspaltungen abdeckt,[28] unter § 1 Abs. 1 Nr. 1 UmwStG bzw. § 15 UmwStG zu fassen sein.[29]

12 § 1 Abs. 1 Nr. 1, 4. Alt. UmwStG bezieht in den Anwendungsbereich des UmwStG weiter den Verschmelzungen und Auf- und Abspaltungen **vergleichbare ausländische Vorgänge** ein. Betroffen sind ausländische und grenzüberschreitende Umwandlungen (auch zwischen EU/EWR-Staaten), die nicht bereits als solche nach UmwG qualifizieren.[30] Für die Auslegung des Begriffes eines vergleichbaren ausländischen Vorganges ist laut Gesetzesbegründung zum UmwStG darauf abzustellen, dass nicht die jeweilige Regelungstechnik, sondern der Vorgang an sich, d.h. insbesondere die Rechtsfolgen wie auch die beteiligten Rechtsträger, für die Vergleichbarkeitsprüfung maßgeblich ist.[31] Weiterhin ist zu berücksichtigen, dass die Änderungen des UmwStG durch das SEStEG auch der Umsetzung der steuerlichen Fusionsrichtlinie dienen, die in Art. 2 explizite Definitionen der Begriffe „Fusion", „Spaltung" und „Abspaltung" enthält.[32] Ein einer inländischen Verschmelzung vergleichbarer Vorgang setzt deswegen regelmäßig neben der Vergleichbarkeit und Umwandlungsfähigkeit der beteiligten Rechtsträger die folgenden **Strukturelemente** voraus:[33]

– Zivilrechtlich wirksame Übertragung des gesamten Aktiv- und Passivvermögens eines oder mehrer Rechtsträger auf den übernehmenden Rechtsträger aufgrund eines Rechtsgeschäfts;
– Erlöschen des übertragenden Rechtsträgers ohne Abwicklung;
– (im Normalfall) gegen Gewährung von Anteilen oder Mitgliedschaftsrechten des übernehmenden oder neuen Rechtsträgers an die Anteilsinhaber des übertragenden Rechtsträgers.

Als maßgebliche Strukturmerkmale für die Vergleichbarkeitsprüfung bei Auf- oder Abspaltungen werden angesehen:[34]

– Zivilrechtlich wirksame Übertragung des gesamten Aktiv- und Passivvermögens auf mindestens zwei übernehmende Rechtsträger bei Erlöschen des übertragenden Rechtsträgers ohne Abwicklung aufgrund eines Rechtsgeschäfts (Aufspaltung);
– Übertragung von Teilen des Vermögens ohne Auflösung des übertragenden Rechtsträgers auf mindestens einen übernehmenden Rechtsträger aufgrund eines Rechtsgeschäfts (Abspaltung);
– (im Normalfall) gegen Gewährung von Anteilen oder Mitgliedschaftsrechten des übernehmenden oder neuen Rechtsträgers an die Anteilsinhaber des übertragenden Rechtsträgers.

---

[26] Rödder/Herlinghaus/van Lishaut/*Trossen* § 1 Rdnr. 27; Schmitt/*Hörtnagl*/Stratz D § 1 UmwStG Rdnr. 27.

[27] *Hahn* in PricewaterhouseCoopers AG (Hg.), Reform des UmwStR Rdnr. 819; *Kallmeyer/Kappes*, Grenzüberschreitende Verschmelzungen und Spaltungen nach SEVIC Systems und der EU-Verschmelzungsrichtlinie, AG 2006, 224, 234; *Gsell/Krömker*, DB 2007, 679, 680; *Weiss/Wöhlert*, WM 2007, 580, 584; Schmitt/*Hörtnagl*/Stratz D § 1 UmwStG Rdnr. 30.

[28] Art. 1 a) Richtlinie 90/434/EWG ABl. EG Nr L 225 S. 1.

[29] Rödder/Herlinghaus/van Lishaut/*Schumacher* § 15 Rdnr. 47 f.

[30] Schmitt/*Hörtnagl*/Stratz D § 1 UmwStG Rdnr. 36; Rödder/Herlinghaus/van Lishaut/*Trossen* § 1 Rdnr. 84; *Widmann*/Mayer § 1 UmwStG Rdnr. 17.

[31] BT-Drs. 16/2710 S. 35.

[32] Schmitt/*Hörtnagl*/Stratz D § 1 UmwStG Rdnr. 33.

[33] Dötsch/Patt/Pung/*Möhlenbrock* § 1 Rdnr. 89; Schmitt/*Hörtnagl*/Stratz D § 1 UmwStG Rdnr. 34; Rödder/Herlinghaus/van Lishaut/*Trossen* § 1 Rdnr. 87.

[34] Schmitt/*Hörtnagl*/Stratz D § 1 UmwStG Rdnr. 39; Rödder/Herlinghaus/van Lishaut/*Trossen* § 1 Rdnr. 88.

Regelmäßig ist auch der Vermögensübergang durch **Gesamt-/Sonderrechtsnach-** 13
folge ein für die Vergleichbarkeit essentielles Strukturmerkmal.[35] Lediglich in Ausnahmefällen, wenn das ausländische Gesellschaftsrecht keine Gesamtrechtsnachfolge vorsieht, die Umstrukturierung im Übrigen aber ein vergleichbarer Vorgang ist, wird zur Vermeidung einer unzulässigen Beschränkung der Niederlassungsfreiheit die Vergleichbarkeit trotzdem zu bejahen sein.[36]

cc) Verschmelzung nach SE-VO/SCE-VO. § 1 Abs. 1 Nr. 1, 5. und 6. Alt. Umw- 14
StG beziehen auch die **Gründung einer SE bzw. SCE durch Verschmelzung** gemäß Art. 17 SE-VO bzw. Art. 19 SCE-VO (Verschmelzung durch Neugründung oder durch Aufnahme) in den Anwendungsbereich des UmwStG ein. Durch den Verweis auf die Verordnungen wird auch auf die weiteren für die gesellschaftsrechtliche Wirksamkeit erforderlichen Voraussetzungen der VO Bezug genommen (z.B. Mehrstaatenbezug gem. Art. 2 Abs. 1 SE-VO).[37] Eine besondere Vergleichbarkeitsprüfung ist nicht erforderlich.[38]

dd) Formwechsel in Personengesellschaft oder vergleichbare ausländischer Vor- 15
gänge. Neben dem Formwechsel einer Kapital- in eine Personengesellschaft i.S.v. § 190 Abs. 1 UmwG erstreckt sich die Regelung auch auf **vergleichbare ausländische Vorgänge.** Als Zielrechtsform dieser Umwandlungsart ist eine Personengesellschaft zwingend, weshalb bei ausländischen Rechtsträgern wiederum ein Typenvergleich[39] durchzuführen ist.

Der Anwendungsbereich der vergleichbaren Vorgänge erstreckt sich dabei in erster Linie 16
auf Formwechsel nach einer ausländischen Rechtsordnung. Wesentliches **Strukturmerkmal** für die Vergleichbarkeitsprüfung ist dabei die Rechtsträgeridentität[40] vor und nach dem Formwechsel (keine Vermögensübertragung). Ist ausnahmsweise nach einer ausländischen Rechtsordnung ein Formwechsel lediglich in Gestalt einer übertragenden Umwandlung zulässig (wie etwa in Österreich),[41] kann dies u.U. als ein mit einer Verschmelzung vergleichbarer Vorgang qualifizieren.

b) Persönlicher Anwendungsbereich. Während die Vorschriften des sachlichen An- 17
wendungsbereichs des Zweiten bis Fünften Teils des UmwStG (§ 1 Abs. 1 UmwStG) mit Ausnahme der Tatbestände, die auf die SE-VO/SCE-VO Bezug nehmen, noch keine geographische Einschränkung hinsichtlich der beteiligungsfähigen Rechtsträger vornehmen, sondern sich generell auf „vergleichbare ausländische Vorgänge" beziehen, erfolgt die Europäisierung der einbezogenen Vorgänge im Rahmen des persönlichen Anwendungsbereichs (§ 1 Abs. 2 UmwStG). Die an der Umwandlung beteiligten Rechtsträger müssen kumulativ einen **mehrfachen Bezug zur EU/zum EWR** haben. Keine diesbezüglichen Anforderungen gelten hingegen im Hinblick auf deren Anteilseigner. Sie können auch in einem Drittstaat ansässig sein.

aa) Umwandlung auf Gesellschaft. Zunächst muss es sich gemäß § 1 Abs. 2 Nr. 1 18
UmwStG beim Formwechsel bei dem umzuwandelnden bzw. bei den sonstigen Umwand-

---

[35] *Benecke/Schnitger*, Neuregelung des UmwStG und der Entstrickungsnormen durch das SEStEG, IStR 2006, 769; Dötsch/Patt/Pung/*Möhlenbrock* § 1 Rdnr. 84; Rödder/Herlinghaus/van Lishaut/*Trossen* § 1 Rdnr. 90; Schmitt/*Hörtnagl*/Stratz D § 1 UmwStG Rdnr. 35; a.A. *Widman*/Mayer § 1 Rdnr. 17; *Rödder/Schumacher*, Das kommende SEStEG Teil II – Das geplante neue Umwandlungssteuerrecht – Der Regierungsentwurf eines Gesetzes über steuerliche Begleitmaßnahmen zur Einführung der Europäischen Gesellschaft und zur Änderung weiterer steuerrechtlicher Vorschriften, DStR 2006, 1526.
[36] Schmitt/*Hörtnagl*/Stratz D § 1 UmwStG Rdnr. 35; Rödder/Herlinghaus/van Lishaut/*Trossen* § 1 Rdnr. 90.
[37] Rödder/Herlinghaus/van Lishaut/*Trossen* § 1 Rdnr. 93.
[38] Schmitt/*Hörtnagl*/Stratz D § 1 UmwStG Rdnr. 43.
[39] Vergleiche zu den heranzuziehenden Kriterien oben unter Rdnr. 10.
[40] *Benecke/Schnittger*, IStR 2006, 765; Schmitt/*Hörtnagl*/Stratz D § 1 UmwStG Rdnr. 50; Rödder/Herlinghaus/van Lishaut/*Trossen* § 1 Rdnr. 122.
[41] *Widmann*/Mayer § 1 UmwStG Rdnr. 17.

lungen sowohl bei dem übertragenden wie auch bei dem übernehmenden Rechtsträger um eine **Gesellschaft im Sinne von Art. 48 EGV (jetzt: Art. 54 AEUV) bzw. Art. 34 EWR-Abkommen** handeln (zu natürlichen Personen als übernehmender Rechtsträger siehe unter Rdnr. 22). Der Begriff der Gesellschaft i. S. v. Art. 48 Abs. 2 EGV bzw. Art. 34 Abs. 2 EWR-Abkommen ist sehr umfassend. Dazu zählen die Gesellschaften des bürgerlichen Rechts und des Handelsrechts einschließlich der Genossenschaften und die sonstigen juristischen Personen des öffentlichen und privaten Rechts. Nicht einbezogen sind lediglich diejenigen Gesellschaften, die keinen Erwerbszweck verfolgen, wobei auch rein vermögensverwaltende Aktivitäten Erwerbszwecken dienen können.

19   Weiterhin ist erforderlich, dass diese Gesellschaften nach den **Rechtsvorschriften eines Mitgliedstaates der EU/des EWR gegründet** wurden. Entscheidend ist das Gründungsstatut und nicht das aktuell auf den Rechtsträger anwendbare Gesellschaftsstatut.[42]

20   Darüber hinaus muss sich auch der **Sitz und der Ort der Geschäftsleitung** der beteiligten Rechtsträger innerhalb der EU/des EWR befinden. Der Sitz in diesem Sinne ist der statutarische Sitz i. S. v. § 11 AO.[43] Er befindet sich bei einer Körperschaft, Personenvereinigung oder Vermögensmasse an dem Ort, der durch Gesetz, Gesellschaftsvertrag, Satzung, Stiftungsgeschäft oder dergleichen bestimmt ist. Den Ort der Geschäftsleitung definiert § 10 AO als den Mittelpunkt der geschäftlichen Oberleitung. Er liegt dort, wo der für die Geschäftsführung maßgebliche Wille gebildet wird.[44] Erforderlich ist, dass sich Sitz und Ort der Geschäftsleitung innerhalb des Hoheitsgebietes dieser Staaten, nicht jedoch zwingend in demselben Mitgliedstaat befinden.[45] Auch Gründungs- und Sitzstaat müssen nicht identisch sein.[46]

21   Für die **SE/SCE** als supranationaler beteiligter Rechtsträger fingiert § 1 Abs. 2 Satz 2 UmwStG, dass diese als eine nach den Rechtsvorschriften des Staates gegründete Gesellschaft, in dessen Hoheitsgebiet sich der Sitz der Gesellschaft befindet, gilt. Auch die SE/SCE muss (in Einklang mit den gesellschaftsrechtlichen Vorgaben) ihren Sitz und Ort der Geschäftsleitung innerhalb des EU-/EWR-Gebiets haben.

22   **bb) Umwandlung auf natürliche Person.** Ist übernehmender Rechtsträger eine natürliche Person, setzt § 1 Abs. 2 Nr. 2 UmwStG voraus, dass sich deren **Wohnsitz (§ 8 AO) oder gewöhnlicher Aufenthaltsort (§ 9 AO)** innerhalb des Hoheitsgebiets der EU/des EWR befindet und dass sie nicht aufgrund eines DBA in einem Drittstaat als ansässig gilt. Der übertragende Rechtsträger muss in diesem Fall wiederum die für Gesellschaften bestehenden Voraussetzungen erfüllen.[47]

2. Einbringungsvorgänge (Sechster bis Achter Teil des UmwStG)

23   Auch für Einbringungsvorgänge findet das Umwandlungssteuergesetzes nur dann Anwendung, wenn sowohl der sachliche (§ 1 Abs. 3 UmwStG) wie auch der persönliche Anwendungsbereich (§ 1 Abs. 4 UmwStG) eröffnet ist.

24   Die bei Bejahung des Anwendungsbereichs weitere **steuerliche Einordnung** des Einbringungsvorgangs bestimmt sich danach, ob der übernehmende Rechtsträger eine Kapital- oder Personengesellschaft ist, was bei ausländischen Rechtsträgern wiederum im Rahmen eines Typenvergleichs festzustellen ist. In ersterem Fall sind die §§ 20 ff UmwStG einschlä-

---

[42] Schmitt/*Hörtnagl*/Stratz D § 1 UmwStG Rdnr. 61.

[43] Schmitt/*Hörtnagl*/Stratz D § 1 UmwStG Rdnr. 63; Rödder/Herlinghaus/van Lishaut/*Trossen* § 1 Rdnr. 168; *Widmann*/Mayer § 1 UmwStG Rdnr. 39.

[44] BFH BStBl. II 1995, 175.

[45] Dötsch/Patt/Pung/*Möhlenbrock* § 1 Rdnr. 149; Rödder/Herlinghaus/van Lishaut/*Trossen* UmwStG § 1 Rdnr. 171; Schmitt/*Hörtnagl*/Stratz D § 1 UmwStG Rdnr. 68; *Widmann*/Mayer § 1 UmwStG Rdnr. 45.

[46] BT-Drs. 16/2710; *Förster*/Wendland, Einbringung von Unternehmensteilen in Kapitalgesellschaften, BB 2007, 631.

[47] Vergleiche zu diesen Kriterien oben unter Rdnr. 18–20.

gig, andernfalls § 24 UmwStG. Für den Formwechsel einer Personengesellschaft in eine Kapitalgesellschaft oder Genossenschaft oder einen vergleichbaren ausländischen Vorgang finden die § 20 ff UmwStG entsprechende Anwendung (§ 25 UmwStG).

a) Sachlicher Anwendungsbereich. aa) Verschmelzung, Auf- und Abspaltung 25
von Personen-/Partnerschaftsgesellschaften nach UmwG oder vergleichbare ausländische Vorgänge. Neben der Verschmelzung, Auf- und Abspaltung von Personen-/Partnerschaftsgesellschaften als übertragende Rechtsträger gemäß §§ 2, 123 Abs. 1 und 2 UmwG umfasst der sachliche Anwendungsbereich des Sechsten bis Achten Teils des UmwStG auch wiederum vergleichbare ausländische Vorgänge. Ebenfalls einbezogen sind (unabhängig von einer fehlenden zivilrechtlichen Regelung im UmwG) grenzüberschreitende Umstrukturierungen.[48] Die an der Umwandlung beteiligten ausländischen übertragenden Rechtsträger müssen hierbei wieder im Rahmen eines Typenvergleichs mit inländischen Personengesellschaften vergleichbar sein. Weiterhin ist erforderlich, dass der ausländische Umstrukturierungsvorgang vergleichbare Rechtsfolgen wie ein entsprechender inländischer nach sich zieht **(Rechtsfolgen- bzw. Strukturvergleich).**[49] Scheitert dies daran, dass die Umwandlung in einer ausländischen Rechtsordnung nicht in Gesamtrechtsnachfolge möglich ist, kommt u. U. eine Einbringung im Wege der Einzelrechtsnachfolge entsprechend der in § 1 Abs. 3 Nr. 4, 5 UmwStG enthaltenen Alternativen in Betracht.[50]

bb) Ausgliederung nach UmwG oder vergleichbare ausländische Vorgänge. § 1 26
Abs. 3 Nr. 2 UmwStG erfasst sämtliche Ausgliederungsvorgänge gemäß § 123 Abs. 3 UmwG sowie vergleichbare ausländische Vorgänge. Anders als Auf- und Abspaltungen durch Kapitalgesellschaften (siehe dazu oben unter Rdnr. 11) wird damit auch die Ausgliederung durch eine Kapitalgesellschaft als übertragender Rechtsträger als Einbringungsvorgang behandelt. Durch den Verweis auf das UmwG sind die möglichen beteiligten Rechtsträger bestimmt. Als **ausgliederungsfähige übertragende sowie übernehmende Rechtsträger** kommen damit neben Personen- auch Kapitalgesellschaften und Genossenschaften in Betracht (vgl. § 124 Abs. 1 UmwG). Ebenfalls einbezogen sind vergleichbare ausländische sowie grenzüberschreitende Ausgliederungen[51] sowie die Gründung einer Tochter-SE durch eine SE mittels Ausgliederung.[52] Kennt das ausländische Recht keine partielle Gesamtrechtsnachfolge, kommt für die Eröffnung des sachlichen Anwendungsbereichs des UmwStG eine Einbringung im Wege der Einzelrechtsnachfolge in Betracht (§ 1 Abs. 3 Nr. 4, 5 UmwStG).

cc) Formwechsel einer Personengesellschaft in eine Kapitalgesellschaft/Genos- 27
senschaft nach UmwG oder vergleichbare ausländische Vorgänge. Der Formwechsel einer Personengesellschaft in eine Kapitalgesellschaft bzw. Genossenschaft gemäß § 190 Abs. 1 UmwG wird ebenso wie vergleichbare ausländische Vorgänge trotz der zivilrechtlichen Rechtsträgeridentität aufgrund der Änderung des Steuerregimes als **Einbringungsvorgang** behandelt. Zum Typenvergleich im Hinblick auf die erforderliche Ausgangs- bzw. Zielrechtsform bei vergleichbaren ausländischen Vorgängen vgl. oben unter Rdnr. 10; zum Rechtsfolgenvergleich vgl. oben unter Rdnr. 16.

dd) Einbringung von Betriebsvermögen durch Einzelrechtsnachfolge in eine 28
Kapitalgesellschaft, Genossenschaft oder Personengesellschaft. § 1 Abs. 3 Nr. 4 UmwStG stellt klar, dass der Sechste bis Achte Teil des UmwStG nicht auf Einbringungen mittels **Gesamtrechtsnachfolge** beschränkt ist, sondern auch Einbringungsvorgänge ein-

---

[48] Schmitt/*Hörtnagl*/Stratz D § 1 UmwStG Rdnr. 82 u. 86.
[49] Vergleiche zu den heranzuziehenden Kriterien oben unter Rdnr. 12, 13.
[50] *Schönherr/Lemaitre*, Grundzüge und ausgewählte Aspekte bei Einbringungen in Kapitalgesellschaften nach dem SEStEG, GmbHR 2007, 459, 460; *Förster/Wendland*, BB 2007, 631, 632.
[51] Schmitt/*Hörtnagl*/Stratz D § 1 UmwStG Rdnr. 91.
[52] Dötsch/Patt/Pung/*Möhlenbrock* § 1 Rdnr. 29; Rödder/Herlinghaus/van Lishaut/*Trossen* § 1 Rdnr. 213; Schmitt/*Hörtnagl*/Stratz D § 1 UmwStG Rdnr. 92.

schließt, die im Wege der **Einzelrechtsnachfolge** erfolgen.[53] Während keine besonderen Anforderungen an die Person des Einbringenden bestehen, setzt die Vorschrift im Hinblick auf den übernehmenden Rechtsträger voraus, dass dieser eine Kapitalgesellschaft, Genossenschaft oder Personengesellschaft ist. Sind ausländische Rechtsträger beteiligt, ist ein Typenvergleich erforderlich.

29 In Bezug auf den **Einbringungsgegenstand** ist lediglich erforderlich, dass es sich um Betriebsvermögen (in Abgrenzung zu Privatvermögen) handelt. Weitere Einschränkungen werden in Abhängigkeit vom übernehmenden Rechtsträger, bei Kapitalgesellschaften bzw. Genossenschaften in § 20 UmwStG und bei Personengesellschaften in § 24 UmwStG vorgenommen.

30 ee) **Anteilstausch.** Ein Anteilstausch im Sinne von § 1 Abs. 3 Nr. 5 UmwStG liegt vor, wenn **Anteile an einer Kapitalgesellschaft oder Genossenschaft** (erworbene Gesellschaft) in eine Kapitalgesellschaft oder Genossenschaft (übernehmende Gesellschaft) gegen Gewährung neuer Anteile an der übernehmenden Gesellschaft eingebracht werden (vgl. auch § 21 Abs. 1 Satz 1 UmwStG). Einbringender kann bei einem Anteilstausch grundsätzlich jede natürliche Person, Personengesellschaft oder juristische Person sein. Wegen des Erfordernisses, dass neue Anteile gewährt werden müssen, bezieht sich die Regelung insbesondere auf Anteilsübertragungen im Rahmen der Sachgründung oder Sachkapitalerhöhung, wobei auch solche nach ausländischem Recht erfasst sind.[54]

31 b) **Persönlicher Anwendungsbereich.** § 1 Abs. 4 UmwStG enthält für bestimmte Einbringungsvorgänge des Sechsten bis Achten Teils des UmwStG weitere Anforderungen in Bezug auf die beteiligten Rechtsträger. Diesbezüglich ist zwischen drei Fallgruppen zu differenzieren:[55]

32 aa) **Einbringung in Personengesellschaft.** Keine zusätzlichen Voraussetzungen bestehen bei Einbringungen i. S. v. § 24 UmwStG, d. h. wenn der aufnehmende Rechtsträger nach deutschem Verständnis eine Personengesellschaft ist (§ 1 Abs. 4 Satz 2 UmwStG). Der persönliche Anwendungsbereich des UmwStG wirkt hier insoweit (ausnahmsweise) **global**.[56] § 24 UmwStG gilt somit auch, wenn die aufnehmende Personengesellschaft in einem Drittstaat ansässig ist, ohne dass es auf den Status oder die Ansässigkeit des Einbringenden ankommt. Auch der einbringende Rechtsträger und deren Gesellschafter können somit in Drittstaaten ansässig sein.

33 bb) **Anteilstausch.** Im Rahmen des Anteilstausches (§ 1 Abs. 3 Nr. 5 UmwStG) ist Voraussetzung, dass es sich bei dem übernehmenden Rechtsträger (d. h. der Kapitalgesellschaft bzw. Genossenschaft) um eine nach EU-/EWR-Recht **gegründete** Gesellschaft mit **Sitz und Ort der Geschäftsleitung** in der EU/im EWR handelt.[57] Besondere Anforderungen an die Person des Einbringenden bestehen nicht, so dass auch Einbringungen durch Gesellschaften oder natürliche Personen aus Drittstaaten möglich sind.

34 cc) **Einbringungen in Kapitalgesellschaft (außer Anteilstausch).** Die übrigen Einbringungsfälle gem. § 1 Abs. 3 Nr. 1–4 UmwStG erfordern den **doppelten EU-/EWR-Bezug**[58] sowohl für den übernehmenden als auch für den umzuwandelnden (bzw. einzubringenden) Rechtsträger (§ 1 Abs. 4 Satz 1 UmwStG). Ist letzterer eine Personengesellschaft

---

[53] Rödder/Herlinghaus/van Lishaut/*Trossen* § 1 Rdnr. 231; Schmitt/*Hörtnagl*/Stratz D § 1 UmwStG Rdnr. 104; *Widmann*/Mayer § 1 UmwStG Rdnr. 69; *Herlinghaus*, Sacheinbringungen nach dem SEStEG: Verschaffung des wirtschaftlichen Eigentums fällt unter §§ 1 Abs. 3, 20 Abs. 1 UmwStG, FR 2007, 286, 289.
[54] *Benz/Rosenberg*, Einbringungsvorgänge nach dem Regierungsentwurf des SEStEG, BB-Spezial 8/2006, S. 51, 58.
[55] Schmitt/*Hörtnagl*/Stratz D § 1 UmwStG Rdnr. 115.
[56] *Benecke/Schnitger*, Letzte Änderungen der Neuregelungen des UmwStG und der Entstrickungsnormen durch das SEStEG – Beschlussempfehlung und Bericht des Finanzausschusses, IStR 2007, 25.
[57] Vergleiche zu diesen Kriterien oben unter Rdnr. 18–20.
[58] Vergleiche zu diesen Kriterien oben unter Rdnr. 18–22.

oder eine nach deutschem Verständnis als transparent anzusehende Gesellschaft, sind die Einbringungsvorschriften zudem nur insoweit anwendbar, als dieser EU-/EWR-Bezug auch bei dem unmittelbar oder mittelbar über weitere Personengesellschaften beteiligten Gesellschafter, also auf oberster Ebene, vorliegt. Soweit nur einzelne Gesellschafter die Anforderungen nicht erfüllen, findet der Sechste bis Achte Teil des UmwStG quotal Anwendung.

Erfüllt der umzuwandelnde (einbringende) Rechtsträger bzw. seine Gesellschafter die erforderlichen Voraussetzungen nicht, ist **alternativ** der Sechste bzw. Achte Teil trotzdem anwendbar, wenn das Recht der Bundesrepublik hinsichtlich der Besteuerung des Gewinns aus der Veräußerung der erhaltenen Anteile nicht ausgeschlossen oder beschränkt ist.

III. Verschmelzung von Kapitalgesellschaften auf Personengesellschaften

Die steuerlichen Grundlagen der Verschmelzung von Kapital- auf Personengesellschaften[59] sind in den §§ 3 bis 8 und 18 UmwStG geregelt.

a) Steuerliche Konsequenzen auf der Ebene der übertragenden Körperschaft.
§ 3 UmwStG bestimmt die Auswirkungen einer Verschmelzung auf den Gewinn der übertragenden Körperschaft. Dazu hat diese auf den steuerlichen Übertragungsstichtag nach deutschen Bilanzierungsgrundsätzen[60] eine **steuerliche Schlussbilanz** aufzustellen. Die Verpflichtung zur Aufstellung einer steuerlichen Schlussbilanz betrifft grundsätzlich jede übertragende Körperschaft, die vom sachlichen Anwendungsbereich des UmwStG erfasst ist[61] und zwar unabhängig davon, ob die übertragende Körperschaft einer inländischen Steuerpflicht unterliegt oder im Inland zur Führung von Büchern verpflichtet ist.[62] Ob eine steuerliche Schlussbilanz des übertragenden Rechtsträgers für inländische Besteuerungszwecke benötigt wird, ist sowohl aus der Sicht des übertragenden als auch der des übernehmenden Rechtsträgers sowie deren Gesellschafter zu beurteilen.[63] Lediglich ausnahmsweise ist die steuerliche Schlussbilanz nicht erforderlich, wenn sie aus Sicht des übertragenden und des übernehmenden Rechtsträgers bzw. deren Gesellschafter für inländische Besteuerungszwecke nicht benötigt wird.[64] Beispielsweise ist sie regelmäßig auch bei einer rein ausländischen Verschmelzung mit inländischen unbeschränkt steuerpflichtigen Gesellschaftern erforderlich.

In der Schlussbilanz sind alle übergehenden Wirtschaftsgüter, einschließlich der nicht entgeltlich erworbenen und selbst geschaffenen immateriellen Wirtschaftsgüter, anzusetzen. Die **Bewertung** hat grundsätzlich mit dem gemeinen Wert zu erfolgen (Ausnahme Pensionsrückstellungen). Der gemeine Wert wird durch den Preis bestimmt, der im gewöhnlichen Geschäftsverkehr nach der Beschaffenheit des Wirtschaftsguts bei einer Veräußerung zu erzielen wäre (§ 9 Abs. 2 BewG). Durch die mögliche Aufdeckung stiller Reserven entsteht ein als laufender Gewinn zu erfassender Übertragungsgewinn auf Ebene der übertragenden Kapitalgesellschaft, der der Körperschaft- und Gewerbesteuer (§ 18 Abs. 1 Satz 1 UmwStG) unterliegt, soweit nicht für einzelne Wirtschaftsgüter Sonderregelungen gelten (z.B. § 8b Abs. 2 KStG oder eine Freistellung nach DBA). Eine Ertragsbesteuerung kann vermieden bzw. vermindert werden, soweit ein Ansatz zum Buch- bzw. zu einem zwischen dem Buch- und dem gemeinen Wert liegenden Zwischenwert zulässig ist. Ein solcher Ansatz ist auf Antrag zulässig, soweit

---

[59] Auf die in Praxis wenig relevante Verschmelzung einer Kapitalgesellschaft auf eine natürliche Person wird im Folgenden nicht weiter eingegangen.
[60] *Dötsch/Patt/Pung/Möhlenbrock* § 3 Rdnr. 3; *Rödder/Herlinghaus/van Lishaut/Birkemeier* § 3 Rdnr. 63; *Schmitt/Hörtnagl/Stratz* D § 3 UmwStG Rdnr. 22.
[61] *Rödder/Herlinghaus/van Lishaut/Birkemeier* § 3 Rdnr. 62.
[62] BT-Drs. 16/2710.
[63] *Rödder/Herlinghaus/van Lishaut/Birkemeier* § 3 Rdnr. 62; *Schmitt/Hörtnagl/Stratz* D § 3 UmwStG Rdnr. 23.
[64] *Rödder/Herlinghaus/van Lishaut/Birkemeier* § 3 Rdnr. 62.

– die übergehenden Wirtschaftsgüter Betriebsvermögen der übernehmenden Personengesellschaft werden und der Besteuerung mit Einkommen- oder Körperschaftsteuer unterliegen, und
– das Recht der Bundesrepublik Deutschland hinsichtlich der Besteuerung des Gewinns aus der Veräußerung der übertragenen Wirtschaftsgüter bei den Gesellschaftern der übernehmenden Personengesellschaft nicht ausgeschlossen oder beschränkt wird und
– eine Gegenleistung nicht gewährt wird oder in Gesellschaftsrechten besteht.

39 Für grenzüberschreitende und ausländische Verschmelzungen, aber auch für inländische Verschmelzungen mit Auslandsbezug (in Gestalt ausländischer Betriebsstätten bzw. beschränkt steuerpflichtiger Gesellschafter), ist in diesem Zusammenhang insbesondere eine mögliche **Beschränkung bzw. ein möglicher Verlust des deutschen Besteuerungsrechts** von Bedeutung. Das Tatbestandsmerkmal ist gesellschafterbezogen zu prüfen,[65] was, etwa aufgrund einer unterschiedlichen persönlichen Steuerpflicht in Deutschland (unbeschränkt oder beschränkt) bzw. verschiedener einschlägiger Doppelbesteuerungsabkommen, dazu führen kann, dass bezogen auf einen Gesellschafter die anteilig übergehenden Wirtschaftsgüter mit dem gemeinen Wert anzusetzen sind, während bezogen auf einen anderen die Buchwertfortführung zulässig ist.

40 Verfügt die im Rahmen einer **Inlandsverschmelzung** zu übertragende Körperschaft ausschließlich über inländische Betriebsstätten, wird regelmäßig durch die Umwandlung das inländische Besteuerungsrecht auch im Fall eines beschränkt steuerpflichtigen Gesellschafters nicht beschränkt. Im Regelfall erfolgt die Besteuerung im Staat der Betriebsstätte (§ 49 Abs. 1 Nr. 2a EStG) und damit in Deutschland. Gleiches gilt bei ausländischen Betriebsstätten im Hinblick auf unbeschränkt wie beschränkt steuerpflichtige Gesellschafter, wenn sich die ausländische Betriebsstätte in einem DBA-Staat mit Freistellungsmethode befindet. Weder vor noch nach der Umwandlung besteht ein inländisches Besteuerungsrecht, daher ist eine Beschränkung ausgeschlossen. Handelt es sich hingegen um eine ausländische Anrechnungs-Betriebsstätte (kein DBA-Staat oder das entsprechende DBA sieht die Anrechnungsmethode vor), ist ein antragsgemäßer Buch-/Zwischenwert-Ansatz nur in dem Umfang möglich, wie an der übernehmenden Personengesellschaft nach der Umwandlung unbeschränkt steuerpflichtige Gesellschafter beteiligt sind. Im Hinblick auf beschränkt steuerpflichtige Gesellschafter kommt es zu einer Beschränkung des deutschen Besteuerungsrechts, da vor der Umwandlung jedenfalls eine Besteuerung der ausländischen Betriebsstätten-Einkünfte im Inland unter Anrechnung der ausländischen Steuer stattfand, während als Folge der Verschmelzung eine solche inländische Besteuerung gänzlich entfällt.[66]

41 Bei der **Hinausverschmelzung** einer inländischen Kapitalgesellschaft auf eine EU-/EWR-Personengesellschaft bleibt das deutsche Besteuerungsrecht für das einer inländischen Betriebsstätte zuzuordnende Vermögen erhalten. Ob und in welchem Umfang es zu einer Sofortbesteuerung kommt, hängt davon ab, welche Wirtschaftsgüter der verbleibenden deutschen Betriebsstätte und welcher der in das Ausland abgewanderten Unternehmensspitze (Geschäftsleitungs-Betriebsstätte) zuzuordnen sind.[67] Dies bestimmt sich danach, welcher Betriebsstätte es im Sinne einer funktionalen Zuordnung dient.[68] Probleme entstehen beim so genannten ungebundenen Vermögen, das mangels funktionaler Bedeutung nicht zwangsläufig einer bestimmten Betriebsstätte zugeordnet werden kann. So wird bei-

---

[65] *Dötsch/Patt/Pung/Möhlenbrock* § 3 Rdnr. 37; Rödder/Herlinghaus/van Lishaut/*Birkemeier* § 3 Rdnr. 115; *Schmitt/Hörtnagl/Stratz* D § 3 UmwStG Rdnr. 84.
[66] Rödder/Herlinghaus/van Lishaut/*Birkemeier* § 3 Rdnr. 104. Sofern die Anrechnungs-Betriebsstätte in einem EU-Staat belegen ist, bestimmt § 3 Abs. 3 UmwStG, dass bei Anwendbarkeit von Art. 10 FRL die ausländische Steuer anzurechnen ist, die bei einer Veräußerung des Betriebsstättenvermögens entstanden wäre.
[67] *Dötsch/Patt/Pung/Möhlenbrock* § 3 Rdnr. 40.
[68] BFH DStRE 2007, 473.

2. (Doppeltes) Teilbetriebserfordernis

§ 11 Abs. 2 UmwStG und § 13 Abs. 2 UmwStG sind bei Auf- oder Abspaltungen nur dann anzuwenden, wenn auf die übernehmenden Körperschaften ein Teilbetrieb übertragen wird und im Fall der Abspaltung bei der übertragenden Körperschaft ein Teilbetrieb verbleibt (§ 15 Abs. 1 Satz 2 UmwStG). Neben „echten" Teilbetrieben gelten gemäß § 15 Abs. 1 Satz 3 UmwStG auch Mitunternehmeranteile und 100%-Beteiligungen an einer Kapitalgesellschaft als (fiktive) Teilbetriebe. Ist das **(doppelte) Teilbetriebserfordernis**[111] erfüllt, ist unter den weiteren Voraussetzungen der Regelungen antragsgebunden eine Vermeidung der Gewinnrealisierung bei der übertragenden Körperschaft und ihren Anteilseignern möglich. 81

Teilbetrieb i. S. d. § 15 UmwStG ist die Gesamtheit der in einem Unternehmensteil einer Gesellschaft vorhandenen aktiven und passiven Wirtschaftsgütern, die in organisatorischer Hinsicht einen selbständigen Betrieb, d. h. eine aus eigenen Mitteln funktionsfähige Einheit darstellen (vgl. Art. 2 Buchstabe j RL 2009/133/EG). Die dem Teilbetrieb zugeordneten wesentlichen Betriebsgrundlagen müssen auf eine übernehmende Körperschaft übergehen bzw. bei der Abspaltung die wesentlichen Betriebsgrundlagen des zurückbleibenden Teilbetriebs bei der übertragenden Körperschaft verbleiben, wobei nach der maßgebenden **funktionalen Betrachtungsweise** nur solche Wirtschaftsgüter, die zur Erreichung des Betriebszwecks erforderlich sind und denen ein besonderes wirtschaftliches Gewicht für die Betriebsführung zukommt, zu den wesentlichen Betriebsgrundlagen zählen.[112] Dies ist aus der Perspektive des übertragenden Rechtsträgers zu beurteilen. 82

3. Missbrauchsvermeidungsvorschriften

Zusätzlich zu den in § 15 Abs. 1 Satz 2 UmwStG normierten positiven Voraussetzungen für eine steuerneutrale Spaltung enthält § 15 Abs. 2 zur Verhinderung von Missbräuchen weitere **negative Voraussetzungen.** Ist eine der Klauseln einschlägig, kommt das Wahlrecht gemäß § 11 Abs. 2 UmwStG mit der Möglichkeit der Steuerneutralität auf Ebene des übertragenden Rechtsträgers nicht zur Anwendung. Die Missbrauchsvermeidungsvorschriften haben keine Auswirkung auf § 13 Abs. 2 UmwStG, d. h. auf die Möglichkeit der Anteilseigner der übertragenden Körperschaft, ihre Anteile steuerneutral in Anteile an der übernehmenden Gesellschaft umzutauschen. 83

Gemäß § 15 Abs. 2 Satz 1 UmwStG findet § 11 Abs. 2 UmwStG auf Mitunternehmeranteile und Beteiligungen im Sinne von § 15 Abs. 1 keine Anwendung, wenn die **fiktiven Teilbetriebe** i. S. v. § 15 Abs. 1 Satz 3 UmwStG innerhalb eines Zeitraumes von drei Jahren vor dem steuerlichen Übertragungsstichtag durch Übertragung von Wirtschaftsgütern, die kein Teilbetrieb sind, erworben oder aufgestockt worden sind. Dadurch soll verhindert werden, dass einzelne Wirtschaftsgüter, die keine Teilbetriebe sind, durch vorherige Übertragung auf Mitunternehmerschaften/Kapitalgesellschaften steuerneutral vom Vermögen der übertragenden Körperschaft abgespalten werden können.[113] 84

Als weitere negative Zusatzvoraussetzung bestimmt § 15 Abs. 2 Satz 2–4 UmwStG (in Form einer in verschiedener Hinsicht unklaren Regelung[114]), dass § 11 Abs. 2 UmwStG ausscheidet, wenn durch die Spaltung eine **Veräußerung an eine außenstehende Person** vollzogen wird oder die Voraussetzungen für eine Veräußerung geschaffen werden. Die Regelung zielt darauf ab, zu verhindern, dass die Besteuerung stiller Reserven von Teilbetrieben dadurch umgangen wird, dass Teilbetriebe zunächst steuerneutral durch Auf- bzw. Abspaltung übertragen und die im Gegenzug erhaltenen Anteile steuerbegünstigt 85

---

[111] BR-Drs. 16/2710, 41 f.
[112] BFH BStBl II 1998, 388; Schmitt/*Hörtnagl*/Stratz D § 15 UmwStG Rdnr. 66 ff.; Rödder/Herlinghaus/van Lishaut/*Schumacher* § 15 UmwStG Rdnr. 142 ff.
[113] BT-Drs. 12/6885 S. 23.
[114] Widmann/*Mayer* § 15 UmwStG Rdnr. 222.

gemäß § 8b Abs. 2, 3 KStG bzw. § 3 Nr. 40 EStG veräußert werden.[115] Von der Schaffung der Voraussetzungen für eine Veräußerung durch die Spaltung ist auszugehen, wenn innerhalb von fünf Jahren nach dem steuerlichen Übertragungsstichtag Anteile an einer an der Spaltung beteiligten Körperschaft, die mehr als 20 Prozent der vor Wirksamwerden der Spaltung an der Körperschaft bestehenden Anteile ausmachen, veräußert werden (§ 15 Abs. 2 Satz 4 UmwStG).

86 Eine Regelung zur Trennung von Gesellschafterstämmen betrifft den letzten für die Anwendung von § 11 Abs. 2 UmwStG schädlichen Missbrauchsfall. Gemäß § 15 Abs. 2 Satz 5 UmwStG setzt das Wahlrecht im Fall der **Trennung von Gesellschafterstämmen** voraus, dass die Beteiligung der Gesellschafterstämme an der übertragenden Kapitalgesellschaft mindestens fünf Jahre vor dem steuerlichen Übertragungsstichtag bestanden haben muss. Der gesetzlich nicht definierte Begriff des Gesellschafterstammes wird in der Literatur als eine Gruppe von Personen betrachtet, die sich entweder selbst als einander zugehörig begreifen oder von anderen Personen als einander zugehörig angesehen werden.[116] Auch einzelne natürliche oder juristische Personen können einen Gesellschafterstamm darstellen.

4. Minderung von Verlustpositionen

87 Nachdem bei Spaltungen generell die Vorschriften über Verschmelzungen Anwendung finden, ist kein Übergang von Verlustpositionen des übertragenden Rechtsträgers möglich (§ 12 Abs. 3 Hs. 2 i.V.m. § 4 Abs. 2 Satz 2 UmwStG). Bei einer Abspaltung bestimmt § 15 Abs. 3 UmwStG zusätzlich, dass sich verrechenbare Verluste, verbleibende Verlustvorträge, nicht ausgeglichene negative Einkünfte, ein Zinsvortrag nach § 4h Abs. 1 Satz 5 und ein EBITDA-Vertrag nach § 4h Abs. 1 Satz 3 EStG der übertragenden Körperschaft in dem Verhältnis mindern, in dem bei Zugrundelegung des gemeinen Wertes das Vermögen auf eine andere Körperschaft übergeht.

VII. Auf- und Abspaltung von Kapitalgesellschaften auf Personengesellschaften

88 Die Auf- und Abspaltung von Kapital- auf Personengesellschaften ist in § 16 UmwStG im Wesentlichen durch Verweisungen auf andere Vorschriften des UmwStG geregelt.

90 Im Einklang mit der zivilrechtlichen Wertung der Auf- und Abspaltung als **Teilverschmelzung** sind insbesondere die §§ 3–8 UmwStG, also die Normen, die die steuerlichen Konsequenzen der Verschmelzung einer Körperschaft auf eine Personengesellschaft regeln, entsprechend anwendbar. Aus der Aufteilung des Vermögens folgt, dass die Rechtsfolgen nach den §§ 3–8 UmwStG nur in Bezug auf die jeweils übergehenden Vermögensteile eintreten.

VIII. Einbringung von Unternehmensteilen in Kapitalgesellschaften und Anteilstausch

91 Die Einbringung eines Betriebs, Teilbetriebs oder Mitunternehmeranteils oder von Anteilen an einer Kapitalgesellschaft in eine Kapitalgesellschaft (oder Genossenschaft) gegen Gewährung von neuen Anteilen an dem übernehmenden Rechtsträger ist in den §§ 20–23 UmwStG geregelt. Der rein **steuerrechtliche Begriff** der Einbringung hat keinen unmittelbaren Anknüpfungspunkt im UmwG. Vielmehr fallen hierunter sowohl eine Reihe von zivilrechtlichen Formen der Vermögensübertragung aus dem UmwG bzw. dessen ausländischen Pendants wie auch bestimmte Übertragungsformen im Wege der Einzelrechtsnachfol-

---

[115] Schmitt/Hörtnagl/Stratz D § 15 UmwStG Rdnr. 148.
[116] Haritz/Menner, Umwandlungssteuergesetz, 3. Auflage, § 15 Rz. 177; Dötsch/Patt/Pung/Möhlenbrock, § 15 UmwStG Rdnr. 149.

men der Verschmelzung Steuern, sind diese ausländischen Steuern anzurechnen.[80] Umgekehrt gelten auch bei rein inländischen Verschmelzungen mit beschränkt steuerpflichtigen (ausländischen) Gesellschaftern im Grundsatz die allgemeinen Regeln für Dividendeneinkünfte, d. h. auch sie unterliegen einem – u. U. durch DBA begrenzten – Kapitalertragsteuerabzug, wenn eine deutsche Kapitalgesellschaft umgewandelt wird.

bb) Veräußerungsanteil. Der Veräußerungsanteil ergibt sich aus dem anteilseignerbezogen zu bestimmenden Übernahmeergebnis im Sinne von § 4 Abs. 4, 5 UmwStG. Ein Übernahmeergebnis ist allerdings nur für diejenigen Anteilseigner zu bestimmen, deren Anteile am steuerlichen Übertragungsstichtag zum Betriebsvermögen der übernehmenden Personengesellschaft gehören (§ 4 Abs. 4 Satz 3 UmwStG). In diesem Zusammenhang ist jedoch von Bedeutung, dass auch steuerverstrickte Anteile (insbesondere wesentliche Beteiligungen i. S. v. § 17 EStG sowie im Betriebsvermögen gehaltene Anteile der Gesellschafter der übernehmenden Personengesellschaft), die nicht der Übernehmerin selbst gehören, als für diese Zwecke in ihr Betriebsvermögen eingelegt bzw. überführt gelten und daher zusammen mit den eigenen Anteilen der übernehmenden Personengesellschaft an der Ermittlung des Übernahmeergebnisses teilnehmen. Voraussetzung hierfür ist, dass die Anteilseigner des übertragenen Rechtsträgers im Zeitpunkt des zivilrechtlichen Vermögensüberganges Gesellschafter der übernehmenden Personengesellschaft sind oder werden.[81]

49

Das **Übernahmeergebnis** beläuft sich grundsätzlich auf den Unterschied zwischen dem Wert, mit dem die übergegangenen Wirtschaftsgüter von der Personengesellschaft zu übernehmen sind abzüglich der Kosten für den Vermögensübergang und dem (Buch-)Wert der Anteile an der Kapitalgesellschaft (§ 4 Abs. 4 Satz 1 UmwStG) Weitere Korrekturen erfolgen insbesondere (zur Vermeidung einer Doppelberücksichtigung) durch einen Abzug in Höhe des Dividendenanteils (§ 4 Abs. 5 S. 2 UmwStG),[82] was im Normalfall zu einem negativen Übernahmeergebnis führt. Die übergehenden Wirtschaftsgüter sind hierbei im Grundsatz mit dem in der steuerlichen Schlussbilanz der übertragenden Körperschaft enthaltenen Wert anzusetzen (Wertverknüpfung, vgl. § 4 Abs. 1 Satz 1 UmwStG). Weil Besteuerungsgegenstand die stillen Reserven in den Anteilen und nicht diejenigen in den Wirtschaftsgütern sind, ist Auslandsvermögen auch dann in die Ermittlung des steuerpflichtigen Übernahmegewinns einzubeziehen, wenn es selbst nicht der Besteuerung in Deutschland unterliegt (so genanntes neutrales Vermögen).[83]

50

Ein **Übernahmegewinn** wird besteuert wie die Veräußerung einer Beteiligung an einer Kapitalgesellschaft (§ 4 Abs. 7 UmwStG). Fällt der Übernahmegewinn auf eine Körperschaft als Mitunternehmerin der Personengesellschaft, ist § 8b KStG anzuwenden, so dass sich im Regelfall eine 95%ige Steuerfreistellung ergibt (§ 8b Abs. 2, 3 KStG). In allen anderen Fällen erfolgt eine Besteuerung nach dem Teileinkünfteverfahren (§ 3 Nr. 40 EStG, § 3c Abs. 2 EStG). Entfällt ein Übernahmegewinn auf einen ausländischen Anteilseigner bzw. auf in einem ausländischen Betriebsvermögen gehaltenen Anteil, ist auf der Grundlage der Vorschriften für beschränkt Steuerpflichtige (im Inland insbesondere § 49 EStG) sowie der einschlägigen DBA-Regelungen zu prüfen, welchem Staat ein Besteuerungsrecht zufällt. Nachdem das Übernahmeergebnis grundsätzlich unter Art. 13 Abs. 5 OECD-Musterabkommen fällt,[84] besteht ein inländisches Besteuerungsrecht regelmäßig nur dann, wenn ein DBA nicht besteht, die Beteiligung an dem übertragenden Rechtsträger funktional einer inländischen Betriebsstätte zuzurechnen ist (Art. 13 Abs. 2 OECD-Mus-

51

---

[80] Dötsch/Patt/*Pung*/Möhlenbrock § 7 Rdnr. 31.
[81] *Schmitt*/Hörtnagl/Stratz D § 5 UmwStG Rdnr. 4.
[82] Bei der Ermittlung des Übernahmeergebnisses ist darüber hinaus § 4 Abs. 4 Satz 2 UmwStG zu beachten. Danach ist das nicht der deutschen Besteuerung unterliegende ausländische Betriebsstättenvermögen für Zwecke der Übernahmeergebnisermittlung (nicht: in der Schlussbilanz der Übertragerin) mit dem gemeinen Wert anzusetzen. Eine weitere Sonderregelung enthält § 4 Abs. 5 Satz 1 UmwStG für Sperrbeträge nach § 50c EStG.
[83] Rödder/Herlinghaus/*van Lishaut* § 4 Rdnr. 80.
[84] Debatin/*Wassermeyer*, Doppelbesteuerung, Band I Art. 13 MA Rdnr. 136.

terabkommen) oder bei wesentlichen Beteiligungen i. S. v. § 17 EStG, wenn das entsprechende DBA ausnahmsweise dem Sitzstaat der Kapitalgesellschaft das Besteuerungsrecht zuweist.[85]

52 Ein **Übernahmeverlust** bleibt grundsätzlich[86] außer Ansatz, soweit er auf eine Körperschaft als Mitunternehmerin der Personengesellschaft entfällt (§ 4 Abs. 6 Satz 1 UmwStG). In den übrigen Fällen ist er in Höhe von 60 Prozent, höchstens jedoch in Höhe von 60 Prozent der Bezüge im Sinne des § 7 UmwStG, d. h. des Dividendenanteils, zu berücksichtigen (§ 4 Abs. 6 Satz 4 UmwStG). Besonderheiten gelten schließlich für bestimmte Verluste von wesentlich im Sinne von § 17 EStG Beteiligten (§ 4 Abs. 6 Satz 6 UmwStG). Die beschränkte Nutzbarkeit des Übernahmeverlustes sollte bereits im Vorfeld der Umstrukturierungen innerhalb der Steuerplanung berücksichtigt werden. Beispielsweise kann es in Abhängigkeit von den steuerlichen Rahmenbedingungen (insbesondere den Verlustvorträgen der übertragenden Körperschaft) sinnvoll sein, durch einen Zwischenwertansatz in der steuerlichen Schlussbilanz gezielt einen Übernahmeverlust von Null anzustreben.

53 **Gewerbesteuerlich** ist weder ein Übernahmegewinn noch ein Übernahmeverlust zu erfassen (§ 18 Abs. 2 Satz 1 UmwStG). Zu beachten ist jedoch die Missbrauchsvorschrift § 18 Abs. 3 UmwStG, die verhindern soll, dass der aus der Aufgabe einer Kapitalgesellschaft resultierende Gewinn nicht mit Gewerbesteuer belastet wird.[87] Nach dieser Norm unterliegt ein Gewinn aus der Veräußerung oder Aufgabe eines Teilbetriebs oder Betriebs der übernehmenden Personengesellschaft bzw. eines Anteils an der Personengesellschaft innerhalb von fünf Jahren nach dem steuerlichen Übertragsstichtag der Gewerbesteuer.

54 Praktische Probleme können sich ergeben, wenn insbesondere bei **Verschmelzung einer ausländischen Körperschaft** als übertragender Rechtsträger das übertragene Vermögen weder vor noch nach der Umwandlung in einer deutschen Steuerbilanz zu führen ist. Auch in diesem Fall ist es grundsätzlich in die nach deutschen Grundsätzen aufzustellende Schlussbilanz aufzunehmen, wenn ein Gesellschafter beteiligt ist, der den Dividendenanteil oder das Übernahmeergebnis in Deutschland zu versteuern hat.[88] Vor allem Minderheitsgesellschafter werden eine ausländische Gesellschaft ohne nennenswerte eigene steuerliche Interessen im Inland des Öfteren nicht zur Erstellung einer für den Buchwertansatz nach § 3 Abs. 2 UmwStG erforderlichen Schlussbilanz bewegen können. Der Buchwertansatz ist in diesem Fall zumindest für diejenigen Gesellschafter interessant, die ausschließlich einen Dividendenanteil zu versteuern haben, für die jedoch kein Übernahmeergebnis zu ermitteln ist. Für solche Fälle wird vertreten, dass das zuständige Finanzamt den Wertansatz des ausländischen Vermögens u. U. gemäß § 162 AO schätzen und das Antragswahlrecht auf Ansatz eines niedrigeren als des gemeinen Wertes ausnahmsweise durch den deutschen Gesellschafter ausgeübt werden kann.[89]

IV. Formwechsel von Kapitalgesellschaften in Personengesellschaften

55 Der Formwechsel ist dadurch gekennzeichnet, dass an der Umwandlung nur ein Rechtsträger beteiligt ist, der seine Rechtsform ändert, ohne dabei seine rechtliche und wirtschaftliche Identität zu verlieren (§ 190 Abs. 1 UmwG). Das Steuerrecht folgt dem Handelsrecht insoweit nicht, als es um einen Formwechsel von der Rechtsform einer Kapitalgesellschaft in eine Personengesellschaft (und umgekehrt) geht. Wegen **unterschied-**

---

[85] *Schmitt*/Hörtnagl/Stratz D § 4 UmwStG Rdnr. 145.
[86] Dies gilt nicht für Anteile an der übertragenden Körperschaft, die die Voraussetzungen des § 8b Abs. 7 KStG oder § 8b Abs. 8 Satz 1 KStG erfüllen (§ 4 Abs. 6 Satz 2 UmwStG). In diesen Fällen ist der Übernahmeverlust bis zur Höhe der Bezüge im Sinne des § 7 (Dividendenanteil) zu berücksichtigen (§ 4 Abs. 6 Satz 3 UmwStG).
[87] Dötsch/Patt/*Pung*/Möhlenbrock § 18 Rdnr. 33 ff.
[88] Rödder/Herlinghaus/*van Lishaut* § 4 Rdnr. 28.
[89] Rödder/Herlinghaus/*van Lishaut* § 4 Rdnr. 29.

licher Besteuerungskonzepte für Kapital- und Personengesellschaften bzw. deren Gesellschafter fingiert das UmwStG einen Vermögensübergang.[90] Der Formwechsel einer Kapital- in eine Personengesellschaft wird daher steuerlich wie die Verschmelzung einer Kapitalgesellschaft auf eine Personengesellschaft behandelt (§ 9 Satz 1 UmwStG). Im Unterschied zu einer Verschmelzung gehen jedoch auch Rechtsprechung[91] und Finanzverwaltung[92] davon aus, dass der Formwechsel in Ermangelung eines zivilrechtlichen Vermögensüberganges keinen grunderwerbsteuerbaren Vorgang darstellt.

Anders als handelsrechtlich ist wegen der unterstellten Vermögensübertragung auch eine **steuerliche Schlussbilanz** aufzustellen (§ 9 Satz 2 UmwStG). Soweit die steuerliche Schlussbilanz für inländische Zwecke benötigt wird, gilt die Aufstellungsverpflichtung unabhängig davon, ob die formwechselnde Kapitalgesellschaft im Inland steuerpflichtig oder generell zur Führung von Büchern verpflichtet ist. **56**

V. Verschmelzung von Kapitalgesellschaften auf Kapitalgesellschaften

Die steuerlichen Grundlagen der Verschmelzung von Kapital- auf Kapitalgesellschaften sind in den §§ 11 bis 13 und 19 UmwStG geregelt. **57**

a) Steuerliche Konsequenzen auf der Ebene der übertragenden Körperschaft. **58**
Die Auswirkungen auf den Gewinn der übertragenden Körperschaft im Fall der Verschmelzung auf eine andere Körperschaft sind in § 11 UmwStG geregelt. Die Vorschrift bestimmt, dass die übergehenden Wirtschaftsgüter einschließlich nicht entgeltlich erworbener und selbst geschaffener immaterieller Wirtschaftsgüter in der auf den steuerlichen Übertragungsstichtag aufzustellenden Schlussbilanz der übertragenden Körperschaft im Grundsatz mit dem gemeinen Wert anzusetzen sind. Lediglich für die **Bewertung** der Pensionsrückstellungen ist der Teilwert nach § 6a EStG maßgeblich.

Die Verpflichtung zur Aufstellung einer **Schlussbilanz** gilt unabhängig davon, ob die übertragende Körperschaft im Inland steuerpflichtig oder im Inland zur Führung von Büchern verpflichtet ist.[93] Auch eine in den Anwendungsbereich des UmwStG fallende im Ausland ansässige EU/EWR-Körperschaft als übertragende Rechtsträgerin hat damit eine im Hinblick auf Ansatz und Bewertung § 11 UmwStG entsprechende Schlussbilanz aufzustellen, ohne dass eine Bindungswirkung an eine u. U. zusätzlich im Ausland aufzustellende Bilanz besteht.[94] Eine Ausnahme gilt lediglich dann, wenn sie für inländische Besteuerungszwecke nicht benötigt wird. **59**

Um die als Folge der Bewertung der übergehenden Wirtschaftsgüter zum gemeinen Wert denkbare Entstehung eines körper- und gewerbesteuerlichen (§ 19 UmwStG) Übertragungsgewinns zu vermeiden und eine steuerneutrale Verschmelzung zu ermöglichen, sieht § 11 Abs. 2 UmwStG ein Bewertungswahlrecht vor. Auf Antrag können die übergehenden Wirtschaftsgüter einheitlich mit dem Buchwert oder einem höheren Zwischenwert, höchstens jedoch mit dem gemeinen Wert angesetzt werden. Die **Buch- oder Zwischenwertansatz** von übergehenden Wirtschaftsgütern ist jedoch nur zulässig, soweit **60**
– sichergestellt ist, dass sie später bei der übernehmenden Körperschaft der Besteuerung mit Körperschaftsteuer unterliegen und
– das Recht der Bundesrepublik Deutschland hinsichtlich der Besteuerung des Gewinns aus der Veräußerung der übertragenen Wirtschaftsgüter bei der übernehmenden Körperschaft nicht ausgeschlossen oder beschränkt wird und

---

[90] BT-Drs. 12/6885.
[91] BFH BStBl. II 1997, 661.
[92] Finanzministerium Baden-Württemberg GmbHR 1997, 1016.
[93] BT-Drs. 16/2710 S. 40; *Rödder/Herlinghaus/van Lishaut* § 11 Rdnr. 59; *Schmitt/Hörtnagl/Stratz* D § 11 UmwStG Rdnr. 15.
[94] *Rödder/Schumacher*, DStR 2006, 1525; *Schmitt/Hörtnagl/Stratz* D § 11 UmwStG Rdnr. 15; *Winkeljohann/Fuhrmann* S. 747.

– eine Gegenleistung nicht gewährt wird oder in Gesellschaftsrechten besteht (§ 11 Abs. 2 Satz 1 Nr. 1–3 UmwStG).

61 Ist die übertragende an der übernehmenden Körperschaft beteiligt (**Downstream-Verschmelzung** der Mutter- auf die Tochtergesellschaft), sind zudem auch bei einem Buchwertansatz die Anteile an der übernehmenden Tochtergesellschaft in der Schlussbilanz der Muttergesellschaft um steuerwirksam vorgenommene Abschreibungen oder ähnliche Abzüge bis zur Höhe des gemeinen Wertes zu korrigieren (§ 11 Abs. 2 Satz 2 UmwStG). Ein dadurch entstehender Gewinn ist voll körperschaft- und gewerbesteuerpflichtig. Ein „Außeransatzbleiben" des Zuschreibungsgewinns gemäß § 8b Abs. 2 Satz 1 KStG ist ausdrücklich ausgeschlossen (§ 11 Abs. 2 Satz 3 KStG).

62 Im Kontext **grenzüberschreitender und sonstiger Verschmelzungen mit Auslandsbezug** ist für die Ausübung des Bewertungswahlrechts von besonderer Bedeutung, in wieweit das Recht der Bundesrepublik hinsichtlich der Besteuerung des Gewinns aus der Veräußerung der übertragenen Wirtschaftsgüter bei der übernehmenden Körperschaft nicht ausgeschlossen oder beschränkt wird (§ 11 Abs. 2 Satz 1 Nr. 2 UmwStG). Ob dies der Fall ist oder nicht, entscheidet sich damit nach den Verhältnissen bei dem übernehmenden Rechtsträger, wobei es ausschließlich auf einen Ausschluss bzw. eine Beschränkung des deutschen Besteuerungsrechts mit Körperschaftsteuer ankommt. Eine Beeinträchtigung des gewerbesteuerlichen Steuersubstrats ist insoweit hingegen irrelevant.[95]

63 Eine schädliche Beschränkung oder ein schädlicher Ausschluss des **deutschen Besteuerungsrechts** setzt voraus, dass vor der Verschmelzung ein deutsches Besteuerungsrecht bestand.[96] Dies ist dann der Fall, wenn die übergehenden Wirtschaftsgüter inländisches Betriebsvermögen sind oder ausländisches Betriebsvermögen in einem Nicht-DBA-Staat bzw. einem DBA-Staat mit Anrechnungsmethode. Gleiches gilt in den Sonderfällen, in denen die Wirtschaftsgüter Betriebsvermögen eines DBA-Staates mit Freistellungsmethode sind und Switch-over-Regelungen (zur Anrechnungsmethode) wie § 20 Abs. 2 AStG oder § 50d Abs. 9 EStG einschlägig sind.[97]

64 Bei der **Verschmelzung einer inländischen Körperschaft mit einer ausländischen Betriebsstätte** auf eine andere inländische Körperschaft wird regelmäßig das deutsche Besteuerungsrecht weder eingeschränkt noch beschränkt, wenn und soweit nicht verschmelzungsbedingt Wirtschaftsgüter statt der inländischen einer ausländischen Betriebsstätte oder statt einer Anrechnungs- einer Freistellungsbetriebsstätte zugeordnet werden.[98]

65 Eine **Hinausverschmelzung** einer inländischen auf eine ausländische Körperschaft bedingt dann eine für das Antragswahlrecht des § 11 Abs. 2 Satz 1 UmwStG schädliche Beschränkung des deutschen Besteuerungsrechts, wenn übergehende Wirtschaftsgüter als Folge einer Verschmelzung nicht einer deutschen Betriebsstätte des übernehmenden Rechtsträgers, sondern dem ausländischen Stammhaus zuzuordnen sind. Dies betrifft vor allem (immaterielle) Wirtschaftsgüter, die in Ermangelung eines funktionellen Zusammenhangs nicht zwangsläufig einer bestimmten Betriebsstätte zugeordnet werden können. Für den Fall der grenzüberschreitenden Hinausverschmelzung einer unbeschränkt steuerpflichtigen Körperschaft mit einer in einem anderen EU-Mitgliedstaat gelegenen Betriebsstätte, für die Deutschland nicht auf sein Besteuerungsrecht durch die Freistellungsmethode verzichtet hat, sieht § 11 Abs. 3 i.V.m. § 3 Abs. 3 UmwStG eine Sonderregelung vor und setzt dadurch Art. 10 Abs. 2 der Fusionsrichtlinie um. Als Folge der Hinausverschmelzung kann Deutschland bzgl. der Betriebsstätte sein Besteuerungsrecht verlieren, weswegen das übertragene Vermögen der Betriebsstätte in der steuerlichen Schlussbilanz mit dem gemei-

---

[95] *Rödder/Schumacher*, DStR 2006, 1525; *Schmitt/Hörtnagl/Stratz* D § 11 UmwStG Rdnr. 98.

[96] BT-Drs. 16/2710; *Dötsch/Patt/Pung/Möhlenbrock* § 3 Rdnr. 38; *Schmitt/Hörtnagl/Stratz* D § 11 UmwStG Rdnr. 99; *Rödder/Herlinghaus/van Lishaut* § 11 Rdnr. 119; *Schaflitzl/Widmayer*, BB Beilage 8/2006, 41.

[97] *Rödder/Herlinghaus/van Lishaut* § 11 Rdnr. 119.

[98] *Rödder/Herlinghaus/van Lishaut* § 11 Rdnr. 125.

nen Wert anzusetzen ist. Insoweit ist jedoch auf die im Inland erhobene Steuer eine fiktive ausländische Steuer anzurechnen. Die Anrechnung erfolgt nach den Grundsätzen von § 26 KStG mit dem Betrag der ausländischen Steuer, der nach den Rechtsvorschriften des anderen Mitgliedstaats erhoben worden wäre, wenn das übergehende Vermögen zum Zeitpunkt der Übertragung zum gemeinen Wert veräußert worden wäre bzw. bei tatsächlicher Erhebung im Ausland mit dem tatsächlich erhobenen Betrag.[99]

Bei der Verschmelzung einer ausländischen Körperschaft auf eine in Deutschland unbeschränkt steuerpflichtige Körperschaft (**Hereinverschmelzung**) wird normalerweise das inländische Besteuerungsrecht weder eingeschränkt noch ausgeschlossen, soweit der übertragende ausländische Rechtsträger im Inland Betriebsstättenvermögen bzw. Immobilienvermögen besitzt. In dieser Konstellation stellt sich hingegen vielmehr die Frage, in welchem Umfang Beteiligungen, Patente, der Geschäftswert und andere immaterielle Wirtschaftsgüter aufgrund der Zentralfunktion des Stammhauses[100] in Deutschland steuerverstrickt werden. **66**

Im Rahmen einer **rein ausländischen Verschmelzung** sind die Voraussetzungen des § 11 Abs. 2 Satz 1 Nr. 2 UmwStG für den Buch- bzw. Zwischenwert im Regelfall ebenfalls gegeben. Nur im Ausnahmefall wird es als Folge der Verschmelzung zur Zuordnung von vorher einer inländischen Betriebsstätte zugeordneten Wirtschaftsgütern zu einer ausländischen Betriebsstätte kommen. **67**

b) Steuerliche Konsequenzen auf der Ebene der übernehmenden Körperschaft. Gemäß § 12 Abs. 1 Satz 1 UmwStG hat die übernehmende Körperschaft die auf sie übergegangenen Wirtschaftsgüter mit dem in der steuerlichen Schlussbilanz der übertragenden Körperschaft ausgewiesenen Wert i.S. von § 11 UmwStG zu übernehmen (**Wertverknüpfung**). Bei einer Aufwärtsverschmelzung der Tochter- auf die Muttergesellschaft besteht außerdem ein Wertaufholungsgebot. Wurde der Buchwert der Beteiligung, die die übernehmende Kapitalgesellschaft an der übertragenden Kapitalgesellschaft hält, in der Vergangenheit um steuerwirksame Abschreibungen sowie Abzüge nach § 6b EStG bzw. ähnliche Abzüge gemindert, ist im Rahmen des Up-Stream-Mergers eine steuerpflichtige Zuschreibung um diese Beträge durchzuführen (Beteiligungskorrekturgewinn). Der gemeine Wert der Anteile darf dabei jedoch nicht überschritten werden (§ 12 Abs. 1 Satz 2 UmwStG i. V. m § 4 Abs. 1 Satz 2, 3 UmwStG). **68**

Hält der übernehmende Rechtsträger Anteile an dem übertragenden Rechtsträger (Up-Stream-Merger) und entspricht der Wert der Beteiligung dem Nettobuchwertvermögen der übertragenden Körperschaft in deren Schlussbilanz, löst die Verschmelzung auf der Seite der übernehmenden Körperschaft regelmäßig kein Übernahmeergebnis in Gestalt eines Übernahmegewinns oder -verlustes aus. In der Praxis entsprechen sich die beiden Werte jedoch meist nicht. Stattdessen entsteht ein **Übernahmeergebnis** in Höhe der Differenz zwischen dem Wert, mit dem das übergegangene Vermögen bei der Übernehmerin anzusetzen ist und dem Buchwert der durch die Verschmelzung untergehenden Anteile abzüglich der Kosten für den Vermögensübergang (§ 12 Abs. 2 Satz 1 UmwStG).[101] **69**

Der Übernahmegewinn oder -verlust, der mit Ablauf des steuerlichen Übertragungsstichtages entsteht, bleibt bei der Ermittlung des Gewinns der übernehmenden Kapitalgesellschaft grundsätzlich außer Ansatz (§ 12 Abs. 2 Satz 1 UmwStG). Dies gilt auch für Zwecke der Gewerbesteuer (§ 19 Abs. 1 UmwStG). Gleichzeitig bestimmt jedoch § 12 Abs. 2 Satz 2 UmwStG, dass auf einen „Gewinn" in diesem Sinne abzüglich der anteilig auf den Vermögensübergang entfallenden Kosten, **§ 8b KStG anzuwenden** ist, soweit dieser Gewinn dem Anteil der übernehmenden an der übertragenden Körperschaft ent- **70**

---

[99] Rödder/Herlinghaus/van Lishaut § 11 Rdnr. 181 f.
[100] Vergleiche dazu oben unter Rdnr. 41.
[101] Zur Diskussion, ob ein Übernahmeergebnis in diesem Sinne auch dann entsteht, wenn bzw. soweit die übernehmende Körperschaft an der übertragenden Körperschaft nicht beteiligt ist, vgl. Schmitt/Hörtnagl/Stratz D § 12 UmwStG Rdnr. 43 ff. m. w. Nw.

spricht.[102] Eine Aufwärtsverschmelzung hingegen wird im Ergebnis aus der Sicht des übernehmenden Rechtsträgers einem Veräußerungsvorgang gleichgestellt.[103] Daher gelten fünf Prozent des anteiligen Übernahmegewinns als nicht abzugsfähige Betriebsausgaben, die außerhalb der Bilanz dem laufenden Gewinn wieder hinzuaddiert werden müssen (§ 8b Abs. 3 Satz 1 KStG).[104] Die Regelung des § 12 Abs. 2 Satz 2 UmwStG wird jedenfalls für grenzüberschreitende Verschmelzungen insofern kritisch betrachtet, als dass sie einer steuerfreien Verschmelzung von Kapitalgesellschaften entgegensteht und Art. 7 der Fusionsrichtlinie widerspricht.[105] Demnach darf ein Übernahmegewinn nur besteuert werden, wenn die Beteiligung der übernehmenden an der übertragenden Kapitalgesellschaft 10% nicht übersteigt.

71 Im Übrigen tritt die übernehmende Kapitalgesellschaft in die **steuerliche Rechtsposition der übertragenden Kapitalgesellschaft** ein (§ 12 Abs. 3 UmwStG). Dies gilt sowohl dann, wenn die Buchwerte der übernommenen Wirtschaftsgüter fortgeführt werden, also auch dann, wenn die übertragende Kapitalgesellschaft in der steuerlichen Schlussbilanz Zwischenwerte oder den gemeinen Wert ansetzt. Allerdings gehen verrechenbare Verluste, verbleibende Verlustvorträge, vom übertragenden Rechtsträger nicht ausgeglichene negative Einkünfte, ein Zinsvortrag sowie ein EBITDA-Vortrag nicht auf die übernehmende Körperschaft über (§ 12 Abs. 3 i. V. m. § 4 Abs. 2 UmwStG).

72 c) **Steuerliche Konsequenzen auf der Ebene der Anteilseigner.** Die Verschmelzung von Kapitalgesellschaften stellt aus der Sicht der Anteilseigner des übertragenden Rechtsträgers grundsätzlich einen **Tausch** oder tauschähnlichen Vorgang dar, der grundsätzlich zu einer Gewinnverwirklichung führt. Die Anteile an der übertragenden Körperschaft sind hierbei mit dem gemeinen Wert anzusetzen (§ 13 Abs. 1 UmwStG), soweit es sich um Anteile des Betriebsvermögens, wesentliche Beteiligungen i. S. v. § 17 EStG oder einbringungsgeborene Anteile i. S. d. § 21 Abs. 1 UmwStG 1995 handelt. Die Besteuerung eines dabei entstehenden Veräußerungsgewinns bestimmt sich nach den allgemeinen Vorschriften. Insbesondere gilt bei betrieblich beteiligten Anteilseignern die grundsätzliche Steuerbefreiung gemäß § 8b Abs. 2 KStG bzw. das Teileinkünfteverfahren gemäß § 3 Nr. 40 EStG. Im Gegenzug gelten die an die Stelle der Anteile an der übertragenden Körperschaft tretenden Anteile an der übernehmenden Körperschaft als mit diesem Wert angeschafft.

73 Auf Antrag erlaubt § 13 Abs. 2 UmwStG, die Anteile an der Übernehmerin mit dem Buchwert der untergehenden Anteile an der übertragenden Körperschaft anzusetzen bzw. bei Anteilen des Privatvermögens mit den Anschaffungskosten. Die Verschmelzung bleibt auf der Ebene der Anteilseigner **ertragsteuerneutral**, wenn
– das Recht der Bundesrepublik Deutschland hinsichtlich der Besteuerung des Gewinns aus der Veräußerung der Anteile an der übernehmenden Körperschaft nicht ausgeschlossen oder beschränkt wird (§ 13 Abs. 2 Satz 1 Nr. 1 UmwStG) oder
– Deutschland als EU-Mitgliedstaat bei der Verschmelzung Art. 8 der Fusionsrichtlinie anzuwenden hat (§ 13 Abs. 2 Satz 1 Nr. 2 UmwStG).

74 Das **Wahlrecht** nach § 13 Abs. 2 UmwStG gilt sowohl für unbeschränkt wie auch für beschränkt steuerpflichtige Anteilseigner, unabhängig davon, ob auf Ebene der übertragenden Körperschaft § 11 UmwStG und auf Ebene der übernehmenden Körperschaft

---

[102] *Dötsch/Patt/Pung/Möhlenbrock* § 12 Rdnr. 32; *Rödder/Herlinghaus/van Lishaut* § 12 Rdnr. 71; *Schmitt/Hörtnagl/Stratz* D § 12 UmwStG Rdnr. 47.

[103] BT-Drs. 16/2710, 41; BT-Drs. 16/3369 S. 10.

[104] Zur Diskussion, ob die die Steuerfreiheit für Veräußerungsgewinne einschränkenden Regeln des § 8b Abs. 7 und 8 KStG auch im Rahmen des § 12 Abs. 2 Satz 2 UmwStG mit der Folge zur Anwendung kommen können, dass der anteilige Übernahmegewinn abzüglich der Kosten für den Vermögensübergang voll steuerpflichtig wäre, vgl. *Rödder/Herlinghaus/van Lishaut* § 12 UmwStG Rdnr. 88.

[105] *Rödder/Herlinghaus/van Lishaut* § 12 UmwStG Rdnr. 87; *Schmitt/Hörtnagl/Stratz* D § 12 UmwStG Rdnr. 51, jeweils m. w. Nw.

§ 12 UmwStG angewandet worden sind.[106] Die Anteile an der übernehmenden Körperschaft treten steuerlich an die Stelle der Anteile an der übertragenden Körperschaft. Auf Verschmelzungen in einem Drittstaat bzw. grenzüberschreitende Verschmelzungen zwischen Drittstaaten ist § 13 UmwStG über § 12 Abs. 2 Satz 2 KStG entsprechend anzuwenden.

Bei **Verschmelzungen mit Auslandsbezug** wird das deutsche Besteuerungsrecht i.S. von § 13 Abs. 2 Satz 1 Nr. 1 UmwStG ausgeschlossen, wenn es im Hinblick auf die Anteile am übertragenden Rechtsträger bestand, aber hinsichtlich der Anteile an dem übernehmenden Rechtsträger durch ein DBA mit Freistellungsmethode einem anderen Staat zugewiesen wird. Eine Beschränkung des deutschen Besteuerungsrechts ist dann gegeben, wenn vor der Verschmelzung ein deutsches Besteuerungsrecht ohne Anrechnungsverpflichtung ausländischer Steuer bestand und als Folge der Verschmelzung entweder kein Besteuerungsrecht mehr besteht oder ein Besteuerungsrecht mit Anrechnungsverpflichtung. Eine Beschränkung liegt auch dann vor, wenn vor der Verschmelzung ein Besteuerungsrecht mit Anrechnungsverpflichtung bestand und nach der Verschmelzung kein Besteuerungsrecht mehr vorliegt.[107] Bei grenzüberschreitenden Hinaus- und Hereinverschmelzungen einer Körperschaft wird bei in Deutschland ansässigen Anteilseignern das Recht Deutschlands auf Besteuerung des Gewinns aus der Veräußerung der Anteile regelmäßig nicht eingeschränkt, weil die meisten DBA das Besteuerungsrecht entsprechend Art. 13 Abs. 5 OECD-MA dem Wohnsitzstaat zuordnen.[108]

Selbst bei einer Einschränkung des deutschen Besteuerungsrechts kann aufgrund von § 13 Abs. 2 Satz 1 Nr. 2 UmwStG die Verschmelzung trotzdem auf Anteilseignerebene ertragsteuerneutral sein, wenn Deutschland **Art. 8 der Fusionsrichtlinie** auf den Vorgang anzuwenden hat. Gemäß Art. 8 Abs. 1 der FRL darf die Zuteilung von Anteilen am Gesellschaftskapital der übernehmenden Gesellschaft an einen Gesellschafter aufgrund einer Fusion für sich alleine keine Besteuerung des Veräußerungsgewinns dieses Gesellschafters auslösen. Dies gilt nur, wenn der Gesellschafter den erworbenen Anteilen keinen höheren steuerlichen Wert beimisst als den im Rahmen der Verschmelzung untergehenden Anteilen unmittelbar vor der Verschmelzung beigemessen war (Art. 8 Abs. 4 FRL). Eine bare Zuzahlung darf allerdings besteuert werden (Art. 8 Abs. 9 FRL). 13 Abs. 2 Satz 1 Nr. 2 UmwStG i.V.m. Art. 8 FRL verbietet Deutschland damit die Besteuerung bei Verschmelzungen innerhalb der EU (nicht des EWR), wenn es sich bei den beteiligten Körperschaften um von der FRL erfasste Körperschaften handelt (vgl. dazu Art. 3 FRL). Relevanz kommt der Regelung insbesondere dann zu, wenn zwischen Deutschland und dem Ansässigkeitsstaat der übernehmenden Körperschaft vom OECD-MA abweichende DBAs abgeschlossen wurden, was im Verhältnis zu Tschechien, der Slowakei und Zypern der Fall ist. Sonderregelungen enthalten verschiedene DBAs auch für Grundstücksgesellschaften.[109] Zur Sicherung des deutschen Besteuerungsrechts ist in den Fällen des § 13 Abs. 2 Satz 1 Nr. 2 UmwStG § 15 Abs. 1a Satz 2 EStG entsprechend anzuwenden. Der Gewinn aus einer späteren Veräußerung der Anteile ist danach ungeachtet der Bestimmungen eines DBA in der gleichen Art und Weise zu besteuern, wie die Veräußerung der Anteile an der übertragenden Körperschaft zu besteuern wäre.

Kommt es als Folge einer Umwandlung auf der Ebene der Anteilseigner erstmals zu einer **inländischen Verstrickung der Anteile,** wird es im Regelfall nicht sinnvoll sein, einen Antrag auf Buchwertansatz zu stellen. Vielmehr gelten insofern auch außerhalb des Umwandlungsvorganges weiterhin die allgemeinen Verstrickungsvorschriften gemäß § 4 Abs. 1 Satz 8 Hs. 2 i.V.m. § 6 Abs. 1 Nr. 5a EStG. Anteile, die dem Betriebsvermögen

---

[106] BT-Drs. 16/2710 S. 41.
[107] Rödder/Herlinghaus/van Lishaut/*Trossen* § 13 UmwStG Rdnr. 34 f.; Schmitt/Hörtnagl/Stratz D § 13 UmwStG Rdnr. 39.
[108] *Dötsch*/Patt/Pung/Möhlenbrock § 13 UmwStG Rdnr. 23.
[109] *Dötsch*/Patt/Pung/Möhlenbrock § 13 UmwStG Rdnr. 25; Winkeljohann/Fuhrmann S. 795.

zuzurechnen sind, sind demnach nach allgemeinen Vorschriften mit dem gemeinen Wert anzusetzen. Im Fall der erstmaligen Verstrickung von im Privatvermögen gehaltenen wesentlichen Anteilen an Kapitalgesellschaften i. S. v. § 17 EStG bei unbeschränkt Steuerpflichtigen erfolgt die Bewertung im Rahmen der Bestimmung eines eventuellen Veräußerungsgewinns grundsätzlich mit dem Wert (anstelle der Anschaffungskosten), der im Zeitpunkt der Begründung der unbeschränkten Steuerpflicht im Ausland einer dem § 6 AStG vergleichbaren Besteuerung unterlegen hat (§ 17 Abs. 2 Satz 3 EStG).

78 § 13 UmwStG ist nur auf Anteile im Betriebsvermögen, wesentliche Beteiligungen i. S. v. § 17 EStG und einbringungsgeborene Anteile i. S. d. § 21 Abs. 1 UmwStG 1995 anzuwenden. Andernfalls ergeben sich die steuerlichen Konsequenzen für die Anteilseigner der übertragenden Körperschaft grundsätzlich aus § 20 Abs. 4a Satz 1 und 2 EStG. Danach treten die übernommenen Anteile steuerlich an die Stelle der bisherigen Anteile, wenn das Recht der Bundesrepublik Deutschland hinsichtlich der Besteuerung des Gewinns aus der Veräußerung der erhaltenen Anteile nicht ausgeschlossen oder beschränkt ist oder die EU-Mitgliedstaaten bei einer Verschmelzung, Art. 8 der Richtlinie 90/434/EWG anzuwenden haben. Auch in diesem Fall ist ein späterer Gewinn aus der Veräußerung der erworbenen Anteile ungeachtet der Bestimmungen eines DBAs in der gleichen Weise zu besteuern, wie die Veräußerung der Anteile an der übertragenden Körperschaft zu besteuern wäre (aufgeschobene Besteuerung).

VI. Auf- und Abspaltung von Kapitalgesellschaften auf Kapitalgesellschaften

79 Die steuerlichen Grundlagen der Auf- oder Abspaltung von Kapital- auf Kapitalgesellschaften sind in den §§ 15 und 19 UmwStG geregelt, wobei § 15 UmwStG konzeptionell stark mit den §§ 11–13 UmwStG verknüpft ist.

1. Entsprechende Anwendung der §§ 11–13 UmwStG

80 § 15 Abs. 1 Satz 1 UmwStG ordnet für die Aufspaltung oder Abspaltung einer Körperschaft auf andere Körperschaften grundsätzlich die entsprechende Geltung der §§ 11 bis 13 UmwStG an, also der Regelungen, die für die Verschmelzung einer Körperschaft auf eine andere Körperschaft gelten. Auch die gewerbesteuerlichen Folgen ergeben sich wie bei der Verschmelzung aus § 19 UmwStG. Gleichzeitig sind allerdings **spaltungsspezifische Besonderheiten** zu beachten. Insbesondere führt die entsprechende Anwendung von § 11 UmwStG dazu, dass nur bzgl. des Teils des Vermögens, das durch die Abspaltung übertragen wird, in einer Schlussbilanz eine Aufdeckung der stillen Reserven zu erfolgen hat. Zudem ist die Möglichkeit der Buchwertfortführung sowohl des übertragenen Vermögens als auch der getauschten Anteile nach § 11 Abs. 2 UmwStG bzw. § 13 Abs. 2 UmwStG nur eröffnet, wenn Teilbetriebe übertragen werden und bei der Abspaltung auch ein Teilbetrieb zurückbleibt. Fehlt es an den Teilbetriebsvoraussetzungen, verbleibt es zwar bei der Geltung von §§ 11–13 UmwStG, allerdings hat die übertragende Körperschaft das übergehende Vermögen nach § 11 Abs. 1 UmwStG zwingend mit dem gemeinen Wert anzusetzen. Auf Anteilseignerebene gilt § 13 Abs. 1 UmwStG, demzufolge eine (anteilige) Veräußerung der Anteile an der übertragenen Körperschaft zum gemeinen Wert und eine Anschaffung der als Gegenleistung erhaltenen Anteile zum gemeinen Wert fingiert wird.[110] Bei nicht i. S. d. § 17 EStG wesentlich beteiligten Anteilseignern mit Anteilen i. S. v. § 20 Abs. 2 Satz 1 Nr. 1 EStG ergeben sich die steuerlichen Rechtsfolgen bei einer Aufspaltung aus § 20 Abs. 4a Satz 1 EStG und bei einer Abspaltung aus § 20 Abs. 4a Satz 5 EStG. Darüber hinaus ist die Wahlrechtsausübung gemäß § 11 Abs. 2 UmwStG auf Ebene der übertragenen Gesellschaft nur möglich, wenn die Missbrauchsvermeidungsvorschriften in § 15 Abs. 2 UmwStG nicht erfüllt sind.

---

[110] Schmitt/*Hörtnagl*/Stratz D § 15 UmwStG Rdnr. 108.

2. (Doppeltes) Teilbetriebserfordernis

§ 11 Abs. 2 UmwStG und § 13 Abs. 2 UmwStG sind bei Auf- oder Abspaltungen nur **81** dann anzuwenden, wenn auf die übernehmenden Körperschaften ein Teilbetrieb übertragen wird und im Fall der Abspaltung bei der übertragenden Körperschaft ein Teilbetrieb verbleibt (§ 15 Abs. 1 Satz 2 UmwStG). Neben „echten" Teilbetrieben gelten gemäß § 15 Abs. 1 Satz 3 UmwStG auch Mitunternehmeranteile und 100%-Beteiligungen an einer Kapitalgesellschaft als (fiktive) Teilbetriebe. Ist das **(doppelte) Teilbetriebserfordernis**[111] erfüllt, ist unter den weiteren Voraussetzungen der Regelungen antragsgebunden eine Vermeidung der Gewinnrealisierung bei der übertragenden Körperschaft und ihren Anteilseignern möglich.

Teilbetrieb i. S. d. § 15 UmwStG ist die Gesamtheit der in einem Unternehmensteil **82** einer Gesellschaft vorhandenen aktiven und passiven Wirtschaftsgütern, die in organisatorischer Hinsicht einen selbständigen Betrieb, d.h. eine aus eigenen Mitteln funktionsfähige Einheit darstellen (vgl. Art. 2 Buchstabe j RL 2009/133/EG). Die dem Teilbetrieb zugeordneten wesentlichen Betriebsgrundlagen müssen auf eine übernehmende Körperschaft übergehen bzw. bei der Abspaltung die wesentlichen Betriebsgrundlagen des zurückbleibenden Teilbetriebs bei der übertragenden Körperschaft verbleiben, wobei nach der maßgebenden **funktionalen Betrachtungsweise** nur solche Wirtschaftsgüter, die zur Erreichung des Betriebszwecks erforderlich sind und denen ein besonderes wirtschaftliches Gewicht für die Betriebsführung zukommt, zu den wesentlichen Betriebsgrundlagen zählen.[112] Dies ist aus der Perspektive des übertragenden Rechtsträgers zu beurteilen.

3. Missbrauchsvermeidungsvorschriften

Zusätzlich zu den in § 15 Abs. 1 Satz 2 UmwStG normierten positiven Voraussetzungen **83** für eine steuerneutrale Spaltung enthält § 15 Abs. 2 zur Verhinderung von Missbräuchen weitere **negative Voraussetzungen.** Ist eine der Klauseln einschlägig, kommt das Wahlrecht gemäß § 11 Abs. 2 UmwStG mit der Möglichkeit der Steuerneutralität auf Ebene des übertragenden Rechtsträgers nicht zur Anwendung. Die Missbrauchsvermeidungsvorschriften haben keine Auswirkung auf § 13 Abs. 2 UmwStG, d.h. auf die Möglichkeit der Anteilseigner der übertragenden Körperschaft, ihre Anteile steuerneutral in Anteile an der übernehmenden Gesellschaft umzutauschen.

Gemäß § 15 Abs. 2 Satz 1 UmwStG findet § 11 Abs. 2 UmwStG auf Mitunternehmer- **84** anteile und Beteiligungen im Sinne von § 15 Abs. 1 keine Anwendung, wenn die **fiktiven Teilbetriebe** i. S. v. § 15 Abs. 1 Satz 3 UmwStG innerhalb eines Zeitraumes von drei Jahren vor dem steuerlichen Übertragungsstichtag durch Übertragung von Wirtschaftsgütern, die kein Teilbetrieb sind, erworben oder aufgestockt worden sind. Dadurch soll verhindert werden, dass einzelne Wirtschaftsgüter, die keine Teilbetriebe sind, durch vorherige Übertragung auf Mitunternehmerschaften/Kapitalgesellschaften steuerneutral vom Vermögen der übertragenden Körperschaft abgespalten werden können.[113]

Als weitere negative Zusatzvoraussetzung bestimmt § 15 Abs. 2 Satz 2–4 UmwStG (in **85** Form einer in verschiedener Hinsicht unklaren Regelung[114]), dass § 11 Abs. 2 UmwStG ausscheidet, wenn durch die Spaltung eine **Veräußerung an eine außenstehende Person** vollzogen wird oder die Voraussetzungen für eine Veräußerung geschaffen werden. Die Regelung zielt darauf ab, zu verhindern, dass die Besteuerung stiller Reserven von Teilbetrieben dadurch umgangen wird, dass Teilbetriebe zunächst steuerneutral durch Auf- bzw. Abspaltung übertragen und die im Gegenzug erhaltenen Anteile steuerbegünstigt

---

[111] BR-Drs. 16/2710, 41 f.
[112] BFH BStBl II 1998, 388; Schmitt/*Hörtnagl*/Stratz D § 15 UmwStG Rdnr. 66 ff.; Rödder/Herlinghaus/van Lishaut/*Schumacher* § 15 UmwStG Rdnr. 142 ff.
[113] BT-Drs. 12/6885 S. 23.
[114] *Widmann/Mayer* § 15 UmwStG Rdnr. 222.

gemäß § 8b Abs. 2, 3 KStG bzw. § 3 Nr. 40 EStG veräußert werden.[115] Von der Schaffung der Voraussetzungen für eine Veräußerung durch die Spaltung ist auszugehen, wenn innerhalb von fünf Jahren nach dem steuerlichen Übertragungsstichtag Anteile an einer an der Spaltung beteiligten Körperschaft, die mehr als 20 Prozent der vor Wirksamwerden der Spaltung an der Körperschaft bestehenden Anteile ausmachen, veräußert werden (§ 15 Abs. 2 Satz 4 UmwStG).

86 Eine Regelung zur Trennung von Gesellschafterstämmen betrifft den letzten für die Anwendung von § 11 Abs. 2 UmwStG schädlichen Missbrauchsfall. Gemäß § 15 Abs. 2 Satz 5 UmwStG setzt das Wahlrecht im Fall der **Trennung von Gesellschafterstämmen** voraus, dass die Beteiligung der Gesellschafterstämme an der übertragenden Kapitalgesellschaft mindestens fünf Jahre vor dem steuerlichen Übertragungsstichtag bestanden haben muss. Der gesetzlich nicht definierte Begriff des Gesellschafterstammes wird in der Literatur als eine Gruppe von Personen betrachtet, die sich entweder selbst als einander zugehörig begreifen oder von anderen Personen als einander zugehörig angesehen werden.[116] Auch einzelne natürliche oder juristische Personen können einen Gesellschafterstamm darstellen.

4. Minderung von Verlustpositionen

87 Nachdem bei Spaltungen generell die Vorschriften über Verschmelzungen Anwendung finden, ist kein Übergang von Verlustpositionen des übertragenden Rechtsträgers möglich (§ 12 Abs. 3 Hs. 2 i.V.m. § 4 Abs. 2 Satz 2 UmwStG). Bei einer Abspaltung bestimmt § 15 Abs. 3 UmwStG zusätzlich, dass sich verrechenbare Verluste, verbleibende Verlustvorträge, nicht ausgeglichene negative Einkünfte, ein Zinsvortrag nach § 4h Abs. 1 Satz 5 und ein EBITDA-Vertrag nach § 4h Abs. 1 Satz 3 EStG der übertragenden Körperschaft in dem Verhältnis mindern, in dem bei Zugrundelegung des gemeinen Wertes das Vermögen auf eine andere Körperschaft übergeht.

VII. Auf- und Abspaltung von Kapitalgesellschaften auf Personengesellschaften

88 Die Auf- und Abspaltung von Kapital- auf Personengesellschaften ist in § 16 UmwStG im Wesentlichen durch Verweisungen auf andere Vorschriften des UmwStG geregelt.

90 Im Einklang mit der zivilrechtlichen Wertung der Auf- und Abspaltung als **Teilverschmelzung** sind insbesondere die §§ 3–8 UmwStG, also die Normen, die die steuerlichen Konsequenzen der Verschmelzung einer Körperschaft auf eine Personengesellschaft regeln, entsprechend anwendbar. Aus der Aufteilung des Vermögens folgt, dass die Rechtsfolgen nach den §§ 3–8 UmwStG nur in Bezug auf die jeweils übergehenden Vermögensteile eintreten.

VIII. Einbringung von Unternehmensteilen in Kapitalgesellschaften und Anteilstausch

91 Die Einbringung eines Betriebs, Teilbetriebs oder Mitunternehmeranteils oder von Anteilen an einer Kapitalgesellschaft in eine Kapitalgesellschaft (oder Genossenschaft) gegen Gewährung von neuen Anteilen an dem übernehmenden Rechtsträger ist in den §§ 20–23 UmwStG geregelt. Der rein **steuerrechtliche Begriff** der Einbringung hat keinen unmittelbaren Anknüpfungspunkt im UmwG. Vielmehr fallen hierunter sowohl eine Reihe von zivilrechtlichen Formen der Vermögensübertragung aus dem UmwG bzw. dessen ausländischen Pendants wie auch bestimmte Übertragungsformen im Wege der Einzelrechtsnachfol-

---

[115] Schmitt/*Hörtnagl*/Stratz D § 15 UmwStG Rdnr. 148.
[116] *Haritz*/Menner, Umwandlungssteuergesetz, 3. Auflage, § 15 Rz. 177; *Dötsch*/*Patt*/Pung/Möhlenbrock, § 15 UmwStG Rdnr. 149.

ge. Sie sind abschließend in § 1 Abs. 3 Nr. 1–5 UmwStG katalogisiert.[117] Einbringungsvorgänge stellen aus Sicht des Einbringenden einen tauschähnlichen und damit nach allgemeinen Grundsätzen generell gewinnrealisierenden Veräußerungsakt dar.[118] Im Anwendungsbereich des UmwStG ist es jedoch unter den in § 20 ff. UmwStG geregelten Voraussetzungen möglich, den Einbringungsvorgang steuerneutral zu gestalten. Sämtliche Vermögensübertragungen i. S. der §§ 20 ff. UmwStG sind dadurch gekennzeichnet, dass sie gegen Gewährung neuer Anteile an der übernehmenden Kapitalgesellschaft (oder Genossenschaft) erfolgen.

Systematisch ist die Einbringung eines Betriebs, Teilbetriebes oder Mitunternehmeranteils (Sacheinlage) gemäß § 20 UmwStG und der Anteilstausch gemäß § 21 UmwStG zu unterscheiden. § 22 und § 23 UmwStG ergänzen die Regelungen zur Sacheinlage und zum Anteilstausch um ein Konzept der rückwirkenden Besteuerung des Gewinns aus der Einbringung bei Veräußerung der erhaltenen bzw. eingebrachten Anteile innerhalb einer siebenjährigen Sperrfrist und regeln die Auswirkungen der Einbringung aus der Sicht des übernehmenden Rechtsträgers. **92**

1. Einbringung von Betrieben, Teilbetrieben und Mitunternehmeranteilen

a) Ansatz und Bewertung des eingebrachten Betriebsvermögens durch den übernehmenden Rechtsträger. Eine steuerneutrale Einbringung im Rahmen des § 20 UmwStG setzt voraus, dass **Betriebe, Teilbetriebe**[119] **oder Mitunternehmeranteile** Gegenstand der Vermögensübertragung sind. Sie erfordert weiterhin die Verschaffung des zivilrechtlichen bzw. wirtschaftlichen Eigentums (§ 39 Abs. 2 Nr. 1 AO)[120] an denjenigen Wirtschaftsgütern, die in ihrer Gesamtheit einen Betrieb oder Teilbetrieb ausmachen, oder die Abtretung eines Mitunternehmeranteils. **93**

Entsprechend der Gesetzessystematik hat die übernehmende Körperschaft Betriebsvermögen grundsätzlich mit dem gemeinen Wert anzusetzen (§ 20 Abs. 2 Satz 1 UmwStG). Abweichend davon kann das übernommene Betriebsvermögen auf Antrag einheitlich mit dem **Buchwert oder einem Zwischenwert,** höchstens jedoch mit dem gemeinen Wert angesetzt werden, soweit **94**
– sichergestellt ist, dass es später bei der übernehmenden Körperschaft der Besteuerung mit Körperschaftsteuer unterliegt (§ 20 Abs. 2 Satz 2 Nr. 1 UmwStG),
– die Passivposten des eingebrachten Betriebsvermögens die Aktivposten nicht übersteigen, wobei das Eigenkapital nicht zu berücksichtigen ist (§ 20 Abs. 2 Satz 2 Nr. 2 UmwStG),
– das Recht der Bundesrepublik Deutschland hinsichtlich der Besteuerung des Gewinns aus der Veräußerung des eingebrachten Betriebsvermögens bei der übernehmenden Gesellschaft nicht ausgeschlossen oder beschränkt wird (§ 20 Abs. 2 Satz 2 Nr. 3 UmwStG).

Eine weitere Beschränkung des Bewertungsansatzes ergibt sich zudem aus § 20 Abs. 2 Satz 4 UmwStG in dem Fall, dass als Gegenleistung für die Einbringung zusätzlich zu neuen Anteilen an der übernehmenden Körperschaft **auch andere Wirtschaftsgüter gewährt** werden, wie etwa eine Barzahlung. Übersteigt der gemeine Wert der anderen Wirtschaftsgüter den Buchwert des eingebrachten Betriebsvermögens, hat die übernehmende Gesellschaft das eingebrachte Betriebsvermögen mindestens mit dem gemeinen Wert der anderen Wirtschaftsgüter anzusetzen. Es kommt insoweit zu einer zwingenden Wertaufstockung. **95**

---

[117] Vgl. dazu oben unter Rdnr. 25 ff.
[118] BFH DStRE 2003, 37; BMF BStBl. I 2011 S. 1314 Rdnr. 20.01.
[119] Zum unbestimmten Rechtsbegriff des Teilbetriebes vgl. oben unter Rdnr. 82.
[120] Ob die Verschaffung des wirtschaftlichen Eigentums ausreichend ist (so die überwiegende Auffassung, vgl. Rödder/Herlinghaus/van Lishaut § 20 Rdnr. 39; Schmitt/Hörtnagl/Stratz D § 20 UmwStG Rdnr. 19; Widmann/Mayer § 20 UmwStG Rdnr. 236) oder nicht, wird seit Geltung des SEStEG teilweise bestritten, vgl. Dötsch/Patt/Pung/Möhlenbrock § 20 UmwStG Rdnr. 7; Winkeljohann/Fuhrmann, Handbuch Umwandlungssteuerrecht, S. 830.

96 Die Anknüpfung des Buch- oder Zwischenwertansatzes an die **Besteuerung mit Körperschaftsteuer** (§ 20 Abs. 2 Satz 2 Nr. 1 UmwStG) vermeidet vor allem die Einschränkung des Besteuerungsrechts bei Einbringungen in eine steuerbefreite Körperschaft. Körperschaftsteuer im Sinne der Regelung ist nicht nur die inländische, sondern auch die ausländische Körperschaftsteuer, so dass eine Sicherstellung der späteren Besteuerung auch dann gegeben ist, wenn das übergehende Vermögen bei der übernehmenden Körperschaft ausländischer Körperschaftsteuer unterliegt.[121]

97 Sofern die Passivposten ohne Berücksichtigung des Eigenkapitals die Aktivposten in der Steuerbilanz des Einbringenden übersteigen, hat die übernehmende Kapitalgesellschaft das eingebrachte Betriebsvermögen so anzusetzen, dass sich **die Aktiv- und die Passivposten mindestens ausgleichen** (§ 20 Abs. 2 Satz 2 Nr. 2 UmwStG). Folglich hat die übernehmende Kapitalgesellschaft die in den eingebrachten Wirtschaftsgütern und Schulden vorhandenen stillen Reserven um einen einheitlichen Prozentsatz erfolgswirksam aufzudecken, bis das Eigenkapital des Einbringenden zumindest Null erreicht. Es kommt folglich zu einem zwingenden Ansatz von Zwischenwerten.

98 Eine **Beschränkung des deutschen Besteuerungsrechts** i. S. v. § 20 Abs. 2 Satz 2 Nr. 3 UmwStG liegt insbesondere dann vor, wenn (i) vor der Einbringung ein deutsches Besteuerungsrecht ohne Anrechnungsverpflichtung bestand und nachher kein oder ein Besteuerungsrecht mit Anrechnungsverpflichtung besteht oder (ii) vor der Einbringung ein Besteuerungsrecht mit Anrechnungsverpflichtung bestand und nachher keine Besteuerungsrecht besteht.[122]

99 Bei einer **grenzüberschreitenden Einbringung einer deutschen Betriebsstätte** bleibt das inländische Vermögen dieser Betriebsstätte jedenfalls dann in der Bundesrepublik steuerverstrickt, soweit Wirtschaftsgüter auch weiterhin funktional dieser Betriebsstätte zuzuordnen sind (§ 49 Abs. 1 Nr. 2a EStG, Art. 13 Abs. 2 OECD-MA).

100 In den Anwendungsbereich von § 20 UmwStG kann auch **im Ausland gelegenes Vermögen** fallen, wenn es zu einem in- oder ausländischen Betrieb, Teilbetrieb oder Mitunternehmeranteil gehört.[123] Sofern Deutschland im Hinblick auf das im Ausland gelegene Vermögen ein Besteuerungsrecht hat, weil sich dieses Vermögen in einem Nicht-DBA-Staat bzw. in einem DBA-Staat mit Anrechnungsmethode befindet und dieses Vermögen **in eine inländische Kapitalgesellschaft eingebracht wird,** steht die Steuerverhaftungsbedingung (§ 20 Abs. 2 Satz 2 Nr. 3 UmwStG) einem Buch- oder Zwischenwertansatz regelmäßig nicht entgegen, da Deutschland das Besteuerungsrecht hinsichtlich des Gewinns aus der Veräußerung der zu der Betriebsstätte gehörenden Wirtschaftsgüter auch nach der Einbringung hat.

101 Wird **ausländisches Betriebsvermögen** durch eine im Inland ansässige Person in eine ausländische EU/EWR-Kapitalgesellschaft eingebracht, hängen die steuerlichen Folgen davon ab, ob Deutschland vor der Einbringung ein Besteuerungsrecht an den eingebrachten Wirtschaftsgütern hatte. Handelt es sich bei dem durch eine inländische Person eingebrachten ausländischen Betriebsvermögen um eine ausländische Betriebsstätte, die in den Anwendungsbereich eines DBA mit Freistellungsmethode fällt, kann es grundsätzlich mangels eines vorher bestehenden Besteuerungsrechts nicht zu einer Beschränkung kommen. War hingegen vor der Einbringung ein DBA mit Anrechnungsmethode einschlägig und wird das Deutschland zustehende Besteuerungsrecht auf den EU/EWR-Staat übertragen, in der übernehmende Rechtsträger ansässig ist, ist eine steuerneutrale Übertragung der Betriebsstätte regelmäßig ausgeschlossen.

102 Liegt die übergehende Betriebsstätte in der EU und ist das Besteuerungsrecht Deutschlands nicht ohnehin bereits durch ein DBA mit Freistellungsmethode ausgeschlossen, schränkt

---

[121] *Frotscher*, Internationalisierung des Ertragsteuerrechts, Rdnr. 350; Rödder/*Herlinghaus*/van Lishaut § 20 Rdnr. 160 Fn. 5; Schmitt/Hörtnagl/Stratz D § 20 UmwStG Rdnr. 319; a. A. *Widmann*/Mayer § 20 UmwStG Rdnr. 540.
[122] BT-Drs. 16/2710 S. 43.
[123] *Widmann*/Mayer § 20 UmwStG Rdnr. 472.

die Fusionsrichtlinie die Besteuerung des als Folge des durch den erzwungenen Ansatz der gemeinen Werte entstehenden Einbringungsgewinn ein (§ 20 Abs. 7 i. V. m. § 3 Abs. 3 UmwStG). Entsprechend Art. 10 FRL ist die fiktive ausländische Steuer, die auf diesen fiktiven Veräußerungsgewinn erhoben worden wäre, auf die deutsche Steuer anzurechnen, wodurch eine Doppelbesteuerung der in der ausländischen Betriebsstätte enthaltenen stillen Reserven vermieden werden kann. Erhebt der andere Mitgliedstaat tatsächlich Steuern, erfolgt eine Anrechnung dieser Steuern nach den Grundsätzen des § 26 KStG bzw. § 34c EStG.[124]

103 Kommt es durch eine Einbringung zu einer **erstmaligen Begründung deutschen Besteuerungsrechts** (z. B. als Folge der Einbringung einer ausländischen Betriebsstätte in eine inländische Kapitalgesellschaft und der Zuordnung von immateriellen Wirtschaftsgütern zum deutschen Stammhaus), gelten nach der Gesetzesbegründung[125] und der überwiegenden Meinung in der Literatur[126] die allgemeinen Verstrickungsgrundsätze. Die betroffenen Wirtschaftsgüter sind folglich wie eine Einlage mit dem gemeinen Wert anzusetzen (§ 4 Abs. 1 Satz 8 Hs. 2 EStG; § 6 Abs. 1 Nr. 5a EStG).

104 **b) Veräußerungspreis und Ansatz der als Gegenleistung gewährten Gesellschaftsanteile.** Der Wert, mit dem die übernehmende Gesellschaft das eingebrachte Betriebsvermögen ansetzt, gilt für den Einbringenden grundsätzlich als Veräußerungspreis und als Anschaffungskosten der im Gegenzug für die Einbringung erhaltenen Gesellschaftsanteile (§ 20 Abs. 3 Satz 1 UmwStG). Durch diese **Buchwertverknüpfung** mit den Anschaffungskosten soll gewährleistet werden, dass die in die Kapitalgesellschaft eingebrachten stillen Reserven des Vermögens bei einem Wertansatz des Betriebsvermögens unterhalb des gemeinen Wertes auf die als Gegenleistung gewährten Anteile übergehen und in dieser Form bis zu ihrer Entstrickung repräsentiert bleiben. Werden neben den neuen Anteilen als Gegenleistung für die Einbringung andere Wirtschaftsgüter gewährt, mindert deren Wert die Anschaffungskosten der neuen Anteile (§ 20 Abs. 3 Satz 3 UmwStG). Ist hingegen das Recht der Bundesrepublik hinsichtlich der Besteuerung des Gewinns aus der Veräußerung des eingebrachten Betriebsvermögens zum Zeitpunkt der Einbringung ausgeschlossen und wird es auch nicht durch die Einbringung begründet, erhöhen sich die Anschaffungskosten der erhaltenen Anteile insoweit um den gemeinen Wert dieser Wirtschaftsgüter (§ 20 Abs. 3 Satz 2 UmwStG).[127] Durch diese Ausnahme zur Wertverknüpfung zwischen dem fiktiven Veräußerungspreis und den anzusetzenden Anschaffungskosten der erhaltenen Anteile soll zugunsten des Einbringenden verhindert werden, dass die im Ausland zu besteuernden und in den eingebrachten Wirtschaftsgütern ruhenden stillen Reserven auf die im Inland gegebenenfalls steuerpflichtige Beteiligung überspringen.[128] Die Regelung betrifft vor allem das Vermögen einer ausländischen Betriebsstätte, auf das nach dem einschlägigen DBA die Freistellungsmethode Anwendung findet.[129]

105 Der (fiktive) **Veräußerungspreis** ist Ausgangsgröße für die Ermittlung des prinzipiell ohne Begünstigung steuerpflichtigen, auf Seiten des Einbringenden entstehenden Einbringungsgewinns. Letzterer entspricht dem Betrag, um den der Veräußerungspreis nach Abzug der Einbringungskosten den Buchwert des eingebrachten Betriebsvermögens übersteigt (§ 16 Abs. 2 EStG).

---

[124] *Schmitt*/Hörtnagl/Stratz D § 20 UmwStG Rdnr. 412ff.
[125] BT-Drs. 12/2710 S. 43.
[126] Dötsch/*Patt*/Pung/Möhlenbrock § 20 UmwStG Rdnr. 228; *Frotscher* Rdnr. 349; *Winkeljohann/ Fuhrmann* S. 848; a. A. Rödder/*Herlinghaus*/van Lishaut § 20 Rdnr. 167, der der Auffassung ist, dass § 20 Abs. 2 Satz 2 UmwStG den allgemeinen Regelungen als lex specialis vorgeht.
[127] Dötsch/*Patt*/Pung/Möhlenbrock § 20 UmwStG Rdnr. 296; *Schmitt*/Hörtnagl/Stratz D § 20 UmwStG Rdnr. 370.
[128] *Frotscher* Rdnr. 356; Dötsch/*Patt*/Pung/Möhlenbrock § 20 UmwStG Rdnr. 296.
[129] *Ley*, Einbringung nach §§ 20, 24 UmwStG in der Fassung des SEStEG, FR 2007, 109, 114; *Schönherr*/Lemaitre, Grundzüge und ausgewählte Aspekte bei Einbringungen in Kapitalgesellschaften nach dem SEStEG, GmbHR 2007, 459, 463.

2. Anteilstausch

106 **a) Ansatz und Bewertung der eingebrachten Anteile durch den übernehmenden Rechtsträger.** § 21 UmwStG enthält eine eigenständige Regelung für die Einbringung von Anteilen an einer Kapitalgesellschaft oder Genossenschaft in eine andere Kapitalgesellschaft oder Genossenschaft gegen Gewährung neuer Anteile an der übernehmenden Gesellschaft (Anteilstausch). § 21 UmwStG sieht keinerlei weitere Beschränkung hinsichtlich der Ansässigkeit der Gesellschaft, deren Anteile eingebracht werden, vor, so dass **auch Anteile an Drittstaatengesellschaften** Gegenstand eines Einbringungsvorganges sein können. Weiterhin ist die Anwendung von § 21 UmwStG unabhängig von der Höhe der eingebrachten Beteiligungsquote. Letztere ist jedoch für die Frage relevant, ob der übernehmenden Gesellschaft ein Bewertungswahlrecht im Hinblick auf die erhaltenen Anteile zusteht.

107 Grundsätzlich hat der übernehmende Rechtsträger gemäß § 21 Abs. 1 UmwStG die eingebrachten Anteile mit ihrem gemeinen Wert anzusetzen **(einfacher Anteilstausch)**. Allerdings können die Anteile auf Antrag mit dem Buchwert oder einem höheren Wert, höchstens jedoch mit dem gemeinen Wert angesetzt werden, wenn die übernehmende Gesellschaft nach der Einbringung auf Grund ihrer Beteiligung einschließlich der eingebrachten Anteile nachweisbar unmittelbar die Mehrheit der Stimmrechte an der erworbenen Gesellschaft hat **(qualifizierter Anteilstausch)**. Eine Einschränkung des steuerlichen Wahlrechts ergibt sich daraus, dass die Gegenleistung für die Einbringung grundsätzlich in neuen Anteilen an der übernehmenden Gesellschaft bestehen muss. Werden zusätzlich zu den neuen Anteilen auch andere Wirtschaftsgüter als Gegenleistung gewährt und übersteigt deren gemeiner Wert den Buchwert des eingebrachten Betriebsvermögens, sind die eingebrachten Anteile mindestens mit dem gemeinen Wert der anderen Wirtschaftsgüter anzusetzen.

107a § 21 UmwStG ist nur auf Anteile im Betriebsvermögen, wesentliche Beteiligungen i. S. v. § 17 EStG und einbringungsgeborene Anteile i. S. d. § 21 Abs. 1 UmwStG 1995 anzuwenden. Andernfalls ergeben sich die steuerlichen Konsequenzen für die Anteilseigner der übertragenden Körperschaft grundsätzlich aus § 20 Abs. 4a Satz 1 und 2 EStG. Danach treten die übernommenen Anteile steuerlich an die Stelle der bisherigen Anteile, wenn das Recht der Bundesrepublik Deutschland hinsichtlich der Besteuerung des Gewinns aus der Veräußerung der erhaltenen Anteile nicht ausgeschlossen oder beschränkt ist oder die EU-Mitgliedstaaten bei einer Verschmelzung Art. 8 der Richtlinie 90/434/EWG anzuwenden haben. Auch in diesem Fall ist ein späterer Gewinn aus der Veräußerung der erworbenen Anteile ungeachtet der Bestimmungen eines DBAs in der gleichen Weise zu besteuern, wie die Veräußerung der Anteile an der übertragenden Körperschaft zu besteuern wäre (aufgeschobene Besteuerung).

108 **b) Veräußerungspreis und Ansatz der als Gegenleistung gewährten Gesellschaftsanteile.** Auch im Rahmen des Anteilstausches gemäß § 21 UmwStG gilt prinzipiell der **Grundsatz der doppelten Wertverknüpfung**. Der Wert, mit dem die übernehmende Kapitalgesellschaft die eingebrachten Anteile in ihrer Steuerbilanz ansetzt, gilt für den Einbringenden sowohl als Veräußerungspreis als auch als Anschaffungskosten für die gewährten Kapitalgesellschaftsanteile.

109 Allerdings sieht § 21 Abs. 2 Satz 2 UmwStG hierfür **zwei Ausnahmen für den grenzüberschreitenden Anteilstausch** vor, in denen der Grundsatz der Wertverknüpfung durchbrochen wird und als Rechtsfolge unabhängig vom steuerlichen Bewertungswahlrecht der übernehmenden Gesellschaft der gemeine Wert der eingebrachten Anteile als Veräußerungspreis und als Anschaffungskosten der erhaltenen Anteile gilt. Dies betrifft einerseits den Fall, dass für die eingebrachten Anteile nach der Einbringung das Recht der Bundesrepublik Deutschland hinsichtlich der Besteuerung des Gewinns aus der Veräußerung dieser Anteile ausgeschlossen oder beschränkt ist (§ 21 Abs. 2 Satz 2 Hs. 1 UmwStG). Als Konsequenz der Einbringung von Anteilen in eine EU-/EWR-Kapitalgesellschaft durch einen im Inland mit diesen Anteilen unbeschränkt oder beschränkt steuerpflichtigen

Anteilseigner kommt es regelmäßig zu einem schädlichen Ausschluss oder der Beschränkung des Besteuerungsrechts Deutschlands im Hinblick auf die eingebrachten Anteile.[130] Als weitere Ausnahme von der Wertverknüpfung bestimmt § 21 Abs. 2 Satz 2 Hs. 2 UmwStG den Fall, dass das Besteuerungsrecht der Bundesrepublik hinsichtlich des Gewinns aus der Veräußerung der erhaltenen neuen Anteile ausgeschlossen oder beschränkt ist. Nachdem in Doppelbesteuerungsabkommen weitgehend ein Besteuerungsrecht im Sitzstaat des Anteilseigners vorgesehen ist, bleibt das Besteuerungsrecht hinsichtlich der erhaltenen neuen Anteile meist bestehen. Bedeutung kommt dieser Regelung jedoch für solche Doppelbesteuerungsabkommen zu, die das Besteuerungsrecht für den Veräußerungsgewinn aus Anteilen an Kapitalgesellschaften dem Ansässigkeitsstaat der Gesellschaft, deren Anteile verkauft werden, zuweist (wie etwa die Doppelbesteuerungsabkommen mit Tschechien, der Slowakei bzw. Zypern).[131]

Von dieser grundsätzlichen Durchbrechung der doppelten Wertverknüpfung, d.h. dem **110** zwangsweisen Ansatz mit dem gemeinen Wert, enthält § 21 Abs. 2 Satz 3 UmwStG wiederum **zwei Rückausnahmen** für den qualifizierten Anteilstausch. Die Ausnahmen des § 21 Abs. 2 Satz 2 UmwStG kommen auf Antrag einerseits doch nicht zur Anwendung, **wenn der Einbringende** nachweist, dass das Besteuerungsrecht Deutschlands hinsichtlich des Gewinns aus der Veräußerung der erhaltenen Anteile nicht ausgeschlossen oder beschränkt ist. Die zweite Rückausnahme greift dann, wenn das deutsche Besteuerungsrecht bezüglich der Veräußerung der erhaltenen oder eingebrachten Anteile zwar eingeschränkt ist, aber der Gewinn aus dem Anteilstausch selbst aufgrund der Fusionsrichtlinie[132] nicht besteuert werden darf. Gemäß Art. 8 Abs. 1 i.V.m. Art. 2d und Art. 3 der Fusionsrichtlinie darf der Anteilstausch keine Besteuerung auslösen, wenn an dem Anteilstausch EU-Gesellschaften i.S.v. Art. 3 Fusionsrichtlinie mit Ausnahme von transparenten Gesellschaften beteiligt sind. Ein Anteilstausch im Sinne der Fusionsrichtlinie ist ein „Vorgang, durch den eine Gesellschaft am Gesellschaftskapital einer anderen Gesellschaft eine Beteiligung, die ihr die Mehrheit der Stimmrechte verleiht, oder – sofern sie die Mehrheit der Stimmrechte bereits hält – eine weitere Beteiligung dadurch erwirbt, dass die Gesellschafter der anderen Gesellschaft im Austausch für ihre Anteile Anteile am Gesellschaftskapital der erwerbenden Gesellschaft und gegebenenfalls eine bare Zuzahlung erhalten; letztere darf 10% des Nennwerts oder – bei Fehlen eines Nennwerts – des rechnerischen Werts der im Zuge des Austauschs ausgegebenen Anteile nicht überschreiten". Außerdem ist erforderlich, dass an dem Anteilstausch Gesellschaften aus mindestens zwei oder mehr Mitgliedstaaten beteiligt sind (Art. 1a Fusionsrichtlinie). In diesem Fall unterliegt der Gewinn aus einer späteren Veräußerung der Anteile unabhängig von etwaigen entgegenlautenden Bestimmungen eines Doppelbesteuerungsabkommens der deutschen Besteuerung (treaty override). Das im Fall der Rückausnahmen gewährte Bewertungswahlrecht für den Einbringenden besteht unabhängig vom Wertansatz der übernehmenden Gesellschaft, d.h. es besteht keine grenzüberschreitende steuerliche Wertverknüpfung mehr.[133]

Sofern der Einbringende neben den Gesellschaftsanteilen **auch andere Wirtschafts-** **111** **güter als Gegenleistung** für die Einbringung erhält, ist deren gemeiner Wert von den Anschaffungskosten der gewährten Anteile abzuziehen (§ 21 Abs. 2 Satz 6 i.V.m. § 20 Abs. 3 Satz 3 UmwStG).

3. Rückwirkende Besteuerung der Einbringung

§ 22 UmwStG, der das Konzept der rückwirkenden Besteuerung des Einbringungsge- **112** winns regelt, wurde zur **Missbrauchsverhinderung** in das Gesetz aufgenommen. Hintergrund hierfür ist, dass die Veräußerung der als Gegenleistung für die Sacheinlage erhaltenen

---

[130] *Schmitt*/Hörtnagl/Stratz D § 21 UmwStG Rdnr. 90.
[131] *Dötsch*/Patt/Pung/Möhlenbrock § 21 Rdnr. 57; *Benz*/Rosenberg, Einbringungsvorgänge nach dem Regierungsentwurf des SEStEG, BB-Spezial 8/2006, S. 60.
[132] Richtlinie 90/434/EWG ABl. EG L 225/1–5.
[133] *Rödder*/Herlinghaus/van Lishaut/*Rabback* § 21 Rdnr. 114.

Anteile am übernehmenden Rechtsträger in der Regel günstigere Besteuerungsfolgen auslöst als die Veräußerung des eingebrachten Vermögens. Entsprechendes gilt für die Veräußerung der eingebrachten Anteile beim qualifizierten Anteilstausch, wenn Einbringender keine durch § 8b Abs. 2 KStG begünstigte Person ist, für die also nicht die grundsätzlich 95-prozentige Steuerbefreiung für Gewinne aus der Veräußerung von Anteilen an Kapitalgesellschaften gilt.

113 Soweit es zu einer Veräußerung der als Gegenleistung für eine **Sacheinlage** (§ 20 UmwStG) erhaltenen Anteile innerhalb einer Sperrfrist von sieben Jahren kommt und die übertragenen Wirtschaftsgüter beim übernehmenden Rechtsträger nicht mit dem gemeinen Wert angesetzt wurden, sind gemäß § 22 Abs. 1 UmwStG die stillen Reserven des eingebrachten Vermögens zum Einbringungsstichtag nachträglich zu ermitteln. Bezogen auf diesen Zeitpunkt kommt es zu einer rückwirkenden Besteuerung des so genannten **Einbringungsgewinns I.** Dabei ist gleichgültig, ob es sich um eine rein nationale oder ausländische bzw. grenzüberschreitende Sacheinlage handelt.[134] Bei dem Einbringungsgewinn I handelt es sich um den Betrag, um den der gemeine Wert des eingebrachten Betriebsvermögens im Einbringungszeitpunkt nach Abzug der Kosten für den Vermögensübergang den Wert, mit dem die übernehmende Gesellschaft das eingebrachte Vermögen tatsächlich angesetzt hat, übersteigt. Weiterhin reduziert sich dieser Gewinn für jedes seit dem Einbringungszeitpunkt abgelaufene Zeitjahr um ein Siebtel. Der so ermittelte Einbringungsgewinn gilt für den Einbringenden als steuerpflichtiger Veräußerungsgewinn im Sinne von § 16 EStG und als nachträgliche Anschaffungskosten. Auf diese Weise mindert er den im Veräußerungszeitpunkt zu versteuernden Veräußerungsgewinn. Neben der Veräußerung enthält § 22 Abs. 1 Satz 6 UmwStG weitere Ersatzrealisierungstatbestände, bei denen es auch ohne Anteilsveräußerung zu einer Besteuerung des Einbringungsgewinns I kommt. Der übernehmende Rechtsträger kann im Wirtschaftsjahr der Veräußerung (oder eines gleichgestellten Ereignisses) grundsätzlich in Höhe des Einbringungsgewinns I eine Wertaufstockung bei dem eingebrachten Betriebsvermögen vornehmen (§ 23 Abs. 2 UmwStG). Das Konzept des Einbringungsgewinns I gilt grundsätzlich nicht, soweit das eingebrachte Betriebsvermögen Anteile an Kapitalgesellschaften enthält (§ 22 Abs. 1 Satz 5 UmwStG). Insoweit findet die Regelung für den Anteilstausch in § 22 Abs. 2 UmwStG Anwendung.

114 Bei einem **qualifizierten Anteilstausch** i.S.v. § 21 Abs. 1 UmwStG erfolgt eine rückwirkende Besteuerung des Einbringungsvorganges, soweit im Rahmen eines Anteilstausches unter dem gemeinen Wert eingebrachte Anteile innerhalb eines Zeitraums von sieben Jahren nach dem Einbringungszeitpunkt durch die übernehmende Gesellschaft veräußert werden (bzw. ein Ersatzrealisierungstatbestand einschlägig ist) und der Einbringende keine durch 8b Abs. 2 KStG begünstigte Person ist. Als Konsequenz der als rückwirkendes Ereignis ausgestalteten Besteuerung ergibt sich ein so genannter **Einbringungsgewinn II.** Dabei handelt es sich um den Betrag, um den der gemeine Wert der eingebrachten Anteile im Einbringungszeitpunkt nach Abzug der Kosten für den Vermögensübergang den Wert, mit der Einbringende die erhaltenen Anteile angesetzt hat, übersteigt, vermindert um jeweils ein Siebtel für jedes Jahr seit dem Einbringungszeitpunkt abgelaufene Zeitjahr. Dieser Einbringungsgewinn II gilt beim Einbringenden als zu versteuernder Gewinn aus der Veräußerung von Anteilen und als nachträgliche Anschaffungskosten der erhaltenen Anteile. Weiterhin erhöhen sich gemäß § 23 Abs. 2 UmwStG bei dem übernehmenden Rechtsträger nachträglich die Anschaffungskosten der eingebrachten Anteile entsprechend dem Einbringungsgewinn II, soweit die Steuer auf diesen Gewinn entrichtet wurde.

115 Zur Sicherstellung der steuerlichen Erfassung des Einbringungsgewinns I und II legt § 22 Abs. 3 UmwStG dem Einbringenden umfassende **Nachweispflichten** auf. Er hat in den dem Einbringungszeitraum folgenden sieben Jahren jährlich den Nachweis darüber zu

---

[134] Rödder/Herlinghaus/van Lishaut/*Stangl* § 22 Rdnr. 21.

erbringen, wem mit Ablauf des Tages, der dem Einbringungszeitpunkt entspricht, in den Fällen der Sacheinlage (§ 20 UmwStG) die erhaltenen Anteile und in den Fällen des qualifizierten Anteilstausches (§ 21 UmwStG) die eingebrachten Anteile zuzurechnen sind. Wird der Nachweis nicht erbracht, gelten die Anteile i. S. v. § 22 Abs. 1, 2 UmwStG als veräußert. Die Nachweispflicht besteht unabhängig davon, ob es sich um reine Inlandsfälle oder um grenzüberschreitende Einbringungen handelt.

IX. Einbringung von Betriebsvermögen in Personengesellschaften

Die Einbringung von Betriebsvermögen in eine Personengesellschaft bzw. Mitunternehmerschaft ist in § 24 UmwStG geregelt. Die Vorschrift hat einen **globalen Anwendungsbereich** (§ 1 Abs. 4 Satz 2 UmwStG). Er ist auch dann eröffnet, wenn die aufnehmende Personengesellschaft in einem Drittstaat ansässig ist bzw. bei aus Drittstaaten eingebrachtem Betriebsvermögen. Weiterhin kommt es nicht auf den Status und die Ansässigkeit des Einbringenden an. **116**

§ 24 Abs. 1 UmwStG setzt auch für die Einbringung in eine Personengesellschaft voraus, dass **Einbringungsgegenstand** ein **Betrieb, Teilbetrieb oder Mitunternehmeranteil** ist, um eine steuerneutrale Vermögensübertragung zu erreichen. Auch im Rahmen von § 24 UmwStG müssen dem Einbringenden Gesellschaftsrechte an der übernehmenden Gesellschaft gewährt werden, so dass ein Beteiligungsverhältnis in Folge der Vermögensübertragung begründet oder der Beteiligungsumfang ausgeweitet wird. **117**

1. Ansatz und Bewertung des eingebrachten Betriebsvermögens durch den übernehmenden Rechtsträger

Die übernehmende Personengesellschaft hat das eingebrachte Betriebsvermögen in ihrer Bilanz einschließlich der Ergänzungsbilanzen für ihre Gesellschafter grundsätzlich mit dem gemeinen Wert anzusetzen. Für die Bewertung von Pensionsrückstellungen bestimmt sich die Bewertung nach § 6a EStG (§ 24 Abs. 2 Satz 1 UmwStG). Auf Antrag kann der Buchwert oder ein Zwischenwert angesetzt werden, soweit das Recht der Bundesrepublik Deutschland hinsichtlich der Besteuerung des eingebrachten Betriebsvermögens nicht ausgeschlossen oder beschränkt wird (§ 24 Abs. 2 Satz 2 UmwStG). Dies ist wirtschaftsgut- und mitunternehmerbezogen zu prüfen und bezieht sich ausschließlich auf die Einkommen- bzw. Körperschaftsteuer; auf die Gewerbesteuer kommt es insoweit nicht an.[135] Im Fall einer **grenzüberschreitenden Einbringung** kann das deutsche Besteuerungsrecht in vollem Umfang entfallen, wenn nach inländischem Steuerrecht das Besteuerungsrecht entfällt bzw. das deutsche Besteuerungsrecht zwar grundsätzlich erhalten bleibt, aber aufgrund eines Doppelbesteuerungsabkommen anders als vor der Einbringung durch Freistellung vermieden wird. Zu einer Beschränkung kommt es grundsätzlich dann, wenn zwar weiterhin ein deutsches Besteuerungsrecht besteht, anders als vorher jedoch nach der Einbringung ausländische Steuer auf die deutsche Steuer anzurechnen ist.[136] Der Ansatz des gemeinen Wertes ist zwingend, soweit durch den Einbringungsvorgang erstmals deutsches Besteuerungsrecht begründet wird.[137] **118**

2. Rechtsfolgen für den Einbringenden

Der durch die übernehmende Personengesellschaft gewählte Wertansatz gilt gemäß § 24 Abs. 3 Satz 1 UmwStG als **Veräußerungspreis** des übertragenen Vermögens. Zur Ermittlung des einkommen- bzw. körperschaftsteuerpflichtigen Veräußerungsgewinns sind von diesem fiktiven Veräußerungspreis eventuelle vom Einbringenden zu tragende Veräußerungskosten sowie der Buchwert des eingebrachten Betriebsvermögens in Abzug zu brin- **119**

---
[135] Dötsch/Patt/Pung/Möhlenbrock § 24 UmwStG Rdnr. 128; Rödder/Herlinghaus/van Lishaut/Rasche § 24 Rdnr. 84; Schmitt/Hörtnagl/Stratz D § 24 UmwStG Rdnr. 205.
[136] Schmitt/Hörtnagl/Stratz D § 24 UmwStG Rdnr. 206.
[137] Schmitt/Hörtnagl/Stratz D § 24 UmwStG Rdnr. 167.

gen. Führt also die übernehmende Personengesellschaft die Buchwerte zulässigerweise fort, entsteht für den Einbringenden kein Veräußerungsgewinn i.S. von § 16 EStG. Der Gewinn aus der Veräußerung eines Betriebs, Teilbetriebs oder Mitunternehmeranteils i.S.v. § 16 Abs. 1 Satz 1 EStG gehört nicht zum Gewerbeertrag nach § 7 Satz 1 GewStG und unterliegt damit grundsätzlich nicht der Gewerbesteuer. Dies gilt jedoch nicht, soweit er auf Kapitalgesellschaften entfällt.

3. Rückwirkende Besteuerung bei Einbringung von Anteilen an Kapitalgesellschaften

120 § 24 Abs. 5 UmwStG enthält eine **Missbrauchsvermeidungsvorschrift,** die dann zum Tragen kommen kann, wenn im Rahmen einer Einbringung auch Anteile an einer Körperschaft durch nicht nach § 8b Abs. 2 KStG Begünstigte eingebracht werden, d.h. durch solche Steuersubjekte, die nicht von der grundsätzlichen Steuerbefreiung für Gewinne aus der Veräußerung von Anteilen an Kapitalgesellschaftsanteilen profitieren (insbesondere also natürliche Personen). Durch die Regelung soll verhindert werden, dass durch eine ganz oder teilweise nach § 24 UmwStG steuerneutrale Einbringung in eine Personengesellschaft die Voraussetzungen für eine sachwidrige Veräußerungsgewinnbefreiung geschaffen werden.[138] Soweit der Gewinn aus einer innerhalb von sieben Jahren nach dem Einbringungszeitpunkt erfolgten Veräußerung der Anteile auf eine an der übernehmenden Personengesellschaft beteiligte Körperschaft entfällt, ist deswegen § 22 Abs. 2, 3, 5–7 UmwStG entsprechend anzuwenden, d.h. der Einbringende (und nicht der durch § 8b Abs. 2 KStG persönlich begünstigten Steuerpflichtige) hat rückwirkend auf das Wirtschaftsjahr der Einbringung entsprechend den Regelungen zum Einbringungsgewinn II[139] einen anteiligen Gewinn aus der Veräußerung von Anteilen zu versteuern.

X. Formwechsel von Personengesellschaften in Kapitalgesellschaften

121 Trotz der handelsrechtlichen Rechtsträgeridentität der formwechselnden Umwandlung wird **steuerlich** durch den Verweis in § 25 UmwStG auf die §§ 20–23 UmwStG, also die Vorschriften, die die Einbringung von Vermögensteilen in Kapitalgesellschaften regeln, eine **Vermögensübertragung fingiert.**[140] Dies liegt in der unterschiedlichen ertragsteuerlichen Behandlung der Kapitalgesellschaften einerseits und der Personengesellschaften bzw. ihrer Anteilseigner andererseits begründet. Für steuerliche Zwecke hat die umzuwandelnde Personengesellschaft auf den Zeitpunkt, in dem der Formwechsel wirksam wird, eine Übertragungsbilanz (Schlussbilanz) und die neue Kapitalgesellschaft oder Genossenschaft eine Eröffnungsbilanz aufzustellen (§ 25 Satz 2 i.V.m. § 9 Satz 2 UmwStG).

122 Bei dem Verweis auf die §§ 20–23 UmwStG handelt es sich um einen **Rechtsgrundverweis,** so dass die formwechselnde Umwandlung nur steuerneutral möglich ist, soweit die Voraussetzungen der §§ 20, 21 UmwStG erfüllt sind.[141] Dies bedeutet auch, dass ein steuerbegünstigter Formwechsel voraussetzt, dass die Personengesellschaft steuerliche Mitunternehmerschaft ist und das wechselnde Vermögen der Mitunternehmerschaft die steuerliche Qualifikation eines Betriebs oder Mitunternehmeranteils i.S. des § 20 Abs. 1 UmwStG erfüllt oder es sich bei dem Vermögen der umzuwandelnden Personengesellschaft um Anteile an einer Kapitalgesellschaft oder Genossenschaft handelt.[142] § 25 UmwStG erfasst auch **ausländische Vorgänge,** die dem Formwechsel einer Personengesell-

---

[138] BT Drs. 16/3369 S. 32.
[139] Vergleiche hierzu oben unter Rdnr. 114 f.
[140] Rödder/Herlinghaus/van Lishaut/*Rabback* § 25 Rdnr. 4; *Schmitt*/Hörtnagl/Stratz D § 25 UmwStG Rdnr. 3.
[141] Rödder/Herlinghaus/van Lishaut/*Rabback* § 25 Rdnr. 2; *Schmitt*/Hörtnagl/Stratz D § 25 UmwStG Rdnr. 4.
[142] Rödder/Herlinghaus/van Lishaut/*Rabback* § 25 Rdnr. 45 u. 57. Die Einbringung eines Teilbetriebes ist hingegen nicht denkbar.

schaft in eine Kapitalgesellschaft bzw. Genossenschaft gemäß § 190 UmwG vergleichbar sind.

XI. Steuerliche Rückwirkung bei grenzüberschreitenden bzw. ausländischen Umwandlungen

Die **steuerliche Rückbeziehung der Umwandlungen** von Körperschaften in bzw. auf Personengesellschaften sowie in bzw. auf Körperschaften (Zweiter bis Fünfter Teil des UmwStG) ist in § 2 UmwStG normiert. Ergänzende Bestimmungen finden sich in § 9 Satz 3 UmwStG für den Formwechsel einer Körperschaften in ein Personenunternehmen. Entsprechende Regelungen für die Sacheinlage i. S. d. § 20 ff. UmwStG bzw. den Formwechsel einer Personengesellschaft in eine Kapitalgesellschaft enthalten § 20 Abs. 5, 6 UmwStG, § 24 Abs. 4 und § 25 Satz 2 UmwStG, in denen teilweise auf § 2 und § 9 Satz 3 UmwStG verwiesen wird.

Inhalt von § 2 Abs. 1 und 2 UmwStG ist die **Fiktion eines steuerlichen Übertragungsstichtages,** der von der zivilrechtlichen Regelung abweicht. Nach dem UmwG treten die wesentlichen Wirkungen einer Umwandlung wie Vermögensübertragung, Anteilstausch und u. U. Erlöschen des übertragenden Rechtsträgers mit der Handelsregistereintragung ein. Nachdem dieser Zeitpunkt ungewiss ist, würden die Parteien einer enormen Planungsunsicherheit ausgesetzt sein. Das UmwStG gestattet daher aus Vereinfachungsgründen und praktischen Erwägungen eine steuerliche Rückbeziehung auf den Stichtag der grundsätzlich ohnehin zu erstellenden (§ 17 Abs. 2 UmwG) handelsrechtlichen Schlussbilanz. Gemäß § 2 Abs. 1 Satz 1 UmwStG ist das Einkommen und das Vermögen der übertragenden Körperschaft sowie des übernehmenden Rechtsträgers so zu ermitteln, als ob das Vermögen der Körperschaft mit Ablauf des Stichtages der Bilanz, die dem Vermögensübergang zu Grunde liegt (steuerlicher Übertragungsstichtag), ganz oder teilweise auf den übernehmenden Rechtsträger übergegangen wäre. Ist die Übernehmerin eine Personengesellschaft, gilt dies entsprechend für das Einkommen und das Vermögen der Gesellschafter (§ 2 Abs. 2 UmwStG). Ebenso wie bei rein inländischen Umwandlungen nach dem UmwG hat auch bei grenzüberschreitenden Vorgängen mit einer inländischen übertragenden Körperschaft letztere grundsätzlich eine **Schlussbilanz** nach § 17 Abs. 2 UmwG anlässlich der Anmeldung zur Eintragung ins Handelsregister aufzustellen.[143] Im umgekehrten Fall der Umwandlung eines ausländischen übertragenden Rechtsträgers (Hereinverschmelzung oder einer Auslandsumwandlung mit inländischem Vermögen) ist hingegen zur Bestimmung des steuerlichen Übertragungsstichtages auf den Stichtag der Bilanz nach ausländischem Gesellschaftsrecht abzustellen.[144] Damit richtet sich auch die Rückbeziehungsfrist, die grundsätzlich kürzer oder länger sein kann als acht Monate (§ 17 Abs. 2 Satz 4 UmwG), nach der ausländischen Rechtsordnung.[145]

Bei **grenzüberschreitenden und ausländischen Umwandlungen** ist somit denkbar, dass die betroffenen Staaten eine zulässige Rückbeziehung von Umstrukturierungsvorgängen unterschiedlich regeln. Als Folge daraus ist einerseits eine Doppelbesteuerung möglich, andererseits können „weiße Einkünfte" („Keinmalbesteuerung") entstehen. Während das UmwStG für den Fall der Doppelbesteuerung systematisch inkonsequent keine Regelung enthält,[146] im Einzelfall ist allenfalls Abhilfe im Wege eines Verständigungsverfahrens denkbar,[147] beschränkt § 2 Abs. 3 UmwStG die steuerliche Rückwirkung, soweit Einkünfte

---

[143] Schmitt/*Hörtnagl*/Stratz A § 17 UmwG Rdnr. 8.
[144] BT-Drs. 16/2710; Rödder/Herlinghaus/*van Lishaut* § 2 Rdnr. 102; *Dötsch*//Pung, SEStEG: Änderungen des UmwStG (Teil I), DB 2006, 2704, 2706.
[145] Schmitt/*Hörtnagl*/Stratz D § 2 UmwG Rdnr. 110.
[146] *Rödder*/Schumacher, Das kommende SEStEG Teil II – Das geplante neue Umwandlungssteuerrecht – Der Regierungsentwurf eines Gesetzes über steuerliche Begleitmaßnahmen zur Einführung der Europäischen Gesellschaft und zur Änderung weiterer steuerrechtlicher Vorschriften, DStR 2006, 1526, 1529.
[147] *Dötsch*/Patt/Pung/Möhlenbrock § 2 UmwStG Rdnr. 44.

aufgrund abweichender Regelungen zur Rückbeziehung in einem anderen Staat der inländischen Besteuerung entzogen werden. Über Verweisungen auf § 2 Abs. 3 UmwStG (§ 9 Satz 3 Hs. 2; § 20 Abs. 6 Satz 4 UmwStG und aus § 24 Abs. 4 Hs. 2 UmwStG) gilt dieser Ausschluss der Rückwirkung für alle Rückbeziehungsvorschriften des UmwStG.[148]

126 Der die steuerliche Rückbeziehung beschränkende § 2 Abs. 3 UmwStG setzt nach seinem nicht ganz eindeutigen Wortlaut[149] wohl voraus, dass ein nach den allgemeinen Steuergesetzen ohne Berücksichtigung der Rückbeziehung bestehendes **inländisches Besteuerungsrecht nicht ausgeübt werden kann,** weil als Folge der Rückbeziehungsregeln in § 2 Abs. 1 und Abs. 2 UmwStG der Übergang des Vermögens und des Einkommens fiktiv vorgelagert ist und gleichzeitig der ausländische Staat sein Besteuerungsrecht nicht wahrnimmt.[150] Wird aufgrund einer Umwandlung das deutsche Besteuerungsrecht nicht beschränkt, kann es nicht zu einer zeitlichen Besteuerungslücke und damit auch nicht zur Anwendung von § 2 Abs. 3 UmwStG kommen.[151]

127 Als **Anwendungsfälle der Beschränkung** kommen neben Inlandsumwandlungen mit Auslandsbezug vor allem Hinausumwandlungen in Betracht. Bei der Verschmelzung einer inländischen Kapitalgesellschaft mit einer ausländischen Betriebsstätte und beschränkt steuerpflichtigen Gesellschaftern auf eine inländische Personengesellschaft ist etwa vorstellbar, dass es – bezogen auf die beschränkt steuerpflichtigen Gesellschafter – aus der inländischen Perspektive (bei Anwendbarkeit der Anrechnungsmethode) am steuerlichen Übertragungsstichtag zu einer Entstrickung des Auslandsvermögens kommt, während das ausländische Recht erst zu einem späteren Zeitpunkt von einer Verstrickung ausgeht. Bei Hinausumwandlungen, bei denen regelmäßig auf den Stichtag der Schlussbilanz (§ 17 Abs. 2 UmwG) des übertragenden inländischen Rechtsträgers abzustellen ist, sind die (etwa aufgrund der Zentralfunktion des Stammhauses)[152] entstrickten Wirtschaftsgüter am steuerlichen Übertragungsstichtag mit dem gemeinen Wert anzusetzen. Geht das ausländische Steuerrecht von einem späteren Verstrickungszeitpunkt aus, käme es zu einer „Besteuerungslücke", in denen etwa laufende Erträge und Veräußerungserlöse nirgendwo steuerlich erfasst würden.[153] Über die Konstellationen der Abweichung des Rückwirkungszeitraums nach deutschem und ausländischem Recht hinaus kann es auch bei zeitlich kongruenten Rückbeziehungsfristen Abweichungen hinsichtlich der Qualifikation von Geschäftsvorfällen in der Interimszeit zwischen dem steuerlichen Übertragungsstichtag und dem endgültigen Wirksamwerden der Umwandlung geben. Dies kann etwa auf die unterschiedliche Behandlung von Ausschüttungen, Anteilsveräußerungen bzw. Leistungen an ausgeschiedene Anteilsinhaber in der Interimsphase zurückzuführen sein.[154]

128 Durch das Jahressteuergesetz 2009[155] wurde § 2 UmwStG um eine **Verlustverrechnungsbeschränkung in Absatz 4** erweitert. Die Neuregelung sieht im Grundsatz vor, dass eine Verrechnung eines Übertragungsgewinns des übertragenden Rechtsträgers mit nicht genutzten Verlusten nur zulässig ist, wenn dem übertragenden Rechtsträger die Verlustnutzung auch ohne die Rückbeziehung möglich gewesen wäre. Mit der Regelung soll verhindert werden, dass aufgrund der steuerlichen Rückwirkungsfiktion in § 2 Abs. 1 und 2 UmwStG gestalterisch eine Verlustnutzung erreicht werden kann, obwohl der Verlust wegen der Verlustverrechnungsbeschränkung § 8c KStG als Folge einer Anteilsübertragung bereits untergegangen ist. Voraussetzung für die Verlustnutzung durch Um-

---

[148] Rödder/Herlinghaus/*van Lishaut* § 2 UmwStG Rdnr. 105.
[149] *Dötsch*/Patt/Pung/Möhlenbrock § 2 UmwStG Rdnr. 39; Schmitt/*Hörtnagl*/Stratz D § 2 UmwStG Rdnr. 116.
[150] Schmitt/*Hörtnagl*/Stratz D § 2 UmwStG Rdnr. 116.
[151] *Dötsch*/Patt/Pung/Möhlenbrock § 2 UmwStG Rdnr. 40; Schmitt/*Hörtnagl*/Stratz D § 2 UmwStG Rdnr. 120; Rödder/Herlinghaus/*van Lishaut* § 2 Rdnr. 104.
[152] Vergleiche hierzu unter Rdnr. 41.
[153] Rödder/Herlinghaus/*van Lishaut* § 2 Rdnr. 103.
[154] Schmitt/*Hörtnagl*/Stratz D § 2 UmwStG Rdnr. 118.
[155] BGBl. I 2008 S. 2794.

wandlung mit steuerlicher Rückbeziehung ist deshalb, dass ein Verlust auch ohne die Umwandlung hätte ausgeglichen oder verrechnet werden können.[156]

§ 60. Grenzüberschreitende Umstrukturierungen außerhalb des Geltungsbereichs des UmwStG

Übersicht

	Rdnr.		Rdnr.
I. Vorbemerkung	1–2	2. Besteuerung der Anteilseigner bei Auslandsverschmelzungen in Drittstaaten (§ 12 Abs. 2 Satz 2 KStG)	7
II. Sonderregelungen für Auslandsverschmelzungen von Körperschaften in Drittstaaten (§ 12 Abs. 2 KStG)	3–7	III. Sonstige Umwandlungen von Kapitalgesellschaften	8–10
1. Auslandsverschmelzungen in Drittstaaten (§ 12 Abs. 2 Satz 1 KStG)	3–6	IV. Einbringungen in Kapitalgesellschaften	11–13

Schrifttum: *Blümich*, EStG KStG GewStG, einschl. 110. Ergänzungslieferung Oktober 2008; *Ernst & Young/Holland*, KStG, einschließlich 68. Ergänzungslieferung Dezember 2008; *Frotscher/Maas*, KStG UmwStG, einschließlich 96. Ergänzungslieferung März 2009; *Klingberg/van Lishaut*, Ausländische Umwandlungen im deutschen Steuerrecht FR 1999, 1209; *Rödder/Herlinghaus/van Lishaut*, UmwStG, 2008; *Schmitt/Hörtnagl/Stratz*, UmwG UmwStG, 5. Auflage 2009; *Schnitger/Rometzki*, Ausländische Umwandlungen und ihre Folgen bei inländischen Anteilseignern, FR 2006, 845.

I. Vorbemerkung

Die sachlichen und persönlichen Voraussetzungen von Umstrukturierungsvorgängen, die in den Anwendungsbereich des UmwStG fallen, sind in § 1 UmwStG geregelt. Die Besteuerung der **von § 1 UmwStG nicht erfassten Umwandlungen** bestimmt sich nach allgemeinen Grundsätzen, wobei Details ungeklärt sind. Wegen der im Grundsatz (Ausnahme § 24 UmwStG für Einbringungen in in- oder ausländische Personengesellschaften) erfolgenden „Europäisierung" des Umwandlungssteuerrechts betrifft dies insbesondere Umwandlungen mit Drittstaatenbezug. Gleiches gilt allerdings auch für „europäische" Umwandlungen, deren wesentliche Strukturelemente nicht mit inländischen Umwandlungen vergleichbar sind (vgl. § 1 Abs. 1 und 3 UmwStG). 1

Eine teilweise Kodifizierung findet sich lediglich in § 12 Abs. 2 KStG für **Auslandsverschmelzungen.** § 12 Abs. 2 Satz 1 UmwStG sieht für das inländische Vermögen eine Buchwertfortführung im Fall einer ausländischen Verschmelzung beschränkt steuerpflichtiger Körperschaften vor. § 12 Abs. 2 Satz 2 KStG ermöglicht den im Inland steuerpflichtigen Gesellschaftern ausländischer Gesellschaften Steuerneutralität bei Verschmelzungen. 2

II. Sonderregelungen für Auslandsverschmelzungen von Körperschaften in Drittstaaten (§ 12 Abs. 2 KStG)

1. Auslandsverschmelzungen in Drittstaaten (§ 12 Abs. 2 Satz 1 KStG)

§ 12 Abs. 2 Satz 1 KStG beinhaltet eine Sonderregelung für die **Verschmelzung einer beschränkt steuerpflichtigen ausländischen Körperschaft auf eine Körperschaft desselben Drittstaates.**[1] Bei Drittstaaten handelt es sich um Staaten, die nicht zur EU 3

---

[156] BT-Drs. 16/11 108 S. 33.
[1] Die Beschränkung des Anwendungsbereichs auf die Verschmelzung von Drittstaatenverschmelzungen ergibt sich aus § 12 Abs. 2 Satz 1 Nr. 4 KStG. Für Verschmelzungen von EU-/EWR-Gesellschaften gilt hingegen des UmwStG, vgl. § 1 Abs. 2 UmwStG.

gehören und auf die auch das EWR-Abkommen nicht anwendbar ist. Die Qualifikation als Körperschaft ist anhand eines Typenvergleiches[2] festzustellen. Abweichend von der allgemeinen Norm des § 12 Abs. 1 KStG, derzufolge es bei einem Rechtsträgerwechsel zu einer Entstrickung (Realisation stiller Reserven) kommen soll,[3] ist bei Erfüllung der Voraussetzungen der Vorschrift das im Inland etwa aufgrund einer inländischen Betriebsstätte oder eines inländischen Grundstückes steuerverstrickte Vermögen des übertragenden Rechtsträgers zu Buchwerten, d. h. ertragsteuerneutral, zu überführen.

4 **Voraussetzung** hierfür ist zunächst, dass das Vermögen einer im Inland beschränkt steuerpflichtigen Körperschaft, d. h. einer Körperschaft, die im Inland weder ihren Sitz (§ 11 AO) noch ihren Ort der Geschäftsleitung (§ 10 AO) hat, als Ganzes auf eine andere ausländische Körperschaft desselben ausländischen Staates übertragen wird. Nicht erfasst sind somit Umstrukturierungen zwischen zwei verschiedenen Drittstaaten bzw. zwischen einem Drittstaat und einem Nicht-Drittstaat.[4] In diesen Fällen kommt es grundsätzlich zu einer Aufdeckung stiller Reserven.

5 Weiterhin ist erforderlich, dass der Rechtsträgerwechsel auf einem Vorgang beruht, der **mit einer Verschmelzung i. S. von § 2 UmwG vergleichbar** ist.[5] Kennzeichnend für eine Verschmelzung gemäß § 2 UmwG ist das Vereinigen des Vermögens mehrerer Rechtsträger im Wege der Gesamtrechtsnachfolge, ohne dass eine Liquidation stattfindet. Dies ist im Rahmen einer Gesamtabwägung zu prüfen. Nicht einbezogen sein sollten aufgrund des eindeutigen Wortlautes hingegen Auslandsspaltungen.

6 Die auf den anderen Rechtsträger übergehenden Wirtschaftsgüter sind zudem nur dann zwingend **zu Buchwerten** anzusetzen (kein Wahlrecht zum Ansatz des gemeinen Wert oder eines Zwischenwertes), soweit sichergestellt ist, dass die Wirtschaftsgüter nach der Übertragung bei dem übernehmenden Rechtsträger der deutschen Körperschaftsteuer unterliegen (§ 12 Abs. 2 Satz 1 Nr. 1 KStG), das deutsche Besteuerungsrecht hinsichtlich der übertragenen Wirtschaftsgüter durch die Übertragung bei der übernehmenden Körperschaft nicht beschränkt wird (§ 12 Abs. 2 Satz 1 Nr. 2 KStG), für die Übertragung keine Gegenleistung gewährt wird oder die Gegenleistung nur in Gesellschaftsrechten besteht (§ 12 Abs. 2 Satz 1 Nr. 3 KStG) sowie § 1 Abs. 2 Satz 1, 2 UmwStG nicht erfüllt ist (§ 12 Abs. 2 Satz 1 Nr. 4 KStG).

2. Besteuerung der Anteilseigner bei Auslandsverschmelzungen in Drittstaaten (§ 12 Abs. 2 Satz 2 KStG)

7 Die Verschmelzung von Körperschaften führt grundsätzlich auch auf Anteilseignerebene zu einem Anteilstausch (Anteile an der übertragenden Körperschaft gegen Anteile an der übernehmenden Körperschaft) mit der Folge einer Realisierung der in den Anteilen enthaltenen stillen Reserven. Bei Verschmelzungen nach dem UmwStG unterbleibt diese Konsequenz ausnahmsweise unter den Voraussetzungen des § 13 UmwStG.[6] Gemäß § 12 Abs. 2 Satz 2 KStG gilt **§ 13 UmwStG entsprechend,** wenn das Vermögen einer Körperschaft „durch einen Vorgang im Sinne des Satzes 1" auf eine andere Körperschaft übertragen wird. Bei enger Auslegung des Wortlautes würde dies u. a. bedeuten, dass die übernehmende Körperschaft demselben Staat zuzuordnen sein müsste wie die übertragende. Dass stattdessen jedoch eine weite Auslegung geboten ist, ergibt sich aus der Gesetzesbe-

---

[2] Vgl. dazu § 59 Rdnr. 10.
[3] BT-Drs. 16/2710 S. 31.
[4] Blümich/*Hofmeister*, EStG KStG GewStG, einschließlich 110. Ergänzungslieferung Oktober 2008, § 12 KStG Rdnr. 75; Ernst & Young/*Holland*, KStG, einschließlich 68. Ergänzungslieferung Dezember 2008, § 12 Rdnr. 44; *Frotscher*/Maas, KStG UmwStG einschließlich 96. Ergänzungslieferung März 2009, § 12 KStG Rdnr. 137.
[5] Zur Vergleichbarkeitsprüfung vgl. unter § 59 Rdnr. 12 zu § 1 Abs. 1 Nr. 1 UmwStG mit einer entsprechenden Formulierung.
[6] Zu 13 UmwStG siehe unter § 59 Rdnr. 72 ff. Unklar ist, ob auch § 20 Abs. 4a EStG entsprechend anzuwenden ist.

gründung.⁷ Der Finanzausschuss des Bundestages führte explizit aus, dass es für die entsprechende Anwendung von § 13 UmwStG nicht darauf ankomme, dass die Voraussetzungen für eine steuerneutrale Übertragung auf Gesellschaftsebene vorliegen. Insbesondere sei nicht erforderlich, dass es sich um eine Verschmelzung zwischen Körperschaften desselben Staates handele. Auch bei einer grenzüberschreitenden Drittstaatenverschmelzung ist damit unter den weiteren Voraussetzungen des § 13 UmwStG Steuerneutralität auf der Ebene im Inland steuerpflichtigen Anteilseigner möglich.

III. Sonstige Umwandlungen von Kapitalgesellschaften

8 Im Rahmen einer **Hinausumwandlung einer Kapitalgesellschaft außerhalb des UmwStG** stellt sich generell die Frage der Realisierung stiller Reserven sowohl auf Gesellschafts-, wie auch auf Gesellschafterebene. Auf Gesellschaftsebene kommt der Umstrukturierung für inländische Steuerzwecke insoweit Bedeutung zu, als der übertragende Rechtsträger im Inland über steuerverhaftetes Vermögen verfügt. Auch wenn dieses Vermögen durch den Umwandlungsvorgang regelmäßig weiterhin (meist in Form einer Betriebsstätte) in Deutschland verhaftet bleibt (Ausnahmen können sich etwa aufgrund der Zentralfunktion des Stammhauses⁸ ergeben), fehlt es an einer Regelung, die einen steuerneutralen Übergang zwischen dem übertragenden und dem aufnehmenden Rechtsträger ermöglicht. Es kommt deshalb zu einer Aufdeckung stiller Reserven. Umstritten ist lediglich, ob dies rechtstechnisch in Form eines veräußerungsähnlichen Vorganges oder einer liquidationsähnlichen Sachauskehrung erfolgt.⁹ Entsprechendes gilt auf Gesellschaftsebene, wenn bei einer **Hereinumwandlung** oder einer **Auslandsumwandlung einer Kapitalgesellschaft** im Inland steuerverhaftetes Vermögen auf einen anderen Rechtsträger übergeht. Bei einer Hereinumwandlung kann es, etwa wegen der Zentralfunktion des Stammhauses, auch zu einer erstmaligen Verstrickung von Wirtschaftsgütern im Inland kommen. Lediglich bei einer Auslandsverschmelzung von Kapitalgesellschaften desselben Staates wird unter den Voraussetzungen des § 12 Abs. 2 Satz 1 KStG die Aufdeckung stiller Reserven vermieden.

9 Auch auf **Gesellschafterebene** ist grundsätzlich nur im Rahmen von § 12 Abs. 2 Satz 2 KStG bzw. § 20 Abs. 4a EStG Steuerneutralität möglich. Ansonsten wird auch hier bei Hinaus-, Herein- bzw. Auslandsumwandlungen ein Realisationsvorgang in Gestalt einer Art Anteilstausch oder einer liquidationsähnlichen Sachdividende angenommen.¹⁰

10 Im Hinblick auf einen **Formwechsel einer Kapitalgesellschaft in einem Drittstaat in eine Personengesellschaft** ist danach zu differenzieren, ob es sich gesellschaftsrechtlich um einen identitätswahrenden Akt handelt oder dieser als „errichtende Umwandlung" mit Vermögensübergang auf einen anderen Rechtsträger erfolgt. In letzterem Fall gelten die obigen Ausführungen entsprechend. Bei einem identitätswahrenden Formwechsel ist nicht vollkommen klar, ob es aus deutscher Sicht zu einer Realisation stiller Reserven kommt.¹¹ Dafür spricht, dass damit ein Übergang von der selbständigen Besteuerung einer Körperschaft hin zu einer transparenten Besteuerung verbunden ist.¹²

---

⁷ BT-Drs. 16/3369 S. 8.
⁸ Vgl. dazu oben unter § 59 Rdnr. 41.
⁹ Vgl. zur Diskussion der dogmatischen Einordnung etwa Rödder/Herlinghaus/van Lishaut/Ritzer UmwStG Anh. 5 Rdnr. 76 ff. m. w. Nw.
¹⁰ Vgl. zur Diskussion der dogmatischen Einordnung etwa Rödder/Herlinghaus/van Lishaut/Ritzer Anh. 5 Rdnr. 65 m. w. Nw.
¹¹ BFH BStBl. II 1989, 794.
¹² *Klingberg/van Lishaut*, Ausländische Umwandlungen im deutschen Steuerrecht FR 1999, 1209, 1224; *Schnitger/Rometzki*, Ausländische Umwandlungen und ihre Folgen bei inländischen Anteilseignern, FR 2006, 845, 851.

IV. Einbringungen in Kapitalgesellschaften

11 Während der persönliche Anwendungsbereich des sich auf Einbringungen in Personengesellschaften beziehenden § 24 UmwStG als einzige Regelung des UmwStG global ist, d.h. keine besonderen Ansässigkeits- bzw. Gründungsanforderungen im Hinblick auf den übertragenden oder den übernehmenden Rechtsträger bestehen und damit sowohl Drittstaateneinbringungen wie auch „europäische" Einbringungen erfasst sind, bestehen Einschränkungen bei Einbringungen in Kapitalgesellschaften.

12 Ein **Anteilstausch** (§ 1 Abs. 3 Nr. 5 UmwStG) fällt nur dann in den Anwendungsbereich des UmwStG, wenn der übernehmende Rechtsträger eine EU/EWR-Gesellschaft i.S.v. § 1 Abs. 2 Satz 1 Nr. 1 UmwStG ist. Unschädlich ist hierbei, wenn Einbringungsgegenstand Anteile an einer Drittstaatengesellschaft sind. Sofern allerdings der Anwendungsbereich des UmwStG nicht eröffnet ist, bestimmen sich die Rechtsfolgen eines Anteiltausches nach allgemeinen steuerlichen Grundsätzen. Danach ist die Einbringung in eine Kapitalgesellschaft grundsätzlich ein gewinnrealisierender tauschähnlicher Vorgang. Steuerliche Bedeutung kommt dem allerdings im Regelfall nur dann zu, wenn die in eine Drittlands-Kapitalgesellschaft eingebrachten Anteile in Deutschland steuerverstrickt sind.

13 Sind die persönlichen Anwendungsvoraussetzungen des UmwStG für die sonstigen Fälle der Einbringung in Kapitalgesellschaften (§ 1 Abs. 4 Satz 1 UmwStG)[13] nicht erfüllt, kommt es als Folge eines tauschähnlichen Vorganges ebenfalls zu einer Gewinnrealisation. Bringt also ein in Deutschland unbeschränkt Steuerpflichtiger einen **Betrieb, Teilbetrieb oder Mitunternehmeranteil in eine Drittlands-Kapitalgesellschaft** ein, werden auch dann stille Reserven realisiert, wenn das eingebrachte Vermögen in Deutschland steuerverhaftet bleibt oder die im Gegenzug für die Einbringung erhaltenen Anteile an der Drittlands-Kapitalgesellschaft in Deutschland steuerverhaftet werden. Gleiches gilt bei **reinen Drittlands-Einbringungen,** wenn also weder der übertragende, noch der aufnehmende Rechtsträger den erforderlichen EU/EWR-Bezug besitzt, aber in Deutschland (etwa aufgrund einer inländischen Betriebsstätte oder eines im Inland gelegenen Grundstückes) steuerverstricktes Vermögen übertragen wird.[14]

---

[13] Vgl. dazu unter § 59 Rdnr. 34.
[14] Rödder/Herlinghaus/van Lishaut/*Ritzer* Anh. 5 Rdnr. 87.

7. Kapitel. Praktische Vorgehensweisen bei grenzüberschreitenden Umstrukturierungen

§ 61. Die konkurrierenden Gestaltungsmöglichkeiten in der Praxis

Übersicht

	Rdnr.		Rdnr.
I. SE-basierte Modelle	4	a) Die ausländische Gesellschaft als Bieterin	35–39
1. Rechtliche Grundlagen	4–9	b) Die deutsche AG als Bieterin	40–42
2. Rechtstatsächliche Bestandsaufnahme	10–13	2. Parallele Übernahmeangebote (NewCo-Modell)	43
3. Fallbeispiele	14–25	a) Zusammenführung in eine deutsche NewCo	44–49
II. Umstrukturierungen auf der Grundlage der Verschmelzungsrichtlinie	26–30	b) Transaktionen mit US-Bezug	50, 51
III. Modelle der grenzüberschreitenden Übernahme	31, 32	c) Transaktionen mit EU-Bezug	52, 53
1. Einseitige Übernahmeangebote	33, 34	IV. Synthetische Unternehmenszusammenschlüsse	54–59

Schrifttum: *Baums/Keinath/Gajek*, Fortschritte bei Klagen gegen Hauptversammlungsbeschlüsse? Eine empirische Studie, ZIP 2007, 1629–1650; *Baums/Drinhausen*, Weitere Reform des Rechts der Anfechtung von Hauptversammlungsbeschlüssen, ZIP 2008, 145–156; *Baums/Steck*, Bausparkassen als Konzerntöchter – Konzern- und bankenaufsichtsrechtliche Fragen einer Vertriebsausgliederung, WM 1998, 2261–2271; *Bayer/J. Schmidt*, „Going European" – die SE europaweit auf dem Vormarsch, AG-Report 2007, R192-R200; *dies.*, „Going European" continues – die Zahl der SE steigt weiter, AG-Report 2008, R31-R32; *dies.*, Der Regierungsentwurf zur Änderung des Umwandlungsgesetzes. Eine kritische Stellungnahme, NZG 2006, 840–846; *dies.*, Die neue Richtlinie über die grenzüberschreitende Verschmelzung von Kapitalgesellschaften, NJW 2006, 401–406; *dies.*, Europäische Gesellschaft (SE) als Rechtsform für den Mittelstand?!, AnwBl. 2008, 327–333; *dies.*, „deutscher" SE in der Praxis, AG-Report 2008, R103-R105; *Bayer*, Auswirkungen der Niederlassungsfreiheit nach den EuGH-Entscheidungen Inspire Act und Überseering auf die deutsche Unternehmensmitbestimmung, AG 2004, 534–538; *Blanquet*, Das Statut der Europäischen Aktiengesellschaft (Societas Europea „SE"), ZGR 2002, 20–65; *Brandes*, Cross Border Merger mittels der SE, AG 2005, 177–188; *ders.*, Mitbestimmungsvermeidung mittels grenzüberschreitender Verschmelzungen, ZIP 2008, 2193–2199; *Decher*, Grenzüberschreitende Umstrukturierungen jenseits von SE und Verschmelzungsrichtlinie, Der Konzern 2006, 805–811; *ders.*, Rechtsfragen des grenzüberschreitenden Merger of Equals, FS Lutter, Köln 2000, S. 1209–1225; *Deutsches Aktieninstitut* (Hrsg.), Die Societas Europaea (SE). Dokumentation der Seminare vom 30. März 2006 und vom 24. April 2007, Frankfurt am Main 2007; *Dillmann* u.a. (Hrsg.), Europäisches Gesellschafts- und Steuerrecht, München 2007; *Drinhausen/Keinath*, Mitbestimmung bei grenzüberschreitender Verschmelzung mitbestimmungsfreier Gesellschaften, AG 2010, 396–403; *dies.*, Referentenentwurf eines Gesetzes zur Umsetzung der Aktionärsrichtlinie (ARUG) – Weitere Schritte zur Modernisierung des Aktienrechts, BB 2008, 2078–2084; *Drinhausen/Van Hulle/Maul*, Handbuch der Europäischen Gesellschaft (SE), München 2007; *Drinhausen*, Referentenentwurfs eines Zweiten Gesetzes zur Änderung des Umwandlungsgesetzes – Erleichterungen grenzüberschreitender Verschmelzungen für deutsche Kapitalgesellschaften?, BB 2006, 725–732; *Drygala*, Die Mauer bröckelt – Bemerkungen zur Bewegungsfreiheit deutscher Unternehmen in Europa, ZIP 2005, 1995–2000; *Ege/Klett*, Praxisfragen bei grenzüberschreitenden Verschmelzungen im Konzern, GWR 2011, 322402; *Eidenmüller/Engert/Hornuf*, Die Societas Europaea: Empirische Bestandsaufnahme und Entwicklungslinien einer neuen Rechtsform, AG 2008, 721–730; *Forsthoff*, Internationale Verschmelzungsrichtlinie: Verhältnis zur Niederlassungsfreiheit und Vorwirkung; Handlungszwang für Mitbestimmungsreform, DStR 2006, 613–618; *Frenzel*, Grenzüberschreitende Verschmelzung von Kapitalgesellschaften – nach dem Ablauf der Umsetzungsfrist, RIW 2008,

12–20; *Gesell/Krömber,* Grenzüberschreitende Verschmelzungen nach SEVIC: Praxisbericht über die Verschmelzung einer niederländischen auf eine deutsche Kapitalgesellschaft, DB 2006, 2558–2563; *Götz,* Ist die Europäische Aktiengesellschaft die überzeugende Option für die Praxis?, ZIP 2003, 1067; *Grohmann/Gruschinske,* Grenzüberschreitende Mobilität von Kapitalgesellschaften in Europa, GmbHR 2006, 191–194; *Grunewald,* Der Gläubigerschutz bei grenzüberschreitenden Verschmelzungen nach dem Entwurf eines zweiten Gesetzes zur Änderung des UmwG, Der Konzern 2007, 106–108; *Habersack,* Europäisches Gesellschaftsrecht, 3. Aufl., München 2006; *ders.,* Grundsatzfragen der Mitbestimmung in SE und SCE sowie bei grenzüberschreitender Verschmelzung, ZHR 171 (2007), 613–643; *ders.,* Schranken der Mitbestimmungsautonomie in der SE. Dargestellt am Beispiel der Größe und inneren Ordnung des Aufsichtsorgans, AG 2006, 345–355; *Handelsrechtsausschuss des Deutschen Anwaltsvereins,* Stellungnahme zum Regierungsentwurfs eines Zweiten Gesetzes zur Änderung des Umwandlungsgesetzes, NZG 2006, 737–744; *Haritz/Wolff,* Internationalisierung des deutschen Umwandlungsrechts, GmbHR 2006, 340–345; *Heckschen,* Die Europäische AG aus notarieller Sicht, DNotZ 2003, 251–269; *Herrler/Schneider,* Grenzüberschreitende Verschmelzungen von Gesellschaften mit beschränkter Haftung zwischen Deutschland und Österreich, GmbHR 2011, 795–806; *Hirte,* Die Europäische Aktiengesellschaft – ein Überblick nach In-Kraft-Treten der deutschen Ausführungsgesetzgebung, Teil 1, S. 653–658; *Hoffmann,* Die Bildung der Aventis S. A. – ein Lehrstück des europäischen Gesellschaftsrechts, NZG 1999, 1077–1085; *Hoffmann-Becking,* Organe: Strukturen und Verantwortlichkeiten, insbesondere im monistischen System, ZGR 2004, 355–382; *Hommelhoff,* Einige Bemerkungen zur Organisationsverfassung der Europäischen Aktiengesellschaft, AG 2001, 279–288; *Horn,* Die Europa-AG im Kontext des deutschen und europäischen Gesellschaftsrechts, DB 2005, 147–153; *Ihrig,* Die geschäftsführenden Direktoren in der monistischen SE: Stellung, Aufgaben und Haftung, ZGR 2008, 809–834; *Jacobs,* Privatautonome Unternehmensmitbestimmung in der SE, FS K. Schmidt 2009, 795–815; *Kalss,* Der Minderheitenschutz bei Gründung und Sitzverlegung der SE nach dem Diskussionsentwurf, ZGR 2003, 593–646; *Kiem,* Erfahrungen und Reformbedarf bei der SE – Entwicklungsstand, ZHR 173 (2009) 156–180; *ders.,* Die Regelung der grenzüberschreitenden Verschmelzung im deutschen Umwandlungsgesetz, WM 2006, 1091–1099; *ders.,* Die Ermittlung der Verschmelzungswertrelation bei der grenzüberschreitenden Verschmelzung, ZGR 2007, 542–570; *ders.,* Vereinbarte Mitbestimmung und Verhandlungsmandat der Unternehmensleitung. Ein Beitrag zur mitbestimmungsrechtlichen Verhandlungslösung und guter Corporate Governance, ZHR 171 (2007), 713–730; *Kleinsorge,* Europäische Gesellschaft und Beteiligungsrechte der Arbeitnehmer, RdA 2002, 343–352; *Kloster,* Grenzüberschreitende Unternehmenszusammenschlüsse. Eine verfassungs-, europa- und steuersystematische Untersuchung, Hamburg 2004; *Knapp,* Am Vorabend zur Anerkennung grenzüberschreitender Umwandlungen, DNotZ 2005, 723–730; *Krämer/Theiß,* Delisting nach Macrotron-Entscheidung des BGH, AG 2003, 225–242; *Krause/Kulpa,* Grenzüberschreitende Verschmelzungen – Vor dem Hintergrund der „Sevic"-Entscheidung und der Reform des deutschen Umwandlungsrechts, ZHR 171 (2007), 38–78; *Kübler,* Barabfindung bei Gründung einer Europa AG, ZHR 167 (2003), 627–631; *ders.,* Mitbestimmungsfeindlicher Missbrauch der Societas Europea?, FS Thomas Raiser, Berlin 2005, S. 247–258; *Lunk/Hinrich,* Die Mitbestimmung der Arbeitnehmer bei grenzüberschreitenden Verschmelzungen nach dem MgVG, NZA 2007, 773–780; *Lutter,* Europäische Aktiengesellschaft – Rechtsfigur mit Zukunft?, BB 2002, 1–7; *Monti,* Statut der Europäischen Aktiengesellschaft, WM 1997, 607–608; *Müller,* Der Schutz der Minderheitsgesellschafter bei der grenzüberschreitenden Verschmelzung, Der Konzern 2007, 81–88; *ders.,* Die grenzüberschreitende Verschmelzung nach dem Referentenentwurf des Bundesjustizministeriums, NZG 2006, 286–290; *Müller-Bonanni/Melot de Beauregard,* Mitbestimmung in der Societas Europea, GmbHR 2005, 195–200; *Müller-Bonanni,* Unternehmensmitbestimmung nach „Überseering" und „Inspire Art", GmbHR 2003, 1235–1239; *Müller-Bonanni/Müntefering,* Grenzüberschreitende Verschmelzung ohne Arbeitnehmerbeteiligung? Praxisfragen zum Anwendungsbereich und Beteiligungsverfahren des MgVG, NJWS 2009, 2347–2353; *Nagel,* Die Europäische Aktiengesellschaft (SE) in Deutschland – der Regierungsentwurf zum SE-Einführungsgesetz, NZG 2004, 833–839; *Neye,* Die neue Richtlinie zur grenzüberschreitenden Verschmelzung von Kapitalgesellschaften, ZIP 2005, 1893–1898; *ders.,* BB-Gesetzgebungsreport: Bundestag beschließt neues Umwandlungsrecht, BB 2007, 389–390; *Neye/Timm,* Mehr Mobilität für die GmbH in Europa. Das neue Recht der grenzüberschreitenden Verschmelzungen, GmbHR 2007, 561–565; *Nikoleyczik,* Mitbestimmungsgestaltung im grenzüberschreitenden Konzern unter besonderer Berücksichtigung der SE und grenzüberschreitender Verschmelzungen, DStR 2010, 1743–1750; *Noack,* Das Freigabeverfahren bei Umwandlungsbeschlüssen (§ 16 UmwG) – Bewährung und Modell, ZHR 164 (2000) 274–294; *Oechsler,* Die Richtlinie 2005/56/EG über die Verschmelzung von Kapitalgesellschaften aus verschiedenen Mitgliedstaaten, NZG 2006, 161–166; *Oetker,* Unternehmensmitbestimmung in der SE kraft Vereinbarung, ZIP 2006, 1113–1121; *Peafgen*, Die New Co Holding-SE als M&A-Vehikel, FS E. Roth, München 2011, 563–571; *Passarge/Stark* Gläubigerschutz bei grenzüberschreitenden Verschmelzungen nach dem Zweiten Gesetz zur Änderung des Umwandlungsgesetzes, GmbHR 2007, 803–810; *Raiser*, Unternehmensmitbestimmung vor dem Hintergrund europarechtlicher Entwicklungen, Verhandlungen des 66. Juristentages Stuttgart 2006, Band I: Gutachten/Teil B, München 2006; *Rehberg*, Die missbräuchliche Verkürzung der unternehmerischen Mitbestimmung durch die Societas Europea, ZGR 2005, 859–893; *Reichert*, Die Europäische Aktiengesellschaft im Freilandversuch der Praxis, in: Müller-Graff (Hrsg.), Europäisches Gesellschaftsrecht auf neuen Wegen, 2010, S. 125–142; Baden-Baden; *ders.*, Die SE als Gestaltungsinstrument für grenzüberschreitende Umstrukturierungen, Der Konzern 2006, 821–835; *ders.*, Erfahrungen mit der Societas Europea (SE) in Deutschland, GS Grusson, Berlin 2009, S. 162–179; *ders.*, Experience with the SE in Germany, Utrecht Law Review 4 (2008), 22–33; *Rieble*, Schutz vor paritätischer Unternehmensmitbestimmung, BB 2006, 2018–2023; *Riegger*, Centros – Überseering – Inspire Art. Folgen für die Praxis, ZGR 2004, 510–530; *Riesenhuber*, Die Verschmelzungsrichtlinie: „Basisrechtsakt für ein europäisches Recht der Strukturmaßnahmen", NZG 2004, 15–22; *Ringe*, Mitbestimmungsrechtliche Folgen einer SE-Sitzverlegung, NZG 2006, 931–935; *v. Rosen*, Die SE – ein europäisches Zukunftsmodell, FS Hopt, Berlin 2010, S. 1245–1259; *Samson/Flindt*, Internationale Unternehmenszusammenschlüsse, NZG 2006, 290–296; *Sandrock*, Gehören die deutschen Regelungen über die Mitbestimmung auf Unternehmensebene wirklich zum deutschen ordre public? AG 2004, 57–66; *Schmidt, J.*, „Going European" – Die Europäische Aktiengesellschaft (SE) als attraktive Rechtsformalternative, in: Bayer (Hrsg.), Die Aktiengesellschaft im Spiegel der Rechtstatsachenforschung, Jena 2007, S. 51–78; *dies.*, „Deutsche" vs. „britische" Societas Europaea (SE) – Gründung, Verfassung, Kapitalstruktur, Jena 2006; *Schmidt, Karsten*, Macrotron oder: weitere Ausdifferenzierung des Aktionärsschutz durch den BGH, NZG 2003, 601–606; *Schwarz*, Zum Statut der Europäischen Aktiengesellschaft, ZIP 2001, 1847–1861; *Seibt*, Arbeitnehmerlose Societas Europea, ZIP 2005, 2248–2251; *Semler/Volhard* (Hrsg.), Arbeitshandbuch für Unternehmensübernahmen, Band 1, München 2001; *Spahlinger/Wegen*, Deutsche Gesellschaften in grenzüberschreitenden Umwandlungen nach „SEVIC" und der Verschmelzungsrichtlinie in der Praxis, NZG 2006, 721–728; *Tebben/Tebben*, Der Weg aus der Limited: Die grenzüberschreitende Verschmelzung auf eine GmbH, DB 2007, 2355–2361; *Teichmann*, Austrittsrecht und Pflichtangebot bei Gründung einer Europäischen Aktiengesellschaft, AG 2004, 67–83; *ders.*, Binnenmarktmobilität von Gesellschaften nach „Sevic", ZIP 2006, 355–363; *ders.*, Mitbestimmung und grenzüberschreitende Verschmelzung, Der Konzern 2007, 89–98; *Thoma/Leuering*, Die Ermittlung der Verschmelzungswertrelation bei der grenzüberschreitenden Verschmelzung, ZGR 2007, 542–570; *Thoma/Reuter*, „Shrinking the Atlantic" – Der Zusammenschluss von Daimler-Benz und Chrysler, M&A Review 1999, 314–321; *Thüsing*, Deutsche Unternehmensmitbestimmung und europäische Niederlassungsfreiheit, ZIP 2004, 381–388; *Timm*, Grundfragen des „qualifizierten" faktischen Konzerns im Aktienrecht, NJW 1987, 977–987; *Veil*, Kollisionsrechtliche und sachrechtliche Lösung für eine Verschmelzung und eine Spaltung über die Grenze, Der Konzern 2007, 98–106; *Vetter*, Die Regelung der grenzüberschreitenden Verschmelzung im UmwG. Einige Bemerkungen aus Sicht der Praxis, AG 2006, 613–626; *Vorschläge des Handelsrechtsausschusses des Deutschen Anwaltsvereins e.V.* zur Änderung des Umwandlungsgesetzes, NZG 2000, 802–808; *Vossius*, Gründung und Umwandlung der deutschen Europäischen Gesellschaft (SE), ZIP 2005, 741–749; *Walden/Meyer-Landrut*, Die grenzüberschreitende Verschmelzung zu einer Europäischen Gesellschaft: Planung und Vorbereitung, DB 2005, 2119–2127; *dies.*, Die grenzüberschreitende Verschmelzung zu einer Europäischen Gesellschaft: Beschlussfassung und Eintragung, DB 2005, 2619–2123; *Weiss/Wöhlert*, Societas Europea – Der Siegeszug des deutschen Mitbestimmungsrechts in Europa?, NZG 2006, 121–126; *Wicke*, Die Europäische Aktiengesellschaft. Grundstrukturen, Gründungsformen und Funktionsweisen, MittBayNot 2006, 196–208; *Winter, Martin*, Die Anfechtung eintragungsbedürftiger Strukturbeschlüsse de lege lata und de lege ferenda, FS Ulmer, Berlin 2003, S. 699–723; *Winter, Michael*, Planung und Vorbereitung einer grenzüberschreitenden Verschmelzung. Gesellschafts-, steuer- und mitbestimmungsrechtliche Rahmenbedingungen, Der Konzern 2007, 24–34; *ders.*, Grenzüberschreitende Verschmelzungen – ein Update, GmbHR 2008, 532–537; *Wisskirche/Prinz*, Das Gesetz über die Beteiligung der Arbeitnehmer in der Europäischen Gesellschaft (SE), 2638–2643; *Wissmann*, „Deutsche" Europäische Aktiengesellschaft und Mitbestimmung, FS Wiedemann, München 2002, S. 685–700; *Wollburg/Banerjea*, Die Reichweite der Mitbestimmung in der Europäischen Gesellschaft, ZIP 2005, 277–283; *Zöllner*, Konkurrenz für inländische Kapitalgesellschaften durch ausländische Rechtsträger, insbesondere durch die englische Private Limited Company, GmbHR 2006, 1–12.

1 Grenzüberschreitende Umstrukturierungen bilden seit Jahrzehnten ein wichtiges und außerordentlich anspruchsvolles Arbeitsfeld der kautelarjuristischen Praxis, dessen Bedeutung mit zunehmender Vernetzung der Weltwirtschaft noch weiter wachsen wird. In Anbetracht der Tatsache, dass bei solchen Maßnahmen meist Millionen- oder Milliardenvermögen betroffen sind, lohnt es sich für die beteiligten Unternehmen, die Gestaltungsmöglichkeiten nach allen Richtungen hin auszuloten. Bisher freilich setzten die Unterschiede zwischen den nationalen Rechtsordnungen und das Fehlen eines übergeordneten, transnationalen Rechtsrahmens dem Gestaltungswillen enge Grenzen.

2 Das hat sich inzwischen zumindest auf europäischer Ebene dramatisch geändert. Namentlich die Einführung der europäischen Aktiengesellschaft (SE) und die Schaffung einer Rechtsgrundlage für europaweite Verschmelzungen eröffnen neue Perspektiven. Damit sind die Anforderungen an den Rechtsgestalter eher noch einmal gestiegen als gesunken, denn er muss nun zwischen einer Vielzahl von Alternativen auswählen, die nicht immer leicht vorauszusehende Chancen und Risiken bieten. Einen Königsweg, wenn es ihn überhaupt je gegeben hat, wird es in Zukunft nicht mehr geben. Für unterschiedliche Motive und Interessenlagen stehen jetzt auch unterschiedliche Lösungen zur Verfügung. Der allgemeine juristische Vorbehalt, dass es stets auf die Umstände des Einzelfalls ankommt, ist demnach aktueller denn je.

3 Einer Darstellung, die sich des Gegenstandes aus Sicht der Praxis annimmt, legt dieser Befund notwendigerweise die Pflicht zur Selbstbeschränkung auf: Einerseits verbietet sich eine eindeutige Festlegung auf das eine oder andere Modell als das vermeintlich vorteilhafteste, andererseits können aber auch nicht alle in Betracht kommenden Varianten besprochen und erwogen werden. Im Folgenden soll der Grundfall einer grenzüberschreitenden **Unternehmenszusammenführung** (unter deutscher und ausländischer Beteiligung) als Leitbild dienen, um eine gewisse Vergleichbarkeit herzustellen. Das bedeutet indes nicht, dass die Überlegungen nicht auch bei einer anderen Zielvorgabe von Nutzen sein können. Zunächst gilt es, die konkurrierenden Modelle kurz vorzustellen und anhand von rechtstatsächlichen Untersuchungen und konkreten Beispielen die Präferenzen der Praxis aufzuzeigen. Im Anschluss (§ 62) werden auf der Grundlage des geltenden Rechts sowohl die Vor- und Nachteile der konkurrierenden Verfahren als auch der aus ihnen hervorgehenden Rechtsformen beleuchtet.

I. SE-basierte Modelle

1. Rechtliche Grundlagen

4 Nachdem man sich in Nizza nach langem Ringen auf die Einführung einer europäischen Aktiengesellschaft geeinigt hatte,[1] verabschiedete der Rat am 8. 10. 2001 SE-Verordnung (SE-VO) und SE-Richtlinie (SE-RL), die dann zum 8. 10. 2004 in Kraft traten. Damit wurde die gesellschaftsrechtliche Vielfalt in Europa nicht beseitigt. Denn es gibt nicht „die" SE im Sinne einer homogenen, von nationalen Besonderheiten unberührten Rechtsform, sondern allenfalls 27 Varianten. Dafür sorgen die zahlreichen Umsetzungsfreiräume und Verweise auf nationales Recht,[2] allen voran die Generalverweisung in Art. 9 Abs. 1 lit. c (ii) SE-VO, wonach in den nicht durch die SE-VO geregelten Bereichen das für die Aktiengesellschaften geltende nationale Recht des Mitgliedstaates Anwendung findet, in dem die SE ihren Sitz begründet. Eine SE mit Sitz in Deutschland („deutsche" SE) unterscheidet sich unter Umständen also erheblich von einer SE mit Sitz in einem anderen Mit-

---

[1] Zur Vorgeschichte u. a. MünchKommAktG/*Oechsler*, Vor Art. 1 SE-VO Rdnr. 1 ff.; *Schwarz*, SE-VO, Einleitung Rdnr. 2 ff.; *J. Schmidt*, „Deutsche" vs. „britische" Societas Europaea, 2006, 52–55.

[2] Dazu eingehender: *Teichmann*, Grenzüberschreitende Verschmelzungen in Europa, in: Europäisches Gesellschafts- und Steuerrecht, 2007, 59, 63–65.

gliedsstaat („französische", „italienische", „britische" SE).[3] Unter diesem Vorbehalt stehen alle Ausführungen zu SE-basierten Gestaltungsmodellen, da vorliegend die nationalen Besonderheiten nicht im Einzelnen berücksichtigt werden können.

Immerhin lassen sich aber Kernelemente der SE-Struktur benennen und vergleichend bewerten. Namentlich besteht ein *numerus clausus* der **Gründungsformen**.[4] Art. 2 SE-VO sieht für eine originäre Neugründung vor: 1. die Gründung durch Verschmelzung mehrerer Aktiengesellschaften zu einer SE; 2. die Gründung einer gemeinsamen Holding-SE durch mehrere Kapitalgesellschaften; 3. die Gründung einer gemeinsamen Tochter-SE durch mehrere juristische Personen; 4. die Gründung durch formwechselnde Umwandlung einer Aktiengesellschaft in eine SE. Daneben eröffnet Art. 3 Abs. 2 SE-VO zusätzlich die Möglichkeit, eine Tochter-SE durch eine bereits existente SE neu zu gründen. Daran ist bemerkenswert, dass bei der Gründung einer Tochter-SE durch eine schon bestehende SE das Erfordernis, dass die Gründung einer SE mindestens zwei Mitgliedstaaten betreffen muss, entfällt. Der unentbehrliche „europäischen Tatbestand"[5] ist dadurch erfüllt, dass sich eine SE als Europäerin *per se* beteiligt.[6] Die ersten beiden Gründungsformen sollen sogleich ausführlicher behandelt werden, weil ihnen jedenfalls bei Cross-Border-Transaktionen eine zentrale Bedeutung zukommt.

Die Gründung einer SE durch Verschmelzung nach den Artikeln 2 Abs. 1 und 17–31 SE-VO lässt sich auf zwei verschiedenen Wegen erreichen. Zur Auswahl stehen das „Verfahren der Verschmelzung durch Aufnahme" einerseits (Art. 17 Abs. 2 lit. a SE-VO) und das „Verfahren der Verschmelzung durch Gründung" andererseits (Art. 17 Abs. 2 lit. b SE-VO). Art. 29 Abs. 1 SE-VO bestimmt die *ipso iure* eintretenden Rechtsfolgen einer Verschmelzung durch Aufnahme: Das gesamte Aktiv- und Passivvermögen jeder übertragenden Gesellschaft geht auf die übernehmende Gesellschaft über (lit. a); die Aktionäre der übertragenden Gesellschaft werden Aktionäre der übernehmenden Gesellschaft (lit. b); die übertragende Gesellschaft erlischt (lit. c), die übernehmende Gesellschaft nimmt die Rechtsform einer SE an (lit. d). Entsprechend regelt Art. 29 Abs. 2 lit. a)–c) SE-VO für die Verschmelzung durch Gründung den Übergang des gesamten Aktiv- und Passivvermögens auf die SE, das Erlöschen der verschmelzenden Gesellschaften und die Teilhabe der Aktionäre dieser Gesellschaften an der SE.

Auch wenn demnach beide Varianten zum gleichen Ergebnis führen, so eignet sich die Verschmelzung durch Gründung in der Tendenz besser für einen in Aussicht genommenen *merger of equals*, weil diese Gestaltungsform überhaupt keinen Anhalt bietet für die Entstehung und Verbreitung unternehmenspolitisch stets unerwünschter Sentiments zwischen den verschmelzenden „Partnern".[7] Da diese Option damals noch nicht bestand, sahen sich beispielsweise die Konstrukteure der Aventis S.A. dazu gezwungen, das Zusammengehen als Übernahme der Hoechst AG durch die Rhône-Poulenc S.A. zu gestalten.[8] Das Bedürfnis nach einer anderen Lösung war damals schon so stark, dass man in § 3.11 des Zusammenschlussvertrages ausdrücklich die Umwandlung der Aventis S.A. in eine SE in Erwägung zog, wenn nur erst einmal der europarechtliche Rahmen geschaffen sei.[9]

---

[3] Vgl. u. a. *Lutter*, BB 2002, 1, 3; *Wissmann*, FS Wiedemann, S. 685, 688; *Nagel*, NZG 2004, 833, 836; *Knapp*, DNotZ 2005, 723, 724; *Hirte*, DStR 2005, 653, 654; *J. Schmidt*, „Deutsche" vs. „britische" Societas Europaea, 2006, 55–58.
[4] Vgl. *Hommelhoff*, AG 2001, 279, 280.
[5] *Lutter*, BB 2002, 1, 4.
[6] *Reichert*, Der Konzern 2006, 821, 827.
[7] Vgl. *Reichert*, Der Konzern 2006, 821, 828; *Brandes*, AG 2005, 177, 177.
[8] Vgl. *Hoffmann*, NZG 1999, 1077 ff.
[9] „Sobald es rechtlich möglich ist, eine europäische Aktiengesellschaft („E. A.") mit Sitz in Frankreich zu errichten, wie dies von der Kommission der Europäischen Union in Erwägung gezogen wird, prüft Aventis die wirtschaftlichen Möglichkeiten zur Umwandlung in eine E. A., welche – soweit möglich – die vorstehend beschriebene Organisationsverfassung haben soll" – Bericht des Vorstandes, S. 133 f.

8 Anders als bei der Verschmelzung zur Neugründung bestehen bei der **Holding-SE** die am Gründungsvorgang beteiligten Rechtsträger fort.[10] Sie werden freilich von der SE kontrolliert, da nach Art. 32 Abs. 2 S. 4 SE-VO von jeder an der Gründung beteiligten Gesellschaft mindestens 50% ihrer Anteile in die Holding-SE eingebracht werden müssen.[11] Die Gesellschafter, die das Umtauschangebot nicht annehmen, bleiben Minderheitsgesellschafter in der jeweiligen Gründungsgesellschaft. Wenn dieser Zustand als Endzustand unerwünscht ist, kann man erwägen, in einem weiteren Schritt die Gründungsgesellschaften im Wege des *upstream merger* auf die SE zu verschmelzen oder die Minderheitsaktionäre – soweit zulässig – im Wege des Squeeze-out auszuschließen.[12] Dem Schutz der opponierenden Minderheitsgesellschafter dient § 9 SEAG, der ein Abfindungsangebot zu deren Gunsten für den Fall vorschreibt, dass die Holding-SE ihren Sitz im Ausland nimmt oder ihrerseits abhängig ist.[13]

9 Das **Mehrstaatlichkeitserfordernis** ist nach dem Willen des Verordnungsgebers bereits dann gewahrt, wenn von den beteiligten Gesellschaften zwei (oder mehr) dem Recht verschiedener Mitgliedstaaten unterliegen (Art. 2 Abs. 2 lit. a SE-VO), aber auch, wenn zwei (oder mehr) der die Gründung anstrebenden Gesellschaften seit mindestens zwei Jahren eine dem Recht eines anderen Mitgliedstaats unterliegende Tochtergesellschaft oder eine Zweigniederlassung in einem anderen Staat vorweisen können (Art. 2 Abs. 2 lit. b SE-VO). Das bedeutet, dass es gegebenenfalls auch zwei deutsche Gesellschaften möglich ist, eine Holding-SE zu gründen.[14] In dieser Hinsicht unterscheidet sich die Gründung einer Holding-SE von der Gründung durch Verschmelzung. Ein weiterer Unterschied liegt darin, dass das Holding-Modell neben Aktiengesellschaften auch Gesellschaften mit beschränkter Haftung offen steht. Kommanditgesellschaften auf Aktie gehören allerdings nach vorzugswürdiger Ansicht nicht zum Gründerkreis einer Holding-SE. Das folgt schon aus ihrer fehlenden Erwähnung in Anhang II der SE-VO, der die tauglichen Gesellschaftsformen aufzählt.[15]

2. Rechtstatsächliche Bestandsaufnahme

10 Inzwischen liegen eine Reihe von **statistischen Erhebungen** vor, die erkennen lassen, in welchem Umfang die Praxis von der jungen Rechtsform SE Gebrauch macht.[16] Auch wenn es wegen der Uneinheitlichkeit der Registereintragungen noch einige Unwägbarkeiten gibt,[17] so steht doch fest, dass die SE sich wachsender Beliebtheit erfreut und die Befürchtungen, die europäische Aktiengesellschaft werde sich als Totgeburt erweisen, sich nicht bewahrheitet haben. 2005 wurden 21 SEs gegründet, 2006 lag die Zahl bei 40 und

---

[10] *Reichert*, Der Konzern 2006, 821, 828.
[11] *Habersack*, Europäisches Gesellschaftsrecht, 3. Aufl., 2006, § 12 Rdnr. 18 (418); *Kloster*, Grenzüberschreitende Unternehmenszusammenschlüsse, 2004, S. 477.
[12] *Brandes*, AG 2005, 177, 178; *Reichert*, Der Konzern 2006, 821, 828.
[13] Zur Kritik: *Kübler*, ZHR 167 (2003), 627, 629 ff.; *Kalss*, ZGR 2003, 593, 633 ff.; *Habersack*, Europäisches Gesellschaftsrecht, 3. Aufl., 2006, § 12 Rdnr. 18. Vgl. zudem: *Teichmann*, AG 2004, 67 ff.
[14] *Habersack*, Europäisches Gesellschaftsrecht, 3. Aufl., 2006, § 12 Rdnr. 17 (418).
[15] *Reichert*, Der Konzern 2006, 821, 827.
[16] Study on the operation and the impacts of the Statue for a European Company (Final Report 9 December 2009): http://ec.europa.eu/internal_market/congultations/docs/2010/se/study_SE_9122009_en.pdf.; *J. Schmidt*, „Going European" – Die Europäische Aktiengesellschaft (SE) als attraktive Rechtsformalternative, S. 51–78; *Bayer/Schmidt*, AG-Report 2007, R192-R200; *Bayer/Schmidt*, AG-Report 2008, R31 f.; *Bayer/Schmidt*, AG-Report 2008, R103-R105; *Eidenmüller/Engert/Hornuf*, AG 2008, 721, 730. Vgl. auch Wenz in: Drinhausen/van Hulle/Maul, Handbuch der europäischen Gesellschaft SE, Einsatzmöglichkeiten, Rdnr. 17, S. 8 f. Teilweise abweichend: *Köstler*, AG-Report 2008, R105 f.
[17] Nach Art. 14 Abs. 1 SE-VO ist die Eintragung und Löschung einer SE zu Informationszwecken im Amtsblatt der Europäischen Union zu veröffentlichen. Doch kommen keineswegs alle der Meldepflicht bei, so dass eine Erhebung auch die nationalen Register einbeziehen muss: *Bayer/Schmidt*, AG-Report 2007, R192, R194; *Eidenmüller/Engert/Hornuf*, AG 2008, 721, 723.

2007 waren schon 85 Gründungen zu verzeichnen.[18] Einen deutlichen Zuwachs brachte das Jahr 2008. Im April 2009 waren 48,5% aller bestehenden SEs 2008 gegründet.[19] In absoluten Zahlen steht Tschechien mit 137 bestehenden SEs an der Spitze, es folgen Deutschland (91) und die Niederlande (22). Bei einem Teil, insbesondere bei vielen tschechischen SEs handelt es sich um Vorratsgesellschaften, die zum Verkauf angeboten werden. Auffallend ist die geringe Zahl an SEs in den großen Mitgliedstaaten Frankreich (15) und Großbritannien (16). In Italien ist die SE faktisch sogar überhaupt nicht existent (Stand: April 2009).[20]

11 Entgegen den Vorhersagen, die einen **Anwendungsbereich** der SE nur für Großunternehmen prophezeiten,[21] wird die SE in Wahrheit vor allem von kleinen und mittelständischen Unternehmen (KMU) genutzt:[22] Zwei Drittel der SEs, die Mitarbeiter beschäftigen, gehören zu dieser Gruppe. Europaweit sind nur wenige Unternehmen mit mehr als 10.000 Mitarbeitern als europäische Aktiengesellschaft ausgewiesen, darunter vergleichsweise viele deutsche (Allianz SE, Porsche Automobil Holding SE, BASF SE, Fresenius SE). Nach Branchen gerechnet findet die SE im Bereich der Finanz- und Versicherungsdienstleistungen den größten Zuspruch, gefolgt vom verarbeitenden Gewerbe und dem Informations- und Kommunikationssektor.[23] Mit Blick auf die verschiedenen Gründungsvarianten der SE ist festzustellen, dass die Holding-SE und die Sekundärgründung auf das geringste Interesse gestoßen sind. Es dominieren Verschmelzungen, Gründungen von Tochtergesellschaften und Umwandlungen.[24]

12 Über die **Motive** der Verantwortlichen in den Unternehmen, die sich für die SE entschieden, geben die Statistiken nur bedingt Auskunft, da entsprechende Angaben den Registern nicht unmittelbar zu entnehmen sind. Immerhin könnte die Beliebtheit der SE bei den vergleichsweise standortungebundenen Finanz- und Versicherungsunternehmen dafür sprechen, dass die Mobilität der SE, namentlich die Möglichkeit, eine Sitzverlegung auf europäischer Ebene durchzuführen, einen wichtigen Beweggrund darstellt. Die Verwendung der SE in der Tourismus-, Gastronomie- und Unterhaltungsbranche beruht möglicherweise auf der Annahme, dass in der Vermarktung und Außendarstellung ein europäisches „Image" einen Vorteil verschafft (z. B. im Fall der deutschen Olivenbauer SE).[25]

13 Bestimmte Eigenschaften der SE, vor allem ihre Eignung zum Einfrieren der Mitbestimmung und der Einführung einer monistischen Organisationsverfassung, haben eine Bedeutung (fast) nur für deutsche Unternehmen. Damit könnte die statistisch belegbare Popularität der SE in **Deutschland** und die Zurückhaltung in anderen großen EU-Länder zusammenhängen, deren Mitbestimmungsregime hinter dem deutschen zurückbleiben und

---

[18] *Eidenmüller/Engert/Hornuf*, AG 2008, 721, 724.

[19] Study on the operation and the impacts of the Statue for a European Company (Final Report 9 December 2009): http://ec.europa.eu/internal_market/congultations/docs/2010/se/study_SE_9122009_en.pdf, S. 187.

[20] Study on the operation and the impacts of the Statue for a European Company (Final Report 9 December 2009): http://ec.europa.eu/internal_market/congultations/docs/2010/se/study_SE_9122009_en.pdf, S. 179.

[21] Vgl. *Heckschen*, DNotZ 2003, 251, 252; *Hirte*, DStR 2005, 653, 656; *Wicke*, MittBayNot 2006, 196, 197.

[22] *Bayer/Schmidt*, AnwBl. 2008, 327, 328.

[23] *Eidenmüller/Engert/Hornuf*, AG 2008, 721, 726–728; vgl. auch Study on the operation and the impacts of the Statue for a European Company (Final Report 9 December 2009): http://ec.europa.eu/internal_market/congultations/docs/2010/se/study_SE_9122009_en.pdf, S. 183 ff.

[24] *J. Schmidt*, „Going European" – Die Europäische Aktiengesellschaft (SE) als attraktive Rechtsformalternative, S. 51, 58; Study on the operation and the impacts of the Statue for a European Company (Final Report 9 December 2009): http://ec.europa.eu/internal_market/congultations/docs/2010/se/study_SE_9122009_en.pdf, S. 189.

[25] *Eidenmüller/Engert/Hornuf*, AG 2008, 721, 728; vgl. auch Study on the operation and the impacts of the Statue for a European Company (Final Report 9 December 2009): http://ec.europa.eu/internal_market/congultations/docs/2010/se/study_SE_9122009_en.pdf, S. 197.

die ohnehin über nationale Aktiengesellschaften mit einem monistischen System verfügen: Es besteht in den Ländern jedenfalls aus diesen Gründen kein Anlass, auf die SE auszuweichen. Dazu passt der Befund, dass drei Fünftel der bisher erfassten SEs ein monistisches System aufweisen. Zahlreiche deutsche Unternehmen wählten die monistische Lösung,[26] hingegen optierten bislang nur wenige Gesellschaften aus Ländern mit monistischem Aktienrecht für eine Trennung von Aufsichts- und Leitungsorgan (i. S. des Art. 38 b) SE-VO).[27]

3. Fallbeispiele

14 Eine der ersten spektakulären Verschmelzungen mit Hilfe der SE vollzog sich nicht nach Maßgabe des Art. 17 Abs. 2 lit. b), sondern wurde als Verschmelzung durch Aufnahme i. S. von lit. a) konzipiert: die Verschmelzung der **Riunione Adriatica di Sicurtà SA (RAS)** auf die **Allianz AG** unter gleichzeitiger Umwandlung der Allianz AG in eine SE. Motiviert war die Verwendung der SE nach den Angaben des Verschmelzungsberichts von der Überlegung, dass nur auf diesem Weg die Beteiligungs-, Führungs-, und Organisationsstrukturen optimiert werden konnten, da damals die grenzüberschreitende Verschmelzung als rechtssichere Alternative noch nicht zur Verfügung stand.

15 Die Allianz AG und die RAS hielten in einer Reihe von europäischen Staaten komplementäre Beteiligungen an den gleichen Gesellschaften. Die Allianz AG war mit einem Anteil von 30,2% an der Allianz Suisse Versicherungs-Gesellschaft beteiligt, während die RAS an dieser Gesellschaft einen Anteil von 69,8% hatte. Ein ähnliches Bild ergab sich bei der österreichischen Allianz Elementar Versicherungs-AG (Allianz AG: 49,9%/RAS: 50,1%) und der spanischen Allianz Companía de Seguros y Reaseguros S.A. (Allianz AG: 48,3% und 3,3%/RAS: 48,3%). Diese Struktur hielt man für ungeeignet, weil dadurch nicht das Ziel erreicht werden konnte, gemeinsame Initiativen und eine **gemeinsame Unternehmenskultur** zu entwickeln. „Diese Gemeinsamkeiten sollen dazu führen, dass die Allianz Gruppe deutlich mehr wert ist, als die Summe ihrer Teile und dass somit Wettbewerbsfähigkeit und Unternehmenswert nachhaltig gesteigert werden."[28] Bisher erschwerten das komplexe Organisationsgefüge und die gegensätzlichen Gruppeninteressen eine effiziente Steuerung der Allianz Gruppe. Der Mangel ließ sich durch ein Zusammenführen der ausländischen Beteiligungen beheben, so dass am Ende nicht nur die RAS zu 100% zur Allianz gehörte, sondern auch die genannten übrigen ausländischen Sach- und Lebensversicherungsgesellschaften (namentlich die Allianz Suisse und die Allianz Elementar).

16 Der Verschmelzungsbericht nennt eine Reihe von **Alternativen** zur Verschmelzung nach Art. 17 Abs. 2 lit. a) SE-VO, die man zunächst erwogen, aber dann wieder verworfen hatte, da sie mit zahlreichen Nachteilen und Unwägbarkeiten behaftet waren: So hat man von einer **Übernahme** der RAS durch die Allianz AG mit nachfolgendem Squeeze-Out deshalb Abstand genommen, weil auch bei Zahlung einer hohen Prämie nicht sicher davon ausgegangen werden konnte, dass man dadurch die für einen Squeeze-Out nach italienischem Recht erforderliche Beteiligung von 98% am Grundkapital erreichte. Man wollte nicht riskieren, das unternehmerische Ziel einer 100%-Beteiligung an der RAS auf diese Weise zu verfehlen.[29] Als Ausweg und Alternative wurde der Abschluss eines grenzüberschreitenden Beherrschungsvertrages angedacht, doch kann eine italienische Gesellschaft nicht im gleichen Maße „beherrscht" werden, wie das unter einem Beherrschungsvertrag nach deutschem Recht (§ 291 Abs. 1 AktG) möglich ist, abgesehen davon, dass die RAS in

---

[26] *Bayer/Schmidt*, AG-Report 2008, R31, R32; Study on the operation and the impacts of the Statue for a European Company (Final Report 9 December 2009): http://ec.europa.eu/internal_market/congultations/docs/2010/se/study_SE_9122009_en.pdf, S. 197.
[27] *Eidenmüller/Engert/Hornuf*, AG 2008, 721, 728.
[28] Verschmelzungsbericht des Vorstandes der Allianz AG (http://www.allianz.com/migration/images/pdf/saobj_1007982_allianz_ merger_und_einlegeblatt.pdf), S. 143.
[29] Verschmelzungsbericht des Vorstandes der Allianz AG (http://www.allianz.com/migration/images/pdf/saobj_1007982_allianz_ merger_und_einlegeblatt.pdf), S. 146.

jedem Fall eine börsennotierte Gesellschaft mit außenstehenden Aktionären geblieben wäre.[30]

Bereits in dem Verschmelzungsbericht ist die Möglichkeit angesprochen, eine Verschmelzung nicht auf der Grundlage der SE-VO, sondern auf Basis der Richtlinie 2005/56/EG des europäischen Parlaments und des Rates vom 26. Oktober 2005 („Verschmelzungsrichtlinie") durchzuführen. Allerdings stand damals die Umsetzung in nationales deutsches Recht noch aus, deshalb erübrigte sich aus Sicht der Beteiligten eine sachliche Auseinandersetzung mit diesem Modell. Eine zeitliche Verzögerung bis Ende 2007, dem voraussichtlichen Umsetzungszeitpunkt, galt als nicht hinnehmbar.[31] **17**

Man erkannte, dass die SE-VO **verschiedene Optionen** eröffnet. In Betracht gezogen wurde insbesondere eine Verschmelzung der Allianz auf die RAS. Das hätte freilich bedeutet, dass der Sitz der Allianz nach Italien hätte verlegt werden müssen und zudem jeder Allianz-Aktionär grundsätzlich in der Lage gewesen wäre, eine Barabfindung seiner Beteiligung zu fordern (§ 7 Abs. 1 SEAG). Letzteres war im Hinblick auf die Unsicherheit, wie viele Aktionäre dieses Angebot tatsächlich annehmen, für die Allianz und für die RAS nicht tragbar.[32] Es stand ferner zur Diskussion, auf der Grundlage der SE-VO RAS und Allianz AG auf eine NewCo mit Sitz in Deutschland zu verschmelzen, doch wäre eine solche „Stern-Verschmelzung" komplizierter und allein wegen der für die NewCo als Rechtsnachfolgerin der Allianz erforderlichen Börsennotierung auch aufwendiger gewesen. Außerdem hätte diese Lösung zu einer wirtschaftlich nicht vertretbaren Grunderwerbsteuerbelastung geführt.[33] **18**

Im Rückblick heben die Beteiligten neben dem Streben nach **effizienteren Unternehmensstrukturen** noch einen anderen Beweggrund für die Wahl des Verfahrens nach Art. 17 Abs. 2 lit. a) SE-VO als maßgebend hervor, den der Verschmelzungsbericht des Vorstandes nicht so deutlich akzentuiert: Im Vergleich zu einem freiwilligen Barangebot auf die ausstehenden Aktien der RAS und einem anschließenden Squeeze-Out bot die SE-Verschmelzung den Vorteil, dass in Kombination mit einem vorgeschalteten freiwilligen Kaufangebot eine ausgewogene **Mischung von Bar- und Aktienfinanzierung** erreicht werden konnte, die aus Sicht des Kapitalmarkts sinnvoll war. Von dem Free Float in Höhe von 44,6% bestand nach Abwicklung des freiwilligen Kaufangebots noch ein Anteil von 23,7%, der im Rahmen der Verschmelzung mit Allianz-Aktien als Gegenleistung bedacht wurde.[34] Außerdem bewegte sich vor dem Hintergrund der nachfolgenden Verschmelzung die Prämie auf den aktuellen Börsenkurs der Aktie vor Bekanntgabe lediglich in der Größenordnung von 10–12%. Verglichen mit der bei einem reinen Barangebot üblichen Prämie von 30% auf den Aktienkurs machte dies, bezogen auf alle außenstehenden Aktien der RAS, eine Ersparnis von ungefähr einer Milliarde Euro aus.[35] **19**

Bei dem Abgleichen der vorgetragenen Vor- und Nachteile fällt auf, dass im Verschmelzungsbericht ein Argument fehlt, nämlich die Erwägung, dass die SE, die aus der Verschmelzung hervorgehen sollte, der AG, wie sie bisher bestand, als Rechtsform überlegen sein könnte. Das war kein Versehen, vielmehr entsprach diese Zurückhaltung der Auffassung der Beteiligten: „Es war nicht die besondere Attraktivität der Rechtsform SE, sondern ein für die Allianz wichtiger grenzüberschreitender Zusammenschluss zweier Unterneh- **20**

---

[30] Verschmelzungsbericht des Vorstandes der Allianz AG (http://www.allianz.com/migration/images/pdf/saobj_1007982_allianz_ merger_und_einlegeblatt.pdf), S. 147.

[31] Verschmelzungsbericht des Vorstandes der Allianz AG (http://www.allianz.com/migration/images/pdf/saobj_1007982_allianz_ merger_und_einlegeblatt.pdf), S. 147.

[32] Verschmelzungsbericht des Vorstandes der Allianz AG (http://www.allianz.com/migration/images/pdf/saobj_1007982_allianz_ merger_und_einlegeblatt.pdf), S. 147.

[33] Verschmelzungsbericht des Vorstandes der Allianz AG (http://www.allianz.com/migration/images/pdf/saobj_1007982_allianz_ merger_und_einlegeblatt.pdf), S. 148.

[34] *Hemeling*, Die Praxis – Umwandlung der Allianz AG in die Allianz SE, in: Deutsches Aktieninstitut (Hrsg.), Die Societas Europaea (SE), 2007, 38, 39.

[35] *Hemeling*, Die Praxis – Umwandlung der Allianz AG in die Allianz SE, in: Deutsches Aktieninstitut (Hrsg.), Die Societas Europaea (SE), 2007, 38, 39.

men, der für die Entscheidung ursächlich war".[36] Dass indes die SE als solche auf die Praxis durchaus eine Anziehungskraft ausübt, belegen die zahlreichen Umwandlungen der letzten Jahre. Denn bei der Umwandlung stehen *per se* die langfristigen Vor- und Nachteile der konkurrierenden Rechtsformen im Mittelpunkt. Das lässt sich anhand von drei Beispielen, nämlich den Umwandlungen in die Fresenius SE, in die MAN B&W Diesel SE und in die Mensch und Maschine Software SE, zeigen.

21 Ähnliche Argumente führen die Verantwortlichen der beiden ersten Gesellschaften ins Feld, um ihren Schritt zu rechtfertigen. Aus ihrer Perspektive stellt vor allem die Möglichkeit, die **Größe des Aufsichtsrats** selbst zu bestimmen, einen wesentlichen Vorteil der SE dar. Fresenius wollte unbedingt eine Vergrößerung des Aufsichtsrats von 12 auf 20 Mitglieder verhindern, die sich bei Fortbestand der AG notwendigerweise aus dem durch eine Akquisition bedingten Anstieg ihrer inländischen Arbeitnehmer ergeben hätte. Denn in einem kleineren Gremium ist der Entscheidungsfindungsprozess kürzer und der Koordinationsaufwand geringer.[37] Wohl aus dem gleichen Grund strebte die MAN B&W Diesel SE mittels Umwandlung eine Verkleinerung des Aufsichtsrates von 12 auf 10 Mitglieder an.[38]

22 Es gab noch einen zweiten wichtigen Beweggrund für eine SE-Umwandlung: Der **europäische Charakter** der SE sollte als Integrationskraft dienen, da nun nicht mehr eine deutsche Gesellschaft die verschiedenen Aktivitäten auf dem Kontinent „regierte", sondern eine europäische.[39] Die internationale Ausrichtung der Geschäfte bildete sich fortan auch in der Rechtsform ab.[40] Man hoffte, dadurch die Herausbildung einer „offenen und internationalen Unternehmenskultur" zu fördern.[41] Dazu passt, dass man nachdrücklich die durch die Umwandlung eröffnete Möglichkeit begrüßte, auch europäische Mitarbeiter in den Aufsichtsrat zu wählen.[42] Die Hinwendung der MAN B&W Diesel AG zur SE wurde zusätzlich durch die Einsicht befördert, dass nur die SE eine identitätswahrende Sitzverlegung innerhalb der EU und der EWG und damit flexible Reaktionen im internationalen Umfeld erlaubt.[43] Eher skeptisch äußerten sich die Vertreter der beiden Unternehmen hingegen zu dem Arbeitnehmerbeteiligungsverfahren und der damit verbundenen „Vereinbarungsautonomie". Der Gestaltungsspielraum wurde als zu eng[44] und das Verfahren als zu aufwendig angesehen.[45]

23 Dass neben den genannten für die Praxis noch andere Argumente in Betracht kommen, die für die Rechtsform SE sprechen, zeigt der Fall der Mensch und Maschine Software SE, nach Angaben ihres Gründers und Verwaltungsratsvorsitzenden „die erste mittelständische

---

[36] *Hemeling*, Die Praxis – Umwandlung der Allianz AG in die Allianz SE, in: Deutsches Aktieninstitut (Hrsg.), Die Societas Europaea (SE), 2007, 38, 38.

[37] *Götz*, Praxisbeispiel: Die Umwandlung der Fresenius AG in eine SE, in: Deutsches Aktieninstitut (Hrsg.), Die Societas Europaea (SE), 2007, 148, 149.

[38] *Höhfeld*, Praxisbeispiel MAN Diesel SE, in: Deutsches Aktieninstitut (Hrsg.), Die Societas Europaea (SE), 2007, 159, 160.

[39] *Höhfeld*, Praxisbeispiel MAN Diesel SE, in: Deutsches Aktieninstitut (Hrsg.), Die Societas Europaea (SE), 2007, 159, 160.

[40] Die Schaffung einer „European identity" war auch ein maßgebliches Motiv für die Gründung der Bauholding Strabag SE und der Elcoteq SE: *J. Schmidt*, „Going European" – Die Europäische Aktiengesellschaft (SE) als attraktive Rechtsformalternative, in: Bayer, Die Aktiengesellschaft im Spiegel der Rechtstatsachenforschung, 2007, S. 51, 65, 77.

[41] *Götz*, Praxisbeispiel: Die Umwandlung der Fresenius AG in eine SE, in: Deutsches Aktieninstitut (Hrsg.), Die Societas Europaea (SE), 2007, 148, 148 f.

[42] *Höhfeld*, Praxisbeispiel MAN Diesel SE, in: Deutsches Aktieninstitut (Hrsg.), Die Societas Europaea (SE), 2007, 159, 160; *Götz*, Praxisbeispiel: Die Umwandlung der Fresenius AG in eine SE, in: Deutsches Aktieninstitut (Hrsg.), Die Societas Europaea (SE), 2007, 148, 149.

[43] *Höhfeld*, Praxisbeispiel MAN Diesel SE, in: Deutsches Aktieninstitut (Hrsg.), Die Societas Europaea (SE), 2007, 160.

[44] *Götz*, Praxisbeispiel: Die Umwandlung der Fresenius AG in eine SE, in: Deutsches Aktieninstitut (Hrsg.), Die Societas Europaea (SE), 2007, 148, 151 f.

[45] *Höhfeld*, Praxisbeispiel MAN Diesel SE, in: Deutsches Aktieninstitut (Hrsg.), Die Societas Europaea (SE), 2007, 159, 161.

börsennotierte Firma, die sich zur SE entschlossen hat."[46] Der Entschluss ist nur verständlich vor dem Hintergrund der eigentümlichen Unternehmensgeschichte. Als Ein-Mann-GmbH gegründet hatte die Gesellschaft trotz ihres starken Wachstums nie den Charakter eines Familien- oder Ein-Mann-Unternehmens (mit 43% der Aktien in der Hand des Gründers) verloren. Gleichwohl war es unter dem Regime der AG erforderlich, einen Aufsichtsratsvorsitzenden zu bestimmen, der aber zwangsläufig keine echte Aufsicht hat führen können. Unter diesen Umständen lag es nahe, ein **monistisches Board-System** einzuführen, was in Deutschland nur im Rahmen einer SE möglich war und ist.[47] In dem Beispiel gab also Flexibilität der SE im Bereich Corporate Governance den entscheidenden Impuls.

Die Spannweite der Einsatzmöglichkeiten der SE in der Praxis zeigt sich an zwei weiteren Beispielen: 1996 errichtete ein aus Ungarn stammendes Bau-IT-Unternehmen in den Niederlanden eine Aktiengesellschaft, die Graphisoft N. V. Motiviert war dieser Schritt von der Überlegung, dass damals noch ausländische Investoren starke Vorbehalte gegenüber dem ungarischen Rechtssystem hatten. Als sich die Lage nach dem Beitritt Ungarns zur EU im Mai 2004 grundlegend änderte, entschied sich das Unternehmen für die Umwandlung in eine SE. Die (im Juli 2005 eingetragene) Graphisoft SE verlegte im Anschluss daran ihren Sitz nach Ungarn. Bereits zum Ende des Jahres 2005 war die SE im dortigen Handelsregister eingetragen. Durch die Rückkehr zu den ungarischen Wurzeln, die mit Hilfe der SE unproblematisch in Form einer Sitzverlegung verwirklicht werden konnte, sparte man **Verwaltungskosten** i. H. v. 150 000–200 000 € jährlich.[48]

Dass die SE auch für Unternehmen aus **Nicht-EU-Staaten** attraktiv sein kann, belegt der Fall der Narada Europe SE. Das aus China stammende Narada-Unternehmen wollte sich in Europa einen neuen Markt erschließen. Zu diesem Zweck kooperierte es mit dem skandinavischen Unternehmen Eltek. Durch Verschmelzung einer schwedischen mit einer norwegischen Eltek-Gesellschaft entstand die Narada Europe SE, die im Januar 2006 in Norwegen eingetragen wurde. Eltek hielt einen Anteil von 40%, Narada einen von 60%.[49] Im Juni 2007 erfolgte dann eine Sitzverlegung nach Großbritannien. Das chinesische Unternehmen hatte es sich durch eine Beteiligung an einer SE erspart, ein Netz von Gesellschaften auf der Grundlage der verschiedenen nationalen Rechtsordnungen zu schaffen und zu unterhalten.

II. Umstrukturierungen auf der Grundlage der Verschmelzungsrichtlinie

Das an sich am nächsten liegende Verfahren zur Zusammenführung zweier Gesellschaften aus unterschiedlichen Rechtsordnungen, die grenzüberschreitende Verschmelzung, ist zugleich das mit der kürzesten Geschichte. Zwar ist die Idee, einen verbindlichen europäischen Rahmen für Verschmelzungen zu schaffen, alles andere als neu. Bereits im Juni 1970 hatte die Kommission einen Vorschlag für eine Dritte Richtlinie über die Fusion von Aktiengesellschaften vorgelegt.[50] Aber die Realisierung des Vorhabens scheiterte immer wieder.[51] Der Durchbruch gelang erst mit der am 15. 12. 2005 in Kraft getretenen Zehnten Gesellschaftsrechtlichen Richtlinie.[52] Die Entscheidung des EuGH („SE-

---

[46] *Drotlef,* Praxisbeispiel: Mensch und Maschine SE, in: Deutsches Aktieninstitut (Hrsg.), Die Societas Europaea (SE), 2007, 173, 173.

[47] *Drotlef,* Praxisbeispiel: Mensch und Maschine SE, in: Deutsches Aktieninstitut (Hrsg.), Die Societas Europaea (SE), 2007, 173, 175.

[48] *J. Schmidt,* „Going European" – Die Europäische Aktiengesellschaft (SE) als attraktive Rechtsformalternative, in: Bayer, Die Aktiengesellschaft im Spiegel der Rechtstatsachenforschung, 2007, S. 51, 73.

[49] *J. Schmidt,* „Going European" – Die Europäische Aktiengesellschaft (SE) als attraktive Rechtsformalternative, in: Bayer, Die Aktiengesellschaft im Spiegel der Rechtstatsachenforschung, 2007, S. 51, 71 f.

[50] Vgl. *Riesenhuber,* NZG 2004, 15, 15 f.

[51] Vgl. *Oechsler,* NZG 2006, 161, 161; *Grundmann,* Europäisches Gesellschaftsrecht, 2005, § 26 Rdnr. 895 ff.; *Riesenhuber,* NZG 2004, 15, 15 f.

[52] Richtlinie 2005/56/EG des Europäisches Parlaments und des Rates für die Verschmelzung von Kapitalgesellschaften aus verschiedenen Mitgliedstaaten, ABlEG 2005, Nr. L 310, S. 1–9.

VIC"),⁵³ die auf Vorlage des LG Koblenz die deutsche Rechtspraxis, die Eintragung grenzüberschreitender Verschmelzungen nach § 1 Abs. 1 UmwG zu verweigern, als unvereinbar mit der Niederlassungsfreiheit erklärte, wies in die gleiche Richtung, hätte (und hat) aber als solche der Praxis nicht viel weiter geholfen, da zu viele Einzelprobleme offen blieben und die Rechtssicherheit eines solchen Verfahrens nicht gewährleistet war.⁵⁴

27 Daraus erklärt sich, warum bisher für die Verschmelzung keine mit den anderen Modellen vergleichbaren praktischen Erfahrungen vorliegen. Das wird sich allerdings ändern. Der deutsche Gesetzgeber hat jedenfalls schnell reagiert und das Zweite Gesetz zur Änderung des Umwandlungsgesetzes auf den Weg gebracht, das am 25. 4. 2007 in Kraft getreten ist.⁵⁵ Es fügt einen neuen Zehnten Abschnitt („Grenzüberschreitende Verschmelzung von Kapitalgesellschaften") in den Besonderen Teil des Zweiten Buches des **UmwG** ein. Die §§ 122 a–l UmwG enthalten Regelungen zu den Voraussetzungen der Verschmelzung (Verschmelzungsplan, -bericht und -prüfung), zum Schutz von Minderheitsgesellschaftern, zum Gläubigerschutz und zum Registerverfahren.⁵⁶ Die mitbestimmungsrechtlichen Regelungen sind dem am 28. 12. 2006 verkündeten Gesetz über die Mitbestimmung der Arbeitnehmer bei einer grenzüberschreitenden Verschmelzung **(MgVG)** zu entnehmen.⁵⁷ Das Umwandlungssteuergesetz hatte der Gesetzgeber schon durch das am 12. 12. 2006 verkündete **SEStG** an die neuen Anforderungen angepasst.⁵⁸

28 Die deutschen Bestimmungen bilden keineswegs in allen Punkten die **Rechtslage in Europa** ab. Denn die Richtlinie eröffnet in nicht unerheblichem Maße Spielräume für die nationalen Gesetzgeber, die diese genutzt haben oder noch nutzen werden. Wichtig ist vor allem, dass es ihnen unbenommen bleibt, Regelungen aufzunehmen, die auf den Schutz von Gläubigern, Minderheitsgesellschaftern und Arbeitnehmern zielen und die über das nationale Schutzniveau hinausgehen können (Art. 4 Abs. 2 VRL). Ferner sind die Mitgliedstaaten nicht dazu verpflichtet, alle Kapitalgesellschaften zu grenzüberschreitenden Verschmelzungen zuzulassen, sondern können sich auf die beschränken, die sie für eine innerstaatliche Verschmelzung zugelassen haben (Art. 4 Abs. 1 lit. a VRL). Genossenschaften können ganz ausgenommen werden (Art. 3 Abs. 2 VRL).

29 Auf den Stand der Umsetzung in den übrigen Staaten kann an dieser Stelle nicht im Detail eingegangen werden. Was **Großbritannien** betrifft, so ist nicht zu erwarten, dass sich durch die europäischen Vorgaben etwas grundsätzlich an der Zurückhaltung ändert, mit der man von der bisher im *Companies Act 1985* und inzwischen im *Companies Act 2006* geregelten Verschmelzung im nationalen Rahmen Gebrauch macht.⁵⁹ Als Rechtsgrundlage für die grenzüberschreitenden Verschmelzungen dienen die am 15. 12. 2007 in Kraft getretenen *Companies (Cross-Border Mergers) Regulations 2007*,⁶⁰ die sich an den Normen für innerstaatliche Verschmelzungen orientieren. Zu den Eigenheiten zählt unter anderem die Möglichkeit, dass das Gericht auf Antrag Versammlungen der Gesellschafter oder Gläubiger der sich verschmelzenden englischen Gesellschaften anordnen kann.⁶¹ In die *Regulations* wurden auch die Bestimmungen zur unternehmerischen Mitbestimmungen aufgenommen. Anders ist die Lage in **Frankreich,** wo man diese Vorschriften in den *Code du travail* integ-

---

⁵³ EuGH Rs. C-411/03, NZG 2006, 112 = DB 2005, 1510 – SEVIC.
⁵⁴ *Müller,* NZG 2006, 286, 286; *Teichmann,* ZIP 2006, 355, 361*; Grohmann/Gruschinske,* GmbHR 2006, 191, 194.
⁵⁵ BGBl. I 2007, 542. Zum Referentenentwurf u. a.: *Drinhausen,* BB 2006, 725 ff.; *Forsthoff,* DStR 2006, 613; *Kiem,* WM 2006, 1091 ff.; *Müller,* NZG 2006, 286 ff. Zum Regierungsentwurf u. a.: Handelsrechtsausschuss des Deutschen Anwaltsvereins, NZG 2006, 737 ff.; *Krause/Kruppa,* ZHR 171 (2007), 38 ff.; *Bayer/J. Schmidt,* NZG 2006, 841 ff.; *Vetter,* AG 2006, 613 ff.
⁵⁶ Vgl. *Neye/Timm,* GmbHR 2007, 561–565; *Neye,* BB 2007, 389 f.
⁵⁷ BGBl. 2006 I S. 3332.
⁵⁸ BGBl. 2006 I S. 2782.
⁵⁹ Vgl. *Kiem,* ZGR 2007, 542, 554 f.
⁶⁰ S I 2007/2974, abrufbar unter: www.opsi.gov.uk/si/si2007/uksi_20072974_en_1.
⁶¹ *M. Winter,* GmbHR 2008, 532, 535.

riert hat. Für die Mitbestimmung gilt, dass, wenn die aus einer Verschmelzung hervorgehende Gesellschaft der Mitbestimmung unterliegen wird, eine Rechtsform gewählt werden muss, die nach französischem Recht die unternehmerische Mitbestimmung gestattet, was etwa auf die *société à responsabilité limitée* (SARL) nicht zutrifft.[62] Die übrigen Regelungen zu grenzüberschreitenden Verschmelzungen finden sich im *Code de commerce* im Anschluss an die (allgemeinen) Vorschriften zur Verschmelzung und Spaltung (Art. L.236-25 bis 236-32 C.com). Verschmelzungsfähig sind nach Art. L.236-25 C.com die SARL, die SE mit Sitz in Frankreich, die *société ananyme* (SA), *société en commandite par actions* (SCA) und die *société par actions simplifiée* (SAS). In Unterschied zu Frankreich, wo bisher schon grenzüberschreitend Verschmelzungen nicht ausgeschlossen waren, stand dieses Instrument in den **Niederlanden** nicht zur Verfügung, zumindest war die Rechtslage unsicher. Das änderte sich mit der Umsetzung der Richtlinie und der Aufnahme der entsprechenden Vorschriften in das *Burgerlijk Wetboek* (BW). Dem Schutz der Minderheitsgesellschafter wird im niederländischen Recht unter anderem dadurch Rechnung getragen, dass bei der Hinausverschmelzung ein Minderheitsgesellschafter, der dagegen gestimmt hatte, Entschädigung verlangen kann (seine Anteile verfallen dafür mit Wirksamwerden der Verschmelzung).[63]

30 Bereits aus diesem fragmentarischen Überblick ergibt sich, dass es „die" grenzüberschreitende europäische Verschmelzung so wenig gibt wie „die" SE, vielmehr kommt es darauf an, in welchen europäischen Staaten die an einem Zusammenschluss beteiligten Gesellschaften beheimatet sind. Darüber hinaus spielt die **Verschmelzungsrichtung** bei der Entscheidungsfindung eine wichtige Rolle. Eine „Hinaus"-Verschmelzung (aus Deutschland) bietet meist ganz andere Chancen und Risiken als eine „Hinein"-Verschmelzung (nach Deutschland). Das betrifft zum ersten den Verschmelzungsvorgang selbst, wenn beispielsweise der deutsche Gesetzgeber (allerdings – wie gesehen – auch andere nationale Gesetzgeber[64]) nach dem Vorbild von § 7 Abs. 1 SEAG jedem Anteilsinhaber, der gegen den Verschmelzungsbeschluss der Gesellschaft Widerspruch zur Niederschrift erklärt, die Möglichkeit einräumt, im Falle einer Hinausverschmelzung und damit eines Wechsels in eine ausländische Rechtsordnung gegen eine angemessene Barabfindung auszuscheiden (§ 122i Abs. 1 S. 1 UmwG). Zum zweiten und vor allem betrifft es die Frage, welcher nationalen Rechtsordnung die aus der Verschmelzung hervorgehende Gesellschaft unterstehen soll. Dabei wird man namentlich die künftige laufende Besteuerung der Gesellschaft im Auge haben.[65]

III. Modelle der grenzüberschreitenden Übernahme

31 Da die Durchführung einer grenzüberschreitenden Verschmelzung bis vor kurzer Zeit nicht möglich oder jedenfalls nicht verantwortbar war, stand zur Realisierung eines Unternehmenszusammenschlusses über die Grenze allein das Instrument der Übernahme zur Verfügung. Diese Vorgehensweise hat inzwischen Konkurrenz bekommen, aber sie ist deshalb noch längst nicht überholt. Es gibt nach wie vor eine Reihe von Konstellationen, die es nahe legen oder sogar unumgänglich machen, eine Übernahme durchzuführen.

32 Zu unterscheiden sind drei zentrale Fallgestaltungen: Entweder es unterbreitet eine ausländische Aktiengesellschaft ein öffentliches Übernahmeangebot für die Aktien einer deut-

---

[62] *M. Winter*, GmbHR 2008, 532, 534.
[63] *M. Winter*, GmbHR 2008, 532, 536.
[64] Die Regelungsfigur ist auch im Übrigen vielen Rechtsordnungen vertraut. Vgl. nur Art. 2347 Codice Civile und Art. 149.2, 147.1, 320 Ley de Sociedades Anónimas für das italienische bzw. spanische Recht bestimmen, dass die Aktionäre für den Fall einer Sitzverlegung der Aktiengesellschaft ins Ausland ein Austrittrecht haben solle: *Kiem*, WM 2006, 1091, 1098.
[65] *M. Winter*, Der Konzern 2007, 24, 28. Zu den Nachteilen etwa einer englischen Limited s. u. und *Tebben/Tebben*, Der Betrieb 2007, 2355, 2355.

schen AG (1.), oder umgekehrt eine deutsche AG erstrebt die öffentliche Übernahme einer ausländischen Gesellschaft (2.); wenn dem Gedanken eines *merger of equals* Rechnung getragen werden soll, kommt schließlich auch noch ein paralleles Übernahmeangebot durch eine NewCo in Betracht (3.).

1. Einseitige Übernahmeangebote

33   Ob die ausländische Gesellschaft die deutsche übernehmen soll oder umgekehrt, hängt nicht immer von vor-rechtlichen Gegebenheiten ab, also beispielsweise der Größe der beteiligten Unternehmen oder politischen Zielvorgaben, sondern kann Gegenstand einer nüchternen, juristisch fundierten Kosten-Nutzen-Analyse sein. Bei der Wahl der **leitenden Rechtsordnung** können ganz verschiedene Aspekte eine Rolle spielen, etwa Art und Höhe der fortlaufenden Besteuerung und der Dividendenzahlung an die Aktionäre, die Bedeutung der Arbeitnehmermitbestimmung in den Unternehmensorganen oder die Möglichkeit, sämtliche Anteile auch gegen den Willen der Minderheitsaktionäre *(Squeeze-Out)* zu erwerben.[66] Wiederum ist es vorliegend nicht möglich, alle denkbaren oder auch nur gewöhnlich relevanten Rechtsordnungen zu vergleichen, sondern es können nur die entsprechenden Folgen der drei Varianten im deutschen Recht aufgezeigt werden.

34   An **Beispielen** fehlt es nicht. Einen regelrechten Boom erlebte das Übernahmegeschäft Ende 90er Jahre. Hervorzuheben sind unter anderem die Unternehmenszusammenschlüsse Daimler-Benz/Chrysler, Viag/Algroup, Deutsche Telekom/Telecom Italia und Hoechst/Rhône-Poulenc. In allen vier Fällen waren die deutschen Unternehmen (wertmäßig) größer als ihre ausländischen Partner, aber nur in drei Fälle wählte man die deutsche Rechtsordnung als leitende Rechtsordnung.[67] Auf die Ausnahme, die Bildung der Aventis S.A. aus der Hoechst AG und der Rhône-Poulenc S.A., soll im Folgenden eingegangen werden.

35   **a) Die ausländische Gesellschaft als Bieterin.** Die Schaffung der **Aventis S.A.**, ein führender Life-Sciences-Konzern mit – zum Zeitpunkt des Zusammengehens (1999/2000) – mehr als 91 000 Beschäftigten und Umsatzerlösen von über 17 Mrd. Euro, sollte sich nach der Planung in zwei Schritten vollziehen:[68] In einer ersten Phase unterbreitet die Rhône-Poulenc S.A. ein bedingtes Umtauschangebot an alle Aktionäre der Hoechst AG, das wirksam wird, sofern 90% der Aktionäre von der Offerte innerhalb der Angebotslaufzeit Gebrauch machen. In dem Fall schließt sich bei der Rhône-Poulenc S.A. eine Kapitalerhöhung gegen Sacheinlage an. Die dadurch geschaffenen Aktien werden gegen die Aktien der Hoechst-Aktionäre eingetauscht. Die Hoechst AG ist danach 90%ige Tochtergesellschaft der Rhône-Poulenc S.A., verliert also nicht ihren Status als selbständige juristische Person. In der zweiten Phasen erfolgt die identitätswahrende Umgestaltung der Rhône-Poulenc S.A. in die Aventis S.A. In diesen Zusammenhang gehören Maßnahmen wie die Änderung der Firma, die Verlegung des Sitzes der Hauptverwaltung (innerhalb Frankreichs) und im Bereich der Organisationsverfassung der Wechsel vom monistischen zum dualistischen System deutscher Prägung.

36   Kennzeichnend für ein solches Vorgehen ist der Umstand, dass im Ergebnis die deutsche AG nicht verschwindet, sondern als selbständige Tochtergesellschaft der ausländischen Gesellschaft fortbesteht. Wer das Übernahmeangebot nicht akzeptiert, bleibt Minderheitsaktionär der deutschen AG. Ein Delisting der Aktie an den deutschen Börsen findet regelmäßig nicht statt.[69]

37   Die Nachteile einer lediglich **partiellen Integration** der AG liegen auf der Hand und wurden von den Verantwortlichen des Hoechst/Rhône-Poulenc-Zusammenschlusses auch erkannt, mussten aber, da es zu dem Zeitpunkt noch an rechtlich belastbaren Alternativen

---

[66] *Decher*, FS Lutter, S. 1209, 1210 f.
[67] *Decher*, FS Lutter, S. 1209, 1211.
[68] Eingehend: *Hoffmann*, NZG 1999, 1077, 1077 f.
[69] *Decher*, Konzern 4 (2006), 805, 806 f.

fehlte, in Kauf genommen werden. Es sollte eine zweistufige Holdingstruktur entstehen mit der Aventis S.A. als Haupt des Gesamtkonzerns und der Hoechst AG als eine Art Zwischenholding, die indes weitgehend ihrer operativen Funktionen entkleidet ist. Diese Verschränkung birgt ein erhebliches Störpotential. Hervorgehoben wurde in der Diskussion, die damals den Zusammenschluss begleitete, dass im Verhältnis der Gesellschaften zueinander die §§ 311 ff. AktG Anwendung finden und damit gegebenenfalls die Aventis S.A. einen Nachteilsausgleich nach § 317 AktG vornehmen muss, der Gegenstand einer Aktionärsklage (§ 317 Abs. 4 i.V. mit § 309 Abs. 4 AktG) werden kann. Von solchen konzernrechtlichen Implikationen einmal abgesehen, können weitere Probleme dadurch entstehen, dass die Minderheitsaktionäre ihre Auskunfts- und Anfechtungsrechte behalten. Bestenfalls bewirkt die Anfechtung von Hauptversammlungsbeschlüssen nach § 243 AktG nur eine Verzögerung der Umsetzung, schlimmstenfalls bringt sie die Beschlüsse selbst zu Fall.[70]

Der Zwang, eine möglichst große Zahl von Aktionären – insbesondere auch Kleinaktionären – zu einem Umtausch zu bewegen, muss notwendigerweise **hohe Kosten** für Öffentlichkeitsarbeit und Werbung nach sich ziehen. Für diesen Aufwand veranschlagte man allein bei Hoechst einen Betrag von 90 Mio. Euro. Die Summe fällt freilich kaum ins Gewicht verglichen mit den 1,5 Mrd. Euro, die für eine durch den Erfolg des Umtauschangebots bedingten Sonderdividende an die Hoechst-Aktionäre aufgebracht werden mussten, um einen handfesten Anreiz zu schaffen.[71] **38**

Dass die Übernahme einer deutschen AG ihren Preis hat, jedenfalls dann, wenn man eine vollständige Integration anstrebt, musste auch **Blackstone** erfahren.[72] Im Februar 2004 unterbreitete das Unternehmen ein öffentliches Übernahmeangebot zu einem Preis von 32,50 Euro für die Aktien der Celanese AG, auf die man einst die Geschäftsfelder der industriellen Chemie der Hoechst AG nach § 123 Abs. 2 Nr. 1 UmwG abgespalten hatte. Es folgte der Abschluss eines Beherrschungsvertrages. Auf der Grundlage eines ermittelten höheren Ertragswerts stieg das Angebot für eine Barabfindung auf 41,92 Euro pro Aktie. Da einige Aktionäre den Hauptversammlungsbeschluss mit einer Anfechtungsklage angegriffen hatten, sah man sich überdies genötigt, im August einem Vergleich zuzustimmen, der eine Erhöhung der Barabfindung auf 51 Euro vorsah. Obwohl Blackstone immerhin bereits 95% der Aktien erworben hatte, kam man nicht umhin, für den Ausschluss der letzten Minderheitsaktionäre noch einmal nachzubessern und den Preis auf 66,99 Euro pro Aktie festzusetzen. Damit hatte Blackstone endlich die Bereinigung geschafft, aber dafür auch zusehen müssen, wie sich der Betrag für die letzten Aktien im Vergleich zum Ausgangsangebot verdoppelte.[73] **39**

b) Die deutsche AG als Bieterin. Auch wenn eine deutsche AG ein öffentliches Übernahmeangebot für eine ausländische börsennotierte Gesellschaft unterbreitet, kommt der Frage, wie die verbliebenen Minderheitsaktionäre mit dem geringsten zeitlichen und finanziellen Aufwand zum Ausscheiden bewegt oder gezwungen werden können, häufig eine große Bedeutung zu. Allerdings ist diese Frage nach Maßgabe nicht der deutschen, sondern der **ausländischen Rechtsordnung** zu entscheiden, die oft einen Squeeze-Out der Minderheitsaktionäre vorsieht, sofern 90% oder mehr der Aktien der zu erwerbenden Gesellschaft tatsächlich erworben wurden. Darüber hinaus bieten einige Rechtsordnung auch noch andere Möglichkeiten, einen Erwerb zu 100% herbeizuführen. So kann nach englischem Recht eine erfolgreiche Übernahme dadurch zustande kommen, dass das zuständige Gericht ein zuvor mit qualifizierter Mehrheit der Aktionäre beschlossenes *scheme of arrangement* billigt (*Companies Act 2006, part 26, sections 895–901, part 27*).[74] **40**

---

[70] *Hoffmann*, NZG 1999, 1077, 1082.
[71] *Hoffmann*, NZG 1999, 1077, 1082.
[72] Vgl. *Decher*, Konzern 4 (2006), 805, 807.
[73] *Decher*, Konzern 4 (2006), 805, 807.
[74] Vgl. *Decher*, Konzern 4 (2006), 805, 808.

41 Mit Hilfe eines *scheme of arrangement* vollzog sich beispielsweise – noch auf der Grundlage von *Section* 425 des *Companies Act 1985* – im Jahre 2006 die Übernahme der BOC Group durch die **Linde AG**. Die Linde AG hatte zuvor ein bedingtes Angebot zum Erwerb aller Aktien der BOC Group zu einem Preis von 1.600 Cent je Aktie abgegeben. Das entsprach einer Prämie von 39% auf den vor der Veröffentlichung des Übernahmeinteresses gültigen BOC-Kurs von 1,151 Pence (*closing price*).[75] Auf dem Wege entstand ein weltweit führendes Energie- und Ingenieurunternehmen, das auf diesen Gebieten einen Jahresumsatz von ca. 11,9 Mrd. Euro erzielt.

42 Auf deutscher Seite steht meist das Problem im Vordergrund, wie es gelingen kann, die zusätzlichen Aktien, die man als Gegenleistung benötigt, mit einem Höchstmaß an Transaktionssicherheit zu schaffen und insbesondere die Anfechtungsrisiken zu minimieren. Der Gesetzgeber hat in jüngerer Zeit die Handlungsmöglichkeiten durch die Einführung eines **Freigabeverfahrens** auch für Kapitalerhöhungen (§ 246a AktG) erweitert, das es erlaubt, die Eintragung der Kapitalerhöhung mit endgültiger Wirkung trotz erhobener Anfechtungsklagen durchzusetzen.

2. Parallele Übernahmeangebote (NewCo-Modell)

43 Neben der „klassischen" einseitigen Übernahmen hat sich in einigen Fällen eine Konstruktion bewährt, die sich dadurch auszeichnet, dass erkennbar nicht das eine oder das andere Unternehmen die Federführung bei einem Zusammenschluss übernimmt, sondern eine dritte Gesellschaft (**NewCo**) gegründet wird, die sowohl für die deutsche börsennotierte AG als auch für die ausländische börsennotierte Gesellschaft **parallele Umtauschangebote** unterbreitet. Durch den Einsatz einer NewCo lässt sich also der Eindruck vermeiden, eines von zwei annähernd gleichwertigen Unternehmen habe sich durchgesetzt. Doch das war aus der Sicht derer, die sich in der Vergangenheit für diesen Weg entschieden haben, nicht der einzige Vorteil.

44 **a) Zusammenführung in eine deutsche NewCo.** Paradigmatische Bedeutung hat der im Jahr 1998 vollzogene Zusammenschluss von **Daimler-Benz** und **Chrysler**.[76] Die Verantwortlichen in beiden Unternehmen leitete die Überzeugung, dass die Globalisierung der Märkte einen Konsolidierungsprozess notwendig mache, um Überkapazitäten abzubauen und Synergien im Bereich Forschung und Entwicklung zu erzeugen. Ziel war die Schaffung einer einzigen börsennotierten Kapitalgesellschaft mit einer einzigen weltweit notierten Aktie. Aus steuerlichen Gründen sollte die gemeinsame Gesellschaft ihren Sitz in Deutschland haben.[77]

45 Für diese Vorgaben galt es eine optimale Gestaltungsform zu finden. Die Lösung ging dahin, in einer ersten Phase die Gründung einer NewCo, der DaimlerChrysler AG als künftige Obergesellschaft, durch einen neutralen Dritte, eine Bank, zu veranlassen. Daran schloss sich ein Umtauschangebot von DaimlerChrysler an die Aktionäre der Daimler-Benz AG an. Parallel dazu erfolgte das Einsammeln der Chrysler-Aktien im Wege eines *reverse triangular merger* (vgl. unter b). In einem zweiten Schritt wurde dann die Daimler-Benz AG auf die DaimlerChrysler AG verschmolzen.

---

[75] Vgl. die *Recommended Cash Offer for the BOC Group by the Linde AG by means of a Scheme of Arrangement* unter: www.linde.com.

[76] Zu den Abläufen und Alternativen: *Reichert*, in: Semler/Volhard (Hrsg.), Arbeitshandbuch für Unternehmensübernahmen, § 17 Rdnr. 9 ff.; *Thoma/Reuter*, M&A Review 1999, 314–321; *dies.*, European Counsel 1999, 45–51; *Thoma/Leuering*, NJW 2002, 1452 f.; *Rodewig*, in: Grenzüberschreitende Fusionen am Beispiel des Daimler-Chrysler-Zusammenschlusses, in: *Riegger/Schmidt* (Hrsg.), Gesellschaftsrecht 1999, 2000, 167–175. Vgl. auch *Decher*, FS Lutter, S. 1209–1225; *Baums*, FS Zöllner, Bd. 1, 65–86.

[77] *Rodewig*, in: Grenzüberschreitende Fusionen am Beispiel des Daimler-Chrysler-Zusammenschlusses, in: *Riegger/Schmidt* (Hrsg.), Gesellschaftsrecht 1999, 2000, 167, 167 f.; *Thoma/Reuter*, M&A Review 1999, 314, 314.

Der Sinn dieses komplizierten, gestaffelten Vorgehens wird deutlich, wenn man sich die **46** Nachteile der **Alternativen** vergegenwärtigt, die damals die Verantwortlichen vor Augen hatten. Auf der Hand lag zunächst eine **schlichten Übernahme** der Chrysler Corporation durch Daimler-Benz, die jedoch auf Seiten der deutschen Gesellschaft eine Kapitalerhöhung gegen Sacheinlage unter Ausschluss des Bezugsrechts der Daimler-Benz-Aktionäre und eine Anmeldung zur Eintragung ins Handelsregister (§§ 182 ff. AktG) notwendig gemacht hätte. Die damit verbundenen Risiken waren die Beteiligten nicht bereit, in Kauf zu nehmen: Selbst wenn sich eine entsprechende qualifizierte Mehrheit (mindestens drei Viertel) finden würde, die den Antrag unterstützt, bliebe es jedem einzelnen Daimler-Benz-Aktionär unbenommen, anschließend den Kapitalerhöhungsbeschluss anzufechten. Eine Anfechtung könnte die Eintragung der Kapitalerhöhung in das Handelsregister verzögern, wenn das Registergericht die endgültige gerichtliche Entscheidung abwarten möchte. Vor allem aber hielt man die Folgen für nicht hinnehmbar, sollte das Gericht tatsächlich den Hauptversammlungsbeschluss für nichtig erklären. Dann nämlich würden die Chrysler-Aktionäre mit dem Stichtag der Rechtskraft des Urteils ex nunc aus der Gesellschaft ausscheiden, nicht aber die insoweit privilegierten Daimler-Benz-Aktionäre.[78]

Es blieb also nur der Ausweg eines Umwegs: Die Zusammenführung musste in einer **47** dritten, nicht von Partikularinteressen bestimmte Gesellschaft erfolgen. Die Handelnden zogen sodann in Erwägung, die Daimler-Benz AG auf die neue DaimlerChrysler AG zu verschmelzen. Indes ergab sich bei der **Verschmelzung** das Problem, dass einzelne Aktionäre nach den §§ 305 ff. UmwG a. F.[79] im Rahmen eines Spruchverfahrens das Umtauschverhältnis bzw. den Gegenwert für ihren ursprünglichen Gesellschaftsanteil gerichtlich überprüfen lassen konnten. Es drohten dann Ansprüche auf bare Zuzahlung und zwar nicht nur zum Vorteil derer, die eine Überprüfung eingeleitet hatten, sondern aller Aktionäre.[80] Freilich stand dieses Verfahren nur den Daimler-Benz-Aktionären offen. Das war insoweit zusätzlich problematisch, als eine Benachteiligung der Chrysler-Aktionäre die Anwendung der Pooling-of-Interests-Methode gefährdete, die im Unterschied zur Purchase-Accounting-Methode eine Buchwertverknüpfung erlaubt und Goodwill-Abschreibungen in der Konzernbilanz vermeidet.[81]

Daher erschien eine Übernahme durch DaimlerChrysler günstiger als eine Verschmel- **48** zung, vorausgesetzt, eine Umtauschquote von mindestens 75% wurde erreicht, denn nur dann war der Zusammenschluss (auch) für die Chrysler-Aktionäre steuerrechtlich neutral. Man strebte freilich eine Quote von mehr als 90%, da von diesem Wert an die **Pooling-of-Interests-Methode** – als die für alle Seiten optimale Lösung – zur Anwendung kam. Um das ehrgeizige Ziel zu erreichen, bot DaimlerChrysler den Daimler-Benz-Aktionären an, ihre Aktien bei Erreichen der 90%-Quote im Verhältnis von 1:1,005 (statt 1:1 bei 75%) zu tauschen, stellte ihnen also eine Gratisaktie für je 200 Aktien in Aussicht.[82] Der Anreiz verfehlte seine Wirkung nicht: Am Ende entschieden sich 98,2% für einen Aktientausch.

Allerdings sind auch 98,2% nicht 100%. Eine **Konzernstufung** hätte nicht unwesentli- **49** che **Nachteile** mit sich gebracht. Zu nennen ist etwa der erhöhte Verwaltungs- und Führungsaufwand durch doppelte Managementstrukturen oder die Erstellung eines jährlichen Abhängigkeitsberichts. Immerhin waren für eine Verschmelzung die Voraussetzungen nun

---

[78] *Thoma/Reuter*, M&A Review 1999, 314, 318.
[79] §§ 1 ff. SpruchG.
[80] *Thoma/Reuter*, M&A Review 1999, 314, 318.
[81] Vgl. *Reichert*, in: Semler/Volhard (Hrsg.), Arbeitshandbuch für Unternehmensübernahmen, § 17 Rdnr. 12; *Thoma/Reuter*, M&A Review 1999, 314, 318, 319; *Rodewig*, in: Grenzüberschreitende Fusionen am Beispiel des Daimler-Chrysler-Zusammenschlusses, in: Riegger/Schmidt (Hrsg.), Gesellschaftsrecht 1999, 2000, 167, 171: Die mit der Anwendung der Purchase-Accounting-Methode verbundene Auflösung der stillen Reserven hätte zu einer finanziellen Mehrbelastung von ca. 4 Mrd. p. a. während 40 Jahren geführt.
[82] *Rodewig*, in: Grenzüberschreitende Fusionen am Beispiel des Daimler-Chrysler-Zusammenschlusses, in: Riegger/Schmidt (Hrsg.), Gesellschaftsrecht 1999, 2000, 167, 171.

– nach dem Umtausch – ungleich günstiger als vorher, denn eine Nachbesserung im Spruchverfahren drohte jetzt nicht für alle, sondern nur noch für 1,8% der Anteile. Was es finanziell bedeutet hätte, wenn alle Aktionäre eine Nachbesserung hätten verlangen können, also keine Übernahme zwischengeschaltet worden wäre, kann man daran ermessen, dass das Landgericht Stuttgart den verbliebenen 1,8% eine Zuzahlung von immerhin 230 Mio. Euro zusprach,[83] dementsprechend groß war unter den Beteiligten die Sorge, dass viele – zu viele – Aktionäre genau auf einen solchen „Zuschlag" spekulierten und daher das Umtauschangebot nicht annahmen, obwohl am 18. September 1998 99,9% der Verschmelzung neben dem Gesamtplan zugestimmt hatten.[84] Die hohe Quote von 98,2% war demnach gleich aus zwei Gründen vorteilhaft: die Pooling-of-Interests-Methode konnte etabliert werden *und* etwaige drohende Ausgaben im Spruchverfahrens hielten sich im Rahmen. Auch in zeitlicher Hinsicht konnte man weitgehend die Vorgaben einhalten und die Erwartungen erfüllen, denn bereits sieben Monate nach erstmaliger Veröffentlichung wurde die Verschmelzung im Handelsregister eingetragen.[85]

50 **b) Transaktionen mit US-Bezug.** Die Integration der Chrysler Corp. in die Daimler-Chrysler AG erforderte wesentlich geringeren Aufwand als die Operationen auf deutscher Seite. Das hat seinen Grund in der Existenz eines Rechtsinstituts, das das deutsche Recht nicht kennt und zulässt: den **Reverse Triangular Merger**.[86] Er gestattet es, auf der Grundlage eines einfachen Mehrheitsbeschlusses 100% aller Aktien einzuziehen, ohne dass die Aktionäre ein Recht auf Barabfindung einklagen können.

51 Im Fall DaimlerChrysler vollzog sich die Zusammenführung in der Weise, dass zunächst ein **US Exchange Agent** im US-Bundesstaat Delaware ein Akquisitionsvehikel, den Chrysler Merger Sub, gründete und dieser Chrysler Merger Sub dann auf Chrysler als übernehmende Gesellschaft durch einen *Reverse Triangular Merger* verschmolzen wurde, nachdem zuvor der *Merger* beim *Secretary of State* in Delaware angemeldet worden war. Chrysler bestand fort, und der US Exchange Agent wurde dessen Alleinaktionär. Die Chrysler-Aktionäre erhielten einen Anspruch auf Anteile der DaimlerChrysler AG. Nach Wirksamwerden des *Reverse Triangular Merger* hat der US Exchange Agent seine Aktien als Sacheinlage nach einer Kapitalerhöhung gegen die Ausgabe von DaimlerChrysler-Aktien in die DaimlerChrysler AG eingebracht.[87]

52 **c) Transaktionen mit EU-Bezug.** Bei geplanten europaweiten Transaktionen hat das NewCo-Modell durch das Verfahren zur Gründung einer **Holding-SE** Konkurrenz erhalten (I. 2.), das dessen Strukturen nachbildet. Durch die Gründung einer Holding-SE lässt sich ebenfalls eine Unternehmenszusammenführung realisieren und zugleich ein Rechtsformwechsel vollziehen, wobei zu berücksichtigen gilt, dass die SE in mancher Hinsicht einer AG oder einer anderen nationalen Aktiengesellschaft überlegen ist.

53 Will man auch diesen Weg nicht gehen (zu den Nachteilen sogleich u. § 55), gibt es eine dritte Möglichkeit, die Elemente der beiden anderen Alternativen verbindet. So kann eine neu gegründete SE als Übernahmevehikel dienen, das im Wege eines öffentlichen Übernahmeangebots die Ausgangsgesellschaften erwirbt. Es entsteht eine (gegebenenfalls mitbestimmungsfreie) SE mit der ihr eigenen Flexibilität, ohne dass die Voraussetzungen der Gründung einer Holding-SE erfüllt sein müssen. Diese Variante stellt keine unzulässige Umgehung der Gründung einer Holding-SE dar, da die Gründungsformen durchaus Raum für Gestaltungsvarianten lassen.[88]

---

[83] LG Stuttgart, Beschl. v. 4. 8. 2006, AG 2007, 52 ff.
[84] *Rodewig*, in: Grenzüberschreitende Fusionen am Beispiel des Daimler-Chrysler-Zusammenschlusses, in: Riegger/Schmidt (Hrsg.), Gesellschaftsrecht 1999, 2000, 167, 171 f.
[85] *Rodewig*, in: Grenzüberschreitende Fusionen am Beispiel des Daimler-Chrysler-Zusammenschlusses, in: Riegger/Schmidt (Hrsg.), Gesellschaftsrecht 1999, 2000, 167, 174.
[86] Vgl. *Baums*, FS Zöllner, Bd. 1, S. 65, 72 f.; *Decher*, FS Lutter, S. 1209, 1220.
[87] *Thoma/Reuter*, M&A Review 1999, 314, 316 f.
[88] *Peafgen*, FS G. Roth, S. 563 ff.; *Reichert*, Der Konzern 2006, 821, 831.

IV. Synthetische Unternehmenszusammenschlüsse

Aus einer Zeit, als der Verwirklichung grenzüberschreitender Verschmelzungen und Übernahmen enge Grenzen gesetzt waren, stammt die Idee, den Effekt einer echten Verschmelzung oder Übernahme durch einen vertraglichen, „virtuellen" Zusammenschluss zu erzielen, was nicht bedeutet, dass unter besonderen Umstände nicht auch in der Gegenwart solche Formen der Verbindung zweier Unternehmen sinnvoll eingesetzt werden können. Dass die „verbundenen", koordinierten Gesellschaften nicht ihre rechtliche Selbständigkeit verlieren, sondern an der Spitze einer Unternehmensgruppe fortbestehen, ist das gemeinsame Merkmal der Konstruktion (**„Dual Listed Company"**), doch lässt diese Gemeinsamkeit immer noch eine Vielzahl von Gestaltungsvarianten zu. Die drei wohl wichtigsten Formen sollen im Folgenden kurz vorgestellt werden.

Praktische Bedeutung hat in der Vergangenheit namentlich die **„Combined group structure"** erlangt. Immerhin fast ein ganzes Jahrhundert war die **Royal Dutch/Shell-Gruppe** (1907–2005) nach diesem Modell organisiert. Andere Verbindungen solcher Art waren oder sind ABB Asea Brown Boveri, Fortis, Dexia, BAT/Zurich und Northbanken/Merita.[89] Charakteristisch für diese Konstruktion ist, dass zwei Gesellschaften ihr Betriebsvermögen – wie bei einem Joint Venture – in eine Tochtergesellschaft einbringen, die Geschäftsaktivitäten also in einer gemeinsamen Joint Venture-Gesellschaft gepoolt werden, an der die Muttergesellschaften Stimmrechte zu je 50% halten. Der gesellschaftsrechtliche Status der Aktionäre der beteiligten Gesellschaften bleibt unverändert. Lediglich sorgt ein „Equalisation Agreement" dafür, dass die Aktionäre gleich behandelt werden, etwa bei der Ausschüttung von Dividenden, unabhängig davon, an welcher Gesellschaft sie beteiligt sind.[90]

Das Grundmodell lässt sich selbstverständlich mannigfach variieren und umgestalten. Beispielsweise ist eine Beteiligungsquote von je 50% keineswegs zwingend: Die niederländische Konzernmutter hielt bei Royal Dutch/Shell 60%, die britische hingegen nur 40%, bei der Zurich Financial Services stand der 57%-Anteil der schweizerischen Zürich Allied AG einem 43%-Anteil der britischen Allied Zurich plc. gegenüber.[91] Zwingend ist ferner nicht, dass die Gesellschaften ihre geschäftlichen Aktivitäten nur in einer einzigen Joint Venture-Gesellschaft verbinden. Im Fall von Dexia entschied man sich für eine überkreuzende Verflechtung, indem die Dexia France und die Dexia Belgium jeweils 50% an den Tochtergesellschaften Crédit Local de France und Crédit Communal de Belgique hielten. Das kann Sinn ergeben, um die steuerrechtlichen Nachteile grenzüberschreitender Dividendenzahlungen zu vermeiden, weil die Muttergesellschaften ihre Dividenden oder zumindest den größten Teil derselben von den jeweiligen inländischen Tochtergesellschaften erhalten.[92] Als eine weitere **Gestaltungsoption** kommt in Betracht, nicht das gesamte Betriebsvermögen einzubringen, sondern einzelne Geschäftsbereiche von dem Zusammenschluss auszunehmen, wie man das etwa nach der ursprünglichen Planung bei der Bildung von Aventis vorgesehen hatte, die nur die „life sciences"-Bereiche, nicht aber auch die Sparten „industrielle Chemie" der beiden Ausgangsunternehmen aufnehmen sollte.[93]

Während bei einer „Combined group structure" doch immerhin neue gesellschaftsrechtlich relevante Strukturen entstehen und das Betriebsvermögen einem neuen Eigentümer zugeführt wird, erweist sich eine **„Separate entities structure"** als rein „virtuell", d.h.

---

[89] *Stengel*, in: Semler/Volhard, Arbeitshandbuch für Unternehmensübernahmen, Bd. 1, 2001, § 17 Rdnr. 323.

[90] *Samson/Flindt*, NZG 2006, 290, 295 f.

[91] *Stengel*, in: Semler/Volhard, Arbeitshandbuch für Unternehmensübernahmen, Bd. 1, 2001, § 17 Rdnr. 325.

[92] *Stengel*, in: Semler/Volhard, Arbeitshandbuch für Unternehmensübernahmen, Bd. 1, 2001, § 17 Rdnr. 326 f.

[93] *Stengel*, in: Semler/Volhard, Arbeitshandbuch für Unternehmensübernahmen, Bd. 1, 2001, § 17 Rdnr. 324.

das gemeinsame Handeln und Auftreten wird nur auf einer schuldrechtlichen Ebene durch ein „equalisation" oder „sharing agreement" koordiniert. Die Einheitlichkeit der Entscheidungsfindung und die Gleichmäßigkeit der Auszahlung der Dividenden an die Gesellschafter aller beteiligten Gesellschaften soll durch entsprechende Absprachen gewährleistet werden. Man verständigt sich auch regelmäßig auf eine zwingend identische Besetzung der unternehmensführenden Organe, die verpflichtet werden, die unterschiedlichen Gesellschaften wie eine einheitliche Gesellschaftergruppe zu behandeln, und erklärt sich zu einem kongruenten Vorgehen bei der Gestaltung der Hauptversammlung bereit. Der Vertrag kann auch vorsehen, dass im Falle einer Übernahme man Anteile an der einen Gesellschaft nur erwerben kann, sofern zugleich ein Angebot für eine – nach dem vorher festgesetzten Verhältnis bemessene – Anzahl von Anteilen an dem andern Unternehmen abgegeben wird.[94]

58   Die **„Twinned share structure"**, die dritte Variante, zeichnet sich dadurch aus, dass – wie bei der „Combined group structure" – ein Vertrag die Pflicht zur einheitlichen Auszahlung der Dividenden und einheitlichen Ausübung der Geschäftsführung festschreibt und daneben noch auf Aktionärsebene dadurch eine Verknüpfung stattfindet, dass jeder Aktionär Aktien an den beiden beteiligten Gesellschaften hält. Die Aktien der einen Gesellschaft können nur zusammen mit den Aktien der anderen Gesellschaft veräußert und übertragen werden.[95] Die Dividenden erhalten die Aktionäre weiterhin nur von einer der beiden Gesellschaften, um die erwähnte Mehrfachbesteuerung wegen grenzüberschreitend gezahlter Dividenden zu vermeiden. Durch eine solche „Twined share"-Struktur wurden beispielsweise die EuroTunnel SA und die EuroTunnel plc verbunden.[96] An diesem Punkt zeigt sich, dass „synthetische" Zusammenschlüsse sich vielleicht in die eine oder andere ausländische Rechtsordnung einfügen mögen, aber gerade zu Unternehmungen, die das deutsche Recht berühren, oft nicht passen, denn die Verbindung einer deutschen und einer ausländischen Aktie begegnet erheblichen Bedenken. Ebenso erscheint das Vorhaben fragwürdig, die unternehmensführenden Organe der beteiligten Gesellschaften identisch zu besetzen in Anbetracht des Umstandes, dass der Aufsichtsrat den Vorstand nach freiem unternehmerischem Ermessen bestellt und nicht durch einen Vertrag gebunden werden kann.[97]

59   Die so genannten synthetischen oder virtuellen Unternehmenszusammenschlüsse haben ohne Zweifel den **Vorteil**, dass sie sich mit relativ geringem Aufwand in die Tat umsetzen lassen, in geringerem Maße Strukturänderungen mit sich bringen und die Aktionäre, die an ihren Rechten keine Einbußen erleiden und weiterhin allein an der (nationalen) Gesellschaft ihrer Wahl beteiligt sind, überwiegend nicht zu einem Ausstieg veranlassen. So unkompliziert und geräuschlos freilich sich die Umsetzung zu Beginn vollzieht, so deutlich treten auch die **Nachteile** hervor, die der Konstruktion anhaften, wenn sie langfristig Bestand haben soll:[98] Zwar schützt die Verknüpfung einerseits vor feindlichen Übernahmen, andererseits – und das wiegt oft schwerer – behindert sie auch den Einsatz von Aktien als Akquisitionswährung. Darüber hinaus ist die Verwaltung und Organisation schwerfälliger als in einem Einheitsunternehmen.

---

[94] *Samson/Flindt*, NZG 2006, 290, 296.

[95] *Samson/Flindt*, NZG 2006, 290, 296.

[96] *Stengel*, in: Semler/Volhard, Arbeitshandbuch für Unternehmensübernahmen, Bd. 1, 2001, § 17 Rdnr. 334.

[97] Ausführlich zu den rechtlichen Problemen: *Stengel*, in: Semler/Volhard, Arbeitshandbuch für Unternehmensübernahmen, Bd. 1, 2001, § 17 Rdnr. 336–348.

[98] *Samson/Flindt*, NZG 2006, 290, 296; *Stengel*, in: Semler/Volhard, Arbeitshandbuch für Unternehmensübernahmen, Bd. 1, 2001, § 17 Rdnr. 351–355.

§ 62. Ausgewählte Problemfelder der tatsächlichen Gestaltung

Übersicht

	Rdnr.		Rdnr.
I. Die Vor- und Nachteile der konkurrierenden Verfahren	2–55	a) SE-basierte Modelle	45–49
1. Transaktionsaufwand	4–24	b) Umstrukturierungen auf der Grundlage der Verschmelzungsrichtlinie	50, 51
a) SE-basierte Modelle	4, 5	c) Modelle der grenzüberschreitenden Übernahme	52–55
b) Umstrukturierungen auf der Grundlage der Verschmelzungsrichtlinie	6–17	II. Die Vor- und Nachteile der konkurrierenden Endstrukturen	56–92
c) Modelle der grenzüberschreitenden Übernahme	18–24	1. Allgemeine Merkmale	56–58
2. Transaktionsdauer	25–44	2. Mitbestimmung	59–85
a) SE-basierte Modelle	25–34	a) Nationale Kapitalgesellschaft nach Übernahme	60, 61
b) Umstrukturierungen auf der Grundlage der Verschmelzungsrichtlinie	35–40	b) SE	62–76
c) Modelle der grenzüberschreitenden Übernahme	41–44	c) Nationale Kapitalgesellschaft nach Verschmelzung	77–85
3. Transaktionssicherheit	45–55	3. Corporate Governance	86–92

Schrifttum: S. § 61

Die Änderung der Rechtslage auf EU-Ebene in den letzten Jahren lässt es nicht zu, sich auf eine Darstellung der Präferenzen der Praxis in der Vergangenheit zu beschränken. In diesem Abschnitt sollen daher ergänzend die Vor- und Nachteile der zur Zeit einsatzfähigen Instrumente zur Realisierung grenzüberschreitender Unternehmenszusammenführungen aufgezeigt werden. **1**

I. Die Vor- und Nachteile der konkurrierenden Verfahren

Wenn ein Zusammenschluss von zwei Unternehmen ansteht, wird man sich zunächst dafür interessieren, welchen Aufwand das eine oder das andere Verfahren bereitet, welche Sicherheit es bietet, welche Zeit es in Anspruch nimmt und welche steuerrechtlichen Folgen mit ihm verbunden sind. **2**

Als **„Transaktionsrisiken"** i. e. S. gelten vorliegend solche Gefahren, die sich aus der Möglichkeit ergeben, in der Hauptversammlung oder auf dem Rechtsweg die Zusammenführung zu blockieren bzw. rückgängig zu machen.[1] Der **„Transaktionsaufwand"** betrifft die Kosten des Vorhabens (finanzieller Aufwand) und die administrativen Belastungen, die **„Transaktionsdauer"** den zeitlichen Aufwand. Es versteht sich von selbst, dass alle drei Gesichtspunkte eng zusammenhängen. So bedingt ein Mehr an Verwaltungsarbeit üblicherweise auch eine Verzögerung des Ablaufs, und die Einschaltung der Gerichte wird häufig nicht dazu führen, dass das Vorhaben im Ganzen scheitert, sondern lediglich bewirken, dass sich die Kosten erhöhen, also der Transaktionsaufwand steigt. **3**

1. Transaktionsaufwand

a) SE-basierte Modelle. Zu den am häufigsten kritisierten Nachteilen einer SE-Gründung durch Verschmelzung gehört der Umstand, dass § 7 Abs. 1 S. 1 SEAG ein **Barabfindungsrecht** sämtlicher Aktionäre der deutschen AG vorsieht, wenn die zu schaffende SE ihren Sitz im Ausland haben soll. Der Anspruch steht jedem Aktionär zu, der gegen den Verschmelzungsbeschluss der übertragenden Gesellschaft Widerspruch zur Niederschrift erklärt hat. Dadurch werden alle Zusammenführungen über die Grenze, die in der **4**

---

[1] Vgl. *Decher*, FS Lutter, S. 1209, 1211.

Sache als Aktientausch konzipiert sind, erheblich erschwert oder sogar vereitelt.² Keinen Ausweg bietet die Gründung einer Holding-SE, da für sie § 9 Abs. 1 S. 1 SEAG gilt, der ebenfalls ein zwingendes Barabfindungsrecht für dissentierende Aktionäre normiert. Auch in dem Fall stehen die Verantwortlichen vor dem Problem, dass sie mit Baraufwendungen in beachtlicher Höhe rechnen müssen, sofern man sich nicht für einen Sitz der Holding-SE in Deutschland entscheidet.³

5   Zu den zusätzlichen Hindernissen zählt der einschneidende **Gläubigerschutz**, denn nach § 8 S. 1 i.V.m. § 13 Abs. 1 SEAG ist den Gläubigern der deutschen Gesellschaft, die ihren Anspruch nach Grund und Höhe vorher angemeldet haben, Sicherheit zu leisten; das gilt wiederum freilich nur, wenn der künftige Sitz der SE im Ausland liegt. Ferner bestimmt § 8 S. 2 SEAG, dass die Verschmelzungsbescheinigung i.S. von Art. 25 Abs. 2 SE-VO, ohne deren Vorlage eine Eintragung der SE gemäß Art. 27 Abs. 2 SE-VO nicht vorgenommen werden kann, das zuständige Gericht nur ausstellt, wenn die Vorstandsmitglieder der übertragenden Gesellschaft die Versicherung abgegeben haben, dass allen Gläubigern, die einen Anspruch auf Sicherheitsleistung haben, eine angemessene Sicherheit auch tatsächlich geleistet wurde.

6   **b) Umstrukturierungen auf der Grundlage der Verschmelzungsrichtlinie.** Die Verschmelzungsrichtlinie brachte im Vergleich zu den SE-Regelungen mit Blick auf das obligatorische **Barabfindungsgebot** keine Erleichterung. Fast wortgleich übernimmt § 122i Abs. 1 S. 1 UmwG die Bestimmung des § 7 Abs. 1 S. 1 SEAG, das heißt: Die übertragende Gesellschaft hat im Verschmelzungsplan oder in seinem Entwurf jedem Anteilsinhaber, der gegen den Verschmelzungsbeschluss Widerspruch zur Niederschrift erklärt, den Erwerb seiner Anteile gegen eine angemessene Barabfindung anzubieten, sofern die übernehmende oder neue Gesellschaft nicht dem deutschen Recht unterliegt. Dahinter steht der Rechtsgedanke, keinen Anteileigner zu zwingen, die mit dem Wechsel in eine ausländische Rechtsform verbundene Änderung seiner Rechte und Pflichten hinzunehmen.⁴

7   Auch die Rechtsfolge ist bereits im Vorfeld scharf kritisiert worden. So hat der Handelsrechtsausschuss des Deutschen Anwaltsvereins in seiner Stellungnahme zum Regierungsentwurf betont, dass die bei jeder grenzüberschreitenden Verschmelzung notwendig anzubietende Barabfindung unter Umständen zu einer **erheblichen Liquiditätsgefährdung** führen kann und faktisch die Möglichkeit einer Hinausverschmelzung aus Deutschland erschwert.⁵ Das bedeutet freilich nicht, dass allein aus dem Grund eine Verschmelzung gar nicht in Betracht kommt. Zum einen kann es ausreichen, die **Verschmelzungsrichtung** zu ändern und statt einer Hinausverschmelzung eine Hineinverschmelzung durchzuführen, sollte nicht aus anderen Gründen die Hinausverschmelzung dringend geboten sein.⁶ Das setzt freilich voraus, dass andere Rechtsordnungen davon absehen, vergleichbare Regelungen einzuführen. Genau darin liegt das Problem. Es erscheint nämlich zweifelhaft, ob angesichts der Präsenz des Austritts- oder Abfindungsgedankens in zahlreichen ausländischen Gesetzen sich auf lange Sicht eine solche Zurückhaltung durchsetzt.⁷ Zum anderen ist zu erwägen, ob man nicht der Verschmelzung ein **freiwilliges Erwerbsangebot** zu Gunsten der außenstehenden Anteilsinhaber der übertragenden Gesellschaft vorschalten sollte, um zumindest die Planungssicherheit zu erhöhen.⁸ Beachtung verdient auch, dass das Gesetz selbst eine Eingrenzung enthält: Da eine Barabfindung nur verlangt werden kann,

---

² *Decher*, Konzern 2006, 805, 811.
³ Zur Holding-SE: *Brandes*, AG 2005, 177, 179; *Reichert*, Konzern 2006, 821, 830.
⁴ Begründung zum Referentenentwurf vom 13. 2. 2006, S. 15.
⁵ NZG 2006, 737, 741.
⁶ *M. Winter*, Konzern 2007, 24, 28f.
⁷ Vgl. *Kiem*, WM 2006, 1091, 1098 mit dem Austrittrecht für die Aktionäre einer italienischen bzw. spanischen Aktiengesellschaft im Fall einer Sitzverlegung ins Ausland (Art. 2437 Codice Civile und Art. 149.2, 147.1, 320 Ley de Sociedades Anónimas).
⁸ *Kiem*, WM 2006, 1091, 1098.

wenn der austrittswillige Anteilsinhaber seinen Widerspruch zu Protokoll erklärt (von § 30 Abs. 2 UmwG einmal abgesehen), steht fest, dass nur 25% das Barangebot annehmen können, denn andernfalls hätte die Verschmelzung keine ausreichende Mehrheit in der Hauptversammlung.[9]

§ 22 UmwG statuiert für die nationalen Verschmelzungen, dass die Gläubiger der an der Verschmelzung beteiligten Rechtsträger, soweit sie nicht Befriedigung verlangen können, einen Anspruch auf **Sicherheitsleistung** haben, wenn sie glaubhaft machen, dass durch die Verschmelzung die Erfüllung ihrer Forderung gefährdet wird. Für die Hineinverschmelzung findet die Vorschrift über den Verweis in § 122a Abs. 2 UmwG Anwendung. Auch für die Hinausverschmelzung, wenn also die übernehmende oder neue Gesellschaft nicht dem deutschen Recht unterliegt, gilt nach § 122j UmwG im Grundsatz nichts anderes: Das Recht auf Sicherheitsleistung steht den Gläubigern nur zu, wenn sie binnen zwei Monaten nach dem Tag, an dem der Verschmelzungsplan oder sein Entwurf bekannt gemacht worden ist, ihren Anspruch nach Grund und Höhe schriftlich anmelden und die Gefährdung glaubhaft machen (§ 122j Abs. 1 S. 2 UmwG), und es steht ihnen nur zu im Hinblick auf solche Forderungen, die vor oder bis zu 15 Tage nach Bekanntmachung des Plans oder seines Entwurfs entstanden sind (§ 122j Abs. 2 UmwG). Die entscheidende Modifikation im Vergleich zum Gläubigerschutz bei einer nationalen Verschmelzung (oder Hineinverschmelzung) liegt indes darin, dass vor der Verschmelzung nach § 122k Abs. 1 S. 3 UmwG die Mitglieder des Vertretungsorgans die Versicherung abgeben müssen, dass allen Gläubiger, die nach § 122j einen Anspruch auf Sicherheitsleistung haben, auch tatsächlich eine angemessene Sicherheitsleistung geleistet wurde.[10] Damit wird die Gewährleistung des Gläubigerschutzes vorverlagert. Genau das war das erklärte Ziel des Gesetzgebers, der fürchtete, dass ein nachgeordneter Schutz den Interessen der Gläubiger nicht gerecht werden könnte, wenn die aus der Verschmelzung hervorgegangenen Gesellschaft ihren Sitz im Ausland hat.[11]

Aus der Perspektive der Rechtsträger, die eine Verschmelzung anstreben, stellt sich die Verlagerung des Gläubigerschutzes dagegen als ein **Rückschritt** dar. Zwar prüft das Registergericht die tatsächliche Erbringung der Sicherheiten nicht nach.[12] Aber den Mitgliedern des Vertretungsorgans wird ein erhebliches Risiko dadurch zugewiesen, dass **§ 314a UmwG** demjenigen, der eine unrichtige Versicherung abgibt, eine Freiheitsstrafe bis zu drei Jahren oder eine Geldstrafe in Aussicht stellt. Die Verpflichtung zur Abgabe der Versicherung schlichtweg zu ignorieren, ist auch keine Lösung, da die für die Verschmelzung zwingend erforderliche Verschmelzungsbescheinigung nach § 122k Abs. 2 S. 1 UmwG nicht ausgestellt werden darf, m.a.W. die Verschmelzung kommt nicht zustande, wenn sich die Verantwortlichen weigern, das strafbewährte Risiko zu tragen.

Angesichts der drastischen Sanktionen bei Abgabe einer unrichtigen Versicherung, die die Gesellschaften von der Vornahme einer grenzüberschreitenden Verschmelzung abhalten könnten, hat man sogar die Frage aufgeworfen, ob § 122j UmwG und die zugehörigen Vorschriften nicht bereits einen Verstoß gegen die Niederlassungsfreiheit begründen.[13] Das lässt sich vertreten, aber die besseren Gründe sprechen wohl dagegen.[14] Eher schon kann dem Gesetzgeber vorgeworfen werden, die von ihm gewählte Lösung verstoße gegen Art. 4 der Richtlinie, der eine Verschärfung gegenüber § 22 UmwG nicht ohne weiteres zulässt.[15] Aus Sicht der Praxis empfiehlt es sich jedoch, die gesetzliche Regelung erst ein-

---

[9] *Kiem*, WM 2006, 1091, 1098.
[10] *Passarge/Stark*, GmbHR 2007, 803, 803 f.
[11] *Grunewald*, Der Konzern 2007, 106, 107.
[12] *Passarge/Stark*, GmbHR 2007, 803, 804.
[13] *Haritz/Wolff*, GmbHR 2006, 340, 343; *Passarge/Stark*, GmbHR 2007, 803, 805 f.
[14] *Grunewald*, Der Konzern 2007, 106, 107.
[15] *Bayer/Schmidt*, NJW 2006, 841, 843; dies., NZG 2006, 841, 843; *Haritz/Wolff*, GmbHR 2006, 340, 343; *Grunewald*, Der Konzern 2007, 106, 107.

mal so hinzunehmen und sie der Entscheidungsfindung zu Grunde zu legen. Eine gewisse **Entlastung** könnte dadurch eintreten, dass die Gerichte nicht allzu geringe Anforderungen an die Glaubhaftmachung eines Sicherungsinteresses i. S. des § 122j Abs. i S. 2 stellen.[16] Jedenfalls sollte klar sein, dass allein der Umstand, dass eine Verschmelzung ins Ausland erfolgt, die Annahme einer Gefährdung nicht rechtfertigt,[17] andererseits muss sich die Erfüllungsgefährdung gerade aus dem grenzüberschreitendem Charakter der Verschmelzung ergeben.[18] Noch einmal hervorgehoben sei an dieser Stelle, dass mit den Nachteilen des starken Gläubigerschutzes nicht nur bei Unternehmenszusammenführungen auf der Grundlage der Verschmelzungsrichtlinie zu rechnen ist, sondern auch bei SE-Gründungen. Insbesondere findet sich in § 53 Abs. 3 Nr. 1 SEAG die gleiche Sanktion für unrichtige Versicherungen (Freiheitsstrafe bis zu drei Jahren oder Geldstrafe). Sollten demnach (aus anderen Gründen) nur die beiden Modelle für einen Zusammenschluss in Betracht kommen, ergeben sich aus dem Aspekt der Gläubigersicherung keine verwertbaren Argumente zu Gunsten der einen oder der anderen Vorgehensweise.

11 Das Bemühen um einen möglichst effizienten Schutz der Gläubiger hat seinen Niederschlag noch in weiteren Vorschriften gefunden. § 122d S. 2 Nr. 4 UmwG fordert im Verschmelzungsplan „einen Hinweis auf die Modalitäten für die Ausübung der Rechte der Gläubiger ... der an der grenzüberschreitenden Verschmelzung beteiligten Gesellschaften sowie die Anschrift, unter der vollständige Auskünfte über diese Modalitäten eingeholt werden können." Zunächst stellt sich die Frage, was man unter den „Modalitäten für die Ausübung der Rechte der Gläubiger" zu verstehen hat. Gewiss ist damit die **Information** über das Recht gemeint, unter Umständen Sicherheitsleistungen zu verlangen, aber auch die Nennung des neue Schuldners und seiner Adresse.[19] Die Kosten für den administrativen Aufwand einer solche „Gläubigerinformationszentrale", die das Gesetz vorschreibt, werden sich vermutlich in Grenzen halten. Problematischer erscheint das **Haftungsrisiko,** das der auf sich nimmt, der die Informationen für die Gesellschaft erteilt. Denn zwischen ihm und dem Anfragenden kommt in der Regel wegen der Höhe der betroffenen Vermögenswerte ein Auskunftsvertrag zustande. Der Betroffene wird die Übernahme des Risikos der Gesellschaft sicherlich in Rechnung stellen.[20]

12 Einen höheren Aufwand als bei der SE-Gründung durch Verschmelzung erfordert die Erstellung des **Verschmelzungsplans** bei der Verschmelzung nach der Richtlinie, da § 122c UmwG drei zusätzliche Angaben verlangt: die voraussichtlichen Auswirkungen der Verschmelzung auf die Beschäftigung (§ 122c Abs. 2 Nr. 4 UmwG), Angaben zur Bewertung des Aktiv- und Passivvermögens (§ 122c Abs. 2 Nr. 11 UmwG) und den Stichtag der Bilanzen der an der Verschmelzung beteiligten Gesellschaften, die zur Festlegung der Bedingung der Verschmelzung verwendet werden (§ 122c Abs. 2 Nr. 12 UmwG).

13 Die Verpflichtung, die voraussichtlichen **Auswirkungen der Verschmelzung auf die Beschäftigung** darzulegen, hat ihr Vorbild in § 5 Abs. 1 Nr. 9 UmwG, eine Bestimmung, die überwiegend als systemfremd angesehen wird,[21] jetzt aber sogar ihren Weg in das europäische Recht gefunden hat. *Erst jetzt* – denn obgleich Art. 15 Abs. 1 SE-VO grundsätzlich Raum für eine subsidiäre Anwendung auch des § 5 UmwG lässt, besteht nahezu Einigkeit, dass der Katalog in Art. 20 Abs. 1 S. 2 SE-VO, der Angaben zu den Auswirkungen auf die Beschäftigung nicht vorsieht, für den nationalen Gesetzgeber ab-

---

[16] Hingegen will *Oechsler*, NZG 2006, 161, 166, „wegen der ... Undurchsichtigkeit der Anspruchsvoraussetzungen für den Gläubiger" offenbar keine allzu hohen Anforderungen stellen.

[17] *Grunewald*, Der Konzern 2007, 106, 107; *Oechsler*, NZG 2006, 161, 165 (zur SE).

[18] *Passarge/Stark*, GmbHR 2007, 803, 806.

[19] *Grunewald*, Der Konzern 2007, 106, 108.

[20] *Grunewald*, Der Konzern 2007, 106, 108.

[21] *Kallmeyer/Willemsen*, UmwG, § 5 Rdnr. 47; Vorschläge des Handelsrechtsausschusses des Deutschen Anwaltsvereins e. V. zur Änderung des Umwandlungsgesetzes, NZG 2000, 802 ff.; *Kiem*, WM 2006, 1091, 1094; vgl. jetzt aber *Lutter/Drygala,* in: Lutter, UmwG, § 5 Rdnr. 55 a.

schließend ist.²² Was die konkreten Angaben nach § 122c Abs. 2 Nr. 4 UmwG betrifft, so kann man sich immerhin an der zu § 5 Abs. 1 Nr. 9 UmwG entwickelten Praxis orientieren.²³

14 Während § 122c Abs. 2 Nr. 4 UmwG einem deutschen Anliegen entspricht, gehen § 122c Abs. 2 Nr. 11 und 12 UmwG (bzw. lit. k) und l) der Richtlinie 2005/56/EG) auf eine Initiative der französischen Delegation zurück.²⁴ Ein Blick auf die französischen Vorlagen²⁵ hilft auch, den richtigen Inhalt der Bestimmungen zu ermitteln:²⁶ § 122c Abs. 2 Nr. 11 zielt ausschließlich auf die Angabe, zu welchen handelsrechtlichen Werten die Vermögensgegenstände und Verbindlichkeiten der übertragenden Gesellschaft von der aufnehmenden Gesellschaft übernommen werden sollen, schließlich werden umfangreiche Informationen zur Bewertung der sich verschmelzenden Gesellschaft und der daraus ermittelten Verschmelzungswertrelation bereits im Verschmelzungsbericht zur Verfügung gestellt. § 122c Abs. 2 Nr. 12 handelt allein von dem **Stichtag der Bilanz,** in der die übergehenden Vermögensgegenstände und Verbindlichkeiten aufgelistet sind und nicht von den Stichtagen der Bilanzen, die der Unternehmensbewertung zugrunde liegen. Trotz solcher Einschränkungen bleibt es dabei, dass die Gesellschaft, die eine Verschmelzung auf der Grundlage der Verschmelzungsrichtlinie durchführt, mit zusätzlichen Ausweisungspflichten belastet ist.

15 Das Bemühen, alle von einer Verschmelzung Betroffenen möglichst umfassend und sachgerecht zu informieren, hat auch seine Spuren in den Bestimmungen zum Verschmelzungsbericht hinterlassen. Nach Art. 7 der Richtlinie 2005/56/EG soll der Bericht nicht nur Angaben zu den rechtlichen und wirtschaftlichen Aspekten der grenzüberschreitenden Verschmelzung enthalten, sondern auch zu den Auswirkungen auf „die Gesellschafter, die Gläubiger und die Arbeitnehmer." Der Bericht ist den Gesellschaftern und den Vertretern der Arbeitnehmern (in Ermangelung solcher Vertreter den Arbeitnehmern) innerhalb des gleichen Zeitrahmens zugänglich zu machen. Diese Vorschrift hatte das Europäische Parlament durchgesetzt, um die Arbeitnehmer nicht gegenüber den Gesellschaftern zu benachteiligen.²⁷ Allerdings stellt sich die Frage, ob angesichts der etablierten hohen Berichtsstandards der **Verschmelzungsbericht** das geeignete Medium ist, Arbeitnehmer über die sie betreffenden Angelegenheiten in Kenntnis zu setzen.²⁸ Es ist ferner unklar, wie man sich den Vorgang des „Zugänglichmachens" vorzustellen hat. Der deutsche Gesetzgeber hat den Begriff in § 122e S. 2 UmwG übernommen, ihn aber nicht konkretisiert oder erläutert. Sollte die Auslegung Anklang finden, dass jeder Betriebsrat (oder jeder Arbeitnehmer) die Zusendung eines Verschmelzungsberichts verlangen kann, so muss die Gesellschaft für diesen Aufwand zusätzliche Mittel einplanen.²⁹ Ein Verzicht auf die Erstellung der Verschmelzungsbericht, wie ihn § 8 Abs. 3 UmwG vorsieht, ist bei grenzüberschreitenden Verschmelzungen nach § 122e S. 3 UmwG grundsätzlich nicht möglich, weil § 122e UmwG eben auch dem Schutz der Arbeitnehmer dient.³⁰

---

[22] MünchKommAktG/*Schäfer*, Art. 20 SE-VO, Rdnr. 12; *Bayer/Schmidt*, NJW 2006, 401, 402.
[23] *Semler/Stengel-Drinhausen*, UmwG, § 122c Rdnr. 21.
[24] *Neye*, ZIP 2005, 1893, 1895.
[25] Art. 254 Abs. 3 Décret Nr. 67–236 vom 23. März 1967, in der Fassung von Art. 1 Décret Nr. 88–418 vom 22. April 1988, und Art. 254 Abs. 5 Décret Nr. 67–236 vom 23. März 1967, in der Fassung von Art. 1 Décret Nr. 88–418 vom 22. April 1988.
[26] Eingehend: *Kiem*, WM 2006, 1091, 1095.
[27] *Neye*, ZIP 2005, 1893, 1896.
[28] *Kiem*, WM 2006, 1091, 1096.
[29] Gegen eine solche Auslegung spricht freilich, dass die Parallelvorschrift § 5 Abs. 3 UmwG auf das „Zuleiten" abstellt, das sich also nicht mit dem „Zugänglichmachen" decken kann. Vgl. auch *Kiem*, WM 2006, 1091, 1096.
[30] Bei arbeitnehmerlosen Gesellschaften ist allerdings eine teleologische Reduktion in Erwägung zu ziehen: *Semler/Stengel-Drinhausen*, UmwG, § 122e Rdnr. 13; *Gesell/Krömker*, DB 2006, 2558, 2562.

16 Immerhin ist die Regelung zur **Arbeitnehmerinformation** insoweit in sich schlüssig, als der Pflicht zur Darstellung der Auswirkungen im Verschmelzungsbericht die Pflicht zur Seite gestellt wurde, den Betroffenen auch eine Möglichkeit zur Einsichtnahme zu eröffnen. Diese konsequente Verknüpfung gilt indes nicht für die Gläubiger, zu deren Situation nach der Verschmelzung der Bericht Angaben enthalten muss, ohne dass eine Pflicht besteht, diese Informationen auch zu verbreiten. Ein Verstoß gegen § 122e UmwG berechtigt nicht zur Anfechtung des Verschmelzungsbeschlusses und begründet keine Schadensersatzansprüche der Gläubiger, allerdings kann er dazu führen, dass die Verschmelzungsbescheinigung nicht erteilt wird.[31]

17 Anders als die SE-Vorschriften stellt § 122c Abs. 4 UmwG klar, dass der Verschmelzungsplan notariell beurkundet werden muss. Doch hatte die herrschende Meinung bereits für die SE-Verschmelzung eine **Beurkundungspflicht** bejaht,[32] so dass im Ergebnis kein Unterschied besteht.

18 c) **Modelle der grenzüberschreitenden Übernahme.** Die traditionellen Strukturen grenzüberschreitender Übernahmen sind Umstrukturierungen auf der Grundlage der Verschmelzungsrichtlinie und SE-basierten Zusammenführungen insoweit überlegen, als eine Übernahme grundsätzlich weder entsprechende Barabfindungsrechte der Aktionäre noch Gläubigerschutzrechte begründen kann.[33] Die Beteiligten müssen also nicht befürchten, dass das als Umtauschangebot gegen Aktien geplante Verfahren an zu hohen Kosten scheitert, weil ein beachtlicher Teil der Aktionäre eine Barabfindung geltend macht.

19 Dieser günstige Befund erfährt allerdings dadurch eine Einschränkung und Relativierung, dass unter bestimmten Umständen es auch eine Übernahme erforderlich machen kann, ein Angebot für eine Barabfindung bzw. eine Garantiedividende zu unterbreiten, dann nämlich, wenn eine *vollständige* Integration der zu übernehmenden Gesellschaft angestrebt wird. Im Falle der Übernahme einer deutschen AG durch eine ausländische Gesellschaft verbleiben die Aktionäre, die das Übernahmeangebot nicht akzeptiert haben, in der AG. Der Fortbestand der deutschen AG mit einem signifikanten Anteil an **Minderheitsaktionäre** stellt ein nicht zu vernachlässigendes Störpotential dar, das die Umsetzung des avisierten Geschäftsmodells stark behindern kann. Insbesondere lassen sich weitreichende Umstrukturierungsmaßnahmen unter solchen Bedingungen nur schwer realisieren. Denn grundsätzlich darf ein herrschendes Unternehmen seinen Einfluss nicht dazu benutzen, eine abhängige AG zu veranlassen, ein für sie nachteiliges Rechtsgeschäft vorzunehmen oder Maßnahmen zu ihrem Nachteil zu treffen, es sei denn, dass die Nachteile umgehend ausgeglichen werden (§ 311 AktG).[34] Ein Nachteil kann beispielsweise bereits dadurch entstehen, dass eine Spezialisierungsvereinbarung die abhängige AG auf eine begrenzte Einzelfunktion im Konzern beschränkt, jedenfalls wenn die Spezialisierung eine Form annimmt, die den Fortbestand der Konzerntochter bei Beendigung des Konzernverhältnisses fraglich erscheinen lässt.[35] Das macht es notwendig, zu Gunsten der abhängigen Gesellschaft **existenzsichernde Vorkehrungen** zu treffen.[36] Dergleichen Auflagen und Beschränkungen wird sich das herrschende Unternehmen ungern unterwerfen, laufen sie doch dem üblicherweise für eine Übernahme entscheidenden Motiv, über das Objekt der Übernahme frei disponieren zu können, zuwider.

20 Als Ausweg kommt der Abschluss eines **Beherrschungsvertrages** oder ein **Squeeze-Out** in Betracht. Letzteres setzt voraus, dass die ausländische Gesellschaft mindestens 95% der Aktien erworben hat (§ 327a Abs. 1 S. 1 AktG). Durch das Eingreifen professioneller

---

[31] *Grunewald*, Der Konzern 2007, 106, 108.
[32] *Heckschen*, DNotZ 2003, 251, 258f.; *Teichmann*, ZGR 2002, 383, 421; *Hirte*, NZG 2002, 1, 3.
[33] *Decher*, Konzern 2006, 805, 806f.
[34] Einzelne Anwendungsfälle bei MünchKomm/*Altmeppen* § 311 Rdnr. 225–300.
[35] MünchKomm/*Altmeppen* § 311 Rdnr. 293–296.
[36] *Baums/Steck*, WM 1998, 2261, 2262.

Aktionäre ist es jedoch immer schwieriger geworden, tatsächlich diese Schwelle zu überschreiten.

Die Alternative, der Abschluss eines **Beherrschungsvertrags** als Unternehmensvertrag, durch den eine AG die Leitung ihrer Gesellschaft einem anderen Unternehmen unterstellt und diesem gestattet, auch zu ihrem Nachteil zu handeln (§§ 291 Abs. 1 S. 1, 327a Abs. 1 S. 1 AktG), hat ebenfalls ihren Preis. Denn das Gesetz verpflichtet zur Zahlung eines angemessenen Ausgleichs an die außenstehenden Aktionäre in Gestalt einer auf die Anteile am Grundkapital bezogenen wiederkehrenden Geldleistung (§ 304 Abs. 1 S. 1 AktG) und zum Erwerb von Aktien der außenstehenden Aktionäre auf deren Verlangen (§ 305 Abs. 1 AktG). Die **Barabfindung** richtet sich dann nicht etwa nach dem im öffentlichen Übernahmeangebot enthaltenen Preis, sondern entweder mindestens nach dem Drei-Monats-Börsenkurs der deutschen AG vor der Beschlussfassung der Hauptversammlung (über den Beherrschungsvertrag)[37] oder nach dem höheren inneren Wert des Unternehmens.[38] Diese Berechnungsgrundlage ist für die Gesellschaft wegen der vor Bekanntmachung des Übernahmeangebots besonders intensiven Marktspekulationen oft ungünstiger. Ganz abgesehen davon eröffnet die Verpflichtung zur Zahlung einer „angemessenen" Barabfindung vielfältige Möglichkeiten, gerichtlich gegen den Unternehmensvertrag vorzugehen. Um ein langwieriges Spruchverfahren und die damit verbundenen Kosten zu vermeiden, erklären sich viele Unternehmen zu einer Erhöhung der Barabfindung zu Gunsten aller Aktionäre bereit.[39]

Insgesamt darf demnach der Vorteil, dass das Gesetz für die Übernahme einer deutschen AG als solche keine Barabfindungspflicht vorsieht, nicht überschätzt werden. Lediglich die Gruppe der Abfindungsberechtigten mag bei einer auf eine vollständige Integration gerichteten Übernahmen üblicherweise etwas kleiner und insoweit das Risiko kalkulierbarer sein als bei grenzüberschreitenden Verschmelzungen. Nur wenn keine einschneidenden, die abhängige AG benachteiligenden Umstrukturierungsmaßnahmen absehbar sind, kann eine Barabfindung durch die Wahl traditioneller Übernahmestrukturen auch langfristig vermieden werden.

Etwas günstiger stellt sich unter Umstände die Lage dar, wenn eine deutsche Gesellschaft eine ausländische AG zu übernehmen beabsichtigt, da dann nicht das deutsche Recht für den Ausschluss der verbliebenen Minderheitsaktionäre maßgeblich ist. Einige Rechtsordnungen sehen Verfahren vor, auch ohne *Squeeze-out*, allein auf der Grundlage eines qualifizierten Mehrheitsbeschlusses, sämtliche Aktien der zu übernehmenden Gesellschaft einzusammeln. Ein Beispiel hierfür ist die nach dem Recht des US-Bundesstaates Delaware bestehende Möglichkeit eines *Reverse Triangular Merger,* der bei dem Daimler-Chrysler-Zusammenschluss zur Anwendung kam (§ 61 Rn. 50 f.).[40] Das englische Recht kennt das Rechtsinstitut des *scheme of arrangement*, das eine gerichtliche Anerkennung erfordert.[41]

Der Transaktionsaufwand erhöht sich bei jedem **NewCo-Modell** unvermeidbar dadurch, dass Investitionen getätigt werden müssen, um eine neue Gesellschaft zu gründen. Die durch Einschaltung einer NewCo zu erreichende Transaktionssicherheit [s.u.] wiegt indes diesen Nachteil in der Regel auf. Im direkten Vergleich einer Holding-SE-Gründung mit einer traditionellen NewCo-Transaktionsstruktur fällt zu Gunsten der **Holding-SE** ins Gewicht, dass nach dem NewCo-Modell die Mitwirkung eines Dritten notwendig ist. Dieser Dritte fungiert als Gründer der neuen Gesellschaft. Die Gründungsgesellschaften, die verschmolzen werden sollen, kommen als Gründer der das Tauschangebot unterbreitenden neuen Gesellschaft nicht in Betracht. Dies folgt aus dem Verbot des Rückerwerbs eigener Geschäftsanteile, wie es jedenfalls für deutsche Gesellschaften gilt.[42] Erscheint die

---

[37] Vgl. BGHZ 147, 108, 121.
[38] Vgl. BVerfGE 100, 289, 301 ff.
[39] *Decher*, Konzern 2006, 805, 806 f.
[40] *Decher*, FS Lutter, S. 1209, 1220.
[41] *Decher*, Konzern 2006, 805, 808.
[42] §§ 71 ff. AktG, § 33 GmbHG.

Entbehrlichkeit der Mitwirkung einer dritten Partei auch als Vorteil der Holding-SE, so ist demgegenüber wiederum der einschneidende Minderheitsschutz bei allen SE-Konstruktionen zu bedenken[43]: Das deutsche SE-Ausführungsgesetz sieht in § 9 Abs. 1 S. 1 ein zwingendes Barabfindungsrecht für dissentierende Aktionäre vor, wenn die Holding-SE ihren Sitz im Ausland haben soll.

2. Transaktionsdauer

25 **a) SE-basierte Modelle.** Bei grenzüberschreitenden Transaktionen kommt es nicht nur auf die Auswahl des richtigen Verfahrens an, sondern es ist auch darauf zu achten, in welchem Staat der Schwerpunkt der Umsetzung liegt, welche Gerichte und Behörden also vornehmlich mit der Angelegenheit befasst sind. Eine Angleichung der **administrativen Strukturen** ist selbst innerhalb der Europäischen Gemeinschaft bisher nicht gelungen. Unterschiede auf dieser Ebene wirken sich insbesondere bei der Transaktionsdauer aus. So kann der Umstand, dass in Deutschland leistungsfähigere, personell besser ausgestattete **Registergerichte** und **Notariate** zu Verfügung stehen, die ihre Aufgaben schneller bewältigen als vergleichbare Institutionen im Ausland, im Einzelfall den Ausschlag geben, die Zusammenführung der Unternehmen in Deutschland zu realisieren.[44] Dass solche Faktoren oft nicht berücksichtigt und dargestellt werden, hängt mit der Schwierigkeit zusammen, sie zu benennen und richtig zu gewichten. Normen sind naturgemäß leichter zu vergleichen als Infrastrukturen, Verwaltungstraditionen und Mentalitäten. Auch solche tatsächlichen Gegebenheit entscheiden indes über Erfolg und Misserfolg einer Transaktion.

26 Ein Zusammenschluss einer deutschen und einer ausländischen Aktiengesellschaft im Wege der Verschmelzung zur Neugründung einer SE oder im Wege der Verschmelzung durch Aufnahme erfordert einen erheblichen zeitlichen Aufwand und ist insofern nachteiliger als eine traditionelle Übernahme. Die Verzögerungen entstehen im wesentlichen durch die Durchführung des obligatorischen **Arbeitnehmerbeteiligungsverfahrens**. Es soll ermöglichen, dass alle Arbeitnehmer der beteiligten Gesellschaften gleichberechtigt repräsentiert werden und diese ihre Interessen wahrnehmen können. Der ambitionierten Zielsetzung entspricht die Komplexität des Verfahrens. Am Anfang steht die Information der Arbeitnehmervertreter oder in Ermangelung derselben der Arbeitnehmer selbst durch die Leitungs- und Verwaltungsorgane der Gründergesellschaften. Das hat „unaufgefordert und unverzüglich" nach Offenlegung des Verschmelzungsplans zu geschehen (§ 4 Abs. 2 S. 3 SEBG. Im Anschluss daran bilden die Arbeitnehmer weitgehend autonom ein besonderes Verhandlungsgremium (BVG). § 11 Abs. 1 S. 1 SEBG bestimmt, dass die Wahl oder Bestellung der Mitglieder des BVG innerhalb von **zehn Wochen** nach der Information (i. S. d. § 4 Abs. 2 SEBG) erfolgen „soll". Nach § 11 Abs. 2 SEBG findet das in den §§ 12 SEBG geregelte Verhandlungsverfahren auch dann statt, wenn die Zehn-Wochen-Frist aus Gründen, die die Arbeitnehmervertreter zu vertreten haben, überschritten wird. Später gewählte oder bestellte Mitglieder können sich jederzeit an dem Verfahren beteiligen. Dieser Zusatz trägt wohl dem Umstand Rechnung, dass die Konstituierung des BVG innerhalb einer so kurzen Frist insbesondere bei komplizierten Unternehmensstrukturen mit einem erheblichen logistischen Aufwand verbunden ist, der die Arbeitnehmervertreter überfordern kann. Die Einzelheiten der Zusammensetzungen des BVG regeln die inhaltsreichen §§ 5 bis 7 SEBG, die Details der Wahl die nicht weniger differenzierten §§ 8 bis 10 SEBG.

27 Unter Umständen erst nach zehn Wochen beginnen also die eigentlichen **Verhandlungen** über die künftigen Beteiligungsrechte der Arbeitnehmer. Sie können gemäß § 20 Abs. 1 SEBG grundsätzlich bis zu **sechs Monate** dauern, gerechnet ab dem Tag der Einladung der Leitungs- und Verwaltungsorgane zur konstituierenden Sitzung des BVG. Vor Ablauf dieser Zeitspanne kann die SE nicht eingetragen werden, es sei denn, es kommt vorher eine Vereinbarung über die Arbeitnehmerbeteiligung zustande (Art. 12 Abs. 2 SE-

---

[43] *Brandes*, AG 2005, 177, 179; *Reichert*, Konzern 4 (2006), 821, 830.
[44] *Vossius*, ZIP 2005, 741, 749.

VO). § 20 Abs. 2 SEBG eröffnet zudem die Möglichkeit, die Verhandlungen bis zu insgesamt einem Jahr ab der Einsetzung des besonderen Verhandlungsgremiums fortzusetzen, wenn die Parteien das einvernehmlich beschließen. Durch eine geschickte Integration des Verfahrens zur Arbeitnehmerbeteiligung kann man zwar versuchen, den Zeitverlust zu minimieren, indem alle zur Vorbereitung der Verschmelzung erforderlichen sonstigen Maßnahmen parallel zu den Verhandlungen durchgeführt werden, so dass nur noch die Eintragung aussteht.[45] Auch schließt die Verpflichtung nach § 4 Abs. 2 S. 3 SEBG, die Arbeitnehmer „unverzüglich" nach Offenlegung des Verschmelzungsplans zu unterrichten, nicht aus, dass die Gründungsgesellschaften nicht schon deutlich früher informieren *können*, um die Vorgänge zu beschleunigen. Notwendig ist allein, dass die Information die in § 4 Abs 3 SEBG geforderten Angaben enthält.[46] Dass das Verfahren aber insgesamt die Wahrscheinlichkeit einer Verzögerungen erhöht, lässt sich kaum bestreiten.

Natürlich ist das Beteiligungsverfahren für die Unternehmen nicht *per se* Zeitverschwendung. Es bietet auch Chancen, die, wenn sie genutzt werden, die Nachteile ohne weiteres aufwiegen: Die Institutionalisierung des Verhandlungsmodells als gesetzlicher Regelfall hat als solches Signalwirkung, die auch dem weitgehend zementierten deutschen Mitbestimmungsrecht Impulse geben wird.[47] Für die Unternehmen bedeutet die Autonomie in jedem Fall einen **Gewinn an Flexibilität.** Sie haben es jetzt selbst in der Hand, „maßgeschneiderte Lösungen" zu entwickeln.[48] Unternehmen, denen die Anpassung besonders gut gelingt, haben einen klaren Wettbewerbsvorteil gegenüber solchen, die keine Einigung erzielen können. Über die Ausgestaltung der Mitbestimmung entscheiden in Zukunft Verhandlungsgeschick und „Betriebsklima". Ein Erfolg der Verhandlungen aus Sicht der Unternehmensleitung ist nicht notwendigerweise identisch mit einer Beschneidung der Arbeitnehmerrechte. Es gibt auch Spielraum für Verbesserungen, die dem Unternehmen als Ganzes zugute kommen, ohne dass einer der Beteiligten einen Nachteil erleidet. Zu denken ist an eine **Verkleinerung der Gremien,** die hilft, die Effektivität des Gremiums zu erhöhen, Kosten zu sparen und Entscheidungsprozesse zu beschleunigen. Soweit einer Seite durch eine Neuregelung reale Nachteile entstehen, können diese durch Zugeständnisse an anderer Stelle ausgeglichen werden, dadurch dass man beispielsweise Arbeitnehmervertreter, die eine Drittel-Parität akzeptieren, stärker in die Ausschussarbeit einbindet.[49]

Daneben kommt der Verhandlungsoption in Unternehmen mit einem besonders ausgeprägten internationalen Profil eine erhebliche Bedeutung zu, da es eine **Internationalisierung der Mitbestimmung** in genau dem Maße ermöglicht, die dem Selbstverständnis des Unternehmens entspricht.[50] Der seit langem als anachronistisch und überholt empfundenen Ausschluss ausländischer Arbeitnehmer von der Mitbestimmung[51] kann noch rechtzeitig im Konsens korrigiert werden. Allerdings steht die Organisationsstruktur der Gesellschaft nach der herrschenden Meinung in der Literatur nur in begrenztem Umfang zur Disposition der Parteien.[52] Die Mitbestimmungsautonomie ist danach in ihrer Reichweite durch die Satzungsautonomie beschränkt, andernfalls könnten sich Unternehmensleitung und BVG – entgegen Art. 9 Abs. 1b, c (iii) SE-VO – mit die Hauptversammlung binden-

---

[45] *Walden/Meyer-Landrut*, DB 2005, 2119, 2127.
[46] *Walden/Meyer-Landrut*, DB 2005, 2119, 2126; vgl. auch *Weiss/Wöhlert*, NZG 2006, 121, 122.
[47] Vgl. *Reichert*, Die Europäische Aktiengesellschaft im Freilandversuch der Praxis, in: Müller-Graff (Hrsg.), Europäisches Gesellschaftsrecht, 2010, S. 6; *Raiser*, Unternehmensmitbestimmung vor dem Hintergrund europarechtlicher Entwicklungen, Verhandlungen des 66. Juristentages Stuttgart 2006, Band I: Gutachten/Teil B, 2006, S. 67 f.; *Henssler*, in: Ulmer/Habersack/Henssler (Hrsg.), Mitbestimmungsrecht, 2. Aufl. 2006, § 7 MitbestG Rdnr. 13.
[48] *Teichmann*, Der Konzern 2007, 89, 94; *Habersack*, ZHR 171 (2007), 613, 642 f.
[49] *Teichmann*, Der Konzern 2007, 89, 94.
[50] *Habersack*, ZHR 171 (2007), 613,642; *Kiem*, ZHR 171 (2007), 713, 716 f.
[51] Vgl. *Ulmer*, in: Ulmer/Habersack/Henssler (Hrsg.), Mitbestimmungsrecht, 2. Aufl. 2006, Einl. MitbestG Rdnr. 70 ff.
[52] **A. A.**: *Teichmann*, Der Konzern 2007, 89, 94 f.

der Wirkung über zwingendes Aktienrecht hinwegsetzen.[53] Gegenstand der Verhandlungen kann allein der **Kernbereich der Arbeitnehmermitbestimmung** sein,[54] nicht in Betracht kommen dagegen Regelungen über die Bildung und Zusammensetzung von Ausschüssen des Aufsichts- oder Verwaltungsorgans oder über die Wahl des Vorsitzenden.[55]

30 Die Frage ist allerdings, wie hoch die Wahrscheinlichkeit ist, dass diese Chancen tatsächlich genutzt werden. Gewiss werden es sich Arbeitnehmervertreter, die im Fokus der Öffentlichkeit stehen, gut überlegen, ob sie die Verantwortung für eine Blockade notwendiger Strukturmaßnahmen übernehmen wollen.[56] Auch erweist sich die vom Gesetzgeber immer wieder unterstellte Annahme vom Widerstreit der Interessen zwischen Unternehmensleitung und Arbeitnehmer bei Licht besehen als zu undifferenziert, denn schließlich verdankt der Vorstand, der die Verhandlungen führt, seine Bestellung in der Regel einem mitbestimmten Aufsichtsrat.[57] Aber abgesehen davon, dass ein Interessengleichklang von Unternehmensleitung und Arbeitnehmervertreter nicht unbedingt den Anteilseignern zum Vorteil gereichen muss, wird allein ein Verständnis für die Position des anderen und die wirtschaftliche Situation des Unternehmens häufig genug nicht ausreichen, um ein Einverständnis zu erzielen.

31 Ein Mangel an Kompromissbereitschaft ist vor allem von Seiten der Arbeitnehmer zu erwarten. Eine *Veränderung* des bisherigen Mitbestimmungsstatus bedeutet aus ihrer Sicht regelmäßig eine *Verschlechterung*. Ursache hierfür ist der Umstand, dass der Gesetzgeber in den §§ 34 Abs. 1, 22 Abs. 1 Nr. 2 i.V.m. §§ 35–38 SEBG für den Fall des Scheiterns der Verhandlungen eine **Auffanglösung** normiert hat, die im Grundsatz den Fortbestand des zuvor geltenden Mitbestimmungsregimes in der deutschen Gesellschaft festschreibt.[58] Für die Gründung einer SE durch Verschmelzung (§ 34 Abs. 1 Nr. 2 SEBG) oder einer Holding- bzw. Tochter-SE (§ 34 Abs. 1 Nr. 3 SEBG) bestimmt § 35 Abs. 2 SEBG, dass die Arbeitnehmer der SE, ihrer Tochtergesellschaften und Betriebe oder ihr Vertretungsorgan das Recht haben, einen Teil der Mitglieder des Aufsichts- oder Verwaltungsorgans der SE zu wählen oder zu bestellen oder deren Bestellung zu empfehlen oder abzulehnen. Dabei bemisst sich die Zahl dieser Arbeitnehmervertreter nach dem Anteil an Arbeitnehmervertretern, der in den Organen der beteiligten Gesellschaften vor der Eintragung der SE bestanden hat. Die Regelung dient erkennbar dem Zweck, die Arbeitgeber davon abzuhalten, durch ein einfaches Scheiternlassen der Verhandlungen sich die Mitbestimmungsfreiheit „zu verdienen",[59] sie erreicht ihr Ziel freilich zu dem Preis, dass nun die Arbeitnehmer ihrerseits nur ein geringes Interesse haben, den Status quo zu verändern und sich auf langwierige Verhandlungen einzulassen, an deren Ende im Zweifel eine für sie nachteilige Übereinkunft steht. Die **asymmetrische Anreizstruktur** gilt daher Teilen der Literatur schlechthin als „Kardinalfehler" der Verhandlungslösung.[60]

32 In Bezug auf die Transaktionsdauer ist ein anderer Aspekt indes bedeutsamer und problematischer. Der Gesetzgeber hat nämlich nicht nur die Möglichkeit ausgeschlossen, gegen den Willen der Arbeitnehmer eine Absenkung des Mitbestimmungsniveaus herbeizuführen, sondern er verweigert der Unternehmensleitung auch jede Handhabe, von Anfang an

---

[53] *Habersack*, ZHR 171 (2007), 613, 629; *ders.*, AG 2006, 345, 348 ff.; *Lunk/Hinrichs*, NZA 2007, 773, 778 f.; *Austmann*, in: MünchenerHdbGesR, Bd. 4: Aktiengesellschaft, § 87 Rdnr. 37; *Hommelhoff*, Normenhierarchie für die Europäische Gesellschaft, in: Lutter/Hommelhoff (Hrsg.), Die europäische Gesellschaft, 2005, S. 5, 16.

[54] *Kiem*, ZHR 171 (2007), 713, 717; *Habersack*, AG 2006, 345, 350 f.; *Oetker*, ZIP 2006, 1113, 1116.

[55] *Habersack*, Europäisches Gesellschaftsrecht, 3. Aufl., 2006, § 12 Rdnr. 35.

[56] *Teichmann*, Der Konzern 2007, 89, 94.

[57] *Kiem*, ZHR 171 (2007), 713, 718.

[58] Zu den Einzelheiten vgl. *Habersack*, Europäisches Gesellschaftsrecht, 3. Aufl., 2006, § 12 Rdnr. 36–42.

[59] Vgl. *Weiss/Wöhlert*, NZG 2006, 121, 123.

[60] *Fleischer*, AcP 204 (2004), 502, 534 f.

offenkundig aussichtslose Verhandlungen zu verhindern, um so zumindest den zeitlichen Aufwand der Transaktion zu reduzieren, wenn schon keine substantiellen Veränderungen in der Sache zu erreichen sind. Selbst wenn die Unternehmensleitung die Auffanglösung bei der Gründung einer SE sofort anerkennt, müssen Verhandlungen eingeleitet werden, die bis zu sechs Monate in Anspruch nehmen können.[61] Weil dieser Aufwand – anders als bei der „Auffanglösung" – auch den Arbeitnehmern keinen nennenswerter Vorteil verschafft, handelt es sich um einen **Konstruktionsfehler,** der die SE als Gestaltungsinstrument unnötig benachteiligt. Ähnliches gilt für die Pflicht, über die Beteiligung der Arbeitnehmer auch dann zu verhandeln, wenn die Gründungsgesellschaften mitbestimmungsfrei sind. Das ergibt sich daraus, dass die SE-Ergänzungsrichtlinie nicht nur für die Mitbestimmung der Arbeitnehmer, sondern auch für die Unterrichtung und Anhörung ein Verhandlungsverfahren vorsieht.[62]

Den **Arbeitnehmern** gesteht § 16 Abs. 1 SEBG zwar im Unterschied zur Unternehmensleitung das Recht zu, die Aufnahme von Verhandlungen zu unterlassen bzw. bereits aufgenommene Verhandlungen abzubrechen. Sie könnten also gleichsam anstelle der in ihren Handlungsmöglichkeiten beschränkten Leitung und im Interesse eines zügigen Verfahrens die Ingangsetzung des Verhandlungsprozesses von vornherein verhindern. Für ein solches Verhalten bietet das Gesetz jedoch **keinen Anreiz** – im Gegenteil: Nach § 16 Abs. 2 S. 2 SEBG schließt ein Nichtaufnahme- (bzw. Abbruch-) Beschluss die Anwendung der Regelungen §§ 34 bis 38 SEBG über die Mitbestimmung kraft Gesetzes aus. Die Arbeitnehmervertreter sind demnach gut beraten, einen entsprechenden Beschluss nicht zu fassen, um den Bestand ihrer Mitbestimmung nicht zu gefährden. Zudem ist für den Beschluss nach § 16 Abs. 1 S. 2 SEBG eine Mehrheit von zwei Dritteln der Mitglieder erforderlich, die mindestens zwei Drittel der Arbeitnehmer in mindestens zwei Mitgliedstaaten vertreten. Unbenommen bleibt es den Leitungen der Gründungsgesellschaften selbstverständlich, die gesamte SE-Gründung abzubrechen, indem sie es unterlassen, den Antrag auf Eintragung der SE im Handelsregister zu stellen.[63]

Die Bereitschaft der Arbeitnehmer, im Rahmen der Verhandlungen über die zukünftige Ausgestaltung der Mitbestimmung Zugeständnisse zu machen, was überhaupt erst Verhandlungen im vollen Sinne des Wortes ermöglicht und Zeitinvestitionen rechtfertigt, mag etwas größer sein, wenn weniger als **25% der Gesamtzahl aller betroffener Arbeitnehmer** einer Form der Mitbestimmung unterworfen waren. Denn nach § 34 Abs. 1 Nr. 2 SEBG findet die Auffanglösung grundsätzlich nur bei einer Quote von mindestens 25% Anwendung. Der Anreiz ist allerdings nicht bedeutend, da es immerhin nach § 34 Abs. 1 Nr. 2 b) SEBG das besondere Verhandlungsgremium in der Hand hat, doch noch die Auffanglösung zu wählen, sofern sich dafür eine einfache Mehrheit findet. Nur wenn sich die Arbeitnehmer tatsächlich nicht einigen können, bleibt die SE mitbestimmungsfrei. Im Fall einer durch Errichtung einer Holding-Gesellschaft oder einer Tochtergesellschaft gegründeten SE liegt der Grenzwert bei 50% (§ 34 Abs. 1 Nr. 3 SEBG).[64]

b) Umstrukturierungen auf der Grundlage der Verschmelzungsrichtlinie. Das Verhandlungsverfahren über die Mitbestimmung der Arbeitnehmer, so wie es der Gesetzgeber für die SE gestaltet hat, kann für die Beteiligten Vorteile bringen, belastet das Zeitbudget eines Zusammenschlusses aber erheblich. In der grenzüberschreitenden Verschmelzung erwächst den SE-Modellen insofern eine ernsthafte Konkurrenz, als das MgVG einige Erleichterungen enthält, die helfen können, den Zeitaufwand zu reduzieren.

Im Grundsatz freilich lehnt sich das Verhandlungsverfahren der grenzüberschreitenden Verschmelzung eng an das SE-Verfahren an. Auch das MgVG sieht die Bildung eines **Be-**

---

[61] *Teichmann,* Der Konzern 2007, 89, 92; *Habersack,* ZHR 171 (2007), 613, 624.
[62] *Habersack,* ZHR 171 (2007), 613, 624; *Teichmann,* Der Konzern 2007, 89, 91.
[63] *Teichmann,* Grenzüberschreitende Verschmelzungen in Europa, in: Europäisches Gesellschafts- und Steuerrecht, 2007, S. 59, 76.
[64] Vgl. *Weiss/Wöhlert,* NZG 2006, 121, 124.

sonderen Verhandlungsgremiums (BVG) vor, dessen Konstituierung insbesondere bei komplexen Unternehmensstrukturen einen gewissen Aufwand erfordern kann. Die parallel zur gesellschaftsrechtlichen Transaktion verlaufenden Verhandlungen selbst können bis zu sechs Monate dauern (§ 21 Abs. 1 MgVG) und auf ein ganzes Jahr verlängert werden (§ 21 Abs. 2 MgVG). Scheitern die Verhandlungen, greift die „Mitbestimmung kraft Gesetzes", d. h. eine in den §§ 23 ff. MgVG geregelte **Auffanglösung.** Die Prüfung der Eintragungsvoraussetzungen erstreckt sich gemäß § 122l Abs. 2 UmwG unter anderem darauf, ob gegebenenfalls eine Vereinbarung über die Beteiligung der Arbeitnehmer geschlossen worden ist. Nach § 24 Abs. 1 S. 2 MgVG bemisst sich die Zahl der Arbeitnehmervertreter im Aufsichts- oder Verwaltungsorgan der aus der grenzüberschreitenden Verschmelzung hervorgehenden Gesellschaft nach dem höchsten Anteil an Arbeitnehmervertretern, der in den Organen der beteiligten Gesellschaften vor der Eintragung der „neuen" Gesellschaft bestanden hat.

37   Beachtung verdient zudem die Regelung des § 122g Abs. 1 UmwG, die es den **Anteilseignern** ermöglicht, ihre **Zustimmung** nach § 13 UmwG davon abhängig zu machen, dass die Art und Weise der Mitbestimmung der Arbeitnehmer der übernehmenden oder neuen Gesellschaft ausdrücklich von ihnen bestätigt wird.[65] Das Bestreben, die Anteilseigner in die Entscheidungsfindung gerade in Mitbestimmungsfragen einzubinden, ist verständlich, denn immerhin haben Umfang und Art der Arbeitnehmerbeteiligung einen wesentlichen Einfluss auf die Corporate Governance des Unternehmens. Ohne Klarheit in diesem Punkt können sich die Anteilseigner kaum ein Bild darüber machen, welche Chancen und welche Risiken die Verschmelzung bietet. Eine nochmalige Befassung und ausdrückliche Bestätigung des maßgeblichen Mitbestimmungsregimes bereitet gleichwohl natürlich **praktische Probleme,** wenn der Zeitrahmen der Verschmelzung eng und die Gesellschaft groß ist. Daher empfiehlt es sich in solchen Fällen, bereits in dem Satzungsentwurf für die neue Gesellschaft das künftige Mitbestimmungsmodell – notfalls die Auffanglösung – zu fixieren.[66]

38   Die **Erleichterungen des MgVG** ergeben sich zunächst daraus, dass in diesem Gesetz die Pflicht zur Verhandlung über die Arbeitnehmermitbestimmung rechtssystematisch die Ausnahme darstellt. Dafür sorgt § 5 MgVG, der im SEBG keine Entsprechung hat. Danach müssen vor Eintragung Verhandlungen nur durchgeführt werden, wenn der Sachverhalt sich einer der drei Fallgruppen zuordnen lässt, also insbesondere (§ 5 Nr. 1 MgVG) in den sechs Monaten vor der Veröffentlichung des Verschmelzungsplans mindestens eine der beteiligten Gesellschaften durchschnittlich mehr als 500 Arbeitnehmer beschäftigt und in dieser Gesellschaft ein Mitbestimmungssystem besteht. Anders als bei der SE, deren Gründung die Durchführung von Verhandlungen immer, d. h. auch dann erforderlich macht, wenn die Gründungsgesellschaften mitbestimmungsfrei sind, kann bei einer grenzüberschreitenden Verschmelzung die Pflicht zur Verhandlung entfallen, sollten die genannten Voraussetzungen nicht erfüllt sein. Im Unterschied zum SEBG dient das MgVG nicht der „Sicherung des Rechts auf grenzüberschreitende Unterrichtung, Anhörung, Mitbestimmung und sonstige Beteiligung der Arbeitnehmer" (§ 1 Abs. 2 S. 1 SEBG), sondern allein der Sicherung der „in den an der Verschmelzung beteiligten Gesellschaften erworbenen Mitbestimmungsrechten" (§ 1 Abs. 1 S. 2 MgVG). Die Gestaltung von Anhörung und Unterrichtung richten sich nach anderen Bestimmungen, in Deutschland namentlich nach dem Gesetz über Europäische Betriebsräte (EBRG), das auch Verhandlungen – mit dem Ziel einer Vereinbarung „über grenzüberschreitende Unterrichtung und Anhörung" – vorsieht (§§ 17 ff. EBRG), die aber keine Eintragungsvoraussetzung bilden.[67]

---

[65] Vgl. auch Art. 23 Abs. 2 S. 2 SE-VO: Die Hauptversammlung jeder der sich verschmelzenden Gesellschaften kann sich das Recht vorbehalten, die Eintragung der SE davon abhängig zu machen, dass die geschlossene Vereinbarung von ihr ausdrücklich genehmigt wird.

[66] *Kiem,* WM 2006, 1091, 1097.

[67] *Teichmann,* Der Konzern 2007, 89, 91.

Der zweite Vorteil, der für die grenzüberschreitende Verschmelzung und gegen die SE 39
spricht, besteht darin, dass der Anwendungsbereich der „Mitbestimmung kraft Gesetzes"
insofern erweitert wurde, als dieses Niveau der Mitbestimmung auch durch eine **Entscheidung der Unternehmensleitungen** eigenständig implementiert werden kann (§ 23
Abs. 1 S. 1 Nr. 3 MgVG).[68] Nach § 22 Abs. 1 SEBG, dem die § 23 Abs. 1 Nr. 1 und 2
MgVG entsprechen, finden die Regelungen über den SE-Betriebsrat kraft Gesetzes dann
Anwendung, wenn (1.) die Parteien dies vereinbart haben oder (2.) innerhalb des gesetzlichen Zeitrahmens für die Verhandlungen keine Vereinbarung zustande gekommen ist und
das BVG keinen Beschluss gefasst hat. Die Erweiterung des Tatbestandes stellt deshalb eine
handfeste **Besserstellung** dar, weil die Leitungen der an der Verschmelzung beteiligten
Gesellschaften gemäß § 23 Abs. 1 S. 1 Nr. 3 MgVG sich dafür entscheiden können, die
Regelungen betreffend die Mitbestimmung kraft Gesetzes „ohne vorhergehende Verhandlung unmittelbar ab dem Zeitpunkt der Eintragung" anzuwenden. Wählen sie diese Option, erübrigt sich mithin die Bildung eines BVG[69] und die Durchführung eines Verhandlungsverfahrens, das abzukürzen bei der SE nur mit Hilfe der Arbeitnehmer gelingen
kann.[70] Das schafft Planungssicherheit, spart Geld und vor allem Zeit, jedenfalls, wenn man
davon ausgeht, dass es in vielen Unternehmen kaum Spielraum für Zugeständnisse und
echte Verhandlungen gibt, durch die das Unternehmen einen in der Gesamtabwägung zu
berücksichtigenden Vorteil erlangen könnte.

Das **Mindestquorum** für die Auffangregelung hat als Argument im Rahmen einer 40
grenzüberschreitenden Verschmelzung ein etwas größeres Gewicht als bei der SE-Gründung, da es von 25% auf 33 1/3% erhöht wurde.[71]

c) Modelle der grenzüberschreitenden Übernahme. Im Vergleich zu Unterneh- 41
menszusammenführungen mittels SE und grenzüberschreitenden Verschmelzungen zeichnen sich die traditionellen Übernahmemodelle durch eine **relativ geringe Transaktionsdauer** aus. Denn ihre Verwirklichung hängt nicht von langwierigen Verhandlungen über
die Arbeitnehmermitbestimmung ab, deren Abschluss bei der SE-Gründung und der Verschmelzung erst die Eintragung ins Handelsregister zulässt. Vom Zeitpunkt der Offenlegung des Vorhabens gegenüber Anteilseignern und Arbeitnehmern bis zur Registeranmeldung können 6 Monate zuzüglich 10 Wochen (§ 11 Abs. 1 S. 1 SEBG) verstreichen.[72]

Diesen zeitlichen Mehraufwand müssen die Unternehmensleitungen jedenfalls dann auf 42
sich nehmen, sollten sie es darauf anlegen, im Wege der Verhandlung eine signifikante Absenkung des Mitbestimmungsniveaus durchzusetzen und insoweit den Nachteil gegenüber
den traditionellen Strukturen auszugleichen, die keinen Export der deutschen Mitbestimmung vorsehen. Da sowohl SEBG und MgVG mit ihren Auffanglösungen den Arbeitnehmern geringe Anreize für Zugeständnisse bieten, stehen die Chancen dafür nicht besonders
gut. Bei der SE-Gründung bleibt den Leitungen auch darüber hinaus keine andere Wahl,
also selbst wenn sie bereit sind, die Beteiligung der Arbeitnehmer kraft Gesetzes zu akzeptieren: Sie müssen immer verhandeln. Zumindest diese unnötige Belastung entfällt bei der
grenzüberschreitenden Verschmelzung.

Selbstverständlich gelangt man zu einem ganz anderen Ergebnis, wenn sich die SE in 43
dem konkreten Fall als die ideale Rechtsform nach Abschluss der Zusammenführung aufdrängt, etwa weil eine **European corporate identity** für das neue Unternehmen angestrebt
wird, und deshalb ohnehin eine SE-Umwandlung auf lange Sicht unvermeidlich ist. Dann
empfiehlt es sich, die Gelegenheit zu nutzen und beide Anliegen in einem Akt zu vollziehen. Auch dadurch lässt sich Zeit sparen. Denn nach Art. 2 Abs. 4 SE-VO kann eine na-

---

[68] *Brandes*, ZIP 2008, 2193, 2194 ff.
[69] Dazu eingehend: *Brandes*, ZIP 2008, 2193, 2197 f.
[70] *Teichmann*, Der Konzern 2007, 89, 91.
[71] Dazu: *Habersack*, ZHR 171 (2007), 613, 625; *Reichert*, Der Konzern 2006, 822, 826; *Nagel*,
NZG 2006, 97, 98.
[72] *Brandes*, AG 2005, 177, 184; *Reichert*, Der Konzern 2006, 821, 830.

tionale Aktiengesellschaft in eine SE identitätswahrend durch Formwechsel nur umgewandelt werden, sofern sie bereits seit mehr als zwei Jahren eine dem Recht eines anderen Mitgliedstaates unterliegende Tochtergesellschaft hat. Liegen diese Voraussetzungen nicht (mehr) vor, ist zu erwägen, ob beispielsweise eine Tochtergesellschaft als Verschmelzungs-Vehikel gegründet werden soll, um durch eine Verschmelzung von Mutter und Tochter nach Art. 2 Abs. 1 SE-VO eine SE zu erhalten.[73]

44 Eine mitbestimmungsfreie SE-Konzernspitze kann ohne langwierige Verhandlungen mit einem BVG dadurch geschaffen werden, dass eine neu gegründete **mitbestimmungsfreie SE als Übernahmevehikel** dient, das im Wege eines öffentlichen Übernahmeangebots die zusammenzuschließenden Gesellschaften erwirbt.[74] Mit dieser Lösung werden die Vorteile der SE als Rechtsform genutzt und die Nachteile des zeitlich aufwendigen Verhandlungsverfahrens gemieden. Denn nach zutreffender Ansicht handelt es sich weder um eine unzulässige Umgehung der Gründung einer Holding-SE noch liegen die Voraussetzungen des § 18 Abs. 3 SEBG vor. Es ist schon zweifelhaft, ob eine Einbringung erworbener Beteiligungen in die SE im Wege der Sacheinlage als strukturelle Änderung angesehen werden kann, da richtigerweise dieses Merkmal nur korporative Akte[75] von erheblichem Gewicht erfasst.[76] Aber die Frage kann dahin stehen, denn jedenfalls fehlt es an der zweiten Voraussetzung des § 18 Abs. 3 SEBG, der Geeignetheit der in Frage stehenden strukturellen Änderungen, Beteiligungsrechte der Arbeitnehmer zu mindern. Durch den Erwerb tritt nämlich keine Minderung von Beteiligungsrechten der Arbeitnehmer ein, da die Zielgesellschaften weiterhin mitbestimmt bleiben (Rdnr. 73 ff.).[77]

3. Transaktionssicherheit

45 **a) SE-basierte Modelle.** Ein wichtiger Aspekt bei der Bestimmung des Verfahrens, das die größte Transaktionssicherheit bietet, ist die Frage nach der **Zuständigkeit der Hauptversammlung**. Denn eine Mitwirkungsbefugnis beinhaltet Anfechtungsrisiken und kann die Eintragung gefährden. Eine Gegenüberstellung der verschiedenen Transaktionsmodelle, die diesen Gesichtspunkt berücksichtigt, fördert die Nachteile einer Unternehmenszusammenführung mittels SE zu Tage.[78]

46 Als besonders problematisch im direkten Vergleich mit dem traditionellen NewCo-Modell erweist sich der Umstand, dass auch bei der Gründung einer SE über eine **Holding-SE** der Zusammenschluss den Hauptversammlungen der beteiligten Gesellschaften zur Zustimmung vorzulegen ist,[79] obgleich diese Transaktion – anders als beispielsweise die Verschmelzung – nicht auf Gesellschafts-, sondern auf Aktionärsebene durchgeführt wird. Mithin schafft die SE-VO eine Art **Konzernbildungskontrolle**[80] für die beteiligten Gesellschaften und eröffnet zudem einen Anreiz für Anfechtungsklagen. Zwar wird bei solchen Transaktionen auch im deutschen Aktienrecht ein Zustimmungserfordernis der Hauptversammlung diskutiert, jedoch – vom Sonderfall eines Delisting einmal abgesehen[81] – überwiegend abgelehnt:[82] Wenn die NewCo der deutschen AG ein öffentliches Übernahmeangebot für deren Aktien im Tausch gegen die Aktien der NewCo unterbreitet, dann ist den Interessen des einzelnen Aktionärs dadurch ausreichend Rechnung getragen,

---

[73] Zur Zulässigkeit dieser Konstruktion: *Reichert*, Der Konzern 2006, 821, 829.
[74] *Paefgen*, FS G. Roth, S. 563 ff.; *Reichert*, Der Konzern 2006, 821, 831.
[75] MünchKommAktG/*Jacobs*, § 18 SEBG, Rdnr. 12 („gründungsähnlicher Charakter").
[76] *Wollburg/Banerjea*, ZIP 2005, 277, 280.
[77] *Wollburg/Banerjea*, ZIP 2005, 277, 280; *Reichert*, Der Konzern 2006, 821, 831.
[78] Vgl. bereits *Reichert*, Der Konzern 2006, 821, 830 f.
[79] Vgl. Art. 32 Abs. 3 SE-VO.
[80] Ähnlich *Trojan/Limmer*, RIW 1991, 1015.
[81] Vgl. BGH v. 25. 11. 2002, II ZR 133/01, NJW 2003, 1032, 1034; *Schmidt, K.* NZG 2003, 601 ff.; *Krämer/Theiss*, AG 2003, 225 ff.
[82] Vgl. nur *Decher*, FS Lutter, S. 1209, 1223 ff. m. w. N.; *Brandes*, AG 2005, 177, 179; **a. A.** *Horn*, ZIP 2000, 473, 478.

§ 62. Ausgewählte Problemfelder der tatsächlichen Gestaltung 47–50 § 62

dass er alle Unterlagen des Übernahmeangebots erhält und es auf seine individuelle Zustimmung ankommt. Die mitgliedschaftlichen Rechte werden nicht ohne Zustimmung der Aktionäre modifiziert. Im Übrigen ist dem auf eine konzernoffene Aktiengesellschaft zugeschnittenen deutschen Übernahmerecht eine Zuständigkeit der Hauptversammlung für den Fall der Begründung einer Konzernabhängigkeit fremd.[83]

Die Transaktionsrisiken werden noch durch den Umstand verschärft, dass für die **Überprüfung des Umtauschverhältnisses** der Aktien und der Abfindung von Minderheitsaktionären ein generelles Spruchverfahren in der SE-VO nicht vorgesehen ist. Bei deutschen Rechtsträgern findet nach Art. 25 Abs. 3 SE-VO, § 6 Abs. 4 SEAG bei der Verschmelzung und analog auch bei der Holding-Gründung[84] das Spruchverfahren nur statt, wenn das Gesellschaftsstatut der beteiligten ausländischen Rechtsträger ein äquivalentes Verfahren kennt oder alternativ deren Hauptversammlungen seiner Anwendung in Deutschland zustimmen. Der praktische Anwendungsbereich dieser Ausnahmen dürfte nicht allzu groß sein. Ein mit dem deutschen Spruchverfahren vergleichbares Verfahren existiert – außer in Österreich[85] – in keinem der übrigen EU- und EWR-Staaten, und es gibt Anlass zu zweifeln, ob die Gesellschafter des ausländischen Partners der Anerkennung eines ihnen völlig unbekannten Verfahrens ihre Zustimmung erteilen.[86] 47

In allen anderen Fällen werden das Umtauschverhältnis und die Abfindung mithin im Wege des gewöhnlichen **Anfechtungspozesses** gegen den der Verschmelzung bzw. der Holding-Gründung zugrunde liegenden Hauptversammlungsbeschluss überprüft. Dies wird die Eintragung und damit die Gründung der SE stark hinauszögern und birgt ein nicht unerhebliches **Erpressungspotential**.[87] Als Abhilfemöglichkeit kommt sowohl im Fall der Verschmelzung als auch im Fall der Holding-Gründung[88] ein Verfahren nach § 16 Abs. 3 UmwG in Betracht. Die Eintragung wird also vorgenommen, wenn das für die Klage zuständige Prozessgericht auf Antrag des Rechtsträgers, gegen dessen Hauptversammlungsbeschluss sich die Klage richtet, durch rechtskräftigen Beschluss festgestellt hat, dass die Klage der Eintragung nicht entgegensteht. 48

Das Freigabeverfahren ist zuletzt durch das Gesetz zur Umsetzung der Aktionärsrichtlinie (ARUG) in wesentlichen Punkten reformiert worden. Besondere Bedeutung kommen der Einführung eines Bagatellquorums (§ 16 Abs. 3 S. 2 Nr. 2 UmwG: 1000 Euro) sowie der Modifikation der Interessenabwägung (§ 16 Abs. 3 S. 2 Nr. 3 UmwG) zu. Ob diese Maßnahmen in der Praxis ausreichen, die Fehlentwicklungen zu korrigieren und damit letztlich auch die Attraktivität der SE-Modelle zu erhöhen, bleibt abzuwarten. 49

b) Umstrukturierungen auf der Grundlage der Verschmelzungsrichtlinie. Die Gefahren für die Transaktionssicherheit, die mit Blick auf die SE-Modelle aufgezeigt wurden, gelten analog für Unternehmenszusammenführungen auf der Grundlage der Verschmelzungsrichtlinie. Denn die **Verschmelzung** bedarf ebenfalls der Zustimmung der Gesellschafter (nach § 122g Abs. 2 UmwG ist lediglich im Falle eines up-stream-mergers einer 100%igen Tochter ein Verschmelzungsbeschluss der übertragenden Gesellschaft entbehrlich).[89] Und es droht eine **Blockade** oder gar ein Scheitern des Vorhabens, wenn die Gesellschafter der übertragenden deutschen Gesellschaft bewertungsbezogene Mängel im Rahmen einer Anfechtungsklage geltend machen. Diese Möglichkeit besteht, sollte die Durchführung eines Spruchverfahrens zur Verbesserung des Umtauschverhältnisses ausgeschlossen sein, weil entweder nach § 122h Abs. 2 UmwG ein vergleichbares Verfahren in 50

---

[83] *Decher*, FS Lutter, 2000, S. 1209, 1224; *Timm*, NJW 1987, 977, 978.
[84] Vgl. MünchKommAktG/*Schäfer*, Art. 34 SE-VO, Rdnr. 4.
[85] Vgl. MünchKommAktG/*Schäfer*, Art. 20 SE-VO, Rdnr. 31; *Müller*, Der Konzern 2007, 81, 85.
[86] MünchKommAktG/*Schäfer*, Art. 20 SE-VO, Rdnr. 11; *Schwarz*, SE-VO, 2006, Art. 25, Rdnr. 30.
[87] *Müller*, Der Konzern 2007, 81, 84.
[88] MünchKommAktG/*Schäfer*, Art. 33 SE-VO, Rdnr. 30.
[89] Dazu: *Bayer/Schmidt*, NZG 2006, 842, 843.

der Rechtsordnung der Partnergesellschaft nicht zur Verfügung steht, was der Regelfall ist, oder nach § 122h Abs. 1 UmwG die ausländischen Gesellschafter der Anwendung des Spruchverfahrens nach § 15 UmwG ihre Zustimmung verweigern.[90] Dass es zu einer solchen Verweigerung kommt, ist – trotz der mit einer Ablehnung verbundenen Risiken – nicht unwahrscheinlich.[91]

51 Daneben lässt sich ein ganz allgemeiner Einwand gegen die grenzüberschreitende Verschmelzung vorbringen: Da es sich um ein junges und das jüngste der drei vorhandenen Verfahren handelt, fehlt es schlichtweg an **praktischer Erfahrung,** was notwendigerweise die Risikoplanung und -vorsorge erschwert. Vergleichbar ausgereifte, vor Gericht bestandsfeste Strukturen, wie sie in Bezug auf grenzüberschreitende Übernahmen zur Verfügung stehen, haben sich (noch) nicht herausgebildet. Ähnliches gilt freilich auch (noch) für die SE-Modelle. So herrscht – um nur ein Beispiel zu nennen – noch keine endgültige Klarheit über die Schranken der den Gesellschaften durch das SEBG, das SCEBG und das MgVG eingeräumten Mitbestimmungsautonomie, die aus Sicht des deutschen Mitbestimmungsrechts ein Novum darstellt.[92] Mit der Zeit wird sich die Bedeutung dieses Vorbehalts selbstverständlich abschwächen.

52 **c) Modelle der grenzüberschreitenden Übernahme.** Sollte eine Zusammenführung mit einer **ausländischen Gesellschaft außerhalb der EU** intendiert sein, ist das Übernahme-Modell für sich genommen konkurrenzlos.[93] Natürlich lässt sich auch dann über einige Zwischenschritte z. B. eine einheitliche SE-Struktur schaffen, doch bedeutet das im Kern kein Vergleich alternativer Verfahren, sondern läuft auf die Frage hinaus, ob die Zielstruktur so attraktiv ist, dass man bereit ist, zusätzliche Verfahren einzuleiten. Außereuropäische Gesellschaften können sich an der Gründung einer SE beteiligen, indem sie in einem Mitgliedstaat der EG eine nationale Tochtergesellschaft gründen oder nach der Gründung Anteile an der SE erwerben. Zudem besteht die Möglichkeit des Erwerbs eines SE-Mantels.[94]

53 Auch für **us-amerikanische Kapitalgesellschaften** empfiehlt sich eine grenzüberschreitenden Verschmelzung nicht, obwohl die Ansicht vertreten wird, in den Kreis verschmelzungsfähiger Gesellschaften seien auch nach us-amerikanischem Recht gegründete einzubeziehen, weil eine Meistbegünstigungsvereinbarung in Gestalt von Art. XXV Abs. 4 und 5, VII Abs. 4 des Freundschaftsvertrages mit den Vereinigten Staaten[95] bestehe.[96] Eine solche Verschmelzung ist schon wegen der unzureichenden steuerrechtlichen Kompatibilität kaum praktikabel.[97]

54 Die insgesamt positive Bilanz der grenzüberschreitenden Übernahme als ein besonders sicheres Verfahren trübt sich etwas ein, wenn man die Probleme berücksichtigt, die dadurch entstehen, dass im Fall der öffentlichen Übernahme einer ausländischen Gesellschaft durch eine deutsche AG die als Gegenleistung vorgesehenen Aktien erst noch geschaffen werden müssen. Denn die ordentliche Sachkapitalerhöhung ist mit erheblichen Risiken behaftet. Wenn nämlich der Weg einer Kapitalerhöhung unter Ausschluss des Bezugsrechts der Aktionäre beschritten werden soll, findet § 255 Abs. 2 AktG Anwendung, was bedeutet, dass die Angemessenheit des Ausgabeverhältnisses der neuen Aktien im Verhältnis zum Wert der eingebrachten Sacheinlage im Rahmen einer **Anfechtungsklage** gerichtlich überprüfbar ist. Auch die Wahrung des Bezugsrechts durch kombinierte Sach- und Barka-

---

[90] *Müller,* Der Konzern 2007, 81, 83–85.
[91] Vgl. *Kiem,* WM 2006, 1091, 1097.
[92] Vgl. *Habersack,* ZHR 171 (2007), 613, 626–635.
[93] *Decher,* Der Konzern 2006, 805, 810.
[94] *Reichert,* Der Konzern 2006, 821, 834 f.
[95] BGBl. 1956-II, S. 487.
[96] *Kiem,* WM 2006, 1091, 1093; *Hoffmann,* NZG 1999, 1077, 1082; *Samson/Flindt,* NZG 2006, 290, 292.
[97] *M. Winter,* Der Konzern 2007, 24, 28.

pitalerhöhung bringt keine wesentliche Verbesserung, da dadurch nicht das Risiko einer Rüge nach § 243 Abs. 2 AktG wegen unangemessener Bewertung gebannt ist. Angesichts der hohen Wahrscheinlichkeit, dass von dem Anfechtungsrecht tatsächlich Gebrauch gemacht wird, und wegen der Fehleranfälligkeit komplexer Unternehmensbewertungen lassen sich beide Optionen in vielen Fällen nicht verantworten.[98] Zwar ist durch die Einführung des Freigabeverfahrens eine gewisse Verbesserung eingetreten, zumal wenn man die durch das ARUG eingeführten Modifikationen berücksichtigt, doch eine Beeinträchtigung der Transaktionssicherheit besteht auch weiterhin. Eine echte Alternative ist kaum die **Sachkapitalerhöhung aus genehmigten Kapital,** wobei jedoch bei sehr großen Transaktionen zu beachten ist, dass der Nennbetrag des genehmigten Kapitals die Hälfte des Grundkapitals, das zur Zeit der Ermächtigung vorhanden ist, nicht übersteigen darf (§ 202 Abs. 3 AktG).[99]

Aus dem Dilemma hilft eine Konstruktion, die allerdings auch ihre Nebenwirkungen hat, nur wiegen diese nicht ganz so schwer: Man nutzt eine **deutsche NewCo AG,** die neu gegründet oder erworben sein kann, als Transaktionsvehikel, das ohne Hindernisse eine Sachkapitalerhöhung zur Schaffung neuer Aktien durchführen kann, weil auf Seiten der NewCo nur ein Aktionär vorhanden ist, der gegen die Beschlüsse der Hauptversammlung nicht vorgehen wird. Dieser Vorteil ist um den Preis erkauft, dass auch die deutsche AG in die Rolle einer zu übernehmenden Gesellschaft fällt, obwohl sie in der Sache die ausländische Gesellschaft übernehmen soll. Im Ergebnis müssen nun also statt einer zwei Gesellschaften in die NewCo integriert werden. Es bleiben regelmäßig eine Reihe von außenstehenden Aktionären übrig, die das Übernahmeangebot nicht angenommen haben. Wenn weitreichende Strukturmaßnahmen beabsichtigt sind, etwa die Zusammenlegung von Unternehmensteilen, ist das Ergebnis nicht optimal, da sie ohne Abschluss eines Beherrschungs- und Gewinnabführungsvertrag (§§ 291 ff. AktG) nicht durchgeführt werden können. Dann bedarf es in einem zweiten Schritt der Verschmelzung. Diese „nachgeordnete" Verschmelzung hat gegenüber einer Verschmelzung ohne vorgeschaltete Übernahme den Vorteil, dass die Zahl derer, die eine Überprüfung des Umtauschverhältnisses im Spruchverfahren erreichen können, sehr viel kleiner ist, weil die freiwillige Annahme des öffentlichen Übernahmeangebots das Recht ausschließt, das Spruchverfahren in Anspruch zu nehmen.[100]

II. Die Vor- und Nachteile der konkurrierenden Endstrukturen

1. Allgemeine Merkmale

Ein denkbares Motiv für die SE mag ihre – zumindest scheinbare – Supranationalität sein.[101] Sie ist, auch wenn sie erhebliche Anleihen am jeweiligen nationalen Recht zu machen hat, die erste grenzüberschreitende europäische Gesellschaftsform. Sie ermöglicht damit ein Signal nach innen und nach außen, dass es sich um einen europäischen Konzern handelt, der kein nationales, sondern ein **europäisches Selbstverständnis** hat.[102] Diese *European corporate identity* wird vielfach vom Kapitalmarkt und den Kunden eines Unternehmens, aber auch vom Markt für Führungskräfte und sonstige Angestellte als modern und fortschrittlich empfunden.[103] In der Öffentlichkeit umstrittene Zusammenschlüsse angesehener heimischer Unternehmen mit ausländischen Gesellschaften lassen sich besser „vermarkten", weil nationale Vorbehalte nicht so leicht zu aktivieren und zu artikulieren sind, wenn nicht mehr die (nationale) Rechtsform – je nach Perspektive entweder Kains-

---

[98] *Decher,* Der Konzern 2006, 805, 808.
[99] *Decher,* FS Lutter, S. 1209, 1218, 1213 f.
[100] *Decher,* FS Lutter, S. 1209, 1218.
[101] Zum Folgenden bereits: *Reichert,* Der Konzern 2006, 821, 822. Vgl. auch *Wenz,* in: Drinhausen/van Hulle/Maul (Hrsg.), Handbuch zur Europäischen Gesellschaft (SE), Rdnr. 33.
[102] Vgl. *Seibt/Reinhard,* Der Konzern 2005, 407, 408.
[103] Vgl. *Wollburg/Banerjea,* ZIP 2005, 277.

mal oder Trophäe – beständig die Erinnerung an „Sieg" oder „Niederlage" im Übernahmewettstreit wach hält. Mit anderen Worten: Die Entscheidung für die SE erleichtert es allen Beteiligten, den Blick nach vorne zu richten, sich wieder auf das Tagesgeschäft zu konzentrieren und zu einer professionellen Routine zurückzukehren. Solche Integrationseffekte sind freilich ihrer Natur nach nur schwer fassbar und lassen sich kaum quantifizieren. Die Vergangenheit hat jedoch in jedem Fall gezeigt, *dass* auch die sogenannten weichen Faktoren gerade bei sehr prominenten Unternehmen eine Eigendynamik entfalten können.[104]

57   Steht die Zusammenführung großer Unternehmen mit komplexen internationalen Konzernstrukturen zur Diskussion, bietet sich die SE als Mittel zur Schaffung einer **einheitlichen europäischen Konzernstruktur** an, die den Unternehmen hilft, den Steuerungs- und Verwaltungsaufwand zu reduzieren.[105] Das kann insbesondere auf die Weise geschehen, dass eine SE-Tochtergesellschaft in der Rechtsform der SE gegründet wird. Hierdurch lassen sich unterhalb der Konzernspitze einheitliche Sparten- und Funktionsgesellschaften schaffen,[106] auf die dann bestehende Strukturen übertragen werden, z.B. im Wege der Verschmelzung. Als Alternative zu einem solchen Spartenmodell empfiehlt sich unter Umständen ein Länder-Modell. Es ist hierbei möglich, dass auch in den Mitgliedstaaten, in denen nationale Konzerngesellschaften bestehen, SE-Töchter gegründet werden. In diese Tochter-SE können sodann die Anteile an den nationalen Untergesellschaften eingebracht und diese Gesellschaften anschließend auf die Tochtergesellschaften verschmolzen werden. Danach steht es den Beteiligten offen, *für alle* Konzerngesellschaften das dualistische oder das monistische System zu wählen. Die dadurch ermöglichte Implementierung einer einheitlichen Corporate Governance[107] sollte die Kontrolle und die Steuerung wesentlich erleichtern.[108] Auch nach außen wird so der Eindruck einer fest gefügten Gesellschaft vermittelt.

58   Jede grenzüberschreitende Verschmelzung – ob sie zur Entstehung einer SE führt oder nicht – hat im Vergleich zu einer Übernahme den Vorteil auf ihrer Seite, dass sie nicht zu einer Verdoppelung oder gar Vervielfältigung der Unternehmenseinheiten führt.[109] Gerade der Aufbau und die Unterhaltung des bisher üblichen Netzes von Holding- und Tochtergesellschaften der unterschiedlichen Rechtsordnungen bereitet den Unternehmen nicht zu unterschätzende Kosten, wie sie beispielsweise durch zusätzliche Management-Ebenen, aber auch durch eine generelle **Duplizierung von Leitungs- und Verwaltungsstrukturen** verursacht werden.[110] In diesem Zusammenhang dürfen auch **Beratungskosten** (in Bezug auf Controlling, Berichterstattung, Rechnungslegung, Hauptversammlung usw.) nicht unterschlagen werden, die ein solches supranationales, gleichwohl auf den unterschiedlichen einzelnen nationalen Rechtsordnungen fußendes Konzerngebilde mit sich bringt.[111] Der Rat für Wettbewerbsfähigkeit hat die möglichen Kosteneinsparungen für innerhalb der Gemeinschaft tätige Unternehmen nach Annahme der Rechtsform einer SE auf bis zu 30 Milliarden US-Dollar geschätzt.[112] Positive Effekte in ähnlicher Größenordnung lassen sich *inzwischen* auch durch Maßnahmen auf der Grundlage der Verschmelzungsrichtlinie erzielen. Zudem können nach einer Verschmelzung konzerninterne Umgliederungen von Beteiligungen und andere Restrukturierungsmaßnahmen ohne Rücksichtnahme auf die durch das deutsche Konzernrecht (§§ 311–318 AktG) geschützten

---

[104] Vgl. *Reichert*, Utrecht Law Review 4 (2008), 22, 26.
[105] Vgl. *Reichert*, Der Konzern 2006, 821, 832.
[106] Vgl. *Kallmeyer*, AG 2003, 197, 203.
[107] Vgl. *Brandt*, BB-Beilage Nr. 4 (zu BB 2005, Heft 8), 1, 7.
[108] Vgl. *Kallmeyer*, AG 2003, 197, 201.
[109] *Reichert*, Der Konzern 2006, 821, 825.
[110] *Hopt*, ZIP 1998, 96, 100.
[111] Vgl. *Wenz*, in: Drinhausen/van Hulle/Maul (Hrsg.), Handbuch zur Europäischen Gesellschaft (SE), Rdnr. 31; *Blanquet*, ZGR 2002, 20, 64; *Schwarz*, ZIP 2001, 1859 f.
[112] Vgl. *Monti*, WM 1997, 607.

Interessen noch verbliebenen Minderheitsgesellschafter durchgeführt werden, da eine funktionslose Holding-AG mit geschützten Alt-Aktionären nur fortbesteht, wenn man sich für die Übernahmelösung entscheidet und auf eine anschließende Verschmelzung verzichtet.[113]

2. Mitbestimmung

Für die Beteiligten eines grenzüberschreitenden Zusammenschlusses, nicht zuletzt für den mit den deutschen Besonderheiten nur oberflächlich vertrauten ausländischen Partner, hat die Frage, wie die Mitbestimmung in dem künftigen Unternehmen ausgestaltet ist, in der Regel einen sehr hohen Stellenwert. Der Spielraum, das deutsche Mitbestimmungsregime zu eliminieren oder das gegenwärtige Niveau zumindest zu arretieren, ist in den letzten Jahren größer geworden. Allerdings lässt sich eine **Mitbestimmungsfreiheit** nach wie vor nur dadurch realisieren, dass Umwege oder andere Nachteile in Kauf genommen werden.

a) Nationale Kapitalgesellschaft nach Übernahme. Bei der traditionellen Übernahmelösung kommt es entscheidend auf die Rollenverteilung an: Wenn eine mitbestimmte deutsche eine mitbestimmungsfreie ausländische Gesellschaft übernimmt, bleibt die Gesellschaft, die in Zukunft die Geschäftsentwicklung bestimmt, nämlich die deutsche, im Bereich der Mitbestimmung. Es ändert sich also nichts. Wer sich auf jeden Fall der Mitbestimmung entledigen möchte, dem ist mit diesem Modell nicht geholfen. Genau umgekehrt verhält es sich, wenn eine ausländische eine deutsche Gesellschaft übernimmt. Dadurch lassen sich die mit der deutschen Mitbestimmung verbundenen Einflussnahmen von Arbeitnehmern und Gewerkschaften sehr weitgehend einschränken. Eine bisher mitbestimmte deutsche Gesellschaft bleibt zwar mitbestimmt. Das herrschende ausländische Unternehmen kann aber wesentliche strategische Entscheidung ohne sie, also ohne mitbestimmungsrechtliche Rücksichtnahmen, treffen.[114] Anders als bei einer Zusammenführung auf der Grundlage der Verschmelzungsrichtlinie oder der SE-Verordnung findet **kein Export der deutschen Mitbestimmung** statt. Auch im Vergleich mit diesen beiden Modellen erweist sich die ausländische Übernahme insofern als überlegen.[115]

Wer eine ausländische Gesellschaftsform anstrebt, *nur* um die Nachteile des deutschen Mitbestimmungsregimes zu vermeiden, sollte allerdings immer bedenken, dass er sich regelmäßig im Gegenzug eine Reihe von Unannehmlichkeiten einhandelt, die allein oder in der Summe die Vorteile der Mitbestimmungsfreiheit wieder zunichte machen können. Das Beispiel der „**deutschen**" **Limited** lehrt, dass der Wechsel in eine andere Rechtsordnung ihren Preis hat. Es stellte sich in dem Fall nämlich bald heraus, dass man den Aufwand für die Verdoppelung der Jahresabschlüssen (nach deutschem Steuer- und englischem Bilanzrecht) unterschätzt hatte. Ans Licht kamen allmählich auch die außerordentlich **hohen Kosten** für eine qualitativ hochwertige Rechtsberatung in England. Da es sowohl bei Krisen als auch bei guter Geschäftsentwicklung einen laufenden Bedarf an verbindlichen Rechtsauskünften zu gesellschaftsrechtlichen Problemen gibt, müssen solche Kosten einkalkuliert werden. Wenn ein Konflikt eskaliert, sind die Auswirkungen unter Umständen noch gravierender. Sollte nämlich die Zuständigkeit eines englischen Gerichts gegeben sein,[116] betragen die Prozesskosten eines Verfahrens vor einem solchen ungefähr das Zehn-

---

[113] *Wenz*, in: Drinhausen/van Hulle/Maul (Hrsg.), Handbuch zur Europäischen Gesellschaft (SE), Rdnr. 31.
[114] Vgl. *Wollburg/Banerjea*, ZIP 2005, 277, 280; *Reichert*, Der Konzern 2006, 821, 831.
[115] *Decher*, Der Konzern 2006, 805, 810.
[116] Über Eintragungen in einem ausländischen Register (z. B. des *companies house*) können Streitigkeiten *ausschließlich* in dem Land des Registers gerichtlich ausgetragen werden (Art. 22 Nr. 3 EuGVVO). Das Gleiche gilt für Klagen, „welche die Gültigkeit, die Nichtigkeit oder die Auflösung einer Gesellschaft oder juristischen Person oder die Gültigkeit der Beschlüsse ihrer Organe zum Gegenstand haben" (Art. 22 Nr. 2 EuGVVO): *Zöllner*, GmbHR 2006, 1, 9.

fache des in Deutschland Gängigen.[117] Ähnliche Nachteile drohen bei anderen ausländischen Rechtsformen.

62 **b) SE. aa) Zusammenführung durch Verschmelzung.** Die Gründung einer SE durch Verschmelzung hat den bereits erwähnten **Nachteil,** dass sich auf diesem Weg die Mitbestimmung jedenfalls nicht unmittelbar beseitigen lässt. In der Regel setzt sich das deutsche Mitbestimmungsregime in der SE fort. Nach § 35 Abs. 2 S. 2 SEBG bemisst sich die Zahl der Arbeitnehmervertreter im Aufsichts- oder Verwaltungsorgan der SE nach dem höchsten Anteil an Arbeitnehmervertretern, der in den Organen der beteiligten Gesellschaften vor der Eintragung der SE bestanden hat. Da das deutsche Recht die höchste Mitbestimmungsintensität aufweist und in anderen Ländern allenfalls Drittelparität herrscht, besteht aus Sicht des deutschen Unternehmens zwar nicht die Gefahr einer Verschlechterung, aber eben auch nicht eine große Chance für eine Verbesserung.

63 Diese Aussage ist allerdings sogleich mit mindestens drei Vorbehalten zu versehen. Zum einen nämlich bringt das gemeinschaftsrechtlich geprägte Mitbestimmungsrecht insoweit eine **Verbesserung,** als es mit dem Anachronismus des deutschen Mitbestimmungsrechts bricht, ausländischen Arbeitnehmern im Unternehmen Beteiligungsrechte vorzuenthalten.[118] Es werden vielmehr alle Arbeitnehmer **europaweit** einbezogen, was bei einem europaweit agierenden Konzern angemessener erscheint als eine rein deutsche Majorisierung der Mitbestimmung. Durch die gleichmäßige Vertretung reduziert sich der Einfluss der deutschen Arbeitnehmervertreter.[119] Zum anderen haben mitbestimmungsrechtlich vorgeschriebene **Mindestgrößen für den Aufsichtsrat** einer SE mit Sitz in Deutschland keine Geltung.[120] Nach Art. 40 Abs. 3 SE-VO ist die Zahl der Aufsichtsratmitglieder in der Satzung festzulegen. Die Mitgliedstaaten können jedoch für die in ihrem Hoheitsgebiet eingetragenen SEs Mindest- bzw. Höchstgrenzen oder sogar die genaue Anzahl der Aufsichtsratsmitglieder festlegen. Für in Deutschland eingetragene SEs sind nur die vom deutschen Ausführungsgesetz in § 17 Abs. 1 bestimmten Mindest- und Höchstgrenzen zu berücksichtigen.[121] Der Aufsichtsrat besteht demnach mindestens aus drei Personen. Eine höhere Anzahl muss durch drei teilbar sein, wobei eine vom Grundkapital abhängige Staffelung der Höchstanzahl von 9 bis zu 21 Mitgliedern reicht.[122] Dass das Gesetz nur den Arbeitnehmer*anteil* und nicht die absolute Zahl der Sitze garantiert, ergibt sich auch aus § 15 Abs. 4 Nr. 1 SEBG, da nach dieser Vorschrift nur eine Reduzierung des „Anteils der Arbeitnehmervertreter im Aufsichts- oder Verwaltungsorgan der SE" als eine „Minderung der Mitbestimmungsrechte" gilt.[123] So konnte die Allianz AG ihren Aufsichtsrat auf zwölf Mitglieder verkleinern, sie hatte lediglich Sorge zu tragen, dass er nach Anzahl seiner Mitglieder eine paritätische Mitbestimmung ermöglicht und die Anzahl der Mitglieder durch drei teilbar ist.[124] Diese Möglichkeit nutzten ebenfalls BASF, Fresenius und Porsche.

64 Nicht zuletzt bietet sich ein Rechtsformwechsel zur SE an, wenn die deutsche Gesellschaft **noch mitbestimmungsfrei** ist oder sie sich noch auf dem Niveau der **drittelparitätischen Mitbestimmung** befindet. In solchen Fällen kann nämlich durch den

---

[117] *Tebben/Tebben,* DB 2007, 2355, 2355.
[118] *Habersack,* ZHR 171 (2007), 613, 642.
[119] *Wenz,* in: Drinhausen/van Hulle/Maul (Hrsg.), Handbuch zur Europäischen Gesellschaft (SE), Rdnr. 32.
[120] Vgl. *Reichert/Brandes,* in: MünchKommAktG, 2. Aufl. 2000ff., Art 40 SE-VO, Rdnr. 5.
[121] Vgl. insgesamt *Reichert/Brandes,* in: MünchKommAktG, 2. Aufl. 2000ff., Art. 40 SE-VO, Rdnr. 68ff.
[122] Auch im Fall der gesetzlichen Auffanglösung für die unternehmerische Mitbestimmung ändert sich hieran nichts, da die Regelung in § 35 Abs. 1 SEBG nur auf die Zusammensetzung des Aufsichtsrates bezieht, nicht jedoch auf seine Größe. Dies ergibt sich aus Teil 3a des Anhangs zu Art. 7 der Richtlinie über die Beteiligung der Arbeitnehmer i. V. m. Teil 3b des Anhangs.
[123] *Rieble,* BB 2006, 2018, 2021.
[124] *Reichert,* Der Konzern 2006, 821, 824; *ders.,* Experience with the SE in Germany, Utrecht Law Review 4 (2008), 22, 26.

§ 62. Ausgewählte Problemfelder der tatsächlichen Gestaltung

Wechsel der gegenwärtige Mitbestimmungsstatuts **„eingefroren"** werden.[125] Besteht nach deutschem Recht zur Zeit keine Mitbestimmung, dann wird eine solche auch nicht durch die Auffanglösung eingeführt.[126] Wächst die Gesellschaft danach und würde sie an sich der Mitbestimmung unterliegen, führt dies nach zutreffender Auffassung nicht zu einer Anpassungsverpflichtung.[127] Das Recht der SE ist insoweit nicht dynamisch ausgestaltet. Es gibt mit § 18 Abs. 3 SEBG lediglich eine einzige Bestimmung, die im Falle **„struktureller Änderungen"** eine Neuaufnahme von Verhandlungen über die Mitbestimmung verlangt. Man ist sich jedoch zu Recht weitgehend einig, dass allein die Zunahme der Anzahl von Mitarbeitern keine strukturelle Änderung in Sinne des Gesetzes darstellt.[128] Das Gleiche gilt, wenn eine Gesellschaft nur drittelparitätisch mitbestimmt ist. Steht zu erwarten, dass sie weiter wächst und in Zukunft die Schwelle zur paritätischen Mitbestimmung überschreiten wird, so macht es Sinn, sie in eine SE umzuwandeln und damit den Mitbestimmungsstatus zu zementieren. Solche Überlegungen werden gerade bei mittelständischen Unternehmen, die der Drittelparität unterliegen, aber rasant wachsen, angestellt.[129]

Für einen begrenzten Anwendungsbereich des § 18 Abs. 3 SEBG spricht, dass der Gesetzgeber selbst, wie sich aus der Gesetzesbegründung ergibt, offenbar vor allem die Verschmelzung im Blick hatte.[130] Immerhin führte es zu einer beträchtlichen Rechtsunsicherheit, wenn die tatbestandlichen Voraussetzungen nicht auf wenige, klar zu definierende Fälle beschränkt werden könnten. Außerdem unterscheidet § 5 Abs. 4 S. 1 SEBG ausdrücklich zwischen einer „Änderung in der Struktur" und einer „Änderung in der Arbeitnehmerzahl".[131] Dem **Ausnahmecharakter** der Vorschrift wird m. E. nicht gerecht, wer die Verlegung des Sitzes in einen anderen Mitgliedstaat,[132] den Wechsel von einem dualistischen zu einem monistischen System[133] oder die Stilllegung einzelner Unternehmen und Betriebe in den Anwendungsbereich einbezieht.[134] Insbesondere bei der Stilllegungen handelt es sich um Maßnahmen, die bei größeren Gesellschaften alltäglich sind. In jedem Fall ist nicht erkennbar, wodurch eine Gefährdung oder Minderung von Mitbestimmungsrechten der Arbeitnehmer eintreten soll.[135]

Eine **restriktive Auslegung** des Merkmals „strukturelle Änderung" erscheint ferner deshalb geboten, weil es noch einmal in § 43 SEBG auftaucht. Danach wird eine Missbrauch der Rechtsform SE vermutet, wenn ohne Durchführung eines Verfahrens nach § 18 Abs. 3 SEBG strukturelle Änderungen stattfinden, die bewirken, dass den Arbeitnehmern Beteiligungsrechte vorenthalten oder entzogen werden. Der Missbrauch i. S. des § 43 SEBG ist gemäß § 45 Abs. 1 Nr. 2 SEBG strafbewährt. Es droht eine Freiheitsstrafe von bis zu zwei Jahren oder eine Geldstrafe. Im Lichte des Art. 103 Abs. 2 GG, § 1 StGB begegnet die Regelung erheblichen Bedenken.[136] Soweit überhaupt verfassungsgemäß, erscheint eine verfassungskonforme Auslegung in der Weise geboten, dass nur gründungsähnliche Vorgänge, korporative Akte von Gewicht, beispielsweise Verschmelzungen, nicht aber das bloße Überschreiten vom 500. zum 501. Arbeitnehmer, das Tatbestandsmerkmal erfüllen.[137]

---

[125] Vgl. *Thoma/Leuering,* NJW 2002, 1449, 1454.
[126] Vgl. MünchKommAktG/*Jacobs*, 2. Aufl. 2000 ff., § 35, Rdnr. 6.
[127] Vgl. dazu nur *Wollburg/Banerjea*, ZIP 2005, 277, 282 m. w. N.
[128] MünchKommAktG/*Jacobs*, 2. Aufl. 2000 ff., § 18 , Rdnr. 18 m. w. N.
[129] *Reichert*, Der Konzern 2006, 821; 824; *ders.*, Die Europäische Aktiengesellschaft im Freilandversuch der Praxis, in: Müller-Graff (Hrsg.), Europäisches Gesellschaftsrecht, 2010, S. 6
[130] BT-Drucks. 15/3405, S. 50.
[131] *Reichert*, GS Gruson, S. 175 f.
[132] Vgl. *Lutter/Hommelhoff/Oetker*, § 18 SEBG Rdnr. 16.
[133] Vgl. MünchKommAktG/*Jacobs*, § 18 SEBG Rdnr. 16 a. E.
[134] Vgl. *Müller-Bonanni/de Beauregard*, GmbHR 2005, 195, 198.
[135] *Reichert*, GS Gruson, S. 176.
[136] Vgl. *Rehberg*, ZGR 2005, 859, 889 ff.
[137] *Wollburg/Banerjea*, ZIP 2005, 277, 278 f.

Indessen ist nicht zu verkennen, dass der **strafrechtliche Schutz** des Mitbestimmungsstatus für alle Beteiligten ein nicht ganz unwesentliches Risiko birgt. Da es sich um eine Besonderheit des SE-Rechts handelt und namentlich die grenzüberschreitende Verschmelzung ohne einen vergleichbar gravierenden Sanktionsmechanismus auskommt,[138] spricht dieser Gesichtspunkt gegen die Verwendung der SE.

67 Ein weiterer Nachteil der SE ist gleichsam die Kehrseite des eben benannten Vorteils: das „Einfrieren" des Mitbestimmungsstatus. Denn dieser Umstand wirkt sich auch in die entgegen gesetzte Richtung aus. Wenn die Zahl der Arbeitnehmer – etwa aufgrund von **Entlassungen in Krisenzeiten** – sinkt und die nach dem deutschen Mitbestimmungsrecht relevanten Schwellen unterschreitet, ändert sich bei der SE nichts.[139] Es fehlen im Fall von Veränderungen im Arbeitnehmerbestand eben auch adäquate Anpassungsmechanismen nach unten. Daher macht das „Einfrieren" nur Sinn für Unternehmen ohne Mitbestimmung oder mit Drittelbeteiligung.[140]

68 Ferner ist Vorsicht geboten, sollte eine bisher nicht mitbestimmte Personengesellschaft eine Umwandlung in eine SE anstreben, etwa eine GmbH & Co KG mit mehr als 500 Arbeitnehmern (die nach § 1 Abs. 1 DrittelbG nicht dem DrittelbG unterfällt). Da die SE nicht verpflichtet ist, die Mitbestimmung der Arbeitnehmer einzuführen, wenn die an der Gründung beteiligten Gesellschaften mitbestimmungsfrei waren, könnte man versucht sein, die SE-Umwandlung für solche Fälle als interessante Option zu empfehlen.[141] Die Überlegung greift jedoch zu kurz. Denn der Weg einer SE-Umwandlung steht nur einer deutschen AG offen (§ 2 Abs. 4 SE-VO). Der Umwandlung müsste demnach ein Formwechsel i. S. der §§ 190 ff. UmwG vorgeschaltet werden. Auf die aus dem Formwechsel hervorgegangene AG findet dann das Drittbeteiligungs- bzw. Mitbestimmungsgesetz Anwendung, wenngleich die AG eigentlich nur dem Zweck dient, die Voraussetzung für eine SE-Umwandlung zu schaffen.[142] Die „infizierte" AG „infiziert" dann auch die SE. Die Beteiligten hätten so genau das Gegenteil von dem erreicht, was sie ursprünglich erreichen wollten.

69 Um der Mitbestimmung vollständig zu entsagen, reicht also eine einfache SE-Gründung durch Verschmelzung nicht aus. Nachdem eine (mitbestimmte) deutsche Gesellschaft auf eine ausländische Gesellschaft mit einem Satzungssitz in einem Mitgliedstaat ohne Mitbestimmungsvorschriften zur SE verschmolzen wurde, bedarf es vielmehr eines zweiten Schritts, nämlich der **Umwandlung** der SE in eine **mitbestimmungsfreie nationale Rechtsform** des betreffenden Mitgliedstaates. Diese kann nicht unmittelbar nach SE-Gründung, sondern gemäß Art. 66 Abs. 1 S. 2 SE-VO erst nach Ablauf einer Frist von zwei Jahren (ab Eintragung der SE oder nach Genehmigung der ersten beiden Jahresabschlüsse) realisiert werden.[143]

70 Diese stufenweise „Flucht" aus der Mitbestimmung hat zur Voraussetzung, dass sie nach der maßgeblichen nationalen Rechtsordnung **zulässig** ist. Staaten, denen ein Mitbestimmungsregime nach deutschem Muster fremd ist, werden nicht geneigt sein, die Mitbestimmung in der SE durch einen speziellen Umwandlungsschutz zu zementieren, wenn sie dazu das europäische Recht nicht verpflichtet.[144] Eine solche Pflicht könnte allerdings bestehen. Immerhin schreibt Art. 11 SE-RL den Mitgliedstaaten vor, dass sie geeignete Maßnahmen treffen müssen, „um zu verhindern, dass eine SE dazu missbraucht wird, Arbeitnehmern Beteiligungsrechte zu entziehen oder vorzuenthalten." Ferner bestimmt

---

[138] *Teichmann*, Der Konzern 2007, 89, 97.
[139] Vgl. *Müller-Bonannl/Melot de Beauregard*, GmbHR 2005, 197, 198; *Kleinsorge*, RdA 2002, 343, 351; *Wollburg/Banerjea*, ZIP 2005, 277, 283.
[140] *Rieble*, BB 2006, 2018, 2021.
[141] So wohl *Wisskirchen/Prinz*, DB 2004, 2641.
[142] *Weiss/Wöhlert*, NZG 2006, 121, 124 f.; *Rieble*, BB 2006, 2018, 2020 f.
[143] *Bayer/Schmidt*, AnwBl. 2008, 327, 332; *Lutter/Kollmorgen/Feldhaus*, BB 2007, 509; *Oechsler*, NZG 2005, 697, 699 Fn. 26; MünchKommAktG/*Jacobs*, § 18 SEBG Rdnr. 17.
[144] *Kübler*, FS Raiser, S. 247, 254.

ErwG 18 der SE-RL,[145] dass die Sicherung erworbener Recht der Arbeitnehmer auch bei „strukturellen Veränderungen einer bereits gegründeten SE" im Mittelpunkt stehen „soll", ein Ansatz, der erkennbar § 18 Abs. 3 SEBG zugrunde liegt.[146] Doch handelt es sich im Falle des ErwG 18 der SE-RL eben nur um eine „Soll"-Erwägung. Was den „Missbrauch" i. S. des Art. 11 Se-RL anbelangt,[147] so erscheint in Ansehung der vorrangigen Niederlassungsfreiheit eine restriktive Auslegung des Merkmals geboten. Unterbunden werden soll allein eine Berufung auf Gemeinschaftsrecht zu betrügerischen Zwecken, nicht der Wettbewerb der Rechtsformen in Europa als solcher. Dem Schutz vor unlauteren Absichten trägt Art. 66 Abs. 1 S. 2 SE-VO bereits hinreichend Rechnung.[148] Im Ergebnis sprechen daher die besseren Gründe dafür, dass Staaten, die nach Ablauf der Zwei-Jahres-Frist den Verlust des bisherigen Mitbestimmungsniveaus einer SE durch Umwandlung in eine nationale Gesellschaft zulassen, die europarechtlichen Vorgaben erfüllen.

bb) Zusammenführung durch Übernahme. Eine echte Alternative zu einer Verschmelzungs-SE und zu einer auf der Grundlage der Verschmelzungsrichtlinie gebildeten nationalen Kapitalgesellschaft stellt eine **SE** dar, die im Wege eines öffentlichen Übernahmeangebots die deutsche und die ausländische Gesellschaften übernommen hat.[149] Sie erfüllt die Funktion eines **Übernahmevehikels,** wie das auch beim herkömmlichen New-Co-Transaktionsmodell der Fall ist. So lassen sich Anfechtungsrisiken auf Seiten der übernehmenden Gesellschaft vermeiden. Außerdem spielt die Verschmelzung in bestimmten Rechtsordnungen, zum Beispiel der englischen, in der Praxis keine Rolle, so dass es nicht ratsam erscheinen mag, ausgerechnet bei grenzüberschreitenden Transaktionen dieses Modell zu nutzen, wenn schon bei innerstaatlichen Vorgängen Rechtsunsicherheit herrscht.[150]

Aus mitbestimmungsrechtlicher Sicht ist entscheidend, dass die **Konzernspitze** von jeder Mitbestimmung frei gehalten werden kann, wenn die übernehmende SE mitbestimmungsfrei ist. Wesentliche strategische Entscheidungen können ohne Rücksichtnahme auf den Aufsichtsrat der mitbestimmten deutschen Gesellschaft getroffen werden. Insofern entspricht die Rechtslage nach Übernahme durch eine SE der nach Übernahme durch eine ausländische Kapitalgesellschaft, ohne dass die Nachteile einer ausländischen Rechtsform – zweifelhafter Ruf, höhere Kosten für Rechts- und Steuerberatung usw. – zur Geltung kommen, weil eine SE mit Sitz in Deutschland an der Spitze steht. Freilich erhöht sich bei der SE-NewCo-Übernahme die Zahl der zu verwaltenden Gesellschaften – im Vergleich zur einfachen Übernahme – von zwei auf drei.

Die Gefahrlosigkeit eines solchen Vorgehens ist allerdings noch nicht endgültig geklärt. Die **Kritik** könnte an zwei Punkten ansetzen.[151] Zum einen ist zu erwägen, ob eine Übernahme als eine „strukturelle Änderung" i. S. des § 18 Abs. 3 SEBG gelten kann – mit der Folge, dass auf Veranlassung der SE-Leitung und des SE-Betriebsrats Verhandlungen über die Beteiligungsrechte der Arbeitnehmer der SE stattfinden müssen. Wird dann in diesen

---

[145] „Die Sicherung erworbener Rechte der Arbeitnehmer über ihre Beteiligung an Unternehmensentscheidungen ist fundamentaler Grundsatz und erklärtes Ziel dieser Richtlinie. Die vor der Gründung von SE bestehenden Rechte der Arbeitnehmer sollten deshalb Ausgangspunkt auch für die Gestaltung ihrer Beteiligungsrechte in der SE (Vorher-Nachher-Prinzip) sein. Dieser Ansatz sollte folgerichtig nicht nur für die Neugründung einer SE, sondern auch für strukturelle Veränderungen einer bereits gegründeten SE und für die von den strukturellen Änderungsprozessen betroffenen Gesellschaften gelten."
[146] *Lutter/Hommelhoff/Oetker*, § 18 SEBG Rdnr. 2, 16 (Umwandlung der SE in eine AG nach Ablauf der Sperrfrist als „strukturelle Änderung" i. S. des § 18 Abs. 3 SEBG).
[147] Dazu vgl. auch *Rehberg*, ZGR 2005, 859 ff.
[148] *Kübler*, Mitbestimmungsrechtlicher Missbrauch der Societas Europea?, FS Raiser, S. 247, 254, 256 f.
[149] Eingehend *Paefgen*, FS G. Roth, S. 563 ff.
[150] *Wollburg/Banerjea*, ZIP 2005, 277, 281.
[151] *Reichert*, Der Konzern 2006, 821, 831; *Paefgen*, FS G. Roth, S. 563, 566 ff.

Verhandlungen keine Einigung erzielt, kommen nach § 18 Abs. 3 S. 3 SEBG die Vorschriften über die Mitbestimmung kraft Gesetzes (§§ 34 bis 38 SEBG) zur Anwendung. Zum anderen könnte wegen der Ähnlichkeit mit der Holding-SE, die in den Art. 32, 33 SE-VO eine ausführliche Regelung erfahren hat, in der SE-NewCo-Konstruktion eine unzulässige Umgehung der Holding-SE-Vorschriften gesehen werden.

74 Was den ersten Punkt anbelangt, so handelt es sich nach zutreffender Ansicht bei dem Erwerb von Anteilen an den zukünftigen Töchtern im Wege des *share-deal* ebensowenig wie bei dem Erwerb von Unternehmensteilen im Wege des *asset-deal* um eine **strukturelle Änderung** im Sinne des § 18 Abs. 3 SEBG, die eine Verhandlungspflicht über Beteiligungsrechte der Arbeitnehmer auf der Ebene der SE begründet.[152] Denn strukturelle Änderungen der SE i.S.d. § 18 Abs. 3 sind, wie oben dargelegt, nur korporative Akte,[153] die darüber hinaus auch noch von erheblichem Gewicht sein müssen.[154] Durch den angesprochenen Erwerb ändert sich – anders als bei einer Verschmelzung – an der Struktur der SE als solche nichts.[155] Nach anderer Ansicht stellt der Erwerb wesentlicher Anteile allerdings grundsätzlich eine strukturelle Änderung i.S. des § 18 Abs. 3 SEBG dar.[156]

75 Ob eine Einbringung erworbener Beteiligungen in die SE im Wege der Sacheinlage als strukturelle Änderungen zu werten wäre, was aufgrund der unveränderten korporativen Struktur der SE an sich zweifelhaft ist, kann letztlich dahinstehen. Denn zu einer strukturellen Änderung muss eine Minderung von Beteiligungsrechten der Arbeitnehmer hinzutreten, um eine Verhandlung über die Gestaltung der Mitbestimmung auf der Ebene der SE auszulösen. Durch den Erwerb tritt indes keine Minderung von Beteiligungsrechten der Arbeitnehmer ein, da die Zielgesellschaft weiterhin mitbestimmt bleibt.[157] Das gilt grundsätzlich auch, wenn es sich um eine Vorrats-SE handelt, die die Beteiligungen erwirbt.[158] Sollte freilich – parallel zum Anteilserwerb – die Vorrats-SE mit einer größeren Anzahl von Arbeitnehmern ausgestattet werden, besteht die Gefahr, dass die Gericht die Pflicht zur Durchführung des Verhandlungsverfahrens gemäß § 18 Abs. 3 SEBG analog bejahen.[159] Unerheblich ist der Umstand, dass die Zielgesellschaft nunmehr unter Umständen abhängig i.S. des § 17 AktG von einer nicht mitbestimmten SE ist. Denn, erstens, nimmt das deutsche Mitbestimmungsrecht dies, wie gesehen, auch in anderen Fällen hin, z.B. bei der Übernahme durch eine nicht der Mitbestimmung unterliegende englische Plc. Zweitens hat der deutsche Gesetzgeber mit § 47 Abs. 1 SEBG eine Regelung geschaffen, aus der sich ergibt, dass das deutsche Mitbestimmungsrecht auf Tochtergesellschaften einer SE anwendbar ist. Damit liegt eine abschließende Regelung mitbestimmungsrechtlicher Folgen bei Akquisitionen vor, so dass sich mittels SE trotz des Erwerbs mitbestimmter Rechtsträger eine mitbestimmungsfreie Konzernspitze erreichen lässt. Nachdem die SE-RL und das SEBG also auf die Implementierung einer Konzernmitbestimmung im eigentlichen Sinne verzichtet haben, geht es überdies nicht an, in dem Verlust (zuvor vorhandener)

---

[152] Vgl. *Wollburg/Banerjea*, ZIP 2005, 277, 280.
[153] Vgl. MünchKommAktG/*Jacobs*, § 18 SEBG, Rdnr. 12 („gründungsähnlicher Charakter"); *Wollburg/Banerjea*, ZIP 2005, 277, 280.
[154] Vgl. *Wollburg/Banerjea*, ZIP 2005, 277, 280.
[155] Vgl. *Wollburg/Banerjea*, ZIP 2005, 277, 280; **a. A.** eventuell MünchKommAktG/*Schäfer*, 2000 ff., Art. 16 SE-VO, Rdnr. 13, für den Fall einer Vorratsgesellschaft, da hier bei der wirtschaftlichen Neugründung § 18 Abs. 3 SEBG analog anzuwenden sei; m.E. betrifft dies aber nicht die vorliegende Situation, da die SE-Holding bereits „lebende" Gesellschaft ist, wenn ihr die Beteiligungen zugeordnet werden. Anders könnte es aber in der Tat dann sein, wenn man einen SE-Mantel erwirbt und ihn nicht als Holding verwendet, sondern ihn mit einem Unternehmen ausstattet.
[156] *Lutter/Hommelhoff/Oetker*, § 18 SEBG Rdnr. 16; *Paefgen* in: FS G. Roth. S. 563, 568 f.
[157] *Wollburg/Banerjea*, ZIP 2005, 277, 280; *Paefgen*, FS Roth, S. 563, 569; vgl. auch *Lutter/Hommelhoff/Oetker* § 18 SEBG, Rdnr. 22 a. E.
[158] MünchKommAktG/*Jacobs*, § 18 SEBG Rdnr. 17 (mwN).
[159] Vgl. OLG Düsseldorf, FGPrax 2009, 124, 125; MünchKommAktG/*Jacobs* § 3 Rdnr. 2b.

konzernbezogener Mitbestimmungsrechte eine relevante Beeinträchtigung i. S. von § 18 Abs. 3 SEBG zu sehen.[160]

Im Hinblick auf den zweiten Vorbehalt, die vermeintlich unzulässige Umgehung der Holding-SE-Vorschriften, ist zuzugestehen, dass nach der Akquisition der beiden Gesellschaften die NewCo-SE im Ergebnis so dasteht, wie wenn die gleichen Gesellschaften unmittelbar eine Holding-SE gegründet hätten. Indessen gibt es keine Hinweise im Gesetz, dass dieser Rechtszustand nur auf die eine Weise herbeigeführt werden darf. § 18 Abs. 3 SEBG stellt ausschließlich auf die Minderung von Beteiligungsrechten der Arbeitnehmer ab. Ob einzelne gesellschaftsrechtliche Maßnahmen Strukturen hervorbringen, die Ähnlichkeiten mit gesetzlich geregelten Strukturen aufweisen, ist ohne Belang. Keine andere Bewertung ergibt sich für den Fall, dass die Übernahme in einem engen zeitlichen Zusammenhang zur Gründung der SE erfolgt. Dem SEBG ist in der Tat der Gedanke nicht fremd, dass im Falle der Umgestaltung der SE in zeitlicher Nähe zu ihrer Gründung bestimmte Rechtsfolgen eintreten sollen: Nach § 43 S. 2 SEBG wird ein **Missbrauch der Rechtsform** SE vermutet, wenn ohne Durchführung eines Verfahrens nach § 18 Abs. 3 SEBG innerhalb eines Jahres nach Gründung der SE strukturelle Änderungen stattfinden, die bewirken, dass den Arbeitnehmern Beteiligungsrechte vorenthalten oder entzogen werden. Aber die Vorschrift knüpft eben gerade an § 18 Abs. 3 SEBG und das Merkmal der Minderung von Beteiligungsrechten an. Der zeitliche Zusammenhang von Gründung und Strukturänderung zeitigt also nicht *per se* Folgen.[161]

c) Nationale Kapitalgesellschaft nach Verschmelzung. Die Gründung einer SE durch Verschmelzung einer deutschen und einer ausländischen (europäischen) Gesellschaft bringt einige Vorteile mit sich, die so bisher nicht zu realisieren waren, namentlich die Verkleinerung des Aufsichtsrats und die Internationalisierung der Arbeitnehmervertretung. Aus der Perspektive derer, denen es vor allem auf eine Rückführung des Mitbestimmungsniveaus ankommt, ist der Ertrag freilich insoweit eher bescheiden, als sich nach dem Gesetz die bisherige Mitbestimmungsregelung – mit den genannten Modifikationen – auf die SE überträgt. Von der **Zementierung des Status quo** profitieren noch nicht mitbestimmte Gesellschaften, die stark wachsen und fürchten, dadurch bald der Mitbestimmung unterworfen zu sein oder zu einem Drittel mitbestimmte Unternehmen, die in absehbarer Zukunft die 2000-Mitarbeiter-Grenze erreichen. Für alle anderen Unternehmen bietet das traditionelle Übernahmemodell mitbestimmungsrechtlich meist keine Nachteile. Eine gewisse Annäherung lässt sich durch den Einsatz der SE als Übernahmevehikel erzielen. Allerdings verschwinden auf die Weise nicht die bisherigen Gesellschaften (und ihre Verwaltungen): Sie werden lediglich an der Spitze zusammengeführt. Mit der grenzüberschreitenden Verschmelzung steht nun ein weiteres Instrument zur Verfügung, das zwar deutliche Parallelen zur SE-Gründung durch Verschmelzung aufweist, zum Teil aber auch auf grundsätzlich anderen Regelungsmaximen basiert.

aa) Hinausverschmelzung. Der **verdeckte „Systemwechsel"**, den die Richtlinie 2005/56/EG vollzieht, kommt vor allem bei der Herausverschmelzung zum Tragen, wenn also eine mitbestimmte Gesellschaft deutschen Rechts auf eine ausländische Gesellschaft verschmolzen werden soll. Das Merkmal der **„strukturellen Änderung"**, das im SEBG eine so zentrale Bedeutung für die dauerhafte Fixierung des überkommenen Mitbestimmungsniveau hat und (bei einer deutschen SE) die Eliminierung der Mitbestimmung gegen den Willen der Arbeitnehmer durch eine spätere Verschmelzung verhindert, spielt im MgVG nur eine untergeordnete Rolle. Es taucht in § 22 MgVG auf, der die schriftliche Vereinbarung zwischen den Leitungen der Gesellschaft und dem besonderen Verhandlungsgremium zum Inhalt hat. Nach Abs. 2 „soll" in der Vereinbarung festgelegt werden,

---

[160] *Reichert*, Die Europäische Aktiengesellschaft im Freilandversuch der Praxis, in: Müller-Graff (Hrsg.), Europäisches Gesellschaftsrecht, 2010, S. 16; *Habersack*, Der Konzern 2006, S. 105, 110.
[161] Vgl. *Wollburg/Banerjea*, ZIP 2005, 277, 280 f.

dass vor strukturellen Änderungen der aus der grenzüberschreitenden Verschmelzung hervorgehenden Gesellschaft Verhandlungen über die Mitbestimmung der Arbeitnehmer aufgenommen werden. Die Parteien „können" das dabei anzuwendende Verfahren regeln. Abgesehen davon, dass es sich demnach lediglich um eine Soll-Vorschrift handelt, wird sie schon deshalb kaum Gewicht haben, weil die genannte Vereinbarung gar nicht zustande kommen kann, sollte die Unternehmensleitung von ihrem Recht Gebrauch machen, die Verhandlungen zu verweigern, und für die Auffanglösung optieren. Ebenso fehlt es in der Verschmelzungsrichtlinie an einer Regelung, die – wie Art. 11 der SE-Richtlinie – den Mitgliedstaaten aufträgt, geeignete Maßnahmen zu treffen, die verhindern, dass eine SE dazu missbraucht wird, Arbeitnehmern Beteiligungsrechte zu entziehen oder vorzuenthalten. Ein Verweis auf Art. 11 SE-Richtlinie findet sich in der Verschmelzungsrichtlinie nicht, auch nicht in Art. 16 Abs. 3, der immerhin auf zahlreiche Bestimmungen des SE-Rechts Bezug nimmt.[162]

79   Die Bekämpfung des „Missbrauchs" wird über einen anderen Mechanismus reguliert. Nach § 16 Abs. 7 der Richtlinie 2005/56/EG, der § 30 MgVG ähnlichen Inhalts zu Grunde liegt, muss eine aus einer Verschmelzung hervorgehende, mitbestimmte Gesellschaft Maßnahmen ergreifen, um sicherzustellen, dass die Mitbestimmungsrechte der Arbeitnehmer im Falle nachfolgender innerstaatlicher Verschmelzungen während drei Jahren nach Wirksamwerden der grenzüberschreitenden Verschmelzung geschützt werden. Damit ist die Rechtslage für die Gesellschaften natürlich eine ganz andere als bei der SE-Gründung durch Verschmelzung. Rechtstechnisch tritt an die Stelle des materiellen, auf das Merkmal „strukturelle Änderungen" bezogenen Schutzes der Mitbestimmungsrechte eine **formelle, Fristen gebundene Abwehr.**[163] In der Sache bedeutet es, dass nach Ablauf von drei Jahren Mitbestimmungsrechte nicht mehr „verschmelzungsfest" sind und sich durch eine innerstaatliche Verschmelzung beseitigen lassen.

80   Man könnte also **wie folgt vorgehen:** Zunächst wird eine mitbestimmte deutsche auf eine mitbestimmungsfreie ausländische Gesellschaft verschmolzen. Wenn nach Einschätzung der Unternehmensleitung Verhandlungen keinen Sinn machen, kann sie diesen aus dem Weg gehen, indem sie die Auffanglösung akzeptiert. Das bisherige höhere deutsche Mitbestimmungsniveau bleibt dann erhalten, allerdings kommt es auch nicht zum Abschluss einer Mitbestimmungsvereinbarung, die eigentlich Regelungen über den Umgang mit strukturellen Änderungen im Gesellschaftsgefüge enthalten „soll". In Ermangelung solcher vertraglicher Regelungen garantiert der gesetzliche Verschmelzungsvorbehalt den Status quo – aber eben nur für einen Zeitraum von drei Jahren. Ist diese Frist verstrichen, kann eine Verschmelzung auf eine andere (mitbestimmungsfreie) Gesellschaft der gleichen Rechtsordnung erfolgen, ohne dass sich das bisherige Mitbestimmungsregime in der neuen Gesellschaft fortsetzt. Diese Gesellschaft bleibt auch dann mitbestimmungsfrei, wenn ihr Tätigkeitsschwerpunkt, wie wegen ihrer deutsche Herkunft anzunehmen ist, in Deutschland liegt.[164] Das gilt jedenfalls nach gegenwärtiger Rechtslage. Welche Gesellschaftsformen der Mitbestimmung unterworfen sind, lässt sich § 1 Abs. 1 Nr. 1 MitbestG entnehmen, der keine ausländische Formen aufführt. Ob der Gesetzgeber ausländische Gesellschaften, die ihren Sitz nach Deutschland verlegen wollen, zur Anwendung des deutschen Mitbestimmungsrechts zwingen kann, ohne gegen europäisches Recht zu verstoßen, ist umstritten.[165] Mit der Möglichkeit muss aber immerhin gerechnet werden.

81   Insofern ist die **SE als Endstruktur vorteilhafter,** da Art. 8 SE-VO ausdrücklich die Sitzverlegung regelt, eine Änderung des Mitbestimmungsstatus aber nicht vorsieht, was sich als eine Entscheidung gegen mitbestimmungsrechtliche Anpassungsmechanismen verstehen

---

[162] *Teichmann*, Der Konzern 2007, 89, 97.
[163] *Teichmann*, Der Konzern 2007, 89, 97.
[164] *Teichmann*, Der Konzern 2007, 89, 96f.
[165] Vgl. *Bayer*, AG 2004, 534 ff.; *Sandrock*, AG 2004, 57 ff.; *Riegger*, ZGR 2004, 510, 518 ff.; *Thüsing*, ZIP 2004, 381 ff.; *Müller-Bonanni*, GmbHR 2003, 1235, 1237 ff.

lässt.¹⁶⁶ Außerdem sollten die Folgekosten eines Wechsels in eine ausländische Rechtsform nicht unterschätzt werden. Als ein weiterer Nachteil der grenzüberschreitenden Verschmelzung zum Zwecke des Mitbestimmungsvermeidung erweist sich der Umstand, dass es *zweier* Verschmelzungen bedarf, um das Ziel zu erreichen, die zudem (immerhin) drei Jahre auseinander liegen müssen. Dafür steht am Ende der Verschmelzungsreihe eine einzige Gesellschaft ohne funktionslose Tochtergesellschaften, die bei anderen Modellen übrig bleiben und Reibungsverluste erzeugen.

Wenn andere Mitgliedstaaten es unterlassen, die Möglichkeit der Umwandlung einer mitbestimmten SE (nach Ablauf der in Art. 66 Abs. 1 S. 2 SE-VO vorgeschriebenen Frist) in eine mitbestimmungsfreie nationale Gesellschaftsform einzuschränken oder ganz auszuschließen, und sich die Auslegung durchsetzt, dass sie dazu europarechtlich auch nicht verpflichtet sind (s. o. Rdnr. 70), eröffnet der beschriebene „Systemwechsel" in der Praxis insgesamt keine neue Dimension der Mitbestimmungsvermeidung: Denn dann gibt es zur zweifachen Verschmelzung (international und national) eine Alternative – und die Mitbestimmung kann sogar bereits nach zwei Jahren Wartezeit und nicht erst nach drei eliminiert werden. **82**

bb) Hineinverschmelzung. Auf den ersten Blick erscheint die Hineinverschmelzung, also das Verschmelzen einer ausländischen auf eine inländische Gesellschaft, aus mitbestimmungsrechtlicher Sicht als eine sehr **unvorteilhafte Option,** weil die aus einer solchen grenzüberschreitenden Verschmelzung hervorgehende Gesellschaft einer Rechtsordnung angehört, die euopaweit die höchsten Anforderungen an das zu implementierende Mitbestimmungsregime stellt. Der Vergleich mit dem Erwerb einer ausländischen durch eine deutsche Gesellschaft im Wege der öffentlichen Übernahme liegt nahe. Allerdings sind die Vorbehalte nur zu einem Teil berechtigt. Sie sind jedenfalls dann **teilweise unberechtigt,** wenn man mit der vorzugswürdigen Ansicht davon ausgeht, dass die neue Gesellschaft, soweit die Voraussetzungen des § 5 MgVG vorliegen, nicht von dem allgemeinen Mitbestimmungsrecht, dem MitbestG, DrittelbG, MontanMitbestG oder MitbestErgG, erfasst wird, sondern auf sie allein das MgVG anzuwenden ist. **83**

Für diese Ansicht¹⁶⁷ spricht unter anderem, dass sowohl bei Eingreifen der Auffangregelung als auch (erst recht) bei Abschluss der in § 22 MgVG geregelten Mitbestimmungsvereinbarung sich elementare Widersprüche zum tradierten Mitbestimmungsrecht ergeben können. Beispielsweise unterscheidet sich die in § 24 Abs. 1 MgVG vorgesehenen Berücksichtigung von Arbeitnehmern einer Tochtergesellschaft wesentlich von § 2 Abs. 2 DrittelbG, das eine Zurechnung nur bei Vorhandensein eines Beherrschungsvertrages oder im Eingliederungskonzern anordnet. Auch hat § 25 MgVG, der vorschreibt, dass bei der Sitzverteilung ebenso die ausländischen Arbeitnehmer berücksichtigt werden müssen, im bisherigen deutschen Mitbestimmungsrecht keine Entsprechung. Dass das **MgVG** an die Stelle des MitbestG, DrittelbG usw. treten soll, lässt sich dem 12. Erwägungsgrund der Richtlinie über grenzüberschreitende Verschmelzung entnehmen, der das Mitbestimmungsrecht ausdrücklich von dem allgemeinen Grundsatz ausnimmt, dass für die Arbeitnehmer weiterhin die nationalen Regelungen gelten sollen. Außerdem wäre eine Vorschrift wie § 24 Abs. 2 S. 1 MgVG, der in Abweichung von § 52 Abs. 1 GmbHG für die aus einer grenzüberschreitenden Verschmelzung hervorgehende GmbH die Bildung eines Aufsichtsrats vorschreibt, bei Fortgeltung der deutschen Mitbestimmungsgesetze unverständlich, denn eine solche Pflicht besteht an sich schon nach § 25 Abs. 1 S. 1 Nr. 2 MitbestG bzw. § 1 Abs. 1 Nr. 3 DrittelbG.¹⁶⁸ **84**

Wenn demnach in den Fällen des MgVG **nicht die traditionellen Mitbestimmungsgesetze,** sondern die allgemeinen kapitalrechtlichen Vorschriften in Verbindung mit dem MgVG zur Anwendung kommen, dann hat das für die Gesellschaft, die aus einer Ver- **85**

---

¹⁶⁶ Vgl. *Wollburg/Banerjea,* ZIP 2005, 277, 283.
¹⁶⁷ Eingehend: *Habersack,* ZHR 171 (2007), 613, 621 f.
¹⁶⁸ *Habersack,* ZHR 171 (2007), 613, 622.

schmelzung hervorgeht, den **Vorteil**, dass sie sich einiger besonders behindernder und aufwendiger Vorgaben, wie jenen zur Größe und Zusammensetzung des Aufsichtsrats (§ 7 MitbestG),[169] entziehen kann. Weniger günstig ist freilich der Umstand, dass das MgVG – anders als die SE-VO[170] – keine Norm enthält, die im paritätisch besetzten Aufsichtsrat das leichte Übergewicht der Anteilseigner sicherstellt. Allein aus verfassungsrechtlichen Gründen wird man indes – mit Habersack[171] – das Rechts zum Stichentscheid des Aufsichtsratsvorsitzenden als einen „ungeschriebenen" Rechtssatz anerkennen müssen, der nicht wegfallen kann.

3. Corporate Governance

86 Auch die Form der Corporate Governance in dem künftigen Unternehmen mag (mit-)entscheidend dafür sein, welches Modell der Zusammenführung gewählt wird. Sowohl für die grenzüberschreitende Verschmelzung als auch die Übernahme gilt der einfache Grundsatz, dass man sich in der Regel mit der Entscheidung für eine bestimmte Richtung (der Verschmelzung oder Übernahme) auf eine bestimmte (in- oder ausländische) Gesellschaft und damit auf ein bestimmtes System der Corporate Governance festlegt. Beispielsweise ist für die *deutsche* Aktiengesellschaft **zwingend** eine **dualistische Verfassung** vorgeschrieben. Wer diese Lösung ablehnt, muss sich eine ausländische Kapitalgesellschaft mit monistischem System als auf- bzw. übernehmenden Partner suchen.

87 Eine Ausnahme stellt die **SE** dar, die den Beteiligten die **Wahl** lässt zwischen einer dualistischen Verfassung und einer monistischen Corporate Governance.[172] Die Funktion von Vorstand und Aufsichtsrat können in einem einheitlichen Board zusammengefasst werden, wonach – dem französischen Boardmodell folgend – zwischen einem Verwaltungsrat und den sogenannten geschäftsführenden Direktoren unterschieden wird. Der Verwaltungsrat ist oberstes Geschäftsführungsorgan. Er trägt die Gesamtverantwortung für die Unternehmensleitung, legt die Grundlinien der Unternehmenspolitik fest und ist mit einem Weisungsrecht gegenüber den geschäftsführenden Direktoren ausgestattet, welche er zugleich zu überwachen hat.[173] Der Verwaltungsrat wird, wie in der Aktiengesellschaft der Aufsichtsrat, von der Hauptversammlung bestellt.[174] Die geschäftsführenden Direktoren, die vom Verwaltungsrat ernannt werden, sind ein diesem untergeordnetes Handlungsorgan.[175] Sie können indessen als *executive directors* auch gleichzeitig dem Verwaltungsrat angehören, wiewohl die nicht geschäftsführenden Direktoren, die *non executive directors*, im Verwaltungsrat die Mehrheit haben müssen. Den geschäftsführenden Direktoren obliegt die Führung des Tagesgeschäftes. Sie vertreten die SE im Außenverhältnis.[176] Der Umstand, dass sie – jedenfalls wenn sie dem Board nicht angehören – kein wirkliches Leitungsorgan sind und dennoch über Vertretungsmacht im Außenverhältnis verfügen, ist scharf kritisiert worden,[177] liegt aber wohl in der Natur der gewählten Aufgabenteilung.

88 Die monistische Ausgestaltung der SE ermöglicht die Einführung eines CEO-Modells amerikanischer Prägung, in dem der Vorsitzende des Verwaltungsrats gleichzeitig als *executive director* den Vorsitz in der Geschäftsführung übernehmen kann. Es ist möglich, ihn mit einem Zweitstimmrecht bei Stimmengleichheit auszustatten[178] und ihm darüber hinaus

---

[169] Zur Kritik an dieser Vorschrift vgl. nur *Henssler*, in: Ulmer/Habersack/Henssler, § 7 MitbestG, Rdnr. 4 ff.

[170] Vgl. Art. 42 S. 2, 45 S. 2, 50 Abs. 2 S. 2 SE-VO.

[171] *Habersack*, ZHR 171 (2007), 613, 623 – unter Hinweis auf BVerfGE 50, 290, 324 ff., 360.

[172] Überblick bei *Ihrig/Wagner*, BB 2004, 1749, 1756 ff.; *Teichmann*, BB 2004, 53 ff.; *Merkt*, ZGR 2003, 650, 651.

[173] Vgl. dazu insgesamt MünchKommAktG/*Reichert/Brandes*, Art. 43 SE-VO, Rdnr. 80 ff.

[174] Vgl. Art. 43 Abs. 3 S. 1 SE-VO.

[175] Allgemein zu den geschäftsführenden Direktoren: *Ihrig*, ZGR 2008, 809 ff.

[176] Vgl. dazu insgesamt MünchKommAktG/*Reichert/Brandes*, Art. 43 SE-VO Rdnr. 13 ff.

[177] Vgl. *Hoffmann-Becking*, ZGR 2004, 355, 368 ff.

[178] Vgl. Art. 50 Abs. 2 S. 1 SE-VO.

ein Vorschlagsrecht hinsichtlich der übrigen geschäftsführenden Direktoren einzuräumen. Das **CEO-Modell** empfiehlt sich für Familiengesellschaften mit einem starken Familienoberhaupt.[179] Als Alternative bietet sich eine abgeschwächte Version in der Form an, dass das Familienoberhaupt, der „Firmenchef", nur den Vorsitz im Verwaltungsrat übernimmt und die Position des geschäftsführenden Direktors beispielsweise dem designierten Nachfolger überlässt (**„Patriarchen-Modell"**). Das hat im Vergleich zum dualistischen System den Vorteil, dass der „Firmenchef" sich nicht mit dem Tagesgeschäft befassen muss, gleichwohl als Teil der Unternehmensleitung auf strategische Entscheidungen Einfluss nehmen kann.[180] Ähnliches gilt, wenn mehrere Familienstämme existieren: Der Verwaltungsrat kann in dem Fall aus dem Kreis der Familienaktionäre besetzt werden. Es liegt nahe, ein austariertes System von Mehrheitserfordernissen einzurichten, das für einen Ausgleich der unterschiedlichen Interesse sorgt. Die Aufgabe des geschäftsführenden Direktors übernimmt ein externer Manager. Wiederum spricht für die monistische Lösung, dass die Familienaktionäre im Verwaltungsrat viel stärker an wichtigen Entscheidungen mitwirken können als die Aufsichtsratsmitglieder einer deutschen AG.[181]

Eine weitere Gestaltungsmöglichkeit schafft Art. 50 Abs. 1 SE-VO. Nach dieser Bestimmung kann das **Mehrheitserfordernis für Beschlussfassungen** im einheitlichen Leitungsorgan oder auch – bei dualistischem System – im Aufsichtsrat bis hin zur Einstimmigkeit verschärft werden.[182] Schon die Einführung qualifizierter Mehrheiten lässt es zu, einem Minderheitsgesellschafter **Vetorechte** bei der Leitung der SE zu verschaffen. So kann vorgesehen werden, dass er das Recht erhält, ein Drittel der Organmitglieder zu benennen, und dass den von ihm benannten Board-Mitgliedern durch qualifizierte Mehrheitserfordernisse faktisch ein Vetorecht bei allen weit reichenden Entscheidungen zusteht. Eine solche Struktur wäre mit Hilfe einer Aktiengesellschaft nicht zu realisieren. Dort lassen sich neben der einfachen Stimmenmehrheit im Aufsichtsrat bei Entscheidungen kraft Gesetzes keine weiteren Verschärfungen anordnen.[183]

In der **mitbestimmten SE** ist es hingegen nur insoweit möglich, eine qualifizierte Mehrheiten für die Beschlussfassung im Verwaltungsrat – bei der monistischen SE (und im Aufsichtsorgan bei der dualistischen SE) – einzuführen, als hierdurch die Entscheidungen nicht von der Zustimmung der Arbeitnehmervertreter abhängig werden.[184] Nach vorzugswürdiger Ansicht kann aber, anders als bei einer deutschen AG,[185] auch bei einer mitbestimmten dualistischen SE ein Vetorecht des Vorsitzenden im Leitungsorgan eingeführt werden, da die Stellung des Arbeitsdirektors hier schwächer ausgestaltet ist.[186] Hingegen scheitert die Implementierung von Vetorechten im Verwaltungsrat und im Aufsichtsrat an deren Charakter als Kollegialorgan.[187]

Ob das monistische oder das dualistische Modell den Vorzug verdient, hängt von verschiedenen Faktoren ab und muss in jedem Einzelfall eingehend geprüft werden. Entscheidend ist, dass die SE den Beteiligten überhaupt die Freiheit lässt, sich das zu der Struktur ihrer Gesellschaft passende Modell auszusuchen. Außerdem besteht die Möglichkeit, durch eine entsprechende Satzungsänderung von dem einmal gewählten System zu dem jeweils anderen System zu wechseln.[188] Dies bedeutet einen weiteren **Flexibilitätszuwachs,** der sich insbesondere bei Umstrukturierungsmaßnahmen auswirken kann.

---

[179] *Reichert*, GS Gruson, S. 162, 171.
[180] *Bayer/Schmidt*, AnwBl 2008, 327, 331.
[181] *Bayer/Schmidt*, AnwBl 2008, 327, 331. Vgl. auch *Seibt/Saame*, AnwBl 2005, 225, 229.
[182] Vgl. MünchKommAktG/*Reichert/Brandes*, Art. 50 SE-VO, Rdnr. 22 ff.
[183] Vgl. *Hüffer*, AktG, § 108, Rdnr. 8; MünchKommAktG/*Habersack*, § 108, Rdnr. 23 f.
[184] Vgl. MünchKommAktG/*Reichert/Brandes*, Art. 50 SE-VO, Rdnr. 23.
[185] Vgl. *Hüffer*, AktG, § 108, Rdnr. 8; MünchKommAktG/*Habersack*, § 108, Rdnr. 25.
[186] Vgl. MünchKommAktG/*Reichert/Brandes*, Art. 50 SE-VO, Rdnr. 31 f.
[187] Vgl. MünchKommAktG/*Reichert/Brandes*, Art. 45 SE-VO, Rdnr. 29, und Art. 50 SE-VO, Rn 33 f.
[188] *Hommelhoff*, AG 2001, 279, 282; *Hirte*, NZG 2002, 1, 5.

92 Uneingeschränkt gilt die Empfehlung für die SE in Angelegenheiten der Corporate Governance allerdings nur für diejenigen Gesellschaften, die nicht oder jedenfalls noch nicht unternehmerischer Mitbestimmung unterliegen. In allen anderen Fällen kann der SE die Wahlmöglichkeit zwischen monistischem und dualistischen System nicht zugute gehalten werden, weil diese Möglichkeit aufgrund einer **undifferenzierten Mitbestimmungsgewährleistung** im deutschen Recht *de facto* nicht besteht oder zumindest stark eingeschränkt ist.[189] Versteht man die Auffanglösung nämlich so, dass die Mitbestimmung – etwa die paritätische Mitbestimmung – eins zu eins auf das Leitungsorgan zu übertragen ist,[190] würde sich die Mitbestimmung nicht, wie bisher, auf die Kontrolle, sondern auch auf die unternehmerischen Leitungsentscheidungen erstrecken.[191] Dies wäre eine nicht zu rechtfertigende, eventuell sogar verfassungswidrige Ausdehnung der Mitbestimmung.[192] Da es der deutsche Gesetzgeber versäumt hat klarzustellen, dass sich die Parität oder Drittelparität ausschließlich auf die *non executive directors* im Leitungsorgan erstreckt, sieht man sich auf die schwierige Aufgabe verwiesen, derartige Modelle im Rahmen der Verhandlungslösung zu verwirklichen. Die geringen Erfolgschancen werden viele vor solchen Versuchen zurückschrecken lassen und das monistische System wohl in der Regel dem vorbehalten, der rechtzeitig vor dem Eingreifen von Mitbestimmungsgrenzen in eine SE umwandelt.

---

[189] Vgl. dazu *Reichert/Brandes*, ZGR 2003, 767 ff.; *Gruber/Weller*, NZG 2003, 297 ff.; *Niklas*, NZA 2004, 1200 ff.; *Weiss/Wöhlert*, NZG 2006, 121, 126; *Götz*, ZIP 2003, 1067; *Horn*, DB 2005, 152.

[190] So z.B. *Köstler*, ZGR 2003, 800, 804 f.; *Niklas*, NZA 2004, 1200, 1204.

[191] Damit dürfte freilich auch ein erhöhtes Haftungsrisiko der Arbeitnehmervertreter im Vergleich zur Mitgliedschaft im Aufsichtsrat einhergehen.

[192] Vgl. hierzu ausführlich MünchKommAktG/*Jacobs*, § 35 Rdnr. 17 ff.

8. Kapitel. Grenzüberschreitende Übernahmen

§ 63. Kapitalmarktrecht

Übersicht

	Rdnr.		Rdnr.
I. Der internationale Anwendungsbereich des WpÜG	1–36	b) Ausnahme für europäische Zielgesellschaften	31–36
1. Überblick	1–4	II. Grenzüberschreitende Übernahmen innerhalb von EU/EWR	37–44
2. Die Übernahmerichtlinie 2004/25/EG, insbesondere der Begriff des „Sitzes" in Artikel 4 und Fragen des Anwendungsbereichs	5–12	1. Grenzüberschreitende Übernahmen von inländischen Zielgesellschaften	37–41
3. Die Definitionen der Zielgesellschaft und des organisierten Marktes (§ 2 Abs. 3 und Abs. 7 WpÜG)	13	2. Grenzüberschreitende Übernahmen europäischer Zielgesellschaften	42–44
a) Inländische Zielgesellschaften	14	III. Übernahmen mit Drittstaatenbezug	45–64
b) Europäische Zielgesellschaften	15–17	1. Fälle des Drittstaatenbezugs	45–49
c) Organisierter Markt	18–21	2. Übernahmen bei Börsenzulassung in Drittstaaten	50–62
4. Der Anwendungsbereich des WpÜG (§ 1 Abs. 1 WpÜG)	22–25	a) Überblick	50
5. Beschränkte Anwendung des WpÜG (§ 1 Abs. 2 und Abs. 3 WpÜG)	26–36	b) Mehrfachnotierung der Zielgesellschaft	51–56
a) Ausnahme für inländische Zielgesellschaften mit ausländischer Börsenzulassung	27–30	c) Nur im Drittstaat börsennotierte Inlandsgesellschaft	57–62
		3. Übernahmen bei drittstaatlichem Gesellschaftsstatut	63–64

Schrifttum: *Ackermann*, Das internationale Privatrecht der Unternehmensübernahme, 2008; *Albrecht*, Das Übernahmerecht des U.S.-amerikanischen Williams Act, 2008; *Bohnert*, Einleitung Rdnr. 180 f. (Internationales Ordnungswidrigkeitenrecht) in Senge (Hrsg.), Karlsruher Kommentar zum OWiG, 3. Aufl. 2006; *Claussen*, Bank- und Börsenrecht, 4. Aufl. 2008; *Ekkenga/Kuntz*, Grundzüge eines Kollisionsrechts für grenzüberschreitende Übernahmeangebote, WM 2004, 2427 ff.; *Eser*, § 9 Rdnr. 12 ff. StGB (Internationale Distanzdelikte) in Schönke/Schröder, StGB, 28. Aufl. 2010; *Fischer*, Rechtsfragen grenzüberschreitender Übernahmeangebote, 2008; *Frobenius*, Cartesio: Partielle Wegzugsfreiheit für Gesellschaften in Europa, DStR 2009, 487 ff.; *Geibel/Süßmann*, WpÜG, 2. Aufl. 2008; *Greene et al.*, U.S. Regulation of the International Securities and Derivatives Markets, 9th Ed. 2006, Vol. 1; *Groß*, Kapitalmarktrecht, 4. Aufl. 2009; *Helmis*, Regulierung von Unternehmensübernahmen in den USA, RIW 2001, 825 ff.; *Hilmer*, Die Übernahmerichtlinie und ihre Umsetzung in das deutsche Recht, 2007; *Hirte/von Bülow* (Hrsg.), Kölner Kommentar WpÜG, 2003; *Hoffmann*, Die stille Bestattung der Sitztheorie durch den Gesetzgeber, ZIP 2007, 1581 ff.; *ders.*, Theorie des internationalen Wirtschaftsrechts, 2009; *Holzborn*, Ausschluss ausländischer Aktionäre nach § 24 WpÜG, BKR 2002, 67 ff.; *Josenhans*, Das neue Übernahmekollisionsrecht, ZBB 2006, 269 ff.; *Kegel/Schurig*, Internationales Privatrecht, 9. Aufl. 2004; *Kiesewetter*, Der Sitz der Zielgesellschaft als Anknüpfungspunkt für die Anwendung des WpÜG n. F., RIW 2006, 518 ff.; *Kindler/Horstmann*, Die EU-Übernahmerichtlinie – Ein „europäischer" Kompromiss, DStR 2004, 866 ff.; *Krause*, Der Kommissionsvorschlag für die Revitalisierung der EU-Übernahmerichtlinie, BB 2002, 2341 ff.; *Leible/Hoffmann*, Cartesio – fortgeltende Sitztheorie, grenzüberschreitender Formwechsel und Verbot materiellrechtlicher Wegzugsbeschränkungen, BB 2009, 58 ff.; *dies.*, „Überseering" und das deutsche Gesellschaftskollisionsrecht, ZIP 2003, 925 ff.; *Marquardt/Pluskat*, Die Kontrolle von Unternehmenserwerben nach dem novellierten AWG, DStR 2009, 1314 ff.; *Maul*, Die EU-Übernahmerichtlinie – ausgewählte Fragen, NZG 2005, 151 ff.; *Merkt/Binder*, Änderungen im Übernahmerecht nach Umsetzung der EG-Übernahmerichtlinie: Das deutsche Umsetzungsgesetz und verbleibende Problemfelder, BB 2006, 1285 ff.;

§ 63 1   8. Kapitel. Grenzüberschreitende Übernahmen

Mestmäcker/Schweitzer, Europäisches Wettbewerbsrecht, 2. Aufl. 2004; *Meyer*, Änderungen im WpÜG durch die Umsetzung der EU-Übernahmerichtlinie, WM 2006, 1135 ff.; *Mülbert*, Umsetzungsfragen der Übernahmerichtlinie – erheblicher Änderungsbedarf bei den heutigen Vorschriften des WpÜG, NZG 2004, 633 ff.; *Neumeyer*, Internationales Verwaltungsrecht, Bd. IV, 1936; *Ohler*, Die Kollisionsordnung des Allgemeinen Verwaltungsrechts, 2005; *Reinhardt/Pelster*, Stärkere Kontrolle von ausländischen Investitionen – Zu den Änderungen von AWG und AWV, NZG 2009, 441 ff.; *Rotheimer*, Referentenentwurf zum Internationalen Gesellschaftsrecht, NZG 2008, 181 ff.; *Schübel-Pfister*, Sprache und Gemeinschaftsrecht, 2004; *Schüppen*, WpÜG-Reform: Alles Europa, oder was?, BB 2006, 165 ff.; *Schuster*, Die internationale Anwendung des Börsenrechts, 1996; *Schwark/Zimmer*, Kapitalmarktrechts-Kommentar, 4. Aufl. 2010; *Seibt/Heiser*, Analyse der EU-Übernahmerichtlinie und Hinweise für eine Reform des deutschen Übernahmerechts, ZGR 2005, 200 ff.; *Seibt/Wollenschläger*, Unternehmenstransaktionen mit Auslandsbezug nach der Reform des Außenwirtschaftsrechts, ZIP 2009, 833 ff.; *Steinmeyer/Häger*, WpÜG: Wertpapiererwerbs- und Übernahmegesetz, 2. Aufl. 2007; *von Bar/Mankowski*, Internationales Privatrecht Bd. I, 2. Aufl. 2003; *von Hein*, Grundfragen des europäischen Übernahmekollisionsrechts, AG 2001, 213 ff.; *ders.*, Zur Kodifikation des europäischen Übernahmekollisionsrechts, ZGR 2005, 528 ff.; *Voland*, Freitag, der Dreizehnte – Die Neuregelungen des Außenwirtschaftsrechts zur verschärften Kontrolle ausländischer Investitionen, EuZW 2009, 519 ff.; *Winkelmann*, Aufsicht und anwendbares Recht bei grenzüberschreitenden Unternehmensübernahmen, 2007; *Wymeersch*, Übernahmeangebote und Pflichtangebote, ZGR 2002, 520 ff.; *Zimmer*, Aufsicht bei grenzüberschreitenden Übernahmen, ZGR 2002, 731 ff..

I. Der internationale Anwendungsbereich des WpÜG

1. Überblick

1   Bei der Übernahme börsennotierter Gesellschaften im Wege öffentlicher Angebote an die Aktionäre sind heute nach dem Recht aller EU-Staaten wie der meisten nicht-europäischen Industriestaaten besondere **kapitalmarktrechtliche Verhaltenspflichten** zu beachten.[1] Die Übernahmerechte sehen einerseits eine behördliche Aufsicht über die öffentlichen Erwerbs- und Übernahmeangebote (also auf den Erwerb der Kontrolle über die Zielgesellschaft gerichtete öffentliche Erwerbsangebote) und **öffentlich-rechtliche Sanktionierung** von Verstößen vor, andererseits können Pflichtverletzungen auch **privatrechtliche Ansprüche** zur Folge haben. Bei grenzüberschreitenden Angeboten, bei denen Bieter und Zielgesellschaft in unterschiedlichen Staaten ansässig sind, oder wenn durch eine ausländische Börsennotierung ein grenzüberschreitender Bezug hergestellt wird, bedarf es zunächst einer **kollisionsrechtlichen Anknüpfung** zur Ermittlung des auf ein bestimmtes Angebot anwendbaren Übernahmerechts. Die Besonderheit des internationalen Übernahmerechts ist, dass durch die Verknüpfung öffentlich-rechtlicher Aufsicht und privatrechtlicher Ansprüche[2] unterschiedliche kollisionsrechtliche Prinzipien einschlägig sind: Öffentlich-rechtliche Kollisionsnormen bestimmen lediglich, wann das eigene Recht anwendbar ist (einseitige Kollisionsnormen).[3] Der Anwendung des eigenen öffentlichen Rechts im Ausland sind dabei aufgrund des **Territorialitätsprinzips** enge Grenzen gesetzt, insbesondere ist es einem Staat versagt auf dem Gebiet eines anderen Staates ohne dessen Erlaubnis hoheitlich tätig zu werden.[4] Die international-privatrechtlichen Anknüpfungen sind hingegen regelmäßig allsei-

---

[1] Vgl. zur Rechtslage in Europa (vor Inkrafttreten der unten dargestellten Übernahmerichtlinie) etwa *Winkelmann*, Aufsicht und anwendbares Recht bei grenzüberschreitenden Unternehmensübernahmen, 2007 S. 34 ff.; *Ackermann*, Das internationale Privatrecht der Unternehmensübernahme, 2008 S. 66 ff.

[2] Ausführlich zur Anknüpfung der privatrechtlichen Ansprüche unten § 66 (insbes. Rdnr. 19 ff.).

[3] So die herrschende auf *Karl Neumeyer* zurückgehende Auffassung, vgl. *Neumeyer*, Internationales Verwaltungsrecht, Bd. IV, 1936 S. 104 ff., 115 ff. Überblick zum Meinungsstand bei *Ohler*, Die Kollisionsordnung des Allgemeinen Verwaltungsrechts, 2005 S. 33 ff.; vgl. speziell zum WpÜG auch *Ekkenga/Kuntz* WM 2004, 2427/2430 f.

[4] Statt vieler: *Ohler*, Die Kollisionsordnung des Allgemeinen Verwaltungsrechts, 2005 S. 43 f. m. w. N.

tig[5] formuliert, bestimmen also das aus Sicht des Forums anwendbare Recht auch dann, wenn es sich hierbei um ausländisches Recht handelt. Dieser Unterschied setzt sich auf der Ebene der Anwendung fort, da die Aufsichtsbehörden stets nur ihr eigenes Recht anwenden[6] (und nur bei dessen kollisionsrechtlicher Anwendbarkeit überhaupt eine Zuständigkeit besitzen), während die Gerichte im Rahmen privatrechtlicher Streitigkeiten auch dazu verpflichtet sind, ausländisches Privatrecht anzuwenden.[7] Daher bedarf es bezüglich der kollisionsrechtlichen Behandlung des Übernahmerechts einer **differenzierenden Sichtweise.**

Ein Problem des internationalen Übernahmerechts ist die **parallele Anwendbarkeit verschiedener Rechtsordnungen** und die Zuständigkeit von Aufsichtsbehörden verschiedener Staaten für dieselbe Übernahme. Der Grund hierfür liegt vor allem in dem System einseitiger Anknüpfungen in Verbindung mit der Verwendung unterschiedlicher Anknüpfungsmomente durch unterschiedliche Rechtsordnungen. Ein weiterer Grund sind Börsennotierungen außerhalb des Sitzstaates einer Gesellschaft und Mehrfachnotierungen, da im internationalen Übernahmerecht sowohl das Gesellschaftsstatut der Zielgesellschaft von Bedeutung ist als auch der **Ort der Börsenzulassung** sowie (jedenfalls nach US-amerikanischem Recht) sogar die Ansässigkeit der Anteilseigner der Zielgesellschaft. Letzteres ergibt sich vor allem aus dem kapitalmarktrechtlichen Charakter des Übernahmerechts. Ohne Bedeutung sind für die Anknüpfung dagegen Sitz oder Nationalität des Bieters (ausführlich unten Rdnr. 37, 42, 46).

Die gleichzeitige Anwendbarkeit verschiedener Übernahmerechte erscheint im internationalen Übernahmerecht nicht nur wegen der **Mehrfachzuständigkeit der Aufsichtsbehörden,** sondern vor allem bei Unterschieden der dadurch anwendbaren materiellrechtlichen Vorschriften als problematisch. **Echte Normenkollisionen,** also sich widersprechende Verhaltenspflichten aus unterschiedlichen Rechtsordnungen, die nicht zugleich erfüllt werden können, sind im Übernahmerecht speziell wegen des Grundsatzes der Gleichbehandlung aller Anteilseigner zu befürchten, der eine differenzierende Anwendung ausschließt (hierzu unten Rdnr. 47). Im Verhältnis zu Drittstaaten außerhalb von EU/EWR sind die hieraus resultierenden Konflikte nach **wirtschaftskollisionsrechtlichen Grundsätzen** nach Maßgabe des Völkerrechts aufzulösen (hierzu unten Rdnr. 55 f.). Im deutschen Übernahmerecht dient hierzu die spezielle Regelung in § 24 WpÜG, die der Aufsichtsbehörde bei Normkonflikten eine **Abkehr vom Gleichbehandlungsgrundsatz** erlaubt (hierzu unten Rdnr. 54). Dies erlaubt den inländischen Aufsichtsbehörden, die extraterritorialen Wirkungen des WpÜG zu begrenzen, ohne dessen grundsätzliche Anwendbarkeit auszuschließen.

Bei grenzüberschreitenden Übernahmen **innerhalb von EU/EWR** wurden derartige Normenkonflikte im Wege der Harmonisierung insbesondere des Übernahmekollisionsrechts durch die Richtlinie 2004/25/EG[8] weitgehend ausgeschlossen (hierzu sogleich unter 2. und unten Rdnr. 37 ff.).

2. Die Übernahmerichtlinie 2004/25/EG, insbesondere der Begriff des „Sitzes" in Artikel 4 und Fragen des Anwendungsbereichs

Am 20. 5. 2004 trat nach jahrzehntelanger Diskussion und mehreren zuvor fehlgeschlagenen Versuchen[9] zur Harmonisierung des mitgliedstaatlichen Übernahmerechts schließ-

---

[5] Zum Begriff vgl. auch MünchKommBGB/*Sonnenberger* Einl. IPR Rdnr. 474 f.
[6] Vgl. *Ekkenga/Kuntz* WM 2004, 2427/2430 f.; *von Bar/Mankowski*, Internationales Privatrecht Bd. I, 2. Aufl. 2003 § 4 Rdnr. 53, 59, 61.
[7] Vgl. MünchKommBGB/*Sonnenberger* Einl. IPR Rdnr. 624 ff.; *von Bar/Mankowski*, Internationales Privatrecht Bd. I, 2. Aufl. 2003 § 4 Rdnr. 61.
[8] Richtlinie 2004/25/EG des Europäischen Parlaments und des Rates vom 21. April 2004 betreffend Übernahmeangebote, ABl. EG L 142 vom 30. 4. 2004, S. 12 (Übernahmerichtlinie).
[9] Zur wechselvollen Entstehungsgeschichte der Richtlinie vgl. ausführlich (insbesondere zur Entwicklung des Anknüpfungssystems) *Fischer*, Rechtsfragen grenzüberschreitender Übernahmeangebote, 2008 S. 52 ff. Ferner: *Ackermann*, Das internationale Privatrecht der Unternehmensübernahme, 2008

lich die **Richtlinie betreffend Übernahmeangebote**[10] in Kraft. Sie verfolgt das Ziel, Klarheit und Transparenz in Hinblick auf die mit Unternehmensübernahmen verbundenen Rechtsfragen innerhalb der EU/des EWR zu schaffen.[11] Insbesondere sollen die oben (Rdnr. 3) angesprochenen Normenkonflikte vermieden werden. Dies wird neben der Einführung von Mindestvorgaben[12] im Bereich des **materiellen Übernahmerechts,** insbesondere durch eine **Angleichung des Übernahmekollisionsrechts** erreicht. Durch die von Art. 4 der Richtlinie vorgegebene kollisionsrechtliche Konzeption wird zwar nicht die mehrfache Anwendbarkeit mitgliedstaatlicher Übernahmegesetze, wohl aber werden Konflikte ausgeschlossen. Erreicht wird dies durch ein **differenziertes Anknüpfungssystem:** Anknüpfungsmomente sind zwar sowohl der Sitz der Zielgesellschaft als auch der Ort der Börsenzulassung, jedoch ist das Übernahmerecht eines Mitgliedstaats nur dann uneingeschränkt anwendbar, wenn beide Momente auf denselben Mitgliedstaat verweisen, also die Aktien der Zielgesellschaft (zumindest auch) in ihrem Sitzstaat an der Börse notiert sind (Art. 4 Abs. 2 lit. a RL). In diesem Fall schließt die Richtlinie ferner die Anwendung jeder anderen Rechtsordnung aus (arg. e. cont. Art. 4 Abs. 2 lit. b S. 1, erster Halbsatz RL, was sonst insbesondere bei Mehrfachnotierungen an Börsen in Betracht gekommen wäre[13], so dass Normkonflikte allenfalls noch mit nicht-europäischen Rechtsordnungen in Betracht kommen. In Art. 4 Abs. 2 lit. a RL ist hierbei zwar nur von der Zuständigkeit die Rede, jedoch ist im Wege eines **(umgekehrten) Gleichlaufprinzips** davon auszugehen, dass die zuständige Aufsichtsbehörde auch ihr eigenes nationales Sachrecht anwendet (arg. e Art. 4 Abs. 2 lit. e RL).[14] Verweisen dagegen die Anknüpfungsmomente auf unterschiedliche

---

S. 40 ff.; *Hilmer,* Die Übernahmerichtlinie und ihre Umsetzung in das deutsche Recht, 2007 S. 3 ff.; *Winkelmann,* Aufsicht und anwendbares Recht bei grenzüberschreitenden Unternehmensübernahmen, 2007 S. 81 ff.; *Geibel/Süßmann* WpÜG/*Zehetmeier-Müller/Zirngibl* Einleitung Rdnr. 2 ff.; Steinmeyer/ Häger WpÜG/*Steinmeyer* Einleitung Rdnr. 4 ff.; *Schwark/Zimmer,* KapitalmarktrechtsKomm/*Noack/ Zitsche,* Einl WpÜG Rdnr. 15 f.; knappere Darstellung etwa bei *Meyer* WM 2006, 1135, 1135 f.

[10] Richtlinie 2004/25/EG des Europäischen Parlaments und des Rates vom 21. April 2004 betreffend Übernahmeangebote, ABl. EG L 142 vom 30. 4. 2004, S. 12 (nachfolgend: Übernahmerichtlinie bzw. Richtlinie/RL).

[11] Vgl. Erwägungsgrund 3 und 25 der Übernahmerichtlinie.

[12] Die Übernahmerichtlinie führt nicht zu einer Vollharmonierung des mitgliedstaatlichen Übernahmerechts. So werden etwa einfache (also nicht auf Kontrollerwerb gerichtete) Erwerbsangebote von der Richtlinie, anders als vom WpÜG, nicht erfasst (vgl. Art. 2 Abs. 1 lit. a der Richtlinie). Erreicht wird vielmehr nur eine Mindestharmonisierung im Rahmen des begrenzten sachlichen Anwendungsbereichs der Richtlinie (*Fischer,* Rechtsfragen grenzüberschreitender Übernahmeangebote, 2008 S. 257 ff., 266; vgl. auch Erwägungsgrund 25, 26 und 29 sowie Art. 3 Abs. 2 der Übernahmerichtlinie). Bei der Umsetzung der Richtlinie wurden den Mitgliedstaaten zudem vielfach Optionsrechte eingeräumt (hierzu etwa *Maul* NZG 2005, 151, 152 ff., 158; *Merkt/Binder* BB 2006, 1285, 1286; *Seibt/Heiser* ZGR 2005, 200, 231 ff.). Das von der Kommission ursprünglich verfolgte Ziel einheitlicher Ausgangsbedingungen für alle öffentlichen Übernahmeangebote innerhalb der EU (sog. „level playing field") ließ sich aus politischen Gründen daher nur sehr unvollkommen verwirklichen (vgl. *Hilmer,* Die Übernahmerichtlinie und ihre Umsetzung in das deutsche Recht, 2007 S. 394 f.; *Merkt/Binder* BB 2006, 1285, 1286; *Seibt/Heiser* ZGR 2005, 200, 249 f.; sehr kritisch *Meyer* WM 2006, 1135, 1143 f., der von einem bloßen „Formelkompromiss" spricht; zu den politischen Hintergründen *Maul* NZG 2005, 151, 151 f.).

[13] Auch bei einem sog. dual listing, also der Notierung auch in einem anderen Mitgliedstaat, bleibt es also bei der uneingeschränkten Rechtsanwendung und Zuständigkeit gem. Art. 4 Abs. 2 lit. a RL, vgl. *von Hein* AG 2001, 213, 214 f.; *ders.* ZGR 2005, 528, 537; *Zimmer* ZGR 2002, 731, 739; *Fischer,* Rechtsfragen grenzüberschreitender Übernahmeangebote, 2008 S. 59 f.; *Hilmer,* Die Übernahmerichtlinie und ihre Umsetzung in das deutsche Recht, 2007 S. 41 f.

[14] *Ackermann,* Das internationale Privatrecht der Unternehmensübernahme, 2008 S. 37; *Fischer,* Rechtsfragen grenzüberschreitender Übernahmeangebote, 2008 S. 60; *von Hein* AG 2001, 213, 214 f., 230; *Hilmer,* Die Übernahmerichtlinie und ihre Umsetzung in das deutsche Recht, 2007 S. 41 f; *Kindler/Horstmann* DStR 2004, 866/867; *Zimmer* ZGR 2002, 731/738 ff.; MünchKommBGB/*Schnyder* IntKapMarktR Rdnr. 225.

Mitgliedstaaten, kommt es zu einer **Aufspaltung des Übernahmestatuts:** Während die kapitalmarktrechtlichen Aspekte der Übernahme allein dem Recht und der Zuständigkeit der Aufsichtsbehörden des Mitgliedstaates der zeitlich ersten Börsenzulassung (Art. 4 Abs. 2 lit. b, lit. e Satz 1 RL) unterliegen, gilt das Recht des Sitzstaates der Zielgesellschaft, verbunden mit der Zuständigkeit von dessen Aufsichtsbehörden für die gesellschafts- und arbeitsrechtlich zu qualifizierenden Normen des Übernahmerechts (Art. 4 Abs. 2 lit. e Satz 2 RL).[15] Bei gleichzeitiger erstmaliger Börsenzulassung in unterschiedlichen Mitgliedstaaten (aber nicht im Sitzstaat) entscheidet die Zielgesellschaft bereits bei Aufnahme des Börsenhandels über das anwendbare Recht (Art. 4 Abs. 2 lit. c RL).[16] Der **wirtschaftskollisionsrechtliche Charakter** dieser Regelungen wird schon dadurch deutlich, dass die Richtlinie, wie dargestellt, die Zuständigkeit der Aufsichtsbehörden regelt und dabei grundsätzlich von der Anwendung des Rechts der zuständigen Aufsichtsbehörde ausgeht.[17] Das anwendbare Recht wird dagegen nur für den Fall des Auseinanderfallens der Anknüpfungsmomente ausdrücklich geregelt, um die differenzierende Lösung umsetzen zu können.

In dem untypischen Fall des Auseinanderfallens von Sitz und Börsenzulassung kommen demnach zwar zwei unterschiedliche Rechtsordnungen zur Anwendung, dennoch sind Konflikte durch die **Aufteilung der Regelungsgegenstände** weitgehend ausgeschlossen. Als problematisch erscheint lediglich, dass die Richtlinie nicht im Einzelnen, sondern nur beispielhaft aufzählt, welche Fragen konkret als gesellschaftsrechtlich anzusehen sind.[18] Hieraus könnten bei unterschiedlicher Einstufung derselben Frage in verschiedenen Mitgliedstaaten Normenmangel wie Normenhäufung resultieren.[19] Es ist ferner bemerkenswert, dass das Richtlinienkonzept die gesellschaftsrechtlichen Fragen des Übernahmerechts nicht dem Gesellschaftsstatut zuweist, sondern in Art. 4 Abs. 2 RL mit dem **Sitz der Zielgesellschaft** ein von der gesellschaftskollisionsrechtlichen Anknüpfung unabhängiges Anknüpfungsmoment bestimmt.

Mit diesem „Sitz" ist nicht der tatsächliche Sitz im Sinne der Hauptverwaltung (also das Anknüpfungsmoment der Sitztheorie[20]), sondern vielmehr der **Satzungssitz** gemeint.[21] Anhaltspunkt hierfür ist zum einen, dass in den unterschiedlichen (im Hinblick auf die

---

[15] Ausführlich: *Hilmer*, Die Übernahmerichtlinie und ihre Umsetzung in das deutsche Recht, 2007 S. 42 ff; *Winkelmann*, Aufsicht und anwendbares Recht bei grenzüberschreitenden Unternehmensübernahmen, 2007 S. 90 ff., jeweils m. w. N.

[16] So die Regelung für Neufälle (gleichzeitige Mehrfachzulassung nach Ablauf der Umsetzungsfrist am 20. Mai 2006). Zu Altfällen vgl. Art. 4 Abs. 2 lit. c Sätze 2 und 3 RL (hierzu etwa *Winkelmann*, Aufsicht und anwendbares Recht bei grenzüberschreitenden Unternehmensübernahmen, 2007 S. 91; *Meyer* WM 2006, 1135, 1138; *von Hein* ZGR 2005, 528, 539 f.; *Zimmer* ZGR 2002, 731, 738 f.).

[17] Siehe oben Rdnr. 5; vgl. auch *von Hein* ZGR 2005, 528, 540 ff.

[18] Vgl. etwa *von Hein* ZGR 2005, 528, 554 f.

[19] *von Hein* AG 2001, 213, 229 f.; *Winkelmann*, Aufsicht und anwendbares Recht bei grenzüberschreitenden Unternehmensübernahmen, 2007 S. 152 ff.

[20] Zur Anknüpfung im internationalen Gesellschaftsrecht vgl. ausführlich MünchKommBGB/ *Kindler* IntGesR Rdnr. 351 ff., speziell zur Sitztheorie Rdnr. 420 ff.

[21] So auch *Fischer*, Rechtsfragen grenzüberschreitender Übernahmeangebote, 2008 S. 71; *Hilmer*, Die Übernahmerichtlinie und ihre Umsetzung in das deutsche Recht, 2007 S. 46 ff.; *Kiesewetter* RIW 2006, 518; *Mülbert* NZG 2004, 633, 638; (nur) im Ergebnis auch *Winkelmann*, Aufsicht und anwendbares Recht bei grenzüberschreitenden Unternehmensübernahmen, 2007 S. 128, 132, der zwar in Art. 4 Abs. 2 RL eine Gesamtverweisung auf das mitgliedstaatliche Gesellschaftskollisionsrecht sieht (S. 108), jedoch zur Wahrung der Niederlassungsfreiheit nach Art. 43, 48 EG (= Art. 49, 54 AEUV) eine „Konkretisierung" zu Gunsten des Satzungssitzes für geboten hält; im Ergebnis auch *Seibt/Heiser* ZGR 2005, 200, 205 ff., 210; aA. *von Hein* AG 2001, 213, 216 ff., der davon ausgeht, die Richtlinie habe den Sitzbegriff offen gelassen, sodass das jeweilige Gesellschaftskollisionsrecht der Mitgliedstaaten anzuwenden sei. Gegen eine solche Auslegung spricht aber, dass auf diese Weise angesichts des Fehlens eines einheitlichen europäischen Gesellschaftsstatuts Mehrfachzuständigkeiten zu befürchten sind und so gerade nicht zu der von der Richtlinie bezweckten Rechtsvereinfachung beigetragen würde; im Ergebnis wie hier dann auch *von Hein* ZGR 2005, 528, 545 ff.

Auslegung gleichermaßen zu berücksichtigenden[22]) sprachlichen Fassungen der Richtlinie teilweise ausdrücklich vom „Satzungssitz" bzw. „statuarischen Sitz" die Rede ist. So spricht etwa die niederländische Fassung vom „statutaire zetel", die englische vom „registered office".[23] Die oft zitierte französische Fassung schließt eine Auslegung als „Satzungssitz" jedenfalls nicht aus, da dort lediglich vom Gesellschaftssitz („siège social") und gerade nicht vom tatsächlichen Sitz („siège réel") die Rede ist.[24] Zum anderen hat ein Abstellen auf den Satzungssitz zur Folge, dass ein **Gleichlauf von Übernahmestatut** (bei gespaltener Anknüpfung freilich nur hinsichtlich der als arbeits- bzw. gesellschaftsrechtlich zu qualifizierenden Fragen, Art. 4 Abs. 2 lit. e Satz 2 RL) **und Gesellschaftsstatut** herbeigeführt und so zur Rechtsvereinheitlichung und -vereinfachung beigetragen wird: Da die materiellen Gesellschaftsrechte für die Gründung stets einen inländischen Satzungssitz verlangen, ist aus Sicht der Gründungstheorie[25] ein Gleichlauf mit dem Gesellschaftsstatut grundsätzlich gewährleistet. Aus Sicht der Sitztheoriestaaten[26] könnten Anknüpfungsmoment des Gesellschaftsstatuts (also der tatsächliche Sitz der Hauptverwaltung) und Satzungssitz zwar auseinander fallen, jedoch kommt eine unterschiedliche Anknüpfung aufgrund der materiellrechtlichen Situation praktisch nicht in Betracht. Bezüglich der zuziehenden Gesellschaften aus Gründungstheoriestaaten folgt dies bereits aus der Niederlassungsfreiheit, die nach dem Urteil „Überseering"[27] eine Gründungsanknüpfung europäischer Gesellschaften verlangt.[28] Den Gesellschaften aus Sitztheoriestaaten ist dagegen regelmäßig materiellrechtlich der Wegzug untersagt, da die Niederlassungsfreiheit nach der Entscheidung „Cartesio"[29] ein Recht auf statutenwahrende Herausverlegung des tatsächlichen Sitzes nicht gewährt.[30] Soweit dagegen eine Sitzverlegung unter Wechsel des anwendbaren Rechts durchgeführt wird,[31] kommt es zugleich auch zu einer Verlegung des Satzungssitzes. Daher bedeutet die Anknüpfung an den „Sitz" regelmäßig, dass zumindest die gesellschafts- und arbeitsrechtlichen Aspekte dem Recht des Mitgliedstaates des Gesellschaftsstatuts unterliegen, während die kapitalmarktrechtlichen Aspekte dem **Recht des Ortes der ersten Börsenzulassung** unterliegen.

8 Nach Art. 3 Abs. 2 lit. b der Richtlinie können die Mitgliedstaaten „zusätzliche Bedingungen und strengere Bestimmungen" für Übernahmeangebote in ihrem nationalen Recht vorsehen. Da somit **keine Vollharmonisierung** angestrebt wird, stellt sich die Frage, ob die kollisionsrechtlichen Vorgaben der Richtlinie nur für den Mindeststandard oder für alle auf das Angebot bezogenen Regelungen, also auch die zusätzlichen Bedingungen und strengeren Bestimmungen innerhalb des Anwendungsbereichs (Art. 1, Art. 2 Abs. 1 lit. a, e

---

[22] Ausführlich: *Schübel-Pfister*, Sprache und Gemeinschaftsrecht, 2004 S. 122 ff., insbes. S. 128 f., 225.

[23] Vgl. zum „registered office" auch *Fischer*, Rechtsfragen grenzüberschreitender Übernahmeangebote, 2008 S. 69.

[24] Zutreffend *Ackermann*, Das internationale Privatrecht der Unternehmensübernahme, 2008 S. 271 Fn. 7; in diese Richtung gehend auch *Fischer*, Rechtsfragen grenzüberschreitender Übernahmeangebote, 2008 S. 69; aA. insoweit *Mülbert* NZG 2004, 633, 638, der ohne nähere Begründung „siège social" als den Verwaltungssitz ansieht; *von Hein* ZGR 2005, 528, 546 weist zutreffend darauf hin, dass „siège social" nicht synonym mit dem Verwaltungssitz zu verstehen ist, will jedoch aus dem französischen Gesellschaftskollisionsrecht eine Aussage zu Gunsten des Verwaltungssitzes herleiten.

[25] Zur Anknüpfung im internationalen Gesellschaftsrecht vgl. ausführlich NomosKommBGB/*Hoffmann* Anh zu Art. 12 EGBGB Rdnr. 30 ff., speziell zur Gründungstheorie Rdnr. 36 ff.; MünchKommBGB/*Kindler* IntGesR Rdnr. 351 ff., speziell zur Gründungstheorie Rdnr. 359 ff.

[26] Zur Situation in Deutschland seit in Kraft treten des § 5 AktG n. F. siehe unten Rdnr. 14.

[27] EuGH NJW 2002, 3614 = NZG 2002, 1164.

[28] *Leible/Hoffmann* ZIP 2003, 925 m.w.N. auch zu Gegenansichten; vgl. nun auch § 5 AktG n.F. (hierzu unten Rdnr. 14).

[29] EuGH NJW 2009, 569 = NZG 2009, 61; Besprechung etwa bei *Frobenius* DStR 2009, 487; *Leible/Hoffmann* BB 2009, 58.

[30] Ausführlich *Frobenius* DStR 2009, 487, 488 f.; *Leible/Hoffmann* BB 2009, 58, 59.

[31] Dazu näher oben § 54, Rdnr. 2 ff.

RL)³² der Richtlinie, Geltung beanspruchen, also ob die Mitgliedstaaten frei sind, insoweit abweichende Anknüpfungen im Sinne von Sonderanknüpfungen ihrer strengeren bzw. zusätzlichen Regelungen vorzusehen. Die Frage von **Sonderanknüpfungen** wird in Art. 6 Abs. 2 UAbs. 2 der Richtlinie angesprochen, wonach eine in einem anderen Mitgliedstaat gebilligte Angebotsunterlage zwar grundsätzlich anzuerkennen ist, dennoch aber die Aufnahme bestimmter marktspezifischer Zusatzinformationen verlangt werden darf. Die Funktion dieser Vorschrift lässt sich indes ganz unterschiedlich interpretieren: Geht man davon aus, dass die kollisionsrechtlichen Vorgaben nur für die direkten Umsetzungsvorschriften Geltung beanspruchen und daher strengere und zusätzliche Regelungen durch Sonderanknüpfungen für anwendbar erklärt werden können, hätte Art. 6 Abs. 2 UAbs. 2 die Funktion, Sonderanknüpfungen strengerer Bestimmungen bezüglich der Angebotsunterlage zu begrenzen und nur unter den dort genannten Voraussetzungen zuzulassen. Geht man im Gegenteil davon aus, dass Sonderanknüpfungen unzulässig sind, da die kollisionsrechtlichen Vorgaben der Richtlinie den gesamten Anwendungsbereich umfassen, hätte die Vorschrift dagegen die Funktion, ausnahmsweise und nur unter den genannten Bedingungen eine Sonderanknüpfung zuzulassen. Der Vorschrift kann daher keine Antwort bezüglich der allgemeinen Zulässigkeit von Sonderanknüpfungen entnommen werden.

Festzuhalten ist zunächst, dass die kollisionsrechtlichen Vorgaben der Richtlinie jedenfalls nicht für alle Vorschriften des nationalen Übernahmerechts Bedeutung haben können, sondern in jedem Fall nur für den **Harmonisierungsbereich der Richtlinie,** der danach zu bestimmen ist, für welche Fragen die Vorschriften der Richtlinie überhaupt Geltung beanspruchen. Soweit das nationale Übernahmerecht Fragen regelt, die außerhalb dieses (durch Auslegung zu ermittelnden) Harmonisierungsbereichs liegen, werden diese auch bezüglich des Kollisionsrechts nicht von der Richtlinie berührt. So finden sich etwa viele Vorschriften im WpÜG, die sich auf Fragen beziehen, die gänzlich außerhalb der von der Richtlinie erfassten Regelungsbereiche liegen. Beispielsweise regeln die §§ 10 ff. WpÜG öffentliche Kauf- oder Tauschangebote, die nicht auf Kontrollerwerb ausgerichtet sind, während der Angebotsbegriff der Richtlinie das Ziel des Kontrollerwerbs voraussetzt (Art. 2 Abs. 1 lit. a RL). Soweit also die §§ 10 ff. WpÜG auf *einfache* Angebote angewendet werden (und nicht über §§ 34 und 39 WpÜG auf Übernahme- und Pflichtangebote) befinden sie sich außerhalb des Harmonisierungsbereichs der Richtlinie³³ und können schon deshalb nicht von den kollisionsrechtlichen Vorgaben erfasst werden. Ähnliches gilt (auch soweit es um Übernahmeangebote geht) für Fragen, die in der Richtlinie nicht angesprochen werden und nach dem Regelungsplan auch nicht erfasst werden sollen. Diese Situation besteht etwa bezüglich der **privatrechtlichen Ansprüche** in §§ 12 und 13 WpÜG, da die Richtlinie eine privatrechtliche Sanktionierung³⁴ nicht vorgibt (und speziell § 13 WpÜG zu keiner Vorschrift der Richtlinie in Beziehung steht). Für diese Fragen außerhalb des Harmonisierungsbereichs kommt eine Bindung des nationalen Gesetzgebers bezüglich des Kollisionsrechts schon nicht in Betracht. Daraus resultiert, dass der deutsche Gesetzgeber insbesondere eine weit reichende Aufsichtszuständigkeit für *einfache* Angebote schaffen konnte.

---

³² D. h. auf Kontrollerwerb gerichtete Übernahmeangebote für stimmberechtigte übertragbare Wertpapiere einer dem Recht eines Mitgliedstaates unterliegenden Gesellschaft, sofern alle oder ein Teil dieser Wertpapiere zum Handel auf einem geregelten Markt im Sinne der Wertpapierdienstleistungsrichtlinie 93/22/EWG in einem oder mehreren Mitgliedstaaten zugelassen sind (ausgenommen die in Art. 1 Abs. 2 und 3 RL genannten Wertpapiere); ausführlicher *Hilmer,* Die Übernahmerichtlinie und ihre Umsetzung in das deutsche Recht, 2007 S. 29 ff.; vgl. auch *Fischer,* Rechtsfragen grenzüberschreitender Übernahmeangebote, 2008 S. 257 f.

³³ *Fischer,* Rechtsfragen grenzüberschreitender Übernahmeangebote, 2008 S. 257.

³⁴ Um den Vorgaben des Art. 17 der Richtlinie bezüglich einer wirksamen, verhältnismäßigen und abschreckenden Sanktionierung zu genügen, hätten auch die in §§ 59 ff. WpÜG geregelten Rechtsfolgen ausgereicht.

10 Innerhalb des Harmonisierungsbereichs stellt sich dagegen die Frage, ob für strengere Bestimmungen und zusätzliche Bedingungen (Art. 3 Abs. 2 lit. b RL) Sonderanknüpfungen grundsätzlich zulässig sind. Der Ausgestaltung der Richtlinie lässt sich nach der hier vertretenen Ansicht entnehmen, dass die kollisionsrechtlichen Bestimmungen für alle Regelungen innerhalb des Harmonisierungsbereichs gelten sollen. Das Konzept regelt schließlich primär die Behördenzuständigkeit für die Beaufsichtigung des Angebots und regelt das anwendbare Recht lediglich durch die Anordnung, dass die Behörden dabei jeweils nur ihr eigenes Recht anwenden.[35] Wollte man also für strengere Bestimmungen und zusätzliche Bedingungen, die von der Aufsichtsbehörde zu überprüfen wären, eine Sonderanknüpfung vorsehen, müsste man auch eine **zusätzliche Behördenzuständigkeit** für die Aufsicht vorsehen. Derartige Mehrfachzuständigkeiten sollen nach der Richtlinienkonzeption indes vermieden oder zumindest die Aufgabenbereiche so verteilt werden, dass für jede Fragestellung nur ein Recht zuständig sein soll.[36] Gerade die Differenzierung verschiedener Zuständigkeitsbereiche und die Zuweisung an verschiedene anwendbare Rechtsordnungen macht nur Sinn, wenn sich diese nicht nur auf den (ohnehin harmonisierten) Mindeststandard, sondern auf den gesamten Anwendungsbereich der Richtlinie beziehen. Dies zeigt, dass die Zuständigkeitsverteilung und damit auch das **Kollisionsrecht als abschließend anzusehen** ist, so dass Sonderanknüpfungen zwar für Regelungen außerhalb, nicht aber innerhalb des Harmonisierungsbereichs der Richtlinie zulässig sind. Eine Ausnahme ist lediglich in Art. 6 Abs. 2 UAbs. 2 Satz 2 der Richtlinie für den Inhalt der Angebotsunterlage vorgesehen, für den im dort genannten Umfang zusätzliche Anforderungen vom Börsenstaat statuiert werden können (vgl. ergänzend oben Rdnr. 8).

11 Die Umsetzung dieser von der Übernahmerichtlinie vorgegebenen Konzeption erfolgte in Deutschland in der den Anwendungsbereich bestimmenden Vorschrift des § 1 WpÜG i. V. m. den Definitionen in § 2 Abs. 1a, 3, 7 und 8 WpÜG. Zusätzliche Regelungen mit kollisionsrechtlicher Relevanz finden sich in § 11a WpÜG zur Anerkennung einer im EU-Ausland gebilligten Angebotsunterlage im Inland sowie in § 24 WpÜG zur Vermeidung von Normenkollisionen mit Drittstaaten. Diese Regelungen sind im Folgenden näher darzustellen. Das **Kollisionsrecht des WpÜG,** das in seiner früheren Fassung noch einen deutlich engeren, auf inländische Zielgesellschaften beschränkten Anwendungsbereich hatte,[37] wurde durch das Umsetzungsgesetz zur Übernahmerichtlinie 2006 weitgehend neu gestaltet und ist am 14. Juli 2006 in Kraft getreten.[38] Obwohl das WpÜG in verschiedener Hinsicht Vorschriften enthält, die über den Harmonisierungsbereich der Richtlinie hinausgehen (z. B. durch die Erstreckung auf einfache Angebote und in Hinblick auf die privatrechtlichen Haftungsregelungen) sieht das deutsche Recht **keine Sonderanknüpfungen** vor, vielmehr bleibt es auch insoweit weitgehend bei dem kollisionsrechtlichen System, das auf den Richtlinienvorgaben beruht. Lediglich für einfache Angebote bezüglich der Wertpapiere von inländischen Zielgesellschaften mit europäischer Börsenzulassung gilt eine Besonderheit, da die Einschränkung nach § 1 Abs. 2 WpÜG hierauf nicht erstreckt wurde, so dass in diesen Fällen uneingeschränkt das deutsche Recht zur Anwendung kommt.[39]

12 Hinzuweisen ist noch darauf, dass zwar bestimmte **Fragen gesellschaftsrechtlichen Charakters,** insbesondere die Neutralitätspflicht des Vorstands, auf der Seite der Zielgesellschaft dem Übernahmerecht unterliegen, nicht aber auf der Seite des Bieters. Soweit der

---

[35] Vgl. Art. 4 Abs. 2 lit. e RL und oben Rdnr. 5.

[36] *Hilmer,* Die Übernahmerichtlinie und ihre Umsetzung in das deutsche Recht, 2007 S. 44, 48 m. w. N.; vgl. auch Erwägungsgrund 3 der Übernahmerichtlinie.

[37] § 1 i. V. m. § 2 Abs. 3 WpÜG a. F. Vgl. hierzu etwa *Winkelmann,* Aufsicht und anwendbares Recht bei grenzüberschreitenden Unternehmensübernahmen, 2007 S. 215 ff.; *Zimmer* ZGR 2002, 731/742 f.

[38] BGBl. I 2006, 1426.

[39] Begründung zum Gesetzesentwurf der Bundesregierung, BT-Drucks. 16/1003 v. 17. 3. 2006, S. 16.

Bieter überhaupt eine Gesellschaft ist, unterliegen Fragen wie die Zuständigkeit für die Entscheidung über eine Übernahme ausschließlich dessen Gesellschaftsstatut.

3. Die Definitionen der Zielgesellschaft und des organisierten Marktes (§ 2 Abs. 3 und Abs. 7 WpÜG)

Von wesentlicher Bedeutung für die Umsetzung sind zunächst die Definitionen der **Zielgesellschaft** und des **organisierten Marktes** in § 2 Abs. 3 und Abs. 7 WpÜG, da die Kollisionsnormen des § 1 WpÜG auf diese verweisen.

a) Inländische Zielgesellschaften. Das WpÜG unterscheidet in § 2 Abs. 3 zunächst zwischen zwei unterschiedlichen Gruppen von Zielgesellschaften, die man einerseits als **inländische Zielgesellschaften** (Nr. 1), andererseits als **europäische Zielgesellschaften** (Nr. 2) bezeichnen kann. Inländische Zielgesellschaften sind AG[40] und KGaA mit Sitz im Inland. Die Beschränkung auf **AG und KGaA** erklärt sich daraus, dass nach deutschem Recht nur diese Rechtsformen kapitalmarktgängige Wertpapiere emittieren können, die Stimmrechte in der Gesellschaft verleihen.[41] Mit dem Sitz ist auch hier ausschließlich der **Satzungssitz,** nicht der Verwaltungssitz der Gesellschaft gemeint.[42] Hierfür spricht nicht nur die Übereinstimmung mit dem Sitzbegriff der Richtlinie[43] (oben Rdnr. 7), sondern auch mit der **Sitzdefinition in § 5 AktG,** wonach der Sitz der in der Satzung bestimmte Ort im Inland ist. Seit dem In-Kraft-Treten des Gesetzes zur Modernisierung des GmbH-Rechts und zur Bekämpfung von Missbräuchen (MoMiG) vom 23. 10. 2008[44] hat für AG und KGaA ferner wegen der Änderung des § 5 AktG und dem damit verbundenen Übergang zur Gründungsanknüpfung bzw. zu einer „Satzungssitztheorie"[45] der Verwaltungssitz seine kollisionsrechtliche Relevanz verloren,[46] so dass heute auch der Aspekt der Herbeiführung eines Gleichlaufs mit dem Gesellschaftsstatut keine abweichende Auslegung begründen könnte. Hieraus folgt, dass inländische Zielgesellschaften auch nur solche mit **deutschem Gesellschaftsstatut** sind: Interpretiert man den neu gefassten § 5 AktG als einseitige, rechtsformspezifische Kollisionsnorm,[47] die für die Anknüpfung des deutschen Aktienrechts auf den inländischen Satzungssitz abstellt, führt der von § 2 Abs. 3 Nr. 1 WpÜG verlangte Inlandssitz ohne weiteres zur Anwendbarkeit des deutschen AktG. Andererseits bedeutet dies aber auch, dass eine inländische Zielgesellschaft diese Eigenschaft nicht verliert, wenn sie ihren Verwaltungssitz ins Ausland verlegt, also von der Freiheit Gebrauch macht, die den deutschen Gesellschaften durch § 5 AktG n. F. gerade eingeräumt[48] werden sollte. Bei einer solchen Sitzverlegung nimmt die AG den übernahmerechtlichen

---

[40] Eine europäische Aktiengesellschaft (SE) mit Sitz im Inland ist wie eine inländische Aktiengesellschaft zu behandeln, vgl. *Meyer* WM 2006, 1135, 1137; Steinmeyer/Häger WpÜG/*Santelmann* § 2 Rdnr. 10.

[41] Vgl. die Vorgabe in Art. 2 Abs. 1 lit. e RL, was in § 2 Abs. 2 WpÜG dadurch umgesetzt wurde, dass die „Wertpapiere" als Aktien oder aktienähnliche Wertpapiere definiert worden sind.

[42] So auch Geibel/Süßmann WpÜG/*Angerer* § 1 Rdnr. 51, 53; Steinmeyer/Häger WpÜG/*Santelmann* § 2 Rdnr. 10, § 1 Rdnr. 34; *Josenhans* ZBB 2006, 269, 273 ff., 282; *Schwark/Zimmer,* KapitalmarktrechtsKomm/Noack/Holzborn, § 2 WpüG Rdnr. 20.

[43] So auch *Kiesewetter* RIW 2006, 518.

[44] BGBl. I 2008, 2026.

[45] Näher oben § 52, Rdnr. 18 ff.; ferner *Hoffmann* ZIP 2007, 1581, 1582 ff.

[46] Hinzuweisen ist hier ferner darauf, dass das BMJ bereits am 7. 1. 2008 einen Referentenentwurf (abrufbar unter http://www.bmj.bund.de/enid/Gesellschaftsrecht/Internationales_Gesellschaftsrecht_1fi.html) für ein „Gesetz zum Internationalen Privatrecht der Gesellschaften, Vereine und juristischen Personen" vorgelegt hat mit dem im Bereich des internationalen Gesellschaftsrechts generell die Gründungstheorie kodifiziert würde (hierzu etwa *Rotheimer* NZG 2008, 181).

[47] Zu den verschiedenen Auslegungsmöglichkeiten vgl. *Hoffmann* ZIP 2007, 1581, 1584 ff. Die vom Verfasser vorgezogene Interpretation als allseitiger Übergang des deutschen Rechts auf eine Gründungsanknüpfung (bzw. „Satzungssitzanknüpfung") ist vom BGH bereits verworfen worden, vgl. BGH NJW 2009, 289 – „Trabrennbahn" (m. Anm. *Kieninger*) = EuZW 2009, 59.

[48] Vgl. BR-Drucks. 354/07 S. 65; dazu *Hoffmann* ZIP 2007, 1581, 1582 f.

Status also mit ins Ausland. Nur bei einer statutenändernden, aber identitätswahrenden Verlegung des Satzungssitzes der AG in einen anderen Mitgliedstaat (die der Gründungsstaat nach Maßgabe des Urteils „Cartesio"[49] in Hinblick auf die Niederlassungsfreiheit nicht unterbinden darf, sofern der Zuzugsstaat ein entsprechendes Verfahren bereitstellt[50]) endet mit dem deutschen Gesellschaftsstatut auch die Eigenschaft als inländische Zielgesellschaft. Umgekehrt kommt eine statutenwahrende Verlegung des Satzungssitzes einer ausländischen Gesellschaft ins Inland schon deshalb nicht in Betracht, weil auch die ausländischen Gesellschaftsrechte auf einem inländischen Satzungssitz bestehen.[51] **Aktiengesellschaften ausländischen Rechts** können daher niemals zu inländischen Zielgesellschaften werden. Dies zeigt, dass die Ausgestaltung des § 5 AktG als Kollisionsnorm für einen Gleichlauf zwischen deutschem Aktiengesellschaftsstatut und § 2 Abs. 3 Nr. 1 WpÜG geführt hat, was zu überzeugenden Ergebnissen führt.

15 **b) Europäische Zielgesellschaften.** Europäische Zielgesellschaften (§ 2 Abs. 3 Nr. 2 WpÜG) sind dagegen definiert als Gesellschaften mit **Sitz in einem anderen EU/EWR-Mitgliedstaat.** Wie gezeigt[52] handelt es sich dabei stets zugleich um Gesellschaften ausländischen Rechts, weshalb hier der allgemeinere Begriff der Gesellschaft verwendet wird, wobei auch nicht erforderlich ist, dass es sich um eine der AG (oder KGaA) vergleichbare Rechtsform handelt. Vielmehr kommt **jede Rechtsform** in Betracht, die **kapitalmarktgängige, Stimmrechte verleihende Wertpapiere** emittieren kann, was auch international auf Kapitalgesellschaften beschränkt[53] sein dürfte. Als zumindest auf den ersten Blick problematisch erscheint dabei die Bezugnahme auf den Sitz in einem anderen Mitgliedstaat. Schon wegen der erforderlichen Übereinstimmung mit der Auslegung in Nr. 1 (oben Rdnr. 14) kann hiermit ebenfalls nur der **Satzungssitz** gemeint sein. Indes bezweckt das Sitzerfordernis in EU/EWR die Umsetzung der Einschränkung des Anwendungsbereichs der Übernahmerichtlinie in deren Art. 1, wonach die Richtlinie nur Vorschriften für Übernahmeangebote für die Wertpapiere „einer dem Recht eines Mitgliedstaates unterliegenden Gesellschaft" harmonisieren soll. Gesellschaften europäischen Rechts sind daher in die Umsetzung zwingend vollumfänglich einzubeziehen, solche drittstaatlichen Rechts bleiben dagegen (selbst wenn die Hauptverwaltung in der EU belegen ist) außerhalb des Anwendungsbereichs der Richtlinie – können aber von den Mitgliedstaaten autonom in die Umsetzungsvorschriften einbezogen werden. Auf den ersten Blick verwunderlich erscheint daher, dass Nr. 2 nicht direkt auf das Gesellschaftsstatut abstellt, sondern auf den Satzungssitz. Dies beruht wohl darauf, dass der Gesetzgeber die Grundstruktur der §§ 1, 2 WpÜG a. F. (Anwendungsbereich, Definitionen) beibehalten und zugleich dort aber neben den bisherigen Regelungen die Erweiterung des Anwendungsbereichs (Art. 1 RL) und das Übernahmekollisionsrecht (Art. 4 RL) umsetzen wollte. Diese führte dazu, dass §§ 1, 2 WpÜG n. F. eine zusätzliche Funktion erfüllen müssen. Der Gesetzgeber hat daher mit § 2 Abs. 3 WpÜG n. F. eine **mehrfach funktionale Regelung** geschaffen, die nicht nur den Begriff der Zielgesellschaft definiert sondern zugleich (i.V.m. § 1) der Umsetzung von Artt. 1 und 4 der RL dient. Um diese neuen Funktionen zu erfüllen kam aber nur der Begriff des „Sitzes" (wie in Art. 4 RL) und nicht ein Abstellen auf den Begriff „Recht" (wie in Art. 1 RL) in Betracht. Denn eine Regelung vergleichbar mit Art. 1 Abs. 1 RL wäre, zwar zur Umsetzung des erweiterten Anwendungsbereichs nach Art. 1 der RL,

---

[49] EuGH NJW 2009, 569 = NZG 2009, 61; Besprechung etwa bei *Frobenius* DStR 2009, 487; *Leible/Hoffmann* BB 2009, 58.

[50] *Leible/Hoffmann* BB 2009, 58, 60.

[51] Für die identitätswahrende, aber statutenwechselnde Verlegung des Satzungssitzes ins Inland hinein fehlt es bisher an einem Verfahren; vgl. *Leible/Hoffmann*, BB 2009, 58, 60.; ferner oben § 54, Rdnr. 10 ff.

[52] Oben Rdnr. 14.

[53] So ausdrücklich Begründung zum Gesetzesentwurf der Bundesregierung, BT-Drucks. 16/1003 v. 17. 3. 2006, S. 17; Geibel/Süßmann WpÜG/*Angerer* § 1 Rdnr. 55.

schwerlich aber zur Bestimmung des (eng mit dem erweiterten Anwendungsbereich zusammenhängenden) Kollisionsrechts geeignet, da hier von Art. 4 RL auf den Sitz als Anknüpfungspunkt abgestellt wird.

Bei näherer Betrachtung erscheint die Lösung auch als gut geeignet, die Vorgabe in Art. 1 der Übernahmerichtlinie richtlinienkonform (und relativ einfach) umzusetzen, wobei der Anwendungsbereich autonom nur unerheblich erweitert wird. Zunächst hätte eine Übernahme des Wortlauts des Art. 1 der Richtlinie im deutschen Recht eine ganz andere Bedeutung als aus europäischer Sicht gehabt: Da das europäische Recht über kein eigenständiges Gesellschaftskollisionsrecht verfügt, ist für Art. 1 der Richtlinie auf die **Sicht des jeweiligen Mitgliedstaates** abzustellen, so dass die deutsche Umsetzung der Richtlinie (§ 2 Abs. 3 Nr. 2 WpÜG) alle Gesellschaften erfassen muss, die ein Mitgliedstaat aus seiner Sicht als Gesellschaft seines Rechts anerkennt. Im deutschen Recht wäre dieselbe Formulierung aus Sicht des deutschen allgemeinen Gesellschaftskollisionsrechts zu beantworten, also grundsätzlich in Anwendung der Sitztheorie[54] (unter Berücksichtigung der europarechtlich gebotenen Modifikationen nach dem Urteil „Überseering"[55]). 16

Die Formulierung in § 2 Abs. 3 Nr. 2 WpÜG bezieht dagegen aufgrund des wohl in allen Gesellschaftsrechten vorzufindenden **materiellrechtlichen Erfordernisses eines inländischen Satzungssitzes** alle Gesellschaften ein, die nach dem Recht eines Mitgliedstaates wirksam gegründet worden sind, was den Anforderungen der Richtlinie genüge tut. Erfasst werden zusätzlich lediglich solche Gesellschaften, die zwar noch immer einen Satzungssitz in einem Mitgliedstaat haben, indes durch nachfolgende Vorgänge das Gesellschaftsstatut aus Sicht ihres Gründungsstaates gewechselt haben. Derartige Fälle dürften nur von akademischem Interesse sein, bei börsennotierten Gesellschaften aber praktisch nicht vorkommen. Denkbar wäre die Konstellation etwa bei Verlegung des Verwaltungssitzes einer Gesellschaft aus einem Sitztheoriestaat in einen Drittstaat, wobei sich hier ohnehin die Frage nach dem Fortbestehen der Gesellschaft in Hinblick auf materiellrechtliche Folgen der Sitzverlegung (etwa eine Auflösung an der Grenze[56]) stellt. 17

c) Organisierter Markt. Wesentliche Bedeutung für das Übernahmekollisionsrecht hat ferner die **Definition des organisierten Marktes** in § 2 Abs. 7 WpÜG, da der Ort der Zulassung zum Handel an einem solchen organisierten Markt gem. § 1 Abs. 1 WpÜG das zweite Anknüpfungsmoment neben dem Sitz der Zielgesellschaft darstellt. Auch diese Definition differenziert zwischen inländischen und europäischen Märkten. 18

Unter **inländischen organisierten Märkten** sind die regulierten Märkte an einer Börse im Inland zu verstehen (§ 2 Abs. 7, 1. Alt. WpÜG). Der Begriff des **regulierten Marktes**[57] entstammt den Vorschriften des Börsengesetzes, das für den Handel an Wertpapierbörsen heute nur noch zwischen dem regulierten Markt und dem Freiverkehr (§ 48 BörsG) unterscheidet. Innerhalb des regulierten Marktes ermöglicht § 42 BörsG die Errichtung unterschiedlicher Handelssegmente mit besonderen Verpflichtungen der Emittenten, so dass der regulierte und somit von § 2 Abs. 7, 1. Alt. WpÜG erfasste Markt etwa an der Frankfurter Wertpapierbörse (FWB) heute die Marktsegmente **„Prime Standard"** und **„General Standard"** erfasst.[58] Da der Handel eines Wertpapiers im regulierten Markt – anders als im Freiverkehr – eine formale Zulassungs- oder Einbeziehungsentscheidung 19

---

[54] Außerhalb der durch das MoMiG geschaffenen einseitigen Kollisionsnormen (§ 4a GmbHG, § 5 AktG) ist nach der Rechtsprechung des BGH nach wie vor die Sitztheorie anzuwenden, vgl. BGH NJW 2009, 289 – „Trabrennbahn" (m. Anm. *Kieninger*) = EuZW 2009, 59. Generell zur Sitztheorie etwa MünchKommBGB/*Kindler* IntGesR Rdnr. 420 ff.; NomosKommBGB/*Hoffmann*, Anh Art. 12 EGBGB Rdnr. 31 ff.

[55] EuGH NJW 2002, 3614 = NZG 2002, 1164.

[56] So etwa die st. Rspr und ein Teil der Lit. in Deutschland vor Inkrafttreten des § 5 AktG n. F., vgl. MünchKommAktG/*Heider* § 5 AktG Rdnr. 66 m. w. N.

[57] Zum Begriff vgl. etwa *Claussen*, Bank- und Börsenrecht, 4. Aufl. 2008 § 6 Rdnr. 47 ff.

[58] Geibel/Süßmann WpÜG/*Angerer* § 1 Rdnr. 64.

der Börsengeschäftsführung voraussetzt (§§ 32, 33 BörsG, dazu noch sogleich Rdnr. 24f.), wirft die Feststellung, ob bestimmte Aktien im regulierten Markt gehandelt werden, keinerlei praktische Schwierigkeiten auf. Festzuhalten ist indes, dass der Handel eines Wertpapiers im **börslichen Freiverkehr** (an der FWB: Open Market mit den Marktsegmenten: Entry Standard, First und Second Quotation Board) nicht genügt, um den Anwendungsbereich des Übernahmerechts zu eröffnen, da es sich nicht um einen organisierten Markt im Sinne der Definition handelt.[59]

20 Für den Begriff des **europäischen organisierten** Marktes verweist § 2 Abs. 7, 2. Alt. WpÜG dagegen auf die **Definition des geregelten Marktes** in Art. 4 Abs. 1 Nr. 14 der Richtlinie über Märkte für Finanzinstrumente.[60] Danach ist ein geregelter Markt definiert als „ein von einem Marktbetreiber betriebenes und/oder verwaltetes multilaterales System, das die Interessen einer Vielzahl Dritter am Kauf und Verkauf von Finanzinstrumenten innerhalb des Systems und nach seinen nichtdiskretionären Regeln in einer Weise zusammenführt oder das Zusammenführen fördert, die zu einem Vertrag in Bezug auf Finanzinstrumente führt, die gemäß den Regeln und/oder den Systemen des Marktes zum Handel zugelassen wurden, sowie eine Zulassung erhalten hat und ordnungsgemäß und gemäß den Bestimmungen des Titels III funktioniert." Eine nähere Auseinandersetzung mit dieser komplizierten Definition erübrigt sich jedoch, da die Börsen nach Art. 36 der Richtlinie einer **Zulassung als geregelte Märkte** durch die Mitgliedstaaten bedürfen und die Mitgliedstaaten nach Art. 47 der Richtlinie der Kommission ein **Verzeichnis der geregelten Märkte** zu übermitteln haben, das ständig aktualisiert im Internet verfügbar ist.[61] Da auch das Erfordernis einer formalen Zulassung der Wertpapiere zum Handel an den geregelten Märkten von der Richtlinie vorgegeben wird, stellt die Feststellung, ob eine bestimmte Handelsplattform als geregelter Markt anzusehen ist und ob ein bestimmtes Papier dort zugelassen ist, im europäischen Kontext ebenso wenig ein praktisches Problem dar wie bei einem inländischen organisierten Markt.

21 Aus Sicht des Übernahmekollisionsrechts ist darauf hinzuweisen, dass die Definition des § 2 Abs. 7 WpÜG abschließend ist und somit **Börsen in Drittstaaten** nicht als organisierte Märkte anzusehen sind. Dies wird – da die Definition in der Richtlinie keinen Bezug zum Ort des Marktes enthält – im letzten Satzteil des § 2 Abs. 7 WpÜG für die geregelten Märkte noch klargestellt. Hierdurch wird der Anwendungsbereich des Übernahmerechts unabhängig vom Sitz der Zielgesellschaft auf **an europäischen Börsen notierte Unternehmen** beschränkt. Die Formulierung „in einem anderen Staat des EWR" macht deutlich, dass es für die Abgrenzung nicht auf den Sitz des Marktes oder den Ort des Handels ankommt, sondern vielmehr auf die **Zulassung als geregelter Markt durch einen Mitgliedstaat** aufgrund der Vorgaben der Richtlinie.

4. Der Anwendungsbereich des WpÜG (§ 1 Abs. 1 WpÜG)

22 Die grundsätzliche Norm für die Bestimmung des internationalen Anwendungsbereichs des WpÜG findet sich in § 1 Abs. 1 WpÜG. Allerdings ergibt sich hieraus noch nicht das von der Richtlinie vorgegebene **differenzierte Anknüpfungssystem,** das erst in den Absätzen 2 und 3 durch Einschränkungen der Reichweite der Anwendung des WpÜG umgesetzt wurde.[62] Uneingeschränkt anwendbar ist das WpÜG daher in den Fällen, in denen die Voraussetzungen des Abs. 1, aber weder die Voraussetzungen des Abs. 2 noch des Abs. 3 vorliegen.[63]

---

[59] Geibel/Süßmann WpÜG/*Angerer* § 1 Rdnr. 65.
[60] Richtlinie 2004/39/EG, Abl. EG 2004, L 145/1.
[61] Abrufbar auf den Seiten der Europäischen Kommission unter http://ec.europa.eu/internal_market/securities/isd/mifid_de.htm.
[62] Die Umsetzung erfolgte durch das Übernahmerichtlinie-Umsetzungsgesetz, BGBl. I 2006, 1426. Zu den entsprechenden Regelungen der Übernahmerichtlinie siehe bereits oben Rdnr. 5 ff.
[63] Vgl. Geibel/Süßmann WpÜG/*Angerer* § 1 Rdnr. 4; Steinmeyer/Häger WpÜG/*Santelmann* § 1 Rdnr. 3.

Nach Abs. 1 müssen neben der allein den sachlichen Anwendungsbereich betreffenden **23** Voraussetzung des Vorliegens eines Angebots zum Erwerb von Wertpapieren (§ 2 Abs. 1 WpÜG) deren **Ausgabe durch eine Zielgesellschaft** im Sinne von § 2 Abs. 3 WpÜG und deren Zulassung zum **Handel an einem organisierten Markt** im Sinne von § 2 Abs. 7 WpÜG gegeben sein. Der kollisionsrechtliche Charakter dieser Voraussetzungen wird deutlich, wenn man die bereits dargestellten (Rdnr. 13 ff.) Definitionen, die sowohl für die Zielgesellschaft als auch den organisierten Markt einen inländischen oder europäischen Sitz verlangen, betrachtet. Das WpÜG ist danach international nur anwendbar, wenn **beide im Übernahmerecht relevanten Anknüpfungsmomente** (Gesellschaftssitz und Börsennotierung) zumindest auch auf den Europäischen Wirtschaftsraum verweisen. Da diese Vorschrift als einseitige Kollisionsnorm lediglich den Anwendungsbereich des WpÜG bestimmt, lässt sie keine Rückschlüsse auf das anwendbare Recht zu, wenn die Voraussetzungen nicht gegeben sind (also insbesondere bei nur drittstaatlicher Börsennotierung).

Neben den bereits im Rahmen der Begriffsbestimmungen geklärten Fragen ist aus kolli- **24** sionsrechtlicher Sicht vor allem die Frage nach der **Zulassung (an einem organisierten Markt)**[64] von Interesse. Nach dem Wortlaut der Vorschrift kommt das WpÜG ausschließlich zur Anwendung, wenn die Wertpapiere zum Handel zugelassen sind. Daraus ist zunächst zu schließen, dass es nicht auf die Einführung an der Börse, also die Aufnahme der Notierung (§ 38 BörsG), sondern nur die zeitlich vorgelagerte **formale Zulassungsentscheidung** ankommt.[65] Im Fall des **Delisting,** also der Aufhebung der Börsennotierung, kommt es nicht auf die Einstellung der Notierung an, sondern ebenfalls auf die formale Entscheidung zum **Widerruf der Zulassung** (§ 39 BörsG) bzw. (in der Terminologie des Art. 41 der Richtlinie über Märkte für Finanzinstrumente[66]) zum Ausschluss der Instrumente (nicht die Aussetzung des Handels). Als problematisch erscheint der Wortlaut des § 1 Abs. 1 WpÜG indes insoweit, als es nur auf die „Zulassung", nicht aber alternativ auch auf die **„Einbeziehung" von Wertpapieren** ankommen soll. Während die „Zulassung" nach § 32 BörsG nur noch bei erstmaliger Börseneinführung im EWR oder einem Drittstaat mit vergleichbaren Anforderungen erforderlich ist, setzt die Zweitnotierung an einer deutschen Börse nur eine „Einbeziehung" nach § 33 BörsG aufgrund eines vereinfachten Verfahrens voraus. Wäre der Wortlaut des § 1 Abs. 1 WpÜG insoweit wörtlich zu verstehen, wäre der Anwendungsbereich nur eröffnet, wenn die Zulassung im Sinne einer Erstnotierung im EWR erfolgt wäre. Im Rahmen des § 1 Abs. 1 WpÜG würde dies bedeuten, dass das WpÜG nicht anwendbar wäre, wenn eine Zielgesellschaft zunächst eine Börsenzulassung in einem Drittstaat erhalten hätte, um dann anschließend im Inland nach § 33 BörsG in den regulierten Markt einbezogen zu werden. Noch deutlich weitergehende Verwerfungen hätte eine wortlautgetreue Auslegung ferner im Rahmen der Absätze 2 und 3, da das Problem der Mehrfachnotierung (trotz eingehender Regelung) praktisch beseitigt würde (dazu unten Rdnr. 29, 33 ff.).

Hinzu kommt, dass eine wortlautgetreue Auslegung nicht in Übereinstimmung mit den **25** Vorgaben der Übernahmerichtlinie stehen würde: Zwar ist auch in den Artt. 1 und 2 der Richtlinie lediglich von der „Zulassung" die Rede, jedoch ist dieser Begriff im europarechtlichen Sinn zu interpretieren. Was unter der Zulassung von Finanzinstrumenten zum Handel auf organisierten Märkten zu verstehen ist, ergibt sich aus Art. 40 der Richtlinie über Märkte für Finanzinstrumente,[67] wo ebenfalls **nicht zwischen „Zulassung" und „Einbeziehung" unterschieden wird.** Vielmehr wird der im deutschen Recht als „Einbeziehung" bezeichnete Fall in Abs. 5 ausdrücklich erwähnt, jedoch ebenfalls als „Zulas-

---

[64] Zum Begriff „organisierter Markt" bereits oben Rdnr. 18 ff.
[65] Ebenso Geibel/Süßmann WpÜG/*Angerer* § 1 Rdnr. 60. Im Rahmen des § 1 Abs. 1 WpÜG bedarf es der korrigierenden Auslegung, die bei Abs. 3 für eine sinnvolle Erfassung der Mehrfachnotierungen notwendig ist (s. u. Rdnr. 34), nicht, so dass hier am Wortlaut festgehalten werden kann.
[66] Richtlinie 2004/39/EG, ABl. EG 2004, L 145/1.
[67] Richtlinie 2004/39/EG, ABl. EG 2004, L 145/1.

sung" bezeichnet. Dies zeigt deutlich, dass der Begriff „zugelassen" in § 1 Abs. 1 WpÜG nicht wortlautgetreu (in Hinblick auf die Terminologie des BörsG) auszulegen ist, sondern es vielmehr einer richtlinienkonformen Auslegung bedarf: Als in diesem Sinn zum Handel an einem organisierten Markt „zugelassen" sind danach sowohl die nach § 32 BörsG zugelassenen als auch die nach § 33 BörsG in den Handel einbezogenen Wertpapiere anzusehen.

5. Beschränkte Anwendung des WpÜG (§ 1 Abs. 2 und Abs. 3 WpÜG)

26 Die Absätze 2 und 3 des § 1 WpÜG haben die Funktion, die Abgrenzung zwischen **unbeschränktem und beschränktem Anwendungsbereich** zu ermöglichen, indem zwei Fälle beschränkter Anwendung definiert werden, nämlich die Fälle inländischer Zielgesellschaften mit (nur) EU/EWR-ausländischer Börsenzulassung (Abs. 2) und der europäischen Zielgesellschaft mit inländischer Börsenzulassung (Abs. 3). Es handelt sich hierbei um Ausnahmen von dem Prinzip unbegrenzter Anwendung des WpÜG, das grundsätzlich im von Abs. 1 definierten Anwendungsbereich besteht.[68]

27 a) **Ausnahme für inländische Zielgesellschaften mit ausländischer Börsenzulassung.** Als relativ einfach erscheint zunächst der in § 1 Abs. 2 WpÜG geregelte Fall. Voraussetzungen sind, dass es sich um eine inländische Zielgesellschaft (§ 2 Abs. 3 Nr. 1 WpÜG, Rdnr. 14) handelt, ein Übernahme- oder Pflichtangebot betroffen ist und eine Börsenzulassung nicht im Inland, jedoch in einem anderen EU/EWR-Mitgliedstaat besteht. Die Formulierung gewährleistet zunächst, dass bei inländischer Börsenzulassung und Inlandssitz, also bei **Zusammenfallen beider Anknüpfungsmomente,** das WpÜG uneingeschränkt anwendbar ist, selbst bei Vorliegen einer Zweitnotierung im Ausland.[69]

28 Bezüglich der erfassten Angebote ist Abs. 2 enger als Abs. 1, der sämtliche Angebote im Sinne von § 2 Abs. 1 WpÜG erfasst, während Abs. 2 ein **Übernahme- oder Pflichtangebot** voraussetzt. Übernahmeangebote sind nach § 29 Abs. 1 WpÜG solche Angebote, die auf den Erwerb der Kontrolle gerichtet sind, während ein Pflichtangebot gemäß § 35 WpÜG durch den Kontrollerwerb ausgelöst wird. Der **Begriff der Kontrolle** wird für die Zwecke des Übernahmerechts in § 29 Abs. 2 WpÜG ganz formal definiert und setzt einen mindestens 30%igen Stimmrechtsanteil voraus. Das bedeutet, dass von Abs. 2 solche Angebote nicht erfasst werden, die auf den Erwerb eines geringeren Anteils als 30% der Stimmrechte abzielen, also als **Teilangebot im Sinne von § 19 WpÜG** eine geringere Erwerbsgrenze vorsehen. Ferner ist das WpÜG nur insoweit anwendbar, als die in Abs. 2 genannten Rechtsfragen betroffen sind. Hiermit soll im europäischen Kontext die Aufspaltung des Übernahmestatuts gem. Art. 4 der Übernahmerichtlinie (dazu oben Rdnr. 5) umgesetzt und demgemäß die Regelung der verbleibenden **kapitalmarktrechtlichen Aspekte** dem Recht des Staates der Börsenzulassung überlassen werden. Für Erwerbsangebote bezüglich inländischer Zielgesellschaften, die nicht als Übernahmeangebote oder Pflichtangebote anzusehen sind, bleibt es dagegen auch dann bei der *uneingeschränkten* Anwendbarkeit des WpÜG, wenn nur eine EU/EWR-ausländische Börsenzulassung besteht, da die den Anwendungsbereich beschränkende Vorschrift des § 1 Abs. 2 WpÜG hier gerade nicht anwendbar ist.[70]

29 Bezüglich der Börsenzulassung geht es in § 1 Abs. 2 WpÜG nicht um die erste Zulassung. Die Regelung des § 1 Abs. 2 WpÜG findet also keine Anwendung, wenn zwar die erste Börsenzulassung im europäischen Ausland erfolgt ist, später aber noch eine inländi-

---

[68] Vgl. Steinmeyer/Häger WpÜG/*Santelmann* § 1 Rdnr. 3.

[69] Ebenso *Winkelmann*, Aufsicht und anwendbares Recht bei grenzüberschreitenden Unternehmensübernahmen, 2007 S. 237. Vgl. auch (zur zu Grunde liegenden Regelung des Art. 4 Abs. 2 lit. a der Übernahmerichtlinie) oben Rdnr. 5.

[70] Für die Eröffnung des Anwendungsbereichs ist dann nämlich wieder allein § 1 Abs. 1 WpÜG maßgeblich; vgl. auch Steinmeyer/Häger WpÜG/*Santelmann* § 1 Rdnr. 6; *Schüppen* BB 2006, 165, 169.

sche Börsenzulassung hinzutrat.[71] Vielmehr ergibt sich aus Art. 4 Abs. 2 lit. a der Übernahmerichtlinie deutlich, dass bei inländischen Zielgesellschaften **jede (auch zeitlich spätere) Börsenzulassung im Inland** zur ausschließlichen Zuständigkeit der Behörden des Sitzstaats führen soll.[72] Um dieses Konzept umzusetzen, bedarf es auch hier der bereits angesprochenen (Rdnr. 24 f.) richtlinienkonformen Auslegung des Begriffs „zugelassen", da bei wörtlicher Auslegung regelmäßig die Voraussetzungen des § 1 Abs. 2 WpÜG gegeben wären, wenn die erstmalige Börsenzulassung im EU/EWR-Ausland erfolgt ist. Denn in der Terminologie des § 33 BörsG kommt es dann im Inland i. d. R. nur noch zu einer „Einbeziehung" in den Börsenhandel, sodass bei einem starren Festhalten am Wortlaut die Wertpapiere als „nicht im Inland (...) zugelassen" angesehen werden müssten. Auch hier zeigt sich also, dass zur Umsetzung der Richtlinie die **Gleichstellung von Zulassung und Einbeziehung** erforderlich ist (Rdnr. 25). Hinzuweisen ist ferner darauf, dass auch die Ausnahmebestimmung lediglich auf den Handel an einem organisierten Markt abstellt, so dass die Einbeziehung einer im Ausland zugelassenen Aktie in den Freiverkehr an einer inländischen Börse nicht zur uneingeschränkten Anwendbarkeit führt, da die Aktie dann nach wie vor „nicht im Inland (...) zum Handel an einem *organisierten* Markt zugelassen" ist. Da die Einbeziehung im Inland nach § 33 BörsG **keinen Antrag des Emittenten** voraussetzt, kann sie auch aufgrund des Antrags eines anderen Marktteilnehmers oder sogar von Amts wegen durch die Börsengeschäftsführung erfolgen.[73] Das bedeutet, dass sich inländische Zielgesellschaften durch die Wahl eines EU/EWR-ausländischen Börsenortes nicht nachhaltig der uneingeschränkten Anwendbarkeit des WpÜG entziehen können.

Die Rechtsfolge des § 1 Abs. 2 WpÜG ist eine **eingeschränkte Anwendbarkeit des WpÜG** in Hinblick auf die in der Vorschrift explizit genannten Regelungsgegenstände einschließlich gesellschaftsrechtlicher Fragen. Eine Konkretisierung in Hinblick auf die in diesem Fall anzuwendenden Vorschriften ergibt sich aus der (aufgrund der Ermächtigung in § 1 Abs. 4 WpÜG erlassenen) **WpÜG-Anwendbarkeitsverordnung**[74] (dazu noch unten Rdnr. 39 f.), die ausdrücklich die aufgrund des ausländischen Rechts notwendigen Abweichungen zulässt.[75] Nach welchem Recht die sonstigen Regelungsgegenstände zu behandeln sind, lässt sich dem WpÜG nicht entnehmen, da es sich konsequent um einseitige Anknüpfungen handelt.[76] Aufgrund der Richtlinienumsetzungen in den anderen Mitgliedstaaten wird gewährleistet, dass sich hierfür (nach Art. 4 Abs. 2 lit b und c der Übernahmerichtlinie) eine andere Rechtsordnung für zuständig erklärt.

b) Ausnahme für europäische Zielgesellschaften. Komplizierter ist dagegen die Regelung in § 1 Abs. 3 WpÜG, die als spiegelbildliche Ausnahme zu § 1 Abs. 2 WpÜG eine eingeschränkte Anwendung des WpÜG in Hinblick auf kapitalmarktrechtliche Aspekte vorschreibt. Während aber Abs. 2 für inländische Zielgesellschaften stets die zumindest eingeschränkte Anwendbarkeit des WpÜG vorsieht, ordnet Abs. 3 für die **europäischen Zielgesellschaften** (Rdnr. 15) eine Anwendung des WpÜG überhaupt nur dann an, wenn die zusätzlichen Voraussetzungen (insbesondere die inländische Börsenzulassung) vorliegen. Sind diese Voraussetzungen nicht gegeben, bleibt das WpÜG gänzlich unanwendbar, obwohl der Anwendungsbereich nach § 1 Abs. 1 WpÜG eröffnet wäre. Damit wird gewährleistet, dass das WpÜG nur dann auf Auslandsgesellschaften eingeschränkt angewendet wird, wenn (wegen des Auseinanderfallens von Börsenzulassung und Sitz) weder

---

[71] Vgl. auch *Fischer*, Rechtsfragen grenzüberschreitender Übernahmeangebote, 2008 S. 77 wonach § 1 Abs. 2 WpÜG die „ausschließliche Notierung im Ausland" betrifft.
[72] *von Hein* AG 2001, 213, 214; *ders* ZGR 2005, 528/537, der dies zusätzlich mit dem Umkehrschluss zu Art. 4 Abs. 2 lit. b RL begründet; *Seibt/Heiser* ZGR 2005, 200, 205; *Zimmer* ZGR 2002, 731, 739 Fn. 26; *Krause* BB 2002, 2341, 2344 hält eine andere Auslegung zwar für denkbar, jedoch nicht für sinnvoll. Vgl. auch oben Rdnr. 5.
[73] *Groß*, Kapitalmarktrecht § 33 BörsG Rdnr. 5.
[74] BGBl. 2006 I, 1698.
[75] Vgl. § 1 2. Halbs. WpÜG-Anwendbarkeitsverordnung.
[76] Vgl. auch *Ekkenga/Kuntz* WM 2004, 2427, 2430 f. zu § 1 WpÜG a. F.

eine einheitliche Behandlung nach dem Heimatrecht möglich ist, noch eine vorrangige Zuständigkeit eines weiteren Mitgliedstaats für die kapitalmarktrechtlichen Aspekte anzuerkennen ist. Nach der Konzeption der Richtlinie bleibt in diesen Fällen aber das Recht des Sitzstaates für die übrigen Regelungsbereiche maßgeblich (vgl. Art. 4 Abs. 2 lit. e Satz 2 RL und oben Rdnr. 5).

32   Die Voraussetzungen für eine (eingeschränkte) Anwendung des WpÜG auf europäische Zielgesellschaften sind zunächst das Vorliegen eines **europäischen Angebots** sowie eine **inländische Börsenzulassung.** Der Begriff des europäischen Angebots ist in § 2 Abs. 1a WpÜG definiert als Angebot zum Erwerb von Wertpapieren einer europäischen Zielgesellschaft, die nach dem Recht des Sitzstaats der Zielgesellschaft als Angebote im Sinne der Übernahmerichtlinie gelten. Die dabei in Bezug genommene Begriffsbestimmung in Art. 2 Abs. 1 lit. a der Übernahmerichtlinie zeigt, dass der Angebotsbegriff der Richtlinie deutlich enger ist als der Begriff nach § 2 Abs. 1 WpÜG.[77] Zwar umfasst auch der europäische Begriff sowohl freiwillige als auch Pflichtangebote, jedoch muss im Gegensatz zum deutschen Recht hinzukommen, dass es sich um ein auf den **Kontrollerwerb** gerichtetes freiwilliges oder ein (sich stets an den Kontrollerwerb anschließendes) Pflichtangebot handelt. Diese entspricht praktisch der Formulierung „Übernahme- und Pflichtangebote" in Abs. 2, jedoch wird zusätzlich klargestellt, dass es für die **Definition der Kontrolle** nicht (wie in § 1 Abs. 2) auf das deutsche Recht ankommt, sondern auf das Sitzrecht der Zielgesellschaft. Dies ist erforderlich, da der Kontrollbegriff in der Richtlinie nicht harmonisiert ist, vgl. Art. 2 Abs. 1 lit. a RL („Erwerb der Kontrolle […] im Sinne des einzelstaatlichen Rechts"), sowie Art. 5 Abs. 3 RL, wonach das Sitzrecht sowohl über den für einen Kontrollerwerb erforderlichen Stimmrechtsanteil als auch über die Berechnung des Anteils bestimmt. Letztlich besagt die komplizierte Formulierung in § 2 Abs. 1a WpÜG also lediglich, dass ein europäisches Angebot ein Übernahme- oder Pflichtangebot nach Maßgabe der **Kontrolldefinition des Sitzrechts** der betroffenen EU/EWR-ausländischen Zielgesellschaft ist. Zweck der Beschränkung auf europäische Angebote in Verbindung mit der Beschränkung auf bestimmte Regelungsmaterien in Abs. 3 ist es, nur diejenigen Angebote zu erfassen, die auch nach dem Sitzrecht in den Anwendungsbereich der Umsetzungsvorschriften fallen, so dass gewährleistet ist, dass dessen Übernahmerecht, wie von Art. 4 der Übernahmerichtlinie[78] vorgesehen, auf die verbleibenden Regelungsmaterien anwendbar ist. Fehlt es hieran, bleibt das WpÜG trotz inländischer Börsennotierung auf das Angebot gänzlich unanwendbar – selbst wenn der Vorgang nach dem Sitzrecht keinerlei Regulierung unterliegt. Der **Normenmangel** ist in diesen Fällen hinzunehmen, da er auf der Gestaltung des insoweit vorrangigen Sitzrechts und einer klaren gesetzgeberischen Entscheidung beruht, den Anwendungsbereich des WpÜG auf diese Fälle nicht auszudehnen.

33   Eine beschränkte Anwendbarkeit des WpÜG setzt nach § 1 Abs. 3 Nr. 2 ferner voraus, dass die betroffenen Wertpapiere nur (lit. a) oder vorrangig (lit. b) an einer **inländischen Börse zugelassen** sind. Während der erste Fall keine Schwierigkeiten aufwirft, ist die Regelung der **Mehrfachnotierung** in lit. b kompliziert. Vorrangig ist zunächst die Börsenzulassung im Sitzstaat, ansonsten die zeitlich frühere Zulassung (lit. aa) und zuletzt die von der Zielgesellschaft (bzw. von der Aufsichtsbehörde im Falle des § 68 Abs. 2 WpÜG[79]) gewählte (lit. bb). Festzustellen ist dabei, dass der Begriff der Zulassung auch hier der bereits begründeten richtlinienkonformen Auslegung bedarf, also Zulassung und **Einbeziehung** umfassen muss (Rdnr. 24 f.). Andernfalls wäre die Zweitnotierung im Sitzstaat (nach der Terminologie des BörsG – soweit das Börsenrecht des Sitzstaates eine vergleichbare

---

[77] Vgl. auch *Fischer*, Rechtsfragen grenzüberschreitender Übernahmeangebote, 2008 S. 257.
[78] Siehe oben Rdnr. 5 f.
[79] Gem. der Übergangsregelung des § 68 Abs. 2 WpÜG entscheidet bei europäischen Angeboten für Zielgesellschaften, deren stimmberechtigte Wertpapiere am 20. Mai 2006 bereits zum Handel an einem organisierten Markt zugelassen waren, statt der Zielgesellschaft die betroffene Aufsichtsbehörde, vgl. *Meyer* WM 2006, 1135, 1138; Geibel/Süßmann WpÜG/*Süßmann* § 68 Rdnr. 2.

Unterscheidung kennt) nicht als Zulassung, sondern als Einbeziehung anzusehen und könnte daher die beschränkte Anwendung des WpÜG nicht ausschließen, was aber zur Umsetzung des Art. 4 Abs. 2 lit. a der Übernahmerichtlinie erforderlich ist.

Bezüglich der Feststellung des zeitlichen Vorrangs wäre nach dem Wortlaut des § 1 Abs. 3 Nr. 2 lit. b WpÜG an sich auf die **formale Zulassungsentscheidung** abzustellen, nicht den Zeitpunkt der tatsächlichen Handelsaufnahme (Börseneinführung). Dieser Zeitpunkt ist jedoch nur eingeschränkt durch den Emittenten steuerbar (im Gegensatz zum Zeitpunkt der Einführung, § 38 Abs. 1 S. 2 BörsG) und von einer gewissen Zufälligkeit abhängig (z. B. dem Zeitpunkt der Sitzungen der Börsengeschäftsführung). Eine gleichzeitige Zulassung in mehreren Mitgliedstaaten wäre schon daher praktisch ausgeschlossen, dennoch wird dieser Fall (auch in der Richtlinie) eingehend geregelt. Hinzu kommt, dass die im BörsG vorgesehene Zweistufigkeit von Zulassung bzw. Einbeziehung und erst anschließender Einbeziehung in der Richtlinie über Märkte für Finanzinstrumente[80] nicht vorgesehen ist. Vielmehr ist dort (Art. 40) nur geregelt, dass die Zulassung Voraussetzung des Handels ist, und auch eine Veröffentlichung der Zulassungsentscheidung ist in der Richtlinie (anders als nach deutschem Recht, vgl. nur § 38 Abs. 4 BörsG) nicht vorgeschrieben. Dies zeigt, dass bei einem Abstellen auf den Zeitpunkt der formalen Zulassungsentscheidung auch die Vergleichbarkeit mit den Zulassungen in anderen Mitgliedstaaten nicht gewährleistet wäre. Vergleichbar und durch den Emittenten zu steuern (so dass Gleichzeitigkeit nicht nur zufällig eintritt) ist dagegen der Zeitpunkt der Aufnahme des Handels, also der **Börseneinführung** in der Terminologie des BörsG. Daher sollte § 1 Abs. 3 Nr. 2 lit. b WpÜG so ausgelegt werden, dass es nicht auf den Zeitpunkt der Zulassungsentscheidung, sondern der **Aufnahme des Börsenhandels** ankommt.[81]

Im Fall der **gleichzeitigen Börsenzulassung,** also der erstmaligen Notierung am selben Handelstag, eröffnet lit. bb der Zielgesellschaft die Möglichkeit, mit der Wahl der BaFin als für die Aufsicht zuständiger nationaler Behörde auch die ergänzende Anwendbarkeit des WpÜG zu wählen. Diese Vorschrift setzt die Vorgabe des Art. 4 Abs. 2 lit. c der Übernahmerichtlinie einseitig um, so dass die Regelung nur eine Aussage zur Rechtsfolge bei Wahl des deutschen Rechts bzw. der deutschen Zuständigkeit enthält, während sich die Anwendbarkeit des gewählten ausländischen Rechts aus der dort geltenden Umsetzung ergibt. Gewählt werden kann zwischen allen Behörden bzw. Rechtsordnungen, in denen die erstmalige Handelsaufnahme zeitgleich erfolgt ist. Allerdings muss die Zielgesellschaft die **Wahl schon bei Aufnahme des Börsenhandels treffen** und veröffentlichen, um so Rechtssicherheit für zukünftige Bieter zu schaffen. Die entsprechende Verpflichtung nach § 1 Abs. 5 WpÜG ist **gesondert anzuknüpfen** und setzt daher nicht die Wahl der deutschen Aufsichtsbehörde voraus, vielmehr ist diese Vorschrift schon dann anwendbar, wenn die deutsche Behördenzuständigkeit (und damit deutsches Recht) gewählt werden könnte. Die Einzelheiten der Ausübung dieser Wahlmöglichkeit sind in der WpÜG-Beaufsichtigungsmitteilungsverordnung[82] geregelt. Demnach hat die Zielgesellschaft ihre Entscheidung spätestens am ersten Tag des Handels ihrer stimmberechtigten Wertpapiere an einem organisierten Markt im Inland mitzuteilen (§ 1 Abs. 1 der Verordnung). Nicht geregelt ist der Fall, dass der Emittent entgegen dieser Verpflichtung keine Wahl vornimmt. In diesen Fällen ist die (nur als Übergangsregelung konzipierte) **Vorschrift des § 68 Abs. 2 WpÜG** (vgl. auch Art. 4 Abs. 2 lit. c Satz 2 der RL) **analog** mit der Folge anzuwenden, dass statt der Zielgesellschaft die betroffenen Aufsichtsbehörden entscheiden.

Die Rechtsfolge einer beschränkten Anwendbarkeit des WpÜG nach § 1 Abs. 3 ist nach dessen Satz 2, dass lediglich die dort aufgeführten Aspekte der **Gegenleistung, des In-**

---

[80] Richtlinie 2004/39/EG, Abl. EG 2004, L 145/1.
[81] Es ist darauf hinzuweisen, dass es dieser korrigierenden Auslegung nur im Rahmen des § 1 Abs. 3 WpÜG bedarf, nicht aber im Rahmen des § 1 Abs. 1 WpÜG, für den es bei der Maßgeblichkeit der formalen Zulassungsentscheidung bleibt, s. bereits oben Rdnr. 24.
[82] BGBl. I 2006, 2266. Die Verordnungsermächtigung findet sich in § 1 Abs. 5 WpÜG.

halts der Angebotsunterlage und des Angebotsverfahrens deutschem Recht unterliegen, während es im Übrigen beim Übernahmerecht des Sitzstaats bleibt, das nach der Konzeption der Richtlinie in dieser Konstellation ebenfalls beschränkt anwendbar bleibt. Auch für diese Regelungsgegenstände gilt, dass die (aufgrund der Ermächtigung in § 1 Abs. 4 WpÜG erlassene) WpÜG-Anwendbarkeitsverordnung[83] (dazu noch unten Rdnr. 44) eine Konkretisierung der anwendbaren Normen vornimmt, die auch hier ausdrücklich die aufgrund des ausländischen Rechts notwendigen Abweichungen zulässt.[84]

II. Grenzüberschreitende Übernahmen innerhalb von EU/EWR

1. Grenzüberschreitende Übernahmen von inländischen Zielgesellschaften

37 Vor dem Hintergrund der dargestellten Regelungen des § 1 WpÜG sind im Folgenden einzelne **Konstellationen von Übernahmen mit Auslandsbezug** näher zu beleuchten. Grenzüberschreitende Übernahmen von inländischen Zielgesellschaften im Sinne von Angeboten ausländischer Bieter ohne Drittstaatenbezug (zu den Besonderheiten bei Vorliegen eines Drittstaatenbezugs vgl. unten Rdnr. 45 ff.) werfen keine kollisionsrechtlichen Probleme auf, da die Nationalität des Bieters insoweit unerheblich ist.[85] In dem Normalfall einer **inländischen Zielgesellschaft mit inländischer Börsenzulassung** ist nach § 1 WpÜG auf alle Angebote im Sinne von § 2 Abs. 1 WpÜG (also einschließlich nicht auf Kontrollerwerb gerichteter Teilangebote) deutsches Recht uneingeschränkt anwendbar und die ausschließliche Zuständigkeit der BaFin (§ 4 Abs. 1 S. 1 WpÜG) für die Beaufsichtigung gegeben. Ebenfalls irrelevant ist die Nationalität der Anteilseigner[86] oder das Vorliegen einer weiteren Börsennotierung in einem EU/EWR-Mitgliedstaat.[87] Aufgrund der Harmonisierung des Übernahmekollisionsrechts (siehe oben Rdnr. 5 ff.) wird die in diesen Fällen bestehende ausschließliche Anwendbarkeit des deutschen Rechts von allen Mitgliedstaaten respektiert, so dass Normenkollisionen ausgeschlossen sind.

38 Bei der Beaufsichtigung und Durchsetzung behördlicher Maßnahmen unterliegen die mitgliedstaatlichen Behörden nach Art. 4 Abs. 4 der Übernahmerichtlinie einer **Kooperationspflicht,** die sich vor allem auf den Informationsaustausch (umgesetzt in § 8 WpÜG) und die Zustellung der von den Aufsichtsbehörden erlassenen Verwaltungsakte an EU-ausländische Bieter bezieht. Die **Zustellung** gegenüber Personen und Unternehmen mit Sitz im Ausland seitens der BaFin richtet sich nach § 43 Abs. 2 WpÜG. Demnach erfolgt die Zustellung entweder an einen Bevollmächtigten (der über den Wortlaut hinaus eine Zustellungsanschrift im Inland besitzen muss)[88] oder in Ermangelung eines solchen durch Veröffentlichung im elektronischen Bundesanzeiger. Einer Kooperation mit EU-ausländischen Behörden ist für die BaFin daher nicht erforderlich. Bei Pflichtverletzungen ausländischer Bieter kann die BaFin aufgrund der Ordnungswidrigkeitsvorschrift § 60 WpÜG auch **Bußgelder verhängen,** da der **Erfolgsort** kapitalmarktrechtlicher Erfolgsdelikte regelmäßig im Inland liegt bzw. bei Unterlassungsdelikten regelmäßig eine Tätigkeit im Inland verlangt gewesen wäre (§§ 5, 7 OWiG). Beispielsweise tritt der Erfolg der Veröffentlichung eines verbotenen Angebots (§ 15 Abs. 3, § 60 Abs. 1 Nr. 6 WpÜG) jedenfalls dann im Inland ein, wenn die Veröffentlichung hier zugänglich ist und ein besonderer Inlandsbezug gegeben ist, für den das Vorhandensein inländischer Angebotsadressaten als ausreichend anzusehen ist.[89] Beim Unterlassen einer Mitteilung über die Entscheidung zur Abgabe eines Angebots (§ 10 Abs. 2, § 60 Abs. 1 Nr. 2 WpÜG) hätte der Bieter dagegen

---

[83] BGBl. I 2006, 1698.
[84] Vgl. § 2 2. Halbs. WpÜG-Anwendbarkeitsverordnung.
[85] Geibel/Süßmann WpÜG/*Angerer* § 1 Rdnr. 127.
[86] Geibel/Süßmann WpÜG/*Angerer* § 1 Rdnr. 127.
[87] Hierzu bereits oben Rdnr. 5, 29.
[88] Steinmeyer/Häger WpÜG/*Klepsch* § 43 Rdnr. 4 m.w.N.
[89] Vgl. zur Parallelnorm des § 9 StGB Schönke/Schröder StGB/*Eser* § 9 Rdnr. 12.

am Sitz der Mitteilungsempfänger tätig werden müssen, bei Anwendbarkeit des WpÜG also ebenfalls im Inland. Für **Rechtshilfe** bei Verfolgung und Vollstreckung gegenüber ausländischen Bietern gelten die allgemeinen Vorschriften des internationalen Rechtshilferechts (insbesondere das Europäische Rechtshilfeübereinkommen).[90]

Komplizierter wird die Rechtslage nur, wenn der grenzüberschreitende Bezug der Übernahme nicht auf der Nationalität des Bieters oder der Anteilseigner beruht, sondern auf einer **EU/EWR-ausländischen Börsennotierung** der Aktien der Zielgesellschaft. Während die Auslandsnotierung bei Vorliegen auch einer Inlandsnotierung irrelevant ist (siehe oben Rdnr. 5, 29), führt eine **ausschließliche Auslandsnotierung** zur Anwendbarkeit der Ausnahme nach § 1 Abs. 2 WpÜG (zu den Voraussetzungen vgl. näher Rdnr. 27 ff.) und damit zu einer Aufteilung des Übernahmestatuts. Indes gilt dies nur für Übernahme- und Pflichtangebote im Sinne von § 29 Abs. 1 und § 35 WpÜG, während es für **nicht auf Kontrollerwerb gerichtete Angebote** (die nicht von § 1 Abs. 2 WpÜG erfasst werden) bei der uneingeschränkten Anwendbarkeit des deutschen Rechts auch bei einer nur EU/EWR-ausländischen Börsenzulassung bleibt. Für die von der Ausnahme erfassten Übernahme- und Pflichtangebote bestimmt § 1 der WpÜG-Anwendbarkeitsverordnung ganz konkret, welche Vorschriften des WpÜG auf den Vorgang „sinngemäß anzuwenden (sind), soweit nicht das ausländische Recht Abweichungen nötig macht". Insofern ist nach dem (kein „insbesondere" enthaltenden) Wortlaut von einer **abschließenden Aufzählung** auszugehen,[91] wobei ein Bedürfnis für eine erweiternde Auslegung auch nicht ersichtlich ist. Zugleich ist die Verordnung aber auch an die vom Wortlaut des § 1 Abs. 2 WpÜG gesetzten Grenzen gebunden, da die Verordnungsermächtigung des § 1 Abs. 4 WpÜG sich nur auf die Schaffung „näherer Bestimmungen", also einer Konkretisierung der Regelungsgegenstände des Abs. 2, bezieht, aber keine Abweichungen hiervon zulässt. Daher ist die Verordnung – soweit möglich – zur Vermeidung der Folge der Nichtigkeit so auszulegen bzw. teleologisch zu reduzieren, dass sie sich im Rahmen der Verordnungsermächtigung hält.

Betrachtet man die Aufzählung in § 1 WpÜG-Anwendbarkeitsverordnung näher, erscheint (bei ordnungsmäßiger Umsetzung der Richtlinie im Mitgliedstaat der Börsenzulassung) vor allem die Konstellation der **Normenhäufung** als denkbar, da der Wortlaut eine außerordentlich weitgehende Anwendbarkeit des WpÜG vorsieht. Auffallend ist vor allem, dass § 34 WpÜG pauschal für anwendbar erklärt wird, der die Vorschriften für einfache Angebote (§§ 10 bis 28 WpÜG) auf Übernahmeangebote erstreckt, soweit keine abweichenden Regelungen bestehen. Damit wird praktisch das gesamte Verfahrensrecht für Übernahmeangebote für anwendbar erklärt. Ebenso fragwürdig erscheint die Anwendbarkeit des § 39 WpÜG, der in ähnlicher Weise für Pflichtangebote die Vorschriften für Angebote und Übernahmeangebote einbezieht.[92] Aus diesem Blickwinkel betrachtet, verbleiben dann nur noch wenige Vorschriften des WpÜG, die im Fall des § 1 Abs. 2 nicht anzuwenden sind, konkret die §§ 31 und 32 zur Gegenleistung und zum Verbot des Teilangebots sowie Teilaspekte des § 35 Abs. 1 und 2 zum Pflichtangebot. Eine Beschränkung auf die in § 1 Abs. 2 WpÜG genannten Regelungsgebiete ist nicht erkennbar.[93] Hieraus folgt, dass es einer **teleologischen Reduktion** der Verweisungen auf §§ 34 und 39 WpÜG insoweit bedarf, dass ihre Reichweite sich auf die § 1 Abs. 2 WpÜG genannten

---

[90] Ausführlich zum internationalen Ordnungswidrigkeitenrecht Karlsruher Kommentar zum OWiG/*Bohnert* Einleitung Rdnr. 180 ff. Zum Europäischen Rechtshilfeübereinkommen dort Rdnr. 202 ff.

[91] AA. Steinmeyer/Häger WpÜG/*Santelmann* § 1 Rdnr. 38; Geibel/Süßmann WpÜG/*Angerer* § 1 Rdnr. 101 f.

[92] Kritisch zur pauschalen Einbeziehung von §§ 34 und 39 WpÜG auch Steinmeyer/Häger WpÜG/*Santelmann* § 1 Rdnr. 39; Geibel/Süßmann WpÜG/*Angerer* § 1 Rdnr. 104; *Ackermann*, Das internationale Privatrecht der Unternehmensübernahme, 2008 S. 293 ff.

[93] Vgl. auch *Ackermann*, Das internationale Privatrecht der Unternehmensübernahme, 2008 S. 293 f.

Fragen beschränkt, was für jede einzelne Vorschrift durch Auslegung zu ermitteln ist.[94] Der Zweck der Verordnung, eine sichere Bestimmung der anwendbaren Vorschriften zu ermöglichen, wird so indes nur eingeschränkt erreicht.[95]

41 Nur zu erwähnen ist, dass das WpÜG bei Angeboten bezüglich inländischer Zielgesellschaften, die nur **außerhalb von EU/EWR börsennotiert** sind, aufgrund des klaren Wortlauts des § 1 Abs. 1 (i.V.m. § 2 Abs. 7) WpÜG nicht anwendbar ist. Hierzu näher unten Rdnr. 57 ff.

2. Grenzüberschreitende Übernahmen europäischer Zielgesellschaften

42 Die zweite Konstellation, die hier näher zu betrachten ist, ist die der innereuropäischen **grenzüberschreitenden Übernahme europäischer Zielgesellschaften** (zum Begriff Rdnr. 15 ff.). Auch insoweit gilt, dass die Nationalität des Bieters kollisionsrechtlich irrelevant ist.[96] Das WpÜG ist in diesen Fällen nur aufgrund einer **inländischen Börsenzulassung** und nach Maßgabe des § 1 Abs. 3 WpÜG auch nur eingeschränkt anwendbar (zu den Voraussetzungen Rdnr. 31 ff.). Danach beschränkt sich die Anwendbarkeit deutschen Rechts auf „Fragen der Gegenleistung, des Inhalts der Angebotsunterlage und des Angebotsverfahrens". Ferner bestimmt § 11a WpÜG die Anerkennung einer bereits im EU/EWR-Ausland gebilligten Angebotsunterlage.

43 Die Vorschrift des § 11a WpÜG hat zunächst nur einen außerordentlich beschränkten Anwendungsbereich. Die automatische Anerkennung einer von den Behörden eines anderen EU/EWR-Mitgliedstaates gebilligten **Angebotsunterlage** ist nur dann relevant, wenn überhaupt eine konkurrierende Zuständigkeit für die Billigung der Angebotsunterlage besteht. Ist die BaFin gar nicht zuständig (und das WpÜG nicht anwendbar), bedarf es keiner Anerkennung, da eine Untersagung des Angebots gar nicht in Betracht kommt. Da die Regelung nur für europäische Angebote gilt, kommt eine Zuständigkeit der BaFin für die Billigung überhaupt nur in den Fällen des § 1 Abs. 3 WpÜG in Betracht, in denen das deutsche Recht insbesondere über den „Inhalt der Angebotsunterlage" entscheidet. Nach den kollisionsrechtlichen Vorgaben des Art. 4 Abs. 2 der Übernahmerichtlinie (hierzu oben Rdnr. 5 ff.) wird die Zuständigkeit weiterer Aufsichtsbehörden grundsätzlich ausgeschlossen, so dass nicht erkennbar ist, welchen Anwendungsbereich die **gegenseitige Anerkennung** eigentlich haben soll.[97] Dennoch verlangt indes Art. 6 Abs. 2 UAbs. 2 der Übernahmerichtlinie die in § 11a WpÜG umgesetzte gegenseitige Anerkennung und regelt zugleich, unter welchen Voraussetzungen ausnahmsweise bei Mehrfachnotierungen dennoch zusätzliche Angaben vom Mitgliedstaat der Börsenzulassung verlangt werden können. Es wurde bereits angesprochen, dass diese Regelung als Ausnahme von der grundsätzlichen Unzulässigkeit von Sonderanknüpfungen (und Mehrfachzuständigkeiten) innerhalb des Anwendungsbereichs der Richtlinie anzusehen ist (oben Rdnr. 10). Das Erfordernis gegenseitiger Anerkennung der gebilligten Angebotsunterlage hat in der Richtlinie wohl nur die Funktion der Klarstellung, dass sich bei einer nach § 6 Abs. 2 UAbs. 2 Satz 2 zulässigen Sonderanknüpfung zusätzlicher Anforderungen an den Inhalt der Angebotsunterlage die hiermit verbundene Aufsichtszuständigkeit auf die zusätzlichen Aspekte beschränkt, während ansonsten keine weitere Prüfung zulässig ist. Da solche Sonderanknüpfungen im deutschen Recht aber schon nicht vorgesehen sind, bleibt **kein praktisch relevanter Anwendungsbereich** der Anerkennungsvorschrift des § 11a WpÜG.[98] In der Literatur wird jedoch ein Anwendungsfall bezüglich der **prospektrechtlichen Anerkennung bei Tauschangeboten** gesehen, da § 11a WpÜG hier als lex specialis dem Billigungserfordernis nach § 13 WpPG vorgehen soll, so dass die im EU-Ausland gebilligte Angebotsunterla-

---

[94] Ähnlich Geibel/Süßmann WpÜG/*Angerer* § 1 Rdnr. 105.
[95] So auch das zutreffende Fazit von *Ackermann*, Das internationale Privatrecht der Unternehmensübernahme, 2008 S. 295.
[96] Geibel/Süßmann WpÜG/*Angerer* § 1 Rdnr. 127.
[97] Vgl. Steinmeyer/Häger WpÜG/*Klepsch* § 11a Rdnr. 4 f.
[98] In diesem Sinne auch Steinmeyer/Häger WpÜG/*Klepsch* § 11a Rdnr. 4 f.

ge für die Emission der Tauschaktien anstatt eines Wertpapierprospekts anzuerkennen ist.[99] In solchen Fällen besteht nach § 4 Abs. 1 Nr. 2 WpPG indes schon keine Prospektpflicht, wenn ein dem Prospekt gleichwertiges Dokument vorliegt, was bei europäischen Angeboten regelmäßig der Fall ist, da die Richtlinie bei Tauschangeboten vorschreibt, dass alle notwendigen Angaben zu den angebotenen Wertpapieren in die Angebotsunterlage aufgenommen werden (Art. 6 Abs. 3 lit. k RL). § 11a WpÜG hat daher nur einen theoretischen Anwendungsbereich für den Fall, dass die in einem EU-Mitgliedstaat gebilligte Angebotsunterlage ausnahmsweise nicht im Sinn von § 4 Abs. 1 Nr. 2 WpPG als dem Prospekt gleichwertiges Dokument anzuerkennen ist.

Die konkret anwendbaren Vorschriften ergeben sich im Fall des § 1 Abs. 3 WpÜG aus § 2 der **WpÜG-Anwendbarkeitsverordnung,** der einer Konkretisierung der in Satz 2 genannten Regelungsbereiche dient. Insoweit stellen sich ähnliche Probleme wie im Fall des § 1 Abs. 2 WpÜG (dazu Rdnr. 39 f.): Durch die Einbeziehung der §§ 34 und 39 WpÜG in die Aufzählung der anwendbaren Normen ist auch diese zu weit geraten[100] und bedarf daher der **teleologischen Reduktion.** Die dort in Bezug genommenen Normen sind also nur anzuwenden, soweit sie sich auf die Gegenleistung, das Angebotsverfahren und den Inhalt der Angebotsunterlage beziehen, was im Einzelfall **durch Auslegung zu ermitteln** ist.[101] Da das Erfordernis der teleologischen Reduktion sich aus dem Wortlaut des § 1 Abs. 3 WpÜG (und der nur hierauf bezogenen Verordnungsermächtigung des § 1 Abs. 4 WpÜG) bezieht, gilt dies nicht nur für den Anwendungsbereich der Richtlinie, sondern auch für zusätzliche Bestimmungen des deutschen Rechts. **44**

III. Übernahmen mit Drittstaatenbezug

1. Fälle des Drittstaatenbezugs

Übernahmen können in unterschiedlicher Hinsicht einen **Drittstaatenbezug** aufweisen. In Betracht kommen Übernahmen durch Bieter mit Sitz in Drittstaaten, ferner Übernahmen bei Anteilsinhabern aus Drittstaaten, bei Bestehen einer Börsenzulassung in einem Drittstaat sowie Übernahmen einer Gesellschaft mit drittstaatlichem Gesellschaftsstatut, aber inländischer Börsenzulassung. Denkbar wären ferner noch die Fälle eines Angebots inländischer Bieter für die Aktien einer drittstaatlichen Gesellschaft, sowie Übernahmen von Auslandsgesellschaften mit inländischen Anteilseignern. **45**

Aufgrund der **kollisionsrechtlichen Irrelevanz von Nationalität und Ansässigkeit des Bieters** ist ein hierauf beruhender Drittstaatenbezug übernahmerechtlich unbeachtlich, so dass bei Vorliegen der Voraussetzungen des § 1 Abs. 1 WpÜG dieses ebenso anwendbar ist wie bei inländischen Bietern.[102] Eine Besonderheit gilt lediglich außenwirtschaftsrechtlich, da das Bundesministerium für Wirtschaft und Technologie seit April 2009 den Erwerb von Anteilen an deutschen Unternehmen durch gemeinschaftsfremde Erwerber **untersagen** kann, wenn durch den Erwerb die öffentliche Sicherheit und Ordnung gefährdet würde (§ 7 Abs. 2 Nr. 6 AWG iVm. § 53 AWV).[103] Für die Vorprüfung, ob ein formelles Prüfungsverfahren eingeleitet werden soll, steht dem Ministerium eine Prüffrist von 3 Monaten zu (§ 53 AWV). Solange sind die getätigten Erwerbsgeschäfte nach § 31 Abs. 3 AWG auflösend bedingt, allerdings besteht **kein Vollzugsverbot.**[104] Eine Anzeige- **46**

---

[99] Geibel/Süßmann WpÜG/*Schwennicke* § 11a Rdnr. 3.
[100] Kritisch zur pauschalen Einbeziehung von §§ 34 und 39 WpÜG auch Steinmeyer/Häger WpÜG/*Santelmann* § 1 Rdnr. 49; Geibel/Süßmann WpÜG/*Angerer* § 1 Rdnr. 104; *Ackermann,* Das internationale Privatrecht der Unternehmensübernahme, 2008 S. 293 ff.
[101] Ähnlich Geibel/Süßmann WpÜG/*Angerer* § 1 Rdnr. 105.
[102] Geibel/Süßmann WpÜG/*Angerer* § 1 Rdnr. 127.
[103] Ausführlich zu dieser Neuregelung, insbesondere unter Berücksichtigung übernahmerechtlicher Aspekte *Seibt/Wollenschläger* ZIP 2009, 833; Ferner: *Marquardt/Pluskat* DStR 2009, 1314; *Reinhardt/Pelster* NZG 2009, 441; *Voland* EuZW 2009, 519.
[104] *Marquardt/Pluskat* DStR 2009, 1314/1319; *Reinhardt/Pelster* NZG 2009, 441, 444 f.; *Seibt/Wollenschläger* ZIP 2009, 833, 840 f.

pflicht des Erwerbers oder der Zielgesellschaft besteht nicht, lediglich die BaFin hat die ihr im Rahmen der Übernahme zukommenden Anzeigen bezüglich der Angebotsabgabe oder des Kontrollerwerbs nach § 7 Abs. 1 Satz 2 WpÜG an das Bundesministerium für Wirtschaft und Technologie weiterzuleiten.[105] Auf das Übernahmeverfahren hat die außenwirtschaftsrechtliche Prüfung daher in der Regel keinen praktischen Einfluss.[106]

47 Ebenso irrelevant ist ferner die **Nationalität der Anteilseigner,**[107] so dass in den Fällen des § 1 Abs. 1 WpÜG auch drittstaatliche Aktionäre uneingeschränkt durch das WpÜG geschützt werden. Insbesondere gilt auch für diese der Grundsatz der Gleichbehandlung aller Aktionäre (§ 3 Abs. 1 WpÜG),[108] so dass diesen weder ein niedrigerer Preis geboten werden darf, noch sie vom Angebot ausgenommen werden dürfen. Denkbar wäre zwar eine **Ausnahme nach § 24 WpÜG,** jedoch liegt die Voraussetzung der Anwendbarkeit des Übernahmerechts eines Drittstaates in diesen Fällen regelmäßig nicht vor, da eine Anknüpfung übernahmerechtlicher Vorschriften allein aufgrund des Wohnsitzes des Anteilseigners auch international unüblich ist. Selbst die extensive Anknüpfung des US-amerikanischen Rechts verlangt zumindest eine Registrierung der Aktien bei der SEC für den börslichen oder außerbörslichen Handel (Sec. 14 (d) i.V.m. Sec. 12 SEA),[109] so dass auch hier Ansässigkeit oder Staatsangehörigkeit des Anteilseigners allein nicht genügt.

48 Umgekehrt werfen auch die Fälle der Übernahme von **Auslandsgesellschaften ohne inländische Börsenzulassung durch inländische Bieter** und von **Auslandsübernahmen, von denen inländische Anteilseigner betroffen werden,** keine Schwierigkeiten auf, weil auf diese Vorgänge das WpÜG eindeutig unanwendbar ist. In beiden Fällen obliegt die Regulierung der Übernahme den ausländischen Sitz- und Börsenstaaten, während inländische Regulierungsinteressen nur peripher betroffen werden. Eine Erstreckung des inländischen Übernahmerechts zum Schutz inländischer Anteilseigner würde vielmehr die Abwicklung grenzüberschreitender Unternehmensübernahmen erschweren und ist daher auch rechtspolitisch abzulehnen. Ein sich hieraus ergebender Normenmangel ist daher hinzunehmen.

49 Es verbleiben somit noch zwei Konstellationen von Übernahmen mit Drittstaatenbezug, die näher zu erörtern sind: Übernahmen von **inländischen Unternehmen** die entweder auch (bei Mehrfachnotierung) oder nur **in einem Drittstaat zur Börse zugelassen** sind, sowie Übernahmen von Gesellschaften mit **drittstaatlichem Gesellschaftsstatut und inländischer Börsenzulassung.**

2. Übernahmen bei Börsenzulassung in Drittstaaten

50 **a) Überblick.** In Hinblick auf die Fälle inländischer Zielgesellschaften, deren Aktien an einer ausländischen Börse gehandelt werden, sind zwei Fallgruppen zu unterscheiden, die rechtlich ganz verschiedene Problemstellungen aufweisen. Bei den **Inlandsgesellschaften,** die sowohl im Inland (bzw. in der EU) als **auch in einem Drittstaat börsennotiert** sind, besteht die Problematik in einer möglichen **Normenhäufung,** wenn neben dem WpÜG auch das drittstaatliche Übernahmerecht anwendbar ist. Bei den Inlandsgesellschaften, deren Aktien **nur an einer drittstaatlichen Börse gehandelt** werden, kann dagegen allen-

---

[105] *Reinhardt/Pelster* NZG 2009, 441, 444; *Seibt/Wollenschläger* ZIP 2009, 833, 834, 842.

[106] Die Bedingung nach § 31 Abs. 3 AWG fällt auch nicht unter § 18 WpÜG, da dieser gesetzliche Bedingungen nicht erfasst, siehe *Seibt/Wollenschläger* ZIP 2009, 833, 841; vgl. auch Geibel/Süßmann WpÜG/*Geibel* § 18 Rdnr. 29, 38; Steinmeyer/Häger WpÜG/*Steinmeyer* § 18 Rdnr. 17f. Zu Auswirkungen auf die Angebotsunterlage: *Seibt/Wollenschläger* ZIP 2009, 833, 841f.

[107] Vgl. Steinmeyer/Häger WpÜG/*Santelmann* § 1 Rdnr. 58.

[108] Vgl. Steinmeyer/Häger WpÜG/*Klepsch* § 24 Rdnr. 1; Geibel/Süßmann WpÜG/*Süßmann* § 24 Rdnr. 4; Kölner Kommentar WpÜG/*Versteegen* § 24 Rdnr. 1.

[109] *Fischer*, Rechtsfragen grenzüberschreitender Übernahmeangebote, 2008 S. 124, 126; vgl. auch *Helmis* RIW 2001, 825, 829. Eine Ausnahme gilt aber für die Betrugsbekämpfungsvorschrift des Sec. 14 (e) SEA, vgl. die folgende Fußnote.

falls ein Normenmangel eintreten, andererseits sind aber gerade hier **Fragen der Qualifikation** im Sinne der Abgrenzung zwischen Gesellschafts- und Übernahmestatut als praktisch bedeutsam anzusehen.

b) Mehrfachnotierung der Zielgesellschaft. Häufig tritt inzwischen in der Praxis die **51** Konstellation auf, dass eine inländische Gesellschaft neben der Börsenzulassung in Deutschland auch an einer **Auslandsbörse** notiert ist. Bei den international tätigen Großunternehmen ist es üblich geworden, zur Verbesserung des Zugangs zum US-amerikanischen Kapitalmarkt eine Notierung an der New York Stock Exchange (NYSE) oder – bei kleineren Emittenten – an der Computerbörse NASDAQ anzustreben. Auf Angebote für Aktien derartiger Unternehmen ist zunächst nach § 1 Abs. 1 das WpÜG anwendbar. Daneben können aber auch **übernahmerechtliche Vorschriften des ausländischen Börsenstaates** zur Anwendung kommen, soweit dessen kollisionsrechtlicher Anwendungsbereich allein kapitalmarktbezogen definiert wird. Letzteres ist insbesondere in den USA der Fall, so dass gerade bei der praktisch wichtigen Fall einer Doppelnotierung an der Frankfurter Wertpapierbörse (FWB) und an der NYSE auf Übernahmeangebote und Angebote, die zum Erwerb einer zumindest 5%igen Beteiligung führen, sowohl deutsches als auch das US-amerikanische Recht gem. Sec. 14 (d) SEA anzuwenden ist. Voraussetzung ist lediglich die **Registrierung**[110] **der betroffenen Wertpapiere an einer US-amerikanischen Börse** gemäß Sec. 12 (d) SEA, sowie die Nutzung der sog. „means of interstate commerce", womit grundsätzlich jedes die Grenzen der Einzelstaaten überschreitende Kommunikationsmittel[111] gemeint ist.[112] Für Angebote bezüglich deutscher Zielgesellschaften, die den Anforderungen des § 1 Abs. 1 WpÜG genügen, kommen bei zusätzlicher Börsenzulassung in den USA daher grundsätzlich **beide Übernahmerechte** parallel zur Anwendung.

Soweit sich in den Fällen einer Mehrfachnotierung mehr als eine Rechtsordnung auf **52** Übernahmen für anwendbar erklärt **(Normenhäufung)**, kann das Problem der **Inkompatibilität beider Rechtsordnungen** auftreten. Hiermit ist der Fall gemeint, dass die Normen so gestaltet sind, dass es unmöglich oder zumindest mit Schwierigkeiten verbunden ist, den Anforderungen beider Rechtsordnungen zugleich zu genügen. Hierdurch kann im Ergebnis ein Vorgang unmöglich gemacht werden, der von beiden Rechtsordnungen grundsätzlich eröffnet wird. Um dieses (unerwünschte) Ergebnis zu vermeiden, bedarf es zumindest für die Fälle der **echten Normenkollision** (also bei Unmöglichkeit, beide Anforderungen zugleich zu erfüllen) des Zurücktretens des Rechts eines der Staaten, um den Konflikt aufzulösen. Denkbar ist ein solcher echter Normenkonflikt hier insbesondere dann, wenn beide Übernahmerechte für das Angebot Regelungen für die Bestimmung der anzubietenden **Gegenleistung** (wie § 31 WpÜG iVm §§ 3 ff. WpÜG-AngVO[113]) enthalten und diese zu unterschiedlichen Ergebnissen führen. Dies ist sogar dann möglich, wenn beide Rechtsordnungen gleich gestaltet sind, aber die Berücksichtigung jeweils nur des inländischen Börsenkurses (wie in § 5 WpÜG-AngVO auch im Fall der Doppelnotierung vorgesehen) verlangen und die Kurse in beiden Staaten sich unterscheiden. Verlangt zusätzlich zumindest eine der Rechtsordnungen die Gleichbehandlung der Aktionäre (wie etwa § 3 Abs. 1 WpÜG generell oder auch Sec. 14 (d) (7) SEA hinsichtlich des gezahlten Preises für das US-Recht), lassen sich die Anforderungen nicht

---

[110] Ohne Registrierung finden lediglich die Betrugsbekämpfungsvorschriften (Anti-Fraud-Provisions) gem. Art. 14 (e) SEA iVm. den dazugehörigen Ausführungsbestimmungen der SEC Anwendung, die nur verfahrensrechtliche Mindestanforderungen aufstellen, *Albrecht*, Das Übernahmerecht des U.S.-amerikanischen Williams Act, 2008 S. 199 ff.; Kölner Kommentar WpÜG/*Versteegen* § 24 Rdnr. 35 ff.; vgl. auch *Helmis* RIW 2001, 825, 828 f.

[111] Also etwa Telefon, Postverkehr oder Internet, *Fischer*, Rechtsfragen grenzüberschreitender Übernahmeangebote, 2008 S. 125.

[112] Kölner Kommentar WpÜG/*Versteegen* § 24 Rdnr. 35, 38.

[113] WpÜG-Angebotsverordnung, BGBl. I 2001, 4263.

mehr gleichzeitig erfüllen.[114] Von einer **unechten Normenkollision** kann man sprechen, wenn eine Rechtsordnung Gestaltungsmöglichkeiten eröffnet, die aufgrund der Vorgaben der anderen Rechtsordnung nicht genutzt werden können. Hier können die Wechselwirkungen beider Rechtsordnungen dazu führen, dass die Gestaltungsfreiheit weitgehend eingeschränkt wird, da nur die in beiden Rechtsordnungen zulässigen Möglichkeiten zur Verfügung stehen, was die Durchführung deutlich erschweren kann – obwohl die Übernahme möglich ist. Hiervon zu unterscheiden sind die (weitaus häufigeren) Fälle, in denen die Anforderungen beider Rechtsordnungen unproblematisch erfüllt werden können, sich aber der hiermit verbundene Aufwand (etwa für die Erstellung unterschiedlicher Angebotsunterlagen) als faktisches Hindernis der Übernahme erweist. Insbesondere die vom **Gleichbehandlungsgrundsatz** verlangte Einbeziehung aller Aktionäre in das Angebot kann diesen Effekt auslösen,[115] wenn erst durch diese Einbeziehung das drittstaatliche Recht anwendbar wird und im Drittstaat nur ein geringer Aktienanteil betroffen ist.

53 Derartige Kollisionen werden im Übernahmerecht grundsätzlich durch die **Selbstbeschränkung des Anwendungsbereichs nationaler Vorschriften** aufgelöst. Insbesondere das US-amerikanische Recht enthält Regelungen, durch die Erwerbsangebote bezüglich ausländischer Zielgesellschaften zumindest weitgehend vom US-Übernahmerecht ausgenommen werden. Erforderlich ist hierfür grundsätzlich, dass es sich um eine außerhalb der USA inkorporierte Gesellschaft handelt („**foreign private issuer**"),[116] und das sich ferner nicht mehr als 10% der von dem Erwerbsangebot betroffenen Aktien im Besitz von US-Ansässigen befinden („**U.S. ownership limitation**") und die US-Aktionäre gegenüber den ausländischen Aktionären nicht diskriminiert („equal treatment") und diesen vergleichbar in englischer Sprache informiert werden.[117] Ähnliche Regeln bestehen beispielsweise auch im kanadischen Übernahmerecht.[118] Darüber hinaus besteht allerdings auch die Möglichkeit, die Anwendung des US-Rechts durch den Ausschluss der in den USA ansässigen Aktionäre zu vermeiden, da in solchen Fällen nach der US-Rechtsprechung[119] nicht von den die Bundeszuständigkeit auslösenden (Kommunikations-) Mitteln („jurisdictional means") Gebrauch gemacht wird, was auch in Sec. 14 (d) SEA zu den Tatbestandsvoraussetzungen zählt („by any means or instrumentality of interstate commerce").[120] Allerdings werden in der U.S.-Literatur nach Erlass der Ausnahmeregelung für „foreign private issuers" Zweifel an der Fortgeltung dieser Doktrin laut, auch wenn die SEC bisher offenbar nicht versucht, das eigene Übernahmerecht bei Angeboten unter Ausschluss US-

---

[114] Es ist allerdings anzumerken, dass das US-amerikanische Bundesrecht keine Regelungen für die Preisbildung beim „tender offer" (zum Begriff vgl. ausführlich *Albrecht*, Das Übernahmerecht des U.S.-amerikanischen Williams Act, 2008, S. 89 ff.) oder eine Verpflichtung zum Angebot des „fair value" enthält, sondern ein hierauf gerichteter Anspruch allenfalls aufgrund der Ausübung eines Austrittsrechts („appraisal right") nach einzelstaatlichem Gesellschaftsrecht gegen die Gesellschaft bestehen kann, wenn es etwa nach dem „takeover" zu einer Verschmelzung kommt. Vgl. auch *Helmis* RIW 2001, 825, 831.

[115] Vgl. Steinmeyer/Häger WpÜG/*Klepsch* § 24 Rdnr. 1.

[116] Vgl. die Definition in Rule 3b-4 der General Rules under the SEA 1934, 17 CFR Part 240: Ausgeschlossen sind nur die Auslandsgesellschaften, bei denen Aktienmehrheit von US-Ansässigen gehalten wird und ein zusätzlicher Bezug zum US-Territorium vorliegt (etwa durch die Hauptniederlassung oder die Belegenheit des überwiegenden Gesellschaftsvermögens in den USA).

[117] Vgl. Rule 14d-1 lit. c, General Rules under the SEA 1934, 17 CFR Part 240. Diese sog. Tier 1-Regel wird noch durch eine weniger weitreichende Ausnahme in lit. d ergänzt („Tier 2"), die bis zu einem US-Aktienbesitz von 40% anwendbar ist, aber nur für bestimmte Regelungen gilt. Zu den Einzelheiten der Regelung vgl. *Albrecht*, Das Übernahmerecht des U.S.-amerikanischen Williams Act, 2008, S. 237 f.

[118] Vgl. etwa Sec. 101.4 Securities Act Ontario („Foreign issuer bid exemption"), wo ebenfalls an die 10%-Grenze angeknüpft wird.

[119] *Plessey Company v. General Electric,* 628 F. Supp. 477 (1986).

[120] Vgl. auch *Fischer*, Rechtsfragen grenzüberschreitender Übernahmeangebote, 2008 S. 125.

amerikanischer Aktionäre durchzusetzen.[121] Vor dem Hintergrund des Wortlauts des Sec. 14 (d) SEA erscheint es jedenfalls als fraglich, ob bei **Veröffentlichung der Angebotsunterlage** im Internet (§ 14 Abs. 3 Nr. 1 WpÜG) noch davon ausgegangen werden kann, dass kein „means of interstate commerce" eingesetzt worden ist, nur weil die entsprechende Kommunikation die US-amerikanischen Aktionäre nicht erreichen sollte.[122]

Im deutschen Recht korrespondiert § 24 WpÜG, der es ausnahmsweise zulässt, **ausländische Aktionäre von dem Angebot auszunehmen,** der zuletzt genannten (zweifelhaften) Möglichkeit, sich der Anwendung des US-Rechts zu entziehen und soll daher dem Zweck der Auflösung von Normenkollisionen dienen.[123] Voraussetzung ist, dass die kumulierte Anwendung beider Rechte für den Bieter „unzumutbar" ist. Allerdings beschränkt diese Vorschrift nicht den Anwendungsbereich des eigenen (deutschen) Übernahmerechts, sondern lediglich den **Gleichbehandlungsgrundsatz,** indem ausnahmsweise eine Diskriminierung ausländischer Aktionäre entgegen § 3 Abs. 1 WpÜG erlaubt wird. Die Anwendbarkeit des deutschen Rechts bleibt dagegen in solchen Fällen unberührt, so dass eine Normenkollision nur zu Lasten des ausländischen Rechts aufgelöst werden kann. Genügt der Ausschluss der ausländischen Aktionäre vom Angebot also nicht, um dessen Anwendbarkeit auszuschließen sieht das WpÜG keinen Mechanismus zur Auflösung solcher Kollisionen vor. Sieht das betroffene Auslandsrecht dagegen bereits eine Selbstbeschränkung vor, kommt es schon nicht zu einer Normenkollision, so dass auch die Voraussetzung der Unzumutbarkeit nicht gegeben sein kann. Insbesondere im Verhältnis zu den USA gilt also, dass bei Eingreifen einer Selbstbeschränkung des US-Rechts nicht auf § 24 WpÜG zurückgegriffen werden kann. Für die Möglichkeit des § 24 WpÜG bleibt daher überhaupt nur dann Raum, wenn die Voraussetzungen einer Tier 1-Ausnahme nicht gegeben sind, insbesondere also wenn mehr als 10% der Aktien in US-amerikanischer Hand sind.[124] Auch in diesem Fall wäre aber – insbesondere in den Fällen der nur eingeschränkten Anwendbarkeit des US-Rechts („Tier 2"-Regel)[125] – ein die **Unzumutbarkeit im Einzelfall begründender Normenkonflikt** nachzuweisen und von der BaFin im Rahmen der erforderlichen Ermessensentscheidung zu überprüfen.[126] Für die Unzumutbarkeit bedarf es zwar keiner echten Normenkollision (also der Unmöglichkeit der gleichzeitigen Erfüllung der Anforderungen verschiedener Rechte[127]), die Beeinträchtigung muss aber andererseits über eine reine Mehrbelastung durch zusätzlichen Aufwand oder Kosten hinausgehen.[128] Als zutreffender Maßstab erscheint es, dass von einer Unzumutbarkeit nur ausgegangen werden kann, wenn die konkreten Normenkonflikte die geplante, an den Vorgaben des

---

[121] Vgl. Greene et al., U.S. Regulation of the International Securities and Derivatives Markets, 9th Ed. 2006, Vol. 1, p. 8–58.

[122] Nach *Fischer*, Rechtsfragen grenzüberschreitender Übernahmeangebote, 2008 S. 125 soll dies (kein „means of interstate commerce") dann der Fall sein, wenn dem Angebot eine Abfrage vorgeschaltet ist, die einen Zugang zur Angebotsunterlage von der Bestätigung abhängig macht, dass der Besucher kein US-resident ist. Auch *Fischer* weist jedoch auch auf die in diesem Zusammenhang bestehende Rechtsunsicherheit hin.

[123] Vgl. Steinmeyer/Häger WpÜG/*Klepsch* § 24 Rdnr. 1; *Ekkenga/Kuntz* WM 2004, 2427, 2435.

[124] In diesem Sinne auch *Holzborn* BKR 2002, 67, 74; Steinmeyer/Häger WpÜG/*Klepsch* § 24 Rdnr. 10; Kölner Kommentar WpÜG/*Versteegen* § 24 Rdnr. 46.

[125] Rule 14 d-1 lit. d, General Rules under the SEA 1934, 17 CFR Part 240.

[126] Zum Verfahren nach § 24 WpÜG vgl. ausführlich: Steinmeyer/Häger WpÜG/*Klepsch* § 24 Rdnr. 14 ff.; Kölner Kommentar WpÜG/*Versteegen* § 24 Rdnr. 23 ff.

[127] So auch Steinmeyer/Häger WpÜG/*Klepsch* § 24 Rdnr. 9.

[128] So auch Geibel/Süßmann WpÜG/*Süßmann* § 24 Rdnr. 14, 16; *von Hein* ZGR 2005, 528, 562; etwas weitergehend MünchKommAktG/*Wackerbarth* § 24 WpÜG Rdnr. 14 (finanzielle Mehrbelastungen nur in Ausnahmefällen ausreichend); aA Kölner Kommentar WpÜG/*Versteegen* § 24 Rdnr. 20, 22; aA offenbar auch Steinmeyer/Häger WpÜG/*Klepsch* § 24 Rdnr. 6, 9, der im Rahmen einer zur Feststellung der Unzumutbarkeit anzustellenden Abwägung auch den erforderlichen Aufwand und das Verhältnis von Aufwand und Nutzen bei der Einhaltung der Vorschriften der anderen Rechtsordnung berücksichtigen will.

deutschen Rechts ausgerichtete **Abwicklung der Transaktion gefährden,** wobei die Gefährdung sich insbesondere aus einer entstehenden Rechtsunsicherheit ergeben kann.

55   Rechtlich interessante, wenn bisher auch weitgehend ungeklärte Fragen stellen sich, wenn man die Fälle betrachtet, in denen die Normenkonflikte weder durch die Einschränkungen des Anwendungsbereichs einzelner Übernahmerechte noch durch den Ausschluss von Auslandsaktionären behoben werden können. Insoweit stellt sich die Frage, inwieweit eine aus dem Völkerrecht resultierende **Verpflichtung der Staaten** anzuerkennen ist, Normenkollisionen durch eine **Selbstbeschränkung der Anwendung ihres Übernahmerechts** bezüglich ausländischer Zielgesellschaften zu vermeiden. Es ist zu berücksichtigen, dass es hier zur Regulierung eines vornehmlich (aus Sicht des Drittstaats, in dem lediglich eine Börsennotierung besteht) im Ausland stattfindenden Vorgangs und damit zu einer extraterritorialen Rechtsanwendung kommt. Zunächst ist eine **grundsätzliche Regelungszuständigkeit des Drittstaates** im Sinne eines „genuine link"[129] schon aufgrund der Börsennotierung anzuerkennen, da ein öffentliches Erwerbsangebot stets substantielle Auswirkungen auf den Börsenhandel und damit auf den Kapitalmarkt im Börsenstaat hat. Daher kann eine Erstreckung des eigenen (drittstaatlichen) Übernahmerechts auf ausländische Zielgesellschaften auf das **Auswirkungsprinzip** gestützt werden.[130] Dieses Prinzip besagt indes nur etwas über die grundsätzliche völkerrechtliche Befugnis zur Regelung, jedoch nichts über die Befugnis, die Rechtsvorschriften bei Normenkollisionen auch anzuwenden. Insoweit ist weitgehend anerkannt, dass die **extraterritoriale Rechtsanwendung völkerrechtlich eingeschränkt** ist, da „jedem Staat eine Verpflichtung zur Ausübung von Mäßigung und Zurückhaltung bezüglich der von seinen Gerichten ausgeübten Jurisdiktion in Fällen mit Auslandsbezug, und zur Vermeidung unangemessener Beeinträchtigungen einer Jurisdiktion, die einem anderen Staat mit besserem Recht zusteht",[131] obliegt. Während eine solche Pflicht zur Selbstbeschränkung bei der Rechtsanwendung in der U.S.-amerikanischen Gerichtspraxis zumeist auf die **„international comity"** und eine am Ziel der Vermeidung von Regelungskonflikten ausgerichtete Gesetzesauslegung gestützt wird, dominiert in der europäischen Diskussion eine Herleitung aus dem **völkerrechtlichen Interventionsverbot,** das – speziell in kartellrechtlichen Fallkonstellationen[132] – verletzt wird, wenn die konkreten Regulierungsinteressen eines Staates überwiegen und diese durch die zusätzliche Anwendung des Auslandsrechts beeinträchtigt würden.[133] Auch im Übernahmerecht sind daher grundsätzlich Normenkonflikte durch einen Verzicht der Anwendung der Vorschriften der **weniger betroffenen Rechtsordnung** aufzulösen, soweit eine Interessenabwägung im Einzelfall dies gebietet.

56   In Hinblick auf das Übernahmerecht erscheint eine solche **völkerrechtlich gebotene Selbstbeschränkung** aus der Sicht des deutschen Rechts indes nicht als denkbar. Der Grund hierfür liegt in den engen kollisionsrechtlichen Voraussetzungen des § 1 WpÜG (dazu ausführlich Rdnr. 22ff.). Denn das deutsche Übernahmerecht verlangt bereits tatbestandlich durch das doppelte Kriterium des Inlandssitzes der Zielgesellschaft und der inländischen Börsenzulassung[134] einen **besonders engen Bezug zum deutschen Territorium.** Im Vergleich zu einer ausländischen Rechtsordnung, die ihr Übernahmerecht allein

---

[129] Vgl. *von Bar/Mankowski,* Internationales Privatrecht Bd. I, 2. Aufl. 2003 § 4 Rdnr. 65.

[130] Näher zum Auswirkungsprinzip und seiner Anerkennung als Grundlage einer Regelungszuständigkeit vgl. statt vieler: *Hoffmann,* Theorie des internationalen Wirtschaftsrechts, 2009, S. 140ff., insbes. S. 142ff.

[131] ICJ Rep. 1970, 65ff., 105 (Sondervotum Sir Gerald Fitzmaurice) – „Barcelona Traction".

[132] Vgl. *Mestmäcker/Schweitzer,* Europäisches Wettbewerbsrecht, 2. Aufl. 2004 § 6 Rdnr. 44.

[133] Vgl. ausführlich und m.w.N. aus dem umfangreichen Spezialschrifttum *Hoffmann,* Theorie des internationalen Wirtschaftsrechts, 2009 S. 140ff.

[134] Betrachtet wird hier nur der uneingeschränkte Anwendungsbereich des WpÜG, da die besonderen Kollisionsprobleme im europäischen Kontext bereits durch die Regelungen in § 1 Abs. 2 und Abs. 3 WpÜG gelöst werden, näher oben Rdnr. 26ff. Im Verhältnis zu Drittstaaten wird man in solchen Fällen dann zumindest die europäischen Regelungsinteressen als vorrangig ansehen müssen.

aufgrund einer Börsenzulassung für anwendbar erklärt, überwiegen die deutschen Regelungsinteressen schon wegen der Integration der Zielgesellschaft in die deutsche Volkswirtschaft und der Tatsache, dass bei solchen Gesellschaften typischerweise die **überwiegende Handelstätigkeit an der inländischen Börse** stattfindet, erheblich.[135] Daher ist davon auszugehen, dass in Kollisionsfällen des drittstaatlichen mit deutschem Recht grundsätzlich nur eine Beschränkung der Anwendung des Auslandsrechts in Betracht kommt. Insbesondere in der U.S.-amerikanischen Praxis ist es anerkannt, dass auch im Bereich des Übernahmerechts die Anwendung auf ausländische Zielgesellschaften (und außerhalb der besonderen Ausnahmetatbestände) nach **„comity"-Gesichtspunkten** beschränkt sein kann. So hielt es der *U. S. District Court* für Delaware für eine „Perversion der Prinzipien des Securities Exchange Act, einen durch und durch britischen Übernahmeprozess zu verzögern, obwohl amerikanische Investoren und Interessen nur am Rande berührt werden", und warf die Frage nach der Vereinbarkeit mit „comity"-Prinzipien auf.[136] Auch wenn die Nichtanwendbarkeit des US-Übernahmerechts in diesem Fall letztlich darauf gestützt wurde, dass wegen des Ausschlusses amerikanischer Aktionäre von dem Angebot kein Gebrauch von den „jurisdictional means" des Sec. 14 (d) SEA gemacht worden war, lässt sich der Entscheidung zumindest entnehmen, dass das US-Recht minimale Auswirkungen auf U.S.-amerikanische Aktionäre nicht für eine uneingeschränkte Regelungszuständigkeit der USA genügen lassen will.[137] Heute dient indes vor allem die geschilderte Ausnahmeregelung („Tier 1 and Tier 2 exemption") der Berücksichtigung von „comity"-Gesichtspunkten, so dass eine weitergehende Selbstbeschränkung in Fällen minimaler Inlandswirkungen kaum in Betracht kommen wird. Allerdings ist speziell in der Rechtsprechung des *U. S. Supreme Court* (außerhalb des Übernahmerechts) anerkannt, dass die „international comity" insbesondere in den Fällen einer **echten Normenkollision („true conflict")** es gebietet, das US-Recht unangewendet zu lassen, soweit dies zur Auflösung der Kollision erforderlich ist und soweit die ausländischen Regelungsinteressen (wie regelmäßig bei Auslandszusammenschlüssen) als vorrangig anzusehen sind.[138] Auch das EuG kommt – auf der Grundlage des völkerrechtlichen Interventionsverbots – bei echter Normenkollision zum selben Ergebnis.[139] Wenn es also nicht möglich ist, die Anforderungen der verschiedenen Übernahmerechte zugleich zu erfüllen, folgt daraus grundsätzlich keine Unmöglichkeit der Übernahme, sondern vielmehr das an die von der Übernahme weniger betroffene Rechtsordnung gerichtete **völkerrechtliche Gebot, die eigenen Normen unangewendet zu lassen,** soweit dies für die Ermöglichung des Vorgangs erforderlich ist. Verfahrensmäßig ist dies im US-Recht im Rahmen des **Freistellungsermessens** zu berücksichtigen, das die SEC in Hinblick auf die übernahmerechtlichen Verfahrensvorschriften genießt.[140]

c) **Nur im Drittstaat börsennotierte Inlandsgesellschaft.** Hiervon völlig unterschiedliche Rechtsfragen stellen sich dagegen im Fall einer **deutschen Aktiengesellschaft, die nur in einem Drittstaat über eine Börsenzulassung** verfügt, zB eine an der NASDAQ notierte AG mit Sitz in Deutschland. Nach dem eindeutigen Wortlaut des § 1 Abs. 1 i. V. m. § 2 Abs. 7 WpÜG findet das deutsche Übernahmerecht auf eine solche Gesellschaft keine Anwendung, und ob das Recht des Börsenstaates Anwendung findet, hängt von dem dort geltenden Recht ab. Im genannten Beispiel unterläge das Angebot

---

[135] Die Ansässigkeit des Bieters erscheint in Hinblick auf die übernahmerechtlichen Regelungsinteressen dagegen als irrelevant, da diese Regelungen vor allem den Schutz der Aktionäre der Zielgesellschaft bezwecken.
[136] *Plessey Company v. General Electric,* 628 F. Supp. 477, 497 (1986).
[137] Näher zur *Plessey*-Entscheidung: *Schuster,* Die internationale Anwendung des Börsenrechts, 1996, S. 576 ff.; Greene et al., U.S. Regulation of the International Securities and Derivatives Markets, 9th Ed. 2006, Vol. 1, p. 8–58.
[138] *Hartford Fire Ins. Co. v. California,* US S. Ct., 509 U.S. 764 (1993).
[139] EuG, Slg. 1999, II-753 ff. – „Gencor/Lonrho".
[140] Vgl. näher: *Schuster,* Die internationale Anwendung des Börsenrechts, 1996 S. 582 ff.; vgl. auch *von Hein* AG 2001, 213, 224 f.

aufgrund der geschilderten amerikanischen Rechtslage (oben b) also dem US-Recht. Während Probleme der Normenhäufung somit nicht zu befürchten sind, kann es in diesen Fällen zu einem **Normenmangel** kommen, wenn entweder das Übernahmekollisionsrecht des Börsenstaates (wie das deutsche Recht) die Börsennotierung nicht für die Anknüpfung genügen lässt, oder wenn das anwendbare Übernahmerecht nicht alle relevanten Aspekte regelt. In der erstgenannten Konstellation eines Normenmangels liegt das Problem darin, dass alle beteiligten Rechtsordnungen den Vorgang zwar grundsätzlich für regelungsbedürftig halten und Normen bereitstellen, aber durch die Gestaltung der beiden **Übernahmekollisionsrechte** dennoch **keine Normen anwendbar** sind. Die zuletzt genannte Konstellation beruht dagegen regelmäßig darauf, dass beide Rechtsordnungen die Fragestellungen unterschiedlichen Rechtsgebieten zuweisen und daher auch **unterschiedliche Kollisionsnormen** zur Anwendung bringen. In beiden Fällen sollte dem Normenmangel in erster Linie auf der Ebene der **Qualifikation** begegnet werden, nur soweit der Mangel hierdurch nicht beseitigt werden kann, käme eine international-privatrechtliche Anpassung in Betracht.

58 Unter dem Begriff der **Qualifikation,** wie er im nachfolgenden Sinne verwendet werden soll,[141] versteht man die Zuweisung von Sachnormen zu einer bestimmten Kollisionsnorm,[142] wofür es der Auslegung der Kollisionsnorm zur Ermittlung ihrer Reichweite bedarf. Im Interesse des internationalen Entscheidungseinklangs, aber auch zur Vermeidung von Normenmangel und -häufung können dabei nicht einfach die Systembegriffe des nationalen Privatrechts des Rechtsanwenders zugrunde gelegt werden, vielmehr kommt es auf die Funktion der betroffenen Normen an.[143] Das bedeutet in unserem Zusammenhang, dass nicht alle Normen des WpÜG ohne weiteres anhand des Übernahmekollisionsrechts anzuknüpfen sind, vielmehr ist zunächst zu fragen, inwieweit es Vorschriften enthält, die **funktional anderen Rechtsgebieten** (insbesondere Gesellschaftsrecht, Deliktsrecht) zugehörig und daher anhand der hierfür geltenden Kollisionsnormen anzuknüpfen sind. Betrachtet man das WpÜG, befasst sich zwar der Hauptteil der Vorschriften mit den Verpflichtungen des Bieters, dem Verfahren und der Aufsicht, daneben gibt es aber auch Vorschriften, die sich mit den Pflichten der Organe der Zielgesellschaft und gesellschaftsinternen Vorgängen befassen oder zivilrechtliche Haftungsregelungen enthalten. Während letztere noch gesondert zu betrachten sind (§ 64 Rdnr. 19 ff.), lassen sich die Vorschriften in §§ 33 bis 33c WpÜG zur Neutralitätspflicht des Vorstandes als situationsbezogene **Konkretisierungen der aktienrechtlichen Organpflichten** (§ 93 AktG) interpretieren.[144] Die Bestimmung solcher Organpflichten ist funktional dem Gesellschaftsrecht zuzurechnen, insbesondere können derart die Vorstandspflichten konkretisierende Normen sinnvoll nur so qualifiziert werden wie die allgemeine Vorschrift. Dies spricht für eine **gesellschaftsrechtliche Qualifikation** der §§ 33 bis 33c WpÜG. Ebenso verhält es sich mit den Organpflichten nach § 27 WpÜG einschließlich der Pflichten zur Information der Arbeitnehmervertretung.

59 Allerdings stellt sich die Frage, ob das WpÜG und die diesem zugrunde liegende Übernahmerichtlinie (s. oben Rdnr. 5 ff.) eine solche gesellschaftsrechtliche Qualifikation überhaupt zulassen. Es ist zu berücksichtigen, dass das WpÜG nicht nur eine besondere Kollisionsnorm enthält, sondern dass diese auch ganz explizit Geltung für „gesellschaftsrechtliche Fragen" (§ 1 Abs. 2 WpÜG) beansprucht. Ferner ist zu berücksichtigen, dass die

---

[141] Freilich gibt es eine Vielzahl von Auslegungs- und Deutungsmöglichkeiten des Begriffes der Qualifikation (vgl. Staudinger BGB/*Fritz Sturm/Gudrun Sturm* Einleitung zum IPR Rdnr. 208; *von Bar/Mankowski*, Internationales Privatrecht Bd. I, 2. Aufl. 2003 § 7 Rdnr. 138 ff. jeweils m. w. N.), auf die aber hier nicht weiter eingegangen werden soll.

[142] Staudinger BGB/*Fritz Sturm/Gudrun Sturm* Einleitung zum IPR Rdnr. 208.

[143] Vgl. Staudinger BGB/*Fritz Sturm/Gudrun Sturm* Einleitung zum IPR Rdnr. 210.

[144] Ähnlich Steinmeyer/Häger WpÜG/*Steinmeyer* § 33 Rdnr. 6 („Spezialregelung zu §§ 76, 93 AktG").

übernahmerechtlichen Kollisionsnormen der Umsetzung der Übernahmerichtlinie dienen, die in Art. 9 auch die Organpflichten regelt und speziell in Art. 4 Abs. 2 lit. e Satz 2 hierfür explizit das Recht des Sitzmitgliedstaats für anwendbar erklärt. Dies zeigt, dass die hier angesprochene **Qualifikationsfrage nur vor dem europarechtlichen Hintergrund** beantwortet werden kann, der im Anwendungsbereich der Richtlinie eine übernahmerechtliche Qualifikation gebietet. Außerhalb dieses Anwendungsbereichs, der nach Art. 1 der Richtlinie eine Börsennotierung der Zielgesellschaft in einem Mitgliedstaat voraussetzt, ist das deutsche Recht dagegen frei, die Umsetzungsnormen überobligatorisch ebenfalls zur Anwendung zu bringen. Möglich wäre dies insbesondere durch eine **gespaltene Qualifikation** der übernahmerechtlichen Organpflichten: Während diese im Anwendungsbereich der Richtlinie dem Übernahmestatut zugewiesen werden, können die Organpflichten bei einer Börsennotierung nur in einem Drittstaat gesellschaftsrechtlich qualifiziert werden. Dadurch wird erreicht, dass diese Vorschriften des WpÜG einheitlich für alle börsennotierten Gesellschaften deutschen Rechts gelten: Besteht eine Börsennotierung in EU/EWR, ergibt sich dieses Ergebnis direkt aus § 1 Abs. 1 und Abs. 2 WpÜG, während bei einer Börsennotierung in einem Drittstaat das deutsche Gesellschaftsstatut ausschlaggebend ist. Für eine solche gespaltene Qualifikation spricht insbesondere, dass diese gerade zu einem **einheitlichen Ergebnis,** nicht zu einer gespaltenen Rechtslage führt. Es geht hier also nicht darum (wie mitunter in Hinblick auf die gespaltene Auslegung von Umsetzungsnormen), eine differenzierende Rechtslage zu schaffen, um der Richtlinienregelung nicht mehr Raum als zwingend erforderlich einzuräumen, sondern im Gegenteil um eine **Erstreckung der Richtlinienregelung auf alle deutschen AGen.** Inhaltlich spricht für eine solche einheitliche Anwendung vor allem, dass die Regelungen des WpÜG zur Neutralitätspflicht und ihren Grenzen der Konkretisierung der allgemeinen Organpflichten nach § 93 AktG dienen und definieren, unter welchen Umständen Gegenmaßnahmen als dem „Wohl der Gesellschaft" entsprechend anzuerkennen sind. Es ist nicht ersichtlich, warum die Anwendung eines solchen unbestimmten Rechtsbegriffs des Gesellschaftsrechts vom Ort der Börsenzulassung (der keine gesellschaftskollisionsrechtliche Bedeutung hat) abhängen sollte. Einem Normenmangel kann durch diese Qualifikation zumindest für Gesellschaften deutschen Rechts nachhaltig begegnet werden, daneben schließt sie aber auch die **Anwendung funktionsäquivalenter Normen** des ausländischen Übernahmerechts auf inländische Zielgesellschaften aus. Wenn also drittstaatliches Übernahmerecht anwendbar ist, sind die Organpflichten in Hinblick auf das Angebot allein dem Gesellschaftsstatut, bei inländischen Zielgesellschaften also dem deutschen Recht zu entnehmen.

Das Ausschlussverfahren nach §§ 39a, b WpÜG (sog. **„übernahmerechtlicher sqeeze-out")** betrifft dagegen unmittelbar die Mitgliedschaft in der AG, was an sich ebenfalls für eine gesellschaftsrechtliche Qualifikation sprechen würde. Auch hier ist indes zu beachten, dass die Vorschriften auf Art. 15 der Übernahmerichtlinie zurückgehen und somit ebenfalls **zwingend dem Übernahmestatut** zugewiesen sind. In Hinblick auf Gesellschaften deutschen Statuts mit Börsenzulassung in einem Drittstaat stellt sich also wiederum die Frage, ob auch diese Normen außerhalb des Anwendungsbereichs der Richtlinie gesellschaftsrechtlich zu qualifizieren sind. Insoweit ist zunächst zu beachten, dass die Regelung eine **gerichtliche Entscheidungsbefugnis** eröffnet und die hierfür relevanten Verfahrensvorschriften enthält, so dass zumindest teilweise von einer verfahrensrechtlichen Qualifikation ausgegangen werden muss. Letzteres gilt insbesondere für die Zuständigkeitsklausel in § 39a Abs. 5 WpÜG und die Verfahrensvorschriften des § 39b WpÜG. Nur die grundsätzliche Ausschlussmöglichkeit, ihre Voraussetzungen und die Regelung der Gegenleistung unterliegen also (im Anwendungsbereich der Richtlinie) dem Übernahmestatut und kämen für eine gesellschaftsrechtliche Qualifikation in Betracht. Im Übrigen kommt für die verfahrensrechtlichen Aspekte die lex fori zur Anwendung.[145] Anders als bei den Normen zur

---

[145] Vgl. zu diesem allgemeinen Grundsatz statt vieler *von Bar/Mankowski*, Internationales Privatrecht Bd. I, 2. Aufl. 2003 § 5 Rdnr. 75; *Kegel/Schurig*, Internationales Privatrecht § 22 III.

Neutralitätspflicht droht bei deutschem Gesellschaftsstatut und drittstaatlicher Börsennotierung auch kein Normenmangel, steht doch bei Unanwendbarkeit des § 39a WpÜG[146] jedenfalls das anders ausgestaltete, aber ebenfalls an einen Anteilsbesitz von 95% anknüpfende **Squeeze out-Verfahren nach §§ 327a ff. AktG** zur Verfügung. Auch inhaltlich wäre eine Anwendung des § 39a WpÜG trotz fehlender Anwendbarkeit des europäischen Übernahmerechts und entsprechender Beaufsichtigung des Angebots nicht überzeugend, da – anders als nach §§ 327a ff. AktG – sich die Gegenleistung des Angebots auf die angemessene **Abfindung der ausgeschlossenen Aktionäre** auswirken kann (§ 39a Abs. 3 WpÜG). Diese Folge erscheint nur als angemessen, wenn sichergestellt ist, dass das Angebot selbst nach Maßgabe der Richtlinienregelung behördlich beaufsichtigt worden ist. In allen anderen Fällen sollte es bei §§ 327a ff. AktG bleiben, da hierdurch sichergestellt wird, dass die ausgeschlossenen Aktionäre die Angemessenheit der Abfindung stets im Rahmen eines Spruchverfahrens überprüfen lassen können (§ 327f S. 2 AktG). Eine gespaltene Qualifikation ist insoweit also abzulehnen, es bleibt bei der Zuordnung zum Übernahmestatut, soweit nicht ohnehin die lex fori berufen ist.

61 Betrachtet man auf dieser Grundlage nun die beiden eingangs genannten (Rdnr. 57) denkbaren Konstellationen eines Normenmangels, lässt sich folgendes festhalten: In der zweitgenannten Konstellation einer nur im Drittstaat börsennotierten deutschen Zielgesellschaft, in der das drittstaatliche Übernahmerecht zwar kollisionsrechtlich anwendbar ist, aber einzelne Fragenkreise ungeregelt lässt, werden die wesentlichen Problemstellungen schon durch die **gesellschaftsrechtliche Qualifikation** der genannten Fragen gelöst. Gerade die Organpflichten in der Zielgesellschaft werden international (z.B. in den USA) regelmäßig nicht spezifisch im Übernahmerecht geregelt. Durch die Anwendung des Gesellschaftsstatuts wird ein Normenmangel dennoch vermieden. Soweit es indes an **spezifisch übernahmerechtlichen Regelungen** mangelt, die im WpÜG vorgesehen sind, beruht dies regelmäßig nicht auf einem Normenmangel, sondern vielmehr auf der von deutschen Vorstellungen abweichenden Gestaltung des ausländischen Übernahmerechts. So kennen etwa weder das U.S.-amerikanische noch das kanadische Recht ein Pflichtangebot oder eine Verpflichtung zum Angebot einer angemessenen Gegenleistung.[147] Eine international-privatrechtliche Anpassung scheidet hier schon deshalb aus, weil das Fehlen der Regelung schlicht der **bewussten Gestaltung des anwendbaren Rechts** geschuldet ist[148] und diese Entscheidung des ausländischen Gesetzgebers vom Rechtsanwender zu respektieren ist.[149]

62 Ist in der erstgenannten Konstellation eine deutsche Zielgesellschaft nur in einem Drittstaat börsennotiert und erklärt sich das drittstaatliche Übernahmerecht auf den Vorgang kollisionsrechtlich nicht für anwendbar, kommt bezüglich der **Organpflichten des Vorstands** und die **Information der Arbeitnehmer** der Zielgesellschaft **deutsches Recht** zur Anwendung, während für den Ausschluss der Minderheitsaktionäre auf die (unzweifelhaft gesellschaftsrechtlich zu qualifizierenden) §§ 327a ff. AktG zurückzugreifen ist. Die Qualifikation privatrechtlicher Anspruchsgrundlagen des WpÜG wird noch gesondert behandelt (unten § 64 Rdnr. 19 ff.). Im Übrigen könnten übernahmerechtliche Vorschriften allenfalls aufgrund einer **international-privatrechtlichen Anpassung** zur Anwendung gebracht werden. Dies betrifft insbesondere die Fragen nach dem Bestehen einer **Angebotspflicht** sowie nach der Verpflichtung, eine **angemessene Gegenleistung** anzubieten. Insoweit wäre eine Anpassung schon grundsätzlich allenfalls in Betracht zu ziehen,

---

[146] Ansonsten wäre das übernahmerechtliche Squeeze out-Verfahren nach Antragstellung vorrangig, vgl. § 39a Abs. 6 WpÜG.

[147] *Wymeersch* ZGR 2002, 520, 522, 542f.

[148] Vgl. für die Vereinigten Staaten *Wymeersch* ZGR 2002, 520, 542.

[149] Vgl. auch *Ekkenga/Kuntz* WM 2004, 2427, 2433 wonach ein Normenmangel im Bereich des Übernahmerechts „einer liberalen gesetzgeberischen Grundhaltung" entsprechen und für den Rechtsanwender somit ein „prinzipiell hinzunehmendes Datum" sein kann.

soweit vergleichbare Regelungen in beiden betroffenen Rechtsordnungen vorgesehen sind und lediglich durch die Gestaltung der Kollisionsrechte zufällig keine der beiden anzuwenden wäre. Darüber hinaus ist aber zu berücksichtigen, dass die Anpassung ein Instrument nur des internationalen Privatrechts ist, in dem auf einseitiger Anknüpfung beruhenden System des **internationalen öffentlichen Rechts**[150] aber keinen Raum hat. Es bedürfte daher zusätzlich der Feststellung, dass es sich gerade um eine privatrechtliche Regelung handelt, die durch Anpassung erschlossen werden soll. Während ein privatrechtlicher Charakter der Verpflichtung zum Angebot einer angemessenen Gegenleistung (§ 31 WpÜG) zumindest insoweit anzuerkennen ist, als die Vorschrift nach teilweise vertretener Auffassung unmittelbar den Inhalt des privatrechtlichen Aktienerwerbsvertrags zwingend ausgestaltet[151] (und insoweit vertragsrechtlich zu qualifizieren ist, unten § 64 Rdnr. 7), lässt sich die **Angebotspflicht** (§ 35 Abs. 2 WpÜG) nicht als privatrechtliche Norm auffassen. Vielmehr handelt es sich um eine dem **öffentlichen Kapitalmarktrecht** zuzuordnende Pflicht, die schon aufgrund dieses Charakters nur im kollisionsrechtlichen Anwendungsbereich des § 1 WpÜG angewendet werden kann (zur Qualifikation von aus der Verletzung dieser Pflicht resultierenden privatrechtlichen Ansprüchen unten § 64 Rdnr. 31 ff.). Nichts anderes gilt natürlich für die weiteren verfahrensbezogenen Verpflichtungen öffentlich-rechtlicher Natur. Diese Erwägungen zeigen, dass Anpassungen im Übernahmerecht **allenfalls theoretische Bedeutung** haben.

3. Übernahmen bei drittstaatlichem Gesellschaftsstatut

Wie sich aus § 10 BörsZulVO zweifelsfrei entnehmen lässt, ist eine Zulassung an deutschen Börsen grundsätzlich auch für **Gesellschaften mit drittstaatlichem Gesellschaftsstatut** möglich, und zwar auch dann, wenn im Heimatstaat keine Börsennotierung besteht. Auf ein Übernahmeangebot für die Aktien einer solchen nur in Deutschland notierten Auslandsgesellschaft ist kollisionsrechtlich regelmäßig **kein Übernahmerecht anwendbar:** Während das deutsche Recht wegen der am Satzungssitz orientierten Definition der Zielgesellschaft (§ 2 Abs. 3 WpÜG, siehe oben Rdnr. 14 ff.) unanwendbar ist, fehlt im Heimatstaat der regelmäßig erforderliche Kapitalmarktbezug. Es stellt sich daher die Frage, inwieweit im Wege der Qualifikation oder der Anpassung übernahmerechtliche Vorschriften zur Anwendung gebracht werden können.

Zunächst ist festzuhalten, dass die für den Fall einer im Ausland notierten deutschen Gesellschaft gemachten Aussagen zur **gesellschaftsrechtlichen Qualifikation der Organpflichten** in der Zielgesellschaft auch für den umgekehrten Fall einer im Inland notierten Auslandsgesellschaft gelten. Diese Organpflichten sind somit dem **Gesellschaftsstatut** zu entnehmen. Darüber hinaus ist auch für diese Fälle festzustellen, dass eine Anpassung nur im internationalen Privatrecht in Betracht kommt, nicht jedoch für öffentlich-rechtliche Vorschriften des Kapitalmarktrechts. Daraus folgt, dass jedenfalls die Vorschriften bezüglich des Billigungsverfahrens und der öffentlich-rechtlichen Bieterpflichten (insbesondere das Pflichtangebot) keinesfalls auf Auslandsgesellschaften zur Anwendung gebracht werden können, selbst wenn deren Heimatrecht vergleichbare Normen kennt. Lediglich im Rahmen einer vertragsrechtlichen oder deliktsrechtlichen Qualifikation (unten § 64 Rdnr. 19 ff.) können weitere übernahmerechtliche Vorschriften, insbesondere die **privatrechtlichen Anspruchsgrundlagen des WpÜG,** anwendbar sein.

---

[150] Hierzu bereits oben Rdnr. 1.
[151] Vgl. Kölner Kommentar WpÜG/*Kremer/Oesterhaus* § 31 Rdnr. 105; wohl auch Geibel/Süßmann WpÜG/*Süßmann* § 31 Rdnr. 78; aA Schwark/Zimmer Kapitalmarktrechts-Kommentar/*Noack* § 31 WpÜG Rdnr. 54.

§ 64. Vertragsrecht

Übersicht

	Rdnr.		Rdnr.
I. Die Anknüpfung des Erwerbsvertrags bei öffentlichen Übernahmen	1–4	3. Anwendung des § 31 WpÜG als Eingriffsnorm	15–18
II. Die Reichweite des Vertragsstatuts	5–8	IV. Die Anknüpfung aus dem Übernahmeangebot entstehender außervertraglicher Schuldverhältnisse	19–33
III. Die Anwendung vertragsrechtlicher Normen des WpÜG bei ausländischem Vertragsstatut (Art. 9 Rom I-VO)	9–18	1. Überblick	19–23
		2. Ansprüche aus § 12 WpÜG	24–28
1. Grundsätzlicher Charakter der WpÜG-Vorschriften als Eingriffsnormen	9–12	3. Ansprüche aus § 13 WpÜG	29–30
		4. Ansprüche aufgrund einer Verletzung der Angebotspflicht (§§ 35, 38 WpÜG)	31–33
2. Anwendung des § 15 Abs. 3 Satz 2 WpÜG als Eingriffsnorm	13–14		

Schrifttum: *Ackermann*, Das internationale Privatrecht der Unternehmensübernahme, 2008; *Assmann/Pötzsch/Schneider* (Hrsg.), WpÜG, 2005; *Berding*, Anlegerschutz im deutschen, europäischen und US-amerikanischen Übernahmerecht, 2006; *Clausnitzer/Woopen*, Internationale Vertragsgestaltung – Die neue EG-Verordnung für grenzüberschreitende Verträge (Rom I-VO), BB 2008, 1798; *Diedrich*, Rechtswahlfreiheit und Vertragsstatut – Eine Zwischenbilanz angesichts der Rom I-Verordnung, RIW 2009, 378; *Ebenroth/Wilken*, Kollisionsrechtliche Einordnung transnationaler Unternehmensübernahmen, ZVglRWiss 90, 235 (1991); *Ekkenga/Kuntz*, Grundzüge des Kollisionsrechts für grenzüberschreitende Übernahmeangebote, WM 2004, 2427; *Geibel/Süßmann* (Hrsg.), WpÜG, 2. Aufl. 2008; *Grundmann*, Deutsches Anlegerschutzrecht in internationalen Sachverhalten, RabelsZ 54, 283 (1990); *Hahn*, Übernahmerecht und Internationales Privatrecht, RIW 2002, 741; *Hellgardt*, Kapitalmarktdeliktsrecht, 2008; *Hilmer*, Die Übernahmerichtlinie und ihre Umsetzung in das deutsche Recht, 2007; *Hirte/von Bülow* (Hrsg.), Kölner Kommentar z. WpÜG, 2. Auflage 2010; *Immenga/Mestmäcker* (Hrsg.), GWB, 4. Aufl. 2007; *Krause*, Die geplante Takeover-Richtlinie der Europäischen Union mit Ausblick auf das geplante deutsche Übernahmegesetz, NZG 2000, 905; *Kronke/Melis/Schnyder* (Hrsg.), Hdb. Internationales Wirtschaftsrecht, 2005; *Langen/Bunte* (Hrsg.), GWB, 10. Aufl. 2006; *Lehmann*, Financial Instruments, in: Ferrari/Leible (Hrsg.), Rome I Regulation, 2009 S. 85; *Leible/Lehmann*, Die neue EG-Verordnung über das auf außervertragliche Schuldverhältnisse anzuwendende Recht („Rom II"), RIW 2007, 721; *Leible/Lehmann*, Die Verordnung über das auf vertragliche Schuldverhältnisse anzuwendende Recht (Rom I), RIW 2008, 528; *Lorenz*, Zur Abgrenzung von Wertpapierrechtsstatut und Wertpapiersachstatut im internationalen Wertpapierrecht, NJW 1995, 176; *Lüttringhaus*, Das internationale Privatrecht der culpa in contrahendo nach den EG-Verordnungen Rom I und Rom II, RIW 2008, 193; *Mankowski*, Finanzverträge und das neue Internationale Verbrauchervertragsrecht des Art. 6 Rom I-VO, RIW 2009, 98; *Merkt*, Internationaler Unternehmenskauf, 2. Aufl. 2002; *Pfeiffer*, Neues Internationales Vertragsrecht, EuZW 2008, 622; *Reithmann/Martiny* (Hrsg.), Internationales Vertragsrecht, 7. Aufl. 2010; *Santelmann*, Angebotsunterlagenhaftung, 2003; *Schanz/Wedell*, Individualrechtliche Ansprüche bei unterlassenem Pflichtangebot, Corporate Finance Law 2011, 202; *Schwark/Zimmer*, Kapitalmarktrechts-Kommentar, 4. Aufl. 2010; *Seibt*, Grenzen des übernahmerechtlichen Zurechnungstatbestands in § 30 Abs 2 (Acting in Concert), ZIP 2004, 1829; *ders.*, Rechtsschutz im Übernahmerecht, ZIP 2003, 1865; *Steinmeyer/Häger*, WpÜG, 2. Aufl. 2007; *Tschäpe/Kramer/Glück*, Die Rom II-Verordnung – Endlich ein einheitliches Kollisionsrecht für die gesetzliche Prospekthaftung, RIW 2008, 657; *Vogel*, Finanzierung von Übernahmeangeboten – Testat und Haftung des Wertpapierdienstleistungsunternehmens nach § 13 WpÜG, ZIP 2002, 1421; *von Bar/Mankowski*, Internationales Privatrecht Bd. I, 2. Aufl. 2003; *von Hein*, Die Internationale Prospekthaftung im Lichte der Rom II-Verordnung, in Baum u. a. (Hrsg.), Perspektiven des Wirtschaftsrechts, 2008, S. 371; *von Hein*, Grundfragen des europäischen Übernahmekollisionsrechts, AG 2001, 213.

I. Die Anknüpfung des Erwerbsvertrags bei öffentlichen Übernahmen

Bei der öffentlichen Übernahme ist zu differenzieren zwischen dem Übernahmeangebot, das durch das WpÜG geregelt wird, und dem durch die Annahme des Angebots entstehenden **Vertragsverhältnis zwischen Bieter und bisherigem Aktionär**. Das WpÜG regelt lediglich das Angebot, während der **Erwerbsvertrag** dem allgemeinen Zivilrecht unterliegt und somit auch nach den Grundsätzen des **internationalen Vertragsrechts** anzuknüpfen ist.[1] Demnach ist das anwendbare Recht aus Sicht eines europäischen Rechtsanwenders (mit Ausnahme Dänemarks)[2] nach Art. 3 ff. der Rom I-Verordnung[3] zu ermitteln.[4]

1

Die **Bereichsausnahmen** der Art. 1 Abs. 2 lit. d und f Rom I-VO erfassen das Übernahme(vertrags)recht nicht. Dies ergibt sich bereits aus der Existenz der Vorschrift des Art. 6 Abs. 4 lit. d Rom I-VO (hierzu sogleich), da andernfalls diese lediglich den Anwendungsbereich des Art. 6 Abs. 1, 2 Rom I-VO beschränkende Spezialvorschrift überflüssig und sinnentleert wäre.[5]

2

Grundsätzlich gilt nach Art. 3 Rom I-VO[6] somit das Prinzip der **freien Rechtswahl**.[7] Die freie Rechtswahl wird in diesen Fällen auch dann nicht eingeschränkt, wenn es sich bei dem veräußernden Aktionär um einen Verbraucher handelt, da Rechte und Pflichten, durch die die Bedingungen für öffentliche Übernahmeangebote bezüglich übertragbarer Wertpapiere festgelegt werden, nach Art. 6 Abs. 4 lit. d Rom I-VO[8] von den **Sondervorschriften für Verbraucherverträge ausgenommen** werden, damit der Bieter die „Einheitlichkeit der Bedingungen" gegenüber Aktionären mit unterschiedlichen Ansässigkeitsstaaten sicherstellen kann.[9] Diese Ausnahme soll sicherstellen, dass „alle relevanten Vertragsaspekte eines Angebots"[10] einem einheitlichen Recht unterliegen[11] und erfasst da-

3

---

[1] Kölner Kommentar WpÜG/*Versteegen* § 1 Rdnr. 44; MünchKommAktG/*Wackerbarth* § 11 WpÜG Rdnr. 97; *Merkt*, Internationaler Unternehmenskauf, 2. Aufl. 2002 Rdnr. 116 f.; *von Hein* AG 2001, 213/224; *Krause* NZG 2000, 905, 907 insbes. Fn. 40; vgl. auch Steinmeyer/Häger WpÜG/*Santelmann* § 1 Rdnr. 60; Steinmeyer/Häger WpÜG/*Häger/Steinhardt* § 11 Rdnr. 88; MünchKommBGB/*Schnyder* IntKapMarktR Rdnr. 242.

[2] Die Rom I-VO ist für Dänemark nicht anwendbar, vgl. Art. 1 Abs. 4 S. 1, Erwägungsgrund 46 Rom I-VO. Sie gilt jedoch mittlerweile (entgegen dem insoweit überholten Erwägungsgrund 45) auch für das Vereinigte Königreich.

[3] Verordnung (EG) Nr. 593/2008 des Europäischen Parlaments und des Rates vom 17. Juni 2008 über das auf vertragliche Schuldverhältnisse anzuwendende Recht (Rom I), ABl. EG L 177 vom 4. 7. 2008, S. 6.

[4] Das vereinheitlichte Sachrecht des Wiener UN-Übereinkommens über Verträge über den Internationalen Warenkauf (CISG) findet gem. Art. 2 lit. d CISG auf Wertpapierkäufe keine Anwendung; vgl. MünchKommBGB/*Schnyder* IntKapMarktR Rdnr. 240; *Merkt/Göthel* in Reithmann/Martiny (Hrsg.), Internationales Vertragsrecht, 7. Aufl. 2010 Rdnr. 4401 f.

[5] *von Hein* in Baum u. a. (Hrsg.), Perspektiven des Wirtschaftsrechts, 2008 S. 380, 383. Vgl. ergänzend auch die Ausführungen zu Art. 1 Abs. 1 lit. c, d Rom II-VO, unten Rdnr. 21.

[6] Ausführlich zu dieser Regelung *Diedrich* RIW 2009, 378, 383 ff.; MünchKommBGB/*Martiny* Art. 3 Rom I-VO Rdnr. 1 ff.

[7] So auch *Ackermann*, Das internationale Privatrecht der Unternehmensübernahme, 2008 S. 298 f.; Steinmeyer/Häger WpÜG/*Häger/Steinhardt* § 11 Rdnr. 88; *von Hein* AG 2001, 213, 224 (jeweils vor Geltung der Rom I-VO zu Art. 27 EGBGB); aA *Hahn* RIW 2002, 741, 743 (vor Inkrafttreten und Umsetzung der Übernahmerichtlinie und vor Geltung der Rom I-VO zu Art. 27 EGBGB), der sich gegen die Möglichkeit einer Rechtswahl ausspricht und den Wertpapierkaufvertrag dem Gesellschaftsstatut unterstellen will.

[8] Ausführlich zu dieser Regelung *Mankowski* RIW 2009, 98, 101 ff.; MünchKommBGB/*Martiny* Art. 6 Rom I-VO Rdnr. 25 ff.

[9] Erwägungsgrund 28 zur Rom I-VO; vgl. auch *Mankowski* RIW 2009, 98, 102.

[10] Erwägungsgrund 29 zur Rom I-VO.

[11] MünchKommBGB/*Martiny* Art. 6 Rom I-VO Rdnr. 26; *Leible/Lehmann* RIW 2008, 528, 537; *Mankowski* RIW 2009, 98, 102; *Lehmann* in Ferrari/Leible (Hrsg.), Rome I Regulation, 2009 S. 92, 95.

her jedenfalls den Erwerbsvertrag selbst, darüber hinaus aber auch weitere vertragsrechtlich zu qualifizierende Rechte, die dem Aktionär in Zusammenhang mit dem Angebot zustehen können. Praktisch bedeutet die Rechtswahlfreiheit, dass der Bieter durch Aufnahme einer **Rechtswahlklausel in die Angebotsunterlage** das anwendbare Recht einseitig und einheitlich für alle Erwerbsverträge bestimmen kann – einseitig deshalb, weil der Aktionär das Angebot nur so annehmen kann, wie es der Bieter abgegeben hat, so dass der Vertrag letztlich nur zu den vom Bieter einseitig formulierten Bedingungen zustande kommen kann. Soweit die Angebotsunterlage nach den Vorschriften des WpÜG erstellt wird, enthält sie stets eine als Rechtswahlklausel auszulegende Bestimmung, so dass insoweit kein Raum mehr für eine Anknüpfung nach Art. 4 Rom I-VO bleibt. Dies beruht auf der Vorschrift des § 2 Nr. 12 der WpÜG-AngVO,[12] welche vorschreibt, dass in die Angebotsunterlage die **Angabe des auf den Erwerbsvertrag anzuwendenden Rechts** aufzunehmen ist.[13] Zwar regelt die Vorschrift nur eine Informationspflicht und schreibt nicht zwingend eine Rechtswahl vor, im praktischen Ergebnis muss diese Information indes regelmäßig als Rechtswahlklausel interpretiert werden. Ziel der Information ist schließlich, bei den Adressaten des Angebots eine Unsicherheit bezüglich des anzuwendenden Rechts zu beseitigen. Da die Frage der objektiven Anknüpfung derartiger Verträge höchst umstritten ist (dazu sogleich Rdnr. 4), ließe sich eine sichere informatorische Aussage, die nicht zugleich eine Regelung enthält, gar nicht treffen. Unabhängig von der Formulierung dieser Angabe erwartet ein objektiver Empfänger jedenfalls, dass der Vertrag unzweifelhaft dem in der Unterlage genannten Recht unterliegt, so dass man die Angabe zumindest dann als Rechtswahl auslegen muss, wenn nur so dieses Ergebnis zu erreichen ist – und auch in den übrigen Fällen erscheint eine solche Interpretation als geboten, da nur so **jede Unsicherheit vermieden** werden kann. Da die Vorschrift des § 2 Nr. 12 WpÜG-AngVO auf Art. 6 Abs. 3 lit. n der Übernahmerichtlinie 2004/25/EG[14] beruht, findet sich eine entsprechend zu behandelnde Informationspflicht auch in den Umsetzungsgesetzen der anderen Mitgliedstaaten.[15] Es lässt sich daher festhalten, dass eine nach dem Übernahmerecht eines der Mitgliedstaaten der EU erstellte **Angebotsunterlage zwingend mit einer als Rechtswahl auszulegenden Angabe** zu versehen ist und somit für diese Fälle kein Raum mehr für eine objektive Anknüpfung bleibt.

4   Nach dem Gesagten kann die objektive Anknüpfung (Art. 4 Rom I-VO) somit (bei fehlender Rechtswahl) nur noch für die Ausnahmefälle außerhalb des Anwendungsbereichs (s. o. § 65 Rdnr. 5 ff.) der Übernahmerichtlinie Bedeutung erlangen, also bei der Übernahme von inländischen Zielgesellschaften vor allem dann, wenn keine europäische Börsenzulassung besteht, ferner bei der Übernahme drittstaatlicher Gesellschaften. Lösungsansätze, die einen Gleichlauf von Übernahme- und Übernahmevertragsstatut herbeiführen sollen **(übernahmerechtsakzessorische Anknüpfung)**,[16] sind für erstgenannte Fälle nicht geeignet und kämen allenfalls im zweiten Fall, also bei ausländischen Zielgesellschaften, in Betracht. Auch insoweit wäre die Lösung aber nicht überzeugend, da so einerseits bei weitreichender extraterritorialer Anwendung des Übernahmerechts (wie z.B. des US-Rechts) der Erwerbsvertrag einer Rechtsordnung unterstellt werden kann, die nur sehr schwache Beziehungen zum Sachverhalt hat, und andererseits bei **mehrfacher Anwendbarkeit** übernahmerechtlicher Vorschriften keine eindeutige Anknüpfung möglich ist. Al-

---

[12] WpÜG-Angebotsverordnung, BGBl I 2001, 4263.

[13] So auch *Kronke/Haubold* in Kronke/Melis/Schnyder (Hrsg.), Hdb. Internationales Wirtschaftsrecht, 2005, Teil L Rdnr. 424; ähnlich *Ackermann*, Das internationale Privatrecht der Unternehmensübernahme, 2008 S. 298 f. (vor Geltung der Rom I-VO zu Art. 27 EGBGB).

[14] Richtlinie 2004/25/EG des Europäischen Parlaments und des Rates vom 21. April 2004 betreffend Übernahmeangebote, ABl. EG L 142 vom 30. 4. 2004, S. 12 (Übernahmerichtlinie). Näheres zu dieser RL oben § 65 Rdnr. 5 ff. m. w. N.

[15] Vgl. *Kronke/Haubold* in Kronke/Melis/Schnyder (Hrsg.), Hdb. Internationales Wirtschaftsrecht, 2005, Teil L Rdnr. 424.

[16] So insbesondere der Ansatz bei MünchKommBGB/*Schnyder* IntKapMarktR Rdnr. 243 f.

lerdings erscheint auch die Anwendung des Rechts des **gewöhnlichen Aufenthalts des Aktienverkäufers,** auf das Art. 4 Abs. 2 der Rom I-VO verweisen würde (da der Verkäufer die „charakteristische Leistung" zu erbringen hat[17]) als wenig geeignet für die Anknüpfung des Erwerbsvertrags, da so **kein einheitliches Übernahmevertragsstatut** für alle Verträge ermittelt werden könnte, sondern jeder Vertrag für sich zu betrachten wäre. Insoweit erscheint es als überzeugender, zur Gewährleistung der **Gleichbehandlung der Aktionäre** ein einheitliches Recht zu bestimmen. Dies lässt sich mit Hilfe von Art. 4 Abs. 3 Rom I-VO erreichen, wenn man von einer „offensichtlich engeren Verbindung zu einem anderen" Staat ausgeht. Während über ein einheitlich zu bestimmendes Übernahmevertragsstatut heute weitgehende Einigkeit besteht,[18] ist dessen Bestimmung höchst umstritten. Vertreten wird etwa eine Anknüpfung anhand des **Hauptbörsenplatzes,** aber auch engere Verbindungen zum **Sitzstaat der Zielgesellschaft,** so dass ein Gleichlauf von Gesellschafts- und Übernahmevertragsstatut erreicht wird, oder zum **Sitz des Bieters** werden vorgeschlagen.[19] Aufgrund der geringen verbleibenden Bedeutung der Frage soll hierauf nicht näher eingegangen werden, jedoch erscheint die Anknüpfung anhand des **Sitzstaates** (bezogen auf den Satzungssitz) **der Zielgesellschaft** als überzeugend, um einen Gleichlauf mit deren Gesellschaftsstatut als sicher zu ermittelndem Umstand zu erreichen, während die Orientierung am Börsenplatz zumindest bei Mehrfachnotierungen zu Unsicherheit führen kann. Danach wäre bei einem öffentlichen Übernahmeangebot für ein deutsches Unternehmen mangels Rechtswahl deutsches Vertragsrecht anzuwenden, auch wenn die Gesellschaft in einem Drittstaat an der Börse notiert ist.

II. Die Reichweite des Vertragsstatuts

Die Reichweite des auf den Erwerbsvertrag anwendbaren Rechts bestimmt sich primär nach der den **Geltungsbereich des Vertragsstatuts** definierenden Vorschrift des Art. 12 der Rom I-Verordnung.[20] Danach unterliegen insbesondere die Auslegung, die Erfüllung und das Erlöschen (einschließlich Verjährung) der Verpflichtungen, die Folgen der Nichterfüllung (einschließlich Schadensbemessung) sowie die Nichtigkeitsfolgen dem Vertragsstatut. Darüber hinaus unterliegen Fragen des Zustandekommens und der materiellen Wirksamkeit des Vertrags grundsätzlich bereits dem Statut, dem der Vertrag bei Wirksamkeit unterliegt (Art. 10 Rom I-VO), während Formfragen alternativ angeknüpft werden und der Vertrag nach Art. 11 Rom I-VO wirksam ist, wenn er entweder den Anforderungen des Ortes des Vertragsschlusses (Ortsform) oder des Vertragsstatuts (Geschäftsrecht) genügt.

In Hinblick auf den Erwerbsvertrag, der durch die Annahme eines öffentlichen Übernahmeangebots zustande kommt, stellen sich insoweit aus Sicht der deutschen Rechtsordnung eine Reihe spezifischer Fragen, die vor allem aus der **Überlagerung des allgemeinen Vertragsrechts des BGB durch die Normen des WpÜG** resultieren. Grundsätzlich sind Übernahmevertrags- und Übernahmestatut getrennt voneinander nach den jeweiligen Kollisionsnormen anzuknüpfen, so dass die Anwendbarkeit (oder Nichtanwend-

---

[17] Allgemein etwa MünchKommBGB/*Martiny* Art. 4 Rom I-VO Rdnr. 162; speziell zum Übernahmerecht *Ackermann,* Das internationale Privatrecht der Unternehmensübernahme, 2008 S. 299 (vor Geltung der Rom I-VO zu Art. 28 EGBGB); vgl. auch MünchKommBGB/*Schnyder* IntKapMarktR Rdnr. 242.

[18] *Ebenroth/Wilken* ZVglRWiss 90 (1991), 235; *Grundmann* RabelsZ 54 (1990), 283; MünchKommBGB/*Schnyder* IntKapMarktR Rdnr. 243; *Merkt,* Internationaler Unternehmenskauf, 2. Aufl. 2002 Rdnr. 125.

[19] Vgl. zu den unterschiedlichen Ansichten MünchKommBGB/*Schnyder* IntKapMarktR Rdnr. 243 m.w.N.; ausführlich zum Meinungsstand auch *Ackermann,* Das internationale Privatrecht der Unternehmensübernahme, 2008 S. 299 ff.

[20] Vgl. auch *Merkt* in Reithmann/Martiny (Hrsg.), Internationales Vertragsrecht, 7. Aufl. 2010 Rdnr. 4411 ff.

§ 64 7

barkeit) des WpÜG vertragsrechtliche Fragen grundsätzlich unberührt lässt. Daraus ergibt sich etwa, dass die Anforderungen an die Länge der **Annahmefrist** sich zwar aus § 16 WpÜG ergeben, hiervon jedoch die Frage der für den zivilrechtlichen Vertragsschluss relevanten Annahmefrist (im deutschen Recht also § 147 BGB) getrennt zu bestimmen und kollisionsrechtlich anzuknüpfen (vgl. Art. 10 Abs. 1 Rom I-VO) ist.[21] Ob ein Erwerbsvertrag durch eine Annahmeerklärung noch zustande gekommen ist, bemisst sich nach dem Vertragsstatut, grundsätzlich also nach dem in der Angebotsunterlage gewählten Recht. Hierzu zählen[22] auch Fragen der Rechtzeitigkeit des Zugangs der Annahmeerklärung,[23] der Auslegung von Bedingungen,[24] von denen der Vertragsschluss abhängig gemacht werden soll, sowie der Berechnung der Annahmefrist (einschließlich etwa der Relevanz von Feiertagen, wie etwa nach § 193 BGB). Eine kapitalmarktrechtliche Unzulässigkeit nach dem WpÜG (etwa bei einer gegen § 16 WpÜG verstoßenden Annahmefrist oder bei einer gegen § 18 WpÜG verstoßenden Bedingung) wirkt sich nicht direkt auf die **privatrechtliche Frage des Vertragsschlusses** aus. Unterliegt das Angebot dem deutschen WpÜG kann ein derartiger Verstoß (wenn dieser offensichtlich ist) zwar nach § 15 WpÜG zur **Untersagung des Angebots** durch die BAFin führen,[25] an die das deutsche Recht die Folge der Nichtigkeit eines auf dem Angebot beruhenden Rechtsgeschäfts knüpft (§ 15 Abs. 3 Satz 2 WpÜG). Auch insoweit gilt indes, dass nach Art. 10 der Rom I-VO zunächst nur die **Nichtigkeitsgründe des Vertragsstatuts** anzuwenden sind, so dass selbst im Fall einer Untersagung nicht ohne weiteres von der Nichtigkeit ausgegangen werden kann, wenn die Erwerbsverträge (zB aufgrund einer Rechtswahl) einem anderen Recht unterliegen. Zum Charakter des § 15 Abs. 3 Satz 2 WpÜG als Eingriffsnorm vgl. unten Rdnr. 13 f.

7   Eine weitere Frage in Hinblick auf die Reichweite des Vertragsstatuts stellt sich bezüglich der **Angemessenheit der Gegenleistung**. Der deutschen Regelung in § 31 WpÜG wird hierbei von der wohl h. M.[26] eine **privatrechtsgestaltende Wirkung** in dem Sinn beigemessen, dass bei Übernahmeangeboten die angemessene Gegenleistung auch dann als vereinbart gilt, wenn die angebotene Gegenleistung hinter diesem Preis zurückbleibt. Auch der Anspruch auf eine **nachträgliche Erhöhung der Gegenleistung** nach Annahme des Angebots (§ 31 Abs. 4 und 5 WpÜG) wird vertragsrechtlich eingeordnet, so dass diese Normen zu einer **Veränderung des Vertragsinhalts** führen.[27] Hieraus kann man schließen, dass § 31 WpÜG nach deutschem Verständnis überwiegend als **zwingendes Vertragsrecht** eingeordnet wird. Insoweit stellt sich die Frage nach der **international-privatrechtlichen Qualifikation** dieser Normen, die sich zur Erreichung internationalen Entscheidungseinklangs nicht am materiellen Recht des Gerichtsstaates, sondern an funktionalen Gesichtspunkten orientiert.[28] Auch aus einer derart funktionalen Sicht gibt es aber wohl keine Alternative zur vertragsrechtlichen Qualifikation. Deutlich ist das vor allem in dem Fall des von vornherein unzureichenden Angebots, für den ein direkter Zahlungsanspruch (den man zur Grundlage einer Qualifikation als gesetzliches Schuldverhältnis machen könnte) im Gesetz gar nicht vorgesehen ist, so dass der geschlossene Vertrag allein als

---

[21] Vgl. MünchKommBGB/*Spellenberg* Art. 10 Rom I-VO Rdnr. 26 f.
[22] Vgl. allgemein Palandt BGB/*Thorn* Art. 10 Rom I-VO Rdnr. 3; MünchKommBGB/*Spellenberg* Art. 10 Rom I-VO Rdnr. 26 ff., jeweils m. w. N.
[23] Vgl. MünchKommBGB/*Spellenberg* Art. 10 Rom I-VO Rdnr. 26.
[24] Vgl. MünchKommBGB/*Spellenberg* Art. 10 Rom I-VO Rdnr. 106.
[25] Steinmeyer/Häger WpÜG/*Steinhardt* § 15 Rdnr. 4; Geibel/Süßmann WpÜG/*Angerer* § 15 Rdnr. 16 ff.
[26] Vgl. Kölner Kommentar WpÜG/*Kremer*/*Oesterhaus* § 31 Rdnr. 105; wohl auch Geibel/Süßmann WpÜG/*Süßmann* § 31 Rdnr. 78; aA (hinsichtlich § 31 Abs. 1–3 WpÜG) Schwark Kapitalmarktrechts-Kommentar/*Noack* § 31 WpÜG Rdnr. 54.
[27] Vgl. Kölner Kommentar WpÜG/*Kremer*/*Oesterhaus* § 31 Rdnr. 105; Schwark Kapitalmarktrechts-Kommentar/*Noack* § 31 WpÜG Rdnr. 54.
[28] Vgl. Staudinger BGB/*Fritz Sturm*/*Gudrun Sturm* Einleitung zum IPR Rdnr. 210.

Anspruchsgrundlage in Betracht kommt. Gegen eine deliktsrechtliche Qualifikation[29] spricht insbesondere, dass jedenfalls die Nachzahlungsansprüche aus Abs. 4 und 5 nicht auf einer Verletzung des § 31 WpÜG beruhen – die Vornahme eines Erwerbes zu einem höheren Preis wird durch die Vorschrift ja gerade nicht untersagt – und eine Differenzierung der Qualifikation zwischen den Nachzahlungsansprüchen bei ursprünglicher und bei nachträglich unzureichender Gegenleistung nicht überzeugen könnte. Daher ist § 31 WpÜG insgesamt als vertragsrechtliche Vorschrift zu qualifizieren, die den Vertragsinhalt bezüglich des zu zahlenden Erwerbspreises zwingend regelt. Hieraus folgt, dass die Regelung als **Teil des deutschen Vertragsstatuts** aufzufassen ist, also nicht anhand von § 1 WpÜG, sondern anhand von Art. 3 der Rom I-VO anzuknüpfen ist. Allerdings folgt daraus nicht, dass die Norm unabhängig von den Voraussetzungen des § 1 WpÜG anzuwenden wäre, da sie nur bei deren Vorliegen überhaupt Geltung beansprucht. Für die Fälle deutschen Vertragsstatuts ist § 1 WpÜG daher als **materiellrechtliche Anwendungsvoraussetzung** des § 31 WpÜG zu interpretieren, so dass die Ansprüche auf eine Erhöhung der Gegenleistung zunächst nur bei deutschem Übernahmevertrags- und Übernahmestatut anzuerkennen sind. Zum Charakter des § 31 WpÜG als Eingriffsnorm vgl. unten Rdnr. 15 ff..

Nicht vertragsrechtlich zu qualifizieren sind dagegen die **Haftungsansprüche,** die aus der Veröffentlichung einer mangelhaften Angebotsunterlage (§ 12 WpÜG) oder der fehlenden Finanzierung des Erwerbs (§ 13 WpÜG) resultieren können. Hierfür spricht schon, dass diese Ansprüche gerade keinen Vertrag mit dem Anspruchsgegner voraussetzen. Da auch **vorvertragliche Schuldverhältnisse** (Verschulden bei Vertragsverhandlungen) im internationalen Privatrecht der Rom II-VO über das auf außervertragliche Schuldverhältnisse anzuwendende Recht[30] (Art. 12 Rom II-VO) und nicht der Rom I-VO unterliegen (Art. 1 Abs. 2 lit. i Rom I-VO),[31] kommt eine Zuordnung zum nach Art. 3 der Rom I-VO zu bestimmenden Vertragsstatut jedenfalls nicht in Betracht. Zur Anknüpfung des hieraus resultierenden gesetzlichen Schuldverhältnisse vgl. noch unten Rdnr. 19 ff.

III. Die Anwendung vertragsrechtlicher Normen des WpÜG bei ausländischem Vertragsstatut (Art. 9 Rom I-VO)

1. Grundsätzlicher Charakter der WpÜG-Vorschriften als Eingriffsnormen

Soweit privatrechtliche Normen des WpÜG nach dem Gesagten (oben Rdnr. 5 ff.) grundsätzlich zum Vertragsstatut gehören, stellt sich die Frage, inwieweit diesen Vorschriften auch Geltung verschafft werden kann, wenn zwar das WpÜG kollisionsrechtlich anwendbar ist, das Übernahmevertragsstatut aber nicht das deutsche Recht ist. Es ist zu berücksichtigen, dass das WpÜG den Übernahmevorgang nur bei einem engen Inlandsbezug zwingend regelt, aber die **Bestimmung des Vertragsstatuts letztlich im Ermessen des Bieters** steht, der eine Rechtswahlklausel in die Angebotsunterlage aufnehmen kann (oben Rdnr. 3). Eine Freizeichnung von den vertragsrechtlichen Wirkungen des WpÜG wäre dennoch nicht möglich, soweit dessen Vorschriften als **Eingriffsnormen iSv Art. 9 Rom I-VO** anzusehen sind. Richtigerweise besteht kein Widerspruch zwischen der Ein-

---

[29] Insoweit wird auch für das deutsche Recht eine Einordnung des § 31 WpÜG als Schutzgesetz vertreten, so dass daraus deliktische Ansprüche nach § 823 Abs. 2 BGB resultieren, vgl. Assmann/Schneider/*Krause* WpÜG § 31 Rdnr. 167. Für das deutsche Recht überzeugt diese Sicht auch wegen des Verschuldenserfordernisses des § 823 Abs. 2 BGB nicht, da der Anspruch so voraussetzen würde, dass die unzureichende Gegenleistung schuldhaft angeboten worden ist, da nur dies als Verletzungshandlung aufgefasst werden kann. Dagegen will § 31 WpÜG sicherstellen, dass die Aktionäre stets und damit verschuldensunabhängig einen Anspruch auf die angemessene Gegenleistung haben.

[30] Verordnung (EG) Nr. 864/2007 des Europäischen Parlaments und des Rates vom 11. Juli 2007 über das auf außervertragliche Schuldverhältnisse anzuwendende Recht (Rom II), ABl. EG L 199 vom 31. 7. 2007, S. 40.

[31] Vgl. auch Erwägungsgründe 7, 10 Rom I-VO.

ordnung als Eingriffsnorm und der vertragsrechtlichen Qualifikation, da die Anknüpfung des Vertragsstatuts grundsätzlich auch die Eingriffsnormen umfasst (Einheitsanknüpfung).[32]

10 Unter einer Eingriffsnorm versteht die Rom I-VO eine „zwingende Vorschrift, deren Einhaltung von einem Staat als so entscheidend für die Wahrung seines öffentlichen Interesses ... angesehen wird, dass sie ungeachtet des ... (Vertragsstatuts) auf alle Sachverhalte anzuwenden ist, die in ihren Anwendungsbereich fallen" (Art. 9 Abs. 1 Rom I-VO). Hierunter fallen insbesondere die Vorschriften mit **wirtschaftspolitischem Inhalt,** durch die der Gesetzgeber das inländische Wirtschaftsleben und insbesondere **Marktverhalten auf deutschen Märkten** zwingend regelt. Um einheitliche Bedingungen für alle Marktteilnehmer zu schaffen, müssen diese marktorientierten Regelungen international zwingend gestaltet sein. Letztlich kommt es auf den Geltungswillen[33] an, mit dem der Gesetzgeber die Norm versehen hat. Ein solcher international zwingender Charakter ist grundsätzlich anzunehmen, wenn der Gesetzgeber die Norm mit einer **speziellen einseitigen Kollisionsnorm** versehen hat und ihren Anwendungsbereich so vom Vertragsstatut abgekoppelt hat. Dies setzt – wie etwa das Beispiel des § 130 Abs. 2 GWB zeigt, der auch die dem Vertragsstatut zugewiesene Nichtigkeitsfolge des Kartellverbots (§ 1 GWB i.V.m. § 134 BGB) international zwingend gestaltet[34] – nicht voraus, dass die spezielle Kollisionsnorm sich auf eine bestimmte Vorschrift bezieht, vielmehr genügt auch die Kollisionsnorm eines Gesetzes, das öffentlich-rechtliche wie privatrechtlich relevante Normen enthält. Das WpÜG erfüllt diese Voraussetzungen unproblematisch,[35] definiert es doch nicht nur seinen territorialen Anwendungsbereich einseitig und gänzlich unabhängig von den Vorschriften des internationalen Vertragsrechts,[36] sondern es verfolgt darüber hinaus eine wirtschaftspolitische Zielsetzung in Hinblick auf die Regulierung des Marktverhaltens auf inländischen Kapitalmärkten.[37] Die vertragsrechtlich relevanten Normen, hier konkret § 15 Abs. 3 und die privatrechtsgestaltende Wirkung des § 31 WpÜG, sichern auch nur das öffentlich-rechtliche Verbot (§ 15 WpÜG) bzw. die öffentlich-rechtliche Verpflichtung (§ 31 WpÜG) ab, das bzw. die unabhängig vom Vertragsstatut zu beachten ist.[38] Dieses Ziel des **Gleichlaufs von privat- und öffentlich-rechtlichen Regelungskomplexen** kann nur erreicht werden, wenn sich die privatrechtlichen Normen gegenüber einem abweichenden Vertragsstatut durchsetzen, also **international zwingend** sind.

11 Die Rechtsfolge der Anerkennung des Charakters der **Normen des WpÜG als Eingriffsnormen** ist nach Art. 9 Abs. 2 Rom I-VO zunächst nur, dass das abweichende Ver-

---

[32] Im internationalen Privatrecht ist diese Theorie der Einheitsanknüpfung (vgl. BGH NJW 1998, 2452/2453; OLG Frankfurt a. M. NJW 2006, 2931/2934) indes höchst umstritten, da vielfach eine (vom Vertragsstatut getrennte) Sonderanknüpfung der Eingriffsnormen vertreten wird, vgl. ausführlich zu dieser Grundsatzfrage statt vieler: *von Bar/Mankowski*, Internationales Privatrecht Bd. I, 2. Aufl. 2003 § 4 Rdnr. 104 ff.; Staudinger BGB/*Fritz Sturm/Gudrun Sturm* Einleitung zum IPR Rdnr. 33 ff.; Staudinger BGB/*Blumenwitz* Art. 6 EGBGB Rdnr. 28 ff.; strikt gegen diese Sichtweise zB Palandt/*Thorn*, BGB, Art. 9 Rom I-VO Rdnr. 15 (der die Einheitsanknüpfung für eine „weit verbreitete Fehlvorstellung" hält); ablehnend auch MünchKommBGB/*Sonnenberger* Einl. IPR Rdnr. 47.

[33] Vgl. Palandt BGB/*Thorn* Art. 9 Rom I-VO Rdnr. 5; vgl. zum Begriff auch MünchKommBGB/*Martiny* Art. 9 Rom I-VO Rdnr. 115.

[34] Immenga/Mestmäcker GWB/*Rehbinder* § 130 Rdnr. 308; vgl. auch Langen/Bunte GWB/*Stadler* § 130 Rdnr. 102 f.

[35] So auch *Freitag* in Reithmann/Martiny (Hrsg.), Internationales Vertragsrecht, 7. Aufl. 2010 Rdnr. 608; *Merkt/Göthel* in Reithmann/Martiny (Hrsg.), Internationales Vertragsrecht, 7. Aufl. 2010 Rdnr. 4421; *Ackermann*, Das internationale Privatrecht der Unternehmensübernahme, 2008 S. 301 f., 117 ff. (vor Geltung der Rom I-VO zu Art. 34 EGBGB); *Hahn* RIW 2002, 741/743 (vor Geltung der Rom I-VO); vgl. auch *von Hein* AG 2001, 213, 223 f.; Kölner Kommentar WpÜG/*Versteegen* § 1 Rdnr. 44 (jeweils vor Geltung der Rom I-VO).

[36] Vgl. Steinmeyer/Häger WpÜG/*Steinhardt* § 1 Rdnr. 57 ff.

[37] Vgl. Steinmeyer/Häger WpÜG/*Steinmeyer* Einleitung Rdnr. 21 ff.

[38] Vgl. allgemein zur zunehmenden Verzahnung von Privatrecht und Öffentlichem Recht im Bereich des Übernahmerechts *von Hein* AG 2001, 213, 220 ff.

tragsstatut der Anwendung des WpÜG durch ein deutsches Gericht nicht entgegensteht. Dies bedeutet aber auch, dass das deutsche Gericht diese Normen anwenden muss,[39] da der Normanwendungsbefehl des WpÜG nicht eingeschränkt wird. Ein **deutsches Gericht** hat demnach die **Eingriffsnormen des WpÜG** (bei Eröffnung des internationalen Anwendungsbereichs nach § 1 WpÜG) auch bei Vorliegen eines ausländischen Übernahmevertragsstatuts **zwingend anzuwenden.** Soweit sich allerdings die Frage der Anwendbarkeit des WpÜG vor einem ausländischen Gericht stellt, besteht eine Verpflichtung zur Anwendung deutscher Eingriffsnormen nicht einmal innerhalb der EU. Vielmehr eröffnet Art. 9 Abs. 3 Rom I-VO neben den eigenen Vorschriften des Forums nur die Anwendung von **Eingriffsnormen des Erfüllungsstaates,** und auch dies nur, soweit die Normen gerade die Erfüllung selbst untersagen – und selbst unter diesen engen Voraussetzungen ist das fremde Eingriffsrecht nur aufgrund einer Abwägung nach richterlichem Ermessen[40] anzuwenden. Die Rom I-VO hat die **Anwendung ausländischer Eingriffsnormen** im Vergleich zu der früheren Formulierung des Art. 7 Abs. 1 EVÜ, der lediglich eine „enge Verbindung" zum Staat der Eingriffsnorm verlangte, somit deutlich verengt.[41] Soweit eine Norm des WpÜG sich also nur zwingend auf den Vertragsinhalt auswirkt, aber die Erfüllung nicht unrechtmäßig werden lässt,[42] bleibt kein Raum für eine Anwendung durch einen ausländischen Richter.[43]

Anzumerken ist, dass ein **deutscher Richter** mitunter auch ausländisches Übernahmerecht anwenden kann oder muss. Dies gilt zunächst für die **übernahmerechtlichen Eingriffsnormen** des auf den Vertrag anwendbaren Rechts, die (nach hier vertretener Auffassung, Rdnr. 9) als Teil des Vertragsstatuts in Hinblick auf die privatrechtlichen Wirkungen auch von einem deutschen Gericht zu beachten sind. Soweit darüber hinaus Eingriffsnormen des tatsächlichen Erfüllungsstaates die Erfüllung „unrechtmäßig" machen, also insbesondere ein **Verbot der Erfüllung** aussprechen, kann diesen Normen auch unabhängig vom Vertragsstatut von einem deutschen Gericht Wirkung verliehen werden, sofern die nach Art. 9 Abs. 3 Satz 2 Rom I-VO vorgeschriebene Abwägung dies gebietet. Allerdings bedeutet das nicht, dass die vom ausländischen Recht angeordnete Rechtsfolge ohne weiteres anzuwenden ist.[44] Da dem ausländischen Verbot nur Wirkung zu verleihen ist, kann dies auch im Rahmen materiellrechtlicher Vorschriften des Vertragsstatuts erfolgen,[45] schließlich geht es bei Art. 9 Abs. 3 Rom I-VO vor allem darum, dass keine Verpflichtungen ausgesprochen werden, die im Erfüllungsstaat nicht erfüllt werden können. Soweit etwa deutsches Recht Vertragsstatut ist, aber der Vertrag im EU-Ausland zu erfüllen ist (wie regelmäßig bei Übernahme einer EU-ausländischen Zielgesellschaft), könnte man einem ausländischen Erfüllungsverbot durch die Annahme **rechtlicher Unmöglich-**

---

[39] Anders als im Rahmen des Abs. 3 besteht bei Art. 9 Abs. 2 Rom I-VO kein richterliches Anwendungsermessen, MünchKommBGB/*Martiny* Art. 9 Rom I-VO Rdnr. 109 m. w. N.

[40] MünchKommBGB/*Martiny* Art. 9 Rom I-VO Rdnr. 118 mit weiteren Einzelheiten zu den Kriterien der Wirkungsverleihung (a. a. O. Rdnr. 119 ff.); in Richtung Ermessen tendierend auch *Pfeiffer* EuZW 2008, 622, 628.

[41] MünchKommBGB/*Martiny* Art. 9 Rom I-VO Rdnr. 116; *Woopen/Clausnitzer* BB 2008, 1798, 1805.

[42] Wichtigste Unterfälle der „Unrechtmäßigkeit": Nichtigkeit, Unwirksamkeit, (ausdrückliches) Verbot, vgl. MünchKommBGB/*Martiny* Art. 9 Rom I-VO Rdnr. 117; vgl. auch *Freitag* in Reithmann/Martiny (Hrsg.), Internationales Vertragsrecht, 7. Aufl. 2010 Rdnr. 634 ff. (Beschränkung auf Verbotsnormen).

[43] Ähnlich MünchKommBGB/*Martiny* Art. 9 Rom I-VO Rdnr. 117 (bloße Missbilligung durch das ausländische Recht reicht nicht).

[44] Vgl. Palandt BGB/*Thorn* Art. 9 Rom I-VO Rdnr. 13; MünchKommBGB/*Martiny* Art. 9 Rom I-VO Rdnr. 121.

[45] Vgl. MünchKommBGB/*Martiny* Art. 9 Rom I-VO Rdnr. 121; Palandt BGB/*Thorn* Art. 9 Rom I-VO Rdnr. 13; *Freitag* in Reithmann/Martiny (Hrsg.), Internationales Vertragsrecht, 7. Aufl. 2010 Rdnr. 651.

keit[46] Wirkung verleihen, da dann nach § 275 BGB die unmögliche Leistungspflicht entfällt. Art. 9 Abs. 3 Rom I-VO setzt also nicht voraus, dass einem ausländischen Erfüllungsverbot im deutschen Vertragsstatut durch § 134 BGB Wirkung verliehen wird, vielmehr kann auch eine Lösung gefunden werden, die den Interessen des Vertragspartners durch Sekundäransprüche (§§ 280, 283, 311a Abs. 2 BGB) Rechnung trägt.

2. Anwendung des § 15 Abs. 3 Satz 2 WpÜG als Eingriffsnorm

13 Nach dem Gesagten ist somit u. a. § 15 Abs. 3 S. 2 WpÜG, der die **Nichtigkeit aller Rechtsgeschäfte** anordnet, die aufgrund eines von der BAFin untersagten Angebots abgeschlossen worden sind, **als Eingriffsnorm iSv Art. 9 Rom I-VO** anzusehen.[47] Hieraus folgt, dass ein deutscher Richter Übernahmeverträge, die durch Annahme eines untersagten Angebots zustande gekommen sind, auch dann als nichtig ansehen wird, wenn der Vertrag – insbesondere aufgrund einer im untersagten Angebot enthaltenen Rechtswahlklausel – ausländischem Recht unterliegt.[48] Voraussetzung ist indes eine durch die BAFin erlassene **Untersagungsverfügung,** die nur zulässig ist, wenn der Anwendungsbereich des § 1 WpÜG eröffnet ist. Insoweit kommen nicht nur die Fälle der uneingeschränkten Anwendbarkeit (§ 1 Abs. 1 WpÜG), sondern auch die der eingeschränkten Anwendbarkeit nach § 1 Abs. 3 WpÜG in Betracht, da es sich insoweit um eine Frage des Angebotsverfahrens handelt.[49] In den Fällen des § 1 Abs. 2 WpÜG, also bei inländischen Zielgesellschaften mit EU-ausländischer Börsenzulassung, kommt eine Untersagung durch die BAFin dagegen nicht in Betracht, da es sich insoweit um eine kapitalmarktrechtliche Regelungsmaterie handelt.[50] Hierbei handelt es sich jedoch nicht um eine international-privatrechtliche Frage, vielmehr geht es hier um den **kollisionsrechtlichen Anwendungsbereich der öffentlich-rechtlichen Eingriffsnorm** selbst.

14 Ein ausländischer Richter wird dagegen § 15 Abs. 3 WpÜG grundsätzlich nur dann berücksichtigen, wenn **deutsches Recht auch Übernahmevertragsstatut** ist.[51] Sonst kommt es also dazu, dass der Vertrag vor einem inländischen Gericht als nichtig, vor einem ausländischen Gericht aber als wirksam angesehen wird. Im Anwendungsbereich der Rom I-VO hat der Richter auch grundsätzlich kein Ermessen, eine ausländische Eingriffsnorm dennoch anzuwenden, da die Regelung des Art. 9 Abs. 3 Rom I-VO zur Anwendung ausländischen Eingriffsrechts als abschließend anzusehen ist.[52] Allerdings ist zu berücksichtigen, dass § 15 Abs. 3 S. 2 WpÜG sowohl die **Nichtigkeit des Verpflichtungs- wie des**

---

[46] Ähnlich Palandt BGB/*Thorn* Art. 9 Rom I-VO Rdnr. 13 (Annahme tatsächlicher Unmöglichkeit vertretbar); vgl. auch OLG Frankfurt a. M. NJW 2006, 2931/2934.

[47] So auch *Ackermann*, Das internationale Privatrecht der Unternehmensübernahme, 2008 S. 301 (vor Geltung der Rom I-VO zu Art. 34 EGBGB).

[48] Steinmeyer/Häger WpÜG/*Steinhardt* § 15 Rdnr. 18; Kölner Kommentar WpÜG/*Seydel* § 15 Rdnr. 68, jeweils m. w. N.

[49] Die Vorschrift des § 15 WpÜG wird über die Verweisungsnorm des § 34 bzw. § 39 WpÜG durch § 2 WpÜG-AnwVO in den Fällen des § 1 Abs. 3 WpÜG für anwendbar erklärt. Da diese Verweisung jedoch anhand der die Reichweite der Ermächtigung definierenden Aufzählung der Regelungsgebiete in § 1 Abs. 3 Satz 2 WpÜG auszulegen ist, kommt es entscheidend auf die Zuordnung der Norm zum Angebotsverfahren an. Zur einschränkenden Auslegung vgl. oben § 63 Rdnr. 44 i. V. m. Rdnr. 39 f

[50] Zwar erklärt auch § 1 WpÜG-AnwVO die Verweisungsnorm des § 34 bzw. § 39 WpÜG für anwendbar, jedoch fällt § 15 WpÜG nicht in die in § 1 Abs. 2 WpÜG genannten Regelungsgebiete, in deren Licht die Einbeziehung des § 34 WpÜG auszulegen ist, vgl. oben § 65 Rdnr. 39 f.

[51] Die Anknüpfung und Anwendung ausländischer Eingriffsnormen im Rahmen des Vertragsstatuts ist indes höchst umstritten, vgl. zu der Diskussion nach deutschem Recht: von Bar/Mankowski, Internationales Privatrecht Bd. I, 2. Aufl. 2003 § 4 Rdnr. 104 ff.; Staudinger BGB/*Fritz Sturm/Gudrun Sturm* Einleitung zum IPR Rdnr. 33 ff.; Staudinger BGB/*Blumenwitz* Art. 6 EGBGB Rdnr. 28 ff.

[52] Palandt BGB/*Thorn* Art. 9 Rom I-VO Rdnr. 14.

Erfüllungsgeschäfts anordnet.[53] Hieraus ergibt sich, dass diese Eingriffsnorm nicht nur den Vertragsschluss selbst erfasst, sondern auch die **Erfüllung „unrechtmäßig"** werden lässt. Nach Art. 9 Abs. 3 Rom I-VO folgt daraus, dass auch ein EU-ausländischer Richter die Norm anwenden „kann", sofern die **Erfüllung in Deutschland** stattzufinden hat. Insoweit geht es nicht um den rechtlichen, sondern den tatsächlichen Erfüllungsort,[54] da die Norm es zu vermeiden sucht, dass in einem Staat eine Verpflichtung ausgesprochen wird, deren Erfüllung dann von einem anderen Staat unterbunden werden kann. Da die Verpflichtungen aus dem Übernahmevertrag bezüglich Aktien einer börsennotierten Gesellschaft in der Regel durch **Übertragung des Miteigentumsanteils am Sammelbestand der Wertpapiersammelbank** (vgl. §§ 5, 6 DepotG)[55] zu erfüllen sind, dürfte als Erfüllungsstaat iSv Art. 9 Abs. 3 Rom I-VO der Sitzstaat der Wertpapiersammelbank anzusehen sein – bei deutschen Gesellschaften, deren Aktien regelmäßig bei der Clearstream Banking AG in Frankfurt/Main verwahrt werden,[56] also Deutschland. Hieraus folgt, dass § 15 Abs. 3 S. 2 WpÜG auch von einem EU-ausländischen Richter aufgrund einer Einzelabwägung (Art. 9 Abs. 3 Satz 2 Rom I-VO) angewendet werden „kann", sofern es sich um **in Deutschland sammelverwahrte Aktien** handelt. In welcher Form der Vorschrift dann Wirkung verliehen wird, ist eine Frage, die im Rahmen des Vertragsstatuts zu beantworten ist (vgl. entspr. oben Rdnr. 12). Anzumerken ist noch, dass Art. 9 Abs. 3 Rom I-VO nur den Schuldvertrag, also das Verpflichtungsgeschäft betrifft, dessen Erfüllung in Deutschland nur durch die Anordnung der Nichtigkeit des Erfüllungsgeschäfts verboten wird. Hiervon zu trennen ist dagegen die **sachenrechtliche Frage der Wirksamkeit der Eigentumsübertragung,** die nach international-sachenrechtlichen Grundsätzen anzuknüpfen ist. Das bedeutet, dass es nach Art. 43 EGBGB für den Eigentumserwerb auf das Recht des Staates der Belegenheit des Wertpapiers („lex rei sitae" bzw. „lex cartae sitae") ankommt,[57] bei im Inland sammelverwahrten Aktien also auf deutsches Recht. Die **Nichtigkeitsfolge** des § 15 Abs. 3 S. 2 WpÜG ist in Hinblick auf das dingliche Erfüllungsgeschäft also unmittelbar als **Teil der *lex rei sitae*** anzuwenden, an die der deutsche Richter, aber auch der ausländische Richter ohne Erfordernis einer Einzelabwägung grundsätzlich (abhängig natürlich vom internationalen Sachenrecht des Forums) gebunden ist. Dies macht deutlich, dass bei der Untersagung eines Angebots durch die BAFin bezüglich im Inland belegener Aktien **eine wirksame Übertragung des Eigentums gar nicht möglich ist.**

3. Anwendung des § 31 WpÜG als Eingriffsnorm

Wie bereits angesprochen wird § 31 WpÜG eine unmittelbar vertragsgestaltende Wirkung insoweit entnommen, als bei Angebot einer unangemessenen Gegenleistung die nach den Vorgaben der WpÜG-AngVO berechnete angemessene Gegenleistung als vereinbart

---

[53] Ganz h.M., vgl. nur Steinmeyer/Häger WpÜG/*Steinhardt* § 15 Rdnr. 18; Geibel/Süßmann WpÜG/*Angerer* § 15 Rdnr. 60; Kölner Kommentar WpÜG/*Seydel* § 15 Rdnr. 69, jeweils m. w. N.
[54] Strittig, vgl. zum Meinungsstand MünchKommBGB/*Martiny* Art. 9 Rom I-VO Rdnr. 116; wie hier: *Freitag* in Reithmann/Martiny (Hrsg.), Internationales Vertragsrecht, 7. Aufl. 2010 Rdnr. 643; Palandt BGB/*Thorn* Art. 9 Rom I-VO Rdnr. 12 m. w. N.
[55] Vgl. Schimansky/Bunte/Lwowski/*Gößmann/Klanten*, Bankrechts-Hdb., 3. Aufl. 2007 § 72 Rdnr. 91 ff.
[56] Ebenroth/Boujong/Joost/Strohn/*Scherer*, Handelsgesetzbuch, 2. Aufl. 2009 § 5 DepotG Rdnr. VI447; Schimansky/Bunte/Lwowski/*Gößmann/Klanten*, Bankrechts-Hdb., 3. Aufl. 2007 § 72 Rdnr. 93.
[57] Palandt BGB/*Thorn* Art. 43 EGBGB Rdnr. 1; MünchKommBGB/*Schnyder* IntKapMarktR Rdnr. 260; *Merkt*, Internationaler Unternehmenskauf, 2. Aufl. 2002 Rdnr. 273 ff.; *Hahn* RIW 2002, 741/744; *Lorenz* NJW 1995, 176/177; *Merkt/Göthel* in Reithmann/Martiny (Hrsg.), Internationales Vertragsrecht, 7. Aufl. 2010 Rdnr. 4419; zur (umstr.) Auswirkung der Einführung von § 17a DepotG im Jahre 1999 vgl. Schimansky/Bunte/Lwowski/*Welter*, Bankrechts-Hdb., 3. Aufl. 2007 § 24 Rdnr. 123 ff. m. w. N.; NomosKommentar BGB/*von Plehwe* Art. 43 EGBGB Rdnr. 25.

gilt (str., siehe oben Rdnr. 7). Es handelt sich somit um eine Vorschrift, die den Vertragsinhalt zwingend regelt. Die **Einordnung als Eingriffsnorm** erscheint insoweit als problematisch, da es sich bei Eingriffsnormen typischerweise um Verbotsnormen handelt, während zwingendes Sonderprivatrecht in der Regel durch spezielle Kollisionsnormen gegenüber den Wirkungen einer Rechtswahl abgesichert wird (zB Art. 8 und Art. 6 Rom I-VO). Außerhalb solcher speziell geregelter Bereiche ist der Rückgriff auf Art. 9 Rom I-VO, soweit ein **internationaler Geltungswille** festgestellt werden kann (dazu bereits oben Rdnr. 10 für das gesamte WpÜG), indes nicht verwehrt.[58] Vielmehr ist für eine Reihe zwingender vertragsrechtlicher, inhaltsgestaltender Normen der Charakter als Eingriffsnorm anerkannt, wobei der BGH insbesondere „nicht dispositive Mieterschutzvorschriften und inländische Preisvorschriften" zu den „typischen [international] zwingenden Regelungen" zählt.[59] Dies zeigt, dass die **vertragsgestaltende Wirkung** des § 31 WpÜG mit der **Einordnung als Eingriffsnorm kompatibel** ist.[60]

16 Hieraus folgt, dass ein **deutsches Gericht** im Rahmen der Feststellung der geschuldeten Gegenleistung § 31 WpÜG gem. Art. 9 Abs. 2 Rom I-VO auch dann anzuwenden hat,[61] wenn das Übernahmevertragsstatut nicht das deutsche Recht ist. Voraussetzung ist auch insoweit aber, dass die Vorschrift nach Maßgabe des § 1 WpÜG international auf die Übernahme anwendbar ist (**materiellrechtliche Anwendungsvoraussetzung,** siehe oben Rdnr. 7 a. E.). Das ist nicht nur in den Fällen der uneingeschränkten Anwendbarkeit des WpÜG anzunehmen, sondern auch in den Fällen europäischer Angebote mit inländischer Börsenzulassung, da nach § 1 Abs. 3 WpÜG insbesondere „Fragen der Gegenleistung" dem WpÜG unterliegen.[62] In den Fällen des § 1 Abs. 2 WpÜG, also bei inländischen Zielgesellschaften mit EU-ausländischer Börsenzulassung, kommt die Vorschrift dagegen nicht zur Anwendung. Hier ist die Gegenleistung zwar grundsätzlich anhand des Vertragsstatuts, zusätzlich aber durch Anwendung des ausländischen Übernahmerechts des Börsenstaates zu bestimmen. Dies gilt auch dann, wenn deutsches Recht als Vertragsstatut berufen ist, da der Sachverhalt **außerhalb des Geltungsanspruchs des WpÜG** liegt. Auch wenn die vertragsgestaltende Wirkung des § 31 WpÜG grundsätzlich dem Vertragsstatut zuzuordnen ist, bleiben die Anwendungsvoraussetzungen des § 1 WpÜG auf materiellrechtlicher Ebene relevant. Ein deutscher Richter wird somit die Vorschrift unabhängig vom Übernahmevertragsstatut, aber nur innerhalb ihres nach § 1 WpÜG zu bestimmenden Anwendungsbereichs anwenden und dann einen Zahlungsanspruch auf den Differenzbetrag zum angemessenen Preis anerkennen.

17 Ein **EU-ausländischer Richter** hat demgegenüber § 31 WpÜG nur anzuwenden, soweit das **Übernahmevertragsstatut deutsches Recht** ist und die Anwendungsvoraussetzungen des § 31 WpÜG gemäß § 1 Abs. 1 und Abs. 3 WpÜG vorliegen, da in diesem Fall die Vorschrift aufgrund der Einheitsanknüpfung (str., s. o. Rdnr. 9) als Teil des Vertragsstatuts angewendet wird. Dagegen scheidet eine Anwendung **bei ausländischem Vertragsstatut** aus, da dies nur über Art. 9 Abs. 3 Rom I-VO möglich wäre, dessen Voraussetzungen nicht vorliegen, da die hier interessierende vertragsgestaltende Wirkung die Rechtmäßigkeit der Erfüllung des Vertrags unberührt lässt und lediglich einen höheren Kaufpreisanspruch begründet.

18 In den Fällen des § 1 Abs. 2 WpÜG (in denen § 31 WpÜG nach dem Gesagten unanwendbar ist) ist zu beachten, dass die **Verpflichtung zum Angebot des „angemesse-**

---

[58] *Freitag* in Reithmann/Martiny (Hrsg.), Internationales Vertragsrecht, 7. Aufl. 2010 Rdnr. 514.
[59] BGH NJW 2003, 2020/2021 (zu § 4 HOAI a. F.); zu § 89b HGB vgl. ferner OLG München, WM 2006, 1556.
[60] Für eine Einordnung als Eingriffsnorm auch *Ackermann*, Das internationale Privatrecht der Unternehmensübernahme, 2008 S. 301 f. (vor Geltung der Rom I-VO zu Art. 34 EGBGB); *Hahn* RIW 2002, 741/743 f. (vor Geltung der Rom I-VO).
[61] Anders als im Rahmen des Abs. 3 besteht bei Art. 9 Abs. 2 Rom I-VO kein richterliches Anwendungsermessen, MünchKommBGB/*Martiny* Art. 9 Rom I-VO Rdnr. 109 m. w. N.
[62] Vgl. § 2 Nr. 2 WpÜG-AnwVO.

nen Preises" und dessen Definition durch Art. 5 Abs. 4 der Übernahmerichtlinie (mit allerdings erheblichem Entscheidungsspielraum des nationalen Rechts[63]) harmonisiert worden ist, so dass eine **vergleichbare Norm des Börsenstaates** grundsätzlich bestehen wird. In solchen Fällen stellt sich die Frage, inwieweit ein deutscher Richter diese Normen zu berücksichtigen hat. Grundsätzlich sind solche Normen – zumindest nach dem hier (Rdnr. 9) zugrunde gelegten Verständnis der Einheitsanknüpfung von Eingriffsnormen[64] – **nur als Teil des Vertragsstatuts** beachtlich. Unterliegt also der Vertrag (in den Fällen des § 1 Abs. 2 WpÜG) dem Recht des Börsenstaates der Zielgesellschaft, so hat auch der deutsche Richter dessen Vorschriften zur angemessenen Gegenleistung zu beachten, soweit diese (ebenso wie § 31 WpÜG) vertragsrechtlich zu qualifizieren sind. Da die Übernahmerichtlinie die Rechtsfolge eines unangemessenen Angebots nicht regelt, sondern die Sanktionierung allein den Mitgliedstaaten überlässt (Art. 17 der Übernahmerichtlinie), kann die Umsetzung auch außerhalb des Vertragsstatuts, insbesondere rein öffentlich-rechtlich erfolgen. An der Anwendung derartiger nicht vertragsrechtlicher Normen, die ersichtlich nicht unter Art. 9 Abs. 3 Rom I-VO fallen, ist der deutsche Richter selbst dann gehindert, wenn es sich um Normen des *Staates* des Vertragsstatuts (aber eben nicht des Vertragsrechts) handelt. Ist Vertragsstatut dagegen nicht das Recht des Börsenstaates, kommt eine Anwendung als fremde Eingriffsnorm von vornherein wegen der engen Voraussetzungen des Art. 9 Abs. 3 Rom I-VO nicht in Betracht. Eine abweichende Sichtweise ist auch in Hinblick auf die gemeinschaftsrechtliche Herkunft der Regelung des angemessenen Preises nicht angezeigt, da die Richtlinie von einer Zuständigkeit der Aufsichtsstelle des Börsenstaates (Art. 4 Abs. 2 lit. b der ÜbernahmeRL) ausgeht, die auf Fragen der angebotenen Gegenleistung ihr eigenes Übernahmerecht anwendet (Art. 4 Abs. 2 lit. e der ÜbernahmeRL). Die Richtlinie geht also erkennbar von einer **öffentlich-rechtlichen Sanktionierung** eines Verstoßes durch die Aufsichtsbehörden aus, so dass für die Annahme einer zusätzlichen (also vom umsetzenden Mitgliedstaat selbst nicht vorgesehenen) privatrechtlichen Wirkung in Hinblick auf die flächendeckende Umsetzung der Richtlinienziele schon kein Bedürfnis besteht.[65] Vielmehr hat die Durchsetzung im Börsenstaat auf öffentlich-rechtlichem Weg zu erfolgen.

IV. Die Anknüpfung aus dem Übernahmeangebot entstehender außervertraglicher Schuldverhältnisse

1. Überblick

Das WpÜG kann nicht nur auf die Übernahmeverträge Einfluss nehmen, vielmehr können einzelne Vorschriften auch zur Entstehung **gesetzlicher Schuldverhältnisse** führen. Insoweit ist zunächst an die speziellen Haftungstatbestände der §§ 12, 13 WpÜG zu denken (unten Rdnr. 24 ff., 29 f.), ferner an die Zahlungsansprüche, die unmittelbar aus der Verletzung der Angebotspflicht des § 35 WpÜG resultieren, insbesondere der Zinsanspruch des § 38 WpÜG. Da die privatrechtlichen Folgen einer Verletzung der Angebotspflicht schon für das deutsche Recht höchst umstritten sind, wirft die Qualifikation solcher Ansprüche besondere Schwierigkeiten auf (unten Rdnr. 31 ff.).

---

[63] Vgl. auch Art. 5 Abs. 4 UAbs. 2 der Übernahmerichtlinie. In welchem Umfang von der Grundregel des Art. 5 Abs. 4 UAbs. 1 der RL abgewichen werden darf ist jedoch im Einzelnen strittig, vgl. hierzu *Hilmer*, Die Übernahmerichtlinie und ihre Umsetzung in das deutsche Recht, 2007 S. 114 ff. m. w. N.

[64] Eine weitergehende Anknüpfung ausländischen Eingriffsrechts auf Grundlage der Sonderanknüpfungslehre (dazu ausführlich: *von Bar/Mankowski*, Internationales Privatrecht Bd. I, 2. Aufl. 2003 § 4 Rdnr. 105 ff.) dürfte durch die enge Vorschrift des Art. 9 Abs. 3 Rom I-VO versperrt sein.

[65] Insoweit ist der Fall auch nicht mit dem Fall „Ingmar" vergleichbar (EuGH, NJW 2001, 2007 = EuZW 2001, 50), wo eine international zwingende Wirkung von rein vertragsrechtlichen Richtliniennormen angenommen wurde, um die Vorschriften gegenüber einer Rechtswahl zugunsten drittstaatlichen Rechts abzusichern.

20   Das **internationale Privatrecht der außervertraglichen Schuldverhältnisse** ist heute (außer für den Mitgliedstaat Dänemark)[66] in der Rom II-Verordnung[67] geregelt, die Kollisionsnormen für die ungerechtfertigte Bereicherung, die Geschäftsführung ohne Auftrag, die unerlaubte Handlung und das Verschulden bei Vertragsverhandlungen enthält. Die Begriffe der Verordnung sind dabei autonom, also nicht anhand der Systembegriffe des nationalen Rechts, auszulegen,[68] was insbesondere für den den Anwendungsbereich der Verordnung definierenden Begriff des außervertraglichen Schuldverhältnisses gilt.[69] Das bedeutet letztlich, dass die **international-privatrechtliche Qualifikation** allein nach europarechtlichen Grundsätzen zu erfolgen hat, während für eine Berücksichtigung der lex fori insoweit kein Raum bleibt.[70] Relevant ist das insbesondere für die Bestimmung des Anwendungsbereichs der Rom II-VO, also die Frage, was konkret unter einem außervertraglichen Schuldverhältnis zu verstehen ist. Grundsätzlich wird man davon ausgehen müssen, dass der Begriff des außervertraglichen Schuldverhältnisses vor allem der Abgrenzung zum Anwendungsbereich der Rom I-VO dient[71] und die Schuldverhältnisse, deren Entstehung keinen Vertragsschluss voraussetzt (mit Ausnahme der gem. Art. 1 Abs. 2 Rom II-VO ausdrücklich ausgenommenen), umfassend erfassen will.[72] Eine Begrenzung auf die in Art. 2 Abs. 1 Rom II-VO ausdrücklich genannten Schuldverhältnisse ist weder dem Wortlaut des Art. 1 noch des Art. 2 Abs. 1 (der lediglich den Begriff des Schadens definiert, aber keine Aussage zum Anwendungsbereich enthält[73]) zu entnehmen.[74] Daher erscheint es als erforderlich, jedes außervertragliche Schuldverhältnis (das nicht dem Ausschlusstatbestand des Art. 1 Abs. 2 Rom II-VO unterfällt) zum Zweck der Anknüpfung im Wege der autonomen Qualifikation einer der Kollisionsnormen zuzuweisen.[75] Für sonstige, spezielle außervertragliche Schuldverhältnisse nationalen Rechts, für die mangels europäischer Kollisionsnorm die Anknüpfung nach nationalem Kollisionsrecht zulässig wäre, dürfte dieser umfassende Anwendungsbereich der Rom II-VO keinen Raum lassen.[76] Derartige Lücken sind daher im Wege der **Fortbildung europäischen Rechts,** ggf. durch Entwicklung allgemeiner Anknüpfungsgrundsätze der Rom II-VO, zu schließen.

21   Die **Bereichsausnahmen** für bestimmte Teilbereiche des **Wertpapierrechts und das Gesellschaftsrecht** gem. Art. 1 Abs. 1 lit. c, d Rom II-VO finden auf die im Folgenden

---

[66] Die Rom II-VO ist für Dänemark nicht anwendbar, vgl. Art. 1 Abs. 4, Erwägungsgrund 40 Rom II-VO.

[67] Verordnung (EG) Nr. 864, 2007 des Europäischen Parlaments und des Rates vom 11. Juli 2007 über das auf außervertragliche Schuldverhältnisse anzuwendende Recht (Rom II), ABl. EG L 199 vom 31. 7. 2007, S. 40.

[68] Statt Vieler: Palandt BGB/*Thorn* Vor Art. 1 Rom II-VO Rdnr. 4; MünchKommBGB/*Junker* Vor Art. 1 Rom II-VO Rdnr. 30.

[69] Vgl. Erwägungsgrund 11; ebenso *Tschäpe/Kramer/Glück* RIW 2008, 657, 658; *Leible/Lehmann* RIW 2007, 721, 723.

[70] MünchKommBGB/*Junker* Vor Art. 1 Rom II-VO Rdnr. 30.

[71] Palandt BGB/*Thorn* Art. 1 Rom II-VO Rdnr. 2.

[72] *Martiny* in Reithmann/Martiny (Hrsg.), Internationales Vertragsrecht, 7. Aufl. 2010 Rdnr. 441; im Grundsatz auch *Tschäpe/Kramer/Glück* RIW 2008, 657, 657 f.; ähnlich MünchKommBGB/*Junker* Art. 1 Rom II-VO Rdnr. 5.

[73] Insoweit aA MünchKommBGB/*Junker* Art. 1 Rom II-VO Rdnr. 5.

[74] So auch *Tschäpe/Kramer/Glück* RIW 2008, 657, 661; wohl auch *Leible/Lehmann* RIW 2007, 721, 723 („insbesondere").

[75] Ähnlich auch *Tschäpe/Kramer/Glück* RIW 2008, 657, 661 ff., die in Zusammenhang mit der Qualifikation spezialgesetzlicher Prospekthaftungsansprüche eine analoge Anwendung der Kollisionsnormen der Rom II-VO erwägen. Anders als hier (siehe sogleich unten) wird jedoch im Ergebnis keine der kollisionsrechtlichen Regelungen für einschlägig gehalten und daher letztlich eine Anknüpfung anhand des Herkunftslandprinzips vertreten.

[76] So wohl auch MünchKommBGB/*Junker* Art. 1 Rom II-VO Rdnr. 23, wonach die Rom II-VO für alle außervertraglichen Schuldverhältnisse, die nicht in den Ausnahmekatalog des Art. 1 Abs. 2 fallen, gelten soll.

behandelten Ansprüche keine Anwendung, da es sich bei diesen nicht um Vorschriften des Wertpapierrechts- oder Gesellschaftsrechts im Sinne der genannten Vorschriften der Rom II-VO sondern um **Regelungen des Kapitalmarkrechts** handelt.[77] Die Anwendbarkeit der Rom II-VO auf die sich aus dem Übernahmerecht ergebenden außervertraglichen Ansprüche folgt auch daraus, dass auf das Übernahmevertragsrecht mangels Anwendbarkeit der dort formulierten Bereichsausnahmen die Rom I-VO Anwendung findet (hierzu oben Rdnr. 2). Greifen aber für das (privatrechtliche) Übernahmerecht die Bereichsausnahmen der Art. 1 Abs. 1 lit. d, f der Rom I-VO nicht ein, so muss selbiges auch für die in weiten Teilen nahezu wortgleich formulierten Bereichsausnahmen der Art. 1 Abs. 1 lit. c, d der Rom II-VO gelten. Eine kollisionsrechtliche Aufspaltung dergestalt, dass die vertraglichen Aspekte des Übernahmerechts nach der Rom I-VO, die außervertraglichen hingegen nach dem nicht harmonisierten nationalen Kollisionsrecht anzuknüpfen wären, würde auch der auf europäischer Ebene angestrebten Rechtsvereinheitlichung und -vereinfachung (und damit dem Ziel, das reibungslose Funktionieren des Binnenmarkts zu fördern[78]) zuwiderlaufen.

Vor diesem Hintergrund bedarf es somit auch für ungewöhnliche, nach nationalem Recht nicht als Delikt, GoA, cic oder ungerechtfertigte Bereicherung anzusehende Schuldverhältnisse grundsätzlich einer Zuordnung zu einer der Kollisionsnormen, wofür vorrangig auf die Funktion der entsprechenden Ansprüche abzustellen ist **(funktionale Qualifikation).** Daher muss für die verschiedenen Anspruchsgrundlagen des WpÜG, die keinen Vertragsschluss voraussetzen, die Qualifikation einzeln vorgenommen und die entsprechende Kollisionsnorm angewendet werden. 22

Gemeinsam ist allen Ansprüchen aus dem WpÜG jedoch, dass ihre Anwendung nicht nur voraussetzt, dass die international-privatrechtliche Anknüpfung auf deutsches Recht verweist, sondern auch, dass die **Anforderungen des § 1 WpÜG** selbst gegeben sind,[79] die für privatrechtliche Ansprüche als **materiellrechtliche Anwendungsvoraussetzungen** anzusehen sind (vgl. entspr. oben Rdnr. 7 a. E.). Insoweit stellt sich indes die Frage, ob bei deren Vorliegen diese Ansprüche nicht bereits aufgrund ihrer (bereits für das gesamte WpÜG begründeten, Rdnr. 9ff.) Eigenschaft als **Eingriffsnormen** unabhängig von der international-privatrechtlichen Anknüpfung angewendet werden können. Ebenso wie die Rom I-VO enthält auch Art. 16 der Rom II-VO die Regelung, dass die Anwendung von Eingriffsnormen unberührt bleibt. Während die Norm zweifelsfrei die Anwendung von Eingriffsnormen im Rahmen eines außervertraglichen Schuldverhältnisses, etwa zur Bestimmung der zu beachtenden Pflichten,[80] eröffnet, kann man ihr doch nicht entnehmen, dass die das außervertragliche Schuldverhältnis begründende Anspruchsgrundlage selbst als Eingriffsnorm unabhängig von der Rom II-VO angeknüpft werden könnte. Denn die Eingriffsnorm als öffentlich-rechtliche oder wirtschaftsrechtliche Vorschrift ist grundsätzlich von dem **aus der Verletzung resultierenden Privatrechtsverhältnis zu unterscheiden,** selbst wenn beides in derselben Vorschrift geregelt ist. So kann etwa eine Vorschrift wie § 13 WpÜG zwar als Eingriffsnorm die Finanzierungspflicht unabhängig von der Rom II-VO begründen, jedoch kann die Haftungssanktion des § 13 Abs. 2 WpÜG nur aufgrund einer aus der Rom II-VO resultierenden Anknüpfung zur Anwendung gebracht werden. Unterliegt die Haftung nicht deutschem Recht, ist dagegen zu prüfen, ob im Rahmen des berufenen cic- oder Deliktsstatuts Haftungsansprüche begründet werden können. Bestätigt wird diese Sichtweise auch durch einen Vergleich mit der Rom I-VO, 23

---

[77] Vgl. ausführlich *von Hein* in Baum u. a. (Hrsg.), Perspektiven des Wirtschaftsrechts, 2008 S. 378 ff. zur spezialgesetzlichen Prospekthaftung zu der nach der hier vertretenen Ansicht (s. unten Rdnr. 25) auch §§ 12, 13 WpÜG zählen; vgl. hierzu auch unten Rdnr. 26.
[78] Vgl. Erwägungsgrund 1 Rom II-VO, Erwägungsgründe 1, 16 Rom I-VO.
[79] AA für §§ 12, 13 WpÜG *Ackermann*, Das internationale Privatrecht der Unternehmensübernahme, 2008 S. 303 ff. (insbes. Fn. 97).
[80] Vgl. insoweit auch den Rechtsgedanken des Art. 17 Rom II-VO.

wo Eingriffsnormen auch nicht das Vertragsstatut selbst bestimmen, sondern lediglich auf ein Vertragsverhältnis unabhängig vom Vertragsstatut zur Anwendung gebracht werden können. Nur eine solche Wirkung im Rahmen insbesondere des nach der Rom II-VO bestimmten Delikts- oder Bereicherungsstatuts kann daher anerkannt werden, während darüber hinaus Rechtsverhältnisse öffentlich-rechtlich ausgestaltet werden müssen, um sie der Anknüpfung durch die Rom II-VO zu entziehen. Soweit also Normen mit Eingriffscharakter privatrechtliche Ansprüche begründen, also im deutschen Recht Grundlage spezieller außervertraglicher Schuldverhältnisse sein können, ändert dies nichts am Erfordernis der international-privatrechtlichen Anknüpfung. Andererseits sind die **aus dem WpÜG resultierenden** *Pflichten* zumindest durch einen **deutschen Richter** – Art. 16 Rom II-VO enthält (anders als die Rom I-VO) keine Regelung zur Anwendung ausländischen Eingriffsrechts[81] – auch im Rahmen eines ausländischen Delikts- oder cic-Statuts zu berücksichtigen, wenn die Anwendungsvoraussetzungen des § 1 WpÜG erfüllt sind.

2. Ansprüche aus § 12 WpÜG

24 Vor diesem Hintergrund ist somit für die einzelnen Normen des WpÜG, die außervertragliche private Ansprüche begründen können, die Anknüpfung anhand der Rom II-VO zu prüfen. Festzustellen ist zunächst, dass § 12 WpÜG nicht nur in den Fällen des § 1 Abs. 1 WpÜG (uneingeschränkte Anwendbarkeit) heranzuziehen, sondern als kapitalmarktrechtliche, an den Inhalt der Angebotsunterlage anknüpfende Regelung auch in den Fällen des § 1 Abs. 3 WpÜG, also auf Übernahmeangebote bei nur im Inland notierten EU-Auslandsgesellschaften, anzuwenden ist.[82] Während das in § 12 WpÜG enthaltene Verbot der Veröffentlichung **unrichtiger oder unvollständiger Angebotsunterlagen** als Eingriffsnorm in diesen Fällen von einem deutschen Richter also stets anzuwenden ist, bedarf es für die Anerkennung **privatrechtlicher Haftungsansprüche** einer Anknüpfung anhand der Rom II-VO, wofür es zunächst der Qualifikation dieser Haftung bedarf (erg. oben Rdnr. 23).

25 Als Ausgangspunkt kann insoweit (trotz der autonomen Auslegung der Begriffe der Rom II-VO) die Diskussion um den rechtlichen Charakter des § 12 WpÜG im deutschen Recht dienen.[83] Insoweit ist umstritten, ob diese Haftung **deliktischen Charakter** hat[84] oder ob sich diese vielmehr aus einem **vorvertraglichen Schuldverhältnis** ergibt. Für eine Einordnung als vorvertragliches Schuldverhältnis spricht vor allem die Nähe zur Prospekthaftung, die ebenfalls an die Unrichtigkeit oder Unvollständigkeit einer kapitalmarktorientierten Informationsunterlage anknüpft und vom BGH auf die Grundsätze der cic gestützt wurde.[85] Auch die Erstreckung der Haftung auf alle „für Vollständigkeit und Rich-

---

[81] Palandt BGB/*Thorn* Art. 16 Rom II-VO Rdnr. 3. Umstritten ist, ob aus dem Fehlen einer dem Art. 9 Abs. 3 Rom I-VO entsprechenden Regelung ein Verbot der Berücksichtigung ausländischen Eingriffsrechts zu entnehmen ist, oder ob die Mitgliedstaaten eine solche Berücksichtigung, etwa im Rahmen einer Analogie Art. 9 Abs. 3 Rom I-VO, vornehmen dürfen. Hierzu Palandt BGB/*Thorn* Art. 16 Rom II-VO Rdnr. 3; MünchKommBGB/*Junker* Art. 16 Rom II-VO Rdn. 23 ff. und unten Rdnr. 28.

[82] Zwar ist § 12 WpÜG nicht ausdrücklich in § 2 WpÜG-AnwV erwähnt, jedoch wird die Vorschrift von der (anhand des Wortlauts des § 1 Abs. 3 WpÜG auszulegenden, hierzu § 65 Rdnr. 44 i. V. m. Rdnr. 39 f.) Verweisungsvorschrift in § 34 WpÜG erfasst (§ 2 Nr. 5 WpÜG-AnwV). Für eine Subsumtion von § 12 WpÜG unter § 1 Abs. 3 WpÜG zumindest im Grundsatz auch *Ackermann*, Das internationale Privatrecht der Unternehmensübernahme, 2008 S. 304, die sich jedoch anders als hier (siehe unten) dafür ausspricht § 12 WpÜG im Wege einer teleologischen Reduktion des § 1 WpÜG unabhängig vom Vorliegen der Voraussetzungen des § 1 WpÜG zu Anwendung zu bringen (a. a. O. S. 305 f.).

[83] Überblick zum Meinungsstand bei *Hellgardt*, Kapitalmarktdeliktsrecht, 2008 S. 39 f.

[84] So insbesondere *Hellgardt*, Kapitalmarktdeliktsrecht, 2008 S. 41 f.; *Santelmann*, Angebotsunterlagenhaftung, 2003 S. 110 ff., der aber auch eine (von der deliktischen „überlagerte") vertragliche Komponente sieht.

[85] Vgl. etwa BGHZ 79, 337 = NJW 1981, 1449.

tigkeit des Prospektinhalts verantwortlichen Vertrauensträger"[86] entspricht dem Rechtsgedanken des § 12 Abs. 1 Nr. 1 und 2 WpÜG. Hierfür spricht ferner, dass die Entstehung des Anspruchs regelmäßig[87] den (erst schadensbegründenden) Vertragsschluss voraussetzt, was den engen Zusammenhang mit der Vertragsanbahnung deutlich macht. Für das deutsche Recht ist daher davon auszugehen, dass die Vorschrift als Fall einer **spezialgesetzlichen Prospekthaftung**[88] anzusehen ist, die auf der Verletzung eines vorvertraglichen Schuldverhältnisses beruht.[89] Die hieraus resultierende **Qualifikation als Haftung für Verschulden bei Vertragsverhandlungen** erscheint auch auf Grundlage des Art. 12 der Rom II-VO als überzeugend.[90] Der Begriff des Verschuldens bei Vertragsverhandlungen wird durch Erwägungsgrund 30 der Rom II-VO dahingehend konkretisiert, dass er insbesondere die „Verletzung der Offenlegungspflicht" umfasst,[91] worunter man auch die standardisierten Informationen der Angebotsunterlage fassen kann. Auch rechtsvergleichend scheint die Haftung für fehlerhafte Angebotsunterlagen in der EU überwiegend nicht deliktischen Grundsätzen zu folgen, sondern der Prospekthaftung zugerechnet zu werden.[92] Im Ergebnis hat die Anknüpfung der Haftung für eine unvollständige oder fehlerhafte Angebotsunterlage (wie § 12 WpÜG im deutschen Recht) daher nach Art. 12 der Rom II-VO zu erfolgen.[93]

Eine Ausnahme vom Anwendungsbereich der Rom II-VO nach Art. 1 Abs. 2 lit. c 26 Rom I-VO ist nicht einschlägig,[94] da die Haftung nach § 12 WpÜG (und vergleichbarer

---

[86] BGHZ 111, 314.

[87] Der eigenartige Sonderfall des Ausschlusses nach § 39a WpÜG, der nach Vorstellung des Gesetzgebers offenbar auch zu Ansprüchen führen soll, soll hier nicht näher betrachtet werden. Schon materiellrechtlich passt diese Erweiterung des ursprünglichen Tatbestandes nicht zum Ausschlussgrund des Abs. 3 Nr. 1 und zum Gedanken des Schutzes der informierten Entscheidung des Aktionärs. Offenbar bezieht sich die Regelung auf die Fiktion der Angemessenheit der Gegenleistung in § 39a Abs. 3 S. 3 WpÜG, bei deren Anwendung eine haftungsrechtliche Gleichstellung mit den Aktienveräußerern angeordnet werden soll. Diese Frage betrifft aber nicht die vorvertragliche Information, sondern vielmehr die gesellschaftsrechtliche Frage der als Ausgleich für den Verlust der Mitgliedschaft nach § 39a WpÜG zu gewährenden Gegenleistung, so dass auch eine Erweiterung der Gegenleistung in Hinblick auf Schadensersatzansprüche der Aktienveräußerer gesellschaftsrechtlich zu qualifizieren ist.

[88] So etwa auch *Berding*, Anlegerschutz im deutschen, europäischen und US-amerikanischen Übernahmerecht, 2006 S. 180 f. m. w. N.; Geibel/Süßmann WpÜG/*Schwennicke* § 12 Rdnr. 1.

[89] Kölner Kommentar WpÜG/*Möllers* § 12 Rdnr. 4.

[90] Ausführlich zur Qualifikation der cic nach den Verordnungen Rom I und Rom II *Lüttringhaus* RIW 2008, 193.

[91] Für eine Anwendung von Art. 12 Rom II-VO auf Ansprüche, die aus der Verletzung von vorvertraglichen Informationspflichten resultieren, auch *Lüttringhaus* RIW 2008, 193, 195 f., 197.

[92] So ausdrücklich *Hellgardt*, Kapitalmarktdeliktsrecht, S. 39.

[93] Ähnlich (allgemein zur Prospekthaftung) MünchKommBGB/*Junker* Art. 1 Rom II-VO Rdnr. 35 a. E.: Anknüpfung nach Art. 4 bzw. 12 Rom II-VO; ähnlich auch (allgemein zur spezialgesetzlichen Prospekthaftung) *von Hein* in Baum u. a. (Hrsg.), Perspektiven des Wirtschaftsrechts, 2008 S. 390: Anknüpfung nach Art. 12 Rom II-VO, sofern man die Prospekthaftung als Spezialfall der cic begreift; aA. *Tschäpe/Kramer/Glück* RIW 2008, 657, 663 (allgemein zur spezialgesetzlichen Prospekthaftung); *Mankowski* RIW 2009, 98/116 (allgemein zur Prospekthaftung); *ders.* in Reithmann/Martiny (Hrsg.), Internationales Vertragsrecht, 7. Aufl. 2010 Rdnr. 2530; *Leible/Lehmann* RIW 2007, 721, 723 (allgemein zur Verletzung vorvertraglicher Informationspflichten); aA auch (zur früheren Rechtslage) *Ackermann*, Das internationale Privatrecht der Unternehmensübernahme, 2008 S. 307 ff. (vor Geltung der Rom II-VO): deliktische Anknüpfung von § 12 WpÜG nach Artt. 40 ff. EGBGB, unabhängig vom Vorliegen der Voraussetzungen des § 1 WpÜG; *Santelmann*, Angebotsunterlagenhaftung, 2003 S. 218 ff. (vor Inkrafttreten und Umsetzung der Übernahmerichtlinie und vor Geltung der Rom II-VO): deliktische Anknüpfung nach Artt. 40 ff. EGBGB; *Ekkenga/Kuntz* WM 2004, 2427, 2431 (vor Umsetzung der Übernahmerichtlinie und vor Geltung der Rom II-VO): Sonderanknüpfung nach dem Marktstatut.

[94] Vgl. ergänzend auch bereits oben Rdnr. 21.

Vorschriften anderer Mitgliedstaaten) nicht auf der Handelbarkeit (d. h. der Umlauffunktion) der Wertpapiere beruht sondern auf der Fehlerhaftigkeit der Angebotsunterlage und der damit einhergehenden **Verletzung von Informationspflichten**.[95] Auch der Ausschlusstatbestand des Art. 1 Abs. 2 lit. d Rom II-VO ist nicht einschlägig, da das Übernahmerecht nicht generell als „Gesellschaftsrecht" im Sinne dieser Vorschrift, qualifiziert werden kann. Das Übernahmerecht (und insbesondere der Haftungsanspruch aus § 12 WpÜG) ist vielmehr als **Teilbereich des Kapitalmarktrechts** eine auch kollisionsrechtlich grds.[96] losgelöst vom Gesellschaftsrecht zu beurteilende eigenständige Regelungsmaterie,[97] wie auf der Ebene des öffentlichen Übernahmerechts gerade die spezielle Kollisionsnorm des § 1 WpÜG, beruhend auf Art. 4 der Übernahmerichtlinie, belegt. Diese Eigenständigkeit verbietet es in selber Weise, das privatrechtliche Übernahmerecht pauschal unter das Gesellschaftsstatut, und somit unter den Ausschlusstatbestand des Art. 1 Abs. 2 lit. d Rom II-VO, zu subsumieren.[98]

27   Konsequenz dieser Qualifikation ist, dass die Haftung aus § 12 WpÜG (bzw. vergleichbarer Auslandsnormen) gemäß Art. 12 Abs. 1 Rom II-VO **akzessorisch zum Übernahmevertragsstatut** anzuknüpfen ist.[99] Das bedeutet, dass die Bestimmung des anwendbaren Rechts praktisch in der Hand des Bieters liegt, der regelmäßig eine **Rechtswahlklausel in die Angebotsunterlage** aufzunehmen hat (Rdnr. 3). Das bedeutet indes nicht, dass sich der Bieter unabhängig vom anwendbaren Übernahmerecht durch Wahl eines keine spezielle Haftungsnorm vorsehenden Rechts von jeder Haftung freizeichnen könnte. Vielmehr ist die zugrunde liegende Pflicht zur Erstellung einer vollständigen und richtigen Angebotsunterlage bereits in § 11 WpÜG enthalten, der als **kapitalmarktbezogene Eingriffsnorm** die Bieterpflichten unabhängig von Vertrags- und Vertragsverhandlungsstatut bestimmt. Vergleichbare Vorschriften finden sich in allen EU-Übernahmerechten, da diese auf Art. 6 Abs. 2 der Übernahmerichtlinie beruhen. Lediglich die zivilrechtliche Haftungssanktion für eine Verletzung dieser Pflicht ist nicht harmonisiert[100] und dementsprechend dem Vertragsverhandlungsstatut zu entnehmen. Findet sich darin keine spezielle übernahmerechtliche Haftungsnorm, bedeutet dies jedoch nicht, dass Ansprüche ausgeschlossen sind. Vielmehr wäre in diesem Fall zu prüfen, ob nach dem berufenen Recht eine **Haftung nach den allgemeinen Grundsätzen der cic** bzw. der bürgerlich-rechtlichen Prospekthaftung in Betracht kommt – oder (beim Recht eines EU-Mitgliedstaats) in Hinblick auf die Sanktionierungspflicht des Art. 17 der Übernahmerichtlinie ggf. durch richtlinienkonforme Auslegung anerkannt werden müsste.

28   Soweit die Übernahme nicht dem deutschen WpÜG, sondern einem **ausländischen Übernahmerecht** unterliegt, jedoch **deutsches Recht** als Übernahmevertrags- und da-

---

[95] *von Hein* in Baum u. a. (Hrsg.), Perspektiven des Wirtschaftsrechts, 2008 S. 380 f.; *Tschäpe/Kramer/Glück* RIW 2008, 657, 661 (jeweils allgemein zur spezialgesetzlichen Prospekthaftung); zustimmend *Mankowski* RIW 2009, 98, 116 (allgemein zur Prospekthaftung), *ders.* in Reithmann/Martiny (Hrsg.), Internationales Vertragsrecht, 7. Aufl. 2010 Rdnr. 2530; vgl. auch MünchKommBGB/*Junker* Art. 1 Rom II-VO Rdnr. 34 f.; *Freitag* in Reithmann/Martiny (Hrsg.), Internationales Vertragsrecht, 7. Aufl. 2010 Rdnr. 1275.

[96] Anderes (= Möglichkeit einer Qualifikation nach dem Gesellschaftsstatut) gilt allerdings für bestimmte Teilaspekte, wie etwa §§ 27 und 33 ff. WpÜG, vgl. hierzu ausführlich § 63 Rdnr. 58 f.

[97] Für eine auch kollisionsrechtlich und auch auf europäischer Ebene eigenständige Betrachtung des Kapitalmarktrechts auch *von Hein* in Baum u. a. (Hrsg.), Perspektiven des Wirtschaftsrechts, 2008 S. 381 ff. (in Zusammenhang mit der spezialgesetzlichen Prospekthaftung); zustimmend *Mankowski* RIW 2009, 98/116 (allgemein zur Prospekthaftung).

[98] Ebenso (allgemein zur spezialgesetzlichen Prospekthaftung) *von Hein* in Baum u. a. (Hrsg.), Perspektiven des Wirtschaftsrechts, 2008 S. 381 ff.; zustimmend *Mankowski* in Reithmann/Martiny (Hrsg.), Internationales Vertragsrecht, 7. Aufl. 2010, Rdnr. 2530; ähnlich (allgemein zur Prospekthaftung) MünchKommBGB/*Junker* Art. 1 Rom II-VO Rdnr. 40.

[99] Vgl. (allgemein zur cic) *Pfeiffer* EuZW,2008, 622, 623; *Leible/Lehmann* RIW 2008, 528, 530; ausführlich *Lüttringhaus* RIW 2008, 193, 198 f.

[100] Vgl. auch Art. 4 Abs. 6 der Übernahmerichtlinie.

§ 64. Vertragsrecht

mit auch als **Vertragsverhandlungsstatut** (Art. 12 Rom II-VO) berufen ist, stellt sich aus Sicht des deutschen Richters ebenfalls die Frage der Sanktionierung der Informationspflicht. Nach dem oben Gesagten (Rdnr. 23) kann auf die spezialgesetzliche Haftungsvorschrift des § 12 WpÜG hier nicht zurückgegriffen werden, da dessen (hier materiellrechtlich interpretierten) Anwendungsvoraussetzungen nicht vorliegen. Auch eine Regelung zur Berücksichtigung ausländischer Eingriffsnormen (vergleichbar mit Art. 9 Abs. 3 der Rom I-VO), der man zumindest die übernahmerechtliche Informationspflicht entnehmen kann, enthält die Rom II-VO nicht. Gleichwohl ist hiermit richtigerweise **kein Anwendungsverbot für ausländische Eingriffsnormen** verbunden, sondern die Anwendung ist zumindest insoweit als zulässig anzusehen, als dies für das Ziel des internationalen Entscheidungseinklangs als geboten erscheint.[101] Auch der Rechtsgedanke des Art. 17 der Rom II-VO, wonach die **„Verhaltensregeln"** des Staates, in dem das Verhalten stattfindet, „faktisch und soweit angemessen" zu berücksichtigen ist, kann hier herangezogen werden. Diese Vorschrift soll gerade die Berücksichtigung öffentlich-rechtlicher Pflichten, deren Verletzung Grundlage außervertraglicher Schuldverhältnisse sein kann, durch den Richter eines anderen Staates ermöglichen. Bei kapitalmarktorientierten Verhaltensregelungen sollte man diesen Rechtsgedanken insoweit heranziehen, dass die am **Ort des Kapitalmarktes geltenden Vorschriften** heranzuziehen sind. Daraus folgt, dass auch ein **deutsches Gericht** im Rahmen des deutschen Verhandlungsstatuts das übernahmekollisionsrechtlich anwendbare Recht heranziehen kann, um die **übernahmerechtlichen Pflichten des Bieters in Bezug auf den Inhalt der Angebotsunterlage zu bestimmen.** Werden diese Pflichten verletzt, scheidet – wie gesagt – zwar eine direkte Anwendung des § 12 WpÜG als Anspruchsgrundlage aus, da dafür die Anwendungsvoraussetzungen nach § 1 WpÜG vorliegen müssten. Das bedeutet indes nur, dass keine spezielle Haftungsnorm für die Angebotsunterlage zur Verfügung steht. Die allgemeinen, auf § 311 Abs. 2 und Abs. 3 BGB beruhenden **Grundsätze der bürgerlich-rechtlichen Prospekthaftung** können indes in diesen Fällen herangezogen werden. Die Anwendung dieser Grundsätze auf die Angebotsunterlage begegnet keinen Bedenken, da diese dem für den Aktienerwerb außerhalb des Börsenhandels verwendeten Prospekt vergleichbar ist, für den eine Prospekthaftung anerkannt ist.[102] Daraus folgt, dass bei (nach Maßgabe des anwendbaren ausländischen Übernahmerechts) unvollständiger oder unrichtiger Angebotsunterlage nicht nur der Bieter selbst, sondern auch die Personen haften, die „für die Geschicke des Unternehmens verantwortlich und damit für die Herausgabe des Prospekts verantwortlich sind"[103] einschließlich der „Personen, die hinter der Gesellschaft stehen und neben der Geschäftsleitung besonderen Einfluss ausüben und Mitverantwortung tragen"[104] sowie „diejenigen, die aufgrund ihrer besonderen beruflichen und wirtschaftlichen Stellung oder auf Grund ihrer Fachkunde eine Garantenstellung einnehmen", soweit nach außen ein Vertrauenstatbestand geschaffen worden ist.[105] Die persönliche Reichweite ist daher nicht geringer als nach § 12 WpÜG, so dass das deutsche Recht bei solchen Fällen des **Auseinanderfallens von Übernahme- und Verhandlungsstatut** auch ohne Rückgriff auf § 12 WpÜG eine **wirksame Haftungssanktion** zur Verfügung stellt.

3. Ansprüche aus § 13 WpÜG

In Hinblick auf die Haftung des die **Finanzierungsbestätigung ausstellenden Wertpapierdienstleistungsunternehmens** nach § 13 Abs. 2 WpÜG stellt sich als Ausgangspunkt der international-privatrechtlichen Qualifikation wiederum die Frage nach der

---

[101] Palandt BGB/*Thorn* Art. 16 Rom II-VO Rdnr. 3; ähnlich MünchKommBGB/*Junker* Art. 16 Rom II-VO Rdnr. 25, jeweils m. w. N.
[102] BGHZ 123, 106.
[103] BGH NJW 1995, 1025.
[104] BGHZ 145, 187 = NJW 2001, 360, 363.
[105] BGHZ 145, 187 = NJW 2001, 360, 363.

Rechtsnatur des Anspruchs im deutschen Recht.[106] Insoweit wird teilweise von einer Haftung aufgrund eines **Vertrages mit Schutzwirkung zugunsten Dritter**[107] ausgegangen, was auf der Annahme beruht, dass die Aktionäre in den Schutzbereich des der Finanzierungsbestätigung zugrunde liegenden Vertrags zwischen Bieter und Wertpapierdienstleistungsunternehmen einbezogen sind. Mit einem solchen vertraglichen Charakter der Haftung erscheint es indes nicht als vereinbar, dass die Haftung aus § 13 Abs. 2 WpÜG den Parteivereinbarungen gänzlich entzogen ist.[108] Darüber hinaus wird eine **deliktische Einordnung**[109] sowie eine Qualifikation als Haftung aufgrund **fehlerhafter Kapitalmarktinformation**[110] vertreten. Beide Ansichten betonen die Parallele zur Haftung nach § 12 WpÜG, die auch durch den Verweis in § 13 Abs. 3 WpÜG betont wird. In Übereinstimmung mit dem oben (Rdnr. 25) gefundenen Ergebnis ist daher von einer als Verschulden bei Vertragsverhandlungen zu qualifizierende **Haftung für fehlerhafte Information** der Adressaten der Angebotsunterlage, in der die Finanzierungsbestätigung enthalten ist, auszugehen. Letztlich stellt die Finanzierungsbestätigung nichts anderes als die Information der Adressaten darüber dar, dass das Wertpapierdienstleistungsunternehmen die finanziellen Vorbereitungen des Bieters geprüft und für ausreichend befunden hat sowie hierfür auch die Verantwortung übernehmen will. Die Haftung knüpft an den aus dieser Information resultierenden Vertrauenstatbestand an und kann daher als **spezialgesetzlicher Anwendungsfall der prospekthaftungsrechtlichen Garantiehaftung** interpretiert werden.[111] In Hinblick auf Erwägungsgrund 30 zur Rom II-VO folgt hieraus auch eine international-privatrechtliche Qualifikation als **cic-Haftung im Sinne von Art. 12 Rom II-VO,** da die Haftung an die fehlerhafte Offenlegung einer kapitalmarktbezogenen Information anknüpft.

30 Im Ergebnis bedeutet dies, dass die Haftung des Wertpapierdienstleistungsunternehmens nach § 13 Abs. 2 WpÜG international-privatrechtlich ebenso anzuknüpfen ist wie § 12 WpÜG, so dass die diesbezüglichen Ausführungen hier ebenso heranzuziehen sind (ausführlich Rdnr. 24ff.). Der Anspruch unterliegt somit nach Art. 12 Abs. 1 Rom II-VO[112] im Ergebnis dem **Vertragsstatut des Übernahmevertrags.**[113] Auch hier gilt allerdings, dass die Verpflichtung zur Abgabe und der Inhalt der Finanzierungsbestätigung dem Übernahmestatut, also dem anwendbaren Übernahmerecht, zu entnehmen sind, und nur die zivilrechtliche Haftungssanktion dem Verhandlungsstatut unterliegt. Allerdings ist die Finanzierungsbestätigung nicht in der Übernahmerichtlinie vorgesehen, so dass eine Haftung nur in Betracht kommt, wenn deutsches Übernahmerecht (nach § 1 Abs. 1 oder Abs. 3 WpÜG) anwendbar ist oder das ausländische Recht eine vergleichbare Verpflichtung enthält. Auch § 13 Abs. 2 WpÜG ist (ebenso wie § 12 WpÜG, Rdnr. 28) nur anwendbar, wenn **deutsches Recht sowohl Übernahme- als auch Verhandlungsstatut** ist, während bei Auseinanderfallen beider Rechte die Haftung entweder dem ausländischen Recht der cic bzw. der Prospekthaftung (bei ausländischem Verhandlungsstatut) oder der bürgerlich-rechtlichen Prospekthaftung (§ 311 Abs. 2, 3 BGB, bei ausländischem Übernahmestatut) zu entnehmen ist.

---

[106] Überblick zum Meinungsstand bei *Hellgardt*, Kapitalmarktdeliktsrecht, 2008 S. 40f.
[107] *Vogel* ZIP 2002, 1421, 1429.
[108] Zutreffend *Hellgardt*, Kapitalmarktdeliktsrecht, 2008 S. 43.
[109] *Hellgardt*, Kapitalmarktdeliktsrecht, 2008 S. 43.
[110] Kölner Kommentar WpÜG/*Möllers*, § 13 Rdnr. 64; MünchKommAktG/*Wackerbarth* § 13 WpÜG Rdnr. 30.
[111] So auch Steinmeyer/Häger WpÜG/*Steinhardt* § 13 Rdnr. 16 (spezieller verschuldensabhängiger Prospekthaftungsanspruch); wohl auch Geibel/Süßmann WpÜG/*Süßmann* § 13 Rdnr. 34 (Garantiehaftung).
[112] Zur Anwendbarkeit der Rom II-VO bereits oben Rdnr. 19ff. Zum Nichteingreifen der Bereichsausnahmen gilt das zu § 12 WpÜG Gesagte (Rdnr. 26) entsprechend.
[113] AA *Ackermann*, Das internationale Privatrecht der Unternehmensübernahme, 2008 S. 304 Fn. 97 (vor Geltung der Rom II-VO): deliktische Anknüpfung von § 13 Abs. 2 WpÜG nach Art. 40ff. EGBGB.

4. Ansprüche aufgrund einer Verletzung der Angebotspflicht (§§ 35, 38 WpÜG)

Als besonders schwierig erweist sich die Qualifikation der aus einer **Verletzung der** **Angebotspflicht nach § 35 WpÜG** (oder vergleichbarer ausländischer Normen) resultierenden privatrechtlichen Ansprüche gegen den die Kontrolle erlangenden, aber dennoch kein Angebot vorlegenden Aktionär. Gesetzlich geregelt ist im deutschen Recht lediglich die in diesem Fall eintretende **Verzinsungspflicht** nach § 38 WpÜG, wonach die Aktionäre für den Zeitraum der Pflichtverletzung eine Verzinsung der angemessenen Gegenleistung verlangen können. Ein individueller **Anspruch auf die Abnahme der Aktien und Zahlung der Gegenleistung** selbst ist – trotz der hierauf bezogenen Verzinsungspflicht – jedoch nicht ausdrücklich vorgesehen. Vor allem aus der Existenz des § 38 WpÜG wird in der deutschen Literatur[114] teilweise geschlossen, dass der Anspruch auch ohne ausdrückliche Regelung anzuerkennen ist, da eine Verzinsung ohne zu verzinsenden Anspruch als sinnwidrig erscheint. Bezüglich der **materiellrechtlichen Anspruchsgrundlage** wird zum Teil von einer unmittelbaren Herleitung aus § 35 WpÜG ausgegangen,[115] der offenbar als Grundlage eines **gesetzlichen Schuldverhältnisses** eigener Art angesehen wird, andererseits aber auch **§ 823 Abs. 2 BGB** genannt.[116] Die Zinsansprüche des § 38 WpÜG sind dann als eine Art pauschalierter, pönalisierender Schadensersatz und als eigenständiger Anspruch anzusehen, dessen Geltendmachung nicht von einem späteren Angebot oder dessen Annahme abhängt. Eine starke Gegenansicht lehnt dagegen nicht nur die unmittelbare Herleitung eines Zahlungsanspruchs aus § 35 WpÜG ab, sondern verneint auch den individualschützenden Charakter der Vorschrift, so dass § 823 Abs. 2 BGB als Anspruchsgrundlage ebenfalls ausscheidet.[117] Nach dieser Konzeption wäre die **Angebotspflicht allein öffentlich-rechtlich durchzusetzen,** und auch die Zinspflicht des § 38 WpÜG wird konsequenterweise nicht als eigenständige Anspruchsgrundlage verstanden,[118] sondern lediglich als Nebenforderung des durch die Annahme eines verspäteten Angebots entstandenen vertraglichen Erfüllungsanspruchs. Konsequenz ist insbesondere, dass die spätere Annahme des Pflichtangebots Voraussetzung auch des Zinsanspruchs nach § 38 WpÜG ist.[119] Der BGH konnte diese Fragen in einem Urteil vom 18. 9. 2006[120] zwar offen lassen, er hat allerdings eine sehr deutliche Präferenz für die letztgenannte, restriktive Ansicht erkennen lassen. So wird ausdrücklich (und ohne Auseinandersetzung) festgestellt, dass ohne Abgabe des Pflichtangebots die Gegenleistung „selbst nicht individuell einklagbar" ist, und dass ferner Wortlaut des und Regierungsbegründung zu § 38 WpÜG für eine Einordnung der Verzinsungspflicht als **„unselbständige Nebenforderung" des Erfüllungsanspruchs** oder als „vertragsgestaltende Bestimmung" sprechen.[121]

Für die **international-privatrechtliche Qualifikation** ergibt sich hieraus die Schwierigkeit, dass die verschiedenen materiellrechtlichen Konzeptionen zu ganz unterschiedlichen Ergebnissen führen würden. Auf der Grundlage der offenbar vom BGH präferierten

---

[114] Überblick zum Meinungsstand bei MünchKommAktG/*Schlitt* § 35 WpÜG Rdnr. 245.
[115] *Habersack*, in: Emmerich/Habersack, Aktien- und GmbH-Konzernrecht, Vor § 311 Rdnr. 24; *Seibt* ZIP 2004, 1829/1835; *ders.* ZIP 2003, 1865/1876 f., der alternativ auch eine Heranziehung von § 823 Abs. 2 BGB für möglich hält.
[116] Kölner Kommentar WpÜG/*von Bülow* § 35 Rdnr. 199; *Berding*, Anlegerschutz im deutschen, europäischen und US-amerikanischen Übernahmerecht, 2006 S. 199 ff.; *Schanz/Wedell*, Corporate Finance Law 2011, 202.
[117] So insbesondere Steinmeyer/Häger WpÜG/*Steinmeyer* § 35 Rdnr. 108 ff.; ähnlich Geibel/Süßmann WpÜG/*Meyer*, § 35 Rdnr. 59 f.; Schwark Kapitalmarktrechts-Kommentar/*Noack* § 35 WpÜG Rdnr. 50.
[118] Steinmeyer/Häger WpÜG/*Steinmeyer* § 38 Rdnr. 4; Schwark/*Zimmer* Kapitalmarktrechts-Kommentar/*Noack* § 38 WpÜG Rdnr. 9.
[119] Steinmeyer/Häger WpÜG/*Steinmeyer* § 38 Rdnr. 5; Schwark/*Zimmer* Kapitalmarktrechts-Kommentar/*Noack* § 38 WpÜG Rdnr. 9.
[120] BGH NJW-RR 2007, 1179, = AG 2006, 883.
[121] BGH NJW-RR 2007, 1179, 1180 m. w. N.

restriktiven Sichtweise ergeben sich keinerlei Schwierigkeiten, da nur Zinsansprüche als Teil einer aufgrund des Übernahmevertrags geschuldeten Gegenleistung anerkannt werden. So verstanden wäre § 38 WpÜG eine den **Vertragsinhalt zwingend regelnde Vorschrift,** die grundsätzlich dem nach der Rom I-VO zu ermittelnden **Vertragsstatut des Übernahmevertrags** unterliegt, zugleich aber als **Eingriffsnorm** gemäß Art. 9 Rom I-VO von einem deutschen Richter unabhängig vom Vertragsstatut anzuwenden wäre (näher oben Rdnr. 11). Voraussetzung ist lediglich, dass das WpÜG unbeschränkt nach § 1 Abs. 1 oder beschränkt nach Abs. 3 (als „Frage der Gegenleistung") auf das Pflichtangebot anwendbar ist.

33   Auf Grundlage der weitergehenden Ansicht, die unmittelbare Ansprüche ohne das Erfordernis eines Vertragsschlusses anerkennen will, dürfte davon auszugehen sein, dass es sich jedenfalls (unabhängig von einem Rückgriff auf § 823 Abs. 2 BGB) um **Schadensersatzansprüche** handelt, die darauf gerichtet sind, die Aktionäre so zu stellen, als wäre die Angebotspflicht nicht verletzt worden. Die Verzinsungspflicht des § 38 WpÜG stellt sich dann funktional als **Sondervorschrift für die Schadensberechnung** dar. Da keinerlei Bezug zu einem Vertragsverhältnis besteht – ein Vertragsangebot wurde ja gerade nicht gemacht – kann ein solcher Anspruch wohl nur **deliktisch qualifiziert** werden.[122] Die Anknüpfung wäre dann anhand von Art. 4 der Rom II-VO vorzunehmen. Auch insoweit wäre allerdings wiederum zwischen der Anspruchsgrundlage selbst und der kapitalmarktrechtlich erfolgenden Anknüpfung der verletzten Verhaltenspflicht (also der Angebotspflicht) zu unterscheiden (Rechtsgedanke des Art. 17 Rom II-VO, oben Rdnr. 23). Die **Angebotspflicht** ist daher dem anwendbaren Übernahmerecht zu entnehmen, wobei dieses durch Art. 5 Abs. 1 der Übernahmerichtlinie harmonisiert ist, also in allen Mitgliedstaaten vorzufinden ist. Lediglich für die Rechtsfolgen der Verletzung ist somit auf Art. 4 Rom II-VO[123] zurückzugreifen. Um insoweit eine **Gleichbehandlung aller Aktionäre** in Bezug auf solche Ansprüche zu gewährleisten, und um dem Umstand Rechnung zu tragen, dass die Parteien nur über den organisierten Kapitalmarkt und damit ganz unabhängig von ihrem gewöhnlichen Aufenthalt oder der Belegenheit ihres Vermögens[124] in Kontakt gekommen sind, sollte allerdings davon ausgegangen werden, dass eine **„offensichtlich engere Verbindung"** im Sinne von Art. 4 Abs. 3 Rom II-VO **zum Börsenstaat** besteht. Soweit also in einer Rechtsordnung deliktisch zu qualifizierende Haftungsansprüche aus einer Verletzung der Angebotspflicht anerkannt werden, unterliegen diese internationalprivatrechtlich dem Recht des Börsenstaates.

---

[122] Für eine deliktische Qualifikation nach Art. 40 ff. EGBGB *Ackermann,* Das internationale Privatrecht der Unternehmensübernahme, 2008 S. 313 ff. (vor Geltung der Rom II-VO), die sich hierbei für eine akzessorische Anknüpfung an das Übernahmestatut unter Anwendung der Ausweichklausel des Art. 41 Abs. 2 Nr. 1 EGBGB (nunmehr also Art. 4 Abs. 3 Rom II-VO) ausspricht.

[123] Zur Anwendbarkeit der Rom II-VO bereits oben Rdnr. 19 ff.

[124] Bei reinen Vermögensschäden verweist Art. 4 Abs. 1 Rom II-VO auf den Ort, an dem das Vermögen des Geschädigten hauptsächlich belegen ist, was regelmäßig mit dessen gewöhnlichem Aufenthalt zusammenfällt; vgl. Palandt BGB/*Thorn* Art. 4 Rom II-VO Rdnr. 9; vgl. auch MünchKomm-BGB/*Junker* Art. 4 Rom II-VO Rdnr. 21.

Sachverzeichnis

Die halbfetten Zahlen verweisen auf die Paragraphen,
die mageren Zahlen auf die Randnummern

Abberufung
- A. und Bestellung der directors einer Private Company Limited by Shares in Großbritannien **47** 225 ff.
- Geschäftsleiter **12** 30

Abfindungsangebot
- im Verschmelzungsplan, grenzüberschreitende Verschmelzung von Kapitalgesellschaften nach §§ 122 a ff. UmwG **53** 85 ff.

Abgrenzungs- und Zuordnungsfragen
- internationales Steuerrecht **31** 2 ff.

Abkommensberechtigung
- Geltungsbereich des OECD-Musterabkommens **32** 25

Ablauf
- A. und Organisation der SE-Hauptversammlung **49** 94 f.
- Fallstudie Deutsche Nickel, Migration und gesellschaftsrechtliche Umstrukturierung **42** 25 ff.
- Fallstudie Schefenacker, Sanierungsmigration **42** 7

Abschlusskompetenz
- verhandelte Mitbestimmung (Gestaltungsfreiheit und Bestandsschutz) **57** 36 ff.

Abschlussprüferrichtlinie
- Rechnungslegung **17** 14 f.

Abstimmung
- A. und Bindungswirkung beim Company Voluntary Arrangement (CVA)/Sanierungsverfahren **39** 14 ff.
- Scheme of Arrangement gem. ss. 895 ff. CA 2006 (Insolvenz-/Sanierungsverfahren) **38** 51; **39** 67

Abtretungsvertrag
- bei GmbH-Geschäftsanteilsübertragung im Ausland, anwendbares Recht **8** 5 ff.

Ab- und Aufspaltung von Kapitalgesellschaften auf Kapitalgesellschaften
- Umstrukturierungen im Geltungsbereich des UmwStG **59** 78 ff.
- entsprechende Anwendung der §§ 11–13 UmwStG **59** 80
- Minderung von Verlustpositionen **59** 87
- Missbrauchsvermeidungsvorschriften **59** 83 ff.
- Teilbetriebserfordernis **59** 81 ff.

Ab- und Aufspaltung von Kapitalgesellschaften auf Personengesellschaften
- Umstrukturierungen im Geltungsbereich des UmwStG **59** 88 ff.

Abwesenheit, vorübergehende
- Wegzugsbesteuerung, § 6 Abs. 4 AStG, **34** 267

Abwicklung
- Beendigung der europäischen wirtschaftlichen Interessenvereinigung (EWIV) **48** 72

Abzugsfähigkeit, steuerliche
- von Aufwendungen im Zusammenhang mit Wirtschaftstätigkeiten im Ausland **31** 10, 19
- von ausländischen Verlusten im Zusammenhang mit inländischen Einkünften **31** 11, 20

Actio pro socio 15 51 ff.

Administration (Insolvenzverfahren nach englischem Recht) 38 68 ff.
- Beendigung **38** 77
- Company Voluntary Arrangement (CVA), Verfahrensschritte **39** 7
- Debt/Equity-Swap nach englischem Recht, Beteiligung der Altgesellschafter **40** 20
- Durchführung **38** 73 ff.
- Entstehungs- und Reformgeschichte **38** 68 f.
- Eröffnung **38** 71 f.
- Rangfolge **38** 76
- Sanierungen im Rahmen einer Administration **38** 78
- Zweck **38** 70

Administrative receivership
- administrative receivership und floating charge (Insolvenzverfahren) **38** 62 ff.

Administrative receivership und floating charge (Insolvenzverfahren) 38 54 ff., 62 ff.

Administrator, Rolle des –
- Pre-packaged Sale (Insolvenzverfahren) **38** 113 ff.

Adressaten 58 2 f.
- Information der Arbeitnehmer (Verfahren bei grenzüberschreitender Mitbestimmung)

Advanced Pricing Agreements (APA) 34 195 ff.; **34** 200 ff.
- APA-Verfahren **34** 199
- Rechtsgrundlage und Struktur von – **34** 197 f.
- Vorwegauskünfte oder Harmonisierung der Bestimmung von Verrechnungspreisen zwischen zwei Staaten/– **34** 195 ff.

AG, ausländische
- Belgien **47** 7 ff.
- Dänemark **47** 87 ff.
- Frankreich **47** 131 ff.
- Japan **47** 330 ff.
- Liechtenstein **47** 349 ff.

1453

Sachverzeichnis

magere Zahlen = Randnummern

- Luxemburg **47** 365 ff.
- Niederlande **47** 425 ff.
- Österreich **47** 468 ff.
- Schweiz **47** 491 ff.
- Spanien **47** 567 ff.
- Volksrepublik China **47** 60 ff.

AG, Belgien 47 7 ff.
- Aktien **47** 11 f.
- Gründung **47** 7 f.
- Hauptversammlung **47** 13 f.
- Liquidation **47** 19
- persönliche Haftung der Gesellschafter **47** 18
- Stammkapital **47** 9 f.
- Verwaltungsrat **47** 15 ff.

AG, Dänemark 47 87 ff.
- Aktien **47** 90
- Allgemeines **47** 87
- Gründung **47** 88
- Leitung der A/S **47** 91 ff.
- Stammkapital **47** 89

AG, Frankreich 47 131 ff.
- Aktien **47** 136 f.
- Geschäftsführung **47** 140 ff.
- Gründung **47** 131
- Hauptversammlung **47** 138 f.
- Liquidation **47** 147
- Stammkapital **47** 132 ff.

AG, Italien 47 304 ff.
- Aktien **47** 307 ff.
- Geschäftsführung und Aufsicht **47** 313
- Gründung **47** 304
- Hauptversammlung **47** 310 ff.
- Stammkapital **47** 305 f.

AG, Japan 47 330 ff.
- Aktien **47** 335
- Gründung **47** 330 f.
- Hauptversammlung **47** 336
- Leitung der AG **47** 337 ff.
- Stammkapital **47** 332 ff.

AG, Luxemburg 47 365 ff.
- Aktien **47** 371 f.
- Gründung **47** 365 f.
- Hauptversammlung **47** 373 f.
- Stammkapital **47** 367 ff.
- Verwaltungsrat **47** 375 f.

AG, Niederlande 47 425 ff.
- Aktien **47** 429 f.
- Gründung **47** 426
- Leitung der N. V. **47** 431
- Stammkapital **47** 427 f.

AG, Österreich 47 468 ff.
- Aktien **47** 470 f.
- Aufsichtsrat **47** 477 f.
- Gründung **47** 468
- Hauptversammlung **47** 472 ff.
- Stammkapital **47** 469
- Vorstand **47** 475 f.

AG, Schweiz 47 491 ff.
- Aktien **47** 499 ff.
- Geschäftsführung **47** 505 ff.
- Gründung **47** 491 f.
- Hauptversammlung **47** 502 ff.
- Revision **47** 510 ff.
- Stammkapital **47** 493 ff.

AG, Spanien 47 567 ff.
- Aktien **47** 570 ff.
- Geschäftsführung **47** 579
- Gründung **47** 567
- Hauptversammlung **47** 575 ff.
- Stammkapital **47** 568 f.

AG und GmbH
- Verwaltungssitzverlegung, autonomes deutsches Recht (Wegzugsfall) **52** 19 ff.

AG, vereinfachte
- Frankreich **47** 148 ff.

AG, Volksrepublik China 47 60 ff.
- Aktien **47** 63
- Gründung **47** 60 f.
- Organisation **47** 62

Aktien ausländischer Gesellschaften
- Dänemark **47** 90
- Frankreich **47** 136 f.
- Großbritannien (plc) **47** 205 ff.
- Italien **47** 307 ff.
- Japan **47** 335
- Luxemburg **47** 371 f.
- Niederlande **47** 429 f.
- Österreich **47** 470 f.
- Schweiz **47** 499 ff.
- Spanien **47** 570 ff.
- USA (business corporation) **47** 616 ff.
- Volksrepublik China **47** 63

Aktiengesellschaft s. AG

Aktiva, Ansatz der –
- Insolvenzgründe, balance sheet insolvency gem. s. 123(2) IA 1986 und s. 214(6) IA 1986 (Überschuldung) **38** 30 f.

Aktivitätsklausel
- A. oder Aktivvorbehalt und Freistellungsmethode, Vermeidung der Doppelbesteuerung **32** 191 ff.
- ausländische Verluste im Zusammenhang mit inländischen Einkünften (§ 2 a Abs. 2 EStG) **33** 30 ff.

Aktivmasse
- Rechtsfolgen (Territorialverfahren, Insolvenz in Drittstaaten) **36** 77

Aktivvorbehalt, Aktiv- oder Aktivitätsklausel und Freistellungsmethode
- Vermeidung der Doppelbesteuerung **32** 191 ff.

Alleingesellschafter-director, Verträge mit dem –
- Geschäftsführung und Vertretung der Gesellschaft einer Private Company Limited by Shares in Großbritannien **47** 246

halbfette Zahlen = Paragraphen

Sachverzeichnis

Allgemeine Grundsätze zur Einkunftsabgrenzung 34 129 ff.
- Dokumentation von Verrechnungspreisen **34** 156 ff.
- Fremdvergleichsgrundsatz **34** 129 f.
- Funktionsverlagerung **34** 155
- Methoden zur Bestimmung bzw. Prüfung von Verrechnungspreisen **34** 131
- Standardmethoden zur Prüfung von Verrechnungspreisen **34** 132 ff.

Allgemeine Gründungsvoraussetzungen
- europäische Genossenschaft (SCE) **51** 8 ff.

Allgemeine Merkmale
- ausgewählter Problemfelder tatsächlicher Gestaltung (grenzüberschreitende Umstrukturierungen außerhalb des Geltungsbereichs des UmwStG), Vor- und Nachteile der konkurrierenden Endstrukturen **62** 56 ff.

Allgemeine Rechtsfähigkeit, Rechts- und Geschäftsfähigkeit 19 14 ff.
- Darlegungs- und Beweislast **19** 21 f.
- Durchgriffshaftung **19** 16
- Grundanknüpfung **19** 14 f.
- Schutz gutgläubiger Geschäftspartner **19** 17 ff.

Allgemeine Zulässigkeitsvoraussetzungen
- Territorialverfahren (Insolvenz in Drittstaaten) **36** 65 ff.

Allgemeiner Gerichtsstand des Beklagtenwohnsitzes
- Zivilrecht, internat. Gerichtsstände **28** 20 ff.

Allgemeines Anmelderecht
- Forderungsanmeldung und Erlösverteilung (Ausübung von Gläubigerrechten, Insolvenz in Drittstaaten) **36** 87

Allgemeines Verkehrsrecht
- Gläubigerschutz **23** 10 ff.

Alternative Gestaltungsmöglichkeiten des Grenzübertritts 55 1 ff.
- Anwachsungsmodelle: Grundgedanke und Anwendungsbereich **55** 1 f.
- einfaches Anwachsungsmodell **55** 6 ff.
- erweitertes Anwachsungsmodell **55** 10 f.
- international-gesellschaftsrechtliche Voraussetzungen der Anwachsungsmodelle **55** 3 ff.

Alternativen, Handlungs-
- Fallstudie Brochier, Gescheiterte Verlegung des COMI **42** 38 f.

Altgesellschafter, Beteiligung der –
- Einzelheiten zum Debt/Equity-Swap nach englischem Recht **40** 16 ff.

Altgesellschafter, Beteiligung beim Equity-Swap nach englischem Recht 40 16 ff.
- Administration **40** 20
- Grundlagen **40** 16 f.
- Mitwirkung an Kapitalmaßnahmen **40** 18
- Nutzung von Gläubigervereinbarungen **40** 25
- Sanierungsverfahren **40** 19
- Vollstreckung von Pfandrechten und Credit Bids **40** 21 ff.

Altgesellschafter, Übernahme von Anteilen der –
- rechtstechnische Umsetzung der Umwandlung von Fremd- in Eigenkapital (Debt/Equity-Swap) **40** 12

Altgläubiger, Zustimmung zum Equity-Swap nach englischem Recht 40 26 f.
- Gläubigervereinbarungen **40** 27
- Grundlagen **40** 26

Amtshilfe
- Vollstreckung von Steueransprüchen (Doppelbesteuerungsrecht, Art. 27 OECD-MA) **32** 216

Analog anzuwendende Normen und kollisionsrechtliche Grundlagen
- grenzüberschreitender Formwechsel, Sicht des deutschen Rechts **54** 10 f.

Änderungen, strukturelle, Pflicht zur Nachverhandlung
- Gestaltungsfreiheit und Bestandsschutz (Gestaltungsmöglichkeiten) **57** 76 ff.
- Minderung von Beteiligungsrechten **57** 81 ff.
- Strukturelle Änderung (Begriff) **57** 77 ff.

Anerkennung
- ausländische Haftungsverfassungen **14** 27 f.
- ausländischer Gesellschaften **10** 19 ff.
- Firma im Zuzugsfall gemäß deutschem Recht **11** 11 ff.
- Gegenstand der – im ausländischen Insolvenzverfahren (Insolvenz in Drittstaaten) **36** 33 ff.
- Geschäftsführung im Zuzugsfall gemäß deutschem Recht **12** 10 ff.
- Gesellschaftern im Zuzugsfall gemäß deutschem Recht **15** 7 ff.
- Mitbestimmung, gemäß deutschem Recht **16** 9 ff.
- Rechnungslegung im Zuzugsfall gemäß deutschem Recht **17** 28 ff.
- Rechtsfolgen der – ausländisches Insolvenzverfahren (Insolvenz in Drittstaaten) **36** 44 ff.
- Scheme of Arrangement (Sanierungsverfahren), internationale Aspekte **39** 43 ff.
- Vertretung im Zuzugsfall gemäß deutschem Recht **13** 31 ff.
- Voraussetzung für die – der Eröffnungsentscheidung (Insolvenz innerhalb der EU) **35** 138 ff.
- Wirkungen der – Anerkennung der Eröffnungsentscheidung (Insolvenz innerhalb der EU) **35** 142 ff.

Anerkennung ausländischer Schiedssprüche 18 84 ff.
- Grundlagen **18** 84 f.
- Vollstreckbarkeit ausländischer Schiedssprüche **18** 86 ff.

Sachverzeichnis

magere Zahlen = Randnummern

Anerkennung der Eröffnungsentscheidung, gegenseitige (Insolvenz innerhalb der EU) 35 138 ff.
- Voraussetzungen **35** 138 ff.
- Wirkungen **35** 142–150

Anerkennung des ausländischen Insolvenzverfahrens, gegenseitige (Insolvenz in Drittstaaten) 36 32 ff.
- Allgemeines **36** 32
- Ausnahmen **36** 39 ff.
- Gegenstand der Anerkennung **36** 33 ff.
- Rechtsfolgen der Anerkennung **36** 44 ff.

Anerkennung des ausländischen Insolvenzverfahrens, gegenseitige (Insolvenz innerhalb der EU) 35 137 ff.
- Anerkennung der Eröffnungsentscheidung **35** 138 ff.
- Anerkennung und Vollstreckbarkeit sonstiger Entscheidungen **35** 162 ff.
- gleichmäßige Gläubigerbefriedigung **35** 151 ff.
- öffentliche Bekanntmachung und Registereintragung **35** 155 ff.
- Ordre public **35** 166 ff.

Anerkennung im Zuzugsstaat
- Firma im Zuzugsfall gemäß deutschem Recht **11** 11 ff.
- Firmen im Zuzugsstaat **11** 23 f.
- Geschäftsführung im Zuzugsfall gemäß deutschem Recht **12** 10 ff.
- Geschäftsführung im Zuzugsstaat **12** 22 f.
- Geschäftsführung im Zuzugsstaat **12** 22 f.
- Gesellschafter im Zuzugsfall gemäß deutschem Recht **15** 7 ff.
- Gesellschaftern im Zuzugstaat im Wegzugsfall **15** 19 f.
- Rechnungslegung im Wegzugsfall im Zuzugsstaat **17** 40 f.
- Rechnungslegung im Zuzugsfall gemäß deutschem Recht **17** 28 ff.
- Vertretung im Zuzugstaat **13** 44 f.

Anerkennung und Vollstreckbarkeit sonstiger Entscheidungen
- Insolvenz innerhalb der EU (gegenseitige Anerkennung von Insolvenzverfahren) **35** 162 ff.

Anerkennung und Wirkung des Hauptverfahrens
- insolvenzrechtliche Aspekte (Sanierungsmigration) **37** 42 ff.

Anfechtbarkeit
- Pre-packaged Sale (Insolvenzverfahren) **37** 117 f.

Anfechtung
- Scheme of Arrangement (Sanierungsverfahren) **39** 73

Anfechtung des Spaltungsbeschlusses und Spruchverfahren
- Durchführung der grenzüberschreitenden Spaltung innerhalb der EU **56** 49 f.

Anfechtung des Umwandlungsbeschlusses und Spruchverfahren
- grenzüberschreitender Formwechsel, Sicht des deutschen Rechts **54** 14

Anfechtung, gerichtliche
- Company Voluntary Arrangemente (CVA), Sanierungsverfahren **39** 26 f.

Anforderungen des Art. 54 Abs. 1 AEUV
- grenzüberschreitende Verschmelzung von Kapitalgesellschaften, international verschmelzungsfähige Gesellschaften **53** 31

Angaben auf Geschäftsbriefen 22 9

Angebotspflicht, Ansprüche aufgrund einer Verletzung der –
- Vertragsrecht, Anknüpfung aus dem Übernahmeangebot entstehender außervertraglicher Schuldverhältnisse (§§ 35, 38 WpÜG) **64** 31 ff.

Anhängige Rechtsstreitigkeiten, Wirkungen des Insolvenzverfahrens
- Ausnahmen von der lex fori concursus (Insolvenz innerhalb der EU) **35** 135 f.

Anknüpfung
- bereicherungsrechtliche Ansprüche **14** 19 ff.
- der Form an das Gesellschaftsstatut bzgl. Anteilsabtretung im Ausland: **8** 11
- Gründungstheorie **1** 92
- Grund– (besondere Rechtsfähigkeiten) **19** 23 f.
- Grund– (allg. Rechtsfähigkeit) **19** 14 f.
- Gründungs– Rechts- und Geschäftsfähigkeit **19** 2 f.
- kollisionsrechtliche – Existenzvernichtungshaftung **14** 69
- kollisionsrechtliche – Gesellschafterrechte **15** 4
- kollisionsrechtliche – Gesellschafterversammlung **15** 4
- –regeln betr. Rechts- und Geschäftsfähigkeit **19** 57 ff.
- –regeln im Einzelnen **19** 14 ff.
- Sonder– als echte Durchbrechungen (besondere Rechtsfähigkeiten) **14** 30
- Sonder– Haftung **14** 55 ff.

Anknüpfung bei aus dem Übernahmeangebot entstehenden außervertraglichen Schuldverhältnissen 64 19 ff.
- Ansprüche aufgrund einer Verletzung der Angebotspflicht (§§ 35, 38 WpÜG) **64** 31 ff.
- Ansprüche aus § 12 WpÜG **64** 24 ff.
- Ansprüche aus § 13 WpÜG **64** 29 ff.
- Überblick **64** 19 ff.

Anknüpfung des Erwerbsvertrags bei öffentlichen Übernahmen
- Vertragsrecht **64** 1 ff.

Anknüpfung, kollisionsrechtliche, der Gesellschafterhaftung 14 27 ff.
- prinzipielle Anerkennung ausländischer Haftungsverfassungen **14** 27 f.

halbfette Zahlen = Paragraphen   **Sachverzeichnis**

- Sitztheorie als Einfallstor für Durchbrechungen **14** 29
- Sonder– als echte Durchbrechungen **14** 30

Anknüpfung, kollisionsrechtliche, von Gesellschaftsverbindlichkeiten 14 6 ff.
- Ansprüche Dritter **14** 21 ff.
- Bereicherungsrechtliche Ansprüche **14** 19 ff.
- besondere – **14** 11 ff.
- deliktische Ansprüche **14** 24 f.
- Deliktsfähigkeit **14** 12 f.
- Grundbuchfähigkeit **14** 15
- innergesellschaftliche Ansprüche **14** 20
- Kaufmanns- und Unternehmereigenschaft **14** 16
- Parteifähigkeit **14** 17
- Rechtsfähigkeit **14** 7 f.
- vertragliche Ansprüche **14** 18
- Wechsel- und Scheckfähigkeit **14** 14

Anknüpfungspunkt
- besonderer Gerichtsstand des vertraglichen Erfüllungsortes **18** 48
- Gerichtsstand des vertraglichen Erfüllungsortes **18** 48
- Sitz als – (Gerichtsstand für gesellschaftsorganisatorische Klagen) **18** 31 ff.
- Sitz als – **18** 31 ff.
- vertraglicher Erfüllungsort (internationale Gerichtszuständigkeit) **18** 48

Anknüpfungsregeln für Rechts- und Geschäftsfähigkeit 19 14 ff.
- allgemeine Rechtsfähigkeit **19** 14 ff.
- besondere Rechtsfähigkeiten **19** 23 ff.
- Geschäftsfähigkeit **19** 57 ff.

Anlaufkosten
- Geschäftsbeziehungen/Außensteuergesetz **34** 172

Anleihefähigkeit
- besondere Rechtsfähigkeit **19** 33 f.

Anmeldebefugnis und Bevollmächtigung des Insolvenzverwalters
- Forderungsanmeldung und Erlösverteilung (Ausübung von Gläubigerrechten, Insolvenz in Drittstaaten) **36** 88 f.

Anmelderecht, allgemeines
- Forderungsanmeldung und Erlösverteilung (Ausübung von Gläubigerrechten, Insolvenz in Drittstaaten) **36** 87

Anmeldeverfahren
- Vertretung im – der Zweigniederlassung **21** 5

Anmeldung
- Register (Eintragungsverfahren einer juristischen Person) **5** 31
- Zweigniederlassung **21** 5 ff.

Anmeldung der Zweigniederlassung 21 5 ff.
- anzumeldende Tatsachen **21** 6 ff.
- Beizufügende Nachweise **21** 16 ff.

- Form der Anmeldung **21** 23
- Kosten **21** 21 f.
- Vertretung im Anmeldeverfahren **21** 5
- Vorschuss **21** 21 f.

Annexverfahren, internationale Zuständigkeit (Insolvenz innerhalb der EU) 35 73 ff.
- Meinungsstand **35** 74 ff.
- örtliche Zuständigkeit **35** 80 f.
- Problemstellung **35** 73
- Seagon-Entscheidung des EuGH **35** 78 f.

Anordnung, Verhandlungslösung statt gesetzgeberischer –
- Grundzüge von Gestaltungsfreiheit und Bestandsschutz **57** 3 f.

Anrechnung
- ausländischer Steuern nach § 26 Abs. (Vermeidung der Doppelbesteuerung für Körperschaften) 1 KStG **32** 257 f.

Anrechnung von Insolvenzquoten
- gleichmäßige Gläubigerbefriedigung (Insolvenz innerhalb der EU) **35** 153 f.

Anrechnungsmethode
- Anrechnungs- oder Freistellungsmethode **32** 173 ff.
- DBA-Sachverhalt oder Nicht-DBA-Sachverhalt – Anwendungsbereich von § 2a Abs. 1 und Abs. 2 EStG **33** 22 ff.
- deutsche Doppelbesteuerungsabkommen **32** 199 ff.
- Überführung von Wirtschaftsgütern in eine ausländische Betriebsstätte **33** 52 ff., 57

Ansässigkeit
- als allgemeine Begriffsbestimmung (Doppelbesteuerungsrecht) **32** 45 ff.

Ansässigkeits- oder Wohnsitzbesteuerung (Vermeidung der Doppelbesteuerung) 32 2 f.

Ansatz der Aktiva
- Insolvenzgründe, balance sheet insolvency gem. s. 123(2) IA 1986 und s. 214(6) IA 1986 (Überschuldung) **38** 30 f.

Ansatz der Passiva
- Insolvenzgründe, balance sheet insolvency gem. s. 123(2) IA 1986 und s. 214(6) IA 1986 (Überschuldung) **38** 27 ff.

Ansatz und Bewertung der eingebrachten Anteile durch den übernehmenden Rechtsträger
- Umstrukturierungen im Geltungsbereich des UmwStG, Einbringung von Unternehmensteilen in Kapitalgesellschaften, Anteilstausch **59** 106 ff.

Ansatz und Bewertung des eingebrachten Betriebsvermögens durch den übernehmenden Rechtsträger
- Einbringung von Betrieben, Teilbetrieben und Mitunternehmeranteilen **59** 93 ff.

1457

Sachverzeichnis

magere Zahlen = Randnummern

- Einbringung von Betriebsvermögen in Personengesellschaften (Umstrukturierungen im Geltungsbereich des UmwStG) **59** 118

Ansatz und Veräußerungspreis der als Gegenleistung gewährten Gesellschaftsanteile
- Einbringung von Unternehmensteilen in Kapitalgesellschaften, Anteilstausch (Umstrukturierungen im Geltungsbereich des UmwStG) **59** 108 ff.
- Einbringung von Betrieben, Teilbetrieben und Mitunternehmeranteilen (Umstrukturierungen im Geltungsbereich des UmwStG) **59** 104 ff.

Ansprüche
- auf Beteiligung am Liquidationserlös von Gesellschaftern **15** 73
- aufgrund einer Verletzung der Angebotspflicht (§§ 35, 38 WpÜG), Vertragsrecht, Anknüpfung aus dem Übernahmeangebot entstehender außervertraglicher Schuldverhältnisse **64** 31 ff.
- aus § 12 WpÜG, Vertragsrecht, Anknüpfung aus dem Übernahmeangebot entstehender außervertraglicher Schuldverhältnisse **64** 24 ff.
- aus § 13 WpÜG, Vertragsrecht, Anknüpfung aus dem Übernahmeangebot entstehender außervertraglicher Schuldverhältnisse **64** 29 ff.
- der beherrschten deutschen Gesellschaft, unternehmensvertragliche Konzernhaftung **14** 115 f.
- der Gesellschafter, unternehmensvertragliche Konzernhaftung **14** 117
- der Gläubiger, unternehmensvertragliche Konzernhaftung **14** 118
- kollisionsrechtliche Anknüpfung von Gesellschaftsverbindlichkeiten bei vertraglichen −n **14** 18
- kollisionsrechtliche Anknüpfung von Gesellschaftsverbindlichkeiten von deliktischen −n **14** 24 f.
- kollisionsrechtliche Anknüpfung von Gesellschaftsverbindlichkeiten bei bereicherungsrechtlichen −n **14** 19 ff.
- kollisionsrechtliche Anknüpfung von Gesellschaftsverbindlichkeiten bei innergesellschaftlichen −n **14** 20
- Konzernhaftung **14** 115 ff.
- rechtliche − Bereicherungsrecht **14** 19 ff.

Anstalt und Treuunternehmen
- Liechtenstein **47** 357 ff.

Anteile
- an Kapitalgesellschaften, rückwirkende Besteuerung bei Einbringung **59** 120
- Ansatz und Bewertung der eingebrachten − durch übernehmenden Rechtsträger **59** 106 ff.
- Übernahme durch Altgesellschafter (Debt/Equity-Swap) **40** 12

- Übernahme durch neu gegründete Gesellschaft (Debt/Equity-Swap) **40** 14

Anteile, GmbH− (Ausland)
- Frankreich **47** 119 f.
- Niederlande **47** 407 ff.
- Österreich **47** 451 ff.
- Spanien **47** 552 ff.
- Volksrepublik China **47** 49 ff.

Anteilseigner, Besteuerung bei Auslandsverschmelzungen in Drittstaaten 60 7

Anteilseigner, steuerliche Konsequenzen auf der Ebene der −
- Verschmelzung von Kapitalgesellschaften auf Kapitalgesellschaften **59** 72 ff.

Anteilseigner, Schutz der −
- grenzüberschreitender Formwechsel, Sicht des deutschen Rechts **54** 12 f.

Anteilsinhaber, Zustimmung (§ 122 g UmwG)
- grenzüberschreitende Verschmelzung von Kapitalgesellschaften nach §§ 122 a ff. UmwG **53** 75 ff.

Anteilstausch
- Einbringung von Betrieben, Teilbetrieben und Mitunternehmeranteilen **59** 93 ff.
- Einbringung von Unternehmensteilen in Kapitalgesellschaften (Umstrukturierungen im Geltungsbereich des UmwStG) **59** 106 ff.
- rückwirkende Besteuerung der Einbringung **59** 112 ff.
- zweite Gründungsphase einer Holding-SE (Societas Europaea) **49** 41

Antragsbefugnis
- Territorialverfahren, (allgemeine Zulässigkeitsvoraussetzungen, Insolvenz in Drittstaaten) **36** 68 ff.

Antragsrecht des Insolvenzverwalters
- öffentliche Bekanntmachung und Registereintragung (Insolvenz innerhalb der EU) **35** 156 f.

Anwachsung
- Anwachsungsmodelle **55** 1 ff., 6 ff., 10 f.
- gesellschaftsrechtliche Aspekte, Universalsukzession (Sanierungsmigration) **37** 60

Anwachsungsmodell, einfaches
- Gestaltungsmöglichkeiten des Grenzübertritts **55** 6 ff.

Anwachsungsmodell, erweitertes
- Gestaltungsmöglichkeiten des Grenzübertritts **55** 10 f.

Anwendbares Recht
- Gründung der Societas Europaea (SE) **49** 12
- Gründung der Societas Europaea (SE) durch Verschmelzung **49** 19
- Insolvenz in Drittstaaten **36** 12 ff.
- Insolvenz innerhalb der EU **35** 82 ff.
- Löschung einer englischen Limited **30** 10 ff.

halbfette Zahlen = Paragraphen

Sachverzeichnis

- Sitzverlegung der europäischen wirtschaftlichen Interessenvereinigung (EWIV) **48** 66
- SPE (europäische Privatgesellschaf) **50** 5 ff.
- Zweigniederlassung **21** 15

Anwendbares Recht, SPE 50 5 ff.
- fakultative und obligatorische Regelungsaufträge **50** 12 ff.
- Inhaltskontrolle des Gesellschaftsvertrags **50** 18 ff.
- Lückenfüllung im Gesellschaftsvertrag **50** 15 ff.
- Regelung des anwendbaren Rechts (Art. 4 SPE-VOE-II) **50** 9 ff.
- Satzungsautonomie und Regelungsaufträge **50** 12 ff.
- Vollstatut für Gesellschaftsrecht **50** 5 ff.

Anwendbares Recht, Insolvenz in Drittstaaten 36 12 ff.
- Ausnahmen von der lex fori concursus **36** 18 ff.
- Grundsatz der lex fori concursus 12 ff.
- Umfang des Insolvenzstatuts **36** 16 ff.

Anwendbares Recht, Insolvenz innerhalb der EU 35 82 ff.
- Ausnahmen von der lex fori concursus **35** 111 ff.
- Grundsatz der lex fori concursus **35** 82 ff.
- Umfang des Insolvenzstatuts **35** 88 ff.

Anwendbares Recht, Ausnahmen von der lex fori concursus (Insolvenz innerhalb der EU) 35 111 ff.
- Arbeitsvertrag **35** 127 f.
- Aufrechnung **35** 120 f.
- benachteiligende Handlungen **35** 132 f.
- dingliche Sicherungsrechte **35** 112 ff.
- Eigentumsvorbehalt **35** 122 f.
- Gemeinschaftspatente und -marken **35** 131
- Schutz des Dritterwerbers 134
- Sonderregelungen **35** 111
- Vertrag über einen unbeweglichen Gegenstand **35** 124
- Wirkung auf eintragungspflichtige Rechte **35** 129 ff.
- Wirkungen des Insolvenzverfahrens auf anhängige Rechtsstreitigkeiten **35** 135 f.
- Zahlungssysteme und Finanzmärkte **35** 125 f.

Anwendbares Recht, Grundsatz der lex fori concursus (Insolvenz innerhalb der EU) 35 82 ff.
- Allgemeines **35** 82 ff.
- Anwendungsbereich **35** 85 ff.

Anwendbares Recht, Sitzverlegung mit Wandel
- Sitzverlegung der europäischen wirtschaftlichen Interessenvereinigung (EWIV) **48** 67 f.

Anwendbares Recht, Sitzverlegung ohne Wandel
- Sitzverlegung der europäischen wirtschaftlichen Interessenvereinigung (EWIV) **48** 66

Anwendbares Recht, Umfang des Insolvenzstatuts (Insolvenz innerhalb der EU) 35 88 ff.
- Allgemeines **35** 88
- Beispielskatalog des Art. 4 Abs. 2 S. 2 EuInsVO **35** 89 ff.
- Qualifikation außerhalb des Beispielskatalogs **35** 109 f.

Anwendbarkeit
- § 15 Abs. 3 Satz 2, § 31 WpÜG als Eingriffsnormen **64** 13 f., 15 ff.
- der Niederlassungsfreiheit auf grenzüberschreitende Spaltungen innerhalb der EU **56** 14 ff.
- der Teilkonzernregelung (§ 5 Abs. 3 MitbestG), europäisches Mitbestimmungsregime **57** 29 ff.
- verschiedener Insolvenzrechte in der Sanierungspraxis **37** 48 ff.

Anwendung, entsprechende, der §§ 11–13 UmwStG
- Umstrukturierungen im Geltungsbereich des UmwStG, Auf- und Abspaltung von Kapitalgesellschaften auf Kapitalgesellschaften **59** 80

Anwendung gesellschaftsrechtlicher Regelungen
- Gläubigerschutz **23** 13 ff.

Anwendung vertragsrechtlicher Normen des WpÜG bei ausländischem Vertragsstatut (Vertragsrecht) (Art. 9 Rom I-VO) 64 9 ff.
- Anwendung des § 15 Abs. 3 Satz 2 WpÜG als Eingriffsnorm **64** 13 ff.
- Anwendung des § 31 WpÜG als Eingriffsnorm **64** 15 ff.
- grundsätzlicher Charakter der WpÜG-Vorschriften als Eingriffsnormen **64** 9 ff.

Anwendung, beschränkte, des WpÜG (bzgl. Kapitalwahlrecht, § 1 Abs. 2 und Abs. 3 WpÜG) 63 26 ff.
- Ausnahme für europäische Zielgesellschaften **63** 31 ff.
- Ausnahme für inländische Zielgesellschaften mit ausländischer Börsenzulassung **63** 27 ff.

Anwendung, unmittelbare
- Insolvenz innerhalb der EU (europarechtliche Aspekte) **35** 4 f.

Anwendungsbereich
- anwendbares Recht, Grundsatz der lex fori concursus (Insolvenz innerhalb der EU) **35** 85 ff.
- Grundgedanke und – Gestaltungsmöglichkeiten des Grenzübertritts **55** 1 f.
- Insolvenz innerhalb der EU **35** 17 ff.
- persönlicher – Außensteuergesetz, § 15 AStG **34** 278 ff.
- sachlicher – Außensteuergesetz, § 15 AStG **34** 273 ff.

1459

Sachverzeichnis

magere Zahlen = Randnummern

- von § 1 AStG, Gestaltung von Verrechnungspreisen **34** 112 ff.

Anwendungsbereich des UmwStG (Umstrukturierungen im Geltungsbereich des UmwStG) 59 7 ff.
- Einbringungsvorgänge (Sechster bis Achter Teil des UmwStG) **59** 23 ff.
- Umwandlung von Körperschaften (Zweiter bis Fünfter Teil des UmwStG) **59** 10 ff.

Anwendungsbereich des WpÜG (§ 1 Abs. 1 WpÜG)
- internationaler, Kapitalmarktrecht **63** 1 ff., 22 ff.

Anwendungsbereich, intertemporaler
- Insolvenz innerhalb der EU **35** 17 ff.

Anwendungsbereich, persönlicher
- Insolvenz innerhalb der EU **35** 33 f.
- Umstrukturierungen im Geltungsbereich des UmwStG, Einbringungsvorgänge (Sechster bis Achter Teil des UmwStG) **59** 31 ff.
- Umstrukturierungen im Geltungsbereich des UmwStG, Umwandlung von Körperschaften (Zweiter bis Fünfter Teil des UmwStG) **59** 17 ff.

Anwendungsbereich, sachlicher
- grenzüberschreitende Verschmelzung von Kapitalgesellschaften nach §§ 122 a ff. UmwG **53** 21 ff.
- Insolvenz innerhalb der EU **35** 27 ff.
- Umstrukturierungen im Geltungsbereich des UmwStG, Einbringungsvorgänge (Sechster bis Achter Teil des UmwStG) **59** 25 ff.
- Umstrukturierungen im Geltungsbereich des UmwStG, Umwandlung von Körperschaften (Zweiter bis Fünfter Teil des UmwStG) **59** 10 ff.

Anwendungsbereich, territorialer
- grenzüberschreitender Bezug **35** 22 f.
- Mittelpunkt der hauptsächlichen Interessen des Schuldners innerhalb der Mitgliedstaaten **35** 21
- räumlicher Geltungsbereich **35** 20
- Verhältnis zu anderen Regelungen bzgl. Insolvenz innerhalb der EU **35** 19 ff.

Anzusetzende Forderungen
- Cash flow insolvency gem. s. 123(1)(e) IA 1986 (Zahlungsunfähigkeit) **38** 21 f.

Anzuwendendes Recht
- Gründungsfall **4** 7 ff.; **4** 17 ff.; **4** 27; **4** 35 ff.; **4** 47; **4** 51 ff.
- juristischer Personen **5** 10; **5** 11 ff.; **5** 47 f.; **5** 59; **5** 67 f; **5** 70 f; **5** 75; **5** 80
- Verpflichtungen der Gesellschafter untereinander **3** 9 ff.
- Verpflichtungen gegenüber Dritten **3** 18 ff.
- Vorgründungsphase **3** 8 ff.

APA (Advanced Pricing Agreements) 34 195 ff.; **34** 200 ff.

- A.-Verfahren **34** 199
- Rechtsgrundlage und Struktur von – **34** 197 f.
- Vorwegauskünfte oder Harmonisierung der Bestimmung von Verrechnungspreisen zwischen zwei Staaten/– **34** 195 ff.

Arbeitnehmer, Information der – bzgl. Verfahren bei grenzüberschreitender Mitbestimmung 58 1 ff.
- Adressaten **58** 2 f.
- Durchführung der Information **58** 7 ff.
- Inhalt **58** 4 ff.
- weitere Informationen **58** 10 ff.

Arbeitnehmer, Mitbestimmung
- Frankreich **47** 97
- in Gesellschaftsorganen, internationales Konzernrecht **44** 42 f.
- Niederlande **47** 389 ff.
- Schweiz **47** 484
- Societas Privata Europaea – SPE (europäische Privatgesellschaft) **50** 56 ff.

Arbeitnehmerbeteiligung
- europäische Genossenschaft (SCE) **51** 24

Arbeitnehmerentsendung
- Einkunftsabgrenzung bei der –, bzgl. Außensteuergesetz/internationale Verflechtungen **34** 188 ff.

Arbeitnehmerfreizügigkeit 2 48 f.

Arbeitnehmergesellschaften und Mitbestimmung
- Gesellschaftsformen in Spanien **47** 535 f.

Arbeitnehmervertreter, Sitzverteilung im Aufsichtsrat und Bestellung bei grenzüberschreitender Mitbestimmung 58 46 ff.
- Verteilung der Sitze auf die einzelnen Mitgliedstaaten **58** 47 ff.
- Wahl der Arbeitnehmervertreter **58** 51 ff.

Arbeitnehmervertreter, Wahl
- Sitzverteilung im Aufsichtsrat und Bestellung der Arbeitnehmervertreter, Verfahren bei grenzüberschreitender Mitbestimmung **58** 51 ff.

Arbeitsentgelt
- Veruntreuen und Vorenthalten von –, Straftatbestände **26** 22 ff.

Arbeitsrecht 2 89 ff.
- individuelles **2** 89 ff.
- kollektives **2** 92 ff.

Arbeits- und Sozialrecht 2 89 ff.
- Arbeitsrecht, kollektives **2** 92 ff.
- Arbeitsschutzvorschriften **2** 95
- Arbeitsrecht, individuelles **2** 89 ff.
- Regulierung der unternehmerischen Tätigkeit **2** 97 ff.
- Sonderrecht für ausländische Investoren, Außenwirtschaftsrecht **2** 102 ff.
- Sozialrecht **2** 96

Arbeitsschutzvorschriften 2 95

halbfette Zahlen = Paragraphen

Sachverzeichnis

Arbeitsverhältnis
– Ausnahmen von der lex fori concursus (Insolvenz in Drittstaaten) **36** 23 f.

Arbeitsvertrag
– Ausnahmen von der lex fori concursus (Insolvenz innerhalb der EU) **35** 127 f.

Arm's length-Regelungen/Verrechnungspreisregelungen
– in Doppelbesteuerungsabkommen/EU-Grundsätze für die Gewinnberichtigung **32** 61 ff.

Arrangement, Scheme of, Bestätigung/Inhalt
– Fallstudie Rodenstock **42** 57, 60 ff.

Arten der corporation
– business corporation in den USA **47** 605 ff.

Arten von Geschäftsbeziehungen 34 162 ff.
– Anlaufkosten **34** 172
– Bürgschaften/Garantien/Patronatserklärungen **34** 176 ff.
– gewerbliche Dienstleistungen **34** 165 ff.
– Kosten der Markterschließung **34** 170 f.
– Kosten der Werbung **34** 168 f.
– Lieferung von Gütern und Waren **34** 162 ff.
– Nutzungsüberlassung von immateriellen Wirtschaftsgütern **34** 179
– Verwaltungsbezogene Leistungen im Konzern **34** 180 ff.
– Zinsen **34** 173 ff.
– Außensteuergesetz/internationale Verflechtungen **34** 162 ff.

Asset-Swap s. Debt/Asset Swap

Auf- und Abspaltung von Kapitalgesellschaften auf Kapitalgesellschaften bzgl. Umstrukturierungen im Geltungsbereich des UmwStG 59 78 ff.
– (doppeltes) Teilbetriebserfordernis **59** 81 ff.
– entsprechende Anwendung der §§ 11–13 UmwStG **59** 80
– Minderung von Verlustpositionen **59** 87
– Missbrauchsvermeidungsvorschriften **59** 83 ff.

Auf- und Abspaltung von Kapitalgesellschaften auf Personengesellschaften
– Umstrukturierungen im Geltungsbereich des UmwStG **59** 88 ff.

Auflanglösung
– Schutz erworbener Rechte (Gestaltungsfreiheit und Bestandsschutz) **57** ff.

Aufgaben und Rechte der Joint Venture Partner
– Joint Venture-Vertrag (typische Vertragsregelungen) **43** 36 ff.

Aufhebung
– der Zweigniederlassung – **21** 24 ff.

Auflösung
– Beendigung der europäischen wirtschaftlichen Interessenvereinigung (EWIV) **48** 70 f.
– Societas Privata Europaea – SPE (europäische Privatgesellschaft) **50** 60 f.

Auflösungsklage
– Gesellschafterversammlung und – rechte **15** 68 f.

Aufnahme und Unterbrechung eines Rechtsstreits
– Schutzbestimmungen (Insolvenz in Drittstaaten) **36** 61 f.

Aufnahme, Hinein- und Hinausspaltungen
– grenzüberschreitende Spaltung und Niederlassungsfreiheit innerhalb der EU **56** 17 ff.

Aufrechnung
– Insolvenz in Drittstaaten, Ausnahmen von der lex fori concursus **36** 25 f.
– Insolvenz innerhalb der EU, Ausnahmen von der lex fori concursus **35** 120 f.

Aufsicht und Geschäftsführung einer AG in Italien (Gesellschaftsformen) 47 313
– dualistisches System **47** 316
– monistisches System **47** 317
– traditionelles System **47** 314 f.

Aufsichts- oder Verwaltungsrat, Regelungen zur Größe
– Reichweite der Mitbestimmungsautonomie (Gestaltungsfreiheit und Bestandsschutz) **57** 45 ff.

Aufsichtsorgan
– der Societas Europaea (SE), dualistisches Leitungsmodell **49** 59 ff.
– AG Österreich **47** 477 f.

Aufsichtsorgan einer GmbH, Ausland
– Niederlande **47** 423 f.
– Österreich **47** 465 ff.
– Volksrepublik China **47** 58

Aufsichtsorgan, mitbestimmter, Wahl der Mitglieder
– Verfahren bei grenzüberschreitender Mitbestimmung **58** 46 ff.

Aufsichtsrat, Sitzverteilung im –, und Bestellung der Arbeitnehmervertreter bzgl. Verfahren bei grenzüberschreitender Mitbestimmung 58 46 ff.
– Verteilung der Sitze auf die einzelnen Mitgliedstaaten **58** 47 ff.
– Wahl der Arbeitnehmervertreter **58** 51 ff.

Aufsichtsrat, Verkleinerung
– Gestaltungsmöglichkeiten und – grenzen (Gestaltungsfreiheit und Bestandsschutz) **57** 64 f.

Aufsichtsrat, Wahl der Mitglieder des mitbestimmten –s im Verfahren der grenzüberschreitenden Mitbestimmung 58 46 ff.
– Rechtsstellung der Aufsichtsratsmitglieder **58** 57 f.
– Sitzverteilung im Aufsichtsrat und Bestellung der Arbeitnehmervertreter **58** 46 ff.

1461

Sachverzeichnis

magere Zahlen = Randnummern

Aufsichtsratbestellung
- internationales Konzernrecht (sonstige Regelungen zu verbundenen Unternehmen) 44 39 ff.

Aufsichtsratsmitglieder, Rechtsstellung
- Wahl der Mitglieder des mitbestimmten Aufsichtsrats (Verfahren bei grenzüberschreitender Mitbestimmung) 58 57 f.

Aufstellen durch die Vertretungsorgane
- grenzüberschreitende Verschmelzung von Kapitalgesellschaften, Verschmelzungsplan 53 38

Auftreten im Rechtsverkehr 22 7 ff.
- Angaben auf Geschäftsbriefen 22 9
- Verwendung des Rechtsformzusatzes 22 7 f.

Aufwendungen
- im Zusammenhang mit Geschäftstätigkeiten im Ausland 33 1 ff.

Aufwendungen im Zusammenhang mit Geschäftstätigkeiten im Ausland 33 1 ff.
- § 3 c Abs. 2 EStG 33 15
- § 3 c EStG 33 9–15
- Die vier Fallkonstellationen in der Gesamtübersicht 33 8
- Einzelheiten zu § 8 b Abs. 5 KStG 33 17
- Finanzierung durch die Aufnahme von Darlehen und Weitergabe als Darlehen 33 6
- Finanzierung durch die Aufnahme von Darlehen und Weitergabe als Eigenkapital 33 7
- Finanzierung durch Eigenmittel und Weitergabe als Darlehen 33 4
- Finanzierung durch Eigenmittel und Weitergabe als Eigenmittel 33 5
- Grundsätzliches 33 16
- Grundsituation 33 3 ff.
- Regelung des § 8 b Abs. 5 KStG 33 16 f.
- Tatbestandsvoraussetzungen des § 3 c Abs. 1 EStG 33 9 ff.

Aufwendungen, steuerliche Abzugsfähigkeit von – im Zusammenhang mit Wirtschaftstätigkeiten im Ausland
- internationales Steuerrecht, Finanzierung der Zieleinheit und/oder der Ausgangseinheit 31 19

Aufwendungen, steuerliche Abzugsfähigkeit von – im Zusammenhang mit Wirtschaftstätigkeiten im Ausland
- internationales Steuerrecht, Rechtsform der Zieleinheit/Beteiligungskombination mit der Ausgangseinheit 31 10

Aufwendungen, Verluste, Überführung von Wirtschaftsgütern bei grenzüberschreitenden Sachverhalten 33 1 ff.
- Aufwendungen im Zusammenhang mit Geschäftstätigkeiten im Ausland 33 1 ff.
- Ausländische Verluste im Zusammenhang mit inländischen Einkünften 33 18 ff.
- Überführung von Wirtschaftsgütern in ausländischen Produktionsstandort 33 42 ff.

Ausgangseinheit, Finanzierung der – und/ oder der Zieleinheit (internationales Steuerrecht) 31 13 ff.
- einleitender Überblick 31 13 ff.
- steuerliche Abzugsfähigkeit von Aufwendungen im Zusammenhang mit Wirtschaftstätigkeiten im Ausland 31 19
- steuerliche Abzugsfähigkeit von ausländischen Verlusten im Zusammenhang mit inländischen Einkünften 31 20
- Vermeidung der Doppelbesteuerung bzw. Minimierung der Steuerlast 31 16 ff.
- Vermeidung der Realisierung von stillen Reserven bei der Überführung von Wirtschaftsgütern in einen ausländischen Produktionsstandort 31 21

Ausgangseinheit, Rechtsform der Zieleinheit/Beteiligungskombination mit der – (internationales Steuerrecht) 31 7 ff.
- einleitender Überblick 31 7 f.
- steuerliche Abzugsfähigkeit von Aufwendungen im Zusammenhang mit Wirtschaftstätigkeiten im Ausland 31 10
- steuerliche Abzugsfähigkeit von ausländischen Verlusten im Zusammenhang mit inländischen Einkünften 31 11
- Vermeidung der Doppelbesteuerung bzw. Minimierung der Steuerlast 31 9
- Vermeidung der Realisierung von stillen Reserven bei der Überführung von Wirtschaftsgütern in einen ausländischen Produktionsstandort 31 12

Ausgleichspostenmethode
- Überführung von Wirtschaftsgütern in eine ausländische Betriebsstätte 33 59 ff.

Auskunftsanspruch
- Verteilung der Erlöse (Forderungsanmeldung und Erlösverteilung, Insolvenz in Drittstaaten) 36 93

Abtretungsvertrag
- anwendbares Recht bzgl. GmbH-Geschäftsanteilsübertragung im Ausland 8 5 ff.

Ausland
- Anknüpfung der Form an das Gesellschaftsstatut bzgl. Anteilsabtretung im – 8 11
- Aufwendungen im Zusammenhang mit Geschäftstätigkeiten im – 33 1 ff.
- GmbH-Geschäftsanteilsübertragung im – als Teil des Formstatuts 8 7
- GmbH-Geschäftsanteilsübertragung im – als Teil des Gesellschaftsstatuts 8 6
- Reichweite des –s bei Anteilsabtretung im – 8 4 f.
- steuerliche Abzugsfähigkeit von Aufwendungen im Zusammenhang mit Wirtschaftstätigkeiten im – 31 10 ff.
- Übertragung von GmbH-Geschäftsanteilen im – 8 1 ff.

halbfette Zahlen = Paragraphen **Sachverzeichnis**

– Verlagerung von Gewinnen ins – bzw. Verlagerung von Kosten ins Inland/AStG (sog. Wegzugsbesteuerung) **34** 9
– Verlagerungen des Unternehmenssitzes ins – **57** 67 ff.
– Wegzugsbesteuerung, Wohnsitzwechsel ins – **34** 237 ff.
– Wirtschaftstätigkeiten im –, Finanzierung der Zieleinheit und/oder der Ausgangseinheit **31** 19

Ausland Ltd. 12 45 ff.
Ausland, AG
– Belgien **47** 7 ff.
– Dänemark **47** 87 ff.
– Frankreich **47** 131 ff.
– Japan **47** 330 ff.
– Liechtenstein **47** 349 ff.
– Luxemburg **47** 365 ff.
– Niederlande **47** 425 ff.
– Österreich **47** 468 ff.
– Schweiz **47** 491 ff.
– Spanien **47** 567 ff.
– Volksrepublik China **47** 60 ff.

Ausland, Aktien einer AG
– Dänemark **47** 90
– Frankreich **47** 136 f.
– Italien **47** 307 ff.
– Japan **47** 335
– Luxemburg **47** 371 f.
– Niederlande **47** 429 f.
– Österreich **47** 470 f.
– Schweiz **47** 499 ff.
– Spanien **47** 570 ff.
– Volksrepublik China **47** 63

Ausland, Anteile einer GmbH
– Frankreich **47** 119 f.
– Niederlande **47** 407 ff.
– Österreich **47** 451 ff.
– Spanien **47** 552 ff.
– Volksrepublik China **47** 49 ff.

Ausland, Arbeitnehmermitbestimmung
– Frankreich **47** 97
– Niederlande **47** 389 ff.
– Schweiz **47** 484

Ausland, Aufsichtsorgan einer GmbH
– Niederlande **47** 423 f.
– Österreich **47** 465 ff.
– Volksrepublik China **47** 58

Ausland, Gesellschaftsformen
– Frankreich **47** 94 ff.
– Japan **47** 318 ff.
– Liechtenstein **47** 345 ff.
– Schweiz **47** 479 ff.
– Spanien **47** 531 ff.
– Volksrepublik China **47** 33 ff.

Ausland, Gründung
– business corporation in den USA **47** 610

– LLP, Limited Liability Partnership (LLP) bzgl. Personengesellschaften in Großbritannien **47** 178
– Private Company Limited by Shares in Großbritannien **47** 190 ff.

Ausland, Gründung einer GmbH
– Belgien **47** 20
– Frankreich **47** 112 ff.
– Italien **47** 278 ff.
– Luxemburg **47** 378
– Niederlande **47** 400 ff.
– Österreich **47** 445 ff.
– Schweiz **47** 516 f.
– Spanien **47** 545 ff.
– Volksrepublik China **47** 43 ff.

Ausland, persönliche Haftung der Gesellschafter einer GmbH
– Frankreich **47** 124 f.
– Italien **47** 296 f.
– Niederlande **47** 416 f.
– Österreich **47** 458 ff.
– Spanien **47** 558

Ausland, Überblick Gesellschaftsformen
– Belgien **47** 1 ff.
– Dänemark **47** 67 ff.
– Frankreich **47** 94 f.
– Großbritannien **47** 151 ff.
– Italien **47** 268
– Japan **47** 318 ff.
– Luxemburg **47** 360
– Niederlande **47** 384 ff.
– Österreich **47** 432
– Österreich **47** 432 ff.
– Schweiz **47** 479 f.
– Spanien **47** 531 f.
– USA **47** 580 ff.
– Volksrepublik China **47** 33 f.

Ausland, Umwandlung von Gesellschaften
– Frankreich **47** 98
– Großbritannien **47** 159 f.
– Italien **47** 270
– Niederlande **47** 38 ff.
– Österreich **47** 435 ff.
– Schweiz **47** 482 f.
– Spanien **47** 534
– Volksrepublik China **47** 36

Ausland, Verlagerungen des Unternehmenssitzes ins –
– Gestaltungsmöglichkeiten und – grenzen (Gestaltungsfreiheit und Bestandsschutz) **57** 67 ff.

Ausländisch investierte Unternehmen
– Sonderrecht der –-n in der Volksrepublik China **47** 65 f.

Ausländische Basisgesellschaften
– Beteiligung an –n –/Verlagerung des Steuersubjekts (des Steuerpflichtigen) ins Ausland, §§ 7–14 AStG (sog. Hinzurechnungsbesteuerung) **34** 6

Sachverzeichnis

magere Zahlen = Randnummern

Ausländische Betriebsstätte
- EU- oder EWR-Staat, welcher zur Bundesrepublik Deutschland ein Nicht-DBA-Staat ist oder für die beiden Staaten gilt nach einem DBA die Anrechnungsmethode **33** 52 ff.
- EU- oder EWR-Staat, welcher zur Bundesrepublik Deutschland ein DBA-Staat ist und für die beiden Staaten gilt nach einem DBA die Freistellungsmethode **33** 56
- Nicht-DBA-Staat oder für sie gilt nach einem DBA die Anrechnungsmethode **33** 57
- Nicht-EU- oder Nicht-EWR-Staat, welcher zur Bundesrepublik Deutschland ein DBA-Staat ist oder für die beiden Staaten gilt nach einem DBA die Freistellungsmethode **33** 58 f.
- Überführung von Wirtschaftsgütern in eine – **33** 49 ff.

Ausländische Börsenzulassung, Ausnahme für inländische Zielgesellschaften 63 27 ff.

Ausländische bzw. grenzüberschreitende Umwandlungen, steuerliche Rückwirkung 59 123 ff.

Ausländische Entscheidungen, Vollstreckbarkeit 36 52 f.

Ausländische Gesellschaften 47 (s. auch unter den Begriffen AG, Ausland, GmbH etc.)
- Basisgesellschaften mit Einkünften mit Kapitalanlagecharakter, bzgl. Beteiligung an –n –, § 7 Abs. 6 und Abs. 6a AStG **34** 76 ff.

Ausländische Meistertitel
- Sozialversicherungs-/Gewerberecht **25** 7

Ausländische Rechtsanwaltsgesellschaft
- Haftung der Mitglieder einer –n – (Haftungstatbestände Gläubigerschutz) **23** 54 ff.

Ausländische Rechtsformen 2 21

Ausländische Schiedssprüche 18 84 ff.
- Grundlagen **18** 84 f.
- Vollstreckbarkeit ausländischer Schiedssprüche **18** 86 ff.

Ausländische Steuern
- Abzug –r – nach § 34c Abs. 2 EStG (Vermeidung der Doppelbesteuerung für natürliche Personen) **32** 244 ff.
- Abzug –r – nach § 34c Abs. 3 EStG (Vermeidung der Doppelbesteuerung für natürliche Personen) **32** 248 ff.
- Anrechnung der –n – nach § 26 Abs. (Vermeidung der Doppelbesteuerung für Körperschaften) 1 KStG **32** 257 f.
- Anrechnung der –n – nach § 34c Abs. 1 EStG (Vermeidung der Doppelbesteuerung für natürliche Personen) **32** 234 ff.

Ausländische Tochter-(Kapital-)Gesellschaften
- Verluste von – **33** 39 ff.

Ausländische Verluste
- im Zusammenhang mit inländischen Einkünften **33** 18 ff.

Ausländische Verluste im Zusammenhang mit inländischen Einkünften 33 18 ff.
- § 2a Abs. 2 EStG (Aktivitätsklausel) **33** 30 ff.
- Allgemeines **33** 22 ff.; **33** 33 ff.
- DBA-Sachverhalt mit Freistellungsmethode – Anwendungsbereich des früheren § 2a Abs. 3 und Abs. 4 EStG **33** 33 ff.
- dogmatische Einordnung des Verlustabzugs bei DBA-Sachverhalten mit Freistellungsmethode **33** 36 f.
- Exkurs: Verluste von ausländischen Tochter-(Kapital-)Gesellschaften **33** 39 ff.
- Nicht-DBA-Sachverhalt oder DBA-Sachverhalt mit Anrechnungsmethode – Anwendungsbereich von § 2a Abs. 1 und Abs. 2 EStG **33** 22 ff.
- Verfassungsmäßigkeit und Übereinstimmung mit EU-Recht **33** 38

Ausländische Verluste, steuerliche Abzugsfähigkeit von –n –n im Zusammenhang mit inländischen Einkünften
- Finanzierung der Zieleinheit und/oder der Ausgangseinheit (internationales Steuerrecht) **31** 20
- Rechtsform der Zieleinheit/Beteiligungskombination mit der Ausgangseinheit (internationales Steuerrecht) **31** 11

Ausländischer Produktionsstandort, Vermeidung der Realisierung von stillen Reserven bei der Überführung von Wirtschaftsgütern in einen –n –
- internationales Steuerrecht, Finanzierung der Zieleinheit und/oder der Ausgangseinheit **31** 21

Ausländischer Staat
- Verlegung des Verwaltungssitzes von einem –n in einen anderen **52** 27

Ausländisches Insolvenzverfahren, Anerkennung
- Wirkungen des ausländischen Insolvenzverfahrens im Inland (Insolvenz in Drittstaaten) **36** 32 ff.

Ausländisches Insolvenzverfahren, Anerkennung bei Insolvenz in Drittstaaten 36 32 ff.
- Allgemeines **36** 32
- Ausnahmen **36** 39 ff.
- Gegenstand der Anerkennung **36** 33 ff.
- Rechtsfolgen der Anerkennung **36** 44 ff.

Ausländisches Insolvenzverfahren, Bekanntmachung
- Durchsetzung des ausländischen Insolvenzverfahrens (Insolvenz in Drittstaaten) **36** 49

Ausländisches Insolvenzverfahren, Durchsetzung
- Wirkungen des ausländischen Insolvenzverfahrens im Inland (Insolvenz in Drittstaaten) **36** 47 ff.

halbfette Zahlen = Paragraphen **Sachverzeichnis**

Ausländisches Insolvenzverfahren, Durchsetzung bei Insolvenz in Drittstaaten 36 47 ff.
– Bekanntmachung des ausländischen Insolvenzverfahrens **36** 49
– Nachweis der Verwalterbestellung und Unterrichtung des Gerichts **36** 50
– Sicherungsmaßnahmen **36** 48
– Vollstreckbarkeit ausländischer Entscheidungen **36** 52 f.
– zuständiges Insolvenzgericht **36** 51

Ausländisches Insolvenzverfahren, Wirkung im Inland
– Insolvenz in Drittstaaten **36** 31 ff.

Ausländisches Vertragsstatut, Anwendung vertragsrechtlicher Normen des WpÜG (Art. 9 Rom I-VO) 64 9 ff.
– Anwendung des § 15 Abs. 3 Satz 2 WpÜG als Eingriffsnorm **64** 13 ff.
– Anwendung des § 31 WpÜG als Eingriffsnorm **64** 15 ff.
– grundsätzlicher Charakter der WpÜG-Vorschriften als Eingriffsnormen **64** 9 ff.

Auslandsgesellschaften
– Durchsetzung inländischer Gewerbeverbote gegenüber – **25** 3 f.
– Schutzdefizite bei – im Gläubigerschutz **23** 2 ff.

Auslandsinvestment-Gesetz, Vorrang
– Beteiligung an ausländischen Gesellschaften, § 7 Abs. 7 AStG **34** 93

Auslandsverschmelzungen in Drittstaaten
– grenzüberschreitende Umstrukturierungen außerhalb des Geltungsbereichs des UmwStG, Sonderregelungen für Auslandsverschmelzungen von Körperschaften in Drittstaaten (§ 12 Abs. 2 KStG) **60** 3 ff.

Auslandsverschmelzungen in Drittstaaten, Besteuerung der Anteilseigner
– grenzüberschreitende Umstrukturierungen außerhalb des Geltungsbereichs des UmwStG, Sonderregelungen für Auslandsverschmelzungen von Körperschaften in Drittstaaten (§ 12 Abs. 2 KStG) **60** 7

Auslandsverschmelzungen, Sonderregelungen für – von Körperschaften in Drittstaaten bzgl. grenzüberschreitender Umstrukturierungen außerhalb des Geltungsbereichs des UmwStG (§ 12 Abs. 2 KStG) 60 3 ff.
– Auslandsverschmelzungen in Drittstaaten (§ 12 Abs. 2 Satz 1 KStG) **60** 3 ff.
– Besteuerung der Anteilseigner bei Auslandsverschmelzungen in Drittstaaten (§ 12 Abs. 2 Satz 2 KStG) **60** 7

Auslegung, autonome
– Insolvenz innerhalb der EU (europarechtliche Aspekte) **35** 6

Ausnahmen
– Anerkennung des ausländischen Insolvenzverfahrens (Insolvenz in Drittstaaten) **36** 39 ff.
– grenzüberschreitende Verschmelzung von Kapitalgesellschaften, international verschmelzungsfähige Gesellschaften (§ 122 b Abs. 2 UmwG) **53** 32 ff.

Ausnahmen von der lex fori concursus (Insolvenz in Drittstaaten) 36 18 ff.
– Arbeitsverhältnis **36** 23 f.
– Aufrechnung **36** 25 f.
– Insolvenzanfechtung **36** 27
– organisierte Märkte, Pensionsgeschäfte **36** 28 ff.
– Vertrag über einen unbeweglichen Gegenstand **36** 20 ff.

Ausnahmen von der lex fori concursus (Insolvenz innerhalb der EU) 35 111 ff.
– Arbeitsvertrag **35** 127 f.
– Aufrechnung **35** 120 f.
– benachteiligende Handlungen **35** 132 f.
– dingliche Sicherungsrechte **35** 112 ff.
– Eigentumsvorbehalt **35** 122 f.
– Gemeinschaftspatente und -marken **35** 131
– Schutz des Dritterwerbers 134
– Sonderregelungen **35** 111
– Vertrag über einen unbeweglichen Gegenstand **35** 124
– Wirkung auf eintragungspflichtige Rechte **35** 129 ff.
– Wirkungen des Insolvenzverfahrens auf anhängige Rechtsstreitigkeiten **35** 135 f.
– Zahlungssysteme und Finanzmärkte **35** 125 f.

Ausscheiden von Mitgliedern
– aus der europäischen wirtschaftlichen Interessenvereinigung (EWIV) **48** 48 ff.

Ausschließlicher Gerichtsstand
– gesellschaftsinterne Streitigkeiten (Zivilrecht, internat. Gerichtsstände) **28** 25 ff.
– Zwangsvollstreckungssachen (Zivilrecht, internat. Gerichtsstände) **28** 44

Ausschussbildung und Zusammensetzung, Regelungen
– Reichweite der Mitbestimmungsautonomie (Gestaltungsfreiheit und Bestandsschutz) **57** 49

Ausschüttung von Gewinnanteilen
– Beteiligung an ausländischen Gesellschaften, § 11 AStG **34** 75

Ausschüttungen an die Gesellschafter
– Societas Privata Europaea – SPE (europäische Privatgesellschaft **50** 44 ff.

Außenhaftung
– nicht abgeführter Sozialversicherungsbeiträge (Haftungstatbestände Gläubigerschutz) **23** 51

Außensteuergesetz 34 1 ff. (s. auch folgende Hauptstichworte)

Außensteuergesetz, Familienstiftungen, § 15 AStG 34 272 ff.
– Allgemeines **34** 272

1465

Sachverzeichnis   magere Zahlen = Randnummern

- persönlicher Anwendungsbereich von § 15 AStG **34** 278 ff.
- sachlicher Anwendungsbereich von § 15 AStG **34** 273 ff.

Außensteuergesetz, Mitwirkungs- und Informationspflichten 34 281 ff.

Außensteuergesetz, Regelungsbereiche 34 5 ff.

- Verlagerung des Steuersubjekts (des Steuerpflichtigen) ins Ausland/Beteiligung an
- Verlagerung von Gewinnen ins Ausland bzw. Verlagerung von Kosten ins Inland/
- Fallgruppe: Verlagerung des Steuersubjekts ins Ausland/Wohnsitzwechsel in niedrig besteuernde Gebiete, §§ 2–5 AStG (sog. erweiterte beschränkte Einkommensteuerpflicht) **34** 8
- Fallgruppe: Verlagerung des Steuersubjekts (des Steuerpflichtigen) ins Ausland/Behandlung wesentlicher Beteiligungen bei Wohnsitzwechsel ins Ausland, § 6 AStG (sog. Wegzugsbesteuerung) **34** 9
- Fallgruppe: Verlagerung des Steuersubjekts (des Steuerpflichtigen) ins Ausland/Steuerpflicht von Stiftern, § 15 AStG **34** 10
- Berichtigung von Einkünften, § 1 AStG **34** 7
- Verfahrens- und Schlußbestimmungen, §§ 16–22 AStG **34** 11
- ausländischen Basisgesellschaften, §§ 7–14 AStG (sog. Hinzurechnungsbesteuerung) **34** 6

Außensteuergesetz, Zielsetzung 34 1 ff.

- Regelungsbereiche des Außensteuergesetzes **34** 5 ff.
- Vermeidung der Verlagerung von Einkünften und Vermögen in Niedrigsteuerländer: Zielsetzung des Außensteuergesetzes **34** 2 ff.

Außenwirtschaftsrecht 2 102 ff.

Außervertragliche Schuldverhältnisse, Anknüpfung aus dem Übernahmeangebot entstehender –r– (Vertragsrecht) 64 19 ff.

- Ansprüche aufgrund einer Verletzung der Angebotspflicht (§§ 35, 38 WpÜG) **64** 31 ff.
- Ansprüche aus § 12 WpÜG **64** 24 ff.
- Ansprüche aus § 13 WpÜG **64** 29 ff.
- Überblick **64** 19 ff.

Ausübung von Gläubigerrechten

- Forderungsanmeldung und Erlösverteilung (Insolvenz in Drittstaaten) **36** 87 ff.

Ausübung von Gläubigerrechten bei Forderungsanmeldung und Erlösverteilung (Insolvenz in Drittstaaten) 36 87 ff.

- allgemeines Anmelderecht **36** 87
- Anmeldebefugnis und Bevollmächtigung des Insolvenzverwalters **36** 88 f.

Auswirkung im Inland bei der Löschung einer englischen Limited 30 4 ff.

- anwendbares nationales Recht **30** 10 ff.
- einschlägige gesellschaftsrechtliche Regelungen **30** 13 ff.

- Existenz inländischen Restvermögens **30** 5 ff.
- Fortbestand der Gesellschaft **30** 5 ff.
- kein Restvermögen im Inland **30** 4
- Nachtragsliquidation **30** 15 ff.
- Wiedereintragung **30** 17

Auswirkung und Bestimmung des Insolvenzstatuts

- insolvenzrechtliche Aspekte (Sanierungsmigration) **37** 30 ff.

Auswirkung und Bestimmung des Insolvenzstatuts bzgl. insolvenzrechtliche Aspekte (Sanierungsmigration) 37 30 ff.

- Anerkennung und Wirkung des Hauptverfahrens **37** 42 ff.
- Eurofood-Entscheidung des EuGH **37** 30 ff.
- Fremdgläubiger, für, erkennbarer effektiver Verwaltungssitz **37** 36 ff.
- Zeitpunkt **37** 41

Autonome Auslegung

- Insolvenz innerhalb der EU (europarechtliche Aspekte) **35** 6

Autonomes deutsches Recht

- Verwaltungssitzverlegung, Einfluss der Niederlassungsfreiheit **52** 16

Autonomes Kollisionsrecht

- Verwaltungssitzverlegung, Zuzug aus Drittstaaten **52** 9

Autonomes nationales Prozessrecht

- Zivilverfahrensrecht **28** 9 f.

Avoidance of certain floating charges

- Insolvenzanfechtung **41** 39

Balance sheet insolvency gem. s. 123(2) IA 1986 und s. 214(6) IA 1986 (Überschuldung) bzgl. Insolvenzgründe 38 25 ff.

- Ansatz der Aktiva **38** 30 f.
- Ansatz der Passiva **38** 27 ff.
- Grundlagen **38** 25 f.
- Nachweis im Verfahren **38** 32

Banken (senior secured lenders)

- Fallstudie Schefenacker, Sanierung nach englischem Recht **42** 8

Bankrott 26 15 ff.

Bare Zuzahlung und Umtauschverhältnis der Gesellschaftsanteile

- grenzüberschreitende Verschmelzung von Kapitalgesellschaften, Verschmelzungsplan **53** 48 ff.

Bareinlagen 5 38 ff.

Basisgesellschaften

- mit Einkünften mit Kapitalanlagecharakter, bzgl. Beteiligung an ausländischen Gesellschaften, § 7 Abs. 6 und Abs. 6a AStG **34** 76 ff.

Basisgesellschaften, Gründung

- Gestaltungen über Drittländer/Steuerflucht (internationales Steuerrecht) **31** 22

halbfette Zahlen = Paragraphen **Sachverzeichnis**

Bedeutung des selbstständigen moratorium
- Company Voluntary Arrangement (CVA), Verfahrensschritte **39** 4

Beendigung
- Administration (Insolvenzverfahren) **38** 77
- Creditors' voluntary winding up (Insolvenzverfahren) **38** 86 ff.
- europäische Genossenschaft (SCE) **51** 40 f.
- europäische wirtschaftliche Interessenvereinigung (EWIV) **48** 69 ff.

Beendigung der europäischen wirtschaftlichen Interessenvereinigung (EWIV) 48 69 ff.
- Abwicklung **48** 72
- Auflösung **48** 70 f.
- Insolvenz **48** 74
- Nichtigkeit **48** 73

Beendigung und Durchführung
- Compulsory winding up (Insolvenzverfahren) **38** 97 ff.

Befugnisse
- ständiger Vertreter bzgl. Zweigniederlassung **21** 9 f.

Behandlung von Beteiligungen im Sinne von § 17 EStG bei Wohnsitzwechsel ins Ausland 34 237 ff.
- Allgemeines **34** 237 ff.
- Ersatz-/Ergänzungstatbestände nach § 6 Abs. 3 AStG **261** ff.
- spätere tatsächliche Veräußerung/Verhältnis von § 49 Abs. 1 Nr. 2 lit. e) EStG zu § 6 AStG **34** 252 ff.
- Stundung nach § 6 Abs. 5 AStG **34** 268
- Tatbestandsvoraussetzungen der Wegzugsbesteuerung **34** 245 ff.
- Vorübergehende Abwesenheit, § 6 Abs. 4 AStG **34** 267
- Wegzug in einen EU-Mitgliedstaat oder in einen EWR-Staat sowie Ersatztatbestände, § 6 Abs. 5 AStG **34** 269 ff.

Beherrschung einer ausländischen Gesellschaft, unternehmensvertragliche 14 100 ff.
- Gesellschaftsstatut der beherrschten Gesellschaft **14** 101
- Gesellschaftsstatut des herrschenden Unternehmens **14** 102

Beherrschung einer deutschen Gesellschaft, faktische, 14 103 ff.
- Gesellschaftsstatut der Gesellschaft **14** 103 ff.
- Gesellschaftsstatut des herrschenden Unternehmens **14** 106
- Sonderanknüpfungen **14** 107

Beherrschung einer Gesellschaft, unternehmensvertragliche, 14 93 ff.
- Gesellschaftsstatut der beherrschten Gesellschaft **14** 94 ff.

- Gesellschaftsstatut des herrschenden Unternehmens **14** 98

Beherrschung eines ausländischen Unternehmens, faktische, 14 108 f.
- Gesellschaftsstatut des beherrschten Unternehmens **14** 108
- Gesellschaftsstatut des herrschenden Unternehmens **14** 109

Beherrschungs- und Gewinnabführungsverträge, grenzüberschreitende –, grenzüberschreitender Unterordnungskonzern (internationales Konzernrecht) 44 15 ff.
- deutsches beherrschtes Unternehmen **44** 15 ff.
- deutsches herrschendes Unternehmen **44** 21 ff.

Beherrschungs- und Gewinnabführungsverträge, grenzüberschreitende
- grenzüberschreitender Unterordnungskonzern (internationales Konzernrecht) **44** 15 ff.

Beispielskatalog des Art. 4 Abs. 2 S. 2 EuInsVO
- Insolvenz innerhalb der EU, anwendbares Recht, Umfang des Insolvenzstatuts **35** 89 ff.
- Qualifikation außerhalb des – s, bzgl. Insolvenz innerhalb der EU, anwendbares Recht, Umfang des Insolvenzstatuts **35** 109 f.

Bekanntmachung des ausländischen Insolvenzverfahrens
- Durchsetzung des ausländischen Insolvenzverfahrens (Insolvenz in Drittstaaten) **36** 49

Bekanntmachung und Einreichung des Verschmelzungsplans
- grenzüberschreitende Verschmelzung von Kapitalgesellschaften nach §§ 122 a ff. UmwG **53** 55 ff.

Beklagtenwohnsitz
- allgemeiner Gerichtsstand (Zivilrecht, internat. Gerichtsstände) **28** 20 ff.

Belegenheits- oder Quellenbesteuerung 32 2 f.

Belgien, Gesellschaftsformen 47 1 ff.
- AG **47** 7 ff.
- GmbH **47** 20 ff.
- Personengesellschaften **47** 5 f.
- Überblick **47** 1 ff.

Belgien, Gesellschaftsformen, AG 47 7 ff.
- Aktien **47** 11 f.
- Gründung **47** 7 f.
- Hauptversammlung **47** 13 f.
- Liquidation **47** 19
- persönliche Haftung der Gesellschafter **47** 18
- Stammkapital **47** 9 f.
- Verwaltungsrat **47** 15 ff.

Belgien, Gesellschaftsformen, GmbH 47 20 ff.
- Geschäftsanteile und Gesellschafter **47** 23 ff.
- Geschäftsführung **47** 30 f.

Sachverzeichnis

magere Zahlen = Randnummern

- Gesellschafterversammlung **47** 27 ff.
- Grundkapital **47** 21 f.
- Gründung **47** 20
- Starter-Gesellschaft **47** 32

Belgien, Gesellschaftsformen, Überblick 47 1 ff.
- Grundlagen **47** 1
- Handelsregister **47** 2
- internationales Gesellschaftsrecht **47** 4
- Verschmelzung und Spaltung von Gesellschaften **47** 3

Benachteiligende Handlungen
- Ausnahmen von der lex fori concursus (Insolvenz innerhalb der EU) **35** 132 f.

Berechnung des Hinzurechnungsbetrags, § 10 AStG 34 68 ff.
- Grundsätze der Gewinnermittlung nach § 10 Abs. 1, Abs. 3 und Abs. 4 AStG **34** 70
- Grundsätzliches **34** 68 f.
- Sonstiges **34** 73 f.
- Systematik der Besteuerung des Hinzurechnungsbetrags nach § 10 Abs. 2 AStG **34** 71 f.

Bereicherungsrecht 14 19 ff.
- Anknüpfung bei b.rechtlichen Ansprüchen **14** 19 ff.

Bereichsausnahmen
- Insolvenz innerhalb der EU (persönlicher Anwendungsbereich) **35** 34

Berichtigung von Einkünften
- Tatbestandsvoraussetzungen für die – nach § 1 AStG, bzgl. Außensteuergesetz/internationale Verflechtungen **34** 121 f.

Berichtigung von Einkünften nach § 1 AStG 34, Tatbestandsvoraussetzungen 34 121 f.
- Allgemeines **34** 121
- Geschäftsbeziehungen **34** 122

Berufsgenossenschaft
- Zwangsmitgliedschaft in der – (Sozialversicherungs-/Gewerberecht) **25** 6

Berufungszuständigkeit
- Zivilrecht/Verfahrensfragen **28** 53

Beschlussfassung in den Gründungsgesellschaften
- erste Gründungsphase einer Holding-SE (Societas Europaea) **49** 38 ff.

Beschlussmängel
- Gesellschafterversammlung **15** 44 ff.
- Gesellschafterrechte **15** 44 ff.

beschränkte Anwendung des WpÜG bzgl. internationaler Anwendungsbereich des WpÜG (bzgl. Kapitalwahlrecht, § 1 Abs. 2 und Abs. 3 WpÜG) 63 26 ff.
- Ausnahme für inländische Zielgesellschaften mit ausländischer Börsenzulassung **63** 27 ff.
- Ausnahme für europäische Zielgesellschaften **63** 31 ff.

Beschränkungen, statutarische, der Vertretungsmacht
- Geschäftsführung und Vertretung der Gesellschaft einer Private Company Limited by Shares in Großbritannien **47** 238 f.

Besitz-, Zeichnungs- und Erwerbsverbote
- internationales Konzernrecht (sonstige Regelungen zu verbundenen Unternehmen) **44** 45

Besondere Rechtsfähigkeiten 19 23 ff.
- Beteiligungsfähigkeit **19** 28 ff.
- Deliktsfähigkeit **19** 25 ff.
- Grundanknüpfung **19** 23 f.
- Grundbuchfähigkeit **19** 35 ff.
- Insolvenzfähigkeit 19 53 ff.
- Organfähigkeit **19** 32
- Partei-, Prozess- und Postulationsfähigkeit **19** 39 ff.
- Scheck-, Wechsel- und Anleihefähigkeit **19** 33 f.

Besonderes Verhandlungsgremium
- Bildung bei grenzüberschreitender Mitbestimmung **58** 13 ff.
- einseitiger Verzicht auf Verhandlungen (Verfahren bei grenzüberschreitender Mitbestimmung) **58** 40 ff.
- Entbehrlichkeit **58** 37 ff.
- Konstitution **58** 22 f.

Bestandsschutz und Gestaltungsfreiheit
- europäisches Mitbestimmungsregime **57** 19 ff.
- Gestaltungsmöglichkeiten und -grenzen **57** 60 ff.
- Grundzüge **57** 1 ff.
- Mitbestimmung kraft Gesetzes **57** 50 ff.
- verhandelte Mitbestimmung **57** 32 ff.

Bestandsschutz und Gestaltungsfreiheit, europäisches Mitbestimmungsregime 57 19 ff.
- Anwendbarkeit der Teilkonzernregelung des § 5 Abs. 3 MitbestG **57** 29 ff.
- Verdrängung des nationalen Mitbestimmungsrechts bei der SE **57** 21 f.
- Verdrängung des nationalen Mitbestimmungsrechts bei grenzüberschreitenden –
- Verschmelzungen gemäß §§ 122 a ff. UmwG **57** 23 ff.

Bestandsschutz und Gestaltungsfreiheit, Gestaltungsmissbrauch 57 86 ff.
- Entzug oder Vorenthaltung von Beteiligungsrechten **57** 88 ff.
- Missbrauch der SE **57** 91 ff.
- Rechtsfolgen eines Missbrauchs der SE **57** 94–97; **56** 60 ff.

Bestandsschutz und Gestaltungsfreiheit, Gestaltungsmöglichkeiten und -grenzen 57 60 ff.
- „Einfrieren" des Mitbestimmungsniveaus **57** 66
- Gestaltungsmissbrauch **57** 86 ff.
- Nutzung von Vorratsgesellschaften **57** 70 ff.

halbfette Zahlen = Paragraphen

Sachverzeichnis

– Pflicht zur Nachverhandlung bei strukturellen Änderungen **57** 76 ff.
– Verkleinerung des Aufsichtsrats **57** 64 f.
– Verlagerungen des Unternehmenssitzes ins Ausland **57** 67 ff.

Bestandsschutz und Gestaltungsfreiheit, Gestaltungsmöglichkeiten, Pflicht zur Nachverhandlung bei strukturellen Änderungen 57 76 ff.
– Minderung von Beteiligungsrechten **57** 81 ff.
– Strukturelle Änderung **57** 77 ff.

Bestandsschutz und Gestaltungsfreiheit, Grundzüge 57 1 ff.
– Verhandlungslösung statt gesetzgeberischer Anordnung **57** 3 f.
– Schutz erworbener Rechte **57** 5 ff.

Bestandsschutz und Gestaltungsfreiheit, Mitbestimmung kraft Gesetzes 57 50 ff.
– Voraussetzungen **57** 51
– Vorher-/Nachher-Prinzip **57** 55 ff.

Bestandsschutz und Gestaltungsfreiheit, Reichweite der Mitbestimmungsautonomie 57 42 ff.
– Regelungen hinsichtlich Ausschussbildung und Zusammensetzung **57** 49
– Regelungen zur Größe des Aufsichts- oder Verwaltungsrats **45** ff.

Bestandsschutz und Gestaltungsfreiheit, Schutz erworbener Rechte 57 5 ff.
– Auffanglösung **57 ff.**
– Missbrauchsverbot **57** 18
– Qualifizierte Mehrheitserfordernisse **57** 9, 10
– Sperrfristen **57** 13 ff.
– Sperrwirkung beim Formwechsel in die SE **57** 11 f.

Bestandsschutz und Gestaltungsfreiheit, verhandelte Mitbestimmung 57 32 ff.
– Abschlusskompetenz **57** 36 ff.
– Rechtsnatur der Mitbestimmungsvereinbarung **57** 33 ff.
– Reichweite der Mitbestimmungsautonomie **57** 42 ff.

Bestandsschutz und Gestaltungsfreiheit, Voraussetzungen für Mitbestimmung kraft Gesetzes 57 51
– Scheitern der Verhandlungen **57** 53
– Vereinbarung **57** 52
– Verzicht auf Verhandlungen **57** 54

Bestätigung des scheme of arrangement
– Fallstudie Rodenstock **42** 60 ff.

Bestätigung, gerichtliche
– Scheme of Arrangement (Sanierungsverfahren) **39** 68 ff.

Bestehen
– Zweigniederlassung **21** 6

Bestellschein 11 34 ff.

Bestellung
– Geschäftsleiter **12** 30

Bestellung der Arbeitnehmervertreter und Sitzverteilung im Aufsichtsrat bzgl. Verfahren bei grenzüberschreitender Mitbestimmung 58 46 ff.
– Verteilung der Sitze auf die einzelnen Mitgliedstaaten **58** 47 ff.
– Wahl der Arbeitnehmervertreter **58** 51 ff.

Bestellung der Mitglieder
– Bildung des besonderen Verhandlungsgremiums (Verfahren bei grenzüberschreitender Mitbestimmung) **58** 19 ff.

Bestellung und Abberufung der directors
– Private Company Limited by Shares in Großbritannien **47** 225 ff.

Besteuerung
– Ansässigkeits- (Vermeidung der Doppelbesteuerung) **32** 2 f.
– Anteilseigner bei Auslandsverschmelzungen in Drittstaaten (§ 12 Abs. 2 Satz 2 KStG) **60** 7
– Belegenheits- (Vermeidung der Doppelbesteuerung) **32** 2 f.
– Ebene der Gesellschafter (Steuerrecht) **27** 10 ff.
– Einkommen (Vermeidung der Doppelbesteuerung) **32** 56 ff.
– europäische wirtschaftliche Interessenvereinigung (EWIV) **48** 75
– EWIV **48** 75
– niedrige – bzgl. Hinzurechnungsbesteuerung, § 8 Abs. 3 AStG **34** 58 f.
– Quellen- (Vermeidung der Doppelbesteuerung) **32** 2 f.
– rückwirkende – der Einbringung (Geltungsbereich des UmwStG) **59** 112 ff.
– SCE, europäische Genossenschaft **51** 42 f.
– Systematik der – des Hinzurechnungsbetrags nach § 10 Abs. 2 AStG **34** 71 f.
– UmwStG **59** 112 ff.
– Vermögen (Vermeidung der Doppelbesteuerung) **32** 169
– Wohnsitz- (Vermeidung der Doppelbesteuerung) **32** 2 f.

Besteuerung der Anteilseigner bei Auslandsverschmelzungen in Drittstaaten
– grenzüberschreitende Umstrukturierungen außerhalb des Geltungsbereichs des UmwStG, Sonderregelungen für Auslandsverschmelzungen von Körperschaften in Drittstaaten (§ 12 Abs. 2 KStG) **60** 7

Besteuerung, Jahresabschluss, Lagebericht
– europäische Genossenschaft (SCE) **51** 42 f.

Besteuerung, rückwirkende, bei Einbringung von Anteilen an Kapitalgesellschaften
– Umstrukturierungen im Geltungsbereich des UmwStG, Einbringung von Betriebsvermögen in Personengesellschaften **59** 120

Sachverzeichnis

magere Zahlen = Randnummern

Bestimmung des Gesellschaftsstatuts der beteiligten Unternehmen
- grenzüberschreitender Unterordnungskonzern (internationales Konzernrecht) **44** 11 ff.

Bestimmung und Auswirkung des Insolvenzstatuts
- insolvenzrechtliche Aspekte (Sanierungsmigration) **37** 30 ff.

Bestimmung und Auswirkung des Insolvenzstatuts bzgl. insolvenzrechtliche Aspekte (Sanierungsmigration) 37 30 ff.
- Anerkennung und Wirkung des Hauptverfahrens **37** 42 ff.
- Eurofood-Entscheidung des EuGH **37** 30 ff.
- für Fremdgläubiger erkennbarer effektiver Verwaltungssitz **37** 36 ff.
- Zeitpunkt **37** 41

Beteiligte Gesellschaften
- Gründung der Societas Europaea (SE) durch Verschmelzung **49** 18

Beteiligte Unternehmen, Bestimmung des Gesellschaftsstatuts
- grenzüberschreitender Unterordnungskonzern (internationales Konzernrecht) **44** 11 ff.

Beteiligung
- an ausländischen Gesellschaften bzgl. Außensteuergesetz, §§ 7–14 AStG/die Hinzurechnungsbesteuerung **34** 12 ff.

Beteiligung an ausländischen Gesellschaften, §§ 7–14 AStG/Hinzurechnungsbesteuerung 34 12 ff.
- Basisgesellschaften mit Einkünften mit Kapitalanlagecharakter, § 7 Abs. 6 und Abs. 6a AStG **34** 76 ff.
- Gesellschaften mit gemischten Tätigkeiten/§ 9 AStG/Gesellschaften mit passiven Berechnung des Hinzurechnungsbetrags, § 10 AStG **34** 68 ff.
- Grundsätze der Hinzurechnungsbesteuerung **34** 12 ff.
- Nachgeschaltete Zwischengesellschaften, § 14 AStG **34** 84 ff.
- Steueranrechnung anstelle Steuerabzug, § 12 AStG **34** 81 ff.
- Tatbestandsvoraussetzungen der Hinzurechnungsbesteuerung **34** 20 ff.
- Tatsächliche Ausschüttung von Gewinnanteilen, § 11 AStG **34** 75
- Verhältnis der Hinzurechnungsbesteuerung zu anderen Vorschriften **34** 18 f.
- Vorrang des Auslandsinvestment-Gesetzes, § 7 Abs. 7 AStG **34** 93

Beteiligung der Altgesellschafter bei Equity-Swap/Dept nach englischem Recht 40 16 ff.
- Administration **40** 20
- Grundlagen **40** 16 f.
- Mitwirkung an Kapitalmaßnahmen **40** 18
- Nutzung von Gläubigervereinbarungen **40** 25
- Sanierungsverfahren **40** 19
- Vollstreckung von Pfandrechten und Credit Bids **40** 21 ff.

Beteiligungen, Behandlung iSv § 17 EStG bei Wohnsitzwechsel ins Ausland/Wegzugsbesteuerung, § 6 AStG 34 237 ff.
- Allgemeines **34** 237 ff.
- Ersatz-/Ergänzungstatbestände nach § 6 Abs. 3 AStG **34** 261 ff.
- spätere tatsächliche Veräußerung/Verhältnis von § 49 Abs. 1 Nr. 2 lit. e) EStG zu § 6 AStG **34** 252 ff.
- Stundung nach § 6 Abs. 5 AStG **34** 268
- Tatbestandsvoraussetzungen der Wegzugsbesteuerung **34** 245 ff.
- Vorübergehende Abwesenheit, § 6 Abs. 4 AStG **34** 267
- Wegzug in einen EU-Mitgliedstaat oder in einen EWR-Staat sowie Ersatztatbestände, § 6 Abs. 5 AStG **34** 269 ff.

Beteiligungsfähigkeit 5 61
- besondere Rechtsfähigkeiten **19** 28 ff.

Beteiligungskombination/Zieleinheit, Rechtsform der – mit der Ausgangseinheit (internationales Steuerrecht) 31 7 ff.
- einleitender Überblick **31** 7 f.
- steuerliche Abzugsfähigkeit von Aufwendungen im Zusammenhang mit Wirtschaftstätigkeiten im Ausland **31** 10
- steuerliche Abzugsfähigkeit von ausländischen Verlusten im Zusammenhang mit inländischen Einkünften **31** 11
- Vermeidung der Doppelbesteuerung bzw. Minimierung der Steuerlast **31** 9
- Vermeidung der Realisierung von stillen Reserven bei der Überführung von Wirtschaftsgütern in einen ausländischen Produktionsstandort **31** 12

Beteiligungsrechte, Entzug oder Vorenthaltung
- Gestaltungsmissbrauch (Gestaltungsfreiheit und Bestandsschutz) **57** 88 ff.

Beteiligungsrechte, Minderung
- Pflicht zur Nachverhandlung bei strukturellen Änderungen (Gestaltungsfreiheit und Bestandsschutz) **57** 81 ff.

Betriebe, Teilbetriebe und Mitunternehmeranteile, Einbringung bei Umstrukturierungen im Geltungsbereich des UmwStG 59 93 ff.
- Ansatz und Bewertung des eingebrachten Betriebsvermögens durch den übernehmenden Rechtsträger **59** 93 ff.
- Veräußerungspreis und Ansatz der als Gegenleistung gewährten Gesellschaftsanteile **59** 104 ff.

halbfette Zahlen = Paragraphen **Sachverzeichnis**

Betriebsstätte
– allgemeine Begriffsbestimmung (OECD-MA) **32** 48 ff.

Betriebsstätte, ausländische
– in einem EU- oder EWR-Staat, welcher zur Bundesrepublik Deutschland ein Nicht-DBA-Staat ist oder für die beiden Staaten gilt nach einem DBA die Anrechnungsmethode **33** 52 ff.
– in einem EU- oder EWR-Staat, welcher zur Bundesrepublik Deutschland ein DBA-Staat ist und für die beiden Staaten gilt nach einem DBA die Freistellungsmethode **33** 56
– in einem Nicht-DBA-Staat oder für sie gilt nach einem DBA die Anrechnungsmethode **33** 57
– in einem Nicht-EU- oder Nicht-EWR-Staat, welcher zur Bundesrepublik Deutschland ein DBA-Staat ist oder für die beiden Staaten gilt nach einem DBA die Freistellungsmethode **33** 58 f.
– Überführung von Wirtschaftsgütern in eine – **33** 49 ff.

Betriebsvermögen in Personengesellschaften, Einbringung bei Umstrukturierungen im Geltungsbereich des UmwStG 59 116 ff.
– Ansatz und Bewertung des eingebrachten Betriebsvermögens durch den übernehmenden Rechtsträger **59** 118
– Rechtsfolgen für den Einbringenden **59** 119
– rückwirkende Besteuerung bei Einbringung von Anteilen an Kapitalgesellschaften **59** 120

Betriebsvermögen, Ansatz und Bewertung durch den übernehmenden Rechtsträger 59 93 ff.

Betrug
– Straftatbestände **26** 25

Beurkundung
– Gesellschaftsvertrag und von Satzungsänderungen **7** 1 ff.
– GmbH-Geschäftsanteilsübertragung im Ausland als Teil des Gesellschaftsstatuts **8** 6
– GmbH-Geschäftsanteilsübertragung im Ausland als Teil des Formstatuts **8** 7

Beurkundung bzgl. GmbH-Geschäftsanteilsübertragung im Ausland
– als Teil des Formstatuts **8** 7
– als Teil des Gesellschaftsstatuts **8** 6

Beurkundung des Gesellschaftsvertrages und von Satzungsänderungen 7 1 ff.
– Anwendbarkeit des Art. 11 Abs. 1 EGBGB? **7** 1
– Substituierbarkeit bei Verfassungsakten? **7** 3

Beurkundung, notarielle
– grenzüberschreitende Verschmelzung von Kapitalgesellschaften, Verschmelzungsplan (§ 122 c Abs. 4 UmwG) **53** 51 ff.

Bevollmächtigung
– Form der – von Vertretern **13** 61

Bevollmächtigung und Anmeldebefugnis des Insolvenzverwalters
– Forderungsanmeldung und Erlösverteilung (Ausübung von Gläubigerrechten, Insolvenz in Drittstaaten) **36** 88 f.

Bevollmächtigung, Form 13 61

Beweis- und Darlegungslast
– für allg. Rechtsfähigkeit **19** 21 f.

Bewertung und Ansatz der eingebrachten Anteile durch den übernehmenden Rechtsträger 59 93 ff., 106 ff., 118

Bezug, grenzüberschreitender
– Gründung bzgl. der europäischen wirtschaftlichen Interessenvereinigung (EWIV) **48** 14
– Insolvenz innerhalb der EU (territorialer Anwendungsbereich) **35** 22 f.
– Societas Privata Europaea – SPE (europäische Privatgesellschaft) **50** 21 f.

Bezugsrecht
– Gesellschafterversammlung und -rechte **15** 50

Bieterin
– ausländische Gesellschaft als – **61** 35 ff.
– deutsche AG als – **61** 40 ff.

Bildung des besonderen Verhandlungsgremiums
– Verfahren bei grenzüberschreitender Mitbestimmung **58** 13 ff.

Bildung des besonderen Verhandlungsgremiums bzgl. Verfahren bei grenzüberschreitender Mitbestimmung 58 13 ff.
– Bestellung der Mitglieder **58** 19 ff.
– Konstitution des besonderen Verhandlungsgremiums **58** 22 f.
– Sitzverteilung **58** 13 ff.

Bindungswirkung
– Scheme of arrangement gem. ss. 895 ff. CA 2006 (Insolvenzverfahren) **38** 53
– Scheme of arrangement (Sanierungsverfahren) **39** 71 f.

Bindungswirkung und Abstimmung
– Company Voluntary Arrangement (CVA), Sanierungsverfahren **39** 14 ff.

Blitzgesellschaft (Sociedad Limitada Nueva Empresa)
– Spanien **47** 563 ff.

Board of Directors einer Private Company Limited by Shares in Großbritannien 47 222 ff.
– Bestellung und Abberufung **47** 225 ff.
– Funktion **47** 222
– insolvenzrechtliche Haftung der directors **47** 232 ff.
– Pflichten der directors **47** 229 ff.
– Qualifikation der Direktoren **47** 223 f.
– shadow director **47** 228

1471

Sachverzeichnis

magere Zahlen = Randnummern

Bondholder, Company Voluntary Arrangement (CVA)
– Fallstudie Schefenacker, Sanierung nach englischem Recht **42** 9 ff.

Börsennotiertes Inlandsgesellschaft im Drittstaat
– Kapitalmarktrecht, Übernahmen bei Börsenzulassung in Drittstaaten **63** 57 ff.

Börsenzulassung in Drittstaaten, Übernahmen bei 63 50 ff.
– Drittstaat, nur im, börsennotierte Inlandsgesellschaft **63** 57 ff.
– Mehrfachnotierung der Zielgesellschaft **63** 51 ff.
– Überblick **63** 50

Börsenzulassung, ausländische, Ausnahme für inländische Zielgesellschaften
– Kapitalmarktrecht, internationaler Anwendungsbereich des WpÜG, beschränkte Anwendung des WpÜG (§ 1 Abs. 2 und Abs. 3 WpÜG) **63** 27 ff.

Brochier (Fallstudie)
– Bedeutung für künftige Sanierungsmigrationen **42** 33
– Gefahr durch Sekundärinsolvenzverfahren **42** 45 ff.
– gescheiterte Verlegung des COMI **42** 34 ff.
– Race to the court **42** 40 f.
– Reaktion auf die zwei eröffneten Hauptinsolvenzverfahren **42** 42 ff.

Buchführung
– für steuerliche Zwecke und Rechnungslegung **24** 7

Bürgerliche Gesellschaft s. Gesellschaft bürgerlichen Rechts) **im Ausland**

Bürgschaften/Garantien/Patronatserklärungen
– Geschäftsbeziehungen/Außensteuergesetz **34** 176 ff.

Business Corporation (USA) 47 605 ff.
– Aktien **47** 616 ff.
– Arten **47** 605 ff.
– Geschäftsführung **47** 620 ff.
– Gründung **47** 610
– Haftungsdurchgriff **47** 630 ff.
– Hauptversammlung **47** 625 ff.
– Kapital **47** 611 f.
– Rechtliche Grundlagen **47** 608 f.

Business trust (USA) 47 633 f.

Cartesio, EuGH-Entscheidung
– grenzüberschreitender Formwechsel, Zulässigkeit innerhalb der EU **54** 3 f.

Cash flow insolvency gem. s. 123(1)(e) IA 1986 (Zahlungsunfähigkeit), bzgl. Insolvenzgründe 38 15 ff.
– anzusetzende Forderungen **38** 21 f.
– anzusetzende Zahlungsmittel **38** 23
– Grundlagen **38** 15 ff.
– Nachweis im Verfahren **38** 24
– relevanter Zeitraum **38** 18 f.
– Wesentlichkeit **38** 20

Centre of Main Interest
– Fallstudie Brochier, Gescheiterte Verlegung des COMI **42** 35 ff.

Change-of-COMI Klauseln
– Vertrags- und Verkehrsrecht (Sanierungsmigration) **37** 61

Chapter 15, Verfahren nach US-amerikanischem Recht
– Fallstudie Schefenacker **42** 16

Charakter der WpÜG-Vorschriften als Eingriffsnormen
– Vertragsrecht, Anwendung vertragsrechtlicher Normen des WpÜG bei ausländischem
– Vertragsstatut (Art. 9 Rom I-VO) **64** 9 ff.

Charakteristika
– LLP, Limited Liability Partnership bzgl. Personengesellschaften in Großbritannien **47** 175 ff.

China, Volksrepublik, Gesellschaftsformen, AG 47 60 ff.
– Aktien **47** 63
– Gründung **47** 60 f.
– Organisation **47** 62

China, Volksrepublik, Gesellschaftsformen, Allgemeines 47 33 ff.
– Handelsregister **47** 35
– internationales Gesellschaftsrecht **47** 37
– Überblick **47** 33 f.
– Umwandlung von Gesellschaften **47** 36

China, Volksrepublik, Gesellschaftsformen, Personengesellschaften 47 38 ff.
– offene Handelsgesellschaft **47** 38 ff.
– Kommanditgesellschaft **47** 41
– Partnerschaftsgesellschaft **47** 42

China, Volksrepublik, Gesellschaftsformen, GmbH 47 43 ff.
– Anteile **47** 49 ff.
– Aufsichtsrat **47** 58
– Geschäftsführung **47** 57
– Gesellschafterversammlung **47** 53 f.
– Gründung **47** 43 ff.
– Stammkapital **47** 46 ff.
– Vorstand **47** 55 f.

COMI, gescheiterte Verlegung, Fallstudie Brochier 42 34 ff.
– Alternativen **42** 38 f.
– Ausgangssituation und Migration **42** 34
– Centre of Main Interest **42** 35 ff.

Companies, registrar of
– Großbritannien **47** 156 ff.

Company Secretary 13 68

Company Voluntary Arrangement (CVA) betreffend bondholders
– Fallstudie Schefenacker, Sanierung nach englischem **42** 9 ff.

halbfette Zahlen = Paragraphen

Sachverzeichnis

Company Voluntary Arrangement (CVA) (Sanierungsverfahren) 39 1 ff.
- Abschluss **39** 28 ff.
- Abstimmung und Bindungswirkung **39** 14 ff.
- Einführung **39** 1 ff.
- gerichtliche Anfechtung **39** 26 f.
- Inhalt eines CVA **39** 20 ff.
- internationale Aspekte **39** 3
- Überblick über die Verfahrensschritte **39** 4 ff.
- Umsetzung **39** 24 f.
- Verfahren **39** 10 ff.

Company, Private – limited by Shares, Gesellschaftsformen, Großbritannien 47 185 ff.
- Aktien **47** 205 ff.
- Board of Directors **47** 222 ff.
- Firma **47** 197 ff.
- Geschäftsführung und Vertretung der Gesellschaft **47** 235 ff.
- Gründung **47** 190 ff.
- Hauptversammlung **47** 212 ff.
- Liquidation einer company **47** 254 ff.
- Löschung einer Company **47** 260 f.
- persönliche Haftung der Gesellschafter **47** 221
- Rechnungslegung und Publizität **47** 247 ff.
- Rechtsgrundlagen **47** 185 ff.
- Stammkapital **47** 200 ff.
- Vorgesellschaft **47** 196

Company, Private C. Limited by Shares, Geschäftsführung und Vertretung der Gesellschaft 47 235 ff.
- erhebliche Vermögenstransaktionen **47** 243
- Geschäftsführer-Anstellungsvertrag **47** 244
- Geschäftsführung **47** 235
- Kreditverträge **47** 245
- Selbstkontrahieren **47** 24 ff.
- statutarische Beschränkungen der Vertretungsmacht **47** 238 f.
- Verträge mit dem Alleingesellschafter-director **47** 246
- Vertretung der Gesellschaft beim Abschluss von Verträgen **47** 236 f.

Compulsory winding up (Insolvenzverfahren) 38 90 ff.
- Durchführung und Beendigung **38** 97 ff.
- Einführung **38** 90
- Eröffnung **38** 91 ff.

Corporate Governance 2 60
- ausgewählter Problemfelder tatsächlicher Gestaltung (grenzüberschreitende Umstrukturierungen außerhalb des Geltungsbereichs des UmwStG), Vor- und Nachteile der konkurrierenden Endstrukturen **62** 86 ff.

Corporation, Business – (USA) 47 605 ff.
- Aktien **47** 616 ff.
- Arten **47** 605 ff.

- Geschäftsführung **47** 620 ff.
- Gründung **47** 610
- Haftungsdurchgriff **47** 630 ff.
- Hauptversammlung **47** 625 ff.
- Kapital **47** 611 ff.
- Rechtliche Grundlagen **47** 608 f.

Court, race to the –
- Fallstudie Brochier **42** 40 f.

Credit Bids und Vollstreckung von Pfandrechten
- Debt/Equity-Swap nach englischem Recht, Beteiligung der Altgesellschaft **40** 21 ff.

Creditors' voluntary winding up (Insolvenzverfahren) 38 79 ff.
- Beendigung **38** 89
- Durchführung **38** 86 ff.
- Eröffnung **38** 81
- Solvenzerklärung **38** 82 ff.
- Zweck und praktische Bedeutung **38** 79 f.

CVA – Company Voluntary Arrangement (Sanierungsverfahren) 39 1 ff.
- Abschluss **39** 28 ff.
- Abstimmung und Bindungswirkung **39** 14 ff.
- Einführung **39** 1 ff.
- gerichtliche Anfechtung **39** 26 f.
- Inhalt eines CVA **39** 20 ff.
- internationale Aspekte **39** 3
- Überblick über die Verfahrensschritte **39** 4 ff.
- Umsetzung **39** 24 f.
- Verfahren **39** 10 ff.

Dänemark, Gesellschaftsformen 47 67 ff.
- AG **47** 87 ff.
- GmbH **47** 77 ff.
- Personengesellschaften **47** 72 ff.
- Überblick **47** 67 ff.

Dänemark, Gesellschaftsformen, AG 47 87 ff.
- Aktien **47** 90
- Allgemeines **47** 87
- Gründung **47** 88
- Leitung der A/S **47** 91 ff.
- Stammkapital **47** 89

Dänemark, Gesellschaftsformen, GmbH 47 77 ff.
- Anteile und Gesellschafter 81 f.
- Geschäftsführung der ApS **47** 84 ff.
- Gesellschafterversammlung **47** 83
- Gründung **47** 78 f.
- Stammkapital **47** 80

Darlegungs- und Beweislast
- für allg. Rechtsfähigkeit **19** 21 f.

Darlehen
- Finanzierung durch die Aufnahme von – und Weitergabe als – (bzgl. Geschäftstätigkeiten im Ausland) **33** 6

1473

Sachverzeichnis

magere Zahlen = Randnummern

- Finanzierung durch die Aufnahme von – und Weitergabe als Eigenkapital (bzgl. Geschäftstätigkeiten im Ausland) **33** 7
- Finanzierung durch Eigenmittel und Weitergabe als – (bzgl. Geschäftstätigkeiten im Ausland) **33** 4
- Finanzierung durch Eigenmittel und Weitergabe als Eigenmittel (bzgl. Geschäftstätigkeiten im Ausland) **33** 5

Dauer der Verhandlungen
- Durchführung der Verhandlungen (Verfahren bei grenzüberschreitender Mitbestimmung) **58** 24 f.

DBA-Sachverhalt
- D. mit Freistellungsmethode – Anwendungsbereich des früheren § 2 a Abs. 3 und Abs. 4 EStG **33** 33 ff.
- D. oder Nicht-DBA-Sachverhalt mit Anrechnungsmethode – Anwendungsbereich von § 2 a Abs. 1 und Abs. 2 EStG **33** 22 ff.

DBA-Staat
- Überführung von Wirtschaftsgütern in eine ausländische Betriebsstätte **33** 56; **33** 57 ff.

Debt/Asset-Swap
- rechtstechnische Umsetzung der Umwandlung von Fremd- in Eigenkapital (Debt/Equity-Swap) **40** 13

Debt/Equity-Swap 40 1 ff.; s. a. nachfolgende Hauptschlagworte
- Einführung **40** 1 ff.
- Einzelheiten zum – nach englischem Recht **40** 16 ff.
- Rechtstechnische Umsetzung der Umwandlung von Fremd- in Eigenkapital **40** 9 ff.

Debt/Equity-Swap, Beteiligung der Altgesellschafter 40 16 ff.
- Administration **40** 20
- Grundlagen **40** 16 f.
- Mitwirkung an Kapitalmaßnahmen
- Nutzung von Gläubigervereinbarungen **40** 5
- Sanierungsverfahren **40** 19
- Vollstreckung von Pfandrechten und Credit Bids **40** 21 ff.

Debt/Equity-Swap, Einführung 40 1 ff.
- Begriffe und Grundlagen **40** 1 f.
- Verhandlungsthemen **40** 5
- Vor- und Nachteile **40** 6 ff.

Debt/Equity-Swap, Einzelheiten 40 16 ff.
- Beteiligung der Altgesellschafter **40** 16 ff.
- Haftung und Eigenkapitalersatz **40** 28 ff.
- Sonstiges **40** 31
- Zustimmung der Altgläubiger **40** 26 f.

Debt/Equity-Swap, rechtstechnische Umsetzung der Umwandlung von Fremd- in Eigenkapital 40 9 ff.
- Debt/Asset-Swap **40** 13
- Grundlagen **40** 9

- hybride Gestaltungen **40** 15
- Sachkapitalerhöhung **40** 10 f.
- Übernahme von Anteilen der Altgesellschafter **40** 12
- Übernahme von Anteilen einer neu gegründeten Gesellschaft **40** 14

Debt/Equity-Swap, Zustimmung der Altgläubiger 40 26 f.
- Gläubigervereinbarungen **40** 27
- Grundlagen **40** 26

Definition
- Insolvenz innerhalb der EU, Verhältnis zu anderen Regelungen, sachlicher Anwendungsbereich **35** 27 f.

Definitionen der Zielgesellschaft und des organisierten Marktes 63 13
- europäische Zielgesellschaften **63** 15 ff.
- inländische Zielgesellschaften **63** 14
- organisierter Markt **63** 18 ff.

Delikt
- internationaler Gerichtsstand für Klagen aus – **28** 39 ff.

Deliktische Ansprüche 14 24 f.
Deliktsfähigkeit 14 12 f.
- besonderer Rechtsfähigkeiten **19** 25 ff.

deutsche Gesellschaft
- Zulässigkeit des grenzüberschreitenden Formwechsels einer –n – (grenzüberschreitender Formwechsel, Zulässigkeit innerhalb der EU) **54** 5 f.

deutsche Gesellschaftsform
- Zulässigkeit des grenzüberschreitenden Formwechsels in eine – (innerhalb der EU) **54** 7 ff.

deutsche Insolvenzgründe und Scheme of Arrangement
- Scheme of Arrangement (Sanierungsverfahren), internationale Aspekte **39** 53

Deutsche Nickel (Fallstudie)
- Ausgangssituation **42** 17 ff.
- Fehlschlag des Restrukturierungsversuchs nach deutschem Recht **42** 20 ff.
- Migration und gesellschaftsrechtliche Umstrukturierung **42** 24 ff.
- Restrukturierung nach englischem Recht **42** 29 ff.

deutsche Regelungen zum internationalen Konzernrecht 44 3

deutsches autonomes Recht
- Gerichtszuständigkeit, internationale, gemäß EuGVVO **18** 10

Deutsches beherrschtes Unternehmen
- grenzüberschreitender Unterordnungskonzern, grenzüberschreitende Beherrschungs- und Gewinnabführungsverträge (internationales Konzernrecht) **44** 15 ff.

deutsches herrschendes Unternehmen
- grenzüberschreitender Unterordnungskonzern, grenzüberschreitende Beherrschungs-

halbfette Zahlen = Paragraphen

und Gewinnabführungsverträge (internationales Konzernrecht) **44** 21 ff.
deutsches Konzernrecht 14 92
deutsches Recht
– örtliche Zuständigkeit bei Insolvenz innerhalb der EU **35** 70 ff.
deutsches Sachrecht
– Zulässigkeit grenzüberschreitender Verschmelzung von Personengesellschaften mit Drittstaatenbezug (nicht EU) **53** 124 f.
– Zulässigkeit der grenzüberschreitenden Spaltung unter Beteiligung drittstaatlicher Gesellschaften **56** 35 f.
deutsches Strafrecht
– Vereinbarkeit der Anwendung des –n –s mit der Niederlassungsfreiheit **26** 9
deutsches und europäisches internationales Gesellschaftsrecht, Reform
– Verwaltungssitzverlegung **52** 28
deutsches autonomes Recht
– Verwaltungssitzverlegung, Einfluss der Niederlassungsfreiheit **52** 16
Dienstleistung
– -sfreiheit **2** 47
– gewerbliche, bzgl. Geschäftsbeziehungen/Außensteuergesetz **34** 165 ff.
Differenzierung und Abwägung
– Sanierungsmigration **37** 6
dingliche Rechte
– Schutzbestimmungen (Insolvenz in Drittstaaten) **36** 58 ff.
dingliche Sicherungsrechte
– Ausnahmen von der lex fori concursus (Insolvenz innerhalb der EU) **35** 112 ff.
Diplomaten und Konsularbeamte
– Vermeidung der Doppelbesteuerung, Art. 28 (bisher Art. 27) OECD-MA **32** 217
Director, Abberufung und Bestellung 47 225 ff.
Director, Board of –s einer Private Company Limited by Shares 47 222 ff.
– Bestellung und Abberufung der directors **47** 225 ff.
– Funktion **47** 222
– insolvenzrechtliche Haftung der directors **47** 232 ff.
– Pflichten der directors **47** 229 ff.
– Qualifikation der Direktoren **47** 223 f.
– shadow director **47** 228
Director, insolvenzrechtliche Haftung
– Board of Directors einer Private Company Limited by Shares in Großbritannien **47** 232 ff.
Director, Pflichten
– Board of Directors einer Private Company Limited by Shares in Großbritannien **47** 229 ff.
Director, Qualifikation
– Board of Directors einer Private Company Limited by Shares in Großbritannien **47** 223 f.

Sachverzeichnis

Director, Shadow –
– Board of Directors einer Private Company Limited by Shares in Großbritannien **47** 228
Direktor
– geschäftsführender – der Societas Europaea (SE), monistische Leitungsmodell **49** 79 ff.
– Haftung der –en (Geschäftsführung einer AG in Frankreich) **47** 146
Disqualifizierung
– Haftung in der Insolvenz (Geschäftsleiter) **41** 21 ff.
Dissolution 29 10 ff.
– Alternativen zur – and dissolution **29** 20
– Löschung ohne Liquidation – Striking off the register **29** 11 ff.
– Verfahrensbeendigung – Dissolution after winding up **29** 10
– Wiedereintragung – Restoration to the register **29** 16 ff.
Dissolution and liquidation einer Private Company Limited by Shares 29 3 ff.
– Alternativen zur liquidation and dissolution **29** 20
– Dissolution **29** 10 ff.
– Winding up (liquidation) **29** 4 ff.
Dividenden
– Einkünfte aus – im Doppelbesteuerungsrecht **32** 80 ff.
Doppelbesteuerung, Grundbegriffe und Grundlagen 31 35 ff.
Doppelbesteuerung, internationales Steuerrecht 31 35 ff.; **32** 1 ff.
– Allgemeines **32** 170 ff.
– Amtshilfe bei der Vollstreckung von Steueransprüchen, Art. 27 OECDMA **32** 216
– Anrechnungsmethode in deutschen Doppelbesteuerungsabkommen **32** 199 ff.
– Begriffsbestimmungen, Abschnitt II OECD-MA **32** 33 ff.
– besondere Bestimmungen (Abschnitt VI OECD-MA) **32** 207 ff.
– besondere Bestimmungen, Abschnitt VI OECD-MA **32** 207 ff.
– Besteuerung des Einkommens, Abschnitt III OECD-MA **32** 56 ff.
– Besteuerung des Vermögens, Abschnitt IV OECD-MA **32** 169
– Die Doppelbesteuerungsabkommen der Bundesrepublik Deutschland **32** 12
– Diplomaten und Konsularbeamte, Art. 28 (bisher Art. 27) OECD-MA **32** 217
– Einkünfte aus Dividenden, Art. 10 OECD-MA **32** 80 ff.
– Einkünfte aus Lizenzgebühren, Art. 12 OECDMA **32** 111 ff.
– Einkünfte aus selbständiger Arbeit, Art. 14 OECD-MA **32** 134 ff.

1475

Sachverzeichnis

magere Zahlen = Randnummern

- Einkünfte aus unbeweglichem Vermögen, Art. 6 OECD-MA **32** 138 ff.
- Einkünfte aus unselbständiger Arbeit, Art. 15 OECD-MA **32** 122 ff.
- Einkünfte aus Unternehmensgewinnen, Art. 7 OECD-MA **32** 69 ff.
- Einkünfte aus Veräußerung von Vermögen, Art. 13 OECD-MA **32** 148 ff.
- Einkünfte aus Zinsen, Art. 11 OECD-MA **32** 100 ff.
- Finanzierung der Zieleinheit und/oder der Ausgangseinheit **31** 16 ff.
- Freistellungs- oder Anrechnungsmethode (Art. 23 A, Art. 23 B OECD-MA) **32** 173 ff.
- Freistellungsmethode in deutschen Doppelbesteuerungsabkommen **32** 183 ff.
- Freistellungsmethode und Aktivvorbehalt/Aktiv- oder Aktivitätsklausel **32** 191 ff.
- Freistellungsmethode und Progressionsvorbehalt **32** 194 ff.
- Geltungsbereich des OECD-Musterabkommens, Abschnitt I OECD-MA **32** 1 ff.
- Gleichbehandlung, Art. 24 OECD-MA **32** 207
- Informationsaustausch, Art. 26 OECD-MA **32** 211 ff.
- internationales Steuerrecht und Völkerrecht **32** 1
- Methodenartikel (Abschnitt V OECD-MA) **32** 170 ff.
- Methodenartikel in deutschen Doppelbesteuerungsabkommen **32** 181 f.
- Möglichkeiten zur Vermeidung der Doppelbesteuerung **32** 4 ff.
- OECD-MA **32** 170 ff.
- OECD-Musterabkommen **32** 22 ff.
- Rechtsform der Zieleinheit/Beteiligungskombination mit der Ausgangseinheit **31** 9
- Schlussbestimmungen, Abschnitt VII OECD-MA **32** 218 f.
- Verhältnis der Doppelbesteuerungsabkommen zum innerstaatlichen Recht und zu EU-Recht **32** 13 ff.
- Vermeidung der Doppelbesteuerung nach dem Methodenartikel, Abschnitt V
- Verständigungs- und Konsultationsverfahren **32** 208 ff.
- Wohnsitz- oder Ansässigkeitsbesteuerung versus Quellen- oder Belegenheitsbesteuerung **32** 2 f.
- Ziele von Doppelbesteuerungsabkommen **32** 11
- Verrechnungspreisregelungen/arm's length-Regelungen in Doppelbesteuerungsabkommen/EU-Grundsätze für die Gewinnberichtigung **32** 61 ff.

Doppelbesteuerung, Vermeidung der 32 4 ff.
- Abzug ausländischer Steuern nach § 34 c Abs. 2 EStG **32** 244 ff.
- Abzug ausländischer Steuern nach § 34 c Abs. 3 EStG **32** 248 ff.
- Anrechnung ausländischer Steuern nach § 26 Abs. 1 KStG **32** 257 f.
- Anrechnung ausländischer Steuern nach § 34 c Abs. 1 EStG **32** 234 ff.
- Fall des § 34 c Abs. 6 EStG **32** 255
- nach innerstaatlichem Recht für Körperschaften (§ 26 KStG) **32** 256 f.
- nach innerstaatlichem Recht für natürliche Personen (§ 34 c EStG) **32** 220 ff.
- Steuerfreistellung oder Pauschalbesteuerung nach § 34 c Abs. 5 EStG **32** 253 f.
- Verhältnis der Doppelbesteuerungsabkommen zum innerstaatlichen Recht und zu EU-Recht **32** 13 ff.

Doppelbesteuerungsabkommen 2 53; **32** 1 ff.
- Anrechnungsmethode in deutschen – **32** 199 ff.
- Bundesrepublik Deutschland **32** 12
- Freistellungsmethode in deutschen – **32** 183 ff.
- Methodenartikel in deutschen – **32** 181 f.
- Verhältnis der – zu EU-Recht **32** 19 ff.
- Verhältnis der – zum innerstaatlichen Recht **32** 13 ff.
- Vermeidung der Doppelbesteuerung nach dem Recht der Doppelbesteuerungsabkommen **32** 1 ff.
- Verrechnungspreisregelungen/arm's length-Regelungen in –/EU-Grundsätze für die Gewinnberichtigung **32** 61 ff.
- Ziele **32** 11

Doppelbesteuerungsrecht 32 1 ff.
- Vermeidung der Doppelbesteuerung nach dem Recht der Doppelbesteuerungsabkommen **32** 1 ff.
- Vermeidung der Doppelbesteuerung nach innerstaatlichem Recht **32** 220 ff.

Doppelsitz 1 80 ff.
Dritte, Schutz gutgläubiger –r
- Schutzbestimmungen (Insolvenz in Drittstaaten) **36** 54 ff.

Dritterwerber, Schutz des –s
- Ausnahmen von der lex fori concursus (Insolvenz innerhalb der EU) **35** 134

Drittländer/Steuerflucht, Gestaltungen über – (internationales Steuerrecht) 31 22 f.
- Gründung von Basisgesellschaften **31** 22
- Gestaltung von Verrechnungspreisen **31** 23

Drittstaat, börsennotierte Inlandsgesellschaft
- Kapitalmarktrecht, Übernahmen bei Börsenzulassung in Drittstaaten **63** 57 ff.

Drittstaaten
- Behandlung von Gesellschaften aus, **5** 25
- Gesellschaften aus – Rechts- und Geschäftsfähigkeit **19** 9

halbfette Zahlen = Paragraphen

Sachverzeichnis

Drittstaaten, Auslandsverschmelzungen
– grenzüberschreitende Umstrukturierungen außerhalb des Geltungsbereichs des UmwStG, Sonderregelungen für Auslandsverschmelzungen von Körperschaften in Drittstaaten (§ 12 Abs. 2 KStG) **60** 3 ff.

Drittstaaten, Besteuerung der Anteilseigner bei Auslandsverschmelzungen
– grenzüberschreitende Umstrukturierungen außerhalb des Geltungsbereichs des UmwStG, Sonderregelungen für Auslandsverschmelzungen von Körperschaften in Drittstaaten (§ 12 Abs. 2 KStG) **60** 7

Drittstaaten, Insolvenz in – **36** 1 ff. (s. auch folgende Hauptstichworte)
– anwendbares Recht **36** 12 ff.
– Anwendungsbereich **36** 5 ff.
– Forderungsanmeldung und Erlösverteilung **36** 87 ff.
– Grundlagen **36** 3 ff.
– internationale Zuständigkeit **36** 10 f.
– Prinzip der modifizierten Universalität **36** 3 f.
– Territorialverfahren **36** 63 ff.
– Wirkungen des ausländischen Insolvenzverfahrens im Inland **36** 31 ff.

Drittstaaten, Insolvenz in –, Anerkennung des ausländischen Insolvenzverfahrens 36 32 ff.
– Allgemeines **36** 32
– Ausnahmen **36** 39 ff.
– Gegenstand der Anerkennung **36** 33 ff.
– Rechtsfolgen der Anerkennung **36** 44 ff.

Drittstaaten, Insolvenz in –, anwendbares Recht 36 12 ff.
– Ausnahmen von der lex fori concursus **36** 18 ff.
– Grundsatz der lex fori concursus 12 ff.
– Umfang des Insolvenzstatuts **36** 16 f.

Drittstaaten, Insolvenz in –, Anwendungsbereich 36 5 ff.
– Umfang **36** 5
– Versicherungsunternehmen, Kreditinstitute etc. **36** 8 f.
– Vorrang der EuInsVO **36** 6 f.

Drittstaaten, Insolvenz in –, Ausnahmen von der lex fori concursus 36 18 ff.
– Arbeitsverhältnis **36** 23 f.
– Aufrechnung **36** 25 f.
– Insolvenzanfechtung **36** 27
– organisierte Märkte, Pensionsgeschäfte **36** 28 ff.
– Vertrag über einen unbeweglichen Gegenstand **36** 20 ff.

Drittstaaten, Insolvenz in –, Durchsetzung des ausländischen Insolvenzverfahrens 36 47 ff.
– Bekanntmachung des ausländischen Insolvenzverfahrens **36** 49

– Nachweis der Verwalterbestellung und Unterrichtung des Gerichts **36** 50
– Sicherungsmaßnahmen **36** 48
– Vollstreckbarkeit ausländischer Entscheidungen **36** 52 f.
– Zuständiges Insolvenzgericht **36** 51

Drittstaaten, Insolvenz in –, Forderungsanmeldung und Erlösverteilung 36 87 ff.
– Ausübung von Gläubigerrechten **36** 87 ff.
– Verteilung der Erlöse **36** 90 ff.

Drittstaaten, Insolvenz in –, Schutzbestimmungen 36 54 ff.
– dingliche Rechte **36** 58 ff.
– Schutz gutgläubiger Dritter **36** 54 ff.
– Unterbrechung und Aufnahme eines Rechtsstreits **36** 61 f.

Drittstaaten, Insolvenz in –, Territorialverfahren 36 63 ff.
– allgemeine Zulässigkeitsvoraussetzungen **36** 65 ff.
– Rechtsfolgen **36** 76 ff.
– Restschuldbefreiung und Insolvenzplan **36** 79 f.
– Sekundärinsolvenzverfahren **36** 81 ff.
– Zweck territorial begrenzter Verfahren **36** 63 f.

Drittstaaten, Insolvenz in –, Verteilung der Erlöse 36 90 ff.
– Auskunftsanspruch **36** 93
– Herausgabeanspruch **36** 91
– Quotenanrechnung **36** 92

Drittstaaten, Übernahmen bei Börsenzulassung in – 63 50 ff.
– Drittstaat, nur im, börsennotierte Inlandsgesellschaft **63** 57 ff.
– Mehrfachnotierung der Zielgesellschaft **63** 51 ff.
– Überblick **63** 50

Drittstaatenbezug, grenzüberschreitende Verschmelzung von Personengesellschaften 53 117 ff.
– grenzüberschreitende Verschmelzung mit Drittstaatenbezug **53** 121 ff.
– Personengesellschaften **53** 117 ff.

Drittstaatenbezug, Übernahmen mit – (Kapitalmarktrecht) 63 45 ff.
– Fälle des Drittstaatenbezugs **63** 45 ff.
– Übernahmen bei Börsenzulassung in Drittstaaten **63** 50 ff.
– Übernahmen bei drittstaatlichem Gesellschaftsstatut **63** 63 ff.

Drittstaatliche Gesellschaften, Zulässigkeit der grenzüberschreitenden Spaltung 56 29 ff.
– Zulässigkeit aufgrund europa- oder völkerrechtlicher Normen **56** 29 ff.
– Zulässigkeit nach deutschem Sachrecht **56** 35 f.

Sachverzeichnis

magere Zahlen = Randnummern

Drittstaatliches Gesellschaftsstatut, Übernahmen
- Kapitalmarktrecht 63 63 ff.

Dualistisches Leitungsmodell bei Societas Europaea (SE) 49 55 ff.
- Aufsichtsorgan 49 59 ff.
- Leitungsorgan 49 56 ff.

Dualistisches System
- europäische Genossenschaft (SCE), Leitungssystem 51 20 f.
- Geschäftsführung einer AG in Frankreich 47 145
- Geschäftsführung und Aufsicht der AG in Italien 47 316
- Leitung einer AG in Japan 47 340 f.

Durchbrechung
- Sitztheorie als Einfallstor für –en 14 29
- Sonderanknüpfungen als echte –en 14 30

Durchführung
- Administration (Insolvenzverfahren) 38 73 ff.
- Creditors' voluntary winding up (Insolvenzverfahren) 38 86
- Pre-packaged Sale (Insolvenzverfahren) 38 110 ff.

Durchführung der grenzüberschreitenden Spaltung innerhalb der EU 56 37 ff.
- Anfechtung des Spaltungsbeschlusses und Spruchverfahren 56 49 f.
- Eintragung und Zeitpunkt des Wirksamwerdens 56 54 ff.
- Gläubigerschutz 56 51 ff.
- kollisionsrechtliche Grundlagen und europarechtskonforme Rechtsanwendung 56 37 ff.
- Rechtsfolgen 56 60 ff.
- Voraussetzungen, Verfahren und Schutz der Anteilseigner 56 46 ff.

Durchführung der Information
- Information der Arbeitnehmer (Verfahren bei grenzüberschreitender Mitbestimmung) 58 7 ff.

Durchführung der Verhandlungen
- Verfahren bei grenzüberschreitender Mitbestimmung 58 24 ff.

Durchführung und Beendigung
- Compulsory winding up (Insolvenzverfahren) 38 97 ff.

Durchgriff
- umgekehrter – 14 61 f.

Durchgriffshaftung
- allg. Rechtsfähigkeit 19 16

Durchsetzung
- ausländischer Gewerbeverbote im Inland 25 5
- inländischer Gewerbeverbote gegenüber Auslandsgesellschaften 25 3 f.

Durchsetzung des ausländischen Insolvenzverfahrens
- Wirkungen des ausländischen Insolvenzverfahrens im Inland (Insolvenz in Drittstaaten) 36 47 ff.

Durchsetzung des ausländischen Insolvenzverfahrens bzgl. Insolvenz in Drittstaaten 36 47 ff.
- Bekanntmachung des ausländischen Insolvenzverfahrens 36 49
- Nachweis der Verwalterbestellung und Unterrichtung des Gerichts 36 50
- Sicherungsmaßnahmen 36 48
- Vollstreckbarkeit ausländischer Entscheidungen 36 52 f.
- Zuständiges Insolvenzgericht 36 51

EFTA/EWR-Staaten
- Zuzug aus – (Verwaltungssitzverlegung) 52 8

EGBGB (Art. 11) 6 1 ff.
- Änderung der maßgeblichen Grundsätze zur Bestimmung des Gesellschaftsstatuts 6 26–29
- Art. 11 Abs. 6 – Ausschließlichkeit des Wirkungsstatuts für Verfassungsakte 6 30 f.
- Formstatut des – 6 3 ff.
- Geschäftsform des – 6 4 ff.
- Ortsform des – 6 12 ff.
- Reformvorschlag zum internationalen Privatrecht der Gesellschaften, Vereine und juristischen Personen 6 24–31
- Reichweite des –s, 6 20 ff.
- Streitstand zur Anwendbarkeit der – auf gesellschaftsrechtliche Akte 6 16 ff.

EG- s. EU-

Eigenkapital
- Finanzierung durch die Aufnahme von Darlehen und Weitergabe als – (bzgl. Geschäftstätigkeiten im Ausland) 33 7
- Gründung einer juristischen Person 5 35
- rechtstechnische Umsetzung der Umwandlung von Fremdkapital in – (Debt/Equity-Swap) 40 9 ff.

Eigenkapital, rechtstechnische Umsetzung der Umwandlung von Fremdkapital in –, Debt/Equity-Swap 40 9 ff.
- Debt/Asset-Swap 40 13
- Grundlagen 40 9
- hybride Gestaltungen 40 15
- Sachkapitalerhöhung 40 10 f.
- Übernahme von Anteilen der Altgesellschafter 40 12
- Übernahme von Anteilen einer neu gegründeten Gesellschaft 40 14

Eigenkapitalersatz und Haftung
- Einzelheiten zum Debt/Equity-Swap nach englischem Recht 40 28 ff.

Eigenkapitalersatzrecht 23 34 f.

Eigenmittel, Finanzierung durch
- Aufnahme von Darlehen und Weitergabe als Eigenkapital (bzgl. Geschäftstätigkeiten im Ausland) 33 7
- und Weitergabe als – (bzgl. Geschäftstätigkeiten im Ausland) 33 5

halbfette Zahlen = Paragraphen **Sachverzeichnis**

– und Weitergabe als Darlehen (bzgl. Geschäftstätigkeiten im Ausland) **33** 4

Eigentumsvorbehalt
– Ausnahmen von der lex fori concursus (Insolvenz innerhalb der EU) **35** 122 f.

Eignung
– Geschäftsleiter **12** 28 f.

Einberufung der Versammlungen, Scheme of arrangement
– Insolvenzverfahren gem. ss. 895 ff. CA 2006 **38** 49 f.
– Sanierungsverfahren **39** 63 ff.

Einbringender, Rechtsfolgen
– Umstrukturierungen im Geltungsbereich des UmwStG, Einbringung von Betriebsvermögen in Personengesellschaften **59** 119

Einbringung von Anteilen an Kapitalgesellschaften, rückwirkende Besteuerung
– Umstrukturierungen im Geltungsbereich des UmwStG, Einbringung von Betriebsvermögen in Personengesellschaften **59** 120

Einbringung von Betrieben, Teilbetrieben und Mitunternehmeranteilen im Geltungsbereich des UmwStG 59 93 ff.
– Ansatz und Bewertung des eingebrachten Betriebsvermögens durch den übernehmenden Rechtsträger **59** 93 ff.
– Veräußerungspreis und Ansatz der als Gegenleistung gewährten Gesellschaftsanteile **59** 104 ff.

Einbringung von Betriebsvermögen in Personengesellschaften im Geltungsbereich des UmwStG 59 116 ff.
– Ansatz und Bewertung des eingebrachten Betriebsvermögens durch den übernehmenden Rechtsträger **59** 118
– Rechtsfolgen für den Einbringenden **59** 119
– rückwirkende Besteuerung bei Einbringung von Anteilen an Kapitalgesellschaften **59** 120

Einbringung von Unternehmensteilen in Kapitalgesellschaften und Anteilstausch im Geltungsbereich des UmwStG, 59 91 ff.
– Anteilstausch **59** 106 ff.
– Einbringung von Betrieben, Teilbetrieben und Mitunternehmeranteilen **59** 93 ff.
– rückwirkende Besteuerung der Einbringung **59** 112 ff.

Einbringung von Unternehmensteilen in Kapitalgesellschaften, Anteilstausch (im Geltungsbereich des UmwStG) 59 106 ff.
– Ansatz und Bewertung der eingebrachten Anteile durch den übernehmenden Rechtsträger **59** 106 ff.
– Veräußerungspreis und Ansatz der als Gegenleistung gewährten Gesellschaftsanteile **59** 108 ff.

Einbringungen in Kapitalgesellschaften
– grenzüberschreitende Umstrukturierungen außerhalb des Geltungsbereichs des UmwStG **60** 11 ff.

Einbringungsvorgänge (Sechster bis Achter Teil des UmwStG) 59 23 ff.
– persönlicher Anwendungsbereich **59** 31 ff.
– sachlicher Anwendungsbereich **59** 25 ff.

Einfache Gesellschaft
– Personengesellschaften in der Schweiz **47** 486 f.

Einfaches Anwachsungsmodell
– Gestaltungsmöglichkeiten des Grenzübertritts **55** 6 ff.

Einfrieren des Mitbestimmungsniveaus
– Gestaltungsmöglichkeiten und – grenzen (Gestaltungsfreiheit und Bestandsschutz) **57** 66

Eingebrachtes Betriebsvermögen, Ansatz und Bewertung durch den übernehmenden Rechtsträger 59 93 ff., 118

Eingegliederte Gesellschaften
– internationales Konzernrecht **44** 37

Eingriff, existenzvernichtender
– Haftungstatbestände Gläubigerschutz **23** 44 ff.

Eingriffsnormen, Charakter der WpÜG-Vorschriften 64 9 ff.

Einkommensteuer 2 72 ff.

Einkommensteuerpflicht
– erweiterte beschränkte, §§ 2–5 AStG **34** 207 ff.; **34** 8
– Umfang der erweiterten beschränkten – **34** 224 ff.

Einkünfte
– Basisgesellschaften mit –n mit Kapitalanlagecharakter, § 7 Abs. 6 und Abs. 6a AStG **34** 76 ff.

Einkünfte, Vermeidung der Doppelbesteuerung 32 56 ff.
– Allgemeines **32** 56 ff.
– Dividenden, Art. 10 OECD-MA **32** 80 ff.
– Lizenzgebühren, Art. 12 OECDMA **32** 111 ff.
– selbständige Arbeit, Art. 14 OECD-MA **32** 134 ff.
– unbewegliches Vermögen, Art. 6 OECD-MA **32** 138 ff.
– unselbständige Arbeit, Art. 15 OECD-MA **32** 122 ff.
– Unternehmensgewinne, Art. 7 OECD-MA **32** 69 ff.
– Veräußerung von Vermögen, Art. 13 OECD-MA **32** 148 ff.
– Verrechnungspreisregelungen/arm's length-Regelungen in Doppelbesteuerungsabkommen/EU-Grundsätze für die Gewinnberichtigung **32** 61 ff.
– Zinsen, Art. 11 OECD-MA **32** 100 ff.

Sachverzeichnis

magere Zahlen = Randnummern

Einkünfte, Berichtigung
- Tatbestandsvoraussetzungen für die – nach § 1 AStG, bzgl. Außensteuergesetz/internationale Verflechtungen **34** 121 f.

Einkünfte, OECD-MA bzgl. Besteuerung des Einkommens
- Dividenden, Art. 10 OECD-MA **32** 80 ff.
- Lizenzgebühren, Art. 12 OECDMA **32** 111 ff.
- selbständiger Arbeit, Art. 14 OECD-MA **32** 134 ff.
- unbeweglichem Vermögen, Art. 6 OECD-MA **32** 138 ff.
- unselbständiger Arbeit, Art. 15 OECD-MA **32** 122 ff.
- Unternehmensgewinnen, Art. 7 OECD-MA **32** 69 ff.
- Veräußerung von Vermögen, Art. 13 OECD-MA **32** 148 ff.
- Zinsen, Art. 11 OECD-MA **32** 100 ff.

Einkünfte, steuerliche Abzugsfähigkeit von ausländischen Verlusten im Zusammenhang mit inländischen –n
- internationales Steuerrecht, Finanzierung der Zieleinheit und/oder der Ausgangseinheit **31** 20

Einkünfte, steuerliche Abzugsfähigkeit von ausländischen Verlusten im Zusammenhang mit inländischen –n
- internationales Steuerrecht, Rechtsform der Zieleinheit/Beteiligungskombination mit der Ausgangseinheit **31** 11

Einkunftsabgrenzung 34 129 ff.
- Arbeitnehmerentsendung **34** 188 ff.
- Dokumentation von Verrechnungspreisen **34** 156 ff.
- durch Umlageverträge, bzgl. Außensteuergesetz/internationale Verflechtungen **34** 185 ff.
- Durchführung der – **34** 194
- Fremdvergleichsgrundsatz **34** 129 f.
- Funktionsverlagerung **34** 155
- Grundsätze zur – Außensteuergesetz/internationale Verflechtungen **34** 129 ff.
- Methoden zur Bestimmung bzw. Prüfung von Verrechnungspreisen **34** 131
- Standardmethoden zur Prüfung von Verrechnungspreisen **34** 132 ff.
- Verhältnis von § 1 AStG zu anderen Regelungen zur –, bzgl. Außensteuergesetz/internationale Verflechtungen **34** 101 ff.

Einlagen
- Erbringen der – im Fall der Gründung einer juristischen Person **5** 28

Einlassung, rügelose; Gerichtsstandsvereinbarungen
- Zivilrecht, internat. Gerichtsstände **28** 14 ff.

Einleitung des Verfahrens
- Scheme of Arrangement (Sanierungsverfahren) **39** 54 ff.

Einmanngesellschaften 1 48

Einreichung und Bekanntmachung des Verschmelzungsplans
- grenzüberschreitende Verschmelzung von Kapitalgesellschaften nach §§ 122 a ff. UmwG **53** 55 ff.

Einschränkungen und Sekundärinsolvenzverfahren, lex fori concursus 37 45 ff.
- Grundlagen **37** 45 f.
- Sekundärinsolvenzverfahren und Anwendbarkeit verschiedener Insolvenzrechte in der Sanierungspraxis **37** 48 ff.

Einseitige Übernahmeangebote
- ausländische Gesellschaft als Bieterin **61** 35 ff.
- deutsche AG als Bieterin **61** 40 ff.

Einseitiger Verzicht der Leitungsorgane bei grenzüberschreitender Mitbestimmung 58 35 ff.
- Entbehrlichkeit des besonderen Verhandlungsgremiums **58** 37 ff.
- Verzicht auf Verhandlungen (Verfahren bei grenzüberschreitender Mitbestimmung) **58** 40 ff.
- Voraussetzungen **58** 36

Einsichts- und Auskunftsrechte
- Gesellschafterversammlung und -rechte **15** 59 f.

Eintragung
- grenzüberschreitende Verschmelzung § 1221 UmwG (grenzüberschreitende Verschmelzung von Kapitalgesellschaften nach §§ 122 a ff. UmwG) **53** 108 ff.

Eintragung und Rechtmäßigkeitsprüfung
- Gründung der Societas Europaea (SE) durch Verschmelzung **49** 30 ff.

Eintragung und Zeitpunkt des Wirksamwerdens
- Durchführung der grenzüberschreitenden Spaltung innerhalb der EU **56** 54 ff.
- grenzüberschreitender Formwechsel, Sicht des deutschen Rechts **54** 18 ff.

Eintragung von Niederlassungen
- Gründung bzgl. der europäischen wirtschaftlichen Interessenvereinigung (EWIV) **48** 30

Eintragung, Gründungsverfahren bis zur –
- Societas Privata Europaea – SPE (europäische Privatgesellschaft) **50** 34 ff.

Eintragung, obligatorische
- öffentliche Bekanntmachung und Registereintragung (Insolvenz innerhalb der EU) **35** 158 f.

Eintragung, Rechtslage vor und nach der –
- Gründung bzgl. der europäischen wirtschaftlichen Interessenvereinigung (EWIV) **48** 22 f.

halbfette Zahlen = Paragraphen

Sachverzeichnis

Eintragungspflichtige Rechte, Wirkung auf –
– Ausnahmen von der lex fori concursus (Insolvenz innerhalb der EU) **35** 129 ff.
Eintragungsverfahren
– juristische Personen **5** 26 ff.
Eintritt neuer Mitglieder
– in die europäische wirtschaftliche Interessenvereinigung (EWIV) **48** 46 f.
Einziehungsregeln
– Joint Venture, typische Vertragsregelungen (Gesellschaftsvertrag) **43** 63
Empfangsbevollmächtigte
– Vertreter **13** 67
Endstrukturen, Vor- und Nachteile der konkurrierenden – bei grenzüberschreitender Umstrukturierung 62 56 ff.
– Corporate Governance **62** 86 ff.
– Mitbestimmung **62** 59 ff.
Englische Limited, Besonderheiten bei der Löschung 30 4 ff.
– anwendbares nationales Recht **30** 10 ff.
– einschlägige gesellschaftsrechtliche Regelungen **30** 13 ff.
– Existenz inländischen Restvermögens **30** 5 ff.
– Fortbestand der Gesellschaft **30** 5 ff.
– kein Restvermögen im Inland **30** 4
– Nachtragsliquidation **30** 15 ff.
– Wiedereintragung **30** 17
Englisches Recht, s. a. folgende Hauptstichwörter
– Debt/Equity-Swap **40** 16 ff.
– Gesellschaftsformen **47** 151 ff.
– internationale Bedeutung **47** 155
– Limited **30** 4 ff.
Englisches Recht, Debt/Equity-Swap, Zustimmung der Altgläubiger 40 26 f.
– Gläubigervereinbarungen **40** 27
– Grundlagen **40** 26
Englisches Recht, Debt/Equity-Swap, Einzelheiten 40 16 ff.
– Beteiligung der Altgesellschafter **40** 16 ff.
– Haftung und Eigenkapitalersatz **40** 28 ff.
– Sonstiges **40** 31
– Zustimmung der Altgläubiger **40** 26 f.
Englisches Recht, Debt/Equity-Swap, Beteiligung der Altgesellschafter 40 16 ff.
– Administration **40** 20
– Grundlagen **40** 16 f.
– Mitwirkung an Kapitalmaßnahmen **40** 18
– Nutzung von Gläubigervereinbarungen **40** 25
– Sanierungsverfahren **40** 19
– Vollstreckung von Pfandrechten und Credit Bids **40** 21 ff.
Englisches Recht, Restrukturierung
– Fallstudie Deutsche Nickel **42** 29 ff.

Englisches Recht, Sanierung (Fallstudie Schefenacker) 42 8 ff.
– Banken (senior secured lenders) **42** 8
– Company Voluntary Arrangement (CVA) betreffend die bondholder **42** 9 ff.
Enquêterecht
– Niederlande (Gesellschaftsformen) **47** 392
Entbehrlichkeit des besonderen Verhandlungsgremiums
– einseitiger Verzicht der Leitungsorgane (Verfahren bei grenzüberschreitender Mitbestimmung) **58** 37 ff.
Entscheidungsfindung
– Durchführung der Verhandlungen (Verfahren bei grenzüberschreitender Mitbestimmung) **58** 30 ff.
Entstehung der SE (Societas Europaea)
– dritte Gründungsphase einer Holding-SE (Societas Europaea) **49** 42
Entwicklung
– des Unternehmens (Fallstudie Rodenstock) **42** 50 ff.
Entzug oder Vorenthaltung von Beteiligungsrechten
– Gestaltungsmissbrauch (Gestaltungsfreiheit und Bestandsschutz) **57** 88 ff.
EPG (Europäische Privatgesellschaft, Societas Privata Europaea) s. SPE
Equity s. Debt/Asset-Swap; Debt/Equity-Swap
Erbrechtliche Zusammenschlüsse 1 57
Erbschaftsteuer
– erweitert beschränkte (Einkommen-)Steuerpflicht **34** 236
Erfüllungsort, vertraglicher
– internationale Gerichtszuständigkeit **18** 44 ff.
Erhebliche Vermögenstransaktionen
– Geschäftsführung und Vertretung einer Private Company Limited by Shares **47** 243
Erleichterungen
– bei mittelgroßen und kleinen großen Gesellschaften (AG in Japan) **47** 343
Erlösverteilung bei Insolvenz in Drittstaaten 36 90 ff.
– Auskunftsanspruch **36** 93
– **Forderungsanmeldung und Erlösverteilung 36** 87 ff.
– Herausgabeanspruch **36** 91
– Quotenanrechnung **36** 92
Erlösverteilung und Forderungsanmeldung bei Insolvenz in Drittstaaten 36 87 ff.
– allgemeines Anmelderecht **36** 87
– Anmeldebefugnis und Bevollmächtigung des Insolvenzverwalters **36** 88 f.
– Ausübung von Gläubigerrechten **36** 87 ff.
– Verteilung der Erlöse **36** 90 ff.
Eröffnung
– Administration (Insolvenzverfahren) **38** 71 f.

1481

Sachverzeichnis

magere Zahlen = Randnummern

- Compulsory winding up (Insolvenzverfahren) **38** 91 ff.
- Creditors' voluntary winding up (Insolvenzverfahren) **38** 81

Eröffnungsentscheidung, Anerkennung (Insolvenz innerhalb der EU) 35 138 ff.
- Voraussetzung für die Anerkennung **35** 138 ff.
- Wirkungen der Anerkennung **35** 142–150

Eröffnungsvoraussetzungen
- Insolvenz innerhalb der EU (internat. Zuständigkeit, Territorialverfahren) **35** 63 ff.

Ersatztatbestände
- Wegzug in einen EU-Mitgliedstaat oder in einen EWR-Staat (Wegzugsbesteuerung, § 6 Abs. 5 AStG) **34** 269 ff.

Erscheinungsformen und Begriff
- Verwaltungssitzverlegung **52** 1

Ertragsteuern 2 83

Erweiterte beschränkte Einkommensteuerpflicht, §§ 2–5 AStG 34 207 ff.
- Allgemeines **34** 207 ff.
- Tatbestandsvoraussetzungen der erweiterten beschränkten (Einkommen-)Steuerpflicht
- Umfang der erweiterten beschränkten Einkommensteuerpflicht **34** 224 ff.
- Verlagerung des Steuersubjekts ins Ausland/Wohnsitzwechsel in niedrig besteuernde Gebiete, §§ 2–5 AStG **34** 8
- Vermögensteuer, Erbschaftsteuer **34** 236

Erweitertes Anwachsungsmodell
- Gestaltungsmöglichkeiten des Grenzübertritts **55** 10 f.

Erwerbs-, Zeichnungs- und Besitzverbote
- internationales Konzernrecht **44** 45

Erwerbsvertrag, Anknüpfung bei öffentlichen Übernahmen
- Vertragsrecht **64** 1 ff.

Erwerbsvorrechte und Vinkulierung
- Joint Venture-Vertrag (typische Vertragsregelungen) **43** 52 ff.

EU, Durchführung der grenzüberschreitenden Spaltung innerhalb der – 56 37 ff.
- Anfechtung des Spaltungsbeschlusses und Spruchverfahren **56** 49 f.
- Eintragung und Zeitpunkt des Wirksamwerdens **56** 54 ff.
- Gläubigerschutz **56** 51 ff.
- kollisionsrechtliche Grundlagen und europarechtskonforme Rechtsanwendung **56** 37 ff.
- Rechtsfolgen **56** 60 ff.
- Voraussetzungen, Verfahren und Schutz der Anteilseigner **56** 46 ff.

EU, grenzüberschreitende Spaltung und Niederlassungsfreiheit innerhalb der – 56 14 ff.
- Anwendbarkeit der Niederlassungsfreiheit auf Spaltungen **56** 14 ff.

- Hinein- und Hinausspaltungen zur Aufnahme **56** 17 ff.
- Hinein- und Hinausspaltungen zur Neugründung **56** 20 ff.

EU/EWR, grenzüberschreitende Übernahmen (Kapitalmarktrecht) 63 37 ff.
- grenzüberschreitende Übernahmen von inländischen Zielgesellschaften **63** 37 ff.
- grenzüberschreitende Übernahmen europäischer Zielgesellschaften **63** 42 ff.
- Kapitalmarktrecht **63** 37 ff.

EU-Ebene, Regelungen zum Konzernrecht
- internationales Konzernrecht **44** 4 f.

EU-Mitgliedstaat, Zuzug aus einem –, Verwaltungssitzverlegung 52 3 ff.
- Begriff der Gesellschaft iSd Art. 48 EG **52** 4
- EG-Primärrecht, Niederlassungsfreiheit **52** 3
- EuGH-Rechtsprechung **52** 6
- praktische Einzelfragen **52** 7
- Verwaltungssitzverlegung als Ausübung der primären Niederlassungsfreiheit **52** 5

EU-Primärrecht, Niederlassungsfreiheit
- Verwaltungssitzverlegung, Zuzug aus einem EU-Mitgliedstaat **52** 3

EuGH, Rechtsprechung 52 6
- Verwaltungssitzverlegung, Einfluss der Niederlassungsfreiheit **52** 14

EuGH, „Cartesio"-Entscheidung
- grenzüberschreitender Formwechsel, Zulässigkeit innerhalb der EU **54** 3 f.

EuGH, „Eurofood"-Entscheidung des
- insolvenzrechtliche Aspekte (Sanierungsmigration) **37** 30 ff.

EuGH, „Seagon"-Entscheidung
- Insolvenz innerhalb der EU (internat. Zuständigkeit, Annexverfahren) **35** 78 f.

EuGVÜ 18 8

EuGVVO, Gerichtsstände 18 5 ff., 11 ff.
- allgemeiner Gerichtsstand **18** 12 ff.
- Ausschließliche Gerichtsstände **18** 23
- besondere – **18** 15 f.
- Forum Shopping **18** 24 f.
- Verwaltungssitzverlegung und internationale Zuständigkeit **52** 29

EuInsVO, Insolvenzstatut 35 89 ff., 109 f.

EuInsVO, Prinzipien der –, Insolvenz innerhalb der EU 35 10 ff.
- Grundsatz der par conditio creditorum **35** 13
- Prinzip der modifizierten Universalität **35** 10
- Prioritätsprinzip **35** 12
- Vertrauensgrundsatz **35** 11

EuInsVO, Vorrang der –
- Anwendungsbereich (Insolvenz in Drittstaaten) **36** 6 f.

EU-Mitgliedstaat
- Wohnsitzwechsel, Wegzug in einen – oder in einen EWR-Staat sowie Ersatztatbestände, § 6 Abs. 5 AStG **34** 269 ff.

halbfette Zahlen = Paragraphen

Sachverzeichnis

EU-Recht 2 39 ff., s. spezielle Hauptstichworte
„Eurofood"-Entscheidung des EuGH
– insolvenzrechtliche Aspekte (Sanierungsmigration) 37 30 ff.
Europäische Aktiengesellschaft (Societas Europaea) s. SE
Europäische Genossenschaft (Societas Cooperativa Europaea) s. SCE
Europäische Gerichtsstands- und Vollstreckungsverordnung (EuGVVO) 28 6 f.
Europäische Gesellschaftsformen 1 47; s. a. EWIV, SCE, SE, SPE
Europäische Harmonisierung
– Firmenrecht 11 3 f.
– Geschäftsführung 11 5
– Gesellschafterhaftung 14 4 f.
– Gesellschafterrechte 15 3
– Gesellschafterversammlung 15 3
– Rechnungslegung 17 4 ff.
Europäische Insolvenzverordnung
– Verordnungen und Staatsverträge (Zivilrecht) 28 8
Europäische Privatgesellschaft (Societas Privata Europaea) s. SPE
Europäische wirtschaftliche Interessenvereinigung s. EWIV
Europäische Zielgesellschaften
– Kapitalmarktrecht, internationaler Anwendungsbereich des WpÜG, Definitionen der Zielgesellschaft und des organisierten Marktes (§ 2 Abs. 3 und Abs. 7 WpÜG) 63 15 ff.
Europäische Zielgesellschaften
– beschränkte Anwendung des WpÜG (§ 1 Abs. 2 und Abs. 3 WpÜG) 63 31 ff.
– grenzüberschreitende Übernahmen innerhalb von EU/EWR 63 42 ff.
Europäisches Mitbestimmungsregime 57 19 ff.
– Anwendbarkeit der Teilkonzernregelung des § 5 Abs. 3 MitbestG 57 29 ff.
– Verdrängung des nationalen Mitbestimmungsrechts bei der SE 57 21 f.
– Verdrängung des nationalen Mitbestimmungsrechts bei grenzüberschreitenden Verschmelzungen gemäß §§ 122 a ff. UmwG 57 23 ff.
Europäisches und deutsches internationales Gesellschaftsrecht, Reform
– Verwaltungssitzverlegung 52 28
Europäisierung des UwStG
– Umstrukturierungsvorgänge und UmwStG 59 3 ff.
Europarecht 2 39 ff. (s. spezielle Hauptstichworte)
Europarechtliche Abkommen
– Gründungstheorie 1 101
Europarechtliche Aspekte bei Insolvenz innerhalb der EU 35 4 ff.
– autonome Auslegung 35 6
– gerichtliche Kontrolle 35 7 ff.
– unmittelbare Anwendung 35 4 f.
EWIV (Europäische wirtschaftliche Interessenvereinigung)
– Beendigung der EWIV 48 69 ff.
– Besteuerung der EWIV 48 75
– Grundlagen 48 1 ff.
– Gründung 48 7 ff.
– Mitgliedschaft 48 43 ff.
– Organisationverfassung (Art. 16 EWIV-VO) 48 31 ff.
– Sitzverlegung 48 65 ff.
EWIV, Beendigung 48 69 ff.
– Abwicklung 48 72
– Auflösung 48 70 f.
– Insolvenz 48 74
– Nichtigkeit 48 73
EWIV, Gründer 48 8 ff.
– Gesellschaften und andere „juristische Einheiten" 48 9 ff.
– natürliche Personen 48 12 f.
EWIV, Grundlagen 48 1 ff.
– Geschichte und Bedeutung 48 1
– Rechtsgrundlagen: EWIV-VO und nationales Recht 48 2 ff.
– Rechtnatur der EWIV 48 6
EWIV, Gründung 48 7 ff.
– Eintragung von Niederlassungen 48 30
– Grenzüberschreitender Bezug 48 14
– Gründer 48 8 ff.
– Gründungsprüfung 48 29
– Gründungsvertrag 48 15 ff.
– Publizitätsregeln 48 24 ff.
– Rechtslage vor und nach der Eintragung 48 22 f.
EWIV, Gründungsvertrag 48 15 ff.
– Formfreiheit 48 15
– Mindestinhalt 48 16 f.
– Sitz der Vereinigung 48 20 f.
– Unternehmensgegenstand 48 18 f.
EWIV, Mitgliedschaft 48 43 ff.
– Mitgliederwechsel 48 43 ff.
– Rechtsstellung der Mitglieder 48 52 ff.
EWIV, Mitgliederwechsel 48 43 ff.
– allgemeine Fragen 48 43 ff.
– Ausscheiden von Mitgliedern 48 48 ff.
– Eintritt neuer Mitglieder 48 46, 47
EWIV, Organisationverfassung (Art. 16 EWIV-VO) 48 31 ff.
– Geschäftsführer 48 36 f.
– Geschäftsführung und Vertretung 48 38 ff.
– Mitglieder und ihre Willensbildung 48 32 ff.
EWIV, Rechtsstellung der Mitglieder 48 52 ff.
– Haftung 48 58 ff.
– Pflichten 48 56 f.
– Rechte 48 52 ff.

1483

Sachverzeichnis

magere Zahlen = Randnummern

EWIV, Rechtsnatur 48 6
EWIV, Sitzverlegung 48 65 ff.
– Identitätswahrende Sitzverlegung 48 65
– Sitzverlegung mit Wandel des anwendbaren Rechts 48 67 f.
– Sitzverlegung ohne Wandel des anwendbaren Rechts 48 66

EWIV-VO und nationales Recht
– Grundlagen der europäischen wirtschaftlichen Interessenvereinigung (EWIV) 48 2 ff.

EWR/EFTA-Staaten
– Zuzug aus – (Verwaltungssitzverlegung) 52 8

EWR/EU, grenzüberschreitende Übernahmen innerhalb von – (Kapitalmarktrecht) 63 37 ff.

EWR-Staat
– ausländische Betriebsstätte in einem – 33 52 ff.
– Wegzugbesteuerung in einem –, § 6 Abs. 5 AStG 34 269 ff.

ex nihilo, Neugründung –
– Gründungsformen der Societas Privata Europaea – SPE (europäische Privatgesellschaft) 50 26

Existenznachweis
– Zweigniederlassung 21 17

Existenzvernichtender Eingriff
– Haftungstatbestände, Gläubigerschutz 23 44 ff.

Existenzvernichtungshaftung 14 66 ff.
– Geltendmachung des Anspruchs 14 83
– Haftungsadressat 14 71 f.
– Haftungsvoraussetzungen 14 70 ff.
– Insolvenzverursachung 14 78
– kollisionsrechtliche Anknüpfung 14 69
– kompensationsloser Eingriff in das Geschäftsvermögen 14 74 ff.
– Konkurrenzen 14 84 f.
– Rechtsfolgen 14 81 f.
– Sittenwidrigkeit 14 79
– Vorsatz 14 80

Faktischer Unterordnungskonzern, grenzüberschreitender 44 30 ff.

Fakultative und obligatorische Regelungsaufträge
– Societas Privata Europaea – SPE (europäische Privatgesellschaft) 50 12 ff.

Fallbeispiele bzw. -studien
– Brochier 42 33 ff.
– Deutsche Nickel 42 17 ff.
– konkurrierende Gestaltungsmöglichkeiten in der Praxis (grenzüberschreitende Umstrukturierungen außerhalb des Geltungsbereichs des UmwStG), SE-basierte Modelle 61 14 ff.
– Rodenstock 42 48 ff.
– Schefenacker 42 1 ff.

Fälle des Drittstaatenbezugs
– Kapitalmarktrecht, Übernahmen mit Drittstaatenbezug 63 45 ff.

Fallgestaltungen und Fragestellungen in der Praxis des internationalen Steuerrechts 31 5 ff.
– Grundsätzliches 31 5 f.
– Finanzierung der Zieleinheit und/oder der Ausgangseinheit 31 13 ff.
– Gestaltungen über Drittländer/Steuerflucht 31 22 f.
– Rechtsform der Zieleinheit/Beteiligungskombination mit der Ausgangseinheit 31 7 ff.

Fallgruppen grenzüberschreitender Umstrukturierungen
– Umstrukturierungsvorgänge und UmwStG 59 6

Fallstudie: Brochier
– Bedeutung für künftige Sanierungsmigrationen 42 33
– Gefahr durch Sekundärinsolvenzverfahren 42 45 ff.
– gescheiterte Verlegung des COMI 42 34 ff.
– Race to the court 42 40 f.
– Reaktion auf die zwei eröffneten Hauptinsolvenzverfahren 42 42 ff.

Fallstudie: Brochier, Gescheiterte Verlegung des COMI
– Alternativen 42 38 f.
– Ausgangssituation und Migration 42 34
– Centre of Main Interest 42 35 ff.

Fallstudie: Deutsche Nickel
– Ausgangssituation 42 17 ff.
– Fehlschlag des Restrukturierungsversuchs nach deutschem Recht 42 20 ff.
– Migration und gesellschaftsrechtliche Umstrukturierung 42 24 ff.
– Restrukturierung nach englischem Recht 42 29 ff.

Fallstudie: Rodenstock
– Ausgangssituation 42 50 ff.
– Bestätigung des scheme of arrangement 42 60 ff.
– Einführung 42 48 f.
– Einleitung des Verfahrens und Gläubigerversammlung 42 58 ff.
– Inhaltes des scheme of arrangement 42 57
– Vorbereitung des Verfahrens 42 55 f.

Fallstudie: Schefenacker
– Ausgangssituation 42 2 ff.
– Chapter 15-Verfahren nach US-amerikanischem Recht 42 16
– Sanierung nach englischem Recht 42 8 ff.
– Sanierungsmigration 42 5 ff.
– Veröffentlichung der Verfahrensakte 42 1

Familienstiftungen § 15 AStG 34 272 ff.
– Allgemeines 34 272
– persönlicher Anwendungsbereich von § 15 AStG 34 278 ff.
– sachlicher Anwendungsbereich von § 15 AStG 34 273 ff.

halbfette Zahlen = Paragraphen   **Sachverzeichnis**

Fehlschlag des Restrukturierungsversuchs nach deutschem Recht, Fallstudie Deutsche Nickel 42 20 ff.
Festsetzung des Stammkapitals
- Stammkapital einer Private Company Limited by Shares in Großbritannien **47** 200 f.

Finanz- und Kapitalverfassung (Societas Privata Europaea – SPE) 50 40 ff.
- Ausschüttungen an die Gesellschafter **50** 44 ff.
- Kapital der SPE **50** 40 ff.

Finanzierung 2 62
- Aufnahme von Darlehen und Weitergabe als Darlehen (bzgl. Geschäftstätigkeiten im Ausland) **33** 6
- Aufnahme von Darlehen und Weitergabe als Eigenkapital (bzgl. Geschäftstätigkeiten im Ausland) **33** 7
- Eigenmittel und Weitergabe als Darlehen (bzgl. Geschäftstätigkeiten im Ausland) **33** 4
- Eigenmittel und Weitergabe als Eigenmittel (bzgl. Geschäftstätigkeiten im Ausland) **33** 5

Finanzierung der Zieleinheit und/oder der Ausgangseinheit (internationales Steuerrecht) 31 13 ff.
- einleitender Überblick **31** 13 ff.
- steuerliche Abzugsfähigkeit von Aufwendungen im Zusammenhang mit Wirtschaftstätigkeiten im Ausland **31** 19
- steuerliche Abzugsfähigkeit von ausländischen Verlusten im Zusammenhang mit inländischen Einkünften **31** 20
- Vermeidung der Doppelbesteuerung bzw. Minimierung der Steuerlast **31** 16 ff.
- Vermeidung der Realisierung von stillen Reserven bei der Überführung von Wirtschaftsgütern in einen ausländischen Produktionsstandort **31** 21

Finanzierung durch Eigenmittel
- und Weitergabe als Darlehen (bzgl. Geschäftstätigkeiten im Ausland) **33** 4
- und Weitergabe als – (bzgl. Geschäftstätigkeiten im Ausland) **33** 5
- Aufnahme von Darlehen und Weitergabe als Eigenkapital (bzgl. Geschäftstätigkeiten im Ausland) **33** 7

Finanzmärkte und Zahlungssysteme
- Ausnahmen von der lex fori concursus (Insolvenz innerhalb der EU) **35** 125 f.

Firma 11 1 ff.
- Anerkennung einer – im Zuzugsstaat **11** 23 f.
- Besonderheiten auf Grund internationaler Verträge **11** 25 ff.
- Einschreiten des Registergerichts **11** 40 ff.
- europäische Harmonisierung des Firmenrechts **11** 3 f.
- Geschäftsbriefe, Bestellscheine **11** 34–38
- grenzüberschreitender Formwechsel, Sicht des deutschen Rechts **54** 22 f.

- Haftung bei Unternehmensnachfolge **11** 44 ff.
- kollisionsrechtliche Anknüpfung der – **11** 6 f.
- Konsequenzen einer Sitzverlegung **11** 9 ff.
- Namenfunktion der – **11** 35 f.
- Nationalitätshinweise **11** 33 f.
- Private Company Limited by Shares in Großbritannien **47** 197 ff.
- Rechtsformzusätze **11** 30 ff.
- rechtswidriger Firmengebrauch **11** 39–43
- Wahl der – **11** 28 f.
- Wegzugsfall: grenzüberschreitende Mobilität einer – gemäß deutschem Heimatrecht **11** 20 ff.
- Wegzugsfälle **11** 19 ff.
- Zuzugfall einer – **11** 10 ff.
- Zuzugfall: Anerkennung gemäß deutschem Recht **11** 11 ff.
- Zuzugfall: grenzüberschreitende Mobilität einer – gemäß Heimatrecht **11** 16 ff.
- Zweigniederlassung **22** 6

Firma, besondere
- der Zweigniederlassung **22** 6

Firmenbuch, im – eingetragenen Personengesellschaften
- Personengesellschaften in Österreich **47** 441 ff.

Firmenfortführung
- Haftung bei – (Haftungstatbestände Gläubigerschutz) **23** 29
- Haftung bei – **22** 10

Firmengebrauch
- rechtswidriger **11** 39 ff.

Firmenordnungsrecht 22 2 ff.
Firmenrecht 22 1 ff.
- Angaben auf Geschäftsbriefen **22** 9
- Auftreten im Rechtsverkehr **22** 7 ff.
- besondere Firma der Zweigniederlassung **22** 6
- europäische Harmonisierung des –s **11** 3 f.
- Firmenordnungsrecht **22** 2 ff.
- Haftung bei Firmenfortführung **22** 10
- Verwendung des Rechtsformzusatzes **22** 7 f.

Firmierung 2 61
Floating charge
- administrative receivership und floating charge (Insolvenzverfahren) **38** 54 ff.

Floating charges, Avoidance of certain –
- Insolvenzanfechtung **41** 39

Folgen
- öffentliche Bekanntmachung und Registereintragung (Insolvenz innerhalb der EU) **35** 161

Fördermittel 2 109
Forderungen, anzusetzende
- Cash flow insolvency gem. s. 123(1)(e) IA 1986 (Zahlungsunfähigkeit) **38** 21 f.

Forderungsanmeldung
- Insolvenz innerhalb der EU **35** 185 f.

Sachverzeichnis   magere Zahlen = Randnummern

Forderungsanmeldung und Erlösverteilung bei Insolvenz in Drittstaaten 36 87 ff.
Form
– Anmeldung der Zweigniederlassung **21** 23
– Joint Venture-Vertragssystem, Joint Venture-Vertrag **43** 12
– Schiedsvereinbarung **18** 74 f.
Formfreiheit
– Gründungsvertrag der europäischen wirtschaftlichen Interessenvereinigung (EWIV) **48** 15
Formstatut
– Art. 11 EGBGB **6** 1 ff.
– GmbH-Geschäftsanteilsübertragung im Ausland **8** 5
Formstatut des Art. 11 EGBGB 6 1 ff.
– Geschäftsform **6** 4 ff.
– Ortsform **6** 12 ff.
– Reichweite des –s, **6** 20 ff.
Formwechsel
– Begriff des internationalen oder grenzüberschreitenden –s **54** 1
– Gründungsformen der SPE **50** 28 ff.
Formwechsel in die SE, Sperrwirkung
– Schutz erworbener Rechte (Gestaltungsfreiheit und Bestandsschutz) **57** 11 f.
Formwechsel und Verschmelzung
– Gesellschaftsformen in den USA **47** 583
Formwechsel von Kapitalgesellschaften in Personengesellschaften
– Umstrukturierungen im Geltungsbereich des UmwStG **59** 55 ff.
Formwechsel von Personengesellschaften in Kapitalgesellschaften
– Umstrukturierungen im Geltungsbereich des UmwStG **59** 121 ff.
Formwechsel, grenzüberschreitender
– gesellschaftsrechtliche Aspekte, Universalsukzession (Sanierungsmigration) **37** 58
– Zulässigkeit des –n –s einer deutschen Gesellschaft (Zulässigkeit innerhalb der EU) **54** 5 f.
– Zulässigkeit des –n –s in eine deutsche Gesellschaftsform (Zulässigkeit innerhalb der EU) **54** 7 ff.
Formwechselnde Umwandlung 50 28 ff.; **54** 1 ff.; **59** 55 ff., 121 ff.
– Gründung der Societas Europaea (SE) **49** 44 ff.
Fortbestand
– der Gesellschaft bzgl. Löschung einer englischen Limited **30** 5 ff.
Forum Shopping
– Gerichtsstände der EuGVVO **18** 24 f.
– lex fori-Prinzip (Zivilverfahrensrecht) **28** 11 f.
Fragestellungen und Fallgestaltungen in der Praxis bzgl. internationales Steuerrecht 31 5 ff.

– Grundsätzliches **31** 5 f.
– Finanzierung der Zieleinheit und/oder der Ausgangseinheit **31** 13 ff.
– Gestaltungen über Drittländer/Steuerflucht **31** 22 f.
– Rechtsform der Zieleinheit/Beteiligungskombination mit der Ausgangseinheit **31** 7 ff.
Frankreich, Gesellschaftsformen 47 94 ff.
– AG **47** 131 ff.
– Allgemeines **47** 94 ff.
– GmbH **47** 112 ff.
– Personengesellschaften **47** 101 ff.
– „Vereinfachte AG" **47** 148 ff.
Frankreich, Gesellschaftsformen, AG 47 131 ff.
– Aktien **47** 136 f.
– Geschäftsführung **47** 140 ff.
– Gründung **47** 131
– Hauptversammlung **47** 138 f.
– Liquidation **47** 147
– Stammkapital **47** 132 ff.
Frankreich, Gesellschaftsformen, AG, Geschäftsführung 47 140 ff.
– Allgemeines **47** 140
– dualistisches System **47** 145
– Haftung der Direktoren **47** 146
– monistisches System **47** 141 ff.
Frankreich, Gesellschaftsformen, GmbH 47 112 ff.
– Anteile **47** 119 f.
– Geschäftsführung **47** 126 ff.
– Gesellschafterversammlung **47** 121 ff.
– Gründung **47** 112 ff.
– Liquidation **47** 130
– persönliche Haftung der Gesellschafter **47** 124 f.
– Stammkapital **47** 116 ff.
Frankreich, Gesellschaftsformen, Personengesellschaften 47 101 ff.
– bürgerliche Gesellschaft **47** 101 ff.
– handelsrechtliche Personengesellschaften **47** 107 ff.
Freiberufler-Gesellschaften
– Sonderregeln für – in Spanien (Gesellschaftsformen) **47** 539
Freistellungsmethode 32 173 ff.
– DBA-Sachverhalt mit –; Anwendungsbereich des früheren § 2a Abs. 3 und Abs. 4 EStG **33** 33 ff.
– Überführung von Wirtschaftsgütern in eine ausländische Betriebsstätte **33** 56; 58 f.
Fremdenrecht 10 21
Fremdgläubiger
– insolvenzrechtliche Aspekte (Sanierungsmigration) **37** 36 ff.
Fremdkapital
– rechtstechnische Umsetzung der Umwandlung von – in Eigenkapital (Debt/Equity-Swap) **40** 9 ff.

halbfette Zahlen = Paragraphen **Sachverzeichnis**

Fremdrechtsanwendung
– Strafrecht **26** 10 ff.
Fremdvergleichsgrundsatz
– Grundsätze zur Einkunftsabgrenzung **34** 129 f.
Funktionsverlagerung
– Grundsätze zur Einkunftsabgrenzung **34** 155
Fusionskontrolle
– Joint Venture (Kartellrecht) **43** 67 ff.

Garantien/Patronatserklärungen/Bürgschaften
– Außensteuergesetz **34** 176 ff.
Gefahr durch Sekundärinsolvenzverfahren
– Fallstudie Brochier **42** 45 ff.
Gegenleistung, Veräußerungspreis und Ansatz der als – gewährte Gesellschaftsanteile 59 104 ff., 108 ff.
Gegenseitige Anerkennung von Insolvenzverfahren bei Insolvenz innerhalb der EU 35 137 ff.
– Anerkennung der Eröffnungsentscheidung **35** 138 ff.
– Anerkennung und Vollstreckbarkeit sonstiger Entscheidungen **35** 162 ff.
– Gleichmäßige Gläubigerbefriedigung **35** 151 ff.
– öffentliche Bekanntmachung und Registereintragung **35** 155 ff.
– Ordre public **35** 166 ff.
Gegenstand
– der Zweigniederlassung **21** 8
Gegenstand der Anerkennung
– ausländischer Insolvenzverfahren (Insolvenz in Drittstaaten) **36** 33 ff.
Gegenstand und Ziele
– Joint Venture-Vertrag (typische Vertragsregelungen) **43** 35
Geheimhaltung
– Joint Venture-Vertrag (typische Vertragsregelungen) **43** 58
Geltung
– Territoriale, in der Gewerbeordnung **25** 1 f.
Geltung der lex fori concursus
– Rechtsfolgen (Territorialverfahren, Insolvenz in Drittstaaten) **36** 76
Geltung des allgemeinen Verkehrsrechts
– Gläubigerschutz **23** 10 ff.
Geltungsbereich, räumlicher
– Insolvenz innerhalb der EU (territorialer Anwendungsbereich) **35** 20
Gemeinsame Vorschriften
– europäische Genossenschaft (SCE), Leitungssystem **51** 19
– Leitungssystem der Societas Europaea (SE) **49** 54
Gemeinschaftsmarken und -patente
– Ausnahmen von der lex fori concursus (Insolvenz innerhalb der EU) **35** 131

Gemeinschaftsunternehmen
– Joint Venture **43** 23 ff., 40 ff., 76 f.
Genehmigung, gerichtliche
– Scheme of arrangement gem. ss. 895 ff. CA 2006 (Insolvenzverfahren) **38** 52
Genehmigung, staatliche
– Zweigniederlassung **21** 18
General Partnership
– Personengesellschaft in den USA **47** 586 ff.
Generalversammlung
– europäische Genossenschaft (SCE) **51** 16 ff.
Genossenschaft, Europäische s. SCE
Genossenschaften 1 35
Gerichtliche Anfechtung
– Company Voluntary Arrangement (CVA), Sanierungsverfahren **39** 26 f.
Gerichtliche Bestätigung
– Scheme of Arrangement (Sanierungsverfahren) **39** 68 ff.
Gerichtliche Genehmigung
– Scheme of arrangement gem. ss. 895 ff. CA 2006 (Insolvenzverfahren) **38** 52
Gerichtliche Kontrolle
– Insolvenz innerhalb der EU (europarechtliche Aspekte) **35** 7 ff.
Gerichtliche Zuständigkeit
– ausschließlicher Gerichtsstand für gesellschaftsorganisatorische Klagen **18** 26 ff.
– Begriff und Bedeutung der internationalen Zuständigkeit **18** 2
– Gerichtsstände der EuGVVO **18** 11 ff.
– Gerichtsstandsvereinbarung **3** 23
– Gründungsentstehung **4** 11 ff.; **4** 22; **4** 28; **4** 39 ff.; **4** 48; **4** 54
– Gründungsformalien **4** 22
– internationale gemäß EuGVVO **18** 2 ff.
– juristischer Personen **5** 63; **5** 53 ff.; **5** 62; **5** 72 f; **5** 81
– Kapitalfragen während der Entstehung der juristischen Person **5** 53 ff.
– Rechtsquellen **18** 3 ff.
– Schiedsverfahren **18** 53 ff.
– Streitigkeiten aus Vertrag **3** 24 f.
– Streitigkeiten wegen Abbruchs von Vertragsverhandlungen **3** 26
– Vorgründungsphase **3** 23 ff.
Gerichtliche Zuständigkeit, internationale 18 2 ff.
– Scheme of Arrangement (Sanierungsverfahren), internationale Aspekte **39** 37 ff.
Gerichtsstand
– Klagen aus Delikt (Zivilrecht, internat. Gerichtsstände) **28** 39 ff.
– Klagen aus Delikt **28** 39 ff.
– Klagen aus Vertrag (Zivilrecht, internat. Gerichtsstände) **28** 34 ff.
– Niederlassung, der, (Zivilrecht, internat. Gerichtsstände) **28** 30 ff.

1487

Sachverzeichnis

magere Zahlen = Randnummern

Gerichtsstand, allgemeiner, des Beklagtenwohnsitzes
- Zivilrecht, internat. Gerichtsstände **28** 20 ff.

Gerichtsstand, ausschließlicher
- gesellschaftsinterne Streitigkeiten (Zivilrecht, internat. Gerichtsstände) **28** 25 ff.
- Zwangsvollstreckungssachen (Zivilrecht, internat. Gerichtsstände) **28** 44

Gerichtsstand, besonderer, gemäß EuGVVO 18 2 ff.
- Mitgliedschaft **18** 41 ff.
- Niederlassung **18** 52
- unerlaubte Handlung **18** 49 ff.
- vertraglicher Erfüllungsort **18** 44 ff.

Gerichtsstände der EuGVVO 18 11 ff.
- allgemeiner G.stand **18** 12 ff.
- ausschließliche – **18** 23
- besondere – **18** 15 f.
- Forum Shopping **18** 24 f.

Gerichtsstände, internationale (Zivilrecht) 28 13 ff.
- allgemeiner Gerichtsstand des Beklagtenwohnsitzes **28** 20 ff.
- ausschließlicher Gerichtsstand für gesellschaftsinterne Streitigkeiten **28** 25 ff.
- ausschließlicher Gerichtsstand für Zwangsvollstreckungssachen **28** 44
- besonderer Gerichtsstand der Niederlassung **28** 30 ff.
- besonderer Gerichtsstand für Klagen aus Delikt **28** 39 ff.
- besonderer Gerichtsstand für Klagen aus Vertrag **28** 34 ff.
- Gerichtsstandsvereinbarungen; rügelose Einlassung **28** 14 ff.
- Klagen gegen Gesellschafter **28** 45
- Vermögensgerichtsstand **28** 46

Gerichtsstands- und Vollstreckungsverordnung, europäische
- Verordnungen und Staatsverträge (Zivilrecht) **28** 6 f.

Gerichtsstandsvereinbarung 3 23
- rügelose Einlassung **28** 14 ff.

Gerichtszuständigkeit, internationale, internationales Konzernrecht 44 46 ff.

Gerichtszuständigkeit, internationale: Überblick über die verschiedenen Gerichtsstände der EuGVVO 18 11 ff.
- allgemeiner Gerichtsstand **18** 12 ff.
- Ausschließliche Gerichtsstände **18** 23
- besondere Gerichtsstände **18** 15 f.
- Forum Shopping **18** 24 f.

Geschäftsanschrift
- Zweigniederlassung **21** 7

Geschäftsanteile einer GmbH
- Belgien **47** 23 ff.
- Italien **47** 288 ff.
- Luxemburg **47** 380 f.

Geschäftsbeziehungen
- Anlaufkosten **34** 172
- Arten **34** 162 ff.
- Bürgschaften/Garantien/Patronatserklärungen **34** 176 ff.
- gewerbliche Dienstleistungen **34** 165 ff.
- Kosten der Marktschließung **34** 170 f.
- Kosten der Werbung **34** 168 f.
- Lieferung von Gütern und Waren **34** 162 ff.
- Nutzungsüberlassung von immateriellen Wirtschaftsgütern **34** 179
- Tatbestandsvoraussetzungen für die Berichtigung von Einkünften nach § 1 AStG **34** 122
- Verwaltungsbezogene Leistungen im Konzern **34** 180 ff.
- Zinsen **34** 173 ff.

Geschäftsbrief 11 34 ff.
- Angaben auf –en im Rechtsverkehr **22** 9

Geschäftsfähigkeit 19 1 ff.
- Anknüpfungsregeln bzgl. Rechts- und – **19** 57 ff.
- Anknüpfungsregeln im Einzelnen **19** 14 ff.
- Gesellschaftsstatut und Teilfragen **19** 11 ff.
- Grundsätze des internationalen Gesellschaftsrechts **19** 2 ff.

Geschäftsfähigkeit und Rechtsfähigkeit
- Gesellschaften aus Drittstaaten **19** 9
- Rechtsformwahlfreiheit **19** 10
- Rechtssprechungssequenz der GmbH **19** 4 ff.
- Sitz- und Gründungsanknüpfung **19** 2 f.

Geschäftsform
- Art. 11 EGBGB **6 6** 4 ff.
- GmbH-Geschäftsanteilsübertragung im Ausland **8** 8

Geschäftsführer
- Haftung der – wegen Zahlungen an Gesellschafter (Insolvenzverursachungshaftung); Haftungstatbestände Gläubigerschutz **23** 49
- Organisationsverfassung (Art. 16 EWIV-VO) bzgl. der europäischen wirtschaftlichen Interessenvereinigung (EWIV) **48** 36 f.

Geschäftsführer, Legitimation
- Zweigniederlassung **21** 20

Geschäftsführer, Vertretungsbefugnisse
- Zweigniederlassung **21** 12 f.

Geschäftsführer-Anstellungsvertrag
- Geschäftsführung und Vertretung der Gesellschaft einer Private Company Limited by Shares in Großbritannien **47** 244

Geschäftsführung 12 1 ff.; **2** 60
- Anerkennung einer – im Zuzugsstaat **12** 22 f.
- Anstellungsverhältnis **12** 88
- Ausland, Ltd. als Beispiel **12** 45 ff.
- Besonderheiten auf Grund internationaler Verträge **12** 24 ff.

halbfette Zahlen = Paragraphen

Sachverzeichnis

- Bestellung und Abberufung von Geschäftsleitern **12** 30
- business corporation in den USA **47** 620 ff.
- Eignung von Geschäftsleitern **12** 28 ff.
- europäische Harmonisierung **12** 5
- faktische Geschäftsleiter **12** 31 ff.
- Gesellschaftsstatut **12** 44
- Gewerberecht **12** 37 ff.
- kollisionsrechtliche Anknüpfung einer – **12** 6 f.
- Konsequenzen für die – bei der Sitzverlegung 8 f.
- Organpflichten der – **12** 44 ff.
- Private Company Limited by Shares in Großbritannien **47** 235
- Sonderanknüpfungen **12** 63 ff.
- Wegzugsfall: grenzüberschreitende Mobilität einer – gemäß deutschem Heimatrecht **12** 19 ff.
- Wegzugsfälle **12** 18 ff.
- Zuzugsfall: Anerkennung einer – gemäß deutschem Recht **12** 10 ff.
- Zuzugsfall: grenzüberschreitende Mobilität einer – gemäß Heimatrecht **12** 15 ff.
- Zuzugsfälle **12** 9 ff.

Geschäftsführung einer AG, Ausland
- Frankreich **47** 140 ff.
- Italien (– und Aufsicht) **47** 313
- Schweiz **47** 505 ff.
- Spanien **47** 579

Geschäftsführung einer GmbH, Ausland
- Belgien **47** 30 f.
- Frankreich **47** 126 ff.
- Italien **47** 299 ff.
- Luxemburg **47** 382 f.
- Niederlande **47** 418 ff.
- Österreich **47** 461 ff.
- Schweiz **47** 526 ff.
- Spanien **47** 559 ff.
- Volksrepublik China **47** 57

Geschäftsführung und Vertretung
- Organisationverfassung (Art. 16 EWIV-VO) bzgl. der europäischen wirtschaftlichen Interessenvereinigung (EWIV) **48** 38 ff.
- einer Private Company Limited by Shares in Großbritannien **47** 235 ff.

Geschäftsleiter
- Abberufung von –n **12** 30
- Anstellungsverhältnis von –n **12** 88
- Bestellung von –n **12** 30
- Eignung von –n **12** 28 f.
- Faktische – **12** 31 ff.
- Gesellschaftsstatut bzgl. –n **12** 4
- Gewerberecht **12** 37 ff.
- Haftung als faktische Geschäftsleiter **14** 65
- Haftung in der Insolvenz **41** 1 ff.
- Organpflichten von –n **12** 44 ff.

Geschäftstätigkeiten im Ausland, Aufwendungen im Zusammenhang mit – **33** 1 ff.
- § 3c Abs. 2 EStG **33** 15
- § 3c EStG **33** 9–15
- Einzelheiten zu § 8b Abs. 5 KStG **33** 17
- Grundsätzliches **33** 16
- Grundsituation **33** 3 ff.
- Regelung des § 8b Abs. 5 KStG **33** 16 f.
- Tatbestandsvoraussetzungen des § 3c Abs. 1 EStG **33** 9 ff.
- vier Fallkonstellationen in der Gesamtübersicht **33** 8

Gescheiterte Verlegung des COMI
- Fallstudie Brochier **42** 34 ff.

Gesellschaft (s. spezielle Hauptstichworte)
- iSd EU-Primärrechts, Begriff **52** 4

Gesellschaft bürgerlichen Rechts ("Bürgerliche Gesellschaft"), ausländische
- Frankreich **47** 101 ff.
- Italien **47** 272 f.
- Österreich **47** 440
- Schweiz **47** 486 f.
- Spanien **47** 540 f.

Gesellschaft, deutsche
- Zulässigkeit des grenzüberschreitenden Formwechsels innerhalb der EU **54** 5 f.

Gesellschaft, einfache
- Schweiz **47** 486 f.

Gesellschaft, Sitz
- Societas Privata Europaea – SPE (europäische Privatgesellschaft) **50** 39

Gesellschaft, Übernahme von Anteilen einer neu gegründeten –
- rechtstechnische Umsetzung der Umwandlung von Fremd- in Eigenkapital (Debt/Equity-Swap) **40** 14

Gesellschaft, übertragende
- Schutz der Gläubiger der – § 122j UmwG bzgl. grenzüberschreitende Verschmelzung von Kapitalgesellschaften nach §§ 122 a ff. UmwG **53** 88 ff.

Gesellschaft, Umwandlung, Ausland
- Belgien **47** 3
- Frankreich **47** 98
- Großbritannien **47** 159 f.
- Italien **47** 270
- Österreich **47** 435 ff.
- Schweiz **47** 482 f.
- Volksrepublik China **47** 36

Gesellschaft, Verschmelzung und Spaltung
- in Belgien **47** 3

Gesellschaft, Vertretung der – beim Abschluss von Verträgen
- Geschäftsführung und Vertretung der Gesellschaft einer Private Company Limited by Shares in Großbritannien **47** 236 f.

Gesellschaft, zivilrechtliche
- in Japan **47** 324

Sachverzeichnis

magere Zahlen = Randnummern

Gesellschaften
- Anerkennung ausländischer – **10** 19 ff.
- eingegliederte, bzgl. internationales Konzernrecht **44** 37
- gemischte Tätigkeiten/§ 9 AStG/– mit passiven Berechnung des Hinzurechnungsbetrags, § 10 AStG **34** 68 ff.
- kollisionsrechtliche Grundlagen von – **10** 3 f.
- Mobilität von – **10** 1 f.
- Übergang der Rechte und Pflichten auf – **4** 45 ff.
- Wegzug von – **10** 5 ff.
- Zuzug ausländischer – nach Deutschland **10** 15 ff.

Gesellschaften aus Drittstaaten
- Rechts- und Geschäftsfähigkeit **19** 9

Gesellschaften und andere „juristische Einheiten"
- Gründer der europäischen wirtschaftlichen Interessenvereinigung (EWIV) **48** 9 ff.

Gesellschaften und juristische Personen
- Mittelpunkt der hauptsächlichen Interessen bei – Insolvenz innerhalb der EU **35** 47 ff.

Gesellschaften, Anerkennung ausländischer 10 19 ff.
- Fremdenrecht **10** 21
- Registerpflicht der Zweigniederlassung **10** 20

Gesellschaften, beteiligte
- Gründung der Societas Europaea (SE) durch Verschmelzung **49** 18

Gesellschaften, drittstaatliche, Zulässigkeit der grenzüberschreitenden Spaltung 56 29 ff.

Gesellschaften, Erleichterungen bei mittelgroßen und kleinen großen –
- Leitung der AG in Japan **47** 343

Gesellschaften, Umwandlung
- Niederlande **47** 38 ff.

Gesellschaften, Wegzug von 10 5 ff.
- Verlegung des Satzungssitzes **10** 6 ff.
- Verlegung des Verwaltungssitzes **10** 10 ff.

Gesellschafter 2 59
- Anspruch auf Beteiligung am Liquidationserlös –n **15** 73
- Ansprüche der – Konzernhaftung **14** 117
- Besteuerung auf Ebene der – **27** 10 ff.
- G.rechte **15** 1 ff.
- G.versammlung **15** 1 ff.
- Gleichbehandlung von –n **15** 74 f.
- Haftung der Geschäftsführer wegen Zahlungen an – (Insolvenzverursachungshaftung); Haftungstatbestände Gläubigerschutz **23** 49
- Haftung in der Insolvenz (Haftung und Insolvenzanfechtung) **41** 25 ff.
- Klagen gegen – (Zivilrecht, internat. Gerichtsstände) **28** 45
- Kündigung der Mitgliedschaft **15** 70 ff.
- persönliche Haftung der – nach §§ 128 ff. HGB **23** 21
- Verpflichtungen der – im Rechtsvergleich gegenüber Dritter **3** 7; **3** 19 ff.
- Verpflichtungen der – im Rechtsvergleich untereinander **3** 6; **3** 9 ff.

Gesellschafter einer GmbH, persönliche Haftung, Ausland
- Frankreich **47** 124 f.
- Italien **47** 296 ff.
- Österreich **47** 458 ff.
- Spanien **47** 558

Gesellschafter und Geschäftsanteile
- einer GmbH in Belgien **47** 23 ff.

Gesellschafter, Ausschüttungen an die –
- Societas Privata Europaea – SPE (europäische Privatgesellschaft **50** 44 ff.

Gesellschafter, persönliche Haftung
- einer GmbH in den Niederlanden **47** 416 f.
- einer Ltd., Großbritannien **47** 221

Gesellschafterrechte 15 1 ff.
- Beschlussmängel **15** 44 ff.
- europäische Harmonisierung **15** 3
- Gewinn **15** 47 ff.
- kollisionsrechtliche Anknüpfung **15** 4
- Konsequenzen für die Sitzverlegung **15** 5 ff.
- Recht auf Einberufung der – **15** 24 ff.
- Satzungsänderungen **15** 39 ff.
- Stimmrecht **15** 34
- Stimmrechtsbindungsverträge **15** 35 ff.
- Stimmverbote **15** 38
- Teilnahmerecht an der – **15** 33
- Wegzugsfälle **15** 15 ff.
- Wegzugsfälle: Anerkennung im Zuzugstaat **15** 19 f.
- Wegzugsfälle: grenzüberschreitende Mobilität gemäß deutschem Heimatrecht 16 ff.
- Zuzugsfälle **15** 6 ff.
- Zuzugsfälle: Anerkennung gemäß deutschem Recht **15** 7 ff.
- Zuzugsfälle: grenzüberschreitende Mobilität gemäß Heimatrecht **15** 12 ff.

Gesellschafterversammlung 15 1 ff.
- Beschlussmängel **15** 44 ff.
- europäische Harmonisierung **15** 3
- Gewinn **15** 47 ff.
- kollisionsrechtliche Anknüpfung **15** 4
- Konsequenzen für die Sitzverlegung **15** 5 ff.
- Recht auf Einberufung der – **15** 24 ff.
- Satzungsänderungen **15** 39 ff.
- Stimmrecht **15** 34
- Stimmrechtsbindungsverträge **15** 35 ff.
- Stimmverbote **15** 38
- Teilnahmerecht an der – **15** 33
- Wegzugsfälle **15** 15 ff.
- Wegzugsfälle: Anerkennung im Zuzugstaat **15** 19 f.

halbfette Zahlen = Paragraphen

Sachverzeichnis

- Wegzugsfälle: grenzüberschreitende Mobilität gemäß deutschem Heimatrecht 16 ff.
- Zuzugsfälle 15 6 ff.
- Zuzugsfälle: Anerkennung gemäß deutschem Recht 15 7 ff.
- Zuzugsfälle: grenzüberschreitende Mobilität gemäß Heimatrecht 15 12 ff.

Gesellschafterversammlung einer GmbH
- Belgien 47 27 ff.
- Frankreich 47 121 ff.
- Italien 47 293 ff.
- Niederlande 47 412 ff.
- Österreich 47 456 f.
- Schweiz 47 524 f.
- Spanien 47 556 f.
- Volksrepublik China 47 53 f.

Gesellschafterversammlung, Recht auf Einberufung 15 24 ff.
- Ablauf der – 15 32
- Form der Einberufung 15 29
- Ort der – 15 30 f.
- Teilnahmerecht an der Gesellschafterversammlung 15 33

Gesellschafts- und Insolvenzstatut
- Migrationsmodelle (Sanierungsmigration) 37 22 f.

Gesellschaftsanteile
- GmbH in der Schweiz 47 521 ff.
- Übernahme der – 5 27

Gesellschaftsanteile, Umtauschverhältnis und bare Zuzahlung
- grenzüberschreitende Verschmelzung von Kapitalgesellschaften, Verschmelzungsplan 53 48 ff.

Gesellschaftsanteile, Veräußerungspreis und Ansatz der als Gegenleistung gewährten – 59 104 ff., 108 ff.

Gesellschaftsformen ausgewählter Staaten 47 1 ff.
- Belgien 47 1 ff.
- Dänemark 47 67 ff.
- Frankreich 47 94 ff.
- Großbritannien 47 151 ff.
- Italien 47 268 ff.
- Japan 47 318 ff.
- Liechtenstein 47 345 ff.
- Luxemburg 47 360 ff.
- Niederlande 47 384 ff.
- Österreich 47 432 ff.
- Schweiz 47 479 ff.
- Spanien 47 531 ff.
- USA 47 580 ff.
- Volksrepublik China 47 33 ff.

Gesellschaftsinterne Streitigkeiten
- ausschließlicher Gerichtsstand für – (Zivilrecht, internat. Gerichtsstände) 28 25 ff.

Gesellschaftsorgane, Mitbestimmung der Arbeitnehmer in –n

- internationales Konzernrecht (sonstige Regelungen zu verbundenen Unternehmen) 44 42 f.

Gesellschaftsorganisatorische Klagen, ausschließlicher Gerichtsstand 18 26 ff.
- allgemeine Voraussetzungen 18 29 f.
- erfasste Klagegegenstände 18 34 ff.
- nicht erfasste Klagegegenstände 18 40
- Sitz als Anknüpfungspunkt 18 31 ff.

Gesellschaftsrecht 2 33; 2 58
- internationales – 1 8 f.
- internationales –, Grundsätze des –, bzgl. Geschäfts- und Rechtsfähigkeit 19 1 ff.
- Rechtsformwahlkriterien 2 58
- Standortfaktoren 2 58

Gesellschaftsrecht, internationales
- Belgien 47 4
- Frankreich 47 99 f.
- Großbritannien 47 161
- Italien 47 271
- Japan 47 323
- Luxemburg 47 362
- Niederlandee 47 393
- Österreich 47 439
- Schweiz 47 485
- Spanien 47 537 f.
- USA 47 584 f.
- Volksrepublik China 47 37

Gesellschaftsrecht, Vollstatut
- Societas Privata Europaea – SPE (europäische Privatgesellschaft) 50 5 ff.

Gesellschaftsrechtliche Aspekte bzgl. Sanierungsmigration 37 56 ff.
- Grundentscheidung 37 56 f.
- Universalsukzession 37 58 ff.

Gesellschaftsrechtliche Aspekte bzgl. Sanierungsmigration, Universalsukzession 37 58 ff.
- Anwachsung 37 60
- grenzüberschreitende Verschmelzung 37 59
- grenzüberschreitender Formwechsel 37 58

Gesellschaftsrechtliche Regelungen
- Gläubigerschutz 23 13 ff.
- Löschung einer englischen Limited 30 13 ff.

Gesellschaftsrechtliche Umstrukturierung und Migration
- Fallstudie Deutsche Nickel 42 24 ff.

Gesellschaftsregister, Löschung aus dem – im Insolvenzverfahren 38 99 ff.

Gesellschaftsstatut
- Anteilsabtretung im Ausland: Anknüpfung der Form 8 11
- Anteilsabtretung im Ausland: Einhaltung der Formerfordernisse 8 11
- der beherrschten Gesellschaft im Fall der faktischen Beherrschung einer dt. Gesellschaft 14 103 ff.

1491

Sachverzeichnis

magere Zahlen = Randnummern

- des beherrschten Unternehmens im Fall der faktischen Beherrschung eines ausländischen Unternehmens **14** 108
- des herrschenden Unternehmens im Fall der faktischen Beherrschung eines ausländischen Unternehmens **14** 109
- des herrschenden Unternehmens im Fall der faktischen Beherrschung einer dt. Gesellschaft **14** 106
- einer beherrschten Gesellschaft im Fall der unternehmensvertraglichen Beherrschung einer Gesellschaft **14** 94 ff.
- eines herrschenden Unternehmens im Fall der unternehmensvertraglichen Beherrschung einer Gesellschaft **14** 98
- Geschäfts- und Rechtsfähigkeit **19** 11 ff.
- Geschäftsleiter **12** 44
- Gründung juristischer Personen **5** 12, 13
- Haftung **14** 50 ff.
- Kollisionsnorm **1** 20 ff.
- Maßgeblichkeit **8** 2 f.; **30** 1 ff.
- Reichweite bei Anteilsabtretung im Ausland **8** 4 f.
- Umfang **1** 60

Gesellschaftsstatut, Bestimmung des –s der beteiligten Unternehmen
- grenzüberschreitender Unterordnungskonzern **44** 11 ff.

Gesellschaftsstatut, drittstaatliches, Übernahmen 63 63 ff.

Gesellschaftsvertrag 4 3 ff.
- Beurkundung des –s **7** 1 ff.
- Gründungsphase **4** 3 ff.
- Joint Venture (Vertragssystem) **43** 21 ff., 62 ff.
- juristische Personen **5** 26
- Zweigniederlassung **21** 19

Gesellschaftsvertrag, Inhaltskontrolle
- Societas Privata Europaea – SPE (europäische Privatgesellschaft) **50** 18 ff.

Gesellschaftsvertrag, Lückenfüllung
- Societas Privata Europaea – SPE (europäische Privatgesellschaft) **50** 15 ff.

Gesetzgebung
- Gesellschaftsformen in den USA **47** 580 f.
- europäische Privatgesellschaft (Societas Privata Europaea – SPE **50** 1 ff.

Gestaltung von Verrechnungspreisen
- Außensteuergesetz/internationale Verflechtungen, Anwendungsbereich von § 1 AStG, Fallkonstellationen **34** 113 f; **34** 115 f; **34** 117 f; **34** 119 f.
- Gestaltungen über Drittländer/Steuerflucht (internationales Steuerrecht) **31** 23

Gestaltung, ausgewählte Problemfelder der tatsächlichen – (grenzüberschreitende Umstrukturierungen außerhalb des Geltungsbereichs des UmwStG) 62 1 ff.

Gestaltungen über Drittländer/Steuerflucht (internationales Steuerrecht) 31 22 f.
- Gestaltung von Verrechnungspreisen **31** 23
- Gründung von Basisgesellschaften **31** 22

Gestaltungen, hybride
- rechtstechnische Umsetzung der Umwandlung von Fremd- in Eigenkapital (Debt/Equity-Swap) **40** 15

Gestaltungsfreiheit und Bestandsschutz
- europäisches Mitbestimmungsregime **57** 19 ff.
- Gestaltungsmöglichkeiten und – grenzen **57** 60 ff.
- Grundzüge **57** 1 ff.
- Mitbestimmung kraft Gesetzes **57** 50 ff.
- verhandelte Mitbestimmung **57** 32 ff.

Gestaltungsgrenzen und -möglichkeiten 57 60 ff.
- „Einfrieren" des Mitbestimmungsniveaus **57** 66
- Gestaltungsmissbrauch **57** 86 ff.
- Nutzung von Vorratsgesellschaften **57** 70 ff.
- Pflicht zur Nachverhandlung bei strukturellen Änderungen **57** 76 ff.
- Verkleinerung des Aufsichtsrats **57** 64 f.
- Verlagerungen des Unternehmenssitzes ins Ausland **57** 67 ff.

Gestaltungsgrenzen, internationale materiellrechtliche
- Scheme of Arrangement (Sanierungsverfahren), internationale Aspekte **39** 50 ff.

Gestaltungsmissbrauch bzgl. Gestaltungsfreiheit und Bestandsschutz 57 86 ff.
- Entzug oder Vorenthaltung von Beteiligungsrechten **57** 88 ff.
- Missbrauch der SE **57** 91 ff.
- Rechtsfolgen eines Missbrauchs der SE **57** 94–97

Gestaltungsmöglichkeiten und -grenzen 57 60 ff.
- „Einfrieren" des Mitbestimmungsniveaus **57** 66
- Gestaltungsmissbrauch **57** 86 ff.
- Nutzung von Vorratsgesellschaften **57** 70 ff.
- Pflicht zur Nachverhandlung bei strukturellen Änderungen **57** 76 ff.
- Verkleinerung des Aufsichtsrats **57** 64 f.
- Verlagerungen des Unternehmenssitzes ins Ausland **57** 67 ff.

Gestaltungsmöglichkeiten, alternative, des Grenzübertritts 55 1 ff.
- Anwachsungsmodelle: Grundgedanke und Anwendungsbereich **55** 1 f.
- einfaches Anwachsungsmodell **55** 6 ff.
- erweitertes Anwachsungsmodell **55** 10 f.
- international-gesellschaftsrechtliche Voraussetzungen der Anwachsungsmodelle **55** 3 ff.

halbfette Zahlen = Paragraphen

Sachverzeichnis

Gestaltungsmöglichkeiten, konkurrierende, einseitige Übernahmeangebote
- ausländische Gesellschaft als Bieterin **61** 35 ff.
- deutsche AG als Bieterin **61** 40 ff.

Gestaltungsmöglichkeiten, konkurrierende, in der Praxis (grenzüberschreitende Umstrukturierungen außerhalb des Geltungsbereichs des UmwStG) 61 1 ff.
- Modelle der grenzüberschreitenden Übernahme **61** 31 f.
- SE-basierte Modelle **61** 4
- synthetische Unternehmenszusammenschlüsse **61** 54 ff.
- Umstrukturierungen auf der Grundlage der Verschmelzungsrichtlinie **61** 26 ff.

Gewährte Gesellschaftsanteile, Ansatz und Veräußerungspreis der als Gegenleistung –n –
- Umstrukturierungen im Geltungsbereich des UmwStG, Einbringung von Betrieben, Teilbetrieben und Mitunternehmeranteilen **59** 104 ff.

Gewerbeordnung
- territoriale Geltung **25** 1 f.

Gewerberecht 25 1 ff.
- Ausländische Meistertitel **25** 7
- Durchsetzung ausländischer Gewerbeverbote im Inland **25** 5
- Durchsetzung inländischer Gewerbeverbote gegenüber Auslandsgesellschaften **25** 3 f.
- Geschäftsleiter **12** 37 ff.
- Sozialversicherungsrecht **25** 8 f.
- territoriale Geltung der Gewerbeordnung **25** 1 f.
- Zwangsmitgliedschaft in der IHK/Berufsgenossenschaft **25** 6

Gewerbesteuer 27 14

Gewerbeverbote
- Durchsetzung ausländischer – im Inland **25** 5
- Durchsetzung inländischer – gegenüber Auslandsgesellschaften **25** 3 f.

gewerblicher Rechtsschutz 2 116

Gewinn 15 47 ff.
- Gesellschafterrechte **15** 47 ff.
- Gesellschafterversammlung **15** 47 ff.
- Verlagerung von –en ins Ausland bzw. Verlagerung von Kosten ins Inland/Berichtigung von Einkünften, § 1 AStG **34** 7

Gewinnabführungs- und Beherrschungsverträge, grenzüberschreitende 44 15 ff.
- deutsches beherrschtes Unternehmen **44** 15 ff.
- deutsches herrschendes Unternehmen **44** 21 ff.
- grenzüberschreitender Unterordnungskonzern (internationales Konzernrecht) **44** 15 ff.

Gewinnabführungsvertrag 14 99

Gewinnanteile, Ausschüttung
- Beteiligung an ausländischen Gesellschaften, § 11 AStG **34** 75

Gewinnberichtigung
- Verrechnungspreisregelungen/arm's length-Regelungen in Doppelbesteuerungsabkommen/EU-Grundsätzen für die – **32** 61 ff.

Gewinnermittlung
- Grundsätze der –, bzgl. Berechnung des Hinzurechnungsbetrags, nach § 10 Abs. 1, Abs. 3 und Abs. 4 AStG **34** 70

Gläubiger (s. a. folgende Hauptstichwörter)
- Ansprüche der –, Konzernhaftung **14** 118

Gläubigerbefriedigung, gleichmäßige
- Anrechnung von Insolvenzquoten **35** 153 f.
- Herausgabe von Massevermögen **35** 152
- Insolvenz innerhalb der EU (gegenseitige Anerkennung von Insolvenzverfahren) **35** 151 f.

Gläubigerbenachrichtigung und Forderungsanmeldung bei Insolvenz innerhalb der EU 35 184 ff.
- Forderungsanmeldung **35** 185 f.
- Gläubigerbenachrichtigung **35** 187 f.

Gläubigerrechte, Ausübung (Insolvenz in Drittstaaten) 36 87 ff.
- allgemeines Anmelderecht **36** 87
- Anmeldebefugnis und Bevollmächtigung des Insolvenzverwalters **36** 88 f.

Gläubigerschutz 23 1 ff.
- Anwendung gesellschaftsrechtlicher Regelungen **23** 13 ff.
- ausgewählte Haftungstatbestände **23** 20 ff.
- Durchführung der grenzüberschreitenden Spaltung innerhalb der EU **56** 51 ff.
- generelle Geltung des allgemeinen Verkehrsrechts **23** 10 ff.
- grenzüberschreitender Formwechsel, Sicht des deutschen Rechts **54** 15 ff.
- Grundsatz der Haftung nach Gründungsrecht **23** 1
- Schutzdefizite bei Auslandsgesellschaften **23** 2 ff.
- Schutzverlagerung in das Insolvenzrecht **23** 7 ff.

Gläubigerschutz, Haftungstatbestände 23 20 ff.
- Außenhaftung für nicht abgeführte Sozialversicherungsbeiträge **23** 51
- Eigenkapitalersatzrecht **23** 34 f.
- Haftung der Geschäftsführer wegen Zahlungen an Gesellschafter Insolvenzverursachungshaftung) **23** 49
- Haftung wegen existenzvernichtenden Eingriffs **23** 44 ff.
- Haftung wegen Firmenfortführung **23** 29
- Haftungsdurchgriff **23** 50
- Handelndenhaftung **23** 20

1493

Sachverzeichnis

magere Zahlen = Randnummern

- Innenhaftung von Organmitgliedern **23** 22
- Insolvenzverschleppungshaftung **23** 36 ff.
- Kapitalaufbringungs- und -erhaltungsvorschriften **23** 30 f.
- Kapitalmarktrecht **23** 53
- konzernrechtliche Haftung **23** 52
- persönliche Haftung der Gesellschaftern nach §§ 128 ff. HGB **23** 21
- Rechtsscheinhaftung **23** 23 f.
- Sonderfall: Haftung der Mitglieder einer ausländischen Rechtsanwaltsgesellschaft **23** 54 ff.
- Verschulden bei Vertragsverhandlungen **23** 25
- Vertragshaftung **23** 26 ff.

Gläubigervereinbarungen, Nutzung von –
- Debt/Equity-Swap nach englischem Recht, Beteiligung der Altgesellschafter **40** 25

Gläubigerversammlung und Einleitung des Verfahrens
- Fallstudie Rodenstock **42** 58 ff.

Gleichbehandlung
- Gesellschafter **15** 74 f.
- OECD-MA, besondere Bestimmungen **32** 207

Gleichmäßige Gläubigerbefriedigung
- Insolvenz innerhalb der EU (gegenseitige Anerkennung von Insolvenzverfahren) **35** 151 ff.

Gleichordnungskonzern, grenzüberschreitender 44 33 ff.

GmbH 19 4 ff.
- und AG, Verwaltungssitzverlegung, autonomes deutsches Recht (Wegzugsfall) **52** 19 ff.

GmbH, ausländische
- Belgien **47** 20 ff.
- Dänemark **47** 77 ff.
- Frankreich 112 ff.
- Japan **47** 344
- Liechtenstein **47** 356
- Luxemburg **47** 378 ff.
- Niederlande **47** 399 ff.
- Österreich **47** 445 ff.
- Schweiz **47** 515 ff.
- Spanien **47** 545 ff.
- Volksrepublik China **47** 43 ff.

GmbH, Belgien 47 20 ff.
- Geschäftsanteile und Gesellschafter **47** 23 ff.
- Geschäftsführung **47** 30 f.
- Gesellschafterversammlung **47** 27 ff.
- Grundkapital **47** 21 f.
- Gründung **47** 20
- Starter-Gesellschaft **47** 32

GmbH, Dänemark 47 77 ff.
- Anteile und Gesellschafter 81 f.
- Geschäftsführung der ApS **47** 84 ff.
- Gesellschafterversammlung **47** 83
- Gründung **47** 78 f.
- Stammkapital **47** 80

GmbH, Frankreich 47 112 ff.
- Anteile **47** 119 f.
- Geschäftsführung **47** 126 ff.
- Gesellschafterversammlung **47** 121 ff.
- Gründung **47** 112 ff.
- Liquidation **47** 130
- persönliche Haftung der Gesellschafter **47** 124 f.
- Stammkapital **47** 116 ff.

GmbH, Italien 47 278 ff.
- Gründung **47** 278 ff.
- Geschäftsanteile **47** 288 ff.
- Geschäftsführung **47** 299 ff.
- Gesellschafterversammlung **47** 293 ff.
- Kontrollorgan **47** 303
- persönliche Haftung der Gesellschafter **47** 296 ff.
- Stammkapital **47** 281 ff.

GmbH, Luxemburg 47 378 ff.
- Geschäftsanteile **47** 380 f.
- Geschäftsführung **47** 382 ff.
- Gründung **47** 378
- Stammkapital **47** 379

GmbH, Niederlande 47 399 ff.
- Anteile **47** 407 ff.
- Aufsichtsrat **47** 423 f.
- Einleitung **47** 399
- Geschäftsführung **47** 418 ff.
- Gesellschafterversammlung **47** 412 ff.
- Gründung **47** 400 ff.
- persönliche Haftung der Gesellschafter **47** 416 f.
- Stammkapital **47** 404 ff.

GmbH, Österreich 47 445 ff.
- Anteile **47** 451 ff.
- Aufsichtsrat **47** 465 ff.
- Geschäftsführung **47** 461 ff.
- Gesellschafterversammlung **47** 456 f.
- Gründung **47** 445 f.
- persönliche Haftung der Gesellschafter **47** 458 ff.
- Stammkapital **47** 447 ff.

GmbH, Schweiz 47 515 ff.
- Allgemeines **47** 515
- Geschäftsführung **47** 526 ff.
- Gesellschafterversammlung **47** 524 f.
- Gesellschaftsanteile **47** 521 f.
- Gründung **47** 516 f.
- Stammkapital **47** 518 ff.

GmbH, Spanien 47 545 ff.
- Anteile **47** 552 ff.
- Geschäftsführung **47** 559 ff.
- Gesellschafterversammlung **47** 556 f.
- Gründung **47** 545 ff.
- persönliche Haftung der Gesellschafter **47** 558
- Stammkapital **47** 550 f.

GmbH, Volksrepublik China 47 43 ff.
- Anteile **47** 49 ff.

halbfette Zahlen = Paragraphen **Sachverzeichnis**

- Aufsichtsrat **47** 58
- die Gesellschafterversammlung **47** 53 f.
- Geschäftsführung **47** 57
- Gründung **47** 43 ff.
- Stammkapital **47** 46 ff.
- Vorstand **47** 55 f.

GmbH-Geschäftsanteile
- Übertragung im Ausland **8** 1 ff.
- Konsequenzen einer Übertragung **6** 41

Governance, Corporate 62 86 ff.

Grenzüberschreitende Beherrschungs- und Gewinnabführungsverträge 44 15 ff.

Grenzüberschreitende bzw. ausländische Umwandlungen, steuerliche Rückwirkung
- Umstrukturierungen im Geltungsbereich des UmwStG **59** 123 ff.

Grenzüberschreitende Mitbestimmung, Verfahren
- Bildung des besonderen Verhandlungsgremiums **58** 13 ff.
- Durchführung der Verhandlungen **58** 24 ff.
- Information der Arbeitnehmer **58** 1 ff.
- Verzicht auf Verhandlungen **58** 34 ff.
- Wahl der Mitglieder des mitbestimmten Aufsichtsrats **58** 46 ff.

Grenzüberschreitende oder internationale Spaltung 56 1 ff.
- Begriff der Spaltung **56** 1 ff.
- grenzüberschreitende oder internationale Spaltung **56** 4 ff.
- internationales Privatrecht der grenzüberschreitenden Spaltung **56** 11

Grenzüberschreitende Sachverhalte (Steuerrecht) 33 1 ff.

Grenzüberschreitende Sitzverlegung
- Societas Privata Europaea – SPE (europäische Privatgesellschaft) **50** 60 f.
- Societas Europaea (SE) **49** 99 ff.

Grenzüberschreitende Spaltung
- Begriff **56** 1 ff.
- Durchführung innerhalb der EU **56** 37 ff.
- IPR **56** 11
- Zulässigkeit unter Beteiligung drittstaatlicher Gesellschaften **56** 29 ff.
- Zulässigkeit innerhalb der EU **56** 12 ff.

Grenzüberschreitende Übernahme, Modelle 61 31 f.
- einseitige Übernahmeangebote **61** 33 f.
- parallele Übernahmeangebote (NewCo-Modell) **61** 43
- Transaktionsdauer, Vor- und Nachteile der konkurrierenden Verfahren (grenzüberschreitende Umstrukturierungen außerhalb des Geltungsbereichs des UmwStG) **62** 41 ff.
- Transaktionsaufwand, Vor- und Nachteile der konkurrierenden Verfahren (grenzüberschreitende Umstrukturierungen außerhalb des Geltungsbereichs des UmwStG) **62** 18 ff.

- Vor- und Nachteile der konkurrierenden Verfahren (grenzüberschreitende Umstrukturierungen außerhalb des Geltungsbereichs des UmwStG), Transaktionssicherheit **62** 52 ff.

Grenzüberschreitende Übernahmen innerhalb von EU/EWR 63 37 ff.

Grenzüberschreitende Umstrukturierungen außerhalb des Geltungsbereichs des UmwStG 60 1 ff.

Grenzüberschreitende Umstrukturierungen, Fallgruppen
- Umstrukturierungsvorgänge und UmwStG **59** 6

Grenzüberschreitende Unternehmensverträge
- grenzüberschreitender Unterordnungskonzern (internationales Konzernrecht) **44** 25 ff.

Grenzüberschreitende Verschmelzung
- Begriff **53** 1 ff.
- Eintragung nach § 122 l UmwG **53** 108 ff.
- gesellschaftsrechtliche Aspekte, Universalsukzession (Sanierungsmigration) **37** 59
- von Personengesellschaften und mit Drittstaatenbezug **53** 117 ff.
- von Kapitalgesellschaften nach §§ 122 a ff. UmwG **53** 20 ff.
- kollisionsrechtliche Grundlagen und grundsätzliche Zulässigkeit **53** 1 ff.
- von Kapitalgesellschaften aus verschiedenen Mitgliedstaaten **53** 18 f.
- und der Wortlaut des § 1 UmwG (kollisionsrechtliche Grundlagen und grundsätzliche Zulässigkeit) **53** 9 f.

Grenzüberschreitender Bezug
- Gründung bzgl. der europäischen wirtschaftlichen Interessenvereinigung (EWIV) **48** 14
- Insolvenz innerhalb der EU (territorialer Anwendungsbereich) **35** 22 f.
- Societas Privata Europaea – SPE (europäische Privatgesellschaft) **50** 21 ff.

Grenzüberschreitender faktischer Unterordnungskonzern 44 30 ff.

Grenzüberschreitender Formwechsel
- Begriff des grenzüberschreitenden oder internationalen Formwechsels **54** 1
- Durchführung des grenzüberschreitenden Formwechsels aus Sicht des deutschen Rechts **54** 10 ff.
- gesellschaftsrechtliche Aspekte, Universalsukzession (Sanierungsmigration) **37** 58
- Zulässigkeit des grenzüberschreitenden Formwechsels innerhalb der EU **54** 2 ff.
- Zulässigkeit des –n –s einer deutschen Gesellschaft (Zulässigkeit innerhalb der EU) **54** 5 f.
- Zulässigkeit des –n –s in eine deutsche Gesellschaft (Zulässigkeit innerhalb der EU) **54** 7 ff.

Sachverzeichnis

magere Zahlen = Randnummern

Grenzüberschreitender Formwechsel, Sicht des deutschen Rechts 54 10 ff.
- Anfechtung des Umwandlungsbeschlusses und Spruchverfahren 54 14
- Eintragung und Zeitpunkt des Wirksamwerdens 54 18 ff.
- Firma 54 22 f.
- Gläubigerschutz 54 15 ff.
- kollisionsrechtliche Grundlagen und analog anzuwendende Normen 54 10 f.
- Voraussetzungen, Verfahren und Schutz der Anteilseigner 54 12 f.

Grenzüberschreitender Formwechsel, Zulässigkeit innerhalb der EU
- EuGH-Entscheidung „Cartesio" 54 3 f.
- frühere Sichtweise des deutschen Rechts 54 2
- Zulässigkeit des grenzüberschreitenden Formwechsels einer deutschen Gesellschaft 54 5 f.
- Zulässigkeit des grenzüberschreitenden Formwechsels in eine deutsche Gesellschaftsform 54 7 ff.

Grenzüberschreitender Gleichordnungskonzern 44 33 ff.

Grenzüberschreitende Mitbestimmung, Verfahren 58 24 ff.
- Dauer der Verhandlungen 58 24 f.
- Entscheidungsfindung 58 30 ff.
- Häufigkeit und Organisation der Sitzungen 58 26 ff.

Grenzüberschreitender Unterordnungskonzern 44 6 ff., 15 ff.

Grenzübertritt, alternative Gestaltungsmöglichkeiten 55 1 ff.
- Anwachsungsmodelle: Grundgedanke und Anwendungsbereich 55 1 f.
- einfaches Anwachsungsmodell 55 6 ff.
- erweitertes Anwachsungsmodell 55 10 f.
- international-gesellschaftsrechtliche Voraussetzungen der Anwachsungsmodelle 55 3 ff.

Großbritannien, Gesellschaftsformen 47 151 ff.
- internationale Bedeutung des englischen Rechts 47 155
- internationales Gesellschaftsrecht 47 161
- Personengesellschaften 47 162 ff.
- Private Company Limited by Shares (Limited) 47 185 ff.
- Public Limited Company (plc) 47 262 ff.
- registrar of Companies 47 156 ff.
- Umwandlung und Verschmelzung von Gesellschaften 47 159 f.

Großbritannien, Personengesellschaften 47 162 ff.
- Limited Liability Partnership 47 175 ff.
- Limited Partnership 47 170 ff.
- Partnership 47 162 ff.

Großbritannien, Private Company Limited by Shares (Limited) 47 185 ff.
- Aktien 47 205 ff.
- board of Directors 47 222 ff.
- Firma 47 197 ff.
- Geschäftsführung und Vertretung der Gesellschaft 47 235 ff.
- Gründung 47 190 ff.
- Hauptversammlung 47 212 ff.
- Liquidation einer company 47 254 ff.
- Löschung einer Company 47 260 f.
- persönliche Haftung der Gesellschafter 47 221
- Rechnungslegung und Publizität 47 247 ff.
- Rechtsgrundlagen 47 185 ff.
- Stammkapital 47 200 ff.
- Vorgesellschaft 47 196

Großbritannien, Limited Liability Partnership (LLP) 47 175 ff.
- Charakteristika der LLP 47 175 ff.
- Gründung einer LLP 47 178
- innere Organisation der LLP 47 179 ff.
- Mitgliedschaft in der LLP 47 184

Größe des Aufsichts- oder Verwaltungsrats, Regelungen zur –
- Reichweite der Mitbestimmungsautonomie (Gestaltungsfreiheit und Bestandsschutz) 57 45 ff.

Grundanknüpfung
- allg. Rechtsfähigkeit 19 14 f.
- besonderer Rechtsfähigkeiten 19 23 f.

Grundbegriffe und Grundlagen des internationalen Steuerrechts 31 28 ff.

Grundbuchfähigkeit 14 15
- besonderer Rechtsfähigkeiten 19 35 ff.

Gründe und Kosten
- Fallstudie Schefenacker, Sanierungsmigration 42 5 f.

Grundentscheidung
- Gesellschaftsrechtliche Aspekte (Sanierungsmigration) 37 56 f.

Gründer
- EWIV 48 8 ff.
- Haftung 4 30 ff.

Grundgedanke
- Anwendungsbereich und – Gestaltungsmöglichkeiten des Grenzübertritts (Anwachsungsmodelle) 55 1 f.

Grundkapital
- einer GmbH in Belgien 47 21 f.

Grundlagen
- Cash flow insolvency gem. s. 123(1)(e) IA 1986 (Zahlungsunfähigkeit) 38 15 ff.
- Debt/Equity-Swap nach englischem Recht 40 1 f., 16 f., 26
- europäische wirtschaftliche Interessenvereinigung (EWIV) 48 1 ff.
- Gesellschaftsformen in Belgien 47 1
- Insolvenz in Drittstaaten 36 3 ff.

halbfette Zahlen = Paragraphen

- Insolvenz innerhalb der EU **35** 1 ff.
- Insolvenzgründe, balance sheet insolvency gem. s. 123(2) IA 1986 und s. 214(6) IA 1986 (Überschuldung) **38** 25 f.
- insolvenzrechtliche Aspekte (Sanierungsmigration) **37** 28 f.
- internationales Konzernrecht **44** 1 f.
- rechtstechnische Umsetzung der Umwandlung von Fremd- in Eigenkapital (Debt/Equity-Swap) **40** 9
- Sekundärinsolvenzverfahren und Einschränkungen der lex fori concursus (Sanierungsmigration) **37** 45 f.

Grundlagen des internationalen Steuerrechts 31 28 ff.

Grundlagen, kollisionsrechtliche
- grenzüberschreitende Verschmelzung **53** 4 ff.
- grenzüberschreitender Formwechsel, Sicht des deutschen Rechts **54** 10 f.

Grundlagen, rechtliche
- business corporation in den USA **47** 608 f.
- konkurrierende Gestaltungsmöglichkeiten in der Praxis (grenzüberschreitende Umstrukturierungen außerhalb des Geltungsbereichs des UmwStG), SE-basierte Modelle **61** 4 ff.

Grundrechtsfähigkeit 2 34 ff.

Grundregeln, kollisionsrechtliche
- grenzüberschreitender Unterordnungskonzern (internationales Konzernrecht) **44** 7 ff.

Grundsatz der lex fori concursus
- Insolvenz in Drittstaaten (anwendbares Recht) **36** 12 ff.
- Insolvenz innerhalb der EU (anwendbares Recht) **35** 82 ff.

Grundsatz der par conditio creditorum
- Prinzipien der EuInsVO (Insolvenz innerhalb der EU) **35** 13

Grundsätze
- Gewinnermittlung, bzgl. Berechnung des Hinzurechnungsbetrags, nach § 10 Abs. 1, Abs. 3 und Abs. 4 AStG **34** 70
- Hinzurechnungsbesteuerung **34** 12 ff.
- internationalen Gesellschaftsrechts (Geschäfts- und Rechtsfähigkeit) **19** 1 ff.
- internationalen Strafrechts **26** 4 ff.

Grundsätze zur Einkunftsabgrenzung
- Außensteuergesetz/internationale Verflechtungen **34** 129 ff.

Gründung (s. a. folgende Hauptstichworte und zusammengesetzte Begriffe)
- EWIV **48** 7 ff.
- Gründungsformalien **4** 14 ff.
- Phase zwischen – und Entstehung **4** 1 ff.
- Scheitern einer –, Rechtslage, **4** 49 ff.

Gründung der europäischen Genossenschaft (SCE) 51 7 ff.
- allgemeine Gründungsvoraussetzungen **51** 8 ff.
- Handelndenhaftung und Vorgesellschaft **51** 7

- Neugründung **51** 11
- Umwandlungsgründung **51** 12 ff.

Gründung der europäischen wirtschaftlichen Interessenvereinigung (EWIV) 48 7 ff.
- Eintragung von Niederlassungen **48** 30
- grenzüberschreitender Bezug **48** 14
- Gründer **48** 8 ff.
- Gründungsprüfung **48** 29
- Gründungsvertrag **48** 15 ff.
- Publizitätsregeln **48** 24 ff.
- Rechtslage vor und nach der Eintragung **48** 22 f.

Gründung der Societas Europaea (SE) 49 6 ff.
- allgemeine Fragen **49** 7 ff.
- Formwechselnde Umwandlung **49** 44 ff.
- Gründung einer Holding-SE **49** 35 ff.
- Gründung einer Tochter-SE **49** 48 ff.
- SE-Gründung durch Verschmelzung **49** 17 ff.

Gründung der Societas Europaea (SE) durch Verschmelzung 49 17 ff.
- anwendbares Recht **49** 19
- beteiligte Gesellschaften **49** 18
- Rechtmäßigkeitsprüfung und Eintragung **49** 30 ff.
- Verfahrensablauf in den Gründungsgesellschaften **49** 21 ff.
- Verfahrensarten **49** 20

Gründung der Societas Europaea (SE), Allgemeines 49 7 ff.
- anwendbares Recht **49** 12
- Numerus clausus der Gründungsformen **49** 7 ff.
- Verhandlungen über Arbeitnehmerbeteiligung **49** 13 f.
- Vorgesellschaft und Handelndenhaftung **49** 15 f.

Gründung der SPE (Societas Privata Europaea) 50 21 ff.
- grenzüberschreitender Bezug **50** 21 ff.
- Gründungsformen **50** 25 ff.
- Gründungsverfahren bis zur Eintragung **50** 34 ff.
- Sitz der Gesellschaft **50** 39

Gründung einer AG, Ausland
- Dänemark **47** 88
- Frankreich **47** 131
- Italien **47** 304
- Japan **47** 330 f.
- Luxemburg **47** 365 f.
- Niederlande **47** 426
- Österreich **47** 468
- Schweiz **47** 491 f.
- Spanien **47** 567
- Volksrepublik China **47** 60 f.

Gründung einer GmbH, Ausland
- Belgien **47** 20

1497

Sachverzeichnis

magere Zahlen = Randnummern

- Frankreich **47** 112 ff.
- Italien **47** 278 ff.
- Luxemburg **47** 378
- Niederlande **47** 400 ff.
- Österreich **47** 445 f.
- Schweiz **47** 516 f.
- Spanien **47** 545 ff.
- Volksrepublik China **47** 43 ff.

Gründung einer Holding-SE (Societas Europaea) 49 35 ff.
- besondere Probleme der SE-Holdinggründung **49** 43
- beteiligte Gründungsgesellschaften **49** 37
- dritte Gründungsphase: Entstehung der SE **49** 42
- erste Gründungsphase: Beschlussfassung in den Gründungsgesellschaften **49** 38 ff.
- rechtspraktische Bedeutung **49** 35 f.
- zweite Gründungsphase: Anteilstausch **49** 41

Gründung einer Tochter-SE (Societas Europaea) 49 48 ff.
- bestehende SE (Art. 3 Abs. 2 SE-VO) **49** 52 f.
- Rechtsträger nationalen Rechts (Art. 2 Abs. 3 SE-VO) **49** 49 ff.

Gründung von Basisgesellschaften
- Gestaltungen über Drittländer/Steuerflucht **31** 22

Gründung, Ausland
- business corporation in den USA **47** 610
- LLP, Limited Liability Partnership (LLP) bzgl. Personengesellschaften in Großbritannien **47** 178
- Private Company Limited by Shares in Großbritannien **47** 190 ff.

Gründung, Gestaltung über Steuerflucht/Drittländer von 31 22 f.
- Basisgesellschaften **31** 22
- Verrechnungspreisen **31** 23

Gründung, Phase zwischen – und Entstehung 4 1 ff.
- Entstehung eines Rechtsträgers **4** 23 ff.
- Formalien der Gründung **4** 14 ff.
- Gesellschaftsvertrag **4** 3 ff.
- Haftung **4** 29 ff.
- Rechtslage im Fall des Scheiterns der Entstehung **4 49 ff.**
- Übergang der Rechte und Pflichten auf die Gesellschaft **4** 45 ff.
- Zeitliche Erstreckung **4** 1 f.

Gründung, Scheitern einer, Rechtslage 4 49 ff.
- anzuwendendes Recht **4** ff.
- gerichtliche Zuständigkeit **4** 54
- Rechtsvergleich **4** 49 f.

Gründungsanknüpfung
- Rechts- und Geschäftsfähigkeit **19** 2 f.

Gründungsbericht 5 29

Gründungsbeschränkungen
- Beschränkungen in bestimmten Sektoren **5** 8
- generelle Beschränkungen **5** 7
- juristischer Personen **5** 6 ff.

Gründungsformalien 4 14 ff.
- anzuwendendes Recht **4** 17 ff.
- gerichtliche Zuständigkeit **4** 22
- Rechtsvergleich **4** 14 ff.
- Substitution **4 21**

Gründungsformen, Numerus clausus
- Gründung der Societas Europaea (SE) **49** 7 ff.

Gründungsformen der europäischen Privatgesellschaft (Societas Privata Europaea – SPE) 50 25 ff.
- Formwechsel **50** 28 ff.
- nachfolgende Umwandlungen der SPE **50** 33
- Neugründung „ex nihilo" **50** 26
- Verschmelzung **50** 27

Gründungsgesellschaften 1 46
- bei Gründung einer Holding-SE **49** 37
- bei Gründung einer SE durch Verschmelzung **49** 21 ff.

Gründungsphasen einer Holding-SE (Societas Europaea) 49 38 ff.
- erste – : Beschlussfassung in den Gründungsgesellschaften **49** 38 ff.
- zweite – : Anteilstausch **49** 41
- dritte – : Entstehung der SE **49** 42

Gründungsprüfung
- EWIV **48** 29

Gründungsrecht
- Grundsatz der Haftung nach – im Gläubigerschutz **23** 1

Gründungstheorie 1 88 ff.
- Anknüpfung **1** 92
- europäischer Wirtschaftsraum **1** 100
- europarechtliche Abkommen **1** 101
- europarechtliche Niederlassungsfreiheit (EU) **1** 94 ff.
- Geltungsbereich **1** 93 ff.
- juristische Personen betreffend **5** 14 ff.
- Referentenentwurf 2008 **1** 89 ff.
- Schweiz **1** 103
- Spielarten **1** 88
- Staatsverträge, insbesondere USA **1** 104–105

Gründungsverfahren bis zur Eintragung (SPE) 50 34 ff.

Gründungsvertrag (EWIV) 48 15 ff.
- Formfreiheit **48** 15
- Mindestinhalt **48** 16 f.
- Sitz der Vereinigung **48** 20 f.
- Unternehmensgegenstand **48** 18 f.

Gründungsvoraussetzungen, allgemeine
- Europäische Genossenschaft (SCE) **51** 8 ff.

Güter und Waren
- Lieferung, Außensteuerrecht **34** 162 ff.

halbfette Zahlen = Paragraphen

Sachverzeichnis

Gutgläubige Dritte, Schutz
– Schutzbestimmungen (Insolvenz in Drittstaaten) **36** 54 ff.

Gutgläubige Geschäftspartner, Schutz
– allgemeine Rechtsfähigkeit **19** 17 ff.

Haftung 2 63; **4** 29 ff.; **14** 1 ff. (s.a. zusammengesetzte Begriffe)
– Adressat bei Existenzvernichtungshaftung **14** 71 ff.
– anzuwendendes Recht bei Haftungsfragen während einer Gründung **4** 35 ff.
– eingebrachte Handelsgeschäfte **5** 46
– europäische Harmonisierung der Gesellschafter– **14** 4 f.
– existenzvernichtender Eingriffs (Haftungstatbestände) **23** 44 ff.
– Existenzvernichtungs– **14** 66 ff.
– faktische Geschäftsleiter **14** 65
– Firmen bei Unternehmensnachfolge **11** 44
– Firmenfortführung **22** 10
– Firmenfortführung, wegen (Haftungstatbestände Gläubigerschutz) **23** 29
– gerichtliche Zuständigkeit bei Haftungsfragen während einer Gründung **4** 39 ff.
– Geschäftsführer wegen Zahlungen an Gesellschafter (Insolvenzverursachungshaftung); Haftungstatbestände **23** 49
– Gesellschaftsstatut **14** 50 ff.
– Gründer **4** 30 ff.
– Grundsatz der – nach Gründungsrecht im Gläubigerschutz **23** 1
– Handelnden– **4** 33 f.
– insolvenzrechtliche – der Gesellschafter **14** 63 ff.
– Konsequenzen bei der Sitzverlegung **14** 31 ff.
– Konzern– **14** 86 ff.
– Konzernrechtliche – (Haftungstatbestände Gläubigerschutz) **23** 52
– Mitglieder der europäischen wirtschaftlichen Interessenvereinigung (EWIV) **48** 58 ff.
– Mitglieder einer ausländischen Rechtsanwaltsgesellschaft (Haftungstatbestände Gläubigerschutz) **23** 54 ff.
– –sdurchgriff **14** 50 ff.
– Sonderanknüpfungen bzgl. – **14** 55 ff.
– umgekehrter Durchgriff **14** 61 f.
– Voraussetzungen bei Existenzvernichtungshaftung **14** 70 ff.
– Vorgesellschaft **4** 29

Haftung der Direktoren/directors
– Board of Directors einer Private Company Limited by Shares in Großbritannien **47** 232 ff.
– Geschäftsführung der AG in Frankreich **47** 146

Haftung in der Insolvenz 41 1 ff.
– Geschäftsleiter **41** 1 ff., 20 ff.
– Gesellschafter **41** 25 ff.

Haftung und Eigenkapitalersatz
– Einzelheiten zum Debt/Equity-Swap nach englischem Recht **40** 28 ff.

Haftung und Insolvenzanfechtung 41 1 ff.
– Geschäftsleiter **41** 1 ff.
– Gesellschafter **41** 25 ff.
– Haftung in der Insolvenz **41** 1 ff.
– Insolvenzanfechtung **41** 29 ff.

Haftung, kollisionsrechtliche Anknüpfung
– Gesellschafterhaltung **14** 27 ff.
– Gesellschaftsverbindlichkeiten **14** 6 ff.

Haftung, Konsequenzen bei Sitzverlegung 14 31 ff.
– Besonderheiten auf Grund internationaler Verträge **14** 47 ff.
– Wegzugsfälle **14** 41 ff.
– Wegzugsfälle: Anerkennung im Zuzugstaat **14** 45 f.
– Wegzugsfälle: grenzüberschreitende Mobilität gemäß deutschem Heimatrecht **14** 42 ff.
– Zuzugsfälle **14** 32 ff.
– Zuzugsfälle: Anerkennung gemäß deutschem Recht **14** 33 ff.
– Zuzugsfälle: grenzüberschreitende Mobilität gemäß Heimatrecht 38 ff.

Haftung, persönliche, der Gesellschafter
– Private Company Limited by Shares in Großbritannien **47** 221
– Gesellschafter nach §§ 128 ff. HGB **23** 21
– Frankreich **47** 124 f.
– Italien **47** 296 ff.
– Niederlande **47** 416 f.
– Österreich **47** 458 ff.
– Spanien **47** 558

Haftungsadressat 14 71 ff.

Haftungsdurchgriff 14 50 ff.
– Business Corporation in den USA **47** 630 ff.
– Haftungstatbestände bzgl. Gläubigerschutz **23** 50

Haftungstatbestände
– Gläubigerschutz **23** 20 ff.
– Haftung bei Firmenfortführung **23** 29
– Verschulden bei Vertragsverhandlungen **23** 25

Haftungstatbestände und Gläubigerschutz 23 20 ff.
– Außenhaftung für nicht abgeführte Sozialversicherungsbeiträge **23** 51
– Eigenkapitalersatzrecht **23** 34 f.
– Haftung der Geschäftsführer wegen Zahlungen an Gesellschafter Insolvenzverursachungshaftung **23** 49
– Haftung wegen existenzvernichtenden Eingriffs **23** 44 ff.
– Haftung wegen Firmenfortführung **23** 29
– Haftungsdurchgriff **23** 50
– Handelndenhaftung **23** 20
– Innenhaftung von Organmitgliedern **23** 22
– Insolvenzverschleppungshaftung **23** 36 ff.

Sachverzeichnis

magere Zahlen = Randnummern

- Kapitalaufbringungs- und -erhaltungsvorschriften **23** 30 f.
- Kapitalmarktrecht **23** 53
- Konzernrechtliche Haftung **23** 52
- persönliche Haftung der Gesellschaftern nach §§ 128 ff. HGB **23** 21
- Rechtsscheinhaftung **23** 23 f.
- Sonderfall: Haftung der Mitglieder einer ausländischen Rechtsanwaltsgesellschaft **23** 54 ff.
- Verschulden bei Vertragsverhandlungen **23** 25
- Vertragshaftung **23** 26 ff.

Haftungsvoraussetzungen (Existenzvernichtungshaftung) 14 70 ff.
- Haftungsadressat **14** 71 ff.
- Insolvenzverursachung **14** 78
- kompensationsloser Eingriff in das Geschäftsvermögen **14** 74 ff.
- Sittenwidrigkeit **14** 79
- Vorsatz **14** 80

Handelndenhaftung 4 33 f.
- Haftungstatbestände im Gläubigerschutz **23** 20
- Vorgesellschaft (SCE) **51** 7
- Vorgesellschaft (SE) **49** 15 f.

Handelsgesellschaften
- Frankreich **47** 107 ff.
- Italien **47** 274 ff.
- Japan **47** 325 f.
- Spanien **47** 542 ff.
- Volksrepublik China **47** 38 ff.

Handelsregister (Ausland)
- Belgien **47** 2
- Frankreich **47** 96
- Italien **47** 269
- Japan **47** 321
- Luxemburg **47** 361
- Niederlande **47** 385
- Österreich **47** 433
- Schweiz **47** 481
- Spanien **47** 533
- USA **47** 582
- Volksrepublik China **47** 35

Handlung
- unerlaubte –, besonderer Gerichtsstand gemäß EuGVVO **18** 49 ff.

Harmonisierung oder Vorwegauskünfte
- Bestimmung von Verrechnungspreisen zwischen zwei Staaten/Advanced Pricing Agreements (APA) **34** 195 ff.

Häufigkeit und Organisation der Sitzungen
- Durchführung der Verhandlungen (Verfahren bei grenzüberschreitender Mitbestimmung) **58** 26 ff.

Hauptinsolvenzverfahren innerhalb der EU
- Allgemeines **35** 37 f.
- Begriff des „Mittelpunkts der hauptsächlichen Interessen" **35** 39 ff.
- internationale Zuständigkeit **35** 37 ff.
- Kompetenzkonflikte **35** 60 ff.
- maßgeblicher Zeitpunkt **35** 56 ff.
- Mittelpunkt der hauptsächlichen Interessen bei juristischen Personen und Gesellschaften **35** 47 ff.
- Mittelpunkt der hauptsächlichen Interessen bei natürlichen Personen **35** 44 ff.
- örtl. Zuständigkeit nach deutschem Recht **35** 70 f.
- Territorialverfahren, (allgemeine Zulässigkeitsvoraussetzungen, Insolvenz in Drittstaaten) **36** 65

Hauptniederlassung
- Registerverhältnisse der – **21** 11

Hauptverfahren, Anerkennung und Wirkung
- insolvenzrechtliche Aspekte (Sanierungsmigration) **37** 42 ff.

Hauptversammlung, Ausland
- business corporation in den USA **47** 625 ff.
- Private Company Limited by Shares in Großbritannien **47** 212 ff.

Hauptversammlung bzgl. Societas Europaea (SE) 49 91 ff.
- Zuständigkeiten der SE-Hauptversammlung **49** 92 f.
- Organisation und Ablauf **49** 94 f.

Hauptversammlung einer AG im Ausland
- Frankreich **47** 138 f.
- Italien **47** 310 ff.
- Japan **47** 336
- Luxemburg **47** 373 f.
- Österreich **47** 472 ff.
- Schweiz **47** 502 ff.
- Spanien **47** 575 ff.

Hauptverwaltung 1 72 ff.

Heimatrecht 11 16 ff., 22 ff.; **12** 15 ff., 19 ff.; **13** 36 ff., 41 ff.; **14** 38 ff., 42 ff.; **15** 12 ff., 16 ff.; **16** 14 ff., 18 ff.; **17** 33 ff.

Herausgabe von Massevermögen
- gleichmäßige Gläubigerbefriedigung (Insolvenz innerhalb der EU) **35** 152

Herausgabeanspruch
- Verteilung der Erlöse (Forderungsanmeldung und Erlösverteilung, Insolvenz in Drittstaaten) **36** 91

Hinaus- und Hineinspaltungen zur Aufnahme 56 17 ff.

Hinein- und Hinausspaltungen zur Neugründung 56 20 ff.

Hintergründe
- Sanierungsmigration **37** 1 ff.

Hinzurechnungsbesteuerung
- Beteiligung an ausländischen Gesellschaften bzgl. Außensteuergesetz, §§ 7–14 AStG/die – **34** 12 ff.
- Grundsätze der – **34** 12 ff.

halbfette Zahlen = Paragraphen **Sachverzeichnis**

- Systematik der Besteuerung nach § 10 Abs. 2 AStG **34** 71 f.
- Tatbestandsvoraussetzungen der – **34** 20 ff.
- Verhältnis der – zu anderen Vorschriften **34** 18 f.
- Verlagerung des Steuersubjekts (des Steuerpflichtigen) ins Ausland/Beteiligung an ausländischen Basisgesellschaften, §§ 7–14 AStG **34** 6

Hinzurechnungsbetrag
- Gesellschaften mit gemischten Tätigkeiten/§ 9 AStG/Gesellschaften mit passiver Berechnung des H.s, § 10 AStG **34** 68 ff.

Höherrangiges Recht
- Bedeutung des –n –s für die Entscheidung über Rechtsform und Standort **2** 29 ff.

Holding-SE (Societas Europaea), Gründung einer – 49 35 ff.
- besondere Probleme der SE-Holdinggründung **49** 43
- beteiligte Gründungsgesellschaften **49** 37
- dritte Gründungsphase: Entstehung der SE **49** 42
- erste Gründungsphase: Beschlussfassung in den Gründungsgesellschaften **49** 38 ff.
- rechtspraktische Bedeutung **49** 35 f.
- zweite Gründungsphase: Anteilstausch **49** 41

Hybride Gestaltungen
- rechtstechnische Umsetzung der Umwandlung von Fremd- in Eigenkapital (Debt/Equity-Swap) **40** 15

IAS-Verordnung 17 11 ff.

Identitätsauflösende Migration
- Migrationsmodelle (Sanierungsmigration) **37** 24 f.

Identitätswahrende Migration
- Migrationsmodelle (Sanierungsmigration) **37** 27

Identitätswahrende Sitzverlegung
- Sitzverlegung der europäischen wirtschaftlichen Interessenvereinigung (EWIV) **48** 65

IHK
- Zwangsmitgliedschaft in der – (Sozialversicherungs-/Gewerberecht) **25** 6

Immaterielle Wirtschaftsgüter, Nutzungsüberlassung
- Geschäftsbeziehungen/Außensteuergesetz **34** 179

Immobilienrecht 2 110–115

Inability to pay debts und insolvency (Insolvenzgründe) 38 8 ff.
- Bedeutung der materiellen Insolvenz **38** 11 f.
- Relevanz der Insolvenzgründe **38** 13 f.
- Terminologie und Überblick **38** 8 ff.

Information der Arbeitnehmer
- Verfahren bei grenzüberschreitender Mitbestimmung **58** 1 ff.

Informations- und Mitwirkungspflichten gem. Außensteuergesetz 34 281 ff.

Informationsaustausch
- Art. 26 OECD-MA **32** 211 ff.
- Vermeidung der Doppelbesteuerung, Art. 26 OECD-MA **32** 211 ff.

Inhalt
- Company Voluntary Arrangement (CVA), Sanierungsverfahren **39** 20 ff.
- Information der Arbeitnehmer (Verfahren bei grenzüberschreitender Mitbestimmung) **58** 4 ff.
- Verschmelzungsplan bzgl. grenzüberschreitende Verschmelzung von Kapitalgesellschaften (§ 122 c Abs. 2 UmwG) **53** 39 ff.

Inhalte des Scheme of arrangement
- Fallstudie Rodenstock **42** 57

Inhaltskontrolle des Gesellschaftsvertrags
- Societas Privata Europaea – SPE (europäische Privatgesellschaft) **50** 18 ff.

Inland, Vermögen oder Niederlassung im –
- Territorialverfahren, (allgemeine Zulässigkeitsvoraussetzungen, Insolvenz in Drittstaaten) **36** 66 ff.

Inländische Einkünfte
- mit ausländischen Verlusten **33** 18 ff.
- Verfassungsmäßigkeit und Übereinstimmung mit EU-Recht bzgl. ausländische Verluste im Zusammenhang mit –n –n **33** 38

Inländische Einkünfte, steuerliche Abzugsfähigkeit von ausländischen Verlusten im Zusammenhang mit –n – n 31 11, 20

Inländische Zielgesellschaften 63 14, 27 ff., 37 ff.

Inlandsgesellschaft, nur im Drittstaat börsennotierte –
- Kapitalmarktrecht, Übernahmen bei Börsenzulassung in Drittstaaten **63** 57 ff.

Innenhaftung
- Organmitglieder **23** 22

Innere Organisation
- LLP, Limited Liability Partnership (LLP) **47** 179 ff.

Insichgeschäfte 13 56 ff.

Insolvency und inability to pay debts (Insolvenzgründe) 38 8 ff.
- Bedeutung der materiellen Insolvenz **38** 11 f.
- Relevanz der Insolvenzgründe **38** 13 f.
- Terminologie und Überblick **38** 8 ff.

Insolvenz (s. a. folgende Hauptstichworte)
- Beendigung der europäischen wirtschaftlichen Interessenvereinigung (EWIV) **48** 74
- I.verursachung **14** 78
- materielle –, bzgl. Insolvency und inability to pay debts **38** 11 f.

Insolvenz in Drittstaaten 36 1 ff.
- Anerkennung des ausländischen Insolvenzverfahrens **36** 32 ff.

1501

Sachverzeichnis

magere Zahlen = Randnummern

- anwendbares Recht **36** 12 ff.
- Anwendungsbereich **36** 5 ff.
- Ausnahmen von der lex fori concursus **36** 18 ff.
- Durchsetzung des ausländischen Insolvenzverfahrens **36** 47 ff.
- Forderungsanmeldung und Erlösverteilung **36** 87 ff.
- Grundlagen **36** 3 ff.
- internationale Zuständigkeit **36** 10 f.
- Schutzbestimmungen **36** 54 ff.
- Territorialverfahren **36** 63 ff.
- Wirkungen des ausländischen Insolvenzverfahrens im Inland **36** 31 ff.

Insolvenz innerhalb der EU 35 1 ff.
- anwendbares Recht **35** 82 ff.
- Anwendungsbereich **35** 17 ff.
- gegenseitige Anerkennung von Insolvenzverfahren **35** 137 ff.
- Gläubigerbenachrichtigung und Forderungsanmeldung **35** 184 ff.
- Grundlagen **35** 3 ff.
- Grundsatz der lex fori concursus **35** 82 ff.
- internationale Zuständigkeit **35** 35 ff.
- Sekundärinsolvenzverfahren **35** 169 ff.

Insolvenz innerhalb der EU, Ausnahmen von der lex fori concursus 35 111 ff.
- Arbeitsvertrag **35** 127 f.
- Aufrechnung **35** 120 f.
- benachteiligende Handlungen **35** 132 f.
- dingliche Sicherungsrechte **35** 112 ff.
- Eigentumsvorbehalt **35** 122 f.
- Gemeinschaftspatente und -marken **35** 131
- Schutz des Dritterwerbers **35** 134
- Sonderregelungen **35** 111
- Vertrag über einen unbeweglichen Gegenstand **35** 124
- Wirkung auf eintragungspflichtige Rechte **35** 129 f.
- Wirkungen des Insolvenzverfahrens auf anhängige Rechtsstreitigkeiten **35** 135 f.
- Zahlungssysteme und Finanzmärkte **35** 125 f.

Insolvenz innerhalb der EU, europarechtliche Aspekte 35 4 ff.
- autonome Auslegung **35** 6
- gerichtliche Kontrolle **35** 7 ff.
- unmittelbare Anwendung **35** 4 f.

Insolvenz innerhalb der EU, Prinzipien der EuInsVO 35 10 ff.
- Grundsatz der par conditio creditorum **35** 13
- Prinzip der modifizierten Universalität **35** 10
- Prioritätsprinzip **35** 12
- Vertrauensgrundsatz **35** 11

Insolvenz- und Gesellschaftsstatut
- Migrationsmodelle (Sanierungsmigration) **37** 22 f.

Insolvenz- und Sanierungsverfahren (GB) 38 1 ff.
- Insolvenzgründe **38** 8 ff.
- Insolvenzverfahren **38** 39 ff.
- Institutionen **38** 5 ff.
- Rechtsquellen **38** 1 ff.

Insolvenz- und Sanierungsverfahren, Insolvenzgründe 38 8 ff.
- Balance sheet insolvency gem. s. 123(2) IA 1986 und s. 214(6) IA 1986 (Überschuldung) **38** 25 ff.
- Cash flow insolvency gem. s. 123(1)(e) IA 1986 (Zahlungsunfähigkeit) **38** 15 ff.
- erfolglose Vollstreckung gem. s. 123(1)(b) IA 1986 **38** 34
- Insolvency und inability to pay debts **38** 8 ff.
- Statutory demand gem. s. 123(1)(a) IA 1986 **38** 33
- zukünftige Insolvenz gem. p. 11(a) Sch B1 IA 1986 **38** 35 ff.

Insolvenz- und Sanierungsverfahren, Insolvenzverfahren 38 39 ff.
- Administration **38** 68 ff.
- Administrative receivership und floating charge **38** 54 ff.
- Company voluntary arrangement (CVA) **38** 43
- Compulsory winding up **38** 90 ff.
- Creditors' voluntary winding up **38** 79 ff.
- Löschung aus dem Gesellschaftsregister **38** 99 ff.
- Pre-packaged Sale (sog. prepack) **38** 107 ff.
- Scheme of arrangement gem. ss. 895 ff. CA 2006 **38** 44 ff.
- Überblick **38** 39 ff.

Insolvenz, Haftung in der – 41 1 ff.
- Geschäftsleiter **41** 1 ff.
- Gesellschafter **41** 25 ff.

Insolvenzanfechtung
- Ausnahmen von der lex fori concursus (Insolvenz in Drittstaaten) **36** 27
- Avoidance of certain floating charges **41** 39
- Haftung und Insolvenzanfechtung **41** 29 ff.
- Preferences **41** 36 ff.
- Transactions at an undervalue **41** 33 ff.
- Überblick **41** 29 ff.

Insolvenzanfechtung und Haftung 41 1 ff.
- Haftung in der Insolvenz **41** 1 ff.
- Insolvenzanfechtung **41** 29 ff.

Insolvenzfähigkeit
- besonderer Rechtsfähigkeiten **19** 53 ff.

Insolvenzgericht, zuständiges
- Durchsetzung des ausländischen Insolvenzverfahrens (Insolvenz in Drittstaaten) **36** 51

Insolvenzgrund und Kostendeckung
- Territorialverfahren, (allgemeine Zulässigkeitsvoraussetzungen, Insolvenz in Drittstaaten) **36** 71 ff.

1502

halbfette Zahlen = Paragraphen   **Sachverzeichnis**

Insolvenzgründe (GB) 38 8 ff.
- Balance sheet insolvency gem. s. 123(2) IA 1986 und s. 214(6) IA 1986 (Überschuldung) **38** 25 ff.
- Cash flow insolvency gem. s. 123(1)(e) IA 1986 (Zahlungsunfähigkeit) **38** 15 ff.
- erfolglose Vollstreckung gem. s. 123(1)(b) IA 1986 **38** 34
- Insolvency und inability to pay debts **38** 8 ff.
- Statutory demand gem. s. 123(1)(a) IA 1986 **38** 33
- zukünftige Insolvenz gem. p. 11(a) Sch B1 IA 1986 **38** 35 ff.

Insolvenzgründe, balance sheet insolvency gem. s. 123(2) IA 1986 und s. 214(6) IA 1986 (Überschuldung) 38 25 ff.
- Ansatz der Aktiva **38** 30 f.
- Ansatz der Passiva **38** 27 ff.
- Grundlagen **38** 25 f.
- Nachweis im Verfahren **38** 32

Insolvenzgründe, Cash flow insolvency gem. s. 123(1)(e) IA 1986 (Zahlungsunfähigkeit) 38 15 ff.
- anzusetzende Forderungen **38** 21 f.
- anzusetzende Zahlungsmittel **38** 23
- Grundlagen **38** 15 ff.
- Nachweis im Verfahren **38** 24
- relevanter Zeitraum **38** 18 f.
- Wesentlichkeit **38** 20

Insolvenzgründe, deutsche, und Scheme of arrangement
- Scheme of Arrangement (Sanierungsverfahren), internationale Aspekte **39** 53

Insolvenzgründe, Insolvency und inability to pay debts 38 8 ff.
- Bedeutung der materiellen Insolvenz **38** 11 f.
- Relevanz der Insolvenzgründe **38** 13 f.
- Terminologie und Überblick **38** 8 ff.

Insolvenzgründe, Relevanz
- Insolvency und inability to pay debts **38** 13 f.

Insolvenzplan und Restschuldbefreiung
- Territorialverfahren (Insolvenz in Drittstaaten) **36** 79 f.

Insolvenzquoten, Anrechnung
- gleichmäßige Gläubigerbefriedigung (Insolvenz innerhalb der EU) **35** 153 f.

Insolvenzrecht (s. a. spezielle Hauptstichworte)
- i. rechtliche Haftung der Gesellschafter **14** 63 ff.
- Schutzverlagerung in das – im Gläubigerschutz **23** 7 ff.
- Sekundärinsolvenzverfahren und Anwendbarkeit verschiedener – in der Sanierungspraxis **37** 48 ff.

insolvenzrechtliche Aspekte der Sanierungsmigration 37 28 ff.
- Bestimmung und Auswirkung des Insolvenzstatuts **37** 30 ff.

- Grundlagen **37** 28 f.
- Sekundärinsolvenzverfahren und Einschränkungen der lex fori concursus **37** 45 ff.

insolvenzrechtliche Haftung der directors
- Board of Directors einer Private Company Limited by Shares in Großbritannien **47** 232 ff.

insolvenzrechtlicher Gläubigerschutz
- Ausschaltung des –en –es durch kalte Liquidation? **38** 103 ff.

Insolvenzstatut, Auswirkung und Bestimmung
- Eurofood-Entscheidung des EuGH **37** 30 ff.
- Fremdgläubiger, für, erkennbarer effektiver Verwaltungssitz **37** 36 ff.
- Sanierungsmigration **37** 30 ff.
- Zeitpunkt **37** 41

Insolvenzstatut, Umfang
- Insolvenz in Drittstaaten (anwendbares Recht) **36** 16 f.
- Insolvenz innerhalb der EU (anwendbares Recht) **35** 88 ff.

Insolvenzverfahren (Insolvenz- und Sanierungsverfahren) 38 39 ff.
- Administration **38** 68 ff.
- Administrative receivership und floating charge **38** 54 ff.
- Company voluntary arrangement (CVA) **38** 43
- Compulsory winding up **38** 90 ff.
- Creditors' voluntary winding up **38** 79 ff.
- Löschung aus dem Gesellschaftsregister **38** 99 ff.
- Pre-packaged Sale (sog. prepack) **38** 107 ff.
- Scheme of arrangement gem. ss. 895 ff. CA 2006 **38** 44 ff.
- Überblick **38** 39 ff.

Insolvenzverfahren, Anerkennung des ausländischen –s, Insolvenz in Drittstaaten 36 32 ff.
- Allgemeines **36** 32
- Ausnahmen **36** 39 ff.
- Gegenstand der Anerkennung **36** 33 ff.
- Rechtsfolgen der Anerkennung **36** 44 ff.
- Eröffnung **38** 91 ff.

Insolvenzverfahren, Creditors' voluntary winding up 38 79 ff.
- Beendigung **38** 89
- Durchführung **38** 86 ff.
- Eröffnung **38** 81
- Solvenzerklärung **38** 82 ff.
- Zweck und praktische Bedeutung **38** 79 f.

Insolvenzverfahren, Durchsetzung des ausländischen –s
- Wirkungen des ausländischen Insolvenzverfahrens im Inland (Insolvenz in Drittstaaten) **36** 47 ff.

1503

Sachverzeichnis

magere Zahlen = Randnummern

Insolvenzverfahren, Durchsetzung des ausländischen –s bei Insolvenz in Drittstaaten 36 47 ff.
– Bekanntmachung des ausländischen Insolvenzverfahrens 36 49
– Nachweis der Verwalterbestellung und Unterrichtung des Gerichts 36 50
– Sicherungsmaßnahmen 36 48
– Vollstreckbarkeit ausländischer Entscheidungen 36 52 f.
– zuständiges Insolvenzgericht 36 51
Insolvenzverfahren, gegenseitige Anerkennung
– Insolvenz innerhalb der EU 35 137 ff.
Insolvenzverfahren, Pre-packaged Sale (sog. prepack) 38 107 ff.
– Anfechtbarkeit 37 117 f.
– Durchführung 38 110 ff.
– Einführung 38 107 ff.
– Rolle des administrator 38 113 ff.
Insolvenzverfahren, Scheme of arrangement gem. ss. 895 ff. CA 2006 38 44 ff.
– Abstimmung 38 51
– Bindungswirkung 38 53
– Einberufung der Versammlungen 38 49 f.
– Einleitung 38 46 f.
– gerichtliche Genehmigung 38 52
– Klassenbildung 38 48
– Überblick 38 44 f.
Insolvenzverfahren, Wirkung des ausländischen –s im Inland
– Insolvenz in Drittstaaten 36 31 ff.
Insolvenzverfahren, Wirkung des ausländischen –s im Inland (Insolvenz in Drittstaaten) 36 31 ff.
– Anerkennung des ausländischen Insolvenzverfahrens 36 32 ff.
– Durchsetzung des ausländischen Insolvenzverfahrens 36 47 ff.
– Schutzbestimmungen 36 54 ff.
Insolvenzverfahren, Wirkungen auf anhängige Rechtsstreitigkeiten
– Ausnahmen von der lex fori concursus (Insolvenz innerhalb der EU) 35 135 f.
Insolvenzverordnung, europäische
– Verordnungen und Staatsverträge (Zivilrecht) 28 8
Insolvenzverschleppung
– Straftatbestände 26 18
Insolvenzverschleppungshaftung
– Haftungstatbestände im Gläubigerschutz 23 36 ff.
Insolvenzverursachung 14 78
Insolvenzverursachungshaftung
– Haftung der Geschäftsführer wegen Zahlungen an Gesellschafter (Haftungstatbestände Gläubigerschutz) 23 49

Insolvenzverwalter, Anmeldebefugnis und Bevollmächtigung
– Forderungsanmeldung und Erlösverteilung (Ausübung von Gläubigerrechten, Insolvenz in Drittstaaten) 36 88 f.
Insolvenzverwalter, Antragsrecht
– öffentliche Bekanntmachung und Registereintragung (Insolvenz innerhalb der EU) 35 156 f.
Insolvenzverwalter, Zusammenarbeit der –
– Rechtsfolgen (Sekundärinsolvenzverfahren, Insolvenz in Drittstaaten) 36 84 f.
Institutionen
– Insolvenz- und Sanierungsverfahren 38 5 ff.
Interessen des Schuldners innerhalb der Mitgliedstaaten
– Insolvenz innerhalb der EU (territorialer Anwendungsbereich) 35 21
Interessenvereinigung, Europäische wirtschaftliche s. EWIV
Internationale (grenzüberschreitende) Spaltung, Zulässigkeit der –n – innerhalb der EU 56 12 ff.
– Niederlassungsfreiheit 56 14 ff.
– Wortlaut des § 1 Abs. 1 UmwG 56 12 f.
Internationale Gerichtsstände
– Zivilverfahrensrecht 28 13 ff.
Internationale Gerichtsstände (Zivilrecht) 28 13 ff.
– allgemeiner Gerichtsstand des Beklagtenwohnsitzes 28 20 ff.
– ausschließlicher Gerichtsstand für gesellschaftsinterne Streitigkeiten 28 25 ff.
– ausschließlicher Gerichtsstand für Zwangsvollstreckungssachen 28 44
– besonderer Gerichtsstand der Niederlassung 28 30 ff.
– besonderer Gerichtsstand für Klagen aus Delikt 28 39 ff.
– besonderer Gerichtsstand für Klagen aus Vertrag 28 34 ff.
– Gerichtsstandsvereinbarungen; rügelose Einlassung 28 14 ff.
– Klagen gegen Gesellschafter 28 45
– Vermögensgerichtsstand 28 46
Internationale Gerichtszuständigkeit
– internationales Konzernrecht 44 46 ff.
– Scheme of Arrangement (Sanierungsverfahren), internationale Aspekte 39 37 ff.
Internationale materiellrechtliche Gestaltungsgrenzen
– Scheme of Arrangement (Sanierungsverfahren), internationale Aspekte 39 50 ff.
Internationale oder grenzüberschreitende Spaltung 56 1 ff.
– Begriff der Spaltung 56 1 ff.
– grenzüberschreitende oder internationale Spaltung 56 4 ff.

halbfette Zahlen = Paragraphen **Sachverzeichnis**

- internationales Privatrecht der grenzüberschreitenden Spaltung **56** 11
- Partikularinsolvenzverfahren **35** 66 f.
- Sekundärinsolvenzverfahren **35** 68 f.

Internationale Verträge, Besonderheiten bei der Sitzverlegung
- Firma **11** 25 ff.
- Geschäftsführung **12** 24 ff.
- Geschäftsführungen **12** 24 ff.
- Gesellschaftern **15** 21 ff.
- Haftung **14** 47 ff.
- Mitbestimmung **16** 23 ff.
- Rechnungslegung **17** 42 ff.
- Vertretungen **13** 47 ff.

Internationale Zuständigkeit
- Gesellschaftsvertrag (Joint Venture-Vertragssystem) **43** 27
- Insolvenz in Drittstaaten **36** 10 f.
- Insolvenz innerhalb der EU **35** 35 ff.
- Joint Venture-Vertrag **43** 17 ff.
- Leistungsverträge (Joint Venture-Vertragssystem) **43** 30
- Zivilverfahrensrecht **28** 1 f.

Internationale Zuständigkeit bzgl. Annexverfahren (Insolvenz innerhalb der EU) 35 73 ff.
- Meinungsstand **35** 74 ff.
- örtliche Zuständigkeit **35** 80 f.
- Problemstellung **35** 73
- Seagon-Entscheidung des EuGH **35** 78 f.

Internationale Zuständigkeit bzgl. Hauptinsolvenzverfahren (Insolvenz innerhalb der EU) 35 37 ff.
- Allgemeines **35** 37 f.
- Begriff des „Mittelpunkts der hauptsächlichen Interessen" (COMI) **35** 39 ff.
- Kompetenzkonflikte **35** 60 ff.
- maßgeblicher Zeitpunkt **35** 56 ff.
- Mittelpunkt der hauptsächlichen Interessen bei juristischen Personen und Gesellschaften **35** 47 ff.
- Mittelpunkt der hauptsächlichen Interessen bei natürlichen Personen **35** 44 ff.

Internationale Zuständigkeit bzgl. Insolvenz innerhalb der EU 35 35 ff.
- Annexverfahren **35** 73 ff.
- Hauptinsolvenzverfahren **35** 37 ff.
- örtliche Zuständigkeit nach deutschem Recht **35** 70 ff.
- Territorialverfahren **35** 63 ff.

Internationale Zuständigkeit bzgl. örtlicher Zuständigkeit nach deutschem Recht (Insolvenz innerhalb der EU) 35 70 ff.
- Hauptinsolvenzverfahren **35** 70 f.
- Territorialverfahren **35** 72

Internationale Zuständigkeit bzgl. Territorialverfahren (Insolvenz innerhalb der EU) 35 63 ff.
- Eröffnungsvoraussetzungen **35** 63 ff.

Internationale Zuständigkeit und Verwaltungssitzverlegung 52 29 ff.
- EuGVVO **52** 29
- LugÜ **52** 30
- ZPO **52** 31

Internationaler Anwendungsbereich des WpÜG 63 1 ff.

Internationaler Anwendungsbereich des WpÜG (Kapitalmarktrecht), Definitionen 63 13
- europäische Zielgesellschaften **63** 15 ff.
- inländische Zielgesellschaften **63** 14
- organisierter Markt **63** 18 ff.

Internationaler Formwechsel
- Begriff des grenzüberschreitenden oder −n −s **54** 1

Internationales Joint Venture, Besonderheiten bei einem −n − 43 8 f.

Internationales Gesellschaftsrecht anderer Staaten 1 8 f.

Internationales Gesellschaftsrecht, Ausland
- Belgien **47** 4
- Frankreich **47** 99 f.
- Großbritannien **47** 161
- Italien **47** 271
- Japan **47** 323
- Luxemburg **47** 362
- Niederlande **47** 393
- Österreich **47** 439
- Schweiz **47** 485
- Spanien **47** 537 f.
- USA **47** 584 f.
- Volksrepublik China **47** 37

Internationales Gesellschaftsrecht, Grundsätze
- Geschäfts- und Rechtsfähigkeit **19** 1 ff.

Internationales Gesellschaftsrecht, Referentenentwurf
- Verwaltungssitzverlegung, Zuzug aus Drittstaaten **52** 11

Internationales Konzernrecht 44 1 ff.
- Einführung **44** 1 ff.
- eingegliederte Gesellschaften **44** 37
- grenzüberschreitender Gleichordnungskonzern **44** 33 ff.

Internationales Privatrecht (s. IPR)
- grenzüberschreitender Formwechsel, Sicht des deutschen Rechts **56** 11

Internationales Steuerrecht
- Rechtsgrundlagen **31** 24 ff.
- Völkerrecht, und, bzgl. Vermeidung der Doppelbesteuerung **32** 1
- Zuordnungs- und Abgrenzungsfragen **31** 2 ff.

Internationales Strafrecht
- Grundsätze **26** 4 ff.

1505

Sachverzeichnis

magere Zahlen = Randnummern

International-gesellschaftsrechtliche Voraussetzungen
– der Anwachsungsmodelle bzgl. Gestaltungsmöglichkeiten des Grenzübertritts **55** 3 ff.

Internationalprivatrechtliche Grundlagen 1 1 ff.
– einheitliches Gesellschaftsstatut **1** 6 f.
– gesellschaftsrechtliche Kollisionsnorm **1** 14 ff.
– gesellschaftsrechtliche Vorfragen aus anderen Rechtsgebieten **1** 11 f.
– Privatrecht **1** 10

Investitionsschutzabkommen 2 54

IPR 1 106 ff.
– Änderung der Kollisionsnorm **1** 123 ff.
– Bedeutung des – für die Entscheidung über den Standort **2** 27 f.
– Bedeutung des, für die Entscheidung über die Rechtsform **2** 25 ff.
– Eingriffsnormen und Sonderanknüpfung **1** 114
– Grenzverschiebungen **1** 127
– Ordre public und Anpassung **1** 115 ff.
– Rest- und Spaltgesellschaften **1** 132 ff.
– Statutenwechsel **1** 122 ff.
– Substitution **1** 119 ff.

Italien, Gesellschaftsformen 47 268 ff.
– AG **47** 304 ff.
– Allgemeines **47** 268 ff.
– GmbH **47** 278 ff.
– Personengesellschaften **47** 272 ff.

Jahresabschluss 17 7 f., 49 f.; **51** 42 f.

Japan, Gesellschaftsformen 47 318 ff.
– AG **47** 330 ff.
– GmbH **47** 344
– Personengesellschaften **47** 324 ff.
– Überblick **47** 318 ff.

Joint Venture
– Besonderheiten bei einem internationalen – **43** 8 f.
– Einleitung **43** 1 f.
– Gemeinschaftsunternehmen im Konzern **43** 76 f.
– Joint Venture Strukturen **43** 3 ff.
– Joint Venture Vertragssystem **43** 10 ff.
– Kartellrecht **43** 66 ff.
– typische Vertragsregelungen **43** 33 ff.
– Überblick **43** 1 ff.

Joint Venture-Partner, Aufgaben und Rechte der –
– Joint Venture-Vertrag (typische Vertragsregelungen) **43** 36 ff.

Joint Venture-Vertragssystem 43 10 ff.
– Gesellschaftsvertrag **43** 21 ff.
– Joint Venture-Vertrag **43** 11 ff.
– Leistungsverträge **43** 28 ff.
– Verhältnis der Verträge zueinander **43** 31 f.

Joint Venture, Kartellrecht 43 66 ff.
– Fusionskontrolle **43** 67 ff.
– Kartellverbot **43** 70 ff.

Juristische Einheiten und andere Gesellschaften
– Gründer der europäischen wirtschaftlichen Interessenvereinigung (EWIV) **48** 9 ff.

Juristische Person
– anzuwendendes Recht bei der Gründung **5** 11 ff.
– Beschränkung auf – in der Vorgründungsphase **3** 1 ff.
– Dauer **5** 74 ff.
– Eintragungsverfahren **5** 26 ff.
– Entstehung **5** 1 ff.
– Erwerb der Mitgliedschaft an –n – **5** 69 ff.
– Gründungsbeschränkungen **5** 6 ff.
– Gründungsmängel **5** 77 ff.
– Kapital im Fall der Gründung von –n – **5** 35 ff.
– öffentlichen Rechts, des, **1** 59
– Partei- und Prozessfähigkeit von –n – **5** 64 ff.
– Rechtsfähigkeit von –n – **5** 56 ff.

Kapital
– Bar- und Sacheinlagen **5** 38 ff.
– business corporation in den USA **47** 611 ff.
– Folgen der Nicht- oder nicht ordnungsgemäßen Kapitalaufbringung **5** 45
– Grundsatz der realen K.aufbringung **5** 37
– Gründung einer juristischen Person, im Fall einer, **5** 35 ff.
– SPE, Societas Privata Europaea – SPE (europäische Privatgesellschaft) **50** 40 ff.

Kapital im Gründungsfall einer juristischen Person 5 35 ff.
– Eigenkapital **5** 35
– Mindestkapital **5** 36

Kapital- und Finanzverfassung (Societas Privata Europaea – SPE) 50 40 ff.

Kapitalaufbringung
– Folgen der Nicht- oder nicht ordnungsgemäßen – **5** 45

Kapitalaufbringung und Kapitalerhaltung 23 30 f.
– Stammkapital einer Private Company Limited by Shares in Großbritannien **47** 202 ff.

Kapitalfreiheit 2 45 f.

Kapitalgesellschaft, grenzüberschreitende Verschmelzung von –en nach §§ 122 a ff. UmwG 53 20 ff.
– Abfindungsangebot im Verschmelzungsplan (§ 122 i UmwG) **53** 85 ff.
– Einreichung und Bekanntmachung des Verschmelzungsplans (§ 122 d UmwG) **53** 55 ff.
– Eintragung der grenzüberschreitende Verschmelzung § 122 l UmwG **53** 108 ff.

halbfette Zahlen = Paragraphen **Sachverzeichnis**

- international verschmelzungsfähige Gesellschaften (§ 122 b UmwG) **53** 25 ff.
- sachlicher Anwendungsbereich (§ 122 a UmwG) **53** 21 ff.
- Schutz der Gläubiger der übertragenden Gesellschaft § 122 j UmwG **53** 88 ff.
- Überblick **53** 20
- Verbesserung des Umtauschverhältnisses (§ 122 h UmwG) **53** 80 ff.
- Verschmelzungsbericht (§ 122 e UmwG) **53** 59 ff.
- Verschmelzungsbescheinigung (§ 122 k UmwG) **53** 98 ff.
- Verschmelzungsplan (§ 122 c UmwG) **53** 36 ff.
- Verschmelzungsprüfung (§ 122 f UmwG) **53** 69 ff.
- Zeitpunkt der Wirksamkeit der Verschmelzung **53** 115 f.

Kapitalgesellschaft, nationale, nach Übernahme
- Vor- und Nachteile konkurrierender Endstrukturen (grenzüberschreitende Umstrukturierungen außerhalb des Geltungsbereichs des UmwStG), Mitbestimmung **62** 60 f.

Kapitalgesellschaft, nationale, nach Verschmelzung
- Vor- und Nachteile konkurrierender Endstrukturen (grenzüberschreitende Umstrukturierungen außerhalb des Geltungsbereichs des UmwStG), Mitbestimmung **62** 77 ff.

Kapitalgesellschaften 1 34
- Beschränkung auf – **3** 2
- Sitzverlegung von – Überführung von Wirtschaftsgütern in ausländischen Produktionsstandort **33** 66 ff.

Kapitalgesellschaften, Einbringungen in –
- grenzüberschreitende Umstrukturierungen außerhalb des Geltungsbereichs des UmwStG **60** 11 ff.

Kapitalgesellschaften, Formwechsel von Personengesellschaften in –
- Umstrukturierungen im Geltungsbereich des UmwStG **59** 121 ff.

Kapitalgesellschaften, rückwirkende Besteuerung bei Einbringung von Anteilen an –
- Umstrukturierungen im Geltungsbereich des UmwStG, Einbringung von Betriebsvermögen in Personengesellschaften **59** 120

Kapitalgesellschaften, sonstige Umwandlungen von –
- grenzüberschreitende Umstrukturierungen außerhalb des Geltungsbereichs des UmwStG **60** 8–10

Kapitalmarktrecht 63 1 ff.
- grenzüberschreitende Übernahmen innerhalb von EU/EWR **63** 37 ff.

- Haftungstatbestände Gläubigerschutz **23** 53
- internationaler Anwendungsbereich des WpÜG **63** 1 ff.
- Übernahmen mit Drittstaatenbezug **63** 45 ff.

Kapitalmaßnahmen, Mitwirkung an –
- Debt/Equity-Swap nach englischem Recht, Beteiligung der Altgesellschafter **40** 18

Kapitalverfassung
- europäische Genossenschaft (SCE) **51** 26 ff.

Kartellrecht bei Joint Venture 43 66 ff.
- Fusionskontrolle **43** 67 ff.
- Kartellverbot **43** 70 ff.

Kaufmanns- und Unternehmereigenschaft 14 16; **20** 1 ff.

Kernregelungen der Satzung
- Zweigniederlassung **21** 14

Klagegegenstände 18 34 ff., 40

Klagen
- Gesellschafter, gegen, (Zivilrecht, internat. Gerichtsstände) **28** 45

Klagen, Gerichtsstand für – aus
- Delikt (Zivilrecht, internat. Gerichtsstände) **28** 39 ff.
- Vertrag (Zivilrecht, internat. Gerichtsstände) **28** 34 ff.

Klassenbildung im Scheme of arrangement
- Insolvenzverfahren, gem. ss. 895 ff. CA 2006 **38** 48
- Sanierungsverfahren **39** 60 ff.

Kollektivgesellschaft
- Schweiz **47** 488 f.

Kollisionsnorm 1 14 f.
- Änderung der – im IPR **1** 123 ff.
- Gesellschaftsstatut der – **1** 20 ff.
- Qualifikation der – **1** 16 ff.

Kollisionsrecht
- autonomes, bzgl. Verwaltungssitzverlegung, Zuzug aus Drittstaaten **52** 9
- Joint Venture Vertragssystem, Gesellschaftsvertrag **43** 26
- Joint Venture Vertragssystem, Joint Venture-Vertrag **43** 13 ff.
- Joint Venture Vertragssystem, Leistungsverträge **43** 29
- k.rechtliche Grundregeln bzgl. grenzüberschreitender Unterordnungskonzern (internationales Konzernrecht) **44** 7 ff.

kollisionsrechtliche Anknüpfung
- Existenzvernichtungshaftung **14** 69
- Firmen **11** 6 f.
- Geschäftsanteile im Ausland **8** 1
- Gesellschaften **10** 3 f.
- Gesellschafterhaltung **14** 27 ff.
- Gesellschaftsverbindlichkeiten **14** 6 ff.
- Gesellschaftsverbindlichkeiten, Haftung für – **14** 6 ff.
- Geschäftsführung **12** 6 f.
- Gesellschafterhaltung **14** 27 ff.

1507

Sachverzeichnis

magere Zahlen = Randnummern

- Gesellschafterrechte **15** 4
- Gesellschafterversammlung **15** 4
- Konzernhaftung **14** 112 f.
- Mitbestimmung **16** 4 ff.
- Rechnungslegung **17** 19 ff.
- Rechnungslegung **17** 19 ff.
- Rechnungslegung **24** 2 ff.
- Vertretung **13** 15 ff.

Kommanditgesellschaft, Ausland
- China **47** 41
- Italien **47** 277
- Japan **47** 327
- Schweiz **47** 490

Kompetenzkonflikte
- Insolvenz innerhalb der EU (internat. Zuständigkeit, Hauptinsolvenzverfahren) **35** 60 ff.

Konkurrenzen
- Existenzvernichtungshaftung **14** 84 f.

Konkurrierende Gestaltungsmöglichkeiten in der Praxis (grenzüberschreitende Umstrukturierungen außerhalb des Geltungsbereichs des UmwStG) 61 1 ff.

Konkurrierende Verfahren, Vor- und Nachteile (grenzüberschreitende Umstrukturierungen außerhalb des Geltungsbereichs des UmwStG) 62 1 ff.

Konstitution des besonderen Verhandlungsgremiums
- Bildung des besonderen Verhandlungsgremiums (Verfahren bei grenzüberschreitender Mitbestimmung) **58** 22 f.

Konsularbeamte und Diplomaten
- Art. 28 (bisher Art. 27) OECD-MA **32** 217
- Vermeidung der Doppelbesteuerung, Art. 28 (bisher Art. 27) OECD-MA **32** 217

Konsultations- und Verständigungsverfahren
- Vermeidung der Doppelbesteuerung **32** 208 ff.

Kontinuität des Rechtsträgers
- grenzüberschreitender Sitzverlegung der Societas Europaea (SE) **49** 99

Kontrolle, gerichtliche
- Insolvenz innerhalb der EU (europarechtliche Aspekte) **35** 7 ff.

Kontrollorgan
- GmbH in Italien **47** 303

Konzern, Gemeinschaftsunternehmen im –
- Joint Venture **43** 76 f.

Konzernaußenhaftung
- internationales Konzernrecht, internationale Gerichtszuständigkeit **44** 58 ff.

Konzernhaftung 14 86 ff.
- andere Unternehmensverträge **14** 110 ff.
- deutsches Konzernrecht **14** 92

- faktische Beherrschung einer deutschen Gesellschaft **14** 103 ff.
- faktische Beherrschung eines ausländischen Unternehmens **14** 108 f.
- Gewinnabführungsvertrag **14** 99
- grenzüberschreitende Konzernsachverhalte **14** 89 ff.
- Rechtsdurchsetzung **14** 114 ff.
- unternehmensvertragliche Beherrschung einer ausländischen Gesellschaft **14** 100 ff.
- Unternehmensvertragliche Beherrschung einer Gesellschaft **14** 93 ff.

Konzerninnenhaftung
- internationales Konzernrecht, internationale Gerichtszuständigkeit **44** 51 ff.

Konzernrecht
- k.liche Haftung (Haftungstatbestände Gläubigerschutz) **23** 52
- SE (Societas Europaea) **49** 96 ff.

Konzernrecht, internationales 44 1 ff.
- Einführung **44** 1 ff.
- eingegliederte Gesellschaften **44** 37
- grenzüberschreitender Gleichordnungskonzern **44** 33 ff.
- grenzüberschreitender Unterordnungskonzern **44** 6 ff.
- internationale Gerichtszuständigkeit **44** 46 ff.
- sonstige Regelungen zu verbundenen Unternehmen **44** 38 ff.
- Wechselseitig beteiligte Unternehmen **44** 36

Körperschaften, Recht für
- Vermeidung der Doppelbesteuerung **32** 256 ff.

Körperschaften, Umwandlung von –
- Umstrukturierungen im Geltungsbereich des UmwStG, Anwendungsbereich des UmwStG **59** 10 ff.

Körperschaftsteuer 2 72 ff.; **27** 2 ff.

Korruptionsdelikte, UWG 26 26

Kosten
- Anlauf– Geschäftsbeziehungen/Außensteuergesetz **34 172**
- Fallstudie Schefenacker, K. und Gründe, Sanierungsmigration **42** 5 f.
- Markterschließung bzgl. Geschäftsbeziehungen/Außensteuergesetz **34** 170 f.
- öffentliche Bekanntmachung und Registereintragung (Insolvenz innerhalb der EU) **35** 160
- Werbung bzgl. Geschäftsbeziehungen/Außensteuergesetz **34** 168 f.
- Zweigniederlassung **21** 21 f.

Kostendeckung und Insolvenzgrund
- Territorialverfahren, (allgemeine Zulässigkeitsvoraussetzungen, Insolvenz in Drittstaaten) **36** 71 ff.

halbfette Zahlen = Paragraphen

Sachverzeichnis

Kreditinstitute
– Insolvenz in Drittstaaten **36** 8 f.

Kreditverträge
– Geschäftsführung und Vertretung der Gesellschaft einer Private Company Limited by Shares in Großbritannien **47** 245

Kündigung der Mitgliedschaft 15 70 ff.

Kündigungsrechte
– Joint Venture-Vertrag (typische Vertragsregelungen) **43** 59 ff.

Lagebericht, Besteuerung, Jahresabschluss
– europäische Genossenschaft (SCE) **51** 42 f.

Legitimation der Geschäftsführer
– Zweigniederlassung **21** 20

Leistungen, verwaltungsbezogene
– Konzern, im, bzgl. Geschäftsbeziehungen/Außensteuergesetz **34** 180 ff.

Leistungsverträge
– Joint Venture (Vertragssystem) **43** 28 ff.

Leistungsverträge bzgl. Joint Venture Vertragssystem 43 28 ff.
– Allgemeines **43** 28
– internationale Zuständigkeit **43** 30
– Kollisionsrecht **43** 29

Leitung
– AG in Japan **47** 337 ff.
– A/S in Dänemark **47** 91 ff.
– N. V. in den Niederlanden **47** 431

Leitungsmodell, dualistisches (SE) 49 55 ff.
– Aufsichtsorgan **49** 59 ff.
– Leitungsorgan **49** 56 ff.

Leitungsmodell, monistisches (SE) 49 67 f.
– Verwaltungsrat (Verwaltungsorgan) **49** 68 ff.
– geschäftsführende Direktoren **49** 79 ff.

Leitungsorgan (SE)
– dualistisches Leitungsmodell **49** 56 ff.

Leitungsorgane, einseitiger Verzicht der –, Verfahren bei grenzüberschreitender Mitbestimmung 58 35 ff.
– Entbehrlichkeit des besonderen Verhandlungsgremiums **58** 37 ff.
– Voraussetzungen **58** 36

Leitungssystem der Europäischen Genossenschaft (SCE) 51 19 ff.
– dualistisches System **51** 20 f.
– gemeinsame Vorschriften **51** 19
– monistisches System **51** 22 f.

Leitungssystem der Societas Europaea (SE) 49 54 ff.
– dualistisches Leitungsmodell **49** 55 ff.
– Hauptversammlung **49** 91 ff.
– monistisches Leitungsmodell **49** 67 ff.
– Systematik: Dualismus, Monismus, Gemeinsame Vorschriften **49** 54

Lex fori concursus 35 82 ff.
– Anwendungsbereich **35** 85 ff.
– Ausnahmen (Insolvenz innerhalb der EU) **35** 111 ff.
– Insolvenz in Drittstaaten (anwendbares Recht) **36** 12 ff.
– Insolvenz innerhalb der EU (anwendbares Recht) **35** 82 ff.

Lex fori concursus, Ausnahmen von der – (bei Insolvenz in Drittstaaten) 36 18 ff.
– Arbeitsverhältnis **36** 23 f.
– Aufrechnung **36** 25 f.
– Insolvenzanfechtung **36** 27
– organisierte Märkte, Pensionsgeschäfte **36** 28 ff.
– Vertrag über einen unbeweglichen Gegenstand **36** 20 ff.

Lex fori concursus, Ausnahmen von der – (bei Insolvenz innerhalb der EU) 35 111 ff.
– Arbeitsvertrag **35** 127 f.
– Aufrechnung **35** 120 f.
– benachteiligende Handlungen **35** 132 f.
– dingliche Sicherungsrechte **35** 112 ff.
– Eigentumsvorbehalt **35** 122 f.
– Gemeinschaftspatente und -marken **35** 131
– Schutz des Dritterwerbers 134
– Sonderregelungen **35** 111
– Vertrag über einen unbeweglichen Gegenstand **35** 124
– Wirkung auf eintragungspflichtige Rechte **35** 129 ff.
– Wirkungen des Insolvenzverfahrens auf anhängige Rechtsstreitigkeiten **35** 135 f.
– Zahlungssysteme und Finanzmärkte **35** 125 f.

Lex fori concursus, Einschränkungen und Sekundärinsolvenzverfahren
– insolvenzrechtliche Aspekte (Sanierungsmigration) **37** 45 ff.

Lex-fori-Prinzip und das forum shopping
– Zivilverfahrensrecht **28** 11 f.

Lex specialis, UmwStG als –
– Umstrukturierungsvorgänge und UmwStG **59** 1 ff.

Liechtenstein, Gesellschaftsformen 47 345 ff.
– AG **47** 349 ff.
– Allgemeines **47** 345 ff.
– GmbH **47** 356
– Personengesellschaften **47** 348
– Treuunternehmen und Anstalt **47** 357 ff.

Lieferung
– Güter und Waren, bzgl. Geschäftsbeziehungen/Außensteuergesetz **34** 162 ff.

Limited (Private Company Limited by Shares) 47 185 ff.
– Aktien **47** 205 ff.

Sachverzeichnis

magere Zahlen = Randnummern

- Board of Directors **47** 222 ff.
- Firma **47** 197 ff.
- Geschäftsführung und Vertretung der Gesellschaft **47** 235 ff.
- Gründung **47** 190 ff.
- Hauptversammlung **47** 212 ff.
- Liquidation einer company **47** 254 ff.
- Löschung einer Company **47** 260 f.
- persönliche Haftung der Gesellschafter **47** 221
- Rechnungslegung und Publizität **47** 247 ff.
- Rechtsgrundlagen **47** 185 ff.
- Stammkapital **47** 200 ff.
- Vorgesellschaft **47** 196

Limited Liability Company (LLC)
- Japan **47** 328
- USA **47** 597 ff.

Limited Liability Partnership (LLP)
- Großbritannien **47** 175 ff.
- Japan **47** 329
- USA **47** 595 f.

Limited Partnership
- Großbritannien **47** 170 ff.
- USA **47** 590 ff.

Limited, englische s. Limited (Private Company Limited by Shares)

Liquidation
- AG in Frankreich **47** 147
- GmbH in Frankreich **47** 130
- Nachtrags– Löschung einer englischen Limited **30** 15 ff.
- Private Company Limited by Shares in Großbritannien **29** 3 ff.; **47** 254 ff.

Liquidation einer Private Company limited by Shares
- Alternativen zur – and dissolution **29** 20
- freiwillige – **29** 5
- Gesellschaften, von, in Deutschland **29** 2
- Großbritannien **47** 254 ff.
- Löschung ohne – **29** 11 ff.
- Verfahrensbeendigung nach einer – **29** 10
- Wiedereintragung **29** 16 ff.
- zwangsweise – **29** 9

Liquidationserlös
- Anspruch auf Beteiligung von Gesellschaftern **15** 73

Listen
- Zweigniederlassung **21** 19

Lizenzgebühren
- Einkünfte aus –, Art. 12 OECDMA, bzgl. Vermeidung der Doppelbesteuerung **32** 111 ff.

LLC, Limited Liability Company
- Japan **47** 328
- USA **47** 597 ff.

LLP, Limited Liability Partnership
- Japan **47** 329
- USA **47** 595 f.

Löschung
- Liquidation ohne – einer Private Company limited by Shares **29** 11 ff.
- Private Company Limited by Shares **47** 260 f.

Löschung aus dem Gesellschaftsregister (Insolvenzverfahren) 38 99 ff.
- Ausschaltung des insolvenzrechtlichen Gläubigerschutzes durch kalte Liquidation? **38** 103 ff.
- Löschung gem. s. 1000 CA 2006 **38** 100
- Löschung gem. s. 1003 CA 2006 **38** 101
- Überblick **38** 99
- Wiedereintragung **38** 102

Lückenfüllung im Gesellschaftsvertrag
- Societas Privata Europaea – SPE (europäische Privatgesellschaft) **50** 15 ff.

LugÜ 18 9
- Verwaltungssitzverlegung und internationale Zuständigkeit **52** 30

Luxemburg, Gesellschaftsformen 47 360 ff.
- AG **47** 365 f.
- GmbH **47** 378 ff.
- Personengesellschaften **47** 363 f.

Main Interest, Centre of –
- Fallstudie Brochier, Gescheiterte Verlegung des COMI **42** 35 ff.

Markt, organisierter 63 18 ff.

Markterschließung
- Kosten der –, Außensteuergesetz **34** 170 f.

Massevermögen, Herausgabe von –
- gleichmäßige Gläubigerbefriedigung (Insolvenz innerhalb der EU) **35** 152

Maßgeblicher Zeitpunkt
- Insolvenz innerhalb der EU (internat. Zuständigkeit, Hauptinsolvenzverfahren) **35** 56 ff.

Maßgeblichkeit für das Gesellschaftsstatut
- Auswirkungen im Inland **30** 1 ff.
- Verfügungsgeschäft, für das **8** 2 f.

Materielle Insolvenz (Insolvenzgründe, Insolvency und inability to pay debts) 38 11 f.

Materielles Recht
- Schiedsverfahren, anwendbares – **18** 83

Materiellrechtliche Gestaltungsgrenzen, internationale
- Scheme of Arrangement (Sanierungsverfahren), internationale Aspekte **39** 50 ff.

Mehrfachnotierung der Zielgesellschaft
- Kapitalmarktrecht, Übernahmen bei Börsenzulassung in Drittstaaten **63** 51 ff.

Mehrheitserfordernisse, qualifizierte
- Schutz erworbener Rechte (Gestaltungsfreiheit und Bestandsschutz) **57** 9 f.

Meinungsstand
- Insolvenz innerhalb der EU (internat. Zuständigkeit, Annexverfahren) **35** 74 ff.

halbfette Zahlen = Paragraphen

Sachverzeichnis

Meistertitel
- ausländische, bzgl. Sozialversicherungs-/ Gewerberecht **25** 7

Menschenrechtsverträge 2 52

Merkmale, allgemeine
- ausgewählter Problemfelder tatsächlicher Gestaltung (grenzüberschreitende Umstrukturierungen außerhalb des Geltungsbereichs des UmwStG), Vor- und Nachteile der konkurrierenden Endstrukturen **62** 56 ff.

Methodenartikel, Vermeidung der Doppelbesteuerung 32 170 ff.

Migration und gesellschaftsrechtliche Umstrukturierung 37 22 ff.; **42** 24 ff., 34

Minderung von Beteiligungsrechten
- Pflicht zur Nachverhandlung bei strukturellen Änderungen (Gestaltungsfreiheit und Bestandsschutz) **57** 81 ff.

Minderung von Verlustpositionen
- Umstrukturierungen im Geltungsbereich des UmwStG, Auf- und Abspaltung von Kapitalgesellschaften auf Kapitalgesellschaften **59** 87

Mindestbeteiligung
- Hinzurechnungsbesteuerung, § 7 Abs. 1 und Abs. 2–6 AStG **34** 27 ff.

Mindestinhalt
- Gründungsvertrag der europäischen wirtschaftlichen Interessenvereinigung (EWIV) **48** 16 f.

Minimierung der Steuerlast 31 9, 16 ff.

Missbrauch der SE
- Gestaltungsmissbrauch (Gestaltungsfreiheit und Bestandsschutz) **57** 91 ff.
- Rechtsfolgen eines –s **57** 94 ff.

Missbrauchsverbot
- Schutz erworbener Rechte (Gestaltungsfreiheit und Bestandsschutz) **57** 18

Missbrauchsvermeidungsvorschriften
- Umstrukturierungen im Geltungsbereich des UmwStG, Auf- und Abspaltung von Kapitalgesellschaften auf Kapitalgesellschaften **59** 83 ff.

Mitbestimmter Aufsichtsrat, Wahl der Mitglieder
- Verfahren bei grenzüberschreitender Mitbestimmung **58** 46 ff.

Mitbestimmung 16 1 ff.; **44** 42 f.; **62** 59 ff.
- Besonderheiten auf Grund internationaler Verträge **16** 23 ff.
- betriebliche Mitbestimmung **16** 6
- europäische Harmonisierung **16** 3 ff.
- kollisionsrechtliche Anknüpfung **16** 4 ff.
- Konsequenzen bei der Sitzverlegung **16** 7 ff.
- Österreich (Gesellschaftsformen) **47** 434
- SPE **50** 56 ff.
- Unternehmensmitbestimmung **16** 4 f.
- Wegzugsfälle **16** 17 ff.
- Wegzugsfälle: Anerkennung im Zuzugsstaat **16** 21 f.
- Wegzugsfälle: grenzüberschreitende Mobilität gemäß deutschem Heimatrecht **16** 18 ff.
- Zuzugsfälle **16** 8 ff.

Mitbestimmung, Verfahren bei grenzüberschreitender –
- Bildung des besonderen Verhandlungsgremiums **58** 13 ff.
- Durchführung der Verhandlungen **58** 24 ff.
- Information der Arbeitnehmer **58** 1 ff.
- Verzicht auf Verhandlungen **58** 34 ff.
- Wahl der Mitglieder des mitbestimmten Aufsichtsrats **58** 46 ff.

Mitbestimmung, verhandelte 57 32 ff.
- Abschlusskompetenz **57** 36 ff.
- Rechtsnatur der Mitbestimmungsvereinbarung **57** 33 ff.
- Reichweite der Mitbestimmungsautonomie **57** 42 ff.

Mitbestimmung, Voraussetzungen für –, kraft Gesetzes 57 51
- Scheitern der Verhandlungen **57** 53
- Vereinbarung **57** 52
- Verzicht auf Verhandlungen **57** 54

Mitbestimmungsautonomie, Reichweite 57 42 ff.
- Regelungen hinsichtlich Ausschussbildung und Zusammensetzung **57** 49
- Regelungen zur Größe des Aufsichts- oder Verwaltungsrats 45 ff.

Mitbestimmungsniveau, Einfrieren des –s
- Gestaltungsmöglichkeiten und – grenzen (Gestaltungsfreiheit und Bestandsschutz) **57** 66

Mitbestimmungsrecht, Verdrängung des nationalen –s
- grenzüberschreitende Verschmelzungen gemäß §§ 122 a ff. UmwG, bzgl. europäisches Mitbestimmungsregime (Gestaltungsfreiheit und Bestandsschutz) **57** 23 ff.
- SE bzgl. europäisches Mitbestimmungsregime (Gestaltungsfreiheit und Bestandsschutz) **57** 21 f.

Mitbestimmungsregime, europäisches 57 19 ff.
- Anwendbarkeit der Teilkonzernregelung des § 5 Abs. 3 MitbestG **57** 29 ff.
- Verdrängung des nationalen Mitbestimmungsrechts bei der SE **57** 21 f.
- Verdrängung des nationalen Mitbestimmungsrechts bei grenzüberschreitenden Verschmelzungen gemäß §§ 122 a ff. UmwG **57** 23 ff.

Mitbestimmungsvereinbarung, Rechtsnatur der –
- verhandelte Mitbestimmung (Gestaltungsfreiheit und Bestandsschutz) **57** 33 ff.

Sachverzeichnis   magere Zahlen = Randnummern

Mitglieder, Ausscheiden von –n
– aus der europäischen wirtschaftlichen Interessenvereinigung (EWIV) **48** 48 ff.

Mitglieder, Bestellung der –
– Bildung des besonderen Verhandlungsgremiums (Verfahren bei grenzüberschreitender Mitbestimmung) **58** 19 ff.

Mitglieder, Eintritt neuer –
– in die europäische wirtschaftliche Interessenvereinigung (EWIV) **48** 46 f.

Mitglieder, Rechtsstellung
– in der europäischen wirtschaftlichen Interessenvereinigung (EWIV) **48** 52 ff.

Mitglieder, Wahl der – des mitbestimmten Aufsichtsrats
– Verfahren bei grenzüberschreitender Mitbestimmung **58** 46 ff.

Mitglieder, Wahl der – des mitbestimmten Aufsichtsrats bzgl. Verfahren bei grenzüberschreitender Mitbestimmung 58 46 ff.
– Rechtsstellung der Aufsichtsratsmitglieder **58** 57 f.
– Sitzverteilung im Aufsichtsrat und Bestellung der Arbeitnehmervertreter **58** 46 ff.

Mitglieder, Willensbildung
– Organisationsverfassung (Art. 16 EWIV-VO) bzgl. der europäischen wirtschaftlichen Interessenvereinigung (EWIV) **48** 32 ff.

Mitgliederwechsel
– in der europäischen wirtschaftlichen Interessenvereinigung (EWIV) **48** 43 ff.

Mitgliederwechsel bei europäischer wirtschaftlicher Interessenvereinigung (EWIV) 48 43 ff.
– allgemeine Fragen **48** 43 ff.
– Ausscheiden von Mitgliedern **48** 48 ff.
– Eintritt neuer Mitglieder **48** 46, 47

Mitgliedschaft
– besonderer Gerichtsstand gemäß EuGVVO **18** 41 ff.
– europäische Genossenschaft (SCE) **51** 30 ff.
– europäische wirtschaftliche Interessenvereinigung (EWIV) **48** 43 ff.
– LLP, Limited Liability Partnership (LLP) bzgl. Personengesellschaften in Großbritannien **47** 184

Mitgliedstaaten, Interessen des Schuldners innerhalb der –
– Insolvenz innerhalb der EU (territorialer Anwendungsbereich) **35** 21

Mitgliedstaaten, Verteilung der Sitze auf die einzelnen –
– Verfahren bei grenzüberschreitender Mitbestimmung **58** 47 ff.

Mitteilungspflichten
– internationales Konzernrecht (sonstige Regelungen zu verbundenen Unternehmen) **44** 38

Mittelpunkt der hauptsächlichen Interessen bei Insolvenz innerhalb der EU 35 39 ff.
– juristische Personen und Gesellschaften **35** 47 ff.
– natürliche Personen **35** 44 ff.

Mitunternehmeranteile 59 93 ff.

Mitwirkung an Kapitalmaßnahmen
– Debt/Equity-Swap nach englischem Recht, Beteiligung der Altgesellschafter **40** 18

Mitwirkungs- und Informationspflichten bzgl. Außensteuergesetz 34 281 ff.

Mobilität
– Gesellschaften **10** 1 f.

Mobilität, grenzüberschreitende
– Firmen gemäß deutschem Heimatrecht **11** 22 ff.
– Firmen gemäß Heimatrecht **11** 16 ff.
– Geschäftsführungen gemäß deutschem Heimatrecht **12** 19 ff.
– Geschäftsführungen gemäß Heimatrecht **12** 15 ff.
– Gesellschafter gemäß deutschem Heimatrecht **15** 16 ff.
– Gesellschafter gemäß Heimatrecht **15** 12 ff.
– Haftung gemäß deutschem Heimatrecht **14** 42 ff.
– Haftung gemäß Heimatrecht **14** 38 ff.
– Mitbestimmung gemäß deutschem Heimatrecht **16** 18 ff.
– Mitbestimmung gemäß Heimatrecht **16** 14 ff.
– Rechnungslegung gemäß Heimatrecht **17** 33 ff.
– Vertretungen gemäß deutschem Heimatrecht **13** 41 ff.
– Vertretungen gemäß Heimatrecht **13** 36 ff.

Modelle der grenzüberschreitenden Übernahme 61 31 f.

Modelle, SE-basierte, als Gestaltungsmöglichkeiten in der Praxis (grenzüberschreitende Umstrukturierungen außerhalb des Geltungsbereichs des UmwStG) 61 4

Modifizierte Universalität, Prinzip
– Insolvenz in Drittstaaten **36** 3 f.
– Prinzipien der EuInsVO (Insolvenz innerhalb der EU) **35** 10

Monismus, Dualismus, gemeinsame Vorschriften
– Leitungssystem der Societas Europaea (SE) **49** 54

Monistisches Leitungsmodell bzgl. Societas Europaea (SE) 49 67 ff.
– geschäftsführende Direktoren **49** 79 ff.
– Verwaltungsrat (Verwaltungsorgan) **49** 68 ff.

Monistisches System
– europäische Genossenschaft (SCE), Leitungssystem **51** 22 f.

1512

halbfette Zahlen = Paragraphen   **Sachverzeichnis**

– Geschäftsführung einer AG in Frankreich **47** 141 ff.
– Geschäftsführung und Aufsicht der AG in Italien **47** 317
– Leitung einer AG in Japan **47** 342
Moratorium, CVA mit – **39** 4 ff.
Multilaterale Staatsverträge
– Schiedsverfahren **18** 57 ff.

N. V., Leitung
– AG in den Niederlanden **47** 431
Nachfolgende Umwandlungen der SPE
– Gründungsformen der Societas Privata Europaea – SPE (europäische Privatgesellschaft) **50** 33
Nachher/Vorher-Prinzip
– Mitbestimmung kraft Gesetzes (Gestaltungsfreiheit und Bestandsschutz) **57** 55 ff.
Nachtragsliquidation
– Löschung einer englischen Limited **30** 15 ff.
Nachverhandlung bei strukturellen Änderungen, Pflicht zur – Gestaltungsfreiheit und Bestandsschutz (Gestaltungsmöglichkeiten) 57 76 ff.
– Minderung von Beteiligungsrechten **57** 81 ff.
– strukturelle Änderung **57** 77 ff.
Nachweis der Verwalterbestellung und Unterrichtung des Gerichts
– Durchsetzung des ausländischen Insolvenzverfahrens (Insolvenz in Drittstaaten) **36** 50
Nachweis im Verfahren
– Cash flow insolvency gem. s. 123(1)(e) IA 1986 (Zahlungsunfähigkeit) **38** 24
– Insolvenzgründe, balance sheet insolvency gem. s. 123(2) IA 1986 und s. 214(6) IA 1986 (Überschuldung) **38** 32
Nachweise 21 16 ff.
– beizufügende –, Zweigniederlassung **21** 16 ff.
Nahestehende Personen
– Außensteuergesetz/internationale Verflechtungen **34** 123 ff.
Namenfunktion
– Firmen **11** 35 f.
Nationale Kapitalgesellschaft nach Übernahme
– Vor- und Nachteile konkurrierender Endstrukturen (grenzüberschreitende Umstrukturierungen außerhalb des Geltungsbereichs des UmwStG), Mitbestimmung **62** 60 f.
Nationale Kapitalgesellschaft nach Verschmelzung
– Vor- und Nachteile konkurrierender Endstrukturen (grenzüberschreitende Umstrukturierungen außerhalb des Geltungsbereichs des UmwStG), Mitbestimmung **62** 77 ff.
Nationales (autonomes) Prozessrecht
– Zivilverfahrensrecht **28** 9 f.

Nationales Mitbestimmungsrecht, Verdrängung
– grenzüberschreitende Verschmelzungen gemäß §§ 122 a ff. UmwG, europäisches Mitbestimmungsregime (Gestaltungsfreiheit und Bestandsschutz) **57** 23 ff.
– SE, europäisches Mitbestimmungsregime (Gestaltungsfreiheit und Bestandsschutz) **57** 21 f.
Nationales Recht
– Gründung der Tochter-SE (Societas Europaea) durch Rechtsträger –n –s (Art. 2 Abs. 3 SE-VO) **49** 49 ff.
– und EWIV-VO **48** 2 ff.
Nationalitätshinweise
– Firmen **11** 33 f.
Natürliche Personen
– Gründer der europäischen wirtschaftlichen Interessenvereinigung (EWIV) **48** 12 f.
– Mittelpunkt der hauptsächlichen Interessen bei –n Insolvenz innerhalb der EU **35** 44 ff.
– Recht für – bzgl. Vermeidung der Doppelbesteuerung **32** 220 ff.
Neugründung
– europäische Genossenschaft (SCE) **51** 11
Neugründung „ex nihilo"
– Gründungsformen der Societas Privata Europaea – SPE (europäische Privatgesellschaft) **50** 26
Neugründung, Hinein- und Hinausspaltungen
– grenzüberschreitende Spaltung und Niederlassungsfreiheit innerhalb der EU **56** 20 ff.
NewCo-Modell (parallele Übernahmeangebote) 61 43
– Transaktionen mit EU-Bezug **61** 52 f.
– Transaktionen mit US-Bezug **61** 50 f.
– Zusammenführung in eine deutsche NewCo **61** 44 ff.
Nicht-DBA-Sachverhalt
– oder DBA-Sachverhalt mit Anrechnungsmethode, Anwendungsbereich von § 2a Abs. 1 und Abs. 2 EStG **33** 22 ff.
Nichtigkeit
– Beendigung der europäischen wirtschaftlichen Interessenvereinigung (EWIV) **48** 73
– Stimmbindungsverträge **44** 44
Nicht-staatliche Normen
– Schiedsverfahren **18** 65 f.
Niederlande, Gesellschaftsformen 47 384 ff.
– AG **47** 425 ff.
– GmbH **47** 399 ff.
– Personengesellschaften **47** 394 ff.
– Überblick **47** 384 ff.
Niederlande, Gesellschaftsformen, AG 47 425 ff.
– Aktien **47** 429 f.
– Gründung **47** 426

1513

Sachverzeichnis

magere Zahlen = Randnummern

- Leitung der N. V. **47** 431
- Stammkapital **47** 427 f.

Niederlassung
- besonderer Gerichtsstand der – gemäß EuGVVO **18** 52
- Gerichtsstand des – (Zivilrecht, internat. Gerichtsstände) **28** 30 ff.

Niederlassung oder Vermögen im Inland
- Territorialverfahren (allgemeine Zulässigkeitsvoraussetzungen, Insolvenz in Drittstaaten) **36** 66 ff.

Niederlassung, Eintragung
- Gründung bzgl. der europäischen wirtschaftlichen Interessenvereinigung (EWIV) **48** 30

Niederlassungsfreiheit 2 43 f.
- Anwendbarkeit der – auf Spaltungen bzgl. grenzüberschreitender Spaltung innerhalb der EU **56** 14 ff.
- und grenzüberschreitende Verschmelzung bzgl. kollisionsrechtlicher Grundlagen und grundsätzlicher Zulässigkeit **53** 11 ff.
- Vereinbarkeit der Anwendung des deutschen Strafrechts mit der – **26** 9

Niederlassungsfreiheit und grenzüberschreitende Spaltung innerhalb der EU 56 14 ff.
- Anwendbarkeit der Niederlassungsfreiheit auf Spaltungen **56** 14 ff.
- Hinein- und Hinausspaltungen zur Aufnahme **56** 17 ff.
- Hinein- und Hinausspaltungen zur Neugründung **56** 20 ff.

Niederlassungsfreiheit, Einfluss der –, Verwaltungssitzverlegung 52 13 ff.
- autonomes deutsches Recht **52** 16
- Rechtsprechung des EuGH **52** 14
- Stellungnahme **52** 15
- weitere Lösungen für die Praxis **52** 17

Niederlassungsfreiheit, europarechtliche (EU) 1 94 ff.

Niederlassungsfreiheit, primäre
- Verwaltungssitzverlegung als Ausübung der –n –, Zuzug aus einem EG-Mitgliedstaat **52** 5

Niedrigsteuerländer
- Vermeidung der Verlagerung von Einkünften und Vermögen in – (Außensteuergesetz) **34** 2 ff.

Normen, Anwendung vertragsrechtlicher –, bei ausländischem Vertragsstatut (Art. 9 Rom I-VO) 64 9 ff.
- Anwendung des § 15 Abs. 3 Satz 2 WpÜG als Eingriffsnorm **64** 13 ff.
- Anwendung des § 31 WpÜG als Eingriffsnorm **64** 15 ff.
- grundsätzlicher Charakter der WpÜG-Vorschriften als Eingriffsnormen **64** 9 ff.

Notar
- Substitution eines deutschen durch einen ausländischen – **8** 12 ff.

Notarielle Beurkundung
- grenzüberschreitende Verschmelzung von Kapitalgesellschaften, Verschmelzungsplan (§ 122 c Abs. 4 UmwG) **53** 51 ff.

Numerus clausus
- Gründungsformen bzgl. Gründung der Societas Europaea (SE) **49** 7 ff.
- Rechtsformzwang **2** 19

Nutzung von Gläubigervereinbarungen
- Debt/Equity-Swap nach englischem Recht, Beteiligung der Altgesellschafter **40** 25

Nutzung von Vorratsgesellschaften
- Gestaltungsmöglichkeiten und – grenzen (Gestaltungsfreiheit und Bestandsschutz) **57** 70 ff.

Nutzungsüberlassung
- immaterieller Wirtschaftsgüter bzgl. Geschäftsbeziehungen/Außensteuergesetz **34** 179

Obligatorische Eintragung
- öffentliche Bekanntmachung und Registereintragung (Insolvenz innerhalb der EU) 158 f.

Obligatorische und vakultative Regelungsaufträge
- Societas Privata Europaea – SPE (europäische Privatgesellschaft) **50** 12 ff.

OECD-MA, Besteuerung des Einkommens
- Besteuerung des Einkommens, Einkünfte aus selbständiger Arbeit, Art. 14 OECD-MA **32** 134 ff.
- Dividenden, Art. 10 OECD-MA **32** 80 ff.
- Lizenzgebühren, Art. 12 OECDMA **32** 111 ff.
- selbständiger Arbeit, Art. 14 OECD-MA **32** 134 ff.
- unbeweglichem Vermögen, Art. 6 OECD-MA **32** 138 ff.
- unselbständiger Arbeit, Art. 15 OECD-MA **32** 122 ff.
- Unternehmensgewinnen, Art. 7 OECD-MA **32** 69 ff.
- Veräußerung von Vermögen, Art. 13 OECD-MA **32** 148 ff.
- Verrechnungspreisregelungen/arm's length-Regelungen in Doppelbesteuerungsabkommen/EU-Grundsätze für die Gewinnberichtigung **32** 61 ff.
- Zinsen, Art. 11 OECD-MA **32** 100 ff.

OECD-MA zur Vermeidung der Doppelbesteuerung 32 22 ff.
- allgemeine Auslegungsregel in Art. 3 Abs. 2 OECD-MA **32** 50
- Allgemeines **32** 33 f.
- Ansässigkeit als allgemeine Begriffsbestimmung, Art. 4 OECD-MA **32** 45 ff.
- Begriffsbestimmungen in Art. 3 Abs. 1 OECD-MA **32** 35 ff.

halbfette Zahlen = Paragraphen **Sachverzeichnis**

- Betriebsstätte als allgemeine Begriffsbestimmung, Art. 5 OECD-MA **32** 48 f.
- Qualifikation, Qualifikationskonflikte **32** 51 ff.

OECD-MA, besondere Bestimmungen
- Amtshilfe bei der Vollstreckung von Steueransprüchen, Art. 27 OECDMA **32** 216
- Diplomaten und Konsularbeamte, Art. 28 (bisher Art. 27) OECD-MA **32** 217
- Gleichbehandlung, Art. 24 OECD-MA **32** 207
- Informationsaustausch, Art. 26 OECD-MA **32** 211 ff.
- Verständigungs- und Konsultationsverfahren **32** 208 ff.

OECD-MA, Besteuerung des Vermögens 32 169

OECD-Musterabkommen s. OECD-MA

Offene Handelsgesellschaft
- Japan **47** 325 f.
- Volksrepublik China **47** 38 ff.

Öffentliche Bekanntmachung und Registereintragung
- Insolvenz innerhalb der EU (gegenseitige Anerkennung von Insolvenzverfahren) **35** 155 ff.

Öffentliche Übernahmen, Anknüpfung des Erwerbsvertrags bei –n –
- Vertragsrecht **64** 1 ff.

Öffentliches Recht
- Bereiche **2** 109 ff.
- Fördermittel **2** 109
- gewerblicher Rechtsschutz **2** 116
- Immobilienrecht **2** 110–115
- Insolvenzrecht **2** 117
- weitere Bereiche **2** 106 ff.

Ordnungswidrigkeitsrecht
- Strafrecht **26** 28

Ordre public 1 115 ff.
- Insolvenz innerhalb der EU (gegenseitige Anerkennung von Insolvenzverfahren) **35** 166 ff.

Organ- und Vertreterhaftung
- strafrechtliche – **26** 13 f.

Organe, sonstige
- europäische Genossenschaft (SCE) **51** 25

Organfähigkeit 5 62
- besonderer Rechtsfähigkeiten **19** 32

Organhaftung
- internationales Konzernrecht, internationale Gerichtszuständigkeit **44** 64

Organisation
- AG in der Volksrepublik China **47** 62

Organisation und Ablauf
- SE-Hauptversammlung **49** 94 f.

Organisation und Häufigkeit der Sitzungen
- Durchführung der Verhandlungen (Verfahren bei grenzüberschreitender Mitbestimmung) **58** 26 ff.

Organisation, innere
- LLP, Limited Liability Partnership (LLP) bzgl. Personengesellschaften in Großbritannien **47** 179 ff.

Organisationsverfassung der europäischen Privatgesellschaft (SPE) 50 47 ff.

Organisationsverfassung der europäischen Genossenschaft (SCE) 51 15 ff.
- Arbeitnehmerbeteiligung **51** 24
- Generalversammlung **51** 16 ff.
- Leitungssystem der SCE **51** 19 ff.
- sonstige Organe **51** 25

Organisationsverfassung der europäischen wirtschaftlichen Interessenvereinigung (EWIV) 48 31 ff.
- Geschäftsführer **48** 36 f.
- Geschäftsführung und Vertretung **48** 38 ff.
- Mitglieder und ihre Willensbildung **48** 32 ff.

Organisierte Märkte, Pensionsgeschäfte
- Ausnahmen von der lex fori concursus (Insolvenz in Drittstaaten) **36** 28 ff.

Organisierter Markt
- Kapitalmarktrecht, internationaler Anwendungsbereich des WpÜG, Definitionen der Zielgesellschaft und des organisierten Marktes (§ 2 Abs. 3 und Abs. 7 WpÜG) **63** 18 ff.

Organisierter Markt, Definitionen der Zielgesellschaft und des –en – es, bzgl. internationaler Anwendungsbereich des WpÜG (Kapitalmarktrecht) 63 13
- europäische Zielgesellschaften **63** 15 ff.
- inländische Zielgesellschaften **63** 14
- organisierter Markt **63** 18 ff.

Organmitglieder
- Innenhaftung von –n **23** 22

Organpflichten
- Geschäftsleiter **12** 44 ff.

Organschaft
- o.liche Vertretung **13** 16 f.
- o.liche Vertretungsmacht **13** 13 ff.

Ort
- Zweigniederlassung **21** 7

örtliche Zuständigkeit
- Insolvenz innerhalb der EU (internat. Zuständigkeit, Annexverfahren) **35** 70 ff., 80 f.

Ortsform
- Art. 11 EGBGB 6 **6** 12 ff.
- GmbH-Geschäftsanteilsübertragung im Ausland **8** 8; **8** 28 ff.; **8** 31; **8** 32

Ortsformanknüpfung
- Einwände gegen eine – im Gesellschaftsrecht **8** 31
- Konsequenzen der – **8** 32
- Voraussetzung der – **8** 28 ff.

Ortsrecht 8 36
- Anteilsübertragung im Ausland: Maßgeblichkeit des –s **8** 27; **8** 36

Sachverzeichnis

magere Zahlen = Randnummern

Österreich, Gesellschaftsformen 47 432 ff.
- AG **47** 468 ff.
- GmbH **47** 445 ff.
- Personengesellschaften **47** 440 ff.
- Überblick **47** 432 ff.

Par conditio creditorum, Grundsatz
- Prinzipien der EuInsVO (Insolvenz innerhalb der EU) **35** 13

Parallele Übernahmeangebote (NewCo-Modell) 61 43
- Transaktionen mit EU-Bezug **61** 52 f.
- Transaktionen mit US-Bezug **61** 50 f.
- Zusammenführung in eine deutsche NewCo **61** 44 ff.

Parallele Verfahren, Zulässigkeit
- Rechtsfolgen (Sekundärinsolvenzverfahren, Insolvenz in Drittstaaten) **36** 81 ff.

Partei-, Prozess- und Postulationsfähigkeit, Parteibezeichnung
- Zivilrecht/Verfahrensfragen **28** 47

Parteibezeichnung, Postulations-, Partei- und Prozessfähigkeit
- Zivilrecht/Verfahrensfragen **28** 47

Parteifähigkeit 14 **17**; 28 47
- besonderer Rechtsfähigkeiten **19** 39 ff.

Partikularinsolvenzverfahren
- Insolvenz innerhalb der EU (internat. Zuständigkeit, Territorialverfahren) **35** 66 f.

Partnerschaftsgesellschaft
- Volksrepublik China **47** 42

Partnership
- general –, Personengesellschaften in den USA **47** 586 ff.
- Personengesellschaft in Großbritannien **47** 162 ff.

Partnership, Limited –
- Großbritannien **47** 170 ff.
- USA **47** 590 ff.

Partnership, Limited Liability (LLP)
- Großbritannien **47** 175 ff.
- USA **47** 595 f.

Passiva, Ansatz
- Insolvenzgründe, balance sheet insolvency gem. s. 123(2) IA 1986 und s. 214(6) IA 1986 (Überschuldung) **38** 27 f.

Passivmasse
- Rechtsfolgen (Territorialverfahren, Insolvenz in Drittstaaten) **36** 78

Patronatserklärungen/Bürgschaften/Garantien
Außensteuergesetz **34** 176 ff.

Pauschalbesteuerung oder Steuerfreistellung
- Vermeidung der Doppelbesteuerung für natürliche Personen (nach § 34 c Abs. 5 EStG) **32** 253 f.

Pensionsgeschäfte, organisierte Märkte
- Ausnahmen von der lex fori concursus (Insolvenz in Drittstaaten) **36** 28 ff.

Personengesellschaft, grenzüberschreitende Verschmelzung von –en und mit Drittstaatenbezug 53 117 ff.
- grenzüberschreitende Verschmelzung mit Drittstaatenbezug **53** 121 ff.
- Personengesellschaften **53** 117 ff.

Personengesellschaft, handelsrechtliche
- Spanien **47** 542 ff.

Personengesellschaften
- einschließlich Abgrenzung zum internationalen Schuldvertragsrecht **1** 39
- grenzüberschreitende Verschmelzung von Personengesellschaften und mit Drittstaatenbezug **53** 117 ff.

Personengesellschaften, Ausland
- Belgien **47** 5 f.
- Dänemark **47** 72 ff.
- Frankreich **47** 101 ff.
- Großbritannien **47** 162 ff.
- Japan **47** 324 ff.
- Liechtenstein **47** 348
- Luxemburg **47** 363 f.
- Niederlande **47** 394 ff.
- Österreich **47** 440 ff.
- Österreich **47** 441 ff.
- Schweiz **47** 486 ff.
- Spanien **47** 540 ff.
- USA **47** 586 ff.
- Volksrepublik China **47** 38 ff.

Personengesellschaften, Frankreich, 47 101 ff.
- bürgerliche Gesellschaft **47** 101 ff.
- handelsrechtliche Personengesellschaften **47** 107 ff.

Personengesellschaften, Großbritannien 47 162 ff.
- Limited Liability Partnership **47** 175 ff.
- Limited Partnership **47** 170 ff.
- Partnership **47** 162 ff.

Personengesellschaften, Italien 47 272 ff.
- bürgerliche Gesellschaft **47** 272 f.
- Kommanditgesellschaft **47** 277
- offene Handelsgesellschaft **47** 274 ff.

Personengesellschaften, Japan, 47 324 ff.
- Kommanditgesellschaft **47** 327
- Limited Liability Company – LLC **47** 328
- Limited Liability Partnership – LLP **47** 329
- offene Handelsgesellschaft **47** 325 f.
- zivilrechtliche Gesellschaft **47** 324

Personengesellschaften, Niederlande 47 394 ff.
- bisherige Regelung **47** 395 f.
- künftiges Recht **47** 397 f.

Personengesellschaften, Österreich 47 440 ff.
- bürgerliche Gesellschaft **47** 440

halbfette Zahlen = Paragraphen

Sachverzeichnis

– Firmenbuch, im, eingetragene Personengesellschaften **47** 441 ff.
Personengesellschaften, Schweiz 47 486 ff.
– einfache Gesellschaft **47** 486 f.
– Kollektivgesellschaft **47** 488 f.
– Kommanditgesellschaft **47** 490
Personengesellschaften, Spanien 47 540 ff.
– bürgerliche Gesellschaft **47** 540 f.
– handelsrechtlichen Personengesellschaften **47** 542 ff.
Personengesellschaften, USA 47 586 ff.
– General Partnership **47** 586 ff.
– Limited Partnership **47** 590 ff.
– Limited Liability Partnership (LLP) **47** 595 f.
Personengesellschaften, Volksrepublik China 47 38 ff.
– offene Handelsgesellschaft **47** 38 ff.
– Kommanditgesellschaft **47** 41
– Partnerschaftsgesellschaft **47** 42
Personengesellschaften, Auf- und Abspaltung von Kapitalgesellschaften auf –
– Umstrukturierungen im Geltungsbereich des UmwStG **59** 88 ff.
Personengesellschaften, Einbringung von Betriebsvermögen in – 59 116 ff.
– Ansatz und Bewertung des eingebrachten Betriebsvermögens durch den übernehmenden Rechtsträger **59** 118
– Rechtsfolgen für den Einbringenden **59** 119
– rückwirkende Besteuerung bei Einbringung von Anteilen an Kapitalgesellschaften **59** 120
Personengesellschaften, Formwechsel von – in Kapitalgesellschaften
– Umstrukturierungen im Geltungsbereich des UmwStG **59** 121 ff.
Personengesellschaften, Formwechsel von Kapitalgesellschaften in –
– Umstrukturierungen im Geltungsbereich des UmwStG **59** 55 ff.
Personengesellschaften, handelsrechtliche
– Frankreich **47** 107 ff.
Personengesellschaften, Verschmelzung von Kapitalgesellschaften auf – bzgl. Umstrukturierungen im Geltungsbereich des UmwStG, steuerliche Konsequenzen 59 36 ff.
– übernehmender Personengesellschaft bzw. auf der Ebene der Gesellschafter **59** 44 ff.
– übertragender Körperschaft **59** 37 ff.
Persönliche Haftung der Gesellschafter einer GmbH, Ausland
– Frankreich **47** 124 f.
– Italien **47** 296 ff.
– Niederlande **47** 416 f.
– Österreich **47** 458 ff.
– Spanien **47** 558

Persönliche Haftung, Gesellschafter
– Private Company Limited by Shares in Großbritannien **47** 221
– §§ 128 ff. HGB **23** 21
Persönlicher Anwendungsbereich
– Insolvenz innerhalb der EU **35** 33 f.
– Umstrukturierungen im Geltungsbereich des UmwStG, Einbringungsvorgänge (Sechster bis Achter Teil des UmwStG) **59** 31 ff.
– Umstrukturierungen im Geltungsbereich des UmwStG, Umwandlung von Körperschaften (Zweiter bis Fünfter Teil des UmwStG) **59** 17 ff.
Persönlicher Anwendungsbereich, Verhältnis zu anderen Regelungen bzgl. Insolvenz innerhalb der EU 35 33 f.
– Bereichsausnahmen **35** 34
– Grundsatz **35** 33
Pfandrechte, Vollstreckung von – n, und Credit Bids
– Debt/Equity-Swap nach englischem Recht, Beteiligung der Altgesellschafter **40** 21 ff.
Pflicht zur Nachverhandlung bei strukturellen Änderungen bzgl. Gestaltungsfreiheit und Bestandsschutz (Gestaltungsmöglichkeiten) 57 76 ff.
– Minderung von Beteiligungsrechten **57** 81 ff.
– strukturelle Änderung **57** 77 ff.
Pflichten
– Board of Directors einer Private Company Limited by Shares in Großbritannien **47** 229 ff.
– Mitglieder der europäischen wirtschaftlichen Interessenvereinigung (EWIV) **48** 56 f.
Postulationsfähigkeit
– besondere Rechtsfähigkeiten **19** 53 ff.
– Zivilrecht/Verfahrensfragen **28** 47
Preferences
– Insolvenzanfechtung **41** 36 f.
Prepack s. pre-packaged Sale
Pre-packaged Sale (prepack), Insolvenzverfahren 38 107 ff.
– Anfechtbarkeit **37** 117 f.
– Durchführung **38** 110 ff.
– Einführung **38** 107 ff.
– Rolle des administrator **38** 113 ff.
Primäre Niederlassungsfreiheit
– Verwaltungssitzverlegung als Ausübung der –n –, Zuzug aus einem EG-Mitgliedstaat **52** 5
Prinzip der modifizierten Universalität
– Insolvenz in Drittstaaten **36** 3 f.
– Prinzipien der EuInsVO (Insolvenz innerhalb der EU) **35** 10
Prinzipien der EuInsVO 35 10 ff.
– Grundsatz der par conditio creditorum **35** 13
– Prinzip der modifizierten Universalität **35** 10
– Prioritätsprinzip **35** 12
– Vertrauensgrundsatz **35** 11

1517

Sachverzeichnis

magere Zahlen = Randnummern

Prioritätsprinzip
- Prinzipien der EuInsVO (Insolvenz innerhalb der EU) **35** 12

Private Company Limited by Shares 47
185 ff. (s. ausführlich bei Limited)

Privatgesellschaft, Europäische (Societas Privata Europaea – SPE); s. ausführlich bei SPE
- anwendbares Recht **50** 5 ff.
- Auflösung der SPE **50** 62
- grenzüberschreitende Sitzverlegung **50** 60 f.
- Gründung der SPE **50** 21 ff.
- Kapital- und Finanzverfassung **50** 40 ff.
- Mitbestimmung der Arbeitnehmer **50** 56 ff.
- Organisationsverfassung **50** 47 ff.
- Rechtsstellung der SPE-Gesellschafter **50** 52 ff.
- Stand der Gesetzgebung **50** 1 ff.

Privatrecht, internationales s. Internationales Privatrecht, IPR

Produktionsstandort
- internationales Steuerrecht, Finanzierung der Zieleinheit und/oder der Ausgangseinheit **31** 21
- Überführung von Wirtschaftsgütern in ausländischen – **33** 42 ff.

Progressionsvorbehalt und Freistellungsmethode
- Vermeidung der Doppelbesteuerung **32** 194 ff.

Prozessfähigkeit
- besonderer Rechtsfähigkeiten **19** 39 ff.
- juristischer Personen **5 64 ff.**
- Zivilrecht/Verfahrensfragen **28** 47

Prozesskostenhilfe
- Zivilrecht/Verfahrensfragen **28** 52

Prozesskostensicherheit
- Zivilrecht/Verfahrensfragen **28** 50 f.

Prozessrecht, autonomes nationales
- Zivilverfahrensrecht **28** 9 f.

Public Limited Company, Besonderheiten
- Großbritannien **47** 262 ff.

Publizität und Rechnungslegung
- Private Company Limited by Shares in Großbritannien **47** 247 ff.

Publizitätsregeln
- Gründung bzgl. der europäischen wirtschaftlichen Interessenvereinigung (EWIV) **48** 24 ff.

Publizitätsrichtlinien
- Rechnungslegung **17** 16 ff.
- Vertretung **13** 7

Qualifikation der Direktoren
- Board of Directors einer Private Company Limited by Shares in Großbritannien **47** 223 f.

Qualifikation, Qualifikationskonflikte
- OECD-MA bzgl. Vermeidung der Doppelbesteuerung **32** 51 ff.

Qualifizierte Mehrheitserfordernisse
- Schutz erworbener Rechte (Gestaltungsfreiheit und Bestandsschutz) **57** 9 f.

Quellen- oder Belegenheitsbesteuerung 32 2 f.

Quotenanrechnung
- Verteilung der Erlöse (Forderungsanmeldung und Erlösverteilung, Insolvenz in Drittstaaten) **36** 92

Race to the court
- Fallstudie Brochier **42** 40 f.

Rangfolge
- Administration (Insolvenzverfahren) **38** 76

Räumlicher Geltungsbereich
- Insolvenz innerhalb der EU (territorialer Anwendungsbereich) **35** 20

Reaktion
- auf die zwei eröffneten Hauptinsolvenzverfahren (Fallstudie Brochier) **42** 42 ff.

Realisierung, Vermeidung der – von stillen Reserven bei der Überführung von Wirtschaftsgütern in einen ausländischen Produktionsstandort 31 12, 21

Receivership, administrative –
- administrative receivership und floating charge (Insolvenzverfahren) **38** 62 ff.

Rechnungslegung 17 1 ff.; **24** 1 ff.
- Abschlussprüferrichtlinie **17** 14 f.
- Besonderheiten auf Grund internationaler Verträge **17** 42 ff.
- Buchführung für steuerliche Zwecke **24** 7
- europäische Harmonisierung der – **17** 4 ff.
- IAS-Verordnung **17** 11 ff.
- Jahresabschlussrichtlinie der – **17** 7 f.
- kollisionsrechtliche Anknüpfung der – **17** 19 ff.
- kollisionsrechtliche Behandlung **24** 2 ff.
- Konsequenzen bei der Sitzverlegung **17** 26 ff.
- Pflichten der Zweigniederlassung **24** 5 f.
- Praxis **24** 8 f.
- Prüfung des Jahresabschlusses **17** 49 f.
- Publizität **17** 46 ff.
- Publizitäts- und Zweigniederlassungsrichtlinien **17** 16 ff.
- Richtlinie über den konsolidierenden Abschluss **17** 9 f.
- Wegzugsfälle **17** 36 ff.
- Wegzugsfälle: Anerkennung im Zuzugsstaat **17** 40 f.
- Wegzugsfälle: grenzüberschreitende Mobilität gemäß deutschem Heimatrecht 37 ff.
- Zuzugsfälle **17** 27 ff.
- Zuzugsfälle: Anerkennung gemäß deutschem Recht **17** 28 ff.
- Zuzugsfälle: grenzüberschreitende Mobilität gemäß Heimatrecht **17** 33 ff.
- Zweigniederlassung, der, **17** 45

halbfette Zahlen = Paragraphen **Sachverzeichnis**

Recht, anwendbares, bzgl. europäischer Privatgesellschaft (Societas Privata Europaea – SPE) 50 5 ff.
– fakultative und obligatorische Regelungsaufträge **50** 12 ff.
– Inhaltskontrolle des Gesellschaftsvertrags **50** 18 ff.
– Lückenfüllung im Gesellschaftsvertrag **50** 15 ff.
– Regelung des anwendbaren Rechts (Art. 4 SPE-VOE-II) **50** 9 ff.
– Satzungsautonomie und Regelungsaufträge **50** 12 ff.
– Vollstatut für Gesellschaftsrecht **50** 5 ff.

Recht, anwendbares, bzgl. Gründung der Societas Europaea (SE) 49 12
– durch Verschmelzung **49** 19

Recht, autonomes deutsches
– Verwaltungssitzverlegung, Einfluss der Niederlassungsfreiheit **52** 16

Recht, englisches
– Debt/Equity-Swap **40** 16 ff., 26 ff.
– Sanierung (Fallstudie Schefenacker) **42** 8 ff.
– Restrukturierung (Fallstudie Deutsche Nickel) **42** 29 ff.

Recht, materielles
– Schiedsverfahren, anwendbares – **18** 83

Recht, nationales
– Gründung der Tochter-SE (Societas Europaea) durch Rechtsträger –n –s (Art. 2 Abs. 3 SE-VO) **49** 49 ff.

Recht, US-amerikanisches, Verfahren nach Chapter 15
– Fallstudie Schefenacker **42** 16

Rechte
– Joint Venture-Partner (typische Vertragsregelungen) **43** 36 ff.
– Mitglieder der europäischen wirtschaftlichen Interessenvereinigung (EWIV) **48** 52 ff.

Rechte, dingliche
– Schutzbestimmungen (Insolvenz in Drittstaaten) **36** 58 ff.

Rechte, Schutz erworbener – 57 5 ff.
– Auffanglösung **57** 7 ff.
– Missbrauchsverbot **57** 18
– Qualifizierte Mehrheitserfordernisse **57** 9, 10
– Sperrfristen **57** 13 ff.
– Sperrwirkung beim Formwechsel in die SE **57** 11 f.

Rechte, Wirkung auf eintragungspflichtige –
– Ausnahmen von der lex fori concursus (Insolvenz innerhalb der EU) **35** 129 ff.

Rechtmäßigkeitsprüfung und Eintragung
– Gründung der Societas Europaea (SE) durch Verschmelzung **49** 30 ff.

Rechtsnatur der EWIV
– Grundlagen der europäischen wirtschaftlichen Interessenvereinigung (EWIV) **48** 6

Rechts- und Geschäftsfähigkeit 19 1 ff.
– Anknüpfungsregeln im Einzelnen **19** 14 ff.
– Gesellschaftsstatut und Teilfragen **19** 11 ff.
– Grundsätze des internationalen Gesellschaftsrechts **19** 2 ff.

Rechtsanwaltsgesellschaft, ausländische
– Haftung der Mitglieder (Haftungstatbestände, Gläubigerschutz) **23** 54 ff.

Rechtsdurchsetzung
– Konzernhaftung **14** 114 ff.

Rechtsfähigkeit 19 1 ff.
– allgemeine – Anknüpfungsregeln zu Rechts- und Geschäftsfähigkeit **19** 14 ff.
– Anknüpfung bei der – **14** 7 f.
– Anknüpfungsregeln im Einzelnen **19** 14 ff.
– besondere – Anknüpfungsregeln zu Rechts- und Geschäftsfähigkeit **19** 23 ff.
– Gesellschaftsstatut und Teilfragen **19** 11 ff.
– Grundsätze des internationalen Gesellschaftsrechts **19** 2 ff.
– juristischer Personen **5** 56 ff.

Rechtsfähigkeiten, besondere 19 23 ff.
– Beteiligungsfähigkeit **19** 28 ff.
– Deliktsfähigkeit **19** 25 ff.
– Grundanknüpfung **19** 23 f.
– Grundbuchfähigkeit **19** 35 ff.
– Insolvenzfähigkeit **19** 53 ff.
– Organfähigkeit **19** 32
– Partei-, Prozess- und Postulationsfähigkeit **19** 39 ff.
– Scheck-, Wechsel- und Anleihefähigkeit **19** 33 f.

Rechtsfolgen
– Anerkennung bzgl. ausländisches Insolvenzverfahren (Insolvenz in Drittstaaten) **36** 44 ff.
– Durchführung der grenzüberschreitenden Spaltung innerhalb der EU **56** 60 ff.
– Existenzvernichtungshaftung **14** 81 f.
– für den Einbringenden bzgl. Umstrukturierungen im Geltungsbereich des UmwStG, Einbringung von Betriebsvermögen in Personengesellschaften **59** 119
– Missbrauch der SE bzgl. Gestaltungsmissbrauch (Gestaltungsfreiheit und Bestandsschutz) **57** 94 ff.
– Territorialverfahren (Insolvenz in Drittstaaten) **36** 76 ff.

Rechtsform
– ausländische –en **2** 21; **47** 1 ff.
– Gesellschaft (Zweigniederlassung) **21** 11
– R.entscheidung im Spiegel des IPR/IZPR **2** 25 ff.
– R.entscheidung in Anbetracht höherrangigen Rechts **2** 29 ff.

1519

Sachverzeichnis

magere Zahlen = Randnummern

- R.zwang und Numerus clausus **2** 19
- Typenvermischung **2** 24

Rechtsform der Zieleinheit/Beteiligungs-kombination mit der Ausgangseinheit (internationales Steuerrecht) 31 7 ff.

Rechtsform des Gemeinschaftsunternehmens (Joint Venture) 43 23 ff.

Rechtsformen, verschmelzungsfähige 53 28 ff.

Rechtsformwahl 2 17 ff.
- internationaler Kontext **2** 1 ff.
- Kriterien **2** 56 ff.
- Verschränkung mit Standortwahl **2** 6 ff.

Rechtsformwahlfreiheit
- Rechts- und Geschäftsfähigkeit **19** 10

Rechtsformwahlkriterien 2 56 ff.
- Corporate Governance **2** 60
- Finanzierung **2** 62
- Firmierung **2** 61
- Geschäftsführung **2** 60
- Gesellschafter **2** 59
- Gesellschaftsrecht **2** 58
- Haftung **2** 63
- Vertretung **2** 60

Rechtsformzusatz
- Firmen **11** 30 ff.
- Verwendung des –es im Rechtsverkehr **22** 7 f.

Rechtsgeschäft
- rechtsgeschäftliche Vertretung **13** 18 ff.
- rechtsgeschäftliche Vollmacht **13** 46

Rechtsgrundlagen
- europäische Genossenschaft (SCE) **51** 5 f.
- Private Company Limited by Shares in Großbritannien **47** 185 ff.
- Societas Europaea (SE) **49** 3 ff.
- Struktur von APA **34** 197 f.

Rechtsnatur der Mitbestimmungsvereinbarung
- verhandelte Mitbestimmung (Gestaltungsfreiheit und Bestandsschutz) **57** 33 ff.

Rechtspraktische Bedeutung
- Gründung einer Holding-SE (Societas Europaea) **49** 35 f.

Rechtsprechung des EuGH
- Verwaltungssitzverlegung, Einfluss der Niederlassungsfreiheit **52** 14

Rechtsquellen
- Gerichtszuständigkeit **18** 3 ff.
- Insolvenz- und Sanierungsverfahren **38** 1 ff.
- Rangverhältnis, Zivilverfahren **28** 3
- Schiedsverfahren **18** 57 ff.

Rechtsscheinshaftung 23 23 f.
- Firmen **11** 43

Rechtsscheinsvollmacht
- Vertretungen **13** 55

Rechtsscheinsvollmacht 13 55

Rechtssicherheit
- Steuersystem **2** 87 f.

Rechtssprechungssequenz der GmbH
- Rechts- und Geschäftsfähigkeit **19** 4 ff.

Rechtsstellung
- Aufsichtsratsmitglieder bzgl. Wahl der Mitglieder des mitbestimmten Aufsichtsrats (Verfahren bei grenzüberschreitender Mitbestimmung) **58** 57 f.
- Mitglieder der europäischen wirtschaftlichen Interessenvereinigung (EWIV) **48** 52 ff.
- SPE-Gesellschafter (Societas Privata Europaea) **50** 52 f.

Rechtsstreit, Aufnahme und Unterbrechung eines –s
- Schutzbestimmungen (Insolvenz in Drittstaaten) **36** 61 f.

Rechtsstreitigkeiten, abhängige, Wirkungen des Insolvenzverfahrens auf –
- Ausnahmen von der lex fori concursus (Insolvenz innerhalb der EU) **35** 135 f.

Rechtstatsächliche Bestandsaufnahme
- konkurrierende Gestaltungsmöglichkeiten in der Praxis (grenzüberschreitende Umstrukturierungen außerhalb des Geltungsbereichs des UmwStG), SE-basierte Modelle **61** 10 ff.

Rechtstechnische Umsetzung der Umwandlung von Fremd- in Eigenkapital beim Debt/Equity-Swap 40 9 ff.
- Debt/Asset-Swap **40** 13
- Grundlagen **40** 9
- hybride Gestaltungen **40** 15
- Sachkapitalerhöhung **40** 10 f.
- Übernahme von Anteilen der Altgesellschafter **40** 12
- Übernahme von Anteilen einer neu gegründeten Gesellschaft **40** 14

Rechtsträger
- Entstehung **4** 23 ff.
- Gründung der Tochter-SE (Societas Europaea) durch – nationalen Rechts (Art. 2 Abs. 3 SE-VO) **49** 49 ff.
- Kontinuität des –s bzgl. grenzüberschreitender Sitzverlegung der Societas Europaea (SE) **49** 99

Rechtsvergleichung 3 4 ff.
- Entstehung eines Rechtsträgers **4** 23 ff.
- Gründung **4** 14 ff.
- juristischer Personen **5** 69; **5** 65 f; **5** 74; **5** 77 ff.
- Verpflichtungen der Gesellschafter gegenüber Dritten **3** 7; **3** 18 ff.
- Verpflichtungen der Gesellschafter untereinander **3** 6; **3** 9 ff.

Rechtsverkehr, Auftreten im – 22 7 ff.
- Angaben auf Geschäftsbriefen **22** 9
- Verwendung des Rechtsformzusatzes **22** 7 f.

Rechtswahl
- Vertretung **13** 19

halbfette Zahlen = Paragraphen
Sachverzeichnis

rechtswidriger Firmengebrauch 11 39 ff.
Referentenentwurf internationales Gesellschaftsrecht
– Verwaltungssitzverlegung, Zuzug aus Drittstaaten **52** 11
Reform- und Entstehungsgeschichte
– Administration (Insolvenzverfahren) **38** 68 f.
Reformvorschlag
– internationales Privatrecht der Gesellschaften, Vereine und juristischen Personen **6** 24 ff.
Regelung des anwendbaren Rechts
– Societas Privata Europaea – SPE (europäische Privatgesellschaft), Art. 4 SPE-VOE-II **50** 9 ff.
Regelungen
– Aufsichts- oder Verwaltungsratgröße bzgl. Reichweite der Mitbestimmungsautonomie (Gestaltungsfreiheit und Bestandsschutz) **57** 45 ff.
– Ausschussbildung und Zusammensetzung bzgl. Reichweite der Mitbestimmungsautonomie (Gestaltungsfreiheit und Bestandsschutz) **57** 49
– bisherige – zu Personengesellschaften in den Niederlande **47** 395 f.
– internationales Konzernrecht **44** 3
– Konzernrecht auf EU-Ebene bzgl. internationales Konzernrecht **44** 4 f.
– Reichweite der Mitbestimmungsautonomie (Gestaltungsfreiheit und Bestandsschutz) **57** 45 ff.
– verbundene Unternehmen bzgl. internationales Konzernrecht **44** 38 ff.
Regelungen, deutsche, zum internationalen Konzernrecht 44 3
Regelungen, gesellschaftliche
– Gläubigerschutz **23** 13 ff.
Regelungen, sonstige, zu verbundenen Unternehmen bzgl. internationales Konzernrecht 44 38 ff.
– Aufsichtsratbestellung **44** 39 ff.
– Mitbestimmung der Arbeitnehmer in Gesellschaftsorganen **44** 42 f.
– Mitteilungspflichten **44** 38
– Nichtigkeit bestimmter Stimmbindungsverträge **44** 44
– Zeichnungs-, Erwerbs- und Besitzverbote **44** 45
Regelungsaufträge und Satzungsautonomie bzgl. Societas Privata Europaea – SPE (europäische Privatgesellschaft) 50 12 ff.
– fakultative und obligatorische Regelungsaufträge **50** 12 ff.
– Inhaltskontrolle des Gesellschaftsvertrags **50** 18 ff.
– Lückenfüllung im Gesellschaftsvertrag **50** 15 ff.

Regelungsbereiche des Außensteuergesetzes 34 5 ff.
– ausländische Basisgesellschaften, §§ 7–14 AStG (sog. Hinzurechnungsbesteuerung) **34** 6
– Berichtigung von Einkünften, § 1 AStG **34** 7
– Fallgruppe: Verlagerung des Steuersubjekts ins Ausland/Behandlung wesentlicher Beteiligungen bei Wohnsitzwechsel ins Ausland, § 6
– Fallgruppe: Verlagerung des Steuersubjekts ins Ausland/Steuerpflicht von Stiftern, § 15 AStG **34** 10
– Fallgruppe: Verlagerung des Steuersubjekts ins Ausland/Wohnsitzwechsel in niedrig besteuernde Gebiete, §§ 2–5 AStG (sog. erweiterte beschränkte Einkommensteuerpflicht) **34** 8
– Verfahrens- und Schlussbestimmungen, §§ 16–22 AStG **34** 11
– Verlagerung des Steuersubjekts ins Ausland/Beteiligung an
– Verlagerung von Gewinnen ins Ausland bzw. Verlagerung von Kosten ins Inland/AStG (sog. Wegzugsbesteuerung) **34** 9
Register
– R.anmeldung von juristischen Personen **5** 31
– R.eintragung von juristischen Personen **5** 32
– R.pflicht einer Zweigniederlassung **10** 20
Registereintragung und öffentliche Bekanntmachung
– Insolvenz innerhalb der EU (gegenseitige Anerkennung von Insolvenzverfahren) **35** 155 ff.
Registergericht
– Einschreiten des –s bei Firmenmissbrauch **11** 40 f.
– zuständiges – Registrierung **21** 3 f.
Registerpublizität
– Vertretung **13** 8 ff.
– Zweigniederlassung **21** 28
Registerverhältnisse
– Hauptniederlassung **21** 11
Registrar of Companies
– Gesellschaftsformen in Großbritannien **47** 156 ff.
Registrierung 21 ff.
– Anmeldung der Zweigniederlassung **21** 5 ff.
– Anmeldung von Änderungen, Aufhebung der Zweigniederlassung **21** 24 ff.
– Zuständiges Registergericht **21** 3 f.
Reichweite der Mitbestimmungsautonomie bzgl. Gestaltungsfreiheit und Bestandsschutz, 57 42 ff.
– Regelungen hinsichtlich Ausschussbildung und Zusammensetzung **57** 49
– Regelungen zur Größe des Aufsichts- oder Verwaltungsrats 45 ff.
Reichweite des Vertragsstatuts
– Vertragsrecht **64** 5 ff.

1521

Sachverzeichnis

magere Zahlen = Randnummern

Relevanter Zeitraum
- Cash flow insolvency gem. s. 123(1)(e) IA 1986 (Zahlungsunfähigkeit) **38** 18 f.

Relevanz
- Insolvenzgründe, bzgl. Insolvency und inability to pay debts **38** 13 f.

Reserven, Vermeidung der Realisierung von stillen – bei der Überführung von Wirtschaftsgütern in einen ausländischen Produktionsstandort 31 12, 21

Restrukturierung nach englischem Recht
- Fallstudie Deutsche Nickel **42** 29 ff.

Restrukturierungsversuch, Fehlschlag nach deutschem Recht
- Fallstudie Deutsche Nickel **42** 20 ff.

Restschuldbefreiung und Insolvenzplan
- Territorialverfahren (Insolvenz in Drittstaaten) **36** 79 f.

Restvermögen
- Existenz inländischen –s bei Löschung einer englischen Limited **30** 5 ff.
- kein – im Inland bzgl. Löschung einer englischen Limited **30** 4

Revision
- AG in der Schweiz **47** 510 ff.

Rodenstock (Fallstudie)
- Ausgangssituation **42** 50 ff.
- Bestätigung des scheme of arrangement **42** 60 ff.
- Einführung **42** 48 f.
- Einleitung des Verfahrens und Gläubigerversammlung **42** 58 ff.
- Inhaltes des scheme of arrangement **42** 57
- Vorbereitung des Verfahrens **42** 55 f.

Rolle des administrator
- Pre-packaged Sale (Insolvenzverfahren) **38** 113 ff.

Rolle des Verwalters
- Company Voluntary Arrangemente (CVA), Verfahrensschritte **39** 5

Rom-I-Verordnung (EuGVVO)
- Ausblick auf Änderungen im Rahmen der – **6** 32 ff.
- Erweiterung der Regelungen zur Teilrechtswahl **6** 39 f.
- Konsequenzen für die Übertragung von Geschäftsanteilen einer GmbH **6** 41

Rückwirkende Besteuerung der Einbringung 59 112 ff., 120

Rügelose Einlassung 28 14 ff.

Sachbericht 5 29

Sacheinlagen 5 38 ff.

Sachkapitalerhöhung
- rechtstechnische Umsetzung der Umwandlung von Fremd- in Eigenkapital (Debt/Equity-Swap) **40** 10 f.

Sachlicher Anwendungsbereich
- grenzüberschreitende Verschmelzung von Kapitalgesellschaften nach §§ 122 a ff. UmwG **53** 21 ff.
- Insolvenz innerhalb der EU **35** 27 ff.
- Umstrukturierungen im Geltungsbereich des UmwStG, Einbringungsvorgänge (Sechster bis Achter Teil des UmwStG) **59** 25 ff.
- Umstrukturierungen im Geltungsbereich des UmwStG, Umwandlung von Körperschaften (Zweiter bis Fünfter Teil des UmwStG) **59** 10 ff.

Sachrecht, deutsches
- Zulässigkeit aufgrund –m– grenzüberschreitende Verschmelzung Personengesellschaften mit Drittstaatenbezug **53** 124 f.

Sachrecht, Zulässigkeit nach deutschem –
- Zulässigkeit der grenzüberschreitenden Spaltung unter Beteiligung drittstaatlicher Gesellschaften **56** 35 f.

Sale, pre-packaged (sog. prepack), im Insolvenzverfahren 38 107 ff.
- Anfechtbarkeit **37** 117 f.
- Durchführung **38** 110 ff.
- Einführung **38** 107 ff.
- Rolle des administrator **38** 113 ff.

Sanierung nach englischem Recht, Fallstudie Schefenacker
- Banken (senior secured lenders) **42** 8
- Company Voluntary Arrangement (CVA) betreffend die bondholder **42** 9 ff.

Sanierung, Situation in Zeitpunkt der –
- Fallstudie Rodenstock, Ausgangssituation **42** 53 f.

Sanierungen im Rahmen einer Administration
- Administration (Insolvenzverfahren) **38** 78

Sanierungs- und Insolvenzverfahren 38 1 ff.
- Insolvenzgründe **38** 8 ff.
- Insolvenzverfahren **38** 39 ff.
- Institutionen **38** 5 ff.
- Rechtsquellen **38** 1 ff.

Sanierungsmigration 37 1 ff.
- Begriff und Hintergründe **37** 1 ff.
- Fallstudie Schefenacker **42** 5 ff.
- Gesellschaftsrechtliche Aspekte **37** 56 ff.
- insolvenzrechtliche Aspekte **37** 28 ff.
- Migrationsmodelle und -strukturen im Überblick **37** 22 ff.
- Vertrags- und Verkehrsrecht **37** 61 ff.
- Vor- und Nachteile einer – **37** 6 ff.

Sanierungsverfahren 39 1 ff.
- Company Voluntary Arrangemente (CVA) **39** 1 ff.
- Debt/Equity-Swap nach englischem Recht, Beteiligung der Altgesellschafter **40** 19
- Scheme of Arrangement **39** 31 ff.

1522

halbfette Zahlen = Paragraphen

Sachverzeichnis

Satzung (s. auch folgende Hauptstichworte)
– Zweigniederlassung **21** 19
Satzungsänderungen
– Beschlussmängel **15** 44 ff.
– Beurkundung **15** 40 ff.
– Beurkundung von – **7** 1 ff.
– Gesellschafterrechte **15** 39 ff.
– Gesellschafterversammlung **15** 39 ff.
– Registerverfahren **15** 43
Satzungsautonomie und Regelungsaufträge bzgl. Societas Privata Europaea – SPE (europäische Privatgesellschaft) 50 12 ff.
– fakultative und obligatorische Regelungsaufträge **50** 12 ff.
– Inhaltskontrolle des Gesellschaftsvertrags **50** 18 ff.
– Lückenfüllung im Gesellschaftsvertrag **50** 15 ff.
Satzungssitz
– Verlegung **10** 6 ff., 10 ff.
SCE (Societas Cooperativa Europaea, europäische Genossenschaft)
– Beendigung **51** 40 f.
– Grundlagen **51** 1 ff.
– Gründung **51** 7 ff.
– Jahresabschluss, Lagebericht, Besteuerung **51** 42 f.
– Kapitalverfassung **51** 26 ff.
– Mitgliedschaft **51** 30 ff.
– Organisationsverfassung **51** 15 ff.
– Sitzverlegung **51** 39
SCE, Grundlagen 51 1 ff.
– Entstehungsgeschichte und praktische Bedeutung **51** 1 ff.
– Rechtsgrundlagen **51** 5 f.
SCE, Gründung 51 7 ff.
– allgemeine Gründungsvoraussetzungen **51** 8 ff.
– Handelndenhaftung und Vorgesellschaft **51** 7
– Neugründung **51** 11
– Umwandlungsgründung **51** 12 ff.
SCE, Leitungssystem 51 19 ff.
– dualistisches System **51** 20 f.
– gemeinsame Vorschriften **51** 19
– monistisches System **51** 22 f.
SCE, Organisationsverfassung 51 15 ff.
– Arbeitnehmerbeteiligung **51** 24
– Generalversammlung **51** 16 ff.
– Leitungssystem der SCE **51** 19 ff.
– sonstige Organe **51** 25
Scheitern der Verhandlungen
– Voraussetzungen für Mitbestimmung kraft Gesetzes (Gestaltungsfreiheit und Bestandsschutz) **57** 53
Scheme of Arrangement (Sanierungsverfahren) 39 31 ff.
– Abstimmung **39** 67
– Anfechtung **39** 73

– Bestätigung des – (Fallstudie Rodenstock) **42** 60 ff.
– Bindungswirkung **39** 71 f.
– deutsche Insolvenzgründe, Sanierungsverfahren, internationale Aspekte **39** 53
– Einberufung der Versammlungen **39** 63 ff.
– Einleitung des Verfahrens **39** 54 ff.
– gerichtliche Bestätigung **39** 68 ff.
– Inhalte des – (Fallstudie Rodenstock) **42** 57
– internationale Aspekte **39** 37 ff.
– Klassenbildung **39** 60 ff.
– Überblick **39** 31 ff.
Schiedssprüche, ausländische 18 84 ff.
– Grundlagen **18** 84 f.
– Vollstreckbarkeit ausländischer Schiedssprüche **18 86 ff.**
Schiedsvereinbarung 18 67 ff.
– Form der – **18** 74 f.
– Statut der – **18** 70 ff.
– Wirkungen der – **18** 76 f.
– Zulässigkeit der – **18** 68 f.
Schiedsverfahren 18 53 ff.
– Anerkennung und Vollstreckbarerklärung ausländischer Schiedssprüche **18** 84 ff.
– anwendbares materielles Recht **18** 83
– Beweiserhebung **18** 80 ff.
– Rechtsquellen **18** 57 ff.
– Schiedsvereinbarung **18** 67 ff.
– Schiedsverfahren **18** 78 ff.
– Schiedsverfahrensstatut **18** 79
Schiedsverfahren: ausländische Schiedssprüche 18 84 ff.
– Grundlagen **18** 84 f.
– Vollstreckbarkeit ausländischer Schiedssprüche **18** 86 ff.
Schiedsverfahren: Rechtsquellen 18 57 ff.
– bilaterale Staatsverträge **18** 62
– mulitlaterale Staatsverträge **18** 57 ff.
– nicht-staatliche Normen **18** 65 f.
– UNCITRAL-Modellgesetz **18** 63 f.
Schiedsverfahren: Schiedsvereinbarung 18 67 ff.
– Form der Schiedsvereinbarung **18** 74 f.
– Statut der Schiedsvereinbarung **18** 70 ff.
– Wirkungen der Schiedsvereinbarung **18** 76 f.
– Zulässigkeit **18** 68 f.
Schlussverteilung, Überschuss bei der –
– Rechtsfolgen (Sekundärinsolvenzverfahren, Insolvenz in Drittstaaten) **36** 86
Schuldner, Interessen des –s innerhalb der Mitgliedstaaten
– Insolvenz innerhalb der EU (territorialer Anwendungsbereich) **35** 21
Schuldverhältnisse, außervertragliche, Anknüpfung aus dem Übernahmeangebot entstehender –r – (Vertragsrecht) 64 19 ff.
– Ansprüche aufgrund einer Verletzung der Angebotspflicht (§§ 35, 38 WpÜG) **64** 31 ff.

1523

Sachverzeichnis

magere Zahlen = Randnummern

- Ansprüche aus § 12 WpÜG **64** 24 ff.
- Ansprüche aus § 13 WpÜG **64** 29 ff.
- Überblick **64** 19 ff.

Schuldverschreibungsgesetz 1899/2009 42 20 ff.

Schuldvertragsrecht, Abgrenzung von Personengesellschaften 1 39

Schutz
- gutgläubiger Dritter, Schutzbestimmungen (Insolvenz in Drittstaaten) **36** 54 ff.
- gutgläubiger Geschäftspartner bzgl. allg. Rechtsfähigkeit **19** 17 ff.
- Voraussetzungen und Verfahren der Anteilseigner bzgl. grenzüberschreitender Formwechsel, Sicht des deutschen Rechts **54** 12 f.

Schutz der Gläubiger
- bei grenzüberschreitender Verschmelzung von Kapitalgesellschaften nach §§ 122 a ff. UmwG **53** 88 ff.

Schutz des Dritterwerbers
- Ausnahmen von der lex fori concursus (Insolvenz innerhalb der EU) **35** 134

Schutz erworbener Rechte bzgl. Gestaltungsfreiheit und Bestandsschutz 57 5 ff.
- Auffanglösung **57** 7 ff.
- Missbrauchsverbot **57** 18
- Qualifizierte Mehrheitserfordernisse **57** 9, 10
- Sperrfristen **57** 13 ff.
- Sperrwirkung beim Formwechsel in die SE **57** 11 f.

Schutzbestimmungen
- Wirkungen des ausländischen Insolvenzverfahrens im Inland (Insolvenz in Drittstaaten) **36** 54 ff.

Schutzbestimmungen bzgl. Insolvenz in Drittstaaten 36 54 ff.
- dingliche Rechte **36** 58 ff.
- Schutz gutgläubiger Dritter **36** 54 ff.
- Unterbrechung und Aufnahme eines Rechtsstreits **36** 61 f.

Schutzdefizite
- Auslandsgesellschaften im Gläubigerschutz **23** 2 ff.

Schutzgut; Fremdrechtsanwendung
- Strafrecht **26** 10 ff.

Schutzverlagerung
- Insolvenzrecht bzgl. Gläubigerschutz **23** 7 ff.

Schweiz, Gesellschaftsformen 47 479 ff.
- AG **47** 491 ff.
- Allgemeines **47** 479 ff.
- GmbH **47** 515 ff.
- Personengesellschaften **47** 486 ff.

Schweiz, Gesellschaftsformen, AG 47 491 ff.
- Aktien **47** 499 ff.
- Geschäftsführung **47** 505 ff.
- Gründung **47** 491 f.
- Hauptversammlung **47** 502 ff.

- Revision **47** 510 ff.
- Stammkapital **47** 493 ff.

Schweiz, Gesellschaftsformen, Allgemeines 47 479 ff.
- Arbeitnehmermitbestimmung **47** 484
- Handelsregister **47** 481
- internationales Gesellschaftsrecht **47** 485
- Überblick **47** 479 f.
- Umwandlung von Gesellschaften **47** 482 f.

Schweiz, Gesellschaftsformen, GmbH 47 515 ff.
- Allgemeines **47** 515
- Geschäftsführung **47** 526 ff.
- Gesellschafterversammlung **47** 524 f.
- Gesellschaftsanteile **47** 521 ff.
- Gründung **47** 516 f.
- Stammkapital **47** 518 ff.

Schweiz, Gesellschaftsformen, Personengesellschaften 47 486 ff.
- einfache Gesellschaft **47** 486 f.
- Kollektivgesellschaft **47** 488 f.
- Kommanditgesellschaft **47** 490

SE, Gestaltungsmissbrauch 57 91 ff.
- Rechtsfolgen **57** 94 ff.

SE (Societas Europaea, Europäische Aktiengesellschaft)
- Entstehung der –, dritte Gründungsphase einer Holding-SE (Societas Europaea) **49** 42
- grenzüberschreitende Sitzverlegung **49** 99 ff.
- Gestaltungsmissbrauch **57** 91 ff.
- Grundlagen **49** 1 ff.
- Gründung **49** 6 ff.
- Konzernrecht **49** 96 ff.
- Leitungssystem der SE **49** 54 ff.
- Sperrwirkung beim Formwechsel in die – Schutz erworbener Rechte (Gestaltungsfreiheit und Bestandsschutz) **57** 11 f.
- Umwandlung der – **49** 107 f.
- Umwandlung der SE **49** 107 f.
- Vor- und Nachteile konkurrierender Endstrukturen (grenzüberschreitende Umstrukturierungen außerhalb des Geltungsbereichs des UmwStG), Mitbestimmung **62** 62 ff.
- weitere in der SE-VO ungeregelte Bereiche **49** 109 f.

SE, dualistisches Leitungsmodell 49 55 ff.
- Aufsichtsorgan **49** 59 ff.
- Leitungsorgan **49** 56 ff.

SE, grenzüberschreitende Sitzverlegung 49 99 ff.
- Einzelfragen der Sitzverlegung **49** 105 f.
- Kontinuität des Rechtsträgers **49** 99
- Verlegungsverfahren **49** 100 ff.

SE, Grundlagen 49 1 ff.
- Entstehungsgeschichte und praktische Bedeutung **49** 1 f.
- Rechtsgrundlagen **49** 3 ff.

halbfette Zahlen = Paragraphen

Sachverzeichnis

SE, Gründung 49 6 ff.
- allgemeine Fragen **49** 7 ff.
- anwendbares Recht **49** 12
- formwechselnde Umwandlung **49** 44 ff.
- Gründung einer Holding-SE **49** 35 ff.
- Gründung einer Tochter-SE **49** 48 ff.
- Numerus clausus der Gründungsformen **49** 7 ff.
- Gründung durch Verschmelzung **49** 17 ff.
- Verhandlungen über Arbeitnehmerbeteiligung **49** 13 f.
- Vorgesellschaft und Handelndenhaftung **49** 15 f.

SE, Gründung durch Verschmelzung 49 17 ff.
- anwendbares Recht **49** 19
- beteiligte Gesellschaften **49** 18
- Rechtmäßigkeitsprüfung und Eintragung **49** 30 ff.
- Verfahrensablauf in den Gründungsgesellschaften **49** 21 ff.
- Verfahrensarten **49** 20

SE, Gründung einer Holding-SE 49 35 ff.
- besondere Probleme der SE-Holdinggründung **49** 43
- beteiligte Gründungsgesellschaften **49** 37
- dritte Gründungsphase: Entstehung der SE **49** 42
- erste Gründungsphase: Beschlussfassung in den Gründungsgesellschaften **49** 38 ff.
- Probleme **49** 43
- rechtspraktische Bedeutung **49** 35 f.
- zweite Gründungsphase: Anteilstausch **49** 41

SE, Gründung einer Tochter-SE 49 48 ff.
- bestehende SE (Art. 3 Abs. 2 SE-VO) **49** 52 f.
- Rechtsträger nationalen Rechts (Art. 2 Abs. 3 SE-VO) **49** 49 ff.

SE, Hauptversammlung 49 91 ff.
- Organisation und Ablauf **49** 94 f.
- Zuständigkeiten der SE-Hauptversammlung **49** 92 f.

SE, Leitungssystem 49 54 ff.
- dualistisches Leitungsmodell **49** 55 ff.
- Hauptversammlung **49** 91 ff.
- monistisches Leitungsmodell **49** 67 ff.
- Systematik: Dualismus, Monismus, Gemeinsame Vorschriften **49** 54

SE, monistische Leitungsmodell 49 67 ff.
- geschäftsführende Direktoren **49** 79 ff.
- Verwaltungsrat (Verwaltungsorgan) **49** 68 ff.

SE-basierte Modelle
- Transaktionsaufwand, Vor- und Nachteile der konkurrierenden Verfahren (grenzüberschreitende Umstrukturierungen außerhalb des Geltungsbereichs des UmwStG) **62** 4 f.
- Transaktionsdauer, Vor- und Nachteile der konkurrierenden Verfahren (grenzüberschreitende Umstrukturierungen außerhalb des Geltungsbereichs des UmwStG) **62** 25 ff.
- Transaktionssicherheit, Vor- und Nachteile der konkurrierenden Verfahren (grenzüberschreitende Umstrukturierungen außerhalb des Geltungsbereichs des UmwStG) **62** 45 ff.

SE-basierte Modelle (grenzüberschreitende Umstrukturierung außerhalb des Geltungsbereichs des UmwStG) 61 4
- Fallbeispiele **61** 14 ff.
- rechtliche Grundlagen **61** 4 ff.
- rechtstatsächliche Bestandsaufnahme **61** 10 ff.

Seagon-Entscheidung des EuGH
- Insolvenz innerhalb der EU (internat. Zuständigkeit, Annexverfahren) **35** 78 f.

Secured lenders, senior – (Banken)
- Fallstudie Schefenacker, Sanierung nach englischem Recht **42** 8

Sekundärinsolvenzverfahren 35 169 ff.
- Anwendbarkeit, verschiedene Insolvenzrechte in der Sanierungspraxis **37** 48 ff.
- Einschränkungen der lex fori concursus bzgl. insolvenzrechtlicher Aspekte (Sanierungsmigration) **37** 45 ff.
- Gefahr durch –, Fallstudie Brochier **42** 45 ff.
- Insolvenz innerhalb der EU (internat. Zuständigkeit, Territorialverfahren) **35** 68 f.
- Territorialverfahren (Insolvenz in Drittstaaten) **36** 81 ff.

Selbständige Arbeit, Art. 14 OECD-MA
- Einkünfte aus –, Art. 14 OECD-MA, bzgl. Vermeidung der Doppelbesteuerung **32** 134 ff.

Selbstkontrahieren
- Geschäftsführung und Vertretung der Gesellschaft einer Private Company Limited by Shares in Großbritannien **47** 24 ff.

Selbstständiges moratorium 39 6, 8
- Company Voluntary Arrangement (CVA), Verfahrensschritte **39** 4

Senior secured lenders (Banken)
- Fallstudie Schefenacker, Sanierung nach englischem Recht **42** 8

Shadow director
- Board of Directors einer Private Company Limited by Shares in Großbritannien **47** 228

Shares, Private Company Limited by – 47 185 ff.

Sicherungsmaßnahmen
- Durchsetzung des ausländischen Insolvenzverfahrens (Insolvenz in Drittstaaten) **36** 48
- Insolvenz innerhalb der EU, Sekundärinsolvenzverfahren **35** 181 ff.

Sicherungsrechte, dingliche
- Ausnahmen von der lex fori concursus (Insolvenz innerhalb der EU) **35** 112 ff.

Sichtweise, frühere, des deutschen Rechts
- grenzüberschreitender Formwechsel, Zulässigkeit innerhalb der EU **54** 2

1525

Sachverzeichnis

magere Zahlen = Randnummern

Sittenwidrigkeit
– Existenzvernichtungshaftung **14** 79

Situation im Zeitpunkt der Sanierung
– Fallstudie Rodenstock, Ausgangssituation **42** 53 f.

Sitz der Gesellschaft
– Societas Privata Europaea – SPE (europäische Privatgesellschaft) **50** 39

Sitz der Vereinigung
– Gründungsvertrag der europäischen wirtschaftlichen Interessenvereinigung (EWIV) **48** 20 f.

Sitz- und Gründungsanknüpfung
– Rechts- und Geschäftsfähigkeit **19** 2 f.

Sitztheorie 1 61 ff.
– abweichende Anknüpfungsvorschläge **1** 64
– Anknüpfung **1** 87
– Ausnahmen der Geltung **1** 62
– Einfallstor für Durchbrechungen **14** 29
– Geltungsbereich der – **1** 61 ff.
– gewohnheitsrechtliche Geltung der – **1** 61
– Hauptverwaltung **1** 72 ff.
– juristische Personen betreffend **5** 14 ff.
– keine Geltung für deutsche Gesellschaften **1** 63
– Kritik an der – **1** 64
– Rück- und Weiterverweisung **1** 84–86
– Sonderfragen (Konzerne, Doppelsitz, beweglicher Sitz) **1** 80 ff.
– Verweisung unter der – **1** 72 ff.

Sitzungen, Häufigkeit und Organisation
– Durchführung der Verhandlungen (Verfahren bei grenzüberschreitender Mitbestimmung) **58** 26 ff.

Sitzverlegung
– Einzelfragen der – grenzüberschreitender – der Societas Europaea (SE) **49** 105 f.
– europäische Genossenschaft (SCE) **51** 39
– europäische wirtschaftliche Interessenvereinigung (EWIV) **48** 65 ff.
– grenzüberschreitende – der Societas Privata Europaea (SPE) **50** 60 f.
– identitätswahrende – (EWIV) **48** 65
– Kapitalgesellschaften **33** 66 ff.
– mit Wandel des anwendbaren Rechts (EWIV) **48** 67 f.

Sitzverlegung (EWIV) 48 65 ff.
– identitätswahrende Sitzverlegung **48** 65
– S. mit Wandel des anwendbaren Rechts **48** 67 f.
– S. ohne Wandel des anwendbaren Rechts **48** 66

Sitzverlegung, grenzüberschreitende (SE) 49 99 ff.
– Einzelfragen der Sitzverlegung **49** 105 f.
– Kontinuität des Rechtsträgers **49** 99
– Verlegungsverfahren **49** 100 ff.

Sitzverlegung, Konsequenzen
– Firmen **11** 9 ff.

– Geschäftsführungen **12** 8 ff.
– Gesellschafter **15** 5 ff.
– Haftung **14** 31 ff.
– Kapitalgesellschaften **33** 66 ff.
– Rechnungslegung **17** 26 ff.
– Vertretungen **13** 29 ff.

Sitzverteilung
– Bildung des besonderen Verhandlungsgremiums (Verfahren bei grenzüberschreitender Mitbestimmung) **58** 13 ff.

Sitzverteilung im Aufsichtsrat und Bestellung der Arbeitnehmervertreter 58 46 ff.
– Verteilung der Sitze auf die einzelnen Mitgliedstaaten **58** 47 ff.
– Wahl der Arbeitnehmervertreter **58** 51 ff.

Sociedad Limitada Nueva Empresa (Blitzgesellschaft)
– Spanien **47** 563 ff.

Societas Europaea s. SE, dualistisches Leitungsmodell 49 55 ff.
– Aufsichtsorgan **49** 59 ff.
– Leitungsorgan **49** 56 ff.

Societas Privata Europaea (europäische Privatgesellschaft) s. SPE

Solvenzerklärung
– Creditors' voluntary winding up (Insolvenzverfahren) **38** 82 ff.

Sonderrecht
– ausländisch investierter Unternehmen in der Volksrepublik China **47** 65 f.
– ausländische Investoren **2** 102 ff.
– gemäß § 35 BGB analog **15** 61

Sonderregeln
– Freiberufler-Gesellschaften in Spanien (Gesellschaftsformen) **47** 539

Sonderregelungen für Auslandsverschmelzungen von Körperschaften in Drittstaaten 60 3 ff.
– Auslandsverschmelzungen in Drittstaaten (§ 12 Abs. 2 Satz 1 KStG) **60** 3 ff.
– Besteuerung der Anteilseigner bei Auslandsverschmelzungen in Drittstaaten (§ 12 Abs. 2 Satz 2 KStG) **60** 7

Sonstige Organe
– europäische Genossenschaft (SCE) **51** 25

Sonstige Umwandlungen von Kapitalgesellschaften
– grenzüberschreitende Umstrukturierungen außerhalb des Geltungsbereichs des UmwStG **60** 8–10

Sozialrecht 2 89 ff.; **2** 96

Sozialversicherungsbeiträge Außenhaftung
– Außenhaftung für nicht abgeführte – (Haftungstatbestände Gläubigerschutz) **23** 51

Sozialversicherungsrecht, Gewerberecht 25 1 ff., **25** 8 f.
– Durchsetzung ausländischer Gewerbeverbote im Inland **25** 5

halbfette Zahlen = Paragraphen　　　　　　　　　　　　　　　　　　**Sachverzeichnis**

- Durchsetzung inländischer Gewerbeverbote gegenüber Auslandsgesellschaften **25** 3 f.
- Exkurs I.: Zwangsmitgliedschaft in der IHK/Berufsgenossenschaft **25** 6
- Exkurs II.: Ausländische Meistertitel **25** 7
- Sozialversicherungsrecht **25** 8 f.
- Territoriale Geltung der Gewerbeordnung **25** 1 f.

Spaltung und Verschmelzung von Gesellschaften
- Belgien **47** 3

Spaltung, Begriff
- grenzüberschreitender Formwechsel, Sicht des deutschen Rechts **56** 1 ff.

Spaltung, Durchführung der grenzüberschreitenden – innerhalb der EU 56 37 ff.
- Anfechtung des Spaltungsbeschlusses und Spruchverfahren **56** 49 f.
- Eintragung und Zeitpunkt des Wirksamwerdens **56** 54 ff.
- Gläubigerschutz **56** 51 ff.
- kollisionsrechtliche Grundlagen und europarechtskonforme Rechtsanwendung **56** 37 ff.
- Rechtsfolgen **56** 60 ff.
- Voraussetzungen, Verfahren und Schutz der Anteilseigner **56** 46 ff.

Spaltung, grenzüberschreitende
- Begriff der grenzüberschreitenden oder internationalen Spaltung **56** 1 ff.
- Durchführung der grenzüberschreitenden Spaltung innerhalb der EU **56** 37 ff.
- Zulässigkeit der grenzüberschreitenden Spaltung unter Beteiligung drittstaatlicher Gesellschaften **56** 29 ff.
- Zulässigkeit der internationalen Spaltung innerhalb der EU **56** 12 ff.

Spaltung, grenzüberschreitende oder internationale – 56 1 ff.
- Begriff der Spaltung **56** 1 ff.
- grenzüberschreitende oder internationale Spaltung **56** 4 ff.
- internationales Privatrecht der grenzüberschreitenden Spaltung **56** 11

Spaltung, grenzüberschreitende, und der Wortlaut des § 1 Abs. 1 UmwG
- Zulässigkeit der internationalen Spaltung innerhalb der EU **56** 12 f.

Spaltung, grenzüberschreitende, und Niederlassungsfreiheit innerhalb der EU 56 14 ff.
- Anwendbarkeit der Niederlassungsfreiheit auf Spaltungen **56** 14 ff.
- Hinein- und Hinausspaltungen zur Aufnahme **56** 17 ff.
- Hinein- und Hinausspaltungen zur Neugründung **56** 20 ff.

Spaltung, internationale grenzüberschreitende, Zulässigkeit innerhalb der EU 56 12 ff.
- Niederlassungsfreiheit **56** 14 ff.
- Wortlaut des § 1 Abs. 1 UmwG **56** 12 f.

Spaltung, internationales Privatrecht der grenzüberschreitenden –
- grenzüberschreitender Formwechsel, Sicht des deutschen Rechts **56** 11

Spaltung, Zulässigkeit der grenzüberschreitenden – unter Beteiligung drittstaatlicher Gesellschaften 56 29 ff.
- deutsches Sachrecht **56** 35 f.
- europa- oder völkerrechtliche Normen **56** 29 ff.

Spaltungen, Anwendbarkeit der Niederlassungsfreiheit auf –
- grenzüberschreitende Spaltung und Niederlassungsfreiheit innerhalb der EU **56** 14 ff.

Spaltungsbeschluss, Anfechtung des –es und Spruchverfahren
- Durchführung der grenzüberschreitenden Spaltung innerhalb der EU **56** 49 f.

Spanien, Gesellschaftsformen 47 531 ff.
- AG **47** 567 ff.
- Allgemeines **47** 531 ff.
- Blitzgesellschaft (Sociedad Limitada Nueva Empresa) **47** 563 ff.
- GmbH **47** 545 ff.
- Personengesellschaften **47** 540 ff.

Spanien, Gesellschaftsformen, AG 47 567 ff.
- Aktien **47** 570 ff.
- Geschäftsführung **47** 579
- Gründung **47** 567
- Hauptversammlung **47** 575 ff.
- Stammkapital **47** 568 f.

Spanien, Gesellschaftsformen, Allgemeines 47 531 ff.
- Handelsregister **47** 533
- internationales Gesellschaftsrecht **47** 537 f.
- Mitbestimmung und Arbeitnehmergesellschaften **47** 535 f.
- Sonderregeln für Freiberufler-Gesellschaften **47** 539
- Überblick **47** 531 f.
- Umwandlung von Gesellschaften **47** 534

Spanien, Gesellschaftsformen, GmbH 47 545 ff.
- Anteile **47** 552 ff.
- Geschäftsführung **47** 559 ff.
- Gesellschafterversammlung **47** 556 f.
- Gründung **47** 545 ff.
- persönliche Haftung der Gesellschafter **47** 558
- Stammkapital **47** 550 f.

Spanien, Gesellschaftsformen, Personengesellschaften 47 540 ff.
- bürgerliche Gesellschaft **47** 540 f.

1527

Sachverzeichnis

magere Zahlen = Randnummern

- handelsrechtlichen Personengesellschaften **47** 542 ff.

SPE (Europäische Privatgesellschaft)
- anwendbares Recht **50** 5 ff.
- Auflösung **50** 62
- grenzüberschreitende Sitzverlegung **50** 60 f.
- Gründung der SPE **50** 21 ff.
- Kapital- und Finanzverfassung **50** 40 ff.
- Mitbestimmung der Arbeitnehmer **50** 56 ff.
- nachfolgende Umwandlungen der – (Gründungsformen der Societas Privata Europaea) **50** 33
- Organisationsverfassung **50** 47 ff.
- Rechtsstellung der SPE-Gesellschafter **50** 52 ff.
- Stand der Gesetzgebung **50** 1 ff.

SPE, anwendbares Recht 50 5 ff.
- fakultative und obligatorische Regelungsaufträge **50** 12 ff.
- Inhaltskontrolle des Gesellschaftsvertrags **50** 18 ff.
- Lückenfüllung im Gesellschaftsvertrag **50** 15 ff.
- Regelung des anwendbaren Rechts (Art. 4 SPE-VOE-II) **50** 9 ff.
- Satzungsautonomie und Regelungsaufträge **50** 12 ff.
- Vollstatut für Gesellschaftsrecht **50** 5 ff.

SPE, Gesellschafter
- Rechtsstellung **50** 52 ff.

SPE, Gründung 50 21 ff.
- grenzüberschreitender Bezug **50** 21 ff.
- Gründungsformen **50** 25 ff.
- Gründungsverfahren bis zur Eintragung **50** 34 ff.
- Sitz der Gesellschaft **50** 39

SPE, Gründungsformen 50 25 ff.
- Formwechsel **50** 28 ff.
- Neugründung „ex nihilo" **50** 26
- Verschmelzung **50** 27

SPE, Kapital- und Finanzverfassung 50 40 ff.
- Ausschüttungen an die Gesellschafter **50** 44 ff.
- Kapital der SPE **50** 40 ff.

SPE, Mitbestimmung der Arbeitnehmer 50 56 ff.

SPE, Satzungsautonomie und Regelungsaufträge 50 12 ff.
- fakultative und obligatorische Regelungsaufträge **50** 12 ff.
- Inhaltskontrolle des Gesellschaftsvertrags **50** 18 ff.
- Lückenfüllung im Gesellschaftsvertrag **50** 15 ff.

Sperrfristen
- Schutz erworbener Rechte (Gestaltungsfreiheit und Bestandsschutz) **57** 13 ff.

Sperrwirkung beim Formwechsel in die SE
- Schutz erworbener Rechte (Gestaltungsfreiheit und Bestandsschutz) **57** 11 f.

Spruchverfahren und Anfechtung
- Spaltungsbeschluss bzgl. Durchführung der grenzüberschreitenden Spaltung innerhalb der EU **56** 49 f.
- Umwandlungsbeschlusses bzgl. grenzüberschreitender Formwechsel, Sicht des deutschen Rechts **54** 14

Staat, ausländischer
- Verlegung des Verwaltungssitzes von einem –n – in einen anderen **52** 27

Staaten, ausgewählte, Gesellschaftsfomen 47 1 ff.
- Belgien **47** 1 ff.
- Dänemark **47** 67 ff.
- Frankreich **47** 94 ff.
- Großbritannien **47** 151 ff.
- Italien **47** 268 ff.
- Japan **47** 318 ff.
- Liechtenstein **47** 345 ff.
- Luxemburg **47** 360 ff.
- Niederlande **47** 384 ff.
- Österreich **47** 432 ff.
- Schweiz **47** 479 ff.
- Spanien **47** 531 ff.
- USA **47** 580 ff.
- Volksrepublik China **47** 33 ff.

Staatliche Genehmigung
- Zweigniederlassung **21** 18

Staatsverträge
- bilaterale – Schiedsverfahren **18** 62
- multilaterale – Schiedsverfahren **18 57 ff.**
- USA **1** 104 f.
- Verordnungen bzgl. Zivilverfahrensrecht **28** 4 ff.

Staatsverträge und Verordnungen (Zivilrecht) 28 4 ff.
- europäische Gerichtsstands- und Vollsteckungsverordnung **28** 6 f.
- europäische Insolvenzverordnung **28** 8

Staatsverträge, vorrangig zu beachtende
- Verwaltungssitzverlegung, Zuzug aus Drittstaaten (USA) **52** 10

Stammkapital
- Private Company Limited by Shares in Großbritannien **47** 200 ff.

Stammkapital einer AG, Ausland
- Dänemark **47** 89
- Frankreich **47** 132 ff.
- Italien **47** 305 f.
- Japan **47** 332 ff.
- Luxemburg **47** 367 ff.
- Niederlande **47** 427 f.
- Österreich **47** 469
- Schweiz **47** 493 ff.
- Spanien **47** 568 f.

halbfette Zahlen = Paragraphen

Sachverzeichnis

Stammkapital einer GmbH, Ausland
- Frankreich **47** 116 ff.
- Italien **47** 281 ff.
- Luxemburg **47** 379
- Niederlande **47** 404 ff.
- Österreich **47** 447 ff.
- Schweiz **47** 518 ff.
- Spanien **47** 550 f.
- Volksrepublik China **47** 46 ff.

Stammkapital einer Private Company Limited by Shares in Großbritannien (Gesellschaftsformen) 47 200 ff.
- Festsetzung des Stammkapitals **47** 200 f.
- Kapitalaufbringung und Kapitalerhaltung **47** 202 ff.

Stammkapital, Festsetzung des –s
- Stammkapital einer Private Company Limited by Shares in Großbritannien **47** 200 f.

Stand der Gesetzgebung
- europäischer Privatgesellschaft (Societas Privata Europaea – SPE **50** 1 ff.

Standardmethoden
- Prüfung von Verrechnungspreisen **34** 132 ff.

Standortentscheidung 2 10 ff.
- im Spiegel des IPR/IZPR **2** 27 f.
- in Anbetracht höherrangigen Rechts **2** 29 ff.

Standortfaktoren 2 56 ff.
- Corporate Governance **2** 60
- einzelne – **2** 56 ff.
- Finanzierung **2** 62
- Firmierung **2** 61
- Geschäftsführung **2** 60
- Gesellschafter **2** 59
- Gesellschaftsrecht **2** 58
- Haftung **2** 63
- rechtlich geprägte – **2** 6
- tatsächlich geprägte – **2** 12 ff.
- Vertretung **2** 60

Standortwahl
- internationaler Kontext **2** 1 ff.
- Verschränkung mit Rechtsformwahl **2** 6 ff.

Starter-Gesellschaft
- GmbH in Belgien **47** 32

Statut
- Schiedsvereinbarung **18** 70 ff.

statutarische Beschränkungen der Vertretungsmacht
- Geschäftsführung und Vertretung der Gesellschaft einer Private Company Limited by Shares in Großbritannien **47** 238 f.

Stellungnahme
- Verwaltungssitzverlegung, Einfluss der Niederlassungsfreiheit **52** 15

Steuerabzug
- Steueranrechnung anstelle –, bzgl. Beteiligung an ausländischen Gesellschaften, § 12 AStG **34** 81 ff.

Steueranrechnung
- statt Steuerabzug, bzgl. Beteiligung an ausländischen Gesellschaften, § 12 AStG **34** 81 ff.

Steueransprüche
- Amtshilfe bei der Vollstreckung von – **32** 216

Steuerflucht/Drittländer, Gestaltungen über – (internationales Steuerrecht), Gründung von 31 22 f.
- Basisgesellschaften **31** 22
- Verrechnungspreise **31** 23

Steuerfreistellung oder Pauschalbesteuerung
- Vermeidung der Doppelbesteuerung für natürliche Personen (nach § 34 c Abs. 5 EStG) **32** 253 f.

Steuerhinterziehung
- Straftatbestände **26** 27

Steuerlast, Minimierung der – bzw. Vermeidung der Doppelbesteuerung
- Finanzierung der Zieleinheit und/oder der Ausgangseinheit **31** 16 ff.
- Rechtsform der Zieleinheit/Beteiligungskombination mit der Ausgangseinheit (internationales Steuerrecht) **31** 9

Steuerliche Abzugsfähigkeit von Aufwendungen im Zusammenhang mit Wirtschaftstätigkeiten im Ausland
- internationales Steuerrecht, Finanzierung der Zieleinheit und/oder der Ausgangseinheit **31** 19

Steuerliche Abzugsfähigkeit von Aufwendungen im Zusammenhang mit Wirtschaftstätigkeiten im Ausland
- internationales Steuerrecht, Rechtsform der Zieleinheit/Beteiligungskombination mit der Ausgangseinheit **31** 10

Steuerliche Abzugsfähigkeit von ausländischen Verlusten im Zusammenhang mit inländischen Einkünften
- internationales Steuerrecht, Finanzierung der Zieleinheit und/oder der Ausgangseinheit **31** 20

Steuerliche Abzugsfähigkeit von ausländischen Verlusten im Zusammenhang mit inländischen Einkünften
- internationales Steuerrecht, Rechtsform der Zieleinheit/Beteiligungskombination mit der Ausgangseinheit **31** 11

Steuerliche Konsequenzen auf der Ebene der Anteilseigner
- Umstrukturierungen im Geltungsbereich des UmwStG, Verschmelzung von Kapitalgesellschaften auf Kapitalgesellschaften **59** 72 ff.

Steuerliche Konsequenzen auf der Ebene der übernehmenden Körperschaft
- Umstrukturierungen im Geltungsbereich des UmwStG, Verschmelzung von Kapitalgesellschaften auf Kapitalgesellschaften **59** 68 ff.

Sachverzeichnis

magere Zahlen = Randnummern

Steuerliche Konsequenzen auf der Ebene der übernehmenden Personengesellschaft bzw. auf der Ebene der Gesellschafter
- Umstrukturierungen im Geltungsbereich des UmwStG, Verschmelzung von Kapitalgesellschaften auf Personengesellschaften **59** 44 ff.

Steuerliche Konsequenzen auf der Ebene der übertragenden Körperschaft
- Umstrukturierungen im Geltungsbereich des UmwStG, Verschmelzung von Kapitalgesellschaften auf Kapitalgesellschaften **59** 58 ff.

Steuerliche Konsequenzen auf der Ebene der übertragenden Körperschaft
- Umstrukturierungen im Geltungsbereich des UmwStG, Verschmelzung von Kapitalgesellschaften auf Personengesellschaften **59** 37 ff.

Steuerliche Konsequenzen bzgl. Verschmelzung von Kapitalgesellschaften auf Personengesellschaften (Geltungsbereich des UmwStG) 59 36 ff.
- Gesellschafter bzw. übernehmende Personengesellschaft **59** 44 ff.
- übernehmende Personengesellschaft bzw. auf der Ebene der Gesellschafter **59** 44 ff.
- übertragende Körperschaft **59** 37 ff.

Steuerliche Konsequenzen bzgl. Verschmelzung von Kapitalgesellschaften auf Kapitalgesellschaften (Geltungsbereich des UmwStG) 59 57 ff.
- Anteilseigner **59** 72 ff.
- übernehmende Körperschaft **59** 68 ff.
- übertragende Körperschaft **59** 58 ff.

steuerliche Rückwirkung bei grenzüberschreitenden bzw. ausländischen Umwandlungen
- Umstrukturierungen im Geltungsbereich des UmwStG **59** 123 ff.

Steuerliche Zwecke
- Buchführung für –, Rechnungslegung **24** 7

Steuerpflicht
- erweiterte beschränkte Einkommensteuerpflicht (Regelungsbereiche des Außensteuergesetzes) **34** 8
- Hinzurechnungsbesteuerung (Regelungsbereiche des Außensteuergesetzes) **34** 6
- Steuerpflicht von Stiftern, § 15 AStG (Regelungsbereiche des Außensteuergesetzes) **34** 10
- Stiftern, von, bzgl. Verlagerung des Steuersubjekts (des Steuerpflichtigen) ins Ausland § 15 AStG **34** 10
- Wegzugsbesteuerung (Regelungsbereiche des Außensteuergesetzes) **34** 9

Steuerrecht 2 67 ff.; **27** 1 ff.
- Besteuerung auf Ebene der Gesellschafter **27** 10 ff.
- Einkommens- und Körperschaftsteuer **2** 72–82
- Ertragsteuern, weitere **2** 83
- Gewerbesteuer **27** 14
- Körperschaftsteuer **27** 2 ff.
- Steuersystem, Komplexität des –s **2** 87 f.
- Steuersystem, Rechtssicherheit des –s **2** 87 f.
- Substanzsteuern **2** 84 ff.
- Umsatzsteuer **2** 84 ff.
- Umsatzsteuer **27** 15
- Verkehrssteuern, weitere **2** 84 ff.

Steuerrecht, internationales –, Zuordnungs- und Abgrenzungsfragen 31 2 ff.

Steuerrecht, internationales, Finanzierung der Zieleinheit und/oder der Ausgangseinheit 31 13 ff.
- steuerliche Abzugsfähigkeit von Aufwendungen im Zusammenhang mit Wirtschaftstätigkeiten im Ausland **31** 19
- steuerliche Abzugsfähigkeit von ausländischen Verlusten im Zusammenhang mit inländischen Einkünften **31** 20
- Überblick **31** 13 ff.
- Vermeidung der Doppelbesteuerung bzw. Minimierung der Steuerlast **31** 16 ff.
- Vermeidung der Realisierung von stillen Reserven bei der Überführung von Wirtschaftsgütern in einen ausländischen Produktionsstandort **31** 21

Steuerrecht, internationales, Gestaltungen über Drittländer/Steuerflucht 31 22 f.
- Gestaltung von Verrechnungspreisen **31** 23
- Gründung von Basisgesellschaften **31** 22

Steuerrecht, internationales, Grundbegriffe und Grundlagen 31 28 ff.
- Allgemeines **31** 28 ff.
- Ausgangspunkt: das Welteinkommensprinzip **31** 31 ff.
- Doppelbesteuerung **31** 35 ff.

Steuerrecht, internationales, Rechtsform der Zieleinheit/Beteiligungskombination mit der Ausgangseinheit 31 7 ff.
- steuerliche Abzugsfähigkeit von Aufwendungen im Zusammenhang mit Wirtschaftstätigkeiten im Ausland **31** 10
- steuerliche Abzugsfähigkeit von ausländischen Verlusten im Zusammenhang mit inländischen Einkünften **31** 11
- Überblick **31** 7 f.
- Vermeidung der Doppelbesteuerung bzw. Minimierung der Steuerlast **31** 9
- Vermeidung der Realisierung von stillen Reserven bei der Überführung von Wirtschaftsgütern in einen ausländischen Produktionsstandort **31** 12

Steuersubjekt, Verlagerung des –s ins Ausland
- Behandlung wesentlicher Beteiligungen bei Wohnsitzwechsel ins Ausland, § 6 AStG (sog. Wegzugsbesteuerung) **34** 9

halbfette Zahlen = Paragraphen

Sachverzeichnis

- Beteiligung an ausländischen Basisgesellschaften, §§ 7–14 AStG (sog. Hinzurechnungsbesteuerung) **34** 6
- Steuerpflicht von Stiftern, § 15 AStG **34** 10
- Wohnsitzwechsel in niedrig besteuernde Gebiete, §§ 2–5 AStG (sog. erweiterte beschränkte Einkommensteuerpflicht) **34** 8

Steuersystem 2 87 f.
- Komplexität des –s **2** 87 f.
- Rechtssicherheit des –s **2** 87 f.

Stifter
- Steuerpflicht von –n bzgl. Verlagerung des Steuersubjekts (des Steuerpflichtigen) ins Ausland § 15 AStG **34** 10

Stiftungen 1 38

Stille Reserven, Vermeidung der Realisierung von –n – bei der Überführung von Wirtschaftsgütern in einen ausländischen Produktionsstandort
- internationales Steuerrecht, Finanzierung der Zieleinheit und/oder der Ausgangseinheit **31** 21

Stillen Reserven, Vermeidung der Realisierung von –n – bei der Überführung von Wirtschaftsgütern in einen ausländischen Produktionsstandort
- internationales Steuerrecht, Rechtsform der Zieleinheit/Beteiligungskombination mit der Ausgangseinheit **31** 12

Stimmbindungsvereinbarungen
- Joint Venture-Vertrag (typische Vertragsregelungen) **43** 49 ff.

Stimmbindungsverträge, Nichtigkeit bestimmter –
- internationales Konzernrecht (sonstige Regelungen zu verbundenen Unternehmen) **44** 44

Stimmrecht
- Gesellschafterversammlung **15** 34
- S.bindungsverträge bzgl. Gesellschafterversammlung **15** 35 ff.
- Stimmverbote **15** 38

Stimmverbote
- Gesellschafterversammlung **15** 38
- Joint Venture, typische Vertragsregelungen (Gesellschaftsvertrag) **43** 65

Strafrecht 26 1 ff.
- ausgewählte Straftatbestände **26** 15 ff.
- Grundsätze des internationalen –s **26** 4 ff.
- Grundsätze des internationalen Strafrechts **26** 4 ff.
- Ordnungswidrigkeitsrecht **26** 28
- S.liche Organ- und Vertreterhaftung **26** 13 f.
- Schutzgut; Fremdrechtsanwendung **26** 10 ff.
- Vereinbarkeit der Anwendung deutschen Strafrechts mit der Niederlassungsfreiheit **26** 9

Strafrecht, Ausgewählte Straftatbestände 26 15 ff.
- Bankrott **26** 15 ff.
- Betrug **26** 25
- Insolvenzverschleppung **26** 18
- Korruptionsdelikte; UWG **26** 26
- Steuerhinterziehung **26** 27
- Untreue **26** 19 ff.
- Vorenthalten und Veruntreuen von Arbeitsentgelt **26** 22 ff.

Strafrecht, deutsches
- Vereinbarkeit der Anwendung des –n –s mit der Niederlassungsfreiheit **26** 9

Strafrechtliche Haftung
- Haftung in der Insolvenz (Geschäftsleiter) **41** 20

Straftatbestände (Strafrecht) 26 15 ff.
- Bankrott **26** 15 ff.
- Betrug **26** 25
- Insolvenzverschleppung **26** 18
- Korruptionsdelikte; UWG **26** 26
- Steuerhinterziehung **26** 27
- Untreue **26** 19 ff.
- Vorenthalten und Veruntreuen von Arbeitsentgelt **26** 22 ff.

Streitigkeiten, gesellschaftsinterne
- ausschließlicher Gerichtsstand für – (Zivilrecht, internat. Gerichtsstände) **28** 25 ff.

Struktur
- und Rechtsgrundlage von Apa **34** 197 f.

Struktur des Gemeinschaftsunternehmens
- Joint Venture-Vertrag (typische Vertragsregelungen) **43** 40 ff.

Strukturelle Änderung
- Pflicht zur Nachverhandlung bei strukturellen Änderungen (Gestaltungsfreiheit und Bestandsschutz) **57** 77 ff.

Strukturelle Änderungen, Pflicht zur Nachverhandlung bei –n – Gestaltungsfreiheit und Bestandsschutz (Gestaltungsmöglichkeiten) 57 76 ff.
- Minderung von Beteiligungsrechten **57** 81 ff.
- Strukturelle Änderung **57** 77 ff.

Strukturen
- Joint Venture **43** 3 ff.

Stundung
- Wegzugsbesteuerung, nach § 6 Abs. 5 AStG, **34** 268

Substanzsteuern 2 84 ff.

Substituierbarkeit
- bei Verfassungsakten? **7** 3

Substitution
- Gründung **4** 21
- eines deutschen durch einen ausländischen Notar **8** 12 ff.

Synthetische Unternehmenszusammenschlüsse
- konkurrierende Gestaltungsmöglichkeiten in der Praxis (grenzüberschreitende Umstrukturierungen außerhalb des Geltungsbereichs des UmwStG) **61** 54 ff.

1531

Sachverzeichnis

magere Zahlen = Randnummern

System, dualistisches
- europäische Genossenschaft (SCE), Leitungssystem **51** 20 f.
- Geschäftsführung einer AG in Frankreich **47** 145
- Geschäftsführung und Aufsicht der AG in Italien **47** 316
- Leitung einer AG in Japan **47** 340 f.

System, monistisches
- europäische Genossenschaft (SCE), Leitungssystem **51** 22 f.
- Geschäftsführung einer AG in Frankreich **47** 141 ff.
- Geschäftsführung und Aufsicht der AG in Italien **47** 317
- Leitung einer AG in Japan **47** 342

Systematik
- Besteuerung des Hinzurechnungsbetrags nach § 10 Abs. 2 AStG **34** 71 f.

Tatbestand der Liquidation 29 1 ff.
- Gesellschaften in Deutschland **29** 2
- Private Company limited by Shares, L. and dissolution **29** 3

Tatbestandsvoraussetzungen
- § 3 c Abs. 1 EStG (bzgl. Geschäftstätigkeiten im Ausland) **33** 9 ff.
- Berichtigung von Einkünften nach § 1 AStG, bzgl. Außensteuergesetz/internationale Verflechtungen **34** 121 f.
- erweitert beschränkte (Einkommen-)Steuerpflicht **34** 215 ff.
- Hinzurechnungsbesteuerung **34** 20 ff.
- negative – Hinzurechnungsbesteuerung **34** 23 ff.
- Wegzugsbesteuerung **34** 245 ff.

Tatbestandsvoraussetzungen der Hinzurechnungsbesteuerung 34 20 ff.
- Grundsätzliches **34** 20 ff.
- Mindestbeteiligung, § 7 Abs. 1 und Abs. 2–6 AStGx **34** 27 ff.
- negative Tatbestandsvoraussetzungen **34** 23 ff.
- niedrige Besteuerung, § 8 Abs. 3 AStG **34** 58 f.
- Zwischengesellschaft/Zwischeneinkünfte, § 8 Abs. 1 AStG **34** 31 ff.

Tatbestandsvoraussetzungen für die Berichtigung von Einkünften nach § 1 AStG 34 121 f.
- Allgemeines **34** 121
- Geschäftsbeziehungen **34** 122

Tatsächliche Gestaltung, ausgewählte Problemfelder (grenzüberschreitende Umstrukturierungen außerhalb des Geltungsbereichs des UmwStG), Vor- und Nachteile der konkurrierenden Verfahren 62 2 ff.
- Transaktionsaufwand **62** 4 ff.
- Transaktionsdauer **62** 25 ff.
- Transaktionssicherheit **62** 45 ff.

Tatsächliche Gestaltung, ausgewählte Problemfelder (grenzüberschreitende Umstrukturierungen außerhalb des Geltungsbereichs des UmwStG), Vor- und Nachteile der konkurrierenden Endstrukturen 62 56 ff.
- allgemeine Merkmale **62** 56 ff.
- Corporate Governance **62** 86 ff.
- Mitbestimmung **62** 59 ff.

Teilbetriebe, Betriebe und Mitunternehmeranteile, Einbringung bei Umstrukturierungen im Geltungsbereich des UmwStG 59 93 ff.
- Ansatz und Bewertung des eingebrachten Betriebsvermögens durch den übernehmenden Rechtsträger **59** 93 ff.
- Veräußerungspreis und Ansatz der als Gegenleistung gewährten Gesellschaftsanteile **59** 104 ff.

Teilbetriebserfordernis (doppeltes)
- Umstrukturierungen im Geltungsbereich des UmwStG, Auf- und Abspaltung von Kapitalgesellschaften auf Kapitalgesellschaften **59** 81 ff.

Teilbetriebserfordernis 59 81 ff.

Teilfragen und Gesellschaftsstatut
- Geschäfts- und Rechtsfähigkeit **19** 11 ff.

Teilkonzernregelung, Anwendbarkeit, 5 Abs. 3 MitbestG
- europäisches Mitbestimmungsregime (Gestaltungsfreiheit und Bestandsschutz) **57** 29 ff.

Teilnahmerecht
- Gesellschafterversammlung **15** 33

Teilrechtswahl
- Anteilsübertragung im Ausland: Zulässigkeit einer – **8** 37
- Rom-I-Regelung: Erweiterung der Regelungen zur – **6** 39 f.

Territorial begrenzte Verfahren, Zweck
- Insolvenz in Drittstaaten **36** 63 f.

Territoriale Geltung
- Gewerbeordnung **25** 1 f.

Territorialer Anwendungsbereich
- Insolvenz innerhalb der EU **35** 19 ff.

Territorialer Anwendungsbereich, Verhältnis zu anderen Regelungen bzgl. Insolvenz innerhalb der EU, 35 19 ff.
- grenzüberschreitender Bezug **35** 22 f.
- Mittelpunkt der hauptsächlichen Interessen des Schuldners innerhalb der Mitgliedstaaten **35** 21
- räumlicher Geltungsbereich **35** 20

Territorialverfahren (Insolvenz in Drittstaaten), allgemeine Zulässigkeitsvoraussetzungen 36 65 ff.
- Antragsbefugnis **36** 68 ff.

halbfette Zahlen = Paragraphen

Sachverzeichnis

– Insolvenzgrund und Kostendeckung **36** 71 ff.
– keine Zuständigkeit für Hauptinsolvenzverfahren **36** 65
– Niederlassung oder Vermögen im Inland **36** 66 ff.
– Zuständigkeit **36** 74 f.
Territorialverfahren bzgl. Insolvenz in Drittstaaten 36 63 ff.
– allgemeine Zulässigkeitsvoraussetzungen **36** 65 ff.
– Rechtsfolgen **36** 76 ff.
– Restschuldbefreiung und Insolvenzplan **36** 79 f.
– Sekundärinsolvenzverfahren **36** 81 ff.
– Zweck territorial begrenzter Verfahren **36** 63 f.
Territorialverfahren, Insolvenz
– Drittstaaten **36** 63 ff.
– EU, internationale Zuständigkeit **35** 63 ff.
– EU, örtliche Zuständigkeit nach deutschem Recht **35** 72
Territorialverfahren, internationale Zuständigkeit (Insolvenz innerhalb der EU) 35 63 ff.
– Eröffnungsvoraussetzungen **35** 63 ff.
– Partikularinsolvenzverfahren **35** 66 f.
– Sekundärinsolvenzverfahren **35** 68 f.
Territorialverfahren, Rechtsfolgen (Insolvenz in Drittstaaten) 36 76 ff.
– Aktivmasse **36** 77
– Geltung der lex fori concursus 76
– Passivmasse **36** 78
Territorialverfahren, Sekundärinsolvenzverfahren (Insolvenz in Drittstaaten) 36 81 ff.
– Überschuss bei der Schlussverteilung **36** 86
– Zulässigkeit paralleler Verfahren **36** 81 ff.
– Zusammenarbeit der Insolvenzverwalter **36** 84 f.
Tochter-(Kapital-)Gesellschaften, ausländische
– Verluste von – **33** 39 ff.
Tochter-SE (Societas Europaea), Gründung durch 49 48 ff.
– bestehende SE (Art. 3 Abs. 2 SE-VO) **49** 52 f.
– Rechtsträger nationalen Rechts (Art. 2 Abs. 3 SE-VO) **49** 49 f.
Traditionelles System
– Geschäftsführung und Aufsicht der AG in Italien **47** 314 f.
Transactions at an undervalue
– Insolvenzanfechtung **41** 33 ff.
Transaktionsaufwand 62 4 ff.
Transaktionsaufwand bzgl. Vor- und Nachteile konkurrierendet Verfahren (grenzüberschreitende Umstrukturierungen außerhalb des Geltungsbereichs des UmwStG) 62 4 ff.
– Modelle der grenzüberschreitenden Übernahme **62** 18 ff.

– SE-basierte Modelle **62** 4 f.
– Umstrukturierungen auf der Grundlage der Verschmelzungsrichtlinie **62** 6 ff.
Transaktionsdauer 62 25 ff.
Transaktionsdauer bzgl. Vor- und Nachteile konkurrierender Verfahren (grenzüberschreitende Umstrukturierungen außerhalb des Geltungsbereichs des UmwStG), 62 25 ff.
– Modelle der grenzüberschreitenden Übernahme **62** 41 ff.
– SE-basierte Modelle **62** 25 ff.
– Umstrukturierungen auf der Grundlage der Verschmelzungsrichtlinie **62** 35 ff.
Transaktionssicherheit 62 45 ff.
Transaktionssicherheit bzgl. Vor- und Nachteile konkurrierender Verfahren (grenzüberschreitende Umstrukturierungen außerhalb des Geltungsbereichs des UmwStG), 62 45 ff.
– Modelle der grenzüberschreitenden Übernahme **62** 52 ff.
– SE-basierte Modelle **62** 45 ff.
– Umstrukturierungen auf der Grundlage der Verschmelzungsrichtlinie **62** 50 f.
Treuhand und trust 1 49 ff.
Treuunternehmen und Anstalt
– Liechtenstein **47** 357 ff.
Trust und Treuhand 1 49 ff.
Typische Vertragsregelungen beim Joint Venture 43 33 ff.
– Gesellschaftsvertrag **43** 62 ff.
– Joint Venture-Vertrag **43** 34 ff.
Typische Vertragsregelungen beim Joint Venture, Gesellschaftsvertrag 43 62 ff.
– Einziehungsregeln **43** 63
– Stimmverbote **43** 65
– Wettbewerbsverbote **43** 64
Typische Vertragsregelungen im Joint Venture-Vertrag 43 34 ff.
– Aufgaben und Rechte der Joint Venture Partner **43** 36 ff.
– Gegenstand und Ziele **43** 35
– Geheimhaltung **43** 58
– Kündigungsrechte **43** 59 ff.
– Stimmbindungsvereinbarungen **43** 49 ff.
– Struktur des Gemeinschaftsunternehmens **43** 40 ff.
– Vinkulierung und Erwerbsvorrechte **43** 52 ff.

Überblick Gesellschaftsformen Ausland
– Belgien **47** 1 ff.
– Dänemark **47** 67 ff.
– Frankreich **47** 94 ff.
– Großbritannien **47** 151 ff.
– Italien **47** 268
– Japan **47** 318 ff.
– Luxemburg **47** 360

Sachverzeichnis

magere Zahlen = Randnummern

- Niederlande **47** 384 ff.
- Österreich **47** 432
- Österreich **47** 432 ff.
- Schweiz **47** 479 f.
- Spanien **47** 531 f.
- USA **47** 580 ff.
- Volksrepublik China **47** 33 f.

Überführung von Wirtschaftsgütern in ausländische Betriebsstätte 33 49 ff.

Überführung von Wirtschaftsgütern in ausländischen Produktionsstandort 33 42 ff.

Übernahme, grenzüberschreitende 63, 64
- außerhalb des Geltungsbereichs des UmwStG **61** 31 f.
- einseitige Übernahmeangebote **61** 33 f.
- Modelle **62** 18 ff., 41 ff.
- parallele Übernahmeangebote (NewCo-Modell) **61** 43
- Transaktionsaufwand **62** 18 ff.
- Transaktionsdauer **62** 41 ff.
- Transaktionssicherheit **62** 52 ff.

Übernahme, nationale Kapitalgesellschaft nach –
- Vor- und Nachteile konkurrierender Endstrukturen (grenzüberschreitende Umstrukturierungen außerhalb des Geltungsbereichs des UmwStG), Mitbestimmung **62** 60 f.

Übernahmeangebot, Anknüpfung aus dem –
- entstehender außervertraglicher Schuldverhältnisse (Vertragsrecht) **64** 19 ff.
- Ansprüche aufgrund einer Verletzung der Angebotspflicht (§§ 35, 38 WpÜG) **64** 31 ff.
- Ansprüche aus § 12 WpÜG **64** 24 ff.
- Ansprüche aus § 13 WpÜG **64** 29 ff.
- Überblick **64** 19 ff.

Übernahmeangebote, einseitige
- ausländische Gesellschaft als Bieterin **61** 35 ff.
- deutsche AG als Bieterin **61** 40 ff.

Übernahmeangebote, parallele (NewCo-Modell) 61 43
- Transaktionen mit EU-Bezug **61** 52 f.
- Transaktionen mit US-Bezug **61** 50 f.
- Zusammenführung in eine deutsche NewCo **61** 44 ff.

Übernahmen bei Börsenzulassung in Drittstaaten, bzgl. Kapitalmarktrecht 63 50 ff.
- Drittstaat, nur im, börsennotierte Inlandsgesellschaft **63** 57 ff.
- Mehrfachnotierung der Zielgesellschaft **63** 51 ff.
- Überblick **63** 50

Übernahmen bei drittstaatlichem Gesellschaftsstatut
- Kapitalmarktrecht, Übernahmen mit Drittstaatenbezug **63** 63 ff.

Übernahmen mit Drittstaatenbezug
- Kapitalmarktrecht **63** 45 ff.

Übernahmen mit Drittstaatenbezug (Kapitalmarktrecht) 63 45 ff.
- Fälle des Drittstaatenbezugs **63** 45 ff.
- Übernahmen bei Börsenzulassung in Drittstaaten **63** 50 ff.
- Übernahmen bei drittstaatlichem Gesellschaftsstatut **63** 63 ff.

Übernahmen, Anknüpfung des Erwerbsvertrags bei öffentlichen –
- Vertragsrecht **64** 1 ff.

Übernahmen, grenzüberschreitende, europäischer Zielgesellschaften
- Kapitalmarktrecht, grenzüberschreitende Übernahmen innerhalb von EU/EWR **63** 42 ff.

Übernahmen, grenzüberschreitende, innerhalb von EU/EWR
- Kapitalmarktrecht **63** 37 ff.

Übernahmen, grenzüberschreitende, innerhalb von EU/EWR (Kapitalmarktrecht), grenzüberschreitende Übernahmen 63 37 ff.
- europäischer Zielgesellschaften **63** 42 ff.
- inländischer Zielgesellschaften **63** 37 ff.

Übernahmen, grenzüberschreitende, von inländischen Zielgesellschaften
- Kapitalmarktrecht, grenzüberschreitende Übernahmen innerhalb von EU/EWR **63** 37 ff.

Übernahme von Anteilen der Altgesellschafter
- rechtstechnische Umsetzung der Umwandlung von Fremd- in Eigenkapital (Debt/Equity-Swap) **40** 12

Übernahme von Anteilen einer neu gegründeten Gesellschaft
- rechtstechnische Umsetzung der Umwandlung von Fremd- in Eigenkapital (Debt/Equity-Swap) **40** 14

Übernehmende Körperschaft, steuerliche Konsequenzen auf der Ebene der –n –
- Umstrukturierungen im Geltungsbereich des UmwStG, Verschmelzung von Kapitalgesellschaften auf Kapitalgesellschaften **59** 68 ff.

Übernehmende Personengesellschaft, steuerliche Konsequenzen auf der Ebene der –n – bzw. Ebene der Gesellschafter
- Umstrukturierungen im Geltungsbereich des UmwStG, Verschmelzung von Kapitalgesellschaften auf Personengesellschaften **59** 44 ff.

Übernehmender Rechtsträger, Ansatz und Bewertung des eingebrachten Betriebsvermögens durch den –n –
- Umstrukturierungen im Geltungsbereich des UmwStG, Einbringung von Betriebsvermögen in Personengesellschaften **59** 118

halbfette Zahlen = Paragraphen

Sachverzeichnis

Übernehmender Rechtsträger, Bewertung und Ansatz der eingebrachten Anteile durch den –n – Umstrukturierungen im Geltungsbereich des UmwStG, Einbringung von Unternehmensteilen in Kapitalgesellschaften, Anteilstausch **59** 106 ff.

Überschuldung, balance sheet insolvency gem. s. 123(2) IA 1986 und s. 214(6) IA 1986, bzgl. Insolvenzgründe 38 25 ff.
– Ansatz der Aktiva **38** 30 f.
– Ansatz der Passiva **38** 27 ff.
– Grundlagen **38** 25 f.
– Nachweis im Verfahren **38** 32

Überschuss bei der Schlussverteilung
– Rechtsfolgen (Sekundärinsolvenzverfahren, Insolvenz in Drittstaaten) **36** 86

Übertragende Gesellschaft
– Schutz der Gläubiger der – § 122j UmwG bzgl. grenzüberschreitende Verschmelzung von Kapitalgesellschaften nach §§ 122 a ff. UmwG **53** 88 ff.

Übertragende Körperschaft, steuerliche Konsequenzen
– Umstrukturierungen im Geltungsbereich des UmwStG, Verschmelzung von Kapitalgesellschaften auf Kapitalgesellschaften **59** 58 ff.

Übertragende Körperschaft, steuerliche Konsequenzen
– Umstrukturierungen im Geltungsbereich des UmwStG, Verschmelzung von Kapitalgesellschaften auf Personengesellschaften **59** 37 ff.

Übertragung ausländischer GmbH-Anteile in Deutschland 9 1 ff.
– dinglicher Übertragungsakt: anwendbares Recht **9** 2
– Form des dinglichen Übertragungsaktes **9** 4 f.
– Form des Verpflichtungsgeschäfts bis zum 17. Dezember 2009 **9** 7 ff.
– Gesellschaftsstatut der ausländischen Gesellschaft maßgeblich **9** 2
– Verpflichtungsgeschäft: anwendbares Recht bis zum 17. Dezember 2009 **9** 6
– Zusätzliche Übertragungserfordernisse: anwendbares Recht **9** 3

Übertragung von GmbH-Geschäftsanteilen im Ausland 8 1 ff.
– alternative Sonderanknüpfung der Form **8** 8
– Anknüpfung der Form an das Gesellschaftsstatut **8** 11
– Anknüpfung der Form an das Ortsrecht **8** 27
– Beurkundung als Teil des Formstatuts **8** 7
– Beurkundung als Teil des Gesellschaftsstatuts **8** 6
– Einhaltung der Formerfordernisse des Gesellschaftsstatuts/Wirkungsstatuts **8** 11
– Einwände gegen eine Ortsformanknüpfung im Gesellschaftsrecht **8** 31

– Form des Abtretungsvertrages: anwendbares Recht **8** 5 ff.
– Form des Verpflichtungsgeschäfts: anwendbares Recht bis zum 17. Dezember 2009 **8** 36
– Geschäftsform und Ortsform **8** 8
– Gesellschafts- oder Formstatut? **8** 5
– kollisionsrechtlich zu unterscheidende Sachverhaltselemente **8** 1
– Konsequenzen der Ortsformanknüpfung **8** 32
– Maßgeblichkeit des Gesellschaftsstatuts für das Verfügungsgeschäft **8** 2 f.
– Maßgeblichkeit des Wirkungsstatuts oder des Ortsrechts **8** 36
– Problemstellungen bei der Abtretung deutscher GmbH-Anteile im Ausland **8** 9 f.
– Reichweite des Gesellschaftsstatuts bei Anteilsabtretung im Ausland **8** 4
– Substitution eines deutschen durch einen ausländischen Notar **8** 12 ff.
– Verfügungsgeschäft: anwendbares Recht **8** 2 ff.
– Verpflichtungsgeschäft: anwendbares Recht für Rechtsgeschäfte bis zum 17. Dezember 2009 **8** 33 ff.
– Voraussetzung der Ortsformanknüpfung **8** 28 ff.
– Zulässigkeit einer Teilrechtswahl bezüglich der Form? **8** 37

Umfang
– Anwendungsbereich (Insolvenz in Drittstaaten) **36** 5

Umfang des Insolvenzstatuts
– EU (anwendbares Recht) **35** 88 ff.
– Drittstaaten (anwendbares Recht) **36** 16 f.

Umfang des Insolvenzstatuts, anwendbares Recht (Insolvenz innerhalb der EU) 35 88 ff.
– Allgemeines **35** 88
– Beispielskatalog des Art. 4 Abs. 2 S. 2 EuInsVO **35** 89 ff.
– Qualifikation außerhalb des Beispielskatalogs **35** 109 f.

Umlageverträge
– Einkunftsabgrenzung durch –, bzgl. Außensteuergesetz/internationale Verflechtungen **34** 185 ff.

Umsatzsteuer 27 15, **2** 84 ff.

Umsetzung
– Company Voluntary Arrangement (CVA), Sanierungsverfahren **39** 24 f.
– rechtstechnische – der Umwandlung von Fremd- in Eigenkapital (Debt/Equity-Swap) **40** 9 ff. (s.a. Debt/Equity-Swap)

Umstrukturierung, gesellschaftsrechtliche, und Migration, Fallstudie Deutsche Nickel 42 24 ff.
– Ablauf **42** 25 ff.
– Motive **42** 24

1535

Sachverzeichnis

magere Zahlen = Randnummern

Umstrukturierungen auf der Grundlage der Verschmelzungsrichtlinie
- konkurrierende Gestaltungsmöglichkeiten in der Praxis (grenzüberschreitende Umstrukturierungen außerhalb des Geltungsbereichs des UmwStG) **61** 26 ff.
- Transaktionsaufwand, Vor- und Nachteile der konkurrierenden Verfahren (außerhalb des Geltungsbereichs des UmwStG) **62** 6 ff.
- Transaktionsdauer, Vor- und Nachteile der konkurrierenden Verfahren (außerhalb des Geltungsbereichs des UmwStG) **62** 35 ff.
- Transaktionssicherheit, Vor- und Nachteile der konkurrierenden Verfahren (außerhalb des Geltungsbereichs des UmwStG) **62** 50 f.

Umstrukturierungen im Geltungsbereich des UmwStG
- Anwendungsbereich des Umw- StG **59** 7 ff.
- Auf- und Abspaltung von Kapitalgesellschaften auf Kapitalgesellschaften **59** 78 ff.
- Auf- und Abspaltung von Kapitalgesellschaften auf Personengesellschaften
- Einbringung von Betriebsvermögen in Personengesellschaften **59** 116 ff.
- Einbringung von Unternehmensteilen in Kapitalgesellschaften und Anteilstausch **59** 91 ff.
- Formwechsel von Kapitalgesellschaften in Personengesellschaften **59** 55 ff.
- Formwechsel von Personengesellschaften in Kapitalgesellschaften **59** 121 ff.
- steuerliche Rückwirkung bei grenzüberschreitenden bzw. ausländischen Umwandlungen **59** 123 ff.
- Umstrukturierungsvorgänge und UmwStG **59** 1 ff.
- Verschmelzung **59** von Kapitalgesellschaften auf Personengesellschaften **59** 36 ff.
- Verschmelzung von Kapitalgesellschaften auf Kapitalgesellschaften **59** 57 ff., **59** 88 ff.

Umstrukturierungen im Geltungsbereich des UmwStG, Anwendungsbereich des Umw-StG 59 7 ff.
- Einbringungsvorgänge (Sechster bis Achter Teil des UmwStG) **59** 23 ff.
- Umwandlung von Körperschaften (Zweiter bis Fünfter Teil des UmwStG) **59** 10 ff.

Umstrukturierungen im Geltungsbereich des UmwStG, Anwendungsbereich des Umw-StG 59 7 ff.
- Einbringungsvorgänge (Sechster bis Achter Teil des UmwStG) **59** 23 ff.
- Umwandlung von Körperschaften (Zweiter bis Fünfter Teil des UmwStG) **59** 10 ff.

Umstrukturierungen im Geltungsbereich des UmwStG, Auf- und Abspaltung von Kapitalgesellschaften auf Kapitalgesellschaften 59 78 ff.
- entsprechende Anwendung der §§ 11–13 UmwStG **59** 80
- Minderung von Verlustpositionen **59** 87
- Missbrauchsvermeidungsvorschriften **59** 83 ff.
- Teilbetriebserfordernis (doppeltes) **59** 81 ff.

Umstrukturierungen im Geltungsbereich des UmwStG, Einbringung von Unternehmensteilen in Kapitalgesellschaften, Anteilstausch 59 106 ff.
- Ansatz und Bewertung der eingebrachten Anteile durch den übernehmenden Rechtsträger **59** 106 ff.
- Veräußerungspreis und Ansatz der als Gegenleistung gewährten Gesellschaftsanteile **59** 108 ff.

Umstrukturierungen im Geltungsbereich des UmwStG, Einbringung von Betrieben, Teilbetrieben und Mitunternehmeranteilen 59 93 ff.
- Ansatz und Bewertung des eingebrachten Betriebsvermögens durch den übernehmenden Rechtsträger **59** 93 ff.
- Veräußerungspreis und Ansatz der als Gegenleistung gewährten Gesellschaftsanteile **59** 104 ff.

Umstrukturierungen im Geltungsbereich des UmwStG, Einbringung von Betriebsvermögen in Personengesellschaften 59 116 ff.
- Ansatz und Bewertung des eingebrachten Betriebsvermögens durch den übernehmenden Rechtsträger **59** 118
- Rechtsfolgen für den Einbringenden **59** 119
- rückwirkende Besteuerung bei Einbringung von Anteilen an Kapitalgesellschaften **59** 120

Umstrukturierungen im Geltungsbereich des UmwStG, Einbringung von Unternehmensteilen in Kapitalgesellschaften und Anteilstausch 59 91 ff.
- Einbringung von Betrieben, Teilbetrieben und Mitunternehmeranteilen **59** 93 ff.
- Anteilstausch **59** 106 ff.
- rückwirkende Besteuerung der Einbringung **59** 112 ff.

Umstrukturierungen im Geltungsbereich des UmwStG, Einbringungsvorgänge (Sechster bis Achter Teil des UmwStG) 59 23 ff.
- persönlicher Anwendungsbereich **59** 31 ff.
- sachlicher Anwendungsbereich **59** 25 ff.

Umstrukturierungen im Geltungsbereich des UmwStG, Umwandlung von Körperschaften (Zweiter bis Fünfter Teil des UmwStG) 59 10 ff.
- persönlicher Anwendungsbereich **59** 17 ff.
- sachlicher Anwendungsbereich **59** 10 ff.

halbfette Zahlen = Paragraphen

Sachverzeichnis

Umstrukturierungen im Geltungsbereich des UmwStG, Verschmelzung von Kapitalgesellschaften auf Kapitalgesellschaften, steuerliche Konsequenzen 59 57 ff.
– Anteilseigner **59** 72 ff.
– übernehmende Körperschaft **59** 68 ff.
– übertragende Körperschaft **59** 58 ff.

Umstrukturierungen im Geltungsbereich des UmwStG, Verschmelzung von Kapitalgesellschaften auf Personengesellschaften, steuerliche Konsequenzen 59 36 ff.
– übernehmende Personengesellschaft bzw. auf der Ebene der Gesellschafter **59** 44 ff.
– übertragende Körperschaft **59** 37 ff.

Umstrukturierungen, Fallgruppen grenzüberschreitender –
– Umstrukturierungsvorgänge und UmwStG **59** 6

Umstrukturierungen, grenzüberschreitende, außerhalb des Geltungsbereichs des UmwStG 60 1 ff.
– Einbringungen in Kapitalgesellschaften **60** 11 ff.
– Sonderregelungen für Auslandsverschmelzungen von Körperschaften in Drittstaaten (§ 12 Abs. 2 KStG) **60** 3 ff.
– sonstige Umwandlungen von Kapitalgesellschaften **60** 8–10
– Vorbemerkung **60** 1 ff.

Umstrukturierungen, grenzüberschreitende, außerhalb des Geltungsbereichs des UmwStG, Sonderregelungen für Auslandsverschmelzungen von Körperschaften in Drittstaaten (§ 12 Abs. 2 KStG) 60 3 ff.
– Auslandsverschmelzungen in Drittstaaten (§ 12 Abs. 2 Satz 1 KStG) **60** 3 ff.
– Besteuerung der Anteilseigner bei Auslandsverschmelzungen in Drittstaaten (§ 12 Abs. 2 Satz 2 KStG) **60** 7

Umstrukturierungsvorgänge und UmwStG 59 1 ff.
– Europäisierung des UwStG **59** 3 ff.
– Fallgruppen grenzüberschreitender Umstrukturierungen **59** 6
– UmwStG als lex specialis **59** 1 ff.

Umstrukturierungsvorgänge und UmwStG 59 1 ff.
– Europäisierung des UwStG **59** 3 ff.
– Fallgruppen grenzüberschreitender Umstrukturierungen **59** 6
– UmwStG als lex specialis **59** 1 ff.

Umtauschverhältnis der Gesellschaftsanteile und bare Zuzahlung
– grenzüberschreitende Verschmelzung von Kapitalgesellschaften, Verschmelzungsplan **53** 48–50

Umtauschverhältnis, Verbesserung des –ses (§ 122 h UmwG)
– grenzüberschreitende Verschmelzung von Kapitalgesellschaften nach §§ 122 a ff. UmwG **53** 80 ff.

Umwandlung (s. a. folgende Hauptstichworte und zusammengesetzte Begriffe)
– SE (Societas Europaea) **49** 107 f.
– Verschmelzung von Gesellschaften **47** 159 f.

Umwandlung von Fremd- in Eigenkapital (Debt/Equity-Swap) 40 9 ff.
– Debt/Asset-Swap **40** 13
– Grundlagen **40** 9
– hybride Gestaltungen **40** 15
– Sachkapitalerhöhung **40** 10 f.
– Übernahme von Anteilen der Altgesellschafter **40** 12
– Übernahme von Anteilen einer neu gegründeten Gesellschaft **40** 14

Umwandlung von Gesellschaften, Ausland
– Frankreich **47** 98
– Großbritannien **47** 159 f.
– Italien **47** 270
– Niederlande **47** 38 ff.
– Österreich **47** 435 ff.
– Schweiz **47** 482 f.
– Spanien **47** 534
– Volksrepublik China **47** 36

Umwandlung von Körperschaften im Geltungsbereich des UmwStG 59 10 ff.
– persönlicher Anwendungsbereich **59** 17 ff.

Umwandlung, formwechselnde 50 28 ff.; **54** 1 ff.; **59** 55 ff., 121 ff.
– Gründung der Societas Europaea (SE) durch – **49** 44 ff.

Umwandlungen, nachfolgende, der SPE
– Gründungsformen der Societas Privata Europaea – SPE (europäische Privatgesellschaft) **50** 33

Umwandlungen, sonstige, von Kapitalgesellschaften
– grenzüberschreitende Umstrukturierungen außerhalb des Geltungsbereichs des UmwStG **60** 8 ff.

Umwandlungen, steuerliche Rückwirkung bei grenzüberschreitenden bzw. ausländischen –
– Umstrukturierungen im Geltungsbereich des UmwStG **59** 123 ff.

Umwandlungsbeschluss, Anfechtung des –es, und Spruchverfahren
– grenzüberschreitender Formwechsel, Sicht des deutschen Rechts **54** 14

Umwandlungsgründung
– Europäische Genossenschaft (SCE) **51** 12 ff.

Umwandlungsrecht 52–62; s. a. Umwandlung und zusammengesetzte Begriffe

1537

Sachverzeichnis

magere Zahlen = Randnummern

Umwandlungssteuergesetz/-recht s. UmwStG und zusammengesetzte Begriffe
UmwStG 59 1 ff.
UmwStG, entsprechende Anwendung der §§ 11–13 59 80
UmwStG, grenzüberschreitende Umstrukturierungen außerhalb des Geltungsbereichs des – 60 1 ff.
– Einbringungen in Kapitalgesellschaften **60** 11 ff.
– Sonderregelungen für Auslandsverschmelzungen von Körperschaften in Drittstaaten (§ 12 Abs. 2 KStG) **60** 3 ff., 7
– sonstige Umwandlungen von Kapitalgesellschaften **60** 8–10
– Vorbemerkung **60** 1 ff.
UmwStG, Umstrukturierungen im Geltungsbereich des –
– Ansatz und Bewertung des eingebrachten Betriebsvermögens durch den übernehmenden Rechtsträger **59** 93 ff., 106 ff., 118
– Anteilstausch **59** 106 ff.
– Anwendungsbereich des UmwStG **59** 7 ff.
– Auf- und Abspaltung von Kapitalgesellschaften auf Kapitalgesellschaften **59** 78 ff.
– Auf- und Abspaltung von Kapitalgesellschaften auf Personengesellschaften **59** 88 ff.
– Einbringung von Betriebsvermögen in Personengesellschaften **59** 116 ff.
– Einbringung von Unternehmensteilen in Kapitalgesellschaften **59** 91 ff.
– Einbringungsvorgänge (Sechster bis Achter Teil des UmwStG) **59** 23 ff.
– Europäisierung des UwStG **59** 3 ff.
– Fallgruppen grenzüberschreitender Umstrukturierungen **59** 6
– Formwechsel von Kapitalgesellschaften in Personengesellschaften **59** 55 ff.
– Formwechsel von Personengesellschaften in Kapitalgesellschaften **59** 121 ff.
– Minderung von Verlustpositionen **59** 87
– Missbrauchsvermeidungsvorschriften **59** 83 ff.
– rückwirkende Besteuerung bei Einbringung **59** 112 ff., 120
– steuerliche Rückwirkung bei grenzüberschreitenden bzw. ausländischen Umwandlungen **59** 123 ff.
– Teilbetriebserfordernis (doppeltes) **59** 81 ff.
– Umstrukturierungsvorgänge und UmwStG **59** 1 ff.
– Umwandlung von Körperschaften (Zweiter bis Fünfter Teil des UmwStG) **59** 10 ff.
– Veräußerungspreis und Ansatz der als Gegenleistung gewährten Gesellschaftsanteile **59** 104 ff., 108 ff.
– Verschmelzung von Kapitalgesellschaften auf Kapitalgesellschaften **59** 57 ff.
– Verschmelzung von Kapitalgesellschaften auf Personengesellschaften **59** 36 ff.
Unbeweglicher Gegenstand, Vertrag über –n –
– Ausnahmen von der lex fori concursus (Insolvenz in Drittstaaten) **36** 20 ff.
– Ausnahmen von der lex fori concursus (Insolvenz innerhalb der EU) **35** 124
Unbewegliches Vermögen
– als Einkunftsquelle im Doppelbesteuerungsrecht (Art. 6 OECD-MA) **32** 138 ff.
UNCITRAL-Modellgesetz 18 63 f.
undervalue, Transactions at an –
– Insolvenzanfechtung **41** 33 ff.
Unerlaubte Handlung
– besonderer Gerichtsstand gemäß EuGVVO **18** 49 ff.
Ungeregelte Bereiche
– SE-VO (Societas Europaea) **49** 109 f.
Unionsrechtliche Vorgaben
– Gründung juristischer Personen **5** 19
Universalität, Prinzip der modifizierten –
– Insolvenz in Drittstaaten **36** 3 f.
– Prinzipien der EuInsVO (Insolvenz innerhalb der EU) **35** 10
Universalsukzession, Gesellschaftsrechtliche Aspekte bzgl. Sanierungsmigration 37 58 ff.
– Anwachsung **37** 60
– grenzüberschreitende Verschmelzung **37** 59
– grenzüberschreitender Formwechsel **37** 58
Unmittelbare Anwendung
– Insolvenz innerhalb der EU (europarechtliche Aspekte) **35** 4 f.
Unselbständige Arbeit
– Einkünfte aus –, Art. 15 OECD-MA, bzgl. Vermeidung der Doppelbesteuerung **32** 122 ff.
Unterbrechung und Aufnahme eines Rechtsstreits
– Schutzbestimmungen (Insolvenz in Drittstaaten) **36** 61 f.
Unterlassungsanspruch
– Firmen **11** 42
Unternehmen
– Sonderrecht der ausländisch investierten – in der Volksrepublik China **47**
Unternehmen, Bestimmung des Gesellschaftsstatuts der beteiligten –
– grenzüberschreitender Unterordnungskonzern (internationales Konzernrecht) **44** 11 ff.
Unternehmen, deutsches beherrschtes –
– grenzüberschreitender Unterordnungskonzern, grenzüberschreitende Beherrschungs- und Gewinnabführungsverträge (internationales Konzernrecht) **44** 15 ff.
Unternehmen, deutsches herrschendes –
– grenzüberschreitender Unterordnungskonzern, grenzüberschreitende Beherrschungs-

halbfette Zahlen = Paragraphen **Sachverzeichnis**

und Gewinnabführungsverträge (internationales Konzernrecht) **44** 21 ff.
Unternehmen, Entwicklung des –s
– Fallstudie Rodenstock, Ausgangssituation **42** 50 ff.
Unternehmen, verbundene, Sonstige Regelungen zu –n –, internationales Konzernrecht 44 38 ff.
– Aufsichtsratbestellung **44** 39 ff.
– Mitbestimmung der Arbeitnehmer in Gesellschaftsorganen **44** 42 f.
– Mitteilungspflichten **44** 38
– Nichtigkeit bestimmter Stimmbindungsverträge **44** 44
– Zeichnungs-, Erwerbs- und Besitzverbote **44** 45
Unternehmen, wechselseitig beteiligte
– internationales Konzernrecht **44** 36
Unternehmensgegenstand
– Gründungsvertrag der europäischen wirtschaftlichen Interessenvereinigung (EWIV) **48** 18 f.
Unternehmensgewinne
– Einkünfte aus – n, Art. 7 OECD-MA, bzgl. Vermeidung der Doppelbesteuerung **32** 69 ff.
Unternehmensnachfolge
– Haftung bei – **11** 44
Unternehmenssitz, Verlagerungen des –es ins Ausland
– Gestaltungsmöglichkeiten und -grenzen (Gestaltungsfreiheit und Bestandsschutz) **57** 67 ff.
Unternehmensteilen in Kapitalgesellschaften und Anteilstausch, Einbringung von – bzgl. Umstrukturierungen im Geltungsbereich des UmwStG, 59 91 ff.
– Anteilstausch **59** 106 ff.
– Einbringung von Betrieben, Teilbetrieben und Mitunternehmeranteilen **59** 93 ff.
– rückwirkende Besteuerung der Einbringung **59** 112 ff.
Unternehmensteilen in Kapitalgesellschaften, Einbringung von –, Anteilstausch (Umstrukturierungen im Geltungsbereich des UmwStG) 59 106 ff.
– Ansatz und Bewertung der eingebrachten Anteile durch den übernehmenden Rechtsträger **59** 106 ff.
– Veräußerungspreis und Ansatz der als Gegenleistung gewährten Gesellschaftsanteile **59** 108 ff.
Unternehmensverträge bzgl. Konzernhaftung 14 110 ff.
– kollisionsrechtliche Behandlung **14** 112 f.
– Rechtsdurchsetzung **14** 114 ff.
Unternehmensverträge bzgl. Konzernhaftung, Ansprüche 14 115 ff.
– beherrschte deutsche Gesellschaft **14** 115 f.

– Gesellschafter **14** 117
– Gläubiger **14** 118
Unternehmensverträge, grenzüberschreitende
– grenzüberschreitender Unterordnungskonzern (internationales Konzernrecht) **44** 25 ff.
Unternehmenszusammenschlüsse, synthetische
– konkurrierende Gestaltungsmöglichkeiten in der Praxis (grenzüberschreitende Umstrukturierungen außerhalb des Geltungsbereichs des UmwStG) **61** 54 ff.
Unternehmer- und Kaufmannseigenschaft 14 16
Unternehmerische Freiheit, Schutz der 2 33
Unternehmerische Tätigkeit, Regulierung der 2 97 ff.
Unterordnungskonzern, faktischer grenzüberschreitender –
– grenzüberschreitender Unterordnungskonzern (internationales Konzernrecht **44** 30 ff.
Unterordnungskonzern, grenzüberschreitender, bzgl. internationales Konzernrecht 44 6 ff.
– andere grenzüberschreitende Unternehmensverträge **44** 25 ff.
– Bestimmung des Gesellschaftsstatuts der beteiligten Unternehmen **44** 11 ff.
– grenzüberschreitende Beherrschungs- und Gewinnabführungsverträge **44** 15 ff.
– grenzüberschreitender faktischer Unterordnungskonzern **44** 30 ff.
– kollisionsrechtliche Grundregeln **44** 7 ff.
Unterordnungskonzern, grenzüberschreitender, grenzüberschreitende Beherrschungs- und Gewinnabführungsverträge (internationales Konzernrecht) 44 15 ff.
– deutsches beherrschtes Unternehmen **44** 15 ff.
– deutsches herrschendes Unternehmen **44** 21 ff.
Unterrichtung des Gerichts und Nachweis der Verwalterbestellung
– Durchsetzung des ausländischen Insolvenzverfahrens (Insolvenz in Drittstaaten) **36** 50
Untreue
– Straftatbestände **26** 19 ff.
USA, Gesellschaftsformen 47 580 ff.
– business corporation **47** 605 ff.
– business-trust **47** 633 f.
– Limited Liability Company (LLC) **47** 597 ff.
– Personengesellschaften **47** 586 ff.
– Überblick **47** 580 ff.
USA, Gesellschaftsformen, business corporation 47 605 ff.
– Aktien **47** 616 ff.
– Arten der corporation **47** 605 ff.
– Geschäftsführung **47** 620 ff.
– Gründung einer corporation **47** 610

1539

Sachverzeichnis

magere Zahlen = Randnummern

- Haftungsdurchgriff **47** 630 ff.
- Hauptversammlung **47** 625 ff.
- Kapital der corporation **47** 611 ff.
- Rechtliche Grundlagen der corporation **47** 608 f.

USA, Gesellschaftsformen, Personengesellschaften 47 586 ff.
- General Partnership **47** 586 ff.
- Limited Liability Partnership (LLP) **47** 595 f.
- Limited Partnership **47** 590 f.

USA, Gesellschaftsformen, Überblick 47 580 ff.
- Formwechsel und Verschmelzung **47** 583
- Gesetzgebung **47** 580 f.
- Handelsregister **47** 582
- internationales Gesellschaftsrecht **47** 584 f.

US-amerikanisches Recht, Verfahren nach –m –, Chapter 15
- Fallstudie Schefenacker **42** 16

UWG, Korruptionsdelikte 26 26
- Straftatbestände

UwStG, Europäisierung des –
- Umstrukturierungsvorgänge und UmwStG **59** 3 ff.

Veräußerung und Vererbung des Geschäftsanteils, Recht auf 15 62 ff.
- Konsequenzen **15** 65 ff.
- Meinungsspektrum **15** 63 f.

Veräußerungspreis und Ansatz der als Gegenleistung gewährten Gesellschaftsanteile
- Umstrukturierungen im Geltungsbereich des UmwStG, Einbringung von Unternehmensteilen in Kapitalgesellschaften, Anteilstausch **59** 108 ff.

Veräußerungspreis und Ansatz der als Gegenleistung gewährten Gesellschaftsanteile
- Umstrukturierungen im Geltungsbereich des UmwStG, Einbringung von Betrieben, Teilbetrieben und Mitunternehmeranteilen **59** 104 ff.

Verbandsbildung 5 2

Verbesserung des Umtauschverhältnisses (§ 122 h UmwG)
- grenzüberschreitende Verschmelzung von Kapitalgesellschaften nach §§ 122 a ff. UmwG **53** 80 ff.

Verbundene Unternehmen, sonstige Regelungen zu –n – internationales Konzernrecht 44 38 ff.
- Aufsichtsratbestellung **44** 39 ff.
- Mitbestimmung der Arbeitnehmer in Gesellschaftsorganen **44** 42 f.
- Mitteilungspflichten **44** 38
- Nichtigkeit bestimmter Stimmbindungsverträge **44** 44

- Zeichnungs-, Erwerbs- und Besitzverbote **44** 45

Verdrängung des nationalen Mitbestimmungsrechts
- grenzüberschreitende Verschmelzungen gemäß §§ 122 a ff. UmwG, bzgl. europäisches Mitbestimmungsregime (Gestaltungsfreiheit und Bestandsschutz) **57** 23 ff.
- SE bzgl. europäisches Mitbestimmungsregime (Gestaltungsfreiheit und Bestandsschutz) **57** 21 f.

Vereinbarkeit
- Anwendung deutschen Strafrechts mit der Niederlassungsfreiheit **26** 9

Vereinbarung
- Voraussetzungen für Mitbestimmung kraft Gesetzes (Gestaltungsfreiheit und Bestandsschutz) **57** 52

Vereine 1 36 f.

Vereinfachte AG
- Frankreich **47** 148 ff.

Vereinigung, Sitz der –
- Gründungsvertrag der europäischen wirtschaftlichen Interessenvereinigung (EWIV) **48** 20 f.

Vereinigungsfreiheit 2 33

Verfahren
- Company Voluntary Arrangemente (CVA), Sanierungsverfahren **39** 10 ff.

Verfahren bei grenzüberschreitender Mitbestimmung
- Bildung des besonderen Verhandlungsgremiums **58** 13 ff.
- Durchführung der Verhandlungen **58** 24 ff.
- Information der Arbeitnehmer **58** 1 ff.
- Verzicht auf Verhandlungen **58** 34 ff.
- Wahl der Mitglieder des mitbestimmten Aufsichtsrats **58** 46 ff.

Verfahren bei grenzüberschreitender Mitbestimmung, Bildung des besonderen Verhandlungsgremiums 58 13 ff.
- Bestellung der Mitglieder **58** 19 ff.
- Konstitution des besonderen Verhandlungsgremiums **58** 22 f.
- Sitzverteilung **58** 13 ff.

Verfahren bei grenzüberschreitender Mitbestimmung, Durchführung der Verhandlungen 58 24 ff.
- Dauer der Verhandlungen **58** 24 f.
- Entscheidungsfindung **58** 30 ff.
- Häufigkeit und Organisation der Sitzungen **58** 26 ff.

Verfahren bei grenzüberschreitender Mitbestimmung, einseitiger Verzicht der Leitungsorgane 58 35 ff.
- Entbehrlichkeit des besonderen Verhandlungsgremiums **58** 37 ff.
- Voraussetzungen **58** 36

halbfette Zahlen = Paragraphen   **Sachverzeichnis**

Verfahren bei grenzüberschreitender Mitbestimmung, Information der Arbeitnehmer 58 1 ff.
– Adressaten **58** 2 f.
– Durchführung der Information **58** 7 ff.
– Inhalt **58** 4 ff.
– weitere Informationen **58** 10 ff.

Verfahren bei grenzüberschreitender Mitbestimmung, Sitzverteilung im Aufsichtsrat und Bestellung der Arbeitnehmervertreter 58 46 ff.
– Verteilung der Sitze auf die einzelnen Mitgliedstaaten **58** 47 ff.
– Wahl der Arbeitnehmervertreter **58** 51 ff.

Verfahren bei grenzüberschreitender Mitbestimmung, Verzicht auf Verhandlungen 58 34 ff.
– der Leitungsorgane **58** 35 ff.
– des besonderen Verhandlungsgremiums **58** 40 ff.

Verfahren bei grenzüberschreitender Mitbestimmung, Wahl der Mitglieder des mitbestimmten Aufsichtsrats 58 46 ff.
– Rechtsstellung der Aufsichtsratsmitglieder **58** 57 f.
– Sitzverteilung im Aufsichtsrat und Bestellung der Arbeitnehmervertreter **58** 46 ff.

Verfahren nach USamerikanischem Recht, Chapter 15
– Fallstudie Schefenacker **42** 16

Verfahren, Einleitung
– Gläubigerversammlung bzgl. Fallstudie Rodenstock **42** 58 ff.
– Scheme of Arrangement (Sanierungsverfahren) **39** 54 ff.

Verfahren, Nachweis im –
– Cash flow insolvency gem. s. 123(1)(e) IA 1986 (Zahlungsunfähigkeit) **38** 24
– Insolvenzgründe, balance sheet insolvency gem. s. 123(2) IA 1986 und s. 214(6) IA 1986 (Überschuldung) **38** 32

Verfahren, Vor- und Nachteile der konkurrierenden – (grenzüberschreitende Umstrukturierungen außerhalb des Geltungsbereichs des UmwStG), Transaktionsdauer 62 25 ff.
– Modelle der grenzüberschreitenden Übernahme **62** 41 ff.
– SE-basierte Modelle **62** 25 ff.
– Umstrukturierungen auf der Grundlage der Verschmelzungsrichtlinie **62** 35 ff.

Verfahren, Vor- und Nachteile der konkurrierenden – (grenzüberschreitende Umstrukturierungen außerhalb des Geltungsbereichs des UmwStG), Transaktionsaufwand 62 4 ff.
– Modelle der grenzüberschreitenden Übernahme **62** 18 ff.
– SE-basierte Modelle **62** 4 f.
– Umstrukturierungen auf der Grundlage der Verschmelzungsrichtlinie **62** 6 ff.

Verfahren, Vor- und Nachteile der konkurrierenden –, ausgewählte Problemfelder der tatsächlichen Gestaltung (grenzüberschreitende Umstrukturierungen außerhalb des Geltungsbereichs des UmwStG), 62 2 ff.
– Transaktionsaufwand **62** 4 ff.
– Transaktionsdauer **62** 25 ff.
– Transaktionssicherheit **62** 45 ff.

Verfahren, Vor- und Nachteile der konkurrierenden – (grenzüberschreitende Umstrukturierungen außerhalb des Geltungsbereichs des UmwStG), Transaktionssicherheit 62 45 ff.
– Modelle der grenzüberschreitenden Übernahme **62** 52 ff.
– SE-basierte Modelle **62** 45 ff.
– Umstrukturierungen auf der Grundlage der Verschmelzungsrichtlinie **62** 50 f.

Verfahren, Voraussetzungen und Schutz der Anteilseigner
– grenzüberschreitender Formwechsel, Sicht des deutschen Rechts **54** 12 f.

Verfahren, Vorbereitung
– Fallstudie Rodenstock **42** 55 f.

Verfahren, Zulässigkeit paralleler –
– Rechtsfolgen (Sekundärinsolvenzverfahren, Insolvenz in Drittstaaten) **36** 81 ff.

Verfahrensablauf in den Gründungsgesellschaften
– Gründung der Societas Europaea (SE) durch Verschmelzung **49** 21 ff.

Verfahrensakte, Veröffentlichung
– Fallstudie Schefenacker **42** 1

Verfahrensarten
– Gründung der Societas Europaea (SE) durch Verschmelzung **49** 20

Verfahrensbeendigung
– Dissolution after winding up, bzgl. Liquidation and dissolution einer Private Company limited by Shares **29** 10

Verfahrenseröffnung
– Insolvenz innerhalb der EU, Sekundärinsolvenzverfahren **35** 171 ff.

Verfahrensfragen, ausgewählte (Zivilrecht) 28 47 ff.
– Berufungszuständigkeit **28** 53
– Partei-, Prozess- und Postulationsfähigkeit, Parteibezeichnung **28** 47
– Prozesskostenhilfe **28** 52
– Prozesskostensicherheit **28** 50 f.
– Zustellung **28** 48 f.

Verfahrenskoordination
– Insolvenz innerhalb der EU, Sekundärinsolvenzverfahren **35** 174 ff.

1541

Sachverzeichnis

magere Zahlen = Randnummern

Verfahrensschritte, Überblick
- Company Voluntary Arrangemente (CVA), Sanierungsverfahren **39** 4 ff.

Verfahrensschritte, Überblick über die –, Company Voluntary Arrangemente (CVA) 39 4 ff.
- Bedeutung des selbstständigen moratorium **39** 4
- CVA mit moratorium, das auf einer administration bzw. einem winding up beruht **39** 7
- CVA mit selbstständigem moratorium **39** 8
- CVA ohne selbstständiges moratorium **39** 6
- Rolle des Verwalters **39** 5

Verfassungsakte
- Ausschließlichkeit des Wirkungsstatuts für – **6** 30 f.

Verfassungsmäßigkeit und Übereinstimmung
- EU-Recht bzgl. ausländischer Verluste im Zusammenhang mit inländischen Einkünften **33** 38

Verfassungsrecht 2 32
- Arbeitnehmerfreizügigkeit **2** 48 f.
- Dienstleistungsfreiheit **2** 47
- Doppelbesteuerungsabkommen **2** 53
- Europarecht **2** 39 f.
- Grundrechtsfähigkeit **2** 34 ff.
- Investitionsschutzabkommen **2** 54
- Kapital- und Zahlungsverkehrsfreiheit **2** 45 f.
- Menschenrechtsverträge **2** 52
- Niederlassungsfreiheit **2** 43, 44
- Schutz der unternehmerischen Freiheit **2** 33
- sonstige Abkommen **2** 55
- Vereinigungsfreiheit und Gesellschaftsrecht **2** 33
- Völkerrecht **2** 50 ff.
- Warenverkehrsfreiheit und Zollunion **2** 41 f.

Verhältnis der Verträge zueinander
- Joint Venture (Vertragssystem) **43** 31 f.

Verhandelte Mitbestimmung bzgl. Bestandsschutz und Gestaltungsfreiheit 57 32 ff.
- Abschlusskompetenz **57** 36 ff.
- Rechtsnatur der Mitbestimmungsvereinbarung **57** 33 ff.
- Reichweite der Mitbestimmungsautonomie **57** 42 ff.

Verhandlung, Dauer
- Durchführung der Verhandlungen (Verfahren bei grenzüberschreitender Mitbestimmung) **58** 24 f.

Verhandlungen
- Durchführung der – Verfahren bei grenzüberschreitender Mitbestimmung **58** 24 ff.
- Scheitern der – Voraussetzungen für Mitbestimmung kraft Gesetzes (Gestaltungsfreiheit und Bestandsschutz) **57** 53

Verhandlungen über Arbeitnehmerbeteiligung
- Gründung der Societas Europaea (SE) **49** 13 f.

Verhandlungen, Durchführung der – im Verfahren bei grenzüberschreitender Mitbestimmung 58 24 ff.
- Dauer der Verhandlungen **58** 24 f.
- Entscheidungsfindung **58** 30 ff.
- Häufigkeit und Organisation der Sitzungen **58** 26 ff.

Verhandlungen, einseitiger Verzicht auf – im Verfahren bei grenzüberschreitender Mitbestimmung 58 34 ff.
- der Leitungsorgane **58** 35 ff.
- des besonderen Verhandlungsgremiums **58** 40 ff.

Verhandlungen, Verzicht auf –
- Verfahren bei grenzüberschreitender Mitbestimmung **58** 34 ff.
- Voraussetzungen für Mitbestimmung kraft Gesetzes (Gestaltungsfreiheit und Bestandsschutz) **57** 54

Verhandlungsgremium, Bildung im Verfahren bei grenzüberschreitender Mitbestimmung 58 13 ff.
- Bestellung der Mitglieder **58** 19 ff.
- Konstitution des besonderen Verhandlungsgremiums **58** 22 f.
- Sitzverteilung **58** 13 ff.

Verhandlungsgremium, Bildung des besonderen –s
- Verfahren bei grenzüberschreitender Mitbestimmung **58** 13 ff.

Verhandlungsgremium, einseitiger Verzicht des besonderen –s
- Verzicht auf Verhandlungen (Verfahren bei grenzüberschreitender Mitbestimmung) **58** 40 ff.

Verhandlungsgremium, Entbehrlichkeit des besonderen –s
- einseitiger Verzicht der Leitungsorgane (Verfahren bei grenzüberschreitender Mitbestimmung) **58** 37 ff.

Verhandlungsgremium, Konstitution des besonderen –s
- Bildung des besonderen Verhandlungsgremiums (Verfahren bei grenzüberschreitender Mitbestimmung) **58** 22 f.

Verhandlungslösung statt gesetzgeberischer Anordnung
- Grundzüge von Gestaltungsfreiheit und Bestandsschutz **57** 3 f.

Verhandlungsthemen
- Debt/Equity-Swap **40** 5

halbfette Zahlen = Paragraphen **Sachverzeichnis**

Verkehrs- und Vertragsrecht bzgl. Sanierungsmigration 37 61 ff.
– Change-of-COMI Klauseln **37** 61
– Verkehrsrecht **37** 62 ff.

Verkehrsrecht
– Sanierungsmigration **37** 62 ff.

Verkehrsschutz
– juristischer Personen **5** 60

Verkehrssteuern 2 84 ff.

Verkleinerung des Aufsichtsrats
– Gestaltungsmöglichkeiten und –grenzen (Gestaltungsfreiheit und Bestandsschutz) **57** 64 f.

Verlagerung
– Gewinnen, von, ins Ausland bzw. Verlagerung von Kosten ins Inland/Berichtigung von Einkünften, § 1 AStG **34** 7
– des Steuersubjekts ins Ausland/Behandlung wesentlicher Beteiligungen bei Wohnsitzwechsel ins Ausland, § 6 AStG (sog. Wegzugsbesteuerung) **34** 9
– des Steuersubjekts ins Ausland/Beteiligung an ausländischen Basisgesellschaften, §§ 7–14 AStG (sog. Hinzurechnungsbesteuerung) **34** 6
– des Steuersubjekts ins Ausland/Steuerpflicht von Stiftern, § 15 AStG **34** 10
– des Steuersubjekts ins Ausland/Wohnsitzwechsel in niedrig besteuernde Gebiete, §§ 2–5 AStG (sog. erweiterte beschränkte Einkommensteuerpflicht) **34** 8
– Vermeidung der – von Einkünften und Vermögen in Niedrigsteuerländer: Zielsetzung des Außensteuergesetzes **34** 2 ff.

Verlagerung des Unternehmenssitzes ins Ausland
– Gestaltungsmöglichkeiten und –grenzen (Gestaltungsfreiheit und Bestandsschutz) **57** 67 ff.

Verlegung des Verwaltungssitzes
– von einem ausländischen Staat in einen anderen bzgl. Verwaltungssitzverlegung **52** 27

Verlegung, gescheiterte, des COMI
– Fallstudie Brochier **42** 34 ff.

Verlegung, Gescheiterte, des COMI, Fallstudie Brochier
– Alternativen **42** 38 f.
– Ausgangssituation und Migration **42** 34
– Centre of Main Interest **42** 35 ff.

Verlegungsverfahren
– grenzüberschreitende Sitzverlegung der Societas Europaea (SE) **49** 100 ff.

Verletzung der Angebotspflicht, Ansprüche aufgrund einer –
– Vertragsrecht, Anknüpfung aus dem Übernahmeangebot entstehender außervertraglicher Schuldverhältnisse (§§ 35, 38 WpÜG) **64** 31 ff.

Verlustabzug
– dogmatische Einordnung des –s bei DBA-Sachverhalten mit Freistellungsmethode **33** 36 f.

Verluste
– ausländische – im Zusammenhang mit inländischen Einkünften **33** 18 ff.
– ausländischer Tochter-(Kapital-)Gesellschaften **33** 39 ff.
– Verfassungsmäßigkeit und Übereinstimmung mit EU-Recht bzgl. ausländischer – im Zusammenhang mit inländischen Einkünften **33** 38

Verluste, Aufwendungen, Überführung von Wirtschaftsgütern bei grenzüberschreitenden Sachverhalten 33 1 ff.
– Aufwendungen im Zusammenhang mit Geschäftstätigkeiten im Ausland **33** 1 ff.
– ausländische Verluste im Zusammenhang mit inländischen Einkünften **33** 18 ff.
– Überführung von Wirtschaftsgütern in ausländischen Produktionsstandort **33** 42 ff.

Verluste, steuerliche Abzugsfähigkeit von ausländischen –n im Zusammenhang mit inländischen Einkünften
– internationales Steuerrecht, Rechtsform der Zieleinheit/Beteiligungskombination mit der Ausgangseinheit **31** 11

Verluste, steuerliche Abzugsfähigkeit von ausländischen –n im Zusammenhang mit inländischen Einkünften
– internationales Steuerrecht, Finanzierung der Zieleinheit und/oder der Ausgangseinheit **31** 20

Verlustpositionen 59 87
– Minderung von – bzgl. Umstrukturierungen im Geltungsbereich des UmwStG, Auf- und Abspaltung von Kapitalgesellschaften auf Kapitalgesellschaften **59** 87

Vermeidung der Doppelbesteuerung bzw. Minimierung der Steuerlast
– Finanzierung der Zieleinheit und/oder der Ausgangseinheit (internationales Steuerrecht) **31** 16 ff.
– Rechtsform der Zieleinheit/Beteiligungskombination mit der Ausgangseinheit (internationales Steuerrecht) **31** 9

Vermeidung der Doppelbesteuerung nach innerstaatlichem Recht für natürliche Personen, § 34 c EStG 32 220 ff.
– Abzug ausländischer Steuern nach § 34 c Abs. 2 EStG **32** 244 ff.
– Abzug ausländischer Steuern nach § 34 c Abs. 3 EStG **32** 248 ff.

1543

Sachverzeichnis

magere Zahlen = Randnummern

- Anrechnung ausländischer Steuern nach § 34c Abs. 1 EStG **32** 234 ff.
- Fall des § 34c Abs. 6 EStG **32** 255
- Steuerfreistellung oder Pauschalbesteuerung nach § 34c Abs. 5 EStG **32** 253 f.

Vermeidung der Doppelbesteuerung nach innerstaatlichem Recht für Körperschaften, § 26 KStG 32 256 ff.
- Anrechnung (direkte) ausländischer Steuern nach § 26 Abs. 1 KStG **32** 257 f.

Vermeidung der Realisierung von stillen Reserven bei der Überführung von Wirtschaftsgütern in einen ausländischen Produktionsstandort
- internationales Steuerrecht, Finanzierung der Zieleinheit und/oder der Ausgangseinheit **31** 21
- internationales Steuerrecht, Rechtsform der Zieleinheit/Beteiligungskombination mit der Ausgangseinheit **31** 12

Vermögen oder Niederlassung im Inland
- Territorialverfahren, (allgemeine Zulässigkeitsvoraussetzungen, Insolvenz in Drittstaaten) **36** 66 ff.

Vermögensgerichtsstand
- Zivilrecht/internat. Gerichtsstände **28** 46

Vermögensteuer, Erbschaftsteuer 34 236
- erweitert beschränkten (Einkommen-)Steuerpflicht **34** 236

Vermögenstransaktionen, erhebliche
- Geschäftsführung und Vertretung der Gesellschaft einer Private Company Limited by Shares in Großbritannien **47** 243

Veröffentlichung der Verfahrensakte
- Fallstudie Schefenacker **42** 1

Verordnungen und Staatsverträge
- Zivilverfahrensrecht **28** 4 ff.

Verordnungen und Staatsverträge (Zivilrecht) 28 4 ff.
- europäische Gerichtsstands- und Vollsteckungsverordnung **28** 6 f.
- europäische Insolvenzverordnung **28** 8

Verpflichtungsgeschäft
- anwendbares Recht für Rechtsgeschäfte bis zum 17. Dezember 2009 **8** 33 ff.
- Form des −s: anwendbares Recht bis zum 17. Dezember 2009 **8** 36

Verrechnungspreise
- Dokumentation von −n **34** 156 ff.
- Harmonisierung oder Vorwegauskünfte der Bestimmung von −n zwischen zwei Staaten/Advanced Pricing Agreements (APA) **34** 195 ff.
- Methoden zur Bestimmung bzw. Prüfung von −n, bzgl. Grundsätze zur Einkunftsabgrenzung **34** 131

- Standardmethoden zur Prüfung von −n **34** 132 ff.
- Vorwegauskünfte oder Harmonisierung der Bestimmung von −n zwischen zwei Staaten/Advanced Pricing Agreements (APA) **34** 195 ff.

Verrechnungspreise, Gestaltung von
- Außensteuergesetz/internationale Verflechtungen, Anwendungsbereich von § 1 AStG, Fallkonstellationen **34** 113 f.; **34** 115 f; **34** 117 f.; **34** 119 f.
- Drittländer/Steuerflucht (internationales Steuerrecht) **31** 23

Verrechnungspreisregelungen/arm's length-Regelungen
- Doppelbesteuerungsabkommen/EU-Grundsätze für die Gewinnberichtigung **32** 61 ff.

Versammlungen, Einberufung der − bei Scheme of arrangement
- Insolvenzverfahren, gem. ss. 895 ff. CA 2006 **38** 49 f.
- Sanierungsverfahren **39** 63 ff.

Verschmelzung
- Gründungsformen der Societas Privata Europaea – SPE (europäische Privatgesellschaft) **50** 27

Verschmelzung und Formwechsel
- Gesellschaftsformen in den USA **47** 583

Verschmelzung und Spaltung von Gesellschaften
- Belgien **47** 3

Verschmelzung und Umwandlung von Gesellschaften
- Großbritannien **47** 159 f.

Verschmelzung von Kapitalgesellschaften auf Kapitalgesellschaften (Umstrukturierungen im Geltungsbereich des UmwStG, steuerliche Konsequenzen) 59 57 ff.
- Anteilseigner **59** 72 ff.
- übernehmende Körperschaft **59** 68 ff.
- übertragende Körperschaft **59** 58 ff.

Verschmelzung von Kapitalgesellschaften auf Personengesellschaften (Umstrukturierungen im Geltungsbereich des UmwStG, steuerliche Konsequenzen) 59 36 ff.
- übertragenden Körperschaft **59** 37 ff.
- übernehmenden Personengesellschaft bzw. auf der Ebene der Gesellschafter **59** 44 ff.

Verschmelzung, grenzüberschreitende
- Begriff **53** 1 ff.
- Eintragung, § 1221 UmwG (grenzüberschreitende Verschmelzung von Kapitalgesellschaften nach §§ 122a ff. UmwG) **53** 108 ff.

halbfette Zahlen = Paragraphen

Sachverzeichnis

– gesellschaftsrechtliche Aspekte, Universalsukzession (Sanierungsmigration) **37** 59
– Kapitalgesellschaften nach §§ 122 a ff. UmwG **53** 20 ff.
– kollisionsrechtliche Grundlagen und grundsätzliche Zulässigkeit **53** 1 ff.
– Personengesellschaften und mit Drittstaatenbezug **53** 117 ff.
– Richtlinie 2005/56/EG, – von Kapitalgesellschaften aus verschiedenen Mitgliedstaaten **53** 18 f.
– Wortlaut des § 1 UmwG (kollisionsrechtliche Grundlagen und grundsätzliche Zulässigkeit) **53** 9 f.

Verschmelzung, grenzüberschreitende, und Niederlassungsfreiheit
– grenzüberschreitende Verschmelzung, kollisionsrechtliche Grundlagen und grundsätzliche Zulässigkeit **53** 11 ff.

Verschmelzung, grenzüberschreitende, von Kapitalgesellschaften nach §§ 122 a ff. UmwG 53 20 ff.
– Abfindungsangebot im Verschmelzungsplan (§ 122 i UmwG) **53** 85 ff.
– Einreichung und Bekanntmachung des Verschmelzungsplans (§ 122 d UmwG) **53** 55 ff.
– Eintragung der grenzüberschreitende Verschmelzung § 122 l UmwG **53** 108 ff.
– international verschmelzungsfähige Gesellschaften (§ 122 b UmwG) **53** 25 ff.
– sachlicher Anwendungsbereich (§ 122 a UmwG) **53** 21 ff.
– Schutz der Gläubiger der übertragenden Gesellschaft § 122 j UmwG **53** 88 ff.
– Überblick **53** 20
– Verbesserung des Umtauschverhältnisses (§ 122 h UmwG) **53** 80 ff.
– Verschmelzungsbericht (§ 122 e UmwG) **53** 59 ff.
– Verschmelzungsbescheinigung (§ 122 k UmwG) **53** 98 ff.
– Verschmelzungsplan (§ 122 c UmwG) **53** 36 ff.
– Verschmelzungsprüfung (§ 122 f UmwG) **53** 69 ff.
– Zeitpunkt der Wirksamkeit der Verschmelzung **53** 115 f.
– Zustimmung der Anteilsinhaber (§ 122 g UmwG) **53** 75 ff.

Verschmelzung, grenzüberschreitende, von Kapitalgesellschaften nach §§ 122 a ff. UmwG, international verschmelzungsfähige Gesellschaften (§ 122 b UmwG) 53 25 ff.
– Anforderungen des Art. 54 Abs. 1 AEUV **53** 31
– Ausnahmen (§ 122 b Abs. 2 UmwG) **53** 32 ff.

– Verschmelzungsfähige Rechtsformen **53** 28 ff.
– Zusammenfassung **53** 35

Verschmelzung, grenzüberschreitende, von Kapitalgesellschaften nach §§ 122 a ff. UmwG, Verschmelzungsplan (§ 122 c UmwG) 53 36 ff.
– Aufstellen durch die Vertretungsorgane **53** 38
– Begriff und Rechtsnatur **53** 36 f.
– Inhalt des Verschmelzungsplanes (§ 122 c Abs. 2 UmwG) **53** 39 ff.
– notarielle Beurkundung (§ 122 c Abs. 4 UmwG) **53** 51 ff.
– Umtauschverhältnis der Gesellschaftsanteile und bare Zuzahlung **53** 48 ff.

Verschmelzung, grenzüberschreitende, von Personengesellschaften und mit Drittstaatenbezug 53 117 ff.
– grenzüberschreitende Verschmelzung mit Drittstaatenbezug **53** 121 ff.
– Personengesellschaften **53** 117 ff.

Verschmelzung, Gründung der Societas Europaea (SE) durch – 49 17 ff.
– anwendbares Recht **49** 19
– beteiligte Gesellschaften **49** 18
– Rechtmäßigkeitsprüfung und Eintragung **49** 30 ff.
– Verfahrensablauf in den Gründungsgesellschaften **49** 21 ff.
– Verfahrensarten **49** 20

Verschmelzung, nationale Kapitalgesellschaft nach –
– Vor- und Nachteile konkurrierender Endstrukturen (grenzüberschreitende Umstrukturierungen außerhalb des Geltungsbereichs des UmwStG), Mitbestimmung **62** 77 ff.

Verschmelzung, Zeitpunkt der Wirksamkeit der –
– grenzüberschreitende Verschmelzung von Kapitalgesellschaften nach §§ 122 a ff. UmwG **53** 115 f.

Verschmelzungsbericht (§ 122 e UmwG)
– grenzüberschreitende Verschmelzung von Kapitalgesellschaften nach §§ 122 a ff. UmwG **53** 59 ff.

Verschmelzungsbescheinigung (§ 122 k UmwG)
– grenzüberschreitende Verschmelzung von Kapitalgesellschaften nach §§ 122 a ff. UmwG **53** 98 ff.

Verschmelzungsfähige Rechtsformen
– grenzüberschreitende Verschmelzung von Kapitalgesellschaften, international verschmelzungsfähige Gesellschaften **53** 28 ff.

Verschmelzungsplan
– Abfindungsangebot im –, grenzüberschreitende Verschmelzung von Kapitalgesellschaften nach §§ 122 a ff. UmwG **53** 85 ff.

Sachverzeichnis

magere Zahlen = Randnummern

– Inhalt des –s bzgl. grenzüberschreitende Verschmelzung von Kapitalgesellschaften (§ 122 c Abs. 2 UmwG) **53** 39 ff.

Verschmelzungsplan, Einreichung und Bekanntmachung des –s
– grenzüberschreitende Verschmelzung von Kapitalgesellschaften nach §§ 122 a ff. UmwG **53** 55 ff.

Verschmelzungsplan, grenzüberschreitende Verschmelzung von Kapitalgesellschaften nach §§ 122 a ff. UmwG, (§ 122 c UmwG) 53 36 ff.
– Aufstellen durch die Vertretungsorgane **53** 38
– Begriff und Rechtsnatur **53** 36 f.
– Inhalt des Verschmelzungsplanes (§ 122 c Abs. 2 UmwG) **53** 39 ff.
– notarielle Beurkundung (§ 122 c Abs. 4 UmwG) **53** 51 ff.
– Umtauschverhältnis der Gesellschaftsanteile und bare Zuzahlung **53** 48 ff.

Verschmelzungsprüfung (§ 122 f UmwG)
– grenzüberschreitende Verschmelzung von Kapitalgesellschaften nach §§ 122 a ff. UmwG **53** 69 ff.

Verschmelzungsrichtlinie, Umstrukturierungen auf der Grundlage der –
– konkurrierende Gestaltungsmöglichkeiten in der Praxis (außerhalb des Geltungsbereichs des UmwStG) **61** 26 ff.
– Transaktionsaufwand, Vor- und Nachteile der konkurrierenden Verfahren (außerhalb des Geltungsbereichs des UmwStG) **62** 6 ff.
– Transaktionsdauer, Vor- und Nachteile der konkurrierenden Verfahren (außerhalb des Geltungsbereichs des UmwStG) **62** 35 ff.
– Transaktionssicherheit, Vor- und Nachteile der konkurrierenden Verfahren (außerhalb des Geltungsbereichs des UmwStG) **62** 50 f.

Verschulden
– Vertragsverhandlungen (Haftungstatbestände Gläubigerschutz) **23** 25

Verselbständigung
– Definition der – **1** 28 ff.
– Einmanngesellschaften **1** 48
– Erbrechtliche Zusammenschlüsse **1** 57
– europäische Gesellschaftsformen **1** 47
– Formen der – **1** 28 ff.
– Gemeinschaft **1** 58
– Genossenschaften **1** 35
– Gründungsgesellschaften **1** 46
– juristische Personen des öffentlichen Rechts **1** 59
– Kapitalgesellschaften **1** 34
– Personengesellschaften einschl. Abgrenzung zum internationalen Schuldvertragsrecht **1** 39

– Stiftungen **1** 38
– Treuhand und trust **11** 49 ff.
– Typen der – **1** 34 ff.; **1** 56
– Vereine **1** 36 f.

Verselbständigungstypen 1 34 ff.; **1** 56
– Einmanngesellschaften **1** 48
– Erbrechtliche Zusammenschlüsse **1** 57
– europäische Gesellschaftsformen **1** 47
– Gemeinschaft **1** 58
– Genossenschaften **1** 35
– Gründungsgesellschaften **1** 46
– juristische Personen des öffentlichen Rechts **1** 59
– Kapitalgesellschaften **1** 34
– Personengesellschaften einschl. Abgrenzung zum internationalen Schuldvertragsrecht **1** 39
– Stiftungen **1** 38
– Treuhand und trust **11** 49 ff.
– Vereine **1** 36 f.

Versicherungsunternehmen, Kreditinstitute etc.
– Anwendungsbereich (Insolvenz in Drittstaaten) **36** 8 f.

Verständigungs- und Konsultationsverfahren
– Vermeidung der Doppelbesteuerung, OECD-MA, **32** 208 ff.

Verteilung der Erlöse
– Forderungsanmeldung und Erlösverteilung (Insolvenz in Drittstaaten) **36** 90 ff.

Verteilung der Erlöse bzgl. Insolvenz in Drittstaaten 36 90 ff.
– Auskunftsanspruch **36** 93
– Herausgabeanspruch **36** 91
– Quotenanrechnung **36** 92

Verteilung der Sitze auf die einzelnen Mitgliedstaaten
– Sitzverteilung im Aufsichtsrat und Bestellung der Arbeitnehmervertreter, Verfahren bei grenzüberschreitender Mitbestimmung **58** 47 ff.

Vertrag
– Gerichtsstand für Klagen aus – (Zivilrecht, internat. Gerichtsstände) **28** 34 ff.
– V.haftung **23** 26 ff.

Vertrag über einen unbeweglichen Gegenstand, Ausnahmen von der lex fori concursus, Insolvenz
– Drittstaaten **36** 20 ff.
– EU **35** 124

Verträge mit dem Alleingesellschafterdirector
– Geschäftsführung und Vertretung der Gesellschaft einer Private Company Limited by Shares in Großbritannien **47** 246

Verträge, Verhältnis der – zueinander
– Joint Venture (Vertragssystem) **43** 31 f.

1546

halbfette Zahlen = Paragraphen

Sachverzeichnis

Verträge, Vertretung der Gesellschaft beim Abschluss von – n
– Geschäftsführung und Vertretung der Gesellschaft einer Private Company Limited by Shares in Großbritannien **47** 236 f.

Vertraglicher Erfüllungsort bzgl. internationaler Gerichtszuständigkeit 18 44 ff.
– allgemeine Voraussetzungen **18** 45
– Anknüpfungspunkt **18** 48

Vertrags- und Verkehrsrecht bzgl. Sanierungsmigration 37 61 ff.
– Change-of-COMI Klauseln **37** 61
– Verkehrsrecht **37** 62 ff.

Vertragsrecht 64 1 ff.
– Anknüpfung aus dem Übernahmeangebot entstehender außervertraglicher Schuldverhältnisse **64** 19 ff.
– Anknüpfung des Erwerbsvertrags bei öffentlichen Übernahmen **64** 1 ff.
– Anwendung vertragsrechtlicher Normen des WpÜG bei ausländischem Vertragsstatut (Art. 9 Rom I-VO) **64** 9 ff.
– Reichweite des Vertragsstatuts **64** 5 ff.

Vertragsrecht, Anknüpfung aus dem Übernahmeangebot entstehender außervertraglicher Schuldverhältnisse 64 19 ff.
– Ansprüche aufgrund einer Verletzung der Angebotspflicht (§§ 35, 38 WpÜG) **64** 31 ff.
– Ansprüche aus § 12 WpÜG **64** 24 ff.
– Ansprüche aus § 13 WpÜG **64** 29 ff.
– Überblick **64** 19 ff.

Vertragsrecht, Anwendung vertragsrechtlicher Normen des WpÜG bei ausländischem Vertragsstatut (Art. 9 Rom I-VO) 64 9 ff.
– Anwendung des § 15 Abs. 3 Satz 2 WpÜG als Eingriffsnorm **64** 13 ff.
– Anwendung des § 31 WpÜG als Eingriffsnorm **64** 15 ff.
– grundsätzlicher Charakter der WpÜG-Vorschriften als Eingriffsnormen **64** 9 ff.

Vertragsrechtliche Normen, Anwendung, des WpÜG bei ausländischem Vertragsstatut (Vertragsrecht) (Art. 9 Rom I-VO) 64 9 ff.
– Anwendung des § 15 Abs. 3 Satz 2 WpÜG als Eingriffsnorm **64** 13 ff.
– Anwendung des § 31 WpÜG als Eingriffsnorm **64** 15 ff.
– grundsätzlicher Charakter der WpÜG-Vorschriften als Eingriffsnormen **64** 9 ff.

Vertragsregelungen, typische, beim Joint Venture 43 33 ff.
– Gesellschaftsvertrag **43** 62 ff.
– Joint Venture-Vertrag **43** 34 ff.

Vertragsregelungen, typische, beim Joint Venture, Gesellschaftsvertrag 43 62 ff.
– Einziehungsregeln **43** 63

– Wettbewerbsverbote **43** 64
– Stimmverbote **43** 65

Vertragsregelungen, typische, im Joint Venture-Vertrag 43 34 ff.
– Aufgaben und Rechte der Joint Venture Partner **43** 36 ff.
– Gegenstand und Ziele **43** 35
– Geheimhaltung **43** 58
– Kündigungsrechte **43** 59 ff.
– Stimmbindungsvereinbarungen **43** 49 ff.
– Struktur des Gemeinschaftsunternehmens **43** 40 ff.
– Vinkulierung und Erwerbsvorrechte **43** 52 ff.

Vertragsstatut, ausländisches, Anwendung vertragsrechtlicher Normen des WpÜG (Vertragsrecht) (Art. 9 Rom I-VO) 64 9 ff.
– Anwendung des § 15 Abs. 3 Satz 2 WpÜG als Eingriffsnorm **64** 13 ff.
– Anwendung des § 31 WpÜG als Eingriffsnorm **64** 15 ff.
– grundsätzlicher Charakter der WpÜG-Vorschriften als Eingriffsnormen **64** 9 ff.

Vertragsstatut, Reichweite
– Vertragsrecht **64** 5 ff.

Vertragssystem bei Joint Venture
– Gesellschaftsvertrag **43** 21 ff.
– Joint Venture-Vertrag **43** 11 ff.
– Leistungsverträge **43** 28 ff.
– Verhältnis der Verträge zueinander **43** 31 f.

Vertragssystem, Joint Venture, Leistungsverträge 43 28 ff.
– Allgemeines **43** 28
– internationale Zuständigkeit **43** 30
– Kollisionsrecht **43** 29

Vertragsverhandlungen
– Abbruch von – **3** 26
– Verschulden bei – (Haftungstatbestände Gläubigerschutz) **23** 25

Vertrauensgrundsatz
– Prinzipien der EuInsVO (Insolvenz innerhalb der EU) **35** 11

Vertreter
– ständige – **13** 64 ff.
– ständige –, Zweigniederlassung **21** 9 f.
– V.- und Organhaftung, strafrechtliche – **26** 13 f.

Vertretung 13 1 ff.; **2** 60
– Anerkennung einer – im Zuzugstaat **13** 44 f.
– Anmeldeverfahren bzgl. Zweigniederlassung **21** 5
– Besonderheiten auf Grund internationaler Verträge **13** 47–49
– Company Secretary **13** 68
– Empfangsbevollmächtigte **13** 67
– Form der Bevollmächtigung **13** 61
– Insichgeschäfte **13** 56 ff.
– kollisionsrechtliche Anknüpfung **13** 15 ff.

1547

Sachverzeichnis

magere Zahlen = Randnummern

- Konsequenzen für eine – bei der Sitzverlegung **13** 29 ff.
- organschaftliche – **13** 16 f.
- rechtsgeschäftliche – **13** 18 ff.
- Rechtsscheinsvollmacht **13** 55
- Rechtswahl bei einer – **13** 19
- selbstständige Anknüpfung bei einer – **13** 20 ff.
- ständige Vertreter **13** 64 ff.
- Wegzugsfall: grenzüberschreitende Mobilität einer – gemäß deutschem Heimatrecht
- Wegzugsfall: Rechtsgeschäftliche Vollmacht einer – **13** 46
- Wegzugsfälle **13** 40 ff.
- Zurechnungsfragen **13** 62 f.
- Zuzugsfall: Anerkennung einer – gemäß deutschem Recht **13** 31 ff.
- Zuzugsfall: grenzüberschreitende Mobilität einer – gemäß Heimatrecht **13** 36 ff.
- Zuzugsfälle **13** 30 ff.; **13** 41 ff.

Vertretung und Geschäftsführung
- Organisationsverfassung (Art. 16 EWIV-VO) bzgl. der europäischen wirtschaftlichen Interessenvereinigung (EWIV) **48** 38 ff.
- Private Company Limited by Shares in Großbritannien **47** 235 ff.

Vertretung und Geschäftsführung einer Private Company Limited by Shares in Großbritannien 47 235 ff.
- erhebliche Vermögenstransaktionen **47** 243
- Geschäftsführer-Anstellungsvertrag **47** 244
- Geschäftsführung **47** 235
- Kreditverträge **47** 245
- Selbstkontrahieren **47** 24 ff.
- statutarische Beschränkungen der Vertretungsmacht **47** 238 f.
- Verträge mit dem Alleingesellschafter-director **47** 246
- Vertretung der Gesellschaft beim Abschluss von Verträgen **47** 236 f.

Vertretungen, Konsequenzen bzgl. Sitzverlegung 13 29 ff.
- Besonderheiten auf Grund internationaler Verträge **13** 47 ff.
- Wegzugsfälle **13** 40–46
- Wegzugsfälle: Anerkennung im Zuzugstaat **13** 44 f.
- Wegzugsfälle: grenzüberschreitende Mobilität gemäß deutschem Heimatrecht **13** 41–43
- Wegzugsfälle: Rechtsgeschäftliche Vollmacht **13** 46
- Zuzugsfälle **13** 30–39
- Zuzugsfälle: Anerkennung gemäß deutschem Recht **13** 31–35
- Zuzugsfälle: grenzüberschreitende Mobilität gemäß Heimatrecht **13** 36–38
- Zuzugsfälle: Rechtsgeschäftliche Vollmacht **13** 39

Vertretungsbefugnisse von Geschäftsführern
- Zweigniederlassung **21** 12 f.

Vertretungsbefugnisse von Vorständen
- Zweigniederlassung **21** 12 f.

Vertretungsmacht
- beschränkbare organschaftliche – **13** 13 ff.
- Beschränkungen der – **13** 54
- europäische Harmonisierung der – **13** 5 ff.
- Folgen der Vertretung ohne – **13** 59 f.
- leitender Angestellter **13** 53
- Nachweis der – **13** 50 ff.
- unbeschränkte organschaftliche – **13** 13 ff.

Vertretungsmacht, statutarische Beschränkungen der –
- Geschäftsführung und Vertretung der Gesellschaft einer Private Company Limited by Shares in Großbritannien **47** 238 ff.

Vertretungsorgane, Aufstellen durch die –
- grenzüberschreitende Verschmelzung von Kapitalgesellschaften, Verschmelzungsplan **53** 38

Veruntreuen und Vorenthalten von Arbeitsentgelt
- Straftatbestände **26** 22 ff.

Verwalter, Rolle
- Company Voluntary Arrangement (CVA), Verfahrensschritte **39** 5

Verwalterbestellung, Nachweis der –, und Unterrichtung des Gerichts
- Durchsetzung des ausländischen Insolvenzverfahrens (Insolvenz in Drittstaaten) **36** 50

Verwaltungs- oder Aufsichtsrat, Regelungen zur Größe
- Reichweite der Mitbestimmungsautonomie (Gestaltungsfreiheit und Bestandsschutz) **57** 45 ff.

Verwaltungsbezogene Leistungen
- im Konzern bzgl. Geschäftsbeziehungen/Außensteuergesetz **34** 180 ff.

Verwaltungsorgan/Verwaltungsrat
- Societas Europaea (SE), monistische Leitungsmodell **49** 68 ff.

Verwaltungsrat
- AG in Luxemburg **47** 375 ff.

Verwaltungsrat (Verwaltungsorgan)
- Societas Europaea (SE), monistische Leitungsmodell **49** 68 ff.

Verwaltungssitz, für Fremdgläubiger erkennbarer effektiver –
- insolvenzrechtliche Aspekte (Sanierungsmigration) **37** 36 ff.

Verwaltungssitz, Verlegung 10 10 ff.; **52** 1 ff.
- Ausübung primärer Niederlassungsfreiheit bzgl. Zuzug aus einem EG-Mitgliedstaat **52** 5
- von einem ausländischen Staat in einen anderen bzgl. Verwaltungssitzverlegung **52** 27

halbfette Zahlen = Paragraphen   **Sachverzeichnis**

- Begriff und Erscheinungsformen **52** 1
- Reform des deutschen und europäischen internationalen Gesellschaftsrechts **52** 28
- Verlegung des Verwaltungssitzes von einem ausländischen Staat in einen anderen **52** 27
- Verwaltungssitzverlegung und internationale Zuständigkeit **52** 29 ff.
- Wegzugsfälle **52** 12 ff.
- Zuzugsfälle **52** 2 ff.

Verwaltungssitzverlegung und internationale Zuständigkeit 52 29 ff.
- EuGVVO **52** 29
- LugÜ **52** 30
- ZPO **52** 31

Verwaltungssitzverlegung, autonomes deutsches Recht (Wegzugsfall) 52 18 ff.
- AG und GmbH **52** 19 ff.
- andere Gesellschaftsformen **52** 24 ff.

Verwaltungssitzverlegung, Einfluss der Niederlassungsfreiheit 52 13 ff.
- autonomes deutsches Recht **52** 16
- Rechtsprechung des EuGH **52** 14
- Stellungnahme **52** 15
- weitere Lösungen für die Praxis **52** 17

Verwaltungssitzverlegung, Wegzugsfälle 52 12 ff.
- autonomes deutsches Recht **52** 18 ff.
- Einfluss der Niederlassungsfreiheit **52** 13 ff.

Verwaltungssitzverlegung, Zuzug aus Drittstaaten 52 9 ff.
- autonomes Kollisionsrecht **52** 9
- Referentenentwurf internationales Gesellschaftsrecht **52** 11
- vorrangig zu beachtende Staatsverträge – USA **52** 10

Verwaltungssitzverlegung, Zuzug aus einem EG-Mitgliedstaat 52 3 ff.
- Begriff der Gesellschaft iSd Art. 48 EG **52** 4
- EG-Primärrecht, Niederlassungsfreiheit **52** 3
- EuGH-Rechtsprechung **52** 6
- praktische Einzelfragen **52** 7
- Verwaltungssitzverlegung als Ausübung der primären Niederlassungsfreiheit **52** 5

Verwaltungssitzverlegung, Zuzugsfälle 52 2 ff.
- Zuzug aus einem EG-Mitgliedstaat **52** 3 ff.
- Zuzug aus EWR/EFTA-Staaten **52** 8
- Zuzug aus Drittstaaten **52** 9 ff.

Verzicht auf Verhandlungen
- Verfahren bei grenzüberschreitender Mitbestimmung **58** 34 ff.
- Voraussetzungen für Mitbestimmung kraft Gesetzes (Gestaltungsfreiheit und Bestandsschutz) **57** 54

Verzicht, einseitiger, auf Verhandlungen bzgl. Verfahren bei grenzüberschreitender Mitbestimmung 58 34 ff.
- der Leitungsorgane **58** 35 ff.

- des besonderen Verhandlungsgremiums **58** 40 ff.

Verzicht, einseitiger, der Leitungsorgane bzgl. Verfahren bei grenzüberschreitender Mitbestimmung 58 35 ff.
- Entbehrlichkeit des besonderen Verhandlungsgremiums **58** 37 ff.
- Voraussetzungen **58** 36

Verzicht, einseitiger, des besonderen Verhandlungsgremiums
- Verzicht auf Verhandlungen (Verfahren bei grenzüberschreitender Mitbestimmung) **58** 40 ff.

Vinkulierung und Erwerbsvorrechte
- Joint Venture-Vertrag (typische Vertragsregelungen) **43** 52 ff.

Völker- oder europarechtliche Normen, Zulässigkeit aufgrund –r –
- Zulässigkeit der grenzüberschreitenden Spaltung unter Beteiligung drittstaatlicher Gesellschaften **56** 29 ff.

Völkerrecht 2 50–55
- Gründung juristischer Personen **5** 20 ff.
- Vermeidung der Doppelbesteuerung **32** 1

Volksrepublik China, Gesellschaftsformen 47 33 ff.
- AG **47** 60 ff.
- Allgemeines **47** 33 ff.
- GmbH **47** 43 ff.
- Personengesellschaften **47** 38 ff.
- Sonderrecht der ausländisch investierten Unternehmen **47** 65 f.

Volksrepublik China, Gesellschaftsformen, AG 47 60 ff.
- Aktien **47** 63
- Gründung **47** 60 f.
- Organisation **47** 62

Volksrepublik China, Gesellschaftsformen, Allgemeines 47 33 ff.
- Handelsregister **47** 35
- internationales Gesellschaftsrecht **47** 37
- Überblick **47** 33 f.
- Umwandlung von Gesellschaften **47** 36

Volksrepublik China, Gesellschaftsformen, die Personengesellschaften 47 38 ff.
- Kommanditgesellschaft **47** 41
- offene Handelsgesellschaft **47** 38 ff.
- Partnerschaftsgesellschaft **47** 42

Volksrepublik China, Gesellschaftsformen, GmbH 47 43 ff.
- Anteile **47** 49 ff.
- Aufsichtsrat **47** 58
- Geschäftsführung **47** 57
- Gesellschafterversammlung **47** 53 f.
- Gründung **47** 43 ff.
- Stammkapital **47** 46 ff.
- Vorstand **47** 55 f.

1549

Sachverzeichnis

magere Zahlen = Randnummern

Vollstatut für Gesellschaftsrecht
- Societas Privata Europaea – SPE (europäische Privatgesellschaft) **50** 5 ff.

Vollsteckungs- und Gerichtsstandsverordnung, europäische
- Verordnungen und Staatsverträge (Zivilrecht) **28** 6 f.

Vollstreckbarerklärung und Anerkennung ausländischer Schiedssprüche 18 84 ff.
- Grundlagen **18** 84 f.
- Vollstreckbarkeit ausländischer Schiedssprüche **18** 86 ff.

Vollstreckbarkeit ausländischer Entscheidungen
- Durchsetzung des ausländischen Insolvenzverfahrens (Insolvenz in Drittstaaten) **36** 52 f.

Vollstreckbarkeit und Anerkennung sonstiger Entscheidungen
- Insolvenz innerhalb der EU (gegenseitige Anerkennung von Insolvenzverfahren) **35** 162 ff.

Vollstreckung von Pfandrechten und Credit Bids
- Debt/Equity-Swap nach englischem Recht, Beteiligung der Altgesellschafter **40** 21 ff.

Voluntary winding up (durch Creditor), bzgl. Insolvenzverfahren 38 79 ff.
- Beendigung **38** 89
- Durchführung **38** 86 ff.
- Eröffnung 3**38** 7 81
- Solvenzerklärung **38** 82 ff.
- Zweck und praktische Bedeutung **38** 79 f.

Vor- und Nachteile
- Debt/Equity-Swap **40** 6 ff.
- Sanierungsmigration **37** 6 ff.

Vor- und Nachteile der konkurrierenden Endstrukturen bzgl. ausgewählter Problemfelder der tatsächlichen Gestaltung (grenzüberschreitende Umstrukturierungen außerhalb des Geltungsbereichs des UmwStG) 62 56 ff.
- allgemeine Merkmale **62** 56 ff.
- Corporate Governance **62** 86 ff.
- Mitbestimmung **62** 59 ff.

Vor- und Nachteile der konkurrierenden Verfahren (grenzüberschreitende Umstrukturierungen außerhalb des Geltungsbereichs des UmwStG), Transaktionsaufwand 62 4 ff.
- Modelle der grenzüberschreitenden Übernahme **62** 18 ff.
- SE-basierte Modelle **62** 4 f.
- Umstrukturierungen auf der Grundlage der Verschmelzungsrichtlinie **62** 6 ff.

Vor- und Nachteile der konkurrierenden Verfahren (grenzüberschreitende Umstrukturierungen außerhalb des Geltungsbereichs des UmwStG), Transaktionssicherheit 62 45 ff.
- Modelle der grenzüberschreitenden Übernahme **62** 52 ff.
- SE-basierte Modelle **62** 45 ff.
- Umstrukturierungen auf der Grundlage der Verschmelzungsrichtlinie **62** 50 f.

Vor- und Nachteile der konkurrierenden Verfahren (grenzüberschreitende Umstrukturierungen außerhalb des Geltungsbereichs des UmwStG), Transaktionsdauer 62 25 ff.
- Modelle der grenzüberschreitenden Übernahme **62** 41 ff.
- SE-basierte Modelle **62** 25 ff.
- Umstrukturierungen auf der Grundlage der Verschmelzungsrichtlinie **62** 35 ff.

Vor- und Nachteile der konkurrierenden Verfahren (grenzüberschreitende Umstrukturierungen außerhalb des Geltungsbereichs des UmwStG), Transaktionsaufwand 62 4 ff.
- Modelle der grenzüberschreitenden Übernahme **62** 18 ff.
- SE-basierte Modelle **62** 4 f.
- Umstrukturierungen auf der Grundlage der Verschmelzungsrichtlinie **62** 6 ff.

Vor- und Nachteile der konkurrierenden Verfahren bzgl. ausgewählter Problemfelder der tatsächlichen Gestaltung (grenzüberschreitende Umstrukturierungen außerhalb des Geltungsbereichs des UmwStG), 62 2 ff.
- Transaktionsaufwand **62** 4 ff.
- Transaktionsdauer **62** 25 ff.
- Transaktionssicherheit **62** 45 ff.

Vor- und Nachteile einer Sanierungsmigration 37 6 ff.
- Differenzierung und Abwägung **37** 6
- mögliche Nachteile **37** 17 ff.
- mögliche Vorteile **37** 7 ff.

Vor- und Nachteile konkurrierender Endstrukturen (grenzüberschreitende Umstrukturierungen außerhalb des Geltungsbereichs des UmwStG), Mitbestimmung 62 59 ff.
- nationale Kapitalgesellschaft nach Übernahme **62** 60 f.
- nationale Kapitalgesellschaft nach Verschmelzung **62** 77 ff.
- SE **62** 62 ff.

Voraussetzungen
- Anerkennung der Eröffnungsentscheidung (Insolvenz innerhalb der EU) **35** 138 ff.
- einseitiger Verzicht der Leitungsorgane (Verfahren bei grenzüberschreitender Mitbestimmung) **58** 36

halbfette Zahlen = Paragraphen

Sachverzeichnis

Voraussetzungen für Mitbestimmung kraft Gesetzes bzgl. Gestaltungsfreiheit und Bestandsschutz 57 51
– Scheitern der Verhandlungen 57 53
– Vereinbarung 57 52
– Verzicht auf Verhandlungen 57 54

Voraussetzungen, international-gesellschaftsrechtliche
– Anwachsungsmodelle bzgl. Gestaltungsmöglichkeiten des Grenzübertritts 55 3 ff.

Voraussetzungen, Verfahren und Schutz der Anteilseigner
– Durchführung der grenzüberschreitenden Spaltung innerhalb der EU 56 46 ff.
– grenzüberschreitender Formwechsel, Sicht des deutschen Rechts 54 12 f.

Vorbereitung des Verfahrens
– Fallstudie Rodenstock 42 55 f.

Vorenthalten und Veruntreuen von Arbeitsentgelt
– Straftatbestände 26 22 ff.

Vorenthaltung oder Entzug von Beteiligungsrechten
– Gestaltungsmissbrauch (Gestaltungsfreiheit und Bestandsschutz) 57 88 ff.

Vorgesellschaft
– Haftung der – 4 29
– Private Company Limited by Shares in Großbritannien 47 196

Vorgesellschaft und Handelndenhaftung
– europäische Genossenschaft (SCE) 51 7
– Gründung der Societas Europaea (SE) 49 15 f.

Vorgründungsphase 3 1 ff.
– anzuwendendes Recht 3 8 ff.
– Beschränkung auf juristische Personen in der – 3 1
– Beschränkung auf Kapitalgesellschaften in der – 3 2
– gerichtliche Zuständigkeit 3 23 ff.
– Rechtsvergleich 3 4 ff.
– Zeitliche Erstreckung der – 3 3

Vorher-/Nachher-Prinzip
– Mitbestimmung kraft Gesetzes (Gestaltungsfreiheit und Bestandsschutz) 57 55 ff.

Vorrang der EuInsVO
– Anwendungsbereich (Insolvenz in Drittstaaten) 36 6 f.

Vorratsgesellschaften, Nutzung von –
– Gestaltungsmöglichkeiten und -grenzen (Gestaltungsfreiheit und Bestandsschutz) 57 70 ff.

Vorschriften, gemeinsame
– europäische Genossenschaft (SCE), Leitungssystem 51 19

Vorschuss
– Zweigniederlassung 21 21 f.

Vorstand
– AG in Österreich 47 475 f.
– GmbH in der Volksrepublik China 47 55 f.

Vorstände, Vertretungsbefugnisse
– Zweigniederlassung 21 12 f.

Vorübergehende Abwesenheit
– Wegzugsbesteuerung, § 6 Abs. 4 AStG, 34 267

Vorwegauskünfte oder Harmonisierung
– Bestimmung von Verrechnungspreisen zwischen zwei Staaten/Advanced Pricing Agreements (APA) 34 195 ff.

Vorwegauskünfte oder Harmonisierung der Bestimmung von Verrechnungspreisen zwischen zwei Staaten/Advanced Pricing Agreements (APA) 34 195 ff.
– Allgemeines 34 195 f.
– APA 34 200 ff.
– APA-Verfahren 34 199
– Rechtsgrundlage und Struktur von APA 34 197 f.

Wahl der Arbeitnehmervertreter
– Sitzverteilung im Aufsichtsrat und Bestellung der Arbeitnehmervertreter, Verfahren bei grenzüberschreitender Mitbestimmung 58 51 ff.

Wahl der Mitglieder des mitbestimmten Aufsichtsrats
– Verfahren bei grenzüberschreitender Mitbestimmung 58 46 ff.

Wahl der Mitglieder des mitbestimmten Aufsichtsrats bzgl. Verfahren bei grenzüberschreitender Mitbestimmung 58 46 ff.
– Rechtsstellung der Aufsichtsratsmitglieder 58 57 f.
– Sitzverteilung im Aufsichtsrat und Bestellung der Arbeitnehmervertreter 58 46 ff.

Wandel des anwendbaren Recht, Sitzverlegung mit –
– Sitzverlegung der europäischen wirtschaftlichen Interessenvereinigung (EWIV) 48 67 f.

Wandel des anwendbaren Recht, Sitzverlegung ohne –
– Sitzverlegung der europäischen wirtschaftlichen Interessenvereinigung (EWIV) 48 66

Waren und Güter
– Lieferung von – und -n, bzgl. Geschäftsbeziehungen/Außensteuergesetz 34 162 ff.

Warenverkehrsfreiheit 2 41 f.

Wechsel- und Scheckfähigkeit 14 14

Wechselseitig beteiligte Unternehmen
– internationales Konzernrecht 44 36

Wegzug
– in einen EUMitgliedstaat oder in einen EWR-Staat sowie Ersatztatbestände, bzgl. Wegzugsbesteuerung, § 6 Abs. 5 AStG 34 269 ff.

Wegzugsbesteuerung
– Verlagerung des Steuersubjekts (des Steuerpflichtigen) ins Ausland/Behandlung wesentli-

1551

Sachverzeichnis

magere Zahlen = Randnummern

cher Beteiligungen bei Wohnsitzwechsel ins Ausland, § 6 AStG **34** 9

Wegzugsbesteuerung
– Tatbestandsvoraussetzungen der – **34** 245 ff.

Wegzugsbesteuerung, § 6 AStG/Behandlung von Beteiligungen im Sinne von § 17 EStG bei Wohnsitzwechsel ins Ausland 34 237 ff.
– Allgemeines **34** 237 ff.
– Ersatz-/Ergänzungstatbestände nach § 6 Abs. 3 AStG **34** 261 ff.
– Spätere tatsächliche Veräußerung/Verhältnis von § 49 Abs. 1 Nr. 2 lit. e) EStG zu § 6 AStG **34** 252 ff.
– Stundung nach § 6 Abs. 5 AStG **34** 268
– Tatbestandsvoraussetzungen der Wegzugsbesteuerung **34** 245 ff.
– Vorübergehende Abwesenheit, § 6 Abs. 4 AStG **34** 267
– Wegzug in einen EU-Mitgliedstaat oder in einen EWR-Staat sowie Ersatztatbestände, § 6 Abs. 5 AStG **34** 269 ff.

Wegzugsfall
– Firma **11** 19 ff.
– Firma, grenzüberschreitende Mobilität einer, gemäß deutschem Heimatrecht **11** 20 ff.
– Geschäftsführung **12** 18 ff.
– Geschäftsführung, grenzüberschreitende Mobilität einer, gemäß deutschem Heimatrecht **12** 19 ff.
– Gesellschafter **15** 15 ff.
– Gesellschafter, Anerkennung von, im Zuzugsstaat im – **15** 19 f.
– Haftung **14** 41 ff.
– Mitbestimmung **16** 17 ff.
– Rechnungslegung im – im Zuzugsstaat **17** 40 f.
– Vertretung **13** 44 ff.
– Vertretung, grenzüberschreitende Mobilität einer, gemäß deutschem Heimatrecht
– Vertretung, rechtsgeschäftliche Vollmacht einer **13** 46
– Verwaltungssitzverlegung, autonomes deutsches Recht **13** 41 ff.; **52** 18 ff.

Weitere Informationen
– Information der Arbeitnehmer (Verfahren bei grenzüberschreitender Mitbestimmung) **58** 10 ff.

Welteinkommensprinzip
– internationales Steuerrecht, Grundbegriffe und Grundlagen **31** 31 ff.

Werbung
– Kosten der –, bzgl. Geschäftsbeziehungen/Außensteuergesetz **34** 168 f.

Wesentlichkeit
– Cash flow insolvency gem. s. 123(1)(e) IA 1986 (Zahlungsunfähigkeit) **38** 20

Wettbewerbsverbote
– Joint Venture, typische Vertragsregelungen (Gesellschaftsvertrag) **43** 64

Wiedereintragung
– Gesellschaftsregister **38** 102
– Löschung einer englischen Limited **30** 17
– Restoration to the register, bzgl. Liquidation and dissolution einer Private Company limited by Shares **29** 16 ff.

Willensbildung, Mitglieder und ihre –
– Organisationsverfassung (Art. 16 EWIV-VO) bzgl. der europäischen wirtschaftlichen Interessenvereinigung (EWIV) **48** 32 ff.

Winding up (liquidation) 29 4 ff.
– compulsory – (zwangsweise Liquidation) **29** 9
– voluntary – (freiwillige Liquidation) **29** 5

Winding up, compulsory (Insolvenzverfahren) 38 90 ff.
– Durchführung und Beendigung **38** 97 ff.
– Einführung **38** 90
– Eröffnung **38** 91 ff.

Winding up, Creditors' voluntary – (Insolvenzverfahren) 38 79 ff.
– Beendigung **38** 89
– Durchführung **38** 86 ff.
– Eröffnung **338** 7 81
– Solvenzerklärung **38** 82 ff.
– Zweck und praktische Bedeutung **38** 79 f.

Winding up, CVA mit moratorium, das auf einer administration bzw. einem – beruht
– Company Voluntary Arrangemente (CVA), Verfahrensschritte **39** 7

Wirksamkeit, Zeitpunkt der – der Verschmelzung
– grenzüberschreitende Verschmelzung von Kapitalgesellschaften nach §§ 122 a ff. UmwG **53** 115 f.

Wirksamwerden, Eintragung und Zeitpunkt
– Durchführung der grenzüberschreitenden Spaltung innerhalb der EU **56** 54 ff.
– grenzüberschreitender Formwechsel, Sicht des deutschen Rechts **54** 18 ff.

Wirkung auf eintragungspflichtige Rechte
– Ausnahmen von der lex fori concursus (Insolvenz innerhalb der EU) **35** 129 ff.

Wirkung und Anerkennung des Hauptverfahrens
– insolvenzrechtliche Aspekte (Sanierungsmigration) **37** 42 ff.

Wirkungen
– Anerkennung der Eröffnungsentscheidung (Insolvenz innerhalb der EU) **35** 142 ff.
– Schiedsvereinbarung **18** 76 f.

halbfette Zahlen = Paragraphen

Sachverzeichnis

Wirkungen des ausländischen Insolvenzverfahrens im Inland (Insolvenz in Drittstaaten) 36 31 ff.
– Anerkennung des ausländischen Insolvenzverfahrens **36** 32 ff.
– Durchsetzung des ausländischen Insolvenzverfahrens **36** 47 ff.
– Schutzbestimmungen **36** 54 ff.

Wirkungen des Insolvenzverfahrens auf anhängige Rechtsstreitigkeiten
– Ausnahmen von der lex fori concursus (Insolvenz innerhalb der EU) **35** 135 f.

Wirkungsstatut
– Anteilsübertragung im Ausland: Maßgeblichkeit des –s **8** 36
– Ausschließlichkeit des, für Verfassungsakte **6** 30 f.

Wirtschaftliche Interessenvereinigung, Europäische s. auch EWIV

wirtschaftliche Interessenvereinigung, europäische (EWIV), Gründung 48 8 ff.
– durch Gesellschaften und andere „juristische Einheiten" **48** 9 ff.
– durch natürliche Personen **48** 12 f.
– Außensteuergesetz **34** 1 ff.
– Beteiligung an ausländischen Gesellschaften/Hinzurechnungsbesteuerung **34** 12 ff.
– erweiterte beschränkte Einkommensteuerpflicht/Wegzugsbesteuerung **34** 204 ff.
– internationale Verflechtungen, § 1 AStG **34** 94
– sonstige Vorschriften **34** 272 ff.
– Zielsetzung des Außensteuergesetzes **34** 1 ff.

Wirtschaftsgüter
– grenzüberschreitende Sachverhalte **33** 1 ff.
– immaterielle Nutzungsüberlassung von –n (Geschäftsbeziehungen/AStG) **34** 179

Wirtschaftsgüter, Überführung von – n ins Ausland
– in ausländische Betriebsstätte **33** 49 ff.
– in ausländischen Produktionsstandort **33** 42 ff.
– in ausländische Tochter-(Kapital-)gesellschaft **33** 64 f.

Wirtschaftsgüter, Vermeidung der Realisierung von stillen Reserven bei der Überführung von –n in einen ausländischen Produktionsstandort
– internationales Steuerrecht, Finanzierung der Zieleinheit und/oder der Ausgangseinheit **31** 21

Wirtschaftsgüter, Vermeidung der Realisierung von stillen Reserven bei der Überführung von –n in einen ausländischen Produktionsstandort
– internationales Steuerrecht, Rechtsform der Zieleinheit/Beteiligungskombination mit der Ausgangseinheit **31** 12

Wirtschaftsgüter: Aufwendungen, Verluste, Überführung von – bei grenzüberschreitenden Sachverhalten 33 1 ff.
– Aufwendungen im Zusammenhang mit Geschäftstätigkeiten im Ausland **33** 1 ff.
– Ausländische Verluste im Zusammenhang mit inländischen Einkünften **33** 18 ff.
– Überführung von Wirtschaftsgütern in ausländischen Produktionsstandort **33** 42 ff.

Wirtschaftstätigkeit im Ausland
– steuerliche Abzugsfähigkeit von Aufwendungen **31** 10, 19

Wohnsitz- oder Ansässigkeitsbesteuerung (Vermeidung der Doppelbesteuerung) 32 2 f.

Wohnsitzwechsel
– Verlagerung des Steuersubjekts ins Ausland **34** 8

WpÜG, Anwendung bei ausländischem Vertragsstatut (Art. 9 Rom I-VO) 64 9 ff.
– Anwendung des § 15 Abs. 3 Satz 2 WpÜG als Eingriffsnorm **64** 13 ff.
– Anwendung des § 31 WpÜG als Eingriffsnorm **64** 15 ff.
– grundsätzlicher Charakter der WpÜG-Vorschriften als Eingriffsnormen **64** 9 ff.

WpÜG, Definitionen der Zielgesellschaft und des organisierten Marktes 63 13 ff.
– europäische Zielgesellschaften **63** 15 ff.
– inländische Zielgesellschaften **63** 14
– organisierter Markt **63** 18 ff.

WpÜG, internationaler Anwendungsbereich (Kapitalmarktrecht) 63 1 ff., 22 ff.
– beschränkte Anwendung (§ 1 Abs. 2 und Abs. 3 WpÜG) **63** 26 ff.
– Definitionen der Zielgesellschaft und des organisierten Marktes (§ 2 Abs. 3 und Abs. 7 WpÜG) **63** 13
– europäische Zielgesellschaften **63** 31 ff.
– inländische Zielgesellschaften mit ausländischer Börsenzulassung **63** 27 ff.
– Überblick **63** 1 ff.
– Übernahmerichtlinie 2004/25/EG **63** 5 ff.

WpÜG-Vorschriften, Charakter der – als Eingriffsnormen
– Vertragsrecht, Anwendung vertragsrechtlicher Normen des WpÜG bei ausländischem Vertragsstatut (Art. 9 Rom I-VO) **64** 9 ff.

Zahlungsmittel, anzusetzende
– Cash flow insolvency gem. s. 123(1)(e) IA 1986 (Zahlungsunfähigkeit) **38** 23

Zahlungssysteme und Finanzmärkte
– Ausnahmen von der lex fori concursus (Insolvenz innerhalb der EU) **35** 125 f.

Zahlungsunfähigkeit (cash flow insolvency) 38 15 ff.
– anzusetzende Forderungen **38** 21 f.

Sachverzeichnis

magere Zahlen = Randnummern

- anzusetzende Zahlungsmittel **38** 23
- Grundlagen **38** 15 ff.
- Nachweis im Verfahren **38** 24
- relevanter Zeitraum **38** 18 f.
- Wesentlichkeit **38** 20

Zahlungsverkehrsfreiheit 2 45 f.

Zeichnungs-, Erwerbs- und Besitzverbote
- internationales Konzernrecht (sonstige Regelungen zu verbundenen Unternehmen) **44** 45

Zeitliche Erstreckung
- bei Gründung **4** 1, 2

Zeitpunkt
- insolvenzrechtliche Aspekte (Sanierungsmigration) **37** 41

Zeitpunkt der Sanierung, Situation im –
- Fallstudie Rodenstock, Ausgangssituation **42** 53 f.

Zeitpunkt der Wirksamkeit der Verschmelzung
- grenzüberschreitende Verschmelzung von Kapitalgesellschaften nach §§ 122 a ff. UmwG **53** 115 f.

Zeitpunkt und Eintragung des Wirksamwerdens
- Durchführung der grenzüberschreitenden Spaltung innerhalb der EU **56** 54 ff.
- grenzüberschreitender Formwechsel, Sicht des deutschen Rechts **54** 18 ff.

Zeitpunkt, maßgeblicher
- Insolvenz innerhalb der EU (internat. Zuständigkeit, Hauptinsolvenzverfahren) **35** 56 ff.

Zeitraum, relevanter
- Cash flow insolvency gem. s. 123(1)(e) IA 1986 (Zahlungsunfähigkeit) **38** 18 f.

Ziele und Gegenstand
- Joint Venture-Vertrag (typische Vertragsregelungen) **43** 35

Zieleinheit, Finanzierung der – und/oder der Ausgangseinheit (internationales Steuerrecht) 31 13 ff.
- steuerliche Abzugsfähigkeit von Aufwendungen im Zusammenhang mit Wirtschaftstätigkeiten im Ausland **31** 19
- steuerliche Abzugsfähigkeit von ausländischen Verlusten im Zusammenhang mit inländischen Einkünften **31** 20
- Überblick **31** 13 ff.
- Vermeidung der Doppelbesteuerung bzw. Minimierung der Steuerlast **31** 16 ff.
- Vermeidung der Realisierung von stillen Reserven bei der Überführung von Wirtschaftsgütern in einen ausländischen Produktionsstandort **31** 21

Zieleinheit/Beteiligungskombination, Rechtsform der – (internationales Steuerrecht) 31 7 ff.

- steuerliche Abzugsfähigkeit von Aufwendungen im Zusammenhang mit Wirtschaftstätigkeiten im Ausland **31** 10
- steuerliche Abzugsfähigkeit von ausländischen Verlusten im Zusammenhang mit inländischen Einkünften **31** 11
- Überblick **31** 7 f.
- Vermeidung der Doppelbesteuerung bzw. Minimierung der Steuerlast **31** 9
- Vermeidung der Realisierung von stillen Reserven bei der Überführung von Wirtschaftsgütern in einen ausländischen Produktionsstandort **31** 12

Zielgesellschaft
- Definition **63** 13
- europäische Zielgesellschaften **63** 15 ff.
- inländische Zielgesellschaften **63** 14
- Mehrfachnotierung bei Börsenzulassung in Drittstaaten **63** 51 ff.
- organisierter Markt **63** 18 ff.

Zielgesellschaft, europäische
- Ausnahme für –, Kapitalmarktrecht, internationaler Anwendungsbereich des WpÜG, beschränkte Anwendung des WpÜG (§ 1 Abs. 2 und Abs. 3 WpÜG) **63** 31 ff.
- grenzüberschreitende Übernahme innerhalb von EU/EWR **63** 42 ff.
- Kapitalmarktrecht, internationaler Anwendungsbereich des WpÜG, Definitionen der Zielgesellschaft und des organisierten Marktes (§ 2 Abs. 3 und Abs. 7 WpÜG) **63** 15 ff.

Zielgesellschaft, inländische
- grenzüberschreitende Übernahmen von –n – Kapitalmarktrecht, grenzüberschreitende Übernahmen innerhalb von EU/EWR **63** 37 ff.
- Kapitalmarktrecht, internationaler Anwendungsbereich des WpÜG, Definitionen der Zielgesellschaft und des organisierten Marktes (§ 2 Abs. 3 und Abs. 7 WpÜG) **63** 14
- mit ausländischer Börsenzulassung, beschränkte Anwendung des WpÜG (§ 1 Abs. 2 und Abs. 3 WpÜG) **63** 27 ff.

Zielsetzung des Außensteuergesetzes 34 1 ff.
- Regelungsbereiche **34** 5 ff.

Zinsen
- Einkünfte aus –, Doppelbesteuerungsrecht (Art. 11 OECD-MA) **32** 100 ff.
- Geschäftsbeziehungen, AStG **34** 173 ff.

Zivilprozessrecht 28 1 ff. (s.a. folgende Hauptstichworte)
- ausgewählte Verfahrensfragen **28** 47 ff.
- autonomes nationales Prozessrecht **28** 9 f.
- einzelne internationale Gerichtsstände **28** 13 ff.
- internationale Zuständigkeit **28** 1 f.
- lex fori Prinzip und das forum shopping **28** 11 f.

halbfette Zahlen = Paragraphen

- Rechtsquellen und deren Rangverhältnis **28** 3
- Verordnungen und Staatsverträge **28** 4 ff.

Zivilprozessrecht, ausgewählte Verfahrensfragen 28 47 ff.
- Berufungszuständigkeit **28** 53
- Partei-, Prozess- und Postulationsfähigkeit, Parteibezeichnung **28** 47
- Prozesskostenhilfe **28** 52
- Prozesskostensicherheit **28** 50 f.
- Zustellung **28** 48 f.

Zivilprozessrecht, einzelne internationale Gerichtsstände 28 13 ff.
- allgemeiner Gerichtsstand des Beklagtenwohnsitzes **28** 20 ff.
- Gerichtsstandsvereinbarungen; rügelose Einlassung **28** 14 ff.
- Klagen gegen Gesellschafter **28** 45
- Vermögensgerichtsstand **28** 46

Zivilprozessrecht, einzelne internationale Gerichtsstände, ausschließlicher Gerichtsstand 28 13 ff.
- gesellschaftsinterne Streitigkeiten **28** 25 ff.
- Zwangsvollstreckungssachen **28** 44

Zivilprozessrecht, einzelne internationale Gerichtsstände, besonderer Gerichtsstand 28 13 ff.
- allgemeiner Gerichtsstand des Beklagtenwohnsitzes **28** 20 ff.
- Klagen aus Delikt **28** 39 ff.
- Klagen aus Vertrag **28** 34 ff.
- Niederlassung **28** 30 ff.

Zivilprozessrecht, Verordnungen und Staatsverträge 28 4 ff.
- europäische Gerichtsstands- und Vollsteckungsverordnung **28** 6 ff.
- europäische Insolvenzverordnung **28** 8

Zivilrechtliche Gesellschaft
- Japan **47** 324

Zivilrechtliche Haftung
- Haftung in der Insolvenz (Geschäftsleiter) **41** 1 ff.

Zivilverfahrensrecht s. Zivilprozessrecht
Zollunion 2 41 f.
ZPO-Vorschriften
- Verwaltungssitzverlegung und internationale Zuständigkeit **52** 31

Zulässigkeit
- deutsches Sachrecht bei grenzüberschreitender Verschmelzung von Personengesellschaften mit Drittstaatenbezug **53** 124 f.
- europa- oder völkerrechtliche Normen bei grenzüberschreitender Verschmelzung von Personengesellschaften mit Drittstaatenbezug **53** 121 ff.
- grenzüberschreitender Formwechsel in eine deutsche Gesellschaft (innerhalb der EU) **54** 5 ff.
- Schiedsvereinbarung **18** 68 f.

Sachverzeichnis

Zulässigkeit der grenzüberschreitenden Spaltung unter Beteiligung drittstaatlicher Gesellschaften 56 29 ff., 35 f.

Zulässigkeit der grenzüberschreitenden Spaltung innerhalb der EU 56 12 ff.
- Niederlassungsfreiheit **56** 14 ff.
- Wortlaut des § 1 Abs. 1 UmwG **56** 12 f.

Zulässigkeit der grenzüberschreitenden Verschmelzung mit Drittstaatenbezug 53 121 ff.
- deutsches Sachrecht **53** 124 f.
- europa- oder völkerrechtliche Normen **53** 121 ff.

Zulässigkeit paralleler Verfahren
- Rechtsfolgen (Sekundärinsolvenzverfahren, Insolvenz in Drittstaaten) **36** 81 ff.

Zulässigkeitsvoraussetzungen im Territorialverfahren (Insolvenz in Drittstaaten), 36 65 ff.
- Antragsbefugnis **36** 68 ff.
- Insolvenzgrund und Kostendeckung **36** 71 ff.
- keine Zuständigkeit für Hauptinsolvenzverfahren **36** 65
- Niederlassung oder Vermögen im Inland **36** 66 ff.
- Zuständigkeit **36** 74 f.

Zuordnungs- und Abgrenzungsfragen (internationales Steuerrecht) 31 2 ff.
- Finanzierung der Zieleinheit und/oder der Ausgangseinheit **31** 13 ff.
- Gestaltungen über Drittländer/Steuerflucht **31** 22 f.
- Grundsätzliches **31** 5 f.
- Rechtsform der Zieleinheit/Beteiligungskombination mit der Ausgangseinheit **31** 7 ff.
- typische Fragestellungen und Fallgestaltungen in der Praxis **31** 5 ff.

Zurechnungsfragen
- bei Vertretung **13** 62 f.

Zusammenarbeit der Insolvenzverwalter
- Rechtsfolgen (Sekundärinsolvenzverfahren, Insolvenz in Drittstaaten) **36** 84 f.

Zusammensetzung und Ausschussbildung, Regelungen hinsichtlich –
- Reichweite der Mitbestimmungsautonomie (Gestaltungsfreiheit und Bestandsschutz) **57** 49

Zuständiges Insolvenzgericht
- Durchsetzung des ausländischen Insolvenzverfahrens (Insolvenz in Drittstaaten) **36** 51

Zuständigkeit (s.a. folgende Hauptstichwörter)
- SE-Hauptversammlung **49** 92 f.
- Territorialverfahren, (allgemeine Zulässigkeitsvoraussetzungen, Insolvenz in Drittstaaten) **36** 74 f.

Zuständigkeit, internationale 28 1 f.
- Insolvenz in Drittstaaten **36** 10 f.
- Insolvenz innerhalb der EU **35** 35 ff.

Sachverzeichnis

magere Zahlen = Randnummern

- Scheme of Arrangement (engl. Sanierungsverfahren) **39** 37 ff.
- Zivilverfahrensrecht **28** 1 f.

Zuständigkeit, internationale, bei Hauptinsolvenzverfahren (Insolvenz innerhalb der EU) 35 37 ff.
- Allgemeines **35** 37 f.
- Begriff des „Mittelpunkts der hauptsächlichen Interessen" **35** 39 ff.
- Kompetenzkonflikte **35** 60 ff.
- maßgeblicher Zeitpunkt **35** 56 ff.
- Mittelpunkt der hauptsächlichen Interessen bei juristischen Personen und Gesellschaften **35** 47 ff.
- Mittelpunkt der hauptsächlichen Interessen bei natürlichen Personen **35** 44 ff.

Zuständigkeit, internationale, bei Insolvenz innerhalb der EU 35 35 ff.
- Annexverfahren **35** 73 ff.
- Hauptinsolvenzverfahren **35** 37 ff.
- örtliche Zuständigkeit nach deutschem Recht **35** 70 ff.
- Territorialverfahren **35** 63 ff.

Zuständigkeit, internationale, bei Joint Venture-Vertragssystem 43 17 ff., 27, 30

Zuständigkeit, internationale, und Verwaltungssitzverlegung 52 29 ff.
- EuGVVO **52** 29
- LugÜ **52** 30
- ZPO **52** 31

Zuständigkeit, keine, für Hauptinsolvenzverfahren
- Territorialverfahren, (allgemeine Zulässigkeitsvoraussetzungen, Insolvenz in Drittstaaten) **36** 65

Zuständigkeit, örtliche, nach deutschem Recht
- Annexverfahren **35** 80 f.
- Insolvenz innerhalb der EU **35** 70 ff.
- Hauptinsolvenzverfahren **35** 70 f.
- Territorialverfahren **35** 72

Zustellung
- Zivilrecht/Verfahrensfragen **28** 48 f.

Zustimmung der Altgläubiger (beim Debt/Equity-Swap) 40 26 f.
- Gläubigervereinbarungen **40** 27
- Grundlagen **40** 26

Zustimmung der Anteilsinhaber (§ 122 g UmwG)
- grenzüberschreitende Verschmelzung von Kapitalgesellschaften nach §§ 122 a ff. UmwG **53** 75 ff.

Zuzahlung, bare, Umtauschverhältnis der Gesellschaftsanteile
- grenzüberschreitende Verschmelzung von Kapitalgesellschaften, Verschmelzungsplan **53** 48–50

- Zuzug aus EU-Mitgliedstaat (Verwaltungssitzverlegung) **52** 3 ff.
- Begriff der Gesellschaft iSd EU-Primärrechts **52** 4
- EU-Primärrecht, Niederlassungsfreiheit **52** 3
- EuGH-Rechtsprechung **52** 6
- praktische Einzelfragen **52** 7
- Verwaltungssitzverlegung als Ausübung der primären Niederlassungsfreiheit **52** 5

Zuzug aus EWR/EFTA-Staat (Verwaltungssitzverlegung) 52 8

Zuzugsfall
- Firma **11** 10 ff.
- Firma, Anerkennung einer, im – gemäß deutschem Recht **11** 11 ff.
- Geschäftsführung **12** 9 ff.
- Geschäftsführung, Anerkennung einer, im – gemäß deutschem Recht **12** 10 ff.
- Gesellschafter **15** 6 ff.
- Gesellschafter, Anerkennung von, im – gemäß deutschem Recht **15** 7 ff.
- grenzüberschreitende Mobilität einer Firma gemäß Heimatrecht **11** 16 ff.
- Haftung **14** 32 ff.
- Mitbestimmung **16** 8 ff.
- Rechnungslegung **17** 27 ff.
- Rechnungslegung im – gemäß deutschem Recht **17** 28 ff.
- Vertretung **13** 30 ff.

Zuzugsstaat
- Firmen **11** 23 f.
- Geschäftsführung **12** 22 f.
- Gesellschafter **15** 19 f.
- Haftung **14** 45 f.
- Rechnungslegung im Wegzugsfall im – **17** 40 f.
- Wegzugsfälle, Anerkennung im – **13** 44 f.

Zwangsmitgliedschaft
- Berufsgenossenschaft (Sozialversicherungs-/Gewerberecht) **25** 6
- IHK (Sozialversicherungs-/Gewerberecht) **25** 6

Zwangsvollstreckungssachen
- ausschließlicher Gerichtsstand für – **28** 44

Zweigniederlassung
- Anmelden von Änderungen **21** 24 ff.
- Anmeldung **21** 5 ff.
- anwendbares Recht **21** 15
- Aufhebung **21** 24 ff.
- besondere Firma der – **22** 6
- Bestehen **21** 6
- Gegenstand **21** 8
- Kernregelungen der Satzung **21** 14
- Ort und Geschäftsanschrift der –; Firma **21** 7
- Pflichten der – Rechnungslegung **24** 5 f.
- Rechnungslegung **17** 45
- Registerpflicht **10** 20
- ständige Vertreter und deren Befugnisse **21** 9 f.

halbfette Zahlen = Paragraphen

Sachverzeichnis

Zweigniederlassung, Anmeldung 21 5 ff.
- Anzumeldende Tatsachen **21** 6 ff.
- beizufügende Nachweise **21** 16 ff.
- Form der Anmeldung **21** 23
- Kosten **21** 21 f.
- Vertretung im Anmeldeverfahren **21** 5
- Vorschuss **21** 21 f.

Zweigniederlassung, anzumeldende Tatsachen 21 6 ff.
- anwendbares Recht **21** 15
- Bestehen der Zweigniederlassung **21** 6
- Gegenstand der Zweigniederlassung **21** 8
- Geschäftsführer/Vorstände; Vertretungsbefugnisse **21** 12 f.
- Kernregelungen der Satzung **21** 14
- Ort und Geschäftsanschrift der Zweigniederlassung; Firma **21** 7
- Registerverhältnisse der Hauptniederlassung; Rechtsform der Gesellschaft **21** 11

- ständige Vertreter und deren Befugnisse **21** 9 f.

Zweigniederlassung, beizufügende Nachweise 21 16 ff.
- Existenznachweis **21** 17
- Legitimation der Geschäftsführer **21** 20
- Satzung, Gesellschaftsvertrag, Listen **21** 19
- Staatliche Genehmigung **21** 18

Zweigniederlassungsrichtlinie
- Rechnungslegung **17** 16 ff.

Zwischeneinkünfte
- Hinzurechnungsbesteuerung, § 8 Abs. 1 AStG **34** 31 ff.

Zwischengesellschaft
- Hinzurechnungsbesteuerung, § 8 Abs. 1 AStG **34** 31 ff.
- nachgeschaltete, Beteiligung an ausländischen Gesellschaften, § 14 AStG **34** 84 ff.